Bork/Hölzle (Hrsg.)

Handbuch Insolvenzrecht

Handbuch Insolvenzrecht

3., neu bearbeitete Auflage

Herausgegeben von
Prof. Dr. Reinhard Bork, Hamburg
Prof. Dr. habil. Gerrit Hölzle, Bremen

Bearbeitet von
Hannlis Achelis, Joachim Beuck,
Folker Bittmann, Dr. Gideon Böhm, Prof. Dr. Reinhard Bork,
Dr. Karl-Friedrich Curtze, Kai Dellit, Dr. Frank Eckhoff, Claus Flören,
Stefan Gemmeke, Dr. Julian B. Hageböke, B. Sc.,
Prof. Dr. Thomas Henschel, MBA, Prof. Dr. habil. Gerrit Hölzle,
Dr. Alexander Höpfner, Hildegard A. Hövel, Prof. Dr. Bernd Hüfner,
Friedrich Kraft von Kaltenborn-Stachau, Dr. Christoph Keller, LL. M.,
Prof. Ulrich Keller, Dr. Wolfgang König, Gerd-Markus Lohmann,
Prof. Dr. Torsten Martini, Joachim C. Mohlitz, Prof. Dr. Olaf Muthorst,
Dr. Alexander Naraschewski, LL.M., Dr. Lars Niemann,
Dr. Timm Nissen, Prof. Dr. Hermann Plagemann, Ernst Riedel,
Ivonne Schemmerling, Patricia Titze, Oliver Warneboldt, Wolfgang Zenker,
Dr. Frank Thomas Zimmer, LL.M. oec.

RWS Verlag Kommunikationsforum GmbH & Co. KG · Köln

Die Deutsche Nationalbibliothek verzeichnet diese Publikation in der Deutschen Nationalbibliografie; detaillierte bibliografische Daten sind im Internet über http://dnb.d-nb.de abrufbar.

Postfach 27 01 25, 50508 Köln
E-Mail: info@rws-verlag.de, Internet: http://www.rws-verlag.de

Satz und Datenverarbeitung: SEUME Publishing Services GmbH, Erfurt
Druck und Verarbeitung: CPI books GmbH, Leck

Vorwort

Die beiden ersten Auflagen dieses „RWS-Handbuchs“, das in der Nachfolge des von *Bork/Koschmieder* herausgegebenen Fachanwaltshandbuchs steht, haben freundliche Aufnahme gefunden. Das hat Verlag und Herausgeber ermutigt, fünf Jahre nach Erscheinen des Werks eine 3. Auflage in Angriff zu nehmen. Diese war umso mehr angezeigt, als die zugrunde liegenden Gesetzeswerke, insbesondere die Insolvenzordnung, vom Gesetzgeber mehrfach geändert und durch die Rechtsprechung facettenreich ausgestaltet worden sind. Für das eine wie für das andere bietet das Recht der Eigenverwaltung ein beredtes Beispiel, das durch Art. 5 des Gesetzes zur Fortentwicklung des Sanierungs- und Insolvenzrechts (SanInsFoG) vom 22.12.2020 geändert und durch die Rechtsprechung des IX. Senats mannigfach interpretiert worden ist.

Das in der Neuauflage vorliegende Handbuch dient nicht nur der Begleitung der angehenden Fachanwälte für Insolvenzrecht, sondern ist vielmehr als umfassender Ratgeber für bereits im Insolvenzrecht tätige Personen einschließlich der Berater ausgestaltet. Mit dieser Zielsetzung einer gründlichen Handreichung für Praktiker und am Insolvenzrecht Interessierte bietet das Handbuch eine dogmatisch fundierte wie uneingeschränkt praxistaugliche Darstellung aller relevanten Themen. Das Werk unterstützt daher gleichermaßen die erstmalige Auseinandersetzung mit der Materie im Allgemeinen wie die vertiefte Lösung von Spezialproblemen im Besonderen.

In der Zeit seit Erscheinen der 2. Auflage hat sich die Aufmerksamkeit der insolvenzrechtlichen Diskussion noch mehr als zuvor auf die Sanierungsaspekte gerichtet. Das spiegelt sich auch in der vorliegenden Neuauflage wider, die diesen Schwerpunkt besonders berücksichtigt. Zugleich hat an der ein oder anderen Stelle ein Bearbeiterwechsel stattgefunden. Herausgeber und Verlag nehmen dies zum Anlass, sich bei den Ausgeschiedenen für die erfolgreiche Mitwirkung an den beiden ersten Auflagen zu bedanken.

Autoren, Herausgeber und Verlag sind weiterhin für Anregungen und Kritik dankbar, die uns in dem Bestreben unterstützen, ein auf aktuellem Stand befindliches Werk für die Praxis anzubieten.

Hamburg/Bremen, im Januar 2024

Reinhard Bork
Gerrit Hölzle

Inhaltsübersicht

Teil V
Besondere Rechtsverhältnisse in der Insolvenz

Teil VI
Betriebswirtschaftliche Grundlagen

Inhaltsverzeichnis

Teil III
Regelinsolvenzverfahren

Kapitel 6
Die Beteiligten: Gericht, Verwalter, Schuldner, Gläubiger

Kapitel 7
Wirkungen der Verfahrenseröffnung

Kapitel 8
Abwicklung der Vertragsverhältnisse

Kapitel 9
Aufrechnung, Aussonderung, Absonderung

Teil IV
Besondere Verfahrenskonstellationen

Kapitel 13
Insolvenzplanverfahren

Kapitel 15
Eigenverwaltung und Schutzschirmverfahren

Kapitel 16
Restschuldbefreiung

Kapitel 17
Verbraucherinsolvenz

Kapitel 18
Sonderinsolvenzen

Kapitel 19
Konzerninsolvenzrecht

Kapitel 20
Internationales Insolvenzrecht

Teil V
Besondere Rechtsverhältnisse in der Insolvenz

Kapitel 21
Arbeitsverhältnisse in der Insolvenz

Kapitel 22
Sozialrecht in der Insolvenz

Kapitel 23
Steuerrecht in der Insolvenz

Kapitel 24
Gesellschaftsrecht sowie Darlehen und sonstige Leistungen der Gesellschafter in der Insolvenz

Kapitel 25
Anleihen in der Insolvenz

Kapitel 26
Insolvenzstrafrecht

Kapitel 27
Vergütung im Insolvenzverfahren

Teil VI
Betriebswirtschaftliche Grundlagen

Kapitel 28
Die Betriebswirtschaftliche Krise

Kapitel 29
Bilanzanalyse

Kapitel 31
Buchführung

Kapitel 32
Bilanzierung und Bewertung

Kapitel 33
Kostenrechnung/Kostenrechnungssysteme

Kapitel 35
Die Prüfung der insolvenzrechtlichen Rechnungslegung des Insolvenzverwalters

Autorenverzeichnis

Hannlis Achelis
Dipl.-Rechtspflegerin — Kap. 16, 17
Amtsgericht Tostedt

Joachim Beuck
Rechtsanwalt, Insolvenzverwalter, Fachanwalt für Insolvenzrecht — Kap. 4
NISSEN & BEUCK Rechtanwälte, Elmshorn

Folker Bittmann
Leitender Oberstaatsanwalt a. D., Rechtsanwalt — Kap. 26
verte | rechtsanwälte, Köln

Dr. Gideon Böhm
Rechtsanwalt, Insolvenzverwalter, Fachanwalt für Insolvenzrecht, — Kap. 18
European Master in Law and Economics
Münzel Böhm Rechtsanwälte, Hamburg

Prof. Dr. Reinhard Bork
Professor der Fakultät für Rechtswissenschaft — Kap. 1, 2
der Universität Hamburg
Visiting Professor, Radboud University Nijmegen/NL
Senior Research Fellow, Commercial Law Centre,
Harris Manchester College, Oxford/UK

Dr. Karl-Friedrich Curtze
Rechtsanwalt — Kap. 14
GÖRG, Hamburg

Kai Dellit
Rechtsanwalt, Fachanwalt für Insolvenz- und Sanierungsrecht — Kap. 13
hww hermann wienberg wilhelm Insolvenzverwalter, Erfurt/
Chemnitz

Dr. Frank Eckhoff
Rechtsanwalt, Fachanwalt für Arbeitsrecht — Kap. 21
HEUKING KÜHN LÜER WOJTEK, Köln

Claus Flören
Richter am Amtsgericht, Mönchengladbach — Kap. 5

Stefan Gemmeke
Wirtschaftsprüfer, Steuerberater, Dipl.-Kfm. — Kap. 30
Lüders Warneboldt & Partner Rechtsanwälte. Steuerberater.
Wirtschaftsprüfer, Hannover

Dr. Julian B. Hageböke, B. Sc.
Rechtsanwalt — Kap. 9, 12
BRL BOEGE ROHDE LUEBBEHUESEN, München/Hamburg
Lehrbeauftragter, Buscerius Law School, Hamburg

Prof. Dr. Thomas Henschel, MBA
Professor an der Hochschule für Technik und Wirtschaft (HTW), Berlin — Kap. 31, 33
Gastprofessur Universität Verona, Italien

Prof. Dr. habil. Gerrit Hölzle
Rechtsanwalt, Fachanwalt für Steuerrecht, Fachanwalt für Insolvenzrecht, Fachanwalt für Handels- und Gesellschaftsrecht — Kap. 1, 3, 15
GÖRG Insolvenzverwaltung, Bremen
Honorarprofessor an der Universität Bremen

Dr. Alexander Höpfner
Rechtsanwalt, Fachanwalt für Insolvenz- und Sanierungsrecht — Kap. 8
act AC Tischendorf Rechtsanwälte Partnerschaft mbB, Frankfurt am Main

Hildegard A. Hövel
Rechtsanwältin, Fachanwältin für Insolvenz- und Sanierungsrecht, Fachanwältin für Arbeitsrecht, Fachanwältin für Sozialrecht — Kap. 22
Kanzlei Hövel & Collegen, Frankfurt am Main

Prof. Dr. Bernd Hüfner
Universitätsprofessor an der Friedrich-Schiller-Universität Jena — Kap. 32

Friedrich Kraft von Kaltenborn-Stachau
Rechtsanwalt, Fachanwalt für Insolvenz- und Sanierungsrecht, Fellow INSOL International, Insolvenzverwalter — Kap. 9, 12
BRL BOEGE ROHDE LUEBBEHUESEN, Hamburg

Dr. Christoph Keller, LL.M.
Rechtsanwalt — Kap. 20
München

Prof. Ulrich Keller
Dipl.-Rechtspfleger — Kap. 27
Hochschule für Wirtschaft und Recht, Berlin

Dr. Wolfgang König
Rechtsanwalt — Kap. 14
GÖRG, Köln

Gerd-Markus Lohmann
Wirtschaftsprüfer, Steuerberater, Geschäftsführender Partner — Kap. 34
FIDES Treuhand GmbH & Co. KG Wirtschaftsprüfungsgesellschaft Steuerberatungsgesellschaft, Bremen

Prof. Dr. Torsten Martini
Rechtsanwalt, Fachanwalt für Insolvenz- und Sanierungsrecht, Insolvenzverwalter — Kap. 25
GÖRG Insolvenzverwaltung, Berlin/Köln
Honorarprofessor an der Hochschule für Wirtschaft und Recht, Berlin

Joachim C. Mohlitz
Rechtsanwalt, Steuerberater, Insolvenzverwalter, Fachanwalt für Insolvenz- und Sanierungsrecht, Fachanwalt für Steuerrecht — Kap. 23
GÖRG Insolvenzverwaltung, Duisburg/Essen

Prof. Dr. Olaf Muthorst
Universitätsprofessor an der Freien Universität Berlin — Kap. 7

Dr. Alexander Naraschewski, LL.M.
Rechtsanwalt, Insolvenzverwalter, Fachanwalt für Insolvenzrecht, Notar, Attorney at Law (New York) — Kap. 19, 24
Naraschewski Rechtsanwälte und Notar, Wilhelmshaven

Dr. Lars Niemann
Wirtschaftsprüfer, Certified Public Accountant, Dipl.-Kfm., Geschäftsführender Partner — Kap. 28, 34, 35
FIDES Treuhand GmbH & Co. KG Wirtschaftsprüfungsgesellschaft Steuerberatungsgesellschaft, Hannover

Dr. Timm Nissen
Rechtsanwalt, Fachanwalt für Handels- und Gesellschaftsrecht — Kap. 4
NISSEN & BEUCK Rechtsanwälte, Hamburg

Prof. Dr. Hermann Plagemann
Rechtsanwalt, Fachanwalt für Sozialrecht, Fachanwalt für Medizinrecht — Kap. 22
Plagemann Rechtsanwälte, Frankfurt am Main
Honorarprofessor an der Universität Mainz

Ernst Riedel
Dipl.-Rechtspfleger — Kap. 11
Hochschule für den öffentlichen Dienst in Bayern, Starnberg

Ivonne Schemmerling
Dipl.-Rechtspflegerin — Kap. 16, 17
Amtsgericht Tostedt

Patricia Titze
Rechtsanwältin — Kap. 13
hww hermann wienberg wilhelm Insolvenzverwalter, Dresden

Oliver Warneboldt
Steuerberater, Wirtschaftsprüfer, Master of International Taxation, Dipl.-oec. — Kap. 30
Lüders Warneboldt & Partner Rechtsanwälte. Steuerberater. Wirtschaftsprüfer, Hannover

Wolfgang Zenker
Rechtsanwalt — Kap. 10
Berlin

Dr. Frank Thomas Zimmer, LL.M. oec.
Rechtsanwalt, Fachanwalt für Insolvenzrecht, Betriebswirt (VWA) — Kap. 6, 29
Köln

Literaturverzeichnis

Weitere themenspezifische Literatur, Zeitschriften- und Festschriftbeiträge sind in den Literaturübersichten zu Beginn der Kapitel aufgeführt.

Achenbach/Ransiek/Rönnau
Handbuch Wirtschaftsstrafrecht, 5. Aufl., 2019
(zit.: *Bearbeiter* in: Achenbach/Ransiek/Rönnau, Hdb. Wirtschaftsstrafrecht)

Adler/Düring/Schmaltz
Rechnungslegung und Prüfung der Unternehmen, 6. Aufl., 2001 ff.
(zit.: Rechnungslegung)

Ahrens/Gehrlein/Ringstmeier
Insolvenzrecht, Kommentar, 4. Aufl., 2020
(zit.: Ahrens/Gehrlein/Ringstmeier-*Bearbeiter*, InsR)

Andres/Leithaus
Insolvenzordnung, Kommentar, 4. Aufl., 2018
(zit.: Andres/Leithaus-*Bearbeiter*, InsO)

Baetge/Kirsch/Thiele
Bilanzen, 16. Aufl., 2021

Balz/Landfermann
Die neuen Insolvenzgesetze, 1999

Beck/Depré/Ampferl
Praxis der Insolvenz, 4. Aufl., 2023
(zit.: *Bearbeiter* in: Beck/Depré/Ampferl, Praxis der Insolvenz)

Becker/Peppmeier
Investition und Finanzierung, 9. Aufl., 2022

Beck'scher Bilanzkommentar
hrsg. v. Grottel/Schmidt/Schubert/Winkeljohann, Handels- und Steuerbilanz, 13. Aufl., 2022 (zit.: *Bearbeiter* in: Beck'scher BilKomm)

Beck'scher Online-Kommentar BGB
hrsg. v. Hau/Poseck, 66. Ed. Stand: 1.5.2023
(zit.: *Bearbeiter* in: BeckOK-BGB)

Beck'scher Online Kommentar GewO
hrsg. v. Pielow, 58. Ed. Stand: 1.12.2022
(zit.: *Bearbeiter* in: BeckOK-GewO)

Beck'scher Online-Kommentar InsO
hrsg. v. Fridgen/Geiwitz/Göpfert, 32. Ed. Stand: 15.7.2023
(zit.: *Bearbeiter* in: BeckOK-InsO)

Beck'scher Online-Kommentar StaRUG
hrsg. v. Skauradszun/Fridgen, 9. Ed. Stand: 1.7.2023
(zit.: *Bearbeiter* in: BeckOK-StaRUG)

Beck'scher Online-Kommentar ZPO
hrsg. v. Vorwerk/Wolf, 49. Ed. Stand: 1.7.2023
(zit.: *Bearbeiter* in: BeckOK-ZPO)

Beck'sches Notar-Handbuch
hrsg. v. Heckschen/Herrler/Münch, 7. Aufl., 2019
(zit.: *Bearbeiter* in: Beck'sches Notar-Hdb.)

Beck'sches Steuer- und Bilanzrechtslexikon
hrsg. v. *Alber/Faber*, beck-online, 58. Ed. Stand: 2022
(zit.: *Bearbeiter* in: Beck'sches Steuer- und BilRlexikon)

*Bieg/Borchardt/Frin*d
Unternehmenssanierung, 2021
(zit.: *Bearbeiter* in: Bieg/Borchart/Frind, Unternehmenssanierung)

Binz/Sorg
Die GmbH & Co. KG, 12. Aufl., 2018

Bittmann
Praxishandbuch Insolvenzstrafrecht, 2. Aufl., 2017
(zit.: *Bearbeiter* in: Bittmann, Insolvenzstrafrecht)

Blersch/Goetsch/Haas
Berliner Kommentar Insolvenzrecht, Loseblatt, 81. EL Stand: 10/2023
(zit.: Blersch/Goetsch/Haas-*Bearbeiter*, InsO)

Bock
Criminal Compliance, 2. Aufl., 2013

Bork
Einführung in das Insolvenzrecht, 11. Aufl., 2023

Bork
Sanierungsrecht in Deutschland und England, 2011

Bork
Zahlungsverkehr in der Insolvenz, 2002

Bork/Gehrlein
Aktuelle Probleme der Insolvenzanfechtung, 15. Aufl., 2020

Bork/Thole
Die Verwalterauswahl, 2018

Böttcher
ZVG, Kommentar, 7. Aufl., 2022
(zit.: Böttcher-*Bearbeiter*, ZVG)

Braun
InsO, Kommentar, 9. Aufl., 2022
(zit.: Braun-*Bearbeiter*, InsO)

Braun
StaRUG, Kommentar, 2021
(zit.: Braun-*Bearbeiter*, StaRUG)

Braun/Uhlenbruck
Unternehmensinsolvenz, 1999

Brox/Walker
Erbrecht, 28. Aufl., 2018

Brünkmans/Thole
Handbuch Insolvenzplan, 2. Aufl., 2020
(zit.: *Bearbeiter* in: Brünkmanns/Thole, Hdb. Insolvenzplan)

Bunjes
UStG, Kommentar, 21. Aufl., 2022
(zit.: Bunjes-*Bearbeiter*, UStG)

Bunnemann/Zirngibl
Die Gesellschaft mit beschränkter Haftung in der Praxis: Die GmbH in der Praxis, 2. Aufl., 2011
(zit.: *Bearbeiter* in: Bunnemann/Zirngibl, GmbH in der Praxis)

Buth/Hermanns
Restrukturierung, Sanierung, Insolvenz, 5. Aufl., 2022
(zit.: *Bearbeiter* in: Buth/Hermanns, Restrukturierung)

Calliess/Ruffert
EUV/AEUV, Kommentar, 6. Aufl., 2022
(zit.: Calliess/Ruffert-*Bearbeiter*, EUV/AEUV)

Coenenberg/Haller/Schultze
Jahresabschluss und Jahresabschlussanalyse, 26. Aufl., 2021
(zit.: Jahresabschluss)

Cranshaw/Hinkel
Gläubigerkommentar zum Anfechtungsrecht, 2. Aufl., 2015
(zit.: Cranshaw/Hinkel-*Bearbeiter*, Gläubigerkommentar zum Anfechtungsrecht)

Cranshaw/Paulus/Michel
Bankenkommentar zum Insolvenzrecht, 3. Aufl., 2016
(zit.: Cranshaw/Paulus/Michel-*Bearbeiter*, Bankenkommentar zum Insolvenzrecht)

Crone/Werner
Modernes Sanierungsmanagement, 6. Aufl., 2021
(zit.: *Bearbeiter* in: Crone/Werner, Modernes Sanierungsmanagement)

Dannecker/Knierim
Insolvenzstrafrecht, 3. Aufl., 2018
(zit.: *Bearbeiter* in: Dannecker/Knierim, Insolvenzstrafrecht)

Däubler/Klebe/Wedde
BetrVG, Kommentar, 18. Aufl., 2022

Dauses/Ludwigs
Handbuch des EU-Wirtschaftsrechts, Loseblatt, 55. EL Stand: 2022
(zit.: *Bearbeiter* in: Dauses/Ludwigs, EU-Wirtschaftsrecht)

Deubert/Förschle/Störk
Sonderbilanzen, 6. Aufl., 2021
(zit.: *Bearbeiter* in: Deubert/Förschle/Störk, Sonderbilanzen)

Duursma-Kepplinger/Duursma/Chalupsky
Europäische Insolvenzverordnung, Kommentar, 2002
(zit.: Duursma-Kepplinger/Duursma/Chalupsky-*Bearbeiter*, EuInsVO)

Ebenroth
Erbrecht, 1992

Ebenroth/Boujong/Joost/Strohn
HGB, Kommentar, 4. Aufl., 2020
(zit.: Ebenroth/Boujong/Joost/Strohn-*Bearbeiter*, HGB)

Ellenberger/Bunte
Bankrechts-Handbuch, 6. Aufl., 2022
(zit.: *Bearbeiter* in: Ellenberger/Bunte, Bankrechts-Hdb.)

Erfurter Kommentar zum Arbeitsrecht
hrsg. v. Müller-Glöge/Preis/Schmidt, 23. Aufl., 2023
(zit.: *Bearbeiter* in: ErfK)

Erman
BGB, Kommentar, 16. Aufl., 2020
(zit.: Erman-*Bearbeiter*, BGB)

Fischer
StGB, Kommentar, 70. Aufl., 2023

Fischer/Hoven/Huber/Raum/Rönnau/Saliger/Trüg
Dogmatik und Praxis des strafrechtlichen Vermögensschadens, 2015

Fitting/Engels/Schmidt/Trebinger/Linsensmaier
BetrVG, Kommentar, 31. Aufl., 2022
(zit.: *Fitting*, BetrVG)

Flöther
Konzerninsolvenzrecht, Handbuch, 2. Aufl., 2018
(zit.: *Bearbeiter* in: Flöther, Hdb. Konzerninsolvenzrecht)

Flöther
StaRUG, Kommentar, 2021
(zit.: *Bearbeiter* in: Flöther, StaRUG)

Foerste
Insolvenzrecht, 8. Aufl., 2022

Frankfurter Kommentar zum Schuldverschreibungsgesetz
hrsg. v. Friedl/Hartwig-Jacob, 2016
(zit.: *Bearbeiter* in: FK-SchVG)

Frankfurter Kommentar zur Insolvenzordnung
hrsg. v. Wimmer, Bd. 1: 9. Aufl., 2018; Bd. 2: 10. Aufl., 2023
(zit.: *Bearbeiter* in: FK-InsO)

Frege
Der Sonderinsolvenzverwalter, 2. Aufl., 2012

Frege/Keller, U./Riedel
Handbuch Insolvenzrecht, 9. Aufl., 2022
(zit.: Frege/U. Keller/Riedel, Hdb. InsR)

Frege/Riedel
Schlussbericht und Schlussrechnung, 4. Aufl., 2016

Frotscher
Besteuerung bei Insolvenz, 9. Aufl., 2021

Gagel
SGB II/SGB III – Grundsicherung und Arbeitsförderung, Kommentar, Loseblatt, 85. EL Stand: 3/2022
(zit.: Gagel-*Bearbeiter*, SGB III)

Gärtner
Die rechtlichen Grenzen der Zulässigkeit des Cash Pooling, 2011

Gebauer/Wiedmann
Zivilrecht unter europäischem Einfluss, 2. Aufl., 2010
Geimer
Internationales Zivilprozessrecht, Handbuch, 8. Aufl., 2020
(zit.: *Geimer*, IZPR)
Geimer/Schütze
Europäisches Zivilverfahrensrecht, Kommentar, Loseblatt, 62. EL Stand: 7/2021
(zit.: Geimer/Schütze-*Bearbeiter*, EZVR)
Germelmann/Matthes/Prütting
Arbeitsgerichtsgesetz, Kommentar, 10. Aufl., 2022
(zit.: Germelmann/Matthes/Prütting-*Bearbeiter*, ArbGG)
Gottwald/Haas
Insolvenzrechts-Handbuch, 6. Aufl., 2020
(zit.: *Bearbeiter* in: Gottwald/Haas, InsR-Hdb.)
Grabitz/Hilf/Nettesheim
Das Recht der Europäischen Union, Kommentar, Loseblatt, 78. EL Stand: 1/2023
(zit.: Grabitz/Hilf/Nettesheim-*Bearbeiter*, Recht der EU)
Graeber, Th./Graeber, A.
InsVV, Kommentar, 4. Aufl., 2022
Graf/Jäger/Wittig
Wirtschafts- und Steuerstrafrecht, Kommentar, 2. Aufl., 2017
(zit.: Graf/Jäger/Wittig-*Bearbeiter*, Wirtschafts- und Steuerstrafrecht)
Graf-Schlicker
InsO, Kommentar, 6. Aufl., 2022
(zit.: Graf-Schlicker-*Bearbeiter*, InsO)
Gräfer/Wengel
Bilanzanalyse, 14. Aufl., 2019
Grüneberg
BGB, Kommentar, 82. Aufl., 2023
(zit.: Grüneberg-*Bearbeiter*, BGB)
Grunow/Figgener
Handbuch moderne Unternehmensfinanzierung, 2006
(zit.: *Grunow/Figgener*, Hdb. moderne Unternehmensfinanzierung)

Haarmeyer/Huber/Schmittmann
Praxis der Insolvenzanfechtung, 5. Aufl., 2023
(zit.: *Bearbeiter* in: Haarmeyer/Huber/Schmittmann, Praxis der Insolvenzanfechtung)
Haarmeyer/Mock
InsVV, Kommentar, 6. Aufl., 2019
Haarmeyer/Wutzke/Förster
Handbuch zur Insolvenzordnung, EGInsO/InsO, 3. Aufl., 2001
(zit.: *Bearbeiter* in: Haarmeyer/Wutzke/Förster, Hdb. InsO)
Hamburger Kommentar zum Insolvenzrecht
hrsg. v. A. Schmidt, 9. Aufl., 2021
(zit.: *Bearbeiter* in: HambKomm-InsO)
Häsemeyer
Insolvenzrecht, 4. Aufl., 2007

Hauschild/Kallrath/Wachter
Notarhandbuch Gesellschafts- und Unternehmensrecht, 3. Aufl., 2022
(zit.: *Bearbeiter* in: Hauschild/Kallrath/Wachter, Notar-Hdb.)

Heckschen/Heidinger
Die GmbH in der Gestaltungs- und Beratungspraxis, 4. Aufl., 2018

Heidelberger Kommentar zur InsO
hrsg. v. Kayser/Thole, 11. Aufl., 2023
(zit.: *Bearbeiter* in: HK-InsO)

Henssler/Strohn
Gesellschaftsrecht, 5. Aufl., 2021
(zit.: *Bearbeiter* in: Henssler/Strohn, GesR)

Hess
Insolvenzrecht, Großkommentar, 2. Aufl., 2013
(zit.: *Hess*, InsO)

Hess/Mitlehner
Steuerrecht, Rechnungslegung, Insolvenz, 2001

Hess/Oberhammer/Pfeiffer
European Insolvency Law, 2014
(zit.: *Bearbeiter* in: Hess/Oberhammer/Pfeiffer, European Insolvency Law)

Hess/Weis/Wienberg
Kommentar zur Insolvenzordnung mit EGInsO, 2. Aufl., 2001
(zit.: Hess/Weis/Wienberg-*Bearbeiter*, InsO)

Hilgendorf/Kudlich/Valerius
Handbuch des Strafrechts, Bd. 5, 2020
(zit.: *Bearbeiter* in: Hilgendorf/Kudlich/Valerius, Hdb. d. Strafrechts)

Höfer
Betriebsrentenrecht (BetrAVG), Bd. I: Arbeitsrecht, 28. Aufl., 2022
(zit.: *Höfer*, BetrAVG)

Hoffmann/Lüdenbach
NWB-Kommentar Bilanzierung Handels- und Steuerrecht, 14. Aufl., 2022
(zit.: *Hoffmann/Lüdenbach*, Bilanzierung, Handels- und Steuerrecht)

Hölters/Weber
AktG, Kommentar, 4. Aufl., 2022
(zit.: Hölters/Weber-*Bearbeiter*, AktG)

Hölzle
Praxisleitfaden ESUG und SanInsFoG, 3. Aufl., 2021

Hopt
HGB, Kommentar, 42. Aufl., 2023
(zit.: Hopt-*Bearbeiter*, HGB)

Hopt/Seibt
Schuldverschreibungsrecht, Kommentar, Handbuch, Vertragsmuster, 2. Aufl., 2023
(zit.: *Bearbeiter* in: Hopt/Seibt, SchuldverschreibungsR)

IDW
WPH Edition, Sanierung und Insolvenz, 2. Aufl., 2022
(zit.: *IDW*, Sanierung und Insolvenz)

IDW
WP Handbuch, Wirtschaftsprüfung und Rechnungslegung, 18. Aufl., 2023
(zit.: *IDW*, Wirtschaftsprüfung und Rechnungslegung)

Jaeger
Insolvenzordnung, Großkommentar, hrsg. v. Henckel/Gerhardt, Bd. 1, 3, 5–6, 8–10: 2004 ff.; Bd. 2: 2. Aufl., 2023); Bd. 4: 2. Aufl., 2021; Bd. 7: 2. Aufl., 2022
(zit.: Jaeger-*Bearbeiter*, InsO)

Jaeger
KO, Kommentar, 9. Aufl., 1997 ff.
(zit.: Jaeger-*Bearbeiter*, KO)

Jarass/Pieroth
GG, Kommentar, 16. Aufl., 2020

Kahlert/Rühland
Sanierungs- und Insolvenzsteuerrecht, 2011

Kallmeyer
Umwandlungsgesetz, Kommentar, 7. Aufl., 2020
(zit.: Kallmeyer-*Bearbeiter*, UmwG)

Kanitz, Graf von
Bilanzkunde für Juristen, 4. Aufl., 2023
(zit.: *Kanitz*, Bilanzkunde)

Keller, U.
Grundstücke in Vollstreckung und Insolvenz, 1998
(zit.: *U. Keller*, Grundstücke)

Keller, U.
Insolvenzrecht, 2. Aufl., 2020
(zit.: *U. Keller*, Insolvenzrecht)

Keller, U.
Vergütung und Kosten im Insolvenzverfahren, 5. Aufl., 2021
(zit.: *U. Keller*, Vergütung)

Kindl/Meller-Hannich
Gesamtes Recht der Zwangsvollstreckung, Handkommentar, 4. Aufl., 2021
(zit.: Kindl/Meller-Hannich-*Bearbeiter*, Zwangsvollstreckung)

Kindler/Nachmann/Bitzer
Handbuch Insolvenzrecht in Europa 10. Aufl., 2021
(zit.: *Bearbeiter* in: Kindler/Nachmann/Bitzer, Hdb. InsR Europa)

Klein
AO, Kommentar, 16. Aufl., 2022
(zit.: Klein-*Bearbeiter*, AO)

Knapp
Die Vergütung des Insolvenzverwalters, 2022

Knickrehm/Kreikebohm/Waltermann
Kommentar zum Sozialrecht, 7. Aufl., 2021
(zit.: Knickrehm/Kreikebohm/Waltermann-*Bearbeiter*, Sozialrecht)

Koch
AktG, Kommentar, 17. Aufl., 2023
(zit.: Koch-*Bearbeiter*, AktG)

Koller/Kindler/Roth/Drüen
HGB, Kommentar, 9. Aufl., 2019
(zit.: Koller/Kindler/Roth/Drüen-*Bearbeiter*, HGB)

Kölner Kommentar zur Insolvenzordnung
hrsg. v. Hess, Bd. 1: 2016; Bd. 2: 2017; Bd. 3: 2017; Bd. 4 2023; Bd. 5: 2020
(zit.: *Bearbeiter* in: KölnKomm-InsO)

Koenig
AO, Kommentar, 4. Aufl., 2021
(zit.: Koenig-*Bearbeiter*, AO)

Kübler/Bork/Prütting
Handbuch Restrukturierung vor der Insolvenz, 2023
(zit.: *Bearbeiter* in: Kübler, HRI I)

Kübler/Bork/Prütting
Handbuch Restrukturierung in der Insolvenz, 4. Aufl., 2023
(zit.: *Bearbeiter* in: Kübler, HRI II)

Kübler/Prütting
Das neue Insolvenzrecht, InsO/EGInsO, RWS-Dok. 18, 2. Aufl., 2000

Kübler/Prütting/Bork/Jacoby
InsO, Kommentar, Loseblatt, 97. EL Stand: 9/2023
(zit.: *Bearbeiter* in: KPB, InsO)

Kuhn/Uhlenbruck
KO, Kommentar, 11. Aufl., 1994

Küting/Weber
Die Bilanzanalyse, 11. Aufl., 2015 (zit.: Bilanzanalyse)

Lange
Erbrecht, 2. Aufl., 2017

Langenbucher
Europäisches Privat- und Wirtschaftsrecht, 4. Aufl., 2017
(zit.: *Bearbeiter* in: Langenbucher, Europäisches Privat- und Wirtschaftsrecht)

Langenbucher/Bliesener/Spindler
Bankrechts-Kommentar, 3. Aufl., 2020
(zit.: Langenbucher/Bliesener/Spindler-*Bearbeiter*, Bankrecht)

Leipziger Kommentar zum Strafgesetzbuch
Großkommentar, hrsg. v. Valerius/Vogel/Schünemann/Möhrenschlager, Bd. 9/1: 12. Aufl., 2012 (zit.: *Bearbeiter* in: LK-StGB)

Leitner/Rosenau
Wirtschafts- und Steuerstrafrecht, Kommentar, 2. Aufl., 2022
(zit.: *Bearbeiter* in: Leitner/Rosenau, Wirtschafts- und Steuerstrafrecht)

Lutter/Hommelhoff
GmbH-Gesetz, Kommentar, 21. Aufl., 2022
(zit.: Lutter/Hommelhoff-*Bearbeiter*, GmbHG)

Madaus
Der Insolvenzplan, 2011
Mankowski/Müller/Schmidt, J.
EuInsVO 2015, Kommentar, 2016
(zit.: Mankowski/Müller/J. Schmidt-*Bearbeiter*, EuInsVO)
Mayer/Kroiß
RVG, Kommentar, 8. Aufl., 2021
(zit.: Mayer/Kroiß-*Bearbeiter*, RVG)
Meyer-Goßner/Schmitt
Strafprozessordnung, Kommentar, 65. Aufl., 2022
(zit.: Meyer-Goßner-*Bearbeiter*, StPO)
Michalski/Heidinger/Leible/Schmidt, J.
Kommentar zum Gesetz betreffend die Gesellschaft mit beschränkter Haftung, 4. Aufl., 2023
(zit.: Michalski/Heidinger/Leible/J. Schmidt-*Bearbeiter*, GmbHG)
Mohrbutter/Ringstmeier
Handbuch der Insolvenzverwaltung, 10. Aufl., 2021
(zit.: *Bearbeiter* in: Mohrbutter/Ringstmeier, Hdb. Insolvenzverwaltung)
Mönning, R.-D.
Betriebsfortführung in Restrukturierung und Insolvenz, 4. Aufl., 2022
(zit.: *Bearbeiter* in: R.-D. Mönning, Betriebsfortführung)
Morgen
StaRUG, Kommentar, 2. Aufl., 2021
(zit.: Morgen-*Bearbeiter*, StaRUG)
Müller-Gugenberger
Wirtschaftsstrafrecht, Handbuch, 6. Aufl., 2015
(zit.: *Bearbeiter* in: Müller-Gugenberger, Wirtschaftsstrafrecht)
Münchener Anwaltshandbuch Insolvenz und Sanierung
hrsg. v. Nerlich/Kreplin, 4. Aufl., 2023
(zit.: *Bearbeiter* in: MünchAHB-InsR)
Münchener Anwaltshandbuch Sozialrecht
hrsg. v. Plagemann, 5. Aufl., 2018
(zit.: *Bearbeiter* in: MünchAHB-SozR)
Münchener Handbuch des Gesellschaftsrechts
hrsg. v. Gummert/Weipert, Bd. 1–2: 5. Aufl., 2019; Bd. 3: 6. Aufl., 2023; Bd. 4: 5. Aufl., 2020; Bd. 5: 5. Aufl., 2021; Bd. 6: 5. Aufl., 2022; Bd. 7: 6. Aufl., 2020; Bd. 8: 5. Aufl., 2018; Bd. 9: 6. Aufl., 2021
(zit.: *Bearbeiter* in: Münch-Hdb. GesR)
Münchener Kommentar zum Aktiengesetz
hrsg. v. Goette/Habersack, Bd. 1, 3–4, 6–7: 5. Aufl., 2019 ff.; Bd. 2, 5: 6. Aufl., 2023
(zit.: *Bearbeiter* in: MünchKomm-AktG)
Münchener Kommentar zum Anfechtungsgesetz
hrsg. v. Weinland, 2. Aufl., 2022
(zit.: *Bearbeiter* in: MünchKomm-AnfG)

Münchener Kommentar zum Bürgerlichen Gesetzbuch
hrsg. v. Säcker/Rixecker/Oetker/Limperg, Bd. 1: 9. Aufl., 2021; Bd. 2–3: 9. Aufl., 2022; Bd. 4/1, 5: 8. Aufl., 2019; Bd. 4/2, 8: 9. Aufl., 2023; Bd. 6: 9. Aufl., 2023; Bd. 7: 8. Aufl., 2020; Bd. 9: 9. Aufl., 2022; Bd. 10: 9. Aufl., 2024; Bd. 11: 9. Aufl., 2022; Bd. 12–13: 8. Aufl., 2020
(zit.: *Bearbeiter* in: MünchKomm-BGB)

Münchener Kommentar zum Gesetz betreffend die Gesellschaften mit beschränkter Haftung
hrsg. v. Fleischer/Goette, Bd. 1, 3: 4. Aufl., 2022; Bd. 2: 4. Aufl., 2023
(zit.: *Bearbeiter* in: MünchKomm-GmbHG)

Münchener Kommentar zum Handelsgesetzbuch
hrsg. v. K. Schmidt, Bd. 1–2, 5: 5. Aufl., 2021 f.; Bd. 3 4. Aufl., 2016
(zit.: *Bearbeiter* in: MünchKomm-HGB)

Münchener Kommentar zum StaRUG
hrsg. v. Stürner/Eidenmüller/Schoppmeyer/Madaus, 2023
(zit.: *Bearbeiter* in: MünchKomm-StaRUG)

Münchener Kommentar zum Strafgesetzbuch
hrsg. v. Joecks/Miebach, Bd. 5: 4. Aufl., 2022
(zit.: *Bearbeiter* in: MünchKomm-StGB)

Münchener Kommentar zur Insolvenzordnung
hrsg. v. Kirchhof/Stürner/Eidenmüller, Bd. 1–2: 4. Aufl., 2019; Bd. 3: 4. Aufl., 2020; Bd. 4: 4. Aufl., 2021
(zit.: *Bearbeiter* in: MünchKomm-InsO)

Münchener Kommentar zur Strafprozessordnung
hrsg. v. Knauer/Kudlich/Schneider, Bd. 1: 2. Aufl., 2023
(zit.: *Bearbeiter* in: MünchKomm-StPO)

Münchener Kommentar zur Zivilprozessordnung
hrsg. v. Krüger/Rauscher, 6. Aufl., 2020 ff.
(zit.: *Bearbeiter* in: MünchKomm-ZPO)

Musielak/Voit
ZPO, Kommentar, 20. Aufl., 2023
(zit.: Musielak/Voit-*Bearbeiter*, ZPO)

Nerlich/Römermann
InsO, Kommentar, Loseblatt, 47. EL Stand: 4/2023
(zit.: Nerlich/Römermann-*Bearbeiter*, InsO)

Nickert/Lamberti
Überschuldungs- und Zahlungsunfähigkeitsprüfung im Insolvenzrecht, 3. Aufl., 2015
(zit.: *Bearbeiter* in: Nickert/Lamberti, Überschuldungs- und Zahlungsunfähigkeitsprüfung im Insolvenzrecht)

Noack/Servatius/Haas
GmbHG, Kommentar, 23. Aufl., 2022
(zit.: Noack/Servatius/Haas-*Bearbeiter*, GmbHG)

Nomos Kommentar zum StGB
hrsg. v. Kindhäuser/Neumann/Paeffgen, 6. Aufl., 2023
(zit.: *Bearbeiter* in: NK-StGB)

Obermüller
Insolvenzrecht in der Bankpraxis, 9. Aufl., 2016

Oetker
HGB, Kommentar, 7. Aufl., 2021
(zit.: Oetker-*Bearbeiter*, HGB)

Pannen
Europäische Insolvenzverordnung, Kommentar, 2011
(zit.: Pannen-*Bearbeiter*, EuInsVO)

Paulus
Europäische Insolvenzverordnung, Kommentar, 6. Aufl., 2021
(zit.: *Paulus*, EuInsVO)

Paulus
Insolvenzrecht, 4. Aufl., 2021

Pelz/Grotebrune
Strafrecht in Krise und Insolvenz, 3. Aufl., 2022

Perridon/Steiner/Rathgeber
Finanzwirtschaft der Unternehmung, 17. Aufl., 2017

Pohlmann
Befugnisse und Funktionen des vorläufigen Insolvenzverwalters, 1998

Preuße
SchVG, Gesetz über Schuldverschreibungen aus Gesamtemissionen, Kommentar, 2011
(zit.: Preuße-*Bearbeiter*, SchVG)

Prölss/Martin
Versicherungsvertragsgesetz, Kommentar, 31. Aufl., 2021
(zit.: Prölss/Martin-*Bearbeiter*, VVG)

Rattunde/Smid/Zeuner
Insolvenzordnung, Kommentar, 4. Aufl., 2018
(zit.: Rattunde/Smid/Zeuner-*Bearbeiter*, InsO)

Rau/Dürrwächter
Umsatzsteuergesetz, Kommentar, Loseblatt, 206. EL Stand: 10/2023
(zit.: Rau/Dürrwächter-*Bearbeiter*, UStG)

Reithmann/Martiny
Internationales Vertragsrecht, Handbuch, 9. Aufl., 2021
(zit.: *Bearbeiter* in: Reithmann/Martiny, Int. Vertragsrecht)

Reufels
Personaldienstleistungen, 2. Aufl., 2018

Reul/Heckschen/Wienberg
Insolvenzrecht in der Gestaltungspraxis, Handbuch, 3. Aufl., 2022
(zit.: *Bearbeiter* in: Reul/Heckschen/Wienberg, Insolvenzrecht in der Gestaltungspraxis)

Richardi
BetrVG, Kommentar, 17. Aufl., 2022
(zit.: *Richardi*, BetrVG)

Roth
Insolvenzsteuerrecht, 3. Aufl., 2021

Roth/Altmeppen
Gesetz betreffend die Gesellschaft mit beschränkter Haftung, Kommentar, 11. Aufl., 2023
(zit.: Roth/Altmeppen-*Bearbeiter*, GmbHG)

Rotsch
Criminal Compliance, 2014

Runkel/Schmidt, J.
Anwalts-Handbuch Insolvenzrecht, 4. Aufl., 2022
(zit.: *Bearbeiter* in: Runkel/J. Schmidt, AHB InsR)

Satzger/Schluckebier/Widmaier
StGB, Kommentar, 5. Aufl., 2020
(zit.: Satzger/Schluckebier/Widmaier-*Bearbeiter*, StGB)

Schack
Internationales Zivilverfahrensrecht, 8. Aufl., 2021
(zit.: *Schack*, Int. Zivilverfahrensrecht)

Schäfer
Insolvenzanfechtung anhand von Rechtsprechungsbeispielen, 4. Aufl., 2013
(zit.: *Schäfer*, Insolvenzanfechtung)

Schaub/Schrader/Straube/Vogelsang
Arbeitsrechtliches Formular- und Verfahrenshandbuch, 13. Aufl., 2019

Schlosser/Hess
EU-Zivilprozessrecht, Kommentar, 5. Aufl., 2021 (zit.: *Schlosser/Hess*, EuZPR)

Schmidt, A.
Sanierungsrecht, Kommentar, 2. Aufl., 2019 (zit.: SanierungsR)

Schmidt, K.
Gesellschaftsrecht, 5. Aufl., 2017 (zit.: GesR)

Schmidt, K.
Insolvenzordnung, Kommentar, 20. Aufl., 2023
(zit.: K. Schmidt-*Bearbeiter*, InsO)

Schmidt, K./Uhlenbruck
Die GmbH in Krise, Sanierung und Insolvenz, Handbuch, 6. Aufl., 2023
(zit.: *K. Schmidt/Uhlenbruck*, Die GmbH)

Schmidt, L.
EStG, Kommentar, 41. Aufl., 2022
(zit.: L. Schmidt-*Bearbeiter*, EStG)

Schmidt-Futterer
Mietrecht, Kommentar, 15. Aufl., 2022
(zit.: Schmidt-Futterer-*Bearbeiter*, MietR)

Schmittmann/Theurich/Brune
Das insolvenzrechtliche Mandat, Handbuch, 5. Aufl., 2017
(zit.: *Bearbeiter* in: Schmittmann/Theurich/Brune, Das insolvenzrechtliche Mandat)

Scholz
GmbHG, Kommentar, 12. Aufl., 2018/2021
(zit.: Scholz-*Bearbeiter*, GmbHG)

Seibt/Westphal
StaRUG, Kommentar, 2023

Semler/Stengel/Leonard
Umwandlungsgesetz, Kommentar, 5. Aufl., 2021
(zit.: Semler/Stengel/Leonard-*Bearbeiter*, UmwG)

Smid/Rattunde/Martini
Insolvenzplan, 4. Aufl., 2015

Soergel
Bürgerliches Gesetzbuch mit Einführungsgesetz und Nebengesetzen, Kommentar, 13. Aufl., 1999 ff.
(zit.: Soergel-*Bearbeiter*, BGB)

Sonnleitner/Witfeld
Insolvenz- und Sanierungssteuerrecht, 2. Aufl., 2022
(zit.: *Bearbeiter* in: Sonnleitner/Witfeld, Insolvenz- und Sanierungssteuerrecht)

Spindler/Stilz
AktG, Kommentar, 5. Aufl., 2022
(zit.: Spindler/Stilz-*Bearbeiter*, AktG)

Staudinger
Kommentar zum Bürgerlichen Gesetzbuch, 12. Aufl., 13. Bearb., 1993 ff.
(zit.: Staudinger-*Bearbeiter*, BGB)

Stephan/Riedel
Insolvenzrechtliche Vergütungsverordnung, Kommentar, 2. Aufl., 2021
(zit.: Stephan/Riedel-*Bearbeiter*, InsVV)

Süß/Wachter
Handbuch des internationalen GmbH-Rechts, 4. Aufl., 2022
(zit.: *Bearbeiter* in: Süß/Wachter, Hdb. des internationalen GmbH-Rechts)

Thomas/Putzo
ZPO, Kommentar, 43. Aufl., 2022
(zit.: Thomas/Putzo-*Bearbeiter*, ZPO)

Tipke/Kruse
AO/FGO, Kommentar, Loseblatt, 177. EL Stand: 2023
(zit.: Tipke/Kruse-*Bearbeiter*, AO/FGO)

Uhlenbruck
InsO, Kommentar, hrsg. v. Uhlenbruck/Hirte/Vallender, Bd. 1: 15. Aufl., 2019; Bd. 2: 16. Aufl., 2023
(zit.: Uhlenbruck-*Bearbeiter*, InsO)

Vallender
EuInsVO, Kommentar, 2. Aufl., 2020
(zit.: Vallender-*Bearbeiter*, EuInsVO)

Vallender/Undritz
Praxis des Insolvenzrechts, 3. Aufl., 2022
(zit.: *Bearbeiter* in: Vallender/Undritz, Praxis des Insolvenzrechts)

Veranneman
SchVG, Kommentar, 2. Aufl., 2016
(zit.: Veranneman-*Bearbeiter*, SchVG)

Wabnitz/Janovsky/Schmitt
Handbuch des Wirtschafts- und Steuerstrafrechts, 5. Aufl., 2020
(zit.: *Bearbeiter* in: Wabnitz/Janovsky/Schmitt, Hdb. Wirtschafts- und Steuerstrafrecht)

Waza/Uhländer/Schmittmann
Insolvenzen und Steuern, 13. Aufl., 2021
(zit.: *Bearbeiter* in: Waza/Uhländer/Schmittmann, Insolvenzen und Steuern)

Wilhelm
Konzerninsolvenzrecht, 2018
(zit.: *Bearbeiter* in: Wilhelm, Konzerninsolvenzrecht)

Wilken/Schaumann/Zenker
Anleihen in Restrukturierung und Insolvenz, 2. Aufl., 2017

Wimmer/Bornemann/Lienau
Die Neufassung der EuInsVO, 2016
(zit.: *Bearbeiter* in: Wimmer/Bornemann/Lienau, Neufassung EuInsVO)

Wimmer/Dauernheim/Wagner/Gietl
Handbuch des Fachanwalts Insolvenzrecht, 8. Aufl., 2018
(zit.: *Bearbeiter* in: Wimmer/Dauernheim/Wagner/Gietl, Hdb. FAInsR)

Winnefeld
Bilanz-Handbuch, 5. Aufl., 2015
(zit.: *Winnefeld*, Bilanz-Hdb.)

Wöhe/Bilstein/Ernst/Häcker
Grundzüge der Unternehmensfinanzierung, 11. Aufl., 2013

v. Wysocki/Schulze-Osterloh/Henrichs/Kuhner
Handbuch des Jahresabschlusses, 2017
(zit.: *Bearbeiter* in: v. Wysocki/Schulze-Osterloh/Henrichs/Kuhner, HdJ)

Zantow/Dinauer/Schäffler
Finanzwirtschaft des Unternehmens: Die Grundlagen des modernen Finanzmanagements, 4. Aufl., 2016
(zit.: *Zantow/Dinauer/Schäffler*, Finanzwirtschaft des Unternehmens)

Zimmer
Insolvenzbuchhaltung, 3. Aufl., 2023

Zimmer
InsVV, Kommentar, 2. Aufl., 2021
(zit.: *Zimmer*, InsVV)

Zöller
ZPO, Kommentar, 34. Aufl., 2022
(zit.: Zöller-*Bearbeiter*, ZPO)

Zwanziger
Das Arbeitsrecht der Insolvenzordnung, 5. Aufl., 2015
(zit.: *Zwanziger*, Arbeitsrecht der InsO)

Teil I
Grundlagen

Kapitel 1
Einführung

Übersicht

Literatur: *Bork*, Die insolvenzrechtliche Anfechtung: Sanierungsmittel oder Sanierungshindernis?, in: Festschrift für Hans Peter Runkel, 2009, S. 241; *Coelho/John/Taffler*, Does the Market Know Better? The Case of Strategic vs. Non-Strategic Bankruptcies, v. 15.3.2011, abrufbar unter http://ssrn.com/abstract=1787197 (Abrufdatum: 16.11.2023); *Falot*, Der Debt Equity Swap im Insolvenzplanverfahren, (Diss.) 2014; *Hölzle/Eckert*, Brauchen wir für eine neue Sanierungskultur ein eigenständiges Sanierungsvergleichsgesetz?, ZIP 2023, 445.

A. Das Unternehmen in Krise und Insolvenz

1 Das vorliegende Handbuch ist der Krise und Insolvenz von Schuldnern gewidmet. Insolvenzschuldner kann sein, wer parteifähig ist, und herkömmlicherweise werden dabei Verbraucher und Unternehmer voneinander getrennt. Für die Verbraucherinsolvenz hält die Insolvenzordnung einige Sonderregeln bereit, die in diesem Band in Kapitel 18 näher behandelt werden. Diese Einführung beschränkt sich ganz auf die **Unternehmensinsolvenz.** Dazu wird in einem ersten Teil skizziert, wann sich ein Unternehmen in der Krise befindet und welche Entscheidungen und Optionen auf das Unternehmen zukommen (siehe Rz. 2 ff.). Im zweiten Teil wird dann dargestellt, welche Schritte zu unternehmen und welche rechtlichen und wirtschaftlichen Aspekte zu beachten sind, wenn sich die Einleitung eines Insolvenzverfahrens als die gebotene Handlungsalternative erweist (siehe Rz. 21 ff.). Dabei ist es nicht Ziel dieses Kapitels, alle diese Fragen ausführlich oder gar umfassend abzuhandeln. Vielmehr soll der Leser nur einen Eindruck davon gewinnen, was Gegenstand dieses Buchs ist. Er soll in die Systematik der Darstellung eingeführt werden und einen groben Überblick über die Inhalte der nachfolgenden Kapitel angeboten bekommen.

B. Sanierung in der Post-ESUG-Ära

2 Das **Insolvenzverfahren als eine denkbare Option** der Unternehmensrestrukturierung zu betrachten, schien lange Zeit undenkbar. Der überkommene Duktus des Scheiterns, der einem Insolvenzverfahren anhing, schien zu allgegenwärtig zu sein. Dies versinnbildlicht kaum ein Zitat besser als die Reaktion *Tonys*, als sie in *Thomas Manns* „Buddenbrooks" von dem Konkurs ihres Ehemannes *Bendix Grünlich* erfährt:

> „ O Gott', stieß sie plötzlich hervor und sank auf ihren Sitz zurück. Erst in diesem Augenblick ging alles vor ihr auf, was in dem Worte ‚Bankerott' verschlossen lag, alles, was sie schon als kleines Kind an Vagem und Füchterlichem empfunden hatte. […] ‚Bankerott' […] das war etwas Grässlicheres als der Tod, das war Tumult, Zusammenbruch, Ruin, Schmach, Schande, Verzweiflung und Elend […] ‚Er macht Bankerott!', wiederholte sie. Sie war dermaßen geschlagen und niedergeschmettert, dass sie an keine Hilfe dachte […]".

3 Wenn sich diese Wahrnehmung des Konkurses seit dem Jahr 1901 auch in kleinen Schritten ein wenig relativiert hat, so war dennoch bei Inkrafttreten des ESUG[1)] die „Kultur des Scheiterns" noch allgegenwärtig und die Schaffung einer „Sanierungskultur" nicht vielmehr als Motiv des Gesetzgebers. Dass dies lediglich eine Art „Startschuss" war, zeigt die gegenwärtige Entwicklung. Insbesondere in der Corona-Pandemie war das politische Handeln von dem Primat der „Insolvenzvermeidung um jeden Preis" und damit von einem mangelnden Vertrauen der Politik in die sehr guten Institutionen des deutschen Insolvenzrechts geprägt.[2)]

I. Modernisierte Sanierungsinstrumente in der InsO

4 Die mit Inkrafttreten des **ESUG** bislang größte Reform des Insolvenzrechts seit 1999 ebnet nach dem Willen des Gesetzgebers nicht nur den Weg, das deutsche Insolvenzverfahren im internationalen, insbesondere europäischen Vergleich konkurrenzfähig zu machen, was nach sieben Jahren als durchaus „gelungen" betrachtet werden darf, sondern sollte auch zu einem Umdenken anregen und auch in Deutschland eine bis dorthin wenig entwickelte „Rescue Culture" etablieren. Die Sanierung und Restrukturierung von Unternehmen unter Inanspruchnahme des insolvenzrechtlichen Werkzeugkastens sollte salonfähig gemacht und die Stigmatisierung des Insolvenzverfahrens als endgültige Manifestation des Scheiterns aus den Köpfen verbannt werden. Die Mittel, derer sich der Gesetzgeber bedient hat, dieses Ziel zu erreichen, sind inzwischen hinlänglich bekannt. Seit dem Jahr 2021 ist durch das **SanInsFoG**[3)] die Sanierung von Unternehmen in Deutschland erneut angepasst worden. Damit waren u. a. erhebliche Veränderungen des Insolvenzrechts, speziell der Eigenverwaltung und des Insolvenzplanverfahrens, verbunden.[4)] Schon der Name des Änderungsgesetzes offenbart die Zielsetzung des Gesetzgebers zu Fortentwicklung der Sanierung; eben auch i. R. des Insolvenzrechts und somit innerhalb der InsO.

1. Eigenverwaltung

5 Die Stärkung der Eigenverwaltung (siehe unten Kap. 15 [*Hölzle*])! Mit der Umkehr des Regel-Ausnahme-Verhältnisses in § 270 InsO und dem damit verbundenen grundsätzlichen Auftrag an die Insolvenzgerichte, einem Antrag auf Eigenverwaltung stattzugeben, solange nicht bereits im Zeitpunkt der gerichtlichen Entscheidung Gründe bekannt sind, welche die Anordnung der Eigenverwaltung für die Gläubiger nachteilig erscheinen lassen, ergab sich durch das ESUG und reduzierte nicht nur die Hemmschwelle für den **Unternehmer**, sondern auch die Zugangsvoraussetzungen. Mit der erneuten Anpassung infolge des SanInsFoG wurde das Eigenverwaltungsverfahren umfassend reformiert, da die Ergebnisse der ESUG-Evaluation[5)] verarbeitet wurden; die Rechts- und Planungssicherheit wird nunmehr durch einen deutlich stärker reglementierten Zugang zum Verfahren

---

1) Gesetz zur weiteren Erleichterung der Sanierung von Unternehmen (ESUG), v. 7.11.2011, BGBl. I 2011, 2582.

2) Dazu jüngst *Hölzle/Eckert*, ZIP 2023, 445.

3) Gesetz zur Fortentwicklung des Sanierungs- und Insolvenzrechts (Sanierungs- und Insolvenzrechtsfortentwicklungsgesetz – SanInsFoG), v. 22.12.2020, BGBl. I 2020, 3256.

4) Zur Sanierung außerhalb der Insolvenzordnung durch das neu geschaffene Unternehmensstabilisierungs- und -restrukturierungsgesetz (StaRUG) s. ausführlich *Hölzle*, Praxisleitfaden SanInsFoG, 3. Aufl., 2021.

5) *Jacoby/Madaus/Sack/H. Schmidt/Thole*, Evaluierung des Gesetzes zur weiteren Erleichterung der Sanierung von Unternehmen (ESUG) vom 7.12.2011, abrufbar unter https://www.bmjv.de/SharedDocs/Downloads/DE/News/Artikel/101018_Kurzbericht_Evaluierung_ESUG.pdf?__blob=publicationFile&v=2 (Abrufdatum: 16.6.2023).

verbessert.[6] Das aus Sicht des Unternehmers kommunikative Desaster und der insbesondere in mittelständischen Unternehmen und Regionen totale Gesichtsverlust bleiben – jedenfalls in ihrer ganzen Tragweite – dennoch vermieden. Die Zahl der in Eigenverwaltung geführten Verfahren hat seit Inkrafttreten des ESUG ganz erheblich zugenommen. Dies nicht nur zum Vorteil der betroffenen Unternehmen und Unternehmer, sondern, dort wo die Verfahren bis zu Ende geführt werden, vor allem auch zum Vorteil der Gläubiger. Die Verfahrenslaufzeit der in Eigenverwaltung geführten Verfahren bleibt im Durchschnitt ganz erheblich hinter der Verfahrenslaufzeit eines Regelinsolvenzverfahrens zurück. Die durchschnittliche Quotenerwartung liegt deutlich über derjenigen in der Regelabwicklung. Dies liegt nicht zuletzt daran, dass die Aussicht, das Verfahren in Eigenverwaltung führen zu können, den Unternehmer zu einer früheren Insolvenzantragstellung motiviert und erfahrungsgemäß der Handlungs- und damit auch der Sanierungsspielraum desto größer ist, je früher der Antrag gestellt wird. Wie sich die Änderungen des SanInsFoG hingegen auf diese Feststellungen in der Praxis auswirken, bleibt abzuwarten.

Bestrebungen einzelner **Insolvenzgerichte**, das Eigenverwaltungsverfahren vor dem Hintergrund üblicherweise anfallender Beraterkosten (z. B. für einen sanierungserfahrenen Co-Geschäftsführer [Chief Restructuring Officer – CRO]) kritisch zu beäugen, sind verfehlt. Für eine hypothetische Vergleichsrechnung, auf deren Grundlage die Eigenverwaltung wird aufgehoben werden müssen, sollten die kumulierten Kosten des Sachwalters und der Berater, vor allem des CRO, die hypothetische Vergütung eines (vorläufigen) Insolvenzverwalters überschreiten, weil dann zu unterstellen sei, dass das gewählte Verfahren für die Gläubiger nachteilig ist, ist kein Raum. Solche Bestrebungen konterkarieren nicht nur die Ziele des Gesetzgebers, sondern sind auch rechtsdogmatisch nicht haltbar. Zunächst ist es auch dem (vorläufigen) Insolvenzverwalter gestattet, besondere Aufgaben extern zu beauftragen und entsprechend zu vergüten, was auch gängiger Praxis entspricht. Häufig werden Liquiditäts- und Unternehmensplanungen, Marktanalysen, M&A-Prozesse etc. zu Recht nicht vom (vorläufigen) Insolvenzverwalter selbst, sondern von einem von diesem beauftragten Wirtschaftsprüfer oder Unternehmensberater übernommen. Soweit der CRO im vorläufigen Eigenverwaltungsverfahren solche oder andere – alternativ extern zu vergebende – Aufgaben selbst ausführt, ist ein reiner Kostenvergleich auf der Vergütungs- und Honorarebene schon nicht mehr möglich. Darüber hinaus sind die sonstigen für die Gläubiger positiven Effekte des Eigenverwaltungsverfahrens in die Betrachtung einzubeziehen, die nicht in jedem Fall ex ante bezifferbar und deshalb einem quantitativen Vergleich von vorneherein entzogen sind. Die kürzere Verfahrenslaufzeit, die erwartungsgemäß höhere Quote, um nur die zwei gewichtigsten Faktoren zu nennen, können aus Sicht der Gläubiger durchaus erhöhte Verfahrenskosten rechtfertigen. Von dem Effekt der durch die Institution der Eigenverwaltung motivierten früheren Antragstellung und den dadurch verursachten positiven Folgen für die Gläubiger soll hier gar nicht die Rede sein, da dieser dogmatisch kaum greifbar ist. 6

2. Insolvenzplanverfahren

Sodann: Die Modernisierung des Insolvenzplanverfahrens (siehe unten Kap. 13 [*Dellit/Titze*])! Die Rahmenbedingungen für Insolvenzplanverfahren und deren Plan- und Vorhersehbarkeit wurden in der Vergangenheit deutlich verbessert, die Rechtsschutzmöglichkeiten gegen einen Plan erheblich eingeschränkt. Dies sind die wesentlichen Gründe dafür, warum das Insolvenzplanverfahren als **Gestaltungsoption** tatsächlich in den Köpfen 7

6) *Ellers* in: BeckOK-InsO, § 270 Rz. 3. Wobei zu beachten ist, dass dies auch vor der Gesetzesänderung von gut vorbereiteten Verfahren erwartet werden konnte. Von einem zwingend erschwerten Zugang ist daher nicht auszugehen.

der Betroffenen anzukommen scheint; denn als Option nutzbar ist nur ein Instrument, das ein Mindestmaß an Planbarkeit gewährleistet. Der Gesetzgeber hat damit ein offenes Bekenntnis für einen grundsätzlichen Vorrang des solidarisierten Vollzugsinteresses vor Individualinteressen verbunden und mit der Möglichkeit der Schaffung eines Ausgleichsfonds im Insolvenzplan nach § 251 Abs. 3 InsO, aus dem nachweislich objektiv benachteiligte Gläubiger außerhalb des Insolvenz(plan)verfahrens befriedigt werden können, den Gleichbehandlungs- und Teilhabeanspruch auf einen reinen Entschädigungsanspruch begrenzt.

3. Gesellschafterbeteiligung

8 Dies gilt im Grundsatz auch für die Beteiligung der Gesellschafter; die von diesen hinzunehmenden Einschnitte, haben sie die Zügel der Verfahrensgestaltung und Planarchitektur einmal aus der Hand gegeben, gehen aber deutlich weiter. Durch § 225a Abs. 3 InsO besteht die Möglichkeit zur uneingeschränkten **Einbeziehung aller Rechte der Gesellschafter** in den Regelungsgehalt des Insolvenzplans. Der Insolvenzplan kann jede Maßnahme vorsehen, die gesellschaftsrechtlich zulässig ist. Inzwischen höchstrichterlich implizit klargestellt, folgt daraus, dass der Gestaltungsfantasie des Planarchitekten Grenzen nur und ausschließlich durch den gesellschaftsrechtlichen Numerus Clausus, nicht aber durch die Gesellschaftssatzung, Minderheitenrechte, Mehrheitsquoren etc. gesetzt werden. Seit der Einführung durch das ESUG wird über die Auslegung diskutiert, im Ergebnis ist eine weite Auslegung anzunehmen. Das Insolvenzrecht derogiert nämlich als lex specialis das Gesellschaftsrecht; die Gesellschaft in der Insolvenz ist eben zunächst dem spezielleren Insolvenz- und erst nachrangig dem allgemeinen Gesellschaftsrecht unterworfen. Rechtssystematisch ist dagegen nichts zu erinnern. Zum Graus der überwiegenden Zahl der Gesellschaftsrechtler öffnet sich damit jedoch im Insolvenzplanverfahren eine breite Spielwiese für die gesellschaftsrechtliche Reorganisation des Unternehmens ohne Rücksicht auf die zum Teil auch feingliedrige Lösung potentieller Interessenkonflikte auf Gesellschafterebene im vorinsolvenzlichen Bereich.

9 Dieses Gestaltungspotential endet nicht bei dem durch das ESUG ebenfalls entscheidend vereinfachten **Debt Equity Swap** (vgl. § 225a Abs. 2 InsO, siehe unten Kap. 24 [*Naraschewski*]), dessen (überwiegende)[7] Praxistauglichkeit in einigen größeren Planinsolvenzen bereits unter Beweis gestellt ist (*Pfleiderer*, *SolarWorld*, *IVG*). Den Beleg dafür liefert das in der Vergangenheit in der Rechtsprechung und Fachliteratur wohl meistbehandelte Insolvenzverfahren über das Vermögen des *Suhrkamp-Verlags*. Der jahrzehntelange Streit unter den Gesellschaftern des Verlags gipfelte im Herbst 2013 in der Stellung eines Insolvenzantrages, verbunden mit einem Antrag auf vorläufige Eigenverwaltung. Das Unternehmen legte sodann einen Insolvenzplan vor, der die Umwandlung der GmbH & Co KG, in der dem Minderheitskommanditisten weitgehende Rechte eingeräumt worden waren, in eine Aktiengesellschaft vorsah, deren Aktien vinkuliert waren und in der Sonderrechte nicht vorgesehen waren. Zudem sah der Insolvenzplan sogleich ein genehmigtes Kapital vor, durch dessen Nutzung i. R. einer nachfolgenden Kapitalerhöhung die Rechte des Minderheitsaktionärs weiter verwässert wurden. Die Besonderheit des Falls, die Auslöser und Ursache für verschiedentliche Störgefühle und die umfassende Befassung in Rechtsprechung und Literatur war, war der Umstand, dass die Gläubiger zu 100 % befriedigt werden. Sogar die auf den PSVaG übergegangenen Lasten aus betrieblicher Altersversorgung werden

7) Zu einer Gesamtbewertung des Debt Equity Swap in dogmatischer und rechtspraktischer Sicht und einer Darstellung gesetzgeberischen Nachbesserungsbedarfs vgl. *Falot*, Der Debt Equity Swap im Insolvenzplanverfahren; i. Ü. vgl. *Hölzle* in: Kübler/Bork/Prütting, HRI II, § 26; *Hölzle*, Praxisleitfaden SanInsFoG, § 225a.

mit der Rechtskraft des Insolvenzplans auf die „sanierte" Verlags-AG zurückübertragen. Es liegt der Verdacht nahe, dass die Insolvenzgründe konstruiert und der Weg in das Insolvenzverfahren möglicherweise „erschlichen" war. Zudem: Der Umwandlung hätte es zum Zwecke der Unternehmenssanierung nicht bedurft. Das Insolvenzverfahren war daher mehr oder minder offenkundig Mittel zum Zweck, den außerinsolvenzlich nicht aufzulösenden Gesellschafterstreit in einer aufgezwungenen Reorganisation der Beteiligungsverhältnisse seinem vorläufigen Höhepunkt zuzuführen. Das Insolvenzverfahren ist erstmals in dieser Tragweite als strategische Option erkannt und proaktiv genutzt worden. Die dadurch unmittelbar ausgelöste Diskussion rund um das Verhältnis zwischen dem Gesellschafts- und dem Insolvenzrecht sowie den Beschlusskompetenzen innerhalb der gesellschaftsrechtlichen Verfassung zeigt einmal mehr, mit welcher Kraft das Insolvenzrecht in der Lage ist, das Gesellschaftsrecht zu perforieren. Befeuert wurde die um das Verhältnis der Disziplinen zueinander geführte Diskussion nicht zuletzt durch die nicht rechtskräftig gewordene und in der Berufungsinstanz aufgehobene Entscheidung des LG Frankfurt a. M.,[8] das noch von einer Fortgeltung der Treubindung der Gesellschafter auch im Insolvenz(plan)verfahren ausgegangen war.

4. Schutzschirmverfahren

Schließlich: Das Schutzschirmverfahren (siehe Kap. 15 [*Hölzle*]) als eine Kombination von Eigenverwaltung und einem den Insolvenzplan vorbereitenden Verfahren, das ein **partielles Moratorium** ermöglicht, unter dessen Schutz die Sanierung auf den Weg gebracht werden soll. Das Schutzschirmverfahren ist an die Stelle eines vor Inkrafttreten des ESUG diskutierten außerinsolvenzlichen Sanierungsverfahrens getreten, das in Teilen der Literatur gefordert worden war. Da das Schutzschirmverfahren von vorneherein auf die Vorlage eines vom Antragsteller selbst zu gestaltenden Insolvenzplans angelegt ist, und noch dazu der Antragsteller es in der Hand hat, die Person des (vorläufigen) Sachwalters zu benennen, ohne dass ein *Overruling* durch den vorläufigen Gläubigerausschuss möglich wäre, bietet das Verfahren dem Antragsteller einige Gewähr dafür, dass er die Zügel auch gestalterisch in der Hand behält. Mit der Neufassung von § 270d InsO (zuvor § 270b InsO) besteht weiterhin der Anreiz, frühzeitig einen entsprechenden Antrag auf Eröffnung eines Insolvenzverfahrens zu stellen. Der Schuldner selbst gibt die Planarchitektur vor und präjudiziert damit in weiten Teilen den Verlauf der Diskussion. Zwar ist die Änderung der im Insolvenzplan vorgesehenen Maßnahmen auch im Erörterungs- und Abstimmungstermin (§ 235 InsO) uneingeschränkt möglich. Jedoch sind fundamentale Änderungen im Grundgerüst der Planarchitektur ohne eine umfassende Anpassung auch der Vergleichsberechnung (§ 245 InsO), die von außen nur sehr schwer bis gar nicht möglich ist, kaum darstell- und noch viel schwieriger umsetzbar. Die Alternative der Insolvenzgläubiger besteht dann häufig (nur) in der Ablehnung des Insolvenzplans. Das allerdings kann wirtschaftlich mit erheblichen Einbußen verbunden sein, weshalb die Ablehnung des Plans häufig das größere Übel darstellt. Es gilt daher: Der Plan präjudiziert das Verfahren. Der Planarchitekt hat daher sowohl die strategischen als auch die psychologischen Vorteile auf seiner Seite. Das Schutzschirmverfahren ist nicht zuletzt aus diesem Grunde das Mittel der Wahl in der strategischen Insolvenz, wenngleich dieselben Ziele freilich auch in der „isolierten Eigenverwaltung" erreichbar sind. Allerdings kann das Schutzschirmverfahren nicht mehr gesondert aufgehoben und das Verfahren in der `isolierten Eigenverwaltung´ 10

8) LG Frankfurt/M., Urt. v. 10.9.2013 – 3-09 O 96/13, ZIP 2013, 1831; nachfolgend OLG Frankfurt/M., Beschl. v. 1.10.2013 – 5 U 145/13, ZIP 2013, 2018, dazu EWiR 2013, 753 *(Bähr/Schwartz)*.

fortgesetzt werden. Möglich ist allein die Aufhebung der vorläufigen Eigenverwaltung insgesamt durch die Bestellung eines vorläufigen Insolvenzverwalters gemäß § 270e InsO.[9]

II. Insolvenzverfahren als Sanierungsoption

11 Die zunächst zaghaften, später selbstbewussten und zuerst in der causa *Suhrkamp* forschen Gehversuche, die mit dem neuen Recht unternommen wurden und täglich unternommen werden, haben bereits einen **Wahrnehmungswandel** in Bezug auf das deutsche Insolvenzverfahren in Gang gesetzt. Nicht nur im Ausland wird sehr positiv zur Kenntnis genommen, dass das deutsche Insolvenzrecht sich der Unternehmenssanierung unter Einschluss einer gesellschaftsrechtlichen Reorganisation öffnet, sondern auch in Deutschland erfährt das Insolvenzrecht langsam, aber zunehmend einen Bedeutungswandel und wird zunehmend als im Grundsatz legitime Handlungsoption akzeptiert. Dabei verschwimmen die Grenzen zwischen der Organverantwortung und der Organzuständigkeit für die Entscheidung für das Insolvenzverfahren als Option und dessen Stellenwert im Optionskatalog zwar noch etwas. Das jedoch tut dem Bedeutungswandel des Insolvenzverfahrens – als nicht mehr der Manifestation des Scheiterns, sondern vielmehr als einem proaktiv und selbstbewusst gewählten Gestaltungsmittel – keinen Abbruch.

12 Aus der gesellschaftsrechtlichen, der Restrukturierungs- und der Krisenberatung jedenfalls ist die frühzeitige, bewusst getroffene Entscheidung für ein Insolvenzverfahren als zumindest diskussionswürdige **Handlungsoption** nicht mehr wegzudenken. Wurde vor nicht allzu langer Zeit der Berater, der das verbotene Wort „Insolvenz" in den Mund nahm, sprichwörtlich vom Hof gejagt, und erleiden auch heute noch etwa die kapitalmarktrechtlichen Berater aus Angst vor Ad-hoc-Pflichten Extrasystolen, sobald die Option auch nur ausgesprochen wird, so hat die Bedeutung des Einsatzes des Insolvenzverfahrens als strategisches Mittel zur Unternehmensreorganisation dennoch in der jüngeren Vergangenheit an Bedeutung ganz erheblich zugenommen. Dies gilt nicht nur für Unternehmen, die mit überbordenden Lasten aus betrieblicher Altersversorgung zu kämpfen haben und ihr operatives Geschäft davon entlasten wollen. Gerade auch Unternehmen, die auch in der außergerichtlichen Sanierung wohl noch eine berechtigte Chance hätten, sind durch die zunehmende Salonfähigkeit des Insolvenz(plan)verfahrens und die deutlich verbesserte Vorhersehbarkeit veranlasst worden, über einen Insolvenzantrag zumindest nachzudenken, der zugleich alle gesellschaftsrechtlichen Probleme (notarkostenfrei) mitreguliert; von Akquisechancen durch den günstigen Aufkauf von Forderungen mit dem Ziel einer anschließenden (feindlichen) Übernahme durch Debt Equity Swap einmal ganz zu schweigen. Der Fantasie sind kaum Grenzen gesetzt – jedenfalls solange nicht, als nicht das Insolvenzverfahren als missbräuchlich eingestuft werden kann.

13 Die **Missbrauchsvorwürfe** kommen jedoch weit überwiegend aus dem gesellschaftsrechtlichen Lager und halten einer insolvenzrechtlichen Überprüfung nicht stand. Es entspricht den Grundregeln gesetzlicher Systematik, dass das speziellere Recht das allgemeinere verdrängt, weshalb die Gesellschaft in der Insolvenz vorrangig dem Insolvenzrecht unterworfen ist; Störgefühle sollten dabei nicht aufkommen. Einzig für das geschäftsführende Organ stellt sich die Frage, inwieweit es bei der Umsetzung in Richtung strategische Insolvenz gehender Gestaltungsüberlegungen gehalten ist, die Gesellschafterebene einzubeziehen und wie deren Handlungsoptionen aussehen, schießt das geschäftsführende Organ in ihren Augen über das Ziel hinaus.

14 Die Zusammenschau der durch das ESUG neu geschaffenen und durch das SanInsFoG erneut reformierten **Möglichkeiten zur Sanierungsgestaltung** mit den überkommenen

9) *Ellers* in: BeckOK-InsO, § 270d Rz. 6.

insolvenzrechtlichen Instrumenten zur leistungs- und finanzwirtschaftlichen Sanierung, z. B. durch die Beseitigung missliebiger Verträge durch Ablehnung der Vertragserfüllung nach § 103 InsO (siehe unten Kap. 8 [*Höpfner*]), durch die arbeitsrechtlichen Erleichterungen (siehe unten Kap. 21 [*Eckhoff*]) bei der Sozialauswahl durch Rückgriff auf eine Namensliste und die Begrenzung sowohl von Kündigungsfristen als auch des Sozialplanvolumens, die erheblichen wirtschaftlichen Vorteile einer Insolvenzgeldvorfinanzierung für drei Monate und nicht zuletzt die Möglichkeit, über den Kapitalmarkt eingeworbene Finanzierungen, allen voran Anleihen (siehe Kap. 25 [*Martini*]), außerhalb des SchVG[10] zu restrukturieren, befindet sich das deutsche Sanierungsrecht im Umbruch: Es ist festzustellen, dass bedeutende Insolvenzverfahren immer besser vorbereitet werden, sich die Vorbereitungsphasen also zeitlich deutlich verlängern und auch kostspieliger werden, dafür aber die Insolvenzverfahren selbst sehr viel schlagkräftiger, effizienter und in deutlich kürzerer Zeit abzuwickeln sind. Durch die Änderungen des SanInsFoG wurde diese Entwicklung, die mit ESUG begann, fortgeführt. Der Schwerpunkt des Verfahrens beginnt, sich von dem Verfahren selbst in die Vorbereitungsphase zu verlagern, was die Auswahl des Insolvenz- bzw. Sachwalters einschließt – ein Zustand, der noch vor Jahren – von Ausnahmen abgesehen – beinahe undenkbar war. Hinzu kommen die geschaffenen Erleichterungen für konzernzugehörige Unternehmen (siehe unten Kap. 19 [*Naraschewski*]), die eine konzernübergreifend koordinierte Sanierung zusätzlich erleichtern (können).

III. Strategische Insolvenzverfahren

Ist das Insolvenzverfahren als in Betracht zu ziehende Option mittlerweile anerkannt, so 15
stellt sich im Anschluss die Frage, wann von solcher Option sinnhaft Gebrauch zu machen ist. Optional ist die Insolvenzantragstellung dabei überhaupt nur dann, wenn noch keine Insolvenzantragspflichten (siehe Kap. 3 [*Hölzle*]) eingetreten sind, die gerichtliche Sanierung daher nur eine **Alternative zu einer außergerichtlichen Sanierung** darstellt, das Insolvenzverfahren mithin bereits in einem frühen Stadium der Krise in Betracht gezogen wird. In solchem Fall wird von einer „strategischen Insolvenz" gesprochen, die sich dadurch auszeichnet, dass die insbesondere durch das ESUG und vor allem durch das SanInsFoG modifizierten Institutionen der Eigenverwaltung und des Insolvenzplanverfahrens nicht mehr nur als ultima ratio, sondern vielmehr proaktiv und gestaltend genutzt werden, um in der Regel klar umrissene Probleme mit und in einer bestimmten Gruppe von Stakeholdern zu lösen. Dies können, wie im viel diskutierten Fall *Suhrkamp*, Probleme gesellschaftsrechtlicher Art, aber auch Probleme der arbeitsrechtlichen Reorganisation, Probleme bei der Schließung von Niederlassungen, Altlastenprobleme, Probleme im Zusammenhang mit der Entschuldung in Bezug auf Pensionslasten oder andere Verbindlichkeiten aus betrieblicher Altersversorgung bis hin zu Problemen mit bestimmten Vertragspartnern (z. B. aus langfristigen Kontrakten, Anleihegläubigern etc.) sein. Dabei ist den Unternehmen, die sich für eine strategische Insolvenz entscheiden, gemein, dass sie sich im Zeitpunkt dieser Entscheidung in aller Regel wirtschaftlich noch nicht in einer unmittelbar existenzbedrohenden Lage befinden.[11] Insolvenzantragspflichten (§ 15a InsO i. V. m. §§ 17, 19 InsO) bestehen daher in der Regel noch nicht, wenn deren Eintritt auch absehbar sein mag.

10) Gesetz über Schuldverschreibungen aus Gesamtemissionen (Schuldverschreibungsgesetz – SchVG), v. 31.7.2009, BGBl. I 2009, 2512.

11) Vgl. zur Definition des Begriffs ausführlich auch *Coelho/John/Taffler*, Does the Market Know Better?, S. 8 f.

16 **Begriffsgemäß**[12] zeichnet sich eine strategische Insolvenz somit dadurch aus, dass

1. das Unternehmen Insolvenz-Eigenantrag stellt, regelmäßig, aber nicht notwendig, i. V. m. mit einem isolierten Antrag auf Anordnung der Eigenverwaltung (§ 270a InsO) oder einem Schutzschirmantrag (§§ 270a, 270d InsO),
2. der durch den Konflikt mit einer konkret identifizierbaren Stakeholder-Gruppe (z. B. Gesellschafter, Arbeitnehmer, Pensionsberechtigte, Vertragspartner, Banken, Anleihegläubiger) veranlasst ist und
3. unter Inanspruchnahme der Institutionen des Insolvenzrechts der Gesellschaft einen strategischen Vorteil in der Konfliktlösung verspricht, wobei
4. die Gesellschaft bei Antragstellung noch nicht unmittelbar vom finanziellen Kollaps bedroht sein muss, also insbesondere noch keine Insolvenzantragspflichten (§ 15a InsO i. V. m. §§ 17, 19 InsO) eingetreten sein müssen und regelmäßig auch noch nicht eingetreten sind.

17 Ob dabei die **Veranlassung**, sich für das Insolvenzverfahren als strategische Option zu entscheiden, von den Gesellschaftern insgesamt, einem Teil der Gesellschafter (z. B. einem Gesellschafterstamm), oder von der Geschäftsführung ohne gesellschaftsrechtlich bindende Weisung ausgeht, ist für die Definition unerheblich. Ebenso wenig spielt die gewählte Verfahrensart – ob Regelverwaltung, (vorläufige) Sachwaltung oder Schutzschirmverfahren – für die Definition des Insolvenzverfahrens als strategische Insolvenz eine Rolle. Dies ist vielmehr Frage der Gestaltung im Detail, wenn die antragstellende Gesellschaft auch regelmäßig bestrebt sein wird, die sprichwörtlichen Zügel in der Hand zu behalten und deshalb auf die Option der Eigenverwaltung zielt.

18 Insbesondere in der Abgrenzung zu anderen Sanierungsmöglichkeiten außerhalb der InsO sind vielfältige **Interessenslagen** zu berücksichtigen. Für das **Unternehmen** selbst sind die mit einem Insolvenzverfahren verbundenen Chancen oft erheblich, müssen aber gegen die Risiken nicht nur eines Reputationsverlustes, sondern auch des Verlustes realer Marktchancen abgewogen werden. Denn weiterhin sieht eine Vielzahl von Compliance-Richtlinien größerer und vor allem auch öffentlich-rechtlicher Unternehmen ein Kontrahierungsverbot mit insolventen Unternehmen vor. Hier kann die Eigenverwaltung ggf. helfen, muss es aber nicht. Eine umfassende Folgenabwägung und sogar die Einbindung wichtiger Stakeholder in die Antragsvorbereitung können hier häufig geboten sein.

19 Gravierender sind die Risiken für die **Gesellschafter**, da ein jedes Insolvenzverfahren die Gefahr birgt, dass am Ende des Verfahrens ein Insolvenzplan mit gesellschaftsrechtlichen Maßnahmen oder eine vollzogene M&A-Transaktion (siehe Kap. 14 [*Curtze/König*]) steht. Das hat sich auch durch die Anpassungen infolge des SanInsFoG nicht geändert.

20 Auf Seiten von **Waren- und Geldkreditgebern** sind die Reaktionen oft zwiegespalten: Solche Gläubiger, die mehr Teil des Problems und Anlass für die Erwägung einer gerichtlichen Restrukturierung sind, werden der strategisch eingeleiteten Insolvenz naturgemäß kritisch gegenüberstehen, während solche Gläubiger, die auch in der Zielstruktur eine wesentliche Rolle spielen, inzwischen der Entscheidung für ein Insolvenzverfahren – auch einem solchen in Eigenverwaltung, wenn und soweit die gebotenen Standards[13] eingehalten werden – offen gegenüberstehen. Und wie könnte dies trefflicher auf den Punkt gebracht

12) Mit ähnlicher Definition für das US-amerikanische Recht *Coelho/John/Taffler*, Does the Market Know Better?, S. 8 f.

13) Vgl. hierzu die „Grundsätze ordnungsmäßiger Eigenverwaltung“ des Forum 270 e. V., eines Verbands professioneller Akteure in der Eigenverwaltung, der sich die Etablierung von Qualitäts- und Verantwortungsstandards für die Durchführung von Eigenverwaltungsverfahren auf die Fahne geschrieben hat, abrufbar unter https://www.forum270.de/de/grundsaetze-10-html (Abrufdatum: 16.6.2023).

und der Kreis damit geschlossen werden, als mit der Reaktion des Bankiers *Kesselmeyer* auf *Grünlichs* Insolvenz:

> „Dann machen wir einen kleinen Bankerott, ein höchst spaßhaftes Bankeröttchen, mein Lieber! Das ficht mich gar nicht an, nicht im allermindesten! Ich bin durch die Zinsen, die Sie hie und da zusammengekratzt haben, schon ungefähr auf meine Kosten gekommen […] und bei der Konkursmasse habe ich die Vorhand, mein Teurer […]!"

C. Das Unternehmen in der Insolvenz

Ist das Insolvenzverfahren vermehrt zu einer Sanierungsoption geworden, so bietet das Insolvenzverfahrensrecht dazu besondere Instrumente an. 21

I. Sanierung und Liquidation als Lösungsmodelle

Zunächst ist hervorzuheben, dass die Insolvenzordnung ein **Verfahren mit offenem Ausgang** anbietet. Wer Insolvenzantrag stellt, kann, muss sich aber nicht von vornherein festlegen, ob das Unternehmen saniert oder liquidiert werden soll. Auch wenn es sich nicht um eine strategische Insolvenz handelt, kommt die Sanierung in Betracht. Das gilt unabhängig davon, wer den Insolvenzantrag stellt (siehe unten Kap. 3 [*Hölzle*]). Nicht nur bei einem Eigenantrag des Schuldners (Unternehmensträgers), sondern auch bei einem Gläubigerantrag kann das Verfahren in eine Sanierung münden. Und es gilt auch unabhängig davon, ob Eigenverwaltung beantragt ist oder nicht. Denn auch im ganz normalen Regelinsolvenzverfahren sind Sanierungsoptionen zu prüfen und ggf. zu nutzen, nur dass dann eben der Insolvenzverwalter und nicht das Management des Schuldners die Rolle des Sanierers übernimmt. 22

II. Rechtliche Weichenstellungen

Die Insolvenzordnung bietet auch im Regelverfahren an verschiedenen Stellen **Handlungsoptionen** an und versucht zugleich, durch insolvenzrechtliche Grundentscheidungen das Unternehmen zu erhalten und dadurch zu verhindern, dass Sanierungschancen durch vorzeitige Liquidation von vornherein zunichte gemacht werden.[14] 23

1. Antrag

Das beginnt bei der Frage, wer den Insolvenzantrag stellen kann, also für das Insolvenzverfahren antragsbefugt ist (siehe Kap. 3 [*Hölzle*]). Das Gesetz spricht die **Antragsbefugnis** dem Schuldner und jedem Gläubiger zu. Dem Schuldner gibt das die Möglichkeit, mit einem frühzeitigen Insolvenzantrag Sanierungschancen zu nutzen und mit einem noch funktionstüchtigen Unternehmen in das Insolvenzverfahren zu gehen. Zugleich kann er mit einem Antrag auf Eigenverwaltung (siehe Kap. 15 [*Hölzle*]) und – wenn er eine natürliche Person ist – mit einem Antrag auf Restschuldbefreiung (siehe Kap. 16 [*Achelis/Schemmerling*]) die Sanierung auch des Unternehmensträgers verfolgen. 24

2. Sicherungsmaßnahmen

Dem **Insolvenzgericht** steht bereits im Eröffnungsverfahren die Möglichkeit zur Verfügung, die Sanierungsfähigkeit des Unternehmens prüfen zu lassen. Es kann als Sicherungsmaßnahme (siehe Kap. 5 [*Flören*]) einen vorläufigen Insolvenzverwalter bestellen (§ 21 Abs. 2 Satz 1 Nr. 1 InsO). Dieser hat, auch wenn kein allgemeines Verfügungsverbot beschlossen wurde (§ 21 Abs. 2 Satz 1 Nr. 2 InsO), die Aufgabe, Sanierungschancen zu 25

14) Ausführlich zum Folgenden *Bork*, Einführung in das Insolvenzrecht, Rz. 412 ff.

wahren. Außerdem kann er als Sachverständiger beauftragt werden, die Aussichten für eine Fortführung des Unternehmens zu prüfen (§ 22 Abs. 1 Satz 2 Nr. 3 InsO). Schließlich kann das Gericht durch weitere Sicherungsmaßnahmen die vorzeitige Zerschlagung des Unternehmens verhindern und so dazu beitragen, den organisatorischen Verbund des Unternehmens zu erhalten, insbesondere indem aus- und absonderungsberechtigten Gläubigern die Geltendmachung ihrer Herausgabeansprüche vorläufig untersagt wird (§ 21 Abs. 2 Satz 1 Nr. 5 InsO).

3. Entscheidungszuständigkeiten

26 An einem Insolvenzverfahren nehmen verschiedene **Beteiligte** teil (siehe Kap. 6 [*Zimmer*]). Neben dem Schuldner sind dies das Gericht und der (vorläufige) Insolvenzverwalter als Verfahrensorgane, außerdem natürlich die Insolvenzgläubiger, die in der Gläubigerversammlung organisiert und durch den Gläubigerausschuss repräsentiert sind. Alle Beteiligten können durch ihre Verfahrensrechte die Sanierung befördern. Der Schuldner kann rechtzeitig die richtigen Anträge stellen (siehe oben Rz. 24). Das Gericht muss schon im Eröffnungsverfahren die Sanierungschancen prüfen und sichern (oben siehe Rz. 25). Die Gläubiger können die Sanierungsbemühungen durch den Gläubigerausschuss unterstützend begleiten. Nach der – allerdings etwas blauäugigen – Vorstellung des Gesetzgebers sollen sie gemäß § 157 InsO im Berichtstermin entscheiden, ob das Unternehmen saniert oder liquidiert werden soll, was meistens deshalb obsolet ist, weil der (vorläufige) Insolvenzverwalter die in der Regel eilbedürftige Sanierung bereits eingeleitet und damit die Weichen schon gestellt hat. Der Insolvenzverwalter schließlich hat frühzeitig Sanierungsoptionen zu prüfen. Ihm ist letztlich die Durchführung der Sanierungsmaßnahmen anvertraut und er kann – neben dem Schuldner – einen Insolvenzplan (Sanierungsplan) vorlegen, über den dann die Gläubiger abstimmen müssen (siehe Kap. 13 [*Dellit/Titze*]).

4. Normative Unterstützung

27 Sanierungsbemühungen sind von vornherein zum Scheitern verurteilt, wenn der Insolvenzverwalter das Unternehmen schon deshalb nicht fortführen kann, weil ihm die dafür erforderlichen Ressourcen entzogen werden. Die Insolvenzordnung versucht deshalb, den **organisatorischen Verbund des Unternehmens** wenigstens vorläufig zu sichern. Dieser Gedanke liegt bspw. einigen Vorschriften über gegenseitige Verträge (siehe Kap. 8 [*Höpfner*]) zugrunde, etwa § 112 InsO, der einem Vermieter in der Insolvenz des Mieters die Kündigung des Mietvertrags erschwert, oder § 107 Abs. 2 InsO, der dem Insolvenzverwalter bis zum Berichtstermin Zeit lässt, um zu entscheiden, ob er einen Kaufvertrag erfüllen will, bei dem der Verkäufer an den Schuldner unter Eigentumsvorbehalt geleistet hat. Außerdem gehören hierher Normen, die sich auf Kreditsicherheiten beziehen (siehe unten Kap. 9 [*v. Kaltenborn-Stachau/Hageböke*]). Neben § 21 Abs. 2 Satz 1 Nr. 5 InsO (siehe Rz. 25) sind hier insbesondere §§ 166, 172 InsO zu erwähnen, die die Verwertung von Sicherungsgut in die Hand des Insolvenzverwalters legen, so dass die gesicherten Gläubiger für die Unternehmensfortführung benötigte Gegenstände nicht zu Verwertungszwecken herausverlangen können. Auch die Möglichkeit, die Zwangsversteigerung von Grundstücken vorläufig einstellen zu lassen, dient der Sicherung des Unternehmensbestandes. Schließlich können auch die Regelungen der Rückschlagsperre (§ 88 InsO; siehe dazu Kap. 7 [*Muthorst*]) und der Insolvenzanfechtung (siehe Kap. 10 [*Zenker*]) sanierungsfördernd wirken.[15)]

15) Vgl. *Bork* in: FS Runkel, S. 241 ff.

III. Liquidation als Rückfallposition

Kommt die Sanierung von vornherein nicht in Betracht oder scheitern die Sanierungsbemühungen, dann bleibt in aller Regel nur die Liquidation des Unternehmens. In diesem Fall werden eine etwaige Eigenverwaltung und alle Insolvenzplanbestrebungen regelmäßig abgebrochen und das Verfahren wird in das **Regelinsolvenzverfahren** (siehe Kap. 2 [*Bork*]) übergeleitet, das ganz in den Händen des Insolvenzverwalters liegt. Er hat das zu Verfahrensbeginn übernommene Schuldnervermögen (die sog. Ist-Masse) zu verwalten und in die Soll-Masse zu überführen. Dies geschieht im Wesentlichen durch Insolvenzanfechtung (siehe Kap. 10 [*Zenker*]), die Befriedigung von Aus- und Absonderungsrechten sowie der Berücksichtigung von Aufrechnungen (siehe Kap. 9 [*v. Kaltenborn-Stachau/Hageböke*]) und durch die Befriedigung der Massegläubiger (siehe Kap. 12 [*v. Kaltenborn-Stachau/Hageböke*]). Parallel dazu sind die Forderungen der Insolvenzgläubiger festzustellen (siehe Kap. 11 [*Riedel*]). Sodann ist die Masse zu verwerten und der Erlös ist quotal an die Gläubiger auszuschütten (siehe ebenfalls Kap. 11 [*Riedel*]), bevor das Verfahren, sofern es nicht schon vorzeitig eingestellt wurde, aufgehoben werden kann (siehe Kap. 12 [*v. Kaltenborn-Stachau/Hageböke*]). 28

Kapitel 2
Grundbegriffe des Insolvenzrechts

Übersicht

Literatur: *Becker*, Insolvenzrecht, 4. Aufl., 2023; *Bork*, Einführung in das Insolvenzrecht, 11. Aufl., 2023; *Foerste*, Insolvenzrecht, 8. Aufl., 2022; *Häsemeyer*, Insolvenzrecht, 4. Aufl., 2007; *Jauernig/Berger/Thole*, Zwangsvollstreckungs- und Insolvenzrecht, 24. Aufl., 2022; *Keller, U.*, Insolvenzrecht, 2. Aufl., 2020; *Zimmermann*, Grundriss des Insolvenzrechts, 11. Aufl., 2018.

A. Grundlagen

I. Begriff und Zweck des Insolvenzverfahrens

Das Insolvenzverfahren wird in § 1 Satz 1 InsO definiert als ein Verfahren, das dazu dient, die Gläubiger eines Schuldners gemeinschaftlich zu befriedigen, indem das Vermögen des Schuldners verwertet und der Erlös verteilt oder in einem Insolvenzplan eine abweichende Regelung insbesondere zum Erhalt des Unternehmens getroffen wird. Es handelt sich um ein **Gesamtvollstreckungsverfahren**, das nötig wird, weil das Vermögen des Schuldners nicht mehr zur Befriedigung aller Gläubiger ausreicht. An die Stelle der Einzelzwangsvollstreckung tritt deshalb ein Verfahren, das die Verwertung des gesamten Vermögens des Schuldners zum Gegenstand hat. Der dabei erzielte Verwertungserlös dient dann zur gemeinschaftlichen und anteiligen Befriedigung aller Gläubiger. Einer der wichtigsten Topoi des Insolvenzverfahrens ist damit die „par condicio creditorum", die Gleichbehandlung aller Insolvenzgläubiger. 1

Für das in der InsO geregelte Gesamtvollstreckungsverfahren stehen **verschiedene Verfahrensarten** zur Verfügung. Als Regelfall behandelt das Gesetz die Unternehmerinsolvenz, während die Verbraucherinsolvenz (siehe unten Rz. 70) als Spezialfall gesondert behandelt wird (§§ 304 ff. InsO). Im Regelverfahren wird die Verwertung „zwangsweise" durch den Insolvenzverwalter vorgenommen. Es ist aber auch möglich, dass die Verwer- 2 tung abweichend vom Regelverfahren auf der Grundlage eines von den Gläubigern beschlossenen Insolvenzplans erfolgt (siehe unten Rz. 60 ff.). In beiden Fällen stehen drei Verwertungsmodalitäten zur Verfügung: Das Unternehmen kann liquidiert, saniert oder im Wege der übertragenden Sanierung verwertet werden.

II. Die InsO als Reformgesetz

3 Die am 1.1.1999 in Kraft getretene InsO hat als Ergebnis eines langen Reformprozesses die Konkursordnung, die Vergleichsordnung und die Gesamtvollstreckungsordnung abgelöst. Anlass für die Reform war vor allem die Sanierungsfeindlichkeit des früheren Rechts und der Umstand, dass Insolvenzverfahren in 75 % aller Fälle mangels Masse gar nicht erst eröffnet und in weiteren 10 % wieder eingestellt wurden. Vor diesem Hintergrund wollte man mit dem Reformgesetz vor allem Maßnahmen gegen die Massearmut ergreifen. Außerdem sollte ein einheitliches Verfahren geschaffen werden. Man wollte die Sanierung fördern, die Gläubigerautonomie stärken, eine gerechtere Verteilung der Masse erreichen und mit der Verbraucherinsolvenz und der Restschuldbefreiung moderne Verfahrensalternativen zur Verfügung stellen.

III. Überblick über den typischen Ablauf eines Insolvenzverfahrens

4 Das typische Insolvenzverfahren nimmt folgenden Verlauf:

- Es beginnt stets mit einem Antrag (§ 13 InsO), der das Insolvenzeröffnungsverfahren einleitet.
- In dieser ersten Phase prüft das Insolvenzgericht, ob ein Eröffnungsgrund vorliegt (§§ 16 ff. InsO) und hinreichende Masse vorhanden ist, um das Verfahren zu finanzieren (§ 26 InsO).
- Sind diese Voraussetzungen erfüllt, ergeht der Eröffnungsbeschluss (§§ 27 ff. InsO), in dem auch der Insolvenzverwalter ernannt wird (§ 27 InsO). Diesem obliegt nun die Sichtung, Verwaltung und Verwertung der Masse.
- Außerdem müssen im Feststellungsverfahren (§§ 174 ff. InsO) die Gläubiger ermittelt werden.
- Nach Abschluss der Verwertung wird der Erlös an die Gläubiger verteilt (§§ 187 ff. InsO) und schließlich das Verfahren aufgehoben (§§ 200 ff. InsO).
- Diesem Insolvenzverfahren kann sich ein Restschuldbefreiungsverfahren anschließen (§§ 286 ff. InsO).

B. Beteiligte

5 An einem Insolvenzverfahren sind der Schuldner, das Insolvenzgericht, der Insolvenzverwalter und die Gläubiger beteiligt. Siehe ausführlich Kap. 6 [*Zimmer*].

I. Schuldner

6 Schuldner ist im Insolvenzverfahren derjenige, dessen Vermögen verwertet und dessen Verbindlichkeiten mit dem Verwertungserlös anteilig erfüllt werden sollen und gegen den sich deshalb das Insolvenzverfahren richtet. Insolvenzverfahrens- bzw. beteiligtenfähig ist dabei nach § 11 Abs. 1 Satz 1 InsO jede natürliche und juristische Person, außerdem nach § 11 Abs. 1 Satz 2 InsO der nicht rechtsfähige Verein. Dasselbe gilt für die Einbeziehung der Personengesellschaften in § 11 Abs. 2 Nr. 1 InsO. Damit entspricht die Beteiligtenfähigkeit im Insolvenzverfahren der Parteifähigkeit im Zivilprozess und im Zwangsvollstreckungsverfahren (§ 50 ZPO). Das Insolvenzverfahren dient normalerweise der Ver-

wertung des gesamten Vermögens einer Person (Universalinsolvenz), kann sich aber auch auf die Verwertung eines Sondervermögens beschränken (Partikularinsolvenz). Um eine Partikularinsolvenz handelt es sich insbesondere bei den in § 11 Abs. 2 Nr. 2 InsO erwähnten Nachlass- und Gesamtgutinsolvenzen (siehe unten Rz. 71).

II. Insolvenzgericht

Die sachliche **Zuständigkeit** für die dem Insolvenzgericht übertragenen Aufgaben liegt beim AG (§ 2 InsO). Örtlich ist das AG am Ort der Niederlassung oder des allgemeinen Gerichtsstandes zuständig (§ 3 InsO). Die funktionelle Zuständigkeit liegt bis zur Eröffnung des Insolvenzverfahrens beim Richter (§ 18 RPflG), danach im Wesentlichen beim Rechtspfleger (§ 3 Nr. 2 lit. e RPflG). 7

Dem Insolvenzgericht obliegen verschiedene **Aufgaben**. Hauptsächlich ist es für die Durchführung des Eröffnungsverfahrens zuständig (§§ 11 ff. InsO), das mit dem Eröffnungsbeschluss (§§ 26 ff. InsO), der Ernennung des Insolvenzverwalters (§§ 27, 56 ff. InsO) und der fakultativen Einsetzung eines Gläubigerausschusses (§ 67 InsO) seinen Abschluss findet. Danach beschränkt sich die Tätigkeit des Gerichts im Wesentlichen auf die Überwachung des Insolvenzverwalters (§§ 58 f. InsO), die Leitung der Gläubigerversammlungen (§ 76 InsO) und die Entscheidung über die Verfahrensbeendigung (§ 200 InsO). 8

Das **Verfahren** vor dem Insolvenzgericht ist ein Antragsverfahren (§ 13 InsO), das sich grundsätzlich nach der ZPO richtet (§ 4 InsO). Abweichend sind aber Elemente eines Verfahrens der freiwilligen Gerichtsbarkeit normiert. So wird das Verfahren vom Untersuchungsgrundsatz (§ 5 Abs. 1 InsO) und vom Amtsbetrieb (§ 8 InsO) beherrscht. Es gibt nur eine fakultative mündliche Verhandlung (§ 5 Abs. 2 InsO) und die Entscheidung ergeht folglich nicht durch Urteil, sondern durch Beschluss, der – aber nur, sofern das Gesetz dies ausdrücklich zulässt – mit der sofortigen Beschwerde anfechtbar ist (§ 6 InsO). 9

III. Insolvenzverwalter

Die zentrale Figur des Insolvenzverfahrens ist der Insolvenzverwalter. Seine **Aufgaben** sind vor allem die Verwaltung (§ 148 Abs. 1 InsO) und Verwertung (§ 159 InsO) des Schuldnervermögens sowie die Verteilung des Verwertungserlöses an die Gläubiger (§ 187 Abs. 3 Satz 1 InsO). Zu diesem Zweck wird ihm mit der Verfahrenseröffnung die uneingeschränkte Verwaltungs- und Verfügungsbefugnis über das schuldnerische Vermögen übertragen (§ 80 InsO). Der Insolvenzverwalter nimmt diese Aufgaben nicht als Vertreter des Schuldners wahr, sondern handelt im eigenen Namen als Partei kraft Amtes. 10

Das **„Amtsrecht“** des Insolvenzverwalters findet sich vornehmlich in §§ 56 ff. InsO. Die Person des Insolvenzverwalters wird grundsätzlich vom Insolvenzgericht ausgewählt. Es muss sich um eine für den jeweiligen Einzelfall geeignete, insbesondere geschäftskundige und von den Gläubigern und dem Schuldner unabhängige natürliche Person handeln (§ 56 InsO). Die Gläubiger haben aber die Möglichkeit, in der ersten Gläubigerversammlung eine andere Person zu wählen (§ 57 InsO). Der Insolvenzverwalter wird vom Insolvenzgericht ernannt (§§ 27, 56 InsO). Er unterliegt der Rechtsaufsicht des Gerichts (§§ 58, 69 InsO). Das Gericht kann ihm aber keine Weisungen erteilen. Der Verwalter hat daher eine relativ unabhängige Stellung, die mit einer besonderen Haftung (§§ 60 ff. InsO) korrespondiert. Vergütet wird der Insolvenzverwalter aus der Masse nach Maßgabe der Insolvenzrechtlichen Vergütungsverordnung – InsVV (§§ 63 ff. InsO). Sein Amt endet mit Beendigung des Verfahrens, mit Entlassung (§ 59 InsO), Abwahl (§ 57 InsO) oder Tod. 11

IV. Gläubiger

12 Die Eröffnung des Insolvenzverfahrens führt zu einer scharfen Zäsur: Die in diesem Moment vorhandenen Forderungen sollen aus dem in diesem Moment vorhandenen Schuldnervermögen befriedigt werden. Die forderungsberechtigten Gläubiger sind daher zunächst einmal in **Alt- und Neugläubiger** einzuteilen. Altgläubiger sind alle diejenigen, deren Forderungen aus der Zeit vor der Verfahrenseröffnung stammen. Handelt es sich um persönliche Gläubiger, so spricht man von den Insolvenzgläubigern (§ 38 InsO). Dingliche Gläubiger werden hingegen als Aus- oder Absonderungsberechtigte bezeichnet (§§ 47, 49 ff. InsO). Neugläubiger sind demgegenüber alle Personen, deren Ansprüche erst nach Verfahrenseröffnung begründet worden sind. Sie nehmen am Verfahren grundsätzlich nicht teil, sondern müssen sich an das Neuvermögen des Schuldners halten. Eine Ausnahme besteht für die sog. Massegläubiger (§§ 53 ff. InsO), deren Ansprüche aus dem Insolvenzverfahren resultieren und deshalb auch aus der Insolvenzmasse befriedigt werden sollen.

13 Vor diesem Hintergrund sind die Gläubiger in verschiedene **Gläubigergruppen** einzuteilen.

- Nimmt man zuerst die persönlichen Gläubiger in den Blick, so kann man nach der Reihenfolge, in der die einzelnen Gruppen am Verwertungserlös partizipieren, zunächst die **Massegläubiger** (siehe unten Rz. 50) nennen, also diejenigen, deren Ansprüche aus dem Insolvenzverfahren selbst resultieren (§ 53 InsO). Hierher gehören einerseits die Verfahrenskosten (§ 54 InsO) und andererseits die sonstigen Masseverbindlichkeiten (§ 55 InsO). Die Massegläubiger werden aus dem Erlös vorweg befriedigt.
- Im Übrigen dient der Erlös zur Befriedigung der **Insolvenzgläubiger** (siehe unten Rz. 51 ff.), also derjenigen, die zur Zeit der Verfahrenseröffnung einen persönlichen Anspruch gegen den Schuldner haben (§ 38 InsO). Innerhalb dieser Gruppe wird nicht weiter differenziert. Die Insolvenzgläubiger haben also alle denselben Rang. Eine Ausnahme stellt § 39 InsO für die sog. *nachrangigen Insolvenzgläubiger* auf, deren Ansprüche aus unterschiedlichen Gründen zurückgestuft werden, so dass sie erst dann am Verwertungserlös partizipieren, wenn alle Insolvenzgläubiger voll befriedigt sind.
- Von den persönlich berechtigten Insolvenzgläubigern sind die **dinglich berechtigten Altgläubiger** zu unterscheiden. Hierher gehören zunächst die Aussonderungsberechtigten (§ 47 InsO), die dadurch definiert sind, dass sie geltend machen können, ein Vermögensgegenstand gehöre nicht zum Vermögen des Schuldners und unterliege deshalb nicht dem Insolvenzverfahren (siehe unten Rz. 43). Daneben treten die Inhaber von Sicherungsrechten, die als Absonderungsberechtigte bezeichnet werden (§§ 49 ff. InsO; siehe Rz. 44 ff.).

14 Für die **Gläubigerorganisation** ist zwischen **Gläubigerversammlung** und Gläubigerausschuss zu unterscheiden. Die Gläubigerversammlung (§ 74 InsO) ist die Zusammenkunft aller Gläubiger in einem Gerichtstermin. Das Gesetz sieht verschiedene Gläubigerversammlungen vor. Die erste wird als Berichtstermin bezeichnet und dient der Beschlussfassung über den weiteren Fortgang des Verfahrens (§§ 156 f. InsO). Im Prüfungstermin (§ 176 InsO) werden die angemeldeten Forderungen der Insolvenzgläubiger erörtert. Schließlich dient ein Schlusstermin (§ 197 InsO) der Vorbereitung der Verfahrensbeendigung. Im Insolvenzplanverfahren ist außerdem ein besonderer Termin zur Erörterung und Abstimmung über den Insolvenzplan vorgesehen (§ 235 InsO). Im Übrigen obliegt der Gläubigerversammlung vor allem die Auswechslung des Insolvenzverwalters (§ 57 InsO), die Wahl eines Gläubigerausschusses (§ 68 InsO), die Entscheidung über die Verwertung (§ 157 InsO) und subsidiär die eigentlich dem Gläubigerausschuss vorbehaltene Zustimmung zu bestimmten Rechtshandlungen des Insolvenzverwalters.

Der **Gläubigerausschuss** ist für die begleitende Überwachung (§ 69 InsO) einschließlich der Zustimmung zu erlaubnispflichtigen Rechtshandlungen des Insolvenzverwalters (§§ 158 ff. InsO) zuständig. 15

C. Eröffnungsverfahren

Ein Insolvenzverfahren kann nur eröffnet werden, wenn drei Voraussetzungen erfüllt sind: Es muss ein Insolvenzantrag gestellt sein (§§ 13 ff. InsO), es muss ein Eröffnungsgrund – also Insolvenz – vorliegen (§§ 16 ff. InsO) und es muss hinreichend Masse vorhanden sein, um das Verfahren zu finanzieren (§ 26 InsO); siehe näher Kap. 4 [*Nissen/Beuck*]. 16

I. Antrag

Das Insolvenzverfahren ist ein Antragsverfahren, setzt also einen Insolvenzantrag voraus. Antragsberechtigt ist jeder Gläubiger (§ 14 InsO) und der Schuldner (§ 15 InsO). Eine Antragspflicht besteht allerdings nur für die Organmitglieder juristischer Personen (§ 15a InsO). Das Gericht muss die Zulässigkeit des Antrags prüfen, insbesondere die Zuständigkeit des Gerichts, die Partei- und Prozessfähigkeit des Antragstellers, die Insolvenzfähigkeit des Schuldners, die Antragsbefugnis, das Rechtsschutzbedürfnis und die formellen Voraussetzungen, insbesondere die Glaubhaftmachung der Gläubigerforderung. 17

II. Eröffnungsgründe

Das Gesetz kennt drei Eröffnungsgründe (siehe dazu Kap. 3 [*Hölzle*]). 18

- Der Regeleröffnungsgrund ist nach § 17 InsO die **Zahlungsunfähigkeit**, die § 17 Abs. 2 Satz 1 InsO definiert als das Unvermögen, die fälligen Zahlungspflichten zu erfüllen. Dieser Eröffnungsgrund gilt für alle Schuldner.
- Beantragt der Schuldner selbst das Insolvenzverfahren, so kann nach § 18 InsO auch die **drohende Zahlungsunfähigkeit** zur Verfahrenseröffnung führen, die nach § 18 Abs. 2 InsO dann vorliegt, wenn der Schuldner in den nächsten zwei Jahren voraussichtlich nicht in der Lage sein wird, die bestehenden Zahlungspflichten im Zeitpunkt der Fälligkeit zu erfüllen. Hier wird also ein prognostisches Element berücksichtigt und die überschaubare Zukunft des (aktuell noch nicht zahlungsunfähigen) Schuldners in den Blick genommen.
- Bei juristischen Personen kann das Verfahren außerdem nach § 19 InsO wegen **Überschuldung** eröffnet werden. Sie liegt nach § 19 Abs. 2 InsO vor, wenn das Vermögen des Schuldners die bestehenden Verbindlichkeiten nicht mehr deckt. Ob das so ist, muss in zwei Schritten ermittelt werden. Zunächst ist das Vermögen mit Liquidationswerten zu bewerten und den Verbindlichkeiten gegenüberzustellen. Ergibt dies eine Überschuldung, ist als Nächstes eine Fortführungsprognose für die nächsten zwölf Monate zu erstellen. Hat das Unternehmen danach keine Überlebenschance, ist es überschuldet und das Insolvenzverfahren ist zu eröffnen.

III. Hinreichende Masse

Das Verfahren kann nach § 26 InsO nur eröffnet werden, wenn das Schuldnervermögen umfangreich genug ist, um daraus die Kosten des Insolvenzverfahrens zu bestreiten. Zu diesen Kosten gehören nach § 54 InsO die Gerichtskosten sowie die Vergütungen und Auslagen des Insolvenzverwalters und der Gläubigerausschussmitglieder. Ist für diese Positionen nicht genügend Masse vorhanden, muss der Insolvenzantrag mangels Masse abgewiesen werden, sofern nicht die Kosten gemäß §§ 4a ff. InsO gestundet werden können. 19

Anderenfalls kann eröffnet werden. Stellt sich allerdings im weiteren Verlauf des Verfahrens heraus, dass die Verfahrenskosten doch nicht (mehr) gedeckt sind, so muss es nach § 207 InsO wieder eingestellt werden.

IV. Sicherungsmaßnahmen

20 Da die Prüfung der Eröffnungsvoraussetzungen einige Zeit in Anspruch nehmen kann, muss für die Zwischenzeit dafür gesorgt werden, dass nicht noch weiterer Schaden angerichtet wird. Das Gericht muss deshalb die erforderlichen Sicherungsmaßnahmen anordnen (§ 21 Abs. 1 InsO); siehe eingehend unten Kap. 5 [*Flören*]. Insbesondere kann nach § 21 Abs. 2 InsO ein vorläufiger Insolvenzverwalter bestellt, ein allgemeines Verfügungsverbot, ein Zustimmungsvorbehalt oder ein Vollstreckungsverbot angeordnet werden. Auch Maßnahmen gegen aus- und absonderungsberechtigte Gläubiger sind zulässig. Das Gericht kann diese Maßnahmen einzeln oder kombiniert anordnen. Daneben sind alle anderen Maßnahmen denkbar, die geeignet und erforderlich sind, um das Schuldnervermögen vor dem Zugriff einzelner Gläubiger und des Schuldners zu schützen und es in seinem Bestand zugunsten der Gesamtheit aller Gläubiger zu erhalten.

V. Entscheidung über den Antrag

21 Am Ende des Eröffnungsverfahrens muss über den Insolvenzantrag entschieden werden. Fehlt es an einer Eröffnungsvoraussetzung, so ist der **Antrag zurückzuweisen**. Diese Entscheidung ist nach § 34 Abs. 1 InsO mit der sofortigen Beschwerde anfechtbar.

22 Liegen die Eröffnungsvoraussetzungen hingegen vor, so ergeht ein **Eröffnungsbeschluss**, der nur vom Schuldner angefochten werden kann (§ 34 Abs. 2 InsO), sofern ein Gläubiger den Insolvenzantrag gestellt hat. Im Eröffnungsbeschluss ist der Insolvenzverwalter zu ernennen (§ 27 Abs. 1 Satz 1 InsO). Außerdem sind die Gläubiger zur Anmeldung ihrer Forderungen und zur Benennung ihrer Sicherungsrechte, die Drittschuldner zur Zahlung an den Insolvenzverwalter aufzufordern (§ 28 InsO). Schließlich müssen Berichts- und Prüfungstermin festgesetzt werden (§ 29 InsO). Der Eröffnungsbeschluss ist nach Maßgabe des § 30 InsO bekannt zu machen und gemäß §§ 31 f. InsO in die Register und das Grundbuch einzutragen.

D. Eröffnungswirkungen

I. Beschlagnahme der Masse

23 Die wichtigste Wirkung, die sich an die Eröffnung des Insolvenzverfahrens knüpft (siehe dazu Kap. 7 [*Muthorst*]), ist die Beschlagnahme der Insolvenzmasse. Unter der **Insolvenzmasse** versteht das Gesetz das gesamte Vermögen, das dem Schuldner zur Zeit der Eröffnung des Verfahrens gehört und das er während des Verfahrens erlangt. Die Masse setzt sich also zusammen aus dem bei Eröffnung bereits vorhandenen Vermögen und dem während des Insolvenzverfahrens hinzukommenden Neuerwerb. Ausgenommen sind unpfändbare Vermögenswerte (§ 36 InsO) und solche Gegenstände, die der Insolvenzverwalter dem Schuldner freigibt.

24 Die **Beschlagnahme** äußert sich zunächst im Wechsel der Verfügungsbefugnis über die Insolvenzmasse. Mit der Eröffnung geht die Verwaltungs- und Verfügungsbefugnis gemäß § 80 InsO vom Schuldner auf den Insolvenzverwalter über. Gleichzeitig ist das Vermögen für die Gläubigergesamtheit beschlagnahmt. Das bedeutet, dass an Gegenständen, die zur Insolvenzmasse gehören, ein Einzelrechtserwerb nicht mehr möglich ist, weder rechtsgeschäftlich vom Schuldner (§ 81 InsO) noch im Wege der Zwangsvollstreckung (§ 89 InsO) noch auf sonstige Weise (§ 91 InsO). Zusätzlich ordnet das Gesetz in § 88

InsO eine Rückschlagsperre an: Zwangsvollstreckungsmaßnahmen, die längstens einen Monat vor Insolvenzantrag ausgebracht wurden, werden mit der Verfahrenseröffnung unwirksam. Außerdem entstehen für den Schuldner besondere Mitwirkungspflichten (§§ 97 ff. InsO). Schließlich führt die Verfahrenseröffnung bei Gesellschaften zur Liquidation.

Aus der Beschlagnahme ergibt sich, dass **Rechtshandlungen von oder gegenüber dem Schuldner** für die Insolvenzmasse ohne Wirkungen bleiben müssen. Für Verfügungen des Schuldners ist dies in § 81 InsO ausdrücklich gesagt. Ein gutgläubiger Erwerb ist nur bei Immobilien möglich (§ 81 Abs. 1 Satz 2 InsO). Drittschuldnerleistungen an den Schuldner führen nicht zur Erfüllung der Forderung, da dem Schuldner die Empfangszuständigkeit fehlt. Allerdings werden Drittschuldner, die die Beschlagnahme nicht kennen, nach Maßgabe des § 82 InsO geschützt. § 91 InsO verhindert außerdem jeden sonstigen Erwerb nach Verfahrenseröffnung, etwa aus Rechtsgeschäften, die vor Verfahrenseröffnung eingeleitet, aber erst danach vollendet wurden. Auch hier gibt es gutgläubigen Erwerb nur bei Immobilien. 25

II. Auswirkungen auf schwebende Verträge

Die Wirkung der Verfahrenseröffnung auf nicht vollständig abgewickelte Vertragsbeziehungen ist in §§ 103 ff. InsO geregelt (siehe eingehend Kap. 8 [*Höpfner*]). Das Gesetz ordnet dort für einige Rechtsgeschäftstypen das **Erlöschen** an, insbesondere für Aufträge, Geschäftsbesorgungsverträge und Vollmachten (§§ 115 ff. InsO). Für andere wird ausdrücklich das **Fortbestehen** normiert, insbesondere für bestimmte Dauerschuldverhältnisse in § 108 InsO. Als Auffangnorm enthält § 103 InsO ein **Wahlrecht**. Die Norm bestimmt für gegenseitige Verträge, die bisher von keiner Seite voll erfüllt wurden, dass der Insolvenzverwalter wählen kann, ob er den Vertrag erfüllen will oder nicht. Wählt er Erfüllung, so kann er die vom Vertragspartner zu erbringende Leistung zur Masse ziehen, muss aber die Gegenleistung aus der Masse erbringen (§ 55 Abs. 1 Nr. 2 InsO). Lehnt er die Erfüllung ab, so wird gemäß § 812 Abs. 1 Satz 2 Fall 1 BGB rückabgewickelt und dem Vertragspartner steht gemäß § 103 Abs. 2 InsO ein Schadensersatzanspruch wegen Nichterfüllung zu, der allerdings nur eine einfache Insolvenzforderung ist. 26

Für **Miet- und Pachtverträge** ist zu unterscheiden: Bei beweglichen Sachen hat der Insolvenzverwalter das Wahlrecht aus § 103 InsO (Ausnahme: § 108 Abs. 1 Satz 2 InsO). Wählt der Verwalter Erfüllung, so können beide Seiten nur nach den allgemeinen Regeln des materiellen Rechts kündigen, wobei die Kündigung des Vermieters in der Insolvenz des Mieters durch § 112 InsO eingeschränkt ist. Miet- und Pachtverträge über unbewegliche Gegenstände bleiben hingegen gemäß § 108 InsO von der Verfahrenseröffnung unberührt. Es gibt kein Wahlrecht für den Insolvenzverwalter. Die Verträge bestehen fort und können von beiden Seiten nur nach den allgemeinen Regeln gekündigt werden, wobei für den Vermieter in der Insolvenz des Mieters wieder § 112 InsO zu beachten ist. Außerdem enthält § 109 InsO einige Modifikationen des materiellen Kündigungsrechts. 27

Arbeitsverhältnisse werden durch die Verfahrenseröffnung ebenfalls nicht berührt. Sie bestehen gemäß § 108 InsO fort, ohne dass der Verwalter ein Wahlrecht hätte. Die Kündigung richtet sich grundsätzlich auch hier nach den allgemeinen Regeln des materiellen Rechts. Allerdings werden längere Kündigungsfristen in der Insolvenz des Arbeitgebers durch § 113 InsO auf ein gesetzliches Höchstmaß von drei Monaten zurückgeschnitten. Betriebsänderungen sind durch §§ 120 ff. InsO erleichtert. Dabei finden sich Sonderregeln für den Interessenausgleich in § 125 InsO und für den Sozialplan in § 123 InsO. Siehe näher unten Kap. 21 [*Eckhoff*]. 28

III. Auswirkungen auf schwebende Prozesse

29 Prozesse, an denen der Schuldner beteiligt ist, werden durch die Eröffnung des Insolvenzverfahrens unterbrochen (§§ 240, 249 ZPO). Für die Fortsetzung des Verfahrens ist zu trennen.

- Bei **Aktivprozessen**, in denen der Schuldner Kläger ist, kann (nur) der Insolvenzverwalter den Prozess aufnehmen (§ 85 Abs. 1 InsO) oder den Streitgegenstand freigeben; in letzterem Fall wird das Verfahren unter den ursprünglichen Parteien fortgesetzt (§ 85 Abs. 2 InsO).
- In **Passivprozessen**, bei denen der Schuldner Beklagter ist, ist noch einmal zu unterscheiden: Verfolgt der Kläger in dem Prozess einen Anspruch, der als Insolvenzforderung zu qualifizieren ist, so muss er diesen Anspruch zur Tabelle anmelden (§ 87 InsO). Für eine Fortsetzung des Prozesses fehlt so lange das Rechtsschutzbedürfnis, bis jemand der Anmeldung widerspricht. In diesem Fall wird das Verfahren zwischen dem Kläger und dem Widersprechenden fortgesetzt (§ 180 Abs. 2 InsO). Ist der Kläger hingegen nicht Insolvenzgläubiger, so können beide Seiten den Rechtsstreit nach Maßgabe des § 86 InsO fortsetzen.

E. Von der „Ist-Masse" zur „Soll-Masse"

30 Die Vermögensgegenstände, die der Insolvenzverwalter bei seiner Amtsübernahme vorfindet, kann man als die „Ist-Masse" bezeichnen. Das ist aber nicht die Insolvenzmasse, die letztlich an die Insolvenzgläubiger verteilt werden soll. Vorher muss nämlich der Ist-Bestand noch durch Forderungseinzug und Insolvenzanfechtung ergänzt und durch Aussonderungen, abgesonderte Befriedigung, Aufrechnung und Befriedigung der Massegläubiger korrigiert werden, bevor dann die so erreichte „Soll-Masse" (nach Verwertung) an die Insolvenzgläubiger ausgeschüttet werden kann.

I. Forderungseinzug

31 **Forderungen des Schuldners** unterliegen gemäß § 80 InsO dem Verwaltungs- und Verfügungsrecht des Insolvenzverwalters. Der Verwalter kann also die Forderungen geltend machen, die Drittschuldner können nur noch ihm gegenüber erfüllen (§§ 81 f. InsO). Leistet ein Drittschuldner nicht freiwillig, kann der Insolvenzverwalter als gesetzlicher Prozessstandschafter für den Schuldner Klage erheben. Vorhandene Titel können auf den Insolvenzverwalter umgeschrieben werden.

32 **Forderungen der Gläubiger** gegen Dritte kann der Insolvenzverwalter auch dann nicht geltend machen, wenn es sich um Haftungsansprüche für die Nichterfüllung der Schuldnerverbindlichkeiten handelt. Ausnahmen sehen §§ 92, 93 InsO vor, die sich mit der „Gesamt(schadens)liquidation" befassen. Nach § 92 InsO ist der Insolvenzverwalter berechtigt, Masseverkürzungsschäden zu regulieren, also Schadensersatzansprüche der Gläubiger geltend zu machen, die aus einer Masseverkürzung resultieren. Außerdem kann der Insolvenzverwalter nach § 93 InsO Haftungsansprüche gegen persönlich haftende Gesellschafter durchsetzen. Hier ist vor allem an § 128 HGB zu denken: Der Insolvenzverwalter über das Vermögen einer OHG kann die Haftungsansprüche der Gläubiger gegen den OHG-Gesellschafter für alle Gläubiger gemeinsam geltend machen und die eingezogenen Beträge dann über die Quote an die Gläubiger ausschütten.

II. Insolvenzanfechtung

1. Grundvoraussetzungen

Angereichert wird die „Ist-Masse" vor allem im Wege der Insolvenzanfechtung (siehe hierzu Kap. 10 [*Zenker*]). Ihr liegt der Gedanke zugrunde, dass vor Verfahrenseröffnung vorgenommene Rechtshandlungen, die die Gesamtheit der Gläubiger benachteiligt haben, unter bestimmten Voraussetzungen rückgängig gemacht werden müssen, weil sie dem Grundgedanken der Gläubigergleichbehandlung (siehe Rz. 1) widersprechen. Nach § 129 Abs. 1 InsO bedarf es zunächst einer **Rechtshandlung**, worunter jedes rechtserhebliche Verhalten verstanden werden kann, gleich, von wem es stammt, und gleich, ob es sich um ein aktives Tun oder ein Unterlassen handelt (§ 129 Abs. 2 InsO). 33

Diese Rechtshandlung muss **vor Verfahrenseröffnung** vorgenommen worden sein. Ob das der Fall ist, richtet sich gemäß § 140 Abs. 1 InsO nach dem Eintritt der Wirkungen, also nach dem Erfolgszeitpunkt, nicht nach dem Vornahmezeitpunkt. Allerdings enthält § 147 InsO eine Ausnahme, die mit § 81 Abs. 1 Satz 2, § 91 Abs. 2 InsO korrespondiert: In den dort geregelten Fällen des gutgläubigen Erwerbs erwirbt jemand dingliche Grundstücksrechte nach Verfahrenseröffnung, muss aber mit der Insolvenzanfechtung rechnen. 34

Die Rechtshandlung ist nur anfechtbar, wenn sie zu einer **Gläubigerbenachteiligung** geführt hat. Dafür reicht, wenn das Gesetz nichts anderes sagt (wie in § 132 InsO oder § 133 Abs. 4 InsO), jede mittelbare Benachteiligung. Eine Gläubigerbenachteiligung liegt vor, wenn die Befriedigungsmöglichkeiten für die Gläubiger verkürzt, vereitelt, erschwert oder verzögert werden, sei es als unmittelbare Folge der Rechtshandlung, sei es durch Hinzutreten weiterer Umstände. 35

2. Anfechtungsgründe

Die Insolvenzanfechtung setzt sodann einen Anfechtungsgrund voraus. Das Gesetz normiert verschiedene Anfechtungsgründe, mit denen Rechtshandlungen missbilligt werden, wenn sie in bestimmter zeitlicher Nähe zum Insolvenzantrag oder zur Verfahrenseröffnung und unter weiteren objektiven und subjektiven Voraussetzungen vorgenommen wurden. So ist nach § 134 InsO jede **unentgeltliche Leistung** anfechtbar, die in den letzten vier Jahren vor dem Insolvenzantrag vorgenommen wurde, solange es sich nicht um ein gebräuchliches Gelegenheitsgeschenk handelt. 36

Die **vorsätzliche Gläubigerbenachteiligung** ist nach § 133 Abs. 1 InsO anfechtbar, wenn die Rechtshandlung in den letzten zehn Jahren vor dem Insolvenzantrag vorgenommen wurde, der Schuldner seine Gläubiger damit vorsätzlich benachteiligen wollte und der andere Teil (also der Anfechtungsgegner) diesen Vorsatz oder die drohende Zahlungsunfähigkeit und die Gläubigerbenachteiligung kannte. Bei kongruenten und inkongruenten Deckungen beträgt der Anfechtungszeitraum allerdings nur vier Jahre (§ 133 Abs. 2 InsO). Zusätzlich erhöht § 133 Abs. 3 InsO bei kongruenten Deckungen die Anforderungen an die Beweisführung durch den Insolvenzverwalter. Ist längstens zwei Jahre vor Insolvenzantrag ein entgeltlicher Vertrag mit einer nahestehenden Person („Insider" nach § 138 InsO) geschlossen worden und hat er zu einer unmittelbaren Gläubigerbenachteiligung geführt, so werden nach § 133 Abs. 4 InsO sowohl der Benachteiligungsvorsatz als auch die Kenntnis des Gegners vermutet. 37

§ 130 InsO regelt die **kongruente Deckung**. Hier hat ein Insolvenzgläubiger erhalten, was ihm zustand. Anfechtbar ist das nur, wenn es in den letzten drei Monaten vor dem Eröffnungsantrag vorgenommen wurde, der Schuldner zu diesem Zeitpunkt bereits zahlungsunfähig war und der Gläubiger dies wusste (oder Umstände kannte, aus denen er es hätte schließen müssen). Wurde zwischen Antrag und Eröffnung erfüllt, genügt die 38

Kenntnis des Gläubigers vom Antrag. Ist der Gläubiger eine nahestehende Person, wird die erforderliche Kenntnis vermutet.

39 Demgegenüber ist eine **inkongruente Deckung** gemäß § 131 InsO sehr viel leichter anfechtbar. Hat ein Gläubiger etwas bekommen, was ihm nicht, nicht so oder nicht zu dieser Zeit zustand, so ist das ohne weiteres anfechtbar, wenn es im letzten Monat vor dem Eröffnungsantrag geleistet wurde. Lag die Rechtshandlung im zweiten oder dritten Monat vor dem Antrag, so ist sie anfechtbar, wenn der Schuldner zahlungsunfähig war oder der Gläubiger wusste oder aus ihm bekannten Tatsachen hätte schließen müssen, dass die Rechtshandlung die Gläubiger benachteiligte, was wieder vermutet wird, wenn der Gläubiger eine nahestehende Person ist.

40 Nicht von §§ 130, 131 InsO erfasste **unmittelbar nachteilige Rechtshandlungen** können schließlich nach § 132 InsO unter denselben Voraussetzungen angefochten werden wie kongruente Deckungen.

41 **Weitere Anfechtungsgründe** finden sich in § 135 InsO für die Rückzahlung oder Sicherung von Gesellschafterdarlehen, in § 136 InsO für Leistungen an stille Gesellschafter und in § 137 InsO für Wechsel- und Scheckzahlungen.

3. Rechtsfolgen

42 Liegt ein Anfechtungsgrund vor, so hat der Insolvenzverwalter ab Verfahrenseröffnung einen **schuldrechtlichen Anspruch auf Rückabwicklung** (§ 143 InsO), den er – auch gegen Rechtsnachfolger (§ 145 InsO) – entweder im Wege der Klage oder im Wege der Einrede (vgl. § 146 Abs. 2 InsO) durchsetzen kann. Der Anspruch folgt kraft Verweisung weitgehend bereicherungsrechtlichen Grundregeln (§ 143 Abs. 1 Satz 2, Abs. 2 InsO), ohne aber ein Bereicherungsanspruch zu sein. Er verjährt nach den allgemeinen Regeln (§ 146 Abs. 1 InsO).

III. Aussonderung

43 Die Aussonderung dient gemäß § 47 InsO dazu, Vermögensgegenstände, die nicht zum Schuldnervermögen gehören, aus der „Ist-Masse" herauszuholen. Da der Schuldner nur mit seinem Vermögen haftet, können Vermögensgegenstände, die Dritten gehören, vom Insolvenzverwalter herausverlangt werden. Dabei spielt es keine Rolle, ob der Herausgabeanspruch auf einem dinglichen Recht beruht (z. B. § 985 BGB) oder schuldrechtlicher Natur ist (z. B. § 546 BGB). Wer aussonderungsberechtigt ist, braucht sich auch nicht an besondere insolvenzverfahrensrechtliche Regeln zu halten, sondern kann den Insolvenzverwalter unmittelbar in Anspruch nehmen (§ 47 Satz 2 InsO). Ist der auszusondernde Gegenstand bereits unberechtigterweise veräußert worden, so kann der Aussonderungsberechtigte im Wege der Ersatzaussonderung auf den Erlös zugreifen, soweit der noch unterscheidbar in der Masse vorhanden ist (§ 48 InsO). Siehe dazu im Einzelnen Kap. 9 [*v. Kaltenborn-Stachau/Hageböke*].

IV. Absonderung

44 Viele Gläubiger haben **Sicherungsrechte** an Vermögensgegenständen, die zur Insolvenzmasse gehören. Diese Sicherungsrechte berechtigen nach §§ 49 ff. InsO zur abgesonderten Befriedigung (siehe ebenfalls Kap. 9 [*v. Kaltenborn-Stachau/Hageböke*]). Das bedeutet, dass der Sicherungsnehmer aus dem Verwertungserlös des Sicherungsgutes vorab befriedigt wird, also bevor die Insolvenzgläubiger (über die Quote) an dem Erlös partizipieren können. Anders gewendet: Die Insolvenzgläubiger profitieren von dem Verwertungserlös nur, wenn nach Befriedigung des gesicherten Gläubigers noch etwas übrig ist. Der Unter-

schied zur Aussonderung liegt darin, dass der Aussonderungsberechtigte einen Anspruch auf die Sache hat, während der Absonderungsberechtigte nur einen Anspruch auf den Wert der Sache hat.

Die vom Gesetz anerkannten **Absonderungsrechte** sind in §§ 49 ff. InsO aufgeführt. Zu erwähnen sind vor allem die Grundpfandrechte (§ 49 InsO), die rechtsgeschäftlich bestellten oder gesetzlichen Pfandrechte an Mobilien und Forderungen (§ 50 InsO) sowie die dem Pfandrecht in seiner Wirkung gleichgestellten Rechte (§ 51 InsO). Hierzu zählen insbesondere das Sicherungseigentum (§ 51 Nr. 1 InsO) und die kaufmännischen Zurückbehaltungsrechte (§ 51 Nr. 3 InsO). All diesen Rechten ist gemeinsam, dass sie dem Rechtsinhaber ein Verwertungsrecht geben, ihm also ermöglichen, das Sicherungsgut zu verwerten und sich aus dem Erlös zu befriedigen. 45

Dieses materielle **Verwertungsrecht** bleibt dem Gläubiger auch in der Insolvenz erhalten, wird aber teilweise durch den Insolvenzverwalter ausgeübt. So bestimmt § 165 InsO, dass auch der Insolvenzverwalter mit Grundpfandrechten belastete Grundstücke versteigern lassen kann, was sonst nur den Gläubigern zusteht. Bei beweglichen Sachen, Forderungen und sonstigen Rechten behält der Gläubiger hingegen die Verwertungsbefugnis (vgl. § 173 InsO). 46

Eine – allerdings wichtige – **Ausnahme** gilt nach § 166 Abs. 1 InsO für bewegliche Sachen, die der Insolvenzverwalter in Besitz hat, und nach § 166 Abs. 2 InsO für sicherungszedierte Forderungen. Hier liegt die Verwertungsbefugnis allein beim Insolvenzverwalter, der aus dem Erlös nach §§ 170 f. InsO zugunsten der Masse 4 % Feststellungskosten und 5 % Verwertungskosten sowie allfällige Umsatzsteuer abziehen darf, bevor dann der Rest an den gesicherten Gläubiger ausgekehrt werden kann. 47

V. Aufrechnung

Ein Recht auf abgesonderte Befriedigung gewährt im Grunde auch die Aufrechnung (siehe wiederum unten Kap. 9 [*v. Kaltenborn-Stachau/Hageböke*]): Wer aufrechnen kann, braucht seine Forderung nicht zur Tabelle anzumelden, sondern kann sich durch Aufrechnung befriedigen. Das Gesetz geht dabei von dem Grundsatz aus, dass derjenige, der vor Verfahrenseröffnung aufrechnen konnte, auch nach Verfahrenseröffnung aufrechnen können soll (§ 94 InsO). Das setzt in jedem Fall eine **Aufrechnungslage** nach § 387 BGB voraus. Allerdings finden sich in §§ 95, 96 InsO einige Modifikationen. So bleiben anfechtbar herbeigeführte Aufrechnungslagen ebenso unberücksichtigt (§ 96 Abs. 1 Nr. 3 InsO) wie Forderungen, die aus dem freien Vermögen des Schuldners zu erfüllen sind (§ 96 Abs. 1 Nr. 4 InsO). 48

Tritt die Aufrechnungslage erst **während des Insolvenzverfahrens** ein, so ist die Aufrechnung nur sehr begrenzt zulässig. Sie ist ausgeschlossen, wenn die Forderung des Schuldners/Insolvenzverwalters erst nach Verfahrenseröffnung entstanden ist (§ 96 Abs. 1 Nr. 1 InsO) oder wenn der Gläubiger seine Forderung erst nach Verfahrenseröffnung von einem Zedenten erhalten hat (§ 96 Abs. 1 Nr. 2 InsO). War bei Verfahrenseröffnung eine der aufzurechnenden Forderungen noch aufschiebend bedingt, noch nicht fällig oder noch nicht auf eine gleichartige Leistung gerichtet, so kann der Gläubiger nur aufrechnen, wenn seine Forderung früher durchsetzbar ist als die des Schuldners/Insolvenzverwalters (§ 95 InsO). 49

VI. Befriedigung der Massegläubiger

Bevor die Insolvenzgläubiger bedient werden können, müssen die Masseverbindlichkeiten (siehe oben Rz. 13) befriedigt werden; siehe näher bei Kap. 12 [*v. Kaltenborn-Stachau/* 50

Hageböke]. Solange das Vermögen des Schuldners dafür reicht, gibt es keine Probleme. Stellt sich aber während des Verfahrens heraus, dass das Vermögen für die Massegläubiger nicht reicht, so ist zu differenzieren:

– Sind nicht einmal mehr die Massekosten, also die Verfahrenskosten i. S. von § 54 InsO (siehe oben Rz. 19) gedeckt, so ist das Verfahren sofort einzustellen, sofern nicht eine Kostenstundung in Betracht kommt (§ 207 InsO). Der Insolvenzverwalter darf nur noch Barmittel an die Kostengläubiger verteilen.
– Sind die Kosten hingegen gedeckt, so kann das Verfahren grundsätzlich fortgeführt werden, freilich jetzt nicht mehr zugunsten der Insolvenzgläubiger, sondern nur noch zugunsten der Massegläubiger. Der Insolvenzverwalter hat dazu dem Insolvenzgericht die Masseunzulänglichkeit anzuzeigen (§ 208 InsO), die Insolvenzmasse zu verwerten und den Erlös an die Massegläubiger nach der Rangordnung des § 209 InsO zu verteilen. Bedient werden zuerst die Massekosten, dann die sog. Neumassegläubiger (also diejenigen, die ihre Masseforderungen nach Anzeige der Masseunzulänglichkeit erworben haben) und schließlich die sog. Altmassegläubiger (also diejenigen, die ihre Forderungen zwischen Verfahrenseröffnung und Anzeige der Masseunzulänglichkeit erworben haben). An letzter Stelle werden die Unterhaltsansprüche des Schuldners bedient.
– Ist der Verwertungserlös in diesem Sinne verteilt, wird das Verfahren gemäß § 211 InsO eingestellt.

F. Befriedigung der Insolvenzgläubiger

51 Bei der „Sollmasse“ angekommen, kann das Schuldnervermögen auf die Insolvenzgläubiger verteilt werden. Dazu müssen diejenigen ermittelt werden, die berechtigt sind, an der Ausschüttung teilzunehmen. Dann können die Insolvenzgläubiger aus dem durch Verwertung des Schuldnervermögens erzielten Erlös anteilig und quotal befriedigt werden.

I. Feststellung der Schuldenmasse

52 In einem ersten Schritt sind also die zu bedienenden Insolvenzforderungen zu ermitteln. Aus der Sicht des Schuldners ist das die „Schuldenmasse“ (siehe hierzu ausführlich Kap. 11 [*Riedel*]). Das Gesetz vertraut hier ganz auf die Gläubigerautonomie, indem es folgendes Feststellungsverfahren vorsieht: Wer meint, einen Anspruch gegen den Schuldner zu haben, kann diesen beim Insolvenzverwalter zur Insolvenztabelle anmelden (§ 174 InsO). Eines Titels über die anzumeldende Forderung bedarf es dazu nicht. Nach Ablauf der Anmeldefrist, die im Eröffnungsbeschluss festgesetzt wird (§ 28 Abs. 1 Satz 1 InsO), wird der ebenfalls im Eröffnungsbeschluss festgesetzte Prüfungstermin abgehalten (§ 29 Abs. 1 Nr. 2, § 176 InsO), in dem jede angemeldete Forderung erörtert wird.

53 Das weitere Verfahren richtet sich nun danach, ob der Anmeldung widersprochen wird oder nicht. Widerspricht niemand, so wird dies in die Tabelle eingetragen (§ 178 InsO). Der Gläubiger nimmt mit dem angemeldeten Betrag an der Erlösverteilung teil. Nach Abschluss des Insolvenzverfahrens kann er aus der Tabelle in das Neuvermögen des Schuldners vollstrecken (§ 201 InsO).

54 Widerspricht der Schuldner, so hindert dies nur die spätere Vollstreckung in das Neuvermögen (§ 201 Abs. 1 Satz 2 InsO). Für das weitere Insolvenzverfahren ist dieser Widerspruch unbeachtlich (§ 178 Abs. 1 Satz 2 InsO). Anders verhält es sich, wenn ein anderer Gläubiger oder der Insolvenzverwalter widerspricht. In diesem Fall muss der Widerspruch durch einen Feststellungsprozess des Anmeldenden gegen den Widersprechenden beseitigt werden, anderenfalls kann der Gläubiger nicht am Verwertungserlös partizipieren (§§ 179 ff. InsO).

II. Verteilung des Verwertungserlöses

Stehen die zu bedienenden Insolvenzgläubiger fest, kann das Schuldnervermögen an sie ausgekehrt werden. Dazu ist es freilich zuvor zu verwerten, da an die Gläubiger nur Geld ausgeschüttet werden kann. Die **Verwertung** erfolgt bei Grundstücken durch den Insolvenzverwalter im Wege des freihändigen Verkaufs oder durch Zwangsversteigerung, die sowohl die Grundpfandrechtsgläubiger als auch der Insolvenzverwalter betreiben können (siehe oben Rz. 46 f.). Bei beweglichen Sachen, Forderungen und Rechten kommt eine Zwangsversteigerung nicht in Betracht. Forderungen sind deshalb entweder einzuziehen oder (z. B. an einen Factor) zu verkaufen. Rechte und bewegliche Sachen müssen ebenfalls veräußert werden. In jedem Fall kommt eine Einzelverwertung, aber auch eine Veräußerung des gesamten Unternehmens in Betracht. 55

Die **Erlösverteilung** erfolgt nach dem Prüfungstermin (§ 198 Abs. 1 InsO) durch den Verwalter auf der Grundlage eines Verteilungsverzeichnisses (§ 188 InsO). Abschlagszahlungen sind möglich (§ 187 Abs. 2 InsO). Sind die Forderungen festgestellt, so kann der auf sie entfallende Betrag ausgezahlt werden. In anderen Fällen muss der Erlösanteil hingegen zurückbehalten werden (§§ 189 ff. InsO). Das gilt für streitige Forderungen, deren Berechtigung noch nicht feststeht, für aufschiebend bedingte Forderungen bis zum Bedingungseintritt und für Forderungen, die durch Absonderungsrechte gesichert sind, bis feststeht, inwieweit die Forderung durch Realisierung des Sicherungsrechts befriedigt ist. 56

Nach Abschluss der Verwertung erstellt der Insolvenzverwalter ein Schlussverzeichnis, das in einem **Schlusstermin** erörtert wird, und nimmt dann auf der Grundlage dieses Verzeichnisses eine Schlussverteilung vor (§§ 196 ff. InsO). Danach kann das Verfahren aufgehoben werden (§ 200 InsO). Findet sich später noch verwertbares Vermögen (etwa solches, das der Schuldner versteckt hat, oder solches, das durch einen gewonnenen Anfechtungsprozess zur Insolvenzmasse zurückgeholt wird), so findet eine Nachtragsverteilung statt (§§ 203 ff. InsO). 57

G. Beendigung des Verfahrens

Das Verfahren kann auf zwei Wegen beendet werden; siehe eingehend unten Kap. 12 [*v. Kaltenborn-Stachau/Hageböke*]. Kommt es zu einem ordnungsgemäßen Abschluss durch Schlussverteilung an die Insolvenzgläubiger (siehe Rz. 57), so endet das Verfahren durch **Aufhebung.** Endet es hingegen vorzeitig, so beschließt das Insolvenzgericht die **Einstellung** des Verfahrens. Eingestellt werden muss, wenn das Verfahren mangels Masse nicht fortgesetzt werden kann (§§ 207, 211 InsO; siehe oben Rz. 50), wenn der Eröffnungsgrund wegfällt (§ 212 InsO) oder wenn die Gläubiger einem Einstellungsantrag des Schuldners zustimmen (§ 213 InsO). In beiden Fällen enden die Ämter des Insolvenzverwalters und der Gläubigerausschussmitglieder, und der Schuldner erhält wieder die volle Verfügungsbefugnis über sein Vermögen, soweit es nicht verwertet ist. 58

H. Besondere Verfahren

Das Gesetz regelt einige besondere Verfahrensarten, die das vorstehend umrissene Regelverfahren teils ergänzen, teils modifizieren und teils ersetzen. 59

I. Insolvenzplan

Schon § 1 Satz 1 InsO bestimmt, dass die Gläubiger von einer Verwertung des schuldnerischen Unternehmens im Regelverfahren absehen können, indem sie einen Insolvenzplan beschließen, der ein „selbst gestricktes“ Verwertungsmodell enthält (zum Ganzen siehe Kap. 13 [*Dellit/Titze*]). § 217 InsO greift das wieder auf. Ein solcher Insolvenzplan kann 60 der Liquidation oder der übertragenden Sanierung dienen, wird aber regelmäßig ein Sanierungsplan sein.

61 Für den **Planinhalt** bestimmt § 219 InsO, dass der Plan einen darstellenden und einen gestaltenden Teil haben muss. Der darstellende Teil (§ 220 InsO) soll sich zu den Grundlagen und Auswirkungen des Plans äußern. Dazu gehört vor allem eine vernünftige Bestandsaufnahme, also eine Darstellung der Vermögens-, Finanz- und Ertragslage; die Vorstellung der angestrebten Verwertungsart; eine Vergleichsrechnung, die sich zu der Gläubigerbefriedigungsquote mit und ohne Plan äußert; das Sanierungskonzept; eine Darstellung der Betriebsänderungen, des erforderlichen Sozialplans und der benötigten Kreditmittel etc.

62 Im gestaltenden Teil des Plans (§§ 221 ff. InsO) sind zunächst **Gläubigergruppen** zu bilden, d. h. die Gläubiger sind nach Interessenlage und Rechtsstellung in unterschiedliche Gruppen einzuteilen. Notwendig sind mindestens eine Gruppe für die absonderungsberechtigten Gläubiger, soweit in deren Rechte eingegriffen werden soll (§ 223 InsO), eine Gruppe für die Insolvenzgläubiger (§ 224 InsO) und eine Gruppe für die nachrangigen Insolvenzgläubiger, soweit überhaupt Zahlungen an diese Gläubiger vorgesehen sind (§ 225 InsO), ferner für die Anteilseigner (Gesellschafter), sofern in deren Rechte eingegriffen werden soll (§ 225a InsO). Untergruppen – etwa für Lieferanten oder Arbeitnehmer – sind möglich. Anschließend muss für jede Gruppe gesagt werden, wie durch den Plan in die Rechte der dort erfassten Gläubiger eingegriffen werden soll.

63 Für das **Planverfahren** bestimmt zunächst § 218 InsO, dass das Initiativrecht nur beim Schuldner und dem Insolvenzverwalter liegt, der von der Gläubigerversammlung allerdings mit der Planerstellung beauftragt werden kann (§ 157 Satz 2 InsO). Der Plan ist beim Insolvenzgericht einzureichen, das die Vorlageberechtigung, den notwendigen Planinhalt und bei einem Schuldnerplan auch die Realisierungschancen prüft (§ 231 InsO). Wird der Plan zugelassen, muss er durch Mehrheitsentscheidung der Gläubiger bzw. Anteilseigner angenommen werden (§§ 235 ff. InsO). Dazu ist nach Gruppen getrennt abzustimmen (§ 243 InsO). In jeder Gruppe muss Kopf- und Summenmehrheit erreicht werden (§ 244 InsO). Der Plan ist nur angenommen, wenn alle Gruppen mit der erforderlichen Mehrheit zugestimmt haben. Allerdings kann die Zustimmung nach Maßgabe der §§ 245 f. InsO ersetzt werden, wenn die Mehrheit der Gruppen tatsächlich zugestimmt hat, die Mitglieder der nicht zustimmenden Gruppe durch den Plan nicht schlechtergestellt werden, als sie ohne den Plan stünden, und das Gläubigergleichbehandlungsgebot beachtet ist (**Obstruktionsverbot**, § 245 InsO).

64 Haben die Gläubiger den Plan angenommen, so muss auch der Schuldner zustimmen (§ 247 InsO) und das Gericht den Plan **bestätigen** (§ 248 InsO). Dazu prüft es im Plan selbst aufgestellte Bestätigungsbedingungen (§ 249 InsO), die Korrektheit des Verfahrens (§ 250 InsO) und – falls ein Gläubiger oder Anteilseigner dies beantragt – ob dieser Gläubiger bzw. Anteilseigner durch den Plan schlechtergestellt wird, als er ohne Plan stünde (Minderheitenschutz, § 251 InsO). Wird der Plan bestätigt, kann das Insolvenzverfahren aufgehoben werden (§ 258 InsO).

65 Die **Planerfüllung** erfolgt teilweise durch den Bestätigungsbeschluss, da dieser mit Rechtskraft die im Plan vorgesehenen Rechtsgestaltungen herbeiführt (§§ 254 ff. InsO). Im Übrigen muss der Schuldner die im Plan vorgesehenen Pflichten gegenüber seinen Gläubigern erfüllen. Gerät er damit gegenüber einem Gläubiger erheblich in Rückstand, so lebt dessen Forderung wieder vollen Umfangs auf (§ 255 InsO). Außerdem können die Gläubiger aus dem Plan vollstrecken (§ 257 InsO). Schließlich besteht die Möglichkeit, im Plan eine Überwachung der Planerfüllung vorzusehen (§§ 260 ff. InsO).

II. Restschuldbefreiung

Abweichend von der Regel, dass die Gläubiger ihre Forderungen, soweit sie im Insolvenzverfahren nicht befriedigt worden sind, nach Aufhebung des Insolvenzverfahrens wieder unbegrenzt gegen den Schuldner geltend machen können, sieht das Gesetz in §§ 286 ff. InsO die Möglichkeit einer Restschuldbefreiung vor (siehe ausführlich Kap. 16 [*Achelis/Schemmerling*]). **Voraussetzungen** sind, dass der Schuldner eine natürliche Person ist (§ 286 InsO), dass es sich um eine redliche Person handelt (§ 290 InsO) und dass er in der sog. „Wohlverhaltensperiode" keine Obliegenheitsverletzungen begangen hat (§ 295 InsO). Als redlich wird der Schuldner insbesondere dann nicht angesehen, wenn er eine Insolvenzstraftat, Kredit- oder Subventionsbetrug begangen, sein Vermögen verschleudert oder seine Mitwirkungspflichten verletzt hat (§ 290 InsO). 66

Ist er redlich, so muss er, um Restschuldbefreiung bekommen zu können, eine dreijährige **„Wohlverhaltensperiode"** überstehen. In diesen drei Jahren muss er vor allem jede zumutbare Arbeit annehmen und sein gesamtes pfändbares Einkommen an einen Treuhänder abliefern (§ 287 Abs. 2, § 295 InsO). 67

Schon wegen dieser Mitwirkungspflichten setzt das **Verfahren** einen Antrag des Schuldners voraus (§ 287 InsO). Zu diesem Antrag sind Verwalter und Gläubiger im Schlusstermin zu hören (§ 287 Abs. 4 InsO). Hält das Gericht den Schuldner für redlich, kündigt es die Restschuldbefreiung an (§ 287a Abs. 1 InsO). Danach wird das Insolvenzverfahren aufgehoben und es schließt sich die „Wohlverhaltensperiode" an, in der der Treuhänder die Gläubigerforderungen aus den Zahlungen des Schuldners befriedigt (§§ 288, 292 InsO). Übersteht der Schuldner die drei Jahre ohne Obliegenheitsverletzung, so erteilt das Gericht am Ende die Restschuldbefreiung (§ 300 InsO), was zur Folge hat, dass die Schulden zu unvollkommenen Verbindlichkeiten werden (§ 301 InsO). Werden nachträglich Obliegenheitsverletzungen aus der „Wohlverhaltensperiode" entdeckt, so kann die Restschuldbefreiung widerrufen werden (§ 303 InsO). 68

III. Eigenverwaltung

Für die **Unternehmerinsolvenz** (vgl. § 270 Abs. 2 InsO) eröffnet das Gesetz in §§ 270 ff. InsO die Möglichkeit, dass auf die Bestellung eines Insolvenzverwalters verzichtet und der Schuldner selbst mit der Verwaltung und Verwertung der Insolvenzmasse betraut wird; siehe dazu Kap. 15 [*Hölzle*]. Das setzt allerdings eine ausführliche Eigenverwaltungsplanung voraus (§ 270a InsO). Ist diese Voraussetzung erfüllt, kann auf Antrag des Schuldners (§ 270a InsO) im Eröffnungsbeschluss (§ 270 Abs. 1 Satz 1 InsO) oder später auf Antrag der Gläubigerversammlung (§ 271 InsO) Eigenverwaltung angeordnet werden. In dem dann durchzuführenden Insolvenzverfahren (§ 270 Abs. 1 Satz 2 InsO) bleibt der Schuldner in den Grenzen der §§ 275 ff. InsO unter der Aufsicht eines Sachwalters verfügungsbefugt. Die Insolvenzverwalterkompetenzen liegen beim Schuldner und sind nur ausnahmsweise dem Sachwalter übertragen. 69

IV. Verbraucherinsolvenz

Ist der Schuldner ein Verbraucher i. S. von § 304 InsO, so sieht das Gesetz ein **vereinfachtes Insolvenzverfahren** vor (siehe näher Kap. 17 [*Achelis/Schemmerling*]). Dabei wird unterschieden. Stellt ein Gläubiger den Insolvenzantrag (vgl. § 306 Abs. 3 InsO), so findet ein normales Eröffnungsverfahren statt (§ 311 InsO). Liegen die Eröffnungsvoraussetzungen vor, schließt sich ein Insolvenzverfahren an, das nach Maßgabe (u. a.) der §§ 5 Abs. 2, 29 Abs. 2 InsO stark vereinfacht gestaltet werden kann. Stellt hingegen der Schuldner selbst den Insolvenzantrag, so wird dieser nur zugelassen, wenn vorher ein zweistufiges Schuldenbereinigungsverfahren durchlaufen wurde. Der Schuldner muss schon 70 mit dem Eröffnungsantrag durch Beleg einer Schuldenbereinigungsstelle nachweisen, dass ein **außergerichtlicher Einigungsversuch** mit den Gläubigern unternommen wurde, der gescheitert ist (§ 305 Abs. 1 Nr. 1 InsO). Ist diese Voraussetzung erfüllt, unternimmt das Gericht einen Vermittlungsversuch, indem es einen vom Schuldner einzureichenden Schuldenbereinigungsplan den Gläubigern zur (schriftlichen) Abstimmung stellt (§ 305 Abs. 1 Nr. 4, §§ 306 ff. InsO). Nur wenn auch dieser Einigungsversuch scheitert, findet das Eröffnungsverfahren (§ 311 InsO) und das vereinfachte Insolvenzverfahren statt.

V. Nachlass- und Gesamtgutinsolvenz

71 Sondervorschriften enthält das Gesetz in §§ 315–334 InsO außerdem für Nachlass- und Gesamtgutinsolvenzen. Es handelt sich hier um Partikularinsolvenzen (siehe Rz. 6), weil dem Insolvenzverfahren nicht das gesamte Vermögen des Erben oder Ehegatten unterworfen ist, sondern nur ein besonderer Teil, nämlich der Nachlass bzw. das Gesamtgut. Das bedingt in Wechselwirkung mit den materiell-rechtlichen Grundlagen Besonderheiten des Insolvenzverfahrens, von deren näherer Darstellung bei vorliegendem Überblick über die Grundbegriffe abgesehen werden kann.

VI. Internationales Insolvenzrecht

72 Das internationale Insolvenzrecht (siehe näher dazu Kap. 20 [*Ch. Keller*]) findet sich in zwei Rechtsquellen. Im Verhältnis der Bundesrepublik Deutschland zu anderen Mitgliedstaaten der EU gilt ausschließlich die EuInsVO.[1] Im Verhältnis zu allen anderen Staaten finden sich die einschlägigen Regelungen in den §§ 335–358 InsO.

1) Verordnung (EU) 2015/848 des Europäischen Parlaments und des Rates v. 20.5.2015 über Insolvenzverfahren (EuInsVO), ABl. (EU) L 141/19 v. 5.6.2015.

Teil II
Antragsverfahren

Kapitel 3
Insolvenzantragsgründe

Übersicht

Literatur: *v. Bernuth*, Harte Patronatserklärungen in der Klauselkontrolle, ZIP 1999, 1501; *Bieg/Hölzle*, Anforderungen an die Fortbestehensprognose und an Sanierungskonzepte im Lichte der neueren BGH-Rechtsprechung – Herausforderungen für die Praxis, ZIP 2022, 2419; *Bilo*, Zum Problemkreis der Überschuldung im strafrechtlichen Bereich, GmbHR 1981, 104; *Bitter*, Geschäftsleiterhaftung in der Insolvenz – Alles neu durch SanInsFoG und StaRUG?, ZIP 2021, 321; *Bitter*, Insolvenzvorsorge durch Rangrücktritt und Patronatsvereinbarung, ZHR 181 (2017), 428; *Bitter/Baschnagel*, Haftung von Geschäftsführern und Gesellschaftern in der Insolvenz ihrer GmbH, ZInsO 2018, 557 (Teil 1); *Bitter/Rauhut*, Zahlungsunfähigkeit wegen nachrangiger Forderungen, insbesondere aus Genussrechten, ZIP 2014, 1005; *Böcker/Poertzgen*, Der insolvenzrechtliche Überschuldungsbegriff ab 2014 – Perpetuierung einer Übergangsregelung statt Neuanfang, GmbHR 2013, 17; *Bollig*, Aufgaben, Befugnisse und Entschädigung des gerichtlichen Sachverständigen im Konkurseröffnungsverfahren, KTS 1990, 599; *Bork*, Der Firmenwert in der Überschuldungsbilanz, ZInsO 2001, 145; *Brinkmann*, Funktion und Anwendungsbereich des § 93 InsO – Die einheitliche Einziehung als Instrument zur Verbesserung der Sanierungsaussichten in der Unternehmensinsolvenz, ZGR 2003, 264; *Burger*, Zahlungsunfähigkeit und drohende Zahlungsunfähigkeit nach der geplanten Insolvenzordnung (InsO), DB 1992, 2149; *Crezelius*, Bestimmte Zeit und passive Rechnungsabgrenzung, DB 1998, 633; *Delhaes*, Die Stellung, Rücknahme und Erledigung verfahrenseinleitender Anträge nach der Insolvenzordnung, in: Kölner Schrift zur Insolvenzordnung, 2. Aufl., 2000, S. 141; *Delhaes*, Der Insolvenzantrag – verfahrens- und kostenrechtliche Probleme der Konkurs- und Vergleichsantragstellung, 1994; *Drukarczyk*, Kapitalerhaltungsrecht, Überschuldung und Konsistenz – Besprechung der Überschuldungs-Definition in BGH WM 1992, 1650, WM 1994, 1737; *Eidenmüller*, Wettbewerb der Gesellschaftsrechte in Europa, ZIP 2002, 2233; *Fischer*, Die Überschuldungsbilanz, 1980; *Fleischer*, Gegenwartsprobleme der Patronatserklärung im deutschen und europäischen Privatrecht, WM 1999, 666; *Frind*, Hinweise zur praxisgerechten Anwendung des neugefassten § 14 I InsO, NZI 2017, 417; *Frind/Schmidt, A.*, Sozialversicherungsträger – Nassauer des Insolvenzverfahrens?, ZInsO 2001, 1133 (Teil I), ZInsO 2002, 8 (Teil II); *Gehrlein*, Der Begriff der Zahlungsunfähigkeit, ZInsO 2018, 354; *Götker*, Der Geschäftsführer in der Insolvenz der GmbH, 1999; *Groß*, Schwerpunkte der neuen Insolvenzordnung, WPK-Mitteilungen 1/1997; *Habersack*, Patronatserklärungen ad incertas personas, ZIP 1996, 257; *Henssler*, Die verfahrensrechtlichen Pflichten des Geschäftsführers im Insolvenzverfahren über das Vermögen der GmbH und der GmbH & Co KG, in: Kölner Schrift zur Insolvenzordnung, 2. Aufl., 2000, S. 1283; *Hermreck*, Bugwelle ade – Passiva II ahoi!, NJW-Spezial 2018, 149; *Henckel*, Fehler bei der Eröffnung des Insolvenzverfahrens – Abhilfe und Rechtsmittel. Regelinsolvenz und Verbraucherinsolvenz, Abgrenzung und Verfahren, ZIP 2000, 2045; *Hölzle*, Konkurrenz von Steuerrecht und Insolvenzrecht, BB 2012, 1571; *Hölzle*, Die Legitimation des Gesellschaftersonderopfers in der insolvenzrechtlichen Finanzierungsverstrickung, ZIP 2010, 913; *Hölzle*, Gibt es noch eine Finanzierungsfolgenverantwortung im MoMiG?, ZIP 2009, 1939; *Hölzle*, Nachruf: Wider die Dogmatik in der Krise, ZIP 2008, 2003; *Hölzle*, Gesellschafterfremdfinanzierung und Kapitalerhaltung im Regierungsentwurf des MoMiG, GmbHR 2007, 729; *Hölzle*, Nochmals: Zahlungsunfähigkeit – Nachweis und Kenntnis im Anfechtungsprozess, ZIP 2007, 613; *Hölzle*, Existenzvernichtungshaftung als Fallgruppe des § 826 BGB. Alte Haftung in neuem Gewand? Eine juristische und rechtsökonomische Analyse, DZWIR 2007, 397; *Hölzle*, Wege in die Restschuldbefreiung und Schuldenerlass im Exil – Oder: Lohnt die Flucht nach Frankreich wirklich?, ZVI 2007, 1; *Hölzle*, Zahlungsunfähigkeit – Nachweis und Kenntnis im Anfechtungsprozess, ZIP 2006, 101; *Hölzle*, Existenzvernichtungshaftung, „Klimapflege" und Insolvenzanfechtung, ZIP 2003, 1376; *Hölzle/Klopp*, Insolvenzvermeidende Patronatserklärungen, KTS 2016, 335;

Kirchhof, Die Zahlungseinstellung nach § 17 Abs. 2 Satz 2 InsO, in: Kölner Schrift zur Insolvenzordnung, 2. Aufl., 2000, S. 285; *Krüger/Pape*, Patronatserklärungen und Beseitigung von Zahlungsunfähigkeit, NZI 2011, 617; *Leible/Hoffmann*, „Überseering" und das deutsche Gesellschaftskollisionsrecht, ZIP 2003, 925; *Lütke*, Ist die Liquidität 2. Grades ein geeignetes Kriterium zur Feststellung der Zahlungsunfähigkeit?, wistra 2003, 52; *Marotzke*, Kann ein Erbe trotz Unkenntnis oder Ungewissheit seiner Erbenstellung verpflichtet sein, die Eröffnung eines Nachlassinsolvenzverfahrens zu beantragen?, ZInsO 2011, 2105; *Matzen*, Der Begriff der drohenden und eingetretenen Zahlungsunfähigkeit im Konkursstrafrecht, (Diss.) 1993; *Müller/Haas*, Bilanzierungsprobleme bei der Erstellung eines Überschuldungsstatus nach § 19 Abs. 2 InsO in: Kölner Schrift zur Insolvenzordnung, 2. Aufl., 2000, S. 1799; *Mylich*, Zur Abgrenzung von Zahlungsstockung und Zahlungsunfähigkeit, ZIP 2018, 514; *Pape*, Zur Insolvenzfähigkeit und zu den Insolvenzauslösetatbeständen nach der Insolvenzordnung, NWB Fach 19, S. 2323; *Paulus/Schröder*, Über die Verschärfungen des Rechts der Insolvenzanfechtung, WM 1999, 253; *Plagens/Hartmann*, Anwendung von Algorithmen zur Ermittlung der (retrograden) Zahlungsunfähigkeit i. S. d. § 17 InsO, DStR 2018, 2161; *Plate*, Die Konkursbilanz, 1981; *Raeschke-Kessler/Christopeit*, Die harte Patronatserklärung als befristetes Zahlungsmittel, NZG 2010, 1361; *Reck*, Auswirkungen der Insolvenzordnung auf die GmbH aus strafrechtlicher Sicht, GmbHR 1999, 267; *Reinicke/Tiedtke*, Bürgschaftsrecht, 2. Aufl., 2000; *Rendels*, Probleme der Gutachtertätigkeit im Insolvenzeröffnungsverfahren, NZG 1998, 839; *Ringstmeier*, Patronatserklärungen als Mittel zur Suspendierung der Insolvenzantragspflicht, in: Festschrift für Jobst Wellensiek, 2011, S. 133; *v. Rosenberg/Kruse*, Patronatserklärungen in der M&A-Praxis und in der Unternehmenskrise, BB 2003, 641; *Schmidt, A./Roth*, Die Bewertung von streitigen Verbindlichkeiten bei der Ermittlung der Insolvenzeröffnungsgründe, ZInsO 2006, 236; *Schmidt, K.*, Wege zum Insolvenzrecht, 1990; *Schmidt, K.*, Konkursgründe und präventiver Gläubigerschutz, AG 1978, 337; *Schneider*, Patronatserklärungen gegenüber der Allgemeinheit, ZIP 1989, 619; *Smid/Wehdeking*, Amtsermittlungen zur Erstellung eines Gutachtens über den Wegfall des Eröffnungsgrunds bei Befriedigung der dem Gläubigerantrag zugrunde liegenden Forderung?, NZI 2018, 769; *Teller/Steffan*, Rangrücktrittsvereinbarungen zur Vermeidung der Überschuldung bei der GmbH, 3. Aufl., 2003; *Uhlenbruck*, Strafrechtliche Aspekte der Insolvenzrechtsreform 1994, wistra 1996, 1; *Uhlenbruck*, Probleme des Eröffnungsverfahrens nach dem Insolvenzrechts-Reformgesetz 1994, KTS 1994, 169; *Veit*, Die Definition der Zahlungsunfähigkeit als Konkursgrund, ZIP 1982, 273; *Wagner*, Ansatz und Bewertung im Status – Rechnungslegung im Insolvenzverfahren, in: Baetge (Hrsg.), Beiträge zum neuen Insolvenzverfahren, 1998, S. 43; *Wagner*, Die Messung der Überschuldung, IDW-Bericht über die Fachtagung 1994, S. 171; *Wazlawik*, Die Passivierung von Verbindlichkeiten im Überschuldungsstatus, NZI 2004, 608; *Wessel*, Der Sachverständige im Insolvenzeröffnungsverfahren nach § 5 InsO, DZWIR 1999, 230; *Wiester*, Zur Berücksichtigung von Rückstellungen in der Überschuldungsbilanz, in: Festschrift für Jobst Wellensiek, 2011, S. 155; *Wollmert*, Rangrücktritts- und Patronatsvereinbarungen im Lichte der Jahresabschlussprüfung, in: Festschrift für Jobst Wellensiek, 2011, S. 171.

A. Überblick – Voraussetzungen der Verfahrenseröffnung

Die Eröffnung eines Insolvenzverfahrens setzt einen Eröffnungsgrund voraus (§ 16 InsO). 1
Die Eröffnungsgründe sind in den §§ 17–19 InsO **abschließend geregelt** (numerus clausus),[1] so dass § 16 InsO lediglich deklaratorische Bedeutung hat.[2]

Liegt ein zulässiger Insolvenzantrag vor, hat das Insolvenzgericht das Vorliegen eines oder 2
mehrerer Insolvenzeröffnungsgründe **von Amts wegen** zu ermitteln (§ 5 Abs. 1 InsO);[3] dabei kann es sich der Hilfe eines Sachverständigen bedienen (§ 5 Abs. 1 Satz 2 InsO).[4] Bei Unternehmens-/Unternehmerinsolvenzen ist die Bestellung eines Sachverständigen in der Praxis nicht nur der Regelfall, sondern nach h. M. sogar erforderlich.[5]

Zu einer **Verfahrenseröffnung** kommt es nur dann, wenn zur Überzeugung des Gerichts 3
feststeht, dass der Insolvenzantrag zulässig ist, ein Eröffnungsgrund vorliegt und das Vermögen des Schuldners voraussichtlich ausreichen wird, um die Verfahrenskosten zu decken (§ 26 InsO). Ausnahmen bestehen bei Insolvenzeröffnungsanträgen natürlicher Personen.

1) K. Schmidt-*K. Schmidt*, InsO, § 16 Rz. 1.

2) Nerlich/Römermann-*Mönning*, InsO, § 16 Rz. 2.

3) BGH, Beschl. v. 13.4.2006 – IX ZB 118/04, ZVI 2006, 237 = ZIP 2006, 1057.

4) *Bollig*, KTS 1990, 599.

5) *Schmahl/Vuia* in: MünchKomm-InsO, § 16 Rz. 45; *Steffek* in: KPB, InsO, § 16 Rz. 24; Nerlich/Römermann-*Mönning*, InsO, § 16 Rz. 14.

Hat der Schuldner einen Antrag auf **Restschuldbefreiung** gestellt, so werden ihm auf Antrag die Verfahrenskosten gestundet, soweit die weiteren Voraussetzungen des § 4a InsO erfüllt sind. Dem Insolvenzeröffnungsantrag wird im Falle eines zulässigen und begründeten **Kostenstundungsantrags** auch dann stattgegeben, wenn die Verfahrenskosten (§ 54 InsO) nicht gedeckt sind.

4 Das Gericht kann sich aller gesetzlich zulässigen **Beweismittel** bedienen (§ 5 Abs. 1 InsO). Dazu gehört vorrangig die Vernehmung des Schuldners, der zur Auskunft und Mitwirkung auch gegenüber dem Sachverständigen verpflichtet ist, wenn das Gericht eine entsprechende Verpflichtung in den Beschluss aufgenommen hat.[6] Die **Mitwirkungspflichten** des Schuldners sind dabei nicht auf die bloße Auskunft beschränkt. Der Schuldner ist vielmehr auch zur (ungefragten) Offenbarung und sogar zur Informationsbeschaffung und -gewinnung verpflichtet.[7] Die Auskunftspflicht endet nicht dort, wo der Schuldner befürchten muss, sich durch die Auskunft selbst zu belasten. Er ist vielmehr zur Erfüllung der übergeordneten Verfahrensziele verpflichtet, auch solche Tatsachen zu offenbaren, die geeignet sind, eine Verfolgung wegen einer Straftat oder einer Ordnungswidrigkeit herbeizuführen (§ 97 Abs. 1 Satz 2 InsO); jedoch darf eine Auskunft, die der Schuldner gemäß dieser Verpflichtung erteilt, in einem Straf- oder Ordnungswidrigkeitenverfahren nur mit Zustimmung des Schuldners verwendet werden (§ 97 Abs. 1 Satz 3 InsO).[8]

5 Gericht oder Sachverständiger werden **Einsicht** in die Bücher und Geschäftspapiere des Schuldners nehmen und ggf. die Unterlagen herausverlangen. Soweit erforderlich, wird das Gericht zur Entscheidungsfindung **amtliche Auskünfte** bei Gerichten oder Behörden einholen, Einsicht in Akten nehmen (z. B. Register, Grundbuch, Strafakten) und Zeugen vernehmen (§ 5 Abs. 1 InsO).[9]

6 Die Eröffnungsvoraussetzungen müssen spätestens zum **Zeitpunkt der letzten Entscheidung im Beschwerdeverfahren** (§ 34 InsO) vorliegen. Bis dahin kann der Insolvenzantrag jederzeit zurückgenommen werden (§ 13 Abs. 2 InsO), da das Antrags-, anders als das eröffnete Insolvenzverfahren kontradiktorisches Verfahren ist.

7 **Insolvenzantragsberechtigt** sind neben dem Schuldner auch die Gläubiger (§ 13 Abs. 1 Satz 2 InsO). Stellt ein Gläubiger einen Insolvenzeröffnungsantrag, muss er ungeachtet des Amtsermittlungsgrundsatzes darlegen,[10] dass er ein rechtliches Interesse an der Eröffnung des Insolvenzverfahrens hat, und er muss seine Forderung und den Eröffnungsgrund glaubhaft machen (§ 14 Abs. 1 Satz 1 InsO). Es ist nicht erforderlich, dass die Forderung tituliert ist; werden vom Schuldner allerdings gegen die Forderung **Einwendungen** erhoben, die rechtserheblich[11] sind, zumindest aber nicht offensichtlich jeglicher Grundlage entbehren, so ist die Forderung nicht glaubhaft gemacht worden und der Insolvenzeröffnungsantrag ist, wenn er nicht aufgrund eines Hinweises durch das Insolvenzgericht vom Gläubiger bereits vorher zurückgenommen wurde, wegen Unzulässigkeit abzuweisen.[12] **Ausnahmen** gelten nach **§ 14 Abs. 1 Satz 2 InsO** für die Erfüllung der Antragsforderung durch den Schuldner nach Antragstellung. Durch eine solche Erfüllung im Insolvenzer-

---

6) AG Erfurt, Beschl. v. 30.6.2006 – 171 IN 24/01, ZInsO 2006, 1173; AG Oldenburg, Urt. v. 28.11.2000 – 60 IK 21/99, ZInsO 2001, 1170; *Rendels*, NZG 1998, 839, 843; *Wessel*, DZWIR 1999, 230, 232.

7) Vgl. K. Schmidt-*Hölzle*, InsO, § 22 Rz. 47 ff.

8) K. Schmidt-*Jungmann*, InsO, § 97 Rz. 12 ff.

9) *Schmahl/Vuia* in: MünchKomm-InsO, § 16 Rz. 17 ff.

10) K. Schmidt-*K. Schmidt*, InsO, § 16 Rz. 6.

11) LG Göttingen, Beschl. v. 2.5.2005 – 10 T 55/05, ZInsO 2005, 832 = NZI 2005, 395 – auch verjährte Forderung reicht für die Glaubhaftmachung solange aus, bis der Schuldner die Verjährungseinrede erhebt.

12) K. Schmidt-*Gundlach*, InsO, § 14 Rz. 8.

öffnungsverfahren wird ein Insolvenzantrag nämlich nicht nachträglich unzulässig, sondern gilt die Amtsermittlungspflicht des Insolvenzgerichts (§ 5 InsO) grundsätzlich fort.[13] Ist der Schuldner materiell insolvent, stellt der beauftragte Sachverständige also das Vorliegen eines Insolvenzgrunds fest, so ist das Insolvenzverfahren auch auf den Antrag eines Gläubigers zu eröffnen, dessen Forderung zwischenzeitlich erfüllt wurde. Diese Neufassung des § 14 Abs. 1 Satz 2 InsO hat zum 5.4.2017 die Vorgängerregelung abgelöst, die für die Fortsetzung des Insolvenzeröffnungsverfahrens nach Erledigung der Antragsforderung noch einen sog. „Stapelantrag" voraussetzte, nämlich verlangt hat, dass innerhalb der vorangegangenen zwei Jahre schon einmal ein Insolvenzverfahren über das Vermögen des Schuldners anhängig gewesen ist.

Abzuweisen ist der Eröffnungsantrag trotz des Vorliegens von Eröffnungsgründen, wenn 8
zur Überzeugung des Gerichts das (freie) Vermögen[14] des Schuldners nicht ausreicht, die **Kosten** des Insolvenzverfahrens zu decken (§ 26 InsO). Zu den Verfahrenskosten zählen die Gerichtskosten, die Vergütung und die Auslagen des vorläufigen Insolvenzverwalters, des Insolvenzverwalters und der Mitglieder des Gläubigerausschusses (§ 54 InsO).

Sind die Vorschriften zur **Verbraucherinsolvenz** (§§ 304 ff. InsO) anzuwenden, müssen 9
die **Verfahrensvoraussetzungen** des § 305 InsO erfüllt sein, um zur Verfahrenseröffnung zu gelangen. Dazu müssen ein schriftlicher Insolvenzeröffnungs- und Restschuldbefreiungsantrag[15] des Schuldners und die Bescheinigung einer geeigneten Person oder Stelle über das Scheitern einer außergerichtlichen Einigung eingereicht werden.[16] Ferner müssen ein Vermögensverzeichnis und eine Vermögensübersicht, ein Gläubigerverzeichnis und ein Verzeichnis der gegen den Schuldner gerichteten Forderungen, eine Richtigkeits- und Vollständigkeitserklärung und ein Schuldenbereinigungsplan vorgelegt werden. Ist der Insolvenzeröffnungsantrag nicht vollständig und wird das Fehlende nach Aufforderung und Fristsetzung durch das Insolvenzgericht **nicht beigebracht**, so gilt der Antrag als zurückgenommen (§ 305 Abs. 3 InsO). Einige Insolvenzgerichte verlangen von den Sachverständigen inzwischen ausdrücklich Feststellungen nicht nur zum Vorliegen, sondern auch zum **Zeitpunkt des Eintritts** der Insolvenzantragsgründe.

B. Zahlungsunfähigkeit als Insolvenzantragsgrund (§ 17 InsO)

I. Bedeutung des Begriffs der Zahlungsunfähigkeit

Der Zahlungsunfähigkeit im Rechtssinne, in § 17 Abs. 2 Satz 1 InsO definiert, kommt im 10
Vorfeld der Insolvenzeröffnung und im eröffneten Verfahren gleichermaßen eine erhebliche Bedeutung zu. Insolvenzgericht, Verwalter, Berater, Schuldner und deren Organe tun gut daran, auf die Feststellung der Zahlungsunfähigkeit und eine möglichst genaue Bestimmung des Zeitpunkts, zu dem die Zahlungsunfähigkeit eingetreten ist, große Sorgfalt zu verwenden.

1. Allgemeiner Insolvenzantragsgrund

Zunächst ist die Zahlungsunfähigkeit i. S. des § 17 InsO allgemeiner Insolvenzantrags- 11
grund. Ihm kommt deshalb größere Bedeutung als den in §§ 18 und 19 InsO genannten Gründen der drohenden Zahlungsunfähigkeit (siehe Rz. 125 ff.) und der Überschuldung

13) *Smid/Wehdeking*, NZI 2018, 769; *Frind*, NZI 2017, 417.

14) Das freie Vermögen oder die freie Masse bezeichnet dasjenige Vermögen des Schuldners, das nicht mit Aus- (§§ 47, 48 InsO) oder Absonderungsrechten (§§ 49–51 InsO) belastet ist, vgl. ausführlich *Hölzle* in: Vallender/Undritz, Praxis des Insolvenzrechts, Kap. 5 Rz. 188 ff.

15) Oder die Erklärung, dass Restschuldbefreiung nicht beantragt werden soll.

16) Vgl. K. Schmidt-*K. Schmidt*, InsO, § 16 Rz. 2.

(siehe Rz. 144 ff.) zu, weil er in einem doppelten Sinne allgemeiner Insolvenzgrund[17] ist: Er gilt für jeden Schuldner (natürliche und juristische Personen, Personenhandelsgesellschaften und sonstige insolvenzrechtsfähige Sondervermögen) und für jeden Insolvenzantrag (Eigen- wie Fremdanträge).[18] Die übrigen Antragsgründe weisen sowohl in persönlicher (§ 18 InsO) wie auch in sachlicher (§ 19 InsO) Hinsicht Besonderheiten auf.[19]

12 Der **Begriff der Zahlungsunfähigkeit** ist in § 17 Abs. 2 InsO definiert.[20] Allerdings lieferte der Gesetzgeber durch diese Definition keine wirklich brauchbaren Kriterien zur Abgrenzung der Zahlungsunfähigkeit des Insolvenzschuldners von einer auch nach der InsO noch tolerierten vorübergehenden **Zahlungsstockung**. Diese Aufgabe blieb der Rechtsprechung und der Lehre überlassen, die den Begriff der Zahlungsunfähigkeit immer weiter ausdifferenziert haben.

13 Gerade in Insolvenzverfahren über das Vermögen **natürlicher Personen** hat der Tatbestand der Zahlungsunfähigkeit mit Einführung der InsO erheblich an Bedeutung gewonnen. Natürliche Personen haften für eingegangene Verbindlichkeiten stets und in voller Höhe mit ihrem gesamten Privatvermögen. Ihre Kreditfähigkeit beruht eben auf dieser unbeschränkten persönlichen Haftung i. V. mit dem in der Regel durch Tüchtigkeit erworbenen geschäftlichen Ruf.[21] Für natürliche Personen bestehen **keine Insolvenzantragspflichten**. Sie nehmen auch dann noch am Wirtschaftsleben und am Geschäftsverkehr teil, wenn sie zahlungsunfähig sind oder drohen, es zu werden. Den Schutz des Rechtsverkehrs stellt das Gesetz über strafrechtliche Sanktionen sicher.[22] Die in der Rechtspraxis erheblich gestiegene Bedeutung des Insolvenzantragsgrunds der Zahlungsunfähigkeit bei Privatinsolvenzen seit Geltung der InsO verdankt § 17 InsO dem Umstand, dass die InsO, anders als die KO, eine **Entschuldungsmöglichkeit** nach Abschluss des Verfahrens vorsieht;[23] Konkursverfahren über Privatvermögen spielten angesichts des Fehlens einer solchen Entschuldungsmöglichkeit nur eine geringe Rolle. Erst mit Einführung der Restschuldbefreiung nach Abschluss einer Wohlverhaltensphase[24] wurde die Beantragung eines Insolvenzverfahrens auch für natürliche Personen interessant.

2. Tatbestandsmerkmal i. R. der Insolvenzanfechtung und des Insolvenzgesellschaftsrechts

14 Dem Tatbestand der Zahlungsunfähigkeit (§ 17 InsO) kommt nicht nur bei der Prüfung und Feststellung einer Insolvenzantragspflicht (§ 15a InsO) und der Zulässigkeit eines Insolvenzantrags (§ 16 InsO) **besondere Bedeutung** zu, sondern auch im späteren eröffneten Insolvenzverfahren als Tatbestand der Insolvenzanfechtungsnormen (§§ 129 ff. InsO).[25]

---

17) K. Schmidt-*K. Schmidt*, InsO, § 16 Rz. 5.

18) *Eilenberger* in: MünchKomm-InsO, § 17 Rz. 4.

19) Zu Überschneidungen des inzwischen festgeschriebenen modifizierten Überschuldungsbegriffs in § 19 Abs. 2 InsO mit dem Insolvenzgrund der drohenden Zahlungsunfähigkeit (§ 18 InsO) vgl. *Hölzle*, ZIP 2008, 2003.

20) *Eilenberger* in: MünchKomm-InsO, § 17 Rz. 1; K. Schmidt-*K. Schmidt*, InsO, § 17 Rz. 4.

21) *Häsemeyer*, Insolvenzrecht, Rz. 7.16.

22) *Henkel* in: Vallender/Undritz, Praxis des Insolvenzrechts, Kap. 4 Rz. 9.

23) Zu Entschuldungsmöglichkeiten in anderen Mitgliedstaaten der EU, dem daraus resultierenden Anreiz eines sog. „forum shopping" und den hiermit einhergehenden Gefahren für den Schuldner vgl. *Hölzle*, ZVI 2007, 1.

24) §§ 286 ff. InsO; dem redlichen Schuldner nach Abschluss des Verfahrens die Befreiung von seinen restlichen Verbindlichkeiten zu ermöglichen, war eines der Reformziele der InsO, vgl. § 1 Satz 2 InsO.

25) So auch K. Schmidt-*K. Schmidt*, InsO, § 17 Rz. 3; *Kirchhof* in: Kölner Schrift, S. 285 Rz. 1.

Nach § 130 Abs. 1, § 131 Abs. 1 Nr. 2 InsO sind **Zahlungen anfechtbar,** die in **kongruenter oder inkongruenter Weise** durch den Insolvenzschuldner in den letzten drei Monaten vor Stellung des Insolvenzantrags noch geleistet wurden, wenn der Schuldner zu dieser Zeit bereits zahlungsunfähig war. Im Rahmen einer durch den Insolvenzverwalter zu erhebenden Anfechtungsklage bzw. i. R. der Abwehr solcher Ansprüche durch den Anfechtungsgegner hängt die Durchsetzbarkeit der Forderung tatbestandlich davon ab, dass es dem Insolvenzverwalter gelingt, die Zahlungsunfähigkeit des Schuldners im Zeitpunkt der angefochtenen Zahlung zweifelsfrei nachzuweisen[26] bzw. i. R. der abgestuften Darlegungs- und Beweislast dem Anfechtungsgegner der zu führende Gegenbeweis gelingt.[27] Die Zahlungsunfähigkeit i. S. des § 17 Abs. 2 Satz 1 InsO muss nicht durch Aufstellung einer Liquiditätsbilanz, sondern kann auch mit anderen Mitteln dargelegt werden.[28] Der **BGH** lässt nunmehr auch die Darlegung durch **auf mehrere Stichtage bezogene Liquiditätsstatus** zu. Wird durch solche Liquiditätsstatus nachgewiesen, dass das Unternehmen an mehreren Stichtagen eines bestimmten Zeitraums zahlungsunfähig gewesen ist, darf von dieser mehrfachen Zeitpunktilliquidität auf eine Zeitraumilliquidität geschlossen werden. Die Auswirkungen dieser Rechtsprechungsänderung in der Praxis sind erheblich und erleichtern es Insolvenzverwaltern insbesondere in Anfechtungs- und Haftungsklagen die Zahlungsunfähigkeit des Unternehmens mit einfachen Mitteln nachzuweisen. 15

Praxishinweis

In praxi ist zu beobachten, dass diesem Umstand durch Vertreter des Anfechtungsgegners häufig zu wenig Beachtung geschenkt wird. Auch Beweislastregeln werden in diesem Zusammenhang – von beiden Seiten – nicht selten zu wenig beachtet.

Die **Beweisquellen** für die Feststellung der Zahlungsunfähigkeit im Rechtssinne ex ante sind vielfältig. Natürlich wird der Insolvenzverwalter nicht nur auf die aus dem Unternehmen und dessen Rechnungswesen zu erlangenden Daten und die von den Geschäftsführern und den Mitarbeitern der Schuldnerin zu erhaltenen Informationen vertrauen. Er wird auch auf Informationsquellen zurückgreifen, die von außen an das Unternehmen herangetragen werden, wie z. B. Speicherkontenauszügen der **Finanzverwaltung** und der **Sozialversicherungsträger**, die er sich nötigenfalls zwangsweise beschaffen kann.[29] Zwar weigern sich insbesondere öffentlich-rechtliche Stellen häufig, die zur Begründung von Anfechtungsansprüchen erforderlichen **Informationen nach dem IFG** zu erteilen; allerdings haben sie damit regelmäßig keinen Erfolg.[30] Weitere Auskunfts- oder sogar Offenbarungspflichten öffentlich-rechtlicher (Vollstreckungs-)Gläubiger können sich auch aus übergeordneten Rechtsgrundsätzen ergeben,[31] wozu sich die Rechtsprechung bislang aber noch nicht hat durchringen können.[32] 16

Da viele Insolvenzverfahren sich erst über erfolgreich durchgesetzte **Anfechtungsansprüche** zu massereichen und damit auch für die Gläubiger interessanten Verfahren entwickeln, 17

---

26) Vgl. z. B. BGH, Urt. v. 12.10.2006 – IX ZR 228/03, ZVI 2006, 577 = ZIP 2006, 2222, dazu EWiR 2007, 113 *(Wagner)*; dazu ausführlich *Hölzle*, ZIP 2007, 613.

27) Vgl. z. B. BGH, Urt. v. 6.12.2012 – IX ZR 3/12, ZVI 2013, 65 = ZIP 2013, 228, dazu EWiR 2013, 175 *(Bremen)*.

28) BGH, Urt. v. 28.6.2022 – II ZR 112/21, ZRI 2022, 730 = NZI 2022, 787.

29) Den nötigen Informationsanspruch gewährt das IFG des Bundes und gewähren die IFG der Länder.

30) BVerwG, Beschl. v. 14.5.2012 – 7 B 53.11, ZIP 2012, 1258, dazu EWiR 2012, 527 *(Priebe)*; BVerwG, Beschl. v. 9.11.2010 – 7 B 43.10, ZIP 2011, 41, dazu EWiR 2011, 83 *(Blank)*; zur Akteneinsicht: BVerwG, Beschl. v. 17.4.2013 – 7 B 6.13, ZIP 2013, 1252.

31) *Hölzle*, BB 2012, 1571.

32) FG Düsseldorf, Urt. v. 14.5.2008 – 4 K 242/07 AO, ZVI 2009, 165 = ZInsO 2009, 681; bestätigend BFH, Beschl. v. 15.10.2008 – II B 91/08, ZInsO 2009, 47.

sollte dieser Gesichtspunkt und die sorgfältige „anfechtungsrechtliche Due Diligence" in den Buchführungs- und Geschäftsunterlagen des Schuldners eine wesentliche Rolle im vorläufigen Verfahren spielen.

Praxishinweis

Viele Insolvenzgerichte sind insbesondere nach In-Kraft-Treten des ESUG[33] dazu übergegangen, offenbar wegen eines infolge des gesetzlich manifestierten Vorschlagsrechts des Schuldners und der Gläubiger hinsichtlich der Person des (vorläufigen) Insolvenzverwalters befürchteten Missbrauchs und eines etwaigen Verwalter-Lobbyismus, dem Sachverständigen aufzugeben, zu den **genauen Umständen des Eintritts der Zahlungsunfähigkeit** in seinem **Schlussgutachten** und **zum Vorliegen von insolvenzrechtlichen Sonderaktiva** (Anfechtungsansprüche, Ansprüche aus Geschäftsführer- und Gesellschafterhaftung) Stellung zu nehmen; über die Durchsetzbarkeit von aufgedeckten Anfechtungsansprüchen muss der Verwalter berichten, so dass sich eine Stellungnahme zum Eintritt der Zahlungsunfähigkeit jedenfalls auf den jeweiligen Anfechtungsstichtag nicht erübrigt.

18 Neben der Insolvenzanfechtung ist die Zahlungsunfähigkeit auch Tatbestandsmerkmal in den wesentlichen **gesellschaftsrechtlichen Haftungsgrundlagen**, die nunmehr aus den verschiedenen Gesellschaftsrechten herausverlagert und in § 15b InsO[34] zusammengefasst worden sind. Nach all diesen Vorschriften setzt das insolvenzrechtlich geprägte Massesicherungsgebot spätestens mit dem Eintritt der Zahlungsunfähigkeit ein. Zahlungen, die von diesem Zeitpunkt an geleistet werden, begründen grundsätzlich ein persönliches Haftungsrisiko der Geschäftsstellenleiter, dass nur durch den von ihnen selbst zu führenden Beweis abzuwenden ist, dass die Zahlung auch in Ansehung der eingetretenen Zahlungsunfähigkeit mit der Sorgfalt eines ordentlichen Geschäftsleiters vereinbar war. Die gesellschaftsrechtliche Haftung ist in einem jeden Insolvenzverfahren ein äußerst scharfes Schwert.

3. Tatbestandsmerkmal i. R. der Insolvenzstraftaten

19 Nicht zuletzt kommt dem Tatbestand der Zahlungsunfähigkeit auch vor dem Hintergrund der **insolvenzspezifischen Straftaten** eine wesentliche Bedeutung zu. Die Straftatbestände der §§ 283–283b StGB, des § 15a Abs. 4 InsO, § 84 Abs. 1 GmbHG stellen im Wesentlichen auf die verspätete Insolvenzanmeldung ab, die insbesondere dann anzunehmen ist, wenn trotz bereits eingetretener und erkannter Zahlungsunfähigkeit ein Insolvenzantrag nicht gestellt wird.[35]

20 Die Landesjustizverwaltungen und der Bundesminister der Justiz haben durch Vereinbarung über **Mitteilungen in Zivilsachen**[36] beschlossen, dass seit dem 1.6.1998 alle Entscheidungen über Insolvenzanträge den **Staatsanwaltschaften** mitzuteilen und dazu alle entsprechenden Schriftstücke zu übersenden sind. Ergibt sich aus diesen Schriftstücken ein Anfangsverdacht für das Vorliegen eines Insolvenzstraftatbestands, so ist ein Strafverfahren von Amts wegen einzuleiten.[37]

33) Gesetz zur weiteren Erleichterung der Sanierung von Unternehmen (ESUG), v. 7.12.2011, BGBl. I 2011, 2582.

34) Dazu ausführlich Michalski/Heidinger/Leible/J. Schmidt-*Hölzle*, GmbHG, § 15b InsO Rz. 1 ff.

35) Ausführlich *Lütke*, wistra 2003, 52.

36) Mitteilungen in Zivilsachen, BAnz Nr. 138 v. 29.7.1998.

37) Legalitätsprinzip des § 152 Abs. 2 StPO, vgl. *Meyer-Goßner/Schmitt*, StPO, § 152 Rz. 2, 4.

Praxishinweis

Der Insolvenzverwalter/Sachverständige hat daher das „Ob" der Übersendung seines Gutachtens auch an die zuständige Staatsanwaltschaft nicht in Hand, kann aber selbstverständlich durch entsprechend deutliche Formulierungen in seinem Gutachten dazu beitragen, einen Anfangsverdacht offenkundig zu machen.

Es liegt auf der Hand, dass dem Begriff der Zahlungsunfähigkeit deshalb auch aus der Sicht des **strafrechtlichen Beraters** und des Staatsanwalts erhebliche Bedeutung zukommt. Nach dem grundrechtlich geschützten Grundsatz der Unschuldsvermutung und des strafrechtlichen Vorbehalts „nulla poene sine lege" (vgl. Art. 103 Abs. 2 GG) kommen die Staatsanwaltschaften häufig in die Bedrängnis, zum Nachweis des Straftatbestands den konkreten **Nachweis des Zeitpunkts der Zahlungsunfähigkeit** führen zu müssen (siehe Rz. 99 ff.).[38] Der Tatbestand der Zahlungsunfähigkeit muss zur Überzeugung des Gerichts feststehen (§ 261 StPO). Ob hierzu die überschlägige Bestimmung der Zahlungsunfähigkeit anhand von Liquiditätskennzahlen genügt, ist äußerst zweifelhaft.[39] 21

II. Definition des Begriffs der Zahlungsunfähigkeit

1. Die Rechtslage nach der KO

Für alle vorstehend dargestellten Anwendungs- und Bedeutungsbereiche des § 17 Abs. 2 InsO ist die **Definition** des Begriffs der Zahlungsunfähigkeit identisch.[40] Es gibt daher **keinen Unterschied** zwischen einem insolvenzrechtlichen, einem gesellschaftsrechtlichen und einem strafrechtlichen Begriff der Zahlungsunfähigkeit.[41] 22

Die heutige Definition des Begriffs der Zahlungsunfähigkeit geht in ihrem Ursprung auf eine Entscheidung bereits des RG vom 17.12.1901[42] zu damals § 102 KO zurück, die drei vorherige Urteile[43] zusammenfasst und in einer Negativformulierung umgesetzt: Nach Auffassung des RG konnte ein Schuldner, der seine fälligen, Befriedigung erheischenden Forderungen ganz oder zu einem wesentlichen Teile, und zwar voraussichtlich dauernd, nicht mehr zu erfüllen vermochte, nicht als zahlungsfähig angesehen werden. In der späteren Rechtsprechung auch des BGH[44] wurde dieser Ansatz des RG aufgenommen und positiv formuliert, dass unter Zahlungsunfähigkeit das auf dem Mangel an Zahlungsmitteln beruhende voraussichtlich dauernde Unvermögen des Schuldners, seine fälligen Verbindlichkeiten im Wesentlichen zu erfüllen, zu verstehen ist. 23

Wesentliche Anforderungen der Rechtsprechung an den Tatbestand der Zahlungsunfähigkeit unter Geltung der KO und damit für die für den Tatbestand Ausschlag gebenden 24

---

38) Nach der InsO wird der Zeitpunkt des Eintritts der Zahlungsunfähigkeit im Eröffnungsbeschluss nicht mit präjudizierender Wirkung festgehalten. Die Staatsanwaltschaften fordern daher häufig beim Insolvenzverwalter zusätzliche Informationen bis hin zur Übersendung der vollständigen Buchhaltung in EDV-verwertbarer Form an.

39) Kritisch hierzu *Lütke*, wistra 2003, 52.

40) BGH, Urt. v. 30.6.2011 – IX ZR 134/10, ZVI 2011, 452 = ZIP 2011, 1416, dazu EWiR 2011, 571 *(Henkel)*; BGH, Beschl. v. 23.5.2007 – 1 StR 88/07, NStZ 2007, 643 = NZI 2008, 43.

41) *Henkel* in: Vallender/Undritz, Praxis des Insolvenzrechts, Kap. 4 Rz. 18.

42) RG, Urt. v. 17.12.1901 – Rep. VII. 386/01, RGZ 50, 39, 41.

43) RG, Urt. v. 22.2.1882 – Rep. I. 668/81, RGZ 6, 95, 97; RG, Urt. v. 10.4.1888 – Rep. II. 41/88, RGZ 21, 21, 23; RG, Urt. v. 28.1.1890 – Rep. IV. 244/89, RGZ 25, 34, 39.

44) BGH, Urt. v. 11.10.1961 – VIII ZR 113/60, NJW 1962, 102 = MDR 1962, 49; BGH, Urt. v. 11.7.1991 – IX ZR 230/90, ZIP 1991, 1014 = NJW 1992, 624; BGH, Urt. v. 30.4.1992 – IX ZR 176/91, BGHZ 118, 171 = NJW 1992, 1960 = ZIP 1992, 778; BGH, Urt. v. 24.5.2005 – IX ZR 123/04, ZIP 2005, 1426 = ZVI 2005, 408, dazu EWiR 2005, 767 *(Bruns)*.

Umstände[45] waren deshalb die Merkmale des **dauernden Unvermögens**, die fälligen Verbindlichkeiten im Wesentlichen erfüllen zu können.

25 Das Merkmal **„auf Dauer"** diente hierbei der Abgrenzung einer nur vorübergehenden Zeitpunktilliquidität von der konkursrechtlich relevanten länger anhaltenden Zeitraumilliquidität. Die nur kurz anhaltende Zeitpunktilliquidität war als sog. Zahlungsstockung nicht geeignet, ein Konkursverfahren auszulösen. Auf die Abgrenzung wurde viel Sorgfalt und Aufwand verwandt. Eine brauchbare und griffige Formel, anhand derer in der Praxis eine verlässliche Grenzziehung hätte vorgenommen werden können, war bis zuletzt allerdings nicht gefunden.

2. Unzulänglichkeiten des Begriffs der Zahlungsunfähigkeit in der KO

26 Die praktischen Schwierigkeiten, die mit der Feststellung der Zahlungsunfähigkeit nach § 102 KO verbunden waren, und das Bestreben des Gesetzgebers, wegen des hohen Grades an masselosen Konkursen den Insolvenzzeitpunkt vorzuverlegen,[46] haben dazu geführt, dass § 17 Abs. 2 InsO die Rechtsprechung zu § 102 KO zwar in seinem Grundgerüst aufgenommen hat,[47] auf bisher wesentliche Teile des Tatbestands im Interesse der **Vorverlagerung des Insolvenzzeitpunkts** und der Verbesserung der Sanierungs- und Gläubigerbefriedigungschancen aber bewusst[48] verzichtet.

27 Dabei bedurfte es zunächst des Merkmals „aus Mangel an Zahlungsmitteln", das in der rechtsprechungsgeprägten Definition zu § 102 KO immer wieder auftauchte,[49] nicht: Ist ein Schuldner nicht in der Lage, seine fälligen Verbindlichkeiten zu bedienen, so beruht dies stets auf einem Mangel an Zahlungsmitteln. Bereits insoweit konnte die gesetzliche Definition, wollte sie auch an die Rechtsprechungsregeln anknüpfen, entschlackt werden.

28 Umstritten war demgegenüber schon unter Geltung der KO, ob es des **Tatbestandsmerkmals der Wesentlichkeit** tatsächlich bedurfte.[50] Zahlungsunfähig im Rechtssinne sollte nur sein, wer nicht in der Lage war, einen wesentlichen Teil seiner Verbindlichkeiten zu erfüllen. Quoten zwischen 10 % und 25 % fälliger Verbindlichkeiten, die der Schuldner nicht zurückzuführen in der Lage war, sollten für die Bestimmung der Zahlungsunfähigkeit noch tolerabel sein.[51] Eine feste Größe ist aber auch hier in der mehr als 100-jährigen Geschichte der KO nicht gefunden worden. Der InsO-Gesetzgeber hat ebenfalls auf die Festlegung bestimmter Quoten verzichtet und damit im Grunde jede Illiquidität zur Begründung des Tatbestands genügen lassen. Bis in das Jahr 2005[52] galt daher ein im Ver-

---

45) K. Schmidt-*K. Schmidt*, InsO, § 17 Rz. 4.

46) Dies war erklärtes Reformziel des Gesetzgebers bei Einführung der InsO, vgl. allgemeine Begr. RegE InsO, BT-Drucks. 12/2443, S. 72 f., abgedr. in: *Kübler/Prütting*, RWS-Dok. 18, S. 86 ff.; vgl. auch *Groß*, WPK-Mitteilungen 1/1997, S. 2.

47) BGH, Urt. v. 20.11.2001 – IX ZR 48/01, ZIP 2002, 87, dazu EWiR 2002, 219 *(Wagner)*; BGH, Urt. v. 30.6.2011 – IX ZR 134/10, ZVI 2011, 452 = ZIP 2011, 1416.

48) Ob es sich tatsächlich um eine bewusste Entscheidung des Gesetzgebers handelt, ist umstritten; zu Recht gleicher Ansicht wie hier *Pape*, NWB Fach 19, S. 2323, 2325 ff.; *Steffek* in: KPB, InsO, § 17 Rz. 5; a. A. *Uhlenbruck*, KTS 1994, 169, 170 f.

49) Z. B. BGH, Urt. v. 11.10.1961 – VIII ZR 113/60, NJW 1962, 102 = MDR 1962, 49.

50) Z. B. Kommission Rechnungswesen im Verband der Hochschullehrer für Betriebswirtschaft e. V.: Stellungnahme zu einem vorbeugenden Sanierungsverfahren und zur Definition des Konkursgrundes Zahlungsunfähigkeit, ZIP 1981, 212, 214; *Kuhn/Uhlenbruck*, KO, § 102 Rz. 2a.

51) *Veit*, ZIP 1982, 273, 278.

52) Mit dem Urteil BGH, Urt. v. 24.5.2005 – IX ZR 123/04, ZIP 2005, 1426 = ZVI 2005, 408, dazu ausführlich *Hölzle*, ZIP 2006, 101, versuchte der BGH den Tatbestand des § 17 Abs. 2 InsO zu objektivieren, und legte eine prozentuale Grenze von 10 % sowie eine Zeitspanne für den maximalen Illiquiditätszeitraum von grundsätzlich max. drei Wochen fest. Bestätigt und weiterdifferenziert hat der BGH dies mit seinem Urt. v. 12.10.2006 – IX ZR 228/03, ZVI 2006, 577 = ZIP 2006, 2222, dazu ausführlich *Hölzle*, ZIP 2007, 613.

gleich zu dem noch unter dem Regime der KO geltenden Begriff der Zahlungsunfähigkeit ein sehr viel strengerer Maßstab, der auch noch so kleine Unterdeckungen zur Tatbestandserfüllung genügen lies.

Auch war es nach der erstmaligen gesetzlichen Definition der Zahlungsunfähigkeit in § 17 Abs. 2 Satz 1 InsO nicht mehr nötig, dass der Schuldner **auf Dauer** nicht mehr in der Lage ist, seine Verbindlichkeiten zu erfüllen. Obwohl stets Einigkeit darüber bestand, dass auch die InsO die kurzfristige Zahlungsstockung toleriert und der Tatbestand der Zahlungsunfähigkeit sich nicht allein auf eine Zeitpunktilliquidität des Schuldners, sondern vielmehr auf eine Zeitraumilliquidität stützt, ist der Maßstab auch hier zunächst enger geworden.[53)] 29

War der Tatbestand der Zahlungsunfähigkeit nach der KO schwer zu greifen,[54)] da es an einem gesetzlichen Leitbild fehlte, hat der Gesetzgeber ein solches zwar durch die InsO geschaffen; wirklich vereinfacht hat er die Handhabung des Tatbestands prima vista allerdings nicht. Nach wie vor ergeben sich **erhebliche praktische Probleme** bei der Ermittlung und Feststellung der Zahlungsunfähigkeit nach § 17 InsO, die letztlich erst durch die Entwicklung der Rechtsprechung in den Jahren 2005 und 2006[55)] eine klare Leitschnur erhalten haben, deren Entwicklung sich aber bis hin zu dem viel beachteten, sog. „Bugwellen"-Urteil des BGH vom 19.12.2017[56)] immer weiter fortsetzt.[57)] 30

Nach wie vor ist die **kurzfristige Zahlungsstockung** kein Insolvenzantragsgrund. Früher wie heute gilt: Je gründlicher die Arbeit des Verwalters im Vorfeld der Insolvenzeröffnung und je kooperativer der Schuldner bei der Ermittlung der benötigten Grundlagen, desto schlüssiger die Darstellung im Schlussgutachten des vorläufigen Verwalters und in der Anfechtungsklage des Insolvenzverwalters. 31

3. Der Begriff der Zahlungsunfähigkeit in der InsO

a) Gesetzliche Definition und Tatbestand

Zahlungsunfähigkeit liegt gemäß § 17 Abs. 2 Satz 1 InsO vor, wenn der Schuldner nicht in der Lage ist, die **fälligen Zahlungspflichten zu erfüllen.** Nach § 17 Abs. 2 Satz 2 InsO ist Zahlungsunfähigkeit in der Regel anzunehmen, wenn der Schuldner seine Zahlungen eingestellt hat. 32

aa) Zahlungspflichten

Aus der allgemeinen Definition des § 17 Abs. 2 Satz 1 InsO ergeben sich zunächst **drei Tatbestandsmerkmale:** Der Schuldner muss Zahlungspflichten ausgesetzt sein. Zahlungspflichten bestehen immer dann, wenn der Schuldner Ansprüchen (§ 194 BGB), gleich ob aus Vertrag oder aus Gesetz, ausgesetzt ist. Die Ansprüche müssen wirksam begründet, durchsetzbar und dürfen nicht bereits rechtswirksam erloschen sein. Der Anspruch muss deshalb insgesamt frei von rechtshindernden, rechtsvernichtenden und – bereits ausgeübten – rechtshemmenden Einwendungen[58)] sein. Einredebehaftete Ansprüche vermögen 33

---

53) BGH, Urt. v. 24.5.2005 – IX ZR 123/04, ZIP 2005, 1426 = ZVI 2005, 408, stellt sodann erstmals ausdrücklich auf einen Drei-Wochen-Zeitraum ab, wobei sich Besonderheiten z. B. bei Saisonbetrieben sollen ergeben können.

54) *Steffek* in: KPB, InsO, § 17 Rz. 4.

55) BGH, Urt. v. 24.5.2005 – IX ZR 123/04, ZIP 2005, 1426 = ZVI 2005, 408; BGH, Urt. v. 12.10.2006 – IX ZR 228/03, ZVI 2006, 577 = ZIP 2006, 2222.

56) BGH, Urt. v. 19.12.2017 – II ZR 88/16, ZIP 2018, 283 = NZG 2018, 343, dazu EWiR 2018, 179 *(K. Schmidt)*.

57) Zu den Folgen für die Ermittlung der Zahlungsunfähigkeit aus betriebswirtschaftlicher Perspektive ausführlich *Plagens/Hartmann*, DStR 2018, 2161.

58) Vgl. LG Göttingen, Beschl. v. 2.5.2005 – 10 T 55/05, ZInsO 2005, 832 = NZI 2005, 395.

die Zahlungsunfähigkeit eines Insolvenzschuldners nur solange zu begründen, wie die Einrede nicht bereits rechtswirksam ausgeübt ist.

34 Ob seit dem Inkrafttreten des MoMiG im Jahr 2007[59)] **Gesellschafterdarlehen** bei der Ermittlung der Zahlungsunfähigkeit zu berücksichtigen sind, war zunächst fraglich, da es eine gesetzliche Subordination von Gesellschafterfremdfinanzierungen nur noch für den Fall des Insolvenzverfahrens, nicht mehr aber für die der Insolvenz vorgelagerte Krise gibt.[60)] Obwohl dem Geschäftsführer einer GmbH nach § 64 Satz 3 GmbHG ein Leistungsverweigerungsrecht betreffend Zahlungen an Gesellschafter zusteht, wenn durch die Zahlung die Zahlungsunfähigkeit ausgelöst oder vertieft würde, ist richtigerweise davon auszugehen, dass auch Gesellschafterdarlehen bei der Zahlungsfähigkeitsprüfung im Grundsatz mit ihrem vertraglich vereinbarten Fälligkeitstermin grundsätzlich zu berücksichtigten sind.[61)] Dies jedenfalls solange, wie nicht eine den Anforderungen des BGH[62)] an eine vorinsolvenzlich Durchsetzungssperre genügende Rangrücktrittserklärung vorliegt.[63)] Damit sind sämtliche (fälligen) Ansprüche der Gesellschafter gegen ihre Gesellschaft ungeachtet einer insolvenzrechtlichen Revisibilität der Rückzahlung (insbesondere: § 135 Abs. 1 InsO) i. R. der Prüfung von Insolvenzantragsgründen zur berücksichtigen.

bb) Fälligkeit und ernstliches Einfordern

35 Die Zahlungspflichten müssen **fällig** sein. Die Fälligkeit einer Zahlungspflicht wird durch § 271 BGB bestimmt. Nach § 271 Abs. 1 BGB ist eine Forderung, wenn eine bestimmte Zahlungsfrist nicht vereinbart oder aus den Umständen zu entnehmen ist, sofort fällig. Nach § 271 Abs. 2 BGB ist eine Forderung, zu deren Erfüllung eine Frist bestimmt ist, erst mit Ablauf dieser Frist fällig. Es gilt deshalb: Soweit der Gläubiger dem Insolvenzschuldner eine Forderung **gestundet** hat, kann diese bei der Bemessung der Zahlungsunfähigkeit des Insolvenzschuldners nicht berücksichtigt werden.[64)]

36 Ob für eine „Stundung" im insolvenzrechtlichen Sinne im Anschluss an die Definition der Zahlungsunfähigkeit noch unter dem Regime der KO der Verzicht auf ein **„ernstliches Einfordern"** genügt, war lange Zeit unklar. Erst mit einem Urteil aus dem Jahr 2007 hat der BGH diese Diskussion aufgegriffen und der Entscheidung folgenden Leitsatz vorangestellt:

> „Eine Forderung ist in der Regel dann im Sinne von § 17 Abs. 2 InsO fällig, wenn eine Gläubigerhandlung feststeht, aus der sich der Wille, vom Schuldner Erfüllung zu verlangen, im Allgemeinen ergibt."[65)]

37 In den Entscheidungsgründen führt der BGH aus, dass die Frage, ob Zahlungen tatsächlich eingefordert worden seien, nicht von vornherein unerheblich sei. Die BGH-Rechtsprechung zur KO habe für die Annahme der Zahlungsunfähigkeit noch das Tatbestandsmerkmal des „ernsthaften Einforderns" verlangt, hieran seien aber keine hohen Anforde-

59) Ausführlich zu den Änderungen *Hölzle*, GmbHR 2007, 729.

60) Zur Überschuldung: BGH, Urt. v. 23.4.2012 – II ZR 252/10, BGHZ 193, 96 = ZIP 2012, 1071, dazu EWiR 2012, 415 *(Paefgen/Dettke)*; zu einem Leistungsverweigerungsrecht BGH, Urt. v. 9.10.2012 – II ZR 298/11, BGHZ 195, 42 = ZIP 2012, 2391, m. Bespr. *Altmeppen*, ZIP 2013, 801, dazu EWiR 2013, 75 *(Bork)*.

61) BGH, Urt. v. 9.10.2012 – II ZR 298/11, BGHZ 195, 42 = ZIP 2012, 2391, dazu EWiR 2013, 75 *(Bork)*; Scholz-*K. Schmidt*, GmbHG, § 64 Rz. 106.

62) BGH, Beschl. v. 19.7.2007 – IX ZB 36/07, BGHZ 173, 286 = ZVI 2007, 462, dazu EWiR 2007, 665 *(Schröder)*.

63) Vgl. *Bitter/Rauhut*, ZIP 2014, 1005.

64) Grundlegend: BGH, Beschl. v. 19.7.2007 – IX ZB 36/07, BGHZ 173, 286 = ZVI 2007, 462, dazu EWiR 2007, 665 *(Schröder)*; BGH, Urt. v. 20.12.2007 – IX ZR 93/06, ZIP 2008, 420 = MDR 2008, 590.

65) BGH, Beschl. v. 19.7.2007 – IX ZB 36/07, BGHZ 173, 286 = ZVI 2007, 462.

rungen gestellt worden. Eine einzige ernsthafte Zahlungsaufforderung habe ausgereicht, wobei nicht notwendig war, dass der Gläubiger die Zwangsvollstreckung betrieben hätte.[66] Die Regierungsbegründung zur InsO befasse sich mit diesem Tatbestandsmerkmal mit keinem Wort, weshalb hieraus in der Kommentarliteratur der Schluss gezogen worden sei, es komme allein auf § 271 BGB an.

Hieran äußert der BGH dann jedoch Zweifel und beruft sich auf die erklärte Absicht 38
der Begründung des RegE, an der überkommenen Definition des Begriffs der Zahlungsunfähigkeit festhalten zu wollen. Der Sinn und Zweck des § 17 InsO verlange es, an dem Erfordernis des „ernsthaften Einforderns" als Voraussetzung einer die Zahlungsunfähigkeit begründenden oder zu dieser beitragenden Forderung festzuhalten. Von der Fälligkeit einer Forderung i. S. des § 271 Abs. 1 BGB dürfe deshalb nicht schematisch auf die Zahlungsunfähigkeit i. S. von § 17 InsO geschlossen werden. Vielmehr könne im Einzelfall zu prüfen sein, ob eine nach § 271 Abs. 1 BGB fällige Forderung, die der Schuldner nicht erfülle, den Schluss auf eine Zahlungsunfähigkeit zulasse. Nach wie vor sei aber nicht zu verlangen, dass ein Gläubiger ein Zahlungsverlangen regelmäßig oder auch nur ein einziges Mal wiederhole, um sicherzustellen, dass seine Forderung bei der Prüfung der Eröffnungsvoraussetzungen Berücksichtigung finde.

Der Zweck des § 17 InsO, den richtigen Zeitpunkt für die Eröffnung des Insolvenzver- 39
fahrens zu finden, gebiete die Berücksichtigung auch solcher **Gläubiger**, die den Schuldner zur Zahlung aufforderten, dann aber **weitere Bemühungen eingestellt** hätten, ohne ihr Einverständnis damit zum Ausdruck zu bringen, dass der Schuldner seine Verbindlichkeiten vorerst nicht erfülle. Die Forderung eines Gläubigers aber, der in eine spätere oder nachrangige Befriedigung eingewilligt habe, dürfe nicht berücksichtigt werden, auch wenn keine rechtlich bindende Vereinbarung getroffen worden sei oder die Vereinbarung nur auf die Einrede des Schuldners berücksichtigt würde und vom Gläubiger einseitig aufgekündigt werden könne. Regelmäßig sei eine Forderung also dann i. S. von § 17 Abs. 2 InsO fällig, wenn eine Gläubigerhandlung feststehe, aus der sich der Wille, vom Schuldner Erfüllung zu verlangen, im Allgemeinen ergebe. Dies sei grundsätzlich schon bei Übersendung einer Rechnung zu bejahen. Das Insolvenzgericht habe i. R. seiner Amtsermittlungspflicht (§ 5 Abs. 1 InsO) jedoch Tatsachenbehauptungen des Schuldners oder anderen Anhaltspunkten nachzugehen, die konkret als möglich erscheinen ließen, dass der Gläubiger sich dem Schuldner gegenüber mit einer nachrangigen Befriedigung unter – sei es auch zeitweiligem – Verzicht auf staatlichen Zwang einverstanden erklärt habe.[67]

Der BGH hat diese **Rechtsprechung inzwischen mehrfach bestätigt**, aber **auch wieder** 40
eingeschränkt. In einer Entscheidung aus dem Jahre 2013 heißt es:

> „Von der Nichtzahlung einer nach § 271 Abs. 1 BGB fälligen Forderung darf zwar nicht schematisch auf die Zahlungsunfähigkeit geschlossen werden. Eine Forderung ist vielmehr nur dann zu berücksichtigen, wenn eine Gläubigerhandlung feststeht, aus der sich der Wille, vom Schuldner Erfüllung zu verlangen, im Allgemeinen ergibt. Hierfür genügen sämtliche fälligkeitsbegründenden Handlungen des Gläubigers, gleich ob die Fälligkeit aus der ursprünglichen Vertragsabrede oder aus einer nach Erbringung der Leistung übersandten Rechnung herrührt. Eine zusätzliche Rechtshandlung im Sinne eines Einforderns ist daneben entbehrlich. Dieses Merkmal dient allein dem Zweck, solche fälligen Forderungen bei der Prüfung der Zahlungsunfähigkeit auszuschließen, die rein tatsäch-

66) BGH, Urt. v. 27.4.1995 – IX ZR 147/94, WM 1995, 1113, 1114 = ZIP 1995, 929, dazu EWiR 1995, 689 *(Gerhardt)*.

67) BGH, Beschl. v. 19.7.2007 – IX ZB 36/07, BGHZ 173, 286 = ZVI 2007, 462, dazu EWiR 2007, 665 *(Schröder)*.

lich – also auch ohne rechtlichen Bindungswillen oder erkennbare Erklärung – gestundet sind."[68]

41 Diese **Auslegung**, die der BGH dem Tatbestand des § 17 Abs. 2 InsO beimisst, dass nämlich auch eine Stundung ohne rechtlichen Bindungswillen geeignet ist, die betreffende Forderung i. R. der Feststellung von Insolvenzantragsgründen und -pflichten unberücksichtigt zu lassen, begegnet erheblichen Bedenken. Sie bedeutet einen Rückschritt im Hinblick auf den Tatbestand der Zahlungsunfähigkeit.

42 Unklar ist bislang weitgehend, wie die Ausführungen des BGH[69] in den Entscheidungsgründen zu verstehen sind, wonach solche Forderungen **unberücksichtigt** zu bleiben hätten, hinsichtlich derer sich der Gläubiger mit „einer nachrangigen Befriedigung unter – sei es auch zeitweiligem – Verzicht auf staatlichen Zwang einverstanden" erklärt habe.

43 Eine solche **Vereinbarung über eine nachrangige Befriedigung** wäre zwar, nimmt man den BGH wörtlich, tatsächlich geeignet, die Nichtberücksichtigung der Forderung i. R. des § 17 Abs. 2 InsO herbeizuführen; dies allerdings nicht ohne den hierfür grundsätzlich erforderlichen Rechtsbindungswillen. Darüber hinaus – und dies wäre die folgerichtige Konsequenz – führte eine solche Vereinbarung allerdings auch zur Nichtanwendung des § 41 Abs. 1 InsO und damit zur Nichtberücksichtigung der Forderung im Rang des § 38 InsO.

44 Vielmehr handelt es sich bei einer Vereinbarung, die bei der Beantwortung der Frage, ob eine Forderung bei der Bestimmung, ob der „richtige Zeitpunkt für die Insolvenzeröffnung" gekommen ist, unberücksichtigt bleiben soll, um eine solche i. S. des § 39 Abs. 2 InsO. Dem Willen des Gläubigers, sich mit einer nachrangigen Befriedigung einverstanden zu erklären, muss daher der **Erklärungsgehalt** entnommen werden können, mit seiner Forderung **jedenfalls vorübergehend in den Rang des § 39 Abs. 2 InsO zurückzutreten.**[70] Soweit die Forderung nämlich bei der Ermittlung der Insolvenzantragsgründe unberücksichtigt bleiben soll und deshalb den Insolvenzzeitpunkt grundsätzlich entgegen der mit § 17 InsO verfolgten gesetzgeberischen Motivation nach hinten verlagert, kann der Gläubiger in einem dennoch eröffneten Insolvenzverfahren nicht verlangen, mit denjenigen Gläubigern, wegen deren Forderungen das Insolvenzverfahren eröffnet wurde, gleichrangig befriedigt zu werden. Der Gläubiger nämlich hat mit seinem Einverständnis zu einer entsprechenden Vereinbarung den Grundstein gelegt und die Gefahr für eine zeitliche Verlagerung des Insolvenzantrags und der Insolvenzeröffnung nach hinten begründet. Dies aber geht zulasten der Befriedigungsaussichten derjenigen Gläubiger, die einer solchen Vereinbarung gerade nicht zugestimmt und vom Schuldner weiterhin Befriedigung verlangt haben.

45 Es ist daher folgerichtig und konsequent, den Gläubiger, der einem derart qualifizierten pactum de non petendo zugestimmt hat, auch hieran festzuhalten. Andererseits ist es folgerichtig, eine Forderung, die im Insolvenzverfahren im gleichen Rang mit allen übrigen Forderungen berücksichtigt werden soll, weil mit auf sie bezogenen Absprachen nicht die Verzögerung des Insolvenzverfahrens erleichtert wurde, auch bei der Ermittlung der Insolvenzantragsgründe nicht unberücksichtigt zu lassen.[71]

---

68) BGH, Beschl. v. 6.2.2013 – II ZR 54/12, GmbHR 2013, 482.

69) BGH, Beschl. v. 19.7.2007 – IX ZB 36/07, BGHZ 173, 286 = ZVI 2007, 462.

70) So ausdrücklich AG Duisburg, Urt. v. 4.6.2008 – 50 C 2851/07, ZVI 2008, 354 (bestätigt durch LG Duisburg – 11 S 101/08, n. v.).

71) Zu der Wirkung von Rangrücktrittserklärungen und Patronaten bei der Beseitigung von Insolvenzgründen und den sich aus solchen Erklärungen ergebenden insolvenzrechtlichen Folgen ausführlich *Hölzle/Klopp*, KTS 2016, 335.

> **Praxishinweis**
> Insbesondere im **Anfechtungsprozess** liefert daher ein Blick in die Insolvenztabelle wesentlichen Erkenntnisgewinn: Hat der Gläubiger seine (Rest-)Forderung im Rang des § 38 InsO als einfache Insolvenzforderung und nicht im Rang des § 39 Abs. 2 InsO als Nachrangforderung zur Insolvenztabelle angemeldet, so kann grundsätzlich auch nicht davon ausgegangen werden, dass die Forderung in der Zeit vor Insolvenzantragstellung – stillschweigend – i. S. eines nicht ernstlichen Einforderns gestundet war.[72)]

Nach alledem ist bei der **Annahme faktischer Stundungen** große Vorsicht geboten.[73)] 46
Die Auslegung hat sich einem restriktiven Verständnis unterzuordnen, was der BGH[74)] inzwischen klargestellt hat. Nur dann, wenn eine **nachweisbare Absprache** zwischen Gläubiger und Schuldner tatsächlich derart ausgelegt werden kann, dass der Gläubiger in einem dennoch eröffneten Insolvenzverfahren nur im Rang des § 39 Abs. 2 InsO berücksichtigt werden wollte, kann dessen Forderungen bei der Feststellung des Vorliegens eines Insolvenzantragsgrunds nach § 17 Abs. 2 InsO unberücksichtigt bleiben. Hierzu ist die von einem Rechtsbindungswillen getragene Vereinbarung einer vorinsolvenzlichen Durchsetzungssperre[75)] grundsätzlich zu verlangen. Das bloße Nicht-Einfordern genügt demgegenüber nicht.

Vereinbarungen i. S. von § 271 Abs. 2 BGB müssen indes nicht immer ausdrücklich ge- 47
troffen werden. Ergeben sich bestimmte Zahlungsziele und -fristen aufgrund einer Branchenübung, Handelsbrauch oder **ständiger Geschäftsbeziehung**, so tritt die Fälligkeit dieser Forderungen erst mit Ablauf der Zahlungsfristen ein.[76)]

Bei der Berücksichtigung von **Darlehens- und Kontokorrentverbindlichkeiten** zur Er- 48
mittlung der Zahlungsunfähigkeit i. S. des § 17 Abs. 2 Satz 1 InsO ist zu unterscheiden: Ansprüche aus Darlehens- und vereinbarten Kontokorrentverträgen werden erst mit deren Kündigung fällig.[77)] Soweit der Insolvenzschuldner die Kontokorrentlinie überschritten hat, kann die Bank i. H. der geduldeten Kontenüberziehung zwar jederzeit die Rückführung der fälligen Verbindlichkeiten verlangen;[78)] solange sie dies allerdings nicht getan und zur Rückzahlung aufgefordert hat, ist der Überziehungsbetrag nicht fällig im Rechtssinne.[79)] Denn die Bank bringt erst durch das Rückzahlungsverlangen zum Ausdruck, dass sie nicht länger zu einer geduldeten Überziehung bereit ist. Dies ist möglicherweise dann anders zu beurteilen, wenn das Kreditinstitut, das den Kredit wegen einer finanziellen Krise des Kunden gekündigt und fällig gestellt hat, erklärt, es werde künftig Kontenüberziehungen dulden. Dieser Umstand allein rechtfertigt nämlich noch nicht die Annahme, dass das Kreditinstitut den Kredit nicht mehr ernsthaft einfordert.[80)] Denn allein durch die Kündigung des Kredits bringt die Bank zum Ausdruck, dass sie auf einer Rückzahlung der fälli-

---

72) Vgl. noch einmal AG Duisburg, Urt. v. 4.6.2008 – 50 C 2851/07, ZVI 2008, 354.

73) K. Schmidt-*K. Schmidt*, InsO, § 17 Rz. 11 a. E.

74) BGH, Beschl. v. 6.2.2013 – II ZR 54/12, GmbHR 2013, 482; BGH, Urt. v. 14.2.2008 – IX ZR 38/04, ZIP 2008, 706, dazu EWiR 2008, 533 *(Dörrscheidt)*.

75) *Bitter/Rauhut*, ZIP 2014, 1005.

76) *Hefermehl* in: Wimmer/Dauernheim/Wagner/Gietl, Hdb. FAInsR, Kap. 1 Rz. 155.

77) BGH, Urt. v. 22.11.2012 – IX ZR 62/10, ZIP 2013, 79, dazu EWiR 2013, 183 *(Knof)*.

78) Soweit aus den besonderen Umständen des Falls nicht eine konkludente Ausweitung des Kontokorrentkredits zu entnehmen ist, was insbesondere bei Sanierungs- und Stützungsdarlehen der Fall sein kann, vgl. OLG Naumburg, Urt. v. 30.5.2002 – 2 U 42/01, ZBB 2003, 374, dazu EWiR 2003, 905 *(Hölzle)*, bestätigt durch BGH, Urt. v. 6.7.2004 – XI ZR 254/02, ZVI 2004, 460 = ZIP 2004, 1589, dazu EWiR 2004, 1165 *(Nielsen)*.

79) BGH, Urt. v. 14.5.2009 – IX ZR 63/08, BGHZ 181, 132 = ZIP 2009, 1235, dazu EWiR 2009, 579 *(Ch. Keller)*.

80) BGH, Urt. v. 25.1.2001 – IX ZR 6/00, ZIP 2001, 524, dazu EWiR 2001, 321 *(Eckardt)*.

gen Verbindlichkeiten besteht. Die gleichzeitig in Aussicht gestellte Duldung weiterer Überziehungen dient allein der Aufrechterhaltung des Geschäftsbetriebs. Eine Stundung ist hiermit – in der Regel[81] – nicht verbunden.

49 Auch die **Selbstkündigung oder -mahnung** durch den Schuldner, z. B. durch die in dem Verlangen zur Rückgewähr von Sicherheiten liegende Ankündigung, alsbald Zahlung leisten zu wollen, lässt das Erfordernis des ernstlichen Einforderns entfallen und führt unabhängig von einer Gläubigerhandlung zur Berücksichtigung der Forderung.[82]

50 In der Literatur[83] wird vertreten, dass **besicherte Gläubigerforderungen** bei der Bestimmung der Zahlungsunfähigkeit nur i. H. des vermutlichen Ausfalls zu berücksichtigen seien. Dies ist mit dem Sinn und Zweck des § 17 InsO nicht vereinbar.[84] Sie würde gegen das bei der Feststellung der Zahlungsunfähigkeit und der Feststellung der Überschuldung gleichermaßen geltende Saldierungsverbot (siehe unten Rz. 177) verstoßen. Im Übrigen würden durch eine solche Saldierung der offenen Forderungen mit den für sie bestellten Sicherheiten sachwidrige Ergebnisse begründet: Hat eine Bank einen Kontokorrentkredit durch Grundpfandrechte besichert und fällig gestellt und ist der Schuldner nicht in der Lage, den Kontokorrent zurückzuführen, so kann sich Bank kurzfristig nicht aus den ihr bestellten Sicherheiten befriedigen, da eine zeitnahe Verwertung des Grundvermögens nicht möglich ist. Handelt es sich dann noch um einen Rechtsträger, dessen Organe/Vertreter insolvenzantragspflichtig sind, so könnten dauerhafte Insolvenzlagen hergestellt werden, ohne dass ein Insolvenzantrag gestellt werden müsste und der Rechtsträger vom Markt genommen würde. Die Zwecke und Intentionen der InsO würden unterlaufen.

cc) Unmöglichkeit der Erfüllung

51 Als drittes und letztes Tatbestandsmerkmal der gesetzlichen Definition des § 17 Abs. 2 Satz 1 InsO muss es dem Schuldner **generell unmöglich** sein, entsprechende Zahlungsmittel für den Ausgleich fälliger Zahlungspflichten bereitzustellen.[85] Diese Voraussetzung bringt der Gesetzeswortlaut durch die Formulierung „nicht in der Lage ist" zum Ausdruck. Die Zahlungsunfähigkeit muss deshalb **objektiv** vorhanden sein.[86] Dem Schuldner muss es unmöglich sein, entsprechende Zahlungsmittel, sei es durch das Ausschöpfen noch vorhandener Kreditlinien, die Inanspruchnahme neuer Kredite oder die Veräußerung nicht betriebsnotwendiger Vermögensgüter – kurzfristig – zu beschaffen. Zur Vermeidung des Tatbestands muss Liquidität daher als Bar- oder Buchgeld zur Verfügung stehen.[87]

52 Von der Zahlungsunfähigkeit, die objektiv zu bestimmen oder anhand entsprechender Indiztatsachen zu vermuten[88] ist, ist deshalb die **subjektive Zahlungsunwilligkeit** zu unterscheiden.[89] Forderungen, die durch den Insolvenzschuldner bestritten oder aus sonstigen Gründen im Einzelfall bewusst nicht bedient werden, obwohl entsprechende Zahlungs-

81) A. A. OLG Naumburg, Urt. v. 30.5.2002 – 2 U 42/01, ZBB 2003, 374, dazu EWiR 2003, 905 *(Hölzle)*.
82) BGH, Urt. v. 14.5.2009 – IX ZR 63/08, BGHZ 181, 132 = ZIP 2009, 1235.
83) *Hefermehl* in: Wimmer/Dauernheim/Wagner/Gietl, Hdb. FAInsR, Kap. 1 Rz. 157.
84) Ebenso offenbar K. Schmidt-*K. Schmidt*, InsO, § 17 Rz. 10, 18.
85) Nerlich/Römermann-*Mönning*, InsO, § 17 Rz. 13; *Eilenberger* in: MünchKomm-InsO, § 17 Rz. 8; Braun-*Bußhardt*, InsO, § 17 Rz. 8; *Schröder* in: HambKomm-InsO, § 17 Rz. 14; *Uhlenbruck*, wistra 1996, 1 ff.
86) *Häsemeyer*, Insolvenzrecht, Rz. 7.18.
87) K. Schmidt-*K Schmidt*, InsO, § 17 Rz. 14.
88) BGH, Urt. v. 30.6.2011 – IX ZR 134/10, ZVI 2011, 452 = ZIP 2011, 1416.
89) *Steffek* in: KPB, InsO, § 17 Rz. 20, 64; Nerlich/Römermann-*Mönning*, InsO, § 17 Rz. 23.

mittel zur Verfügung stünden, vermögen die Zahlungsunfähigkeit des Schuldners nicht zu begründen. Gleiches gilt, wenn einzelne fällige Forderungen durch den Schuldner **übersehen** oder die Bezahlung tatsächlich **vergessen** wird. Auch die **böswillige Nichterfüllung** von Verbindlichkeiten trotz ausreichend vorhandener Mittel führt nicht zur Zahlungsunfähigkeit des Schuldners im Rechtssinne; die InsO dient der Haftungsverwirklichung, nicht der Erziehung des Schuldners.[90)]

Die Zahlungsunwilligkeit kann jedoch nicht als **Schutzbehauptung** zur Vermeidung eines Insolvenzantrags oder zur Verteidigung gegen eine Insolvenzanfechtung missbraucht werden. Deshalb kann auch die (nur) nach § 17 Abs. 2 Satz 2 InsO vermutete Zahlungsunfähigkeit nicht durch den Nachweis einer Zahlungsunwilligkeit, sondern ausschließlich durch den Nachweis der Zahlungsfähigkeit widerlegt werden.[91)] 53

Ist in dem **Verhalten des Schuldners** eine Strategie zu erkennen, sich selbst Zahlungsaufschübe durch ständiges Verstreichenlassen der Zahlungsfristen und pauschales Bestreiten der Forderungen zu verschaffen, so ist dies **gewichtiges Indiz** für den Eintritt der objektiven Zahlungsunfähigkeit.[92)] Dies gilt auch dann, wenn die Gläubiger – anders als z. B. Krankenkassen und Finanzämter – ihre Interessen nicht immer mit dem gebotenen Nachdruck und der Einleitung eines Zwangsverfahrens verfolgen.[93)] Die Tatsache also, dass der oder die Gläubiger den Schuldner mit zunehmender Regelmäßigkeit an seine Zahlungspflichten erinnern und/oder Vollstreckungsankündigungen aussprechen müssen, rechtfertigt die Annahme einer bereits eingetretenen objektiven Zahlungsunfähigkeit.[94)] Soweit der Schuldner nämlich grundsätzlich nur noch in der Lage ist, seinen Verbindlichkeiten mit zeitlicher Verzögerung nachzukommen, muss von einer Zahlungsunfähigkeit i. S. des § 17 Abs. 2 Satz 1 InsO ausgegangen werden, da die Verbindlichkeiten gerade nicht bei Fälligkeit bedient werden können. Jedenfalls aber müssen sich dem Gläubiger entsprechende **Verdachtsmomente** aufdrängen, die den Tatbestand des § 130 Abs. 2 InsO erfüllen. Nimmt der Gläubiger nach solchen, durch den Schuldner selbst geschaffenen ständigen Zahlungsaufschüben Zahlungen an, so setzt er sich damit dem Risiko der Anfechtbarkeit aus.[95)] 54

Praxishinweis

Im Insolvenzeröffnungsverfahren haben das Insolvenzgericht und der Sachverständige zu ermitteln, ob in der verzögerten Zahlungsmoral des Schuldners eine Strategie zu erkennen ist. Ist dies der Fall, so kann die stetige verspätete Zahlung der Verbindlichkeiten die Eröffnung eines Insolvenzverfahrens rechtfertigen. Legt der Schuldner allerdings nachvollziehbar dar, dass er über ausreichende Geldmittel verfügt, so ist ein Insolvenzantragsgrund nicht gegeben.

---

90) *Uhlenbruck*, wistra 1996, 1, 15; BGH, Urt. v. 30.4.1959 – VIII ZR 179/58, WM 1959, 891.

91) BGH, Urt. v. 15.3.2012 – IX ZR 239/09, ZIP 2012, 735, dazu EWiR 2012, 353 *(Höpker)*.

92) BGH, Urt. v. 25.2.2016 – IX ZR 109/15, ZIP 2016, 627 = NZI 2016, 266, dazu EWiR 2016, 343 *(Fahsel)*.

93) *Eilenberger* in: MünchKomm-InsO, § 17 Rz. 9.

94) Zur Wirkung von Indiztatsachen BGH, Urt. v. 29.3.2012 – IX ZR 40/10, WM 2012, 998 = NZI 2012, 663; BGH, Urt. v. 30.6.2011 – IX ZR 134/10, ZVI 2011, 452 = ZIP 2011, 1416; *Kirchhof* in: Kölner Schrift, S. 285 Rz. 31 f.

95) So hat der BGH, Urt. v. 22.1.2004 – IX ZR 39/03, ZIP 2004, 513 = ZVI 2004, 188, (ebenso KG Berlin, Urt. v. 30.8.2002 – 7 U 287/01, ZInsO 2003, 220) festgestellt, dass der Gläubiger fahrlässig handelt, der bei begründetem Verdacht der Zahlungsunfähigkeit des Schuldners keine weiteren Informationen einholt (Ermittlungsobliegenheit).

dd) Zahlungsunfähigkeit und Zahlungsstockung – Quantitative Bestimmung der Illiquidität

55 Sowohl bei der Abgrenzung der Zahlungsunfähigkeit von der Zahlungsunwilligkeit als auch bei der Frage, ob auch die nur **sehr kurzzeitige Illiquidität** ausreicht, eine Insolvenzantragspflicht zu begründen, bestand lange Zeit keine einheitliche Linie. Der Gesetzgeber der InsO hat bei der Definition des Tatbestands des § 17 Abs. 2 Satz 1 InsO ausdrücklich darauf verzichtet, das unter der KO geltende Tatbestandsmerkmal, dass der Schuldner „auf Dauer" nicht in der Lage sein dürfe, seinen fälligen Verbindlichkeiten nachzukommen, verzichtet. Es stellt sich damit aber auch unter Geltung der InsO nach wie vor die Frage nach quantitativen Elementen der Tatbestandsausfüllung.

56 Die **wohl strengste Auffassung** hierzu hat das AG Köln[96)] vertreten, das einen Schuldner für zahlungsunfähig hielt, der nicht innerhalb von zwei Wochen 95 % seiner fälligen Verbindlichkeiten zurückführen konnte. Der BGH hat sich zu dieser Frage erstmals mit seinem Urteil vom 24.5.2005[97)] verbindlich geäußert und seine Auffassung, die inzwischen ständiger Rechtsprechung entspricht, dann noch einmal mit Urteil vom 12.10.2006[98)] bestätigt und weiterdifferenziert.

57 Der BGH hält zunächst daran fest, dass eine voraussichtlich nur kurzfristige Illiquidität lediglich eine **Zahlungsstockung** und nicht die Zahlungsunfähigkeit begründe. Die noch unter der KO geltende zeitliche Grenze von etwa einem Monat[99)] habe der Gesetzgeber aber verkürzen wollen; als Zahlungsstockung sei deshalb nur noch eine Illiquidität anzusehen, die den Zeitraum nicht überschreite, den eine kreditwürdige Person benötige, um sich die erforderlichen Mittel zu leihen. Hierfür sei eine Frist von zwei bis maximal drei Wochen erforderlich, aber auch ausreichend. Soweit der Schuldner deshalb in der Lage sei, seine fälligen Verbindlichkeiten binnen drei Wochen wieder zu erfüllen, liege keine Zahlungsunfähigkeit vor.[100)]

58 Auch auf eine quantitative Bestimmung könne nach dem BGH bei der Abgrenzung zwischen Zahlungsstockung und -unfähigkeit nicht verzichtet werden, da auch der Gesetzgeber „ganz geringfügige Liquiditätslücken"[101)] habe unberücksichtigt lassen wollen. Zwar gäbe es gute Gründe, jeden Schuldner als zahlungsunfähig anzusehen, der nicht in der Lage sei, 100 % seiner fälligen Verbindlichkeiten **binnen drei Wochen** zu erfüllen.[102)] Jedoch sei den Gläubigern, je geringer der Umfang der Unterdeckung, umso eher zumutbar, einstweilen zuzuwarten, ob es dem Schuldner gelänge, die volle Liquidität wieder zu erlangen. Je kleiner nämlich die Liquiditätslücke, desto begründeter sei die Erwartung, der

---

96) AG Köln, Beschl. v. 9.6.1999 – 73 IN 16/99, ZIP 1999, 1889 = NZI 2000, 89.

97) BGH, Urt. v. 24.5.2005 – IX ZR 123/04, ZIP 2005, 1426 = ZVI 2005, 408, dazu ausführlich *Hölzle*, ZIP 2006, 101.

98) BGH, Urt. v. 12.10.2006 – IX ZR 228/03, ZVI 2006, 577 = ZIP 2006, 2222, dazu ausführlich *Hölzle*, ZIP 2007, 613.

99) BGH, Urt. v. 3.12.1998 – IX ZR 313/97, ZIP 1999, 76, dazu EWiR 1999, 169 *(Haas)*.

100) BGH, Urt. v. 24.5.2005 – IX ZR 123/04, ZIP 2005, 1426, 1428 = ZVI 2005, 408 (Haftungsfall nach § 64 Abs. 2 GmbHG a. F.), dazu EWiR 2005, 767 *(Bruns)*. Der BGH ist der Auffassung, dass Zahlungen eines Geschäftsführers, der zwar erkenne, dass die GmbH zu einem bestimmten Stichtag nicht in der Lage sei, ihre fälligen Verbindlichkeiten vollständig zu bedienen, jedoch aufgrund einer sorgfältigen und gewissenhaften Prüfung der Meinung sein könne, die GmbH werde vor Erreichen des Zeitpunkts, bei dem eine Zahlungsstockung in eine Zahlungsunfähigkeit umschlage – also binnen drei Wochen – sämtliche Gläubiger voll befriedigen können, mit der Sorgfalt eines ordentlichen Kaufmanns grundsätzlich vereinbar seien.

101) Begr. RegE InsO, BT-Drucks. 12/2443, S. 114, abgedr. in: *Kübler/Prütting*, RWS-Dok. 18, S. 171.

102) Der BGH anerkennt also grundsätzlich, dass Zahlungsunfähigkeit schon dann vorliegt, wenn eine 100 %-Deckung nicht mehr zu erreichen ist, macht hiervon aber im Wege einer beidseitigen Interessenabwägung Abstriche zugunsten des Schuldners.

Schuldner werde das Defizit in absehbarer Zeit beseitigen. Schließlich hält der BGH es für unangemessen, einen Schuldner bei vorübergehender Unterdeckung von wenigen Prozent als zahlungsunfähig anzusehen, sofern die Auftragslage gut sei und künftig mit anderen Zahlungseingängen gerechnet werden könne.[103)] Der BGH verweist insoweit insbesondere auf die Gegebenheiten bei Betrieben mit klassischerweise **saisonalen Schwankungen.**

Um den Begriff der „geringfügigen Liquiditätslücke" praxistauglich zu machen, könne auf eine zahlenmäßige Vorgabe i. S. einer widerleglichen Vermutung nicht völlig verzichtet werden:[104)] Betrage die innerhalb von drei Wochen nicht zu beseitigende Liquiditätslücke **weniger als 10 % der fälligen Gesamtverbindlichkeiten**, genüge dies allein nicht zum Beleg der Zahlungsunfähigkeit;[105)] hierzu seien vielmehr besondere Umstände erforderlich, die die Annahme der Zahlungsunfähigkeit stützten. Ein solcher Umstand könne z. B. die begründete Erwartung sein, dass sich der Untergang des Unternehmens fortsetze. Je näher die konkret festgestellte Unterdeckung dem Schwellenwert komme, desto geringere Anforderungen seien allerdings an den Nachweis der besonderen Umstände zu stellen. Hier müsse der Nachweis genügen, dass in Zukunft damit gerechnet werden kann, dass die Unterdeckung sich vertieft und auf einen Wert oberhalb des Schwellenwerts von 10 % ansteigen wird. 59

Überschreite die Liquiditätsunterdeckung die 10 %-Grenze, sei der Schuldner regelmäßig als zahlungsunfähig anzusehen, sofern nicht konkrete Umstände „mit an Sicherheit grenzender Wahrscheinlichkeit erwarten" ließen, dass die Liquiditätslücke zwar nicht binnen zwei bis drei Wochen, dann läge nur eine Zahlungsstockung vor, wohl aber in überschaubarer Zeit beseitigt werde.[106)] 60

Diese Grundsätze hat der **BGH** mit seinem **Urteil vom 12.10.2006**[107)] vollumfänglich bestätigt und hierauf Bezug genommen; inzwischen entspricht diese Auffassung ständiger Rechtsprechung.[108)] 61

Praxishinweis

Dieses Urteil enthält darüber hinaus aber **wesentliche Ausführungen zur Feststellung** und **zum Nachweis** der Zahlungsunfähigkeit eines Schuldners im Anfechtungsprozess und ist daher für die Insolvenzverwalterpraxis von ganz entscheidender Bedeutung.[109)]

So sehr sich der BGH auch um eine praxistaugliche Konkretisierung des § 17 Abs. 1 Satz 1 InsO bemüht, hat er doch wesentliche Fragen offengelassen und auch mit seinem Urteil 62

---

103) BGH, Urt. v. 24.5.2005 – IX ZR 123/04, ZIP 2005, 1426, 1429 = ZVI 2005, 408, dazu EWiR 2005, 767 *(Bruns)*.

104) BGH, Urt. v. 24.5.2005 – IX ZR 123/04, ZIP 2005, 1426, 1430 = ZVI 2005, 408, dazu EWiR 2005, 767 *(Bruns)*; der BGH weist allerdings darauf hin, dass es sich bei dieser Vorgabe nicht um eine starre Grenze handelt, sondern dass für die Rechtsanwendung eine gewisse Flexibilität erhalten bleiben müsse. Gute wirtschaftliche Prognosen für das Unternehmen seien ebenso zu berücksichtigen, wie ein zu erwartender weiterer Niedergang.

105) BGH, Urt. v. 24.5.2005 – IX ZR 123/04, ZIP 2005, 1426, 1430 = ZVI 2005, 408; bestätigt zuletzt durch BGH, Beschl. v. 6.2.2013 – II ZR 54/12, GmbHR 2013, 482.

106) BGH, Urt. v. 24.5.2005 – IX ZR 123/04, ZIP 2005, 1426, 1430 = ZVI 2005, 408, dazu EWiR 2005, 767 *(Bruns)*.

107) BGH, Urt. v. 12.10.2006 – IX ZR 228/03, ZVI 2006, 577 = ZIP 2006, 2222, dazu ausführlich *Hölzle*, ZIP 2007, 613.

108) BGH, Beschl. v. 6.2.2013 – II ZR 54/12, GmbHR 2013, 482; BGH, Urt. v. 6.12.2012 – IX ZR 3/12, ZVI 2013, 65 = ZIP 2013, 228; BGH, Urt. v. 25.10.2012 – IX ZR 117/11, ZVI 2012, 456, dazu EWiR 2012, 797 *(M. Huber)*; BGH, Beschl. v. 23.10.2008 – IX ZB 7/08, WuM 2009, 144.

109) Hierzu ausführlich *Hölzle*, ZIP 2007, 613; s. aber BGH, Urt. v. 28.6.2022 – II ZR 112/21, ZRI 2022, 730 = NZI 2022, 787.

vom 12.10.2006[110] so wenig wie im Nachgang nicht die Gelegenheit genutzt, die offengebliebenen Fragen einer dogmatischen Klärung zuzuführen. Das Abstellen auf besondere Umstände zur Entkräftung der widerleglichen Vermutung macht, ähnlich der Überschuldungsprüfung, eine **Fortführungsprognose** nötig. Beträgt die Liquiditätslücke weniger als 10 % ist eine negative Fortführungsprognose geeignet, die Zahlungsunfähigkeit dennoch zu begründen, besteht eine Unterdeckung von mehr als 10 %, kann eine positive Fortführungsprognose § 17 InsO ausschließen. Wie diese Prognose aber im Einzelnen auszusehen und über welchen Zeitraum sie sich zu erstrecken hat, sagt der BGH leider nicht.[111]

63 Die vermeintlich praktikable Bezugnahme auf einen quantitativ bestimmten Liquiditätsgrad (90 %) bedarf daher der trotz allen damit verbundenen Anscheins der Objektivität einer **tatbestandlichen Ausfüllung:**

64 Der BGH hält es für gerechtfertigt, **ganz geringfügige Liquiditätslücken** bei der Feststellung einer Zahlungsunfähigkeit außer Betracht zu lassen, weil diese erstens die Erwartung begründeten, dass es dem Schuldner gelingen werde, dieses Defizit binnen absehbarer Zeit zu beseitigen, und den Gläubigern zweitens ein Abwarten aufgrund dieser Perspektive zumutbar sei. Hieraus folgt aber im Umkehrschluss, dass auch der Schuldner mit ganz geringfügigen Liquiditätslücken zahlungsunfähig ist, der diese auf absehbare Zeit **nicht wird beseitigen können.** Beträgt die Unterdeckung heute z. B. 3 % und ist dies nach einem Liquiditätsplan auch nach zwölf Monaten noch der Fall, ist der Schuldner zahlungsunfähig. Die Gläubiger nämlich, die zuwarten und sich in der Schlange der vollstreckenden Gläubiger hinten anstellen, würden in diesem Fall leer ausgehen. Dies ist ihnen gerade nicht zuzumuten und ist mit den Zielen des InsO-Gesetzgebers nicht zu vereinbaren. Auch ganz geringfügige Liquiditätslücken können daher die Zahlungsunfähigkeit begründen, wenn sie von Dauer sind oder, dies ist selbstverständlich, wenn absehbar ist, dass sie sich ausweiten. In diesem Fall nämlich entfällt die vom BGH im Interesse des Schuldners begründete Rechtfertigung dafür, nicht auf einem Liquiditätsgrad von 100 % zu bestehen.[112]

65 Soweit der BGH auf **„saisonale Flauten"** abstellt, könnten die Urteilsgründe hinsichtlich des Zeitraums, auf den sich die Liquiditätsprognose erstrecken darf, die Rückkehr zu der noch unter Geltung der KO geübten Praxis nahelegen, auch eine über Monate andauernde Unterdeckung zur unschädlichen Zahlungsstockung zu erklären. Allerdings nimmt der BGH auch Bezug auf die Entwurfsbegründung, wonach der als Zahlungsstockung anzusehende Zeitraum verkürzt werden sollte. Nach dem Willen des Gesetzgebers, den der BGH sich ausdrücklich zu eigen macht, wird die Zahlungsstockung durch die Zeit bestimmt, die eine „kreditwürdige Person benötigt, um sich die benötigten Mittel zu leihen".[113] Der Hinweis auf „saisonale Schwankungen" kann daher nicht so verstanden werden, dass den Gläubigern ein Abwarten zumutbar ist, bis der Schuldner die Liquiditätslücke wieder aus eigenem Cashflow zu decken in der Lage ist, sondern nur so lange, wie die Mittelbeschaffung am Geldmarkt üblicherweise in Anspruch nimmt. Erhält der Schuldner keinen Kredit (mehr), stellt er sich also als kreditunwürdig heraus, ist auch mit einem weiteren Niedergang des

110) BGH, Urt. v. 12.10.2006 – IX ZR 228/03, ZVI 2006, 577 = ZIP 2006, 2222, dazu ausführlich *Hölzle*, ZIP 2007, 613.

111) Vgl. hierzu ausführlich *Hölzle*, ZIP 2006, 101.

112) Kritisch sind insoweit die Ausführungen des BGH, Urt. v. 20.12.2012 – IX ZR 21/12, Rz. 19, ZVI 2013, 61 = ZIP 2013, 223, zu würden, wo es heißt, dass die durch die 10 %-Regel vermittelte Vermutungswirkung widerlegt sei, wenn abzusehen sei, dass die Liquiditätslücke demnächst mehr als 10 % betragen werde. Es ist jedoch nicht anzunehmen, dass der BGH auch in dem – bislang nicht entschiedenen – Fall einer nachgewiesen dauerhaften Unterdeckung von 10 % ähnlich entschieden haben würde.

113) BGH, Urt. v. 24.5.2005 – IX ZR 123/04, ZIP 2005, 1426, 1428 = ZVI 2005, 408, dazu EWiR 2005, 767 *(Bruns)*.

Unternehmens zu rechnen, was schon für sich allein eine negative Fortführungsprognose begründet.

Die **Liquiditätsprognose** ist damit **zweistufig** aufgebaut: 66

- Ist der Schuldner innerhalb von drei Wochen in der Lage, die Unterdeckung vollständig zu beseitigen oder jedenfalls auf unter 10 % zu beschränken, ist im ersten Schritt nur von einer Zahlungsstockung auszugehen.
- Im Rahmen einer im zweiten Schritt anzustellenden ergänzenden Fortführungsprognose, die sich auf den vom BGH typisierten Kreditbeschaffungszeitraum von weiteren drei Wochen zu erstrecken hat, ist dann festzustellen, ob der Schuldner innerhalb dieses Zeitraums in der Lage ist, die Liquiditätslücke vollständig zu schließen.

Gelingt ihm dies nicht, ist er also weder aus eigener Kraft in der Lage, die nötigen Mittel 67 zu generieren noch ausreichend kreditwürdig, ist er – jetzt objektiv und unwiderleglich – zahlungsunfähig. Der **Beurteilungszeitraum** erstreckt sich damit auf insgesamt sechs Wochen und überschreitet so bereits die unter Geltung der KO als „ausufernd" empfundene Rechtsprechung, die jedenfalls einen Monat zugestanden hat.[114)] Jede weitere Ausdehnung eines nur als Zahlungsstockung zu qualifizierenden Zeitraums wäre insolvenzzweckwidrig. Zur Klarstellung: Zahlungsstockung bedeutet Zeitpunktilliquidität; dieser Zeitpunkt umfasst nach dem hier zugrunde gelegten Verständnis des BGH bereits sechs Wochen!

So sehr es in der Praxis auch willkommen ist, eine klare Abgrenzung anhand quantitativer 68 Merkmale vornehmen zu können, so wenig ist die quantitative Betrachtung dogmatisch zur Bestimmung des Tatbestands der Zahlungsunfähigkeit geeignet. Sie verdient daher grundsätzliche Kritik, die bei der Auslegung jeweils beachtet und zu einer Tatbestandsbestimmung am jeweiligen Einzelfall anhalten sollte. Folgendes Beispiel[115)] möge dies verdeutlichen:

Beispiel 69

Angenommen der Schuldner sieht sich fälligen Verbindlichkeiten i. H. von 1 Mio. € ausgesetzt, verfügt demgegenüber jedoch nur über 930.000 € liquide Mittel. Eine Besserung ist nicht in Sicht. Unter Berücksichtigung der Zehn-Prozent-Grenze wäre der Schuldner nicht zahlungsunfähig. Würde er indes seinen vertraglichen und gesetzlichen Pflichten gehorchend, alle liquiden Mittel zur Tilgung der fälligen Verbindlichkeiten einsetzen, verblieben fällige Restschulden i. H. von 70.000 €, denen liquide Mittel nicht gegenüberstünden. Der Schuldner wäre bei einer Liquiditätsdeckung von 0 % ohne Zweifel zahlungsunfähig.

Wie aber ein **rechtskonformes Verhalten des Schuldners**, nämlich die Erfüllung seiner 70 fälligen Verbindlichkeiten, eine insolvenzrechtlich unbeachtliche geringfügige Liquiditätslücke in eine insolvenzrechtlich beachtliche Zahlungsunfähigkeit soll transformieren können, ist dogmatisch nicht zu begründen. Zudem wäre der Schuldner in solcher Situation gut beraten, auch diejenigen fälligen Verbindlichkeiten, die er erfüllen könnte, nicht zu bedienen, da er mit jeder Zahlung den Grad der Liquiditätsdeckung verschlechterte und damit durch sein pflichtgemäßes Verhalten ggf. in die Insolvenzantragspflicht hineinwüchse. Die Förderung einer Insolvenzverschleppung durch den Schuldner aber zu incentivieren, kann nicht i. S. der InsO sein. Sie lässt sich nur verhindern, wenn innerhalb des

---

114) Begr. RegE InsO, BT-Drucks. 12/2443, S. 114, abgedr. in: *Kübler/Prütting*, RWS-Dok. 18, S. 171; BGH, Urt. v. 3.12.1998 – IX ZR 313/97, ZIP 1999, 76.

115) Der folgende Gedanke ist anhand eines vergleichbaren Beispiels – soweit erkennbar – erstmals von *Matzen*, Der Begriff der drohenden und eingetretenen Zahlungsunfähigkeit im Konkursstrafrecht, S. 50 ff., 53, entwickelt worden.

anzuerkennenden Prognosezeitraums die vollständige Wiederherstellung der Liquidität verlangt und nur dadurch der Tatbestand der Zahlungsunfähigkeit ausgeschlossen wird.

71 Richtigerweise ist der **Grad der Liquiditätsdeckung** damit allein eine Frage des dem Schuldner **zuzubilligenden Prognosezeitraums**, binnen dessen die Wiederherstellung der vollen Liquidität zu verlangen ist. Diesen Zeitraum aber hat der BGH bereits mit seinem Urteil vom 24.5.2005[116)] als diejenige Zeitspanne umschrieben, derer der Schuldner bedarf, um sich die benötigten Kreditmittel am Kapitalmarkt zu beschaffen. Üblicherweise seien hierfür zwei bis drei Wochen nötig, aber auch ausreichend. Erhält ein Schuldner keinen – üblichen – Kredit mehr, kann im Umkehrschluss wiederum auch keine positive Fortbestehensprognose unterstellt werden, so dass der Schuldner unter Verstoß gegen die par conditio creditorum in die Situation kommt, entscheiden zu müssen, welchen Gläubigern aus der begrenzten Liquidität noch Zahlungen geleistet werden. Dies zu verhindern ist aber gerade Ziel der vorverlagerten Insolvenzantragspflichten und spricht deshalb ebenfalls für die Annahme der Zahlungsunfähigkeit bei einem nachhaltigen Liquiditätsgrad kleiner als 100 %.[117)]

72 Auch in seinen Ausführungen zur grundsätzlich zunächst **stichtagsbezogenen Betrachtung** des § 17 Abs. 2 Satz 1 InsO formulierte der BGH in seinem Urteil vom 12.10.2006[118)] und auch in nachfolgenden Entscheidungen[119)] ungenau: Bei wörtlichem Verständnis der Entscheidung wären die „im maßgeblichen Zeitpunkt verfügbaren und innerhalb von drei Wochen flüssig zu machenden Mittel in Beziehung zu setzen zu den am selben Stichtag fälligen und eingeforderten Verbindlichkeiten".[120)] Die in den jeweiligen Entscheidungen zum Beleg angegebenen Fundstellen[121)] tragen diese Aussage aber freilich nicht: Eine Betrachtung – wie sie das Zitat bei unreflektiertem Verständnis nahelegen könnte –, wonach in den Liquiditätsstatus die Forderungen des Schuldners einbezogen werden, die in den auf den Stichtag folgenden drei Wochen fällig werden, (Aktiva II), nicht aber die diesen gegenüberstehenden Verbindlichkeiten der kommenden drei Wochen, (Passiva II), würde eine **erhebliche Verzerrung** bei der Ermittlung der Zahlungsunfähigkeit und damit zugleich eine zeitliche Verlagerung der Insolvenzantragspflicht nach hinten nach sich ziehen. Während der **Zahlungsmittelbestand dynamisch**, nämlich zeitraumbezogen ermittelt würde, würde der Bestand an fälligen Verbindlichkeiten dem ausschließlich stichtagsbezogen und statisch gegenübergestellt. Womit aber eine **solche Inkongruenz zwischen Aktiv- und Passivseite** bei der Erstellung einer Liquiditätsbilanz zu rechtfertigen sein soll, ist weder erkennbar noch dogmatisch zu begründen.

73 Vor dem Hintergrund dieser bislang unbefriedigend unvollständigen und – zum Teil wohl auch bewusst – missverstandenen Rechtsprechung des BGH, sah der II. Senat Ende des Jahres 2017 den Bedarf und nutzte die Gelegenheit zur Klarstellung. Mit **Urteil vom**

116) BGH, Urt. v. 24.5.2005 – IX ZR 123/04, ZIP 2005, 1426, 1430 = ZVI 2005, 408, dazu EWiR 2005, 767 *(Bruns)*, dazu *Hölzle*, ZIP 2006, 101.

117) Wie hier *Hölzle*, ZIP 2007, 613, 614 f.

118) BGH, Urt. v. 12.10.2006 – IX ZR 228/03, ZVI 2006, 577 = ZIP 2006, 2222, dazu ausführlich *Hölzle*, ZIP 2007, 613.

119) BGH, Urt. v. 6.12.2012 – IX ZR 3/12, ZVI 2013, 65 = ZIP 2013, 228; BGH, Urt. v. 29.3.2012 – IX ZR 40/10, WM 2012, 998 = NZI 2012, 663.

120) BGH, Urt. v. 12.10.2006 – IX ZR 228/03, ZVI 2006, 577 = ZIP 2006, 2222; BGH, Urt. v. 6.12.2012 – IX ZR 3/12, ZVI 2013, 65 = ZIP 2013, 228; BGH, Urt. v. 29.3.2012 – IX ZR 40/10, WM 2012, 998 = NZI 2012, 663.

121) Vgl. *Eilenberger* in: MünchKomm-InsO, § 17 Rz. 10; Uhlenbruck-*Mock*, InsO, § 17 Rz. 18; *Kirchhof* in: HK-InsO, 4. Aufl., § 17 Rz. 24.

19.12.2017[122] hat der BGH klargestellt, dass neben den Aktiva II **auch die Passiva II in die Liquiditätsbilanz einzubeziehen** sind. Bei der Bestimmung der maßgeblichen Passiva II ist das Vorsichtsprinzip des § 252 Abs. 1 Nr. 4 HGB anzuwenden und auf Merkmale wie ein „ernsthaftes Einfordern"[123] zu verzichten,[124] da Gläubiger jederzeit, insbesondere auch unerwartet, ihre Ansprüche geltend machen können. Außerdem müssen Verbindlichkeiten, die erst innerhalb von drei Wochen fällig werden, im Zeitpunkt der Prognose noch gar nicht ernstlich eingefordert sein, um im Fälligkeitszeitpunkt erstens eingefordert zu werden und damit zweitens insolvenzrechtlich beachtlich zu sein. Eine Prognose aber, ob es zu einem ernstlichen Einfordern kommt, ist nicht gestattet, wenn nicht im Zeitpunkt der Aufstellung der Prognose bereits eine eindeutige Stundungserklärung vorliegt. Dennoch kann i. S. der **Rechtsprechung des II. Senats**[125] die Zahlungsunfähigkeit auch auf andere Weise dargelegt werden als durch diese Zeitraumbetrachtung. So kann neben der Liquiditätsbilanz auch ein Liquiditätsstatus auf den Stichtag gemeinsam mit einem Finanzplan für die folgenden drei Wochen ausreichen. Es reicht die Darstellung an mehreren Stichtagen, um aus einer wiederholten Zeitpunktilliquidität auf eine Zeitraumilliquidität zu schließen.

Die Einbeziehung der Passiva II führt zumindest zu einer effektiven Erreichung der Ziele 74
der Insolvenzordnung, den Insolvenz(antrags)zeitpunkt weitestgehend vorzuverlagern. Demgegenüber würde die Nichtbeachtung der Passiva II dazu führen, dass der Schuldner mit den neu hinzukommenden liquiden Mitteln seine Altverbindlichkeiten begleicht, er jedoch gleichzeitig nicht in der Lage ist, den hinzutretenden Passiva II nachzukommen, sodass er diese **im Ergebnis vor sich herschiebt.**[126] Eine derartige realitätsferne Betrachtung würde letztlich dazu führen, dass ein Schuldner, der seit Monaten, oder gar Jahren, eine Liquiditätsunterdeckung von 10 % oder mehr aufweist und mithin auf Dauer nicht zum Ausgleich seiner Verbindlichkeiten in der Lage ist, als zahlungsfähig erscheint.[127] Diese – unter dem Begriff der Bugwelle gefasste – Problematik ist jedoch mit dem Gesetzeszweck der InsO, eine gegenüber der KO frühzeitigere Eröffnung des Verfahrens zu erreichen und somit die Sanierungsmöglichkeiten zu verbessern sowie eine effizientere Gläubigerbefriedigung zu gewährleisten, nicht vereinbar. Auch bewirkt die Einbeziehung der Passiva II keine Verzerrung der **Abgrenzung von Zahlungsunfähigkeit zur drohenden Zahlungsunfähigkeit** i. S. des § 18 InsO. Sofern eine Unterdeckung von über 10 % über den Drei-Wochen-Zeitraum anhält, liegt bereits am Stichtag Zahlungsunfähigkeit vor, sodass sich die Frage der drohenden Zahlungsunfähigkeit nicht stellt; hingegen liegt eine Zahlungsstockung vor, sofern es dem Schuldner gelingt die Grenze im Prognosezeitraum zu – die drohende Zahlungsunfähigkeit beginnt somit erst mit dessen Abschluss zu laufen.[128]

Jedoch bleibt auch weiterhin zweifelhaft, ob **künftig fällig werdende Forderungen** be- 75
reits in die auf erster Stufe vorzunehmende stichtagsbezogene Ermittlung der Liquiditätsdeckung einzubeziehen sind, oder ob die dynamische Betrachtung der erwarteten Zahlungseingänge und Verbindlichkeiten nicht vielmehr der Prüfung erst auf zweiter Stufe,

---

122) BGH, Urt. v. 19.12.2017 – II ZR 88/16, ZIP 2018, 283 ff. = NZG 2018, 343 ff.; dazu *Mylich*, ZIP 2018, 514 ff.; *Gehrlein*, ZInsO 2018, 354 ff.

123) BGH, Urt. v. 19.12.2017 – II ZR 88/16, Rz. 58, ZIP 2018, 283, 289 = NZG 2018, 343 ff.

124) *Mylich*, ZIP 2018, 514, 516 f.; vgl. auch *Münnich*, GmbHR 2018, 299, 307 (Urteilsanm.).

125) BGH, Urt. v. 28.6.2022 – II ZR 112/21, ZRI 2022, 730 = NZI 2022, 787.

126) Vgl. *Hermreck*, NJW-Spezial 2018, 149, 150; *Hölken*, jurisPR-InsR 8/2018 Anm. 1; vgl. auch *Mylich*, ZIP 2018, 514, 516, der darauf hinweist, dass sich die Liquiditätslücke ggf. gar vergrößert.

127) *Haneke*, NZI 2018, 204, 209 f. (Urteilsanm.).

128) BGH, Urt. v. 19.12.2017 – II ZR 88/16, Rz. 58, ZIP 2018, 283, 287 f. = NZG 2018, 343.

nämlich der Fortsetzung der ggf. zum Stichtag festgestellten Zeitpunktilliquidität in einer Zeitraumilliquidität, vorbehalten ist.[129)] Hierfür spricht die dadurch bewirkte klare Systematisierung des Tatbestands der Zahlungsunfähigkeit i. S. des § 17 Abs. 2 Satz 1 InsO durch eine zweistufige Prüfung, nämlich zuerst die Feststellung der **Zeitpunktilliquidität** und im Anschluss, da Zahlungsstockungen ausgeschieden werden sollen, deren Fortsetzung in einer **Zeitraumilliquidität.**

b) Der normative Zwang des Faktischen: Fiktion des § 17 Abs. 2 Satz 2 InsO

76 Da es für den antragstellenden Gläubiger häufig schwer zu erkennen ist, aus welchen Gründen der Schuldner seinen Zahlungspflichten nicht nachkommt, erweitert der Gesetzgeber die Legaldefinition des § 17 Abs. 2 Satz 1 InsO um eine gesetzliche Vermutung: Nach § 17 Abs. 2 Satz 2 InsO ist Zahlungsunfähigkeit in der Regel anzunehmen, wenn der Schuldner seine Zahlungen eingestellt hat.

77 **Zahlungseinstellung** ist dasjenige nach außen hervortretende Verhalten des Schuldners, in dem sich typischerweise ausdrückt, dass er nicht in der Lage ist, seine fälligen Zahlungspflichten zu erfüllen.[130)] Die Zahlungseinstellung kann nicht nur durch eine Gegenüberstellung der beglichenen und der offenen Verbindlichkeiten festgestellt, sondern auch mit Hilfe von Indiztatsachen hergeleitet werden.[131)] Solche Indizien können aus einem einzelnen, aber auch aus einer Gesamtschau mehrerer darauf hindeutender, in der Rechtsprechung entwickelter Beweisanzeichen gefolgert werden.[132)] Es handelt sich hierbei um den praktischsten aller Anwendungsfälle bei der retrospektiven Ermittlung der Zahlungsunfähigkeit, insbesondere bei deren Nachweis durch den Insolvenzverwalter im Anfechtungsprozess. Die tatsächliche Nichtzahlung eines erheblichen Teils der fälligen Verbindlichkeiten reicht für eine Zahlungseinstellung aus.

78 Das gilt selbst dann, wenn tatsächlich noch geleistete Zahlungen beträchtlich sind, aber im Verhältnis zu den fälligen Gesamtschulden nicht den wesentlichen Teil ausmachen. Die Nichtzahlung einer einzigen Verbindlichkeit kann eine Zahlungseinstellung begründen, wenn die Forderung von insgesamt nicht unbeträchtlicher Höhe ist.[133)] Eigene Erklärungen des Schuldners, fällige Verbindlichkeiten nicht begleichen zu können, deuten auf eine Zahlungseinstellung hin, auch wenn sie mit einer Stundungsbitte versehen sind.[134)] Gleiches gilt, wenn der Schuldner infolge der ständigen verspäteten Begleichung seiner Verbindlichkeiten einen Forderungsrückstand vor sich hergeschoben hat und demzufolge ersichtlich am Rande des finanzwirtschaftlichen Abgrunds operierte.[135)] Aus Rechtsgründen genügt es, wenn die Zahlungseinstellung aufgrund der Nichtbezahlung nur einer – nicht unwesentlichen – Forderung gegenüber einer einzigen Person erkennbar wird.[136)]

---

129) Vgl. *Mylich*, ZIP 2018, 514, 518 f.; zum Begriff der Zeitraumilliquidität, aber ohne hinreichende Darstellung der Bedeutung der Abgrenzung von der Zeitpunktilliquidität für den Tatbestand des § 17 Abs. 2 Satz 1 InsO vgl. Uhlenbruck-*Mock*, InsO, § 17 Rz. 9.

130) BGH, Urt. v. 6.12.2012 – IX ZR 3/12, ZVI 2013, 65 = ZIP 2013, 228; BGH, Urt. v. 30.6.2011 – IX ZR 134/10, ZVI 2011, 452 = ZIP 2011, 1416; BGH, Urt. v. 29.3.2012 – IX ZR 40/10, WM 2012, 998 = NZI 2012, 663.

131) BGH, Urt. v. 30.6.2011 – IX ZR 134/10, ZVI 2011, 452 = ZIP 2011, 1416.

132) BGH, Urt. v. 6.12.2012 – IX ZR 3/12, ZVI 2013, 65 = ZIP 2013, 228; BGH, Urt. v. 30.6.2011 – IX ZR 134/10, ZVI 2011, 452 = ZIP 2011, 1416; BGH, Urt. v. 29.3.2012 – IX ZR 40/10, WM 2012, 998 = NZI 2012, 663.

133) BGH, Urt. v. 30.6.2011 – IX ZR 134/10, ZVI 2011, 452 = ZIP 2011, 1416.

134) BGH, Urt. v. 15.3.2012 – IX ZR 239/09, ZIP 2012, 735; BGH, Urt. v. 1.7.2010 – IX ZR 58/09, ZVI 2010, 385 = ZIP 2010, 1702.

135) BGH, Urt. v. 30.6.2011 – IX ZR 134/10, ZVI 2011, 452 = ZIP 2011, 1416.

136) BGH, Urt. v. 6.12.2012 – IX ZR 3/12, ZVI 2013, 65 = ZIP 2013, 228.

Die Zahlungseinstellung i. S. des § 17 Abs. 2 Satz 2 InsO kann daher **auf zweierlei Weise nach außen dokumentiert** werden: Einmal durch eine Erklärung des Schuldners selbst, die fälligen Verbindlichkeiten nicht mehr erfüllen zu können;[137)] zum anderen durch die nach außen manifestierte faktische Unmöglichkeit, die durch erfolglose Bemühungen der Gläubiger, vom Schuldner Zahlungen zu erhalten, dokumentiert wird.[138)] 79

Der Fiktion des § 17 Abs. 2 Satz 2 InsO liegt daher **keine tatsächlich rechnerisch festgestellte Zahlungsunfähigkeit** zugrunde, sondern eine aus dem tatsächlichen Verhalten des Schuldners indizierte und somit rein normative Zahlungsunfähigkeit. 80

Liegt eine auf diese Weise indizierte Zahlungseinstellung vor, so kann der Schuldner und kann i. R. eines Anfechtungsprozesses der Anfechtungsgegner den **Gegenbeweis** (nur) dadurch führen, dass er die Zahlungsfähigkeit nachweist, also dokumentiert, über ausreichend liquide Mittel zu verfügen, seinen sämtlichen fälligen Zahlungsverpflichtungen nachzukommen.[139)] 81

4. Die Glaubhaftmachung der Zahlungsunfähigkeit

a) Glaubhaftmachung i. R. eines Fremdantrags

Das Insolvenzgericht hat aufgrund eines zulässigen Insolvenzantrags von Amts wegen zu ermitteln, ob ein Insolvenzantragsgrund vorliegt (§ 16, 5 Abs. 1 Satz 1 InsO; siehe dazu Rz. 1 ff.). An diese Ermittlungspflicht sind hohe Anforderungen zu stellen. Zwar ist für einen zulässigen Insolvenzantrag grundsätzlich die Titulierung der Forderung und ein fruchtloser Vollstreckungsversuch nicht notwendig, jedoch hat der BGH bereits zur KO entschieden, dass der auf einer „ernsthaft bestrittene Ausführungszeichnungen Forderung gestützte Insolvenzantrag eines Dritten zurückzuweisen und der Gläubiger auf den Klageweg zu verweisen sei, weil das Konkursverfahren nicht dazu diene, den Bestand rechtlich zweifelhafter Forderungen zu klären.[140)] Diese Auffassung hat der BGH später auch für das Insolvenzverfahren verschiedentlich bestätigt, und sie hat auch Einzug in die Kommentarliteratur gehalten.[141)] Soweit daher die Antragsforderung nicht tituliert ist, hat das Insolvenzgericht i. R. der **Amtsermittlung** erhöhte Anforderungen an die Glaubhaftmachung zu stellen, um zu verhindern, dass die **Drohung mit einem Insolvenzantrag** zu einem Druckmittel i. R. der Individualzwangsvollstreckung missbraucht wird. 82

Es muss im Ergebnis zur Überzeugung des Gerichts feststehen, dass der Schuldner **zahlungsunfähig und nicht bloß zahlungsunwillig** ist. Belegen nicht andere Indizien, wie z. B. der mehrmonatige Zahlungsrückstand, die Zahlungsunfähigkeit, so überzieht das Insolvenzgericht die Anforderungen daher nicht, wenn es eine erfolglose Zwangsvollstreckungsmaßnahme zur Glaubhaftmachung der Zahlungsunfähigkeit verlangt.[142)] 83

Im Übrigen hat der Insolvenzschuldner die Möglichkeit, einer glaubhaft gemachten Forderung des antragstellenden Insolvenzgläubigers durch **Gegenglaubhaftmachung** entgegenzutreten. Wird das Vorbringen des Gläubigers hierdurch ernsthaft in Frage gestellt, 84

137) BGH, Urt. v. 24.5.2005 – IX ZR 123/04, ZIP 2005, 1426 = ZVI 2005, 408, m. Bespr. *Hölzle*, ZIP 2006, 101, dazu EWiR 2005, 767 *(Bruns)*; BGH, Urt. v. 15.3.2012 – IX ZR 239/09, ZIP 2012, 735; BGH, Urt. v. 1.7.2010 – IX ZR 58/09, ZVI 2010, 385 = ZIP 2010, 1702.

138) BGH, Urt. v. 24.5.2007 – IX ZR 97/06, ZIP 2007, 1511; vgl. auch Nerlich/Römermann-*Mönning*, InsO, § 17 Rz. 25 ff.

139) BGH, Urt. v. 15.3.2012 – IX ZR 239/09, ZIP 2012, 735.

140) BGH, Beschl. v. 19.12.1991 – III ZR 9/91, ZIP 1992, 947.

141) BGH, Beschl. v. 8.12.2005 – IX ZB 308/04, ZIP 2006, 247, dazu EWiR 2006, 315 *(Römermann)*; BGH, Beschl. v. 5.8.2002 – IX ZB 51/02, ZIP 2002, 1695, 1696 = NZI 2002, 601; *Schröder* in: HambKomm-InsO, § 16 Rz. 9; *Wiester* in: FS Wellensiek, S. 155, 163 f.

142) Vgl. *Schmahl/Vuia* in: MünchKomm-InsO, § 14 Rz. 77 ff.

entsteht eine Non-Liquet-Situation, die den Insolvenzantrag nachträglich unzulässig werden lässt.[143)]

> **Praxishinweis**
>
> Zu unterscheiden ist stets die Glaubhaftmachung der Forderung, wobei das Insolvenzgericht nicht berufen ist, kontradiktorisch abschließend zu entscheiden, von der Glaubhaftmachung des Insolvenzgrunds.

85 Als Mittel der Glaubhaftmachung stehen über die Verweisung des § 4 InsO **alle präsenten Beweismittel** nach der Vorschrift des § 294 ZPO zur Verfügung. Die Bezugnahme auf Gerichtsakten in rechtshängigen Verfahren, Urkunden und andere nicht präsente Beweismittel ist unzulässig.

b) Glaubhaftmachung i. R. eines Eigenantrags

86 Handelt es sich um einen Eigenantrag des Schuldners, in dem dieser die Zahlungsunfähigkeit einräumt, so ist dies ein **gewichtiges Indiz** für das Bestehen der Zahlungsunfähigkeit.[144)] Anderes als bei einem Fremdantrag bedarf es beim Eigenantrag des Schuldners nach § 13 Abs. 1 Satz 2 InsO im Unterschied zu § 14 Abs. 1 InsO einer Glaubhaftmachung des Insolvenzgrundes nicht.[145)] Der Schuldnerantrag hat daher, anders als der Gläubigerantrag, **keine qualifizierten Zulässigkeitsvoraussetzungen**. Ob daraus folgt, dass die zur Nichtberücksichtigung streitiger Forderungen i. R. eines Fremdantrags entwickelte Rechtsprechung, wonach der Insolvenzeröffnungsgrund zur Überzeugung des Insolvenzgerichts feststehen muss,[146)] auf den eigenen Antrag des Schuldners keine Anwendung findet, ist weitgehend ungeklärt. Ein Indiz für die Annahme, dass es auf eine strenge Überzeugungsbildung des Gerichts nicht ankommt, begründet die Ratio der für Fremdanträge überkommenen Rechtsprechung. Danach soll das Insolvenzeröffnungsverfahren als Eilverfahren nicht das Erkenntnisverfahren unter schwerwiegenden Eingriff in die Rechtsstellung des Schuldners ersetzen,[147)] weshalb der Gläubiger zunächst auf die zivilprozessuale Titulierung zu verweisen ist. Ähnlich hat diese Ratio auch Einzug in die Literatur gehalten, wo auf die regelmäßig existenzvernichtende Wirkung einer überobligatorischen Insolvenzantragstellung, ausgelöst allein durch eine streitige Forderung im Vergleich zu den überschaubaren Erfolgen eines Zuwartens mit dem Insolvenzantrag bis zur rechtskräftigen Feststellung zu Grund und Höhe der Forderung hingewiesen wird.[148)]

87 Allein diese Ratio passt im Falle des **auf eine streitige Forderung gestützten Eigenantrags** des Insolvenzschuldners nicht: Während der Schuldner bereits durch den Eigenantrag zu erkennen gibt, dass er die Wahrscheinlichkeit des Unterliegens in einem Prozess für existenzbedrohend und die Forderung damit auch nicht für unbeachtlich hält, ist die Folgenabwägung hier eine andere. Ein Eingriff in Schuldnerrechte ist nicht zu befürchten, wenn und soweit der Insolvenzschuldner selbst die Forderung, ihr Bestehen unterstellt, als existenzbedrohend bewertet und darauf gestützt einen Insolvenzantrag stellt. Zudem ist den Organen insbesondere insolvenzantragsverpflichteter Gesellschaften nicht zuzumuten, ein persönliches Haftungsrisiko durch die Fortführung des Geschäftsbetriebs ein-

---

143) K. Schmidt-*Gundlach*, InsO, § 14 Rz. 19 ff.; *Schmahl/Vuia* in: MünchKomm-InsO, § 14 Rz. 20 ff.

144) Ebenso *Kirchhof* in: Kölner Schrift, S. 285 Rz. 24.

145) *Pape* in: KPB, InsO, § 13 Rz. 64; Uhlenbruck-*Wegener*, InsO, § 13 Rz. 97; *Linker* in: HambKomm-InsO, § 14 Rz. 4 ff.

146) BGH, Beschl. v. 14.12.2005 – IX ZB 207/04, ZVI 2006, 56 = ZIP 2006, 247.

147) OLG Köln, Beschl. v. 18.5.1989 – 2 W 41/89, ZIP 1989, 789.

148) *Wiester* in: FS Wellensiek, S. 155, 163 f.

zugehen, wenn und soweit nicht mit Sicherheit vorherzusehen ist, ob die Forderung besteht und damit eine Insolvenzantragspflicht auslöst, oder nicht. Eine **insolvenzrechtliche Anknüpfung** für diese Auffassung kann in **§ 191 InsO** gefunden werden, wonach aufschiebend bedingte Forderungen im Insolvenzverfahren zunächst vollständig zu berücksichtigen sind. Aus § 191 InsO folgt nämlich, dass aufschiebend bedingte Forderungen, trotz des noch nicht erfolgten Bedingungseintritts als Insolvenzforderung im Range des § 38 InsO zu berücksichtigen sind. Daraus wiederum ist abzuleiten, dass bei der Prüfung von Insolvenzantragsgründen jede Forderung zu passivieren ist, die später potentiell zur Insolvenztabelle festgestellt werden muss.[149] Soweit dann aber die Möglichkeit besteht, dass die streitige Verbindlichkeit später zur Insolvenztabelle festzustellen sein wird, so rechtfertigt dies ihre Berücksichtigung auch schon i. R. der Insolvenzantragsprüfung. Dies jedenfalls, soweit der Schuldner selbst ihre Berücksichtigung für richtig hält.

c) Glaubhaftmachung im Anfechtungsprozess

Wie oben (siehe Rz. 61 ff.) bereits dargestellt, haben sich die Voraussetzungen für die Glaubhaftmachung der Zahlungsunfähigkeit im Anfechtungsprozess für den Insolvenzverwalter durch das BGH-Urteil vom 12.10.2006[150] erheblich vereinfacht. Der **Insolvenzverwalter genügt seiner Darlegungs- und Beweislast** im Anfechtungsprozess nunmehr bereits dadurch, dass er nachweist, dass im Zeitpunkt der angefochtenen Rechtshandlungen bereits fällige Verbindlichkeiten bestanden haben, die der Insolvenzschuldner bis zur Eröffnung des Insolvenzverfahrens nicht mehr hat begleichen können. Diesen Nachweis erbringt er dadurch, dass er einen **Auszug aus der Insolvenztabelle** vorlegt und nachweist, welche der darin enthaltenen Forderungen zum Stichtag bereits fällig waren. 88

Der BGH führt nämlich aus, dass für den Nachweis der Zahlungsunfähigkeit i. S. des § 17 Abs. 2 Satz 1 InsO im Anfechtungsprozess eine Liquiditätsbilanz zwar grundsätzlich aufzustellen sein kann, unterscheidet aber deutlich – und zu Recht – nach den Zwecken, für welche die Zahlungsunfähigkeit nach § 17 Abs. 2 Satz 1 InsO festzustellen ist. Während die Feststellung für Zwecke der Ermittlung einer Insolvenzantragspflicht notwendig prognostischen Charakter habe, sei im Anfechtungsprozess von einer **rückblickenden Betrachtung** auf den Zeitpunkt (§ 140 Abs. 1 InsO) der angefochtenen Rechtshandlung auszugehen. Dass zu diesem Zeitpunkt nicht lediglich eine Zahlungsstockung vorgelegen habe, sei nämlich im Nachhinein ohne weiteres feststellbar; hierzu bedürfe es keiner Prognose. Deshalb ließe sich im Anfechtungsprozess auch auf andere Weise als durch Vorlage einer Liquiditätsbilanz feststellen, ob und was der Schuldner im maßgeblichen Zeitpunkt zahlen konnte. Hätten zu diesem Zeitpunkt fällige Verbindlichkeiten bestanden, die bis zu Verfahrenseröffnung nicht mehr beglichen worden sind, sei regelmäßig von der Zahlungsunfähigkeit zu diesem Zeitpunkt auszugehen. Etwas anderes gelte nur dann, wenn aufgrund konkreter Umstände, die sich nachträglich geändert hätten, damals hätte angenommen werden können, der Schuldner werde rechtzeitig in die Lage gelangen, die Verbindlichkeiten zu erfüllen.[151] 89

Darüber hinaus stellen auch das Ausbleiben von Zahlungen an für das Unternehmen **existenziell wichtige Gläubiger**[152] sowie über mehrere Monate **ausbleibende Reaktionen auf** 90

149) *Wazlawik*, NZI 2004, 608.

150) BGH, Urt. v. 12.10.2006 – IX ZR 228/03, ZVI 2006, 577 = ZIP 2006, 2222, dazu ausführlich *Hölzle*, ZIP 2007, 613, 617 ff.

151) BGH, Urt. v. 12.10.2006 – IX ZR 228/03, ZVI 2006, 577 = ZIP 2006, 2222, dazu ausführlich *Hölzle*, ZIP 2007, 613, 616 ff.

152) BGH, Urt. v. 30.4.2015 – IX ZR 149/14, ZVI 2015, 351 = ZIP 2015, 1549, dazu EWiR 2015, 579 *(d'Avoine)*.

Rechnungen und Mahnungen[153] jeweils ein wesentliches Indiz für eine bereits eingetretene Zahlungsunfähigkeit dar, die vom Insolvenzverwalter im Anfechtungsprozess vorgetragen werden können.

5. Wegfall der einmal eingetretenen Zahlungsunfähigkeit und sonstige Erledigung des Insolvenzantrags

91 Die einmal eingetretene Zahlungsunfähigkeit im Rechtssinne kann durch den Schuldner **nachträglich beseitigt** werden. Dies ist der Fall, wenn dem Schuldner wieder ausreichend liquide Mittel zur Verfügung stehen, um seine fälligen Verbindlichkeiten zu erfüllen. In diesem Fall kann sich der zunächst zulässige und begründete Insolvenzantrag nachträglich erledigen. **Erledigungserklärungen** des Antragstellers zur Vermeidung der Kostenfolge aus § 4 InsO, § 269 Abs. 3 ZPO bei einfacher Rücknahme des Antrags, können im Insolvenzverfahren entsprechend § 91a ZPO (analog) i. V. mit § 4 InsO rechtswirksam sein, gleichgültig ob der Antragsgegner zustimmt oder ob sie einseitig bleiben.[154] Dem steht § 5 Abs. 1 InsO grundsätzlich nicht entgegen. Denn § 13 Abs. 1 InsO setzt für die Eröffnung eines Insolvenzverfahrens einen – zulässigen und aufrechterhaltenen – Antrag voraus; das Eröffnungsverfahren wird – im Gegensatz zu dem eröffneten Verfahren – als Parteienstreit geführt.[155] Anders ist dies nur in Fällen sog. **Stapelanträge** (§ 14 Abs. 1 InsO), die sich auch durch Wegfall der Antragsforderung nicht erledigen, ist der Schuldner dennoch und weiterhin zahlungsunfähig.

92 Nach allgemeiner zivilprozessualer Diktion setzt eine zulässige und begründete Erledigungserklärung voraus, dass der Antragsteller einen zunächst zulässigen und begründeten Antrag gestellt hat und dass nachträglich ein **erledigendes Ereignis** eingetreten ist, das dazu geführt hat, dass der Antrag nachträglich unzulässig oder unbegründet geworden ist.[156]

93 Übertragen auf die **Erledigung eines Gläubigerantrags** auf Eröffnung eines Insolvenzverfahrens bedeutet dies, dass der Gläubiger zunächst das Bestehen seiner Forderung und das Vorliegen eines Insolvenzgrunds glaubhaft gemacht haben muss und dass entweder die Forderung des Gläubigers vollständig weggefallen oder ein Eröffnungsgrund nach Stellung des Antrags nicht mehr gegeben ist. Liegen die Tatbestandsmerkmale des § 17 InsO auch nach der Erledigungserklärung des Gläubigers noch vor, so ist diese unwirksam.

94 Auch eine Rücknahme des Antrags, die nach § 13 Abs. 2 InsO grundsätzlich bis zu einem Beschluss des Gerichts möglich bleibt, kann ausgeschlossen sein: Die Dispositionsmaxime ist insoweit eingeschränkt und muss hinter den Zwecken eines Insolvenzverfahrens, insbesondere hinter § 1 InsO, zurücktreten, als der Insolvenzantrag als **Druckmittel** i. R. der Individualvollstreckung missbraucht wird. Die Erledigungserklärung verstößt insoweit gegen § 134 BGB.[157] Dies ist auch vor dem Hintergrund gerechtfertigt, dass es für die Berechnung der Anfechtungsfristen gemäß § 139 InsO nach obergerichtlicher Rechtsprechung auf denjenigen Insolvenzantrag ankommt, der letztlich zur Verfahrenseröffnung geführt hat. Eine Berechnung der Anfechtungsfristen von dem wirksam für erledigt erklärten Antrag an, soll nicht möglich sein.[158] Der Gläubiger wird hierdurch in die Lage versetzt,

153) BGH, Urt. v. 25.2.2016 – IX ZR 109/15, ZIP 2016, 627 = NZI 2016, 266.

154) Ausführlich *Delhaes* in: Kölner Schrift, S. 141 Rz. 46 ff.

155) BGH, Urt. v. 20.11.2001 – IX ZR 48/01, ZIP 2002, 87, 88.

156) Zöller-*Althammer*, ZPO, § 91a Rz. 44.

157) AG Hamburg, Beschl. v. 10.10.2002 – 67c IN 377/02, ZIP 2002, 2270, 2271 = ZVI 2002, 413, dazu EWiR 2003, 605 *(Ferslev)*.

158) BGH, Urt. v. 20.11.2001 – IX ZR 48/01, ZIP 2002, 87; OLG Dresden, Urt. v. 19.7.2001 – 13 U 1058/01, ZInsO 2001, 910.

einen Druckantrag zu stellen, diesen zu nutzen, noch Zahlungen zu erhalten und sich dann der Anfechtbarkeit dieser Zahlungen unter Missachtung der Interessen der Gläubigergesamtheit durch Erledigung des Insolvenzantrags zu entziehen.

Erklärt der Gläubiger deshalb pauschal, eine Zahlung erhalten zu haben, so ist das **Insolvenzgericht** angehalten **zu ermitteln**, ob durch die Zahlung tatsächlich die gesamte Forderung des Gläubigers zurückgeführt worden ist. Nur dann hat sich der Antrag tatsächlich erledigt.[159] Bleiben Restforderungen offen, liegt ein erledigendes Ereignis im zivilprozessualen Sinne nicht vor; die Erledigungserklärung ist unwirksam. Die bloße Rücknahme des Antrags scheitert an der durch § 134 BGB eingeschränkten Dispositionsmaxime im Insolvenzeröffnungsverfahren.[160] Auch wenn der Gläubiger vollständig befriedigt wird, kann die Annahme der schuldnerischen Zahlung im Einzelfall rechtsmissbräuchlich sein; die Forderung gilt dann als fortbestehend, der Antrag als nicht erledigt. Das Insolvenzverfahren wird in einem solchen Fall fortgesetzt.[161] 95

Im Ergebnis bedeutet dies, dass nur dann, wenn die Teilzahlung bewirkt, dass der Schuldner nicht mehr als zahlungsunfähig im Rechtssinne anzusehen ist, die Erledigung des Insolvenzantrags eintreten kann. An die **Wiederherstellung der Zahlungsfähigkeit** sind allerdings strenge Anforderungen zu stellen. Sie setzt voraus, dass der Schuldner die Zahlungen an die **Gesamtheit der Gläubiger** im Allgemeinen wieder aufnimmt.[162] Ein Gläubiger, der nach einem eigenen Eröffnungsantrag von dem betroffenen Schuldner Zahlungen erhält, darf deswegen allein grundsätzlich nicht davon ausgehen, dass auch die anderen, nicht antragstellenden Gläubiger in vergleichbarer Weise Zahlungen erhalten.[163] Die einmal eingetretene Zahlungseinstellung wirkt daher grundsätzlich bis zum Vollbeweis des Gegenteils fort. Sie kann nur dadurch widerlegt werden, dass nachgewiesen wird, dass der Schuldner die Zahlungseinstellung durch Aufnahme von Zahlungen an die Gesamtheit der Gläubiger wieder beseitigt hat. 96

Die **Beweislast** für die Wiederaufnahme der Zahlungen an die Gläubigergesamtheit und den damit verbundenen Wegfall der Zahlungsunfähigkeit trifft denjenigen, der sich hierauf beruft.[164] In der Regel hat also der antragstellende Gläubiger, der in diesem Zusammenhang häufig Anfechtungsgegner ist, zu beweisen, dass der Schuldner nicht nur an ihn, den Gläubiger, Zahlungen geleistet hat, sondern wieder in der Lage war, die fälligen Forderungen gegenüber der Gläubigergesamtheit zu bedienen.[165] 97

Gelingt dem Gläubiger dieser Nachweis nicht, so sind die Voraussetzungen für den Insolvenzantrag nach § 17 InsO nicht weggefallen, so dass es an einem für die wirksame Erledigungserklärung erforderlichen nachträglichen erledigenden Ereignis fehlt. Die Erledigungserklärung ist **als unzulässig zurückzuweisen**, der einmal gestellte Insolvenzantrag bleibt bestehen; gelangt das Gericht zu der Überzeugung, dass die übrigen Verfahrens- 98

159) Nach LG Aachen, Beschl. v. 2.4.2003 – 3 T 115/03, ZVI 2003, 220 = ZIP 2003, 1264, wird der Eröffnungsantrag unzulässig, wenn die dem Antrag zugrunde liegende Forderung noch vor der Entscheidung über die Verfahrenseröffnung beglichen wird. Die Entscheidung lässt das Problem unberührt, ob Gläubiger, insbesondere Sozialversicherungsträger, nach der Antragstellung Zahlungen überhaupt noch annehmen dürfen, vgl. hierzu *Frind/A. Schmidt*, ZInsO 2001, 1133 und ZInsO 2002, 8.

160) AG Hamburg, Beschl. v. 10.10.2002 – 67c IN 377/02, ZIP 2002, 2270, 2271 = ZVI 2002, 413.

161) Vgl. AG Duisburg, Beschl. v. 29.6.2004 – 62 IN 189/04, ZVI 2005, 129.

162) BGH, Urt. v. 25.10.2001 – IX ZR 17/01, ZIP 2001, 2235 = DStR 2002, 366, dazu EWiR 2002, 207 *(Malitz)*; BGH, Urt. v. 20.11.2001 – IX ZR 48/01, ZIP 2002, 87.

163) BGH, Urt. v. 20.11.2001 – IX ZR 48/01, ZIP 2002, 87.

164) BGH, Urt. v. 15.3.2012 – IX ZR 239/09, ZIP 2012, 735.

165) BGH, Urt. v. 25.10.2001 – IX ZR 17/01, ZIP 2001, 2235 = DStR 2002, 366; BGH, Urt. v. 20.11.2001 – IX ZR 48/01, ZIP 2002, 87.

voraussetzungen gegeben sind, ist das Insolvenzverfahren auf Grundlage des einmal gestellten Antrags zu eröffnen.

III. Feststellung der Zahlungsunfähigkeit

99 Wie eingangs dargestellt, ist auf die Feststellung der Zahlungsunfähigkeit **besondere Sorgfalt** zu verwenden. Der Tag der Zahlungseinstellung bzw. -unfähigkeit wird im Eröffnungsbeschluss nicht mit präjudizierender Wirkung festgehalten. Gerade aus anfechtungs- und strafrechtlicher Sicht ist dieser Zeitpunkt aber von besonderer Bedeutung.

100 Die Zahlungsunfähigkeit offenbart sich in **typischen Verhaltensweisen** des Schuldners oder **tatsächlichen Vorgängen**, aus denen der Rechtsverkehr auf die bereits eingetretene Zahlungsunfähigkeit schließen kann.[166] Solche Verhaltensweisen und Umstände sind auch stets geeignet, Umstände i. S. des § 130 Abs. 2 InsO zu begründen. Allerdings sind Schuldner in aller Regel bemüht, den Eintritt der Zahlungsunfähigkeit so lange wie möglich zu verheimlichen,[167] so dass der Tatbestand des § 17 InsO regelmäßig schon lange vor seinem Bekanntwerden eingetreten ist.[168] Die Zahlungsunfähigkeit wird bewiesen, wenn ein vom Schuldner ausgehendes und nach außen erkennbares tatsächliches Verhalten, das den beteiligten Verkehrskreisen den Eindruck vermittelt, dass der Schuldner seine fälligen Verbindlichkeiten nicht innerhalb von **längstens drei Wochen** aus einem objektiven Mangel an Geldmitteln bedienen kann, feststellbar ist.[169] Hierbei ist der Nachweis solcher Verhaltensweisen ausreichend, aus denen der Rechtsverkehr typischerweise den Schluss auf die Zahlungsunfähigkeit zieht. Dass eine solche Verkehrsauffassung besteht, bedarf in aller Regel keines Beweises. Allzu häufig wird vergessen: Bei dem Begriff der Zahlungsunfähigkeit handelt es sich um einen **Rechtsbegriff** und um Rechtsanwendung. Die zu Zeiten der KO vertretene Auffassung, die Feststellung der Zahlungsunfähigkeit oder Zahlungseinstellung sei Tatfrage, ist durch die gesetzliche Begriffsbestimmung in § 17 Abs. 2 InsO überholt.[170]

101 Zur **Feststellung,** ob das tatsächliche Verhalten des Schuldners, aus dem nach allgemeiner Verkehrsauffassung die Zahlungsunfähigkeit abzuleiten ist, auf einen objektiven Mangel an Zahlungsmitteln zurückzuführen ist, stehen verschiedene, mehr oder minder geeignete **Methoden** zur Verfügung.

1. Finanzstatus und Finanzplan

102 Die sorgfältigste und in der Praxis vorzuziehende Methode ist die Ermittlung der Zahlungsunfähigkeit auf Grundlage eines Finanzplans.[171] Der **Finanzplan** ermittelt die Liquidität des Schuldners auf Basis eines stichtagsbezogenen Finanzstatus, der prognostisch fortentwickelt wird. Dazu, dass diese prognostische Fortentwicklung nach der zwischenzeitlichen Rechtsprechung des BGH auch durch die Aufstellung weiterer Liquiditätsstatus erfolgen kann (siehe unten Rz. 110).

---

166) BGH, Urt. v. 24.5.2007 – IX ZR 97/06, ZIP 2007, 1511.

167) BGH, Urt. v. 25.9.1957 – 2 StR 313/57, n. v.

168) *Kirchhof* in: Kölner Schrift, S. 285 Rz. 3; statistisch werden Insolvenzanträge über die Vermögen juristischer Personen zehn Monate nach Eintritt der materiellen Insolvenzreife gestellt.

169) So mit geringfügigen Abweichungen im Tatbestand *Kirchhof* in: Kölner Schrift, S. 285 Rz. 20 f.; i. E. ebenso BGH, Urt. v. 30.6.2011 – IX ZR 134/10, ZVI 2011, 452 = ZIP 2011, 1416.

170) So insgesamt *Kirchhof* in: Kölner Schrift, S. 285 Rz. 21 f.

171) K. Schmidt-*K. Schmidt*, InsO, § 17 Rz. 34.

Mit dem **Finanzstatus** ist zunächst die **aktuelle Liquidität** bzw. Zahlungsfähigkeit des Schuldners für den **Stichtag** der Ermittlung festzustellen.[172] In den Finanzstatus sind die verfügbaren Zahlungsmittel des Schuldners, bestehend aus Bargeld, Schecks, Bankguthaben und offenen Kreditlinien ein- und den bereits fälligen Verbindlichkeiten gegenüberzustellen. Aus dieser Gegenüberstellung ergibt sich, ob bereits zum Stichtag eine Liquiditätsunterdeckung gegeben ist. 103

Ist dies der Fall, muss der Liquiditätsstatus in einem **Liquiditätsplan** zum Zwecke der Abgrenzung der Zahlungseinstellung von einer bloßen Zahlungsstockung fortentwickelt werden. Denn nur wenn die Liquiditätslücke für einen **Zeitraum von mehr als drei Wochen** anhält, ist der Tatbestand des § 17 Abs. 2 Satz 1 InsO erfüllt (siehe oben Rz. 100). In dem Finanzplan sind deshalb taggenau alle zu erwartenden Einzahlungen, gleich ob aus Forderungserlösen des laufenden Geschäftsbetriebs, Erlösen aus Desinvestitionen oder aus Finanzerträgen, zu erfassen. Diesen sind die voraussichtlichen Auszahlungen jeweils mit dem Zeitpunkt ihrer Fälligkeit gegenüberzustellen (siehe oben Rz. 103). Diese taggenaue Gegenüberstellung ermöglicht für jeden Tag des Finanzplans die Beurteilung, ob ausreichende Liquidität vorhanden ist. Fehlt es für einen Zeitraum von mehr als drei Wochen an der nötigen Liquiditätsdeckung, ist von einer Zahlungsunfähigkeit im Rechtssinne auszugehen. Da die Rechtsprechung im Wesentlichen auf den Prognosezeitraum von drei Wochen abstellt, sollte der Liquiditätsplan jedenfalls für diesen Zeitraum taggenau aufgestellt werden. Für den weiteren Zeitlauf reicht eine überschlägige monatliche Berechnung für die nächsten zwölf Monate.[173] Die Grundstruktur eines aus dem Finanzstatus entwickelten Finanzplans sieht daher wie folgt aus:[174] 104

Finanzplan 105

	Tage 1., 2., … 14	Wochen 3., 4.	Monate 2., … 12.
I. Einzahlungen			
1. Einzahlungen aus laufendem Geschäftsbetrieb			
1.1 Barverkäufe			
1.2 Leistungen auf Ziel			
2. Einzahlungen aus Desinvestitionen			
2.1 Anlagenverkäufe			
2.2 Auflösung von Finanzinvestitionen			
3. Einzahlungen aus Finanzerträgen			
3.1 Zinserträge			
3.2 Beteiligungserträge			
II. Auszahlungen			
1. Auszahlungen für den laufenden Geschäftsbetrieb			
1.1 Gehälter/Löhne			
1.2 Roh-, Hilfs- und Betriebsstoffe			
1.3 Steuern/Abgaben			

172) *Eilenberger* in: MünchKomm-InsO, § 17 Rz. 14.

173) Vgl. *Eilenberger* in: MünchKomm-InsO, § 17 Rz. 12.

174) In Anlehnung an *IDW* Standard, Beurteilung des Vorliegens von Insolvenzeröffnungsgründen (IDW S 11), Stand: 23.8.2021, IDW Life 1/2022, S. 107 ff. Der IDW S 11 hat den bisherigen Prüfungsstandard IDS PS 800 abgelöst und geht deutlich über diesen hinaus, da der S 11 deutlich breiter die Anforderungen an die Beurteilung von Insolvenzeröffnungsgründen festlegt.

	Tage 1., 2., ... 14	Wochen 3., 4.	Monate 2., ... 12.
1.4 [...] 1.5 [...] 2. Auszahlungen für Investitionen 2.1 Sachinvestitionen Ankäufe Vorauszahlungen Restzahlungen 2.2 Finanzinvestitionen 3. Auszahlungen i. R. des Finanzverkehrs 3.1 Kredittilgung 3.2 Akzepteinlösung 3.3 Eigenkapitalminderungen (z. B. Privatentnahmen) 3.4 Zinsen			
III. Ermittlung der Über- bzw. Unterdeckung Durch I. ./. II. + Zahlungsmittelbestand im Prüfungszeitpunkt			
IV. Ausgleichs- und Anpassungsmaßnahmen 1. Bei Unterdeckung (Einzahlungen) 1.1 Kreditaufnahme 1.2 Eigenkapitalerhöhung 1.3 Rückführung gewährter Darlehen 1.4 zusätzliche Desinvestitionen 2. Bei Überdeckung (Auszahlungen) 2.1 Kreditrückführung 2.2 Anlage in liquiden Mitteln			
V. Zahlungsmittelbestand am Periodenende unter Berücksichtigung der Ausgleichs- und Anpassungsmaßnahmen			

2. Liquiditätsbilanz und Liquiditätskennzahlen

106 Noch unter der Herrschaft der KO und hier des § 102 KO war es üblich, die Zahlungsunfähigkeit auf der Grundlage einer Liquiditätsbilanz und hieraus zu ermittelnden Liquiditätskennzahlen zu bestimmen. Maßgeblicher Grund hierfür war die Bestimmung des Tatbestands der Zahlungsunfähigkeit auch unter Einbeziehung des Wesentlichkeitsbegriffs.[175] Mit der Liquiditätskennzahl wurde nach der unten (siehe Rz. 108) genannten Formel ein Quotient ermittelt, der das **Maß der Zahlungsunfähigkeit** zum Ausdruck brachte. In der Literatur wurden so ermittelte Liquiditätskennzahlen zwischen 0,9 und 0,75 als vertretbar angesehen.[176]

175) *Eilenberger* in: MünchKomm-InsO, § 17 Rz. 17; *Kuhn/Uhlenbruck*, KO, § 102 Rz. 2a.
176) *Kuhn/Uhlenbruck*, KO, § 102 Rz. 2a.

Mit Einführung der InsO wurde der Bestimmung der Zahlungsunfähigkeit auf Grundlage von Liquiditätsbilanzen und -kennzahlen nicht der Rücken gekehrt. Da Rechtsprechung und Literatur auch heute noch kurzfristige Liquiditätsengpässe als Zahlungsstockung akzeptieren, wird auch an der Ermittlung der Zahlungsunfähigkeit auf Grundlage eines Liquiditätsquotienten festgehalten.[177] 107

In der Liquiditätsbilanz werden alle innerhalb einer Frist von drei Wochen fälligen und eingeforderten Verbindlichkeiten den in diesem Zeitraum mobilisierbaren, flüssig zu machenden Mitteln gegenübergestellt. Hierin wird der wesentliche Unterschied zum Finanzstatus und Finanzplan deutlich: Während Letzterer auf Einnahmen und Ausgaben abstellt, stellt die Liquiditätsbilanz grundsätzlich Aktiva und Passiva gesondert nach Fälligkeiten gegenüber. Ermittelt wird die Liquiditätskennzahl überwiegend nach der sog. Liquidität zweiten Grads,[178] die sich wie folgt errechnet: 108

$$\frac{\text{Zahlungsmittel} + \text{kurzfristige Forderungen}}{\text{kurzfristige Verbindlichkeiten}} \times 100 = LKZ\ (\%)$$ [179]

Ergibt sich hieraus eine Liquiditätskennzahl von 90 %, so ist der Tatbestand der Zahlungsunfähigkeit i. S. des § 17 Abs. 2 Satz 1 InsO nicht erfüllt. 109

Es liegt auf der Hand, dass die Liquiditätsbestimmung auf Grundlage der Liquiditätsbilanz gegenüber dem taggenauen Liquiditätsplan das sehr viel gröbere Instrument darstellt. Gerade aus **strafrechtlicher Sicht** sind Liquiditätskennzahlen vor dem Hintergrund der Unschuldsvermutung und der zwingenden richterlichen Überzeugungsbildung von der Schuld des Täters zur Bestimmung der Straftatbestände von Insolvenzstraftaten nicht geeignet.[180] Doch auch außerhalb des Strafrechts ist die Bestimmung von Bedeutung. Erst kürzlich hat sich der BGH zu dem Instrument der Liquiditätsbilanz geäußert.[181] In dem zu entscheidenden Fall stand die Frage im Raum, ob der Insolvenzverwalter als Kläger hinreichend dargelegt habe, ob die Zahlungsunfähigkeit eingetreten ist. Er tat dies nicht durch Aufstellung einer Liquiditätsbilanz, sondern durch den **Liquiditätsstatus auf den Stichtag i. V. mit einem Finanzplan** für die auf den Stichtag folgenden drei Wochen, in dem tagesgenau Einzahlungen und Auszahlungen gegenübergestellt wurden.[182] Es spreche, so der BGH, nichts dagegen, mehrere tagesgenaue Liquiditätsstatus in aussagekräftiger Anzahl aufzustellen und vorzulegen.[183] Aus diesen könne sich ergeben, dass auf eine Unterdeckung am Stichtag an keinem der folgenden ausgewählten Tage geschlossen werden konnte.[184] Dies genüge als Nachweis, ohne dass die Aufstellung einer Liquiditätsbilanz dadurch obsolet würde. Zur Begründung des Tatbestands des § 64 GmbHG a. F. (heute: § 15b InsO) hat im dortigen Fall eine Vier-Stichtage-Liquiditätsbetrachtung ausgereicht, um der Darlegungslast zu genügen.[185] In welchem Verhältnis die Rechenwerke zueinanderstehen, hat der BGH allerdings nicht geklärt. Im Ergebnis bestehen durch diese Möglichkeit des Nachweises erleichterte Anforderungen an die Darlegung der Zahlungsunfähigkeit, bspw. als Tatbestandsmerkmal im Anfechtungsprozess. 110

177) Ausführlich *Lütke*, wistra 2003, 52, 53.

178) *Reck*, GmbHR 1999, 267.

179) Mit leicht modifizierter Darstellung, die bei den Verbindlichkeiten zwischen den fälligen und den kurzfristig fälligen Verbindlichkeiten unterscheidet, *Eilenberger* in: MünchKomm-InsO, § 17 Rz. 20.

180) In diesem Sinne auch *Lütke*, wistra 2003, 52.

181) BGH, Urt. v. 28.6.2022 – II ZR 112/21, ZRI 2022, 730 = NZI 2022, 787.

182) Mit Verweis auf BGH, Urt. v. 28.4.2022 – IX ZR 48/21, ZRI 2022, 593 = ZVI 2022, 312.

183) BGH, Urt. v. 28.6.2022 – II ZR 112/21, Rz. 13 f., ZRI 2022, 730 = NZI 2022, 787.

184) *Schröder* in: HambKomm-InsO, § 17 Rz. 51.

185) *Gutmann*, NZI 2022, 787, 789 (Urteilsanm.).

3. Zahlungseinstellung

111 Die Zahlungseinstellung ist nach § 17 Abs. 2 Satz 2 InsO gewichtiges **Indiz** für den Eintritt der Zahlungsunfähigkeit.[186] Die Zahlungseinstellung wird dadurch offenbar, dass der Schuldner nach außen zu erkennen gibt, wegen eines Mangels an Zahlungsmitteln nicht mehr in der Lage zu sein, seine fälligen Verbindlichkeiten zu befriedigen.[187] **Deutliche Hinweise** auf die Zahlungseinstellung durch den Schuldner sind hierbei die Nichtzahlung von Löhnen und Gehältern, von Sozialversicherungsbeiträgen und Entgelten für Energielieferungen sowie die Häufung von Vollstreckungsaufträgen, Pfändungen,[188] Arresten und Anträgen zur Abgabe eidesstattlicher Versicherungen sowie die Hingabe ungedeckter Schecks[189] und das Bekanntwerden von Wechselprotesten.[190] Auch der Eingang mehrerer Insolvenzanträge ist Indiz für die eingetretene Zahlungseinstellung.[191]

112 Die für die Zahlungseinstellung sprechenden Indizien müssen **nach außen erkennbar** geworden sein. Hierbei reicht es aus, dass sich die Anhaltspunkte gegenüber demjenigen Gläubiger offenbart haben, der den Insolvenzantrag stellt.[192] Insbesondere werden Anhaltspunkte für eine Zahlungseinstellung des Schuldners dadurch nach außen erkennbar, dass der Schuldner einräumt, zu einer Einmalzahlung nicht in der Lage zu sein. Dies gilt auch dann, wenn die Erklärung, nicht zahlen zu können, mit einem Ratenzahlungsangebot verbunden ist. Dies hat der BGH in seinen Urteilen vom 24.5.2005[193] und vom 12.10.2006[194] ausdrücklich noch einmal klargestellt.

4. Insolvenzvermeidende Patronate

113 Patronatserklärungen gelten seit langem als populäres Gestaltungsmittel, um Insolvenzantragspflichten zu vermeiden. Insoweit gilt es zunächst streng zwischen **„harten"** und **„weichen"** Patronatserklärungen zu differenzieren.[195] Letztere sind reine Wissenserklärungen ohne rechtliche Bindungswirkung,[196] weshalb sie im Bereich der Insolvenzantragsprüfung (oder -vermeidung) grundsätzlich keine Rolle spielen. Auch i. R. der Beurteilung einer

---

186) BGH, Urt. v. 30.6.2011 – IX ZR 134/10, ZVI 2011, 452 = ZIP 2011, 1416.

187) BGH, Urt. v. 6.12.2012 – IX ZR 3/12, ZVI 2013, 65 = ZIP 2013, 228; BGH, Urt. v. 30.6.2011 – IX ZR 134/10, ZVI 2011, 452 = ZIP 2011, 1416; BGH, Urt. v. 29.3.2012 – IX ZR 40/10, WM 2012, 998 = NZI 2012, 663; BGH, Urt. v. 17.5.2001 – IX ZR 188/98, ZIP 2001, 1155, = NZI 2001, 417, dazu EWiR 2001, 821 *(Eckardt)*; BGH, Urt. v. 13.4.2000 – IX ZR 144/99, ZIP 2000, 1016 = NZI 2000, 363, dazu EWiR 2000, 819 *(Eckardt)*.

188) BGH, Urt. v. 3.3.1959 – VIII ZR 176/58, WM 1959, 470, 471; BGH, Beschl. v. 3.12.1991 – 1 StR 496/91, wistra 1992, 145, 146 = NStZ 1992, 182; BGH, Beschl. v. 17.2.1993 – 3 StR 474/92, wistra 1993, 184; genügen kann auch der Antrag auf Zwangsversteigerung eines Grundstücks LG Köln, Urt. v. 23.5.1991 – KLs 112-10/88, wistra 1992, 269.

189) Die mehrmalige Nichteinlösung von Schecks ist ein wesentliches Beweisanzeichen für eine eingetretene Zahlungsunfähigkeit; BGH, Urt. v. 20.11.2001 – IX ZR 159/00, ZIP 2002, 228 = ZInsO 2002, 125, dazu EWiR 2002, 297 *(Grothe)*.

190) BGH, Urt. v. 7.6.1972 – VIII ZR 106/71, WM 1972, 994, 995.

191) *Kirchhof* in: Kölner Schrift, S. 285 Rz. 32.

192) BGH, Urt. v. 10.1.1985 – IX ZR 4/84, ZIP 1985, 363, dazu EWiR 1985, 195 *(Merz)*; in Fällen der Insolvenzanfechtung genügt es für Zwecke von § 130 Abs. 2, § 131 Abs. 2 Satz 1 InsO, dass sich die Indizien gegenüber dem Anfechtungsgegner manifestiert haben; vgl. *Kayser* in: MünchKomm-InsO, § 130 Rz. 29 m. w. N.

193) BGH, Urt. v. 24.5.2005 – IX ZR 123/04, ZIP 2005, 1426 = ZVI 2005, 408, dazu EWiR 2005, 767 *(Bruns)*, dazu *Hölzle*, ZIP 2006, 101.

194) BGH, Urt. v. 12.10.2006 – IX ZR 228/03, ZVI 2006, 577 = ZIP 2006, 2222, dazu ausführlich *Hölzle*, ZIP 2007, 613.

195) BGH, Urt. v. 19.5.2011 – IX ZR 9/10, NZI 2011, 536, 537 = ZIP 2011, 1111, dazu EWiR 2011, 575 *(Hirte/Ede)*.

196) *Hölzle/Klopp*, KTS 2016, 335, 339 f.

Fortbestehensprognose i. R. der Überschuldungsprüfung, wo bislang die Berücksichtigung auch weicher Patronatserklärungen noch diskutiert wurde, sind diese jedenfalls dann nicht mehr geeignet, eine positive Fortbestehensprognose zu begründen, wenn sich das Unternehmen bereits in einer manifestierten Krise befindet.[197)]

Berücksichtigungsfähige, weil von einem **entsprechenden Rechtsbindungswillen** getragene sog. **harte Patronatserklärungen** kommen in der Form der **internen und der externen** Patronate vor. Externe Patronate sind Vereinbarungen zwischen Patron und Gläubiger(n) und begründen Kapitalausstattungspflichten des Patrons gegenüber dem Schuldner und zugunsten der Gläubiger.[198)] Sie gelten daher auch als ein der **Bürgschaft oder Garantieerklärung vergleichbares Sicherungsmittel.**[199)] Nichtsdestotrotz ordnet der BGH das externe Patronat als einen einseitig verpflichtenden Vertrag sui generis ein,[200)] welcher grundsätzlich **formfrei** abgeschlossen werden kann.[201)] Um einer zweckwidrigen Verwendung der Finanzmittel vorzubeugen, kann auch die direkte Zahlung an die Gläubiger vereinbart werden. Darüber hinaus wandelt sich die gegenüber einem Gläubiger erklärte Verpflichtung, die Gesellschaft mit entsprechenden Finanzmitteln auszustatten, mit der Eröffnung des Insolvenzverfahrens in eine unmittelbare Zahlungspflicht gegenüber dem Gläubiger.[202)] Darüber hinaus begründet eine Patronatserklärung auch eine **mittelbare Haftung des Patrons** als Regressschuldner im Falle einer nachgelagerten Insolvenzanfechtung: Nach einer jüngeren Entscheidung des BGH vom 10.1.2017,[203)] steht dem durch das Patronat begünstigten Gläubiger ein Schadensersatzanspruch gegen den Patron zu, wenn er zwar zunächst von der Gesellschaft Zahlung erhalten hat, jedoch im Wege der Insolvenzanfechtung zur Erstattung derselben verpflichtet ist. 114

In der Praxis häufiger als externe sind **interne Patronatsvereinbarungen**, durch welche sich der Patron gegenüber dem Schuldner verpflichtet, diesem die zur Erfüllung seiner Verbindlichkeiten erforderlichen Mittel zuzuwenden.[204)] Die hierdurch reflexiv i. S. eines Drittschutzes begünstigten Gläubiger können unmittelbare Zahlung aus dem Patronat an sich selbst zunächst nicht verlangen. 115

Bevor entschieden werden kann, wie sich durch Patronat übernommene Finanzausstattungspflichten bei der Ermittlung der Insolvenzantragsgründe, hier: der Zahlungsunfähigkeit, auswirken, muss vorgreiflich festgestellt werden, **welche Wirkung** einer solchen Finanzausstattungspflicht im Falle der **Insolvenzantragstellung** überhaupt zukommt. Es ist nämlich streitig, ob aus einem Patronat nach Einleitung eines Insolvenzverfahrens Ansprüche der patronierten Gesellschaft überhaupt noch hergeleitet werden können. 116

Dieser Streit resultiert daraus, dass der **BGH** mit seiner Entscheidung vom 20.9.2010[205)] zunächst grundsätzlich festgestellt hat, Verlustdeckungs- und Liquiditätsgarantien des Gesellschafters als **privatautonome Vereinbarungen** in ihrer Reichweite grundsätzlich frei gestaltet werden können. Insbesondere seien Zweckbefristungen oder die Vereinbarung 117

---

197) So BGH, Urt. v. 13.7.2021 – II ZR 84/20 (Air Berlin), BGHZ 230, 255 = ZIP 2021, 1643, dazu ausführlich *Bieg/Hölzle*, ZIP 2022, 2419.

198) *Ringstmeier* in: FS Wellensiek, S. 133, 134; *Fleischer*, WM 1999, 666, 667.

199) BGH, Urt. v. 8.5.2003 – IX ZR 334/01, WM 2003, 1178, 1179 f. = ZIP 2003, 1097.

200) Vgl. *Raeschke-Kessler/Christopeit*, NZG 2010, 1361, 1362, mit Bezug auf BGH, Urt. v. 20.9.2010 – II ZR 296/08, NZG 2010, 1267, 1268 = ZIP 2010, 2092, dazu EWiR 2010, 757 *(Guski)*.

201) BGH, Urt. v. 8.5.2006 – II ZR 94/05, NZG 2006, 543, 544 = ZIP 2006, 1199.

202) *Hölzle/Klopp*, KTS 2016, 335, 339 ff.

203) BGH, Beschl. v. 12.1.2017 – IX ZR 95/16, ZIP 2017, 337 f., dazu EWiR 2017, 209 *(Müller)*.

204) *v. Rosenberg/Kruse*, BB 2003, 641, 642.

205) BGH, Urt. v. 20.9.2010 – II ZR 296/08, NZG 2010, 1267 = ZIP 2010, 2092.

einer freien Kündbarkeit ausdrücklich zulässig.[206] Die Frage wiederum, ob die Vereinbarung einer freien Kündbarkeit negative Auswirkungen auf die insolvenzvermeidende Wirkung einer Patronatsvereinbarung hat,[207] ist von der Reichweite der grundsätzlich anzuerkennenden Privatautonomie zunächst einmal unabhängig.[208]

118 Wenn nun aber die Sicherstellung der Finanzierung des Geschäftsbetriebs der Gesellschaft Zweck der Patronatsvereinbarung ist, so liegt es nahe, zu fragen, ob mit Eintritt des Insolvenzereignisses möglicherweise eine Zweckverfehlung einhergeht, die dazu führt, dass **nach Insolvenzantragstellung** eine weitere Finanzierung der Gesellschaft gerade nicht geschuldet ist.[209] Die **Reichweite des Patronats** ist, sofern nicht ausdrücklich geregelt, durch Auslegung nach den §§ 133, 157 BGB zu ermitteln.[210] Dabei ist in der Tat zunächst davon auszugehen, dass ohne besondere Anhaltspunkte nicht unterstellt werden kann, dass der Patron für den Fall der Insolvenz eine Einstandspflicht zugunsten der Gläubiger, letztendlich also eine Verpflichtung zur Finanzierung einer Insolvenzquote eingehen wollte.[211] Nach Einleitung des Insolvenzverfahrens könnten, dieses Verständnis unterstellt, keine Rechte aus der Finanzierungszusage hergeleitet werden. Dem wird jedoch zu Recht entgegengehalten, dass mit Insolvenzeintritt der patronierten Gesellschaft wegen der Nichterfüllung des Patronats zumindest ein **Schadensersatzanspruch entsteht**, der vom Insolvenzverwalter geltend zu machen ist.[212] Diese Auffassung hat unter Berücksichtigung der jüngsten BGH-Rechtsprechung[213] zur drittschützenden Wirkung eines Rangrücktritts erheblichen Rückenwind erfahren.[214] Soweit nämlich dem Patronat – auch konkludent[215] insbesondere durch Beimessung insolvenzvermeidender bzw. -hinauszögernder Wirkung durch Einflussnahme auf das Entstehen von Insolvenzantragsgründen – drittschützende Wirkung zukommt, ist gerade dieser drittschützende Bereich der Dispositionsbefugnis der Vertragsparteien des Patronats entzogen, weshalb es insoweit auf die Auslegung nach §§ 133, 157 BGB nicht mehr ankommt. Der Drittschutz, und damit die **Zahlungsverpflichtung gerade auch im Insolvenzfall**, wird allein durch die Einflussnahme auf den Insolvenzzeitpunkt und die damit abstrakt begründete Gläubigergefährdung ausgelöst. Die parteiautonome Aufhebung eines einmal begründeten Drittschutzes ist jedoch ohne Zustimmung des Dritten, hier also der gesamten Gläubigerschaft, nicht möglich.[216]

119 Soweit dann festgestellt ist, dass das Patronat Wirkung auch für den Insolvenzfall hat, bleibt zu prüfen, welchen **Einfluss** eine solche Vereinbarung **bei der Zahlungsfähigkeitsprüfung** tatsächlich hat. Grundsätzlich ist auch von der Rechtsprechung anerkannt, dass

206) BGH, Urt. v. 20.9.2010 – II ZR 296/08, NZG 2010, 1267 = ZIP 2010, 2092, 2093 ff.

207) Kündigung *ex nunc*, so etwa BGH, Urt. v. 20.9.2010 – II ZR 296/08, LS 1, NZG 2010, 1267 = ZIP 2010, 2092; Kündigung ex tunc, so insbesondere Scholz-*Bitter*, GmbHG, Vor § 64 Rz. 41.

208) *Hölzle/Klopp*, KTS 2016, 335, 344. S. jedoch auch BGH, Urt. v. 13.7.2021 – II ZR 84/20 (Air Berlin), BGHZ 230, 255 = ZIP 2021, 1643, wonach die Kündbarkeit im Rahmen von § 19 Abs. 2 InsO und der Fortbestehensprognose für die Überschuldung zu beachten ist.

209) So z. B. OLG Schleswig, Urt. v. 29.4.2015 – 9 U 132/13, NZI 2015, 803, m. krit. Anm. *Hölzle*.

210) Roth/Altmeppen-*Altmeppen*, GmbHG, § 30 Anh. Rz. 154; *Hölzle/Klopp*, KTS 2016, 335, 347; OLG Schleswig, Urt. v. 29.4.2015 – 9 U 132/13, NZI 2015, 803, 804.

211) OLG Schleswig, Urt. v. 29.4.2015 – 9 U 132/13, NZI 2015, 803; ähnlich OLG Celle, Urt. v. 28.6.2000 – 9 U 54/00, GmbHR 2001, 303.

212) OLG München, Urt. v. 22.7.2004 – 19 U 1867/04, ZIP 2004, 2102, dazu EWiR 2005, 31 *(Tetzlaff)*; OLG Frankfurt/M., Urt. v. 17.6.2008 – 5 U 138/06, juris.

213) BGH, Urt. v. 5.3.2015 – IX ZR 133/14, BGHZ 204, 231 = ZIP 2015, 638 ff., dazu EWiR 2015, 219 *(Bork)*.

214) Vgl. nochmals *Hölzle/Klopp*, KTS 2016, 335.

215) Insoweit kritisch *Bitter*, ZHR 181 (2017), 428.

216) In diesem Sinne gerade BGH, Urt. v. 5.3.2015 – IX ZR 133/14, BGHZ 204, 231 = ZIP 2015, 638 ff.

interne Patronate dazu geeignet sein können, sowohl die Zahlungsunfähigkeit als auch Überschuldung des Schuldners im Rechtssinne zu vermeiden.[217)]

Allerdings sind Ansprüche aus einem Patronat i. R. eines **Liquiditätsplans** nur berücksichtigungsfähig und wird der Eintritt einer anderenfalls bestehenden Zahlungsunfähigkeit nur dann verhindert, wenn und soweit der Schuldner **tatsächlich und uneingeschränkt Zugriff** auf das i. R. der Patronatsvereinbarung zugesagte Kapital erhält.[218)] Für die Berücksichtigungsfähigkeit eines Patronats i. R. der stichtagsbezogenen Zahlungsfähigkeitsprüfung ist daher erforderlich, dass der Zugriff auf die patronierten Mittel bereits gewährt ist; für den prognostisch aufzustellenden Liquiditätsplan hat die tatsächliche Gewährung des Patronats überwiegend wahrscheinlich zu sein.[219)] Bedeutung erlangt die Patronatserklärung bei der Zahlungsunfähigkeitsprüfung mithin lediglich i. R. der **Prognoseentscheidung**, ob es sich bei einer festgestellten Liquiditätsunterdeckung um eine Zahlungsstockung oder eine Zahlungsunfähigkeit handelt.[220)] Die streitige Frage, ob etwa ein abstrakt vereinbartes jederzeit auszuübendes Kündigungsrecht oder eine vereinbarte Befristung die insolvenzrechtliche Beachtlichkeit des Patronats beeinträchtigen,[221)] ist im Ergebnis aufgrund der Dynamik der Entwicklung von Insolvenzgründen im werbenden Geschäftsbetrieb dahingehend zu beantworten, dass die Kündigung analog der Kündigung einer Bürgschaft die Haftung aus dem Patronat auf den im Zeitpunkt des Wirksamwerdens der Kündigung patronierten Saldo beschränkt, dieser also bei der Prüfung der Zahlungsfähigkeit durch das Patronat gedeckt bleibt, im Übrigen jedoch mit Zugang der Kündigung die Berücksichtigungsfähigkeit des Patronats für die Zukunft entfällt.[222)] Nichts anderes gilt für die **betragsmäßige Haftungsbeschränkung** des Patronats, so dass das Patronat bis zur bedingten Höhe grundsätzlich insolvenzrechtlich berücksichtigungsfähig ist.[223)] 120

IV. Hinweise für die Praxis

Der Zeitpunkt des Eintritts der Zahlungsunfähigkeit ist als Insolvenzeröffnungsgrund, als Tatbestandsmerkmal verschiedener Insolvenzanfechtungstatbestände und der gesellschaftsrechtlichen Haftung sowie als Straftatbestandsmerkmal der Insolvenzstraftaten von entscheidender Bedeutung. Das Insolvenzgericht stellt den **Zeitpunkt der Zahlungsunfähigkeit** im Eröffnungsbeschluss nicht fest. Es ist deshalb Sache des Gutachters und später des Insolvenzverwalters, hierzu Feststellungen zu treffen. 121

Bereits **im ersten Gespräch** mit dem Schuldner empfiehlt es sich deshalb, genaue Ermittlungen zur Liquiditätslage des Schuldners anzustellen. Möglicherweise kann der Schuldner oder im Unternehmen fortbeschäftigte Angestellte einen Liquiditätsstatus auf einen Stichtag, der drei Monate vor Stellung des Insolvenzantrags liegt, erstellen und diesen Liquiditätsstatus als Liquiditätsplan bis zum Eröffnungszeitpunkt fortschreiben. Zahlungsunfähigkeit und Zahlungseinstellung offenbaren sich aus dem objektiven Verhalten des Schuldners, aus dem der Rechtsverkehr auf den objektiven Mangel an Zahlungsmitteln schließen kann. Die Nichtzahlung einer Forderung kann ausreichen. Ob Zahlungsunfähigkeit eingetreten ist oder nicht, ist Rechts- und nicht Tatfrage. 122

217) BGH, Urt. v. 19.5.2011 – IX ZR 9/10, Rz. 21 f., NZI 2011, 536 = ZIP 2011, 1111; *Habersack* in: MünchKomm-BGB, Vor § 765 Rz. 49.

218) BGH, Urt. v. 19.5.2011 – IX ZR 9/10, NZI 2011, 536, 538 = ZIP 2011, 1111.

219) Vgl. *Wollmert* in: FS Wellensiek, S. 171, 194.

220) *Hölzle/Klopp*, KTS 2016, 335, 354.

221) So etwa Scholz-*Bitter*, GmbHG, Vor § 64 Rz. 41; *Krüger/Pape*, NZI 2011, 617, 619.

222) Insoweit a. A., nämlich für die insolvenzrechtliche Unbeachtlichkeit eines kündbaren Patronats insgesamt *Bitter*, ZHR 181 (2017), 428.

223) *Hölzle/Klopp*, KTS 2016, 335.

123 Hierdurch könnten für insolvenzrechtliche Zwecke Ausführungen zur Zahlungsunfähigkeit auf jeden denkbaren Stichtag gemacht werden. So kommt es z. B. i. R. der Insolvenzanfechtung stets auf die Zahlungsunfähigkeit des Schuldners im Zeitpunkt der anfechtbaren Rechtshandlung an. Der Begründungsaufwand in Anfechtungsklagen kann hierdurch erheblich reduziert werden.

124 Im **Schlussgutachten des Sachverständigen** sollten sich jedenfalls Ausführungen dazu finden, dass der Schuldner im Zeitpunkt der Insolvenzantragstellung tatsächlich zahlungsunfähig war, wenn auch von einer allzu ausführlichen Darstellung, jedenfalls von theoretischen Ausführungen – je nach Vorliebe des Richters – abgesehen werden sollte. Schon allein hierfür ist es erforderlich, Ermittlungen zum Zeitpunkt der Zahlungsunfähigkeit anzustellen. Die **Darlegungs- und Beweislast** für den Eintritt der Zahlungsunfähigkeit tragen im Anfechtungsprozess der Insolvenzverwalter, im Strafverfahren die Staatsanwaltschaft.

C. Drohende Zahlungsunfähigkeit

I. Bedeutung des Begriffs der drohenden Zahlungsunfähigkeit

1. Erstmalige Einführung durch die InsO

125 Der Insolvenzantrags- und -eröffnungsgrund der drohenden Zahlungsunfähigkeit in § 18 InsO ist erstmalig durch die InsO 1999 in das Gesetz eingefügt worden. In früheren Konkursgesetzen war ein entsprechender Insolvenzeröffnungsgrund unbekannt. Durch die Einführung dieses Insolvenzeröffnungsgrundes sollte die Möglichkeit geschaffen werden, bei einer sich deutlich abzeichnenden Insolvenz bereits vor ihrem Eintritt verfahrensrechtliche Gegenmaßnahmen einzuleiten.[224)] Ziel des Gesetzgebers war es, bereits in einem frühen Stadium der Krise an die Stelle der Einzelzwangsvollstreckung das Gesamtvollstreckungsverfahren zu setzen, da Sanierungsbemühungen in diesem Stadium erfahrungsgemäß größere Aussicht auf Erfolg haben. Der Schuldner soll sich frühzeitig unter den Schutz der InsO stellen können, um die Chance zu vergrößern, sein in die Krise geratenes Unternehmen zu erhalten (§ 1 Satz 1 InsO a. E.).

126 Erreicht hat der Insolvenzgesetzgeber dieses Ziel nur sehr eingeschränkt, weshalb die InsO in dieser Hinsicht durch das **ESUG**[225)] ganz erheblich nachgebessert worden ist.[226)] Die frühzeitige Antragstellung durch den Schuldner wird nicht zuletzt durch die neu eingefügten Vorschriften betreffend die Eigenverwaltung und das Schutzschirmverfahren erheblich gestärkt. Außerdem ist die drohende Zahlungsunfähigkeit die Zugangsvoraussetzung zum StaRUG-Verfahren gemäß § 29 Abs. 1 StaRUG. Damit geht insgesamt der Versuch einher, den Insolvenzantragsgrund der drohenden Zahlungsunfähigkeit (§ 18 InsO) in seiner Bedeutung zu stärken. Gleichzeitig ist die drohende Zahlungsunfähigkeit von der Überschuldungsprüfung dadurch entkoppelt worden, dass die Prognosezeiträume gesetzlich bestimmt wurden. Während bislang sowohl für die Fortbestehensprognose im Anwendungsbereich des § 19 Abs. 2 InsO als auch bei der Prüfung der drohenden Zahlungsunfähigkeit von einem das laufende und das folgende Wirtschaftsjahr umfassenden Prognosezeitraum ausgegangen wurde, hat der Gesetzgeber des **SanInsFoG** den Prognose-

224) Begr. RegE InsO, BT-Drucks. 12/2443, S. 114, abgedr. in: *Kübler/Prütting*, RWS-Dok. 18, S. 171.

225) Gesetz zur weiteren Erleichterung der Sanierung von Unternehmen (ESUG), v. 7.12.2011, BGBl. I 2011, 2582.

226) Vgl. *Hölzle*, Praxisleitfaden SanInsFoG, Einf. Rz. 2 f.

zeitraum für die Überschuldung auf grundsätzlich zwölf Monate[227] und den der drohenden Zahlungsunfähigkeit auf 24 Monate festgeschrieben.

§ 18 InsO eröffnet dem Schuldner jedoch auch **Missbrauchsmöglichkeiten,**[228] die es zu erkennen und zu vermeiden gilt: Durch die vorgezogene Eröffnung eines Insolvenzverfahrens kann er sich von missliebigen Verträgen trennen (§ 103 InsO), sich ggf. kostengünstiger von Arbeitnehmern trennen und unerwünschte Individualvollstreckungsmaßnahmen abwehren. Den tatsächlich auf Grundlage des § 18 InsO eröffneten Insolvenzverfahren steht in der täglichen Insolvenzpraxis eine ungleich größere Anzahl solcher Insolvenzanträge gegenüber, die zwar durch den Schuldner auf § 18 InsO gestützt werden, in denen tatsächlich aber der Insolvenzantragsgrund des § 17 InsO zum Tragen kommt. Organe von Kapital- und kapitalistisch geprägten Personengesellschaften (z. B. GmbH & Co. KG) neigen nicht selten dazu, den gestellten Insolvenzantrag auf § 18 InsO zu stützen, um von der – strafbaren[229] – tatsächlich verspäteten Antragstellung abzulenken.[230] **127**

Praxishinweis

Auch auf die Feststellung der drohenden Zahlungsunfähigkeit ist deshalb besondere Sorgfalt zu verwenden. Das Insolvenzgericht ist in der Regel gehalten, vom Schuldner einen Liquiditätsplan einzufordern.

2. Insolvenzantragsgrund allein für den Schuldner

Die Einführung des Insolvenzantragsgrunds der drohenden Zahlungsunfähigkeit nach § 18 InsO geht auf einen Vorschlag der Kommission für Insolvenzrecht zurück.[231] Anders als in dem Vorschlag vorgesehen, hat der Gesetzgeber das Antragsrecht aber auf die Person des Insolvenzschuldners beschränkt. Anders als § 17 InsO ist § 18 InsO damit nicht allgemeiner Insolvenzeröffnungsgrund, sondern in subjektiver Hinsicht qualifiziert. Der Gesetzgeber hat sich damit, anders als von der Kommission vorgeschlagen, für die sog. **Innenlösung** entschieden.[232] Ein Gläubigerantrag auf Eröffnung eines Insolvenzverfahrens wegen drohender Zahlungsunfähigkeit ist damit unzulässig; hierdurch wollte der Gesetzgeber vermeiden, dass Außenstehende den Schuldner schon im Vorfeld der Insolvenz durch einen Insolvenzantrag unter Druck setzen. **Bemühungen um eine außergerichtliche Sanierung** sollen in diesem frühen Stadium nicht durch einen Missbrauch der InsO zum Zwecke der Individualvollstreckung behindert werden können.[233] **128**

Tragendes Motiv für den Schuldner, einen auf § 18 InsO gestützten Insolvenzantrag zu stellen, ist in der Regel die **Erhöhung der Chancen für eine Sanierung** und damit eine Rettung des schuldnerischen Unternehmens. Dies gilt nach Einführung und Neukonzeption der §§ 270 ff. InsO umso mehr. **129**

227) Bis zum 31.12.2023 durch § 3 SanInsKG übergangsweise beschränkt auf vier Monate. In der Literatur wird diskutiert, ob der Prognosezeitraum unabhängig von den tatsächlichen Gegebenheiten starr zu betrachten ist oder bei sicher späterem Eintritt der Zahlungsunfähigkeit, z. B. im 14. Monat, dennoch eine Überschuldung mangels positiver Fortbestehensprognose angenommen werden kann, so insb. *Bitter*, ZIP 2021, 321.

228) So auch *Schmerbach* in: FK-InsO, § 18 Rz. 2.

229) § 15a Abs. 4 InsO.

230) *Pape* in: KPB, InsO, § 18 Rz. 3 a. E.; *Hefermehl* in: Wimmer/Dauernheim/Wagner/Gietl, Hdb. FAInsR, Kap. 1 Rz. 175.

231) Vgl. *Burger*, DB 1992, 2149, 2151 f.

232) *Schmerbach* in: FK-InsO, § 18 Rz. 1 f.

233) Begr. RegE InsO, BT-Drucks. 12/2443, S. 114, abgedr. in: *Kübler/Prütting*, RWS-Dok. 18, S. 171.

130 Da die Beurteilung der Sanierungsbedürftigkeit und der Sanierungsfähigkeit Einblick in die geschäftlichen und wirtschaftlichen Verhältnisse des schuldnerischen Unternehmens voraussetzt, und weil eine missbräuchliche Antragstellung ebenso vermieden werden soll, wie Streit darüber, ob der Antrag zu stellen ist,[234] hat der Gesetzgeber[235] in § 18 Abs. 3 InsO das Antragsrecht bei einer juristischen Person oder einer Gesellschaft ohne Rechtspersönlichkeit, bei der der Antrag nicht von allen Mitgliedern des Vertretungsorgans gestellt wird, allein demjenigen zuerkannt, der zur **Vertretung der juristischen Person** oder der Gesellschaft berechtigt ist.

3. Anfechtungsrechtliche Bedeutung der drohenden Zahlungsunfähigkeit

131 Die anfechtungsrechtliche Bedeutung des Insolvenzeröffnungsgrundes der drohenden Zahlungsunfähigkeit erschließt sich nicht ohne weiteres. Der Tatbestand des § 18 InsO ist nicht unmittelbar Tatbestandsmerkmal eines Anfechtungstatbestands der §§ 129 ff. InsO. § 130 Abs. 1 Nr. 1 InsO setzt die **Kenntnis von der Zahlungsunfähigkeit** (§ 17 InsO) voraus. § 130 Abs. 2 InsO setzt dieser Kenntnis die Kenntnis von solchen Umständen gleich, die zwingend auf die Zahlungsunfähigkeit schließen lassen. Nach § 131 Abs. 1 Nr. 3 InsO ist die Inkongruenzanfechtung begründet, wenn dem Gläubiger bekannt war, dass die Handlung des Schuldners die Insolvenzgläubiger benachteiligt. § 131 Abs. 2 Satz 1 InsO stellt dieser **Kenntnis von der Benachteiligung** wiederum die Kenntnis von solchen Umständen gleich, die zwingend auf die Benachteiligung schließen lassen. Nach § 133 Abs. 1 Satz 1, 2 InsO ist eine Rechtshandlung des Schuldners, die dieser in den letzten vier Jahren vor dem Antrag auf Eröffnung des Insolvenzverfahrens mit dem **Vorsatz** vorgenommen hat, seine Gläubiger zu benachteiligen, anfechtbar, wenn der andere Teil zur Zeit der Handlung den Vorsatz des Schuldners kannte. Nach § 133 Abs. 1 Satz 2 InsO wird diese Kenntnis vermutet, wenn der andere Teil wusste, dass die Zahlungsunfähigkeit des Schuldners drohte. Der **BGH**[236] hat das dogmatische Konzept der **Vorsatzanfechtung** und die Anforderungen an den Nachweis der Kenntnis des Anfechtungsgegners in dem Bestreben, die Vorsatzanfechtung von der Kongruenzanfechtung abzugrenzen, völlig neu ausgerichtet. Erforderlich ist nunmehr, dass der Gläubiger Umstände kennt, aus denen er erkennen konnte, dass der Schuldner auch künftig nicht in der Lage sein wird, seine Gläubiger zu befriedigen. Das geht über die Kenntnis einer drohenden Zahlungsunfähigkeit deutlich hinaus.

132 Diesen drei gesetzlichen Vermutungen und Fiktionen ist eines gemeinsam: Für die Kenntnis der dort erforderlichen Umstände ist nicht die Kenntnis der Zahlungsunfähigkeit i. S. von § 17 InsO nötig; die **Kenntnis einer drohenden Zahlungsunfähigkeit** i. S. von § 18 InsO **reicht stets aus.**[237] Die Kenntnis muss sich jedoch nicht einmal auf den vollständigen gesetzlichen Tatbestand des § 18 InsO beziehen, insbesondere nicht darauf, dass die zu berücksichtigenden Verbindlichkeiten schon dem Grunde nach bestehen. Es genügt, wenn der Anfechtungsgegner aufgrund der ihm bekannt gewordenen Tatsachen die Liquiditäts- und Vermögenslage des Schuldners als so unzulänglich einschätzt, dass dieser

234) *Pape* in: KPB, InsO, § 18 Rz. 4.

235) Diese Einschränkung des Antragsrechts war im ursprünglichen Entwurf nicht enthalten und wurde erst durch den Rechtsausschuss in das Gesetz aufgenommen, vgl. Begr. Beschlussempfehlung und Bericht d. RA z. RegE, BT-Drucks. 12/7302, S. 157, abgedr. in: *Kübler/Prütting*, RWS-Dok. 18, S. 173 f.

236) BGH, Urt. v. 6.5.2021 – IX ZR 72/20, ZRI 2021, 645 = ZVI 2021, 310; BGH, Urt. v. 3.3.2022 – IX ZR 78/20, ZRI 2022, 267 = ZVI 2022, 225.

237) *Kayser* in: MünchKomm-InsO, § 131 Rz. 54.

in absehbarer Zeit voraussichtlich nicht mehr in der Lage sein wird, alle seine Zahlungspflichten zu erfüllen, und dass dann Gläubiger wenigstens teilweise leer ausgehen.[238)]

> **Praxishinweis**
>
> Nach diesem Maßstab ist Kenntnis jedenfalls von der drohenden Zahlungsunfähigkeit, meist sogar von der eingetretenen Zahlungsunfähigkeit zu vermuten, wenn der Geschäftsführer einer GmbH Gesamtsozialversicherungsbeiträge nicht mehr abführt[239)] oder wenn sich die laufenden Steuerschulden stetig erhöhen und der Schuldner nur noch in der Lage ist, über einen längeren Zeitraum auf die fälligen Steuerverbindlichkeiten Teilzahlungen zu leisten.[240)]

Auch der Tatbestand der drohenden Zahlungsunfähigkeit kann deshalb i. R. der Abwicklung eines Insolvenzverfahrens und hier insbesondere bei der Durchsetzung von Anfechtungsansprüchen von erheblicher Bedeutung sein. 133

4. Strafrechtliche Bedeutung der drohenden Zahlungsunfähigkeit

§ 18 InsO begründet für den Insolvenzschuldner lediglich ein Antragsrecht. Antragspflichten sind mit der Feststellung der drohenden Zahlungsunfähigkeit nicht verbunden. Stellen die Organe einer juristischen Person die drohende Zahlungsunfähigkeit fest, so setzen sie sich keinem Strafbarkeitsrisiko aus, sehen sie von der Stellung des Insolvenzantrags ab. Unmittelbare strafrechtliche Sanktionen ergeben sich bei Erfüllung des Tatbestands des § 18 InsO deshalb nicht. 134

Der Begriff der drohenden Zahlungsunfähigkeit war zwar in früheren Konkursgesetzen unbekannt und ist in die InsO neu eingefügt worden; im Konkursstrafrecht war die drohende Zahlungsunfähigkeit als Tatbestandsmerkmal in § 283 StGB jedoch schon lange bekannt. Die Definition des § 18 Abs. 2 InsO sollte auch zur Konkretisierung dieses **strafrechtlichen Begriffs** dienen;[241)] die Zielrichtungen des zivilrechtlichen und des strafrechtlichen Begriffs der drohenden Zahlungsunfähigkeit unterscheiden sich jedoch erheblich voneinander:[242)] § 283 StGB sanktioniert bestimmte Verhaltensweisen des Schuldners, die dieser nach Eintritt der drohenden Zahlungsunfähigkeit vorgenommen hat. Die Strafbarkeit soll hierdurch in das Vorfeld der Insolvenz vorverlagert werden. **Objektives Merkmal** der Strafbarkeit ist hierbei jedoch, dass der Schuldner – später – seine Zahlungen tatsächlich eingestellt hat oder über sein Vermögen das Insolvenzverfahren eröffnet oder der Eröffnungsantrag mangels Masse abgewiesen worden ist (§ 283 Abs. 6 StGB). 135

Durch die Einführung des § 18 InsO ist das **Strafbarkeitsrisiko** nach § 283 StGB im Ergebnis ausgeweitet worden, da die objektive Strafbarkeitsbedingung der Eröffnung eines Insolvenzverfahrens auf Grundlage des § 18 InsO früher eintreten kann als bisher.[243)] Die Stellung eines Eigenantrags nach § 18 InsO muss aus Beratersicht daher auch unter Berücksichtigung des Handlungskatalogs des § 283 StGB abgewogen werden, um nicht unbedacht die objektive Strafbarkeitsbedingung herbeizuführen. 136

---

238) BGH, Urt. v. 26.6.1997 – IX ZR 203/96, NJW 1997, 3175, 3176 = ZIP 1997, 1509, dazu EWiR 1997, 897 *(Huber)*; BGH, Urt. v. 9.9.1997 – IX ZR 14/97, BGHZ 136, 309 = NJW 1997, 3445, 3446, dazu EWiR 1998, 37 *(Gerhardt)*; LG Bonn, Urt. v. 26.11.1996 – 13 O 67/96, ZIP 1997, 82, 83, dazu EWiR 1997, 179 *(App)*.

239) OLG Celle, Urt. v. 8.5.2002 – 13 U 272/01, ZInsO 2002, 979.

240) BGH, Urt. v. 9.1.2003 – IX ZR 175/02, ZVI 2003, 125 = ZIP 2003, 410, dazu EWiR 2003, 379 *(Hölzle)*.

241) Begr. RegE InsO, BT-Drucks. 12/2443, S. 114, abgedr. in: *Kübler/Prütting*, RWS-Dok. 18, S. 173.

242) *Pape* in: KPB, InsO, § 18 Rz. 1.

243) *Tiedemann*, GmbH-Strafrecht, Vor §§ 82 ff. Rz. 30.

II. Definition des Begriffs der drohenden Zahlungsunfähigkeit

137 Nach § 18 Abs. 2 InsO droht der Schuldner zahlungsunfähig zu werden, wenn er **voraussichtlich nicht in der Lage sein wird, die bestehenden Zahlungspflichten im Zeitpunkt der Fälligkeit zu erfüllen.**

138 Das Gesetz und mit ihm die Begründung zum RegE[244] gehen davon aus, dass i. R. des § 18 Abs. 2 InsO nur bereits bestehende Verbindlichkeiten zu berücksichtigen sind. Der Schuldner darf, damit der Antrag nach § 18 InsO begründet ist, nicht in der Lage sein, seine Zahlungspflichten im Zeitpunkt der Fälligkeit zu erfüllen. Es liegt in der Natur der Sache, dass § 18 InsO eine **prognostische Betrachtung** voraussetzt. Hierbei diejenigen Verbindlichkeiten auszunehmen, die zwar noch nicht entstanden sind, deren Entstehen aber gewiss ist, würde dem Gesetzeszweck zuwiderlaufen. Kann deshalb im Zeitpunkt der Beurteilung mit überwiegender Wahrscheinlichkeit davon ausgegangen werden, dass weitere Verbindlichkeiten entstehen und fällig werden, so sind diese in die Betrachtung einzubeziehen.[245] Auf Grundlage des § 18 Abs. 2 InsO soll ein vollständiges Bild über die künftige Liquiditätslage des Schuldners geschaffen werden. Dies wäre ohne die Berücksichtigung künftig noch entstehender Verbindlichkeiten nicht möglich.[246] Zu den künftig mit gewisser Sicherheit zu erwartenden Verbindlichkeiten gehören insbesondere Löhne und Gehälter, Sozialversicherungsbeiträge und Steuern. Auch mittel- und langfristige Zins- und Mietzahlungen, die mit jedem Zins- und Mietzeitraum neu entstehen, sind zu berücksichtigen.

139 **Verbindlichkeiten**, die in der Höhe, in der Art oder nach der Person des Gläubigers noch nicht bestimmbar sind, sind grundsätzlich bei der Bestimmung der drohenden Zahlungsunfähigkeit nicht zu berücksichtigen. In aller Regel wird der sorgfältige Unternehmer für drohende Verluste aber **Rückstellungen** bilden, die sich auf die Höhe der Steuerlast und etwaiger Entnahmebeträge auswirken und so Niederschlag auch bei der Bestimmung der drohenden Zahlungsunfähigkeit finden.[247]

140 **Für welchen Zeitraum** die Prognose des § 18 Abs. 2 InsO vorzunehmen ist, schrieb das Gesetz zunächst nicht vor. Aus der Entwurfsbegründung konnte entnommen werden, dass sich die Prognose über den Zeitraum der Fälligkeiten der Gesamtverbindlichkeiten erstrecken soll. Bei Unternehmen mit langfristigen Miet-, Leasing- und Darlehensverbindlichkeiten hätte das zu einem mehrjährigen Prognosezeitraum geführt. Da mit zunehmendem Umfang des Prognosezeitraums die Prognose naturgemäß immer ungenauer wird, war die Entwurfsbegründung in dem Sinne zu verstehen, dass die Fälligkeit der Gesamtverbindlichkeiten den maximal zulässigen Prognosezeitraum umschreibt.[248] Und auch das war zweifelhaft. Nach wohl richtiger Auffassung konnte die Laufzeit der langfristigen Verbindlichkeiten jedoch kein Maßstab zur Bemessung des Prognosezeitraums sein, da während der Dauer langjähriger Verpflichtungen eine vollständige Umgestaltung des Unternehmens möglich ist, die jede Prognose zum sprichwörtlichen „Blick in die Glaskugel“ werden lässt.

141 Die Prognose muss zu dem Ergebnis führen, dass es wahrscheinlicher ist, dass der Schuldner seine Verbindlichkeiten nicht erfüllen kann, als dass er in der Lage ist, ihnen nachzu-

244) Begr. RegE InsO, BT-Drucks. 12/2443, S. 114, abgedr. in: *Kübler/Prütting*, RWS-Dok. 18, S. 173.

245) Gleicher Ansicht: *Schröder* in: HambKomm-InsO, § 18 Rz. 6; Braun-*Bußhardt*, InsO, § 18 Rz. 10; a. A. K. Schmidt-*K. Schmidt*, InsO, § 18 Rz. 16.

246) *Häsemeyer*, Insolvenzrecht, Rz. 7.22.

247) *Drukarczyk* in: MünchKomm-InsO, § 18 Rz. 47.

248) *Drukarczyk* in: MünchKomm-InsO, § 18 Rz. 47.

kommen. Dies ergibt sich aus dem Wort „voraussichtlich“ in § 18 Abs. 2 InsO.[249] Da die Prognose naturgemäß unsicherer wird, je weiter sie in die Zukunft reicht, sie andererseits aber eine nachvollziehbare Beurteilung der Befriedigungsaussichten zulassen soll, schien **in der Vergangenheit** ein **Prognosezeitraum von zwölf bis 24 Monaten**[250] angemessen.[251] Die durch das SanInsFoG in Abgrenzung zum Überschuldungsbegriff eingefügte gesetzliche Vermutung gemäß § 18 Abs. 2 Satz 2 InsO gibt nunmehr vor, dass in der Regel ein Zeitraum von 24 Monaten anzusetzen ist. Von dieser Vermutung sind Ausnahmen im Einzelfall denkbar.

III. Feststellung der drohenden Zahlungsunfähigkeit

142 Aus dem Vorstehenden ergibt sich, dass die drohende Zahlungsunfähigkeit nur auf Grundlage eines Finanzplans festgestellt werden kann. Der Insolvenzschuldner ist deshalb gehalten, auf den Stichtag der Antragstellung einen **Finanzstatus** zu erstellen. Ergibt sich aus diesem Finanzplan, dass die künftig zur Verfügung stehenden Mittel nicht ausreichen, die künftig fällig werdenden und die künftig mit gewisser Sicherheit entstehenden Verbindlichkeiten zu bedienen, droht der Eintritt der Zahlungsunfähigkeit, die den Schuldner schon zum Stichtag berechtigt, einen Insolvenzantrag zu stellen.

143 Das Insolvenzgericht ist in aller Regel gehalten, einen solchen Finanzplan tatsächlich zu verlangen, um Missbräuchen und der Flucht aus der Individualzwangsvollstreckung zu begegnen. Der Finanzplan muss allerdings nicht mit einem Wirtschaftsprüfertestat versehen sein. Im Einzelfall können besondere Umstände den Verzicht auf die Vorlage eines ausgearbeiteten Finanzplans rechtfertigen. Solche Umstände liegen insbesondere dann vor, wenn ein starker Ertragsverfall, insbesondere bei Dienstleistungsunternehmen ohne nennenswertes Anlagevermögen und ohne Rücklagen, die Erfüllung künftig fällig werdender Verbindlichkeiten als ausgeschlossen erscheinen lässt. Solche Fälle werden allerdings die Ausnahme darstellen.

D. Überschuldung (§ 19 InsO)

I. Bedeutung des Begriffs der Überschuldung

1. Überschuldung als Insolvenzantragsgrund

144 Gemäß § 19 Abs. 1 InsO ist die Überschuldung Insolvenzeröffnungsgrund (nur) bei einer **juristischen Person**. Darüber hinaus regelt § 19 Abs. 3 InsO, dass bei einer Gesellschaft ohne Rechtspersönlichkeit, bei der kein persönlich haftender Gesellschafter eine natürliche Person ist, § 19 Abs. 1 und 2 InsO entsprechend gelten. Die Überschuldung ist damit allgemeiner Insolvenzantragsgrund für sämtliche Gesellschaften in haftungsbeschränkender Rechtsform.

145 Über § 320 InsO findet der Insolvenzeröffnungsgrund der Überschuldung auch Anwendung bei Nachlässen und bei fortgesetzten Gütergemeinschaften über das Gesamtgut.

146 Die **Bedeutung der Überschuldung als Insolvenzantragsgrund** ist nicht zu unterschätzen. Insbesondere personalistisch geprägte juristische Personen, also die typisch mittelständisch, in den Rechtsformen der GmbH sowie der GmbH & Co. KG, organisierten Unternehmen, sind tendenziell früher überschuldet als zahlungsunfähig. Dass die Überschul-

249) *Pape* in: KPB, InsO, § 18 Rz. 9 a. E.

250) *Drukarczyk* in: MünchKomm-InsO, § 18 Rz. 47; *Pape* in: KPB, InsO, § 18 Rz. 9; K. Schmidt-*K. Schmidt*, InsO, § 18 Rz. 27: keine absolute Grenze, sondern nach einer Vorhersagewahrscheinlichkeit von mind. 50 % begrenzt.

251) A. A. *Schmerbach* in: FK-InsO, § 18 Rz. 13, „maximal drei Jahre“; Nerlich/Römermann-*Mönning*, InsO, § 18 Rz. 34, „einige Monate“.

dung in der Unternehmenswirklichkeit als weniger bedeutend wahrgenommen wird, liegt überwiegend daran, dass die Überschuldung ungleich schwerer festzustellen ist als der Eintritt einer Zahlungsunfähigkeit, weil sich die Folgen einer Zahlungsunfähigkeit in der Unternehmenssteuerung sehr viel deutlicher manifestieren, als diejenigen einer Überschuldung. Die Überschuldung im laufenden Geschäftsbetrieb festzustellen, ist nur i. R. eines darauf ausgerichteten Prozesses möglich, da die **Überschuldungsbilanz** ein von der Handels- und der Steuerbilanz unabhängiges Rechenwerk ist, welches im laufenden Geschäftsbetrieb üblicherweise nicht erstellt wird. Überdies helfen zur Beseitigung einer Überschuldung die zur Bekämpfung einer Zahlungsunfähigkeit üblichen Sofortmaßnahmen, wie die Zurverfügungstellung von **Gesellschafterdarlehen**, allein nicht, da diese nur bilanzverlängernd wirken. Zur überschuldungsrechtlichen Wirkung eines Gesellschafterdarlehens muss jedenfalls ein Rangrücktritt in genügender Form hinzutreten, was vor dem Hintergrund der jüngeren BGH-Rechtsprechung[252)] sorgsamer rechtlicher Gestaltung bedarf.[253)]

147 Der gegenüber der Zahlungsunfähigkeit regelmäßig frühere Eintritt der Überschuldung hat auch dazu geführt, dass i. R. der Bankenkrise im Jahre 2008 der Überschuldungsbegriff durch das **Finanzmarktstabilisierungsgesetz**[254)] einer – zunächst zeitlich befristeten – Novellierung unterzogen wurde, um infolge erheblichen Abwertungsbedarfs in den Bankbilanzen den Eintritt von Bankinsolvenzen in großem Umfang zu verhindern. Nach einer zunächst befristeten Verlängerung[255)] gilt die seinerzeit geschaffene Fassung des § 19 Abs. 2 Satz 1 InsO inzwischen unbefristet.[256)] Damit hat der Tatbestand der Überschuldung insolvenzrechtlich erheblich **an Bedeutung eingebüßt**, da eine tatbestandliche Überschuldung durch eine positive Fortführungsprognose, nachzuweisen über eine positive Zahlungsfähigkeitsprognose, insolvenzrechtlich unbeachtlich wird. Im Ergebnis kommt es damit für die Beurteilung der Insolvenzantragspflichten und des Eintritts von Insolvenzantragsgründen allein auf die prognostisch fortbestehende Zahlungsfähigkeit des Unternehmens an. Aus diesem Grunde wird auch darüber diskutiert, den Überschuldungstatbestand insgesamt aus dem Gesetz zu streichen. Das allerdings wäre schwerlich mit den Grundsätzen des Kapitalgesellschaftsrechts übereinzubringen, dass die Überschuldung auch Spiegelbild der Kapitalerhaltung ist.

2. Überschuldung als Insolvenzanfechtungsgrund

148 Die Insolvenzanfechtungstatbestände der §§ 130–132 InsO knüpfen an den Begriff der Zahlungsunfähigkeit, nur mittelbar an den der Überschuldung an. Im Rahmen dieser Vorschriften spielt die Überschuldung daher keine, allenfalls eine untergeordnete Rolle. So kann in diesem Sinne z. B. die Kenntnis der Überschuldung Rückschlüsse auf eine Zahlungsunfähigkeit zulassen.[257)]

149 Im Rahmen des § 133 InsO wird die **vorsätzliche Benachteiligungsabsicht vermutet**, wenn der andere Teil wusste, dass die Zahlungsunfähigkeit drohte und dass die Handlung

---

252) BGH, Urt. v. 5.3.2015 – IX ZR 133/14, BGHZ 204, 231 = ZIP 2015, 638, m. Anm. *Bitter/Heim*.

253) Ausführlich *Hölzle/Klopp*, KTS 2016, 335; *Bitter*, ZHR 181 (2017), 428 ff.

254) Gesetz zur Umsetzung eines Maßnahmenpakets zur Stabilisierung des Finanzmarktes (Finanzmarktstabilisierungsgesetz – FMStG), v. 17.10.2008, BGBl. I 2008, 1982.

255) Gesetz zur Erleichterung der Sanierung von Unternehmen, v. 24.9.2009, BGBl. I 2009, 3151.

256) Gesetz zur Einführung einer Rechtsbehelfsbelehrung im Zivilprozess und zur Änderung anderer Vorschriften, v. 5.12.2012, BGBl. I 2012, 2418, 2424.

257) BGH, Urt. v. 3.3.2022 – IX ZR 53/19, ZRI 2022, 334 = ZIP 2022, 704; Die Kenntnis drohender Zahlungsunfähigkeit reicht stets aus, um Kenntnis von Umständen zu haben, die zwingend (§ 130 Abs. 2, § 133 Abs. 1 Satz 2 InsO) auf die Zahlungsunfähigkeit schließen lassen; s. dazu *Kayser* in: MünchKomm-InsO, § 131 Rz. 54.

die Gläubiger benachteiligte. Wenngleich die Vorschrift die Kenntnis drohender Zahlungsunfähigkeit voraussetzt, legt die **Kenntnis der Überschuldung** als deren Folge auch die Kenntnis der Zahlungsunfähigkeit nahe.[258] Dies hat der BGH[259] nach einem Urteil vom 23.2.2004[260] jüngst noch einmal bestätigt:

> „Die insolvenzrechtliche Überschuldung ist ein eigenständiges Beweisanzeichen für den Gläubigerbenachteiligungsvorsatz des Schuldners und den Vollbeweis für die Kenntnis des Anfechtungsgegners von diesem Vorsatz."

Größere Bedeutung hatte der Begriff der Überschuldung einst i. R. der Anfechtung von Leistungen, die auf kapitalersetzende Darlehen erbracht worden waren. Da jedoch die §§ 32a, 32b GmbHG mit Inkrafttreten des **MoMiG**[261] aus dem Gesetz gestrichen wurden, hat auch der Überschuldungstatbestand seine anfechtungsrechtliche Bedeutung eingebüßt. 150

3. Überschuldung und Insolvenzstraftaten

Mit Wirkung vom 1.11.2008 werden die bisherigen strafrechtlichen Sanktionen der § 401 Abs. 1 Nr. 2 AktG, § 84 Abs. 1 Nr. 2 GmbHG, § 130b HGB und § 148 Abs. 1 Nr. 2 GenG in dem neuen § 15a Abs. 4, 5 InsO geregelt, der gegenüber dem alten Recht eine **erhebliche Verschärfung** beinhaltet. Mit Freiheitsstrafe bis zu drei Jahren oder mit Geldstrafe wird bestraft, wer bei vorliegender Überschuldung nicht ohne schuldhaftes Zögern, spätestens aber innerhalb von drei Wochen nach Eintritt der Überschuldung, einen Insolvenzeröffnungsantrag stellt. Selbst ein nicht richtig gestellter Antrag ist unter Strafe gestellt. Auch bei einer fahrlässigen Tatbestandsverwirklichung wird eine Freiheitsstrafe von bis zu einem Jahr oder eine Geldstrafe angedroht (§ 15a Abs. 5 InsO). Als **Täter** kommen nach der neuen Regelung des § 15a InsO u. a. bei führungslosen Gesellschaften in der Rechtsform der AG oder Genossenschaft auch Aufsichtsratsmitglieder in Betracht. Selbst die Berater der juristischen Personen können sich strafbar machen.[262] 151

Die Bedeutung der Überschuldung als Insolvenzantragsgrund lässt vermuten, dass sie auch bei der Ahndung von Insolvenzstraftaten eine erhebliche Rolle spielt. Da zwischen Überschuldung und Zahlungsunfähigkeit differenzierende Statistiken jedoch nicht bekannt sind, ist eine vergleichende Betrachtung nicht möglich. Zum Phänomenbereich der Insolvenzdelikte zählen neben der erwähnten Insolvenzverschleppung nach § 15a InsO die Tatbestände der Insolvenzstraftaten im engeren Sinne (§§ 283–283d StGB): 152

- Bankrott und besonders schwerer Fall des Bankrotts,
- Verletzung der Buchführungspflicht,
- Gläubiger- und Schuldnerbegünstigung.

Das Bundeskriminalamt schreibt dazu: 153

> „Mit 10.640 registrierten Fällen sank die Anzahl der Insolvenzdelikte im Berichtsjahr um 5,7 %. Der durch Insolvenzdelikte verursachte Schaden verringerte sich im Jahr 2017 um ein Viertel auf 1.157 Mio. € (2016: 1.566 Mio. €; –26,1 %). Trotz des Schadensrückgangs bleibt das Schadenspotenzial in diesem Teilbereich der Wirtschaftskriminalität hoch. Da Insolvenzstraftaten oftmals mit weiteren Begleitdelikten einhergehen (z. B. Vorenthalten und Veruntreuen von

258) *Paulus/Schröder*, WM 1999, 253, 256.

259) BGH, Urt. v. 3.3.2022 – IX ZR 53/19, ZRI 2022, 334 = ZIP 2022, 704.

260) BGH, Urt. v. 23.2.2004 – II ZR 207/01, ZIP 2004, 1049 = ZInsO 2004, 679.

261) Gesetz zur Modernisierung des GmbH-Rechts und zur Bekämpfung von Missbräuchen (MoMiG), v. 23.10.2008, BGBl. I 2008, 2026.

262) Nerlich/Römermann-*Mönning*, InsO, § 15a Rz. 39.

Arbeitsentgelt gemäß § 266a StGB), dürfte der tatsächlich verursachte Schaden in diesem Bereich über der genannten Schadenssumme liegen."[263]

II. Überschuldungsbegriff in der Entwicklung

154 In der KO ist der Begriff der Überschuldung nicht definiert gewesen. Bis zur Einführung der InsO mit Wirkung vom 1.1.1999 fanden sich weitgehend einheitliche Begriffsdefinitionen in diversen Einzelgesetzen.[264] Danach lag Überschuldung vor, wenn das Vermögen nicht mehr die Schulden deckte.

155 Mit der Einführung der InsO wurde der Begriff der Überschuldung **gesetzlich definiert. Überschuldung lag dann vor** (§ 19 Abs. 2 Satz 1 InsO), wenn das Vermögen des Schuldners die bestehenden Verbindlichkeiten nicht mehr deckte.

156 Bei der **Bewertung des Vermögens** des Schuldners war die Fortführung des Unternehmens zugrunde zu legen, wenn diese nach den Umständen überwiegend wahrscheinlich war (§ 19 Abs. 2 Satz 2 InsO).

157 Mit dieser Formulierung wollte der Gesetzgeber ausdrücklich sicherstellen, dass **möglichst frühzeitig** ein Insolvenzantrag gestellt wird,[265] zu einem Zeitpunkt nämlich, zu dem das Unternehmen noch eine positive Fortführungsprognose aufweisen kann, obwohl die Bewertung zu Fortführungswerten bereits zu einer Überschuldung führt. Damit wich der Gesetzgeber von der vor Inkrafttreten der InsO von *Karsten Schmidt*[266] entwickelten modifizierten zweistufigen Überschuldungsermittlung, die sich auch der BGH zu eigen machte, ab.[267]

158 Im Zuge der **Finanzmarktkrise** des Jahres 2008 drohten unter dem Regime des § 19 Abs. 2 InsO allerdings auch strukturell gesunde Unternehmen durch Überschuldung insolvenzreif zu werden. Der Gesetzgeber erkannte die Notwendigkeit zum Handeln und führte die modifiziert **zweistufige Überschuldungsprüfung**[268] durch eine Änderung des Überschuldungsbegriffs in § 19 Abs. 2 InsO ein.[269] Nach dem geltenden **zweistufigen Überschuldungsbegriff** ist die Überschuldungsprüfung, wie der Name sagt, zweistufig aufgebaut: Auf der **ersten Stufe** findet eine bilanzielle Betrachtung anhand der Überschuldungs-, nicht der Handelsbilanz statt. Die Vermögenswerte sind hier zu Liquidationswerten zu bilanzieren. Auf der **zweiten Stufe** folgt sodann die Prüfung der positiven Fortführungsprognose. Fällt diese positiv aus, ist die bilanzielle Überschuldung rechtlich irrelevant.[270]

159 Selbst wenn das Vermögen also, bewertet zu Liquidationswerten, die Schulden nicht deckt, das Unternehmen aber **mittelfristig** aus seiner Finanzkraft heraus in der Lage ist, jederzeit die fällig werdenden Verbindlichkeiten zu begleichen, ist es im insolvenzrechtlichen Sinne nicht überschuldet.[271]

---

263) Bundeskriminalamt, Wirtschaftskriminalität Bundeslagebild 2017, S. 19, abrufbar unter www.bka.de.

264) § 64 Abs. 1 Satz 2 GmbHG; § 92 Abs. 2 Satz 2 AktG; § 130a Abs. 1 sowie § 177a HGB; § 98 Abs. 1 Nr. 2 GenG; § 42 Abs. 2 BGB; § 55 Abs. 1 KWG.

265) Braun-*Bußhardt*, InsO, § 19 Rz. 2.

266) *K. Schmidt*, Wege zum Insolvenzrecht, S. 50 ff.; *K. Schmidt*, AG 1978, 337.

267) BGH, Urt. v. 13.7.1992 – II ZR 269/91, ZIP 1992, 1382 = NJW 1992, 2891, dazu EWiR 1992, 1093 *(Hunecke)*; zur darauf aufbauenden Rspr. vgl. K. Schmidt/Uhlenbruck-*K. Schmidt*, Die GmbH, Rz. 578.

268) *Böcker/Poertzgen*, GmbHR 2013, 17–22.

269) Gesetz zur Umsetzung eines Maßnahmenpakets zur Stabilisierung des Finanzmarktes (Finanzmarktstabilisierungsgesetz – FMStG), v. 17.10.2008, BGBl. I 2008, 1982.

270) Guter Überblick bei *Bitter/Baschnagel*, ZInsO 2018, 557, 579 ff.; Details bei Scholz-*Bitter*, GmbHG, Vor § 64 Rz. 20 ff.

271) K. Schmidt/Uhlenbruck-*K. Schmidt*, Die GmbH, Rz. 578.

Dieser deutlichen Entschärfung des Überschuldungstatbestands, die auf *Karsten Schmidt* zurückgeht, liegt als gesetzgeberisches Motiv die Überlegung zugrunde, dass es an einer Legitimation dafür fehlt, ein Unternehmen aus dem Markt zu nehmen, das mittelfristig in der Lage ist, seinen fälligen und fällig werdenden Verbindlichkeiten nachzukommen. Ein solches Unternehmen hat eine fortwährende Existenzberechtigung.[272)] 160

Das Kernproblem dieser zweistufigen Überschuldungsprüfung lag und liegt in dem prognostischen Element.[273)] Wenngleich Geschäftsführer/Vorstand etc. damit nicht in die Lage versetzt werden sollen, eine rechnerisch überschuldete Gesellschaft durch subjektive Phantasieprognosen am Leben zu erhalten, birgt letztlich die in dem prognostischen Element liegende Loslösung von Vermögen und Schulden eine Gefahr in sich. Es ist nicht mehr erkennbar, wie groß das haftende Vermögen ist, wenn sich die positive Fortbestehensprognose als falsch erweist.[274)] 161

In der Gesetzesbegründung des Jahres 2008 wird allerdings ausgeführt: 162

> „Die gegenwärtige Finanzkrise hat zu erheblichen Wertverlusten insbesondere bei Aktien und Immobilien geführt. Dies kann bei Unternehmen, die von diesen Verlusten besonders massiv betroffen sind, zu einer bilanziellen Überschuldung führen. Können diese Verluste nicht durch sonstige Aktive ausgeglichen werden, so wären die Organe dieser Unternehmen verpflichtet, innerhalb von drei Wochen nach Eintritt dieser rechnerischen Überschuldung einen Insolvenzantrag zu stellen. Dies würde selbst dann gelten, wenn für das Unternehmen an sich eine positive Fortführungsprognose gestellt werden kann und der Turnaround sich bereits in wenigen Monaten abzeichnet. […] Der Gesetzesentwurf will das ökonomisch völlig unbefriedigende Ergebnis vermeiden, dass auch Unternehmen, bei denen die überwiegende Wahrscheinlichkeit besteht, dass sie weiter erfolgreich am Markt operieren können, zwingend ein Insolvenzverfahren zu durchlaufen haben.“

Durch die Bezugnahme auf den Turnaround hat der Gesetzgeber durchaus erkannt, dass er bei fortwährender Zahlungsfähigkeit eines Unternehmens das Risiko, dass der Turnaround möglicherweise auch nicht gelingen kann, den Gläubigern des Unternehmens aufbürdet. Allerdings verlangt auch der Gesetzgeber für das Gelingen der Sanierung eine „überwiegende Wahrscheinlichkeit“. Außerdem ist durch ein Sanierungskonzept abzuwägen, i. R. der Sanierungspflicht aus § 1 Abs. 1 StaRUG, welcher Weg zur Überwindung der Krise gewählt wird.[275)] Somit soll eine Prognose erfolgen, die von vielen Unwägbarkeiten abhängt, da interne und externe Umstände auf den Sanierungsversuch einwirken, der sodann auf seine Schlüssigkeit überprüft wird; davon war im Zeitpunkt der Entscheidung der Geschäftsleitung auch die Fortbestehensprognose abhängig.[276)] Das erhöht die Anforderungen an eben jene Fortbestehensprognose Die Feststellung, ob ein Unternehmen überlebensfähig ist, d. h. ob eine überwiegende Wahrscheinlichkeit für eine Fortführung des Unternehmens spricht,[277)] ist anhand eines Finanzplans zu beurteilen. Der Finanzplan wird üblicherweise aus dem **Unternehmensgesamtplan** abgeleitet.[278)] Der Unternehmensge- 163

272) K. Schmidt/Uhlenbruck-*K. Schmidt*, Die GmbH, Rz. 578.

273) S. für Start-Ups und Besonderheiten in diesem Zusammenhang OLG Düsseldorf, Beschl. v. 20.7.2021 – 12 W 7/21, ZIP 2021, 1665 = NZI 2021, 898.

274) Zur Kritik vgl. z. B. *Drukarczyk*, WM 1994, 1737.

275) BGH, Urt. v. 3.3.2022 – IX ZR 78/20, ZRI 2022, 267 = ZVI 2022, 225.

276) *Bieg/Hölzle*, ZIP 2022, 2419, 2423 auf die Auswirkungen für gerichtliche Anfechtungs- und Haftungsprozess hinweisend.

277) So auch BGH, Urt. v. 13.7.1992 – II ZR 269/91, ZIP 1992, 1382 = NJW 1992, 2891, dazu EWiR 1992, 1093 *(Hunecke)*.

278) Der BGH geht davon aus, dass die Geschäftsführer ein aussagekräftiges Unternehmenskonzept (sog. Ertrags- und Finanzplan) erarbeiten, aus dem sich die Überlebensfähigkeit des Unternehmens ergibt, BGH, Beschl. v. 9.10.2006 – II ZR 303/05, ZIP 2006, 2171 = NZI 2007, 44.

samtplan muss sowohl auf der Einnahmen – als auch auf der Ausgabenseite in sich schlüssig sein und auf Basis geeigneter Unterlagen (z. B. Marktanalysen, betriebliche Organisationsplanungen) aufgestellt worden sein.[279] Die aus der Unternehmensgesamtplanung abgeleitete Finanzplanung muss verdeutlichen, ob das finanzielle Gleichgewicht im Prognosezeitraum gewahrt bleibt bzw. durch geeignete Maßnahmen wiederhergestellt wird. Dabei dürfen **Maßnahmen zur Sanierung und Liquiditätssicherung** i. R. der Finanzplanung nur dann berücksichtigt werden, wenn mit hinreichender Sicherheit davon ausgegangen werden kann, dass diese auch umgesetzt werden.[280] Dabei sind auch etwaige vertraglich vereinbarte Kündigungsmöglichkeiten zu beachten, die bei der Berücksichtigung einer Finanzierungszusage i. R. der Fortbestehensprognose dokumentiert berücksichtigt werden müssen.[281] Mithin ist durch die Geschäftsleitung zu prüfen, ob sich die wirtschaftlichen Rahmenbedingungen der Finanzierungszusage geändert haben.[282] Da die **Darlegungs- und Beweislast** einer positiven Fortführungsprognose bei der Geschäftsleitung liegt, sollten alle Angaben nachvollziehbar und überprüfbar dokumentiert werden.[283] Eine positive Fortführungsprognose setzt schließlich den Fortführungswillen des Unternehmens/Unternehmers bzw. seiner Organe voraus.[284]

164 Der **Prognosezeitraum** beträgt, die vorübergehende Verkürzung durch § 4 SanInsKG (vormals COVInsAG) auf vier Monate bis Ende 2023 außer Acht lassend, grundsätzlich zwölf Monate gemäß § 19 Abs. 2 Satz 1 InsO. Ob bei einem sicheren Eintritt der Zahlungsunfähigkeit zu einem späteren Zeitpunkt trotz der gesetzlichen Definition des Prognosezeitraums von dem Fortfall der Fortbestehensprognose ausgegangen werden kann, ist streitig.[285] Da es sich bei der Ermittlung der Fortbestehensprognose um ein zentrales Element der im Interesse des Gläubigerschutzes bestehenden Insolvenzantragspflichten aus § 15a InsO handelt, darf nach der Ratio dem Geschäftsleiter ein weiteres Wirtschaften und Spekulieren zulasten der Gläubiger richtigerweise aber jedenfalls dann nicht gestattet werden, wenn der Fortfall zu einem späteren Zeitpunkt als dem Ablauf des zwölften Monats der Prognose sicher ist und Maßnahmen der Abwendung der Zahlungsunfähigkeit nicht mehr in Betracht kommen. In diesem Fall ist von dem Eintritt der Insolvenzreife auch unter Berücksichtigung eines längeren Prognosezeitraums auszugehen.

165 Die Ermittlung der Fortbestehensprognose anhand des Liquiditätsplans beschreibt allerdings erst die zweite Stufe der zweistufigen Überschuldungsprüfung. Auf der **ersten Stufe** wird der Eintritt der Überschuldung anhand einer **Überschuldungsbilanz,** die nach Liquidationswerten aufzustellen ist, geprüft. Erst auf der zweiten Stufe erfolgt die Erstellung der Fortführungsprognose. Diese ist in Anwendung der verstehend genannte Grundsätze nach denselben Regeln aufzustellen, die für die Zahlungsfähigkeitsprüfung gelten, auf die hier verwiesen wird. Die nachfolgenden Ausführungen beziehen sich daher ausschließlich auf die erste Stufe der Überschuldungsprüfung und die Erstellung der Überschuldungsbilanz.

166 Zur Feststellung der Überschuldung auf der ersten Stufe muss also das Vermögen den Verbindlichkeiten gegenübergestellt werden. Diese Gegenüberstellung erfolgt zu Liquidationswerten. Übersteigt danach bereits das Vermögen die Verbindlichkeiten, liegt eine

---

279) FAR-Stellungnahme 1/1996, FN-IDW 1996, 524–525.

280) FAR-Stellungnahme 1/1996, FN-IDW 1996, 525.

281) BGH, Urt. v. 13.7.2021 – II ZR 84/20 (Air Berlin), BGHZ 230, 255 = ZIP 2021, 1643.

282) *Bieg/Hölzle*, ZIP 2022, 2419, 2422.

283) *Haußer/Sailer* in: WP Handbuch, Kap. L Rz. 460.

284) BGH, Beschl. v. 9.10.2006 – II ZR 303/05, ZIP 2006, 2171 = NZI 2007, 44.

285) Vgl. *Bitter*, ZIP 2021, 321.

Überschuldung i. S. des § 19 Abs. 1 InsO schon auf erster Stufe nicht vor. Deckt das Vermögen, bewertet zu Liquidationswerten, demgegenüber die Verbindlichkeiten des Unternehmens nicht mehr, so ist in die zweite Stufe der Überschuldungsprüfung einzutreten und die Fortführungsprognose für das Unternehmen zu ermitteln.

Sowohl die **Begriffe „Vermögen"** als auch **„Verbindlichkeiten"** waren und sind nach wie vor nicht gesetzlich definiert. Unstreitig gehören zum Vermögen alle Werte, die im Falle der Insolvenz zur Insolvenzmasse gehören[286] und verwertbar sind (§ 35 InsO).[287] Unstreitig ist ebenfalls, dass das Eigenkapital nicht zu den Verbindlichkeiten zählt.[288] Umstritten ist aber weiterhin der genaue Umfang von Vermögen und Verbindlichkeiten und deren Bewertung.[289] Die sich ergebenden Probleme bestehen also darin, 167

- die gegenständliche Reichweite des in der Überschuldungsbilanz anzusetzenden Vermögens und der Verbindlichkeiten festzulegen und
- die anzusetzenden Vermögens- und Verbindlichkeitspositionen zu bewerten.

Die Überschuldungsbilanz ist dabei ein von der Handels- und von der Steuerbilanz unabhängiges Rechenwerk, das nicht auf einer dieser beiden aufsetzt. Vielmehr ist die Überschuldungsbilanz unabhängig zu erstellen. Allerdings können einige der Bilanzierungsgrundsätze, wie sie auch für die Handelsbilanz Anwendung finden, auch auf die Erstellung der Überschuldungsbilanz übertragen werden. 168

III. Grundsätze bei der Aufstellung der Überschuldungsbilanz

Die **Begriffe Überschuldungsbilanz** und **Überschuldungsstatus** werden synonym verwendet. In der Literatur finden sich beide Begriffe, die mit denselben Inhalten belegt sind;[290] da sich die Rechtsprechung auf den Begriff der Überschuldungsbilanz festgelegt zu haben scheint,[291] wird im Folgenden der Begriff „Überschuldungsbilanz" verwendet. Die Überschuldungsbilanz ist das Instrument zur Überschuldungsermittlung. Mit ihr wird systematisch das Vermögen den Verbindlichkeiten gegenübergestellt, um als Differenz die Überschuldung oder eine Vermögensüberdeckung zu ermitteln. 169

Verstreut finden sich in der einschlägigen Fachliteratur Hinweise zur Beachtung bestimmter **Grundsätze bei der Aufstellung** der Überschuldungsbilanz. Die bisherige Behandlung des Themas ist weder systematisch noch vollständig. Insbesondere ist offengeblieben, ob die Grundsätze ordnungsmäßiger Buchführung (GoB), die über § 243 Abs. 1 HGB bei der Aufstellung des handelsrechtlichen Jahresabschlusses gesetzlich zu beachten sind,[292] auf 170

---

286) Hierbei handelt es sich um eine Tautologie, da gerade mit der Begriffsdefinition festgestellt werden soll, welche Gegenstände zum Insolvenzvermögen gehören (idem per idem).

287) Seit Einführung der InsO gehört dazu auch das Vermögen, das der Schuldner während des Verfahrens erlangt.

288) BGH, Urt. v. 21.2.1994 – II ZR 60/93, BGHZ 125, 141 = ZIP 1994, 701, 703, dazu EWiR 1994, 467 *(v. Gerkan)*.

289) *Teller/Steffan*, Rangrücktrittsvereinbarungen, Rz. 71.

290) Vgl. z. B. *Binz/Sorg*, S. 227 ff.; *Schmerbach* in: FK-InsO, § 19 Rz. 8 ff., die den Begriff Überschuldungsbilanz verwenden; *Gelhausen* in: WP Handbuch 2008, Bd. 2, Kap. L Rz. 212, S. 881 ff.; *Pape* in: KPB, InsO, § 19 Rz. 7 ff., der den Begriff Überschuldungsstatus verwendet; *Plate*, Die Konkursbilanz, S. 42 ff., grenzt die Begriffe Jahresbilanz, Überschuldungsbilanz, Vergleichsbilanz vom Begriff der Konkursbilanz ab.

291) So zuletzt BGH, Urt. v. 19.1.2016 – II ZR 303/14, GWR 2016, 208; s. a. BGH, Beschl. v. 8.3.2012 – IX ZR 102/11, ZInsO 2012, 732–733: „Für die Feststellung, dass eine Gesellschaft insolvenzrechtlich überschuldet ist, bedarf es grundsätzlich der Aufstellung einer Überschuldungsbilanz, in der die Vermögenswerte der Gesellschaft mit ihren aktuellen Verkehrs- oder Liquidationswerten auszuweisen sind." = WM 2012, 665.

292) Zu den GoB vgl. z. B. *Lück* in: Steuerberater-Handbuch, 2000, A 2 Rz. 15 ff., S. 179; Hopt-*Merkt*, HGB, § 243 Rz. 1 ff.; Ebenroth/Boujong/Joost/Strohn-*Böcking/Gros*, HGB, § 243 Rz. 1 ff.

die Aufstellung der Überschuldungsbilanz übertragbar sind. Einigkeit besteht lediglich dahingehend, dass einige Grundsätze ordnungsmäßiger Buchführung (GoB), insbesondere bei der **Bewertung**, keine Anwendung finden.[293] Die Gründe dafür liegen in den unterschiedlichen Zielen, die mit dem handelsrechtlichen Jahresabschluss einerseits und der Überschuldungsbilanz andererseits verfolgt werden. Während der Jahresabschluss der Kapitalgesellschaften ein den tatsächlichen Verhältnissen entsprechendes Bild der Vermögens-, Finanz- und Ertragslage zu vermitteln hat (§ 264 Abs. 2 Satz 1 HGB), wird mit der Überschuldungsbilanz das Ziel verfolgt, festzustellen, ob ein Unternehmen im Rechtssinne überschuldet ist. Daraus folgt z. B., dass in der Handelsbilanz im Zweifel eher vorsichtig bewertet wird und die historischen Anschaffungs- und Herstellungskosten nicht überschritten werden dürfen, während in der Überschuldungsbilanz vorhandene **stille Reserven** aufzudecken sind. Ferner dürfen z. B. in der Handelsbilanz selbst geschaffene **immaterielle Vermögensgegenstände** nicht bzw. wahlweise angesetzt werden.[294] Sind derartige Wirtschaftsgüter verwertbar, d. h. veräußerbar, sind diese dagegen in der Überschuldungsbilanz zu aktivieren.

171 Wenngleich ein System von Grundsätzen ordnungsgemäßer Aufstellung von Überschuldungsbilanzen derzeit (noch) nicht existiert, sollten gleichwohl einige Grundsätze beachtet werden. Sinnvoll erscheint eine Differenzierung zwischen Grundsätzen der Bilanzierung (Ansatz von Vermögen und Schulden), Grundsätzen zur Bewertung (betragsmäßige Bezifferung von Vermögen und Schulden) und Verfahrensgrundsätzen, wobei die Grenzen unscharf sind.

- Stichtagsprinzip (Bilanzierungsgrundsatz);
- Grundsatz der Vollständigkeit (Bilanzierungsgrundsatz);
- Grundsatz der Einzelbewertung (Verfahrensgrundsatz);
- Maßgeblichkeit des Bewertungszwecks (Bewertungsgrundsatz);
- Grundsatz der realistischen Bewertung (Bewertungsgrundsatz);
- Nachvollziehbarkeit der Bewertungsansätze (Verfahrensgrundsatz).

1. Stichtagsprinzip

172 Die Überschuldungsbilanz ist stichtagsbezogen, d. h. auf den Stichtag aufzustellen, auf den die Überprüfung der Überschuldung stattfinden soll.[295]

173 Dabei sind **wertaufhellende Tatsachen** zu berücksichtigen, während **wertbeeinflussende Tatsachen** nicht berücksichtigt werden dürfen. Tatsachen, die zum Stichtag bereits vorlagen, aber erst **nach dem Stichtag** bekannt werden, werden als wertaufhellend bezeichnet.

293) *Schmerbach* in: FK-InsO, § 19 Rz. 8 ff., *Pape* in: KPB, InsO, § 19 Rz. 52 ff. Nach Auffassung von *Drukarczyk/Schüler* in: MünchKomm-InsO, § 19 Rz. 87, kommen die Ansatz- und Bewertungsvorschriften der §§ 246 ff. und 252 ff. HGB nicht zur Anwendung. Anschaffungswertprinzip, Prinzip der Einzelbewertung, Vorsichtsprinzip, Realisationsprinzip und Imparitätsprinzip gelten nicht. Mit Ausnahme des Prinzips der Einzelbewertung, bei dem die Verfasser eine abweichende Auffassung vertreten, ist dem zuzustimmen. Gleicher Auffassung wohl FAR-Stellungnahme 1/1996, FN-IDW 1996, 526, die das Prinzip der Einzelbewertung bei den nicht zu übernehmenden Grundsätzen nicht aufzählen.

294) Selbst geschaffene Marken, Drucktitel, Verlagsrechte, Kundenlisten oder vergleichbare immaterielle Vermögensgegenstände des Anlagevermögens dürfen nicht aktiviert werden (§ 248 Abs. 2 Satz 2 HGB). Nicht aktiviert werden dürfen auch Aufwendungen für die Gründung eines Unternehmens, für die Beschaffung von Eigenkapital und für den Abschluss von Versicherungsverträgen (§ 248 Abs. 1 HGB). Andere selbst geschaffene immaterielle Vermögensgegenstände des Anlagevermögens dürfen aktiviert werden; ein Zwang zur Aktivierung besteht aber nicht (§ 248 Abs. 2 Satz 1 HGB).

295) Nerlich/Römermann-*Mönning*, InsO, Rz. 30 zu § 19.

Wertbeeinflussende Tatsachen lagen zum Stichtag der Bilanzerstellung noch nicht vor, werden aber vor Aufstellung der Bilanz bekannt.[296)]

Das Stichtagsprinzip dient bei der Aufstellung der Überschuldungsbilanz auch und insbesondere der klaren Abgrenzung anzusetzender Vermögensposten und Schulden. Führt die Anwendung dieses Grundsatzes allerdings dazu, dass durch **geschickte Wahl des Stichtags** der Ausweis einer Überschuldung vermieden wird, muss der ordentliche Geschäftsmann den Stichtag so legen, dass die wertbeeinflussenden Tatsachen vor dem Stichtag liegen, anderenfalls setzt er sich der Gefahr der verspäteten Insolvenzantragstellung aus. In der Krisensituation muss der ordentliche Kaufmann laufend überwachen, ob die Insolvenzantragsgründe eingetreten sind.[297)] 174

Die konsequente **Anwendung des Stichtagsprinzips** führt u. a. dazu, 175

- dass die Kosten eines Insolvenzverfahrens (§ 54 InsO) und sonstige insolvenzspezifische Kosten, die erst durch die Eröffnung eines Insolvenzverfahrens ausgelöst werden, nicht als Schulden zu berücksichtigen sind;[298)]
- dass Rückstellungen für Ereignisse, die vor dem Stichtag liegen, zu bilden sind, wenn daraus Inanspruchnahmen für das Unternehmen mit Wahrscheinlichkeit drohen.

2. Vollständigkeitsprinzip

Der Grundsatz der Vollständigkeit besagt, dass alle Vermögensgegenstände und Schulden in die Überschuldungsbilanz einzustellen sind. Vermögensgegenstände i. S. der Überschuldungsbilanz sind nur solche, die **einen realisierbaren Wert** darstellen und im Falle einer Insolvenzeröffnung zur Insolvenzmasse gehören (§ 35 InsO) und für die Gläubiger verwertbar sind.[299)] Daher sind sowohl materielle als auch immaterielle Vermögensgegenstände, gleich ob angeschafft oder selbst erstellt, anzusetzen, wenn sie veräußerbar sind und einen zu realisierenden Wert verkörpern. 176

3. Grundsatz der Einzelbewertung

Der im Handelsrecht unter § 252 Abs. 1 Nr. 3 HGB verankerte Grundsatz, dass Vermögensgegenstände und Schulden einzeln zu bewerten sind, ist auf die Überschuldungsbilanz übertragbar. Damit sollen einerseits 177

- Wertausgleiche zwischen verschiedenen Vermögensgegenständen,
- Saldierungen zwischen Aktiv- und Passivposten und andererseits

verhindert werden.

> **Praxishinweis**
>
> Dieser Grundsatz lässt auch in der Überschuldungsbilanz zu, dass Vermögensgegenstände zu Gruppen zusammengefasst und mit einem Wert versehen werden, insbesondere wenn eine Identifizierung einzelner Vermögensgegenstände nicht möglich oder sehr unwirtschaftlich ist[300)] oder wenn i. R. der Verwertungsstrategie eine Zusammenfassung von Vermögensgegenständen sinnvoll ist.

296) Zur Unterscheidung mit Beispielen vgl. z. B. *Lück* in: Steuerberater-Handbuch, 2000, A 2 Rz. 57 ff., S. 197.

297) BGH, Urt. v. 9.7.1979 – II ZR 118/77, BGHZ 75, 96 = NJW 1979, 1823, 1827; BGH, Urt. v. 11.9.2000 – II ZR 370/99, ZIP 2000, 1896, 1897, dazu EWiR 2000, 1159 *(Keil)*; OLG Celle, Urt. v. 6.5.1999 – 11 U 232/97, NZG 1999, 1064, 1065; BGH, Urt. v. 6.12.1993 – II ZR 102/93, BGHZ 124, 282 = ZIP 1994, 295, 296, dazu EWiR 1994, 275 *(v. Gerkan)*.

298) So auch Nerlich/Römermann-*Mönning*, InsO, § 19 Rz. 37; *Pape* in: KPB, InsO, § 19 Rz. 63.

299) In diesem Sinne BGH, Urt. v. 4.7.2017 – II ZR 319/15, ZIP 2017, 1619 = MDR 2017, 1193.

300) Vgl. z. B. Baumbach/Hopt-*Merk*, HGB, § 252 Rz. 8 f.; *Lück* in: Steuerberater-Handbuch, 2000, A 2 Rz. 56, S. 197.

4. Maßgeblichkeit des Bewertungszwecks

178 Bewertungszweck der Überschuldungsprüfung ist die Frage, ob das Unternehmen mangels künftiger Schuldendeckungsfähigkeit eine weitere Existenzberechtigung hat, oder aus dem Markt zu nehmen ist. Die Tatsache, dass die Überschuldung Insolvenzantragsgrund nur bei **Gesellschaften in haftungsbeschränkender Rechtsform** ist, zeigt, dass gerade der Überschuldungstatbestand den besonderen Risiken Rechnung trägt, die aus der Marktteilnahme haftungsbeschränkter Gesellschaften resultieren.[301)] Dieser Bewertungszweck ist es, der über den Ansatz von Vermögen und Verbindlichkeiten und deren Bewertung maßgeblich entscheidet.

179 Aus diesem Grund sind Vermögensgegenstände unter Aufdeckung der stillen Reserven mit ihren wahren Werten anzusetzen, was indes auch bedeutet, dass Forderungen nicht mit ihrem Nominalwert, sondern im Falle von **Beitreibungsrisiken** nur mit einem wertberichtigten Ansatz in die Überschuldungsbilanz eingestellt werden dürfen. **Verbindlichkeiten**, aus denen die Inanspruchnahme des zu prüfenden Unternehmens überwiegend wahrscheinlich ist, sind mit ihrem Nominalbetrag anzusetzen. Insgesamt ist es Ziel der Überschuldungsbilanz, i. S. einer Anwendungsschranke für die Institute zur Massesicherung die Befriedigungsaussichten der Gläubiger zu prospektieren und den Zeitpunkt zu bestimmen, zu dem in Gesellschaften in haftungsbeschränkender Rechtsform von der Vermögensbindung im Gesellschafterinteresse zu einer Vermögensbindung im Gläubigerinteresse überzugehen ist. Dabei ist im Zweifel dem Gläubigerschutz Vorrang vor den Gesellschafterinteressen einzuräumen.

180 Für den **Ansatz** z. B. **streitiger Verbindlichkeiten** in der Überschuldungsbilanz bedeutet dies, dass eine streitige Verbindlichkeit, wenn die Inanspruchnahme daraus wahrscheinlich ist, im Grundsatz zu passivieren, eine streitige Forderung aber nicht zu aktivieren ist. Dasselbe gilt für bedingte Forderungen und Verbindlichkeiten.[302)] Dabei ist allerdings zu vergegenwärtigen, und dies insbesondere, wenn der Insolvenzantrag von einem Dritten gestellt wird, dass das Insolvenzverfahren nicht dazu dient, den Bestand rechtlich zweifelhafter Forderungen zu klären.[303)] Wo die Glaubhaftmachung des Insolvenzgrunds eines durch einen Gläubiger gestellten Insolvenzantrags allein auf einer streitigen Verbindlichkeit, so ist dieser als unzulässig zurückzuweisen, wenn das Bestreiten durch den Schuldner substantiiert erfolgt. Dies deshalb, weil der Insolvenzgrund bei Einleitung eines Verfahrens zur Überzeugung des Insolvenzgerichts feststehen muss,[304)] weil das Insolvenzverfahren einen schwerwiegenden Eingriff in die Rechtsstellung des Schuldners bedeutet.[305)] Bei der Ausschöpfung des Beurteilungsspielraums hat das Insolvenzgericht daher auf die regelmäßige existenzvernichtende Wirkung einer **überobligatorischen Insolvenzantragstellung**, ausgelöst allein durch eine streitige Forderung im Vergleich zu den überschaubaren Folgen eines Zuwartens mit dem Insolvenzantrag bis zur rechtskräftigen Feststellung zu Grund und Höhe der Forderung, Rücksicht zu nehmen.[306)]

181 Verfügt das Unternehmen nämlich ohne Berücksichtigung der streitigen Forderung über eine **positive Fortführungsprognose**, so stehen die aus einem Insolvenzantrag resultierenden Folgen auch und gerade vor dem Hintergrund des Insolvenzzwecks einer best-

301) Vgl. dazu ausführlich *Hölzle*, ZIP 2009, 1939; *Hölzle*, ZIP 2010, 913.

302) Zur Glaubhaftmachung des Insolvenzgrunds bei streitigen Verbindlichkeiten i. R. eines Eigeninsolvenzantrags der Gesellschaft s. oben Rz. 86 f.

303) BGH, Beschl. v. 8.12.2005 – IX ZB 308/04, ZIP 2006, 247; BGH, Beschl. v. 5.8.2002 – IX ZB 51/02, ZIP 2002, 1695 = NZI 2002, 601.

304) BGH, Beschl. v. 14.12.2005 – IX ZB 207/04, ZVI 2006, 56 = ZIP 2006, 247.

305) OLG Köln, Beschl. v. 18.5.1989 – 2 W 41/89, ZIP 1989, 789.

306) In diesem Sinne auch *Wiester* in: FS Wellensiek, S. 155, 163 f.

möglichen Gläubigerbefriedigung außer Verhältnis zu den drohenden Schäden einer unterlassenen Insolvenzeinleitung. Solange nämlich auf Grundlage der positiven Fortführungsprognose feststeht, dass das Unternehmen prognostisch in der Lage ist, seine hinzukommenden Verbindlichkeiten zu erfüllen, ist eine Masseschmälerung für die bereits existierenden Gläubiger im Regelfall nicht zu erwarten, was ein Zuwarten mit dem Insolvenzantrag bis zum rechtskräftigen Abschluss des Erkenntnisverfahrens zumutbar erscheinen lässt. Etwas anderes gelte nur dann, wenn die positive Zahlungsfähigkeitsprognose zum Teil oder überwiegend aus der Desinvestition freien Vermögens oder anderen Umständen resultiert, welche die prognostischen Befriedigungsaussichten der Gläubiger bei einem Zuwarten mit dem Insolvenzantrag schmälern. Gleiches, also eine Abwägung zugunsten der Einleitung eines Insolvenzverfahrens gilt, wenn der designierte Insolvenzschuldner auch vor dem rechtskräftigen Abschluss des Erkenntnisverfahrens nicht mehr in der Lage ist, eine vorläufige Vollstreckung in dem dafür vorgesehenen Verfahren aus seinen vorhandenen Mitteln abzuwenden. In einem solchen Fall nämlich ist das Insolvenzgericht bei der Prüfung des Insolvenzgrunds nicht mehr gehalten, Einwendungen des Schuldners gegen die Forderung zu berücksichtigen.[307)]

182 **Fehlt es** demgegenüber bereits aus anderen Gründen als der streitigen Forderung **an einer positiven Fortführungsprognose**, so verschiebt sich der Fokus zugunsten des Insolvenzzwecks einer möglichst frühzeitigen Insolvenzeinleitung, weil erstens ein Eingriff in substantielle Schuldnerrechte, insbesondere dessen Existenzinteresse, nicht mehr zu befürchten ist, und deshalb zweitens das Gläubigerinteresse an einer möglichst frühzeitigen Massesicherung des Vermögens des nicht fortzuführenden Unternehmens vorrangig erscheint. Daraus folgt, dass nach der Maßgeblichkeit des Bewertungszwecks eine streitige Verbindlichkeit immer dann und ungeachtet der Inanspruchnahmewahrscheinlichkeit zu passivieren ist, wenn das Unternehmen über keine positive Fortführungsprognose mehr verfügt.[308)] Hieran kann es aus verschiedenen Gründen fehlen; einmal wegen des Fehlens der Zahlungsfähigkeitsprognose, aber auch z. B. wegen eines fehlenden Fortführungswillens oder sonst faktischer Gründe, aus denen die Unternehmensfortführung nicht überwiegend wahrscheinlich ist.

5. Grundsatz der realistischen Bewertung

183 Da es sich bei der Überschuldungsbilanz nicht um eine Handelsbilanz handelt, ist das handelsbilanzielle Vorsichtsprinzip nicht anzuwenden. Es sind somit die, wie der BGH es ausdrückt, „wirklichen Werte" zu ermitteln, die im Insolvenzfall für die Befriedigung der Gläubiger zur Verfügung stünden,[309)] auch wenn diese höher sind als die in der Handelsbilanz angesetzten Werte oder sogar höher als die ursprünglichen Anschaffungs- oder Herstellungskosten.

184 In der Begründung zum Gesetzesentwurf heißt es, dass das vorhandene Vermögen **realistisch zu bewerten** ist, damit das Ziel einer rechtzeitigen Verfahrenseröffnung nicht gefährdet wird.[310)]

185 Bei dem Ansatz des wirklichen Werts ist jedoch die Liquidation des Unternehmens zu unterstellen, sind also die **Veräußerungswerte** anzusetzen, d. h., es ist nach Liquidations-

---

307) BGH, Beschl. v. 7.9.2009 – IX ZB 26/08, ZInsO 2009, 2072.

308) In diesem Sinne auch *Kühne* in: Nickert/Lamberti, Überschuldungs- und Zahlungsunfähigkeitsprüfung im Insolvenzrecht, Rz. 911 ff., 914; *A. Schmidt/Roth*, ZInsO 2006, 236 ff.

309) BGH, Urt. v. 13.7.1992 – II ZR 269/91, ZIP 1992, 1382 = NJW 1992, 2891.

310) Begr. RegE InsO z. § 23 RegE/§ 19 InsO, BT-Drucks. 12/2443, S. 115, abgedr. in: *Kübler/Prütting*, RWS-Dok. 18, S. 174.

Einzelveräußerungspreisen **(Verkehrswerte)** zu bilanzieren. Die dabei zugrunde liegende Verwertungsstrategie bestimmt die Liquidationsintensität und Liquidationsgeschwindigkeit. Der Grad der Zerschlagung des Unternehmens in Unternehmensteile bzw. in Einzelwirtschaftsgüter bezeichnet die Liquidationsintensität, während die Dauer der Abwicklung die Liquidationsgeschwindigkeit bezeichnet.[311)] Eine hohe Liquidationsintensität (bis zur Verwertung von Einzelwirtschaftsgütern) führt ebenso wie eine hohe Liquidationsgeschwindigkeit (Liquidationszeitraum von kurzer Dauer) tendenziell zu sinkenden Liquidationserlösen und vice versa. Die **Untergrenze** ist der **Zerschlagungswert.**[312)]

6. Grundsatz der Nachvollziehbarkeit der Bewertungsansätze

186 Da mit der Feststellung der Überschuldung erhebliche rechtliche Konsequenzen verbunden sind, müssen die in der Überschuldungsbilanz angesetzten Werte objektiv nachvollziehbar sein. Die Grundlagen, auf deren Basis die Bewertung stattgefunden hat, sind zu dokumentieren. Alle Aufzeichnungen und Unterlagen, die der Bilanzierung und Bewertung zugrunde liegen und diese belegen, sind so aufzubewahren, dass ein sachverständiger Dritter jederzeit in zumutbarer Art und Weise die Angaben in der Überschuldungsbilanz nachvollziehen kann.[313)]

IV. Vermögen und dessen Bewertung

187 Es besteht Einigkeit darüber, dass wegen unterschiedlicher Zielsetzungen in die Überschuldungsbilanz weder die handels- noch die steuerrechtlichen Bilanzwerte übernommen werden können und dürfen.[314)] Allerdings ist im Regelfall die Handels- bzw. Steuerbilanz Ausgangspunkt für das zugrunde liegende Mengengerüst.[315)] Der BGH billigt der **Handelsbilanz** für die Feststellung der Überschuldung sogar eine **indizielle Bedeutung** zu.[316)] Wenn der Insolvenzverwalter bspw. Ansprüche gegen Gesellschafter oder Geschäftsführer geltend macht und dazu die Überschuldung zu einem bestimmten Zeitpunkt nachweisen muss, bedeutet dies, dass er – ausgehend von der Bilanz – lediglich (allerdings auch mindestens) prüfen muss, ob stille Reserven oder sonstige nicht ersichtliche Veräußerungswerte vorhanden sind, jedenfalls soweit dies naheliegend ist.[317)] Im nachgelagerten Verfahren darf daher die Handelsbilanz zu einer Überschuldungsbilanz fortentwickelt werden. Für die originäre Überschuldungsprüfung empfiehlt sich dieses Vorgehen nicht. Vielmehr ist am Bilanzraster der Handelsbilanz eine eigenständige Überschuldungsbilanz zu erstellen.

188 Obwohl in § 19 Abs. 2 InsO ausschließlich von der Bewertung des Vermögens und der Verbindlichkeiten gesprochen wird, sind damit auch **Entscheidungen über den Ansatz von Vermögensgegenständen und Schulden** verbunden.[318)] Nach den Gesetzesmaterialien zu § 19 Abs. 2 InsO nimmt dieser die Vorgängerregelungen von § 92 AktG a. F., § 64 GmbHG a. F. und § 98 GenF a. F. auf, in denen noch allgemein die Rede von „Schulden" und nicht

---

311) FAR-Stellungnahme 1/1996, FN-IDW 1996, 526 f.

312) Nerlich/Römermann-*Mönning*, InsO, § 19 Rz. 27.

313) Dokumentation und Nachvollziehbarkeit mindern so das Haftungsrisiko; vgl. dazu FAR-Stellungnahme 1/1996, FN-IDW 1996, 525.

314) Nerlich/Römermann-*Mönning*, InsO, § 19 Rz. 32.

315) *Drukarcyk/Schüler* in: Kölner Schrift, S. 95 Rz. 114; *Wagner*, Die Messung der Überschuldung, IDW-Bericht über die Fachtagung 1994, S. 171 ff.

316) BGH, Beschl. v. 15.10.2007 – II ZR 236/06, ZIP 2008, 267.

317) BGH, Urt. v. 7.3.2005 – II ZR 138/03, ZIP 2005, 807 – 808 = NZI 2005, 351.

318) Beschlussempfehlung und Bericht d. RA z. § 23 Abs. 2 RegE/§ 19 InsO, BT-Drucks. 12/7302, S. 157, abgedr. in: *Kübler/Prütting*, RWS-Dok. 18, S. 175.

von „Verbindlichkeiten" war. Schulden bilden dabei handelsrechtlich aber den neben Verbindlichkeiten auch Rückstellungen umfassenden Oberbegriff und gehen deshalb weiter. Dass der Gesetzgeber mit Schaffung des § 19 Abs. 2 InsO eine nur eingeschränkte Berücksichtigung der Passivseite geregelt wissen wollte, ergibt sich aus den Materialien nicht.[319)] Aus diesem Grunde hat auch der BGH[320)] zu Recht festgestellt, dass auch in der insolvenzrechtlichen Überschuldungsbilanz verpflichtend Rückstellungen zu bilden sind.

Praxishinweis

Zur Erstellung einer Überschuldungsbilanz sollte die Handels- und/oder Steuerbilanz hinzugezogen werden. Existieren solche Bilanzen nicht oder sind sie veraltet, sind aktuelle Summen- und Saldenlisten hilfreich. Die vorliegenden Bilanzen oder Listen sind zum einen sowohl hinsichtlich erfasster Vermögenswerte als auch ausgewiesener Schulden (hier insbesondere des Ansatzes von Rückstellungen) auf Vollständigkeit zu überprüfen, zum anderen ist die Bewertung der angesetzten Vermögens- und Schuldenpositionen zu überprüfen. Das Hauptaugenmerk sollte jene Positionen betreffen, die voraussichtlich erhebliche stille Reserven beinhalten (z. B. das Anlagevermögen und hier insbesondere Grundstücke und Gebäude) oder bisher, z. B. in den Summen- und Saldenlisten, überhaupt nicht erfasst wurden, wie z. B. halbfertige oder fertige Erzeugnisse oder bestimmte Rückstellungen.

In der Reihenfolge der Gliederungsvorschrift des § 266 HGB werden im Folgenden die **Bilanzpositionen** – in der gebotenen Kürze – dargestellt. 189

1. Ausstehende Einlagen

Gemäß § 272 Abs. 1 Satz 3 HGB sind die nicht eingeforderten ausstehende Einlagen von dem Passivposten „Gezeichnetes Kapital" offen abzusetzen. Eingeforderte, aber noch nicht eingezahlte Einlagen sind unter den Forderungen gesondert auszuweisen und entsprechend zu bezeichnen (§ 272 Abs. 1 Satz 3 Halbs. 2 HGB). 190

Grundsätzlich sind in der Überschuldungsbilanz **ausstehende Einlagen** – unabhängig davon, ob sie eingefordert wurden oder nicht – **auszuweisen**. Es besteht ein Rechtsanspruch auf volle Einzahlung des statutarischen Eigenkapitals, von der sich die Gesellschafter im Regelfall nicht befreien können (§ 19 Abs. 2 GmbHG, § 54 AktG). Der Anspruch besteht seitens der Gesellschaft gegen die Gesellschafter.[321)] Ist der Einzahlungsanspruch werthaltig, so ist er in voller Höhe, sonst ggf. i. H. des werthaltigen Teils zu aktivieren.[322)] Bei bereits eingeforderten und fälligen Einlagen sind vereinbarte oder gesetzliche Zinsansprüche zusätzlich zu aktivieren.[323)] Der Ausweis erfolgt unter der Position „Forderungen und sonstige Vermögensgegenstände" und ist entsprechend zu bezeichnen. 191

Ebenfalls i. H. des werthaltigen Teils **zu aktivieren sind:**[324)] 192

– bereits beschlossene, den Gesellschafter bindende Nachschüsse und Kapitalerhöhungen,[325)]

319) *Wiester* in: FS Wellensiek, S. 155, 162 f.

320) BGH, Urt. v. 22.9.2003 – II ZR 229/02, ZIP 2003, 2068, 2070, dazu EWiR 2004, 383 *(Wagner)*.

321) Vgl. z. B. Hüffer/Koch-*Koch*, AktG, § 54 Rz. 2, 4.

322) Geschäftsführer oder Vorstand sind gut beraten, wenn sie sich ein Schuldanerkenntnis bei den Gesellschaftern einholen, um die Aktivierbarkeit der Ansprüche zu dokumentieren; dies gilt – soweit möglich – auch für die im Folgenden aufgeführten Ansprüche; ggf. müssen Geschäftsführer/Vorstand den Anspruch einklagen.

323) *Gelhausen* in: WP Handbuch 2008, Bd. 2, Kap. L Rz. 258, S. 892.

324) Nicht alle der im Folgenden aufgeführten Ansprüche sind solche auf Einzahlung des Stammkapitals. Eine Aktivierung erfolgt aber auch hier regelmäßig unter der Positionen „sonstige Vermögensgegenstände" gemäß § 266 Abs. 2 B. II. 4. HGB.

325) *Wagner* in: Baetge/Kirsch/Tiele, Bilanzen, S. 43; Scholz-*Bitter*, GmbHG, Vor § 64 Rz. 52.

- unverjährte[326)] Ansprüche aus einer Überbewertung der Sacheinlagen gemäß § 9 GmbHG,[327)]
- sonstige Ansprüche gemäß § 9 Abs. 1 Satz 2 GmbHG, wozu z. B. Schadensersatz- oder Unterbilanzhaftungsansprüche der Gesellschaft gegen die Gesellschafter gehören,[328)] Ersatzansprüche der Gesellschaft gegen die Gesellschafter im Zusammenhang mit der Gründung, aber auch bei der Aktivierung von Vorrats- oder Mantelgesellschaften, bei Kapitalerhöhungen und Umwandlungen aus § 9a GmbHG, z. B. bei erhöhtem Gründungsaufwand oder bei falschen Angaben,[329)]
- Anspruch auf Erstattung verbotener Rückzahlungen gemäß § 31 GmbHG,[330)]
- Anspruch auf Erstattung von Zahlungen, die die Geschäftsführer nach Eintritt der Zahlungsunfähigkeit oder Überschuldung geleistet haben und die mit der Sorgfalt eines ordentlichen Geschäftsmanns nicht vereinbar sind (§ 64 GmbHG);
- Ansprüche aus harten Patronatserklärungen,
- vertragliche Ansprüche aus Verlustdeckungs-, Liquiditätsdeckungs- oder Garantiezusagen,[331)]
- Differenzhaftungsansprüche aus verdeckter Sacheinlage gemäß § 19 Abs. 4 GmbHG.

193 Dagegen sind aufgrund der strikten Beachtung des Stichtagsprinzips **nicht zu aktivieren:**

- Ansprüche gegen persönlich haftende Gesellschafter, soweit diese Ansprüche unmittelbar den Gläubigern und nicht der Gesellschaft zustehen, z. B. die Ansprüche aus den §§ 92, 93 InsO, die nur im Falle der Insolvenzeröffnung vom Insolvenzverwalter geltend gemacht werden können, vorher aber den Gesellschaftsgläubigern zustehen,[332)]
- Anfechtungsansprüche aus §§ 129 ff. InsO.

2. Immaterielle Vermögensgegenstände

194 Immaterielle Vermögensgegenstände – erworbene oder selbst geschaffene – sind zu aktivieren, sofern sie **verwertbar** sind. Dazu gehören u. a. Konzessionen, Patent-, Marken-, Urheber- und Verlagsrechte, Handelsmarken, Warenzeichen, Nutzungsrechte, Kundenkarteien, Know-how, ungeschützte Erfindungen. Die Bewertung erfolgt insbesondere unter Beachtung der Grundsätze der Maßgeblichkeit des Bewertungszwecks und der realistischen Bewertung. Liegen konkrete Veräußerungsmöglichkeiten nachweisbar vor, ist der Vermögensgegenstand mit den Veräußerungspreisen (abzüglich eventuell anfallender USt und den mit der Veräußerung in Zusammenhang stehenden Aufwendungen) zu aktivieren.

195 Ob ein **Firmen- oder Geschäftswert** (im Folgenden Firmenwert) aktiviert werden darf, ist umstritten. Während ein Teil der Literatur eine Aktivierung generell verneint,[333)] wird

326) Die Verjährungsfrist gemäß § 9 Abs. 2 GmbHG beträgt zehn Jahre seit der Eintragung der Gesellschaft in das Handelsregister.

327) Scholz-*Bitter*, GmbHG, Vor § 64 Rz. 52.

328) *Schwandtner* in: MünchKomm-GmbHG, § 9 Rz. 33 ff.; hier beträgt die Verjährungsfrist fünf Jahre ab dem Zeitpunkt der Handelsregistereintragung bzw. ab dem späteren Zeitpunkt der Vornahme der Handlung (§ 9b Abs. 2 GmbHG).

329) *Herrler* in: MünchKomm-GmbHG, § 9a Rz. 6 ff.

330) Scholz-*Bitter*, GmbHG, Vor § 64 Rz. 52; es besteht eine zehnjährige (in bestimmten Fällen eine fünfjährige) Verjährungsfrist gemäß § 31 Abs. 5 GmbHG.

331) Scholz-*Bitter*, GmbHG, Vor § 64 Rz. 52; K. Schmidt/Uhlenbruck-*K. Schmidt*, Die GmbH, Rz. 5.125.

332) Scholz-*Bitter*, GmbHG, Vor § 64 Rz. 51.

333) Z. B. *Bilo*, GmbHR 1981, 104, 106; *Müller/Haas* in: Kölner Schrift, S. 1799 Rz. 25.

sie von einem anderen Teil bejaht,[334] während ein dritter Teil eine Aktivierung unter bestimmten Voraussetzungen, insbesondere wenn konkrete Veräußerungsabsichten vorliegen, vorsieht.[335]

Versteht man unter dem Firmenwert denjenigen Betrag, den ein Erwerber über den Zeitwert aller (sonstigen) Vermögensgegenstände abzüglich der Schulden hinaus für ein Unternehmen zu zahlen bereit ist,[336] wird einseitig auf die Verkaufssituation abgestellt. Es handelt sich um den (abgeleiteten) derivativen Firmenwert gemäß § 246 Abs. 1 Satz 4 HGB. 196

Die Definition des **BFH** ist umfassender. Danach ist der Firmenwert derjenige Wert, der einem gewerblichen Unternehmen über den Substanzwert (Verkehrswert) der einzelnen materiellen und immateriellen Vermögensgegenstände abzüglich der Schulden hinaus innewohnt.[337] Damit wird nicht nur auf den Verkaufsfall abgestellt. Aus der Formulierung lässt sich ableiten, dass der Firmenwert objektiv ermittelbar ist und dem Unternehmen anhaftet.[338] Die Formulierung umfasst damit auch den selbst geschaffenen originären Firmenwert. 197

Den Formulierungen liegt aber gleichermaßen die Erkenntnis zugrunde, dass der Firmenwert **nicht einzeln veräußerbar** ist; er ist gekoppelt an das gesamte Unternehmen (eventuell auch an Teilbetriebe). Losgelöst vom Verkaufsfall lässt sich der Firmenwert dadurch ermitteln, dass eine Unternehmensbewertung im Ganzen vorgenommen wird.[339] 198

Bei der Beantwortung der Frage, ob der Firmenwert in der Überschuldungsbilanz anzusetzen ist, sind die oben dargestellten Grundsätze, insbesondere die zur Einzelbewertung und zur realistischen Bewertung, zu berücksichtigen. Eine Unternehmensbewertung im Ganzen zur Ermittlung einer möglichen Überschuldung schließen der Wortlaut des § 19 Abs. 2 InsO und die Intention des Gesetzgebers aus. Dann aber verbleibt nur die Einzelermittlung der Vermögensgegenstände und Schulden, wie es der Grundsatz der Einzelbewertung auch besagt. 199

Wie eben festgestellt, handelt es sich beim Firmenwert aber gerade nicht um einen einzelnen Vermögensgegenstand, sondern um eine **Differenzgröße** (im Fall eines beabsichtigten Verkaufs) oder um den i. R. einer **Unternehmensbewertung** ermittelten Wert. Diesen anzusetzen verstieße gegen den Grundsatz der Einzelbewertung und ist daher **abzulehnen**. Liegt ein konkretes Kauf-/Übernahmeangebot vor und wird darin ein Preis geboten, der höher ist als die Summe der Verbindlichkeiten, während die Überschuldungsermittlung eine Überschuldung ergibt, kann nach der hier vertretenen Auffassung nur dann ein In- 200

334) Z. B. *Fischer*, Die Überschuldungsbilanz, S. 118 f.; *Götker*, Der Geschäftsführer in der Insolvenz der GmbH, S. 103; Hachenburg-*Ulmer*, GmbHG, § 63 Rz. 41; Scholz-*K. Schmidt*, GmbHG, Vor § 64 Rz. 22.

335) S. dazu *Bork*, ZInsO 2001, 145, und die dort in Fn. 20–22 zitierten Fundstellen; *Pape* in: KPB, InsO, § 19 Rz. 62.

336) *Bork*, ZInsO 2001, 145.

337) BFH, Urt. v. 27.3.2001 – I R 42/00, BStBl. II 2001, 771; BFH, Urt. v. 27.3.1996 – I R 60/95, BStBl. II 1996, 576.

338) Ein Firmenwert ist an einen Betrieb (Teilbetrieb) gebunden und kann nicht ohne diesen veräußert oder entnommen werden; vgl. BFH, Urt. v. 14.12.1993 – VIII R 13/93, BStBl. II 1994, 922; BFH, Urt. v. 30.3.1994 – I R 52/93, BStBl. II 1994, 903.

339) Überwiegend wird das Ertragswertverfahren angewandt, das der Erkenntnis entspringt, dass sich der Wert des Unternehmens in seiner Ertragsfähigkeit, konkret in der Fähigkeit, Einnahmen-Ertragsüberschüsse zu erwirtschaften, widerspiegelt. Neben dem Ertragswertverfahren kommt das DCF-Verfahren zur Anwendung (vgl. *Wagner* in: WP Handbuch 2008, Bd. 2, Kap. A Rz. 10, S. 4). Bei der Unternehmensbewertung sind die vom IDW (IDW S 1 i. d. F. 2008) aufgestellten „Grundsätze zur Durchführung von Unternehmensbewertungen“ insbesondere von Wirtschaftsprüfern zu beachten, Stand: 4.7.2016, FN-IDW 7/2008, S. 271 ff., IDW Life 8/2016, S. 731.

solvenzantrag vermieden werden, wenn das Angebot innerhalb der dreiwöchigen Frist des § 15a InsO angenommen wird oder auf andere Art und Weise in dieser Frist die bestehende Überschuldung beseitigt wird. Ein Kaufangebot selbst reicht nicht aus, eine bestehende Überschuldung zu beseitigen.

3. Sachanlagen

201 Unter Berücksichtigung der allgemeinen Grundsätze sind Sachanlagen, wozu Grundstücke und Gebäude, Maschinen und Anlagen, Betriebs- und Geschäftsausstattung, geleistete Anzahlungen und Anlagen im Bau gehören, zu aktivieren.

202 Bei einem **Wertgutachten für Grundstücke** und Gebäude ist besonders darauf zu achten, unter welcher Zielsetzung dieses erstellt wird bzw. wurde. Ist die Zielsetzung, den Wert des Objekts für den Unternehmensfortführer zu ermitteln, so hat die Wertfindung auf Basis der Wiederbeschaffungskosten unter Berücksichtigung von Alter und Abnutzung des Gebäudes zu erfolgen. Der Wert für das Gebäude entspricht folglich einem, nach den Besonderheiten von Alter und Abnutzung, ermittelten Substanzwert. Dieser Wert kann **nicht** in die Überschuldungsbilanz eingestellt werden, da er ersichtlich unter der Annahme der Unternehmensfortführung ermittelt wurde und gerade nicht dem Verkehrs- bzw. Liquidationswert entspricht.

203 Der Grundstückswert ist gesondert zu ermitteln und lässt sich z. B. aus der Bodenrichtwertkarte des jeweiligen Orts entnehmen. Anderenfalls (für eine Liquidationsbewertung) ist der Verkehrswert des Objekts festzustellen.

204 Die Bodenrichtwerte werden vom Gutachterausschuss durch Auswertung der Kaufpreissammlung ermittelt. Dabei werden nur solche Kaufpreise berücksichtigt, die im gewöhnlichen Geschäftsverkehr ohne Rücksicht auf ungewöhnliche oder persönliche Verhältnisse zustande gekommen sind. Abweichungen des einzelnen Grundstückes in den wertbestimmenden Eigenschaften wie Art und Maß der baulichen Nutzung, Bodenbeschaffenheit, Erschließungszustand etc. begründen Abweichungen seines Verkehrswerts vom Bodenrichtwert. Verkehrswerte unbebauter wie bebauter Grundstücke können daher im Einzelfall nur durch Gutachten ermittelt werden, die von sachkundigen und erfahrenen Gutachtern erstellt werden.

205 Der **Verkehrswert** (§ 194 BauGB) wird durch den Preis bestimmt, der in dem Zeitpunkt, auf den sich die Ermittlung bezieht, im gewöhnlichen Geschäftsverkehr nach den rechtlichen Gegebenheiten und tatsächlichen Eigenschaften, der sonstigen Beschaffenheit und der Lage des Grundstücks oder des sonstigen Gegenstands der Wertermittlung ohne Rücksicht auf ungewöhnliche oder persönliche Verhältnisse zu erzielen wäre. Vorstehende rechtliche Definition besagt jedoch nichts anderes, als dass es sich beim Verkehrswert um den Preis einer Immobilie handelt, der im gewöhnlichen Geschäftsverkehr am wahrscheinlichsten erzielbar ist. Dieser Wert wird auch als „Marktwert“, steuerlich als „gemeiner Wert“ (§ 9 BewG) bezeichnet. Bei beweglichen Gegenständen des Anlagevermögens kann er z. B. aus Listen (Schwacke-Liste, DAT-Liste) gewonnen werden (ggf. abzüglich der Mehrwertsteuer und der Kosten der Verwertung).

206 Liegen **konkrete Kaufangebote** vor, können diese angesetzt werden. Um dem Grundsatz der Nachvollziehbarkeit der Wertansätze zu entsprechen, empfiehlt es sich, für die den Gesamtwert in besonderem Maße beeinflussenden Vermögensgegenstände, wie z. B. Grundstücke und Gebäude, wertvolles Inventar, Anlagen und Maschinen ein Bewertungsgutachten einzuholen.[340)]

---

340) Vgl. BGH, Urt. v. 7.3.2005 – II ZR 138/03, ZIP 2005, 807 = NZI 2005, 351; BGH, Beschl. v. 14.1.2003 – 4 StR 336/02, ZInsO 2003, 564.

Praxishinweis

Der Auftrag an einen Gebäude- und Grundstücksbewerter sollte präzise beinhalten, ob eine Bewertung unter Fortführungs- und/oder Liquidationsgesichtspunkten gewünscht wird. Steht im Zeitpunkt der Beauftragung bereits fest, dass die Fortbestehensprognose negativ ist, reicht – auch aus Kostengründen – eine Wertermittlung unter Liquidationsaspekten aus.

Es sind nach dem Grundsatz der Vollständigkeit alle Gegenstände zu aktivieren, die verwertbar sind. Dazu gehören auch die im Falle einer Insolvenz mit **Ab- oder Aussonderungsrechten** belasteten Gegenstände.[341)] Dies ergibt sich bereits daraus, dass auf der Passivseite die dinglich gesicherten Gesellschaftsverbindlichkeiten anzusetzen sind; dies folgt aus dem Grundsatz der Einzelbewertung. 207

Beim Leasingnehmer sind **Leasinggegenstände** in der Regel nicht zu aktivieren, da das rechtliche Eigentum beim Leasinggeber verbleibt. Steht dem Leasingnehmer dagegen ein nicht entziehbares Kaufoptionsrecht zu und ist der Wert des Gegenstands[342)] höher als die Summe der noch zu leistenden Leasingraten einschließlich des Optionspreises, dann ist eine Aktivierung des Leasinggegenstands bei gleichzeitiger Passivierung der (ggf. abgezinsten) Leasingraten und des Optionspreises zu bejahen. 208

Die **Bilanzierung von Leasinggegenständen aus der Sicht des Leasinggebers** ist ungleich komplizierter.[343)] An dieser Stelle kann daher nur eine grundsätzliche Beurteilung erfolgen, ohne auf Detail- und Einzelregelungen einzugehen. 209

Erfolgt die Bilanzierung des Leasinggegenstands nach Handels- und Steuerrecht beim Leasinggeber, so wird in der Regel der Leasinggegenstand dem Anlagevermögen zugerechnet und mit den (ggf. fortgeführten) Anschaffungs- bzw. Herstellungskosten (AK/HK) bewertet.[344)] Zum Zwecke der Überschuldungsermittlung ist die Bewertung dagegen nach den obigen Grundsätzen zur Bewertung von Sachanlagen vorzunehmen. Eine Bilanzierung noch **nicht fälliger Mietzins(Leasing)forderungen** durch den Leasinggeber neben der Aktivierung des Leasinggegenstands wird im BMF-Schreiben v. 13.5.1980[345)] abgelehnt. Da eine Bindung an steuer- und handelsrechtliche Bilanzierungsgrundsätze bei der Überschuldungsermittlung nicht besteht, stellt sich die Frage, ob neben der Aktivierung des Leasinggegenstands auch der **kapitalisierte Wert der Leasingraten** bis zum Laufzeitende, ggf. unter – abgezinster Hinzurechnung einer Leasingabschlusszahlung – angesetzt werden kann. 210

Da eine Bewertung zu Liquidationswerten zu erfolgen hat, ist zu prüfen, ob der kapitalisierte Wert der Leasingraten und der Schlusszahlung veräußerbar ist. Bejahendenfalls ist der mögliche Verkaufspreis dafür zu aktivieren. Sind die noch nicht fälligen Leasingraten nur zusammen mit dem Leasinggegenstand veräußerbar, ist der Gesamtwert als Vermögensgegenstand anzusetzen.[346)] 211

---

341) *Gelhausen* in: WP Handbuch, 2008, Bd. 2, Kap. L Rz. 268, S. 895–896; a. A. *Pape* in: KPB, InsO, § 19 Rz. 59.

342) Dabei bemisst sich der Wert des Gegenstands bei einer positiven Fortführungsprognose am Beschaffungsmarkt (fortgeführte Wiederbeschaffungskosten), ansonsten am Verkaufsmarkt (Verkaufspreis).

343) S. z. B. *Wollmert* in: WP Handbuch, Kap. K Rz. 117 ff.

344) IDW St/HFA 1/1989, FN-IDW 1989, 333.

345) BMF-Schreiben v. 13.5.1980 – IV B 2 – S 2170 – 54/80, BB 1980, 815.

346) Steuerlich wird der Gewinn aus der Veräußerung von Leasing-Forderungen durch die Bildung eines passiven Rechnungsabgrenzungspostens neutralisiert, der linear über die restliche Grundmietzeit aufzulösen ist; *Gelhausen* in: WP Handbuch 2012, Kap. E Rz. 45.

4. Finanzanlagen

212 Zu den Finanzanlagen gehören Anteile und Ausleihungen an verbundenen Unternehmen, Beteiligungen und Ausleihungen an Unternehmen, mit denen ein Beteiligungsverhältnis besteht, Wertpapiere des Anlagevermögens und sonstige Ausleihungen. Anteile und Wertpapiere sind mit den Verkehrs- bzw. Kurswerten zu bewerten. Liegen solche nicht vor, handelt es sich also um eine nicht gängige Finanzanlage, ist ggf. eine Unternehmensbewertung vorzunehmen. Beteiligungen an Personengesellschaften können dann bei positiver Fortführungsprognose derselben mit dem Ertragswert angesetzt werden, sofern der Gesellschaftsvertrag keine abweichenden Regelungen z. B. für den Fall des Ausscheidens eines Gesellschafters oder eines Gesellschafterwechsels enthält.[347] Dies sollte, im Falle nicht vorliegender Börsen – oder Marktpreise, auch für Anteile und Beteiligungen an juristischen Personen gelten.

213 Ist zu Liquidationswerten zu bewerten, so kann, sofern es sich um eine Personengesellschaft handelt und der Gesellschaftsvertrag keine von § 131 Abs. 3 Nr. 2 HGB abweichende Klausel enthält, nur der **Abfindungsanspruch** aufgrund insolvenzbedingten Ausscheidens eines Gesellschafters angesetzt werden.[348]

214 **Ausleihungen** sind, sofern werthaltig, mit dem Nominalwert anzusetzen. Handelt es sich um gering- oder unverzinsliche Ansprüche, muss eine Abzinsung erfolgen.

215 **Dingliche Sicherheiten** bleiben unberücksichtigt, da auch die gesicherten Verbindlichkeiten zu passivieren sind.

5. Vorräte

216 In der Handelsbilanz und damit auch in der Überschuldungsbilanz werden an dieser Stelle die Roh-, Hilfs- und Betriebsstoffe (RHB-Stoffe), die unfertigen und fertigen Leistungen/Erzeugnisse und Waren und geleistete Anzahlungen aktiviert.

217 RHB-Stoffe sind mit Veräußerungserlösen (abzüglich USt und Verwertungskosten) zu aktivieren.[349]

218 Wenn mit überwiegender Wahrscheinlichkeit eine „Ausproduktion" erfolgen wird, sind **halbfertige Leistungen/Erzeugnisse** mit den voraussichtlichen Verkaufserlösen (ohne USt), abzüglich der bis zur Verkaufsreife anfallenden Kosten, insbesondere den bis zur Fertigstellung anfallenden Herstellungskosten, und den Erlösschmälerungen (z. B. Skonti, Rabatte) zu aktivieren.[350] Ist eine Ausproduktion eher unwahrscheinlich, ist der voraussichtliche Verkaufserlös für das Halbfertigprodukt (abzüglich der Verwertungskosten) zu aktivieren.[351]

219 **Fertige Erzeugnisse/Leistungen** sind mit den voraussichtlichen Verkaufserlösen (ohne USt), abzüglich der Veräußerungs-/Verwertungskosten und der Erlösschmälerungen zu aktivieren.[352]

---

347) *Baetge/Kirsch/Thiele*, Bilanzen, S. 322; *Gelhausen* in: WP Handbuch 2008, Bd. 2, Kap. L Rz. 275, S. 897.

348) Scholz-*Bitter*, GmbHG, Vor § 64 Rz. 50.

349) *Gelhausen* in: WP Handbuch 2008, Bd. 2, Kap. L Rz. 278, S. 897 – 898.

350) *Baetge/Kirsch/Thiele*, Bilanzen, S. 368.

351) *Gelhausen* in: WP Handbuch 2008, Bd. 2, Kap. L Rz. 279, S. 898.

352) *Baetge/Kirsch/Thiele*, Bilanzen, 2012, S. 367.

6. Forderungen und sonstige Vermögensgegenstände

Zu dieser Position gehören die Forderungen aus Lieferungen und Leistungen, Forderungen gegen verbundene Unternehmen, Forderungen gegen Unternehmen, mit denen ein Beteiligungsverhältnis besteht und sonstige Vermögensgegenstände. 220

Die hier ausgewiesenen Ansprüche sind grundsätzlich mit dem **Nominalwert** zu bewerten. Sind es unverzinsliche oder gering verzinsliche Ansprüche, hat eine Abzinsung zu erfolgen, die bei kurzfristig fälligen Forderungen entfällt. Eine Abwertung der Ansprüche hat ggf. zu erfolgen, wenn die Ansprüche nicht oder nur teilweise realisierbar erscheinen, z. B. auch dann, wenn der Schuldner berechtigt ist, Skonto in Abzug zu bringen und mit dem Abzug zu rechnen ist. 221

Aufgrund des Stichtagsprinzips sind Ansprüche, deren Entstehung von der Eröffnung eines Insolvenzverfahrens abhängig ist (insolvenzrechtliche Anfechtungsansprüche nach den §§ 129 ff. InsO), nicht ansetzbar. 222

Soweit es sich dagegen um Ansprüche handelt, die auch außerhalb des Insolvenzverfahrens durchsetzbar und vollwertig sind, sind diese zu aktivieren. Hierbei kann es sich z. B. um Ansprüche gegen Gesellschafter und Geschäftsführer einer GmbH handeln, die schuldhaft das Gesellschaftsvermögen geschädigt haben.[353)] 223

Nach der Rechtsprechung des BFH[354)] dürfen allerdings **bestrittene Forderungen** in der Handels- und Steuerbilanz erst am Schluss des Wirtschaftsjahrs angesetzt werden, in dem über den Anspruch rechtskräftig entschieden wurde oder in dem eine Einigung mit dem Schuldner erfolgt. Eine Forderung aufgrund einer Vertragsverletzung, einer unerlaubten Handlung oder einer ungerechtfertigten Bereicherung soll erst angesetzt werden, wenn sie anerkannt oder über sie rechtskräftig entschieden wurde. Diese Rechtsprechung des BFH ist Ausfluss des im Handelsrecht immer noch vorhandenen Vorsichtsprinzips, das nach übereinstimmender Auffassung bei der Überschuldungsermittlung nicht anzuwenden ist.[355)] In seinem Beschluss vom 17.7.2006 **relativiert der BGH die BFH-Rechtsprechung** deshalb zu Recht. Wenn danach der Alleingesellschafter einer GmbH in die von ihm festgestellte Bilanz eine Forderung der Gesellschaft gegen sich selbst aufnimmt, ist diese in der Überschuldungsbilanz auch dann zu aktivieren, wenn sich der (zahlungsfähige) Gesellschafter gegenüber dem Insolvenzverwalter später als zahlungsunwillig äußert.[356)] 224

Nach richtiger Auffassung muss auch ein bestrittener Anspruch in der Überschuldungsbilanz aktiviert werden, wenn mehr Gründe für als gegen das Bestehen des Anspruchs sprechen, wenn also das Bestehen des Anspruchs überwiegend wahrscheinlich ist. In einem ersten Schritt ist folglich zu prüfen, ob ein Anspruch dem Grunde nach zu aktivieren ist. Bejahendenfalls wird dann in einem zweiten Schritt geprüft, in welcher Höhe eine Aktivierung zu erfolgen hat. Obwohl das Bestehen eines Anspruches dem Grunde nach bejaht werden kann, ist dieser nicht zwingend in voller Höhe zu aktivieren, da in die Bewertung des Anspruchs z. B. die Risiken eines Prozesses, die mögliche Vergleichsbereitschaft der Parteien, die finanzielle Potenz des Anspruchsgegners usw. einfließen werden. 225

353) Z. B. Ansprüche aus §§ 43 oder 64 GmbHG (sofern bereits schadensersatzbegründende Ansprüche zum Zeitpunkt der Aufstellung der Überschuldungsbilanz vorliegen; die Ansprüche sind vom Geschäftsführer bzw. Liquidator, später ggf. vom Insolvenzverwalter geltend zu machen); vgl. Noack/Servatius/Haas-*Zöllner/Noack*, GmbHG, § 42 Rz. 14; Scholz-*Bitter*, GmbHG, Vor § 64 Rz. 53; Scholz-*K. Schmidt*, GmbHG, § 64 Rz. 28 ff. und Rz. 49 ff.

354) Grundlegend dazu ist das Urteil des BFH v. 26.4.1989 – I R 147/84, BStBl. II, 1991, 213.

355) S. dazu oben den Grundsatz der realistischen Bewertung, Rz. 181 ff.

356) BGH, Beschl. v. 17.7.2006 – II ZR 178/05, DStR 2007, 1360.

226 **Dingliche Rechte** bleiben unberücksichtigt, da die besicherten Verbindlichkeiten zu passivieren sind. Als Ausfluss des Grundsatzes der Einzelbewertung findet eine Verrechnung (Kompensation) also nicht statt.

7. Wertpapiere

227 Nach den Gliederungsvorschriften des § 266 HGB gehören hierzu die Anteile an verbundenen Unternehmen und die sonstigen Wertpapiere.

228 In der Handelsbilanz ist aufgrund des Bilanzrechtsmodernisierungsgesetzes (BilMoG) vom 25.5.2009 der **Ausweis eigener Anteile** auf der Aktivseite der Bilanz unter der Position „Wertpapiere" mit Wirkung ab dem 1.1.2010 nicht mehr zulässig.[357] Stattdessen sind die eigenen Anteile offen vom Posten „Gezeichnetes Kapital" abzusetzen. Aufgrund der Gefahren, die latent beim Erwerb und Ausweis eigener Anteile gegeben sind, hat der Gesetzgeber den Erwerb eigener Anteile stark eingeschränkt.[358]

229 In der Überschuldungsbilanz können nach Auffassung von *Gelhausen*[359] eigene Anteile angesetzt werden, wenn konkrete Verwertungsmöglichkeiten bestehen. Auch *Drukarczyk/Schüler*[360] scheinen einen Ansatz eigener Anteile nicht generell auszuschließen. *Bitter*[361] und *Karsten Schmidt*[362] dagegen verneinen den Ansatz eigener Anteile in der Überschuldungsbilanz.

230 Aufgrund der Doppelnatur der eigenen Anteile scheint die Auffassung von *Karsten Schmidt* und *Bitter* zu restriktiv.[363] Eigenen Anteilen kann wegen der Möglichkeit ihrer Veräußerung die Eigenschaft als echter Vermögensgegenstand zugesprochen werden. Dies ist der Fall, wenn Dritte bereit sind, die eigenen Anteile gegen Zahlung zu übernehmen. Dass diese Annahme keine rein theoretische ist, ergibt sich bereits aus § 272 Abs. 1b HGB, wonach bei einer Veräußerung der eigenen Anteile der offene Ausweis durch Absetzung vom „Gezeichneten Kapital" entfällt. Der den Nennbetrag oder den rechnerischen Wert des Anteils übersteigende Betrag wird in diesem Fall dem Eigenkapital (Rücklagen) zugerechnet.

231 Eigene Anteile stellen aber lediglich einen Korrekturposten zum Eigenkapital dar, wenn eine Veräußerung nicht möglich ist, also insbesondere im Falle der unterstellten Liquidation des Unternehmens. Die eigenen Anteile sind in diesem Fall nicht zu aktivieren.

232 Ein Ansatz in der Überschuldungsbilanz ist nach der hier vertretenen Auffassung allenfalls dann vertretbar, wenn ein **konkretes Kaufangebot** vorliegt und der Käufer seine Bonität nachgewiesen hat. Ein Käufer wird aber nur dann bereit sein, eigene Anteile käuflich zu erwerben, wenn keine Überschuldung vorliegt. Deshalb dürfte eine Überschuldungssituation bei einem vorliegenden konkreten Kaufangebot bereits deshalb nicht gegeben sein, es sei denn, der Käufer kennt die wirtschaftliche Situation des Unternehmens nicht. Im Unterschied zum Firmenwert sind eigene Anteile aber selbständig veräußerbar, wes-

357) Korrekt ausgedrückt sind die neuen Vorschriften des § 272 Abs. 1a und 1b HGB auf alle Jahres- und Konzernabschlüsse für das nach dem 31.12.2009 beginnende Wirtschaftsjahr anzuwenden (Art. 66 Abs. 3 EGHB).

358) Bei AG ist der Erwerb eigener Anteile nur unter restriktiven Bedingungen möglich (§§ 71 ff. AktG). GmbH dürfen eigene Anteile nur aus Vermögen erwerben, das über das Stammkapital und eine nach dem Gesellschaftsvertrag zu bildende Rücklage hinaus vorhanden ist (§ 33 Abs. 2 Satz 1 GmbHG). Ein über den Nennbetrag der eigenen Anteile (oder deren rechnerischem Wert) hinaus gezahlter Betrag ist zudem mit den frei verfügbaren Rücklagen zu verrechnen (§ 272 Abs. 1a Satz 2 HGB).

359) *Gelhausen* in: WP Handbuch 2008, Bd. 2, Kap. L Rz. 302, S. 905.

360) *Drukarczyk/Schüler* in: MünchKomm-InsO, § 19 Rz. 113.

361) Scholz-*Bitter*, GmbHG, Vor § 64 Rz. 50.

362) K. Schmidt/Uhlenbruck-*K. Schmidt*, Die GmbH, Rz. 5.124.

363) Zur Doppelnatur eigener Anteile vgl. *Lück* in: Steuerberater-Handbuch, 2000, E 2 Rz. 110, S. 362.

halb eine Aktivierung, trotz der Bedenken, bei vorliegendem konkretem Kaufangebot in diesem Fall zulässig erscheint.

Zur Bewertung der Anteile an **verbundenen Unternehmen** wird auf die Ausführungen zu den Finanzanlagen verwiesen. Sonstige Wertpapiere, zu denen z. B. Finanzwechsel, Warenwechsel, Bundesschatzwechsel gehören, sind mit den Nominalwerten zu aktivieren, sofern keine Abwertung wegen schlechter oder fehlender Realisierungsmöglichkeiten erforderlich ist. Zinsansprüche bis zum Bewertungsstichtag, die im Nominalwert nicht enthalten sind, sind zusätzlich anzusetzen. 233

8. Kassenbestand, Bundesbankguthaben, Guthaben bei Kreditinstituten und Schecks

Ein Ansatz dieser Vermögensgegenstände erfolgt grundsätzlich zu Nominalwerten; allenfalls könnte bei Schecks eine Abwertung erforderlich werden, wenn Erkenntnisse über schlechte oder fehlende Realisierungsmöglichkeiten vorliegen. 234

9. Rechnungsabgrenzungsposten

Ausgaben, die vor dem Überschuldungsstichtag geleistet worden sind, soweit sie Aufwand für eine bestimmte Zeit danach darstellen, sind in der Handelsbilanz gemäß § 250 Abs. 1 HGB als aktive Rechnungsabgrenzungsposten zu aktivieren. Soweit es sich bei diesen um echte Forderungen handelt, ist eine Aktivierung geboten, anderenfalls ist sie verboten. Echte Forderungen und damit Vermögensgegenstände liegen z. B. vor, wenn die Ansprüche veräußerbar sind oder im Falle einer Vertragsbeendigung zu einem Rückzahlungsanspruch führen.[364] 235

Unter dieser Bilanzposition kann zudem der Unterschiedsbetrag zwischen dem höheren Rückzahlungsbetrag einer Verbindlichkeit und dem Auszahlungsbetrag ausgewiesen werden (Disagio), der dann durch planmäßige jährliche Abschreibung zu tilgen ist (§ 250 Abs. 3 HGB). Bei diesem Unterschiedsbetrag handelt es sich im eigentlichen Sinne um keinen Vermögensgegenstand; eine Veräußerbarkeit ist nicht gegeben, weshalb ein Ansatz in einer Überschuldungsbilanz zu unterbleiben hat. 236

10. Aktive latente Steuern

Bestehen zwischen handels- und steuerrechtlichen Wertansätzen Differenzen, die sich im Zeitablauf voraussichtlich abbauen, so ist eine sich insgesamt daraus ergebende Steuerbelastung als sog. passive latente Steuer zu passivieren. Eine sich ergebende Steuerentlastung kann als aktive latente Steuern aktiviert werden. (§ 274 HGB). Darüber hinaus sind – auch wenn es sich nicht um Differenzen im eigentlichen Sinne handelt – auch Verlustvorträge bei der Berechnung aktiver latenter Steuern i. H. der innerhalb der nächsten fünf Jahre zu erwartenden Verlustverrechnung zu berücksichtigen (§ 274 Abs. 1 Satz 4 HGB). Aktive latente Steuern sind gemäß § 266 Abs. 2 HGB auf der Aktivseite der Bilanz unter der Position „D. Aktive latente Steuern" auszuweisen, wenn von dem Wahlrecht der Aktivierung Gebrauch gemacht wird. Die ausgewiesenen Posten (aktive oder passive latente Steuern) sind aufzulösen, wenn die Steuerbe- oder -entlastung eintritt oder mit ihr nicht mehr zu rechnen ist. 237

Nach der Gesetzesbegründung handelt es sich bei den aktiven und passiven latenten Steuern um einen **Sonderposten eigener Art**, der weder einen Vermögensgegenstand, einen Rech- 238

---

364) *Gelhausen* in: WP Handbuch 2008, Bd. 2, Kap. L Rz. 303, S. 905.

nungsabgrenzungsposten oder eine Bilanzierungshilfe darstellt.[365] Zum Verhältnis von Rückstellungen und passiven latenten Steuern führt die Gesetzesbegründung aus, dass den passiven latenten Steuern zwar teilweise der Charakter von Rückstellungen zukommen möge, dies aber nicht für den Posten in seiner Gesamtheit gelte.

> „Insbesondere für den Bereich der nun auch zu berücksichtigenden quasi-permanenten Differenzen kann gerade nicht zweifelsfrei vom generellen Vorliegen der Tatbestandsvoraussetzungen nach § 249 Abs. 1 Satz 1 HGB für den Ansatz von Rückstellungen ausgegangen werden."[366]

239 **Aktive latente Steuern entstehen**, wenn Vermögensgegenstände, aktive Rechnungsabgrenzungsposten oder derivative Geschäfts- oder Firmenwerte in der Handelsbilanz nicht oder niedriger als in der Steuerbilanz angesetzt werden oder wenn Schulden oder passive Rechnungsabgrenzungsposten in der Steuerbilanz nicht oder geringer als in der Handelsbilanz angesetzt werden.[367]

240 Würden die Ertragsteuern auf der Basis des handelsbilanziellen Ergebnisses ermittelt, wären diese i. H. der auf die Wertdifferenzen entfallenden Ertragsteuern geringer als die steuerbilanziell ermittelten Ertragsteuern. Die letzteren sind aber tatsächlich zu entrichten, stellen eine rechtliche Verpflichtung für das Unternehmen bzw. den Kaufmann dar und sind deshalb in dieser Höhe auch in der Handelsbilanz als Rückstellung oder Verbindlichkeit zu passivieren.

241 Daraus folgt, dass quasi ein Steuerguthaben i. H. der auf die Wertdifferenzen entfallenden Ertragsteuern besteht, das sich auflöst, wenn sich die Wertdifferenzen z. B. durch Abschreibung stetig oder Veräußerung einmalig auflösen. Das Steuerguthaben, das rechtlich aber keines ist, baut sich folglich im Zeitablauf wieder ab.

242 **Ob aktive latente Steuern** als Vermögensgegenstand **in die Überschuldungsbilanz übernommen werden können**, bedarf einer näheren Betrachtung: Vermögensgegenstände i. S. einer Überschuldungsrechnung sind nur solche körperlichen oder immateriellen Werte, die verwertbar sind und im Insolvenzfall zur Masse gehören.[368] Während unzweifelhaft ein Steuerguthaben bei Insolvenz dem Insolvenzbeschlag unterliegt und zur Masse gezogen wird, stellt sich die Frage, ob aktive latente Steuern verwertbar sind. Eine gesonderte Verwertung als einzelner Vermögenswert scheidet ohnehin aus, da kein Anspruch gegen die Finanzverwaltung auf Auszahlung eines Guthabens besteht, das veräußert, abgetreten oder verpfändet werden könnte.

243 Ein sich aus der Bewertungsdifferenz zwischen Handels- und Steuerbilanz ergebender Steuervorteil führt in den Folgejahren nicht zu einem Steuerguthaben gegenüber der Finanzverwaltung, das aktiv zur Insolvenzmasse gezogen werden könnte. Wird bspw. nur ein in der Handelsbilanz auf den niedrigeren beizulegenden Wert (§ 253 Abs. 3 HGB) abgewertetes Grundstück, für das wegen der Wertdifferenz zur Steuerbilanz latente Steuern aktiviert worden sind, oberhalb des beizulegenden Werts und oberhalb der steuerlichen Anschaffungskosten veräußert, so entfällt insoweit der Ansatz aktiver latenter Steuern; ein realisierbares Steuerguthaben entsteht dadurch aber nicht. Selbst ein Verkauf unterhalb der steuerlichen Anschaffungskosten führt u. U. zu einem Steuerguthaben, das allerdings keinen Bezug zu der in der Handelsbilanz ausgewiesenen Position „Aktive latente Steuern" aufweist.

---

365) Begr. RegE BilMoG, BT-Drucks. 16/10067, S. 67.

366) Begr. RegE BilMoG, BT-Drucks. 16/10067, S. 67.

367) *Baetge/Kirsch/Thiele*, Bilanzen, S. 551.

368) Jaeger-*Müller*, InsO, § 19 Rz. 44.

Die Position „Aktive latente Steuern" könnte auch in Erwartung der Verlustverrechnung mit künftigen Gewinnen gebildet worden sein. Dies setzte aber voraus, dass künftig ausreichende Gewinne realisiert werden, um Verlustvorträge verrechnen zu können. Doch selbst dann führt die Verlustverrechnung aufgrund von Verlustvorträgen mit späteren Gewinnen nicht zu einem Steuerguthaben. Vielmehr wird lediglich die Entstehung von Steuerverbindlichkeiten i. H. der möglichen Verlustverrechnung vermieden. Ein Steuerguthaben, das veräußert, abgetreten oder verpfändet werden könnte, entsteht daraus nicht. 244

Im Ergebnis bleibt deshalb festzuhalten, dass es sich bei der Position „Aktive latente Steuern" nicht um einen in der Überschuldungsbilanz ansetzbaren Vermögensgegenstand handelt. Eine Aktivierung hat daher **zu unterbleiben.** 245

V. Schulden und ihre Bewertung

Da eine Überschuldung gemäß § 19 Abs. 2 InsO vorliegt, wenn das Vermögen die Schulden nicht mehr deckt, bleibt das Eigenkapital der Gesellschaft bei der Überschuldungsermittlung außer Ansatz. Zum Eigenkapital gehören nicht nur das gezeichnete Kapital,[369] sondern auch die sonstigen in der Gliederung des § 266 Abs. 3 HGB unter Pos. A aufgeführten Eigenkapitalpositionen.[370] Auch die **Sonderposten mit Rücklagenanteil**, die letztmals gemäß § 273 HGB bis zum 31.12.2009 gebildet werden konnten,[371] stellten Eigenkapital dar und waren nicht zu passivieren; ebenfalls war der darin enthaltene Steueranteil trotz der überwiegenden Auffassung, dass es sich bei dieser Position um einen Mischposten aus Eigen- und Fremdkapital handelt, nicht als Rückstellung zu passivieren.[372] Dies ergab sich aus dem Umstand, dass es sich bei den in den Sonderposten mit Rücklagenanteil enthaltenen latenten Steuern zivilrechtlich nicht um eine Schuld handelte. Allenfalls handelte es sich um eine bedingte Steuerschuld einer späteren Periode, bei der der Eintritt der Bedingung ungewiss war. Bei der Auflösung oder Übertragung des Sonderpostens war dieser allenfalls ein Bestandteil von vielen des Periodenerfolgs. Nicht die Rücklage bzw. deren Auflösung/Übertragung wurde besteuert, sondern der Periodenerfolg. Ob die Auflösung des Sonderpostens eine Steuerschuld auslöste, war daher von dem Periodenergebnis im Übrigen abhängig. Der Ansatz einer Rückstellung verbot sich daher.[373] 246

Ob **passive latente Steuern** zu passivieren sind, ist mit Blick auf ihren rechtlichen Charakter zu beantworten. Wie bei den Sonderposten mit Rücklagenanteil stellen passive latente Steuern keine konkrete bestehende Verbindlichkeit dar. Zwar ist in späteren Perioden aufgrund der Auflösung der Bewertungsdifferenzen zwischen Handels- und Steuerbilanz mit einem geringeren handelsbilanziellen Ergebnis im Verhältnis zur Steuerbilanz zu rechnen. Die passiven latenten Steuern sind deshalb aufzulösen. Ob sich aber aus der Auflösung der Wertdifferenzen eine echte Steuerverbindlichkeit ergibt, ist abhängig vom Gesamtergebnis. Außerdem ist – abhängig von der Art des Vermögensgegenstands – noch offen, ob tatsächlich eine ergebniswirksame Erhöhung durch die Auflösung von Wertdifferenzen eintritt. Wird bspw. ein in der Handelsbilanz selbstgeschaffener immaterieller Vermögensgegenstand aktiviert, während eine Aktivierung in der Steuerbilanz unzulässig ist (§ 5 Abs. 2 EStG) und stellt sich heraus, dass dieser Vermögensgegenstand unveräußerbar 247

---

369) Z. B. das Stammkapital bei der GmbH gemäß § 5 GmbHG oder das Grundkapital einer AG gemäß §§ 6 ff. AktG.

370) Kapitalrücklagen, Gewinnrücklagen, Gewinnvorträge, der Jahresüberschuss und die Rücklage für eigene Anteile (s. a. § 272 HGB „Eigenkapital").

371) § 273 HGB wurde mit dem BilMoG v. 25.5.2009 aufgehoben und ist letztmals auf Jahres- und Konzernabschlüsse für vor dem 1.1.2010 beginnende Geschäftsjahre anzuwenden (Art. 66 Abs. 4 EGHGB).

372) BFH, Urt. v. 31.5.2005 – I R 35/04, ZIP 2005, 2214, dazu EWiR 2006, 19 *(Beck)*.

373) *Beck*, EWiR 2006, 19, 20 (Urteilsanm.).

ist, so führt weder die Aktivierung noch die spätere Ausbuchung in der Handelsbilanz zu einer Ergebnisveränderung in der Steuerbilanz. Eine echte Steuerverbindlichkeit besteht trotz des ursprünglichen Ansatzes passiver latenter Steuern in der Handelsbilanz also nicht.

248 Im Ergebnis ist es deshalb abzulehnen, passive latente Steuern bei der Überschuldungsermittlung zu berücksichtigen.

249 **Zu den ansatzpflichtigen Schulden gehören** die Rückstellungen, die Verbindlichkeiten und die passiven Rechnungsabgrenzungsposten.[374)]

1. Rückstellungen

250 Rückstellungen sind gemäß § 249 HGB zu bilden für Verbindlichkeiten,

- die dem Grunde und/oder der Höhe nach ungewiss sind (Verbindlichkeitsrückstellung,[375)]
- für drohende Verluste aus schwebenden Geschäften (Drohverlustrückstellung),
- für bestimmte gesetzlich definierte Innenverpflichtungen (Aufwandsrückstellung) und
- für Gewährleistungen, die ohne rechtliche Verpflichtung erbracht werden.

251 **Aufwandsrückstellungen** bedürfen keiner weiteren Erörterung; diese sind in der Überschuldungsbilanz nicht anzusetzen. Es handelt sich hierbei um im Geschäftsjahr unterlassene Aufwendungen für Instandhaltung, die im folgenden Geschäftsjahr innerhalb von drei Monaten, oder für Abraumbeseitigung, die im folgenden Geschäftsjahr nachgeholt werden (§ 249 Abs. 1 Nr. 1 HGB). Da keine rechtliche Verpflichtung besteht, diese Aufwendungen zu tätigen, hat ein Ansatz in der Überschuldungsbilanz zu unterbleiben.

252 Auch die Rückstellung für **Gewährleistungen** ohne rechtliche Verpflichtung bedarf keiner tiefer gehenden Betrachtung. Da keine rechtliche Verpflichtung gegenüber Dritten besteht, entfällt auch hier ein Ansatz in der Überschuldungsbilanz.

253 Differenzierter zu betrachten sind die Rückstellungen für sog. Außenverpflichtungen, also die Verbindlichkeits- und die Drohverlustrückstellungen: Verbindlichkeiten, die den **Verbindlichkeitsrückstellungen** zugrunde liegen, müssen bis zum Stichtag der Überschuldungsermittlung rechtlich entstanden sein.[376)] Eine Passivierung ist geboten, wenn eine Verpflichtung gegenüber Dritten vorliegt oder zumindest bei sorgfältiger Abwägung aller bekannten Fakten nicht verneint werden kann.[377)] Mit dem Be- oder Entstehen der Verbindlichkeit muss ernsthaft zu rechnen sein, d. h. der Anspruch muss ausreichend konkretisiert sein.[378)] Das Be- oder Entstehen muss objektiv wahrscheinlich sein.[379)] Bei ernstlich streitigen Verbindlichkeiten (z. B. Schadensersatzforderungen) wird die Auffassung vertreten, von einer Passivierung abzusehen, um die Gesellschaft nicht vorschnell in die Insolvenz zu treiben.[380)]

254 Der BFH sieht den Ansatz einer Rückstellung für dem Grunde nach ungewisse Verbindlichkeiten dann für geboten,[381)] wenn mehr Gründe für als gegen das Entstehen der in Rede stehenden Verbindlichkeit sprechen. Daneben ist weitere Voraussetzung, dass der Schuld-

374) S. dazu z. B. die Gliederungsvorschrift des § 266 Abs. 3 B. bis D. HGB.

375) S. a. § 249 HGB „Rückstellungen".

376) *Adler/Düring/Schmaltz*, Rechnungslegung, § 249 HGB Rz. 63 ff., § 253 HGB Rz. 208 ff.

377) *Adler/Düring/Schmaltz*, Rechnungslegung, § 249 HGB Rz. 43.

378) Ebenroth/Boujong/Joost/Strohn-*Böcking/Gros*, HGB, § 249 Rz. 15.

379) Baumbach/Hopt-*Merkt*, HGB, § 249 Rz. 8.

380) Noack/Servatius/Haas-*Haas*, GmbHG, § 64 Rz. 52; Uhlenbruck-*Mock*, InsO, § 19 Rz. 155.

381) BFH, Urt. v. 1.8.1984 – I R 88/80, BStBl. II 1985, 44; BFH, Urt. v. 25.4.2006 – VIII R 40/04, BStBl. 2006, 749; zuletzt BFH, Beschl. v. 8.2.2012 – IV S 12/11 (PKH), BFH/NV 2012, 984–985.

ner ernsthaft mit seiner Inanspruchnahme rechnen muss. Die bloße Möglichkeit des Bestehens oder Entstehens einer Verbindlichkeit reicht für die Rückstellungsbildung nicht aus.[382] Deshalb müssen auch für die Möglichkeit der Inanspruchnahme mehr Gründe dafür als dagegen sprechen.

In diesen Fällen ist die dafür in der Handelsbilanz erfolgte Bilanzierung in die Überschuldungsbilanz zu übernehmen. Nicht nur Rückstellungen für ungewisse Verbindlichkeiten (z. B. Pensionsrückstellungen), auch für **drohende Verluste** aus schwebenden Geschäften sind Rückstellungen zu bilden. 255

Rückstellungen für den durch eine **Insolvenzeröffnung** verursachten **Aufwand**, z. B. für die Gerichts- und Verwalterkosten, sind nicht anzusetzen.[383] Dies ist Folge des Stichtagsprinzips, wonach nur die Verbindlichkeiten zu passivieren sind, die an diesem Stichtag bereits bestehen. Damit ist auch der Auffassung von *Pape* beizupflichten, dass Abwicklungskosten nicht anzusetzen sind, da diese erst nach Verfahrenseröffnung ausgelöst werden.[384] 256

2. Verbindlichkeiten

Verbindlichkeiten sind mit ihrem Erfüllungsbetrag zu passivieren. Unverzinsliche Verbindlichkeiten mit einer Laufzeit von mehr als einem Jahr sind entsprechend § 41 Abs. 2 InsO, § 253 Abs. 2 HGB abzuzinsen. Zu den passivierungspflichtigen Verbindlichkeiten, die im Falle der Insolvenzeröffnung eine Insolvenzforderung begründen können,[385] gehören: 257

- fällige, noch nicht fällige, gestundete Verbindlichkeiten;
- eigenkapitalersetzende Darlehen, die im Falle der Insolvenzeröffnung nachrangig wären (§ 39 Abs. 1 InsO), es sei denn, es wurde ein qualifizierter Rangrücktritt i. S. des § 19 Abs. 2 Satz 2 InsO vereinbart;[386]
- Anspruch des stillen Gesellschafters auf Rückzahlung der Einlage gemäß § 236 Abs. 1 HGB;
- Eventualverbindlichkeiten (Bürgschaften, Gewährleistungen, Bestellung von Sicherheiten, mögliche Ansprüche aus Wechselbegebung), sofern mit einer Inanspruchnahme gerechnet werden muss. Die Passivierung hat i. H. der wahrscheinlichen Inanspruchnahme zu erfolgen;[387]
- strittige Verbindlichkeiten, allerdings nur dann, wenn mehr Gründe für das Bestehen und der Geltendmachung des Anspruchs sprechen, als dagegen; wenn der Geschäftsführer/Vorstand aus guten Gründen annehmen kann, dass die Verbindlichkeit nicht besteht, entfällt eine Passivierung.[388]

382) BFH, Urt. v. 30.4.1998 – III R 40/95, BFH/NV 1998, 1217; betreffend die künftige Inanspruchnahme auf Garantieleistungen BFH, Urt. v. 19.10.2005 – XI R 64/04, BStBl. II 2006, 371 m. w. N.

383) *Drukarczyk/Schüler* in: MünchKomm-InsO, § 19 Rz. 118.

384) *Pape* in: KPB, InsO, § 19 Rz. 54; a. A. *Gelhausen* in: WP Handbuch 2008, Bd. 2, Kap. L Rz. 170, S. 807.

385) BGH, Urt. v. 27.10.1982 – VIII ZR 187/81, ZIP 1982, 1435, 1437 = NJW 1983, 676.

386) Der Gesetzgeber hat sich insoweit der Rspr. des BGH angeschlossen, der bereits 2001 entschieden hatte, dass nur dann von der Passivierung einer kapitalersetzenden Gesellschafterforderung abgesehen werden kann, wenn eine qualifizierte Rangrücktrittsvereinbarung abgegeben wurde; BGH, Urt. v. 8.1.2001 – II ZR 88/99, BGHZ 146, 264 = NJW 2001, 1280–1284, dazu EWiR 2001, 329 *(Priester)*.

387) K. Schmidt/Uhlenbruck-*K. Schmidt*, Die GmbH, Rz. 5.128.

388) S. dazu die Ausführungen weiter oben zu den „strittigen" Rückstellungen Rz. 254 ff. sowie K. Schmidt/Uhlenbruck-*K. Schmidt*, Die GmbH, Rz. 5.129.

258 Zum **Ansatz strittiger Verbindlichkeiten** ist der Vorschlag unterbreitet worden, diese grundsätzlich i. H. ihres Maximalbetrags anzusetzen, wenn die Überschuldungsbilanz unter Zerschlagungsgesichtspunkten aufzustellen sei. Bestehe jedoch eine positive Fortführungsprognose, so sollen strittige Verbindlichkeiten mit ihren Fortführungswerten in abgestufter Bewertung, d. h. nach dem Grad ihrer wahrscheinlichen Inanspruchnahme, anzusetzen sein.[389)]

259 Diese Auffassung übersieht, dass bereits bei der Erstellung der Fortführungsprognose Annahmen zu möglichen strittigen Verbindlichkeiten gemacht werden müssen. In dem der Fortführungsprognose zugrunde liegenden Finanzplan sind alle zukünftigen Zahlungsströme, d. h. Einzahlungen und Auszahlungen zu erfassen. Ist mit der Inanspruchnahme einer strittigen Verbindlichkeit im Zeithorizont des Finanzplans zu rechnen, muss diese erfasst werden. Die Entscheidung über den Ansatz strittiger Verbindlichkeiten in abgestufter Form kann daher nicht erst erfolgen, wenn eine positive Fortführungsprognose vorliegt; sie ist vielmehr Grundlage der Prognose. Da es zudem rechtlich unerheblich für das Bestehen und damit dem Ansatz einer Verbindlichkeit ist, ob das Unternehmen fortgeführt oder zerschlagen wird, erscheint die differenzierende Behandlung strittiger Verbindlichkeiten bei Zerschlagung oder Fortführung wenig geeignet.

3. Passive Rechnungsabgrenzungsposten (PRAP)

260 Unter passiven Rechnungsabgrenzungsposten sind Einnahmen zu verstehen, die vor dem Stichtag gezahlt worden sind, aber einen Ertrag für einen bestimmten Zeitraum[390)] danach darstellen (vgl. § 250 Abs. 2 HGB). Beispiel: Die Mieten einer vermieteten Halle werden vom Mieter im Voraus für drei Monate nach dem Stichtag bezahlt.

261 Da es sich bei den passiven Rechnungsabgrenzungsposten um Verbindlichkeiten handelt, die entweder eine Leistungsverpflichtung begründen oder zu einer Rückzahlungsverpflichtung führen (z. B. bei Vertragsauflösung), sind die in der Handelsbilanz ausgewiesenen passiven Rechnungsabgrenzungsposten in voller Höhe auch in der Überschuldungsbilanz zu passivieren; bisher nicht passivierte passive Rechnungsabgrenzungsposten müssen passiviert werden.

VI. Besonderheiten

1. Kapitalersetzende Darlehen

262 Durch das Gesetz zur Modernisierung des GmbH-Rechts und zur Bekämpfung von Missbräuchen (MoMiG), das zum 1.11.2008 in Kraft getreten ist,[391)] hat das bis dahin geltende Eigenkapitalersatzrecht eine vollständige Änderung erfahren. Für alle Gesellschafterdarlehen und die diesen entsprechenden Leistungen gilt nunmehr den Insolvenzgläubigern gegenüber, dass sie als **nachrangig i. S. des § 39 Abs. 1 Nr. 5 InsO zu behandeln** sind.

263 Gesellschafterdarlehen sind danach **in der Überschuldungsbilanz zu passivieren**, es sei denn, es wurde ein entsprechender qualifizierter Nachrang vereinbart (§ 19 Abs. 2 Satz 2 InsO).

---

389) *A. Schmidt/Roth*, ZInsO 2006, 236.

390) Die Tendenzen in Literatur und Rspr., insbesondere zu den PRAP, gehen dahin, die „bestimmte Zeit" weniger restriktiv (*Crezelius*, DB 1998, 633) oder sogar extensiv (BFH, Urt. v. 5.4.1984 – IV R 96/82, BStBl. II 1984, 552; BFH, Urt. v. 9.12.1993 – IV R 130/91, BStBl. II 1995, 202) auszulegen, so dass PRAP selbst dann zu passivieren sind, wenn die bestimmte Zeit nach dem Stichtag nicht bestimmt ist, sich aus der Zahlung vor dem Stichtag aber eine Verpflichtung ergibt; vgl. auch L. Schmidt-*Weber-Grellet*, EStG, 2003, § 5 Rz. 251 f.

391) Vgl. Gesetz zur Modernisierung des GmbH-Rechts und zur Bekämpfung von Missbräuchen (MoMiG), v. 23.10.2008, BGBl. I 2008, 2026.

2. Patronatserklärungen

Die Patronatserklärung ist ein Sammelbegriff[392] für eine Vielzahl unterschiedlicher Erklärungen, mit denen ein Dritter (Patron) in der Regel für einen Darlehensnehmer (z. B. Tochterunternehmen) eine (Darlehens-)Sicherungszusage abgibt.[393] Es wird zwischen weichen und harten Patronatserklärungen unterschieden. Während die weichen Patronatserklärungen keine rechtlichen Verpflichtungen begründen, also als eine Art „Goodwill"-Erklärung zu verstehen sind, sollen harte Patronatserklärungen rechtlich verbindlich sein.[394] **264**

Da **weiche Patronatserklärungen** keinen rechtlichen Bindungswillen enthalten, lässt sich ein Anspruch gegen den Patron nicht aktivieren. Ein Ansatz als Vermögenswert in der Überschuldungsbilanz muss unterbleiben.[395] **265**

Ist eine **harte Patronatserklärung** so formuliert, dass der Patron daraus unmittelbar neben und nicht nach dem Schuldner (z. B. Tochterunternehmen) haftet,[396] ist folglich der Anspruch für den Empfänger der Erklärung unzweifelhaft und gegen den Patron rechtlich durchsetzbar,[397] so stellt sich die Frage, ob ein derartiger Anspruch als Vermögensgegenstand in der Überschuldungsbilanz ansetzbar ist. Die Frage dürfte jedenfalls dann zu verneinen sein, wenn der Patron sich gegen den Schuldner (Tochterunternehmen) einen Rückgriffsanspruch vorbehält oder sich ein solcher kraft Gesetzes ergibt (§§ 670, 774 BGB). In diesem Fall steht dem Anspruch gleichzeitig eine Verbindlichkeit gegenüber. Eine Auswirkung in der Überschuldungsbilanz ergibt sich nicht. Eine mögliche Überschuldung wird nicht beseitigt. **266**

Eine andere Beurteilung kann sich ergeben, wenn ein solcher Rückgriffsanspruch **verbindlich ausgeschlossen** wurde (z. B. durch Verzicht) oder für diesen Rückgriffsanspruch ein **qualifizierter Rangrücktritt** vereinbart wurde. In diesem Fall ist eine Aktivierung des Anspruchs jedenfalls dann möglich, wenn der Anspruch nicht nur unzweifelhaft und rechtlich einklagbar ist, sondern sich der Anspruch zudem gegen einen solventen Patron richtet, der wirtschaftlich in der Lage ist, den Anspruch auszugleichen. Gegebenenfalls ist der Anspruch – ähnlich wie bei Forderungen – mit dem Teilbetrag zu aktivieren, der realisierbar erscheint. Derartige Ansprüche müssen folglich werthaltig sein, so dass auch außerhalb eines Insolvenzverfahrens mit ihrer Durchsetzung zu rechnen ist.[398] Weitere Voraussetzung der Aktivierbarkeit eines Anspruchs gegen den Patron ist, dass die Patronatserklärung nicht bereits wirksam gekündigt wurde. Verspricht nämlich eine Muttergesellschaft in einer Patronatserklärung gegenüber ihrer in der Krise befindlichen Tochtergesellschaft, während eines Zeitraums, der zur Prüfung der Sanierungsfähigkeit erforderlich ist, auf Anforderung zur Vermeidung von deren Zahlungsunfähigkeit oder Überschuldung deren fällige Verbindlichkeiten zu erfüllen, kann diese Erklärung mit Wirkung für die Zukunft gekündigt **267**

392) *Schneider*, ZIP 1989, 619, 620.

393) *v. Bernuth*, ZIP 1999, 1501.

394) *v. Bernuth*, ZIP 1999, 1501; *Habersack*, ZIP 1996, 257; *Schneider*, ZIP 1989, 619; *Reinicke/Tiedtke*, Kaufrecht, S. 12–13.

395) Zu der Frage, ob weiche Patronatserklärungen bei Erstellung der Fortbestehensprognose berücksichtigt werden dürfen, vgl. *Bieg/Hölzle*, ZIP 2022, 2419 und BGH, Urt. v. 13.7.2021 – II ZR 84/20 (Air Berlin), BGHZ 230, 255 = ZIP 2021, 1643.

396) BGH, Urt. v. 30.1.1992 – IX ZR 112/91, BGHZ 117, 127 = ZIP 1992, 338, dazu EWiR 1992, 335 *(Rümker)*.

397) In der Insolvenz des Schuldners wird der Anspruch vom Insolvenzverwalter geltend gemacht; OLG München, Urt. v. 22.7.2004 – 19 U 1867/04, ZIP 2004, 2102, dazu EWiR 2005, 31 *(Tetzlaff)*.

398) OLG Düsseldorf, Urt. v. 20.2.2008 – I-15 U 10/07, juris.

werden, wenn die Parteien nach den Umständen des Einzelfalles ein entsprechendes Kündigungsrecht vereinbart haben.[399)]

268 Vorstehendes ist auf Erklärungen ähnlicher Art, z. B. Kapitalausstattungsgarantie, Comfort Letter, Verlustübernahmeerklärung, entsprechend den dargelegten Grundsätzen übertragbar.

269 Die bisherige Darstellung beschreibt die Situation in der Krise des Darlehensnehmers. Die Situation in der **Krise des Patrons** ist eine umgekehrte. Für ihn stellt sich die Frage, ob die Verpflichtung aus der Patronatserklärung zu passivieren ist.

270 Harte Patronatserklärungen führen zu einer Passivierungspflicht i. H. der wahrscheinlichen Inanspruchnahme. Wahrscheinlich ist eine Inanspruchnahme i. H. der Gesamtforderung unter Berücksichtigung der Leistungsfähigkeit des Darlehensnehmers. Damit verbietet sich der Ansatz einer Rückgriffsforderung, da diese bereits bei der Passivierung in die Bewertung einfließt. Die weiche Patronatserklärung ist zu beurteilen wie eine Gewährleistung ohne rechtliche Verpflichtung (§ 249 Abs. 1 Satz 2 Alt. 2 HGB). Besteht keine rechtliche, wohl aber eine faktische Einstandspflicht, so ist die Passivierung geboten.[400)]

E. Exkurs: Insolvenzfähigkeit, Antragsrechte und -pflichten in Abhängigkeit von der Rechtsform

271 Die Insolvenzfähigkeit[401)] steht begrifflich im Zusammenhang mit der Rechtsfähigkeit materiellen Rechts und der Parteifähigkeit des Prozessrechts, weil sie auf den Vermögensträger bezogen ist, über dessen Vermögen das Insolvenzverfahren eröffnet werden soll.[402)] Die InsO überschreibt die Insolvenzfähigkeit in § 11 InsO mit „Zulässigkeit des Insolvenzverfahrens", was ungenau ist, da neben die Insolvenzfähigkeit weitere Zulässigkeitsvoraussetzungen treten, die in § 11 InsO nicht genannt sind.

272 Insolvenzfähig sind **alle natürlichen und juristischen Personen**, wobei der nicht rechtsfähige Verein der juristischen Person gleichgestellt wird (§ 11 Abs. 1 Satz 2 InsO). Außerdem kann ein Insolvenzverfahren eröffnet werden über das Vermögen der Gesellschaften ohne Rechtspersönlichkeit, wie der GbR, der OHG, der KG einschließlich der GmbH & Co. KG, der Partnerschaftsgesellschaft, der Partenreederei und der EWiV (§ 11 Abs. 2 Nr. 1 InsO), sowie über das Vermögen eines Nachlasses nach Maßgabe der §§ 315–334 InsO, das Gesamtgut einer fortgesetzten Gütergemeinschaft und das Gesamtgut einer Gütergemeinschaft, das von den Ehegatten gemeinschaftlich verwaltet wird (§ 11 Abs. 2 Nr. 2 InsO).

273 Nach der Entscheidung des EuGH[403)] in der Rechtssache „*Überseering*" war der BGH gezwungen, seine bisher vertretene **Sitztheorie** zu überdenken.[404)] Die in einem EU-Mitgliedstaat wirksam gegründete Gesellschaft ist in der Rechtsform anzuerkennen, in der sie gegründet wurde, also etwa als Kapitalgesellschaft niederländischen Rechts, auch dann,

---

399) BGH, Urt. v. 20.9.2010 – II ZR 296/08, NZG 2010, 1267 = ZIP 2010, 2092.

400) Ebenroth/Boujong/Joost/Strohn-*Böcking/Gros*, HGB, § 249 Rz. 85 f.; Beispiel: Es droht der Abbruch einer Bankbeziehung zu allen Konzerntöchtern, wenn die Konzernmutter ihrer Verpflichtung aus einer weichen Patronatserklärung nicht nachkommt.

401) Dieser Begriff wird hier in Anlehnung an *Häsemeyer*, Insolvenzrecht, Rz. 6.17, verwendet; *Henckel*, ZIP 2000, 2045, 2046, bevorzugt den Begriff der „Insolvenzverfahrensfähigkeit".

402) *Häsemeyer*, Insolvenzrecht, Rz. 6.17.

403) EuGH, Urt. v. 5.11.2002 – Rs. C-208/00, ZIP 2002, 2037, dazu EWiR 2002, 1003 *(Neye)*; *Leible/Hoffmann*, ZIP 2003, 925; *Eidenmüller*, ZIP 2002, 2233.

404) Seine gesellschaftskollisionsrechtlichen Konsequenzen hat der BGH bisher bewusst auf den zu entscheidenden Fall beschränkt. Ob er in Zukunft zu einer allgemeinen Gründungsanknüpfung übergehen wird, ist offen; vgl. *Leible/Hoffmann*, ZIP 2003, 925.

wenn sie ihren Sitz später nach Deutschland verlegt, wie es in der „*Überseering*-Entscheidung“ der Fall war. Diese Entscheidung des EuGH hat auch für das deutsche internationale Insolvenzrecht Bedeutung: Nach Art. 3 Abs. 1 EuInsVO[405] sind für die Eröffnung des Insolvenzverfahrens die Gerichte des Mitgliedstaats zuständig, in dessen Gebiet der Schuldner den Mittelpunkt seiner hauptsächlichen Interessen hat. Bei Gesellschaften und juristischen Personen wird bis zum Beweis des Gegenteils vermutet, dass der Mittelpunkt der hauptsächlichen Interessen der Ort des satzungsmäßigen Sitzes ist. Art. 7 Abs. 1 EuInsVO bestimmt dann weiter, dass für das Insolvenzverfahren grundsätzlich das Insolvenzrecht desjenigen Mitgliedstaats gilt, in dem das Verfahren eröffnet wird. Hieraus folgt: Die Kapitalgesellschaft gleich welcher europäischen Rechtsform, die ihren Sitz in Deutschland unterhält oder später nach Deutschland verlegt, unterfällt dem deutschen Insolvenzrecht und ist nach der InsO wie eine deutsche Kapitalgesellschaft zu behandeln. Es gelten die gleichen Insolvenzantragsgründe, die gleichen Insolvenzantragspflichten und daraus folgend auch die gleichen Haftungs- und Strafbarkeitsmaßstäbe wie für eine deutsche Kapitalgesellschaft. Bestehen Haftungs- oder Straftatbestände, die das Recht des Gründungsstaats nicht kennt, gilt auch aus europarechtlicher Sicht nichts anderes, da es wegen der Gleichbehandlung mit Gesellschaften und Gesellschaftern deutschen Rechts nicht zu einer Diskriminierung kommt.

Ist eine juristische Person oder ein Personenzusammenschluss ohne eigene Rechtspersönlichkeit insolvenzfähig, so stellt sich die nächste Frage, wer berechtigt ist, für die Insolvenzschuldnerin einen **Eigenantrag** auf Eröffnung des Insolvenzverfahrens zu stellen. Hierbei folgt die InsO einem einfachen System: Haftet für die Verbindlichkeiten der Insolvenzschuldnerin grundsätzlich keine natürliche Person mit ihrem Privatvermögen, richtet sich die Antragsbefugnis grundsätzlich nach den **Geschäftsführungskompetenzen**, allerdings unabhängig von etwaigen Beschränkungen des Vertretungsrechts. Besteht für die Verbindlichkeiten die persönliche Haftung einer **natürlichen Person** aufgrund gesellschaftsrechtlicher Verpflichtung, so ist jeder der persönlich Haftenden berechtigt, einen Insolvenzantrag zu stellen. 274

Ob das Insolvenzantragsrecht auch eine **Insolvenzantragspflicht** auslöst, richtet sich nach dem Sinn und Zweck solcher Antragspflichten. Sie sollen die Gläubigergesamtheit dadurch schützen, dass das Insolvenzverfahren möglichst frühzeitig eröffnet und damit die Befriedigungschance erhöht wird. Dieses Bedürfnis besteht in erster Linie dann, wenn keine natürliche Person mit ihrem gesamten Privatvermögen haftet. Deshalb ist überall dort, wo den Gläubigern nur eine definierte, häufig statutarische Haftungsmasse zur Verfügung steht, auch eine Insolvenzantragspflicht vorgesehen. 275

I. Natürliche Personen

Über das Vermögen natürlicher Personen kann ein Insolvenzverfahren nur wegen **Zahlungsunfähigkeit** gemäß § 17 InsO oder **drohender Zahlungsunfähigkeit** gemäß § 18 InsO eröffnet werden. Das Vermögen natürlicher Personen kann nicht i. S. des § 19 InsO überschulden, so dass mit dieser Begründung ein Insolvenzantrag nicht gestellt werden kann. Grund hierfür ist das mögliche Vertrauen der Gläubiger in die „werbende Kraft der Persönlichkeit“,[406] das den Fortbestand der Privatautonomie des Schuldners auch dann noch rechtfertigt, wenn er überschuldet ist. Den Antrag können sowohl die Gläubiger wie 276

405) Verordnung (EU) 2015/848 des Europäischen Parlaments und des Rates vom 20.5.2015 über Insolvenzverfahren (EuInsVO), ABl. (EU) L 141/19 v. 5.6.2015.

406) *Häsemeyer*, Insolvenzrecht, Rz. 7.16.

auch der Schuldner selbst stellen. Voraussetzung ist allein die Geschäfts- und damit die Prozessfähigkeit, da der Insolvenzantrag Prozesshandlung ist.[407]

277 Ist für die natürliche Person ein **Betreuer** bestellt, dessen Aufgabenkreis die gesamte Vermögenssorge umfasst, so kann auch der Betreuer einen Insolvenzantrag stellen; ist der Schuldner i. S. des § 104 BGB geschäftsunfähig oder steht er gemäß § 1904 BGB unter Einwilligungsvorbehalt, ist nur der Betreuer berechtigt, den Insolvenzantrag zu stellen.

278 Die Beschränkungen des § 1365 BGB gelten mit Blick auf den Insolvenzantrag nicht. Das heißt, jeder **Ehegatte** kann über sein, aber auch nur über sein Vermögen jederzeit einen Insolvenzantrag stellen, ohne dass er hierfür der Zustimmung des jeweils anderen Ehegatten bedürfte. Leben die Ehegatten im Güterstand der Gütergemeinschaft, bedeutet dies, dass der Insolvenzantrag eines Ehegatten nur dessen Sonder- und Vorbehaltsgut, nicht aber das Gesamtgut erfasst, wenn dieses entweder durch den anderen Ehegatten oder durch beide Ehegatten gemeinschaftlich verwaltet wird (§ 37 Abs. 1 Satz 3, Abs. 2 InsO).

279 Natürliche Personen können auch dann, wenn ein Grund vorliegt, das Insolvenzverfahren über ihr Vermögen zu eröffnen, noch am Wirtschaftsleben und am Geschäftsverkehr teilnehmen. Sie werden hiervon nicht ausgeschlossen.[408] Der Schutz des Rechtsverkehrs wird über **strafrechtliche Sanktionen** geschaffen, die auch und gerade für natürliche Personen gelten. Strafrechtlicher Anknüpfungspunkt ist aber niemals die Tatsache, dass die natürliche Person trotz Zahlungsunfähigkeit keinen Insolvenzantrag gestellt hat; Anknüpfungspunkte können vielmehr nur das bewusst wahrheitswidrige Vorspiegeln der Zahlungsfähigkeit oder das Beiseiteschaffen von Vermögen mit dem Ziel der Gläubigerschädigung sein. Insolvenzantragspflichten aber treffen die natürliche Person nicht.

280 Im Gegenteil: Natürliche Personen werden durch die InsO noch dadurch privilegiert, dass ihnen ein zusätzlicher Insolvenzantragsgrund, nämlich die drohende Zahlungsunfähigkeit (§ 18 InsO), eröffnet wird, der die rechtzeitige Flucht vor Individual-Zwangsvollstreckungsmaßnahmen unter den schützenden Mantel der InsO ermöglicht.

II. Gesellschaften ohne Rechtspersönlichkeit und andere Personenzusammenschlüsse

1. Gesellschaft bürgerlichen Rechts

281 § 11 Abs. 2 Nr. 1 InsO nennt die GbR ausdrücklich als insolvenzfähigen Rechtsträger. Dies ist eine wesentliche Neuerung gegenüber der KO, nach der die GbR nicht konkursfähig war. Die Anerkennung der Insolvenzfähigkeit ist eine konsequente Fortentwicklung des allgemeinen Verständnisses der GbR als Unternehmensträgerin[409] und Inhaberin eigenen, von dem der Gesellschafter strikt getrennten Vermögens.[410] Die rechtliche und auch haftungsrechtliche Verselbständigung der GbR hat ihren vorläufigen Höhepunkt in der Kehrtwende des BGH[411] zur Haftungsverfassung, weg von der Doppelverpflichtungslehre, hin zur Akzessorietätstheorie, erreicht, mit der der BGH den Gesellschaften bürgerlichen Rechts gleichzeitig die Rechts- und die aktive und passive **Parteifähigkeit** im Zivilprozess zuerkannt hat. Die Insolvenzfähigkeit der GbR setzt allerdings keine unternehmenstragende GbR voraus: Insolvenzfähig sind auch die **vermögensverwaltenden Ge-**

407) *Schmahl/Vuia* in: MünchKomm-InsO, § 13 Rz. 70 ff.

408) *Häsemeyer*, Insolvenzrecht, Rz. 7.16.

409) *K. Schmidt*, Gesellschaftsrecht, § 58 III. 4. a., V. 1.

410) *Holzer* in: KPB, InsO, § 35 Rz. 12.

411) BGH, Urt. v. 29.1.2001 – II ZR 331/00, BGHZ 146, 341 = ZIP 2001, 330, dazu EWiR 2001, 341 *(Prütting)*.

sellschaften, Lotto-Spiel- oder Fahrgemeinschaften, bei denen ein vom Vermögen der Gesellschafter getrenntes Vermögen existiert.

Hieraus folgt aber auch: **Insolvenzfähig sind nur** die nach außen tätig gewordenen Gesellschaften, die über ein eigenes Gesellschaftsvermögen verfügen. **Reine Innengesellschaften** sind nach wie vor nicht insolvenzfähig, da ihnen kein Gesellschaftsvermögen zugerechnet werden kann, das Grundlage einer haftungsrechtlichen Zuordnung sein könnte.[412] Auch die **stille Gesellschaft** ist als reine Innengesellschaft nicht insolvenzfähig. Für die Abwicklung solcher Gesellschaften gelten die allgemeinen Vorschriften.[413] Ob der Gesellschaftsvertrag wirksam zustande gekommen ist, ist jedoch kein Kriterium für die Insolvenzfähigkeit der GbR. Auch die fehlerhafte Gesellschaft ist insolvenzfähig, wenn sie nur ein vom Vermögen der Gesellschafter getrenntes Sondervermögen begründet hat. Dies entspricht der gesellschaftsrechtlichen Behandlung, nach der die in Vollzug gesetzte Gesellschaft grundsätzlich Bestandsschutz im Innen- und im Außenverhältnis erlangt. Die bloße **Scheingesellschaft** wiederum ist nicht insolvenzfähig, da es sich bei dieser Konstruktion um eine reine Rechtsscheinhaftung im Gläubigerinteresse handelt. Ein gemeinsames Vermögen, auf das sich eine Gesamtvollstreckung beziehen könnte, haben die Scheingesellschafter nicht gebildet, weshalb die Scheingesellschaft nicht insolvenzfähig ist. 282

Das Insolvenzverfahren über **das Vermögen einer GbR umfasst** zunächst allein das Gesellschaftsvermögen. Nur dieses unterliegt dem Insolvenzbeschlag. Da jedoch die Gesellschafter für die Verbindlichkeiten der Gesellschaft analog § 128 HGB akzessorisch haften, erstrecken sich die haftungsrechtlichen Folgen eines Insolvenzverfahrens über das Vermögen einer GbR immer auch auf das Vermögen der Gesellschafter. Den Gesellschaftsgläubigern ist der Zugriff auf das Gesellschaftervermögen während der Dauer des Insolvenzverfahrens über das Vermögen der Gesellschaft allerdings entzogen: Ansprüche gegen die Gesellschafter werden über § 93 InsO allein und ausschließlich durch den Insolvenzverwalter geltend gemacht.[414] 283

Das **Antragsrecht** knüpft bei der GbR nicht an die Vertretungsbefugnis nach §§ 709, 714 BGB an. Berechtigt, den Insolvenzantrag zu stellen, ist vielmehr jeder persönlich haftende Gesellschafter, bei der GbR also jeder Gesellschafter, da Haftungsbeschränkungen in aller Regel keine Wirkung zeitigen.[415] Auch solche Gesellschafter, die ausdrücklich von der Geschäftsführung ausgenommen sind, sind berechtigt, den Insolvenzantrag zu stellen. Schließen sich diesem Antrag allerdings nicht alle übrigen persönlich haftenden Gesellschafter an, so ist der Antrag nur zulässig, wenn der Eröffnungsgrund glaubhaft gemacht wird (§ 15 Abs. 2 Satz 1 InsO). 284

Straf- oder haftungsbewehrte Insolvenzantragspflichten gibt es bei der GbR ebenso wenig wie bei natürlichen Personen. Hierfür besteht auch kein Bedürfnis, da den Gläubigern, anders als bei juristischen Personen, nicht nur ein beschränktes Haftkapital zur Verfügung steht, das möglichst frühzeitig im Interesse der Gläubigergemeinschaft einem geordneten Liquidationsverfahren zuzuführen ist, sondern die Gesellschafter mit ihrem gesamten Privatvermögen als Haftungssubjekt für die Verbindlichkeiten der Gesellschaft zur Verfügung stehen. Darüber hinausgehender Schutz wird über die Straftatbestände der §§ 263 ff. StGB erreicht, die selbstverständlich auch für die Gesellschafter einer GbR gelten. 285

412) *Prütting* in: KPB, InsO, § 11 Rz. 56; AG Köln, Beschl. v. 6.10.2003 – 71 IN 168/03, NZI 2003, 614 = NZG 2003, 1112.

413) *Prütting* in: KPB, InsO, § 11 Rz. 54.

414) Ausführlich hierzu *Brinkmann*, ZGR 2003, 264.

415) Zur unzulässigen Haftungsbeschränkung durch den Firmenzusatz „GbR mbH" vgl. BGH, Urt. v. 27.9.1999 – II ZR 371/98, ZIP 1999, 1755, m. Anm. *Altmeppen*, dazu EWiR 1999, 1053 *(Keil)*.

2. Offene Handelsgesellschaft und Kommanditgesellschaft

286 Die OHG und die KG sind kraft Gesetzes rechtlich verselbständigt und verfügen über ein von der Sphäre der Gesellschafter strikt getrenntes Vermögen (§ 124 HGB; für die KG i. V. mit § 161 Abs. 2 HGB). Beide Gesellschaften sind insolvenzfähig. Sie waren es bereits im früheren Recht nach § 209 KO.

287 Für das **alleinige Recht des Insolvenzverwalters**, die akzessorischen Haftungsansprüche (§ 128 HGB) gegen die persönlich haftenden Gesellschafter für die Dauer des Insolvenzverfahrens durchzusetzen, gilt § 93 InsO. Die zur Haftung der Gesellschafter einer GbR gemachten Ausführungen gelten daher entsprechend.

288 Das **Antragsrecht** steht, wie bei der BGB-Gesellschaft, jedem persönlich haftenden Gesellschafter – allein – zu. Auch bei der OHG und bei der KG knüpft das Antragsrecht damit nicht an die Vertretungsregelung an. Auch der von der Geschäftsführung und Vertretung ausgeschlossene Gesellschafter bzw. Komplementär ist berechtigt, einen Insolvenzantrag zu stellen. Es gilt aber wieder: Stellen nicht sämtliche persönlich haftenden Gesellschafter den Insolvenzantrag, muss der Antragsgrund nach § 15 Abs. 2 Satz 1 InsO durch den antragstellenden Gesellschafter glaubhaft gemacht werden.

289 Wegen des grundsätzlichen Ausschlusses der persönlichen Haftung des Kommanditisten ist dieser grundsätzlich nicht berechtigt, einen Insolvenzantrag zu stellen. Etwas anderes gilt nur dann, wenn der Kommanditist noch nicht als solcher im Handelsregister eingetragen ist, und deshalb – noch – persönlich mit seinem gesamten Privatvermögen haftet (§ 176 Abs. 1, 2 HGB).[416)]

290 Wegen der persönlichen Haftung der Gesellschafter besteht eine **Insolvenzantragspflicht** der Gesellschafter/Kommanditisten nicht.

3. Stille Gesellschaft

291 Die stille Gesellschaft ist reine Innengesellschaft ohne eigenes Vermögen. Sie ist nicht insolvenzfähig. Die Frage des Antragsrechts stellt sich deshalb nicht. Es steht dem stillen Gesellschafter aber ebenso frei, nach Maßgabe des § 14 InsO einen **Insolvenzantrag über das Vermögen des Beteiligungsunternehmens** zu stellen, wie es dem Beteiligungsunternehmen freisteht, einen Gläubigerinsolvenzantrag über das Vermögen des stillen Gesellschafters zu stellen.[417)]

4. GmbH & Co. KG

292 Die GmbH & Co. KG ist juristisch betrachtet eine KG und damit eine Gesellschaft ohne Rechtspersönlichkeit, die aber gemäß § 161 Abs. 2, § 124 HGB rechtlich verselbständigt ist. Die Besonderheit der GmbH & Co. KG liegt darin, dass einzig persönlich haftender Gesellschafter eine juristische Person ist. Die Rechtsform der GmbH & Co. KG ist weit verbreitet, hat daher auch in der täglichen Insolvenzpraxis eine große Bedeutung.

---

416) *Klöhn* in: MünchKomm-InsO, § 15 Rz. 49; ein solches Antragsrecht des ausnahmsweise persönlich haftenden Kommanditisten ist konsequent. Das Recht, den Insolvenzantrag über das Vermögen der Gesellschaft zu stellen, knüpft nicht an die Vertretungsberechtigung, sondern an die persönliche Haftung an. Ist diese auch bei einem nach dem gesetzlichen Regelstatut nicht persönlich haftenden Gesellschafter ausnahmsweise gegeben, besteht kein Grund, diesem Gesellschafter das Antragsrecht zu versagen. Allerdings muss die persönliche Haftung auf gesellschaftsrechtlicher Grundlage beruhen: Hat sich der Kommanditist umfassend für die Verbindlichkeiten der Gesellschaft verbürgt, begründet dies kein Recht, für die Gesellschaft einen Insolvenzantrag zu stellen, wenn auch die – akzessorischen – Haftungsfolgen dieselben sind. Das Antragsrecht resultiert aus der verpflichtend gesellschaftsrechtlichen Haftung für den Gesamtverbindlichkeiten bestand und nicht auf einer freiwillig übernommenen schuldrechtlichen Verpflichtung gegenüber einem oder auch mehreren Gesellschaftsgläubigern.

417) *Klöhn* in: MünchKomm-InsO, § 15 Rz. 54.

Insolvenzrechtlich sind die beiden Rechtssubjekte und Vermögensträger deutlich auseinander zu halten: Für das **Vermögen der KG** gilt das oben zur KG Gesagte. Die KG ist insolvenzfähig, die Kommanditisten sind nur dann zur Stellung eines Insolvenzantrags befugt, wenn sie auf Grundlage des § 176 HGB persönlich haften. Im Übrigen ist der persönlich haftende Gesellschafter berechtigt, einen Insolvenzantrag zu stellen. Dies ist die GmbH, vertreten durch ihre Organe. **Antragsberechtigt** ist damit der Geschäftsführer der Komplementär-GmbH. Wird die Komplementär-GmbH durch mehrere Geschäftsführer vertreten, so haben diese den Antrag entweder gemeinschaftlich zu stellen; anderenfalls ist er nur zulässig, wenn der Antragsgrund durch den antragstellenden Geschäftsführer glaubhaft gemacht wird (§ 15 Abs. 2 InsO).[418] Die übrigen Geschäftsführer sind gemäß § 15 Abs. 2 Satz 2 InsO zu hören. 293

Bei Personengesellschaften, bei denen kein persönlich haftender Gesellschafter eine natürliche Person ist, also typischerweise bei der GmbH & Co. KG, besteht insolvenzrechtlich die Besonderheit, dass der Gläubigergesamtheit nur ein rechtlich begrenztes Haftungssubstrat zur Verfügung steht. Bei allen Gesellschaftsformen aber, die eine Haftungsbegrenzung für ihre Gesellschafter ermöglichen, sind die Gläubigerinteressen an einer möglichst frühzeitigen und ordnungsgemäßen Liquidation und Abwicklung durch gesetzliche Insolvenzantragspflichten geschützt. Aus diesem Grunde sehen §§ 130a Abs. 1, 177a Abs. 1 HGB eine **Insolvenzantragspflicht** auch bei Personengesellschaften ohne natürliche Person als persönlich haftendem Gesellschafter vor. 294

Verpflichtet, den Insolvenzantrag zu stellen, sind die Organe der persönlich haftenden juristischen Person,[419] also in der Regel die Geschäftsführer der GmbH; und zwar jeder für sich, unabhängig von den in der Gesellschaft getroffenen Vertretungsregelungen.[420] Die Pflicht, den Insolvenzantrag zu stellen, besteht unmittelbar gegenüber der KG, obwohl die Geschäftsführer statutarisch nur zur Vertretung der Komplementärgesellschaft verpflichtet sind.[421] 295

Ist über das **Vermögen der Komplementär-GmbH** ein Insolvenzverfahren eröffnet worden, so geht das Insolvenzantragsrecht und damit auch die Insolvenzantragspflicht wegen der Zahlungsunfähigkeit und/oder Überschuldung der KG nicht auf den Insolvenzverwalter in dem Insolvenzverfahren über das Vermögen der Komplementär-GmbH über; berechtigt und verpflichtet, den Antrag zu stellen, bleiben weiterhin die Geschäftsführer der insolventen GmbH. Für eine Vollliquidation der KG durch den Insolvenzverwalter der Komplementär-GmbH bietet die InsO keine Grundlage.[422] 296

5. Nachlass und Erbengemeinschaft

Der Nachlass ist nach den besonderen Vorschriften der §§ 315–321 InsO insolvenzfähig (§ 11 Abs. 2 Nr. 2 InsO). Der Antrag auf Eröffnung eines **Nachlassinsolvenzverfahrens** ist einer der über §§ 1975 ff. BGB eröffneten Wege, wie der Erbe, der nicht ausgeschlagen hat und für den deshalb die Erbschaft als angenommen gilt (vgl. § 1953 BGB), seine grundsätzlich unbeschränkte Haftung auch mit seinem übrigen Privatvermögen auf den Nachlass beschränken kann.[423] 297

418) Nerlich/Römermann-*Mönning*, InsO, § 13 Rz. 63.

419) *Delhaes*, Insolvenzantrag, S. 162.

420) KG Berlin, Beschl. v. 13.5.1965 – 1 W 848/65, NJW 1965, 2157; *Uhlenbruck*, GmbH & Co. KG, S. 367.

421) *Henssler* in: Kölner Schrift, S. 1283 Rz. 15 ff.

422) AG Dresden, Beschl. v. 13.6.2003 – 532 IN 1487/03, ZIP 2003, 1264.

423) Vgl. *Ott/Vuia* in: MünchKomm-InsO, § 11 Rz. 64.

298 Das **Antragsrecht** ist in § 317 InsO geregelt. Hiernach ist grundsätzlich jeder Erbe, der Nachlassverwalter sowie ein anderer Nachlasspfleger, ein Testamentsvollstrecker und jeder Nachlassgläubiger berechtigt, den Insolvenzantrag zu stellen. In der Diktion folgt die InsO dem BGB; d. h.: Erbe ist jeder Erbe i. S. des Bürgerlichen Rechts, also der Alleinerbe, der Vorerbe, der Nacherbe und der Ersatzerbe. Das Antragsrecht ist unabhängig von einer beschränkten oder unbeschränkten Haftung des Erben und unabhängig davon, ob der Erbe bisher nur vorläufiger Erbe ist und die Erbschaft noch ausschlagen kann.[424)] Auch liegt in der Insolvenzantragstellung nicht die konkludente Annahme der Erbschaft, weil der Insolvenzantrag auch Sicherungsmaßnahme ist, die der vorläufige Erbe anstrengen kann.[425)]

299 Jeder der Miterben haftet, liegt – noch – keiner der Gründe für eine beschränkte Erbenhaftung vor, für Nachlassverbindlichkeiten mit seinem gesamten Privatvermögen. Wie bei der GbR muss hieraus das Recht resultieren, auch ohne Mitwirkung der anderen Mitglieder der Erbengemeinschaft einen Insolvenzantrag zu stellen. Dies gilt umso mehr, als § 1922 Abs. 2 BGB die Anwendbarkeit der Vorschriften über die Erbschaft auch auf den Miterbenanteil anordnet. Der Gesetzgeber hat deshalb in § 317 Abs. 2 InsO konsequent eine dem § 15 Abs. 2 InsO entsprechende Regelung getroffen, wonach die Insolvenzantragsgründe, wird der Insolvenzantrag nicht von allen Erben gestellt, glaubhaft zu machen ist und die übrigen Erben anzuhören sind.

300 Nach § 1980 Abs. 1 Satz 1 BGB haben der Erbe und der Nachlassverwalter unverzüglich die Eröffnung eines Nachlassinsolvenzverfahrens zu beantragen, wenn sie von der Zahlungsunfähigkeit und/oder der Überschuldung des Nachlasses Kenntnis erlangen. Besteht diese Pflicht gegenüber allen Nachlassgläubigern, so haben der Nachlasspfleger und der Testamentsvollstrecker eine entsprechende Pflicht nur gegenüber den Erben.

301 Die Antragspflicht entsteht nicht, solange der Erbe die Erbschaft noch nicht angenommen hat.[426)] Da das Nachlassinsolvenzverfahren zu einer Haftungsbegrenzung auf den Nachlass führt, den Gläubigern deshalb keine persönlich haftende natürliche Person mehr zur Verfügung steht, besteht ein Gläubigerinteresse an der frühzeitigen Antragstellung, das die Begründung einer Antragspflicht rechtfertigt.

III. Juristische Personen

1. Verein (§§ 21 ff. BGB) und Stiftung (§§ 80 ff. BGB)

302 Der **eingetragene Verein**, geregelt in §§ 21 ff. BGB, ist der Grundtyp aller juristischen Personen. Der **nicht eingetragene** und damit grundsätzlich nicht rechtsfähige Verein steht für Zwecke der InsO dem eingetragenen, rechtsfähigen Verein gleich (§ 11 Abs. 1 Satz 2 InsO). § 54 BGB, wonach auf den nicht rechtsfähigen Verein die Vorschriften über die GbR entsprechende Anwendung finden und damit jedes Vereinsmitglied einer persönlichen Haftung ausgesetzt wäre, ist nur noch historisch mit dem Bestreben des einstigen Gesetzgebers zu erklären, Gewerkschaften und politische Parteien zur Eintragung zu bewegen und damit staatlicher Kontrolle zu unterwerfen. Es besteht heute Einigkeit darüber, dass § 54 BGB vor dem Hintergrund der in Art. 9 GG gewährleisteten Vereinigungsfreiheit abweichend ausgelegt werden muss, und auf den nicht rechtsfähigen Verein die Vorschriften über den eingetragenen Verein entsprechende Anwendung finden, soweit diese nicht ausdrücklich eine Eintragung voraussetzen.[427)] Da hiermit auch die Haftungs-

424) *Siegmann* in: MünchKomm-InsO, § 317 Rz. 2.
425) *Leipold* in: MünchKomm-BGB, § 1943 Rz. 5.
426) *Schmahl/Vuia* in: MünchKomm-InsO, § 13 Rz. 67; s. a. *Marotzke*, ZInsO 2011, 2105 ff.
427) Vgl. Grüneberg-*Ellenberger*, BGB, § 54 Rz. 1 m. w. N.

beschränkung auf das Vereinsvermögen einhergeht und keine persönlich haftenden Mitglieder zur Verfügung stehen, ist die Anordnung des § 11 Abs. 1 Satz 2 InsO, den nicht rechtsfähigen Verein wie eine juristische Person zu behandeln, konsequent.

Berechtigt, den **Insolvenzantrag** über das Vermögen des Vereins zu stellen, ist jedes Mit- 303
glied des Vorstands und jeder Liquidator. Als Vorstand gilt beim nicht rechtsfähigen Verein nur das Gremium, das den Verein nach der Satzung gerichtlich und außergerichtlich vertritt. Da die Haftung für Verbindlichkeiten im Verein auf das Vereinsvermögen beschränkt ist, den Gläubigern also grundsätzlich keine natürliche Person persönlich haftet, begründet § 42 Abs. 2 Satz 1 BGB eine Insolvenzantragspflicht bei Überschuldung und Zahlungsunfähigkeit. Verstoßen Vorstand oder Liquidator (§ 48 Abs. 2 BGB) gegen diese Antragspflicht, so haften sie den Gläubigern persönlich und gesamtschuldnerisch, soweit ihnen ein Verschulden zur Last fällt. Hätte der Vorstand den Insolvenzantragsgrund daher erkennen können und müssen und hat er den Insolvenzantrag dennoch nicht gestellt, so begründet dies den Wegfall des Haftungsprivilegs und eine unbeschränkte persönliche Haftung mit dem Privatvermögen.

Für die **Stiftung** gelten über die Verweisung des § 86 BGB hinsichtlich des Insolvenz- 304
antragsrechts und der Insolvenzantragspflicht dieselben Regeln wie für den rechtsfähigen Verein.[428] Besonderheiten gibt es hier nicht.

2. GmbH

Insolvenzverfahren über das Vermögen einer GmbH haben in der Praxis die größte Be- 305
deutung.[429] Da den Gläubigern nur das Stammkapital haftet, besteht ein Interesse daran, das Insolvenzverfahren möglichst frühzeitig zu eröffnen. Aus diesem Grunde normiert § 15a InsO die **Pflicht der Geschäftsführer**, den Insolvenzantrag unverzüglich, spätestens innerhalb von drei Wochen zu stellen, nachdem sie die Zahlungsunfähigkeit oder die Überschuldung der Gesellschaft erkannt haben[430] oder hätten erkennen müssen.[431] Zur Feststellung des Vorliegens eines Insolvenzantragsgrunds sind die Geschäftsführer gehalten, nötigenfalls die Hilfe von Beratern in Anspruch zu nehmen.[432]

Antragsrecht und Antragspflicht treffen grundsätzlich jeden Geschäftsführer, unabhängig 306
von der jeweiligen Vertretungsregelung, also unabhängig davon, ob echte oder unechte Gesamtvertretung vereinbart ist.[433] Kein Geschäftsführer kann sich deshalb darauf beru-

428) *Steffek* in: KPB, InsO, § 15 Rz. 11 a. E.

429) So wurden im Jahr 2002 19.770 Insolvenzen über das Vermögen von GmbHs gezählt, dagegen aber nur 13.554 Insolvenzen über das Vermögen von Einzelunternehmen, 3.194 Insolvenzen über das Vermögen von Personengesellschaften (OHG, KG), 442 Insolvenzen über das Vermögen von Aktiengesellschaften und 329 Insolvenzen über das Vermögen sonstiger Gesellschaften; Quelle: Statistisches Bundesamt Deutschland 2002, Stand 26.3.2003, veröffentlicht im Internet unter: www.destatis.de.

430) Der BGH hat 1994 noch einmal klargestellt, dass es auf die positive Kenntnis und nicht auf den Eintritt der Zahlungsunfähigkeit oder Überschuldung ankommt, BGH, Urt. v. 6.6.1994 – II ZR 292/91, BGHZ 126, 181 = ZIP 1994, 1103, dazu EWiR 1994, 791 *(Wilhelm)*; ausführlich Michalski/Heidinger/Leible/J. Schmidt-*Hölzle*, GmbHG, § 15a InsO Rz. 30.

431) Die Antragspflicht tritt erst mit der positiven Kenntnis ein; hat der Geschäftsführer das Vorliegen eines Insolvenzantragsgrunds aber fahrlässig nicht rechtzeitig erkannt, wird er aus der persönlichen Haftung nicht entlassen, vgl. *Meyke*, Haftung des GmbH-Geschäftsführers, 4. Aufl., 2004, Rz. 216 ff., 322.

432) Hachenburg-*Ulmer*, GmbHG, § 64 Rz. 36 m. w. N.; OLG Stuttgart, Urt. v. 28.10.1997 – 12 U 83/97, GmbHR 1998, 89, dazu EWiR 1997, 1093 *(Fleck)*; es stellt auch keinen Verstoß gegen die Pflichten eines ordnungsmäßigen Geschäftsführers dar, wenn solche Berater von der Gesellschaft bezahlt werden. Die Geschäftsführer schützen nicht in erster Linie sich selbst vor Haftungs- oder Strafbarkeitsandrohungen, sondern nehmen die Pflichten der Gesellschaft wahr, weshalb eine entsprechende Beratung durch die Gesellschaft – in den Grenzen des § 64 Abs. 2 GmbHG – bezahlt werden darf.

433) *Klöhn* in: MünchKomm-InsO, § 15 Rz. 21; *Steffek* in: KPB, InsO, § 15 Rz. 11.

fen, er habe den Antrag stellen wollen, sei hierzu aber vertretungsrechtlich nicht befugt gewesen.

307 Die Insolvenzantragspflicht besteht auch zulasten des **faktischen Geschäftsführers.**[434] Die Gesellschaftsgläubiger dürfen nicht durch einen Missbrauch der Vertretungsregelungen geschädigt werden.[435] Mit der faktischen Ausfüllung der Position eines Geschäftsführers übernimmt derjenige, der die Geschicke der Gesellschaft leitet, auch ohne förmlich zum Geschäftsführer bestellt zu sein, gleichfalls die Verantwortung gegenüber der Gesellschaft und gegenüber ihren Gläubigern.[436] Faktische Geschäftsführer sind die Personen, die nicht wirksam in das Amt bestellt wurden, jedoch die Ämterfunktionen tatsächlich wahrnehmen.[437]

Praxishinweis

Indizien für eine die faktische Geschäftsführung begründende überragende Stellung des Geschäftsleiters sind die ihm vorbehaltene Befugnis, Mitarbeiter einzustellen und zu entlassen, Vereinbarungen über Zahlungsmodalitäten mit Lieferanten und Abnehmern zu treffen, Verhandlungen mit Banken und Finanzämtern zu führen und auf Firmenkonten zuzugreifen.[438]

308 Das BayObLG[439] nimmt eine überragende Stellung des Geschäftsleiters und damit faktische Geschäftsführung immer dann an, wenn von den folgenden acht Merkmalen mindestens sechs erfüllt sind:

- Bestimmung der Unternehmenspolitik,
- Bestimmung der Unternehmensorganisation,
- Einstellung von Mitarbeitern,
- Gestaltung der Geschäftsbeziehung zu Vertragspartnern,
- Verhandlung mit Kreditgebern,
- Bestimmung der Lohn- und Gehaltshöhe,
- Entscheidung der Steuerangelegenheiten und
- Steuerung der Buchhaltung.

309 Dass ein faktischer Geschäftsführer antragsberechtigt und vor allem antragsverpflichtet ist – und damit in die persönliche Haftung gerät, kommt er seiner Antragspflicht nicht nach –, **entlastet den statutarischen Geschäftsführer nicht**. Derjenige, der als Geschäftsführer in das Handelsregister eingetragen ist, kann sich nicht darauf berufen, nur Strohmannfunktion gehabt zu haben. Seine Antragspflicht und seine persönliche Haftung bleiben bestehen.[440]

310 Der Geschäftsführer kann sich seiner Antragspflicht auch nicht dadurch entziehen, dass er sein **Amt mit sofortiger Wirkung niederlegt**. Entweder hat er den Insolvenzantrag noch vor der Amtsniederlegung zu stellen, oder er hat darauf hinzuwirken, dass der neu bestellte Geschäftsführer den Insolvenzantrag stellt.[441] Etwas anderes gilt nur dann, wenn

---

434) Michalski/Heidinger/Leible/J. Schmidt-*Hölzle*, GmbHG, § 15a InsO Rz. 17.

435) Nerlich/Römermann-*Mönning*, InsO, § 13 Rz. 64.

436) BGH, Urt. v. 21.3.1988 – II ZR 194/87, BGHZ 104, 44 = ZIP 1988, 771, dazu EWiR 1988, 905 *(K. Schmidt)*.

437) BGH, Urt. v. 10.5.2000 – 3 StR 101/00, ZIP 2000, 1390.

438) *Meyke*, Haftung des GmbH-Geschäftsführers, 4. Aufl., 2004, Rz. 329 f.

439) BayObLG, Urt. v. 20.2.1997 – 5 St RR 159/96, NJW 1997, 1936 = BB 1997, 850.

440) BGH, Urt. v. 10.5.2000 – 3 StR 101/00, ZIP 2000, 1390, 1391; BGH, Urt. v. 21.3.1988 – II ZR 194/87, BGHZ 104, 44 = ZIP 1988, 771.

441) BGH, Urt. v. 14.12.1951 – 2 StR 368/51, BGHSt 2, 53 = NJW 1952, 554 (LS).

die Gesellschaft den Geschäftsführer abberuft: Dann hat er weder sicherzustellen, dass der Antrag noch vor Wirksamwerden des Beschlusses gestellt wird, noch hat er i. R. nachwirkender Verpflichtung auf seinen Nachfolger einzuwirken.[442)]

Die **Gesellschafter** einer GmbH haben kein eigenes Insolvenzantragsrecht, was konsequent ist, da mit der Zahlungsunfähigkeit und/oder Überschuldung der GmbH keine persönliche Haftung einhergeht. Dort, wo auch die Gesellschafter einmal persönlich haften,[443)] geht dies stets auf einen nicht ordnungsmäßigen Umgang mit der Gesellschaft zurück, der nicht geeignet ist, zusätzliche Rechte für die Gesellschafter zu schaffen. 311

3. Vor-GmbH und Vorgründungs-GmbH

Im zeitlichen Ablauf der Gründung einer GmbH sind drei Stadien zu unterscheiden: Vor der notariellen Beurkundung des Gesellschaftsvertrags ist der Zusammenschluss mehrerer Personen zur Gründung einer GmbH nichts anderes als eine Gesellschaft bürgerlichen Rechts, die den Zweck der Gründung einer GmbH verfolgt.[444)] Auf die sog. **Vorgründungs-GmbH** finden deshalb die Vorschriften über die BGB-Gesellschaft und die obigen Ausführungen zur GbR Anwendung. Soweit es sich bei der Vorgründungsgesellschaft um eine reine Innengesellschaft handelt, ist sie nicht insolvenzfähig.[445)] Hat die Vorgründungsgesellschaft die Geschäfte der späteren GmbH schon in einem Umfang aufgenommen, der den Maßstäben des § 2 HGB genügt, ist die Vorgründungs-GmbH eine OHG. Es gelten die Regeln über die OHG. 312

Ist die Satzung der GmbH zwar bereits notariell beurkundet, die GmbH aber noch nicht in das Handelsregister eingetragen, so spricht man von der **Vor-GmbH**. Nachdem lange umstritten war, wie die Vor-GmbH rechtlich zu qualifizieren ist, besteht heute Einigkeit darüber, dass es sich um eine Gesellschaftsform sui generis handelt, auf die die Vorschriften über die GmbH Anwendung finden, soweit diese nicht ausdrücklich die Eintragung voraussetzen. Obwohl § 13 Abs. 2 GmbHG, der die Haftungsbeschränkung auf das Gesellschaftsvermögen anordnet, erst mit Eintragung greift, hat die Rechtsprechung das lange vertretene Konzept des sog. Vorbelastungsverbots zugunsten einer **unbeschränkten Innenhaftung der Gesellschafter** aufgegeben.[446)] Neben dem Vermögen der Vor-GmbH, deren Aktiva und Passiva mit der Eintragung vollständig auf die GmbH übergehen, haften die Gesellschafter den Gläubigern der Vor-Gesellschaft seither nicht mehr persönlich und unmittelbar. Vielmehr hat die Gesellschaft nach dieser Rechtsprechung des BGH einen Anspruch gegen die Gesellschafter, eine im Verhältnis zum statutarischen Stammkapital bestehende Unterbilanz auszugleichen. Dieser Anspruch kann durch Gläubiger der Gesellschaft gepfändet und zur Einziehung überwiesen werden. Die Haftung der Gesellschafter war damit **auf die Unterbilanzsumme beschränkt**. Diese Unterbilanzinnenhaftung ist in der Literatur[447)] auf starke Kritik gestoßen, weil sie eine Haftung der Gesellschafter nur im Eintragungsfall vorsah. 313

Der BGH[448)] hat sich mit einem Grundsatzurteil im Jahr 1997 dieser Kritik gebeugt und entschieden: *„Die Gesellschafter einer Vor-GmbH haften für die Verbindlichkeiten dieser* 314

442) Uhlenbruck-*Hirte*, InsO, § 15a Rz. 12; Nerlich/Römermann-*Mönning*, InsO, § 13 Rz. 82.

443) Z. B. aus sog. existenzvernichtendem Eingriff vgl. *Hölzle*, ZIP 2003, 1376 m. w. N.

444) BGH, Urt. v. 7.5.1984 – II ZR 276/83, BGHZ 91, 148, 151 ff. = ZIP 1984, 950.

445) *Steffek* in: KPB, InsO, § 15 Rz. 14.

446) BGH, Urt. v. 9.3.1981 – II ZR 54/80, BGHZ 80, 129 = ZIP 1981, 394.

447) Scholz-*K. Schmidt*, GmbHG, § 11 Rz. 88.

448) BGH, Urt. v. 27.1.1997 – II ZR 123/94, BGHZ 134, 333 = ZIP 1997, 679, m. Anm. *Altmeppen*, dazu EWiR 1997, 463 *(Fleischer)*.

Gesellschaft unbeschränkt." Damit hat der BGH eine **unbeschränkte Gründerhaftung** statuiert, die erstens nicht mehr von der späteren Eintragung der GmbH abhängig ist, sondern auch dann greift, wenn die Gesellschaft im Stadium der Vor-GmbH stecken bleibt, und zweitens nicht auf das statutarische Kapital begrenzt ist, sondern sämtliche Verbindlichkeiten umfasst. Der BGH hat allerdings an seinem System der Innenhaftung festgehalten;[449)] den Gläubigern haftet damit zunächst nur das Gesellschaftsvermögen, sowohl der Vor-GmbH wie auch der späteren GmbH. Allerdings hat die Gesellschaft durchsetzbare Ansprüche gegen ihre Gesellschafter.

315 Hierneben haften den Gläubigern aber diejenigen **Geschäftsführer** der Vor-GmbH unmittelbar, die nach außen für die Vor-GmbH gehandelt haben, nach § 11 Abs. 2 GmbHG als Gesamtschuldner. Wer **Handelnder** i. S. der Vorschrift ist, war lange umstritten. Während früher auch all diejenigen Gesellschafter in die Handelndenhaftung einbezogen wurden, die der Geschäftsaufnahme zugestimmt hatten, selbst aber nicht nach außen in Erscheinung getreten sind, haften nach jetzt vorherrschender Rechtsprechung nur noch diejenigen Gesellschafter nach § 11 Abs. 2 GmbHG, die tatsächlich für die Vorgesellschaft im Rechtsverkehr aufgetreten sind.[450)] Die Handelndenhaftung ist subsidiär und erlischt mit Eintragung der Gesellschaft in das Handelsregister.

316 Wegen der Haftung der Gründungsgesellschafter für die Verbindlichkeiten der Vor-GmbH wird in der Literatur seit jeher vertreten, dass alle Gesellschafter der Vor-GmbH berechtigt sind, einen **Insolvenzantrag** zu stellen.[451)] Auch nach unserer Auffassung ist dieses Recht nicht auf die in der Vor-GmbH schon wirksam bestellten Organe – § 35 GmbHG setzt keine Eintragung der GmbH in das Handelsregister voraus, ist deshalb auf die Vor-GmbH anwendbar – und diejenigen Gesellschafter zu beschränken, die nach § 11 Abs. 2 GmbHG einer unbeschränkten, persönlichen Haftung ausgesetzt sind. Denn nach dem Grundsatzurteil des BGH aus dem Jahre 1997 steht fest, dass jeder Gründungsgesellschafter für die Verbindlichkeiten der GmbH unbeschränkt haftet, wenn auch den Gesellschaftsgläubigern nur mittelbar. Dennoch gilt nach dem der InsO zugrunde liegenden System, dass jeder, der mit seinem Privatvermögen für die Verbindlichkeiten eines insolvenzfähigen Rechtssubjekts einstehen muss, auch berechtigt sein muss, sich mit seinem Vermögen unter den Schutz der InsO zu stellen. Es gibt deshalb keinen Grund, den unbeschränkt haftenden Gesellschaftern einer Vor-GmbH das Antragsrecht zu versagen.

4. AG, KGaA und Genossenschaft

317 Für die übrigen insolvenzfähigen juristischen Personen gilt das Gleiche wie für die GmbH: Die Organe der Gesellschaft sind berechtigt und verpflichtet, bei Erkennen der Zahlungsunfähigkeit und/oder der Überschuldung, einen Insolvenzantrag zu stellen. Kommen sie dieser Pflicht nicht nach, setzen sie sich einer persönlichen Haftung und einem Strafbarkeitsvorwurf aus. Auch die Grundsätze über die Vorgründungs- und die Vorgesellschaft sind auf andere juristische Personen, sogar auf juristische Personen des öffentlichen Rechts,[452)] zu übertragen.

---

449) Scholz-*K. Schmidt*, GmbHG, § 11 Rz. 89.

450) BGH, Urt. v. 26.1.1967 – II ZR 122/64, BGHZ 47, 25 = NJW 1967, 828; BGH, Urt. v. 15.12.1975 – II ZR 95/73, BGHZ 65, 378 = NJW 1976, 419.

451) *Klöhn* in: MünchKomm-InsO, § 15 Rz. 31.

452) BGH, Urt. v. 18.12.2000 – II ZR 385/98, ZIP 2001, 373 = NJW 2001, 748.

Kapitel 4
Das Insolvenzeröffnungsverfahren

Übersicht

Literatur: *Adolff*, Der Rangrücktritt zur Vermeidung der Insolvenz, in: Festschrift für Hans-Jürgen Hellwig, 2011, S. 433; *Bitter*, Geschäftsleiterhaftung in der Insolvenz – Alles neu durch SanInsFoG und StaRUG?, ZIP 2021, 321; *Bitter*, Wirksamkeit von Rangrücktritten und vorinsolvenzlichen Durchsetzungssperren, ZIP 2015, 345; *Bitter*, Haftung von Gesellschaftern und Geschäftsführern in der Insolvenz ihrer GmbH, ZInsO 2010, 1561; *Bitter/Kresser*, Positive Fortführungsprognose trotz fehlender Ertragsfähigkeit?, ZIP 2012, 1733; *Bork*, Zahlungsunfähigkeit, Zahlungsstockung und Passiva II, ZIP 2008, 1749; *Bork*, Die Insolvenz der Wohnungseigentümergemeinschaft, ZInsO 2005, 1067; *Bork*, Insolvenzfähigkeit der Bruchteilsgemeinschaft?, ZIP 2001, 545; *Bork*, Wie erstellt man eine Fortbestehensprognose?, ZIP 2000, 1709; *Brzoza*, Die Grundsätze des (insolvenzrechtlich) unzulässigen Druckantrags, NJW 2019, 335; *Delhaes*, Der Insolvenzantrag, 1994; *Dierlamm*, Der faktische Geschäftsführer im Strafrecht – ein Phantom?, NStZ 1996, 153; *Dobler/Lambert*, Einsatz von betriebswirtschaftlichen Instrumenten bei der Erstellung von Insolvenzgutachten, ZInsO 2010, 1819; *Fenski*, Rücknahme des Konkursantrages durch ein anderes Organmitglied?, BB 1988, 2265; *Fischer*, Fortbestehensprognose und Sanierung, NZI 2016, 665; *Fischer*, Krisenbewältigung durch Insolvenzrecht, ZGR 2006, 403; *Frind*, Aktuelle Anwendungsprobleme beim „ESUG" – Teil II, ZInsO 2013, 279; *Frind*, Die Voraussetzungen zur Einsetzung des vorläufigen Gläubigerausschusses, ZInsO 2012, 2028; *Frind*, Die Praxis fragt, „ESUG" antwortet nicht, ZInsO 2011, 2249; *Frind*, Die Gläubigermitbestimmung bei der Verwalterauswahl und das „Zeitkorridor-Problem", ZInsO 2011, 757; *Frind*, Immer gelistet, nie bestellt? – Was tun?, ZInsO 2010, 986; *Frind/Schmidt, A.*, Sozialversicherungsträger – Nassauer des Insolvenzverfahrens?, ZInsO 2001, 1133 (Teil I) und ZInsO 2002, 8 (Teil II); *Fritsche*, Die Zulässigkeit des Insolvenzantrags, DZWIR 2003, 234; *Frystatzki*, Insolvenzrechtliche Anforderungen an Rangrücktrittsvereinbarungen, NZI 2013, 609; *Gehrlein* Insolvenzrechtliche Überschuldung trotz Bilanzierung zu Fortführungswerten? – Zur Unterscheidung von Fortführungsprognose und Fortbestehensprognose, WM 2018, 1; *Gehrlein*, Reichweite und Grenzen der Befugnisse von Gesellschaftern und Anteilseignern in der Regelinsolvenz, ZInsO 2017, 1977; *Gehrlein*, Aktuelle Rechtsprechung des BGH zur Unternehmensinsolvenz: Eröffnungsverfahren und Verfügungsbeschränkungen, NZI 2009, 457; *Goette*, Zur Frage, welche Anforderungen an die Geschäftsleitung und ihre Berater bei der Erstellung einer Fortführungsprognose zu stellen sind, DStR 2016, 1684 (Teil I) und 1752 (Teil II); *Graeber*, Wie viele Insolvenzverwalter verträgt das Insolvenzverfahren?, ZInsO 2006, 851; *Gundlach/Müller*, Der Insolvenzantrag des faktischen GmbH-Geschäftsführers, ZInsO 2011, 1055; *Gutmann*, Die rechnerische Ermittlung der Zahlungsunfähigkeit, NZI 2021, 473; *Haarmeyer*, Musterantrag zur Bestellung eines vorläufigen Gläubigerausschusses nach § 22a Abs. 2 InsO (Antragsausschuss), ZInsO 2012, 370; *Haarmeyer/Horstkotte*, Die „Einsetzungsbremsen" des § 22a Abs. 3 InsO und ihre Umsetzung in die Praxis, ZInsO 2012, 1441; *Habersack*, Grundfragen der freiwilligen oder erzwungenen Subordination von Gesellschafterkrediten, ZGR 2000, 384; *Harz/Baumgartner/Conrad*, Kriterien der Zahlungsunfähigkeit und der Überschuldung, ZInsO 2005, 1304; *Hirte*, Zwischenruf – ESUG: Brauchen die Mitglieder des vorläufigen Gläubigerausschusses überhaupt eine Versicherung?, ZInsO 2012, 820; *Hirte/Knof/Mock*, Überschuldung und Finanzmarktstabilisierungsgesetz, ZInsO 2008, 1217; *Hölzle*, Nachruf: Wieder die Überschuldungs-Dogmatik in der Krise, ZIP 2008, 2003; *Horstkotte*, Effektiver Rechtsschutz im Verfahren über die Einsetzung eines vorläufigen Gläubigerausschusses, ZInsO 2012, 1930; *Huber*, Großer Wurf oder viel Lärm um nichts?, ZInsO 2013, 1; *Knolle/Tetzlaff*, Zahlungsunfähigkeit und Zahlungsstockung, ZInsO 2005, 897; *Köllner/Cyrus*, Aktuelle strafrechtliche Fragen in Krise und Insolvenz, NZI 2015, 545; *Leithaus/Schaefer*, Rangrücktrittsvereinbarungen zur Vermeidung der Überschuldung anno 2010 – Unter welchen Voraussetzungen lässt sich die Rangrücktrittsvereinbarung aufheben?, NZI 2010, 844; *Martinek/Omlor*, Auswirkungen von gesetzlichem und vertraglichem Rangrücktritt auf nicht-akzessorische Sicherheiten, WM 2008, 665 (Teil II); *Neumaier*, Wann wird eine Zahlungsstockung zur Zahlungsunfähigkeit?, NJW 2005, 3041; *Nissen*, Das (Insolvenz-)Rechtssubjekt Wohnungseigentümergemeinschaft, 2007; *Obermüller*, Der Gläubigerausschuss nach dem „ESUG", ZInsO 2012, 18; *Pape*, Zahlungsunfähigkeit in der Gerichtspraxis, WM 2008, 1949; *Penzlin*, Kritische Anmerkung zu den Insolvenzeröffnungsgründen der drohenden Zahlungsunfähigkeit und Überschuldung, NZG 2000, 464; *Poertzgen*, Gesetzliche Neuverbindlichkeiten im Verschleppungszeitraum, ZInsO 2007, 285; *Preuß*, Die Verwalterauswahl als Problem des Justizverfassungsrechts, KTS 2005, 155; *Rauscher*, Aufgaben, Kosten, Nutzen des vorläufigen Gläubigerausschusses, ZInsO 2012, 1201; *Rein*, Die Rücknahme des Insolvenzantrags, NJW-Spezial 2016, 213; *Römermann/Praß*, Rechtsschutz bei Ablehnung eines vorläufigen Gläubigerausschusses, ZInsO 2012, 1923; *Rugullis*, Die Insolvenzantragspflicht beim Verein – Eine Interpretation des § 42 II BGB, NZI 2007, 323; *Runkel/Wältermann*, Zur verfassungsmäßigen Auswahl und Ernennung eines Insolvenzverwalters, ZIP 2005, 1347; *Schmerbach*, Der Gläubigerantrag im Regelinsolvenzverfahren, NZI 2003, 421; *Schmidt, K.*, Rangrücktritt insolvenzrechtliche/Rangrücktritt steuerrechtlich, DB 2015, 600; *Schmidt, K.*, Überschuldung und Unternehmensfortführung oder: per aspera ad astra – Grundsatz- und Praxisfragen um § 19 Abs. 2 InsO, ZIP 2013, 485; *Schmidt, N.*, Zur Bestellung eines vorläufigen Gläubigerausschusses gemäß § 22a Abs. 2 InsO – Prozedere und Rechtsbehelf, ZInsO 2012, 1107; *Staufenbiel/Hoffmann*, Die Ermittlung des Eintritts der Zahlungsunfähigkeit, ZInsO 2008, 785 (Teil I), ZInsO 2008, 838 (Teil II), ZInsO 2008, 891 (Teil III); *Strohn*, Geschäftsführerhaftung als Innen- und Außenhaftung, ZInsO 2009, 1417; *Uhlenbruck*, Gerichtliche oder außergerichtliche Sanierung? –

Eine Schicksalsfrage Not leidender Unternehmen, BB 2001, 1641; *Vallender*, Allgemeine Anforderungen an Anträge im Insolvenzverfahren, MDR 1999, 280; *Walterscheid*, Die englische Limited im Insolvenzverfahren, DZWIR 2006, 95; *Wieland*, Die Bestellung des Insolvenzverwalters – Das Grundrecht auf ermessensfehlerfreie Auswahl des Insolvenzverwalters und sein effektiver Schutz, ZIP 2007, 462; *Wieland*, Verfassungsrechtliche Fragen der Auswahl des Insolvenzverwalters, ZIP 2005, 233; *Wolf*, Mythos Fortführungsprognose – Welche Rolle spielt die Ertragsfähigkeit?, DStR 2009, 2682.

A. Einleitung

Das Insolvenzeröffnungsverfahren umfasst den Zeitraum von der Antragstellung bis zur Entscheidung über den[1] Eröffnungsantrag.[2] Es steht weitgehend unter der **Herrschaft des Insolvenzgerichts**. Das Gericht hat zu klären, ob die formellen und materiellen Voraussetzungen für die Eröffnung des Insolvenzverfahrens vorliegen. Zudem können vorläufige Maßnahmen zur Sicherung der künftigen Insolvenzmasse angeordnet werden (siehe hierzu Kap. 2 Rz. 20 [*Bork*]). 1

Da im Eröffnungsverfahren die für den weiteren Verlauf des Insolvenzverfahrens maßgeblichen Entscheidungen getroffen werden, ist der **Richter** funktionell zuständig (§ 18 Abs. 1 Nr. 1 RPflG). Erst mit der Eröffnung des Verfahrens geht die Zuständigkeit grundsätzlich auf den Rechtspfleger über (§ 3 Nr. 2 lit. e RPflG).[3] Der Richter kann sich das (eröffnete) Insolvenzverfahren jedoch ohne Angabe von Gründen ganz oder teilweise vorbehalten, wenn er dies für geboten erachtet (§ 18 Abs. 2 Satz 1 RPflG), und er kann es nach der Übertragung auf den Rechtspfleger auch wieder an sich ziehen, wenn und solange er dies für erforderlich hält (§ 18 Abs. 2 Satz 3 RPflG). 2

Das Eröffnungsverfahren gliedert sich in mehrere Unterabschnitte, die sich in der Praxis teilweise überlagern, gedanklich aber zu trennen sind.[4] Es beginnt mit einem **Insolvenzantrag**. Dieser kann entweder vom Schuldner selbst oder aber von einem Gläubiger gestellt werden (§ 13 Abs. 1 Satz 2 InsO, siehe dazu Rz. 22 ff.). 3

Liegt ein Antrag vor, muss[5] das Gericht dessen **Zulässigkeit** prüfen. Dazu gehören[6] 4

- die allgemeinen Prozesshandlungsvoraussetzungen (siehe dazu unter Rz. 9 ff.),
- die Zuständigkeit des Gerichts (siehe dazu Rz. 13 ff.),
- die Antragsberechtigung (siehe dazu Rz. 22 ff.),
- das Rechtsschutzbedürfnis (siehe dazu Rz. 38 ff.),
- die Insolvenzfähigkeit des Schuldners (siehe dazu Rz. 41 ff.),
- die formellen Antragsvoraussetzungen (siehe Rz. 51 ff.) und
- die Wahl der richtigen Verfahrensart (siehe dazu Rz. 82 ff.).

Ist eine dieser Voraussetzungen im Zeitpunkt der Entscheidung des Gerichts nicht erfüllt,[7] ist der Antrag als unzulässig zurückzuweisen.[8] Andernfalls muss sich das Gericht 5

---

1) Der Eingang jedes Antrags leitet ein selbständiges Insolvenzeröffnungsverfahren ein. Gehen mehrere Anträge ein, erfolgt eine getrennte Antragsprüfung, *Sternal* in: HK-InsO, § 13 Rz. 16.

2) *Vuia* in: MünchKomm-InsO, § 13 Rz. 9.

3) Ein Beamter auf Probe darf im ersten Jahr nach seiner Ernennung Geschäfte des Rechtspflegers in Insolvenzsachen nicht wahrnehmen, § 18 Abs. 4 RPflG.

4) *Vuia* in: MünchKomm-InsO, § 13 Rz. 10.

5) An einen gestellten Antrag ist das Gericht gebunden, vgl. *Ganter/Bruns* in: MünchKomm-InsO, § 5 Rz. 6.

6) *Bork*, Einführung in das Insolvenzrecht, Rz. 99.

7) Vgl. BGH, Beschl. v. 5.2.2004 – IX ZB 29/03, ZIP 2004, 1466, 1467 = ZVI 2004, 408.

8) Gegen diese Entscheidung kann der Antragsteller sofortige Beschwerde einlegen, § 34 Abs. 1, § 6 InsO, §§ 567 ff. ZPO.

ohne besondere Zwischenentscheidung[9] der Begründetheitsprüfung zuwenden und im Wege der **Amtsermittlung (§ 5 Abs. 1 Satz 1 InsO)** sowohl bei einem Schuldnerantrag als auch bei einem Gläubigerantrag[10] alle Umstände ermitteln, die für das Insolvenzverfahren von Bedeutung sind.[11] Dies betrifft insbesondere das Vorliegen eines Insolvenzgrundes (siehe dazu Rz. 88 ff.) und die Frage, ob ausreichende Masse zur Deckung der Verfahrenskosten vorhanden ist (siehe dazu Rz. 128 ff.). Bei der Prüfung bedient sich das Gericht regelmäßig eines Sachverständigen, der häufig zugleich als vorläufiger Insolvenzverwalter bestellt wird (siehe unten Rz. 144 ff.).

6 Das Eröffnungsverfahren endet schließlich mit einer **gerichtlichen Entscheidung über den Eröffnungsantrag** (siehe dazu unten Rz. 192 ff.). Lässt sich ein Eröffnungsgrund nicht feststellen, ist der Antrag als unbegründet zurückzuweisen. Liegt hingegen ein Insolvenzgrund vor und sind die Kosten des Verfahrens gedeckt, so ist das Insolvenzverfahren durch Beschluss zu eröffnen (§§ 27 bis 29 InsO). Sind bei Vorliegen eines Insolvenzgrunds die Kosten des Verfahrens nicht gedeckt, ist der Antrag trotz Vorliegens eines Eröffnungsgrunds gemäß § 26 InsO mangels Masse abzuweisen. Die Abweisung mangels Masse gemäß § 26 Abs. 1 Satz 1 InsO setzt tatbestandlich voraus, dass der Insolvenzantrag zulässig und – mit Ausnahme der fehlenden Kostendeckung – begründet ist (siehe auch Rz. 62).[12] Gleichwohl sollte das Gericht im Hinblick auf § 139 Abs. 2 Satz 2 InsO in dem Beschluss über die Abweisung mangels Masse klarstellen, dass die Verfahrenseröffnung *ausschließlich* mangels hinreichender Kostendeckung abgelehnt wird und es im Übrigen von einem zulässigen und begründeten Antrag ausgeht. Dies erleichtert dem Insolvenzverwalter in einem späteren Insolvenzverfahren den durch ihn im Anfechtungsprozess zu führenden Nachweis,[13] dass für die Berechnung der Anfechtungsfristen ein früherer Antrag maßgeblich ist, obgleich dieser nicht zur Verfahrenseröffnung geführt hat; § 139 Abs. 2 Satz 2 InsO gilt nämlich nur dann, wenn die Abweisung *allein* wegen fehlender Masse zur Deckung der Verfahrenskosten abgewiesen worden ist.[14]

B. Der Eröffnungsantrag

7 Jedes Insolvenzverfahren setzt einen Eröffnungsantrag voraus. Dieser kann entweder durch den Schuldner oder einen Gläubiger gestellt werden (§ 13 Abs. 1 Satz 2 InsO). Es gilt – jedenfalls bis zur Entscheidung des Gerichts über die Eröffnung (vgl. § 13 Abs. 2 InsO) – die **Dispositionsmaxime.**[15] Die Disposition ist jedoch auf Seiten des Schuldners

---

9) Bei der in der Praxis durchaus vorkommenden ausdrücklichen Zulassung des Antrags handelt es sich nicht um eine gerichtliche Entscheidung im Rechtssinne, sondern lediglich um eine den Beschluss über die Verfahrenseröffnung vorbereitende und daher nicht gesondert anfechtbare Rechtshandlung (*Bork*, Einführung in das Insolvenzrecht, Rz. 99). Gleichwohl lässt sich zumindest begrifflich das Zulassungsverfahren (*Sternal* in: HK-InsO, § 14 Rz. 49) vom eigentlichen Eröffnungsverfahren trennen, *Fritsche*, DZWIR 2003, 234 Fn. 1; näheres hierzu s. unter Rz. 86 f.

10) Die Amtsermittlungspflicht nach § 5 Abs. 1 InsO besteht sowohl bei Schuldner- als auch bei Gläubigeranträgen, *Sternal* in: HK-InsO, § 5 Rz. 4.

11) Die Amtsermittlung setzt erst ein, wenn ein zulässiger Eröffnungsantrag vorliegt, vgl. BGH, Beschl. v. 12.12.2002 – IX ZB 426/02, ZVI 2003, 64 = ZIP 2003, 358, dazu EWiR 2003, 589 *(Gundlach/Frenzel)*; BGH, Beschl. v. 23.11.2006 – IX ZA 21/06, Rz. 7, BeckRS 2007, 1082. Das Gericht muss insbesondere dann nicht tätig werden, wenn der das Verfahren einleitende Insolvenzantrag mangels ordnungsgemäßer Darlegung eines Insolvenzgrunds nicht zulässig ist, BGH, Beschl. v. 1.12.2011 – IX ZB 232/10, Rz. 11, ZIP 2012, 139.

12) BGH, Beschl. v. 7.4.2011 – IX ZB 254/09, Rz. 6, ZInsO 2011, 931.

13) Uhlenbruck-*Hirte/Borries*, InsO, § 139 Rz. 10.

14) Uhlenbruck-*Hirte/Borries*, InsO, § 139 Rz. 13.

15) *Bork*, Einführung in das Insolvenzrecht, Rz. 94.

in Gesellschaftsinsolvenzen erheblich durch die Insolvenzantragspflicht eingeschränkt (siehe dazu Rz. 37).

I. Zulässigkeit des Antrags

8 Im Rahmen der Zulässigkeit des Antrags lässt sich zwischen allgemeinen und speziellen Zulassungsvoraussetzungen unterscheiden.[16] Die allgemeinen Zulassungsvoraussetzungen müssen immer vorliegen und sind stets von Amts wegen durch das Insolvenzgericht zu prüfen.[17] Die speziellen Zulassungsvoraussetzungen sind **beim Gläubiger- und Schuldnerantrag unterschiedlich.** Dies betrifft insbesondere die Vorschrift des § 14 Abs. 1 InsO, die allein für den Antrag eines Gläubigers ein rechtliches Interesse an der Eröffnung des Insolvenzverfahrens und die Glaubhaftmachung des Eröffnungsgrundes verlangt. Das in § 14 Abs. 1 InsO der Sache nach erwähnte Rechtsschutzbedürfnis (siehe dazu Rz. 38 ff.) muss aber nach allgemeinen Grundsätzen auch bei einem Eigenantrag des Schuldners gegeben sein.[18] Zudem kann auch beim Schuldnerantrag die Glaubhaftmachung des Eröffnungsgrunds Zulässigkeitsvoraussetzung sein (vgl. § 15 Abs. 2 Satz 1, § 317 Abs. 2 Satz 1 InsO). Ferner ist der Insolvenzantrag eines Schuldners mit Blick auf § 4 Satz 1 InsO i. V. mit § 253 Abs. 2 Nr. 2 ZPO nur dann zulässig, wenn in ihm die wesentlichen Merkmale eines Eröffnungsgrundes dargetan werden.[19] Die Unterschiede zwischen Eigen- und Fremdanträgen sind in Bezug auf die Zulässigkeit mithin nicht so groß, wie es § 14 Abs. 1 InsO auf den ersten Blick vermuten lässt. Deshalb soll im Folgenden eine einheitliche Darstellung erfolgen, die – soweit erforderlich – am jeweiligen Zulässigkeitsmerkmal zwischen den antragstellenden Personen differenziert.

1. Allgemeine Prozesshandlungsvoraussetzungen

9 Der Insolvenzantrag ist eine Prozesshandlung. Als solche unterliegt er mit Blick auf § 4 Satz 1 InsO den sich im Wesentlichen aus der ZPO ergebenden Mindestanforderungen. Er ist als verfahrenseinleitender Antrag insbesondere **bedingungs- und befristungsfeindlich.**[20] Eine Anfechtung nach den §§ 119 ff. BGB ist nicht möglich,[21] sondern allenfalls eine Rücknahme (§ 4 Satz 1 InsO i. V. mit § 269 ZPO, siehe dazu unten Rz. 138 ff.), Berichtigung, Ergänzung oder Änderung (§ 4 Satz 1 InsO i. V. mit §§ 263, 264 ZPO).[22]

10 Ebenfalls erforderlich ist die **Partei- und Prozessfähigkeit** des Antragstellers (§ 4 Satz 1 InsO i. V. mit §§ 50 ff. ZPO).[23] Auch ein Geschäftsunfähiger oder beschränkt Geschäftsfähiger kann einen Insolvenzantrag stellen. Er muss allerdings wirksam vertreten sein.

---

16) Hier und zum Folgenden: Uhlenbruck-*Wegener*, InsO, § 13 Rz. 54.

17) Insoweit gilt trotz der Dispositionsmaxime (s. dazu Rz. 7) bereits im Eröffnungsverfahren die Offizialmaxime (§ 5 InsO).

18) *Bork*, Einführung in das Insolvenzrecht, Rz. 96.

19) BGH, Beschl. v. 12.12.2002 – IX ZB 426/02, ZVI 2003, 64 = ZIP 2003, 358.

20) BGH, Beschl. v. 11.3.2010 – IX ZB 110/09, Rz. 7, ZVI 2010, 300 = ZIP 2010, 888; BGH, Beschl. v. 11.10.2007 – IX ZB 270/05, Rz. 9, NZI 2008, 45, 47 = ZVI 2007, 610; *Linker*. in: HambKomm-InsO, § 13 Rz. 4; Ausnahme: Innerprozessuale Bedingungen, dazu BGH Beschl. v. 9.2.2012 – IX ZB 86/10, Rz. 13 f., ZVI 2012, 340 = ZIP 2012, 582. Unzulässig ist aber ein Eröffnungsantrag unter der Bedingung, dass Eigenverwaltung gemäß §§ 270 ff. InsO angeordnet wird, *Sternal* in: HK-InsO, § 13 Rz. 4; Uhlenbruck-*Wegener*, § 13 Rz. 60.

21) Vgl. LG Düsseldorf, Beschl. v. 10.5.2001 – 25 T 285/01, NZI 2002, 60, 61.

22) *Vuia* in: MünchKomm-InsO, § 13 Rz. 75.

23) OLG Köln, Beschl. v. 3.1.2000 – 2 W 214/99, ZIP 2000, 280, 282 = NZI 2000, 134; Uhlenbruck-*Wegener*, InsO, § 13 Rz. 58.

Praxishinweis

In der Praxis treten gelegentlich im Verbraucherinsolvenzverfahren nach §§ 304 ff. InsO Schuldner auf, die unter Betreuung stehen. Ein Eigeninsolvenzantrag ist auch in diesen Fällen zulässig. Insbesondere ist eine vormundschaftsgerichtliche Genehmigung nicht erforderlich, da ein Fall des § 1822 BGB nicht vorliegt.[24)] Allerdings stellt die Unterzeichnung der Abtretungserklärung des 287 Abs. 2 Satz 1 InsO eine Vorausverfügung i. S. d. § 1812 BGB dar; deshalb hat das Betreuungsgericht im Interesse des Betreuten die Abtretungserklärung des Schuldners zu genehmigen, soweit dieser aufgrund seiner Erkrankung selbst nicht mehr dazu in der Lage ist, die Erklärung selbst zu unterschreiben oder deren materiell-rechtliche Reichweite zu erkennen.[25)]

11 Die Prozessfähigkeit fehlt bei einer geschäftsführerlosen GmbH.[26)] Da in derartigen Fällen der **Führungslosigkeit** (vgl. die Legaldefinition in § 10 Abs. 2 Satz 2 InsO) gemäß § 15a Abs. 3 InsO eine Antragspflicht der Gesellschafter besteht, muss ein zulässiger Antrag möglich sein. Dies gewährleistet § 15 Abs. 1 Satz 2 InsO. Durch einen danach zulässigen Insolvenzantrag des Gesellschafters für die juristische Person wird letztere indes nicht (wieder) prozessfähig, da § 15 Abs. 1 Satz 2 InsO den Gesellschafter nicht generell zum organschaftlichen Vertreter der Gesellschaft macht. Es bedarf deshalb auch nach einem solchen Insolvenzantrag der (Wieder-)Herstellung der Prozessfähigkeit, um für das Eröffnungsverfahren ein hinreichend vertretenes Verfahrenssubjekt zu haben. Abhilfe verschafft insoweit gemäß § 4 Satz 1 InsO i. V. mit § 57 ZPO die Bestellung eines Prozesspflegers.[27)]

12 **Gewillkürte Vertreter** haben eine spezielle Insolvenzvollmacht zu den Gerichtsakten zu reichen, sofern es sich nicht um Rechtsanwälte handelt (§ 4 Satz 1 InsO i. V. mit § 88 Abs. 2 ZPO).[28)] Prokura (§§ 48 ff. HGB) und Handlungsvollmacht (§ 54 HGB) berechtigen nicht zur Stellung eines Insolvenzantrags, da es sich hierbei nicht um ein Geschäft bzw. eine Rechtshandlung handelt, die der Betrieb eines Handelsgewerbes gewöhnlich mit sich bringt.[29)]

2. Zuständigkeit des Gerichts

13 Mit Blick auf das Recht des Antragstellers auf den gesetzlichen Richter (vgl. Art. 101 Abs. 1 GG, Art. 16 GVG) stellt sich stets die Frage nach der Zuständigkeit des angerufenen Gerichts. Dabei ist insbesondere zwischen der sachlichen und der örtlichen Zuständigkeit zu differenzieren. Zur funktionellen Zuständigkeit siehe bereits oben unter Rz. 2.

a) Sachliche Zuständigkeit (§ 2 InsO)

14 In sachlicher Hinsicht ist für das Insolvenz(eröffnungs)verfahren gemäß § 2 Abs. 1 InsO ausschließlich das **AG als Insolvenzgericht** zuständig. Das Insolvenzgericht ist dabei eine nach § 22 GVG mit einem Einzelrichter besetzte Abteilung des AG, in dessen Bezirk ein

24) *Vallender*, MDR 1999, 280.

25) LG Hamburg, Beschl. v. 8.3.2019 – 330 T 14/19, ZVI 2019, 141 = NZI 2019, 384.

26) BGH, Beschl. v. 7.12.2006 – IX ZB 257/05, Rz. 11, ZIP 2007, 144 – auch dann, wenn es einen sog. „faktischen“ Geschäftsführer gibt.

27) Vgl. OLG München, Beschl. v. 17.7.2006 – 9 W 1725/06, ZInsO 2006, 882, 883; OLG Zweibrücken, Beschl. v. 12.4.2001 – 3 W 23/01, ZIP 2001, 973 = NZI 2001, 378, dazu EWiR 2002, 223 *(Pape)* – allerdings subsidiär ggü. der Bestellung eines Notgeschäftsführers gemäß § 29 BGB; LG Berlin, Beschl. v. 11.12.2001 – 86 T 645/01, NZI 2002, 163.

28) *Schmerbach*, NZI 2003, 421, 425; ebenso *Vallender*, MDR 1999, 280, der darauf hinweist, dass gemäß § 4 Satz 1 InsO i. V. mit § 88 Abs. 1 ZPO auch bei Rechtsanwälten der Mangel der Vollmacht von dem Gegner in jeder Lage des Verfahrens gerügt werden kann.

29) *Vallender*, MDR 1999, 280, 280 f.

LG seinen Sitz hat. Liegen mehrere AG in einem LG-Bezirk, ist nur dasjenige AG zuständig, in dessen Bezirk das LG seinen Sitz hat.[30)]

b) Örtliche Zuständigkeit (§ 3 InsO)

Örtlich zuständig ist gemäß § 3 Abs. 1 Satz 1 InsO ausschließlich das Insolvenzgericht, in 15
dessen Bezirk der Schuldner seinen **allgemeinen Gerichtsstand** hat. Das ist bei natürlichen Personen deren Wohnsitz (§ 13 ZPO), bei allen anderen Schuldnern deren Sitz (vgl. § 17 Abs. 1 ZPO). Liegt jedoch der **Mittelpunkt einer selbständigen wirtschaftlichen Tätigkeit** des Schuldners an einem anderen Ort, so ist nach § 3 Abs. 1 Satz 2 InsO ausschließlich das Insolvenzgericht zuständig, in dessen Bezirk dieser Ort liegt.[31)] Maßgeblich sind dabei die Umstände bei Eingang des Antrags bei Gericht.[32)] Die einmal gegebene örtliche Zuständigkeit des Gerichts entfällt sodann gemäß § 4 Satz 1 InsO i. V. mit § 261 Abs. 3 Nr. 2 ZPO *(perptuatio fori)* nicht durch eine nachträgliche Veränderung der die örtliche Zuständigkeit begründenden Umstände.[33)]

Aus der vorstehenden Konzeption ergibt sich für das Insolvenzgericht folgende **Prüfungs-** 16
reihenfolge: Zunächst ist danach zu fragen, ob der Schuldner eine selbständige wirtschaftliche Tätigkeit ausübt und wo der Mittelpunkt dieser Tätigkeit liegt. Erst in zweiter Linie kommt es auf den Sitz des Schuldners an.

– **Selbständige wirtschaftliche Tätigkeit:** Liegt zum Zeitpunkt der Antragstellung noch 17
ein **laufender Geschäftsbetrieb** vor, so bereitet die Prüfung der örtlichen Zuständigkeit keine Probleme, da gemäß § 3 Abs. 1 Satz 2 InsO ohne weiteres das Gericht zuständig ist, in dessen Bezirk der Ort der selbständigen wirtschaftlichen Tätigkeit liegt. Auf den Sitz bzw. die Eintragung im Handelsregister kommt es in diesem Fall nicht an. Streitig ist, ob **Liquidationsmaßnahmen** zur selbständigen wirtschaftlichen Tätigkeit i. S. des § 3 Abs. 1 Satz 2 InsO gehören. In der Rechtsprechung wird dies überwiegend verneint.[34)] Teilweise wird das Vorliegen einer wirtschaftlichen Tätigkeit bejaht, sofern Geschäftsbücher weitergeführt werden bzw. Korrespondenz für das schuldnerische Unternehmen geführt wird.[35)] Auch bei natürlichen Personen ist in erster Linie der Ort einer selbständigen wirtschaftlichen Tätigkeit zum Zeitpunkt der Antragstellung entscheidend; insoweit gelten keine Besonderheiten.

30) Nach § 2 Abs. 2 InsO sind die Landesregierungen oder die Landesjustizverwaltungen (Satz 2) befugt, andere oder zusätzliche AG zu Insolvenzgerichten zu bestimmen oder die Gerichtsbezirke abweichend festzulegen. Von dieser Ermächtigung haben bis auf Brandenburg, Hamburg, Mecklenburg-Vorpommern, NRW, Sachsen-Anhalt und Thüringen die Länder Gebrauch gemacht, wobei Baden-Württemberg, Bayern, Bremen, Hessen, Niedersachsen, Rheinland-Pfalz und Schleswig-Holstein zusätzliche AG zu Insolvenzgerichten bestimmt haben, *Sternal* in: HK-InsO, § 2 Rz. 16.

31) Vgl. hierzu Uhlenbruck-*Pape*, InsO, § 3 Rz. 2: „Die Gläubiger sollen ihre Befriedigung dort suchen, wo sie ihr Vertrauen gelassen haben."

32) BGH, Beschl. v. 22.3.2007 – IX ZB 164/06, Rz. 5, ZInsO 2007, 440 = NZI 2007, 344; *Rüther* in: HambKomm-InsO, § 3 Rz. 7.

33) OLG Schleswig, Beschl. v. 17.12.2015 – 2 AR 27/15, Rz. 18, ZVI 2016, 101 = ZInsO 2016, 231; *Rüther* in: HambKomm-InsO, § 3 Rz. 7.

34) Für eine generelle Ablehnung: BayObLG, Beschl. v. 28.3.2001 – 4Z AR 23/01, ZIP 2003, 1305 = ZInsO 2001, 517; für eine Ablehnung bei bloßer Aufbewahrung der Geschäftsbücher: OLG Düsseldorf, Beschl. v. 9.8.1999 – 19 Sa 65/99, NZI 2000, 601; OLG Braunschweig, Beschl. v. 13.4.2000 – 1 W 29/00, ZIP 2000, 1118 = NZI 2000, 266, dazu EWiR 2000, 1021 *(Voß)*; OLG Hamm, Beschl. v. 24.6.1999 – 1 Sbd 16/99, ZInsO 1999, 533, wonach eine werbende Tätigkeit erforderlich ist; ebenso *Rüther* in: HambKomm-InsO, § 3 Rz. 12.

35) OLG Rostock, Beschl. v. 19.10.2001 – 1 UH 3/01, ZInsO 2001, 1064; LG Hamburg, Beschl. v. 20.12.1999 – 326 T 194/99, LS, ZInsO 2000, 118; OLG Schleswig, Beschl. v. 9.8.1999 – 2 W 116/99, NZI 1999, 416.

18 – **Mittelpunkt:** Der Mittelpunkt der wirtschaftlichen Tätigkeit des Schuldners liegt in der Regel dort, von wo aus unmittelbar Geschäfte geschlossen werden (§ 4 Satz 1 InsO i. V. mit § 21 Abs. 1 ZPO).[36] Maßgeblich ist, an welchem Ort sich das Zentrum der geschäftlichen Aktivitäten befindet, mithin die tatsächliche Willensbildung innerhalb eines Unternehmens oder einer Gesellschaft stattfindet.[37] Hat ein Unternehmen mehrere Niederlassungen, so ist das Insolvenzgericht zuständig, in dessen Bezirk sich die Hauptniederlassung befindet.[38] In Konzerninsolvenzen ist der Mittelpunkt der selbständigen wirtschaftlichen Tätigkeit jeder Konzerngesellschaft für sich zu ermitteln, da jede insolvenzfähige Person oder Personenvereinigung (siehe dazu Rz. 41 ff.) grundsätzlich einen eigenen Gerichtsstand hat.[39] Ein einheitlicher Gerichtsstand aller Konzerngesellschaften nach Maßgabe des § 3 Abs. 1 Satz 2 InsO kommt nur bei zentraler Lenkung der Tochtergesellschaften durch die Muttergesellschaft in Betracht.[40] Die §§ 3a ff. InsO[41] sehen jedoch einen einheitlichen Gruppen-Gerichtsstand (§ 3a InsO) für alle zu einer Unternehmensgruppe (§ 3e InsO) gehörenden Unternehmen – sog. gruppenangehörigen Schuldner (§ 3a Abs. 1 Satz 1 InsO) – vor, sodass es der Feststellung der „zentralen Lenkung" regelmäßig nicht (mehr)[42] bedarf.[43]

19 – **Keine selbständige wirtschaftliche Tätigkeit:** Besteht zum Zeitpunkt der Antragstellung kein laufender Geschäftsbetrieb, so richtet sich die örtliche Zuständigkeit nach dem allgemeinen Gerichtsstand (§ 3 Abs. 1 Satz 1 InsO). Dieser befindet sich am Sitz des Unternehmens (§ 4 Satz 1 InsO i. V. mit § 17 ZPO). Wichtig ist, dass eine satzungsmäßige Sitzverlegung erst – nach entsprechender Satzungsänderung – mit der Eintragung in das Handelsregister wirksam wird.[44] Ein Beschluss der Gesellschafter allein reicht nicht aus.[45] Sitzverlegungen nach Eingang des Antrags bei Gericht sind nach dem Grundsatz der perptuatio fori (§ 4 Satz 1 InsO i. V. mit § 261 Abs. 3 Nr. 2 ZPO analog) unbeachtlich.[46]

20 Bei **natürlichen Personen** ohne selbständige wirtschaftliche Tätigkeit zum Zeitpunkt der Antragstellung kommt es auf deren Wohnsitz an (§ 4 Satz 1 InsO i. V. mit § 13 ZPO). Hat der Schuldner seinen Wohnsitz im Ausland, kommt eine internationale Zuständigkeit der deutschen Insolvenzgerichte gemäß § 3 Abs. 1 Satz 1 InsO nicht in Betracht.[47]

21 Die **internationale Zuständigkeit** deutscher Insolvenzgerichte ist in der InsO nicht geregelt. Innerhalb der Mitgliedstaaten der EU (mit Ausnahme von Dänemark) ist **Art. 3**

---

36) *Rüther* in: HambKomm-InsO, § 3 Rz. 13; Uhlenbruck-*Pape*, InsO, § 3 Rz. 4a.

37) Uhlenbruck-*Pape*, InsO, § 3 Rz. 4a.

38) *Bork*, Einführung in das Insolvenzrecht, Rz. 50; Uhlenbruck-*Pape*, InsO, § 3 Rz. 4.

39) Hier und zum Folgenden: *Rüther* in: HambKomm-InsO, § 3 Rz. 15.

40) Vgl. *Sternal* in: HK-InsO, § 3 Rz. 13.

41) S. hierzu die Kommentierung von *Prütting* in: KPB, InsO, §§ 3a–3e.

42) Die §§ 3a ff. InsO sind durch das Gesetz zur Erleichterung der Bewältigung von Konzerninsolvenzen, v. 13.4.2017, BGBl. I 2017, 866, m. W. v. 21.4.2018 in die InsO eingefügt worden.

43) Zum Gruppen-Gerichtsstand beim Stabilisierungs- und Restrukturierungsverfahrens nach Maßgabe des StaRUG s. § 37 StaRUG.

44) OLG Köln, Beschl. v. 22.3.2000 – 2 W 49/00, ZIP 2000, 672, dazu EWiR 2000, 535 *(v. Gerkan)*; OLG Hamm, Beschl. v. 24.6.1999 – 1 Sbd 16/99, ZInsO 1999, 533; Uhlenbruck-*Pape*, InsO, § 3 Rz. 3.

45) OLG Brandenburg, Beschl. v. 14.3.2003 – 1 AR 49/02, ZVI 2003, 181 = ZInsO 2003, 376, dazu EWiR 2004, 859 *(Runkel)*.

46) OLG Hamm, Beschl. v. 2.10.2019 – 32 SA 25/19, ZRI 2020, 147, 148; OLG Naumburg, Beschl. v. 28.3.2001 – 5 AR 1/01, ZIP 2001, 753 = ZInsO 2001, 471. *Bork*, Einführung in das Insolvenzrecht, Rz. 50.

47) Vgl. dazu Uhlenbruck-*Pape*, InsO, § 3 Rz. 3 m. w. N.

EuInsVO[48] vorrangig zu beachten. Danach ist für die Eröffnung des Insolvenzverfahrens das Gericht zuständig, in dessen Bezirk im Zeitpunkt der Antragstellung der Mittelpunkt des hautsächlichen Interesses des Schuldners liegt (Center of Main Interest – **COMI**). Außerhalb des Anwendungsbereichs der EUInsVO sind die deutschen Insolvenzgerichte zuständig, wenn der Schuldner in Deutschland den Mittelpunkt seiner selbständigen wirtschaftlichen Tätigkeit oder seinen Sitz bzw. Wohnsitz hat (§ 3 InsO analog).[49] Außerdem kann an das in Deutschland belegene Vermögen angeknüpft werden (§ 4 Satz 1 InsO i. V. mit § 23 ZPO analog), was allerdings nur zu einem Sonderinsolvenzverfahren über das in Deutschland befindliche Vermögen des Schuldners führen kann.

3. Antragsberechtigung (§ 13 InsO)

Das Insolvenzverfahren kann gemäß § 13 Abs. 1 Satz 1 InsO nur auf schriftlichen Antrag eröffnet werden. Bis zur Entscheidung über die Eröffnung (vgl. § 13 Abs. 2 InsO) gilt also die **Dispositionsmaxime.**[50] 22

a) Beschränkung auf Kreis der wirtschaftlich Betroffenen

Antragsberechtigt sind die **Gläubiger und** der **Schuldner** (§ 13 Abs. 1 Satz 2 InsO). Damit hat der Gesetzgeber eine Beschränkung auf den Kreis der unmittelbar wirtschaftlich Betroffenen vorgenommen.[51] 23

Antragsberechtigt sind grundsätzliche **alle Gläubiger**, und zwar unabhängig von ihrer Einstufung als einfache Insolvenzgläubiger (§ 38 InsO), Nachranggläubiger (§ 39 InsO) oder absonderungsberechtigte Gläubiger (§ 52 InsO).[52] Der Gläubiger muss aber einen zur Zeit der Entscheidung über den Eröffnungsantrag begründeten persönlichen Vermögensanspruch i. S. von § 38 InsO gegen den Schuldner haben; eine rein dingliche Haftung von Vermögensgütern des Schuldners ohne zugrunde liegende persönliche Haftung seinerseits genügt nicht. Zudem muss der Gläubiger ein rechtliches Interesse an der Eröffnung des Insolvenzverfahrens haben (siehe dazu Rz. 38 ff.) und den Eröffnungsgrund glaubhaft machen (§ 14 Abs. 1 InsO). 24

b) Motivation zur Antragstellung

Die Ausgestaltung des Insolvenzverfahrens als Antragsverfahren gibt den Beteiligten Raum für ein Kalkül.[53] Die **Motivation zur Stellung eines Insolvenzantrags** ist bei Gläubigern anders gelagert als bei dem Schuldner. 25

aa) Gläubigerkalkül

Das Gläubigerkalkül geht in der Regel dahin, durch eine Maximierung des haftenden Schuldnervermögens eine Minimierung des eigenen Schadens herbeizuführen.[54] Dabei hat der Gläubiger aber nicht die – in § 1 Satz 1 InsO zum Verfahrensziel erklärte – gleichmäßige Befriedigung aller Gläubiger im Blick, sondern primär die bestmögliche Befriedigung seiner eigenen Forderung. Dies ist durchaus legitim. Schutz vor sachfremden Motiven bietet 26

---

48) Verordnung (EU) 2015/848 des Europäischen Parlaments und des Rates v. 20.5.2015 über Insolvenzverfahren (EuInsVO), ABl. (EU) L 141/19 v. 5.6.2015.

49) Hier und zum Folgenden: *Bork*, Einführung in das Insolvenzrecht, Rz. 515.

50) *Bork*, Einführung in das Insolvenzrecht, Rz. 94; Uhlenbruck-*Wegener*, InsO, § 13 Rz. 163.

51) *Vuia* in: MünchKomm-InsO, § 13 Rz. 1.

52) Hier und zum Folgenden: *Sternal* in: HK-InsO, § 13 Rz. 9.

53) Zum Folgenden: *Uhlenbruck*, BB 2001, 1641 ff.

54) Hier und zum Folgenden: Uhlenbruck-*Wegener*, InsO, § 14 Rz. 5.

das Zulässigkeitserfordernis des Rechtsschutzbedürfnisses (siehe dazu Rz. 38 ff.). So ist in der Rechtsprechung bspw. anerkannt, dass sog. Druckanträge unzulässig sind.[55)] Hierbei handelt es sich um Anträge, mit denen der Gläubiger in Wahrheit beabsichtigt, mit Hilfe des Insolvenzgerichtes zusätzlichen Druck auf den Schuldner auszuüben, um Zahlungen zu erhalten. Nach erfolgter Zahlung nimmt der Gläubiger seinen Antrag zurück oder erklärt ihn für erledigt. Erklärt ein Gläubiger einen Eröffnungsantrag ausschließlich wegen des Ausgleichs seiner Forderung für erledigt, so spricht bereits dies dafür, dass die Eröffnung des Insolvenzverfahrens nicht eigentlicher Zweck der Antragstellung gewesen ist, da der Gläubiger eine Verfahrenseröffnung unverändert weiter verfolgen könnte (vgl. § 14 Abs. 1 Satz 2 InsO).[56)]

Praxishinweis

Gläubiger haben mit dieser Taktik nicht selten Erfolg, da das Insolvenzgericht das wahre Kalkül des Gläubigers häufig nicht erkennen kann und in der Praxis zu beobachten ist, dass Schuldner bei entsprechendem Druck, insbesondere nach Anordnung gerichtlicher Sicherungs- oder Zwangsmaßnahmen, doch noch Geldmittel aufzutreiben in der Lage sind.

27 Für den Gläubiger ist dies problematisch. Einerseits will er – was grundsätzlich legitim ist – sämtliche Möglichkeiten zur optimalen **Haftungsverwirklichung** ausschöpfen; zu diesen Möglichkeiten zählt auch der Insolvenzantrag. Andererseits muss er bestrebt sein, dass das Gericht seinen Antrag nicht als unzulässigen Druckantrag qualifiziert und ihn als unzulässig zurückweist. Dies schon deshalb, um nach einer Erledigungserklärung nicht die Kosten des Insolvenzeröffnungsverfahrens tragen zu müssen.[57)]

28 Das aufgezeigte Spannungsfeld ist wie folgt zu lösen: Dem Gläubiger muss es bei der Stellung des Insolvenzantrags in erster Linie um die Eröffnung des Insolvenzverfahrens gehen. Die Qualifizierung eines Antrags als **unzulässigen Druckantrag** muss auf Fälle beschränkt bleiben, in denen sich greifbare Indizien dafür ergeben, dass der Gläubiger tatsächlich Druck ausüben will.

Praxishinweis

Diese Indizien ergeben sich zum einen aus dem Vorverhalten des antragstellenden Gläubigers. Insbesondere ist – namentlich bei Insolvenzanträgen durch Sozialversicherungsträger[58)] – in der Praxis zu beobachten, dass diese Gläubigergruppe häufig bereits mehrere Insolvenzanträge gegen einen Schuldner gestellt und diese dann nach erfolgter (Teil-)Zahlung zurückgenommen bzw. für erledigt erklärt hat. Zum anderen ergeben sich Indizien aus vorgerichtlicher Korrespondenz, die der Schuldner nach Zustellung des Antrags zur Akte reicht. Nicht selten treten Fälle auf, in denen Gläubiger – wiederum in erster Linie Sozialversicherungsträger – dem Schuldner in Aussicht stellen, den Antrag zurückzunehmen bzw. für erledigt zu erklären, wenn er bereit ist, einen Ratenzahlungsvereinbarung abzuschließen und/oder einen solventen Bürgen bzw. sonstige Sicherheiten zu stellen. Bei Vorliegen derartiger Indizien ist der Antrag als unzulässig zurückzuweisen.

55) Beispiele: BGH, Urt. v. 14.10.1999 – IX ZR 142/98, ZIP 1999, 1977, dazu EWiR 2000, 83 *(Eckardt)*; OLG Hamburg, Urt. v. 15.12.2000 – 1 U 91/00, ZIP 2001, 708, dazu EWiR 2001, 577 *(Bender)*; AG Hamburg, Beschl. v. 11.12.2000 – 67c IN 257/00, ZIP 2001, 257; AG Duisburg, Beschl. v. 24.9.2002 – 60 IN 173/02, ZVI 2002, 389; ebenso *Schmerbach*, NZI 2003, 421, 422. Zusammenfassend: *Brzoza*, NJW 2019, 335 ff.

56) AG Köln, Beschl. v. 30.1.2019 – 74 IN 238/18, Rz. 10, NZI 2019, 617.

57) Für eine solche Kostentragungsregelung nach Erledigung eines Druckantrags: LG Hamburg, Beschl. v. 6.12.2001 – 326 T 144/01, ZVI 2002, 37; AG Hamburg, Beschl. v. 22.4.2002 – 67c IN 115/01, ZVI 2002, 299; dagegen *Pape* in: KPB, § 13 Rz. 244.

58) Vgl. dazu umfassend *Frind/A. Schmidt*, ZInsO 2001, 1133 ff. und ZInsO 2002, 8 ff.

Unzulässig ist der Insolvenzantrag insbesondere in folgenden **Konstellationen:** 29
- der Gläubiger beabsichtigt, mit dem Schuldner eine Ratenzahlungsvereinbarung abzuschließen, um sodann den Insolvenzantrag zurückzunehmen oder für erledigt zu erklären;
- der Gläubiger verfolgt ausschließlich eigennützige Motive, was dann der Fall ist, wenn sich aus seinem vorgerichtlichen Verhalten ergibt, dass es ihm eindeutig nicht um die Herbeiführung eines Insolvenzereignisses geht;
- der Gläubiger beabsichtigt, eine zweifelhafte Forderung durchzusetzen.[59)]

Rechtsdogmatisch erscheint es vorzugswürdig, dem Gläubigerantrag in diesen Fällen das für seine Zulässigkeit erforderliche Rechtsschutzbedürfnis (siehe dazu Rz. 38 ff.) wegen Verfolgung verfahrensfremder Zwecke abzusprechen.[60)] 30

bb) Schuldnerkalkül

Das Schuldnerkalkül geht bei Unternehmensinsolvenzen oftmals dahin, eine außergerichtlich bereits gescheiterte **Sanierung** im eröffneten Insolvenzverfahren doch noch durchzubringen. Dies ist von der InsO nicht nur geduldet, sondern mit dem in § 1 Satz 1 InsO erklärten Verfahrensziel des Erhalts des Unternehmens sogar ausdrücklich gewünscht. Zudem geht es den antragsberechtigten Organen der Gesellschaft meist darum, ihrer gesetzlichen **Antragspflicht gemäß § 15a InsO** (siehe dazu Rz. 37) nachzukommen und damit eine **persönliche Haftung** zu **vermeiden.**[61)] Für ein Schuldnerkalkül ist bei gesetzlicher Antragspflicht dann nur noch insoweit Raum, als die in § 15a Abs. 1 Satz 1 InsO genannten Fristen dazu benutzt werden können, alsbald Sanierungsbemühungen in Gang zu setzen.[62)] Natürlichen Personen geht es hingegen in aller Regel darum, durch die Stellung des Insolvenzantrags das Verbot der Einzelzwangsvollstreckung (§ 89 InsO) herbeizuführen[63)] und sich damit einstweilen von dem Vollstreckungsdruck zu befreien. Darauf aufbauend wird nahezu ausnahmslos ein Antrag auf **Restschuldbefreiung** gestellt (§ 1 Satz 2, §§ 286 ff. InsO), häufig kombiniert mit einem Antrag auf Stundung der Verfahrenskosten gemäß § 4a InsO. 31

c) Antragsberechtigung bei Gesellschaften

Für die Antragsberechtigung des Gläubigers spielt es keine Rolle, ob der Schuldner eine natürliche oder juristische Person bzw. eine Gesellschaft ohne Rechtspersönlichkeit (§ 11 Abs. 2 Nr. 1 InsO) ist. Dies ist auf Schuldnerseite anders. Während die Antragsberechtigung bei natürlichen Schuldnern unproblematisch in der Person des Schuldners selbst gegeben ist,[64)] kann die Bestimmung der Antragsberechtigung bei Gesellschaften erhebliche Schwierigkeiten aufwerfen. 32

59) Uhlenbruck-*Wegener*, InsO, § 14 Rz. 5 m. w. N.

60) Vgl. *Pape* in: KPB, InsO, § 13 Rz. 244.

61) Die gesetzliche Insolvenzantragspflicht bedeutet damit zugleich eine erhebliche Einschränkung des Ermessensspielraums des Schuldners.

62) Uhlenbruck-*Wegener*, InsO, § 13 Rz. 13.

63) Das Vollstreckungsverbot gilt nach § 89 Abs. 1 InsO nur „während der Dauer des Verfahrens", also vom Zeitpunkt des Wirksamwerdens des Eröffnungsbeschlusses (§ 27 InsO) bis zur Aufhebung oder Einstellung des Insolvenzverfahrens, vgl. Uhlenbruck-*Mock*, InsO, § 89 Rz. 40. Gemäß § 21 Abs. 2 Nr. 3 InsO können Zwangsvollstreckungen der Gläubiger jedoch auch bereits im Eröffnungsverfahren einstweilen untersagt oder eingestellt werden.

64) Geschäftsunfähige Schuldner sind gemäß § 4 Satz 1 InsO i. V. mit §§ 51 ff. ZPO zu vertreten.

33 Im Grundsatz entspricht die Antragsberechtigung der sonstigen **Vertretungsbefugnis** hinsichtlich der jeweiligen Gesellschaft, so dass der Antrag durch die (organschaftlichen) Vertreter zu stellen ist. Antragsberechtigt ist demnach bei

- einer GbR und einer oHG: jeder Gesellschafter;
- einer KG und KGaA: jeder persönlich haftende Gesellschafter;
- einem eingetragenen Verein, einer (Vor-)AG und einer eingetragenen Genossenschaft: jedes Vorstandsmitglied;
- einer (Vor-)GmbH: jeder Geschäftsführer;
- einer GmbH & Co KG: jeder Geschäftsführer der Komplementär-GmbH.

34 Nicht abschließend geklärt ist die Antragsberechtigung faktischer organschaftlicher Vertreter. Diskutiert wird dieses Problem insbesondere bei der GmbH für den **faktischen Geschäftsführer.** Das ist derjenige, der entweder aufgrund einer unwirksamen, nichtigen oder anfechtbaren Bestellung als Geschäftsführer berufen worden ist, oder aber im Einverständnis mit den Gesellschaftern[65] allein oder neben einem förmlich bestellten Geschäftsführer[66] wie ein solcher nach außen die Geschäfte der Gesellschaft führt und gegenüber dem formellen Geschäftsführer eine überragende Stellung einnimmt oder aber zumindest das deutliche Übergewicht hat.[67] Teilweise wird dem faktischen Geschäftsführer ein Antragsrecht generell versagt.[68] Andere gestehen es ihm generell zu.[69] Zutreffend ist eine vermittelnde Ansicht, die danach differenziert, ob ein formeller (aber unwirksamer bzw. nichtiger) Bestellungsakt vorliegt – dann wird die Antragsbefugnis bejaht – oder der faktische Geschäftsführer ohne förmlichen Bestellungsakt allein mit Billigung der Gesellschafter agiert – dann wird die Antragsbefugnis verneint.[70]

35 Folgt man der zuletzt genannten Auffassung, kommt für den faktischen Geschäftsführer eine **Pflicht zur Insolvenzantragstellung** gemäß § 15a InsO nur dann in Betracht, wenn ein förmlicher Bestellungsakt vorgelegen hat. Andernfalls würde man dem faktischen Geschäftsführer eine Antragspflicht auferlegen, die er mangels Antragsbefugnis aus Rechtsgründen nicht erfüllen könnte. Da nach § 15a Abs. 3 Halbs. 1 InsO im Falle der Führungslosigkeit „auch“ jeder Gesellschafter zur Antragstellung verpflichtet ist, trifft neben den Gesellschaftern auch die faktischen Geschäftsführer die Antragspflicht.[71]

36 Von der Antragsberechtigung des faktischen Geschäftsführers zu trennen ist die Frage nach der Prozessfähigkeit (§ 4 Satz 1 InsO i. V. mit § 51 Abs. 1 ZPO; siehe dazu Rz. 10) der Gesellschaft. Diese ist nicht gegeben, wenn nur ein faktischer Geschäftsführer vorhanden ist, da dieser nicht der gesetzliche Vertreter der GmbH ist.[72] Voraussetzung für die Eröffnung des Insolvenzverfahrens ist neben der Insolvenzfähigkeit (§§ 11, 12 InsO, siehe Rz. 41 ff.) auch die Prozessfähigkeit als die Fähigkeit, selbst oder durch bestellte Vertre-

---

65) BGH, Urt. v. 10.5.2000 – 3 StR 101/00, BGHSt 46, 62, 65 = ZIP 2000, 1390.

66) BGH, Urt. v. 22.9.1982 – 3 StR 287/82, BGHSt 31, 118, 122 = ZIP 1983, 173.

67) BGH, Urt. v. 11.6.2013 – II ZR 389/12, Rz. 23, NZI 2013, 883. Zur indiziellen Feststellung einer faktischen Geschäftsführung anhand der „6 aus 8-Regel“ s. BayObLG, Urt. v. 20.2.1997 – 5 St RR 159/96, NJW 1997, 1936; *Borchert* in: HambKomm-InsO, Anh. VI § 15a InsO Rz. 33; *Dierlamm*, NStZ 1996, 153, 156; *Köllner/Cyrus*, NZI 2015, 545, 546.

68) *Bitter*, ZInsO 2010, 1561, 1572.

69) *Gehrlein*, ZInsO 2017, 1977; *Gundlach/Müller*, ZInsO 2011, 1055 ff.; Uhlenbruck-*Hirte*, InsO, § 15 Rz. 2.

70) *Linker* in: HambKomm-InsO, § 15 Rz. 16.

71) So *Linker* in: HambKomm-InsO, § 15 Rz. 13, der zutreffend darauf hinweist, dass es sich bei dieser Gesetzesformulierung („auch“) nicht etwa um ein Redaktionsversehen des Gesetzesgebers handelt.

72) BGH, Beschl. v. 7.12.2006 – IX ZB 257/05, Rz. 11, ZIP 2007, 144.

ter Prozesshandlungen wirksam vor- und entgegenzunehmen.[73] Ein Insolvenzantrag gegen einen nicht prozessfähigen Schuldner muss als unzulässig zurückgewiesen werden.[74] Auch die §§ 78 Abs. 1 Satz 2, 35 Abs. 1 Satz 2 GmbHG, die beim Fehlen eines organschaftlichen Vertreters eine passive Ersatzvertretung für die Abgabe von Willenserklärungen oder die Zustellung von Schriftstücken durch den Aufsichtsrat (AG) bzw. die Gesellschafter (GmbH) anordnen, beheben die mangelnde Prozessfähigkeit der führungslosen Gesellschaft nicht; die mangelnde Prozessfähigkeit kann aber durch die Bestellung eines Notgeschäftsführers oder Prozesspflegers geheilt werden.[75]

4. Exkurs: Antragspflicht (§ 15a InsO)

Die InsO regelt in den §§ 13 ff. nur das Antragsrecht, nicht hingegen die Antragspflicht. 37
Obwohl ein großes Interesse daran besteht, marode Unternehmen möglichst frühzeitig vom Markt zu nehmen,[76] besteht eine **Antragspflicht nur auf der Schuldnerseite.** Diese betrifft zudem – vom Spezialfall der Nachlassinsolvenz abgesehen[77] – ausschließlich die Mitglieder des Vertretungsorgans und die Abwickler einer juristischen Personen (§ 42 Abs. 2 BGB,[78] § 15a InsO).[79] Verletzen diese ihre Antragspflicht, haften sie für den dadurch verursachten Schaden[80] gemäß § 823 Abs. 2 BGB i. V. mit § 15a InsO gegenüber den Gläubigern[81] mit ihrem privaten Vermögen.[82] Bei natürlichen Person verzichtet der Gesetzgeber auf eine Antragspflicht des Schuldners; Privatschuldner sollen allein durch straf-

73) BGH, Beschl. v. 7.12.2006 – IX ZB 257/05, Rz. 11, ZIP 2007, 144 = WM 2007, 229; OLG Dresden, Beschl. v. 12.10.1999 – 7 W 1754/99, NJW-RR 2000, 579, 580.

74) BGH, Beschl. v. 7.12.2006 – IX ZB 257/05, Rz. 11, ZIP 2007, 144. Abhilfe bei bereits im Handelsregister gelöschten Gesellschaften kann die Bestellung eines Nachtragsliquidators gemäß § 66 Abs. 5 Satz 2 GmbHG verschaffen; vgl. BGH, Urt. v. 10.10.1988 – II ZR 92/88, BGHZ 105, 259, 260 f. = ZIP 1988, 1448.

75) BGH, Urt. v. 25.10.2010 – II ZR 115/09, Rz. 13 f., 22, ZIP 2010, 2444, dazu EWiR 2011, 17 *(Zarth)*; Uhlenbruck-*Hirte*, InsO, § 11 Rz. 60.

76) *Bork*, Einführung in das Insolvenzrecht, Rz. 4, 12 und 98.

77) In der Nachlassinsolvenz (§§ 315 ff. InsO) sind außerdem die Erben (§ 980 BGB), der Nachlassverwalter (§ 1985 Abs. 2 Satz 2 BGB) und der Testamentsvollstrecker (§ 2219 Abs. 1 BGB) antragspflichtig.

78) Zur Antragspflicht des Vereinsvorstandes *Rugullis*, NZI 2007, 323 ff.

79) Diese Vorschrift wurde m. W. v. 1.11.2008 durch Art. 9 MoMiG v. 23.10.2008, BGBl. I 2008, 2026, in die InsO eingefügt. Sie ersetzt zahlreiche spezialgesetzliche Normen (z. B. § 92 Abs. 2 AktG a. F., § 64 Abs. 1 GmbHG a. F., § 99 Abs. 1 GenG a. F.) und regelt die Insolvenzantragspflicht – mit Ausnahme des § 42 Abs. 2 BGB – nunmehr zentral.

80) Zum Umfang des Schadensersatzes vgl. BGH, Urt. v. 6.6.1994 – II ZR 292/91, BGHZ 126, 181, 192 ff. = ZIP 1994, 1103; *Poertzgen*, ZInsO 2007, 285 ff.

81) Die sog. Neugläubiger, die ihre Forderung gegen die Gesellschaft nach Eintritt der Insolvenzreife erworben haben, können vom antragspflichtigen Organ der Gesellschaft – auch im eröffneten Insolvenzverfahren – Ausgleich ihres negativen Interesses abzüglich der im Insolvenzverfahren erzielten Quote (vgl. *Poertzgen*, ZInsO 2007, 285, 286 f.) verlangen und diesen Anspruch selbst geltend machen; einer Beschränkung auf den sog. Quotenschaden unterliegen sie nicht (grundlegend BGH, Urt. v. 6.6.1994 – II ZR 292/91, BGHZ 126, 181, 192 ff. = ZIP 1994, 1103; ebenso BGH, Urt. v. 30.3.1998 – II ZR 146/96, NJW 1998, 2667 = ZIP 1998, 776). Der Insolvenzverwalter hat hingegen die Möglichkeit, den Quotenschaden der Altgläubiger als Gesamtschaden i. S. von § 92 InsO geltend zu machen, vgl. BGH, Urt. v. 30.3.1998 – II ZR 146/96, NJW 1998, 2667, 2668 f. = ZIP 1998, 776.

82) Vgl. hierzu *Strohn*, ZInsO 2009, 1417, 1423 f.; daneben können säumige Antragspflichtige gemäß § 26 Abs. 3 InsO verpflichtet sein, einen Verfahrenskostenvorschuss zu erstatten.

rechtlichen Druck und das Inaussichtstellen einer Restschuldbefreiung dazu bewogen werden, den Insolvenzantrag rechtzeitig zu stellen.[83)]

5. Rechtsschutzbedürfnis

38 Jeder Insolvenzantrag setzt ein Rechtschutzbedürfnis voraus.[84)] § 14 Abs. 1 Satz 1 InsO fordert ein „rechtliches Interesse an der Eröffnung des Insolvenzverfahrens" zwar nur für den Antrag eines Gläubigers; das Erfordernis eines Rechtsschutzbedürfnisses gilt aber ebenso für Eigenanträge des Schuldners. Das Rechtsschutzbedürfnis fehlt, wenn es eine einfachere Rechtsschutzmöglichkeit für den Antragsteller gibt.[85)]

39 Bei **Eigenanträgen des Insolvenzschuldners** ist das Rechtsschutzinteresse in aller Regel gegeben. Bei natürlichen Personen resultiert es regelmäßig aus der Chance, nach Ablauf der Wohlverhaltensperiode in den Genuss der – meist zugleich beantragten (§ 287 Abs. 1 Satz 1 InsO) – Restschuldbefreiung zu kommen.[86)] Bei juristischen Personen und Gesellschaften ohne Rechtspersönlichkeit folgt das Rechtsschutzbedürfnis jedenfalls aus der Insolvenzantragspflicht (siehe dazu oben Rz. 37) der Mitglieder des Vertretungsorgans, die durch die rechtzeitige Stellung eine zivilrechtliche Haftung und strafrechtliche Konsequenzen (vgl. § 15a Abs. 4 und 5 InsO) vermeiden wollen.

40 Bei **Gläubigeranträgen** erfordert das Rechtsschutzbedürfnis besonderes Augenmerk.[87)] Durch das Tatbestandsmerkmal des rechtlichen Interesses i. S. von § 14 Abs. 1 Satz 1 InsO soll sichergestellt werden, dass nur solche Gläubiger Insolvenzanträge stellen, die im Falle der Eröffnung des Insolvenzverfahrens am Verfahren beteiligt wären, und um missbräuchlichen Anträgen vorzubeugen, die etwa zu dem Zweck gestellt werden, Zahlungen solventer, aber zahlungsunwilliger Schuldner zu erzwingen.[88)] Dass einem Gläubiger nur eine verhältnismäßig geringfügige Forderung zusteht, hindert sein Interesse an der Eröffnung des Insolvenzverfahrens nicht.[89)] Dies folgt bereits aus dem Umstand, dass der Gesetzgeber keinen Mindestbetrag für die Teilnahme am Insolvenzverfahren als Insolvenzgläubiger fordert. Auch nachrangige Gläubiger i. S. von § 39 Abs. 1 InsO haben in der Regel ein Rechtsschutzinteresse für einen Eröffnungsantrag unabhängig davon, ob sie im eröffneten Insolvenzverfahren eine (quotale) Befriedigung ihrer Forderung erwarten können.[90)] Das Rechtsschutzbedürfnis fehlt aber beim Insolvenzantrag des einzigen Gläubigers, da dieser

---

83) Vgl. *Bork*, Einführung in das Insolvenzrecht, Rz. 98, der zu Recht darauf hinweist, dass eine Antragspflicht bei natürlichen Personen deshalb wenig sinnvoll wäre, weil sich der Schuldner im Falle einer Verletzung dieser Pflicht schadensersatzpflichtig machte und dadurch nur eine Erhöhung seiner (ohnehin schon nicht gedeckten) Verbindlichkeiten einträte.

84) *Bork*, Einführung in das Insolvenzrecht, Rz. 96.

85) Vgl. AG Potsdam, Beschl. v. 2.8.2001 – 35 IN 479/01, NZI 2001, 604, 605.

86) Etwas anderes gilt nur dann, wenn das Insolvenzverfahren zu keiner Verbesserung der Rechtsposition des Antragstellers führen kann, bspw. im Falle eines wiederholten Antrags des Schuldners, dem Restschuldbefreiung versagt wurde und der keinen neuen Gläubiger hat, BGH, Beschl. v. 11.10.2007 – IX ZB 270/05, Rz. 10 ff., NZI 2008, 45, 47 = ZVI 2007, 610.

87) Dies dürfte auch der Grund dafür sein, warum der Gesetzgeber das Rechtsschutzbedürfnis in § 14 Abs. 1 InsO allein für Gläubigeranträge ausdrücklich erwähnt.

88) BGH, Beschl. v. 17.12.2020 – IX ZB 4/18, Rz. 58, ZRI 2021, 131 = ZIP 2021, 372.

89) BGH, Beschl. v. 20.3.1986 – III ZR 55/85, NJW-RR 1986, 1188 – zu § 103 Abs. 2 KO bei einem Konkursantrag wegen einer Forderung i. H. von 1.500 DM; *Bork*, Einführung in das Insolvenzrecht, Rz. 96; *Schmerbach*, NZI 2003, 421, 426.

90) BGH, Beschl. v. 23.9.2010 – IX ZB 282/09, Rz. 10 ff., ZVI 2010, 422 = ZIP 2010, 2055, dazu EWiR 2010, 819 *(Gundlach/Müller)*; K. Schmidt-*Gundlach*, InsO, § 14 Rz. 5, 26; *Linker* in: HambKomm-InsO, § 14 Rz. 46; *Sternal* in: HK-InsO, § 14 Rz. 34; Uhlenbruck-*Wegener*, InsO, § 14 Rz. 88; a. A. Jaeger-*Gerhardt*, § 14 Rz. 13: Rechtsschutzbedürfnis nur dann, wenn der Nachranggläubiger zumindest mit einer teilweisen Befriedigung seiner Forderung rechnen darf.

einen „Wettlauf der Gläubiger“[91] nicht zu befürchten hat und deshalb auch ohne weiteres im Wege der Einzelzwangsvollstreckung gegen den Schuldner vorgehen könnte; der in § 1 Satz 1 InsO vorgesehenen gleichmäßigen Gläubigerbefriedigung bedarf es dann nicht.[92] Im Übrigen fehlt ein rechtliches Interesse, wenn dem Gläubiger ein einfacherer und billigerer Weg zur Befriedigung seiner Forderung offensteht als das Insolvenzverfahren[93] oder wenn der Eröffnungsantrag zu missbräuchlichen Zwecken gestellt wird.[94]

6. Insolvenzfähigkeit (§§ 11, 12 InsO)

Ein Insolvenzverfahren kann nur eröffnet werden, wenn der Schuldner ein taugliches Verfahrenssubjekt ist. Diese Beteiligtenfähigkeit nennt man Insolvenzfähigkeit. Sie ist in den §§ 11, 12 InsO geregelt und korrespondiert im Grundsatz mit der Rechtsfähigkeit des materiellen Rechts und der Parteifähigkeit des Zivilprozessrechts. **Der Grundsatz lautet: Wer rechtsfähig oder parteifähig ist, ist auch insolvenzfähig;**[95] wer nicht rechtsfähig ist, ist auch nicht insolvenzfähig.[96] Von dieser Regel weichen die §§ 11, 12 InsO und einschlägige Spezialgesetze (insbesondere § 9a Abs. 5 WEG, vgl. aber auch § 44 BbankG und § 13 Abs. 1 Gesetz über die KfW) ab, so dass eine Einzelfallbetrachtung angezeigt ist: 41

Ein Insolvenzverfahren kann zunächst über das Vermögen jeder (lebenden)[97] **natürlichen Person** und über dasjenige einer **juristischen Person** – hierzu gehören z. B. die AG (§ 1 Abs. 1 AktG), die KGaA (§ 278 Abs. 1 AktG), die GmbH (§ 13 Abs. 1 GmbHG), die UG (§ 5a GmbHG), die eingetragene Genossenschaft (§ 2 GenG), der rechtsfähige Verein (§ 21 BGB)[98] und die rechtsfähige Stiftung (§ 80 BGB) sowie die SE (Societa Europaea, Art. 1 Abs. 3 SE-VO)[99] – eröffnet werden (§ 11 Abs. 1 Satz 1 InsO). Auch ausländische juristische Personen sind insolvenzfähig, soweit diese im Inland als Rechtsträger anerkannt sind.[100] Bei diesen Schuldnern wird der vorstehende Grundsatz bestätigt, da natürliche und juristische Personen rechtsfähig, parteifähig (§ 50 Abs. 1 InsO) und damit auch in- 42

---

91) BGH, Beschl. v. 19.7.2007 – IX ZB 36/07, Rz. 12, NZI 2007, 579 = ZVI 2007, 462, dazu EWiR 2007, 665 *(Schröder)*; *Bork*, Einführung in das Insolvenzrecht, Rz. 1.

92) BGH, Beschl. v. 17.12.2020 – IX ZB 4/18, Rz. 63, ZRI 2021, 131 = ZIP 2021, 372; Bei einem Schuldnerantrag ist die Anzahl der Gläubiger für das Rechtsschutzbedürfnis hingegen unerheblich (AG Köln, Beschl. v. 18.8.2003 – 71 IK 161/03, NZI 2003, 560, 561 = ZVI 2003, 524; *Bork*, Einführung in das Insolvenzrecht, Rz. 96.). Soll der Eröffnungsgrund aus einer einzigen Forderung des antragstellenden Gläubigers abgeleitet werden und ist diese Forderung bestritten, muss sie für die Eröffnung des Insolvenzverfahrens bewiesen werden, BGH, Beschl. v. 29.11.2007 – IX ZB 12/07, Rz. 6, NZI 2008, 182, 183 = ZVI 2008, 13, dazu EWiR 2008, 407 *(Hölzle)*.

93) *Sternal* in: HK-InsO, § 14 Rz. 36.

94) BGH, Beschl. v. 17.12.2020 – IX ZB 4/18, Rz. 58, ZRI 2021, 131 = ZIP 2021, 372.

95) *Bork*, Einführung in das Insolvenzrecht, Rz. 35.

96) Dies gilt z. B. für die Bruchteilsgemeinschaft, *Bork*, ZIP 2001, 545 ff. gegen AG Göttingen, Beschl. v. 18.10.2000 – 74 IN 131/00, ZIP 2001, 580, dazu EWiR 2001, 589 *(Holzer)*, und die Erbengemeinschaft, AG Duisburg, Beschl. v. 4.8.2003 – 63 IN 170/03, NZI 2004, 97, 98.

97) Ist der Schuldner verstorben, kommt ein Insolvenzverfahren über das Vermögen des Erben oder ein Nachlassinsolvenzverfahren (§§ 315 ff. InsO) in Betracht. Verstirbt der Schuldner während des Insolvenzverfahrens, kann dieses in ein Nachlassinsolvenzverfahren übergeleitet werden, vgl. BGH, Beschl. v. 21.2.2008 – IX ZB 62/05, Rz. 6 ff., ZVI 2008, 183 = NZI 2008, 382, dazu EWiR 2008, 573 *(Floeth)*; *Bork*, Einführung in das Insolvenzrecht, Rz. 36 Fn. 5.

98) Ein (nicht eingetragener) Verein, dessen Zweck auf einen wirtschaftlichen Geschäftsbetrieb gerichtet ist, kann die Rechtsfähigkeit durch staatliche Verleihung erlangen (§ 22 Satz 1 BGB).

99) Für eine SE mit Sitz in Deutschland gilt deutsches Insolvenzrecht (*Linker* in: HambKomm-InsO, § 11 Rz. 8).

100) K. Schmidt-*K. Schmidt*, InsO, § 11 Rz. 14; *Sternal* in: HK-InsO, § 11 Rz. 7.

solvenzfähig sind.[101] Ausgenommen sind lediglich die in § 12 Abs. 1 Nr. 2 InsO genannten juristischen Personen des öffentlichen Rechts.[102]

43 Insolvenzfähig ist auch der **nicht rechtsfähige Verein.** § 11 Abs. 1 Satz 2 InsO stellt den nicht rechtsfähigen, d. h. den nicht eingetragenen und nicht konzessionierten Verein (§ 54 BGB) insoweit einer juristischen Person gleich.[103] Auch ein als nicht eingetragener Verein organisierter Gebietsverband einer politischen Partei (§ 7 PartG) ist insolvenzfähig.[104]

44 Ein Insolvenzverfahren kann gemäß § 11 Abs. 2 Nr. 1 InsO ferner über das Vermögen einer **Gesellschaft ohne Rechtspersönlichkeit**[105] eröffnet werden. Hierzu zählt das Gesetz die offene Handelsgesellschaft (oHG), die Kommanditgesellschaft (KG), die Partnerschaftsgesellschaft, die Gesellschaft bürgerlichen Rechts (GbR), die Partenreederei[106] und die Europäische wirtschaftliche Interessenvereinigung (EWIV). Für die oHG und die KG ist die Einordnung bei den Gesellschaften ohne Rechtspersönlichkeit fragwürdig, da diese Personenhandelsgesellschaften nach materiellem Recht (§ 124 Abs. 1 HGB[107]) selbst Träger von Rechten und Pflichten sind.[108] Gleiches gilt nach h. M.[109] an sich auch für die unternehmenstragende (Außen-)GbR, die als „teilrechtsfähiges Rechtssubjekt" ebenfalls selbst Träger von Rechten und Pflichten ist.[110]

45 Ein Insolvenzverfahren kann ferner über die in § 11 Abs. 2 Nr. 2 InsO genannten besonderen Vermögensmassen stattfinden. Dies betrifft namentlich den **Nachlass**, das **Gesamtgut** einer fortgesetzten Gütergemeinschaft und das Gesamtgut einer Gütergemeinschaft, das von den Ehegatten oder Lebenspartnern gemeinschaftlich verwaltet wird. In all diesen Sonder- oder Partikularinsolvenzen[111] geht es um die Realisierung einer auf ein Sondervermögen beschränkten Vermögenshaftung:[112] Den Gläubigern ist haftungsrechtlich nur ein bestimmtes Sondervermögen (Nachlass- bzw. Gesamtgut) zugewiesen, so dass ihnen der Zugriff auf das sonstige Vermögen der Erben oder Ehegatten bzw. Lebenspartner verwehrt bleibt.

46 Die Insolvenzfähigkeit einer juristischen Person und einer Gesellschaft ohne Rechtspersönlichkeit endet nicht mit deren Auflösung oder Löschung im Register. Dementspre-

101) *Bork*, Einführung in das Insolvenzrecht, Rz. 35.

102) Die Vorschrift hat zur Folge, dass die von ihr erfassten juristischen Personen des öffentlichen Rechts nicht den Beitrags- und Umlageverpflichtungen für das Insolvenzgeld und für den Pensions-Sicherungs-Verein (PSVaG) nach den §§ 358, 359 SGB III, § 17 Abs. 2 BetrAVG unterliegen. Die den Arbeitnehmern dadurch entstehenden Nachteile werden durch § 12 Abs. 2 InsO ausgeglichen.

103) BGH, Beschl. v. 17.12.2020 – IX ZB 4/18, Rz. 11, ZRI 2021, 131 = ZIP 2021, 372.

104) BGH, Beschl. v. 17.12.2020 – IX ZB 4/18, LS 1, ZRI 2021, 131 = ZIP 2021, 372.

105) Ab dem 1.1.2024 werden die „Gesellschaften ohne Rechtspersönlichkeit" in der gesamten InsO als „rechtsfähige Personengesellschaften" bezeichnet (Gesetz zur Modernisierung des Personengesellschaftsrechts (Personengesellschaftsrechtsmodernisierungsgesetz – MoPeG), v. 10.8.2021, BGBl. I 2021, 3436, 3451 f.).

106) Durch das Gesetz zur Reform des Seehandelsrechts, v. 20.4.2013, BGBl. I 2013, 831, wurde diese Rechtsform abgeschafft. Für Partenreedereien, die vor dem Tag des Inkrafttretens dieses Reformgesetzes entstanden sind, bleiben die §§ 489–509 HGB a. F. in der bis zu diesem Tag gültigen Fassung anwendbar. Über ihr Vermögen kann weiterhin ein Insolvenzverfahren durchgeführt werden.

107) Ab 1.1.2024: § 105 Abs. 2 HGB i. d. F. des Gesetzes zur Modernisierung des Personengesellschaftsrechts (Personengesellschaftsrechtsmodernisierungsgesetz – MoPeG), v. 10.8.2021, BGBl. I 2021, S. 3436.

108) So zutreffend *Bork*, Einführung in das Insolvenzrecht, Rz. 40, der eine Einordnung in § 11 Abs. 1 Satz 1 InsO für vorzugswürdig hält.

109) Grundlegend BGH, Urt. v. 29.1.2001 – II ZR 331/00, BGHZ 146, 341 = ZIP 2003, 330.

110) Die BGB-Innengesellschaft ist hingegen nicht insolvenzfähig, vgl. AG Köln, Beschl. v. 6.10.2003 – 71 IN 168/03, NZI 2003, 614; *Bork*, Einführung in das Insolvenzrecht, Rz. 41. Zur Rechtslage ab dem 1.1.2024 s. § 705 Abs. 2 BGB i. d. F. des MoPeG.

111) *Bork*, Einführung in das Insolvenzrecht, Rz. 491.

112) *Bork*, Einführung in das Insolvenzrecht, Rz. 42.

chend ordnet § 11 Abs. 3 InsO an, dass auch die sog. **Nachgesellschaft** insolvenzfähig ist, solange die Verteilung des Vermögens nicht vollzogen ist. Damit folgt der Gesetzgeber der h. Lehre vom Doppeltatbestand,[113] nach der die Existenz einer juristischen Person oder Gesellschaft ohne Rechtspersönlichkeit nur endet, wenn sie sowohl – soweit eingetragen – im Register gelöscht wurde als auch kein Vermögen mehr vorhanden ist. Der Antragsteller hat in solchen Fällen darzulegen, dass noch verteilbares Vermögen vorhanden ist. Zugleich ist auf Antrag eines Gläubigers vom Registergericht ein Nachtragsliquidator zu bestellen, der entweder den Insolvenzantrag stellt oder dem der Insolvenzantrag eines Gläubigers zugestellt wird.

Auch die **nichtige juristische Person** ist insolvenzfähig, und zwar unabhängig davon, ob sie für nichtig *erklärt* wurde oder nicht. In diesen Fällen sind die Vorschriften über die Abwicklung bei Auflösung anzuwenden (§ 277 Abs. 1 AktG, § 77 Abs. 1 GmbHG, § 97 Abs. 1 GenG).[114] Insolvenzfähig ist ebenfalls die (in Vollzug gesetzte) **fehlerhafte Gesellschaft.**[115] 47

Insolvenzfähig ist weiterhin die **Vorgesellschaft,**[116] also die Gesellschaft, bei der eine Satzung errichtet und die bereits Sondervermögen gebildet und im Rechtsverkehr in Erscheinung getreten ist, bei der es aber an der Eintragung im Handelsregister fehlt. Die **Vorgründungsgesellschaft** zu einer juristischen Person – als eine zwecks Gründung dieser Person eingegangene Verpflichtung mehrerer Gesellschafter untereinander – ist als reine Innengesellschaft grundsätzlich nicht insolvenzfähig; sie kann aber dadurch insolvenzfähig werden, dass sie ein eigenes Vermögen bildet und Außenwirkung entfaltet, weil es sich dann um eine (rechts- und damit auch insolvenzfähige) GbR oder oHG handelt.[117] 48

Nicht selbständig insolvenzfähig ist hingegen der **Konzern** als Verbund.[118] Insolvenzfähig sind nur die einzelnen, rechtlich selbständigen Konzerngesellschaften. 49

Nicht insolvenzfähig ist gemäß § 9a Abs. 5 WEG auch die **Wohnungseigentümergemeinschaft.** Das ist systemwidrig, da sie gemäß § 9a Abs. 1 Satz 1 WEG rechtsfähig ist und daher an sich auch insolvenzfähig sein müsste.[119] 50

7. Formelle Voraussetzungen

a) Schriftform, ggf. Einreichung als elektronisches Dokument

Nach § 13 Abs. 1 Satz 1 InsO wird das Insolvenzverfahren nur auf **schriftlichen** Antrag eröffnet. Seit dem 1.1.2018[120] ist daneben auch die Übersendung des Insolvenzantrags als elektronisches Dokument (§ 130a ZPO) zulässig.[121] Wird der Insolvenzantrag durch ei- 51

113) BGH, Urt. v. 11.9.2000 – II ZR 370/99, ZIP 2000, 1896, dazu EWiR 2000, 1159 *(Keil)*; LG Duisburg, Beschl. v. 20.2.2007 – 7 T 269/06, NZI 2007, 475, 476 = ZVI 2007, 276 = ZIP 2007, 926, dazu EWiR 2007, 335 *(Schall)* – zur erloschenen englischen Ltd.; LG Zweibrücken, Beschl. v. 20.1.2005 – 4 T 230/04, NZI 2005, 397. Vgl. auch § 264 Abs. 2 AktG, § 66 Abs. 5 GmbHG, § 83 Abs. 5 GenG.

114) Uhlenbruck-*Hirte*, InsO, § 11 Rz. 49.

115) BGH, Beschl. v. 16.10.2006 – II ZB 32/05, Rz. 13, ZIP 2006, 2174, 2175; Uhlenbruck-*Hirte*, InsO, § 11 Rz. 238; *Linker* in: HambKomm-InsO, § 11 Rz. 11, 23.

116) BGH, Beschl. v. 9.10.2003 – IX ZB 34/03, ZVI 2003, 591 = ZIP 2003, 2123; *Linker* in: HambKomm-InsO, § 11 Rz. 17.

117) *Linker* in: HambKomm-InsO, § 11 Rz. 15; *Sternal* in: HK-InsO, § 11 Rz. 12.

118) Hier und zum Folgenden: K. Schmidt-*K. Schmidt*, InsO, § 11 Rz. 22; *Sternal* in: HK-InsO, § 11 Rz. 9.

119) Vgl. hierzu *Bork*, ZInsO 2005, 1067; *Nissen*, Das (Insolvenz-)Rechtssubjekt WEG, S. 93 ff.

120) Verordnung über die technischen Rahmenbedingungen des elektronischen Rechtsverkehrs und über das besondere elektronische Behördenpostfach (Elektronischer-Rechtsverkehr-Verordnung – ERVV), v. 24.11.2017, BGBl. I 2017, 3803.

121) *Sternal* in: HK-InsO, § 13 Rz. 6.

nen Rechtsanwalt bzw. eine Rechtsanwältin, eine Behörde (z. B. Finanzamt) oder eine juristische Person des öffentlichen Rechts gestellt, ist **seit dem 1.1.2022** § 4 Satz 1 InsO i. V. mit § 130d ZPO zu beachten. Danach ist der Insolvenzantrag nebst seiner Anlagen zwingend als **elektronisches Dokument** zu übermitteln, bei Rechtsanwälten unter Nutzung des elektronischen Anwaltspostfachs (beA). Ein Insolvenzantrag per normale Briefpost ist in diesen Fällen seither unwirksam.[122)]

52 Weitere Voraussetzung ist die Mitteilung einer **zustellungsfähigen Anschrift** (§ 4 Satz 1 InsO i. V. mit § 253 Abs. 4, § 130 Nr. 1 ZPO),[123)] da es dem angerufenen Gericht ansonsten nicht möglich ist, seine örtliche Zuständigkeit zu prüfen. Eine öffentliche Zustellung kommt grundsätzlich nicht in Betracht, da der Gesetzgeber hierauf in § 8 Abs. 2 Satz 1 InsO verzichtet hat.

53 Nach § 13 Abs. 4 InsO *kann* das BMJ durch Rechtsverordnung ein für Schuldneranträge zwingend zu benutzendes **Formular** vorschreiben. Bislang wurde ein Formularzwang allerdings nur für Verbraucherinsolvenzverfahren und dies auf der Grundlage der Parallelvorschrift des § 305 Abs. 5 InsO in Gestalt der „Verbraucherinsolvenzvordruckverordnung" (VbrInsVV) vom 17.2.2002[124)] eingeführt. Von der Möglichkeit der Einführung eines Formularzwangs auch für das Regelinsolvenzverfahren auf der Grundlage des § 13 Abs. 4 InsO wurde bislang hingegen kein Gebrauch gemacht.[125)]

b) Formelle Anforderungen an Gläubigeranträge (§ 14 InsO)

54 Der Antrag eines Gläubigers ist gemäß **§ 14 Abs. 1 Satz 1 InsO** nur zulässig, wenn der Gläubiger ein rechtliches Interesse an der Eröffnung des Insolvenzverfahrens hat (siehe dazu Rz. 38 ff.) und seine Forderung und den Eröffnungsgrund glaubhaft macht. Erst die Eröffnung des Verfahrens setzt voraus, dass das Gericht vom Vorliegen eines Insolvenzgrundes (siehe dazu Rz. 88 ff.) und der Deckung der Verfahrenskosten (siehe dazu Rz. 128 ff.) überzeugt ist.

55 Bei der **Glaubhaftmachung** handelt es sich um einen geringeren Grad der Beweisführung: Während der Beweis eine mit an Sicherheit grenzende Wahrscheinlichkeit voraussetzt, reicht für die Glaubhaftmachung eine überwiegende Wahrscheinlichkeit.[126)] Dabei kann sich der antragstellende Gläubiger gemäß § 4 Satz 1 InsO i. V. mit § 294 ZPO aller präsenten Beweismittel bedienen und auch zur Versicherung an Eides Statt zugelassen werden.[127)]

56 Der Schuldner kann der Glaubhaftmachung im Wege der **Gegenglaubhaftmachung** vor[128)] und nach Stellung des Insolvenzantrags entgegentreten.[129)] Für die richterliche Entscheidung ist dann maßgebend, ob unter dem Eindruck der Gegenglaubhaftmachung (noch) eine überwiegende Wahrscheinlichkeit für das Vorliegen der Forderung bzw. des Insolvenzgrunds besteht. Geht das Gericht demnach von einer überwiegenden Wahrscheinlichkeit aus, so ist das Eröffnungsverfahren mit allen Konsequenzen (ggf.: Zwangsmittel, Sicherungsmaßnahmen) fortzusetzen. Andernfalls ist der Antrag als unzulässig zurückzuweisen.

---

122) AG Hamburg, Beschl. v. 21.2.2022 – 67h IN 29/22, ZRI 2022, 338 = ZVI 2022, 106 – für Insolvenzantrag durch Finanzamt.

123) *Vallender*, MDR 1999, 280, 283.

124) Verbraucherinsolvenzvordruckverordnung (VbrInsVV), v. 17.2.2002, BGBl. I 2022, 703.

125) *Sternal* in: HK-InsO, § 13 Rz. 6.

126) *Vallender*, MDR 1999, 280, 281.

127) BGH, Beschl. v. 22.9.2005 – IX ZB 205/04, NZI 2006, 34; *Vallender*, MDR 1999, 280, 281.

128) Vor der Stellung eines erwarteten Fremdantrages hinterlegen Schuldner oftmals sog. „Schutzschriften" bei dem jeweils zuständigen Insolvenzgericht.

129) OLG Köln, Beschl. v. 29.2.1988 – 2 W 9/88, ZIP 1988, 664, 665; *Vallender*, MDR 1999, 280, 281.

aa) Glaubhaftmachung der Forderung

Wird eine Forderung durch **Vorlage eines rechtskräftigen Titels** glaubhaft gemacht, so ist eine Gegenglaubhaftmachung praktisch ausgeschlossen. Dies gilt auch dann, wenn es sich um ein rechtskräftiges Versäumnisurteil handelt. 57

Bei **vorläufig vollstreckbaren Titeln** kommt dagegen eine Gegenglaubhaftmachung in Betracht. Allein die Mitteilung, es sei das entsprechende Rechtsmittel eingelegt, reicht hierzu allerdings nicht aus. Der Schuldner muss vielmehr im Wege der Gegenglaubhaftmachung ernstliche Zweifel am Bestehen der Forderung begründen. 58

Bei **nicht titulierten Forderungen** gestaltet sich die Glaubhaftmachung in der Praxis oft schwierig. Dem Gläubiger stehen zwar sämtliche Möglichkeiten der Glaubhaftmachung offen, insbesondere die Vorlage von Verträgen, Rechnungen und sonstigen Schriftstücken sowie die Versicherung an Eides statt. Dennoch gelingt es häufig nicht, den Richter vom Bestand der Forderung hinreichend zu überzeugen. Dies gilt namentlich dann, wenn unklar bleibt, ob und welche Einwendungen gegen die Forderung bestehen. Dies führt praktisch dazu, dass nicht nur das Bestehen der Forderung dem Grunde und der Höhe nach glaubhaft zu machen ist, sondern darüber hinaus auch das Fehlen von Einwendungen. 59

Die bei Anfragen von Gläubigern ohne titulierte Forderung häufig zu beobachtende **insolvenzrichterliche Zurückhaltung** ist zunächst im Lichte der gerichtlichen Aufgabenverteilung zu sehen. Aufgabe des Insolvenzgerichtes ist es nicht, das Bestehen oder Nichtbestehen von Forderungen zu klären. Hierzu sind die insoweit zur Verfügung stehenden Mittel – Glaubhaftmachung und Gegenglaubhaftmachung – nicht geeignet. Insbesondere kommt eine Beweisaufnahme vor dem Insolvenzgericht in diesem Verfahrensabschnitt nicht in Betracht.[130] Zum anderen lässt sich die richterliche Zurückhaltung damit erklären, dass die Glaubhaftmachung von Forderung (und Insolvenzgrund) dazu führt, dass das Insolvenzeröffnungsverfahren mit allen Konsequenzen zu betreiben ist. Namentlich gehören hierzu die Anordnung von Sicherungsmaßnahmen gemäß §§ 21, 22 InsO, insbesondere die Bestellung eines vorläufigen Insolvenzverwalters, und die damit verbundene Publizität, sowie die Anordnung von Zwangsmaßnahmen, insbesondere Vorführung bzw. Haftbefehl. Derart weitreichende Eingriffe können erhebliche Auswirkungen auf das schuldnerische Unternehmen bzw. die betroffenen Organe haben. 60

In der Gesamtschau führen gerichtliche Aufgabenverteilung und die weitreichenden Konsequenzen eines zulässigen Gläubigerantrags dazu, dass schon **leisere Zweifel** am Bestehen der Forderung zulasten des antragstellenden Gläubigers gehen müssen. Sein Antrag wird in solchen Fällen als unzulässig zurückgewiesen. 61

bb) Glaubhaftmachung des Insolvenzgrunds

Das Vorliegen eines Insolvenzgrundes wird nicht nur beim Gläubigerantrag, sondern auch bei der das Eröffnungsverfahren beendenden gerichtlichen Entscheidung relevant: Liegt ein Insolvenzgrund vor, ist das Verfahren entweder zu eröffnen (§ 27 InsO) oder der Insolvenzantrag mangels Masse abzuweisen (§ 26 InsO). In beiden Fällen – auch im zweitgenannten (siehe Rz. 6) – muss das Gericht vom Vorliegen eines Insolvenzgrundes mit an Sicherheit grenzender Wahrscheinlichkeit überzeugt sein; anderenfalls ist der Antrag als unbegründet zurückzuweisen. 62

130) BGH, Urt. v. 20.3.1986 – III ZR 55/85, NJW-RR 1986, 1188; möglich ist es allerdings, präsente Zeugen zu vernehmen.

(1) Zahlungsunfähigkeit

63 Im hier zu untersuchenden Kontext spielt die Zahlungsunfähigkeit (siehe dazu näher Rz. 92 ff.) die dominierende Rolle. Die Zahlungsunfähigkeit ist allgemeiner Insolvenzeröffnungsgrund (§ 17 Abs. 1 InsO), gilt mithin für alle insolvenzfähigen (siehe dazu Rz. 41 ff.) Personen. Sie muss vom Gläubiger glaubhaft gemacht werden (§ 14 Abs. 1 Satz 1 InsO). Die Glaubhaftmachung der drohenden Zahlungsunfähigkeit (§ 18 InsO) genügt hingegen nicht, weil diese beim Antrag eines Gläubigers nicht Insolvenzgrund ist. Der Gläubiger muss glaubhaft machen, dass es überwiegend wahrscheinlich ist, dass der Schuldner nicht in der Lage ist, seine fälligen Zahlungsverpflichtungen zu erfüllen (§ 17 Abs. 2 Satz 1 InsO) oder dass er seine Zahlungen eingestellt hat (§ 17 Abs. 2 Satz 2 InsO).

64 Geeignete **Mittel der Glaubhaftmachung** sind insbesondere:[131)]

- Unpfändbarkeitsprotokoll oder einer Bescheinigung nach § 63 GVGA (jeweils in der Regel nicht älter als sechs Monate);
- eidesstattliche Offenbarungsversicherung des Schuldners;
- Individualerklärung des Schuldners, der die Zahlungsunfähigkeit nach ihrem objektiven Aussagegehalt zu entnehmen ist.

65 **Indizien** für das Vorliegen der Zahlungsunfähigkeit, die ggf. an Eides statt zu versichern sind (§ 294 Abs. 1 ZPO), sind insbesondere:

- Schließung der Geschäftsräume;
- rückständige Sozialversicherungsbeiträge;
- Zahlungsrückstände bei Energieversorgern;
- Zahlungsrückstände bei Arbeitnehmerforderungen;
- gehäufte Rücklastschriften;
- Nichteinhaltung von Zahlungszusagen;
- Erklärung des Schuldners, er sei „am Ende“ bzw. die Zahlungen seien eingestellt.

66 Die gerichtliche Prüfung hat im Wege einer **individuellen Gesamtbewertung** zu erfolgen. Insbesondere sind bei dem Antrag eines Gläubigers auch die bereits gerichtsbekannten Tatsachen zu berücksichtigen. Derartige Tatsachen können sich insbesondere aus weiteren Verfahren ergeben, die gegen den Schuldner anhängig waren oder noch anhängig sind.

67 Soll der Eröffnungsgrund aus einer einzigen Forderung des antragstellenden Gläubigers abgeleitet werden und ist diese Forderung bestritten, muss sie für die Eröffnung des Insolvenzverfahrens bewiesen werden.[132)]

68 Ist es dem Gläubiger gelungen, die Zahlungsunfähigkeit glaubhaft zu machen, so ist es Sache des Schuldners einzuwenden, es liege eine bloße Zahlungsstockung vor. Ebenso ist es Sache des Schuldners nachzuweisen, dass nur eine kurzfristige Liquiditätslücke vorliege oder er sich kurzfristig Liquidität wieder verschaffen könne.

---

131) *Linker* in: HambKomm-InsO, § 14 Rz. 27 f.

132) BGH, Beschl. v. 14.12.2005 – IX ZB 207/04, Rz. 3, ZVI 2006, 56 = ZIP 2006, 247; BGH, Beschl. v. 29.6.2006 – IX ZB 245/05, Rz. 11, NZI 2006, 588, 589 = ZVI 2006, 334, dazu EWiR 2006, 595 *(Frind)*; BGH, Beschl. v. 8.11.2007 – IX ZB 201/03, Rz. 3, ZInsO 2007, 1275; BGH, Beschl. v. 29.11.2007 – IX ZB 12/07, Rz. 6, NZI 2008, 182, 183 = ZVI 2008, 13.

(2) Überschuldung

Die Überschuldung (siehe näher Rz. 112 ff.) ist bei einer **juristischen Personen** (vgl. § 19 Abs. 1 InsO) und bei einem **Nachlass** (§ 320 Satz 1 InsO) – neben der Zahlungsunfähigkeit – zusätzlicher Insolvenzeröffnungsgrund. 69

Die Glaubhaftmachung der Überschuldung kommt zwar grundsätzlich in Betracht. Die Überschuldung hat bei Gläubigeranträgen aber so gut wie **keine praktische Relevanz,** weil dem Gläubiger deren Glaubhaftmachung kaum jemals möglich ist:[133] Der Gläubiger hat regelmäßig keinen Zugang zu den Unterlagen des schuldnerischen Unternehmens. Außerdem hängt die rechtliche Überschuldung auch von der Prognose ab, ob die Fortführung des Unternehmens in den nächsten zwölf Monaten nach den Umständen überwiegend wahrscheinlich ist (vgl. § 19 Abs. 2 Satz 1 InsO). Der Gläubiger müsste folglich (auch) glaubhaft machen, dass und ggf. warum die Fortführungsprognose bei dem schuldnerischen Unternehmen negativ ausfällt. Das wird er ohne Einblick in die Geschäftsunterlagen des Schuldners und ohne „Insider-Kenntnisse" nicht leisten können. Der bloße Hinweis auf einen in der (veröffentlichten) Handelsbilanz ausgewiesenen nicht durch Eigenkapital gedeckten Fehlbetrag (§ 268 Abs. 3 HGB) reicht zur Glaubhaftmachung einer insolvenzrechtlichen Überschuldung i. S. von § 19 InsO nicht aus. 70

c) Formelle Anforderungen an Schuldneranträge

Für die Zulässigkeit eines Eröffnungsantrags des Schuldners ist erforderlich, dass er **ernsthaft auf Eröffnung gerichtet** ist und nicht sachfremden Zwecken dient.[134] Zum anderen muss der Schuldner gemäß § 4 Satz 1 InsO i. V. mit § 253 Abs. 2 Nr. 2 ZPO einen **Eröffnungsgrund** in substantiierter, nachvollziehbarer Form **darlegen.**[135] Erforderlich – aber auch genügend – ist insoweit die Mitteilung von Tatsachen, die die wesentlichen Merkmale des Eröffnungsgrunds erkennen lassen. 71

Der Schuldner muss – was sich aus einem Umkehrschluss zu § 14 Abs. 1 Satz 1 InsO ergibt – den Eröffnungsgrund grundsätzlich[136] nicht **glaubhaft** machen.[137] Etwas anderes gilt jedoch in den Fällen des § 15 Abs. 2 Satz 1 InsO, also dann, wenn der Antrag nicht von allen Mitgliedern des Vertretungsorgans, allen persönlich haftenden Gesellschaftern, allen Gesellschaftern der juristischen Person, allen Mitgliedern des Aufsichtsrats oder allen Abwicklern gestellt wird. Dann ist der Antrag nur zulässig, wenn der Eröffnungsgrund glaubhaft gemacht wird. 72

Dem Antrag des Schuldners sind die in **§ 13 Abs. 1 Sätze 3–7 InsO** aufgeführten Unterlagen beizufügen. Durch die danach erforderlichen Angaben soll das Insolvenzgericht bereits mit dem Antrag alle erforderlichen Informationen erhalten, um über die Einsetzung eines vorläufigen Gläubigerausschusses gemäß §§ 21 Abs. 2 Satz 1 Nr. 1a, 22a Abs. 1, 2 InsO (siehe dazu Rz. 169 ff.) entscheiden zu können.[138] Zu diesen Angaben ist nur der Schuldner i. R. seines Antrags verpflichtet, nicht hingegen der Gläubiger. Hält das Gericht im Falle eines zulässigen Gläubigerantrags das Vorliegen der Voraussetzungen des § 22a Abs. 1 InsO für möglich, kann es den Schuldner nach §§ 20 Abs. 1, 97 InsO zur Bereitstellung der erforderlichen Angaben verpflichten. 73

---

133) Vgl. *Vallender*, MDR 1999, 280, 281.

134) BGH, Beschl. v. 12.12.2002 – IX ZB 426/02, ZVI 2003, 64 = ZIP 2003, 358; *Schmahl*, EWiR 2002, 721, 722 (Urteilsanm.).

135) Zum Folgenden BGH, Beschl. v. 12.12.2002 – IX ZB 426/02, ZVI 2003, 64 = ZIP 2003, 358.

136) Ausnahmen: § 15 Abs. 2 Satz 1, § 317 Abs. 2 Satz 1 InsO.

137) *Linker* in: HambKomm-InsO, § 13 Rz. 23; *Fritsche*, DZWIR 2003, 234, 235.

138) Begr. RegE ESUG, BT-Drucks. 17/5712, S. 23.

74 Nach **§ 13 Abs. 1 Satz 3 InsO** *ist* dem Antrag des Schuldners immer ein Verzeichnis der Gläubiger und ihrer Forderungen beizufügen. Anzugeben sind sämtliche Gläubiger, auch solche, deren Forderungen der Schuldner bestreitet oder in Zweifel zieht bzw. deren Forderungen im Zeitpunkt der Antragstellung noch nicht fällig oder bedingt sind.[139)] Die Darstellung muss in der Weise erfolgen, dass die Gläubiger individualisierbar sind. Dies setzt sowohl die Angabe des vollständigen Namens bzw. der Firma mit Rechtsformzusatz als auch die Angabe einer Adresse voraus.[140)] Eine „Offene Posten-Liste" ist nur dann ausreichend, wenn sich ihr (auch) die einzelnen Gläubiger namentlich entnehmen lassen.[141)]

75 Weitere Angaben sind nach § 13 Abs. 1 Satz 4 und 5 InsO bei einem noch nicht eingestellten Geschäftsbetrieb zu machen. Dabei *hat* der Schuldner nach **§ 13 Abs. 1 Satz 5 InsO** Angaben zur Bilanzsumme,[142)] zu den Umsatzerlösen und zur durchschnittlichen Zahl der Arbeitnehmer des vorangegangenen Geschäftsjahres zu machen. Diese Angaben dienen der Prüfung der Voraussetzungen des § 22a Abs. 1 InsO durch das Gericht, wonach ein vorläufiger Gläubigerausschuss einzusetzen ist, wenn zwei der drei dort genannten Schwellenwerte erreicht werden. Dies führt zu erheblichen Schwierigkeiten bei der Antragstellung, wenn der Schuldner nie oder nicht ordnungsgemäß bilanziert hat. In einem solchen Fall soll die Mitteilung der Angaben nach § 13 Abs. 1 Satz 5 InsO nicht erforderlich sein, wenn feststeht, dass zwei der drei Merkmale des § 22a Abs. 1 InsO nicht vorliegen.[143)] Diese teleologische Reduktion beruht auf dem überzeugenden Gedanken, dass es auf die fehlende Angabe nicht ankommt, wenn bereits feststeht, dass die Voraussetzungen des § 22a Abs. 1 InsO ohnehin nicht erfüllt werden.

76 Des Weiteren *soll* der Schuldner nach **§ 13 Abs. 1 Satz 4 InsO** in dem Verzeichnis der Gläubiger und Forderungen (§ 13 Abs. 1 Satz 3 InsO) besonders kenntlich machen:

- die höchsten Forderungen (Nr. 1),[144)]
- die höchsten gesicherten Forderungen (Nr. 2),[145)]
- die Forderungen der Finanzverwaltung (Nr. 3),
- die Forderungen der Sozialversicherungsträger (Nr. 4) und
- die Forderungen aus betrieblicher Altersversorgung (Nr. 5).

77 Das **Fehlen des Verzeichnisses nach § 13 Abs. 1 Satz 3 InsO** führt zur Unzulässigkeit des Antrags, inhaltliche Unrichtigkeiten oder Unvollständigkeiten hingegen nur dann, wenn der Schuldner „gebührende Anstrengungen" bei der Zusammenstellung des Verzeichnisses hat vermissen lassen.[146)]

---

139) Hier und zum Folgenden: *Vuia* in: MünchKomm-InsO, § 13 Rz. 106.

140) AG Hannover, Beschl. v. 8.7.2015 – 909 IN 407/15, ZVI 2015, 373 = ZIP 2015, 2088.

141) *Linker* in: HambKomm-InsO, § 13 Rz. 24.

142) Die Bilanzsumme ist die Summe aller Posten auf der Aktivseite der Bilanz (§ 267 Abs. 2 HGB) nach Abzug eines auf der Aktivseite eventuell ausgewiesenen, nicht durch Eigenkapital gedeckten Fehlbetrags (§ 268 Abs. 3 HGB). Ist der Schuldner nicht bilanzierungspflichtig, sind Angaben zur Bilanzsumme nicht erforderlich (*Linker* in: HambKomm-InsO, § 13 Rz. 26; a. A. Uhlenbruck-*Wegener*, § 13 Rz. 110).

143) *Linker* in: HambKomm-InsO, § 13 Rz. 26.

144) Dem Gesetzeswortlaut lässt sich nicht entnehmen, wie viele Forderungen anzugeben sind. Dies ist durch den antragstellenden Schuldner einzelfallbezogen zu entscheiden. Entsprechendes gilt für die gesicherten Forderungen in § 13 Abs. 1 Satz 4 Nr. 2 InsO.

145) Anzugeben sind die (genau zu beziffernden) Beträge der besicherten Forderungen und nicht etwa die Nennbeträge der Sicherheitsleistungen.

146) *Vuia* in: MünchKomm-InsO, § 13 Rz. 110.

Das **Fehlen der Angaben nach § 13 Abs. 1 Satz 4 InsO** führt nur dann zur Unzulässigkeit des Antrags, wenn diese gemäß § 13 Abs. 1 Satz 6 InsO verpflichtend sind.[147] 78

Abweichend von § 13 Abs. 1 Satz 4 InsO sind die Angaben nach **§ 13 Abs. 1 Satz 6 InsO** verpflichtend, wenn 79

- der Schuldner Eigenverwaltung (§§ 270 ff. InsO) beantragt,
- die Voraussetzungen eines Pflichtausschusses nach § 22a Abs. 1 InsO erfüllt sind oder
- die Einsetzung eines vorläufigen Gläubigerausschusses durch den Schuldner beantragt wurde.

Soweit der Schuldner Angaben nach § 13 Abs. 1 Sätze 3–5 InsO macht, ist eine zusätzliche Erklärung beizufügen, dass die gemachten Angaben richtig und vollständig sind (**§ 13 Abs. 1 Satz 7 InsO**). 80

Für Anträge nach § 3a InsO, mit denen ein Gruppen-Gerichtsstand begründet werden soll, stellt § 13a InsO **weitere formelle Anforderungen** auf. Genügt ein Antrag den vorstehenden Voraussetzungen nicht, hat das Insolvenzgericht den Schuldner auf den Mangel hinzuweisen und eine Frist zu dessen Behebung zu setzen.[148] Dies kann auch i. R. eines Vorgesprächs nach § 10a InsO erfolgen, sofern zu einem solchen bereits der Entwurf eines Insolvenzantrags mitgebracht wird.[149] Erst nach fruchtlosem Ablauf dieser Frist muss es den Antrag als unzulässig zurückweisen.[150] Bei Eigenanträgen des Schuldners auf Anordnung eines Eigenverwaltungsverfahrens (§§ 270 ff. InsO) sind zudem die formellen Anforderungen des § 270a InsO – Beifügung bestimmter Unterlagen und Abgabe besonderer Erklärungen – zu beachten. 81

8. Besondere Verfahrensarten

Bei Gläubigeranträgen stellt sich die Frage nach der „richtigen" Verfahrensart für den Antragsteller in aller Regel nicht. Anders verhält es sich bei Eigenanträgen des Schuldners. Neben der Möglichkeit eines Eigenverwaltungs- und/oder Schutzschirmverfahrens (§§ 270 ff. InsO; siehe Kap. 15 [*Hölzle*]) kommt vor allem der Frage Bedeutung zu, ob die besonderen Vorschriften der §§ 304 ff. InsO zu beachten sind. Ist der Schuldner eine natürliche Person, kommt für ihn neben einem **Regelinsolvenzverfahren** das dort geregelte **Verbraucherinsolvenzverfahren** (siehe Kap. 17 [*Achelis/Schemmerling*]) in Betracht. Unter den Voraussetzungen des § 304 InsO ist das Insolvenzverfahren als Verbraucherinsolvenzverfahren durchzuführen. Dieses ist von dem Grundgedanken getragen, dass das Regelinsolvenzverfahren für die Abwicklung solcher Fälle viel zu aufwendig und zu unflexibel ist.[151] Im Vordergrund steht nicht die Verwertung des schuldnerischen Vermögens, sondern die außergerichtliche und gerichtliche Schuldenbereinigung.[152] Regel- und Verbraucherinsol- 82

---

147) *Vuia* in: MünchKomm-InsO, § 13 Rz. 110.

148) BGH, Beschl. v. 12.12.2002 – IX ZB 426/02, ZVI 2003, 64 = ZIP 2003, 358.

149) Der Entwurf des Insolvenzantrags nebst der nach § 13 InsO erforderlichen Informationen ist aber keine Voraussetzung des Vorgesprächs (*Frind/Morgen* in: HambKomm-InsO, § 10a Rz. 4).

150) BGH, Beschl. v. 12.12.2002 – IX ZB 426/02, ZVI 2003, 64 = ZIP 2003, 358, mit der Begr., dass die Gläubiger vor unberechtigten Eigenanträgen geschützt werden müssten; so nun auch in Bezug auf die Vorlage des Gläubiger- und Forderungsverzeichnisses gemäß § 13 Abs. 1 Satz 3 InsO: AG Mönchengladbach, Beschl. v. 4.10.2012 – 45 IN 90/12, ZVI 2013, 186 = ZIP 2013, 536; AG Hamburg, Beschl. v. 1.6.2012 – 67c IN 49/12, ZVI 2012, 415 = ZIP 2013, 134.

151) Zum Folgenden: *Bork*, Einführung in das Insolvenzrecht, Rz. 477.

152) BGH, Beschl. v. 21.2.2008 – IX ZB 62/05, Rz. 10, NZI 2008, 382, 383 = ZVI 2008, 183.

venzverfahren sind unterschiedliche und sich gegenseitig ausschließende Verfahrensarten, wobei das Verbraucherinsolvenzverfahren den Ausnahmefall darstellt.[153)]

83 Das **Insolvenzgericht** hat von Amts wegen die richtige Verfahrensart zu ermitteln und festzustellen. Dem Schuldner steht insoweit kein Wahlrecht zu. Bei einem **Eigeninsolvenzantrag** muss der Schuldner deutlich machen, welche Verfahrensart – Verbraucher – oder Regelinsolvenzverfahren – von ihm gewollt ist. Teilt der Schuldner nicht (explizit) mit, welche Verfahrensart gewollt ist, darf das Gericht den Antrag allerdings nicht ohne weiteres als unzulässig zurückweisen. Es muss dann zunächst von einem Regelinsolvenzantrag ausgehen (und ein IN-Aktenzeichen vergeben), weil das Verbraucherinsolvenzverfahren gesetzestechnisch als Ausnahmefall konzipiert ist. Stellt sich bei näherer Prüfung heraus, dass die Voraussetzungen des § 304 InsO vorliegen, hat das Gericht dem antragstellenden Schuldner gemäß § 4 Satz 1 InsO i. V. mit § 139 ZPO einen **entsprechenden Hinweis** zu erteilen und ihn dazu aufzufordern, den Eigenantrag ausdrücklich als Antrag auf Durchführung eines Verbraucherinsolvenzverfahrens zu bezeichnen und den Voraussetzungen des § 305 InsO zu genügen. Hat sich der Schuldner hingegen klar für eine der beiden Verfahrensarten entschieden und hält das Gericht die jeweils andere Verfahrensart für statthaft, muss es den antragstellenden Schuldner ebenfalls hierauf hinweisen und ihn zu einer entsprechenden Umstellung des Antrags auffordern. Hält der Schuldner gleichwohl an seinem Antrag fest, ist das Gericht hieran gemäß § 4 Satz 1 InsO i. V. mit § 308 Abs. 1 Satz 1 ZPO gebunden; er ist dann als unzulässig zurückzuweisen.[154)]

84 Bei natürlichen Personen, die unternehmerisch tätig sind, kommen auch **Stabilisierungs- und Restrukturierungsmaßnahmen nach dem StaRUG**[155)] in Betracht (vgl. § 30 Abs. 1 Satz 2 StaRUG). Relevanz dürften diese Maßnahmen – wenn überhaupt – für juristische Personen erlangen. Zu beachten ist, dass während der Dauer von Stabilisierungsanordnungen (§ 49 StaRUG) das Verfahren über den Antrag eines Gläubigers, das Insolvenzverfahren über das Vermögen des Schuldners zu eröffnen, ausgesetzt ist (§ 58 StaRUG).

II. Begründetheit des Antrags

85 Erst wenn das Gericht den Antrag für zulässig erachtet, prüft es dessen Begründetheit. In der Regel beauftragt das Gericht zur Klärung der Frage des Vorliegens eines Insolvenzgrundes (siehe Rz. 88 ff.) und einer kostendeckenden Masse (siehe Rz. 128 ff.) einen Sachverständigen (vgl. § 5 Abs. 1 Satz 2 InsO; siehe Rz. 144 ff.), der häufig zugleich zum vorläufigen Insolvenzverwalter bestellt wird (vgl. § 21 Abs. 2 Nr. 1 InsO). Der Sachverständige erstellt dann nach eingehender Prüfung ein entsprechendes Gutachten (siehe Rz. 146 ff.).

1. Zulassungs- und Hauptprüfungsverfahren

86 Im Eröffnungsverfahren werden zwei Phasen unterschieden: das **Zulassungsverfahren** (auch Vorprüfungsverfahren genannt) und das daran anschließende Hauptprüfungsverfahren.[156)] Im Zulassungsverfahren prüft das Gericht zunächst die Zulässigkeit des Antrags (siehe Rz. 8 ff.). In diesem Abschnitt gilt der Amtsermittlungsgrundsatz (§ 5 Abs. 1

153) Hier und zum Folgenden: *Ritter* in: HambKomm-InsO, § 304 Rz. 11 f.

154) BGH, Beschl. v. 25.4.2013 – IX ZB 179/10, Rz. 8 ff., ZVI 2013, 261 = NZI 2013, 540.

155) Gesetz über den Stabilisierungs- und Restrukturierungsrahmen für Unternehmen (Unternehmensstabilisierungs- und -restrukturierungsgesetz – StaRUG), v. 22.12.2020, BGBl. I 2020, 3256 (= Art. 1 des Gesetzes zur Fortentwicklung des Sanierungs- und Insolvenzrechts [Sanierungs- und Insolvenzrechtsfortentwicklungsgesetz – SanInsFoG], v. 22.12.2020, BGBl. I 2020, 3256).

156) Hier und zum Folgenden: Uhlenbruck-*Wegener*, InsO, § 13 Rz. 141 ff.

Satz 1 InsO) noch nicht.[157] Es gilt vielmehr der **Beibringungsgrundsatz.** Das Insolvenzgericht prüft die Zulässigkeitsvoraussetzungen des Insolvenzantrags also ausschließlich anhand der Angaben des Antragstellers und der von ihm vorgelegten Unterlagen. Sind diese Angaben und/oder Unterlagen unvollständig, darf das Gericht den Antrag jedoch nicht sofort als unzulässig zurückweisen. Es muss den Antragsteller vielmehr auf die Mängel des Antrags hinweisen und ihm eine angemessene Frist einräumen, um diese zu beheben (§ 13 Abs. 3 InsO). Erst wenn diese Frist fruchtlos verstreicht oder es dem Antragsteller nicht gelingt, die Mängel zu beseitigen, darf das Gericht den Antrag als unzulässig zurückweisen.

Mit der Bewertung des Insolvenzantrags als zulässig („Zulassung des Insolvenzantrags") erfolgt der Übergang vom Zulassungs- zum **Hauptprüfungsverfahren.** Dieser Übergang erfolgt, da es sich bei dem Zulassungsverfahren nur um einen unselbständigen Teil des Eröffnungsverfahrens handelt, nicht durch eine förmliche und rechtsmittelfähige Zwischenentscheidung;[158] es handelt sich lediglich um eine die spätere Entscheidung über den Insolvenzantrag (siehe Rz. 192 ff.) vorbereitende Handlung.[159] Das Gericht ist deshalb im weiteren Verlauf des Eröffnungsverfahrens an seine ursprüngliche Bewertung des Antrags als zulässig nicht gebunden. Es kann seine Einschätzung bis zur Entscheidung über den Eröffnungsantrag jederzeit ändern. Im Hauptprüfungsverfahren gilt der **Amtsermittlungsgrundsatz.**[160] Das Gericht hat insbesondere von Amts wegen zu ermitteln, ob ein Eröffnungsgrund vorliegt (§ 16 InsO; siehe Rz. 88 ff.) und eine die Kosten des Verfahrens deckende Masse vorhanden ist (§ 26 Abs. 1 InsO; siehe Rz. 128 ff.).[161] An der Einordnung des Eröffnungsverfahrens als Parteienstreit ändert der Übergang vom Zulassungs- zum Hauptprüfungsverfahrens aber nichts, weshalb das Gericht auch weiterhin zu prüfen hat, ob Zulässigkeitsvoraussetzungen fehlen.[162] Dementsprechend kann das Gericht in Wahrnehmung seiner Aufklärungspflicht aus § 4 Satz 1 InsO i. V. mit § 139 ZPO gemäß §§ 144 Abs. 1, 402 ff. ZPO einen **Sachverständigen** auch zur Klärung von Zulässigkeitsvoraussetzungen berufen.[163] Da der im vorläufigen Insolvenzverfahren bestellte Gutachter in der Regel klären soll, ob ein Insolvenzverfahren über das Vermögen des Schuldners eröffnet werden soll, und dies im Falle eines unzulässigen Insolvenzantrags nicht geschehen darf, dürfte sich der Prüfungsauftrag des Gutachters regelmäßig auch auf die Frage der Zulässigkeit des Eröffnungsantrags erstrecken.[164] 87

157) BGH, Beschl. v. 12.12.2002 – IX ZB 426/02, ZVI 2003, 64 = ZIP 2003, 358. Nach zutreffender Ansicht dürfen Sicherungsmaßnahmen im vorläufigen Insolvenzverfahren ebenfalls erst nach Zulassung des Antrags angeordnet werden; vgl. hierzu *Fritsche*, DZWIR 2003, 234 m. w. N., auch zur Gegenansicht, die insoweit eine „einstweilige Zulassung" ausreichen lassen will.

158) BGH, Beschl. v. 22.3.2007 – IX ZB 164/06, Rz. 9, ZInsO 2007, 440 = NZI 2007, 344; BGH, Beschl. v. 13.6.2006 – IX ZB 214/05, Rz. 6, ZVI 2006, 503 = ZIP 2006, 1456.

159) *Bork*, Einführung in das Insolvenzrecht, Rz. 99.

160) BGH, Beschl. v. 23.11.2006 – IX ZA 21/06, Rz. 7, BeckRS 2007, 1082; BGH, Beschl. v. 12.12.2002 – IX ZB 426/02, ZVI 2003, 64 = ZIP 2003, 358.

161) BGH, Beschl. v. 22.3.2007 – IX ZB 164/06, Rz. 9, ZInsO 2007, 440 = NZI 2007, 344.

162) BGH, Beschl. v. 13.6.2006 – IX ZB 214/05, Rz. 6, ZVI 2006, 503 = ZIP 2006, 1456.

163) *Fritsche*, DZWIR 2003, 234, 237. Durch Beauftragung eines Sachverständigen (auch) mit der Klärung der Frage des Vorliegens eines Insolvenzgrundes und einer die Verfahrenskosten deckenden Masse perpetuiert sich gleichwohl der Übergang vom Zulassungs- zum Hauptprüfungsverfahren (LG Cottbus, Beschl. v. 16.10.2009 – 7 T 121/08, ZInsO 2010, 962, 963).

164) Etwas anderes gilt, wenn das Gericht den Gutachter ausdrücklich damit beauftragt zu klären, ob ein Eröffnungsgrund vorliegt und ausreichende Masse zur Deckung der Verfahrenskosten vorhanden ist.

2. Vorliegen eines Eröffnungsgrunds (§ 16 InsO)

88 Das Insolvenzverfahren darf nur eröffnet werden, wenn ein Eröffnungsgrund gegeben ist (§ 16 InsO). Eröffnungsgründe sind die Zahlungsunfähigkeit (§ 17 InsO), die drohende Zahlungsunfähigkeit (§ 18 InsO; nur bei Eigenanträgen des Schuldners) und die Überschuldung (§ 19 InsO).

89 Der Eröffnungsgrund muss zur **Überzeugung des Insolvenzgerichts** – oder des an seine Stelle tretenden Gerichts der sofortigen Beschwerde (vgl. § 6 Abs. 1, § 34 InsO) – festgestellt werden (§ 4 Satz 1 InsO i. V. mit § 286 ZPO).[165] Mit Blick auf die rechtliche und wirtschaftliche Tragweite der Eröffnung des Insolvenzverfahrens für den Schuldner ist die Prüfung mit besonderer Sorgfalt durchzuführen.[166] Da das Insolvenzverfahren kein Erkenntnisverfahren, sondern ein eilbedürftiges Vollstreckungsverfahren ist,[167] dürfen an die Überzeugungsbildung des Gerichts jedoch keine allzu hohen Anforderungen geknüpft werden. Es reicht bei der Feststellung von Amts wegen (§ 5 Abs. 1 Satz 1 InsO) ein für das praktische Leben brauchbarer Grad an Gewissheit.[168] Deshalb kann die Überzeugung des Insolvenzgerichts grundsätzlich auch auf nicht titulierte Forderungen gestützt werden, wobei allerdings Zweifel zulasten des Antragstellers gehen.[169] Bei ernsthaft bestrittenen oder rechtlich zweifelhaften Forderungen sind die Parteien in der Regel auf den Prozessrechtsweg zu verweisen.[170]

90 An einen bestimmten, im Antrag geltend gemachten Eröffnungsgrund ist das Gericht aufgrund des Amtsermittlungsgrundsatzes (§ 5 Abs. 1 Satz 1 InsO) grundsätzlich nicht gebunden; es muss vielmehr **alle in Betracht kommenden Eröffnungsgründe prüfen.**[171] Etwas anderes gilt nur dann, wenn das Gericht das Verfahren im Falle eines Eigenantrags des Schuldners allein wegen drohender Zahlungsunfähigkeit (§ 18 InsO) eröffnen will; in diesem Fall muss ein entsprechender Antrag des Schuldners vorliegen, da die drohende Zahlungsunfähigkeit lediglich ein Antrags*recht*, nicht aber eine Antrags*pflicht* begründet.[172]

91 **Maßgeblicher Zeitpunkt** für das Bestehen des Eröffnungsgrundes ist der Moment der Entscheidung des Insolvenzgerichts.[173] Ob der Eröffnungsgrund bereits bei Eingang des Eröffnungsantrags vorlag, ist insoweit unerheblich.[174]

---

165) BGH, Beschl. v. 13.4.2006 – IX ZB 118/04, Rz. 5, NZI 2006, 405 = ZVI 2006, 237.

166) *Schröder* in: HambKomm-InsO, InsO, § 16 Rz. 8; vgl. auch BGH, Beschl. v. 27.7.2006 – IX ZB 204/04, Rz. 12, NZI 2006, 693, 694 = ZInsO 2006, 1051, 1053: „Die Eröffnung des Insolvenzverfahrens bewirkt in der Regel eine derartige Verschlechterung der rechtlichen und wirtschaftlichen Lage des Schuldners, dass die vom Insolvenzgericht zu Unrecht bejahte Zahlungsunfähigkeit nunmehr alsbald eintritt."

167) BGH, Beschl. v. 5.8.2002 – IX ZB 51/02, ZInsO 2002, 818 = ZIP 2002, 1695.

168) BGH, Beschl. v. 13.4.2006 – IX ZB 118/04, Rz. 14, NZI 2006, 405, 406 = ZVI 2006, 237; OLG Stuttgart, Beschl. v. 30.9.1999 – 8 W 111/99, NZI 1999, 491, 492.

169) BGH, Beschl. v. 1.2.2007 – IX ZB 79/06, NZI 2007, 350. Titel bilden – auch dann, wenn sie nur vorläufig vollstreckbar sind – jedenfalls ein starkes Indiz für den Bestand der Forderung (weitergehend *Schröder* in: HambKomm-InsO, § 16 Rz. 10: „grundsätzlich als bewiesen anzusehen").

170) BGH, Beschl. v. 5.8.2002 – IX ZB 51/02, ZInsO 2002, 818, 819 = ZIP 2002, 1695; BGH, Beschl. v. 29.6.2006 – IX ZB 245/05, Rz. 11, NZI 2006, 588, 590 = ZVI 2006, 334; BGH, Beschl. v. 29.11.2007 – IX ZB 12/07, Rz. 9, NZI 2008, 182, 183 = ZVI 2008, 13. Das Insolvenzgericht kann streitige Forderungen jedoch dann selbst klären, wenn die Entscheidung zu seiner Überzeugung eindeutig ausfällt, AG Köln, Beschl. v. 7.3.2007 – 71 IN 609/06, NZI 2007, 666; *Schröder* in: HambKomm-InsO, § 16 Rz. 9.

171) *Schröder* in: HambKomm-InsO, § 16 Rz. 14.

172) *Schröder* in: HambKomm-InsO, § 16 Rz. 15; *Vuia* in: MünchKomm-InsO, § 16 Rz. 34.

173) BGH, Beschl. v. 27.7.2006 – IX ZB 204/04, Rz. 8, 11, NZI 2006, 693, 694 = ZInsO 2006, 1051, dazu EWiR 2007, 17 *(Bruns)*; *Bork*, Einführung in das Insolvenzrecht, Rz. 104.

174) Fällt der zum Zeitpunkt der Antragstellung bestehende Eröffnungsgrund noch vor der Eröffnungsentscheidung weg, ist der Insolvenzantrag vom Antragsteller zur Vermeidung einer kostenpflichtigen Abweisung für erledigt zu erklären, vgl. *Schröder* in: HambKomm-InsO, § 16 Rz. 14.

a) Zahlungsunfähigkeit (§ 17 InsO)

Allgemeiner Eröffnungsgrund ist die Zahlungsunfähigkeit (§ 17 Abs. 1 InsO). Er kommt bei jedem insolvenzfähigen Schuldner (siehe dazu Rz. 41 ff.) und bei Schuldner- und Gläubigeranträgen gleichermaßen in Betracht. 92

aa) Maßstab

Nach der **Legaldefinition des § 17 Abs. 2 Satz 1 InsO** ist der Schuldner zahlungsunfähig, wenn er nicht in der Lage ist, die fälligen Zahlungspflichten zu erfüllen. Auf die Merkmale der „Dauer" und der „Wesentlichkeit" hat der Gesetzgeber der InsO bei der Umschreibung der Zahlungsunfähigkeit verzichtet.[175] Gleichwohl ist er davon ausgegangen, dass eine vorübergehende Zahlungsstockung keine Zahlungsunfähigkeit begründet.[176] Ferner ist der Gesetzgeber der Ansicht, dass „ganz geringfügige Liquiditätslücken außer Betracht bleiben müssen"; umgekehrt erscheine es „nicht gerechtfertigt, Zahlungsunfähigkeit erst anzunehmen, wenn der Schuldner einen bestimmten Bruchteil der Gesamtsumme seiner Verbindlichkeiten nicht mehr erfüllen kann". 93

Der IX. Zivilsenat des BGH hat diese gesetzgeberischen Vorgaben in seiner Grundsatzentscheidung vom 24.5.2005[177] dahingehend umgesetzt, dass eine Zahlungsunfähigkeit, die sich voraussichtlich innerhalb kurzer Zeit beheben lässt, lediglich als **Zahlungsstockung** gilt und keinen Insolvenzeröffnungsgrund darstellt. Als bloße Zahlungsstockung sei eine Illiquidität anzusehen, die den Zeitraum nicht überschreitet, den eine kreditwürdige Person braucht, um die benötigten Mittel zu leihen. Als Zeitraum für die Kreditbeschaffung seien drei Wochen erforderlich, aber auch ausreichend.[178] 94

Geringfügige Liquiditätslücken seien ebenfalls nicht geeignet, den Tatbestand der Zahlungsunfähigkeit zu begründen. Dabei sei vom Sinn und Zweck eines Insolvenzverfahrens auszugehen. Dieses solle immer erst dann eingeleitet werden, wenn die Einzelzwangsvollstreckung keinen Erfolg mehr verspricht und nur noch die schnellsten Gläubiger zum Ziel kämen, die anderen hingegen leer ausgingen und eine gleichmäßige Befriedigung somit nicht mehr erreichbar sei. Je geringer der Umfang der Unterdeckung sei, desto eher sei es den Gläubigern zumutbar, einstweilen abzuwarten, ob es dem Schuldner gelingen wird, die volle Liquidität wieder zu erlangen.[179] Den Schwellenwert setzt der BGH bei 10 % an.[180] Eine Unterdeckung von unter 10 % reiche für sich genommen noch nicht zum Beleg der Zahlungsunfähigkeit; wenn diese gleichwohl angenommen werden soll, müssten besondere Umstände vorliegen, die diesen Standpunkt stützen. 95

In Kombination dieser beiden Einschränkungen gibt der BGH der Praxis folgende **Leitlinien** vor: Beträgt eine innerhalb von drei Wochen nicht zu beseitigende Liquiditätslücke des Schuldners weniger als 10 % seiner fälligen Gesamtverbindlichkeiten, ist regelmäßig von Zahlungsfähigkeit auszugehen, es sei denn, es ist bereits absehbar, dass die Lücke dem- 96

---

175) BGH, Urt. v. 24.5.2005 – IX ZR 123/04, ZVI 2005, 408 = ZIP 2005, 1426, m. Anm. *Thonfeld*, dazu EWiR 2005, 767 *(Bruns)*.

176) Begr. RegE InsO z. § 20 und § 21, BT-Drucks. 12/2443, S. 114.

177) BGH, Urt. v. 24.5.2005 – IX ZR 123/04, ZVI 2005, 408 = ZIP 2005, 1426, m. Anm. *Thonfeld*.

178) BGH, Urt. v. 24.5.2005 – IX ZR 123/04, LS 1, ZVI 2005, 408 = ZIP 2005, 1426, m. Anm. *Thonfeld*; BGH, Urt. v. 30.6.2011 – IX ZR 134/10, Rz. 12, NZI 2011, 589, 590 f. = ZVI 2011, 452, dazu EWiR 2011, 571 *(Henkel)*.

179) BGH, Urt. v. 24.5.2005 – IX ZR 123/04, ZVI 2005, 408 = ZIP 2005, 1426, m. Anm. *Thonfeld*.

180) BGH, Urt. v. 24.5.2005 – IX ZR 123/04, ZVI 2005, 408 = ZIP 2005, 1426, m. Anm. *Thonfeld*.

nächst mehr als 10 % erreichen wird.[181] Beträgt die Liquiditätslücke des Schuldners hingegen 10 % oder mehr, ist regelmäßig von Zahlungsunfähigkeit auszugehen, sofern nicht ausnahmsweise mit an Sicherheit grenzender Wahrscheinlichkeit zu erwarten ist, dass die Liquiditätslücke demnächst vollständig oder fast vollständig beseitigt werden wird und den Gläubigern ein Zuwarten nach den besonderen Umständen des Einzelfalls zuzumuten ist.[182]

97 Entscheidend ist die Zahlungsunfähigkeit, nicht die Zahlungsunwilligkeit des Schuldners.[183] Die im Insolvenzrecht unerhebliche **Zahlungsunwilligkeit** liegt allerdings nur vor, wenn gleichzeitig Zahlungsfähigkeit gegeben ist.[184] Liegt eine Zahlungseinstellung (siehe Rz. 104) vor, wird gemäß § 17 Abs. 2 Satz 2 InsO (widerleglich)[185] vermutet, dass nicht lediglich Zahlungsunwilligkeit, sondern Zahlungsunfähigkeit vorliegt. Es ist dann Sache desjenigen, der die Zahlungsunfähigkeit bestreitet, die Vermutung des § 17 Abs. 2 Satz 2 InsO zu widerlegen.[186]

bb) Feststellung der Zahlungsunfähigkeit

98 Die Zahlungsunfähigkeit des Schuldners kann im Eröffnungsverfahren durch Ermittlung einer konkreten Unterdeckung (siehe Rz. 99 ff.) oder anhand von Indizien (siehe dazu Rz. 104 ff.) festgestellt werden.

(1) Ermittlung einer konkreten Unterdeckung

99 Den vorstehenden Grundsätzen folgend darf eine Zahlungsunfähigkeit bei einer Unterdeckung von weniger als 10 % nur dann angenommen werden, wenn besondere Umstände vorliegen, die diesen Standpunkt stützen.[187] Im Eröffnungsverfahren muss das Insolvenzgericht i. R. seiner Amtsermittlungspflicht (§ 5 Abs. 1 Satz 1 InsO) solche Umstände positiv feststellen.[188] Beträgt die Unterdeckung hingegen 10 % oder mehr, sind umgekehrt konkrete Umstände erforderlich, die mit an Sicherheit grenzender Wahrscheinlichkeit erwarten lassen, dass die Liquiditätslücke zwar nicht innerhalb von drei Wochen – dann läge ohnehin nur eine Zahlungsstockung vor –, jedoch immerhin in überschaubarer Zeit beseitigt werden wird.[189] Im Zusammenhang mit einem Gläubigerantrag (§ 14 InsO) muss sich der Schuldner auf diese konkreten Umstände berufen, und das Insolvenzgericht hat sie gemäß § 5 Abs. 1 Satz 1 InsO festzustellen.[190]

---

181) BGH, Urt. v. 24.5.2005 – IX ZR 123/04, ZVI 2005, 408 = ZIP 2005, 1426, m. Anm. *Thonfeld*; bestätigt durch BGH, Beschl. v. 27.7.2006 – IX ZB 204/04, Rz. 16, NZI 2006, 693 = ZInsO 2006, 1051; BGH, Urt. v. 6.12.2012 – IX ZR 3/12, Rz. 19, NZI 2013, 140, 141 = ZVI 2013, 65, dazu EWiR 2013, 175 (*Bremen*).

182) BGH, Urt. v. 24.5.2005 – IX ZR 123/04, LS 2, 3, ZVI 2005, 408 = ZIP 2005, 1426, m. Anm. *Thonfeld*; ebenso BGH, Urt. v. 19.12.2017 – II ZR 88/16, Rz. 10, BGHZ 217, 129 = ZIP 2018, 283; BGH, Urt. v. 28.4.2022 – IX ZR 48/21, Rz. 24, ZRI 2022, 593 = ZVI 2022, 312.

183) *Bork*, Einführung in das Insolvenzrecht, Rz. 102.

184) Hier und zum Folgenden: BGH, Beschl. v. 10.7.2014 – IX ZR 287/13, Rz. 6, ZInsO 2014, 1661.

185) *Bork*, Einführung in das Insolvenzrecht, Rz. 103; Uhlenbruck-*Mock*, InsO, § 17 Rz. 153.

186) BGH, Beschl. v. 12.9.2019 – IX ZR 342/18, Rz. 9, ZRI 2020, 82 = NZI 2019, 850; BGH, Urt. v. 12.10.2017 – IX ZR 50/15, Rz. 13, ZVI 2018, 36 = ZIP 2017, 2368; *Bork*, Einführung in das Insolvenzrecht, Rz. 103.

187) BGH, Urt. v. 24.5.2005 – IX ZR 123/04, ZVI 2005, 408 = ZIP 2005, 1426, m. Anm. *Thonfeld*.

188) BGH, Urt. v. 24.5.2005 – IX ZR 123/04, ZVI 2005, 408 = ZIP 2005, 1426, m. Anm. *Thonfeld*.

189) BGH, Urt. v. 24.5.2005 – IX ZR 123/04, ZVI 2005, 408 = ZIP 2005, 1426, m. Anm. *Thonfeld*.

190) BGH, Urt. v. 24.5.2005 – IX ZR 123/04, ZVI 2005, 408 = ZIP 2005, 1426, m. Anm. *Thonfeld*; BGH, Beschl. v. 19.7.2007 – IX ZB 36/07, Rz. 30, NZI 2007, 579, 581 = ZVI 2007, 462.

Trotz der vorgenannten Kriterien ist und bleibt die Feststellung der Zahlungsunfähigkeit – gerade im Eröffnungsverfahren, wo viele Sachverhalte naturgemäß noch keiner abschließenden Prüfung unterzogen worden sind – mit gewisser Unsicherheit behaftet, zumal sie ein **prognostisches Element** enthält. Die vom BGH vorgegebenen Leitlinien befreien das Insolvenzgericht im Eröffnungsverfahren deshalb nicht von einer auf den Einzelfall zugeschnitten Entscheidung. Dabei ist jedoch von folgendem Grundsatz auszugehen: Je näher die konkret festgestellte Unterdeckung dem Schwellenwert von 10 % kommt, desto geringere Anforderungen sind an das Gewicht der besonderen Umstände zu richten, mit denen die Vermutung entkräftet werden kann; umgekehrt müssen umso schwerer wiegende Umstände vorliegen, je größer der Abstand der tatsächlichen Unterdeckung von dem Schwellenwert ist.[191] 100

Grundsätzlich ist für die Feststellung der Zahlungsunfähigkeit nach den vorstehenden Grundsätzen eine **Liquiditätsbilanz** zu erstellen,[192] in der die aktuell verfügbaren liquiden Mittel[193] und die kurzfristig verwertbaren Vermögensbestandteile[194] den fälligen[195] und innerhalb von drei Wochen fällig werdenden[196] Zahlungspflichten[197] des Schuldners gegenüberzustellen sind (sog. „betriebswirtschaftliche Methode").[198] Diese Liquiditätsbilanz ist zur Abgrenzung von der Zahlungsstockung um eine die nächsten drei Wochen abdeckende Finanzplanrechnung zu ergänzen.[199] Insolvenzanfechtungsansprüche (§§ 129 ff. InsO) können zwar für die Deckung der Verfahrenskosten eine Rolle spielen (siehe dazu Rz. 128 ff.), nicht aber für die Zahlungsunfähigkeit,[200] weil sie erst mit der Eröffnung des Insolvenzverfahrens entstehen.[201] 101

---

191) BGH, Urt. v. 24.5.2005 – IX ZR 123/04, ZVI 2005, 408 = ZIP 2005, 1426, m. Anm. *Thonfeld*; BGH, Beschl. v. 27.7.2006 – IX ZB 204/04, Rz. 16, NZI 2006, 693 = ZInsO 2006, 1051; *Schröder* in: HambKomm-InsO, § 17 Rz. 31.

192) BGH, Beschl. v. 19.7.2007 – IX ZB 36/07, Rz. 29, NZI 2007, 579, 581 = ZVI 2007, 462; BGH, Urt. v. 12.10.2006 – IX ZR 228/03, WM 2006, 2312, 2314 = ZVI 2006, 577 = NZI 2007, 36, dazu EWiR 2007, 113 *(M. Wagner)*.

193) Zahlungsmittel i. d. S. sind nur Bargeld, Schecks, Bankguthaben und Kreditmittel (Verordnung (EU) 2015/848 des Europäischen Parlaments und des Rates v. 20.5.2015 über Insolvenzverfahren – EuInsVO, ABl. (EU) L 141/19 v. 5.6.2015). Uhlenbruck-*Mock*, InsO, § 17 Rz. 43, 45) ff.

194) Uhlenbruck-*Mock*, InsO, § 17 Rz. 46.

195) Zum Begriff der „Fälligkeit" im insolvenzrechtlichen Sinne, insbesondere zum Merkmal des „ernsthaften Einforderns", s. BGH, Beschl. v. 19.7.2007 – IX ZB 36/07, Rz. 12 ff, NZI 2007, 579 f. = ZVI 2007, 462; BGH, Urt. v. 6.12.2012 – IX ZR 3/12, Rz. 26, NZI 2013, 140, 142 = ZVI 2013, 65; ausreichend, nicht aber erforderlich ist danach grundsätzlich schon die Übersendung einer Rechnung, ebenso BGH, Urt. v. 14.5.2009 – IX ZR 63/08, Rz. 22, BGHZ 181, 132 = NZI 2009, 471, 472 f., dazu EWiR 2009, 579 *(Ch. Keller)*; von der Nichtzahlung einer nach § 271 Abs. 1 BGB fälligen Forderung darf jedoch nicht schematisch auf die Zahlungsunfähigkeit geschlossen werden, s. BGH, Urt. v. 22.11.2012 – IX ZR 62/10, Rz. 8, NZI 2013, 129, 129 f. = ZIP 2013, 79, dazu EWiR 2013, 183 *(Knof)*. Fällige Forderungen bleiben bei der Prüfung der Zahlungsunfähigkeit nur außer Betracht, wenn sie tatsächlich gestundet sind.

196) Auch die sog. „Passiva II" sind bei der Ermittlung der Zahlungsunfähigkeit zu berücksichtigen (BGH, Urt. v. 19.12.2017 – II ZR 88/16, LS 2 und Rz. 41, BGHZ 217, 130 = ZIP 2018, 283, dazu EWiR 2018, 179 *(K. Schmidt)*; *Bork*, ZIP 2008, 1749, 1751; Uhlenbruck-*Mock*, InsO, § 17 Rz. 89.

197) I. R. der Zahlungsunfähigkeit kommt es nur auf die Geldschulden oder wirtschaftlich gleichgestellte Verbindlichkeiten (z. B. Freistellung von einer Verbindlichkeit) an, vgl. Uhlenbruck-*Mock*, InsO, § 17 Rz. 79 ff.

198) *Bork*, Einführung in das Insolvenzrecht, Rz. 103a. Vertiefend zur rechnerischen Ermittlung der Zahlungsunfähigkeit s. *Gutmann*, NZI 2021, 473 ff.

199) BGH, Beschl. v. 4.12.2018 – 4 StR 319/18, Rz. 11, NZI 2019, 247; *Bork*, Einführung in das Insolvenzrecht, Rz. 103.

200) Uhlenbruck-*Mock*, InsO, § 17 Rz. 88.

201) BGH, Urt. v. 18.07.2013 – IX ZR 198/10, Rz. 30, ZIP 2013, 1504 = NJW 2014, 305; Uhlenbruck-*Borries/Hirte*, § 143 Rz. 3.

102 Erforderlich ist also eine **stichtagsbezogene Liquiditätsanalyse** auf der Grundlage eines Liquiditätsstatus.[202)] Der Liquiditätsplan ist dabei in mehreren Stufen aufzustellen:[203)]

- In einer **ersten Stufe** ist ein Finanzstatus zu erstellen, mit dem die auf den Ermittlungsstichtag fälligen Zahlungspflichten und solche Zahlungspflichten zu ermitteln sind, die binnen drei Wochen ab dem Stichtag fällig werden.
- In einer **zweiten Stufe** sind die liquiden Mittel festzustellen, die dem Schuldner am Stichtag zur Verfügung stehen oder binnen der nächsten drei Wochen zu Geld gemacht werden können. Neben Bargeld und Bankguthaben sind dabei auch freie Kreditlinien auf laufenden Geschäftskonten zu berücksichtigen.[204)] Diesen verfügbaren Zahlungsmitteln sind sämtliche Verbindlichkeiten gegenüberzustellen, die zum Stichtag der Liquiditätsbilanz fällig sind oder binnen drei Wochen fällig werden.
- In einer **dritten Stufe** ist zu prüfen, ob die Gegenüberstellung der fälligen oder innerhalb von drei Wochen fällig werdenden Verbindlichkeiten mit den liquiden Mitteln eine Liquiditätslücke (Unterdeckung) ergibt. Ist dies nicht der Fall, weil der Schuldner vom Stichtag der Prüfung bis zum Ende der Drei-Wochen-Frist die fällig werdenden Zahlungspflichten vollständig erfüllen kann, liegt lediglich eine rechtlich unbeachtliche Zahlungsstockung vor.
- Ergibt sich hingegen aus dem Liquiditätsstatus eine Liquiditätslücke, so ist in einer **vierten Stufe** zu prüfen, wie groß diese Liquiditätslücke ist und wie sie sich voraussichtlich weiterentwickeln wird. In diese dynamische Liquiditätsanalyse sind nicht nur die fälligen, sondern auch die kurzfristig fällig werdenden Verbindlichkeiten einzubeziehen;[205)] andernfalls würde der Schuldner in die Lage versetzt, Liquiditätslücken dauernd vor sich herzuschieben.[206)] Liegt die innerhalb von drei Wochen nicht zu beseitigende Liquiditätslücke unterhalb von 10 % der fälligen Gesamtverbindlichkeiten, ist eine Zahlungsunfähigkeit nach den vorstehenden Grundsätzen des BGH nur gegeben, wenn bereits absehbar ist, dass die Unterdeckung in Zukunft mehr als 10 % erreichen wird. Ist dies nicht der Fall und liegt deshalb eine zunächst nur unschädliche geringfügige Liquiditätslücke vor, ist eine Zahlungsunfähigkeit gleichwohl nur dann nicht gegeben, wenn der Schuldner voraussichtlich spätestens nach drei[207)] bis maximal sechs[208)] Monaten wieder in der Lage sein wird, sämtliche dann fälligen Geldschulden zu bezahlen.[209)]
- Wird eine erhebliche Liquiditätslücke festgestellt, die innerhalb von drei Wochen nicht zu beseitigen ist, so ist in einer **fünften Stufe** eine zeitraumbezogene Prognoserechnung anzustellen. In einer ersten Prognoserechnung ist zu klären, ob innerhalb des Drei-Wochen-Zeitraums die Liquiditätslücke von 10 % geschlossen werden kann. Ist dies zu bejahen, liegt lediglich eine unbeachtliche Zahlungsstockung vor. Ist dies hingegen nicht der Fall, so ist in einer zweiten Prognoserechnung zu klären, ob innerhalb eines überschaubaren, für die Gläubiger zumutbaren Zeitraums (drei bis maximal sechs

---

202) *Staufenbiel/Hoffmann*, ZInsO 2008, 785 ff., 838 ff. und 891 ff.

203) Zum Folgenden Uhlenbruck-*Mock*, InsO, § 17 Rz. 30.

204) *Knolle/Tetzlaff*, ZInsO 2005, 897, 900.

205) *Bork*, ZIP 2008, 1749, 1751; *Staufenbiel/Hoffmann*, ZInsO 2008, 891, 893 (ein Monat).

206) *Knolle/Tetzlaff*, ZInsO 2005, 897, 900.

207) Uhlenbruck-*Mock*, InsO, § 17 Rz. 25; *Neumaier*, NJW 2005, 3041, 4043.

208) *Fischer*, ZGR 2006, 403, 408; *Laroche* in: HK-InsO, § 17 Rz. 20.

209) *Neumaier*, NJW 2005, 3041, 4043 (max. drei Monate); *Fischer*, ZGR 2006, 403, 408 (max. sechs Monate); Uhlenbruck-*Mock*, InsO, § 17 Rz. 28 (drei bis sechs Monate). Diese Einschränkung ist mit der Leitentscheidung des BGH, Urt. v. 24.5.2005 – IX ZR 123/04, ZVI 2005, 408 = ZIP 2005, 1426, m. Anm. *Thonfeld*, ohne weiteres vereinbar, da diese auch das Merkmal der „Zumutbarkeit für die Gläubiger" umfasst.

Monate, siehe oben zur vierten Stufe) die Deckungslücke vollständig beseitigt werden kann. Muss dies verneint werden, liegt Zahlungsunfähigkeit i. S. von § 17 InsO vor.

Das vorstehende flexible System mit einem Schwellenwert von 90 % wirkt sich bei von einem Gläubiger betriebenen Eröffnungsverfahren auf die **Darlegungs- und Beweislast** aus.[210] Stellt das Gericht eine Liquiditätslücke fest, die über einen Zeitraum von drei Wochen größer als 10 % ist, besteht eine widerlegbare Vermutung für die Zahlungsunfähigkeit. Der Schuldner hat sodann als Antragsgegner Umstände vorzutragen, aus denen sich ergibt, dass er gleichwohl zahlungsfähig ist. Liegt die Deckungslücke hingegen unterhalb des Schwellenwerts von 10 %, hat der Gläubiger als Antragsteller glaubhaft zu machen, dass eine schlechte Fortführungsprognose besteht und Anhaltspunkte für den weiteren Niedergang des Unternehmens gegeben sind. 103

(2) Feststellung anhand von Indizien

Die Zahlungsunfähigkeit kann im Eröffnungsverfahren[211] nicht nur durch die Ermittlung einer konkreten Unterdeckung für einen bestimmten Zeitraum, sondern auch mit Hilfe von Indiztatsachen festgestellt werden.[212] Hierfür genügt regelmäßig eine **Zahlungseinstellung.**[213] § 17 Abs. 2 Satz 2 InsO begründet für diesen Fall eine widerlegliche[214] Vermutung für den Eintritt der Zahlungsunfähigkeit.[215] Liegt eine Zahlungseinstellung vor, ist die Aufstellung einer Liquiditätsbilanz entbehrlich.[216] Zahlungseinstellung ist das nach außen hervortretende Verhalten des Schuldners, in dem sich typischerweise ausdrückt, dass er nicht mehr in der Lage ist, seine fälligen Zahlungspflichten zu erfüllen.[217] Es muss sich also mindestens für die beteiligten Verkehrskreise der berechtigte Eindruck aufdrängen, dass der Schuldner außerstande ist, seinen fälligen Zahlungsverpflichtungen zu genügen.[218] Dieser Annahme der Zahlungseinstellung steht es nicht entgegen, dass der Schuldner vereinzelt noch Zahlungen – sei es auch in beachtlicher Höhe – leistet; es genügt, dass das Unvermögen zur Zahlung den wesentlichen Teil der Verbindlichkeiten des Schuldners be- 104

210) Zum Folgenden Uhlenbruck-*Mock*, InsO, § 17 Rz. 36 ff.; *Pape*, WM 2008, 1949, 1954.

211) Im Insolvenzanfechtungsprozess gibt es zugunsten des Insolvenzverwalters zahlreiche Beweiserleichterungen (vgl. hierzu Uhlenbruck-*Mock*, InsO, § 17 Rz. 38), die allerdings nicht auf das Eröffnungsverfahren übertrag sind.

212) BGH, Beschl. v. 13.6.2006 – IX ZB 238/05, Rz. 6, NZI 2006, 591, 592 = ZIP 2006, 1457; BGH, Beschl. v. 13.4.2006 – IX ZB 118/04, Rz. 14, NZI 2006, 405, 406 = ZVI 2006, 237; BGH, Urt. v. 9.1.2003 – IX ZR 175/02, WM 2003, 400, 402 = ZVI 2003, 125, dazu EWiR 2003, 379 *(Hölzle)*.

213) Die Zahlungseinstellung ist nur ein Indiz, kein selbständiger Eröffnungsgrund, *Bork*, Einführung in das Insolvenzrecht, Rz. 103, Fn. 10; Uhlenbruck-*Mock*, InsO, § 17 Rz. 153 f.

214) *Bork*, Einführung in das Insolvenzrecht, Rz. 103; Uhlenbruck-*Mock*, InsO, § 17 Rz. 153.

215) BGH, Urt. v. 3.3.2022 – IX ZR 78/20, Rz. 25, ZRI 2022, 267 = ZVI 2022, 225; BGH, Urt. v. 12.2.2015 – IX ZR 180/12, Rz. 18, ZVI 2015, 218 = NZI 2015, 320.

216) BGH, Urt. v. 6.5.2021 – IX ZR 72/20, Rz. 14, ZRI 2021, 645 = ZVI 2021, 310; BGH, Urt. v. 6.7.2017 – IX ZR 178/16, Rz. 9, ZVI 2017, 428 = NZI 2017, 850; Uhlenbruck-*Mock*, InsO, § 17 Rz. 154.

217) BGH, Urt. v. 28.4.2022 – IX ZR 48/21, Rz. 27, ZRI 2022, 593 = ZVI 2022, 312; BGH, Urt. v. 6.5.2021 – IX ZR 72/20, Rz. 15, ZRI 2021, 645 = ZVI 2021, 310; BGH, Urt. v. 12.10.2017 – IX ZR 50/15, Rz. 12, ZVI 2018, 36 = ZIP 2017, 2368, dazu EWiR 2018, 117 *(Wagner)*.

218) BGH, Urt. v. 28.4.2022 – IX ZR 48/21, Rz. 27, ZRI 2022, 593 = ZVI 2022, 312; BGH, Urt. v. 6.5.2021 – IX ZR 72/20, Rz. 15, ZRI 2021, 645 = ZVI 2021, 310; BGH, Urt. v. 12.10.2017 – IX ZR 50/15, Rz. 12, ZVI 2018, 36 = ZIP 2017, 2368; BGH, Urt. v. 14.2.2008 – IX ZR 38/04, Rz. 13 u. 15, NZI 2008, 299, 300 = ZIP 2008, 706, dazu EWiR 2008, 533 *(Dörrscheidt)* – zu § 10 Abs. 1 Nr. 1 GesO; BGH, Urt. v. 21.6.2007 – IX ZR 231/04, Rz. 28, NZI 2007, 517, 519 = ZVI 2008, 299; BGH, Urt. v. 12.10.2006 – IX ZR 228/03, Rz. 13, NZI 2007, 36, 37 = ZVI 2006, 577 = WM 2006, 2312; BGH, Urt. v. 9.1.2003 – IX ZR 175/02, NZI 2003, 322, 323 = ZVI 2003, 125; BGH, Urt. v. 25.10.2001 – IX ZR 17/01, NZI 2002, 88, 90 = ZIP 2001, 2235, dazu EWiR 2002, 207 *(Malitz)*; BGH, Urt. v. 17.5.2001 – IX ZR 188/98, ZIP 2001, 1155 = NZI 2001, 417, dazu EWiR 2001, 821 *(Eckardt)*; BGH, Urt. v. 25.1.2001 – IX ZR 6/00, NZI 2001, 247, 248 = ZIP 2001, 524, dazu EWiR 2001, 321 *(Eckardt)*.

trifft.[219] Dafür kann auch die Nichtzahlung gegenüber einem einzigen Gläubiger ausreichen, wenn dessen Forderung von insgesamt nicht unerheblicher Höhe ist.[220] Die Zahlungseinstellung muss allerdings von einer rechtlich unerheblichen Zahlungsstockung abgegrenzt werden, so dass die Liquiditätslücke in jedem Falle länger als drei Wochen bestehen muss.[221] Ferner muss die Zahlungseinstellung auf einem objektiven Mangel an Geldmitteln beruhen, der länger als drei Wochen andauert.[222] Eine böswillige Zahlungsverweigerung oder Zahlungsunwilligkeit des Schuldners aus sonstigen Gründen reicht nicht aus.[223] In diesem Falle bedarf es eines Insolvenzverfahrens nicht, da die Gläubiger den fehlenden Willen des Schuldners zur Begleichung seiner Verbindlichkeiten bzw. zur Liquidation seines Vermögens im Wege der Einzelzwangsvollstreckung beugen können. Solange der Schuldner über ausreichendes Vermögen verfügt, um seine Verbindlichkeiten vollständig zu erfüllen, gibt es keinen Grund, den „Wettlauf der Gläubiger" zu unterbinden und unter dem Gesichtspunkt der gleichmäßigen Gläubigerbefriedigung (par condicio creditorum) ein Gesamtvollstreckungsverfahren durchzuführen. Allerdings ist die Zahlungsunfähigkeit, sofern die Voraussetzungen des § 17 Abs. 2 Satz 2 InsO erfüllt sind, auch dann zu vermuten, wenn der Schuldner in Wirklichkeit nur zahlungsunwillig ist.[224] Ausschlaggebend ist der nach außen hervortretende, objektive Eindruck. Zwar kann eine Zahlungseinstellung auch auf **Zahlungsunwilligkeit** beruhen. Eine insolvenzrechtlich erhebliche Zahlungsunwilligkeit liegt aber nur vor, wenn der Schuldner tatsächlich noch zahlungsfähig ist. Sind die gesetzlichen Voraussetzungen für eine Zahlungseinstellung erfüllt, wird jedoch gemäß § 17 Abs. 2 Satz 2 InsO gesetzlich vermutet, dass nicht lediglich Zahlungsunwilligkeit, sondern Zahlungsunfähigkeit vorlag.

105 Eine einmal nach außen in Erscheinung getretene Zahlungseinstellung wirkt grundsätzlich fort. Diese Wirkung kann nur dadurch wieder beseitigt werden, dass die geschuldeten **Zahlungen** an die Gesamtheit der Gläubiger im Allgemeinen **wieder aufgenommen** werden.[225] Nach Antragstellung eingehende Teilzahlungen des Schuldners stellen kein geeignetes gegenläufiges Indiz dar.[226]

106 Neben der Zahlungseinstellung können **weitere Indizien** für eine Zahlungsunfähigkeit sprechen. Die eigene Erklärung des Schuldners, eine fällige Verbindlichkeit nicht erfüllen

---

219) BGH, Urt. v. 12.10.2017 – IX ZR 50/15, Rz. 12, ZVI 2018, 36 = ZIP 2017, 2368; BGH, Urt. v. 14.2.2008 – IX ZR 38/04, Rz. 15, NZI 2008, 299, 300 = ZIP 2008, 706; BGH, Urt. v. 21.6.2007 – IX ZR 231/04, Rz. 29, NZI 2007, 517, 519 = ZVI 2008, 299; BGH, Urt. v. 17.5.2001 – IX ZR 188/98, ZIP 2001, 1155 = NZI 2001, 417; BGH, Urt. v. 25.1.2001 – IX ZR 6/00, NZI 2001, 247, 248 = ZIP 2001, 524.

220) BGH, Urt. v. 28.4.2022 – IX ZR 48/21, Rz. 27, ZRI 2022, 593 = ZVI 2022, 312; BGH, Urt. v. 6.5.2021 – IX ZR 72/20, Rz. 15, ZRI 2021, 645 = ZVI 2021, 310; BGH, Urt. v. 20.11.2001 – IX ZR 48/01, BGHZ 149, 178 = NZI 2002, 91, 94, dazu EWiR 2002, 219 (*G. Wagner*); OLG Dresden, Urt. v. 27.8.2008 – 13 U 129/07, ZInsO 2010, 1187, 1189.

221) BGH, Urt. v. 21.6.2007 – IX ZR 231/04, Rz. 30, NZI 2007, 517, 519 = ZVI 2008, 299.

222) BGH, Urt. v. 21.6.2007 – IX ZR 231/04, Rz. 29, NZI 2007, 517, 519 = ZVI 2008, 299.

223) BGH, Urt. v. 17.5.2001 – IX ZR 188/98, ZIP 2001, 1155 = NZI 2001, 417.

224) Hier und zum Folgenden: BGH, Urt. v. 12.10.2017 – IX ZR 50/15, Rz. 13, ZVI 2018, 36 = ZIP 2017, 2368.

225) BGH, Urt. v. 10.2.2022 – IX ZR 148/19, Rz. 17, ZRI 2022, 286 = ZVI 2022, 151; BGH, Urt. v. 21.6.2007 – IX ZR 231/04, Rz. 32, NZI 2007, 517, 519 = ZVI 2008, 299; BGH, Beschl. v. 13.6.2006 – IX ZB 238/05, Rz. 8, NZI 2006, 591, 592 = ZIP 2006, 1457; BGH, Urt. v. 25.10.2001 – IX ZR 17/01, NZI 2002, 88, 90 = ZIP 2001, 2235.

226) BGH, Beschl. v. 13.6.2006 – IX ZB 238/05, Rz. 8, NZI 2006, 591, 592 = ZIP 2006, 1457.

zu können, ist auch dann ein Indiz für eine Zahlungseinstellung und damit mittelbar für die Zahlungsunfähigkeit, wenn sie mit einer Stundungsbitte versehen ist.[227)]

Praxishinweis

Weitere Indizien sind z. B.[228)] konkludente Verhaltensweisen des Schuldners wie die Schließung seines Geschäftsbetriebes ohne ordnungsgemäße Abwicklung, die Flucht vor seinen Gläubigern, die Nichtabführung von Sozialversicherungsbeiträgen[229)] oder Löhnen an mehr als einem Zahltermin hintereinander oder die Häufung von Pfändungen oder sonstigen Vollstreckungsmaßnahmen.[230)]

b) Drohende Zahlungsunfähigkeit (§ 18 InsO)

Allein bei – unter Beachtung von § 18 Abs. 3 InsO zulässigen[231)] – Eigenanträgen des 107
Schuldners[232)] ist weiterer Eröffnungsgrund die drohende Zahlungsunfähigkeit. Diese liegt nach der Legaldefinition des § 18 Abs. 2 Satz 1 InsO vor, wenn der Schuldner voraussichtlich[233)] nicht in der Lage sein wird, die bestehenden Zahlungspflichten im Zeitpunkt der Fälligkeit zu erfüllen.[234)] Abzustellen ist also nicht nur auf die gegenwärtig fälligen Zahlungspflichten des Schuldners, sondern auch auf dessen künftig entstehenden[235)] und fällig[236)] werdenden Zahlungsverpflichtungen. Der Gesetzgeber geht mithin von einer **Zeitraumilliquidität** aus, die eine Prognose erfordert.[237)] In diese Prognose muss die gesamte Entwicklung der Finanzlage des Schuldners miteinbezogen werden.[238)] Erforderlich ist eine

227) BGH, Urt. v. 6.5.2021 – IX ZR 72/20, Rz. 15, ZRI 2021, 645 = ZVI 2021, 310; BGH, Urt. v. 12.10.2006 – IX ZR 228/03, Rz. 15, NZI 2007, 36, 37 = WM 2006, 2312 = ZVI 2006, 577; BGH, Urt. v. 4.10.2001 – IX ZR 81/99, NZI 2002, 34, 34 f. = ZIP 2001, 2057, dazu EWiR 2002, 209 *(Paulus)*.

228) Eine weitergehende Übersicht bieten *Bork*, Einführung in das Insolvenzrecht, Rz. 103 Fn. 14, und Uhlenbruck-*Mock*, InsO, § 17 Rz. 166 ff. m. w. N.

229) Die Nichtabführung von Sozialversicherungsbeiträgen stellt ein starkes Indiz für den Eintritt der Zahlungsunfähigkeit dar, weil diese Forderungen in der Regel wegen der drohenden Strafbarkeit gemäß § 266a StGB bis zuletzt bedient werden; BGH, Urt. v. 10.7.2003 – IX ZR 89/02, WM 2003, 1776, 1778 = ZIP 2003, 1666, dazu EWiR 2004, 197 *(Hölzle)*; BGH, Beschl. v. 13.6.2006 – IX ZB 238/05, Rz. 6, NZI 2006, 591, 592 = ZIP 2006, 1457; BGH, Urt. v. 20.11.2001 – IX ZR 48/01, BGHZ 149, 178 = NZI 2002, 91, 93; OLG Celle, Beschl. v. 9.2.2000 – 2 W 101/99, NZI 2000, 214, 216 = ZIP 2000, 1675, dazu EWiR 2000, 1025 *(Plagemann)*.

230) BGH, Beschl. v. 13.4.2006 – IX ZB 118/04, Rz. 14, NZI 2006, 405, 406 = ZVI 2006, 237.

231) Durch die dort vorgesehenen Einschränkungen soll verhindert werden, dass Anträge wegen (nur) drohender Zahlungsunfähigkeit missbräuchlich gestellt werden und Streit innerhalb der Gesellschaft über die Frage der Antragstellung vor dem Insolvenzgericht ausgetragen wird (Uhlenbruck-*Mock*, InsO, § 18 Rz. 64).

232) Ein auf § 18 InsO gestützter Fremdantrag ist unzulässig, Uhlenbruck-*Mock*, InsO, § 18 Rz. 16. Dadurch soll verhindert werden, dass Gläubiger den Schuldner schon im Vorfeld der Insolvenz durch einen Insolvenzantrag unter Druck setzen, *Bork*, Einführung in das Insolvenzrecht, Rz. 106.

233) Das Merkmal „voraussichtlich" meint, dass der Eintritt der Zahlungsunfähigkeit wahrscheinlicher sein muss als deren Vermeidung. Die Wahrscheinlichkeit muss also größer sein als 50 %, vgl. OLG Hamm, Urt. v. 23.9.2014 – 27 U 149/13, ZInsO 2014, 2275, 2278; OLG München, Urt. v. 21.3.2013 – 23 U 3344/12, NZI 2013, 542, 544; Uhlenbruck-*Mock*, InsO, § 18 Rz. 26.

234) Zum Begriff der drohenden Zahlungsunfähigkeit s. *Penzlin*, NZG 2000, 464, 468 ff.

235) Ob bei der Prüfung der drohenden Zahlungsunfähigkeit nur die im Prüfungszeitpunkt bereits bestehenden Verbindlichkeiten zu berücksichtigen sind, oder auch im Prognosezeitraum neu hinzukommende Verbindlichkeiten mit anzusetzen sind, ist umstritten. Nach vorzugswürdiger Auffassung sind auch die im Prognosezeitraum neu hinzukommenden fälligen Verbindlichkeiten in der Finanzplanrechnung als künftige Auszahlungen zu berücksichtigen, s. *Schröder* in: HambKomm-InsO, § 18 Rz. 10 m. w. N.

236) Der Begriff der Fälligkeit ist wie bei § 17 InsO zu verstehen (*Schröder* in: HambKomm-InsO, § 18 Rz. 12).

237) Uhlenbruck-*Mock*, InsO, § 18 Rz. 21 ff.

238) *Bork*, Einführung in das Insolvenzrecht, Rz. 107.

in die Zukunft gerichtete Prognose, in welche die gesamte Finanzlage des Schuldners bis zur Fälligkeit aller im Prognosezeitraum fällig werdenden Verbindlichkeiten einzubeziehen ist; der vorhandenen Liquidität und den Einnahmen, die bis zum Ende des Prognosezeitraums zu erwarten sind, müssen die Verbindlichkeiten gegenübergestellt werden, die bereits fällig sind oder bis zum Ende des Prognosezeitraums voraussichtlich fällig werden.[239] In aller Regel ist ein Prognosezeitraum von 24 Monaten zugrunde zu legen (§ 18 Abs. 2 Satz 2 InsO).

108 Der Gesetzgeber wollte dem Schuldner mit diesem zusätzlichen Eröffnungsgrund einen **Anreiz für die frühzeitige Eröffnung des Insolvenzverfahrens** geben und damit die Sanierungschancen erhöhen.[240] In der Praxis werden Eigenanträge mit Blick auf die Antragsverpflichtung der Gesellschaftsorgane (siehe dazu Rz. 37) zwar häufig mit einer drohenden Zahlungsunfähigkeit begründet; tatsächlich ist die Gesellschaft in derartigen Fällen jedoch häufig bereits überschuldet und/oder zahlungsunfähig, so dass der vom Gesetzgeber gewünschte Effekt, Insolvenzverfahren bereits vor Eintritt der (zum Insolvenzantrag verpflichtenden) Krise zu eröffnen, praktisch kaum eintritt. Einen durchaus beachtlichen Anreiz zur frühzeitigen Insolvenzantragstellung schafft hingegen die Möglichkeit des sog. „Schutzschirmverfahrens", welches gemäß § 270d Abs. 1 Satz 1 InsO u. a. voraussetzt, dass der Schuldner lediglich drohend zahlungsunfähig (§ 18 InsO) und/oder überschuldet (§ 19 InsO), nicht aber zahlungsunfähig (§ 17 InsO) ist. Ob dies auch für die Möglichkeit der Durchführung eines Stabilisierungs- und Restrukturierungsverfahrens nach Maßgabe des StaRUG gilt, welches der nachhaltigen Beseitigung einer (nur) drohenden Zahlungsunfähigkeit i. S. des § 18 Abs. 2 InsO dient (§ 29 Abs. 1 StaRUG; vgl. auch §§ 32 Abs. 3, 33 Abs. 2 Nr. 1 StaRUG), bleibt abzuwarten.

109 Wie bei § 17 InsO muss die Unfähigkeit zur Erfüllung der fälligen Verbindlichkeiten objektiv auf einem **Mangel an verfügbaren Zahlungsmitteln** beruhen.[241] Prognosegegenstand sind die künftig verfügbaren liquiden Mittel und die künftig fällig werdenden Verbindlichkeiten. Ebenso wie bei § 17 InsO reichen **geringfügige Liquiditätslücken** und **bloße Zahlungsstockungen** nicht aus, um den Antragsgrund der drohenden Zahlungsunfähigkeit zu begründen.

110 Eine genaue Vorgehensweise für die Prüfung der drohenden Zahlungsunfähigkeit wird durch § 18 InsO nicht vorgegeben. Es empfiehlt sich aber eine Ermittlung anhand eines **Finanzplans**, in den künftige Ein- und Auszahlungen gegenüberzustellen sind.[242] Die Vorlage von Plan-Gewinn- und Verlustrechnungen (Plan-GuV) und von Planbilanzen ist gesetzlich nicht zwingend vorgeschrieben; allerdings dürfte die Erstellung einer Plan-GuV zur Entwicklung und Plausibilisierung der Finanzplanung oftmals erforderlich sein.[243]

111 Die **Länge des Prognosezeitraums** beträgt nach § 18 Abs. 2 Satz 2 InsO[244] „in aller Regel" 24 Monate. In Einzelfällen kann auch auf einen kürzeren oder längeren Zeitraum abzustellen sein.[245] Eine Verlängerung kommt bspw. bei nach mehr als 24 Monaten endfälli-

---

239) BGH, Urt. v. 10.2.2022 – IX ZR 148/19, Rz. 30, ZRI 2022, 286 = ZVI 2022, 151.

240) Uhlenbruck-*Mock*, InsO, § 18 Rz. 2.

241) Hier und zum Folgenden: *Schröder* in: HambKomm-InsO, § 18 Rz. 13 f.

242) Uhlenbruck-*Mock*, InsO, § 18 Rz. 27 f.; *Schröder* in: HambKomm-InsO, § 18 Rz. 24.

243) *Schröder* in: HambKomm-InsO, § 18 Rz. 27.

244) Diese durch das Gesetz zur Fortentwicklung des Sanierungs- und Insolvenzrechts (Sanierungs- und Insolvenzrechtsfortentwicklungsgesetz – SanInsFoG), v. 22.12.2020, BGBl. I 2020, 3256, in das Gesetz eingefügte Vorschrift gilt für alle Insolvenzverfahren, die ab dem 1.1.2021 beantragt wurden (Art. 103m Satz 1 EGInsO).

245) Begr. RegE SanInsFoG z. InsO, BT-Drucks. 19/24181, S. 196.

gen Verbindlichkeiten aus Krediten oder Anleihen in Betracht, wenn deren Rückzahlung oder Refinanzierung fraglich erscheint.[246)]

c) Überschuldung (§ 19 InsO)

112 Bei juristischen Personen und Gesellschaften ohne Rechtspersönlichkeit, bei denen kein persönlich haftender Gesellschafter eine natürliche Person ist (z. B. GmbH & Co. KG), ist auch die Überschuldung Eröffnungsgrund (§ 19 Abs. 1 und 3 InsO). Überschuldung liegt nach der **Legaldefinition des § 19 Abs. 2 Satz 1 InsO** vor, wenn das Vermögen des Schuldners die bestehenden Verbindlichkeiten nicht mehr deckt, es sei denn, die Fortführung des Unternehmens in den nächsten zwölf Monaten ist nach den Umständen überwiegend wahrscheinlich. Gemäß § 4 Abs. 2 Satz 1 Nr. 1 **SanInsKG**[247)] tritt in dem Zeitraum vom 9.11.2022 bis einschließlich 31.12.2023 – als Reaktion auf die in diesem Zeitraum erwarteten Unwägbarkeiten auf den Energie- und Rohstoffmärkten – an die Stelle des in § 19 Abs. 2 Satz 1 InsO genannten Zeitraums von zwölf Monaten ein Zeitraum von vier Monaten. Der verkürzte Prognosezeitraum gilt nach § 4 Abs. 2 Satz 2 SanInsKG auch, wenn vor dem 9.11.2022 eine Überschuldung nach § 19 Abs. 2 Satz 1 InsO vorlag, es sei denn, dass der für eine rechtzeitige Antragstellung maßgebliche Zeitpunkt nach § 15a Abs. 1 Satz 1 und 2 InsO von maximal sechs Wochen bereits verstrichen ist.

113 Der Überschuldungstatbestand umfasst **zwei gleichwertige Merkmale**:[248)] Die rechnerische Überschuldung und das Fehlen einer positiven Fortführungsprognose. Beides zusammen begründet den Tatbestand der Überschuldung im Rechtssinne. Eine rechtmäßige Fortführung des Unternehmens ist – vorbehaltlich einer etwaigen Zahlungsunfähigkeit i. S. von § 17 InsO – gegeben, wenn entweder die rechnerische Überschuldung ausgeschlossen oder eine positive Fortführungsprognose angenommen werden kann. Eine rechtlich vorgegebene Prüfungsreihenfolge gibt es nicht.[249)] Es bestehen zwei Optionen der Prüfung:[250)] Man kann mit der Fortführungsprognose beginnen und für den Fall, dass diese positiv ausfällt, sogleich die Überschuldung (rechtlich) verneinen.[251)] Auch ein rechnerisch überschuldetes Unternehmen darf – bei positiver Fortführungsprognose – weitergeführt werden, und seine vertretungsberechtigten Organe sind nicht nur nicht verpflichtet, einen Insolvenzantrag zu stellen, sondern wären dazu nicht einmal berechtigt.[252)]

114 Bereits die Prüfung einer **rechnerischen Überschuldung** kann ausreichen, um den gesetzlichen Tatbestand der rechtlichen Überschuldung gemäß § 19 Abs. 2 Satz 1 InsO auszuschließen, weil das Vermögen die Verbindlichkeiten deckt.[253)] Nicht dagegen reicht sie aus, um den Überschuldungstatbestand definitiv zu belegen, weil die Fortführungsprognose die Überschuldung ausschließen kann.

246) *Schröder* in: HambKomm-InsO, § 18 Rz. 16.

247) Gesetz zur vorübergehenden Anpassung sanierungs- und insolvenzrechtlicher Vorschriften zur Abmilderung von Krisenfolgen (Sanierungs- und insolvenzrechtliches Krisenfolgenabmilderungsgesetz – SanInsKG), v. 27.3.2020, BGBl. I 2020, 569, geändert durch Art. 9 des Gesetzes v. 31.10.2022, BGBl. I 2022, 1966.

248) Hier und zum Folgenden: K. Schmidt-*K. Schmidt*, InsO, § 19 Rz. 13.

249) K. Schmidt-*K. Schmidt*, InsO, § 19 Rz. 14; *Schröder* in: HambKomm-InsO, § 19 Rz. 79.

250) *Leithaus/Schaefer*, NZI 2010, 844, 845; a. A. etwa *Adolff* in: FS Hellwig, S. 433, 436: zunächst Feststellung der Liquidationswerte.

251) *Fischer*, NZI 2016, 665 – einer bilanziellen Überprüfung bedarf es dann nicht mehr.

252) BGH, Urt. v. 13.7.1992 – II ZR 269/91 (Dornier), BGHZ 119, 201, 216 = NJW 1992, 2891; *Goette*, DStR 2016, 1684, 1687.

253) K. Schmidt-*K. Schmidt*, InsO, § 19 Rz. 20.

115 Die rechnerische Überschuldung wird anhand eines **Überschuldungsstatus** geprüft.[254] Hierbei handelt es sich nicht um eine Bilanz im technischen Sinne, sondern um eine Sonderbilanz mit einer Gegenüberstellung von Aktiva und Passiva. Zweck dieser Sonderbilanz ist die Feststellung, ob im Verwertungsfall die Verbindlichkeiten aus dem Vermögen beglichen werden können.[255]

116 Die **Aktiva** werden zu Liquidationswerten angesetzt.[256] Dies gilt selbst dann, wenn die Fortführungsprognose positiv ausfällt.[257] Über die Frage, ob Einzel- oder Gesamtbewertung maßgeblich ist, entscheidet im Einzelfall die wahrscheinlichere Verwertungsart bzw. das zugrunde liegende Unternehmenskonzept.[258] Die Aktivierung von Forderungen steht generell unter einem dreifachen Vorbehalt:[259]

- dem Vorbehalt des Veritätsrisikos (besteht die Forderung oder besteht sie nicht?) bei bestrittenen Forderungen,[260]
- dem Vorbehalt des Bonitätsrisikos[261] bei unbestrittenen Forderungen und
- dem Vorbehalt des Realisierungswillens.[262]

117 Forderungen aus schwebenden Geschäften sind nur (insoweit) zu aktivieren, wenn (als) unter Liquidationsbedingungen noch mit der Ausführung des Geschäfts gerechnet werden kann.[263] Nach der Rechtsprechung des BGH kann darüber hinaus eine Patronatserklärung, in der sich eine Patronin gegenüber einer Tochtergesellschaft rechtsverbindlich verpflichtet, die Tochtergesellschaft in der Weise auszustatten, dass sie stets in der Lage ist, ihren finanziellen Verbindlichkeiten zu genügen, die insolvenzrechtliche Überschuldung vermeiden.[264] Mangels in der Überschuldungsbilanz aktivierbarer Forderung kommt eine weiche Patronatserklärung als Mittel zur Vermeidung der rechnerischen Überschuldung jedoch nicht in Betracht.[265]

118 Auf der **Passivseite** der Überschuldungsbilanz sind sämtliche Verbindlichkeiten zu erfassen, die im Falle einer Verfahrenseröffnung Insolvenzforderungen begründen können.[266] Nicht fällige oder gestundete Verbindlichkeiten sind zu berücksichtigen und müssen wie fällige Verbindlichkeiten behandelt werden.[267] Grundsätzlich sind alle Verbindlichkeiten mit ihrem Nennwert anzusetzen.[268] Maßgeblich ist, mit welchem Betrag sie für den Fall

---

254) BGH, Beschl. v. 8.3.2012 – IX ZR 102/11, Rz. 5, ZInsO 2012, 732; K. Schmidt-*K. Schmidt*, InsO, § 19 Rz. 21.

255) OLG Hamburg, Urt. v. 8.11.2013 – 11 U 192/11, ZInsO 2013, 2447, 2449: alleiniger Zweck ist die Ermittlung des Schuldendeckungspotenzials; *Gehrlein*, WM 2018, 1.

256) *Schröder* in: HambKomm-InsO, § 19 Rz. 41; K. Schmidt-*K. Schmidt*, § 19 Rz. 24.

257) K. Schmidt-*K. Schmidt*, § 19 Rz. 24.

258) *Schröder* in: HambKomm-InsO, § 19 Rz. 39; K. Schmidt-*K. Schmidt*, § 19 Rz. 25.

259) Zum Folgenden: K. Schmidt-*K. Schmidt*, InsO, § 19 Rz. 30.

260) Das Veritätsrisiko kann durch rechtliche Prüfung minimiert und nur ausnahmsweise durch Wertberichtigungen berücksichtigt werden.

261) Das Bonitätsrisiko ist in erster Linie ein Wertberichtigungsproblem.

262) Nur ernsthafte Verfolgungs- oder Verwertungsabsicht macht Ansprüche aktivierbar, Uhlenbruck-*Mock*, InsO, § 19 Rz. 68.

263) OLG Hamm, Urt. v. 25.1.1993 – 8 U 250/91, NJW-RR 1993, 1445, 1445 f.; K. Schmidt-*K. Schmidt*, InsO, § 19 Rz. 32.

264) BGH, Urt. v. 20.9.2010 – II ZR 296/08, Rz. 17, BGHZ 187, 69 = NJW 2010, 3442.

265) BGH, Urt. v. 13.7.2021 – II ZR 84/20, LS 2, NZG 2021, 1175, 1183 = ZRI 2021, 712.

266) BGH, Urt. v. 27.10.1982 – VIII ZR 187/81, ZIP 1982, 1435, 1437.

267) Uhlenbruck-*Mock*, InsO, § 19 Rz. 154.

268) K. Schmidt-*K. Schmidt*, InsO, § 19 Rz. 40.

der Verfahrenseröffnung gegenüber der Masse geltend gemacht werden können.[269] Für betagte Verbindlichkeiten gilt, dass sie abgezinst zu passivieren sind,[270] bedingte Verbindlichkeiten müssen entsprechend der Wahrscheinlichkeit ihres Bedingungseintritts berücksichtigt werden. Verbindlichkeiten aus schwebenden Geschäften müssen passiviert werden.[271] Auch nachrangige Verbindlichkeiten (§ 39 Abs. 1 InsO) werden grundsätzlich passiviert.[272] Daran ändert auch ein Rangrücktritt (§ 39 Abs. 2 InsO) nichts, sofern er nur im Insolvenzverfahren rangändernd wirkt. Um die betreffende Forderung im Überschuldungsstatus nicht passivieren zu müssen, bedarf es einer mit dem Rangrücktritt im Zweifel verbundenen vertraglichen Durchsetzungssperre.[273] Der Regelungsbereich der Rangrücktrittsvereinbarung muss sich auf den Zeitraum vor und nach Insolvenzeröffnung erstrecken.[274] Der Rangrücktritt ist als rechtsgeschäftliches Zahlungsverbot des Inhalts auszugestalten, dass die Forderung des Gläubigers außerhalb des Insolvenzverfahrens nur aus ungebundenem Vermögen und in der Insolvenz nur im Rang nach den Forderungen sämtlicher normaler Insolvenzgläubiger (§ 38 InsO) befriedigt werden darf.[275] Der Gläubiger muss aufgrund der Rangrücktrittsvereinbarung dauerhaft gehindert sein, seine Forderung geltend zu machen; ein lediglich zeitlich begrenzter Rücktritt ist unzureichend.[276] Für noch nicht fällige Verbindlichkeiten aus Zug um Zug zu erfüllenden Dauerschuldverhältnissen ist in der Regel der bis zur ersten Kündigungsmöglichkeit zu erwartende Gesamtverlust aus dem Geschäft zu passivieren.[277]

Der Schuldner hat eine positive Fortführungsprognose, wenn die Fortführung in den 119
nächsten zwölf – im Zeitraum vom 9.11.2022 bis einschließlich 31.12.2023 vier – Monaten den Umständen nach überwiegend wahrscheinlich ist. Die Fortführungsprognose ist nach dem Gesetzeswortlaut unternehmensorientiert („es sei denn, die Fortführung des Unternehmens ist nach den Umständen überwiegend wahrscheinlich"). Diese Formulierung trifft den Regelfall, allerdings nicht das Prinzip.[278] Tatsächlich ist die Prognose rechtsträgerorientiert. Es geht um den **Fortbestand des Rechtsträgers** (der juristischen Person oder der Personengesellschaft) **ohne Insolvenz**. Die Unternehmensfortführung als solche ist nur mittelbar Gegenstand der auf Lebensfähigkeit des Rechtsträgers bezogenen Prognose. Der BGH hat die Anforderungen an die Fortführungsprognose dahingehend formuliert, dass eine positive Fortführungsprognose subjektiv den Fortführungswillen des Schuldners[279] und objektiv einen Ertrags- und Finanzplan mit einem schlüssigen und realisierbaren Unternehmenskonzept für einen angemessenen Prognosezeitraum voraussetzt, aus dem sich ergibt, dass die Finanzkraft der Gesellschaft mittelfristig zur Fortführung des Unter-

269) *Harz/Baumgartner/Conrad*, ZInsO 2005, 1304, 1310.

270) *Schröder* in: HambKomm-InsO, § 19 Rz. 61; betagte Verbindlichkeiten können zwar nicht die Zahlungsunfähigkeit begründen, wohl aber die Überschuldung, K. Schmidt-*K. Schmidt*, InsO, § 19 Rz. 34.

271) K. Schmidt-*K. Schmidt*, InsO, § 19 Rz. 37.

272) Hierzu und zum Folgenden: K. Schmidt-*K. Schmidt*, InsO, § 19 Rz. 35.

273) BGH, Urt. v. 5.3.2015 – IX ZR 133/14, Rz. 15, ZIP 2015, 638, dazu EWiR 2015, 219 *(Bork)*; *Bitter*, ZIP 2015, 345, 346; *K. Schmidt*, DB 2015, 600, 602 f.

274) *Frystatzki*, NZI 2013, 609, 610.

275) *Habersack*, ZGR 2000, 384, 401; *Martinek/Omlor*, WM 2008, 665, 667.

276) BGH, Urt. v. 5.3.2015 – IX ZR 133/14, Rz. 15, ZIP 2015, 638.

277) Uhlenbruck-*Mock*, InsO, § 19 Rz. 160, 209.

278) Hierzu und zum Folgenden: K. Schmidt-*K. Schmidt*, InsO, § 19 Rz. 46; ebenso *Bitter/Kresser*, ZIP 2012, 1733 ff.; Uhlenbruck-*Mock*, InsO, § 19 Rz. 217.

279) Der Fortführungswille des Schuldners ist regelmäßig zu vermuten, *Goette*, DStR 2016, 1684, 1689; *Schröder* in: HambKomm-InsO, § 19 Rz. 36.

nehmens ausreicht.[280] Ganz ähnlich heißt es in der obergerichtlichen Rechtsprechung, eine positive Fortführungsprognose setze neben dem subjektiven Fortführungswillen des Unternehmens bzw. seiner Organe in objektiver Hinsicht voraus, dass eine dokumentierte Ertrags- und Finanzplanung vorliege und die überwiegende Wahrscheinlichkeit bestehe, dass das Unternehmen mittelfristig Einnahmeüberschüsse erzielen werde, aus denen die gegenwärtigen und künftigen Verbindlichkeiten gedeckt werden können.[281]

120 Der Begriff der insolvenzrechtlichen Fortführungsprognose ist trotz gewisser Parallelen nicht deckungsgleich mit dem bilanzrechtlichen Begriff der Fortführungsprognose gemäß § 252 Abs. 1 Nr. 2 HGB (Going-Concern-Prämisse bei der Vermögensbewertung im Jahresabschluss).[282] Dennoch gilt aus Gläubigerschutzgesichtspunkten bei der Bewertung das Vorsichtsprinzip.[283]

121 **Überwiegend wahrscheinlich** ist die Fortsetzung, wenn die zukünftige Zahlungsfähigkeit zu mehr als 50 % gesichert ist.[284] Allerdings darf diese Aussage nicht dahingehend missverstanden werden, dass die Gesellschafter auf Kosten der Gläubiger spekulieren dürfen, soweit nur die Wahrscheinlichkeit des Erfolgs geringfügig größer ist als jene des Misserfolgs.[285] Spekulationen auf Kosten der Gläubiger durch Unternehmungen mit deutlich erhöhter Insolvenzwahrscheinlichkeit sind verboten. Die „überwiegende" Wahrscheinlichkeit muss richtigerweise in dem Sinne verstanden werden, dass nach vernünftigem Ermessen die Zahlungsfähigkeit der Gesellschaft im Prognosezeitraum gesichert ist. Es kann jedenfalls nicht hingenommen werden, dass die für das Unternehmen Verantwortlichen auf Kosten der Gläubiger Hazard spielen, sich von Wunschvorstellungen oder ihrem „Bauchgefühl" leiten lassen; Grundvoraussetzung einer jeden positiven Fortführungsprognose ist, dass diese auf einer sorgfältig erstellten, seriösen Analyse und auf Plänen beruht, die von realistischen Annahmen ausgehen und einer objektiven Kontrolle standhalten.[286]

122 Maßstab der Überlebensfähigkeit ist letztlich die Zahlungsunfähigkeit des Unternehmens.[287] Bei der insolvenzrechtlichen Fortführungsprognose handelt es sich im Kern um eine **Zahlungsfähigkeitsprognose**, die neben dem Fortführungswillen des Schuldners eine nachvollziehbare Vermögens-, Ertrags- und Finanzplanung bedarf.[288] Ob neben der Zahlungsfähigkeitsprognose zusätzlich eine positive Ertragsfähigkeitsprognose erforderlich ist, ob

280) BGH, Urt. v. 18.10.2010 – II ZR 151/09 (Fleischgroßhandel), Rz. 13, ZIP 2010, 2400 = ZInsO 2010, 2396, dazu EWiR 2011, 353 *(Freitag)*; BGH, Urt. v. 23.1.2018 – II ZR 246/15, Rz. 23, NZI 2018, 407.

281) KG Berlin, Urt. v. 1.11.2005 – 7 U 49/05, ZInsO 2006, 437, 438; OLG Schleswig, Urt. v. 11.2.2010 – 5 U 60/09, NZI 2010, 492, 493 = ZIP 2010, 516, dazu EWiR 2010, 567 *(Schodder)*; OLG Naumburg, Urt. v. 20.8.2003 – 5 U 67/03, ZInsO 2004, 512, 513.

282) K. Schmidt-*K. Schmidt*, InsO § 19 Rz. 48; *Schröder* in: HambKomm-InsO, § 19 Rz. 19.

283) Uhlenbruck-*Mock*, InsO, § 19 Rz. 62.

284) *Fischer*, NZI 2016, 665, 666; Uhlenbruck-*Mock*, InsO, § 19 Rz. 228; K. Schmidt-*K. Schmidt*, InsO, § 19 Rz. 48; *Schröder* in: HambKomm-InsO, § 19 Rz. 23.

285) *Fischer*, NZI 2016, 665, 667.

286) BGH, Urt. v. 19.9.2013 – IX ZR 232/12, Rz. 11, WM 2013, 1995; BGH, Urt. v. 8.12.2011 – IX ZR 156/09, Rz. 11, ZVI 2012, 110 = NZI 2012, 142; *Goette*, DStR 2016, 1684, 1688 u. 1691; *Goette*, DStR 2016, 1752.

287) K. Schmidt-*K. Schmidt*, InsO, § 19 Rz. 48.

288) BGH, Urt. v. 23.1.2018 – II ZR 246/15, Rz. 23, NZI 2018, 407; BGH, Urt. v. 18.10.2010 – II ZR 151/09 (Fleischgroßhandel), Rz. 13, ZIP 2010, 2400 = ZInsO 2010, 2396; BGH, Beschl. v. 9.10.2006 – II ZR 303/05, Rz. 3, ZInsO 2007, 36; OLG Hamburg, Urt. v. 8.11.2013 – 11 U 192/11, ZInsO 2013, 2447, 2449; *Bitter/Kessler*, ZIP 2012, 1733, 1736 f.; *Bork*, ZIP 2000, 1709; *Fischer*, NZI 2016, 665, 665 f.; *Goette*, DStR 2016, 1684, 1690; *K. Schmidt*, ZIP 2013, 485, 491.

sich also die Zahlungsfähigkeit aus den von dem Unternehmen erwirtschafteten Einnahmen ergeben muss, wird unterschiedlich beurteilt.[289)]

Die Fortführungsprognose soll Auskunft darüber geben, ob der wirtschaftliche Geschäftsbetrieb nicht nur vorübergehend, sondern **dauerhaft** aufrechterhalten werden kann.[290)] Der **Prognosezeitraum** ist durch § 19 Abs. 2 Satz 1 InsO auf die Dauer von zwölf – im Zeitraum vom 9.11.2022 bis einschließlich 31.12.2023 von vier – Monaten festgelegt.[291)] Es handelt sich bei dieser Frist um eine „starre Grenze".[292)] Bis zur gesetzlichen Regelung war für Insolvenzverfahren, die bis zum 31.12.2021 beantragt wurden, durch Rechtsprechung und Literatur ein mittelfristiger Zeitraum[293)] von mindestens zwölf und höchstens 24 Monaten[294)] angenommen worden, der abgesehen von branchen- und unternehmensspezifischen Besonderheiten in aller Regel zumindest das laufende und das folgende Geschäftsjahr umfassen sollte.[295)] 123

Der **Stichtag für die Überschuldungsprüfung** ist der Zeitpunkt der Verfahrenseröffnung. Insoweit ergeben sich gegenüber den sonstigen Eröffnungsgründen keine Unterschiede (siehe oben Rz. 89). 124

d) Verhältnis der Eröffnungsgründe zueinander

Die Eröffnungsgründe des **§ 17 und § 18 InsO** stehen in einem Stufenverhältnis zueinander: Die drohende Zahlungsunfähigkeit setzt begrifflich voraus, dass die Zahlungsunfähigkeit noch nicht eingetreten ist. Dementsprechend schließen sich § 17 und § 18 InsO wechselseitig aus und können nicht gleichzeitig vorliegen. 125

Aufgrund der gleichermaßen durchzuführenden Fortführungsprognose ergeben sich hingegen deutliche Überschneidungsbereiche bei den Insolvenztatbeständen der drohenden Zahlungsunfähigkeit (**§ 18 InsO) und** der Überschuldung (**§ 19 InsO**). Fällt die Fortführungsprognose innerhalb der ersten zwölf bzw. im Zeitraum vom 9.11.2022 bis einschließlich 31.12.2023 innerhalb der ersten vier Monate des Betrachtungszeitraums[296)] negativ aus, dürften in der Regel beide Tatbestände verwirklicht sein.[297)] 126

---

289) Bejahend: OLG Schleswig, Urt. v. 11.2.2010 – 5 U 60/09, NZI 2010, 492, 493 = ZIP 2010, 516; AG Hamburg, Beschl. v. 2.12.2011 – 67c IN 421/11, NZI 2012, 85, 86 f. = ZIP 2012, 1776; *Wolf*, DStR 2009, 2682, 2683 ff.; vermittelnd: *Schröder* in: HambKomm-InsO, § 19 Rz. 22: keine Erhöhung der rechnerischen Überschuldung; noch weitergehend: OLG Schleswig, Urt. v. 19.10.2000 – 5 U 138/99, NZG 2001, 273, 274: Wiederherstellung der Rentabilität und dadurch Beseitigung der Überschuldung im Prognosezeitraum; verneinend hingegen: OLG Köln, Urt. v. 5.2.2009 – 18 U 171/07, ZIP 2009, 808, 809 f.; *Bitter/Kessler*, ZIP 2012, 1733 ff.; *Fischer*, NZI 2016, 665; *Goette*, DStR 2016, 1684, 1690; *Hirte/Knof/Mock*, ZInsO 2008, 1217, 1222; *Hölzle*, ZIP 2008, 2003, 2005; Uhlenbruck-*Mock*, InsO, § 19 Rz. 220; K. Schmidt-*K. Schmidt*, InsO, § 19 Rz. 52.

290) Hierzu und zum Folgenden: Uhlenbruck-*Mock*, InsO, § 19 Rz. 224 f.

291) Eingeführt durch SanInsFoG, v. 22.12.2020, BGBl. I 2020, 3256, m. W. v. 1.1.2021; vgl. Art. 103m EGInsO.

292) *Bitter*, ZIP 2021, 321, 324.

293) In BGH, Urt. v. 13.7.1992 – II ZR 269/91 (Dornier), BGHZ 119, 201 = NJW 1992, 2891, 2894, ist von einer „mittelfristigen Prognose" die Rede.

294) *Bork*, ZIP 2000, 1709, 1710; *Fischer*, NZI 2016, 665, 666 Fn. 8; *Harz/Baumgartner/Conrad*, ZInsO 2005, 1304, 1309; Uhlenbruck-*Mock*, InsO, § 19 Rz. 225.

295) OLG Hamburg, Urt. v. 8.11.2013 – 11 U 192/11, ZInsO 2013, 2447, 2449; OLG Köln, Urt. v. 5.2.2009 – 18 U 171/07, ZIP 2009, 808, 809 f.; *Bork*, ZIP 2000, 1709, 1710; *Hirte/Knof/Mock*, ZInsO 2008, 1217, 1223; *Schröder* in: HambKomm-InsO, § 19 Rz. 33 ff.

296) Die Prognosezeiträume bei §§ 18 und 19 InsO sind nicht (mehr) deckungsgleich. Bei der drohenden Zahlungsunfähigkeit beträgt der Prognosezeitraum in der Regel 24 Monate (§ 18 Abs. 2 Satz 2 InsO), bei der Überschuldung stets zwölf Monate (§ 19 Abs. 2 Satz 1 InsO).

297) In der Praxis werden in derartigen Situation Eigenanträge in aller Regel nur mit der drohenden Zahlungsunfähigkeit begründet, da diese – anders als die Überschuldung – nicht zur Antragstellung verpflichtet.

127 Zahlungsunfähigkeit (§ 17 InsO) und Überschuldung (§ 19 InsO) können ebenfalls nebeneinander vorliegen, müssen dies aber nicht.[298] Ein Schuldner kann trotz fehlender Überschuldung zahlungsunfähig sein (z. B. bei langfristig gebundenen, werthaltigen Aktiva und geringen, kurzfristig verfügbaren liquiden Mittel) oder trotz Zahlungsfähigkeit überschuldet sein (z. B. eine überschuldete Gesellschaft, die noch Kredit bekommt).

> **Praxishinweis**
> Als Faustregel lässt sich festhalten, dass die Überschuldung regelmäßig früher eintritt als die Zahlungsunfähigkeit, letzterer aber wegen ihrer leichteren Erkennbarkeit insbesondere für die Gläubiger eine deutlich höhere praktische Bedeutung zukommt.

3. Verfahrenskostendeckende Masse (§ 26 InsO)

128 Das Insolvenzgericht weist den Antrag auf Eröffnung des Insolvenzverfahrens – trotz Vorliegens eines Insolvenzgrundes – als unbegründet ab, wenn das Vermögen des Schuldners voraussichtlich nicht ausreichen wird, um die Kosten des Verfahrens zu decken, sofern nicht jemand die Kosten vorschießt oder die Kosten nach § 4a InsO gestundet werden (§ 26 Abs. 1 Satz 1, 2 InsO). Dies macht deutlich, dass der Staat **Insolvenzverfahren nicht im öffentlichen Interesse** und auf Staatskosten betreibt. Das Verfahren dient in erster Linie den Gläubigern, weshalb der Staat das Verfahren und seine Organe nicht unentgeltlich zur Verfügung stellt.[299]

a) Kosten des Insolvenzverfahrens (§ 54 InsO)

129 Zu den **Kosten des Insolvenzverfahrens** zählen gemäß § 54 InsO
- die Gerichtskosten für das Insolvenzverfahren,[300]
- die Vergütungen und die Auslagen des vorläufigen Insolvenzverwalters,[301]

---

298) Zum Folgenden *Bork*, Einführung in das Insolvenzrecht, Rz. 112.

299) *Bork*, Einführung in das Insolvenzrecht, Rz. 117.

300) Hierunter sind alle Gerichtsgebühren und Auslagen des Insolvenzverfahrens zu verstehen, die gemäß §§ 35–38, 11 GKG und dem Kostenverzeichnis (KV) zum GKG (Nr. 2310 ff.) vom Schuldner in seiner Eigenschaft als Träger der Insolvenzmasse zu tragen sind, vgl. Uhlenbruck-*Sinz*, InsO, § 54 Rz. 2. Für den Antrag auf Eröffnung des Verfahrens wird eine 0,5-fache Gebühr, mindestens aber ein Betrag von 150 € erhoben, gleich ob der Antrag durch den Schuldner (Nr. 2310 KV GKG) oder einen Gläubiger (Nr. 231 KV GKG) gestellt wurde. Für die Durchführung des Insolvenzverfahrens auf Antrag eines Gläubigers wird eine 3,0-fache Gebühr erhoben, wobei die 0,5-fache Gebühr für den Insolvenzantrag nicht angerechnet wird. Für die Durchführung des Insolvenzverfahrens auf Antrag des Schuldners wird hingegen nur eine 2,5-fache Gebühr erhoben, auch wenn das Verfahren gleichzeitig mit einem Antrag eines Gläubigers eröffnet wird (Nr. 2320 KV GKG). Die Verfahrensgebühr deckt die gesamte Tätigkeit des Gerichts bis zur Beendigung des Verfahrens ab und wird mit Eröffnung des Verfahrens fällig (§ 6 Abs. 1 Nr. 2 GKG). Die Gebühren für den Eröffnungsantrag des Schuldners und die Durchführung des Insolvenzverfahrens werden gemäß § 58 Abs. 1 GKG nach dem Wert der Insolvenzmasse zur Zeit der Verfahrensbeendigung (sog. Teilungsmasse) berechnet, wobei Gegenstände, auf denen Absonderungsrechte lasten, nur insoweit berücksichtigt werden, als ein Erlös für die Insolvenzmasse verbleibt (Uhlenbruck-*Sinz*, InsO, § 54 Rz. 4). Die Gebühr für den Eröffnungsantrag eines Gläubigers richtet sich nach dem Nennbetrag seiner Forderung, sofern der Wert der Insolvenzmasse nicht geringer ist (§ 58 Abs. 2 GKG). Zu den weiteren Einzelheiten der Gerichtskosten für das Insolvenzverfahren s. Uhlenbruck-*Sinz*, InsO, § 54 Rz. 2 bis 19.

301) Der vorläufige Insolvenzverwalter hat Anspruch auf Vergütung und Erstattung von Auslagen (vgl. § 21 Abs. 2 Nr. 1 InsO). Ist der vorläufige Insolvenzverwalter zugleich als Sachverständiger beauftragt (vgl. § 22 Abs. 1 Nr. 3 InsO), ist das Insolvenzgericht bzw. dessen Träger Kostenschuldner der Gutachtervergütung (vgl. § 2 Abs. 1 JVEG), so dass die Vergütung als Auslagen des Gerichts unter § 54 Nr. 1 InsO fällt; vgl. Uhlenbruck-*Sinz*, InsO, § 54 Rz. 24. Zur Mindestvergütung nach § 11 InsVV s. BGH, Beschl. v. 4.2.2010 – IX ZB 129/08, ZVI 2010, 357 = ZIP 2010, 486, dazu EWiR 2010, 399 *(Blersch)*.

– die Vergütungen und die Auslagen des Insolvenzverwalters[302] und
– die Vergütung und die Auslagen der Mitglieder des Gläubigerausschusses.[303]

Diese Kosten sind als **Massekosten** (vgl. § 53 InsO) vor allen anderen Verbindlichkeiten (vgl. § 209 Abs. 1 Nr. 1 InsO) aus der Insolvenzmasse zu begleichen.[304] Bei der Berechnung der voraussichtlichen Verfahrenskosten ist gemäß § 58 Abs. 1 Satz 1 GKG, § 1 Abs. 1 Satz 1 InsVV auf den voraussichtlichen Wert der Insolvenzmasse bei Beendigung des Verfahrens abzustellen.[305] Dementsprechend bedarf es einer Verfahrenskostenprognose.[306] 130

b) Feststellung der Masselosigkeit

Ein Abweisungsbeschluss ergeht nach § 26 Abs. 1 Satz 1 InsO bereits dann, wenn das Vermögen des Schuldners **„voraussichtlich"** nicht ausreichen wird, um die Kosten des Verfahrens zu decken. Die erforderliche Verfahrenskostendeckung bestimmt sich durch einen Vergleich zwischen dem verwertbaren,[307] d. h. dem in angemessener Zeit[308] in Geld umwandelbaren Vermögen des Schuldners und den voraussichtlichen Kosten für das gesamte Insolvenzverfahren.[309] Sie ist immer dann zu bejahen, wenn sie überwiegend wahrscheinlich ist.[310] Abzustellen ist dabei auf den voraussichtlichen Wert der Insolvenzmasse bei Beendigung des Verfahrens.[311] Eine exakte rechnerische Ermittlung ist im Hinblick auf den frühen Zeitpunkt der Entscheidung des Gerichts weder erforderlich noch möglich; es genügt eine Beurteilung im Wege der Schätzung.[312] Dabei ist eine dreifache Prognose er- 131

302) Die Vergütung des Insolvenzverwalters und die diesem zu erstattenden Auslagen sind in § 63 InsO geregelt. Sie werden gemäß § 64 Abs. 1 InsO durch das Insolvenzgericht nach Maßgabe der InsVV durch Beschluss festgesetzt. Ebenfalls unter § 54 Nr. 2 InsO fallen die Vergütung und Auslagen des Sonderinsolvenzverwalters (BGH, Beschl. v. 29.5.2008 – IX ZB 303/05, Rz. 26, NZI 2008, 485, 486 = ZIP 2008, 1294) und des Sachwalters bei Eigenverwaltung (vgl. § 274 Abs. 1 InsO). Vom Verwalter getätigte Ausgaben im Zusammenhang mit einer kalten Zwangsverwaltung sind hingegen nicht erfasst, vgl. BGH, Beschl. v. 19.11.2009 – IX ZB 261/08, Rz. 26, NZI 2010, 188, 190 = ZVI 2010, 36, dazu EWiR 2010, 127 *(Weitzmann)*.

303) Die Mitglieder des Gläubigerausschusses haben nach § 73 Abs. 1 Satz 1 InsO ebenfalls Anspruch auf Vergütung für ihre Tätigkeit und auf Erstattung angemessener Auslagen. Die Vergütung bemisst sich nach dem Zeitaufwand, vgl. § 73 Abs. 1 Satz 2 InsO, § 17 InsVV.

304) Die Berichtigung der Kosten des Insolvenzverfahrens hat auch im Falle eingetretener Masseunzulänglichkeit absoluten Vorrang, vgl. BGH, Beschl. v. 19.11.2009 – IX ZB 261/08, Rz. 18, NZI 2010, 188, 189 = ZVI 2010, 36; BGH, Beschl. v. 26.4.2007 – IX ZB 221/04, Rz. 5, ZVI 2007, 317 = ZIP 2007, 1134; BGH, Urt. v. 13.4.2006 – IX ZR 22/05, Rz. 22 ff., BGHZ 167, 178, 184 ff. = NZI 2004, 30, 31 = ZVI 2006, 303.

305) BGH, Beschl. v. 17.6.2003 – IX ZB 476/02, NZI 2004, 30, 31 = ZVI 2004, 28.

306) Ein Muster zur Verfahrenskostenprognose gemäß §§ 26, 54 InsO für das Regelinsolvenzverfahren findet sich bei *Denkhaus* in: HambKomm-InsO, § 26 Rz. 22.

307) Uhlenbruck-*Vallender*, InsO, § 26 Rz. 13.

308) Das zur Verfahrenskostendeckung erforderliche Vermögen des Schuldners muss nicht schon am Anfang des Verfahrens, sondern erst in angemessener Zeit nach Verfahrenseröffnung liquide vorhanden sein, *Denkhaus* in: HambKomm-InsO, § 26 Rz. 29. Nach BGH, Beschl. v. 17.6.2003 – IX ZB 476/02, NZI 2004, 30, 31 = ZVI 2004, 28, ist ein Zeitraum von einem Jahr nach Verfahrenseröffnung unbedenklich. Das AG Hamburg, Beschl. v. 2.2.2000 – 67c IN 157/99, NZI 2000, 140, 141, will ein Insolvenzverfahren sogar auch dann eröffnen, wenn die gerichtliche Prognose im Eröffnungszeitpunkt ergibt, dass eine mehr als verfahrenskostendeckende Masse erstmals in mehr als zwei Jahren ab Verfahrenseröffnung zu realisieren ist. Zu beachten ist jedoch, dass dem Verwalter dies im jeweiligen Einzelfall auch zumutbar ist (Angemessenheitsprüfung), s. hierzu *Denkhaus* in: HambKomm-InsO, § 26 Rz. 31 f.

309) BGH, Beschl. v. 17.6.2003 – IX ZB 476/02, NZI 2004, 30, 31 = ZVI 2004, 28.

310) BGH, Beschl. v. 13.4.2006 – IX ZB 118/04, Rz. 15, NZI 2006, 405, 406 = ZVI 2006, 237; Empfehlung des *BAKinso*, ZInsO 2009, 22, 28; Uhlenbruck-*Vallender*, InsO, § 26 Rz. 15.

311) BGH, Beschl. v. 17.6.2003 – IX ZB 476/02, NZI 2004, 30, 31 = ZVI 2004, 28; Empfehlung des *BAKinso*, ZInsO 2009, 22, 28; Uhlenbruck-*Vallender*, InsO, § 26 Rz. 7.

312) Uhlenbruck-*Vallender*, InsO, § 26 Rz. 7.

forderlich, die sich auf die voraussichtliche freie Masse, die voraussichtlichen Verfahrenskosten und den voraussichtlichen Zeitpunkt des Vorhandenseins ausreichender liquider Mittel bezieht.[313)]

c) Kostenvorschuss und Verfahrenskostenstundung

132 Im Bereich der Kapitalgesellschaften werden zahlreiche Insolvenzanträge mangels Masse abgewiesen.[314)] Dies ist misslich und entspricht nicht der Intention des Gesetzgebers, Massearmut effektiv zu bekämpfen.[315)] Diesem Zweck dient die Vorschrift des **§ 26 Abs. 1 Satz 2 Alt. 1 InsO**. Danach unterbleibt die Abweisung, wenn ein ausreichender Geldbetrag vorgeschossen wird.

133 Die **Einzahlung des Kostenvorschusses**[316)] kann grundsätzlich[317)] durch jedermann erfolgen, also auch durch am Verfahren unbeteiligte Dritte. § 26 InsO enthält insoweit keine Einschränkung hinsichtlich der Person des Vorschussleistenden. Die Einzahlung hat eigentlich bei der Justizkasse zu erfolgen, obgleich in der Praxis Zahlungen regelmäßig an den vorläufigen Insolvenzverwalter geleistet werden.[318)] In der Regel ist der Vorschuss tatsächlich zu bewirken, eine bloße Zahlungsgarantie oder -zusage kommt nur ausnahmsweise in Betracht.[319)] Die Höhe des Verfahrenskostenvorschusses ist vom Gericht festzusetzen und unter Fristsetzung anzufordern.[320)] Dabei kann und sollte wie bei allen Kostenschätzungen ein gewisser Sicherheitszuschlag eingerechnet werden.[321)]

134 Der Vorschussleistende hat nach § 26 Abs. 3 Satz 1 InsO einen **Erstattungsanspruch**[322)] gegen jede Person, die entgegen den Vorschriften des Insolvenz- und Gesellschaftsrechts den Eröffnungsantrag pflichtwidrig und schuldhaft nicht gestellt hat (siehe dazu Rz. 37).[323)] Die Beweislast hinsichtlich der (fehlenden) Pflichtwidrigkeit und Schuldhaftigkeit trägt insoweit die antragsverpflichtete Person (§ 26 Abs. 3 Satz 2 InsO).

135 Bei natürlichen Personen, die zugleich einen Antrag auf Restschuldbefreiung (§§ 286 ff. InsO) gestellt haben, kann das Insolvenzverfahren auf entsprechenden Antrag auch eröffnet werden, wenn die **Verfahrenskosten** nach Maßgabe der §§ 4a ff. InsO **gestundet** wer-

313) *Denkhaus* in: HambKomm-InsO, § 26 Rz. 7.

314) *Denkhaus* in: HambKomm-InsO, § 26 Rz. 1: 30–40 %.

315) Hierzu *Bork*, Einführung in das Insolvenzrecht, Rz. 12.

316) Wegen der Möglichkeit der Verfahrenskostenstundung nach § 4a InsO hat die Vorschussanforderung bei natürlichen Personen kaum praktische Bedeutung, *Denkhaus* in: HambKomm-InsO, § 26 Rz. 37.

317) Eine Vorschussleistung durch den in Aussicht genommenen Insolvenzverwalter ist (wohl) unzulässig, Uhlenbruck-*Vallender*, InsO, § 26 Rz. 25; a. A. *Denkhaus* in: HambKomm-InsO, § 26 Rz. 38, der jedoch zutreffend darauf hinweist, dass dieser dann mangels Unabhängigkeit gemäß § 56 InsO nicht mehr zum Verwalter bestellt werden darf. Ein Vorschuss durch den Schuldner kommt nur in Betracht, wenn die vorgeschossenen Beträge aus massefremden Mitteln stammen, Uhlenbruck-*Hirte*, InsO, § 26 Rz. 62.

318) *Denkhaus* in: HambKomm-InsO, § 26 Rz. 33.

319) BGH, Beschl. v. 5.8.2002 – IX ZB 51/02, ZInsO 2002, 818 = ZIP 2002, 1695.

320) LG Göttingen, Beschl. v. 4.12.2007 – 10 T 146/07, ZInsO 2007, 1358, 1359 = ZVI 2008, 58.

321) LG Berlin, ZInsO 2001, 718; *Denkhaus* in: HambKomm-InsO, § 26 Rz. 37.

322) Dieser Anspruch ist seiner Rechtsnatur nach ein deliktischer Anspruch (Uhlenbruck-*Hirte*, InsO, § 26 Rz. 59).

323) Diese subsidiäre Verfahrenskostenhaftung stellt nicht nur einen Beitrag zur Bekämpfung von Massearmut dar, sondern hält die antragspflichtigen Organe auch zur rechtzeitige Antragstellung an; vgl. *Bork*, Einführung in das Insolvenzrecht, Rz. 13; Uhlenbruck-*Hirte*, InsO, § 26 Rz. 58.

den (§ 26 Abs. 1 Satz 2 Alt. 2 InsO).[324] Dabei ist umstritten, ob mit Blick auf § 4a Abs. 3 Satz 3 InsO bereits ein wirksam gestellter Stundungsantrag eine Verfahrenseröffnung ermöglicht,[325] oder ob das Gericht zuvor abschließend über den Stundungsantrag entscheiden muss.[326]

d) Der Abweisungsbeschluss

Reicht das Vermögen des Schuldners nicht aus, um die Kosten des Verfahrens zu decken, und liegt auch weder ein Kostenvorschuss noch eine Verfahrenskostenstundung vor, so weist das Insolvenzgericht den zulässigen Antrag auf Eröffnung des Insolvenzverfahrens trotz Vorliegens eines Eröffnungsgrundes gemäß § 26 Abs. 1 Satz 1 InsO durch Beschluss ab.[327] Dieser Beschluss ist dem Antragsteller und bei Gläubigeranträgen auch dem Schuldner **zuzustellen,**[328] da er von diesen Beteiligten mit der sofortigen Beschwerde gemäß § 34 Abs. 1 InsO angefochten werden kann (vgl. § 4 Satz 1 InsO i. V. mit § 329 Abs. 3 ZPO). Darüber hinaus ist der Beschluss gemäß § 26 Abs. 1 Satz 3 i. V. mit § 9 InsO unverzüglich **öffentlich bekannt zu machen.**[329] Ein rechtskräftiger Abweisungsbeschluss hindert einen neuen Eröffnungsantrag nicht, wenn glaubhaft gemacht wird, dass inzwischen die Verfahrenskosten deckende Vermögenswerte vorhanden sind.[330] 136

Bei Kapitalgesellschaften und Personengesellschaften, bei denen kein persönlich haftender Gesellschafter eine natürliche Person ist (z. B. GmbH & Co. KG), sowie bei Genossenschaften und Vereinen hat die rechtskräftige Abweisung des Insolvenzantrags mangels Masse die **gesellschaftsrechtliche Auflösung** zur Folge.[331] Damit der Rechtsverkehr vor derartigen zwar aufgelösten, aber (noch) nicht liquidierten Schuldnern geschützt wird,[332] hat das Gericht die Schuldner, bei denen der Eröffnungsantrag mangels Masse rechtskräftig abgewiesen worden ist, gemäß § 26 Abs. 2 Satz 1 InsO in ein **Schuldnerverzeichnis** nach § 882b ZPO („schwarze Liste")[333] einzutragen.[334] Wenn die aufgelöste Gesellschaft ver- 137

324) In der Praxis der Privatinsolvenzverfahren ist die Verfahrenskostenstundung der Regelfall. Da Verfahren mit „Null-Masse" bei der Eröffnung in der Regel auch nach der Eröffnung und in der Wohlverhaltensperiode ohne Masse bleiben, findet faktisch eine Massenentschuldung auf Staatskosten und mit erheblicher Belastung der Justiz statt.

325) AG Hamburg, Beschl. v. 4.12.2001 – 68g IK 78/01, ZVI 2002, 26 = ZInsO 2002, 594.

326) AG Göttingen, Beschl. v. 20.2.2002 – 74 IK 14/02, ZVI 2002, 69 = NZI 2002, 567.

327) Der Abweisungsbeschluss darf – wegen seiner weitreichenden Folgen für den Schuldner – nur ergehen, wenn der Antrag zulässig ist und ein Eröffnungsgrund vorliegt, *Denkhaus* in: HambKomm-InsO, § 26 Rz. 64.

328) Die Zustellung erfolgt gemäß § 8 InsO, *Denkhaus* in: HammKomm-InsO, § 26 Rz. 69.

329) Dies dient dem Informationsinteresse des Rechts- und Wirtschaftsverkehrs und löst zugleich die Zustellungsfiktion des § 9 Abs. 3 InsO aus, *Denkhaus* in: HammKomm-InsO, § 26 Rz. 70.

330) BGH, Beschl. v. 5.8.2002 – IX ZB 51/02, ZInsO 2002, 818 = ZIP 2002, 1695.

331) Vgl. § 42 Abs. 1 Satz 1 BGB, §§ 131 Abs. 2 Nr. 1, 161 Abs. 2 HGB, §§ 262 Abs. 1 Nr. 4, 278 Abs. 3 AktG, § 60 Abs. 1 Nr. 5 GmbHG, § 81a Abs. 1 Satz 1 GenG. Zu den Besonderheiten bei Genossenschaften s. Uhlenbruck-*Hirte*, InsO, § 26 Rz. 56. Gesellschaften, für die die Auflösung bei Abweisung des Insolvenzantrags mangels Masse im Gesetz nicht geregelt ist (z. B. GbR), bleiben hingegen bestehen, *Denkhaus* in: HambKomm-InsO, § 26 Rz. 73.

332) *Denkhaus* in: HambKomm-InsO, § 26 Rz. 44; vgl. auch Begr. RegE InsO z. § 30, BT-Drucks. 12/2443, S. 118.

333) *Bork*, Einführung in das Insolvenzrecht, Rz. 119, 135.

334) Die reguläre Löschung der Eintragung erfolgt von Amts wegen nach drei Jahren seit dem Ende des Jahres, in dem die Abweisungsentscheidung erfolgte (§ 26 Abs. 2 Satz 2 InsO i. V. mit § 882e Abs. 1 Satz 1 ZPO). Umstritten ist, ob eine vorzeitige Löschung bei Befriedigung aller zum Zeitpunkt der Abweisungsentscheidung bestehenden Forderungen entsprechend § 882e Abs. 2 Nr. 2 ZPO zu erfolgen hat; zum Streitstand s. *Denkhaus* in: HambKomm-InsO, § 26 Rz. 46 m. w. N.

mögenslos ist, wird sie nach Maßgabe des § 394 FamFG gelöscht.[335] Eine Fortsetzung der Gesellschaft scheidet aus.[336]

III. Antragsrücknahme und Erledigung

138 Der Antrag kann zurückgenommen werden, bis das Insolvenzverfahren eröffnet[337] oder der Antrag rechtskräftig abgewiesen[338] ist (**§ 13 Abs. 2 InsO**).[339] Die Rücknahme erfolgt durch einseitige, gegenüber dem Gericht abzugebende Erklärung.[340]

1. Antragsrücknahme durch den Schuldner

139 Bei der Antragsrücknahme durch den Schuldner treten Probleme insbesondere bei **mehrheitlicher Vertretung** auf. Wird der Antrag nicht von allen Mitgliedern des Vorstands, der Geschäftsführung oder von allen Liquidatoren, Erben oder Ehegatten eines gemeinschaftlich verwalteten Gesamtguts gestellt, sind die übrigen Beteiligten durch das Insolvenzgericht zu hören.[341] Die Rücknahmebefugnis steht in derartigen Fällen nicht nur dem Antragsteller oder sämtlichen Vertretungsberechtigten zusammen,[342] sondern jedem zur Vertretung berechtigten Organ zu.[343] Schutzwürdige Interessen desjenigen Mitglieds des Vertretungsorgans, welches den Insolvenzantrag gestellt hat, stehen der Rücknahme nicht entgegen; denn dieses Mitglied ist seiner Antragspflicht nachgekommen und hat die Rücknahmeentscheidung daher auch nicht zu verantworten.[344] Wird der antragstellende organschaftliche Vertreter abberufen oder legt dieser sein Amt nieder, ist nicht mehr er,[345] sondern sein Nachfolger im Amt berechtigt, den Antrag in den zeitlichen Grenzen des § 13 Abs. 2 InsO zurückzunehmen.[346]

140 Nimmt der Schuldner seinen Insolvenzantrag zurück, so muss er die **Kosten** des Verfahrens gemäß § 4 Satz 1 InsO i. V. mit § 269 Abs. 3 Satz 2 ZPO tragen. Es fallen folgende Kosten an:

- **Gerichtsgebühren** gemäß § 23 Abs. 1 Satz 1 GKG i. V. mit Nr. 2310 KV: 0,5-fache Gebühr; sofern der Wert der (potentiellen) Insolvenzmasse (§ 58 Abs. 1 GKG) nicht

335) *Denkhaus* in: HambKomm-InsO, § 26 Rz. 73.

336) BGH, Beschl. v. 25.1.2022 – II ZB 8/21, ZRI 2022, 366 = WM 2022, 719.

337) Maßgebend ist der Zeitpunkt des Wirksamwerdens des Eröffnungsbeschlusses, vgl. Uhlenbruck-*Wegener*, InsO, § 13 Rz. 164 m. w. N.

338) Das gilt auch für die Abweisung mangels Masse gemäß § 26 Abs. 1 InsO, Uhlenbruck-*Wegener*, InsO, § 13 Rz. 167.

339) Zur Rücknahme des Insolvenzantrags s. *Rein*, NJW-Spezial 2016, 213 ff.

340) Uhlenbruck-*Wegener*, InsO, § 13 Rz. 158.

341) Vgl. §§ 15 Abs. 2 Satz 3, 317 Abs. 2 Satz 2, 318 Abs. 2 Satz 2, 333 Abs. 2 Satz 1 Halbs. 2 InsO.

342) So aber LG Hamburg, Beschl. v. 20.6.1996 – 326 T 24/95, n. v.; AG Duisburg, Beschl. v. 10.11.2001 – 62 IN 47/01, NZI 2002, 209; AG Potsdam, Beschl. v. 11.4.2000 – 35 IN 110/00, NZI 2000, 328.

343) *Fenski*, BB 1988, 2265, 2266; *Delhaes*, Der Insolvenzantrag, S. 193 f.; wohl auch BGH, Beschl. v. 10.7.2008 – IX ZB 122/07, Rz. 7, NZI 2008, 550, 551 = ZIP 2008, 1596, dazu EWiR 2008, 753 *(Vosberg)* – entschieden „jedenfalls" für den Fall des Organwechsels; ebenso *Gehrlein*, NZI 2009, 457, 459.

344) BGH, Beschl. v. 10.7.2008 – IX ZB 122/07, Rz. 7, NZI 2008, 550, 551 = ZIP 2008, 1596; *Fenski*, BB 1988, 2265, 2267.

345) BGH, Beschl. v. 10.7.2008 – IX ZB 122/07, Rz. 12, NZI 2008, 550, 551 = ZIP 2008, 1596; BGH, Beschl. v. 20.7.2006 – IX ZB 274/05, Rz. 2, NZI 2006, 700.

346) BGH, Beschl. v. 10.7.2008 – IX ZB 122/07, Rz. 6, NZI 2008, 550, 551 = ZIP 2008, 1596; a. A. unter Hinweis auf die abstrakte Missbrauchsgefahr LG Dortmund, Beschl. v. 23.9.1985 – 9 T 560/85, ZIP 1985, 1341, dazu EWiR 1985, 993 *(Dempewolf)*; AG Magdeburg, Beschl. v. 9.3.1998 – 36 N 1071/97, ZInsO 1998, 43.

bekannt ist, wird in der Praxis regelmäßig ein Gegenstandswert von ca. 2.000 € bis 4.000 € zugrunde gelegt.[347)]

- **Gerichtliche Auslagen** (§ 23 Abs. 1 Satz 2 GKG): Hierunter fallen insbesondere die Kosten eines vom Gericht eingesetzten Sachverständigen. Sie betragen gemäß § 9 Abs. 4 Satz 1 und 2 JVEG 120 €/Stunde; ist der Sachverständige zugleich der vorläufige Insolvenzverwalter oder der vorläufige Sachwalter, so beträgt sein Honorar 95 €/Stunde.
- **„Auslagen"** gemäß § 23 Abs. 1 Satz 2 GKG i. V. mit Nr. 9017 KV: Hierunter fallen etwa Auslagen an die Mitglieder des vorläufigen Gläubigerausschusses.
- **Vergütung und Auslagen des vorläufigen Insolvenzverwalters,** die gemäß § 26a InsO im Falle der Antragsrücknahme durch den Schuldner zu tragen und gegen diesen festzusetzen sind; vgl. § 26a Abs. 2 Satz 1 InsO.

2. Antragsrücknahme und Erledigungserklärung durch einen Gläubiger

Der Gläubiger kann seinen Antrag sowohl zurücknehmen (§ 13 Abs. 2 InsO) als auch für erledigt erklären. Das ist im Gesetz nicht geregelt, aber allgemein anerkannt.[348)] 141

Beispiel 142

Der Schuldner befriedigt den Gläubiger nach Antragstellung vollständig.

Bei einer Rücknahme des Gläubigerantrages trägt regelmäßig der Gläubiger die **Kosten** des Verfahrens (§ 4 Satz 1 InsO i. V. mit § 269 Abs. 2 Satz 2 ZPO). Zu diesen Kosten gehören die Gerichtsgebühren[349)] und die gerichtlichen Auslagen, insbesondere Sachverständigenkosten gemäß § 9 JVEG (siehe dazu Rz. 129). Nach § 26a Abs. 1 2 InsO hat der antragstellende Gläubiger auch die Vergütung und die Auslagen des vorläufigen Insolvenzverwalters zu tragen, sofern der Eröffnungsantrag unzulässig oder unbegründet ist und ihn ein grobes Verschulden trifft. Da der Fall der Antragsrücknahme oder Erledigungserklärung vom eindeutigen Wortlaut jedoch nicht erfasst ist, kommt eine Kostenhaftung in diesen Fällen nicht in Betracht.[350)] 143

C. Beauftragung eines Sachverständigen

Da dem Insolvenzrichter für einige der zu treffenden Feststellungen Tatsachenkenntnisse fehlen, werden regelmäßig **Sachverständige** beauftragt (§ 4 Satz 1 InsO i. V. mit §§ 402 ff. ZPO).[351)] Von besonderer Relevanz ist dabei Vorschrift des **§ 407a Abs. 3 Satz 1 ZPO.** Danach ist der Sachverständige nicht befugt, den Auftrag auf einen anderen zu übertragen. Soweit er sich der Mitarbeit einer anderen Person bedient, hat er diese namhaft zu machen und den Umfang ihrer Tätigkeit anzugeben, falls es sich nicht um Hilfsdienste von untergeordneter Bedeutung handelt (§ 407a Abs. 3 Satz 2 ZPO). Angaben sind des- 144

347) A. A. AG Potsdam, Beschl. v. 3.6.2003 – 5 T 655/01, ZVI 2003, 432 = ZIP 2003, 1512 – Höhe der Verbindlichkeiten des Schuldners maßgebend.

348) BGH, Beschl. v. 25.9.2008 – IX ZB 131/07, Rz. 6, NZI 2008, 736, 737 = ZIP 2008, 2285.

349) 0,5-fache Gebühr gemäß § 23 GKG i. V. mit Nr. 2311 KV, mindestens 150 €; Streitwert: Höhe der Forderung; sofern der Wert der (potentiellen) Insolvenzmasse geringer ist, ist dieser maßgebend, § 58 Abs. 2 GKG.

350) Uhlenbruck-*Vallender*, InsO, § 26a Rz. 8.

351) Anders als im Zivilprozess wird der Sachverständige im Insolvenzeröffnungsverfahren allerdings auch zur Ermittlung unbekannter und nicht in das Verfahren eingeführter Tatsachen eingesetzt.

halb immer erforderlich, wenn insbesondere angestellte Rechtsanwälte des Insolvenzverwalters tätig geworden sind.[352)]

145 Im insolvenzrechtlichen Eröffnungsverfahren wird die Tätigkeit des Sachverständigen überlagert durch die häufig **gleichzeitige Bestellung eines vorläufigen Insolvenzverwalters bzw. Sachwalters** (siehe dazu Rz. 163 ff.).

I. Das Sachverständigengutachten

1. Grundlagen

146 Da das Gericht nicht in der Lage ist, die für die gerichtliche Entscheidung relevanten Tatsachen zu ermitteln, beauftragt es Sachverständige/vorläufige Insolvenzverwalter, die nach Abschluss ihrer Ermittlungen ein Gutachten erstellen. Dieses Gutachten dient dem Gericht zum einen als wichtigste Entscheidungsgrundlage. Es ist zudem eine wesentliche Grundlage für die gerichtliche Beurteilung der Arbeit des Insolvenzverwalters.

147 In erster Linie beauftragt das Gericht den Sachverständigen/vorläufigen Insolvenzverwalter mit der Ermittlung von Tatsachen, die die **Kernbereiche des Gutachtens** betreffen. Diese sind:

- Vorliegen von Insolvenzgründen (siehe oben Rz. 88 ff.);
- Vorhandensein einer die Kosten des Verfahrens deckenden Masse (siehe dazu Rz. 128 ff.).

148 Außerdem wird der Sachverständige/vorläufige Insolvenzverwalter regelmäßig mit der Beantwortung der folgenden **(Rand-)Fragen** beauftragt:

- Prüfung der Fortführungsaussichten;
- Ermittlung von Umständen, die zur Versagung der Restschuldbefreiung führen können;
- Zeitpunkt des Eintritts der materiellen Insolvenz.

149 Nur die Frage nach dem Vorliegen von Insolvenzgründen sowie die nach dem Vorhandensein einer die Kosten des Verfahrens deckenden Masse sind im eigentlichen Sinne **entscheidungserheblich** für die Eröffnungsentscheidung (§ 27 InsO). Um ein Insolvenzverfahren zu eröffnen, muss der Richter mit an Sicherheit grenzender Wahrscheinlichkeit davon überzeugt sein, dass diese Voraussetzungen vorliegen. Der zivilrechtlich geschulte Insolvenzrichter wird auf die Beantwortung dieser Frage sein besonderes, vielleicht sogar sein ausschließliches Augenmerk richten. Deshalb müssen diese Fragen unbedingt zuverlässig und aus sich heraus verständlich beantwortet werden. Entsprechendes gilt für einen Beschluss gemäß § 26 InsO (Abweisung mangels Masse), wenn zwar ein Insolvenzgrund vorliegt, jedoch keine die Kosten des Verfahrens deckende Masse vorhanden ist.

150 Konkret bedeutet dies, dass die **Insolvenzgründe** so dargestellt werden müssen, dass der Richter ohne weiteres von deren Vorliegen überzeugt ist. Maßstab der Darstellung sollte ein zivilprozessualer Schriftsatz sein. Betriebswirtschaftliches Zahlenwerk genügt deshalb den Anforderungen, die an ein Gutachten im Insolvenzverfahren zu stellen sind, regelmäßig nicht. Sofern derartiges Zahlenwerk – als Anlage – zur Verdeutlichung beigefügt wird, muss es so erläutert werden, dass es – orientiert an einem Schriftsatz in einem Zivilprozess – einen zumindest schlüssigen Vortrag enthält.

352) In der Praxis wird hiervon nicht immer strengstens Gebrauch gemacht. Gerade in größeren Verwalterbüros wird dies von den Insolvenzgerichten zu Recht stillschweigend hingenommen, da es auf der Hand liegt, dass der Verwalter nicht sämtliche Gutachten und Berichte komplett selbst verfassen kann. Entscheidend sollte allein sein, dass dieser in der Lage ist, das jeweilige Werk zu verantworten und zu ihm auf Nachfrage Stellung zu nehmen.

Die Darstellung der **Verfahrenskostendeckung** hat ebenfalls präzise zu erfolgen.[353] Es ist zu erwarten, dass die einzelnen Positionen getrennt voneinander dargestellt werden. Dies gilt auch dann, wenn ersichtlich eine die Kosten des Verfahrens deckende Masse vorhanden ist. Untrennbar verbunden hiermit ist die Frage, nach welchem Maßstab einzelne Vermögenspositionen zu bewerten sind. Der allgemeine Hinweis auf das sog. Vorsichtigkeitsprinzip erfüllt die zu stellenden Anforderungen regelmäßig nicht. **151**

Die Beantwortung dieser **Kernfragen** bildet aus Richtersicht regelmäßig den Schwerpunkt des Gutachtens. Selbstverständlich möchte sich der Insolvenzrichter aber auch ein Bild machen können über die Art des Unternehmens (Branche) und die Ursachen der Insolvenz (konjunkturelle Probleme, Insolvenz von Drittschuldnern, Unfähigkeit der Geschäftsführung). Diese (Rand-)Bereiche sollten daher ebenfalls in gebotener Kürze dargestellt werden. Langwierige Ausführungen insbesondere zur Unternehmensgeschichte oder zu Umständen, die sich aus dem Handelsregister ergeben, sind hingegen zu vermeiden. **152**

2. Funktion des Gutachtens

Das Gutachten hat mehrere Funktionen, die sich schlagwortartig festhalten lassen als Verfahrensfunktion, Informationsfunktion und Repräsentationsfunktion. **153**

a) Verfahrensfunktion

Im Rahmen der **Verfahrensfunktion** dient das Gutachten der Vorbereitung der gerichtlichen Eröffnungsentscheidung. Dies ist die Kernfunktion des Gutachtens. Weiterhin bildet das Gutachten eine wichtige Grundlage für die Aufsicht des Gerichts. **154**

Zur **Vorbereitung der gerichtlichen Entscheidung** bedarf es insbesondere gutachterlicher Feststellungen zu **155**

- den Eröffnungsgründen (§§ 16 bis 19 InsO),
- der Verfahrenskostendeckung (§§ 26, 54 InsO),
- den Fortführungsaussichten (§§ 21, 22 Abs. 1 Satz 2 Nr. 3 InsO),[354]
- sonstigen Gutachtenfragen (z. B. Zuständigkeit des Gerichts) und
- der Abgrenzung zwischen der Regelinsolvenzverfahren und der Verbraucherinsolvenz (vgl. § 304 InsO).

Um der Pflicht zur **gerichtlichen Aufsicht** gerecht werden zu können, sind ferner die Maßnahmen des vorläufigen Insolvenzverwalters i. R. des Eröffnungsverfahrens[355] darzulegen, insbesondere im Falle einer Fortführung des schuldnerischen Unternehmens.[356] **156**

b) Informationsfunktion

Im Rahmen der **Informationsfunktion** dient das Gutachten der Selbstinformation des Sachverständigen bzw. vorläufigen Insolvenzverwalters. Gleichzeitig bildet es eine wichtige **157**

353) Je knapper die Deckung der Verfahrenskosten ist, desto präziser muss das Gutachten sein. Ein sog. Negativgutachten mit der Empfehlung, das Verfahren mangels Masse abzuweisen, wird vom Richter intensiver überprüft als ein sog. Positivgutachten, bei dem die Eröffnung empfohlen wird.

354) Zur Darstellung von Betriebsfortführungsaussichten im Gutachten s. *Dobler/Lambert*, ZInsO 2010, 1819 ff.; empfohlen und unter Downloads > Dokumente/Stellungnahmen > Verfahrens-Tipps/Gutachtenerstellung abrufbar unter www.bakinso.de (Abrufdatum: 20.6.2023).

355) Zur Aufsicht des Insolvenzgerichts über den Verwalter im eröffneten Insolvenzverfahren s. *BAKinso*, NZI 2009, 42.

356) Vgl. dazu AG Hamburg, Beschl. v. 16.12.2002 – 67g IN 419/02 (UfA), ZIP 2002, 43, zur gerichtlichen Aufsicht bei der Absicherung von Gläubigern, die bei „schwacher" Insolvenzverwaltung Leistungen an den Schuldner erbringen, die zur Betriebsfortführung benötigt werden.

Informationsgrundlage für alle Verfahrensbeteiligten und auch Dritte (z. B. Staatsanwaltschaft). Deshalb bedarf es einer

- **strukturierten Ermittlung und Darstellung** der maßgeblichen rechtlichen, wirtschaftlichen und – in Privatinsolvenzverfahren – persönlichen Umstände und Hintergründe der Insolvenz, insbesondere einer Darlegung der Insolvenzursachen und der Möglichkeiten der Sanierung und Insolvenzbewältigung,
- Vermögenssicherung durch Vermögenserfassung i. R. der vorläufigen Verwaltung und
- Information des Insolvenzgerichts über die Gläubigerzahl und -struktur sowie die Notwendigkeit zur Einsetzung eines vorläufigen Gläubigerausschusses (§ 67 InsO) oder eines Sonderinsolvenzverwalters.

c) Repräsentationsfunktion

158 Im Rahmen der **Repräsentationsfunktion** dient das Gutachten als Nachweis über die Leistungsfähigkeit und -bereitschaft des Sachverständigen bzw. vorläufigen Insolvenzverwalters und damit der in § 56 InsO geforderten Qualitätssicherung. Auch die Qualität des Gutachtens ist wesentlich für die gerichtliche Auswahlentscheidung in künftigen Verfahren. Deshalb bedarf es einer abschließenden Darstellung mit

- angemessener Schwerpunktbildung (Kernfragen),
- vertiefter Prüfung und Darstellung der Eröffnungsgründe sowie möglicher Anfechtungs- und Haftungsfragen (Insolvenzanfechtung, Kapitalaufbringung und -erhaltung, Geschäftsführerhaftung etc.),
- umfassender Darstellung und Plausibilisierung der Insolvenzursachen und Sanierungsmöglichkeiten, sowie
- Analyse und Darstellungen des Marktumfeldes und bei geplanter übertragender Sanierung) der Investorensuche.

159 In **technischer Hinsicht** kann eine Einbindung von Übersichten (Organigramme, Charts für Beteiligungsverhältnisse, Excel-Charts für Umsatz- und Ergebnisentwicklungen etc.) und Farbdrucken sowie Fotos hilfreich sein.

3. Aufbau des Gutachtens

160 Der Aufbau des Gutachtens sollte sich schon aus Gründen der Vereinheitlichung an den Empfehlungen des BAKinso[357] orientieren. Insoweit erlaubt sich der Verfasser an dieser Stelle einen pauschalen Hinweis auf die Checkliste als „Empfehlung an die Insolvenzgerichte" für eine Gutachtenerstellung im Unternehmensinsolvenzverfahren anlässlich der Herbsttagung vom 20. und 21.11.2008.[358]

II. Haftung des Sachverständigen

161 Nach **§ 839a BGB** ist ein gerichtlicher Sachverständiger zum Schadensersatz verpflichtet, wenn er vorsätzlich oder grob fahrlässig ein unrichtiges Gutachten erstattet und eine darauf beruhende gerichtliche Entscheidung einem der Verfahrensbeteiligten Schaden zufügt.[359] Sie gilt im Insolvenzeröffnungsverfahren zumindest dann uneingeschränkt, wenn ein **(blo-**

---

357) Bundesarbeitskreis Insolvenzgerichte e. V. – Zusammenschluss von Insolvenzrichtern/innen und Insolvenzrechtspflegern/innen, abrufbar unter www.bakinso.de (Abrufdatum: 20.6.2023).

358) Als Download unter Downloads > Dokumente/Stellungnahmen > Verfahrens-Tipps/Gutachtenerstellung abrufbar unter www.bakinso.de (Abrufdatum: 20.6.2023); s. a. *BAKinso*, ZInsO 2009, 22.

359) Diese Schadensersatzpflicht tritt gemäß §§ 839a Abs. 2, 839 Abs. 3 BGB nicht ein, wenn es der Geschädigte schuldhaft unterlassen hat, den Schaden durch Einlegung eines Rechtsmittels abzuwenden.

ßer) **Sachverständiger** eingesetzt wird. Eine Schuldübernahme durch den Staat nach Art. 34 GG scheidet jedoch aus, da der Sachverständige im Insolvenzeröffnungsverfahren trotz seiner Beauftragung durch das Gericht nicht hoheitlich handelt.[360)]

Wird der Sachverständige **zugleich** zum **vorläufigen Insolvenzverwalter** bestellt, handelt es sich um eine verwaltungsspezifische Tätigkeit, die dem Haftungsmaßstab der §§ 60, 61 InsO unterliegt. Der vorläufige Insolvenzverwalter kann sich in diesem Falle nicht auf das Haftungsprivileg des § 839a BGB berufen. Für den „starken" vorläufigen Insolvenzverwalter folgt dies schon aus § 22 Abs. 1 Nr. 3 InsO, wonach die Sachverständigentätigkeit zu seinem Pflichtenprogramm gehört. Für den „schwachen" vorläufigen Insolvenzverwalter dürfte dies daraus folgen, dass das Insolvenzgericht insoweit eine zum Pflichtenprogramm des „starken" vorläufigen Insolvenzverwalters gehörende Aufgabe durch gerichtlichen Beschluss dem Pflichtenprogramm des „schwachen" vorläufigen Insolvenzverwalters zugeordnet hat. Folglich haftet der vorläufige Insolvenzverwalter immer schon dann, wenn er (einfach) fahrlässig i. S. des § 276 BGB handelt. 162

D. Auswahl und Bestellung eines vorläufigen Insolvenzverwalters

Die Auswahl des vorläufigen Insolvenzverwalters,[361)] der regelmäßig zugleich als Sachverständiger eingesetzt wird, ist eine zentrale Frage im Insolvenzeröffnungsverfahren. Sie ist daher ausschließlich dem **Richter** zugewiesen.[362)] Nach § 21 Abs. 2 Satz 1 Nr. 1 i. V. mit § 56 Abs. 1 Satz 1 InsO ist eine für den jeweiligen Einzelfall geeignete, insbesondere geschäftskundige und von den Gläubigern und dem Schuldner unabhängige natürliche Person zu bestellen, die aus dem Kreis aller zur Übernahme von Insolvenzverwaltungen bereiten Personen auszuwählen ist.[363)] Diese Regelung dient der sachgerechten Durchführung des Insolvenzverfahrens und damit der Wahrung der Interessen der Gläubiger sowie auch des Schuldners. Sie ist nicht zu dem Zweck geschaffen, Insolvenzverwaltern die berufliche Betätigung zu ermöglichen und schafft daher keine subjektiven Rechte hinsichtlich der Bestellung zum Insolvenzverwalter.[364)] Deshalb steht dem Richter bei der Auswahl des (vorläufigen) Insolvenzverwalters[365)] aus dem Kreis der geeigneten Bewerber ein **weites Auswahlermessen** zu.[366)] 163

Die Auswahlentscheidung des Richters unterliegt jedoch nach Art. 1 Abs. 3 GG der Bindung an die Grundrechte. Das Verbot einer willkürlichen Ungleichbehandlung (Art. 3 Abs. 1 GG) begründet bei der Einräumung von Ermessen eine Verpflichtung zu dessen sachgerechter Ausübung. Der mit dem konkreten Fall befasste Richter darf seine Entscheidung für einen bestimmten (vorläufigen) Insolvenzverwalter daher nicht nach freiem Belieben treffen. Jeder geeignete Bewerber hat insoweit einen **Anspruch auf pflichtgemäße Ermessenausübung**.[367)] Jeder Bewerber muss eine faire Chance erhalten, seiner, in 164

360) Uhlenbruck-*Vallender*, InsO, § 22 Rz. 319.

361) S. hierzu ausführlich *Bork/Thole*, Die Verwalterauswahl, 2018.

362) Andere Beteiligte (z. B. Rechtspfleger, Mitarbeiter der Geschäftsstelle, Großgläubiger-Vertreter) haben kein Mitsprache-, wohl aber ein Anhörungsrecht.

363) Die Bereitschaft zur Übernahme von Insolvenzverwaltungen kann gemäß § 56 Abs. 1 Satz 2 InsO auf bestimmte Verfahren beschränkt werden.

364) BVerfG, Beschl. v. 23.5.2006 – 1 BvR 2530/04, Rz. 30, NZI 2006, 453, 454 = ZVI 2006, 340.

365) Entsprechendes gilt über § 274 Abs. 1 auch für den (vorläufigen) Sachwalter.

366) BVerfG, Beschl. v. 23.5.2006 – 1 BvR 2530/04, Rz. 30, NZI 2006, 453, 454 = ZVI 2006, 340; BVerfG, Beschl. v. 3.8.2004 – 1 BvR 135/00, 1 BvR 1086/01, NZI 2004, 574, 575 = ZVI 2004, 470; BGH, Beschl. v. 19.12.2007 – IV AR (VZ) 6/07, Rz. 17, NZI 2008, 161, 162 = ZVI 2008, 254, dazu EWiR 2008, 371 *(Hess)*.

367) BVerfG, Beschl. v. 23.5.2006 – 1 BvR 2530/04, Rz. 31, NZI 2006, 453, 454 = ZVI 2006, 340; BVerfG, Beschl. v. 3.8.2009 – 1 BvR 369/08, Rz. 10, NZI 2009, 641 = ZIP 2009, 1722.

§ 56 Abs. 1 InsO näher umschriebenen, Eignung entsprechend, berücksichtigt zu werden.[368)] Deshalb ist der Richter bei seiner Auswahlentscheidung gehalten, alle ihm zur Verfügung stehenden Informationsquellen über die Bewerber zu nutzen. Von besonderer Relevanz sind dabei insbesondere der persönliche Eindruck vom jeweiligen Bewerber, dessen Diskursfähigkeit (insbesondere in Bezug auf insolvenzrechtlichen Fragestellungen), die Qualität seiner Gutachten und Berichte sowie die „mündliche Personalakte".[369)]

165 Die Auswahl des (vorläufigen) Insolvenzverwalters erfolgt nach entsprechenden Vorgaben des BVerfG[370)] in **zwei Stufen**, nämlich durch die Aufnahme in eine Vorauswahlliste[371)] und durch die Bestellung im konkreten Fall.[372)]

I. Vorauswahlliste

166 Die Vorauswahlliste schützt den Richter vor den Versuchen akquirierender Verwalter und Großgläubiger-Vertreter, Einfluss auf die Auswahlentscheidung zu nehmen. Sie ermöglicht zudem, dass durch die langjährige Zusammenarbeit ein Vertrauensverhältnis zwischen Richtern und Verwaltern wächst, welches insbesondere bei der Abwicklung von Großverfahren mit starkem öffentlichem Interesse erforderlich ist. Die Liste hat eine **Garantiefunktion** in zweifacher Hinsicht: Zum einen gewährleistet sie, dass ein Verwalter mit einer regelmäßigen Bestellung rechnen kann; nur so ist es ihm wirtschaftlich zuzumuten, einen entsprechenden Büroapparat vorzuhalten. Aus Sicht des Gerichts gewährleistet die Liste zum anderen, dass genügend Verwalter bereitstehen, um Verfahren jeder Größenordnung abzuwickeln.[373)]

167 Um dem Gericht eine pflichtgemäße Ermessenentscheidung im Einzelfall zu ermöglichen, darf sich das Auswahlverfahren nicht nur auf das Erstellen einer Liste mit Namen und Anschriften interessierter Bewerber beschränken. Es muss vielmehr auch die Erhebung, Verifizierung und Strukturierung der Daten gewährleisten, die nach der Einschätzung des jeweiligen Insolvenzrichters nicht nur für die Feststellung der Eignung eines Bewerbers im konkreten Fall maßgebend sind, sondern vor allem auch eine sachgerechte Ermessenausübung bei der Auswahl des (vorläufigen) Insolvenzverwalters aus dem Kreis der geeigneten Bewerber ermöglichen.[374)] Die konkrete **Ausgestaltung der Auswahlliste** und die Festlegung ihrer Kriterien bleiben indes den Fachgerichten überlassen.[375)] Sie darf sich je-

---

368) BVerfG, Beschl. v. 3.8.2009 – 1 BvR 369/08, Rz. 10, NZI 2009, 641 = ZIP 2009, 1722; BVerfG, Beschl. v. 23.5.2006 – 1 BvR 2530/04, Rz. 31, NZI 2006, 453, 454 = ZVI 2006, 340; BVerfG, Beschl. v. 3.8.2004 – 1 BvR 135/00, 1 BvR 1086/01, NZI 2004, 574, 575 = ZVI 2004, 470; BGH, Beschl. v. 19.12.2007 – IV AR (VZ) 6/07, Rz. 17, NZI 2008, 161, 162 = ZVI 2008, 254.

369) In der mündlichen Personalakte werden die Eindrücke anderer Personen (Richter, Rechtspfleger, Mitarbeiter der Geschäftsstelle) über den jeweiligen Bewerber festgehalten.

370) BVerfG, Beschl. v. 3.8.2004 – 1 BvR 135/00, 1 BvR 1086/01, NZI 2004, 574, 575 = ZVI 2004, 470; BVerfG, Beschl. v. 23.5.2006 – 1 BvR 2530/04, Rz. 44, NZI 2006, 453, 454 = ZVI 2006, 340.

371) Bei der Aufnahme in die Vorauswahlliste handelt es sich um einen Justizverwaltungsakt. Ein abgelehnter Bewerber kann den ablehnenden Bescheid vom OLG gemäß §§ 23 ff. EGGVG überprüfen lassen (BVerfG, Beschl. v. 3.8.2004 – 1 BvR 135/00, 1 BvR 1086/01, NZI 2004, 574, 575 = ZVI 2004, 470; BVerfG, Beschl. v. 23.5.2006 – 1 BvR 2530/04, NZI 2006, 453, 454 = ZVI 2006, 340; BGH, Beschl. v. 19.12.2007 – IV AR (VZ) 6/07, Rz. 10 ff., NZI 2008, 161, 162 = ZVI 2008, 254).

372) BVerfG, Beschl. v. 23.5.2006 – 1 BvR 2530/04, Rz. 44, NZI 2006, 453, 454 = ZVI 2006, 340.

373) Eine Gerechtigkeitsfunktion der Liste gibt es nicht. Einige Verwalter erhalten nahezu ausschließlich „kleine" Verfahren, andere überwiegend „mittlere" und „große".

374) BVerfG, Beschl. v. 3.8.2009 – 1 BvR 369/08, Rz. 13, NZI 2009, 641, 642 = ZIP 2009, 1722; BVerfG, Beschl. v. 23.5.2006 – 1 BvR 2530/04, Rz. 44, NZI 2006, 453, 454 = ZVI 2006, 340.

375) BVerfG, Beschl. v. 23.5.2006 – 1 BvR 2530/04, Rz. 45, NZI 2006, 453, 454 = ZVI 2006, 340; BVerfG, Beschl. v. 3.8.2009 – 1 BvR 369/08, Rz. 12, 14, NZI 2009, 641, 642 = ZIP 2009, 1722; *Wieland*, ZIP 2005, 233, 237.

doch nicht von vornherein auf eine konkrete Bewerberzahl beschränken, so dass neue Bewerber nur im Falle des Ausscheidens vorheriger Bewerber eine Chance auf Bestellung erhalten („geschlossene Liste“).[376] Ebenso wenig ist eine rein turnusmäßige Bestellung nach der Reihenfolge der Anmeldung zur Auswahlliste geeignet, eine sachgerechte Auswahl zu treffen („reine Listenlösung“). Die Liste ist vielmehr so zu führen, dass in sie jeder Bewerber aufgenommen wird, der die grundsätzlich zu stellenden Anforderungen an eine generelle, von der Typizität des einzelnen Insolvenzverfahrens gelöste Eignung für das Amt des Insolvenzverwalters erfüllt.[377] Eine Begrenzung der Vorauswahlliste durch die Insolvenzgerichte wegen eines Überangebots an Bewerbern oder mangelnden Bedarfs an diesen ist nach h. A. nicht zulässig.[378] Der Insolvenzrichter ist aber nicht daran gehindert solche Bewerber unberücksichtigt zu lassen, die nach den Kriterien seiner ständigen Ermessenspraxis – an die er unter Umständen sogar selbst gebunden ist – keinerlei Aussicht auf tatsächliche Berücksichtigung haben.[379]

II. Konkrete Bestellung

Mit der bloßen Aufnahme in die Vorauswahlliste hat der Bewerber indes noch nichts erreicht. **168** Auf eine konkrete Bestellung hat er trotz seiner Platzierung in der Liste keinen Anspruch. Deshalb ist und bleibt die Bestellung des (vorläufigen) Insolvenzverwalters trotz der genannten umfangreichen Vorgaben des BVerfG und der danach erforderlichen Zweistufigkeit der Auswahlentscheidung eine nur sehr eingeschränkt überprüfbare Einzelfallentscheidung des jeweiligen Insolvenzrichters.[380] Zu beachten ist jedoch, dass die Gläubigerschaft via vorläufigem Gläubigerausschuss (siehe dazu nachstehend Rz. 169 ff.) nach Maßgabe des **§ 56a InsO** an der Bestellung des (vorläufigen) Verwalters erheblich beteiligt sein kann.[381]

E. Bestellung eines vorläufigen Gläubigerausschusses (§ 22a InsO)

Der durch das ESUG[382] eingeführte § 22a InsO regelt die Bestellung eines vorläufigen **169** Gläubigerausschusses. Dadurch soll die Gläubigerautonomie gestärkt und die frühzeitige Beteiligung der Gläubiger bereits im Eröffnungsverfahren sichergestellt werden.[383] Vor Inkrafttreten des ESUG wurde ein vorläufiger Gläubigerausschuss mangels rechtlicher Grundlage nur selten eingesetzt.[384] Der Gesetzgeber hat jedoch erkannt, dass in Fällen der Betriebsfortführung ein erhebliches Bedürfnis besteht, den frühzeitigen Einfluss der Gläubiger auf die Auswahl des (vorläufigen) Insolvenzverwalters, auf die Anordnung der

376) BVerfG, Beschl. v. 23.5.2006 – 1 BvR 2530/04, Rz. 45, NZI 2006, 453, 454 = ZVI 2006, 340.

377) BVerfG, Beschl. v. 23.5.2006 – 1 BvR 2530/04, Rz. 45, NZI 2006, 453, 454 = ZVI 2006, 340; BVerfG, Beschl. v. 3.8.2009 – 1 BvR 369/08, Rz. 13, NZI 2009, 641, 642 = ZIP 2009, 1722; BGH, Beschl. v. 19.12.2007 – IV AR (VZ) 6/07, Rz. 19, NZI 2008, 161, 162 = ZVI 2008, 254.

378) *Graeber*, ZInsO 2006, 851, 855; *Preuß*, KTS 2005, 155, 168; *Runkel/Wältermann*, ZIP 2005, 1347, 1356; Uhlenbruck-*Zipperer*, InsO, § 56 Rz. 10; *Wieland*, ZIP 2007, 462, 465; a. A. *Frind* in: HambKomm-InsO, § 56 Rz. 85 m. w. N.; vgl. auch den Beschluss des *BAKinso*, ZInsO 2007, 256, 257.

379) BVerfG, Beschl. v. 3.8.2009 – 1 BvR 369/08, Rz. 11, NZI 2009, 641, 642 = ZIP 2009, 1722.

380) S. hierzu ausführlich *Frind*, ZInsO 2010, 986.

381) Für den Fall des Schutzschirmverfahrens ist auch der Schuldner vorschlagsberechtigt; § 270d Abs. 2 Satz 2 InsO.

382) Gesetz zur weiteren Erleichterung der Sanierung von Unternehmen (ESUG), v. 7.12.2011, BGBl. I 2011, 2582.

383) Zum Zweck s. *Frind*, ZInsO 2012, 2028.

384) Vgl. AG Duisburg, Beschl. v. 20.6.2003 – 62 IN 167/02, ZIP 2003, 1460 = NZI 2003, 502; AG Köln, Beschl. v. 29.6.2000 – 72 IN 178/00, ZIP 2000, 1350 = NZI 2000, 443, dazu EWiR 2000, 1115 *(Undritz)*.

Eigenverwaltung und/oder auf die Bestellung des (vorläufigen) Sachwalters sicherzustellen.[385)]

170 Der vorläufige Gläubigerausschuss nach § 22a InsO ist zu unterscheiden von dem Gläubigerausschuss, den das Gericht nach Verfahrenseröffnung gemäß § 67 Abs. 1 InsO vorläufig einsetzen kann. Insbesondere muss keine personelle Identität bestehen, da die Amtszeit des vorläufigen Gläubigerausschusses nach § 22a InsO mit Verfahrenseröffnung endet.

171 § 22a InsO unterscheidet grundlegend zwei Fälle:

- Unter den Voraussetzungen des Absatzes 1 besteht grundsätzlich eine Pflicht zur Einsetzung (siehe dazu Rz. 173 ff.).
- In den Fällen des Absatzes 2 ist die Einsetzung hingegen in das Ermessen des Gerichts gestellt (siehe dazu Rz. 177 ff.).

172 In beiden Fällen (Abs. 1 und 2) kann die Einsetzung gemäß Absatz 3 ausgeschlossen sein (siehe dazu Rz. 182 ff.). Zusätzlich regelt Absatz 4 die Benennung von Mitgliedern des vorläufigen Gläubigerausschusses (siehe dazu Rz. 188 ff.).

I. Pflichteinsetzung (§ 22a Abs. 1 InsO)

173 Ein vorläufiger Gläubigerausschuss **„ist"** – vorbehaltlich eines Ausschlusses nach § 22a Abs. 3 InsO (siehe dazu Rz. 182 ff.) – einzusetzen, wenn in Bezug auf das vorangegangene Geschäftsjahr zwei der drei in § 22a Abs. 1 Nr. 1–3 InsO genannten Merkmale erfüllt sind. Diese Merkmale nehmen Bezug auf die Definition mittelgroßer Kapitalgesellschaften gemäß § 267 Abs. 2 HGB und sind als Schwellenwerte ausgestaltet. Diese Merkmale sind

- (1) eine Bilanzsumme von mindestens 6.000.000 € nach Abzug eines auf der Aktivseite ausgewiesenen Fehlbetrages (§ 268 Abs. 3 HGB),
- (2) Umsatzerlöse von mindestens 12.000.000 € in den letzten zwölf Monaten vor dem Abschlussstichtag und
- (3) mindestens 50 Arbeitnehmer im Jahresdurchschnitt (§ 267 Abs. 5 HGB).

174 **Bilanzsumme** ist die Summe der Bilanzpositionen einer Bilanzseite. Dies ist auf der Aktivseite die Summe aller Aktivposten gemäß § 266 Abs. 2 HGB abzüglich des durch Eigenkapital nicht gedeckten Fehlbetrags gemäß § 268 Abs. 3 HGB.[386)]

175 Die Höhe der **Umsatzerlöse** (vgl. die Legaldefinition in § 277 Abs. 1 HGB) lässt sich aus der Gewinn- und Verlustrechnung entnehmen (§ 275 Abs. 2 Nr. 1, Abs. 3 Nr. 1 HGB).

176 Die als **Arbeitnehmer** zu berücksichtigen Personen bestimmen sich nach den arbeitsrechtlichen Grundsätzen des Arbeitnehmerbegriffs.[387)] Dies sind auch außerhalb eines Betriebes tätige Arbeitnehmer wie Heimarbeiter, unselbständige Handelsvertreter und im Ausland tätige Arbeitnehmer. Ferner ist zu beachten, dass § 267 HGB, auf den § 22a Abs. 1 InsO ersichtlich Bezug nimmt, der Umsetzung der Art. 11 Abs. 1, 27 Abs. 1 der Richtlinie 78/660/EWG[388)] dient, die insofern von „Beschäftigten" spricht. Im Rahmen einer richtlinienkonformen Auslegung des § 22a Abs. 1 InsO ist es somit geboten, von einem uni-

385) Begr. RegE ESUG, BT-Drucks. 17/5712, S. 17 f., 24 f.

386) Uhlenbruck-*Vallender*, InsO, § 22a Rz. 14.

387) Uhlenbruck-*Vallender*, InsO, § 22a Rz. 19.

388) Vierte Richtlinie 78/660/EWG des Rates v. 25.7.1978 aufgrund von Artikel 54 Absatz 3 Buchstabe g) des Vertrages über den Jahresabschluß von Gesellschaften bestimmter Rechtsformen, ABl. (EG) L 222/11 v. 14.8.1978.

onsrechtlichen Arbeitnehmerbegriff auszugehen,[389] der weiter gefasst ist als der deutsche Arbeitnehmerbegriff und bspw. auch Beamte umfasst.[390]

II. Ermessenseinsetzung (§ 22a Abs. 2 InsO)

Nach § 22a Abs. 2 InsO **„soll"** das Gericht auf Antrag des Schuldners, des vorläufigen In- 177
solvenzverwalters oder eines Gläubigers einen vorläufigen Gläubigerausschuss einsetzen, wenn Personen benannt werden, die als Mitglieder des vorläufigen Gläubigerausschusses in Betracht kommen und dem Antrag Einverständniserklärungen der benannten Personen beigefügt werden. Erfasst sind Fälle, in denen nicht schon eine Pflicht zur Bestellung eines vorläufigen Gläubigerausschusses nach Absatz 1 besteht. Die Einsetzung auf Antrag betrifft also Fälle, in denen zwar die Schwellenwerte des § 22a Abs. 1 InsO nicht erreicht werden, dennoch aber ein entsprechendes Interesse der antragsbefugten Parteien besteht.

Der **Antrag**[391] kann neben dem Schuldner und vorläufigen Insolvenzverwalter nach dem 178
Gesetzeswortlaut auch durch jeden Gläubiger gestellt werden. Es ist aber nicht ersichtlich, warum der Kreis antragsberechtigter Gläubiger größer sein sollte als i. R. des § 13 InsO. Deshalb gilt die zu § 13 InsO dargelegte Beschränkung auf den Kreis der wirtschaftlich Betroffenen (siehe dazu Rz. 23 f.) entsprechend.[392] Absonderungs- und Aussonderungsberechtigte sind schon deshalb als antragsberechtigt anzusehen, weil gerade sie im Eröffnungsverfahren einen Ausschuss als Kontrollorgan erhalten können sollen.[393] Der antragstellende Gläubiger kann den Antrag nach § 22a Abs. 2 InsO schon mit dem Antrag auf Eröffnung des Insolvenzverfahrens verbinden, um so eine Verzögerung des Verfahrens zu vermeiden.[394]

Es müssen **mindestens vier Personen** benannt werden, die jeweils einen der in § 67 Abs. 2 179
InsO aufgeführten Gläubiger (absonderungsberechtigte Gläubiger, Insolvenzgläubiger mit den höchsten Forderungen, Kleingläubiger und Vertreter der Arbeitnehmer) vertreten.[395]

Dem Antrag sind **Einverständniserklärungen** der benannten Personen beizufügen. Das Ein- 180
verständnis muss sich nicht nur auf die Benennung, sondern auch auf die Amtsausübung beziehen.

§ 22a Abs. 2 InsO ist als Soll-Vorschrift ausgestaltet. Nach der Gesetzesbegründung ste- 181
hen sowohl die Einsetzung als auch die Bestellung der Personen im pflichtgemäßen **Ermessen** des Gerichts.[396] Aufgrund der Ausgestaltung als Soll-Vorschrift hat das Gericht dem Antrag auf Einsetzung aber zu entsprechen, sofern keine besonderen Gründe die Einsetzung verbieten.[397] Diese Auslegung kann sich nicht nur auf den Wortlaut stützen, sie ist auch teleologisch geboten, um die gesetzlich beabsichtigte Stärkung der Gläubigerau-

389) Uhlenbruck-*Vallender*, InsO, § 22a Rz. 19.

390) Calliess/Ruffert-*Brechmann*, EUV/AEUV, Art. 45 AEUV Rz. 12 ff.

391) Musterantrag bei *Haarmeyer*, ZInsO 2012, 370.

392) So auch *Frind*, ZInsO 2011, 2249; *Obermüller*, ZInsO 2012, 18, 20 – insbesondere auch Nachranggläubiger i. S. von § 39 InsO.

393) *Frind* in: HambKomm-InsO, § 22a Rz. 15.

394) Ein Antrag auf Einsetzung eines vorläufigen Gläubigerausschusses kann bereits vor Einleitung des Insolvenzverfahrens gestellt werden (etwa i. R. einer Schutzschrift), wird dann jedoch nur als die Ankündigung eines solchen gewertet, der im späteren Verfahren zu wiederholen ist; Uhlenbruck-*Vallender*, InsO, § 22a Rz. 21.

395) AG Hamburg, Beschl. v. 6.5.2013 – 67c IN 165/13, ZIP 2013, 1136; für vier bis fünf Personen auch: Uhlenbruck-*Vallender*, InsO, § 22a Rz. 26; a. A. *N. Schmidt*, ZInsO 2012, 1107 – Benennung von zwei Mitgliedern ausreichend.

396) Begr. RegE ESUG, BT-Drucks. 17/5712, S. 25.

397) *Haarmeyer/Schildt* in: MünchKomm-InsO, § 22a Rz. 102.

tonomie durchzusetzen. Es liegt also hinsichtlich der Frage, *ob* ein vorläufiger Gläubigerausschuss eingesetzt wird, in der Regel ein gebundenes Ermessen vor. Nicht gebunden ist das Gericht hingegen an den Besetzungsvorschlag („in Betracht kommen"), so dass es andere Personen und andere Gläubiger für repräsentativ erachten kann.[398] Hinsichtlich der Frage, *wie* der vorläufige Gläubigerausschuss zu besetzen ist, besteht also ein freies Ermessen des Gerichts. Hierfür spricht auch die Regelung in § 22a Abs. 4 InsO (siehe dazu Rz. 188). Sollte der antragstellende Gläubiger dem dadurch versuchen vorzubeugen, dass er seinen Antrag auf Einsetzung eines vorläufigen Gläubigerausschusses unter die Bedingung der Bestellung konkreter von ihm benannter Personen stellt, wäre ein solcher Antrag unzulässig, weil er als Prozesshandlung bedingungsfeindlich ist und im Übrigen das gesetzlich vorgesehene Ermessen des Gerichts beschränken würde.

III. Ausschluss (§ 22a Abs. 3 InsO)

182 Die Einsetzung eines vorläufigen Gläubigerausschusses ist ungeachtet von § 22a Abs. 1 und 2 InsO ausgeschlossen, wenn der Geschäftsbetrieb des Schuldners eingestellt ist[399] (siehe dazu Rz. 183), die Einsetzung im Hinblick auf die zu erwartende Insolvenzmasse unverhältnismäßig ist (siehe dazu Rz. 184 f.) oder die mit der Einsetzung verbundene Verzögerung zu einer nachteiligen Veränderung der Vermögenslage des Schuldners führt (siehe dazu Rz. 186), § 22a Abs. 3 InsO.[400] In den drei benannten Fällen gilt also ein gesetzliches Verbot ohne Ermessen des Gerichts.[401]

1. Einstellung des Geschäftsbetriebs

183 Die Einsetzung des vorläufigen Gläubigerausschusses beabsichtigt die Teilhabe der Gläubiger an der Unternehmensfortführung und setzt diese entsprechend voraus. Dabei unterstellt der Gesetzgeber offenbar, dass sich ein stillgelegter Geschäftsbetrieb in der Regel nicht fortführen lassen wird. Unklar ist, ob das Gericht den vorläufigen Gläubigerausschuss wieder absetzen kann oder gar muss, wenn nach dessen Einsetzung der Geschäftsbetrieb eingestellt wird. Da in diesem Fall das rechtliche Interesse der Gläubiger an einer Fortsetzung des Ausschusses regelmäßig entfällt, kann die Absetzung im Interesse der Masseschonung geboten sein. Eine entsprechende Befugnis des Insolvenzgerichts ergibt sich aus dem actus-contrarius-Gedanken.

2. Unverhältnismäßigkeit der Kosten

184 Die Einsetzung eines vorläufigen Gläubigerausschusses ist bei einer unverhältnismäßigen Kosten-Nutzen-Relation abzulehnen.[402]

---

398) LG Kleve, Beschl. v. 4.4.2013 – 4 T 32/13, ZIP 2013, 992, 993; *Frind*, ZInsO 2013, 279, 280; *Obermüller*, ZInsO 2012, 18, 20; *Frind* in: HambKomm-InsO, § 22a Rz. 23.

399) „Eingestellt" i. S. von § 22a Abs. 3 InsO ist ein Geschäftsbetrieb analog der Rspr. zu § 3 Abs. 1 Satz 2 InsO, wenn er nicht mehr werbend tätig ist und in ein Abwicklungsstadium übergegangen ist, AG Hamburg, Beschl. v. 25.9.2013 – 67c IN 320/13, ZIP 2013, 2418 = NZI 2014, 31.

400) Nach *Haarmeyer/Horstkotte*, ZInsO 2012, 1441, 1444 ff., ist § 22a Abs. 3 InsO im Wege einer teleologischen Reduktion dahingehend auszulegen, dass der Ausschluss im Anwendungsbereich der §§ 22a Abs. 2, 21 Abs. 2 Nr. 1a InsO keine Anwendung findet; dazu auch *Frind*, ZInsO 2012, 2028, 2032 f.

401) AG Hamburg, Beschl. v. 25.9.2013 – 67c IN 320/13, ZIP 2013, 2418 = NZI 2014, 31.

402) Zum Folgenden *Frind*, ZInsO 2012, 2028, 2034 f.; *Rauscher*, ZInsO 2012, 1201, 1203 f.

> **Praxishinweis**
>
> Dies wirft in der Praxis zahlreiche Probleme auf, da zu einem frühen Zeitpunkt im Eröffnungsverfahren regelmäßig noch keine zuverlässigen Angaben zur Größe der voraussichtlichen Insolvenzmasse[403)] gemacht werden können. Gleiches gilt für die zu erwartenden Kosten eines einzusetzenden vorläufigen Gläubigerausschusses. Diese Unsicherheit kann auch nicht dadurch umgangen werden, dass das Gericht bei Unklarheit zunächst einen vorläufigen Gläubigerausschuss einsetzt und diesen später wieder abberuft, wenn Gewissheit hinsichtlich der Kosten und der Größe der Insolvenzmasse besteht.

Unbestimmt ist darüber hinaus, ab welchem Verhältnis zwischen der Insolvenzmasse und den Kosten dieses nicht mehr verhältnismäßig ist. Die Unverhältnismäßigkeit wurde jedenfalls dann angenommen, wenn die Kosten der Einsetzung einen Anteil von sieben Prozent der zu erwartenden Insolvenzmasse übersteigen.[404)] 185

3. Vermögensnachteil durch Verzögerung

Ein vorläufiger Gläubigerausschluss darf nach § 22a Abs. 3 Var. 3 InsO ferner dann nicht eingesetzt werden, wenn die damit verbundene Verzögerung zu einer nachteiligen Veränderung der Vermögenslage des Schuldners führt. Dabei ist zu beachten, dass die gesetzlich vorgesehene Gläubigerbeteiligung bei der Bestellung des vorläufigen Verwalters nach §§ 21 Abs. 2 Satz 1 Nr. 1, 56a InsO nicht *per se* als relevante Verzögerung anzusehen ist, da diese anderenfalls ausgehöhlt würde. Das Insolvenzgericht muss jedoch nicht zwingend und unverzüglich einen vorläufigen Gläubigerausschuss einsetzen, bevor es einen vorläufigen Verwalter bestellen darf, da nach § 56a Abs. 3 InsO die Möglichkeit einer nachträglichen Einflussnahme besteht und auch § 22a Abs. 2 InsO die Bestellung eines vorläufigen Verwalters ohne einen vorläufigen Ausschuss vorsieht.[405)] Insofern hat das Gericht eine Ermessensentscheidung zwischen der zügigen Einsetzung des vorläufigen Gläubigerausschusses und der zügigen Bestellung eines vorläufigen Verwalters zu treffen, die im Zweifel zugunsten der Massesicherung ergehen sollte.[406)] Weitere Verzögerungen können sich insbesondere aus unzureichenden Informationen durch die Antragsteller ergeben. 186

IV. Informationsbeschaffung

Wesentliche Informationsquelle des Gerichts ist der Eröffnungsantrag. In diesem sind insbesondere ein Verzeichnis der Gläubiger und ihrer Forderungen (§ 13 Abs. 1 Satz 3 InsO), die höchsten Forderungen (§ 13 Abs. 1 Satz 4 Nr. 1 InsO), die Bilanzsumme, Umsatzerlöse und die durchschnittliche Zahl der Arbeitnehmer des vorangegangenen Geschäftsjahres (§ 13 Abs. 1 Satz 5 InsO) zu bezeichnen.[407)] Darüber hinaus kann das Gericht den Schuldner oder den vorläufigen Insolvenzverwalter nach § 22a Abs. 4 InsO auffordern, geeignete Mitglieder des vorläufigen Gläubigerausschusses zu benennen; eine Aufforderung der Gläubiger ist nicht vorgesehen. 187

---

403) Völlig unklar ist, wie die Insolvenzmasse ermittelt werden soll und wie z. B. unklare Absonderungsrechte zu bewerten sind.

404) AG Ludwigshafen, Beschl. v. 4.5.2012 – 3f IN 103/12, LS 1, NZI 2012, 850.

405) Vgl. *Frind*, ZInsO 2011, 757, 763.

406) *Frind*, ZInsO 2012, 2028, 2036.

407) Dazu AG Ludwigshafen, Beschl. v. 2.10.2012 – 3a IN 186/12, LS, BeckRS 2012, 22382: Wenn zwei der drei Kennziffern des § 22a Abs. 1 InsO nicht vorliegen können, bedarf es für die Zulässigkeit eines Regelinsolvenzverfahrens nicht der Mitteilung der dritten Größe nach § 13 Abs. 1 Satz 6 Nr. 1 – 3 InsO.

V. Personalauswahl

188 Das Gericht ist nicht an die Vorschläge der Antragsteller nach § 22a Abs. 2 InsO oder der Auskunftspflichtigen nach § 22a Abs. 4 InsO gebunden, sondern entscheidet über jede Person nach eigenem Ermessen.[408] Insbesondere kann das Gericht die Benennung weiterer geeigneter Personen verlangen.[409] Dabei hat es sich jedoch an **§§ 21 Abs. 2 Satz 1 Nr. 1a, 67 Abs. 2 InsO** zu orientieren, wonach die absonderungsberechtigten Gläubiger, die Insolvenzgläubiger mit den höchsten Forderungen und die Kleingläubiger sowie ein Vertreter der Arbeitnehmer vertreten sein sollen.

189 Ebenso bestimmt das Gericht nach eigenem Ermessen die **Größe des vorläufigen Gläubigerausschusses.** Teilweise wird mit Hinweis auf §§ 21 Abs. 2 Satz 1 Nr. 1a, 67 Abs. 2 InsO vertreten, dass der vorläufige Gläubigerausschuss im Falle einer Betriebsfortführung mit Hinblick auf eine möglichst ungerade Mitgliederzahl in der Regel aus mindestens fünf Mitgliedern bestehen soll.[410] Mit Hinblick auf §§ 21 Abs. 2 Satz 1 Nr. 1a, 71 InsO empfiehlt sich der Abschluss von Haftpflichtversicherungen auch für die Mitglieder des vorläufigen Gläubigerausschusses.[411]

VI. Rechtsbehelfe

190 Hat das Gericht einen **vorläufigen Gläubigerausschuss eingesetzt**, weil es die Voraussetzungen von § 22a Abs. 1 oder 2 InsO als gegeben ansieht und den Ausschlusstatbestand des § 22a Abs. 3 InsO verneint, kann allein der Schuldner gemäß § 21 Abs. 1 Satz 2 InsO diese Entscheidung[412] anfechten.[413] Hinsichtlich der Zusammensetzung des vorläufigen Gläubigerausschusses steht dem Schuldner indes kein Rechtsmittel zu.[414]

191 **Unterbleibt die Einsetzung** eines vorläufigen Gläubigerausschusses, ist ein Rechtsmittel nicht zulässig, weil § 21 Abs. 1 Satz 2 InsO die Rechtsmittelmöglichkeit auf die Einsetzung beschränkt (vgl. § 6 Abs. 1 Satz 1 InsO).[415]

F. Entscheidung des Gerichts

192 Das Eröffnungsverfahren endet mit einer Entscheidung des Insolvenzgerichts, die vom Ergebnis seiner Prüfung abhängt:

193 Ist der **Antrag** auf Eröffnung des Insolvenzverfahrens **unzulässig**, weil im Zeitpunkt der gerichtlichen Entscheidung zumindest eine der oben, siehe Rz. 8 ff., dargestellten Voraussetzungen nicht vorliegt, ist der Antrag durch Beschluss als unzulässig zurückzuweisen. Gegen diese Entscheidung kann der Antragsteller sofortige Beschwerde einlegen (§ 34 Abs. 1 Alt. 1, § 6 InsO).

---

408) Begr. RegE ESUG, BT-Drucks. 17/5712, S. 25.

409) *Frind* in: HambKomm-InsO, § 22a Rz. 23.

410) AG Ludwigshafen, Beschl. v. 4.5.2012 – 3f IN 103/12, NZI 2012, 850, dazu *Huber*, ZInsO 2013, 1, 5.

411) *Hirte*, ZInsO 2012, 820.

412) In welcher Rechtsform diese „Entscheidung" ergeht, lässt sich dem Gesetzeswortlaut nicht entnehmen. Diese Frage wird in der Kommentarliteratur stiefmütterlich behandelt. Gerichtliche Entscheidungen sind teilweise als Beschluss ergangen: AG Dessau-Roßlau, Beschl. v. 13.4.2012 – 2 IN 110/12, juris; AG Ludwigshafen, Beschl. v. 4.5.2012 – 3f IN 103/12, NZI 2012, 850; AG Ludwigshafen, Beschl. v. 2.10.2012 – 3a IN 186/12, BeckRS 2012, 22382.

413) Uhlenbruck-*Vallender*, InsO, § 22a Rz. 82.

414) LG Kleve, Beschl. v. 4.4.2013 – 4 T 32/13, ZIP 2013, 992, 993.

415) *Frind*, ZinsO 2013, 279, 283; Uhlenbruck-*Vallender*, InsO, § 22a Rz. 82; a. A. *Römermann/Praß*, ZInsO 2012, 1923, 1927 (für § 22a Abs. 1 und Abs. 2 InsO) und *Horstkotte*, ZInsO 2012, 1930, 1932 (sofortige Beschwerde in den Fällen des § 22a Abs. 2 InsO).

Ist der Antrag zulässig, lässt sich aber das Vorliegen eines Eröffnungsgrundes nicht mit an Sicherheit grenzender Wahrscheinlichkeit feststellen, so ist der Antrag durch Beschluss als **unbegründet** zurückzuweisen. Auf die Frage nach dem Vorhandensein einer die Kosten des Verfahrens deckenden Masse kommt es dann nicht mehr an. Hiergegen steht dem Antragsteller ebenfalls die sofortige Beschwerde zu (§ 34 Abs. 1 Alt. 1, § 6 InsO). **194**

Ist der Antrag zulässig und ein Eröffnungsgrund gegeben, fehlt es aber voraussichtlich an einer die Verfahrenskosten deckenden Masse, so hat das Gericht den Eröffnungsantrag durch Beschluss **mangels Masse abzuweisen** (§ 26 InsO, siehe dazu oben Rz. 136 f.). Der Beschluss ist, sofern der Schuldner als juristische Person oder Gesellschaft ohne Rechtspersönlichkeit im Handels-, Genossenschafts-, Partnerschafts- oder Vereinsregister eingetragen ist und durch die Abweisung mangels Masse aufgelöst wird, durch die Geschäftsstelle des Insolvenzgerichts dem Registergericht zu übermitteln (§ 31 Nr. 2 InsO). Gegen den Abweisungsbeschluss steht dem Antragsteller und – bei Gläubigeranträgen – dem Schuldner die sofortige Beschwerde zu (§ 34 Abs. 1 Alt. 2, § 6 InsO). **195**

Nur wenn das Gericht von der Zulässigkeit und Begründetheit des Antrags mit an Sicherheit grenzender Wahrscheinlichkeit überzeugt ist, eröffnet es das Insolvenzverfahren. Es erlässt in diesem Falle einen **Eröffnungsbeschluss** und ernennt zugleich einen Insolvenzverwalter (§ 27 InsO). In diesem Beschluss bestimmt das Gericht ferner den Berichts- und Prüfungstermin, die regelmäßig miteinander verbunden werden (§ 28 InsO). Der Eröffnungsbeschluss ist öffentlich bekannt zu machen (§ 30 Abs. 1, § 9 InsO) und den Gläubigern, den Schuldnern des Schuldners und dem Schuldner selbst besonders zuzustellen (§ 30 Abs. 2 InsO). Ist der Schuldner im Handels-, Genossenschafts-, Partnerschafts- oder Vereinsregister eingetragen, so hat die Geschäftsstelle des Insolvenzgerichts eine Ausfertigung des Eröffnungsbeschlusses zu übermitteln (§ 31 Nr. 1 InsO). Ferner erfolgt eine Eintragung im Grundbuch und im Register über Schiffe und Luftfahrzeuge nach Maßgabe der §§ 32, 33 InsO. Gegen den Eröffnungsbeschluss steht allein dem Schuldner die sofortige Beschwerde zu (§ 34 Abs. 2, § 6 InsO). **196**

Kapitel 5
Sicherungsmaßnahmen

Übersicht

Literatur: *Bachmann*, Auswirkungen der Sicherungsmaßnahmen nach § 21 InsO auf das Grundbuchverfahren, Rpfleger 2001, 105; *Bähr*, Zahlungszusagen bei Betriebsfortführungen im Insolvenzeröffnungsverfahren, ZIP 1998, 1553; *Bauer*, Insolvenzgläubiger als Einnahmequelle des Fiskus und der Sozialversicherungen?, ZInsO 2010, 1917; *Berscheid*, Reformvorschläge zur Erweiterung der Befugnisse des vorläufigen Insolvenzverwalters und zur Mehrung der Masse, NZI 1999, 6; *Berscheid*, Rang übergeleiteter Arbeitnehmeransprüche nach der InsO, ZInsO 1998, 259; *Bork*, Zur Disponibilität der Unabhängigkeit des Insolvenzverwalters, ZIP 2013, 145; *Bork*, Zur Anwendung des § 181 BGB bei der Einrichtung eines Doppeltreuhandkontos, NZI 2005, 530; *Bork*, Die Rolle der Banken in der vorläufigen Insolvenz, ZBB 2001, 271; *Bork*, § 55 Abs. 2, § 108 Abs. 2 InsO und der allgemeine Zustimmungsvorbehalt, ZIP 1999, 781; *Bork*, Die Doppeltreuhand in der Insolvenz, NZI 1999, 337; *Büchler*, Aussonderungsstopp im Insolvenzeröffnungsverfahren und insolvenzrechtliche Einordnung des laufenden Nutzungsentgelts, ZInsO 2008, 719; *Christoph/Doghonadze*, Die Probleme hinsichtlich der Berechnung des Wertverlustes nach einem Einziehungs- und Verwertungsverbot in der insolvenzrechtlichen Praxis – ‚Recht haben' oder ‚Recht bekommen'?, NZI 2016, 809; *Dreves-Marlow*,

Die Begründung von Masseverbindlichkeiten durch den vorläufigen Insolvenzverwalter ohne allgemeine Verwaltungs- und Verfügungsbefugnis, 2004; *Foltis*, Verwertungsbefugnisse des vorläufigen Insolvenzverwalters § 21 Abs. 2 Nr. 2 2. Alt. InsO (Sicherungsverwalter), ZInsO 1999, 386; *Förster*, Anmerkung zu den „Grundsätze der Rechnungslegung" für die beim Insolvenzgericht Göttingen tätigen vorläufigen Verwalter, ZInsO 2000, 639; *Förster*, Beispiel eines Sachverständigengutachtens auf der Grundlage der InsO zum Insolvenzgrund und der Kostendeckung; ZInsO 1999, 141; *Förster*, Besicherung der Geschäftspartner über Treuhandguthaben bei Betriebsfortführung durch den vorläufigen Verwalter/Insolvenzverwalter, ZInsO 1998, 268; *Förster*, Muster: Anschreiben an die Arbeitnehmerbanken bei denzentraler „Vorfinanzierung" des Insolvenzgeldes, ZInsO 1998, 191; *Franke/Böhme*, Die anfechtbare Abrede zur Tilgung von Altforderungen, DZWIR 2003, 494; *Frind*, Aktuelle Anwendungsprobleme beim „ESUG" – Teil 1, ZInsO 2013, 59; *Frind*, Insolvenzgerichtliche Veröffentlichungsnotwendigkeiten bei der vorläufigen Sachwalterschaft, ZIP 2012, 1591; *Frind*, Treuhandkonto – geeignete Umgehung der Einzelermächtigung?, ZInsO 2005, 1296; *Frind*, Das Treuhandkonto in vergütungsrechtlicher Hinsicht, ZInsO 2004, 840; *Frind*, Das Treuhandkonto im Eröffnungsverfahren – Probleme und Risiken, ZInsO 2004, 470; *Frind*, Treuhandkontenmodell: Zur Betriebsfortführung unnötig!, ZInsO 2003, 778; *Fritsche*, Entwicklungstendenzen der Zustimmungsverwaltung nach §§ 21 Abs. 2 S. 1 Nr. 2 2. Alt., 22 Abs. 2 InsO im Insolvenzeröffnungsverfahren, DZWIR 2005, 265; *Fuchs/Bayer*, Untersagung und einstweilige Einstellung der Zwangsvollstreckung während der Dauer des gerichtlichen Schuldenbereinigungsverfahrens, ZInsO 2000, 429; *Ganter*, Sicherungsmaßnahmen gegenüber Aus- und Absonderungsberechtigten im Insolvenzeröffnungsverfahren, NZI 2007, 549; *Gerhardt*, Grundpfandrechte im Insolvenzverfahren, 2002; *Gehrlein*, Verfügungsbeschränkungen vor und nach Insolvenzeröffnung, WM 2014, 485; *Gundlach*, Die Grenzen der Weiterveräußerungs- und der Einziehungsermächtigung, KTS 2000, 307; *Gundlach/Frenzel/Jahn*, Die Inbesitznahme durch den vorläufigen schwachen Insolvenzverwalter mit Zustimmungsvorbehalt, ZInsO 2010, 122; *Gundlach/Frenzel/Schmidt, N.*, Die Anfechtung einer mit Zustimmung des vorläufigen Insolvenzverwalters vorgenommenen Rechtshandlung, DZWIR 2005, 324; *Gundlach/Frenzel/Schmidt, N.*, Die Anwendung des § 25 Abs. 2 InsO auf den schwachen vorläufigen Insolvenzverwalter, DZWIR 2003, 309; *Gundlach/Schirrmeister*, Die aus- und absonderungsfähigen Gegenstände in der vorläufigen Verwaltung, NZI 2010, 176; *Haarmeyer*, Rechtsstellung und Pflichten des vorläufigen Insolvenzverwalters nach Aufhebung der Verfügungsbefugnis, in: Festschrift für Günter Greiner, 2005, S. 103; *Haarmeyer*, Grenzen zulässiger Verwertungs- und Abwicklungsmaßnahmen im Insolvenzeröffnungsverfahren, in: Festschrift für Gerhart Kreft, 2004, S. 279; *Haarmeyer*, Das Ende der „schwachen" Insolvenzverwaltung, ZInsO 2002, 741; *Haarmeyer*, Verfahrensrechtliche Voraussetzungen für die Anordnung von Sicherungsmaßnahmen, ZInsO 2001, 203; *Haarmeyer*, Die vorzeitige Beendigung des Insolvenzverfahrens und das besondere Abwicklungsverfahren nach § 25 InsO, ZInsO 2000, 70; *Haarmeyer/Pape*, Das Ende des zu allen Rechtshandlungen ermächtigten „schwachen" vorläufigen Insolvenzverwalters, ZInsO 2002, 845; *Heidrich/Prager*, Keine Begründung von Masseverbindlichkeiten durch vorläufigen schwachen Verwalter, NZI 2002, 653; *Heublein*, Die Ausgleichsansprüche des Aussonderungsberechtigten nach § 21 Abs. 2 Satz 1 Nr. 5 InsO, ZIP 2009, 11; *Heyrath/Reck*, Behandlung von Masseverbindlichkeiten aus der vorläufigen Insolvenzverwaltung nach Eröffnung, ZInsO 2009, 1678; *Hinkel/Flitsch*, Haftung des vorläufigen Insolvenzverwalters für Bestellungen des Unternehmenserwerbers im eröffneten Insolvenzverfahren, ZInsO 2007, 1018; *Hintzen*, Insolvenz und Immobiliarzwangsvollstreckung, Rpfleger 1999, 256; *Hintzen*, Zwangsvollstreckungsverbote im Insolvenzeröffnungsverfahren, ZInsO 1998, 174; *Hintzen*, Zwangsvollstreckung in den Grundbesitz im Insolvenzeröffnungsverfahren, ZInsO 1998, 318; *Hölzle*, Zur Suspendierung der Mietzahlungspflicht für gewerblich genutzte Immobilien im Insolvenzeröffnungsverfahren, ZIP 2014, 1155; *Hölzle*, Zur Disponibilität der Unabhängigkeit des Insolvenzverwalters, ZIP 2013, 447; *Hölzle*, Konkurrenz von Steuerrecht und Insolvenzrecht – oder: Ist Steuern zahlen sittenwidrig? Zum Versuch einer dogmatischen Grundlegung, BB 2012, 1571; *Horstkotte*, Öffentliche Bekanntmachung der vorläufigen Sachwalterschaft nach ESUG durch das Insolvenzgericht?, ZInsO 2012, 1161; *Horstkotte/Martini*, Die Einzelermächtigung – ein zusätzliches Haftungsrisiko?, ZInsO 2010, 750; *Irmen/Werres*, Die Zwangsmaßnahmen des vorläufigen Insolvenzverwalters und der verfassungsrechtliche Schutz der räumlichen Privatsphäre, NZI 2001, 579; *Jatzke*, Die Haftung des (vorläufigen) Insolvenzverwalters §§ 69, 34 (35) AO, ZIP 2007, 1977; *Jungmann*, Einstweilige Einstellung der Zwangsverwaltung im Insolvenzeröffnungsverfahren, NZI 1999, 352; *Jungclaus/Keller, Ch.*, Die Änderungen der InsO durch das Haushaltsbegleitgesetz 2011, NZI 2010, 808; *Kahlert*, Fiktive Masseverbindlichkeiten im Insolvenzverfahren – Wie funktioniert § 55 Abs. 4 InsO?, ZIP 2011, 401; *Keller, U.*, Muss die Bestellung eines Sachwalters im Schutzschirmverfahren öffentlich bekannt gemacht werden?, ZIP 2012, 1895; *Kier*, Die Begründung von Masseverbindlichkeiten durch den schwachen vorläufigen Insolvenzverwalter, in: Festschrift für Günter Greiner, 2005, S. 117; *Kießling/Singhof*, Verfügungsbeschränkungen in der vorläufigen Insolvenz – insbesondere zu Grundlagen und Wirkungen besonderer Verfügungsverbote und Zustimmungsvorbehalte, DZWIR 2000, 353; *Kirchhof*, Probleme bei der Einbeziehung von Aussonderungsrechten in das Insolvenzeröffnungsverfahren, ZInsO 2007, 227; *Kirchhof*, Begründung von Masseverbindlichkeiten im vorläufigen Insolvenzverfahren ZInsO 2004, 57; *Kirchhof*, Anfechtbarkeit von Rechtshandlungen vorläufiger Insolvenzverwalter, ZInsO 2000, 297; *Kirchhof*, Masseverwertung durch den vorläufigen Insolvenzverwalter,

ZInsO 1999, 436; *Kirchhof*, Rechtsprobleme bei der vorläufigen Insolvenzverwaltung, ZInsO 1999, 365; *Kolbe*, Stilllegungskündigung durch den starken vorläufigen Insolvenzverwalter, ZIP 2009, 450; *Kuder*, Besitzlose Mobiliarsicherheiten im Insolvenzantragsverfahren nach dem geänderten § 21 InsO, ZIP 2007, 1690; *Laroche*, Einzelermächtigung zur Begründung von Masseverbindlichkeiten durch den „schwachen" vorläufigen Insolvenzverwalter, NZI 2010, 965; *Laws*, Insolvenzverwalter – Haftung wegen Nichterfüllung von Masseverbindlichkeiten nach § 61 InsO, MDR 2003, 787; *Leithaus*, Zur „Nachkündigung" nach § 113 InsO und zur Anfechtungsproblematik bei Kündigungen von Arbeitsverhältnissen im Vorfeld eines Insolvenzantrags, NZI 1999, 254; *Lohkemper*, Zur Haftung des Erwerbers beim Betriebsübergang im Insolvenzeröffnungsverfahren, ZIP 1999, 1251; *Louven/Böckmann*, Ermächtigung des schwachen vorläufigen Insolvenzverwalters zur Begründung von Masseverbindlichkeiten beim Verkauf von Unternehmen, NZI 2004, 128; *Lwowski/Tetzlaff*, Übertragung der Befugnisse zum Einzug sicherungshalber abgetretener Forderungen auf den vorläufigen Verwalter durch Anordnung des Insolvenzgerichts?, NZI 1999, 395; *Mankowski*, Allgemeiner Zustimmungsvorbehalt in der vorläufigen Insolvenzverwaltung und Rechtsgeschäftslehre, NZI 2000, 572; *Marotzke*, Antizipierte Begründung privilegierter Neumasseverbindlichkeiten – das Ende des Treuhandkontenmodells?, ZInsO 2005, 561; *Marotzke*, Marktkonformität und Gläubigergleichbehandlung in der vorläufigen Insolvenzverwaltung, ZInsO 2004, 113 (Teil 1) und ZInsO 2004, 178 (Teil 2); *Marx*, Kreditinstrumente als Drittschuldner bei Kontopfändungen im Insolvenzeröffnungsverfahren, ZInsO 1998, 306; *Meyer, H.*, Arbeitgeberkompetenz bei Anordnung eines allgemeinen Zustimmungsvorbehalts, DZWIR 2004, 133; *Meyer, H.*, Durchführung und Abwicklung der vorläufigen Verwaltung mit gerichtlichem Zustimmungsvorbehalt, DZWIR 2001, 309; *Meyer, S.*, Die Haftung des vorläufigen Insolvenzverwalters, in: Heinze/Stürner/Uhlenbruck, KTS-Schriften Bd. 15, 2003; *Möhring*, Sonderkonto im Eröffnungsverfahren, ZInsO 2019, 2601; *Mönning/Hage*, Regulierung von Fortführungsverbindlichkeiten mittels Treuhandkonto auch bei Masseunzulänglichkeit, ZInsO 2005, 1185; *Niesert*, Das Recht der Aus- und Absonderung nach der neuen Insolvenzordnung, InVo 1998, 85 (I. Teil); *Obermüller*, Verwertung von Mobiliarsicherheiten im Insolvenzantragsverfahren, DZWIR 2000, 10; *Obermüller*, Zur Zulässigkeit der Verrechnung von Zahlungseingängen bei allgemeinem Veräußerungsverbot, ZInsO 1998, 178; *Pape*, Aktuelle Probleme im Eröffnungsverfahren, ZInsO 1999, 398; *Pape*, Wirksamkeitsprobleme im Insolvenzeröffnungsverfahren, ZInsO 1998, 61; *Peters-Lange*, Betriebsfortführung im Eröffnungsverfahren, ZIP 1999, 421; *Prager/Thiemann*, Die Aufhebung der vorläufigen Verwaltung und sonstiger Sicherungsmaßnahmen, NZI 2001, 634; *Prütting/Stickelbrock*, Befugnis des vorläufigen Insolvenzverwalters, ZIP 2002, 1608; *Richter*, Auskunfts- und Mitteilungspflichten nach §§ 20, 97 Abs. 1 ff. InsO, wistra 2000, 1; *Röpke/Rothe*, Die Anfechtbarkeit der Abführung von Arbeitnehmeranteilen zur Sozialversicherung durch den starken vorläufigen Insolvenzverwalter als kongruente Deckung nach § 130 Abs. 1 Nr. 2 InsO, NZI 2004, 430; *Schäfer*, Zur Rechtssystematik der §§ 80–82 InsO und deren Anwendbarkeit bei Kontoeröffnungen des Insolvenzschuldners nach der Anordnung von Verfügungsbeschränkungen, ZInsO 2008, 16; *Schlegel*, Eigentumsvorbehalt und Sicherungsübereignung, DZWIR 2000, 94; *Schmerbach*, Prozessuale Überholung im Insolvenzeröffnungsverfahren, NZI 2008, 228; *Schmerbach*, Grundsätze der Rechnungslegung für die beim Insolvenzgericht Göttingen tätigen vorläufigen Verwalter (§§ 21 Abs. 2 Nr. 1, 66 InsO), ZInsO 2000, 637; *Schmidt, A./Hölzle*, Der Verzicht auf die Unabhängigkeit des Insolvenzverwalters, ZIP 2012, 2238; *Schmidt, B.*, Das (neue) Spannungsverhältnis zwischen Insolvenzverwalter und Grundpfandgläubiger, InVo 1999, 73; *Seagon*, Rechtsfolgen der Übertragung des Rechts zur Ausübung von Arbeitgeberbefugnissen an den vorläufigen Insolvenzverwalter, NZI 2014, 796; *Smid*, Kurze kritische Anmerkungen zu den Änderungen der Insolvenzordnung durch Art. 3 und 4 Haushaltsbegleitgesetz 2011, DZWIR 2011, 133; *Smid*, Gesetzlich zulässige Reichweite der Entmachtung von Schuldner und schuldnerischen Gesellschaftsorganen und der Ermächtigung des vorläufigen Verwalters durch insolvenzgerichtliche Anordnung nach §§ 21, 22 InsO, DZWIR 2002, 444; *Smid*, Erste Erfahrungen mit dem Insolvenzeröffnungsverfahren nach den §§ 21 ff. InsO, DZWIR 1999, 104; *Spliedt*, Die notwendigen Lieferanten im Insolvenzeröffnungsverfahren – zwischen Erpressung und Anfechtung?, ZInsO 2007, 405; *Steder*, Auswirkungen des Vollstreckungsverbots gemäß § 21 Abs. 2 Nr. 3 InsO, ZIP 2002, 65; *Steder*, Erfasst eine Anordnung gem. § 21 II Nr. 3 InsO das Verfahren zur Abnahme der eidesstattlichen Versicherung nach §§ 807, 899 ff. ZPO?, NZI 2000, 456; *Stephan*, Das Bankgeheimnis im Insolvenzverfahren, WM 2009, 241; *Stephan*, Vorläufige Sicherungsmaßnahmen beim Eigenantrag in der Unternehmensinsolvenz (Das „Gutachtenmodell"), NZI 1999, 104; *Titz/Tötter*, Tätigkeiten in der vorläufigen Insolvenzverwaltung, ZInsO 2006, 976; *Treffer*, Gläubiger-Rechtsverkehr mit einem „schwachen" vorläufigen Insolvenzverwalter, DB 2002, 2091; *Uhlenbruck*, Die Rechtsstellung des gerichtlich bestellten Sachverständigen im Insolvenzeröffnungsverfahren, in: Festschrift für Günter Greiner, 2005, S. 317; *Uhlenbruck*, Zur Rechtsstellung des vorläufigen Insolvenzverwalters, NZI 2000, 289; *Uhlenbruck*, Die Mitwirkung des Schuldners oder Schuldnervertreters im Insolvenzverfahren, ZInsO 1999, 493; *Uhlenbruck*, Die Rechnungslegungspflicht des vorläufigen Insolvenzverwalters, NZI 1999, 289; *Uhlenbruck*, Die Rechtsstellung des vorläufigen Insolvenzverwalters, in: Kölner Schrift, 1997, S. 239; *Undritz*, Betriebsfortführung im Eröffnungsverfahren – Die Quadratur des Kreises?, NZI 2007, 65; *Undritz*, Der vorläufige „schwache" Insolvenzverwalter als Sanierungsbremse?, NZI 2003, 136; *Vallender*, Bankgeheimnis und Auskunftspflicht der Kreditinstitute im Insolvenzeröffnungsverfahren, in: Festschrift für Wilhelm Uhlenbruck, 2000, S. 133; *Vallender/Zipperer*, Der vorbefasste Insolvenzverwalter – ein Zukunftsmodell?, ZIP 2013, 149; *Viertelhausen*, Vollstreckungsmaßnahmen im Vorfeld des Insolvenzverfahrens, JurBüro 2000, 6; *Wallner/Neuenhahn*, Ein Zwischenbericht zur Haftung des (vorläufigen) Insolvenzverwalters – Gratwanderung zwischen Fortführung- und Einstandspflicht, NZI 2004, 63; *Weiland*, Wi(e)der die Privilegierung der öffentlich-rechtlichen Gläubiger, DZWIR 2011, 224; *Weisemann*, Der vorläufige „halb-starke" Insolvenzverwalter, DZWIR 1999, 397; *Werres*, Das Treuhandmodell – Zulässigkeit und Praxis, ZInsO 2006, 918; *Werres*, Gläubiger im Insolvenzeröffnungsverfahren – Massegläubiger oder Treuhandmodell?, ZInsO 2005, 1233; *Wessel*, Der Sachverständige im Insolvenzeröffnungsverfahren nach § 5 InsO, DZWIR 1999, 230; *Wiester*, Zur Insolvenzfestigkeit von Zahlungszusagen im Eröffnungsverfahren, NZI 2003, 632; *Wiester*, Die Fortführungspflicht des vorläufigen Insolvenzverwalters und ihre Auswirkung auf die Vorfinanzierung des Insolvenzgeldes, ZInsO 1998, 99; *Zipperer*, Sicherungsmaßnahmen gem. § 21 InsO – Neuer Wein in alten Schläuchen?, NZI 2004, 656; *Zwanziger*, Neue Masseverbindlichkeiten durch Vorfinanzierung von Insolvenzgeld?, ZIP 1998, 2135.

A. Überblick

1 Mit dem Insolvenzantrag beginnt das Eröffnungsverfahren und damit eine Orientierungsphase, in der geprüft werden muss, ob ein Insolvenzgrund vorliegt und ob eine hinreichende Masse zur Finanzierung des Verfahrens vorhanden ist. Außerdem ist es angezeigt, sich bereits in diesem frühen Stadium Gedanken über die beste Verwertungsart zu machen. Denn nach der Vorstellung des Gesetzgebers sollen die Gläubiger nach § 157 InsO im **Berichtstermin** zum einen darüber entscheiden, ob das Unternehmen zu liquidieren, zu sanieren oder im Wege einer übertragenden Sanierung zu verwerten ist. Zum anderen muss entschieden werden, ob die Verwertung im Regelverfahren durch den Insolvenzverwalter oder auf der Grundlage eines Insolvenzplans erfolgen soll. Da der Berichtstermin aber in der Regel erst sechs Wochen bis drei Monate nach der Eröffnung des Insolvenzverfahrens stattfindet (§ 29 Abs. 1 Nr. 1 InsO), muss bis dahin Vorsorge dafür getroffen werden, dass das Vermögen des Schuldners zusammengehalten wird und dass der organisatorische Verbund des Unternehmens erhalten bleibt, damit im Berichtstermin überhaupt noch etwas vorhanden ist, über das sinnvoll entschieden werden kann. Dieser Gedanke, das Unternehmen jedenfalls bis zum Berichtstermin möglichst als Einheit zu erhalten und eine faktische Zerschlagung zu verhindern, zieht sich wie ein roter Faden durch das Insolvenzrecht (vgl. § 107 Abs. 2, §§ 166, 169 InsO, § 30d Abs. 1 Nr. 1 ZVG). Er bestimmt auch das Recht der Sicherungsmaßnahmen, wie sich insbesondere an der in § 22 Abs. 1 Satz 2 Nr. 2 InsO normierten Fortführungspflicht des vorläufigen Insolvenzverwalters zeigt.

2 Das Recht der Sicherungsmaßnahmen ist in §§ 21 ff. InsO geregelt.[1] Es bewegt sich in einem **Spannungsfeld**, das von verschiedenen Faktoren geprägt wird. Zum einen wird der Insolvenzantrag oft zu spät gestellt, so dass die Krise bereits deutlich greifbar ist und sofortige Kurskorrekturen verlangt. Zum anderen braucht aber die Prüfung der Eröffnungsvoraussetzungen mitunter Zeit, so dass sich das Verfahren in einer **Schwebephase** befindet, in der einerseits noch keine endgültigen Maßnahmen möglich, andererseits aber weitere Vermögensverluste zu verhindern sind. In dieser Phase muss das Schuldnervermögen für die Gesamtheit der Gläubiger gesichert werden, und zwar einerseits vor schädlichen Entscheidungen des Schuldners und andererseits vor dem egoistischen Zugriff einzelner Gläubiger. Bei den Sicherungsmaßnahmen ist wiederum zu berücksichtigen, dass möglicherweise der Insolvenzantrag zurückgewiesen wird, so dass der Schuldner ein Recht darauf hat, die Verfügungsbefugnis über sein Unternehmen zurückzubekommen, und dass bei Eröffnung des Verfahrens letztlich die Gläubiger entscheiden sollen, was mit dem Unternehmen geschehen soll. Vielfach bestimmen bereits die in diesem frühen Zeitpunkt getroffenen gerichtlichen Maßnahmen ganz wesentlich den weiteren Verlauf des Verfahrens.

1) *Zipperer*, NZI 2004, 656.

Vor diesem Hintergrund sieht § 21 Abs. 1 InsO für das Eröffnungsverfahren vor, dass das Insolvenzgericht alle Maßnahmen zu treffen hat, die erforderlich erscheinen, um bis zur Entscheidung über den Antrag eine den Gläubigern nachteilige Veränderung in der Vermögenslage des Schuldners zu verhindern. Diese **Generalklausel** wird in § 21 Abs. 2 InsO näher ausgeformt. Das Gesetz erwähnt als – einzeln oder kombiniert mögliche – **Sicherungsmaßnahmen** insbesondere die Einsetzung eines vorläufigen Insolvenzverwalters, die Anordnung eines allgemeinen Verfügungsverbots oder sonstiger Verfügungsbeschränkungen, die Anordnung eines Zwangsvollstreckungsverbots oder einer Postsperre.[2] Diese Aufzählung ist aber keineswegs abschließend. Vielmehr sind der Fantasie des Gerichts keine Grenzen gesetzt. Erlaubt ist alles, was vom Sicherungszweck getragen wird, also zur Sicherung des Schuldnervermögens erforderlich ist. Denkbar sind etwa sonstige Maßnahmen gegen den Schuldner (Haft, Vorführung, Entzug der Pässe) oder gegen Dritte, etwa gegen Gläubiger, die zum Schuldnervermögen gehörende Gegenstände in Besitz haben.[3] 3

Die Zulässigkeit von Sicherungsmaßnahmen wird vor allem von folgenden **Voraussetzungen** bestimmt: Zum Ersten muss sich die Sicherungsmaßnahme auf das **Schuldnervermögen** beziehen, darf also nicht Gegenstände betreffen, die nicht zum Schuldnervermögen gehören. Zum Zweiten müssen alle Maßnahmen vom **Sicherungszweck** getragen sein. Es darf sich also nicht schon um Verwertungsmaßnahmen handeln, denn die Verwertung ist dem eröffneten Verfahren (oder – bei Zurückweisung des Insolvenzantrags – der freien Entscheidung des Schuldners) überlassen.[4] Und schließlich wird das Recht der Sicherungsmaßnahmen vom Prinzip der **Erforderlichkeit** beherrscht: Das Gericht darf nur anordnen, was erforderlich ist. Umgekehrt muss das Gericht aber auch anordnen, was erforderlich ist. 4

Es wird im Folgenden noch näher herausgearbeitet, dass das Recht des Eröffnungsverfahrens von einigen **grundlegenden Wertungen** geprägt wird: 5

- Die wichtigste, aus der sich alle weiteren ableiten, lautet, dass erst die **Verfahrenseröffnung** eine entscheidende Zäsur darstellt. Bis zu dieser Entscheidung befindet sich das Verfahren in einem Schwebezustand mit offenem Ergebnis, in dem nur Sicherungs- und keine Verwertungsmaßnahmen zulässig sind.
- Daraus ergibt sich, dass der **Schuldner**, dem das Vermögen zugunsten seiner Gläubiger erst mit der Eröffnung endgültig entzogen wird, im Eröffnungsverfahren keinesfalls schlechtergestellt werden darf, als er im eröffneten Verfahren stünde.
- Ebenso dürfen die **Gläubiger** vor der Eröffnung nicht schlechterstehen als danach.
- Diese Wertung wirkt sich auch auf die Rechtsstellung des **vorläufigen Insolvenzverwalters** aus: Er darf im Eröffnungsverfahren nicht mehr Rechte haben als nach der Eröffnung der endgültige Insolvenzverwalter. Die Kompetenzen des vorläufigen Insol-

---

2) Zu dieser BGH, Beschl. v. 22.10.2009 – IX ZB 49/08, Rz. 2 f., NZI 2010, 260; OLG Celle, Beschl. v. 24.1.2001 – 2 W 124/00, ZIP 2001, 468, 470 f.; LG Göttingen, Beschl. v. 29.7.1999 – 10 T 41/99, DZWIR 1999, 471; AG Göttingen, Beschl. v. 26.7.1999 – 71/74 IN 145/99, ZIP 1999, 1566, 1568 = ZInsO 1999, 476, 477, dazu EWiR 1999, 897 *(Eckardt)*.

3) Vgl. AG Karlsruhe-Durlach, Urt. v. 10.11.2006 – 2 C 497/06, ZIP 2007, 787 – Wegnahmeermächtigung für im Besitz der Muttergesellschaft befindliche Geschäftsunterlagen der Schuldnerin; AG München, Beschl. v. 23.9.2003 – 1506 IN 1545/03, ZVI 2003, 537 = ZIP 2003, 1995, und AG München, Beschl. v. 20.7.2006 – 1507 IN 1932/06, ZVI 2007, 22 = ZIP 2007, 1961 (LS) – Kontosperre gegen Dritte bei schwerwiegenden Verdunkelungshandlungen oder Vermögensverschiebungen. Zu den aus Art. 13 GG folgenden Grenzen für Durchsuchungsermächtigungen s. u. Rz. 57.

4) BGH, Urt. v. 13.7.2006 – IX ZR 57/05, ZIP 2006, 1641, 1642 = ZVI 2006, 439. Daran ändert auch eine „Verwertungsermächtigung" des Insolvenzgerichts nichts, die das Gesetz außerhalb von § 21 Abs. 2 Satz 1 Nr. 5 InsO nicht kennt; a. M. AG Hamburg, Beschl. v. 23.9.2005 – 67g IN 358/05, ZInsO 2004, 1056, 1057.

venzverwalters sind – im Interesse sowohl der Gläubiger als auch des Schuldners – durch den Sicherungszweck zugleich begründet und begrenzt.

– Schließlich ist hervorzuheben, dass das **Insolvenzgericht** das Eröffnungsverfahren regiert. Alle Sicherungsmaßnahmen liegen allein in seinen Händen.

B. Verfahren

6 Die **Zuständigkeit** für die Anordnung von Sicherungsmaßnahmen liegt beim Insolvenzgericht[5] und hier in den Händen des **Richters**, da der Rechtspfleger erst nach der Eröffnung des Verfahrens zuständig wird (§ 18 Abs. 1 Nr. 1 RPflG).[6]

7 Die **Einleitung** des Verfahrens bedarf keines Antrages. Es wird **von Amts wegen** eingeleitet. Das folgt unmittelbar aus dem Wortlaut des § 21 Abs. 1 InsO („hat").

8 Unmittelbar nach Eingang des Insolvenzantrags erfolgt die Prüfung der **Anordnungsvoraussetzungen**. Auch wenn es sich um eine eilbedürftige Entscheidung handelt, müssen doch die Mindestvoraussetzungen geprüft werden, wobei das Gericht die Tatsachen von Amts wegen ermittelt (§ 5 Abs. 1 Satz 1 InsO). Zunächst muss sich der Richter der **Zulässigkeit des Insolvenzantrags** vergewissern. Es bedarf einer wenigstens überschlägigen Prüfung der Zuständigkeit des Gerichts, der Partei- und Prozessfähigkeit des Antragstellers, der Insolvenzfähigkeit und Prozessfähigkeit des Schuldners, der Antragsbefugnis, des Rechtsschutzbedürfnisses und der formellen Voraussetzungen, insbesondere der Glaubhaftmachung beim Gläubigerantrag. Beim **Eigenantrag** des Schuldners ist die Bestimmung des § 13 Abs. 1 InsO zu beachten, wonach der Antrag u. U. bestimmte Angaben zwingend enthalten muss, um zulässig zu sein. Zur Vermeidung zeitaufwändiger Rückfragen des Gerichts sollte der Schuldner seinen Antrag möglichst umfassend vorbereiten und ggf. auf einen bei vielen Gerichten erhältlichen Fragebogen bzw. Vordruck zurückgreifen. Ein ausdrücklicher Zulassungsbeschluss ist nicht nötig, findet sich aber gelegentlich in der Praxis. Auch eine einstweilige Zulassung des Antrags ist möglich und reicht dann für Sicherungsmaßnahmen aus.[7] Sodann ist die **Erforderlichkeit von Sicherungsmaßnahmen** zu prüfen. Das Gericht hat zwar, wie sich aus dem Wortlaut des § 21 Abs. 1 InsO („hat") ergibt, auf der Rechtsfolgenseite kein Ermessen. Es hat aber auf der Tatbestandsseite einen Beurteilungsspielraum, wenn es um die Erforderlichkeit der Sicherungsmaßnahme geht. Es ist daher in jedem Einzelfall und für jede in Betracht kommende Sicherungsmaßnahme zu überlegen, ob sie für die Verwirklichung des Sicherungszwecks nötig ist. Dabei besteht eine strikte Bindung an den Grundsatz der Verhältnismäßigkeit.

9 **Rechtliches Gehör** muss dem Schuldner nicht gewährt werden. § 21 Abs. 3 InsO sieht eine Anhörung des Schuldners nur für die Anordnung einer Haft vor und § 14 Abs. 2 InsO eröffnet das rechtliche Gehör nur hinsichtlich der Eröffnungsvoraussetzungen. Die Versagung rechtlichen Gehörs vor der Anordnung von Sicherungsmaßnahmen ist auch im Hinblick auf Art. 103 Abs. 1 GG grundsätzlich hinnehmbar, da Sicherungsmaßnahmen eilbedürftig sind, häufig überraschend kommen müssen, um dem Schuldner die Möglich-

5) Anordnungen durch den BGH als Rechtsbeschwerdegericht sind unzulässig; vgl. BGH, Beschl. v. 1.12.2005 – IX ZB 208/05, ZIP 2005, 2333.

6) Zum Verfahren insgesamt *Haarmeyer*, ZInsO 2001, 203.

7) BGH, Beschl. v. 22.3.2007 – IX ZB 164/06, Rz. 8 ff., ZIP 2007, 878, dazu EWiR 2007, 599 *(Pape)*; BGH, Beschl. v. 22.4.2010 – IX ZB 217/09, Rz. 5, ZInsO 2010, 1013 = NZI 2010, 680; vgl. auch LG Göttingen, Beschl. v. 31.1.2008 – 10 T 11/08, ZVI 2008, 210.

keit zu nehmen, Vermögensgegenstände beiseite zu schaffen, und der Schuldner jederzeit die Möglichkeit hat, die Aufhebung der Sicherungsmaßnahme zu beantragen.[8)]

Die **Entscheidung** über die Sicherungsmaßnahme ergeht durch Beschluss. Er ist dem 10
Schuldner, dem vorläufigen Insolvenzverwalter, falls ein solcher eingesetzt wurde, und bei Anordnung eines allgemeinen Verfügungsverbots oder eines Zustimmungsvorbehalts auch den Drittschuldnern zuzustellen. Nach § 21 Abs. 2 Satz 1 Nr. 1 i. V. mit § 8 Abs. 3 InsO kann auch der vorläufige Insolvenzverwalter mit der Zustellung beauftragt werden. Wird die Einsetzung eines vorläufigen Insolvenzverwalters mit der Anordnung eines allgemeinen Verfügungsverbots oder eines Zustimmungsvorbehalts kombiniert, ist der Beschluss außerdem öffentlich bekannt zu machen (§ 23 Abs. 1 Satz 1 InsO) und in die Register sowie in das Grundbuch[9)] einzutragen (§ 23 Abs. 2 und 3 InsO). Ob über den Wortlaut der Norm hinaus alle an die Allgemeinheit gerichteten Sicherungsmaßnahmen, bspw. ein Zwangsvollstreckungsverbot, öffentlich bekannt gemacht werden, liegt im pflichtgemäßen Ermessen des Insolvenzgerichts.[10)] Außerdem wird die Einzelbeschlagnahme eines Grundstücks in das Grundbuch eingetragen werden müssen, da auch dies eine Verfügungsbeschränkung ist (§§ 23 Abs. 3, 32 InsO). **Wirksam** wird die Entscheidung bei (kaum vorkommender) mündlicher Verhandlung mit Verkündung (§ 5 Abs. 2 InsO), sonst mit Erlass[11)] (§ 27 Abs. 3 InsO analog), nicht erst mit Zustellung oder öffentlicher Bekanntmachung.[12)] Das Gericht ist daher gehalten, Tag und Stunde des Erlasses in dem Beschluss zu vermerken, damit klar ist, ab wann die Sicherungsmaßnahmen wirken. Die Bestellung eines vorläufigen Insolvenzverwalters wird allerdings erst mit Annahme des Amts wirksam.

Eine **Anfechtung des Beschlusses** sieht die InsO in § 21 Abs. 1 Satz 2 vor: Gegen die 11
Anordnung von Sicherungsmaßnahmen ist die sofortige Beschwerde gegeben, die aber keine aufschiebende Wirkung hat (§ 570 Abs. 3 ZPO). Gegen einzelne Amtsermittlungsmaßnahmen[13)] oder die unterlassene Anordnung von Sicherungsmaßnahmen ist die Beschwerde nicht statthaft,[14)] ebenso wenig gegen Maßnahmen eines vorläufigen Insolvenzverwalters.[15)] Beschwerdebefugt ist nur der Schuldner.[16)] Dritte sind es selbst dann nicht, wenn eine Anordnung nach § 21 Abs. 2 Satz 1 Nr. 5 InsO ergangen ist.[17)] Etwas anderes gilt nur dann, wenn die angeordnete Maßnahme nach Wortlaut, Inhalt und Zweck des Ge-

8) OLG Köln, Beschl. v. 3.1.2000 – 2 W 224/99, ZIP 2000, 552, 554 = ZInsO 2000, 104, 106 f., dazu EWiR 2000, 635 *(Johlke/Schröder)*; LG Göttingen, Beschl. v. 11.2.2003 – 10 T 24/03, ZIP 2003, 679, 680 = ZVI 2003, 160; AG München, Beschl. v. 20.8.2013 – 1500 IN 1968/13, Rz. 7 f., ZVI 2013, 429 = ZIP 2013, 2074, zur Einziehung des Reisepasses des Schuldners, um dessen Ausreise zu verhindern; Zweifel an der Verfassungsmäßigkeit können allerdings in dem Fall bestehen, dass der Schuldner selbst den Insolvenzantrag gestellt hat, obwohl keine Antragspflicht bestand; vgl. *Pohlmann*, Befugnisse und Funktionen des vorläufigen Insolvenzverwalters, Rz. 65 ff.

9) Dazu LG Flensburg, Beschl. v. 11.11.2002 – 5 T 487/02, ZVI 2002, 418; *Bachmann*, Rpfleger 2001, 105.

10) Uhlenbruck-*Vallender*, InsO, § 23 Rz. 1; Graf-Schlicker-*Lienau*, InsO, § 23 Rz. 2; zum Spannungsverhältnis zwischen allgemeinem Informationsbedürfnis und informationellem Selbstbestimmungsrecht des Schuldners: *Horstkotte*, ZInsO 2012, 1161; *Frind*, ZIP 2012, 1591; *U. Keller*, ZIP 2012, 1895.

11) Zum Zeitpunkt, in dem eine Entscheidung erlassen ist: BGH, Beschl. v. 12.7.2012 – IX ZB 270/11, Rz. 8, ZVI 2013, 76 = NZI 2012, 721.

12) Vgl. dazu *Pape*, ZInsO 1998, 61.

13) BGH, Beschl. v. 4.3.2004 – IX ZB 133/03, ZVI 2004, 240 = ZIP 2004, 915, dazu EWiR 2004, 499 *(Bähr)* – anders nur bei Grundrechtseingriffen im Hinblick auf Art. 19 Abs. 4 GG.

14) BGH, Beschl. v. 7.2.2013 – IX ZB 43/12, Rz. 6, ZIP 2013, 525 = ZInsO 2013, 460, dazu EWiR 2013, 253 *(Siemon)*; LG München I, Beschl. v. 30.12.2002 – 14 T 22353/02, NZI 2003, 215, 216 = ZVI 2003, 78.

15) LG Gera, Beschl. v. 5.3.2002 – 5 T 111/02, ZIP 2002, 1737, 1738.

16) LG Hamburg, Beschl. v. 9.12.2014 – 326 T 149/14, Rz. 14, ZVI 2015, 95 = ZIP 2015, 333.

17) BGH, Beschl. v. 3.12.2009 – IX ZR 7/09, Rz. 21, ZIP 2010, 141, dazu EWiR 2010, 155 *(Voß)*.

setzes überhaupt nicht in Betracht kommt.[18] Ist die Sicherungsmaßnahme mittlerweile aufgehoben oder durch Eröffnung des Insolvenzverfahrens erledigt worden, so wird die Beschwerde wegen Wegfalls der Beschwer unzulässig.[19] Etwas anderes gilt bei fortbestehendem Rechtsschutzinteresse, das auf einer Wiederholungsgefahr, einer fortwirkenden Beeinträchtigung oder einem tiefgreifenden Grundrechtseingriff beruhen kann.[20]

12 Den Fall der **Aufhebung der Sicherungsmaßnahmen** regelt § 25 InsO.[21] Sicherungsmaßnahmen sind von Amts wegen aufzuheben, wenn sich ihre Anordnung nachträglich als rechtswidrig erweist oder wenn die Voraussetzungen entfallen sind, insbesondere der Antrag zurückgenommen oder die Erforderlichkeit entfallen ist. Nach § 25 Abs. 1 InsO gilt für die Aufhebung von Verfügungsbeschränkungen § 23 InsO entsprechend. Die Aufhebung ist daher in gleicher Weise bekannt zu machen wie die Anordnung (siehe dazu Rz. 10). War ein sog. starker vorläufiger Insolvenzverwalter bestellt, so setzt die Aufhebung nach § 25 Abs. 2 InsO voraus, dass die von ihm begründeten Verbindlichkeiten erfüllt und die entstandenen Kosten berichtigt sind (siehe Rz. 84, 87). Die Aufhebungsentscheidung ist unanfechtbar. Auch dem vorläufigen Verwalter steht ein Beschwerderecht nicht zu.[22]

C. Einzelne Sicherungsmaßnahmen

I. Einschränkungen der Verfügungsmacht

13 § 21 Abs. 2 Nr. 2 InsO lässt als Sicherungsmaßnahme Einschränkungen der Verfügungsmacht[23] des Schuldners zu. Das **Spektrum** der möglichen Maßnahmen reicht hier vom völligen Entzug durch Anordnung eines allgemeinen Verfügungsverbots über die Bindung einzelner oder aller Verfügungen an die Zustimmung eines vorläufigen Insolvenzverwalters durch Anordnung eines Zustimmungsvorbehalts bis hin zur Beschlagnahme einzelner Vermögensgegenstände. Wie weit das Gericht Verfügungen über das Vermögen des Schuldners einschränkt, richtet sich wieder nach dem Grundsatz der Verhältnismäßigkeit.

1. Einzelanordnungen

14 Das Gericht kann sich zunächst damit begnügen, nur **einzelne Vermögensgegenstände** zu sichern, etwa die Konten durch Anordnung einer Kontensperre oder die Grundstücke durch Anordnung einer Verfügungsbeschränkung nur für die Immobilien. Es kann einzelne Gegenstände durch einen Gerichtsvollzieher siegeln oder in Verwahrung nehmen lassen, die Herausgabe von Sicherungsgütern an die gesicherten Gläubiger untersagen oder diesen Gläubigern verbieten, ihre Sicherungsrechte geltend zu machen, etwa zur Sicherheit zedierte Forderungen einzuziehen (siehe Rz. 95 ff.).

2. Zustimmungsvorbehalt

15 Das Gericht kann sodann erwägen, Verfügungen des Schuldners an die Zustimmung eines vorläufigen Insolvenzverwalters zu binden mit der Folge, dass ohne Zustimmung vorge-

---

18) BGH, Beschl. v. 24.9.2009 – IX ZB 38/08, Rz. 9, ZVI 2009, 442 = ZIP 2009, 2068, dazu EWiR 2010, 21 *(Frind)*.

19) BGH, Beschl. v. 17.1.2008 – IX ZB 41/07, Rz. 2 ff., ZIP 2008, 476, dazu EWiR 2008, 351 *(Frind)*; BGH, Beschl. v. 12.10.2006 – IX ZB 34/05, Rz. 5 ff., ZVI 2006, 561 = ZIP 2006, 2233; ausführlich *Schmerbach*, NZI 2008, 228.

20) BGH, Beschl. v. 24.9.2009 – IX ZB 38/08, Rz. 10, ZVI 2009, 442 = ZIP 2009, 2068.

21) Vgl. dazu *Haarmeyer*, ZInsO 2000, 70; *Prager/Thiemann*, NZI 2001, 634.

22) BGH, Beschl. v. 26.10.2006 – IX ZB 163/05, Rz. 6 ff., ZVI 2007, 66 = ZIP 2007, 47.

23) Vgl. dazu *Kießling/Singhof*, DZWIR 2000, 353.

nommene Schuldnerverfügungen zunächst **schwebend unwirksam** sind (siehe Rz. 21). Dabei kann es sich auf Verfügungen über besonders wichtige Gegenstände beschränken, also bspw. einen Zustimmungsvorbehalt für Kontoverfügungen oder Verfügungen über Grundstücke anordnen. Es kann den Zustimmungsvorbehalt auch auf wirtschaftlich besonders bedeutsame Verfügungen beziehen, etwa auf solche Maßnahmen, für die im eröffneten Verfahren der Insolvenzverwalter nach § 160 InsO der Zustimmung des Gläubigerausschusses oder der Gläubigerversammlung bedürfte.

Praxishinweis

Zulässig (und in der Praxis üblich) ist aber auch ein allgemeiner Zustimmungsvorbehalt, mit dem sämtliche Verfügungen des Schuldners der Zustimmung des vorläufigen Insolvenzverwalters unterstellt werden. Hierbei ist zu bedenken, dass der vorläufige Insolvenzverwalter beim Zustimmungsvorbehalt nur eine Verhinderungsmacht, aber keine aktive Gestaltungsmacht hat[24)], so dass eine Betriebsfortführung rechtlich in den Händen des (seinerseits an den vorläufigen Verwalter gebundenen) Schuldners liegt, auf den der vorläufige Insolvenzverwalter nur verbal einwirken kann.

3. Allgemeines Verfügungsverbot

Die **stärkste Sicherungsmaßnahme** ist in diesem Zusammenhang die Anordnung eines allgemeinen Verfügungsverbotes. Während der Schuldner beim Zustimmungsvorbehalt noch die Initiative behält und sich lediglich mit dem vorläufigen Insolvenzverwalter einigen muss, verliert er beim allgemeinen Verfügungsverbot jeden weiteren Einfluss auf sein Vermögen. Angesichts dieser weitreichenden Folgen ist in jedem Einzelfall besonders auf die **Erforderlichkeit** einer solchen Sicherungsmaßnahme zu achten.[25)] Dabei ist zunächst die **Vertrauenswürdigkeit des Schuldners** in Betracht zu ziehen, die für das Gericht freilich nicht leicht zu ermitteln ist. Immerhin kann es – bei aller gebotenen Skepsis – ein Indiz für die Vertrauenswürdigkeit sein, wenn der Schuldner selbst den Insolvenzantrag gestellt hat, insbesondere wenn keine Antragspflicht bestand und der Antrag auf drohende Zahlungsunfähigkeit gestützt wird. Ein Kriterium ergibt sich aus der Frage, ob im zu entscheidenden Fall eine Eigenverwaltung in Betracht kommt (§ 270b InsO). Denn wenn dem Schuldner sogar im eröffneten Verfahren die Verfügungsmacht zu belassen ist, dann soll sie ihm im Eröffnungsverfahren nicht entzogen werden (zur Eigenverwaltung im Einzelnen siehe Kap. 15 [*Hölzle*]). 16

Im Übrigen kommt es sehr auf die Kooperation des Schuldners an,[26)] insbesondere darauf, ob er „mit offenem Visier" antritt. Daneben ist auf die **Komplexität der Verhältnisse** zu achten,[27)] die es erforderlich machen können, dem Schuldner die Verfügungsmacht zunächst einmal vollständig zu entziehen, bis sich das Gericht einen besseren Eindruck verschafft hat. Ist der **Betrieb bereits stillgelegt**, kann auf ein allgemeines Verfügungsverbot möglicherweise eher verzichtet werden als bei einem laufenden Unternehmen. 17

Praxishinweis

Auch die Brauchbarkeit **denkbarer Alternativen** ist zu erwägen. So hilft bspw. ein (allgemeiner) Zustimmungsvorbehalt nicht beim flüchtigen oder obstruktiven Schuldner. Soll kein allgemeiner, sondern nur ein beschränkter Zustimmungsvorbehalt angeordnet werden, bedarf es hinreichender Präzisierung, da sonst ein Kompetenzgerangel zwischen Schuldner und vorläufigem Insolvenzverwalter zu befürchten ist.

24) BGH, Urt. v. 24.9.2020 – IX ZR 289/18, ZIP 2020, 2079, 2080 = ZRI 2020, 593 = ZVI 2021, 20.

25) Vgl. LG Berlin, Beschl. v. 3.7.2002 – 86 T 430/02, ZInsO 2002, 837, 838; *Stephan*, NZI 1999, 104.

26) LG Düsseldorf, Beschl. v. 28.8.2003 – 25 T 515/03, 586/03, NZI 2004, 96, 97.

27) LG Düsseldorf, Beschl. v. 28.8.2003 – 25 T 515/03, 586/03, NZI 2004, 96, 97.

18 Wird ein allgemeines Verfügungsverbot für erforderlich gehalten, so ist als Nächstes zu fragen, ob die **Kombination mit der Einsetzung eines vorläufigen Insolvenzverwalters** erforderlich ist. Die Frage ist ohne weiteres zu bejahen, wenn Verwaltungsbedarf besteht, da es dann jemanden geben muss, der verfügen kann. Nur beim stillgelegten Unternehmen kann von der Kombination abgesehen werden.[28] Außerdem ist zu bedenken, dass Drittschuldner beim allgemeinen Verfügungsverbot nicht mehr an den Insolvenzschuldner leisten dürfen (§ 24 Abs. 1 i. V. mit § 82 InsO), so dass ein vorläufiger Insolvenzverwalter regelmäßig schon deshalb einzusetzen ist, damit jemand die Leistungen entgegennehmen kann.

19 Die Kombination des allgemeinen Verfügungsverbots mit der Einsetzung eines vorläufigen Insolvenzverwalters kann aber **problematisch** sein, da sie zur Folge hat, dass alle Verbindlichkeiten, die der vorläufige Verwalter begründet, im eröffneten Verfahren **Masseverbindlichkeiten** sind (§ 55 Abs. 2 InsO; siehe Rz. 79), für deren Erfüllung der vorläufige Verwalter nach Maßgabe des § 61 InsO haftet (siehe Rz. 80). Das kann zur Aufzehrung der Masse führen und für den vorläufigen Verwalter haftungsanfällig sein, da ihm oftmals die Einarbeitungszeit fehlen wird.

Praxishinweis

Die Praxis hilft sich deshalb auf sehr unterschiedlichen Wegen. Teilweise wird – rechtlich unbedenklich – neben der Anordnung eines allgemeinen Verfügungsverbots zunächst nur ein **Gutachter** eingesetzt, der sehr kurzfristig ermitteln muss, ob die Einsetzung eines vorläufigen Verwalters nötig und möglich ist.[29] Teilweise wird das Verfügungsverbot auf einzelne Bereiche beschränkt. Zumeist wird aber (zunächst) nur ein Zustimmungsvorbehalt angeordnet und der vorläufige Verwalter mit der Prüfung beauftragt, ob weitergehende Maßnahmen nötig sind. Alle diese Wege sind grundsätzlich akzeptabel, müssen sich aber in jedem Einzelfall am Grundsatz der Erforderlichkeit messen lassen: Ist die Kombination eines allgemeinen Verfügungsverbots mit der Einsetzung eines vorläufigen Insolvenzverwalters erforderlich, dann ist es unzulässig, davon im Hinblick auf die als nachteilig empfundenen Rechtsfolgen abzusehen.

4. Rechtsfolgen

20 Die Rechtsfolgen des allgemeinen Verfügungsverbots sind in § 24 InsO geregelt. Diese Norm verweist auf §§ 81, 82 InsO, und zwar für alle Verfügungsbeschränkungen gemäß § 21 Abs. 2 Satz 1 Nr. 2 InsO. Ordnet das Gericht hingegen nur einzelne Verfügungsbeschränkungen gemäß § 21 Abs. 1 Satz 1 InsO an, führt dies lediglich zu einem relativen Veräußerungsverbot nach §§ 135, 136 BGB.[30] Mit der Rechtsfolgenverweisung auf §§ 81, 82 InsO werden die **Wirkungen** der Verfahrenseröffnung **vorverlegt**, und zwar nicht nur für das bei Anordnung der Sicherungsmaßnahme vorhandene Vermögen, sondern auch für alles, was der Schuldner zwischen Anordnung und Eröffnung hinzuerwirbt.

21 Durch den Verweis auf § 81 InsO bringt das Gesetz zum Ausdruck, dass es sich bei jeder Verfügungsbeschränkung gemäß § 21 Abs. 2 Satz 1 Nr. 2 InsO um ein **absolutes Verfügungsverbot** handelt. Verbotswidrige Schuldnerverfügungen sind daher gegenüber jeder-

---

28) Vgl. AG Göttingen, Beschl. v. 20.11.2003 – 74 IN 377/03, NZI 2004, 38; AG Göttingen, Beschl. v. 17.5.1999 – 74 IN 24/99, NZI 1999, 330, 331.

29) Vgl. etwa Blersch/Goetsch/Haas-*Beth*, InsO, § 21 Rz. 46; *Stephan*, NZI 1999, 104, 105; kritisch *Weisemann*, DZWIR 1999, 397.

30) *Fuchs/Bayer*, ZInsO 2000, 429, 431; *Laroche* in: HK-InsO, § 24 Rz. 3; Graf-Schlicker-*Lienau*, InsO, § 24 Rz. 9; für eine entsprechende Anwendung von § 24 InsO: *Blankenburg* in: KPB, InsO, § 24 Rz. 4 f.; *Kießling/Singhof*, DZWIR 2000, 353, 357 ff.; *Pohlmann*, Befugnisse und Funktionen des vorläufigen Insolvenzverwalters, Rz. 259.

mann unwirksam,[31] nicht nur gegenüber den Gläubigern. Die Möglichkeit **gutgläubigen Erwerbs** vom Schuldner richtet sich folglich nicht nach § 135 Abs. 2 BGB, sondern nach § 81 Abs. 1 Satz 2 InsO, ist also nur bei Grundstücken möglich, nicht bei beweglichen Sachen. Der Gesetzgeber hat damit für einen weiten Masseschutz gesorgt. Selbstverständlich bleibt, dass der vorläufige Insolvenzverwalter (ebenso wie nach der Eröffnung der endgültige Insolvenzverwalter) die verbotswidrigen Verfügungen des Schuldners genehmigen kann (§ 185 Abs. 2 BGB). Das gilt natürlich **erst recht beim Zustimmungsvorbehalt**, der schon seiner Konstruktion nach auf die vorherige (Einwilligung, § 183 Satz 1 BGB) oder nachträgliche Zustimmung (Genehmigung, § 184 Abs. 1 BGB) angelegt ist.[32] Die Zustimmung kann dann für betriebsnotwendige Verfügungen auch in der Erlaubnis zur Betriebsfortführung gesehen werden.[33] Außerdem kann die Unwirksamkeit der Verfügung nach anderen Vorschriften überwindbar sein.[34]

Der Verweis auf § 82 InsO hat zur Folge, dass **Drittschuldner** nicht mehr mit befreien- 22
der Wirkung an den Schuldner (oder mit dessen Erlaubnis gemäß § 362 Abs. 2 BGB an einen Dritten),[35] sondern nur noch an einen vorläufigen Insolvenzverwalter zahlen können.[36] Eine – vom Drittschuldner zu beweisende[37] – Ausnahme gilt nur dann, wenn der Drittschuldner gutgläubig i. S. des § 82 Satz 2 InsO[38] war oder wenn das Geleistete in die Masse gelangt ist.

§ 24 Abs. 2 InsO verweist bei einer Kombination von allgemeinem Verfügungsverbot und 23
Einsetzung eines vorläufigen Insolvenzverwalters für die **Aufnahme von Prozessen** auf §§ 85, 86 InsO. Das hängt damit zusammen, dass diese kombinierte Sicherungsmaßnahme nach § 240 Satz 2 ZPO zur Unterbrechung von Prozessen führt (siehe Rz. 109).

Nicht verwiesen wird in § 24 InsO auf § 91 InsO, was dazu führt, dass der **gestreckte** 24
Erwerb aus dem Schuldnervermögen trotz Anordnung von Verfügungsbeschränkungen **möglich** bleibt.[39] Das hat vor allen Dingen zur Folge, dass eine Vorauszession wirksam

31) Vgl. für eine Zession BGH, Urt. v. 10.3.2010 – IV ZR 207/08, Rz. 12 ff., ZVI 2010, 265 = ZIP 2010, 890, dazu EWiR 2010, 363 *(Wittmann)*; für das Saldoanerkenntnis BGH, Urt. v. 25.6.2009 – IX ZR 98/08, Rz. 9, ZIP 2009, 1529, dazu EWiR 2009, 777 *(Junghans)*; für die Betriebsübertragung LAG Niedersachsen, Urt. v. 6.10.2008 – 9 Sa 1075/07, NZI 2009, 342, 343.

32) Dazu *Mankowski*, NZI 2000, 572.

33) BGH, Urt. v. 9.7.2009 – IX ZR 86/08, Rz. 16, ZVI 2009, 370 = ZIP 2009, 1674.

34) Vgl. für § 808 BGB, BGH, Urt. v. 10.3.2010 – IV ZR 207/08, Rz. 15 ff., ZVI 2010, 265 = ZIP 2010, 890.

35) Vgl. dazu BGH, Beschl. v. 15.4.2010 – IX ZR 62/09, Rz. 14 f., ZVI 2010, 263 = ZIP 2010, 935, dazu EWiR 2010, 615 *(Flitsch)*; BGH, Urt. v. 9.10.2014 – IX ZR 41/14, Rz. 30 f., ZIP 2014, 2251, dazu EWiR 2015, 85 *(Weiß/Linsenbarth)*; OLG Rostock, Urt. v. 19.6.2006 – 3 U 6/06, ZIP 2006, 1684; zu Zahlungen vor Erlass des Verfügungsverbots s. OLG Dresden, Urt. v. 11.11.1999 – 4 U 2045/99, ZIP 1999, 2161, 2162 ff., dazu EWiR 2000, 253 *(Schmitz)*.

36) BGH, Urt. v. 5.2.2009 – IX ZR 78/07, Rz. 21, ZIP 2009, 673, dazu EWiR 2009, 481 *(Ch. Keller)*.

37) Vgl. dazu BGH, Beschl. v. 23.4.2009 – IX ZR 65/08, Rz. 22, ZVI 2009, 333 = ZIP 2009, 1075, dazu EWiR 2009, 515 *(Neußner)*; BGH, Urt. v. 15.12.2005 – IX ZR 227/04, ZIP 2006, 138, 139 ff. = ZVI 2006, 111, dazu EWiR 2006, 213 *(Flitsch/Schellenberger)*, und *Schäfer*, ZInsO 2008, 16; OLG Rostock, Urt. v. 19.6.2006 – 3 U 6/06, ZIP 2006, 1684; ferner (zur KO) BGH, Urt. v. 12.11.1998 – IX ZR 145/98, BGHZ 140, 54, 56 ff. = ZIP 1998, 2162.

38) BGH, Beschl. v. 15.4.2010 – IX ZR 62/09, Rz. 14 f., ZVI 2010, 263 = ZIP 2010, 935, dazu EWiR 2010, 615 *(Flitsch)*; BGH, Urt. v. 9.10.2014 – IX ZR 41/14, Rz. 30 f., ZIP 2014, 2251, dazu EWiR 2015, 85 *(Weiß/Linsenbarth)*.

39) BGH, Urt. v. 10.12.2009 – IX ZR 1/09, Rz. 25 ff., ZVI 2010, 224 = ZIP 2010, 138, dazu EWiR 2010, 123 *(Jacoby)*; BGH, Urt. v. 22.10.2009 – IX ZR 90/08, Rz. 6 ff., 15, ZIP 2009, 2347, dazu EWiR 2010, 121 *(Wilkens/Siepmann)*; BGH, Urt. v. 14.12.2006 – IX ZR 102/03, Rz. 8, ZVI 2007, 72 = ZIP 2007, 191, dazu EWiR 2007, 185 *(Gundlach/Frenzel)*; *Gehrlein*, WM 2014, 485, 486; a. A. OLG Naumburg, Urt. v. 23.4.2008 – 5 U 19/08, ZIP 2008, 1931, 1933.

bleibt und auch noch Forderungen erfasst, die erst zwischen Anordnung des Verfügungsverbots und Eröffnungsbeschluss entstehen.

25 *Beispiel*
Das Finanzamt pfändet Ansprüche eines Steuerpflichtigen gegen seine Bank auf Auszahlung künftiger Tagesguthaben. Einige Wochen später wird ein allgemeines Verfügungsverbot erlassen und ein vorläufiger Insolvenzverwalter eingesetzt, der die Auszahlung der Tagessalden an sich verlangt. Der BGH[40] *hat – noch zum alten Recht – das Guthaben dem Finanzamt zugesprochen. Dem ist auch unter dem Geltungsbereich der InsO zu folgen, da das Verfügungsverbot die Pfändung nicht berührt und der Wegfall der Verfügungsbefugnis insoweit unerheblich ist, als damit nur neue Verfügungen des Schuldners verhindert werden, nicht aber die Wirkungen bereits eingeleiteter Verfügungen. Das ergibt sich daraus, dass § 24 Abs. 1 InsO nur auf § 81 InsO, nicht aber auf § 91 InsO verweist. Hier bleibt nur die Anfechtung unter den Voraussetzungen der §§ 130 ff. InsO.*[41]

26 **Keine Vorverlegung der Rückschlagsperre:** Ebenfalls nicht verwiesen ist auf §§ 88, 89 InsO. Die Auswirkungen der Eröffnung des Insolvenzverfahrens auf **Zwangsvollstreckungsmaßnahmen** werden daher nicht vorverlegt. Die Zwangsvollstreckung ist eben keine Verfügung des Schuldners und deshalb mit einer Verfügungsbeschränkung für den Schuldner nicht per se unvereinbar. Vielmehr bedarf es zur Verhinderung von Zwangsvollstreckungsmaßnahmen eines ausdrücklichen Zwangsvollstreckungsverbots. Falls ein vorläufiger Insolvenzverwalter bestellt und ein allgemeines Verfügungsverbot angeordnet wurde, kann jedoch selbst ohne ein solches Vollstreckungsverbot nur dann vollstreckt werden, wenn vorher der Titel auf den vorläufigen Insolvenzverwalter umgeschrieben wird.[42]

II. Zwangsvollstreckungsverbot

27 Als weitere, die Verfügungsbeschränkungen ergänzende Sicherungsmaßnahme kommt die Sicherung des Schuldnervermögens vor dem **Zugriff zwangsvollstreckender Gläubiger** in Betracht.[43] Das Gesetz unterscheidet hier zwischen Immobilien und sonstigen Vermögensgegenständen. Bei der Zwangsvollstreckung in **Immobilien**[44] besteht für das Insolvenzgericht nur die Möglichkeit, einen vorläufigen Insolvenzverwalter einzusetzen, der dann beim Vollstreckungsgericht die Einstellung der Zwangsversteigerung nach § 30d Abs. 4 ZVG beantragen kann. Dazu muss er glaubhaft machen, dass die Einstellung zur Verhütung nachteiliger Veränderungen in der Vermögenslage des Schuldners erforderlich ist. Dauert die Einstellung länger als drei Monate, sind dem gesicherten Gläubiger auf die gesicherte Forderung Zinsen zu zahlen, nicht die dinglichen Zinsen.[45] Für die Zwangsverwaltung fehlt eine spezielle Vorschrift. Hier kann die Einstellung nach § 146 Abs. 1 i. V. mit § 30d Abs. 4 ZVG beantragt werden.[46]

28 Bei **beweglichen Sachen und Forderungen** liegt die Kompetenz hingegen unmittelbar beim Insolvenzgericht, das nach § 21 Abs. 2 Satz 1 Nr. 3 InsO ein Zwangsvollstreckungs-

---

40) BGH, Urt. v. 20.3.1997 – IX ZR 71/96, BGHZ 135, 140 = ZIP 1997, 737.
41) BGH, Beschl. v. 10.12.2009 – IX ZR 1/09, Rz. 25 ff., ZVI 2010, 224 = ZIP 2010, 138.
42) LG Cottbus, Beschl. v. 20.4.2000 – 7 T 548/99, ZInsO 2000, 337; LG Cottbus, Beschl. v. 28.1.2000 – 7 T 549/99, ZInsO 2000, 107.
43) Dazu *Steder*, ZIP 2002, 65; *Viertelhausen*, JurBüro 2000, 6.
44) Dazu *Hintzen*, ZInsO 1998, 318.
45) LG Stade, Beschl. v. 19.3.2002 – 7 T 47/02, Rz. 10 ff., Rpfleger 2002, 472; *Blankenburg* in: KPB, InsO, § 21 Rz. 178; *Pape*, ZInsO 1999, 398, 399; a. A. *Hintzen*, Rpfleger 1999, 256, 260; *B. Schmidt*, InVo 1999, 73, 76.
46) *Gerhardt*, Grundpfandrechte im Insolvenzverfahren, Rz. 254; *Jungmann*, NZI 1999, 352; a. A. LG Cottbus, Beschl. v. 28.1.2000 – 7 T 549/99, ZInsO 2000, 107, 108.

verbot anordnen kann. Diese Anordnung ergeht – anders als die nach § 30d Abs. 4 ZVG – von Amts wegen, setzt also keinen Antrag voraus. Das Gericht hat lediglich zu prüfen, ob es sich um eine erforderliche Sicherungsmaßnahme handelt, was regelmäßig zu bejahen sein wird, da verhindert werden muss, dass das Unternehmen während des Eröffnungsverfahrens durch Zwangsvollstreckungsmaßnahmen „zerpflückt" wird. Das Zwangsvollstreckungsverbot hat zur Folge, dass danach ausgebrachte Pfändungen unwirksam sind, was mit der Erinnerung nach § 766 ZPO beim Vollstreckungsgericht[47] geltend zu machen ist. Insoweit kann über den Gegenstand frei verfügt werden. Bereits laufende Zwangsvollstreckungsmaßnahmen werden hingegen nur eingestellt, nicht aber aufgehoben.[48] Auch das Verfahren zur Abgabe der eidesstattlichen Versicherung nach § 807 ZPO kann nicht fortgesetzt werden, da es sich um eine Maßnahme der Zwangsvollstreckung handelt, selbst wenn sie die Masse nicht unmittelbar antastet.[49] Dasselbe gilt für die Vollstreckung nicht vertretbarer Handlungen[50] sowie die Pfändung von Ansprüchen des Schuldners, die die Ablehnung der Verfahrenseröffnung voraussetzen.[51]

Beispiel 29

G hat eine Forderung des S gegen D gepfändet. Nach Anordnung eines Zwangsvollstreckungsverbots zieht G die Forderung ein. D ist, solange er von dem Zwangsvollstreckungsverbot nichts weiß, über § 836 ZPO geschützt und damit frei geworden. G muss aber die eingezogenen Beträge nach § 816 Abs. 2 BGB an den Insolvenzverwalter herausgeben.[52]

§ 21 Abs. 2 Satz 1 Nr. 3 InsO ist im Zusammenhang mit **anderen Grenzen für Zwangsvollstreckungsmaßnahmen** zu sehen, die für das eröffnete Verfahren bestehen. Eine endgültige Grenze setzt § 89 InsO, der Zwangsvollstreckungsmaßnahmen nach Eröffnung für Insolvenzgläubiger ausschließt. Diese Grenze wird durch ein Zwangsvollstreckungsverbot nach § 21 Abs. 2 Satz 1 Nr. 3 InsO **vorverlegt** und zugleich erweitert, denn das Zwangsvollstreckungsverbot gilt nicht nur für Insolvenzgläubiger, sondern für alle Gläubiger, also bspw. auch für im eröffneten Verfahren **Absonderungsberechtigte**, die ihre Herausgabeansprüche im Wege der Zwangsvollstreckung durchsetzen wollen (siehe Rz. 99). Im eröffneten Verfahren führt sodann die **Rückschlagsperre** nach § 88 InsO dazu, dass alle noch nicht abgeschlossenen Zwangsvollstreckungsmaßnahmen unwirksam werden, die längstens einen Monat vor Insolvenzantrag ausgebracht wurden. Die Anordnung eines Zwangsvollstreckungsverbots verhindert demgegenüber, dass überhaupt noch neue 30

---

47) AG Köln, Beschl. v. 23.6.1999 – 73 IK 1/99, NZI 1999, 381; AG Rostock, Beschl. v. 10.1.2000 – 64 M 6512/99, NZI 2000, 142 = NJW-RR 2000, 716; *Hintzen*, ZInsO 1998, 174, 175 f.; nach a. M. entscheidet das Insolvenzgericht, vgl. etwa LG Dessau-Roßlau, Beschl. v. 3.11.2006 – 7 T 411/06, Rz. 13, juris; AG Göttingen, Beschl. v. 14.8.2003 – 74 AR 16/03, NZI 2003, 612 m. w. N.

48) Vgl. AG Hamburg, Beschl. v. 21.10.1999 – 68d IK 24/99, WM 2000, 895, 896 – Einstellung einer Forderungspfändung abgelehnt, da Pfändungspfandrecht unanfechtbar, so dass Forderung für die Masse nicht zu retten; AG Köln, Beschl. v. 29.6.1999 – 71 IN 143/99, NZI 1999, 333 = NJW-RR 1999, 1278 – für Räumungsvollstreckung.

49) LG Heilbronn, Beschl. v. 26.9.2007 – 1 T 294/07, Rz. 11 ff., Rpfleger 2008, 88; LG Darmstadt, Beschl. v. 10.7.2003 – 5 T 272/03, NZI 2003, 609; *Steder*, NZI 2000, 456; a. A. LG Würzburg, Beschl. v. 21.9.1999 – 9 T 1930/99, NZI 1999, 504; AG Rostock, Beschl. v. 10.1.2000 – 64 M 6512/99, NZI 2000, 142 = NJW-RR 2000, 716; zur Unzulässigkeit des Verfahrens gemäß § 807 ZPO nach Insolvenzeröffnung: BGH, Beschl. v. 24.5.2012 – IX ZB 275/10, Rz. 10 ff., ZVI 2012, 348 = ZIP 2012, 1311, dazu EWiR 2012, 733 *(Budnik)*.

50) LG Mainz, Beschl. v. 20.2.2002 – 8 T 302/01, ZVI 2002, 203 = NZI 2002, 444, dazu EWiR 2003, 377 *(App)*.

51) AG Hamburg, Beschl. v. 25.9.2007 – 903a M 1240/07, ZIP 2008, 43, 44.

52) So (noch zur GesO) BGH, Urt. v. 17.12.1998 – IX ZR 1/98, BGHZ 140, 253 = ZIP 1999, 144, dazu EWiR 1999, 239 *(Muth)*; OLG Düsseldorf, Urt. v. 18.12.1998 – 17 U 86/98, WM 1999, 843; vgl. auch *Marx*, ZInsO 1998, 306.

Pfändungspfandrechte entstehen können, zu deren nachträglichen Unwirksamkeit § 88 InsO führen könnte. Schließlich können Zwangsvollstreckungsmaßnahmen nach § 131 InsO angefochten werden. Auch dessen bedarf es nicht, wenn durch ein Zwangsvollstreckungsverbot das Entstehen von Pfändungspfandrechten verhindert wird.

III. Einsetzung eines vorläufigen Insolvenzverwalters

31 Das Gesetz erwähnt in § 21 Abs. 2 Satz 1 Nr. 1 InsO die Einsetzung eines vorläufigen Insolvenzverwalters als mögliche Sicherungsmaßnahme. Auch hier ist stets zu prüfen, ob diese Maßnahme erforderlich ist. Sie ist sicher erforderlich bei Anordnung eines Zustimmungsvorbehalts, da es dann jemanden geben muss, der über die Zustimmungen entscheidet, sowie bei der Postsperre, da jemand für die Post zuständig sein muss. Bei Anordnung eines allgemeinen Verfügungsverbots kann sich die Notwendigkeit daraus ergeben, dass Verwaltungsbedarf besteht, so dass jemand verfügen können muss oder daraus, dass es Drittschuldner gibt, die jemanden haben müssen, demgegenüber sie die von ihnen geschuldete Leistung erbringen können (siehe Rz. 18). Wird die Einsetzung eines vorläufigen Insolvenzverwalters mit der Anordnung eines allgemeinen Verfügungsverbots kombiniert, spricht man von einem **„starken" vorläufigen Insolvenzverwalter.** Hat der vorläufige Insolvenzverwalter hingegen keine umfassende Verfügungsmacht, sondern allenfalls partielle Verfügungsbefugnis oder – wie beim Zustimmungsvorbehalt – eine Verhinderungsmacht, so spricht man von einem **„schwachen" vorläufigen Insolvenzverwalter.**

IV. Einsetzung eines vorläufigen Gläubigerausschusses

32 Durch das ESUG[53] ist die Vorschrift des § 21 Abs. 2 Satz 1 Nr. 1a InsO eingefügt worden, nach der das Gericht einen vorläufigen Gläubigerausschuss einsetzen kann. Zugleich wurde die Überschrift zu § 21 von „Anordnung von Sicherungsmaßnahmen" in „Anordnung vorläufiger Maßnahmen" geändert, da dies **keine Sicherungsmaßnahme** ist. Zum vorläufigen Gläubigerausschuss wird auf die Ausführungen in Kap. 6 [*Zimmer*] sowie Kap. 4 [*Nissen/Beuck*] verwiesen.

V. Anordnungen gegen Aus- und Absonderungsberechtigte

33 Ebenfalls nachträglich[54] in das Gesetz aufgenommen wurde die Bestimmung des § 21 Abs. 2 Satz 1 Nr. 5 InsO.[55] Nach dieser Vorschrift kann das Gericht anordnen, dass Gegenstände, an denen Aus- oder Absonderungsrechte bestehen, vom Berechtigten nicht verwertet oder eingezogen und vom Schuldner[56] bzw. vorläufigen Insolvenzverwalter für die Fortführung des Unternehmens eingesetzt werden dürfen, wenn sie hierfür von erheblicher Bedeutung sind (sog. **Verwertungsstopp**). Als Ausgleich gewährt das Gesetz durch den Verweis auf § 169 Satz 2 und 3 InsO Zinsen auf die gesicherte Forderung sowie Ausgleich des durch die Nutzung verursachten Wertverlustes. Außerdem ist bestimmt, dass die Masse bei der durch die Anordnung ermöglichten Einziehung sicherungszedierter Forderungen einen Kostenbeitrag von insgesamt 9 % des Erlöses behalten darf.[57]

53) Gesetz zur weiteren Erleichterung der Sanierung von Unternehmen (ESUG), v. 7.12.2011, BGBl. I 2011, 2582.

54) Durch das Gesetz zur Vereinfachung des Insolvenzverfahrens, v. 13.4.2007, BGBl. I 2007, 509.

55) Ausführlich dazu u. a. *Ganter*, NZI 2007, 549; *Kirchhof*, ZInsO 2007, 227; *Kuder*, ZIP 2007, 1690.

56) Auch in der vorläufigen Eigenverwaltung: AG Leipzig, Beschl. v. 25.1.2017 – 401 IN 81/17, Rz. 1, ZInsO 2017, 328.

57) BGH, Urt. v. 21.1.2010 – IX ZR 65/09, Rz. 28 ff., ZIP 2010, 739, dazu EWiR 2010, 395 *(Knof)*.

Diese Vorschrift hat aufgrund ihrer handwerklichen Umsetzung **Kritik** erfahren.[58] Soweit es bspw. um Gegenstände des Umlaufvermögens geht, hilft die bloße **Nutzungsbefugnis** regelmäßig nicht weiter, denn diese Gegenstände werden in der Betriebsfortführung durch Verwertung, nicht durch Nutzung eingesetzt. Angesichts des eindeutigen Wortlauts wird man aber annehmen müssen, dass eine Verwendung durch Verarbeitung, Veräußerung oder Verbrauch nicht erlaubt ist, falls keine Verwertungsvereinbarung mit dem Sicherungsnehmer geschlossen wird.[59] Soweit sich die Norm auf Aussonderungsrechte erstreckt, wurden verfassungsrechtliche Bedenken erhoben.[60] Dass etwa ein Leasinggeber, der nach wirksamer Kündigung des Leasingvertrags materiell-rechtlich Herausgabe des Leasingguts verlangen könne, daran durch eine Sicherungsanordnung gehindert werden können solle und im Gegenzug für die Nutzung des Leasingguts nicht einmal die vertraglich vereinbarten Leasingraten, sondern nur Wertverlustausgleich erhalten solle, sei nicht akzeptabel. Das **BVerfG** hat indes die **Verfassungsmäßigkeit** der Regelung bestätigt, da der Gesetzgeber zum Schutz der unternehmerischen Einheit und der damit verbundenen Sanierungschancen, die der Gläubigergesamtheit zugutekommen, in die Eigentumsrechte einzelner Gläubiger eingreifen darf.[61] 34

Der **BGH** nimmt eine **Gesetzesauslegung** vor, die die Eigentumsrechte Ab- und Aussonderungsberechtigter so weit wie möglich wahrt:[62] 35

- Zunächst muss das Insolvenzgericht die **Gegenstände**, die von dem Verwertungsstopp erfasst werden sollen, hinreichend konkret bezeichnen. Allenfalls ist eine Zusammenfassung bestimmter Arten von Gegenständen zulässig, nicht hingegen eine formularmäßige Pauschalanordnung.
- Die gleichen Maßstäbe sind auch an die Feststellungen des Gerichts anzulegen, welche Sicherungsrechte welcher **Gläubiger** betroffen sind. Auch hier kommt höchstens eine Zusammenfassung bestimmter Gläubiger in Betracht.
- Schließlich hat das Gericht konkret zu begründen, dass die von dem Verwertungsstopp betroffenen Gegenstände für die **Fortführung des schuldnerischen Unternehmens** von erheblicher Bedeutung sind.[63]

Erfüllt die gerichtliche Anordnung diese Voraussetzung nicht, ist sie **unwirksam**. Gleichwohl stehen dem Gläubiger – dem gegen die Anordnung kein Rechtbehelf zusteht (siehe Rz. 11) – in jedem Fall die in § 21 Abs. 2 Satz 1 Nr. 5 InsO genannten Rechte zu: als „Zinsen" kann er das vereinbarte oder marktübliche Nutzungsentgelt aus der Masse verlangen, allerdings erst für die Zeit nach Ablauf von drei Monaten;[64] für die Zeit davor 36

58) Vgl. BGH, Urt. v. 8.3.2012 – IX ZR 78/11, Rz. 13, ZIP 2012, 779, dazu EWiR 2012, 389 *(Tillmann)*; *Ganter*, NZI 2007, 549, 553.

59) BGH, Urt. v. 8.3.2012 – IX ZR 78/11, Rz. 23, ZIP 2012, 779; BGH, Urt. v. 24.1.2019 – IX ZR 110/17, ZIP 2019, 472, 476 = ZVI 2019, 178; Begr. RegE Gesetz zur Vereinfachung des Insolvenzverfahrens, BT-Drucks. 16/3227, S. 16; Graf-Schlicker-*Lienau*, InsO, § 21 Rz. 28; *Schröder* in: HambKomm-InsO, § 21 Rz. 82; a. A. *Ganter*, NZI 2007, 549, 552; *Haarmeyer/Schildt* in: MünchKomm-InsO, § 21 Rz. 99; vgl. *Blankenburg* in: KPB, InsO, § 21 Rz. 226.

60) Vgl. Uhlenbruck-*Vallender*, InsO, § 21 Rz. 38g.

61) BVerfG, Beschl. v. 22.3.2012 – 1 BvR 3169/11, Rz. 20 ff., ZIP 2012, 1252.

62) BGH, Urt. v. 3.12.2009 – IX ZR 7/09, Rz. 16 ff., ZIP 2010, 141; dazu u. a. *Gundlach/Schirrmeister*, NZI 2010, 176; vgl. auch *Heublein*, ZIP 2009, 11; für eine analoge Anwendung des § 55 Abs. 2 Satz 2 InsO, LG Berlin, Urt. v. 28.4.2008 – 14 O 475/07, ZInsO 2008, 629, 630; dazu *Büchler*, ZInsO 2008, 719.

63) Vgl. dazu, LG Erfurt, Urt. v. 12.10.2012 – 9 O 297/12, Rz. 31, ZIP 2013, 281.

64) BGH, Urt. v. 3.12.2009 – IX ZR 7/09, Rz. 28 ff., ZIP 2010, 141.

können allenfalls Ansprüche auf Ersatz eines etwaigen Wertverlusts geltend gemacht werden.[65)]

D. Die Rechtsstellung des vorläufigen Insolvenzverwalters

37 Die Rechtsstellung des vorläufigen Insolvenzverwalters ist an unterschiedlichen Stellen geregelt. Teilweise enthalten §§ 21 ff. InsO originäre **Rechtsquellen**, teilweise wird auf die Vorschriften über das eröffnete Verfahren verwiesen (§ 21 Abs. 2 Nr. 1, § 24 Abs. 2 InsO), oder es wird der vorläufige Insolvenzverwalter in solchen Vorschriften mit behandelt (§ 51 Abs. 2 InsO, § 240 Satz 2 ZPO). Daneben kommt in Betracht, Vorschriften über das eröffnete Verfahren analog anzuwenden, sofern eine damit verbundene Vorverlegung der Eröffnungswirkungen mit dem Sicherungszweck vereinbar ist.

I. Das „Amtsrecht" des vorläufigen Insolvenzverwalters

38 Für die **Bestellung** des vorläufigen Insolvenzverwalters verweist § 21 Abs. 2 Satz 1 Nr. 1 InsO auf §§ 56, 56a InsO. Auch der vorläufige Insolvenzverwalter muss also eine einzelne natürliche Person sein, die für den konkreten Einzelfall geeignet, insbesondere von Gläubigern und Schuldner unabhängig[66)] und für Insolvenzverfahren allgemein und die Besonderheiten des konkreten Verfahrens hinreichend erfahren und ausgerüstet ist. Der vorläufige Verwalter erhält eine **Bestallungsurkunde**, die er zur Legitimation gegenüber Vertragspartnern (vgl. § 55 Abs. 2 InsO), Prozessgericht (vgl. § 24 Abs. 2 InsO, § 240 Satz 2 ZPO), Vollstreckungsgericht (vgl. § 30d Abs. 4 ZVG) oder Grundbuchamt (vgl. § 29 Abs. 1 Satz 2 GBO) verwenden kann.

Praxishinweis

In der Bestallungsurkunde sollte ein allgemeines Verfügungsverbot mit dem Wortlaut des § 22 Abs. 1 Satz 1 InsO angegeben werden. Ist ein allgemeines Verfügungsverbot nicht angeordnet worden, sind die Kompetenzen des vorläufigen Verwalters möglichst präzise zu beschreiben.

39 Die **Aufsicht** über den vorläufigen Verwalter liegt nach § 21 Abs. 2 Satz 1 Nr. 1 i. V. mit § 58 InsO ausschließlich beim Insolvenzgericht. Die Gläubiger sind in dieser Phase des Insolvenzeröffnungsverfahrens regelmäßig noch nicht organisiert und haben keine Eingriffsmöglichkeiten; dies gilt auch dann, wenn ein vorläufiger Gläubigerausschuss eingesetzt ist, der gemäß § 21 Abs. 2 Satz 1 Nr. 1a, § 69 InsO den vorläufigen Verwalter zu überwachen hat. Die Gläubiger können allenfalls das Gericht informieren und Aufsichtsmaßnahmen anregen. Das Gericht kann beim vorläufigen Insolvenzverwalter nach § 58 Abs. 1 Satz 2 InsO jederzeit Auskünfte einholen und einen Bericht über den Sachstand und die Geschäftsführung verlangen. Ansonsten handelt es sich aber um eine reine **Rechtsaufsicht**, so dass das Gericht keine Einzelweisungen erteilen kann. **Durchsetzen** kann das Gericht die Pflichten des vorläufigen Insolvenzverwalters mit – vorher anzudrohendem – Zwangsgeld (§ 58 Abs. 2 InsO), sonst nur mit der Aufhebung der Sicherungsmaßnahme oder – in Fällen, in denen das nicht in Betracht kommt (Erforderlichkeit!) – mit der Entlassung des vorläufigen Insolvenzverwalters (§ 59 InsO).[67)]

65) BGH, Urt. v. 8.3.2012 – IX ZR 78/11, Rz. 17 ff., ZIP 2012, 779; BGH, Urt. v. 8.9.2016 – IX ZR 52/15, Rz. 8 ff., ZIP 2016, 2131, dazu EWiR 2016, 731 *(Lüke)*; *Christoph/Doghonadze*, NZI 2016, 809; *Hölzle*, ZIP 2014, 1155, 1157.

66) Zu dem Erfordernis der Unabhängigkeit im Falle eines einstimmigen Vorschlags durch einen vorläufigen Gläubigerausschuss: *A. Schmidt/Hölzle*, ZIP 2012, 2238; *Frind*, ZInsO 2013, 59; *Bork*, ZIP 2013, 145; *Vallender/Zipperer*, ZIP 2013, 149; *Hölzle*, ZIP 2013, 447.

67) Vgl. dazu OLG Zweibrücken, Beschl. v. 25.9.2000 – 3 W 205/00, NZI 2000, 535, 536.

Zur **Rechnungslegung**[68] ist der vorläufige Insolvenzverwalter grundsätzlich erst nach Beendigung seines Amts verpflichtet (§ 21 Abs. 2 Nr. 1 i. V. mit § 66 InsO). Das Gericht kann allerdings einen **Zwischenbericht** verlangen (§ 58 Abs. 1 Satz 2, § 66 Abs. 3 InsO). Adressat ist das Insolvenzgericht, nicht die Gläubigerorgane, und beim Gericht bis zur Verfahrenseröffnung der Richter, danach der Rechtspfleger.[69] Hingegen treffen den vorläufigen Insolvenzverwalter die allgemeinen **handels- und steuerrechtlichen Rechnungslegungspflichten** nicht, da § 155 InsO nur für das eröffnete Verfahren passt. Ist allerdings ein allgemeines Verfügungsverbot angeordnet, so ist der sog. starke vorläufige Verwalter zugleich Vermögensverwalter i. S. des § 34 Abs. 3 AO[70] und in dieser Eigenschaft zur Abgabe anfallender steuerrechtlicher Erklärungen verpflichtet. 40

Die **Vergütung** des vorläufigen Insolvenzverwalters richtet sich nach § 21 Abs. 2 Satz 1 Nr. 1 InsO i. V. mit § 63 InsO nach §§ 10 f. InsVV.[71] Zuständig für die Festsetzung der Vergütung ist bis zur Verfahrenseröffnung der Richter, danach der Rechtspfleger.[72] 41

Die **Beendigung** des Amts ist auf verschiedene Weise möglich. Der vorläufige Insolvenzverwalter verliert sein Amt mit der Entscheidung über den Eröffnungsantrag, unabhängig davon, ob der Antrag zurückgewiesen oder das Insolvenzverfahren eröffnet wird. Auch die Aufhebung der als Sicherungsmaßnahme angeordneten vorläufigen Insolvenzverwaltung beendet das Amt, ebenso die Entlassung des Amtsinhabers (siehe Rz. 38) oder dessen Tod. 42

II. Kompetenzen

1. Überblick

Hinsichtlich der Kompetenzen unterscheidet das Gesetz zwischen dem sog. starken und dem sog. schwachen vorläufigen Insolvenzverwalter (siehe Rz. 31). 43

- Für den starken vorläufigen Insolvenzverwalter gilt der abschließende und auch für das Gericht bindende Aufgabenkatalog des § 22 Abs. 1 Satz 2 InsO. Diese Regelung wird in anderen Normen ergänzt, insbesondere in § 240 Satz 2 ZPO, § 24 Abs. 2 i. V. mit §§ 85, 86 InsO, § 55 Abs. 2, § 61 InsO, § 30d Abs. 4 ZVG, § 34 Abs. 3 AO. Bei der starken vorläufigen Insolvenzverwaltung sind die Kompetenzen also gesetzlich festgeschrieben.
- Der schwache vorläufige Insolvenzverwalter hat hingegen nur diejenigen Kompetenzen, die ihm das Gericht nach § 22 Abs. 2 Satz 1 InsO ausdrücklich zuweist.[73] Seine Befugnisse sind abhängig von der Einzelanordnung des Gerichts, das dabei über die Kompetenzen des starken Verwalters nicht hinausgehen darf (§ 22 Abs. 2 Satz 2 InsO).

Für beide Erscheinungsformen des vorläufigen Insolvenzverwalters regelt schließlich § 22 Abs. 3 InsO die Informationsrechte gegenüber dem Schuldner und dessen Angestellten. 44

68) Dazu *Förster*, ZInsO 2000, 639 f.; *Heyrath/Reck*, ZInsO 2009, 1678; *Schmerbach*, ZInsO 2000, 637.

69) Vgl. BGH, Beschl. v. 22.9.2010 – IX ZB 195/09, Rz. 25, ZVI 2011, 66 = ZIP 2010, 2160, dazu EWiR 2011, 25 *(Blersch)*; a. A. *Uhlenbruck*, NZI 1999, 289, 292 f.; *Schmerbach* in: FK-InsO, § 21 Rz. 225.

70) Dazu näher *Jatzke*, ZIP 2007, 1977.

71) Ausführlich *U. Keller*, Vergütung, § 7.

72) BGH, Beschl. v. 22.9.2010 – IX ZB 195/09, Rz. 24 f., ZVI 2011, 66 = ZIP 2010, 2160.

73) Ausführlich dazu *Fritsche*, DZWIR 2005, 265.

2. Kompetenzen des starken vorläufigen Insolvenzverwalters

a) Verwaltungs- und Verfügungsbefugnis

45 Nach § 22 Abs. 1 Satz 1 InsO geht auf den sog. starken vorläufigen Insolvenzverwalter die Verwaltungs- und Verfügungsbefugnis in vollem Umfang über. Diese Rechtsfolge entspricht der Wirkung der Verfahrenseröffnung nach § 80 InsO, so dass also hier die verfügungsrechtlichen Eröffnungswirkungen vorverlegt werden. Entsprechend sind Verfügungen des Schuldners nach § 24 Abs. 1 i. V. mit § 81 InsO unwirksam (siehe Rz. 21). Der Übergang der Verwaltungs- und Verfügungsbefugnis führt dazu, dass der vorläufige Insolvenzverwalter auch im Übrigen **in die massebezogenen Rechtspositionen des Schuldners einrückt**, denn er nimmt jetzt die Rechte und Pflichten als Arbeitgeber, Mieter, Vermieter, Steuerpflichtiger etc. wahr. Der vorläufige Verwalter tritt also an die Stelle des Schuldners und verdrängt ihn damit.

46 Der Übergang der Verwaltungs- und Verfügungsbefugnis hat im **Außenverhältnis** zur Folge, dass der vorläufige Insolvenzverwalter alle Rechtshandlungen vornehmen kann, die sich auf die (künftige) Masse beziehen. Im **Innenverhältnis** gibt es aber eine **Begrenzung durch den Sicherungszweck**: Der vorläufige Verwalter kann zwar, darf aber keineswegs nach Belieben schalten und walten. Er darf das Vermögen des Schuldners nicht verwerten, sondern nur sichern (§ 21 Abs. 1 Satz 1, § 22 Abs. 1 Satz 2 Nr. 1 InsO). Diese Begrenzung besteht mit einer doppelten Schutzrichtung: Sie dient der **Werterhaltung** zugunsten der Gläubiger und der **Bestandserhaltung** zugunsten des Schuldners (der das Unternehmen bei Abweisung des Insolvenzantrags möglicherweise zurückbekommt).[74] Nimmt der vorläufige Verwalter Handlungen vor, die mit dem Sicherungszweck unvereinbar sind, so können sie durch die Zustimmung des Schuldners legitimiert werden, solange es nur um die Bestandserhaltung und nicht um die Werterhaltung geht. Im Übrigen gibt es nur haftungsrechtliche Sanktionen (§ 60 InsO) und notfalls die Entlassung des vorläufigen Verwalters (siehe Rz. 38). Nur bei ganz **offensichtlicher Unvereinbarkeit** mit dem Sicherungszweck kann die Rechtshandlung des vorläufigen Insolvenzverwalters auch im Außenverhältnis unwirksam sein. Eine solche Unvereinbarkeit liegt etwa vor, wenn der vorläufige Verwalter Vermögensgegenstände verschenkt oder Forderungen, die im eröffneten Verfahren einfache Insolvenzforderungen wären, erfüllt, ohne dass dies im Interesse einer masseerhaltenden Verfahrensabwicklung erforderlich wäre.[75]

b) Sicherung und Erhaltung des Schuldnervermögens

47 Neben die gesetzliche Folge des § 22 Abs. 1 Satz 1 InsO tritt nach Satz 2 dieser Vorschrift ein **vertypter Aufgabenkatalog**, der unter der Nr. 1 zunächst die Sicherung und Erhaltung des Schuldnervermögens aufführt. Diese Aufgabe kommt auch dem endgültigen Insolvenzverwalter zu, so dass §§ 148 ff. InsO vorsichtig analog angewandt werden können.

48 Der vorläufige Insolvenzverwalter hat also zunächst das Schuldnervermögen in Besitz zu nehmen.[76] Die **Inbesitznahme** muss sich auf alles erstrecken, was zur Erfüllung des Sicherungsauftrags erforderlich ist, insbesondere auf Gegenstände, an denen Sicherungsrechte bestehen, damit auf diesem Wege das Verwertungsrecht des endgültigen Verwalters aus § 166 Abs. 1 InsO gesichert werden kann. Durchgesetzt werden kann die Inbesitznahme gegen

74) Vgl. BGH, Beschl. v. 14.12.2000 – IX ZB 105/00, BGHZ 146, 165, 172 = ZIP 2001, 296, 298, dazu EWiR 2001, 281 (*U. Keller*).

75) Vgl. dazu auch OLG Dresden, Urt. v. 29.1.2004 – 13 U 2163/03, ZInsO 2005, 1221, 1222; s. a. unten Rz. 81 und Rz. 107.

76) Dazu *Gundlach/Frenzel/Jahn*, ZInsO 2010, 122.

den Schuldner analog § 148 Abs. 2 InsO mit dem Sicherungsbeschluss als Herausgabetitel. Muss der Gerichtsvollzieher dazu die Wohnung des Schuldners betreten, so bedarf er nach § 758a Abs. 1 und 2 ZPO nur für die Durchsuchung,[77] nicht aber für die Räumung der Wohnung einer gesonderten richterlichen Ermächtigung. Befinden sich Vermögensgegenstände im Besitz Dritter, so muss der vorläufige Insolvenzverwalter auf Herausgabe klagen.

Neben der Inbesitznahme kommt analog § 150 InsO auch eine **Siegelung** durch den Gerichtsvollzieher in Betracht. Außerdem muss der vorläufige Insolvenzverwalter analog § 151 InsO ein **Vermögensverzeichnis** erstellen. Von der Möglichkeit, sich analog § 151 Abs. 3 InsO durch das Insolvenzgericht befreien zu lassen, wird regelmäßig kein Gebrauch zu machen sein, da auf ein solches Verzeichnis nicht verzichtet werden kann.[78] 49

c) Fortführung des Unternehmens

Nach § 22 Abs. 1 Satz 2 Nr. 2 InsO hat der vorläufige Insolvenzverwalter ein Unternehmen, das der Schuldner betreibt, bis zur Entscheidung über die Eröffnung des Insolvenzverfahrens fortzuführen, soweit nicht das Insolvenzgericht einer Stilllegung zustimmt, um eine erhebliche Verminderung des Vermögens zu vermeiden.[79] Aus dieser Regelung ergibt sich, dass das Gesetz die **Fortführung als Regelfall** und die Stilllegung als Ausnahme ansieht, die nur zur Vermeidung erheblicher Vermögensnachteile zulässig ist. 50

Im Vordergrund steht also die **Fortführungspflicht** für den vorläufigen Insolvenzverwalter. Diese Verpflichtung entspricht der allgemeinen Intention des Gesetzes, den organisatorischen Verbund des Unternehmens zusammenzuhalten, damit die Gläubiger im Berichtstermin noch sinnvoll über das Schicksal des Unternehmens entscheiden können (§ 157 Satz 1 InsO) und nicht durch den vorläufigen Insolvenzverwalter vor vollendete Tatsachen gestellt werden (was sich freilich in der Praxis gleichwohl nicht immer vermeiden lässt). Außerdem soll eine Unternehmensveräußerung möglich bleiben und der Schuldner soll die Chance behalten, das Unternehmen bei Rücknahme oder Abweisung des Antrags als lebende Einheit zurückzubekommen. Der Fortführungspflicht entspricht im Übrigen ein **Fortführungsrecht** des vorläufigen Verwalters. Er darf innerhalb der ihm durch das Gesetz gezogenen Grenzen frei entscheiden, ohne die Zustimmung des Insolvenzgerichts oder gar des Schuldners einholen zu müssen. 51

Die **Stilllegung** des Unternehmens wird demgegenüber nur ausnahmsweise zugelassen, wenn sie **zur Vermeidung erheblicher Vermögensminderung** erforderlich ist. Eine Fortführung um jeden Preis wäre mit dem Sicherungszweck unvereinbar. Erheblich ist jede Vermögensminderung, die die Befriedigung der Gläubiger ernsthaft zu gefährden droht.[80] Dass nur geringfügige Verluste eingefahren werden, reicht dafür nicht. Solange noch Aussichten auf eine Sanierung bestehen, wird eine Stilllegung ebenfalls nicht in Betracht kommen.[81] Liegt diese Voraussetzung aber vor, besteht für den vorläufigen Verwalter eine **Pflicht**, die **Zustimmung des Insolvenzgerichts** zu beantragen. Die Initiative liegt also beim Insolvenzverwalter, während das Insolvenzgericht nur eine Verhinderungsmacht hat.[82] 52

---

77) Zu den Voraussetzungen LG Göttingen, Beschl. v. 12.4.2007 – 10 T 10/07, ZIP 2007, 2007 f.

78) Uhlenbruck-*Sinz*, InsO, § 151 Rz. 10.

79) Ausführlich zu den typischen Tätigkeiten eines vorläufigen Insolvenzverwalters *Titz/Tötter*, ZInsO 2006, 976; *Undritz*, NZI 2007, 65.

80) Für die Annahme einer erheblichen Minderung ab einem prognostizierten Verlust von ca. 25 % des Aktivvermögens *Schröder* in: HambKomm-InsO, § 22 Rz. 69 m. w. N.

81) Vgl. AG Aachen, Beschl. v. 29.3.1999 – 19 IN 53/99, ZIP 1999, 1494 = NZI 1999, 279, dazu EWiR 1999, 899 *(Bähr)*.

82) Uhlenbruck-*Vallender*, InsO, § 22 Rz. 36.

Der Stilllegungsantrag ist mit möglichst detaillierten und ausführlichen Unterlagen zu begründen, da sich das Gericht trotz der Eilbedürftigkeit volle richterliche Überzeugung von der Erforderlichkeit verschaffen muss.

53 Wie sich aus dem Wort „soweit" in § 22 Abs. 1 Satz 2 Nr. 2 InsO ergibt, ist auch eine **Teilstilllegung** möglich, so dass verlustbringende Betriebe geschlossen und die anderen fortgeführt werden können.

54 Hinsichtlich der **Mitwirkungsrechte** bei der Stilllegung erwähnt das Gesetz in § 22 Abs. 1 Satz 2 Nr. 2 InsO nur das Insolvenzgericht. Für den Fall, dass ein vorläufiger **Gläubigerausschuss** im Eröffnungsverfahren eingesetzt ist, wird dieser vor der Stilllegung zu beteiligen sein (§ 158 Abs. 1 InsO analog).[83] Im Übrigen müssen die Gläubiger hingegen nicht gefragt werden, zumal dies, wenn sie noch nicht organisiert sind, auf erhebliche praktische Schwierigkeiten stoßen würde. Auch der Schuldner hat keine Mitwirkungsrechte. Er wird mittelbar durch das Gericht geschützt. Vor der Stilllegungsentscheidung ist er lediglich analog § 158 Abs. 2 Satz 1 InsO **anzuhören**, wobei es ausreicht, dass ihm das Gericht durch den vorläufigen Insolvenzverwalter rechtliches Gehör gewährt, der dann die Stellungnahme des Schuldners in seinem Antrag dem Gericht weitergeben kann. Zu beachten sind hingegen die Mitwirkungsrechte des **Betriebsrats** nach § 111 BetrVG.[84] Das Insolvenzrecht geht dem Arbeitsrecht nicht vor. Das gilt auch für die vorläufige Insolvenzverwaltung, da der vorläufige Verwalter sonst größere Befugnisse hätte als der endgültige. Er muss also den Betriebsrat unterrichten und einen Interessenausgleich sowie einen Sozialplan aushandeln. Kommt eine Einigung allerdings nicht zustande, sollten §§ 121 f. InsO analog angewandt werden.[85]

d) Gutachterfunktion

55 Der vorläufige Insolvenzverwalter hat außerdem Gutachterfunktion.[86] Dabei unterscheidet das Gesetz. Nach § 22 Abs. 1 Satz 2 Nr. 3 Halbs. 1 InsO hat er von Gesetzes wegen die **Kostendeckung** i. S. des §§ 26, 54 InsO zu prüfen. Dieser Gutachtenauftrag ist durch seine Vergütung nach der InsVV abgegolten. Zusätzlich kann ihn das Gericht gemäß § 22 Abs. 1 Satz 2 Nr. 3 Halbs. 2 InsO als Sachverständigen beauftragen, den **Eröffnungsgrund** (§§ 16 ff. InsO) und die Fortführungsaussichten für das schuldnerische Unternehmen zu prüfen. Ein solcher zusätzlicher Gutachtenauftrag wird gemäß § 11 Abs. 4 InsVV nach dem JVEG gesondert vergütet. Allerdings ist zu beachten, dass der vorläufige Verwalter auch hier nicht als Sachverständiger i. S. von § 5 Abs. 1 Satz 2 InsO,[87] sondern als sachverständiger Verwalter eingesetzt wird, da das Gericht im Falle des § 22 Abs. 1 Satz 2 Nr. 3 Halbs. 2 InsO die Verwalteraufgaben um Aufgaben erweitert, die sonst ein Sachverständiger wahrnehmen müsste. Das JVEG gilt daher auch nicht direkt, sondern nur kraft der Verweisung in § 11 Abs. 4 InsVV. Auch eine Ablehnung wegen Befangenheit kommt nicht in Betracht.[88]

---

83) *Frind* in: HambKomm-InsO, § 69 Rz. 12.

84) Vgl. *Peters-Lange*, ZIP 1999, 421, 422.

85) *Pohlmann*, Befugnisse und Funktionen des vorläufigen Insolvenzverwalters, Rz. 162.

86) Vgl. dazu *Förster*, ZInsO 1999, 141.

87) Näher dazu *Wessel*, DZWIR 1999, 230; vgl. auch AG Düsseldorf, Beschl. v. 7.1.1999 – 503 IN 4/99, DZWIR 1999, 108; *Förster*, ZInsO 1999, 141, sowie die Arbeitshinweise des AG Duisburg für Insolvenzsachverständige im Eröffnungsverfahren, NZI 1999, 308.

88) BGH, Beschl. v. 25.1.2007 – IX ZB 240/05, Rz. 18 ff., ZIP 2007, 548, dazu EWiR 2007, 341 *(Römermann)*; AG Göttingen, Beschl. v. 23.3.2000 – 74 IN 22/00, ZInsO 2000, 347; a. A. (aber noch zum alten Recht) AG Köln, Beschl. v. 30.9.1998 – 73 N 257/98, InVo 1999, 141, 142.

Der endgültige Verwalter im eröffneten Verfahren hat den Gläubigern im Berichtstermin darzulegen, ob Aussichten bestehen, das schuldnerische Unternehmen zu erhalten (§ 156 Abs. 1 Satz 2 InsO). Die hierzu erforderliche Begutachtung der **Fortführungsaussichten** ist aber schon im Eröffnungsverfahren von erheblicher Bedeutung, um dem vorläufigen Verwalter überhaupt zu ermöglichen, den Geschäftsbetrieb fortzuführen oder ggf. die Stilllegung zu beantragen (§ 22 Abs. 1 Satz 2 Nr. 2 InsO). Diese Aussichten zu beurteilen, gehört zu den anspruchsvollsten und schwierigsten Aufgaben des vorläufigen Verwalters.[89] 56

Praxishinweis

Auch ein **Sanierungskonzept** wird in der Regel bereits im Eröffnungsverfahren vorbereitet werden müssen, um nach Eröffnung zeitnah die erforderlichen Maßnahmen ergreifen zu können. Zu den Themen, mit denen sich der vorläufige Verwalter in diesem Rahmen gutachterlich auseinandersetzen muss, gehören insbesondere eine Beschreibung der Krisenursachen, die zur Krisenbewältigung zu treffenden Maßnahmen samt ihrer Finanzierbarkeit sowie eine Prognose betreffend die Erfolgsaussichten einer Sanierung.[90]

e) Rechte gegenüber dem Schuldner und seinen Angestellten

Die **Informationsrechte** des vorläufigen Insolvenzverwalters sind in § 22 Abs. 3 InsO geregelt. Sie stehen neben den Informationsrechten des Gerichts aus § 20 InsO.[91] Der **vorläufige Verwalter** ist berechtigt, die Geschäftsräume des Schuldners zu betreten und dort Nachforschungen anzustellen (§ 22 Abs. 3 Satz 1 InsO).[92] Außerdem darf er Einsicht in die Geschäftsunterlagen nehmen (§ 22 Abs. 3 Satz 2 InsO). Sodann stehen ihm besondere Auskunftsrechte gegenüber dem Schuldner zu, die durch eidesstattliche Versicherung, Vorführung oder Haft[93] erzwingbar sind (§ 22 Abs. 3 Satz 3 i. V. mit § 97, 98 InsO). Dasselbe gilt gegenüber **organschaftlichen Vertretern**, die nicht länger als zwei Jahre vor Antragstellung aus ihrer Position ausgeschieden sind (§ 22 Abs. 3 Satz 3 i. V. mit § 101 InsO).[94] Allerdings dürfte eine entsprechende Auskunftspflicht nur in dem Umfang bestehen, wie die erforderlichen Informationen von den aktiven Amtsinhabern nicht zu erlangen sind.[95] Auskünfte durch nicht organschaftlich tätige (aktive oder frühere) Mitarbeiter sind nicht erzwingbar, sondern müssen eingeklagt werden. Der Schuldner ist außerdem nach § 22 Abs. 3 Satz 3 Halbs. 2 i. V. mit § 97 Abs. 2 InsO zur Mitwirkung bei der Erstellung von Unterlagen verpflichtet. Dass § 22 Abs. 3 Satz 3 Halbs. 1 InsO nur von „Auskünften" spricht, bedeutet nicht, dass sich auch die Verweisung im zweiten Halbsatz der Vorschrift nur auf Auskünfte und nicht auf sonstige Mitwirkungspflichten beziehen soll.[96] 57

89) Uhlenbruck-*Vallender*, InsO, § 22 Rz. 266.

90) Uhlenbruck-*Vallender*, InsO, § 22 Rz. 267.

91) Dazu BGH, Beschl. v. 9.10.2008 – IX ZB 212/07, Rz. 8, ZVI 2009, 38 = ZIP 2008, 2276, dazu EWiR 2009, 25 *(Foerste)*; *Richter*, wistra 2000, 1.

92) Dazu BGH, Beschl. v. 17.1.2008 – IX ZB 41/07, Rz. 10, ZIP 2008, 476; *Irmen/Werres*, NZI 2001, 579.

93) Vgl. dazu BGH, Beschl. v. 23.10.2003 – IX ZB 159/03, ZVI 2005, 102 = NZI 2004, 86; OLG Celle, Beschl. v. 10.1.2001 – 2 W 1/01, NZI 2001, 149; OLG Naumburg, Beschl. v. 24.8.2000 – 5 W 98/00, NZI 2000, 594, 595; LG Duisburg, Beschl. v. 2.5.2001 – 7 T 78/01, ZInsO 2001, 522, 523 = ZIP 2001, 1065, dazu EWiR 2001, 879 *(App)*.

94) Vgl. dazu AG Duisburg, Beschl. v. 27.9.2000 – 60 IN 27/00, NZI 2000, 606, das Bankgeheimnis gilt insoweit nicht; differenzierend dazu *Stephan*, WM 2009, 241; *Vallender* in: FS Uhlenbruck, S. 133.

95) Vgl. (noch zur KO) LG Göttingen, Beschl. v. 9.7.1999 – 10 T 37/99, ZIP 1999, 1492 = NZI 1999, 367, dazu EWiR 1999, 851 *(Uhlenbruck)*.

96) *Uhlenbruck*, ZInsO 1999, 493 m. w. N.; a. A. *Pohlmann*, Befugnisse und Funktionen des vorläufigen Insolvenzverwalters, Rz. 202 ff., der ein Redaktionsversehen im 2. Halbs. annimmt. Aber dann wäre der 1. Halbs. überflüssig, da sich die Auskunftspflicht schon aus dem 2. Halbs. i. V. mit § 97 InsO ergäbe.

58 Fraglich ist, inwieweit die Informationsrechte des § 22 Abs. 3 InsO auch für den **Gutachter** gelten, da ein Sachverständiger normalerweise keine eigenen Informationsrechte hat, sondern der Mitwirkung des Gerichts bedarf. Soweit der vorläufige Verwalter den gesetzlichen Gutachtenauftrag zur Klärung der Kostendeckung ausübt (siehe Rz. 53), handelt er als vorläufiger Verwalter und kann sich damit auf § 22 Abs. 3 InsO stützen. Aber auch sonst wird er nicht als Sachverständiger, sondern als **sachverständiger Verwalter** eingesetzt, so dass dem mit erweiterten Aufgaben betrauten vorläufigen Insolvenzverwalter die Informationsrechte aus § 22 Abs. 3 InsO in jedem Fall zustehen.

59 **Bei Dritten** ist eine Durchsuchung unzulässig. Das Gericht kann den vorläufigen Insolvenzverwalter dazu auch nicht ermächtigen, da § 21 InsO nur Maßnahmen gegen den Schuldner, nicht aber gegen Dritte erlaubt, so dass es an der nach Art. 13 GG erforderlichen Ermächtigungsgrundlage fehlt.[97)]

3. Kompetenzen des schwachen vorläufigen Insolvenzverwalters

60 Der sog. schwache vorläufige Insolvenzverwalter ist dadurch gekennzeichnet, dass dem Schuldner kein allgemeines Verfügungsverbot auferlegt ist. Bei dieser „isolierten" vorläufigen Insolvenzverwaltung ergeben sich die Kompetenzen nicht aus dem Gesetz, sondern aus den speziellen **Einzelanordnungen** des Gerichts (§ 22 Abs. 2 Satz 1 InsO).[98)] Das Gericht kann dem schwachen vorläufigen Insolvenzverwalter grundsätzlich jede vom Sicherungszweck getragene Aufgabe übertragen, muss dabei aber die Grenze des § 22 Abs. 2 Satz 2 InsO beachten: Der schwache vorläufige Verwalter kann vom Gericht niemals mehr Kompetenzen verliehen bekommen, als sie ein sog. starker vorläufiger Verwalter nach dem Gesetz hätte,[99)] und natürlich können ihm auch keine Kompetenzen übertragen werden, die – wie das Anfechtungsrecht – die Verfahrenseröffnung voraussetzen.[100)] Dieser Rahmen ist freilich weitgehend ausschöpfbar. Allerdings muss das Gericht die Befugnisse dabei so genau wie möglich beschreiben: Generalklauseln wie „Dem vorläufigen Verwalter werden alle dringend erforderlichen Maßnahmen übertragen" sind unzulässig, da es nicht in das Ermessen des vorläufigen Verwalters gestellt werden darf, die Grenzen seiner Rechtsmacht selbst zu bestimmen.[101)]

Praxishinweis

Außerdem ist zu beachten, dass es bei solchen Einzelanordnungen leicht zu Kompetenzkonflikten mit dem Schuldner kommen kann, der die Initiative behält, während der vorläufige Verwalter allenfalls verhindern, aber niemals selbst gestalten kann.

a) Verwaltungs- und Verfügungsbefugnis

61 Ein sog. schwacher vorläufiger Verwalter kann **niemals die volle** Verwaltungs- und Verfügungsbefugnis über das Schuldnervermögen bekommen. Eine in diese Richtung zielende

97) BGH, Beschl. v. 24.9.2009 – IX ZB 38/08, Rz. 12 ff., ZVI 2009, 442 = ZIP 2009, 2068.

98) A. A. *Uhlenbruck*, NZI 2000, 289: Auch der sog. schwache vorläufige Verwalter habe bestimmte allgemeine Pflichten, insbesondere die Sicherung des Schuldnervermögens (vgl. § 22 Abs. 1 Satz 2 Nr. 1 InsO) und die Prüfungspflichten nach § 22 Abs. 1 Satz 2 Nr. 3 InsO. Diese Auffassung ist indessen mit § 22 Abs. 2 InsO unvereinbar.

99) Vgl. BGH, Beschl. v. 11.1.2007 – IX ZB 271/04, Rz. 14 ff., 20 ff., ZVI 2007, 359 = ZIP 2007, 438, dazu EWiR 2007, 209 *(Flitsch)* – zulässig ist die Ermächtigung, Betretungsverbote auszusprechen, nicht aber, die Geschäftsführer ihres Amts zu entheben.

100) OLG Hamm, Beschl. v. 2.11.2004 – 27 W 44/04, ZIP 2005, 361.

101) BGH, Urt. v. 18.7.2002 – IX ZR 195/01, Rz. 37 ff., ZVI 2002, 250 = ZIP 2002, 1625, dazu EWiR 2002, 919 *(Spliedt)*; OLG Saarbrücken, Urt. v. 22.5.2014 – 4 U 99/13, Rz. 28, ZVI 2014, 420 = NZI 2014, 796, m. Anm. *Seagon*.

Anordnung ist unzulässig.[102] Die Verfügungsmacht behält, wenn auch vielleicht partiell eingeschränkt, stets der Schuldner. Das gilt auch bei Anordnung eines allgemeinen Zustimmungsvorbehalts, mögen auch die Wirkungen im **Außenverhältnis** nach § 24 Abs. 1 InsO dieselben sein. Es ist eben ein Unterschied, ob der Schuldner die Verfügungsmacht verliert (sog. starke vorläufige Insolvenzverwaltung) oder ob er von seiner Verfügungsmacht nur eingeschränkten Gebrauch machen kann (sog. schwache vorläufige Insolvenzverwaltung). Selbst wenn das Gericht dem schwachen vorläufigen Verwalter die Geschäftsfortführung überträgt, wird dieser dadurch nicht umfassend verwaltungs- und verfügungsbefugt. Folglich wird er auch nicht Besitzer des Schuldnervermögens.[103]

b) Überwachung des Schuldners

Soweit das Gericht nichts anderes anordnet, hat der sog. schwache vorläufige Insolvenzverwalter lediglich die Aufgabe, den Schuldner in der Geschäftsführung zu überwachen. Werden Mängel festgestellt, sind sie dem Gericht mitzuteilen, das dann zu prüfen hat, ob die bisherigen Sicherungsmaßnahmen ausreichen oder ergänzt werden müssen. 62

c) Einzelbefugnisse nach Anordnung

Im Übrigen kommt es darauf an, welche Verwalterkompetenzen das Gericht im Einzelnen festgelegt hat. So kann dem vorläufigen Verwalter die **Inbesitznahme** einzelner Gegenstände aufgegeben sein, um sie vor schädigenden Einwirkungen des Schuldners zu sichern. In der Regel wird dann für diese Gegenstände ein Verfügungsverbot angeordnet werden, so dass ein Gleichlauf von tatsächlicher und rechtlicher Sicherung erreicht ist. Durchgesetzt wird die Inbesitznahme gegenüber dem Schuldner analog § 148 Abs. 2 InsO. Möglich ist eine Inbesitznahmeanordnung aber auch zur Sicherung gegenüber Dritten, die auf den Vermögensgegenstand zugreifen wollen. Regelmäßig wird dem sog. schwachen vorläufigen Insolvenzverwalter auch der **Forderungseinzug**[104] oder die **Kassenführung** übertragen. Ob der vorläufige Verwalter ermächtigt werden kann, zur Abwicklung des Zahlungsverkehrs ein Sonderkonto einzurichten, ist zweifelhaft[105] und bedarf in jedem Fall der Abstimmung mit dem Insolvenzgericht. 63

Auch die **Geschäftsfortführung** kann unter Umständen dem sog. schwachen vorläufigen Verwalter anvertraut werden. Es handelt sich dann aber um eine qualitativ andere Fortführung als beim sog. starken Verwalter (siehe Rz. 48 ff.), denn sie ist auf **Kooperation mit dem Schuldner** angewiesen. Hier besteht ein Verhältnis gegenseitiger Abhängigkeit, da Schuldner und vorläufiger Verwalter am selben Strang ziehen müssen. 64

Praxishinweis

Das kann zu Kompetenzstreitigkeiten führen, die im Zweifel nur durch die Anordnung eines allgemeinen Verfügungsverbots erledigt werden können. Problematisch ist auch, dass der schwache vorläufige Verwalter Schwierigkeiten bei der Kreditmittelbeschaffung haben wird, da er ohne besondere Anordnung keine Masseverbindlichkeiten begründen kann (siehe Rz. 84) und seine Rechtshandlungen anfechtbar sind (siehe Rz. 108).

---

102) BGH, Urt. v. 13.3.2003 – IX ZR 64/02, ZIP 2003, 810, 811, dazu EWiR 2003, 719 *(Huber)*; BGH, Urt. v. 20.2.2003 – IX ZR 81/02, ZIP 2003, 632, 635, dazu EWiR 2003, 425 *(Schumacher)*; BGH, Urt. v. 18.7.2002 – IX ZR 195/01, ZIP 2002, 1625, 1629 = ZVI 2002, 250.

103) OLG Celle, Beschl. v. 11.12.2002 – 2 W 91/02, ZIP 2003, 87, 88.

104) Beispiel in AG Neuruppin, Beschl. v. 5.1.1999 – 15 IN 4/99, DZWIR 1999, 107; dazu *Smid*, DZWIR 1999, 104.

105) *Möhring*, ZInsO 2019, 2601; a. A. AG Düsseldorf, Beschl. v. 9.9.2019 – 501 IN 150/19, juris.

65 Für die **Stilllegung** ist aber in jedem Fall der Schuldner allein zuständig, auch wenn ein allgemeiner Zustimmungsvorbehalt angeordnet ist, denn die Stilllegung als solche ist keine Verfügung. Auch das Gericht braucht nicht gefragt zu werden, da § 22 Abs. 1 Satz 2 Nr. 2 InsO nicht gilt. Es kann daher allenfalls erwogen werden, dem Schuldner die Stilllegung ohne Zustimmung des Gerichts in einer besonderen Sicherungsanordnung zu verbieten.

d) Gutachterfunktion

66 Hinsichtlich der Gutachtenaufträge kann auf die Ausführungen oben (siehe Rz. 53 f.) verwiesen werden. Beim sog. starken vorläufigen Verwalter ist die Prüfung der Kostendeckung gesetzliche Verwalteraufgabe, die Prüfung des Eröffnungsgrunds und der Fortführungsaussichten gerichtlich angeordnete Verwalteraufgabe. Dem sog. schwachen vorläufigen Insolvenzverwalter können daher diese Gutachtenaufträge ebenfalls als Verwalteraufgaben erteilt werden, ohne dass § 22 Abs. 2 Satz 2 InsO entgegenstünde. Bei der Vergütung ist dann wieder § 11 Abs. 4 InsVV heranzuziehen. Eine Ablehnung wegen Befangenheit kommt auch hier nicht in Betracht. Das ist nur dann anders, wenn nicht ein vorläufiger Verwalter, sondern ein („isolierter") Sachverständiger mit dem Gutachten beauftragt wird.[106)]

e) Rechte gegenüber dem Schuldner und seinen Angestellten

67 Die **Informationsrechte** des „schwachen" vorläufigen Insolvenzverwalters unterscheiden sich von denen des „starken" nicht. § 22 Abs. 3 InsO gewährt beiden Verwaltertypen dieselben Rechte, so dass auf die Ausführungen oben (siehe Rz. 55 f.) Bezug genommen werden kann.

E. Die Rechtsstellung anderer Verfahrensbeteiligter

I. Die Rechtsstellung des Schuldners

68 Die Rechtsstellung des Schuldners bildet die Kehrseite zur Rechtsstellung des vorläufigen Insolvenzverwalters. Das gilt zunächst und in erster Linie für die **Verfügungsbefugnis**. Ist ein allgemeines Verfügungsverbot angeordnet, so kann der Schuldner dem nunmehr allein verwaltungs- und verfügungsbefugten vorläufigen Verwalter nur Anregungen geben und ihm als Informationsquelle zur Verfügung stehen. Ist der Schuldner mit der Verwaltung nicht einverstanden, kann er versuchen, Aufsichtsmaßnahmen des Gerichts herbeizuführen. Ist kein allgemeines Verfügungsverbot angeordnet, liegt die Initiative weiterhin beim Schuldner, der nur partiell eingeschränkt ist. Der vorläufige Verwalter hat allenfalls eine Verhinderungsmacht.

69 Hingegen behält der Schuldner in jedem Fall die volle **Verpflichtungsbefugnis.**[107)] Allenfalls kann fraglich sein, welches Vermögen für die vom Schuldner noch begründeten Verbindlichkeiten haftet. Für Verpflichtungen, die der Schuldner **nach Verfahrenseröffnung** begründet, haftet, wie sich aus § 35 InsO ergibt, nur das freie Vermögen, nicht die Insolvenzmasse. Anders verhält es sich mit Verbindlichkeiten, die der Schuldner **vor Verfahrenseröffnung** begründet. Gläubiger, die solche Verbindlichkeiten erworben haben, sind im eröffneten Verfahren Insolvenzgläubiger und damit nach § 38 InsO aus der Insolvenzmasse zu befriedigen. Das gilt auch bei Anordnung eines allgemeinen Verfügungsverbots.[108)]

---

106) LG München I, Beschl. v. 20.7.2001 – 14 T 10316/01, ZInsO 2001, 813, 815; vgl. für die Informationsrechte auch BGH, Beschl. v. 4.3.2004 – IX ZB 133/03, ZVI 2004, 240 = ZIP 2004, 915, dazu EWiR 2004, 499 *(Bähr)*; LG Göttingen, Beschl. v. 22.10.2002 – 10 T 57/02, ZIP 2002, 2269, 2270 = ZVI 2002, 466, dazu EWiR 2003, 279 *(Mitlehner)*; allgemein *Uhlenbruck* in: FS Greiner, S. 317.

107) BGH, Urt. v. 10.12.2009 – IX ZR 1/09, Rz. 26, ZVI 2010, 224 = ZIP 2010, 138.

108) BGH, Urt. v. 5.2.2009 – IX ZR 78/07, Rz. 21, ZIP 2009, 673; a. A. nur *Braun/Uhlenbruck*, Unternehmensinsolvenz, S. 263.

Da § 24 Abs. 1 i. V. mit § 81 InsO nur Verfügungen betrifft und die Eröffnungswirkungen damit nur begrenzt vorverlagert sind, bleibt es bei den allgemeinen Regeln. Zu denen gehört allerdings auch, dass die vom Schuldner begründeten Verbindlichkeiten nach Verfahrenseröffnung regelmäßig durch Ausübung des Wahlrechts nach § 103 InsO oder durch Insolvenzanfechtung nach §§ 130 ff. InsO durch den endgültigen Verwalter wieder beseitigt werden können.

Der **Schuldnerschutz vor nachteiligen Rechtshandlungen** eines sog. starken vorläufigen Insolvenzverwalters liegt allein in den Händen des Gerichts, das die Aufsichtsfunktion ausübt; ein Beschwerderecht hat der Schuldner nur gegen die Anordnung von Sicherungsmaßnahmen an sich (§ 21 Abs. 1 Satz 2 InsO). Zwar wird der Schuldner im eröffneten Verfahren ggf. dadurch geschützt, dass besonders bedeutsame Rechtshandlungen des Insolvenzverwalters der Zustimmung des Gläubigerausschusses bedürfen (§§ 160 ff. InsO), ohne dass dies indes die Wirksamkeit des Verwalterhandelns berührt (§ 164 InsO). Dem Vorschlag, diese Normen auf das Eröffnungsverfahren analog anzuwenden und dem Schuldner das Recht zu geben, das Insolvenzgericht einzuschalten,[109] ist nicht zu folgen. Denn besonders bedeutsame Rechtshandlungen darf der vorläufige Verwalter normalerweise ohnehin nicht vornehmen, da sie regelmäßig nicht vom Sicherungszweck gedeckt sein werden. Ist das ausnahmsweise einmal anders, sind diese Rechtshandlungen im Interesse der Verfahrensabwicklung hinzunehmen. Eine Überprüfung ex ante ist nicht erforderlich, da die Haftung gemäß § 60 InsO als Korrektiv genügt. 70

II. Die Rechtsstellung der Gläubiger

Die Gläubiger haben im Eröffnungsverfahren nur **eingeschränkte Beteiligungsrechte**. 71
Ihnen ist das Vermögen des Schuldners in dieser Phase zwar schon **haftungsrechtlich**, aber noch nicht **verfahrensrechtlich** zugewiesen. Erst mit der Eröffnung des Insolvenzverfahrens geht das Verfahren nach dem Grundsatz der Gläubigerautonomie in die Hände der Gläubiger über. Auf der anderen Seite dürfen aber die Interessen der Gläubiger nicht unberücksichtigt bleiben, dienen doch die Sicherungsmaßnahmen im Wesentlichen dazu, den Gläubigern das haftende Vermögen zu erhalten und ihnen die Entscheidung über die richtige Verwertungsart offenzuhalten (siehe Rz. 1). Es stellt sich daher die Frage, wie auf die Gläubigerinteressen Rücksicht genommen werden kann.

Ob das Gericht vor Verfahrenseröffnung einen **vorläufigen Gläubigerausschuss** einsetzen durfte, war nach Inkrafttreten der InsO lange umstritten.[110] Dieser Streit ist obsolet, nachdem der Gesetzgeber mit dem ESUG[111] den vorläufigen Gläubigerausschuss in §§ 21a Abs. 2 Satz 1 Nr. 1a, 22a InsO ausdrücklich zugelassen hat. Dessen Aufgaben bestimmen in entsprechender Anwendung der Vorschriften über den Gläubigerausschuss im eröffneten Verfahren, namentlich gemäß § 69 InsO. Danach hat der Ausschuss die Amtsführung des vorläufigen Verwalters zu unterstützen und überwachen und in diesem Rahmen auch auf die Beachtung der Gläubigerinteressen hinzuwirken. Zu Bedenken ist freilich, dass der vorläufige Gläubigerausschuss die Gesamtheit der Gläubiger[112] nur näherungsweise repräsentieren kann (vgl. § 67 Abs. 2 InsO). 72

---

109) Dafür *Pohlmann*, Befugnisse und Funktionen des vorläufigen Insolvenzverwalters, Rz. 280 ff.; ähnlich auch AG Hamburg, Beschl. v. 23.9.2005 – 67g IN 358/05, ZInsO 2004, 1056, 1057.

110) S. Uhlenbruck-*Vallender*, InsO, § 22a Rz. 1.

111) Gesetz zur weiteren Erleichterung der Sanierung von Unternehmen (ESUG), v. 7.12.2011, BGBl. I 2011, 2582.

112) Wer Insolvenzgläubiger ist, entscheidet sich ohnehin erst mit Verfahrenseröffnung (§ 38 InsO).

73 In beschränktem Umfang vermag auch das **Insolvenzgericht** die Gläubigerinteressen zu schützen. Das gilt explizit durch seine Einschaltung in die Stilllegungsentscheidung nach § 22 Abs. 1 Satz 2 Nr. 2 InsO und im Übrigen i. R. der allgemeinen Aufsicht über den vorläufigen Insolvenzverwalter (siehe Rz. 38).

F. Einzelfragen

I. Veräußerungsmaßnahmen

1. Grundsätze

74 Die Verwertung des Schuldnervermögens beginnt nach der Konzeption des Gesetzes erst mit dem Berichtstermin (§ 159 InsO). Daher sind Veräußerungen,[113] die sich nicht als Sicherungs-, sondern als **Verwertungsmaßnahmen** darstellen, vorher – und insbesondere im Eröffnungsverfahren – grundsätzlich unzulässig.[114] Der vorläufige Verwalter soll das Vermögen des Schuldners nur sichern und erhalten. Er hat daher keine umfassende selbständige Veräußerungskompetenz. Etwas anderes kann sich allerdings aus der Zustimmung des Schuldners ergeben. Sein **Bestandserhaltungsinteresse** steht einer Verwertung im Eröffnungsverfahren entgegen, aber von diesem Hindernis kann der Schuldner den vorläufigen Verwalter natürlich befreien. Es muss dann aber immer noch das Werterhaltungsinteresse der Gläubiger beachtet werden. Davon kann die Zustimmung des Schuldners den vorläufigen Verwalter nicht befreien (siehe Rz. 44).

2. Veräußerungen als Sicherungsmaßnahmen

75 Veräußerungen sind auch im Eröffnungsverfahren zulässig, wenn sie sich als Sicherungsmaßnahmen darstellen. Ist diese Voraussetzung erfüllt, hat der sog. starke vorläufige Verwalter eine eigene, originäre Veräußerungskompetenz, der sog. schwache vorläufige Verwalter hingegen nur, wenn die Veräußerung seinem durch das Gericht festgelegten Aufgabenkatalog zugeordnet werden kann; allerdings kann der schwache vorläufige Verwalter stets einer Verfügung des Schuldners zustimmen, wenn dies der Verfahrenszweck gebietet. Handelt es sich hingegen nicht um eine vom Sicherungszweck gedeckte Veräußerung, so kann grundsätzlich auch das Gericht nicht dazu ermächtigen, da der Sicherungszweck auch vom Gericht zu beachten ist.

76 Vor diesem Hintergrund ist die **Einziehung fälliger Forderungen** regelmäßig vom Sicherungszweck gedeckt, wenn dadurch der Geldwert realisiert wird. Die Abtretung an ein Inkassobüro dürfte hingegen wegen der damit verbundenen Provisionspflicht nicht mehr als Sicherungsmaßnahme anzusehen sein. Ist der Geschäftsbetrieb des schuldnerischen Unternehmens eingestellt, darf der vorläufige Verwalter Forderungen nur einziehen, wenn sonst Verjährung oder Uneinbringlichkeit droht.[115]

77 Die **Veräußerung von Waren und Betriebsmitteln** ist ebenfalls nur zulässig, wenn sie vom Sicherungszweck gedeckt ist. Das ist etwa der Fall beim Notverkauf verderblicher Güter, bei der – schon vom Verwaltungsauftrag gedeckten – Veräußerung von i. R. der Geschäftsfortführung fertig gestellten Produkten, beim Abbau unwirtschaftlich hoher Lagerbestände oder beim Verkauf von Gegenständen, deren Lagerung oder Bewachung unverhältnismäßig hohe Kosten verursacht, so dass der Wert der Sache ohne Veräußerung nach und nach aufgezehrt wird. Ist der zu veräußernde Gegenstand allerdings mit einem Sicherungsrecht belastet, muss berücksichtigt werden, dass der Masse der Kostenbeitrag ent-

---

113) Ausführlich dazu *Haarmeyer* in: FS Kreft, S. 279; *Kirchhof*, ZInsO 1999, 436; *Pohlmann*, Befugnisse und Funktionen des vorläufigen Insolvenzverwalters, Rz. 388 ff.

114) Vgl. BGH, Urt. v. 13.7.2006 – IX ZR 57/05, ZIP 2006, 1641, 1642 = ZVI 2006, 439.

115) BGH, Urt. v. 15.3.2012 – IX ZR 249/09, Rz. 11, ZIP 2012, 737, dazu EWiR 2012, 459 *(J. S. Schröder)*.

gehen kann, der bei einer Veräußerung nach Verfahrenseröffnung gemäß §§ 170 f. InsO vom Verwertungserlös in die Masse flösse.[116)]

Praxishinweis

Das birgt die Gefahr in sich, dass der vorläufige Verwalter gemäß § 21 Abs. 2 Satz 1 Nr. 1, § 60 InsO auf Schadensersatz in Anspruch genommen wird mit der Begründung, die Veräußerung habe bis zur Eröffnung warten können.[117)] Es ist daher zu empfehlen und in der Praxis üblich, die Verwertung von Sicherungsgut mit dem Sicherungsnehmer abzustimmen und sich einen entsprechenden Kostenbeitrag zusagen zu lassen.

Die **Veräußerung ganzer Betriebsteile** liegt außerhalb des üblichen Geschäftsgangs und 78
wird nur selten vom Sicherungszweck gedeckt sein. Zulässig ist die Veräußerung durch den vorläufigen Insolvenzverwalter etwa dann, wenn der Betriebsteil unrentabel arbeitet *und* die liquiden Mittel für die Fortführung des Restbetriebs nicht anders erlangt werden können. Es muss der Rest aber dann wirklich fortgeführt werden können, denn sonst handelt es sich um eine faktische Stilllegung, die nach § 22 Abs. 1 Satz 2 Nr. 2 InsO der Zustimmung des Insolvenzgerichts bedarf. Auch bei einem bereits stillgelegten Unternehmen wird die Veräußerung von Betriebsteilen regelmäßig unzulässig sein, da sie sich als vorweggenommene Liquidation darstellt. Ausnahmen kommen nur dann unter denselben Voraussetzungen in Betracht, wie sie nachstehend für die Veräußerung des gesamten Unternehmens dargelegt werden.

Die **Veräußerung des gesamten Unternehmens** ist grundsätzlich unzulässig. Es handelt 79
sich typischerweise nicht um eine Sicherungs-, sondern um eine Verwertungsmaßnahme, über die erst der endgültige Verwalter unter zwingender Beteiligung der Gläubiger (§ 160 Abs. 2 Nr. 1 InsO) entscheiden können soll. Der Gesetzgeber hat deshalb als Sicherungsmaßnahme nur die Stilllegung, nicht aber die Veräußerung anerkannt. Ausnahmen sind allenfalls in zwei Fällen zulässig.

- Der erste kann mit dem Schlagwort **stilllegungsvermeidende Veräußerung** umschrieben werden. Wenn die Veräußerung die einzige Alternative zur Stilllegung ist, wenn sie gegenüber der Stilllegung das mildere Mittel darstellt und damit zu deren Vermeidung zwingend geboten ist, dann ist sie analog § 22 Abs. 1 Satz 2 Nr. 2 InsO zulässig, wenn so eine erhebliche Vermögensminderung vermieden werden kann und das Insolvenzgericht zustimmt. Außerdem wird man im Hinblick auf den Werterhaltungsgrundsatz verlangen müssen, dass der Erlös höher ist als der hypothetische Restwert bei einer Veräußerung des stillgelegten Unternehmens nach Verfahrenseröffnung. Liegen diese Voraussetzungen vor, handelt es sich um eine Sicherungsmaßnahme, deren Durchführung nicht zu einer Haftung des vorläufigen Verwalters führt, solange die Veräußerung ordentlich ausgehandelt, dokumentiert und abgesichert wird.[118)]
- Der zweite Ausnahmefall lässt sich nicht mehr unter die Sicherungsmaßnahmen subsumieren, sondern nur mit dem **Einverständnis der Beteiligten** rechtfertigen. Liegt eine Sicherungsmaßnahme nicht vor, so muss der Schuldner der Unternehmensveräußerung zustimmen, da der Verkauf seinem Bestandserhaltungsinteresse widerspricht. Außerdem müssen die Gläubiger zustimmen, deren Werterhaltungsinteresse tangiert ist (siehe Rz. 44). Allerdings kann man die Gläubiger im Eröffnungsverfahren nicht fragen; an deren Stelle tritt der vorläufige Gläubigerausschuss, falls ein solcher einge-

---

116) Für eine analoge Anwendung der §§ 170, 171 InsO auf die Veräußerung bei Gefahr im Verzug allerdings *Kirchhof*, ZInsO 1999, 436, 438.

117) A. A. *Obermüller*, DZWIR 2000, 10, 12.

118) Vgl. dazu im Einzelnen (zur GesO) OLG Hamm, Urt. v. 2.2.1999 – 27 U 246/98, ZIP 1999, 807, dazu EWiR 1999, 959 *(Undritz)*.

setzt ist. Wenn es sich um eine „exorbitant günstige Veräußerungsmöglichkeit" handelt, bei der der Kaufpreis den nach Eröffnung erzielbaren Erlös um ein Vielfaches übersteigt, kann von einem mutmaßlichen Einverständnis der Gläubiger ausgegangen werden.[119)] Schließlich muss auch das Insolvenzgericht zustimmen, wie sich aus einem argumentum a maiore ad minus aus § 22 Abs. 1 Satz 2 Nr. 2 InsO schließen lässt: Wenn das Gericht schon der Stilllegung zustimmen muss, dann erst recht der ausnahmsweise zulässigen Veräußerung.[120)]

II. Begründung und Erfüllung von Verbindlichkeiten

1. Starke vorläufige Insolvenzverwaltung

80 Der sog. starke vorläufige Insolvenzverwalter hat das Recht, für das verwaltete Vermögen Verpflichtungen einzugehen. Das ist zwar in § 22 Abs. 1 InsO nicht ausdrücklich erwähnt. Es ist aber in § 55 Abs. 2 InsO offensichtlich vorausgesetzt und ergibt sich im Übrigen aus der Verwaltungsbefugnis und der Fortführungspflicht. Diese **Verpflichtungsbefugnis** ist nur durch den Sicherungszweck und grundsätzlich auch nur im Innenverhältnis begrenzt (siehe Rz. 44). Auch § 160 Abs. 2 Nr. 2 InsO gilt nicht (siehe Rz. 68), so dass der vorläufige Verwalter für die Aufnahme eines **Betriebsmitteldarlehens** nicht der Zustimmung des vorläufigen Gläubigerausschusses oder des Insolvenzgerichts bedarf.[121)]

81 Die von dem starken vorläufigen Insolvenzverwalter begründeten Verbindlichkeiten sind im eröffneten Verfahren nach § 55 Abs. 2 Satz 1 InsO **Masseverbindlichkeiten.**[122)] Auch insoweit werden die Eröffnungswirkungen vorverlegt. Die Rechtsfolge des § 55 Abs. 2 InsO gilt sowohl für vertraglich begründete als auch für gesetzliche Verbindlichkeiten, also auch für **Umsatzsteuerschulden.**[123)] Außerdem sind nach § 55 Abs. 2 Satz 2 InsO auch die Verbindlichkeiten aus **Dauerschuldverhältnissen** (wie z. B. über Telekommunikation, Energie, Wasser, Miet- und Leasinggegenstände und vor allem über Arbeits- und Dienstleistungen) Masseverbindlichkeiten, soweit der vorläufige Insolvenzverwalter die Gegenleistung in Anspruch genommen hat. Ansprüche aus Arbeitsverhältnissen werden daher bspw. keine Masseforderungen, wenn der vorläufige Verwalter den Arbeitnehmer freigestellt hat. Ansprüche aus Miet- oder Leasingverträgen werden keine Masseforderungen, wenn der vorläufige Verwalter den Gegenstand zurückgibt.

82 Wegen der Geschäftsfortführungspflicht (siehe Rz. 49) wird es allerdings regelmäßig in weitem Umfang zu einer Inanspruchnahme der Gegenleistung kommen. Das belastet die Masse erheblich und begründet für den vorläufigen Verwalter außerdem die **Gefahr der Haftung** aus § 61 (siehe Rz. 87). Dem kann man nicht entgehen, indem man § 108 Abs. 2 InsO gegenüber § 55 Abs. 2 InsO als lex specialis ansieht,[124)] da das Spezialitätsverhältnis

---

119) Vgl. (zur KO) OLG Düsseldorf, Urt. v. 13.12.1991 – 22 U 202/91, ZIP 1992, 344, 346.

120) Zur Erwerberhaftung in solchen Fällen *Lohkemper*, ZIP 1999, 1251.

121) A. A. wieder *Pohlmann*, Befugnisse und Funktionen des vorläufigen Insolvenzverwalters, Rz. 350 ff.

122) Vgl. BGH, Urt. v. 7.5.2009 – IX ZR 61/08, Rz. 13, ZIP 2009, 1477.

123) FG Saarbrücken, Beschl. v. 4.2.2003 – 2 V 256/02, ZInsO 2003, 333.

124) So aber ArbG Bielefeld, Urt. v. 16.6.1999 – 4 Ca 1264/99, ZIP 1999, 1493 = ZInsO 1999, 539; *Berscheid*, NZI 1999, 6, 8; *Berscheid*, ZInsO 1998, 259, 261; *Niesert*, InVo 1998, 85, 88; *Wiester*, ZInsO 1998, 99, 103.

gerade umgekehrt zu sehen ist.[125)] Auch die Anzeige der Masseunzulänglichkeit analog § 208 InsO hilft nicht weiter, da diese auf die Verwertungsbefugnis des Insolvenzverwalters zugeschnitten ist (§ 208 Abs. 3 InsO), die dem vorläufigen Insolvenzverwalter ohnehin fehlt (siehe Rz. 72).[126)] Abhilfe schafft für auf die Bundesagentur für Arbeit übergegangene Entgeltforderungen § 55 Abs. 3 InsO, der diesen Ansprüchen den Masseschuldcharakter abspricht, weil § 55 Abs. 2 Satz 2 InsO die Arbeitnehmer, nicht die Bundesagentur schützen will.

> **Praxishinweis**
> Im Übrigen bleibt nur die Möglichkeit, den Betrieb rasch einzustellen oder auf einen sog. schwachen vorläufigen Insolvenzverwalter auszuweichen, auf den § 55 Abs. 2 InsO nicht anzuwenden ist, auch nicht analog.[127)]

Die **Erfüllung von Verbindlichkeiten** ist **nur zulässig**, wenn sie als **Sicherungsmaßnahme** 83
anzusehen ist. Verbindlichkeiten, die der sog. starke vorläufige Insolvenzverwalter selbst begründet hat und die im eröffneten Verfahren Masseverbindlichkeiten wären (§ 55 Abs. 2 InsO), darf er ohne weiteres erfüllen, wenn liquide Mittel vorhanden sind. Leistung und Entgelt stellen sich dann als einheitliche Sicherungsmaßnahme dar. Vom Schuldner begründete Verbindlichkeiten hingegen, die im eröffneten Verfahren einfache Insolvenzforderungen wären (§ 38 InsO), dürfen nur dann erfüllt werden, wenn dafür ein zwingendes Bedürfnis besteht, weil der vorläufige Verwalter seine Aufgaben anders nicht erfüllen kann.[128)] Das ist etwa der Fall, wenn dringend benötigte Waren oder Leistungen anders nicht verfügbar sind, weil sich der Lieferant weigert, ohne Bezahlung der Altforderungen weiterzuliefern. Es ist dann zunächst nach Alternativen am Markt zu suchen und die Frage zu beantworten, ob die Erfüllung angesichts der Bedeutung der Weiterbelieferung wirtschaftlich vernünftig ist (siehe auch Rz. 108).

Eine **Sonderregelung** über die Erfüllung enthält § 25 Abs. 2 InsO für den Fall der **Aufhebung der vorläufigen Insolvenzverwaltung** (die regelmäßig erfolgt, weil das Verfahren 84
nicht eröffnet wird und die Verfügungsbefugnis deshalb wieder auf den Schuldner übergeht; siehe oben Rz. 12).[129)] § 25 Abs. 2 InsO schreibt vor, dass der vorläufige Verwalter vor seinem Ausscheiden noch solche Forderungen erfüllen soll, die im eröffneten Verfahren Masseforderungen wären. Das Gericht muss grundsätzlich mit der Aufhebung der Sicherungsmaßnahme warten, bis dieser Vorschrift genügt ist. Es kann allerdings das allgemeine Verfügungsverbot vorab aufheben und hinsichtlich des von dem vorläufigen Verwalter

125) Ausführlich dazu *Bork*, ZIP 1999, 781 m. w. N.; BGH, Urt. v. 18.7.2002 – IX ZR 195/01, Rz. 13 f., ZVI 2002, 250 = ZIP 2002, 1625; OLG Köln, Urt. v. 29.6.2001 – 19 U 199/00, ZIP 2001, 1422, 1424, dazu EWiR 2001, 1011 *(Eckert)*; LAG Hamm, Urt. v. 10.1.2000 – 19 Sa 1638/99, ZIP 2000, 590, m. Anm. *Zwanziger* = ZInsO 2000, 113, dazu EWiR 2000, 539 *(Peters-Lange)*; ArbG Aachen, Urt. v. 20.9.1999 – 5 Ca 3683/99 d, ZIP 1999, 1982, dazu EWiR 2000, 183 *(Marotzke)*; *Lohmann* in: HK-InsO, § 55 Rz. 31; *Tintelnot* in: KPB, InsO, § 108 Rz. 31; Nerlich/Römermann-*Andres*, InsO, § 55 Rz. 129; *Wegener* in: FK-InsO, § 108 Rz. 43; *Zwanziger*, ZIP 1998, 2135, 2136.

126) *Kirchhof*, ZInsO 1999, 365, 369; *Blankenburg* in: KPB, InsO, § 25 Rz. 44; Blersch/Goetsch/Haas-*Beth*, InsO, § 25 Rz. 26.

127) BGH, Urt. v. 13.3.2003 – IX ZR 64/02, ZIP 2003, 810, 811, dazu EWiR 2003, 719 *(Huber)*; BGH, Urt. v. 18.7.2002 – IX ZR 195/01, ZIP 2002, 1625 = ZVI 2002, 250 m. w. N.; dazu *Haarmeyer*, ZInsO 2002, 741; *Prütting/Stickelbrock*, ZIP 2002, 1608.

128) BGH, Urt. v. 24.1.2008 – IX ZR 201/06, Rz. 13, ZIP 2008, 608, dazu EWiR 2008, 309 *(Eckert)*; AG Hannover, Beschl. v. 13.10.2017 – 908 IN 528/17, Rz. 9, ZInsO 2017, 2626; anderenfalls können Erfüllungshandlungen auch insolvenzzweckwidrig und damit nichtig sein, jedenfalls sind sie anfechtbar, vgl. OLG Dresden, Urt. v. 29.1.2004 – 13 U 2163/03, ZInsO 2005, 1221, 1222.

129) Dazu *Haarmeyer* in: FS Greiner, S. 103.

verwalteten Barvermögens ein besonderes Verfügungsverbot anordnen, damit daraus die Masseforderungen erfüllt werden können.[130)]

2. Schwache vorläufige Insolvenzverwaltung

85 Der sog. schwache vorläufige Insolvenzverwalter hat normalerweise **keine eigene Verpflichtungsbefugnis**. Verpflichtungen werden vom Schuldner begründet, der dazu unter Umständen der Zustimmung des vorläufigen Insolvenzverwalters bedarf. Etwas anders gilt nur dann, wenn ihm durch gerichtliche Anordnung einzelne Aufgabenbereiche zugewiesen sind, zu deren Wahrnehmung auch die Begründung von Verbindlichkeiten erforderlich ist.[131)]

86 Die vom Schuldner oder vom schwachen vorläufigen Verwalter begründeten Verbindlichkeiten sind grundsätzlich einfache **Insolvenzforderungen** i. S. des § 38 InsO.[132)] Abweichend ist in § 55 Abs. 4 InsO zugunsten des Fiskus bestimmt, dass Verbindlichkeiten aus dem Steuerverhältnis nach Eröffnung als Masseverbindlichkeit gelten.[133)] Daneben kann das **Insolvenzgericht** den schwachen vorläufigen Insolvenzverwalter ausdrücklich zur Begründung von im Voraus genau festgelegten Verbindlichkeiten ermächtigen, die nach Eröffnung aus der Masse zu erfüllen sind, sofern sich eine solche **Einzelermächtigung** als erforderliche Sicherungsmaßnahme darstellt.[134)] Viele Gerichte erlassen eine entsprechende Einzelermächtigung nur, wenn der vorläufige Verwalter eine Liquiditätsvorschau erstellt, wonach die zu begründende Verbindlichkeit nach Eröffnung voraussichtlich erfüllt werden kann.[135)] Anderenfalls bleibt dem schwachen vorläufigen Verwalter nur die Möglichkeit, die Forderungen aus dringend benötigten Geschäften durch eine persönliche Garantie[136)]

---

130) *Schröder* in: HambKomm-InsO, § 25 Rz. 6.

131) Vgl. AG Hof, Beschl. v. 29.9.1999 – IN 124/99, NZI 2000, 37, 38.

132) BGH, Urt. v. 7.5.2009 – IX ZR 61/08, Rz. 13, ZIP 2009, 1477.

133) Eingefügt durch das Haushaltsbegleitgesetz 2011, v. 9.12.2010, BGBl. I 2010, 1885; kritisch hierzu: *Bauer*, ZInsO 2010, 1917; *Hölzle*, BB 2012, 1571; *Jungclaus/Ch. Keller*, NZI 2010, 808; *Kahlert*, ZIP 2011, 401; *Smid*, DZWIR 2011, 133; *Weiland*, DZWIR 2011, 224.

134) Ausführlich: *Laroche*, NZI 2010, 965; BGH, Urt. v. 18.7.2002 – IX ZR 195/01, ZIP 2002, 1625, 1629 = ZVI 2002, 250; BGH, Urt. v. 20.9.2007 – IX ZR 91/06, Rz. 10, ZVI 2008, 69 = ZIP 2007, 2279, dazu EWiR 2008, 213 *(Mitlehner)*, und *(Dreves-Marlow)*, Die Begründung von Masseverbindlichkeiten; *Haarmeyer/Pape*, ZInsO 2002, 845; *Heidrich/Prager*, NZI 2002, 653; *Horstkotte/Martini*, ZInsO 2010, 750; *Kier* in: FS Greiner, S. 117; *Kirchhof*, ZInsO 2004, 57; *Louven/Böckmann*, NZI 2004, 128; *Smid*, DZWIR 2002, 444; *Undritz*, NZI 2003, 136; AG Duisburg, Beschl. v. 28.7.2002 – 62 IN 167/02, ZIP 2002, 1700 f. = ZInsO 2002, 885, m. Anm. *Pape*; *Laroche* in: HK-InsO, § 22 Rz. 54; *Pohlmann*, Befugnisse und Funktionen des vorläufigen Insolvenzverwalters, Rz. 334 ff.; der Sache nach auch AG Coburg, Beschl. v. 26.11.2001 – IN 248/01, ZInsO 2002, 383; a. A. *Bähr*, ZIP 1998, 1553, 1559; *Peters-Lange*, ZIP 1999, 421, 422.

135) Vgl. Entschließung des Bundesarbeitskreises Insolvenzgerichte e. V., v. 15.11.2010, Ziff. IV. 1.

136) Zurückhaltend BGH, Urt. v. 6.5.2004 – IX ZR 48/03, ZIP 2004, 1107, 1113 = ZVI 2004, 345, dazu EWiR 2004, 765 *(Vallender)*; BAG, Urt. v. 25.6.2009 – 6 AZR 210/08, Rz. 14 ff., ZIP 2009, 1772, dazu EWiR 2009, 617 *(Fölsing)*; LG Trier, Urt. v. 23.3.2009 – 6 O 204/08, ZInsO 2009, 1208, 1210, dazu EWiR 2009, 683 *(Webel)*; vgl. aber auch OLG Celle, Urt. v. 21.10.2003 – 16 U 95/03, NZI 2004, 89, 90, dazu EWiR 2004, 445 *(Undritz)*; OLG Schleswig, Urt. v. 31.10.2003 – 1 U 42/03, NJW 2004, 1257, dazu EWiR 2004, 393 *(Undritz)*; *Wallner/Neuenhahn*, NZI 2004, 63, 67 f.; nach OLG Frankfurt/M., Urt. v. 8.3.2007 – 26 U 43/06, ZInsO 2007, 548 f., kommt eine Haftung aus culpa in contrahendo in Betracht; ablehnend dazu LG Trier, Urt. v. 23.3.2009 – 6 O 204/08, ZInsO 2009, 1208, 1210; *Hinkel/Flitsch*, ZInsO 2007, 1018; für die Insolvenzfestigkeit einer Zahlungszusage zulasten der Masse *Wiester*, NZI 2003, 632.

oder durch ein Doppeltreuhandkonto abzusichern.[137)] Unzulässig ist hingegen ein Beschluss des Insolvenzgerichts, der den vorläufigen Insolvenzverwalter ermächtigt, Neumasseverbindlichkeiten im Rang nach § 209 Abs. 1 Nr. 2 InsO zu begründen, da das Insolvenzgericht in die gesetzliche Befriedigungsreihenfolge nicht eingreifen kann.[138)]

Für die **Erfüllung** von Verbindlichkeiten gilt das oben (siehe Rz. 81 f.) Gesagte sinngemäß: 87
Da bei der sog. schwachen vorläufigen Insolvenzverwaltung grundsätzlich nur einfache Insolvenzforderungen begründet werden, dürfen diese nur dann erfüllt werden, wenn das zur Erfüllung des Sicherungszwecks unerlässlich ist.[139)] Auch die Sondervorschrift des § 25 Abs. 2 InsO gilt grundsätzlich nur für den sog. starken vorläufigen Insolvenzverwalter und ist auf den schwachen vorläufigen Insolvenzverwalter auch nicht analog anwendbar.[140)] Eine Ausnahme ist nur dann angebracht, wenn der schwache vorläufige Insolvenzverwalter – kraft besonderer gerichtlicher Ermächtigung – Masseverbindlichkeiten begründet hat.[141)]

III. Haftung

1. Allgemeine Verwalterhaftung nach § 60 InsO

Für den **vorläufigen Verwalter** gelten über § 21 Abs. 2 Satz 1 Nr. 1 InsO dieselben **Haftungsgrundsätze** wie für den endgültigen Insolvenzverwalter. Das gilt unabhängig davon, ob ein allgemeines Verfügungsverbot angeordnet worden ist oder nicht. Der vorläufige Insolvenzverwalter haftet also in entsprechender Anwendung des § 60 InsO für die Verletzung seiner **insolvenzspezifischen Pflichten**, aber nur gegenüber Verfahrensbeteiligten und nur bei Verschulden. Maßstab für das Verschulden ist dabei die Sorgfalt eines ordentlichen und gewissenhaften vorläufigen Insolvenzverwalters. Die Haftung für **Hilfspersonen** richtet sich grundsätzlich nach § 278 BGB, bei Einschaltung von Angestellten des Schuldners nach § 60 Abs. 2 InsO. 88

137) Näher dazu *Bähr*, ZIP 1998, 1553; *Förster*, ZInsO 1998, 268; *Kier* in: FS Greiner, S. 117; *Treffer*, DB 2002, 2091, 2093; *Möhring*, ZInsO 2019, 2601; zur Doppeltreuhand in der Sequestration auch BGH, Urt. v. 10.7.1997 – IX ZR 234/96, ZIP 1997, 1551, 1553 = NJW 1997, 3028, 3029; BGH, Urt. v. 12.10.1989 – IX ZR 184/88, BGHZ 109, 47 = ZIP 1989, 1466; *Bork*, NZI 1999, 337 f.; ablehnend noch AG Hamburg, Beschl. v. 16.12.2002 – 67g IN 419/02, ZIP 2003, 43, 45 = NZI 2003, 153, 154 (dagegen *Undritz*, NZI 2003, 136); AG Hamburg, Beschl. v. 15.7.2003 – 67g IN 205/03, ZIP 2003, 1809, dazu EWiR 2003, 1091 *(Tetzlaff)*; Genehmigung des Treuhandkontos durch das Insolvenzgericht unter gleichzeitiger Befreiung vom Verbot des § 181 BGB erforderlich: Entschließung des Bundesarbeitskreises Insolvenzgerichte e. V. v. 15.11.2010, Ziff. IV. 2.; AG Hamburg, Beschl. v. 23.9.2005 – 67g IN 358/05, ZInsO 2005, 1056, 1058; AG Hamburg, Beschl. v. 22.4.2004 – 67c IN 46/04, ZInsO 2004, 517, 518 f.; dazu *Frind*, ZInsO 2004, 470; vgl. ferner *Frind*, ZInsO 2005, 1296; *Frind*, ZInsO 2004, 840; *Frind*, ZInsO 2003, 778; dagegen *Marotzke*, ZInsO 2005, 561; *Marotzke*, ZInsO 2004, 113 ff., 178 ff. und 721 ff.; *Mönning/Hage*, ZInsO 2005, 1185; *Werres*, ZInsO 2006, 918; *Werres*, ZInsO 2005, 1233; vgl. auch *Bork*, NZI 2005, 530.

138) *Marotzke*, ZInsO 2004, 113; *Marotzke*, ZInsO 2004, 178; *Marotzke*, ZInsO 2005, 561; gegen AG Hamburg, Beschl. v. 23.9.2005 – 67g IN 358/05, ZInsO 2005, 1056, 1058; AG Hamburg, Beschl. v. 15.11.2004 – 67g IN 390/04, ZInsO 2004, 1270, 1271.

139) BGH, Urt. v. 24.1.2008 – IX ZR 201/06, Rz. 13, ZIP 2008, 608, dazu EWiR 2008, 309 *(H.-G. Eckert)*.

140) OLG Celle, Beschl. v. 4.4.2001 – 2 W 36/01, ZIP 2001, 796, 797; *Prager/Thiemann*, NZI 2001, 634, 636; a. A. LG Duisburg, Beschl. v. 28.3.2001 – 7/24 T 99/00, ZIP 2001, 1020, 1021 f., dazu EWiR 2002, 69 *(Vallender)*; AG Göttingen, Beschl. v. 22.3.2001 – 74 IN 47/00, ZIP 2001, 798, 801; *Meyer*, DZWIR 2001, 309, 315 f.

141) Vgl. BGH, Urt. v. 22.2.2007 – IX ZR 2/06, Rz. 16 f., ZIP 2007, 827, dazu EWiR 2007, 499 *(Voß)*; *Gundlach/Frenzel/N. Schmidt*, DZWIR 2003, 309.

2. Ausfallhaftung nach § 61 InsO

89 Eine insbesondere für den sog. starken vorläufigen Insolvenzverwalter wichtige Vorschrift ist § 61 InsO, auf den § 21 Abs. 2 Satz 1 Nr. 1 InsO ebenfalls verweist.[142] Nach dieser Regelung haftet der vorläufige Insolvenzverwalter für **von ihm begründete Masseverbindlichkeiten**, die mangels Eröffnung oder im eröffneten Verfahren wegen Masseunzulänglichkeit nicht erfüllt werden können. Die Norm bezweckt den Schutz derjenigen, die im Vertrauen auf die sichere Masseschuldqualifizierung vorgeleistet haben. Sie gilt daher zunächst für vom vorläufigen Verwalter selbst begründete Masseverbindlichkeiten. Für Masseverbindlichkeiten aus Dauerschuldverhältnissen, die dem vorläufigen Verwalter durch § 55 Abs. 2 Satz 2 InsO oktroyiert wurden, gilt die Norm, soweit der vorläufige Verwalter auf Entstehung und Höhe der Forderung Einfluss hatte, insbesondere weil er eine mögliche Kündigung unterlassen hat.[143]

90 Die Haftung tritt nach § 61 Satz 2 InsO nicht ein, wenn der vorläufige Insolvenzverwalter bei der Begründung der Verbindlichkeit **nicht erkennen konnte**, dass die Masse voraussichtlich zur Erfüllung nicht ausreichen würde. Es ist also zu prüfen, ob bei Begründung der Masseverbindlichkeit die Nichterfüllung (Masseunzulänglichkeit) objektiv wahrscheinlicher war als die Erfüllung, und ob das bei Anwendung der Sorgfalt eines ordentlichen und gewissenhaften vorläufigen Insolvenzverwalters erkennbar war. Allerdings wird das Vorliegen dieser Voraussetzungen vermutet, so dass die **Beweislast** für ihr Fehlen beim vorläufigen Insolvenzverwalter liegt, der den Beweis regelmäßig nur dann wird führen können, wenn er eine plausible Liquiditätsrechnung erstellt und diese ständig aktualisiert.[144]

91 Angesichts des Umstandes, dass ein vorläufiger Insolvenzverwalter praktisch von der ersten Minute seiner Amtszeit an den Betrieb fortführen muss und damit fortlaufend Masseverbindlichkeiten begründet, deren Entstehen und Umfang sowie deren Relation zur vorhandenen Masse er zumindest in einer Einarbeitungsphase nicht überblicken kann, stellt sich die Frage, ob hier ein **unübersehbares Haftungsrisiko** droht. Die Frage ist bei sachgerechter Anwendung des § 61 InsO **zu verneinen**. Zunächst wird man die Auffassung vertreten können, dass die Fortführungspflicht grundsätzlich die Rechtswidrigkeit der Masseschuldbegründung beseitigt.[145] Wenn der vorläufige Verwalter den gesetzlichen Auftrag hat, den Betrieb fortzuführen, und wenn damit unvermeidbar Masseverbindlichkeiten begründet werden, dann kann man diese Masseschuldbegründung dem vorläufigen Insolvenzverwalter nicht vorwerfen. Das gilt sicher für die Einarbeitungsphase und danach noch so lange, bis der vorläufige Verwalter Anlass hat, einen Stilllegungsantrag zu stellen. Die Haftung setzt also erst ein, wenn der Stilllegungsantrag verzögert oder versäumt

---

142) Ausführlich dazu *Kirchhof*, ZInsO 1999, 365 ff.; *Laws*, MDR 2003, 787; *Meyer*, Die Haftung des vorläufigen Insolvenzverwalters, S. 132; *Pohlmann*, Befugnisse und Funktionen des vorläufigen Insolvenzverwalters, Rz. 369 ff.; *Wallner/Neuenhahn*, NZI 2004, 63; die Grundsatzentscheidung zu § 61 InsO – BGH, Urt. v. 17.12.2004 – IX ZR 185/03, ZIP 2005, 311, dazu EWiR 2005, 679 *(Pape)* – ist zum eröffneten Verfahren ergangen und hat sich mit der besonderen Problematik des Antragsverfahrens nicht auseinandersetzen müssen.

143) BGH, Urt. v. 3.2.2012 – IX ZR 75/11, Rz. 33, ZVI 2012, 261 = ZIP 2012, 533, dazu EWiR 2012, 287 *(Henkel)*; BAG, Urt. v. 15.11.2012 – 6 AZR 321/11, Rz. 32 f., ZIP 2013, 638, dazu EWiR 2013, 211 *(Mückl/Herrnstadt)*.

144) Zu den Anforderungen an den Entlastungsbeweis: BGH, Urt. v. 17.12.2004 – IX ZR 185/03, Rz. 17 f., ZIP 2005, 311 m. w. N.

145) Ausführlich *Kirchhof*, ZInsO 1999, 365, 366 f.; a. A. OLG Brandenburg, Urt. v. 3.7.2003 – 8 U 58/02, NZI 2003, 552 – nur bei gewissenhafter Prüfung; LG Cottbus, Urt. v. 8.5.2002 – 3 O 277/00, NZI 2002, 441, 442 – Haftung aber im konkreten Fall wegen des Zeitdrucks und der unübersichtlichen Vermögensverhältnisse ablehnend; *Lüke* in: KPB, InsO, § 61 Rz. 15.

wird.[146] Verweigert das Gericht die für die Stilllegung nötige Zustimmung, so handelt der Verwalter ebenfalls nicht rechtswidrig. Vielmehr geht jetzt die Haftungsgefahr auf das Gericht über (§ 839 BGB). Auch in der Phase, die das Gericht zur Prüfung des Stilllegungsantrags benötigt, handelt der vorläufige Verwalter nicht rechtswidrig. Allerdings kommt hier eine Haftung aus § 60 InsO in Betracht, etwa wenn der Stilllegungsantrag unsorgfältig begründet ist.[147]

IV. Vorfinanzierung von Insolvenzgeld

Ein wichtiges Instrument für die Betriebsfortführung im Eröffnungsverfahren ist die Vorfinanzierung des Insolvenzgeldes, das an anderer Stelle ausführlicher erörtert wird (siehe unten Kap. 22 [*Hövel*]). Ausgangspunkt sind die **Regelungen über das Insolvenzgeld** in §§ 165 ff. SGB III, die den Arbeitnehmern für einen Zeitraum von drei Monaten vor dem Insolvenzereignis (Eröffnung des Insolvenzverfahrens, Abweisung des Antrags mangels Masse oder Betriebseinstellung mangels Masse) Ansprüche auf Zahlung rückständiger Löhne und Gehälter i. H. des Nettoarbeitsentgelts gegen die Agentur für Arbeit zubilligen. Die Arbeitsagentur erfüllt diese Ansprüche nach der Verfahrenseröffnung. Dafür gehen die Lohn- und Gehaltsansprüche nach § 169 SGB III auf die Bundesagentur für Arbeit (BfA) über, können aber von dieser im eröffneten Verfahren nicht als Masseforderungen geltend gemacht werden (§ 55 Abs. 3 InsO). 92

Diese Regelung kann sich der vorläufige Insolvenzverwalter – und auch der eigenverwaltende Schuldner – für die Geschäftsfortführung zunutze machen, weil er die Arbeitnehmer bis zu drei Monaten weiterbeschäftigen kann, ohne sie bezahlen zu müssen.[148] Die Arbeitnehmer indessen erwarten für ihre Arbeitsleistung eine sofortige Bezahlung, die der vorläufige Verwalter mangels liquider Mittel regelmäßig nicht leisten kann. Deshalb greift die Praxis, da eine vorläufige Zahlung nach § 328 Abs. 1 Satz 1 Nr. 3 SGB III abgelehnt wird,[149] zur **Vorfinanzierung** des Insolvenzgeldes: Eine Bank gibt dem vorläufigen Verwalter einen Kredit zur Bezahlung der Arbeitnehmer und lässt sich dafür deren Insolvenzgeldansprüche abtreten.[150] Diese Abtretung ist nach § 170 Abs. 1 SGB III zulässig, bedarf aber gemäß § 170 Abs. 4 SGB III der Zustimmung der Arbeitsagentur, die nur erteilt werden darf, wenn Tatsachen die Annahme rechtfertigen, dass ein erheblicher Teil der Arbeitsplätze erhalten bleibt. Der Sinn dieser Regelung liegt darin, dass nicht mit Hilfe des Insolvenzgelds ein Unternehmen finanziert werden soll, das nicht am Markt bestehen kann. Die Regelung ist freilich nicht unproblematisch, da im Eröffnungsverfahren nicht immer sofort feststeht, ob ein wesentlicher Teil der Arbeitsplätze erhalten werden kann. 93

Nach den **Durchführungsanweisungen der BfA**[151] bedarf es zunächst einer **nachvollziehbaren und glaubhaft gemachten Prognose**, dass die Erhaltung eines erheblichen Teils der Arbeitsplätze *überwiegend wahrscheinlich* ist. Dazu kann eine Stellungnahme des vorläufigen Verwalters, aber auch ein sonstiges Gutachten dienen, ferner Verhandlungen mit Übernahmeinteressenten oder die erste Umsetzung eines Sanierungskonzepts. Außerdem muss ein *erheblicher Teil* der Arbeitsplätze erhalten bleiben. Dieses Tatbestandsmerkmal kann in Anlehnung an § 112a BetrVG ausgelegt werden, so dass eine Relation zwischen 94

146) Uhlenbruck-*Sinz*, § 60 Rz. 15.

147) Uhlenbruck-*Vallender*, InsO, § 22 Rz. 36 m. w. N.

148) Ausführlich: Uhlenbruck-*Zobel*, InsO, § 22 Rz. 101 ff.

149) LSG Essen, Urt. v. 12.4.2000 – L 12 AL 164/99, ZIP 2000, 1119, 1120, dazu EWiR 2000, 785 (*Peters-Lange*).

150) Muster bei *Förster*, ZInsO 1998, 191 und 238.

151) *Bundesagentur für Arbeit*, Fachliche Weisungen Insolvenzgeld, Stand: 20.12.2018, abrufbar unter https://www.arbeitsagentur.de/datei/dok_ba016429.pdf (Abrufdatum: 20.11.2023).

der Gesamtzahl der vorhandenen und der zu erhaltenden Arbeitsplätze gebildet werden muss. Die Erheblichkeit berechnet sich danach wie folgt:

Gesamtzahl Arbeitsplätze	erheblicher Prozentsatz (%)	aber mindestens Arbeitsplätze
1–59	20	6
60–249	20	37
250–499	15	60
> 499	10	60

95 Die Mindestzahlen können unterschritten werden, wenn der Unternehmenssitz in einem anerkannten Fördergebiet der regionalen Strukturpolitik liegt, wenn die Arbeitslosenquote oder Dauer der Arbeitslosigkeit im Standortbereich höher ist als im Bundesdurchschnitt oder wenn es um den Personalabbau bei einem für die Region dominanten Unternehmen geht. Der Erhalt der Arbeitsplätze muss außerdem grundsätzlich dauerhaft gesichert sein. Daran fehlt es etwa, wenn nur noch die Ausproduktion ohne Aussicht auf eine Sanierung geplant ist oder wenn Transferkurzarbeitergeld bezogen wurde.

Praxishinweis

Zu beachten ist, dass aufgrund der Vorfinanzierung des Insolvenzgelds durch den vorläufigen Verwalter Verbindlichkeiten entstehen (z. B. Kreditzinsen, Bankgebühren), die regelmäßig erst nach Verfahrenseröffnung erfüllt werden können. Ein sog. schwacher vorläufiger Verwalter kann die Vorfinanzierung daher nur mit einer entsprechenden **Einzelermächtigung** durch das Insolvenzgericht durchführen, da er hierzu Masseverbindlichkeiten begründen können muss.

V. Rechtsstellung der gesicherten Gläubiger

96 Für die Betriebsfortführung werden zahlreiche Vermögensgegenstände benötigt, an denen Sicherungsrechte bestehen. Es stellt sich daher die Frage, ob die Sicherungsnehmer dem vorläufigen Verwalter diese Gegenstände entziehen können, oder ob sich der organisatorische Verbund des Unternehmens auch insoweit zusammenhalten lässt. Für die Beantwortung dieser Frage ist zu unterscheiden:

1. Eigentumsvorbehalt

97 Besteht an einem Gegenstand ein **einfacher Eigentumsvorbehalt**, so gibt es keine direkten insolvenzrechtlichen Spezialregelungen. Insbesondere kann die für das eröffnete Verfahren normierte Vorschrift des § 107 Abs. 2 InsO nicht analog angewandt werden[152] (siehe Rz. 104), zumal hierfür kein praktisches Bedürfnis besteht (siehe Rz. 75). Das Schicksal des einfachen Eigentumsvorbehalts richtet sich also zunächst einmal nach dem BGB: Der Verkäufer kann nach § 985 BGB Herausgabe verlangen,[153] wenn der Schuldner/vorläufige Insolvenzverwalter sein Besitzrecht verloren hat, weil der Verkäufer gemäß §§ 449, 346 BGB vom Kaufvertrag wegen Zahlungsverzugs zurückgetreten ist. Der Rücktritt des Lieferanten ist auch nicht analog § 112 InsO ausgeschlossen, der als Ausnahmenorm nicht analogiefähig ist.[154] Der vorläufige Insolvenzverwalter muss also die unter Eigen-

152) *Uhlenbruck* in: Kölner Schrift, S. 239 Rz. 33; Uhlenbruck-*Wegener*, § 112 Rz. 19; a. A. *Ahrendt* in: HambKomm-InsO, § 107 Rz. 12.

153) Vgl. OLG Naumburg, Urt. v. 27.5.2009 – 5 U 36/09, NZI 2009, 685.

154) A. A. *Schlegel*, DZWIR 2000, 94, 101 m. w. N.

tumsvorbehalt gelieferte Ware herausgeben,[155] oder wenn er sie behalten will, bezahlen, weil er sie für die Betriebsfortführung benötigt.

> **Praxishinweis**
>
> Der vorläufige Verwalter sollte daher kurzfristig nach Übernahme des Amts eine Inventur durchführen, um festzustellen, an welchen Gegenständen Aus- und Absonderungsrechte bestehen, die er zu berücksichtigen hat. Der Herausgabeanspruch des Lieferanten kann im Wege des einstweiligen Rechtsschutzes gesichert werden.[156]

Etwas anderes gilt nur dann, wenn das Gericht eine **Sicherungsanordnung** nach § 21 Abs. 2 Satz 1 Nr. 5 InsO getroffen hat (näher dazu siehe Rz. 33 ff.). Handelt es sich um Gegenstände des Anlagevermögens, kann das Gericht die Herausgabe an den Lieferanten untersagen und die Nutzung erlauben. Hierfür ist dem Lieferanten nach Ablauf von drei Monaten seit der gerichtlichen Anordnung ein Nutzungsentgelt zu zahlen, daneben sind etwaige Wertverluste auszugleichen.[157] Bei Gegenständen des Umlaufvermögens ist der Verbrauch, die Veräußerung oder Verarbeitung nur zulässig, wenn mit dem Lieferanten zuvor eine Vereinbarung getroffen wurde (siehe Rz. 34). 98

Beim **verlängerten Eigentumsvorbehalt** ist zu differenzieren: Solange sich die Ware noch beim Schuldner befindet, gilt das vorstehend zum einfachen Eigentumsvorbehalt Gesagte, danach das Recht der Sicherungszession (siehe Rz. 105). Vor der Weiterveräußerung stellt sich vor allem die Frage, welches Schicksal die Weiterveräußerungs- bzw. Weiterverarbeitungsermächtigung erleidet.[158] Regelmäßig wird der Schuldner ermächtigt, die unter Eigentumsvorbehalt gelieferte Ware im ordnungsgemäßen Geschäftsbetrieb weiterzuveräußern oder weiterzuverarbeiten. Ob auch die Unternehmensführung im Insolvenzantragsverfahren noch ein „ordnungsgemäßer Geschäftsbetrieb" i. S. der Klausel ist, ist durch Auslegung zu klären. Wenn die Befriedigungsaussichten des Lieferanten bei Fortgeltung der Ermächtigung gefährdet werden, wird man nicht annehmen können, dass die Ermächtigung auch für diesen Fall weitergelten soll.[159] Vor diesem Hintergrund kann man annehmen, dass eine **Weiterveräußerungsermächtigung fortgilt**, wenn der Lieferant als Äquivalent die Kaufpreisforderung gegen den Käufer erhält und damit nicht anders gesichert ist als ohne Insolvenz.[160] Dass der Käufer möglicherweise seinerseits insolvent ist, ist ein Risiko, das der Lieferant ohnehin zu tragen hat, das sich also auch in (für den Schuldner) guten Zeiten verwirklichen kann. 99

Bei der **Weiterverarbeitungsermächtigung** versteht sich die Fortgeltung hingegen nicht von selbst. Zwar wird dem Lieferanten regelmäßig im Voraus (Mit-)Eigentum am Verarbeitungsprodukt eingeräumt. Dieses kann aber wertlos sein, etwa weil vom Schuldner Halbfertigprodukte erstellt werden, für die es keinen Markt gibt. Man wird daher nur dann annehmen können, dass die Weiterverarbeitungsermächtigung auch in der vorläufigen Insolvenzverwaltung fortgilt, wenn nur noch der letzte Produktionsschritt zum marktfähigen Endprodukt fehlt, so dass der Lieferant trotz Verarbeitung eine angemessene Ersatzsicherheit bekommt und in seinen Befriedigungsaussichten durch die Weiterverarbeitung 100

155) Vgl. LG Braunschweig, Urt. v. 12.10.2000 – 10 O 1019/00, DZWIR 2001, 303, 304, dazu EWiR 2001, 279 *(Rendels)*; a. A. offenbar AG Mühldorf, Beschl. v. 15.7.1999 – 2 C 271/99, ZInsO 1999, 481 (LS).

156) LG Köln, Urt. v. 12.7.2002 – 89 O 102/02, DB 2003, 195, m. Anm. *Hoffmann*.

157) BGH, Urt. v. 3.12.2009 – IX ZR 7/09, Rz. 26, ZIP 2010, 141; *Ganter*, NZI 2007, 549, 554.

158) Dazu *Gundlach*, KTS 2000, 307.

159) Vgl. BGH, Urt. v. 24.1.2019 – IX ZR 110/17, ZIP 2019, 472, 476 = ZVI 2019, 178.

160) *Scholz* in: HambKomm-InsO, § 48 Rz. 18; *Möhring*, ZInsO 2019, 2601; da es sich insoweit um eine Sicherungszession handelt, gilt für das Schicksal dieser Forderung das unter Rz. 105 Gesagte.

nicht beeinträchtigt wird.[161] In jedem Fall kann freilich die Ermächtigung nach Maßgabe des Liefervertrags widerrufen werden. In diesem Fall hilft auch eine Sicherungsanordnung nach § 21 Abs. 2 Satz 1 Nr. 5 InsO nicht, da eine Verarbeitung des Sicherungsguts nicht gestattet ist (siehe Rz. 34).

101 Für den **erweiterten Eigentumsvorbehalt ist zu unterscheiden**, ob die Forderung, bei deren Begründung der erweiterte Eigentumsvorbehalt vereinbart wurde (Anlassforderung), bereits getilgt ist oder nicht. Bis zur Tilgung der Anlassforderung gilt das zum einfachen Eigentumsvorbehalt Gesagte (siehe Rz. 97), danach greift das Recht der Sicherungsübereignung (siehe Rz. 102).

2. Sicherungsübereignung

102 Auch für die Sicherungsübereignung gilt in erster Linie das BGB. In der Regel wird der Schuldner mit der Bezahlung der gesicherten Forderung in Verzug sein, so dass deswegen, aber auch wegen des Insolvenzantrags der Sicherungsfall bereits eingetreten ist. Damit hat der Sicherungsnehmer nach materiellem Recht einen **Herausgabeanspruch**.[162] Dieser Anspruch wird allerdings im eröffneten Verfahren durch § 166 Abs. 1 InsO **ausgeschlossen**. Diese Vorschrift würde wertlos, wenn der Sicherungsnehmer die Herausgabe vom vorläufigen Verwalter verlangen könnte. Deshalb wurde angenommen, dass ein solcher Herausgabeanspruch vom vorläufigen Verwalter **nicht erfüllt werden muss**. Denn der Sicherungszweck gebietet regelmäßig, dass der betroffene Vermögensgegenstand im Unternehmen verbleibt, damit vom endgültigen Verwalter in Besitz genommen und von diesem verwertet werden kann. Der vorläufige Verwalter muss die Rechte des endgültigen Verwalters aus § 166 Abs. 1 InsO im Interesse der Gläubigergesamtheit sichern und ist deshalb zur Herausgabe weder berechtigt noch verpflichtet. Diesen Überlegungen hat sich der Gesetzgeber mit der Schaffung der Regelung des § 21 Abs. 2 Satz 1 Nr. 5 InsO angeschlossen, wonach das Insolvenzgericht den Sicherungsnehmern untersagen kann, ihre Herausgabeansprüche geltend zu machen.[163] Daneben kommt in Betracht, dass dem Schuldner oder sog. schwachen vorläufigen Verwalter die Herausgabe untersagt und ein Zwangsvollstreckungsverbot angeordnet wird, das auch gegenüber den gesicherten Gläubigern wirkt[164] (siehe Rz. 30).

103 Muss das Sicherungsgut nicht an den gesicherten Gläubiger herausgegeben werden, so richten sich **dessen Ansprüche** nach § 21 Abs. 2 Satz 1 Nr. 5 InsO (siehe Rz. 33); weitergehende Ansprüche bestehen nicht.[165]

104 Auch ein **Verwertungsrecht** hat der vorläufige Verwalter nach dem Gesetz zunächst einmal nicht. § 166 Abs. 1 InsO gilt im Eröffnungsverfahren nicht, da der vorläufige Verwalter nur sichern, nicht verwerten soll.[166] Etwas anderes gilt nur dann, wenn das Sicherungsgut nicht mehr benötigt wird, eine Veräußerung i. R. der üblichen Betriebsfortführung liegt oder wenn ein Wertverlust droht.[167] Es muss dann aber der Sicherungsnehmer zustim-

---

161) *Pohlmann*, Befugnisse und Funktionen des vorläufigen Insolvenzverwalters, Rz. 451 f.; *Schlegel*, DZWIR 2000, 94, 103 f.

162) Vgl., auch zum Folgenden, *Obermüller*, DZWIR 2000, 10; *Schlegel*, DZWIR 2000, 94.

163) Begr. RegE Gesetz zur Vereinfachung des Insolvenzverfahrens, BT-Drucks. 16/3227, S. 15.

164) *Hintzen*, ZInsO 1998, 174, 178; differenzierend *Obermüller*, DZWIR 2000, 10, 12 f.

165) BGH, Urt. v. 3.12.2009 – IX ZR 7/09, Rz. 28 ff., ZIP 2010, 141; zum früheren Recht: BGH, Urt. v. 13.7.2006 – IX ZR 57/05, ZIP 2006, 1641, 1642 = ZVI 2006, 439.

166) BGH, Urt. v. 20.2.2003 – IX ZR 81/02, ZIP 2003, 632, 634 f.; BGH, Beschl. v. 14.12.2000 – IX ZB 105/00, BGHZ 146, 165, 172 ff. = ZIP 2001, 296, 298 f.; OLG Köln, Beschl. v. 29.12.1999 – 11 W 81/99, NZI 2000, 267, 268 – allerdings nur für den schwachen vorläufigen Insolvenzverwalter.

167) *Obermüller*, DZWIR 2000, 10; *Schlegel*, DZWIR 2000, 94, 97 f.

men und die Masse darf nicht schlechterstehen als bei einer Verwertung nach der Eröffnung (siehe Rz. 75). Gibt umgekehrt der vorläufige Verwalter das Sicherungsgut an den Sicherungsnehmer heraus, so kann dieser bei Verwertungsreife selbst verwerten, ohne dafür einen Kostenbeitrag an die Masse zahlen zu müssen.[168)]

3. Sicherungszession

Bei der Sicherungszession[169)] steht der vorläufige Verwalter nach materiellem Recht ungleich schlechter da. Die Forderung steht dem Sicherungsnehmer zu. Der vorläufige Verwalter hat – anders als bei der Sicherungsübereignung mit dem Besitz – keine faktische Position, die es ihm erlaubte, das künftige Einziehungsrecht des endgültigen Insolvenzverwalters aus § 166 Abs. 2 InsO zu sichern. Allerdings bleibt die vom Sicherungsnehmer ursprünglich erteilte **Einziehungsermächtigung** nach Maßgabe des Sicherungsvertrags bis zum Widerruf durch den Sicherungsnehmer bestehen,[170)] so dass der vorläufige Verwalter ohne eine neue Ermächtigung weiterhin einziehen kann, den Einziehungserlös aber zugunsten des Sicherungsnehmers separieren muss.[171)] Daneben ist aber auch der **Sicherungsnehmer** (Zessionar) einziehungsberechtigt. Er kann verdeckte Zessionen offenlegen und die Drittschuldner zur Zahlung auffordern. Ein Kostenbeitrag zugunsten der Masse fällt dabei nicht an.[172)] Ist die Einziehungsermächtigung widerrufen, müssen gleichwohl durch den vorläufigen Verwalter eingezogene Beträge ohne Kostenabzug an den Sicherungszessionar nach § 816 Abs. 2 BGB herausgegeben werden.[173)] Außerdem kommt eine Ersatzabsonderung analog § 48 InsO in Betracht.[174)] In der Praxis kommt es allerdings häufig zu Verwertungsvereinbarungen zwischen der Bank und dem vorläufigen Verwalter. 105

Kommt eine Einigung zwischen dem Sicherungsnehmer und dem vorläufigen Verwalter über eine Einziehung durch den vorläufigen Verwalter unter Kostenbeteiligung des Zessionars nicht zustande, bleibt nur die Möglichkeit, dass das **Gericht** nach § 21 Abs. 2 Satz 1 Nr. 5 InsO dem Zessionar die **Einziehung verbietet.**[175)] Außerdem kann es den Schuldner bzw. vorläufigen Insolvenzverwalter ermächtigen, die sicherungszedierten Forderungen 106

---

168) BGH, Urt. v. 23.9.2004 – IX ZR 25/03, ZVI 2005, 136 = ZIP 2005, 40.

169) Ausführlich dazu *Bork*, ZBB 2001, 271, 277 f.

170) BGH, Urt. v. 6.4.2000 – IX ZR 422/98, BGHZ 144, 192, 198 ff. = ZIP 2000, 895, 897, dazu EWiR 2000, 643 *(Eckardt)*; BGH, Urt. v. 24.1.2019 – IX ZR 110/17, ZIP 2019, 472, 474 f. = ZVI 2019, 178; *Kirchhof*, ZInsO 1999, 436, 437; a. M. *Obermüller*, DZWIR 2000, 10, 14; zweifelnd – nach Einfügung des § 21 Abs. 2 Satz 1 Nr. 5 InsO – BGH, Urt. v. 21.1.2010 – IX ZR 65/09, Rz. 20, ZIP 2010, 739, dazu EWiR 2010, 395 *(Knof)*.

171) BGH, Urt. v. 21.1.2010 – IX ZR 65/09, Rz. 40, ZIP 2010, 739, dazu EWiR 2010, 395 *(Knof)*.

172) BGH, Urt. v. 20.11.2003 – IX ZR 259/02, ZIP 2004, 42, dazu EWiR 2004, 123 *(Gundlach/ N. Schmidt)*; BGH, Urt. v. 20.2.2003 – IX ZR 81/02, ZIP 2003, 632, 634.

173) BGH, Urt. v. 22.2.2007 – IX ZR 2/06, Rz. 14, ZIP 2007, 827, dazu EWiR 2007, 499 *(Voß)*.

174) BGH, Urt. v. 21.1.2010 – IX ZR 65/09, Rz. 17 ff., ZIP 2010, 739; BGH, Urt. v. 24.1.2019 – IX ZR 110/17, ZIP 2019, 472, 474 ff. = ZVI 2019, 178.

175) AG Charlottenburg, Beschl. v. 16.3.2015 – 36a IN 891/15, Rz. 3, ZIP 2015, 1507; AG Hamburg, Beschl. v. 30.9.2011 – 67g IN 381/11, Rz. 6 ff., ZInsO 2011, 2045; a. A. AG Hamburg, Beschl. v. 2.5.2011 – 67g IN 62/11, Rz. 3, ZIP 2011, 1279; zur Zulässigkeit nach früherem Recht, BayObLG, Beschl. v. 6.8.2001 – 4Z BR 7/01, ZInsO 2001, 754; KG Berlin, Urt. v. 19.10.1999 – 7 U 6213/99, ZInsO 1999, 716, 717, m. krit. Anm. *Bechmann*; LG Berlin, Beschl. v. 21.4.1999 – 81 T 264/99, ZInsO 1999, 355 f.; kritisch dazu *Foltis*, ZInsO 1999, 386; ablehnend *Obermüller*, DZWIR 2000, 10, 14 f.

einzuziehen.[176)] Der Erlös ist dann – mit Ausnahme des Kostenbeitrags von 9 % nach §§ 170, 171 InsO – unverzüglich an den Sicherungszessionar abzuführen.[177)]

> **Praxishinweis**
>
> Die in insolvenzgerichtlichen Beschlüssen häufig getroffene Anordnung, dass den Drittschuldnern verboten wird, an den Schuldner zu zahlen, und dass der vorläufige Verwalter ermächtigt wird, Forderungen des Schuldners einzuziehen sowie eingehende Gelder entgegenzunehmen (vgl. § 23 Abs. 1 Satz 3 InsO), betrifft nur das Innenverhältnis zwischen dem Schuldner und dem vorläufigen Verwalter. War der Schuldner im Verhältnis zum Sicherungsnehmer seinerseits nicht (mehr) zur Einziehung befugt, begründet nur eine gerichtliche Anordnung nach § 21 Abs. 2 Satz 1 Nr. 5 InsO ein Einziehungsrecht des vorläufigen Verwalters.[178)]

VI. Behandlung schwebender Rechtsbeziehungen

1. Allgemeines

107 Mit der Amtsübernahme findet der vorläufige Verwalter schwebende Geschäfte vor, über deren Nutzen er sich Klarheit verschaffen muss. Während einige Verträge nützlich sind, so dass der vorläufige Verwalter an einer Fortsetzung interessiert ist, führen andere zu Belastungen der Liquidität, so dass der vorläufige Verwalter an einer Beendigung interessiert ist. Anders als im eröffneten Verfahren hat der vorläufige Verwalter kein spezielles insolvenzrechtliches Instrumentarium, um über solche schwebenden Geschäfte zu entscheiden: **§§ 103 ff. InsO gelten im Eröffnungsverfahren nicht.** Das ergibt sich schon aus dem Sicherungszweck, da der vorläufige Verwalter die Rechtsverhältnisse grundsätzlich fortführen und nicht abwickeln soll. Es ergibt sich aber auch aus der Dogmatik der §§ 103 ff. InsO, da diese Vorschriften an die Verfahrenseröffnung anknüpfen und selbst die Anordnung einer sog. starken vorläufigen Insolvenzverwaltung keine vergleichbaren Wirkungen hat.[179)] Es ist deshalb im Grundsatz anerkannt, dass sich das Schicksal schwebender Rechtsverhältnisse nach den allgemeinen Regeln des materiellen Rechts richtet.

2. Besondere Rechtsverhältnisse

108 Für **Aufträge, Geschäftsbesorgungsverträge und Vollmachten** bedeutet dies, dass sie nicht analog §§ 115–117 InsO erlöschen.[180)] Wenn der vorläufige Verwalter also allein handeln und entscheiden können will, dann muss er Aufträge und Geschäftsbesorgungsverträge kündigen und Vollmachten widerrufen. Er kann sich aber auch damit begnügen, sein Weisungsrecht auszuüben.

109 Auch die **Bankverbindung** erlischt durch die Anordnung von Sicherungsmaßnahmen nicht, §§ 115, 116 InsO gelten auch insoweit nicht analog. Kontoverfügungen des Schuldners sind allerdings bei Anordnung eines das Konto erfassenden Verfügungsverbots oder Zustimmungsvorbehalts nach §§ 24, 81 InsO unwirksam. Nach der Rechtsprechung des

---

176) AG Charlottenburg, Beschl. v. 16.3.2015 – 36a IN 891/15, Rz. 3, ZIP 2015, 1507; AG Hamburg, Beschl. v. 30.9.2011 – 67g IN 381/11, Rz. 6 ff., ZInsO 2011, 2045; a. A. AG Hamburg, Beschl. v. 2.5.2011 – 67g IN 62/11, Rz. 3, ZIP 2011, 1279; *Ganter*, NZI 2007, 549, 552; nach früherem Recht war das unzulässig; anders freilich AG Duisburg, Beschl. v. 6.7.1999 – 60 IN 82/99, ZIP 1999, 1366, 1367; dagegen zutreffend *Lwowski/Tetzlaff*, NZI 1999, 395; offen BGH, Urt. v. 20.2.2003 – IX ZR 81/02, ZIP 2003, 632, 636.

177) BGH, Urt. v. 21.1.2010 – IX ZR 65/09, Rz. 38, 40, ZIP 2010, 739, dazu EWiR 2010, 395 (*Knof*); *Kuder*, ZIP 2007, 1690, 1695.

178) BGH, Urt. v. 11.2.2007 – IX ZR 2/06, Rz. 13, ZIP 2007, 827; BGH, Urt. v. 21.1.2010 – IX ZR 65/09, Rz. 33, ZIP 2010, 739.

179) So zu § 103 InsO ausdrücklich: BGH, Urt. v. 8.11.2007 – IX ZR 53/04, Rz. 9 ff., ZIP 2007, 2322.

180) LG Lübeck, Urt. v. 2.12.1999 – 11 O 89/99, DZWIR 2000, 78.

II. Zivilsenats des BGH zum früheren Recht soll auch die Kontokorrentabrede als Vorausverfügung unwirksam sein.[181] Ob daran festzuhalten ist, ist zweifelhaft, nachdem der IX. Zivilsenat des BGH die Vorauszession für wirksam hält (siehe Rz. 24). Jedenfalls kann die Bank noch durch individuelle Erklärung aufrechnen. Sie ist daran nicht durch eine analoge Anwendung der §§ 94 ff. InsO gehindert, sondern nur der Anfechtung durch den endgültigen Insolvenzverwalter ausgesetzt.[182] Der vorläufige Insolvenzverwalter muss daher die Bank möglichst schnell und nachweisbar von dem Insolvenzantrag und der Anordnung des Verfügungsverbots in Kenntnis setzen und damit die Anfechtungsvoraussetzungen nach § 130 Abs. 1 Nr. 2 InsO schaffen, die dann regelmäßig über § 96 Abs. 1 Nr. 3 InsO wirken.

Für **Dauerschuldverhältnisse** enthält § 112 InsO eine Sonderregelung, die auch schon für das Eröffnungsverfahren gilt: Ab Insolvenzantrag unterliegt ein Vermieter in der Insolvenz des Mieters einem Kündigungsverbot, soweit er die Kündigung auf Mietrückstände aus der Zeit vor dem Antrag[183] oder auf Verschlechterung der Vermögensverhältnisse des Mieters stützen will. Im Übrigen gelten aber nicht die §§ 108 ff. InsO, sondern die allgemeinen Regeln des materiellen Vertragsrechts. Will also der vorläufige Verwalter ein Dauerschuldverhältnis kündigen, so muss er die allgemeinen Kündigungsvoraussetzungen wie Kündigungsgründe, Kündigungsfristen und Kündigungshindernisse beachten. Insbesondere gilt die verkürzte arbeitsrechtliche Kündigungsfrist des § 113 InsO im Eröffnungsverfahren nicht,[184] so dass unter Umständen der endgültige Verwalter durch Nachkündigung ein bereits vom vorläufigen Verwalter gekündigtes Arbeitsverhältnis schneller beenden kann.[185] Ist ein allgemeiner Zustimmungsvorbehalt angeordnet worden, so bedarf eine vom Schuldner ausgesprochene[186] Kündigung der Mitwirkung des sog. schwachen vorläufigen Insolvenzverwalters.[187] Im Übrigen ist stets zu prüfen, ob die Kündigung im Eröffnungsverfahren überhaupt **vom Sicherungszweck gedeckt** ist. Sie muss entweder eine allgemeine Verwaltungsmaßnahme im Zuge der Betriebsfortführung, eine notwendige Maßnahme im Zuge einer Stilllegung (§ 22 Abs. 1 Satz 2 Nr. 2 InsO)[188] oder eine aus anderen Gründen erforderliche, nicht bis zur Eröffnung aufschiebbare Sicherungsmaßnahme sein. Für die Entgeltansprüche der Arbeitnehmer gilt das oben Gesagte (siehe Rz. 80 ff.).[189] 110

181) Grundlegend BGH, Urt. v. 20.10.1986 – II ZR 293/85, BGHZ 99, 36, 38 = ZIP 1987, 626; ausführlicher Überblick über den Meinungsstand bei *Pohlmann*, Befugnisse und Funktionen des vorläufigen Insolvenzverwalters, Rz. 497; anders BGH, Urt. v. 20.3.1997 – IX ZR 71/96, BGHZ 135, 140 = ZIP 1997, 737, 739.

182) BGH, Urt. v. 29.6.2004 – IX ZR 195/03, ZVI 2004, 741; BGH, Urt. v. 4.6.1998 – IX ZR 165/97, ZIP 1998, 1319; vgl. dazu *Obermüller*, ZInsO 1998, 178; OLG Rostock, Urt. v. 21.8.2003 – 1 U 197/01, ZVI 2004, 34 = ZIP 2003, 1805, dazu EWiR 2004, 447 *(Runkel)*.

183) Anders für Rückstände, die während des Antragsverfahrens aufgelaufen sind, BGH, Urt. v. 24.2.2008 – IX ZR 201/06, Rz. 16, ZIP 2008, 608.

184) BAG, Urt. v. 20.1.2005 – 2 AZR 134/04, ZIP 2005, 1289, 1290 ff., dazu EWiR 2005, 867 *(Thüsing/Grosse-Brockhoff)*; *Peters-Lange*, ZIP 1999, 421, 422.

185) BAG, Urt. v. 22.5.2003 – 2 AZR 255/02, ZIP 2003, 1670 m. w. N.; gegen die Möglichkeit einer Nachkündigung ArbG Köln, Urt. v. 8.12.1998 – 4 (15) CA 5991/98, NZI 1999, 282 = ZInsO 1999, 539, m. abl. Anm. *Berscheid*; ablehnend auch *Leithaus*, NZI 1999, 254.

186) Eine vom vorläufigen Verwalter im eigenen Namen ausgesprochene Kündigung ist ohne Mitwirkung des Schuldners unwirksam; vgl. LAG Hamm, Urt. v. 10.12.2003 – 2 Sa 1472/03, ZIP 2004, 727, 728, dazu EWiR 2004, 1137 *(v. Gleichenstein/Sailer)*.

187) BAG, Urt. v. 10.10.2002 – 2 AZR 532/01, ZIP 2003, 1161, dazu EWiR 2004, 709 *(Peters-Lange)*; allg. zur Arbeitgeberkompetenz bei Anordnung eines allgemeinen Zustimmungsvorbehalts *Meyer*, DZWIR 2004, 133, 134.

188) Die Zustimmung des Insolvenzgerichts zur Stilllegung ist aber nicht Wirksamkeitsvoraussetzung für die Kündigung; vgl. BAG, Urt. v. 27.10.2005 – 6 AZR 5/05, ZIP 2006, 585, 586, dazu EWiR 2006, 467 *(Foerste)*; *Kolbe*, ZIP 2009, 450.

189) Vgl. auch BAG, Urt. v. 4.12.2002 – 10 AZR 16/02, ZIP 2003, 311.

Zeugnisansprüche richten sich gegen den vorläufigen Insolvenzverwalter, wenn dieser verfügungsbefugt ist, sonst – beim schwachen vorläufigen Insolvenzverwalter – gegen den Schuldner.[190)]

VII. Anfechtung von Rechtshandlungen des vorläufigen Insolvenzverwalters

111 Zum früheren Recht stand der BGH auf dem Standpunkt, dass Rechtshandlungen eines Sequesters im eröffneten Verfahren selbst dann angefochten werden können, wenn Sequester und Insolvenzverwalter personenidentisch sind.[191)] Unter der Geltung der InsO wird man differenzieren müssen:[192)]

- Von einem sog. **starken vorläufigen Insolvenzverwalter** begründete Verbindlichkeiten sind nach § 55 Abs. 2 InsO Masseverbindlichkeiten. Daraus ergibt sich, dass Rechtshandlungen des starken vorläufigen Verwalters wertungsmäßig dem eröffneten Verfahren zugerechnet werden. Sie gelten auf der Rechtsfolgenseite nicht als „vor der Verfahrenseröffnung vorgenommen" (§ 129 Abs. 1 InsO). Das muss dann aber auch für das Anfechtungsrecht gelten, da sonst ein Wertungswiderspruch entstünde.[193)] Anderenfalls würde auch der Sinn des § 55 Abs. 2 InsO, dem vorläufigen Verwalter den Abschluss von Verträgen zu erleichtern, konterkariert. Denn wenn ein Gläubiger befürchten müsste, dass ihm seine Masseforderung durch Anfechtung wieder genommen wird, würde er sich kaum auf Geschäfte mit dem vorläufigen Verwalter einlassen. Entsprechendes muss dann auch für andere Handlungen des starken vorläufigen Verwalters gelten, etwa für Erfüllungen.[194)] Ist also die **Anfechtung ausgeschlossen,** so kann eine aus dem Geschäft resultierende Gläubigerbenachteiligung nur noch im Haftungswege (§ 21 Abs. 2 Satz 1 Nr. 1, § 60 InsO) ausgeglichen werden.
- Beim sog. **schwachen vorläufigen Insolvenzverwalter** gilt § 55 Abs. 2 InsO hingegen grundsätzlich nicht, so dass eine Zurechnung zum eröffneten Verfahren nicht stattfindet. In der Regel hat hier der Schuldner gehandelt, dessen Rechtshandlungen selbst dann anfechtbar sind, wenn ihnen der vorläufige Verwalter zugestimmt hat. Ebenso sind selbständige Rechtshandlungen des vorläufigen Verwalters als vor der Eröffnung des Insolvenzverfahrens vorgenommen anfechtbar.[195)] Etwas anderes gilt ausnahmsweise dann, wenn der Anfechtungsgegner berechtigterweise auf die Insolvenzfestigkeit der Rechtshandlung vertrauen durfte und sich die Anfechtung aus diesem Grunde als treuwidrig erweist.[196)] Das ist regelmäßig nur dann der Fall, wenn der vorläufige Insolvenzverwalter einer Erfüllungshandlung des Schuldners zugestimmt hat, dabei keinen Anfechtungsvorbehalt erklärt hat und die Erfüllungshandlung im Zusammenhang mit

190) BAG, Urt. v. 23.6.2004 – 10 AZR 495/03, ZIP 2004, 1974, dazu EWiR 2004, 1185 *(Richter)*.

191) Vgl. nur BGH, Urt. v. 11.6.1992 – IX ZR 255/91, BGHZ 118, 374, 380 f. = ZIP 1992, 1005, 1007; BGH, Urt. v. 22.12.1982 – VIII ZR 214/81, BGHZ 86, 190, 195 ff. = ZIP 1983, 191, 192; ausführliche Nachweise bei *Pohlmann*, Befugnisse und Funktionen des vorläufigen Insolvenzverwalters, Rz. 508.

192) Ausführlich *Pohlmann*, Befugnisse und Funktionen des vorläufigen Insolvenzverwalters, Rz. 507 ff.

193) BGH, Urt. v. 20.2.2014 – IX ZR 164/13, ZIP 2014, 584, dazu EWiR 2014, 215 *(Spliedt)*; *Bartels* in: KPB, InsO, § 129 Rz. 136; Uhlenbruck-*Borries/Hirte*, InsO, § 129 Rz. 140; Graf-Schlicker-*Huber*, InsO, § 129 Rz. 15; *Rogge/Leptien* in: HambKomm-InsO, § 129 Rz. 25.

194) A. A. insoweit *Kirchhof*, ZInsO 2000, 297, 298 f.; *Röpke/Rothe*, NZI 2004, 430; für den Fall der Insolvenzzweckwidrigkeit auch OLG Dresden, Urt. v. 29.1.2004 – 13 U 2163/03, ZInsO 2005, 1221 f.; ganz ablehnend *Spliedt*, ZInsO 2007, 405, 406 f.

195) BGH, Urt. v. 13.3.2003 – IX ZR 64/02, ZIP 2003, 810, dazu EWiR 2003, 719 *(Huber)*; BGH, Urt. v. 13.3.2003 – IX ZR 56/02, ZIP 2003, 855; OLG Celle, Urt. v. 12.12.2002 – 13 U 181/02, NZI 2003, 266; LG Karlsruhe, Urt. v. 6.2.2002 – 1 S 141/01, ZIP 2002, 362, dazu EWiR 2002, 351 *(Marotzke)*; LAG München, Urt. v. 5.2.2004 – 2 Sa 774/03, ZInsO 2004, 1158; *Franke/Böhme*, DZWIR 2003, 494.

196) Uhlenbruck-*Borries/Hirte*, InsO, § 129 Rz. 142 ff. m. w. N.

einem neuen Vertragsschluss mit dem Anfechtungsgegner steht.[197] Hat der schwache vorläufige Verwalter i. R. einer ihm durch das Gericht erteilten Einzelermächtigung gehandelt, was zur Begründung von Masseverbindlichkeiten analog § 55 Abs. 2 InsO führt (siehe Rz. 84), ist die Anfechtung ebenso wie beim starken vorläufigen Verwalter ausgeschlossen.[198]

VIII. Prozessuale Konsequenzen

Wird als Sicherungsmaßnahme ein allgemeines Verfügungsverbot angeordnet und ein vorläufiger Insolvenzverwalter bestellt, so führt das nach § 240 Satz 2 ZPO zur **Unterbrechung schwebender Prozesse**. Das gilt aber nur für den sog. starken vorläufigen Insolvenzverwalter, grundsätzlich aber nicht für den sog. schwachen, selbst wenn ein allgemeiner Zustimmungsvorbehalt angeordnet ist.[199] Das ist konsequent, da nur der starke vorläufige Verwalter die Verwaltungs- und Verfügungsbefugnis und damit auch die Prozessführungsbefugnis bekommt, so dass der Prozess mit dem Schuldner nicht mehr fortgeführt werden kann. Soll auch die Bestellung eines schwachen vorläufigen Verwalters zur Unterbrechung laufender Rechtsstreite führen, muss das Gericht ihn konkret ermächtigen, Aktiv- und Passivprozesse zu führen, und dem Schuldner ein entsprechendes besonderes Verfügungsverbot auferlegen.[200] Das unterbrochene Verfahren kann dann nach Maßgabe von § 24 Abs. 2 i. V. mit §§ 85 f. InsO von oder gegenüber dem vorläufigen Insolvenzverwalter aufgenommen werden. Der starke vorläufige Insolvenzverwalter ist dann wie der endgültige Insolvenzverwalter Partei kraft Amtes.[201] Der vorläufige Verwalter wird sich freilich die **Aufnahme von Aktivprozessen** gründlich überlegen. Auch eine solche Maßnahme muss vom Sicherungszweck getragen sein. Sie kommt daher wohl nur in Betracht, wenn sie die Möglichkeit eröffnet, in relativ kurzer Zeit Liquidität zu beschaffen, oder wenn auf diese Weise ein lästiger und teurer Prozess kurzerhand beendet werden kann. In der Regel kann der vorläufige Verwalter den Prozess bis zur Eröffnung des Insolvenzverfahrens ruhen lassen; anschließend gilt die Unterbrechungswirkung des § 240 Satz 1 ZPO. 112

Anders verhält es sich mit der **Einleitung neuer Prozesse.** Der vorläufige Verwalter hat üblicherweise weder Zeit noch Interesse, neue Verfahren anzustrengen. Es kann aber Fälle geben, in denen die Klageerhebung nicht bis zur Eröffnung warten kann, bspw. weil eine drohende Verjährung verhindert werden muss (siehe Rz. 74). Dann ist die Einleitung eines neuen Prozesses selbstverständlich zulässig. Dem vorläufigen Verwalter kann dann auch **Prozesskostenhilfe** bewilligt werden, allerdings nur unter den Voraussetzungen des § 116 Abs. 1 Nr. 1 ZPO.[202] Stellt sich die Klageerhebung nicht als Sicherungsmaßnahme dar, so 113

197) BGH, Urt. v. 15.12.2005 – IX ZR 156/04, ZIP 2006, 431, 432 f., dazu EWiR 2006, 349 *(Homann)*; BGH, Urt. v. 9.12.2004 – IX ZR 108/04, ZIP 2005, 314, 315 ff., dazu EWiR 2005, 511 *(Marotzke)*; dazu *Gundlach/Frenzel/N. Schmidt*, DZWIR 2005, 324; ablehnend *Spliedt*, ZInsO 2007, 405, 407 ff.

198) BGH, Urt. v. 20.2.2014 – IX ZR 164/13, ZIP 2014, 584; Uhlenbruck-*Borries/Hirte*, InsO, § 129 Rz. 141; Graf-Schlicker-*Huber*, InsO, § 129 Rz. 15.

199) BGH, Urt. v. 21.6.1999 – II ZR 70/98, ZIP 1999, 1314, 1315; OLG Celle, Beschl. v. 13.6.2002 – 5 W 25/02, ZInsO 2002, 728; KG Berlin, Beschl. v. 9.10.2000 – 26 W 7002/00, ZInsO 2001, 265; OLG Koblenz, Urt. v. 12.5.2005 – 5 U 132/05, ZVI 2005, 314, 315; für den Fall, dass zwar ein allgemeines Verfügungsverbot angeordnet, aber kein vorläufiger Verwalter eingesetzt wurde, muss § 240 Satz 2 ZPO analog angewandt werden, da der Schuldner die Prozessführungsbefugnis verloren hat. In Betracht kommt aber auch eine Aussetzung analog § 148 ZPO, OLG Jena, Beschl. v. 12.4.2000 – 5 U 135/99, NZI 2000, 271.

200) BGH, Urt. v. 16.5.2013 – IX ZR 332/12, Rz. 13 ff., ZVI 2013, 388 = ZIP 2013, 1493.

201) Vgl. BFH, Beschl. v. 16.10.2009 – VIII B 346/04, Rz. 8 f., ZInsO 2009, 2394.

202) Vgl. (noch zum alten Recht) BGH, Beschl. v. 9.7.1998 – IX ZA 4/98, ZIP 1998, 1645 = NJW 1998, 3124; zum neuen Recht grundsätzlich auch AG Göttingen, Beschl. v. 14.10.1999 – 74 IN 122/99, NZI 1999, 506.

ist das für die Prozessführungsbefugnis des sog. starken vorläufigen Insolvenzverwalters grundsätzlich unerheblich.[203)] Er ist verfügungs- und damit auch prozessführungsbefugt. Eine Missachtung des Sicherungszwecks hat, solange sie nicht offensichtlich ist, Konsequenzen nur im Innenverhältnis.[204)] Ein sog. **schwacher vorläufiger Insolvenzverwalter** hat die Prozessführungsbefugnis hingegen nur, wenn sich der Streitgegenstand auf seinen Aufgabenbereich bezieht, er in diesem Bereich verfügungsbefugt ist und die Klageerhebung vom Sicherungszweck gedeckt ist.[205)]

---

203) AG Göttingen, Beschl. v. 2.1.2002 – 21 C 216/01, NZI 2002, 165; AG Göttingen, Beschl. v. 14.10.1999 – 74 IN 122/99, NZI 1999, 506; anders zum alten Recht noch BGH, Beschl. v. 18.5.2000 – IX ZB 114/98, ZIP 2000, 1116.

204) Zutreffend *Pohlmann*, Befugnisse und Funktionen des vorläufigen Insolvenzverwalters, Rz. 569 ff.; a. A. (zum früheren Recht) OLG Dresden, Urt. v. 9.3.1998 – 2 U 3860/97, ZIP 1998, 1807.

205) BGH, Urt. v. 15.3.2012 – IX ZR 249/09, Rz. 9 ff., ZIP 2012, 737; LG Essen, Beschl. v. 6.4.2000 – 44 O 68/00, NZI 2000, 552.

Teil III
Regelinsolvenzverfahren

Kapitel 6
Die Beteiligten: Gericht, Verwalter, Schuldner, Gläubiger

Übersicht

Literatur: *Ahrens*, Haftbefehl ohne Folgen – Aufschiebende Wirkung der Beschwerde?, NZI 2005, 299; *Baumert*, Konzerninsolvenzrecht: Antragslose Verweisung an den Gruppen-Gerichtsstand und Recht auf gesetzlichen Richter, NZI 2019, 103; *Bischof*, Die vollstreckungsgerichtliche Durchsuchungsanordnung (§ 758 ZPO) in der gerichtlichen Praxis, ZIP 1983, 522; *Blankenburg*, Die Digitalisierung des Insolvenzgerichts – Vergangenheit, Gegenwart und Zukunft, ZVI 2021, 462; *Blankenburg*, Reform der strafrechtlichen Vermögensabschöpfung – Neue Möglichkeiten der Staatsanwaltschaft im Insolvenzverfahren, ZInsO 2017, 1453; *Blankenburg*, Der betreute Schuldner in der Insolvenz, ZVI 2016, 257; *Blankenburg/Godzierz*, Virtuelle Gläubigerversammlung und Co. – Gegen einen Schnellschuss im Rahmen der COVID-19-Gesetzgebung, ZInsO 2020, 1285; *Blankenburg/Godzierz*, Anforderungen an die Kontoführung durch den (vorläufigen) Insolvenzverwalter und Treuhänder, ZInsO 2019, 1092; *Bork*, Die Unabhängigkeit des Insolvenzverwalters ist nicht disponibel, ZIP 2013, 145; *Bork*, Verfolgungspflichten – Muss der Insolvenzverwalter alle Forderungen einziehen?, ZIP 2005, 1120; *Bornheimer/Park*, Stellung und Verpflichtungen des (vorläufigen) Insolvenzverwalters und Sachverständigen im Lichte der Datenschutz-Grundverordnung, NZI 2018, 877; *Brand/Sperling*, Strafbarkeitsrisiken im Gläubigerausschuss, KTS 2009, 355; *Brinkmann*, Die Auflösung des Gläubigerausschusses durch die Gläubigerversammlung, ZIP 2019, 241; *Büchel*, Insolvenz-Sonderkonto und Pfändung, ZInsO 2020, 1513; *Büttner*, Akteneinsicht und Kontoauszug im Insolvenzeröffnungsverfahren natürlicher Personen, ZVI 2017, 213; *Bund Deutscher Rechtspfleger*, Vollübertragung des Insolvenzverfahrens auf den Rechtspfleger, ZInsO 2001, 1097; *Dittmar*, Vollstreckungsschutz nach § 765a ZPO gegen die Zwangsvollstreckung aus dem Eröffnungsbeschluss, ZVI 2017, 260; *Föhlisch*, Verkürzung der Abtretungsfrist von sechs auf drei Jahre – Erfahrungen nach dem ersten Jahr, ZVI 2022, 135; *Frege/Nicht*, Informationserteilung und Informationsverwendung im Insolvenzverfahren, ZInsO 2012, 2217; *Frind*, „Digitalisierung" im Insolvenzverfahren – nützliche oder kontraproduktive Verfahrensmöglichkeiten?, ZInsO 2020, 1743; *Frind*, Bedeutung und Stellenwert von Beraterkosten im Eigenverwaltungsverfahren, ZIP 2019, 1945; *Frind*, Das „Anforderungsprofil" gemäß § 56a InsO – Bedeutung und praktische Umsetzung, NZI 2012, 650; *Frind*, Gültigkeit von thematischen Teil-Richtervorbehalten gemäß § 18 Abs. 2 RPflG, ZInsO 2001, 993; *Fuchs*, Die Zuständigkeitsverteilung zwischen Richter und Rechtspfleger im Insolvenzeröffnungs- und eröffnetem Insolvenzverfahren, ZInsO 2001, 1033; *Ganter*, Die Freigabe aus der Insolvenzmasse, ZRI 2021, 113; *Gehrlein*, Neuere Entwicklungen zur Freigabe der selbstständigen Tätigkeit des Schuldners; NZI 2020, 503; *Grub*, Die Begrenzung der Gerichtskosten im Insolvenzverfahren auf einen Gegenstandswert von 30 Mio. € gemäß § 39 Abs. 2 GVG, ZInsO 2013, 313; *Gundlach/Frenzel/Schmidt, N.*, Die Verschwiegenheitspflicht des Gläubigerausschussmitglieds, ZInsO 2006, 69; *Haarmeyer*, Qualitätsmanagement in der Insolvenzverwaltung – Transparenz durch Qualität, ZInsO 2006, 673; *Heeseler/Neu*, Plädoyer für die Professionalisierung des Gläubigerausschusses, NZI 2012, 440; *Heyer*, Vollübertragung der Verbraucherinsolvenzverfahren auf die Rechtspfleger, ZVI 2023, 351; *Heyer*, Das Gläubigerinformationssystem gemäß § 5 Abs. 5 InsO, ZInsO 2022, 501; *Hillebrand*, Rechnungslegung in der Eigenverwaltung, ZInsO 2018, 1650; *Holzer*, Gefürchtete Leitlinien der Insolvenzgerichte, INDat Report 7/2017, 12; *Hölzle*, Folgen der „faktischen Verwalterhaftung" für die Grundsätze ordnungsmäßiger Eigenverwaltung und den Nachteilsbegriff i. S. des § 270 Abs. 2 Nr. 2 InsO, ZIP 2018, 1669; *Horstkotte*, Effektiver Rechtsschutz im Verfahren über die Einsetzung eines vorläufigen Gläubigerausschusses, ZInsO 2012, 1930; *Jungmann*, Business Judgements in der Insolvenz: Freiräume trotz richterlicher Sachlichkeitskontrolle, NZI 2020, 651; *Jungmann*, Lücken und Tücken des § 78 InsO – Zur Notwendigkeit eines differenzierten Systems der Kontrolle von Beschlüssen der Gläubigerversammlung, ZRI 2020, 463; *Jungmann/Windau*, Virtuelle Gläubigerversammlungen und digitaler Informationsfluss im Insolvenzrecht, NZI 2021, 849; *Kamm*, Zur Kontoführung durch den (vorläufigen) Insolvenzverwalter, ZInsO 2019, 1085; *Kampf*, Tod in der Insolvenz – eine Herausforderung für die Verfahrensbeteiligten, ZVI 2018, 3; *Kampf*, Tod des Insolvenzschuldners während des eröffneten Insolvenzverfahrens, ZVI 2016, 343; *Kayser*, Die Gläubigerversammlung nach Anzeige der Masseunzulänglichkeit, NZI 2005, 65; *Keller, U.*, In welchem Umfang gilt § 130d ZPO im Insolvenzverfahren?, ZVI 2022, 167; *Kleine-Cosack*, Europarechts- und verfassungswidriger Ausschluss juristischer Personen von der Insolvenzverwaltung, NZI 2011, 791; *Kögel*, Der Doktor und die liebe Bank – Globalzession und kein Ende?, ZVI 2019, 402; *Köhler-Ma/de Bruyn*, Führungslos ins Insolvenzverfahren?, ZIP 2018, 261; *Kluth*, Fragen der Ausgestaltung einer teilrechtsfähigen beruflichen Selbstverwaltung der Insolvenzverwalter, ZRI 2022, 993; *Krauß*, Vorschläge zur Kontrolle der Einhaltung der GOI durch unabhängige Gutachter, ZInsO 2022, 617; *Kruth*, Die Auswahl und Bestellung des Insolvenzverwalters – Reformvorschläge angesichts aktueller europäischer Entwicklungen, 2006; *Lange*, Zweitinsolvenz in der Wohlverhaltensperiode, ZVI 2018, 9; *Langer/Bausch*, Anforderungen des Insolvenzgerichts Aachen an die Berichte und Schlussrechnungslegung in der Eigenverwaltung, ZInsO 2018, 1138; *Mock*, Gläubigerausschuss: Austritt, Ausschluss, Auflösung, ZInsO 2019, 1991; *Möhring*, Sonderkonto im Eröffnungsverfahren?, ZInsO 2019, 2601; *Möhring*, Die Rechtsprechung des Bundesgerichtshofs zu den Sperrfristen und § 287a Abs. 2 InsO, ZVI 2017, 289; *Mohrbutter/Drischler*, Richter- und Rechtspflegerzuständigkeit in Konkurs- und Vergleichsverfahren, NJW 1971, 361; *Montag*, Auswirkungen zusätzlichen Einkommens des Schuldners auf den Abführungsbetrag gem. § 295a InsO, ZVI 2023, 276; *Nicht/Schildt*, Zur Frage der Kappung der Gebühren des Insolvenzgerichts, NZI 2013, 64; *Otto*, Der BFH 2011 zur Besteuerung von Rechtsanwälten, BRAK-Magazin 6/2011, 10; *Pape*, Insolvenzverwalter mit beschränkter Haftung Vol. 2 – Übergang des Bestellungsrechts auf die Organe juristischer Personen?, ZInsO 2015, 1650; *Pape*, Ungeschriebene Kompetenzen der Gläubigerversammlung versus Verantwortlichkeit des Insolvenzverwalters, NZI 2006, 65; *Pasquay*, Die Rechtsstellung der Gläubigerversammlung im Konkurse und ihre Befugnisse (Teil 2), ZHR 66 (1910), 34; *Peto, R./Peto, J.*, Die zivil- und strafrechtliche Beurteilung von Gläubigerbegünstigungen in der Insolvenz, ZVI 2011, 313; *Pleister/Palenker*, Gläubigerbeteiligung in Zeiten von COVID-19, ZRI 2020, 245; *Pulte/Arend*, Einstellungsantrag gemäß § 213 InsO versus Verwertung der Insolvenzmasse, ZInsO 2019, 592; *Reck*, Sonderkonten und Warnhinweise als Mittel gegen Untreue durch Insolvenzverwalter?, ZVI 2019, 210; *Reuter*, Mit gedrosseltem Tempo auf die lange Strecke, INDat Report 9/2020, 8; *Riedemann/Schmidt, Ch.*, Europäische Nachlassinsolvenz – Das Verhältnis von EuInsVO und EuErbVO, ZVI 2015, 447; *Riel*, Virtuelle Gläubigerversammlungen in Österreich, ZInsO 2020, 1356; *Römermann*, Gute Gründe, schlechte Erfahrungen: Verwalterkammer nach BRAO-Vorbild?, INDat Report 6/2017, 22; *Römermann*, Berufsrecht von Insolvenzverwaltern im Werden – ein konkreter Vorschlag, ZIP 2018, 1757; *Römermann/Praß*, Rechtsschutz bei Ablehnung eines vorläufigen Gläubigerausschusses, ZInsO 2012, 1923; *Rugullis*, Bestreitet, er schweigt?, KTS 2007, 283; *Saager/d'Avoine/Berg*, Die praktische Ausgestaltung des Insolvenz-Sonderkontos, ZIP 2019, 2041; *Schmidt, A.*, Alles beA, oder was?, ZVI 2022, 89; *Schmidt, A.*, Gerichtsinterne Zuständigkeit: Richter oder Rechtspfleger?, ZVI 2020, 412; *Schmidt, A./Hölzle*, Der Verzicht auf die Unabhängigkeit des Insolvenzverwalters, ZIP 2012, 2238; *Schmitt/Heil*, Neue Haftungsfallen für Insolvenzverwalter durch die Datenschutz-Grundverordnung, NZI 2018, 865; *Schmittmann*, Ansprüche des Insolvenzverwalters gegen die Finanzverwaltung aus dem Informationsfreiheitsrecht, NZI 2012, 633; *Schneider*, Der Kabinettsbefehl, ZInsO 1999, 276; *Schultz*, Die Beschlussaufhebung nach § 78 Abs. 1 InsO, ZInsO 2021, 2708; *Schneider*, Die vollstreckungsrichterliche Durchsuchungsanordnung, NJW 1980, 2377; *Schultze*, Die Verarbeitung fremden Eigentums nach Insolvenzantrag – Haftungsfalle Fortführung, ZIP 2016, 1198; *Spiekermann*, Die Unabhängigkeit des Insolvenzverwalters und Sachwalters, NZI 2020, 977; *Thole*, Musterfeststellungsklage zwecks Forderungsfeststellung im Insolvenzverfahren?, NZI 2020, 411; *Thole*, Der (vorläufige) Insolvenzverwalter als Verantwortlicher i. S. d. Art. 4 Nr. 7 DSGVO, ZIP 2018, 1001; *Thüning*, Die Zulässigkeit eines zweiten Restschuldbefreiungs- nebst Stundungsantrags nach neuem Recht, ZVI 2017, 377; *Uhlenbruck*, Ausgewählte Pflichten und Befugnisse des Gläubigerausschusses in der Insolvenz, ZIP 2002, 1373; *Uhlenbruck*, Die Zusammenarbeit von Richter und Rechtspfleger in einem künftigen Insolvenzverfahren, Rpfleger 1997, 356; *Uhlenbruck-Kommission*, Zusammenfassung der Empfehlungen der Uhlenbruck-Kommission, NZI 2007, 507; *Vallender*, Große oder kleine Lösung? – Überlegungen zu einem künftigen Berufsrecht für Insolvenzverwalter, ZIP 2019, 158; *Vallender*, Europäische Anforderungen an den Verwalterstand, ZIP 2018, 353; *Vallender*, Einführung einer Insolvenzverwalterkammer als Träger der Berufsaufsicht über Insolvenzverwalter, NZI 2017, 777; *Vallender*, Die Zeit ist reif – Plädoyer für eine Berufsordnung für Insolvenzverwalter, NZI 2017, 641; *Vallender*, Zugang ausländischer Insolvenzverwalter zur Vorauswahlliste deutscher Insolvenzgerichte nach Art. 102a EGInsO, ZIP 2011, 454; *Vallender/Zipperer*, Der vorbefasste Insolvenzverwalter – ein Zukunftsmodell?, ZIP 2013, 149; *Vortmann*, Die Haftung von Mitgliedern eines Gläubigerausschusses, ZInsO 2006, 310; *Wazlawik*, Die Hemmung der Verjährung nachrangiger Insolvenzforderungen, NZI 2020, 1081; *Weiß*, Zur Einsicht der Kanzlei in die Akten des angestellten Insolvenzverwalters: Besitz und Eigentum an Daten?, ZInsO 2020, 651; *Wimmer*, Der Rechtspfleger im neuen Insolvenzverfahren, InVo 1997, 316; *Wipperfürth*, Tod des Schuldners nach einer „Freigabe" gemäß § 35 Abs. 2 InsO und die insolvenzrechtlichen Konsequenzen, ZInsO 2021, 2182; *Wipperfürth*, „Die Freigabe" der selbstständigen Tätigkeit gemäß § 35 Abs. 2 InsO im Lichte der Gesetzesänderungen, ZInsO 2021, 1148; *Zimmer*, Von der insolvenzspezifischen Rechnungslegung zur Berechnungsgrundlage für die Vergütung des Insolvenzverwalters und zurück – SKR-InsO und ordnungsmäßige Schlussrechnung, ZIP 2023, 1111; *Zimmer*, Prozessfinanzierung und Vergütung des Insolvenzverwalters, DZWIR 2022, 225; *Zimmer*, Die Rückstellung für die Treuhändervergütung und ihre (Folge-) Probleme, InsbürO 2016, 324; *Zimmer*, Insolvenzplan bei Masseunzulänglichkeit nach § 210a InsO (ESUG), ZInsO 2012, 390; *Zimmer*, Praxisrelevante Auswirkungen des Gesetzes über den Rechtsschutz bei überlangen Gerichtsverfahren, InsbürO 2012, 342; *Zimmer*, Gesetz zur Änderung des § 522 ZPO (und des § 7 InsO!) – Das neue Beschwerderecht in Insolvenzsachen, ZInsO 2011, 1689; *Zimmer*, Keine Haftung der Gesellschafter für Masseverbindlichkeiten in der Insolvenz der Personengesellschaft einschließlich § 55 Abs. 4 InsO?, ZInsO 2011, 1081; *Zimmer*, Insolvenzverwalterkammer? – Chance für die Berufsausbildung, DZWIR 2011, 98; *Zimmer*, Schlussrechnung des ausgeschiedenen Insolvenzverwalters, ZInsO 2010, 2203; *Zimmer*, Haftung des eingewechselten Verwalters, 2008; *Zimmer*, Die Nachtragsverteilung in InsO und InsVV, KTS 2009, 199; *Zimmer*, Verjährung der nicht festgesetzten Vergütung des (vorläufigen) Insolvenzverwalters nach der Schuldrechtsreform, ZVI 2004, 662.

A. Einführung

Das Insolvenzverfahren ist ein gerichtliches Gesamtvollstreckungsverfahren, das das Vorgehen einzelner **Gläubiger** gegen den **Schuldner** beenden soll und unter dem Grundsatz 1 der Gläubigerautonomie steht. Die Abwicklung des Verfahrens erfolgt gleichwohl durch einen gerichtlich bestellten **Insolvenzverwalter.** Das **Insolvenzgericht** übt die Rechtsaufsicht über den Insolvenzverwalter aus und kann in Einzelfällen die Entscheidungen der Gläubiger überprüfen. Die Rechte und Pflichten dieser Beteiligten sind auf zahlreiche Normen innerhalb der InsO verteilt.

2 Daher finden sich Rechte und Pflichten der Beteiligten im Hinblick auf ihre materiellrechtliche Zuordnung auch und gerade in anderen Teilen dieses Handbuchs. Wegen der Verzahnungen all dieser Rechte und Pflichten soll in diesem Kapitel aus eher formaler Sicht ein zusammenfassender Überblick über die wichtigsten Rechte und Pflichten der Beteiligten vermittelt werden.

B. Das Insolvenzgericht

I. Sachliche Zuständigkeit

3 Soweit vom „Insolvenzgericht" die Rede ist, darf nicht übersehen werden, dass es sich lediglich um eine Bezeichnung für eine funktionelle Zuständigkeit innerhalb der Gerichtsbarkeit handelt, es hingegen nicht ein eigenständiges Organ oder Gremium darstellt, das in einem verwaltungsrechtlichen Organstreitverfahren Parteistellung hätte.[1] Folglich ist es stets das **Amtsgericht** (AG), das handelt. Gleichwohl ist die Bezeichnung „Insolvenzgericht" etabliert. Die gelegentliche Forderung nach einem sog. „großen" Insolvenzgericht (eigene Gerichtsbarkeit), das auch für materiell-rechtliche Ansprüche, die bislang der ordentlichen Gerichtsbarkeit zugewiesen sind, zuständig sein soll, ist aus vielerlei Gründen nicht umsetzbar. Für das Insolvenzverfahren ist das AG zuständig (§ 2 Abs. 1 InsO). Dort sind mangels anderweitiger Regelungen der Einzelrichter und der Rechtspfleger zuständig. Keine Entscheidungsträger sind die Mitarbeiter der Geschäftsstellen bzw. Serviceeinheiten des Gerichts, die jedoch als wichtiges Bindeglied zwischen Insolvenzverwalter und Rechtspfleger agieren.

II. Örtliche Zuständigkeit

1. Allgemeines

4 Nicht jedes AG kann Insolvenzgericht sein. Der Gesetzgeber hat in Abweichung von der KO[2] normiert, dass nur dasjenige AG Insolvenzgericht sein kann, **in dessen Bezirk ein LG seinen Sitz hat.** Das Insolvenzgericht ist dann für den Bezirk des LG ausschließlich zuständig (§ 2 Abs. 1 InsO). Geht es lediglich um eine Vernehmung im Rechtshilfeverfahren, bestimmt sich die örtliche Zuständigkeit des helfenden Gerichts nach § 157 Abs. 1 GVG, d. h. dieses Gericht muss nicht auch Insolvenzgericht sein.[3]

5 Der Gesetzgeber hat eine unausgewogene Auslastung der Insolvenzgerichte gesehen und den jeweiligen Landesregierungen die Möglichkeit eröffnet, zur sachdienlichen Förderung oder schnelleren Erledigung der Verfahren durch Rechtsverordnung andere bzw. zusätzliche AG zu Insolvenzgerichten zu bestimmen und die Bezirke der Insolvenzgerichte abweichend festzulegen (§ 2 Abs. 2 Satz 1 InsO), wobei die Landesregierungen diese Kompetenz auf die Landesjustizverwaltungen übertragen können (§ 2 Abs. 2 Satz 2 InsO). Dies bedeutet einerseits die **Dekonzentration** in dünn besiedelten Flächenländern, andererseits die **Konzentration** auf wenige Insolvenzgerichte ungeachtet der Grenzen des Land-

---

1) OLG Düsseldorf, Beschl. v. 31.8.2007 – I-3 VA 2/07, NZI 2008, 105.

2) Konkursordnung (KO), v. 10.2.1877, RGBl. 1877, 351, zuletzt geändert durch das Gesetz zur Abschaffung der Gerichtsferien, v. 28.10.1996, BGBl. I 1996, 1546, aufgehoben m. W. v. 1.1.1999 durch Art. 2 Nr. 4 EGInsO.

3) LG Hamburg, Beschl. v. 1.5.2006 – 301 AR 8/06, ZIP 2006, 1747.

gerichtsbezirks. Es muss in der praktischen Umsetzung konzediert werden, dass nur einige Bundesländer Gebrauch von diesen Möglichkeiten machen.

Mit dem Gesetz zur Erleichterung von Konzerninsolvenzen[4] mit Inkrafttreten zum 21.4.2018 wurden u. a. die §§ 3a–3e InsO eingeführt. Maßgeblich an hiesiger Stelle ist, dass sich das Insolvenzgericht auf Antrag eines Schuldners, der einer **Unternehmensgruppe** i. S. des § 3e InsO angehört, für die Insolvenzverfahren über das Vermögen der gruppenangehörigen Schuldner für zuständig erklären kann. Die Zuständigkeit für die Gruppen-Folgeverfahren ergibt sich aus § 3c InsO, die Verweisungsmöglichkeit aus § 3d InsO. Der Regelungsbereich erstreckt sich auf nationale Konzerninsolvenzen mit einer eigenständigen Konzerndefinition. Grenzüberschreitende Sachverhalte sind anderweitig geregelt. Durch Rechtsverordnungen soll je Bezirk eines OLG ein Insolvenzgericht bestimmt werden, an dem ein Gruppen-Gerichtsstand i. S. des § 3a InsO begründet werden kann (§ 2 Abs. 3 Satz 1 InsO);[5] die Zuständigkeit des so bestimmten Insolvenzgerichts kann innerhalb eines Bundeslands auch über den Bezirk eines OLG erstreckt werden (§ 2 Abs. 3 Satz 2 InsO). Ob zumindest bei Gruppen-Insolvenzen i. S. nationaler Konzerninsolvenzen eine Konzentration der Gerichte eintreten wird, bleibt abzuwarten. In der Praxis können sich Probleme hinsichtlich des gesetzlichen Richters ergeben.[6] Im Zusammenhang mit Restrukturierungsverfahren nach dem **StaRUG**[7] ergibt sich eine besondere Zuständigkeitsregelung aus § 3a Abs. 4 InsO.[8] 6

Örtlich zuständig ist ausschließlich das Insolvenzgericht, in dessen Bezirk der Schuldner seinen **allgemeinen Gerichtsstand** hat (§ 3 Abs. 1 Satz 1 InsO). Für dessen Bestimmung sind über § 4 Satz 1 InsO die Regelungen der ZPO (§§ 12 ff. ZPO) heranzuziehen. Im Zusammenhang mit Restrukturierungsverfahren nach dem **StaRUG** ergibt sich eine besondere Zuständigkeitsregelung aus § 3 Abs. 2 InsO.[9] 7

Bei **natürlichen Personen** ist **allgemeiner Gerichtsstand** der Wohnsitz des Schuldners (§ 13 ZPO). Sollte der Schuldner keinen Wohnsitz haben, z. B. als Obdachloser, wird der allgemeine Gerichtsstand nach dem Aufenthaltsort und, falls ein solcher nicht bekannt ist, durch den letzten Wohnsitz (§ 16 ZPO) bestimmt. Teils wird vertreten, in diesem Fall sei unter Aufenthalt das tatsächliche, gewollte oder ungewollte, dauernde oder vorübergehende körperliche Sein an einem Ort zu verstehen, ohne dass es auf einen Domizilwillen ankäme.[10] Der Vollzug der Untersuchungshaft gegen den Schuldner führt nicht zur Begründung eines neuen Wohnsitzes,[11] wohl aber der Antritt einer Haftstrafe, wenn damit eine Wohnungsaufgabe einhergeht.[12] Das Insolvenzgericht ist jedoch nicht verpflichtet zu prüfen, ob die 8

4) Gesetz zur Erleichterung der Bewältigung von Konzerninsolvenzen, v. 13.4.2017, BGBl. I 2017, 866.

5) § 2 Abs. 3 InsO eingefügt durch das Gesetz zur Erleichterung der Bewältigung von Konzerninsolvenzen, v. 13.4.2017, BGBl. I 2017, 866.

6) *Baumert*, NZI 2019, 103.

7) Gesetz über den Stabilisierungs- und Restrukturierungsrahmen für Unternehmen (Unternehmensstabilisierungs- und -restrukturierungsgesetz – StaRUG), v. 22.12.2020, BGBl. I 2020, 3256 (= Art. 1 des Gesetzes zur Fortentwicklung des Sanierungs- und Insolvenzrechts [Sanierungs- und Insolvenzrechtsfortentwicklungsgesetz – SanInsFoG], v. 22.12.2020, BGBl. I 2020, 3256), mit Inkrafttreten zum 1.1.2021.

8) § 3a Abs. 4 InsO eingefügt durch Art. 5 Nr. 2 SanInsFoG, BGBl. I 2020, 3256, mit Inkrafttreten zum 1.1.2021.

9) § 3 Abs. 2 InsO geändert durch Art. 5 Nr. 1 SanInsFoG, BGBl. I 2020, 3256, mit Inkrafttreten zum 1.1.2021.

10) AG Hannover, Beschl. v. 17.3.2021 – 908 IK 180/21-1, ZVI 2021, 427.

11) BGH, Beschl. v. 8.11.2007 – IX ZB 41/03, NZI 2008, 121.

12) OLG München, Beschl. v. 1.7.2016 – 34 AR 77/16, ZVI 2016, 388 = NZI 2016, 698.

Wohnungsaufgabe zugleich eine Aufgabe des Wohnsitzes darstellt.[13] Im Rahmen eines **Nachlassinsolvenzverfahrens** ist ausschließlich das Insolvenzgericht örtlich zuständig, in dessen Bezirk der Erblasser zur Zeit seines Todes seinen allgemeinen Gerichtsstand hatte (§ 315 Satz 1 InsO). Entsprechendes gilt für das Insolvenzverfahren über das Gesamtgut einer fortgesetzten Gütergemeinschaft (§ 332 Abs. 1 InsO). Für die Privatinsolvenz eines **Mehrheitsgesellschafters** einer GmbH soll gelten, dass sich die örtliche Zuständigkeit nach dem Mittelpunkt der wirtschaftlichen Interessen der Gesellschaft richtet;[14] dies ist schon deswegen zweifelhaft, weil ein Schuldner auch Mehrheitsgesellschafter mehrerer Gesellschaften sein kann.

9 Bei allen **übrigen Schuldnern** wird der allgemeine Gerichtsstand durch den satzungsgemäßen Sitz bzw. hilfsweise den Verwaltungssitz (§ 17 ZPO) bestimmt.

10 Liegt der **Mittelpunkt einer selbstständigen wirtschaftlichen Tätigkeit des Schuldners** an einem anderen Ort, ist ausschließlich das Insolvenzgericht zuständig, in dessen Bezirk dieser Ort liegt (§ 3 Abs. 1 Satz 2 InsO). Entsprechendes gilt für die Nachlassinsolvenz (§ 315 Satz 2 InsO) sowie für das Insolvenzverfahren über das Gesamtgut einer fortgesetzten Gütergemeinschaft (§ 332 Abs. 1 InsO). Sind mehrere Gerichte zuständig, schließt das Gericht, bei dem zuerst die Eröffnung des Insolvenzverfahrens beantragt worden ist, die übrigen aus (§ 3 Abs. 3 InsO).

11 Hält sich das angerufene Gericht für örtlich unzuständig, muss es dem Antragsteller Gelegenheit zu einem Verweisungsantrag geben. Vor einer **Verweisung an ein anderes Gericht** hat das Insolvenzgericht von Amts wegen Anhaltspunkte zur Frage des tatsächlichen wirtschaftlichen Mittelpunkts des schuldnerischen Unternehmens eingehend zu prüfen.[15] Ein Verweisungsbeschluss ohne Auseinandersetzung mit der Frage der örtlichen Zuständigkeit und ohne entsprechende Begründung ist willkürlich[16] und kann die Bindungswirkung des Verweisungsbeschlusses entfallen lassen;[17] insoweit gilt eine umfangreiche Amtsermittlungspflicht.[18] Ferner ist ein Verweisungsbeschluss wegen örtlicher Unzuständigkeit willkürlich und unbeachtlich, wenn er erst nach Rechtskraft der Eröffnungsentscheidung ergeht.[19]

2. Sitzverlegung und Firmenbestattung

12 Gelegentlich ist im zeitlichen Zusammenhang mit einem Insolvenzantrag die Sitzverlegung des Schuldners zu beobachten. Übt der Schuldner **keine werbende Tätigkeit mehr** aus, ist zu unterscheiden: Findet auch **keine Abwicklungstätigkeit mehr** statt, ist § 3 Abs. 1 Satz 2 InsO nicht einschlägig, sondern es gilt der allgemeine Gerichtsstand i. S. des § 3 Abs. 1 Satz 1 InsO. Dann ist es unerheblich, wohin der (neu bestellte) Geschäftsleiter

13) OLG Hamm, Beschl. v. 18.8.2016 – 32 SA 38/16, ZVI 2017, 99 = NZI 2017, 36.

14) AG Hamburg, Beschl. v. 27.2.2015 – 67b IN 5/15, ZVI 2015, 140.

15) OLG Stuttgart, Beschl. v. 27.11.2003 – 8 AR 16/03, ZInsO 2004, 750.

16) BGH, Beschl. v. 13.12.2005 – X ARZ 223/05, ZVI 2006, 157 = ZIP 2006, 442; BayObLG, Beschl. v. 27.1.2020 – 1 AR 146/19, ZInsO 2020, 378.

17) BayObLG, Beschl. v. 27.1.2020 – 1 AR 146/19, ZInsO 2020, 378; BayObLG, Beschl. v. 19.5.2020 – 1 AR 42/20, ZVI 2020, 437 = ZIP 2020, 1979; BayObLG, Beschl. v. 17.10.2022 – 101 AR 80/22, ZRI 2022, 1030 = NZI 2023, 54; KG, Beschl. v. 2.4.2009 – 2 AR 10/09, ZVI 2009, 489 = ZIP 2009, 1637; OLG Frankfurt/M., Beschl. v. 14.7.2005 – 14 UH 13/05, ZVI 2005, 367 = ZInsO 2005, 822; OLG Schleswig, Beschl. v. 4.2.2004 – 2 W 14/04, ZIP 2004, 1476 = NZI 2004, 264.

18) BayObLG, Beschl. v. 19.5.2020 – 1 AR 42/20, ZVI 2020, 437 = ZIP 2020, 1979; OLG Celle, Beschl. v. 11.1.2010 – 4 AR 3/10, ZIP 2010, 489 = NZI 2010, 194; OLG Celle, Beschl. v. 27.9.2011 – 4 AR 51/11, ZIP 2012, 1263; OLG Schleswig, Beschl. v. 17.12.2015 – 2 AR 27/15, ZVI 2016, 101 = ZIP 2016, 231.

19) OLG Celle, Beschl. v. 7.5.2007 – 4 AR 27/07, ZIP 2007, 1922, dazu EWiR 2008, 143 (*Schmerbach*).

die Geschäftsunterlagen verbringt, da sich die örtliche Zuständigkeit bei juristischen Personen grundsätzlich nicht nach dem Wohnsitz des organschaftlichen Vertreters richtet.[20] Werden hingegen im Zeitpunkt des Eingangs des Insolvenzantrags bei Gericht **noch Abwicklungsarbeiten vorgenommen**, wird vertreten, dies sei dem Mittelpunkt der wirtschaftlichen Tätigkeit gleichzustellen; wickelt ein (neu bestellter) Geschäftsleiter diese Abwicklungsarbeiten von seinem Wohnsitz aus ab, soll dieser Wohnsitz den besonderen Gerichtsstand nach § 3 Abs. 1 Satz 2 InsO begründen.[21] Nach a. A. ist diese Abwicklungsarbeit für die Bestimmung der örtlichen Zuständigkeit irrelevant, sodass der satzungsmäßige Sitz i. S. des § 3 Abs. 1 Satz 1 InsO einschlägig sein soll.[22] Erstgenannte Auffassung scheint vorzugswürdig, setzt aber voraus, dass auch Abwicklungstätigkeiten mit **Außenwirkung** von einigem Gewicht vorgenommen werden.[23] Dies ist der Fall, wenn noch Tätigkeiten entfaltet werden, die gegenüber einer nicht unerheblichen Anzahl von Dritten und in einem erheblichen Umfang gegenüber Dritten wirken, z. B. Abverkäufe, Fakturierungen, Forderungsbeitreibung etc.; rein interne Vorgänge (Buchhaltung, Jahresabschlüsse, Steuererklärungen) oder schlichte Korrespondenz mit Dritten genügen nicht.

Hat der Schuldner vor Eingang des Insolvenzantrags bei Gericht – aber erst nach endgültiger Einstellung der werbenden Tätigkeit – seinen Sitz verlegt, liegt der Verdacht der **Firmenbestattung** nahe, zumal wenn mit der Sitzverlegung eine Änderung der Firma einhergeht. Hierdurch sollen in der Regel nur die Namen der Beteiligten „sauber gehalten" und Gläubiger irregeführt werden. Daher wird vertreten, dass eine solche Sitzverlegung wegen Verstoßes gegen § 134 BGB bzw. analog § 241 Nr. 3 Fall 3 AktG nichtig sei, sodass sich der Gerichtsstand durch die Sitzverlegung tatsächlich nicht ändere.[24] Problematisch ist insoweit ein Beschluss des BGH, der in einem augenscheinlich klassischen Fall der Firmenbestattung davon ausgegangen ist, dass eine missbräuchliche Sitzverlegung nicht vorgelegen habe, nur weil der Antrag auf Eröffnung des Gesamtvollstreckungsverfahrens erst ein paar Wochen nach der Sitzverlegung erfolgte und der (neu bestellte) Geschäftsleiter (gemeinsam für mehrere konkursreife Gesellschaften) ein kleines Büro nebst Aktenlager angemietet hatte.[25] Dies durfte den seinerzeitigen Umständen geschuldet gewesen sein, evtl. auch zur Herbeiführung einer Zuständigkeit für mehrere Verfahren. 13

Da es auf den **Eingang des Insolvenzantrags** bei Gericht ankommt, ist eine (Wohn-)Sitzverlegung zwischen diesem Zeitpunkt und der Entscheidung über den Eröffnungsantrag unerheblich.[26] 14

20) OLG Düsseldorf, Beschl. v. 9.8.1999 – 19 Sa 65/99, NZI 2000, 601.

21) OLG Braunschweig, Beschl. v. 13.4.2000 – 1 W 29/00, ZIP 2000, 1118, dazu EWiR 2000, 1021 *(Voss)* – Abwicklungsarbeiten mit Außenwirkung; OLG Hamm, Beschl. v. 2.10.2019 – 32 SA 25/19, ZRI 2020, 147 = ZIP 2020, 284; OLG Karlsruhe, Beschl. v. 16.10.2003 – 15 AR 35/03, ZIP 2004, 1476 = NZI 2004, 262; LG Bremen, Beschl. v. 5.10.2020 – 6 T 370/20, ZRI 2021, 52. Zur Sitzverlegung bei Liquidation außerhalb des Insolvenzverfahrens OLG Jena, Beschl. v. 8.11.2005 – 6 W 206/05, ZInsO 2005, 1277, dazu EWiR 2006, 341 *(Breitling/v. Gleichenstein)*.

22) BayObLG, Beschl. v. 19.9.2003 – 1Z AR 102/03, NZI 2004, 148 = BB 2003, 2370; OLG Celle, Beschl. v. 1.2.2006 – 4 AR 2/06, ZIP 2006, 921; OLG Hamm, Beschl. v. 24.6.1999 – 1 Sbd 16/99, ZInsO 1999, 533; OLG Köln, Beschl. v. 22.3.2000 – 2 W 49/00, ZIP 2000, 672, dazu EWiR 2000, 535 *(v. Gerkan)*; OLG Schleswig, Beschl. v. 4.2.2004 – 2 W 14/04, ZIP 2004, 1476 = NZI 2004, 264; OLG Stuttgart, Beschl. v. 27.11.2003 – 8 AR 16/03, ZInsO 2004, 750.

23) LG Bonn, Beschl. v. 13.1.2012 – 6 T 83/11, ZInsO 2012, 938; vgl. auch LG Bremen, Beschl. v. 5.10.2020 – 6 T 370/20, ZRI 2021, 52.

24) LG Potsdam, Beschl. v. 17.9.2004 – 25 Qs 11/04, wistra 2005, 193; AG München, Beschl. v. 1.4.2005 – 1506 IN 356/04, ZIP 2005, 1052.

25) BGH, Beschl. v. 20.3.1996 – X ARZ 90/96, ZIP 1996, 847, dazu EWiR 1996, 741 *(Paulus)*.

26) OLG Frankfurt/M., Beschl. v. 21.5.2002 – 21 AR 113/01, ZVI 2002, 319 = ZIP 2002, 1956, 1481; a. A. AG Göttingen, Beschl. v. 27.11.2009 – 74 IN 271/09, ZIP 2010, 640.

3. Internationale Europäische Zuständigkeit

15 Für Insolvenzverfahren, die seit dem 26.6.2017 eröffnet werden, ist die reformierte EuInsVO[27)] zu beachten, ebenso der geänderte Art. 102c EGInsO.[28)] Die internationale örtliche Zuständigkeit für Insolvenzverfahren richtet sich nach Art. 3 EuInsVO. Ähnlich dem § 3 InsO wird bei juristischen Personen und Gesellschaften zunächst vermutet, dass der Mittelpunkt derer hauptsächlichen Interessen am satzungsmäßigen Sitz liegt. Hat der Schuldner den **Mittelpunkt seiner hauptsächlichen Interessen** im Gebiet eines Mitgliedstaats, sind die Gerichte eines anderen Mitgliedstaats nur dann zur Eröffnung eines (Sekundär-) Insolvenzverfahrens befugt, wenn der Schuldner eine Niederlassung im Gebiet dieses anderen Mitgliedstaats hat; die Wirkungen dieses Verfahrens sind jedoch auf das im Gebiet dieses letzteren Mitgliedstaats belegene Vermögen des Schuldners beschränkt (Art. 3 Abs. 2 EuInsVO). Grundsätzlich ist Art. 3 EuInsVO auch in einem **Nachlassinsolvenzverfahren**[29)] anwendbar.[30)] Sofern die Tatbestandsvoraussetzungen im Einzelfall jedoch nicht erfüllt sind, ist für die internationale und örtliche Zuständigkeit allein § 315 InsO maßgeblich.[31)]

16 Der Mittelpunkt des hauptsächlichen Interesses (Center of Main Interests – COMI) ist das zentrale Anknüpfungskriterium für die Bestimmung der internationalen Zuständigkeit nach Art. 3 EuInsVO. Zweck dieses Kriteriums ist es, das Gericht mit der größten Sachnähe zu berufen. Nach der Konzeption der EuInsVO kann jeder Schuldner **nur ein COMI** haben, damit der für ein Hauptinsolvenzverfahren zuständige Staat ermittelt werden kann. Das COMI muss für Dritte, insbesondere für potentielle Gläubiger, erkennbar sein.[32)] Verfolgt der Schuldner an mehreren Orten solche Interessen i. S. des Art. 3 EuInsVO, hat das erkennende Gericht zur Bestimmung des COMI sämtliche Fakten hinsichtlich ihres Umfangs und ihrer Bedeutung zu berücksichtigen und in die Abwägung einzubeziehen. Erforderlich ist somit eine **wertende Gesamtbetrachtung**; das COMI i. S. des Art. 3 Abs. 1 EuInsVO hat eine autonome Bedeutung und muss deshalb einheitlich und unabhängig von nationalen Rechtsvorschriften ausgelegt werden.[33)]

Praxishinweis

Relevante Fakten sind z. B.

- Managementstrukturen,
- Weisungsgebundenheit der Geschäftsführung einer Konzerngesellschaft,
- Ausgestaltung der Gesellschafterrechte im Gesellschaftsvertrag,
- konzerninterne Finanzierung,
- Geschäftszweck,
- Abhängigkeit von anderen Konzerngesellschaften im operativen Geschäft,

---

27) Verordnung (EU) 2015/848 des Europäischen Parlaments und des Rates v. 20.5.2015 über Insolvenzverfahren (EuInsVO), ABl. (EU) L 141/19 v. 5.5.2015.

28) Art. 102c EGInsO i. d. F. des Art. 3 des Gesetzes zur Durchführung der Verordnung (EU) 2015/848 über Insolvenzverfahren, v. 27.4.2017, BGB. I 2017, 1476.

29) Zur europäischen Nachlassinsolvenz ausführlich *Riedemann/Ch. Schmidt*, ZVI 2015, 447.

30) AG Köln, Beschl. v. 12.11.2010 – 71 IN 343/10, ZVI 2011, 247 = ZIP 2011, 631.

31) BGH, Beschl. v. 14.1.2010 – IX ZB 76/09, ZInsO 2010, 348 = NZI 2010, 45.

32) EuGH, Urt. v. 2.5.2006 – Rs. C-341/04 (Eurofood/Parmalat), ZIP 2006, 907, dazu EWiR 2005, 725 *(Pannen)*; Tribunale di Parma, Urt. v. 19.2.2004 – 53/04, ZIP 2004, 1220, dazu EWiR 2004, 597 *(Riera/Wagner)*; High Court of Justice Birmingham, Beschl. v. 18.4.2005 – 2375 bis 2382/05, NZI 2005, 467.

33) EuGH, Urt. v. 20.10.2011 – Rs. C-396/09, ZIP 2011, 2153, dazu EWiR 2011, 745 *(Paulus)*.

- Marketingaktivitäten sowie
- eine für die Gläubiger erkennbare Zuständigkeit für die Regulierung von Forderungen.[34)]

Da diese Faktoren z. T. vergangenheitsbezogen sind, ändert sich an dem so zu bestimmenden COMI auch nichts dadurch, dass die **werbende Tätigkeit vor dem Insolvenzantrag eingestellt** wurde.[35)] Ist der Geschäftsbetrieb bereits eingestellt und sind keine Abwicklungsarbeiten erkennbar, richtet sich die Zuständigkeit danach, wo der Schuldner im Zeitpunkt der letzten in diesem Sinne anzuerkennenden Handlung sein COMI hatte.[36)] 17

Auch bei freiberuflich oder gewerblich selbstständig tätigen **natürlichen Personen** ist das COMI zu bestimmen, wenn es vom Ort des gewöhnlichen Aufenthalts abweicht.[37)] Sofern eine Hauptniederlassung ersichtlich ist, gilt diese aufgrund gesetzlicher Fiktion zunächst als COMI (Art. 1 Unterabs. 3 Satz 1 EuInsVO). Sowohl bei selbstständig[38)] wie auch unselbstständig[39)] tätigen Schuldnern ist stets der gewöhnliche Aufenthalt maßgebend, wobei anhand der Einzelumstände zu beurteilen ist, ob dies der Wohnsitz oder der Ort der Arbeitsstätte ist, da nicht nur wirtschaftliche Interessen zu berücksichtigen sind, sondern auch soziale und kulturelle Beziehungen. Allein das Eigentum an Grundbesitz ohne sonstige wirtschaftliche Aktivitäten begründet noch nicht die Zuständigkeit des Mitgliedstaats, in dem das Grundstück gelegen ist.[40)] Fraglich ist, ob die selbstständige oder freiberufliche Tätigkeit einer natürlichen Person auch dann als Niederlassung gewertet werden kann, wenn die ausgeübte Tätigkeit keinen Einsatz von Personal und Vermögenswerten voraussetzt.[41)] 18

Das COMI ist auch bei sog. Firmenbestattungen (**„Forum Shopping"** zur Ausnutzung von Vorteilen nationaler Rechtsordnungen) zu beachten. Ein Pro-forma-Sitz in den Räumen einer Anwaltskanzlei ohne eigene Geschäftsräume ist nicht als Mittelpunkt der Hauptinteressen zu werten.[42)] Allerdings ist die internationale Rechtsprechung zur „verdächtigen" Sitzverlegung **vor Insolvenzantragstellung** uneinheitlich. Dient die Sitzverlegung der geordneten Insolvenzabwicklung und damit den Gläubigerinteressen, liegt in der grenzüberschreitenden Sitzverlegung kein Rechtsmissbrauch.[43)] Soll einem geordneten Insolvenzverfahren hingegen aus dem Wege gegangen werden, ist ein Rechtsmissbrauch zu bejahen.[44)] Eine vorübergehende Wohnsitzverlegung einer natürlichen Person in ein anderes Land mit dem Zweck, dort unter erleichterten Bedingungen Restschuldbefreiung zu erlangen, kann derart rechtsmissbräuchlich sein, dass die Anwendung ausländischen Rechts 19

34) Tribunale di Parma, Urt. v. 15.6.2004 – 93/04, ZIP 2004, 2295, dazu EWiR 2004, 1181 *(Bauer/Schlegel)*; High Court of Justice Birmingham, Beschl. v. 18.4.2005 – 2375 bis 2382/05, NZI 2005, 467.

35) AG Hamburg, Beschl. v. 1.12.2005 – 67a IN 450/05, ZIP 2005, 2275, dazu EWiR 2006, 169 *(Herweg/Tschauner)*.

36) BGH, Beschl. v. 1.12.2011 – IX ZB 232/10, ZIP 2012, 139, dazu EWiR 2012, 175 *(Riedemann)*.

37) High Court of Justice London, Beschl. v. 20.12.2006 – 9849/02, NZI 2007, 361.

38) BGH, Beschl. v. 18.9.2018 – IX ZB 77/17, ZInsO 2018, 2412 = NZI 2018, 976.

39) BGH, Beschl. v. 2.3.2017 – IX ZB 70/16, ZVI 2017, 277 = ZIP 2017, 688, dazu EWiR 2017, 373 *(Egerlandt)*.

40) EuGH, Urt. v. 16.7.2020 – Rs. C-253/19 (Tribunal da Relação de Guimarães [Berufungsgericht, Portugal]), ZVI 2020, 301 = ZIP 2020, 1673.

41) BGH, Vorlagebeschl. v. 29.6.2023 – IX ZB 35/22, ZVI 2023, 363.

42) Tribunale di Parma, Urt. v. 19.2.2004 – 53/04, BGHSt 3, 194 = ZIP 2004, 1220, dazu EWiR 2004, 597 *(Riera/Wagner)*.

43) AG Köln, Beschl. v. 19.2.2008 – 73 IE 1/08, ZIP 2008, 423, dazu EWiR 2008, 531 *(Paulus)*.

44) BGH, Beschl. v. 13.12.2007 – IX ZB 238/06, dazu EWiR 2008, 181 *(Webel)*.

untragbar scheint.[45] Auch im internationalen Insolvenzrecht gilt der Grundsatz, dass sich die örtliche Zuständigkeit nach der Situation im Zeitpunkt des Zugangs des Insolvenzantrags bei Gericht richtet; eine Verlagerung der hauptsächlichen Interessen i. S. des Art. 3 EuInsVO **nach dem Eröffnungsantrag** ist daher unbeachtlich.[46] Dies auch bei einer Sitzverlegung zwischen einem unzulässigen Insolvenzantrag und Erlass des Verweisungsbeschlusses.[47] All dies gilt freilich nicht bei einer Sitzverlegung in das Nicht-EU-Ausland.[48]

20 Die **Beweislast** für den Mittelpunkt des COMI des Schuldners obliegt derjenigen Partei, die sich auf einen anderen Ort als den satzungsmäßigen Sitz der Gesellschaft beruft.[49] Daneben ist jedoch auch der **Amtsermittlungsgrundsatz** zu berücksichtigen.[50] Beauftragt das Insolvenzgericht einen Sachverständigen mit der Prüfung der Frage, in welchem Staat sich der Mittelpunkt der hauptsächlichen Interessen des Schuldners befindet, ist eine sofortige Beschwerde des Schuldners hiergegen regelmäßig nicht statthaft.[51]

21 Gegen die Entscheidung über die Eröffnung eines Hauptinsolvenzverfahrens stehen die für den Eröffnungsstaat geltenden (Art. 7 EuInsVO) nationalen **Rechtsmittel** zur Verfügung. Hält sich ein Gericht eines Mitgliedstaats fälschlich für zuständig, sollte dies nach älterer Rechtsprechung selbst dann noch keinen Verstoß gegen den ordre public (Art. 33 EuInsVO) darstellen, wenn die Annahme der Zuständigkeit ohne eine entsprechende Begründung erfolgte.[52] Die Anforderungen an die Begründung gerichtlicher Beschlüsse sind jedoch gestiegen. Sogar ein ausführlich begründeter Beschluss kann unter Anordnung der sofortigen Wirksamkeit aufgehoben werden, wenn sich ein anderes Gericht mit „besseren" Gründen für zuständig erachtet.[53] Ist der im nationalen ordre public geregelte Anspruch auf ein faires Verfahren bzw. auf rechtliches Gehör verletzt, kann die Bindungswirkung eines Beschlusses eines anderen Mitgliedstaats ohnehin entfallen.[54] Stellt sich nach Eröffnung des Insolvenzverfahrens heraus, dass das COMI in einem anderen als dem Eröffnungsstaat liegt, kann die Bestellung des Verwalters für unwirksam erklärt werden.[55] Nichts anderes gilt für die Bestellung eines vorläufigen Insolvenzverwalters.[56]

III. Funktionelle Zuständigkeit innerhalb des Insolvenzgerichts

1. Allgemeines

22 Durch § 3 Nr. 2 lit. e RPflG sind dem Rechtspfleger die nach den gesetzlichen Vorschriften vom Richter wahrzunehmenden Geschäfte in den Verfahren nach der InsO übertragen, soweit nicht § 18 RPflG Ausnahmen hiervon enthält. Dies bedeutet eine **grundsätz-**

---

45) BFH, Beschl. v. 27.1.2016 – VII B 119/15, ZVI 2016, 472 = ZIP 2016, 2027. In diesem Sinne mit anderer Begründung auch BGH, Beschl. v. 2.3.2017 – IX ZB 70/16, ZVI 2017, 277 = ZIP 2017, 688.

46) EuGH, Urt. v. 17.1.2006 – Rs. C-1/04 (Staubitz-Schreiber), ZIP 2006, 188, dazu EWiR 2006, 141 *(Vogl)*; EuGH, Urt. v. 24.3.2022 – Rs. C-723/20 (Galapagos SA), ZRI 2022, 316 = NZI 2022, 539; BGH, Beschl. v. 9.2.2006 – IX ZB 418/02, ZVI 2006, 205 = ZIP 2006, 529.

47) BGH, Beschl. v. 7.7.2022 – IX ZB 14/21, ZRI 2022, 773.

48) BGH, Beschl. v. 8.12.2022 – IX ZB 72/19, ZRI 2023, 101.

49) Supreme Court of Ireland, Judgment v. 27.7.2004 – 147/04 (Eurofood/Parmalat III), ZIP 2004, 1969 (englisch) = ZInsO 2005, 159 (deutsch), dazu EWiR 2004, 973 *(Herweg/Tschauner)*.

50) BGH, Beschl. v. 19.7.2012 – IX ZB 6/12, ZIP 2012, 1615 = NZI 2012, 823.

51) BGH, Beschl. v. 19.7.2012 – IX ZB 6/12, ZIP 2012, 1615 = NZI 2012, 823.

52) OGH, Beschl. v. 17.3.2005 – 8 Ob 135/04t, NZI 2005, 465.

53) Landesgericht Korneuburg (Österreich), Beschl. v. 12.1.2018 – 36 S 5/18d-3 (NIKI), ZIP 2018, 393.

54) Hierzu Supreme Court of Ireland, Judgment v. 27.7.2004 – 147/04 (Eurofood/Parmalat III), ZIP 2004, 1969 (englisch) = ZInsO 2005, 159 (deutsch), dazu EWiR 2004, 973 *(Herweg/Tschauner)*.

55) High Court of Justice London, Beschl. v. 15.8.2006 – 5618/06, NZI 2007, 187.

56) Landesgericht Korneuburg (Österreich), Beschl. v. 12.1.2018 – 36 S 5/18d-3 (NIKI), ZIP 2018, 393.

liche Zuständigkeit des Rechtspflegers am Insolvenzgericht mit einigen Ausnahmen. Die Spaltung der funktionellen Zuständigkeit soll in der Praxis gelegentlich zu einem Spannungsverhältnis zwischen Richter und Rechtspfleger führen und wurde früher als eines der sensibelsten Probleme der Justiz bezeichnet,[57] da es sich um zwei eigenständige Organe der Rechtspflege handelt, deren Aufgaben sich teilweise überschneiden (z. B. im Fall der übertragenden Geschäfte des § 6 RPflG). Die Forderung nach Vollübertragung der Zuständigkeit für das gesamte Insolvenzverfahren[58] oder Verbraucherinsolvenzverfahren[59] auf die Rechtspfleger ist jedoch nicht konsensfähig. Stattdessen wird nun in § 18 Abs. 4 Satz 2 und 3 RPflG gefordert:

> „Rechtspfleger in Insolvenzsachen sollen über belegbare Kenntnisse des Insolvenzrechts und Grundkenntnisse des Handels- und Gesellschaftsrechts und der für das Insolvenzverfahren notwendigen Teile des Arbeits-, Sozial- und Steuerrechts und des Rechnungswesens verfügen. Einem Rechtspfleger, dessen Kenntnisse auf diesen Gebieten nicht belegt sind, dürfen die Aufgaben eines Rechtspflegers in Insolvenzsachen nur zugewiesen werden, wenn der Erwerb der Kenntnisse alsbald zu erwarten ist."

In Folge dieser Situationsbeschreibung des Gesetzgebers wurde auch bei der Reform der Verbraucherinsolvenz im Jahr 2013[60] auf eine Vollübertragung (wenigstens) dieser Verfahren auf die Rechtspfleger verzichtet. Generell ist in der Praxis eine gewisse Unzufriedenheit mit der Aus- und Weiterbildung der Rechtspfleger festzustellen, da die Justizverwaltungen die ständig steigenden Anforderungen an die Aufsicht der Rechtspfleger über die Insolvenzverwalter i. S. des § 58 InsO nicht nachvollziehen. 23

Für das **Eröffnungsverfahren** und die Ernennung des Insolvenzverwalters (§ 27 Abs. 1 Satz 1 InsO) ist der Richter am Insolvenzgericht zuständig (§ 18 Abs. 1 Nr. 1 RPflG). Da Teil des Eröffnungsbeschlusses (§ 29 InsO), ist der Insolvenzrichter zuständig für die Bestimmung des Termins der ersten Gläubigerversammlung und des ersten Prüfungstermins, jedoch nicht mehr für eine Vertagung dieser Termine gemäß §§ 4 Satz 1, 74 Abs. 2 Satz 2 InsO, § 227 ZPO. Im Eröffnungsverfahren wird nicht selten der schuldnerische Betrieb fortgeführt. Für die Erteilung einer Einzelermächtigung zur Begründung von Verbindlichkeiten durch einen „schwachen" vorläufigen Insolvenzverwalter, die nach Verfahrenseröffnung als sonstige Masseverbindlichkeiten analog § 55 Abs. 2 InsO befriedigt werden dürfen,[61] ist ebenfalls der Richter zuständig. Nichts anderes gilt für Einzelermächtigungen zugunsten des vorläufig eigenverwaltenden Schuldners.[62] 24

Obwohl ebenfalls Teil des Eröffnungsverfahrens, wird für die Beschlussfassung über die Vergütung des vorläufigen Verwalters nach Verfahrenseröffnung der Rechtspfleger als zuständig erachtet.[63] Ist das Insolvenzverfahren hingegen nicht eröffnet worden, ist gemäß § 26a InsO der Richter zuständig. 25

Zwangsweise Vorführung und Haft des Schuldners (§§ 98 Abs. 2, 101 Abs. 1 Satz 2 InsO) können in jedem Verfahrensstadium nur vom Insolvenzrichter angeordnet werden (§ 4 26

57) *Uhlenbruck*, Rpfleger 1997, 356.

58) *Bund Deutscher Rechtspfleger*, ZInsO 2001, 1097.

59) Ablehnend *Heyer*, ZVI 2023, 351.

60) Gesetz zur Verkürzung des Restschuldbefreiungsverfahrens und zur Stärkung der Gläubigerrechte, v. 15.7.2013, BGBl. I 2013, 2379.

61) BGH, Beschl. v. 18.7.2002 – IX ZR 195/01, ZVI 2002, 250 = ZIP 2002, 1625, dazu EWiR 2002, 919 *(Spliedt)*; BGH, Beschl. v. 7.5.2009 – 61/08, RGSt 41, 144 = ZInsO 2009, 1102; BGH, Beschl. v. 4.12.2014 – IX ZR 166/14, ZInsO 2015, 261.

62) BGH, Urt. v. 22.11.2018 – IX ZR 167/16, ZVI 2019, 23 = ZIP 2018, 2488, dazu EWiR 2019, 49 *(Thole)*.

63) BGH, Beschl. v. 22.9.2010 – IX ZB 195/09, ZVI 2011, 66 = ZIP 2010, 2160, dazu EWiR 2011, 25 *(Blersch)*.

Abs. 2 Nr. 2, Abs. 3 RPflG).[64] Dies gilt aufgrund des systematischen Zusammenhangs auch für die Anordnung der **Postsperre.**

27 Nach § 89 InsO besteht ein umfangreiches Vollstreckungsverbot für die Insolvenzgläubiger gegen den Schuldner für die Dauer des Insolvenzverfahrens. Gemäß § 89 Abs. 3 InsO entscheidet das Insolvenzgericht über Einwendungen des Insolvenzverwalters gegen die Zulässigkeit einer solchen Zwangsvollstreckung. Richtet sich die **Einwendung gegen die Art und Weise der Zwangsvollstreckung,** ist die Erinnerung gemäß § 766 ZPO einschlägig. Für diese ist ausdrücklich der Richter zuständig (§ 20 Nr. 17 RPflG).[65] Für eine Vollstreckungsgegenklage (§ 767 ZPO) ist hingegen nicht das Insolvenzgericht, sondern das Prozessgericht zuständig.

28 Geht es bei einer **Entlassungsentscheidung nach § 59 InsO** ganz wesentlich um die Beurteilung der fachlichen Qualifikation des Insolvenzverwalters bei der Behandlung von Rechtsfragen, soll der an sich zuständige Rechtspfleger[66] dem Richter die Möglichkeit geben, das Verfahren an sich zu ziehen.[67] Abgesehen davon, dass die Einschätzung der fachlichen Eignung für eine Entlassung ohnehin nicht ausreichend ist, sondern gravierende Pflichtverletzungen des Insolvenzverwalters erforderlich sind, ist zumindest eine Kommunikation zwischen Rechtspfleger und Insolvenzrichter unabdingbar, denn eine Entlassung aus tragfähigen Gründen muss auch negative Auswirkungen auf neue Bestellungen des Verwalters haben. Die Ausübung des Evokationsrechts an dieser Stelle scheint aber zu weitgehend.

2. Insolvenzplan (§§ 217 ff. InsO)

29 Nach § 18 Abs. 1 Nr. 2 RPflG bleibt dem Richter (seit dem 1.1.2013) das Verfahren über einen Insolvenzplan i. S. der §§ 217 ff. InsO vorbehalten. Hiervon ausgenommen ist die Vollstreckung aus einem zustande gekommenen Insolvenzplan (§ 257 InsO); für die damit im Zusammenhang stehenden Aufgaben des Insolvenzgerichts ist der Rechtspfleger zuständig. Das Verfahren über einen Insolvenzplan beginnt jedoch erst mit dessen Einreichung bei Gericht, bis dahin verbleibt es bei der Zuständigkeit des Rechtspflegers, soweit der Plan erst nach Verfahrenseröffnung vorgelegt wird. Während des Insolvenzplanverfahrens ist allerdings immer noch ungeklärt, ob der Richter nur für planbezogene oder alle Aufgaben zuständig ist, ob es mithin ein Nebeneinander von Zuständigkeiten des Richters und des Rechtspflegers geben kann. Nach einer Auffassung umfasst die funktionelle Zuständigkeit des Richters im Insolvenzplanverfahren z. B. auch die Festsetzung der Vergütung, da diese im Zusammenhang mit der Beendigung des Verfahrens steht.[68] Nach anderer Auffassung soll die Zuständigkeit hingegen beim Rechtspfleger liegen, da der Richter nur für planbezogene Aufgaben zuständig sei, wozu die Vergütungsfestsetzung nicht gehöre.[69] Eine solche parallele, aufgabenbezogene Zuständigkeitsverteilung ist jedoch wegen

64) **A. A.** AG Fulda, Beschl. v. 9.6.2023 – 91 IN 162/18, ZRI 2023, 675.

65) BGH, Beschl. v. 2.6.2005 – IX ZB 287/03, ZVI 2006, 29 = ZIP 2005, 1616. **A. A.** AG Hamburg, Beschl. v. 7.7.2021 – 67g IN 19/20, ZRI 2021, 695.

66) LG Dresden, Beschl. v. 20.7.2017 – 5 T 388/17, ZVI 2017, 480 = ZIP 2017, 2273; AG Fulda, Beschl. v. 13.8.2018 – 92 IN 47/00, ZInsO 2018, 2713.

67) LG Braunschweig, Beschl. v. 29.4.2008 – 6 T 924/07, NZI 2008, 620.

68) AG Fulda, Beschl. v. 19.3.2018 – 91 IN 3/16 (n. v.); AG Fulda, Beschl. v. 25.7.2019 – 92 IN 27/17 (n. v.); *Büttner* in: HambKomm-InsO, § 64 Rz. 10 m. w. N.; *Graeber/Graeber,* InsVV, § 8 Rz. 25 m. w. N.; *Zimmer,* InsVV, § 8 Rz. 74 m. w. N.

69) LG Arnsberg, Beschl. v. 26.6.2020 – I-5 T 136/19 (n. v.), wegen anderer Grundrechtsverletzungen aufgehoben durch BVerfG, Beschl. v. 20.4.2023 – 2 BvR 1605/21, NJW 2023, 2336; *Haarmeyer/Mock,* InsVV, § 8 Rz. 30; *A. Schmidt,* ZVI 2020, 412, 414. M. w. N. bei *Büttner,* in: HambKomm-InsO, § 64 Rz. 10.

fehlender Bestimmtheit nicht hinnehmbar. Sie verstößt gegen den Grundsatz, dass der gesetzliche Richter erkennbar sein muss. Auch wenn im Einzelfall der gesetzliche Richter erst durch Auslegung zu ermitteln ist, kann diese Auslegung nur durch einen Richter erfolgen.[70] Im Übrigen würden parallele Zuständigkeiten zu zahlreichen Einzelfragen führen, insbesondere bei Zusammenlegung von Abstimmungs-/Erörterungstermin und Prüfungstermin; hier wären z. B. getrennte Stimmrechtsprüfungen erforderlich (vgl. auch § 18 Abs. 3 RPflG). Ferner wäre fraglich, wer genau Versammlungsleiter i. S. des § 76 Abs. 1 InsO oder Sitzungspolizei i. S. der §§ 175 ff. GVG sein soll.

3. Gewährung von Stimmrechten (§ 77 InsO)

Hat sich die Entscheidung des Rechtspflegers über die Gewährung des Stimmrechts nach § 77 InsO auf das Ergebnis einer Abstimmung ausgewirkt, kann der Richter auf Antrag eines Gläubigers oder des Insolvenzverwalters das Stimmrecht neu festsetzen und die Wiederholung der Abstimmung anordnen; der Antrag kann nur bis zum Schluss des Termins gestellt werden, in dem die Abstimmung stattfindet (§ 18 Abs. 3 RPflG). Die Prüfung des Stimmrechts hat vor einer Abstimmung zu erfolgen, ansonsten ist die Abstimmung zu wiederholen.[71] Dass die Entscheidung des Richters unanfechtbar ist, begegnet keinen verfassungsrechtlichen Bedenken.[72] 30

Im Insolvenzplanverfahren ist seit dem 1.1.2013 ohnehin der Richter für das ganze Verfahren zuständig. Das Antragsrecht auf Neufestsetzung des Stimmrechts geht insoweit ins Leere. Sinn und Zweck des § 18 Abs. 3 RPflG ist nicht die Einführung eines Rechtsmittels, sondern die endgültige Stimmrechtsfestsetzung durch einen Richter, d. h. eine Evokationspflicht auf Antrag eines Gläubigers oder des Insolvenzverwalters. 31

4. Verbraucherinsolvenzverfahren (§§ 304 ff. InsO) und Restschuldbefreiung (§§ 286 ff. InsO)

Für das Verfahren über einen Schuldenbereinigungsplan (§§ 305–310 InsO) ist der Insolvenzrichter zuständig (§ 18 Abs. 1 Nr. 1 RPflG), da es sich um einen Teil des Eröffnungsverfahrens handelt. Nach Verfahrenseröffnung gibt es ohnehin kein eigenständiges Verbraucherinsolvenzverfahren mehr, da die §§ 312–314 InsO a. F. mit Wirkung zum 1.7.2014 abgeschafft wurden. 32

Wenn ein Gläubiger die **Versagung der Restschuldbefreiung** beantragt, sind die Entscheidungen nach §§ 287a, 290, 296–297a, 300 InsO dem Richter vorbehalten; der Richter entscheidet auch über einen **Widerruf der Restschuldbefreiung** nach § 303 InsO (§ 18 Abs. 1 Nr. 4 RPflG). Dies wird damit rechtfertigt, dass diese Entscheidungen der rechtsprechenden Tätigkeit i. S. des Art. 92 GG sehr verwandt, im Wesentlichen kontradiktorischer Art sind.[73] 33

Die funktionelle Zuständigkeit für die **Zurückweisung eines Antrags auf Restschuldbefreiung als unzulässig** liegt beim Richter, da die Entscheidung wegen §§ 287, 287a InsO Bestandteil des Eröffnungsverfahrens ist. 34

70) Jarass/Pieroth-*Pieroth*, GG, Art. 101 Rz. 14 f.

71) BGH, Beschl. v. 17.12.2020 – IX ZB 38/18, Rz. 13 ff., ZRI 2021, 186 = ZVI 2021, 182; BGH, Beschl. v. 14.1.2021 – IX ZB 38/18, Rz. 14 ff., openJur 2021, 3483.

72) BVerfG, Beschl. v. 26.11.2009 – 1 BvR 339/09, ZIP 2010, 237.

73) *Wimmer*, InVo 1997, 316, 320.

5. Verfahrenskostenstundung (§§ 4a ff. InsO)

35 Ist der Schuldner eine natürliche Person und hat er Antrag auf Erteilung der Restschuldbefreiung gestellt, werden ihm auf Antrag die Kosten des Insolvenzverfahrens bis zur Erteilung der Restschuldbefreiung gestundet, soweit sein Vermögen voraussichtlich nicht ausreichen wird, um diese Kosten zu decken. Die Stundung erfolgt für jeden Verfahrensabschnitt gesondert. Über den Stundungsantrag des Schuldners ist durch Beschluss zu entscheiden; eine konkludente Zurückweisung des Antrags ist nicht statthaft.[74)]

36 Der Antrag kann in verschiedenen Stadien des Verfahrens gestellt werden, z. B. um im Eröffnungsverfahren die Abweisung des Antrags mangels Deckung der Verfahrenskosten zu vermeiden (§ 26 Abs. 1 Satz 2 InsO), um die Einstellung des eröffneten Verfahrens mangels Masse zu verhindern (§ 207 Abs. 1 Satz 2 InsO), oder um die Versagung der Restschuldbefreiung aufgrund nicht gedeckter Mindestvergütung des Treuhänders in der Wohlverhaltensphase zu vermeiden (§ 298 Abs. 1 Satz 2 InsO). Die funktionelle Zuständigkeit diesbezüglich ist abhängig vom Verfahrensstadium. Folglich ist der Richter zuständig für die Entscheidung über den Stundungsantrag im Insolvenzeröffnungsverfahren, der Rechtspfleger hingegen für Entscheidungen im eröffneten Verfahren oder im Restschuldbefreiungsverfahren. Wird wegen der nicht gedeckten Mindestvergütung des Treuhänders die Versagung der Restschuldbefreiung beantragt, ist auch in diesem Zusammenhang der Rechtspfleger für die Entscheidung über einen Stundungsantrag zuständig, da der Versagungsantrag vom Treuhänder gestellt wird und deswegen § 298 InsO in § 18 Abs. 1 Nr. 4 RPflG nicht erwähnt wird.

6. Gruppeninsolvenz/Koordinationsverfahren

37 Gemäß § 18 Abs. 1 Nr. 3 RPflG ist der Richter zuständig für die Entscheidung über die Begründung des Gruppen-Gerichtsstands nach § 3a Abs. 1 InsO, die Entscheidung über den Antrag auf Verweisung an das Gericht des Gruppen-Gerichtsstands nach § 3d Abs. 1 InsO sowie das Koordinationsverfahren nach §§ 269d bis 269i InsO.

7. Internationales Insolvenzrecht

38 Die generelle Zuständigkeit des Rechtspflegers ist auch i. R. des internationalen Insolvenzrechts gegeben (§ 3 Nr. 2 lit. g RPflG), sofern nicht §§ 18, 19a RPflG Ausnahmen hiervon enthalten.

39 Wurde im Ausland vor Eröffnung des Hauptinsolvenzverfahrens ein vorläufiger Insolvenzverwalter bestellt, kann auf dessen Antrag der zuständige Insolvenzrichter diejenigen Maßnahmen nach § 21 InsO anordnen, die zur Sicherung des von einem inländischen Sekundärinsolvenzverfahren erfassten Vermögens erforderlich scheinen. Sind die Voraussetzungen für die Anerkennung der Eröffnung eines ausländischen Insolvenzverfahrens gegeben, hat der Insolvenzrichter auf Antrag des ausländischen Insolvenzverwalters den wesentlichen Inhalt der Entscheidung über die Verfahrenseröffnung und der Entscheidung über die Bestellung des Insolvenzverwalters im Inland bekannt zu machen. Entsprechendes gilt für die Verfahrensbeendigung. Wird durch die Eröffnung eines ausländischen Verfahrens oder durch Anordnung von Sicherungsmaßnahmen die Verfügungsbefugnis des Schuldners eingeschränkt, hat der Insolvenzrichter auf Antrag des ausländischen Insolvenzverwalters das Grundbuchamt und andere zuständige Registerbehörden zu ersuchen, die Eröffnung des ausländischen Insolvenzverfahrens und die Art der Einschränkung der Verfügungsbefugnis des Schuldners in das Grundbuch, das Schiffsregister, das Schiffs-

74) BGH, Beschl. v. 25.10.2007 – IX ZB 149/05, ZVI 2007, 615 = NZI 2008, 47.

bauregister und das Register für Pfandrechte an Luftfahrzeugen einzutragen (§ 18 Abs. 1 Nr. 5 RPflG i. V. mit §§ 344–346 InsO).

8. Richtervorbehalt und Evokationsrecht des Insolvenzrichters

Nach § 18 Abs. 2 RPflG kann sich der Richter das Verfahren **ganz oder teilweise vorbehalten** bzw. es nach Übertragung auf den Rechtspfleger zur eigenen Entscheidung an sich ziehen, sofern und sooft er dies für erforderlich hält. 40

Für das „Wieder-an-sich-Ziehen" des Richters ist es unerheblich, ob er sich vorher das Verfahren ganz oder teilweise vorbehalten hat, sodass das Zurückholungsrecht auch dann besteht, wenn vorher ein vollständiger Übergang auf den Rechtspfleger erfolgte.[75)] Das **Evokationsrecht** besteht folglich unabhängig vom Richtervorbehalt. Die Rückholung des Richters darf sich nicht nur auf bestimmte Themengebiete beziehen,[76)] sondern muss einen bestimmten Zeitraum umfassen.[77)] Allerdings sind die Grenzen hierbei fließend. Wenn der Richter das Verfahren so lange wieder an sich zieht, bis ein bestimmtes Ziel erreicht ist, liegt sowohl eine thematische als auch eine zeitliche Komponente vor. Der Unterschied ist nur der, dass kein Nebeneinander von Zuständigkeiten entstehen darf. Andernfalls käme es zu „Kabinettsbefehlen",[78)] die der Gesetzgeber vermeiden wollte.[79)] 41

> **Praxishinweis**
> Ein Beschluss ist für die Entscheidung des Richters nicht erforderlich; sie kann auch mündlich erfolgen, sollte aber aktenkundig gemacht werden.[80)] Die Entscheidung des Richters ist unanfechtbar.[81)]

9. Folgen der Verletzung der funktionellen Zuständigkeit

Nach § 8 Abs. 1 RPflG bleibt die Wirksamkeit von Geschäften des Rechtspflegers, die der Richter unter Verletzung der funktionellen Zuständigkeit getätigt hat, unberührt. Nimmt hingegen der Rechtspfleger Geschäfte des Richters vor, ist zu unterscheiden: 42

- Hätten die Geschäfte dem Rechtspfleger nach dem RPflG übertragen werden können, bleiben die Geschäfte ebenfalls wirksam (§ 8 Abs. 2 RPflG).
- Nur wenn eine Übertragung auf den Rechtspfleger nicht möglich gewesen wäre, sind die Geschäfte unwirksam (§ 8 Abs. 4 Satz 1 RPflG), z. B. wenn der Rechtspfleger Teile des Eröffnungsbeschlusses unterzeichnet.[82)]

Ergibt sich in einem Beschwerdeverfahren, dass statt des funktionell zuständigen Richters der **unzuständige Rechtspfleger entschieden** hat, hat das Beschwerdegericht die Entscheidung der ersten Instanz aufzuheben und zur erneuten Entscheidung zurückzuverweisen; unterlässt es dies, hat das angerufene Rechtsbeschwerdegericht die Aufhebung und Zurückverweisung in die erste Instanz nachzuholen.[83)] 43

---

75) AG Göttingen, Beschl. v. 27.5.2008 – 74 IK 282/07, ZVI 2008, 358 = Rpfleger 2008, 475.

76) So aber *Frind*, ZInsO 2001, 993.

77) *Fuchs*, ZInsO 2001, 1033, 1034 f.

78) *Schneider*, ZInsO 1999, 276.

79) *Fuchs*, ZInsO 2001, 1033, 1034 f. m. w. N.; kritisch auch *Uhlenbruck*, Rpfleger 1997, 356, 359.

80) *Wimmer*, InVo 1997, 316. Nach BGH, Urt. v. 21.6.1968 – V ZR 33/65, BGHZ 50, 258 = NJW 1968, 1675, ist es lediglich wünschenswert, nicht aber erforderlich, dass die mündliche Übertragung eines Zwangsversteigerungsverfahrens auf den Rechtspfleger aktenkundig gemacht wird.

81) *Mohrbutter/Drischler*, NJW 1971, 361.

82) BGH, Urt. v. 17.10.1985 – III ZR 105/84, ZIP 1986, 319, dazu EWiR 1986, 295 *(Eickmann)*.

83) BGH, Beschl. v. 2.6.2005 – IX ZB 287/03, ZVI 2006, 29 = ZIP 2005, 1616.

Praxishinweis

Aufgrund der Nachweisprobleme wohl nicht angreifbar ist die Praxis, dass der unzuständige Rechtspfleger (z. B. bereits im Antragsverfahren) inhaltlich die Entscheidung trifft und der zuständige Richter **lediglich noch unterzeichnet**. Gleichwohl dürfte diese Vorgehensweise höchst bedenklich sein und gar Befangenheitsanträge gegen Richter und Rechtspfleger rechtfertigen, sofern diese Vorgehensweise über eine bloße Terminabstimmung hinausgeht.

IV. Aufgaben des Insolvenzgerichts

44 Die wichtigsten Aufgaben des Insolvenzgerichts seien wie folgt skizziert:

1. Verfahrenstechnische Aufgaben

45 Zu den verfahrenstechnischen Aufgaben **im Allgemeinen** gehören insbesondere:

- Vornahme der im Gesetz vorgesehenen Zustellungen gemäß § 8 Abs. 1 InsO, wobei das Zustellungswesen in der Regel nach § 8 Abs. 3 InsO auf den Insolvenzverwalter delegiert wird. Bei juristischen Personen ist zu berücksichtigen, dass auch die GmbH-Gesellschafter (§ 35 Abs. 1 Satz 2 GmbHG) und der Aufsichtsrat der Aktiengesellschaft (§ 78 Abs. 1 Satz 2 AktG) bei Führungslosigkeit der Gesellschaft empfangsberechtigt sind.
- Vornahme der öffentlichen Bekanntmachungen gemäß § 9 InsO. Hierbei ist zu beachten, dass die Bekanntmachungen nur wirksam sind, wenn sie das Insolvenzgericht als Urheber erkennen lassen,[84] die bekannt gemachte Entscheidung richtig bezeichnet ist[85] und die notwendigen Angaben enthält.[86] Bei natürlichen Personen sind in den öffentlichen Bekanntmachungen Vor- und Nachname anzugeben.[87]
- Ermittlung von Amts wegen aller Umstände, die für das Insolvenzverfahren von Bedeutung sind (§ 5 Abs. 1 Satz 1 InsO), d. h. es gilt der Amtsermittlungsgrundsatz.
- Entscheidung über die Durchführung des mündlichen Verfahrens (§ 5 Abs. 2 Satz 2 InsO).

46 Zu den verfahrenstechnischen Aufgaben im Zusammenhang mit dem **Eröffnungsverfahren** gehören insbesondere:

- Prüfung der Voraussetzungen eines Vorgesprächs mit dem Schuldner vor Insolvenzantragstellung (§ 10a InsO).
- Prüfung der Zulässigkeit eines Insolvenzantrags (§§ 11 ff. InsO) einschließlich der Entscheidungen über die Stundung der Verfahrenskosten (§§ 4a ff. InsO).
- Feststellung des Insolvenzgrunds (Offizialmaxime des § 5 Abs. 1 Satz 1 InsO), wobei sich das Gericht eines Sachverständigen bedienen darf (§ 5 Abs. 1 Satz 2 InsO).
- Anordnung vorläufiger Maßnahmen nach § 21 InsO, insbesondere die Bestellung eines vorläufigen Insolvenzverwalters, die Zustimmung zur Stilllegung des Unternehmens

84) BGH, Beschl. v. 7.2.2013 – IX ZR 145/12, ZIP 2013, 636.

85) BGH, Beschl. v. 10.11.2011 – IX ZB 165/10, ZVI 2012, 471 = ZIP 2011, 2479; BGH, Beschl. v. 10.11.2011 – IX ZB 166/10, WM 2012, 141.

86) BGH, Beschl. v. 14.12.2017 – IX ZB 65/16, ZVI 2018, 121 = ZIP 2018, 86, dazu EWiR 2018, 113 *(Prütting)*.

87) BGH, Beschl. v. 10.10.2013 – IX ZB 229/11, ZVI 2014, 32 = ZIP 2014, 86, dazu EWiR 2014, 89 *(Vallender)*.

sowie zur Kündigung der Mitarbeiter aufgrund der Stilllegung[88] während der vorläufigen Verwaltung (§ 22 Abs. 1 Satz 2 Nr. 2 InsO).

- Erteilung von Einzelermächtigungen zur Begründung von Masseverbindlichkeiten bei „schwacher" vorläufiger Insolvenzverwaltung[89] oder vorläufiger Eigenverwaltung (§ 270c Abs. 4 Satz 1 InsO).[90]
- Bestellung eines vorläufigen Gläubigerausschusses nach §§ 21 Abs. 2 Satz 1 Nr. 1a, 22a InsO.
- „Anhörung" des vorläufigen Gläubigerausschusses vor der Verwalterauswahl (§ 56a Abs. 1 InsO).[91]
- Abstimmung mit anderen Insolvenzgerichten bei Gruppen-Insolvenzverfahren (§ 56b Abs. 1 InsO) nebst Anhörung der Mitglieder des (vorläufigen) Gläubigerausschusses der anderen gruppenzugehörigen Verfahren (§ 56b Abs. 2 InsO).
- Anordnung von Zwangsmaßnahmen (§§ 20 Abs. 1 Satz 2, 98 InsO) sowie einer Postsperre (§§ 21 Abs. 2 Nr. 4, 99 InsO).
- Eröffnung des Insolvenzverfahrens (§ 27 InsO) einschließlich Bestellung des Insolvenzverwalters (§§ 27 Abs. 1 Satz 1, 56 InsO) oder Abweisung des Antrags mangels Masse (§ 26 InsO) bzw. als unzulässig. Hierzu gehören auch die erforderlichen öffentlichen Bekanntmachungen der Beschlüsse sowie die Register- und Grundbuchmitteilungen (§§ 31 ff. InsO).
- Festsetzung der Entschädigung des Gutachters nach JVEG sowie der Vergütungen des vorläufigen Verwalters nach §§ 63 Abs. 3, 64 InsO i. V. mit §§ 10, 11 InsVV und der Mitglieder eines vorläufigen Gläubigerausschusses nach §§ 21 Abs. 2 Nr. 1a, 73 InsO i. V. mit §§ 17, 18 InsVV.

Zu den verfahrenstechnischen Aufgaben im Zusammenhang mit dem **eröffneten Insolvenzverfahren** gehören insbesondere: 47

- Einberufung und Leitung der Gläubigerversammlungen (§§ 74, 76 Abs. 1, 29 Abs. 1 InsO) nebst Prüfung der dort relevanten Stimmrechte (§ 77 Abs. 2 Satz 2 InsO) vor[92] einer Abstimmung der Gläubiger. Insgesamt ist die Gläubigerversammlung so durchzuführen, dass eine geordnete Willensbildung und Abstimmung möglich ist.[93]
- Aufhebung eines Beschlusses der Gläubigerversammlung (§ 78 Abs. 1 InsO).
- Durchführung von Prüfungsterminen (§§ 176 ff. InsO), Eintragung der Prüfungsergebnisse in die Tabelle (§ 178 Abs. 2 InsO) in beurkundender Funktion, jedoch mit Vorprüfungsrecht.[94]

88) LAG Düsseldorf, Urt. v. 8.5.2003 – 10 (11) Sa 246/03, ZIP 2003, 1811 – „starker" vorläufiger Verwalter.

89) BGH, Beschl. v. 18.7.2002 – IX ZR 195/01, ZVI 2002, 250 = ZIP 2002, 1625; BGH, Beschl. v. 7.5.2009 – IX ZR 61/08, ZIP 2009, 1477; BGH, Beschl. v. 4.12.2014 – IX ZR 166/14, ZInsO 2015, 261.

90) BGH, Urt. v. 22.11.2018 – IX ZR 167/16, ZVI 2019, 23 = ZIP 2018, 2488, dazu EWiR 2019, 49 *(Thole)*.

91) Ausführlich *Frind*, NZI 2012, 650.

92) BGH, Beschl. v. 17.12.2020 – IX ZB 38/18, Rz. 13 ff., ZRI 2021, 186 = ZVI 2021, 182; BGH, Beschl. v. 14.1.2021 – IX ZB 38/18, Rz. 14 ff., openJur 2021, 3483.

93) BGH, Beschl. v. 15.7.2010 – IX ZB 65/10, ZVI 2011, 20 = ZIP 2010, 1499, dazu EWiR 2010, 681 *(Huber)*.

94) AG Köln, Beschl. v. 16.6.2020 – 73 IN 298/17, ZVI 2020, 270.

- Einsetzung eines einstweiligen oder endgültigen Gläubigerausschusses (§§ 67 ff. InsO) sowie Entlassung eines Mitglieds des einstweiligen oder endgültigen Gläubigerausschusses (§ 70 Satz 1 InsO).
- Untersagung der Betriebsstilllegung vor dem Berichtstermin (§ 158 Abs. 2 Satz 2 InsO) sowie bedeutsamer Rechtshandlungen (§§ 160, 161 InsO).
- Anordnung der Unwirksamkeit der Erklärung des Insolvenzverwalters über die „Freigabe" eines Geschäftsbetriebs natürlicher Personen nach § 35 Abs. 2 Satz 1 InsO (§ 35 Abs. 2 Satz 3 InsO).
- Anordnung von Zwangsmaßnahmen (§ 98 InsO) sowie die Anordnung einer Postsperre (§ 99 InsO).
- Prüfung des Pfändungsschutzes von Arbeitseinkommen (§§ 850 ff. ZPO) und anderen Vermögensgegenständen.[95]
- Prüfung der Notwendigkeit eines Sonderinsolvenzverwalters.

48 Zu den verfahrenstechnischen Aufgaben im Zusammenhang mit der **Verfahrensbeendigung** gehören insbesondere:

- Zustimmung zur Schlussverteilung (§ 196 Abs. 2 InsO) nach Prüfung der Schlussrechnung (§ 66 Abs. 2 Satz 1 InsO) sowie Entscheidung über Einwendungen gegen das Verteilungsverzeichnis (§ 194 InsO).
- Festsetzung der Vergütung und der zu erstattenden Auslagen des Insolvenzverwalters (§ 64 InsO) und der Mitglieder des Gläubigerausschusses (§ 73 Abs. 2 InsO).
- Aufhebung (§ 200 InsO) und Einstellung (§§ 207, 211–213 InsO) des Insolvenzverfahrens.
- Anordnung einer Nachtragsverteilung (§ 203 InsO).
- Prüfung der Notwendigkeit eines Sonderinsolvenzverwalters.

49 Zu den verfahrenstechnischen Aufgaben im Zusammenhang mit **Restschuldbefreiung** gehören insbesondere:

- Entscheidungen im Verfahren über die Restschuldbefreiung (§§ 287a, 288–290, 296–298, 300, 303 InsO) einschließlich der Entscheidungen über die Stundung der Verfahrenskosten (§§ 4a ff. InsO).
- Festsetzung der Vergütung des Treuhänders nebst Auslagenerstattung (§ 293 InsO i. V. mit §§ 14 ff. InsVV).
- Festsetzung der Vergütung des Insolvenzverwalters im Fall des § 300a Abs. 3 InsO;
- nicht aber im Antragsverfahren die inhaltliche Prüfung der vom Schuldner vorgelegten Bescheinigung über das Scheitern eines außergerichtlichen Einigungsversuchs i. S. des § 305 Abs. 1 Nr. 1 InsO.[96]

50 Zu den verfahrenstechnischen Aufgaben im Zusammenhang mit **Eigenverwaltung** gehören insbesondere:

- Prüfung der Vollständigkeit und Schlüssigkeit sowie Richtigkeit des Tatsachenvortrags in der Eigenverwaltungsplanung (§ 270b Abs. 1 Satz 1 InsO).

---

95) Z. B. Lebensversicherung (BGH, Beschl. v. 29.4.2021 – IX ZB 25/20, ZVI 2021, 354 = NZI 2021, 923), Mieteinnahmen (BGH, Beschl. v. 1.3.2018 – IX ZB 95/15, ZVI 2018, 290 = ZIP 2018, 737), Ratenzahlung aus Kaufvertrag (BGH, Beschl. v. 26.9.2019 – IX ZB 21/19, ZVI 2019, 475 = NZI 2019, 975).

96) BGH, Beschl. v. 24.2.2022 – IX ZB 5/21, ZVI 2022, 189.

- Prüfung der Behebbarkeit von Mängeln der Eigenverwaltungsplanung (§ 270b Abs. 1 Satz 2 InsO).
- Prüfung unter bestimmten Voraussetzungen, ob der Schuldner bereit und in der Lage ist, seine Geschäftsführung an den Interessen der Gläubiger auszurichten (§ 270b Abs. 2 InsO).
- „Anhörung" des vorläufigen Gläubigerausschusses vor Anordnung der Eigenverwaltung (§ 270b Abs. 3 Satz 1 InsO).
- Definition einer Berichterstattungspflicht des vorläufigen Sachwalters (§ 270c Abs. 1 InsO).
- Prüfung der Notwendigkeit und Anordnung vorläufiger Maßnahmen nach § 21 Abs. 1 und 2 Nr. 1a, 3–5 InsO (§ 270c Abs. 3 InsO).
- Erteilung von Einzel- oder Gruppenermächtigungen zur Begründung von Masseverbindlichkeiten analog § 55 Abs. 2 InsO (§ 270c Abs. 4 InsO).[97]
- Mitteilung an den Schuldner über Bedenken zur Erfüllung der Voraussetzungen der Eigenverwaltung (§ 270c Abs. 5 InsO).
- Fristsetzung zur Vorlage eines Insolvenzplans (§ 270d InsO).
- Bestellung eines vorläufigen Sachwalters (§ 270b Abs. 1 Satz 1 InsO).
- Aufhebung der vorläufigen Eigenverwaltung (§ 270e InsO).
- Anordnung der Eigenverwaltung (§ 270f Abs. 1 InsO) und Bestellung des Sachwalters (§ 270f Abs. 2 Satz 1 InsO).
- Anordnung einer Unterstützung des Schuldners durch den (vorläufigen) Sachwalter i. R. der Insolvenzgeldvorfinanzierung, der insolvenzrechtlichen Buchführung und der Verhandlungen mit Kunden und Lieferanten (§ 274 Abs. 2 Satz 2 InsO).
- Anordnung der Zustimmungsbedürftigkeit bestimmter Rechtsgeschäfte (§ 277 InsO).
- Aufhebung der Eigenverwaltung unter gleichzeitiger Bestellung eines Insolvenzverwalters (§ 272 InsO).

Zu den verfahrenstechnischen Aufgaben im Zusammenhang mit einem **Insolvenzplan** gehören insbesondere: 51

- Zurückweisung eines Insolvenzplans von Amts wegen (§ 231 InsO) oder Weiterleitung des nicht zurückgewiesenen Insolvenzplans an die Beteiligten (§ 232 InsO).
- Anordnung der Aussetzung von Verwertung und Verteilung (§ 233 InsO).
- Bestimmung eines Erörterungs- und Abstimmungstermins (§§ 235 Abs. 1, 241 InsO) und ggf. Organisation der schriftlichen Abstimmung (§ 242 Abs. 2 InsO).
- Bestätigung des Insolvenzplans nach Annahme durch die Beteiligten und Zustimmung des Schuldners (§ 248 InsO) sowie Bestätigung einer Planänderung (§ 248a InsO).
- Amtswegige Prüfung der vor Planbestätigung zu erfüllenden Bedingungen (§ 249 InsO).
- Aufhebung des Insolvenzverfahrens (§ 258 InsO).
- Anordnung von Vollstreckungsschutz (§ 259a InsO).
- Aufsicht über den Insolvenzverwalter bei angeordneter Planüberwachung (§ 261 InsO) sowie Aufhebung der Planüberwachung (§ 268 InsO).

97) BGH, Urt. v. 22.11.2018 – IX ZR 167/16, ZVI 2019, 23 = ZIP 2018, 2488, dazu EWiR 2019, 49 *(Thole)*.

2. Aufsicht über den Insolvenzverwalter

a) Allgemeines (§ 58 InsO)

52 Die Aufsicht über den **Insolvenzverwalter** (§ 58 InsO) einschließlich dessen Entlassung aus wichtigem Grund (§ 59 InsO) gehört zu den zentralen Aufgaben des Gerichts, da der Staat zur Überwachung derjenigen Personen gehalten ist, die er als Insolvenzverwalter über fremdes Vermögen einsetzt.[98] Die Normen gelten entsprechend für den **vorläufigen Insolvenzverwalter** (§ 21 Abs. 2 Satz 1 Nr. 1 InsO), den **Sachwalter** (§ 274 Abs. 1 InsO), den **vorläufigen Sachwalter** (§§ 270b Abs. 1 Satz 1, 274 Abs. 1 InsO), den **Verfahrenskoordinator** in der nationalen Gruppeninsolvenz (§ 269f Abs. 3 InsO) sowie den **Treuhänder in der Wohlverhaltensphase** (§ 292 Abs. 3 Satz 2 InsO). Nichts anderes gilt für einen **Sonderinsolvenzverwalter**. Eine gerichtliche Aufsicht über den **Gruppen-Koordinator** in der EU-internen Gruppeninsolvenz nach Art. 61 ff. EuInsVO ist allerdings nicht vorgesehen.

53 Ein **eigenverwaltender Schuldner** steht hingegen nicht aufgrund eines konkreten Verweises auf § 58 InsO unter der Aufsicht des Insolvenzgerichts, da er – bzw. seine Organe – nicht vom Staat als Organ der Rechtspflege oder Verwalter fremden Vermögens eingesetzt wird. Dieses Ergebnis ist jedoch unbefriedigend, da der eigenverwaltende Schuldner selbstverständlich eine maßgebende Funktion in einem Gerichtsverfahren und entsprechende Grundsätze zu wahren hat. Zu Recht wird daher vertreten, der eigenverwaltende Schuldner handele nicht aufgrund privatautonomer Rechtsmacht, sondern als Amtswalter in eigenen Angelegenheiten.[99] Dies macht auch eine Anwendung des § 58 InsO möglich und erforderlich,[100] schon weil sonst keine zwangsgeldbewährte Durchsetzung von Berichterstattungen und Rechnungslegungen möglich wäre. Denn durch den Verzicht auf ein allgemeines Verfügungsverbot und auf die Bestellung eines mitbestimmenden vorläufigen Insolvenzverwalters soll lediglich vermieden werden, dass der Schuldner im Eröffnungsverfahren die Kontrolle über sein Vermögen verliert und das Vertrauen der Geschäftspartner in die Geschäftsleitung des Schuldners und deren Sanierungskonzept zerstört wird.[101] Dem steht eine Aufsicht durch das Insolvenzgericht ersichtlich nicht entgegen. Außerdem benötigt auch der vorläufig eigenverwaltende Schuldner für die Begründung von Masseverbindlichkeiten eine Ermächtigung des Insolvenzgerichts (§ 270c Abs. 4 Satz 1 InsO);[102] dies wäre sinnfrei, wenn nicht auch eine Aufsicht des Insolvenzgerichts gälte.

Praxishinweis

Die Aufsicht muss nach allgemeiner Ansicht i. S. einer **gedeihlichen Zusammenarbeit** wohldosiert sein. Daher ist der Katalog von Zwangsmaßnahmen in §§ 58, 59 InsO abschließend, insbesondere finden §§ 97, 98 InsO keine analoge Anwendung.[103]

98) BVerfG, Beschl. v. 28.7.1992 – 1 BvR 859/92, ZIP 1993, 686.

99) BFH, Urt. v. 27.9.2018 – V R 45/16, Rz. 30, BStBl. II 2019, 356 = ZIP 2018, 2232; BGH, Urt. v. 22.11.2018 – IX ZR 167/16, Rz. 11, ZVI 2019, 23 = ZIP 2018, 2488, dazu EWiR 2019, 49 *(Thole)*.

100) A. A. *Hillebrand*, ZInsO 2018, 1650, 1651; *Langer/Bausch*, ZInsO 2018, 1138.

101) BGH, Urt. v. 22.11.2018 – IX ZR 167/16, Rz. 9, ZVI 2019, 23 = ZIP 2018, 2488, dazu EWiR 2019, 49 *(Thole)*.

102) §§ 270–270c InsO ersetzt durch §§ 270–270f InsO durch Art. 5 Nr. 37 SanInsFoG, BGBl. I 2020, 3256. Zu § 270a InsO in der bis zum 31.12.2020 geltenden Fassung: BGH, Urt. v. 22.11.2018 – IX ZR 167/16, ZVI 2019, 23 = ZIP 2018, 2488, dazu EWiR 2019, 49 *(Thole)*. Zu § 270b InsO in der bis zum 31.12.2020 geltenden Fassung: BGH, Beschl. v. 24.3.2016 – IX ZR 157/14, ZIP 2016, 831; BGH, Urt. v. 16.6.2016 – IX ZR 114/15, ZIP 2016, 1295.

103) LG Göttingen, Beschl. v. 3.7.2008 – 10 T 73/08, ZVI 2008, 540 = ZIP 2008, 1933.

54 Eine gedeihliche Zusammenarbeit ist schon dann nicht mehr gegeben, wenn das Insolvenzgericht einen Beschluss der Gläubigerversammlung anders interpretiert als der Insolvenzverwalter und dies ohne Einberufung einer weiteren Gläubigerversammlung zur Entlassung des Insolvenzverwalters führt.[104] Ein völliges Überschreiten der Machtbefugnisse des Rechtspflegers liegt auch vor, wenn er Haftandrohung gegen den Insolvenzverwalter erlässt[105] oder dem Insolvenzverwalter eidesstattliche Versicherungen abverlangt. Insgesamt ist darauf zu achten, dass auch hier ein aus dem allgemeinen Prozessgrundrecht (Art. 2 Abs. 1, 20 Abs. 3 GG) ableitbares **Gebot eines fairen Verfahrens** und eines effektiven Rechtsschutzes gilt. Insbesondere darf sich das Insolvenzgericht nicht widersprüchlich verhalten, darf aus eigenen oder ihm zuzurechnenden Fehlern keine Verfahrensnachteile ableiten und ist allgemein zur Rücksichtnahme gegenüber den Verfahrensbeteiligten verpflichtet.[106]

55 Die **Dauer der Aufsicht** erstreckt sich auf den Zeitraum zwischen der Bestellung zum (vorläufigen) Insolvenzverwalter und der Beendigung des Amtes. Beendigung des Amts tritt ein mit Rechtskraft des Aufhebungs- oder Einstellungsbeschlusses oder bei Beendigung der Nachtragsverteilung. Um trotz der Amtsbeendigung eines entlassenen (§ 59 InsO) Verwalters noch gegen diesen vorgehen zu können, gilt die Aufsicht des Gerichts – soweit erforderlich – auch in Bezug auf die verbliebenen Pflichten des entlassenen Verwalters (§ 58 Abs. 3 InsO), sodass z. B. Zwangsgelder gegen den entlassenen Insolvenzverwalter möglich sind, wenn dieser der Aufforderung des Gerichts zur Vorlage einer Schlussrechnung nicht nachkommt.[107] Allerdings hat auch der neue Insolvenzverwalter die Möglichkeit, eine Schlussrechnung vom Amtsvorgänger einzuklagen.[108] Selbiges gilt bei einem Verwalterwechsel nach §§ 56a, 57 InsO oder gegen die Erben bei Tod des Verwalters.

56 Umfang und Intensität der Überwachungspflichten des Gerichts reduzieren sich nicht durch die **Existenz eines Gläubigerausschusses**, da dessen Aufgaben sich auf andere Teilgebiete erstrecken. Der Gläubigerausschuss soll lediglich in größeren Verfahren den Verlauf optimieren, indem er dem Insolvenzverwalter die Sachkompetenz und Erfahrung seiner Mitglieder zur Verfügung stellt. Die Aufgabe des Gläubigerausschusses ist folglich eher auf Zweckmäßigkeitserwägungen bei Ermessensentscheidungen fokussiert. Insofern kann er dem Gericht die Überwachungspflicht erleichtern, aber nicht abnehmen.

57 Eine **Zweckmäßigkeitskontrolle** steht dem Gericht weder im laufenden Verfahren noch bei der Prüfung der Schlussrechnung zu, soweit Ermessensentscheidungen des Verwalters vorliegen und keine Pflichtverstöße erkennbar sind. Die Aufsicht des Gerichts ist **Rechtsaufsicht**, keine Fachaufsicht.[109] Insoweit kann das Insolvenzgericht dem Insolvenzverwalter auch keine Weisungen erteilen; anderenfalls entstünde eine Vermögensbetreuungspflicht des Rechtspflegers.[110] Freilich besteht jederzeit die Möglichkeit, dass Sachverständige oder Sonderinsolvenzverwalter eingesetzt werden.

58 Soweit sich das Gericht zu **Maßnahmen** entschließt, bedarf es hierfür keines Antrags eines Beteiligten, da das Gericht von Amts wegen einschreiten kann. Entsprechende Anregun-

104) LG Traunstein, Beschl. v. 13.7.2009 – 4 T 1939/09 und 4 T 1990/09, ZIP 2009, 2460.

105) BGH, Beschl. v. 17.12.2009 – IX ZB 175/08, ZVI 2010, 268 = ZIP 2010, 190.

106) Vgl. BVerfG, Beschl. v. 18.7.2013 – 1 BvR 1623/11, NJW 2014, 205.

107) BGH, Beschl. v. 14.4.2005 – IX ZB 76/04, ZIP 2005, 865, dazu EWiR 2005, 677 *(Eickmann)*.

108) OLG Nürnberg, Urt. v. 2.7.1965 – 1 U 20/65, KTS 1966, 63; *Zimmer*, ZInsO 2010, 2203; **a. A.** für den Bereich der Gesamtvollstreckungsordnung BGH, Urt. v. 23.9.2010 – IX ZR 242/09, ZVI 2010, 484 = ZIP 2010, 2259 (LS).

109) *Frege/Nicht*, ZInsO 2012, 2217.

110) Zu Strafbarkeitsfolgen für den Rechtspfleger bei der Zwangsverwaltung BGH, Urt. v. 28.7.2011 – 4 StR 156/11, ZIP 2012, 346.

gen anderer Beteiligter müssen jedoch auf die Notwendigkeit des Einschreitens hin geprüft werden. Als erstes Mittel für ein Eingreifen kommt das **Auskunftsrecht** des Insolvenzgerichts zum Tragen. So werden entsprechende Anregungen von Dritten durch das Gericht mit der Aufforderung zur Stellungnahme an den Insolvenzverwalter weitergeleitet. Möglich ist auch ein mündlicher Anhörungstermin.[111)] Der Inhalt weiterer aufsichtsrechtlicher Maßnahmen liegt im Ermessen des Gerichts,[112)] wobei die Ermessensausübung einer gerichtlichen Kontrolle zugänglich ist. Lehnt das Insolvenzgericht eine vom Gläubiger angeregte Maßnahme ab, ist hiergegen kein Rechtsmittel gegeben.[113)]

59 Als Zwangsmittel kommt nach § 58 Abs. 2 InsO die Festsetzung eines **Zwangsgelds** nach vorheriger Androhung und Anhörung in Betracht. Das Zwangsgeld kann sich in einem Rahmen zwischen 5 € (Art. 6 Abs. 1 EGStGB) und 25.000 € (§ 58 Abs. 2 Satz 2 InsO) bewegen. Die mit Zwangsmittel durchsetzbaren Pflichten müssen insolvenzspezifischer Art sein. Wenn der Zweck des Zwangsmittels erreicht ist, kann das Zwangsgeld nicht mehr durchgesetzt werden, da es sich nicht um eine Strafe, sondern um ein Beugemittel handelt.[114)] Die **Androhung** eines Zwangsgelds ist formlos, sie bedarf insbesondere keines Beschlusses.[115)] Das Zwangsgeld selbst ist hingegen durch Beschluss festzusetzen.

60 Gegen den Beschluss über die Anordnung eines Zwangsmittels steht dem Insolvenzverwalter die **sofortige Beschwerde** zu (§ 58 Abs. 2 Satz 3 InsO).

61 Eine regelmäßige Prüfungspflicht im Hinblick auf die laufende Rechnungslegung trifft das Gericht zwar nicht ausdrücklich. Nach § 66 Abs. 2 Satz 1 InsO hat das Insolvenzgericht lediglich die **Schlussrechnung** des (vorläufigen) Insolvenzverwalters zu prüfen. Nur bei einem Beschluss der Gläubigerversammlung über eine förmliche Zwischenrechnungslegung (§ 66 Abs. 3 Satz 1 InsO) gilt dieselbe Prüfungspflicht des Insolvenzgerichts wie bei einer Schlussrechnung (§ 66 Abs. 3 Satz 2 InsO). Das Gericht ist in allen Fällen jedoch nicht eigentlicher Adressat der Zwischen- oder Schlussrechnung, sondern lediglich zur Vorprüfung vor Weiterleitung an die Gläubigerversammlung berechtigt und verpflichtet.[116)] Dieses Ergebnis ist insgesamt unbefriedigend, sodass aus § 58 InsO hergeleitet werden muss, dass das Insolvenzgericht jederzeit ein Prüfungsrecht hat und das Rechnungswesen Teil der Berichterstattung ist, womit das Insolvenzgericht auch originärer Adressat des Rechnungswesens wird.

Praxishinweis

Die Prüfung der Schlussrechnung muss sich darauf beschränken, dass sich die textlichen Ausführungen im Eröffnungsgutachten, im Bericht zum Berichtstermin, in den Zwischenberichten, im Schlussbericht und im Vergütungsantrag in den eventuell vorgelegten Zwischenrechnungen und der Schlussrechnung schlüssig widerspiegeln, rechnerisch korrekt sind, ein vollständiges und insgesamt schlüssiges Bild der Geschäftsführung des Verwalters vermitteln und eine vollständige Masseverwertung belegen. Hierzu gehört, dass das Gericht mit der Schlussrechnung auch die Kontenbewegungen auf ihre Vollständigkeit hin prüft. Ferner kann und muss das Gericht alles prüfen, was Auswirkungen auf die Festsetzung der Verfahrenskosten hat.

111) BGH, Beschl. v. 17.12.2009 – IX ZB 2/09, ZIP 2010, 382.

112) BGH, Beschl. v. 17.12.2009 – IX ZB 2/09, ZIP 2010, 382.

113) BayObLG, Beschl. v. 7.9.2022 – 102 VA 192/21, ZRI 2022, 825.

114) BGH, Beschl. v. 4.7.2013 – IX ZB 44/11, ZVI 2013, 387; BGH, Beschl. v. 11.12.2014 – IX ZB 42/14, ZVI 2015, 99 = ZIP 2015, 331.

115) LG Göttingen, Beschl. v. 20.11.2008 – 10 T 106/08, ZIP 2009, 1021.

116) *Zimmer*, ZInsO 2010, 2203.

Das Gericht ist befugt, für die Prüfung der Schlussrechnung einen **Sachverständigen** hinzuzuziehen (§§ 5 Abs. 1 Satz 2, 4 InsO, 402 ff. ZPO).[117] Dessen Vergütungsanspruch stellt eine Auslage des Gerichts i. S. des § 54 Nr. 1 InsO i. V. mit § 1 Nr. 1 lit. d GKG, KV 9005 dar.[118] Der Unterschied zur anderweitig vertretenen und unzutreffenden Ansicht, es handele sich um Masseverbindlichkeiten nach § 55 InsO,[119] spielt insbesondere bei Einstellungen nach §§ 207, 211 InsO eine gravierende Rolle. 62

b) Entlassung des Verwalters (§ 59 InsO)

Weitere mögliche Zwangsmaßnahme ist die Entlassung des Insolvenzverwalters aus wichtigem Grund nach vorheriger Anhörung des Verwalters (§ 59 InsO). Die Entlassung des Insolvenzverwalters ist **ultima ratio** der gerichtlichen Aufsicht. Sie ist insbesondere kein Disziplinierungsmittel des Gerichts zur Durchsetzung eines erwünschten Verhaltens, sondern dient ausschließlich der Einhaltung der Rechtmäßigkeit des Verfahrens und der Sicherung der gleichmäßigen Befriedigung der Insolvenzgläubiger. Die notwendige **Anhörung** des Verwalters kann im Beschwerdeverfahren mit heilender Wirkung nachgeholt werden.[120] 63

Die Entlassung kann **von Amts wegen** oder auf **Antrag** des Verwalters, des Gläubigerausschusses oder der Gläubigerversammlung hin erfolgen (§ 59 Abs. 1 Satz 2 InsO). Antragsberechtigt sind in den ab dem 1.1.2021 beantragten Insolvenzverfahren ferner der Schuldner[121] sowie einzelne Gläubiger,[122] sofern sich der Antrag auf eine fehlende Eignung richtet und binnen sechs Monaten nach der Bestellung gestellt und glaubhaft gemacht wird (§ 59 Abs. 1 Satz 2 InsO). Gleichwohl lösen auch formal unzulässige Anträge eine Amtsermittlungspflicht aus. 64

Der **Anwendungsbereich** des § 59 InsO erstreckt sich auch auf den vorläufigen Insolvenzverwalter (§ 21 Abs. 2 Satz 1 Nr. 1 InsO), den vorläufigen Sachwalter (§ 270b Abs. 1 Satz 1, 274 Abs. 1 InsO), den Sachwalter (§ 274 Abs. 1 InsO), den Verfahrenskoordinator in der nationalen Gruppen-Insolvenz (§ 269f Abs. 3 InsO) und den Treuhänder in der Wohlverhaltensphase (§ 292 Abs. 3 Satz 2 InsO); hinsichtlich letzterem ist wegen Wegfalls der Gläubigerversammlung ausnahmsweise jeder Insolvenzgläubiger antragsberechtigt. Auf den eigenverwaltenden Schuldner kann § 59 InsO denklogisch keine Anwendung finden, hier ist § 272 InsO (Aufhebung der Eigenverwaltung) lex specialis. 65

Für die Entlassung ist stets ein **wichtiger Grund** erforderlich. Ein wichtiger Grund kann vorliegen 66

- bei wiederholten Pflichtverletzungen,
- erschlichenen Bestellungen unter vorsätzlichem Verschweigen von Umständen, die einer Bestellung entgegen gestanden hätten,[123]
- fehlender Zuverlässigkeit oder
- bei Interessenkollisionen.

117) BVerfG, Beschl. v. 10.2.2016 – 2 BvR 212/15 (n. v.) (Nichtannahmebeschluss).

118) OLG Stuttgart, Beschl. v. 15.10.2009 – 8 W 265/09, ZIP 2010, 491.

119) LG Leipzig, Beschl. v. 19.3.2003 – 12 T 1388/03, NZI 2003, 442.

120) BGH, Beschl. v. 17.3.2011 – IX ZB 192/10, ZVI 2011, 167 = ZIP 2011, 671, dazu EWiR 2011, 389 *(Voß)*.

121) Antragsrecht zuvor generell verneint von BGH, Beschl. v. 2.3.2006 – IX ZB 225/04, NZI 2006, 474.

122) Antragsrecht zuvor generell verneint von BGH, Beschl. v. 7.10.2010 – IX ZB 53/10, NZI 2010, 980.

123) BGH, Beschl. v. 4.5.2017 – IX ZB 102/15, ZVI 2017, 338 = ZIP 2017, 1230, dazu EWiR 2017, 435 *(Zipperer)*.

67 Von einem **schwerwiegenden Verstoß** gegen die Pflichten des Insolvenzverwalters und einem wichtigen Grund zur Entlassung ist regelmäßig auszugehen, wenn der Insolvenzverwalter

- trotz mehrmaliger Festsetzung eines Zwangsgeldes die ihm abverlangte Handlung nicht vornimmt[124)] oder
- die rechtzeitige Anzeige von Gründen, die eine ernstliche Besorgnis der Befangenheit begründen könnten, versäumt;[125)]
- auch das Unterlassen der regelmäßigen Überprüfung der Arbeitsqualität der Mitarbeiter kann einen schwerwiegenden Verstoß darstellen.[126)]
- Wichtiger Grund ist ferner eine derart erhebliche Störung des Verhältnisses zwischen Insolvenzverwalter und Gläubigerorganen oder zwischen Insolvenzverwalter und Insolvenzgericht, dass eine weitere Zusammenarbeit für die Zukunft nicht förderlich erscheint.

68 Nicht ausreichend hingegen sind einzelne (vermeintlich) unberechtigte Maßnahmen des Verwalters, selbst wenn diese möglicherweise Schadensersatzansprüche der Gläubiger auslösen oder vom Insolvenzgericht als nicht zweckmäßig erachtet werden.[127)] Für mögliche Gesamtschäden der Insolvenzgläubiger i. S. der §§ 60, 92 Satz 2 InsO ist die ordentliche Gerichtsbarkeit zuständig, d. h. das Insolvenzgericht ist nicht gesetzlicher Richter. Grundsätzlich reicht auch nicht der bloße Verdacht einer Pflichtwidrigkeit. In solchen Fällen ist im Zweifel ein Sonderinsolvenzverwalter zu bestellen.

Praxishinweis

Die Tatsachen, die den Entlassungsgrund bilden, müssen zur vollen Überzeugung des Gerichts (Tatrichters) **nachgewiesen sein**, da auch insoweit von der Unschuldsvermutung (Art. 6 Abs. 2 EMRK) auszugehen ist.[128)] Dies kann allerdings durch Eilbedürftigkeit überlagert werden.

69 Insoweit besteht Amtsermittlungspflicht (§ 5 Abs. 1 InsO). Ausnahmsweise kann jedoch bereits das Vorliegen von konkreten Anhaltspunkten für die Verletzung von wichtigen Verwalterpflichten für eine Entlassung genügen, wenn der **Verdacht** i. R. zumutbarer Amtsermittlung (§ 5 Abs. 1 InsO) nicht ausgeräumt und nur durch eine Entlassung des Verwalters die Gefahr größerer Schäden für die Masse abgewendet werden kann.[129)] Ein Verwalter, gegen den der dringende Verdacht besteht, in einzelnen Insolvenzverfahren Vermögensdelikte zum Nachteil der jeweiligen Masse begangen zu haben, offenbart eine allgemeine charakterliche Ungeeignetheit für die Ausübung des Verwalteramts, die es rechtfertigt, ihn auch in anderen, von den Straftaten nicht betroffenen Verfahren aus dem Amt zu entlassen.[130)]

70 Gegen die Entlassung steht dem Insolvenzverwalter die **sofortige Beschwerde** zu (§ 59 Abs. 2 Satz 1 InsO). Gegen die Ablehnung eines Entlassungsantrags steht dem Antragsteller die sofortige Beschwerde zu (§ 59 Abs. 2 Satz 2 InsO); hat die Gläubigerver-

124) BGH, Beschl. v. 12.1.2012 – IX ZB 157/11, ZIP 2012, 1092.

125) BGH, Beschl. v. 26.4.2012 – IX ZB 31/11, ZVI 2012, 308 = ZIP 2012, 1187, dazu EWiR 2012, 489 *(Römermann)*.

126) LG Stendal, Beschl. v. 12.10.2017 – 25 T 13/17, ZVI 2018, 108.

127) Vgl. LG Hamburg, Beschl. v. 13.7.2017 – 326 T 97/16, ZVI 2017, 433.

128) BGH, Beschl. v. 8.12.2005 – IX ZB 308/04, ZIP 2006, 247, dazu EWiR 2006, 315 *(Römermann)*.

129) BGH, Beschl. v. 8.12.2005 – IX ZB 308/04, ZIP 2006, 247.

130) BGH, Beschl. v. 17.3.2011 – IX ZB 192/10, ZVI 2011, 167 = ZIP 2011, 671 – Verdacht der Untreue in 33 Fällen.

sammlung den Antrag gestellt, steht auch jedem Insolvenzgläubiger die sofortige Beschwerde zu (§ 59 Abs. 2 Satz 3 InsO). Das Beschwerdegericht ist eigenständige Tatsacheninstanz, mithin nicht an die ursprünglichen Entlassungsgründe gebunden.[131] Aufgrund einer erfolgreichen Beschwerde ist der Insolvenzverwalter ohne weiteren Akt automatisch wieder im Amt. Der mit der Entlassung in der Regel eingesetzte neue Insolvenzverwalter gilt ebenfalls ohne weiteren Akt als entlassen, da es nicht zwei Insolvenzverwalter in einem Verfahren geben kann.[132] Der Automatismus löst zwar ein eigenständiges Beschwerderecht des nunmehr Entlassenen aus,[133] jedoch ist dies mit selbiger Begründung stets aussichtslos.

Der entlassene Insolvenzverwalter ist als **Konsequenz** zur Herausgabe der in Besitz genommenen Gegenstände der Insolvenzmasse verpflichtet. Und zwar unverzüglich, da eine eventuelle Beschwerde **keine aufschiebende Wirkung** hat. Herausgabegläubiger wäre grundsätzlich der Schuldner (§ 667 BGB). Da jedoch die Entlassung des Verwalters stets mit der Bestellung eines neuen Verwalters verbunden ist, ohne dass das laufende Insolvenzverfahren als solches unterbrochen würde, fällt der Herausgabeanspruch als Neuerwerb (§ 35 InsO) in die Insolvenzmasse, obliegt mithin der Verwaltungs- und Verfügungsbefugnis des neuen Verwalters (§ 80 Abs. 1 InsO).[134] Selbiges gilt wegen des Neuerwerbs des Auskunftsanspruchs für einen Anspruch gegen den Amtsvorgänger auf Schlussrechnungslegung.[135] Die vom entlassenen Insolvenzverwalter vorgenommenen Rechtshandlungen bleiben für und gegen die Insolvenzmasse wirksam. Für die bereits geleistete Tätigkeit steht dem entlassenen Insolvenzverwalter auch ein Vergütungsanspruch zu, soweit nicht ausnahmsweise Verwirkung tatbestandlich ist.[136] Es dürfte jedoch vornehmste Aufgabe des neuen Insolvenzverwalters sein, sämtliche Handlungen seines Amtsvorgängers auf mögliche Regressansprüche der Masse hin zu überprüfen, was als verwalterwechselspezifische Pflicht bezeichnet werden kann.[137] 71

c) Bestellung eines Sonderinsolvenzverwalters

Die Einsetzung eines Sonderinsolvenzverwalters ist rechtlich nicht eindeutig geregelt, sie 72
entspricht dem **Gewohnheitsrecht.**[138] Grundsätzlich setzt die Bestellung eines Sonderinsolvenzverwalters voraus, dass der Insolvenzverwalter tatsächlich oder rechtlich gehindert ist, sein Amt auszuüben.[139] Ein Sonderfall ist der Sonderinsolvenzverwalter, der Regressansprüche der Masse gegen den (noch amtierenden) Insolvenzverwalter prüfen soll (§ 92 Satz 2 InsO). Im Gesetz erwähnt wird ein Sonderinsolvenzverwalter nur in § 56b InsO im Zusammenhang mit der Frage, ob für mehrere Insolvenzverfahren gruppenangehöriger Schuldner verschiedene Insolvenzverwalter zu bestellen sind oder ein Insolvenzverwalter unter Hinzuziehung von Sonderinsolvenzverwaltern bei konkreten Interessenkonflikten ausreichend ist.

131) BGH, Beschl. v. 9.10.2008 – IX ZB 60/07, NZI 2009, 864; BGH, Beschl. v. 19.4.2012 – IX ZB 19/11, JurionRS 2012, 14245.
132) BGH, Beschl. v. 23.9.2010 – IX ZA 21/10, ZVI 2010, 421 = ZIP 2010, 2118.
133) BGH, Beschl. v. 23.9.2010 – IX ZA 21/10, ZVI 2010, 421 = ZIP 2010, 2118.
134) Ausführlich *Zimmer*, Haftung des eingewechselten Verwalters, S. 286 ff.
135) *Zimmer*, ZInsO 2010, 2203.
136) Ausführlich *Zimmer*, InsVV, § 8 Rz. 99 ff.
137) Ausführlich *Zimmer*, Haftung des eingewechselten Verwalters, S. 276 ff.
138) *Zimmer*, Haftung des eingewechselten Verwalters, S. 163.
139) BGH, Beschl. v. 18.6.2009 – IX ZA 13/09, NZI 2009, 517.

73 Gegen die Bestellung des Sonderinsolvenzverwalters steht dem Insolvenzverwalter **kein Beschwerderecht** zu,[140)] insbesondere stellt sie auch keinen Eingriff in die Berufsfreiheit des Insolvenzverwalters dar.[141)] Beschließt die Gläubigerversammlung, dass ein Sonderinsolvenzverwalter zur Prüfung und Durchsetzung eines Anspruchs gegen den Insolvenzverwalter (Gesamtschaden i. S. der §§ 60, 92 Satz 2 InsO) eingesetzt werden soll, ist der Insolvenzverwalter auch nicht nach § 78 Abs. 1 InsO berechtigt, die Aufhebung dieses Beschlusses zu beantragen.[142)] Erforderlich ist freilich ein ordnungsgemäßer Beschluss der Gläubigerversammlung, was voraussetzt, dass die Bestellung eines Sonderinsolvenzverwalters auf eine Tagesordnung gesetzt wurde, die sich in der Veröffentlichung der Einberufung wiederfinden muss.[143)] Gegen die Entscheidung des Gerichts, keinen Sonderinsolvenzverwalter zu bestellen, steht weder dem dies anregenden Schuldner[144)] noch dem dies anregenden Gläubiger[145)] die sofortige Beschwerde zu. Die Ablehnung eines Antrags des Insolvenzverwalters auf Entlassung des Sonderinsolvenzverwalters räumt ihm ebenfalls kein Rechtsmittel ein. Ist der Insolvenzverwalter nicht bereit, mit einem vom Insolvenzgericht eingesetzten Sonderinsolvenzverwalter zusammenzuarbeiten, darf das Gericht Maßnahmen nach § 58 InsO gegen den Insolvenzverwalter ergreifen,[146)] aber natürlich auch gegen den Sonderinsolvenzverwalter.

3. Haftung des Insolvenzgerichts

74 Eine schuldhafte Verletzung der Aufsichtspflicht nach § 58 Abs. 1 InsO kann Schadensersatzansprüche gemäß § 839 BGB i. V. mit Art. 34 GG auslösen. Eine Anwendung des Spruchrichterprivilegs nach § 839 Abs. 2 BGB scheidet aus, da es sich bei der Aufsichtspflicht des Insolvenzgerichts nicht um Rechtsprechung i. S. des Art. 92 GG handelt.[147)]

4. Kritik und Ausblick

75 Die Rolle des Insolvenzgerichts und das Verhältnis zu Verwaltern und Gläubigern waren stets umstritten. Die preußische Allgemeine Gerichtsordnung ging davon aus, dass das Gericht die Masse mit dem Kurator als Gehilfen – selbst gegen die Beschlüsse der Gläubiger – verwalten könne. Der Kritik hieran folgend nahm die Preußische KO von 1855 (PreußKO) erste Schritte zur Gläubigerselbstverwaltung vor. Die KO von 1877 führte die Reformtendenz fort und kreierte eine staatlich überwachte Gläubigerselbstverwaltung. In der Begründung zur Einführung einer Vergleichsordnung im Jahr 1933 wurde jedoch ausgeführt, die Gläubiger nähmen ihre Rechte ohnehin nicht wahr, sodass die Gläubigerautonomie nun wieder einzuschränken sei. Im Reformentwurf von 1989 wurde dann wieder mehr Gläubigerautonomie gefordert, was sich in der InsO von 1999 in Gestalt einer verstärkten Einbeziehung der Gläubiger in den Verfahrensablauf widerspiegelte.

76 Dies erschien Einigen nicht genug, sodass gefordert wurde, den Gläubigern noch mehr Rechte einzuräumen, insbesondere auch bei der Auswahl und Bestellung des Insolvenzverwalters; vgl. nun § 56a InsO. Überspitzt formuliert gilt jetzt wieder § 213 der PreußKO

140) BGH, Beschl. v. 17.12.2009 – IX ZB 178/08, NZI 2010, 301.

141) BVerfG, Beschl. v. 15.3.2010 – 1 BvR 2288/09, ZIP 2010, 1301.

142) BGH, Beschl. v. 20.2.2014 – IX ZB 16/13, ZIP 2014, 627; BGH, Beschl. v. 21.7.2016 – IX ZB 58/15, ZIP 2016, 1738, dazu EWiR 2016, 633 (*Frind*).

143) BGH, Beschl. v. 9.6.2016 – IX ZB 21/15, ZVI 2016, 490 = ZIP 2016, 1351.

144) BGH, Beschl. v. 18.6.2009 – IX ZA 13/09, NZI 2009, 517.

145) BGH, Beschl. v. 5.2.2009 – IX ZB 187/08, ZIP 2009, 529, dazu EWiR 2009, 389 (*Herchen*); BGH, Beschl. v. 21.7.2016 – IX ZB 58/15, ZIP 2016, 1738.

146) LG Göttingen, Beschl. v. 20.11.2008 – 10 T 106/08, ZIP 2009, 1021.

147) BGH, Urt. v. 2.4.1959 – III ZR 25/58, NJW 1959, 1085.

von 1855, wonach die Gläubiger den Verwalter vorzuschlagen hatten und das Gericht dem folgen musste. Dann wird erneut die Erkenntnis gewonnen werden, die Gläubiger nähmen ihre Rechte nicht wahr (vgl. Begründung zur Vergleichsordnung in 1933) usw. Im Grunde ein Kreislauf, in dem immer wieder dasselbe diskutiert wird, Änderungen langwierig vorbereitet und umgesetzt werden – und Gläubiger sich doch wieder nicht am konkreten Insolvenzverfahren beteiligen. Haupt-Nutznießer der Änderungen durch das ESUG[148)] und das SanInsFoG[149)] scheinen Schuldner und deren Berater sowie gesicherte Großgläubiger zu sein. Gläubigerautonomie jenseits geplanter Eigenverwaltungen, Insolvenzpläne und Restrukturierungsverfahren nach StaRUG[150)] wird immer noch nicht so verstanden, dass den Gläubigern auch die Übernahme von Verantwortung abverlangt würde, was dem Autonomiebegriff jedoch immanent wäre.[151)]

Das Verhältnis zwischen Gericht, Insolvenzverwaltern und Gläubigern hat demnach immer noch nicht die Stabilität erreicht, die ansonsten zwischen Gerichten und Parteien in einem Gerichtsverfahren von jeher selbstverständlich war. In anderen Bereichen, in denen sich der Staat Dritter bedient, wie z. B. bei Zwangsverwaltung oder Einzelzwangsvollstreckung, sind derartige Bemühungen um die Verfahrensausgestaltung nicht so stark ausgeprägt wie im Insolvenzrecht, das allerdings in dem Dilemma steckt, zugleich Verfahrensrecht als auch Wirtschaftsrecht sein zu wollen und noch dazu im Fokus EU-interner Harmonisierungsbestrebungen steht. Möglicherweise stehen die seit Einführung der KO im Jahr 1873 erfolgten Änderungen aber auch nicht im Einklang mit der Aufgabenverteilung zwischen Richtern und Rechtspflegern. 77

V. Entscheidungen des Gerichts und Rechtsmittel

1. Entscheidungen des Gerichts

Entscheidungen des Gerichts ergehen in **Beschlussform**, wobei auf eine mündliche Verhandlung verzichtet werden kann (§ 5 Abs. 2 InsO). Das Gericht ist grundsätzlich an die Anträge der Beteiligten gebunden (nicht z. B. an einen Vorschlag des Insolvenzantragstellers über die Auswahl des Verwalters, vgl. aber §§ 56a, 56b InsO) und hat den Beteiligten **rechtliches Gehör** (Art. 103 Abs. 1 GG) einzuräumen. 78

Sowohl der Richter (§ 25 DRiG) als auch der Rechtspfleger (§ 9 RPflG) entscheiden in **sachlicher Unabhängigkeit**. Der Beschluss ist zu **begründen**, wenn es das Prinzip der Rechtsstaatlichkeit erfordert, was insbesondere dann der Fall ist, wenn ein Antrag abgewiesen wird, ein Rechtsmittel statthaft ist oder – wie bei Anordnung der Postsperre – in ein Grundrecht eingegriffen wird. 79

2. Rechtsmittel

Das Rechtsmittel gegen Entscheidungen des Insolvenzgerichts ist die **sofortige Beschwerde** (§§ 6, 4 InsO, §§ 567 ff. ZPO), die jedoch nur dann zulässig ist, wenn dies eine Norm der InsO vorsieht. Davon gibt es jedoch Ausnahmen. So ist die sofortige Beschwerde analog 80

148) Gesetz zur weiteren Erleichterung der Sanierung von Unternehmen – ESUG, v. 7.12.2011, BGBl. I 2011, 2582.

149) Gesetz zur Fortentwicklung des Sanierungs- und Insolvenzrechts (SanInsFoG), v. 22.12.2020, BGBl. I 2020, 3256, mit Änderungen der InsO in Art. 5 mit Inkrafttreten zum 1.1.2021.

150) Gesetz über den Stabilisierungs- und Restrukturierungsrahmen für Unternehmen (Unternehmensstabilisierungs- und -restrukturierungsgesetz – StaRUG), v. 22.12.2020, BGBl. I 2020, 3256 (= Art. 1 des Gesetzes zur Fortentwicklung des Sanierungs- und Insolvenzrechts [Sanierungs- und Insolvenzrechtsfortentwicklungsgesetz – SanInsFoG], v. 22.12.2020, BGBl. I 2020, 3256) mit Inkrafttreten zum 1.1.2021.

151) *Zimmer*, Haftung des eingewechselten Verwalters, S. 52 f.

§ 34 Abs. 2 InsO statt § 91a ZPO einschlägig, wenn es um die Kostenentscheidung nach Erledigung des Insolvenzantrags geht[152] oder die angegriffene Entscheidung des Insolvenzgerichts in einen grundrechtlich geschützten Bereich eingreift.[153]

81 Die **Beschwerdefrist** von zwei Wochen (§ 569 Abs. 1 Satz 1 ZPO) beginnt mit Verkündung der Entscheidung oder, wenn diese nicht verkündet wird, mit deren Zustellung (§ 6 Abs. 2 InsO).

> **Praxishinweis**
>
> Hier ist gerade in **Vergütungssachen** die Besonderheit zu beachten, dass die Frist auch schon mit einer gelegentlich früheren Veröffentlichung der Vergütungsfestsetzung im Internet beginnt, da § 9 Abs. 3 InsO ungeachtet der gesonderten Zustellung an den Insolvenzverwalter gemäß § 64 Abs. 2 InsO auch für und gegen den Insolvenzverwalter gilt;[154] ist eine Veröffentlichung im Internet überhaupt nicht oder falsch erfolgt, so ist die Individualzustellung maßgeblich.[155]

82 Da eine Individualzustellung an die in Vergütungssachen beschwerdeberechtigten Insolvenzgläubiger meist nicht erfolgt, beginnt die Beschwerdefrist für die Gläubiger wegen § 6 Abs. 2 InsO im Fall fehlender oder unrichtiger Veröffentlichungen nicht zu laufen,[156] sodass die Beschwerde im Ergebnis unbefristet ist. Allein der Ausdruck des Sendeberichts für die Internetveröffentlichung stellt keinen Anscheinsbeweis für eine tatsächlich erfolgte Veröffentlichung dar;[157] insoweit obliegt dem Rechtspfleger die Prüfung der tatsächlichen Veröffentlichung.

83 **Beschwerdeberechtigt** ist derjenige, der eine formelle oder materielle Beschwer seiner Person vorträgt.

84 Die Beschwerde ist ausschließlich **beim Insolvenzgericht einzureichen** (§ 6 Abs. 1 Satz 2 InsO).

85 Das Insolvenzgericht kann der Beschwerde zunächst **abhelfen**. Funktional zuständig ist derjenige Entscheidungsträger (Rechtspfleger oder Richter), der den Ausgangsbeschluss erlassen hatte. Geschieht dies nicht, hat das Insolvenzgericht die Sache dem LG als **Beschwerdegericht** vorzulegen. Zweck des Abhilfeverfahrens nach § 572 Abs. 1 ZPO ist es, dem Ausgangsgericht eine erneute Entscheidung über den Sachverhalt unter Berücksichtigung neuer Argumente und Tatsachen zu ermöglichen. Erst hiernach soll das Beschwerdegericht mit der Angelegenheit befasst werden. Demnach sind neue Tatsachen und Beweise zu berücksichtigen, und der Nichtabhilfebeschluss muss eine Begründung enthalten.[158] Fehlt diese, kann das LG die Sache zur erneuten Abhilfeprüfung an das Insolvenzgericht zurückverweisen.[159]

86 Die Beschwerde hat nur dann **aufschiebende Wirkung**, wenn sie die Festsetzung eines Zwangsmittels zum Gegenstand hat (§ 570 Abs. 1 ZPO). Sowohl das Insolvenzgericht als

---

152) BGH, Beschl. v. 25.9.2008 – IX ZB 131/07, ZIP 2008, 2285.

153) BGH, Beschl. v. 17.12.2009 – IX ZB 177/08, ZIP 2010, 383.

154) BGH, Beschl. v. 4.12.2003 – IX ZB 249/02, ZVI 2004, 140 = ZIP 2004, 332; BGH, Beschl. v. 5.11.2009 – IX ZB 173/08, ZInsO 2009, 2414.

155) BGH, Beschl. v. 10.11.2011 – IX ZB 166/10, WM 2012, 141; BGH, Beschl. v. 12.9.2019 – IX ZB 65/18, ZIP 2019, 2018, dazu EWiR 2019, 757 (*Prasser*).

156) BGH, Beschl. v. 10.11.2011 – IX ZB 165/10, ZVI 2012, 471 = ZIP 2011, 2479; BGH, Beschl. v. 10.11.2011 – IX ZB 166/10, WM 2012, 141; BGH, Beschl. v. 17.11.2011 – IX ZB 85/11, NZI 2011, 978.

157) BGH, Beschl. v. 6.7.2017 – IX ZB 73/16, ZIP 2017, 1680, dazu EWiR 2017, 603 (*Frind*).

158) LG Hannover, Beschl. v. 31.8.2020 – 11 T 23/20 (n. v.).

159) LG Hannover, Beschl. v. 31.8.2020 – 11 T 23/20 (n. v.).

auch das Beschwerdegericht können die Vollziehung jedoch aussetzen (§ 570 Abs. 2 und 3 ZPO).

Die **Entscheidung über die Beschwerde** (§ 572 ZPO) ergeht durch Beschluss und wird erst mit Eintritt der Rechtskraft wirksam; das Beschwerdegericht kann jedoch die sofortige Wirksamkeit der Entscheidung anordnen (§ 6 Abs. 3 InsO). Das Beschwerdegericht kann in der Sache selbst entscheiden und ist dabei nicht gehindert, die angefochtene Entscheidung mit einer vom Insolvenzgericht abweichenden Begründung zu bestätigen;[160] wohl aber gilt ein Verschlechterungsverbot (§§ 528, 557 Abs. 1 ZPO). Es kann die Sache auch an das Insolvenzgericht zur erneuten Entscheidung zurückverweisen (§ 572 Abs. 3 ZPO). 87

Gegen die Entscheidung über die sofortige Beschwerde findet die **Rechtsbeschwerde** statt (§ 4 Satz 1 InsO, §§ 574 ff. ZPO). Seit Abschaffung des § 7 InsO[161] ist gemäß § 4 Satz 1 InsO, § 574 Abs. 1 Nr. 2 ZPO die Rechtsbeschwerde nur noch statthaft, wenn das LG als Beschwerdegericht sie zugelassen hat. Zuzulassen ist die Rechtsbeschwerde, wenn die Rechtssache grundsätzliche Bedeutung hat oder die Fortbildung des Rechts oder die Sicherung einer einheitlichen Rechtsprechung eine Entscheidung des Rechtsbeschwerdegerichts erfordern (§ 4 Satz 1 InsO, § 574 Abs. 3 Satz 1 i. V. mit Abs. 2 ZPO).[162] Bei der Prüfung besteht grundsätzlich **kein Ermessen des Gerichts**, überdies besteht **Amtsermittlungspflicht.** Folglich ist die Rechtsbeschwerde nur möglich, wenn zuvor die sofortige Beschwerde statthaft war.[163] Daher ist die Rechtsbeschwerde auch dann unstatthaft, wenn das Beschwerdegericht verkannt hat, dass schon die sofortige Beschwerde unstatthaft war.[164] 88

Bei den **Zulassungsgründen** sind in der Praxis zahlreiche zweifelhafte Entscheidungen der LG zu finden. Es ist jedoch zu beachten, dass mit der Abschaffung der zulassungsfreien Rechtsbeschwerde keine Schlechterstellung der Verfahrensbeteiligten in Insolvenzsachen beabsichtigt war.[165] **„Grundsätzliche Bedeutung"** hat eine Rechtssache, wenn sie eine entscheidungserhebliche, klärungsbedürftige und klärungsfähige Rechtsfrage aufwirft, die sich in einer unbestimmten Vielzahl von Fällen stellen kann, oder wenn andere Auswirkungen des Rechtsstreits auf die Allgemeinheit deren Interessen in besonderem Maße berühren und ein Tätigwerden des BGH erfordern.[166] Klärungsbedürftig ist eine Rechtsfrage, wenn die aufgeworfene Rechtsfrage zweifelhaft ist, also über Umfang und Bedeutung einer Rechtsvorschrift Unklarheiten bestehen.[167] Solche Unklarheiten bestehen u. a., wenn die Rechtsfrage vom BGH bisher nicht entschieden ist und von einigen Obergerichten unterschiedlich beantwortet wird, oder wenn in der Literatur hierzu unterschiedliche Meinungen vertreten werden.[168] Die schlüssige Rüge einer **Divergenz** gerichtlicher Entscheidungen erfordert die Darlegung, dass das Gericht bei gleichem oder vergleichbarem Sachverhalt in einer entscheidungserheblichen Rechtsfrage eine andere Auffassung vertritt als ein anderes Gericht auf mindestens derselben Hierarchiestufe.[169] Die **Beschrän-** 89

160) BGH, Beschl. v. 17.9.2009 – IX ZB 62/08, NZI 2009, 864.

161) Gesetz zur Änderung des § 522 der Zivilprozessordnung, v. 21.10.2011, BGBl. I 2011, 2082.

162) Ausführlich *Zimmer*, ZInsO 2011, 1689.

163) BGH, Beschl. v. 16.7.2009 – IX ZB 166/07, NZI 2009, 824; BGH, Beschl. v. 20.5.2010 – IX ZB 223/07, NZI 2010, 648.

164) BGH, Beschl. v. 25.6.2009 – IX ZB 161/08, ZIP 2009, 1495; BGH, Beschl. v. 24.11.2016 – IX ZB 4/15, ZVI 2017, 104, dazu EWiR 2017, 213 *(Ahrens)*.

165) BVerfG, Beschl. v. 4.9.2020 – 2 BvR 1206/19, Rz. 24, ZVI 2020, 424.

166) BVerfG, Beschl. v. 4.9.2020 – 2 BvR 1206/19, Rz. 16, ZVI 2020, 424.

167) BVerfG, Beschl. v. 4.9.2020 – 2 BvR 1206/19, Rz. 16, ZVI 2020, 424.

168) BVerfG, Beschl. v. 4.9.2020 – 2 BvR 1206/19, Rz. 16, ZVI 2020, 424.

169) BFH, Beschl. v. 8.4.2020 – IX B 88/19, BFH/NV 2020, 897.

kung der Zulassung der Rechtsbeschwerde **auf einzelne Punkte** ist möglich, wenn ein eindeutig abgrenzbarer Teil des Verfahrensstoffs erkennbar ist.[170)]

90 Hält der **Einzelrichter** am LG die Zulassung der Rechtsbeschwerde für geboten, hat er die Sache dem Spruchkörper, d. h. der mit drei Richtern besetzten **Kammer** vorzulegen (§ 4 Satz 1 InsO, § 568 Satz 2 Nr. 2 ZPO), denn dem originären Einzelrichter i. S. des § 568 ZPO ist die Entscheidung von Rechtssachen von grundsätzlicher Bedeutung schlechthin untersagt.[171)] Bejaht er mit der Zulassungsentscheidung dennoch die grundsätzliche Bedeutung der Sache, ist seine Entscheidung objektiv willkürlich und verstößt gegen das Verfassungsgebot des gesetzlichen Richters nach Art. 101 Abs. 1 Satz 2 GG.[172)] Dies gilt auch, wenn nicht eine Rechtssache von grundsätzlicher Bedeutung i. S. des § 568 Satz 2 Nr. 2 ZPO vorliegt, sondern wenn die Sache besondere Schwierigkeiten tatsächlicher oder rechtlicher Art i. S. des § 568 Satz 2 Nr. 1 ZPO aufweist.[173)] Die Übertragung auf die Kammer erfordert einen aktenkundigen Beschluss des Einzelrichters, der vor Erlass des Beschlusses der Kammer datiert, aber nicht zwingend vor dem Beschluss der Kammer auch den Parteien zugegangen sein muss.[174)] Aus dieser Reihenfolge folgt zugleich, dass nicht etwa die Kammer selbst befugt wäre, über die Übertragung vom Einzelrichter auf die Kammer zu entscheiden,[175)] falls nicht ausnahmsweise die Zuständigkeit des Einzelrichters zweifelhaft ist.[176)]

91 Für die Rechtsbeschwerde gilt eine **Notfrist** von einem Monat nach Zustellung des Beschlusses durch Einreichen einer Beschwerdeschrift bei dem Rechtsbeschwerdegericht (§ 575 Abs. 1 ZPO). Rechtsbeschwerdegericht ist der BGH (§ 133 GVG, § 7 Abs. 2 Satz 2 EGZPO). Der Beschwerdeschriftsatz muss durch einen am BGH zugelassenen Rechtsanwalt eingereicht werden.[177)] Sofern die Beschwerdeschrift noch keine Begründung enthält, muss die Rechtsbeschwerde binnen eines Monats nach Zustellung der angefochtenen Entscheidung begründet werden (§ 575 Abs. 2 ZPO). Die Entscheidung über die Rechtsbeschwerde ergeht nach § 577 ZPO.

92 Wenn das Beschwerdegericht die Regelung verkannt und keine Zulässigkeit der Rechtsbeschwerde ausgesprochen hat, kann letzteres **nicht nachgeholt** werden,[178)] auch nicht aufgrund einer **Anhörungsrüge** oder **Gegenvorstellung.**[179)] **Schweigen** sowohl der Ausspruch

---

170) BGH, Beschl. v. 23.9.2020 – XII ZB 250/20, NJW 2021, 166.

171) BGH, Beschl. v. 16.5.2012 – I ZB 65/11, NJW 2012, 3518; BGH, Beschl. v. 12.7.2018 – IX ZB 78/17, ZVI 2018, 458.

172) BVerfG, Beschl. v. 4.9.2020 – 2 BvR 1206/19, Rz. 26, ZVI 2020, 424; BVerfG, Beschl. v. 20.4.2023 – 2 BvR 1605/21, NJW 2023, 2336; BGH, Beschl. v. 13.3.2003 – IX ZB 134/02, BGHZ 154, 200, 201 ff. = ZIP 2003, 1561; BGH, Beschl. v. 28.6.2012 – IX ZB 298/11, ZInsO 2012, 1439; BGH, Beschl. v. 3.7.2014 – IX ZB 4/14, JurionRS 2014, 18873; BGH, Beschl. v. 20.11.2014 – IX ZB 56/13, Rz. 4, ZInsO 2015, 108 = NZI 2015, 132; BGH, Beschl. v. 16.4.2015 – IX ZB 93/12, ZVI 2015, 395; BGH, Beschl. v. 22.9.2016 – IX ZB 82/15, JurionRS 2016, 26801; BGH, Beschl. v. 12.7.2018 – IX ZB 78/17, ZVI 2018, 458; BGH, Beschl. v. 28.1.2022 – VI ZB 13/20, NJW 2022, 1395.

173) BGH, Beschl. v. 22.11.2018 – IX ZB 14/18, ZVI 2019, 165 = ZIP 2019, 82.

174) BGH, Beschl. v. 12.9.2019 – IX ZB 2/19, ZVI 2020, 30.

175) BVerfG, Beschl. v. 20.4.2023 – 2 BvR 1605/21, NJW 2023, 2336; BGH, Beschl. v. 21.9.2017 – IX ZB 84/16, ZVI 2018, 167 = ZIP 2017, 2018; dazu EWiR 2017, 725 *(Zimmer)*; BGH, Beschl. v. 22.11.2018 – IX ZB 14/18, Rz. 10, ZVI 2019, 165 = ZIP 2019, 82; BGH, Beschl. v. 14.1.2021 – IX ZB 94/18, Rz. 35, ZRI 2021, 290.

176) BGH, Beschl. v. 30.4.2020 – I ZB 61/19, NJW 2020, 3376.

177) BGH, Beschl. v. 18.9.2003 – IX ZB 44/03, ZVI 2003, 601.

178) BGH, Beschl. v. 10.5.2012 – IX ZB 295/11, ZIP 2012, 1146, dazu EWiR 2012, 481 *(Baumert)*; BGH, Beschl. v. 14.10.2020 – IV ZB 4/20, Rz. 10, WM 2021, 701.

179) BGH, Beschl. v. 9.6.2016 – IX ZB 92/15, NJW 2016, 3247; BGH, Beschl. v. 18.10.2018 – IX ZB 31/18, ZIP 2018, 2229.

als auch die Gründe einer Beschwerdeentscheidung zur Frage der Zulassung der Rechtsbeschwerde, liegt allein in der Beifügung einer **Rechtsmittelbelehrung** keine Zulassung der Rechtsbeschwerde.[180] Tatsächlich ist jedoch aufgrund einer Leitentscheidung des **BVerfG** vom 4.9.2020 eine sachdienliche Befassung mit der Frage der Zulassung zwingend erforderlich,[181] sodass ein Schweigen oder ein Nichtbedenken evident eine Verletzung rechtlichen Gehörs darstellt. Eine **Berichtigung der Entscheidung** nach § 319 ZPO kommt in Betracht, wenn die Zulassung der Rechtsbeschwerde beschlossen und nur versehentlich nicht in dem Beschluss ausgesprochen war.[182] Dies muss sich dann aber aus dem Zusammenhang des Beschlusses selbst oder mindestens aus den Vorgängen bei seinem Erlass oder seiner Verkündung ergeben, weil nur dann eine offenbare Unrichtigkeit vorliegen kann. Diese Umstände müssen den gerichtsinternen Bereich verlassen haben und nach außen hervorgetreten sein. Maßgeblich ist die Entscheidung des LG so, wie sie getroffen wurde und sich unterzeichnet in der Gerichtsakte befindet. Wurde die Zulassung der Rechtsbeschwerde hier verneint, wurde dem Insolvenzverwalter aber versehentlich eine falsche Abschrift mit dem Tenor der Zulassung übermittelt, bleibt die Rechtsbeschwerde unstatthaft.[183] Eine **Aussetzung der Vollziehung** durch das Rechtsbeschwerdegericht kommt nur dann in Betracht, wenn durch die weitere Vollziehung dem Beschwerdeführer größere Nachteile drohen als den anderen Beteiligten im Fall der Aussetzung, die Rechtslage zumindest zweifelhaft ist und die Rechtsbeschwerde zulässig erscheint.[184] Entsprechendes gilt für eine **einstweilige Anordnung** des Rechtsbeschwerdegerichts.[185]

Gegen die Nichtzulassung der Rechtsbeschwerde gibt es keine **Nichtzulassungsbeschwerde,**[186] da in §§ 574 ff. ZPO ein Verweis auf § 543 Abs. 1 Nr. 2 ZPO fehlt, und 93
auch keine außerordentliche Beschwerde,[187] was keinen verfassungsrechtlichen Bedenken begegnet.[188] Diese Grundsätze sind seit Abschaffung des § 7 InsO auch in Insolvenzsachen heranzuziehen.[189] Wurde jedoch die **Rechtsgrundsätzlichkeit** durch das LG zweifelsfrei verkannt, bietet § 321a ZPO (Fortsetzung des Verfahrens nach **Anhörungsrüge** wegen Verletzung des Anspruchs auf rechtliches Gehör) Abhilfemöglichkeit.[190] Lag die Zulassung eines Rechtsmittels objektiv nahe, und finden sich weder in der Entscheidung noch anderweitig Anhaltspunkte dafür, aufgrund welcher – die Nichtzulassung möglicherweise sachlich rechtfertigenden – Überlegungen das Gericht von der Zulassung abgesehen hat, ist i. R. der verfassungsgerichtlichen Überprüfung einer Entscheidung, gegen die eine Nichtzulassungsbeschwerde nicht eröffnet ist, grundsätzlich von einer verfassungswidrigen Nichtzulassung auszugehen.[191] Sind der Entscheidung solche sachlichen Gründe

---

180) BGH, Beschl. v. 13.3.2014 – IX ZB 48/13, ZVI 2014, 260 = NZI 2014, 402; BGH, Beschl. v. 19.1.2023 – IX ZB 34/22, ZRI 2023, 205.

181) BVerfG, Beschl. v. 4.9.2020 – 2 BvR 1206/19, Rz. 16, ZVI 2020, 424.

182) BGH, Beschl. v. 6.2.2014 – IX ZB 114/12, ZInsO 2014, 517; BGH, Beschl. v. 19.1.2023 – IX ZB 34/22, ZRI 2023, 205.

183) BGH, Beschl. v. 13.10.2016 – IX ZB 57/14, ZInsO 2016, 2320.

184) BGH, Beschl. v. 28.1.2020 – IX ZB 86/19, ZInsO 2020, 401.

185) BGH, Beschl. v. 13.10.2023 – IX ZB 35/22, ZRI 2022, 1008.

186) BGH, Beschl. v. 16.11.2006 – IX ZA 26/06, WuM 2007, 41 = JurionRS 2006, 26842.

187) BGH, Beschl. v. 7.3.2002 – IX ZB 11/02, ZIP 2002, 959, dazu EWiR 2002, 835 *(Prütting)*.

188) BVerfG, Beschl. v. 30.4.2003 – 1 PbvU 1/02, ZIP 2003, 1102.

189) BGH, Beschl. v. 13.2.2012 – IX ZA 111/11, JurionRS 2012, 10891; BGH, Beschl. v. 8.8.2013 – IX ZB 42/13, JurionRS 2013, 42849.

190) BGH, Beschl. v. 6.4.2017 – IX ZB 3/16, ZIP 2017, 932, dazu EWiR 2017, 471 *(Prasser)*; BGH, Beschl. v. 20.7.2017 – IX ZB 75/16, ZIP 2017, 1629, dazu EWiR 2017, 633 *(U. Keller)*; BGH, Beschl. v. 18.10.2018 – IX ZB 31/18, ZIP 2018, 2229; BGH, Beschl. v. 21.9.2023 – IX ZB 52/22, ZRI 2024, 105.

191) BVerfG, Beschl. v. 4.9.2020 – 2 BvR 1206/19, Rz. 22, ZVI 2020, 424.

nicht zu entnehmen, ist grundsätzlich der Schluss gerechtfertigt, das Beschwerdegericht habe sich in sachlich nicht zu rechtfertigender Weise der Kontrolle durch das Rechtsbeschwerdegericht entzogen.[192] Möglich bleibt daher stets eine **Verfassungsbeschwerde.**[193]

94 Soweit die sofortige Beschwerde nach § 6 InsO nicht möglich ist, ist nach § 11 Abs. 2 RPflG die **Erinnerung** innerhalb der für die sofortige Beschwerde geltenden Frist möglich. Wenn der Rechtspfleger der Beschwerde nicht abhilft, hat er die Erinnerung dem Insolvenzrichter vorzulegen. Gegen dessen Entscheidung gibt es kein Rechtsmittel.[194] Ist nicht sicher, ob die sofortige Beschwerde statthaft ist, sollte hilfsweise Erinnerung eingelegt werden.

3. Ausschluss des Rechtsmittels

95 Die beschriebenen Rechtsmittel können sich nur gegen eine **Entscheidung des Insolvenzgerichts** richten. Nicht zu den Entscheidungen gehören rein vorbereitende Maßnahmen, wie z. B. im Zusammenhang mit der Beauftragung des Gutachters, der das Vorliegen eines Insolvenzgrunds ermitteln soll,[195] sonstige Gerichtsinterna und Meinungen.

96 Während der Antragsteller gegen die Ablehnung der Eröffnung und der Schuldner gegen die Abweisung des Insolvenzantrags mangels Masse sofortige Beschwerde einlegen können (§ 34 Abs. 1 InsO), ist die Entscheidung über die Einstellung nach Anzeige der Masseunzulänglichkeit gemäß § 211 InsO nicht beschwerdefähig.[196] Die Einstellung nach § 207 InsO ist jedenfalls nicht durch den Insolvenzverwalter angreifbar; er wird darauf verwiesen, rechtzeitig Masseunzulänglichkeit anzuzeigen und die Befriedigungsreihenfolge des § 209 InsO einzuhalten.[197]

4. Rechtsmittelbelehrung

97 Seit dem 1.1.2014[198] ist jede anfechtbare gerichtliche Entscheidung mit einer ausführlichen **Rechtsmittelbelehrung** zu versehen (§ 4 Satz 1 InsO, § 232 ZPO). Fehlt diese Belehrung oder ist sie fehlerhaft, kann unter erleichterten Bedingungen **Wiedereinsetzung** in den vorherigen Stand beantragt werden (§ 233 Satz 2 ZPO n. F.). Kann gegen die gerichtliche Entscheidung ein Rechtsmittel nicht eingelegt werden, findet die Erinnerung statt; auch hier erleichtert das Fehlen einer ordnungsgemäßen Rechtsmittelbelehrung die Wiedereinsetzung (§ 11 Abs. 2 RPflG). Selbiges gilt sogar für Kostenrechnungen der Gerichtskasse (§§ 5b, 68 Abs. 2 Satz 1 GKG). Dies ist aus verschiedenen Blickwinkeln nicht ungefährlich. Der Insolvenzverwalter sollte alle betroffenen Entscheidungen – auch die ihm günstigen – sorgsam auf eine ausreichende Rechtsmittelbelehrung hin prüfen. Denn eine fehlerhafte oder fehlende Rechtsmittelbelehrung führt im Ergebnis zu einem unbefristeten Rechtsmittel auch anderer Beteiligter. Nur der Insolvenzverwalter selbst kann nicht von einer fehlenden Rechtsmittelbelehrung i. S. eines Wiedereinsetzungsgrunds profitieren, da es ihm zuzumuten ist, die Richtigkeit der Rechtsmittelbelehrung unverzüglich zu prüfen.[199] Inzwischen wird die erleichterte Wiedereinsetzung sogar generell für anwaltlich vertretene

192) BVerfG, Beschl. v. 4.9.2020 – 2 BvR 1206/19, Rz. 22, ZVI 2020, 424.

193) BGH, Beschl. v. 7.3.2002 – IX ZB 11/02, ZIP 2002, 959.

194) BGH, Beschl. v. 24.11.2016 – IX ZB 4/15, ZVI 2017, 104 = NZI 2017, 213; BGH, Beschl. v. 16.7.2020 – IX ZB 14/19, ZVI 2020, 388.

195) BGH, Beschl. v. 16.10.2003 – IX ZB 133/03, ZIP 2003, 2176.

196) BGH, Beschl. v. 25.1.2007 – IX ZB 234/05, ZVI 2007, 320 = ZIP 2007, 603.

197) BGH, Beschl. v. 26.4.2007 – IX ZB 221/04, ZVI 2007, 317 = ZIP 2007, 1134.

198) Gesetz zur Einführung einer Rechtsbehelfsbelehrung im Zivilprozess und zur Änderung anderer Vorschriften, v. 5.12.2012, BGBl. I 2012, 2418.

199) BGH, Beschl. v. 24.3.2016 – IX ZB 67/14, ZIP 2016, 988, dazu EWiR 2016, 437 *(Budnik)*.

Parteien bestritten;[200] dies jedenfalls dann, wenn sich das Mandat auf die konkrete Angelegenheit bezieht[201] oder die Rechtsmittelbelehrung offenkundig fehlerhaft ist.[202]

VI. Rechtsschutz bei Untätigkeit

Eine Untätigkeit des Insolvenzgerichts ist grundsätzlich nicht angreifbar.[203] Seit dem 3.12.2011 sind jedoch Änderungen und Neuerungen in verschiedenen Gesetzen in Kraft, die auf dem Gesetz über den Rechtsschutz bei überlangen Gerichtsverfahren und strafrechtlichen Ermittlungsverfahren[204] (ÜberlVfRSchG) als Änderungsgesetz beruhen. Im Wesentlichen sind in §§ 198 ff. GVG eine **Verzögerungsrüge** und – unter strengen Tatbestandsvoraussetzungen – eine **Entschädigung** eingeführt worden, jedoch kein Anspruch auf ein beschleunigtes Verfahren, was die Sache einigermaßen uninteressant macht.[205] 98

Im **eröffneten Insolvenzverfahren** gilt die Herbeiführung einer Entscheidung des Insolvenzgerichts als von der Neuregelung erfasstes Gerichtsverfahren. Geschützt sind somit diejenigen Beteiligten, die ein Antragsrecht zur Herbeiführung einer Entscheidung des Insolvenzgerichts haben; in der Verantwortung steht hier hauptsächlich der Rechtspfleger. 99

C. Der Insolvenzverwalter

I. Allgemeines

1. Berufsbild

Das Insolvenzverfahren ist ein **gerichtliches Gesamtvollstreckungsverfahren** (vgl. § 4 Satz 1 InsO), in dem – abweichend von der Einzelzwangsvollstreckung – ein Insolvenzverwalter eingesetzt wird. Aufgabe des Insolvenzverwalters ist zunächst die Verwertung des schuldnerischen Vermögens, die Verteilung der Erlöse an die Insolvenzgläubiger (§ 1 Satz 1 InsO) sowie eine Rechenschaftslegung (§ 66 InsO). Seit der Entscheidung des BGH vom 4.12.1986[206] – spätestens aber seit Einführung der InsO im Jahre 1999 (vgl. § 156 Abs. 1 Satz 2 InsO) – ist auch die (vorübergehende) **Betriebsfortführung** legitime Alternative zur (sofortigen) Zerschlagung des schuldnerischen Unternehmens. Dass hierzu nicht immer auf die (spätere) übertragende Sanierung abgestellt wird, sondern auch eine Sanierung des Rechtsträgers selbst (endgültiges) Ziel sein kann, wurde bereits mit Einführung der InsO und Ermöglichung eines Insolvenzplans postuliert, spätestens aber durch Inkrafttreten des ESUG zum 1.3.2012 noch einmal verdeutlicht. 100

Die zwangsläufige und notwendige Professionalisierung der Insolvenzverwaltung hat ferner dazu geführt, dass die Tätigkeit als Insolvenzverwalter nach heutiger Auffassung einen eigenständigen, **von Art. 12 GG geschützten Beruf** darstellt.[207] 101

Da die meisten Insolvenzverwalter im Hauptberuf Rechtsanwälte sind, existiert seit März 1999 die Möglichkeit der Erlangung der Bezeichnung **„Fachanwalt für Insolvenzrecht"** (§ 1 FAO). Als Pendant für Steuerberater – auch für den Bereich der außergerichtlichen Sanierung – existiert seit Ende 2006 die Bezeichnung „Fachberater für Sanierung und In- 102

---

200) LG Duisburg, Beschl. v. 22.2.2016 – 7 T 203/15, ZVI 2017, 110.

201) BGH, Beschl. v. 1.3.2023 – XII ZB 18/22, MDR 2023, 800.

202) BGH, Beschl. v. 18.10.2017 – LwZB 1/17, NJW 2018, 165.

203) BGH, Beschl. v. 22.4.2010 – IX ZB 196/09, NZI 2010, 577.

204) Gesetz über den Rechtsschutz bei überlangen Gerichtsverfahren und strafrechtlichen Ermittlungsverfahren, v. 24.11.2011, BGBl. I 2011, 2302.

205) Zu den Einzelheiten *Zimmer*, InsbürO 2012, 342.

206) BGH, Urt. v. 4.12.1986 – IX ZR 47/86, ZIP 1987, 115 = NJW 1987, 844.

207) BVerfG, Beschl. v. 3.8.2004 – 1 BvR 135/00 u. 1 BvR 1086/01, ZIP 2004, 1649, dazu EWiR 2005, 437 *(Wieland)*.

solvenzverwaltung (DStV e. V.)". Im letztgenannten Fall handelt es sich allerdings nicht um eine amtliche Verleihung einer Bezeichnung durch die Steuerberaterkammer, sodass die Fachberaterbezeichnung gemäß § 9 Abs. 3 BOStB auf Briefpapier und Visitenkarten etc. in einer klaren räumlichen Trennung von der zusammenhängenden Angabe des Namens und der Berufsbezeichnung aufgeführt werden muss.[208)]

103 Die Ausübung der Tätigkeit als Insolvenzverwalter bedeutet für Rechtsanwälte, Steuerberater und Wirtschaftsprüfer keine separate gewerbliche Tätigkeit (Stichwort: Gewerbesteuer), vielmehr handelt es sich auch insoweit um **sonstige selbstständige Arbeit i. S. des § 18 Abs. 1 Nr. 3 EStG**. Der BFH[209)] begründet seine diesbezügliche Entscheidung u. a. damit, dass „die Insolvenzverwaltertätigkeit weniger durch einen persönlichen Dienst am Kunden als vielmehr durch einen hohen – rein kaufmännischen – Mitarbeitereinsatz geprägt wird. Deshalb kann eine solche Tätigkeit auch an mehreren Standorten und in einer Vielzahl gleichzeitig laufender Verfahren ausgeübt werden, wenn der Insolvenzverwalter nach den Gesamtumständen über das Ob der einzelnen Abwicklungsmaßnahmen in jedem der betreuten Verfahren entscheidet und die Umsetzung dieser Entscheidungen kontrolliert. Dabei gebietet der Charakter der Insolvenzverwaltung nicht die ständige persönliche Anwesenheit an den jeweiligen Standorten, weil die dem Berufsträger vorbehaltenen Organisations- und Abwicklungsentscheidungen regelmäßig auch mit den Mitteln der technischen Bürokommunikation herbeigeführt werden können." Allerdings kann es sich dann um **gewerbliche Einkünfte** i. S. des § 15 Abs. 3 Nr. 1 EStG handeln, wenn eine Rechtsanwalts-GbR einem angestellten Rechtsanwalt die eigenverantwortliche Durchführung von Insolvenzverfahren überträgt. Die Einkünfte der GbR bzw. derer Gesellschafter werden nur dann nicht insgesamt zu Einkünften aus Gewerbebetrieb umqualifiziert, wenn die Umsatzerlöse aus dieser auf den Angestellten übertragenden Tätigkeit 3 % der Gesamtumsatzerlöse der Gesellschaft und den Betrag von 24.500 € im Veranlagungszeitraum nicht übersteigen.[210)]

104 Wie in anderen Bereichen zeigt sich auch bei der Insolvenzverwaltung eine zunehmende und im Interesse einer effizienten Verfahrensbearbeitung gebotene Spezialisierung, die insbesondere auch berücksichtigt, dass die Bearbeitung zusammenhängender wirtschaftlicher Komplexe im Vordergrund steht, die durch fachlich qualifizierte Mitarbeiter aufbereitet und dem Insolvenzverwalter zur Entscheidung bzw. Regelung vorgelegt werden. Zur Erfüllung dieser Aufgaben werden entsprechend **strukturierte und qualifizierte Büros und Mitarbeiter** benötigt und vorgehalten. Diese Delegationsmöglichkeit innerhalb des Verwalterbüros wird auch von den Gerichten eingefordert, wie zahlreiche Antragsformulare auf Aufnahme in die Vorauswahlliste zeigen.

105 Insgesamt hat seit Einführung der InsO ein enormer Paradigmenwechsel stattgefunden, das Insolvenzrecht gehört heute zum **Wirtschaftsrecht** und hat unbestritten **Marktbereinigungsfunktion.**

106 Um dies für alle Beteiligten nachvollziehbar auszugestalten, sind Tendenzen einer **Standardisierung** ersichtlich. Denn der Verzicht der Insolvenzverwalter auf eine eigene Kammer hat in Anbetracht der Zunahme von Insolvenzverwaltern und einem sich ständig anpassenden Aufgabenspektrum dazu geführt, dass insbesondere für die Insolvenzgerichte und Insolvenzgläubiger nicht mehr erkennbar ist, welche Soll-Vorgaben eigentlich an eine Insolvenzverwaltung gestellt werden, wie ein Soll-Ist-Vergleich erfolgen soll und wie eine Vergleichbarkeit der Verwalterleistungen erreicht werden kann.

---

208) BVerfG, Beschl. v. 9.6.2010 – 1 BvR 1198/10, NJW 2010, 3705.

209) BFH, Urt. v. 15.12.2010 – VIII R 37/09, ZIP 2011, 1329.

210) BFH, Urt. v. 27.8.2014 – VIII R 6/12, ZIP 2015, 486, dazu EWiR 2015, 255 *(Onusseit)*.

- Zunächst hatten sich insoweit sog. **Zertifizierungen** durchgesetzt, die sich auf die Abläufe der Verwalterkanzlei beziehen und z. T. selbst nur eine geringe Lebenserwartung hatten. Der Nachteil solcher Zertifizierungen liegt darin, dass eben nur die Arbeitsabläufe geprüft werden, nicht die fachliche Eignung. Offenbar waren selbst der Aufsichtsbehörde *Deutsche Akkreditierungsstelle (DAkkS)* solche Zertifikate nicht bekannt,[211] sodass es sich im Wesentlichen um ein Geschäftsmodell für Zertifizierungsgesellschaften handelte, wenngleich nicht ohne erheblichen Nutzen für die Verwalterkanzleien durch Selbstreflexion.
- Die Kommission *„Qualitätskriterien zur Vorauswahl und Bestellung von Insolvenzverwaltern sowie Transparenz, Aufsicht und Kontrolle in Insolvenzverfahren" (Uhlenbruck-Kommission)* legte im Jahr 2007 einen Abschlussbericht[212] vor, der sich mit der Frage des Auswahl- und Bestellungsverfahrens des Insolvenzverwalters befasst.
- Aus eher handels- und steuerlicher Sicht stellte das *Institut der Wirtschaftsprüfer in Deutschland e. V. (IDW)* im Jahr 2008 drei **Rechnungslegungshinweise**[213] vor, die zahlreiche Hinweise zur Verzahnung von handelsrechtlicher und insolvenzspezifischer Buchführung liefern, insbesondere auch die wichtigen Fragen der Inventur, Verzeichniserstellung und Rechenschaftslegung betreffen. Verpflichtend sind diese Hinweise allerdings für keinen Insolvenzverwalter.
- Im Jahr 2009 entstand das *Rheinland-Pfälzische Zentrum für Insolvenzrecht und Sanierungspraxis (ZEFIS)*, das zunächst eine standardisierte Schlussrechnung entwickelt hatte, die jedoch so ohne weiteres nicht umgesetzt werden konnte. Vielmehr wurden intensive Gespräche mit dem *Gravenbrucher Kreis*, dem *Verband Insolvenzverwalter und Sachwalter Deutschlands e. V. (VID)* und dem *Bundesarbeitskreis Insolvenzgerichte e. V. (BAKinso)* geführt, um zuvörderst einen **standardisierten Kontenplan (SKR InsO)** zu entwickeln, der im Jahr 2012 eingeführt und nach zwischenzeitlichem Beitritt der *Neue Insolvenzrechtsvereinigung Deutschlands e. V. (NIVD)* zuletzt im Jahr 2021 aktualisiert wurde.[214] Eine Allgemeinverbindlichkeit besteht nach wie vor nicht, sodass die Einführung eines § 66a InsO vorgeschlagen wird.[215] Eine **Standardisierte Schlussrechnung** existiert weiterhin nicht, sodass einige Gerichte bzw. Bundesländer eigene Modelle entwickeln, ohne jedoch den Zusammenhang mit einem Kontenplan zu erkennen.[216]
- Der *VID* hatte am 4.11.2006 für seine Mitglieder zunächst nur **Berufsgrundsätze** beschlossen. Am 5.5.2012 wurden sodann die Grundsätze ordnungsgemäßer Insolvenzverwaltung (GOI) beschlossen (aktueller Stand als **Grundsätze ordnungsgemäßer Insolvenz- und Eigenverwaltung** (GOI) vom 15.12.2020), die nur für die Mitglieder des *VID* verpflichtend sind.

Insgesamt müssen die GOI des *VID* sowie der Standardisierte Kontenplan SKR InsO als große Schritte in die richtige Richtung bezeichnet werden, abgeschlossen ist die Diskussion damit jedoch noch nicht. So wird z. B. gefordert, dass die Einhaltung der GOI durch 107

211) *Reuter*, INDat Report 9/2020, 8.

212) Abschlussbericht der *Uhlenbruck-Kommission*, NZI 2007, 507.

213) *IDW*, Bestandsaufnahme im Insolvenzverfahren (IDW RH HFA 1.010), Stand: 13.6.2008, FN-IDW 2008, 309; *IDW*, Insolvenzspezifische Rechnungslegung im Insolvenzverfahren (IDW RH HFA 1.011), Stand: 13.6.2008, FN-IDW 2008, 321; *IDW*, Externe (handelsrechtliche) Rechnungslegung im Insolvenzverfahren (IDW RH HFA 1.012), Stand: 6.12.2018, IDW Life 1/2019, 74.

214) Ausführlich *Zimmer*, Insolvenzbuchhaltung, Rz. 519 ff.

215) *Zimmer*, Insolvenzbuchhaltung, Rz. 529; *Zimmer*, ZIP 2023, 1111.

216) Hierzu *Zimmer*, Insolvenzbuchhaltung, Rz. 234 ff.

unabhängige Dritte und nicht bloß Zertifizierungsgesellschaften geprüft werden müsse.[217)] Zu berücksichtigen wird sein, dass die Einführung einer **elektronischen Gerichtsakte**[218)] bzw. die Frage der Anwendbarkeit des § 130d ZPO[219)] weitere Standardisierungen des Berichtswesens und der Arbeitsabläufe erfordern könnten.

108 Aus der Vielzahl der Protagonisten wird deutlich, dass es immer wieder andere Taktgeber gibt, die die Richtung vorgeben. Damit scheint nicht per se ausgeschlossen, eine **Insolvenzverwalterkammer** für sinnvoll zu erachten, um ein endgültiges Berufsrecht zu gestalten[220)] und Mitarbeiter mit insolvenz- und restrukturierungsspezifischen Berufsabschlüssen[221)] ausbilden zu können. Eine **Berufsordnung** mit Facheignungsprüfung wird ebenfalls diskutiert.[222)] Darüber hinaus bedarf es – und das sollte eigentlich im Vordergrund stehen – auch einer Professionalisierung der Überwachung (§ 58 InsO) und Rechenschaftslegung (§ 66 InsO) der Insolvenzverwalter, wobei allein eine Kammer Maßstäbe setzen könnte,[223)] die von Verwaltern und Gerichten gleichermaßen akzeptiert wird. Insoweit dürfte auch die Schaffung allein eines **Berufsrechts** für Insolvenzverwalter[224)] nicht ausreichend sein, obgleich vereinzelt favorisiert,[225)] es könnte aber die Einführung einer Kammer flankieren. Statt einer Insolvenzverwalterkammer könnte das Berufsrecht bei der **Bundesrechtsanwaltskammer** verortet werden.[226)] Zu differenzieren ist bei **Leitlinien der Insolvenzgerichte**.[227)] Sofern sie Arbeitsroutinen vereinheitlichen, sind sie zu begrüßen; soweit sie materiell-rechtliche Regelungen enthalten oder bestimmte Softwareprodukte einfordern, liegt eine Überschreitung der Kompetenzen durch die Justizverwaltung vor.

2. Rechtsstellung

109 Bei der Frage der Rechtsstellung des Insolvenzverwalters gibt es einen akademischen Theorienstreit, der jedoch in der Praxis weitgehend ohne Bedeutung ist. Vorherrschend ist die sog. Amtstheorie, ausweislich derer der Insolvenzverwalter ein **privates Amt** ausübt[228)] und prozessual **Partei kraft Amtes** ist.

110 Es dürfte allgemeinem Selbstverständnis entsprechen, dass der Insolvenzverwalter Treuhänder i. R. einer **mehrseitig fremdbestimmten Treuhand** ist. Denn einerseits verwaltet er fremdes Vermögen (des Schuldners), dies andererseits zugunsten Dritter (Insolvenzgläubiger). Diese doppelnützige Treuhand ist auch mit dem Berufsrecht von Rechtsanwälten und Notaren vereinbar.[229)] Ob auf den Insolvenzverwalter, der zugleich Rechtsanwalt ist, anwaltliches Berufsrecht anwendbar ist, ist allerdings streitig.[230)] Da Treuhand-

217) *Krauß*, ZInsO 2022, 617.
218) Hierzu u. a. *Blankenburg*, ZVI 2021, 462.
219) Hierzu u. a. *U. Keller*, ZVI 2022, 167; *A. Schmidt*, ZVI 2022, 89.
220) *Vallender*, ZIP 2019, 158.
221) Hierzu *Zimmer*, DZWIR 2011, 98.
222) *Vallender*, NZI 2017, 641.
223) Vgl. auch *Vallender*, NZI 2017, 777. Zweifelnd *Römermann*, INDat Report 6/2017, 22 ff.
224) Hierzu ausführlich *Römermann*, ZIP 2018, 1757; *Vallender*, ZIP 2018, 353; *Vallender*, ZIP 2019, 158.
225) INDat Report 2/2022, 74.
226) INDat Report 3/2022, 8. Zum Diskussionsstand *Kluth*, ZRI 2022, 993.
227) Z. B. Kölner Leitlinien zur Zusammenarbeit mit dem Insolvenzgericht, ZRI 2022, 713; Leitlinien und Qualitätsstandards zur Zusammenarbeit mit dem Insolvenz- und Restrukturierungsgericht München, ZRI 2023, 928. Kritisch bereits *Holzer*, INDat Report 7/2017, 12 ff.
228) Vgl. nur BGH, Beschl. v. 16.3.2023 – IX ZB 28/22, Rz. 8, ZRI 2023, 557.
229) BGH, Urt. v. 15.11.2021 – NotZ (Brfg) 2/21, ZRI 2022, 66.
230) Dafür BGH, Urt. v. 6.7.2015 – AnwZ (Brfg) 24/14, ZIP 2015, 1546, dazu EWiR 2015, 545 *(Ries)*. Dagegen VGH München, Beschl. v. 31.1.2018 – 21 C 17.1686, ZIP 2018, 844.

verhältnisse in Ermangelung einer besonderen Regelung nach Auftragsrecht (§§ 662 ff. BGB) behandelt werden, dürfte jedenfalls für das Verhältnis zum Schuldner von einem **gesetzlichen, prozessualen Geschäftsbesorgungsvertrag** (§§ 675, 662 ff. BGB)[231] mit insolvenzrechtlichen Besonderheiten ausgegangen werden. Der BGH ging lange Zeit lediglich allgemein von einem besonderen Schuldverhältnis aus, stützt Ansprüche der Beteiligten gegen den Insolvenzverwalter jedoch zunehmend auf das Auftragsrecht.[232] Zumindest was die Verwertung von Absonderungsgut betrifft, soll auch zwischen Insolvenzverwalter und Absonderungsgläubiger ein Geschäftsbesorgungsvertrag vorliegen.[233]

In steuerlicher Hinsicht wird der Insolvenzverwalter als **Vermögensverwalter** i. S. des § 34 AO angesehen. Eine **Kaufmannseigenschaft** des Schuldners soll nicht auf den Insolvenzverwalter übergehen, sodass der Insolvenzverwalter z. B. keine Gerichtsstandvereinbarung i. S. des § 38 Abs. 1 ZPO treffen kann.[234] Der (vorläufige) Insolvenzverwalter ist **Amtsträger** i. S. des § 11 Abs. 1 Nr. 2 lit. c StGB[235] und **Organ der Rechtspflege.**[236] 111

II. Auswahl und Bestellung des Verwalters

1. Vorauswahl („Listing") und Auswahl

Die Auswahl des (vorläufigen) Insolvenzverwalters gemäß §§ 56, 56b Abs. 1 InsO als zentrale Frage liegt grundsätzlich im Ermessen des Insolvenzgerichts, soweit nicht von Befugnissen des (vorläufigen) Gläubigerausschusses überlagert (§§ 56a, 56b Abs. 2 InsO). Der Versuch, die Methode des sog. Closed Shops für genehme Insolvenzverwalter beizubehalten, ist nicht ungefährlich, weil dieses Verhalten auch die Annahme der Befangenheit eines Insolvenzrichters rechtfertigen könnte. Zwar gibt es inzwischen einige Vorgaben des BVerfG und Ideen für eine bundeseinheitliche Regelung, jedoch ist das Auswahl- und Bestellungsverfahren gegenwärtig noch nicht vollständig geregelt – sofern es denn für notwendig erachtet wird; zum status quo im Einzelnen: 112

In einem ersten Schritt können sich Bewerber in eine **Vorauswahlliste** eintragen lassen **(erste Stufe)**. Seit einer Leitentscheidung des BVerfG vom 3.8.2004[237] steht fest, dass der Insolvenzverwalter ein durch Art. 12 GG geschützter Beruf ist und eine der gerichtlichen Überprüfung zugängliche Chancengleichheit nur dann gewährleistet ist, wenn eine willkürfreie Einbeziehung aller Bewerber in das Vorauswahlverfahren gesichert ist. Entsprechende Listen sind so zu führen, dass in sie jeder Bewerber eingetragen werden muss, der die grundsätzlich zu stellenden Anforderungen an eine generelle, von der Typizität des einzelnen Insolvenzverfahrens gelöste Eignung für das erstrebte Amt i. R. eines Insolvenzverfahrens erfüllt[238] (Listing). Kommt das Insolvenzgericht zu dem Schluss, dass ein Bewerber die persönlichen und fachlichen Anforderungen für das Amt des Insolvenzverwalters generell erfüllt, muss es den Bewerber in die Vorauswahlliste eintragen. Ein weiterge- 113

231) Ausführlich *Zimmer*, Haftung des eingewechselten Verwalters, S. 288.

232) BGH, Urt. v. 16.9.2010 – IX ZR 121/09, ZIP 2010, 2164, dazu EWiR 2010, 827 *(Müller)*; BGH, Urt. v. 29.6.2023 – IX ZR 152/22, ZRI 2023, 660 = NZI 2023, 732.

233) BFH, Urt. v. 28.7.2011 – V R 28/09, ZIP 2011, 1923, dazu EWiR 2011, 673 *(Mitlehner)*.

234) OLG Zweibrücken, Urt. v. 16.11.2018 – 2 U 68/17, NZI 2019, 54.

235) LG Nürnberg-Fürth, Beschl. v. 6.11.2018 – 11 Ns 412 Js 45500/15, ZInsO 2019, 326.

236) OVG Schleswig-Holstein, Beschl. v. 12.5.2020 – 3 MB 25/20, ZInsO 2020, 1933.

237) BVerfG, Beschl. v. 3.8.2004 – 1 BvR 135/00, 1 BvR 1086/01, ZIP 2004, 1649, dazu EWiR 2005, 437 *(Wieland)*.

238) BVerfG, Beschl. v. 23.5.2006 – 1 BvR 2530/04, ZIP 2006, 1355; BGH, Beschl. v. 13.1.2022 – IX AR(VZ) 1/20, Rz. 27, ZRI 2022, 114.

hendes Auswahlermessen besteht nicht.[239] Die Vorauswahlliste dient dazu, die Daten der Bewerber zu erheben, zu verifizieren und zu strukturieren, die der jeweilige Insolvenzrichter nach der eigenen Einschätzung für die sachgerechte Ermessensausübung bei der Auswahlentscheidung aus dem Kreis der Bewerber benötigt.[240] Daher muss das Vorauswahlverfahren dem Richter nicht nur eine zügige Eignungsprüfung für das konkrete Verfahren ermöglichen, sondern ihm selbst hinreichende Informationen für eine pflichtgemäße Ausübung des Auswahlermessens verschaffen und verfügbar machen.[241]

114 Insbesondere darf ein Punktesystem nicht so ausgestaltet sein, dass neue Bewerber in einer Art und Weise benachteiligt werden, dass eine Rückkehr zum Closed Shop zu befürchten ist.[242] Zulässige **Kriterien** für ein Punktesystem sind z. B. Sanierung, Insolvenzpläne, Massesteigerung, Ausschüttungsquote, Verwaltungskosten, Abweisung mangels Masse und Verfahrensdauer,[243] nicht aber z. B. kommunikative Kompetenz.[244] Die Aufnahme eines zusätzlichen Wertungskriteriums muss allen Bewerbern so rechtzeitig mitgeteilt werden, dass jeder einzelne die Möglichkeit hat, dieses Kriterium noch in angemessener Zeit vor Abschluss der Punktwertermittlung zu erfüllen.[245] Soweit für die Vorauswahlliste nur verfahrensbezogene Merkmale aus einem bestimmten Zeitraum herangezogen werden, muss dieser Zeitraum ausreichend lang und sachlich gerechtfertigt sein.[246] Fortbildungen und Zertifizierungen sind zu berücksichtigen, wobei jedoch nicht ein einzelnes Kalenderjahr für die Absolvierung vorgegeben werden darf.[247] Ein Punktesystem, das einen Vergleich zwischen den Bewerbern enthält, ist nur zulässig, wenn eine gesicherte Grundlage dafür besteht, dass die für die erzielten Werte herangezogenen Insolvenzverfahren ihrer Art und Struktur nach vergleichbar sind,[248] insoweit sind statistisch aussagekräftige Stichproben erforderlich.[249]

115 **Gemeinschaftslisten** mehrerer Richter sind nur zulässig, wenn sie die Kriterien aller Richter enthalten.[250] Die von einem Richter am Insolvenzgericht persönlich erstellte Vorauswahlliste wird gegenstandslos, wenn der Richter aus dem Insolvenzgericht **ausscheidet** und sein Nachfolger sich die Liste und die ihr zugrunde liegenden Auswahlkriterien nicht zu eigen macht.[251] Aufgrund des eingeschränkten Ermessens auf dieser ersten Stufe böte sich ein **bundesweites Verwalterregister** an.[252] Dies folgt schon daraus, dass der Insolvenzrichter i. R. des Datenschutzes Ergebnisse aus anderen Insolvenzrechtsabteilungen heranziehen darf;[253] dies aber wohl nur beim selben Gericht, allenfalls innerhalb eines Bundeslandes.

239) BGH, Beschl. v. 19.12.2007 – IV AR (VZ) 6/07, ZIP 2008, 515, dazu EWiR 2008, 371 *(Hess)*; BGH, Beschl. v. 13.1.2022 – IX AR(VZ) 1/20, Rz. 28, ZRI 2022, 114.
240) BGH, Beschl. v. 13.1.2022 – IX AR(VZ) 1/20, Rz. 27, 43, ZRI 2022, 114.
241) BGH, Beschl. v. 13.1.2022 – IX AR(VZ) 1/20, Rz. 28, ZRI 2022, 114.
242) KG, Beschl. v. 14.5.2020 – 1 VA 17/17, ZVI 2020, 257.
243) BGH, Beschl. v. 13.1.2022 – IX AR(VZ) 1/20, Rz. 45, ZRI 2022, 114.
244) BGH, Beschl. v. 13.1.2022 – IX AR(VZ) 1/20, Rz. 37, ZRI 2022, 114.
245) KG, Beschl. v. 14.5.2020 – 1 VA 17/17, ZVI 2020, 257.
246) BGH, Beschl. v. 13.1.2022 – IX AR(VZ) 1/20, Rz. 42, ZRI 2022, 114.
247) BGH, Beschl. v. 13.1.2022 – IX AR(VZ) 1/20, Rz. 38 f., ZRI 2022, 114.
248) BGH, Beschl. v. 13.1.2022 – IX AR(VZ) 1/20, Rz. 32, ZRI 2022, 114.
249) BGH, Beschl. v. 13.1.2022 – IX AR(VZ) 1/20, Rz. 33, ZRI 2022, 114.
250) BVerfG, Beschl. v. 3.8.2009 – 1 BvR 369/08, ZIP 2009, 1722.
251) BGH, Beschl. v. 17.3.2016 – IX AR (VZ) 5/15, ZIP 2016, 935, dazu EWiR 2016, 379 *(Ries)*.
252) *Braegelmann*, INDat Report 2/2022, 30.
253) BGH, Beschl. v. 13.1.2022 – IX AR(VZ) 1/20, Rz. 41, ZRI 2022, 114.

Im Rahmen des Vorauswahlverfahrens kommt es somit auf die Ausfüllung bzw. Konkretisierung des **unbestimmten Rechtsbegriffs** der **persönlichen und fachlichen Eignung** an, die einer gerichtlichen Prüfung zugänglich ist.[254)] Gleichwohl setzt auch die Aufnahme in eine Vorauswahlliste bereits eine einschlägige **Berufserfahrung** voraus,[255)] da eine solche Liste ansonsten keinerlei Erkenntniswert liefern würde. Wer aufgrund fehlender Eignung keinerlei Aussicht hat, jemals bestellt zu werden, muss nicht in die Vorauswahlliste aufgenommen werden, insoweit liegt auch die Aufnahme in die Vorauswahlliste im – überprüfbaren – Ermessen des Insolvenzrichters.[256)] Die Aufnahme in eine Vorauswahlliste beinhaltet jedoch nicht zugleich einen Anspruch auf gleichmäßige Bestellung aller in der Liste enthaltenen Bewerber.[257)] 116

Schließlich ist auch die Streichung von der Vorauswahlliste (**Delisting**) zulässig, wenn Fehlverhalten bei Verfahren auch anderer Insolvenzgerichte bekannt werden.[258)] Hierzu ist es nicht ausreichend, dass dem Insolvenzverwalter lediglich zwei Fehler in der Verfahrenssachbearbeitung nachgewiesen werden[259)] oder unzutreffende Angaben auf einem Büroversehen beruhen.[260)] 117

Eine Ablehnung der Aufnahme in die Vorauswahlliste sowie das Delisting erfolgt durch zu begründenden[261)] Beschluss der listenführenden Richter, aufgrund § 26 EGGVG dem Kandidaten zuzustellen bzw. bekannt zu geben. Der **Rechtsweg** gegen den Beschluss richtet sich nach §§ 23 ff. EGGVG, zuständig sind die OLG.[262)] Der Antragsteller muss geltend machen, in seinen Rechten betroffen zu sein (§ 24 EGGVG). Der Antrag muss binnen Monatsfrist nach schriftlicher Bekanntgabe der Ablehnungsentscheidung beim Antragsgegner eingegangen sein (§ 26 Abs. 1 EGGVG). Antragsgegner waren in den meisten Bundesländern nach älterer Rechtsprechung die listenführenden Richter,[263)] gelegentlich auch die Behördenleiter des AG[264)] oder das Bundesland als Träger der Justizbehörden.[265)] Nach neuerer Auffassung ist richtiger Antragsgegner gemäß § 8 Nr. 3 FamFG der Vorstand des AG (Direktor, Präsident o. Ä.).[266)] Der Insolvenzrichter selbst ist in diesem Rechtsmittel- 118

254) BGH, Beschl. v. 19.12.2007 – IV AR (VZ) 6/07, ZIP 2008, 515; BGH, Beschl. v. 13.1.2022 – IX AR (VZ) 1/20, Rz. 27, ZRI 2022, 114.

255) BVerfG, Beschl. v. 19.7.2006 – 1 BvR 1351/06, ZIP 2006, 1541, dazu EWiR 2006, 599 *(Römermann)*; BGH, Beschl. v. 13.1.2022 – IX AR(VZ) 1/20, Rz. 41, ZRI 2022, 114.

256) BVerfG, Beschl. v. 3.8.2009 – 1 BvR 369/08, ZIP 2009, 1722.

257) BVerfG, Beschl. v. 12.7.2006 – 1 BvR 1469/05, ZIP 2006, 1954; BGH, Beschl. v. 13.1.2022 – IX AR (VZ) 1/20, Rz. 48, ZRI 2022, 114.

258) BVerfG, Beschl. v. 12.7.2006 – 1 BvR 1493/05, ZIP 2006, 1956.

259) BGH, Beschl. v. 17.3.2016 – IX AR (VZ) 5/15, ZIP 2016, 935.

260) OLG Brandenburg, Beschl. v. 26.2.2020 – 11 VA 8/18, ZVI 2020, 265.

261) KG Berlin, Beschl. v. 11.1.2006 – 16 VA 5/05, ZIP 2006, 294, dazu EWiR 2006, 347 *(Hess)*.

262) BGH, Beschl. v. 17.3.2016 – IX AR (VZ) 1/15, ZVI 2016, 278, dazu EWiR 2016, 377 *(Eckardt)*; BGH, Beschl. v. 17.3.2016 – IX AR (VZ) 5/15, ZIP 2016, 935.

263) OLG Brandenburg, Beschl. v. 6.9.2009 – 11 VA 1/09, ZIP 2009, 1870; OLG Düsseldorf, Beschl. v. 15.8.2008 – I-3 VA 4/07, ZIP 2008, 2129, dazu EWiR 2009, 55 *(Knof)*; OLG Düsseldorf, Beschl. v. 20.1.2011 – I-3 VA 2/10, ZIP 2011, 341; OLG Hamburg, Beschl. v. 3.8.2011 – 2 VA 9/11, ZIP 2011, 1882; OLG Hamm, Beschl. v. 2.8.2007 – 27 VA 1/07, ZIP 2007, 1722, dazu EWiR 2008, 22 *(Römermann)*; OLG Hamm, Beschl. v. 29.5.2008 – I-27 VA 7/07, ZIP 2008, 1189, dazu EWiR 2008, 441 *(Kleine-Cosack)*.

264) OLG Bamberg, Beschl. v. 3.12.2007 – VA 11/07, ZIP 2008, 82.

265) BGH, Beschl. v. 19.12.2007 – IV AR (VZ) 6/07, ZIP 2008, 515 (Sachsen); OLG Frankfurt/M., Beschl. v. 17.12.2008 – 20 VA 10/08, ZInsO 2009, 242; OLG Nürnberg, Beschl. v. 16.7.2008 – 4 VA 1036/08, ZIP 2008, 1490.

266) BGH, Beschl. v. 17.3.2016 – IX AR (VZ) 3/15, JurionRS 2016, 14812; BGH, Beschl. v. 17.3.2016 – IX AR (VZ) 4/15, JurionRS 2016, 14859.

verfahren kein Beteiligter.[267)] Nichts anderes gilt für eine Vorauswahlliste für Sachwalter.[268)]

119 Bei der **konkreten Auswahlentscheidung (zweite Stufe)** hat jeder Bewerber einen Anspruch auf ermessensfehlerfreie Entscheidung des Insolvenzgerichts, d. h. die Beurteilung der für das konkrete Verfahren erforderlichen Eignung eines Verwalters steht allein im Ermessen des Gerichts.[269)] Dies auch dann, wenn ein vorläufiger Gläubigerausschuss einen Insolvenzverwalter vorgeschlagen hat (§§ 56 Abs. 2 Satz 1, 56b Abs. 2 InsO). Wählt der Gläubigerausschuss in seiner ersten Sitzung einen anderen Verwalter, weil das Gericht dem Vorschlag des Gläubigerausschusses nicht gefolgt ist (§ 56a Abs. 3 InsO), gilt dennoch § 56 Abs. 1 InsO; selbiges gilt bei einem Verwalterwechsel auf Initiative der ersten Gläubigerversammlung (§ 57 Satz 3 InsO). Eine Konkurrentenschutzklage ist nicht zulässig, ein übergangener Bewerber wird insoweit auf eine Fortsetzungsfeststellungsklage verwiesen.[270)]

2. Natürliche Person

120 Nach § 56 Abs. 1 Satz 1 InsO kann es sich bei dem Insolvenzverwalter nur um eine natürliche Person handeln. Der Ausschluss juristischer Personen begegnet jedoch durchaus **verfassungsrechtlichen**[271)] und – spätestens seit Umsetzung der EU-Dienstleistungsrichtlinie – **europarechtlichen**[272)] **Bedenken.** Zumindest den verfassungsrechtlichen Bedenken ist der BGH entgegengetreten.[273)] Er wollte sich jedoch den europarechtlichen Bedenken nicht widmen, da sich eine inländische GmbH um Aufnahme in eine deutsche Vorauswahlliste bemüht hatte. Das BVerfG hat das Festhalten an der natürlichen Person zwar bestätigt,[274)] jedoch waren auch in dieser Sache keine europarechtlichen Bezüge zu prüfen. Vermutlich wird sich auf Dauer nicht verhindern lassen, dass von dem Merkmal der natürlichen Person Abstand genommen werden muss; wie das weitere Procedere dann auszugestalten ist, wird bereits diskutiert.[275)] Die Dienstleistungsrichtlinie ist allerdings auch auf rein innerstaatliche Sachverhalte anwendbar,[276)] sodass die Frage der natürlichen Person auch bei rein innerdeutschen Sachverhalten noch nicht rechtssicher beantwortet ist.

3. Eignung

121 Zum Insolvenzverwalter ist gemäß § 56 Abs. 1 Satz 1 InsO eine für den jeweiligen Einzelfall geeignete Person zu bestellen.

a) Geschäftsfähigkeit

122 Für das Amt des Insolvenzverwalters ist nach allgemeiner Ansicht volle Geschäftsfähigkeit i. S. der §§ 104 ff. BGB erforderlich. Dies folgt schon aus §§ 105 Abs. 1, 107 ff. BGB,

---

267) BGH, Beschl. v. 2.2.2017 – IX AR (VZ) 1/16, ZVI 2017, 278.

268) OLG Düsseldorf, Beschl. v. 31.8.2016 – I-3 VA 1/15, ZInsO 2017, 1490.

269) BVerfG, Beschl. v. 23.5.2006 – 1 BvR 2530/04, ZIP 2006, 1355; BGH, Beschl. v. 19.12.2007 – IV AR (VZ) 6/07, ZIP 2008, 515.

270) BVerfG, Beschl. v. 23.5.2006 – 1 BvR 2530/04, ZIP 2006, 1355; vgl. BGH, Beschl. v. 13.1.2022 – IX AR(VZ) 1/20, Rz. 48, ZRI 2022, 114.

271) *Kleine-Cosack*, NZI 2011, 791 m. w. N.

272) AG Mannheim, Beschl. v. 14.12.2015 – 804 AR 163/15, ZVI 2016, 114 = ZIP 2016, 132, dazu EWiR 2016, 83 *(Römermann)*; *Kruth*, Die Auswahl und Bestellung des Insolvenzverwalters, S. 106 ff.

273) BGH, Beschl. v. 19.9.2013 – IX AR (VZ) 1/12, ZIP 2013, 2070, dazu EWiR 2014, 23 *(Eckardt)*.

274) BVerfG, Beschl. v. 12.1.2016 – 1 BvR 3102/13, ZIP 2016, 321, dazu EWiR 2016, 145 *(Flöther)*.

275) Z. B. *Pape*, ZInsO 2015, 1650.

276) EuGH, Urt. v. 30.1.2018 – Rs. C-360/15 und Rs. C-31/16, NVwZ 2018, 307 = BeckRS 2018, 425.

wonach Willenserklärungen Geschäftsunfähiger nichtig sind und Willenserklärungen beschränkt Geschäftsfähiger unter dem Vorbehalt der Zustimmung eines gesetzlichen Vertreters stehen, was sich mit der Amtsausübung eines Insolvenzverwalters ersichtlich nicht vereinbaren lässt. Untauglich zum Verwalteramt sind ferner unter Vormundschaft Stehende, zumal Vormundschaft ohnehin nur für Minderjährige angeordnet werden kann (§ 1773 Abs. 1 BGB). Eine unter rechtlicher Betreuung stehende (volljährige) Person kann ebenfalls nicht zum Insolvenzverwalter bestellt werden. Eine nachträglich festgestellte Unfähigkeit zum Verwalteramt löst andere Rechtsfolgen aus als eine nachträglich festgestellte Untauglichkeit zum Verwalteramt. Die Ernennung amtsunfähiger Personen hat zur Folge, dass die Ernennung ex tunc unwirksam ist, mit der weiteren Folge, dass sämtliche Handlungen des Bestellten unwirksam sind. Die Bestellung einer zum Verwalteramt untauglichen Person hingegen stellt lediglich einen Grund für eine Entlassung nach § 59 InsO dar.

b) Geschäftskunde

Die für den Einzelfall erforderliche Geschäftskunde ist ein Regelbeispiel der Eignung, wenngleich sich keine Beschreibung der Geschäftskunde im Gesetz findet, insbesondere kein „Hauptberuf" gefordert wird. Insoweit scheint es etwas gewagt, Steuerberater nicht in die Vorauswahlliste aufzunehmen.[277)] Unter Geschäftskunde sind sowohl **rechtliche als auch wirtschaftliche Kenntnisse** zu verstehen, wie sie in einem Insolvenzverfahren unverzichtbar sind. 123

- Hierzu gehören Kenntnisse im Insolvenzrecht, aber auch im Handels- und Gesellschaftsrecht sowie Steuer- und Arbeitsrecht.
- Die wirtschaftlichen Kenntnisse beziehen sich auf die Fähigkeit, Jahresabschlüsse auswerten, betriebswirtschaftliche Analysen für eine Sanierung erstellen und einen Kaufpreis für eine übertragende Sanierung ermitteln zu können.

Erfolgt die Bewerbung um die Aufnahme in die Vorauswahlliste unter **Beschränkung auf bestimmte Verfahren**, sind die Anforderungen an die Fähigkeiten entsprechend zu reduzieren. Soweit die Aufgaben des Insolvenzverwalters nicht höchstpersönlich sind, reicht auch ein Nachweis der Eignung in Person der Mitarbeiter des Kandidaten. Berücksichtigt werden können auch Erfahrungen als sog. „Schattenverwalter". 124

c) Kanzleiorganisation

Zu berücksichtigen hat das Insolvenzgericht im Einzelfall auch Erfahrungen mit dem Auszuwählenden in Bezug auf **Größenmerkmale des Schuldners**, dessen Branche, die Notwendigkeit einer Betriebsfortführung, ggf. Fremdsprachenkenntnisse, kriminelle Hintergründe der Insolvenz etc. Je größer und komplexer sich ein Insolvenzverfahren (im Zeitpunkt der Insolvenzantragstellung) darstellt, desto größer ist das Erfordernis, dass der Auszuwählende über eine **leistungsfähige Kanzleiorganisation** verfügt. Zwar kann ein Insolvenzverwalter immer auch auf die Mitarbeiter des Schuldners zurückgreifen, jedoch sind dort oftmals insolvenzspezifische Kenntnisse nicht vorhanden. Nicht selten kommt es auch bereits im Zusammenhang mit Krise und Insolvenzantragstellung zu einer Personalfluktuation im Bereich der fähigsten Mitarbeiter. Daher muss der Insolvenzverwalter in der Lage sein, die entsprechenden Aufgaben mit eigenen (nicht notwendigerweise angestellten) Mitarbeitern erfüllen zu können. Dies steht jedoch im untrennbaren Zusammenhang mit der Frage, welche Aufgaben i. S. des § 4 Abs. 1 Satz 3 InsVV zulasten der Masse auf **externe Dritte** delegiert werden können; was derartiger Delegation zugänglich ist, muss nicht personelle Kapazitäten im Verwalterbüro erfordern. Dabei ist auch die Historie zu berück- 125

277) So aber OLG Hamburg, Beschl. v. 29.8.2017 – 2 VA 1/16, ZVI 2018, 104.

sichtigen, denn § 5 Abs. 2 VergVO als Vorläufernorm des § 4 Abs. 1 InsVV für den Geltungsbereich von KO/GesO/VerglO sah noch einen gesonderten Auslagenerstattungsanspruch für verfahrensbezogen neu eingestellte Mitarbeiter des Verwalters vor. Diese Vorfinanzierung des Verfahrens durch den Verwalter sollte mit der Schaffung des § 4 Abs. 1 Satz 3 InsVV beendet werden, sodass der Verwalter im Grunde alles delegieren kann, fraglich allein ist, wer i. S. einer Abgrenzung von Regel-/Sonderaufgaben Vergütungsschuldner des Dritten ist.

d) Unabhängigkeit

126 Die für den Einzelfall erforderliche Unabhängigkeit des Insolvenzverwalters von Gläubigern und Schuldner ist ein Regelbeispiel der Eignung. Die erforderliche Unabhängigkeit wird nicht schon dadurch ausgeschlossen, dass der Verwalterkandidat vom Schuldner oder einem Dritten vorgeschlagen wurde oder er den Schuldner vor dem Eröffnungsantrag in allgemeiner Form über den Ablauf eines Insolvenzverfahrens und dessen Folgen beraten hat. Folglich ist nicht jede Form der Vorbefassung schädlich, maßgebend ist der Einzelfall.[278] Abgesehen selbstverständlich vom Vergütungsanspruch des Insolvenzverwalters darf der Verwalterkandidat nicht wirtschaftlich von Schuldner oder Gläubigern abhängig (gewesen) sein. Vorinsolvenzliche Befassungen mit dem **Schuldner** sind schädlich, wenn der Verwalterkandidat, z. B. als Rechtsanwalt, Wirtschaftsprüfer oder Steuerberater, Interessen des Schuldners vertreten hat oder gar ein früheres Sanierungskonzept von ihm gescheitert ist.

127 Schwieriger zu beurteilen ist die **Unabhängigkeit von Gläubigern**. Selbstverständlich ist noch, dass der Verwalterkandidat nicht selbst Gläubiger des Schuldners sein darf, weshalb auch nach Bestellung gewährte Massekredite des (vorläufigen) Verwalters aus seinem Privatvermögen im höchsten Maße bedenklich sind und eine Entlassung rechtfertigen dürften. Nichts anderes gilt für Bürgschaften des (vorläufigen) Insolvenzverwalters für Massekredite Dritter. Großzügiger wird man hier wohl sein müssen, wenn der Verwalterkandidat aus einem früheren Insolvenzantragsverfahren noch einen offenen Vergütungsanspruch als vormaliger vorläufiger Insolvenzverwalter hat, der im folgenden Verfahren lediglich Insolvenzforderung ist. Allerdings darf dabei nicht übersehen werden, dass der Verwalterkandidat wegen aus dem früheren Verfahren entnommener Vergütungen auch Anfechtungsgegner sein kann; insoweit wäre stets die Bestellung eines Sonderinsolvenzverwalters ratsam – oder eben die Bestellung eines anderen Verwalters.

128 Soweit Verwalterkandidaten auch als Berater bzw. Rechtsanwälte tätig sind, steht in der Diskussion, ob die Vertretung von Großgläubigern (z. B. Banken) schädlich i. S. der Unabhängigkeit sein soll. Dies wird wohl nur im Einzelfall bewertet werden können.

> **Praxishinweis**
>
> Eine gelegentliche Vertretung von Banken – auch gegen andere Insolvenzverwalter – führt nicht automatisch zu einer Abhängigkeit des Verwalterkandidaten. Vielmehr steigert dies die Fachkenntnis und die Motivation, Vorgänge verstärkt außergerichtlich zu klären zu versuchen. Ist diese Beziehung jedoch regelmäßiger Natur und führt sie zu einem nicht unerheblichen Anteil am Honorarvolumen des Verwalterkandidaten, muss eine Unabhängigkeit verneint werden.

129 Eine besondere Aufmerksamkeit hinsichtlich der Unabhängigkeit ist geboten bei wirtschaftlich miteinander verbundenen Schuldnern, was bei der GmbH & Co. KG anfängt und über **Organträger/-gesellschaften** bis zur **Konzerninsolvenz** reicht. Sofern absehbare Interessen-

278) *Spiekermann*, NZI 2020, 977.

konflikte nicht über Sonderinsolvenzverwalter lösbar scheinen, sollten verschiedene Insolvenzverwalter eingesetzt werden (vgl. § 56b Abs. 1 InsO).

Wenig diskutiert wird eine **Unabhängigkeit innerhalb der eigenen Kanzlei. Angestellte** 130
Insolvenzverwalter sind faktisch in vielen Bereichen nicht unabhängig, da das Dienstverhältnis insoweit Vorrang hat. Sie haben zumeist auch nur geringen Einfluss auf Veränderungen in der Struktur der Verfahrensabwicklung, die von der Kanzlei vorgegeben wird. Oftmals haben sie nicht einmal Weisungsrecht gegenüber Sachbearbeitern z. B. der Buchhaltung oder Tabellenführung. Regelmäßig sind selbst zukünftige Ansprüche aus Verwaltervergütungen an die Kanzlei abgetreten, sodass sich ein Insolvenzverwalter bei Stellenwechsel „freikaufen" muss. Bei Kündigung des Arbeitsverhältnisses kann gar ein Hausverbot im Raum stehen. Die Arbeitgeberkanzlei hat Mitbesitz an den Akten mit vollständigem Einsichtsrecht.[279] Nicht zuletzt beruhen einige selbst beantragten Entlassungen nach § 59 InsO auf diesen Gründen. Insoweit dürfte ernsthaft zweifelhaft sein, ob angestellte Insolvenzverwalter unabhängig sind und – im Lichte des § 92 Satz 2 InsO – nach einer Entlassung i. S. des § 59 InsO ein neuer Insolvenzverwalter aus derselben Kanzlei (regelmäßig der ehemalige „Chef") bestellt werden darf; die Prüfung von Regressansprüchen gegen den Amtsvorgänger dürfte hier oftmals nicht die notwendige Intensität erfahren, da sich der Amtsvorgänger regelmäßig so verteidigen wird, dass unvorteilhafte Arbeitsabläufe der Kanzlei evident werden.

Dass die Einkünfte aus Insolvenzverwaltertätigkeit inzwischen nicht mehr als gewerbliche, 131
sondern als freiberufliche Einkünfte charakterisiert werden, hat der BFH in seiner diesbezüglichen Leitentscheidung auch darauf gestützt, dass die Arbeitsleistung den „Stempel des Steuerpflichtigen" tragen muss.[280] Steuerpflichtig ist aber aufgrund der Abtretung des Vergütungsanspruchs vom angestellten Insolvenzverwalter an die Arbeitgeberkanzlei eben diese (UStAE zu § 2, Abschn. 2.2. Abs. 3 Satz 6, 7). Folglich muss die Arbeitgeberkanzlei der Verfahrensabwicklung des angestellten Insolvenzverwalters ihren Stempel aufdrücken, um nicht gewerbesteuerpflichtig zu werden,[281] was einer Unabhängigkeit i. S. des § 56 InsO entgegensteht. Teils wird sogar gefordert, der Kanzleiinhaber müsse die wesentlichen Verfahrensabschnitte (Durchführung eines Eröffnungsgesprächs, Erstellung des Gläubigerverzeichnisses, Prüfung und Feststellung der Forderungen zur Tabelle, Erstellung eines Schuldnerverzeichnisses bzw. Verteilungsverzeichnisses, Rechnungslegung mittels Schlussbericht, Zwischen- bzw. Schlussberichte nebst Ausschüttungsverzeichnis im Verfahren zur Erlangung der Restschuldbefreiung) entscheidend persönlich prägen.[282] Sollte sich diese Auffassung durchsetzen, könnte ein angestellter Insolvenzverwalter schon im Grundsatz nicht mehr die Anforderungen des § 56 InsO erfüllen. Letztlich hat der BGH die Beschränkung des Verwalteramts auf natürliche Personen vehement verteidigt,[283] eine Vielzahl von angestellten Insolvenzverwaltern innerhalb einer Kanzlei ist aber de facto nichts anderes als Insolvenzabwicklung durch eine juristische Person oder Personen-Gesellschaft. Auch die Unabhängigkeit von **Gesellschaftern** einer Kanzlei ist fraglich, wenn Wettbewerbsklauseln nach dem Ausscheiden aus der Kanzlei Gültigkeit[284] haben sollen. Insoweit liegt das Verbot der Bestellung von Gesellschaften zu Insolvenzverwaltern jenseits der

279) OLG Brandenburg, Urt. v. 6.11.2019 – 4 U 123/19, ZIP 2019, 2307. Hierzu ausführlich *Weiß*, ZInsO 2020, 651.

280) BFH, Urt. v. 15.12.2010 – VIII R 50/09, ZIP 2011, 582, dazu EWiR 2011, 251 *(Runkel/J. M. Schmidt)*.

281) So auch *Otto*, BRAK-Magazin 6/2011, 10.

282) FG Hamburg, Urt. v. 5.6.2018 – 2 K 54/14, ZIP 2018, 2038.

283) BGH, Beschl. v. 19.9.2013 – IX AR (VZ) 1/12, ZIP 2013, 2070; bestätigt von BVerfG, Beschl. v. 12.1.2016 – 1 BvR 3102/13, ZIP 2016, 321.

284) KG Berlin, Urt. v. 19.12.2014 – 14 U 8/14, ZIP 2015, 649.

Entwicklungen am Rechtsmarkt, umgekehrt wird der kanzleiinternen Unabhängigkeit zu wenig Aufmerksamkeit geschenkt.

e) Weitere objektive Kriterien

132 Daneben gibt es weitere objektive Kriterien der Eignung. Ein eigener **Vermögensverfall** kann rechtlich nicht grundsätzlich zum Ausschluss vom Verwalteramt führen, sondern bedarf der Einzelfallbetrachtung. Faktisch ist eine Bestellung natürlich ausgeschlossen. § 1 InsO unterscheidet nicht zwischen verschiedenen Berufsgruppen, sodass eine ansonsten unzweifelhafte Redlichkeit eine Verwalterbestellung nicht ausschließt.[285)] Zweifelsfrei erforderlich ist jedoch **Ehrlichkeit,**[286)] was allerdings umgekehrt den Nachweis einer Unehrlichkeit als Erfordernis impliziert und schon bei der Führung der korrekten Berufsbezeichnung und akademischen Grade beginnt,[287)] sowie eine **Trennung der Vermögensmassen.**[288)] Stehen der Annahme der Redlichkeit Vorstrafen entgegen, müssen diese Rückschlüsse auf eine fehlende Eignung oder Unabhängigkeit zulassen.[289)] Selbiges gilt für früheres Fehlverhalten in anderen Insolvenzverfahren.[290)] Eine **Altersgrenze** gibt es nicht, jedenfalls nicht für die Aufnahme in die Vorauswahlliste.[291)]

133 Vielfach diskutiert wird das Merkmal der **Ortsnähe bzw. Erreichbarkeit.**[292)] Ob der Kandidat nun an einem Tag[293)] oder zwei Tagen[294)] je Woche in einem Büro vor Ort erreichbar sein muss oder die Fahrtzeit dorthin fünfzig Minuten[295)] oder bis zu zwei Stunden[296)] dauert, scheint insgesamt keine zielführende Diskussion zu sein. Akzeptabel ist die Forderung nach der Möglichkeit kurzfristiger Terminvereinbarungen,[297)] die jedoch eher aus der Schuldner- und Gläubigerperspektive zu beantworten ist. Viele Gerichte fordern auch noch die Unterhaltung eines Büros im Gerichtsbezirk,[298)] was mit der EU-Dienstleistungsrichtlinie nicht vereinbar sein dürfte.[299)] Entscheidend ist lediglich, ob der Insolvenz-

---

285) Ausführlich *Zimmer*, Haftung des eingewechselten Verwalters, S. 234.

286) BGH, Beschl. v. 6.5.2004 – IX ZB 349/02, ZIP 2004, 1214; BGH, Beschl. v. 17.3.2011 – IX ZB 192/10, ZVI 2011, 167 = ZIP 2011, 671.

287) BGH, Beschl. v. 23.9.2009 – V ZB 90/09, NZI 2009, 820 – Zwangsverwalter; BGH, Beschl. v. 9.6.2011 – IX ZB 248/09, ZIP 2011, 1526 – Insolvenzverwalter.

288) BGH, Beschl. v. 17.3.2011 – IX ZB 192/10, ZVI 2011, 167 = ZIP 2011, 671.

289) Vgl. BGH, Beschl. v. 31.1.2008 – III ZR 161/07, ZIP 2008, 466, dazu EWiR 2008, 185 *(Eckardt)*; OLG Brandenburg, Beschl. v. 6.8.2009 – 11 VA 1/09, ZIP 2009, 1870; OLG Stuttgart, Urt. v. 9.5.2007 – 4 U 204/06, ZIP 2007, 1822.

290) OLG Frankfurt/M., Beschl. v. 4.2.2008 – 20 VA 5/06, ZIP 2008, 1835; AG Mannheim, Beschl. 7.12.2009 – AR 52/09, NZI 2010, 107.

291) OLG Hamburg, Beschl. v. 6.1.2012 – 2 VA 15/11, ZIP 2012, 336, dazu EWiR 2012, 145 *(Römermann)*; KG Berlin, Beschl. v. 14.1.2008 – 1 VA 8/07, ZIP 2008, 284.

292) Erforderlich nach BVerfG, Beschl. v. 12.7.2006 – 1 BvR 1469/05, ZIP 2006, 1954; OLG Koblenz, Beschl. v. 12.5.2005 – 12 VA 1/04, ZIP 2005, 1283, dazu EWiR 2005, 865 *(Römermann)*; OLG München, Beschl. v. 7.12.2004 – 9 VA 4/04, ZIP 2005, 670; OLG Schleswig, Beschl. v. 28.2.2005 – 12 VA 3/04, ZIP 2005, 1467, dazu EWiR 2005, 895 *(Hess)*. Differenzierend KG Berlin, Beschl. v. 22.11.2010 – 1 VA 12/10, ZIP 2010, 2461; OLG Brandenburg, Beschl. v. 6.8.2009 – 11 VA 5/07, NZI 2009, 723; OLG Düsseldorf, Beschl. v. 27.1.2009 – I-3 VA 8/08, ZIP 2009, 1683; OLG Düsseldorf, Beschl. v. 20.1.2011 – I-3 VA 2/10, ZIP 2011, 341; OLG Hamm, Beschl. 29.5.2008 – I-27 VA 7/07, ZIP 2008, 1189.

293) OLG Köln, Beschl. v. 27.3.2015 – 7 VA 4/14, ZVI 2016, 23.

294) BVerfG, Beschl. v. 3.8.2009 – 1 BvR 369/08, ZIP 2009, 1722.

295) OLG Celle, Beschl. v. 4.3.2015 – 16 VA 1/15, ZIP 2015, 742.

296) KG Berlin, Beschl. v. 22.11.2010 – 1 VA 12/10, ZIP 2010, 2461.

297) KG Berlin, Beschl. v. 22.11.2010 – 1 VA 12/10, ZIP 2010, 2461.

298) KG Berlin, Beschl. v. 22.11.2010 – 1 VA 12/10, ZIP 2010, 2461.

299) *Vallender*, ZIP 2011, 454. Vgl. auch EuGH, Urt. v. 30.1.2018 – Rs. C-360/15 und Rs. C-31/16, NVwZ 2018, 307 = BeckRS 2018, 425.

verwalter nach den Gesamtumständen über das Ob der einzelnen Abwicklungsmaßnahmen in jedem Verfahren entscheidet und die Umsetzung der Entscheidungen kontrolliert, wobei die Organisations- und Abwicklungsentscheidungen regelmäßig auch mit den Mitteln der technischen Bürokommunikation herbeigeführt werden können.[300] Lediglich bei einer Erstbestellung können derartige Aspekte erwogen werden, in Folgebestellungen dominiert die Erfahrung mit dem Verwalter. Daher fasst der BGH zusammen: „Die Merkmale der Ortsnähe und der Erreichbarkeit des Insolvenzverwalters vor Ort stellen keine sachgerechten Kriterien für die generelle Geeignetheit zur Aufnahme eines Bewerbers in die Vorauswahlliste dar. Der ortsnah erreichbare Bewerber muss sein insolvenzrechtlich geschultes Personal nicht ständig ortsnah vorhalten."[301] Relevant seien derartige Faktoren nur bei der Ermessensausübung bei der konkreten Bestellung.[302]

f) Soft Skills

Ferner werden Kriterien diskutiert, die nicht immer messbar sind und als Soft Skills bezeichnet werden. Bei der Forderung nach Vertrauenswürdigkeit und anderen „weichen" Kriterien ist zwischen der Sichtweise des Gerichts und der Sichtweise der Gläubiger(organe) zu differenzieren. Das früher zu § 57 InsO Diskutierte muss im Lichte der größeren Gläubigerbeteiligung seit ESUG bereits bei der Auswahl i. S. des § 56 InsO berücksichtigt werden, wobei es aufgrund der regelmäßigen Personenidentität zwischen vorläufigem Verwalter und Insolvenzverwalter schon bei Auswahl des ersteren relevant ist. *Kruth* hat herausgearbeitet, dass emotionale Kriterien wie Glaubwürdigkeit und Vertrauen zwar in der Privatwirtschaft zunehmende Bedeutung bei Entscheidungsprozessen finden, auch bei Personalentscheidungen, derartige subjektive Kriterien jedoch bei einem staatlichen Auswahlsystem nur sehr eingeschränkt Berücksichtigung finden dürfen. Er unterscheidet bei der Frage der **Messbarkeit** der Kriterien zwischen Suchkomponenten *(search qualities)*, Erfahrungskomponenten *(experience qualities)* und Glaubenskomponenten *(credence qualities)*, wobei er letztere aus dem Auswahlverfahren bei der Verwalterbestellung mit guten Gründen eliminiert.[303] Kriterien wie Mut, Rückgrat, Selbstbewusstsein, gute Menschenkenntnis und dergleichen sind als derartige *credence qualities* nicht messbar;[304] auf derartige Begriffe kann eine Bestellungsentscheidung in der insolvenzrechtlichen Neuzeit nicht (mehr) gestützt werden,[305] insbesondere nicht gegen die Gläubigerwünsche. Allenfalls muss anschließend die aus §§ 58, 59 InsO resultierende Überwachungspflicht intensiver wahrgenommen werden. Schlichtweg absurd ist insoweit die Forderung nach Leumundszeugnissen.[306] 134

4. Bestellung

Die Bestellungsentscheidung des Insolvenzgerichts aufgrund § 56 Abs. 1 Satz 1 InsO erfolgt im Eröffnungsbeschluss (§ 27 Abs. 2 Nr. 2 InsO). Da der Eröffnungsbeschluss öffentlich bekannt zu machen ist (§ 30 Abs. 1 InsO), wird zugleich die Bestellung des Insolvenzverwalters bekannt gemacht. Gleichfalls hat eine Zustellung des Eröffnungsbeschlusses an 135

300) BFH, Urt. v. 15.12.2010 – VIII R 37/09, ZIP 2011, 1329.

301) BGH, Beschl. v. 17.3.2016 – IX AR (VZ) 2/15, ZIP 2016, 930, dazu EWiR 2016, 341 *(Zipperer)*.

302) BGH, Beschl. v. 17.3.2016 – IX AR (VZ) 2/15, ZIP 2016, 930; BGH, Beschl. v. 17.3.2016 – IX AR (VZ) 3/15, JurionRS 2016, 14812; BGH, Beschl. v. 17.3.2016 – IX AR (VZ) 4/15, JurionRS 2016, 14849.

303) *Kruth*, Die Auswahl und Bestellung des Insolvenzverwalters, S. 241 ff.

304) Zur Messbarkeit der Auswahlkriterien *Haarmeyer*, ZInsO 2006, 673, 675 ff.

305) Vgl. *Zimmer*, Haftung des eingewechselten Verwalters, S. 236 f.

306) OLG Düsseldorf, Beschl. v. 20.1.2011 – I-3 VA 2/10, ZIP 2011, 341.

den Schuldner, die Gläubiger und die Drittschuldner zu erfolgen (§ 30 Abs. 2 InsO). Einer Begründung der Auswahlentscheidung bedarf es nicht, da die isolierte Anfechtung der Bestellungsentscheidung nicht möglich ist. Die Entscheidung stellt auch keinen Rechtsprechungsakt dar,[307] sodass das sog. Richterprivileg des § 839 Abs. 2 BGB nicht greift.

5. Bestellungsurkunde

136 Gemäß § 56 Abs. 2 Satz 1 InsO erhält der Insolvenzverwalter eine Urkunde über seine Bestellung. Die Bestellung selbst erfolgt im Eröffnungsbeschluss (§ 27 Abs. 2 Nr. 2 InsO). Die Bestellungsurkunde hat lediglich **deklaratorische Bedeutung** und dient dem Insolvenzverwalter zum Nachweis seiner Legitimation im Geschäftsverkehr, vermittelt jedoch keinen Gutglaubensschutz. Die Ausfertigung der Bestellungsurkunde erfolgt gemäß § 3 Nr. 2 lit. e RPflG durch den Rechtspfleger. Bei Verlust des Originals hat er bei Bedarf eine neue Ausfertigung zu erstellen. Für die Fertigung von eventuell benötigten beglaubigten Abschriften sind die jeweils zuständigen Urkundsbeamten der Geschäftsstelle zuständig.

137 Gemäß § 56 Abs. 2 Satz 2 InsO hat der Insolvenzverwalter die Bestellungsurkunde nach Beendigung seines Amts **zurückzugeben**. Damit soll ein Missbrauch der Urkunde verhindert werden. Üblicherweise genügt eine Aufforderung des Insolvenzgerichts zur Rückgabe; im Zweifel besteht die Möglichkeit, Zwangsmittel einzusetzen (§ 58 InsO). Bei Verlust der Bestellungsurkunde reicht eine entsprechende Mitteilung des Verwalters.

6. Annahme des Verwalteramts und Amtsbeendigung

138 Da ein bestellter Insolvenzverwalter nicht zur Übernahme des Amts verpflichtet ist, ist eine Annahme des Verwalteramts erforderlich. Dies erfolgt in der Praxis regelmäßig konkludent, jedoch ist eine **schriftliche Annahmeerklärung** der Rechtssicherheit und einer sorgfältigen Aktenführung auf beiden Seiten durchaus sachdienlich.

139 Soweit das Amt nicht aufgrund einer Entscheidung der Gläubigerorgane (§§ 56a, 57 InsO) bzw. durch Entlassung durch das Insolvenzgericht (§ 59 InsO) endet, kommt eine vorzeitige **Amtsbeendigung** nur durch Tod des Verwalters in Betracht. Im Übrigen endet das Verwalteramt mit Einstellungs- bzw. Aufhebungsbeschluss, soweit nicht Planüberwachung oder Nachtragsverteilung angeordnet wurden.

III. Gläubigerveranlasster Verwalterwechsel

1. Wahl eines anderen Insolvenzverwalters nach § 57 InsO

140 Die vorbeschriebene Auswahl des Insolvenzverwalters durch das Insolvenzgericht ist ein Kompromiss, der auf die Gründung des Deutschen Reichs zurückgeht. § 213 PreußKO sah vor, dass die Konkursgläubiger oder deren Bevollmächtigte den Verwalter in Vorschlag zu bringen haben; für das Amt des Verwalters waren von jedem Gläubiger drei Personen zu bezeichnen, das Gericht ernannte den Verwalter aus der Zahl der vorgeschlagenen Personen. Zuvor war nach § 128 PreußKO ein einstweiliger Verwalter tätig, der dem heutigen vorläufigen Insolvenzverwalter im Aufgabenbereich ähnlich war. In anderen Königreichen und Fürstentümern wurde das Insolvenzverfahren ohne Gläubigerbeteiligung als reines Gerichtsverfahren mit dem Verwalter als bloßem Gehilfen des Gerichts abgewickelt. So sah dann die erste KO von 1877 als Ausprägung der **Gläubigerautonomie** die noch heute bekannte Lösung vor, dass der Insolvenzverwalter aus Zeitgründen zunächst vom Insolvenzgericht ausgewählt wird, jedoch in der ersten Gläubigerversammlung eben diese das Recht zur Wahl eines anderen Insolvenzverwalters hat. Allerdings gab

307) BVerfG, Beschl. v. 23.5.2006 – 1 BvR 2530/04, ZIP 2006, 1355.

es bei Einführung der KO keinen vorläufigen Verwalter, sodass zwischen Eröffnung nebst Verwalterbestellung bis zur ersten Gläubigerversammlung nur wenige Wochen vergingen. Seit Legitimierung eines vorläufigen Insolvenzverwalters vergehen zwischen Bestellung und Berichtstermin jedoch mehrere Monate, teils ist dann sogar schon ein Großteil des Verfahrens – entgegen § 157 InsO – abgewickelt, was § 57 InsO nicht unerheblich entwertet. Zwar ist bereits vor der Bestellung eines vorläufigen Insolvenzverwalters die Einsetzung eines vorläufigen Gläubigerausschusses möglich (§ 56a Abs. 1 InsO), jedoch erhält auch ein Gläubigerausschuss erst durch eine Gläubigerversammlung seine Legitimierung eben durch die Gläubiger. Mit diesem Konstrukt ist von Gläubigerautonomie nicht mehr viel übrig geblieben.

Erste Gläubigerversammlung i. S. des § 57 Satz 1 InsO ist regelmäßig der **Berichtstermin.** 141
Dort ist erster Tagesordnungspunkt stets die Wahl des Verwalters durch die Gläubigerversammlung. Sofern ausnahmsweise vor dem Berichtstermin eine **fakultative Gläubigerversammlung** i. S. des § 75 InsO anberaumt wurde, ist diese nur dann „erste" Gläubigerversammlung, wenn sie den Tagesordnungspunkt Verwalterwahl enthält. Dann allerdings muss die Tagesordnung für den Berichtstermin rechtzeitig unter Korrektur des Eröffnungsbeschlusses geändert werden, da dieser Tagesordnungspunkt nicht zweimal festgelegt werden darf. Spätere Gläubigerversammlungen sind grundsätzlich nicht mehr berechtigt, den Insolvenzverwalter zu wählen. Insbesondere führt weder die Bestellung eines nach § 57 InsO Gewählten noch deren Versagung zum erneuten Wahlrecht der darauffolgenden Gläubigerversammlung.[308] Eine Ausnahme ist nur dann zu machen, wenn der Insolvenzverwalter entlassen wurde oder verstorben ist und es auf diese Weise zu einem Verwalterwechsel kommt; die danach folgende Gläubigerversammlung ist „erste" Gläubigerversammlung i. S. des § 57 Satz 1 InsO[309] und wäre eigentlich zwingend einzuberufen.

§ 56a Abs. 3 InsO führt zu keiner Veränderung der Situation. Insbesondere verdrängt das 142
dortige **Wahlrecht des Gläubigerausschusses** nicht das Wahlrecht der Gläubigerversammlung aus § 57 InsO. Nichts anderes kann im Fall des § 56b InsO gelten, da § 57 InsO nicht geändert wurde.

Es ist zu berücksichtigen, dass eine Gläubigerversammlung unter den Voraussetzungen der 143
§ 4 Satz 1 InsO, §§ 227 Abs. 1 Satz 1 ZPO, Art. 103 Abs. 1 GG vertagt werden kann.[310] Für die Folgen der **Vertagung** ist unerheblich, welche offenen Punkte der Tagesordnung im vertagten Termin abzuhandeln sind. Die Vertagung führt insbesondere nicht zu einem Verbrauch oder einem Verlust des Wahlrechts aus § 57 InsO, wenn die Vertagung schon vor Abhandlung des TOP Verwalterwahl erfolgt. Ob eine missbräuchliche Motivation der Vertagung vorliegt, ist anhand der erheblichen Gründe analog § 227 Abs. 1 Satz 1 ZPO zu prüfen.

Im **Insolvenzplanverfahren** ist die Reihenfolge der Gläubigerversammlungen sowie des 144
Prüfungstermins zu beachten. Werden Berichts-, Prüfungs-, Erörterungs- und Abstimmungstermin miteinander verbunden, müssen die Tagungsordnungspunkte des verbundenen Termins genau dieser Reihenfolge entsprechen, wobei auch hier die Wahl des Verwalters stets TOP 1 ist.[311]

Die **Eigenverwaltung** nach altem Recht war insoweit problematisch, als auch sie im Fall der 145
nachträglichen Anordnung auf die „erste" Gläubigerversammlung abstellte (§ 271 InsO

308) Ausführlich *Zimmer*, Haftung des eingewechselten Verwalters, S. 114 ff.

309) Ausführlich *Zimmer*, Haftung des eingewechselten Verwalters, S. 128 ff.

310) Ausführlich *Zimmer*, Haftung des eingewechselten Verwalters, S. 101 ff.

311) Ausführlich *Zimmer*, Haftung des eingewechselten Verwalters, S. 143 ff.

a. F.). In den ab dem 1.3.2012 beantragten Verfahren können auch spätere Gläubigerversammlungen die nachträgliche Anordnung der Eigenverwaltung beantragen.

> **Praxishinweis**
>
> Wird in der „ersten" Gläubigerversammlung Eigenverwaltung beantragt, kann dies nur nach dem TOP Verwalterwahl erfolgt sein, d. h. das Wahlrecht aus § 57 InsO war bei Abstimmung über die Beantragung der Eigenverwaltung bereits verbraucht.

146 Dass nun anschließend ein Sachwalter zu bestellen ist, lässt das Wahlrecht nach § 57 InsO (Wahl eines neuen Sachalters) nicht wieder aufleben, jedenfalls nicht für die nächste Gläubigerversammlung; allenfalls ein Wahlrecht noch in derselben Gläubigerversammlung könnte bestehen.[312)] Wurde die Eigenverwaltung mit Insolvenzeröffnung angeordnet, findet § 57 InsO unproblematisch Anwendung auf den Sachwalter (§ 274 Abs. 1 InsO).

147 Die Wahl durch die Gläubigerversammlung erfolgt durch **Abstimmung**. Hier gelten grundsätzlich die allgemeinen Regelungen zur **Beschlussfassung**. Besonderheit ist jedoch, dass neben der **Forderungsmehrheit** auch die **Kopfmehrheit** erreicht werden muss (§ 57 Satz 2 InsO). Sämtliche Anträge auf Wahl des Insolvenzverwalters müssen bis zum Abstimmungsbeginn vorliegen.

> **Praxishinweis**
>
> Hat das Gericht als Versammlungsleiter die Abstimmung bereits eingeleitet, sind weitere Anträge unzulässig. Der nach einer gescheiterten Wahl vorgebrachte weitere Antrag ist ebenso unzulässig.

148 Werden vor Beginn der Abstimmung mehrere Verwalterkandidaten vorgeschlagen, müssen die Abstimmungen nacheinander erfolgen. Zuerst ist über denjenigen Antrag abzustimmen, der nach subjektiver Einschätzung des Sitzungsleiters die größte Wahrscheinlichkeit einer Zustimmung hat.[313)]

149 Weiteres Erfordernis für die Wirksamkeit des Beschlusses ist die **Verkündung** des Abstimmungsergebnisses sowie die **Aufnahme in das Sitzungsprotokoll**. Eine **Aufhebung des Beschlusses** nach § 78 InsO ist weder auf Antrag des ausgeschiedenen Verwalters[314)] noch auf Antrag eines Insolvenzgläubigers[315)] möglich, da § 57 InsO lex specialis ist.

150 Nach der Beschlussfassung bedarf es noch der **Bestellung des Gewählten** durch das Insolvenzgericht. Eine Versagung der Bestellung kann nur auf mangelnde Eignung gestützt werden (§ 57 Satz 3 InsO); insoweit gelten die allgemeinen Grundsätze. Gegen die Versagung der Bestellung steht jedem Insolvenzgläubiger die **sofortige Beschwerde** zu (§ 57 Satz 4 InsO). Im Übrigen sind die Entscheidungen des Gerichts unanfechtbar.

151 **Keine Anwendung** findet die Norm auf den **Sachverständigen im Eröffnungsverfahren** und den **Treuhänder in der Wohlverhaltensphase**. Auf den **Sonderinsolvenzverwalter** ist § 57 InsO nur mit Einschränkungen anwendbar.[316)] Wegen des Verweises in § 269f Abs. 3 InsO gilt § 57 InsO auch für den **Verfahrenskoordinator** in der nationalen Gruppeninsolvenz. Bei Personenidentität mit einem Insolvenzverwalter eines der Gruppe angehöri-

312) Ausführlich *Zimmer*, Haftung des eingewechselten Verwalters, S. 148 ff.

313) Ausführlich *Zimmer*, Haftung des eingewechselten Verwalters, S. 206 ff.

314) BVerfG, Beschl. v. 9.2.2005 – 1 BvR 2719/04, ZIP 2005, 537, dazu EWIR 2005, 507 *(Berg-Grünenwald/Hertzog)*; BGH, Beschl. v. 14.10.2004 – IX ZB 114/04, ZIP 2004, 2339, dazu EWiR 2005, 359 *(Gundlach/Schirrmeister)*.

315) BGH, Beschl. v. 17.7.2003 – IX ZB 530/02, ZIP 2003, 1613.

316) Ausführlich *Zimmer*, Haftung des eingewechselten Verwalters, S. 162 ff.

gen Verfahrens ist noch nicht geklärt, ob sich § 57 InsO auch isoliert auf die Tätigkeit als Verfahrenskoordinator beziehen kann; rechtlich spricht nichts dagegen.

Im **schriftlichen Verfahren** (§ 5 Abs. 2 InsO) ist eine Anwendung des § 57 InsO kaum rechtlich zuverlässig möglich.[317] Sinnvoll kann nur sein die Überleitung in das mündliche Verfahren, wobei ein entsprechender Gläubigerantrag nicht an ein Quorum gebunden ist.[318] 152

2. Wahl eines anderen Verwalters nach § 56a Abs. 3 InsO und § 56b InsO

Für die ab dem 1.3.2012 beantragten Insolvenzverfahren sieht § 56a InsO eine Beteiligung des vorläufigen Gläubigerausschusses bei der Wahl des Insolvenzverwalters vor. An dieser Stelle interessant ist lediglich § 56a Abs. 3 Satz 2 InsO, wonach der vorläufige Gläubigerausschuss in seiner ersten Sitzung nach Eröffnung des Insolvenzverfahrens und Bestellung des Insolvenzverwalters einen anderen Insolvenzverwalter wählen können soll. Dies ist **technisch so nicht möglich**, da das Amt des vorläufigen Gläubigerausschusses mit Eröffnung des Insolvenzverfahrens endet. Wird mit Eröffnung des Insolvenzverfahrens nicht zeitgleich ein einstweiliger Gläubigerausschuss nach § 67 Abs. 1 InsO eingesetzt, geht § 56a Abs. 3 Satz 2 InsO ins Leere, da das berufene Organ nicht existent ist. Wird jedoch mit Insolvenzeröffnung ein einstweiliger Gläubigerausschuss eingesetzt, so ist dieser nicht amtsidentisch mit dem vorläufigen Gläubigerausschuss, sodass dem einstweiligen Gläubigerausschuss das Recht aus § 56a Abs. 3 Satz 2 InsO nicht zustehen dürfte. 153

Hier kann man nur mit wohlwollender teleologischer Auslegung zu dem Ergebnis kommen, dass in § 56a Abs. 3 Satz 2 InsO tatsächlich der **einstweilige Gläubigerausschuss** i. S. des § 67 Abs. 1 InsO gemeint ist. Mit dieser Auslegung kann dann auch gleichgültig sein, ob die Mitglieder des einstweiligen Ausschusses identisch mit den Mitgliedern des vorläufigen Ausschusses sind. Auch ist dann gleichgültig, ob der vorläufige Ausschuss vor oder nach Bestellung des vorläufigen Insolvenzverwalters bestellt wurde; denn ausgehend von einem Redaktionsversehen ist es schlicht ein anderes Organ als das im Gesetzeswortlaut genannte, dem das Wahlrecht aus § 56a Abs. 3 Satz 2 InsO zusteht. 154

Das Wahlrecht besteht nur in der **ersten Sitzung** des einstweiligen Gläubigerausschusses. Dort ist keine Reihenfolge der Tagesordnungspunkte kodifiziert, jedoch müssen alle konstituierenden Maßnahmen als erstes getroffen werden. Theoretisch kann die erste Ausschusssitzung auch kurz vor Beginn der ersten Gläubigerversammlung liegen, denn das Recht aus § 56a Abs. 3 Satz 2 InsO weicht erst und nur dem Recht aus § 57 InsO. Dies dürfte jedoch praxisfern sein, da Ausschüsse nur in Verfahren benötigt werden, in denen auch kurzfristige Entscheidungen zu fällen sind, sodass hier die erste Woche nach Insolvenzeröffnung von Bedeutung ist. 155

Abweichend von allen anderen Abstimmungsmöglichkeiten verlangt das Gesetz hier einen **einstimmigen Beschluss**, wobei Sinn und Zweck der Vorschrift sicher verlangen wird, dass es nicht nur auf die Stimmen der anwesenden Ausschussmitglieder ankommt, sondern auf die absolute Zahl der Ausschussmitglieder, sodass sich alle Ausschussmitglieder an der Abstimmung beteiligt haben müssen und Enthaltungen einem einstimmigen Beschluss entgegenstehen. 156

Abweichend von § 57 Satz 3 InsO hat das Insolvenzgericht hier keine ausdrücklich kodifizierte Möglichkeit, die Bestellung des Gewählten wegen fehlender Eignung zu versagen. Gleichwohl ist aber ein förmlicher **Bestellungsakt** nach § 56 InsO erforderlich, sodass die dort angesprochene **Eignung** nicht als Bestellungskriterium unberücksichtigt bleiben kann. 157

317) Ausführlich *Zimmer*, Haftung des eingewechselten Verwalters, S. 217 ff.

318) BGH, Beschl. v. 16.5.2013 – IX ZB 198/11, ZIP 2013, 2386, dazu EWiR 2013, 519 *(Ahrens)*.

Insbesondere kann auch auf diesem Wege kein Insolvenzverwalter ins Amt gehoben werden, dem es aufgrund Vorbefassung an der erforderlichen und nicht disponiblen[319] Unabhängigkeit fehlt. Insoweit ist auch hier eine wohlwollende teleologische Auslegung erforderlich, um der Norm zu einem sinnvollen Anwendungsbereich zu verhelfen.

158 Da es sich um ein echtes Wahlrecht und nicht um ein Rechtsmittel gegen den Eröffnungsbeschluss handelt, ist der **Rechtspfleger zuständig**, soweit sich der Insolvenzrichter das Verfahren nicht vorbehalten hat. Um das Wahlrecht nicht an der Willkür des Rechtspflegers scheitern zu lassen, muss jedem Ausschussmitglied gegen die Versagung der Bestellung in doppelt analoger Anwendung des § 57 Satz 4 InsO die **sofortige Beschwerde** zustehen; eine ungewollte Regelungslücke ist evident. Die vermutlich größere Bedeutung wird § 56a InsO im **Antragsverfahren** haben, da § 21 Abs. 2 Satz 1 Nr. 1 InsO u. a. auf § 56a InsO verweist und aufgrund § 21 Abs. 2 Satz 1 Nr. 1a InsO auch im Antragsverfahren ein vorläufiger Gläubigerausschuss bestellt werden kann. Das Gericht müsste demnach erst einen vorläufigen Gläubigerausschuss bestellen und ihn zur Auswahl des vorläufigen Insolvenzverwalters anhören (§ 56a Abs. 1 InsO). Die Zuständigkeit liegt insoweit beim Richter.

159 Der Gesetzgeber war hier jedenfalls keine große Hilfe. In der Verantwortung ist letztlich das Insolvenzgericht, das aber ein Tätigwerden des Gesetzgebers nicht ersetzen kann.

160 § 56b InsO betrifft den Fall der **nationalen Gruppeninsolvenz** nach §§ 269a ff. InsO. Unterbreitet der (vorläufige) Gläubigerausschuss einen Vorschlag über die Person des Insolvenzverwalters, der für alle Verfahren der Gruppe bestellt werden soll, kann ein (vorläufiger) Gläubigerausschuss eines anderen gruppenangehörigen Verfahrens einstimmig eine abweichende Entscheidung treffen. Da das Insolvenzgericht dann in der „Zwickmühle" ist, soll zunächst ein Sonderinsolvenzverwalter bestellt werden, um Interessenkonflikte aufzulösen. Hier wird die Praxis noch Arbeitsroutinen entwickeln müssen.

IV. Aufsichtsmaßnahmen des Gerichts (§§ 58, 59 InsO)

161 Ab der Bestellung des (vorläufigen) Insolvenzverwalters obliegt dem Insolvenzgericht die Aufsicht über den (vorläufigen) Insolvenzverwalter, die Maßnahmen bis hin zur Entlassung des Verwalters beinhaltet. Wegen der Einzelheiten wird nach oben, siehe Rz. 52 ff., verwiesen.

V. Aufgaben des vorläufigen Verwalters

162 Wegen der Aufgaben des vorläufigen Verwalters wird auf die separate Darstellung des Antragsverfahrens bzw. der vorläufig anzuordnenden Maßnahmen, siehe Kap. 4 [*Nissen/ Beuck*] und Kap. 5 [*Flören*], verwiesen.

VI. Inbesitznahme und Sicherung der Insolvenzmasse

1. Inbesitznahme (§ 148 Abs. 1 InsO)

163 Nach Eröffnung des Insolvenzverfahrens hat der Insolvenzverwalter das gesamte zur Insolvenzmasse gehörende Vermögen in Besitz und Verwaltung zu nehmen. Die Insolvenzmasse ist in §§ 35 ff. InsO legaldefiniert (siehe ausführlich Kap. 7 [*Muthorst*]) – § 80 Abs. 1 InsO sorgt für den Übergang der Verwaltungs- und Verfügungsbefugnis vom Schuldner auf den Insolvenzverwalter. § 148 InsO gibt dem Insolvenzverwalter infolgedessen die Pflicht auf, von den Befugnissen Gebrauch zu machen und den (zumindest mittelbaren Fremd-)Besitz an den einzelnen Gegenständen der Insolvenzmasse zu ergreifen, d. h. tatsächliche Sachherrschaft zu erlangen. Denn der Besitzübergang erfolgt nicht ipso jure,

319) *Bork*, ZIP 2013, 145; *Vallender/Zipperer*, ZIP 2013, 149; a. A. *A. Schmidt/Hölzle*, ZIP 2012, 2238.

sondern nach §§ 854 ff. BGB (allerdings ohne § 857 BGB).[320] Dies gilt zunächst für **Sachen** i. S. des § 90 BGB.

Aufgrund der Eigentumsvermutung des § 1006 Abs. 1 Satz 1 BGB hat der Insolvenzverwalter auch Sachen in Besitz zunehmen, die sich im Besitz des Schuldners befinden, aber möglicherweise diesem nicht gehören. Dies folgt aus § 47 InsO, der den bis zur Insolvenzeröffnung als solche zu bezeichnenden Herausgabegläubigern ab Insolvenzeröffnung den Status von Aussonderungsgläubigern zuweist. Der **Massebegriff des § 148 InsO** (Ist-Masse) geht damit über den Massebegriff der §§ 35–37 InsO (Soll-Masse) hinaus. Umgekehrt hat der Insolvenzverwalter selbstverständlich auch die Pflicht, dasjenige in Besitz zu nehmen, was sich an schuldnerischem Vermögen **im Besitz Dritter** befindet. Entgegen der etwas missverständlichen Regelung in § 51 Nr. 2 InsO finden vertragliche Zurückbehaltungsrechte bzw. solche aus § 273 BGB im Insolvenzverfahren keine Anwendung.[321] 164

Praxishinweis

Dies muss insbesondere regelmäßig **Steuerberatern** der Schuldner vor Augen gehalten werden, die nur interne Aufzeichnungen nicht herausgeben müssen, ansonsten jedoch sämtliche vom Schuldner überlassenen und auch selbst erstellten Unterlagen einschließlich der mithilfe von *DATEV* erstellten Ausdrucke und Dateien.[322] Seit Modifizierung des § 66 StBerG besteht zwar ein Zurückbehaltungsrecht; im Insolvenzverfahren sind solche Zurückbehaltungsrechte jedoch ausgeschlossen.[323] Gegen den Steuerberater kann sogar ein Ordnungsgeld verhängt werden, wenn er die Herausgabe an den Insolvenzverwalter verweigert.[324] Dies wird mit dem Grundsatz der Gläubigergleichbehandlung begründet, der nur durch Absonderungsrechte durchbrochen werden kann. Die hier diskutierten Zurückbehaltungsrechte begründen – anders nur kaufmännische Zurückbehaltungsrechte nach § 369 HGB – jedoch gerade kein Absonderungsrecht, da die Unterlagen nicht zur Minderung der persönlichen Forderung des Steuerberaters aus Honoraransprüchen anderweitig verwertet werden können und das Zurückbehaltungsrecht somit nur ein in der Insolvenz unzulässiges Druckmittel zur Zahlung darstellt. Nichts anderes gilt für **Wirtschaftsprüfer**, auch im Hinblick auf vorinsolvenzliche Sanierungskonzepte.[325] Auch ein **Rechtsanwalt** ist zur Herausgabe der gesamten Handakte verpflichtet.[326] Der Anspruch verjährt nicht nach Berufsrecht, sondern nach bürgerlichrechtlichen Vorschriften.[327] Ein **Notar** ist nicht verpflichtet, einem Urkundsbeteiligten oder seinem Rechtsnachfolger Auskunft darüber zu erteilen, ob er oder sein Rechtsvorgänger überhaupt an der Errichtung von Niederschriften beteiligt waren, die in dem Notariat errichtet wurden oder verwahrt werden, noch dazu, ihnen alle Niederschriften zu benennen, an denen diese beteiligt waren; der Notar ist auch nicht verpflichtet, einem pauschalen Antrag auf Erteilung von Abschriften aller Niederschriften zu entsprechen, die Erklärungen des Urkundsbeteiligten oder seines Rechtsvorgängers enthalten.[328]

Forderungen und andere Rechte sind regelmäßig durch Urkunden und andere Dokumente (z. B. Hypotheken-, Grundschuld- und Rentenbriefe, notarielle Urkunden, Wertpapiere, Sparbücher, Kontoauszüge, Patentschriften u. a.) belegt. Die Pflicht zur Inbesitznahme erstreckt sich auf die einschlägigen Unterlagen, eine Beschlagnahme des Rechts 165

320) BGH, Urt. v. 26.5.1988 – IX ZR 276/87, ZIP 1988, 853. Ausführlich *Zimmer*, Haftung des eingewechselten Verwalters, S. 267 ff.

321) BGH, Urt. v. 15.12.1994 – IX ZR 252/93, ZIP 1995, 225, 227.

322) *Zimmer*, Haftung des eingewechselten Verwalters, S. 279, m. zahlr. N. aus der Rspr.

323) Vgl. BGH, Urt. v. 7.3.2002 – IX ZR 457/99, ZIP 2002, 858; BGH, Urt. v. 2.12.2004 – IX ZR 200/03, ZIP 2005, 126, dazu EWiR 2005, 565 *(Naraschweski)*.

324) LG Frankfurt/M., Urt. v. 19.8.2011 – 5/35 StL 9/11, DStR 2012, 628; LG Köln, Beschl. v. 5.7.2004 – 19 T 81/04, ZVI 2005, 79.

325) OLG Frankfurt/M., Urt. v. 9.1.2023 – 8 U 299/21, ZRI 2023, 156.

326) BGH, Urt. v. 17.5.2018 – IX ZR 243/17, ZInsO 2018, 1670.

327) BGH, Urt. v. 15.10.2020 – IX ZR 243/19, AnwBl. 2021, 44.

328) BGH, Beschl. v. 8.7.2021 – V ZB 42/19, NJW 2021, 2975.

als solchem – einschließlich Arrestanordnung – erfolgt bereits über § 28 Abs. 3 InsO. Hiernach sind im Eröffnungsbeschluss diejenigen Personen, die Verpflichtungen gegenüber dem Schuldner haben, aufzufordern, nicht mehr an den Schuldner zu leisten, sondern an den Verwalter. Ungeachtet der Inbesitznahme der diesbezüglichen Unterlagen erfolgt die Inbesitznahme von Forderungen und Rechten durch Anzeige gegenüber dem jeweiligen Drittschuldner bzw. Verpflichtetem, was nicht lediglich als Information dient, sondern eine Pflicht des Verwalters darstellt.[329)]

166 Dies gilt auch für **gesellschaftsrechtliche Ansprüche**, die regelmäßig aus notariellen Urkunden, Gesellschafterbeschlüssen, der schuldnerischen Buchhaltung etc. abgeleitet werden. Auch die **mit Verfahrenseröffnung entstehenden Ansprüche**, wie im Wesentlichen die anfechtungsrechtlichen Rückgewähransprüche nach §§ 129 ff. InsO, werden auf diese Weise in Besitz genommen.

167 Die Inbesitznahme von **Grundstücken** erfolgt durch Eintragung eines entsprechenden Insolvenzvermerks in Abt. II des Grundbuchs (§ 32 InsO). Dementsprechend erfolgt die Besitzaufgabe aufgrund Freigabe aus dem Massebeschlag oder freihändiger Verwertung durch Löschung dieser Eintragung (§ 32 Abs. 3 InsO). Da mittelbarer Besitz für den Insolvenzverwalter genügt, sind für die Inbesitznahme keine weiteren Maßnahmen erforderlich. Zur Verwaltung des Grundstücks wird es jedoch im Zweifel gehören müssen, sich gegen unberechtigte unmittelbare Besitzer einen Räumungstitel zu verschaffen. Für eingetragene **Schiffe** und **Luftfahrzeuge** gelten die Ausführungen wegen § 33 InsO entsprechend.

168 Die Inbesitznahme von **immateriellen Vermögenswerten** kann im Zweifel durch spezialgesetzliche Handlungen erfolgen, z. B. durch Eintragung eines Insolvenzvermerks in das Markenregister (§ 4 Abs. 1 MarkenG). Im Übrigen folgt der Besitz an den Vermögensgegenständen dem Besitz an den einschlägigen Unterlagen. Ein Firmenwert knüpft z. B. an die Geschäftsbücher des Schuldners an, die gemäß § 36 Abs. 2 Nr. 1 InsO vom Massebeschlag erfasst sind. Know-how des Schuldners kann nur durch hiermit verbundene Unterlagen in Besitz genommen werden, z. B. Patentschriften und Konstruktionszeichnungen bzw. ganz allgemein Geschäftsunterlagen des Schuldners.[330)] Nicht unproblematisch ist die Inbesitznahme, Sicherung und Verwaltung von Daten i. S. der DSGVO.[331)] Umgekehrt geht ein Anspruch des Schuldners aus Art. 15 DSGVO gegen Dritte nicht gemäß § 80 Abs. 1 InsO auf den Insolvenzverwalter über.[332)]

169 Gelegentlich wird vertreten, auf die Inbesitznahme könne verzichtet werden, wenn die Gegenstände wertlos[333)] oder die mit der Inbesitznahme verbundenen Kosten zu hoch[334)] seien. Dies ist jedoch missverständlich. Auf die Inbesitznahme kann rechtlich **nicht verzichtet** werden, jedoch besteht die Möglichkeit zur (konkludenten) Freigabe. Dass beides in einer juristischen Sekunde erfolgen kann, ändert nichts an der grundsätzlichen Pflicht.

---

329) *Bork*, ZIP 2005, 1120.

330) *Zimmer*, Haftung des eingewechselten Verwalters, S. 269.

331) Verordnung (EU) 2016/679 des Europäischen Parlaments und des Rates v. 27.4.2016 zum Schutz natürlicher Personen bei der Verarbeitung personenbezogener Daten, zum freien Datenverkehr und zur Aufhebung der Richtlinie 95/46/EG – DSGVO, ABl. (EU) L 119/1 v. 4.5.2016; Gesetz zur Anpassung des Datenschutzrechts an die Verordnung (EU) 2016/679 und zur Durchsetzung der Richtlinie (EU) 2016/680 – Datenschutz-Anpassungs- und -Umsetzungsgesetz EU (DSAnpUG-EU), v. 30.6.2017 BGBl. I 2017, 2097, mit Inkrafttreten zum 25.5.2018. Hierzu ausführlich *Bornheimer/Park*, NZI 2018, 877; *Schmitt/Heil*, NZI 2018, 865; *Thole*, ZIP 2018, 1001.

332) BVerwG, Urt. v. 16.9.2020 – 6 C 10.19, ZRI 2021, 159; OVG Bremen, Beschl. v. 10.1.2023 – 1 LA 420/21, ZRI 2023, 169.

333) OLG Köln, Urt. v. 20.7.2000 – 7 U 218/99, ZIP 2000, 1498, 1500.

334) OLG Hamburg, Urt. v. 14.12.1995 – 10 U 103/94, ZIP 1996, 386, 387.

Ist hinsichtlich eines Vermögensgegenstands die **Massezugehörigkeit streitig**, so ist (negative) Feststellungsklage des Schuldners[335] oder des Insolvenzverwalters vor der ordentlichen Gerichtsbarkeit[336] erforderlich. Nicht einschlägig hingegen wäre eine Vollstreckungsgegenklage des Schuldners gemäß § 767 ZPO, da es sich bei der zwangsweisen Inbesitznahme durch den Insolvenzverwalter nicht um eine Maßnahme der Vollstreckung, sondern um eine Maßnahme der Insolvenzverwaltung handelt, die einen materiell-rechtlichen Streit über die Massezugehörigkeit des betreffenden Gegenstands auslöst, sodass die ordentliche Gerichtsbarkeit zuständig wird.[337] Die ordentliche Gerichtsbarkeit ist auch zuständig, wenn sich vermeintlicher Anspruch gegen das insolvenzfreie Vermögen des Schuldners richtet.[338] 170

Gegen die Art und Weise der Vollstreckung steht dem Schuldner gemäß § 4 Satz 1 InsO, § 766 ZPO die **Vollstreckungserinnerung** zu; zuständig ist das Insolvenzgericht. 171

2. Zwangsweise Durchsetzung

§ 148 Abs. 2 InsO eröffnet dem Insolvenzverwalter die Möglichkeit, mit einer vollstreckbaren Ausfertigung des Eröffnungsbeschlusses unmittelbar – jedoch nur unter Hinzuziehung eines Gerichtsvollziehers – **gegen den Schuldner auf Herausgabe zu vollstrecken**, ohne dass ein zusätzliches Erkenntnisverfahren erforderlich wäre. Die Vollstreckung unter Hinzuziehung des Gerichtsvollziehers ist bei Herausgabeverweigerung des Schuldners erforderlich, weil die Inbesitznahme durch den Insolvenzverwalter gegen den Willen des Schuldners verbotene Eigenmacht i. S. des § 858 Abs. 1 BGB wäre. Auch ohne Tenorierung der Herausgabeverpflichtung hat der Eröffnungsbeschluss einen vollstreckungsfähigen Inhalt,[339] sodass der Eröffnungsbeschluss ein Titel i. S. des § 794 Abs. 1 Nr. 3 ZPO ist, der auf Antrag des Verwalters mit Vollstreckungsklausel zu versehen und alsdann gemäß §§ 883, 885 ZPO zu vollstrecken ist.[340] Hat der Schuldner Zahlungen vereinnahmt, die unzweifelhaft der Masse zustehen (z. B. pfändbares Einkommen), erstreckt sich der Herausgabetitel in Gestalt des Eröffnungsbeschlusses auch hierauf; für eine Zahlungsklage gegen den Schuldner fehlt insoweit ein Rechtsschutzinteresse.[341] Anders jedoch, wenn die Massezugehörigkeit streitig ist, dann muss Zahlungsklage gegen den Schuldner vor der ordentlichen Gerichtsbarkeit erhoben werden (z. B. Vereinnahmung von Untermiete nach Enthaftungserklärung i. S. des § 109 Abs. 1 Satz 2 InsO).[342] Als Vollstreckungsgericht ist insoweit immer das Insolvenzgericht anzusehen, auch wenn für die Durchführung der Vollstreckung Prozesskostenhilfe beantragt werden muss.[343] In den Mitgliedstaaten der EU kann der Herausgabetitel gemäß Art. 32 Abs. 1 EuInsVO im Wege des vereinfachten Verfahrens nach Art. 39 ff. EuGVVO vollstreckt werden. 172

Fraglich ist, ob der Insolvenzverwalter bzw. der Gerichtsvollzieher im Auftrag des Verwalters berechtigt ist, die Privat- oder Geschäftsräume des Schuldners ohne zusätzliche richterliche Anordnung zu betreten, wenn eine entsprechende Weigerung des Schuldners 173

335) BGH, Urt. v. 23.5.1962 – V ZR 187/60, NJW 1962, 1392.

336) BGH, Beschl. v. 7.4.2016 – IX ZB 89/15, ZIP 2016, 988.

337) BGH, Urt. v. 23.5.1962 – V ZR 187/60, NJW 1962, 1392; BGH, Urt. v. 25.10.1984 – IX ZR 110/83, ZIP 1984, 1501.

338) BGH, Urt. v. 2.12.2021 – IX ZR 206/20, ZRI 2022, 407 = ZVI 2022, 218.

339) BGH, Beschl. v. 21.9.2006 – IX ZB 127/05, ZIP 2006, 2008.

340) BGH, Urt. v. 23.5.1962 – V ZR 187/60, NJW 1962, 1392.

341) BGH, Urt. v. 3.11.2011 – IX ZR 46/11, NZI 2011, 979.

342) BGH, Urt. v. 2.12.2021 – IX ZR 206/20, ZRI 2022, 407 = ZVI 2022, 218.

343) BGH, Beschl. v. 26.4.2012 – IX ZB 273/11, ZIP 2012, 1096.

vorliegt. Das BVerfG[344] hat diese Frage früher verneint, da aus Art. 13 Abs. 2 GG (Unverletzlichkeit der Wohnung) das Erfordernis einer besonderen, richterlichen Anordnung für die **Durchsuchung der Wohnung des Schuldners** zum Zwecke der Pfändung beweglicher Sachen folge. Mit der Zweiten Zwangsvollstreckungsnovelle vom 17.12.1997 wurde § 758a ZPO eingeführt, der dieses Erfordernis einer richterlichen Anordnung für die Durchsuchung der Wohnung des Schuldners zum Zwecke der Zwangsvollstreckung manifestiert. Sowohl das BVerfG als auch § 758a ZPO sehen als Ausnahme allerdings Gefahr im Verzug vor. Da § 758a ZPO systematisch in den Allgemeinen Bestimmungen zur Zwangsvollstreckung zu finden ist, erstreckt sich sein Anwendungsbereich nicht nur auf die Vollstreckung wegen Geldforderungen, sondern auch auf die für den Insolvenzverwalter einschlägige Vollstreckung wegen Herausgabe beweglicher Sachen i. S. der §§ 883 ff. ZPO. Daraus lässt sich ableiten, dass auch der vom Insolvenzverwalter beauftragte Gerichtsvollzieher einer richterlichen Durchsuchungsanordnung bedarf, um eine Durchsuchung der Wohnung bzw. der Geschäftsräume des Schuldners gegen dessen Willen vornehmen zu können, sofern nicht Gefahr im Verzug vorliegt. Dass die Regierungsbegründung zu § 148 InsO (§ 167 RegE) die Formulierung enthält, einer zusätzlichen richterlichen Anordnung bedürfe es insoweit nicht,[345] kann insoweit nicht überzeugen; hier muss davon ausgegangen werden, dass dem InsO-Gesetzgeber die ZPO-Problematik nicht bewusst war, obgleich sowohl die InsO als auch der neue § 758a ZPO zeitgleich am 1.1.1999 in Kraft traten.

174 Maßgeblich bleibt also, ob **Gefahr im Verzug** vorliegt, die widerleglich anzunehmen ist. Das Insolvenzverfahren ist nach allgemeiner Ansicht zumindest in der Eröffnungsphase – nach hier vertretener Ansicht auch bis zum Berichtstermin – ein Eilverfahren. Zudem wird außerhalb eines Insolvenzverfahrens vertreten, Gefahr im Verzug liege immer dann vor, wenn aufgrund einer einstweiligen Verfügung oder eines Arrests vollstreckt bzw. durchsucht werde,[346] was mit der Beschlagnahmewirkung im Insolvenzverfahren durchaus vergleichbar ist. § 80 Abs. 1 InsO lässt die Verwaltungs- und Verfügungsbefugnis vom Schuldner auf den Insolvenzverwalter übergehen (was ein Gläubiger allein durch Herausgabeklage nicht erreichen könnte), und § 148 Abs. 1 InsO legt dem Insolvenzverwalter die Pflicht auf, ähnlich einem Gerichtsvollzieher die beweglichen Gegenstände des Schuldners als Treuhänder für die Gläubiger in Besitz zu nehmen. Noch deutlicher wird dies durch eine Überspitzung des § 148 Abs. 1 InsO im Hinblick auf die Verwalterpflichten: der Insolvenzverwalter ist durch richterliche Anordnung (Eröffnungsbeschluss) regressbewährt (§ 60 InsO) verpflichtet (§ 148 Abs. 1 InsO), die Masse sofort in Besitz nehmen, nicht lediglich dazu, Anträge auf Unterstützung zur Besitzerlangung zu stellen.[347]

3. Vorgehen gegen Dritte

175 Eine Vollstreckung gegen Dritte aus dem **Eröffnungsbeschluss** ist nicht möglich.[348] Eine Ausnahme ist anzunehmen, wenn der Dritte lediglich gesetzlicher Vertreter oder Besitzdiener des Schuldners ist. Im Regelfall erforderlich sind somit Herausgabeklage oder einstweiliger Rechtsschutz nach § 940 ZPO. Hatte bereits der Schuldner einen Herausgabetitel gegen Dritte erwirkt, genügt eine Umschreibung der Vollstreckungsklausel gemäß § 727 ZPO auf den Insolvenzverwalter. Weitere Probleme ergeben sich im Hinblick

344) BVerfG, Beschl. v. 3.4.1979 – 1 BvR 994/76, NJW 1979, 1539.

345) *Kübler/Prütting*, Das neue Insolvenzrecht, S. 369.

346) *Bischof*, ZIP 1983, 522, 523; *Schneider*, NJW 1980, 2377, 2378 jeweils m. w. N.

347) Ausführlich *Zimmer*, Haftung des eingewechselten Verwalters, S. 272 ff.

348) BGH, Beschl. v. 21.7.2022 – IX ZB 63/21, ZRI 2022, 771; OLG Düsseldorf, Urt. v. 3.6.1965 – 8 U 240/64, NJW 1965, 2409; LG Trier, Beschl. v. 4.4.2005 – 4 T 4/05, NZI 2005, 563.

auf die Räumungsvollstreckung gegen den Ehegatten des Schuldners, seinen Lebenspartner nach dem LPartG, Wohngemeinschaften und nichteheliche Lebensgemeinschaften, Untermieter des Schuldners und im Zusammenhang mit Hausbesetzungen.

Ein Dritter ist z. B. auch die **Staatsanwaltschaft**, sodass das Verhältnis des Insolvenzbeschlags zur strafprozessualen Beschlagnahme (§ 98 StPO) zu hinterfragen ist. Erfolgte die **Beschlagnahme** *vor* Insolvenzeröffnung, dürfte die strafrechtliche Beschlagnahme Vorrang haben. Grundsätzlich ist die Strafverfolgungsbehörde verpflichtet, dem Insolvenzverwalter **Akteneinsicht** zu gewähren, da er sonst seinen gesetzlichen Aufgaben zur Masseermittlung nicht nachkommen kann.[349] Dies gilt auch für jene Aktenbestandteile, die aus Gründen des Persönlichkeitsschutzes ansonsten nicht für Dritte zugänglich sind.[350] Eine strafrechtliche Beschlagnahme *nach* Verfahrenseröffnung dürfte unzulässig sein, wenn und weil der Insolvenzverwalter bereits die Sachherrschaft i. S. des § 148 InsO ergriffen hat. Gleichwohl soll eine Durchsuchung der Geschäftsräume sogar des Insolvenzverwalters möglich sein, wenn gewichtige Anhaltspunkte dafür vorliegen, dass Beweismittel verlorengehen und dadurch die Ermittlungen gegen den Schuldner beeinträchtigt werden könnten.[351] Aufgrund der Reform der strafrechtlichen Vermögensabschöpfung zum 1.7.2017[352] sollen Beschlagnahmen unter Beachtung von Übergangsregelungen[353] grundsätzlich insolvenzfest sein,[354] was jedoch das Akteneinsichtsrecht des Insolvenzverwalters nicht beseitigen kann. 176

4. Informationsbeschaffung nach IFG u. a. (Akteneinsichtsrechte)

Zur Sicherung und Inbesitznahme der Masse ist es regelmäßig erforderlich, auch Informationen Dritter auszuwerten und nach Maßgabe gesetzlicher Vorgaben entsprechende Informationsansprüche im Zweifel gerichtlich durchzusetzen. **Zivilrechtliche Auskunftsansprüche** sind dabei insoweit unproblematisch, als Anspruch, Durchsetzung und Rechtsweg allgemeinen Regelungen ohne Besonderheiten folgen. Problematisch sind jedoch Ansprüche gegen **Behörden** und sonstige öffentliche Einrichtungen. 177

Aufgrund europäischer Vorgaben ist am 1.1.2006 das Gesetz zur Regelung des Zugangs zu Informationen des **Bundes (Informationsfreiheitsgesetz** – IFG) in Kraft getreten. Gemäß § 1 IFG (Bund) hat jedermann gegenüber den Behörden des Bundes einen Anspruch auf Zugang zu amtlichen Informationen. Die Behörde kann Auskunft erteilen, Akteneinsicht gewähren oder Informationen in sonstiger Weise zur Verfügung stellen. Erforderlich ist ein entsprechender Antrag nach § 7 IFG (Bund), gegen eine ablehnende Entscheidung ist gemäß § 9 Abs. 4 IFG (Bund) Widerspruch und Verpflichtungsklage zulässig. Viele **Bundesländer** haben inzwischen eigene Informationsfreiheitsgesetze erlassen, die vergleichbar ausgestaltet sind. 178

Nutzbar für die Insolvenzverwaltung sind vorrangig **Auskunftsansprüche gegen Steuerbehörden und Sozialversicherungsträger**.[355] Dass der Insolvenzverwalter in den persönlichen Anwendungsbereich der Informationsfreiheitsgesetze fällt, ist inzwischen anerkannt. Dass das Auskunftsersuchen regelmäßig der Ermittlung anfechtungsrechtlicher Rückge- 179

349) AG Bochum, Beschl. v. 22.11.2016 – 64 Gs-35 Js 206/05-3370/16, ZVI 2017, 240. Zum Akteneinsichtsrecht des Sachverständigen im Eröffnungsverfahren OLG Dresden, Beschl. v. 4.7.2013 – 1 Ws 53/13, ZIP 2014, 436.

350) OLG Braunschweig, Beschl. v. 10.3.2016 – 1 Ws 56/16, ZVI 2016, 363.

351) LG Bonn, Beschl. v. 22.12.2016 – 27 Qs 23/16, ZVI 2017, 281.

352) Gesetz zur Reform der strafrechtlichen Vermögensabschöpfung, v. 13.4.2017, BGBl. I 2017, 872.

353) OLG Stuttgart, Beschl. v. 25.10.2017 – 1 Ws 163/17, ZInsO 2018, 527.

354) *Blankenburg*, ZInsO 2017, 1453, 1456.

355) Ausführlich *Schmittmann*, NZI 2012, 633; *Büttner*, ZVI 2017, 213.

währansprüche dient, stand dem Auskunftsanspruch lange Zeit nicht entgegen.[356] Allerdings war der Auskunftsanspruch nicht voraussetzungslos, vielmehr war stets ein konkretes Interesse nachzuweisen; allein der Hinweis auf eine ordnungsgemäße Insolvenzabwicklung genügte nicht.[357] Zumindest hinsichtlich der Finanzbehörden scheitert der Auskunftsanspruch aber dann, wenn noch kein Anfechtungsanspruch feststeht, nunmehr an §§ 32e, 32c Abs. 1 Nr. 2 AO.[358] Hinsichtlich des Rechtswegs herrscht Einigkeit, zuständig ist die Verwaltungsgerichtsbarkeit.[359] Ist der Insolvenzverwalter jedoch bereits Beteiligter in einem konkreten Steuerverwaltungsverfahren (§§ 33 Abs. 2, 78, 359 AO), sind die FG zuständig.[360] Soweit kein IFG (Bundesland) existiert, hat der Insolvenzverwalter lediglich Anspruch auf eine Ermessensentscheidung des Finanzamts, die dann doch wieder am Anfechtungsinteresse des Verwalters scheitern kann.[361] Sozialversicherungsträger scheinen hingegen die uneingeschränkte Einsicht in die komplette Betriebsakte des Schuldners zu akzeptieren,[362] während die für die **rechtliche Betreuung** zuständigen Gerichte für die Akteneinsicht in die Betreuungsakte einen expliziten insolvenzrechtlichen Bezug verlangen.[363] Die **Kfz-Zulassungsstellen** sind ebenfalls zur Einsichtsgewährung verpflichtet.[364] Der Insolvenzverwalter ist ferner berechtigt und verpflichtet, über § 4 Satz 1 InsO, §§ 802a Abs. 2 Satz 1 Nr. 3, 802l ZPO Auskunftsersuchen zur Klärung und Einziehung von pfändbaren Vermögenswerten an den **Gerichtsvollzieher** zu richten.[365] Ein Insolvenzverwalter kann jedoch keine Auskunftsansprüche aus Art. 15 **DSGVO** herleiten, da er selbst nicht betroffene Person ist und die Auskunftsansprüche nicht gemäß § 80 Abs. 1 InsO auf den Insolvenzverwalter übergehen.[366] Ein Akteneinsichtsrecht nach § 78 **FGO** besteht im Grundsatz nur in den Diensträumen der Steuerbehörde, nur in eng begrenzten Ausnahmefällen kann eine Übersendung erfolgen.[367]

180 Sofern die Ansprüche aus dem Informationsfreiheitsrecht gerichtlich durchgesetzt werden müssen, besteht nicht selten das Erfordernis der Beantragung von **Prozesskostenhilfe.** Hier ist zu berücksichtigen, dass die Insolvenzgläubiger nicht vorschusspflichtig sind, wenn und weil der Erfolg der Insolvenzanfechtung erst noch von der Auswertung der noch un-

356) BVerwG, Beschl. v. 14.5.2012 – 7 B 53.11, ZIP 2012, 1258, dazu EWiR 2012, 527 *(Priebe)*; BVerwG, Urt. v. 26.4.2018 – 7 C 5.16, ZIP 2018, 1554.

357) BVerwG, Beschl. v. 15.11.2018 – 6 B 146.18, 6 B 147.18, ZInsO 2019, 386.

358) BVerwG, Urt. v. 25.2.2022 – 10 C 4.20, ZRI 2022, 608.

359) BSG, Beschl. v. 4.4.2012 – B 12 SF 1/10 R, ZIP 2012, 2321 – Anspruch gegen gesetzliche Krankenkasse; BVerwG, Vorlagebeschl. v. 15.10.2012 – 7 B 2.12, ZIP 2012, 2417, dazu EWiR 2013, 207 *(Blank)*; hierauf folgend BFH, Beschl. v. 8.1.2013 – VII ER-S 1/12, ZIP 2013, 1252, unter ausdrücklicher Aufgabe von BFH, Beschl. v. 10.2.2011 – VII B 183/10, ZIP 2011, 883, dazu EWiR 2011, 461 *(Blank/Blank)* – Zuständigkeit der FG. Aus neuerer Zeit BFH, Beschl. v. 16.6.2020 – II B 65/19, ZRI 2020, 545; BVerwG, Beschl. v. 28.10.2019 – 10 B 21.19, ZRI 2020, 141; BVerwG, Urt. v. 25.2.2022 – 10 C 4.20, ZRI 2022, 608.

360) BVerwG, Beschl. v. 17.9.2018 – 7 B 6.18, ZInsO 2018, 2436.

361) BFH, Urt. v. 19.3.2013 – II R 17/11, BFHE 240, 497 = NZI 2013, 706, m. Anm. *Schmittmann*, dazu EWiR 2013, 487 *(v. Spiessen)*; BVerwG, Beschl. v. 23.11.2015 – 7 B 42.15, ZVI 2016, 188.

362) OVG Berlin-Brandenburg, Urt. v. 14.7.2016 – 12 B 33.14, ZVI 2017, 238; VG Köln, Urt. v. 1.12.2016 – 13 K 2824/15, ZVI 2017, 45, dazu EWiR 2017, 281 *(Schur)*.

363) LG Wuppertal, Beschl. v. 16.8.2016 – 9 T 130/16, ZVI 2017, 196.

364) VG Greifswald, Urt. v. 23.8.2017 – 6 A 1248/14, ZVI 2017, 482.

365) AG München, Beschl. v. 12.2.2016 – 1503 IN 3339/15, ZVI 2017, 197; AG Rosenheim, Beschl. v. 8.9.2016 – 605 IN 468/15, ZVI 2017, 242.

366) BVerwG, Urt. v. 16.9.2020 – 6 C 10.19, ZRI 2021, 159; OVG Bremen, Beschl. v. 10.1.2023 – 1 LA 420/21, ZRI 2023, 169.

367) BFH, Beschl. v. 28.11.2019 – X B 132/19, ZRI 2020, 154; BFH, Beschl. v. 9.8.2021 – VIII B 70/21, ZInsO 2021, 2428.

bekannten Informationen abhängt.[368] Nichts anderes dürfte für Auskunftsrechte auf Basis anderer Anspruchsgrundlagen gelten.

5. Besonderheiten bei Wertgegenständen (§ 149 InsO)

181 Gemäß § 149 Abs. 1 InsO kann der Gläubigerausschuss bestimmen, bei welcher Stelle und zu welchen Bedingungen Geld, Wertpapiere und Kostbarkeiten hinterlegt oder angelegt werden sollen. Besteht kein Gläubigerausschuss oder hat der Gläubigerausschuss noch keinen Beschluss gefasst, kann das Insolvenzgericht Entsprechendes anordnen. Die Gläubigerversammlung kann durch förmlichen Beschluss[369] abweichende Regelungen bestimmen (§ 149 Abs. 2 InsO).

182 Die Norm schränkt die Entscheidungsfreiheit des Insolvenzverwalters hinsichtlich der genannten Vermögensgegenstände ein, denn er ist im Innenverhältnis an die Entscheidungen der Gläubigerorgane gebunden. Sollte ausnahmsweise ein Verstoß gegen eine gerichtliche Anordnung vorliegen, ist sogar ein Einschreiten des Gerichts über §§ 58, 59 InsO einschlägig.

183 Eine Anwendung auf den vorläufigen Gläubigerausschuss im Eröffnungsverfahren ist in Ermangelung einer Verweisung in § 21 Abs. 2 Satz 1 Nr. 1a InsO ausgeschlossen. Auf den einstweiligen Gläubigerausschuss i. S. des § 67 Abs. 1 InsO dürfte § 149 InsO jedoch Anwendung finden, da § 149 InsO systematisch unmittelbar an die Inbesitznahme des Verwalters nach Verfahrenseröffnung anknüpft, nicht erst an die Entscheidungen im Berichtstermin.

184 In der Praxis beschließt erst die Gläubigerversammlung im Berichtstermin, dass das Verwalterkonto **Hinterlegungsstelle** i. S. des § 149 Abs. 1 Satz 1 InsO sein soll. Gelegentlich kommt es zu einer vorherigen, inhaltsgleichen Beschlussfassung durch den einstweiligen Gläubigerausschuss. Weitergehende Beschlüsse sind selten. Mit einer solchen Beschlussfassung (und tatsächlicher Konteneinrichtung) dürfte die kontoführende Bank zum Beteiligten im Insolvenzverfahren werden,[370] jedoch treffen eine Hinterlegungsstelle generell keine insolvenzspezifischen Pflichten.[371] Gleichwohl dürfte es problematisch sein, wenn die Hinterlegungsstelle Kontoüberziehungen zulässt, da evident ein **Treuhandverhältnis** besteht und die Kontoüberziehung als Darlehensaufnahme einer Beschlussfassung eines Gläubigerorgans bedarf. Ungeachtet dessen schließen sich die Begriffe Hinterlegung und Darlehen schon begrifflich aus. Ferner kann sich aus dem Kontovertrag ergeben, dass die Bank evident insolvenzzweckwidrige Verfügungen nicht zulassen darf.[372] Das entsprechende Konto muss so ausgestaltet sein, dass es den Schuldner als wirtschaftlich Berechtigten ausweist, jedoch mit alleiniger Verwaltungs- und Verfügungsbefugnis des Insolvenzverwalters.[373] Daher kommt nur ein **Ermächtigungstreuhandkonto bzw. Sonderkonto**[374] in Betracht, nicht aber ein Anderkonto.[375] Dies kann beim „schwachen" Insolvenzverwalter[376]

---

368) OVG Berlin-Brandenburg, Beschl. v. 26.1.2011 – 12 M 67.10, ZIP 2011, 447.

369) BGH, Urt. v. 7.2.2019 – IX ZR 47/18, Rz. 12, ZVI 2019, 227 = NZI 2019, 414.

370) BGH, Urt. v. 30.1.1962 – VI ZR 18/61, NJW 1962, 869; offengelassen von BGH, Urt. v. 7.2.2019 – IX ZR 47/18, Rz. 19, ZVI 2019, 227 = NZI 2019, 414.

371) BGH, Urt. v. 7.2.2019 – IX ZR 47/18, Rz. 17, ZVI 2019, 227 = NZI 2019, 414.

372) BGH, Urt. v. 7.2.2019 – IX ZR 47/18, Rz. 23 ff., ZVI 2019, 227 = NZI 2019, 414.

373) BGH, Urt. v. 7.2.2019 – IX ZR 47/18, Rz. 27 ff., ZVI 2019, 227 = NZI 2019, 414.

374) BGH, Urt. v. 7.2.2019 – IX ZR 47/18, ZVI 2019, 227 = NZI 2019, 414.

375) BGH, Urt. v. 7.2.2019 – IX ZR 47/18, Rz. 26 ff., ZVI 2019, 227 = NZI 2019, 414.

376) *Blankenburg/Godzierz*, ZInsO 2019, 1092, 1094; *Möhring*, ZInsO 2019, 2601, 2603; *Saager/d'Avoine/Berg*, ZIP 2019, 2041, 2045.

ebenso wie beim Treuhänder in der Wohlverhaltensphase[377] oder Sachwalter zu Rechtsfragen führen. Selbst beim Insolvenzverwalter sind Rechtsprobleme ersichtlich, wenn die Kontoanlage am Geldwäschegesetz scheitert oder Dritte in das Konto zu vollstrecken versuchen, sodass die Rechtsprechung insgesamt als verfehlt bezeichnet werden muss.[378] Teils wird die Kontoart auch als unbeachtlich bezeichnet, wenn zumindest bei Einzahlungen evident ist, dass der Dritte an niemand anderen als die Masse zahlen wollte.[379]

185 Im Übrigen kommt als tauglich jede Stelle in Betracht, die eine Gewähr für die Sicherheit und etwaige Verzinsung des Wertgegenstands bildet, neben den in § 11 Abs. 2 HinterlO genannten Stellen also auch Kreditinstitute i. S. des § 1807 Abs. 1 Nr. 5 BGB; da es sich nicht um eine Hinterlegung i. S. der §§ 372 ff. BGB, sondern lediglich um eine **Sicherstellung** gegen den unbefugten Zugriff Nichtberechtigter handelt, genügt es, wenn eine andere Hinterlegungsstelle (z. B. Banken und Sparkassen) dieselbe Sicherheit gewährleistet. Dies gilt entsprechend für **Schließfächer** und Safes bei den genannten Instituten. Für größere Sachen, wie z. B. Kunstgegenstände, kommen nur Dienstleister in Betracht, die die erforderliche Sicherheit gewährleisten, sodass unbewachte Einrichtungen ausscheiden. Befinden sich Wertgegenstände des Schuldners bereits an solchen „sicheren" Stellen, muss vor der Verwertung nichts weiter veranlasst werden; anders folglich nur, wenn die „Stelle" nicht die Anforderungen an eine Hinterlegungsstelle erfüllt. Problematisch können im letzteren Fall z. B. **Zollfreilager** sein; wenn sie auf dem Gebiet der EU gelegen sind und nur steuerlich nicht der EU zugeordnet werden, dürften die Anforderungen an eine Hinterlegungsstelle erfüllt sein.

6. Siegelung (§ 150 InsO)

186 Der Insolvenzverwalter kann zur Sicherung der Sachen, die zur Insolvenzmasse gehören, durch den Gerichtsvollzieher oder eine andere dazu gesetzlich ermächtigte Person Siegel anbringen lassen. Das Protokoll über eine Siegelung oder Entsiegelung hat der Insolvenzverwalter auf der Geschäftsstelle zur Einsicht der Beteiligten niederzulegen.

187 Die Norm hat nur **geringe praktische Bedeutung**, da vorrangige und kurzfristigere Maßnahmen die Bewachung oder die Verbringung an einen anderen Ort sind. Grundsätzlich soll die Siegelung die Sicherstellung der Masse schützen, um Entwendungen und dergleichen zu verhindern. Der Anwendungsbereich beschränkt sich auf **Sachen**, d. h. auf körperliche Gegenstände, auch auf Räumlichkeiten. *Vor* der Siegelung stellt die Zerstörung, Beschädigung und Entziehung des Vermögensgegenstands einen **Verstrickungsbruch** i. S. des § 136 Abs. 1 StGB dar, *nach* der Siegelung ist (ergänzend oder alternativ) der **Siegelbruch** i. S. des § 136 Abs. 2 StGB einschlägig.

188 Grundsätzlich ist der **Antrag** zur Siegelung über die Gerichtsvollzieherverteilerstelle des örtlich zuständigen Gerichts an den Gerichtsvollzieher zu stellen. Durch Landesrecht können andere Stellen zuständig sein, wie z. B. ein Urkundsbeamter.

189 Das vom Gerichtsvollzieher – oder der ermächtigten Person – erstellte **Siegelungsprotokoll** ist vom Insolvenzverwalter auf der Geschäftsstelle des Insolvenzgerichts auszulegen. Eine **Entsiegelung** ist ebenfalls nur durch den Gerichtsvollzieher bzw. die ermächtigte Person zulässig, auch hier ist ein Protokoll anzufertigen und niederzulegen.

190 Aufgrund der Beauftragung des Gerichtsvollziehers entstehen Gebühren, die als **sonstige Masseverbindlichkeiten** i. S. des § 55 Abs. 1 Nr. 1 InsO einzustufen sind.

---

377) *Blankenburg/Godzierz*, ZInsO 2019, 1092, 1095; *Saager/d'Avoine/Berg*, ZIP 2019, 2041, 2046.

378) Kritisch zur Rspr. insbesondere *Büchel*, ZInsO 2020, 1513; *Kamm*, ZInsO 2019, 1085; *Möhring*, ZInsO 2019, 2601; *Reck*, ZVI 2019, 210; *Saager/d'Avoine/Berg*, ZIP 2019, 2041.

379) BFH, Beschl. v. 31.8.2021 – VII B 64/20 (AdV), ZRI 2021, 971.

Da keine gerichtliche Entscheidung vorliegt, ist ein **Rechtsmittel** des Schuldners grundsätzlich nicht vorgesehen. Analog § 766 ZPO ist jedoch gegen die Art und Weise der Vollstreckungshandlung Vollstreckungserinnerung zulässig. Besteht Streit über die Zugehörigkeit des betroffenen Vermögensgegenstands zur Insolvenzmasse, muss der Schuldner vor der ordentlichen Gerichtsbarkeit gegen den Insolvenzverwalter vorgehen. 191

VII. Aufzeichnungspflichten

1. Verzeichnis der Massegegenstände (§ 151 InsO)

Gemäß § 151 InsO hat der Insolvenzverwalter ein Verzeichnis der einzelnen Gegenstände der Insolvenzmasse aufzustellen und bei jedem Gegenstand dessen Liquidations- und Fortführungswert anzugeben. Die im Masseverzeichnis auszuweisenden Vermögenswerte stellen insoweit die **Aktivseite einer Insolvenzeröffnungsbilanz** dar. 192

a) Bestandsaufnahme

Die Bestandsaufnahme[380] dient der Dokumentation der Vermögensverhältnisse des Schuldners, der Information der Gläubigerversammlung zur Vorbereitung der Entscheidung über die Fortführung des Geschäftsbetriebs bzw. Zerschlagung des Unternehmens, der Information über den Massebestand zur Vorbereitung der Entscheidung über die Fortsetzung des Insolvenzverfahrens oder Einstellung mangels Masse, der Information über die zu erwartende Insolvenzquote, der Gewährleistung einer ordnungsgemäßen Verteilung der Insolvenzmasse, der Schaffung einer Grundlage für die Kontrolle der Tätigkeit des Insolvenzverwalters durch den Gläubigerausschuss und das Insolvenzgericht sowie der Schaffung einer Grundlage für die Aufstellung eines Insolvenzplans.[381] Insoweit hat die Inventur keineswegs nur Auswirkung auf die Aktivseite einer Insolvenzeröffnungsbilanz, sondern berücksichtigt auch die Interessen der Gläubiger und die Besonderheiten eines gerichtlichen Zwangsvollstreckungsverfahrens. Viele der genannten **Funktionen** ergeben jedoch nur Sinn, wenn eine Fortschreibung des Masseverzeichnisses bis hin zu einer Insolvenzschlussbilanz gefordert wird. 193

Praxishinweis

Da die Anlagenbuchhaltung auch im handelsrechtlichen Bereich zum Rechnungswesen gehört, muss dies auch für die interne Rechnungslegung des Insolvenzverwalters gelten, sodass die **Fortschreibung des Masseverzeichnisses** durchaus gefordert werden kann.

Die Vermögensgegenstände sind i. S. einer **Rohvermögensrechnung** ungeachtet ihrer schuld- und sachenrechtlichen Belastungen auszuweisen, maßgeblich ist allein der insolvenzrechtliche Massebegriff. Um einen **Gleichlauf mit dem Gläubigerverzeichnis** zu erreichen, ist das Masseverzeichnis im zweiten Schritt um eine Spalte für den Ausweis von Drittrechten zu ergänzen, um abschließend die freie Masse darstellen zu können. Eine Saldierung bereits im ersten Schritt widerspräche dem Prinzip der Rohvermögensrechnung, aber auch dem für alle Buchhaltungen geltenden Rechtsgedanken des § 246 Abs. 2 Satz 1 HGB (Saldierungsverbot); eine Einschränkung ergibt sich vergütungsrechtlich allerdings aus § 1 Abs. 2 Nr. 3 InsVV, der eine Saldierung bei Aufrechnungslagen ausdrücklich vorsieht. 194

380) Ausführlich *Zimmer*, Insolvenzbuchhaltung, Rz. 62 ff.

381) Vgl. *IDW*, Bestandsaufnahme im Insolvenzverfahren (IDW RH HFA 1.010), Stand: 13.6.2008, FN-IDW 2008, 309.

195 Als allgemeine **Grundsätze einer ordnungsgemäßen Inventur** (GOI)[382] werden vier Punkte genannt:[383]

- Jeder einzelne Vermögenswert wird durch körperliche Bestandsaufnahme (Messen, Zählen, Wiegen) erfasst und aufgezeichnet. Bei gleichartigen Gegenständen kann eine Gruppenbildung erfolgen.[384] Immaterielle Vermögensgegenstände können durch Urkunden, Verträge bzw. Saldenbestätigungen erfasst werden.
- Es sind grundsätzlich sämtliche Vermögensgegenstände zu erfassen. Auf eine Verwertungsmöglichkeit oder Freigabeabsicht kommt es ebenso wenig an wie auf eine Bilanzierungspflicht nach Handels- oder Steuerrecht oder eine tatsächliche Inbesitznahme i. S. des § 148 InsO. Wegen der Bezugnahme auf den insolvenzrechtlichen Massebegriff muss bei natürlichen Personen auch Privatvermögen erfasst werden. Ergeben sich Zweifel, ist die Bildung von Erinnerungswerten angezeigt; dies beseitigt jedoch nicht die grundsätzliche Verpflichtung zur Erfassung und Aufzeichnung der Vermögenswerte, um den Beteiligten die erforderliche Transparenz zu bieten.
- Klarheit, Nachprüfbarkeit und Dokumentation der Bestandsaufnahme sind zu gewährleisten, da die Inventur Ausgangspunkt jeder Planung und Kontrolle ist.
- Wahrheit, Richtigkeit und Willkürfreiheit der Bestandsaufnahme sind mit selbiger Begründung ebenfalls zwingende Grundsätze, da erst nach der Inventur die Bewertung der Vermögensgegenstände erfolgt, wobei die Gewichtung wertbestimmender Faktoren dem Insolvenzverwalter obliegt.

196 Gemäß § 240 Abs. 1 HGB erfordert eine **Stichtagsinventur** eine körperliche Bestandsaufnahme für einen bestimmten Tag. Abschnitt 30 Abs. 1 EStR gewährt für die Durchführung der Inventur jedoch einen Zeitkorridor von zehn Tagen vor oder nach dem Abschlussstichtag, soweit sichergestellt ist, dass die in dieser Zeit erfolgten Zu- und Abgänge anhand von Belegen oder Aufzeichnungen nachvollzogen werden können. Je nach Größe des Unternehmens des Schuldners sollte dies auch für die insolvenzrechtliche Inventur gelten.[385] Eine Stichprobeninventur, bei der mit Hilfe mathematisch-statistischer Methoden Durchschnittswerte für Stichproben ermittelt werden, sollte im Insolvenzverfahren grundsätzlich ausscheiden.[386] Dieses Inventurverfahren dient hauptsächlich handelsrechtlichen Interessen, da in einer Bilanz nur Euro-Werte ausgewiesen werden, die für ein insolvenzrechtliches Masseverzeichnis jedoch erst auf der zweiten Stufe von Interesse sind. Auf der ersten Stufe ist von Interesse, welche Vermögensgegenstände überhaupt existent sind, und da würden Durchschnittswerte letztendlich nur Schätzwerte darstellen. Zudem lassen sich durch eine Stichprobeninventur nicht ohne weiteres Drittrechte ermitteln, falls das Unternehmen hinsichtlich des Vorratsvermögens nicht ausnahmsweise nur einen einzigen Lieferanten hat.

197 Hinsichtlich des **Stichtages**, auf den die Inventur zu erfolgen hat, ist ergänzend § 153 InsO hinzuzuziehen, sodass deutlich wird, dass die Inventur auf den Stichtag der Verfahrenseröffnung vorzunehmen ist. Die Durchführung einer Inventur in der vorläufigen Verwal-

382) Die Grundsätze ordnungsgemäßer Inventur werden bereits seit langer Zeit so abgekürzt, die Grundsätze ordnungsgemäßer Insolvenzverwaltung des VID erst seit neuerer Zeit.

383) *IDW*, Bestandsaufnahme im Insolvenzverfahren (IDW RH HFA 1.010), Stand: 13.6.2008, Rz. 7 ff., FN-IDW 2008, 309.

384) *IDW*, Bestandsaufnahme im Insolvenzverfahren (IDW RH HFA 1.010), Stand: 13.6.2008, Rz. 18, FN-IDW 2008, 309.

385) *IDW*, Bestandsaufnahme im Insolvenzverfahren (IDW RH HFA 1.010), Stand: 13.6.2008, Rz. 26, FN-IDW 2008, 309.

386) **A. A.** *IDW*, Bestandsaufnahme im Insolvenzverfahren (IDW RH HFA 1.010), Stand: 13.6.2008, Rz. 28, FN-IDW 2008, 309.

tung beseitigt grundsätzlich die Notwendigkeit einer Inventur auf den Stichtag der Verfahrenseröffnung nicht.[387)]

> **Praxishinweis**
>
> Sofern jedoch nach einer Inventur in der vorläufigen Verwaltung eine Betriebsfortführung erfolgt, die nach der Inventur zu einem Zu- und Abgang von Vermögenswerten geführt hat, und verfügt das Unternehmen über ein vernünftiges Warenwirtschaftssystem, so lässt sich der Verzicht auf eine erneute Inventur rechtfertigen.

Die Durchführung der Inventur ist **keine höchstpersönliche Aufgabe.**[388)] Es ist ausreichend, 198
wenn der Insolvenzverwalter durch organisatorische Maßnahmen sicherstellt, dass Vorgänge, die zur Verletzung der Grundsätze ordnungsmäßiger Inventur führen könnten, verhindert bzw. aufgedeckt und korrigiert werden.[389)] Einzusetzen sind zunächst Mitarbeiter des Schuldners. Sind diese nicht mehr im ausreichenden Umfang vorhanden oder nicht ausreichend qualifiziert, kann eine Fremdvergabe erfolgen. Als unzulässige Delegation einer Regelaufgabe i. S. des § 4 Abs. 1 Satz 3 InsVV kann dies nur gewertet werden, wenn die Vermögensverhältnisse des Schuldners überschaubar sind. Im Übrigen gilt als Regelaufgabe nur die ordnungsgemäße Organisation der Inventur, sodass in der Fremdvergabe auch keine Arbeitserleichterung i. S. des § 3 Abs. 2 InsVV zu sehen ist.

Der **Verzicht auf ein Masseverzeichnis** gemäß § 151 Abs. 3 InsO hat keinen sinnstiften- 199
den Anwendungsbereich, da das Verzeichnis Bestandteil der internen Rechnungslegung des Insolvenzverwalters ist.

b) Auszuweisende Vermögensgegenstände

Die **Insolvenzmasse** umfasst gemäß §§ 35–37 InsO das gesamte Vermögen, das dem 200
Schuldner im Zeitpunkt der Eröffnung des Verfahrens gehört und das er während des Verfahrens erlangt (Neuerwerb). Ausgenommen hiervon sind Gegenstände, die nicht der Zwangsvollstreckung (nach der ZPO) unterliegen. Besonderheiten bestehen beim Gesamtgut einer Gütergemeinschaft.

Ansprüche, die erst mit Verfahrenseröffnung entstanden sind, (z. B. anfechtungsrecht- 201
liche Rückgewähransprüche) sind zu erfassen.[390)] An dieser Stelle werden in der Praxis oftmals auch gesellschaftsrechtliche Ansprüche erwähnt, die jedoch tatsächlich bereits außerhalb des Insolvenzverfahrens bestehen, allerdings von den Organen nicht erkannt bzw. verfolgt wurden. Selbst beim Anfechtungsrecht kann über das Entstehen mit Insolvenzeröffnung gestritten werden. Wo sich Tatbestände der §§ 129 ff. InsO mit den Tatbeständen des AnfG decken, entstehen die Ansprüche (der Gläubiger) eigentlich bereits vor dem Insolvenzverfahren; die InsO enthält lediglich eine Zuweisung des Anspruchs zur Masse. Nur soweit §§ 129 ff. InsO über das AnfG hinausgehen, würden rein insolvenzrechtliche Anfechtungsansprüche mit Verfahrenseröffnung entstehen.

Neuerwerb soll hingegen nicht erfasst werden.[391)] Dem ist so ohne weiteres nicht zu fol- 202
gen. Richtig ist aber, hierfür eine separate Vermögensposition im Masseverzeichnis zu

387) *IDW*, Bestandsaufnahme im Insolvenzverfahren (IDW RH HFA 1.010), Stand: 13.6.2008, Rz. 24, FN-IDW 2008, 309.

388) *IDW*, Bestandsaufnahme im Insolvenzverfahren (IDW RH HFA 1.010), Stand: 13.6.2008, Rz. 31, FN-IDW 2008, 309.

389) *IDW*, Bestandsaufnahme im Insolvenzverfahren (IDW RH HFA 1.010), Stand: 13.6.2008, Rz. 31, FN-IDW 2008, 309.

390) *IDW*, Bestandsaufnahme im Insolvenzverfahren (IDW RH HFA 1.010), Stand: 13.6.2008, Rz. 12, FN-IDW 2008, 309.

391) *IDW*, Bestandsaufnahme im Insolvenzverfahren (IDW RH HFA 1.010), Stand: 13.6.2008, Rz. 13, FN-IDW 2008, 309.

bilden, um die Verhältnisse am Stichtag Insolvenzeröffnung von den anschließenden Ereignissen abgrenzen zu können. Denn auch wenn das Masseverzeichnis auf den Stichtag der Insolvenzeröffnung erstellt wird, wird es doch erst für den Berichtstermin eingereicht; dort ist auch relevant, was sich seit Insolvenzeröffnung verändert hat. Die nach Verfahrenseröffnung generierten Forderungen aus Lieferungen und Leistungen im Zuge einer **Betriebsfortführung** sind kein Neuerwerb, sondern **Surrogation**, da mit Mitteln der Masse generiert.[392] Daher ist ein gesonderter Ausweis nicht möglich, zumal solche Forderungen bereits dazu führen, dass die Fortführungswerte der sonstigen Vermögensgegenstände höher ausfallen als die Liquidationswerte.

203 Wie bereits zur Rohvermögensrechnung ausgeführt ist **Absonderungsgut** zunächst mit seinem vollen Wert zu erfassen.[393] Durch Einfügung einer zusätzlichen Spalte im Masseverzeichnis wird das Absonderungsrecht kenntlich gemacht und bewertet. Das Absonderungsrecht kann im Masseverzeichnis nicht höher sein als der Wert des Vermögensgegenstandes, sodass sich als freie Masse immer mindestens null ergibt. In einer weiteren Spalte ist dasjenige als Vermögenswert auszuweisen, was an gesetzlichen oder frei vereinbarten Kostenbeiträgen wieder vom Absonderungsgläubiger an die Masse zu zahlen ist bzw. vom Insolvenzverwalter bei der Auskehrung des Erlöses an den Absonderungsgläubiger einbehalten wird. In der Praxis erfolgt nicht selten eine Saldierung der Kostenbeiträge mit den Absonderungsrechten, um eine Spalte in der Darstellung zu sparen. Absonderungsrecht und Kostenbeiträge sind jedoch zwei verschiedene Rechtsverhältnisse, sodass eine Saldierung gegen das generelle Saldierungsverbot verstößt.

204 Ob auch bei **Aussonderungsgut** am Prinzip der Rohvermögensrechnung festzuhalten ist,[394] scheint der Einzelfallbetrachtung zugänglich. Abgesehen von einer gemieteten Betriebsimmobilie ist die Erfassung jedoch zu empfehlen, denn die Berichtigung der Ist-Masse zur Soll-Masse ist erst dem Zeitraum nach Verfahrenseröffnung zugewiesen, sodass § 151 InsO zunächst die Ist-Masse erfasst.

205 Bei **Aufrechnungslagen** sollten Forderungen (der Masse) und Gegenforderungen einzeln erfasst werden, die Gegenforderungen als Drittrecht (Saldierungsverbot des § 246 Abs. 2 Satz 1 HGB).[395]

c) Besonderheiten bei Eigenverwaltung

206 Die Erstellung der Verzeichnisse i. S. der §§ 151 ff. InsO obliegt dem Schuldner, wenn die Eigenverwaltung bereits **im Eröffnungsbeschluss angeordnet** wurde (Regelfall i. S. des § 270 Abs. 1 Satz 1 InsO). Dem Sachwalter obliegt die Prüfung und schriftliche Erklärung, ob nach dem Ergebnis seiner Prüfung Einwendungen zu erheben sind (§ 281 Abs. 1 InsO).[396] Hierzu muss der Sachwalter nachvollziehen können, wie die Inventur durch den Schuldner durchgeführt wurde. Bei Zweifeln wird der Sachwalter eine erneute Inventur anregen dürfen, um seinem Prüfungsauftrag gerecht zu werden (arg. § 274 Abs. 2 Satz 1 InsO).

---

392) Begr. z. § 35 InsO (§ 42 RegE), abgedr. bei *Kübler/Prütting*, Das neue Insolvenzrecht, S. 203.

393) *IDW*, Bestandsaufnahme im Insolvenzverfahren (IDW RH HFA 1.010), Stand: 13.6.2008, Rz. 16, FN-IDW 2008, 309.

394) *IDW*, Bestandsaufnahme im Insolvenzverfahren (IDW RH HFA 1.010), Stand: 13.6.2008, Rz. 18, FN-IDW 2008, 309.

395) *IDW*, Bestandsaufnahme im Insolvenzverfahren (IDW RH HFA 1.010), Stand: 13.6.2008, Rz. 17, FN-IDW 2008, 309.

396) Ausführlich *Zimmer*, Insolvenzbuchhaltung, Rz. 120 ff.

Hier ergibt sich selbstverständlich die praktische Problematik, dass der Schuldner die Verzeichnisse gemäß § 154 InsO spätestens eine Woche vor dem Berichtstermin auf der Geschäftsstelle des Insolvenzgerichts niederzulegen hat. Wie der Sachwalter vorher an die entsprechenden Informationen, die er prüfen soll, gelangen kann, ist in der InsO nicht geregelt. Daher sollte der Sachwalter dem Schuldner im theoretischen Konstrukt eine Frist aufgegeben, die ihm Zeit für die Erfüllung seiner Prüfungshandlungen gibt. 207

Praktisch freilich wird der Sachwalter noch viel früher einzubeziehen sein, da dessen Überwachungspflicht nicht erst mit der Einreichung der Verzeichnisse beginnt, sondern bereits mit der Bestandsaufnahme von Aktiva und Passiva. 208

Gemäß § 271 InsO ist auch eine **nachträgliche Anordnung der Eigenverwaltung** möglich, wenn die Gläubigerversammlung dies beantragt und der Schuldner zustimmt. Nur eine fakultative Gläubigerversammlung vor dem Berichtstermin (§ 75 InsO) mit dem TOP Eigenverwaltung kann dazu führen, dass die Pflicht zur Erstellung der Verzeichnisse auf den Schuldner übergeht. Ansonsten verbleibt die Aufgabe beim Insolvenzverwalter, denn die Verzeichnisse sind bereits vor dem Berichtstermin zu erstellen und zur Gerichtsakte zu reichen (§ 154 InsO). 209

Im Zusammenhang mit einer solchen fakultativen Gläubigerversammlung mit dem Inhalt der nachträglichen Anordnung der Eigenverwaltung vor dem Berichtstermin stellt sich die Frage, ob bei Anordnung der Eigenverwaltung eine **erneute Inventur durch den Schuldner** vorzunehmen ist. Denn der Insolvenzverwalter wird eine solche Inventur zu diesem Zeitpunkt bereits längst vorgenommen haben, da sie auf den Stichtag der Insolvenzeröffnung auszurichten ist. 210

> **Praxishinweis**
>
> Grundsätzlich ist mit jedem **Übergang der Verwaltungs- und Verfügungsbefugnis** von der Notwendigkeit einer Inventur auszugehen, um die Ausgangslage für die jeweilige Tätigkeit des Verwaltungs- und Verfügungsberechtigten ermitteln und dokumentieren zu können. Gleichzeitig wird so ermittelt, mit welchem Endbestand die Tätigkeit des vorherigen Verwaltungs- und Verfügungsberechtigten endet.

Im Idealfall der gedeihlichen Zusammenarbeit zwischen Insolvenzverwalter/Sachwalter und Schuldner mag dies alles einem akademischen Streit gleichen, jedoch gibt es erstens auch Fälle, in denen die nachträgliche Eigenverwaltung gegen den begründeten Ratschlag des Insolvenzverwalters erfolgt, sodass eine erneute Inventur durchaus der Rechtssicherheit dienen kann; zweitens wird die Rechtsprechung vergütungsrechtlich einfordern, dass bei einer Abgrenzung beider Vergütungsansprüche (erst Insolvenzverwalter, dann Sachwalter) auch die verschiedenen Berechnungsgrundlagen dargestellt werden können. Denn für die Zeit als Insolvenzverwalter wird für die Berechnungsgrundlage § 1 Abs. 1 Satz 2 InsVV analog (d. h. einschließlich der Werte nicht verwerteter Vermögensgegenstände) heranzuziehen sein, für die Zeit als Sachwalter gilt der einfachere § 1 Abs. 1 Satz 1 InsVV (bloßes Abstellen auf die Schlussrechnung). 211

Letztlich mag es auch Fälle geben, in denen die Eigenverwaltung von der Gläubigerversammlung beschlossen wurde, um einen Insolvenzverwalter „loszuwerden“, gegen den ansonsten ein berechtigter Entlassungsantrag i. S. des § 59 InsO gestellt worden wäre. Hier dient die erneute Inventur eher den Interessen des Schuldners und den Gläubigern. 212

Insgesamt wird also bei jedem Wechsel in der Verwaltungs- und Verfügungsbefugnis von der Notwendigkeit einer Inventur auszugehen sein. Die Ausgangsfrage, wer dann das **Masseverzeichnis** zu erstellen hat, ist aber außerhalb des § 154 InsO noch von einer anderen Komponente geprägt. Denn wenn ein fortzuschreibendes Masseverzeichnis Bestandteil der internen Rechnungslegung i. S. des § 66 InsO ist, ist auch stets ein neues 213

Masseverzeichnis zu erstellen; im Zweifel eben erst als Bestandteil der (Zwischen- oder) Schlussrechnung.

d) Bewertung der Gegenstände

214 Da die Entscheidung über die Fortführung oder Stilllegung des Geschäftsbetriebs des Schuldners erst von der Gläubigerversammlung getroffen werden soll (§ 157 InsO), sind zur Vorbereitung der Entscheidungsfindung im Masseverzeichnis nach § 151 Abs. 2 Satz 2 InsO sowohl Zerschlagungswerte als auch Fortführungswerte auszuweisen, soweit nicht bei Eröffnung des Insolvenzverfahrens der Geschäftsbetrieb bereits eingestellt ist.[397)]

215 Anzusetzen ist als **Liquidationswert** eines jeden Gegenstands der Veräußerungswert, der an einem konkret vorhandenen – ggf. insolvenzspezifischen – Absatzmarkt im Wege der Einzelveräußerung erzielt werden kann.[398)] Maßgeblich ist insoweit zunächst die Ermittlung der wertbestimmenden Faktoren. Hierzu gehören Fabrikat, Baujahr, Leistung, Alter bzw. Nutzungsdauer, bei Gruppenbewertungen auch die Menge etc. Des Weiteren zu berücksichtigen ist die Marktfähigkeit, d. h. das Vorhandensein eines Absatzmarkts, die voraussichtliche Verwertungszeit und die Verwertungsart. Nicht zu berücksichtigen sind wegen des Saldierungsverbots etwaige Verwertungskosten, die im Gläubigerverzeichnis bei den sonstigen Masseverbindlichkeiten auszuweisen sind.

216 Hinsichtlich Sinnhaftigkeit und Definition der **Fortführungswerte** besteht keine Einigkeit:

- So könnten **Wiederbeschaffungswerte** angesetzt werden. Dies sind dann jedoch lediglich die Liquidationswerte zuzüglich der Händlerspanne eines Verkäufers.
- Nach dem IDW ist anzusetzen derjenige Betrag, der den einzelnen Vermögenswerten „als **Bestandteil des Gesamtkaufpreises des Unternehmens** bei konzeptgemäßer Fortführung beizulegen wäre".[399)] Dies würde einerseits bereits ein vorhandenes Fortführungskonzept voraussetzen, aus dem sich ein Kaufpreis für das gesamte Unternehmen ergeben müsste, andererseits bestünde die Gefahr der Verwechslung mit dem sog. *Goodwill*, der bereits einen Unternehmenskaufpreis abzgl. Zerschlagungswerten bedeutet, jedoch einen eigenständigen Vermögenswert darstellt. Diesen auszuweisen, statt höherer Fortführungswerte anzusetzen, bedeutet für die Masse einen Vorteil, da der *Goodwill* – anders als die einzelnen Vermögensgegenstände – nicht mit einem Absonderungsrecht belastet ist.

Praxishinweis

Im Ergebnis geht es nur um eines: die vorhandenen Vermögensgegenstände sollen eingesetzt werden, um i. R. einer Betriebsfortführung weitere Forderungen aus Lieferung und Leistung zu generieren. Eine Position „künftige Forderungen aus Lieferung und Leistung" ist jedoch weder in einer Bilanz noch im Masseverzeichnis möglich. Folglich müssen die prognostizierten Fortführungserlöse durch eine – niemals ganz richtige – Hilfskonstruktion anteilig auf die eingesetzten Vermögenswerte verteilt werden, um einen insolvenzrechtlichen Fortführungswert zu erhalten. Denn der separate Ausweis der Liquidations- und Fortführungswerte soll der Gläubigerversammlung nur signalisieren, *ob eine Fortführung sinnvoll erscheint* oder eben nicht; jedwede handels- oder steuerrechtlichen Betrachtungen können somit nicht einschlägig sein.

397) Ausführlich *Zimmer*, Insolvenzbuchhaltung, Rz. 89 ff.

398) Hierzu auch *IDW*, Bestandsaufnahme im Insolvenzverfahren (IDW RH HFA 1.010), Stand: 13.6.2008, Rz. 34 f., FN-IDW 2008, 309.

399) *IDW*, Bestandsaufnahme im Insolvenzverfahren (IDW RH HFA 1.010), Stand: 13.6.2008, Rz. 37, FN-IDW 2008, 309.

e) Gliederung des Masseverzeichnisses

Nach § 151 Abs. 2 Satz 2 InsO soll das Masseverzeichnis sowohl Zerschlagungs- als auch Fortführungswerte enthalten. Es scheint jedoch der Übersichtlichkeit zuträglicher, hier **zwei getrennte Verzeichnisse** anzulegen. 217

Hinsichtlich der **vertikalen Gliederung** scheint zunächst selbstverständlich, sich an dem Aufbau der Aktivseite einer Handelsbilanz (§ 266 HGB) zu orientieren. Alsdann müssen einige Positionen umsortiert werden. So stellen zahlreiche Ansprüche gegen Gesellschafter und Geschäftsleiter z. B. handelsrechtlich lediglich sonstige Forderungen des Umlaufvermögens dar, während im Masseverzeichnis hierfür eine eigenständige Position gebildet werden sollte. Ferner müssen insolvenzspezifische Gliederungspositionen eingefügt werden für Sachverhalte, die es in der handelsrechtlichen Buchführung so nicht gibt, z. B. Für anfechtungsrechtliche Rückgewähransprüche, pfändbares Einkommen oder Erbschaften. Letzteres lässt bereits erkennen, dass bei natürlichen Personen auch noch zwischen Betriebs- und Privatvermögen differenziert werden sollte. 218

Für die **horizontale Gliederung** ist zu berücksichtigen, dass hier neben dem vom Insolvenzverwalter ermittelten Wert auch Drittrechte auszuweisen sind. Die der Masse zustehenden Kostenbeiträge sollten separat ausgewiesen werden, da es sich um eigenständige Ansprüche der Masse handelt; insoweit greift hier das Saldierungsverbot analog § 246 Abs. 2 Satz 1 HGB, das zu den Grundsätzen ordnungsmäßiger Buchführung gehört. 219

Abb. 1: Beispiel für eine Gliederung 220

Liquidationswerte					
	Buchwert	**Wert bei Stilllegung**	**./. Drittrechte**	**+ Kostenbeiträge**	**= Freie Masse**
A. Anlagevermögen					
I. Immaterielle Vermögensgegenstände					
1. Selbst geschaffene gewerbliche Schutzrechte und ähnliche Rechte und Werte					

2. Gläubigerverzeichnis (§ 152 InsO)

Gemäß § 152 Abs. 1 InsO hat der Insolvenzverwalter ein Verzeichnis aller Gläubiger zu erstellen, die ihm aus den Büchern und Geschäftspapieren des Schuldners, durch sonstige Angaben des Schuldners, durch ihre Forderungsanmeldungen oder auf andere Weise bekannt geworden sind. Bei jedem Gläubiger sind gemäß § 152 Abs. 2 Satz 2 InsO Anschrift, Grund und Betrag seiner Forderung anzugeben. Die im Gläubigerverzeichnis aufgeführten Verbindlichkeiten stellen im Ergebnis die **Passivseite einer Insolvenzeröffnungsbilanz** dar.[400] 221

a) Erfassung aller (eventuellen) Gläubiger

Das Gesetz ist insoweit unmissverständlich. Es sind alle (eventuellen) Insolvenzgläubiger zu benennen, die dem Insolvenzverwalter auf welchem Wege auch immer bekannt geworden sind. Ob die Forderung später angemeldet und festgestellt werden wird, spielt keine 222

400) Ausführlich *Zimmer*, Insolvenzbuchhaltung, Rz. 135 ff.

Rolle. Insoweit gehen die Anforderungen über den Grundsatz der Vollständigkeit einer handelsrechtlichen Buchführung weit hinaus. Im Vordergrund steht hier, alle auch nur ansatzweise denkbaren Gläubiger als mögliche Beteiligte des Insolvenzverfahrens zu erfassen.

> **Praxishinweis**
>
> Daher ist auch die Angabe von vollständigem Namen und ladungsfähiger Anschrift erforderlich, da die Gläubiger **Parteien in einem Gerichtsverfahren** sind. Folglich sind auch etwaige Bevollmächtigte zu erfassen. Maßgeblich ist insgesamt der Parteibegriff gemäß § 4 Satz 1 InsO, §§ 50 ff. ZPO.

223 Sofern beim Insolvenzverwalter der Eindruck entsteht, es würden ihm nicht alle potentiellen Gläubiger bekannt, kann er auf die sanktionsbewährten Mitwirkungspflichten des Schuldners und ggf. eine Postsperre (§ 99 InsO) zurückgreifen.

b) Angabe von Absonderungsrechten

224 Ferner verlangt § 152 Abs. 2 Satz 3 InsO, dass bei absonderungsberechtigten Gläubigern der Gegenstand, an dem das Absonderungsrecht besteht (besser: geltend gemacht wird), und die Höhe des mutmaßlichen Ausfalls zu bezeichnen sind. Hier besteht ein enger Zusammenhang mit dem Masseverzeichnis, denn dort sind die Gegenstände, an denen ein Absonderungsrecht geltend gemacht wird, als Vermögenswerte aufgeführt. In der EDV des Verwalters ist es möglich, einem Vermögensgegenstand Absonderungsrechte zuzuordnen. Im Gläubigerverzeichnis als solchem wird jedoch regelmäßig nicht der Gegenstand, sondern **dessen Wert** angegeben. Dies korrespondiert mit der gesetzlichen Forderung, im Gläubigerverzeichnis gleich den mutmaßlichen Ausfall des Gläubigers anzugeben.

225 Ähnlich dem Masseverzeichnis, für das Sachverhalte auf anfechtungsrechtliche Relevanz zu prüfen sind, muss nun auch für das Gläubigerverzeichnis geprüft werden, ob das Absonderungsrecht **insolvenzfest** ist. Absonderungsberechtigte Gläubiger sind auch dann aufzuführen, wenn ihnen keine persönlichen Forderungen gegen den Schuldner zustehen.[401] Dies ist dann einschlägig, wenn der Vermögensgegenstand des Schuldners als Sicherheit für die Verbindlichkeiten eines Dritten dient, z. B. Grundschulden auf dem Grundstück der Besitzgesellschaft als Sicherheit für Verbindlichkeiten der Betriebsgesellschaft.

226 Problematisch ist im Bereich der Absonderungsgläubiger eher **die technische Umsetzung.** Während das Masseverzeichnis problemlos anhand eines Bilanzschemas erstellt werden kann, muss das Gläubigerverzeichnis viel mehr Angaben enthalten als der Ausweis der Verbindlichkeiten in einer Bilanz. Zusätzlich zu den obigen Angaben muss der Insolvenzverwalter auch noch besondere Konstellationen, wie z. B. eine Gesamtgläubigerschaft, konkurrierende Drittrechte, revolvierende Sicherheiten o. Ä., berücksichtigen. Da jedoch flächendeckend spezielle Software-Programme im Einsatz sind, die diese Aufgabe bewältigen, scheinen weitere Ausführungen entbehrlich, jedenfalls handelt es sich nicht um Rechtsfragen. Nicht unwichtig scheint allerdings der Zusammenhang mit einer hinreichenden EDV-Ausstattung im Kontext Eignung des Insolvenzverwalters.

c) Aussonderungsgläubiger

227 Das Gesetz nimmt nicht Stellung zur Benennung von **aussonderungsberechtigten Gläubigern.** Wird jedoch im Verzeichnis der Massegegenstände ein entsprechender Vermö-

---

401) *IDW*, Bestandsaufnahme im Insolvenzverfahren (IDW RH HFA 1.010), Stand: 13.6.2008, Rz. 67, FN-IDW 2008, 309.

gensgegenstand aufgeführt, muss der entsprechende Gläubiger auch im Gläubigerverzeichnis aufgeführt werden.

d) Nachrangige Insolvenzgläubiger

Ferner verlangt § 152 Abs. 2 Satz 1 InsO den gesonderten Ausweis der **nachrangigen Insolvenzgläubiger**. Hier dürfte jedoch zu diesem Zeitpunkt keine übersteigerte Ermittlungspflicht des Insolvenzverwalters zu bejahen sein, vielmehr ist lediglich eine erste Übersicht zu liefern. Zu berücksichtigen ist dennoch, dass auch nachrangige Insolvenzgläubiger Absonderungsgläubiger sein können, da die entsprechenden Sicherheiten z. B. auch die nach Verfahrenseröffnung begründeten Zinsen besichern.[402] 228

e) Aufrechnungslagen

Nach § 152 Abs. 3 Satz 1 InsO ist anzugeben, welche Möglichkeiten der **Aufrechnung** bestehen. Da es sicherlich nicht üblich ist, in derartigen Aufstellungen Rechtsausführungen zu machen, ist nur der Wert des Gegenanspruchs auszuweisen. Zu prüfen ist an dieser Stelle, ob die Aufrechnung insolvenzfest ist (vgl. §§ 94 ff. InsO). Im Übrigen ist lediglich eine Kohärenz mit dem Masseverzeichnis (siehe Rz. 205) erforderlich. 229

f) Masseverbindlichkeiten

Letztlich sieht § 152 Abs. 3 Satz 2 InsO vor, dass auch Masseverbindlichkeiten auszuweisen sind. Zu differenzieren ist zwischen Verfahrenskosten (§ 54 InsO) und sonstigen Masseverbindlichkeiten (§ 55 InsO), die unter der Prämisse einer zügigen Verfahrensabwicklung naturgemäß nur geschätzt werden können und müssen. Allerdings sollten die Verfahrenskosten schlüssig auf die Summe der freien Masse im Masseverzeichnis abgestimmt sein. 230

g) Gliederung

Eine Gliederung ist gesetzlich nicht vorgegeben. Die **vertikale Gliederung** orientiert sich grundsätzlich an den Begrifflichkeiten der Gläubigereinteilung. Folglich sind zu gruppieren die Insolvenzgläubiger (§ 38 InsO), die nachrangigen Insolvenzgläubiger (§ 39 InsO), die Verfahrenskostengläubiger (§ 54 InsO) sowie die Gläubiger sonstiger Masseverbindlichkeiten (§ 55 InsO). In allen Bereichen können weitere Untergliederungen erfolgen. So können innerhalb der Insolvenzgläubiger gruppiert werden Kreditinstitute, Lieferanten, Arbeitnehmer, Steuergläubiger o. Ä. Im Bereich der sonstigen Masseverbindlichkeiten sollte eine Gruppierung nach den Tatbeständen des § 55 InsO erfolgen. 231

Für die **horizontale Gliederung** empfiehlt sich ein Aufbau entsprechend dem Masseverzeichnis:[403] 232

Abb. 2: Beispiel für eine horizontale Gliederung 233

Gläubiger	Verbindlichkeiten gesamt	./. Absonderungsrechte	+ Kostenbeiträge	= Insolvenzforderungen
A. Insolvenzforderungen § 38 InsO				
1. Kreditinstitute	20.000	10.000	900	10.900

402) BGH, Urt. v. 17.7.2008 – IX ZR 132/07, ZIP 2008, 1539, dazu EWiR 2009, 89 (*Gundlach/Frenzel*); BGH, Beschl. v. 16.10.2008 – IX ZR 46/08, ZIP 2008, 2276.

403) Vollständiges Beispiel bei *Zimmer*, Insolvenzbuchhaltung, Rz. 189 f.

3. Vermögensübersicht (§ 153 InsO)

234 Als drittes Verzeichnis sieht § 153 InsO eine Vermögensübersicht vor, die vereinfacht ausgedrückt eine Insolvenzeröffnungsbilanz darstellt und theoretisch wie folgt aufgebaut ist:

235 **Abb. 3: Aufbau Vermögensübersicht**

Aktiva	Vermögensübersicht (§ 153 InsO)		Passiva
Masseverzeichnis (§ 151 InsO)	80	Gläubigerverzeichnis (§ 152 InsO)	100
Unterdeckung	20		
Summe	*100*	*Summe*	*100*

236 Aus § 153 Abs. 1 Satz 1 InsO ergibt sich ferner, dass sämtliche Werte auf den **Stichtag Insolvenzeröffnung** rekurrieren müssen.

237 Nach der Aufstellung der Vermögensübersicht kann das Insolvenzgericht auf Antrag des Verwalters oder eines Gläubigers dem Schuldner aufgeben, die Vollständigkeit der Vermögensübersicht **eidesstattlich zu versichern**; die §§ 98, 101 Abs. 1 Satz 1, 2 InsO gelten entsprechend (§ 153 Abs. 2 InsO). Der Schuldner kann die Abgabe der eidesstattlichen Versicherung nicht pauschal unter Berufung auf Unrichtigkeiten oder Unvollständigkeiten verweigern; vielmehr obliegt es ihm, die vom Insolvenzverwalter vorgelegten Verzeichnisse nach seinen Kenntnissen zu korrigieren oder zu vervollständigen.404)

4. Frist zur Einreichung

238 Das Verzeichnis der Massegegenstände, das Gläubigerverzeichnis und die Vermögensübersicht sind **spätestens eine Woche vor dem Berichtstermin** in der Geschäftsstelle zur Einsicht der Beteiligten niederzulegen (§ 154 InsO).

5. Fortführung der Verzeichnisse

239 Ob die Verzeichnisse fortzuführen sind, ist nicht geregelt. Sofern in den Verzeichnissen nur eine einmalige Aufstellung gesehen wird, ist eine Fortschreibung der Verzeichnisse nicht erforderlich. Überdies scheint die Fortführung des **Gläubigerverzeichnisses** entbehrlich, da nach Verfahrenseröffnung nur noch maßgeblich ist, welche Forderungen zur Insolvenztabelle angemeldet und festgestellt werden; insoweit ersetzt die Insolvenztabelle das Gläubigerverzeichnis. Wenn demgemäß eine Fortschreibung des Gläubigerverzeichnisses nicht erforderlich ist, entbehrt die Fortschreibung der **Vermögensübersicht** einer Grundlage, weil ihr die Passivseite fehlt. Verbleibt die Fortschreibung des **Masseverzeichnisses**, das auch als Bestandteil der internen Rechnungslegung des Insolvenzverwalters zu sehen ist und demgemäß einer regelmäßigen Fortschreibung bedarf.405)

VIII. Rechnungslegungspflichten

1. Interne Rechnungslegungspflicht (§ 66 InsO)

240 Gemäß § 66 Abs. 1 Satz 1 InsO hat der Insolvenzverwalter bei Beendigung seines Amts einer Gläubigerversammlung Rechnung zu legen. Das Insolvenzgericht hat eine entsprechende Vorprüfung vorzunehmen (§ 66 Abs. 2 Satz 1 InsO). Soweit ein Gläubigerausschuss bestellt ist, hat dieser zur Schlussrechnung Stellung zu nehmen; überdies hat der Gläubigerausschuss fortlaufend die Rechnungslegung des Insolvenzverwalters zu überwa-

404) BGH, Beschl. v. 21.10.2010 – IX ZB 24/10, ZVI 2010, 467 = ZIP 2010, 2306.
405) Einzelheiten bei *Zimmer*, Insolvenzbuchhaltung, Rz. 221 ff.

chen (§ 69 Satz 2 InsO). Die eigentliche Verpflichtung zur Rechenschaftslegung durch eine Einnahmen-Ausgaben-Rechnung ergibt sich jedoch aus §§ 666, 259 BGB.

> **Praxishinweis**
>
> Die interne Rechnungslegung des Insolvenzverwalters hat sich in den letzten Jahren zu einem eigenständigen Aufgabengebiet entwickelt und ist nunmehr nicht weniger komplex als die handelsrechtliche Buchführung.[406] Wegen der Einzelheiten wird auf Kap. 34 [*Niemann/Lohmann*] verwiesen.

2. Externe Rechnungslegungspflicht (§ 155 InsO)

Gemäß § 155 Abs. 1 InsO hat der Insolvenzverwalter die handels- und steuerlichen Pflichten des Schuldners zu erfüllen, soweit die Insolvenzmasse betroffen ist. Wegen der Einzelheiten wird auf Kap. 31 [*Henschel*] und Kap. 32 [*Hüfner*] verwiesen. Von besonderem Interesse ist allerdings, dass vor Erlass eines Haftungsbescheids des Finanzamts gegen den Insolvenzverwalter zunächst die zuständige Kammer anzuhören ist (§ 191 Abs. 2 AO, Abschn. 150 AEAO § 191 Nr. 8.1). 241

IX. Entscheidung über die Verwertung (§§ 156 ff. InsO)

1. Berichtstermin (§ 156 InsO)

a) Einleitung

Gemäß § 156 Abs. 1 InsO hat der Insolvenzverwalter im Berichtstermin über die wirtschaftliche Lage des Schuldners und ihre Ursachen zu berichten. Er muss darlegen, ob Aussichten für den Erhalt des schuldnerischen Unternehmens als Ganzes oder in Teilen bestehen, ob und welche Möglichkeiten es für einen Insolvenzplan gibt und welche Auswirkungen sich jeweils für die Befriedigung der Gläubiger ergeben würden (Vergleichsrechnung). **Sinn und Zweck der Vorschrift** besteht darin, den Beteiligten die entscheidungsrelevanten Informationen, auf deren Grundlage sie über den Fortgang des Verfahrens zu entscheiden haben (§ 157 InsO), zur Verfügung zu stellen. Daher hat der Insolvenzverwalter Fragen der Insolvenzgläubiger erschöpfend zu beantworten. Dies jedoch nur, wenn die Fragen bzw. deren Beantwortung dem Insolvenzzweck dienen. Informationen, die dem Fragesteller die Vorbereitung von Ansprüchen gegenüber den gesellschaftsrechtlichen Organen des Schuldners dienen sollen, muss und darf der Insolvenzverwalter nicht zur Verfügung stellen.[407] 242

Es hat sich als selbstverständlich eingebürgert, dass nicht (nur) ein mündlicher Vortrag des Insolvenzverwalters erfolgt. Vielmehr wird ein ausführlicher **schriftlicher Bericht** zum Berichtstermin erstellt, der in der Regel zusammen mit den Verzeichnissen nach §§ 151 ff. InsO bereits eine Woche vor dem Berichtstermin zur Gerichtsakte gereicht wird und meist eine Fortschreibung des Eröffnungsgutachtens ist. Insofern erfolgt im Berichtstermin selbst nur eine Zusammenfassung der wesentlichen Ergebnisse und Entscheidungsparameter. Dies ist zulässig, da § 129 ZPO (vorbereitende Schriftsätze) über § 4 Satz 1 InsO Anwendung findet. Im Übrigen gilt die dem Insolvenzgericht obliegende Protokollierungspflicht gemäß §§ 4 Satz 1 InsO, 159 ff. ZPO. Es dürfte jedoch zu weit gehen, aus diesem Selbstverständnis heraus einen Anspruch des Insolvenzgerichts oder anderer Beteiligter auf einen schriftlichen Bericht herzuleiten. Etwas anderes gilt aus der Perspektive des Insolvenzgerichts, wenn ein schriftlicher Bericht über § 58 Abs. 1 Satz 2 InsO einge- 243

---

406) *Zimmer*, Insolvenzbuchhaltung, passim.

407) BGH, Urt. v. 2.6.2005 – IX ZR 221/03, ZVI 2005, 429 = ZIP 2005, 1325, dazu EWiR 2006, 147 (*Schröder*).

fordert wird, was regelmäßig schon im Begleitschreiben zum Eröffnungsbeschluss erfolgt. Nur dann besteht die Möglichkeit, den Insolvenzverwalter bei **Nichterfüllung der Berichtspflicht** zu sanktionieren (§ 58 Abs. 2 InsO). Erfolgt jedoch noch nicht einmal ein brauchbarer mündlicher Bericht, liegt eine Pflichtverletzung des Insolvenzverwalters vor, die Sanktionen nach sich ziehen kann (§§ 58, 59 InsO).

244 Hierbei ist auch zu berücksichtigen, dass die Berichtspflicht aus § 156 InsO im theoretischen Konstrukt **höchstpersönlicher** Natur ist.[408] Die Praxis verfährt anders, hier werden auch „Schattenverwalter" akzeptiert.

245 Nach § 156 Abs. 2 InsO ist dem Schuldner, dem Gläubigerausschuss, dem Betriebsrat und dem Sprecherausschuss der Leitenden Angestellten im Berichtstermin Gelegenheit zu geben, zu dem Bericht des Verwalters Stellung zu nehmen **(Anhörungsrecht)**. Ist der Schuldner Handels- oder Gewerbetreibender oder Landwirt, kann auch der zuständigen amtlichen Berufsvertretung der Industrie, des Handels, des Handwerks oder der Landwirtschaft im Termin Gelegenheit zur Äußerung gegeben werden. Soweit der Betriebsrat, der Sprecherausschuss der Leitenden Angestellten oder die amtliche Berufsvertretung nicht zugleich Insolvenzgläubiger sind und ihre Teilnahmeberechtigung hieraus ableiten können, bedarf es jedoch keiner zwingenden Ladung; § 30 InsO ist insoweit abschließend.

b) Darstellung der wirtschaftlichen Lage und ihrer Ursachen (§ 156 Abs. 1 Satz 1 InsO)

246 Der Begriff der wirtschaftlichen Lage ist im Gesetz nicht definiert. Im Wesentlichen geht es bei der Berichterstattung darum, dass die Beteiligten anschließend den Schuldner wie folgt definieren können: „wen haben wir da vor uns und was können wir mit ihm machen?"

247 Zunächst hat eine **allgemeine Beschreibung des Schuldners** zu erfolgen:

– In einem einführenden **allgemeinen Teil** sollten daher Rahmendaten wie z. B. Zeitpunkt der Gründung, Rechtsform, Gründungsgesellschafter, Gründungskapital, erste Geschäftsleiter, erster Firmensitz und erster Gesellschaftszweck etc. genannt werden.
– Alsdann sollte in einem **historischen Abriss** die Entwicklung bis zum Insolvenzantrag dargestellt werden, insbesondere Gesellschafterwechsel, Wechsel in der Geschäftsführung, Kapitalerhöhungen, Sitzverlegungen, Änderungen des Gesellschaftszwecks etc. Für den kundigen Leser ergibt sich schon aus dieser Darstellung, ob sich Ansprüche gegen Gesellschafter oder Geschäftsleiter ergeben könnten. Die hier aufzuführenden Personen tauchen in der weiteren Berichterstattung häufig im Zusammenhang mit Ansprüchen der Masse auf. Je älter die Gesellschaft ist, desto eher kann selbstverständlich eine Beschränkung auf die letzten Jahre erfolgen.
– Bei natürlichen Personen ist i. S. einer **Kurzvita** darzustellen, wann der Schuldner geboren wurde, welche Ausbildung er genossen hat, welcher Berufstätigkeit er nachging bzw. nachgeht, welche Unterhaltspflichten bestehen etc.
– Bei einer **Unternehmensinsolvenz** sollten Angaben zu Umsatz, Gewinn, Bilanzsumme und Mitarbeiterzahlen gemacht werden, um den Beteiligten die Größenordnung des jeweiligen Verfahrens zu verdeutlichen. So können die Beteiligten auch bereits erkennen, ob sich dem Zahlenwerk ein kontinuierlicher Niedergang des Unternehmens entnehmen lässt oder die Insolvenz aufgrund unerwarteter Ereignisse eingetreten ist.

248 Im Rahmen der Darstellung der **finanzwirtschaftlichen Lage** des Schuldners soll die Vermögens- und Liquiditätssituation des Unternehmens dargestellt werden:

408) BFH, Urt. v. 26.1.2011 – VIII R 3/10, ZIP 2011, 830.

- Hierbei kann grundsätzlich auf die Verzeichnisse i. S. der §§ 151 ff. InsO abgestellt werden. Bei der Darstellung der **Aktiva** sollte die Gliederungsreihenfolge des Masseverzeichnisses (§ 151 InsO) eingehalten werden. Alle dort genannten Vermögenswerte sollten kurz erläutert werden. Dies gibt dem Insolvenzverwalter Gelegenheit, im Zweifel besondere Bewertungskriterien darzustellen, die seiner Bewertung für das Masseverzeichnis zugrunde gelegt wurden.
- Auch Drittrechte sollten dargestellt werden, wobei auf eine Insolvenzfestigkeit einzugehen ist.
- Sofern der Bericht zum Berichtstermin eine Fortschreibung des Eröffnungsgutachtens darstellt, sind die weiteren Entwicklungen nach Verfahrenseröffnung zu berücksichtigen, da der Bericht – anders als das Masseverzeichnis – auf den Stichtag des Berichtstermins abstellt, und nicht auf den Stichtag der Insolvenzeröffnung. Gerade hierdurch wird den Beteiligten vermittelt, was sich in den ersten Wochen nach Insolvenzeröffnung bereits getan hat, d. h. welche Maßnahmen der Insolvenzverwalter mit welchem Erfolg ergriffen hat.
- Auf der **Passivseite** gilt Entsprechendes in Bezug auf das Gläubigerverzeichnis (§ 152 InsO), wobei die Ausführungen hier sehr viel kürzer sind. Hier muss nicht jede Forderung dargestellt werden, vielmehr können innerhalb des Rangs § 38 InsO Gruppen gebildet werden (z. B. Arbeitnehmer, Steuerbehörden, Sozialversicherungsträger, Lieferanten, Kreditinstitute etc.), wobei Aus- und Absonderungsgläubiger jedoch wegen des Zusammenhangs mit dem Masseverzeichnis separat dargestellt werden sollten.
- Ein Vergleich der **Verzeichnissummen** von Aktiva und Passiva soll abschließend den Fehlbetrag erkennen lassen, mit dem die Aktiva hinter den Passiva zurückbleiben, wobei dies selbstverständlich eine rein insolvenzrechtliche – und keine handelsrechtliche – Betrachtung ist.
- Da auf der Aktivseite die liquiden Mittel erkennbar sind (z. B. Guthaben auf einem Verwalterkonto) und die Passivseite auch die Masseverbindlichkeiten auszuweisen hat, steht somit auch bereits fest, über welche **Liquidität** der Insolvenzverwalter bzw. die Insolvenzmasse verfügt. Daher scheint es sinnvoll, an dieser Stelle auf Dauerschuldverhältnisse, schwebende Geschäfte und die Erfüllungswahl nach §§ 103 ff. InsO einzugehen, da dies im Zusammenhang mit Masseverbindlichkeiten und Liquidität steht. Ist eine Betriebsfortführung angedacht, können diese Ausführungen in ein späteres Kapitel des Berichts, das sich mit der Betriebsfortführung oder den Sanierungsaussichten befasst, verschoben werden.

Eine erheblich größere Anforderung an Insolvenzverwalter stellt die **Darstellung der leistungswirtschaftlichen Lage** des Unternehmens dar, da es hier nicht nur um eine Bestandsaufnahme geht, sondern auch bereits Sanierungspotenzial herauszuarbeiten ist. Mindestens aber darf sich diese Darstellung nicht nennenswert von einem späteren Sanierungskonzept oder einer späteren Darstellung im Insolvenzplan unterscheiden. An dieser Stelle geht es um die Darstellung, wie das Unternehmen in den Teilbereichen Produktion, Absatz, Beschaffung, Personal, Forschung und Entwicklung, Unternehmensführung und Rechnungswesen aufgestellt ist, welche Krisenursachen in welchen Teilbereichen zu sehen sind und welche Bereiche einem Sanierungsprozess zugänglich sind bzw. im Wege stehen. Die Darstellung ist zu ergänzen um ausführliche Informationen darüber, was seit Eröffnung des Insolvenzverfahrens bereits geschehen ist. Sinnvollerweise kann für den Gesamtzusammenhang auch dargestellt werden, was und mit welchem Erfolg bereits in der vorläufigen Verwaltung an Maßnahmen eingeleitet und umgesetzt wurde, zumal immer mehr Gerichte auch für die vorläufige Verwaltung einen förmlichen **Schlussbericht** als Ergänzung zur 249

Schlussrechnung für die vorläufige Verwaltung einfordern, meist im Zusammenhang mit dem Vergütungsantrag des vorläufigen Verwalters.

c) Sanierungsaussichten (§ 156 Abs. 1 Satz 2 InsO)

250 Nach § 156 Abs. 1 Satz 2 InsO hat der Insolvenzverwalter darzulegen, ob Aussichten bestehen, das Unternehmen des Schuldners im Ganzen oder in Teilen zu erhalten, welche Möglichkeiten für einen Insolvenzplan bestehen und welche Auswirkungen jeweils für die Befriedigung der Gläubiger eintreten würden. Es ist daher einzugehen auf Möglichkeiten und voraussichtliche Ergebnisse folgende Alternativen:

- Abwicklung/Zerschlagung;
- Betriebsfortführung mit übertragender Sanierung (Sanierung der operativen Einheit);
- Betriebsfortführung mit Insolvenzplan (Sanierung des Rechtsträgers).

251 Die Diskussion um das Sanierungspotenzial der InsO nach ESUG darf nicht darüber hinwegtäuschen, dass in den meisten Unternehmensinsolvenzen die Zerschlagung unausweichlich ist. Es kann dem Insolvenzverwalter auch nicht auferlegt werden, in jedem Insolvenzverfahren ein umfangreiches Sanierungskonzept zu erarbeiten. Gerade in den Verfahren, in denen sich der Niedergang über Jahre hinweg abzeichnete, lassen sich oft Strukturen vorfinden, die allenfalls eine übertragende Sanierung zulassen, um eine Aufrechterhaltung des operativen Bereichs unter anderen Vorzeichen zu erreichen und somit zumindest Arbeitsplätze erhalten zu können, obwohl letzteres nicht prioritär ist. Je rechtzeitiger ein Insolvenzantrag gestellt wurde und je weniger die Insolvenz auf Fehlern des Managements beruhte, desto höher ist jedoch die Wahrscheinlichkeit, entscheidende Parameter für eine Sanierung des Rechtsträgers herausarbeiten zu können. Insoweit kann auf die Kapitel zu Eigenverwaltung (siehe Kap. 15 [*Hölzle*]) und Insolvenzplan (siehe Kap. 13 [*Dellit/Titze*]) verwiesen werden.

d) Entscheidung über den Fortgang des Verfahrens (§ 157 InsO)

252 Die Gläubigerversammlung beschließt gemäß § 157 InsO im Berichtstermin, ob das Unternehmen des Schuldners (einschließlich einer etwaigen Ausproduktion) **stillgelegt oder (vorläufig) fortgeführt** werden soll. Sie kann den Insolvenzverwalter beauftragen, einen Insolvenzplan auszuarbeiten und ihm das Ziel des Plans vorgeben. Sie kann ihre Entscheidungen in späteren Terminen ändern. Die Norm ist neben §§ 56a, 56b, 57 InsO (Beteiligung bei der Auswahl des Insolvenzverwalters) eine weitere zentrale Ausprägung der Gläubigerautonomie. Grundsätzlich soll die Gläubigergesamtheit durch gemeinschaftliche Willensbildung über den Fortgang des Verfahrens entscheiden. Seit Einführung der vorläufigen Verwaltung ist dieses Konstrukt der Gläubigerautonomie jedoch entwertet, da bei einem Berichtstermin erst rd. fünf Monate nach Anordnung der vorläufigen Verwaltung meist schon unumkehrbare Fakten geschaffen wurden.

253 Sofern im Berichtstermin Gläubiger erscheinen und es zu einem **Beschluss der Gläubigerversammlung** kommt, folgen diese regelmäßig dem Votum des Insolvenzverwalters, zumal in Fortführungsfällen, bei angedachter übertragender Sanierung oder bei Möglichkeit eines Insolvenzplans ein intensiver Austausch zwischen (vorläufigem) Insolvenzverwalter und relevanten Gläubigern erfolgte. Tatsächlich ist es also in fast jedem Fall der Insolvenzverwalter, der die Entscheidungen trifft, ggf. in Absprache mit einem vorläufigen oder einstweiligen Gläubigerausschuss. Gleichwohl ist die Norm des § 157 InsO notwendig, um die Insolvenzgläubiger davor zu schützen, dass ausnahmsweise ein „schlechter" Insolvenzverwalter ohne ausreichende Planung Entscheidungen vorschlägt, die nicht tragbar sind, aber auch keinen Entlassungsgrund i. S. des § 59 InsO darstellen; § 57 InsO ist zu

diesem Zeitpunkt nicht mehr anwendbar, da die Frage des Verwalterwechsels stets TOP 1 des Berichtstermins ist, sodass die Frage des Verwalterwechsels vor dem TOP Verfahrensfortgang endgültig abgeschlossen ist.

Ist die Gläubigerversammlung **beschlussunfähig** oder fasst sie **keinen Beschluss**, ist der Insolvenzverwalter in seiner Entscheidung über weitere Maßnahmen frei. Dies folgt aus § 160 Abs. 1 Satz 3 InsO, der wörtlich nur die besonders bedeutsamen Rechtshandlungen erfasst; dann aber kann in einem Erst-recht-Schluss der Insolvenzverwalter bei weniger bedeutsamen Rechtshandlungen nicht anders gestellt sein. 254

Ein Sonderfall ist die **natürliche Person** als Schuldner, soweit sie ohne Arbeitnehmer und mit einem von § 36 InsO a. F., § 811 Abs. 1 Nr. 5 ZPO a. F. geschützten Betriebsvermögen selbstständig tätig ist. Hier war ein Beschluss der Gläubigerversammlung mit dem Inhalt der Stilllegung des Geschäftsbetriebs nicht zulässig. Insoweit konnte die Gläubigerversammlung lediglich entscheiden, ob der Insolvenzverwalter eine „Freigabe" des Geschäftsbetriebs nach § 35 Abs. 2 InsO erklären soll; ein etwaig dennoch ergangener Stilllegungsbeschluss war in diese Richtung auszulegen. Daran hat sich auch durch eine Gesetzesänderung zum 1.1.2022 nichts geändert: Auch in laufenden Insolvenzverfahren wurde der Regelungsbereich des § 811 Abs. 1 Nr. 5 ZPO **seit dem 1.1.2022** in § 811 Abs. 1 Nr. 1 lit. b ZPO verschoben, gleichzeitig wurde (ohne Übergangsregelung) § 36 Abs. 2 Nr. 2 InsO neugefasst.[409] Nach der Vorstellung des Gesetzgebers soll dies die Betriebsfortführung erleichtern, um zuvor unpfändbare Gegenstände bis zu einer Freigabeentscheidung nutzen zu können.[410] Hierdurch können seit dem 1.1.2022 bis dahin unpfändbare Gegenstände unter den **Insolvenzbeschlag** fallen, wenn der Schuldner keine überwiegend persönlichen Leistungen erbringt.[411] 255

2. Maßnahmen vor der Entscheidung (§ 158 InsO)

§ 158 InsO enthält ein Korrektiv für Fälle, in denen der Betrieb des Schuldners noch vor dem Berichtstermin stillgelegt werden muss oder eine übertragende Sanierung erfolgen soll. Denn nach § 158 InsO ist der Insolvenzverwalter grundsätzlich zu den vorgenannten Maßnahmen berechtigt, allerdings hat er die **Zustimmung des einstweiligen Gläubigerausschusses** einzuholen. Die Beschlussfassung des einstweiligen Gläubigerausschusses erfolgt nach Maßgabe des § 72 InsO. Der Beschluss bedarf keiner Begründung. 256

> **Praxishinweis**
>
> Vor dem Hintergrund der persönlichen Haftung der Ausschussmitglieder dürfte jedoch selbstverständlich sein, dass sich eine tragfähige Begründung aus den internen Arbeitspapieren des Ausschusses herleiten lassen muss.

Die Gründe für oder gegen eine Maßnahme können betriebswirtschaftlicher Natur sein und sich auf eine (un)günstige Planungsrechnung stützen. Möglich sind auch rechtliche Gründe, z. B. bei zulassungspflichtigen Berufen oder sonstigen Wegfalls notwendiger rechtlicher Erlaubnisse etc. 257

Vor der Beschlussfassung des Gläubigerausschusses oder, wenn ein solcher nicht bestellt ist, vor der Stilllegung des Unternehmens hat der Insolvenzverwalter den **Schuldner zu unterrichten.** Auf dessen Antrag und nach Anhörung des Verwalters hat das Insolvenz- 258

409) Gesetz zur Verbesserung des Schutzes von Gerichtsvollziehern vor Gewalt sowie zur Änderung weiterer zwangsvollstreckungsrechtlicher Vorschriften und zur Änderung des Infektionsschutzgesetzes (Gerichtsvollzieherschutzgesetz – GvSchuG), v. 7.5.2021, BGBl. I 2021, 850.

410) Begr. RegE GvSchuG z. § 36 Abs. 2 Nr. 2 InsO, BT-Drucks. 19/27636, S. 34 f.

411) Zur Problematik ausführlich *Wipperfürth*, ZInsO 2021, 1148.

gericht die Stilllegung oder Veräußerung des Unternehmens zu **untersagen**, wenn die Veräußerung oder Stilllegung ohne eine erhebliche Verminderung der Insolvenzmasse bis zum Berichtstermin aufgeschoben werden kann.

> **Praxishinweis**
> Da das Recht des Schuldners folglich nur dann besteht, wenn kein Gläubigerausschuss besteht oder dieser noch keinen Beschluss gefasst hat, ist evident, dass in solchen Verfahren, in denen sich die weitere Abwicklung faktisch bereits in der vorläufigen Verwaltung abzeichnet, mit Insolvenzeröffnung ein einstweiliger Gläubigerausschuss bestellt werden sollte, der zeitnah nach Insolvenzeröffnung einen entsprechenden Beschluss fasst.

259 Dies weniger, um dem Schuldner seine Rechte zu nehmen, sondern eher zur Vermeidung der Folge, dass nun das Insolvenzgericht in einem langwierigen Abwägungsprozess die Entscheidung über Fortführung oder Stilllegung treffen muss. Denn der Rechtspfleger wird eine so weitreichende betriebswirtschaftliche Entscheidung nicht aufgrund eigener Sachkompetenz treffen können, die Einschaltung eines Sachverständigen über § 5 Abs. 1 Satz 2 InsO verzögert die Angelegenheit jedoch in sachwidriger Weise. Selbst wenn hier aufgrund objektiv brauchbaren Analysematerials feststeht, dass die Fortführung für die Masse ungünstiger ist als die Stilllegung, verbleibt immer noch die alleinige Pflicht des Rechtspflegers, durch Abwägung zu ermessen, inwieweit das Tatbestandsmerkmal der **erheblichen Verminderung** der Insolvenzmasse erfüllt ist, denn feste Prozentsätze oder Faustregeln sind hier nicht einschlägig. Sofern es zu einem Beschluss des Insolvenzgerichts kommt, ist als Rechtsmittel lediglich die Erinnerung nach § 11 RPflG möglich.

260 Der Begriff **Unternehmen** ist nicht legaldefiniert. Es wird im hiesigen Kontext davon auszugehen sein, dass mit Unternehmen jede organisatorische Einheit gemeint ist, die (gegen Geld) Leistungen für Dritte erbringt. Dabei ist unerheblich, ob es sich um gewerbliche, freiberufliche oder künstlerische Tätigkeit handelt, ob Gemeinnützigkeit vorliegt o. Ä., da dies in der Regel nur steuerrechtliche Zuordnungen sind. Insoweit wird § 158 InsO auch auf Teilbetriebe Anwendung finden.

261 Unter **Stilllegung** dürfte die vollständige Beendigung der operativen Tätigkeit unter Auflösung der operativen Einheit zu verstehen sein. Während § 159 InsO eine unverzügliche Verwertung nach dem Berichtstermin vorsieht, dürfte eine Stilllegung vor dem Berichtstermin lediglich der Schonung der Masse dienen, jedoch noch kein sofortiges Verwertungsrecht des Insolvenzverwalters auslösen, falls nicht objektive Umstände auch noch eine sofortige Verwertung notwendig machen (z. B. in der Lebensmittelindustrie oder der Landwirtschaft).

262 Auch hier stellt die **natürliche Person** einen Sonderfall dar, sodass auf die obigen Ausführungen verwiesen werden kann (siehe Rz. 255). Untersagt das Insolvenzgericht gegen die Argumente des Insolvenzverwalters die Betriebsstilllegung vor Berichtstermin, hat der Insolvenzverwalter zu prüfen, ob eine „Freigabe" des Geschäftsbetriebs gemäß § 35 Abs. 2 InsO indiziert ist.

263 Ein **Verstoß des Verwalters** gegen die Rechte der Beteiligten aus § 158 InsO ist **im Außenverhältnis** unbeachtlich. Zwar findet § 164 InsO keine Anwendung, jedoch kann das bemäkelte Rechtsgeschäft nur nach allgemeinen Regelungen unwirksam sein, z. B. bei kollusivem Zusammenwirken bzw. Kenntnis des Vertragspartners von der Insolvenzzweckwidrigkeit.

264 Bei Verstößen des Verwalters gegen § 158 InsO liegt **im Innenverhältnis** jedoch dessen Haftung nach § 60 InsO auf der Hand:

– Gegenüber **Insolvenzgläubigern** dürfte eine Haftung bei Verletzung der Rechte der Ausschussmitglieder in Betracht kommen, wenn nachgewiesen werden kann, dass bei

Wahrung der Rechte aus § 158 InsO eine höhere Quotenerwartung hätte erzielt werden können; ein Schadensersatzanspruch der Insolvenzgläubiger bei unterlassener Anhörung des Schuldners ist jedoch zu verneinen.

- Ein Schadensersatzanspruch der **Mitglieder des einstweiligen Gläubigerausschusses** dürfte ebenfalls im Grundsatz zu verneinen sein, da das Mitwirkungsrecht keinen geldwerten Vorteil hat. Nur wenn auch eine persönliche Haftung der Ausschussmitglieder im Raum steht, könnte ein Freistellungsanspruch gegenüber dem Insolvenzverwalter existieren.
- Dem **Schuldner** wird ein Schadensersatz zustehen, da er im Grundsatz das Recht auf bestmögliche Verwertung der Masse hat, um so eine möglichst hohe Enthaftung zu erzielen. Insoweit würde sich der haftungsausfüllende Tatbestand darauf beziehen, in welcher Höhe eine Enthaftung gerade nicht eingetreten ist. Bei natürlichen Personen dürfte dies wegen der regelmäßig beantragten Restschuldbefreiung jedoch zweifelhaft sein, bei Kapitalgesellschaften mangels Interesses irrelevant. Ohnehin dürfte ein solcher Anspruch des Schuldners als Neuerwerb zu definieren sein und wiederum in die Insolvenzmasse fallen, sodass erstens ein Sonderinsolvenzverwalter zu bestellen ist (§ 92 Satz 2 InsO) und zweitens letztendlich nicht der Schuldner, sondern die Gläubigergesamtheit profitiert. Insgesamt wird ein „echter" – mithin insolvenzfreier – Schadensersatzanspruch des Schuldners nur dann existieren, wenn der Schuldner eine natürliche Person ist und er durch das Verwalterhandeln mit neuen Verbindlichkeiten belastet wird. Selbiges gilt, wenn das Verwalterhandeln Verbindlichkeiten bei Gesellschaftern auslöst, z. B. aufgrund steuerrechtlicher Auswirkungen oder bei verhinderter Minderung der persönlichen Haftung gemäß § 126 HGB, § 93 InsO.

X. Verwertung der Insolvenzmasse (§ 159 InsO)

Nach dem Berichtstermin hat der Insolvenzverwalter unverzüglich das zur Insolvenzmasse gehörende Vermögen zu verwerten, soweit die Beschlüsse der Gläubigerversammlung nicht entgegenstehen (§ 159 InsO). 265

Die Pflicht zur Verwertung bezieht sich erkennbar auf alles, was als **Insolvenzmasse** von §§ 35–37 InsO erfasst wird. Insoweit scheinen an dieser Stelle weitere Erläuterungen entbehrlich. Werden versehentlich Gegenstände verwertet, die nicht vom Massebeschlag erfasst sind, bestehen entsprechende Rechte der Geschädigten. Verwertung bedeutet im Grundsatz die Versilberung, d. h. am Ende eines Insolvenzverfahrens (in der Sekunde vor der Schlussverteilung) sollte das Vermögen des Schuldners nur noch aus dem Geldbestand auf dem Verfahrenskonto des Insolvenzverwalters bestehen, damit das in § 1 InsO normierte Ziel der Verteilung des schuldnerischen Vermögens an die Insolvenzgläubiger erreicht werden kann. 266

Nicht verwertbare Vermögensgegenstände können aus der Masse freigegeben werden. Unter **Freigabe** ist die endgültige und unwiderrufliche Aufgabe der Verwaltungs- und Verfügungsbefugnis des Insolvenzverwalters mit der Folge des Übergangs in das insolvenzfreie Vermögen des Schuldners zu verstehen. Freigaben sind auch bei (führungslosen) Gesellschaften möglich.[412] Auch konkludente Freigaben sollen möglich sein,[413] sind jedoch haftungsträchtig. Grundsätzlich muss der freigegebene Vermögensgegenstand inhaltlich ausreichend bestimmt sein, damit Vollstreckungen von Gläubigern in das insol- 267

412) Ausführlich zur Freigabe *Ganter*, ZRI 2021, 113.

413) BGH, Beschl. v. 18.9.2014 – IX ZA 16/14, ZVI 2015, 65 – Rechtsschutzversicherung betreffend freigegebenen Vermögensgegenstand; OLG Hamm, Urt. v. 16.1.2017 – 31 U 226/15, ZVI 2018, 64 – Guthaben auf Kontokorrentkonten.

venzfreie Vermögen möglich sind.[414] In diesem Fall fließt keine Liquidität in die Masse, der Vermögensgegenstand ist aus dem Masseverzeichnis auszubuchen. Auf der Passivseite können sich jedoch Auswirkungen ergeben, wenn an dem Vermögensgegenstand ein Absonderungsrecht besteht, denn ein Verwertungserlös mindert die Forderung des Insolvenzgläubigers. Auch dann fließt der wirtschaftliche Wert der Masse zu, sodass lediglich eine **modifizierte Freigabe** vorliegt und im Zweifel die Masse die Umsatzsteuer aus dem Veräußerungsgeschäft schuldet.[415] Ungeachtet dessen kann die Verwertung z. B. eines Grundstücks durch den Absonderungsgläubiger zur Aufdeckung stiller Reserven führen; die hieraus resultierende Ertragsteuer ist Masseverbindlichkeit.[416]

Praxishinweis

Insbesondere bei der Freigabe von wertausschöpfend belasteten Grundstücken ist daher zu prüfen, ob der Schuldner vorinsolvenzlich zur Umsatzbesteuerung optiert hat und eine Aufdeckung stiller Reserven droht, die nicht von einem steuerlichen Verlustvortrag gedeckt sind.

268 Entgegen allgemeiner Ansicht ist die **vollständige Masseverwertung** zwar selbstverständlich und Regelfall, jedoch nicht zwingend, da das Schicksal derjenigen Gegenstände, für die der Insolvenzverwalter keine Verwertungsaussicht gesehen hat, für die im Einzelfall aber auch keine Freigabe opportun scheint, erst nach einem Schlussbericht und nach einer Schlussrechnungsprüfung der Entscheidung durch die Gläubigerversammlung (Schlusstermin) obliegt, was § 197 Abs. 1 Satz 2 Nr. 3 InsO deutlich hervorhebt. So kann ein Grundstück, das faktisch nicht verwertbar ist, jedoch ohne nennenswerte Kostenbelastung Mieteinnahmen bringt, auch bis zur Aufhebung des Verfahrens, d. h. bis zum automatischen Rückfall der Verwaltungs- und Verfügungsbefugnis auf den Schuldner, in der Masse verbleiben.

269 Da es sich beim Insolvenzverfahren um ein gerichtliches Gesamtvollstreckungsverfahren handelt, liegt zunächst nahe, dass **Einzelverwertungen** zu erfolgen haben. Jedoch stellt auch ein Asset Deal im Kontext **übertragende Sanierung** (siehe ausführlich Kap. 14 [*Curtze/König*) einen Fall der Verwertung i. S. des § 159 InsO dar. Ob sich der Insolvenzverwalter für eine übertragende Sanierung entscheidet, hängt – neben der Vorgabe durch die Gläubigerorgane – von wirtschaftlichen Faktoren ab. Eine übertragende Sanierung ist immer dann beanstandungsfrei, wenn der Kaufpreis mindestens die voraussichtliche Summe der Zerschlagungswerte der einzelnen Vermögensgegenstände erreicht. Liegt der Kaufpreis ausnahmsweise darunter, ist dies entsprechend zu rechtfertigen. Dies kann z. B. dadurch geschehen, dass der Erwerber Verbindlichkeiten des Schuldners übernimmt, die als Masseverbindlichkeiten einzustufen wären. Dies darf in Bezug auf Masseverbindlichkeiten aus Arbeitsverhältnissen allerdings nicht dazu führen, dass ein niedriger Kaufpreis durch den Erhalt von Arbeitsplätzen rechtfertigt wird, denn dies ist kein Verfahrensziel nach der InsO; die eingesparten Masseverbindlichkeiten dürfen insoweit lediglich unter Berücksichtigung der einschlägigen Kündigungsfristen berechnet werden. Insgesamt müssen sich die Insolvenzmasse bzw. die ungesicherten Insolvenzgläubiger durch die übertragende Sanierung mindestens genauso stehen wie bei einer Einzelverwertung. Dass die Auffanggesellschaft am selben Firmensitz (im selben Registerbezirk) auch die Firma erwirbt, wird dadurch er-

414) AG Heidenheim, Beschl. v. 13.6.2019 – 1 M 1222/19, NZI 2019, 735.

415) BFH, Urt. v. 24.9.1987 – V R 196/83, ZIP 1988, 42.

416) BFH, Urt. v. 7.7.2020 – X R 13/19, ZRI 2020, 38.

schwert, dass der Insolvenzverwalter ohne eine förmliche Satzungsänderung nicht befugt ist, zuvor den Schuldner von sich aus umzufirmieren.[417)]

Die **Einschaltung von Verwertern** bei der Einzelverwertung bzw. **M&A-Beratern** bei der übertragenden Sanierung ist rechtlich zulässig; fraglich allein ist im Lichte des § 4 Abs. 1 Satz 3 InsVV bzw. § 3 InsVV die vergütungsrechtliche Komponente. Selbiges gilt für die Einschaltung eines Prozessfinanzierers im Lichte des § 1 Abs. 2 InsVV.[418)] 270

Der Wortlaut des § 159 InsO suggeriert, dass eine *unverzügliche* Verwertung zu erfolgen habe, d. h. eine Verwertung ohne schuldhaftes Zögern i. S. des § 121 Abs. 1 Satz 1 BGB. Dem kann jedoch nicht gefolgt werden. § 152 Abs. 3 Satz 2 InsO gestattet dem Insolvenzverwalter i. R. der Erstellung des Gläubigerverzeichnisses eine Schätzung der voraussichtlichen Masseverbindlichkeiten unter der Prämisse einer **zügigen Verwertung**. Letzteres ist dann keine rechtliche, sondern eine wirtschaftliche Frage. Da sich § 159 InsO zu dieser Frage ausschweigt und § 152 Abs. 3 Satz 2 InsO eine zügige Verwertung zulässt, besteht keine Veranlassung, hier einen strengeren Maßstab in das Gesetz hinein zu interpretieren. Umgekehrt aber kommt es meist schon zu Verwertungen vor dem Berichtstermin, wenn eine Betriebsstilllegung erfolgt ist und die Betriebsräumlichkeiten zurückgegeben werden müssen. Vorzeitige Verwertungen sind immer dann zulässig, wenn der Nutzen für die Masse größer ist als ein voraussichtlicher Schaden, da allenfalls die ideellen Mitwirkungsrechte der Gläubigerversammlung bzw. derer anwesenden Mitglieder verletzt sind. 271

Sofern sich die Gläubigerversammlung im Berichtstermin für eine Fortführung des schuldnerischen Unternehmens ausgesprochen hat, muss diese nun durch den Insolvenzverwalter erfolgen. Allerdings ist diese **Fortführung durch den Insolvenzverwalter** ausnahmslos vorläufiger Natur. Sie **endet** entweder mit der übertragenden Sanierung, der Stilllegung, der Aufhebung des Verfahrens nach § 258 InsO (Insolvenzplan) oder der nachträglichen Anordnung der Eigenverwaltung (§ 271 InsO). 272

Eine **andere zeitliche Begrenzung** der Fortführung ist jedoch abzulehnen. Wenn und weil der Insolvenzverwalter Fortführungsüberschüsse erzielt (einschließlich Belastung mit Ertragsteuern, d. h. bei handels- und steuerrechtlicher Betrachtung), die mindestens der wertmäßigen Abnutzung des hierfür eingesetzten Anlagevermögens entsprechen, ist eine Betriebsfortführung nicht zu beanstanden, auch wenn sich die Fortführung über Jahre erstreckt. Selbstverständlich muss damit das Ziel des Insolvenzverwalters verbunden sein, einen höheren Erlös aus einer späteren übertragenden Sanierung zu erzielen, als ihm gegenwärtig zu realisieren möglich scheint; dabei handelt es sich nicht um eine unzulässige Spekulation zulasten der Gläubigergesamtheit. Immer schon und durch das Postulat vermeintlich besserer Sanierungsaussichten durch das ESUG verdeutlicht ist dem Insolvenzverwalter einzuräumen, eine leistungswirtschaftliche Sanierung des Unternehmens vorzunehmen, um einen für die Insolvenzgläubiger bestmöglichen Erlös aus übertragender Sanierung zu erzielen, sofern eine solche nicht augenscheinlich unmöglich ist. Bei erfolgreichen Insolvenzverwaltern ist dies vermutlich sogar die bessere Alternative zum Insolvenzplan. Zudem sei noch berücksichtigt, dass auch die Eigenverwaltung keiner zeitlichen Beschränkung unterfällt und die Rechte des Schuldners in Eigenverwaltung nicht weiter gehen können als die Rechte eines Insolvenzverwalters. 273

---

417) BGH, Beschl. v. 26.11.2019 – II ZB 21/17, ZRI 2020, 134. **A. A.** OLG Hamm, Beschl. v. 22.12.2017 – 27 W 144/17, ZInsO 2018, 1171.

418) BGH, Beschl. v. 16.12.2021 – IX ZB 24/21, ZRI 2022, 120; hierzu *Zimmer*, DZWIR 2022, 225.

> **Praxishinweis**
>
> In solchen Fällen tut es der Seriosität des Insolvenzverwalters allerdings keinen Abbruch, durch Abschlagsverteilungen zu dokumentieren, dass sein Unterfangen tatsächlich Erfolg versprechen kann. Im Zweifel sollte sich der Insolvenzverwalter absichern, indem regelmäßig (z. B. jährlich) Gläubigerversammlungen einberufen werden, die über die Fortführung neu beschließen. Mindestens aber sollten sich die Gläubiger in solchen Fällen zur Einsetzung eines Gläubigerausschusses entschließen, damit ein entsprechendes Überwachungsorgan vorhanden ist.

274 Sofern **keine Beschlüsse der Gläubigerversammlung** vorliegen, steht die Fortführungs- bzw. Verwertungsentscheidung im freien Ermessen des Insolvenzverwalters, selbstverständlich unter Berücksichtigung der wirtschaftlichen Interessen der Insolvenzmasse und des Insolvenzzwecks. Liegen Beschlüsse vor, die sich mit der Einschätzung des Insolvenzverwalters decken, existiert kein Problem. Liegen hingegen Beschlüsse der Gläubigerversammlung vor, die der Insolvenzverwalter sich anders gewünscht hätte, muss er gleichwohl die Beschlüsse berücksichtigen und umsetzen. Tut er dies nicht, verstößt er also gegen bindende Weisungen der Gläubigerversammlung, macht er sich gemäß § 60 InsO gegenüber den Insolvenzgläubigern schadenersatzpflichtig.

> **Praxishinweis**
>
> Noch im Berichtstermin hat der Insolvenzverwalter daher sinnvollerweise zu prüfen, ob der Beschluss der Gläubigerversammlung nach seiner Einschätzung dem gemeinsamen Interesse der Insolvenzgläubiger widerspricht, und bejahendenfalls einen Antrag auf Aufhebung des Beschlusses durch das Insolvenzgericht zu stellen (§ 78 InsO).

XI. Besonders bedeutsame Rechtshandlungen (§ 160 InsO) und vorläufige Untersagung (§ 161 InsO)

275 Der Insolvenzverwalter hat die **Zustimmung des Gläubigerausschusses** einzuholen, wenn er Rechtshandlungen vornehmen will, die für das Insolvenzverfahren von besonderer Bedeutung sind. Ist ein Gläubigerausschuss nicht bestellt, ist die Zustimmung der Gläubigerversammlung einzuholen (§ 160 Abs. 1 Satz 1 und 2 InsO). Die Norm ist Ausprägung der Gläubigerautonomie, um die für das Insolvenzverfahren besonders bedeutsamen Rechtshandlungen einer Mitwirkung der Insolvenzgläubiger zu unterwerfen, sodass eine Nähe zu gesellschaftsrechtlichen Regelungen vorhanden ist. Vor der Beschlussfassung hat der Insolvenzverwalter den Schuldner zu unterrichten, wenn dies ohne nachteilige Verzögerung möglich ist (§ 161 Satz 1 InsO), aber auch so rechtzeitig, dass der Schuldner sich ein entsprechendes Bild von der Entscheidungssituation machen kann. Hier geht es vor dem Hintergrund der besonderen Bedeutung der Rechtshandlung um die Vermeidung unnötiger Informationsasymmetrien zwischen Verwalter, Schuldner und Gläubigerorganen. Insgesamt sollen §§ 160, 161 InsO einen Schutz vor unvorteilhaften Maßnahmen des Insolvenzverwalters bewirken.

276 Der Begriff **Rechtshandlung** umfasst sämtliche rechtsgeschäftlichen Handlungen des Verwalters, nicht aber rein tatsächliches Handeln, wie etwa die tatsächliche Stilllegung des Unternehmens vor dem Berichtstermin; insoweit ist § 158 InsO lex specialis.

277 Die **besondere Bedeutung** der Rechtshandlung ist nicht legaldefiniert; § 160 Abs. 2 InsO enthält zumindest einige – nicht abschließende – **Regelbeispiele:**

- Veräußerung eines Unternehmens oder eines Betriebs;
- Veräußerung des Warenlagers im Ganzen;
- Veräußerung eines unbeweglichen Gegenstands aus freier Hand;

- Veräußerung der Beteiligung des Schuldners an einem anderen Unternehmen, die der Herstellung einer dauernden Verbindung zu diesem Unternehmen dienen soll;
- Veräußerung des Rechts auf den Bezug wiederkehrender Einkünfte;
- Aufnahme eines Darlehens, das die Insolvenzmasse erheblich belasten würde;
- Einleitung oder Aufnahme eines Rechtsstreits mit erheblichem Streitwert;
- Ablehnung der Aufnahme eines Rechtsstreits mit erheblichem Streitwert;
- vergleichsweise Beendigung eines anhängigen Rechtsstreits mit erheblichem Streitwert;
- außergerichtliche Beendigung einer rechtlichen Auseinandersetzung mit erheblichem Streitwert durch Vergleich oder Schiedsvertrag zwecks Vermeidung eines gerichtlichen Rechtsstreits.

Es ist stets eine **Einzelfallbetrachtung** erforderlich, ob über die Regelbeispiele hinaus eine besondere Bedeutung der Rechtshandlung bejaht werden kann, denn allgemeingültige Bezugsgrößen verdienen keine Anerkennung. Ausschlaggebend ist immer die Auswirkung auf die Insolvenzmasse dahingehend, ob überobligatorische Risiken für die Insolvenzmasse eingegangen werden sollen. 278

Praxishinweis

Der Insolvenzverwalter sollte zur eigenen Absicherung großzügig Gebrauch von § 160 InsO machen, die **Beweislast** für die besondere Bedeutung einer Rechtshandlung liegt jedoch i. R. des § 60 InsO bei denjenigen Gläubigern, die sich auf Verletzung ihrer Rechte aus § 160 InsO berufen. Sinnvoller ist freilich, einen Gläubigerausschuss zu installieren.

Zustimmung meint die **vorherige Einwilligung** des Gläubigerausschusses in die vom Insolvenzverwalter beabsichtigte Maßnahme. Die Zustimmung folgt den allgemeinen Regeln über das Zustandekommen eines Beschlusses des Gläubigerausschusses, d. h. es ist ein formal wirksamer Mehrheitsbeschluss erforderlich; selbiges gilt im Fall des Zustimmungserfordernisses durch die Gläubigerversammlung. Die Zustimmung befreit den Insolvenzverwalter von seiner Verantwortlichkeit, sofern nicht das Gläubigerorgan schuldhaft unrichtig oder unvollständig informiert wurde.[419] Das zuständige Gläubigerorgan kann seine Entscheidungen jederzeit mit Wirkung ex nunc ändern, d. h. für das bereits Geschehene ist der Insolvenzverwalter enthaftet, soweit der ursprüngliche Beschluss des Gläubigerorgans nicht durch Täuschung herbeigeführt wurde. Liegt ausnahmsweise eine **nachträgliche Genehmigung** vor, ist eine Haftung des Insolvenzverwalters für sein eigenmächtiges Verhalten gleichwohl nicht ausgeschlossen.[420] 279

Um der Eilbedürftigkeit gewisser von § 160 InsO erfassten Rechtsgeschäfte Rechnung zu tragen, bietet sich daher an, das Rechtsgeschäft unter der **aufschiebenden Bedingung** der Zustimmung des zuständigen Gläubigerorgans einzugehen. Anders als der Gläubigerausschuss kann die Gläubigerversammlung dem Insolvenzverwalter eine **Pauschalermächtigung** für alle Rechtsgeschäfte von besonderer Bedeutung erteilen; hier ist jedoch in der Ladung zur Gläubigerversammlung auf eine hinreichende Bestimmung der einzelnen Rechtsgeschäfte hinzuweisen, da die Ladung und die hierauf aufbauende Zustimmungsfiktion (siehe Rz. 285) sonst nichtig sein können. 280

Obwohl der Insolvenzverwalter nicht weisungsabhängig ist, ist der **Beschluss** des Gläubigerausschusses für ihn gleichwohl faktisch **bindend**. Aufgrund der doppelseitigen Treuhand muss er zwar stets auch die Interessen des Schuldners wahren. Dieser kann jedoch 281

419) BGH, Urt. v. 22.1.1985 – VI ZR 131/83, ZIP 1985, 423.

420) BGH, Urt. v. 22.1.1985 – VI ZR 131/83, ZIP 1985, 423; OLG Bamberg, Urt. v. 24.9.1952 – 2 W 266/52, NJW 1953, 109.

bei einem aus seiner Sicht nicht insolvenzzweckgemäßen Beschluss des Gläubigerausschusses die **vorläufige Untersagung** der Rechtshandlung und die Einberufung einer Gläubigerversammlung beantragen (§ 161 Satz 2 InsO). Damit sind die Rechte des Schuldners abschließend gewahrt. Einer Interessenvertretung durch den Insolvenzverwalter bedarf es nicht, zumal dem Insolvenzgericht hinsichtlich des Ob der Einberufung der Gläubigerversammlung entgegen dem Gesetzeswortlaut kein Ermessensspielraum zustehen dürfte[421] und die Versagungsentscheidung der Rechtspflegererinnerung nach § 11 Abs. 2 RPflG zugänglich ist.

282 **Bei einem Beschluss der Gläubigerversammlung** ist hingegen § 78 InsO einschlägig, sodass der Insolvenzverwalter noch in der maßgeblichen Gläubigerversammlung die **Aufhebung** des Beschlusses **beantragen** muss, wenn dieser dem gemeinsamen Interesse der Insolvenzgläubiger widerspricht. Zumindest im Grundsatz fehlt einem Antrag auf Aufhebung eines Beschlusses gemäß § 78 InsO das Rechtsschutzinteresse, wenn die Gläubigerversammlung eine Beschlussfassung mehrheitlich abgelehnt hat;[422] in der Praxis wird es hiervon Abweichungen geben müssen.[423] § 78 InsO ist die zentrale Norm der Rechtsaufsicht des Insolvenzgerichts gegenüber der Gläubigerversammlung; es muss daher eine Gegenüberstellung stattfinden, wie sich die Masse voraussichtlich mit und ohne den Beschluss entwickelt.[424] Wird der Beschluss vom Insolvenzgericht nicht aufgehoben, steht dem Insolvenzverwalter die sofortige Beschwerde zur Seite. Unterstützt auch die Beschwerdeentscheidung nicht die Auffassung des Insolvenzverwalters, muss sich der Insolvenzverwalter dem Gläubigervotum abschließend fügen.

283 Eine derartige Auseinandersetzung zwischen Insolvenzverwalter und Gläubigerorgan rechtfertigt für sich genommen noch nicht die **Entlassung des Insolvenzverwalters** durch das Insolvenzgericht,[425] soweit hier materiell-rechtliche Fragen im Vordergrund stehen. Deswegen sieht zunächst § 164 InsO vor, dass durch einen **Verstoß gegen §§ 160, 161 InsO** die Wirksamkeit der Handlung des Insolvenzverwalters nicht berührt wird.

284 Alles Übrige wird bei der Prüfung der Erfüllung der Tatbestandsvoraussetzungen des § 60 InsO, d. h. i. R. einer materiell-rechtlichen **Haftung des Insolvenzverwalters** zu diskutieren sein. Eine **Verletzung des Anhörungsrecht des Schuldners** kann im Einzelfall ebenfalls Schadensersatzansprüche auslösen, jedoch ist hier der Neuerwerb (§ 35 InsO) zu berücksichtigen, sodass ein solcher Schadensersatz wiederum in Masse fällt, geltend zu machen notwendigerweise von einem Sonderinsolvenzverwalter (§ 92 Satz 2 InsO). Wie auch bei § 158 InsO wird ein „echter" – mithin insolvenzfreier – Schadensersatzanspruch des Schuldners nur bejaht werden können, wenn dieser eine natürliche Person ist und durch das Verwalterhandeln mit neuen Verbindlichkeiten belastet wurde, oder das Verwalterhandeln Verbindlichkeiten bei Gesellschaftern ausgelöst hat (z. B. aufgrund steuerrechtlicher Auswirkungen) oder eine Minderung der persönlichen Haftung gemäß § 126 HGB, § 93 InsO verhindert wurde. In allen Fällen erforderlich sind selbstverständlich ein entstandener Schaden und die Kausalität des Verstoßes gegen §§ 160, 161 InsO.

285 Ist die einberufene **Gläubigerversammlung beschlussunfähig**, gilt die Zustimmung als erteilt; auf diese Folgen sind die Gläubiger bei der Ladung zur Gläubigerversammlung hinzuweisen (§ 160 Abs. 1 Satz 3 InsO). Fehlt dieser Hinweis, ist die Zustimmungsfiktion

421) LG Münster, Beschl. v. 21.1.2019 – 5 T 742/18, ZIP 2019, 486.

422) BGH, Beschl. v. 28.5.2020 – IX ZB 64/17, ZVI 2020, 389.

423) Vorschläge für eine grundsätzliche Neubewertung der Beschlusskontrolle bei *Jungmann*, ZRI 2020, 463.

424) LG Münster, Beschl. v. 27.6.2019 – 5 T 378/19, ZIP 2019, 1819.

425) LG Traunstein, Beschl. v. 13.7.2009 – 4 T 1939/09, 4 T 1990/09, ZIP 2009, 2460.

nichtig.[426] Nichtigkeit ist auch gegeben, wenn zwar der Hinweis vorliegt, jedoch die im Einzelfall gemeinten Rechtsgeschäfte nicht ausreichend benannt wurden.

> **Praxishinweis**
> Keine Regelung enthält das Gesetz zur **Beschlussunfähigkeit des Gläubigerausschusses.** Ungeachtet etwaiger Pflichtverletzungen der Ausschussmitglieder und entsprechender Schadensersatzansprüche wird es aus der Perspektive des Insolvenzverwalters erforderlich sein, seinerseits unverzüglich die Einberufung einer Gläubigerversammlung zu beantragen (§ 75 Abs. 1 Nr. 1 InsO), da das Schicksal des beabsichtigten Rechtsgeschäfts vorrangig ist vor bloßen Beteiligungsrechten; sonst wäre es eben kein Rechtsgeschäft von besonderer Bedeutung. Eine solche fakultative Gläubigerversammlung kann auch vor dem Berichtstermin i. S. des § 156 InsO liegen.

XII. Betriebsveräußerung an besonders Interessierte (§ 162 InsO) bzw. unter Wert (§ 163 InsO)

Nach § 162 InsO ist die Veräußerung des Unternehmens oder eines Betriebs **nur mit Zustimmung** der Gläubigerversammlung zulässig, wenn der Erwerber oder eine Person, die am Eigenkapital des Schuldners zu mindestens einem Fünftel beteiligt ist, zu den Personen gehört, die dem Schuldner i. S. des § 138 InsO nahestehen, oder ein absonderungsberechtigter Gläubiger oder ein nicht nachrangiger Insolvenzgläubiger ist, dessen Absonderungsrechte und Forderungen nach Schätzung des Insolvenzgerichts zusammen ein Fünftel der Summe erreichen, die sich aus dem Wert aller Absonderungsrechte und den Forderungsbeträgen aller nicht nachrangigen Insolvenzgläubiger ergibt. 286

Hintergrund dieser Regelung ist die **gesetzliche Vermutung**, dass ein so definierter Interessent Informationsasymmetrien ausnutzt und einen Kaufpreis unterhalb des Marktwerts anbietet. In diesem Fall soll – anders als in den Fällen der §§ 158, 160 InsO – eine Zustimmung des Gläubigerausschusses nicht ausreichen, vielmehr ist die Zustimmung der Gläubigerversammlung erforderlich. Aus diesem Grund muss sich die Zustimmung der Gläubigerversammlung nicht nur auf die rechtliche Veräußerung beziehen, sondern selbstverständlich auch auf den Kaufpreis. 287

Ob die rechtlichen und rechnerischen Tatbestandsvoraussetzungen eines **Insidergeschäfts** vorliegen, ist zu prüfen Aufgabe des Insolvenzgerichts, mithin des Rechtspflegers, sodass hier die Amtsermittlungspflicht des § 5 Abs. 1 InsO greift. Die gesetzliche Vermutung der Nachteilhaftigkeit eines Insidergeschäfts ist nicht widerlegbar, sodass die **Zustimmung der Gläubigerversammlung** unabdingbar ist. Folglich ist zwingend eine **fakultative** Gläubigerversammlung nach § 75 InsO einzuberufen. Ist die Gläubigerversammlung beschlussunfähig, gilt die Zustimmung unter den Voraussetzungen des § 160 Abs. 1 Satz 3 InsO als erteilt, d. h. in der Ladung ist auf diese Folge hinzuweisen. Im Übrigen gelten die allgemeinen Regelungen für die Beschlüsse von Gläubigerversammlungen, sodass auch § 78 InsO Anwendung findet. 288

Hat bereits eine Gläubigerversammlung stattgefunden und wurde dort eine Übertragung der Zustimmungskompetenz für diesen Sachverhalt explizit (und nicht nur pauschal) auf den **Gläubigerausschuss** beschlossen, ist aufgrund der Gläubigerautonomie dieses Votum bindend, d. h. es ist die Zustimmung des Gläubigerausschusses erforderlich und ausreichend. Da § 161 InsO ausdrücklich auf die Fälle des § 160 InsO verweist, ist aufgrund wörtlicher und systematischer Auslegung zweifelhaft, ob der **Schuldner** in den Fällen des § 162 InsO zu informieren ist. Hiervon muss nach Sinn und Zweck des Normengefüges jedoch ausgegangen werden, da die Betriebsveräußerung an besonders Interessierte einen Unterfall 289

426) AG Duisburg, Beschl. v. 18.8.2010 – 60 IN 26/09, ZIP 2010, 847.

der besonders bedeutsamen Rechtshandlung darstellt. Folglich kann der Schuldner (und die anderen in § 161 Satz 2 InsO Genannten) nach § 161 InsO die **vorläufige Untersagung** der Betriebsveräußerung beantragen.

290 Der Wortlaut des § 162 InsO erfasst im Grunde nur **ganze Unternehmen** bzw. Betriebe. Zur Vermeidung von Umgehungsgeschäften liegt jedoch nahe, anhand der Definitionen zu § 613a BGB zu prüfen, ob ein **Betriebsübergang** vorliegt; dann liegt auch ein Betrachtungsobjekt i. S. des § 162 InsO vor. Unmissverständlich ist jedoch ausschließlich die **Veräußerung** tatbestandlich, nicht jedoch z. B. eine Verpachtung, soweit sie unter einer adäquaten Kündigungsfrist beendet werden kann, mithin nicht als Umgehungsgeschäft zu werten ist.

291 Eine andere Zielrichtung verfolgt die Regelung des § 163 InsO, der generell eine **Betriebsveräußerung unter Wert** besonderen Regelungen unterwirft. Auf Antrag des Schuldners oder einer in § 75 Abs. 1 Nr. 3 InsO bezeichneten Mehrzahl von Gläubigern und nach Anhörung des Insolvenzverwalters **kann** das Insolvenzgericht anordnen, dass die geplante Veräußerung des Unternehmens oder eines Betriebs nur mit Zustimmung der Gläubigerversammlung zulässig ist, wenn der Antragsteller glaubhaft macht, dass eine Veräußerung an einen anderen Erwerber für die Insolvenzmasse günstiger wäre. Damit soll verhindert werden, dass der Insolvenzverwalter das erstbeste Angebot annimmt. Begründet ist ein entsprechender Antrag jedoch nur, wenn eine **konkrete Alternative** zu der vom Insolvenzverwalter geplanten Veräußerung vorgelegt werden kann. Aufgrund der umfangreichen Regelungen in Kaufverträgen zu größeren Unternehmen ist dies jedoch kaum möglich. Es ist eine umfangreiche Vergleichsrechnung erforderlich, die nicht nur dasjenige berücksichtigt, was als Kaufpreis in Gestalt liquider Mittel zur Masse fließt, sondern auch die Entlastungen bzw. Belastungen im Bereich sonstiger Masseverbindlichkeiten. Ferner regelt § 163 Abs. 1 InsO nichts, was nicht bereits von den Regelungen in §§ 158–162 InsO erfasst werden könnte.

292 Die einzige Besonderheit liegt in § 163 Abs. 2 InsO, wonach der Antragsteller einen **Anspruch auf Kostenerstattung** gegen die Insolvenzmasse hat, sobald die Anordnung des Gerichts ergangen ist. Hierdurch entsteht ohne Zutun des Insolvenzverwalters und ohne gerichtliche Kostengrundentscheidung eine sonstige Masseverbindlichkeit nach § 55 Abs. 1 Nr. 1 InsO, die im Streitfall und der Höhe nach vor der ordentlichen Gerichtsbarkeit zu klären ist. Der Erstattungsanspruch bezieht sich nur auf die Kosten des entsprechenden Antrags, selbstverständlich nicht auch auf die Erstellung eines Gegenkonzepts. Die insgesamt völlig verunglückte Regelung hat keinen praktischen Anwendungsbereich, zumindest wenn der Insolvenzverwalter proaktiv handelt und von sich aus rechtzeitig die Einberufung einer Gläubigerversammlung beantragt und dort ein vernünftiges Angebot zur Abstimmung vorlegt.

Praxishinweis

Sollte Eilbedarf bestehen, kann die Veräußerung unter der aufschiebenden Bedingung der Zustimmung der Gläubigerversammlung erfolgen. Professionelles Verhalten des Insolvenzverwalters unterstellt, unterstützt § 163 Abs. 1 InsO lediglich Störpotenzial. Um die Masse hierdurch nicht über § 163 Abs. 2 InsO zu schädigen, sollte das Gericht äußerst sorgsam mit entsprechenden Anordnungen umgehen und seinen Ermessensspielraum nutzen.

293 Ein **Verstoß gegen die Zustimmungserfordernisse** der §§ 162, 163 InsO ist im Außenverhältnis unbeachtlich (§ 164 InsO). Im **Innenverhältnis** kann eine persönliche Haftung des Insolvenzverwalters nach § 60 InsO gegeben sein, wobei ein materieller Schaden erforderlich sein muss, der kausal auf der Verletzung der Beteiligungsrechte beruhen muss; Letztere allein verdienen noch keinen pekuniären Schutz (siehe Rz. 284).

XIII. Weitere Berichtspflichten des Verwalters

Das **Insolvenzgericht** kann gemäß § 58 Abs. 1 Satz 2 InsO jederzeit einzelne Auskünfte oder einen Bericht über den Sachstand und die Geschäftsführung vom Insolvenzverwalter verlangen. Die meisten Insolvenzgerichte sind dazu übergegangen, dem Insolvenzverwalter bereits im Berichtstermin aufzuerlegen, in regelmäßigen Abständen zu berichten, wobei sich bei Unternehmensinsolvenzen ein Turnus von sechs Monaten durchgesetzt hat. Oftmals wird dann nur der Bericht gelesen, ohne die Gerichtsakte zur Hand zu nehmen, sodass Abweichungen, Widersprüche und Lücken zu vorangegangenen Berichten nicht sofort erkannt werden. Ansonsten kann der Rechtspfleger jederzeit beim Insolvenzverwalter um Präzisierung nachsuchen; Pflichtverletzungen sind sanktioniert (§§ 58, 59 InsO). 294

Die **Insolvenzgläubiger** haben grundsätzlich keinen individuellen Anspruch auf Berichterstattung oder Auskunftserteilung gegen den Insolvenzverwalter. Die Gläubigerbeteiligung ist nach der InsO so organisiert, dass sich die Gläubiger innerhalb einer Gläubigerversammlung informieren lassen können. Der Grundsatz der Gläubigerautonomie beinhaltet auch, von diesem Recht Gebrauch zu machen, was allerdings durch das schriftliche Verfahren (§ 5 Abs. 2 Satz 1 InsO) konterkariert wird. Letzteres kann aber nicht dadurch kompensiert werden, dass den Insolvenzgläubigern ein jederzeitiges Auskunftsrecht zugestanden werden könnte. Allerdings haben die Insolvenzgläubiger als Verfahrensbeteiligte jederzeitiges Recht auf Einsicht in die Gerichtsakte (siehe Rz. 597 ff.). Da die Gläubiger hierauf zu verweisen eher Unmut aufseiten des Insolvenzgerichts auslösen würde, werden Sachstandsanfragen selbstverständlich, aber ausschließlich zur Entlastung des Insolvenzgerichts, beantwortet. Viele Insolvenzverwalter stellen mittlerweile auch ein elektronisches Gläubigerinformationssystem zur Verfügung, in dem die Berichte abrufbar sind. Da auch dies nur im Kontext der Entlastung der Gerichte zu sehen ist, ist nicht ganz nachvollziehbar, dass manche Insolvenzgerichte diese kostenintensive Dienstleistung nicht als delegationsfähige Sonderaufgabe oder Zuschlagsfaktor anerkennen.[427] Überschreitet das Verfahren eine bestimmte Größenordnung, ist ein elektronisches Gläubigerinformationssystem in den ab dem 1.1.2021 beantragten Verfahren sogar zwingend geworden (§ 5 Abs. 5 InsO).[428] 295

Die **Gläubigerversammlung** kann dem Insolvenzverwalter gemäß § 66 Abs. 3 InsO aufgeben, zu bestimmten Zeitpunkten während des Verfahrens Zwischenrechnung zu legen. Hiervon wird nur selten Gebrauch gemacht. Seitens der Insolvenzgerichte wird auch kein entsprechender Wert auf einen solchen Beschluss der Gläubigerversammlung gelegt, da die Zwischenrechnungslegung gemäß § 66 Abs. 1 Satz 2 InsO die Pflicht des Insolvenzgerichts zur Prüfung in der Intensität einer Schlussrechnungsprüfung auslöst. Die Auferlegung einer regelmäßigen Berichterstattung nach § 79 Satz 1 InsO ist nach hier vertretener Ansicht sinnentleert bzw. gesetzgeberisch missglückt. Denn für den Empfang des Berichts müsste wiederum regelmäßig eine Gläubigerversammlung einberufen werden. Eine Interpretation dahingehend, dass mit § 79 InsO Satz 1 InsO lediglich die Ablieferung bei Gericht und die Abheftung in der Gerichtsakte zwecks Steigerung der Sinnhaftigkeit einer individuellen Akteneinsicht gemeint sein könnte, ist aufgrund des Wortlauts der Norm kaum möglich. 296

Der **Schuldner** hat – soweit er sich überhaupt noch für das Insolvenzverfahren interessiert – ein jederzeitiges Auskunftsrecht analog § 666 BGB und im Einzelfall ein Einsichtsrecht in Urkunden gemäß § 810 BGB. Zudem ist der Schuldner berechtigt, an der Gläubigerversammlung teilzunehmen (§ 74 Abs. 1 Satz 2 InsO). Gesellschafter einer GmbH 297

---

427) BGH, Beschl. v. 14.7.2016 – IX ZB 62/15, ZIP 2016, 1645, dazu EWiR 2016, 669 *(Prasser)*.
428) Ausführlich *Heyer*, ZInsO 2022, 501.

können ihr Auskunfts- und Einsichtsrecht auf § 51a GmbHG stützen. Ansonsten sieht die InsO nur bestimmte Unterrichtungsrechte zu, wie z. B. in § 158 Abs. 2 Satz 1 InsO (Stilllegung vor Berichtstermin) oder § 161 Satz 1 InsO (besonders bedeutsame Rechtshandlungen).

XIV. Vergütung des Insolvenzverwalters

298 Gemäß § 63 Abs. 1 InsO hat der Insolvenzverwalter Anspruch auf Vergütung für seine **Geschäftsführung** und auf **Erstattung angemessener Auslagen**. Beachtlich ist hier, dass nicht von Amtsführung, sondern von Geschäftsführung gesprochen wird. Möglicherweise und notwendigerweise wird hierdurch dem Umstand Rechnung getragen, dass sich die Vergütung nicht an der Rolle eines Amtsträgers zu orientieren hat, sondern an der Eigenschaft des Insolvenzverwalters als Unternehmer und Manager fremden Vermögens.

299 Da das Insolvenzverfahren gleichwohl ein Gerichtsverfahren ist, ist zunächst ein **Gegenstandswert** zu bestimmen, da auch die Vergütung zum Kostenrecht zählt.[429)] Diese Ermittlung erfolgt anhand der abschließenden Regelung des § 1 InsVV.[430)] Entgegen der dortigen Regelung ist nicht auf den Gegenstandswert per Stichtag Schlussrechnung abzustellen, sondern auf den Wert per **Stichtag Verfahrensbeendigung** (§ 63 Abs. 1 Satz 2 InsO). Auf Basis dieses Gegenstandswerts ist gemäß § 2 Abs. 1 InsVV eine **Regelvergütung** zu bestimmen. Bis hierhin ist die Vergütung reine **Erfolgsvergütung**, d. h. auf den tatsächlichen Bearbeitungsaufwand des Verwalters kommt es nicht an.

300 Erst im zweiten Schritt ist dem **Umfang und der Schwierigkeit** der Geschäftsführung Rechnung zu tragen (§ 63 Abs. 1 Satz 3 InsO). Dies erfolgt über die Bestimmung der Zu- und Abschlagsfaktoren des § 3 InsVV, sodass die Vergütung nun (auch) zur **Tätigkeitsvergütung** wird. Letztlich entscheiden auch noch §§ 5, 4 Abs. 1 Satz 3 InsVV darüber, was der Insolvenzverwalter aufgrund seines Vergütungsanspruchs selbst erledigen muss und was er zulasten der Masse an Dritte delegieren kann, sodass hier zur abschließenden Vergütungsfestsetzung zu prüfen ist, ob die **Fremdvergabe von Regelaufgaben** die Masse bereits als sonstige Masseverbindlichkeit belastet hat und einen Vergütungsabzug rechtfertigt.[431)]

301 Das gesamte im Jahr 1998 geschaffene Konstrukt ist zunehmend zweifelhaft. Denn während die ursprüngliche praktische Anwendung darauf beruhte, ein **konsistentes System** zu schaffen, auch wenn im Einzelfall die Vergütung zu hoch oder zu niedrig gewesen sein mag, entwickelt sich eine **Tendenz zur Angemessenheit im Einzelfall**, allerdings nie zugunsten des Insolvenzverwalters, sondern immer nur als Kürzungsgrund. Dies läuft auf billiges Ermessen hinaus und nicht mehr auf die Erfüllung von Tatbestandsmerkmalen.

302 Die eigenständige **Vergütung des vorläufigen Verwalters**, die in § 63 Abs. 3 InsO, § 11 InsVV eine besondere Regelung erfährt, zeichnet sich dadurch aus, dass hinsichtlich der Berechnungsgrundlage nicht auf Einnahmen und Ausgaben, sondern auf den Wert von Gegenständen (Aktiva und Passiva) abgestellt wird. Hintergrund ist das theoretische Konstrukt, dass der vorläufige Verwalter sichert und der Insolvenzverwalter verwertet.

303 Sonderregelungen bestehen ferner für den **vorläufigen Sachwalter** (§ 12a InsVV), den **Sachwalter** (§ 12 InsVV), den **Insolvenzverwalter** im Verbraucherinsolvenzverfahren (§ 13 InsVV) und den **Treuhänder** in der Wohlverhaltensphase (§§ 14 ff. InsVV). Hinsichtlich der Einzelheiten kann auf Kap. 27 [*U. Keller*] verwiesen werden.

429) *Zimmer*, ZVI 2004, 662.

430) Ausführlich *Zimmer*, InsVV, § 1 Rz. 37 ff.

431) BGH, Beschl. v. 11.11.2004 – IX ZB 48/04, ZIP 2005, 36, dazu EWiR 2005, 833 *(Henssler/Deckenbrock)*.

XV. Haftung des Insolvenzverwalters

1. Einleitung

Der Wechsel in der Verwaltungs- und Verfügungsbefugnis vom Schuldner auf den Insolvenzverwalter nach § 80 Abs. 1 InsO stellt ein Risiko dar, das allein durch die Überwachungspflicht eines (nur selten vorhandenen) Gläubigerausschusses oder die Aufsicht des Gerichts nicht ausreichend schutzbewehrt ist.[432] Zum Ausgleich für den Einfluss, der dem Insolvenzverwalter im Interesse des Insolvenzzwecks zugewiesen ist, ist ihm daher die persönliche Haftung nach §§ 60, 61 InsO auferlegt.[433] Lange Zeit bestand die Haftung gegenüber allen, denen gegenüber der Konkursverwalter kraft Gesetzes oder Vertrags Pflichten zu erfüllen hatte, sodass Massegläubiger und Verfahrensbeteiligte im selben Umfang geschützt wurden.[434] Erst nachdem die (vorübergehende) Betriebsfortführung als gleichwertiges Konkursziel neben der sofortigen Liquidation anerkannt wurde, erfolgte eine Beschränkung des Beteiligtenbegriffs auf jene, denen gegenüber der Verwalter allein konkursspezifische Pflichten hat.[435] Dem folgte mit Einführung der InsO eine entsprechende Trennung zwischen einer Haftung für die Verletzung insolvenzspezifischer Pflichten nach § 60 InsO und einer Haftung für Masseverbindlichkeiten nach § 61 InsO. 304

2. Haftung nach § 60 InsO

Der **(vorläufige) Insolvenzverwalter** ist den Beteiligten zum Schadensersatz verpflichtet, wenn er schuldhaft Pflichten verletzt, die ihm nach der InsO obliegen. Er hat für die Sorgfalt eines ordentlichen und gewissenhaften Insolvenzverwalters einzustehen.[436] Anwendung findet § 60 InsO auch auf die Geschäftsleiter des **eigenverwaltenden Schuldners** nach Maßgabe des § 276a Abs. 2 InsO in den ab dem 1.1.2021 beantragten Verfahren; in zuvor beantragten Verfahren ergab sich Haftung bereits aus der Rechtsprechung.[437] Keine Anwendung soll § 60 InsO allerdings auf Generalbevollmächtigte des eigenverwaltenden Schuldners finden.[438] 305

Die Haftung setzt demgemäß zunächst die Verletzung einer **insolvenzspezifischen Pflicht** voraus. Diese Pflichten sind sehr umfangreich und einer abschließenden Darstellung an dieser Stelle nicht zugänglich, zumal sich oft erst aus der Rechtsprechung zu Haftungsfragen entsprechende Pflichtenkataloge ergeben, sodass insgesamt eher Fallsammlungen entstehen. Eine Grobeinteilung lässt sich jedoch wie folgt vornehmen: 306

Der **Schuldner** hat einen Anspruch auf bestmöglichen Umgang mit seinen (aktiven und passiven) Vermögenswerten. Der Insolvenzverwalter ist Treuhänder analog Auftragsrecht und zugleich Vermögensverwalter nach § 34 AO. Aktiva müssen bestmöglich gesichert und verwaltet werden. Wegen der Enthaftung auf der Passivseite im entsprechenden Umfang hat der Schuldner ergänzend Anspruch auf bestmögliche Verwertung seines massebefangenen Vermögens. Hinsichtlich der Insolvenztabelle sowie geltend gemachter Drittrechte (Aus- und Absonderungen, Aufrechnungen) hat der Schuldner Anspruch auf Abwehr unberechtigter Forderungen. Ebenfalls wegen des Zusammenhangs mit der Enthaftung hat der Schuldner Anspruch darauf, dass sonstige Masseverbindlichkeiten nur im notwendigen Umfang begründet werden. Soweit den Schuldner handels- und steuerliche Pflichten 307

432) BGH, Urt. v. 22.2.1973 – VI ZR 165/71, NJW 1973, 1198, 1199.

433) BGH, Urt. v. 17.1.1985 – IX ZR 59/84, NJW 1985, 1161, 1163 = ZIP 1985, 359.

434) So noch BGH, Urt. v. 10.4.1979 – VI ZR 77/77, NJW 1980, 55.

435) BGH, Urt. v. 4.12.1986 – IX ZR 47/86, ZIP 1987, 115 = NJW 1987, 844.

436) Ausführlich *Zimmer* in: Beck/Depré/Ampferl, Praxis der Insolvenz, § 47 passim.

437) BGH, Urt. v. 26.4.2018 – IX ZR 238/17, ZIP 2018, 977 = NZI 2018, 519.

438) *Hölzle*, ZIP 2018, 1669.

treffen, die wegen § 155 Abs. 1 InsO vom Insolvenzverwalter zu erfüllen sind, ist ebenfalls von bestmöglicher Erfüllung auszugehen.

308 **Insolvenzgläubiger** haben Anspruch auf bestmögliche und gleichmäßige Befriedigung aus dem schuldnerischen Vermögen. Auch hier besteht ein Treuhandverhältnis analog Auftragsrecht. Die vorstehenden Äußerungen gelten daher entsprechend bzw. reziprok. Ergänzend ist die zügige Verfahrensabwicklung sicherlich eine insolvenzspezifische Pflicht hauptsächlich gegenüber den Gläubigern. Soweit die beiden Treuhandverhältnisse einen **Zielkonflikt** auslösen, wird das Gläubigerinteresse dominieren müssen, da das Insolvenzverfahren ein Gesamtvollstreckungsverfahren ist.

309 **Aussonderungsgläubiger** haben – bis auf die Aussonderung als solche, die mit Insolvenzeröffnung den Herausgabeanspruch ablöst – nur wenige insolvenzspezifische Rechte. Soweit sich die Aussonderung verzögert oder das Aussonderungsgut beschädigt wird oder abhandenkommt, kann jedoch ein Schadensersatzanspruch vorliegen.[439)]

310 **Absonderungsgläubiger** sind regelmäßig auch Insolvenzgläubiger, sodass eine ergänzende Besonderheit nur darin besteht, dass der Umgang mit dem Absonderungsgut nach dem insolvenzspezifischen Pflichtenkatalog erfolgt.[440)] Das Verwertungsrecht des Verwalters nach §§ 166 ff. InsO muss zügig (§ 169 InsO) und nach kaufmännischen Gesichtspunkten ausgeübt werden, ferner sind die Kostenbeiträge (§ 171 InsO) korrekt zu ermitteln.

311 Gegenüber **sonstigen Massegläubigern** i. S. des § 55 InsO können im Ausnahmefall ebenfalls insolvenzspezifische Pflichten bestehen, wenn § 61 InsO nicht greift.[441)] Ein von § 60 InsO gedeckter Anspruch auf rechtzeitige Anzeige der Masseunzulänglichkeit, um den Vorzug eines Neu-Massegläubigers zu genießen, besteht jedoch nicht.[442)]

312 Wird eine insolvenzspezifische Pflicht nicht erfüllt, liegt zugleich eine **Pflichtverletzung** vor.

313 Alsdann ist das **Verschulden** des Verwalters zu prüfen.[443)] Prüfungsmaßstab ist die Sorgfalt eines ordentlichen und gewissenhaften Insolvenzverwalters. Grundsätzlich ist zunächst auf den **allgemeinen Maßstab** des § 276 Abs. 1 Satz 1 BGB abzustellen, der Vorsatz und (auch leichteste) Fahrlässigkeit erfasst. Darüber hinaus ist von einem **durchschnittlichen Insolvenzverwalter** auszugehen, was naturgemäß nicht leicht zu definieren ist. Erforderlich sind unstreitig die Kenntnis aller Normen der InsO sowie ein belastbarer Überblick über Rechtsprechung und Literaturansichten. Etwaige Meinungsstreitigkeiten hat der Insolvenzverwalter zu kennen, sodass er die unterschiedlichen Auffassungen zu einer von ihm angestrebten Entscheidung darzustellen in der Lage sein muss. Im Zusammenhang mit Betriebsfortführungen müssen ihm die entsprechenden **Fähigkeiten zu betriebswirtschaftlichen Entscheidungen** abverlangt werden können. **Liquiditätsplanungen** und im Zweifel Alternativszenarien müssen vom Insolvenzverwalter erstellt werden können; hier geht es allerdings nicht um Höchstpersönlichkeit. Problematisch ist die Auffassung, der Insolvenzverwalter müsse das Verschulden eines von ihm beauftragten Rechtsanwalts wie eigenes Verschulden vertreten.[444)]

314 Obgleich der Insolvenzverwalter bei Betriebsfortführungen über die bereits beschriebenen Treuhandverhältnisse hinaus Manager eines Unternehmens ist und somit unterneh-

439) Ausführlich *Zimmer* in: Beck/Depré/Ampferl, Praxis der Insolvenz, § 47 Rz. 81 ff.

440) Ausführlich *Zimmer* in: Beck/Depré/Ampferl, Praxis der Insolvenz, § 47 Rz. 100 ff.

441) Ausführlich *Zimmer* in: Beck/Depré/Ampferl, Praxis der Insolvenz, § 47 Rz. 127 ff.

442) BGH, Urt. v. 21.10.2010 – IX ZR 220/09, ZIP 2010, 2356, dazu EWiR 2011, 123 *(Fuchs)*.

443) Ausführlich *Zimmer* in: Beck/Depré/Ampferl, Praxis der Insolvenz, § 47 Rz. 16 ff.

444) BGH, Urt. v. 3.3.2016 – IX ZR 119/15, ZVI 2016, 286, dazu EWiR 2016, 309 *(Jungmann)*.

merische Entscheidungen zu treffen hat, kommt die **Business Judgement Rule** (§ 93 Abs. 1 Satz 2 AktG) nicht zur Anwendung, da die Haftungsmaßstäbe der InsO hinreichend seien.[445] Bereits § 60 Abs. 1 Satz 2 InsO berücksichtige die schwierige Situation, in der sich der Insolvenzverwalter bei der Unternehmensfortführung befindet. Für nur objektiv ex post festzustellende unternehmerische Fehlentscheidungen haftet der Insolvenzverwalter allerdings nicht.[446] Insgesamt wäre die Ausgestaltung einer Insolvency Judgement Rule hilfreich. Bei alledem muss berücksichtigt werden, dass die beim Schuldner vorgefundene Informationslage möglicherweise unvollständig oder manipuliert ist, der Insolvenzverwalter gleichwohl kurzfristig Entscheidungen treffen muss. Nicht gravierende Fehlentscheidungen innerhalb einer **angemessenen Einarbeitungsphase** sind daher der Insolvenzverwaltung immanent. Ein **Mitverschulden** des Geschädigten richtet sich nach § 254 BGB.

Entscheidungen der Gläubigerorgane führen nicht zu einer grundsätzlichen **Enthaftung**, 315 im Zweifel haften die Mitglieder des Gläubigerausschusses neben dem Insolvenzverwalter gesamtschuldnerisch.[447]

Für die **Haftung für Dritte** enthält § 60 Abs. 2 InsO eine Spezialregelung zu § 278 BGB.[448] 316 Für Mitarbeiter des Insolvenzverwalters haftet dieser allgemein nach § 278 BGB. Lediglich für Personal des Schuldners verschafft § 60 Abs. 2 InsO dem Insolvenzverwalter Haftungsbefreiung insoweit, als die Haftung auf das **Überwachungsverschulden** und Entscheidungen von besonderer Bedeutung beschränkt wird.

Regelmäßig wird § 60 InsO Individualschäden betreffen. Liegt ausnahmsweise eine Schä- 317 digung der gesamten Insolvenzmasse vor, handelt es sich um einen von § 92 Satz 2 InsO erfassten **Gesamtschaden**, der die Einsetzung eines Sonderinsolvenzverwalters erforderlich macht.[449]

Die **Verjährung** eines Schadensersatzanspruchs richtet sich gemäß § 62 InsO nach den 318 allgemeinen Vorschriften (§§ 195 ff. BGB). Zugunsten des Verwalters enthält § 62 Satz 2 InsO jedoch eine Maximalfrist von drei Jahren ab Aufhebung oder Einstellung des Verfahrens bzw. ab Beendigung der Nachtragsverteilung oder Planüberwachung (jeweils ab Ende des Kalenderjahres)[450]. Die insoweit ungünstigere Regelung des § 199 Abs. 3 BGB, die eine kenntnisunabhängige Verjährung von zehn Jahren vorsieht, wird durch § 62 Satz 2 InsO verdrängt.[451] Allerdings soll die Verjährungsfrist bei einem Anspruch des Schuldners frühestens mit Einstellung oder Aufhebung des Insolvenzverfahrens zu laufen beginnen.[452] Offengelassen hat der BGH die Frage des Verjährungsbeginns, wenn sämtliche Gläubiger sich über den Schaden im Klaren waren, aber keiner von ihnen eine Sonderinsolvenzverwaltung oder die Entlassung des Insolvenzverwalters beantragt hat.[453]

445) BGH, Urt. v. 12.3.2020 – IX ZR 125/17, Rz. 32, ZVI 2020, 390 = ZRI 2020, 303. Hierzu *Jungmann*, NZI 2020, 651.

446) BGH, Urt. v. 12.3.2020 – IX ZR 125/17, Rz. 36, ZVI 2020, 390 = ZRI 2020, 303.

447) Ausführlich *Zimmer* in: Beck/Depré/Ampferl, Praxis der Insolvenz, § 47 Rz. 26 ff.

448) Ausführlich *Zimmer* in: Beck/Depré/Ampferl, Praxis der Insolvenz, § 47 Rz. 21 ff.

449) Ausführlich *Zimmer* in: Beck/Depré/Ampferl, Praxis der Insolvenz, § 47 Rz. 40 ff.

450) BGH, Beschl. v. 25.2.2021 – IX ZR 79/20, NZI 2021, 385.

451) BGH, Beschl. v. 21.6.2018 – IX ZR 171/16, NZI 2018, 744.

452) BGH, Urt. v. 16.7.2015 – IX ZR 127/14, ZVI 2016, 52, dazu EWiR 2015, 645 *(Budnik)*.

453) BGH, Urt. v. 12.3.2020 – IX ZR 125/17, Rz. 56, ZVI 2020, 390 = ZRI 2020, 303.

3. Haftung nach § 61 InsO

319 Kann eine Masseverbindlichkeit, die durch eine Rechtshandlung des Insolvenzverwalters begründet worden ist, aus der Insolvenzmasse nicht voll erfüllt werden, ist der Insolvenzverwalter dem Massegläubiger zum Schadensersatz verpflichtet.[454] Dies gilt nicht, wenn der Insolvenzverwalter bei der Begründung der Verbindlichkeit nicht erkennen konnte, dass die Masse voraussichtlich nicht zur Erfüllung ausreichend würde.

320 Die Norm muss im Kontext mit der Haftung nach § 60 InsO gelesen werden. Wie dort ausgeführt wurde die Haftung des Konkursverwalters bis zu einem Gesinnungswandel der Rechtsprechung[455] sehr weit ausgelegt. § 60 InsO schränkt diesen weiten Haftungsbegriff erheblich ein. In Bezug auf Masseverbindlichkeiten stellt § 61 InsO den weiten Haftungsbegriff jedoch wieder her. Dies ist nicht nur von Nachteil für den Insolvenzverwalter, da die mögliche Haftung überhaupt erst eine Bereitschaft bei potentiellen Massegläubigern bewirkt, mit dem Insolvenzverwalter Geschäfte zu tätigen. Daher enthält die Norm einen **Individualanspruch der Massegläubiger**, sodass es sich nicht um einen Gesamtschaden i. S. des § 92 Satz 2 InsO handelt. Anders nur, wenn unter Verstoß gegen das Wirtschaftlichkeitsverbot sonstige Masseverbindlichkeiten im Übermaß begründet wurden.[456]

321 § 61 InsO ist nur auf denjenigen Amtsträger anzuwenden, der über eine **Verwaltungs- und Verfügungsbefugnis** über das schuldnerische Vermögen verfügt. Anwendung findet § 60 InsO daher auch auf die Geschäftsleiter des eigenverwaltenden Schuldners nach Maßgabe des § 276a Abs. 2 InsO in den ab dem 1.1.2021 beantragten Verfahren; in zuvor beantragten Verfahren ergab sich Haftung bereits aus der Rechtsprechung.[457] Keine Anwendung soll § 60 InsO allerdings auf Generalbevollmächtigte des eigenverwaltenden Schuldners finden.[458]

322 Zunächst muss als Tatbestandsvoraussetzung die **Begründung einer Masseverbindlichkeit** durch den Insolvenzverwalter geprüft werden. Erforderlich ist stets eine Rechtshandlung des Verwalters.[459] Die Begründung der Verbindlichkeit kann durch **Tun oder Unterlassen** (der Rechtshandlung) erfolgen. Aufgrund der Beschränkung auf Rechtshandlungen scheiden Sekundäransprüche ebenso aus wie eine Haftung für gegnerische Kostenfestsetzungsbeschlüsse[460] oder eine Haftung für die Nichtabführung vereinnahmter Umsatzsteuer (beachte aber §§ 69, 34 AO). Allein die Anerkennung einer **oktroyierten Masseverbindlichkeit** reicht insoweit ebenfalls nicht.[461] Bei **Dauerschuldverhältnissen** erfasst die Haftung nur diejenigen Verbindlichkeiten, die nach einem angenommenen Vertragsende bei unterstellter frühestmöglicher Kündigung durch den Insolvenzverwalter entstehen.[462]

323 Unter **Masseverbindlichkeiten** sind lediglich sonstige Masseverbindlichkeiten zu verstehen, d. h. eine Haftung für Verfahrenskosten nach § 54 InsO scheidet aus. Etwas anderes gilt nur, wenn der Insolvenzverwalter die Befriedigungsreihenfolge, mithin §§ 53, 209 Abs. 1 Nr. 1 InsO verletzt hat. Eine tatbestandliche **Nichterfüllung** der Masseverbindlichkeit soll bereits dann anzunehmen sein, wenn Masseunzulänglichkeit angezeigt wurde und der

454) Ausführlich *Zimmer* in: Beck/Depré/Ampferl, Praxis der Insolvenz, § 47 passim.

455) BGH, Urt. v. 4.12.1986 – IX ZR 47/86, ZIP 1987, 115 = NJW 1987, 844.

456) BGH, Urt. v. 12.3.2020 – IX ZR 125/17, Rz. 39, ZVI 2020, 390 = ZRI 2020, 303.

457) BGH, Urt. v. 26.4.2018 – IX ZR 238/17, ZIP 2018, 977 = NZI 2018, 519.

458) *Hölzle*, ZIP 2018, 1669.

459) BGH, Urt. v. 2.12.2004 – IX ZR 142/03, ZIP 2005, 131.

460) BGH, Urt. v. 2.12.2004 – IX ZR 142/03, ZIP 2005, 131.

461) BAG, Urt. v. 1.6.2006 – 6 AZR 59/06, ZIP 2006, 1830.

462) BGH, Urt. v. 9.2.2012 – IX ZR 75/11, ZIP 2012, 533, dazu EWiR 2012, 287 *(Henkel)*.

Vertragspartner auf absehbare Zeit nicht mit einer Befriedigung seiner Forderung rechnen kann, die endgültige Nichterfüllung also noch gar nicht feststeht.[463)]

Die **Haftung ist ausgeschlossen**, wenn der Vertragsschluss seitens des Gläubigers auf einer eigenverantwortlichen, in Kenntnis aller Tatsachen und Risiken getroffenen Beurteilung der Sach- und Rechtslage und damit auf einem bewussten Handeln auf eigenes Risiko beruht.[464)] Im Zweifel ist ein **Mitverschulden** nach § 254 BGB zu prüfen. 324

Die **Höhe des Schadensersatzanspruchs** beschränkt sich auf das **negative Interesse** des Gläubigers,[465)] sodass der Gläubiger so zu stellen ist, wie er ohne Begründung der Masseverbindlichkeit stünde, was die Herausgabe eines erlangten Vorteils inkludiert und gleichzeitig die Beanspruchung von Umsatzsteuer ausschließt. 325

Grundsätzlich ist § 61 InsO eine Verschuldenshaftung. Das **Verschulden** i. S. von § 276 BGB (Vorsatz und Fahrlässigkeit) wird jedoch **vermutet**. Die Beweislast für fehlendes Verschulden liegt beim Insolvenzverwalter, da nur er den Überblick über den (liquiden) Massebestand und offene Verbindlichkeiten hat. § 61 Satz 2 InsO enthält eine **Beweislastumkehr** zugunsten des Verwalters dahingehend, dass die Verschuldensvermutung widerlegt ist, wenn der Insolvenzverwalter bei Begründung der Verbindlichkeit nicht erkennen konnte, dass die Masse voraussichtlich nicht zur Erfüllung der Verbindlichkeit ausreichen würde. Erforderlich ist insoweit eine **kontinuierliche Liquiditätsplanung.**[466)] Da die sog. Verwalterbuchführung lediglich eine pagatorische Einnahmen-Ausgaben-Rechnung darstellt, müssen zusätzliche Instrumente eingesetzt werden. Dies kann eine Planrechnung auf Basis einer handelsrechtlichen Buchführung sein oder aber eine händische Planung, die alle voraussichtlichen Einnahmen und Ausgaben mindestens wochengenau erfasst und einem Soll-Ist-Abgleich unterzogen wird. Ist die Befriedigung der streitgegenständlichen Masseverbindlichkeit im Zeitpunkt ihrer Begründung überwiegend wahrscheinlich, ist der Insolvenzverwalter grundsätzlich enthaftet.[467)] 326

Hinsichtlich der **Verjährung** nach § 62 InsO kann auf die Ausführungen zu § 60 InsO (siehe Rz. 318) verwiesen werden. 327

4. Sonstige Haftungstatbestände

Neben oder statt der Haftung gemäß §§ 60, 61 InsO kommen vertragliche, deliktische oder gesetzliche Ansprüche der (vermeintlich) Geschädigten in Betracht, die jedoch nicht insolvenzspezifisch sind und allgemeinen Regeln folgen,[468)] z. B. die Haftung aus culpa in contrahendo (§§ 311, 280 BGB), Garantieerklärungen, aus § 69 AO sowie verschiedenen Deliktnormen (im Wesentlichen § 823 BGB). Gelegentlich relevant ist die Haftung nach § 826 BGB für gegnerische Kostenfestsetzungsbeschlüsse, wenn in sittenwidriger Weise eine „bewusste Leerung der Masse bis zum behaupteten Zustand der Masseunzulänglichkeit" erfolgt.[469)] 328

463) BGH, Urt. v. 6.5.2004 – IX ZR 48/03, ZIP 2004, 1107, dazu EWiR 2004, 765 *(Vallender)*.

464) BAG, Urt. v. 6.10.2011 – 6 AZR 172/10, ZIP 2012, 38, dazu EWiR 2012, 211 *(Schuhmacher)*.

465) BGH, Urt. v. 6.5.2004 – IX ZR 48/03, ZIP 2004, 1107.

466) BGH, Urt. v. 6.5.2004 – IX ZR 48/03, ZIP 2004, 1107; BGH, Urt. v. 25.9.2008 – IX ZR 235/07, ZIP 2008, 2126, dazu EWiR 2009, 115 *(Eckert)*.

467) BGH, Urt. v. 6.5.2004 – IX ZR 48/03, ZIP 2004, 1107.

468) Ausführlich *Zimmer* in: Beck/Depré/Ampferl, Praxis der Insolvenz, § 47 Rz. 179 ff.

469) OLG München, Urt. v. 9.9.2014 – 5 U 3864/11, ZInsO 2015, 1679.

D. Der Schuldner

I. Einführung

1. Eigenantrag auf Insolvenzeröffnung

329 Selbstverständlich kann der Schuldner selbst Antrag auf Eröffnung des Insolvenzverfahrens stellen[470] (§ 13 Abs. 1 Satz 2 InsO), ggf. unter Berücksichtigung eines **Formularzwangs** (§ 13 Abs. 4 Satz 2 InsO). Ein bevollmächtigter Rechtsanwalt unterliegt wegen § 4 InsO der Nutzungspflicht des § 130d ZPO, d. h. der Antrag ist vollständig elektronisch (beA) einzureichen.[471] Ein Insolvenzverfahren unter einem Alias-Namen ist unzulässig, bei nachträglicher Kenntniserlangung ist das Rubrum zu berichtigen.[472] An einem **Rechtsschutzinteresse** kann es fehlen, wenn der Antrag augenscheinlich auf eine Abweisung mangels Masse gerichtet ist.[473] Dem Antrag des Schuldners ist ein **Verzeichnis der Gläubiger** und ihrer Forderungen beizufügen, ebenso eine Auflistung des Aktivvermögens. Hat der Schuldner nach einem Gläubigerantrag im Zuge der Anhörung bereits entsprechende Verzeichnisse vorgelegt, bedarf es bei einem anschließenden Eigenantrag keiner erneuten Vorlage,[474] soweit sich nicht signifikante Änderungen ergeben haben.

330 Hat der Schuldner einen laufenden Geschäftsbetrieb, sind seit dem 1.3.2012 weitere Angaben des Schuldners erforderlich. Zu unterscheiden sind hier sog. **Soll- und Muss-Angaben**. Die Angaben nach § 13 Abs. 1 Satz 5 InsO (Bilanzsumme, Umsatzerlöse, durchschnittliche Zahl der Arbeitnehmer) sind Soll-Angaben, da das Insolvenzgericht seiner Entscheidungsfindung nach §§ 21 Abs. 2 Nr. 1a, 22a Abs. 1 InsO (Einsetzung eines vorläufigen Gläubigerausschusses) sonst nur durch weitere Rückfragen nachkommen könnte. Das Fehlen entsprechender Angaben macht den Eigenantrag aber nicht unzulässig, vielmehr greift nun die Amtsermittlungspflicht ein. Gleiches gilt für die Angaben nach § 13 Abs. 1 Satz 4 InsO (Angaben zu den relevantesten Gläubigern), denn bevor das Ob eines vorläufigen Gläubigerausschusses nicht beantwortet ist, stellt sich die Frage nach dessen Besetzung nicht. Die vorgenannten Angaben werden jedoch zu Muss-Angaben, wenn der Schuldner Eigenverwaltung (§ 13 Abs. 1 Satz 6 Nr. 1 InsO) oder schon im Eigenantrag die Einsetzung eines vorläufigen Gläubigerausschusses (§ 13 Abs. 1 Satz 6 Nr. 3 InsO) beantragt. Fehlen diese Angaben, ist der Eigenantrag unzulässig. Ergibt sich aus der Perspektive des § 22a Abs. 1 InsO das Erfordernis eines Muss-Gläubigerausschusses im Antragsverfahren, führt das Fehlen der genannten Angaben allerdings noch nicht zur Unzulässigkeit des Eigenantrags, vielmehr greift wieder die Amtsermittlungspflicht ein. Ist der Eröffnungsantrag unzulässig, muss das Insolvenzgericht den Antragsteller unverzüglich unter Fristsetzung auffordern, den Mangel zu beheben (§ 13 Abs. 3 InsO).

331 **Antragsrücknahme** ist möglich, bis das Insolvenzverfahren eröffnet oder der Antrag rechtskräftig abgewiesen worden ist (§ 13 Abs. 2 InsO).

2. Rechtsbeziehungen zu anderen Beteiligten

332 Das **Antragsverfahren** ist bis zur Zulässigkeitsentscheidung eine interne Angelegenheit zwischen Antragsteller und Gericht. Vorher kann auch kein vorläufiger Gläubigerausschuss i. S. des § 56a Abs. 1 InsO eingesetzt werden, ebenso findet § 56b InsO noch keine Anwendung. Das weitere Eröffnungsverfahren ist kontradiktorischer Natur, was bei einem ordnungsgemäßen Eigenantrag jedoch nicht ins Gewicht fällt.

---

470) Zum rechtlich betreuten Schuldner s. *Blankenburg*, ZVI 2016, 257.

471) AG Hamburg, Beschl. v. 16.10.2023 – 68g IK 491/23, ZVI 2023, 447.

472) AG Hamburg, Beschl. v. 8.11.2022 – 68g IK 608/17, ZVI 2022, 480 = NZI 2023, 135.

473) BGH, Beschl. v. 7.5.2020 – IX ZB 84/19, ZVI 2020, 384.

474) LG Hannover, Beschl. v. 6.5.2016 – 11 T 2/16, ZVI 2016, 436.

Erst das **eröffnete Insolvenzverfahren** löst eine besondere Rechtsbeziehung zwischen allen Beteiligten aus. Allgemein anerkannt ist die Formulierung, es entstehe eine **doppelseitige fremdnützige Treuhand,** da der Insolvenzverwalter Treuhänder sowohl für den Schuldner als auch die Insolvenzgläubiger ist. Die Rechtsbeziehung zwischen dem Schuldner und den Insolvenzgläubigern wird materiell-rechtlich nicht beeinträchtigt, es verbleibt bei den originären Anspruchsgründen; lediglich die Haftungsverwirklichung richtet sich nach der InsO. Die Rechtsbeziehung zwischen dem Schuldner und dem Gericht ist durch die allgemeinen Regeln eines Gerichtsverfahrens gekennzeichnet. Das Verhältnis zum Insolvenzverwalter ist ein **gesetzliches, prozessuales Geschäftsbesorgungsverhältnis** analog Auftragsrecht (§§ 675, 662 ff. BGB).[475)] Der BGH ging lange von einem nicht näher präzisierten besonderen Schuldverhältnis aus, zieht jedoch zunehmend ebenfalls das Auftragsrecht heran.[476)] 333

II. Auskunftspflichten und -rechte im Allgemeinen

Ist der Insolvenzantrag zulässig, haben der Schuldner bzw. die Mitglieder seines Vertretungs- oder Aufsichtsorgans oder die vertretungsberechtigten persönlich haftenden Gesellschafter des Schuldners dem Insolvenzgericht die **Auskünfte zu erteilen, die zur Entscheidung über den Antrag erforderlich sind** (§§ 20, 97, 101 InsO). Regelmäßig ermächtigt das Gericht im entsprechenden Beschluss den Sachverständigen, diese Informationen für das Gericht einzuholen, sodass auch der Gutachter auskunftsberechtigte Person wird. Zu den Auskunftsberechtigten gehören ferner der vorläufige Verwalter (§ 22 Abs. 3 Satz 3 InsO) und der Insolvenzverwalter im eröffneten Verfahren. Bei einem Eigenantrag beginnt die Auskunftspflicht bereits mit dessen Eingang bei Gericht.[477)] 334

> **Praxishinweis**
> Die Verpflichtung zur Auskunftserteilung ist nicht davon abhängig, dass an den Schuldner entsprechende Fragen gerichtet werden; er muss die betroffenen Umstände von sich aus – ohne besondere Nachfrage – offenlegen, soweit sie offensichtlich für das Insolvenzverfahren von Bedeutung sein können und nicht klar zutage liegen.[478)]

Die Auskunftspflicht erstreckt sich auch auf faktische Geschäftsleiter und organschaftliche Vertreter, die nicht früher als zwei Jahre vor dem Eröffnungsantrag aus dem schuldnerischen Unternehmen ausgeschieden sind (§ 101 Abs. 1 Satz 2 InsO); dies gilt ebenfalls für Angestellte und frühere Angestellte des Schuldners (§ 101 Abs. 2 InsO). Hinsichtlich des faktischen Geschäftsleiters ergibt sich jedoch die Besonderheit, dass der Auskunftsberechtigte zunächst einmal die faktische Geschäftsführung nachzuweisen hat. 335

Die Auskunftspflicht ist **höchstpersönlicher Natur**, sodass sich die auskunftsberechtigte Person nicht auf die anwaltliche Vertretung des Auskunftsverpflichteten verweisen lassen muss, andererseits der Auskunftsverpflichtete aber auch nicht beliebige Dritte zur Auskunftserteilung verpflichten kann, wie z. B. die Ehefrau des Schuldners.[479)] Steht der Schuldner unter Betreuung i. S. der §§ 1896 ff. BGB, ist dem Schuldner das Vertretungshandeln des Betreuers zuzurechnen, soweit dieser nicht seine Vertretungsmacht überschreitet.[480)] Umgekehrt kann Datenschutz der Höchstpersönlichkeit unterfallen, sodass ein Anspruch 336

475) Ausführlich *Zimmer*, Haftung des eingewechselten Verwalters, S. 288.

476) Z. B. BGH, Urt. v. 16.9.2010 – IX ZR 121/09, ZIP 2010, 2164, dazu EWiR 2010, 827 *(Müller)*; BGH, Urt. v. 29.6.2023 – IX ZR 152/22, ZRI 2023, 660 = NZI 2023, 732.

477) BGH, Beschl. v. 9.10.2008 – IX ZB 212/07, ZIP 2008, 2276, dazu EWiR 2009, 25 *(Foerste)*.

478) BGH, Beschl. v. 13.1.2011 – IX ZB 163/10, ZInsO 2011, 396.

479) BGH, Urt. v. 18.1.1978 – VIII ZR 262/76, WM 1978, 373.

480) AG Duisburg, Beschl. v. 6.12.2005 – 62 IN 302/05, NZI 2006, 182; *Blankenburg*, ZVI 2016, 257.

des Schuldners aus Art. 15 DSGVO nicht gemäß § 80 Abs. 1 InsO auf den Insolvenzverwalter übergeht.[481] Gleichwohl verbleibt ein Informationsanspruch gegen den Schuldner selbst.

337 Die Auskunftserteilung ist **nicht formgebunden.** Ob mündliche oder schriftliche Auskunftserteilung eingefordert wird, hängt davon ab, ob die Auskunft einer beweisfesten Dokumentation bedarf. Ein Schweigen des Schuldners kann weder als Anerkenntnis vorgebrachter Tatsachen gewertet werden (wie prozessual ansonsten üblich) noch als entsprechendes Bestreiten.[482]

338 Der **Inhalt der Auskunftspflicht** erstreckt sich auf alle relevanten Umstände. Wird gegen eine GmbH ein Insolvenzantrag gestellt, hat der Geschäftsleiter über die rechtlichen, wirtschaftlichen und tatsächlichen Verhältnisse der von ihm vertretenen Gesellschaft einschließlich gegen Gesellschafter und ihn selbst gerichteter Ansprüche Auskunft zu erteilen.[483] Er ist allerdings nicht verpflichtet, über seine eigenen Vermögensverhältnisse und die Realisierbarkeit etwaiger gegen ihn gerichteter Ansprüche Angaben zu machen.[484] Die Auskunftspflicht ist aktiv zu verstehen, d. h. sie ist aus sich heraus zu erfüllen und nicht erst auf Nachfrage des Insolvenzverwalters. Zweifel aufseiten des Schuldners über die Massezugehörigkeit eines Vermögensgegenstands beseitigen die Auskunftspflicht nicht.[485] Da auch ausländisches Vermögen zur Insolvenzmasse gehört, erstreckt sich die Auskunftspflicht auch auf solches Vermögen. Sind die Befugnisse des Insolvenzverwalters im Ausland nicht ohne weiteres anerkannt, hat der Schuldner dem Insolvenzverwalter entsprechende Auslandsvollmachten zu erteilen.[486]

339 Der Schuldner und seine aktuellen organschaftlichen Vertreter bzw. persönlich haftenden Gesellschafter müssen auch Tatsachen offenbaren, die geeignet sind, eine Verfolgung wegen einer Straftat oder einer Ordnungswidrigkeit herbeizuführen (§ 97 Abs. 1 Satz 2 InsO).[487] Allerdings kann die Staatsanwaltschaft solche Erkenntnisse nicht heranziehen, um z. B. eine Durchsuchung beim Schuldner anzuordnen.[488] Der Auskunftspflicht steht ein eventuelles berufsrechtliches Schweigerecht nicht entgegen.[489] Auch ein Facharzt für Psychiatrie, Psychotherapie und Psychoanalyse ist z. B. zur Herausgabe aller Daten an den Insolvenzverwalter verpflichtet, die die Durchsetzung privatärztlicher Honorarforderungen ermöglichen.[490] Die Auskunftspflicht besteht auch bei solchen Schuldnern, die sich in einem Zeugenschutzprogramm befinden, sodass ein Insolvenzverfahren über deren Vermögen als im Grundsatz unmöglich zu bezeichnen ist.[491] Die Regelungen zu Auskunfts- und Mitwirkungspflichten gelten auch noch im Verfahren der Nachtragsverteilung.[492]

340 Zur **Durchsetzung des Auskunftsanspruchs** steht ein gestaffeltes und enumeratives System von Beugemitteln zur Verfügung, welches von der Abgabe der eidesstattlichen Versicherung des Schuldners (§§ 20, 98 Abs. 1 InsO, §§ 478–480, 483 ZPO) über die zwangsweise

---

481) BVerwG, Urt. v. 16.9.2020 – 6 C 10.19, ZRI 2021, 159; OVG Bremen, Beschl. v. 10.1.2023 – 1 LA 420/21, ZRI 2023, 169.

482) *Rugullis*, KTS 2007, 283.

483) BGH, Beschl. v. 5.3.2015 – IX ZB 62/14, ZVI 2015, 204, dazu EWiR 2015, 321 *(Neußner)*.

484) BGH, Beschl. v. 5.3.2015 – IX ZB 62/14, ZVI 2015, 204.

485) LG Würzburg, Beschl. v. 27.3.2015 – 3 T 528/15, ZVI 2015, 313.

486) BGH, Beschl. v. 18.9.2003 – IX ZB 75/03, ZIP 2003, 2123, dazu EWiR 2004, 293 *(Vallender)*.

487) BVerfG, Urt. v. 13.1.1981 – 1 BvR 116/77, ZIP 1981, 361.

488) LG Münster, Beschl. v. 31.8.2017 – 12 Qs-45 Js 916/16-25/17, ZVI 2018, 197.

489) LG Köln, Beschl. v. 17.2.2004 – 19 T 262/03, ZVI 2004, 193.

490) BGH, Beschl. v. 5.2.2009 – IX ZB 85/08, ZIP 2009, 976.

491) LG Hamburg, Beschl. v. 14.7.2005 – 326 T 7/05, NZI 2006, 115.

492) BGH, Beschl. v. 25.2.2016 – IX ZB 74/15, ZVI 2016, 246, dazu EWiR 2016, 409 *(Freudenberg/Girbig)*.

Vorführung bis zur Verhaftung des Schuldners (§§ 21 Abs. 3, 98 Abs. 2 und 3 InsO, §§ 904–910, 913 ZPO) reicht. Bei der Anordnung der Zwangsmittel ist in jedem Verfahrensstadium der Verhältnismäßigkeitsgrundsatz zu wahren. Im anordnenden Teil eines Haftbefehls sind diejenigen Mitwirkungspflichten des Schuldners, die durch die Haft durchgesetzt werden sollen, so bestimmt zu bezeichnen, dass der Schuldner ohne weiteres erkennen kann, durch welche Handlungen er seinen Mitwirkungspflichten genügt.[493] Sobald der Schuldner die von ihm begehrten Auskünfte erteilt hat, entfallen die Haftvoraussetzungen.[494] Die Zwangsmittel der InsO sind anwendbar nur für den Schuldner, seine organschaftlichen Vertreter bzw. persönlich haftenden Gesellschafter. Gegen andere auskunftsverpflichtete Personen stehen als Zwangsmittel Ordnungsgeld und -haft zur Verfügung (§ 380 ZPO).

Gegen die Anordnung der Haft kann der Schuldner gemäß §§ 6, 98 Abs. 3 Satz 3 InsO 341 sofortige Beschwerde als **Rechtsmittel** einlegen. Die sofortige Beschwerde hat keine aufschiebende Wirkung, da der Anwendungsbereich des § 570 Abs. 1 ZPO nicht betroffen ist.[495] Auch gegen die Anordnung einer Postsperre ist sofortige Beschwerde möglich (§ 99 Abs. 3 InsO).

Bei einem Insolvenzverfahren darf nicht übersehen werden, dass der Insolvenzverwalter 342 Treuhänder fremden Vermögens ist. Der **Schuldner** hat daher ein **Auskunftsrecht** über alle Maßnahmen, die der Insolvenzverwalter in Bezug auf das insolvenzbefangene Vermögen des Schuldners getroffen hat (§§ 80 Abs. 1, 35 InsO, §§ 675, 667 BGB), einschließlich Vorlage einer Schlussrechnung (§ 259 BGB).[496]

Die **Gesellschafter** einer juristischen Person haben regelmäßig Auskunftsansprüche ge- 343 gen den Geschäftsleiter (z. B. § 51a GmbHG). Dieser verliert jedoch mit Eröffnung des Insolvenzverfahrens die Verwaltungs- und Verfügungsbefugnis, sodass er die Auskünfte nach Eröffnung nicht mehr erteilen darf. Der Auskunftsanspruch besteht nunmehr gegenüber dem Insolvenzverwalter, jedoch nur in Bezug auf Vorgänge vor Verfahrenseröffnung[497] bzw. vor Anordnung eines Verfügungsverbots in der vorläufigen Verwaltung. Dies scheint jedoch zweifelhaft, da es dem Sinn einer treuhänderischen Vermögensabwicklung widerspricht und ein jeder Gesellschafter schon wegen § 199 Satz 2 InsO auskunftsberechtigt sein muss. Im Fall der typischen stillen Gesellschaft soll ein solcher Anspruch auch nicht für den vorinsolvenzlichen Zeitraum bestehen.[498] Sollte ein Gläubiger des Gesellschafters dessen Anteile an der Gesellschaft gepfändet haben, verbleibt das Auskunftsrecht beim Gesellschafter, da der Auskunftsanspruch ein eigenständiger, nicht pfändbarer Anspruch ist.[499]

III. Beschränkungen des Schuldners bei Bestellung eines vorläufigen Verwalters

Das Gericht kann dem Schuldner mit Anordnung der vorläufigen Insolvenzverwaltung 344 ein **allgemeines Verfügungsverbot** auferlegen (§§ 21 Abs. 2 Nr. 1, Nr. 2 Alt. 1, 22 Abs. 1 InsO; „starker“ vorläufiger Verwalter), sodass die Verwaltungs- und Verfügungsbefugnis des Schuldners über sein Vermögen auf den vorläufigen Verwalter übergeht (§ 22 Abs. 1

493) BGH, Beschl. v. 17.2.2005 – IX ZB 62/04, ZIP 2005, 722, dazu EWiR 2005, 571 *(Bork)*.

494) LG Dortmund, Beschl. v. 23.5.2005 – 9 T 127/05, ZInsO 2005, 829.

495) LG Göttingen, Beschl. v. 17.12.2004 – 10 T 133/04, NZI 2005, 339. Hierzu ausführlich *Ahrens*, NZI 2005, 299.

496) *Zimmer*, Haftung des eingewechselten Verwalters, S. 290 ff.; *Zimmer*, ZInsO 2010, 2203.

497) BayObLG, Beschl. v. 8.4.2005 – 3Z BR 246/04, ZIP 2005, 1087.

498) OLG Hamburg, Urt. v. 4.3.2004 – 11 U 200/03, ZIP 2004, 1099.

499) BGH, Beschl. v. 29.4.2013 – VII ZB 14/12, ZIP 2013, 1071, dazu EWiR 2013, 511 *(Keil)* – zu § 51a GmbHG.

Satz 1 InsO). Dies hat zur Folge, dass weitere Verfügungen des Schuldners gegenüber den geschützten Insolvenzgläubigern relativ unwirksam sind (§§ 135, 136 BGB) und laufende Prozesse unterbrochen werden (§ 240 Satz 2 ZPO), soweit ein Massebezug vorliegt;[500] mit Verfahrenseröffnung tritt eine zweite Unterbrechung nach § 240 Satz 1 InsO ein.[501]

345 Häufiger ist jedoch der Fall der Anordnung des **Zustimmungsvorbehalts** im Fall der vorläufigen Verwaltung (§§ 21 Abs. 2 Nr. 1, Nr. 2 Alt. 2, 22 Abs. 2 InsO; „schwacher" vorläufiger Verwalter). In diesem Fall sind Verfügungen des Schuldners nur mit Zustimmung des vorläufigen Verwalters wirksam. Gelegentlich werden – wenn eine „starke" vorläufige Verwaltung nicht gewollt ist – Einzel- oder Gruppenermächtigungen des Insolvenzgerichts erteilt, um dennoch (analog § 55 Abs. 2 InsO) Masseverbindlichkeiten begründen zu können. Eine Unterbrechungswirkung nach § 240 Satz 2 ZPO tritt allein durch die Anordnung eines Zustimmungsvorbehalts nicht ein (auch insoweit ist jedoch die Erteilung einer Einzelermächtigung möglich); allerdings ist eine Verurteilung des Schuldners zur Abgabe einer Willenserklärung gemäß § 894 Satz 1 ZPO nicht mehr zulässig, da sich dies bereits auf der Ebene des Erfüllungsgeschäfts bewegt und den Zustimmungsvorbehalt unterlaufen würde.[502]

346 Als weitere vorläufige Maßnahmen kommen nach § 21 Abs. 2 Satz 1 Nr. 4 InsO die Anordnung eines **Postsperre** (siehe Rz. 369) und nach § 21 Abs. 3 InsO eine **zwangsweise Vorführung** und eine **Inhaftierung** in Betracht. Der vorläufige Verwalter ist berechtigt, die Geschäftsräume des Schuldners zu betreten und dort Nachforschungen anzustellen (§ 22 Abs. 3 Satz 1 InsO). Eine Anordnung der **Durchsuchung der Wohn- und Geschäftsräume** des Schuldners nebst Beschlagnahme relevanter Unterlagen ist als Sicherungsmaßnahme während der vorläufigen Verwaltung möglich, jedoch wegen des Eingriffs in das Grundrecht auf Unverletzlichkeit der Wohnung (Art. 13 GG) nur i. R. der Verhältnismäßigkeit.[503]

347 Nach §§ 21 Abs. 2 Satz 1 Nr. 1a, 22a InsO kann ein Gläubigerausschuss schon in der vorläufigen Verwaltung erforderlich sein, sofern bestimmte Größenkriterien erfüllt sind. Nach § 22a Abs. 4 InsO soll der Schuldner dem Gericht auf Aufforderung **mögliche Mitglieder eines vorläufigen Gläubigerausschusses benennen**; eine Sanktion ist jedoch nicht geregelt.

348 Die **gesellschaftsrechtliche Struktur** des Schuldners wird durch die Anordnung einer vorläufigen Verwaltung nicht angetastet, d. h. die Geschäftsleiter bleiben im Amt; etwas anderes gilt auch nicht in einer vorläufigen Sachwaltung, da §§ 270b–270f InsO keinen Verweis auf § 276a InsO enthalten. Es obliegt einzig den Gesellschaftern, einen Geschäftsleiter zu bestellen oder abzuberufen. Der vorläufige Verwalter kann insoweit lediglich – mit Einzelermächtigung – den Anstellungsvertrag kündigen und ein Hausverbot aussprechen.[504]

349 Vorläufige Maßnahmen können grundsätzlich nur bei **zulässigem Insolvenzantrag** angeordnet werden. Bei zweifelhaftem Gerichtsstand können es allerdings berechtigte Interessen der Insolvenzgläubiger gebieten, vorläufige Maßnahmen schon vor der Feststellung der

---

500) BGH, Beschl. v. 31.1.2023 – II ZR 169/22, ZRI 2023, 290.

501) BFH, Beschl. v. 15.3.2007 – III B 178/05, BFH/NV 2007, 1178.

502) BGH, Urt. v. 4.7.2018 – IV ZR 297/16, ZIP 2018, 1506, dazu EWiR 2018, 531 *(Baumert)*.

503) LG Göttingen, Beschl. v. 12.4.2007 – 10 T 10/07, ZIP 2007, 2007, dazu EWiR 2013, 511 *(Keil)*.

504) BGH, Beschl. v. 11.1.2007 – IX ZB 271/04, ZIP 2007, 438, dazu EWiR 2007, 209 *(Flitsch)*.

Zulässigkeit des Insolvenzantrags anzuordnen, wenn sich das Insolvenzgericht letzte Gewissheit erst im weiteren Verfahrensverlauf verschaffen kann.[505)]

IV. Auswirkungen (im Vorfeld) der Abweisung des Insolvenzantrags mangels Masse

1. Folgen der Abweisung mangels Masse

Wird der Insolvenzantrag vom Gericht mangels Masse abgewiesen, hat das Gericht den Schuldner in ein **Schuldnerverzeichnis** einzutragen (§ 26 Abs. 2 InsO, §§ 915 ff. ZPO), das beim Insolvenzgericht geführt wird. Ebenso wird die Abweisung mangels Masse öffentlich bekannt gemacht (§ 26 Abs. 1 Satz 3 InsO). 350

Bei juristischen Personen und Gesellschaften ohne Rechtspersönlichkeit, bei denen keine natürliche Person mit ihrem gesamten Vermögen für die Verbindlichkeiten der Gesellschaft haftet, tritt darüber hinaus die **Auflösung der Gesellschaft** ein.[506)] Dies gilt auch dann, wenn eine GmbH zwar über ein das satzungsgemäße Stammkapital übersteigendes Vermögen verfügt und die Insolvenzgründe beseitigt wurden.[507)] Das Insolvenzgericht hat dem zuständigen Registergericht eine Ausfertigung des abweisenden Beschlusses zu übersenden (§ 31 Nr. 2 InsO). 351

Der Schuldner kann gegen die Abweisung des Antrags mangels Masse **sofortige Beschwerde** einlegen (§ 34 Abs. 1 InsO). Maßgeblich für die Beschwerdeentscheidung ist der Sach- und Streitstand im Zeitpunkt der Beschwerdeentscheidung.[508)] 352

Nach § 101 Abs. 3 InsO können den vertretungsberechtigten Organen und Gesellschaftern die **Kosten des Verfahrens auferlegt** werden. Nach § 54 InsO gehören hierzu im Wesentlichen die Gerichtskosten nebst Auslagen der Gerichtskasse insbesondere für den Sachverständigen sowie die Vergütung des vorläufigen Verwalters. Dies trifft auch Angestellte (auch sofern sie nicht früher als zwei Jahre vor dem Eröffnungsantrag ausgeschieden sind), wenn sie ihren Auskunfts- und Mitwirkungspflichten nicht nachgekommen sind. 353

2. Vorschusspflicht (§ 26 Abs. 4 InsO)

Für das Vorfeld einer Abweisung des Insolvenzantrags mangels einer die Verfahrenskosten deckenden Masse ist seit dem 1.3.2012 § 26 Abs. 4 InsO zu beachten. Hiernach ist zur Vermeidung der Abweisung mangels Masse jede Person zur Leistung eines Vorschusses verpflichtet, die entgegen den Vorschriften des Insolvenz- oder Gesellschaftsrechts pflichtwidrig und schuldhaft **keinen Antrag auf Eröffnung des Insolvenzverfahrens gestellt** hat, wobei die Beweislast hinsichtlich Pflichtwidrigkeit und Schuldhaftigkeit bei vorgenanntem Personenkreis liegt. 354

Die Regelung wirft einige **Probleme** auf. Bei der Formulierung, der vorläufige Verwalter könne den Vorschuss verlangen, ist die rechtliche Einordnung nicht eindeutig. Ein notwendiger Übergang der Verwaltungs- und Verfügungsbefugnis, um materiell-rechtliche Ansprüche aus Insolvenzverschleppung geltend zu machen, dürfte mit der Regelung nicht verbunden sein, soweit ein „schwacher" vorläufiger Insolvenzverwalter bestellt wurde. Folglich ist die Regelung eher als Einziehungsermächtigung i. S. der §§ 92, 93 InsO zu verstehen. Allerdings setzen diese Normen voraus, dass ein materiell-rechtlicher Anspruch 355

---

505) BGH, Beschl. v. 22.3.2007 – IX ZB 164/06, ZIP 2007, 878, dazu EWiR 2007, 599 *(Pape)*.

506) S. § 60 Abs. 1 Nr. 5 GmbHG für die GmbH; § 161 Abs. 2, § 138 Abs. 2 Nr. 1 HGB für die GmbH & Co. KG; § 262 Abs. 1 Nr. 4 AktG für die AG; § 289 Abs. 2 Nr. 1 AktG für die KGaA; § 81a Nr. 1 GenG für die Genossenschaft.

507) BGH, Beschl. v. 25.1.2022 – II ZB 8/21, ZRI 2022, 366.

508) BGH, Beschl. v. 27.3.2008 – IX ZB 144/07, ZIP 2008, 1034.

der Gläubigergesamtheit besteht. Ein solcher steht zumindest der Höhe nach in der Insolvenzeröffnungsphase noch nicht fest. Zudem ist bei Insolvenzverschleppung überhaupt kein Massebezug gegeben. Neu-Gläubiger (Anspruch nach Eintritt eines Insolvenzgrunds begründet) müssen ihre Ansprüche selbst verfolgen, für Alt-Gläubiger (Anspruch vor Eintritt eines Insolvenzgrunds begründet) ist eine Sondermasse außerhalb der Insolvenzmasse zu bilden, sodass aus Insolvenzverschleppung letztlich nichts in die allgemeine Insolvenzmasse fließen kann.

356 Ungeachtet dessen müssen seitens des vorläufigen Insolvenzverwalters demnach nur **Indizien** vorgetragen werden. Die Vorgehensweise ist allerdings ebenfalls unklar. Offenbar soll der vorläufige Insolvenzverwalter eine einstweilige Verfügung (**Leistungsverfügung** analog § 940 ZPO) beantragen oder **Zahlungsklage** erheben. Wegen der Eilbedürftigkeit des Vorgangs ist zunächst die einstweilige Verfügung zu versuchen. Die Zulässigkeit einer Leistungsverfügung ist jedoch gesetzlich nicht geregelt, sondern in Einzelfällen von der Rechtsprechung entwickelt worden. Jedenfalls ist nicht das Insolvenzgericht, sondern die ordentliche Gerichtsbarkeit gesetzlicher Richter für eine Vorschussanforderung.[509)]

357 Ferner ist fraglich, ob für dieses prozessuale Vorgehen **Prozesskostenhilfe** bewilligt werden kann. Wenn Prozesskostenhilfe verneint wird, ist dem vorläufigen Insolvenzverwalter ein weiteres Vorgehen sicherlich nicht zuzumuten.

358 Klagt er dennoch, ist fraglich, ob die Kosten nach Verfahrenseröffnung **Masseverbindlichkeiten oder Insolvenzforderungen** sind.

> **Praxishinweis**
>
> Da der „schwache“ vorläufige Verwalter keine Verwaltungs- und Verfügungsbefugnis über die Geschäftsunterlagen des Schuldners hat, dürfte auch fraglich sein, inwieweit er **Zugriff auf Beweismaterial** hat; ohne diesen Zugriff wird er das Vorbringen des zum Insolvenzantrag Verpflichteten nicht substantiiert widerlegen können. Fraglich wird auch sein, wie viele **Vollstreckungsversuche** der vorläufige Verwalter unternehmen muss, bevor er endlich das Gutachten mit der Empfehlung der Abweisung mangels Masse einreichen kann.

359 Insgesamt eine rechtspolitisch gewollte Neuregelung, die dogmatisch keine Einordnung findet und Zweifel daran nährt, ob dem Gesetzgeber prozessuale Grundprinzipien noch geläufig sind.

V. Rechte und Pflichten des Schuldners aus Anlass des Eröffnungsbeschlusses

1. Zustellung des Eröffnungsbeschlusses

360 Kommt es zur Eröffnung des Verfahrens, ist dem Schuldner der Eröffnungsbeschluss zuzustellen (§ 30 Abs. 2 InsO). Diese Pflicht obliegt grundsätzlich dem Insolvenzgericht, die Delegation an den Insolvenzverwalter (§ 8 Abs. 3 InsO) umfasst regelmäßig nur Zustellungen an Gläubiger. An Personen, deren Aufenthalt unbekannt ist, wird nicht zugestellt; haben sie einen zur Entgegennahme von Zustellungen berechtigten Vertreter, wird an diesen zugestellt (§ 8 Abs. 2 InsO). Dies macht öffentliche Zustellungen entbehrlich. Allerdings wirkt auch die öffentliche Bekanntmachung (§ 9 Abs. 3 InsO) gegen den Schuldner.

2. Sofortige Beschwerde gegen den Eröffnungsbeschluss

361 Der Schuldner kann gegen die Eröffnung des Insolvenzverfahrens das Rechtsmittel der sofortigen Beschwerde einlegen (§ 34 Abs. 2 InsO); dies gilt grundsätzlich nicht bei In-

509) AG Hannover, Beschl. v. 24.10.2019 – 904 IN 616/18-5, ZIP 2019, 2363.

solvenzeröffnung aufgrund Eigenantrags.[510] Der Schuldner benötigt hierfür keinen Prozesspfleger.[511] Die Frist zur Einlegung der sofortigen Beschwerde gegen den Eröffnungsbeschluss beginnt gemäß § 569 Abs. 1 Satz 2 ZPO, §§ 34 Abs. 2, 9 Abs. 1 Satz 3 InsO zwei Tage nach der öffentlichen Bekanntmachung im Internet, d. h. das Datum einer Individualzustellung an den Schuldner ist irrelevant.[512] Gegen die Aufhebung des Eröffnungsbeschlusses steht dem Insolvenzverwalter seinerseits anschließend kein Rechtsmittel zu.[513]

Die Wirkungen der Rechtshandlungen, die vom Insolvenzverwalter oder ihm gegenüber vorgenommen worden sind, werden durch die Aufhebung des Eröffnungsbeschlusses nicht berührt (§ 34 Abs. 3 Satz 3 InsO). Insbesondere, wenn in der Phase der vorläufigen Verwaltung eine übertragene Sanierung vorbereitet und kurz nach Eröffnung durchgeführt wird, ist diese im Außenverhältnis wirksam, kann aber aufgrund von § 159 InsO zu Haftungsproblemen des Verwalters und der Mitglieder eines einstweiligen Gläubigerausschusses führen. 362

3. Verlust der Verwaltungs- und Verfügungsbefugnis

Durch die Eröffnung des Insolvenzverfahrens verliert der Schuldner die Verwaltungs- und Verfügungsbefugnis über sein Vermögen (§ 80 Abs. 1 InsO) nur, soweit es sich um **Insolvenzmasse** handelt. Die Verwaltungs- und Verfügungsbefugnis über unpfändbare Gegenstände (§ 36 Abs. 1 InsO) oder ansonsten insolvenzfreies Vermögen bleibt daher beim Schuldner. Verfügt der Schuldner über die Insolvenzmasse, ist diese Verfügung grundsätzlich unwirksam (§ 81 Abs. 1 Satz 1 InsO); eine Heilung durch eine Genehmigung des Insolvenzverwalters ist möglich (§ 185 Abs. 2 BGB). Soweit der Schuldner neues Vermögen erwirbt, fällt auch dieses in die Insolvenzmasse (**Neuerwerb**, § 35 Abs. 1 InsO). 363

Nach § 148 Abs. 1 InsO hat der Insolvenzverwalter die Masse unverzüglich in Besitz zunehmen. Hiermit korrespondiert eine Herausgabepflicht des Schuldners. Kommt der Schuldner der **Herausgabepflicht** nicht nach, kann aus einer vollstreckbaren Ausfertigung des Eröffnungsbeschlusses gegen ihn auf Herausgabe vollstreckt werden (§ 148 Abs. 2 InsO). Der natürlichen Person kann bei einer solchen Vollstreckung Vollstreckungsschutz nach § 765a ZPO gewährt werden, soweit dies zur Erhaltung von Leben und Gesundheit des Schuldners erforderlich ist.[514] Zu der von § 148 InsO erfassten Masse gehören auch Gegenstände, an denen ein Absonderungsrecht besteht, sodass der Schuldner selbst z. B. keine Anträge im Zwangsversteigerungsverfahren stellen können soll.[515] 364

Streitigkeiten zwischen Schuldner und Insolvenzverwalter über die **Massezugehörigkeit** von Vermögensgegenständen sind vor der ordentlichen Gerichtsbarkeit auszutragen.[516] Eine Verweisung vom fälschlich angerufenen Insolvenzgericht analog § 281 ZPO an das zuständige Gericht kommt nicht in Betracht, da die Vorschriften der InsO – jedenfalls diejenigen betreffend die Aufsicht des Gerichts über den Insolvenzverwalter – zur freiwil- 365

510) BGH, Beschl. v. 18.1.2007 – IX ZB 170/06, ZIP 2007, 499, dazu EWiR 2007, 375 *(Frind)*.

511) BGH, Beschl. v. 28.10.2009 – IX ZA 38/09, NZI 2010, 63.

512) BGH, Beschl. v. 5.12.2013 – IX ZB 291/11, ZIP 2014, 1133.

513) BGH, Beschl. v. 8.3.2007 – IX ZB 163/06, ZIP 2007, 792, dazu EWiR 2007, 565 *(Hofmann/Würdinger)*.

514) BGH, Beschl. v. 16.10.2008 – IX ZB 77/08, ZIP 2008, 2441, dazu EWiR 2009, 223 *(S. Schmidt)*; BGH, Beschl. v. 13.8.2009 – I ZB 11/09, DZWIR 2009, 522. Zum Thema auch *Dittmar*, ZVI 2017, 260.

515) AG Duisburg, Beschl. v. 2.4.2009 – 46 K 4/09, ZInsO 2010, 631.

516) BGH, Urt. v. 10.1.2008 – IX ZR 94/06, ZIP 2008, 417, dazu EWiR 2008, 311 *(Römermann)*. Offengelassen für die Frage der Massezugehörigkeit von Lohnanteilen von BGH, Beschl. v. 11.5.2010 – IX ZB 268/09, ZIP 2010, 1197, dazu EWiR 2011, 57 *(Vosberg/Klawa)*.

ligen Gerichtsbarkeit gehören, für die § 281 ZPO nicht gilt; es finden §§ 17 bis 17b GVG Anwendung.[517)]

366 Eine **Rückübertragung der Verwaltungs- und Verfügungsbefugnis** auf den Schuldner findet erst durch Aufhebung bzw. Einstellung des Verfahrens, durch nachträgliche Anordnung der Eigenverwaltung oder durch Freigabe eines Gegenstands aus der Insolvenzmasse statt; im Fall der Freigabe gilt gleichwohl das Vollstreckungsverbot des § 89 Abs. 1 InsO.[518)]

4. Gesellschaftsrechtliche Auswirkungen

367 Bei juristischen Personen und Gesellschaften ohne Rechtspersönlichkeit, bei denen keine natürliche Person mit ihrem gesamten Vermögen für die Verbindlichkeiten der Gesellschaft haftet, tritt die Auflösung der Gesellschaft ein.[519)] Gleiches gilt für Gesellschaften mit persönlich haftenden Gesellschaftern.[520)] Das Insolvenzgericht hat dem zuständigen Registergericht eine Ausfertigung des Eröffnungsbeschlusses zu übersenden (§ 31 Nr. 1 InsO). Im Zusammenhang mit einem Insolvenzplan kann die Fortsetzung der Gesellschaft beschlossen werden.

5. Duldung der Eintragung in Register

368 Der Schuldner muss dulden, dass die Eröffnung des Insolvenzverfahrens im Handels-, Genossenschafts-, Partnerschafts- oder Vereinsregister eingetragen wird (§ 31 InsO). Ebenso muss er dulden, dass entsprechende Eintragungen im Grundbuch (§ 32 InsO), im Schiffsregister, Schiffsbauregister oder im Register für Pfandrechte an Luftfahrzeugen erfolgen (§ 33 InsO).

6. Duldung einer Postsperre

369 Soweit es erforderlich erscheint, für die Gläubiger nachteilige Rechtshandlungen des Schuldners aufzuklären oder zu verhindern, kann das Insolvenzgericht auf Antrag des (vorläufigen) Insolvenzverwalters oder von Amts wegen durch zu begründenden Beschluss[521)] anordnen, dass bestimmte oder alle Postsendungen für den Schuldner dem (vorläufigen) Insolvenzverwalter zuzuleiten sind (Postsperre, §§ 99, 102 InsO). Verfassungsrechtlich bestehen hiergegen keine Bedenken.[522)] Ohne die Bestellung eines vorläufigen Verwalters ist eine Postsperre im Antragsverfahren denklogisch unzulässig.[523)] Die Voraussetzungen für die Anordnung einer Postsperre gegen eine juristische Person liegen auch vor, wenn der Geschäftsleiter der juristischen Person eine neu gegründete juristische Person mit sich (teilweise) deckendem Geschäftsgegenstand betreibt.[524)] Gegen die Anordnung der Postsperre steht dem Schuldner die sofortige Beschwerde zu (§ 99 Abs. 3 InsO). Wird die

---

517) BGH, Beschl. v. 21.9.2006 – IX ZB 128/05, ZVI 2007, 80.

518) BGH, Beschl. v. 12.2.2009 – IX ZB 112/06, ZIP 2009, 818, dazu EWiR 2009, 545 *(Kexel)*.

519) S. § 60 Abs. 1 Nr. 4 GmbHG für die GmbH; § 161 Abs. 2, § 138 Abs. 1 Nr. 3 HGB für die GmbH & Co. KG; § 262 Abs. 1 Nr. 3 AktG für die AG; § 289 Abs. 1 AktG, § 138 Abs. 1 Nr. 3 HGB für die KGaA.

520) § 138 Abs. 1 Nr. 3 HGB für die oHG; §§ 161 Abs. 2, 138 Abs. 1 Nr. 3 HGB für die KG; § 729 Abs. 1 Nr. 2 BGB für die GbR.

521) Zu den Voraussetzungen an eine Begründung des Beschlusses BGH, Beschl. v. 22.10.2009 – IX ZB 49/08, NZI 2010, 260; LG Bonn, Beschl. v. 21.7.2009 – 6 T 210/09, 6 T 211/09, ZIP 2009, 1875, dazu EWiR 2009, 753 *(Voß)*.

522) BVerfG, Urt. v. 6.6.1986 – 1 BvR 574/86, ZIP 1986, 1336, dazu EWiR 1986, 1125 *(Balz)*.

523) AG Ludwigshafen, Beschl. v. 9.5.2016 – 3d IN 36/16, ZVI 2016, 437, dazu EWiR 2016, 709 *(Zipperer)*.

524) LG Deggendorf, Beschl. v. 14.7.2005 – 1 T 89/05, dazu EWiR 2006, 85 *(Habereder/Pöllmann)*.

Postsperre aufgehoben, wird eine Beschwerde des Schuldners unzulässig, da insoweit ein überholendes Ereignis vorliegt; ein isoliertes Feststellungsinteresse besteht nicht.[525)]

7. Unterstützung des Verwalters im Allgemeinen

Aus § 97 Abs. 2 InsO geht hervor, dass der Schuldner den Insolvenzverwalter bei der Erfüllung dessen Aufgaben zu unterstützen hat. 370

Da auch der Neuerwerb zur Masse gehört (§ 35 Abs. 1 InsO), wird hieraus gefolgert, dass der Schuldner während des eröffneten Verfahrens bis zu einer gewissen Grenze auch **Dienstleistungen** zu erbringen habe. Dies ist abzulehnen, da es im Ergebnis auf die Schuldknechtschaft hinausliefe. Ist der Schuldner Gewerbetreibender oder Freiberufler, gilt es eine Fortführung zu prüfen oder ggf. eine Erklärung nach § 35 Abs. 2 InsO abzugeben. Eine Besonderheit besteht nur bei einer Erwerbsobliegenheit des Schuldners im Zusammenhang mit einer beantragten Restschuldbefreiung (§ 287b InsO). 371

8. Sonstige Auswirkungen

Von den sonstigen Auswirkungen für den Schuldner aufgrund der Insolvenzeröffnung seien nur folgende erwähnt: 372

- Zum Stichtag Insolvenzeröffnung **anhängige Prozesse** sind nach § 240 Abs. 2 ZPO grundsätzlich unterbrochen. Dies gilt nicht für ein bloßes Prozesskostenhilfeverfahren,[526)] wohl aber für ein Kostenfestsetzungsverfahren.[527)] Im steuerlichen AdV-Verfahren (Aussetzung der Vollziehung) gilt die Unterbrechung nur bei Erstattungsansprüchen.[528)] Betrifft nur einer von mehreren im Prozess geltend gemachten Ansprüchen die Insolvenzmasse, wird grundsätzlich zunächst einheitlich der gesamte Rechtsstreit unterbrochen.[529)] Ein trotz Unterbrechung ergehendes Urteil ist zwar nicht nichtig, jedoch relativ unwirksam und aufzuheben.[530)] Ein Aktivprozess kann vom Schuldner selbst nur noch aufgenommen werden, wenn der Insolvenzverwalter die Aufnahme für die Masse abgelehnt hat (§ 85 Abs. 2 InsO). Selbiges gilt bei einer Freigabe des streitbefangenen Vermögensgegenstands aus dem Massebeschlag.[531)] Die Unterbrechung endet mit Aufhebung bzw. Einstellung des Insolvenzverfahrens; eine Berufungs(begründungs)frist beginnt gemäß § 249 Abs. 1 ZPO von neuem zu laufen.[532)] Eine Unterbrechung tritt bereits mit Anordnung der „starken" vorläufigen Verwaltung ein, nicht aber mit Anordnung der vorläufigen Eigenverwaltung.[533)]
- Da der Schuldner bei Prozessen für und gegen die Masse nicht Partei ist, kann er **Zeuge** sein und dem Rechtsstreit als **Nebenintervenient** beitreten.
- Ist der Schuldner eine natürliche Person, hat er grundsätzlich ein schutzwürdiges Eigeninteresse, ein zur Insolvenzmasse gehöriges Recht in **Prozessstandschaft** für den Insolvenzverwalter gerichtlich geltend zu machen.
- Der Schuldner kann nicht mehr **Vormund** sein (§§ 1781, 1886 BGB).

---

525) BGH, Beschl. v. 12.10.2006 – IX ZB 34/05, ZIP 2006, 2233.

526) OLG Rostock, Beschl. v. 28.11.2014 – 1 W 82/14, ZVI 2015, 137; LAG Köln, Beschl. v. 7.10.2015 – 1 Ta 231/15, ZVI 2016, 54.

527) OLG Brandenburg, Beschl. v. 19.10.2023 – 6 W 97/23, ZRI 2023, 1014.

528) BFH, Beschl. v. 30.6.2021 – 1 B 43/20 (AdV), ZRI 2021, 849.

529) BGH, Beschl. v. 10.12.2014 – XII ZR 136/12, ZIP 2015, 399, dazu EWiR 2015, 331 *(Hirtz)*.

530) OLG Brandenburg, Urt. v. 10.2.2022 – 12 U 121/20, NZI 2022, 456.

531) OLG Rostock, Urt. v. 11.1.2018 – 3 U 29/16, ZIP 2018, 842.

532) BGH, Beschl. v. 24.9.2020 – IX ZB 22/19, openJur 2021, 35728.

533) BAG, Urt. v. 14.5.2020 – 6 AZR 235/19, ZRI 2020, 423.

- Während früher mit der Konkursantragstellung (Eigenantrag) oder -eröffnung (Gläubigerantrag) auch die Eignung des Schuldners zur **Vermögenssorge für das eigene Kind** entfiel (§ 1670 BGB a. F.), ist diese Regelung entfallen, da sie mit Sinn und Zweck der Verbraucherinsolvenz bzw. Restschuldbefreiung nicht kompatibel wäre.
- Auch kann der Schuldner – anders als früher – wieder **Handelsrichter** oder **Schöffe** sein, da der entsprechende § 32 Nr. 3 GVG durch Art. 12 EGInsO aufgehoben wurde.
- Das in § 12 GewO geregelte Anwendungsverbot der **Gewerbeuntersagung** wegen Vermögensverfalls greift nicht hinsichtlich des nach § 35 Abs. 2 InsO „freigegebenen" Geschäftsbetriebs.[534] Ein vor Insolvenzeröffnung eingeleitetes Klageverfahren gegen eine Gewerbeuntersagung wird durch die Insolvenzeröffnung generell nicht unterbrochen.[535]
- Ist der Schuldner **kammerangehöriger** Rechtsanwalt,[536] kann ihm die Zulassung verweigert (§ 7 Nr. 9 BRAO) oder entzogen (§ 14 Abs. 2 Nr. 7 BRAO) werden; Entsprechendes gilt für Notare[537] (§ 50 Abs. 1 Nr. 6 BNotO) und Steuerberater[538] (§§ 40 Abs. 2 Nr. 1, 46 Abs. 2 Nr. 4 StBerG). Hingegen soll die Fortführung einer Apotheke in Eigenverwaltung möglich sein.[539] Wie auch bei Ärzten[540] dürfte allerdings eine strafrechtliche Verurteilung wegen Insolvenzverschleppung und Betrugs zum Widerruf der Approbation führen.
- Der Schuldner bleibt ferner zur **Erteilung von Arbeitszeugnissen** verpflichtet, da die Erteilung des Zeugnisses eine unvertretbare Handlung i. S. des § 888 ZPO ist, die nicht auf den Insolvenzverwalter übergeht.[541] Nach a. A. soll der („starke" vorläufige) Insolvenzverwalter Schuldner der Zeugniserteilung sein, wenn das Arbeitsverhältnis bei Anordnung der vorläufigen Verwaltung bzw. bei Eröffnung noch bestand.[542]
- War der Schuldner insolvenzantragspflichtig und wurde der Insolvenzantrag unterlassen, das Insolvenzverfahren jedoch aufgrund eines Vorschusses eines Dritten eröffnet, kann der Dritte denjenigen auf Erstattung in Anspruch nehmen, der zur Insolvenzantragstellung verpflichtet war (§ 26 Abs. 3 Satz 1 InsO), mithin regelmäßig den Geschäftsleiter juristischer Personen.

---

534) VG Darmstadt, Beschl. v. 7.2.2011 – 7 L 1768/10. DA, ZIP 2011, 1680, dazu EWiR 2011, 597 *(Blank)*.

535) BVerwG, Urt. v. 15.4.2015 – 8 C 6.14, ZVI 2016, 59.

536) Hierzu BGH, Beschl. v. 16.6.2004 – AnwZ (B) 3/03, ZVI 2004, 598; BGH, Beschl. v. 18.10.2004 – AnwZ (B) 70/03, BRAK-Mitt. 2005, 27; BGH, Beschl. v. 29.12.2016 – AnwZ (Brfg) 53/16, ZVI 2017, 229; BGH, Beschl. v. 15.10.2019 – AnwZ (Brfg) 6/19, ZInsO 2020, 1127. Großzügiger bei Wechsel des Rechtsanwalts in ein Angestelltenverhältnis BGH, Beschl. v. 18.10.2004 – AnwZ (B) 43/03, ZInsO 2005, 213, und BGH, Beschl. v. 25.6.2007 – AnwZ (B) 101/05, ZIP 2007, 1617, dazu EWiR 2007, 685 *(Kleine-Cosack)*. Zur Wiederzulassung nach Durchführung des Insolvenzverfahrens und Ankündigung der Restschuldbefreiung BGH, Beschl. v. 7.12.2004 – AnwZ (B) 40/04, NZI 2005, 274, und BGH, Beschl. v. 9.11.2009 – AnwZ (B) 89/06, ZInsO 2010, 86; zum Schuldenbereinigungsplan und Insolvenzplan: BGH, Beschl. v. 1.9.2023 – AnwZ (Brfg) 24/23, ZRI 2023, 952 = ZVI 2023, 438.

537) Hierzu BVerfG, Beschl. v. 28.4.2004 – 1 BvR 912/04, ZVI 2004, 297, dazu EWiR 2004, 799 *(Römermann)*; BGH, Beschl. v. 22.3.2004 – NotZ 23/03, ZIP 2004, 1006, dazu EWiR 2005, 171 *(Runkel/Fliegner)*; BGH, Beschl. v. 15.11.2010 – NotZ 6/10, ZIP 2011, 284.

538) Hierzu BFH, Beschl. v. 28.8.2003 – VII B 98/03, ZVI 2004, 464; BFH, Beschl. v. 4.3.2004 – VII R 21/02, ZVI 2004, 302; BFH, Beschl. v. 30.4.2009 – VII R 32/08, ZInsO 2009, 1405; BFH, Beschl. v. 20.4.2010 – VII B 235/09, ZInsO 2010, 1138; BFH, Beschl. v. 17.8.2016 – VII B 59/16, ZVI 2016, 491 – Insolvenzeröffnung nach englischem Recht.

539) OVG Berlin, Beschl. v. 18.6.2002 – OVG 5 S 14/02, ZVI 2004, 620.

540) BVerwG, Beschl. v. 16.2.2016 – 3 B 68.14, ZVI 2016, 271.

541) LAG Düsseldorf, Beschl. v. 7.11.2003 – 16 Ta 571/03, ZIP 2004, 631, dazu EWiR 2004, 863 *(Johlke/Schröder)*.

542) BAG, Urt. v. 23.6.2004 – 10 AZR 495/03, ZIP 2004, 1974, dazu EWiR 2004, 1185 *(Richter)*.

9. Zulässigkeit weiterer Insolvenzanträge

373 Nach Eröffnung des Insolvenzverfahrens über das Vermögen des Schuldners sind weitere Eröffnungsanträge über das bereits insolvenzbefangene Vermögen unzulässig. Dies ermöglicht jedoch ein **Zweitinsolvenzverfahren** über neues Vermögen, soweit es auf einer „Freigabe" des Geschäftsbetriebs i. S. des § 35 Abs. 2 InsO beruht.[543)] In diesem Zweitinsolvenzverfahren ist ein Antrag auf Erteilung der Restschuldbefreiung allerdings so lange unzulässig, wie über den Restschuldbefreiungsantrag im Erstverfahren noch nicht entschieden wurde.[544)]

VI. Auswirkung der Eröffnung auf Dauerschuldverhältnisse des Schuldners

374 **Miet- und Pachtverhältnisse** des Schuldners über unbewegliche Gegenstände oder Räume sowie **Dienstverhältnisse** des Schuldners bestehen mit Wirkung für die Insolvenzmasse (§ 108 Abs. 1 Satz 1 InsO) fort. Es bedarf mithin grundsätzlich einer *Kündigung* zur Beendigung des Vertrags.

375 Der Insolvenzverwalter kann bei einem Mietvertrag über die **Wohnung des Schuldners** gegenüber dem Vermieter erklären, dass Ansprüche aus der Zeit nach Eröffnung des Verfahrens nicht im Insolvenzverfahren geltend gemacht werden können (§ 109 Abs. 1 Satz 2 InsO). Diese sog. Enthaftungserklärung vermeidet eine Kündigung des Mietvertrags, die ggf. Obdachlosigkeit des Schuldners zur Folge haben könnte. Der Schuldner kann bzw. muss die Miete dann aus seinem insolvenzfreien Vermögen bzw. Einkommen bedienen. Allerdings muss er faktisch auch die als Insolvenzforderungen einzustufenden Mietrückstände ausgleichen, da nach Wirksamwerden der Enthaftungserklärung auch die Kündigungssperre des § 112 InsO entfällt.[545)] Ferner erstreckt sich die Enthaftungserklärung auch auf die Mietkaution,[546)] soweit sie deren gesetzliche Höhe nicht überschreitet.[547)] Ebenso erstreckt sich die Enthaftungserklärung auf ein Untermietverhältnis, sodass dem Schuldner die Mieten aus Untervermietung fortan im insolvenzfreien Vermögen zustehen.[548)] Die Erklärung nach § 109 Abs. 1 Satz 2 InsO wirkt auch gegenüber dem Erwerber, auf den das Mietverhältnis aufgrund Grundstücksveräußerung übergegangen ist, wenn sie in Unkenntnis des Eigentumsübergangs dem alten Vermieter gegenüber abgegeben worden ist.[549)] Bei der Aufteilung einer Nebenkostenabrechnung des Vermieters in Insolvenzforderungen und sonstige Masseverbindlichkeiten kommt es ausschließlich darauf an, auf welchen Zeitraum sich die Abrechnung bezieht, nicht also auf das Datum der Abrechnung.[550)]

376 **Auftragsverhältnisse** (§ 115 Abs. 1 InsO) und **Geschäftsbesorgungsverträge** (§ 116 InsO), bei denen der Schuldner Auftraggeber ist, sowie **Vollmachten** des Schuldners (§ 117 InsO) erlöschen durch die Insolvenzeröffnung. Dies jedoch nur, soweit sich der Vorgang auf die Masse bezieht, nicht also betreffend persönliche oder familienrechtliche Angelegenheiten, sodass z. B. die Mandatierung eines Rechtsanwalts in Scheidungs- oder Erbangelegenheiten unberührt bleibt; die hiermit verbundenen Kosten muss der Schuldner allerdings aus insolvenzfreiem Vermögen bestreiten. Selbiges gilt für die Vertretung des Schuldners im

---

543) BGH, Beschl. v. 9.6.2011 – IX ZB 175/10, ZIP 2011, 1326, dazu EWiR 2011, 751 *(Weiß/Rußwurm)*.

544) BGH, Beschl. v. 18.12.2014 – IX ZB 22/13, ZVI 2015, 172; BGH, Beschl. v. 22.7.2021 – IX ZB 7/20, ZRI 2021, 798.

545) BGH, Urt. v. 17.6.2015 – VIII ZR 19/14, ZVI 2015, 339, dazu EWiR 2015, 673 *(Tintelnot)*.

546) BGH, Beschl. v. 13.7.2017 – IX ZB 33/16, ZVI 2017, 471.

547) BGH, Beschl. v. 16.3.2017 – IX ZB 45/15, ZVI 2017, 275, dazu EWiR 2017, 405 *(Pohlmann-Weide)*.

548) BGH, Urt. v. 2.12.2021 – IX ZR 206/20, ZRI 2022, 407 = ZVI 2022, 218.

549) BGH, Urt. v. 23.2.2012 – IX ZR 29/11, ZIP 2012, 784, dazu EWiR 2012, 423 *(Eckert)*.

550) BGH, Urt. v. 13.4.2011 – VIII ZR 295/10, ZIP 2011, 924, dazu EWiR 2011, 393 *(Eckert)*.

Insolvenzverfahren durch Bevollmächtigte.[551] Grundsätzlich erlischt auch ein „Girovertrag" (= Zahlungsdienstleisterrahmenvertrag i. S. des § 675f Abs. 2 BGB mit Kontokorrentabrede) gemäß § 115 InsO,[552] jedoch ist eine (konkludente) Fortführung durch den Insolvenzverwalter zulässig.[553]

377 Eine Besonderheit stellt die **Erbpacht** dar, die gerade kein Dauerschuldverhältnis darstellt, sondern einen Rechtskauf, sodass weder eine Kündigung noch ein Erlöschen des Vertrags möglich ist; Erbbauzins für die Zeit nach Verfahrenseröffnung stellt somit lediglich eine dinglich gesicherte Insolvenzforderung dar.[554]

VII. Auswirkung einer „Freigabe" nach § 35 Abs. 2 InsO

378 Übt der Schuldner eine selbstständige Tätigkeit aus oder beabsichtigt er, demnächst eine solche Tätigkeit auszuüben, hat der Insolvenzverwalter ihm gegenüber zu erklären, ob Vermögen aus der selbstständigen Tätigkeit zur Insolvenzmasse gehört und ob Ansprüche aus dieser Tätigkeit im Insolvenzverfahren geltend gemacht werden können (§ 35 Abs. 2 Satz 1 InsO). Gemäß § 35 Abs. 3 Satz 1 InsO hat der Schuldner den Insolvenzverwalter unverzüglich über die Aufnahme oder Fortführung einer selbstständigen Tätigkeit zu informieren. Entsprechend § 295a Abs. 1 Satz 1 InsO hat der Schuldner die Gläubiger dann so zustellen, wie wenn er ein angemessenes Schuldverhältnis eingegangen wäre (§ 35 Abs. 2 Satz 2 InsO). Die Erklärung des Verwalters beruht auf einer eigenen **Ermessensentscheidung**, der Schuldner hat keinen Anspruch auf eine solche „Freigabe".[555] Ersucht der Schuldner jedoch den Insolvenzverwalter um eine solche „Freigabe", hat sich der Insolvenzverwalter – in den ab dem 31.12.2020 beantragten Verfahren – unverzüglich, spätestens nach einem Monat, zu erklären (§ 35 Abs. 3 Satz 2 InsO)[556]. Die „Freigabe" verwirklicht sich konstitutiv mit dem **Zugang der Erklärung** beim Schuldner.[557] Die Erklärung gilt **für die Zukunft**,[558] falls nicht ausdrücklich eine Rückwirkung z. B. auf den Tag der Eröffnung erklärt wird.[559] Die vor dem maßgeblichen Zeitpunkt begründeten **Forderungen** gegen Drittschuldner bleiben zwar grundsätzlich Insolvenzmasse,[560] gelten aber, wenn nichts anderes zum Ausdruck gebracht wird, als im Einzelnen konkludent freigegeben.[561] Besonderheiten bestehen bei Ärzten als Schuldner, da ein Anspruch gegen die Kassen(zahn)ärztliche Vereinigung erst am Quartalsende entsteht, bei Abschlagszahlungen jedoch auf den Zahlungszeitpunkt abzustellen ist.[562] Ferner ist nach Beendigung des eröffneten Insolvenzverfahrens eine vorinsolvenzliche Globalzession wieder zur berücksichtigen.[563] In Bezug auf **Verbindlichkeiten** ist eine rückwirkende „Freigabe" des Geschäftsbetriebs allerdings

551) BGH, Beschl. v. 10.10.2022 – IX ZB 41/21, ZRI 2022, 968.

552) BGH, Urt. v. 14.3.2019 – IX ZR 246/17, ZVI 2019, 143.

553) Vgl. BGH, Urt. v. 5.3.2015 – IX ZR 164/14, ZIP 2015, 738.

554) BGH, Urt. v. 20.10.2005 – IX ZR 145/04, ZIP 2005, 2267, dazu EWiR 2006, 313 *(Tintelnot)*.

555) Vgl. BGH, Urt. v. 1.2.2007 – IX ZR 178/05, ZIP 2007, 1020 dazu EWiR 2008, 183 *(Kexel)*.

556) § 35 Abs. 3 InsO eingeführt durch Art. 6 Nr. 1 des Gesetzes zur weiteren Verkürzung des Restschuldbefreiungsverfahrens und zur Anpassung pandemiebedingter Vorschriften im Gesellschafts-, Genossenschafts-, Vereins- und Stiftungsrecht sowie im Miet- und Patentrecht, v. 22.12.2020, BGBl. I 2020, 3328 mit Inkrafttreten zum 31.12.2020 (Art. 14 Abs. 2).

557) BGH, Urt. v. 9.2.2012 – IX ZR 75/11, Rz. 19, 24, ZIP 2012, 533, dazu EWiR 2012, 287 *(Henkel)*; BGH, Urt. v. 18.4.2013 – IX ZR 165/12, ZIP 2013, 1181.

558) BFH, Urt. v. 18.12.2019 – XI R 10/19, ZVI 2020, 341.

559) BGH, Urt. v. 18.4.2013 – IX ZR 165/12, ZIP 2013, 1181, dazu EWiR 2013, 551 *(Hofmann)*.

560) BGH, Urt. v. 21.2.2019 – IX ZR 246/17, ZVI 2019, 143.

561) BGH, Beschl. v. 25.1.2018 – IX ZA 19/17, ZVI 2018, 205, dazu EWiR 2018, 343 *(Fliegner)*.

562) BGH, Urt. v. 21.2.2019 – IX ZR 246/17, ZVI 2019, 143.

563) BGH, Urt. v. 6.6.2019 – IX ZR 272/17, ZVI 2019, 304. Hierzu *Kögel*, ZVI 2019, 402.

abzulehnen. Der **Tod** des Schuldners nach „Freigabe“ ändert nichts am Vorhandensein eines insolvenzfreien Vermögens, sodass ggf. ein gesondertes Nachlassinsolvenzverfahren indiziert ist.[564)]

Folge ist nicht die Freigabe von Vermögensgegenständen,[565)] sodass die Formulierung „Freigabe des Geschäftsbetriebs“ lediglich umgangssprachlicher Natur, aber weit verbreitet ist. **Gegenstände der Insolvenzmasse** werden durch die Erklärung somit auflösend bedingt unpfändbar i. S. des § 811 Abs. 1 Nr. 5 ZPO a. F. bzw. seit dem 1.1.2022 § 811 Abs. 1 Nr. 1 lit. b ZPO, gehen aber nicht ins insolvenzfreie Vermögen des Schuldners über.[566)] Stellt der Schuldner die Selbstständigkeit während des eröffneten Insolvenzverfahrens wieder ein, hat der Insolvenzverwalter die Gegenstände nach hiesiger Auffassung zu verwerten.[567)] Ohnehin erstreckt sich die „Freigabe“ z. B. nicht auf die ganz oder teilweise betrieblich genutzte Immobilie; insoweit bleibt der Insolvenzverwalter zur Verwertung verpflichtet.[568)] Vor der „Freigabe“ wird es in der Vergangenheit wegen § 811 Abs. 1 Nr. 5 ZPO a. F. **unpfändbare Gegenstände** gegeben haben, die für die selbstständige Tätigkeit benutzt wurden. Ohne Übergangsregelung wurde zum **1.1.2022** § 36 Abs. 2 Nr. 2 InsO neugefasst.[569)] Nach der Vorstellung des Gesetzgebers soll dies die Betriebsfortführung erleichtern, um nach alter Rechtslage unpfändbare Gegenstände bis zu einer „Freigabe“-Entscheidung nutzen zu können.[570)] Hierdurch können seit dem 1.1.2022 bis dahin unpfändbare Gegenstände unter den Insolvenzbeschlag fallen, wenn der Schuldner keine überwiegend persönlichen Leistungen erbringt.[571)] 379

Weitere Folge ist die Obliegenheit des Schuldners, die Insolvenzgläubiger durch Zahlungen an den Insolvenzverwalter so zu stellen, wie wenn er ein angemessenes Dienstverhältnis eingegangen wäre (§§ 35 Abs. 2 Satz 2, 295a Abs. 1 Satz 1 InsO). Wann solche Zahlungen zu erfolgen haben, war zunächst nicht geregelt, die Rechtsprechung ging von einer mindestens **jährlichen Zahlungsverpflichtung des Schuldners** aus,[572)] worüber der Insolvenzverwalter den Schuldner zu informieren hatte. Seit dem 31.12.2020 regelt § 295a Abs. 1 Satz 2 InsO[573)] die jährliche Zahlungsverpflichtung bis zum 31.1 des Folgejahres, wobei die praktische Umsetzung mit Problemen behaftet ist. Die Zahlungen orientieren sich ausschließlich an der objektiven Tauglichkeit des Schuldners, Einkommen zu erzielen. Allein das Erreichen der gesetzlichen Altersgrenze befreit noch nicht von einer Zahlungspflicht.[574)] Die Auskunftspflichten des Schuldners beziehen sich ausschließlich auf diejenigen Umstände, die für die Berechnung eines fiktiven Einkommens erforderlich sind. Darüber hinaus wäre es sachfremd und mit Art. 3 GG unvereinbar, vom Schuldner Auskunft über sein tatsächlich erzieltes Einkommen aus selbstständiger Tätigkeit zu ver- 380

---

564) Zum Thema *Wipperfürth*, ZInsO 2021, 2182.

565) A. A. *Gehrlein*, NZI 2020, 503, 504.

566) A. A. *Gehrlein*, NZI 2020, 503, 504.

567) A. A. *Gehrlein*, NZI 2020, 503, 504.

568) AG Hamburg, Beschl. v. 14.2.2017 – 67g IN 137/15, NZI 2017, 819.

569) Gesetz zur Verbesserung des Schutzes von Gerichtsvollziehern vor Gewalt sowie zur Änderung weiterer zwangsvollstreckungsrechtlicher Vorschriften und zur Änderung des Infektionsschutzgesetzes, v. 7.5.2021, BGBl. I 2021, 850.

570) Begr. RegE GvSchuG z. § 36 Abs. 2 Nr. 2 InsO, BT-Drucks. 19/27636, S. 34 f.

571) Zur Problematik ausführlich *Wipperfürth*, ZInsO 2021, 1148.

572) BGH, Beschl. v. 19.7.2012 – IX ZB 188/09, ZVI 2012, 386 – für die Wohlverhaltensphase.

573) § 295a InsO eingeführt durch Art. 6 Nr. 4 des Gesetzes zur weiteren Verkürzung des Restschuldbefreiungsverfahrens und zur Anpassung pandemiebedingter Vorschriften im Gesellschafts-, Genossenschafts-, Vereins- und Stiftungsrecht sowie im Miet- und Patentrecht, v. 22.12.2020, BGBl. I 2020, 3328 mit Inkrafttreten zum 31.12.2020 (Art. 14 Abs. 2).

574) BGH, Beschl. v. 12.4.2018 – IX ZB 60/16, ZVI 2018, 382.

langen.[575] Im Übrigen liegt die Beweislast für die Angemessenheit der Zahlungen beim Schuldner, den Insolvenzverwalter trifft nur die sekundäre Darlegungslast.[576] Allerdings kann der Schuldner bei nur reduziertem Erfolg seiner Selbstständigkeit nicht gezwungen werden, stattdessen ein abhängiges Beschäftigungsverhältnis einzugehen.[577] Widersprüchlich scheint es daher, den Schuldner nur dann zur Abführung des fiktiv pfändbaren Betrags zu verpflichten, wenn dies auch wirtschaftlich möglich ist[578] und ihm bei fehlendem Erfolg auch noch Unterhalt aus der Masse i. S. des § 100 InsO zuzugestehen.[579] Auf Antrag des Schuldners stellt das Insolvenzgericht in den ab dem 31.12.2020 beantragten Insolvenzverfahren den Betrag fest, der dem fiktiven Einkommen entspricht (§ 295a Abs. 2 InsO). Hierbei handelt es sich jedoch nur um den Brutto-Betrag, für den der Schuldner eine fiktive Gehaltsabrechnung zu erstellen hat, um den Netto-Betrag zu ermitteln.[580] Erzielt der Schuldner zusätzlich Einkünfte aus abhängiger Beschäftigung, kann das Insolvenzgericht nicht anordnen, dass der unpfändbare Betrag in erster Linie den Einkünften des Schuldners aus seiner selbstständigen Tätigkeit oder den fiktiven Einkünften aus dem angemessenen Dienstverhältnis zu entnehmen ist.[581]

381 Besondere Probleme bestehen bei der Abgrenzung im **steuerlichen Bereich**; aus pragmatischen Gründen wird hierzu regelmäßig eine dritte Steuernummer vergeben, um zwischen Insolvenzforderungen, Massezugehörigkeit und insolvenzfreiem Neuerwerb differenzieren zu können. Eine **Gewerbeuntersagung** nach § 35 Abs. 1 Satz 1 GewO ist nach „Freigabe" wieder möglich,[582] auch wegen Sachverhalten vor der „Freigabe".[583] **Dauerschuldverhältnisse** sind von der „Freigabe"-Erklärung erfasst, sodass es keiner Kündigung durch den Insolvenzverwalter bedarf.[584] Eine vorinsolvenzliche **Globalzession**, die mit Insolvenzeröffnung relativ unwirksam wird, soll nach „Freigabe" i. S. des § 35 Abs. 2 InsO wieder aufleben,[585] zumindest hinsichtlich nach „Freigabe" entstehender Forderungen des Schuldners.[586]

382 Auf Antrag der Gläubigerversammlung kann das Gericht die Erklärung des Verwalters für unwirksam erklären (§ 35 Abs. 2 Satz 3 InsO), jedoch nur ex nunc.[587] Bereits vorher ist § 78 Abs. 1 InsO anwendbar.[588] Letzteres kommt z. B. in Betracht, wenn lediglich ein Vertreter des Finanzamts in der entsprechenden Gläubigerversammlung erscheint und für die **Unwirksamkeitserklärung** stimmt; dies jedoch augenscheinlich nur, um neue Steuerverbindlichkeiten des Schuldners zu Masseverbindlichkeiten machen zu wollen. Damit würde

---

575) BVerfG, Beschl. v. 7.12.2016 – 2 BvR 1602/16, ZVI 2017, 164, dazu EWiR 2017, 145 *(Mitlehner)*.

576) LG Leipzig, Urt. v. 8.2.2018 – 1 O 3139/16, NZI 2018, 322.

577) BGH, Beschl. v. 13.6.2013 – IX ZB 38/10, ZInsO 2013, 1586, dazu EWiR 2013, 725 *(Harder)*.

578) BGH, Beschl. v. 13.3.2014 – IX ZR 43/12, NZI 2014, 461, dazu EWiR 2014, 629 *(Wagner)*.

579) So aber BGH, Beschl. v. 25.1.2018 – IX ZA 19/17, ZVI 2018, 205.

580) AG München, Urt. v. 4.2.2022 – 1509 IK 1052/21, ZVI 2022, 349.

581) BGH, Beschl. v. 29.9.2022 – IX ZB 48/21, ZVI 2023, 16. Hierzu ausführlich *Montag*, ZVI 2023, 276.

582) VG Berlin, Urt. v. 1.6.2012 – VG 4 K 23/11, NZI 2012, 899; VG Saarlouis, Urt. v. 22.8.2018 – 1 K 770/18, ZVI 2019, 56.

583) BayVGH, Beschl. v. 28.10.2021 – 22 ZB 21.1923, ZRI 2021, 1029 = ZVI 2022, 183.

584) BGH, Urt. v. 9.2.2012 – IX ZR 75/11, ZIP 2012, 533 – Mietverhältnis; BAG, Urt. v. 21.11.2013 – 6 AZR 979/11, ZVI 2014, 177 = ZIP 2014, 339, dazu EWiR 2014, 157 *(Hergenröder)*.

585) LSG NRW, Beschl. v. 12.10.2011 – L 11 KA 96/11 B ER, JurionRS 2011, 27161; LG Hamburg, Urt. v. 29.6.2011 – 317 O 42/11, WM 2011, 1524.

586) BGH, Urt. v. 18.4.2013 – IX ZR 165/12, ZIP 2013, 1181.

587) BSG, Urt. v. 10.12.2014 – B 6 KA 45/13 R, ZVI 2015, 246 = ZIP 2015, 1079, m. Anm. *Kayser*, dazu EWiR 2015, 487 *(Freudenberg)*.

588) LG Duisburg, Beschl. v. 24.6.2010 – 7 T 109/10, ZVI 2010, 347 = ZIP 2010, 2113.

die Gläubigergesamtheit ganz klar zum Vorteil des Finanzamts, das hier eine Doppelfunktion für sich auszunutzen versucht, geschädigt.

VIII. Rechte und Pflichten des Schuldners aus Anlass des Berichtstermins

1. Mitwirkung an der Insolvenzeröffnungsbilanz

Der Insolvenzverwalter hat zur Vorbereitung des Berichtstermins als erster Gläubigerversammlung ein Verzeichnis der einzelnen Gegenstände der Insolvenzmasse aufzustellen; der Schuldner ist **hinzuzuziehen**, wenn dies ohne nachteilige Verzögerung möglich ist (§ 151 Abs. 1 InsO). Eine nachteilige Verzögerung ist bereits jede geringe Zeitverzögerung, da das Insolvenzverfahren zumindest im Eröffnungsverfahren – aber auch noch bis zum Berichtstermin – ein Eilverfahren ist; daher hat der Schuldner insbesondere keinen Anspruch auf Verlegung des Termins. 383

Dieses **Masseverzeichnis** stellt die Aktivseite einer ebenfalls zu erstellenden **Vermögensübersicht** (§ 153 Abs. 1 Satz 1 InsO) dar. Sofern der Insolvenzverwalter oder ein Gläubiger dies beantragt, kann das Insolvenzgericht dem Schuldner aufgeben, die Vollständigkeit dieser Vermögensübersicht **eidesstattlich zu versichern** (§ 153 Abs. 2 Satz 1 InsO). Der Antrag ist formlos und kann auch noch im Berichtstermin gestellt werden. Über den Antrag entscheidet das Insolvenzgericht nach pflichtgemäßem Ermessen. Der Schuldner kann die Abgabe der eidesstattlichen Versicherung nicht pauschal durch Behauptung von Unrichtigkeiten oder Unvollständigkeiten der Vermögensübersicht verweigern. Vielmehr obliegt es dem Schuldner, die vom Insolvenzverwalter vorgelegten Verzeichnisse entsprechend seinen Kenntnissen zu **korrigieren** oder zu **vervollständigen**.[589] 384

2. Recht zur Stellungnahme im Berichtstermin

Im Berichtstermin hat der Insolvenzverwalter über die wirtschaftliche Lage des Schuldners und ihre Ursachen zu berichten. Er hat darzulegen, ob Aussichten bestehen, das Unternehmen des Schuldners im Ganzen oder in Teilen zu erhalten, welche Möglichkeiten für einen Insolvenzplan bestehen, und welche Auswirkungen jeweils für die Befriedigung der Gläubiger eintreten würden. Dem Schuldner ist im Berichtstermin Gelegenheit zu geben, zu dem Bericht des Verwalters Stellung zu nehmen (§ 156 InsO, Art. 103 Abs. 1 GG). Die Stellungnahme des Schuldners kann formlos erfolgen, zeitlich jedoch spätestens im Berichtstermin. Grundsätzlich hat der Schuldner ein Teilnahmerecht an allen Gläubigerversammlungen (§ 74 Abs. 1 Satz 2 InsO). 385

3. Antrag auf Untersagung der Stilllegung des Unternehmens vor Berichtstermin

Will der Insolvenzverwalter noch vor dem Berichtstermin das Unternehmen des Schuldners stilllegen, hat er die Zustimmung des Gläubigerausschusses einzuholen. Vor der Beschlussfassung oder, wenn ein Gläubigerausschuss nicht bestellt ist, vor der Stilllegung des Unternehmens hat der Insolvenzverwalter den Schuldner **zu unterrichten** (siehe Rz. 256 ff.). Das Insolvenzgericht untersagt auf **Antrag des Schuldners** und nach Anhörung des Verwalters die Stilllegung, wenn diese ohne eine erhebliche Verminderung der Insolvenzmasse bis zum Berichtstermin aufgeschoben werden kann (§ 158 InsO). Das Gericht muss hier selbstständig eine Prognoseentscheidung treffen, insbesondere da der Schuldner seinen entsprechenden Antrag **nicht zu begründen** braucht. 386

589) BGH, Beschl. v. 21.10.2010 – IX ZB 24/10, ZVI 2010, 467 = ZIP 2010, 2306.

IX. Rechte des Schuldners im Prüfungstermin

1. Recht zum Widerspruch gegen angemeldete Forderungen

387 Regelmäßig findet der Prüfungstermin direkt im Anschluss an den Berichtstermin statt (§ 29 Abs. 2 InsO). Der Schuldner hat auch hier ein **Teilnahmerecht** (§ 176 InsO). Sollte es zu einem nachträglichen Prüfungstermin kommen, ergeben sich die Pflicht zur Ladung des Schuldners sowie dessen Teilnahmerecht aus § 177 Abs. 3 Satz 2 InsO.

388 Der Schuldner kann die angemeldete Forderung jedes Gläubigers bestreiten. In diesem Fall hat der Gläubiger eine Tabellenfeststellungsklage unmittelbar gegen den Schuldner zu richten (§ 184 Abs. 1 InsO). Bei öffentlich-rechtlichen Forderungen (z. B. des Finanzamts) ist zunächst stets das einschlägige Widerspruchsverfahren durchzuführen.[590] Lag für eine solche Forderung bereits ein vorinsolvenzlicher Titel vor, muss der Schuldner binnen einer Frist von einem Monat ab dem Prüfungstermin seinen Widerspruch verfolgen, ansonsten gilt der Widerspruch als nicht erhoben (§ 184 Abs. 2 InsO). Für das Insolvenzverfahren selbst hat das **Bestreiten des Schuldners** keine Bedeutung, sodass die Forderung – sofern weder Insolvenzverwalter noch Gläubiger widersprochen haben – an der Schlussverteilung teilnimmt. Ein Widerspruch des Schuldners hindert lediglich den Gläubiger, nach Aufhebung des Verfahrens aus der vollstreckbaren Ausfertigung eines Tabellenauszugs (§ 201 Abs. 2 Satz 1 InsO) vollstrecken zu können. Die Rechtskraftwirkung einer Tabellenfeststellung erstreckt sich sowohl auf den Schuldner[591] als auch auf Geschäftsleiter[592] und Gesellschafter,[593] sofern sie ordnungsgemäß zum Prüfungstermin geladen worden waren.

389 Sofern ein Gläubiger eine Forderung aus **vorsätzlich begangener unerlaubter Handlung** angemeldet hat (§§ 174 Abs. 2, 302 Nr. 1 InsO), kann der Schuldner hiergegen isoliert **Widerspruch** erheben. Der Gläubiger muss den isolierten Widerspruch durch **Feststellungsklage** nach § 184 InsO beseitigen,[594] selbst wenn die Forderung als solche schon tituliert ist.[595] Zuständig sind unabhängig vom Rechtsgrund stets die Zivilgerichte.[596] Lediglich bei einer bereits erfolgten strafrechtlichen Verurteilung wegen Verbindlichkeiten aus dem Steuerschuldverhältnis kann das Finanzamt durch Feststellungsbescheid nach § 251 Abs. 3 AO selbst die Feststellung der Deliktseigenschaft aussprechen.[597] Für die Feststellung der Charakterisierung als unerlaubte Handlung existieren keine Verjährungsfristen.[598] Dennoch gilt die Ausschlussfrist des § 189 Abs. 1 InsO,[599] da die endgültige Festschreibung der Insolvenztabelle Rechtssicherheit für alle Beteiligten schaffen soll. Jedenfalls fehlt einer allgemeinen Feststellungsklage nach Aufhebung des Insolvenzverfahrens i. S. des § 256 Abs. 1 ZPO das Rechtsschutzbedürfnis, d. h. die Forderung wird

---

590) BGH, Beschl. v. 15.3.2013 – VII B 49/12, ZInsO 2013, 1540.

591) BFH, Beschl. v. 5.7.2018 – XI B 18/18, NZI 2018, 858.

592) BFH, Urt. v. 16.5.2017 – VII R 25/16, ZIP 2017, 1764, dazu EWiR 2017, 555 *(Kahlert)*; BFH, Urt. v. 27.9.2017 – XI R 9/16, ZIP 2017, 2401, dazu EWiR 2018, 135 *(Schmittmann)*; BFH, Beschl. v. 29.8.2018 – XI R 57/17, NZI 2019, 89.

593) Kommanditisten: BFH, Urt. v. 27.9.2017 – XI R 9/16, ZIP 2017, 2401; BGH, Urt. v. 20.2.2018 – II ZR 272/16, ZIP 2018, 640; BGH, Urt. v. 21.7.2020 – II ZR 175/19, Rz. 15, ZRI 2020, 541.

594) BGH, Beschl. v. 18.1.2007 – IX ZB 176/05, NZI 2007, 416.

595) BGH, Urt. v. 2.12.2010 – IX ZR 41/10, ZIP 2011, 39, dazu EWiR 2011, 161 *(Dimassi)*.

596) BGH, Beschl. v. 2.12.2010 – IX ZB 271/09, ZInsO 2011, 44.

597) BFH, Urt. v. 7.8.2018 – VII R 24/17, VII R 25/17, ZVI 2019, 26; BFH, Urt. v. 28.6.2022 – VII R 23/21, ZRI 2022, 867.

598) BGH, Urt. v. 2.12.2010 – IX ZR 247/09, ZIP 2011, 37, dazu EWiR 2011, 261 *(Riedemann)*.

599) A. A. OLG Stuttgart, Beschl. v. 20.2.2008 – 10 U 3/08, ZIP 2008, 2090. Offengelassen von BGH, Urt. v. 16.12.2010 – IX ZR 24/10, ZInsO 2011, 244.

nicht von der Restschuldbefreiung ausgenommen.[600] Hatte der Schuldner die Forderung jedoch verschwiegen, sodass der Gläubiger einer deliktischen Forderung schon keine Forderungsanmeldung vorgenommen hat, soll ein Schadenersatzanspruch aus § 826 BGB (sittenwidrige Erschleichung der Restschuldbefreiung) möglich sein, der zu einer Neu-Verbindlichkeit außerhalb des Insolvenzverfahrens führen soll.[601] Bei Verfahren, die über die dreijährige Abtretungsfrist hinaus eröffnet bleiben, bildet die Erteilung der Restschuldbefreiung eine weitere zeitliche Grenze für die Anmeldung der Deliktseigenschaft; formal wäre dann die Feststellungsklage nach § 256 Abs. 1 ZPO einschlägig, sie wäre jedoch wegen der vorangegangenen Restschuldbefreiung unbegründet.[602] Umgekehrt kann auch der Schuldner nach seinem isolierten Widerspruch unbefristet negative Feststellungsklage erheben.[603] Bedenklich dürfte die Auffassung sein, der isolierte Widerspruch gälte als nicht erhoben, wenn nicht analog § 184 Abs. 2 Satz 1 und 2 InsO innerhalb von einem Monat ab Prüfungstermin negative Feststellungsklage erhoben würde.[604]

2. Wiedereinsetzung bei Versäumung des Prüfungstermins

Bei Versäumung des Prüfungstermins steht dem Schuldner die **Wiedereinsetzung in den** 390
vorherigen Stand zur Seite (§ 186 InsO). Die Versäumung des Prüfungstermins ist Tatbestandsvoraussetzung, sodass keine Wiedereinsetzung möglich ist, wenn der Schuldner im Prüfungstermin anwesend war, jedoch eine Forderung nicht bestritten hat. Eine analoge Anwendung der Wiedereinsetzungsregeln ist hingegen geboten, wenn das Gericht die Prüfung im schriftlichen Verfahren durchgeführt und der Schuldner die Widerspruchsfrist versäumt hat.

Die Verweisung auf §§ 233–236 ZPO bedeutet, dass der Schuldner **auch bei äußerster** 391
Sorgfalt nicht in der Lage gewesen sein darf, den Prüfungstermin wahrzunehmen. Aus der weiteren Verweisung auf §§ 51 Abs. 2, 85 Abs. 2 ZPO ergibt sich, dass dem Schuldner ein Verschulden seines gesetzlichen Vertreters oder Bevollmächtigten zugerechnet wird. Auf die allgemeinen Vorschriften zur Wiedereinsetzung in der ZPO kann daher verwiesen werden.

Insbesondere bei versäumtem Erscheinen mit der Folge, dass ein Widerspruch gegen eine 392
Forderung aus vorsätzlich begangener unerlaubter Handlung nicht erhoben wird, zeigen sich in der Praxis bedenkliche Einzelfälle, in denen der Rechtspfleger den Prüfungstermin vertagt und dem Schuldner somit eine erneute Möglichkeit zum Widerspruch gegeben wird.

X. Weitere Antragsrechte des Schuldners im eröffneten Verfahren

1. Antrag auf Untersagung bedeutsamer Rechtshandlungen

Der Insolvenzverwalter hat die Zustimmung der Gläubigerorgane einzuholen, wenn er 393
Rechtshandlungen vornehmen will, die für das Insolvenzverfahren von besonderer Bedeutung sind; Letztere sind beispielhaft in § 160 Abs. 2 InsO aufgeführt. Vor der Beschlussfassung des Gläubigerorgans ist der **Schuldner zu unterrichten**, wenn dies ohne nachteilige Verzögerung möglich ist (§ 161 Satz 1 InsO).

600) BGH, Urt. v. 16.12.2010 – IX ZR 24/10, ZInsO 2011, 244.

601) LG Bielefeld, Urt. v. 8.6.2018 – 3 O 353/15, NZI 2018, 941.

602) BGH, Urt. v. 7.5.2013 – IX ZR 151/12, ZIP 2013, 1677, dazu EWiR 2013, 623 *(Laroche)*.

603) BGH, Urt. v. 18.12.2008 – IX ZR 124/08, ZIP 2009, 389.

604) So aber OLG Brandenburg, Urt. v. 11.2.2010 – 12 U 164/09, ZIP 2010, 2022.

394 Hat die Gläubigerversammlung ihre Zustimmung nicht erteilt, kann der Schuldner beim Insolvenzgericht die **vorläufige Untersagung der Rechtshandlung beantragen** (§ 161 Satz 2 InsO). Das Gericht hat den Insolvenzverwalter zu hören und eine Gläubigerversammlung einzuberufen, die über die Vornahme der Rechtshandlung beschließen soll (§ 161 Satz 3 InsO). Ist jedoch die Gläubigerversammlung beschlussunfähig, gilt die vom Insolvenzverwalter beantragte Zustimmung als erteilt (§ 160 Abs. 1 Satz 3 InsO). Ohne einen begründeten Rückhalt bei stimmberechtigten und teilnahmewilligen Gläubigern kann der Schuldner somit zwar die streitgegenständliche Rechtshandlung des Verwalters verzögern, aber nicht verhindern.

2. Antrag auf Untersagung einer bevorstehenden Betriebsveräußerung

395 Besondere Bedeutung hat die Möglichkeit des Schuldners, die Untersagung einer bevorstehenden Betriebsveräußerung zu beantragen (§ 163 InsO). Das Insolvenzgericht kann auf **Antrag des Schuldners** entscheiden, dass die vorgesehene Betriebsveräußerung nur mit Zustimmung der Gläubigerversammlung zulässig ist. Erforderlich ist die **Glaubhaftmachung** des Schuldners (oder eines anderen Antragstellers), dass eine Veräußerung an einen anderen Erwerber für die Insolvenzmasse günstiger wäre. Die Anforderungen an die Glaubhaftmachung ergeben sich aus § 3 InsO, § 294 ZPO. Gelingt die Glaubhaftmachung formell nicht, ist das Vorbringen des Schuldners jedoch substantiiert, kann das Gericht seine Entscheidung auch auf § 161 InsO stützen, sodass auf die vorstehenden Folgen eines Antrags auf Untersagung bedeutsamer Rechtshandlungen verwiesen werden kann: ohne Rückhalt in der Gläubigerversammlung kann der Schuldner allenfalls eine Verzögerung erreichen.

3. Antrag auf Gewährung von Unterhalt

396 Ferner kann der Schuldner nach § 100 InsO Gewährung von Unterhalt aus der Insolvenzmasse beantragen. Dies ist abzugrenzen vom Unternehmerlohn bei selbstständig tätigen Schuldnern.[605] Auch nach einer „Freigabe" i. S. des § 35 Abs. 2 InsO sollen Unterhaltsansprüche möglich sein, wenn die selbstständige Tätigkeit des Schuldners nicht hinreichend gewinnbringend ist.[606]

4. Kein Antragsrecht zur Einberufung einer Gläubigerversammlung

397 Der Schuldner zählt – abgesehen von der Eigenverwaltung – nicht zu dem Personenkreis, der nach § 75 InsO berechtigt ist, die Einberufung einer Gläubigerversammlung zu beantragen,[607] es sei denn, eine andere Norm der InsO sieht dies ausdrücklich vor. Ein Teilnahmerecht ist jedoch stets gegeben (§ 74 Abs. 1 Satz 2 InsO).

XI. Rechte und Pflichten des Schuldners im Zusammenhang mit einem Insolvenzplan

398 Kernstück der InsO soll der Insolvenzplan (§§ 217 ff. InsO) sein, der die Möglichkeiten eines (Zwangs-)Vergleichs nach der Vergleichsordnung (§§ 173–201 KO und § 16 GesO) abgelöst hat. Der Insolvenzplan ist Ausdruck der Vertragsautonomie und soll eine zwischen Schuldner und Gläubigern einvernehmliche Bewältigung der Insolvenz ermöglichen und ist damit ein gesetzlich geregeltes Sanierungsinstrument. An dieser Stelle kann nur

605) BGH, Beschl. v. 4.5.2006 – IX ZB 202/05, ZVI 2006, 474 = ZIP 2006, 1307.
606) BGH, Beschl. v. 25.1.2018 – IX ZA 19/17, ZVI 2018, 205.
607) BGH, Beschl. v. 22.4.2010 – IX ZB 196/09, NZI 2010, 577.

eine kursorische Darstellung erfolgen, im Übrigen wird auf Kap. 13 [*Dellit/Titze*] verwiesen.

1. Initiativrecht des Schuldners

Das Initiativrecht zur Vorlage eines Insolvenzplans steht neben dem Insolvenzverwalter 399 (§ 218 Abs. 1 Satz 1 InsO) und der Gläubigerversammlung (§ 218 Abs. 2 InsO) auch dem Schuldner zu (§ 218 Abs. 1 Satz 1 InsO). Der Schuldner kann den Insolvenzplan bereits **mit dem Antrag auf Eröffnung des Insolvenzverfahrens** vorlegen (§ 218 Abs. 1 Satz 2 InsO). Er kann auch einen **zweiten Plan** vorlegen, wenn der erste Plan keine Zustimmung gefunden hat (arg. § 231 Abs. 2 InsO). Ein Plan, der erst nach dem Schlusstermin bei Gericht eingeht, kann allerdings nicht berücksichtigt werden (§ 218 Abs. 1 Satz 3 InsO). Auch ist die bloße Absichtsbekundung, einen Insolvenzplan einreichen zu wollen, kein hinreichender Grund für die Aufhebung eines bereits terminierten Schlusstermins.[608)]

Der vom Schuldner vorgelegte Plan muss die **allgemeinen Voraussetzungen** an einen In- 400 solvenzplan erfüllen. Der Schuldner als natürliche Person ist darüber hinaus nicht verpflichtet, in einem Insolvenzplan mögliche Gründe für eine Versagung der Restschuldbefreiung darzulegen.[609)] Im Zusammenhang mit natürlichen Personen ist ergänzend zu beachten, dass in Planverfahren keine Stundung der Verfahrenskosten in Betracht kommt.[610)]

Wird ein Insolvenzplan des Schuldners i. R. der Vorprüfung durch das Insolvenzgericht 401 abgelehnt, steht ihm die **sofortige Beschwerde gegen den Zurückweisungsbeschluss** zu (§ 231 Abs. 3 InsO).

2. Beteiligungsrecht des Schuldners

Wird der Insolvenzplan vom Insolvenzverwalter aufgestellt, ist der Schuldner **beratend zu 402 beteiligen** (§ 218 Abs. 3 InsO). Ein vom Gericht i. R. der Vorprüfung nicht zurückgewiesener Insolvenzplan des Verwalters ist auch dem Schuldner **zur Stellungnahme zuzuleiten** (§ 232 Abs. 1 Nr. 2 InsO). Verhindern kann der Schuldner einen Insolvenzplan (der keine persönliche Verpflichtung einer natürlichen Person als Schuldner oder Gesellschafter vorsieht) grundsätzlich nicht. Er kann lediglich einen **Alternativplan** vorlegen, der nach seiner Auffassung das Ziel einer Sanierung eher zu erreichen geeignet ist.

3. Zustimmung des Schuldners zum Insolvenzplan

Das Gericht bestimmt einen Erörterungs- und Abstimmungstermin, zu dem auch der 403 Schuldner gesondert zu laden ist (§§ 235, 241 InsO). Bei der Abstimmung hat der Schuldner **kein Stimmrecht**, wohl aber ein **Widerspruchsrecht**. Seine Zustimmung zum Plan wird allerdings unterstellt, wenn er dem Plan nicht spätestens im Abstimmungstermin schriftlich widerspricht (§ 247 Abs. 1 InsO). Der Widerspruch des Schuldners ist unbeachtlich, wenn der Schuldner durch den Plan voraussichtlich nicht schlechtergestellt wird als er ohne den Plan stünde, und kein Gläubiger einen wirtschaftlichen Wert erhält, der den vollen Betrag seines Anspruchs übersteigt (§ 247 Abs. 2 InsO).

---

608) AG Hannover, Beschl. v. 5.1.2021 – 904 IK 204/19, NZI 2021, 779.

609) BGH, Beschl. v. 19.5.2009 – IX ZB 236/07, ZVI 2009, 468 = ZIP 2009, 1384, dazu EWiR 2010, 29 (*Lau*).

610) BGH, Beschl. v. 5.5.2011 – IX ZB 136/09, ZVI 2011, 458 = ZIP 2011, 1327.

4. Rechtsmittel gegen die Bestätigung oder Versagung eines Insolvenzplans

404 Gegen den Beschluss, durch den der Insolvenzplan bestätigt oder die Bestätigung versagt wird, steht neben den Gläubigern auch dem Schuldner die **sofortige Beschwerde** zu (§ 253 Abs. 1 InsO).

5. Einbeziehung von Anteils- und Mitgliedschaftsrechten

405 Ist der Schuldner keine natürliche Person, können auch die Anteils- oder Mitgliedschaftsrechte der am Schuldner beteiligten Personen in den Plan einbezogen werden (§ 217 Abs. 1 Satz 2 InsO). In diesem Fall muss der **darstellende Teil** des Plans auch alle sonstigen Angaben zu den Grundlagen und den Auswirkungen des Plans enthalten, die für die Entscheidung dieser Beteiligten über die Zustimmung zum Plan erheblich sind (§ 220 Abs. 2 InsO).

406 Die rechtlichen Veränderungen als solche sind im **gestaltenden Teil** zu formulieren. Hier kann jede Regelung getroffen werden, die gesellschaftsrechtlich zulässig ist, insbesondere kann die Fortsetzung einer aufgelösten Gesellschaft oder die Übertragung von Anteils- oder Mitgliedschaftsrechten vorgesehen werden (§ 225a Abs. 3 InsO).

407 Derartige Maßnahmen berechtigen nicht zum **Rücktritt oder zur Kündigung von Verträgen**, an denen der Schuldner beteiligt ist (§ 225a Abs. 4 InsO). Sie führen auch nicht zu einer anderweitigen Beendigung der Verträge. Entgegenstehende Vereinbarungen sind unwirksam. Im Wesentlichen sollen hiermit Change-of-Control-Vereinbarungen suspendiert werden, die dem Planzweck entgegenstehen würden.

408 Stellt eine im Plan vorgesehene Maßnahme für eine am Schuldner beteiligte Person einen wichtigen Grund zum **Austritt aus der juristischen Person oder Gesellschaft ohne Rechtspersönlichkeit** dar und wird von diesem Austrittsrecht Gebrauch gemacht, ist für die Bestimmung der Höhe eines etwaigen Abfindungsanspruchs diejenige Vermögenslage maßgeblich, die sich bei einer Abwicklung des Schuldners eingestellt hätte (§ 225a Abs. 5 InsO). Die Auszahlung des Abfindungsguthabens kann zur Vermeidung einer unangemessenen Belastung der Finanzlage des Schuldners über einen Zeitraum von bis zu drei Jahren gestundet werden; nicht gezahlte Abfindungsguthaben sind zu verzinsen. Hervorzuheben ist hier im Wesentlichen, dass der Abfindungsanspruch auf Basis der Liquidationswerte zu ermitteln ist, selbst wenn eine Fortführung gerade das Ziel des Plans ist.

409 Für die **Abstimmung** bilden die betroffenen Anteilseigner bzw. Mitglieder eine **eigene Gruppe** (§ 222 Abs. 1 Satz 2 Nr. 4 InsO). Deswegen sind sie grundsätzlich gesondert zum Abstimmungs- und Erörterungstermin zu laden (§§ 235 Abs. 3 Satz 3, 241 Abs. 2 Satz 1 InsO). Das Stimmrecht der Anteilsinhaber des Schuldners sowie die Mehrheitserfordernisse bestimmen sich allein nach deren Beteiligung am gezeichneten Kapital oder Vermögen des Schuldners (§§ 238a Abs. 1 Satz 1, 244 Abs. 3 InsO); einer Kopfmehrheit bedarf es daher – in Anlehnung an gesellschaftsrechtliche Tatbestände und anders als bei anderen Gruppen – nicht.

410 Werden erforderliche Mehrheiten im Abstimmungstermin nicht erreicht, greift das **Obstruktionsverbot** des § 245 InsO. Hiernach gilt die Zustimmung einer Gruppe als erteilt, wenn sich die Angehörigen der Gruppe durch den Insolvenzplan voraussichtlich nicht schlechterstehen als sie ohne den Plan stünden und die Angehörigen der Gruppe angemessen an dem wirtschaftlichen Wert beteiligt werden, der auf Grundlage des Plans den Beteiligten zufließen soll (§ 245 Abs. 1 InsO). Letzteres wird für die Anteilsinhaber dahingehend präzisiert, dass eine angemessene Beteiligung unterstellt wird, wenn nach dem Plan kein Gläubiger wirtschaftliche Werte erhält, die den vollen Betrag seines Anspruchs übersteigen, und kein Anteilsinhaber, der ohne einen Plan den Anteilsinhabern der Gruppe gleichgestellt wäre, bessergestellt wird als diese (§ 245 Abs. 3 InsO).

Beteiligen sich die Anteilsinhaber überhaupt nicht an der Abstimmung, **gilt die Zustimmung dieser Gruppe als erteilt** (§ 246a InsO). 411

Die Anteilsinhaber haben gegen die gerichtliche Entscheidung über die Bestätigung des Plans bzw. Bestätigungsversagung ein eigenes **Beschwerderecht** (§ 253 Abs. 1 InsO). 412

Durch einen **Debt Equity Swap** können Gläubigerforderungen in Eigenkapital umgewandelt werden, d. h. Gläubiger können durch Umwandlung ihrer Forderungen in Eigenkapital neue Anteils- und Mitgliedschaftsrechte erwerben (§ 225a Abs. 2 InsO). Erforderlich ist regelmäßig eine Kapitalherabsetzung mit anschließender Kapitalerhöhung, wobei insgesamt viele Details streitig sind. 413

Die **handels- und gesellschaftsrechtlichen Formerfordernisse** für eine Veränderung in der Struktur der Anteilsinhaber gelten durch den Insolvenzplan als erfüllt (§ 254a InsO), weshalb auf entsprechend korrekte Formulierungen im Plan zu achten ist, um Beanstandungen der Registergerichte zu vermeiden. 414

6. Wirkung des Insolvenzplans

Mit der Rechtskraft des Insolvenzplans treten die im gestaltenden Teil festgelegten Wirkungen **für und gegen alle Beteiligten** ein (§ 254 Abs. 1 Satz 1 InsO). Liegen anderweitige Regelungen dort nicht vor, wird der Schuldner mit der im gestaltenden Teil vorgesehenen Befriedigung der Insolvenzgläubiger von seinen restlichen Verbindlichkeiten gegenüber diesen Gläubigern befreit (§ 227 Abs. 1 InsO). Der Geschäftsleiter/Vorstand einer Kapitalgesellschaft ist – anders als der Gesellschafter – jedoch kein Beteiligter in diesem Sinne, sodass z. B. ein Haftungsbescheid des Finanzamts gegen den Geschäftsleiter/Vorstand nicht gegenstandslos wird.[611] 415

Sobald die Bestätigung des Insolvenzplans rechtskräftig ist und der Plan nichts anderes vorsieht, beschließt das Insolvenzgericht die Aufhebung des Insolvenzverfahrens (§ 258 Abs. 1 InsO). Damit erhält der Schuldner das Recht zurück, über die (vormalige) Insolvenzmasse frei – natürlich nach Maßgabe des Plans – zu verfügen (§ 259 Abs. 1 InsO), d. h. es erfolgt ein **Rückfall der Verwaltungs- und Verfügungsbefugnis** auf den Schuldner. 416

Es kann jedoch im gestaltenden Teil des Plans die **Überwachung der Planerfüllung** durch den Insolvenzverwalter vereinbart werden (§§ 260 ff. InsO). Gerät der Schuldner mit der Planerfüllung erheblich in Rückstand, wird eine im gestaltenden Teil vereinbarte Stundung bzw. ein Erlass hinfällig; ein erheblicher Rückstand ist erst anzunehmen, wenn der Schuldner eine fällige Verbindlichkeit nicht bezahlt hat, obwohl der Gläubiger ihn schriftlich gemahnt und ihm dabei eine mindestens zweiwöchige Nachfrist gesetzt hat (§ 255 Abs. 1 InsO). Für die Berücksichtigung von bestrittenen oder Ausfallforderungen findet sich eine entsprechende Regelung in § 256 InsO. Kommt es nicht zur Befriedigung gemäß dem Inhalt des Insolvenzplans, können die Gläubiger nach Maßgabe des § 257 InsO gegen den Schuldner vollstrecken. Da durch den Insolvenzplan der ursprüngliche Insolvenzgrund nicht beseitigt wird, kann in einem Folgeinsolvenzverfahren kein Insolvenzgeld beantragt werden.[612] 417

611) BFH, Beschl. v. 15.5.2013 – VII R 2/12, ZIP 2013, 1732 (Verfassungsbeschwerde nicht zur Entscheidung angenommen, Az. d. BVerfG: 1 BvR 2368/13).

612) BSG, Urt. v. 17.3.2015 – B 11 AL 9/14 R, ZVI 2015, 425.

7. Antrag auf Aussetzung der Verwertung

418 Soweit die Durchführung eines vorgelegten – aber noch nicht angenommenen – Insolvenzplans durch die Fortführung der Verwertung der Masse durch den Insolvenzverwalter gefährdet würde, ordnet das Insolvenzgericht auf Antrag des Schuldners oder des Verwalters die Aussetzung der Verwertung an (§ 233 Satz 1 InsO).

8. Insolvenzplan bei Masseunzulänglichkeit

419 Gemäß § 210a InsO ist auch ein Insolvenzplan bei angezeigter Masseunzulänglichkeit möglich. Für diesen Fall ergeben sich allerdings einige **verfahrensrechtliche Probleme**,[613] die schwerpunktmäßig die Gläubiger betreffen.

> **Praxishinweis**
>
> Die **praktische Bedeutung** eines Insolvenzplans bei Masseunzulänglichkeit dürfte gering sein. Aus der Perspektive des Schuldners ist Vorsicht geboten, da er auf die Begründung von Masseverbindlichkeiten regelmäßig keinen Einfluss hat, er aber nach Verfahrensbeendigung hierfür haften kann.

420 So muss der Schuldner insbesondere prüfen, ob die aus § 55 Abs. 4 InsO und Abschn. 17.1 Abs. 11 ff. UStAE resultierenden Masseverbindlichkeiten vollständig erfasst wurden, da dies auch Insolvenzverwaltern nicht selten Schwierigkeiten bereitet und die Finanzämter keine zeitnahe Prüfung vornehmen.

XII. Rechte und Pflichten des Schuldners im Zusammenhang mit Eigenverwaltung

421 Der Schuldner ist berechtigt, unter der Aufsicht eines Sachwalters die Insolvenzmasse zu verwalten und über sie zu verfügen, wenn das Insolvenzgericht die Eigenverwaltung anordnet (§ 270 Abs. 1 Satz 1 InsO). An dieser Stelle kann nur eine kursorische Darstellung erfolgen, im Übrigen wird auf Kap. 15 [*Hölzle*] verwiesen. In formaler Hinsicht kann lediglich festgehalten werden, dass der eigenverwaltende Schuldner im eröffneten Verfahren[614] – nicht aber während der vorläufigen Eigenverwaltung[615] – als Amtswalter in eigenen Angelegenheiten tätig wird, d. h. auch für ihn gilt die gerichtliche Aufsicht gemäß § 58 InsO.[616] Die persönliche Haftung der Geschäftsleiter unterfällt den §§ 60–62 InsO; in den ab dem 1.1.2021 beantragten Verfahren aufgrund der Verweisung in § 276a Abs. 2 InsO, in zuvor eröffneten Verfahren aufgrund Rechtsprechung.[617] Ferner obliegt dem Schuldner die Rechnungslegungspflicht nach § 66 InsO (§§ 274 Abs. 2 Satz 2, 281 Abs. 3 InsO).

1. Antragsrecht des Schuldners

422 Die Anordnung der Eigenverwaltung setzt nach § 270a Abs. 1 Satz 1 InsO voraus, dass sie vom Schuldner **beantragt** wurde. Da die Eigenverwaltung im Eröffnungsbeschluss anzuordnen ist (§ 270 Abs. 1 Satz 1 InsO), muss der Antrag folglich im Eröffnungsverfahren gestellt werden, wobei eine Verbindung mit dem Insolvenzantrag nicht zwingend vorgesehen, wohl aber üblich ist. Ein weiteres Antragsrecht hat nach Insolvenzeröffnung die Gläubigerversammlung (§ 271 Satz 1 InsO). In den seit dem 1.1.2021 beantragten Ver-

---

613) *Zimmer*, ZInsO 2012, 390.

614) BFH, Urt. v. 27.9.2018 – V R 45/16, Rz. 30, BStBl. II 2019, 356 = ZIP 2018, 2232; BGH, Urt. v. 22.11.2018 – IX ZR 167/16, Rz. 11, ZVI 2019, 23 = ZIP 2018, 2488, dazu EWiR 2019, 49 *(Thole)*.

615) BFH, Beschl. v. 7.5.2020 – V R 14/19, Rz. 21, ZRI 2020, 477; BGH, Urt. v. 22.11.2018 – IX ZR 167/16, Rz. 11, ZVI 2019, 23 = ZIP 2018, 2488, dazu EWiR 2019, 49 *(Thole)*.

616) *Zimmer*, Insolvenzbuchhaltung, Rz. 3.

617) BGH, Urt. v. 26.4.2018 – IX ZR 238/17, ZIP 2018, 977 = NZI 2018, 519.

fahren hat der Schuldner eine umfangreiche **Eigenverwaltungsplanung** vorzulegen (§ 270a InsO). Inhaltliche Voraussetzung ist, dass keine Umstände bekannt sind, die erwarten lassen, dass die Anordnung zu Nachteilen für die Gläubiger führen wird (arg. § 274 Abs. 3 Satz 1 InsO). Dass eine Eigenverwaltung nicht „teurer" sein darf als ein Regelverfahren, lässt sich aus § 270a Abs. 1 Nr. 5 InsO nicht herauslesen (Stichwort Vergleichsrechnung). Wohl aber muss zu erwarten sein, dass der Schuldner trotz überschießender Kosten einer Eigenverwaltung bereit und in der Lage ist, seine Geschäftsführung an den Interessen der Gläubiger auszurichten (§ 270b Abs. 2 InsO). Hierbei ist zu berücksichtigen, dass die Differenz zwischen den Regelvergütungen des Insolvenzverwalters (100 %) und des Sachwalters (60 %) i. H. von 40 % des Betrages nach § 2 Abs. 1 InsVV oftmals durch die Kosten von Dienstleistern aufgezehrt wird, da der Schuldner Tätigkeiten zu Marktpreisen fremdvergeben kann, die für einen Insolvenzverwalter Regelaufgaben darstellen würden. Je niedriger die (vergütungsrechtliche) Masse ist, desto wahrscheinlicher ist es, dass eine Eigenverwaltung teurer wird als ein Regelverfahren.

2. Fortgang im Antragsverfahren

Vor der Entscheidung über den Antrag ist dem **vorläufigen Gläubigerausschuss** unter den Voraussetzungen des § 270b Abs. 3 InsO Gelegenheit zur Äußerung zu geben. Wird der Antrag von einem einstimmigen Beschluss des vorläufigen Gläubigerausschusses unterstützt, ist die Entscheidung für das Insolvenzgericht bindend (§ 270b Abs. 3 Satz 3 InsO). Gleichzeitig muss sich der vorläufige Gläubigerausschuss zur Person des Sachwalters äußern (§§ 21 Abs. 2 Satz 1 Nr. 1, 56a InsO). Daher hat der Schuldner **weitere Erfordernisse** zu beachten. Beantragt er mit dem Insolvenzantrag die Anordnung der Eigenverwaltung, hat er gemäß § 13 Abs. 1 Satz 6 Nr. 1 InsO zwingend die in § 13 Abs. 1 Satz 4 und 5 InsO genannten Angaben zu machen, damit das Gericht gemäß § 22a InsO über Zwang oder Sinnhaftigkeit der Einsetzung eines vorläufigen Gläubigerausschusses entscheiden kann. Noch vorteilhafter ist die gleichzeitige Beantragung der Einsetzung eines vorläufigen Gläubigerausschusses nach § 13 Abs. 1 Satz 6 Nr. 3 InsO unter Benennung einsatzbereiter Ausschussmitglieder (§ 22a Abs. 2 InsO). 423

Weist die Eigenverwaltungsplanung keine Mängel auf, ist ein **vorläufiger Sachwalter** zu bestellen, der analog §§ 274, 275 InsO grundsätzlich nur Überwachungspflichten (§ 270b Abs. 1 InsO), aber auf Anordnung des Gerichts auch Berichtspflichten (§ 270c Abs. 1 InsO) hat. Weist die Planung indes **behebbare Mängel** auf, kann das Gericht die vorläufige Eigenverwaltung einstweilen anordnen und den Schuldner unter Fristsetzung von 20 Tagen zur Nachbesserung auffordern (§ 270b Abs. 1 Satz 2 InsO). 424

Der Schuldner hat dem Gericht und dem vorläufigen Sachwalter unverzüglich wesentliche **Änderungen** mitzuteilen, welche die Eigenverwaltungsplanung betreffen (§ 270c Abs. 2 InsO). Das Gericht kann gemäß § 270c Abs. 3 InsO **vorläufige Maßnahmen** i. S. des § 21 Abs. 1 und 2 Satz 1 Nr. 1a, 3 bis 5 InsO anordnen; im Fall der behebbaren Mängel kann zudem angeordnet werden, dass Verfügungen des Schuldners der **Zustimmung durch den vorläufigen Sachwalter** bedürfen. Ferner kann das Gericht dem Schuldner **Einzelermächtigungen** zur Begründung von Masseverbindlichkeiten erteilen (§ 270c Abs. 4 InsO). Auf Antrag des Schuldners kann das Insolvenzgericht anordnen, dass der vorläufige Sachwalter den Schuldner i. R. der **Insolvenzgeldvorfinanzierung**, der **insolvenzrechtlichen Buchführung** und der **Verhandlungen mit Kunden und Lieferanten** unterstützen kann (§§ 270b Abs. 1 Satz 1, 274 Abs. 2 Satz 2 InsO). Stützt sich der Insolvenzantrag auf **drohende Zahlungsunfähigkeit** i. S. des § 18 InsO, besteht keine Insolvenzantragspflicht. Sieht das Insolvenzgericht die Voraussetzungen einer Eigenverwaltung als nicht gegeben 425 an, muss es den Schuldner vor Ablehnung des Antrags zur Rücknahme des Antrags auffordern (§ 270c Abs. 5 InsO).

426 Die **Ablehnung des Antrags** auf Anordnung der Eigenverwaltung kann weder isoliert noch mit der sofortigen Beschwerde gegen den Eröffnungsbeschluss angefochten werden,[618] da ein ausdrückliches Beschwerderecht fehlt, das nach § 6 InsO erforderlich wäre. Auch die **Aufhebung der vorläufigen** Eigenverwaltung durch Bestellung eines vorläufigen Insolvenzverwalters auf Antrag des vorläufigen Gläubigerausschusses ist nicht anfechtbar.[619]

3. Besonderheit Schutzschirmverfahren

427 Das Schutzschirmverfahren i. S. des § 270d InsO zeichnet sich lediglich dadurch aus, dass keine Zahlungsunfähigkeit vorliegen darf und ein Insolvenzplan sehr frühzeitig vorzulegen ist. Kursorisch werden die Regelungen zum vorläufigen Eigenverwaltungsverfahren durch § 270d InsO wie folgt ergänzt:

- Es darf bei Insolvenzantragstellung nicht der Insolvenzgrund der Zahlungsunfähigkeit vorliegen. Tritt dieser Insolvenzgrund nachträglich ein, ist das Insolvenzgericht zu informieren.
- Es muss eine Bescheinigung darüber vorgelegt werden, dass die angestrebte Sanierung nicht offensichtlich aussichtslos ist und keine Zahlungsunfähigkeit vorliegt.
- Der Bescheiniger kann nicht zum vorläufigen Sachwalter bestellt werden.
- Der Schuldner kann einen Sachwalter vorschlagen.
- Sinn und Zweck ist die alsbaldige Umsetzung eines Insolvenzplans nach Verfahrenseröffnung, sodass ein solcher Plan zumindest in Rahmendaten bereits vor Insolvenzantragstellung überlegt werden sollte, spätestens aber innerhalb der vom Gericht festgesetzten Frist von höchstens drei Monaten vorzulegen ist (§ 270d Abs. 1 InsO).

4. Das eröffnete Verfahren

428 Bei angeordneter Eigenverwaltung übernimmt der Schuldner selbst zahlreiche Funktionen, die ansonsten einem Insolvenzverwalter obliegen. Dies beruht einerseits darauf, dass er ohnehin die **Verwaltungs- und Verfügungsbefugnis** behält, und andererseits auf der Zuweisung **verfahrensrechtlicher Aufgaben**. Gemäß § 270f Abs. 2 Satz 1 InsO wird statt eines Insolvenzverwalters ein Sachwalter bestellt, der im Wesentlichen Überwachungsaufgaben hat (§ 274 InsO).

429 So hat der Schuldner das Verzeichnis der Massegegenstände (§ 151 InsO), das Gläubigerverzeichnis (§ 152 InsO) und die Vermögensübersicht (§ 153 InsO) fristgerecht (§ 154 InsO) zu erstellen und im Berichtstermin entsprechend Bericht zu erstatten; insgesamt obliegt dem Schuldner die **Rechnungslegung** für das Insolvenzverfahren einschließlich Erstellung der Schlussrechnung (§ 281 InsO) sowie die regelmäßige Information aller Beteiligten. Der Sachwalter kann jedoch die „Kassenführung" an sich ziehen (§ 275 Abs. 2 InsO), was nicht frei von rechtlichen Folgeproblemen ist.

430 Selbstverständlich obliegen dem eigenverwaltenden Schuldner die Betriebsfortführung bzw. Verwertungsmaßnahmen. Verbindlichkeiten, die nicht zum gewöhnlichen Geschäftsbetrieb gehören, soll der Schuldner dabei nur mit **Zustimmung des Sachwalters** eingehen (§ 275 Abs. 1 Satz 1 InsO). Auch Verbindlichkeiten, die zum gewöhnlichen Geschäftsbetrieb ge-

618) BGH, Beschl. v. 11.1.2007 – IX ZB 10/05, ZVI 2007, 268 = ZIP 2007, 448; BGH, Beschl. v. 11.1.2007 – IX ZB 85/05, ZVI 2007, 270 = ZIP 2007, 394.

619) BGH, Beschl. v. 27.1.2022 – IX ZB 41/21, ZRI 2022, 214.

hören, soll er nicht eingehen, wenn der **Sachwalter widerspricht** (§ 275 Abs. 1 Satz 2 InsO). Letzteres ist nicht unproblematisch, da bei wörtlicher Auslegung die Eigenverwaltung nichts anderes wäre als eine Insolvenzverwaltung mit Zustimmungsvorbehalt. Durch die Entschärfung als Soll-Regelung ist nicht viel gewonnen, da eine Präzisierung erst erfolgt, wenn etwas „schiefgelaufen" ist.

Eindeutiger formuliert ist § 277 Abs. 1 InsO, wonach das Insolvenzgericht auf Antrag der Gläubigerversammlung anordnen kann, dass **bestimmte Rechtsgeschäfte** des Schuldners nur wirksam sind, wenn der Sachwalter ihnen zustimmt; denn diese Rechtsgeschäfte sind zu präzisieren, sodass jeder seine Rechte und Pflichten kennt. Nur dann ist ferner eine Eintragung der Verfahrenseröffnung im Grundbuch oder einem anderen sachenrechtlichen Register erforderlich (§ 277 Abs. 3 Satz 3 InsO). 431

Haben die vorgesehenen Rechtshandlungen den Rechtscharakter der §§ 160 Abs. 1 Satz 2, Abs. 2, 161 Satz 2 InsO (sog. **besondere Rechtshandlungen**), hat der Schuldner ohnehin die Zustimmung des Gläubigerausschusses einzuholen. 432

Auch die **Verwertung von Sicherungsgut** steht dem Schuldner zu (§ 282 InsO). Allerdings soll das – kaum justiziable – Einvernehmen mit dem Sachwalter gesucht werden. Ferner berechnen sich die Kostenbeiträge anders. 433

Die Haftung nach §§ 92, 93 InsO sowie §§ 129–147 InsO kann nur der Sachwalter geltend machen (§ 280 InsO). Folglich obliegt dem Sachwalter die Ermittlung und Durchsetzung **anfechtungsrechtlicher Rückgewähransprüche** (§§ 129 ff. InsO). Die Geltendmachung der persönlichen **Haftung der Gesellschafter bei Personengesellschaften** (§ 126 HGB) ist ebenfalls Aufgabe des Sachwalters; allerdings ist zu beachten, dass es sich grundsätzlich um Sondermasse handelt, da der Rechtscharakter der Außenhaftung durch die Einziehungsermächtigung des Insolvenzverwalters bzw. Sachwalters (§ 93 InsO) nicht beseitigt wird. Letzteres gilt auch für viele Fälle des § 92 Satz 1 InsO, z. B. die Insolvenzverschleppungshaftung. Besteht ein **Schadensersatzanspruch gegen den Sachwalter**, läuft § 280 InsO ins Leere, da § 92 Satz 2 InsO ohnehin die Bestellung eines Sondersachwalters vorsähe. 434

Keine spezielle Regelung haben **kapitalgesellschaftsrechtliche Ansprüche** erfahren, die als Innenhaftung Massebestandteil sind. Es wäre jedoch systemfremd, z. B. eine Haftung aus §§ 43, 64 GmbHG a. F. bzw. § 15b InsO vom Anwendungsbereich des § 280 InsO auszunehmen.[620] 435

Bei der Prüfung angemeldeter Forderungen ist als Besonderheit der Eigenverwaltung hervorzuheben, dass der Widerspruch des Schuldners auch die Feststellung zur **Insolvenztabelle** hindert (§ 283 Abs. 1 Satz 2 InsO). Die Schlussverteilung obliegt dem Schuldner (§ 283 Abs. 2 InsO). 436

Die Befugnisse des **Aufsichtsrats**, der **Gesellschafterversammlung** oder entsprechender **Organe** sind bei einem eigenverwaltenden Schuldner weitgehend suspendiert (§ 276a InsO), da deren Aufgaben vom Sachwalter und den Gläubigerorganen wahrzunehmen sind. Erhalten bleiben lediglich die Kompetenzen im insolvenzfreien Bereich. Hiervon ausgenommen ist die Bestellung einer **neuen Geschäftsführung**, die zwar dem insolvenzfreien Bereich zugehörig ist, jedoch der Zustimmung des Sachwalters bedarf (§ 276a Satz 2 InsO). 437

Der Schuldner ist berechtigt, für sich und die in § 100 Abs. 2 Satz 2 InsO genannten Familienangehörigen aus der Insolvenzmasse die Mittel zu entnehmen, die unter Berücksichtigung der bisherigen Lebensverhältnisse des Schuldners eine **bescheidene Lebensführung** gestatten (§ 278 InsO). 438

---

620) Uhlenbruck-*Zipperer*, InsO, § 270 Rz. 27; *Zimmer*, InsVV, § 12 Rz. 12.

5. Beendigung der Eigenverwaltung

439 Der Schuldner kann schließlich die **Aufhebung der Eigenverwaltung** beantragen (§ 272 Abs. 1 Nr. 5 InsO). Das Insolvenzgericht hat in diesem Fall keinen Ermessensspielraum, alles andere wäre verfassungsrechtlich bedenklich. Insoweit sieht das Gesetz auch keine Beschwerdemöglichkeit gegen eine anderslautende Entscheidung des Gerichts vor, die ersichtlich rechtswidrig wäre.

440 Wird ein Aufhebungsantrag unter den Voraussetzungen des § 272 Abs. 1 Nr. 1 und 2 InsO von einem (absonderungsberechtigten) **Gläubiger** oder von der **Gläubigerversammlung gestellt** (§ 272 Abs. 1 Nr. 3 und 4 InsO), ist der Schuldner vor der Entscheidung des Gerichts zu hören (§ 272 Abs. 2 Satz 2 InsO). Folgt das Insolvenzgericht dem Antrag, steht dem Schuldner die sofortige Beschwerde zu (§ 272 Abs. 2 Satz 3 InsO).

6. Beendigung des Insolvenzverfahrens

441 Soweit die Eigenverwaltung nicht ausnahmsweise für ein Abwicklungsverfahren durchgeführt wird, sondern im Regelfall zur Sanierung des Rechtsträgers, scheint selbstverständlich, dass die Eigenverwaltung irgendwann in einen **Insolvenzplan** münden muss, da sie sonst bis zur vollständigen Befriedigung aller Gläubiger fortgeführt werden müsste. Angestrebt wird mithin keine Aufhebung nach § 200 InsO, sondern eine solche nach § 258 InsO. Möglich sind allerdings auch die Einstellung des Verfahrens nach § 212 InsO (Wegfall des Insolvenzgrunds) sowie die Einstellung nach § 213 InsO (Einstellung mit Zustimmung der Gläubiger). In der Praxis ist zu beobachten, dass – wenn kein Insolvenzplan zustande kommt oder auch gar nicht beabsichtigt war – nach einer übertragenden Sanierung oder Betriebsstilllegung die Eigenverwaltung aufgehoben wird, was aufzeigt, dass die bloß abwicklungsbedingten Aufgaben bzw. die rein vollstreckungsrechtlichen Komponenten des Insolvenzverfahrens nicht wirklich auf das Interesse des Schuldners stoßen.

442 Ersichtlich kein Sanierungspotential haben die **Einstellung** mangels einer die Verfahrenskosten deckenden Masse (§ 207 InsO) sowie die Einstellung nach Anzeige der Masseunzulänglichkeit (§ 211 InsO). Kommt es zu diesen Einstellungen, dürfte irgendetwas in der Eigenverwaltung „schiefgelaufen" sein; mindestens hätte zu einem geeigneten Zeitpunkt die Aufhebung der Eigenverwaltung unter Bestellung eines Insolvenzverwalters erfolgen müssen, um letzte Rettungsmaßnahmen zu ergreifen.

XIII. Rechte und Pflichten des Schuldners im Zusammenhang mit der Verfahrensbeendigung

1. Einstellung bei Wegfall des Insolvenzgrunds

443 Kann der Schuldner glaubhaft machen (§ 294 ZPO), dass der Insolvenzgrund weggefallen ist, hat das Insolvenzgericht das Insolvenzverfahren auf Antrag des Schuldners einzustellen (§ 212 InsO). Das Vorliegen eines Insolvenzgrunds muss daher erneut geprüft werden. Insbesondere ist es Einstellungsvoraussetzung, dass der **Wegfall eines Insolvenzgrunds von Nachhaltigkeit** geprägt ist. Die Prüfung muss sich also auch darauf erstrecken, ob es nicht überwiegend wahrscheinlich ist, dass zeitnah nach der Beseitigung eines Insolvenzgrunds ein solcher wieder auftritt.

444 Die Beseitigung der Insolvenzgründe muss auf jeden Fall sicherstellen, dass **alle Gläubiger befriedigt** werden oder auf ihre Forderungen verzichten.

Praxishinweis

In der Praxis erweist sich als Problem, dass Finanzämter und Sozialversicherungsträger nicht immer zeitnah in der Lage sind, ihre Forderungen definitiv zu berechnen. Sofern die Buchhaltung des Schuldners im vorinsolvenzlichen Zeitraum in einem Zustand war, der die Berechnung der Forderungen dieser Gläubiger erheblich erschwert, sollte eine Einstellung nach § 212 InsO ausscheiden.

Insbesondere zu berücksichtigen sind auch Ausfallgläubiger sowie die von ihnen in Anspruch genommenen Sicherungsgeber als Gläubiger aus übergegangener Forderung. Zu berücksichtigen sind ferner sonstige Masseverbindlichkeiten (§ 55 InsO) sowie die Kosten des Insolvenzverfahrens (§ 54 InsO). 445

Die eidesstattliche Versicherung des Schuldners ist zwar zulässiges, aber nicht zwingend taugliches Mittel zur **Glaubhaftmachung.** Soll z. B. eine Überschuldung durch Rangrücktritte oder Eigenkapitalzufuhr beseitigt werden, sollte dies durch geeignete Unterlagen belegt werden. 446

2. Einstellung mit Zustimmung der Gläubiger

Ferner hat das Gericht das Insolvenzverfahren auf Antrag des Schuldners einzustellen, wenn dieser **nach Ablauf der Anmeldefrist**[621] die (unbedingte, unwiderrufliche und nicht mit § 119 BGB anfechtbare) Zustimmung aller Insolvenzgläubiger, die Forderungen angemeldet haben, beibringt (§ 213 InsO). Bei Gläubigern, deren Forderungen vom Schuldner oder vom Insolvenzverwalter bestritten wurden, und bei absonderungsberechtigten Gläubigern entscheidet das Insolvenzgericht nach freiem Ermessen, inwieweit es einer Zustimmung dieser Gläubiger oder einer Sicherheitsleistung bedarf. Ob der Insolvenzverwalter zwischen Antragstellung und gerichtlichem Beschluss in seinem Verwertungsrecht eingeschränkt ist, ist eine Frage des Einzelfalls.[622] 447

Das Insolvenzverfahren kann auf Antrag des Schuldners auch **vor Ablauf der Anmeldefrist** eingestellt werden, wenn außer den Gläubigern, deren Zustimmung der Schuldner beibringt, andere Gläubiger nicht bekannt sind. Letzteres sollte zum Anlass genommen werden, auf die Möglichkeit zurückzugreifen, den Schuldner die Vollständigkeit des Vermögensverzeichnisses an Eides statt versichern zu lassen. 448

3. Einstellung mangels Masse

Sind die Verfahrenskosten (§ 54 InsO) nicht gedeckt, wird das Insolvenzverfahren mangels Masse eingestellt (§ 207 Abs. 1 Satz 1 InsO). Dies erfolgt regelmäßig erst nach vollständiger Verwertung der Insolvenzmasse bzw. umfangreichen Versuchen des Insolvenzverwalters. Vor der Einstellung ist eine Gläubigerversammlung einzuberufen, zu der auch die Massegläubiger geladen werden müssen (arg. § 207 Abs. 2 InsO). Der Schuldner selbst ist nach dem Wortlaut des Gesetzes nicht zu hören, er hat jedoch ein **Teilnahmerecht** nach § 74 Abs. 1 Satz 2 InsO. 449

Auch der Schuldner ist berechtigt, einen **Verfahrenskostenvorschuss** zur Abwendung der Einstellung zu leisten, was jedoch nur selten der Fall sein dürfte, da dies aus insolvenzfreiem Vermögen geschehen müsste. Dem Schuldner als natürliche Person entsteht hieraus auch kein Nachteil, da er **Stundung der Verfahrenskosten** beantragen kann. Lediglich bei nicht gewährter oder aufgehobener Verfahrenskostenstundung ist die Einstellung nach 450

621) Vom Insolvenzgericht im Eröffnungsbeschluss bestimmte Frist zur Anmeldung von Insolvenzforderungen zur Insolvenztabelle, Ablauf maximal drei Monate nach Insolvenzeröffnung (§ 28 Abs. 1 InsO).

622) Ausführlich *Pulte/Arend*, ZInsO 2019, 592.

§ 207 InsO für die natürliche Person als Schuldner problematisch, da dann auch **keine Restschuldbefreiung** gewährt werden kann. Da eine Versagung der Restschuldbefreiung nicht von Amts wegen oder auf Antrag des Insolvenzverwalters erfolgen kann, ist die Aufhebung der Stundung bei schwierigen Schuldnern probates Mittel, über die Einstellung mangels Masse eine Restschuldbefreiung zu verhindern.

4. Einstellung nach Anzeige der Masseunzulänglichkeit

451 Sind zwar die Verfahrenskosten gedeckt, nicht aber die sonstigen Masseverbindlichkeiten (§ 55 InsO), hat der Insolvenzverwalter Masseunzulänglichkeit anzuzeigen (§ 208 InsO). Führt der weitere Verfahrensverlauf nicht zu einer Beseitigung der Masseunzulänglichkeit, erfolgt durch den Insolvenzverwalter eine Verteilung der Masse nach § 209 InsO, anschließend erfolgt die Einstellung des Verfahrens nach § 211 InsO. Eine abschließende Gläubigerversammlung ist hier nicht vorgesehen; sie ergibt sich jedoch aus § 66 Abs. 1 InsO, das **Teilnahmerecht** des Schuldners wiederum aus § 74 Abs. 1 Satz 2 InsO. Die Einstellung des Verfahrens ist nicht mit der sofortigen Beschwerde anfechtbar.[623)]

5. Verfahren bei Einstellung

452 Das Verfahren der Einstellung nach §§ 212, 213 InsO ist in §§ 214 ff. InsO geregelt. Insbesondere ist der Schuldner vorab über den Zeitpunkt des Wirksamwerdens der Einstellung zu **unterrichten**; dies gilt auch für eine Einstellung des Verfahrens mangels einer die Verfahrenskosten deckenden Masse (§ 207 InsO) sowie nach Anzeige der Masseunzulänglichkeit (§ 211 InsO).

6. Aufhebung des Verfahrens

453 Liegt kein Fall der Einstellung des Verfahrens vor, kommt es zur Aufhebung des Verfahrens, entweder nach Durchführung der **Schlussverteilung** gemäß § 200 Abs. 1 InsO oder nach Bestätigung eines **Insolvenzplans** (§ 258 Abs. 1 InsO).

7. Wirkung der Einstellung oder Aufhebung

454 Die Wirksamkeit der Aufhebung oder Einstellung tritt **mit der Beschlussfassung** des Insolvenzgerichts ein, nicht erst mit der öffentlichen Bekanntmachung; ist in dem Beschluss keine Uhrzeit angegeben, gilt als Zeitpunkt der Aufhebung bzw. Einstellung die Mittagsstunde desjenigen Tages, an dem der Beschluss erfolgte.[624)] Mit der Einstellung oder Aufhebung des Verfahrens erlangt der Schuldner die **Verwaltungs- und Verfügungsmacht** über sein Vermögen zurück.

455 Zu berücksichtigen ist jedoch, dass in den Fällen der §§ 200, 207,[625)] 211 InsO die Anordnung einer **Nachtragsverteilung** möglich ist (§ 203 InsO), sodass die Zurückerlangung der Befugnis des Schuldners wirtschaftlich nur eingeschränkten Wert hat. Gleiches gilt umgekehrt für die Insolvenzgläubiger im Hinblick auf ihre Möglichkeit, nach Verfahrensaufhebung gegen den Schuldner zu vollstrecken (§ 201 InsO).

---

623) BGH, Beschl. v. 25.1.2007 – IX ZB 234/05, ZVI 2007, 320 = ZIP 2007, 603.

624) BGH, Beschl. v. 15.7.2010 – IX ZB 229/07, ZVI 2010, 425 = ZIP 2010, 1610.

625) BGH, Beschl. v. 10.10.2013 – IX ZB 40/13, ZVI 2014, 54 = ZIP 2013, 2320, dazu EWiR 2014, 19 *(Zimmer)*. Ausführlich *Zimmer*, KTS 2009, 199.

Praxishinweis

Eine Nachtragsverteilung ist immer dann einschlägig, wenn der Vermögensgegenstand bis zur Verfahrensbeendigung zur Masse gehörte; nicht relevant ist, ob der Anspruch einer Bedingung unterfiel oder als wertlos eingestuft wurde.[626)]

Die Nachtragsverteilung ist auch nicht durch die Löschung des Schuldners im Handelsregister[627)] oder durch den Ablauf der Wohlverhaltensphase ausgeschlossen[628)] und beseitigt andererseits auch nicht das Rechtsschutzinteresse für einen weiteren Insolvenzantrag.[629)] Allerdings scheint selbstverständlich, dass die Frage der Zugehörigkeit eines Vermögensgegenstands zur Insolvenzmasse noch vor der Anordnung der Nachtragsverteilung zu klären ist; sie kann nicht zur Klärung nach der Anordnung analog § 47 Satz 2 InsO offengelassen werden.[630)] 456

Nicht beglichene **Masseverbindlichkeiten** können nun (mit Einschränkungen)[631)] gegen den Schuldner geltend gemacht werden, auch im Wege der Aufrechnung.[632)] Jedoch dürften die meisten sonstigen Masseverbindlichkeiten i. S. des § 55 InsO der Regelverjährung des § 195 BGB anheimgefallen sein, da die Regelinsolvenzverfahren doch selten vor Ablauf dieser Zeit beendet werden. Auch hat die Anzeige einer Masseunzulänglichkeit nicht die Verjährungshemmung nach § 204 Abs. 1 Nr. 10 BGB zur Folge.[633)] Im Fall von Mietschulden gilt der Grundsatz der Haftung überdies nur für solche Verbindlichkeiten, die bis zu dem Zeitpunkt erwachsen sind, zu dem der Insolvenzverwalter das Mietverhältnis frühestmöglich hätte kündigen können.[634)] Auch während einer restlichen Abtretungsfrist nach Aufhebung oder Einstellung des Verfahrens haben die Massegläubiger ein Rechtsschutzinteresse an einer Zahlungsklage.[635)] Hatten Massegläubiger bereits einen Titel gegen den Insolvenzverwalter erwirkt, können sie Umschreibung der Vollstreckungsklausel verlangen und gegen den Schuldner vollstrecken.[636)] 457

Wurden die Gläubiger vollständig (d. h. neben den Massegläubigern auch die Insolvenzgläubiger mit ihren zur Tabelle angemeldeten und nicht bestrittenen Forderungen) befriedigt und ergibt sich aus der Schlussverteilung (die nicht bei Einstellung, sondern nur bei regulärer Aufhebung des Verfahrens möglich ist) ein **Überschuss**, erhält der Schuldner diesen Überschuss als werthaltigen Vermögensteil zurück (§ 199 InsO). 458

XIV. Rechte und Pflichten des Schuldners im Zusammenhang mit Restschuldbefreiung

An dieser Stelle kann nur eine kursorische Darstellung erfolgen, im Übrigen wird auf Kap. 16 [*Achelis/Schemmerling*] verwiesen. 459

---

626) BGH, Beschl. v. 1.12.2005 – IX ZB 17/04, ZIP 2006, 143, 144 = ZVI 2006, 25.

627) BGH, Beschl. v. 16.1.2014 – IX ZB 122/12, ZIP 2014, 437.

628) BGH, Beschl. v. 2.12.2010 – IX ZB 194/09, ZVI 2011, 26.

629) BGH, Beschl. v. 2.12.2010 – IX ZB 151/09, ZVI 2011, 211 = ZIP 2011, 134, dazu EWiR 2011, 121 *(Gundlach/Müller)*.

630) BGH, Beschl. v. 20.6.2013 – IX ZB 10/13, ZVI 2013, 388 = ZInsO 2013, 1409.

631) Hierzu *Zimmer*, ZInsO 2011, 1081.

632) BFH, Urt. v. 28.11.2017 – VII R 1/16, ZVI 2018, 227 = ZIP 2018, 593, dazu EWiR 2018, 309 *(Anzinger)*.

633) BGH, Urt. v. 14.12.2017 – IX ZR 118/17, ZVI 2018, 202, dazu EWiR 2018, 207 *(Birnbreier)*.

634) OLG Stuttgart, Beschl. v. 13.6.2007 – 5 W 11/07, ZIP 2007, 1616, dazu EWiR 2007, 503 *(Eckert)*.

635) BGH, Beschl. v. 28.6.2007 – IX ZR 73/06, NZI 2007, 670.

636) BGH, Beschl. v. 13.4.2005 – V ZB 25/05, KTS 2006, 465.

1. Antrag des Schuldners

460 Die Restschuldbefreiung setzt einen Antrag des Schuldners voraus, der **mit seinem Antrag auf Eröffnung des Insolvenzverfahrens verbunden** sein soll (§ 287 Abs. 1 Satz 1 InsO). § 287 Abs. 1 Satz 3 und 4 InsO sehen vor, dass der Schuldner zusätzlich angeben und versichern muss, ob ihm in einem bestimmten Zeitraum bereits Restschuldbefreiung erteilt bzw. wann und warum eine solche versagt wurde. Fehlen die Angaben, ist der Schuldner entsprechend zu belehren (§ 20 Abs. 2 InsO). Ein nur hilfsweise gestellter Antrag im Zusammenhang mit einer Verteidigung gegen einen Gläubigerantrag genügt nicht.[637)] Der Antrag kann binnen zwei Wochen nach dieser Belehrung nachgeholt werden (§ 287 Abs. 1 Satz 2 InsO). Nach dieser Frist ist der Antrag als unzulässig zurückzuweisen. Hatte jedoch das Insolvenzgericht den Schuldner im Fall eines Gläubigerantrags fehlerhaft über die Pflicht zur Stellung eines Eigenantrags informiert und wurde das Verfahren eröffnet, genügt ausnahmsweise ein isolierter Restschuldbefreiungsantrag.[638)] Selbiges gilt für einen nachträglichen Antrag auf Verfahrenskostenstundung.[639)] Sind mehrere Antragsverfahren verschiedener Gläubiger anhängig, bedarf es der Belehrung allerdings nur einmal.[640)] Aber auch ein Eigenantrag auf Verfahrenseröffnung nebst Antrag auf Erteilung von Restschuldbefreiung ist bei vorherigem Gläubigerantrag bis zur Verfahrenseröffnung noch zulässig, da § 287 Abs. 1 Satz 2 InsO in diesem Fall keine Anwendung findet.[641)] Hat der Schuldner seinen Eigenantrag jedoch zurückgenommen und wird das Insolvenzverfahren in der Folge ausschließlich auf Gläubigerantrag hin eröffnet, gilt auch der Antrag auf Erteilung der Restschuldbefreiung als zurückgenommen; ein isolierter neuer Antrag, nur auf die Erteilung der Restschuldbefreiung gerichtet, ist unzulässig.[642)] Die Rücknahme eines Antrags auf Gewährung der Restschuldbefreiung nach Versagung der Restschuldbefreiung ist ebenfalls unzulässig.[643)]

461 Der Schuldner kann ansonsten erst **nach Beendigung des laufenden Insolvenzverfahrens** einen neuen Insolvenz- und Restschuldbefreiungsantrag stellen. Der Antrag ist jedoch präkludiert, wenn dem Schuldner in den letzten elf Jahren vor seinem neuen Antrag auf Eröffnung des Insolvenzverfahrens bereits **Restschuldbefreiung erteilt** wurde (§ 287a Abs. 2 Satz 1 Nr. 1 InsO), wobei es nicht auf den Zeitpunkt der Rechtskraft des Beschlusses ankommt,[644)] oder innerhalb der letzten drei (§ 287a Abs. 2 Satz 1 Nr. 2 InsO) bzw. fünf Jahre (§ 287a Abs. 2 Satz 1 Nr. 1 InsO) eine rechtskräftige **Versagung der Restschuldbefreiung** erfolgte. Wurde ein Gläubigerantrag zuvor mangels einer die Verfahrenskosten deckenden Masse abgewiesen, greifen die vorgenannten Ausschlussgründe nicht, sodass hiernach ein Eigenantrag auf Verfahrenseröffnung nebst Gewährung der Restschuldbefreiung gestellt werden kann.[645)] Die sog. Sperrfristregelungen sind in ihrer Historie und Anwendung nicht unumstritten.[646)]

---

637) BGH, Beschl. v. 11.3.2010 – IX ZB 110/09, ZVI 2010, 300 = ZIP 2010, 888, dazu EWiR 2010, 493 *(Stahlschmidt)*.

638) BGH, Beschl. v. 17.2.2005 – IX ZB 176/03, ZVI 2005, 220, dazu EWiR 2005, 311 *(Smode)*; BGH, Beschl. v. 22.10.2015 – IX ZB 3/15, ZVI 2016, 55.

639) BGH, Beschl. v. 9.7.2015 – IX ZB 68/14, ZVI 2015, 438.

640) BGH, Beschl. v. 15.9.2016 – IX ZB 67/15, ZVI 2016, 433.

641) BGH, Beschl. v. 3.7.2008 – IX ZB 182/07, ZIP 2008, 1976, dazu EWiR 2009, 155 *(Sailer)*.

642) BGH, Beschl. v. 16.4.2015 – IX ZB 93/12, ZVI 2015, 395.

643) BGH, Beschl. v. 22.9.2016 – IX ZB 50/15, ZVI 2017, 41.

644) AG Hannover, Beschl. v. 19.10.2021 – 909 IK 1381/21-7, ZVI 2022, 181.

645) BGH, Beschl. v. 1.12.2005 – IX ZB 186/05, ZVI 2006, 67 = NZI 2006, 181.

646) Ausführlich *Lange*, ZVI 2018, 9; *Möhring*, ZVI 2017, 289; *Thüning*, ZVI 2017, 377.

Nach einer „Freigabe" des Geschäftsbetriebs i. S. des § 35 Abs. 2 InsO ist grundsätzlich ein weiterer Insolvenzantrag möglich, der zu **zwei parallellaufenden Insolvenzverfahren** führt. In diesem Zweitinsolvenzverfahren ist ein Antrag auf Erteilung der Restschuldbefreiung allerdings so lange unzulässig, wie über den Restschuldbefreiungsantrag im Erstverfahren noch nicht entschieden wurde.[647] Auch hier sind Einzelheiten strittig. **462**

2. Abtretungserklärung

Dem Antrag auf Restschuldbefreiung ist die Erklärung beizufügen, dass der Schuldner seine pfändbaren Forderungen auf Bezüge aus einem Dienstverhältnis oder an deren Stelle tretende laufende Bezüge für die Zeit von drei Jahren ab Eröffnung des Insolvenzverfahrens an den Treuhänder abtritt (§ 287 Abs. 2 Satz 1 InsO). Stellt sich erst im eröffneten Insolvenzverfahren heraus, dass in dem auf Eigenantrag hin eröffneten Insolvenzverfahren keine **Abtretungserklärung** i. S. des § 287 Abs. 2 InsO vorliegt, darf das Gericht dem Schuldner für die Nachreichung der Abtretungserklärung keine Frist setzen, die kürzer ist als einen Monat.[648] Größtes Problem ist die Erwerbsobliegenheitspflicht des Schuldners, die bereits mit der Insolvenzeröffnung beginnt (§ 287b InsO).[649] Die **Dauer** der Abtretungsfrist betrug für die bis zum 30.9.2020 beantragten Verfahren sechs bzw. fünf Jahre. Wegen dieser radikalen Kürzung und der zuvor öffentlichen Diskussionen (Schuldner hatten im Vertrauen auf eine alsbaldige Gesetzesänderung ihre Anträge zurückgehalten) ist die Übergangsvorschrift in Art. 103k Abs. 2 EGInsO so ausgestaltet, dass die Abtretungsfrist für die zwischen dem 17.12.2019 und dem 30.09.2020 beantragten Verfahren sukzessive gekürzt wird. **463**

Da die Höhe des pfändbaren Einkommens eng mit der Wahl der Steuerklasse zusammenhängt, hat der Schuldner grundsätzlich die für die Insolvenzmasse **günstigste Steuerklasse** zu wählen,[650] insbesondere darf er nicht aus sachfremden Erwägungen Steuerklasse V wählen.[651] Sachfremd ist eine Steuerklassenwahl, die außerhalb des Insolvenzverfahrens nicht gewählt worden wäre.[652] Das Antragsrecht für die Getrennt- oder Zusammenveranlagung von Eheleuten liegt beim Insolvenzverwalter.[653] **464**

Ist der Schuldner **selbstständig** tätig, gehören sämtliche nach Insolvenzeröffnung erzielten Erlöse ohne einen Abzug für beruflich bedingte Ausgaben zur Insolvenzmasse.[654] In der **Wohlverhaltensphase** (restliche Abtretungsfrist nach Aufhebung des eröffneten Verfahrens) ist dieses Problem für den Treuhänder entschärft, da es nach § 295a Abs. 1 InsO allein dem Schuldner obliegt, angemessene Zahlungen an den Treuhänder zu leisten, und es Sache der Gläubiger ist, einen Verstoß gegen diese Obliegenheit durch Versagungsantrag zu ahnden (§ 296 Abs. 1 InsO). Dieses Ergebnis kann im **eröffneten Insolvenzverfahren** über § 35 Abs. 2 InsO („Freigabe" Geschäftsbetrieb, siehe Rz. 378) erreicht werden, der auf § 295a Abs. 1 InsO verweist. Maßgebend ist ein hypothetisches Einkommen aus einem angemessenen, nicht notwendigerweise der selbstständigen Tätigkeit entspre- **465**

---

647) BGH, Beschl. v. 18.12.2014 – IX ZB 22/13, ZVI 2015, 172; BGH, Beschl. v. 22.7.2021 – IX ZB 7/20, ZRI 2021, 798.

648) BGH, Beschl. v. 23.10.2008 – IX ZB 112/08, ZVI 2009, 87.

649) Rund 25 % der Schuldner legten ihre Erwerbsbemühungen nicht dar, zudem stiege der Anteil der nicht erwerbspflichtigen Schuldner stetig, so *Föhlisch*, ZVI 2022, 135.

650) BGH, Beschl. v. 5.3.2009 – IX ZB 2/07, ZVI 2009, 264.

651) BGH, Beschl. v. 3.7.2008 – IX ZB 65/07, ZVI 2009, 13 = ZIP 2008, 2132; BGH, Beschl. v. 5.3.2009 – IX ZB 2/07, ZVI 2009, 264.

652) Vgl. BFH, Urt. v. 22.3.2011 – III B 114/09, ZIP 2011, 1162.

653) BFH, Urt. v. 15.3.2017 – III R 12/16, ZVI 2018, 101.

654) BGH, Beschl. v. 20.3.2003 – IX ZB 388/02, ZVI 2003, 170, dazu EWiR 2003, 593 (*Tetzlaff*).

chenden Dienstverhältnis.[655] Auf Antrag des Schuldners stellt das Insolvenzgericht – in den ab dem 31.12.2020 beantragten Insolvenzverfahren – den Betrag fest, der dem fiktiven Einkommen entspricht (§ 295a Abs. 2 InsO). Hierbei handelt es sich jedoch nur um den Brutto-Betrag, für den eine fiktive Gehaltsabrechnung zu erstellen ist, um den Netto-Betrag zwecks Abgleichs mit Pfändungstabellen zu ermitteln;[656] ob die Pflicht zu einer solchen Berechnung den Schuldner, den Insolvenzverwalter, den Treuhänder oder gar die Gläubiger trifft, ist noch nicht geklärt.

3. Vorschlagsrecht bei Auswahl des Treuhänders

466 Der Schuldner hat bezüglich der Auswahl des Treuhänders ein Vorschlagsrecht (§ 288 InsO). Er wird letztlich bestimmt durch das Insolvenzgericht. Wird ein neuer Treuhänder bestellt, enthält dieser Beschluss konkludent eine Entlassung des bisherigen Treuhänders, der gegen seine Entlassung sofortige Beschwerde gemäß § 59 Abs. 2 Satz 1 InsO einlegen kann.[657]

4. Versagungsanträge im eröffneten Verfahren

467 Gemäß § 290 Abs. 1 InsO können Insolvenzgläubiger unter den dort genannten Voraussetzungen die Versagung der Restschuldbefreiung beantragen. Ausreichend für die Antragsberechtigung ist die Forderungsanmeldung zur Insolvenztabelle, auf das Prüfungsergebnis kommt es nicht an.[658] Die Gründe für die Versagung der Restschuldbefreiung sind in § 290 Abs. 1 InsO abschließend aufgeführt. Der Antrag kann **bis zum Schlusstermin** bzw. bis zur Entscheidung nach § 211 InsO (tatsächliche Einstellung des Verfahrens wegen Masseunzulänglichkeit, also nicht nur bis zur abschließenden Gläubigerversammlung)[659] schriftlich gestellt werden; die Gründe sind glaubhaft zu machen (§ 290 Abs. 2 InsO). Nichts anderes gilt für die Abhaltung des Schlusstermins im schriftlichen Verfahren.[660]

468 Der Schuldner und der Insolvenzverwalter sind zum Versagungsantrag anzuhören.

5. Entscheidung des Gerichts und Rechtsmittel

469 Bereits mit der Entscheidung über die Eröffnung des Insolvenzverfahrens stellt das Insolvenzgericht durch Beschluss fest, dass der Schuldner Restschuldbefreiung erlangt, wenn er den Obliegenheiten nach §§ 295, 295a InsO nachkommt und keine Versagungsgründe vorliegen (§ 287a Abs. 1 Satz 1 InsO, sog. **Eingangsentscheidung**). Der Beschluss ist öffentlich bekannt zu machen. Gegen den Beschluss steht dem Schuldner die sofortige Beschwerde zu (§ 287a Abs. 1 Satz 3 InsO).

470 Erfolgen nun nach Verfahrenseröffnung Versagungsanträge (siehe Rz. 467) seitens der Insolvenzgläubiger, hat das Insolvenzgericht eine **erneute Entscheidung** zu fällen (§ 290 Abs. 2 Satz 2 InsO). Gegen einen solchen Beschluss über die Versagung der Restschuldbefreiung steht dem Schuldner und jedem Insolvenzgläubiger, der die Versagung beantragt hat, die sofortige Beschwerde zu (§ 290 Abs. 3 InsO).

---

655) BGH, Beschl. v. 17.1.2013 – IX ZB 98/11, ZVI 2013, 162 = NZI 2013, 189.

656) AG München, Urt. v. 4.2.2022 – 1509 IK 1052/21, ZVI 2022, 349.

657) BGH, Beschl. v. 15.11.2007 – IX ZB 237/06, ZVI 2008, 35.

658) BGH, Beschl. v. 12.3.2015 – IX ZB 85/13, ZVI 2015, 233; BGH, Beschl. v. 10.9.2015 – IX ZB 9/15, ZVI 2015, 481; BGH, Beschl. v. 13.2.2020 – IX ZB 55/18, ZVI 2020, 152 = ZInsO 2020, 521.

659) BGH, Beschl. v. 24.3.2022 – IX ZB 35/21, ZRI 2022, 518 = ZVI 2022, 284.

660) BGH, Urt. v. 19.12.2019 – IX ZR 53/18, ZVI 2020, 96.

6. Rechte und Pflichten in der Wohlverhaltensphase

Entsprechend seiner Abtretungserklärung (§ 287 Abs. 2 InsO) hat der Schuldner die **pfändbaren Anteile seines Einkommens** bzw. der an diese Stelle tretenden Ersatzleistungen bis zum Ablauf der Abtretungsfrist an den Treuhänder abzuführen (siehe Rz. 463). Während des eröffneten Insolvenzverfahrens wird dies dadurch überlagert, dass das pfändbare Einkommen ohnehin dem Massebeschlag i. S. der §§ 35 Abs. 1, 80 Abs. 1 InsO unterfällt. Nach Aufhebung bzw. Einstellung des eröffneten Verfahrens hat der Treuhänder (erneut) den Arbeitgeber bzw. die zur Zahlung der Bezüge Verpflichteten entsprechend zu informieren (§ 292 Abs. 1 Satz 1 InsO). Sofern im Einzelfall auf die Mitteilung an den Arbeitgeber verzichtet wird, hat der Treuhänder die pfändbaren Anteile (auf sein Haftungsrisiko) selbst zu berechnen und einzuziehen.[661] Soweit der Schuldner eine **selbstständige Tätigkeit** ausübt, obliegt es ihm, die Insolvenzgläubiger durch Zahlungen an den Treuhänder so zu stellen, wie wenn er ein angemessenes Dienstverhältnis eingegangen wäre (siehe Rz. 465). 471

Zu den **weiteren Obliegenheiten** i. S. der §§ 295, 295a InsO gehört die Bemühung um eine angemessene Erwerbstätigkeit (§ 295 Satz 1 Nr. 1 InsO), die Anzeige eines Wohnsitz- oder Arbeitgeberwechsels sowie die jederzeitige Auskunftserteilung (§ 295 Satz 1 Nr. 3 InsO), die Vermeidung unangemessener neuer Verbindlichkeiten (§ 295 Satz 1 Nr. 5 InsO) sowie die Vermeidung einer Übervorteilung einzelner Gläubiger (§§ 295 Satz 1 Nr. 4, 294 Abs. 2 InsO). Obgleich der Massebeschlag durch Aufhebung bzw. Einstellung des Insolvenzverfahrens entfällt, muss der Schuldner bis zum restlichen Ablauf der Abtretungsfrist Erbschaften und Schenkungen zur Hälfte und – in den ab dem 1.10.2020 beantragten Verfahren – Glücksspielgewinne vollständig an den Treuhänder herausgeben (§ 295 Satz 1 Nr. 2 InsO). 472

Bereits mit der Reform der Verbraucherinsolvenz zum 1.7.2014[662] wurde der frühere **Motivationsrabatt** abgeschafft. Von den während des fünften Jahres ab Verfahrensaufhebung vereinnahmten Geldern aus abgetretenen Bezügen musste der Insolvenzverwalter nach altem Recht 10 % an den Schuldner auskehren, betreffend das sechste Jahr ab Aufhebung sogar 15 %, wobei die aufgrund von Verfahrenskostenstundung noch nicht bedienten Verfahrenskosten vor der Auskehrung einzubehalten waren (§ 292 Abs. 1 Satz 4 und 5 InsO a. F.). Stattdessen gilt für die anschließend **bis zum 30.9.2020** beantragten Verfahren, dass der Schuldner bereits nach drei Jahren **vorzeitige Restschuldbefreiung** erlangen kann, wenn es nach Erfüllung der Masseverbindlichkeiten i. S. der §§ 54, 55 InsO zu einer Quote von 35 % für die nicht nachrangigen Insolvenzgläubiger kommt (§ 300 Abs. 1 Satz 2 Nr. 2 InsO a. F.). Sind die Verfahrenskosten und sonstige Masseverbindlichkeiten berichtigt, kann auch ohne vorgegebene Befriedigungsquote für die Insolvenzgläubiger eine vorzeitige Erteilung der Restschuldbefreiung nach fünf Jahren erfolgen (§ 300 Abs. 1 Satz 2 Nr. 3 InsO a. F.). Wurden sogar alle Insolvenzgläubiger befriedigt oder liegen gar keine Forderungsanmeldungen vor, ist die vorzeitige Erteilung der Restschuldbefreiung ausschließlich von der Befriedigung der Masseverbindlichkeiten (§§ 54, 55 InsO) abhängig (§ 300 Abs. 1 Satz 2 Nr. 1 InsO a. F.). 473

In allen Fällen bedarf es der tatsächlichen Berichtigung der Verfahrenskosten, d. h. allein die Gewährung von Verfahrenskostenstundung genügt nicht.[663] Im Übrigen soll der in § 300 Abs. 1 Satz 2 Nr. 2 InsO a. F. geregelte Zeitraum (drei Jahre) eine Ausschlussfrist 474

661) BGH, Beschl. v. 7.4.2011 – IX ZB 40/10, ZVI 2011, 344.

662) Gesetz zur Verkürzung des Restschuldbefreiungsverfahrens und zur Stärkung der Gläubigerrechte, v. 15.7.2013, BGBl. I 2013, 2379.

663) BGH, Beschl. v. 22.9.2016 – IX ZB 29/16, ZVI 2017, 39.

darstellen; sofern dem Insolvenzverwalter der zum Erreichen der 35 %-igen Quote erforderliche Betrag nicht innerhalb dieses Zeitraums tatsächlich zugeflossen ist, kommt eine vorzeitige Erteilung der Restschuldbefreiung nicht in Betracht.[664] Weder der Insolvenzverwalter noch das Insolvenzgericht müssen den Schuldner auf die Höhe des Fehlbetrages hinweisen,[665] was insoweit zweifelhaft ist, als der Schuldner sicher nicht in der Lage sein wird, die Verfahrenskosten – insbesondere die Verwalter- oder Treuhändervergütung – zuverlässig auszurechnen. Bis zur Entscheidung des Insolvenzgerichts muss der Treuhänder pfändbare Gehaltsanteile einziehen, ggf. als Sondermasse; rückwirkend auf den Zeitpunkt, in dem die Voraussetzungen für die vorzeitige Restschuldbefreiung vorlagen, müssen die eingezogenen Gehaltsanteile an den Schuldner herausgegeben werden.[666] Nichts anderes gilt, wenn der Antrag auf vorzeitige Erteilung der Restschuldbefreiung im eröffneten Verfahren gestellt wird (§ 300a InsO).[667]

475 In den **ab dem 1.10.2020** beantragten Verfahren kommt eine vorzeitige Restschuldbefreiung nur noch in Betracht, wenn einerseits alle Masseverbindlichkeiten (§§ 54, 55 InsO) befriedigt wurden bzw. gedeckt sind und andererseits entweder keine Forderungsanmeldungen vorliegen oder alle Insolvenzgläubiger befriedigt wurden. Da die Abtretungsfrist ohnehin verkürzt wurde und weiterhin ein Insolvenzplan möglich ist, scheint es angemessen, die vorzeitige Restschuldbefreiung im Übrigen an derart hohe Voraussetzungen zu knüpfen.

476 Die Gläubiger dürfen auch während der restlichen Abtretungsfrist nach Aufhebung bzw. Einstellung des Verfahrens weiterhin nicht gegen den Schuldner **vollstrecken**. Eine **Aufrechnung** ist nur unter den Voraussetzungen des § 294 Abs. 3 InsO zulässig. Dem Schuldner ist es gemäß § 294 Abs. 2 InsO untersagt, **Abkommen** mit Gläubigern zu treffen, die zu einer **Ungleichbehandlung** der Gläubiger führen.[668] Allerdings kann der Schuldner mit *allen* Insolvenzgläubigern, die Forderungen zur Insolvenztabelle angemeldet haben, noch einen **Vergleich** schließen und – Verfahrenskostendeckung unterstellt – vorzeitig Restschuldbefreiung erlangen.[669]

477 Während der restlichen Abtretungsfrist nach Aufhebung bzw. Einstellung des Verfahrens hat der Schuldner die in §§ 295, 295a InsO aufgeführten **Obliegenheiten zu erfüllen**. Verstößt er gegen die Obliegenheiten (siehe Rz. 471 f.) und wird hierdurch die Befriedigung der Insolvenzgläubiger beeinträchtigt, versagt das Insolvenzgericht die Restschuldbefreiung auf Antrag eines Insolvenzgläubigers (§ 296 Abs. 1 InsO). Der Treuhänder, der Schuldner und die Insolvenzgläubiger sind zuvor zu hören (§ 296 Abs. 2 InsO). Der Schuldner hat über die Erfüllung seiner Obliegenheiten Auskunft zu erteilen und, wenn es ein Gläubiger beantragt, die Richtigkeit dieser Auskunft an Eides statt zu versichern.

478 Zu einer **Versagung der Restschuldbefreiung** kann es auch kommen, wenn der Schuldner in einem bestimmten Zeitraum wegen einer Straftat nach §§ 283–283c StGB verurteilt wird (§ 297 InsO), sich nach Aufhebung oder Einstellung des eröffneten Verfahrens nachträglich Versagungsgründe i. S. des § 290 InsO herausstellen (§ 297a InsO) oder die Mindestvergütung des Treuhänders nicht gedeckt ist (§ 298 InsO). Gegen die Versagung der Restschuldbefreiung steht dem Schuldner die **sofortige Beschwerde** zu (§ 296 Abs. 3 Satz 1 InsO).

---

664) BGH, Beschl. v. 28.5.2020 – IX ZB 50/18, ZVI 2020, 307.

665) BGH, Beschl. v. 19.9.2019 – IX ZB 23/19, ZVI 2019, 468.

666) BGH, Urt. v. 16.3.2023 – IX ZR 150/22, ZRI 2023, 405 = NZI 2023, 637; LG Bochum, Urt. v. 23.4.2021 – I-9 S 115/20, NZI 2021, 634.

667) BGH, Urt. v. 16.3.2023 – IX ZR 150/22, ZRI 2023, 405 = NZI 2023, 637.

668) Im Einzelnen *R. Peto/J. Peto*, ZVI 2011, 313.

669) BGH, Beschl. v. 29.9.2011 – IX ZB 219/10, ZVI 2011, 465.

7. Wirkung der Restschuldbefreiung

Die Restschuldbefreiung ist das zentrale Ziel für (redliche) Schuldner und ein in § 1 InsO vorgegebenes Hauptziel eines Insolvenzverfahrens über das Vermögen natürlicher Personen. Wird die Restschuldbefreiung erteilt, wird der Schuldner von den im Insolvenzverfahren nicht erfüllten Verbindlichkeiten gegenüber den Insolvenzgläubigern **befreit**; dies gilt auch gegenüber denjenigen Gläubigern, die ihre Forderung nicht angemeldet haben (§§ 301, 286 InsO). **Absonderungsgläubigern** bleibt indes ihr Zugriff auf die Sicherheiten zwecks weiterer Befriedigung erhalten (§ 301 Abs. 2 InsO), weswegen z. B. kein Anspruch des Schuldners auf Löschung einer noch valutierenden Zwangssicherungshypothek besteht.[670] Ausgenommen von der Restschuldbefreiung sind lediglich die in § 302 InsO genannten Forderungen, soweit diese zur Insolvenztabelle angemeldet wurden.[671] Vollstreckt ein Insolvenzgläubiger dennoch, steht dem Schuldner die Vollstreckungsgegenklage gemäß § 767 ZPO zu.[672] Ein vorinsolvenzlicher Verzicht auf die Wirkung der Restschuldbefreiung oder eine Anerkennung des Schuldgrunds der vorsätzlich begangenen unerlaubten Handlung in den AGB des Gläubigers ist unwirksam.[673] Zulässig indes ist auch nach Erteilung der Restschuldbefreiung noch eine Gläubigeranfechtung nach dem AnfG.[674] Eine rückwirkende Restschuldbefreiung ist nicht möglich, d. h. sie gilt immer nur ex nunc.[675] Masseverbindlichkeiten sind von einer Restschuldbefreiung nicht erfasst.[676] 479

Nach Erteilung der Restschuldbefreiung kann diese **widerrufen** werden, wenn sich Versagungsgründe nachträglich herausstellen (§ 303 InsO). 480

XV. Handels- und steuerrechtliche Pflichten

Nach § 155 Abs. 1 Satz 2 InsO hat der Insolvenzverwalter die handels- und steuerrechtlichen Pflichten des Schuldners zu erfüllen, soweit die **Insolvenzmasse** betroffen ist. Daraus folgt im Umkehrschluss, dass die Verantwortung beim Schuldner verbleibt, soweit insolvenzfreies Vermögen betroffen ist. Ein solches *entsteht* durch Freigabe eines Vermögensgegenstands oder Erklärung nach § 35 Abs. 2 InsO bzw. *besteht* aus dem unpfändbaren Vermögen des Schuldners. 481

XVI. Tod und Führungslosigkeit des Schuldners

Das Insolvenzverfahren über das Vermögen eines Verstorbenen stellt mit der **Nachlassinsolvenz** eine eigene Verfahrensart dar (§§ 315 ff. InsO). Ein noch zu Lebzeiten eröffnetes Insolvenzverfahren wird nach Tod des Schuldners[677] ohne Unterbrechung als Nachlassinsolvenzverfahren fortgeführt.[678] Nichts anderes gilt für den Fall des Versterbens während des Eröffnungsverfahrens, jedenfalls im Fall eines vorherigen Eigenantrags.[679] 482

670) BGH, Urt. v. 10.12.2020 – IX ZR 24/20, ZVI 2021, 142 = NZI 2021, 184.

671) Vgl. BGH, Urt. v. 16.12.2010 – IX ZR 24/10, ZInsO 2011, 244.

672) BGH, Beschl. v. 25.9.2008 – IX ZB 205/06, ZVI 2009, 40.

673) BGH, Urt. v. 25.6.2015 – IX ZR 199/14, ZVI 2015, 378, dazu EWiR 2015, 611 *(Ahrens)*.

674) BGH, Urt. v. 22.3.2018 – IX ZR 163/17, ZVI 2018, 310 = ZIP 2018, 935, dazu EWiR 2018, 435 *(Onusseit)*.

675) BGH, Beschl. v. 1.6.2017 – IX ZB 87/16, ZVI 2017, 325.

676) BFH, Urt. v. 28.11.2017 – VII R 1/16, ZVI 2018, 227 = ZIP 2018, 593, dazu EWiR 2018, 309 *(Anzinger)*.

677) Ausführlich *Kampf*, ZVI 2016, 343; *Kampf*, ZVI 2018, 3.

678) BGH, Beschl. v. 21.2.2008 – IX ZB 62/05, ZVI 2008, 183 = ZIP 2008, 798, dazu EWiR 2008, 573 *(Floeth)*.

679) AG Hamburg, Beschl. v. 6.3.2023 – 67g IN 2/23, ZVI 2023, 272.

Praxishinweis

Allerdings wird ein als Verbraucherinsolvenzverfahren eröffnetes Verfahren hierdurch nicht ebenso automatisch zu einem Regelinsolvenzverfahren, was primär vergütungsrechtliche Konsequenzen hat.[680)]

483 Bei einer juristischen Person ist im Fall der **Führungslosigkeit** jeder Gesellschafter zur Stellung des Insolvenzantrags berechtigt (§ 15 Abs. 1 Satz 2 InsO),[681)] wobei die Führungslosigkeit glaubhaft zu machen ist (§ 15 Abs. 2 Satz 2 InsO). Das Gericht hat die übrigen Gesellschafter zu hören (§ 15 Abs. 2 Satz 3 InsO). Die Führungslosigkeit ist objektiv zu verstehen, d. h. allein mangelnder Handlungswille des Geschäftsleiters oder dessen Unerreichbarkeit genügen nicht. In solchen Fällen kann die für die Entscheidung über die Eröffnung des Insolvenzverfahrens erforderliche Überzeugung des Gerichts auch durch Vortrag des antragstellenden Gläubigers erlangt werden, da insoweit der Amtsermittlungsgrundsatz durchgreift.[682)] Beim Fremdantrag – und über die bloße Stellung eines Eigenantrags hinaus – müssen die Gesellschafter als geborene Liquidatoren verstanden werden, um die Bestellung eines Notgeschäftsführers oder Verfahrenspflegers zu vermeiden.[683)]

484 Wird eine juristische Person als Insolvenzschuldner während des eröffneten Insolvenzverfahrens **prozessunfähig**, hat das Insolvenzgericht einen Verfahrenspfleger zu bestellen.[684)] Soweit das Gesetz eine Anhörung des Schuldners vorsieht, können auch die Gesellschafter gehört werden (§ 10 Abs. 2 Satz 2 InsO).

E. Die Gläubiger(-organe)

I. Der einzelne Gläubiger

485 Die einzelnen Gläubiger lassen sich grob in **fünf Gruppen** einteilen:

1. Verfahrenskostengläubiger (§ 54 InsO)

486 Obgleich § 54 InsO im Grundsatz enumerativ die Verfahrenskosten bestimmt,[685)] sind einige Besonderheiten zu beachten. Als Obersatz kann gelten, dass es sich – neben den Gerichtskosten nebst Auslagen der Gerichtskasse i. S. des § 54 Nr. 1 InsO – um Verfahrenskosten i. S. des § 54 Nr. 2 InsO handelt, wenn die Festsetzung der Vergütung gemäß § 64 InsO dem Insolvenzgericht obliegt.[686)] Verfahrenskostengläubiger (§§ 53, 54 InsO) sind dementsprechend:

- der (vorläufige) Insolvenzverwalter,
- der Treuhänder in der Wohlverhaltensphase,[687)]
- der Sonderinsolvenzverwalter,[688)]

680) BGH, Beschl. v. 21.2.2008 – IX ZB 62/05, ZVI 2008, 183 = ZIP 2008, 798, dazu EWiR 2008, 573 *(Floeth)*.

681) **A. A.** AG Hannover, Beschl. v. 30.11.2021 – 903 IN 451/21, NZI 2022, 270.

682) BGH, Beschl. v. 13.4.2006 – IX ZB 118/04, ZVI 2006, 237 = ZIP 2006, 1056.

683) Ähnlich *Köhler-Ma/de Bruyn*, ZIP 2018, 261.

684) AG Duisburg, Beschl. v. 10.7.2008 – 62 IN 167/02, NZI 2008, 321.

685) BGH, Beschl. v. 14.7.2016 – IX ZB 46/15, Rz. 22, ZIP 2016, 1688, dazu EWiR 2016, 599 *(Hofmann)*; BGH, Urt. v. 12.1.2017 – IX ZR 87/16, Rz. 16, ZIP 2017, 383, dazu EWiR 2017, 181 *(Schaumann/Zenker)*.

686) Vgl. BGH, Beschl. v. 14.7.2016 – IX ZB 46/15, Rz. 15, ZIP 2016, 1688.

687) **A. A.** BGH, Beschl. v. 20.11.2014 – IX ZB 16/14, ZVI 2015, 61 = ZIP 2015, 85; kritisch *Zimmer*, InsbürO 2016, 324; wieder in Zweifel gezogen durch BGH, Beschl. v. 14.7.2016 – IX ZB 46/15, Rz. 24, ZIP 2016, 1688.

688) BGH, Beschl. v. 14.7.2016 – IX ZB 46/15, Rz. 20, ZIP 2016, 1688.

- der Verfahrenskoordinator nach §§ 269a ff. InsO,[689]
- der Gruppenkoordinator nach Art. 77 Abs. 1 EuInsVO,[690]
- der (vorläufige) Sachwalter,
- die Gerichtskasse[691] sowie
- die Mitglieder des (vorläufigen, einstweiligen oder endgültigen) Gläubigerausschusses,
- nicht aber vom Gericht bestellte Sachverständige unmittelbar; letztere haben einen Anspruch gegen die Staatskasse nach JVEG, die solche Ausgaben wiederum als Auslagen gegenüber der Masse geltend zu machen hat. Ebenfalls keine Verfahrenskostengläubiger sind der gemeinsame Vertreter der Anleihegläubiger,[692] der gemeinsame Vertreter nach § 6 SpruchG,[693] ein für den Schuldner bestellter Kanzleiabwickler[694] oder Prozesspfleger.[695] Auch externe Beratungskosten oder Gehälter angestellter Geschäftsführungsorgane, die in der (vorläufigen) Eigenverwaltung entstehen, um diejenigen Aufgaben zu erfüllen, die ansonsten der (vorläufige) Insolvenzverwalter zu erfüllen hätte, gehören nicht zu den Verfahrenskosten.[696]

Wegen der Einheit des Kostenrechts[697] gilt für die Gerichtskosten sowie die Vergütung des Insolvenzverwalters eine einheitliche Berechnung des Gegenstandswerts nach § 58 Abs. 1 GKG, § 1 InsVV. Dies gilt auch im Hinblick auf den Grundsatz, dass bei einer Betriebsfortführung nur der Überschuss relevant ist.[698] Durch das KostRÄG 2021 mit Inkrafttreten zum 1.1.2021 ist dies nun auch in § 58 Abs. 1 Satz 3 GKG geregelt. Allerdings gilt für die Gerichtskosten eine **Kappung** gemäß § 39 Abs. 2 GKG auf einen Gegenstandswert von 30 Mio. €, da sich § 39 GKG im Allgemeinen Teil der Wertvorschriften 487

689) *Zimmer*, InsVV, § 1 Rz. 111.

690) *Zimmer*, InsVV, § 1 Rz. 110.

691) Nur in Bezug auf die Gerichtskosten und Auslagen des jeweiligen Insolvenzverfahrens, nicht also auch betreffend frühere Insolvenz(antrags)verfahren.

692) BGH, Beschl. v. 14.7.2016 – IX ZB 46/15, Rz. 21, ZIP 2016, 1688; BGH, Urt. v. 12.1.2017 – IX ZR 87/16, Rz. 16, ZIP 2017, 383; BGH, Urt. v. 21.1.2021 – IX ZR 89/20, ZRI 2021, 374.

693) BGH, Beschl. v. 15.1.2019 – II ZB 2/16, ZIP 2019, 722 (gegen die Vorinstanz OLG Düsseldorf, Beschl. v. 14.12.2015 – I-26 W 17/14, ZIP 2016, 940).

694) BGH, Urt. v. 28.11.2019 – IX ZR 239/18, ZVI 2020, 141 = ZRI 2020, 128 – mit umfangreicher Auseinandersetzung mit abweichenden Ansichten; zu Auskunfts- und Herausgabeansprüchen des Insolvenzverwalters gegen einen (ehemaligen) Kanzleiabwickler s. BGH, Urt. v. 7.2.2019 – IX ZR 5/18, ZIP 2019, 1500 = NJW-RR 2019, 637. Zum Einzug von Forderungen gegen Mandanten s. OLG Brandenburg, Beschl. v. 23.3.2023 – 10 U 104/21, ZRI 2023, 510.

695) BGH, Beschl. v. 11.1.2018 – IX ZB 99/16, ZVI 2018, 200.

696) Ausführlich *Frind*, ZIP 2019, 1945, 1949 ff.; ebenso *Zimmer*, InsVV, § 1 Rz. 116; **a. A.** AG Hamburg, Beschl. v. 7.5.2019 – 67g IN 118/19, ZIP 2019, 978; AG Hamburg, Beschl. v. 1.7.2020 – 67g IN 137/20, ZRI 2020, 451.

697) LG Wuppertal, Beschl. v. 8.4.2010 – 6 T 143/10, ZIP 2010, 1255; AG Duisburg, Beschl. v. 5.7.2011 – 7 IN 246/98, ZInsO 2011, 2006; *Zimmer*, ZVI 2004, 662.

698) OLG Dresden, Beschl. v. 26.8.2013 – 3 W 739/13, ZInsO 2013, 1859; OLG Düsseldorf, Beschl. v. 19.3.2012 – 3 W 286/11, ZIP 2012, 1089; OLG Düsseldorf, Beschl. v. 10.2.2015 – 3 W 20/14, ZInsO 2015, 1581; OLG Düsseldorf, Beschl. v. 19.9.2019 – I-3 W 46/19, ZRI 2020, 99 – Eigenverwaltung; OLG Hamm, Beschl. v. 18.1.2013 – 25 W 262/12, ZIP 2013, 470; OLG Hamm, Beschl. v. 14.5.2013 – 15 W 198/12, ZIP 2013, 1924; OLG Koblenz, Beschl. v. 20.1.2014 – 12 W 640/13, ZIP 2014, 385; OLG Nürnberg, Beschl. v. 12.8.2020 – 5 W 421/20, ZVI 2020, 484 = NZI 2020, 1013 – zunächst Eigenverwaltung; OLG Schleswig, Beschl. v. 4.8.2021 – 9 W 64/21, ZRI 2021, 900; OLG Stuttgart, Beschl. v. 30.4.2014 – 8 W 149/14, ZInsO 2014, 1177; LG Duisburg, Beschl. v. 15.11.2016 – 7 T 27/16, ZIP 2017, 148 – Eigenverwaltung; LG Leipzig, Beschl. v. 28.2.2013 – 8 T 325/12, ZInsO 2013, 684; AG Osnabrück, Beschl. v. 10.9.2013 – 38 IN 57/01, JurionRS 2013, 48488. **A. A.** OLG Düsseldorf, Beschl. v. 27.7.2010 – 10 W 60/10, ZVI 2011, 72 = ZIP 2010, 1911; OLG München, Beschl. v. 8.8.2012 – 11 W 832/12, ZInsO 2012, 1722; OLG München, Beschl. v. 25.4.2017 – 21 W 2/17, ZIP 2017, 1035; LG Konstanz, Beschl. v. 5.4.2013 – 62 T 11/13 A, ZIP 2013, 1240.

findet und § 58 GKG als besondere Wertvorschrift für Insolvenzverfahren keine Ausnahme vom Grundsatz enthält.[699]

488 Die Forderungen der Verfahrenskostengläubiger sind **vorab aus der Masse zu berichtigen** (§ 53 InsO). Im Fall angezeigter **Masseunzulänglichkeit** genießen sie das Privileg des – nach den Aus- und Absonderungsrechten – höchsten Befriedigungsrangs (§ 209 Abs. 1 Nr. 1 InsO). Das Vollstreckungsverbot des § 210 InsO nach angezeigter Masseunzulänglichkeit gilt allerdings auch für Kostengläubiger,[700] sodass auch ein entsprechendes Aufrechnungsverbot besteht. Liegt sogar **Massearmut** vor, sind die Forderungen aller Verfahrenskostengläubiger nach ihrem Verhältnis zu quoteln, zunächst die Auslagen, dann die Hauptforderungen (§ 207 Abs. 3 Satz 1 InsO). Selbst wenn keine Masseunzulänglichkeit angezeigt wurde, gilt konkludent die Befriedigungsreihenfolge des § 209 Abs. 1 InsO,[701] jeglicher Verteilungsfehler geht zulasten des Verwalters; Letzteres kommt immer dann zum Tragen, wenn die Gerichtskosten nicht voll bedient werden können oder der Insolvenzverwalter nach Begleichung sonstiger Masseverbindlichkeiten meint, seine Vergütung aufgrund Verfahrenskostenstundung aus der Staatskasse erhalten zu müssen.[702] Offengebliebene Verfahrenskosten sind in einem **Folgeinsolvenzverfahren** jedoch nur Insolvenzforderungen.[703] Auch die Verfahrenskosten i. S. des § 54 InsO sind grundsätzlich von der persönlichen Haftung der Gesellschafter einer Personengesellschaft umfasst (§ 93 InsO, § 126 HGB).[704]

489 Ein **Teilnahmerecht an Gläubigerversammlungen** besteht grundsätzlich nicht. Dies mag verwirren, da Insolvenzverwalter und Rechtspfleger in solchen Veranstaltungen regelmäßig anwesend sind, jedoch in anderer Funktion. Relevant wird der Unterschied bei Verwalterwechseln, d. h. ein Amtsvorgänger – nunmehr auf seine Stellung als Kostengläubiger reduziert – hat kein Recht zur Teilnahme an Gläubigerversammlungen. Eine Ausnahme besteht nur für die Gläubigerversammlung vor beabsichtigter Einstellung mangels Masse (§ 207 Abs. 2 InsO).

2. Sonstige Massegläubiger (§ 55 InsO)

490 Sonstige Massegläubiger (§§ 53, 55 InsO) sind die Gläubiger solcher Forderungen,

- die durch Handlungen des Insolvenzverwalters oder in anderer Weise durch die Verwaltung, Verwertung und Verteilung der Insolvenzmasse begründet werden, ohne zu den Kosten des Insolvenzverfahrens zu gehören (§ 55 Abs. 1 Nr. 1 InsO). Der Begriff der sonstigen Masseverbindlichkeiten ist weit auszulegen. Maßgeblich ist einzig, ob die Verbindlichkeiten durch die Insolvenzverwaltung ausgelöst werden oder jedenfalls einen Bezug zur Insolvenzmasse aufweisen;[705]
- aus gegenseitigen Verträgen, soweit deren Erfüllung zur Insolvenzmasse verlangt wird oder für die Zeit nach der Eröffnung des Insolvenzverfahrens erfolgen muss (§ 55 Abs. 1 Nr. 2 InsO);

699) *Grub*, ZInsO 2013, 313; *Zimmer*, InsVV, § 1 Rz. 182; **a. A.** *Nicht/Schild*, NZI 2013, 64.

700) BGH, Beschl. v. 21.9.2006 – IX ZB 11/04, ZVI 2007, 200 = ZIP 2006, 1999.

701) BGH, Beschl. v. 14.10.2010 – IX ZB 224/08, ZVI 2011, 226 = ZIP 2010, 2252, dazu EWiR 2011, 59 *(Ries)*.

702) BGH, Beschl. v. 7.2.2013 – IX ZB 245/11, ZIP 2013, 631.

703) BGH, Beschl. v. 23.4.2015 – IX ZB 55/13, ZVI 2015, 464.

704) BGH, Beschl. v. 21.11.2023 – II ZR 69/22, ZRI 2023, 1054.

705) BVerwG, Urt. v. 16.12.2009 – 8 C 9/09, Rz. 14, NJW 2010, 2152 = ZIP 2010, 487; BFH, Gerichtsbescheid v. 8.7.2011 – II R 49/09, Rz. 12, ZVI 2011, 420 = ZIP 2011, 1728, dazu EWiR 2011, 573 *(Sinz/Hiebert)*; BGH, Urt. v. 12.1.2017 – IX ZR 87/16, Rz. 19, ZIP 2017, 383.

- aus einer ungerechtfertigten Bereicherung der Masse (§ 55 Abs. 1 Nr. 3 InsO);
- die durch den „starken" vorläufigen Insolvenzverwalter begründet wurden (§ 55 Abs. 2 Satz 1 InsO);
- die von einem „schwachen" vorläufigen Insolvenzverwalter mit Einzelermächtigung des Insolvenzgerichts begründet wurden (§ 55 Abs. 2 Satz 1 InsO analog);
- die von einem vorläufig eigenverwaltenden Schuldner mit Einzelermächtigung des Insolvenzgerichts begründet wurden;[706)]
- die auf einer von einem vorläufigen Insolvenzverwalter mit Verwaltungs- und Verfügungsbefugnis bzw. mit Einzelermächtigung in Anspruch genommenen Gegenleistungen aus einem Dauerschuldverhältnis beruhen (§ 55 Abs. 2 Satz 2 InsO);
- die Ersatzansprüche eines Aussonderungsgläubigers wegen eines durch Nutzung oder Beschädigung eingetretenen Wertverlusts in der vorläufigen Verwaltung, wenn und soweit das Insolvenzgericht angeordnet hat, dass ein der Aussonderung unterliegender Gegenstand von dem Berechtigten nicht herausverlangt werden darf (§ 21 Abs. 2 Satz 1 Nr. 5 InsO);[707)]
- die vom Schuldner mit Zustimmung des „schwachen" vorläufigen Insolvenzverwalters oder vom vorläufig eigenverwaltenden Schuldner „begründeten" Forderungen aus bestimmten Steuerarten (§ 55 Abs. 4 InsO).
- Sonstige Masseverbindlichkeiten sind ferner Unterhaltsforderungen (§ 100 Abs. 1 InsO), Forderungen der Gesellschafter für den Gebrauch eines Gegenstands oder die Ausübung eines Rechts (§ 135 Abs. 3 Satz 2 InsO), der Schadensersatz der Absonderungsgläubiger für die verzögerte Verwertung von Absonderungsgut (§ 169 Satz 1 InsO), der Wertersatz für die Nutzung beweglicher Sachen, an denen ein Absonderungsrecht besteht (§ 172 Abs. 1 InsO) sowie besondere Forderungen in der Nachlassinsolvenz (§ 324 InsO).
- Als sog. nachrangige Massegläubiger werden Sozialplangläubiger bezeichnet, da an sie nur ein Drittel desjenigen Betrags ausgezahlt werden darf, der für die Verteilung an Insolvenzgläubiger zur Verfügung steht (§ 123 Abs. 2 Satz 2 InsO). Der Betrag, der für Sozialplangläubiger zur Verfügung steht, kann also erst im Zeitpunkt der Schlussverteilung abschließend bestimmt werden. Daher finden Sozialplanforderungen bei Masseunzulänglichkeit überhaupt keine Berücksichtigung, da eben auch kein Betrag für die Ausschüttung an Insolvenzgläubiger zur Verfügung steht. Daraus wiederum folgt, dass Sozialplanforderungen zumindest vor Durchführung einer Abschlags- oder Schlussverteilung an Insolvenzgläubiger nicht mit der Leistungsklage verfolgt werden können.[708)]
- Der Begriff Masseverbindlichkeit bezieht sich immer nur auf das laufende Insolvenzverfahren; offene Masseverbindlichkeiten aus einem vorherigen Insolvenzverfahren werden im neuen Insolvenzverfahren zu Insolvenzforderungen, auch wenn das vorherige Insolvenzverfahren durch Insolvenzplan beendet wurde. Wurden solche Masseverbindlichkeiten nach Aufhebung bzw. Einstellung des vorherigen Insolvenzverfahrens be-

706) BGH, Urt. v. 22.11.2018 – IX ZR 167/16, ZVI 2019, 23 = ZIP 2018, 2488, dazu EWiR 2019, 49 *(Thole)*.

707) BVerfG, Beschl. v. 22.3.2012 – 1 BvR 3169/11, ZIP 2012, 1252; BGH, Urt. v. 28.6.2012 – IX ZR 219/10, ZIP 2012, 1566, dazu EWiR 2012, 601 *(Voß)*; BGH, Urt. v. 8.3.2012 – IX ZR 78/11, ZIP 2012, 779, dazu EWiR 2012, 389 *(Tillmann)*.

708) BAG, Urt. v. 21.1.2010 – 6 AZR 785/08, ZIP 2010, 546, dazu EWiR 2010, 301 *(Moll/Krahforst)*.

glichen, kann insoweit im neuen Insolvenzverfahren eine Insolvenzanfechtung in Betracht kommen.[709)]

491 Die Forderungen der sonstigen Massegläubiger sind **vorab aus der Masse zu berichtigen** (§ 53 InsO), jedoch nach den Verfahrenskosten i. S. des § 54 InsO. Die Möglichkeit der **Aufrechnung** mit bzw. gegen Insolvenzforderungen besteht nur unter dem Vorbehalt der §§ 94 ff. InsO. Zudem sieht § 90 InsO ein **Vollstreckungsverbot in den ersten sechs Monaten** nach Verfahrenseröffnung für bestimmte Masseverbindlichkeiten vor. Masseverbindlichkeiten werden weder von einer Restschuldbefreiung noch von einem Insolvenzplan[710)] erfasst.

492 Bei angezeigter **Masseunzulänglichkeit** ist die Befriedigungsreihenfolge des § 209 InsO zu beachten. Nach den Verfahrenskostengläubigern (§ 209 Abs. 1 Nr. 1 InsO) sind zunächst Neu-Massegläubiger zu befriedigen (§ 209 Abs. 1 Nr. 2 InsO). Für Alt-Massegläubiger (§ 209 Abs. 1 Nr. 3 InsO) gilt gemäß § 210 InsO ein Vollstreckungsverbot. Hieraus wurde entwickelt, dass dem Alt-Massegläubiger ein Rechtsschutzinteresse für eine Leistungsklage fehlt, er ist auf eine Feststellungsklage nach § 256 Abs. 1 ZPO beschränkt.[711)] Analog § 210 InsO trifft den Alt-Massegläubiger ferner ein Aufrechnungsverbot im Hinblick auf nach Anzeige der Masseunzulänglichkeit entstandene Ansprüche der Masse.[712)] Dem Alt-Massegläubiger steht auch kein Zurückbehaltungsrecht zu.[713)] Nicht durch die Masseunzulänglichkeit beeinträchtigt werden freilich sachenrechtliche Ansprüche, wie z. B. Eigentumsvorbehaltsrechte. Auch die Hinterlegung von Geld als Prozesssicherheit nach der Hinterlegungsordnung soll ein gesetzliches Pfandrecht auslösen, sodass die Auszahlung von der Hinterlegungsstelle an einen Alt-Massegläubiger nicht an § 210 InsO scheitert.[714)] Die Abgrenzung zwischen Alt- und Neu-Massegläubigern erfolgt nach denselben Kriterien wie eine Abgrenzung von Insolvenzforderungen und Masseverbindlichkeiten, d. h. es kommt auf den Zeitpunkt der Begründung der Forderung an (bzw. bei Dauerschuldverhältnissen oder Steuerforderungen auf das Entstehen).

493 Können selbst die Neu-Massegläubiger nicht vollständig bedient werden, liegt **erneute Masseunzulänglichkeit** vor. Diese wirkt jedoch nicht inter omnes, sondern nur inter partes. Die Folgen der §§ 208, 209 InsO treten damit nicht ein,[715)] eine analoge Anwendung des § 210 InsO kann nur zwischen den Parteien als Einrede erhoben werden. Dies gilt auch dann, wenn es nach angezeigter Masseunzulänglichkeit zu einem Verwalterwechsel kommt, da es insoweit nur auf die Masse ankommt, nicht auf die Verwaltungs- und Verfügungsbefugnis.[716)]

494 Die **Verjährung** einer Masseverbindlichkeit richtet sich nach allgemeinen Grundsätzen, sodass im Wesentlichen die Regelverjährung von drei Jahren nach § 195 BGB einschlägig ist. Masseverbindlichkeiten genießen nicht das Privileg des § 204 Abs. 1 Nr. 10 BGB,[717)] sodass Masseunzulänglichkeit keine Hemmung der Verjährung bedeutet, was insbesondere bei länger dauernden Verfahren berücksichtigt werden sollte. Zu Forderungen aus **Sozial-**

---

709) KG, Urt. v. 14.9.2018 – 14 U 34/18, ZInsO 2018, 2777.

710) BFH, Urt. v. 23.10.2018 – VII R 13/17, ZIP 2019, 85, dazu EWiR 2019, 83 *(de Weerth)*.

711) BGH, Urt. v. 3.4.2003 – IX ZR 101/02, ZIP 2003, 914, dazu EWiR 2003, 651 *(Tetzlaff)*; BAG, Urt. v. 11.12.2001 – 9 AZR 459/00, ZIP 2002, 628, dazu EWiR 2002, 815 *(Berscheid)*; BAG, Urt. v. 5.2.2009 – 6 AZR 110/08, ZIP 2009, 984, dazu EWiR 2009, 615 *(Hertzfeld/Höher)*.

712) BFH, Urt. v. 4.3.2008 – VII R 10/06, ZIP 2008, 886, dazu EWiR 2008, 661 *(v. Spiessen)*.

713) BAG, Urt. v. 8.5.2014 – 6 AZR 246/12, ZIP 2014, 1498, dazu EWiR 2014, 655 *(Zimmer)*.

714) BGH, Beschl. v. 14.2.2018 – IV AR (VZ) 2/17, ZIP 2018, 541, dazu EWiR 2018, 245 *(Zipperer)*.

715) BAG, Urt. v. 25.8.2022 – 6 AZR 441/21, ZRI 2022, 1020 = ZVI 2023, 164 = NJW 2023, 238.

716) Ausführlich *Zimmer*, Haftung des eingewechselten Verwalters, S. 335 ff.

717) BGH, Urt. v. 14.12.2017 – IX ZR 118/17, ZVI 2018, 202.

plänen wird indes vertreten, sie würden erst mit der Möglichkeit der Bezifferung entstehen, mithin in der Sekunde vor der Schlussverteilung, sodass die Verjährungsfrist vorher nicht zu laufen beginne.[718)]

Ein **Teilnahmerecht an Gläubigerversammlungen** besteht grundsätzlich nicht. Ausnahmen bestehen nur für die Gläubigerversammlung vor beabsichtigter Einstellung mangels Masse (§ 207 Abs. 2 InsO) sowie für einen Abstimmungs- und Erörterungstermin bei beabsichtigtem Insolvenzplan nach angezeigter Masseunzulänglichkeit (§§ 210a, 235 Abs. 3 Satz 1 InsO).[719)] 495

Ist die Befriedigung der Masseschuld nicht möglich, haben die Massegläubiger unter den weiteren Voraussetzungen der §§ 60, 61 InsO einen **Schadensersatzanspruch** unmittelbar gegen den Verwalter.[720)] Hierbei ist wiederum zu beachten, dass die formelle Reihenfolge des § 209 InsO keine Bedeutung hat; materiell-rechtlich kann der Zeitpunkt des Eintritts der Masseunzulänglichkeit vom Datum ihrer Anzeige abweichen, was de facto wohl auch die Regel sein dürfte. 496

3. Insolvenzgläubiger

Insolvenzgläubiger (§ 38 InsO) sind persönliche Gläubiger, die einen **zur Zeit der Eröffnung des Insolvenzverfahrens begründeten Vermögensanspruch** gegen den Schuldner haben. Dies ist der Fall, wenn der anspruchsbegründende Tatbestand vor Insolvenzeröffnung abgeschlossen ist, auch wenn sich die Forderung des Gläubigers selbst erst nach Verfahrenseröffnung ergibt.[721)] 497

Zunächst steht jedem Insolvenzgläubiger das Recht zu, **Antrag auf Eröffnung des Insolvenzverfahrens** über das Vermögen des Schuldners zu stellen (§§ 13 Abs. 1 Satz 2, 14 Abs. 1 InsO). Ganz allgemein gilt, dass ein Gläubigerantrag zulässig ist, wenn der Gläubiger ein **rechtliches Interesse an der Insolvenzeröffnung** hat und er seine Forderung sowie einen Eröffnungsgrund glaubhaft macht bzw. zur Überzeugung des Gerichts beweist.[722)] Das Rechtsschutzinteresse kann fehlen, wenn sich der Gläubiger auf andere Weise einfacher und schneller vollständig und rechtlich nicht angreifbar befriedigen kann (z. B. durch Verwertung insolvenzfester Sicherheiten[723)], sofern es sich nicht um ein Grundstück handelt und suizidale Absichten des Schuldners erkennbar sind[724)]), wenn die Forderung des Gläubigers zweifelsfrei und vollständig dinglich gesichert ist,[725)] bereits ein Insolvenzverfahren eröffnet wurde[726)] oder augenscheinlich verfahrensfremde Zwecke verfolgt werden. Praxisrelevante Problemfelder sind die **Glaubhaftmachung** des Gläubigers, Zulässigkeitsfragen bei vorherigen Antragsverfahren sowie die Kostenlast nach Erledigungserklärungen.[727)] 498

War in einem Zeitraum von zwei Jahren vor der Antragstellung **bereits ein Eröffnungsantrag** gestellt worden, wird der neue Insolvenzantrag nicht allein dadurch unzulässig, 499

718) ArbG Oberhausen, Urt. v. 19.4.2012 – 4 Ca 2167/11, NZI 2013, 9.

719) Zu dem Problem *Zimmer*, ZInsO 2012, 390.

720) Ausführlich *Zimmer* in: Beck/Depré/Ampferl, Praxis der Insolvenz, § 47 Rz. 140 ff.

721) BGH, Beschl. v. 22.9.2011 – IX ZB 121/11, ZVI 2011, 408.

722) BGH, Beschl. v. 14.1.2021 – IX ZB 12/20, ZRI 2021, 130.

723) BGH, Beschl. v. 8.7.2010 – IX ZB 45/10, ZInsO 2010, 1662; BGH, Beschl. v. 5.5.2011 – IX ZB 251/10, ZInsO 2011, 1216; BGH, Beschl. v. 5.5.2011 – IX ZB 250/11, NZI 2011, 632; BFH, Beschl. v. 16.9.2010 – VII B 281/09, BFH/NV 2011, 309.

724) BGH, Beschl. v. 10.12.2020 – IX ZB 24/20, ZRI 2021, 88.

725) BGH, Beschl. v. 29.11.2007 – IX ZB 12/07, ZVI 2008, 13 = ZIP 2008, 281, dazu EWiR 2008, 407 *(Hölzle)*.

726) BGH, Beschl. v. 3.7.2008 – IX ZB 182/07, ZIP 2008, 1976.

727) Hierzu BGH, Beschl. v. 23.9.2021 – IX ZB 66/20, ZVI 2022, 21.

dass die Forderung erfüllt wird (§ 14 Abs. 1 Satz 2 InsO). Allerdings muss auch weiterhin ein Rechtsschutzinteresse des Gläubigers bestehen. Hiervon ist nur auszugehen, wenn alsbald neue Forderungen zu erwarten sind.[728)]

500 **Anträge des Finanzamts** sollen auf Antrag des Schuldners vor dem FG im Wege einstweiligen Rechtsschutzes geprüft werden können.[729)] Dies ist abzulehnen, da dann FG und Insolvenzgericht z. T. dieselben Tatbestandsvoraussetzungen prüfen[730)] und das Insolvenzverfahren als Eil- und Vollstreckungsverfahren konterkariert wird. Im Übrigen muss das Verhältnis zum Insolvenzanfechtungsrecht berücksichtigt werden, da die finanzgerichtliche Auffassung darauf aufbaut, dass noch einmal über Ratenzahlung verhandelt werden soll, die nach Verfahrenseröffnung jedoch oftmals Gegenstand insolvenzrechtlicher Anfechtungen ist. Gegen die Entscheidung der **Staatsanwaltschaft,** gemäß § 111i Abs. 2 StPO Antrag auf Insolvenzeröffnung gegen einen Beschuldigten zu stellen, ist der Rechtsweg nach §§ 23 ff. EGGVG eröffnet.[731)] Da es sich sowohl beim Finanzamt als auch bei der Staatsanwaltschaft um eine Behörde handelt, sind Insolvenzanträge nebst erforderlichen Unterlagen seit dem 1.1.2022 als **elektronische** Dokumente einzureichen (§ 4 Satz 1 InsO i. V. mit § 130d ZPO).[732)]

501 Insolvenzgläubiger können ihre Forderungen nach Insolvenzeröffnung beim Insolvenzverwalter zur **Insolvenztabelle** anmelden. Mit der Forderungsanmeldung wird der Gläubiger zur Partei im Insolvenzverfahren als Gerichtsverfahren. Für eine **wirksame Forderungsanmeldung** erfordert die Angabe des Grundes der Forderung die bestimmte Angabe des Lebenssachverhalts, aus dem die Forderung – nach der Behauptung des Gläubigers – entspringt; eine schlüssige Darlegung der Forderung ist nicht erforderlich.[733)] Der konkreten Zuordnung zu einer Anspruchsnorm bedarf es ebenfalls nicht.[734)] Eine Hinweispflicht des Insolvenzverwalters besteht allenfalls bei offensichtlichen Mängeln der Anmeldung, die der Aufnahme der Forderung in die Tabelle entgegenstehen; der Insolvenzverwalter ist vor Einlegung des Widerspruchs im Prüfungstermin im Übrigen nicht verpflichtet, den Gläubiger auf Schlüssigkeitsmängel hinzuweisen.[735)] Die wirksame Forderungsanmeldung hat grundsätzlich die **Hemmung der Verjährung** zur Folge (§ 204 Abs. 1 Nr. 10 BGB). Kommt der Forderungsanmeldung mangels ordnungsgemäßer Individualisierung jedoch keine verjährungshemmende Wirkung zu, wirkt eine spätere Individualisierung erst im Prüfungstermin nicht auf den Zeitpunkt der Anmeldung zurück,[736)] auch ist eine spätere Feststellungsklage gegen den Bestreitenden wegen Verjährung ggf. unbegründet.[737)] § 208 BGB findet keine Anwendung.[738)] Daher ist allerdings zweifelhaft, dass der Gläubiger keinen Anspruch auf zügige Anordnung eines **nachträglichen Prüfungstermins** haben soll.[739)] Wird (wegen eines Versehens des Insolvenzverwalters) ein nachträglicher Prüfungstermin

728) BGH, Beschl. v. 12.7.2012 – IX ZB 18/12, ZIP 2012, 1674, dazu EWiR 2012, 763 *(Kruth)*.

729) BFH, Beschl. v. 28.2.2011 – VII B 224/10, ZIP 2011, 724.

730) Ablehnend daher auch AG Göttingen, Beschl. v. 31.5.2011 – 74 IN 174/10, ZVI 2011, 326 = ZIP 2011, 1539.

731) BGH, Beschl. v. 10.6.2020 – 5 Ars 17/19, ZVI 2020, 380.

732) AG Hamburg, Beschl. v. 21.2.2022 – 67h IN 29/22, ZVI 2022, 106 (Finanzamt).

733) BGH, Urt. v. 25.6.2020 – IX ZR 47/19, ZRI 2020, 414; OLG München, Urt. v. 10.11.2021 – 7 U 2163/20, ZRI 2021, 1012. Zuvor noch Schlüssigkeit gefordert von BGH, Urt. v. 21.1.2009 – IX ZR 3/08, ZVI 2009, 105 = ZIP 2009, 483.

734) BGH, Beschl. v. 12.11.2015 – IX ZR 313/14, ZVI 2016, 143.

735) OLG Stuttgart, Beschl. v. 29.4.2008 – 10 W 21/08, ZVI 2008, 336 = ZIP 2008, 1781, dazu EWiR 2008, 695 *(Schröder)*.

736) BGH, Urt. v. 25.6.2020 – IX ZR 47/19, ZRI 2020, 414.

737) BGH, Urt. v. 21.2.2013 – IX ZR 92/12, ZVI 2013, 187 = ZIP 2013, 680, dazu EWiR 2013, 251 *(Foerste)*.

738) BGH, Urt. v. 5.4.2016 – VI ZR 283/15, ZVI 2016, 310.

739) So aber LG Würzburg, Beschl. v. 4.3.2020 – 3 T 344/20, NZI 2020, 421.

trotz rechtzeitiger Forderungsanmeldung notwendig, ist der Gläubiger gleichwohl Schuldner der Gerichtskosten nach GKG KV 2340.[740)]

Da nicht nur der Insolvenzverwalter einer Forderung widersprechen kann, sondern auch andere Insolvenzgläubiger (§ 176 InsO), muss sich eine **Feststellungsklage** gegen den Bestreitenden richten (§ 179 Abs. 1 InsO). Deren Zulässigkeit ist nicht von der vorherigen Durchführung eines Verfahrens der obligatorischen außergerichtlichen Streitschlichtung abhängig,[741)] wohl aber von einer Prüfung im Prüfungstermin. Eine Musterfeststellungsklage gemäß §§ 606 ff. ZPO kann eine Tabellenfeststellungsklage nicht ersetzen.[742)] War vorinsolvenzlich bereits eine (Zahlungs-)Klage anhängig, muss die Klage dementsprechend auf Feststellung umgestellt werden; die Aufnahme des Rechtsstreits ist jedoch nur wirksam, wenn sie gegenüber allen Bestreitenden vorgenommen wird.[743)] Der obsiegenden Partei obliegt es, beim Insolvenzgericht die Berichtigung der Tabelle zu beantragen (§ 183 Abs. 2 InsO). Die Ablehnung eines solchen Antrags ist nur mit der befristeten Rechtspflegererinnerung angreifbar.[744)] Der Streitwert solcher Tabellenfeststellungsklagen i. S. der §§ 179, 180 InsO (einschließlich Zuständigkeits- und Rechtsmittelstreitwert) bestimmt sich gemäß § 182 InsO nach dem Betrag, der bei der Schlussverteilung für die Forderung zu erwarten ist, mithin nach der voraussichtlichen Befriedigungsquote.[745)] 502

Eine **Delikteigenschaft** kann auch separat angemeldet[746)] bzw. nachgemeldet[747)] werden. Die Anmeldung einer Delikteigenschaft bzw. die Eintragung der Anmeldung in die Tabelle durch das Insolvenzgericht setzt stets einen zulässigen Antrag auf Restschuldbefreiung voraus.[748)] Der Streitwert einer Feststellungsklage wegen des Attributs der unerlaubten Handlung (oder umgekehrt der negativen Feststellungsklage des Schuldners) bemisst sich weder nach dem Nominalwert der Forderung noch nach der Quotenerwartung,[749)] da eine mögliche Befriedigung nach Abschluss des Insolvenzverfahrens nicht ausgeschlossen ist; ohne weitere Anhaltspunkte kann von 25 % des Nominalwerts ausgegangen werden.[750)] Allein der Widerspruch des Schuldners gegen das Deliktsattribut steht der Erteilung einer vollstreckbaren Ausfertigung nach Aufhebung des Verfahrens nicht im Wege.[751)] 503

Bis zur Aufhebung bzw. Einstellung des Verfahrens ist unabhängig vom Prüfungsergebnis eine **Rücknahme der Forderungsanmeldung** möglich.[752)] Nach dem Prüfungstermin ist richtiger Adressat der Rücknahme allerdings ausschließlich das Insolvenzgericht.[753)] Da- 504

740) OLG Dresden, Beschl. v. 24.1.2023 – 12 W 636/22, ZRI 2023, 153.

741) BGH, Urt. v. 9.6.2011 – IX ZR 213/10, ZVI 2011, 372 = ZIP 2011, 1687, dazu EWiR 2011, 607 *(Eckardt)*.

742) *Thole*, NZI 2020, 411. Offengelassen von BGH, Urt. v. 27.7.2023 – IX ZR 267/20, Rz. 17 f., ZRI 2023, 760.

743) BGH, Beschl. v. 31.10.2012 – III ZR 204/12, ZIP 2012, 2369, dazu EWiR 2012, 799 *(Eckardt)*.

744) BGH, Beschl. v. 24.11.2016 – IX ZB 4/15, ZVI 2017, 104.

745) BGH, Beschl. v. 21.3.2019 – IX ZR 26/18, ZInsO 2020, 1133; BGH, Beschl. v. 27.6.2019 – III ZR 190/18, ZInsO 2019, 1748.

746) FG Berlin-Brandenburg, Urt. v. 5.7.2021 – 16 K 11072/19, ZRI 2021, 1016 = ZVI 2022, 28.

747) OLG Köln, Urt. v. 7.2.2019 – 7 U 176/17, ZVI 2019, 345.

748) AG Aurich, Beschl. v. 3.12.2015 – 9 IN 145/15, ZVI 2016, 290; AG Köln, Beschl. v. 16.6.2020 – 73 IN 298/17, ZVI 2020, 270.

749) A. A. OLG Hamm, Beschl. v. 4.5.2016 – 32 SA 16/16, ZVI 2017, 21.

750) BGH, Urt. v. 12.6.2008 – IX ZR 100/07, NZI 2008, 569; BGH, Beschl. v. 1.10.2020 – IX ZR 199/19, ZVI 2020, 481.

751) BGH, Beschl. v. 18.6.2020 – IX ZB 46/18, ZVI 2020, 305.

752) AG Köln, Beschl. v. 8.1.2016 – 71 IN 20/13, ZVI 2016, 249.

753) BGH, Urt. v. 11.4.2019 – IX ZR 79/18, ZVI 2019, 223 = ZIP 2019, 1024; OLG Brandenburg, Urt. v. 13.3.2018 – 3 U 49/16, ZVI 2018, 366 = ZIP 2018, 1308, dazu EWiR 2018, 405 *(Jungmann)*, LG Stuttgart, Beschl. v. 28.1.2020 – 19 T 320/19, ZVI 2020, 267.

von zu unterscheiden ist die **Rücknahme eines Widerspruchs** gegen eine Forderung, die wahlweise gegenüber dem Insolvenzgericht oder gegenüber dem Gläubiger der bestrittenen Forderung zu erklären ist.[754)]

505 Während der Dauer des eröffneten Insolvenzverfahrens besteht für den einzelnen Insolvenzgläubiger ein **Akteneinsichtsrecht** (siehe Rz. 597 ff.). **Mitwirkungs- und Informationsrechte** sollen aber grundsätzlich innerhalb der Gläubigerversammlung ausgeübt werden, die als beratendes und beschlussfassendes Gläubigerorgan gilt.[755)] Davon ausgenommen sind die Interessen des Gläubigers in Bezug auf seine eigene Forderung, deretwegen der Gläubiger auch außerhalb eines Prüfungstermins Erklärungen abgeben und Informationen einfordern kann.

506 Im eröffneten Verfahren sowie bis zum Ablauf der Abtretungsfrist gilt für die Insolvenzgläubiger ein **Vollstreckungsverbot** (§§ 89 Abs. 1, 294 Abs. 1 InsO), das auch das Verfahren der eidesstattlichen Offenbarungsversicherung erfasst.[756)] Eine privilegierte Vollstreckungsmöglichkeit wegen Unterhalts- und Deliktansprüchen nach § 89 Abs. 2 Satz 2 InsO besteht für Insolvenzgläubiger nicht, da das Privileg den Neugläubigern vorbehalten ist.[757)]

507 **Aufrechnungen** werden durch §§ 94 ff. InsO beschränkt. Soweit Aufrechnungen zulässig sind, darf der Insolvenzgläubiger an Verteilungen nur nach dem verbleibenden Berücksichtigungswert seiner Restforderung teilnehmen, auch wenn eine höhere Forderung zur Tabelle festgestellt wurde; insoweit muss der Insolvenzverwalter im Zweifel Verteilungsabwehrklage gemäß §§ 4 Satz 1 InsO, 767 ZPO gegen den Gläubiger erheben, was sogar noch für den Treuhänder in der Wohlverhaltensphase gilt.[758)]

508 Ferner sind Insolvenzgläubiger stets potentielle **Anfechtungsgegner** i. S. der §§ 129 ff. InsO, sodass hinsichtlich des bereits Erlangten die Gefahr der Rückzahlungsverpflichtung besteht. Insolvenzgläubiger sind Beteiligte i. S. des § 60 InsO, sodass ihnen die **Haftung des Insolvenzverwalters** für dessen Pflichtverletzungen zur Seite stehen kann.[759)]

509 Die **Befriedigung** der Insolvenzgläubiger erfolgt ausschließlich nach §§ 187 ff. InsO (bzw. nach den Regelungen in einem Insolvenzplan), d. h. meist kurz vor Verfahrensbeendigung durch eine **Schlussverteilung**. Die Auskehrung der Insolvenzquote ist eine **Holschuld** i. S. des § 269 BGB; der Annahmeverzug wird nach § 295 BGB dadurch begründet, dass der Schuldner bzw. Insolvenzverwalter dem Gläubiger die geschuldete Leistung anbietet,[760)] sodass an die Hinterlegung keine allzu hohen Anforderungen zu stellen sind, insbesondere ist für eine gelöschte Gesellschaft nicht zuvor eine Nachtragsliquidation zu beantragen.[761)] Bei der Schlussverteilung sind **Tilgungsbestimmungen** unbeachtlich, mehrere Forderungen eines Gläubigers werden im Verhältnis ihrer Beträge berichtigt.[762)] Schließt sich dem eröffneten Verfahren noch eine restliche Abtretungsfrist an, kann auch der Treuhänder noch **Vollstreckungsabwehrklage** gegen den Gläubiger erheben, wenn anderweitig er-

---

754) BGH, Urt. v. 27.4.2023 – IX ZR 99/22, Rz. 23 ff., ZRI 2023, 554 = ZVI 2023, 413.

755) *Zimmer*, Haftung des eingewechselten Verwalters, S. 67 f.

756) BGH, Beschl. v. 24.5.2012 – IX ZB 275/10, ZVI 2012, 348 = ZIP 2012, 1311, dazu EWiR 2012, 733 *(Budnik)*; BGH, Beschl. v. 17.4.2013 – IX ZB 300/11, ZVI 2013, 263 = ZIP 2013, 1045.

757) BGH, Beschl. v. 27.9.2007 – IX ZB 16/06, ZVI 2008, 17 = ZIP 2007, 2330.

758) BGH, Urt. v. 29.3.2012 – IX ZR 116/11, ZVI 2012, 311 = ZIP 2012, 1087, dazu EWiR 2012, 493 *(Eckardt)*.

759) Hierzu *Zimmer* in: Beck/Depré/Ampferl, Praxis der Insolvenz, § 47 passim.

760) AG Hamburg, Beschl. v. 10.11.2020 – 57 HL 397/20, ZRI 2021, 206 = ZInsO 2020, 2725.

761) AG Hamburg, Beschl. v. 10.11.2020 – 57 HL 397/20, ZRI 2021, 206 = ZInsO 2020, 2725.

762) BGH, Beschl. v. 18.6.2020 – IX ZB 46/18, ZVI 2020, 305.

langte Beträge nicht zur Minderung der festgestellten Forderung geführt haben.[763)] Vorherige **Abschlagsverteilungen** werden gerne gesehen, sind aber die Ausnahme. Das Insolvenz(steuer)recht enthält immer noch zahlreiche Unwägsamkeiten, sodass sich z. T. erst nach Jahren neue Masseverbindlichkeiten auftun können oder Tabellenminderungen erfolgen; vor diesem Hintergrund ist es dem Insolvenzverwalter nicht zuzumuten, vorab Zahlungen an die Insolvenzgläubiger vorzunehmen.

4. Nachrangige Insolvenzgläubiger

Nachrangige Insolvenzgläubiger (§ 39 InsO) können in persönlicher Hinsicht grundsätzlich nur die vorbeschriebenen **Insolvenzgläubiger** sein, d. h. die Forderung muss vor Insolvenzeröffnung **begründet** worden sein. Insoweit gelten die vorstehenden Ausführungen ebenfalls. Die nachrangigen Forderungen sind im **Katalog des § 39 InsO** aufgeführt und müssen – nach vollständiger Befriedigung der nicht nachrangigen Insolvenzgläubiger – in der dort genannten Reihenfolge bedient werden. Dass die in § 39 Abs. 1 Nr. 1 und 2 InsO genannten Forderungen **erst nach Insolvenzeröffnung entstehen**, ist systemimmanent und hebt nochmals die wichtige Abgrenzung zwischen beiden Rechtsbegriffen hervor. Zu berücksichtigen sind: 510

- die seit der Eröffnung des Insolvenzverfahrens laufenden Zinsen und Säumniszuschläge auf Forderungen der Insolvenzgläubiger (§ 39 Abs. 1 Nr. 1 InsO);
- die Kosten, die den einzelnen Insolvenzgläubigern durch ihre Teilnahme am Verfahren erwachsen (§ 39 Abs. 1 Nr. 2 InsO);
- Geldstrafen, Geldbußen, Ordnungsgelder und Zwangsgelder sowie solche Nebenfolgen einer Straftat oder Ordnungswidrigkeit, die zu einer Geldzahlung verpflichten (§ 39 Abs. 1 Nr. 3 InsO);
- Forderungen auf eine unentgeltliche Leistung des Schuldners (§ 39 Abs. 1 Nr. 4 InsO);
- Forderungen auf Rückgewähr eines Gesellschafterdarlehens oder Forderungen aus Rechtshandlungen, die einem solchen Darlehen wirtschaftlich entsprechen (§ 39 Abs. 1 Nr. 5 i. V. mit Abs. 4 und 5 InsO);
- Forderungen, für die zwischen Gläubiger und Schuldner der Nachrang im Insolvenzverfahren vereinbart worden ist (§ 39 Abs. 2 InsO).

Verfahrensrechtlich ist zu berücksichtigen, dass die Forderungen nachrangiger Gläubiger nur zur **Insolvenztabelle** angemeldet werden können, wenn das Insolvenzgericht besonders zur Anmeldung dieser Forderungen **aufgefordert** hat (§ 174 Abs. 3 Satz 1 InsO). 511

Praxishinweis

Keinesfalls sollte der Insolvenzverwalter einen Überschuss i. S. des § 199 InsO an den Schuldner auskehren, bevor die Frage der nachrangigen Gläubiger geklärt ist. Meldet ein Gläubiger eine nachrangige Forderung mit Hinweis auf den Nachrang ohne eine entsprechende Anordnung des Gerichts an, ist die Anmeldung unzulässig; ein entsprechender Beschluss des Insolvenzgerichts ist dem Gläubiger zuzustellen. Meldet er eine nachrangige Forderung als normale Insolvenzforderung im Rang des § 38 InsO an, ist zwar die Anmeldung zulässig und die Forderung muss in die Tabelle eingetragen werden,[764)] jedoch muss der Insolvenzverwalter sie bestreiten, da er sich sonst einer Haftung gegenüber anderen Insolvenzgläubigern aussetzt (§ 60 InsO).

763) BGH, Urt. v. 29.3.2012 – IX ZR 116/11, ZVI 2012, 311 = ZIP 2012, 1958.

764) LG Waldshut-Tiengen, Beschl. v. 26.1.2005 – 1 T 172/03, ZVI 2005, 217 = ZIP 2005, 499. **A. A.** unter Verkennung des gesetzlichen Richters AG Münster, Beschl. v. 10.8.2017 – 77 IN 24/17, ZIP 2017, 2493.

512 Problematisch ist die Frage der **Verjährung.**[765] Die Forderungsanmeldung – und nicht bereits die Insolvenzeröffnung – hat grundsätzlich die Hemmung der Verjährung zur Folge (§ 204 Abs. 1 Nr. 10 BGB). Wenn die Forderung jedoch wirksam erst nach Aufforderung des Insolvenzgerichts angemeldet werden kann, oft also erst kurz vor Einreichung des Schlussberichts des Insolvenzverwalters oder gar danach, dürfte Verjährung zumindest der in **§ 39 Abs. 1 Nr. 3–5, Abs. 2 InsO** genannten Forderungen eingetreten sein, sodass die Hemmungsregelung ins Leere ginge. Möglich sind nur **zwei Lösungsansätze:**

- Entweder wird bei nachrangigen Insolvenzforderungen ausnahmsweise Verjährungshemmung allein aufgrund Insolvenzeröffnung bejaht oder
- es muss der Ansatz aufgegeben werden, derartige Forderungsanmeldungen ohne Aufforderung des Insolvenzgerichts seien unzulässig, d. h. unwirksam.

513 Ersteres wäre systemfremd, Letzteres angemessen.[766] Denn im Grunde besteht für das Erfordernis einer zusätzlichen „Erlaubnis“ zur Forderungsanmeldung keine Notwendigkeit. Wenn § 174 Abs. 3 Satz 2 InsO inhaltlich erhalten bleibt, die Gläubiger mithin in der Forderungsanmeldung auf einen Nachrang hinweisen müssen, kann auf die besondere Erlaubnis des § 174 Abs. 3 Satz 1 InsO verzichtet werden. Es ist ausreichend geregelt, dass solche Forderungen erst in einem nachträglichen Prüfungstermin geprüft werden müssen (§ 177 Abs. 2 InsO), denn die in **§ 39 Abs. 1 Nr. 1 und 2 InsO** genannten Forderungen entstehen erst nach Insolvenzeröffnung bzw. nach dem ersten Prüfungstermin. Für diese Forderungen ist anerkannt, dass es sich um akzessorische Nebenansprüche handelt, die nicht isoliert vom Hauptanspruch verjähren (§ 217 BGB).[767]

514 Auch für nachrangige Insolvenzgläubiger besteht während der Dauer des Insolvenzverfahrens das **Vollstreckungsverbot** gemäß § 89 InsO, das sich auch auf das insolvenzfreie Vermögen erstreckt. Nachrangige Insolvenzgläubiger sind auch in der Wohlverhaltensphase vom Vollstreckungsverbot des § 294 Abs. 1 InsO betroffen. Allerdings ist die Vollstreckung einer Geldstrafe i. S. des § 39 Abs. 1 Nr. 3 InsO durch Anordnung und Vollziehung der **Ersatzfreiheitsstrafe** i. S. des § 43 StGB zulässig.[768] Gleichfalls ist die Vollstreckung von ersatzweise angeordneter **Ordnungshaft** i. S. des § 890 ZPO trotz Insolvenzeröffnung möglich.[769] Noch in der Diskussion ist die Frage, ob dies auch für eine **Erzwingungshaft** i. S. des § 96 OWiG gilt. Soweit diese für unzulässig[770] erachtet wird, kann dem nicht gefolgt werden.[771] Während die Ersatzfreiheitsstrafe eine „echte“ Strafe darstellt, stellt die Erzwingungshaft zwar lediglich ein Druckmittel zur Durchsetzung der Geldbuße dar. Jedoch ergibt sich aus § 66 Abs. 2 Nr. 2 lit. b OWiG, dass auch eine Zahlungsunfähigkeit nicht grundsätzlich einer Erzwingungshaft entgegensteht. Zahlungsunfähigkeit i. S. der Vorschriften des OWiG ist nicht gleichzusetzen mit der Zahlungsunfähigkeit nach § 17 InsO.[772] Die Zahlung auf das Bußgeld zur Abwendung der Erzwingungshaft stellt eine

765) Hierzu *Wazlawik*, NZI 2020, 1081.

766) Im Ergebnis so auch OLG Celle, Beschl. v. 30.8.2022 – 16 U 358/22, ZRI 2022, 975.

767) BGH, Hinweisbeschl. v. 13.10.2020 – II ZR 40/20, Rz. 31 (n. v.).

768) BVerfG, Beschl. v. 24.8.2006 – 2 BvR 1552/06, ZVI 2007, 23 = NZI 2006, 711.

769) BGH, Beschl. v. 18.12.2018 – I ZB 72/17, ZVI 2019, 62.

770) LG Berlin, Urt. v. 19.1.2005 – 504 Qs 138/04, VRS 2006, 438; LG Bochum, Beschl. 4.12.2012 – 9 Qs 86/12, InsbürO 2013, 240; LG Duisburg, Beschl. v. 4.6.2014 – 69 Qs-114 Js-Owi 56/13-7/14, ZInsO 2017, 1852; LG Hechingen, Urt. v. 24.5.2007 – 1 Qs 49/07, NZI 2009, 187; LG Stuttgart, Beschl. v. 10.6.2020 – 9 Qs 29/20, ZVI 2020, 336.

771) LG Deggendorf, Beschl. v. 28.3.2012 – 1 Qs (b) 62/12, ZInsO 2012, 2206; LG Potsdam, Beschl. v. 14.9.2006 – 21 Qs 108/06, ZVI 2007, 529, dazu EWiR 2007, 409 *(App)*; AG Bamberg, Beschl. v. 14.9.2017 – 23 Owi 708/17, ZVI 2018, 94 = ZInsO 2017, 2702.

772) LG Potsdam, Beschl. v. 12.1.2016 – 24 Qs 52/15, ZVI 2016, 350.

Rechtshandlung des Schuldners i. S. des § 129 InsO dar;[773] dies jedoch nicht, wenn sie nach Verfahrenseröffnung aus dem insolvenzfreien Vermögen des Schuldners geleistet wurde.

5. Aus- und Absonderungsgläubiger

Absonderungsgläubiger sind solche, die einen **Anspruch auf vorzugsweise Befriedigung** aus einem Gegenstand der Insolvenzmasse haben; die einzelnen Arten des Absonderungsrechts sind in §§ 49–51 InsO geregelt. Insofern sind Absonderungsgläubiger meist **Insolvenzgläubiger**, denen zur Besicherung einer persönlichen Forderung etwas übereignet oder zediert wurde. Insoweit gelten grundsätzlich die Ausführungen zu den Insolvenzgläubigern. Die Anmeldung einer Forderung zur Insolvenztabelle ohne eine Beschränkung auf den Ausfall bedeutet noch keinen Verzicht auf ein Recht zur abgesonderten Befriedigung.[774] 515

Hinsichtlich einer Abschlags- oder Schlussverteilung gilt die Besonderheit, dass solche Gläubiger regelmäßig auch **Ausfallgläubiger** i. S. des § 190 InsO sind. Soweit sich das Absonderungsrecht auf bewegliche Sachen oder Forderungen bezieht, liegt das Recht zur Verwertung – wegen der grundsätzlichen Massezugehörigkeit – jedoch beim Insolvenzverwalter (§§ 166 ff. InsO). Der Absonderungsgläubiger hat insoweit lediglich Anspruch auf **Auskehrung des Brutto-Verwertungserlöses**. Da der Schuldner bzw. die Masse eine Verwertung steuerlich zu deklarieren hat, sieht § 171 Abs. 2 Satz 3 InsO jedoch vor, dass der Absonderungsgläubiger die **Umsatzsteuer** aus dem Verwertungsgeschäft der Masse belassen muss. Um zu kompensieren, dass sich der Insolvenzverwalter mit dem Absonderungsrecht befasst, seine Vergütung aber letztlich allein von den ungesicherten Insolvenzgläubigern bezahlt wird, sehen §§ 170, 171 InsO ferner vor, dass der Absonderungsgläubiger **Feststellungs- und Verwertungskosten** ggf. pauschaliert an die Masse zu zahlen hat. 516

Durch die gesetzliche Zuweisung des Verwertungsrechts an dem Absonderungsgut entsteht zwischen Insolvenzverwalter und Absonderungsgläubiger ein **gesetzliches Schuldverhältnis,**[775] präzisiert als konkludenter Geschäftsbesorgungsvertrag.[776] Damit der Insolvenzverwalter sein Verwertungsrecht ausüben kann, muss der Absonderungsgläubiger die im Zusammenhang mit der Verwertung stehenden Dokumente, wie z. B. eine Fahrzeug-Zulassungsbescheinigung, an den Insolvenzverwalter herausgeben.[777] 517

Das **Verwertungsrecht** liegt nur dann beim **Gläubiger,** wenn es sich um einen unbeweglichen Gegenstand (§ 165 InsO) oder immaterielle Rechte[778] handelt, der Insolvenzverwalter dem Gläubiger die Verwertung überlässt (§ 170 Abs. 2 InsO – Verzicht auf das Verwertungsrecht) oder der Absonderungsgläubiger bereits vor Insolvenzeröffnung im Besitz des Absonderungsguts war (§ 173 Abs. 1 InsO), denn das Verwertungsrecht knüpft an den Besitz zu diesem Stichtag an (§ 166 Abs. 1 InsO). Bei nur mittelbarem Besitz des Schuldners kann es unter Umständen am Verwertungsrecht des Insolvenzverwalters fehlen, sodass allein der Absonderungsgläubiger verwertungsberechtigt ist.[779] Während einer 518

773) OLG Köln, Urt. v. 25.10.2017 - 2 U 17/17, ZVI 2018, 76 = ZIP 2018, 794, dazu EWiR 2018, 503 *(Lau/Forster)*.

774) BGH, Urt. v. 9.3.2017 – IX ZR 177/15, ZVI 2017, 234, dazu EWiR 2017, 307 *(Bremen)*.

775) OLG Stuttgart, Urt. v. 26.6.2012 – 6 U 45/12, ZVI 2012, 349 = ZIP 2012, 1519, dazu EWiR 2012, 703 *(Birnbreier)*.

776) BFH, Urt. v. 28.7.2011 – V R 28/09, ZIP 2011, 1923.

777) OLG Stuttgart, Urt. v. 26.6.2012 – 6 U 45/12, ZVI 2012, 349 = ZIP 2012, 1519.

778) BGH, Versäumnisurt. v. 27.10.2022 – IX ZR 145/21, ZRI 2022, 1002 – Markenrechte.

779) BGH, Urt. v. 11.1.2018 – IX ZR 295/16, ZIP 2018, 695, dazu EWiR 2018, 373 *(Brinkmann)* – Verwertungsrecht bei insolventer Leasinggesellschaft.

„schwachen" vorläufigen Verwaltung liegt das Verwertungsrecht noch beim Gläubiger, sofern nicht ein Verwertungsstopp durch das Insolvenzgericht (§ 21 Abs. 2 Satz 1 Nr. 5 InsO) angeordnet wurde; ansonsten entsteht ein Ersatzabsonderungsrecht.[780)]

519 **Aussonderungsgläubiger** können aufgrund eines dinglichen Rechts geltend machen, dass ein bestimmter Gegenstand nicht zur Insolvenzmasse gehört. Ein **Herausgabeanspruch** wandelt sich aufgrund Insolvenzeröffnung folglich in einen Aussonderungsanspruch um. Muss ein Erlös aus der Verwertung des Aussonderungsguts ausnahmsweise auf eine persönliche Forderung angerechnet werden (z. B. bei gekündigten Leasingverträgen), so sind Aussonderungsgläubiger zugleich Ausfallgläubiger i. S. des § 190 InsO.

520 Die Berechtigung von Aus- oder Absonderungsansprüchen ist nicht insolvenzrechtlicher Natur, sodass entsprechende Auseinandersetzungen vor die **ordentliche Zivilgerichtsbarkeit** gehören. Dort kann ein Insolvenzverwalter auch *negative Feststellungsklage* erheben.[781)]

521 Wegen der materiell-rechtlichen Befassung mit Aus- und Absonderungsrechten, die – ebenso wie Aufrechnungslagen – auch als „Drittrechte" bezeichnet werden, sei auf die ausführliche Darstellung von in Kap. 9 [*v. Kaltenborn-Stachau/Hageböke*] verwiesen.

II. Die Gläubigerversammlung

1. Ladung zu Berichts- und Prüfungstermin

522 Die Gläubigerversammlung ist das zentrale Organ der Insolvenzgläubiger nach Eröffnung des Insolvenzverfahrens. Bereits im Eröffnungsbeschluss bestimmt das Insolvenzgericht gemäß § 29 InsO,

- eine Gläubigerversammlung, in der auf Grundlage eines Berichts des Insolvenzverwalters über den Fortgang des Insolvenzverfahrens beschlossen wird **(Berichtstermin)**; der Termin soll nicht später als sechs Wochen und darf nicht später als drei Monate nach Eröffnung des Verfahrens liegen;
- eine Gläubigerversammlung,[782)] in der die angemeldeten Forderungen geprüft werden **(Prüfungstermin)**; der Zeitraum zwischen der Anmeldefrist und dem Prüfungstermin soll mindestens eine Woche und darf nicht länger als zwei Monate betragen.

523 Da der Eröffnungsbeschluss öffentlich bekannt zu machen ist (§ 30 Abs. 1 InsO), wird zugleich die Einberufung der Gläubigerversammlung öffentlich bekannt gemacht. Der Eröffnungsbeschluss mitsamt der Ladung zur Gläubigerversammlung ist zudem den Gläubigern separat zuzustellen (§ 30 Abs. 2 InsO).

524 Die **Tagesordnung** einer Gläubigerversammlung muss die Beschlussgegenstände zumindest schlagwortartig bestimmen.[783)] Ferner sind die Gläubiger darauf hinzuweisen, dass eine Beschlussunfähigkeit der Gläubigerversammlung die Zustimmungsfiktion zur Folge hat, soweit Rechtshandlungen des Verwalters Gegenstand der Beschlussfassung sein sollen (arg. § 160 Abs. 1 Satz 3 InsO).

780) BGH, Urt. v. 24.1.2019 – IX ZR 110/17, ZVI 2019, 178 = ZIP 2019, 472. Hierzu zuvor bereits *Schultze*, ZIP 2016, 1198.

781) BAG, Urt. v. 26.10.2010 – 3 AZR 496/08, ZIP 2011, 1538.

782) Der Wortlaut des Gesetzes ist unpräzise, da der Prüfungstermin ein Termin sui generis und keine Gläubigerversammlung ist; s. *Pasquay*, ZHR 66 (1910), 34; ausführlich *Zimmer*, Haftung des eingewechselten Verwalters, S. 62 ff.

783) BGH, Beschl. v. 20.3.2008 – IX ZB 104/07, ZIP 2008, 1030, dazu EWiR 2008, 373 *(Blank)*; BGH, Beschl. v. 21.7.2011 – IX ZB 128/10, ZVI 2011, 324 = ZIP 2011, 1626.

2. Inhalt des Berichtstermins

525 Im Berichtstermin hat der Insolvenzverwalter die Lage des Schuldners darzustellen und darüber zu berichten, ob Aussichten bestehen, das Unternehmen des Schuldners im Ganzen oder in Teilen zu erhalten, welche Möglichkeiten für einen Insolvenzplan bestehen und welche Auswirkungen jeweils für die Befriedigung der Gläubiger eintreten würden (§ 156 Abs. 1 InsO). Die Gläubigerversammlung beschließt daraufhin, ob das Unternehmen stillgelegt oder vorläufig fortgeführt werden und ob der Insolvenzverwalter einen Insolvenzplan ausarbeiten soll (§ 157 InsO). Wegen der Einzelheiten wird nach oben, siehe Rz. 252 ff., verwiesen.

3. Inhalt des Prüfungstermins

526 Im Prüfungstermin werden die angemeldeten Forderungen ihrem Betrag und ihrem Rang nachgeprüft. Da sich ein Forderungs*betrag* nur aus einem Forderungs*grund* ergeben kann, wird die Forderung folglich auch ihrem Grunde nachgeprüft. Eine Forderung gilt als festgestellt, soweit **kein Widerspruch** des Insolvenzverwalters oder eines – stimmberechtigten – Insolvenzgläubigers erfolgt (§ 178 Abs. 1 Satz 1 InsO). Das Widerspruchsrecht eines Insolvenzgläubigers besteht unabhängig von der Frage, ob die Forderung des Widersprechenden ihrerseits mit einem Widerspruch belastet ist. Damit kein Missbrauch der Gläubiger zulasten des Verwalters bzw. der Masse ausgeübt wird, muss der Gläubiger, dessen Forderung bestritten wurde, die Feststellungsklage unmittelbar gegen den bestreitenden Gläubiger führen, also nicht gegen den Insolvenzverwalter (§ 179 Abs. 1 InsO); gegen diesen ist nur Feststellungsklage zu erheben, wenn er selbst Widerspruch gegen die Feststellung zur Tabelle erhoben hat. Soweit außerhalb eines Insolvenzverfahrens zwingend ein Schlichtungsverfahren vor Klageerhebung erforderlich ist, gilt dies nicht für Tabellenfeststellungsklagen.[784)] Wohl aber ist eine Tabellenfeststellungklage nur zulässig, wenn und soweit die Forderung zur Tabelle angemeldet, geprüft und bestritten wurde.[785)] Negative Feststellungsklagen des Insolvenzverwalters oder des widersprechenden Insolvenzgläubigers sind unzulässig.[786)] Ein Rechtsschutzinteresse des auf Feststellung zur Tabelle klagenden Gläubigers scheitert nicht an angezeigter Masseunzulänglichkeit.[787)] Wegen der Einzelheiten kann nach oben, siehe Rz. 501 ff., und auf Kap. 11 [*Riedel*] verwiesen werden.

4. Schlusstermin

527 Im Zusammenhang mit der Verfahrensbeendigung findet regelmäßig ein Schlusstermin statt (§ 197 InsO). Dieser Termin dient der Gläubigerversammlung zur Erörterung der zuvor vom Gericht geprüften Schlussrechnung des Verwalters, der Erhebung von Einwendungen gegen das Schlussverzeichnis und der Klärung des Schicksals nicht verwerteter Vermögensgegenstände. Ein Schlusstermin im Wortsinn erfolgt nur bei beabsichtigten **Aufhebungen** nach § 200 InsO. Bei einer Aufhebung nach § 258 InsO (Insolvenzplan) ersetzt der Abstimmungs- und Erörterungstermin den Schlusstermin.

528 Im Fall der **Einstellung** mangels Masse findet eine abschließende Gläubigerversammlung statt (§ 207 Abs. 2 InsO), die oftmals ebenfalls als Schlusstermin bezeichnet wird, aber terminologisch kein solcher ist. Im Fall der Einstellung nach § 211 InsO ist ein Schlusstermin bzw. eine abschließende Gläubigerversammlung nicht vorgesehen, jedoch ergibt

784) BGH, Urt. v. 9.6.2011 – IX ZR 213/10, ZVI 2011, 372 = ZIP 2011, 1687.

785) BGH, Urt. v. 23.10.2003 – IX ZR 165/02, ZVI 2003, 661 = ZIP 2003, 2379, dazu EWiR 2004, 191 (*Holzer*); BAG, Urt. v. 16.6.2004 – 5 AZR 521/03, ZIP 2004, 1867, dazu EWiR 2005, 201 (*Joost*).

786) BGH, Beschl. v. 18.2.2010 – IX ZR 113/09, ZIP 2010, 1772.

787) LG Stuttgart, Urt. v. 13.1.2010 – 42 O 51/05, NZI 2010, 573.

sich die Notwendigkeit einer solchen Gläubigerversammlung aus § 66 Abs. 1 InsO, da der Insolvenzverwalter bei Beendigung des Verfahrens einer Gläubigerversammlung Rechnung zu legen hat. Auch bei Einstellungen nach § 212 InsO (Einstellung wegen Wegfalls des Eröffnungsgrunds) oder § 213 InsO (Einstellung mit Zustimmung der Gläubiger) ergibt sich eine abschließende Gläubigerversammlung lediglich aus § 66 Abs. 1 InsO.

5. Fakultative Gläubigerversammlungen

529 Neben den obligatorischen Gläubigerversammlungen sind fakultative Gläubigerversammlungen möglich, z. B. im Zusammenhang mit einem Insolvenzplan (der Erörterungs- und Abstimmungstermin nach §§ 235, 242 InsO ist keine obligatorische Gläubigerversammlung, da das Planverfahren an sich schon fakultativ ist) oder auf Antrag nach § 75 InsO. Das **Antragsrecht** besteht auch für solche Gläubiger, deren Forderungen noch nicht angemeldet, noch nicht geprüft oder bei der Prüfung bestritten wurden;[788] die Einberufung steht insoweit – und auch generell[789] – nicht im Ermessen des Gerichts und kann im Streitfall sogar noch durch das Rechtsbeschwerdegericht erfolgen.[790] Bei der Frage, ob das jeweils nach § 75 InsO erforderliche Quorum erfüllt ist, muss das Gericht alle aktenkundigen Informationen heranziehen, jedoch keine weiteren Ermittlungen anstellen.[791] Ein wirtschaftliches Interesse des Gläubigers an einer beantragten Gläubigerversammlung muss nicht bestehen, sodass eine beantragte Gläubigerversammlung nicht durch angezeigte Masseunzulänglichkeit ausgeschlossen ist, obwohl die Gläubigerversammlung (voraussichtlich) keinem wirtschaftlichen Interesse der Gläubiger dienen kann.[792]

530 Gegen die **Ablehnung seines Antrags** auf Einberufung einer Gläubigerversammlung steht dem Antragsteller die sofortige Beschwerde zu (§ 75 Abs. 3 InsO), auch wenn die Ablehnung darauf gestützt wurde, nach Einschätzung des Gerichts sei das erforderliche Quorum nicht erreicht worden.[793] Mögliche Inhalte solcher fakultativen Gläubigerversammlungen ergeben sich aus der Zusammenfassung, siehe Rz. 546.

6. Stimmrechte der Gläubiger

531 Ein Stimmrecht gewähren die Forderungen, die **angemeldet** und weder vom Insolvenzverwalter noch von einem stimmberechtigten Gläubiger bestritten worden sind; nachrangige Gläubiger sind nicht stimmberechtigt (§ 77 InsO). Dies gilt für alle Gläubigerversammlungen.

532 Die Gläubiger, deren Forderungen **bestritten** wurden, sind nur stimmberechtigt, soweit sich der Insolvenzverwalter und die erschienenen stimmberechtigten Gläubiger in der Gläubigerversammlung über das Stimmrecht geeinigt haben (§ 77 Abs. 2 Satz 1 InsO). Kommt es nicht zu dieser Einigung, entscheidet das Insolvenzgericht (§ 77 Abs. 2 Satz 2 InsO), das seine Entscheidung später ändern kann (§ 77 Abs. 2 Satz 3 InsO). Um eine möglichst breite Abstimmungsbasis zu sichern, soll das Gericht in dubio pro creditore entscheiden, wobei das Gericht selbst das erforderliche Fingerspitzengefühl für obstruktive Gläubiger entwickeln muss. Das Stimmrecht gilt nur für die konkrete Gläubigerversammlung, nicht für alle weiteren Versammlungen, in denen über das Stimmrecht neu

788) BGH, Beschl. v. 16.12.2010 – IX ZB 238/09, ZInsO 2011, 131.

789) LG Münster, Beschl. v. 21.1.2019 – 5 T 742/18, ZInsO 2019, 327.

790) BGH, Beschl. v. 14.10.2004 – IX ZB 114/04, ZIP 2004, 2339, dazu EWiR 2005, 359 *(Gundlach/Schirrmeister)*.

791) BGH, Beschl. v. 16.7.2009 – IX ZB 213/07, ZIP 2009, 1528.

792) *Kayser*, NZI 2005, 65, 68 f.

793) BGH, Beschl. v. 21.12.2006 – IX ZB 138/06, ZVI 2007, 382 = ZIP 2007, 551.

entschieden werden muss, falls nicht zwischenzeitlich der Widerspruch gegen die Forderungsfeststellung zurückgenommen wurde. Die Prüfung des Stimmrechts hat vor einer Abstimmung zu erfolgen, ansonsten ist die Abstimmung zu wiederholen.[794)]

Gegen die Stimmrechtsentscheidung ist ein Rechtsmittel grundsätzlich nicht gegeben. Allerdings besteht nach § 18 Abs. 3 RPflG die Möglichkeit der **Überprüfung der Stimmrechtsentscheidung** durch den Insolvenzrichter, wenn sich die Entscheidung auf das Ergebnis einer Abstimmung ausgewirkt hat. Erforderlich ist ein entsprechender Antrag eines Gläubigers oder des Insolvenzverwalters vor Schluss der Gläubigerversammlung. Gegen die Entscheidung des Richters ist kein Rechtsmittel möglich,[795)] jedoch ist im Fall der Verletzung rechtlichen Gehörs (Art. 103 Abs. 1 GG) die Verfassungsbeschwerde denkbar.[796)] In Insolvenzplanverfahren geht § 18 Abs. 3 RPflG allerdings ins Leere, da hier ohnehin der Richter für das gesamte Verfahren zuständig ist. Die Norm soll kein Rechtsmittel begründen, sondern eine unanfechtbare Entscheidung des Insolvenzrichters ermöglichen, wenn und weil die Entscheidungskompetenz eines Rechtspflegers als nicht ausreichend erachtet wird. 533

Für das Stimmrecht der Gläubiger von **aufschiebend bedingten Forderungen** gilt das Gleiche wie bei bestrittenen Forderungen. Ein Stimmrecht kann der Gläubiger einer aufschiebend bedingten Forderung daher nur im Wege der Einigung oder durch Entscheidung des Gerichts und nur für eine konkrete Gläubigerversammlung erhalten (§ 77 Abs. 3 Nr. 1 InsO). 534

Bei **auflösend bedingten Forderungen** gibt es keine Besonderheiten. Sie werden bis zum Eintritt der auflösenden Bedingungen wie unbedingte Forderungen behandelt (§ 42 InsO). 535

Haben die **absonderungsberechtigten Gläubiger** ein Stimmrecht, weil kein Widerspruch gegen die Forderung erhoben wurde oder das Gericht ein Stimmrecht festgestellt hat (77 Abs. 3 Nr. 2 InsO), bezieht sich das Stimmrecht auf die gesamte Höhe des Anspruchs, nicht nur auf den Ausfall (§ 76 Abs. 2 InsO). Dies ist rechtspolitisch nicht unproblematisch, da die Forderungen der Absonderungsgläubiger nach den relevanten Abstimmungen durch Sicherheitenverwertung oftmals erheblich reduziert werden, sodass hier Gläubiger über den Fortgang des Verfahrens entscheiden, die vom beschlossenen Verfahrensgang überhaupt nicht mehr im ursprünglichen quotalen Umfang profitieren. 536

Soll über einen **Insolvenzplan** abgestimmt werden, sind bei der Prüfung des Stimmrechts ergänzend die §§ 237, 238 InsO zu berücksichtigen. 537

Nachrangige Gläubiger haben kein Stimmrecht (§ 77 Abs. 1 Satz 2 InsO). Dies kann dann nicht gelten, wenn das Insolvenzgericht die nachrangigen Insolvenzgläubiger zur Forderungsanmeldung aufgefordert hat (§ 174 Abs. 3 InsO), eine vollständige Befriedigung der nicht nachrangigen Insolvenzgläubiger sicher ist und noch ein Prüfungstermin, ein Schlusstermin oder eine (fakultative) Gläubigerversammlung durchgeführt wird. 538

7. Verfahren zur Beschlussfassung

Die Gläubigerversammlung ist nach allgemeiner Ansicht eine **mündliche Verhandlung**; jedoch **nicht öffentlich**, da die Gläubigerversammlung keine Verhandlung vor einem erkennenden Gericht i. S. des § 169 GVG ist. Virtuelle Gläubigerversammlungen in Gestalt 539

794) BGH, Beschl. v. 17.12.2020 – IX ZB 38/18, Rz. 13 ff., ZRI 2021, 186 = ZVI 2021, 182; im weiteren Verfahrensverlauf BGH, Beschl. v. 14.1.2021 – IX ZB 38/18, Rz. 14 ff., openJur 2021, 3483.

795) BGH, Beschl. v. 23.10.2008 – IX ZB 235/06, ZIP 2008, 2428, dazu EWiR 2009, 117 *(U. Keller)*.

796) BverfG, Beschl. v. 26.11.2009 – 1 BvR 339/09, ZIP 2010, 237.

von z. B. Videokonferenzen wären sinnvoll[797] und sind z. B. in Österreich eingeführt worden,[798] entsprechen gegenwärtig jedoch nicht der Rechtslage. **Ton- und Bildaufzeichnungen** sind ebenfalls unzulässig (§ 4 Satz 2 InsO i. V. mit § 128a ZPO). **Versammlungsleiter** einer Gläubigerversammlung ist das Insolvenzgericht (§ 76 Abs. 1 InsO), also in der Regel der Rechtspfleger. Folglich ist das Insolvenzgericht auch Sitzungspolizei i. S. der §§ 175 ff. GVG; allerdings kann der Rechtspfleger keine Ordnungshaft verhängen (§ 4 Abs. 2 RPflG).

540 Zunächst ist die **Beschlussfähigkeit** der Gläubigerversammlung zu prüfen. Erforderlich ist die Anwesenheit mindestens eines stimmberechtigten Insolvenzgläubigers. Ist Beschlussfähigkeit nicht gegeben, enthält § 160 Abs. 1 Satz 3 InsO eine Zustimmungsfiktion nur für Anträge des Verwalters aus dem Katalog des § 160 InsO, wenn und soweit in der Ladung auf die Zustimmungsfiktion hingewiesen wurde. Es muss jedoch eine teleologische Erweiterung auf alle Rechtsgeschäfte des Verwalters erfolgen, da nicht nachvollziehbar ist, weshalb ein Insolvenzverwalter bei besonders bedeutsamen Rechtsgeschäften in der Entscheidung frei sein, bei weniger bedeutsamen Geschäften jedoch die Zustimmungsfiktion nicht greifen soll.

541 Abgestimmt werden darf nur über **Tagesordnungspunkte**, die zuvor bekannt gegeben wurden, anderenfalls ist der Beschluss nichtig.[799] Insgesamt ist die Gläubigerversammlung so durchzuführen, dass eine **geordnete Willensbildung** und Abstimmung möglich ist.[800] Durch das Insolvenzgericht hat eine ordnungsgemäße **Protokollierung** einer Gläubigerversammlung zu erfolgen (§ 4 Satz 1 InsO, §§ 159 ff. ZPO).[801] Gelegentlich ist ein Protokollberichtigungsantrag nach § 4 Satz 1 InsO, § 164 ZPO sinnvoll, wenn eine missverständliche Protokollierung verschiedene Auslegungen zulässt.

542 Eine **Aufhebung** oder **Verlegung** des Termins ist möglich (§ 4 Satz 1 InsO, § 227 ZPO). Unterbrechung, Aussetzung und Ruhen eines Verfahrens im Ganzen (§§ 239 ff. ZPO) finden auf die Gläubigerversammlung jedoch keine Anwendung.[802] Von praktischer Relevanz ist die **Vertagung** einer Gläubigerversammlung, die unter den Voraussetzungen der § 4 Satz 1 InsO, § 227 Abs. 1 Satz 1 ZPO zulässig ist.[803] Der Beschluss, mit dem das Insolvenzgericht einen Antrag auf Vertagung abgelehnt hat, ist nicht mit der sofortigen Beschwerde anfechtbar.[804]

543 Ein **Beschluss** der Gläubigerversammlung kommt zustande, wenn die Summe der Forderungsbeträge der zustimmenden Gläubiger mehr als die Hälfte der Summe der Forderungsbeträge der abstimmenden Gläubiger beträgt (§ 76 Abs. 2 InsO). Maßgebend ist folglich die einfache Forderungsmehrheit, eine Kopfmehrheit ist nicht erforderlich (außer im Anwendungsbereich des § 57 InsO). Berücksichtigt werden nur die Stimmrechte der persönlich anwesenden oder durch einen Bevollmächtigten vertretenen Gläubiger. Eine Abstimmung im schriftlichen Verfahren ist nicht zulässig; Ausnahmen ergeben sich aus § 242 InsO (gesonderter Abstimmungstermin im Planverfahren). Es genügt, wenn nur ein stimm-

---

797) *Jungmann/Windau*, NZI 2021, 849; *Pleister/Palenker*, ZRI 2020, 245. Zurückhaltend und eher für ein verstärkt schriftliches Verfahren *Blankenburg/Godzierz*, ZInsO 2020, 1285. Kritisch im Hinblick auf den konsensualen Charakter einer Präsenzveranstaltung *Frind*, ZInsO 2020, 1743.

798) Hierzu *Riel*, ZInsO 2020, 1356.

799) BGH, Beschl. v. 21.7.2011 – IX ZB 128/10, ZVI 2011, 324 = ZIP 2011, 1626.

800) BGH, Beschl. v. 15.7.2010 – IX ZR 65/10, ZIP 2010, 1499.

801) BGH, Urt. v. 12.3.2020 – IX ZR 125/17, ZVI 2020, 390 = ZRI 2020, 303.

802) *Zimmer*, Haftung des eingewechselten Verwalters, S. 100. Vgl. auch BGH, Beschl. v. 27.7.2006 – IX ZB 15/06, NZI 2006, 642.

803) Ausführlich *Zimmer*, Haftung des eingewechselten Verwalters, S. 107 ff.

804) BGH, Beschl. v. 5.4.2006 – IX ZB 144/05, ZVI 2006, 460 = ZIP 2006, 1065.

berechtigter Gläubiger anwesend ist und dieser zumindest konkludent seinen Willen zur Teilnahme an der Gläubigerversammlung kundtut.[805] Selbst wenn nur ein Gläubiger existiert, ist die Beschlussfassung i. R. einer Gläubigerversammlung erforderlich, d. h. eine bloße Einigung zwischen Insolvenzverwalter und Gläubiger ist nicht ausreichend.[806] Das Protokoll der Gläubigerversammlung hat keine negative Beweiskraft dahingehend, dass nicht protokollierte Erklärungen nicht abgegeben wurden.[807]

Die Beschlüsse der Gläubigerversammlung sind verbindlich auch gegenüber denjenigen Gläubigern, die an der Gläubigerversammlung nicht teilgenommen haben. Beschlüsse sind nicht anfechtbar, da es sich nicht um Entscheidungen des Gerichts nach § 6 InsO handelt. Allerdings bestimmt § 78 InsO, dass das Gericht den **Beschluss** der Gläubigerversammlung **aufzuheben hat**, wenn der Beschluss dem gemeinsamen Interesse der Insolvenzgläubiger widerspricht. Maßgeblich insoweit ist nicht eine ex-post-Betrachtung, sondern der Kenntnisstand der Gläubigerversammlung.[808] Entsprechend **antragsberechtigt** sind neben dem Insolvenzverwalter die nicht nachrangigen Insolvenzgläubiger einschließlich der Absonderungsgläubiger. Der Schuldner in Eigenverwaltung ist jedoch nicht antragsberechtigt.[809] Zumindest im Grundsatz fehlt einem Antrag auf Aufhebung eines Beschlusses gemäß § 78 InsO das Rechtsschutzinteresse, wenn die Gläubigerversammlung eine Beschlussfassung mehrheitlich abgelehnt hat;[810] in der Praxis wird es hiervon Abweichungen geben müssen.[811] § 78 InsO ist die zentrale Norm der Rechtsaufsicht des Insolvenzgerichts gegenüber der Gläubigerversammlung; es muss daher eine Gegenüberstellung stattfinden, wie sich die Masse voraussichtlich mit und ohne den Beschluss entwickelt.[812] Die entsprechenden **Rechtsmittel** gegen die Aufhebung oder Zurückweisung des Antrags ergeben sich aus § 78 Abs. 2 Satz 2 und 3 InsO. § 78 InsO findet jedoch keine Anwendung auf Beschlüsse der Gläubigerversammlung, die als nichtig einzustufen sind.[813] Bestimmte Beschlussgegenstände sind ebenfalls nicht der Aufhebung zugänglich, z. B. der Beschluss über die Aufhebung der Eigenverwaltung, der Beschluss über die Wahl eines neuen Verwalters (siehe Rz. 140 ff.) oder der Beschluss über die Bestellung eines Sonderinsolvenzverwalters.[814] Die Stimmabgabe eines einzelnen Gläubigers ist jedenfalls nicht nach § 119 BGB (arglistige Täuschung) anfechtbar.[815] 544

Abweichungen zum Vorgesagten ergeben sich, wenn die Gläubigerversammlung über die **Wahl eines neuen Verwalters** abstimmen soll. Im Hinblick auf die Dominanz bestimmter Gläubiger fordert § 57 InsO, dass neben der Forderungsmehrheit nunmehr auch eine Kopfmehrheit erreicht sein muss. Eine Möglichkeit des Gerichts, die Entscheidung über die Wahl eines neuen Verwalters aufzuheben (§ 78 Abs. 1 InsO), besteht hier nicht, da § 57 Satz 3 InsO als lex specialis dem § 78 Abs. 1 InsO vorgeht.[816] 545

805) BGH, Beschl. v. 17.7.2003 – IX ZB 530/02, ZIP 2003, 1613.

806) BGH, Beschl. v. 19.7.2007 – IX ZR 77/06, NZI 2007, 732.

807) BGH, Urt. v. 12.3.2020 – IX ZR 125/17, ZVI 2020, 390 = ZRI 2020, 303.

808) LG Hamburg, Beschl. v. 4.12.2014 – 326 T 142/14, ZVI 2015, 110, dazu EWiR 2015, 121 *(Hiebert)*.

809) BGH, Beschl. v. 22.6.2017 – IX ZB 82/16, ZIP 2017, 1377, dazu EWiR 2017, 501 *(Buchalik/Hiebert)*.

810) BGH, Beschl. v. 28.5.2020 – IX ZB 64/17, ZVI 2020, 389.

811) Vorschläge für eine grundsätzliche Neubewertung der Beschlusskontrolle bei *Jungmann*, ZRI 2020, 463; *Schultz*, ZInsO 2021, 2708.

812) LG Münster, Beschl. v. 27.6.2019 – 5 T 378/19, ZIP 2019, 1819.

813) BGH, Beschl. v. 21.7.2011 – IX ZB 128/10, ZVI 2011, 324 = ZIP 2011, 1626.

814) BGH, Beschl. v. 21.7.2011 – IX ZB 64/10, ZIP 2011, 1622, dazu EWiR 2011, 651 *(Bähr)*.

815) BFH, Beschl. v. 27.3.2018 – V B 120/17 (AdV), ZIP 2018, 1192.

816) BGH, Beschl. v. 17.7.2003 – IX ZB 530/02, ZIP 2003, 1613.

8. Entscheidungsbefugnisse der Gläubigerversammlung

546 Die Entscheidungsbefugnisse der Gläubigerversammlung seien nur kurz zusammengefasst, da sie in anderen Teilen des Handbuchs jeweils ausführlich behandelt werden; die Entscheidungen betreffen **im Wesentlichen:**

- die Wahl eines anderen Insolvenzverwalters (§ 57 InsO);
- die Beantragung der Entlassung des Insolvenzverwalters (§ 59 InsO);
- die Einsetzung eines Gläubigerausschusses (§ 68 InsO);
- die Beantragung der Abberufung eines Mitgliedes des Gläubigerausschusses (§ 70 InsO);
- die (Veranlassung der) Prüfung von Geldverkehr und -bestand, sofern kein Gläubigerausschuss bestellt ist (§ 79 Satz 2 InsO);
- die Fortführung oder Stilllegung des Geschäftsbetriebs (§ 157 Satz 1 InsO);
- Beantragung der Anordnung der Unwirksamkeit der Erklärung des Insolvenzverwalters nach § 35 Abs. 2 Satz 1 InsO (§ 35 Abs. 2 Satz 3 InsO);
- die Art der Verwertung der Masse (§ 159 InsO);
- Zustimmungen zu Rechtshandlungen des Insolvenzverwalters von besonderer Bedeutung (§ 160 Abs. 1 Satz 2, Abs. 2 InsO);
- die Vornahme einer vorläufig untersagten Rechtshandlung (§ 161 InsO);
- die Zustimmung zur Veräußerung des Unternehmens oder eines Betriebs an besonders Interessierte (§ 162 InsO);
- die Mitwirkung bei der Betriebsveräußerung unter Wert (§ 163 InsO);
- die Hinterlegung von Geld, Wertpapieren und Kostbarkeiten (§ 149 Abs. 1 Satz 1 InsO);
- die Beauftragung des Insolvenzverwalters zur Erstellung eines Insolvenzplans (§ 157 Satz 2 InsO);
- die Annahme eines Insolvenzplans (§§ 235, 241 InsO);
- die Zustimmung zur Fortsetzung der Verwertung und zur Verteilung im Planverfahren (§ 233 Satz 2 InsO);
- den Antrag auf Anordnung oder Aufhebung einer Eigenverwaltung (§§ 271, 272 InsO);
- die Beantragung der Anordnung der Zustimmungsbedürftigkeit bestimmter Rechtsgeschäfte des Schuldners durch den Sachwalter (§ 277 Abs. 1 Satz 1 InsO);
- die Gewährung von Unterhalt an den Schuldner (§ 100 Abs. 1 InsO);
- das Schicksal nicht verwertbarer Gegenstände der Masse bei Verfahrensbeendigung (§ 197 InsO);
- die Übertragung der Überwachung der Erfüllung der Obliegenheiten des Schuldners nach §§ 295, 295a InsO auf den Treuhänder (§ 292 Abs. 2 Satz 1 InsO).

547 Darüber hinaus ist die Gläubigerversammlung für den Fall, dass kein Gläubigerausschuss besteht, für alle Entscheidungen zuständig, die sonst diesem vorbehalten sind (dies gilt wegen § 57 InsO nicht für § 56a Abs. 3 InsO). Ungeschriebene Kompetenzen der Gläubigerversammlung in dem Sinne, dass die Gläubigerversammlung dem Insolvenzverwalter verbindlich ein Tun oder Unterlassen außerhalb des oben genannten Katalogs auferlegen könnte, sind abzulehnen.[817)] Dieser aus dem Gesellschaftsrecht stammende Ansatz (z. B. ungeschriebene Kompetenzen der Hauptversammlung einer Aktiengesellschaft) ist auf

---

817) Vgl. *Pape*, NZI 2006, 65.

ein Insolvenzverfahren als Gerichtsverfahren nicht übertragbar, schon weil umgekehrt die gesellschaftsrechtliche Business-Judgement-Rule in Haftungsfragen nicht gilt.[818)]

III. Der Gläubigerausschuss

1. Einleitung

Die Gläubigerversammlung kann nur unter bestimmten Voraussetzungen einberufen werden. Die obligatorischen Gläubigerversammlungen werden vom Gericht bestimmt, ein Abstimmungs- und Erörterungstermin nur im Zusammenhang mit einem Insolvenzplan, die weiteren fakultativen Gläubigerversammlungen verlangen einen Antrag des Verwalters bzw. ein bestimmtes Quorum bei der Antragstellung durch Insolvenzgläubiger. Überdies ist „Gläubigerversammlung" ein abstrakter Begriff für einen entsprechenden Gerichtstermin i. S. einer mündlichen Verhandlung. Dies alles gilt als zu schwerfällig, um die Vorstellungen von Gläubigerautonomie im Insolvenzverfahren konkret umzusetzen. Daher kann die Gläubigerversammlung bei Bedarf im Einzelfall um das **flexiblere Organ** des Gläubigerausschusses ergänzt werden. **548**

2. Einsetzung und Besetzung

a) Gläubigerausschuss durch Wahl der Gläubigerversammlung

Die erste Gläubigerversammlung beschließt, ob ein Gläubigerausschuss gebildet oder der vom Gericht ggf. einstweilig eingesetzte Gläubigerausschuss beibehalten wird (§ 68 Abs. 1 InsO). Ab der ersten Gläubigerversammlung erhält der Gläubigerausschuss folglich seine Legitimation unmittelbar von den Gläubigern. Auch kann die Gläubigerversammlung einzelne Mitglieder des vom Gericht bestellten Gläubigerausschusses abwählen bzw. neue Mitglieder hinzuwählen (§ 67 Abs. 2 InsO). Auch in weiteren Gläubigerversammlungen kann die Zusammensetzung des Gläubigerausschusses jederzeit geändert werden, selbst eine gänzliche Auflösung des Gläubigerausschusses ist möglich;[819)] in der Praxis wird dies oftmals an den Quoren für die Einberufung einer Gläubigerversammlung scheitern, wenn nicht der Insolvenzverwalter selbst einen Einberufungsantrag stellt. **549**

Der Gläubigerausschuss *muss* aus **mindestens zwei Mitgliedern** bestehen.[820)] Nach § 67 Abs. 2 InsO *soll* er jedoch die Interessen von vier Gruppen repräsentieren, nämlich die absonderungsberechtigten Gläubiger, die Insolvenzgläubiger mit den höchsten Forderungen, die Kleingläubiger und die Arbeitnehmer. Dies ist unglücklich geregelt, da Einigkeit darüber besteht, dass eine ungerade Anzahl an Ausschussmitgliedern für Mehrheitsabstimmungen sinnvoll scheint. **550**

Zu den Mitgliedern des Ausschusses können auch Personen bestellt werden, die **keine Gläubiger** sind (§ 67 Abs. 3 InsO). Als Ausschussmitglieder können ferner auch **juristische Personen** benannt werden.[821)] Dies ist in der praktischen Handhabung zu Verfahrensbeginn unproblematisch. Im späteren Verlauf eines lange dauernden Verfahrens – insbesondere bei der notwendigen Stellungnahme zur Schlussrechnung des Verwalters – zeigen sich jedoch bei wechselnden Zuständigkeiten gewisse Friktionen, Reibungsverluste und Verzögerungen. Wird über das Vermögen einer juristischen Person, die zum Gläubigerausschussmitglied bestellt wurde, nun ihrerseits ein Insolvenzverfahren eröffnet, hat der dortige In- **551**

---

818) BGH, Urt. v. 12.3.2020 – IX ZR 125/17, Rz. 32, ZVI 2020, 390 = ZRI 2020, 303. Hierzu *Jungmann*, NZI 2020, 651.

819) Ausführlich *Brinkmann*, ZIP 2019, 241.

820) BGH, Beschl. v. 5.3.2009 – IX ZB 148/08, ZVI 2009, 194 = ZIP 2009, 727.

821) BGH, Urt. v. 11.11.1993 – IX ZR 35/93, ZIP 1994, 46, dazu EWiR 1994, 281 *(Lüke)*.

solvenzverwalter die Tätigkeit als Gläubigerausschussmitglied auszuüben, da es sich nicht um eine insolvenzfreie Angelegenheit handelt.[822)]

b) Einstweiliger Gläubigerausschuss

552 Zwischen Insolvenzeröffnung und erster Gläubigerversammlung kann das Insolvenzgericht einen einstweiligen Gläubigerausschuss einsetzen (§ 67 Abs. 1 InsO). Die vorstehenden Ausführungen gelten entsprechend.

c) Vorläufiger Gläubigerausschuss

553 Mehr oder weniger aus Gewohnheitsrecht wurde auch im Eröffnungsverfahren immer schon mit einem vorläufigen Gläubigerausschuss gearbeitet, wenn dies für den konkreten Einzelfall erforderlich schien, d. h. bei größeren Betriebsfortführungen oder bei auf den Tag der Insolvenzeröffnung vorbereiteten übertragenden Sanierungen. Zum alten Recht hat der BGH sibyllinisch festgestellt, dass ein Vergütungsanspruch solcher Ausschussmitglieder nicht daran scheitere, dass die Einsetzung des vorläufigen Ausschusses möglicherweise rechtswidrig sei.[823)]

554 In den seit dem 1.3.2012 beantragten Insolvenzverfahren ist ein vorläufiger Gläubigerausschuss im Antragsverfahren legaldefiniert, wenngleich nicht frei von Problemen. Nach § 21 Abs. 2 Satz 1 Nr. 1a InsO *kann* das Insolvenzgericht einen vorläufigen Gläubigerausschuss einsetzen, für den §§ 67 Abs. 2, 69–73 InsO entsprechend gelten, in den ab dem 1.1.2021 beantragten Verfahren auch § 67 Abs. 3 InsO. Nach § 22a Abs. 1 InsO *muss* das Insolvenzgericht gar einen solchen vorläufigen Gläubigerausschuss einsetzen, wenn mindestens zwei der drei nachfolgenden Kriterien im vorangegangenen Geschäftsjahr erfüllt wurden:

- mindestens 6.000.000 € Bilanzsumme nach Abzug eines auf der Aktivseite ausgewiesenen nicht durch Eigenkapital gedeckten Fehlbetrags,
- mindestens 12.000.000 € Umsatzerlöse in den zwölf Monaten vor dem Abschlussstichtag,
- im Jahresdurchschnitt mindestens 50 Arbeitnehmer.

555 Schon die Bezugnahme auf das **vorangegangene Geschäftsjahr** spiegelt eine gewisse Lebensferne des Gesetzgebers wider, da die entsprechenden Zahlen bei Insolvenzantragstellung z. T. überhaupt noch nicht vorliegen. Hier muss auf Schätzungen i. S. des § 287 ZPO zurückgegriffen werden.

556 Das Insolvenzgericht *soll* einen vorläufigen Gläubigerausschuss einsetzen, wenn dies vom Schuldner, vom vorläufigen Insolvenzverwalter oder von einem Gläubiger beantragt wird und Personen benannt werden, die als Ausschussmitglieder in Betracht kommen und ihr Einverständnis hierzu bereits erklärt haben.

557 Als **Einsetzungsbremse** wirkt § 22a Abs. 3 InsO, weil dem Insolvenzgericht die Einsetzung eines vorläufigen Gläubigerausschusses versagt wird, wenn

- der Geschäftsbetrieb bereits eingestellt ist,
- die Einsetzung eines vorläufigen Gläubigerausschusses im Hinblick auf die zu erwartende Insolvenzmasse unverhältnismäßig ist oder
- die mit der Einsetzung verbundene Verzögerung zu einer nachteiligen Veränderung der Vermögenslage des Schuldners führt.

822) OLG Celle, Urt. v. 21.8.2018 – 13 U 104/17, NZI 2018, 892.
823) BGH, Beschl. v. 10.11.2011 – IX ZB 166/10, WM 2012, 141.

Insbesondere **der Aspekt der Verhältnismäßigkeit** wirft einige Fragen auf, die sich auf die Kosten eines vorläufigen Gläubigerausschusses fokussieren.[824] 558

Gegen die **Ablehnung der Einsetzung** eines vorläufigen Gläubigerausschusses sieht das Gesetz kein Rechtsmittel vor, was teilweise für verfassungswidrig erachtet wird.[825] 559

Hinsichtlich der **Besetzung** gelten die allgemeinen Regeln, wobei zunächst unproblematisch auch solche Mitglieder bestellt werden können, die erst mit Eröffnung zu Insolvenzgläubigern werden (§ 21 Abs. 2 Satz 1 Nr. 1a InsO, z. B. Bürgschaftsgeber, Pensionssicherungsverein, Kreditversicherer), während Nicht-Gläubiger wegen eines nachträglich eingefügten Verweises auf § 67 Abs. 3 InsO in § 21 Abs. 2 Satz 1 Nr. 1a InsO erst in den ab dem 1.1.2021 beantragten Verfahren Ausschussmitglieder werden können (z. B. Gläubigerschutzverbände, Gewerkschaften). Das Beschwerderecht des Schuldners aus § 21 Abs. 1 Satz 2 InsO erfasst zwar das „Ob" der Bestellung eines vorläufigen Gläubigerausschusses, nicht dagegen die Frage der Auswahl dessen Mitglieder.[826] 560

Zu den **Aufgaben** des Ausschusses im eröffneten Verfahren kommt nun ganz wesentlich hinzu, dass der vorläufige Gläubigerausschuss zur Frage der Auswahl des Insolvenzverwalters Position zu beziehen hat, alternativ zur Frage des Ob der Eigenverwaltung und zur Person des Sachwalters: 561

- § 56a Abs. 1 InsO: Vor der Bestellung des Verwalters ist dem vorläufigen Gläubigerausschuss Gelegenheit zu geben, sich zu den Anforderungen, die an den Insolvenzverwalter zu stellen sind, und zur Person des Verwalters zu äußern, soweit dies nicht innerhalb von zwei Werktagen offensichtlich zu einer nachteiligen Veränderung der Vermögenslage des Schuldners führt.
- § 56a Abs. 2 InsO: Das Gericht darf von einem einstimmigen Vorschlag des vorläufigen Gläubigerausschusses zur Person des Verwalters nur abweichen, wenn die vorgeschlagene Person für die Übernahme des Amts nicht geeignet ist. Das Gericht hat bei der Auswahl des Verwalters die vom vorläufigen Gläubigerausschuss beschlossenen Anforderungen an die Person des Verwalters zugrunde zu legen.
- § 56a Abs. 3 InsO: Hat das Gericht mit Rücksicht auf eine nachteilige Veränderung der Vermögenslage des Schuldners von einer Anhörung nach Abs. 1 abgesehen, kann der vorläufige Gläubigerausschuss in seiner ersten Sitzung einstimmig eine andere Person als die bestellte zum Insolvenzverwalter wählen.
- Zur nationalen Gruppeninsolvenz siehe auch § 56b InsO.
- § 270b Abs. 3 InsO: Einem vorläufigen Gläubigerausschuss ist vor Erlass der Entscheidung nach § 270b Abs. 2 InsO (Bestellung eines vorläufigen Sachwalters) Gelegenheit zur Äußerung zu geben. Ohne Äußerung des Gläubigerausschusses darf eine Entscheidung nur ergehen, wenn seit der Antragstellung zwei Werktage vergangen sind oder wenn offensichtlich mit nachteiligen Veränderungen der Vermögenslage des Schuldners zu rechnen ist, die sich nicht anders als durch Bestellung eines vorläufigen Insolvenzverwalters abwenden lassen. An einen die vorläufige Eigenverwaltung unterstützenden einstimmigen Beschluss des vorläufigen Gläubigerausschusses ist das Gericht gebunden. Stimmt der vorläufige Gläubigerausschuss einstimmig gegen die vorläufige Eigenverwaltung, unterbleibt die Anordnung.

Auf den ersten Blick bedeutet dies eine Hervorhebung der Gläubigerautonomie, da nun ein Gläubigerorgan schon im Eröffnungsverfahren tätig wird. Allerdings werden dessen 562

---

824) AG Ludwigshafen, Beschl. v. 4.5.2012 – 3 f IN 103/12, ZIP 2012, 2310.

825) *Horstkotte*, ZInsO 2012, 1930; *Römermann/Praß*, ZInsO 2012, 1923.

826) LG Kleve, Beschl. v. 4.4.2013 – 4 T 32/13, ZIP 2013, 992.

Mitglieder zunächst vom Schuldner vorgeschlagen, im Übrigen vom Insolvenzgericht ausgewählt. Nach ersten Erfahrungen sind wohl die vom Schuldner „mitgebrachten" Ausschussmitglieder nicht immer neutral, aber meist professionell und einschlägig vorgebildet, während die Auswahl durch das Gericht auch schon zu wochenlangen Verzögerungen geführt haben soll. Soweit sich ein Gläubiger selbst als Ausschussmitglied ins Spiel bringt, geschieht dies oft erst dann, wenn der Ausschuss bereits installiert ist und erste Entscheidungen getroffen hat. Ob all dies ein Mehr an Gläubigerautonomie widerspiegelt, ist zweifelhaft. Wenn die Frage bejaht wird, ist doch festzustellen, dass einerseits die **Autonomie** von der Gläubigerversammlung auf den Gläubigerausschuss verlagert wird und andererseits alles in das Antragsverfahren **vorverlagert** wird, was der Konkursgesetzgeber zwischen Verfahrenseröffnung und Berichtstermin angesiedelt hatte, sodass der Gläubigerversammlung oftmals nur nachträgliche Genehmigungen verbleiben, aber keine Gestaltungsrechte.

3. Amtsbeginn und -ende

563 Das Amt des Gläubigerausschussmitglieds beginnt erst mit der **Annahmeerklärung** gegenüber dem Insolvenzgericht,[827] was auch konkludent erfolgen kann, jedoch nicht sollte. Wird ein Ausschussmitglied in einer Gläubigerversammlung gewählt, sollte die Amtsannahme im Terminsprotokoll festgehalten werden; insoweit reicht auch eine mündliche Amtsannahme.

564 Das Insolvenzgericht kann ein Mitglied des Gläubigerausschusses aus wichtigem Grund und nach Anhörung des Betroffenen aus dem Amt **entlassen** (§ 70 InsO), insbesondere dann, wenn sein Verbleiben im Amt die Belange der Gläubigergesamtheit und die Rechtmäßigkeit der Verfahrensabwicklung objektiv nachhaltig beeinträchtigt würde.[828] Dies gilt auch bei Einsetzung in mehreren Ausschüssen einer Konzerninsolvenz.[829] Hierfür ist das Gericht auf Hinweise des Verwalters oder der Insolvenzgläubiger angewiesen. Gegen die Entscheidung des Gerichts steht dem Gläubigerausschussmitglied das Rechtsmittel der sofortigen Beschwerde zu.

565 Im Übrigen kann ein Mitglied des Gläubigerausschusses sein Amt nur in der Weise **kündigen**, dass ein Antrag auf Entlassung aus wichtigem Grund gestellt wird, wobei dies nicht zur Unzeit geschehen darf. Ein wichtiger Grund für einen Eigenantrag auf Entlassung ist z. B. zu bejahen, wenn die Prämien für eine Haftpflichtversicherung des Ausschussmitglieds (über dessen Auslagenerstattungsanspruch) voraussichtlich nicht gedeckt sind.[830] Keinen wichtigen Grund stellt es dar, dass das Ausschussmitglied seinen Arbeitgeber wechselt[831] oder seine Gläubigerstellung verliert[832].

566 Ansonsten besteht die Mitgliedschaft im Gläubigerausschuss für die **gesamte Verfahrensdauer**, wobei einzelne Zeitabschnitte zu beachten sind. Neuerdings wird vertreten, ein Gläubigerausschuss könne sich durch einstimmigen Beschluss auch selbst auflösen,[833] ebenso sei eine jederzeitige Auflösung durch die Gläubigerversammlung möglich.[834]

---

827) LG Duisburg, Beschl. v. 29.9.2003 – 7 T 203/03, 7 T 235-258/03, ZIP 2004, 729.

828) BGH, Beschl. v. 1.3.2007 – IX ZB 47/06, ZVI 2007, 476 = ZIP 2007, 781, dazu EWiR 2007, 403 *(Gundlach/Frenzel)*; LG Dresden, Beschl. v. 26.1.2023 – 10 T 449/17, ZRI 2023, 265; LG Kleve, Beschl. v. 15.5.2020 – 4 T 17/20, ZInsO 2020, 2041.

829) BGH, Beschl. v. 24.1.2008 – IX ZB 223/05, ZIP 2008, 655.

830) BGH, Beschl. v. 29.3.2012 – IX ZB 310/11, ZVI 2012, 233 = ZIP 2012, 876.

831) LG Aurich, Beschl. v. 28.9.2022 – 7 T 167/22, ZRI 2022, 908.

832) AG München, Beschl. v. 21.2.2023 – 1542 IN 1308/20, ZRI 2024, 123 = NZI 2023, 870.

833) *Mock*, ZInsO 2019, 1991, 1992.

834) *Brinkmann*, ZIP 2019, 241.

567 Das Amt der Mitglieder des **vorläufigen Gläubigerausschusses** endet mit der Eröffnungsentscheidung des Insolvenzgerichts. Mit Eröffnung ist eine Neubestellung als einstweiliger Ausschuss zwingend erforderlich, sonst gibt es dieses Organ schlichtweg nicht.

568 Das Amt der Mitglieder des **einstweiligen Gläubigerausschusses** endet mit Beendigung des Tagesordnungspunkts „Ausschussbestellung" in der Gläubigerversammlung (meist Berichtstermin), soweit nicht die Beibehaltung des Ausschusses bzw. dieses Mitglieds beschlossen wird, dann läuft das Amt ohne Unterbrechung „durch".

4. Unabhängigkeit

569 Der Gläubigerausschuss untersteht nicht der Aufsicht des Insolvenzgerichts. Er erfüllt seine Aufgabe selbstständig und ist dem Insolvenzgericht nicht untergeordnet.[835] Dies ergibt sich daraus, dass die Mitglieder des Gläubigerausschusses den Insolvenzverwalter bei seiner Geschäftsführung zu unterstützen und überwachen haben; sie haben sich hierzu über den Gang der Geschäfte zu unterrichten, die Bücher und Geschäftspapiere einzusehen und den Geldverkehr und -bestand prüfen zu lassen (§ 69 InsO).

570 Die Mitglieder des Gläubigerausschusses haben ihre Tätigkeit und ihre Entscheidungen dabei auf das **Interesse der Gläubigergesamtheit** auszurichten. Dies ist insbesondere wegen der Haftung der Mitglieder des Gläubigerausschusses (§ 71 InsO) zu beachten. Nur aus diesem Grunde ist es gerechtfertigt, dem Gläubigerausschuss eine Vergütung (§ 73 InsO, §§ 17 f. InsVV) als Kompensation für die übernommene Verantwortung zuzubilligen. Gleichwohl ist der Gläubigerausschuss sowohl von der Gläubigerversammlung als auch von einzelnen Gläubigern unabhängig und nicht an Weisungen gebunden.

5. Verschwiegenheit der Ausschussmitglieder

571 Die Mitglieder des Gläubigerausschusses sind zur Verschwiegenheit verpflichtet.[836] Dies bezieht sich auf alle Interna, Überlegungen, Planungen, Dokumente des Insolvenzverfahrens und dergleichen, die dem Ausschussmitglied zugänglich gemacht wurden. Dabei ist unerheblich, ob das Ausschussmitglied diese Informationen in einer Ausschusssitzung oder auf sonstigem Wege erhalten hat. Die Geheimhaltungspflicht besteht gegenüber jedermann, der – aus welchem Grunde auch immer – nicht berechtigt ist, in den Besitz der Information zu kommen.

572 Aus der Geheimhaltungspflicht folgt konkludent, dass das Ausschussmitglied die in dieser Funktion erhaltenen Informationen auch nicht **im eigenen Interesse**, z. B. als Insolvenzgläubiger, Anfechtungsgegner o. Ä. verwenden darf,[837] was in der Praxis teilweise erhebliche Probleme bereitet und ggf. zu einem Ausschluss des Stimmrechts führen kann.

6. Verfahren zur Beschlussfassung

573 Der Gläubigerausschuss entsteht nicht allein durch die Bestellung seiner Mitglieder durch das Insolvenzgericht (beim vorläufigen oder einstweiligen Gläubigerausschuss) bzw. durch Wahl der Mitglieder durch die Gläubigerversammlung, sondern erst durch **Konstituierung**, was in der ersten Sitzung des Ausschusses zu erfolgen hat. Der Übergang vom vorläufigen zum einstweiligen Ausschuss bedeutet keine Organidentität, sodass nach Verfahrenseröffnung eine neue konstituierende Sitzung erforderlich ist. Lediglich der Übergang vom

835) BGH, Urt. v. 12.7.1965 – III ZR 41/64, WM 1965, 1158.

836) Hierzu *Gundlach/Frenzel/N. Schmidt*, ZInsO 2006, 69.

837) BGH, Beschl. v. 24.1.2008 – IX ZB 222/05, ZIP 2008, 652, dazu EWiR 2008, 473 *(Runkel/J. M. Schmidt)*.

einstweiligen zum endgültigen Gläubigerausschuss stellt eine Organkontinuität dar, die eine erneute Konstituierung entbehrlich macht. Hat der Gläubigerausschuss eine Kollektivaufgabe wahrzunehmen, muss er folglich einen Beschluss fassen, so ist der Beschluss ohne eine vorherige Konstituierung unwirksam.[838)]

574 Der Gläubigerausschuss sollte sich eine eigene **Geschäftsordnung** geben, um verfahrensrechtliche Fragen zu klären und eine geordnete Tätigkeit dokumentieren zu können. Hierzu gehört die Frage, wer Ausschusssitzungen einberufen kann, wer dafür verantwortlich zeichnen soll, dass die Beschlüsse des Ausschusses auch an den Insolvenzverwalter bzw. das Insolvenzgericht oder eine Gläubigerversammlung weitergeleitet werden etc. Dies mag in der Praxis aufgrund der engen Zusammenarbeit oftmals keine Rolle spielen, ist jedoch in Streit- oder Haftungsfällen von Bedeutung. Da die Beschlüsse oftmals unter Zeitdruck gefasst werden müssen, sollte die Geschäftsordnung hauptsächlich zusätzliche Möglichkeiten eröffnen (z. B. Regelungen zur Beschlussfähigkeit, Ermöglichung von Umlaufbeschlüssen etc.), nicht hingegen Einschränkungen enthalten. Soweit einzelne Mitglieder Aufgaben aller Mitglieder übernehmen sollen, bedarf es entweder einer generellen Regelung in der Geschäftsordnung oder eines individuellen Beschlusses (ohne derartige Regelungen wäre z. B. jedes einzelne Mitglied auch zur „Kassenprüfung" verpflichtet).

575 In der Regel lädt der Insolvenzverwalter zur **Sitzung** ein, wenngleich der Ausschuss rein rechtlich aus eigener Initiative erstmalig zusammenkommen muss. Auch weitere Sitzungen können auf Initiative des Verwalters oder des Ausschusses selbst stattfinden. Jedes Mitglied hat Anspruch auf Ladung.[839)] Da es sich beim Gläubigerausschuss jedoch um ein Aufsichtsorgan handelt, bedarf die **Teilnahme des Insolvenzverwalters** an den Ausschusssitzungen der Zustimmung aller Ausschussmitglieder. Hier beginnt erst noch eine Professionalisierung des Ausschusses, da die Sitzungen oftmals sogar vom Insolvenzverwalter geleitet werden.[840)]

576 Ein **Beschluss** des Gläubigerausschusses ist gültig, wenn die Mehrheit der Mitglieder an der Beschlussfassung teilgenommen hat und der Beschluss mit der Mehrheit der abgegebenen Stimmen (einfache Mehrheit) gefasst worden ist (§ 72 InsO). Alle Ausschussmitglieder haben dieselben Stimmrechte. Bei einzelnen Entscheidungen des Gläubigerausschusses kann ein **Stimmverbot** für Ausschussmitglieder bestehen, wenn die Gefahr der Interessenkollision droht.[841)] Wo das Gesetz einen **einstimmigen** Beschluss vorsieht (§§ 56a Abs. 2 Satz 1, Abs. 3 Satz 2 InsO), müssen sich alle Ausschussmitglieder an der Abstimmung beteiligt haben, d. h. Enthaltungen und Stimmverbote können nicht zu einem einstimmigen Beschluss führen.

7. Rechte und Aufgaben des Gläubigerausschusses

577 Die wichtigsten Rechte und Aufgaben des Gläubigerausschusses seien nachfolgend anhand eines **Regelinsolvenzverfahrens** dargestellt.

578 Vorab hervorzuheben ist die aus § 69 InsO resultierende Verpflichtung zur Unterstützung und Überwachung des Insolvenzverwalters, die den Ausschuss in die Nähe eines Aufsichtsrats rückt. **Unterstützung** bedeutet im Wesentlichen die konstruktive Beisteuerung von Informationen, soweit erforderlich, zugänglich und zumutbar, mithin insgesamt eine den Gläubigerinteressen dienende Zusammenarbeit bei der Vorbereitung, Durchsetzung und Korrektur von Entscheidungen einschließlich Hilfestellung in Verhandlungen mit Dritten.

838) AG München, Beschl. v. 14.6.2012 – 1506 IN 1851/12, ZIP 2012, 1308, dazu EWiR 2012, 495 (*Vallender*).

839) OLG Celle, Urt. v. 21.8.2018 – 13 U 104/17, NZI 2018, 892.

840) Für eine Professionalisierung des Gläubigerausschusses auch *Heeseler/Neu*, NZI 2012, 440.

841) Ausführlich *Uhlenbruck*, ZIP 2002, 1373, 1376 ff.

Die **Überwachung** dient vordringlich dem Schutz der Gläubigergesamtheit vor Fahrlässigkeiten, Zweckwidrigkeiten und Manipulationen durch den Verwalter. Insgesamt besteht jedoch keine Weisungsbefugnis gegenüber dem Verwalter. 579

Die Aufgaben im Übrigen: 580

- Gelegenheit zur Stellungnahme zu den Anforderungen an den zu bestellenden Insolvenzverwalter sowie Abstimmung innerhalb des Ausschusses über die Auswahl des zu bestellenden Verwalters nach § 56a InsO;
- allgemeines Informationsrecht (§ 97 Abs. 1 InsO);
- Entscheidung über die Anlage von Geld, Wertpapieren und Kostbarkeiten (§ 149 Abs. 1 Satz 1 InsO) sowie die Zeichnungsbefugnis eines Mitglieds des Gläubigerausschusses bei der Anlage von Geld, Wertpapieren und Kostbarkeiten (§ 149 Abs. 2 InsO);
- Zustimmung zum Antrag des Verwalters, von der Aufstellung eines Verzeichnisses der Massegegenstände abzusehen (§ 151 Abs. 3 Satz 2 InsO);
- Recht zur Stellungnahme im Berichtstermin (§ 156 Abs. 2 Satz 1 InsO);
- Zustimmung zur Stilllegung des schuldnerischen Unternehmens vor dem Berichtstermin (§ 158 Abs. 1 InsO), siehe Rz. 256 ff.;
- Zustimmung zu den bedeutsamen Rechtshandlungen des Verwalters (§ 160 Abs. 1 Satz 1, Abs. 2 InsO), siehe Rz. 275 ff.;
- Recht zur Beantragung der Einberufung einer Gläubigerversammlung (§ 75 Abs. 1 Nr. 2 InsO);
- Zustimmung zur Unterhaltsgewährung an den Schuldner und seine Angehörigen bis zur Entscheidung der Gläubigerversammlung (§ 100 Abs. 2 InsO);
- Beantragung der Anordnung der Unwirksamkeit der Erklärung des Insolvenzverwalters über die „Freigabe" des Geschäftsbetriebs nach § 35 Abs. 2 Satz 1 InsO (§ 35 Abs. 2 Satz 3 InsO), siehe Rz. 378 ff.;
- Bestimmung des bei einer Abschlagsverteilung zu verteilenden Bruchteils (§ 195 Abs. 1 Satz 1 InsO);
- Prüfung der Schlussrechnung (§§ 66 Abs. 2 Satz 2, 69 InsO), wobei das Mitglied Anspruch auf Aushändigung der für eine Prüfung erforderlichen Unterlagen hat, wenn ihm eine Prüfung der Unterlagen an deren Verwahrungsort nicht möglich ist;[842)]
- Zustimmung zur Schlussverteilung (§ 187 Abs. 3 Satz 2 InsO);
- Anhörung vor der Einstellung des Verfahrens nach §§ 212, 213 InsO (§ 214 Abs. 2 Satz 1 InsO);
- Vorabunterrichtung über die Einstellung des Verfahrens (§ 215 Abs. 1 Satz 2 InsO).

Beim **Insolvenzplanverfahren** sind folgende Rechte und Aufgaben des Gläubigerausschusses kumulativ oder alternativ zu berücksichtigen: 581

- Mitwirkungsrecht bei der Aufstellung eines Insolvenzplans (§§ 218 Abs. 3, 232 Abs. 1 Nr. 1 InsO);
- Recht zur Stellungnahme zum Plan (§ 232 Abs. 1 Nr. 1 InsO);
- Anhörung vor Bestätigung des Insolvenzplans (§ 248 Abs. 2 InsO);
- allgemeines Informationsrecht im Planverfahren (§ 261 Abs. 2 InsO);
- Vorabunterrichtung über die Aufhebung des Verfahrens (§ 258 Abs. 3 Satz 2 InsO);

842) BGH, Beschl. v. 29.11.2007 – IX ZB 231/06, ZIP 2008, 124.

- Unterrichtung durch den Insolvenzverwalter von der Nichterfüllung oder Nichterfüllbarkeit von überwachten Ansprüchen (§ 261 Abs. 1 Satz 2 InsO), was im Ergebnis bedeutet, dass die Rechte und Pflichten des Gläubigerausschusses bei angeordneter Planüberwachung über den Aufhebungsbeschluss hinaus fortdauern.

582 Bei der **Eigenverwaltung** sind folgende Rechte und Aufgaben des Gläubigerausschusses kumulativ oder alternativ zu berücksichtigen:

- Gelegenheit zur Äußerung vor Anordnung der Eigenverwaltung, wenn dies nicht offensichtlich zu einer nachteiligen Veränderung in der Vermögenslage des Schuldners führt (§ 270b Abs. 3 InsO);
- Beantragung der Aufhebung der vorläufigen Eigenverwaltung (§ 270e Abs. 1 Nr. 4 InsO);
- Zustimmung zu den bedeutsamen Rechtshandlungen des Schuldners in Eigenverwaltung (§ 276 InsO);
- Unterrichtung durch den Sachwalter über zu erwartende Nachteile bei der Fortsetzung der Eigenverwaltung (§ 274 Abs. 3 Satz 1 InsO).

583 Die (nicht eingeholte) Genehmigung des Gläubigerausschusses ist für die **Wirksamkeit des Rechtsgeschäfts** im Außenverhältnis jedoch grundsätzlich unbeachtlich. Allerdings soll die betriebsbedingte Kündigung eines Arbeitnehmers unwirksam sein, wenn sie zwischen Eröffnung des Insolvenzverfahrens und Abhaltung des Berichtstermins ohne Zustimmung des (vorläufigen) Gläubigerausschusses erfolgte (§ 158 Abs. 1 InsO).[843)]

8. Individual- und Kollektivaufgaben

584 Die in § 88 KO enthaltene Unterscheidung zwischen den Aufgaben des Gläubigerausschusses als Kollektivorgan und den Aufgaben des einzelnen Ausschussmitglieds ist für die InsO nicht beibehalten worden. So ist nun **jedes einzelne Ausschussmitglied** verpflichtet und berechtigt, den Insolvenzverwalter bei dessen Geschäftsführung zu unterstützen und zu überwachen, sich insbesondere über den Gang der Geschäfte zu unterrichten, die Bücher und Geschäftspapiere einzusehen und den Geldverkehr und -bestand prüfen zu lassen (§ 69 InsO).

Praxishinweis

Allerdings sind gewisse **Kollektivrechte** beibehalten worden. Überall dort, wo es im Gesetz heißt, dass der Gläubigerausschuss tätig wird oder zu beschließen hat, muss der Ausschuss als Kollegialorgan handeln und einen Mehrheitsbeschluss fassen.

9. Haftung der Ausschussmitglieder

585 § 71 InsO normiert die Haftung der Mitglieder des Gläubigerausschusses.[844)] Entgegen § 89 KO und § 44 Abs. 4 VglO besteht die Haftung nicht mehr gegenüber allen Beteiligten, sondern nur noch **gegenüber absonderungsberechtigten** Gläubigern und **(nachrangigen) Insolvenzgläubigern**, insbesondere also nicht mehr gegenüber Massegläubigern, aussonderungsberechtigten Gläubigern und dem Schuldner.[845)] Insoweit entsteht eine Sondermasse, aus der nicht etwa auch Masseverbindlichkeiten i. S. der §§ 54, 55 InsO beglichen werden dürften.[846)]

---

843) BAG, Beschl. v. 29.6.2000 – 8 ABR 44/99, ZIP 2000, 1588, 1592, dazu EWiR 2000, 1165 *(Peters-Lange)*.

844) Ausführlich *Zimmer* in: Beck/Depré/Ampferl, Praxis der Insolvenz, § 49.

845) Ausführlich *Vortmann*, ZInsO 2006, 310.

846) BGH, Urt. v. 9.10.2014 – IX ZR 140/11, ZIP 2014, 2242, dazu EWiR 2014, 781 *(Krüger)*.

Seit Kodifizierung des vorläufigen Gläubigerausschusses im Eröffnungsverfahren muss all dies jedoch neu überdacht werden. Ein Haftungsausschluss z. B. des vorläufigen Gläubigerausschusses **gegenüber dem Schuldner** dürfte im höchsten Maße bedenklich sein. Das Eröffnungsverfahren ist kontradiktorischer Natur, sodass es dem Schuldner im Grunde schon nicht zugemutet werden kann, überhaupt irgendwelche Gläubiger Entscheidungen über sein Vermögen treffen lassen zu müssen, weswegen ein gegen den Willen des Schuldners eingesetzter vorläufiger Gläubigerausschuss verfassungswidrig sein dürfte. In einer derartigen Konstellation auch noch die Haftung der Ausschussmitglieder auszuschließen, wäre bar jedes rechtsstaatlichen Verständnisses. 586

Ähnlich der Verwalterhaftung setzt auch die Haftung der Mitglieder des Gläubigerausschusses eine **schuldhafte Pflichtverletzung** voraus, die sich unmittelbar aus dem Pflichtenkreis eines Ausschussmitglieds ergibt, also nicht nur insolvenzspezifisch, sondern auch ausschussspezifisch sein muss. Eine Haftung im Zusammenhang mit **Kollektivaufgaben** ist eher selten. Um ein solches Haftungsrisiko zu minimieren, ist eine sorgsame Dokumentation ratsam, wann wer welche Anträge zur Beschlussfassung gestellt hat und wer wie abgestimmt hat.[847] Häufiger ist die Haftung für die Verletzung von Pflichten im Zusammenhang mit **Individualaufgaben**, wobei die Überwachung des Insolvenzverwalters[848] im Vordergrund steht, hier wiederum die Rechnungsprüfung.[849] 587

Wann die **Verjährungsfrist** von drei Jahren (§§ 71 Satz 2, 62 Satz 2 InsO) beginnt, hängt davon ab, ob unmittelbar ein Schaden entstanden ist, oder ein Schaden zunächst von einem Sonderinsolvenzverwalter (§ 92 Satz 2 InsO) gegen den Insolvenzverwalter hätte geltend gemacht werden müssen.[850] 588

Insgesamt ist eine **Haftpflichtversicherung** zwingend erforderlich. Dies weniger zum Schutz des Ausschussmitglieds als eher zum Schutz der Geschädigten vor einer fehlenden Leistungsfähigkeit der Ausschussmitglieder im Schadenfall.[851] 589

10. Strafbarkeitsrisiken der Ausschussmitglieder

Da aus der Stellung der Ausschussmitglieder eine Vermögensbetreuungspflicht abgeleitet werden kann, drängt sich der Anwendungsbereich der Untreue i. S. des § 266 Abs. 1 StGB auf, wenn die sonstigen Voraussetzungen der Untreue erfüllt sind.[852] 590

11. Vergütung der Ausschussmitglieder

Jedes Mitglied des Gläubigerausschusses hat einen **eigenständigen Vergütungsanspruch.** Nach § 17 Abs. 1 InsVV soll die Vergütung in den ab dem 1.1.2021 beantragten Verfahren im Regelfall zwischen 50 und 300 € je Stunde betragen. Auch für zuvor eröffnete Verfahren sind bei hinreichender Qualifikation **Stundensätze** von 200 € und mehr zulässig, wobei zwischen *internen* und *externen* Ausschussmitgliedern zu differenzieren ist.[853] 591

847) *Zimmer* in: Beck/Depré/Ampferl, Praxis der Insolvenz, § 49 Rz. 4.

848) Hierzu *Zimmer* in: Beck/Depré/Ampferl, Praxis der Insolvenz, § 49 Rz. 11 f.

849) Ausführlich BGH, Urt. v. 9.10.2014 – IX ZR 140/11, ZIP 2014, 2242, dazu EWiR 2014, 781 *(Krüger)*; BGH, Urt. v. 25.6.2015 – IX ZR 142/13, NZI 2015, 799; *Zimmer* in: Beck/Depré/Ampferl, Praxis der Insolvenz, § 49 Rz. 13 f. – zur Haftung; *Zimmer*, Insolvenzbuchhaltung, Rz. 1306 ff. – zur Rechnungsprüfung; *Zimmer*, InsVV, § 18 Rz. 49 ff. – zur Kostentragung.

850) BGH, Beschl. v. 8.5.2008 – IX ZR 54/07, ZIP 2008, 1243.

851) *Zimmer*, InsVV, § 18 Rz. 37 ff.

852) Ausführlich *Brand/Sperling*, KTS 2009, 355.

853) Grundlegend BGH, Beschl. v. 14.1.2021 – IX ZB 71/18, ZRI 2021, 251; BGH, Beschl. v. 14.1.2021 – IX ZB 94/18, ZRI 2021, 290. Ausführlich *Zimmer*, InsVV, § 17 Rz. 99 ff.

592 Der **Stundenaufwand** ist grundsätzlich nachzuweisen. Vergütungsfähig sind nur Stunden, die innerhalb des Aufgabengebiets des Ausschussmitglieds geleistet wurden. Dabei ist zu berücksichtigen, dass vorläufiger Gläubigerausschuss einerseits und einstweiliger/endgültiger Gläubigerausschuss andererseits auch bei Personenidentität nicht rechtsidentisch sind, d. h. es sind auf Basis separater **Zeiterfassungslisten** für *jedes* Mitglied eigenständige Vergütungsanträge zu stellen.

593 Die Vergütung der Mitglieder des vorläufigen Gläubigerausschusses für die Erfüllung der ihnen nach § 56a InsO (**Anforderungsprofil an den vorläufigen Verwalter bzw. Sachwalter**) und § 270b Abs. 3 InsO (**Stellungnahme zum Ob einer Eigenverwaltung**) zugewiesenen Aufgaben beträgt einmalig und zusätzlich 500 € (§ 17 Abs. 2 Satz 1 InsVV).

594 Neben einer angemessenen Vergütung steht den Ausschussmitgliedern auch ein **Auslagenersatz** zu (§ 18 Abs. 1 InsVV).[854] Die Auslagen müssen angemessen gewesen sein und sind grundsätzlich nachzuweisen. Von zentralem Interesse sind die Prämien für eine Vermögensschadenhaftpflichtversicherung des Ausschussmitglieds. Nach der gesetzlichen Konzeption sind diese vom Ausschussmitglied zu verauslagen. Dies dürfte als Zumutung für die Ausschussmitglieder zu bewerten sein, sodass Lösungsansätze vertreten werden, die Prämien unmittelbar aus der Masse zu entrichten.[855] Selbiges gilt für die Kosten einer Rechnungsprüfung.[856]

595 Ist das Ausschussmitglied Unternehmer i. S. des § 2 UStG, hat es **Umsatzsteuer** für seine Tätigkeit zu erheben. Folglich muss der Antrag die Geltendmachung von Umsatzsteuer enthalten (§ 18 Abs. 2 InsVV). Nach der Festsetzung muss das Ausschussmitglied jedoch auch noch eine Rechnung nach § 14 UStG an die Insolvenzmasse erstellen, da allein aus dem Vergütungsbeschluss keine Vorsteuer für die Masse gezogen werden kann.

596 Der **Antrag auf Festsetzung** der Vergütung nebst Auslagenerstattung ist an das Insolvenzgericht zu richten (§§ 73 Abs. 2, 64 InsO). Gegen den Festsetzungsbeschluss ist die **sofortige Beschwerde** möglich. Beschwerdeberechtigt sind das beschwerte Ausschussmitglied, der Insolvenzverwalter, der Schuldner und jeder Insolvenzgläubiger, nicht aber weitere Ausschussmitglieder.

F. Akteneinsicht und Informationsrechte

597 Das Akteneinsichtsrecht wird als besondere Ausprägung des grundrechtsgleichen Anspruchs auf **rechtliches Gehör** gemäß Art. 103 Abs. 1 GG gewertet. Aus § 4 Satz 1 InsO i. V. mit § 299 Abs. 1 ZPO ergibt sich eine Beschränkung des Einsichtsrechts auf die **Parteien im Insolvenzverfahren.** Der Parteibegriff des § 299 Abs. 1 ZPO ist jedoch enger als der Beteiligtenbegriff in § 60 Abs. 1 InsO. Zu den Parteien i. S. des § 299 Abs. 1 ZPO gehören im Wesentlichen der **Schuldner** und die **Insolvenzgläubiger.** Das stets erforderliche **rechtliche Interesse** von Insolvenzgläubigern wird allein durch ihre Forderungsanmeldung begründet, auf das Prüfungsergebnis kommt es nicht an.[857] Nach Verfahrensbeendigung sollen indes auch jene Gläubiger, die keine Forderung zur Insolvenztabelle angemeldet haben, ein rechtliches Interesse auf Akteneinsicht haben,[858] was zweifelhaft zu sein scheint. Beim Schuldner selbst folgt das rechtliche Interesse schon allein daraus, dass es um die Abwicklung seines Vermögens geht (§ 666 BGB). Für Kommanditisten soll allerdings ein Einsichtsrecht nur bestehen, wenn das rechtliche Interesse glaubhaft gemacht wird und der

---

854) Ausführlich zum Auslagenkatalog *Zimmer*, InsVV, § 18 Rz. 20 ff.

855) Hierzu *Zimmer*, InsVV, § 18 Rz. 37 f.

856) Hierzu *Zimmer*, InsVV, § 18 Rz. 40 ff.

857) A. A. AG München, Beschl. v. 23.10.2017 – 1542 IN 960/13, juris, dazu EWiR 2018, 87 *(Holzer)*.

858) KG Berlin, Beschl. v. 12.4.2016 – 1 VA 14/15, ZVI 2016, 295.

Kommanditist auf Zahlung in Anspruch genommen wird; insoweit sei der Kommanditist nicht Partei, sondern Dritter i. S. des § 299 Abs. 2 ZPO.[859] Daraus wäre abzuleiten, dass lediglich persönlich haftende Gesellschafter oder organschaftliche Vertreter unter § 299 Abs. 1 ZPO zu subsumieren sind. Diese Einschränkung kann jedoch nicht gelten, wenn die Möglichkeit eines Überschusses i. S. des § 199 InsO im Raum steht, da dieser gerade an die Gesellschafter mit Kapitalbeteiligung herauszugeben ist und nicht an die Geschäftsleitung; dieser Unterschied zur KO wurde möglicherweise von der Rechtsprechung zum Akteneinsichtsrecht nicht berücksichtigt.

Eine **Beschränkung** des Einsichtsrechts ist nur in Ausnahmefällen zulässig, wenn die Einsicht den Verfahrenszweck gefährden würde, weil ein Missbrauch der aus der Akte gewonnenen Erkenntnisse im konkreten Einzelfall droht.[860] Eine **Missbrauchsgefahr** ist jedoch nicht allein darin zu sehen, dass ein Gläubiger die Forderungen anderer Gläubiger aufkaufen möchte.[861] Das Einsichtsrecht bezieht sich daher grundsätzlich auch auf das **Eröffnungsgutachten** des Sachverständigen.[862] Dieses Gutachten soll eigentlich nur beantworten, ob ein Insolvenzgrund vorliegt und Aussichten für eine Betriebsfortführung bestehen; die Prüfung der Verfahrenskostendeckung obliegt hingegen dem vorläufigen Insolvenzverwalter (§ 22 Abs. 1 Nr. 3 InsO). Tatsächlich enthalten die Gutachten meist sehr viel mehr Informationen, da einerseits ein Schlussbericht des vorläufigen Insolvenzverwalters integriert wird und andererseits eine Vorlage für den Bericht zum Berichtstermin geschaffen werden soll. Daher steht weniger die Frage im Raum, welches Dokument der Akteneinsicht unterfällt, als eher die Frage, wie *verräterisch* Informationen für potenzielle Prozessgegner sein könnten. Insoweit obliegt es dem Insolvenzverwalter und dem Gericht, **Nebenakten** zu initiieren, die vom Akteneinsichtsrecht ausgeschlossen sind. Dies wird bereits von einigen Gerichten praktiziert, z. B. im Hinblick auf Vergütungsansprüche, Gläubigerausschusssitzungen etc., grundsätzlich immer wird auch für die Insolvenztabelle ein gesonderter Band angelegt. In einer solchen Nebenakte können Ansprüche beschrieben werden, bei denen Sachverhalt, rechtliche Würdigung und Beweislastverteilung im Zweifel stehen oder ein Prozessgegner solche Informationen wegen des Prozessrisikos der Masse gerade nicht erhalten soll. Eine Erledigung des Rechtsstreits führt gleichzeitig zum Wegfall des Akteneinsichtsrechts.[863] 598

Nichtbeteiligten **Dritten** kann Akteneinsicht gewährt werden, wenn ein **rechtliches Interesse** glaubhaft gemacht wird (§ 299 Abs. 2 ZPO analog). Zu solchen Dritten gehören z. B. nicht befriedigte Massegläubiger[864] und die das Verfahrenskonto führende Bank.[865] Ein rechtliches Interesse soll zu bejahen sein, wenn die Akteneinsicht zur Verfolgung oder Abwehr von Ansprüchen durch den Antragsteller benötigt wird und diese einen rechtlichen Bezug zu dem Verfahren aufweisen.[866] Allein ein **wirtschaftliches Interesse** ohne kon- 599

859) BGH, Urt. v. 21.7.2020 – II ZR 175/19, Rz. 15, ZRI 2020, 541; BGH, Hinweisbeschl. v. 13.10.2020 – II ZR 40/20, Rz. 31 (n. v.); BGH, Beschl. v. 15.10.2020 – IX AR (VZ) 2/19, ZRI 2021, 36.

860) BGH, Beschl. v. 7.5.2020 – IX ZB 56/19, ZVI 2020, 256.

861) BGH, Beschl. v. 7.5.2020 – IX ZB 56/19, ZVI 2020, 256.

862) OLG Celle, Beschl. v. 5.1.2004 – 2 W 113/03, ZVI 2004, 114 = ZIP 2004, 684; OLG Celle, Beschl. v. 2.3.2006 – 4 W 16/06, ZIP 2006, 1465, dazu EWiR 2006, 703 *(Fuchs)*.

863) BGH, Beschl. v. 7.10.2021 – X ZB 14/20, NJW-RR 2021, 1583.

864) OLG Frankfurt/M., Beschl. v. 18.1.2010 – 20 VA 9/09, ZIP 2010, 1811 – Massekreditgläubiger.

865) OLG Naumburg, Beschl. v. 27.5.2010 – 5 VA 11/10, ZIP 2010, 1765.

866) OLG Karlsruhe, Beschl. v. 1.12.2022 – 24 VA 4/22, ZRI 2023, 512 – Geschäftsführer; OLG Schleswig, Beschl. v. 19.6.2023 – 10 VA 2/23, NZI 2023, 666 – Geschäftsführer; OLG Stuttgart, Beschl. v. 11.1.2021 – 14 VA 15/20, ZRI 2021, 197. **A. A.** BayObLG, Beschl. v. 14.10.2021 – 102 VA 66/21, ZRI 2021, 946. Wieder großzügiger BayObLG, Beschl. v. 2.9.2021 – 101 VA 100/21, ZRI 2021, 853.

kreten Bezug zum Insolvenzverfahren genügt generell nicht.[867] Nichtbeteiligten Dritten können anonymisierte Abschriften von Entscheidungen erteilt werden, z. B. bei Entscheidungen von **wissenschaftlichem Interesse.**[868] Die Ermessensentscheidung liegt beim Aufsicht führenden Insolvenzrichter, wobei das Interesse des Dritten abzuwägen ist gegen das Recht des Schuldners auf informelle Selbstbestimmung,[869] früher in diesem Zusammenhang auch Geheimhaltungsinteresse genannt.[870] Erstens also ist nach einem solchen Antrag auf Akteneinsicht auch der Schuldner zu hören (was wegen § 80 Abs. 1 InsO unterbleibt und nur der Insolvenzverwalter um Stellungnahme gebeten wird), zweitens hat ein Dritter im Grunde keinen Anspruch auf Akteneinsicht, sondern lediglich Anspruch auf ermessensfehlerfreie Entscheidung. Gegen die Entscheidung ist der **Justizverwaltungsrechtsweg** nach §§ 23 ff. EGGVG eröffnet. Ist der Dritte eine Behörde, ließe sich über Art. 35 GG auch die weitergehende Amtshilfe herleiten, da § 299 Abs. 2 ZPO nur für Private gilt. Hier wird formal Art. 35 GG i. V. mit §§ 12 ff. EGGVG heranzuziehen sein, jedoch mit den aus § 4 Satz 1 InsO i. V. mit § 299 Abs. 2 ZPO hergeleiteten Grenzen.

600 Bei **Nichteröffnung des Insolvenzverfahrens** ist fraglich, ob z. B. Gläubiger als Parteien i. S. des § 299 Abs. 1 ZPO oder als Dritte i. S. des § 299 Abs. 2 ZPO zu behandeln sind, denn zur Partei wäre ein Gläubiger erst nach Verfahrenseröffnung und Forderungsanmeldung geworden. Hier wird davon ausgegangen, dass Gläubiger zwar Dritte i. S. des § 299 Abs. 2 ZPO sind, aber die (glaubhaft zu machende schuldrechtliche) Gläubigerstellung allein schon für die Bejahung eines rechtlichen Interesses i. S. des § 299 Abs. 2 ZPO ausreicht.[871] Das Akteneinsichtsrecht bezieht sich auch hier auf das Eröffnungsgutachten des Sachverständigen, das zur Nichteröffnung geführt hat.[872]

601 Insolvenzgläubiger haben grundsätzlich nur in der Gläubigerversammlung ein Informationsrecht. Dieser rechtliche Grundsatz lässt sich in der Praxis jedoch nicht durchhalten, da die Gläubiger dann Akteneinsicht beantragen, was den Rechtspfleger bzw. die Geschäftsstelle (Serviceeinheit) nicht übermäßig begeistern dürfte. Folglich sind zur Entlastung des Insolvenzgerichts (!) **Sachstandsanfragen** vom Insolvenzverwalter kurz zu beantworten, denn einen entsprechenden Auskunftsanspruch hat der einzelne Gläubiger nicht.[873] Oftmals möchte der Gläubiger auch keine Details zum Verfahren wissen, benötigt aber das Signal der Verfahrensaufhebung bzw. -einstellung zum endgültigen Ausbuchen seiner Forderung oder – als Bevollmächtigter – zur Beendigung seines Mandats. Zur Entlastung der Gerichte sind Insolvenzverwalter mehr oder weniger verpflichtet, ein elektronisches **Gläubigerinformationssystem** einzurichten (§ 5 Abs. 5 InsO).[874]

602 Richten sich **Anfragen** gezielt auf Informationen, die Schadensersatzansprüche z. B. gegen den Geschäftsleiter des Schuldners erleichtern sollen, ist **Skepsis angebracht.** Ein Arbeitnehmer, dessen Beschäftigungsverhältnis mit dem Schuldner bereits vor Stellung des Insolvenzantrags beendet worden ist, kann vom Insolvenzverwalter z. B. keine Auskünfte über den Eintritt der Insolvenzreife verlangen, um Ansprüche gegen den Geschäftsleiter

867) BayObLG, Beschl. v. 12.9.2019 – 1 VA 86/19, ZRI 2020, 94.

868) BGH, Beschl. v. 25.3.2021 – IX AR (VZ) 1/19, ZRI 2021, 488 = ZVI 2021, 321.

869) BGH, Beschl. v. 5.4.2006 – IV AR (VZ) 1/06, ZVI 2006, 336 = ZIP 2006, 1154, dazu EWiR 2006, 447 *(Pape)*; OLG Schleswig, Beschl. v. 29.7.2008 – 12 Va 1/08, NZI 2008, 690.

870) BGH, Beschl. v. 18.2.1998 – IV AR (VZ) 2/97, ZIP 1998, 961.

871) BGH, Beschl. v. 5.4.2006 – IV AR (VZ) 1/06, ZVI 2006, 336 = ZIP 2006, 1154.

872) BGH, Beschl. v. 5.4.2006 – IV AR (VZ) 1/06, ZVI 2006, 336 = ZIP 2006, 1154.

873) BGH, Urt. v. 29.11.1973 – VII ZR 2/73, NJW 1974, 238; AG Köln, Beschl. v. 24.2.2002 – 71 IN 84/01, NZI 2002, 390.

874) Ausführlich *Heyer*, ZInsO 2022, 501.

oder Dritte zu prüfen.[875] Der Insolvenzverwalter muss der Finanzverwaltung bezüglich vorinsolvenzlicher Tatbestände auch erst dann Auskunft erteilen, wenn die Aufklärung durch den Schuldner nicht erfolgreich war; der Insolvenzverwalter gehört insoweit zu den anderen Personen i. S. des § 93 Abs. 1 Satz 3 AO.[876] In solchen Fällen sollte der Insolvenzverwalter auf ein Akteneinsichtsrecht verweisen, um nicht einzelnen Gläubigern oder Beteiligten Sondervorteile gegenüber anderen Beteiligten zu verschaffen.

Im Einzelfall bedarf die Prüfung eines Informationsrechts der **detaillierten Prüfung**. Zunächst ist es gesetzlich vorgegebene Aufgabe, eine Befugnis oder eine Rechtsposition als jeweiliges *Hauptrecht* zu ermitteln. Alsdann ist zu prüfen, ob es zur Wahrnehmung dieses Hauptrechts der Informationserteilung als *Hilfsrecht* i. S. des § 254 ZPO bedarf. Im letzten Schritt ist schließlich zu prüfen, wo die **Grenzen für eine Informationsverwendung** liegen.[877] 603

G. Schlussbetrachtung

Die vorstehenden Ausführungen haben gezeigt, dass das Insolvenzgericht (dort Richter und Rechtspfleger), der (vorläufige) Insolvenzverwalter bzw. Sachwalter, die Gläubiger(organe) und der Schuldner (einschließlich seiner Vertretungsorgane) Aufgaben, Rechte und Pflichten haben, die stark miteinander verzahnt sind. Die gedeihliche Zusammenarbeit aller Beteiligten ist daher unabdingbar, um die Effektivität eines Insolvenzverfahrens zu steigern und die Ziele des Insolvenzverfahrens zu erreichen. 604

Gewisse Spannungsverhältnisse sind dabei unvermeidlich, andere könnten durch Zutun der Verwalter, der Gerichte, des Gesetzgebers und der Rechtsprechung vermieden werden. Dass der Umfang insolvenzrechtlicher Literatur und Gerichtsentscheidungen bald denjenigen des oft kritisierten deutschen Steuerrechts annimmt, ist auch dadurch begründet, dass die InsO zu viele Interessen bündeln soll und sich immer weiter vom klassischen Vollstreckungsrecht als prozessuale Folge eines Erkenntnisverfahrens entfernt. 605

875) BGH, Urt. v. 2.6.2005 – IX ZR 221/03, ZVI 2005, 429 = ZIP 2005, 1325, dazu EWiR 2006, 147 *(Schröder)*.

876) FG Brandenburg, Urt. v. 12.5.2004 – 1 K 244/01, ZInsO 2005, 331.

877) Ausführlich *Frege/Nicht*, ZInsO 2012, 2217.

Kapitel 7
Wirkungen der Verfahrenseröffnung

Übersicht

Literatur: *App*, Unzulässige oder noch zulässige Maßnahmen von Insolvenzgläubigern nach Eröffnung eines Insolvenzverfahrens über das Vermögen des Schuldners, DGVZ 2004, 67; *de Avoine*, Fortführung eines Apothekenbetriebs durch den Insolvenzverwalter, ZInsO 2015, 1725; *Bai*, Die Freigabe im Insolvenzverfahren, 2009; *Bartels*, Die Handelsfirma zwischen Namensrecht und Kennzeichenschutz, AcP 209 (2009), 309; *Bartels*, Der erbrechtliche Erwerb des Insolvenzschuldners – Erbschafts- und Vermächtnisausschlagung sowie die Vernachlässigung von Vermächtnis- und Pflichtteilsansprüchen im Vorfeld und während des Insolvenzverfahrens sowie in der Wohlverhaltensperiode nach §§ 286 ff. InsO, KTS 2003, 41; *Becker*, Die zur Sicherheit abgetretene Forderung in der Insolvenz des Zedenten, DZWIR 2010, 133; *Berberich/Kanschik*, Daten in der Insolvenz, NZI 2017, 1; *Bergmann*, Die Verwaltungsbefugnis des Insolvenzverwalters über einen zur Insolvenzmasse gehörenden GmbH-Geschäftsanteil, ZInsO 2004, 225; *Berthold*, Unternehmensverträge in der Insolvenz, 2004; *Beth*, Zulässigkeit eines Auskunftsersuchens des Insolvenzgerichts beim Bundeszentralamt für Steuern (BZSt), NZI 2016, 109; *Beyer/Beyer*, Verkauf von Kundendaten in der Insolvenz – Verstoß gegen datenschutzrechtliche Bestimmungen, NZI 2016, 241; *Birkenhauer*, Probleme der Nichtteilnahme am und im Insolvenzverfahren, 2002; *Bork*, Die Geltendmachung der Existenzvernichtungshaftung in der Insolvenz, KTS 2006, 39; *Böcker*, Grenzen der Kompetenz eines Insolvenzverwalters oder Ende des grundsätzlichen Vorrangs des Insolvenzrechts vor dem Gesellschaftsrecht? Besprechung des BGH-Beschlusses vom 26.11.2019 – II ZB 21/17, DZWIR 2023, 364, DZWIR 2020, 333; *Bork*, Die Verbindung, Vermischung und Verarbeitung von Sicherungsgut durch den Insolvenzverwalter, in: Festschrift für Hans Friedhelm Gaul, 1997, S. 71; *Bortz*, Urheberrechtliche Lizenzen in nationaler und internationaler Insolvenz, 2012; *Brinkmann*, Die Bedeutung der §§ 92, 93 InsO für den Umfang der Insolvenz- und Sanierungsmasse, 2001; *Büchel*, Das neue Pfändungsschutzkonto in der Insolvenz des Schuldners, ZInsO 2010, 20; *Büchel/Günther*, Fehlüberweisungen auf das Konto des Insolvenzschuldners in der Insolvenz, ZInsO 2008, 547; *Bunke*, Zur Anwendbarkeit des § 93 InsO auf konkurrierende Individualansprüche gegen persönlich haftende Gesellschafter, KTS 2002, 471; *Christiansen*, Die Abtretung aufschiebend bedingter Forderungen – insolvenzfest?, KTS 2003, 549; *Cranshaw*, Die Sicherheiten- bzw. Sicherungstreuhand in Sanierung und Abwicklung im Spiegel der Rechtsprechung, WM 2009, 1682; *Cranshaw/Welsch*, Freigabe von Konten als Problemfeld der Insolvenzverwaltung, DZWIR 2016, 53; *Damerius*, Das Schicksal schwebender Verfahren des Schuldners, 2006; *Elfring*, Versicherungsverträge im Insolvenzrecht, BB 2004, 617; *Emmert*, Kündigung und Einziehung des Genossenschaftsanteils durch den Insolvenzverwalter trotz § 109 Abs. 1 Satz 2 InsO?, ZInsO 2005, 852; *Empting*, Die Internet-Domain in der Insolvenz, ZInsO 2006, 229; *Eyber*, Lastschrift und Insolvenz – Durchbruch in Rechtsprechung und Praxis oder unendliche Geschichte?, ZInsO 2010, 2382; *Fischer*, Die Einzugsermächtigung in der Insolvenz des Schuldners – eine „Dauerbaustelle" verändert sich, ZInsO 2011, 1761; *Freitag/Korch*, § 93 InsO auf dem Prüfstand – Vom eingeschränkten Nutzen der Konzentration der Gesellschafterhaftung in der Hand des Gesellschaftsinsolvenzverwalters, KTS 2017, 137; *Froehner*, Die Qualifikation der Kosten nach der Aufnahme eines Zivilrechtsstreits im Insolvenzverfahren, NZI 2016, 425; *Fuchs/Beyer*, Untersagung und einstweilige Einstellung der Zwangsvollstreckung während der Dauer des gerichtlichen Schuldenbereinigungsverfahrens, ZInsO 2000, 429; *Ganter*, Patentlizenzen in der Insolvenz des Lizenzgebers, NZI 2011, 833; *Ganter*, Die Freigabe aus der Insolvenzmasse, ZRI 2021, 113; *Gehrlein*, Rechte an einer Kaution nach Enthaftungserklärung des Insolvenzverwalters, ZInsO 2016, 1456; *Gerhardt*, Zum maßgeblichen Zeitpunkt bei mehraktigem Rechtserwerb, in: Festschrift für Günter Greiner, 2005, S. 31; *Grau*, Die Insolvenz des selbstständigen Freiberuflers aus der Sicht des Verwalters, 2010; *Grothe*, Die vollstreckungsrechtliche „Rückschlagsperre" des § 88 InsO, KTS 2001, 205; *Grziwotz*, Güterstand, Insolvenz und Grundbuch, Rpfleger 2008, 289; *Gundlach/Frenzel/Schmidt, N.*, Der Auseinandersetzungsanspruch des stillen Gesellschafters in der Insolvenz des Unternehmensträgers – zugleich ein Beitrag zu § 84 InsO, ZIP 2006, 501; *Gundlach/Frenzel/Schmidt, N.*, Der Anwendungsbereich des § 88 InsO, NZI 2005, 663; *Gundlach/Frenzel/Schmidt, N.*, Die Verfahrensunterbrechung durch Insolvenzeröffnung, NJW 2004, 3222; *Gundlach/Frenzel/Schmidt, N.*, Die Gewährung von Prozesskostenhilfe an den Insolvenzverwalter, NJW 2003, 2412; *Guski*, Die internationale Zuständigkeit für Klagen mit Insolvenzbezug, ZIP 2018, 2395; *Haberzettl*, Die Freigabe im Insolvenzverfahren, NZI 2017, 474; *Haas*, Ist das Trihotel-Haftungsmodell Vorbild für andere dem Schutz der Gläubigergesamtheit dienende Haftungsansprüche?, ZIP 2009, 1257; *Heinze*, Umfasst die Freigabe des Wohnmietvertrags eine vom Schuldner hinterlegte Kaution?, ZInsO 2016, 2067; *Helm/Keller*, Das Veräußerungs- und Zahlungsverbot nach § 46 Abs. 1 Nr. 4 KWG: Absolutes bzw. relatives Verfügungsverbot oder rein interne Maßnahme ohne Drittwirkung?, BKR 2016, 59; *Henckel*, Vom Wert und Unwert juristischer Konstruktion im Konkursrecht, in: Festschrift für Friedrich Weber, 1975, S. 237; *Herchen*, Die Befugnis des Insolvenzverwalters zur Änderung der Firma im Rahmen der übertragenden Sanierung, ZInsO 2004, 1112; *Hölken*, Die Nichtigkeit von Rechtshandlungen nach den Grundsätzen der evidenten Insolvenzzweckwidrigkeit im (vorläufigen) Regelinsolvenzverfahren und in der (vorläufigen) Eigenverwaltung, DZWIR 2019, 51; *Hoffmann*, Immaterialgüterrechte in der Insolvenz, ZInsO 2003, 732; *Homann*, Zwangsvollstreckungsrechtliche Verstrickungswirkung im Insolvenzverfahren, ZVI 2018, 137; *Janca*, Der Lebensversicherungsvertrag im Insolvenzverfahren, ZInsO 2003, 449; *Kalter*, Die Geschäftsbücher und Geschäftspapiere im Konkurs, insbesondere ihre Führung und Verwaltung im Konkurs, KTS 1960, 65; *Kayser*, Die Lebensversicherung in der Insolvenz des Arbeitgebers, 2006; *Keller, U.*, Die Rückschlagsperre nach § 88 InsO – eine überflüssige Vorschrift, ZIP 2018, 2156; *Kesseler*, Die Durchsetzung persönlicher Gesellschafterhaftung nach § 93 InsO, ZIP 2002, 1974; *Kiethe*, Prozessuale Zeugnisverweigerungsrechte in der Insolvenz, NZI 2006, 267; *Kirchhof*, Anfechtungen von Leistungen unter Vollstreckungsdruck, ZInsO 2004, 1168; *Kohler*, Rang konvaleszierender Sicherungshypotheken im Fall des § 88 InsO, ZIP 2015, 1471; *Köhn*, Veräußerungsgeschäfte des Insolvenzschuldners (§§ 80 Abs. 1, 81 InsO), Hannover 2000 (Diss.); *Kor*, Das Betreten und Durchsuchen der Privat- und Geschäftsräume des Schuldners durch den Insolvenzverwalter im Wege der Zwangsvollstreckung nach § 148 Abs. 2 InsO, DZWIR 2020, 393; *Körber*, Die Haftungsabwicklung des persönlich haftenden Gesellschafters in der Insolvenz, 2012; *Kranenberg*, Modifizierte Freigabe – Quo vadis?, NZI 2009, 156; *Krüger*, Die Vergleichsbefugnis des Insolvenzverwalters bei Ansprüchen nach §§ 92, 93 InsO, NZI 2002, 367; *Kühne*, Die Insolvenz des selbstständig tätigen Schuldners, 2013; *Kurz/Schwarz*, Zur ordnungsrechtlichen Haftung der Organe insolventer Kapitalgesellschaften für Betriebsgrundstücke nach deren Freigabe durch den Insolvenzverwalter – Ein Überblick, NVwZ 2007, 1380; *Langenbucher*,

Die Risikozuordnung im bargeldlosen Zahlungsverkehr, 2001; *Lwowski/Tetzlaff*, Umweltrisiken und Altlasten in der Insolvenz, 2002; *Markgraf/Hertelt*, Die Beendigung des Insolvenzverfahrens während des rechtshängigen Zivilprozesses, ZIP 2018, 1480; *Marotzke*, Die Anfechtbarkeit von Vollstreckungsmaßnahmen wegen Benachteiligung konkurrierender Gläubiger, ZInsO 2006, 7; *Mai*, Die Insolvenz des Freiberuflers, 2010; *May*, Ermittlung des pfändbaren Einkommens beim Schuldner, VIA 2010, 46; *Meller-Hannich*, Gleicher Pfändungsschutz für alle Einkünfte?, WM 2011, 529; *Meyer*, Selbstständige Beweisverfahren in der Insolvenz eines Verfahrensbeteiligten, NZI 2005, 9; *Müller*, Die echte Freigabe durch den Insolvenzverwalter im Spannungsfeld von gesetzlicher Prozessstandschaft und Parteiwechsel, 2007; *Neuwinger*, Die handelsrechtliche Personenfirma in der Insolvenz, 2006; *Obermüller*, Überweisungsverkehr in der Insolvenz, ZInsO 2010, 8; *Oepen*, Massefremde Masse, 1999; *v. Olshausen*, „Verfügung" statt „Rechtshandlung" in § 81 InsO oder: Der späte Triumph des Reichstagsabgeordneten Levin Goldschmidt, ZIP 1998, 1093; *Pape*, Persönliche Haftung des GmbH-Geschäftsführers für masseschädigende Auszahlungen nach Eintritt der Insolvenzreife, ZInsO 2001, 397; *Paul*, Arbeitnehmererfindungsrechte in der Insolvenz des Arbeitgebers, ZInsO 2009, 1839; *Paulus*, Vorsicht Falle – Wiederaufnahme eines durch ein Insolvenzverfahren unterbrochenen Prozesses, NJW 2010, 1633; *Peters*, Freigabe in der Insolvenz des Selbständigen (§ 35 Abs. 2, 3 InsO), WM 2012, 1067; *Pfennig*, Das Erbbaurecht in der Insolvenz, 2010; *Piper*, Die Freigabe in der Insolvenz einer GmbH, 2007; *Preuß*, „Missbrauch der Vertretungsmacht" des Insolvenzverwalters, NZI 2003, 625; *Raebel*, Die Rückschlagsperre im System der Verfügungshindernisse und Verfügungsbeschränkungen, ZInsO 2003, 1124; *Rebmann*, Die Anfechtung von Zwangsvollstreckungsmaßnahmen nach § 131 InsO und die Vollstreckungssperren (v. a. § 88 InsO), Tübingen 2003 (Diss.); *Roleder*, Unterhaltsansprüche in der Insolvenz, 2004; *Rückert*, Die Einwirkung des Insolvenzverfahrens auf schwebende Prozesse des Insolvenzschuldners, 2007; *Schäfer*, Die neuere Rechtsprechung des Bundesgerichtshofes zur Wirksamkeit von Verfügungen über künftige Rechte in der Insolvenz des Verfügenden, ZInsO 2007, 18; *Schildt*, Die Insolvenz des Freiberuflers, 2006; *Schleich/Götz/Nübel*, Lastschriften in der Insolvenz – Rechtssicherheit durch die abgestimmten Entscheidungen des IX. und XI. Senates des BGH?, DZWIR 2010, 409; *Schmidt, K.*, Prozessunterbrechung und Prozessaufnahme in der Gesellschaftsinsolvenz – Ungelöste Probleme im Umgang mit § 240 ZPO, §§ 85 ff. InsO, in: Festschrift für Gerhart Kreft, 2004, S. 503; *Scholz*, Lizenzen in der Insolvenz, 2010; *Seidler*, Selbständige in der Insolvenz, 2008; *Skauradszun*, Kryptowerte im Insolvenzverfahren des Anlegers oder Emittenten, ZIP 2021, 2610; *Stahlschmidt*, Die Schwierigkeiten eines (Ander-)kontos, NZI 2011, 272; *Stamm*, Zur Rechtsstellung des Insolvenzverwalters als Vertreter des Insolvenzschuldners, KTS 2016, 279; *Stillner*, Die Marke und sonstige Kennzeichenrechte im Insolvenzverfahren, 2006; *Uhlenbruck*, Die Firma als Teil der Insolvenzmasse, ZIP 2000, 401; *Weber*, Prozessunterbrechung und materielles Recht in der Insolvenz, 2009; *Weber/Hötzel*, Das Schicksal der Softwarelizenz in der Lizenzkette bei Insolvenz des Lizenznehmers, NZI 2011, 432; *Wexler-Uhlich/Wagner*, Zur Prorogationsbefugnis des Insolvenzverwalters, ZIP 2015, 1213; *Wipperfürth*, Insolvenzbeschlag und Pfändungsschutz nach Gutschrift zum (Masse-)Sonderkonto – welche Norm ist einschlägig?, ZInsO 2022, 337; *Wischemeyer*, Maßnahmen der Sicherung, Verwaltung und Verwertung bei Mitberechtigung des Schuldners an Immobilien im Insolvenzverfahren, ZInsO 2009, 116.

A. Einleitung

Die Eröffnung des Insolvenzverfahrens führt zur **Beschlagnahme** des Schuldnervermögens. 1
Gemäß § 80 Abs. 1 InsO geht durch die Eröffnung des Insolvenzverfahrens die Verwaltungs- und Verfügungsbefugnis über das zur Insolvenzmasse gehörende Vermögen auf den Insolvenzverwalter über. Der Insolvenzverwalter muss das gesamte zur Insolvenzmasse gehörende Vermögen in Besitz und Verwaltung nehmen (§§ 148 ff. InsO), während gleichzeitig der Schuldner sein bisheriges Verwaltungs- und Verfügungsrecht verliert.

Der Übergang der Verwaltungs- und Verfügungsbefugnis wirft verschiedene Fragen auf. Nur 2
zur **Insolvenzmasse** gehörige Gegenstände sind vom Übergang der Verwaltungs- und Verfügungsbefugnis betroffen, so dass zunächst zu entscheiden ist, was zur Insolvenzmasse gehört (§§ 35 ff. InsO; siehe dazu Rz. 7 ff.).

Hinsichtlich des **Übergangs der Verwaltungs- und Verfügungsbefugnis** auf den Insol- 3
venzverwalter (siehe Rz. 42 ff.) muss geklärt werden, welche Rechte und Pflichten des Insolvenzverwalters sich daraus ergeben und wie sich dies auf Verfügungen des Schuldners (§ 81 InsO; siehe Rz. 72 ff.) und Leistungen an den Schuldner (§ 82 InsO; siehe Rz. 89 ff.) auswirkt. Auswirkungen ergeben sich ferner für Prozesse, die zum Zeitpunkt der Verfahrenseröffnung für oder gegen den Schuldner rechtshängig sind (§§ 85, 86 InsO; siehe Rz. 111 ff.).

4 Auch auf die **Rechtsstellung der Gläubiger** hat die Verfahrenseröffnung Einfluss. Die Insolvenzgläubiger verlieren die Möglichkeit, ihre Ansprüche individuell gegen den Schuldner zu verfolgen (§ 87 InsO). Jeder Insolvenzgläubiger wird stattdessen als Teil der Gläubigergemeinschaft beschränkt auf das Recht zur Partizipation und auf anteilige Berücksichtigung seiner Forderungen i. R. eines gesetzlich geregelten Verfahrens mit dem Ziel der gemeinschaftlichen Befriedigung aller beteiligten Gläubiger (§ 1 Satz 1 InsO). Deshalb verlieren Insolvenzgläubiger Sicherungen, die sie im Wege der Zwangsvollstreckung unmittelbar vor dem Eröffnungsantrag oder danach erworben haben (§ 88 InsO; siehe Rz. 138 ff.). Ferner gelten für Insolvenzgläubiger, aber auch für Gläubiger, die keine Insolvenzgläubiger sind, die Vollstreckungsverbote nach §§ 89 und 90 InsO (siehe Rz. 146 ff.). Hingegen bleiben Gläubiger grundsätzlich zur Aufrechnung berechtigt (§§ 94 ff. InsO; siehe dazu Kap. 9 Rz. 16 ff. [*v. Kaltenborn-Stachau/Hageböke*]).

5 Auch Schadensersatzansprüche der Insolvenzgläubiger wegen Verminderung des Insolvenzvermögens (§ 92 InsO) sowie die persönliche Haftung eines Gesellschafters (§ 93 InsO) können die Insolvenzgläubiger nicht mehr selbst geltend machen, sondern können nur vom Insolvenzverwalter geltend gemacht werden (siehe Rz. 182 ff.).

6 Der Übergang der Verwaltungs- und Verfügungsbefugnis steht im Mittelpunkt der folgenden Darstellung (siehe Rz. 42 ff.). Die Eröffnung des Insolvenzverfahrens hat allerdings auch **darüber hinausgehende Wirkungen**, die hier nicht näher erläutert werden:

– den Schuldner treffen besondere Auskunfts- und Mitwirkungspflichten (§§ 97 ff. InsO; siehe Kap. 6 Rz. 334 ff. [*Zimmer*]);
– schwebende Geschäfte erlöschen teilweise, teilweise bleiben sie wirksam, teilweise hängt ihr Schicksal von einem Wahlrecht des Insolvenzverwalters ab (§§ 103 ff. InsO; siehe Kap. 8 [*Höpfner*]);
– der Insolvenzverwalter kann Rechtshandlungen nach §§ 129 ff. InsO anfechten (siehe Kap. 10 [*Zenker*]);
– der Insolvenzverwalter ist zur Verwertung der Insolvenzmasse befugt und schließt damit teilweise die Verwertungsbefugnisse von Sicherungsnehmern aus (§§ 148 ff. InsO; siehe u. a. Kap. 9 Rz. 354 ff. [*v. Kaltenborn-Stachau/Hageböke*]).

B. Die Insolvenzmasse (§§ 35–37 InsO)

I. Begriff der Insolvenzmasse

7 Dem Begriff der Insolvenzmasse kommt für das Insolvenzverfahren eine zentrale Bedeutung zu. Was zur Insolvenzmasse gehört, wird haftungsrechtlich den Gläubigern zugewiesen[1)] und muss daher exakt erfasst und abgegrenzt werden.

8 Die **Legaldefinition** des Begriffs der Insolvenzmasse findet sich in § 35 Abs. 1 InsO. Hiernach erfasst das Insolvenzverfahren das gesamte Vermögen, das dem Schuldner zur Zeit der Eröffnung des Verfahrens gehört und das er während des Verfahrens erlangt (Neuerwerb).

9 Nicht zur Insolvenzmasse gehören Vermögensgegenstände, die der Insolvenzverwalter durch **Freigabe** aus der Insolvenzmasse herausgibt (siehe Rz. 31 ff.). Ferner kann der Insolvenzverwalter wählen, ob Vermögen aus einer selbständigen Tätigkeit des Schuldners zur Insolvenzmasse gehört und Ansprüche aus dieser Tätigkeit im Insolvenzverfahren

1) *Ries* in: HK-InsO, § 35 Rz. 1; *Häsemeyer*, Insolvenzrecht, Rz. 9.03; grundlegend *Henckel* in: FS Weber, S. 237 ff.

geltend gemacht werden können oder nicht (§ 35 Abs. 2 bis 4 InsO; siehe Rz. 37 ff.). Nicht zur Insolvenzmasse gehören Zahlungen auf ein Insolvenzverwalter-Anderkonto.[2)]

Vor allem gehört nicht zur Insolvenzmasse, was nicht der **Zwangsvollstreckung** unterliegt (§ 36 Abs. 1 Satz 1 InsO). Die Verknüpfung der Massezugehörigkeit mit der Pfändbarkeit soll den Schuldner vor dem Verlust sämtlicher Vermögenswerte schützen. Die Regelungen bewahren ihm einen im Kern geschützten, unantastbaren Bereich persönlicher und lebensnotwendiger Güter. Es handelt sich hierbei um eine Ausprägung des Sozialstaatsprinzips aus Art. 20 Abs. 3 GG und des Grundsatzes der Verhältnismäßigkeit; darüber hinaus soll aber auch ein Anreiz für den Schuldner geschaffen werden, durch den Einsatz der verbleibenden Vermögensgegenstände seinen Verpflichtungen gegenüber den Gläubigern nachzukommen.[3)] 10

Schließlich ergibt sich aus § 36 Abs. 3 InsO eine Begrenzung: Gewöhnlicher **Hausrat**, der im Haushalt des Schuldners gebraucht wird und bei dem ohne weiteres ersichtlich ist, dass durch eine Verwertung nur ein Erlös erzielt werden würde, der zu dem Wert außer allem Verhältnis steht, gehört nicht zur Insolvenzmasse. Das beruht auf der Erfahrung, dass gebrauchte Haushaltsgegenstände in aller Regel keinen Veräußerungswert haben.[4)] Die Vorschrift entspricht § 811 Abs. 1 Nr. 1 lit. a, Abs. 4 ZPO und erfasst nur Hausratsgegenstände eines privaten Haushaltes, nicht dagegen Gewerbegegenstände oder Gegenstände von Handelsgesellschaften. Luxusgegenstände, Antiquitäten oder Sammlungen haben einen eigenständigen Wert und werden nicht erfasst.[5)] 11

Ausnahmen von dem Grundsatz, dass nicht zur Insolvenzmasse gehört, was nicht pfändbar ist, ergeben sich jedoch aus § 36 Abs. 2 InsO: Nach Nr. 1 gehören auch nach § 811 Abs. 1 Nr. 4 ZPO an sich unpfändbare **Geschäftsbücher** des Schuldners zur Insolvenzmasse. Der Begriff „Geschäftsbücher" ist weit zu verstehen: Erfasst werden auch nicht kaufmännisch geführte Bücher sowie Rechnungen, Quittungen, Geschäftsbriefe und Ähnliches.[6)] Maßgebend ist der vermögensrechtliche Beweiswert.[7)] Die handels- und steuerrechtlichen Pflichten zur Aufbewahrung nach § 257 HGB, § 147 AO bleiben aber unberührt, so dass eine Verwertung der Unterlagen i. R. einer Betriebsveräußerung nur möglich ist, wenn die Aufbewahrung gesichert ist.[8)] Ebenfalls zur Insolvenzmasse gehören nach § 36 Abs. 2 Nr. 2 InsO die nach § 811 Abs. 1 Nr. 1 lit. b und Nr. 8 lit. b ZPO an sich unpfändbaren Gegenstände und Tiere, wobei Sachen ausgenommen sind, die für die Fortsetzung einer Erwerbstätigkeit erforderlich sind, welche in der Erbringung persönlicher Leistungen besteht. 12

Leben **Ehegatten** im gesetzlichen Güterstand der Zugewinngemeinschaft (§§ 1363 ff. BGB) oder der Gütertrennung (§ 1414 BGB), erfasst das Insolvenzverfahren über das Vermögen eines Ehegatten nur dessen eigenes Vermögen. Der andere Ehegatte ist bezüglich seines Vermögens aussonderungsberechtigt.[9)] Lebt der Insolvenzschuldner im Güterstand der Gütergemeinschaft (§§ 1415 ff. BGB), so bestimmt sich die Massezugehörigkeit des Gesamtguts nach § 37 InsO. Wird das Gesamtgut von einem Ehegatten allein verwaltet, gehört das Ge- 13

2) BGH, Urt. v. 15.12.2011 – IX ZR 118/11, ZVI 2012, 115 = ZIP 2012, 333, dazu EWiR 2012, 247 (*Budnik*); BFH, Beschl. v. 12.8.2013 – VII B 188/12, ZIP 2013, 2370; vgl. *Stahlschmidt*, NZI 2011, 272 ff.

3) *Holzer* in: KPB, InsO, § 36 Rz. 2.

4) *Holzer* in: KPB, InsO, § 36 Rz. 31.

5) Nerlich/Römermann-*Andres*, InsO, § 36 Rz. 63 ff.

6) Nerlich/Römermann-*Andres*, InsO, § 36 Rz. 44; *Peters* in: MünchKomm-InsO, § 36 Rz. 101; grundlegend *Kalter*, KTS 1960, 65 ff.

7) Uhlenbruck-*Hirte/Praß*, InsO, § 36 Rz. 47.

8) Begr. RegE InsO, BT-Drucks. 12/2443, S. 122, abgedr. in: *Kübler/Prütting*, RWS-Dok. 18, S. 205; *Holzer* in: KPB, InsO, § 36 Rz. 47.

9) *Holzer* in: KPB, InsO, § 37 Rz. 17; Nerlich/Römermann-*Andres*, InsO, § 37 Rz. 5, 6.

samtgut gemäß § 37 Abs. 1 Satz 1 InsO bei Eröffnung des Insolvenzverfahrens über das Vermögen dieses Ehegatten zur Insolvenzmasse. Eine Auseinandersetzung des Gesamtguts findet nach Satz 2 dieser Norm nicht statt. Umgekehrt wird das Gesamtgut von einem Insolvenzverfahren über das Vermögen des nicht-verwaltenden Ehegatten nicht berührt (Satz 3). Das gleiche gilt, wenn beide Ehegatten das Gesamtgut gemeinschaftlich verwalten: Es wird gemäß § 37 Abs. 2 InsO durch die Eröffnung des Insolvenzverfahrens über das Vermögen eines Ehegatten nicht berührt. Ein Insolvenzverfahren über das gemeinschaftlich verwaltete Gesamtgut von Ehegatten kann jedoch nach §§ 333, 334 InsO eröffnet werden.[10] Im Fall einer fortgesetzten Gütergemeinschaft gelten dieselben Grundsätze (Abs. 3): Wird das Gesamtgut vom überlebenden Ehegatten nach dem Tod des anderen Ehegatten gemäß § 1487 Abs. 1 Halbs. 2 BGB allein verwaltet, gehört es bei Eröffnung des Insolvenzverfahrens über das Vermögen des überlebenden Ehegatten zur Insolvenzmasse (§ 37 Abs. 1 Satz 1, Abs. 3 InsO). Wird ein Insolvenzverfahren über das Vermögen eines Abkömmlings eröffnet, wird das Gesamtgut davon nicht berührt (§ 37 Abs. 1 Satz 3, Abs. 3 InsO).[11] Diese Regeln gelten gemäß §§ 37 Abs. 4, § 333 Abs. 2, 334 InsO entsprechend für Lebenspartner.

14 Nach dem **Universalitätsprinzip** gehört zur Insolvenzmasse sowohl Inlands- wie Auslandsvermögen des Schuldners, unabhängig davon, ob es nach dem ausländischen Recht zur Masse gezogen werden kann oder nicht.[12] Der Insolvenzverwalter ist verpflichtet, Anstrengungen zu unternehmen, um Auslandsvermögen zur Masse zu ziehen. Der Schuldner ist zur Mitwirkung verpflichtet. Ein Insolvenzgläubiger, der die Masse durch im Ausland zulässige Vollstreckungsmaßnahmen geschmälert hat, muss die erlangten Vermögensgegenstände an den Insolvenzverwalter herausgeben.[13]

II. Einzelne Bestandteile der Insolvenzmasse

1. Unbewegliches Vermögen

15 Zur Insolvenzmasse gehören zunächst das unbewegliche Vermögen des Schuldners sowie beschränkte dingliche Rechte, Bruchteilsberechtigungen und Anteilsrechte des Schuldners an unbeweglichem Vermögen.

16 Zur Insolvenzmasse gehören daher insbesondere:

- **Grundstücke** des Insolvenzschuldners, einschließlich der wesentlichen Bestandteile (§§ 94 ff. BGB)[14] sowie einschließlich der Eigentumsanwartschaft des Insolvenzschuldners[15];
- **grundstücksgleiche Rechte** i. S. des § 864 Abs. 1 ZPO, wie Wohnungs- und Teileigentum nach § 1 Abs. 2 und Abs. 3 WEG, Erbbaurechte nach § 1 Abs. 1 ErbbauRG in der Insolvenz des Erbbauberechtigten,[16] Bergwerkseigentum, Jagd- und Fischereirechte;
- **beschränkte dingliche Rechte** des Schuldners an unbeweglichem Vermögen, insbesondere Hypotheken, Grund- und Rentenschulden, dingliche Wohnungsrechte,[17] Dauer-

---

10) *Holzer* in: KPB, InsO, § 37 Rz. 6; Nerlich/Römermann-*Andres*, InsO, § 37 Rz. 7 ff.; *Schumann* in: MünchKomm-InsO, § 37 Rz. 3; vertiefend *Grziwotz*, Rpfleger 2008, 289 ff.

11) *Schumann* in: MünchKomm-InsO, § 37 Rz. 2.

12) *Holzer* in: KPB, InsO, § 35 Rz. 20; Nerlich/Römermann-*Andres*, InsO, § 35 Rz. 11, 12.

13) BGH, Urt. v. 11.7.1985 – IX ZR 178/84, BGHZ 95, 256 = ZIP 1985, 944, 946; *Peters* in: MünchKomm-InsO, § 35 Rz. 40 f.

14) *Holzer* in: KPB, InsO, § 35 Rz. 49.

15) *Ries* in: HK-InsO, § 35 Rz. 9.

16) Näher *Pfennig*, Das Erbbaurecht in der Insolvenz, 2010.

17) BGH, Beschl. v. 2.3.2023 – V ZB 64/21, ZRI 2023, 449 = ZVI 2023, 224.

wohnrechte, Grunddienstbarkeit;[18] beschränkt persönliche Dienstbarkeit nur bei Überlassungsbefugnis nach § 1092 Abs. 1 Satz 2 BGB;[19] nicht das Nießbrauchsrecht selbst, sondern nur die aus dem Stammrecht fließenden Rechte und Erträge;[20]

- **Schiffe** und Schiffsbauwerke, Schiffshypotheken sowie Luftfahrzeuge im Eigentum des Schuldners,[21] Hochseekabel;[22]
- **Bruchteilsberechtigungen** und Anteile an unbeweglichem Vermögen.[23]

Unbewegliches Vermögen unterliegt unbeschränkt der Zwangsvollstreckung,[24] so dass § 36 Abs. 1 InsO insoweit keine Bedeutung hat. 17

2. Bewegliche Sachen

Auch bewegliche Sachen des Insolvenzschuldners gehören, soweit sie der Zwangsvollstreckung unterliegen (§ 36 Abs. 1 InsO) oder aufgrund der Erweiterung durch § 36 Abs. 2 InsO einbezogen sind, zur Insolvenzmasse, wenn sie nicht nach § 36 Abs. 3 InsO ausgenommen sind. 18

Insbesondere fallen als bewegliche Sachen auch in die Masse: 19

- **Früchte**, die bei Verfahrenseröffnung noch nicht vom Boden getrennt, aber bis zur Beendigung des Pachtverhältnisses abgeerntet sind, in der Insolvenz des Pächters, weil ihm das Bezugsrecht zusteht;[25]
- **nicht wesentliche Bestandteile** eines fremden Grundstücks oder Gebäudes (§ 95 BGB) in der Insolvenz ihres Eigentümers;[26]
- **Urkunden** über massezugehörige Forderungen und sonstige Rechte des Schuldners;[27] Geschäftsbücher des Schuldners (§ 36 Abs. 2 Nr. 1 InsO; siehe Rz. 12); Praxisunterlagen eines Freiberuflers (sie dürfen aber, soweit sie unter eine berufsrechtliche Schweigepflicht fallen, nur mit Zustimmung der Betroffenen verwertet werden);[28] nicht hingegen die zur von Verfassungs wegen geschützten Geheimsphäre des Schuldners gehörenden Briefe und privaten Aufzeichnungen;[29]
- die urheberrechtlich geschützten **Werke** (§§ 2, 70, 72 UrhG), wenn der Urheber einwilligt und soweit er Nutzungsrechte einräumen kann (§§ 112–114, 118 UrhG); die Vorrichtungen i. S. des § 119 UrhG (insbesondere Formen, Platten, Steine, Druckstöcke, Matrizen, Negative, Filmstreifen, wissenschaftliche Ausgaben, Lichtbilder, Bild- und Tonträger, Datenbanken) nur, soweit der Gläubiger zur Nutzung des Werkes mittels dieser Vorrichtungen berechtigt ist;[30]

---

18) *Lüdtke* in: HambKomm-InsO, § 35 Rz. 127 ff.; *Holzer* in: KPB, InsO, § 35 Rz. 49 f.

19) BGH, Urt. v. 29.9.2006 – V ZR 25/06, ZIP 2006, 2321, 2322; *Holzer* in: KPB, InsO, § 35 Rz. 50.

20) *Holzer* in: KPB, InsO, § 35 Rz. 50 m. N. zur Gegenansicht.

21) Andres/Leithaus-*Leithaus*, InsO, § 35 Rz. 5; *Lüdtke* in: HambKomm-InsO, § 35 Rz. 130; *Holzer* in: KPB, InsO, § 35 Rz. 51 f.

22) *Holzer* in: KPB, InsO, § 35 Rz. 53.

23) *Ries* in: HK-InsO, § 35 Rz. 8; eingehend *Wischemeyer*, ZInsO 2009, 116 ff.

24) *U. Keller* in: HK-InsO, § 36 Rz. 6.

25) *Holzer* in: KPB, InsO, § 35 Rz. 56.

26) *Holzer* in: KPB, InsO, § 35 Rz. 55, 57.

27) *Holzer* in: KPB, InsO, § 35 Rz. 58.

28) Braun-*Bäuerle*, InsO, § 36 Rz. 42; *Holzer* in: KPB, InsO, § 35 Rz. 62; *Peters* in: MünchKomm-InsO, § 35 Rz. 170 ff.

29) *Holzer* in: KPB, InsO, § 35 Rz. 61; *Peters* in: MünchKomm-InsO, § 35 Rz. 169.

30) *Holzer* in: KPB, InsO, § 35 Rz. 59 f.; *Peters* in: MünchKomm-InsO, § 35 Rz. 168.

- **Computersoftware**, wenn sie urheberrechtlich geschützt ist (§§ 2 Abs. 1 Nr. 1, 69a ff. UrhG) nur in den Grenzen des Urheberrechts;[31)]
- **Computer**, wenn sie weder berufsnotwendig sind noch für Schule oder Studium genutzt werden (dann wären sie unpfändbar nach § 811 Abs. 1 Nr. 1 lit. b ZPO, können aber nach § 36 Abs. 2 Nr. 2 InsO zur Masse gehören),[32)] aber wohl nur unter Beachtung der für private Aufzeichnungen und für Computersoftware geltenden Grenzen;

20 Im Allgemeinen **nicht** in die Insolvenzmasse fallen (es ist aber jeweils eine Austauschpfändung nach §§ 811a, b ZPO denkbar[33)]):[34)]

- Bücher, sofern sie nach § 811 Abs. 1 Nr. 1, 4–6 ZPO geschützt sind und nicht unter § 36 Abs. 2 Nr. 2 InsO fallen;
- Kraftfahrzeuge, Büroeinrichtung etc., sofern sie als für die persönliche Erwerbstätigkeit notwendig nach § 811 Abs. 1 Nr. 1 lit. b ZPO geschützt sind und nicht unter § 36 Abs. 2 Nr. 2 InsO fallen;
- Haushaltsgeräte, Möbel in der Privatwohnung, Rundfunk- und Fernsehgeräte sofern sie nach § 811 Abs. 1 Nr. 1 ZPO geschützt sind oder wegen § 36 Abs. 3 InsO;
- Gartenhäuser, Wohnlauben, Wohnwagen, Hausboote, Behelfsheime, sofern sie bewegliche Sachen sind und als ständige Unterkunft benötigt werden (§ 811 Abs. 1 Nr. 2 ZPO);
- Tiere, sofern sie nach § 811 Abs. 1 Nr. 8 ZPO geschützt sind.

21 Steht dem Insolvenzschuldner als **Vorbehaltskäufer** ein Anwartschaftsrecht an einer Sache zu, die im Eigentum des Insolvenzschuldners zur Insolvenzmasse gehören würde, ist auch das Anwartschaftsrecht massezugehörig.[35)] Das gleiche gilt für Bruchteilsberechtigungen und Anteile des Insolvenzschuldners an beweglichem Vermögen.[36)]

22 Bewegliche Sachen des Insolvenzschuldners gehören auch dann noch zur Insolvenzmasse, wenn er sie unter **Eigentumsvorbehalt** an einen Vorbehaltskäufer übereignet hat. Ist der Vorbehaltskäufer aber im Besitz der Sache, kann er die Erfüllung des Kaufvertrags verlangen (§ 107 Abs. 1 Satz 1 InsO), so dass der Insolvenzverwalter den Bedingungseintritt und das sich daraus ergebende Aussonderungsrecht des Käufers (§ 47 InsO) nicht verhindern kann. Auch § 91 Abs. 1 InsO (siehe Rz. 167 ff.) steht diesem Erwerb nicht entgegen.

23 **Sicherungsübereignete** bewegliche Sachen gehören in der Insolvenz des Sicherungsgebers zur Insolvenzmasse. Der Sicherungsnehmer ist absonderungsberechtigt (§ 51 Nr. 1 InsO). In der Insolvenz des Sicherungsnehmers ist auf das wirtschaftliche Eigentum abzustellen, so dass der Sicherungsgeber nach Tilgung der gesicherten Forderung aussonderungsberechtigt ist (§ 47 InsO).[37)]

3. Forderungen und Rechte

24 Schließlich gehören auch Forderungen und Rechte des Insolvenzschuldners, soweit sie der Zwangsvollstreckung unterliegen (§ 36 Abs. 1 InsO), zur Insolvenzmasse.

31) Einzelheiten sind streitig, vgl. *Holzer* in: KPB, InsO, § 35 Rz. 63 f.; *Ries* in: HK-InsO, § 35 Rz. 18; zum Überblick *Peters* in: MünchKomm-InsO, § 35 Rz. 175 ff.; näher *Weber/Hötzel*, NZI 2011, 432 ff.

32) *U. Keller* in: HK-InsO, § 36 Rz. 26.

33) *U. Keller* in: HK-InsO, § 36 Rz. 20.

34) *U. Keller* in: HK-InsO, § 36 Rz. 26.

35) Vgl. Uhlenbruck-*Hirte/Praß*, InsO, § 35 Rz. 259 f.

36) Braun-*Bäuerle*, InsO, § 35 Rz. 30.

37) *Holzer* in: KPB, InsO, § 35 Rz. 88; vgl. *Cranshaw*, WM 2009, 1682 ff.

Das sind insbesondere: 25

- **Anteile** des Schuldners an einer Gesellschaft bürgerlichen Rechts, einer Aktiengesellschaft, Gesellschaft mit beschränkter Haftung, Personengesellschaft, Genossenschaft (nicht aber das der Gesellschaft/Genossenschaft selbst zustehende Vermögen); ebenso der Anspruch auf das Auseinandersetzungsguthaben; soweit Mitgliedschaftsrecht nicht höchstpersönlich ausgestaltet sind, auch diese;[38)]
- der **Miterbenanteil** des Schuldners, nicht aber das höchstpersönliche Recht auf Ausschlagung einer Erbschaft;[39)] der Anspruch auf den Pflichtteil, auf Herausgabe des Geschenks wegen Verarmung und auf Ausgleich des Zugewinns ist hingegen zwar nach § 852 ZPO nur pfändbar, wenn er durch Vertrag anerkannt oder rechtshängig geworden ist, er gehört aber als aufschiebend bedingter Anspruch unabhängig davon zur Insolvenzmasse, ob er bereits zwangsweise verwertet werden kann;[40)]
- die **Firma** der Personenhandelsgesellschaft, juristischen Person oder des Einzelkaufmanns, auch wenn sie einen Familiennamen enthält;[41)]
- der **„good will"** der Praxis eines Freiberuflers, aber die Praxis selbst nur in der Grenze von § 811 Abs. 1 Nr. 1 lit. b ZPO und schon gar nicht die berufsständischen und behördlichen Zulassungen, die dem Schuldner den Betrieb erlauben;[42)]
- **Internetdomains** (sie unterliegen gemäß § 857 Abs. 1 ZPO der Zwangsvollstreckung);[43)]
- **Schuldbefreiungsansprüche**, die sich bei Eröffnung des Insolvenzverfahrens allerdings grundsätzlich in einen in die Masse fallenden Zahlungsanspruch wandeln;[44)]
- aufgrund **vertraglicher Vereinbarung unübertragbare Forderungen** gemäß § 399 Halbs. 2 BGB, wenn der geschuldete Gegenstand nach § 851 Abs. 2 ZPO der Pfändung unterworfen ist (allerdings kann der Insolvenzverwalter diese Ansprüche grundsätzlich nicht veräußern, sondern nur selbst zur Masse einziehen);[45)]
- Ansprüche der AG und der GmbH auf Leistung der versprochenen **Einlagen** ebenso wie Ansprüche der Genossenschaften auf Einzahlungen auf die Geschäftsanteile oder

---

38) *Holzer* in: KPB, InsO, § 35 Rz. 66, 68 f.; *Peters* in: MünchKomm-InsO, § 35 Rz. 194 ff., 197; zu Einzelfragen *Emmert*, ZInsO 2005, 852 ff.; *Bergmann*, ZInsO 2004, 225 ff. Vgl. zuletzt BGH, Urt. v. 26.4.2018 – IX ZR 56/17, ZVI 2018, 327 = ZIP 2018, 1256 – zur Wohnungsgenossenschaft.

39) *Holzer* in: KPB, InsO, § 35 Rz. 69.

40) BGH, Beschl. v. 2.12.2010 – IX ZB 184/09, ZVI 2011, 26 = ZIP 2011, 135, dazu EWiR 2011, 157 *(Storz)*; BGH, Beschl. v. 7.4.2016 – IX ZB 69/15, ZVI 2016, 291 = ZIP 2016, 1078, dazu EWiR 2016, 471 *(Ahrens)*; *Peters* in: MünchKomm-InsO, § 35 Rz. 484.

41) *Holzer* in: KPB, InsO, § 35 Rz. 71 ff.; *Peters* in: MünchKomm-InsO, § 35 Rz. 553 ff.; grundlegend *Bartels*, AcP 209 (2009), 309 ff.; ferner *Herchen*, ZInsO 2004, 1112 ff.; *Neuwinger*, Die handelsrechtliche Personenfirma in der Insolvenz, 2006; *Uhlenbruck*, ZIP 2000, 401 ff. Zur Bildung und Anmeldung einer Ersatzfirma OLG Hamm, Beschl. v. 22.12.2017 – 27 W 144/17, ZIP 2018, 596, und *Cziupka/Kraack*, AG 2018, 525 ff. Zur Umfirmierung BGH, Beschl. v. 26.11.2019 – II ZB 21/17, ZRI 2020, 134 = ZInsO 2020, 301, dazu *Böcker*, DZWIR 2020, 333 ff.; *Hacker/Lilien-Waldau*, NZI 2017, 787 ff.; *Leuering*, NJW 2016, 3265 ff.

42) BVerfG, Beschl. v. 22.3.2013 – 1 BvR 791/12, ZIP 2013, 986; *Lüdtke* in: HambKomm-InsO, § 35 Rz. 102 ff.; *Holzer* in: KPB, InsO, § 35 Rz. 74 f.; *Peters* in: MünchKomm-InsO, § 35 Rz. 576 ff.; anders für die Taxikonzession VG Düsseldorf, Urt. v. 6.4.2016 – 6 K 3593/15, ZVI 2016, 411 = ZIP 2016, 1457 (LS); eingehend etwa *Grau*, Die Insolvenz des selbstständigen Freiberuflers aus der Sicht des Verwalters, 2010; *Kühne*, Die Insolvenz des selbstständig tätigen Schuldners, 2013; *Mai*, Die Insolvenz des Freiberuflers, 2010; *Schildt*, Die Insolvenz des Freiberuflers, 2006; *Seidler*, Selbständige in der Insolvenz, 2008.

43) *Holzer* in: KPB, InsO, § 35 Rz. 76a; *Empting*, ZInsO 2006, 229 ff.

44) Uhlenbruck-*Hirte/Praß*, InsO, § 35 Rz. 162 ff.

45) *Holzer* in: KPB, InsO, § 35 Rz. 80 f.

Einlagen des stillen Gesellschafters; Schadensersatzansprüche gegen Organe oder Gesellschafter;[46)]

- **Versicherungsansprüche,** insbesondere auch das Kündigungsrecht, das Recht auf einen Rückkaufswert sowie das Recht zum Widerruf einer Drittbegünstigung.[47)] Private Lebensversicherungen fallen nur dann in die Masse, wenn die Versicherungssumme 5.400 € übersteigt (§ 850b Abs. 1 Nr. 4 ZPO). Nach dieser Norm sind etwa auch Leistungsansprüche aus privaten Krankheitskostenversicherungsverträgen insolvenzfrei.[48)] Ansprüche aus der Versicherung insolvenzfreier Gegenstände sind selbst insolvenzfrei;[49)]
- Rückzahlungsansprüche hinsichtlich einer **Mietkaution,** die aufschiebend bedingt durch die Beendigung des Mietverhältnisses und Rückgabe der Mietsache bereits mit Entrichtung der Kaution entstehen;[50)]
- Erstattungsansprüche hinsichtlich zu viel gezahlter **Steuern,** und zwar auch dann, wenn die Steuerzahlungen vor der Insolvenzeröffnung erfolgten;[51)] die Ausübung des Veranlagungswahlrechts nach § 26 Abs. 2 EStG;[52)]
- Entschädigungen für **Strafverfolgungsmaßnahmen** gemäß § 13 StrEG von der Rechtskraft der Entscheidung an; auch Ansprüche nach § 17 StrRehaG;[53)]
- Ansprüche auf **Schmerzensgeld;**
- **Unterlassungsansprüche,** die dem Schutz eines Massegegenstands dienen;[54)]
- Anwartschaftsrechte des **Vorbehaltskäufers;**
- **Vorkaufsrechte,** die subjektiv-dinglich mit einem zur Masse gehörenden Grundstück verbunden sind;
- **Wiederkaufsrechte** nach § 497 BGB und das Wiederverkaufsrecht;
- Ansprüche auf eine **Leibrente;**
- **Nießbrauchrechte** hinsichtlich der Nutzung des Gegenstands des Nießbrauchs und der Verwertung der Nutzungen für die Masse;
- **Immaterialgüterrechte,** insbesondere Urheberrechte (soweit sie nicht nach §§ 112–114, 118 UrhG unpfändbar sind), Geschmacksmuster, Patente (auch das privatrechtliche Anwartschaftsrecht beim Anspruch auf Erteilung des Patents sowie die Anmeldebefugnis und Ansprüche gegen einen Nichtberechtigten nach § 8 PatG, ferner patentfähige Erfindungen und Geheimverfahren), Gebrauchsmuster, Markenrechte (die nach § 29 Abs. 1

---

46) *Ries* in: HK-InsO, § 35 Rz. 24.

47) BGH, Beschl. v. 20.12.2018 – IX ZB 8/17, ZVI 2019, 59 = NZI 2019, 419.

48) BGH, Urt. v. 19.2.2014 – IV ZR 163/13, ZVI 2014, 197 = ZIP 2014, 688, dazu EWiR 2014, 355 *(Wittmann)*; *Holzer* in: KPB, InsO, § 35 Rz. 82 f.

49) *Ries* in: HK-InsO, § 35 Rz. 21; Uhlenbruck-*Hirte/Praß*, InsO, § 35 Rz. 207 ff., § 36 Rz. 36 f.; ferner *Janca*, ZInsO 2003, 449 ff.; *Kayser*, Die Lebensversicherung in der Insolvenz des Arbeitgebers, 2006; *Elfring*, BB 2004, 617 ff.

50) BGH, Beschl. v. 21.2.2019 – IX ZB 7/17, Rz. 12, ZVI 2019, 199 = NJW-RR 2019, 586. Zur Freigabe insoweit *Gehrlein*, ZInsO 2016, 1456 ff.; *Heinze*, ZInsO 2016, 2067 ff.

51) BGH, Urt. v. 13.1.2022 – IX ZR 64/21, ZRI 2022, 165 = ZVI 2022, 202; *Holzer* in: KPB, InsO, § 35 Rz. 84.

52) BGH, Urt. v. 18.5.2011 – XII ZR 67/09, Rz. 21, ZVI 2011, 414 = ZIP 2011, 1527; BFH, Urt. v. 15.3.2017 – III R 12/16, ZVI 2018, 101 = ZIP 2018, 187.

53) BGH, Beschl. v. 10.11.2011 – IX ZA 99/11, NJW-RR 2012, 181; *U. Keller* in: HK-InsO, § 36 Rz. 28; zur Abgrenzung aber BGH, Beschl. v. 22.5.2014 – IX ZB 72/12, ZVI 2014, 275 = ZIP 2014, 1235.

54) *Holzer* in: KPB, InsO, § 35 Rz. 89.

MarkenG der Zwangsvollstreckung unterliegen), Lizenzen (aber nicht die Lizenz als solche, sondern die schuldrechtlichen Ansprüche aus dem Lizenzvertrag);[55)]

– **Gestaltungsrechte** wie Rücktritt, Kündigung, Anfechtung, wenn sie sich auf massezugehörige Rechte beziehen; auch die Rechtsposition des Angebotsempfängers, wenn sie abtretbar ist.[56)]

Das **Arbeitseinkommen** des Insolvenzschuldners i. S. von § 850 Abs. 2–4 ZPO ist massezugehöriger Neuerwerb, soweit es nicht durch §§ 850a ff. ZPO geschützt ist.[57)] Zur Masse zählen auch hinsichtlich ihrer pfändbaren Teile: 26

– Sozialleistungen (zu beachten sind aber § 54 SGB I, § 17 Abs. 1 SGB XII);[58)]
– Abfindungen, Gratifikationen, Tantiemen;[59)] Gebührenforderungen eines insolventen Rechtsanwalts;[60)] Entschädigungen für Zeitversäumnisse;[61)]
– Ruhegeldzahlungen aus betrieblichem Pensionsvertrag;[62)] Mehrarbeitsvergütung eines Schuldners, der Altersrente bezieht;[63)]
– verschleiertes Arbeitseinkommen (§ 850h Abs. 2 ZPO).[64)]

Pfändungsschutz kann der Schuldner ferner für sonstige Einkünfte beantragen, aus denen er seinen Lebensunterhalt bestreitet, etwa Mietforderungen.[65)] 27

Erfindungen von Arbeitnehmern fallen in der Insolvenz des Arbeitgebers dann in die Masse, wenn der Arbeitgeber eine Diensterfindung gemäß § 6 Abs. 1 ArbnErfG unbeschränkt in Anspruch genommen hat und so alle vermögensrechtlichen Werte der Erfindung nach § 7 Abs. 1 ArbnErfG auf ihn übergegangen sind. Für die Rechte des Arbeitnehmers gilt in der Insolvenz des Arbeitgebers § 27 ArbnErfG.[66)] 28

Nicht zur Masse gehören:[67)] 29

– unpfändbare Kontoforderungen aus einem Pfändungsschutzkonto (§ 36 Abs. 1 Satz 1 i. V. mit § 899 ff. ZPO), so dass Verfügungen des Schuldners wirksam sind, ohne dass

55) *Holzer* in: KPB, InsO, § 35 Rz. 95 ff.; zum Ganzen *Bortz*, Urheberrechtliche Lizenzen in nationaler und internationaler Insolvenz, 2012; *Ganter*, NZI 2011, 833 ff.; *Hoffmann*, ZInsO 2003, 732 ff.; *Scholz*, Lizenzen in der Insolvenz, 2010; *Stillner*, Die Marke und sonstige Kennzeichenrechte im Insolvenzverfahren, 2006.

56) BGH, Urt. v. 26.2.2015 – IX ZR 174/13, Rz. 17 ff., ZIP 2015, 694, dazu EWiR 2015, 485 *(Ch. Keller)*.

57) BGH, Beschl. v. 26.9.2013 – IX ZB 247/11, ZVI 2013, 447 = ZIP 2013, 2112; eingehend *Büchel*, ZInsO 2010, 20 ff.; *May*, VIA 2010, 46 ff.; *Meller-Hannich*, WM 2011, 529 ff.

58) Zur Verletztenrente aus der gesetzlichen Unfallversicherung BGH, Beschl. v. 20.10.2016 – IX ZB 66/15, ZVI 2017, 117 = NJW 2017, 959.

59) BAG, Beschl. v. 12.8.2014 – 10 AZB 8/14, ZVI 2015, 41 = ZIP 2014, 1938, dazu EWiR 2015, 89 *(Harder)*; *U. Keller* in: HK-InsO, § 36 Rz. 55.

60) OLG Naumburg, Urt. v. 3.4.2014 – 2 U 62/13, ZVI 2014, 415 = ZIP 2014, 1844.

61) BGH, Beschl. v. 6.4.2017 – IX ZB 40/16, ZVI 2017, 431 = ZIP 2017, 976, dazu EWiR 2017, 505 *(Meller-Hannich)*.

62) BGH, Beschl. v. 16.11.2016 – VII ZB 52/15, ZVI 2017, 113 = ZIP 2017, 201.

63) BGH, Beschl. v. 26.6.2014 – IX ZB 87/13, ZVI 2014, 418 = ZIP 2014, 1598, dazu EWiR 2014, 627 *(Ahrens)*.

64) BAG, Urt. v. 16.5.2013 – 6 AZR 556/11, ZVI 2013, 349 = ZIP 2013, 1433, dazu EWiR 2013, 723 *(Schröder)*; *Peters* in: MünchKomm-InsO, § 36 Rz. 50.

65) BGH, Beschl. v. 1.3.2018 – IX ZB 95/15, ZVI 2018, 290 = ZIP 2018, 737; oder Erbbauzinsen, BGH, Beschl. v. 27.9.2018 – IX ZB 19/18, ZVI 2018, 482 = ZIP 2018, 2176.

66) Näher *Paul*, ZInsO 2009, 1839 ff.

67) Zum Überblick auch Nerlich/Römermann-*Andres*, InsO, § 36 Rz. 5 ff.; *Peters* in: MünchKomm-InsO, § 36 Rz. 4 ff.; Uhlenbruck-*Hirte/Praß*, InsO, § 36 Rz. 13 ff.

es einer Freigabe bedürfte.[68] Das Gesetz stellt dies klar im Hinblick auf eine in der Vergangenheit abweichende Bankpraxis.[69]

- aufgrund gesetzlicher Vorschriften unübertragbare Forderungen (z. B. §§ 377, 717 BGB), da sie gemäß § 851 Abs. 1 ZPO nicht pfändbar sind;[70] gleiches gilt für Forderungen, die gemäß § 399 Halbs. 1 BGB wegen einer Zweckbestimmung nicht übertragbar sind (z. B. der Anspruch auf die Dienstleistung gemäß § 613 BGB, der Anspruch aus einem Auftrag gemäß § 664 Abs. 2 BGB sowie der Anspruch aus Vorvertrag auf Vertragsschluss, Ansprüche aus einem Bausparvertrag, aus steuerbegünstigten Sparverträgen);[71]
- unübertragbare Rechte (unpfändbar gemäß § 851 Abs. 1 i. V. mit § 857 Abs. 1 ZPO), z. B. das persönliche Vorkaufsrecht gemäß § 473 BGB sowie das subjektiv-persönliche dingliche Vorkaufsrecht gemäß § 473 i. V. mit § 1098 Abs. 1 Satz 1 BGB;
- Ansprüche aus Verträgen zugunsten Dritter i. S. des § 328 BGB, etwa Leibrentenverträge zugunsten eines Dritten, Witwenversicherungen und Verträge zugunsten Dritter auf den Todesfall;
- Mitgliedschaftsrechte in Vereinen und öffentlich-rechtlichen Körperschaften;[72]
- höchstpersönliche Rechte des Insolvenzschuldners, z. B. das allgemeine Persönlichkeitsrecht, das Recht auf den Namen, das Recht auf Annahme oder Ausschlagung einer Erbschaft oder eines Vermächtnisses, auch wenn Letztere erst nach Eröffnung des Insolvenzverfahrens anfallen (§ 83 InsO; siehe unten Rz. 105).[73] Höchstpersönlich an den Schuldner geknüpft und deshalb nicht massezugehörig sind auch behördliche Konzessionen;[74]
- die eigene Arbeitskraft des Insolvenzschuldners;[75] wohl aber das, was der vorläufige Insolvenzverwalter bis zur Eröffnung und der Insolvenzverwalter im eröffneten Insolvenzverfahren mit den Mitteln der Insolvenzmasse, insbesondere durch Betriebsfortführung erwirtschaften;
- Renten wegen Verletzung des Körpers oder der Gesundheit und familienrechtliche Unterhaltsansprüche (unpfändbar wegen § 850b Abs. 1 Nr. 1 und 2 ZPO).[76]

30 Grundsätzlich gehören nur Forderungen und Rechte des **Insolvenzschuldners** zur Insolvenzmasse. Forderungen und Rechte Dritter gehören nur dann ebenfalls zur Insolvenzmasse, wenn ihrer Rechtsinhaberschaft eine Sicherungsabtretung durch den Insolvenzschuldner zugrunde liegt: Gemäß § 166 Abs. 2 InsO darf der Insolvenzverwalter eine vom Schuldner sicherungsabgetretene Forderung einziehen oder in anderer Weise verwerten.[77]

III. Freigabe

31 Die Insolvenzmasse unterliegt **gewillkürten Modifikationen**, und zwar einerseits durch die Freigabe von Gegenständen durch den Insolvenzverwalter. Diese Gegenstände sind ent-

---

68) Braun-*Bäuerle*, InsO, § 36 Rz. 14.

69) Begr. RegE PKoFoG, BR-Drucks. 166/20, S. 49.

70) *U. Keller* in: HK-InsO, § 36 Rz. 27 ff.

71) *U. Keller* in: HK-InsO, § 36 Rz. 31; Uhlenbruck-*Hirte/Praß*, InsO, § 35 Rz. 172 ff.

72) *Holzer* in: KPB, InsO, § 35 Rz. 67.

73) Nerlich/Römermann-*Andres*, InsO, § 36 Rz. 31.

74) BVerfG, Beschl. v. 22.3.2013 – 1 BvR 791/12, ZIP 2013, 986; OVG Magdeburg, Beschl. v. 7.1.2014 – 3 L 581/12, ZIP 2014, 894.

75) BGH, Urt. v. 13.3.2014 – IX ZR 43/12, ZVI 2014, 268 = NJW-RR 2014, 617, dazu EWiR 2014, 629 *(Wagner)*; BAG, Urt. v. 15.7.2021 – 6 AZR 460/20, NJW 2022, 345; dazu *Kreutz*, KTS 2021, 111 ff.; *Holzer* in: KPB, InsO, § 35 Rz. 77; *Peters* in: MünchKomm-InsO, § 35 Rz. 496.

76) *Holzer* in: KPB, InsO, § 35 Rz. 78; *Roleder*, Unterhaltsansprüche in der Insolvenz, 2004.

77) *Becker*, DZWIR 2010, 133 ff.

weder Teil der von §§ 35 Abs. 1, 36 InsO definierten Insolvenzmasse und werden vom Insolvenzverwalter in das insolvenzfreie Vermögen des Schuldners zurückgegeben (echte Freigabe), oder diese Gegenstände sind massefremd und werden vom Insolvenzverwalter z. B. dem Aussonderungsberechtigten freigegeben (unechte Freigabe). Freigegeben werden kann ferner eine selbstständige Tätigkeit des Insolvenzschuldners, d. h. sein Unternehmen (§ 35 Abs. 2 bis 4 InsO). In umgekehrter Richtung spricht man von Freigabe in die Insolvenzmasse, wenn der Insolvenzschuldner zugunsten seiner Gläubiger auf die Unpfändbarkeit gewisser Sachen oder auf Pfändungsschutz verzichtet oder wenn ein Gläubiger auf ein Aus- oder Absonderungsrecht an einem Gegenstand verzichtet.[78)] Von modifizierter Freigabe an einen Gläubiger spricht man, wenn ein Gegenstand der Insolvenzmasse zur Verwertung an den Gläubiger freigegeben wird und dieser den Verwertungserlös an die Insolvenzmasse abzuführen hat (siehe zur modifizierten Freigabe an den Schuldner Rz. 130).[79)]

1. Echte Freigabe

Gewohnheitsrechtlich anerkannt[80)] ist die Befugnis des Insolvenzverwalters, einen dem Insolvenzbeschlag unterliegenden Gegenstand durch Freigabe in das **insolvenzfreie Schuldnervermögen** zurückzugeben, also aus der Beschlagnahme zu entlassen. Hierdurch wird der Gegenstand insolvenzfreies Vermögen, über das der Insolvenzschuldner wieder frei verfügen kann.[81)] Die Freigabe eines zur Masse gehörenden Gegenstands erfolgt entsprechend der herrschenden Amtstheorie durch empfangsbedürftige Willenserklärung des Verwalters an den Schuldner. Die Erklärung ist nicht widerruflich.[82)] Die Löschung des Insolvenzvermerks im Grundbuch ersetzt die Freigabe nicht, lässt aber auf Fortfall des Insolvenzbeschlags schließen.[83)] 32

Der Insolvenzverwalter hat über die Freigabe von Massegegenständen nach **pflichtgemäßem Ermessen** zu entscheiden; im Zweifel sollte jedoch die Genehmigung der Gläubiger eingeholt werden. Grundsätzlich sind unverwertbare und wertausschöpfend belastete Gegenstände sowie solche Gegenstände, bei denen die Verwaltungskosten höher sind als der zur Masse fließende Ertrag, aus der Insolvenzmasse freizugeben. Der freizugebende Massegegenstand darf keine Mehrung der Aktivmasse erwarten lassen.[84)] Es kann sich dabei aber auch um einen erst als Neuerwerb massezugehörig gewordenen Gegenstand handeln.[85)] Da der Gegenstand dem Schuldner schon immer gehörte (ihm fehlte infolge der Verfahrenseröffnung nur die Verfügungsbefugnis), bringt die Freigabe keinen Neuerwerb mit sich.[86)] Auch ein Erlös aus der Verwertung des freigegebenen Gegenstands durch den Schuldner fließt nicht zur Masse, sondern wird insolvenzfreies Vermögen des Schuldners.[87)] 33

78) Uhlenbruck-*Hirte/Praß*, InsO, § 35 Rz. 71, 85, 88 f.

79) BAG, Urt. v. 16.5.2013 – 6 AZR 556/11, ZVI 2013, 349 = ZIP 2013, 1433; *Kranenberg*, NZI 2009, 156 ff.

80) Uhlenbruck-*Hirte/Praß*, InsO, § 35 Rz. 71; grundlegend *Bai*, Die Freigabe im Insolvenzverfahren, 2009; *Müller*, Die echte Freigabe durch den Insolvenzverwalter im Spannungsfeld von gesetzlicher Prozessstandschaft und Parteiwechsel, 2007; *Piper*, Die Freigabe in der Insolvenz einer GmbH, 2007.

81) *Holzer* in: KPB, InsO, § 35 Rz. 30; *Peters* in: MünchKomm-InsO, § 35 Rz. 99.

82) *Lüke* in: KPB, InsO, § 80 Rz. 90 ff.

83) Vgl. BGH, Beschl. v. 30.8.2017 – VII ZB 23/14, ZIP 2017, 1919; OLG Frankfurt/M., Beschl. v. 1.3.2016 – 20 W 26/16, ZIP 2016, 1881; OLG Hamm, Beschl. v. 20.3.2014 – 15 W 392/13, ZIP 2014, 1297; OLG Naumburg, Beschl. v. 12.11.2013 – 12 Wx 43/13, ZIP 2014, 836.

84) Nerlich/Römermann-*Andres*, InsO, § 36 Rz. 53.

85) Anders offenbar OLG Rostock, Urt. v. 11.1.2018 – 3 U 29/16, ZIP 2018, 842, 843.

86) Uhlenbruck-*Hirte/Praß*, InsO, § 35 Rz. 82.

87) *Peters* in: MünchKomm-InsO, § 35 Rz. 117.

34 Problematisch ist die Zulässigkeit der Freigabe, wenn sie erfolgt, um von der Insolvenzmasse die Kosten einer ordnungs-, insbesondere umweltrechtlichen **Entsorgungshaftung** abzuwenden. Da der Schuldner erst recht nicht zur Kostentragung im Stande ist, wird die Gläubigergesamtheit letztlich aus Mitteln der Allgemeinheit befriedigt. Richtigerweise ist allerdings zwischen der Zulässigkeit der Freigabe, der öffentlich-rechtlichen Haftung und ihren insolvenzrechtlichen Konsequenzen zu unterscheiden. Beispielsweise ändert die Freigabe eines altlastenkontaminierten Grundstücks nichts an einer aus der Zustandsverantwortlichkeit des Insolvenzverwalters – nach in der Rechtsprechung vertretener, aber bestrittener Ansicht – resultierenden Masseverbindlichkeit.[88)]

35 Zugelassen wird die Möglichkeit der Freigabe von Massegegenständen auch in der Insolvenz einer **juristischen Person** oder rechtsfähigen Personengesellschaft. Das dürfte abzulehnen sein, denn das Insolvenzverfahren dient nicht nur der Gläubigerbefriedigung, sondern zugleich der Liquidation der Gesellschaft; ein gesondertes Liquidationsverfahren über insolvenzfreies Vermögen wäre sinnlos.[89)]

2. Unechte Freigabe

36 Während eine echte Freigabe den freigegebenen Gegenstand aus dem Haftungsverband entlässt und insoweit konstitutive Wirkung hat, hat eine unechte Freigabe nur **deklaratorische** Wirkung. Der betreffende Gegenstand ist zu keinem Zeitpunkt Teil der Insolvenzmasse gewesen, die „Freigabeerklärung" besteht nur darin, dass diese Rechtslage vom Insolvenzverwalter anerkannt wird.[90)]

3. Freigabe der selbstständigen Tätigkeit

37 Gemäß § 35 Abs. 2 Satz 1 InsO hat der Insolvenzverwalter über die Freigabe der selbstständigen Tätigkeit des Insolvenzschuldners zu entscheiden. Das beruht auf der von Art. 12 Abs. 1 GG gewährleisteten Freiheit auch der insolventen natürlichen Person, sich durch selbstständige Tätigkeit eine wirtschaftliche Existenz zu sichern. Damit wäre es nicht vereinbar, aus einer solchen Tätigkeit generierten Neuerwerb als Teil der Insolvenzmasse anzusehen, für Verbindlichkeiten aber nur das insolvenzfreie Vermögen des Schuldners haften zu lassen. Diese Verbindlichkeiten sollten aber auch nicht stets (etwa wegen einer etwaigen in der Duldung der selbstständigen Tätigkeit liegenden Verwalterhandlung gemäß § 55 Abs. 1 Nr. 1 InsO) als Masseverbindlichkeiten angesehen werden müssen, denn das würde der Masse ein unabwendbares Gewinn- und Verlustrisiko aufbürden.[91)] Vor diesem Hintergrund räumt das Gesetz dem Insolvenzverwalter ein **Wahlrecht** ein zwischen zwei Optionen:

- Vermögen aus der selbstständigen Tätigkeit gehört zur Insolvenzmasse, und Ansprüche aus dieser Tätigkeit können im Insolvenzverfahren als Masseverbindlichkeiten (§ 55 Abs. 1 Nr. 1 InsO) geltend gemacht werden (Positiverklärung; Einbeziehungserklärung) oder
- Vermögen aus der selbstständigen Tätigkeit gehört nicht zur Insolvenzmasse, und Ansprüche aus dieser Tätigkeit können im Insolvenzverfahren nicht geltend gemacht wer-

---

88) Uhlenbruck-*Hirte/Praß*, InsO, § 35 Rz. 75 ff., 78; *Peters* in: MünchKomm-InsO, § 35 Rz. 109 ff.; näher *Kurz/Schwarz*, NVwZ 2007, 1380 ff.; *Lwowski/Tetzlaff*, Umweltrisiken und Altlasten in der Insolvenz, 2002. Vgl. bei Fortführung etwa Hess. VGH, Beschl. v. 12.1.2023 – 9 B 954/22, ZRI 2023, 167; bei Schließung BVerwG, Beschl. v. 23.6.2023 – 10 B 5.23, ZRI 2023, 708.

89) *Bork*, Einführung in das Insolvenzrecht, Rz. 158 ff.; vgl. ferner, teilweise a. A., *Peters* in: MünchKomm-InsO, § 35 Rz. 118 ff.; *Kayser* in: HK-InsO, § 80 Rz. 10; *Vuia* in: MünchKomm-InsO, § 80 Rz. 69, 114.

90) *Holzer* in: KPB, InsO, § 35 Rz. 25; *Vuia* in: MünchKomm-InsO, § 80 Rz. 66; Uhlenbruck-*Hirte/Praß*, InsO, § 35 Rz. 85.

91) *Holzer* in: KPB, InsO, § 35 Rz. 105 f.; Uhlenbruck-*Hirte/Praß*, InsO, § 35 Rz. 90.

den (Negativerklärung, Freigabe);[92] in diesem Fall steht dem Schuldner kein Pfändungsschutz für sonstige Einkünfte zu.[93]

Gemäß § 35 Abs. 3 Satz 1 InsO hat der Schuldner den Insolvenzverwalter unverzüglich über die Aufnahme oder Fortführung einer selbständigen Tätigkeit zu informieren und nach Satz 2 der Insolvenzverwalter sich spätestens nach einem Monat zu erklären. Diese neu eingeführten Normen dienen der Klarstellung und sollen dem Schuldner Rechts- und Planungssicherheit verschaffen.[94] Während die Positiverklärung rein deklaratorisch wirkt, weil der Neuerwerb bereits gemäß § 35 Abs. 1 Satz 1 InsO zur Insolvenzmasse gehört und Masseverbindlichkeiten infolge der Duldung der selbstständigen Tätigkeit nach § 55 Abs. 1 Nr. 1 InsO entstehen, wirkt die Freigabe konstitutiv, indem sie diese Wirkungen abwendet.[95] Die **Erklärung des Insolvenzverwalters** ist dem Insolvenzgericht nach § 35 Abs. 4 Satz 1 InsO anzuzeigen. Sie kann nach § 35 Abs. 2 Satz 3 InsO auf Antrag des Gläubigerausschusses bzw. der Gläubigerversammlung durch das Insolvenzgericht für unwirksam erklärt werden. Im Fall der Positiverklärung ist der Insolvenzverwalter anzuweisen, die Freigabe zu erklären. Im Fall der Negativerklärung wird die Freigabe ex nunc unwirksam.[96] 38

Die Freigabe begründet für den **Schuldner** eine Ablieferungspflicht nach § 295a i. V. mit § 35 Abs. 2 Satz 2 InsO. Die Freigabe führt ferner dazu, dass der Schuldner aus Vertragsverhältnissen, die er im Zusammenhang mit seiner selbstständigen Tätigkeit neu begründet,[97] nur selbst berechtigt und verpflichtet wird. Für bestehende Vertragsverhältnisse ist umstritten, ob es über die Freigabe hinaus einer Kündigung mit Wirkung für die Masse oder einer Nichterfüllungswahl gemäß § 103 Abs. 2 InsO bedarf.[98] Aus Vorsichtsgründen ist ein solches Vorgehen ratsam und dabei klarzustellen, dass die Kündigung/Nichterfüllungswahl nur für die Insolvenzmasse, nicht für den Schuldner selbst wirken soll. 39

IV. Verfahrensrechtliches

Der Insolvenzverwalter ist verpflichtet, das gesamte zur Insolvenzmasse gehörende Vermögen sofort in Besitz und Verwaltung zu nehmen (§ 148 Abs. 1 InsO). Der Eröffnungsbeschluss ist **Vollstreckungstitel** i. S. von § 794 Abs. 1 Nr. 3 ZPO[99] über die Herausgabepflicht des Schuldners (§ 148 Abs. 2 Satz 1 InsO). Der Insolvenzverwalter kann sich gemäß §§ 794 Abs. 1 Nr. 3, 795, 724 f. ZPO eine vollstreckbare Ausfertigung erteilen lassen und den Gerichtsvollzieher beauftragen, die vom Insolvenzverwalter näher bezeichneten Gegenstände beim Schuldner wegzunehmen bzw. im Besitz des Schuldners befindliche Räume zu räumen (§ 51 Abs. 1 und 2 GVGA).[100] Einwendungen gegen die Vollstreckungsmaßnahme bzw. gegen ihre Unterlassung können mit der Erinnerung gemäß § 766 ZPO geltend ge- 40

92) *Holzer* in: KPB, InsO, § 35 Rz. 111; Uhlenbruck-*Hirte/Praß*, InsO, § 35 Rz. 96; *Ries* in: HK-InsO, § 35 Rz. 74 f.; *Bartels*, KTS 2012, 381 ff.; *Peters*, WM 2012, 1067 ff.

93) BGH, Beschl. v. 25.1.2018 – IX ZA 19/17, ZVI 2018, 205 = ZIP 2018, 543, dazu EWiR 2018, 343 *(Fliegner)*.

94) Vgl. Bericht d. Ausschusses R/V z. RegE COVAbmildG, BT-Drucks. 19/25322, S. 18; *Holzer* in: KPB, InsO, § 35 Rz. 109 ff.

95) BGH, Beschl. v. 25.1.2018 – IX ZA 19/17, Rz. 10, ZVI 2018, 205 = ZIP 2018, 543; *Holzer* in: KPB, InsO, § 35 Rz. 113 f.; Uhlenbruck-*Hirte/Praß*, InsO, § 35 Rz. 99.

96) BSG, Urt. v. 10.12.2014 – B 6 KA 45/13 R, ZVI 2015, 246 = NZI 2015, 620; Uhlenbruck-*Hirte/Praß*, InsO, § 35 Rz. 103; a. A. *Ries* in: HK-InsO, § 35 Rz. 79: ex tunc.

97) Zu „Altfällen" BGH, Urt. v. 21.2.2019 – IX ZR 246/17, ZVI 2019, 143 = ZIP 2019, 577.

98) Vgl. Uhlenbruck-*Hirte/Praß*, InsO, § 35 Rz. 101.

99) *Jaffé* in: MünchKomm-InsO, § 148 Rz. 5. Nicht überzeugend Uhlenbruck-*Sinz*, InsO, § 148 Rz. 28, der im Klauselverfahren § 797 Abs. 1 ZPO annimmt.

100) Zum Betreten und Durchsuchen von Räumen des Schuldners *Kor*, DZWIR 2020, 393 ff.

macht werden, für die das Insolvenzgericht zuständig ist (§ 148 Abs. 2 Satz 2 InsO).[101] Wird die Einwendung darauf gestützt, dass der weggenommene Gegenstand nicht zur Insolvenzmasse gehört habe, wird ferner die Vollstreckungsgegenklage nach §§ 795, 767 ZPO für statthaft gehalten.[102] Dass ein Gegenstand materiell-rechtlich nicht der Gläubigergemeinschaft hafte, kann der Schuldner mit der Drittwiderspruchsklage geltend machen (§ 771 ZPO).[103] Außerdem kann er den materiell-rechtlichen Herausgabeanspruch gegen die Insolvenzmasse im Wege der Aussonderung (§ 47 InsO), also durch Leistungsklage geltend machen. Auch eine Feststellungs- oder Unterlassungsklage (auch: durch den Insolvenzverwalter) soll zulässig sein.[104] In allen diesen Fällen ist der Streit vor dem Prozessgericht auszutragen.[105] Gegenüber Dritten muss der Insolvenzverwalter Herausgabeansprüche im ordentlichen Erkenntnisverfahren titulieren lassen.[106]

41 Die Massezugehörigkeit einer Forderung richtet sich u. a. nach den in § 36 Abs. 1 Satz 2 InsO genannten Pfändungsschutzvorschriften der ZPO, in deren unmittelbarem Anwendungsbereich zuweilen das Vollstreckungsgericht Entscheidungen über die Pfändbarkeit der Forderung zu treffen hat. Diese Entscheidungen sind im Insolvenzverfahren gemäß § 36 Abs. 4 Satz 1 InsO durch das **Insolvenzgericht** zu treffen. Das gleiche gilt für den in § 36 Abs. 1 Satz 2 InsO nicht genannten § 850b ZPO, der durch § 36 Abs. 1 Satz 1 InsO anwendbar ist.[107] Wo es in der Einzelzwangsvollstreckung nach diesen Vorschriften auf einen Antrag des Gläubigers ankommt, ist im Insolvenzverfahren der Insolvenzverwalter antragsberechtigt (§ 36 Abs. 4 Satz 2 InsO). Da das Insolvenzgericht funktional als Vollstreckungsgericht entscheidet, wird § 793 ZPO angewendet, so dass sofortige Beschwerde statthaft ist und nach § 574 ZPO gegen die Beschwerdeentscheidung Rechtsbeschwerde zugelassen werden kann.[108]

C. Wirkungen der Insolvenzeröffnung (§§ 80–93 InsO)

I. Überblick

42 Gemäß § 80 Abs. 1 InsO verliert der Insolvenzschuldner durch die Eröffnung des Insolvenzverfahrens das Recht, das zur Insolvenzmasse gehörende Vermögen zu verwalten und Verfügungen darüber zu treffen. Die **Verwaltungs- und Verfügungsbefugnis** geht durch die Eröffnung des Insolvenzverfahrens auf den Insolvenzverwalter über (siehe Rz. 49 ff.). Das zur Insolvenzmasse gehörende Vermögen soll zur gemeinschaftlichen Befriedigung der Insolvenzgläubiger dienen (§ 38 InsO). Im Zusammenhang damit regelt § 81 InsO die Unwirksamkeit von Verfügungen des Schuldners (siehe Rz. 72 ff.). Ebenfalls im Zusammenhang mit der Regelung des § 80 InsO steht § 82 InsO, wonach zur Erfüllung von Verbindlichkeiten nach Eröffnung des Insolvenzverfahrens schuldbefreiend nur noch an den Insolvenzverwalter, nicht mehr an den Schuldner geleistet werden kann (siehe Rz. 89 ff.).

---

101) BGH, Beschl. v. 26.4.2012 – IX ZB 273/11, ZIP 2012, 1096 – auch für PKH-Verfahren.

102) *Jaffé* in: MünchKomm-InsO, § 148 Rz. 75. Es ist aber unklar, wie sich aus der fehlenden Massezugehörigkeit eine materiell-rechtliche Einwendung gegen den titulierten Herausgabeanspruch ergeben soll, denn ein Anspruch auf Herausgabe des weggenommenen Gegenstandes war zu gar keiner Zeit im Eröffnungsbeschluss tituliert, der sich stets nur auf die zur Masse gehörenden Gegenstände bezog.

103) *K. Schmidt/Brinkmann* in: MünchKomm-ZPO, § 771 Rz. 53. Hierauf soll § 148 Abs. 2 Satz 2 InsO analog anwendbar sein: *Jaffé* in: MünchKomm-InsO, § 148 Rz. 77.

104) *Jaffé* in: MünchKomm-InsO, § 148 Rz. 74; aber offenbar nur, wenn keine Wegnahme stattgefunden hat.

105) BGH, Beschl. v. 7.4.2016 – IX ZB 89/15, ZVI 2016, 241 = NZI 2016, 607.

106) *Depré* in: HK-InsO, § 148 Rz. 13 f.

107) BGH, Urt. v. 3.12.2009 – IX ZR 189/08, ZVI 2010, 102 = ZIP 2010, 293, dazu EWiR 2010, 331 *(Fliegner)*.

108) BGH, Beschl. v. 5.2.2004 – IX ZB 97/03, ZVI 2004, 197 = ZIP 2004, 732, dazu EWiR 2004, 1231 *(Lüke/Ellke)*; *U. Keller* in: HK-InsO, § 36 Rz. 114.

Die Verwaltungs- und Verfügungsbefugnis des Insolvenzverwalters ist weder durch Veräußerungsverbote (§ 80 Abs. 2 InsO; siehe Rz. 103 f.) noch durch zwangsvollstreckungsrechtliche Sicherungen zugunsten von Insolvenzgläubigern aus der Zeit kurz vor dem Eröffnungsantrag (§ 88 InsO; siehe Rz. 138 ff.) begrenzt. § 83 InsO regelt Sonderfälle der Verfügungsbefugnis für Erbschaft, Vermächtnis und fortgesetzte Gütergemeinschaft (siehe Rz. 105 ff.). Für massezugehörige Anteile des Schuldners an einer Gesellschaft oder Gemeinschaft enthält § 84 InsO hinsichtlich der Wirkungen der Verfahrenseröffnung Klarstellungen (siehe Rz. 109 f.).

Rechtshängige **Prozesse** werden, wenn sie die Insolvenzmasse betreffen, mit Eröffnung des Insolvenzverfahrens gemäß § 240 Satz 1 ZPO unterbrochen, bis sie nach den insolvenzrechtlichen Vorschriften aufgenommen werden oder das Insolvenzverfahren beendet wird (siehe Rz. 111 ff.). Denn der Insolvenzschuldner ist wegen des Verlusts der Verwaltungs- und Verfügungsbefugnis auch nicht mehr prozessführungsbefugt. Handelt es sich um einen Aktivprozess, liegt die Entscheidung über die Aufnahme gemäß § 85 InsO als Teil seiner Verwaltungs- und Verfügungsbefugnis beim Insolvenzverwalter. Handelt es sich um einen Passivprozess, kommt die Aufnahme nach § 86 InsO in Betracht, wenn Aus-/Absonderungsrechte oder Masseverbindlichkeiten geltend gemacht werden. 43

Insolvenzforderungen können hingegen gemäß § 87 InsO nur nach den Vorschriften über das Insolvenzverfahren verfolgt werden, d. h. sie sind zur Tabelle anzumelden (§§ 174 ff. InsO) und werden quotal befriedigt. Dem entsprechend werden Passivprozesse über Insolvenzforderungen nur i. R. der Forderungsanmeldung fortgeführt (§ 180 Abs. 2 InsO; siehe Rz. 134 ff.) und Insolvenzgläubiger unterliegen einem Vollstreckungsverbot (§ 89 Abs. 1 InsO; siehe Rz. 149 ff.). 44

Während Insolvenzgläubiger darauf verwiesen sind, aus dem zur Insolvenzmasse gehörenden Vermögen gemeinschaftlich befriedigt zu werden, sind **Masseverbindlichkeiten** aus der Insolvenzmasse vorwegzuerfüllen (§ 53 InsO). Gleichwohl ordnet § 90 InsO ein beschränktes Vollstreckungsmoratorium auch für Massegläubiger an (siehe Rz. 157 ff.). 45

In Erweiterung von §§ 81, 89 Abs. 1 InsO schließt § 91 InsO sodann jeden **sonstigen** (d. h. nicht auf Verfügungshandlungen des Schuldners und nicht auf Zwangsvollstreckung für einen Insolvenzgläubiger beruhenden) Rechtserwerb aus (siehe Rz. 167 ff.). 46

Außerhalb des eigentlichen Anwendungsbereichs der §§ 80 ff. InsO, die die Verwaltungs- und Verfügungsbefugnis des Insolvenzverwalters und die Rechtsstellung der Gläubiger in Bezug auf die Insolvenzmasse betreffen, stehen die §§ 81 Abs. 2, 89 Abs. 2 InsO. In Bezug auf bestimmte **künftige Forderungen** sind Verfügungen und Vollstreckungsmaßnahmen unwirksam, obwohl diese Forderungen noch nicht als Neuerwerb zur Insolvenzmasse gehören (siehe Rz. 84 f. und Rz. 155 f.). 47

Über die Verwaltungs- und Verfügungsbefugnis über die Insolvenzmasse hinaus wird auch die Zuständigkeit für die Geltendmachung von **Gesamtschäden** und **persönlicher Gesellschafterhaftung** beim Insolvenzverwalter konzentriert (§§ 92, 93 InsO; siehe Rz. 182 ff.), obwohl diese Ansprüche nicht Teil der Insolvenzmasse sind, sondern den einzelnen Gläubigern zustehen. Auf diese Weise soll ein Wettlauf der Gläubiger um das pfändbare Vermögen der Schadensersatzpflichtigen bzw. der persönlich haftenden Gesellschafter verhindert werden. 48

II. Verwaltungs- und Verfügungsbefugnis über die Insolvenzmasse

Gemäß § 80 Abs. 1 InsO geht mit Eröffnung des Insolvenzverfahrens das Recht des Schuldners, das zur Insolvenzmasse gehörende Vermögen zu verwalten und darüber zu verfügen, auf den Insolvenzverwalter über. Die gleichmäßige Gläubigerbefriedigung erfordert die **Be-** 49

schlagnahme der Insolvenzmasse,[109] der Übergang der Verwaltungs- und Verfügungsbefugnis dient dementsprechend ihrer Sicherung als Haftungsobjekt.[110]

50 Der Übergang der Verwaltungs- und Verfügungsbefugnis tritt mit dem **Zeitpunkt der Eröffnung** ein. Das ist Tag, Stunde und Minute der Unterzeichnung des Eröffnungsbeschlusses durch den Insolvenzrichter (§ 27 InsO), auch wenn sich die Wirkungen der Eröffnung erst entfalten können, wenn der Beschluss den inneren Bereich des Insolvenzgerichts verlässt.[111] Bereits zuvor kann der Schuldner die Verwaltungs- und Verfügungsbefugnis an einen vorläufigen Insolvenzverwalter verloren haben (§ 22 Abs. 1 Satz 1 InsO; siehe Kap. 5 [*Flören*]). Der Schuldner erlangt die Verwaltungs- und Verfügungsbefugnis insgesamt zurück, wenn das Insolvenzverfahren durch Aufhebung (§ 200 InsO) oder Einstellung (§§ 207, 211, 212, 213 InsO) endet.

51 Der Übergang der Verwaltungs- und Verfügungsbefugnis betrifft die gesamte **Insolvenzmasse,** Inlands- wie Auslandsvermögen.[112] Hinsichtlich einzelner Gegenstände der Insolvenzmasse wird der Schuldner (wieder) verwaltungs- und verfügungsbefugt, wenn der Insolvenzverwalter den Gegenstand aus der Insolvenzmasse freigibt (siehe Rz. 32 ff.).[113] Umgekehrt verliert der Insolvenzschuldner seine Verwaltungs- und Verfügungsbefugnis an nicht zur Insolvenzmasse gehörenden Gegenständen, wenn er sie durch Verzicht auf Pfändungsschutz in die Insolvenzmasse freigibt (siehe Rz. 31).

52 Wird **Eigenverwaltung** angeordnet, bleibt der Schuldner auch in Bezug auf die Insolvenzmasse verwaltungs- und verfügungsbefugt (§ 270 Abs. 1 InsO). Der anstelle des Insolvenzverwalters zu bestellende Sachwalter hat prüfende und überwachende Funktion (vgl. § 274 Abs. 2 InsO), er hat keine Verwaltungs- und Verfügungsbefugnis.[114] Rechtsgeschäfte des Schuldners sind auch dann wirksam, wenn der Schuldner sie ohne vorgeschriebene Mitwirkung des Sachwalters oder des Gläubigerausschusses vorgenommen hat.[115]

53 Einschränkungen der Verwaltungs- und Verfügungsbefugnis des Schuldners ergeben sich nur, wenn ein **Zustimmungsvorbehalt** nach § 277 InsO angeordnet wird.

54 Im **Verfahren über den Insolvenzantrag** findet kein Übergang der Verwaltungs- und Verfügungsbefugnis nach § 80 Abs. 1 InsO statt, es werden jedoch teilweise vergleichbare Wirkungen durch die Anordnung vorläufiger Maßnahmen erzielt (§§ 21 ff. InsO; siehe dazu Kap. 5 [*Flören*]).

1. Rechtsstellung des Schuldners

55 Der Schuldner verliert durch den Übergang der Verwaltungs- und Verfügungsbefugnis auf den Insolvenzverwalter weder seine **Rechts- noch Geschäftsfähigkeit;** insbesondere bleibt er Eigentümer und Inhaber der zur Insolvenzmasse gehörenden Gegenstände. Eigentümerstellung und Rechtsinhaberschaft des Schuldners erstrecken sich auch auf Vermögenswerte, die der Insolvenzverwalter während des Verfahrens für die Masse erwirbt.[116]

---

109) *Kayser* in: HK-InsO, § 80 Rz. 1.

110) *Lüke* in: KPB, InsO, § 80 Rz. 2; Nerlich/Römermann-*Wittkowski*/*Kruth*, InsO, § 80 Rz. 3.

111) *Kayser* in: HK-InsO, § 80 Rz. 5.

112) *Vuia* in: MünchKomm-InsO, § 80 Rz. 11.

113) Nerlich/Römermann-*Wittkowski*/*Kruth*, InsO, § 80 Rz. 8.

114) BGH, Urt. v. 9.3.2017 – IX ZR 177/15, Rz. 8, ZVI 2017, 234 = ZIP 2017, 686, dazu EWiR 2017, 307 (*Bremen*).

115) *Kayser* in: HK-InsO, § 80 Rz. 8.

116) *Kayser* in: HK-InsO, § 80 Rz. 19.

Da der Schuldner rechts- und geschäftsfähig bleibt, kann er wirksame **Verpflichtungsgeschäfte** eingehen, sie begründen jedoch keine Ansprüche gegen die Insolvenzmasse:[117] Sie ist – nach Berichtigung der Masseverbindlichkeiten – den Insolvenzgläubigern zur gemeinschaftlichen Befriedigung zugewiesen (§ 38 InsO). Für die Verbindlichkeiten haftet vielmehr der Schuldner mit seinem insolvenzfreien Vermögen. 56

Rechtshandlungen, die der Insolvenzverwalter in Bezug auf die Insolvenzmasse vornimmt, **binden den Schuldner**, der mit der Masse haftet.[118] Dauerschuldverhältnisse, die über die Verfahrensbeendigung hinaus Geltung haben, wirken für und gegen den Schuldner.[119] 57

Der Schuldner bleibt **Kaufmann** und Träger des Unternehmens sowie Arbeitgeber für seine Arbeitnehmer.[120] Seine handels- und steuerrechtlichen Pflichten bleiben unberührt, sind aber in Bezug auf zur Insolvenzmasse gehörendes Vermögen vom Insolvenzverwalter zu erfüllen (§ 155 InsO). 58

Der Schuldner bleibt **partei- und prozessfähig**, verliert allerdings die **Prozessführungsbefugnis** in Bezug auf die Insolvenzmasse.[121] Die Prozessführungsbefugnis geht insoweit auf den Insolvenzverwalter über, der im eigenen Namen als Partei kraft Amtes in gesetzlicher Prozessstandschaft über die Masse prozessiert (siehe näher unten Rz. 65 ff., 111 ff.).[122] Eine für oder gegen den Schuldner erhobene Klage wird zugestellt, ist aber mangels Prozessführungsbefugnis des Schuldners unzulässig.[123] Hinsichtlich des insolvenzfreien Vermögens bleibt der Schuldner prozessführungsbefugt.[124] 59

Gesellschaftsrechtliche Organe des Schuldners, insbesondere Geschäftsführer einer GmbH, können nach Eröffnung des Insolvenzverfahrens nur noch solche Kompetenzen wahrnehmen, die nicht die Insolvenzmasse betreffen.[125] 60

Über die vermögensrechtlichen und prozessualen Konsequenzen hinaus können sich im Zusammenhang mit der Eröffnung des Insolvenzverfahrens auch **berufs- und gewerberechtliche Auswirkungen** aus dem Vermögensverfall bzw. dem Fehlen geordneter Vermögensverhältnisse oder gewerberechtlicher Zuverlässigkeit ergeben, desgleichen im Familien- und Vormundschaftsrecht, im Steuerrecht und im übrigen Sicherheits- und Ordnungsrecht.[126] 61

117) BGH, Urt. v. 26.2.2015 – IX ZR 174/13, Rz. 8, ZIP 2015, 694; *Kayser* in: HK-InsO, § 80 Rz. 19; *Vuia* in: MünchKomm-InsO, § 80 Rz. 11.

118) *Lüke* in: KPB, InsO, § 80 Rz. 39; Nerlich/Römermann-*Wittkowski/Kruth*, InsO, § 80 Rz. 12 f.

119) Nerlich/Römermann-*Wittkowski/Kruth*, InsO, § 80 Rz. 12.

120) *Kayser* in: HK-InsO, § 80 Rz. 53, 55.

121) BGH, Urt. v. 18.4.2013 – IX ZR 165/12, Rz. 11, ZVI 2013, 225 = ZIP 2013, 1181, dazu EWiR 2013, 551 *(Hofmann)*; *Kayser* in: HK-InsO, § 80 Rz. 23 m. w. N. Zur Abgrenzung vgl. BFH, Urt. v. 7.6.2018 – IV R 11/16, ZIP 2019, 39.

122) *Bork*, Einführung in das Insolvenzrecht, Rz. 78; *Kayser* in: HK-InsO, § 80 Rz. 23; *Lüke* in: KPB, InsO, § 80 Rz. 14 – „fehlende Prozessfähigkeit"; *Vuia* in: MünchKomm-InsO, § 80 Rz. 73 ff.; Nerlich/Römermann-*Wittkowski/Kruth*, InsO, § 80 Rz. 22 ff. Anders jetzt wieder *Stamm*, KTS 2016, 279 ff.

123) *Kayser* in: HK-InsO, § 85 Rz. 11.

124) *Lüke* in: KPB, InsO, § 80 Rz. 14 – „prozessfähig".

125) Vgl. BGH, Urt. v. 26.1.2006 – IX ZR 282/03, ZInsO 2006, 260; OLG Stuttgart, Urt. v. 27.12.2016 – 10 U 97/16, ZIP 2017, 142, 144, dazu EWiR 2017, 151 *(Dimassi)*.

126) Einzelheiten bei *Kayser* in: HK-InsO, § 80 Rz. 25 ff., 56 ff.

2. Rechte und Pflichten des Insolvenzverwalters

a) Allgemeines

62 Der Insolvenzverwalter steht zum Schuldner in einem geschäftsbesorgungsähnlichen **gesetzlichen Schuldverhältnis.**[127] Mit Ausnahme der höchstpersönlichen Rechte und Pflichten des Schuldners hat der Insolvenzverwalter nach Maßgabe der InsO die Pflichten des Schuldners zu erfüllen und dessen Rechte auszuüben.[128] Er hat die zur Insolvenzmasse gehörenden Gegenstände in Besitz und Verwaltung zu nehmen (§ 148 Abs. 1 InsO) und zu verwerten (§ 159 InsO). Dabei muss er sich eine bereits vor Eröffnung des Insolvenzverfahrens erlangte verjährungsbegründende Kenntnis des Insolvenzschuldners grundsätzlich zurechnen lassen.[129] Ferner hat er die Ansprüche der Gläubiger auf Schadensersatz sowie aus einer gesellschaftsrechtlichen Haftung (§§ 92, 93 InsO, 171 Abs. 2 HGB; siehe unten Rz. 182 ff.) geltend zu machen. Ob der Insolvenzverwalter dabei auch mit sich selbst kontrahieren darf, ist umstritten.[130] Mit Wirkung für die Insolvenzmasse darf der Insolvenzverwalter auch Unterwerfungserklärungen nach § 794 Abs. 1 Nr. 5 ZPO abgeben, nicht aber mit Wirkung gegen den Schuldner.[131] Ob der Insolvenzverwalter allein über die Schweigepflichtentbindung eines vom Schuldner mandatierten Berufsgeheimnisträgers entscheidet, ist strittig.[132] Mitunter hat er Anspruch auf Akteneinsicht oder Auskunft.[133]

63 Die **Gläubigergemeinschaft** hat Mitwirkungsrechte bei der Verwertung (§§ 159, 160 InsO). Der **Schuldner** hat gegenüber dem Insolvenzverwalter keine Weisungsrechte.[134] Er kann weder Aufsichtsmaßnahmen des Insolvenzgerichts noch die Entlassung des Insolvenzverwalters erzwingen, sondern ist für den Fall von Pflichtverletzungen auf Schadensersatzansprüche gegen den Insolvenzverwalter (§ 60 Abs. 1 InsO) verwiesen.

64 Die Verwaltungs- und Verfügungsbefugnis des Insolvenzverwalters wird durch den Zweck des Insolvenzverfahrens, wie ihn § 1 Satz 1 InsO vorgibt, begrenzt. In erster Linie wird die Insolvenzmasse vor **insolvenzzweckwidrigen Maßnahmen** des Insolvenzverwalters durch die Mitwirkungsbefugnisse zugunsten der Gläubigergemeinschaft, die gerichtliche Aufsicht und die Haftung des Insolvenzverwalters geschützt. Als insolvenzzweckwidrig nichtig ist eine Maßnahme nur, wenn die Insolvenzzweckwidrigkeit offensichtlich und der Verstoß objektiv schwerwiegend ist.[135]

---

127) *Kayser* in: HK-InsO, § 80 Rz. 30.

128) *Kuleisa* in: HambKomm-InsO, § 80 Rz. 9; *Kayser* in: HK-InsO, § 80 Rz. 30; *Vuia* in: MünchKomm-InsO, § 80 Rz. 46 ff.

129) BGH, Urt. v. 7.4.2022 – IX ZR 107/20, Rz. 27, ZRI 2022, 452 = ZVI 2022, 356.

130) *Kayser* in: HK-InsO, § 80 Rz. 35 m. w. N.

131) OLG Hamm, Urt. v. 3.12.2012 – I-5 U 42/12, ZIP 2013, 788; *Wolfsteiner* in: MünchKomm-ZPO, § 794 Rz. 167.

132) OLG Hamm, Beschl. v. 17.8.2017 – 4 Ws 130/17, ZIP 2018, 91; OLG Köln, Beschl. v. 1.9.2015 – 2 Ws 544/15, ZIP 2016, 331, dazu EWiR 2016, 213 *(Hellfeld)*; OLG Zweibrücken, Beschl. v. 8.12.2016 – 1 Ws 334/16, ZIP 2017, 537, dazu EWiR 2017, 245 *(Priebe)* – jedenfalls nicht bei Doppelmandaten.

133) OVG Münster, Urt. v. 24.11.2015 – 8 A 1074/14, ZIP 2016, 535; VG Köln, Urt. v. 1.12.2016 – 13 K 2824/15, ZVI 2017, 245 = ZIP 2017, 736, dazu EWiR 2017, 281 *(Schur)*; VG Schleswig, Urt. v. 15.5.2017 – 8 A 74/15, ZVI 2017, 243 = ZIP 2017, 1126. Zum Auskunftsersuchen an den Gerichtsvollzieher AG Rosenheim, Beschl. v. 8.9.2016 – 605 IN 468/15, ZVI 2017, 242 = ZIP 2016, 1989; Vgl. auch für den gerichtlich bestellten Sachverständigen OLG Braunschweig, Beschl. v. 10.3.2016 – 1 Ws 56/16, ZVI 2016, 363 = ZIP 2016, 1304.

134) *Kayser* in: HK-InsO, § 80 Rz. 31.

135) BGH, Urt. v. 20.3.2014 – IX ZR 80/13, Rz. 14, ZIP 2014, 978, dazu EWiR 2014, 593 *(Weiß/Linsenbarth)*; BGH, Urt. v. 14.6.2018 – IX ZR 232/17, ZIP 2018, 1451; *Kuleisa* in: HambKomm-InsO, § 80 Rz. 21 f.; *Kayser* in: HK-InsO, § 80 Rz. 36 ff.; *Vuia* in: MünchKomm-InsO, § 80 Rz. 60 ff.; *Lüke* in: KPB, InsO, § 80 Rz. 28 ff.; Braun-*Kroth*, InsO, § 80 Rz. 27; Nerlich/Römermann-*Wittkowski*/*Kruth*, InsO, § 80 Rz. 119 ff.; ferner *Hölken*, DZWIR 2019, 51 ff.; *Pape*, ZInsO 2016, 2149 ff.; *Preuß*, NZI 2003, 625 ff.

b) Prozessführung

Nicht der Insolvenzschuldner (siehe oben Rz. 59), sondern der Insolvenzverwalter ist als Ausfluss der Verwaltungs- und Verfügungsbefugnis für die Insolvenzmasse **prozessführungsbefugt.**[136] Das gilt auch für gegen ihn erhobene Musterfeststellungsklagen, jedenfalls wenn sich die Feststellungsziele ausschließlich auf Aktivprozesse der Masse beziehen.[137] Der Insolvenzverwalter ist i. R. der Verwaltung und Verwertung der Insolvenzmasse nicht gezwungen, Klage zu erheben, sondern er muss zur Vermeidung einer unnötigen Belastung der Insolvenzmasse mit Prozesskosten sorgfältig prüfen, ob eine Klage Aussicht auf Erfolg hat. Er darf keine aussichtslosen Prozesse anstrengen. Auf der anderen Seite haftet er, sofern er bei hinreichender Aussicht auf Erfolg Ansprüche, die Teil der Insolvenzmasse sind, nicht gerichtlich geltend macht.[138] 65

Der Insolvenzverwalter handelt als **Partei kraft Amtes** in gesetzlicher Prozessstandschaft.[139] Partei ist er selbst „in seiner Eigenschaft als Insolvenzverwalter über das Vermögen des […]“[140]; der Schuldner selbst ist nicht Partei. Bei Ausschließung und Ablehnung von Gerichtspersonen gemäß § 41 Nr. 1–4 ZPO ist aber nicht nur auf die Person des Insolvenzverwalters, sondern ebenso auf die des Schuldners abzustellen.[141] Dem Insolvenzverwalter steht das Akteneinsichtsrecht des § 299 ZPO zu.[142] Hinsichtlich massezugehöriger Gegenstände ist der Insolvenzverwalter zur Drittwiderspruchsklage nach § 771 ZPO befugt; dies gilt auch dann, wenn die Massezugehörigkeit streitig ist.[143] Für einen Einspruch gegen einen nach Verfahrenseröffnung gegen den Schuldner ergangenen Vollstreckungsbescheid ist der Insolvenzverwalter nicht prozessführungsbefugt, denn in die Insolvenzmasse könnte aus dem Titel nicht vollstreckt werden.[144] 66

Der allgemeine **Gerichtsstand** für Passivprozesse ist gemäß § 19a ZPO der Sitz des Insolvenzgerichts. Für Aktivprozesse ist § 19a ZPO nur anwendbar, wenn deutsche Gerichte international zuständig sind, aber kein Beklagtengerichtsstand eröffnet ist.[145] Kaufmännische Gerichtsstandsvereinbarungen sind dem Insolvenzverwalter nicht möglich.[146] 67

Kostenerstattungsansprüche des Prozessgegners aus der Prozessführung des Insolvenzverwalters sind Masseverbindlichkeiten nach § 55 Abs. 1 Nr. 1 InsO, und zwar einschließlich der vor Eröffnung entstandenen Kosten.[147] Für Prozesskostenhilfe ist § 116 ZPO maßgebend.[148] 68

Ein vom Insolvenzverwalter als Partei kraft Amtes erstrittenes **Urteil** wirkt lediglich hinsichtlich der Insolvenzmasse für und gegen den Schuldner, nicht dagegen für und gegen den Insolvenzverwalter.[149] Ein vom Schuldner erwirkter Vollstreckungstitel ist analog § 727 69

136) Nerlich/Römermann-*Wittkowski/Kruth*, InsO, § 80 Rz. 22 f.
137) BGH, Urt. v. 27.7.2023 – IX ZR 267/20, ZRI 2023, 760.
138) *Bork*, Einführung in das Insolvenzrecht, Rz. 233, Fn. 2.
139) *Bork*, Einführung in das Insolvenzrecht, Rz. 78. Anders jetzt wieder *Stamm*, KTS 2016, 279 ff.
140) So die übliche Rubrumsbezeichnung, Nerlich/Römermann-*Wittkowski/Kruth*, InsO, § 80 Rz. 22.
141) Nerlich/Römermann-*Wittkowski/Kruth*, InsO, § 80 Rz. 46. Umstritten ist, ob das auch für die Prorogationsbefugnis gilt, dazu *Wexler-Uhlich/Wagner*, ZIP 2015, 1213 ff., und unten.
142) LAG Hamm, Beschl. v. 14.2.2014 – 12 Ta 63/14, ZIP 2014, 944.
143) Nerlich/Römermann-*Wittkowski/Kruth*, InsO, § 80 Rz. 48.
144) AG Bremen, Urt. v. 2.4.2014 – 25 C 95/14, ZVI 2014, 193 = ZIP 2014, 1556.
145) BGH, Urt. v. 19.5.2009 – IX ZR 39/06, ZVI 2007, 568 = ZIP 2009, 1287, dazu EWiR 2009, 505 *(Riedemann)*. – Zur internationalen Zuständigkeit eingehend *Guski*, ZIP 2018, 2395 ff.
146) OLG Zweibrücken, Urt. v. 16.11.2018 – 2 U 68/17, ZIP 2018, 2376.
147) *Kayser* in: HK-InsO, § 86 Rz. 20 m. w. N. zum Streitstand bei § 85 Rz. 59 f.; ferner *Froehner*, NZI 2016, 425 ff.
148) Zu Einzelheiten *Gundlach/Frenzel/N. Schmidt*, NJW 2003, 2412 ff.; BGH, Beschl. v. 21.1.2016 – IX ZB 24/15, ZVI 2016, 251 = ZIP 2016, 437, dazu EWiR 2016, 615 *(Fehst)*.
149) Nerlich/Römermann-*Wittkowski/Kruth*, InsO, § 80 Rz. 45.

ZPO auf den Insolvenzverwalter umzuschreiben.[150] Zu einem gegen den Schuldner erwirkten Vollstreckungstitel ist eine Vollstreckungsklausel gegen den Insolvenzverwalter nach § 727 ZPO zu erteilen, wenn die Verbindlichkeit vorweg aus der Insolvenzmasse zu erfüllen ist; der Klauselerteilung steht im Übrigen mangelndes Rechtsschutzbedürfnis entgegen, wenn gemäß § 87 InsO die Forderung nach §§ 174 ff. InsO zur Tabelle anzumelden ist (vgl. § 179 Abs. 2 InsO)[151] bzw. eine Einzelzwangsvollstreckung wegen § 89 InsO nicht in Betracht kommt.

70 Werden Prozesse durch den Insolvenzverwalter geführt, kann der **Schuldner**, da er nicht Partei ist, als **Nebenintervenient** beitreten, um das Interesse seines insolvenzfreien Vermögens zu wahren.[152]

71 Der Insolvenzschuldner kann, da er nicht Partei ist, in vom Insolvenzverwalter geführten Prozessen **Zeuge** sein. Analog § 383 Abs. 1 Nr. 1–3 ZPO steht ihm als Zeuge in eigenen Angelegenheiten ebenso wie seinen Angehörigen und den Angehörigen des Insolvenzverwalters ein Zeugnisverweigerungsrecht zu,[153] das nicht an § 385 Abs. 1 Nr. 4 ZPO scheitert.[154]

3. Unwirksamkeit von Verfügungen des Schuldners

a) Grundsatz

72 Verfügt der Schuldner nach Eröffnung des Verfahrens über Gegenstände aus der Insolvenzmasse, ist diese Verfügung **unwirksam.** Das ergibt sich unmittelbar bereits aus dem Übergang der Verfügungsbefugnis auf den Insolvenzverwalter (§ 80 Abs. 1 InsO) und wird durch § 81 Abs. 1 Satz 1 InsO klargestellt. Positiv formuliert ist eine Verfügung des Insolvenzschuldners nur wirksam, wenn die Verfügungshandlung des Schuldners vor Eröffnung des Insolvenzverfahrens vorgenommen worden ist. Ob (bei mehraktigen Verfügungsgeschäften) der Verfügungserfolg vor oder nach Verfahrenseröffnung eingetreten ist, hat für § 81 Abs. 1 Satz 1 InsO keine Bedeutung (wohl aber für die erweiternde Vorschrift des § 91 Abs. 1 InsO; siehe Rz. 167 ff.).[155]

73 Der Begriff der **Verfügung** ist weit zu verstehen. In der Vorgängervorschrift des § 7 KO war von „Rechtshandlung" die Rede; mit der Neufassung wollte der Gesetzgeber keine wesentliche Änderung herbeiführen.[156] Verfügungen i. S. des § 81 InsO sind die Verfügungen des allgemeinen Zivilrechts (Belastung, Übertragung, Inhaltsänderung oder Aufhebung eines Rechts)[157] sowie Prozesshandlungen, die die Masse berühren,[158] und rechtsgeschäfts- bzw. verfügungsähnliche Handlungen[159]. Keine Verfügungen sind Realakte.[160]

150) BGH, Beschl. v. 2.2.2017 – I ZR 146/16, Rz. 5, MDR 2017, 542; BGH, Beschl. v. 5.7.2005 – VII ZB 16/05, ZVI 2005, 428 = ZIP 2005, 1474; Kindl/Meller-Hannich-*Giers/Haas*, Zwangsvollstreckung, § 727 ZPO Rz. 21; *Bork*, Einführung in das Insolvenzrecht, Rz. 234 m. w. N.

151) Zöller-*Seibel*, ZPO, § 727 Rz. 18; zur KO: OLG München, Beschl. v. 11.10.1999 – 11 W 2206/99, ZIP 2000, 31 = MDR 1999, 1524.

152) Nerlich/Römermann-*Wittkowski/Kruth*, InsO, § 80 Rz. 29.

153) Nerlich/Römermann-*Wittkowski/Kruth*, InsO, § 80 Rz. 32; näher *Kiethe*, NZI 2006, 267 ff.

154) BGH, Beschl. v. 20.11.2018 – II ZB 22/17, ZIP 2019, 127.

155) *Kayser* in: HK-InsO, § 81 Rz. 15 ff., 18 f.; zu Einzelheiten *Köhn*, Veräußerungsgeschäfte des Insolvenzschuldners (§§ 80 Abs. 1, 81 InsO), 2000.

156) *Kayser* in: HK-InsO, § 81 Rz. 5; vgl. aber Begr. RegE InsO, BT-Drucks. 12/2443, S. 135 f.; grundlegend *v. Olshausen*, ZIP 1998, 1093 ff.

157) Nerlich/Römermann-*Kruth*, InsO, § 81 Rz. 3.

158) *Kayser* in: HK-InsO, § 81 Rz. 7 mit Beispielen.

159) BGH, Urt. v. 13.3.2014 – IX ZR 147/11, ZIP 2014, 1037, dazu EWiR 2014, 523 *(Eckardt)*; zum Streitstand *Kayser* in: HK-InsO, § 81 Rz. 8 f.

160) *Kayser* in: HK-InsO, § 81 Rz. 10.

Dem Einredeverlust bei Valutierung einer Grundschuld liegt keine Verfügung zugrunde, sondern es handelt sich um einen sonstigen Rechtserwerb, der nach § 91 Abs. 1 InsO zu beurteilen ist (siehe Rz. 167 ff.).[161] Auch Verpflichtungsgeschäfte sind nicht nach § 81 Abs. 1 Satz 1 InsO unwirksam; aus ihnen erwachsen aber weder Masseverbindlichkeiten (§§ 53 ff. InsO) noch Insolvenzforderungen (§ 38 InsO), sondern sie betreffen allein das insolvenzfreie Vermögen des Schuldners.

Unwirksam ist eine Verfügung, wenn die **Verfügungshandlung nach der Eröffnung** des Insolvenzverfahrens vorgenommen worden ist (siehe Rz. 72). Während der Zeitpunkt der Verfahrenseröffnung mit § 27 Abs. 2 Nr. 3, Abs. 3 InsO aus dem Eröffnungsbeschluss zu entnehmen ist, ist der Zeitpunkt der Verfügung des Schuldners zuweilen nicht gleichermaßen eindeutig zu ermitteln. Deshalb wird nach § 81 Abs. 3 Satz 1 InsO bei Verfügungen am Tag der Verfahrenseröffnung vermutet, dass nach der Eröffnung verfügt wurde. Die Vermutung ist widerlegbar.[162] 74

Hat der Insolvenzverwalter, der sich auf die Unwirksamkeit der Verfügung beruft, die Verfügung am Tag der Verfahrenseröffnung dargelegt und bewiesen, hat der Prozessgegner darzulegen und zu beweisen, dass die Verfügung vor Verfahrenseröffnung erfolgte.[163] 75

Die Unwirksamkeit der Verfügung ist eine **absolute**. Sie tritt kraft Gesetzes ein und ist im Prozess von Amts wegen als Einwendung zu berücksichtigen. Die Unwirksamkeit hängt nicht von einer Gläubigerbenachteiligung ab,[164] sie kann aber deshalb entfallen, weil der Insolvenzverwalter in die Verfügung einwilligt oder sie genehmigt (§§ 184, 185 BGB). Die Genehmigung durch den Insolvenzverwalter führt zur Wirksamkeit der Verfügung ex tunc (§§ 184 Abs. 1, 185 Abs. 2 Satz 1 Fall 1 BGB).[165] Darüber hinaus werden Verfügungen des Schuldners ex nunc nach § 185 Abs. 2 Satz 1 Fall 2 BGB wirksam, wenn die entsprechenden Gegenstände durch den Verwalter aus der Masse freigegeben werden oder wenn das Insolvenzverfahren aufgehoben oder eingestellt wird.[166] Wird der Eröffnungsbeschluss im Beschwerdeverfahren aufgehoben, sind Verfügungen des Schuldners ex tunc wirksam, Rechtshandlungen des Insolvenzverwalters bleiben aber wirksam (§ 34 Abs. 3 Satz 3 InsO). Schließlich kann eine Verfügung kraft öffentlichen Glaubens wirksam sein (dazu sogleich). 76

b) Schutz des öffentlichen Glaubens

Gemäß § 81 Abs. 1 Satz 2 InsO bleiben die für Rechte an Grundstücken und Rechte an einem solchen Recht geltenden **§§ 892, 893 BGB** unberührt. Gleiches gilt bei Schiffen, Schiffsbauwerken und Luftfahrzeugen. Das bezieht sich im Ausgangspunkt auf die Vorschrift des § 892 Abs. 1 Satz 2 BGB: Wegen des öffentlichen Glaubens des Grundbuches ist eine Verfügungsbeschränkung dem Erwerber gegenüber nur wirksam, wenn sie aus dem Grundbuch ersichtlich oder dem Erwerber bekannt ist. Wirksamkeit kraft öffentlichen Glaubens setzt daher voraus, dass weder ein Insolvenzvermerk nach §§ 32, 33 InsO eingetragen ist noch der Dritte positive Kenntnis von der Verfügungsbeschränkung (also der Verfahrenseröffnung und der Massezugehörigkeit des Verfügungsobjekts) hat; grob fahrlässige Unkenntnis hindert die 77

161) BGH, Urt. v. 19.4.2018 – IX ZR 230/15, ZVI 2018, 356 = ZIP 2018, 1082.

162) *Lüke* in: KPB, InsO, § 81 Rz. 13.

163) *Kayser* in: HK-InsO, § 81 Rz. 35; *Vuia* in: MünchKomm-InsO, § 81 Rz. 14; Nerlich/Römermann-*Kruth*, InsO, § 81 Rz. 26 ff.

164) Zum Streitstand *Kayser* in: HK-InsO, § 81 Rz. 32. Das sieht man bereits an § 81 Abs. 1 Satz 3 InsO: Auch in den Fällen, in denen die Masse um eine Gegenleistung bereichert ist, ist die Verfügung unwirksam und die Gegenleistung herauszugeben.

165) *Lüke* in: KPB, InsO, § 81 Rz. 18.

166) *Kayser* in: HK-InsO, § 81 Rz. 28 ff.; *Vuia* in: MünchKomm-InsO, § 81 Rz. 17, 18; Nerlich/Römermann-*Kruth*, InsO, § 81 Rz. 14 f.

Wirksamkeit nicht.[167] Entsprechendes gilt für die Schiffs-, Schiffsbau- und Luftfahrzeugregister.

78 Dabei kommt es auf die Lage im **Zeitpunkt** der Vollendung des Erwerbs an. Ist Teil des Verfügungstatbestandes eine Registereintragung, ist der Zeitpunkt des Eintragungsantrags maßgebend oder der Zeitpunkt einer nach dem Eintragungsantrag zustande gekommene Einigung (§ 892 Abs. 2 BGB).[168]

79 Der von §§ 892, 893 BGB gewährte Schutz setzt voraus, dass Registereintragungen in der **Reihenfolge der Antragstellung** vorgenommen werden. Das hat zur Folge, dass auch dem Ersuchen des Insolvenzgerichts auf Eintragung des Insolvenzvermerks in der Reihenfolge des § 17 GBO nachzukommen ist, auch wenn die Eröffnung des Insolvenzverfahrens dem Grundbuchamt bereits bekannt ist.[169] Der Gläubiger muss nach Stellung des Eintragungsantrags ohne Gefahr seine Gegenleistung erbringen können.[170]

80 Ist eine Verfügung kraft öffentlichen Glaubens gemäß §§ 892, 893 BGB nach Verfahrenseröffnung wirksam, so kann sie gleichwohl als Rechtshandlung nach Verfahrenseröffnung **anfechtbar** sein (§§ 129 ff. i. V. mit § 147 Satz 1 InsO).[171] Andernfalls wäre der Erwerber, der nur ausnahmsweise noch nach Verfahrenseröffnung erwerben konnte, zu Unrecht privilegiert gegenüber demjenigen, der vor Verfahrenseröffnung erworben hat, ohne auf §§ 892, 893 BGB angewiesen gewesen zu sein.

81 Nach §§ 892, 893 BGB genießt lediglich der **rechtsgeschäftliche Erwerb** den Schutz des öffentlichen Glaubens, nicht hingegen der Erwerb im Wege einer Zwangsvollstreckung.[172]

82 Gemäß § 81 Abs. 1 Satz 2 InsO ist ein Erwerb kraft öffentlichen Glaubens nur nach den dort genannten Vorschriften möglich. **§ 878 BGB** ist dort nicht erwähnt, weil diese Norm tatbestandlich voraussetzt, dass die Verfügungshandlung des Schuldners bereits vor Verfahrenseröffnung vorgenommen worden ist, so dass § 81 Abs. 1 Satz 1 InsO nicht eingreift, sondern nur § 91 InsO (siehe Rz. 167 ff., 180). Gutgläubiger Erwerb **beweglicher Sachen oder Forderungen** aus der Insolvenzmasse ist nicht möglich, weil entsprechende Vorschriften entweder gar nicht bestehen oder nicht in § 81 Abs. 1 Satz 2 InsO genannt werden. Gutgläubiger Erwerb von Finanzsicherheiten ist in den engen Grenzen von § 81 Abs. 3 Satz 2 InsO möglich (siehe Rz. 87).

c) Rückgewähr der Gegenleistung

83 Ist eine Verfügung gemäß § 81 Abs. 1 Satz 1 InsO zum Schutz der Insolvenzmasse unwirksam, so bedeutet dies jedoch nicht, dass auch eine für die Verfügung empfangene Gegenleistung in der Masse verbleiben dürfte. Gemäß § 81 Abs. 1 Satz 3 InsO ist vielmehr dem anderen Teil die Gegenleistung aus der Insolvenzmasse zurückzugewähren, soweit die Masse durch sie bereichert ist. Für die Rückgewähr der Gegenleistung gelten die Bereicherungsgrundsätze der §§ 812 ff., 818, 819 BGB.[173] Der Rückgewähranspruch ist nach § 55 Abs. 1 Nr. 3 InsO Masseverbindlichkeit. Besteht die Gegenleistung darin, dass eine gesi-

---

167) *Lüke* in: KPB, InsO, § 81 Rz. 21; *Vuia* in: MünchKomm-InsO, § 81 Rz. 22.

168) *Kayser* in: HK-InsO, § 81 Rz. 42; *Lüke* in: KPB, InsO, § 81 Rz. 22; *Vuia* in: MünchKomm-InsO, § 81 Rz. 22.

169) *Kayser* in: HK-InsO, § 81 Rz. 43.

170) *Vuia* in: MünchKomm-InsO, § 81 Rz. 23.

171) Vgl. *Lüke* in: KPB, InsO, § 81 Rz. 13e – zu Abs. 3 Satz 2.

172) *Kayser* in: HK-InsO, § 81 Rz. 40; Nerlich/Römermann-*Kruth*, InsO, § 81 Rz. 16.

173) *Kayser* in: HK-InsO, § 81 Rz. 47.

cherte Forderung aufgegeben wurde, wird die Forderung als fortbestehend behandelt, weil auch die Massezugehörigkeit des Erfüllungsgegenstands fortdauert.[174)]

d) Verfügungen über besondere Gegenstände

Gemäß § 81 Abs. 2 Satz 1 InsO sind auch Verfügungen des Schuldners nach Verfahrenseröffnung über bestimmte **künftige Forderungen** unwirksam. Es muss sich gegenständlich um Forderungen auf Bezüge aus einem Dienstverhältnis des Schuldners oder an deren Stelle tretende laufende Bezüge handeln, in zeitlicher Hinsicht um Forderungen für die Zeit nach der Beendigung des Insolvenzverfahrens. Die Regelung ist weit zu verstehen und erfasst nicht nur Arbeitseinkommen i. S. von § 850 ZPO.[175)] Sie beruht darauf, dass diese Forderungen, soweit sie pfändbar sind, für die Zeit nach Verfahrensbeendigung für ein Restschuldbefreiungsverfahren (§ 287 Abs. 2 InsO) bzw. für ein Insolvenzplanverfahren zur Verfügung stehen sollen.[176)] Für die Zeit nach Verfahrensbeendigung fallen sie aber nicht als Neuerwerb in die Insolvenzmasse, so dass eine Verfügung nicht schon nach § 81 Abs. 1 Satz 1 InsO unwirksam ist.[177)] 84

Da § 81 Abs. 2 Satz 1 InsO die Restschuldbefreiung ermöglichen will, bleibt die Abtretung an einen Treuhänder zulässig (Satz 2 der Norm).[178)] § 81 Abs. 2 InsO greift aber unabhängig davon ein, ob es zu einem Restschuldbefreiungsverfahren bzw. zu einem Insolvenzplan kommt oder nicht.[179)] 85

Flankiert wird § 81 Abs. 2 InsO von § 89 Abs. 2 InsO, der die Zwangsvollstreckung nach Verfahrenseröffnung in solche Bezüge betrifft (siehe Rz. 155 f.). Bis 30.6.2014 gehörte auch § 114 InsO a. F. in diesen Zusammenhang. 86

Besonderheiten gelten nach § 81 Abs. 3 Satz 2 InsO ferner bei Verfügungen über **Finanzsicherheiten** i. S. von § 1 Abs. 17 KWG. Eine solche Verfügung kann nach § 81 Abs. 3 Satz 2 InsO unter zwei Voraussetzungen auch dann noch wirksam sein, wenn sie nach Verfahrenseröffnung erfolgte. Dazu muss sie 87

- am Tag der Eröffnung erfolgt sein und
- der Prozessgegner nachweisen, dass er die Eröffnung des Verfahrens weder kannte noch kennen musste.

Ausdrücklich unberührt bleibt die Möglichkeit der Insolvenzanfechtung nach §§ 129 ff. i. V. mit § 147 Abs. 1 Satz 1 InsO. § 81 Abs. 3 Satz 2 InsO steht im Zusammenhang mit der Umsetzung der Richtlinie 2002/47/EG vom 6.6.2002 über Finanzsicherheiten[180)].[181)] Für die Frage, ob die Verfügung als eine Verfügung vor oder eine solche nach Verfahrenseröffnung anzusehen ist, gelten keine Besonderheiten,[182)] insbesondere ist die Vermutungsregelung des § 81 Abs. 3 Satz 1 InsO anwendbar. 88

174) *Lüke* in: KPB, InsO, § 81 Rz. 26; *Vuia* in: MünchKomm-InsO, § 81 Rz. 26; Nerlich/Römermann-*Kruth*, InsO, § 81 Rz. 24.

175) *Lüke* in: KPB, InsO, § 81 Rz. 27 f.

176) *Kayser* in: HK-InsO, § 81 Rz. 49; *Lüke* in: KPB, InsO, § 81 Rz. 27 f.

177) Nerlich/Römermann-*Kruth*, InsO, § 81 Rz. 25.

178) Nerlich/Römermann-*Kruth*, InsO, § 81 Rz. 25a.

179) *Kayser* in: HK-InsO, § 81 Rz. 50; *Lüke* in: KPB, InsO, § 81 Rz. 29; Nerlich/Römermann-*Kruth*, InsO, § 81 Rz. 25.

180) Richtlinie 2002/47/EG des Europäischen Parlaments und des Rates v. 6.6.2002 über Finanzsicherheiten, ABl. (EG) L 168/43 v. 27.6.2002.

181) *Kayser* in: HK-InsO, § 81 Rz. 36.

182) *Kayser* in: HK-InsO, § 81 Rz. 38.

4. Leistungen an den Schuldner

89 Auch die Annahme einer Leistung ist im weiteren Sinne eine Verfügung, und zwar eine Verfügung über die zu tilgende Forderung. Gehört eine Forderung zur Insolvenzmasse, ist der Schuldner mit der Eröffnung des Insolvenzverfahrens insoweit nicht (mehr) verfügungsbefugt (empfangszuständig), § 80 Abs. 1 InsO. Durch die Leistung an den Schuldner nach Verfahrenseröffnung wird der Leistende daher grundsätzlich **nicht von der Verbindlichkeit frei**, wenn die Verbindlichkeit zur Insolvenzmasse zu erfüllen ist. Das folgt nach dem soeben Gesagten bereits aus § 81 Abs. 1 Satz 1 InsO, ergibt sich aber auch im Umkehrschluss aus § 82 Satz 1 InsO. Nach dieser Norm wird, wenn nach der Eröffnung des Insolvenzverfahrens zur Erfüllung einer Verbindlichkeit an den Schuldner geleistet worden ist, obwohl die Verbindlichkeit zur Insolvenzmasse zu erfüllen war, der Leistende befreit, wenn er zur Zeit der Leistung die Eröffnung des Verfahrens nicht kannte.

90 Tilgungswirkung hat nur die Leistung an den **Insolvenzverwalter**, weil auf ihn die Verfügungsbefugnis (Empfangszuständigkeit) übergegangen ist. Dass das Geleistete als Neuerwerb ohnehin Teil der Insolvenzmasse ist (§ 35 Abs. 1 InsO), ändert nichts daran, dass Tilgungswirkung nur die Leistung an den empfangszuständigen Insolvenzverwalter hat.[183)]

91 Der Leistende wird deshalb bei einer Leistung an den Insolvenzschuldner nach Verfahrenseröffnung auf eine zur Insolvenzmasse zu erfüllende Verbindlichkeit nach allgemeinen Grundsätzen erst dann von seiner Verbindlichkeit befreit, wenn der Insolvenzschuldner selbst die **Leistung zur Insolvenzmasse** erbringt (§ 362 Abs. 1 i. V. mit § 267 BGB).[184)]

92 Etwas anderes gilt in Anwendung der zu § 81 InsO dargestellten Grundsätze einmal dann, wenn der Insolvenzverwalter die Leistung an den Insolvenzschuldner (oder einen Dritten) **genehmigt** (§ 362 Abs. 2 i. V. mit § 185 BGB; siehe oben Rz. 76).[185)] In diesem Fall wird der Leistende von der Verbindlichkeit frei und der Insolvenzverwalter kann das Erlangte vom Insolvenzschuldner nach § 816 Abs. 2 BGB herausverlangen. Da der Insolvenzverwalter auf diese Weise das Beitreibungsrisiko übernimmt, wird nur in Sonderfällen von einer Genehmigung auszugehen sein. Da das Geleistete ohnehin als Neuerwerb Teil der Insolvenzmasse (§ 35 Abs. 1 InsO) und schon aus diesem Grund vom Insolvenzverwalter in Besitz und Verwaltung zu nehmen ist, kann im bloßen Herausgabeverlangen – anders als nach allgemeinen zivilrechtlichen Grundsätzen bei Verfügung durch einen Dritten ohne Verfügungsbefugnis[186)] – keine konkludente Genehmigung gesehen werden.[187)]

93 Etwas anderes gilt ferner dann, wenn der Insolvenzverwalter die zur Insolvenzmasse zu erfüllende Verbindlichkeit aus der Insolvenzmasse **freigibt**[188)], sowie bei **Aufhebung oder Einstellung** des Insolvenzverfahrens (siehe oben Rz. 76).

94 Etwas anderes gilt ebenso, wenn es sich bei der Leistung an den Schuldner um ein Rechtsgeschäft nach **§ 893 BGB** handelt: In diesem Fall genießt der Leistende Vertrauensschutz nach § 81 Abs. 1 Satz 2 InsO, die Leistung an den Schuldner führt also zur Befreiung von der Verbindlichkeit. Der Insolvenzverwalter kann Herausgabe nach § 816 Abs. 2 BGB verlangen sowie i. R. seiner Verwaltungs- und Verfügungsbefugnis auf den Leistungsgegenstand als Neuerwerb der Insolvenzmasse zugreifen.

---

183) Vgl. *Lüke* in: KPB, InsO, § 82 Rz. 2 ff.
184) *Kayser* in: HK-InsO, § 82 Rz. 11.
185) *Lüke* in: KPB, InsO, § 82 Rz. 5 ff.
186) Grüneberg-*Ellenberger*, BGB, § 185 Rz. 10.
187) Zum Meinungsstand *Lüke* in: KPB, InsO, § 82 Rz. 6.
188) *Kayser* in: HK-InsO, § 82 Rz. 11.

Leistung an den Schuldner befreit den Leistenden ferner im Fall des § 82 Satz 1 InsO. Nach dieser Norm wird, wenn nach der Eröffnung des Insolvenzverfahrens zur Erfüllung einer Verbindlichkeit an den Schuldner geleistet worden ist, obwohl die Verbindlichkeit zur Insolvenzmasse zu erfüllen war, der Leistende befreit, wenn er zur Zeit der Leistung die Eröffnung des Verfahrens **nicht kannte**. Selbst grob fahrlässige Unkenntnis steht der Befreiung von der Verbindlichkeit nicht im Wege.[189] Der Leistende muss sich indessen die positive Kenntnis seiner Organmitglieder und Wissensvertreter zurechnen lassen (§ 166 BGB) und durch organisatorische Maßnahmen sicherstellen, dass die seiner Organisation ordnungsgemäß zugehenden, rechtserheblichen Informationen von den Entscheidungsträgern zur Kenntnis genommen werden können (Wissenszusammenrechnung).[190] Hingegen trifft den Leistenden keine Pflicht zur Informationsgewinnung, etwa durch den regelmäßigen Abgleich von Kundendaten mit Insolvenzbekanntmachungen im Internet.[191] Maßgebender Zeitpunkt für die Unkenntnis des Leistenden ist nicht der Zeitpunkt der Leistungshandlung, sondern einzubeziehen ist die sich an die Leistungshandlung anschließende Zeitspanne, in der der Leistungserfolg noch nicht eingetreten ist und vom Leistenden noch verhindert werden kann.[192] Die **Darlegungs- und Beweislast** für die fehlende Kenntnis des Leistenden trägt der Leistende.[193] Ihm kommt die Vermutung des § 82 Satz 2 InsO zur Hilfe: Hat er vor der öffentlichen Bekanntmachung der Verfahrenseröffnung (§ 9 InsO) geleistet, wird vermutet, dass er keine Kenntnis von der Verfahrenseröffnung hatte. Die Vermutung ist jedoch widerleglich.[194] Hat der Leistende dargelegt und bewiesen, dass er vor der öffentlichen Bekanntmachung der Verfahrenseröffnung geleistet hat, kann der Insolvenzverwalter darlegen und beweisen, dass der Leistende gleichwohl Kenntnis von der Verfahrenseröffnung hatte,[195] etwa weil er vom Insolvenzverwalter selbst in Kenntnis gesetzt worden war. Hatte der Leistende Kenntnis von der Verfahrenseröffnung, kann er sich erst dann wieder auf Unkenntnis berufen, wenn er vom Abschluss dieses Verfahrens zuverlässig Kenntnis erlangt hat.[196] 95

Wurde statt zur Insolvenzmasse an den Insolvenzschuldner selbst geleistet und ist der Leistende dadurch nicht von seiner Verbindlichkeit befreit worden, bleibt die Forderung weiterhin zur Masse zu erfüllen. Der Insolvenzverwalter ist nur ganz ausnahmsweise gehalten, vorrangig den Insolvenzschuldner in Anspruch zu nehmen. Nimmt der Insolvenzverwalter den Leistenden in Anspruch, kann dieser vom Insolvenzschuldner Herausgabe des Erlangten aus **ungerechtfertigter Bereicherung** verlangen. Richtigerweise handelt es sich um eine condictio indebiti (§ 812 Abs. 1 Satz 1 Fall 1 BGB), weil der Leistende an den Insolvenzschuldner geleistet hat, obwohl es dafür, da die Verbindlichkeit zur Insolvenzmasse zu erfüllen gewesen wäre, keinen Rechtsgrund gab.[197] Kenntnis des Leistenden von der Verfah- 96

189) *Kayser* in: HK-InsO, § 82 Rz. 16.

190) BGH, Urt. v. 16.7.2009 – IX ZR 118/08, ZIP 2009, 1726, dazu EWiR 2009, 685 *(Gundlach/Schirrmeister)*; *Vuia* in: MünchKomm-InsO, § 82 Rz. 14.

191) BGH, Urt. v. 15.4.2010 – IX ZR 62/09, ZVI 2010, 263 = ZIP 2010, 935, dazu EWiR 2010, 615 *(Flitsch)*.

192) BGH, Urt. v. 16.7.2009 – IX ZR 118/08, ZIP 2009, 1726.

193) BGH, Urt. v. 15.12.2005 – IX ZR 227/04, ZIP 2006, 138, 140 = ZVI 2006, 111, dazu EWiR 2006, 213 *(Flitsch/Schellenberger)*; *Vuia* in: MünchKomm-InsO, § 82 Rz. 15; Nerlich/Römermann-*Kruth*, InsO, § 82 Rz. 17; *Kayser* in: HK-InsO, § 82 Rz. 17 und Rz. 23.

194) *Vuia* in: MünchKomm-InsO, § 82 Rz. 15.

195) *Kayser* in: HK-InsO, § 82 Rz. 22 f.; BGH, Urt. v. 15.12.2005 – IX ZR 227/04, ZIP 2006, 138, 141 = ZVI 2006, 111; *Vuia* in: MünchKomm-InsO, § 82 Rz. 15.

196) BAG, Urt. v. 29.1.2014 – 6 AZR 642/12, ZVI 2014, 175 = ZIP 2014, 692, dazu EWiR 2014, 457 *(Flitsch)*.

197) *Vuia* in: MünchKomm-InsO, § 82 Rz. 11; a. A. (§ 812 Abs. 1 Satz 2 2. Fall BGB) *Kayser* in: HK-InsO, § 82 Rz. 43; *Kuleisa* in: HambKomm-InsO, § 82 Rz. 31.

renseröffnung soll keine Kenntnis der Nichtschuld i. S. von § 814 BGB begründen.[198] Dem Leistenden haftet der Insolvenzschuldner (nicht: die Masse) mit dem insolvenzfreien Vermögen.[199]

97 Auch bei **Leistungen an Dritte** kann die Eröffnung des Insolvenzverfahrens über das Vermögen des Schuldners dazu führen, dass es an der Empfangszuständigkeit des Leistungsempfängers fehlt. So liegt es etwa, wenn an Vertreter des Schuldners geleistet wird.[200] Ferner hat die Eröffnung des Insolvenzverfahrens zur Folge, dass eine Abtretung nach Verfahrenseröffnung unwirksam ist (§ 81 Abs. 1 Satz 1 InsO)[201] und auch bei Sicherungsabtretung vor Verfahrenseröffnung allein der Insolvenzverwalter empfangszuständig ist (§ 166 Abs. 2 InsO). Wird gleichwohl an den vermeintlichen Zessionar geleistet, gelten hierfür die allgemeinen Schuldnerschutzvorschriften. Dabei folgt aus § 82 InsO, dass eine Leistung an den Sicherungszessionar keine schuldbefreiende Wirkung haben kann, wenn der Leistende sowohl Sicherungscharakter der Abtretung als auch Eröffnung des Insolvenzverfahrens kannte.[202]

98 Besonderheiten gelten im **Zahlungsverkehr**: In der Insolvenz des Überweisungsempfängers ist der für § 82 InsO maßgebende Zeitpunkt der Leistungshandlung des Überweisenden der Abschluss des Überweisungsvertrags mit der Überweisungsbank. Darüber hinaus wird der Leistende von der Verbindlichkeit frei, wenn die Gutschrift auf einem der Verwaltung durch den Insolvenzverwalter unterliegenden Konto des Schuldners erfolgt.[203] In der Insolvenz des Überweisenden wird die Überweisungsbank von ihrer Verbindlichkeit aus einem kreditorischen Konto des Insolvenzschuldners nach § 82 InsO frei, wenn sie einen Überweisungsauftrag nach Eröffnung des Insolvenzverfahrens ausführt ohne die Verfahrenseröffnung zu kennen.[204] Bei Überweisung aus einem debitorischen Konto hängt es von § 116 Satz 1 i. V. mit § 115 Abs. 3 InsO ab, ob die Kreditzusage der Überweisungsbank als fortestehend gilt, so dass die Überweisung als Leistung auf den Kreditauszahlungsanspruch des Insolvenzschuldners nach § 82 InsO wirksam sein kann.[205]

99 Entsprechendes gilt für die Lastschrift; maßgebender Zeitpunkt ist die Einlösung der Lastschrift durch die Zahlstelle.[206]

100 Bei einem Wechsel wird der Bezogene in der Insolvenz des Ausstellers von seiner Verbindlichkeit frei, wenn er in Unkenntnis der Verfahrenseröffnung an den legitimierten Inhaber des Wechsels gezahlt oder den Wechsel akzeptiert hat. Hat er den Wechsel vor Verfahrenseröffnung akzeptiert, wird er befreit auch bei späterer Leistung in Kenntnis von der Verfahrenseröffnung.[207]

101 Bei einem Scheck wird die Bank in der Insolvenz des Scheckausstellers von ihrer Verbindlichkeit aus einem kreditorischen Konto nach § 82 InsO frei, wenn sie den Scheck in Unkenntnis der Verfahrenseröffnung einlöst.[208]

---

198) H. M., *Vuia* in: MünchKomm-InsO, § 82 Rz. 11; *Kayser* in: HK-InsO, § 82 Rz. 43 – zweifelhaft.

199) *Vuia* in: MünchKomm-InsO, § 82 Rz. 11.

200) *Kayser* in: HK-InsO, § 82 Rz. 12.

201) Dazu vgl. OLG Koblenz, Hinweisbeschl. v. 17.10.2017 – 10 U 168/17, ZIP 2018, 1193.

202) *Lüke* in: KPB, InsO, § 82 Rz. 11.

203) *Vuia* in: MünchKomm-InsO, § 82 Rz. 18; zur Fehlüberweisung *Büchel/Günther*, ZInsO 2008, 547 ff.

204) *Bork*, Zahlungsverkehr in der Insolvenz, Rz. 169 ff.

205) *Bork*, Zahlungsverkehr in der Insolvenz, Rz. 178 f.; zum Ganzen *Langenbucher*, Die Risikozuordnung im bargeldlosen Zahlungsverkehr 2001; *Obermüller*, ZInsO 2010, 8 ff.

206) *Vuia* in: MünchKomm-InsO, § 82 Rz. 23 ff.; *Eyber*, ZInsO 2010, 2382 ff.; *Fischer*, ZInsO 2011, 1761 ff.; *Schleich/Götz/Nübel*, DZWIR 2010, 409 ff.

207) *Vuia* in: MünchKomm-InsO, § 82 Rz. 27.

208) *Vuia* in: MünchKomm-InsO, § 82 Rz. 30 m. w. N.

5. Verwaltungs- und Verfügungsbefugnis bei besonderen Rechtsverhältnissen

Die Befugnisse des Insolvenzverwalters entsprechen grundsätzlich denjenigen des Schuldners, als dieser noch zur Verwaltung seines Vermögens und zur Verfügung darüber befugt war. Von diesem Prinzip weicht die InsO allerdings in mehrfacher Hinsicht ab. 102

a) Verfügungsverbote

So haben relative Veräußerungsverbote i. S. von §§ 135, 136 BGB (insbesondere: das Verfügungsverbot im Wege einstweiligen Rechtsschutzes nach §§ 935, 938 Abs. 2 ZPO) mit Eröffnung des Insolvenzverfahrens für die Dauer und i. R. der Insolvenzverwaltung gemäß § 80 Abs. 2 Satz 1 InsO **keine Wirkung.** Dritten gegenüber bleibt das Verfügungsverbot wirksam, nach Freigabe des betroffenen Gegenstands, Aufhebung oder Einstellung des Insolvenzverfahrens auch gegenüber dem Schuldner.[209] 103

Pfändungen und Beschlagnahmen im Wege der Zwangsvollstreckung bleiben wirksam (§ 80 Abs. 2 Satz 2 InsO) und berechtigen zur abgesonderten Befriedigung (§§ 49 f. InsO). Die Unwirksamkeit kann sich aber aus §§ 21 Abs. 2 Nr. 3, 91, 88 InsO ergeben.[210] Zur abgesonderten Befriedigung aus dem Freistellungsanspruch des Versicherungsnehmers in der Haftpflichtversicherung ist der Geschädigte berechtigt (§ 110 VVG), so dass das korrespondierende Verfügungsverbot (§ 108 VVG) in teleologischer Reduktion von § 80 Abs. 2 Satz 1 InsO wirksam bleibt. Gleiches gilt für Verfügungsverbote zur Sicherung von Aussonderungsrechten.[211] 104

b) Erbschaft, fortgesetzte Gütergemeinschaft

Allein dem Schuldner steht das Recht zur **Annahme oder Ausschlagung einer Erbschaft** oder eines Vermächtnisses zu (§ 83 Abs. 1 Satz 1 InsO). Bei der Annahme einer Erbschaft oder eines Vermächtnisses handelt es sich um eine Entscheidung mit höchstpersönlichem Charakter, die dem Schuldner zu überlassen ist.[212] Nimmt der Schuldner die Erbschaft bzw. das Vermächtnis an, fällt es als Neuerwerb in die Insolvenzmasse (§ 35 Abs. 1 InsO) und unterliegt damit der ausschließlichen Verwaltungs- und Verfügungsbefugnis des Insolvenzverwalters (§ 80 Abs. 1 InsO). Dies gilt ebenfalls für alle testamentarischen Auflagen und die Anordnung der Testamentsvollstreckung sowie für die Nachlassverbindlichkeiten.[213] Der Insolvenzverwalter kann Nachlassverwaltung und Nachlassinsolvenz beantragen (§§ 1975 ff. BGB, §§ 315 ff. InsO), nicht hingegen die Annahme oder Ausschlagung durch den Insolvenzschuldner anfechten.[214] 105

Auf **Pflichtteilsansprüche** findet § 83 Abs. 1 Satz 1 InsO keine Anwendung. Ob diese als Teil der Insolvenzmasse der Verwaltungs- und Verfügungsbefugnis des Insolvenzverwalters unterliegen, bestimmt sich nach §§ 35, 36 Abs. 1 Satz 1 InsO i. V. mit § 852 Abs. 1 ZPO (siehe oben Rz. 25).[215] 106

Gemäß § 83 Abs. 1 Satz 2 InsO gelten diese Grundsätze auch für die **Fortsetzung der Gütergemeinschaft**, die der Insolvenzschuldner als der überlebende Ehegatte nach § 1484 107

---

209) *Kuleisa* in: HambKomm-InsO, § 80 Rz. 87; *Vuia* in: MünchKomm-InsO, § 80 Rz. 157.
210) *Kayser* in: HK-InsO, § 80 Rz. 72 f.
211) *Lüke* in: KPB, InsO, § 80 Rz. 110.
212) *Lüke* in: KPB, InsO, § 83 Rz. 2; *Schumann* in: MünchKomm-InsO, § 83 Rz. 4; Nerlich/Römermann-*Kruth*, InsO, § 83 Rz. 2.
213) *Kuleisa* in: HambKomm-InsO, § 83 Rz. 4 f.; *Lüke* in: KPB, InsO, § 83 Rz. 5 ff.; *Schumann* in: MünchKomm-InsO, § 83 Rz. 6 ff.; Nerlich/Römermann-*Kruth*, InsO, § 83 Rz. 4 ff.
214) *Lüke* in: KPB, InsO, § 83 Rz. 6, 11, 10; zum Ganzen *Bartels*, KTS 2003, 41 ff.
215) *Kuleisa* in: HambKomm-InsO, § 83 Rz. 8; *Lüke* in: KPB, InsO, § 83 Rz. 19; *Schumann* in: MünchKomm-InsO, § 83 Rz. 16 f.

Abs. 1 BGB (bzw. als überlebender Lebenspartner i. V. mit § 7 Satz 2 LPartG) ablehnen kann. Bei Ablehnung der Fortsetzung gehört nur sein eigener Anteil zur Insolvenzmasse (§§ 1484 Abs. 3, 1482 BGB). Für die Auseinandersetzung der Gütergemeinschaft gilt dann § 84 InsO.[216)] Bei Fortsetzung der Gütergemeinschaft ist das Gesamtgut Teil der Insolvenzmasse (§ 37 Abs. 1 Satz 1 und 2, Abs. 3 InsO; siehe Rz. 13).

108 Gemäß § 83 Abs. 2 InsO darf der Insolvenzverwalter dann, wenn der Schuldner **Vorerbe** ist, über Gegenstände, die der Nacherbschaft unterliegen, nur in den Grenzen des § 2115 BGB verfügen. Im Übrigen kann er nur Nutzungen ziehen.[217)]

c) Auseinandersetzung einer Gesellschaft oder Gemeinschaft

109 Bestandteil der Insolvenzmasse kann ein dem Insolvenzschuldner zustehender **Anteil an einer Gemeinschaft oder einer Personengesellschaft** sein. § 84 Abs. 1 InsO stellt klar, dass sich das Insolvenzverfahren ohne Besonderheiten nur auf diesen Anteil bezieht. Für die Teilung oder sonstige Auseinandersetzung gelten die jeweils anwendbaren allgemeinen Vorschriften. Da es dabei stets zur Saldierung der jeweiligen Ansprüche kommt, hat das in § 84 Abs. 1 Satz 2 InsO vorgesehene Absonderungsrecht keine eigenständige Bedeutung.[218)]

110 Der Insolvenzverwalter macht die gesetzlichen **Auseinandersetzungsrechte** des Schuldners geltend und ist dabei wie der Schuldner an die gesetzlichen Teilungsbeschränkungen gebunden. Gesellschaftsvertragliche Auseinandersetzungsbeschränkungen sind grundsätzlich auch in der Insolvenz des Gesellschafters wirksam, können aber gesellschaftsrechtlich zu beanstanden sein. Auseinandersetzungsausschlüsse und -beschränkungen bei Gemeinschaften binden den Insolvenzverwalter nach § 84 Abs. 2 InsO nicht.

III. Auswirkungen auf schwebende Prozesse und Zwangsvollstreckungen

111 Der Übergang der Verwaltungs- und Verfügungsbefugnis auf den Insolvenzverwalter (§ 80 Abs. 1 InsO) hat den **Verlust der Prozessführungsbefugnis** des Schuldners über zur Insolvenzmasse gehörendes Vermögen zur Folge (siehe Rz. 59). Klagen für oder gegen den Schuldner sind daher unzulässig. Insolvenzgläubigern fehlt zudem mit der Verfahrenseröffnung das Rechtsschutzbedürfnis, weil sie gemäß § 87 InsO ihre Forderungen nur innerhalb des Insolvenzverfahrens (also nach §§ 174 ff. InsO; siehe unten Kap. 11 [*Riedel*]) verfolgen können.[219)] Das hat prozessuale und zwangsvollstreckungsrechtliche Auswirkungen:

- **Schwebende rechtshängige Prozesse** werden unterbrochen (§ 240 ZPO) und können nach den Regeln der InsO aufgenommen werden (§§ 85, 86, 180 Abs. 2 InsO) oder bleiben unterbrochen für die Dauer des Insolvenzverfahrens (siehe Rz. 112 ff.);
- im Wege der **Zwangsvollstreckung** von Insolvenzgläubigern innerhalb eines bestimmten Zeitraums erlangte Sicherungen an zur Insolvenzmasse gehörenden Gegenständen werden unwirksam (§ 88 InsO; siehe Rz. 138 ff.);
- **künftige** Zwangsvollstreckungen sind für Insolvenzgläubiger immer unzulässig (§ 89 Abs. 1 InsO), für Massegläubiger innerhalb von sechs Monaten seit der Eröffnung des Insolvenzverfahrens (§ 90 InsO); Zwangsvollstreckungen in bestimmte künftige Forderungen sind immer unzulässig (§ 89 Abs. 2 InsO; siehe Rz. 146 ff.).

---

216) *Lüke* in: KPB, InsO, § 83 Rz. 24 und § 84 Rz. 6.

217) *Lüke* in: KPB, InsO, § 83 Rz. 26.

218) *Kayser* in: HK-InsO, § 84 Rz. 4, 21; zu Einzelheiten *Berthold*, Unternehmensverträge in der Insolvenz, 2004; *Gundlach/Frenzel/N. Schmidt*, ZIP 2006, 501 ff.

219) BGH, Beschl. v. 11.12.2008 – IX ZB 232/08, ZIP 2009, 240, 241 = ZVI 2009, 116, dazu EWiR 2009, 727 *(Naraschewski)*.

1. Unterbrechung und Aufnahme rechtshängiger Prozesse

a) Unterbrechung

Gemäß **§ 240 Satz 1 ZPO** wird im Fall der Eröffnung des Insolvenzverfahrens über das Vermögen einer Partei ein Verfahren, das die Insolvenzmasse betrifft, unterbrochen. Durch die Unterbrechung des Prozesses erlangt der Insolvenzverwalter die Möglichkeit, sich einen Überblick über die Erfolgsaussichten zu verschaffen und zu beurteilen, ob eine Fortführung des Rechtsstreits im Interesse der Insolvenzmasse liegt.[220] 112

Von § 240 ZPO erfasst werden grundsätzlich **alle Klageverfahren der ZPO.**[221] Die Anwendung auf das selbstständige Beweisverfahren ist umstritten. Keine Anwendung findet § 240 ZPO auf Streitwertfestsetzungsverfahren, Zuständigkeitsbestimmungsverfahren nach § 36 Nr. 3 ZPO sowie auf Zwangsvollstreckungsverfahren.[222] 113

Unterbrechung setzt **Rechtshängigkeit** (§§ 253, 261 Abs. 1 und 2 ZPO) voraus.[223] Ist der Rechtsstreit im Zeitpunkt der Verfahrenseröffnung noch nicht oder nicht mehr rechtshängig (sondern insbesondere bereits formell rechtskräftig entschieden)[224], kommt keine Unterbrechung in Betracht. 114

Ein Rechtsstreit „betrifft" die **Insolvenzmasse,** wenn der streitbefangene Gegenstand als Teil der Ist- oder Soll-Masse in die Verwaltungs- und Verfügungsbefugnis des Insolvenzverwalters fällt, insbesondere, wenn er nicht von ihm wirksam freigegeben worden ist.[225] Der Gegenstand muss rechtlich zur Masse gehören können. Nicht betroffen ist die Insolvenzmasse durch einen Rechtsstreit nicht vermögensrechtlicher Art sowie um Ansprüche aus dem oder gegen das insolvenzfreie Vermögen des Schuldners.[226] Auch die Geltendmachung von Einzelschäden der Gläubiger gegen Dritte betrifft die Masse nicht.[227] 115

Betrifft ein Rechtsstreit **nicht die Insolvenzmasse,** bleibt der Schuldner prozessführungsbefugt und die Klage zulässig. Entsprechend wird ein Rechtsstreit nicht unterbrochen, sondern ohne Rücksicht auf das Insolvenzverfahren fortgesetzt.[228] Das gilt auch dann, wenn der Prozess nicht das eigene Vermögen des Schuldners, sondern nur von ihm (etwa als Partei kraft Amtes) verwaltetes Vermögen betrifft.[229] Ein teilweise massebezogener Rechtsstreit wird (zunächst) vollständig unterbrochen.[230] 116

---

220) *Kuleisa* in: HambKomm-InsO, vor § 85 Rz. 1; *Lüke* in: KPB, InsO, § 85 Rz. 2; Nerlich/Römermann-*Kruth*, InsO, § 85 Rz. 2; vgl. *Damerius*, Das Schicksal schwebender Verfahren des Schuldners, 2006; *Gundlach/Frenzel/N. Schmidt*, NJW 2004, 3222 ff.; *Rückert*, Die Einwirkung des Insolvenzverfahrens auf schwebende Prozesse des Insolvenzschuldners, 2007; *K. Schmidt* in: FS Kreft, S. 503 ff.; *Weber*, Prozessunterbrechung und materielles Recht in der Insolvenz, 2009.

221) Auch Beschlussmängelrechtsstreit, BGH, Urt. v. 24.10.2017 – II ZR 16/16, ZIP 2017, 2379, dazu EWiR 2018, 95 *(Keil)*; auch Markenlöschungsverfahren, BGH, Beschl. v. 31.1.2019 – I ZB 114/17, ZIP 2019, 773; auch Verwaltungsrechtsstreit, VG Berlin, Beschl. v. 29.6.2023 – 4 K 3/23, ZRI 2023, 727.

222) Nerlich/Römermann-*Kruth*, InsO, § 85 Rz. 3 ff.; *Meyer*, NZI 2005, 9 ff.

223) BGH, Beschl. v. 11.12.2008 – IX ZB 232/08, ZIP 2009, 240, 241 f. = ZVI 2009, 116; Thomas/Putzo-*Hüßtege*, ZPO, § 240 Rz. 3; *Kayser* in: HK-InsO, § 85 Rz. 10.

224) *Kayser* in: HK-InsO, § 85 Rz. 10.

225) BGH, Beschl. v. 18.11.2014 – EnVR 59/13, Rz. 9, ZIP 2015, 851; *Kayser* in: HK-InsO, § 85 Rz. 21 f., 25; Thomas/Putzo-*Hüßtege*, ZPO, § 240 Rz. 4 f.

226) Thomas/Putzo-*Hüßtege*, ZPO, § 240 Rz. 6. Vgl. auch BVerwG, Urt. v. 15.4.2015 – 8 C 6.14, ZInsO 2015, 1625.

227) BGH, Urt. v. 17.12.2020 – IX ZR 21/19, Rz. 18 ff., ZRI 2021, 81 = NZI 2021, 173.

228) *Kayser* in: HK-InsO, § 86 Rz. 5.

229) Vgl. *Kuleisa* in: HambKomm-InsO, Vor § 85 Rz. 7.

230) BGH, Beschl. v. 10.12.2014 – XII ZR 136/12, ZVI 2015, 176 = ZIP 2015, 399, dazu EWiR 2015, 331 *(Hirtz)*.

117 Ist der Schuldner am Prozess als einer von mehreren **Streitgenossen** beteiligt, wird im Fall einfacher Streitgenossenschaft (§ 61 ZPO) der Prozess mit den übrigen Streitgenossen fortgesetzt, der Prozess mit dem Schuldner nach § 240 Satz 1 ZPO unterbrochen. Im Fall notwendiger Streitgenossenschaft (§ 62 ZPO; entsprechend zu behandeln ist die streitgenössische Nebenintervention nach § 69 ZPO)[231] wird teilweise eine Unterbrechung aller Prozesse angenommen.[232]

118 Die Unterbrechung nach § 240 Satz 1 ZPO **beginnt** mit dem Zeitpunkt der Eröffnung des Insolvenzverfahrens (§ 27 Abs. 2 und 3 InsO).[233] Sie **endet** mit der Aufnahme des Rechtsstreits (siehe dazu Rz. 122 ff.) sowie der Aufhebung oder Einstellung des Insolvenzverfahrens. Auch wenn der Massebezug während des Insolvenzverfahrens entfällt, endet die Unterbrechung nicht von selbst.[234]

119 Die Unterbrechung **bewirkt**, dass der Lauf jeder prozessualen Frist aufhört und nach Beendigung der Unterbrechung die Frist von neuem zu laufen beginnt (§ 249 Abs. 1 ZPO).[235] Eine Datumsfrist ist nach Ende der Unterbrechung neu zu setzen.[236] Prozesshandlungen einer Partei in Bezug auf die Hauptsache sind während der Unterbrechung gegenüber der anderen Partei, also relativ, unwirksam (§ 249 Abs. 2 ZPO).[237] Prozesshandlungen des Gerichts, die nach außen wirken, sind während der Unterbrechung grundsätzlich unzulässig und beiden Parteien gegenüber unwirksam. Das ergibt sich im Umkehrschluss aus § 249 Abs. 3 ZPO, wonach eine Unterbrechung nach Schluss einer mündlichen Verhandlung die Verkündung der aufgrund dieser Verhandlung zu erlassenden Entscheidung nicht hindert.[238]

120 Über die Frage, ob ein Rechtsstreit unterbrochen ist, kann durch **Zwischenurteil** gemäß § 303 ZPO entschieden werden, das wie ein Endurteil anfechtbar ist.[239] Verneint das Gericht eine Unterbrechung zu Unrecht und erlässt es ein Endurteil, kann das Endurteil wegen Verstoßes gegen § 240 ZPO angefochten werden.[240] Wird Unterbrechung zu Unrecht angenommen, können die entsprechenden Entscheidungen (Terminsaufhebung etc.) entsprechend § 252 ZPO angefochten werden.[241] Im Nichtzulassungsbeschwerdeverfahren ist entsprechend § 303 ZPO durch Beschluss zu entscheiden.[242]

121 Wenn die Unterbrechung endet, ob durch Aufnahme oder wegen Aufhebung oder Einstellung des Insolvenzverfahrens, wird der Rechtsstreit in der Lage **fortgesetzt**, in der er sich bei Beginn der Unterbrechung befand.[243]

---

231) *Kayser* in: HK-InsO, § 85 Rz. 20.

232) *Kayser* in: HK-InsO, § 85 Rz. 18 f. m. w. N. zum Streitstand.

233) Zu § 270a InsO LG Freiburg, Urt. v. 9.5.2014 – 12 O 62/13, ZIP 2014, 1351.

234) BGH, Urt. v. 11.2.2010 – VII ZR 225/07, ZIP 2010, 646, 647 f.

235) Daher bedarf es keiner besonderen Fristsetzung für die Berufungsbegründung, BGH, Beschl. v. 30.4.2020 – IX ZB 52/19, ZInsO 2020, 1242.

236) Thomas/Putzo-*Hüßtege*, ZPO, § 249 Rz. 4.

237) BGH, Beschl. v. 19.1.2017 – VII ZR 112/14, Rz. 29, ZIP 2017, 493, dazu EWiR 2017, 447 *(Just/Petzold)*.

238) BGH, Beschl. v. 29.3.1990 – III ZB 39/89, ZIP 1990, 1630, 1631.

239) BGH, Beschl. v. 21.10.2004 – IX ZB 205/03, NJW 2005, 290, 291 = ZVI 2004, 746.

240) Dazu Thomas/Putzo-*Hüßtege*, ZPO, § 240 Rz. 13. Vgl. auch BFH, Beschl. v. 10.10.2018 – X R 18/16, ZIP 2019, 527.

241) Zöller-*Greger*, ZPO, § 252 Rz. 1.

242) BGH, Beschl. v. 31.1.2023 – II ZR 169/22, ZRI 2023, 290.

243) Vgl. *Kayser* in: HK-InsO, § 85 Rz. 57; *Markgraf/Hertelt*, ZIP 2018, 1480 ff.; Zöller-*Greger*, ZPO, § 240 Rz. 10, 20.

b) Aufnahme von Prozessen

aa) Überblick

Die Aufnahme von Prozessen setzt ihre Unterbrechung nach § 240 Satz 1 ZPO voraus. Aufgenommen werden können daher – entgegen dem weiten Wortlaut der einschlägigen Normen – nur Prozesse, die bei Eröffnung des Insolvenzverfahrens bereits **rechtshängig** sind.[244] Die Voraussetzungen der Aufnahme bestimmen sich nach §§ 85 und 86 InsO sowie § 180 Abs. 2 InsO. Dabei ist zu unterscheiden, ob es sich um Aktiv- oder Passivprozesse handelt. 122

Aktivprozess i. S. von § 85 InsO ist ein Rechtsstreit, in dem über eine Pflicht zu einer Leistung gestritten wird, die in die Masse zu gelangen hat.[245] Er kann vom Insolvenzverwalter als Teilungsmassestreit aufgenommen werden; lehnt der Insolvenzverwalter die Aufnahme ab, können Schuldner oder Gegner den Prozess aufnehmen (§ 85 InsO; siehe Rz. 127 ff.). 123

Passivprozess im insolvenzrechtlichen Sinn ist ein Rechtsstreit, in dem ein Recht zulasten der Insolvenzmasse beansprucht wird.[246] Dabei gibt es zwei Möglichkeiten (siehe Rz. 134 ff.): 124

- Wird dieses Recht vorweg aus der Insolvenzmasse in Anspruch genommen (**Teilungsmassegegenstreit**), bleibt der Prozess grundsätzlich – von den Ausnahmen des § 86 Abs. 1 InsO abgesehen – unterbrochen, wenn der Insolvenzverwalter die Aufnahme des Rechtsstreits ablehnt.[247] Die Ausnahmen des § 86 Abs. 1 InsO betreffen die Geltendmachung von Aus-/Absonderungsrechten oder Masseverbindlichkeiten, in denen der Prozess nicht nur vom Insolvenzverwalter, sondern auch vom Gegner aufgenommen werden kann.
- Wird dieses Recht als Insolvenzforderung in Anspruch genommen (**Schuldenmassestreit**), kann der Rechtsstreit wegen § 87 InsO nur i. R. des Feststellungsverfahrens gemäß §§ 174 ff. InsO aufgenommen werden (§ 180 Abs. 2 InsO).

Ob ein Aktiv- oder ein Passivprozess vorliegt, entscheidet sich nicht nach den Parteirollen, sondern nach dem **Rechtsschutzziel** in Bezug auf den Streitgegenstand: Die negative Feststellungsklage eines Vertragspartners, der zur Insolvenzmasse zu erfüllende Ansprüche des Insolvenzschuldners leugnet, ist mithin ebenso als Teilungsmassestreit nach § 85 InsO aufzunehmen wie die Widerklage des Schuldners auf Zahlung, obwohl der Schuldner im Prozess über die Klage der Beklagte ist.[248] 125

Liegen die jeweiligen Voraussetzungen vor, erfolgt die Aufnahme durch **Zustellung** eines bei Gericht einzureichenden Schriftsatzes (§ 250 ZPO). Bei der Zustellung an den Schuldner ist zu beachten, dass eine schuldnerische Prozessvollmacht mit Eröffnung des Insolvenzverfahrens erloschen ist (§ 117 InsO). Grundsätzlich kann der unterbrochene Rechtsstreit nur insgesamt aufgenommen werden; eine teilweise Aufnahme ist nur dann möglich, wenn die Gefahr einander widersprechender Entscheidungen in Bezug auf den aufgenommenen und den unterbrochen bleibenden Teil des Rechtsstreits ausgeschlossen ist.[249] 126

244) *Lüke* in: KPB, InsO, § 85 Rz. 29.

245) BGH, Beschl. v. 14.4.2005 – IX ZR 221/04, ZIP 2005, 952, 953.

246) *Lüke* in: KPB, InsO, § 85 Rz. 69 f.

247) BGH, Urt. v. 7.12.2006 – IX ZR 161/04, ZIP 2007, 194, 196 = ZVI 2007, 189.

248) BGH, Beschl. v. 10.5.2016 – XI ZR 46/14, Rz. 10, ZIP 2016, 1655, 1656; *Kayser* in: HK-InsO, § 85 Rz. 48 f.

249) BGH, Beschl. v. 27.3.2013 – III ZR 367/12, ZIP 2013, 1094, dazu EWiR 2013, 457 *(Hirtz)*.

bb) Aufnahme von Aktivprozessen

127 Nach § 240 Satz 1 ZPO unterbrochene Prozesse können vom Insolvenzverwalter aufgenommen werden, wenn es sich um Rechtsstreitigkeiten über das zur Insolvenzmasse gehörende Vermögen (Aktivprozesse) handelt (§ 85 Abs. 1 Satz 1 InsO).

128 Die Entscheidung über die Aufnahme steht im **pflichtgemäßen Ermessen** des Insolvenzverwalters, der Gewinnchancen und Prozesskostenrisiko gegeneinander abzuwägen hat. Das Interesse des Prozessgegners ist nicht zu berücksichtigen. Ist der Streitwert erheblich, so ist zur Aufnahme die Zustimmung des Gläubigerausschusses oder der Gläubigerversammlung erforderlich (§ 160 Abs. 2 Nr. 3 InsO). Allein daraus, dass sich die Gewinnchancen nicht sicher höher einschätzen lassen als das Kostenrisiko, folgt keine pflichtwidrige Massekürzung, wenn sich der Insolvenzverwalter gleichwohl zur Aufnahme entschließt.[250)]

129 Nimmt der Insolvenzverwalter den Rechtsstreit auf, führt er ihn als **Partei kraft Amtes** in gesetzlicher Prozessstandschaft weiter. Er ist in den Grenzen einer eventuellen Insolvenzanfechtung (§§ 129 ff. InsO) an die Prozessführung des Schuldners gebunden. Ein rechtskräftiges Urteil wirkt auch gegenüber dem Schuldner (siehe Rz. 69).

130 Nimmt der Insolvenzverwalter den Rechtsstreit auf, kann er gleichwohl die Geltendmachung des Rechts dem Schuldner überlassen, der das Recht in gewillkürter Prozessstandschaft für die Insolvenzmasse geltend macht (sog. **modifizierte Freigabe**).[251)]

131 **Verzögert** der Insolvenzverwalter die Aufnahme, ist § 239 Abs. 2 bis 4 ZPO anwendbar (§ 85 Abs. 1 Satz 2 InsO). Eine Verzögerung liegt vor, wenn seit der Eröffnung des Insolvenzverfahrens eine angemessene Zeit verstrichen ist, in der der Insolvenzverwalter über die Aufnahme des Rechtsstreits eine Entscheidung hätte treffen können.[252)] Ist der Streitwert erheblich, liegt dann keine Verzögerung der Entscheidung vor, wenn der Insolvenzverwalter sie von der Zustimmung des Gläubigerausschusses oder der Gläubigerversammlung abhängig macht. Der Insolvenzverwalter ist auf Antrag des Prozessgegners zur Aufnahme und zur Verhandlung der Hauptsache zu laden (§ 239 Abs. 2 und 3 ZPO); Säumnis führt zu einer Geständnisfiktion in Bezug auf die Prozessführungsbefugnis des Insolvenzverwalters (§ 239 Abs. 4 ZPO).

132 **Lehnt der Insolvenzverwalter die Aufnahme ab**, bleibt das Verfahren unterbrochen bis zur Aufnahme durch den Gegner oder den Schuldner nach § 85 Abs. 2 InsO (dazu sogleich)[253)] oder bis zur Aufhebung oder Einstellung des Insolvenzverfahrens.

133 Lehnt der Insolvenzverwalter die Aufnahme des Rechtsstreits ab – durch formfreie Erklärung gegenüber Schuldner oder Gegner –, liegt darin zugleich die Freigabe des streitbefangenen Gegenstands der Insolvenzmasse. Umgekehrt bedeutet die **Freigabe** des streitbefangenen Gegenstands, dass der Insolvenzverwalter die Aufnahme des Rechtsstreits nach § 85 Abs. 1 Satz 1 InsO ablehnt. Die Prozessführungsbefugnis geht auf den Schuldner über. Daher kann nach § 85 Abs. 2 InsO sowohl der Schuldner wie der Prozessgegner den Rechtsstreit aufnehmen. Obsiegt der Schuldner im Folgenden, bleibt das Erlangte (wie bei jeder Freigabe) insolvenzfrei.[254)] Weist ein Urteil den Insolvenzverwalter gleichwohl noch als Partei aus, ist das Rubrum zu berichtigen.[255)]

---

250) *Lüke* in: KPB, InsO, § 85 Rz. 73 f.; zum Anwaltsvertrag s. *Paulus*, NJW 2010, 1633 ff.

251) *Lüke* in: KPB, InsO, § 85 Rz. 78; ablehnend: *Schumacher* in: MünchKomm-InsO, § 85 Rz. 18.

252) *Kayser* in: HK-InsO, § 85 Rz. 69.

253) *Kayser* in: HK-InsO, § 85 Rz. 65.

254) BGH, Urt. v. 21.4.2005 – IX ZR 281/03, ZIP 2005, 1034, 1035 = ZVI 2005, 492, dazu EWiR 2005, 603 *(Flitsch)*; *Schumacher* in: MünchKomm-InsO, § 85 Rz. 23; ferner *Müller*, Die echte Freigabe durch den Insolvenzverwalter im Spannungsfeld von gesetzlicher Prozessstandschaft und Parteiwechsel, 2007.

255) BFH, Beschl. v. 20.2.2018 – XI B 110/17, ZVI 2018, 279 = ZIP 2018, 1147.

cc) Aufnahme von Passivprozessen

134 In welchem Umfang die Aufnahme von Passivprozessen möglich ist, ergibt sich zunächst aus § 86 Abs. 1 InsO. Diese Norm betrifft Passivprozesse über Aus- und Absonderungsrechte (**Teilungsmassegegenstreit**) sowie Masseverbindlichkeiten (**Masseschuldenstreit**). Diese Rechtsstreitigkeiten können sowohl vom Insolvenzverwalter als auch vom Gegner aufgenommen werden. Der Insolvenzverwalter hat mitunter ein Interesse an einer Klärung der Rechtslage, weil er sein eigenes Vorgehen darauf einstellen muss. Der Prozessgegner, der ein Aus- oder Absonderungsrecht oder eine Masseverbindlichkeit geltend macht, ist ohnehin nicht durch § 87 InsO auf das Feststellungsverfahren verwiesen, sondern könnte auch nach Eröffnung des Insolvenzverfahrens jederzeit einen neuen Prozess gegen den Insolvenzverwalter anstrengen, um sein Recht zu verfolgen (vgl. §§ 47, 49, 53, 170 Abs. 1 Satz 2 InsO). Dann muss er auch einen bereits begonnenen Prozess aufnehmen können.[256)]

135 Grundsätzlich ist der Prozessgegner, dem **Prozesskosten** des Teilungsmassegegenstreits zu erstatten sind, Massegläubiger nach § 55 Abs. 1 Nr. 1 InsO. Hiervon macht § 86 Abs. 2 InsO eine Ausnahme, wenn der Insolvenzverwalter den Anspruch sofort anerkannt hat. In diesem Fall ist der Prozessgegner einfacher Insolvenzgläubiger. Erfolgte das Anerkenntnis zu einer Zeit, in der der Schuldner noch mit der Kostenfolge des § 93 ZPO hätte anerkennen können, setzt sich diese Regelung zum Vorteil der Masse durch. § 86 Abs. 2 InsO ändert in diesen Fällen nichts daran, dass nach § 93 ZPO dem Prozessgegner die Prozesskosten aufzuerlegen sind.[257)]

136 Von § 86 Abs. 1 InsO abgesehen ist die Aufnahme von Passivprozessen sodann im **Feststellungsverfahren** nach §§ 174 ff. InsO möglich (siehe Kap. 11 [*Riedel*]): Gemäß § 180 Abs. 2 InsO ist der Feststellungsprozess bei Anmeldung, Prüfung und Bestreiten der Forderung[258)] durch Aufnahme des anhängigen Rechtsstreits (Schuldenmassestreit) zu führen.

137 Im Fall des Teilungsmassegegenstreits um **Aus- oder Absonderungsrechte** (§ 86 Abs. 1 Nr. 1 und 2 InsO) kann der Insolvenzverwalter den streitbefangenen Gegenstand freigeben (unechte Freigabe, siehe Rz. 36), so dass die Verfügungsbefugnis auf den Schuldner übergeht und er prozessführungsbefugt ist. Ist der Prozess noch nicht aufgenommen, können sowohl Schuldner als auch Prozessgegner den Rechtsstreit aufnehmen. Ist der Rechtsstreit bereits aufgenommen, ist die Rechtsfolge einer Freigabe umstritten.[259)] Im Fall des Masseschuldenstreits (§ 86 Abs. 1 Nr. 3 InsO) kommt eine Freigabe ebenso wenig in Frage wie beim Passivstreit um eine Insolvenzforderung (Schuldenmassestreit, vgl. § 180 Abs. 2 InsO).[260)]

2. Rückschlagsperre

138 Gemäß § 88 Abs. 1 InsO wird eine **zwangsvollstreckungsrechtliche Sicherung** an einem Gegenstand der Insolvenzmasse mit der Eröffnung des Insolvenzverfahrens unwirksam, wenn ein Insolvenzgläubiger sie im letzten Monat vor dem Eröffnungsantrag oder später erlangt hat. Gemäß § 88 Abs. 2 InsO erweitert sich der Zeitraum auf drei Monate vor dem Eröffnungsantrag, wenn ein Verbraucherinsolvenzverfahren nach § 304 InsO eröffnet wird. Diese sog. Rückschlagsperre verhindert einen Sonderzugriff eines Insolvenzgläubigers im

256) *Kayser* in: HK-InsO, § 86 Rz. 1.

257) BGH, Beschl. v. 28.9.2006 – IX ZB 312/04, ZIP 2006, 2132, 2133 = ZVI 2007, 75, dazu EWiR 2007, 85 (*Hofmann*).

258) BGH, Urt. v. 3.7.2014 – IX ZR 261/12, ZVI 2014, 411 = ZIP 2014, 1503.

259) Zum Streitstand *Kayser* in: HK-InsO, § 86 Rz. 23.

260) *Kayser* in: HK-InsO, § 86 Rz. 22 a. E.; zum Schuldenmassestreit BGH, Beschl. v. 27.10.2003 – II ZA 9/02, ZIP 2003, 2271.

Endstadium des „kritischen“ Zeitraums und steht damit in engem Zusammenhang zu den Vorschriften der Insolvenzanfechtung (§§ 129 ff. InsO).[261]

139 **Unwirksam** wird nur eine im Wege der Zwangsvollstreckung erlangte Sicherung, nicht aber eine Deckung (Befriedigung), ob im Wege der Zwangsvollstreckung, zur Abwendung der Zwangsvollstreckung oder freiwillig. Für die Abgrenzung zwischen Sicherung und Befriedigung ist der Inhalt des Vollstreckungstitels maßgebend.[262] Ebenfalls nicht von § 88 InsO erfasst ist eine rechtsgeschäftliche Sicherung, die dem Gläubiger privatautonom gestellt wird.

140 Unwirksam wird aber nicht jede im Wege der Zwangsvollstreckung erlangte Sicherung, sondern nur eine Sicherung zugunsten eines **Insolvenzgläubigers** (§§ 38, 39 InsO). Soweit aus- oder absonderungsberechtigte Gläubiger ihr Aus- oder Absonderungsrecht im Vollstreckungswege durchsetzen, werden ihre Sicherungen daher nicht von § 88 InsO berührt.[263] Soweit sie über ihr Aus- oder Absonderungsrecht hinaus gegen den Insolvenzschuldner die Zwangsvollstreckung betreiben (vgl. § 52 Satz 1 InsO), bleibt § 88 InsO anwendbar.[264]

141 Schließlich ist Voraussetzung für § 88 InsO, dass die Sicherung zugunsten des Insolvenzgläubigers im Wege der Zwangsvollstreckung an einem Gegenstand erlangt wurde, der zur **Insolvenzmasse** (§ 35 Abs. 1 InsO) gehört. Ist ein Gegenstand unpfändbar, gehört er gemäß § 36 Abs. 1 Satz 1 InsO nicht zur Insolvenzmasse. Die (möglicherweise unter Verletzung von Pfändungsschutzvorschriften erlangte) Sicherung unterfällt dann nicht § 88 InsO, sondern bleibt nach Maßgabe des Zwangsvollstreckungsrechts wirksam. Nach § 88 InsO kann eine Sicherung an Miet- oder Pachtforderungen auch dann unwirksam sein, wenn sie am Maßstab des § 110 Abs. 1 und 2 InsO wirksam sein sollte.[265] Gleiches galt bis 30.6.2014 nach § 114 Abs. 3 Satz 3 InsO a. F. für Dienstbezüge des Schuldners.

142 Da Befriedigung und rechtsgeschäftliche Sicherung nicht nach § 88 InsO unwirksam sind, kommt insoweit nur eine **Insolvenzanfechtung** in Betracht.[266] Ebenfalls der Insolvenzanfechtung unterliegen können im Wege der Zwangsvollstreckung erlangte Sicherungen, die deshalb nicht nach § 88 InsO unwirksam werden, weil sie nicht zugunsten eines Insolvenzgläubigers oder weil sie außerhalb der Sperrfrist erlangt wurden;[267] dass bestimmte Sicherungen durch § 88 InsO kraft Gesetzes unwirksam werden, soll nur verfahrensmäßig erleichtert erreichen, was sonst durch Insolvenzanfechtung herbeizuführen wäre.[268]

143 Für die Berechnung des von der Rückschlagsperre erfassten **Zeitraums** gilt § 139 InsO (siehe Kap. 10 Rz. 25 ff. [*Zenker*]). Erlangt ist die Sicherung innerhalb dieses Zeitraums, wenn der Erwerbstatbestand nicht vorher vollendet worden ist. Ein Pfändungspfandrecht an einer beweglichen Sache entsteht nach § 808 Abs. 1 ZPO dadurch, dass der Gerichtsvollzieher die Sache in Besitz nimmt. Ein Pfändungspfandrecht an einer Forderung entsteht durch einen Pfändungsbeschluss, der mit Zustellung an den Drittschuldner wirksam wird (§ 829 Abs. 3 ZPO). Handelt es sich um eine künftige Forderung, hat die Pfändung zu

261) *Breuer/Flöther* in: MünchKomm-InsO, § 88 Rz. 1; *Kayser* in: HK-InsO, § 88 Rz. 2 und 5.

262) *Kayser* in: HK-InsO, § 88 Rz. 22 f.; zum Tatbestand insgesamt *Grothe*, KTS 2001, 205 ff.; *Gundlach/Frenzel/N. Schmidt*, NZI 2005, 663 ff.

263) BGH, Beschl. v. 20.3.2014 – IX ZB 67/13, Rz. 7, ZVI 2014, 301 = ZIP 2014, 796.

264) *Kuleisa* in: HambKomm-InsO, § 88 Rz. 3; *Kayser* in: HK-InsO, § 88 Rz. 11 a. E.; Braun-*Kroth*, InsO, § 88 Rz. 3.

265) *Lüke* in: KPB, InsO, § 88 Rz. 30.

266) *Kayser* in: HK-InsO, § 88 Rz. 18, 19; dazu *Kirchhof*, ZInsO 2004, 1168 ff.; *Marotzke*, ZInsO 2006, 7 ff.; *Rebmann*, Die Anfechtung von Zwangsvollstreckungsmaßnahmen nach § 131 InsO und die Vollstreckungssperren (v. a. § 88 InsO), 2003.

267) *Kayser* in: HK-InsO, § 88 Rz. 25.

268) *Kuleisa* in: HambKomm-InsO, § 88 Rz. 1; *Breuer/Flöther* in: MünchKomm-InsO, § 88 Rz. 15, 19.

diesem Zeitpunkt allerdings noch keinerlei rechtliche Wirkungen. In Anwendung des Rechtsgedankens von § 140 Abs. 1 InsO wird die Sicherung dann erst mit Entstehung der gepfändeten Forderung erlangt; bei einer Arrestvollziehung mit nachträglicher Zustellung des Arrestbefehls kommt es auf den Zeitpunkt der Zustellung an.[269)] Ein Absonderungsrecht aus Immobiliarzwangsvollstreckung erwirbt der Gläubiger mit der Beschlagnahme durch den Anordnungsbeschluss, welcher mit Zustellung an den Schuldner (§ 22 Abs. 1 Satz 1 ZVG) bzw. mit Eintragungsersuchen (Satz 2) wirksam wird.[270)] Zwangshypothek, Arresthypothek, Zwangsvormerkung entstehen mit Eintragung (§§ 867 Abs. 1 Satz 2, 932 Abs. 2 ZPO, § 885 Abs. 1 BGB); weder § 878 BGB noch § 140 Abs. 2 InsO führen zu einer Vorverlegung des maßgeblichen Zeitpunktes.[271)] Bei einer zunächst unwirksamen Vollstreckungsmaßnahme kommt es auf den Zeitpunkt der Heilung an.[272)]

Mit Beginn des Insolvenzverfahrens werden die zwangsvollstreckungsrechtlich erlangten Sicherungen **absolut unwirksam** für die Dauer des Insolvenzverfahrens. Sie verlieren ihre materiell-rechtlichen Wirkungen. Die Vollstreckungsakte selbst bleiben hingegen wirksam, d. h. der Gegenstand bleibt wirksam gepfändet und verstrickt bzw. beschlagnahmt, bis die Pfändung/Beschlagnahme aufgehoben wird.[273)] Aus Verstrickung bzw. Beschlagnahme resultieren aber keine Pfändungspfandrechte bzw. Absonderungsrechte für den Gläubiger.[274)] Eine Zwangshypothek wird nicht zur Eigentümergrundschuld.[275)] Eine Befriedigung des Gläubigers aufgrund unwirksamer Sicherung führt zu rechtsgrundloser Bereicherung.[276)] Wird der Sicherungsgegenstand freigegeben oder endet das Insolvenzverfahren vorzeitig, lebt jedenfalls die Zwangshypothek neu wieder auf, wenn die Buchposition noch vorhanden ist und die übrigen Voraussetzungen noch vorliegen.[277)] 144

Die **Aufhebung der Vollstreckungsmaßnahme** hat, insbesondere zur Beseitigung des Rechtsscheins eines bestehenden Befriedigungsrechts, von Amts wegen zu erfolgen. Dem Insolvenzverwalter verbleibt die Möglichkeit der Vollstreckungserinnerung nach § 766 ZPO, wenn die Aufhebung von Vollstreckungsmaßnahmen verweigert wird oder über ihre Unwirksamkeit Streit besteht.[278)] Zuständig ist der Insolvenzgericht (§ 89 Abs. 3 InsO analog).[279)] 145

3. Vollstreckungsverbote

a) Überblick

Dass Insolvenzforderungen gemäß § 87 InsO nur nach den Vorschriften über das Insolvenzverfahren verfolgt werden können, bedeutet nicht nur, dass ein rechtshängiges Verfahren über eine Insolvenzforderung nur i. R. der Forderungsanmeldung fortgeführt werden 146

---

269) *Kayser* in: HK-InsO, § 88 Rz. 31 f.

270) Vgl. *Breuer/Flöther* in: MünchKomm-InsO, § 88 Rz. 31; Nerlich/Römermann-*Kruth*, InsO, § 88 Rz. 9.

271) Nerlich/Römermann-*Kruth*, InsO, § 88 Rz. 9; teilweise a. A. jeweils *Lüke* in: KPB, InsO, § 88 Rz. 17.

272) Nerlich/Römermann-*Kruth*, InsO, § 88 Rz. 7.

273) BGH, Urt. v. 21.9.2017 – IX ZR 40/17, ZVI 2018, 150 = ZIP 2017, 2016, dazu EWiR 2017, 723 *(Lüke)*; *Breuer/Flöther* in: MünchKomm-InsO, § 88 Rz. 32; *Lüke* in: KPB, InsO, § 88 Rz. 23 ff. Zum Rang der Sicherungshypothek *Kohler*, ZIP 2015, 1471.

274) *Kayser* in: HK-InsO, § 88 Rz. 33 f.; eingehend *Homann*, ZVI 2018, 137.

275) BGH, Urt. v. 19.1.2006 – IX ZR 232/04, ZIP 2006, 479, 480 = ZVI 2006, 210, dazu EWiR 2006, 317 *(Gundlach/Frenzel)*; *Kayser* in: HK-InsO, § 88 Rz. 35 m. w. N. zur Gegenansicht.

276) *Lüke* in: KPB, InsO, § 88 Rz. 27.

277) BGH, Urt. v. 19.1.2006 – IX ZR 232/04, ZIP 2006, 479, 482 = ZVI 2006, 210; *Breuer/Flöther* in: MünchKomm-InsO, § 88 Rz. 34 m. w. N.

278) *Breuer/Flöther* in: MünchKomm-InsO, § 88 Rz. 39; *Lüke* in: KPB, InsO, § 88 Rz. 32; Nerlich/Römermann-*Kruth*, InsO, § 88 Rz. 11 ff.; *Raebel*, ZInsO 2003, 1124 ff.

279) AG Hamburg, Beschl. v. 3.6.2014 – 67g IN 148/13, ZIP 2014, 1401 = ZVI 2014, 301 m. w. N.

kann (§ 180 Abs. 2 InsO), so dass **Insolvenzgläubiger** nach Eröffnung des Insolvenzverfahrens keine Aussicht mehr haben, für ihre Forderung noch einen Vollstreckungstitel zu erlangen. Mit Eröffnung des Insolvenzverfahrens unterliegen sie vielmehr auch einem Vollstreckungsverbot (§ 89 Abs. 1 InsO; siehe dazu Rz. 149 ff.). Dem Umstand, dass ein Prozess über eine Insolvenzforderung auch nicht außerhalb des Insolvenzverfahrens gegen den Schuldner selbst betrieben werden kann (weil der Schuldner im Hinblick auf die Insolvenzforderung nicht prozessführungsbefugt ist), entspricht dabei, dass die Zwangsvollstreckung nach § 89 Abs. 1 InsO nicht nur in die Insolvenzmasse, sondern auch in das insolvenzfreie Vermögen unzulässig ist. Auf diesem Gedanken beruht übrigens auch, dass auch Maßnahmen der Verwaltungsvollstreckung die Eröffnung des Insolvenzverfahrens entgegenstehen kann.[280] Entsprechend der Regelung in § 81 Abs. 2 InsO wird das Vollstreckungsverbot sodann in § 89 Abs. 2 InsO für bestimmte künftige Forderungen auf Gläubiger erstreckt, die keine Insolvenzgläubiger sind (siehe Rz. 155 f.).

147 Darüber hinaus unterliegen **Massegläubiger** dem Vollstreckungsverbot aus § 90 InsO, der allerdings nur ein beschränktes Vollstreckungsmoratorium anordnet (siehe Rz. 157 ff.) und im Übrigen die Vollstreckung in die Insolvenzmasse wegen Masseverbindlichkeiten gerade in Abgrenzung von § 91 InsO erlaubt (siehe Rz. 178).

148 Ergänzt werden diese Vollstreckungsverbote durch die **Rückschlagsperre** des § 88 InsO, die durch Zwangsvollstreckung erlangte Sicherungen für Insolvenzgläubiger aus einem bestimmten Zeitraum vor dem Antrag auf Eröffnung des Insolvenzverfahrens und der Zeit nach diesem Antrag mit Eröffnung des Insolvenzverfahrens unwirksam werden lässt (siehe Rz. 138 ff.).

b) Vollstreckungsverbot für einzelne Insolvenzgläubiger

149 Nach § 89 Abs. 1 InsO sind **Zwangsvollstreckungsmaßnahmen** einzelner Insolvenzgläubiger während der Dauer des Insolvenzverfahrens unzulässig. Derartige Zwangsvollstreckungsmaßnahmen sind weder in die Insolvenzmasse noch in das sonstige Vermögen des Schuldners zulässig. Der Begriff der Zwangsvollstreckung bezieht sich dabei auf jede Art des Zwangsvollzugs der persönlichen Haftung auf Geld und vertretbare Handlungen[281] und schließt auch Vollzug eines Arrests oder einer einstweiligen Verfügung ein.[282] Auch die Fortsetzung bereits beantragter oder begonnener Vollstreckungsmaßnahmen ist nach § 89 InsO unzulässig.[283]

150 Da sich das Vollstreckungsverbot sowohl auf Gegenstände aus der Insolvenzmasse als auch auf das sonstige, insolvenzfreie Vermögen des Schuldners bezieht, ist auch die Zwangsvollstreckung in vom Verwalter freigegebene Gegenstände unzulässig.[284]

151 Nicht unter § 89 Abs. 1 InsO fallen demgegenüber bloße **Vorbereitungsmaßnahmen** der Vollstreckung, z. B. (vorläufige) Vollstreckbarkeitserklärungen, die Erteilung der Klausel oder die Umschreibung eines Vollstreckungstitels und seine Zustellung.[285]

152 **Andere Gläubiger** als Insolvenzgläubiger unterliegen nicht dem Vollstreckungsverbot nach § 89 Abs. 1 InsO. Insbesondere nicht betroffen sind Massegläubiger, Aussonderungsbe-

280) Vgl. VGH Kassel, Beschl. v. 29.3.2018 – 8 B 118/17, ZVI 2018, 369 = ZIP 2018, 1258.

281) *Lüke* in: KPB, InsO, § 89 Rz. 7 m. w. N.

282) *Lüke* in: KPB, InsO, § 89 Rz. 11.

283) Nerlich/Römermann-*Kruth*, InsO, § 89 Rz. 10.

284) BGH, Beschl. v. 12.2.2009 – IX ZB 112/06, ZVI 2009, 205 = ZIP 2009, 818, dazu EWiR 2009, 545 *(Kexel)*; *Lüke* in: KPB, InsO, § 89 Rz. 16 f.

285) *Breuer/Flöther* in: MünchKomm-InsO, § 89 Rz. 38; *Lüke* in: KPB, InsO, § 89 Rz. 15; Nerlich/Römermann-*Kruth*, InsO, § 89 Rz. 15; zu Einzelheiten *App*, DGVZ 2004, 67 ff.; *Birkenhauer*, Probleme der Nichtteilnahme am und im Insolvenzverfahren, 2002; *Fuchs/Beyer*, ZInsO 2000, 429 ff.

rechtigte, Absonderungsberechtigte (aber § 89 InsO gilt, wenn sie nicht aus ihrem Absonderungsrecht, sondern aus der persönlichen Forderung vorgehen[286)]), Neugläubiger und Gläubiger von Nichtvermögensansprüchen, die sich gegen den Schuldner als Person richten (Ansprüche auf Vornahme einer nicht vertretbaren Handlung, Duldung oder Unterlassung gemäß §§ 888 ff. ZPO).[287)] Deren Handlungsmöglichkeiten sind jeweils durch speziellere Normen sowie den Umfang ihres Rechts begrenzt.

Unerheblich für die Frage der Unwirksamkeit der Vollstreckungsmaßnahmen ist die **Kenntnis** oder Unkenntnis des jeweiligen Insolvenzgläubigers von der Insolvenzeröffnung.[288)] 153

Nach Beendigung des Insolvenzverfahrens können die Insolvenzgläubiger weitere Vollstreckungsmaßnahmen gegen den Schuldner durchführen, da die Vollstreckungssperre des § 89 InsO dann endet.[289)] 154

c) Vollstreckungsverbote bei bestimmten künftigen Forderungen

Gemäß § 89 Abs. 2 Satz 1 InsO ist die Zwangsvollstreckung in bestimmte künftige Forderungen für alle Gläubiger, nicht nur für die von Abs. 1 erfassten Insolvenzgläubiger, unzulässig. Diese Regelung erfasst wie die Parallelvorschrift des § 81 Abs. 2 InsO (siehe Rz. 84 f.) Forderungen auf **Bezüge** aus einem Dienstverhältnis des Schuldners oder an deren Stelle tretende laufende Bezüge für die Zeit nach Verfahrensbeendigung.[290)] Diese Forderungen sollen für ein eventuelles Restschuldbefreiungsverfahren zur Verfügung stehen.[291)] 155

Vom Vollstreckungsverbot des § 89 Abs. 2 Satz 1 InsO macht Satz 2 eine Ausnahme zugunsten der **Neugläubiger** von Unterhalts- und Deliktsansprüchen. Wegen der Einbeziehung des Neuerwerbs während des Insolvenzverfahrens in die Insolvenzmasse kommen für Neugläubiger nur künftige Forderungen für die Zeit nach Beendigung des Insolvenzverfahrens als Vollstreckungsobjekt in Betracht.[292)] 156

d) Vollstreckungsverbote bei Masseverbindlichkeiten

Nur Insolvenzgläubiger sind darauf verwiesen, aus dem zur Insolvenzmasse gehörenden Vermögen gemeinschaftlich befriedigt zu werden. Masseverbindlichkeiten sind hingegen aus der Insolvenzmasse **vorwegzubefriedigen** (§ 53 InsO). Deshalb gibt es grundsätzlich keinen Anlass, die Zwangsvollstreckung durch Massegläubiger besonderen Schranken zu unterstellen. In der Anfangsphase des Insolvenzverfahrens besteht allerdings ein Bedürfnis, die Integrität und die Liquidität der Insolvenzmasse zu sichern, weil sich eine andernfalls mitunter unausweichliche Betriebseinstellung nachteilig auf die Sanierungschancen auswirken würde. Gläubiger bestimmter Masseverbindlichkeiten werden daher einem Vollstreckungsmoratorium unterworfen.[293)] 157

Gemäß § 90 Abs. 1 InsO sind Zwangsvollstreckungen wegen bestimmter Masseverbindlichkeiten für die Dauer von sechs Monaten seit der Eröffnung des Insolvenzverfahrens 158

---

286) BGH, Beschl. v. 25.9.2014 – IX ZB 117/12, ZVI 2014, 452 = ZIP 2014, 2090, dazu EWiR 2015, 17 *(Tillmann/Schaffer)*.

287) *Kayser* in: HK-InsO, § 89 Rz. 10 ff.; *Breuer/Flöther* in: MünchKomm-InsO, § 89 Rz. 11 ff.; *Lüke* in: KPB, InsO, § 89 Rz. 5 f.; Nerlich/Römermann-*Kruth*, InsO, § 89 Rz. 16, 18 ff.

288) *Breuer/Flöther* in: MünchKomm-InsO, § 89 Rz. 56; Nerlich/Römermann-*Kruth*, InsO, § 89 Rz. 23.

289) Nerlich/Römermann-*Kruth*, InsO, § 89 Rz. 27.

290) Nerlich/Römermann-*Kruth*, InsO, § 89 Rz. 28.

291) *Lüke* in: KPB, InsO, § 89 Rz. 35.

292) *Kayser* in: HK-InsO, § 89 Rz. 29.

293) *Lüke* in: KPB, InsO, § 90 Rz. 2; *Breuer/Flöther* in: MünchKomm-InsO, § 90 Rz. 2; Nerlich/Römermann-*Kruth*, InsO, § 90 Rz. 2.

unzulässig. Unter dieses Verbot fällt die Zwangsvollstreckung wegen **aufgezwungener (oktroyierter) Masseverbindlichkeiten**. Darunter sind nach Absatz 1 solche Masseverbindlichkeiten zu verstehen, die nicht durch eine Rechtshandlung des Insolvenzverwalters begründet worden sind.[294)] Hingegen unterliegt die Zwangsvollstreckung wegen **gewillkürter Masseverbindlichkeiten**, die durch Rechtshandlungen des Insolvenzverwalters begründet worden sind (§ 55 Abs. 1 Nr. 1 Fall 1 InsO), nicht der Beschränkung des § 90 Abs. 1 InsO. Ebenfalls nicht unter die Beschränkung des § 90 Abs. 1 InsO fallen die Masseverbindlichkeiten, für die dies in Absatz 2 ausdrücklich klargestellt ist, nämlich:

- die Masseverbindlichkeiten aus einer Erfüllungswahl durch den Insolvenzverwalter, § 90 Abs. 2 Nr. 1 i. V. mit § 55 Abs. 1 Nr. 2 Fall 1 InsO;
- die Masseverbindlichkeiten aus einem Dauerschuldverhältnis, das der Insolvenzverwalter bereits hätte kündigen können oder aus dem er die Gegenleistung für die Insolvenzmasse in Anspruch nimmt, § 90 Abs. 2 Nr. 2 und 3 i. V. mit § 55 Abs. 1 Nr. 2 Fall 2 InsO.

159 In diesen Fällen genießt der Vertragspartner Vertrauensschutz, aufgrund dessen ihm die zwangsweise Durchsetzung der Erfüllung ermöglicht werden muss.[295)] Für Verpflichtungen, die der Verwalter eingegangen ist, hat die Masse ohne Vollstreckungsschutz einzustehen.

160 Neben das Vollstreckungsverbot aus § 90 Abs. 1 InsO treten **Sonderregelungen**, insbesondere das Vollstreckungsverbot für Sozialplangläubiger (§ 123 Abs. 3 Satz 2 InsO), bei Massearmut sowie bei Masseunzulänglichkeit (§§ 207, 210 InsO). Im Umkehrschluss folgt aus § 90 Abs. 1 InsO als der spezielleren Norm, dass in diesen Grenzen Massegläubiger nach Ablauf der Sperrfrist die Zwangsvollstreckung in die Insolvenzmasse betreiben können, ohne dass dem das Verbot sonstigen Rechtserwerbs (§ 91 InsO) im Weg stünde.[296)]

e) Verfahrensrechtliches

161 Das Vollstreckungsgericht muss die Vollstreckungsverbote der §§ 89 Abs. 1 und 2, 90 Abs. 1 InsO **von Amts wegen** beachten. Beantragte Vollstreckungsmaßnahmen sind als verbotswidrig abzulehnen. Eine begonnene Vollstreckung ist einzustellen. Die Vollziehung eines vorinsolvenzlichen Pfändungs- und Überweisungsbeschlusses ist auszusetzen, ohne die Pfändung aufzuheben, die nach Verfahrensende wieder Bedeutung erlangen kann.[297)] Der Vollstreckungsgläubiger kann die Entscheidungen mit den allgemeinen vollstreckungsinternen Rechtsbehelfen anfechten (§ 766 Abs. 2, §§ 567 ff., 793 ZPO, §§ 95 ff. ZVG, §§ 71 ff. GBO).[298)]

162 Eine **verbotswidrige** Vollstreckungsmaßnahme ist nicht nichtig, aber anfechtbar mit den allgemeinen vollstreckungsinternen Rechtsbehelfen (§ 766 Abs. 1, §§ 567 ff., 793 ZPO, §§ 95 ff. ZVG, §§ 71 ff. GBO).[299)]

163 Statt des Vollstreckungsgerichts ist in beiden Fällen für Erinnerung und sofortige Beschwerde das **Insolvenzgericht** gemäß § 89 Abs. 3 Satz 1 InsO zuständig, auch schon für die Abhilfe-

---

294) *Kuleisa* in: HambKomm-InsO, § 90 Rz. 2; *Lüke* in: KPB, InsO, § 90 Rz. 5 ff.; *Breuer/Flöther* in: MünchKomm-InsO, § 90 Rz. 5 f. Zur Steuerforderung FG Hannover, Beschl. v. 7.8.2014 – 15 V 75/14, ZVI 2015, 72 = ZIP 2014, 2144.

295) Nerlich/Römermann-*Kruth*, InsO, § 90 Rz. 7.

296) *Breuer/Flöther* in: MünchKomm-InsO, § 90 Rz. 14 und § 91 Rz. 6; *Kayser* in: HK-InsO, § 91 Rz. 5.

297) BGH, Beschl. v. 2.12.2021 – IX ZB 10/21, Rz. 15 ff., ZRI 2022, 294 = ZVI 2022, 161 = NJW-RR 2022, 561. Für das Restschuldbefreiungsverfahren BGH, Beschl. v. 2.12.2021 – IX ZB 11/21, ZInsO 2022, 847.

298) *Kayser* in: HK-InsO, § 89 Rz. 30.

299) *Kuleisa* in: HambKomm-InsO, § 89 Rz. 13, 17, § 90 Rz. 6, 11; *Lüke* in: KPB, InsO, § 89 Rz. 38, § 90 Rz. 19, 20; Nerlich/Römermann-*Kruth*, InsO, § 89 Rz. 22, 25, § 90 Rz. 8.

entscheidung.[300)] Die Zuständigkeit des Grundbuchamts für die Grundbuchbeschwerde bleibt unberührt.[301)] Hinsichtlich § 90 Abs. 1 InsO ist die Zuständigkeitsregel des § 89 Abs. 3 InsO entsprechend anwendbar.[302)]

Nimmt das Grundbuchamt entgegen §§ 89, 90 InsO die Eintragung einer Zwangs- oder Arresthypothek vor, ist die Grundstücksbelastung materiell-rechtlich unwirksam und das **Grundbuch** daher **unrichtig,**[303)] so dass dem Verwalter ein Grundbuchberichtigungsanspruch gemäß § 894 BGB zusteht. 164

Der Gläubiger erwirbt kein Pfändungspfandrecht oder sonstiges materiell-rechtliches Befriedigungsrecht. Nach Beendigung der Zwangsvollstreckung kann der Insolvenzverwalter (bei Vollstreckung in die Insolvenzmasse) oder der Schuldner (bei Vollstreckung in das insolvenzfreie Vermögen) den Erlös beim Gläubiger **kondizieren** (§ 812 Abs. 1 Satz 1 Fall 1 BGB).[304)] 165

Entsprechend §§ 732 Abs. 2, 766 Abs. 1 Satz 2 ZPO kann gemäß § 89 Abs. 3 Satz 2 InsO auch das Insolvenzgericht eine **einstweilige Anordnung** erlassen. 166

IV. Sonstiger Rechtserwerb

Der Übergang der Verwaltungs- und Verfügungsbefugnis auf den Insolvenzverwalter (§ 80 Abs. 1 InsO) und die Beschränkung der Insolvenzgläubiger auf die Anmeldung ihrer Forderung zur Insolvenztabelle (§ 87 InsO) werden ergänzt durch ein Verbot sonstigen Rechtserwerbs: Auch wenn keine Verfügung des Schuldners und keine Zwangsvollstreckung für einen Insolvenzgläubiger zugrunde liegt, können nach der Eröffnung des Insolvenzverfahrens Rechte an den Gegenständen der Insolvenzmasse nicht wirksam erworben werden (§ 91 Abs. 1 InsO). Mit diesem **Auffangtatbestand** soll sichergestellt werden, dass den Insolvenzgläubigern die Insolvenzmasse in dem Umfang zur Verfügung steht, in dem sie bei Verfahrenseröffnung vorhanden war.[305)] Anders als §§ 80 ff. InsO hat § 91 InsO aber im Eröffnungsverfahren keine Parallele.[306)] 167

1. Anwendungsbereich

Das Verbot des § 91 Abs. 1 InsO bezieht sich auf die **Insolvenzmasse** i. S. von § 35 Abs. 1 InsO unter Einschluss des Neuerwerbs. Das insolvenzfreie Vermögen des Schuldners sowie schuldnerfremdes Vermögen ist vom Verbot sonstigen Rechtserwerbs nicht betroffen.[307)] Für § 91 InsO kommt es daher darauf an, ob ein Vermögensgegenstand bereits im Zeitpunkt der Verfahrenseröffnung ganz oder teilweise aus dem Vermögen des Schuldners ausgeschieden ist, ohne dass für ihn die Möglichkeit besteht, diesen aufgrund alleiniger Entscheidung zurückzuverlangen.[308)] 168

---

300) AG Hamburg, Beschl. v. 7.7.2021 – 67g IN 19/20, Rz. 8, ZRI 2021, 695 = ZVI 2021, 353 = ZIP 2021, 1828; a. A. AG Köln, Beschl. v. 4.11.2010 – 73 IN 206/10, BeckRS 2011, 5602.

301) *Kayser* in: HK-InsO, § 89 Rz. 39.

302) *Kayser* in: HK-InsO, § 90 Rz. 15; *Breuer/Flöther* in: MünchKomm-InsO, § 90 Rz. 23.

303) *Breuer/Flöther* in: MünchKomm-InsO, § 89 Rz. 64.

304) *Kuleisa* in: HambKomm-InsO, § 89 Rz. 13, § 90 Rz. 6; *Kayser* in: HK-InsO, § 89 Rz. 33 (Fall 2).

305) *Kuleisa* in: HambKomm-InsO, § 91 Rz. 1; *Kayser* in: HK-InsO, § 91 Rz. 1; *Breuer/Flöther* in: MünchKomm-InsO, § 91 Rz. 1.

306) S. dazu etwa BGH, Urt. v. 19.4.2018 – IX ZR 230/15, Rz. 47 ff., ZVI 2018, 356 = ZIP 2018, 1082.

307) *Kayser* in: HK-InsO, § 91 Rz. 2; *Lüke* in: KPB, InsO, § 91 Rz. 3.

308) BGH, Urt. v. 14.12.2006 – IX ZR 102/03, ZIP 2007, 191, 193 = ZVI 2007, 72, dazu EWiR 2007, 185 *(Gundlach/Frenzel)*; BGH, Urt. v. 21.2.2008 – IX ZR 255/06, ZIP 2008, 703, 704, dazu EWiR 2008, 475 *(Krüger/Achsnick)*.

169 Erfasst wird **jeder Rechtserwerb** nach Verfahrenseröffnung, der zu einem Rechtsverlust der Insolvenzmasse führt und nicht durch eine speziellere Norm zugelassen ist. § 91 Abs. 1 InsO bezieht sich daher auf Verfügungen und sonstige Rechtshandlungen Dritter, Rechtshandlungen des Schuldners, die nicht unter § 81 InsO fallen, Vollstreckungszugriffe von Neugläubigern, Rechtserwerb kraft Gesetzes sowie Rechtserwerb aufgrund mehraktiger Erwerbstatbestände, wenn die erforderliche Verfügung vom Schuldner noch vor Verfahrenseröffnung vorgenommen worden ist, aber der Verfügungserfolg erst nach Verfahrenseröffnung eintritt.[309] Nicht gehindert werden durch § 91 Abs. 1 InsO Verfügungen des Insolvenzverwalters sowie die am Maßstab des § 90 Abs. 1 InsO zulässigen Zwangsvollstreckungen wegen Masseverbindlichkeiten.[310] Es genügt für die Unwirksamkeit nach § 91 Abs. 1 InsO, wenn der Rechtsverlust der Insolvenzmasse mit Verfahrenseröffnung eintritt.[311]

170 Dass ein Rechtserwerb nicht an § 91 Abs. 1 InsO scheitert, weil er bereits vor Verfahrenseröffnung vollendet ist, ändert aber nichts an den Möglichkeiten der **Insolvenzanfechtung** (§§ 129 ff. InsO).[312]

2. Fallgruppen

a) Rechtsgeschäftlicher Erwerb

171 Wird ein Recht unter einer **aufschiebenden Bedingung** übertragen, sind beeinträchtigende Zwischenverfügungen des Insolvenzverwalters nach § 161 Abs. 1 Satz 2 BGB bei Bedingungseintritt unwirksam. Daher hindert die zwischenzeitliche Eröffnung des Insolvenzverfahrens den Rechtserwerb mit Eintritt der Bedingung nicht (z. B. bei Übereignung unter Eigentumsvorbehalt). § 91 Abs. 1 InsO steht dem Rechtserwerb also nicht entgegen, wenn es bei Verfahrenseröffnung nur noch am Bedingungseintritt fehlte.[313] Dieser Grundsatz gilt auch dann, wenn sich der aufschiebend bedingte Erwerb auf ein künftiges Recht bezieht: § 91 Abs. 1 InsO hindert den Erwerb nicht, wenn das Recht bis zur Verfahrenseröffnung entstanden war und es nur noch am Bedingungseintritt fehlte.[314]

172 Vom Erwerb unter aufschiebender Bedingung ist der Erwerb eines **aufschiebend bedingten Rechts** zu unterscheiden. Auch hier kommt es darauf an, dass das Recht bei Verfahrenseröffnung aus dem Vermögen des Schuldners ausgeschieden war und für ihn keine Möglichkeit mehr besteht, dieses durch eigene Entscheidung zurückzuerlangen. Daher ist der Erwerb von Vorbehaltsware unter Eigentumsvorbehalt insolvenzfest.[315] Im Gegensatz dazu ist die Sicherungsabtretung eines Anspruchs auf Rückgewähr einer Grundschuld, der an sich ein bedingter Anspruch ist, deshalb nicht insolvenzfest, weil der Rückgewähranspruch nicht nur die Tilgung der Grundschuld voraussetzt, sondern auch davon abhängt, dass die Grundschuld nicht revalutiert bzw. der Sicherungszweck nicht erweitert wird. Darauf hat der Erwerber (Zessionar) keinen Einfluss.[316]

309) *Lüke* in: KPB, InsO, § 91 Rz. 4 ff.; Nerlich/Römermann-*Kruth*, InsO, § 91 Rz. 10.

310) *Kayser* in: HK-InsO, § 91 Rz. 5; Nerlich/Römermann-*Kruth*, InsO, § 91 Rz. 9 ff.; *Breuer/Flöther* in: MünchKomm-InsO, § 91 Rz. 6.

311) *Kayser* in: HK-InsO, § 91 Rz. 3 und 5.

312) *Kuleisa* in: HambKomm-InsO, § 91 Rz. 5.

313) *Kayser* in: HK-InsO, § 91 Rz. 8; *Breuer/Flöther* in: MünchKomm-InsO, § 91 Rz. 38.

314) BGH, Urt. v. 17.11.2005 – IX ZR 162/04, ZIP 2006, 87, 89 = ZVI 2006, 158, dazu EWiR 2006, 119 *(Bärenz)*. Zur Abgrenzung vgl. OLG Düsseldorf, Beschl. v. 20.11.2018 – I-12 W 15/18, ZVI 2019, 101 = ZIP 2019, 283.

315) *Kuleisa* in: HambKomm-InsO, § 91 Rz. 11; grundlegend *Christiansen*, KTS 2003, 549 ff.

316) BGH, Urt. v. 10.11.2011 – IX ZR 142/10, ZVI 2012, 63 = ZIP 2011, 2364, dazu EWiR 2012, 181 *(Weiß)*.

Ebenfalls insolvenzfest ist der **Erwerb betagter Rechte** (z. B. Ansprüche mit hinausgeschobener Fälligkeit). Dass ein Anspruch erst nach Verfahrenseröffnung fällig wird, führt nicht dazu, dass der Erwerb an § 91 Abs. 1 InsO scheitert, denn das Recht ist bereits aus dem Vermögen des Insolvenzschuldners ausgeschieden.[317)] Das ist zu unterscheiden vom Erwerb einer künftigen Forderung: Mag die Verfügung auch vor Verfahrenseröffnung vollendet sein, so wird doch das Recht erst mit seiner Entstehung erworben. Entsteht das im Voraus übertragene Recht erst nach Eröffnung des Insolvenzverfahrens, scheitert der Erwerb an § 91 Abs. 1 InsO.[318)] 173

Bei **Dauerschuldverhältnissen** sind von betagten Ansprüchen die künftigen Ansprüche danach zu unterscheiden, ob die Ansprüche erst mit der Inanspruchnahme der jeweiligen Gegenleistung entstehen und deshalb nur für die Zeit vor Verfahrenseröffnung insolvenzfest erworben werden.[319)] 174

Bei Eintragung einer **Vormerkung** nach Verfahrenseröffnung steht dem Erwerb § 91 Abs. 1 InsO entgegen. Besteht hingegen eine wirksame Vormerkung, schützt sie auch den Erwerb aufgrund eines vormerkungsfähigen künftigen Anspruchs (§ 106 InsO). Dazu muss der Rechtsboden bereits gelegt sein.[320)] 175

b) Erwerb kraft Gesetzes

An § 91 Abs. 1 InsO scheitert kein Eigentumserwerb durch **Verbindung, Vermischung oder Verarbeitung** (§§ 946 ff. BGB).[321)] Ob eine Verarbeitungsklausel nach Verfahrenseröffnung wirksam bleibt, so dass der Eigentumserwerb des verarbeitenden Herstellers ausgeschlossen wäre und in der Insolvenz des Herstellers der Lieferant Eigentum an der hergestellten Sache erwerben würde, ist umstritten.[322)] 176

Eine **Ersitzung** scheitert an § 91 Abs. 1 InsO, wenn der Dritte den Eigenbesitz vom Schuldner erlangt hatte und die Ersitzungsfrist nach Verfahrenseröffnung endet.[323)] 177

c) Hoheitliche Maßnahmen

Ein Erwerb im Wege der **Zwangsvollstreckung** scheitert nicht an § 91 Abs. 1 InsO;[324)] die Vollstreckungsverbote lassen die öffentlich-rechtliche Verstrickung bzw. Beschlagnahme unberührt. 178

Einziehung im Sicherheitsinteresse der Allgemeinheit scheitert nicht an § 91 Abs. 1 InsO, wohl aber zur strafrechtlichen Vermögensabschöpfung bei Anordnung nach Verfahrenseröffnung.[325)] 179

---

317) *Kuleisa* in: HambKomm-InsO, § 91 Rz. 13; *Kayser* in: HK-InsO, § 91 Rz. 12.

318) BGH, Urt. v. 6.6.2019 – IX ZR 272/17, Rz. 37, ZVI 2019, 304 = NZI 2019, 745; *Kuleisa* in: HambKomm-InsO, § 91 Rz. 14; Braun-*Kroth*, InsO, § 91 Rz. 14; *Kayser* in: HK-InsO, § 91 Rz. 9 f., 17 ff.; *Breuer/Flöther* in: MünchKomm-InsO, § 91 Rz. 44 ff.; vgl. *Gerhardt* in: FS Greiner, S. 31 ff.; *Schäfer*, ZInsO 2007, 18 ff.

319) *Kayser* in: HK-InsO, § 91 Rz. 13 ff.

320) *Kuleisa* in: HambKomm-InsO, InsO, § 91 Rz. 23.

321) *Kayser* in: HK-InsO, § 91 Rz. 40; *Kuleisa* in: HambKomm-InsO, § 91 Rz. 27.

322) *Kuleisa* in: HambKomm-InsO, § 91 Rz. 27; *Lüke* in: KPB, InsO, § 91 Rz. 51; zur Gegenansicht *Bork* in: FS Gaul, S. 71, 88 ff.

323) *Kayser* in: HK-InsO, § 91 Rz. 42; *Kuleisa* in: HambKomm-InsO, § 91 Rz. 28; anders *Lüke* in: KPB, InsO, § 91 Rz. 53.

324) *Kayser* in: HK-InsO, § 91 Rz. 45; *Breuer/Flöther* in: MünchKomm-InsO, § 91 Rz. 57.

325) *Kuleisa* in: HambKomm-InsO, § 91 Rz. 32; *Kayser* in: HK-InsO, § 91 Rz. 46; *Breuer/Flöther* in: MünchKomm-InsO, § 91 Rz. 60 ff.

3. Schutz des öffentlichen Glaubens

180 Entsprechend § 81 Abs. 1 Satz 2 InsO (siehe Rz. 77 ff.) steht auch § 91 Abs. 1 InsO einem Erwerb kraft öffentlichen Glaubens nicht im Weg. Vielmehr bleiben gemäß § 91 Abs. 2 InsO die **§§ 878, 892, 893 BGB** sowie die entsprechenden Vorschriften für Schiffe, Schiffsbauwerke und Luftfahrzeuge unberührt. Der Erwerb eines Grundstücksrechts ist deshalb nicht nur durch eine Verfügungshandlung nach Verfahrenseröffnung möglich, die nach § 81 Abs. 1 Satz 2 InsO i. V. mit §§ 892, 893 BGB wirksam ist, sondern unter den Voraussetzungen der §§ 878, 892, 893 BGB auch dann, wenn die Verfügungshandlung vor Verfahrenseröffnung vorgenommen wurde. Der spätere Wegfall der Verfügungsbefugnis ist nach § 878 BGB i. V. mit § 91 Abs. 2 InsO unschädlich, wenn alle Voraussetzungen für den Rechtserwerb vor Verfahrenseröffnung vorlagen und der Eintragungsantrag nur noch hätte vollzogen werden müssen.[326)] §§ 892, 893 BGB sind demgegenüber i. V. mit § 91 Abs. 2 InsO einschlägig, wenn bei Verfahrenseröffnung noch nicht alle Voraussetzungen für den Rechtserwerb vorlagen und diese Voraussetzungen auch nicht vom Schuldner geschaffen werden (sonst: i. V. mit § 81 Abs. 1 Satz 2 InsO), sondern vom Erwerber. Beispiel: Vor Verfahrenseröffnung ist die Einigung erklärt und die Eintragung bewilligt, der Eintragungsantrag wird aber erst nach Verfahrenseröffnung vom Erwerber gestellt.[327)] Der Erwerb gelingt, wenn bei Antragstellung nicht ein Insolvenzvermerk eingetragen oder das Ersuchen eingegangen war (maßgebend wegen § 17 GBO) und der Erwerber keine Kenntnis von der Insolvenzeröffnung hatte.

181 Ist ein Erwerb kraft öffentlichen Glaubens gemäß §§ 878, 892, 893 BGB i. V. mit § 91 Abs. 2 InsO nach Verfahrenseröffnung wirksam, so kann er gleichwohl als Rechtshandlung nach Verfahrenseröffnung **anfechtbar** sein (§§ 129 ff. i. V. mit § 147 Satz 1 InsO). Das gilt auch für den Fall des § 878 BGB, obwohl er in § 147 Satz 1 InsO nicht genannt ist.[328)]

V. Gesamt(schadens)liquidation

182 Das Insolvenzverfahren dient der gemeinschaftlichen Befriedigung aller Gläubiger des Schuldners und soll einen Wettlauf der Gläubiger um pfändbares Vermögen des Schuldners verhindern. Zu diesem Zweck wird die Insolvenzmasse vom Insolvenzverwalter verwaltet und verwertet. Darüber hinaus ist die Zuständigkeit für die Geltendmachung von Gesamtschäden und persönlicher Gesellschafterhaftung beim Insolvenzverwalter konzentriert (§§ 92, 93 InsO). In beiden Fällen stehen die geltend zu machenden Ansprüche zwar den einzelnen Gläubigern zu, nicht dem Insolvenzschuldner, und sind daher kein Teil der Insolvenzmasse (§ 35 Abs. 1 InsO). Könnten aber in der Insolvenz des Schuldners die Gläubiger diese Ansprüche selbst geltend machen, käme es unter ihnen wiederum zu einem Wettlauf, und zwar um das pfändbare Vermögen der Schadensersatzpflichtigen bzw. der persönlich haftenden Gesellschafter. Dies verhindert das Gesetz mit §§ 92, 93 InsO: Die Gläubiger bleiben zwar Inhaber dieser Ansprüche, sind aber weder einziehungs- noch prozessführungsbefugt **(Sperrwirkung)**. An ihrer Stelle ist der Insolvenzverwalter befugt, Erfüllung dieser Ansprüche durch Leistung zur Insolvenzmasse zu verlangen **(Ermächtigungswirkung)**.[329)]

326) *Lüke* in: KPB, InsO, § 91 Rz. 65 f.

327) *Breuer/Flöther* in: MünchKomm-InsO, § 91 Rz. 90.

328) *Rogge/Leptien* in: HambKomm-InsO, § 147 Rz. 6.

329) *Pohlmann* in: HambKomm-InsO, § 92 Rz. 29 ff., 34 ff., § 93 Rz. 30 ff., 35 ff.; *Brinkmann*, Die Bedeutung der §§ 92, 93 InsO für den Umfang der Insolvenz- und Sanierungsmasse, 2001; *Krüger*, NZI 2002, 367 ff.; *Oepen*, Massefremde Masse, 1999; zur Grenze der Ermächtigungswirkung von § 93 InsO *Freitag/Korch*, KTS 2017, 137 ff.

1. Gesamtschadensliquidation

Nach § 92 InsO können Schäden, die die Insolvenzgläubiger gemeinschaftlich durch eine Verminderung des zur Insolvenzmasse gehörenden Vermögens erlitten haben (**Gesamtschaden**), während des Insolvenzverfahrens nur durch den Insolvenzverwalter geltend gemacht werden; ist Anspruchsgegner der Insolvenzverwalter selbst, können sie nur von einem neu bestellten (Sonder-)Insolvenzverwalter geltend gemacht werden. Dabei ist zu beachten, dass sich die Sperrwirkung dieser Vorschrift auch dann auswirkt, wenn der Insolvenzverwalter von ihrer Ermächtigungswirkung keinen Gebrauch macht. 183

Die Vorschrift des § 92 InsO kennt keinen Vorläufer in der KO, entspricht jedoch der bisherigen Rechtsprechung, nach der die Geltendmachung von Masseverkürzungsansprüchen durch den Konkursverwalter anerkannt war.[330] 184

§ 92 InsO ist unabhängig davon anwendbar, auf welcher **Grundlage** der Anspruch der Gläubiger beruht und gegen wen er sich richtet, sofern es sich nur um einen Anspruch aus einem Gesamtschaden handelt.[331] Es kann sich um Gesamtschadensersatzansprüche aus Pflichtverletzungen der Geschäftsführung handeln, etwa wegen Vermögensverschiebung, unzulässigen Ausschüttungen oder Insolvenzverschleppung zum Nachteil der Altgläubiger,[332] aber auch gegen Dritte wegen Schädigung der Unternehmensgläubiger gemäß § 826 BGB.[333] Nicht unter § 92 InsO fällt die als Innenhaftung ausgestaltete Haftung aus § 15b Abs. 4, 6 InsO[334] oder die Existenzvernichtungshaftung aus § 826 BGB, weil es sich dabei nicht um Ansprüche der Gläubiger handelt, sondern um solche der Gesellschaft, die der Insolvenzverwalter gemäß § 80 Abs. 1 InsO als Teil der Insolvenzmasse geltend macht. Ferner fallen Ansprüche gegen den Schuldner wegen sittenwidriger Vermögensverschiebung nicht darunter.[335] Aus der Zeit nach Verfahrenseröffnung kommen aber Haftungsansprüche gegen den Insolvenzverwalter oder Gläubigerausschussmitglieder sowie Amtshaftungsansprüche aufgrund von Pflichtverletzungen des Insolvenzgerichts in Frage.[336] 185

In persönlicher Hinsicht bezieht sich § 92 InsO auf die Ansprüche der **Insolvenzgläubiger.** Im Rahmen der Insolvenzverschleppungshaftung wird teilweise angenommen, § 92 InsO beziehe sich nicht auf diejenigen Gläubiger, die erst infolge der Insolvenzverschleppung zu Insolvenzgläubigern geworden sind (Neugläubiger).[337] Nach Anzeige der Masseunzulänglichkeit ist § 92 InsO auf Massegläubiger analog anwendbar.[338] 186

Ein „Gesamt-" oder „Quotenschaden" liegt dann vor, wenn die Gläubiger durch Verminderung des Vermögens, durch Verringerung der Aktiva und/oder Vermehrung der Passiva, einen Schaden erleiden, der zu einer geringeren Quote führt.[339] Es muss sich mithin um einen Schaden an der **Insolvenzmasse** handeln. Es kommt nicht darauf an, dass alle Gläubiger geschädigt worden sind.[340] Der Gesamtschaden ist vielmehr vom Individualschaden abzugrenzen: Individuell geltend zu machende Einzelschäden liegen vor, wenn nur einzelne 187

---

330) *Lüke* in: KPB, InsO, § 92 Rz. 1 f. m. w. N.

331) *Pohlmann* in: HambKomm-InsO, § 92 Rz. 4 f.; *Gehrlein* in: MünchKomm-InsO, § 92 Rz. 4; Nerlich/Römermann-*Kruth*, InsO, § 92 Rz. 11 f.

332) *Lüke* in: KPB, InsO, § 92 Rz. 14; dazu *Pape*, ZInsO 2001, 397 ff.

333) *Lüke* in: KPB, InsO, § 92 Rz. 15.

334) *Pohlmann* in: HambKomm-InsO, § 92 Rz. 8; *Bitter*, ZIP 2021, 321 ff.

335) BGH, Urt. v. 21.10.2021 – IX ZR 265/20, Rz. 10 ff., ZRI 2022, 37 = ZVI 2022, 193 = NZI 2022, 118.

336) *Pohlmann* in: HambKomm-InsO, § 92 Rz. 9.

337) Näher *Lüke* in: KPB, InsO, § 92 Rz. 36 ff.

338) *Pohlmann* in: HambKomm-InsO, § 92 Rz. 13 f. Weitergehend Uhlenbruck-*Hirte*, InsO, § 92 Rz. 19, 22. Enger *Lüke* in: KPB, InsO, § 92 Rz. 51 ff.

339) BGH, Beschl. v. 14.7.2011 – IX ZR 210/10, ZIP 2011, 1575, 1575 f.

340) *Pohlmann* in: HambKomm-InsO, § 92 Rz. 17 f. – sondern ggf. ist eine Sondermasse zu bilden.

Ersatzberechtigte geschädigt werden, etwa bei Pflichtverletzungen gegenüber Aussonderungsberechtigten.[341] Betreffen Einzel- und Gesamtschaden unterschiedliche Streitgegenstände, wird ein Rechtsstreit, mit dem ein Einzelschaden geltend gemacht wird, durch die Eröffnung des Insolvenzverfahrens auch nicht gemäß § 240 ZPO unterbrochen.[342]

2. Persönliche Haftung der Gesellschafter

188 Auch die persönliche Haftung eines Gesellschafters für die Verbindlichkeiten der insolventen Gesellschaft kann während der Dauer des Insolvenzverfahrens nur vom Insolvenzverwalter geltend gemacht werden (§ 93 InsO). Das gilt analog in der Insolvenz des Rechtsnachfolgers der Gesellschaft.[343]

189 Die Vorschrift erfasst die rechtsfähigen **Personengesellschaften (bis 31.12.2023: Gesellschaften ohne Rechtspersönlichkeit**; GbR, OHG, KG, PartG, Partenreederei, EWIV) sowie die **KGaA**, deren Gesellschafter den Gläubigern der Gesellschaft unbeschränkt haften.[344] Auf Gesellschaften in anderen Rechtsformen ist § 93 InsO analog anwendbar, wenn Gesellschafter ausnahmsweise einer persönlichen Durchgriffs(außen)haftung unterliegen.[345] Nicht anwendbar ist § 93 InsO hingegen auf eine gesellschaftsrechtliche Innenhaftung.[346] Die Sperrwirkung erstreckt sich nur auf Gläubiger, die gleichzeitig auch Gesellschaftsgläubiger sind; andere Gläubiger können weiter gesondert auf das Vermögen des Gesellschafters zugreifen.[347]

190 § 93 InsO betrifft nur die Geltendmachung der **persönlichen akzessorischen Haftung.** Nach überwiegender, aber bestrittener Ansicht ist die Inanspruchnahme des Gesellschafters aus persönlichen Parallelsicherheiten und sonstigen Anspruchsgründen nicht umfasst.[348]

191 § 93 InsO ergänzt **§ 171 Abs. 2 HGB**, wonach die Außenhaftung von Kommanditisten gegenüber Gläubigern der Gesellschaft für die Dauer des Insolvenzverfahrens über das Vermögen der Gesellschaft i. H. der Haftsumme zu einer Innenhaftung wird, die vom Insolvenzverwalter geltend zu machen ist.[349]

---

341) BGH, Beschl. v. 14.7.2011 – IX ZR 210/10, ZIP 2011, 1575; *Pohlmann* in: HambKomm-InsO, § 92 Rz. 20 f.; *Gehrlein* in: MünchKomm-InsO, § 92 Rz. 11 f.; *Lüke* in: KPB, InsO, § 92 Rz. 22; Nerlich/Römermann-*Kruth*, InsO, § 92 Rz. 6. Zur Abgrenzung BGH, Urt. v. 25.9.2014 – IX ZR 156/12, ZVI 2015, 106 = ZIP 2014, 2305, dazu EWiR 2014, 785 *(Mitlehner)*.

342) BGH, Urt. v. 17.12.2020 – IX ZR 21/19, Rz. 18 ff., ZRI 2021, 81 = NZI 2021, 173.

343) KG, Urt. v. 27.2.2014 – 8 U 52/13, ZIP 2014, 933, dazu EWiR 2014, 459 *(Delaveaux)*.

344) *Pohlmann* in: HambKomm-InsO, § 93 Rz. 3; *Gehrlein* in: MünchKomm-InsO, § 93 Rz. 3; Nerlich/Römermann-*Kruth*, InsO, § 93 Rz. 3, 4; zu Einzelheiten OLG Hamm, Urt. v. 21.1.2019 – 8 U 62/18, ZIP 2019, 429; *Kesseler*, ZIP 2002, 1974 ff.; *Körber*, Die Haftungsabwicklung des persönlich haftenden Gesellschafters in der Insolvenz, 2012.

345) *Pohlmann* in: HambKomm-InsO, § 93 Rz. 6; Nerlich/Römermann-*Kruth*, InsO, § 93 Rz. 4; *J. Schmidt* in: HK-InsO, § 93 Rz. 6, 9; Uhlenbruck-*Hirte*, InsO, § 93 Rz. 8; *Bork*, KTS 2006, 39, 56 ff.

346) *Pohlmann* in: HambKomm-InsO, § 93 Rz. 8; Braun-*Kroth*, InsO, § 93 Rz. 10.

347) Nerlich/Römermann-*Kruth*, InsO, § 93 Rz. 8a. Vgl. BGH, Urt. v. 13.12.2018 – IX ZR 66/18, ZIP 2019, 380.

348) *Pohlmann* in: HambKomm-InsO, § 93 Rz. 11 ff. m. w. N.; vgl. ferner *Bunke*, KTS 2002, 471 ff.; *Haas*, ZIP 2009, 1257 ff.; OLG Brandenburg, Urt. v. 29.3.2023 – 7 U 39/22, ZRI 2023, 669.

349) Braun-*Kroth*, InsO, § 93 Rz. 12; vgl. auch OLG München, Urt. v. 26.8.2015 – 7 U 3400/14, ZIP 2015, 2137, dazu EWiR 2016, 215 *(Spliedt)*; LG Karlsruhe, Urt. v. 19.6.2017 – 20 S 207/16, ZIP 2017, 2118, dazu EWiR 2017, 667 *(Schall)*.

Kapitel 8
Abwicklung der Vertragsverhältnisse

Übersicht

Literatur: *Fischer*, Die Rechtsprechung des Bundesgerichtshofes zum Insolvenzrecht im Jahre 2002, NZI 2003, 281; *Graf/Wunsch*, Gegenseitige Verträge im Insolvenzverfahren, ZIP 2002, 2117; *Karrasch*, Das vergessene Warenfixgeschäft nach § 104 InsO, ZInsO 2020, 1975; *Krings*, Der Urlaubsabgeltungsanspruch in der Arbeitgeberinsolvenz – Neue Rechtsprechungslinie des BAG, NZA 2021, 399; *Mohrbutter/Mohrbutter*, Erfüllungsverlangen des Insolvenzverwalters und Teilbarkeit der Leistung, DZWIR 2003, 1; *Steinhoff*, Die insolvenzrechtlichen Probleme im Überweisungsverkehr, ZIP 2000, 1141; *Wazlawik*, § 103 InsO und die Erlöschenstheorie, NZI 2018, 337; *Wieser*, Erfüllungsverlangen des Insolvenzverwalters und Aufrechnung mit einer Insolvenzforderung, JZ 2003, 231; *Wilmowsky*, Eigentumsvorbehalts-Verkäufer in Insolvenz (§ 107 I InsO), ZIP 2021, 989.

A. Einführung

1 Die Durchführung eines Insolvenzverfahrens erfordert auch die Abwicklung von Vertragsverhältnissen. Gegenseitige Verträge, die von keiner der Vertragsparteien vollständig erfüllt sind oder Dauerschuldverhältnisse, bei denen fortlaufend wechselseitige Leistungspflichten zu erfüllen sind, haben erheblichen Einfluss auf die Insolvenzmasse. Denn durch Verträge, die der Insolvenzverwalter nach Insolvenzeröffnung erfüllt oder die für die Zeit nach Eröffnung des Insolvenzverfahrens erfüllt werden müssen, entstehen nach § 55 Abs. 1 Nr. 2 InsO Masseverbindlichkeiten, die vollumfänglich aus der vorgefundenen bzw. zu erwirtschaftenden Masse erfüllt werden müssen. Um die Insolvenzmasse nicht mit unnötigen Masseverbindlichkeiten zu belasten, wird der Insolvenzverwalter deshalb nach Verfahrenseröffnung sorgfältig prüfen müssen, ob durch die Erfüllungswahl von Verträgen ein Vorteil für die Masse eintritt oder auch eine Masseminderung zu erwarten ist. Durch die Abwicklung der Vertragsverhältnisse kann der Insolvenzverwalter sicherstellen, dass nur für die Insolvenzmasse vorteilhafte Verträge fortgeführt werden. Die §§ 103–117, 119 InsO gewährleisten, dass der Insolvenzverwalter sein Ziel einer optimalen Gläubigerbefriedigung durch Beendigung der Vertragsverhältnisse erreichen kann.

2 Das gesetzliche Instrumentarium, das dem Insolvenzverwalter an die Hand gegeben wird, wirkt unterschiedlich. Es sind gesetzliche Regelungen, die bereits mit Insolvenzeröffnung dazu führen, dass Ansprüche gegen den Schuldner nicht mehr durchsetzbar sind, von denjenigen gesetzlichen Regelungen zu unterscheiden, die erst noch eine Handlung oder Erklärung des Insolvenzverwalters zur Beendigung des Vertragsverhältnisses erfordern.

- Zur ersten Gruppe gehören Verträge bzw. Rechtsbeziehungen, die bereits durch die Insolvenzeröffnung erlöschen (z. B. Aufträge gemäß § 115 InsO, Geschäftsbesorgungsverträge gemäß § 116 InsO und Vollmachten nach § 117 InsO).
- Zur zweiten Gruppe gehören die Normen, die ein gesetzliches Kündigungsrecht des Insolvenzverwalters für die Zeit nach Verfahrenseröffnung vorsehen (z. B. Kündigung des Mietvertrags gemäß § 109 Abs. 1 InsO, Kündigung des Arbeitsverhältnissen nach § 113 Abs. 1 InsO).
- Systematisch weder den Kündigungsnormen noch den Erlöschensnormen zuzuordnen ist § 103 Abs. 1 InsO, wonach der Insolvenzverwalter bei einem gegenseitigen Vertrag, der zur Zeit der Eröffnung des Insolvenzverfahrens vom Schuldner und vom anderen Teil nicht oder nicht vollständig erfüllt worden ist, die Erfüllung des Vertrags wählen kann. Weiter unten (siehe Rz. 7 ff.) wird dargelegt, dass zu dieser Norm von der Rechtsprechung eine Dogmatik entwickelt wurde, nach der Ansprüche aus Verträgen, bezüglich deren der Insolvenzverwalter nicht die Erfüllung des Vertrags wählt, gegenüber dem Schuldner nicht durchsetzbar sind.

3 Für einige besonders wichtige Vertragstypen finden sich in den §§ 103–117 InsO Spezialregelungen. Greift keine der gesetzlichen Sonderregeln, ist § 103 InsO als Grundnorm der Vertragsabwicklung heranzuziehen. Durch die gesetzlichen Regelungen soll sichergestellt werden, dass sämtliche denkbaren Vertragsverhältnisse nach Insolvenzeröffnung lückenlos abgewickelt werden können. Die §§ 103–117 InsO ändern i. S. einer optimalen Gläubigerbefriedigung die allgemeinen zivilrechtlichen Regeln zum Recht der Leistungsstörungen ab. Gemäß § 119 InsO sind die §§ 103–117 InsO zwingendes Recht, so dass von ihnen nicht durch Parteivereinbarungen (im Voraus) abgewichen werden darf. Bei einem Verstoß gegen § 119 InsO sind sämtliche vertraglichen Vereinbarungen nichtig.

4 Im Folgenden wird herausgearbeitet werden, welche Möglichkeiten der Insolvenzverwalter nach Verfahrenseröffnung hat, Verträge zu beenden, welche Konsequenzen sich hieraus für den Vertragspartner ergeben und welche Auswirkungen die Entscheidung des Insolvenz-

verwalters auf die Insolvenzmasse hat. Dabei wird anhand von Beispielsfällen gezeigt werden, dass die §§ 103–117 InsO zum Schutz der Insolvenzmasse vor nicht gebotenen Masseverbindlichkeiten zu einer erheblichen Abweichung der allgemeinen zivilrechtlichen Regeln führen.

B. Abwicklung bei Wahlrechtsausübung (§§ 103–107 InsO)

Die §§ 103–107 InsO regeln die Abwicklung von Vertragsverhältnissen durch Wahlrechtsausübung des Insolvenzverwalters. § 103 InsO stellt die Grundnorm dar, die §§ 104–107 InsO enthalten Sonderregeln für bestimmte Vertragstypen. 5

I. Wahlrecht bei gegenseitigen Verträgen (§ 103 InsO)

Bei einem gegenseitigen Vertrag, der zur Zeit der Eröffnung des Insolvenzverfahrens vom Schuldner und vom anderen Teil nicht oder nicht vollständig erfüllt ist, kann der Insolvenzverwalter anstelle des Schuldners den Vertrag erfüllen und die Erfüllung vom anderen Teil verlangen (§ 103 Abs. 1 InsO). Er kann aber auch die Erfüllung des Vertrags ablehnen (§ 103 Abs. 1 InsO). Dieses **Wahlrecht** steht nur dem Insolvenzverwalter im eröffneten Verfahren, nicht jedoch dem vorläufigen Insolvenzverwalter zu.[1] Der Wortlaut des § 103 Abs. 1 InsO regelt ausdrücklich nur die Frage, ob und unter welchen Voraussetzungen der Insolvenzverwalter die Erfüllung eines gegenseitigen Vertrags wählen kann. Nicht ausdrücklich geregelt ist der Fall, dass der Insolvenzverwalter keine Erklärung bezüglich des gegenseitigen Vertrags abgibt. Zu § 103 Abs. 1 InsO wurde vom BGH[2] eine Dogmatik entwickelt, deren Verständnis zwingende Voraussetzung ist, um den vollen Regelungsgehalt des § 103 Abs. 1 InsO zu erfassen. Bevor deshalb im Folgenden auf die Tatbestandsvoraussetzungen und Rechtsfolgen der Wahlrechtsausübung eingegangen wird, soll vorab kurz die BGH-Dogmatik erläutert werden. 6

1. Dogmatik zu § 103 InsO

Bereits vor Inkrafttreten der InsO am 1.1.1999 hat der BGH zu § 17 Abs. 1 KO und § 9 Abs. 1 GesO als Vorläuferregeln zu § 103 InsO eine dezidierte Dogmatik entwickelt. Diese Vorschriften sollen einen interessengerechten Ausgleich bei beiderseitig noch nicht vollständig erfüllten gegenseitigen Verträgen sicherstellen. Zum einen soll dem Vertragspartner der Schutz des funktionalen Synallagmas auch in der Insolvenz erhalten bleiben, d. h. er soll nur dann zur Erbringung ausstehender Leistungen verpflichtet sein, wenn der Verwalter ihm vollwertige Gegenleistungen anbieten kann. Zum anderen soll dem Verwalter die Möglichkeit eingeräumt werden, beiderseitig nicht erfüllte Verträge zu erfüllen, wenn dies für die Masse vorteilhaft ist.[3] Unter Berücksichtigung dieser Prämisse hat sich in der Rechtsprechung zwischenzeitlich ein Wandel hinsichtlich der Folgen der Insolvenzeröffnung vollzogen. 7

a) Ältere BGH-Rechtsprechung

Nach überholter Rechtsprechung des BGH führt die Eröffnung des Insolvenzverfahrens bei gegenseitig nicht vollständig erfüllten Verträgen zum **Erlöschen der beiderseitigen Er-** 8

---

1) *Tintelnot* in: KPB, InsO, § 103 Rz. 51.

2) BGH, Urt. v. 22.6.1989 – IX ZR 279/88, ZIP 1989, 1413, dazu EWiR 1990, 589 *(Paulus)*; BGH, Urt. v. 4.5.1995 – IX ZR 256/94, ZIP 1995, 926; BGH, Urt. v. 25.4.2002 – IX ZR 313/99, ZIP 2002, 1093, dazu EWiR 2003, 125 *(Tintelnot)*; bestätigt durch BGH, Urt. v. 27.5.2003 – IX ZR 51/02, ZIP 2003, 1208 = NZI 2003, 491, dazu EWiR 2003, 819 *(Gundlach/N. Schmidt)*; BGH, Urt. v. 17.11.2005 – IX ZR 162/04, ZIP 2006, 87 = ZVI 2006, 158, dazu EWiR 2006, 119 *(Bärenz)*.

3) Uhlenbruck-*Wegener*, InsO, § 103 Rz. 1.

füllungsansprüche. Durch die Eröffnung des Insolvenzverfahrens wird der von keiner Partei vollständig erfüllte Vertrag in der Weise umgestaltet, dass an die Stelle des ursprünglichen Erfüllungsanspruchs automatisch ein einseitiger Anspruch des anderen Vertragsteils auf Schadensersatz wegen Nichterfüllung nach § 103 Abs. 2 InsO tritt. Eine Erfüllungsablehnung des Verwalters habe deshalb lediglich deklaratorische Wirkung und bestätige nur den bereits kraft Insolvenzeröffnung eingetretenen Zustand. Wenn der Insolvenzverwalter hingegen aufgrund seines Wahlrechts die Erfüllung des Vertrags verlangt, entsteht der untergegangene Anspruch gegen den Vertragspartner neu, in dem er mit dem bisherigen Inhalt neu begründet wird.[4)]

9 Demnach treten nach der Rechtsprechung des BGH bis hierher bei einem von keiner Partei vollständig erfüllten Vertrag alternativ folgende **Rechtsfolgen** ein:

- Eröffnung des Insolvenzverfahrens führt zum Erlöschen der gegenseitigen Erfüllungsansprüche;
- Erfüllungsablehnung ist nur deklaratorisch, so dass es beim Erlöschen der wechselseitigen Erfüllungsansprüche verbleibt;
- Erfüllungswahl führt zur Neuentstehung bereits erloschener Erfüllungsansprüche mit ursprünglichem Inhalt.

b) Aktuelle BGH-Rechtsprechung

10 Mit seiner Grundsatzentscheidung vom 25.4.2002 hat der BGH festgestellt, dass die Eröffnung des Insolvenzverfahrens kein Erlöschen der Erfüllungsansprüche aus gegenseitigen Verträgen i. S. einer materiell-rechtlichen Umgestaltung bewirke. Vielmehr verlören die noch offenen Ansprüche im Insolvenzverfahren ihre Durchsetzbarkeit, soweit sie nicht auf die anteilige Gegenleistung für vor Verfahrenseröffnung erbrachte Leistungen gerichtet seien. Wähle der Verwalter Erfüllung, so erhielten die zunächst nicht durchsetzbaren Ansprüche die Rechtsqualität von originären Forderungen der und gegen die Masse.[5)] Der BGH begründet dies damit, dass seine bisherige Ansicht der Rechtslage nicht voll gerecht werde. Nach dieser aktuellen Auffassung des BGH bewirkt die Verfahrenseröffnung keine materiell-rechtliche Umgestaltung des gegenseitigen Vertrags, sondern hat wegen der beiderseitigen Nichterfüllungseinrede der Vertragspartner (§ 320 BGB) nur zur Folge, dass diese ihre noch ausstehenden Erfüllungsansprüche, soweit es sich nicht um Ansprüche auf die Gegenleistung für schon erbrachte Leistungen handelt, nicht durchsetzen können.[6)] Die Ansprüche erlöschen somit nicht, sondern es tritt eine **fehlende Durchsetzbarkeit der Erfüllungsansprüche** ein.

11 Die neue Rechtsprechung des BGH führt deshalb bei einem von keiner Partei vollständig erfüllten Vertrag alternativ zu folgenden **Rechtsfolgen:**

- Mit Eröffnung des Insolvenzverfahrens steht beiden Vertragspartnern die Einrede des nicht erfüllten Vertrags zu, mit der Folge, dass sich die wechselseitigen Erfüllungsansprüche nicht durchsetzen lassen.

---

4) BGH, Urt. v. 22.6.1989 – IX ZR 279/88, ZIP 1989, 1413, dazu EWiR 1990, 589 *(Paulus)*; BGH, Urt. v. 4.5.1995 – IX ZR 256/94, ZIP 1995, 926.

5) BGH, Urt. v. 25.4.2002 – IX ZR 313/99, ZIP 2002, 1093, dazu EWiR 2003, 125 *(Tintelnot)*; bestätigt durch BGH, Urt. v. 27.5.2003 – IX ZR 51/02, ZIP 2003, 1208 = NZI 2003, 491, dazu EWiR 2003, 819 *(Gundlach/N. Schmidt)*; BGH, Urt. v. 17.11.2005 – IX ZR 162/04, ZIP 2006, 87 = ZVI 2006, 158, dazu EWiR 2006, 119 *(Bärenz)*.

6) BGH, Urt. v. 25.4.2002 – IX ZR 313/99, ZIP 2002, 1093; vgl. hierzu auch *Mohrbutter/Mohrbutter*, DZWIR 2003, 1, 3, die den Begriff „Nichtdurchsetzbarkeitstheorie" verwenden.

- Erfüllungsablehnung des Insolvenzverwalters hat nur insofern deklaratorische Wirkung, als bestätigt wird, dass durch die Insolvenzeröffnung die wechselseitigen Erfüllungsansprüche nicht durchsetzbar sind.
- Wählt der Insolvenzverwalter die Erfüllung des Vertrags, ist der Anspruch des Vertragspartners auf Ausführung der noch zu erbringenden Leistung grundsätzlich durchsetzbar.[7)]

2. Erfasste Vertragstypen

Der Wortlaut des § 103 Abs. 1 InsO zeigt, dass kein bestimmter Vertragstyp geregelt wird, 12
sondern ganz allgemein nicht vollständig erfüllte, gegenseitige Verträge normiert werden. Bei der Prüfung, nach welcher Regelung Vertragsverhältnisse nach Insolvenzeröffnung abgewickelt werden, ist deshalb immer als Vorfrage zu klären, ob § 103 Abs. 1 InsO überhaupt Anwendung findet.

§ 103 Abs. 1 InsO ist als Grundregel auf alle gegenseitigen Verträge anwendbar, sofern nicht 13
vorrangige Sonderregelungen in Form von Kündigungsrechten oder Erlöschungsnormen gelten.[8)] Für die Anwendbarkeit des § 103 Abs. 1 InsO lässt sich deshalb folgende Grundregel aufstellen:

Ist bei gegenseitigen Verträgen keine Spezialnorm einschlägig, ist § 103 Abs. 1 InsO anzuwenden.

Exemplarisch sei auf nachfolgende **Vertragstypen** hingewiesen, auf die § 103 Abs. 1 InsO 14
anzuwenden ist:[9)]

- Kaufverträge,
- Bauverträge,
- Werk- und Werklieferungsverträge,
- Bauträgerverträge,
- Versicherungsverträge in der Insolvenz des Versicherungsnehmers,[10)]
- Miet- und Pachtverträge bei Mobilien,
- Leasingverträge,
- Lizenzverträge,[11)]
- Rückabwicklungsverhältnisse.[12)]

Nicht anwendbar ist § 103 InsO bspw. auf folgende Verträge: 15

- Arbeits- und Dienstverträge,
- Handelsvertreterverträge,

---

7) Weiter unten wird noch dargelegt, dass hinsichtlich der Durchsetzbarkeit des Anspruchs des Vertragspartners zu unterscheiden ist, ob der Anspruch als Masseforderung gegen die Insolvenzmasse durchgesetzt werden kann oder ob dem Vertragspartner lediglich eine Insolvenzforderung zusteht. An dieser Stelle soll der Hinweis genügen, dass bei Erfüllungswahl des Insolvenzverwalters die zunächst nicht durchsetzbaren Ansprüche des Vertragspartners grundsätzlich wieder einklagbar sind.

8) Uhlenbruck-*Wegener*, InsO, § 103 Rz. 26.

9) Vgl. hierzu die Aufzählung bei Uhlenbruck-*Wegener*, InsO, § 103 Rz. 26–52.

10) Uhlenbruck-*Wegener*, InsO, § 103 Rz. 44.

11) BGH, Urt. v. 17.11.2005 – IX ZR 162/04, ZIP 2006, 87 = ZVI 2006, 158, zur Insolvenzfestigkeit von Lizenzen LG München I, Urt. v. 21.8.2014 – 7 O 11811/12 (Qimonda/Infineon), ZIP 2014, 2406, dazu EWiR 2014, 757 *(Ramisch)*.

12) Streitig, zum Meinungsstand BGH, Urt. v. 22.1.2009 – IX ZR 66/07, ZIP 2009, 428 = NZI 2009, 235, dazu EWiR 2009, 417 *(Dahl)*.

- Kontokorrentverträge,
- Bürgschaftsverträge,
- Speditions- und Frachtverträge,
- Gesellschaftsverträge,[13]
- Kautionsversicherungsvertrag,[14]
- Schiedsabreden,[15]
- Versicherungsverträge in der Insolvenz des Versicherers.[16]

3. Tatbestandsvoraussetzungen

16 Unter Außerachtlassung der Vorfrage der Anwendbarkeit der Norm enthält § 103 Abs. 1 InsO für das Wahlrecht des Insolvenzverwalters lediglich zwei Tatbestandsvoraussetzungen. Zum ersten muss es sich um einen gegenseitigen Vertrag handeln, zum zweiten darf der gegenseitige Vertrag zur Zeit der Eröffnung des Insolvenzverfahrens von keinem der Vertragsparteien vollständig erfüllt sein.

a) Gegenseitiger Vertrag

17 Voraussetzung ist zunächst, dass ein gegenseitiger **Vertrag zur Zeit der Eröffnung des Insolvenzverfahrens** vorliegt. Ist ein Vertrag i. S. von Angebot und Annahme nicht bereits bei Insolvenzeröffnung geschlossen, wie z. B. bei einem Letter of Intent, bei dem es i. S. einer Absichtserklärung regelmäßig an der erforderlichen Verbindlichkeit fehlt, ist § 103 Abs. 1 unanwendbar.[17] Von § 103 Abs. 1 InsO werden nur zweiseitige Verträge erfasst, bei denen also wechselseitige Verpflichtungen im Synallagma stehen.[18] Keine Anwendung findet § 103 Abs. 1 InsO hingegen auf einseitige Verpflichtungsgeschäfte, wie z. B. Schenkungen und unentgeltliche Verwahrung.[19] Die Aufstellung derjenigen Vertragstypen, auf die § 103 Abs. 1 InsO anwendbar ist (siehe Rz. 13 f.), zeigt, dass es sich hierbei jeweils um zweiseitige Verträge handelt.

b) Beiderseitig nicht vollständige Erfüllung

18 Weitere Voraussetzung von § 103 Abs. 1 InsO ist, dass keiner der Vertragspartner seine Leistungen bereits vollständig erfüllt hat. Für die Frage, ob Erfüllung vorliegt, kommt es darauf an, ob der **Leistungserfolg eingetreten** ist, nicht ausreichend ist die bloße Leistungshandlung.[20] Vollständige Erfüllung ist deshalb bei Vorliegen der Voraussetzungen des § 362 BGB sowie bei Annahme einer Leistung an Erfüllungs statt nach § 364 Abs. 1 BGB gegeben. Die Frage, ob von einer beiderseitigen nicht vollständigen Erfüllung ausgegangen werden kann, wird nachfolgend anhand von **Beispielsfällen** zu einem Kaufvertrag erläutert:

---

13) Vgl. auch insoweit die Aufzählung bei Uhlenbruck-*Wegener*, InsO, § 103 Rz. 53 ff.

14) Dieser erlischt mit Eröffnung des Insolvenzverfahrens insgesamt, BGH, Urt. v. 6.7.2006 – IX ZR 121/05, ZIP 2006, 1055 = ZVI 2006, 584.

15) BGH, Beschl. v. 20.11.2003 – III ZB 24/03, ZInsO 2004, 88 m. w. N.; OLG Köln, Beschl. v. 23.9 2016 – 19 Sch 9/16, NZI 2017, 509.

16) § 16 VVG ist in der Insolvenz des Versicherungsnehmers zwingendes Recht und Spezialnorm zu § 103 InsO. Das Versicherungsverhältnis endigt mit dem Ablauf von einem Monat nach der Eröffnung und bleibt bis zu diesem Zeitpunkt gegenüber der Insolvenzmasse wirksam. Vgl. Uhlenbruck-*Wegener*, InsO, § 103 Rz. 44.

17) *Tintelnot* in: KPB, InsO, § 103 Rz. 30c.

18) BGH, Urt. v. 22.1.2009 – IX ZR 66/07, ZIP 2009, 428 = NZI 2009, 235.

19) *Tintelnot* in: KPB, InsO, § 103 Rz. 45.

20) *Tintelnot* in: KPB, InsO, § 103 Rz. 147.

Beispiele 19

Keine Leistungserbringung: *Schuldner und Käufer schließen einen Kaufvertrag. Weder der Kaufpreis wurde von dem Käufer bezahlt, noch hat der Schuldner den Kaufgegenstand an den Käufer übergeben.*

Hier ist § 103 Abs. 1 InsO anwendbar, weil keiner der Vertragsparteien erfüllt hat. Der Schuldner ist seiner Verpflichtung zur Eigentumsübertragung nicht nachgekommen, der Käufer hat seine Verpflichtung zur Kaufpreiszahlung nicht erfüllt.[21)]

Teilweise Leistungserbringung: *Schuldner und Käufer vereinbaren einen Versendungskauf, nach dem der Schuldner an den Käufer die Ware versenden soll. Der Kaufpreis wurde von dem Käufer bisher nicht entrichtet. Der Schuldner hat die Ware an einen Spediteur zur Versendung übergeben.*

In diesem Fall hat der Schuldner lediglich die Leistungshandlung vorgenommen, in dem er aufgrund des Versendungskaufs die Sache an den Spediteur übergeben hat. Da jedoch der Leistungserfolg in Form der Ablieferung der Ware an den Käufer noch nicht stattgefunden hat, liegt ebenfalls ein von keiner der Parteien vollständig erfüllter Vertrag vor, so dass § 103 Abs. 1 InsO einschlägig ist.

Nicht vollständige Erfüllung: *Schuldner verkauft an Käufer Ware. Der Schuldner hat den Kaufpreis vereinnahmt. Der Käufer hat jedoch den Kaufgegenstand noch nicht abgenommen.*

Die Rechtsprechung geht in diesem Fall davon aus, dass eine beiderseitige nicht vollständige Erfüllung vorliege, weil der Käufer den Kaufgegenstand noch nicht abgenommen und der Schuldner den Kaufgegenstand noch nicht übergeben hat.[22)] *Demgegenüber wird in der Literatur vertreten, dass die Abnahme keine synallagmatische Vertragspflicht sei und demzufolge bereits eine vollständige Erfüllung des Kaufvertrags vorliege, mit der Konsequenz, dass § 103 InsO nicht anwendbar sei.*[23)]

Nicht vollständige Erfüllung: *Der Schuldner verkauft an den Käufer einen Gegenstand, der mangelhaft ist. Der mangelhafte Kaufgegenstand wird von dem Schuldner an den Käufer übergeben. Der Käufer hat den Kaufpreis noch nicht an den Schuldner bezahlt.*

Auch hier liegt eine beiderseitig nicht vollständige Erfüllung des Vertrags vor. In der Übergabe einer mangelhaften Sache von dem Verkäufer an den Käufer liegt keine Erfüllung i. S. von § 103 Abs. 1 InsO. Dies wird zu Recht damit begründet, dass der Verkäufer nach § 433 Abs. 1 Satz 2 BGB verpflichtet ist, dem Käufer die Sache frei von Sach- und Rechtsmängeln zu verschaffen.[24)] *In der Übergabe einer mangelhaften Sache liegt somit eine Nichtleistung.*

c) Vollständige Erfüllung durch zumindest eine Vertragspartei

Wenn zumindest eine Vertragspartei den gegenseitigen Vertrag bereits bei Insolvenzeröffnung vollumfänglich erfüllt hat, finden die **allgemeinen Regeln** Anwendung.[25)] Je nachdem, wer vollständig geleistet hat, ergeben sich folgende Fallkonstellationen: 20

– Wenn der Schuldner bereits vor Insolvenzeröffnung vollständig geleistet hat, steht dem späteren Insolvenzverwalter der Anspruch auf die Gegenleistung gegenüber dem Vertragspartner zu.

---

21) Vgl. hierzu auch BGH, Urt. v. 25.2.1983 – V ZR 20/82, ZIP 1983, 709 – unter Bezugnahme auf BGH, Urt. v. 17.3.1972 – V ZR 53/70, BGHZ 58, 246, 249, und RG, Urt. v. 25.11.1933 – I 141/33, RGZ 142, 296, 299; vgl. auch aus neuerer Zeit BGH, Urt. v. 27.5.2003 – IX ZR 51/02, ZIP 2003, 1208 = NZI 2003, 491.

22) BGH, Urt. v. 25.2.1983 – V ZR 20/82, ZIP 1983, 709.

23) *Tintelnot* in: KPB, InsO, § 103 Rz. 173 m. w. N.

24) Uhlenbruck-*Wegener*, InsO, § 103 Rz. 61.

25) BGH, Urt. v. 24.10.1979 – VIII ZR 298/78, ZIP 1980, 40 = NJW 1980, 226.

– Wenn der Vertragspartner des Schuldners vollständig geleistet hat, so ist sein Gegenanspruch gegenüber dem Schuldner lediglich Insolvenzforderung.[26)]

4. Ausübung des Wahlrechts und Erklärungsobliegenheit

21 Nach § 103 Abs. 1 InsO kann der Insolvenzverwalter anstelle des Schuldners den Vertrag erfüllen und „die Erfüllung vom anderen Teil verlangen". Im Folgenden wird aufgezeigt, in welcher „Form" der Insolvenzverwalter sein Wahlrecht zur Erfüllung ausüben kann. Zur Ausübung des Wahlrechts gehört systematisch die Möglichkeit der anderen Vertragspartei, den Insolvenzverwalter zur Ausübung des Wahlrechts aufzufordern, so dass der Insolvenzverwalter verpflichtet ist, unverzüglich zu erklären, ob er die Erfüllung verlangen will (§ 103 Abs. 2 Satz 2 InsO). Sollte der Insolvenzverwalter auf die Aufforderung zur Ausübung des Wahlrechts nicht reagieren, kann er nach § 102 Abs. 2 Satz 3 InsO nicht mehr auf die Erfüllung des Vertrags bestehen.

a) Erklärung der Erfüllungswahl

22 Die Erfüllungswahl des Insolvenzverwalters ist eine einseitige, empfangsbedürftige Willenserklärung, die bedingungsfeindlich, unwiderruflich und formfrei erklärt werden kann.[27)] Formfreiheit der Willenserklärung ist auch dann gegeben, wenn der betroffene Vertrag, bezüglich dessen die Erfüllung verlangt wird, seinerseits formbedürftig ist.[28)]

Praxishinweis

Will der Insolvenzverwalter Missverständnisse vermeiden, wird er seine Erfüllungswahl **ausdrücklich** etwa wie folgt formulieren:

„Hiermit wähle ich die Erfüllung des Vertrags ... in meiner Eigenschaft als Insolvenzverwalter über das Vermögen der B-GmbH. Ich darf Sie deshalb bitten, Ihre vertraglich geschuldeten Leistungen gegenüber der Insolvenzmasse zu erbringen."

23 Eine Erfüllungswahl i. S. von § 103 Abs. 1 InsO liegt nicht nur in dem ausdrücklichen Erfüllungsverlangen, sondern kann von dem Insolvenzverwalter auch **konkludent** (durch schlüssiges Verhalten) erklärt werden. Ein Verhalten des Insolvenzverwalters löst jedoch die Rechtsfolge des § 103 InsO nur dann aus, wenn der Vertragspartner hieraus entnehmen konnte und musste, dass der Verwalter die Erfüllung wählen wollte.[29)] Sollte ein Verhalten des Insolvenzverwalters als konkludente Erfüllungswahl qualifiziert werden, begeben sich jedoch beide Vertragsparteien auf sehr unsicheres Terrain. Wie unten näher dargelegt wird, sind die Folgen der Erfüllungswahl weitreichend (siehe Rz. 29 ff.). Es ist dem Vertragspartner des insolventen Unternehmens deshalb kaum zumutbar, auf eine unklare Erklärung des Insolvenzverwalters weitere Leistungen zu erbringen. Ebenso sollte der Insolvenzverwalter tunlichst vermeiden, Erklärungen abzugeben oder Handlungen vorzunehmen, die als konkludente Erfüllungswahl qualifiziert werden. Bei Unsicherheiten sollte der Vertragspartner eine klarstellende Erklärung des Insolvenzverwalters verlangen.

24 Die Rechtsprechung entscheidet in Fällen konkludenter **Erfüllungswah**l lediglich für den jeweiligen Einzelfall. So wurde von einer konkludenten Erfüllungswahl ausgegangen, wenn der Insolvenzverwalter den Vertrag mit der Gegenseite abändert, ohne dass er zuvor ausdrücklich die Erfüllung des Vertrags abgelehnt hatte. Auch die Entnahme von Waren aus einem Kosignationslager wurde von der Rechtsprechung als konkludente Erfüllungswahl

26) Uhlenbruck-*Wegener*, InsO, § 103 Rz. 61.

27) *Tintelnot* in: KPB, InsO, § 103 Rz. 214.

28) *Tintelnot* in: KPB, InsO, § 103 Rz. 214.

29) Uhlenbruck-*Wegener*, InsO, § 103 Rz. 115.

des Insolvenzverwalters angesehen.[30] Andererseits soll eine **Erfüllungsablehnung** darin liegen, dass der Insolvenzverwalter erklärt, den Vertrag nur zu veränderten Bedingungen zu erfüllen.[31] Diskutiert wird bspw. auch, ob eine Erfüllungswahl bei einem Bauvertrag bereits darin liegt, dass der Insolvenzverwalter Gewährleistungsansprüche an den Käufer abtritt.[32] Verlangt der Insolvenzverwalter bei einem Bauvertrag die Vornahme von Mängelbeseitigungsarbeiten oder Nachbesserung vom Werkunternehmer, soll hierin eine Erfüllungswahl des Insolvenzverwalters liegen.[33]

Keine konkludente Erfüllungswahl ist gegeben bei Aufforderung des Insolvenzverwalters zur Kaufpreiszahlung ohne Bezugnahme auf Gegenansprüche des Käufers.[34] 25

b) Aufforderung zur Wahlrechtsausübung

Grundsätzlich ist der Insolvenzverwalter hinsichtlich der Ausübung seines Wahlrechts nach 26 § 103 Abs. 1 InsO zeitlich nicht begrenzt. Er kann deshalb bei länger andauernden Insolvenzverfahren auch noch Jahre später die Erfüllung eines von beiden Seiten noch nicht vollständig erfüllten Vertrags wählen. Diese Möglichkeit ist Folge davon, dass durch die Eröffnung des Insolvenzverfahrens die wechselseitigen Ansprüche lediglich nicht durchsetzbar sind und die Erfüllungswahl allein dazu führt, dass die Ansprüche mit ursprünglichem Inhalt durchsetzbar werden. Wie bereits dargelegt (siehe Rz. 11) bedarf es keiner Erfüllungsablehnung des Insolvenzverwalters, damit die Nichtdurchsetzbarkeit der Ansprüche eintritt, eine Erfüllungsablehnung des Insolvenzverwalters ist deshalb immer deklaratorischer Natur. Für den Vertragspartner des Insolvenzverwalters tritt im Falle der Nichterklärung folgendes Problem auf: Die Erfüllungsansprüche sind für den Vertragspartner nicht durchsetzbar, ohne dass für ihn erkennbar ist, ob der Insolvenzverwalter zu einem späteren Zeitpunkt während des Insolvenzverfahrens die Erfüllung wählt oder der Insolvenzverwalter bereits „gedanklich" die Erfüllungsablehnung des Vertrags gewählt hat, ohne dies jedoch dem Vertragspartner mitzuteilen. Zumindest aus Sicht des Vertragspartners ist der gegenseitige Vertrag noch in der Schwebe.

Genau dieser Schwebezustand soll durch § 103 Abs. 2 Satz 2 aufgelöst werden, nach dem 27 der andere Vertragspartner den Insolvenzverwalter auffordern kann, sich unverzüglich zu erklären, ob er die Erfüllung des Vertrags verlangt. Erfahrene Gläubiger, wie z. B. Leasinggesellschaften, die von Insolvenzverfahren oftmals betroffen sind, machen von diesem Recht regelmäßig und unverzüglich Gebrauch, sobald die Eröffnung des Insolvenzverfahrens im Bundesanzeiger bzw. der Tagespresse bekannt gemacht worden ist. Gibt der Insolvenzverwalter keine unverzügliche Erklärung ab, kann er die Erfüllung des Vertrags nach § 103 Abs. 2 Satz 3 InsO nicht mehr verlangen. Eine Aufforderung nach § 103 Abs. 2 Satz 2 InsO gegenüber dem vorläufigen Insolvenzverwalter führt nicht zu der gewünschten Rechtsfolge, weil die Vorschrift nach ihrem klaren Wortlaut nur auf das eröffnete Insolvenzverfahren anwendbar ist.[35]

Ein unverzügliches Handeln i. S. von § 103 Abs. 2 Satz 2 und Satz 3 InsO wird dann angenommen, wenn ein „nach den Umständen des Falles zu bemessendes schleunigstes Handeln" vorliegt.[36] Die auslegungsbedürftige Fassung des Gesetzes und die allgemeine Formel 28

30) BGH, Urt. v. 13.2.2014 – IX ZR 313/12, ZIP 2014, 736, dazu EWiR 2014, 389 *(Dahl/Schmitz)*.
31) BGH, Urt. v. 7.11.1957 – II ZR 251/56, BGHZ 26, 25 = WM 1958, 430, 432.
32) *Tintelnot* in: KPB, InsO, § 103 Rz. 221.
33) Uhlenbruck-*Wegener*, InsO, § 103 Rz. 116.
34) OLG Stuttgart, Urt. v. 22.2.2005 – 10 U 242/04, ZIP 2005, 588 = ZVI 2005, 211.
35) BGH, Urt. v. 8.11.2007 – IX ZR 53/04, ZIP 2007, 2322.
36) *Tintelnot* in: KPB, InsO, § 103 Rz. 262 m. N. aus der Rspr.

zur Ausfüllung des Rechtsbegriffs lassen zwangsläufig Streit über die Frage der Unverzüglichkeit der Handlung entstehen.

Praxishinweis

Teilweise versuchen Gläubiger über die Aufforderung zur Erfüllungswahl eine **Fiktion der Erfüllungswahl** durch den Insolvenzverwalter zu schaffen, in dem sie sinngemäß folgende Erklärungen gegenüber dem Insolvenzverwalter abgeben:

„Wir haben Sie hiermit aufzufordern, unverzüglich Ihr Wahlrecht nach § 103 Abs. 1 InsO auszuüben und insbesondere zu erklären, ob Sie die Erfüllung des Vertrags verlangen oder nicht. Sollten Sie nicht bis zum [Datum] eine Erklärung abgeben, gehen wir davon aus, dass Sie die Erfüllung des Vertrags wählen."

Solche Erklärungen sind hinsichtlich der Fiktion der Erfüllungswahl **rechtlich bedeutungslos**, weil sie versuchen, die gesetzlichen Regelungen in ihr Gegenteil zu verkehren. Rechtsfolge einer nicht unverzüglichen Erklärung ist lediglich, dass der Insolvenzverwalter nicht auf die Erfüllung des Vertrags bestehen kann. Durch die Insolvenzeröffnung sind die Erfüllungsansprüche des Vertragspartners auch ohne ausdrückliche Erfüllungsablehnung nicht durchsetzbar, weshalb im Schweigen des Insolvenzverwalters gerade keine Erfüllungswahl liegen kann. Der Insolvenzverwalter kann deshalb solche Aufforderungsschreiben unbeantwortet lassen, sofern er z. B. bei einem Leasingvertrag das Leasinggut zurückgibt. Nutzt er hingegen das Leasinggut weiter, ohne sich auf die Aufforderung des Gläubigers zu erklären, läuft er Gefahr, dass dies als konkludente Erfüllungswahl angesehen wird.

5. Rechtsfolgen der Wahlrechtsausübung

29 Bei einem von keiner Partei vollständig erfüllten Vertrag haben allein aufgrund des zivilrechtlichen Zustands des Vertrags beide Parteien noch Erfüllungsansprüche. Durch § 103 InsO i. V. m. der bereits dargelegten BGH-Dogmatik wird jedoch für das Insolvenzverfahren geregelt, ob und in welchem Umfang die wechselseitigen Ansprüche durchsetzbar sind. Wie bereits dargelegt wurde (siehe Rz. 7 ff.) soll der Vertragspartner des insolventen Unternehmens nur dann zur Erbringung der ausstehenden Leistung verpflichtet sein, wenn der Verwalter ihm vollwertige Gegenleistungen anbieten kann.

30 Ein von keiner Partei vollständig erfüllter Vertrag kann sich zum Zeitpunkt der Insolvenzeröffnung grundsätzlich in zwei Abwicklungsstadien befinden:

- Entweder hat keine der Parteien überhaupt irgendeine vertraglich geschuldete Leistung erbracht **(Nichtleistung)**. In diesem Fall bedeutet eine Erfüllung des Vertrags, dass sowohl der Insolvenzverwalter als auch der Vertragspartner die geschuldete Leistung zu erbringen haben.
- Haben beide Vertragsparteien zum Zeitpunkt der Insolvenzeröffnung teilweise ihre Leistungen erbracht, zerfällt der Vertrag in Leistungen, die bereits vor Insolvenzeröffnung erbracht worden sind, und Leistungen, die im Falle der Erfüllungswahl nach Insolvenzeröffnung noch zu erbringen sind (**teilweiser Leistungsaustausch**). Bei dieser Fallkonstellation stellt sich die Frage, ob die Erfüllungswahl durch den Insolvenzverwalter dazu führt, dass sämtliche wechselseitigen Ansprüche – aus bereits erbrachten und noch zu erbringenden Leistungen – durchsetzbar sind oder ob sich die Erfüllungswahl nur auf die Durchsetzbarkeit von Ansprüchen aus zukünftigen Leistungen bezieht, die erst nach der Erfüllungswahl durch den Insolvenzverwalter erbracht worden sind.

31 Je nachdem, ob die Erfüllung gewählt oder abgelehnt wird, ergeben sich unterschiedliche Rechtsfolgen, wobei zwischen den Fällen der Nichtleistung und den Fällen des teilweisen Leistungsaustausches zu unterscheiden ist.

a) Rechtsfolgen bei Erfüllungswahl

Entstehen von Masseverbindlichkeiten: Nach der gesetzlichen Regelung des § 103 Abs. 1 InsO führt die Erfüllungswahl des Insolvenzverwalters dazu, dass dieser verpflichtet ist, „anstelle des Schuldners den Vertrag zu erfüllen". Nach der Rechtsprechung des BGH werden die aufgrund der Insolvenzeröffnung zunächst nicht durchsetzbaren Ansprüche des Vertragspartners durch die Erfüllungswahl des Insolvenzverwalters zu gegenüber der Insolvenzmasse durchsetzbaren Ansprüchen.[37] Dies bedeutet, dass nach § 55 Abs. 1 Nr. 2 InsO durch die Erfüllungswahl des Insolvenzverwalters Masseverbindlichkeiten entstehen. Der Umfang des Entstehens der Masseverbindlichkeiten hängt davon ab, ob überhaupt noch kein Leistungsaustausch stattgefunden hat oder ob die Leistungen zumindest teilweise zwischen den Vertragspartnern ausgetauscht wurden. 32

aa) Vertragliche Hauptpflichten

Hat i. S. einer **Nichtleistung** zum Zeitpunkt der Erfüllungswahl weder der Vertragspartner noch der Schuldner eine Leistung erbracht, so dass vor Insolvenzeröffnung keinerlei Leistungen ausgetauscht wurden, führt die Erfüllungswahl dazu, dass der Insolvenzverwalter anstatt des Schuldners in vollem Umfang die Leistung zu erbringen hat und der Vertragspartner im Gegenzug verpflichtet ist, seine Leistung zur Insolvenzmasse zu erbringen. Der gesamte Anspruch des Vertragspartners ist damit ein gegenüber der Insolvenzmasse durchsetzbarer Anspruch i. S. von § 55 Abs. 1 Nr. 2 InsO. 33

Haben bei einem **teilweisen Leistungsaustausch** die Parteien zum Zeitpunkt der Insolvenzeröffnung lediglich teilweise Leistungen erbracht, führt die Erfüllungswahl des Insolvenzverwalters nicht zwangsläufig dazu, dass der gesamte Anspruch des Vertragspartners als Masseforderungen durchgesetzt werden kann. Der BGH hat festgestellt, dass durch die Erfüllungswahl nur „die noch offenen Ansprüche im Insolvenzverfahren" die Rechtsqualität von Masseansprüchen erhalten. Soweit dagegen teilweise Leistungen vor Verfahrenseröffnungen erbracht wurden, wird der Vertrag insoweit nicht von § 103 InsO erfasst, mit der Konsequenz, dass bezüglich der von dem Vertragspartner bereits erbrachten Leistungen kein gegenüber der Insolvenzmasse durchsetzbarer Anspruch auf die Gegenleistung besteht.[38] 34

Unter Berücksichtigung dieser BGH-Rechtsprechung kann die Erfüllungswahl im Falle der teilweisen Leistungserbringung somit zu einer **Aufspaltung des Vertrags** in der Weise führen, dass dem Vertragspartner wegen der vor Insolvenzeröffnung erbrachten Leistungen zwar kein durchsetzbarer Anspruch gegenüber der Masse zusteht, jedoch die nach Insolvenzeröffnung von dem Vertragspartner gegenüber dem Insolvenzverwalter erbrachten Leistungen als Masseansprüche durchgesetzt werden können. Nach der Rechtsprechung des BGH sind die aufgrund gegenseitiger Verträge geschuldeten Leistungen regelmäßig dann teilbar, wenn sich die vor und nach Eröffnung des Insolvenzverfahrens erbrachten Leistungen feststellen und bewerten lassen,[39] was der BGH bspw. bei einem Bauvertrag bejaht. Unter Berücksichtigung der Rechtsprechung des BGH ergeben sich bei einem teilweisen Leistungsaustausch hinsichtlich des Entstehens von Masseverbindlichkeiten folgende Alternativen: 35

- Sind die aufgrund des gegenseitigen Vertrags erbrachten Leistungen teilbar und können die Teilleistungen festgestellt werden, entsteht ein durchsetzbarer Anspruch gegenüber der Insolvenzmasse für den Vertragspartner nur für den Teil der von ihm zu erbringen-

37) BGH, Urt. v. 25.4.2002 – IX ZR 313/99, ZIP 2002, 1093.
38) BGH, Urt. v. 25.4.2002 – IX ZR 313/99, ZIP 2002, 1093.
39) BGH, Urt. v. 25.4.2002 – IX ZR 313/99, ZIP 2002, 1093.

den Leistung, den er nach Insolvenzeröffnung gegenüber dem Schuldner bzw. Insolvenzverwalter erbringt. Der vor Insolvenzeröffnung durch Leistungserbringung erworbene Anspruch ist als bloße Insolvenzforderung gegenüber der Insolvenzmasse nicht durchsetzbar.

- Liegt hingegen keine teilbare Leistung vor, entsteht für den Vertragspartner des Schuldners durch die Erfüllungswahl ein gegenüber der Insolvenzmasse durchsetzbarer Anspruch für die von ihm erbrachte Gesamtleistung.

bb) Vertragliche Nebenpflichten und Sekundäransprüche

36 Bedeutsam ist für den Insolvenzverwalter, dass bei einer Erfüllungswahl nicht nur die von dem Schuldner geschuldeten Hauptpflichten, sondern auch vertragliche Nebenpflichten zu Masseverbindlichkeiten werden. So wurden bei einem Bauvertrag bspw. von dem Schuldner ausgelöste Gewährleistungsansprüche bei einer Erfüllungswahl des Insolvenzverwalters als gegenüber der Insolvenzmasse durchsetzbare Masseforderungen qualifiziert,[40] und zwar auch dann, wenn sie aus der Zeit vor Insolvenzeröffnung herrühren.[41] Zu Recht wird allerdings darauf hingewiesen, dass dies nur dann der Fall ist, soweit Gewährleistungsansprüche nicht selbständige Teilleistungen i. S. von § 105 Satz 1 InsO betreffen.[42] Auch wird die Auffassung vertreten, dass Schadensersatzansprüche und Ansprüche auf Vertragsstrafe wegen Nichterfüllung oder nicht rechtzeitiger Erfüllung durch den Insolvenzverwalter zu Masseverbindlichkeiten werden.[43]

Praxishinweis

Bestehende Sekundäransprüche, die bei der Erfüllungswahl zu Masseverbindlichkeiten werden, können somit dazu führen, dass erhebliche, möglicherweise sogar die Masse vollständig aufzehrende Ansprüche entstehen. Wegen der weitreichenden Folgen muss der Insolvenzverwalter deshalb in jedem Einzelfall sorgfältig prüfen, ob er die durch die Erfüllungswahl ausgelösten Masseverbindlichkeiten tatsächlich aus der Insolvenzmasse begleichen kann. Ansonsten läuft er Gefahr, in eine persönliche Haftung nach § 61 InsO zu geraten.

cc) Aufrechnungsmöglichkeiten des Vertragspartners

37 Für den Fall, dass die Erfüllungswahl im Falle von teilbaren Leistungen dazu führt, dass der Vertragspartner für nach Insolvenzeröffnung erbrachte Leistungen einen gegenüber der Insolvenzmasse durchsetzbaren Anspruch erwirbt und für vor Insolvenzeröffnung erbrachte Leistungen lediglich mit einer Insolvenzforderung am Insolvenzverfahren teilnimmt, stellt sich die Frage, ob der Vertragspartner mit seiner vor Insolvenzeröffnung entstandenen Insolvenzforderung gegen einen Zahlungsanspruch des Insolvenzverwalters **aufrechnen** kann.

38 Noch zur sog. Erlöschungstheorie des BGH, wonach durch die Erfüllungswahl des Insolvenzverwalters die zunächst durch die Insolvenzeröffnung erloschenen Erfüllungsansprüche mit dem bisherigen Inhalt neu begründet wurden, wurde mit der Begründung, dass der Anspruch des Insolvenzverwalters nach Insolvenzeröffnung neu entstanden sei, eine Aufrechnung gestützt auf die Vorschrift des § 55 Satz 1 Nr. 1 KO als unzulässig erachtet.[44] Obwohl der BGH mit seiner späteren Rechtsprechung einen dogmatischen Wechsel insoweit vollzogen hat, als aufgrund der Insolvenzeröffnung zunächst nicht durchsetzbare Er-

---

40) OLG Celle, Urt. v. 14.12.1994 – 11 U 12/94, BauR 1995, 856, 857.

41) OLG Frankfurt/M., Urt. v. 19.11.1987 – 1 U 96/86, NJW-RR 1988, 1338, 1339.

42) *Tintelnot* in: KPB, InsO, § 103 Rz. 269.

43) Uhlenbruck-*Wegener*, InsO, § 103 Rz. 140.

44) BGH, Urt. v. 11.2.1988 – IX ZR 36/87, ZIP 1988, 322; § 55 Satz 1 Nr. 1 KO entspricht § 96 Abs. 1 Nr. 1 InsO.

füllungsansprüche durch die Erfüllungswahl durchsetzbar werden, spricht alles dafür, auch die Anwendbarkeit des § 96 Abs. 1 Nr. 1 InsO zu bejahen. Im Hinblick auf die Durchsetzbarkeit der wechselseitigen Ansprüche macht es vom Ergebnis keinen Unterschied, ob zunächst erloschene Ansprüche wieder neu entstehen, oder ob zunächst nicht durchsetzbare Ansprüche durchsetzbar werden. In beiden Fällen entsteht die Durchsetzbarkeit und Werthaltigkeit des Anspruches mit Erfüllungswahl. Es wird deshalb weiterhin vertreten, dass der Vertragspartner gegenüber dem Vergütungsanspruch des Insolvenzverwalters nicht mit Insolvenzforderungen aufrechnen kann.[45] Allerdings soll das Aufrechnungsverbot dann nicht greifen, wenn der Schuldner vor Verfahrenseröffnung teilweise vorgeleistet hat. In Höhe der Vorleistungen soll der Vertragspartner zur Aufrechnung berechtigt sein.[46]

b) Rechtsfolgen bei Erfüllungsablehnung

Die Erfüllungsablehnung ist lediglich deklaratorischer Natur, weil bereits durch die Insol- 39
venzeröffnung die wechselseitigen Ansprüche ihre Durchsetzbarkeit verlieren. Sowohl der Anspruch des Insolvenzverwalters als auch der Anspruch des Vertragspartners ist deshalb nicht durchsetzbar. Die Ansprüche des Vertragspartners gegenüber dem Insolvenzverwalter werden im Insolvenzverfahren wie folgt berücksichtigt.

aa) Schadensersatzanspruch des Vertragspartners

Nach § 103 Abs. 2 Satz 1 InsO steht dem Vertragspartner für den Fall der Erfüllungsab- 40
lehnung „eine Forderung wegen Nichterfüllung" zu. Qualifiziert wird dieser Anspruch als Schadensersatzanspruch, der anstelle der vertraglichen Erfüllungsansprüche oder auch Gewährleistungsansprüche tritt.[47]

§ 103 Abs. 2 Satz 1 InsO enthält ausdrücklich nur eine Regelung für den Anspruch des 41
Vertragspartners. Nicht vom Wortlaut erfasst wird die Frage, wie der durch die Erfüllungsablehnung nicht mehr durchsetzbare Erfüllungsanspruch des Schuldners kompensiert wird. Wenn der Schuldner i. R. eines nicht vollständig erfüllten Vertrags bereits teilweise geleistet hat, ist auch beim Schuldner ein Schaden durch die Nichterfüllung des Vertrags eingetreten. Um den wechselseitigen Ansprüchen Rechnung tragen zu können, wird die Forderung wegen Nichterfüllung als ein Abrechnungsverhältnis verstanden, in das sämtliche wechselseitigen Ansprüche der Vertragsparteien als unselbständige Rechnungsposten eingestellt werden.[48] Es kommt zu einer **Saldierung wechselseitiger Ansprüche**.

Übersteigt der Schaden des Vertragspartners den Schaden des Insolvenzverwalters, so steht 42
nach einer vorgenommenen Saldierung ausschließlich dem Vertragspartner ein Anspruch zu. Übersteigt umgekehrt der Schaden des Insolvenzverwalters den Schaden des Vertragspartners, ergibt sich ein Anspruch für den Insolvenzverwalter. Nach vorgenommener Saldierung kann somit immer nur entweder dem Insolvenzverwalter oder dem Vertragspartner ein Anspruch zustehen. Der Vertragspartner hat einen möglichen Anspruch als Insolvenzforderung gemäß § 174 Abs. 1 InsO zur Insolvenztabelle anzumelden. Ergibt sich ein Saldo zugunsten des Insolvenzverwalters, kann dieser die Forderung gegenüber dem Vertragspartner einziehen.[49]

45) *Fischer*, NZI 2003, 281, 285; *Graf/Wunsch*, ZIP 2002, 2117, 2120; *Wieser*, JZ 2003, 231 – wenn auch mit abweichender Begründung.

46) BGH, Urt. v. 4.5.1995 – IX ZR 256/93, BGHZ 129, 336 = ZIP 1995, 926, dazu EWiR 1995, 691 (*Uhlenbruck*); *Tintelnot* in: KPB, InsO, § 103 Rz. 84.

47) BGH, Urt. v. 16.1.1986 – VII ZR 138/85, ZIP 1986, 382.

48) BGH, Urt. v. 16.1.1986 – VII ZR 138/85, ZIP 1986, 382.

49) Uhlenbruck-*Wegener*, InsO, § 103 Rz. 174 m. w. N.

43 *Beispiel*

Der Schuldner schloss mit dem Verkäufer einen notariell beurkundeten Kaufvertrag über ein Grundstück zu einem Preis von 1.000.000 €, den der Schuldner sogleich im Notartermin zahlte. Beiden Seiten war bekannt, dass der Wert des Grundstücks u. a. davon abhing, dass ein Dritter ein Wegerecht zugunsten des Grundstücks bestellt. Zu einer Auflassung kam es nicht mehr. Nach Verfahrenseröffnung stellt sich heraus, dass der Dritte kein Wegerecht bestellen wird und der Wert des Grundstücks deshalb nur 750.000 € beträgt. Der Insolvenzverwalter lehnt die Erfüllung des Kaufvertrags ab.

Die Anwendbarkeit des § 103 InsO ergibt sich daraus, dass der Vertrag auch von dem Schuldner noch nicht vollständig erfüllt worden war. Er hat zwar den vereinbarten Kaufpreis bezahlt, ist aber seine Mitwirkung an der Auflassung (§ 433 Abs. 2 BGB) schuldig geblieben.[50] *Aufgrund der Erfüllungsablehnung stehen sich folgende Ansprüche gegenüber: Dem Insolvenzverwalter steht ein Anspruch auf Rückzahlung des geleisteten Kaufpreises i. H. von 1.000.000 € zu. Dem Verkäufer steht gemäß § 103 Abs. 2 Satz 1 InsO eine Forderung wegen Nichterfüllung i. H. des entgangenen Gewinns von 250.000 € zu. Die wechselseitigen Ansprüche sind zu verrechnen,*[51] *so dass der Masse nur ein Anspruch i. H. von 750.000 € zusteht.*

bb) Aufrechnungsmöglichkeiten des Vertragspartners

44 Die Frage einer möglichen Aufrechnung spielt bei § 103 InsO im Falle einer Erfüllungsablehnung regelmäßig nur eine untergeordnete Rolle. Im Rahmen des beiderseitig nicht vollständig erfüllten Vertrags erfolgt eine Saldierung der wechselseitigen Ansprüche der Vertragspartner bereits i. R. des § 103 Abs. 2 Satz 1 InsO. Im Hinblick auf den konkreten Vertrag, bezüglich dessen die Erfüllung abgelehnt wird, findet somit eine Verrechnung der wechselseitigen Ansprüche bereits bei der Berechnung der Forderung des Vertragspartners statt.

45 Die **Aufrechnung hat Ausnahmecharakter** und erlangt nur Bedeutung, wenn sich für den Vertragspartner oder den Insolvenzverwalter Ansprüche aus Rechtsverhältnissen ergeben, die ihre Grundlage nicht in dem beiderseitig nicht erfüllten Vertrag haben.

46 *Beispiel*

Aus einem zwischen dem Schuldner und dem Vertragspartner geschlossenen Bauvertrag, i. R. dessen der Schuldner die Bauleistung bereits vollständig erbracht hat, steht dem Schuldner noch ein Zahlungsanspruch gegenüber dem Vertragspartner zu. Ein in der Folgezeit zwischen Schuldner und Vertragspartner geschlossener Vertrag wurde von beiden Seiten nicht vollständig erfüllt. Nach der Erfüllungsablehnung des Insolvenzverwalters ergibt sich zugunsten des Vertragspartners aus dem zweiten Vertrag nach Saldierung der wechselseitigen Positionen dieses Vertrags eine Forderung nach § 103 Abs. 2 Satz 1 InsO.

In dieser Fallkonstellation ist die Aufrechnungsmöglichkeit des Vertragspartners streitig. Teilweise wird vertreten, dass der Vertragspartner gegenüber dem Zahlungsanspruch des Insolvenzverwalters aufrechnen kann, weil die Nichterfüllungsforderung bereits vor Insolvenzeröffnung aufschiebend bedingt entstanden sei.[52] *Mit der Begründung, die Forderung der Masse sei fällig, bevor der „angelegte" Nichterfüllungsanspruch endgültig entstanden sei, wird demgegenüber auch die Ansicht vertreten, dass die Aufrechnung an § 95 Abs. 1 Satz 3 InsO scheitere.*[53]

---

50) Vgl. BGH, Urt. v. 25.2.1983 – V ZR 20/82, ZIP 1983, 709.

51) BGH, Urt. v. 26.10.2000 – IX ZR 227/99, ZIP 2001, 31, dazu EWiR 2007, 737 *(Tintelnot)*; BGH, Urt. v. 25.2.1983 – V ZR 20/82, ZIP 1983, 709.

52) Uhlenbruck-*Wegener*, InsO, § 103 Rz. 177 f.; *Tintelnot* in: KPB, InsO, § 103 Rz. 281 ff.

53) So wohl *Graf/Wunsch*, ZIP 2002, 2117, 2122.

II. Sonderregeln der Wahlrechtsausübung

§ 103 InsO ist die Grundnorm der Wahlrechtsausübung. Die §§ 104–107 InsO enthalten für bestimmte Vertragstypen bzw. Vertragsausgestaltungen Spezialregelungen, die die Grundnorm des § 103 InsO ergänzen oder abbedingen. 47

1. Fix- und Finanztermingeschäfte, vertragliches Liquidationsnetting (§ 104 InsO)

In § 104 Abs. 1 InsO wird für Waren-Fixgeschäfte[54] und in § 104 Abs. 2 InsO die Erfüllungswahl für Finanztermingeschäfte die **Erfüllungswahl ausgeschlossen**. Es handelt sich um eine Ausnahmevorschrift zu § 103 InsO, die ausdrücklich eine Erfüllungswahl ausschließt, um den besonderen Gegebenheiten bei Fixgeschäften und Finanzgeschäften Rechnung zu tragen. Damit steht fest, dass bei einem beiderseitig nicht vollständig erfüllten Vertrag die wechselseitigen Erfüllungsansprüche nicht durchsetzbar sind und der nicht vollständig erfüllte Vertrag in ein Abwicklungsverhältnis übergeht. So regelt § 104 Abs. 1 InsO für Waren-Fixgeschäfte ebenso wie § 104 Abs. 2 Satz 1 InsO für Finanztermingeschäfte, dass von dem Vertragspartner nur eine Forderung wegen Nichterfüllung geltend gemacht werden kann. Aus dem systematischen Zusammenhang zu § 103 InsO ergibt sich, dass § 104 InsO nicht anwendbar ist, wenn eine Partei das Waren-Fixgeschäft oder das Finanztermingeschäft bereits vollständig erfüllt hat.[55] 48

Am 9.6.2016 entschied der BGH,[56] dass die in einem Rahmenvertrag konkret verwendeten Liquidationsnettingklauseln wegen eines Verstoßes gegen § 119 InsO unwirksam sind, wenn diese für die Berechnung der Ausgleichsforderungen eine Berechnungsweise vorsehen, die von der Regelung des § 104 Abs. 3 InsO a. F. abweichen. Diese Feststellung rief den Gesetzgeber auf den Plan, der mit großer Eile eine umfassende Neufassung des § 104 InsO auf den Weg brachte.[57] Im Zuge der Neugestaltung der Norm wurde § 104 Abs. 1 und 2 InsO a. F. zusammengefasst und die Definition der Finanzdienstleistungen vereinfacht, indem man auf den Begriff der Finanzinstrumente nach der Richtlinie 2014/65/EU des Europäischen Parlaments und des Rates[58] Bezug genommen hat. Als entscheidende Änderung zur bisherigen Rechtslage aber erlaubt es § 104 Abs. 4 InsO den Parteien nunmehr, durch vertragliche Vereinbarungen auch von den Regelungen des § 104 Abs. 1 und 2 InsO abzuweichen, solange sie innerhalb des Grundgedankens der Regelung bleiben. 49

Im Gegensatz zu § 103 InsO enthält § 104 Abs. 2 Satz 1 InsO n. F. eine **gesetzliche Regelung zur Schadensberechnung**. Die Forderung wegen Nichterfüllung bestimmt sich nach dem Markt- oder Börsenpreis des Geschäfts. Als Markt- oder Börsenpreis gilt für ein Ersatzgeschäft, das unverzüglich, spätestens aber am fünften Werktag nach Eröffnung des Insolvenzverfahrens abgeschlossen wird, oder wenn kein Ersatzgeschäft getätigt wird, der Markt- oder Börsenpreis für ein Ersatzgeschäft, das am zweiten Werktag nach der Verfahrenseröffnung hätte abgeschlossen werden können. Die nunmehr neu aufgenommene Regelung des § 104 Abs. 4 InsO bietet den Vertragsparteien die Möglichkeit vertragliche abweichende Regelungen zu treffen. So soll eine Vorverlagerung auf den Zeitpunkt der Insolvenzantragstellung zur wertschonenden Abwicklung möglich sein. Diese, einzelne Gläubigergruppen bevorzugende Regelung ist im Übrigen als sehr kritisch zu beurteilen, untermi- 50

54) Ausführliche Erörterung vgl. *Karrasch*, ZInsO 2020, 1975.

55) Uhlenbruck-*Knof*, InsO, § 104 Rz. 5.

56) BGH, Urt. v. 9.6.2016 – IX ZR 314/14, ZIP 2016, 1226 = NZI 2016, 627, dazu EWiR 2016, 535 *(Hartmann)*.

57) Zur Anwendbarkeit des § 104 InsO n. F. vgl. Art. 105a EG InsO.

58) Richtlinie 2014/65/EU des Europäischen Parlaments und des Rates v. 15.5.2014 über Märkte für Finanzinstrumente sowie zur Änderung der Richtlinien 2002/92/EG und 2011/61/EU (MIFID II), ABl. (EU) L 173/349 v. 12.6.2014.

niert sie doch den Grundsatz der Gläubigergleichbehandlung im Insolvenzrecht. Schließlich stellt § 104 Abs. 5 InsO n. F. klar, dass der Nichterfüllungsschaden der anderen Partei als Insolvenzforderung geltend gemacht werden kann.

2. Teilbare Leistungen (§ 105 InsO)

51 § 105 InsO regelt als Sonderbestimmung zu § 103 InsO die Erfüllungswahl bei teilbaren Leistungen. Grundsätzlich führt die Erfüllungswahl des Insolvenzverwalters i. S. von § 103 InsO dazu, dass der Erfüllungsanspruch des Vertragspartners in vollem Umfange gegenüber der Insolvenzmasse durchsetzbar ist (siehe Rz. 32). Bei gegenseitigen Verträgen können aufgrund teilweise erbrachter Leistungen des Vertragspartners erhebliche Verbindlichkeiten aufgelaufen sein, die der Insolvenzverwalter bei Erfüllungswahl vollständig aus der Masse befriedigen müsste. Gerade bei Großinsolvenzverfahren würde die Erfüllungswahl von Energielieferungsverträgen mit erheblichen Rückständen regelmäßig dazu führen, dass die Insolvenzmasse in großem Umfang aufgezehrt werden würde. Damit wäre eine Fortführung des schuldnerischen Unternehmens in vielen Fällen ausgeschlossen. Bei einer für die Fortführung notwendigen Erfüllungswahl würde die i. R. der Fortführung mühsam ersparte Liquidität zur Bezahlung von Altverbindlichkeiten eingesetzt werden. Genau dies will § 105 InsO verhindern, wonach bei teilbaren Leistungen der Vertragspartner bei Erfüllungswahl des Insolvenzverwalters keinen Anspruch gegenüber der Insolvenzmasse für seine bereits erbrachten Teilleistungen hat (§ 105 Satz 1 InsO).

52 Die Erfüllungswahl durch den Insolvenzverwalter führt somit dazu, dass der Vertragspartner wegen seiner bereits erbrachten Teilleistungen am Insolvenzverfahren lediglich als Insolvenzgläubiger teilnimmt, ohne einen durchsetzbaren Anspruch gegenüber der Insolvenzmasse zu erwerben. Dem Vertragspartner steht ein Anspruch gegenüber der Insolvenzmasse nur für den Teil der Leistung zu, die er nach Insolvenzeröffnung aufgrund der Erfüllungswahl des Insolvenzverwalters gegenüber der Insolvenzmasse erbringt, insoweit entstehen Masseverbindlichkeiten nach § 55 Abs. 1 Nr. 2 InsO – die vor Insolvenzeröffnung erbrachte Teilleistung stellt eine Insolvenzforderung nach § 38 InsO dar.[59] Bei teilbaren Leistungen entstehen bei einer Erfüllungswahl somit **Insolvenzforderungen und Masseverbindlichkeiten.**

53 Von § 105 InsO werden Sukzessivlieferungsverträge, Energielieferungsverträge, Bau-, Werk- und Werklieferungsverträge sowie Miet- oder Pachtverträge über bewegliche Sachen erfasst.[60] Diese Vertragstypen haben regelmäßig gemeinsam, dass i. R. eines Dauerschuldverhältnisses periodisch wechselseitige Teilleistungen erbracht werden. § 105 InsO stellt zum Schutz der Insolvenzmasse sicher, dass nur solche Teilleistungen aus der Insolvenzmasse zu bezahlen sind, die nach Insolvenzeröffnung aufgrund der Erfüllungswahl von dem Insolvenzverwalter in Anspruch genommen werden.

3. Vormerkung (§ 106 InsO)

54 Nach § 106 Abs. 1 Satz 1 InsO kann der Gläubiger für seinen Anspruch Befriedigung aus der Insolvenzmasse verlangen, wenn zur Sicherung seines Anspruches auf Einräumung oder Aufhebung eines Rechts an einem Grundstück des Schuldners eine Vormerkung im Grundbuch eingetragen ist. Der Vormerkungsschutz des § 106 Abs. 1 Satz 1 InsO gilt auch bei einem unentgeltlichen Grundgeschäft unbeschränkt.[61] Bei Vorliegen der Tatbestandsvoraussetzungen ist der Anspruch des Vertragspartners insofern insolvenzfest, als der Insolvenz-

---

59) Uhlenbruck-*Wegener*, InsO, § 105 Rz. 3.

60) Vgl. hierzu statt aller *Tintelnot* in: KPB, InsO, § 105 Rz. 16 ff.

61) BGH, Urt. v. 25.3.2021 – IX ZR 70/20, ZRI 2021, 462 = ZVI 2021, 268.

verwalter nicht die Erfüllung des Vertrags nach § 103 InsO ablehnen kann, sondern verpflichtet ist, den durch die Vormerkung gesicherten Anspruch zu erfüllen.[62] Die für den Grundstücksverkehr weitreichende Bedeutung dieser Vorschrift soll anhand des nachfolgenden – konstruierten und in der Praxis hoffentlich nicht auftretenden – Falls erläutert werden.

Beispiel 55

Am 2.1.2021 schließen der Schuldner und der Käufer einen Kaufvertrag, mit dem der Schuldner ein Grundstück zum Kaufpreis von 400.000 € veräußert. Nach dem Kaufvertrag ist der Kaufpreis in zwei Raten zu entrichten. Die erste Rate i. H. von 200.000 € wird direkt mit Unterzeichnung fällig, die zweite Rate ist am 31.1.2021 zu zahlen. Entsprechend seiner Verpflichtung überweist der Käufer noch am 2.1.2021 einen Teilbetrag von 200.000 € auf das Anderkonto des Notars. Der Notar ist aufgrund des Kaufvertrags ermächtigt und verpflichtet, für den Käufer beim zuständigen Grundbuchamt die Eintragung einer Vormerkung zu beantragen. Der Schuldner stellt am 6.1.2021 einen Insolvenzantrag, woraufhin am 23.1.2021 das Insolvenzverfahren eröffnet wird. Den vereinnahmten Teilkaufpreis i. H. von 200.000 € hat der Notar versehentlich bereits am 16.1.2021 an den Schuldner ausgezahlt. Der Notar hat ferner versäumt, einen Antrag auf Eintragung einer Vormerkung zu stellen. Eine Eigentumsumschreibung wurde noch nicht vorgenommen.

In diesem Fall liegt ein von keiner Seite vollständig erfüllter Vertrag vor. Der Käufer hat erst einen Teil des Kaufpreises gezahlt und wurde noch nicht im Grundbuch als Eigentümer eingetragen, so dass noch kein Eigentumswechsel stattgefunden hat. Der Insolvenzverwalter kann deshalb nach § 103 InsO die Erfüllung des nicht vollständig erfüllten Vertrags ablehnen, mit der Konsequenz, dass er den bereits gezahlten Kaufpreis behalten darf, ohne das Eigentum übertragen zu müssen. Dem Käufer steht nach § 103 Abs. 2 Satz 1 InsO lediglich ein Anspruch auf Rückzahlung der geleisteten Kaufpreisrate als Insolvenzforderung zu, die zur Insolvenztabelle anzumelden ist. Da eine Vormerkung nicht eingetragen wurde, kann der Käufer nach § 106 Abs. 1 Satz 1 InsO nicht den Anspruch auf Übertragung des Eigentums an dem Grundstück gegenüber dem Insolvenzverwalter durchsetzen. Wäre in dem Fall eine Vormerkung vor Insolvenzeröffnung eingetragen worden, wäre der Insolvenzverwalter nach § 106 Abs. 1 InsO zur Erfüllung des Vertrags verpflichtet gewesen. Nach Zahlung des Restkaufpreises hätte er den Anspruch auf Eigentumsübertragung erfüllen müssen.

Für die Frage, ob § 106 InsO einen insolvenzfesten Anspruch auf Eigentumsübertragung 56
gewährt, kommt es jedoch entscheidend darauf an, zu welchem **Zeitpunkt** die Vormerkung im Grundbuch eingetragen wurde. Ist die Vormerkung bereits vor Insolvenzeröffnung eingetragen worden, ist § 106 InsO grundsätzlich einschlägig. Dies gilt allerdings dann nicht, wenn die Vormerkung zwar vor Insolvenzeröffnung, jedoch nach Anordnung eines allgemeinen Verfügungsverbots gemäß § 21 Abs. 2 Nr. 2 InsO eingetragen wurde. Ein solches Verfügungsverbot lässt die Rechte aus der Vormerkung nicht wirksam entstehen.[63]

Ist die Vormerkung nach Insolvenzeröffnung eingetragen worden, kann der Vertragspartner 57
einen insolvenzfesten Anspruch auf Eigentumsübertragung erlangt haben, wenn eine bindende Bewilligung der Vormerkung vorliegt und der Antrag auf Eintragung der Vormerkung beim Grundbuchamt vor Insolvenzeröffnung gestellt worden ist.[64] Eine bindend bewilligte Vormerkung ist dagegen unwirksam, wenn der Eintragungseintrag erst nach Insolvenzeröffnung beim Grundbuchamt eingegangen ist.[65]

62) *Tintelnot* in: KPB, InsO, § 106 Rz. 10.
63) Uhlenbruck-*Wegener*, InsO, § 106 Rz. 15.
64) BGH, Urt. v. 10.2.2005 – IX ZR 100/03, ZIP 2005, 627 = ZVI 2005, 271.
65) BGH, Urt. v. 10.2.2005 – IX ZR 100/03, ZIP 2005, 627 = ZVI 2005, 271.

4. Eigentumsvorbehalt (§ 107 InsO)

58 § 107 InsO enthält eine Spezialregelung bei vereinbarten Eigentumsvorbehalten in der Insolvenz. § 107 Abs. 1 InsO betrifft den Fall, dass der Schuldner eine bewegliche Sache unter Eigentumsvorbehalt verkauft (Insolvenz des Vorbehaltsverkäufers), § 107 Abs. 2 InsO regelt den Fall eines Kaufs von Vorbehaltsware durch den Schuldner (Insolvenz des Vorbehaltskäufers).

a) Insolvenz des Vorbehaltsverkäufers (§ 107 Abs. 1 InsO)

59 In der Insolvenz des Vorbehaltsverkäufers kann der Käufer dann die Erfüllung des Vertrags verlangen, wenn der Schuldner dem Käufer bereits den Besitz an der Sache übertragen hat. Das **Anwartschaftsrecht des Käufers** auf Übertragung des Volleigentums ist in diesem Fall insolvenzfest gemäß § 107 Abs. 1 Satz 1 InsO. Durch Zahlung des Kaufpreises erstarkt das Anwartschaftsrecht des Käufers zu Volleigentum. Es wird diskutiert, ob § 107 Abs. 1 Satz 1 InsO einen unmittelbaren Besitz des Käufers erfordert, oder ob auch mittelbarer Besitz des Käufers ausreicht. Die überwiegende Auffassung tendiert dazu, auch den mittelbaren Besitz ausreichen zu lassen.[66)]

60 Gemäß § 107 Abs. 1 Satz 1 InsO wird das Wahlrecht des Insolvenzverwalters nach § 103 InsO ausgeschlossen. § 107 Abs. 1 Satz 1 InsO regelt den Fall, dass zwar der Käufer den Besitz an der Sache erlangt hat, jedoch mangels Kaufpreiszahlung wegen eines vereinbarten Eigentumsvorbehalts noch nicht Eigentümer geworden ist. Damit liegt ein beiderseitig nicht vollständig erfüllter Vertrag vor, so dass der Insolvenzverwalter nach der Grundregel des § 103 Abs. 1 InsO an sich die Erfüllung des Vertrags ablehnen könnte.

61 Durch § 107 Abs. 1 Satz 2 InsO wird klargestellt, dass auf die Insolvenzfestigkeit des Anspruches auf Eigentumsübertragung die Nichterfüllung von weiteren vertraglichen Verpflichtungen keinen Einfluss hat. Wenn der Schuldner neben der Verpflichtung zur Eigentumsübertragung z. B. aufgrund eines Vertrags zum Einbau des Kaufgegenstands verpflichtet ist und der Verwalter nicht die Erfüllung des gesamten Vertrags wählt, erwirbt der Käufer durch Zahlung auch eines reduzierten Kaufpreises Eigentum.[67)]

b) Insolvenz des Käufers (§ 107 Abs. 2 InsO)

62 Im Falle der Insolvenz des Vorbehaltskäufers ist in dem Insolvenzverfahren über das Vermögen des Käufers nach § 103 Abs. 1 InsO das **Wahlrecht nicht eingeschränkt**. Es liegt ein beiderseitig nicht vollständig erfüllter Vertrag vor. Der insolvente Käufer hat den Kaufpreis noch nicht entrichtet und ist wegen des vereinbarten Eigentumsvorbehalts zwar Besitzer, jedoch noch nicht Eigentümer der Sache geworden. Der Insolvenzverwalter über das Vermögen des Käufers kann deshalb die Erfüllung des Kaufvertrags ablehnen, was zur Folge hat, dass der Verkäufer als Eigentümer den Vermögensgegenstand aussondern kann und der insolvente Käufer nicht zur Zahlung des Kaufpreises verpflichtet ist.

63 § 107 Abs. 2 Satz 1 InsO enthält jedoch eine abweichende Regelung zu § 103 Abs. 2 Satz 2 InsO, wonach sich der Insolvenzverwalter hinsichtlich der Ausübung des Wahlrechts auf Anforderung des Vertragspartners **unverzüglich erklären** muss. Nach § 107 Abs. 2 Satz 1 InsO ist der Insolvenzverwalter bei Aufforderung durch den Verkäufer lediglich verpflichtet, seine Erklärung „erst unverzüglich nach dem Berichtstermin abzugeben". Gemäß § 107 Abs. 2 Satz 2 InsO gilt dies nur dann nicht, wenn in der Zeit bis zum Berichtstermin eine erhebliche Verminderung des Werts der Sache zu erwarten ist und der Gläubiger den Ver-

---

66) Vgl. statt aller *Tintelnot* in: KPB, InsO, § 107 Rz. 20 m. w. N.

67) *Tintelnot* in: KPB, InsO, § 107 Rz. 29 m. w. N.

walter auf diesen Umstand hingewiesen hat. Die Regelung in § 107 Abs. 2 InsO soll sicherstellen, dass der Insolvenzverwalter das Unternehmen unter Einsatz auch mit Aussonderungsrechten behafteten Vermögensgegenständen bis zum Berichtstermin fortführen kann.

Wählt der Insolvenzverwalter Erfüllung des Kaufvertrags, muss er den Kaufpreis aus der Insolvenzmasse begleichen, lehnt er die Erfüllung des Kaufvertrags ab, erlischt sein Recht zum Besitz, so dass der Verkäufer den Kaufgegenstand nach § 47 InsO aussondern kann. 64

C. Abwicklung bei Kündigung

Der Insolvenzverwalter kann Dauerschuldverhältnisse auch durch Kündigung beenden. 65 Der wesentliche Unterschied zwischen einer Beendigung des Vertrags durch Wahlrechtsausübung und Beendigung durch Kündigung liegt im Folgenden:

Bei der Wahlrechtsausübung führt nach dem dogmatischen Verständnis von § 103 InsO die 66 Eröffnung des Insolvenzverfahrens bereits dazu, dass die Erfüllungsansprüche des beiderseits nicht vollständig erfüllten Vertrags nicht durchsetzbar sind, so dass eine Erfüllungsablehnung durch den Insolvenzverwalter als rein deklaratorische Erklärung überflüssig ist. Eine „Beendigung" des beiderseitig nicht vollständig erfüllten Vertrags i. S. einer Nichtdurchsetzbarkeit wechselseitiger Erfüllungsansprüche bedarf somit keiner Erklärung des Insolvenzverwalters. Demgegenüber kann der Insolvenzverwalter Verträge, die nicht vom Regelungsgehalt des § 103 InsO erfasst werden, nur durch Kündigungserklärungen als empfangsbedürftige Willenserklärungen beenden. § 103 InsO schützt die Insolvenzmasse deshalb wesentlich weitreichender als die Kündigungsbestimmungen, da das Entstehen von Masseverbindlichkeiten selbst dann vermieden wird, wenn der Insolvenzverwalter überhaupt keine Erklärung abgibt.

Praxishinweis

Dagegen muss der Insolvenzverwalter bei anderen Verträgen sorgfältig prüfen, ob und inwieweit die Verträge durch Kündigungen zum Schutz der Masse zu beenden sind. Er wird sich deshalb einen genauen Überblick über die gesamten Vertragsverhältnisse des Schuldners machen müssen, damit er nicht irgendwann feststellen muss, masseaufzehrende Verträge ohne Nutzen für das Insolvenzverfahren nicht gekündigt zu haben – und sich insoweit persönlich schadensersatzpflichtig gemacht zu haben.

Die §§ 108–114 InsO enthalten Sonderregelungen für die Abwicklung von Dauerschuldverhältnissen. 67

I. Fortbestehen von Dauerschuldverhältnissen (§ 108 InsO)

Nach § 108 Abs. 1 Satz 1 InsO bestehen Miet- und Pachtverhältnisse des Schuldners über 68 unbewegliche Gegenstände oder Räume ebenso wie Dienstverhältnisse des Schuldners mit Wirkung für die Insolvenzmasse fort. Dies gilt im Falle der Insolvenz des Vermieters jedoch nur dann, wenn die Mietsache im Zeitpunkt der Insolvenzeröffnung dem Mieter bereits überlassen worden ist.[68] Nicht anwendbar ist § 108 InsO auf Erbbaurechtsverträge.[69] § 108 Abs. 1 Satz 1 InsO enthält für die dort aufgeführten Dauerschuldverhältnisse eine **Spezialregelung zu § 103 InsO**, die die Anwendung von § 103 InsO ausschließt und unabhängig davon gilt, ob der Schuldner als Vermieter/Verpächter oder als Mieter/Pächter an dem Rechtsverhältnis beteiligt ist.[70] Bereits aus dem Wortlaut ergibt sich, dass Miet- und Pachtver-

68) BGH, Urt. v. 5.7.2007 – IX ZR 185/06, ZIP 2007, 2087, dazu EWiR 2007, 729 *(Eckert)*.

69) BGH, Urt. v. 20.10.2005 – IX ZR 145/04, ZIP 2005, 2267 = ZInsO 2005, 1322, dazu EWiR 2006, 313 *(Tintelnot)*.

70) BGH, Beschl. v. 16.5.2019 – V ZR 295/16, ZfIR 2019, 734; *Tintelnot* in: KPB, InsO, § 106 Rz. 1.

hältnisse des Schuldners über bewegliche Gegenstände nicht vom Regelungsbereich des § 108 InsO erfasst werden, so dass insoweit die allgemeine Regelung des § 103 InsO Anwendung findet. Sofern in § 108 Abs. 1 Satz 1 InsO angeordnet wird, dass Miet- und Pachtverhältnisse für Immobilien sowie Dienstverhältnisse für die Insolvenzmasse fortbestehen, bedeutet dies, dass im Gegensatz zu § 103 InsO die Eröffnung des Insolvenzverfahrens nicht dazu führt, dass die wechselseitigen Erfüllungsansprüche nicht durchsetzbar sind. Die Insolvenzeröffnung hat damit keinerlei Einfluss auf den Fortbestand dieser Dauerschuldverhältnisse.

69 Gemäß § 108 Abs. 2 InsO besteht ein vom Schuldner als Darlehensgeber eingegangenes Darlehensverhältnis für die Masse fort, soweit dem Darlehensnehmer der geschuldete Gegenstand zur Verfügung gestellt wurde. Erfasst werden Sach- und Gelddarlehen. Dies bedeutet, dass eine Beendigung des Darlehensvertrags nach § 103 InsO nicht möglich ist und der Insolvenzverwalter bei Vertragstreue des Darlehensnehmers den Darlehensvertrag nicht vor Ablauf beenden kann.

70 Aus § 108 InsO folgt des Weiteren, ob die aus dem fortbestehenden Dauerschuldverhältnis resultierenden Ansprüche des Vertragspartners als Insolvenzforderung oder als Masseverbindlichkeit zu qualifizieren sind. Nach § 108 Abs. 3 InsO sind Ansprüche für die Zeit vor Eröffnung des Insolvenzverfahrens Insolvenzforderungen, da die Kontinuitätsinteressen des solventen Vertragspartners nur für die Zukunft geschützt werden.[71] Wenn in § 108 Abs. 1 Satz 1 InsO weiter angeordnet wird, dass die Dauerschuldverhältnisse mit „Wirkung für die Insolvenzmasse" fortbestehen, ergibt sich daraus, dass die nach Insolvenzeröffnung entstehenden Ansprüche des Vertragspartners als Masseverbindlichkeiten aus der Insolvenzmasse zu zahlen sind.[72] Dies ergibt sich auch aus § 55 Abs. 1 Nr. 2 InsO, wonach aus gegenseitigen Verträgen, soweit deren Erfüllung zur Insolvenzmasse verlangt wird oder für die Zeit nach Eröffnung des Insolvenzverfahrens erfolgen muss, Masseverbindlichkeiten entstehen. Im Hinblick auf die **Abgrenzung von Masseverbindlichkeiten und Insolvenzforderungen** spaltet die Insolvenzeröffnung somit das Dauerschuldverhältnis auf, was nachfolgender Fall verdeutlichen soll:

71 ***Beispiel***

Der Schuldner hat als Mieter einen Mietvertrag über Geschäftsräume geschlossen. Am 1.6.2021 wird über das Vermögen des Schuldners das Insolvenzverfahren eröffnet. Bereits seit April 2021 hat der Schuldner keine Mietzinszahlungen mehr geleistet.

Die Mietzinsansprüche des Vermieters vom 1. April bis 31. Mai 2021 stellen Insolvenzforderungen dar, die zur Insolvenztabelle anzumelden sind. Die Mietzinsansprüche ab 1. Juni 2021 sind demgegenüber als Masseverbindlichkeiten i. S. von § 55 Abs. 1 Nr. 2 InsO zu qualifizieren, die in vollem Umfange aus der Insolvenzmasse zu begleichen sind.

72 Bei einer Insolvenz des Vermieters hat der BGH im Hinblick auf die Einordnung von Mängelbeseitigungsansprüchen des Mieters als Masseverbindlichkeit oder Insolvenzforderung folgenden Fall[73] zu entscheiden:

73 ***Beispiel***

Ein Mieter, der im Jahr 2002 von dem späteren Schuldner Räume gemietet hat und diese seitdem bewohnt, verlangt nach Eröffnung des Insolvenzverfahrens von dem Insolvenzverwalter, die Fenster in der Küche, im Schlaf-, Bade- und Kinderzimmer sowie die Balkontür der Wohnung in wind- und wasserdichten Zustand zu versetzen, gangbar zu machen und deren milchige

71) BGH, Urt. v. 28.11.2019 – IX ZR 239/18, ZRI 2020, 128 = ZVI 2020, 141.

72) *Tintelnot* in: KPB, InsO, § 108 Rz. 71.

73) Vgl. BGH, Urt. v. 3.4.2003 – IX ZR 163/02, ZIP 2003, 854, dazu EWiR 2003, 641 *(Eckert)*.

und blinde Fensterscheiben gegen klare Scheiben auszutauschen. Bei Übergabe der Wohnung war diese in einem vertragsgemäßen Zustand. Der Insolvenzverwalter wendet ein, die Mängel seien bereits vor Eröffnung des Insolvenzverfahrens vorhanden gewesen und begründeten daher lediglich eine Insolvenzforderung.

Der BGH hat hier entschieden, dass der Anspruch des Mieters auf Herstellung eines zum vertragsgemäßen Gebrauch geeigneten Zustands der Mietsache bei fortdauerndem Mietverhältnis eine Masseforderung darstellt, unabhängig davon, ob der mangelhafte Zustand vor oder nach Insolvenzeröffnung entstanden ist. Begründet wird dies damit, dass es sich um Ansprüche für die Zeit vor Eröffnung des Verfahrens nur handele, wenn Gewährleistungsansprüche auf einen bereits vor Eröffnung entstandenen Mangel gestützt werden. Der Anspruch des Mieters auf Herstellung eines zum vertragsgemäßen Gebrauch geeigneten Zustands der Mietsache sei jedoch nicht auf eine Leistung „für die Zeit vor der Eröffnung des Insolvenzverfahrens" gerichtet, vielmehr solle die Erfüllung dieses Anspruchs für die Zeit nach Insolvenzeröffnung erfolgen. Demnach bestehe mit Fortdauer des Mietverhältnisses auch die Erhaltungspflicht des Vermieters nach Verfahrenseröffnung weiter.[74]

II. Mietverträge

Die nachfolgenden Ausführungen behandeln aus Gründen der Übersichtlichkeit ausschließlich Mietverträge über unbewegliche Gegenstände, gelten jedoch gleichermaßen für Pachtverträge über Immobilien. Die §§ 109–112 InsO enthalten Spezialregelungen zur Miete, und zwar sowohl für Fälle, in denen der Schuldner der Mieter ist (§§ 109, 112 InsO), als auch in Fällen, in denen der Schuldner Vermieter ist (§§ 110, 111 InsO). 74

1. Schuldner als Mieter

a) Beendigungsmöglichkeit nach § 109 InsO

§ 109 Abs. 1 Satz 1 InsO enthält bei Gewerbemietverträgen ein **Sonderkündigungsrecht,** das der Insolvenzverwalter nach Insolvenzeröffnung ausüben kann. Hiernach kann der Insolvenzverwalter bei Mietverträgen über Immobilien „ohne Rücksicht auf die vereinbarte Vertragsdauer oder einen vereinbarten Ausschluss des Rechts zur ordentlichen Kündigung kündigen". Aus dem systematischen Zusammenhang zu § 109 Abs. 2 Satz 1 InsO, der die Fälle regelt, in denen der unbewegliche Gegenstand noch nicht überlassen ist, ergibt sich, dass § 109 Abs. 1 InsO lediglich die Fälle erfasst, in denen eine Besitzeinräumung bereits stattgefunden hat. 75

Die **Kündigungsfrist** beträgt drei Monate zum Monatsende, wenn nicht eine kürzere Frist maßgeblich ist, § 109 Abs. 1 Satz 1 Halbs. 2 InsO. Diese Regelung führt regelmäßig zu einer gravierenden Verkürzung der Mietzeit. Bei Unternehmensinsolvenzen haben die Schuldner oftmals Gewerbemietverträge geschlossen, die eine feste Laufzeit von zehn Jahren und länger vorsehen. Die Kündigungsfrist des § 109 Abs. 1 Satz 1 Halbs. 2 InsO beträgt bei der Geschäftsraummiete drei Monate zum Monatsende, wenn nicht eine kürzere Frist maßgeblich ist. Danach kann ein Mietverhältnis über Geschäftsräume spätestens zum Ablauf der nächsten drei Kalendermonate gekündigt werden. Der Insolvenzverwalter kann deshalb Geschäftsräume mit einer Frist von maximal drei Monaten kündigen. Die fristgerechte Kündigung hat zur Folge, dass der Vermieter nur für den Zeitraum ab Insolvenzeröffnung bis zum Ablauf der Kündigungsfrist seinen Mietzinsanspruch gegenüber der Insolvenzmasse durchsetzen kann. Wegen der vorzeitigen Beendigung des Mietvertrags durch den Insolvenzverwalter kann der Vermieter nach § 109 Abs. 1 Satz 3 InsO lediglich als In- 76

74) BGH, Urt. v. 3.4.2003 – IX ZR 163/02, ZIP 2003, 854, 855.

solvenzgläubiger Schadensersatz verlangen, mit der Konsequenz, dass er auf seine angemeldete Forderung bestenfalls eine Insolvenzquote erhält.

77 Ergibt sich für den Insolvenzverwalter ausnahmsweise aus dem Mietvertrag eine kürzere Kündigungsfrist als eine Kündigungsfrist von drei Monaten, so kann er nach dem Gesetzeswortlaut auch innerhalb der kürzeren, vertraglichen Kündigungsfrist kündigen.

78 Nach § 109 Abs. 1 Satz 2 InsO kann der Insolvenzverwalter bei einem von dem Schuldner begründeten Wohnraummietverhältnis statt der Kündigung nur erklären, dass Ansprüche, die nach Ablauf der Kündigungsfrist gemäß § 109 Abs. 1 Satz 1 fällig werden, im Insolvenzverfahren nicht geltend gemacht werden können.[75)] Hierdurch erreicht der Insolvenzverwalter eine Enthaftung der Masse von sämtlichen Ansprüchen aus dem Mietverhältnis. Die Enthaftungserklärung gemäß § 109 Abs. 1 Satz 2 InsO wirkt auch gegenüber dem Erwerber des Mietobjekts, wenn der Insolvenzverwalter in Unkenntnis des Eigentumsübergangs die Erklärung gegenüber dem alten Vermieter abgegeben hat.[76)] In der Insolvenz des Mieters ist die, einen Abrechnungszeitraum vor Insolvenzeröffnung betreffende Betriebskostenabrechnung des Vermieters auch dann nur eine Insolvenzforderung, wenn der Vermieter erst nach Insolvenzeröffnung oder nach dem Wirksamwerden der Enthaftungserklärung des Insolvenzverwalters gemäß § 109 Abs. 1 Satz 2 InsO abgerechnet hat.[77)] Sofern der Insolvenzverwalter die Wohnung des Schuldners nicht in Besitz genommen und an der Wohnung kein Recht der Masse geltend gemacht hat, kann er bei Beendigung des Mietverhältnisses auch nicht auf Herausgabe in Anspruch genommen werden.[78)] Mit dem Zugang der Enthaftungserklärung ist der Masse ein (Rück-)zahlungsanspruch auf die durch den Mieter entrichtete Mietkaution im Falle der Beendigung des Mietverhältnisses im Übrigen entzogen.[79)]

79 Wurde dem Schuldner die Mietsache noch nicht überlassen, können nach § 109 Abs. 2 Satz 1 InsO sowohl der Insolvenzverwalter als auch der Vermieter vom Vertrag **zurücktreten.** Im Falle des Rücktritts durch den Insolvenzverwalter kann der Vermieter nach § 109 Abs. 2 Satz 2 InsO als Insolvenzgläubiger Schadensersatz verlangen. Das Rücktrittsrecht erlischt, wenn ein Vertragspartner auf Verlangen des anderen Vertragspartners, sich zu erklären, ob er vom Vertrag zurücktreten will, innerhalb von zwei Wochen keine Erklärung abgibt (§ 109 Abs. 2 Satz 3 InsO).

b) Kündigungssperre gemäß § 112 InsO

80 § 112 InsO enthält eine Kündigungssperre, nach der ein Mietverhältnis nach dem Antrag auf Eröffnung des Insolvenzverfahrens nicht gekündigt werden kann,

- wegen eines Verzugs mit der Entrichtung der Miete, der in der Zeit vor dem Eröffnungsantrag eingetreten ist;
- wegen einer Verschlechterung der Vermögensverhältnisse des Schuldners.

75) Das gesetzliche Kündigungsverbot ist auf die Mitgliedschaft des Schuldners in einer Wohnungsgenossenschaft nicht anwendbar, BGH, Urt. v. 19.3.2009 – IX ZR 58/08, ZIP 2009, 875 = NZI 2009, 374, dazu EWiR 2009, 621 *(Weiß)*.

76) BGH, Urt. v. 23.2.2012 – IX ZR 29/11, ZIP 2012, 784 = NZI 2012, 406, dazu EWiR 2012, 423 *(Eckert)*.

77) BGH, Urt. v. 13.4.2011 – VIII ZR 295/10, ZIP 2011, 924 = NZI 2011, 404, dazu EWiR 2011, 393 *(Eckert)*.

78) BGH, Urt. v. 19.6.2008 – IX ZR 84/07, ZIP 2008, 1736 = NZI 2008, 554, dazu EWiR 2009, 313 *(Dörrscheidt)*.

79) BGH, Beschl. v. 13.7.2017 – IX ZB 33/16, ZVI 2017, 471.

Dem Wortlaut und systematischen Zusammenhang zu § 108 InsO kann nicht unmittelbar entnommen werden, dass die Kündigungssperre auch bei Miet-, Pacht- und Leasingverträgen über bewegliche Sachen gilt.[80] 81

Der Anwendungsbereich des § 112 InsO ist nach dem Wortlaut nur eröffnet, wenn die Frage der Zulässigkeit einer nach dem Antrag auf Eröffnung des Insolvenzverfahrens ausgesprochenen Kündigung zu klären ist. Kündigungen, die bereits vor Insolvenzantragstellung wegen Zahlungsverzugs oder Verschlechterung der Vermögensverhältnisse ausgesprochen wurden, werden von § 112 InsO nicht erfasst. Die Kündigungssperre des § 112 InsO greift auch dann nicht, wenn der Zahlungsverzug nach dem Eröffnungsantrag eingetreten ist.[81] Will der vorläufige und spätere Insolvenzverwalter nicht Gefahr laufen, dass eine Kündigung aufgrund Zahlungsverzugs wegen nach Insolvenzantragstellung fällig gewordenen Mietzinses ausgesprochen wird, muss er durch eine Sonderabsprache mit dem Vermieter dafür sorgen, dass dieser keine Kündigung ausspricht. Sofern ein vorläufiger Insolvenzverwalter tätig ist, auf den die Verwaltungs- und Verfügungsbefugnis nicht i. S. von § 55 Abs. 2 Satz 1 InsO übergegangen ist, so dass von ihm auch keine Masseverbindlichkeiten vor Insolvenzeröffnung begründet werden (sog. starker vorläufiger Insolvenzverwalter), wird dieser eine Zahlung an den Vermieter nicht leisten können, weil es sich bei den vor Insolvenzeröffnung entstandenen Mietzinsforderungen um Insolvenzforderungen handelt, die der vorläufige Insolvenzverwalter nicht befriedigen darf. 82

Bei einer Kündigung wegen Verschlechterung der Vermögensverhältnisse kommt es bei § 112 Nr. 2 InsO nicht darauf an, ob die Vermögensverschlechterung vor oder nach dem Eröffnungsantrag eingetreten ist. Eine sich möglicherweise durch die Insolvenzantragstellung „vertiefende" Vermögensverschlechterung führt deshalb nicht dazu, dass der Vermieter während des laufenden Insolvenzantragsverfahrens eine Kündigung aussprechen darf. Eine Kündigung wegen Verschlechterung der Vermögensverhältnisse ist immer ausgeschlossen, unabhängig davon, wann die Vermögensverschlechterung eingetreten ist. 83

2. Schuldner als Vermieter

Die §§ 110 und 111 InsO betreffen die Fälle der Insolvenz des Vermieters. In der Insolvenz des Vermieters enthält die InsO keine Sonderkündigungsrechte für den Insolvenzverwalter oder Mieter. Der Insolvenzverwalter kann ebenso wie der Mieter das Mietverhältnis unter den Voraussetzungen kündigen, unter denen auch außerhalb eines Insolvenzverfahrens ein Mietverhältnis beendet werden kann. Geregelt werden durch die InsO lediglich Vorausverfügungen über den Mietzins (§ 110 InsO) und ein Sonderkündigungsrecht des Erwerbers, der vom Insolvenzverwalter eine Immobilie erwirbt (§ 111 InsO). 84

a) Vorausverfügungen über Mietzins (§ 110 InsO)

Nach § 110 Abs. 1 Satz 1 InsO sind Vorausverfügungen über den Mietzins aus Immobilien nur wirksam, soweit sie sich auf die Miete für den Zeitpunkt der Eröffnung des Verfahrens laufenden Kalendermonat beziehen. Sofern die Verfahrenseröffnung erst nach dem 15. des Monats erfolgt, ist die Vorausverfügung auch für den folgenden Kalendermonat wirksam (§ 110 Abs. 1 Satz 2 InsO). 85

80) So aber *Tintelnot* in: KPB, InsO, § 112 Rz. 10 ff.; Uhlenbruck-*Wegener*, InsO, § 112 Rz. 3; OLG Düsseldorf, Urt. v. 10.6.2008 – 24 U 86/07, NJOZ 2009, 99.

81) *Tintelnot* in: KPB, InsO, § 112 Rz. 36; Uhlenbruck-*Wegener*, InsO, § 112 Rz. 7.

86 Unter Vorausverfügungen i. S. von § 110 Abs. 1 InsO fallen Abtretungen (§ 398 BGB), Nießbrauchsbestellungen (§ 1074 BGB), Verpfändungen (§ 1279 BGB), Erlass (§ 397 BGB), Stundung sowie sonstige Zahlungserleichterungen.[82)]

87 Die Frage, in welchem Umfang Vorausverfügungen im eröffneten Insolvenzverfahren wirksam sind, hängt nach § 110 Abs. 1 InsO davon ab, zu welchem Zeitpunkt die Verfügung vorgenommen wurde und zu welchem Zeitpunkt das Insolvenzverfahren eröffnet wurde.

88 *Beispiel*

Der Schuldner hat als Vermieter einer Immobilie im April 2021 seine Mietzinsansprüche an die finanzierende Bank abgetreten. Mitte Juni 2021 stellt der Schuldner Antrag auf Eröffnung des Insolvenzverfahrens, woraufhin das Insolvenzverfahren am 1.7.2021 eröffnet wird.

***Abwandlung:** Das Insolvenzverfahren wird am 17.7.2021 eröffnet.*

Im Ausgangsfall greift § 110 Abs. 1 Satz 1 InsO, mit der Konsequenz, dass die Abtretung des Mietzinses auch für den Monat Juli 2021 wirksam ist. Erst die Mietzinsansprüche ab August 2021 werden von der Abtretung nicht mehr erfasst. In der Abwandlung ist hingegen § 110 Abs. 1 Satz 2 InsO einschlägig, weil die Eröffnung des Insolvenzverfahrens erst nach dem 15. des Monats erfolgte. Die Abtretung ist damit auch für den Folgemonat August 2021 wirksam, so dass der Insolvenzverwalter Mietzinsansprüche erst ab September 2021 einziehen kann.

b) Sonderkündigungsrecht des Erwerbers (§ 111 InsO)

89 Bei Veräußerung einer vermieteten Immobilie durch den Insolvenzverwalter kann der Erwerber das Mietverhältnis „unter Einhaltung der gesetzlichen Frist kündigen". Diese Vorschrift erleichtert für den Insolvenzverwalter den Verkauf vermieteter Immobilien. Denn der Erwerber ist trotz der Regelung des § 566 Abs. 1 BGB, wonach der Erwerber in die Rechte und Pflichten aus dem Mietverhältnis eintritt (Kauf bricht nicht Miete), nicht verpflichtet, möglicherweise langfristige Mietverträge zu übernehmen. Vielmehr kann der Erwerber unabhängig von dem bestehenden Mietvertrag innerhalb der gesetzlichen Fristen gemäß § 111 Satz 1 InsO kündigen.

90 Allerdings erfährt das Kündigungsrecht des Erwerbers eine wesentliche Einschränkung durch § 111 Satz 2 InsO, wonach die Kündigung nur für den „ersten Termin" erfolgen kann, für den sie zulässig ist. Dies bedeutet, dass die Kündigung zum **erstmöglichen Termin** nach Veräußerung ausgesprochen sein muss. Da die Veräußerung mit der Eintragung im Grundbuch vollzogen ist, muss der Erwerber ab dem Eintragungszeitpunkt unverzüglich zum nächstmöglichen Zeitpunkt kündigen.[83)] Andernfalls verliert er sein Sonderkündigungsrecht.

III. Dienstverhältnis

91 In § 113 InsO finden sich Regelungen zur Beendigung eines Dienstverhältnisses durch Kündigung. Es handelt sich dabei um Dienstverhältnisse von Personen, die ihre Leistungen gegenüber dem Schuldner erbringen (Schuldner ist Dienstberechtigter).

1. Kündigung von Arbeitsverhältnissen (§ 113 InsO)

92 § 113 InsO ist eine Sondervorschrift für die Kündigung von Dienstverhältnissen und damit auch von Arbeitsverhältnissen in der Insolvenz des Dienstberechtigten. Grundsätzlich führt die Eröffnung des Insolvenzverfahrens dazu, dass das zwischen dem Schuldner und dem Arbeitnehmer bestehende Arbeitsverhältnis unverändert gemäß § 108 Abs. 1 Satz 1

82) *Tintelnot* in: KPB, InsO, § 110 Rz. 26.

83) *Tintelnot* in: KPB, InsO, § 111 Rz. 22.

fortbesteht. Nach Insolvenzeröffnung rückt der Insolvenzverwalter lediglich in die Stellung des Schuldners und damit des Arbeitgebers ein.[84] Das Arbeitsverhältnis mit allen Rechten und Pflichten bleibt jedoch unberührt. Insbesondere findet § 103 InsO keine Anwendung, so dass durch die Insolvenzeröffnung allein das Arbeitsverhältnis nicht beendet werden kann, ebenso ist eine Erfüllungsablehnung oder eine Erfüllungswahl des Insolvenzverwalters ausgeschlossen. § 113 InsO ergänzt das Kündigungsrecht, so dass der Insolvenzverwalter weiterhin die allgemeinen und besonderen Regeln zum Kündigungsschutz beachten muss.[85] Die Insolvenzeröffnung allein ist weder außerordentlicher noch ordentlicher Kündigungsgrund.[86] § 113 InsO findet auch auf Kündigungen vor Dienstantritt Anwendung.[87]

Die Vorschrift des § 113 Satz 1 InsO ist jedoch insofern von weitreichender Bedeutung, 93
als der Insolvenzverwalter nach § 113 Satz 1 InsO „ohne Rücksicht auf eine vereinbarte Vertragsdauer oder einen vereinbarten Ausschluss des Rechts zur ordentlichen Kündigung" zur Kündigung berechtigt ist. Die **Kündigungsfrist** beträgt dabei nach § 113 Satz 2 InsO maximal drei Monate, wenn nicht eine kürzere Frist maßgeblich ist. Der Insolvenzverwalter wird bei Ausspruch einer Kündigung deshalb immer sorgfältig prüfen müssen, ob möglicherweise eine kürzere einzelvertragliche, tarifliche oder gesetzliche Kündigungsfrist maßgeblich ist. Gemäß § 623 BGB muss die Kündigung schriftlich erfolgen. Im Übrigen entbindet § 113 InsO den Insolvenzverwalter nicht, vor Ausspruch der Kündigung etwaige gesetzliche Zustimmungs-, Anhörungs- und Anzeigeerfordernisse zu beachten (Anhörung des Betriebsrats gemäß § 102 BetrVG; Zustimmung des Integrationsamts bei Schwerbehinderten gemäß § 168 SGB IX; Massenentlassungsanzeige gemäß § 17 KSchG etc.).[88]

Sofern das KSchG gemäß § 1 Abs. 1, § 23 Abs. 1 Satz 2, 3 KSchG anwendbar ist, kann der 94
Insolvenzverwalter das Arbeitsverhältnis nur dann wirksam beenden, wenn ein personen-, verhaltens- oder betriebsbedingter **Kündigungsgrund** vorliegt, aufgrund dessen die Kündigung sozial gerechtfertigt ist. Eine Betriebsstilllegung i. S. eines ernstlichen und endgültigen Entschlusses des Insolvenzverwalters, die mit den Arbeitnehmern bestehende Betriebs- und Produktionsgemeinschaft für einen seiner Dauer nach unbestimmten, wirtschaftlich nicht unerheblichen Zeitraum aufzugeben, stellt einen betriebsbedingten Kündigungsgrund dar.[89] Der Arbeitnehmer hat die Möglichkeit, Kündigungsschutzklage zu erheben. Dabei ist bedeutsam, dass der Arbeitnehmer nach § 4 Satz 1 KSchG verpflichtet ist, innerhalb von drei Wochen nach Zugang der schriftlichen Kündigung Kündigungsschutzklage zu erheben, auch wenn er sich für die Unwirksamkeit der Kündigungsgründe auf andere als die in § 1 Abs. 2 und 3 KSchG bezeichneten Gründe beruft Als Unwirksamkeitsgründe i. S. von § 4 Satz 1 KSchG werden z. B. auch angesehen: § 613a Abs. 4 Satz 1 BGB (Betriebsübergang); § 102 Abs. 1 Satz 3 BetrVG (Betriebsratsanhörung); § 9 MuSchG.[90] Bei Versäumung der Frist wird die Wirksamkeit der Kündigung nach § 7 KSchG fingiert, mit der Konsequenz, dass die Kündigungsschutzklage des Arbeitnehmers abgewiesen wird.

Die Kündigung des Arbeitsverhältnisses hat für die Ansprüche des Arbeitnehmers aus dem 95
Arbeitsverhältnis folgende Konsequenz: Ansprüche in dem Zeitraum ab Insolvenzeröffnung bis zum Ablauf der Kündigungsfrist stellen Masseverbindlichkeiten dar, die von dem Insolvenzverwalter aus der Insolvenzmasse bezahlt werden müssen. Ansprüche des Arbeit-

84) *Moll* in: KPB, InsO, § 113 Rz. 10, 37.
85) *Moll* in: KPB, InsO, § 113 Rz. 67 ff. m. w. N.
86) BAG, Urt. v. 16.9.1982 – 2 AZR 271/80, ZIP 1983, 205.
87) BAG, Urt. v. 23.2.2017 – 6 AZR 665/15, ZIP 2017, 1083 = BB 2017, 1696, dazu EWiR 2017, 443 *(Stütze)*.
88) Vgl. hierzu *Moll* in: KPB, InsO, § 113 Rz. 74 ff. m. w. N.
89) BAG, Urt. v. 26.2.1987 – 2 AZR 768/85, ZIP 1987, 731.
90) Vgl. auch im Übrigen die Aufzählung bei *Moll* in: KPB, InsO, § 113 Rz. 74 m. w. N.

nehmers auf Arbeitsentgelt in dem Zeitraum bis zur Insolvenzeröffnung stellen lediglich Insolvenzforderungen dar, die regelmäßig jedoch einen Anspruch auf Gewährung von Insolvenzgeld begründen. Die vorzeitige Beendigung des Arbeitsverhältnisses durch den Insolvenzverwalter löst einen Schadensersatzanspruch des Arbeitnehmers aus, der nach § 113 Satz 3 InsO eine Insolvenzforderung darstellt, die zur Insolvenztabelle anzumelden ist. Wird der Arbeitnehmer vom (starken vorläufigen) Insolvenzverwalter zur Arbeitsleistung herangezogen, sind nicht nur die Ansprüche, die unmittelbar auf seiner tatsächlich erbrachten Arbeitsleistung beruhen, nach § 55 Abs. 2 Satz 2 bzw. § 209 Abs. 2 Nr. 3 InsO als (Neu-)Masseverbindlichkeit zu berichtigen. Diesen insolvenzrechtlichen Rang haben auch entgeltfortzahlungspflichtige „unproduktive" Ausfallzeiten. Gleiches gilt für den Urlaubsabgeltungsanspruch.[91)]

2. Vorausverfügung über Dienstbezüge (§ 114 InsO)

96 Mit der ersatzlosen Streichung des § 114 InsO durch das Gesetz zur Verkürzung des Restschuldbefreiungsverfahrens und Stärkung der Gläubigerrechte zum 1.7.2014[92)] sind Vorausverfügungen über Ansprüche aus einem Dienstverhältnis zum Wohl der ungesicherten Gläubiger nicht mehr geschützt.

D. Abwicklung bei Erlöschen

97 Nachfolgend wird auf Normen eingegangen, die anordnen, dass Rechtsverhältnisse mit Insolvenzeröffnung erlöschen. Die gesetzliche Folge des Erlöschens des Rechtsverhältnisses kann von dem Insolvenzverwalter nicht verhindert werden. Hier liegt der wesentliche Unterschied zu den Fällen der Abwicklung bei Wahlrechtsausübung und Kündigung, bei denen der Insolvenzverwalter durch Erfüllungswahl bzw. Nichtkündigung das Vertragsverhältnis fortsetzen kann.

I. Grundsatz

98 Mit Eröffnung des Insolvenzverfahrens erlöschen nach § 115 InsO Aufträge, gemäß § 116 InsO Geschäftsbesorgungsverträge und gemäß § 117 InsO Vollmachten. Die bestehenden Rechtsverhältnisse werden allein durch die Insolvenzeröffnung beendet, ohne dass es noch irgendeiner Erklärung des Insolvenzverwalters bedarf. Die §§ 115, 116 und 117 InsO stellen sicher, dass nach Insolvenzeröffnung entsprechend der Vorschrift des § 80 Abs. 1 InsO, wonach die Verwaltungs- und Verfügungsbefugnis von dem Schuldner auf den Insolvenzverwalter übergeht, allein und ausschließlich der Insolvenzverwalter zur Vornahme von masserelevanten Erklärungen oder Handlungen befugt ist.[93)] Bedeutsam ist, dass die §§ 115–117 InsO nur die Fälle betreffen, in denen der Geschäftsherr in die Insolvenz gerät, d. h., der Schuldner muss den Auftrag, Geschäftsbesorgungsvertrag oder die Vollmacht erteilt haben. Der umgekehrte Fall, dass der Schuldner Verpflichteter eines Auftrags, Geschäftsbesorgungsvertrags oder einer Vollmacht ist, wird von den §§ 115–117 InsO nicht erfasst, es kann allerdings für den Geschäftsherrn ein wichtiger Kündigungsgrund gegeben sein, etwa nach § 671 BGB oder nach § 89a HGB.[94)]

91) BAG, Teilurt. v. 10.9.2020 – 6 AZR 94/19, ZRI 2022, 171 = ZVI 2022, 196; *Krings*, NZA 2021, 399.

92) Gesetz zur Verkürzung des Restschuldbefreiungsverfahrens und Stärkung der Gläubigerrechte, v. 15.7.2013, BGBl. I 2013, 2379.

93) *Tintelnot* in: KPB, InsO, § 115 Rz. 1.

94) *Tintelnot* in: KPB, InsO, § 115 Rz. 4e.

> **Praxishinweis**
> Eine Besonderheit ist zu berücksichtigen, wenn der Geschäftsherr eine Vollmacht für das Insolvenzverfahren erteilt hat. Der BGH hat festgestellt, dass die einem Rechtsanwalt im Insolvenzantragsverfahren erteilte Vollmacht zur Vertretung des Schuldners im Insolvenzverfahren nach § 117 Abs. 1 InsO nicht durch die Insolvenzeröffnung erlischt.[95)]

Die §§ 115, 116 InsO verdrängen als Spezialregelung § 103 InsO. Für den Insolvenzverwalter besteht deshalb nicht die Möglichkeit, durch einseitige Erklärung in Form der Erfüllungswahl einen nach § 115 InsO erloschenen Auftrag bzw. einen nach § 116 InsO erloschenen Geschäftsbesorgungsvertrag neu entstehen zu lassen.[96)] Im Falle des Einverständnisses des Vertragspartners kann der Insolvenzverwalter lediglich einen neuen Auftrag erteilen bzw. Geschäftsbesorgungsvertrag abschließen. 99

Der Auftrag bzw. Geschäftsbesorgungsvertrag erlischt für die Zukunft, mit der Konsequenz, dass dem Beauftragten bzw. Geschäftsbesorger keine gegenüber der Insolvenzmasse durchsetzbaren Ansprüche zustehen. Er kann seine Ansprüche lediglich als Insolvenzgläubiger geltend machen, mit der Folge, dass er nur quotal befriedigt wird.[97)] 100

II. Notgeschäftsführung (§ 115 Abs. 2, §§ 116, 117 Abs. 2 InsO)

Nach § 115 Abs. 2 Satz 1 InsO hat der Beauftragte, wenn mit dem Aufschub Gefahr verbunden ist, die Besorgung des übertragenen Geschäfts fortzusetzen, bis der Insolvenzverwalter anderweitig Fürsorge treffen kann. Der Auftrag gilt nach § 115 Abs. 2 Satz 2 InsO als insoweit fortbestehend, so dass die Ersatzansprüche des Beauftragten gegenüber der Insolvenzmasse als Masseforderungen durchgesetzt werden können (§ 115 Abs. 2 Satz 3 InsO). Diese Regelung gilt nach § 116 Satz 1 InsO bei Geschäftsbesorgungsverträgen entsprechend. Gilt ein Auftrag oder ein Geschäftsbesorgungsvertrag als fortbestehend, besteht nach § 117 Abs. 2 InsO auch die Vollmacht fort. 101

Bei § 115 Abs. 2, § 116 Satz 1 und § 117 Abs. 2 InsO handelt es sich um Schutzvorschriften zugunsten der Masse, die lediglich die objektive Dringlichkeit zum Zeitpunkt der Vornahme des Geschäfts voraussetzen. Ob der Beauftragte oder Geschäftsbesorger darüber hinaus Kenntnis von der Insolvenzeröffnung hat oder nicht, ist für die Anwendbarkeit ohne Bedeutung.[98)] 102

III. Rechtsgeschäfte bei unverschuldeter Unkenntnis von der Insolvenzeröffnung (§ 115 Abs. 3, § 116 Satz 1 und 2, § 117 Abs. 3 InsO)

Liegt kein Fall der Notgeschäftsführung i. S. von § 115 Abs. 2 InsO vor, besteht der Auftrag bzw. Geschäftsbesorgungsvertrag nach § 115 Abs. 3 bzw. § 116 Satz 2 InsO nur dann im Verhältnis zu dem Insolvenzverwalter fort, wenn der Beauftragte oder Geschäftsbesorger ohne Verschulden keine Kenntnis von der Insolvenzeröffnung hatte. Insoweit wird das Fortbestehen des Auftrags bzw. des Geschäftsbesorgungsvertrags im Verhältnis zwischen Beauftragten und Insolvenzverwalter bzw. Geschäftsbesorger und Insolvenzverwalter fingiert. Die daraus resultierenden Ersatzansprüche sind nach § 115 Abs. 3 Satz 2 InsO und § 116 Satz 2 InsO jedoch lediglich Insolvenzforderungen, die zur Insolvenztabelle anzumelden sind. 103

95) BGH, Beschl. v. 20.1.2011 – IX ZB 242/08, ZIP 2011, 1014.
96) *Tintelnot* in: KPB, InsO, § 115 Rz. 10.
97) *Tintelnot* in: KPB, InsO, § 115 Rz. 9.
98) *Tintelnot* in: KPB, InsO, § 115 Rz. 12.

104 Bedeutsam ist, dass die Fiktion des Fortbestehens des Auftrags bzw. Geschäftsbesorgungsvertrags allein und ausschließlich zwischen dem Beauftragten und dem Insolvenzverwalter, nicht jedoch gegenüber Dritten besteht. Wegen des Erlöschens des Auftrags, Geschäftsbesorgungsvertrags und der Vollmacht können Dritte aus der Vornahme von Rechtsgeschäften des Beauftragten und Geschäftsbesorgers keine Rechte gegenüber der Insolvenzmasse herleiten.[99] Der Beauftragte bzw. Geschäftsbesorger handelt im Verhältnis zu Dritten bei Unkenntnis von der Insolvenzeröffnung als vollmachtloser Vertreter. Die Haftung aus § 179 BGB wird allerdings durch § 117 Abs. 3 InsO ausdrücklich ausgeschlossen – was auch dann gelten soll, wenn zum Zeitpunkt der Vollmachterteilung bereits das Insolvenzverfahren eröffnet war.[100]

IV. Vertragstypen

105 Nachfolgend wird exemplarisch auf Vertragstypen eingegangen, die von den §§ 115, 116 InsO erfasst werden und in der Insolvenzpraxis regelmäßig vorkommen.

1. Beraterverträge

106 Verträge mit Rechtsanwälten und Steuerberatern erlöschen als Geschäftsbesorgungsverträge mit Insolvenzeröffnung. Insbesondere Rechtsanwälte, die für den Schuldner Klageverfahren führen, sind deshalb gut beraten, unverzüglich nach Insolvenzeröffnung mit dem Insolvenzverwalter in Kontakt zu treten, um abzuklären, ob dieser ein neues Mandat zu den bisherigen Bedingungen erteilt. Andernfalls laufen sie Gefahr, dass sie Leistungen erbringen, ohne hierfür vergütet zu werden. Eine Notgeschäftsführung i. S. von §§ 116 Satz 1, 115 Abs. 2 InsO wird regelmäßig bereits deshalb nicht vorliegen, weil nach § 240 ZPO sämtliche Klageverfahren mit Insolvenzeröffnung unterbrochen werden. Damit werden auch sämtliche prozessualen Fristen unterbrochen.

Praxishinweis

Ein beauftragter Rechtsanwalt wird daher kaum damit argumentieren können, dass prozessuale Erklärungen oder die Anfertigung von Schriftsätzen zur Vermeidung von prozessualen Nachteilen i. S. einer Notgeschäftsführung geboten war.

2. Bankverträge

107 Was die Erlöschungswirkung betrifft, sind zu unterscheiden der zwischen Bank und späterem Insolvenzschuldner vereinbarte Zahlungsdiensterahmenvertrag (§ 675f Abs. 2 BGB, vormals Girovertrag § 675 BGB a. F.), die in der Regel ebenfalls vereinbarte Kontokorrentabrede (vgl. § 355 HGB) sowie etwaige vor Insolvenzeröffnung vom Schuldner erteilte, als eigenständige Verträge normierte Zahlungsaufträge (nach § 675f Abs. 3 Satz 2 BGB, vormals Überweisungsaufträge nach §§ 676a ff. BGB a. F.).

108 Der **Zahlungsdiensterahmenvertrag** endet mit Eröffnung des Insolvenzverfahrens, da dieser eine spezielle Form der Geschäftsbesorgung i. S. von § 675f Abs. 2 BGB zum Gegenstand hat (§ 115 Abs. 1, § 116 Abs. 1 Satz 1 InsO).[101] Gleichwohl können die Bank nachvertragliche Pflichten treffen, so etwa die Pflicht, auch nach Beendigung des Vertrags weiterhin für den Insolvenzschuldner bestimmte Zahlungen entgegenzunehmen.

109 Erlischt der Zahlungsdiensterahmenvertrag des Schuldners durch die Eröffnung des Insolvenzverfahrens und hat die Bank keine Kenntnis vom Insolvenzverfahren, können

99) Braun-*Hartwig*, InsO, § 115 Rz. 5.
100) OLG München, Urt. v. 18.6.2009 – 8 U 5606/08, NZI 2009, 555.
101) Noch zum Girovertrag, Uhlenbruck-*Sinz*, InsO, §§ 115, 116 Rz. 16.

Handlungen der Bank nach Freigabe der selbstständigen Tätigkeit des Schuldners, die sich nach objektivem Empfängerhorizont als vertragsgemäßes Verhalten i. R. des (erloschenen) Zahlungsdiensterahmenvertrags darstellen, nicht als konkludente Zustimmung zur Neubegründung eines Zahlungsdiensterahmenvertrags ausgelegt werden.[102)]

Auch die **Kontokorrentabrede** wird spätestens[103)] mit Eröffnung des Insolvenzverfahrens unwirksam.[104)] Das ergibt sich zwar nicht aus den §§ 115, 116 InsO, weil eine Kontokorrentabrede nicht eine Geschäftsbesorgung zum Gegenstand hat. Ist aber i. R. einer Kontokorrentabrede u. a. eine antizipierte Aufrechnung wechselseitiger Ansprüche und die Anerkennung des sich i. R. des vereinbarten Abschlusses ergebenen Saldos in Form eines abstrakten Schuldanerkenntnisses vereinbart, so ergibt sich das Unwirksamwerden der Kontokorrentabrede daraus, dass der Schuldner mit Eröffnung des Verfahrens die Befugnis verliert, über Gegenstände der Masse zu verfügen.[105)] Insoweit kann die Kontokorrentabrede auch nicht gemäß § 115 Abs. 3 InsO zugunsten der schuldlos unwissenden Bank als fortbestehend behandelt werden. Vielmehr ist zur Verfahrenseröffnung ein außerordentlicher Saldenabschluss durchzuführen. Ein Guthaben zugunsten der Bank ist von dieser als einfache Insolvenzforderung geltend zu machen. Ein Guthaben zugunsten des Schuldners steht der Masse zu, sofern an diesem keine Aus- oder Absonderungsrechte bestehen. 110

Erlischt zwar der Girovertrag mit Eröffnung des Insolvenzverfahrens, so enthält § 116 Satz 3 InsO aber eine Sonderregelung für **Zahlungsaufträge.** Diese erlöschen nicht gemäß § 116 Satz 1, § 115 Abs. 1 InsO, sondern bestehen mit Wirkung für die Masse fort. Der Gesetzgeber wollte mit dieser Sonderregelung Unsicherheiten beseitigen, die aufgrund der umstrittenen Auslegung der Voraussetzungen für eine Notgeschäftsführung bestanden.[106)] Die Bank kann also den Zahlungsauftrag erfüllen und ihren Aufwendungsersatzanspruch als Masseforderung geltend machen, und soweit auf dem Konto ein entsprechendes Guthaben vorhanden ist, gegen den Auszahlungsanspruch des Insolvenzverwalters aufrechnen.[107)] 111

3. Factoring

Bei einem Factoringvertrag verkauft der Schuldner seine Forderungen an einen Factor – zumeist eine Bank – und tritt zur Erfüllung des Kaufvertrags die Forderungen ab. Dabei wird zwischen echtem und unechtem Factoring unterschieden. Beim echten Factoring kauft der Factor unter Übernahme des Risikos der Zahlungsfähigkeit des Debitors die Forderungen von dem Schuldner. Dagegen trägt beim unechten Factoring der Schuldner insoweit das Forderungsausfallrisiko, als der Factor zu einer Rückbelastung berechtigt ist. Sowohl das echte als auch das unechte Factoring werden § 116 InsO zugeordnet, so dass in der Insolvenz des Schuldners als Forderungsverkäufer der Factoringvertrag nach § 116 InsO erlischt.[108)] 112

Bei langfristig angelegten Factoringverträgen, bei denen wiederkehrend Forderungen zum Kauf angeboten wurden und bereits Forderungen verkauft wurden, ist zu unterscheiden zwischen dem rechtlichen Schicksal des Geschäftsbesorgungsvertrags und dem rechtlichen 113

---

102) BGH, Urt. v. 16.9.2021 – IX ZR 213/20, ZRI 2021, 882 = ZVI 2021, 431.

103) Bestellt das Gericht einen vorläufigen Insolvenzverwalter und legt es dem Schuldner ein allgemeines Verfügungsverbot auf (§ 21 Abs. 2 Nr. 1 und 2 InsO), dann wird eine zwischen Schuldner und Bank vereinbarte Kontokorrentabrede bereits zu diesem Zeitpunkt unwirksam.

104) Vgl. auch *Steinhoff*, ZIP 2000, 1141, 1142; *Ott/Vuia* in: MünchKomm-InsO, § 116 Rz. 39.

105) So auch *Ott/Vuia* in: MünchKomm-InsO, § 116 Rz. 36, 39.

106) *Ott/Vuia* in: MünchKomm-InsO, § 116 Rz. 1.

107) *Ott/Vuia* in: MünchKomm-InsO, § 116 Rz. 52a.

108) *Tintelnot* in: KPB, InsO, § 115 Rz. 28 m. w. N.

Schicksal bereits abgewickelter einzelner Forderungsverkäufe. Das Erlöschen des Factoringvertrags für die Zukunft führt nicht etwa dazu, dass bereits abgewickelte Forderungsverkäufe nachträglich unwirksam werden. Forderungen, die der Factor bereits vor Insolvenzeröffnung gekauft und auch bezahlt hat, sind und bleiben mit Insolvenzeröffnung wirksam, so dass dem Factor ein Aussonderungsrecht nach § 47 InsO zusteht.[109)]

E. Unwirksamkeit abweichender Vereinbarungen

114 Nach der Regelung des § 119 InsO sind die §§ 103–117 InsO zwingendes Recht, so dass von ihnen nicht durch Parteivereinbarungen im Voraus abgewichen werden darf. Bei einem Verstoß gegen § 119 InsO sind sämtliche vertraglichen Vereinbarungen nichtig. In der Praxis relevant sind insbesondere sog. **insolvenzabhängige Lösungsklauseln**, die regelmäßig vorsehen, dass sich eine Partei bei Insolvenzantrag oder Insolvenzeröffnung von dem Vertrag lösen kann oder den Vertrag unter die auflösende Bedingung insolvenzbezogener Umstände stellt. Im Zusammenhang mit Verträgen über die fortlaufende Lieferung von Waren oder Energie hat der BGH entschieden, dass Lösungsklauseln, die an den Insolvenzantrag oder die Insolvenzeröffnung anknüpfen, wegen Verstoßes gegen § 119 InsO unwirksam sind.[110)] Zur Begründung führt der BGH an, dass eine solche Lösungsklausel im Voraus das Wahlrecht des Insolvenzverwalters nach § 103 InsO ausschließe.

115 Nach dem Urteil des BAG vom 23.2.2017[111)] sind auch im Schutzschirmverfahren nach § 270b InsO getroffene Vereinbarungen, durch welche die Anwendung des § 113 InsO ausgeschlossen oder beschränkt wird, nach § 119 InsO unwirksam. § 119 InsO bezieht sich nach dem BAG auf alle Vereinbarungen, die vor Eröffnung des Insolvenzverfahrens („im Voraus") geschlossen wurden und damit auch auf Vereinbarungen im Schutzschirmverfahren als besondere Variante des Eröffnungsverfahrens.

116 Nach dem Urteil des BGH vom 9.6.2016[112)] sind Abrechnungsvereinbarungen für Optionsgeschäfte für den Insolvenzfall einer Partei, die § 104 InsO widersprechen, nach § 119 InsO unwirksam, § 104 InsO damit anwendbar.

117 Kein Verstoß gegen § 119 InsO und damit wirksam sind dagegen nach dem BGH-Urteil vom 7.4.2016[113)] die insolvenzbedingten Lösungsklauseln nach § 8 Abs. 2 Nr. 1 Var. 2 i. V. m. § 8 Abs. 2 Nr. 2 VOB/B 2009, die in einen Bauvertrag einbezogen wurden, da insbesondere auch das Werkvertragsrecht mit § 649 BGB bereits ein jederzeitiges Kündigungsrecht des Auftraggebers vorsieht.

118 Nach dem Urteil des BGH vom 12.10.2017[114)] ist eine bei einem Grundstückskauf vereinbarte Rücktrittsklausel nicht als unzulässige Lösungsklausel gemäß § 119 InsO unwirksam, insbesondere wenn im Hinblick auf das (noch nicht erfüllte) Rückgewährschuldverhältnis, der Rückübertragungsanspruch durch eine Vormerkung gesichert ist.

109) Uhlenbruck-*Sinz*, InsO, §§ 115, 116 Rz. 43 m. w. N.

110) BGH, Urt. v. 15.11.2012 – IX ZR 169/11, ZIP 2013, 274, dazu EWiR 2013, 153 *(Marotzke)*.

111) BAG, Urt. v. 23.2.2017 – 6 AZR 665/15, ZIP 2017, 1083 = BB 2017, 1696.

112) BGH, Urt. v. 9.6.2016 – IX ZR 314/14, ZIP 2016, 1226 = NZI 2016, 627.

113) BGH, Urt. v. 7.4.2016 – VII ZR 56/15, ZIP 2016, 981 = NZI 2016, 532, dazu EWiR 2016, 373 *(Matthies)*.

114) BGH, Urt. v. 12.10.2017 – IX ZR 288/14, ZIP 2017, 2267 = NZI 2018, 22, dazu EWiR 2017, 759 *(Jacoby)*.

Kapitel 9
Aufrechnung, Aussonderung, Absonderung

Übersicht

Literatur: *Adam*, Die Aufrechnung im Rahmen der Insolvenzordnung, WM 1998, 801; *Bähr/Smid*, Das Absonderungsrecht gem. § 76 AO im neuen Insolvenzverfahren, InVo 2000, 401; *Bärenz*, Von der Erlöschenstheorie zur Theorie der insolvenzrechtlichen Modifizierung – zur Dogmatik der neuen BGH-Rechtsprechung zu § 103 InsO, NZI 2006, 72; *Becker*, Begünstigen und Zurückdrängen der Aufrechnung unter laufendem Insolvenzverfahren, DZWIR 2005, 221; *Berger, Chr.*, Zur Aussonderung aufgrund obligatorischer Herausgabeansprüche, in: Festschrift für Gerhart Kreft, 2004, S. 191; *Berger, Chr.*, Absonderungsrechte an urheberrechtlichen Nutzungsrechten in der Insolvenz des Lizenznehmers, in: Festschrift für Hans-Peter Kirchhof, 2003, S. 1; *Berger, K. P.*, Erweiterter Eigentumsvorbehalt und Freigabe von Sicherheiten, ZIP 2004, 1073; *Bork*, Aufrechnung und Insolvenzanfechtung, in: Festschrift für Akira Ishikawa, 2001, S. 31; *Bork*, Die Verbindung, Vermischung und Verarbeitung von Sicherungsgut durch den Insolvenzverwalter, in: Festschrift für Hans Friedhelm Gaul, 1997, S. 71; *Bülow*, Treuhänderischer erweiterter Eigentumsvorbehalt, ZIP 2004, 2420; *Bultmann*, Aussonderung von Daten in der Insolvenz, ZInsO 2011, 992; *Bultmann*, Absonderungsrechte im „schweigenden" Insolvenzplan, ZInsO 2022, 1327; *Christiansen*, Die Abtretung aufschiebend bedingter Forderungen – insolvenzfest?, KTS 2003, 549; *Dahl*, Erstreckung des Absonderungsrechts auf nach Insolvenzeröffnung entstandenene Zins- und Kostenansprüche, NJW 2008, 3066; *Didier*, Pfand-, Sicherungs- und Zurückbehaltungsrechte des Frachtführers bei drohender Zahlungsunfähigkeit und Insolvenz des Absenders, NZI 2003, 513; *Eckardt*, Zur Aufrechnungsbefugnis des Konkursverwalters, ZIP 1995, 257; *Eckert*, Das Vermieterpfandrecht im Konkurs des Mieters, ZIP 1984, 663; *Ehricke*, Erlöschen des Vermieterpfandrechts bei Gewerberaummietverhältnissen im Eröffnungsverfahren, KTS 2004, 321; *Ehricke*, Zum Entstehen eines Vermieterpfandrechtes in der Insolvenz des Mieters, in: Festschrift für Walter Gerhardt, 2004, S. 191; *Eickmann*, Problematische Wechselbeziehungen zwischen Immobiliarvollstreckung und Insolvenz, ZfIR 1999, 81; *Eidenmüller*, Obstruktionsverbot, Vorrangregel und Absonderungsrechte, in: Festschrift für Jochen Drukarczyk, 2003, S. 187; *Fischer*, Aufrechnung und Verrechnung in der Insolvenz, WM 2008, 1; *Fischer*, Der maßgebliche Zeitpunkt der anfechtbaren Rechtshandlung, ZIP 2004, 1679; *Ganter*, Betriebsfortführung durch den vorläufigen Verwalter trotz Globalzession?, NZI 2010, 551; *Ganter*, Der Surrogationsgedanke bei der Aus- und Absonderung, NZI 2008, 583; *Ganter*, Sicherungsmaßnahmen gegenüber Aus- und Absonderungsberechtigten im Insolvenzeröffnungsverfahren, NZI 2007, 549; *Ganter*, Zweifelsfragen bei der Ersatzaussonderung und Ersatzabsonderung, NZI 2005, 1; *Ganter*, Zur Aussonderung aufgrund obligatorischer Herausgabeansprüche in: Festschrift für Gerhart Kreft, 2004, S. 251; *Ganter/Bitter*, Rechtsfolgen berechtigter und unberechtigter Verwertung von Gegenständen mit Absonderungsrechten durch den Insolvenzverwalter, ZIP 2005, 93; *Ganter/Brünink*, Insolvenz und Umsatzsteuer aus zivilrichterlicher Sicht, NZI 2006, 257; *Gerhardt*, Der Surrogationsgedanke im Konkursrecht – dargestellt an der Ersatzaussonderung, KTS 1990, 1; *Giesen*, Das Vermieterpfandrecht in der Insolvenz des Mieters, KTS 1995, 579; *Graf/Wunsch*, Gegenseitige Verträge im Insolvenzverfahren, ZIP 2002, 2117; *Gundlach*, Die Unterscheidbarkeit im Aussonderungsrecht, DZWIR 1998, 12; *Gundlach*, Der maßgebliche Zeitpunkt für die Aussonderungsfähigkeit des veräußerten Gegenstandes bei der Ersatzaussonderung, KTS 1997, 55; *Gundlach*, „Die Veräußerung" im Sinne des § 46 KO, KTS 1996, 505; *Gundlach*, Zur Gegenleistung i. S. d. § 46 KO, ZIP 1995, 1789; *Gundlach/Frenzel/Schirrmeister*, Nochmals – Die sogenannte zweite Ersatzaussonderung, KTS 2003, 69; *Gundlach/Frenzel/Schmidt, N.*, Der Umfang der Ersatzaussonderung, InVo 2002, 81; *Gundlach/Frenzel/Schmidt, N.*, Der Anwendungsbereich der §§ 170, 171 InsO, DZWIR 2001, 140; *Gundlach/Frenzel/Schmidt, N.*, Die Haftung des Insolvenzverwalters gegenüber Aus- und Absonderungsberechtigten, NZI 2001, 350; *Gundlach/Frenzel/Schmidt, N.*, Die Rechtsstellung des obligatorisch Aussonderungsberechtigten, DZWIR 2001, 95; *Gundlach/Frenzel/N. Schmidt*, Die Mitteilungspflicht des § 168 InsO, DZWIR 2001, 18; *Gundlach/Schirrmeister*, Die aus- und absonderungsfähigen Gegenstände in der vorläufigen Verwaltung, NZI 2010, 176; *Häcker*, Verwertungs- und Benutzungsbefugnis des Insolvenzverwalters für sicherungsübertragene gewerbliche Schutzrechte, ZIP 2001, 995; *Hageböke*, Teleologische Reduktion des Anwendungsbereichs von § 2 Abs. 1 Nr. 4 COVInsAG, ZRI 2022, 481; *Hahn*, Die Behandlung von Aus- und Absonderungsrechten im Fall der Nichtgeltendmachung durch die begünstigten Gläubiger, ZInsO 2018, 911; *v. Hall*, Der vergessene Kontrahent – warum die bestehenden Nettingkonzepte des börslichen Handels im Ernstfall zu scheitern drohen, ZInsO 2011, 505; *Häsemeyer*, Die Verteilung des Insolvenzrisikos: Verselbständigung eines heuristischen Hilfsmittels zum Schaden des Schuldrechts und Insolvenzrechts, KTS 1982, 1; *Heeseler*, Kompensation der Kostenbeiträge gem. §§ 170, 171 InsO durch den Verwertungserlös, ZInsO 2002, 924; *Hellmich*, Zur Zinszahlungspflicht des Insolvenzverwalters nach § 169 InsO, ZInsO 2005, 678; *Henckel*, Grenzen der Vermögenshaftung, JuS 1985, 836; *Hiebert*, Insolvenzanfechtung nach § 133 InsO, ZInsO 2020, 1660; *Hirte/Knof*, Das Pfandrecht an globalverbrieften Aktien in der Insolvenz, WM 2008, 49; *Holzer*, Die insolvenzrechtliche Behandlung von Treugut bei abredewidrigem Verhalten des Treuhänders, ZIP 2009, 2324; *Holzer*, Die Aufrechnung im neuen Insolvenzrecht, DStR 1998, 1268; *Höhn/Kaufmann*, Die Aufrechnung in der Insolvenz, JuS 2003, 751; *Huber*, Kein Rechtsweg für Insolvenzanfechtungsklagen gegen Sozialversicherungsträger zum Sozialgericht, ZInsO 2011, 519; *Huber*, Rücktrittsrecht des Vorbehaltskäufers in der Insolvenz des Vorbehaltskäufers, NZI 2004, 57; *Huber*, Gegenseitige Verträge und Teilbarkeit von Leistungen in der Insolvenz, NZI 2002, 467; *Jülicher*, Die Aussonderung von (Cloud-)Daten nach § 47 InsO, ZIP 2015, 2063; *Kirchhof*, Probleme bei der Einbeziehung von Aussonderungsrechten in das Insolvenzeröffnungsverfahren, ZInsO 2007, 227; *Kirchhof*, Masseverwertung durch den vorläufigen Insolvenzverwalter, ZInsO 1999, 436; *Keller, U.*, Grundstücksverwertung im Insolvenzverfahren, ZfIR 2002, 861; *Knees*, Die Bank als Grundpfandrechtsgläubiger in der Unternehmensinsolvenz, ZIP 2001, 1568; *Kruse/Hageböke*, Anfechtungsprivilegierung des § 2 I Nr. 4 S. 1 Hs. 1 COVInsAG – Rechtsfolgen eines gestellten Insolvenzantrags, NZI 2022, 56; *Kruse/Hageböke*, Der Anwendungsbereich des § 2 Abs. 1 Nr. 4 S. 1 COVInsAG – die Kongruenzanfechtung im Lichte der Corona-Pandemie, ZInsO 2021, 881; *Kuder*, Insolvenzfestigkeit revolvierender Kreditsicherheiten, ZIP 2008, 289; *Lange*, Treuhandkonten in Zwangsvollstreckung und Insolvenz, NJW 2007, 2513; *Lohkemper*, Die Zwangsvollstreckung während der Sequestration und in einem vorläufigen Insolvenzverfahren, ZIP 1995, 1641; *Marchal*, Aufrechnung mit Umsatzsteuerforderungen in der Insolvenz, BB 2013, 33; *Marotzke*, Insolvenzrechtliche Probleme bei Untermietverträgen über Immobilien, ZInsO 2007, 1; *Mielke/Lägler*, Die Geltendmachung von (Ersatz-)Aussinderungsrechten in der insolvenzrechtlichen Praxis, ZIP 2019, 947; *Mitlehner*, Verwertung sicherungszedierter Forderungen durch den Insolvenzverwalter, ZIP 2001, 677; *Mohrbutter/Mohrbutter*, Erfüllungsverlangen des Insolvenzverwalters und Teilbarkeit der Leistung, DZWIR 2003, 1; *Mönning*, Verwertung und Nutzung von Gegenständen mit Absonderungsrechten, in: Festschrift für Wilhelm Uhlenbruck, 2000, S. 239; *Münzel*, Pflichtverletzung gegenüber dem Insolvenzgläubiger durch Feststellung seiner Haftpflichtforderung?, NZI 2007, 441; *Niering*, Non Performing Loans – Herausforderung für den Insolvenzverwalter, NZI 2008, 146; *Niesert*, Das Recht der Aus- und Absonderung nach der neuen Insolvenzordnung (II. Teil), InVo 1998, 141; *Obermüller*, Kostenbeiträge und Ausgleichsansprüche bei Verwertung von Mobiliarsicherheiten, NZI 2003, 416; *Poertzgen*, Geschäftsführerhaftung aus § 64 Satz 1 GmbHG – Anwendungspraxis und rechtspolitische Kritik, ZInsO 2011, 305; *Rendels*, Ist die Aufrechnungsbefugnis kraft einer Konzern-Netting-Abrede insolvenzfest?, ZIP 2003, 1583; *Ries*, Insolvenz(anfechtungs)recht auf dem Rückzug?, ZInsO 2005, 848; *Riggert*, Neue Anforderungen an Raumsicherungsübereignungen, NZI 2009, 137; *Röthel*, Herstellungsverträge und Eigentumsordnung, NJW 2005, 625; *Runkel/Schnurbusch*, Rechtsfolgen der Masseunzulänglichkeit, NZI 2000, 49; *Scherer*, Zulässigkeit einer „zweiten Ersatzaussonderung"?, KTS 2002, 197; *Schmidt, K.*, Keine Insolvenzfestigkeit von Konzernverrechnungsklauseln: Es bleibt dabei! – Bemerkungen zum BGH-Urteil vom 15.7.2004, NZI 2005, 138; *Schmidt, S.*, Verjährung von Ansprüchen gegen den Insolvenzverwalter auf Auskehr des Sicherheitenerlöses, ZInsO 2005, 422; *Sessig/Fischer*, Das Verwertungsrecht des Insolvenzverwalters bei beweglichem Sicherungsgut, ZInsO 2011, 618; *Smid*, Sicherungsrechte und vorläufige Insolvenzverwaltung, ZInsO 2019, 2554; *Smid*, Zur Behauptungs- und Beweislast im Prozess des Gläubigers auf abgesonderte Befriedigung gegen den Insolvenzverwalter, ZInsO 2010, 1829; *Smid*, Stellung der Grundpfandgläubiger, Zwangsversteigerung und Schuldenreorganisation durch Insolvenzplan, in: Festschrift für Walter Gerhardt, 2004, S. 931; *Steder*, Einzelzwangsvollstreckung im Konkurs, ZIP 1996, 1072; *Stengel*, Zwangsverwaltung im Eröffnungsverfahren nach GesO und InsO, ZfIR 2001, 347; *Stöber*, Erlöschen der Auflassungsvormerkung und Erbbauzins-Reallast bei der Insolvenzverwalterversteigerung, NJW 2000, 3600; *Szalai*, Die Verwertungsbefugnis des Insolvenzverwalters bei Sicherungsabtretungen, ZInsO 2009, 1177; *Tetzlaff*, Verschiedene Möglichkeiten für die Auflösung einer Kollision zwischen Eigentumsvorbehalt und Globalzession, ZInsO 2009, 1092; *Tetzlaff*, Verwertung von Pfandrechten an Unternehmensbeteiligungen durch öffentliche Versteigerung und freihändige Veräußerung, ZInsO 2007, 478; *Tetzlaff*, Rechtsprobleme der „kalten Zwangsverwaltung", ZfIR 2005, 179; *Tetzlaff*, Probleme bei der Verwertung von Grundpfandrechten und Grundstücken im Insolvenzverfahren, ZInsO 2004, 521; *Tetzlaff*, Die anfängliche Übersicherung, ZIP 2003, 1826; *Thole*, Zivilprozessuale Probleme des Absonderungsrechts aus § 110 VVG n. F. in der Insolvenz des Versicherungsnehmers, NZI 2011, 41; *Uhlenbruck*,

Das Verbot der Einzelzwangsvollstreckung im Insolvenzverfahren, InVo 1996, 85; *Vallender*, Einzelzwangsvollstreckung im neuen Insolvenzrecht, ZIP 1997, 1993; *Viertelshausen*, Anwendbarkeit des § 878 BGB auf die Immobiliarvollstreckung im Insolvenzverfahren, InVo 2000, 330; *Vortmann*, Raumsicherungsübereignung und Vermieterpfandrecht, ZIP 1988, 626; *Weis/Ristelhuber*, Die Verwertung von Grundbesitz im Insolvenzverfahren und die Kostenpauschalen für die Insolvenzmasse, ZInsO 2002, 859; *v. Wilmowsky*, Aufrechnung in der Insolvenz, NZG 1998, 481; *Windel*, Die Unbeachtlichkeit von Konzernverrechnungsbefugnissen und wirkungsgleichen Drittaufrechnungsbefugnissen im Insolvenzverfahren, KTS 2004, 305; *Wolff*, Die Massegläubiger im Konkurse, ZZP 22 (1896), 207; *Zenker*, Zur Frage der Rückwirkung des § 96 I Nr. 3 InsO, NZI 2006, 16.

A. Aufrechnung

I. Materiell-rechtliche Grundlagen der Aufrechnung (§§ 387 ff. BGB)

1 Unter Aufrechnung versteht man die **wechselseitige Tilgung** zweier sich gegenüberstehender Forderungen durch einseitiges Rechtsgeschäft.[1] Die Forderung, gegen die aufgerechnet wird, ist die Hauptforderung, die Forderung mit der aufgerechnet wird, ist die Gegenforderung.

2 Die Aufrechnung bewirkt, dass die Forderungen, soweit sie sich decken, als in dem Zeitpunkt erloschen gelten, in welchem sie sich zur Aufrechnung geeignet einander gegenübergetreten sind (§ 389 BGB). **Haupt- und Gegenforderung erlöschen** also **rückwirkend** im Zeitpunkt der Entstehung der Aufrechnungslage. Als Gestaltungsrecht muss die Aufrechnung dabei durch eine Partei ausgeübt werden. Wie bei allen Gestaltungsrechten bedarf es eines Gestaltungsgrunds (§ 387 BGB, Aufrechnungslage) und einer Gestaltungserklärung (§ 388 BGB, Aufrechnungserklärung); zudem darf die Aufrechnung nicht vertraglich oder durch Gesetz ausgeschlossen sein. Neben den insolvenzrechtlichen Regelungen der §§ 94–96 InsO sind dabei die allgemeinen bürgerlich-rechtlichen und sonstigen außerinsolvenzrechtlichen (insbesondere gesellschaftsrechtlichen) Aufrechnungsausschlüsse zu beachten.[2]

3 Die **Aufrechnungslage** ist in § 387 BGB beschrieben.[3] Erforderlich ist das Gegenübertreten zweier gegenseitiger gleichartiger Ansprüche, wobei die Hauptforderung erfüllbar[4] und die Gegenforderung durchsetzbar, d. h. fällig,[5] einredefrei[6] und erzwingbar[7] sein muss. Warum der Gesetzgeber an die Gegenforderung höhere Anforderungen als an die Hauptforderung stellt, erklärt sich durch die unterschiedlichen Funktionen der Aufrechnung:

4 In Bezug auf die Hauptforderung stellt die Aufrechnung ein Erfüllungssurrogat dar, da sie deren Tilgung bewirkt (sog. **Tilgungsfunktion**).[8] Wer weiß, dass er aufrechnen kann, braucht sich wirtschaftlich nicht mehr als Schuldner zu fühlen, auch wenn er die Aufrechnung nicht sogleich erklärt.[9] Etwaige Vertragsstrafen, Zinsansprüche und Verzugsfolgen entfallen mit der erloschenen Hauptforderung ex tunc.[10] Die Erfüllbarkeit des Hauptanspruchs reicht für die Aufrechnung deshalb aus, weil ein Schuldner, der im Zwei-

1) Grüneberg-*Grüneberg*, BGB, § 387 Rz. 1.
2) Vgl. z. B. §§ 390, 393, 394, 1977 BGB; § 66 Abs. 1 Satz 2 AktG; § 19 Abs. 2 Satz 2 GmbHG; § 22 Abs. 5 GenG.
3) Vgl. hierzu bspw. BGH, Urt. v. 19.5.2011 – IX ZR 222/08, Rz. 6, NZI 2011, 538 = ZIP 2011, 1271.
4) Dies ist sie gemäß § 271 Abs. 2 BGB im Zweifel sofort.
5) Fällig ist die Gegenforderung im Zweifel sofort (vgl. § 271 Abs. 1 BGB).
6) Vgl. § 390 BGB.
7) An der Erzwingbarkeit fehlt es bspw. bei unvollkommenen Verbindlichkeiten nach § 762 BGB.
8) Grüneberg-*Grüneberg*, BGB, § 387 Rz. 1.
9) Grüneberg-*Grüneberg*, BGB, § 389 Rz. 2.
10) BGH, Urt. v. 23.1.1991 – VIII ZR 42/90, ZIP 1991, 315 = NJW-RR 1991, 568. Hierauf bereits erbrachte Leistungen können nach § 812 BGB zurückgefordert werden (Grüneberg-*Grüneberg*, BGB, § 389 Rz. 2).

fel sofort erfüllen kann (vgl. § 271 Abs. 2 BGB), gleichzeitig berechtigt sein muss, ein Erfüllungssurrogat geltend zu machen.

5 Die Aufrechnung gibt dem Aufrechnenden zugleich die Möglichkeit, seine Gegenforderung im Wege der Selbsthilfe durchzusetzen.[11)] Der Schuldner der Gegenforderung wird durch die Aufrechnungsmöglichkeit in die Lage versetzt, seinen eigenen Anspruch durch bloße Ausübung eines Gestaltungsrechts ohne Titulierung und Zwangsvollstreckung selbst zu realisieren. Das Recht der Aufrechnung hat damit auch eine Sicherungs- und **Vollstreckungsfunktion.**[12)]

6 Die durch die Aufrechnung eingeräumte Vollstreckungsmöglichkeit hat naturgemäß insbesondere dann eine große wirtschaftliche Bedeutung, wenn der Aufrechnungsgegner in Vermögensverfall geraten ist und die Gegenforderung nicht mehr (vollständig) begleichen kann.[13)] Gerät er in die Insolvenz, greift an sich das Verbot der Einzelzwangsvollstreckung (§ 89 InsO). Der Wettlauf der Gläubiger soll nunmehr einer gleichmäßigen Befriedigung aller Insolvenzgläubiger weichen (par condicio creditorum).[14)] Eine Selbstbefriedigung durch Aufrechnung würde in dieser Situation eine deutliche Privilegierung des Aufrechnungsberechtigten darstellen. Ob diese **haftungsrechtliche Bevorzugung** insolvenzrechtlich zulässig ist, muss stets im Einzelfall sorgfältig geprüft werden.

7 Stand einem Gläubiger bereits vor der Eröffnung des Insolvenzverfahrens eine Aufrechnungsbefugnis zu, hätte er sich, wenn es nicht zur Verfahrenseröffnung gekommen wäre, durch Aufrechnungserklärung befriedigen können, soweit sich die wechselseitigen Forderungen decken.[15)] Hat der Gläubiger zum Zeitpunkt der Verfahrenseröffnung noch nicht aufgerechnet oder entsteht die Aufrechnungslage erst nach der Verfahrenseröffnung, stellt sich die Frage, ob der Gläubiger gleichwohl noch die Aufrechnung erklären darf oder ob er ab diesem Zeitpunkt dem **Grundsatz der Gläubigergleichbehandlung** entsprechend als einfacher Insolvenzgläubiger seine Forderung nur noch nach den Vorschriften über das Insolvenzverfahren verfolgen darf (vgl. § 87 InsO). Diese Frage ist in den §§ 94 bis 96 sowie § 110 Abs. 3 InsO geregelt.[16)]

II. Überblick

8 Wie soeben aufgezeigt, kann die Aufrechnungsmöglichkeit im Insolvenzverfahren in den Grundsatz der Gläubigergleichbehandlung eingreifen. Ob ein Eingriff und damit ein mit diesem Grundsatz (un)vereinbare Gläubigerbevorzugung vorliegt, ist im Einzelfall zu prüfen. Diese Frage stellt sich in dem gesetzlich von den §§ 94–96 InsO zugrunde gelegten Regelfall **nur für Insolvenzgläubiger.** Für die Aufrechnung durch Massegläubiger, die ohnehin vollständig befriedigt werden sollen, stellt sich die Frage dagegen erst, wenn die Masse unzulänglich wird (siehe Rz. 72 f.). Sonderfragen stellen sich zudem bei der gesetzlich nicht geregelten Aufrechnung durch den Insolvenzverwalter (siehe Rz. 74 ff.).

---

11) BGH, Urt. v. 16.8.2007 – IX ZR 63/06, BGHZ 173, 328 = NZI 2007, 575, dazu EWiR 2007, 765 *(Völzmann-Stickelbrock)*; OVG Münster, Beschl. v. 26.11.2018 – 1 B 1281/18, Rz. 13, NVwZ-RR 2019, 784; Grüneberg-*Grüneberg*, BGB, § 387 Rz. 1.

12) Grüneberg-*Grüneberg*, BGB, § 387 Rz. 1; *Höhn/Kaufmann*, JuS 2003, 751, 752.

13) BGH, Urt. v. 4.5.1995 – IX ZR 256/93, BGHZ 129, 336 = NJW 1995, 1966; Grüneberg-*Grüneberg*, BGB, § 387 Rz. 1.

14) *Bork*, Einführung in das Insolvenzrecht, Rz. 2; *Poertzgen*, ZInsO 2011, 305, 308.

15) Zum Folgenden: *Höhn/Kaufmann*, JuS 2003, 751.

16) Die §§ 94 bis 96 InsO stellen die allgemeinen Grundsätze über die Aufrechnung in der Insolvenz auf, während sich § 110 Abs. 3 InsO speziell mit der Aufrechnung in bestimmten Dauerschuldverhältnissen (Miete, Pacht) befasst.

III. Aufrechnung im eröffneten Insolvenzverfahren

1. Systematik der §§ 94 ff. InsO

Der **Schutz des Vertrauens** des (späteren) Insolvenzgläubigers in eine Befriedigungsmöglichkeit durch Aufrechnung hängt maßgeblich von der Frage ab, wann die Aufrechnungslage (§ 387 BGB, siehe dazu Rz. 3) entstanden ist. Insoweit ist zunächst zwischen dem Eintritt der Aufrechnungslage vor Insolvenzeröffnung (siehe dazu Rz. 16 ff.) und nach diesem Zeitpunkt (siehe dazu Rz. 34 ff.) zu unterscheiden. 9

Bestehende Aufrechnungslagen lässt die Verfahrenseröffnung grundsätzlich unberührt. 10
Wer seine Forderung als späterer Insolvenzgläubiger bereits vor der Verfahrenseröffnung durch Aufrechnung befriedigen konnte, soll dies grundsätzlich auch im eröffneten Verfahren können (§ 94 InsO, siehe dazu Rz. 17 ff.). Das Vertrauen auf die bei Eröffnung bereits bestehende Aufrechnungslage ist also im Grundsatz geschützt. Dieser Schutz wird in § 95 Abs. 2 InsO erweitert (dazu unter Rz. 22 ff.) und in § 96 Abs. 1 Nr. 3 InsO eingeschränkt (siehe dazu Rz. 25 ff.).

Der Fall des Eintritts **der Aufrechnungslage erst nach der Eröffnung des Insolvenzverfahrens** ist im Grundsatz in § 95 Abs. 1 Satz 1 InsO geregelt (dazu unter Rz. 34 ff.). Auch dieser Grundsatz erfährt Erweiterungen (§§ 95 Abs. 2, 96 Abs. 2 InsO; siehe dazu Rz. 48 ff.) und Einschränkungen (§ 96 Abs. 1 Nr. 1, 2 und 4 InsO; siehe dazu Rz. 50 ff.). 11

Schließlich ist das Augenmerk auf die **Spezialregelung für Miet- und Pachtverhältnisse** zu richten (§ 110 Abs. 3 InsO; siehe dazu Rz. 64 ff.). 12

Zu beachten ist ferner, dass die §§ 94 bis 96 InsO – zumindest in ihrem unmittelbaren Anwendungsbereich – nur die Aufrechnung durch Insolvenzgläubiger im eröffneten Verfahren (zur Aufrechnung im Insolvenzeröffnungsverfahren siehe unten Rz. 69 ff.) regeln.[17] Hierzu zählen neben den Gläubigern i. S. von § 38 InsO auch die nachrangigen Insolvenzgläubiger i. S. von § 39 Abs. 1 Nr. 1 bis 5, Abs. 2 InsO[18] und die absonderungsberechtigten Gläubiger, soweit sie mit ihrer Forderung ausfallen (vgl. § 52 InsO).[19] Für die Aufrechnung durch **Massegläubiger** (siehe dazu Rz. 72 f.) oder durch den **Insolvenzverwalter** (siehe dazu Rz. 74 ff.) gelten die Vorschriften nicht.[20] 13

Die **Aufrechnungserklärung** ist als einseitige empfangsbedürftige Gestaltungserklärung bedingungs- und befristungsfeindlich (vgl. § 388 Satz 2 BGB). Sie ist gemäß § 388 Satz 1 BGB „gegenüber dem anderen Teil" abzugeben.[21] Dies ist bis zur Eröffnung des Insolvenzverfahrens – auch nach Bestellung eines sog. schwachen vorläufigen Insolvenzverwalters gemäß §§ 21 Abs. 2 Nr. 2, 22 Abs. 2 InsO – der Schuldner. Ist hingegen ein sog. starker vorläufiger Insolvenzverwalter mit Verwaltungs- und Verfügungsbefugnis bestellt (vgl. § 22 Abs. 1 Satz 1 InsO), ist die Aufrechnung diesem gegenüber zu erklären. Nach Verfahrenseröffnung kann die Aufrechnungserklärung nur noch gegenüber dem Insolvenzverwalter abgegeben werden. 14

Die Aufrechnung ist an **keine Frist** gebunden. Der Gläubiger kann also zuwarten, bis ihn der Insolvenzverwalter auf die Hauptleistung in Anspruch nimmt.[22] 15

17) Uhlenbruck-*Sinz*, InsO, § 94 Rz. 1, 3.

18) *Jacoby* in: HambKomm-InsO, Vor § 94 Rz. 6; Uhlenbruck-*Sinz*, InsO, § 94 Rz. 3.

19) Uhlenbruck-*Sinz*, InsO, § 94 Rz. 3. Der Gläubiger kann auch zunächst aufrechnen und nur hinsichtlich eines verbleibenden Forderungsteils die abgesonderte Befriedigung geltend machen, *Jacoby* in: HambKomm-InsO, Vor § 94 Rz. 7.

20) Uhlenbruck-*Sinz*, InsO, § 94 Rz. 3.

21) Zum Folgenden Uhlenbruck-*Sinz*, InsO, § 94 Rz. 58.

22) Uhlenbruck-*Sinz*, InsO, § 94 Rz. 62.

2. Eintritt der Aufrechnungslage vor Verfahrenseröffnung

16 Erlangt ein Insolvenzgläubiger bereits vor der Insolvenzeröffnung die Möglichkeit der Aufrechnung gegen eine Forderung des Insolvenzschuldners und die damit korrespondierende Möglichkeit, seine Forderung durch Aufrechnungserklärung selbst zu vollstrecken, so **bleibt** dieses Recht **von der Verfahrenseröffnung grundsätzlich unberührt**. Der Gläubiger braucht seine Gegenforderung, soweit sie sich mit der Hauptforderung des Schuldners deckt, nicht zur Insolvenztabelle anzumelden, sondern kann sich unmittelbar durch Aufrechnung befriedigen.[23)] Er wird behandelt, als stünde ihm an der Forderung des Schuldners ein Recht auf abgesonderte Befriedigung zu.[24)] Hieraus folgt jedoch keine Verpflichtung, in analoger Anwendung der §§ 166 Abs. 2, 170 Abs. 1 Satz 1, 171 InsO die Feststellungs- und Verwertungskosten in die Masse zu erstatten.[25)] Mit den Kostenpauschalen gemäß §§ 170, 171 InsO soll lediglich die Mehrvergütung ausgeglichen werden, die durch die Bearbeitung von Absonderungsrechten innerhalb des Insolvenzverfahrens anfällt.[26)] Soweit solche Mehrkosten – wie bei der Aufrechnung – nicht entstehen, soll der Masse folglich auch kein Anspruch auf einen Kostenbeitrag zukommen.[27)]

a) Grundsatz: § 94 InsO

17 Der Erhalt einer vor Verfahrenseröffnung eingetretenen Aufrechnungslage ist als Grundsatz in § 94 InsO festgehalten:

> „Ist ein Insolvenzgläubiger zur Zeit der Eröffnung des Insolvenzverfahrens kraft Gesetzes oder auf Grund einer Vereinbarung zur Aufrechnung berechtigt, so wird dieses Recht durch das Verfahren nicht berührt."

18 Wer zu diesem Zeitpunkt berechtigterweise darauf vertrauen durfte, gegen eine Forderung des Schuldners aufrechnen zu dürfen, soll in diesem **Vertrauen** nicht enttäuscht werden.[28)] Dies gilt selbst dann, wenn die Gegenforderung des Insolvenzgläubigers nach einem Insolvenzplan als erlassen gilt, sofern die Aufrechnungslage bereits zur Zeit der Eröffnung des Insolvenzverfahrens bestand.[29)]

19 § 94 InsO regelt nur die Aufrechnung durch **Insolvenzgläubiger**. Hierzu zählen nicht nur die Gläubiger i. S. von § 38 InsO, sondern auch die nachrangigen Insolvenzgläubiger i. S. von § 39 Abs. 1 Nr. 1 bis 5, Abs. 2 InsO und die absonderungsberechtigten Gläubiger mit ihrer Ausfallforderung gemäß § 52 InsO.[30)] Die Anmeldung einer Gegenforderung zur Insolvenztabelle stellt dabei keinen Verzicht auf das Anfechtungsrecht dar.[31)]

aa) Aufrechnung kraft Gesetzes

20 **„Kraft Gesetzes"** besteht die Aufrechnungsbefugnis, wenn die Voraussetzungen der §§ 387 ff. BGB erfüllt sind (siehe dazu Rz. 1 ff.). Der erfüllbaren Hauptforderung des

23) *Bork*, Einführung in das Insolvenzrecht, Rz. 311.

24) BGH, Beschl. v. 29.5.2008 – IX ZB 51/07, BGHZ 177, 1 = NZI 2008, 479 Rz. 29, dazu EWiR 2008, 537 *(Looff)*; *Bork*, Einführung in das Insolvenzrecht, Rz. 311.

25) Uhlenbruck-*Sinz*, InsO, § 94 Rz. 11.

26) BGH, Urt. v. 22.7.2004 – IX ZR 270/03, NZI 2004, 620, 621, m. Anm. *Gundlach/Schirrmeister*, dazu EWiR 2005, 27 *(Gerhardt)*.

27) BGH, Urt. v. 22.7.2004 – IX ZR 270/03, NZI 2004, 620, 621.

28) BGH, Urt. v. 19.5.2011 – IX ZR 222/08, Rz. 12, NZI 2011, 538 = ZIP 2011, 1271; BGH, Beschl. v. 29.5.2008 – IX ZB 51/07, Rz. 20, BGHZ 177, 1 = NZI 2008, 479.

29) BGH, Urt. v. 19.5.2011 – IX ZR 222/08, Rz. 9 ff., NZI 2011, 538 = ZIP 2011, 1271.

30) Uhlenbruck-*Sinz*, InsO, § 94 Rz. 3.

31) Uhlenbruck-*Sinz*, InsO, § 94 Rz. 5.

Schuldners muss also eine gleichartige und durchsetzbare (fällige, einredefreie und erzwingbare) Gegenforderung des Gläubigers gegenüberstehen.

bb) Aufrechnung aufgrund einer Vereinbarung

Die Aufrechnungsbefugnis kann sich auch **„aufgrund einer Vereinbarung"** ergeben. Durch eine solche Abrede können die Beteiligten die gesetzlichen Voraussetzungen für eine Aufrechnung abbedingen und dem Gläubiger oder dem Schuldner eine weitergehende Aufrechnungsbefugnis einräumen, als dies nach den §§ 387 ff. BGB der Fall ist.[32] Zu unterscheiden sind dabei insbesondere **drei Arten** von Aufrechnungsverträgen:[33] 21

- **Vereinbarungen mit sofortigem Aufrechnungsvollzug** können wegen § 80 Abs. 1 InsO mit dem Schuldner nur bis zur Eröffnung des Insolvenzverfahrens wirksam getroffen werden.[34] Sie können allerdings insoweit unwirksam sein, wie die Aufrechnungslage gemäß § 96 Abs. 1 Nr. 3 InsO (siehe dazu Rz. 25 ff.) durch eine anfechtbare (insbesondere gemäß § 131 InsO aufgrund von Abweichungen zu den §§ 387 ff. BGB) Rechtshandlung erlangt wurde.[35]
- Vor allem im Giroverkehr verbreitet sind **vorgreifliche Verrechnungsvereinbarungen** (z. B. Kontokorrent-, Skontrations-, Clearing- und Nettingabreden[36] sowie „cash-pooling"-Vertäge in Konzernkonstellationen[37]), die zu zwei- oder mehrseitigen automatischen Saldierungen einzelner (selbständiger[38]) Rechnungsposten führen.[39] Diese Vereinbarungen enthalten neben obligatorischen Abreden auch Vorausverfügungen mit Aufrechnungscharakter über künftige Ansprüche, die eine automatische Verrechnung ermöglichen.[40] Solche Vereinbarungen sind nach Eröffnung des Insolvenzverfahrens unzulässig. Sie erlöschen mit Eröffnung des Verfahrens nach §§ 115, 116 InsO. Die bis zum Zeitpunkt der Eröffnung des Insolvenzverfahrens vollzogenen antizipierten Verrechnungen bleiben wirksam, soweit sie nicht nach § 96 Abs. 1 Nr. 3 InsO anfechtbar sind.[41] Danach vorgenommene Verrechnungen sind nach § 96 Abs. 1 Nr. 1 InsO unwirksam.
- Die dritte Fallgruppe bilden die **vorgreiflichen Erweiterungen der Aufrechnungsvoraussetzungen**. Diese Vereinbarungen unterscheiden sich von den vorgreiflichen Verrechnungsvereinbarungen insbesondere dadurch, dass sie den Vollzug der Auf-

---

32) BGH, Urt. v. 15.7.2004 – IX ZR 224/03, BGHZ 160, 107 = NZI 2004, 585, m. Anm. *Höpfner*, dazu EWiR 2004, 1041 *(Rendels)*; BGH, Urt. v. 27.3.1985 – VIII ZR 5/84, BGHZ 94, 132, 135 = NJW 1985, 2409; *Bork*, Einführung in das Insolvenzrecht, Rz. 312.

33) Zum Folgenden: *Windel*, KTS 2004, 305.

34) Uhlenbruck-*Sinz*, InsO, § 94 Rz. 7.

35) BGH, Urt. v. 22.7.2004 – IX ZR 270/03, NZI 2004, 620, 621, m. Anm. *Gundlach/Schirrmeister*; *Jacoby* in: HambKomm-InsO, § 94 Rz. 12.

36) Dazu ausführlich *Rendels*, ZIP 2003, 1583; speziell zu den Nettingkonzepten des börslichen Handels vgl. auch *v. Hall*, ZInsO 2011, 505.

37) S. hierzu *Gärtner*, Die rechtlichen Grenzen der Zulässigkeit des Cash Pooling, 2011.

38) Vgl. OLG München, Endurt. v. 21.7.2020 – MK 2/19, NZI 2020, 912, m. Anm. *Kuleba*, wonach Entgeltforderung aus einem unselbstständigen Rechnungsposten (Neukundenbonus bei Strom- und Gaslieferanten) bei der Endabrechnung zu einer Kürzung des Rechnungsbetrags führen und nicht den Aufrechnungsregeln nach §§ 94 ff. InsO, insbesondere nicht dem Verbot nach § 96 Abs. 1 Nr. 3 InsO, unterfallen.

39) Uhlenbruck-*Sinz*, InsO, § 94 Rz. 8.

40) BGH, Urt. v. 4.5.1979 – I ZR 127/77, BGHZ 74, 253, 255 = NJW 1979, 1658; Uhlenbruck-*Sinz*, InsO, § 94 Rz. 8.

41) BGH, Urt. v. 17.7.2008 – IX ZR 148/07, Rz. 9, NZI 2008, 547, dazu EWiR 2009, 153 *(Weiß)*; OLG Düsseldorf, Urt. v. 11.4.2019 – I-12 U 44/18, ZVI 2019, 349, 351 = NZI 2019, 622; *Lüke* in: KPB, InsO, § 94 Rz. 87; Uhlenbruck-*Sinz*, InsO, § 96 Rz. 50.

rechnung einer späteren einseitigen Erklärung überlassen. Von besonderer Bedeutung sind in diesem Zusammenhang die sog. **Konzernverrechnungsklauseln**, bei denen vertraglich auf das in § 387 BGB benannte Erfordernis der Gegenseitigkeit verzichtet wird. Bei der Beurteilung ihrer Zulässigkeit ist die Ratio des § 94 InsO zu beachten. Die Vorschrift bezweckt, wie sich bereits aus der amtlichen Überschrift ergibt, dem Gläubiger eine bereits bei Eröffnung des Insolvenzverfahrens gegebene Aufrechnungslage zu erhalten. Eine Aufrechnungslage entsteht jedoch erst in dem Zeitpunkt, in dem zwei Forderungen einander aufrechenbar gegenübertreten. Dies ist bei einer auf eine Konzernverrechnungsklausel gestützten Aufrechnung nicht der Fall, solange die Aufrechnung nicht erklärt worden ist.[42] Mit insolvenzfester Wirkung kann demgegenüber auf die Fälligkeit, Einredefreiheit, Erfüllbarkeit und Gleichartigkeit gegenseitiger Forderungen verzichtet werden.[43]

b) Erweiterung gemäß § 95 Abs. 2 InsO

22 Die in § 387 BGB gesetzlich vorgesehene Aufrechnungslage wird in puncto Gleichartigkeit der Forderungen durch die Vorschrift des **§ 95 Abs. 2 InsO** erweitert. Nach deren Satz 1 wird die Aufrechnung nicht dadurch ausgeschlossen, dass die Forderungen auf **unterschiedliche Währungen oder Rechnungseinheiten** lauten, wenn diese Währungen oder Rechnungseinheiten am Zahlungsort der Forderung, gegen die aufgerechnet wird, frei getauscht werden können. Die Umrechnung erfolgt nach § 95 Abs. 2 Satz 2 InsO dabei nach dem Kurswert, der für diesen Ort zur Zeit des Zugangs der Aufrechnungserklärung maßgeblich ist.

23 Die systematische Stellung dieser Vorschrift lässt zunächst vermuten, dass sie sich nur auf die Fälle des § 95 Abs. 1 InsO bezieht. Es ist jedoch anerkannt, dass sich § 95 Abs. 2 InsO auf **alle Fälle der Aufrechnung in der Insolvenz** bezieht.[44]

24 Verstehen lässt sich § 95 Abs. 2 InsO insbesondere vor dem Hintergrund des materiellen Zivilrechts. Nach dem BGB sind Geldforderungen, die auf unterschiedliche Währungen lauten, nicht gleichartig.[45] **§ 244 Abs. 1 BGB** räumt dem Zahlungspflichtigen lediglich eine Ersetzungsbefugnis ein: Er darf eine Fremdwährungsschuld im Inland – vorbehaltlich einer ausdrücklichen anderslautenden Vereinbarung – in Euro begleichen. Der Inhaber einer Euro-Geldforderung kann mit ihr gegen eine Fremdwährungsschuld aufrechnen, während im umgekehrten Fall gegen einen auf Euro lautenden Zahlungsanspruch die Aufrechnung mit einer in ausländischer Währung ausgedrückten Geldforderung unzulässig ist, und nur die Geltendmachung eines Zurückbehaltungsrechts in Betracht kommt.[46] Diese Ungleichbehandlung beseitigt § 95 Abs. 2 InsO, sofern die Währungen am Zahlungsort der Hauptforderung frei konvertierbar sind.

42) BGH, Urt. v. 13.7.2006 – IX ZR 152/04, NZI 2006, 639, dazu EWiR 2007, 59 *(Stahlschmidt)*; BGH, Urt. v. 15.7.2004 – IX ZR 224/03, BGHZ 160, 107 = NZI 2004, 585; BGH, Urt. v. 3.6.1981 – VIII ZR 171/80, BGHZ 81, 15, 19 f. = NJW 1981, 2257; *Becker*, DZWIR 2005, 221, 228; *K. Schmidt*, NZI 2005, 138, 141; *Windel*, KTS 2004, 305, 308.

43) *Windel*, KTS 2004, 305, 307 f.; K. Schmidt-*Thole*, InsO, § 94 Rz. 24; *Lohmann/Reichelt* in: MünchKomm-InsO, § 94 Rz. 65.

44) *Höhn/Kaufmann*, JuS 2003, 751, 753; Uhlenbruck-*Sinz*, InsO, § 95 Rz. 54. Teilweise wird sogar eine analoge Anwendung auf die Aufrechnung außerhalb des Insolvenzverfahrens befürwortet, *Lohmann/Reichelt* in: MünchKomm-InsO, § 95 Rz. 39; *Lüke* in: KPB, InsO, § 95 Rz. 41.

45) Zum Folgenden: Uhlenbruck-*Sinz*, InsO, § 95 Rz. 54.

46) OLG Hamm, Urt. v. 9.10.1998 – 33 U 7/98, NJW-RR 1999, 1736; *Jacoby* in: HambKomm-InsO, § 95 Rz. 40.

c) Einschränkung: § 96 Abs. 1 Nr. 3 InsO

Bestand die Aufrechnungslage bereits bei Eröffnung des Insolvenzverfahrens, ist sie aber in anfechtbarer Weise herbeigeführt worden, so ist die Aufrechnung nach § 96 Abs. 1 Nr. 3 InsO ausgeschlossen, d. h. sie wird mit Verfahrenseröffnung[47] insolvenzrechtlich unwirksam.[48] Darin kommt die Wertung zum Ausdruck, dass das **Vertrauen des Gläubigers** auf den Bestand einer durch anfechtbare Rechtshandlung geschaffenen Aufrechnungslage **nicht schutzwürdig** ist.[49] 25

Auf die Geltendmachung der Anfechtung durch den Insolvenzverwalter kommt es für die Unwirksamkeit der Aufrechnung nicht an.[50] Das gilt selbst dann, wenn die Aufrechnung bereits vor der Verfahrenseröffnung erklärt wurde.[51] Die Aufrechnungserklärung[52] wird im Falle der Anfechtbarkeit mit Verfahrenseröffnung für die Dauer und die Zwecke des Insolvenzverfahrens kraft Gesetzes **automatisch unwirksam.**[53] Der Insolvenzverwalter muss also keine Anfechtungsklage erheben; er kann sich vielmehr unmittelbar auf die Unwirksamkeit der Aufrechnung berufen,[54] die vor Verfahrenseröffnung durch die Aufrechnung gemäß § 389 BGB erloschene Hauptforderung der Masse einklagen[55] und den Aufrechnungseinwand mit der Gegeneinrede der Anfechtbarkeit abwehren.[56] Der Insolvenzgläubiger kann dann seine Forderung nur noch zur Insolvenztabelle anmelden.[57] 26

---

47) Da der Anfechtungsanspruch erst mit Eröffnung des Insolvenzverfahrens entsteht und die Vorschriften der §§ 129 ff. InsO erst von der Eröffnung des Insolvenzverfahrens an anwendbar sind, kann das auf die Anfechtbarkeit der Entstehung der Aufrechnungslage gestützte Aufrechnungsverbot des § 96 Abs. 1 Nr. 3 InsO erst mit dem Eröffnungsbeschluss in Kraft treten, BGH, Urt. v. 15.3.2012 – IX ZR 249/09, Rz. 25, NZI 2012, 365 m. w. N., m. Anm. *Schädlich/Stapper*, dazu EWiR 2012, 459 *(Schröder)*.

48) BGH, Urt. v. 28.9.2006 – IX ZR 136/05, Rz. 11, BGHZ 169, 158 = NZI 2006, 31, dazu EWiR 2007, 19 *(Wazlawik)*; FG Nürnberg, Beschl. v. 15.9.2020 – 2 K 1540/18, Rz. 17 f., NZI 2021, 85.

49) BGH, Urt. v. 11.12.2008 – IX ZR 195/07, Rz. 12, BGHZ 179, 137 = NZI 2009, 103, dazu EWiR 2009, 419 *(Runkel/J. M. Schmidt)*.

50) BGH, Urt. v. 17.7.2008 – IX ZR 148/07, Rz. 20, NZI 2008, 547, dazu EWiR 2009, 153 *(Weiß)*; BGH, Urt. v. 28.9.2006 – IX ZR 136/05, Rz. 13, BGHZ 169, 158 = NZI 2006, 31; *Bork*, Einführung in das Insolvenzrecht, Rz. 313; *Huber*, ZInsO 2011, 519, 521.

51) BGH, Urt. v. 28.9.2006 – IX ZR 136/05, Rz. 11, BGHZ 169, 158 = NZI 2006, 31.

52) Rechtsfolge des § 96 Abs. 1 Nr. 3 InsO ist aber nur die Unwirksamkeit der Aufrechnungserklärung, während die Begründung der Aufrechnungslage vom Insolvenzverwalter gesondert angefochten werden muss, BGH, Urt. v. 22.7.2004 – IX ZR 270/03, NZI 2004, 620, 621; *Bork*, Einführung in das Insolvenzrecht, Rz. 313. Der Insolvenzverwalter kann das zugrundeliegende Rechtsgeschäft anfechten, wenn dessen nachteilige Wirkungen für die Masse über die Aufrechnung hinausgehen, Uhlenbruck-*Sinz*, InsO, § 96 Rz. 58, 60.

53) Begr. RegE z. § 108 InsO, BT-Drucks. 12/2443, S. 141; BGH, Urt. v. 19.1.2012 – IX ZR 4/11, Rz. 11, NZI 2012, 323, dazu EWiR 2012, 251 *(U. Keller)*; OLG Düsseldorf, Urt. v. 6.7.2005 – 18 U 28/05, NZI 2006, 39 = ZIP 2005, 2121; *Bork*, Einführung in das Insolvenzrecht, Rz. 313 Fn. 9; *Bork* in: FS Ishikawa, S. 31, 34 ff.; Uhlenbruck-*Sinz*, InsO, § 96 Rz. 46, 57; a. A. *Zenker*, NZI 2006, 16.

54) BGH, Urt. v. 17.7.2008 – IX ZR 148/07, Rz. 8, NZI 2008, 547; BGH, Urt. v. 26.6.2008 – IX ZR 144/05, Rz. 11, NZI 2008, 539, dazu EWiR 2008, 689 *(Eckardt)*; BGH, Urt. v. 28.2.2008 – IX ZR 177/05, NZI 2008, 302 Rz. 10, dazu EWiR 2008, 503 *(Hofman/Würdinger)*.

55) BGH, Urt. v. 28.9.2006 – IX ZR 136/05, Rz. 16, BGHZ 169, 158 = NZI 2006, 31, m. Anm. *Huber*; BGH, Urt. v. 29.6.2004 – IX ZR 195/03, BGHZ 159, 388 = NZI 2004, 580, 582; BGH, Urt. v. 5.4.2001 – IX ZR 216/98, BGHZ 147, 233, 236 f. = NJW 2001, 1940, dazu EWiR 2001, 883 *(Wagner)*; BGH, Urt. v. 28.9.2000 – VII ZR 372/99, BGHZ 145, 245, 253 ff. = NZI 2001, 23, 24, m. Anm. *Schmitz*, dazu EWiR 2000, 1167 *(Paulus)*; a. A. (anfechtungsrechtlicher Rückgewähranspruch nach Novation) *Ries*, ZInsO 2005, 848, 849, 851.

56) OLG Düsseldorf, Urt. v. 11.4.2019 – I-12 U 44/18, Rz. 33, ZVI 2019, 349, 351 = NZI 2019, 622; Uhlenbruck-*Sinz*, InsO, § 96 Rz. 46.

57) BGH, Urt. v. 9.2.2006 – IX ZR 121/03, Rz. 18, NZI 2006, 345, m. Anm. *Gundlach/N. Schmidt* = ZIP 2006, 818; BGH, Urt. v. 22.7.2004 – IX ZR 270/03, NZI 2004, 620, 621, m. Anm. *Gundlach/Schirrmeister*. Um eine Feststellungsklage gemäß §§ 179 ff. InsO zu vermeiden, sollte die Gegenforderung des Gläubigers m. E. zumindest dann im Urteil festgestellt werden, wenn der Insolvenzverwalter sie bestreitet.

27 Die Anfechtbarkeit der Aufrechnung ist i. R. der Leistungsklage des Insolvenzverwalters **inzident voll durchzuprüfen.**[58] Ausreichend ist, dass irgendeine der in § 387 BGB genannten Voraussetzung für die Aufrechnung (siehe dazu Rz. 3) in anfechtbarer Weise geschaffen wurde.[59] Dabei kommt es nicht darauf an, in welcher zeitlichen Reihenfolge die Gegenseitigkeit der Forderungen entstanden ist.[60] Die Aufrechnung kann also für den Insolvenzgläubiger sowohl dadurch möglich werden, dass er dem Insolvenzschuldner etwas schuldig wird, als auch dadurch, dass er als Schuldner des Insolvenzschuldners gegen diesen einen Anspruch erwirbt und so überhaupt erst zum Insolvenzgläubiger wird.[61] Ebenso reicht es aus, wenn die anfechtbare Rechtshandlung durch einen Dritten vorgenommen worden ist.[62] Ausreichend ist daher etwa, dass der Insolvenzgläubiger seine Forderung ohne Zutun des Schuldners durch Abtretung erwirbt[63] oder ein Arbeitnehmer Insolvenzgeld beantragt und so die Bundesagentur für Arbeit eine Aufrechnungsmöglichkeit erhält[64].[65]

28 Als Rechtshandlung kann an jedes Rechtsgeschäft angeknüpft werden, das zum anfechtbaren Erwerb einer Gläubiger- oder Schuldnerstellung führt. Es kommen dabei **alle Anfechtungstatbestände** der §§ 129 ff. InsO in Betracht.[66] Der insoweit maßgebliche Zeitpunkt ist auch im Anwendungsbereich des § 96 Abs. 1 Nr. 3 InsO nach § 140 InsO zu bestimmen.[67] Es kommt auf den Zeitpunkt der Entstehung des Gegenseitigkeitsverhältnisses an.[68] Das Gegenseitigkeitsverhältnis i. S. des § 140 Abs. 1 InsO besteht erst, wenn die Aufrechnungslage i. S. des § 387 BGB in vollem Umfang entstanden ist, d. h. die Forderung des Adressaten der Aufrechnung erfüllbar und die Aktivforderung des Aufrechnenden fällig und einredefrei ist.[69] Erst zu diesem Zeitpunkt bringt die Forderung dem aufrechnenden Gläubiger einen wirtschaftlichen Nutzen.

29 Dem Insolvenzverwalter ist die Berufung auf die Unzulässigkeit der Aufrechnung nach § 96 Abs. 1 Nr. 3 InsO verwehrt, wenn er die **Frist des § 146 Abs. 1 InsO** zur gerichtlichen Geltendmachung des anfechtbar aufgerechneten Anspruchs versäumt hat.[70] Die Hauptforderung des Schuldners, gegen die gemäß § 96 Abs. 1 Nr. 3 InsO insolvenzrechtlich

---

58) BGH, Urt. v. 28.9.2006 – IX ZR 136/05, Rz. 24, BGHZ 169, 158 = NZI 2006, 31; *Fischer*, ZIP 2004, 1679, 1682; *Fischer*, WM 2008, 1, 4; *Huber*, ZinsO 2011, 519, 521.

59) Uhlenbruck-*Sinz*, InsO, § 96 Rz. 46.

60) BGH, Urt. v. 11.12.2008 – IX ZR 195/07, Rz. 12, BGHZ 179, 137 = NZI 2009, 103; BGH, Urt. v. 26.6.2008 – IX ZR 47/05, Rz. 17, NZI 2008, 551, dazu EWiR 2008, 659 *(Schulz)*; *Jacoby* in: HambKomm-InsO, § 96 Rz. 9.

61) *Jacoby* in: HambKomm-InsO, § 96 Rz. 9.

62) BGH, Urt. v. 27.2.1997 – IX ZR 79/96, BGHZ 135, 36 = ZIP 1997, 649, 650 f.; OLG Brandenburg, Urt. v. 17.6.2020 – 7 U 146/17, Rz. 68, NJOZ 2020, 1383; *Jacoby* in: HambKomm-InsO, § 96 Rz. 12; Uhlenbruck-*Sinz*, InsO, § 96 Rz. 46.

63) BGH, Urt. v. 24.6.2010 – IX ZR 125/09, ZInsO 2010, 1378; OLG Köln, Urt. v. 17.11.2000 – 19 U 206/99, NJW-RR 2001, 1493, 1494 = NZI 2001, 474.

64) OLG Hamm, Urt. v. 8.5.2009 – 12 U 12/09, ZIP 2010, 296.

65) Zu alldem: *Jacoby* in: HambKomm-InsO, § 96 Rz. 12.

66) BGH, Urt. v. 11.12.2008 – IX ZR 195/09, Rz. 12, NZI 2009, 103 m. w. N.

67) BGH, Urt. v. 17.7.2008 – IX ZR 148/07, Rz. 10, NZI 2008, 547; BGH, Urt. v. 15.11.2007 – IX ZR 212/06, Rz. 9, NZI 2008, 184, dazu EWiR 2008, 629 *(Freudenberg)*; BGH, Urt. v. 14.6.2007 – IX ZR 56/06, Rz. 12, NZI 2007, 515, dazu EWiR 2008, 83 *(Eckert)*; BGH, Urt. v. 29.6.2004 – IX ZR 195/03, BGHZ 159, 388 = NZI 2004, 580, 582.

68) BGH, Urt. v. 2.2.2017 – IX ZR 245/14, Rz. 8, NZI 2017, 349 = ZIP 2017, 17; BGH, Urt. v. 19.1.2012 – IX ZR 4/11, Rz. 8, NZI 2012, 323; BGH, Urt. v. 17.7.2008 – IX ZR 148/07, Rz. 8 ff., NZI 2008, 547.

69) OLG Düsseldorf, Beschl. v. 11.5.2020 – 12 U 49/19, Rz. 29, NZI 2020, 1000 = ZIP 2020, 1925.

70) BGH, Urt. v. 8.2.2018 – IX ZR 103/17, Rz. 39, BGHZ 217, 300 = NZI 2018, 721; BGH, Urt. v. 17.7.2008 – IX ZR 148/07, Rz. 19, NZI 2008, 547 m. w. N.

unwirksam aufgerechnet worden ist, unterliegt analog § 146 Abs. 1 InsO der Verjährung.[71] Der Insolvenzverwalter ist deshalb gehalten, rechtzeitig die Verjährung des Anspruchs auf die Hauptforderung vor Ablauf der **Verjährungsfrist** des § 146 Abs. 1 InsO zu hemmen (§§ 203 ff. BGB).[72] Zur **Hemmung** der Verjährung reicht es demzufolge aus, dass der Anspruch auf die Hauptforderung und die Anfechtbarkeit der durch eine anfechtbare Rechtshandlung erlangten Aufrechnungslage dargelegt wurde.[73] Es kommt nicht darauf an, ob der Insolvenzverwalter ausdrücklich eine Anfechtung geltend macht. § 96 Abs. 1 Nr. 3 InsO stellt darauf ab, ob die Rechtsposition des Insolvenzgläubigers anfechtbar erworben wurde. Eine aktive Anfechtung seitens des Insolvenzverwalters wird nicht verlangt.[74]

Eine besondere praktische Bedeutung kommt § 96 Abs. 1 Nr. 3 InsO im Zusammenhang 30 mit **Kreditinstituten** zu: In aller Regel unterhalten Schuldner zu einem oder mehreren Kreditinstituten eine Geschäftsverbindung. Aufgrund der Tatsache, dass das kontoführende Institut den Zahlungsverkehr für den Schuldner abwickelt, hat diese über die Kontokorrentverrechnung die Möglichkeit des ersten Zugriffs auf die Liquidität des Schuldners. So kann die Bank entweder den offenen Saldo zurückführen oder durch die Einstellung eigener Belastungen ins Kontokorrent Deckung über die periodische Verrechnung erlangen. Insbesondere im Drei-Monats-Zeitraum ist daher vom Insolvenzverwalter genauestens zu prüfen, welche Verrechnungen der Insolvenzanfechtung unterliegen.[75]

Das Aufrechnungsverbot nach § 96 Abs. 1 Nr. 3 InsO gilt nicht, wenn die Herstellung 31 der Aufrechnungslage gemäß § 2 Abs. 1 Nr. 4 **COVInsAG** unanfechtbar ist.[76] Vom Anfechtungsprivileg nach § 2 Abs. 1 Nr. 4 COVInsAG sind nur sog. Vertragsgläubiger umfasst; sog. Nicht-Vertragsgläubiger wie Finanzämter und Sozialversicherungsträger gehören nicht zum persönlichen Schutzbereich.[77] Für Letztere gilt demnach auch im Anwendungsbereich des COVInsAG das Aufrechnungsverbot.

Für den Fall, dass ein Gesellschafter Verbindlichkeiten der Schuldnerin i. R. von **persön-** 32 **lichen Bürgschaften** bezahlt, damit der Anspruch des Gläubigers gegen die Schuldnerin auf ihn gemäß § 774 Abs. 1 BGB übergeht und er mit diesen gegen Forderungen der Schuldnerin aufrechnet, gilt das Aufrechnungsverbot des § 96 Abs. 1 Nr. 3 InsO i. V. mit §§ 43–44a, 39 Abs. 1 Nr. 5 InsO analog.[78]

§ 96 Abs. 1 Nr. 3 InsO spricht zwar nur von Aufrechnungen. Die Vorschrift findet nach 33 gefestigter BGH-Rechtsprechung aber auch auf **Verrechnungen** Anwendung.[79] Abweichend davon vertritt der BFH, dass die **Saldierung** nach § 16 Abs. 2 UStG keine Aufrechnung i. S. von § 96 InsO ist.[80]

---

71) BGH, Urt. v. 28.9.2006 – IX ZR 136/05, Rz. 25, BGHZ 169, 158 = NZI 2006, 31; Uhlenbruck-*Sinz*, InsO, § 96 Rz. 61.

72) BGH, Urt. v. 17.7.2008 – IX ZR 148/07, Rz. 19, NZI 2008, 547; BGH, Urt. v. 12.7.2007 – IX ZR 120/04, Rz. 12, NZI 2007, 582 = ZIP 2007, 1467.

73) BGH, Urt. v. 17.7.2008 – IX ZR 148/07, Rz. 21, NZI 2008, 547.

74) BGH, Urt. v. 8.2.2018 – IX ZR 103/17, Rz. 40, BGHZ 217, 300 = NZI 2018, 721.

75) Hierzu ausführlich *Kirstein* in: Haarmeyer/Huber/Schmittmann, Praxis der Insolvenzanfechtung, Kap. 4.

76) *Hiebert*, ZInsO 2020, 1660; zu § 2 Abs. 1 Nr. 4 COVInsAG: *Kruse/Hageböke*, ZInsO 2021, 881.

77) Grundlegend: *Kruse/Hageböke*, ZInsO 2021, 881, 884; *Kruse/Hageböke*, EWiR 2021, 595, 597 (Urteilsanm.); *Kruse/Hageböke*, NZI 2022, 56, 58; *Hageböke*, ZRI 2022, 481, 482.

78) LG Osnabrück, Urt. v. 22.10.2018 – 8 O 822/18, Rz. 18, BeckRS 2018, 44553.

79) Vgl. nur BGH, Urt. v. 19.1.2012 – IX ZR 4/11, NZI 2012, 323 Rz. 8; BGH, Urt. v. 17.7.2008 – IX ZR 148/07, Rz. 9, NZI 2008, 547; BGH, Urt. v. 26.6.2008 – IX ZR 144/05, NZI 2008, 539 Rz. 11.

80) BFH, Urt. v. 25.7.2012 – VII R 44/10, BFHE 238, 302 = DStRE 2013, 99 = NZI 2012, 1022, m. Anm. *Uhländer; Marchal*, BB 2013, 33, 36 f.

3. Eintritt der Aufrechnungslage nach Verfahrenseröffnung

34 Besteht die Aufrechnungslage zum Zeitpunkt der Eröffnung des Insolvenzverfahrens deshalb nicht, weil wenigstens eine der zur Aufrechnung gestellten Forderungen noch aufschiebend bedingt oder noch nicht fällig[81] ist, oder weil die Forderungen noch nicht auf gleichartige Leistungen gerichtet sind, so kann die Aufrechnung erst erfolgen, sobald dieses **Aufrechnungshindernis im eröffneten Verfahren behoben** ist (vgl. § 95 Abs. 1 Satz 1 InsO). Im Vergleich zu § 94 InsO durfte der Gläubiger bei Verfahrenseröffnung zwar noch nicht auf eine bestehende Aufrechnungslage, wohl aber darauf vertrauen, dass er die ihm obliegende Leistung bei Fälligkeit, Bedingungseintritt bzw. Eintritt der Gleichartigkeit nicht erbringen muss, sondern sich vielmehr von der Hauptforderung durch Aufrechnung befreien und gleichzeitig seine Gegenforderung durchsetzen kann.[82] Dieses Vertrauen schützt § 95 Abs. 1 InsO allerdings dann nicht, wenn die Forderung, gegen die aufgerechnet werden soll, unbedingt und fällig wird, bevor die Aufrechnung erfolgen kann (§ 95 Abs. 1 Satz 3 InsO).

a) Grundsatz: § 95 Abs. 1 InsO

35 § 95 Abs. 1 Satz 1 InsO lässt die Aufrechnung über § 94 InsO hinausgehend zu und geht der Regelung des § 96 Abs. 1 Nr. 1 InsO vor.[83] Hierdurch sind **künftige Aufrechnungslagen geschützt**. Dabei sind folgende Fälle zu unterscheiden:

aa) Künftiger Bedingungseintritt

36 Sind zur Zeit der Eröffnung des Insolvenzverfahrens die aufzurechnenden Forderungen oder eine von ihnen noch aufschiebend[84] bedingt, so kann die Aufrechnung erst erfolgen, sobald die aufschiebende Bedingung eingetreten ist (§ 95 Abs. 1 Satz 1 Var. 1 InsO). Die Aufrechnung ist jedoch ausgeschlossen, wenn die Hauptforderung unbedingt und fällig wird, bevor die Aufrechnung erfolgen kann (§ 95 Abs. 1 Satz 3 InsO). Weitere Voraussetzung ist, dass die aufzurechnende Forderung in ihrem rechtlichen Kern aufgrund gesetzlicher Bestimmungen oder vertraglicher Vereinbarungen bereits gesichert ist und fällig wird, ohne dass es einer weiteren Rechtshandlung bedarf.[85] Hängen die wechselseitigen Forderungen hingegen von derselben Bedingung ab, ist eine Aufrechnung nach § 95 Abs. 1 InsO auch dann zulässig, wenn es sich dabei um eine rechtsgeschäftliche Erklärung handelt.[86] Mit dieser Regelung, die nur eingreifen kann, wenn Haupt- und Gegenforderung bereits *vor* der Verfahrenseröffnung entstanden sind,[87] soll verhindert werden, dass

81) Nach dem Wortlaut des § 95 Abs. 1 Satz 1 InsO ist die Aufrechnung schon dann ausgeschlossen, wenn nur eine der sich gegenüberstehenden Forderungen nicht fällig ist. Dies widerspricht § 387 BGB, wonach die Aufrechnungslage mit Fälligkeit der Gegenforderung und bloßer Erfüllbarkeit der Hauptforderung eintritt (s. dazu unter Rz. 3). Da eine solche Modifikation der materiellen Aufrechnungsvoraussetzungen vom Gesetzgeber nicht gewollt war, ist § 95 Abs. 1 InsO dahingehend berichtigend auszulegen, dass, soweit § 387 BGB mit § 271 Abs. 1 BGB die Aufrechnung gestattet, dies auch für § 95 Abs. 1 Satz 1 InsO gilt, Uhlenbruck-*Sinz*, InsO, § 95 Rz. 2 m. w. N.

82) *Bork*, Einführung in das Insolvenzrecht, Rz. 316.

83) BGH, Urt. v. 19.5.2011 – IX ZR 222/08, Rz. 19, NZI 2011, 538 = ZIP 2011, 1271; BGH, Urt. v. 29.6.2004 – IX ZR 147/03, BGHZ 160, 1, 3 = NZI 2004, 583, dazu EWiR 2005, 509 *(Fliegner)*.

84) Auflösend bedingte Forderungen sind bereits vor dem Bedingungseintritt wirksam und können nach § 42 InsO wie unbedingte Forderungen im Insolvenzverfahren geltend gemacht werden. Sie fallen nicht unter § 95 InsO und sind nach § 387 BGB aufrechenbar, Uhlenbruck-*Sinz*, InsO, § 95 Rz. 9 m. w. N.

85) BGH, Urt. v. 7.5.2013 – IX ZR 191/12, Rz. 11, NJW-RR 2013, 1142, dazu EWiR 2013, 553 *(Eckardt)*.

86) BGH, Urt. v. 3.3.2016 – IX ZR 132/15, NZI 2016, 347 = ZIP 2016, 25.

87) Uhlenbruck-*Sinz*, InsO, § 95 Rz. 20; *v. Wilmowsky*, NZG 1998, 481, 486.

der Insolvenzgläubiger mit der Erfüllung seiner Schuld so lange zuwartet, bis er mit seiner Gegenforderung aufrechnen kann.[88)]

§ 95 InsO gilt sowohl für gesetzlich als auch für rechtsgeschäftlich bedingte Forderungen.[89)] 37
Bei gesetzlich bedingten Forderungen ist allerdings erforderlich, „dass das Verhältnis dem Grunde nach bereits vor Insolvenzeröffnung entstanden war und Vorwirkungen zeigte".[90)] Die Forderung muss „ihrem Kern nach" bereits vor der Eröffnung des Insolvenzverfahrens entstanden sein.[91)] Der bloße Eintritt entfernter gesetzlicher Entstehungsvoraussetzungen genügt dagegen nicht.[92)]

Beispiel 38

Gewährleistungsansprüche entstehen nicht aufschiebend bedingt bereits mit Abschluss eines Werkvertrags.[93)]

Vor Eintritt der Bedingung bezüglich der Forderung der Masse fehlt es an einer aufrechen- 39
baren Hauptforderung, da diese noch nicht erfüllbar ist.[94)]

bb) Künftige Fälligkeit

Sind zur Zeit der Eröffnung des Insolvenzverfahrens die aufzurechnenden Forderungen 40
oder eine von ihnen noch nicht fällig, so kann die Aufrechnung erst erfolgen, sobald die Fälligkeit eingetreten ist (§ 95 Abs. 1 Satz 1 Var. 2 InsO). Die Fälligkeitsfiktion des § 41 InsO findet dabei gemäß § 95 Abs. 1 Satz 2 InsO keine Anwendung, da sie nicht der Herstellung einer sonst nicht vorhandenen Aufrechnungslage dient.[95)]

Ist die **Gegenforderung bereits vor der Verfahrenseröffnung fällig** und die massezuge- 41
hörige **Hauptforderung** zwar noch nicht fällig, aber **erfüllbar**, so konnte der Insolvenzgläubiger bereits vor der Verfahrenseröffnung aufrechnen. Die bestehende Aufrechnungslage wird in diesem Falle bereits nach § 94 InsO geschützt.

Wird die **Hauptforderung** des Schuldners **nach Verfahrenseröffnung vor der Gegenforde-** 42
rung des Insolvenzgläubigers **fällig**, kommt eine Aufrechnung für den Gläubiger nicht mehr in Betracht (§ 95 Abs. 1 Satz 3 InsO). Er kann seine Forderung nur noch nach den §§ 174 ff. InsO zur Tabelle anmelden und quotale Befriedigung fordern. Der Insolvenzverwalter kann umgekehrt die massezugehörige Hauptforderung in voller Höhe einziehen.

Wird die **Gegenforderung im eröffneten Verfahren vor der Hauptforderung fällig**, kann 43
der Insolvenzgläubiger aufrechnen (arg. e contrario § 95 Abs. 1 Satz 3 InsO), sobald seine Forderung fällig ist und die massezugehörige Hauptforderung erfüllt werden kann.[96)]

cc) Künftige Gleichartigkeit

§ 95 Abs. 1 Satz 1 InsO lässt die Aufrechnung auch dann zu, wenn die Forderungen bei 44
Verfahrenseröffnung noch nicht gleichartig waren, dies aber im Laufe des Verfahrens werden. Dies ist im Grunde **systemwidrig**, da der Gläubiger einer bei Verfahrenseröff-

88) *Holzer*, DStR 1998, 1268, 1271; Uhlenbruck-*Sinz*, InsO, § 95 Rz. 19.
89) Uhlenbruck-*Sinz*, InsO, § 95 Rz. 10.
90) *Lüke* in: KPB, InsO, § 95 Rz. 18.
91) Uhlenbruck-*Sinz*, InsO, § 95 Rz. 11.
92) Uhlenbruck-*Sinz*, InsO, § 95 Rz. 10.
93) BGH, Urt. v. 24.3.1994 – IX ZR 149/93, NJW 1994, 1659 = ZIP 1994, 714.
94) BFH, Urt. v. 20.7.2004 – VII R 28/03, BFHE 206, 321 = DStRE 2004, 1440, dazu EWiR 2005, 307 *(Maus)*; Uhlenbruck-*Sinz*, InsO, § 95 Rz. 14.
95) Uhlenbruck-*Sinz*, InsO, § 95 Rz. 8.
96) Uhlenbruck-*Sinz*, InsO, § 95 Rz. 7.

nung ungleichartigen Forderung in aller Regel nicht darauf vertrauen darf, dass sich die Forderungen künftig in aufrechenbarer Weise gegenüberstehen.[97)]

45 Dies gilt insbesondere dann, wenn die Gleichartigkeit lediglich dadurch erzeugt wird, dass die Gegenforderung gemäß § 45 InsO in eine Geldforderung umgerechnet wird. Die fiktive Umrechnung nach § 45 InsO in Geld infolge der Insolvenzeröffnung erfolgt nämlich nur, damit die Forderung als Geldforderung i. S. von § 174 Abs. 2 InsO zur Insolvenztabelle angemeldet und wie alle anderen Insolvenzforderungen i. S. von § 38 InsO auch quotal befriedigt werden kann.[98)] Deshalb ordnet **§ 95 Abs. 1 Satz 2 InsO** ausdrücklich an, dass § 45 InsO für die Frage der Aufrechenbarkeit nicht anzuwenden ist.

46 Bei ungleichartigen Leistungen besteht ein Anreiz für den Insolvenzgläubiger, die Aufrechnungslage durch einen gezielten Vertragsbruch herbeizuführen, in dem er die Primärleistung verweigert, um gegen den daraus resultierenden Sekundärleistungsanspruch aufrechnen zu können. Ein derartiges Vorgehen wird zu Recht als **unzulässige Rechtsausübung i. S. von § 242 BGB** angesehen mit der Folge, dass dem Gläubiger die Aufrechnung verwehrt bleibt.[99)] Da dem Gläubiger ein derartiger Rechtsmissbrauch in der Praxis jedoch häufig nur äußerst schwer nachzuweisen ist, wäre de lege ferenda eine Herausnahme der ungleichartigen Forderungen aus § 95 InsO begrüßenswert.[100)]

dd) Spezialfall: Wahlrecht des Insolvenzverwalters gemäß § 103 InsO

47 Besonderes Augenmerk verlangen im Zusammenhang mit § 95 InsO die Fälle beiderseits nicht oder nicht vollständig erfüllter gegenseitiger Verträge. Macht der Insolvenzverwalter von seinem Erfüllungswahlrecht nach § 103 Abs. 1 InsO keinen Gebrauch, so steht dem anderen Teil gemäß **§ 103 Abs. 2 Satz 1 InsO** eine Forderung wegen der Nichterfüllung nur als einfacher Insolvenzgläubiger i. S. von § 38 InsO zu. In dieser Situation hat der Gläubiger mithin ein wirtschaftliches Interesse daran, seine an sich nur quotal zu befriedigende **Schadensersatzforderung wegen Nichterfüllung des Vertrags** zur Aufrechnung zu bringen. Dabei ist wie folgt zu differenzieren:[101)]

- Verlangt der Insolvenzverwalter die **Rückzahlung einer vom Insolvenzschuldner bereits geleisteten Anzahlung**, ist eine Aufrechnung entbehrlich. Die Schadensersatzforderung des Gläubigers aus § 103 Abs. 2 Satz 1 InsO ist unter Anwendung der Saldotheorie[102)] vielmehr als schadensmindernder Posten im bereicherungsrechtlichen Rückabwicklungsverhältnis der §§ 812 ff. BGB zu berücksichtigen.[103)] Verbleibt nach der Saldierung noch ein nicht verrechenbarer „Überschuss" für den Insolvenzgläubiger, kann er mit dieser restlichen Schadensersatzforderung gegen andere massezugehörige Forderungen nur nach Maßgabe des § 95 Abs. 1 Satz 3 InsO aufrechnen. Seine Schadensersatzforderung muss also früher unbedingt und fällig werden als die Hauptforderung der Masse.

97) *Lüke* in: KPB, InsO, § 94 Rz. 51, § 95 Rz. 36; Uhlenbruck-*Sinz*, InsO, § 95 Rz. 15.

98) Uhlenbruck-*Knof*, InsO, § 45 Rz. 1; Uhlenbruck-*Sinz*, InsO, § 95 Rz. 15.

99) *Adolphsen* in: Gottwald/Haas, InsR-Hdb., § 45 Rz. 75; *Lüke* in: KPB, InsO, § 95 Rz. 36; Uhlenbruck-*Sinz*, InsO, § 95 Rz. 16.

100) So zutreffend *Lüke* in: KPB, InsO, § 95 Rz. 37.

101) Zum Folgenden: Uhlenbruck-*Sinz*, InsO, § 95 Rz. 36 f.

102) Zur Saldotheorie vgl. Grüneberg-*Sprau*, BGB, § 818 Rz. 47 m. w. N.

103) BGH, Urt. v. 26.10.2000 – IX ZR 227/99, NZI 2001, 85, 86, dazu EWiR 2001, 737 *(Tintelnot)* – zu § 26 KO.

– Eine Aufrechnung scheidet hingegen aus, wenn die **Vorleistung des Schuldners höher** war **als der Schaden des Vertragspartners**, mithin ein Rückforderungsanspruch zugunsten der Insolvenzmasse verbleibt. Der Bereicherungsanspruch der Masse aus § 812 Abs. 1 Satz 2 Var. 1 BGB[104] besteht nämlich nicht schon aufschiebend bedingt vor der Eröffnung des Insolvenzverfahrens, sondern erst mit späterem Wegfall des Rechtsgrunds infolge der durch die Erfüllungsablehnung des Insolvenzverwalters verbundenen Vertragsumgestaltung und dem damit verbundenen Erlöschen des Primärleistungsanspruch gemäß § 281 Abs. 4 BGB. Da der Insolvenzgläubiger in diesen Fällen erst nach der Eröffnung des Insolvenzverfahrens etwas zur Insolvenzmasse schuldig geworden ist, steht einer Aufrechnung die Regelung des § 96 Abs. 1 Nr. 1 InsO entgegen (siehe dazu Rz. 53 ff.).[105]

b) Erweiterungen: §§ 95 Abs. 2, 96 Abs. 2 InsO

Das Gesetz enthält für **Fremdwährungsschulden** in **§ 95 Abs. 2 InsO** eine Erweiterung 48 der Aufrechnungsbefugnis. Insoweit kann auf die vorstehenden Ausführungen zur Insolvenzfestigkeit vor Verfahrenseröffnung eingetretener Aufrechnungslagen Bezug genommen werden (siehe dazu Rz. 22).

Eine weitere Ausdehnung der Aufrechnungsbefugnis ergibt sich aus **§ 96 Abs. 2 InsO**. Da- 49 nach steht die Regelung des § 95 Abs. 1 Satz 3 InsO Verfügungen über Finanzsicherheiten i. S. des § 1 Abs. 17 Kreditwesengesetzes (KWG) oder der Verrechnung von Ansprüchen und Leistungen aus Zahlungsaufträgen, Aufträgen zwischen Zahlungsdienstleistern oder zwischengeschalteten Stellen oder Aufträgen zur Übertragung von Wertpapieren nicht entgegen, die in ein System i. S. des § 1 Abs. 16 KWG eingebracht wurden, das der Ausführung solcher Verträge dient, sofern die Verrechnung spätestens am Tag der Eröffnung des Insolvenzverfahrens erfolgt. Durch diese gesetzliche Ausnahmeregelung zu den Aufrechnungsbeschränkungen der § 95 Abs. 1 Satz 3, § 96 Abs. 1 InsO wird zugunsten der Gläubiger der Kreditwirtschaft die Funktionsfähigkeit von Zahlungs- und Abrechnungssystemen innerhalb der Europäischen Gemeinschaften geschützt, um „Dominoeffekte" bei der Insolvenz eines großen Kreditinstituts aufgrund weiterer Verflechtungen zu verhindern. Zu diesem Zweck wird bewusst eine **Privilegierung der Interbankenverrechnung** erzeugt.[106] Dabei ist zu beachten, dass das in § 96 Abs. 2 InsO abstrakt privilegierte System – der Verweis von § 1 Abs. 16 KWG auf die Richtlinie 98/26/EG in ihrer jeweils geltenden Fassung[107] macht dies deutlich – ein **multilaterales und kein bilaterales System** ist.[108] Nach der sog. Finalitätsrichtlinie (2009/44/EG) können nur vertragliche Abreden zwischen mindestens drei Parteien ein privilegiertes System bilden.[109] Handelssysteme mit zentraler Vertragspartei wie z. B. bei zahlreichen Nettingkonzepten von Banken und Energiehändlern sind hingegen bilaterale

104) „Condictio ob causam finitam", vgl. dazu Grüneberg-*Sprau*, BGB, § 812 Rz. 23 ff.

105) Mit der Erfüllungswahl erlangen die Ansprüche der Insolvenzmasse die gesteigerte Rechtsqualität einer originären Masseforderung (sog. „Qualitätssprungtheorie"; dazu grundlegend BGH, Urt. v. 25.4.2002 – IX ZR 313/99, BGHZ 150, 353, 359 = NZI 2002, 375, dazu EWiR 2003, 125 *(Tintelnot)*; dazu *Bärenz*, NZI 2006, 72; *Graf/Wunsch*, ZIP 2002, 2117; *Huber*, NZI 2002, 467; *Mohrbutter/Mohrbutter*, DZWIR 2003, 1; ferner BGH, Urt. v. 27.5.2003 – IX ZR 51/02, BGHZ 155, 87, 90 = NJW 2003, 2744, dazu EWiR 2003, 819 *(Gundlach/N. Schmidt)*; dazu *Christiansen*, KTS 2003, 549; allgemein zur Dogmatik des § 103 InsO *Bork*, Einführung in das Insolvenzrecht, Rz. 187 ff.).

106) S. hierzu ausführlich Uhlenbruck-*Sinz*, InsO, § 96 Rz. 72 ff. m. w. N.

107) Zuletzt geändert durch Richtlinie (EU) 2019/879 des Europäischen Parlaments und des Rates v. 20.5.2019 zur Änderung der Richtlinie 2014/59/EU in Bezug auf die Verlustabsorptions- und Rekapitalisierungskapazität von Kreditinstituten und Wertpapierfirmen und der Richtlinie 98/26/EG, ABl. (EU) L 150/296 v. 7.6.2019.

108) *v. Hall*, ZInsO 2011, 505, 511.

109) Stellungnahme der EZB v. 7.8.2008 – CON/2008/37, S. 2; *v. Hall*, ZInsO 2011, 505, 511.

Handelssysteme und fallen dementsprechend nicht in den Anwendungsbereich des § 96 Abs. 2 InsO.[110] § 96 Abs. 2 Halbs. 2 InsO verweist auf den Systemgeschäftstag nach § 1 Abs. 16b KWG, welcher Tag- und Nachtabrechnungen umfasst und alle Ereignisse innerhalb des üblichen Geschäftszyklus eines Systems beinhaltet.

c) Einschränkungen: § 96 Abs. 1 Nr. 1, 2 und 4 InsO

50 Das Gesetz enthält in § 96 Abs. 1 InsO **vier Aufrechnungsverbote**, von denen die ersten beiden für die Fälle der nach Verfahrenseröffnung entstehenden Aufrechnungslagen von Relevanz sind (siehe dazu Rz. 53 ff.). Zu beachten ist, dass § 95 Abs. 1 InsO als lex specialis vorrangig ist, sofern die Haupt- und die Gegenforderung vor der Eröffnung begründet waren; durch die Erweiterung der Aufrechnungsbefugnis des § 95 InsO werden zugleich die Aufrechnungsverbote des § 96 Abs. 1 Nr. 1 und 2 InsO eingeschränkt.[111] § 96 Abs. 1 Nr. 3 InsO beschränkt die Aufrechnung bei vor Verfahrenseröffnung entstandenen Aufrechnungslagen und wurde deshalb bereits im dortigen Kontext besprochen (siehe dazu Rz. 25 ff.). § 96 Abs. 1 Nr. 4 InsO enthält lediglich eine Klarstellung und ist daher von eher untergeordneter Relevanz (siehe dazu Rz. 60).

51 Die Aufrechnungsverbote bestehen **nur für die Dauer des Insolvenzverfahrens**, d. h. von der Eröffnung bis zur rechtskräftigen Aufhebung. Für diesen Zeitraum sind die Wirkungen des § 389 BGB suspendiert; der Insolvenzgläubiger muss voll an den Insolvenzverwalter leisten, während er auf seine Gegenforderung nur die Quote erhält.[112]

52 **Nach Aufhebung bzw. Einstellung des Insolvenzverfahrens** kann der Gläubiger wieder aufrechnen, sofern die Hauptforderung noch besteht.[113] Gleiches gilt bei Erteilung der Restschuldbefreiung.[114]

aa) Entstehen der Hauptforderung nach Insolvenzeröffnung (§ 96 Abs. 1 Nr. 1 InsO)

53 Die Aufrechnung ist gemäß § 96 Abs. 1 Nr. 1 InsO – außerhalb der in §§ 110 Abs. 3 genannten Fälle (siehe dazu Rz. 64 ff.)[115] – zwingend[116] unzulässig, wenn ein Insolvenzgläubiger[117] erst nach der Eröffnung des Insolvenzverfahrens[118] etwas zur Masse schuldig geworden ist.[119] Dadurch wird dem Grundgedanken des § 96 InsO, dass eine Aufrechnungs-

---

110) *v. Hall*, ZInsO 2011, 505, 511.

111) BGH, Urt. v. 11.11.2004 – IX ZR 237/03, ZIP 2005, 181 = NZI 2005, 164, m. Anm. *Gundlach/N. Schmidt*; BGH, Urt. v. 29.6.2004 – IX ZR 147/03, BGHZ 160, 1, 3 = NZI 2004, 583; Uhlenbruck-*Sinz*, InsO, § 96 Rz. 2.

112) Uhlenbruck-*Sinz*, InsO, § 96 Rz. 69.

113) Uhlenbruck-*Sinz*, InsO, § 96 Rz. 69; Nerlich/Römermann-*Kruth*, InsO, § 96 Rz. 10a.

114) OLG München, Urt. v. 30.11.2017 – 23 U 1226/17, Rz. 2.3.1, ZVI 2018, 142.

115) Die in diesen Vorschriften für Dauerschuldverhältnisse genannten Erweiterungen des Aufrechnungsrechts gelten nur ggü. § 96 Abs. 1 Nr. 1 InsO, vgl. § 110 Abs. 3 Satz 2 InsO, s. dazu *Fischer*, WM 2008, 1, 3.

116) § 96 InsO ist zwingendes Recht, so dass eine abweichende vertragliche Vereinbarung keine Aufrechnung erlaubt, BGH, Urt. v. 29.2.1996 – IX ZR 147/95, ZIP 1996, 552 – zu § 55 KO; Uhlenbruck-*Sinz*, InsO, § 96 Rz. 1.

117) Die Aufrechnungsverbote des § 96 InsO richten sich nur gegen den Insolvenzgläubiger; der Insolvenzverwalter ist hieran nicht gebunden, s. dazu unten Rz. 74 f.

118) § 96 Abs. 1 Nr. 1 InsO findet keine Anwendung auf eine bereits im Eröffnungsverfahren begründete Aufrechnungslage, selbst wenn das Insolvenzgericht einen vorläufigen Insolvenzverwalter bestimmt und Sicherungsmaßnahmen nach § 21 Abs. 2 InsO angeordnet hat, BGH, Urt. v. 15.3.2012 – IX ZR 249/09, Rz. 24, NZI 2012, 365 m. w. N., m. Anm. *Schädlich/Stapper*; BGH, Urt. v. 29.6.2004 – IX ZR 195/03, BGHZ 159, 388 = NZI 2004, 580, 581; BGH, Urt. v. 11.1.2004 – IX ZR 237/03, ZIP 2005, 181 = NZI 2005, 164; Uhlenbruck-*Sinz*, InsO, § 96 Rz. 5.

119) BFH, Urt. v. 15.10.2019 – VII R 31/17, Rz. 17, MwStR 2020, 319 = ZRI 2020, 315; LG Berlin, Urt. v. 29.4.2021 – 19 O 118/20, Rz. 28, BeckRS 2021, 9768; Dies stellt ggü. § 387 BGB, der die Gegenseitigkeit der Forderungen erst im Zeitpunkt der Aufrechnungserklärung voraussetzt, eine zeitliche Vorverlagerung und damit eine Verschärfung des materiellen Rechts dar, Uhlenbruck-*Sinz*, InsO, § 96 Rz. 4.

lage nur dann insolvenzfest ist, wenn sie dem Grunde nach schon zum Zeitpunkt der Verfahrenseröffnung bestand und nicht erst nachträglich künstlich herbeigeführt worden ist,[120] Rechnung getragen. Dieser Gedanke wird jedoch bereits in § 94 InsO („zur Zeit der Eröffnung des Insolvenzverfahrens") ausgesprochen, so dass § 96 Abs. 1 Nr. 1 InsO keinen eigenständigen Regelungsgehalt, sondern nur **klarstellenden Charakter** hat.[121]

Entscheidend für das Vorliegen des Aufrechnungsverbot des § 96 Abs. 1 Nr. 1 InsO ist 54
allein, dass die **Schuldnerstellung** des Insolvenzgläubigers **erst nach der Verfahrenseröffnung entstanden** ist. Der aufrechnende Gläubiger ist in diesen Fällen nicht schutzwürdig, da er zum Zeitpunkt der Verfahrenseröffnung nur eine quotale Befriedigung zu erwarten hatte und eine nachträgliche Aufwertung seiner Insolvenzforderung dem Prinzip der Gläubigergleichbehandlung (par conditio creditorum)[122] entgegenstünde.[123] Ob die Forderung dabei originär[124] entstanden oder von einem anderen Gläubiger derivativ erworben wurde, spielt insoweit keine Rolle.[125] Das Aufrechnungsverbot des § 96 Abs. 1 Nr. 1 InsO greift jedoch dann nicht ein, wenn der Insolvenzverwalter die zur Aufrechnung gestellte Hauptforderung von einem Dritten durch Abtretung erworben hat, und der Insolvenzgläubiger schon vor der Abtretung gegenüber dem Zedenten zur Aufrechnung befugt war. In diesem Fall bleibt die Aufrechnungslage gemäß § 406 BGB zu seinen Gunsten bestehen, so dass er gegenüber dem Insolvenzverwalter mit seiner gegen den Zedenten gerichteten Forderung aufrechnen kann.[126]

Auch Rückgewähransprüche nach § 143 InsO, die aufgrund einer **Insolvenzanfechtung** 55
nach den §§ 129 ff. InsO entstehen, fallen unter das Aufrechnungsverbot des § 96 Abs. 1 Nr. 1 InsO.[127] Das Anfechtungsrecht setzt tatbestandlich die Verfahrenseröffnung voraus (vgl. § 129 Abs. 1 InsO) und kann ausschließlich vom Insolvenzverwalter ausgeübt werden.[128]

Nicht vom Aufrechnungsverbot des § 96 Abs. 1 Satz 1 InsO erfasst sind hingegen Fälle, 56
in denen die zur Aufrechnung gestellte Hauptforderung ihrem Kern nach schon vor der Insolvenzeröffnung begründet worden ist. Entgegen seiner früheren Rechtsprechung[129] stellt der BFH mittlerweile auch für Steueransprüche auf die steuerrechtliche „Vollrechtsentstehung" ab.[130] Dies ist insbesondere für umsatzsteuerliche Berichtigungsansprüche bedeutsam, die nach Verfahrenseröffnung entstanden sind, jedoch auf dem Ausgleich einer vor

120) *Adolphsen* in: Gottwald/Haas, InsR-Hdb., § 45 Rz. 79; Uhlenbruck-*Sinz*, InsO, § 96 Rz. 1.

121) Uhlenbruck-*Sinz*, InsO, § 96 Rz. 4.

122) Vgl. *Bork*, Einführung in das Insolvenzrecht, Rz. 2; *Poertzgen*, ZInsO 2011, 305, 308.

123) Uhlenbruck-*Sinz*, InsO, § 96 Rz. 4.

124) Eine originäre Schuldnerstellung nach Verfahrenseröffnung wird insbesondere durch Rechtsgeschäfte mit dem Insolvenzverwalter erzeugt. Durch das Aufrechnungsverbot des § 96 Abs. 1 Nr. 1 InsO soll in diesen Fällen auch gewährleistet werden, dass die dem Schuldner zustehende Forderung aus diesen Rechtsgeschäften der Insolvenzmasse auch in voller Höhe zugutekommt, Uhlenbruck-*Sinz*, InsO, § 96 Rz. 6.

125) *Adolphsen* in: Gottwald/Haas, InsR-Hdb., § 45 Rz. 82; Uhlenbruck-*Sinz*, InsO, § 96 Rz. 4.

126) Uhlenbruck-*Sinz*, InsO, § 96 Rz. 28 ff. m. w. N.

127) BGH, Urt. v. 18.12.2003 – IX ZR 9/03, NZI 2004, 248, 249, dazu EWiR 2004, 867 *(Höpfner)*; *Adolphsen* in: Gottwald/Haas, InsR-Hdb., § 45 Rz. 84; Uhlenbruck-*Sinz*, InsO, § 96 Rz. 24.

128) Eine Ausübung vor der Verfahrenseröffnung durch einen vorläufigen Insolvenzverwalter ist unzulässig, BGH, Urt. v. 11.6.1992 – IX ZR 147/91, ZIP 1992, 1008, 1009. Gleiches gilt für eine Ausübung nach Verfahrensbeendigung für die einzelnen Gläubiger, BGH, Urt. v. 10.2.1982 – VIII ZR 158/80, BGHZ 83, 102, 105 = NJW 1982, 1765. Vgl. ferner § 259 Abs. 3, § 280 InsO.

129) Vgl. BFH, Urt. v. 16.11.2004 – VII R 62/03, BFHE 207, 371 = NZI 2005, 279, 280.

130) BFH, Urt. v. 25.7.2012 – VII R 44/10, BFHE 238, 302 = NZI 2012, 1022, m. Anm. *Uhländer*; dazu *Marchal*, BB 2013, 33.

Verfahrenseröffnung erfolgten Steuerfestsetzung beruhen. Insoweit werden die Aufrechnungsmöglichkeiten der Finanzbehörden als Insolvenzgläubiger erheblich eingeschränkt.

bb) Erwerb der Gegenforderung nach Insolvenzeröffnung (§ 96 Abs. 1 Nr. 2 InsO)

57 Die Aufrechnung ist gemäß § 96 Abs. 1 Nr. 2 InsO ferner unzulässig, wenn ein Insolvenzgläubiger seine Forderung erst nach der Eröffnung des Verfahrens[131)] von einem anderen Gläubiger[132)] erworben hat. Damit entzieht das Gesetz dem Gläubiger eine Aufrechnungsbefugnis, die ihm nach dem allgemeinen Zivilrecht zustünde,[133)] weil der **nachträgliche Erwerb der Gläubigerstellung** zum Zwecke der Aufrechnung den Gläubigergleichbehandlungsgrundsatz (par conditio creditorum)[134)] verletzt.[135)] Zudem soll verhindert werden, dass die Insolvenzmasse durch kollusiven Aufkauf von Passiva reduziert wird.[136)] Ohne die Regelung des § 96 Abs. 1 Nr. 2 InsO könnte der Zedent als nicht gesicherter Insolvenzgläubiger seine Forderung gegen ein die voraussichtliche Quote übersteigendes Entgelt an einen Dritten abtreten, der seinerseits etwas der Masse schuldet und sich im Anschluss an die Abtretung durch Aufrechnung von dieser Schuld befreien könnte. Der Zessionar würde also ebenfalls einen wirtschaftlichen Vorteil erzielen, da er nur den geringeren Forderungskaufpreis statt der Nominalschuld zur Tilgung aufwenden müsste. Der Insolvenzmasse ginge umgekehrt die Differenz zwischen der vom Zessionar zu zahlenden Schuld und der an den Insolvenzgläubiger aus der Masse zu zahlenden Quote verloren.[137)]

58 Vor dem Hintergrund dieses Regelungszwecks könnte man eine **teleologische Reduktion** in Fällen erwägen, in denen eine Reduzierung der Masse deshalb nicht droht, weil die abgetretene Forderung als Masseverbindlichkeit ohnehin i. H. ihres Nominalbetrags aus der Masse zu begleichen war, oder in denen auch dem Zedenten eine Aufrechnungsbefugnis zustand.[138)] Einer solchen Überlegung wird entgegengehalten, dass Gesetz mache die Anwendbarkeit der Vorschrift nicht vom Vorliegen einer Masseminderungsgefahr abhängig.[139)] Ein den Telos der Norm nicht vollständig ausdrückender Gesetzeswortlaut ist einer teleologischen Reduktion jedoch immanent, so dass diesem Argument wenig Strahlkraft beizumessen ist.

---

131) Beim Erwerb vor Insolvenzeröffnung kommt ein Aufrechnungsverbot nach § 96 Abs. 1 Nr. 3 InsO in Betracht, s. dazu oben Rz. 25 ff.

132) Zulässig ist die Aufrechnung, wenn die Gegenforderung nach Verfahrenseröffnung in der Person des aufrechnenden Gläubigers durch Rechtsgeschäft mit dem Insolvenzverwalter oder kraft Gesetzes entstanden ist, da diese Forderung als Masseverbindlichkeit ohnehin voll aus der Masse zu befriedigen ist (vgl. §§ 53, 55 InsO) und dieser daher durch die Aufrechnung keine Nachteile entstehen, *Bork*, Einführung in das Insolvenzrecht, Rz. 323.

133) *v. Wilmowsky*, NZG 1998, 481, 486.

134) Vgl. *Bork*, Einführung in das Insolvenzrecht, Rz. 2; *Poertzgen*, ZInsO 2011, 305, 308.

135) Uhlenbruck-*Sinz*, InsO, § 96 Rz. 32.

136) *Adam*, WM 1998, 801, 804; *Rendels*, ZIP 2003, 1583, 1590; Uhlenbruck-*Sinz*, InsO, § 96 Rz. 32.

137) Uhlenbruck-*Sinz*, InsO, § 96 Rz. 32.

138) Beispiel: Zedent und Zessionar haben sich ggü. dem Insolvenzschuldner als Gesamtschuldner verpflichtet, BGH, Urt. v. 3.12.1954 – V ZR 96/53, BGHZ 15, 333, 337 = NJW 1955, 259; Uhlenbruck-*Sinz*, InsO, § 96 Rz. 34.

139) So Uhlenbruck-*Sinz*, InsO, § 96 Rz. 33, der für den Fall des Forderungserwerbs von einem aufrechnungsberechtigten Insolvenzgläubiger § 96 Abs. 1 Nr. 2 InsO für unanwendbar hält und damit im Ergebnis doch eine teleologische Reduktion befürwortet.

Praxishinweis

Letztlich dürfte es sich aber um eine rein dogmatische Frage handeln, da sich der Insolvenzverwalter gegen eine Aufrechnung des Zessionars, die zu keinem Nachteil für die Masse führt, nicht zur Wehr setzen und im Zweifel jedenfalls einen (konkludenten) Aufrechnungsvertrag schließen wird.

Auf welchem Wege die zur Aufrechnung gestellte Gegenforderung nach der Eröffnung 59
des Insolvenzverfahrens auf den Insolvenzgläubiger übergeht, ist für das Aufrechnungsverbot des § 96 Abs. 1 Nr. 2 InsO irrelevant. Ob der Übergang auf einer rechtsgeschäftlichen Sonderrechtsnachfolge (Abtretung) oder auf einer gesetzlichen Gesamtrechtsnachfolge (§ 1922 BGB) beruht, ist ohne Bedeutung. Auch der **Erbe eines nach Verfahrenseröffnung verstorbenen Erblassers** kann mit der vor diesem Zeitpunkt entstandenen Forderung des Erblassers nicht aufrechnen.[140] Aus den vorstehenden Gründen kann dies aber nur dann gelten, wenn der Erbe mit einer Forderung des Erblassers gegen einen massezugehörigen Anspruch aufrechnet, der sich gegen den Erben selbst bezieht. Konnte hingegen bereits der Erblasser aufrechnen, bleibt die Aufrechnungsbefugnis bestehen, weil § 96 Abs. 1 Nr. 2 InsO die Masse vor Schädigungen schützen, nicht aber durch Aufrechnungsverbote anreichern soll. Konnte bereits der Erblasser aufrechnen, so kann es nach § 94 InsO i. V. mit § 1922 BGB auch der Erbe.

cc) § 96 Abs. 1 Nr. 4 InsO

Nach § 96 Abs. 1 Nr. 4 InsO ist die Aufrechnung schließlich unzulässig, wenn ein Gläu- 60
biger, dessen Forderung aus dem freien Vermögen des Schuldners zu erfüllen ist, etwas zur Masse schuldet. Durch diese Regelung wird lediglich klargestellt, dass es aufgrund der mit Verfahrenseröffnung eintretenden **Vermögensspaltung** (separatio bonorum) an der Gegenseitigkeit und damit an einer materiell-rechtlichen Aufrechnungslage (§ 387 BGB; siehe dazu Rz. 3) fehlt. Die Vorschrift dient also lediglich der Klarstellung und ist an sich überflüssig.[141]

dd) Beweislast

Die Beweislast für das Vorliegen eines Aufrechnungsverbots müsste nach allgemeinen zi- 61
vilprozessualen Grundsätzen an sich der Insolvenzverwalter tragen, da es sich um einen für die Insolvenzmasse günstigen Umstand handelt.[142]

In den Fällen des **§ 96 Abs. 1 Nr. 1 und 2 InsO** handelt es sich jedoch um Wiederholun- 62
gen des in § 94 InsO benannten Grundsatzes, dass die zur Zeit der Verfahrenseröffnung bestehenden Aufrechnungslagen insolvenzfest sind, eine nachträglich herbeigeführte Gegenseitigkeit mithin keinen Schutz verdient. Darlegungs- und beweisbelastet ist demnach – wie schon aus § 94 InsO – der Insolvenzgläubiger, der sich auf die für ihn günstigen Wirkungen der Aufrechnung (§ 389 BGB) beruft.

Dagegen hat **§ 96 Abs. 1 Nr. 3 InsO** echten Ausnahmecharakter, so dass die Voraussetzun- 63
gen dieses Tatbestandes[143] vom Insolvenzverwalter darzulegen und ggf. zu beweisen sind.[144]

---

140) BGH, Urt. v. 22.12.1995 – V ZR 52/95, NJW 1996, 1056 = ZIP 1996, 426; Uhlenbruck-*Sinz*, InsO, § 96 Rz. 33.

141) *Adolphsen* in: Gottwald/Haas, InsR-Hdb., § 45 Rz. 103a; Uhlenbruck-*Sinz*, InsO, § 96 Rz. 65; a. A. (Erforderlichkeit im Hinblick auf Neuerwerb) *Adam*, WM 1998, 801, 803.

142) Zum Folgenden: Uhlenbruck-*Sinz*, InsO, § 96 Rz. 71.

143) Die in den §§ 129 ff. InsO angeordneten Beweislasterleichterungen und -umkehrungen bleiben aber bestehen (vgl. § 130 Abs. 3, § 131 Abs. 2 Satz 2, § 133 Abs. 2 Satz 1, § 134 Abs. 1 InsO).

144) *Lohmann/Reichelt* in: MünchKomm-InsO, § 96 Rz. 9.

4. Aufrechnung bei Miet- und Pachtverhältnissen (§ 110 Abs. 3 InsO)

64 Das Gesetz enthält in § 110 Abs. 3 InsO ferner eine Sonderregelung für die Aufrechnung bei Miet- und Pachtverhältnissen.

65 § 110 InsO betrifft Mietverträge über unbewegliche Gegenstände und Räume, bei denen der **Schuldner Vermieter** ist. § 108 Abs. 1 InsO ordnet die Fortsetzung des Mietverhältnisses „mit Wirkung für die Insolvenzmasse" an und stellt in Satz 2 ausdrücklich klar, dass dies auch für Miet- und Pachtverhältnisse gilt, die der Schuldner als Vermieter oder Verpächter eingegangen war. In der Insolvenz des Vermieters ist der Insolvenzverwalter also verpflichtet, dem Mieter die vertragsgemäße Gebrauchsmöglichkeit zu gewähren und zu erhalten.[145)]

66 Ab Verfahrenseröffnung sind die wechselseitigen vertraglichen Ansprüche also vollständig zu erfüllen. Ansprüche für die Zeit vor der Eröffnung des Insolvenzverfahrens kann der andere Teil nach **§ 108 Abs. 3 InsO** hingegen nur als einfacher Insolvenzgläubiger i. S. des § 38 InsO geltend machen, d. h. er erhält lediglich die Quote.

67 Nach § 110 Abs. 1 InsO sind Vorausverfügungen des Schuldners über die Mietzahlungsansprüche für die Zeit nach Ablauf eines bzw. – vgl. Satz 2 – maximal eineinhalb Monate nach Eröffnung des Insolvenzverfahrens unwirksam.[146)] Für denselben Zeitraum **erweitert § 110 Abs. 3 InsO die Aufrechnungsmöglichkeit des Mieters.** Nach dieser Vorschrift kann der Mieter oder Pächter eine ihm gegen den Schuldner zustehende Forderung gegen die Miet- oder Pachtforderung des Schuldners in dem vorbezeichneten Zeitraum aufrechnen, obwohl ihm die Aufrechnung nach § 96 Abs. 1 Nr. 1 InsO an sich verwehrt wäre,[147)] da die betroffenen Mietforderungen des Schuldners erst nach der Verfahrenseröffnung geschuldet werden.

68 § 110 Abs. 3 Satz 2 InsO stellt darüber hinaus ausdrücklich klar, dass die **§§ 95 und 96 Nr. 2 bis 4 InsO unberührt** bleiben, das Aufrechnungsprivileg des § 110 Abs. 3 Satz 1 InsO mithin nur das Aufrechnungsverbot des § 96 Abs. 1 Nr. 1 InsO beseitigen soll.[148)]

IV. Aufrechnung im Insolvenzeröffnungsverfahren

69 Die Herbeiführung einer Aufrechnungslage im Eröffnungsverfahren ist in der Regel wirksam, sofern kein Fall des **§ 96 Abs. 1 Nr. 3 InsO** vorliegt.[149)] Die sonstigen Aufrechnungsverbote wirken noch nicht.

70 Die **§ 96 Abs. 1 Nr. 1 und 2 InsO** gelten grundsätzlich erst im eröffneten Insolvenzverfahren. Das Aufrechnungsverbot des § 96 Abs. 1 Nr. 1 InsO greift jedoch ausnahmsweise bereits im Eröffnungsverfahren dann ein, wenn die Gegenforderung Insolvenzforderung ist, und der Hauptanspruch der Masse durch einen sog. starken vorläufigen Insolvenzverwalter begründet worden ist.[150)] Die Aufrechnung darf – sofern die Hauptforderung nicht bereits zuvor erfüllt wurde – durch den Gläubiger in diesen Fällen erst nach der Eröffnung des Insolvenzverfahrens erfolgen, da die Hauptforderung gemäß § 55 Abs. 2 Satz 1 InsO erst ab diesem Zeitpunkt als Masseverbindlichkeit gilt.

145) *Pohlmann-Weide* in: HambKomm-InsO, § 108 Rz. 11.

146) AG Hamburg-Harburg, Urt. v. 11.10.2017 – 647 C 544/16, ZInsO 2017, 2625, dazu IMR 2018, 74 *(Cymutta)*.

147) *Pohlmann-Weide* in: HambKomm-InsO, § 110 Rz. 1, 11.

148) Dazu *Fischer*, WM 2008, 1, 3.

149) Zum Folgenden: Uhlenbruck-*Sinz*, InsO, § 94 Rz. 67.

150) Uhlenbruck-*Sinz*, InsO, § 94 Rz. 70.

§ 96 **Abs. 1 Nr. 4 InsO** kann im Eröffnungsverfahren schon deshalb keine Anwendung finden, weil die Trennung zwischen dem insolvenzbefangenen und dem insolvenzfreien Vermögen des Schuldners erst mit der Verfahrenseröffnung eintritt. Auch Sicherungsmaßnahmen nach § 21 Abs. 2 Nr. 2 InsO begründen grundsätzlich keine Aufrechnungssperre.[151] Eine Ausnahme gilt nur dann, wenn das Insolvenzgericht i. R. der Sicherungsmaßnahmen nach § 21 InsO bereits im Eröffnungsverfahren ein ausdrückliches Verrechnungsverbot für Eingänge auf im Debet befindliche Schuldnerkonten anordnet. Dadurch wird die antizipierte Verfügungs- und Verrechnungsvereinbarung beendet, so dass die Bank mit Zahlungseingängen auf dem debitorischen Schuldnerkonto nach §§ 24 Abs. 1, 81 InsO nicht mehr verrechnen darf.[152] 71

V. Aufrechnung durch Massegläubiger

Die Aufrechnungsbefugnis von Massegläubigern wird durch die §§ 94 ff. InsO grundsätzlich nicht beschränkt.[153] Dies folgt neben dem Wortlaut des § 94 InsO („Insolvenzgläubiger") vor allem aus dem Umstand, dass Massegläubiger **ohnehin** eine **vollständige Befriedigung** ihrer Forderung aus der Masse erfahren sollen (vgl. § 53 InsO) und die Aufrechnung für sie daher keine Privilegierung darstellt. 72

Etwas anderes gilt jedoch nach Anzeige der **Masseunzulänglichkeit** gemäß § 208 InsO. Da die Insolvenzmasse in diesem Falle nicht mehr ausreicht, um die sonstigen Masseverbindlichkeiten zu decken, können die Massegläubiger nicht mehr auf eine vollständige Befriedigung ihrer Forderungen vertrauen. Deshalb finden nach Anzeige der Masseunzulänglichkeit die §§ 94 bis 96 InsO analoge Anwendung mit der Maßgabe, dass an die Stelle des Zeitpunkts der Verfahrenseröffnung der Zeitpunkt der Anzeige durch den Verwalter tritt.[154] 73

VI. Aufrechnung durch den Insolvenzverwalter

Die §§ 94 bis 96 InsO gelten nur für die Aufrechnung durch Insolvenzgläubiger. Für den Insolvenzverwalter gelten allein die **allgemeinen materiell-rechtlichen Regelungen** der §§ 387 ff. BGB.[155] Vor der Feststellung der angemeldeten Forderung (§ 178 Abs. 1 InsO) ist eine Aufrechnung des Insolvenzverwalters nach Auffassung des BGH nur dann möglich, wenn sie dem Insolvenzzweck der gleichmäßigen Gläubigerbefriedigung nicht zuwiderläuft.[156] Dies ist im **Einzelfall** zu beurteilen. Aufrechnungen des Insolvenzverwalters gegen Insolvenzforderungen im Nennbetrag sind nicht stets insolvenzzweckwidrig. Beispielsweise können sich die Befriedigungsaussichten der Gläubigergemeinschaft verbessern, wenn eine uneinbringliche Masseforderung gegen eine Insolvenzforderung aufgerechnet wird mit der Folge, dass letztere bei der Verteilung nicht berücksichtigt werden muss. Vorteilhaft für die Masse kann eine Aufrechnung durch den Verwalter auch dann 74

151) BGH, Urt. v. 9.3.2000 – IX ZR 355/98, NZI 2000, 308, 309, dazu EWiR 2000, 741 *(Gerhardt)* – an sich zu § 55 KO, obiter dictum.

152) Uhlenbruck-*Sinz*, InsO, § 94 Rz. 69 mit Hinweis auf BayObLG, Beschl. v. 6.8.2001 – 4 Z BR 7/01, NZI 2001, 592.

153) OLG Brandenburg, Urt. v. 25.11.2020 – 7 U 77/19, ZInsO 2021, 1071, 1072; *Jacoby* in: HambKomm-InsO, Vor § 94 Rz. 9.

154) *Lohmann/Reichelt* in: MünchKomm-InsO, § 94 Rz. 13; Uhlenbruck-*Sinz*, InsO, § 94 Rz. 72; a. A. (Aufrechnungsverbot gemäß § 394 Satz 1 BGB i. V. m. § 210 InsO) *Runkel/Schnurbusch*, NZI 2000, 49, 54 f.

155) OLG Düsseldorf, Beschl. v. 19.2.2020 – 12 U 52/19, ZInsO 2020, 2387, 2389; *Jacoby* in: HambKomm-InsO, Vor § 94 Rz. 10; Uhlenbruck-*Sinz*, InsO, § 94 Rz. 76.

156) BGH, Urt. v. 8.5.2014 – IX ZR 118/12, Rz. 13, BGHZ 201, 121 = NZI 2014, 693 – unter Aufgabe der früheren Rspr., vgl. BGH, Urt. v 19.3.1987 – IX ZR 148/86, BGHZ 100, 222, 226 f. = NJW 1987, 1691; OLG Düsseldorf, Beschl. v. 19.2.2020 – 12 U 52/19, ZInsO 2020, 2387, 2389; Uhlenbruck-*Sinz*, InsO, § 94 Rz. 77; i. S. der neuen Rspr. bereits *Jacoby* in: HambKomm-InsO, Vor § 94 Rz. 10 m. w. N.

sein, wenn es zu verhindern gilt, dass ein Insolvenzgläubiger die Insolvenzdividende auf seine volle Forderung in Anspruch nimmt und erst danach mit dem verbleibenden Teil seiner Forderung gegen eine Forderung der Masse aufrechnet.

75 Sollten dem Verwalter bei der Einschätzung der Auswirkungen der Aufrechnung Fehler unterlaufen, oder verletzt er in anderer Weise seine Pflichten, kann dies – ein Verschulden vorausgesetzt – zu einer **Haftung** nach § 60 InsO führen. Die Verfügung wird allein dadurch aber **nicht unwirksam.**[157] Unwirksam ist jedoch eine Vereinbarung, die dem Insolvenzverwalter diese Einzelfallprüfung von vornherein unmöglich macht und es letztlich dem Insolvenzgläubiger ermöglicht, zu einem beliebigen späteren Zeitpunkt mit Gegenforderungen zu verrechnen, die aus der Zeit vor der Insolvenzeröffnung stammen und anderenfalls nur als Insolvenzforderungen mit der Quote befriedigt werden könnten.[158]

76 Die Verteilung (§ 187 Abs. 2 InsO) erfolgt statt durch Zahlung durch das Erfüllungssurrogat der Aufrechnung.[159] Zum Nennbetrag der Insolvenzforderung darf die Aufrechnung durch den Verwalter hingegen nur erfolgen, wenn der Gläubiger seinerseits wirksam aufrechnen kann.[160]

B. Aussonderung

I. Allgemeines

77 Den Insolvenzgläubigern haftet zur (quotalen) Befriedigung ihrer Forderungen nach § 35 InsO nur die Insolvenzmasse, also das gesamte Vermögen, das dem *Schuldner* zur Zeit der Eröffnung des Verfahrens gehört und das *er* während des Verfahrens erlangt. Das nicht dem Schuldner gehörende Vermögen ist der Gläubigergemeinschaft haftungsrechtlich[161] nicht zugeordnet und daher aus der bei Verfahrenseröffnung vom Insolvenzverwalter vorgefundenen „Ist-Masse“[162] auszusondern.[163] Begrifflich ist die Aussonderung demnach die Geltendmachung der **Nichtzugehörigkeit eines Gegenstandes zur Insolvenzmasse,**[164] also die Verteidigung eines massefremden Rechts, das der Insolvenzverwalter für die Masse beansprucht.[165]

78 Wer aufgrund eines **dinglichen oder persönlichen Rechts** geltend machen kann, dass ein Gegenstand nicht zur Insolvenzmasse gehört, ist kein Insolvenzgläubiger (§ 47 Satz 1 InsO).[166]

157) BGH, Urt. v. 8.5.2014 – IX ZR 118/12, Rz. 13, BGHZ 201, 121 = NZI 2014, 693.

158) OLG Düsseldorf, Beschl. v. 19.2.2020 – 12 U 52/19, ZInsO 2020, 2387, 2389.

159) *Eckardt*, ZIP 1995, 257, 258; *Lüke* in: KPB, InsO, § 94 Rz. 32.

160) *Adolphsen* in: Gottwald/Haas, InsR-Hdb., § 45 Rz. 106; Uhlenbruck-*Sinz*, InsO, § 94 Rz. 78.

161) Die Massezugehörigkeit eines Gegenstands beurteilt sich nach haftungsrechtlichen Kriterien. Gleiches gilt auch für das Aussonderungsrecht, Uhlenbruck-*Brinkmann*, InsO, § 47 Rz. 9.

162) Zu den Begriffen der „Ist-Masse“ und „Soll-Masse“ s. *Bork*, Einführung in das Insolvenzrecht, Rz. 227. Die Aussonderung ist Teil der Veränderung der „Ist-Masse“ zur „Soll-Masse“ durch den Insolvenzverwalter, Uhlenbruck-*Brinkmann*, InsO, § 47 Rz. 1; *Prütting* in: KPB, InsO, § 47 Rz. 4.

163) In der Einzelzwangsvollstreckung entspricht dem die Drittwiderspruchsklage gemäß § 771 ZPO, *Bork*, Einführung in das Insolvenzrecht, Rz. 281 Fn. 1; Uhlenbruck-*Brinkmann*, InsO, § 47 Rz. 1; *Adolphsen* in: Gottwald/Haas, InsR-Hdb., § 40 Rz. 1.

164) Uhlenbruck-*Brinkmann*, InsO, § 47 Rz. 2, 9.

165) Der auszusondernde Gegenstand muss infolge des Verwalterbesitzes massebefangen sein, BGH, Urt. v. 19.6.2008 – IX ZR 84/07, Rz. 14, NZI 2008, 554, 555 = ZIP 2008, 1736, dazu EWiR 2009, 313 *(Dörrscheidt)*.

166) LSG Sachsen, Urt. v. 3.3.2021 – L 10 AS 381/19, Rz. 36, BeckRS 2021, 5733; der Insolvenzschuldner selbst kann kein Aussonderungsberechtigter sein, auch wenn er sich mit dem Insolvenzverwalter gemäß § 36 InsO über die Massezugehörigkeit eines Gegenstands streiten kann, Uhlenbruck-*Brinkmann*, InsO, § 47 Rz. 2; *Ganter* in: MünchKomm-InsO, § 47 Rz. 9; *Adolphsen* in: Gottwald/Haas, InsR-Hdb., § 40 Rz. 4.

Folglich werden diese „Aussonderungsansprüche"[167] auch nicht wie Insolvenzforderungen durch Anmeldung zur Insolvenztabelle geltend gemacht; die Durchsetzung[168] des Anspruchs auf Aussonderung des Gegenstands bestimmt sich vielmehr „nach den Gesetzen, die außerhalb des Insolvenzverfahrens gelten" (§ 47 Satz 2 InsO), erfolgt also im normalen Zivilprozess (siehe dazu Rz. 116 ff.).

Das Gesetz verbietet eine Selbsthilfe des Aussonderungsberechtigten.[169] Dieser muss die Aussonderung gegenüber dem Insolvenzverwalter geltend machen. Das heißt jedoch nicht, dass der Verwalter den massefremden Gegenstand solange benutzen dürfte, bis der Berechtigte dessen Herausgabe fordert. Es besteht für den Verwalter vielmehr eine **Pflicht zur Massebereinigung**, die ihn dazu verpflichtet, sämtliche Gegenstände, die nicht zur Insolvenzmasse gehören, festzustellen und an den Berechtigten herauszugeben, abzutreten oder jedenfalls festzustellen, dass das jeweilige Drittrecht respektiert wird. Zugleich hat der Insolvenzverwalter alles zu unterlassen, was einer Realisierung des Aussonderungsrechts zuwiderläuft. 79

Inwieweit damit eine **Nachforschungspflicht des Insolvenzverwalters** einhergeht, wird unterschiedlich beurteilt. Teilweise wird eine solche hinsichtlich aller Gegenstände befürwortet, die in den letzten Monaten vor der Eröffnung des Insolvenzverfahrens vom Schuldner erworben worden sind.[170] Dies ist ganz sicher nicht praktikabel und von Insolvenzverwaltern schon deshalb nicht zu verlangen, weil sie vorwiegend im Interesse der Insolvenzgläubiger tätig werden sollen und ihre Arbeitskraft deshalb nicht in gesteigertem Maße auf die Feststellung von Gegenständen verwenden sollten, die gerade nicht zur Insolvenzmasse gehören. Aussonderungsrechte an unbeweglichen Gegenständen hat der Insolvenzverwalter stets zu prüfen.[171] Bei beweglichen Gegenständen, die nach allgemeiner Praxis nur unter Eigentumsvorbehalt des Lieferanten geliefert werden, wird man eine beschränkte Prüfungspflicht des Insolvenzverwalters bejahen können.[172] Hat der Verwalter hingegen keine konkreten Anhaltspunkte für ein Aussonderungsrecht und hat er den betreffenden Gegenstand dementsprechend in seinen Verwalterbesitz genommen, so entsteht eine (erneute) Prüfungspflicht erst dann, wenn der Berechtigte die Aussonderung begehrt. Dabei trifft Letzteren zunächst einmal die volle Darlegungslast (genaue Bezeichnung des bestimmten[173] Gegenstands und der Umstände, die das Aussonderungsrecht begründen). Ohne solche Angaben kann vom Verwalter nicht erwartet werden, dass er aufs Geradewohl nachforscht, ob an dem Begehren etwas dran sein könnte.[174] 80

Wer im Einzelnen aussonderungsberechtigt ist, ergibt sich nicht aus der InsO. Das Gesetz gibt in § 47 Satz 1 InsO lediglich vor, dass sich die **Aussonderungsberechtigung** aus 81

---

167) Soweit das Gesetz in § 47 Satz 2 InsO von einem „Anspruch auf Aussonderung" spricht, ist damit kein besonderer materieller Anspruch aus der InsO gemeint. Mit dieser Formulierung soll lediglich darauf verwiesen werden, dass die Nichtzugehörigkeit des Gegenstands zur Insolvenzmasse ggü. dem Insolvenzverwalter geltend zu machen ist, Uhlenbruck-*Brinkmann*, InsO, § 47 Rz. 3; *Ganter* in: MünchKomm-InsO, § 47 Rz. 5; *Adolphsen* in: Gottwald/Haas, InsR-Hdb., § 40 Rz. 1.

168) § 47 Satz 2 InsO hat nur für die prozessuale Durchsetzbarkeit des Anspruchs Bedeutung. Die Entstehung materieller Rechte richtet sich hingegen auch im Insolvenzverfahren allein „nach den Gesetzen, die außerhalb des Insolvenzverfahrens gelten", *Bork*, Einführung in das Insolvenzrecht, Rz. 281 Fn. 2.

169) Zum Folgenden: Uhlenbruck-*Brinkmann*, InsO, § 47 Rz. 126.

170) OLG Düsseldorf, Urt. v. 2.6.1987 – 23 U 150/86, ZIP 1988, 450, 452.

171) *Hahn*, ZInsO 2018, 911.

172) OLG Stuttgart, Urt. v. 29.12.1989 – 9 U 224/89, ZIP 1990, 1091, dazu EWiR 1990, 925 *(Lüke)*; Uhlenbruck-*Brinkmann*, InsO, § 47 Rz. 128; *Hahn*, ZInsO 2018, 911.

173) Zum Bestimmtheitserfordernis s. Uhlenbruck-*Brinkmann*, InsO, § 47 Rz. 43.

174) *Ganter* in: MünchKomm-InsO, § 47 Rz. 448.

einem dinglichen (siehe dazu Rz. 83 ff.) oder persönlichen Recht (siehe dazu Rz. 111 ff.) ergeben kann. Maßgeblich ist insoweit das materielle Recht.

82 Ist ein Gegenstand, dessen Aussonderung hätte verlangt werden können, vor der Eröffnung des Insolvenzverfahrens vom Schuldner oder nach der Eröffnung vom Insolvenzverwalter unberechtigt veräußert worden, so kann der Aussonderungsberechtigte im Wege der sog. **Ersatzaussonderung** (siehe dazu Rz. 129 ff.) die Abtretung des Rechts auf die Gegenleistung verlangen, soweit sie noch aussteht (§ 48 Satz 1 InsO). Soweit die Gegenleistung noch unterscheidbar in der Insolvenzmasse vorhanden ist, kann er diese verlangen (§ 48 Satz 2 InsO).

II. Aussonderung aufgrund eines dinglichen Rechts

83 Ein Aussonderungsrecht steht nur demjenigen zu,

> „Wer auf Grund eines dinglichen oder persönlichen Rechts geltend machen kann, dass ein Gegenstand nicht zur Insolvenzmasse gehört, […]" (vgl. § 47 Satz 1 InsO).

84 Diese Gesetzesformulierung macht deutlich, dass neben dinglichen Rechten auch obligatorische Ansprüche zur Aussonderung berechtigen können. Für die Frage, ob dem Gläubiger in der Insolvenz des Schuldners ein Aussonderungsrecht zusteht, kommt es **entscheidend** darauf an, **welchem Vermögen der umstrittene Gegenstand nach Inhalt und Zweck der gesetzlichen Regelung im maßgeblichen Zeitpunkt zuzuordnen ist.**[175] Zwar erfolgt die Zuordnung in der Regel nach dinglichen Gesichtspunkten, weil das dingliche Recht ein absolutes Herrschaftsrecht bezeichnet. Jedoch können schuldrechtliche Ansprüche bei einer den Normzweck beachtenden Betrachtungsweise zu einer vom dinglichen Recht abweichenden Vermögenszuweisung führen.[176] So kann bspw. dem Treugeber ein Aussonderungsrecht in der Insolvenz des Treuhänders zustehen (siehe dazu Rz. 99 ff.), obwohl letzterer formaler Inhaber des dinglichen Rechts ist.

85 Vor diesem Hintergrund verbietet sich eine schematische Betrachtung allein der dinglichen Rechtslage. Es muss vielmehr im Einzelfall hinterfragt werden, ob der jeweilige Vermögensgegenstand **haftungsrechtlich** dem Insolvenzschuldner zuzuordnen ist – dann fällt er in die Insolvenzmasse (§ 35 InsO) – oder einem Dritten – dann kommt ein Aussonderungsrecht nach § 47 InsO in Betracht. Ein Aussonderungsrecht wiederum ist nur dann gegeben, wenn dem Dritten die Sache selbst und nicht (nur) der in ihr verkörperte Wert – dann liegt ein Fall der Absonderung gemäß §§ 49 ff. InsO vor – gebührt. Diese allgemeinen Vorüberlegungen zeigen, dass eine differenzierte Einzelfallbetrachtung gefordert ist:

1. Eigentum

86 Der **Musterfall** des zur Aussonderung berechtigenden Rechts ist das Eigentum.[177] Grundfall ist die Aussonderung durch den Eigentümer in der Insolvenz des Besitzers gemäß § 985 BGB.[178] Hat der Besitzer ein Recht zum Besitz i. S. von § 986 BGB, kann der Eigentümer

175) BGH, Urt. v. 23.10.2003 – IX ZR 252/01, BGHZ 156, 350 = NZI 2004, 78, 80, m. Anm. *Huber*, dazu EWiR 2004, 1099 *(Neußner)*.

176) BGH, Urt. 20.12.2007 – IX ZR 132/06, NZI 2008, 235; BGH, Urt. v. 23.10.2003 – IX ZR 252/01, BGHZ 156, 350 = NZI 2004, 78, 80; BGH, Urt. v. 24.6.2003 – IX ZR 75/01, BGHZ 155, 227 = NZI 2003, 594, 595, dazu EWiR 2003, 1191 *(Gundlach/Frenzel)*.

177) Uhlenbruck-*Brinkmann*, InsO, § 47 Rz. 10.

178) BGH, Urt. v. 22.10.2021 – V ZR 8/20, Rz. 7, BeckRS 2021, 36658; BGH, Urt. v. 19.6.2008 – IX ZR 84/07, Rz. 14, NZI 2008, 554, 555 = ZIP 2008, 1736; K. Schmidt, JuS 2022, 265 (Urteilsanm.); *Adolphsen* in: Gottwald/Haas, InsR-Hdb., § 40 Rz. 5.

Feststellungsklage gemäß § 256 ZPO erheben, wenn der Insolvenzverwalter das Eigentum bestreitet.[179)]

Es führt jedoch nicht jede Form des Eigentums zur Aussonderung. Nach § 51 Nr. 1 InsO berechtigt das **Sicherungseigentum** lediglich zur abgesonderten Befriedigung, obwohl es sich hierbei mit Blick auf den sachenrechtlichen Grundsatz des Typenzwangs um vollwertiges Eigentum handelt.[180)] Das Sicherungseigentum dient jedoch ausschließlich der Sicherung der Gläubigerforderung,[181)] so dass es dem Gesetzgeber sinnvoll erschien, dem Sicherungsnehmer lediglich den in dem Gegenstand verkörperten Wert, nicht aber diesen selbst zuzuordnen. Haftungsrechtlich wird das Sicherungseigentum folglich wie ein nicht akzessorisches Pfandrecht behandelt (vgl. § 50 InsO).[182)] 87

Im Regelfall richtet sich der Anspruch auf **Herausgabe** des Eigentums (§ 985 BGB; siehe dazu Rz. 86). Bei Grundstücken kommt zudem ein Grundbuchberichtigungsanspruch (§ 894 BGB) in Betracht.[183)] Ist der Insolvenzverwalter lediglich mittelbarer Besitzer (vgl. § 868 BGB), kann er gleichwohl direkt auf Herausgabe verklagt werden.[184)] 88

Zu den auszusondernden Gegenstände zählen auch die mit der Sache verbundenen **wesentlichen Bestandteile** (§§ 93, 94 BGB).[185)] Bei Scheinbestandteilen i. S. von § 95 Abs. 1 BGB ist im Einzelfall zu prüfen, ob dem Eigentümer aufgrund der fehlenden rechtlichen Verbindung mit dem Grundstück ein Aussonderungsrecht auch hinsichtlich der jeweiligen beweglichen Sache zusteht.[186)] 89

Sachfrüchte können nach ihrer Trennung von der Hauptsache ebenfalls Gegenstand eines Aussonderungsrechts sein; hier ist zu prüfen, ob der ursprüngliche Eigentümer der einheitlichen Sache gemäß § 953 BGB Eigentümer geworden ist oder ein Dritter gemäß §§ 954 ff. BGB.[187)] 90

Zubehör i. S. von § 97 BGB kann aufgrund der Sonderrechtsfähigkeit unabhängig von der Hauptsache ausgesondert werden.[188)] Es ist jedoch zu hinterfragen, ob das jeweilige Zubehörstück zum Haftungsverband der Hypothek gehört (vgl. §§ 1120 ff. BGB) und deshalb haftungsrechtlich einem absonderungsberechtigten Grundpfandgläubiger (vgl. § 49 InsO) zugeordnet ist.[189)] 91

Auch **Miteigentum** kann unter Berücksichtigung der für Bruchteilsgemeinschaften geltenden Regelungen (§§ 1008 ff., § 432 BGB) zur Aussonderung berechtigen.[190)] Im Insolvenzverfahren über das Vermögen eines Drittbesitzers kann jeder Miteigentümer die Aussonderung an alle Miteigentümer (vgl. § 432 Abs. 1 Satz1 BGB) verlangen.[191)] Ist hingegen einer der Miteigentümer der Insolvenzschuldner und zugleich unmittelbarer Besitzer der Sache, so können die übrigen Miteigentümer als Aussonderungsberechtigte die Einräumung 92

179) *Adolphsen* in: Gottwald/Haas, InsR-Hdb., § 40 Rz. 5.

180) Uhlenbruck-*Brinkmann*, InsO, § 51 Rz. 2.

181) Uhlenbruck-*Brinkmann*, InsO, § 51 Rz. 2.

182) BGH, Urt. v. 28.6.1978 – VII ZR 60/77, BGHZ 72, 141, 144 ff. = NJW 1978, 1859; Uhlenbruck-*Brinkmann*, InsO § 51 Rz. 2.

183) *Adolphsen* in: Gottwald/Haas, InsR-Hdb., § 40 Rz. 5.

184) BGH, Urt. v. 18.7.2003 – V ZR 297/02, NJW-RR 2004, 570; Uhlenbruck-*Brinkmann*, InsO, § 47 Rz. 10.

185) Uhlenbruck-*Brinkmann*, InsO, § 47 Rz. 5.

186) *Prütting* in: KPB, InsO, § 47 Rz. 17.

187) Uhlenbruck-*Brinkmann*, InsO, § 47 Rz. 5; *Prütting* in: KPB, InsO, § 47 Rz. 18.

188) Uhlenbruck-*Brinkmann*, InsO, § 47 Rz. 5; *Ganter* in: MünchKomm-InsO, § 47 Rz. 28 f.

189) Uhlenbruck-*Brinkmann*, InsO, § 47 Rz. 5.

190) Zum Folgenden: Uhlenbruck-*Brinkmann*, InsO, § 47 Rz. 12.

191) *Adolphsen* in: Gottwald/Haas, InsR-Hdb., § 40 Rz. 9 f.; *Prütting* in: KPB, InsO, § 47 Rz. 20.

eines ggf. widerrechtlich vorenthaltenen Mitbesitzes und die Auseinandersetzung nach Maßgabe des § 749 BGB außerhalb des Insolvenzverfahrens verlangen (vgl. § 84 Abs. 1 Satz 1 InsO).[192] Der Insolvenzverwalter ist in diesen Fällen nicht befugt, den lediglich im Miteigentum des Schuldners stehenden Gegenstand ohne Zustimmung der anderen Miteigentümer zu veräußern.[193] Bei teilbaren Sachen erfolgt die Teilung in Natur (vgl. § 752 BGB), so dass jeder Miteigentümer seinen Anteil aussondern kann.[194]

93 Für den **Eigentumsvorbehalt** hat der Gesetzgeber in § 107 InsO eine Spezialregelung getroffen.

94 In der **Insolvenz des Vorbehaltsverkäufers** ist das Anwartschaftsrecht des Vorbehaltskäufers in Bezug auf bewegliche Sachen, an denen dem Vorbehaltskäufer bereits Besitz eingeräumt wurde, insolvenzfest. Das Wahlrecht des Insolvenzverwalters (§ 103 InsO) ist in der Weise eingeschränkt, dass der Vorbehaltskäufer die Erfüllung des Kaufvertrags verlangen kann und im Falle der vollständigen Kaufpreiszahlung das Eigentum erwirbt (vgl. § 107 Abs. 1 Satz 1 InsO).

95 In der **Insolvenz des Vorbehaltskäufers**, der den Kaufpreis noch nicht vollständig gezahlt hat, kann eine Sache, die unter **einfachem Eigentumsvorbehalt** veräußert worden ist, vom Vorbehaltsverkäufer hingegen grundsätzlich ausgesondert werden (vgl. § 107 Abs. 2 Satz 1 InsO).[195] Der Vorbehaltsverkäufer hat, falls der Käufer nicht sogleich zahlen kann, regelmäßig nur das vorbehaltene Eigentum als Sicherungsmittel. Aus diesem Grund ist er besonders schutzbedürftig und im Wesentlichen wird ihm deshalb ein Aussonderungsrecht und nicht bloß ein Absonderungsrecht zugebilligt.[196] Der Insolvenzverwalter kann dann lediglich die Rückgewähr der bereits erbrachten Teilleistungen des Schuldners (Vorbehaltskäufers) verlangen.[197] Dieser Rückzahlungsanspruch ist jedoch mit dem Anspruch des Verkäufers wegen Nichterfüllung des Kaufvertrags aus § 103 Abs. 2 Satz 1 InsO zu verrechnen.[198] Einer Aufrechnung bedarf es hierfür nicht; die gegenseitigen Ansprüche aus dem nämlichen Vertragsverhältnis sind Rechnungsposten bei der Ermittlung des Schadensersatzanspruchs.[199]

96 **Überträgt** der Vorbehaltsverkäufer das Eigentum an der Kaufsache jedoch **auf eine Bank**, die den Erwerb für den Käufer finanziert, kann die Bank das vorbehaltene Eigentum nicht aussondern, da der Geldkreditgeber – anders als der Vorbehaltsverkäufer – ungleich mehr Sicherungsmöglichkeiten hat.[200] Er hätte sich bspw. auch durch ein Pfandrecht oder das Sicherungseigentum an dem finanzierten Kaufgegenstand sichern können. Auch will der Geldkreditgeber durch die Finanzierung des Erwerbs regelmäßig nicht in den Warenkreislauf eingebunden werden.[201] Er hat dem Schuldner keine Ware, sondern einen Kredit „verkauft". In seinem Interesse zur Absicherung des Darlehensrückzahlungsanspruchs

192) Diese Vorschrift stellt eine insolvenzrechtliche Ergänzung zu § 747 Satz 2 BGB dar, Uhlenbruck-*Hirte*, InsO, § 84 Rz. 3.

193) Uhlenbruck-*Hirte*, InsO, § 84 Rz. 3.

194) *Adolphsen* in: Gottwald/Haas, InsR-Hdb., § 40 Rz. 10.

195) BGH, Urt. v. 8.5.2014 – IX ZR 128/12, Rz. 13, NZI 2014, 696; BGH, Urt. v. 7.2.2013 – IX ZR 218/11, Rz. 11, BGHZ 196, 160 = NZI 2013, 296; BGH, Urt. v. 27.3.2008 – IX ZR 220/05, BGHZ 176, 86 = NZI 2008, 357, Rz. 24, dazu EWiR 2008, 439 *(Mitlehner)*.

196) BGH, Urt. v. 27.3.2008 – IX ZR 220/05, Rz. 36, BGHZ 176, 86 = NZI 2008, 357, 360.

197) BGH, Urt. v. 7.2.2013 – IX ZR 218/11, Rz. 11, BGHZ 196, 160 = NZI 2013, 296; *Huber*, NZI 2004, 57, 62.

198) BGH, Urt. v. 7.2.2013 – IX ZR 218/11, Rz. 12, BGHZ 196, 160 = NZI 2013, 296 m. w. N.

199) BGH, Urt. v. 7.2.2013 – IX ZR 218/11, Rz. 12, BGHZ 196, 160 = NZI 2013, 296 m. w. N.

200) Zum Folgenden: BGH, Urt. v. 27.3.2008 – IX ZR 220/05, Rz. 36, BGHZ 176, 86 = NZI 2008, 357.

201) Das ist anders beim sog. Herstellerleasing, vgl. *Ganter* in: MünchKomm-InsO, § 47 Rz. 221, 230.

unterscheidet er sich in derartigen Fällen in nichts von Banken, die den Erwerb einer Sache für den Käufer finanzieren und sich von diesem dessen Anwartschaft auf Erwerb des Eigentums sicherungshalber übertragen lassen. In diesem Fall erhält der Geldkreditgeber mit der Befriedigung des Lieferanten Sicherungseigentum. Der Geldkreditgeber hat wegen seiner noch offenen Kreditforderung nur ein Absonderungsrecht. Nichts anderes gilt dann, wenn er sich das Vorbehaltseigentum übertragen lässt.

Die **Verlängerungs- und Erweiterungsformen des Eigentumsvorbehalts** werden vom BGH[202] als Sicherungsübertragungen mit der Funktion eines Pfandrechts angesehen mit der Folge, dass sie in der Insolvenz des Vorbehaltskäufers nach Eintritt des Verlängerungs- bzw. Erweiterungsfalls nur zur abgesonderten Befriedigung berechtigen. 97

2. Besitz

Der Anspruch auf Wiedereinräumung des vom Schuldner fehlerhaft erlangten Besitzes aus **§ 861 BGB** begründet – ebenso wie der Anspruch aus § 1007 BGB[203] – im Insolvenzverfahren über das Vermögen des Schuldners einen Aussonderungsanspruch i. S. von § 47 InsO.[204] Der Insolvenzverwalter kann sich gegen diesen possessorischen Besitzschutzanspruch nicht mit dem Nachweis der Massezugehörigkeit der Sache selbst verteidigen, da der fehlerhafte Besitz in keinem Fall massezugehörig ist.[205] Anders ist dies jedoch in Fällen, in denen der Schuldner Eigentümer ist und seinen Vindikationsanspruch gemäß § 985 BGB durch verbotene Eigenmacht (vgl. § 858 Abs. 1 BGB) selbst durchgesetzt hat; dann darf der jeweilige Gegenstand – ähnlich wie bei einer petitorischen Widerklage[206] – in der Masse verbleiben. 98

3. Treuhandverhältnisse

Ein besonderes Augenmerk verdienen die Treuhandverhältnisse.[207] Zu unterscheiden sind die uneigennützige („unechte")[208] und die eigennützige („echte") Treuhand (siehe dazu Rz. 100, 102).[209] Unter welchen Voraussetzungen Treugut gemäß § 47 InsO ausgesondert werden kann, ist im Gesetz nicht geregelt und auch in der Rechtsprechung nicht abschließend geklärt.[210] Kennzeichen einer Treuhandvereinbarung ist, dass die dem Treuhänder eingeräumte Rechtsmacht im Innenverhältnis zum Treugeber durch eine schuldrechtliche Treuhandabrede beschränkt ist.[211] Es liegt beim Treuhänder, ob er die Bindung respektiert oder sich über sie hinwegsetzt.[212] Die Aussonderungsbefugnis des Treugebers ist deshalb entscheidend daran geknüpft, dass der Treuhänder die Treuhandbindung beachtet. Respektiert der Treuhänder die treuhänderische Bindung nicht, kann dies auch 99

202) BGH, Urt. v. 27.3.2008 – IX ZR 220/05, Rz. 24, BGHZ 176, 86 = NZI 2008, 357.

203) *Adolphsen* in: Gottwald/Haas, InsR-Hdb., § 40 Rz. 15.

204) OLG Düsseldorf, Beschl. v. 9.6.2008 – I-24 W 33/08, ZIP 2008, 1930; Uhlenbruck-*Brinkmann*, InsO, § 47 Rz. 59; *Adolphsen* in: Gottwald, InsR-Hdb., § 40 Rz. 15.

205) Uhlenbruck-*Brinkmann*, InsO, § 47 Rz. 59; *Ganter* in: MünchKomm-InsO, § 47 Rz. 326.

206) Vgl. hierzu Grüneberg-*Herrler*, BGB, § 863 Rz. 3.

207) Vgl. allgemein zu Treuhandkonten in Zwangsvollstreckung und Insolvenz *Lange*, NJW 2007, 2513.

208) Die unechte Treuhand wird auch als „Verwaltungstreuhand" bezeichnet (vgl. BGH, Beschl. v. 12.7.2012 – IX ZR 213/11, Rz. 10, 12, NZI 2012, 803, m. Anm. *Riewe*, dazu EWiR 2012, 731 *(Höpfner)*.

209) Uhlenbruck-*Brinkmann*, InsO, § 47 Rz. 77.

210) BGH, Urt. v. 10.2.2011 – IX ZR 49/10, Rz. 8, BGHZ 188, 317 = NZI 2011, 371, dazu EWiR 2011, 605 *(Neußner)*.

211) BGH, Urt. v. 10.2.2011 – IX ZR 49/10, Rz. 16, BGHZ 188, 317 = NZI 2011, 371; BGH, Urt. v. 10.12.2003 – IV ZR 249/02, BGHZ 157, 178, 182 = NJW 2004, 1382.

212) Zum Folgenden: BGH, Urt. v. 10.2.2011 – IX ZR 49/10, Rz. 16, BGHZ 188, 317 = NZI 2011, 371.

von seinen Gläubigern nicht verlangt werden. Ein Aussonderungsrecht nach § 47 InsO kommt nur dann in Betracht, wenn der Treuhänder die Treuhandbindung im Grundsatz beachtet.[213] Die Treuhandbindung besteht jedenfalls dann nicht mehr fort, wenn dem Treuhänder in Wirklichkeit der Wille fehlt, das Treugut für den Treugeber zu verwalten, und er es stattdessen als eigenes Vermögen behandelt.[214]

a) Unechte Treuhand

100 Bei der unechten Treuhand dient der Treuhandvertrag[215] ausschließlich den Interessen des Treugebers. Dem Treunehmer wird lediglich eine formelle Rechtsposition eingeräumt. Das Treugut gehört zwar vermögensrechtlich (formal) dem Treuhänder, haftungsrechtlich aber dem Treugeber.[216] In der **Insolvenz des Treuhänders** hat der Treugeber deshalb nach höchstrichterlicher Rechtsprechung ein Aussonderungsrecht nach § 47 InsO,[217] sofern der Treuhänder das dingliche Recht sogleich[218] in einer seine Ausübungsbefugnis im Interesse des Treugebers einschränkenden Gestalt erhalten hat.[219] Bei derartigen Treuhandgeschäften ist dies deshalb gerechtfertigt, weil der Treuhänder das dingliche Recht von vornherein nur in einer die Ausübungsbefugnis im Interesse eines anderen einschränkenden Gestalt erhalten hat.[220] Die Entstehung eines Aussonderungsrechts kraft Treuhandvereinbarung ist dann auch unter Beachtung der Interessen der Gläubigergesamtheit gerechtfertigt, weil der Treuhänder das dingliche Recht nur mit der aus der Treuhandabrede ersichtlichen Ausübungsbeschränkung erworben hat, und der Erwerb dementsprechend für ihn lediglich mit einem sehr begrenzten Vermögenszuwachs verbunden ist.[221] Dies rechtfertigt es, den betreffenden Gegenstand in der Insolvenz des Treuhänders weiterhin dem Vermögen des Treugebers zuzuordnen. Dies gilt allerdings nur dann, wenn der Treugutcharakter ausreichend erkennbar[222] und das Treugut hinreichend bestimmt und vom sonstigen Vermögen des Treuhänders unterscheidbar, d. h. nicht mit diesem vermischt ist.[223] Guthaben auf Konten, die auch für eigene Zwecke des Treuhänders genutzt

---

213) *Holzer*, ZIP 2009, 2324, 2328 f.

214) BGH, Urt. v. 10.2.2011 – IX ZR 49/10, Rz. 17, BGHZ 188, 317 = NZI 2011, 371.

215) Der Treuhandvertrag als solcher ist im Gesetz nicht geregelt; BGH, Urt. v. 10.2.2011 – IX ZR 49/10, Rz. 13, BGHZ 188, 317 = NZI 2011, 371.

216) Uhlenbruck-*Brinkmann*, InsO, § 47 Rz. 78 f.

217) Vgl. nur BGH, Beschl. v. 12.7.2012 – IX ZR 213/11, Rz. 12, NZI 2012, 803, m. Anm. *Riewe*; BGH, Urt. v. 10.2.2011 – IX ZR 49/10, Rz. 13, BGHZ 188, 317 = NZI 2011, 371; BGH, Urt. v. 19.11.1992 – IX ZR 45/92, NJW-RR 1993, 301 = ZIP 1993, 213; vgl. auch Uhlenbruck-*Brinkmann*, InsO, § 47 Rz. 79 m. w. N.

218) Dagegen widerspricht es dem anerkannten System des Gläubigerschutzes in der Insolvenz des Schuldners, der Masse solche Gegenstände zu entziehen, die dem Schuldner gehören, hinsichtlich derer er jedoch später in eine schuldrechtliche Beschränkung seiner Befugnisse als Eigentümer eingewilligt hat, vgl. BGH, Urt. v. 24.6.2003 – IX ZR 75/01, BGHZ 155, 227 = NZI 2003, 594, 595, dazu EWiR 2003, 1191 *(Gundlach/Frenzel)*. Die gesetzlichen Wertungen des Insolvenzrechts lassen es ebenfalls nicht zu, einer nicht vollzogenen Treuhandabrede die Rechtswirkungen eines Aussonderungsrechts zuzuerkennen, BGH, Urt. v. 24.6.2003 – IX ZR 75/01, BGHZ 155, 227, 234 = NZI 2004, 594; BGH, Urt. 20.12.2007 – IX ZR 132/06, NZI 2008, 235, dazu EWiR 2008, 209 *(Eckert)*.

219) BGH, Urt. v. 23.10.2003 – IX ZR 252/01, BGHZ 156, 350 = NZI 2004, 78, 80; BGH, Urt. v. 8.2.1996 – IX ZR 151/95, NJW 1996, 1543; BGH, Urt. v. 19.11.1992 – IX ZR 45/92, NJW-RR 1993, 301 = ZIP 1993, 213; BGH, Urt. v. 7.4.1959 – VIII ZR 219/57, NJW 1959, 1223, 1224.

220) Zum Folgenden: BGH, Urt. v. 24.6.2003 – IX ZR 75/01, BGHZ 155, 227 = NZI 2003, 594, 595.

221) Vgl. auch BGH, Urt. v. 9.12.1993 – IX ZR 100/93, BGHZ 124, 298, 301 ff. = NJW 1994, 726.

222) BGH, Urt. v. 1.7.1993 – IX ZR 251/92, NJW 1993, 2622 = ZIP 1993, 1185; offengelassen in BGH, Urt. v. 7.7.2005 – III ZR 422/04, NZI 2005, 625, dazu EWiR 2005, 863 *(Gundlach/Frenzel)*.

223) BGH, Urt. v. 20.12.2007 – IX ZR 132/06, Rz. 6, NZI 2008, 235 – Einziehung treuhänderisch abgetretener Forderungen auf einem Eigenkonto des Treuhänders; BGH, Urt. v. 24.6.2003 – IX ZR 120/02, NZI 2003, 549, 549, dazu EWiR 2003, 981 *(Eckert)*.

werden, können in der Insolvenz des Treuhänders bspw. nicht ausgesondert werden.[224] Ob das Treugut unmittelbar aus dem Vermögen des Treugebers in das des Treuhänders gelangt ist, ist hingegen nicht von entscheidender Bedeutung.[225]

In der **Insolvenz des Treugebers** gehört das Treugut zur Insolvenzmasse i. S. von § 35 InsO, da das Treugut haftungsrechtlich dem Vermögen des Schuldners zugeordnet ist.[226] Der Treuhandvertrag erlischt gemäß §§ 115, 116 InsO mit Verfahrenseröffnung.[227] Der Insolvenzverwalter kann dementsprechend die Herausgabe des dem Treuhänder übertragenen Vermögens verlangen.[228] Ein Aussonderungsrecht des Treuhänders in der Insolvenz des Treugebers kommt nicht in Betracht.[229] 101

b) Echte Treuhand

Bei der eigennützigen („echten") Treuhand bleibt das Treugut, obwohl es formal auf den Treuhänder übertragen wird, haftungsrechtlich weiterhin dem Treugeber zugeordnet.[230] Hauptfall der echten Treuhand ist die Sicherungstreuhand, die bei der **Sicherungsübereignung** und **Sicherungszession** entsteht.[231] 102

In der **Insolvenz des Treuhänders**, der regelmäßig zugleich Gläubiger ist, hat der Treugeber grundsätzlich ein Aussonderungsrecht.[232] Bei Sachen erfolgt die Aussonderung durch Herausgabe und Rückübertragung, bei Forderungen durch Rückabtretung.[233] 103

In der **Insolvenz des Treugebers** gewährt § 51 Nr. 1 InsO dem Treuhänder trotz seiner formellen Rechtsinhaberschaft kein Aussonderungs-, sondern lediglich ein Absonderungsrecht. Haftungsrechtlich wird der eigennützige Treuhänder also mit Blick auf den Sicherungszweck wie der Inhaber eines rechtgeschäftlichen Pfandrechts behandelt.[234] 104

4. Beschränkt dingliche Rechte

Auch beschränkt dingliche Rechte gewähren dem Berechtigten ein Aussonderungsrecht. Ausgesondert werden kann aber nur das dingliche Recht selbst, nicht dagegen die belastete Sache bzw. das belastete Recht.[235] Aussonderungsfähig sind der **Nießbrauch** (§§ 1030 ff. BGB), die **Grunddienstbarkeit** (§§ 1018 ff. BGB) und die **beschränkt persönliche Dienstbarkeit** (§§ 1090 ff. BGB) sowie das **dingliche Wohnrecht** (§ 1093 BGB).[236] In all diesen Fällen kann der Berechtigte das Nutzungsrecht an einer massezugehörigen Sache geltend 105

224) BGH, Urt. v. 10.2.2011 – IX ZR 49/10, Rz. 15, BGHZ 188, 317 = NZI 2011, 371; BGH, Urt. v. 24.6.2003 – IX ZR 120/02, NZI 2003, 549, 550.

225) *Adolphsen* in: Gottwald/Haas, InsR-Hdb., § 40 Rz. 33; anders noch BGH, Urt. v. 19.11.1992 – IX ZR 45/92, NJW-RR 1993, 301 = ZIP 1993, 213; offengelassen in BGH, Urt. v. 7.7.2005 – III ZR 422/04, NZI 2005, 625; ähnlich BGH, Urt. v. 10.2.2011 – IX ZR 49/10, Rz. 8, BGHZ 188, 317 = NZI 2011, 371.

226) Uhlenbruck-*Brinkmann*, InsO, § 47 Rz. 83.

227) BGH, Beschl. v. 12.7.2012 – IX ZR 213/11, Rz. 12, NZI 2012, 803, m. Anm. *Riewe*.

228) So schon RG, Urt. v. 6.11.1934 – VII 105/34, RGZ 145, 253, 256.

229) Uhlenbruck-*Brinkmann*, InsO, § 47 Rz. 83 m. w. N.

230) Uhlenbruck-*Brinkmann*, InsO, § 47 Rz. 84; *Adolphsen* in: Gottwald/Haas, InsR-Hdb., § 40 Rz. 36.

231) Uhlenbruck-*Brinkmann*, InsO, § 47 Rz. 84; *Prütting* in: KPB, InsO, § 47 Rz. 27.

232) BGH, Urt. v. 19.11.1992 – IX ZR 45/92, NJW-RR 1993, 301 = ZIP 1993, 213 – zu § 43 KO; Uhlenbruck-*Brinkmann*, InsO, § 47 Rz. 85; *Ganter* in: MünchKomm-InsO, § 47 Rz. 375.

233) Uhlenbruck-*Brinkmann*, InsO, § 47 Rz. 85; *Adolphsen* in: Gottwald/Haas, InsR-Hdb., § 40 Rz. 39.

234) Uhlenbruck-*Brinkmann*, InsO, § 47 Rz. 86.

235) Uhlenbruck-*Brinkmann*, InsO, § 47 Rz. 55; *Adolphsen* in: Gottwald/Haas, InsR-Hdb., § 40 Rz. 17.

236) Uhlenbruck-*Brinkmann*, InsO, § 47 Rz. 55; *Adolphsen* in: Gottwald/Haas, InsR-Hdb., § 40 Rz. 17.

machen mit der Folge, dass der Insolvenzverwalter dieses Recht während seiner Laufzeit anerkennen muss.[237)]

106 Beim **dinglichen Vorkaufsrecht** (§ 1094 BGB) ist das Aussonderungsrecht in der Insolvenz des Dritterwerbers aufgrund der Vormerkungswirkung (vgl. § 1098 Abs. 2 i. V. mit § 888 BGB) auf Bewilligung der Umschreibung im Grundbuch gemäß § 19 GBO gerichtet.[238)]

107 **Pfandrechte** berechtigen den Gläubiger grundsätzlich nur zur abgesonderten Befriedigung an dem belasteten Gegenstand (vgl. § 50 InsO). Bestreitet der Insolvenzverwalter jedoch das Bestehen des Pfandrechts oder nimmt er es – z. B. als Eigentümergrundschuld (vgl. §§ 1163, 1177 BGB) – für den Insolvenzschuldner in Anspruch, so kann sein Bestehen bzw. seine Nichtzugehörigkeit zur Insolvenzmasse als Aussonderungsanspruch geltend gemacht werden.[239)] In diesem Fall wird nicht das Recht an einem massezugehörigen Gegenstand, sondern das – nicht massezugehörige – Recht selbst geltend gemacht.[240)]

108 Auch das **Erbbaurecht** nach dem ErbbauRG begründet lediglich ein Absonderungsrecht.[241)] Der Grundstückseigentümer ist in der Insolvenz des Erbbauberechtigten zur abgesonderten Befriedigung aus dem Erbbaurecht im Wege der Zwangsversteigerung berechtigt.[242)]

5. Forderungen

109 Aussonderungsberechtigt ist auch der Inhaber einer Forderung, die der Insolvenzverwalter für die Masse beansprucht.[243)] Dies gilt allerdings nur dann, wenn die Forderung nicht allein zu Sicherungszwecken an den Zessionar abgetreten wurde – dann ist dieser lediglich zur abgesonderten Befriedigung berechtigt (vgl. § 51 Nr. 1 InsO); erforderlich ist vielmehr eine **„Vollzession“**.[244)]

6. Daten

110 Auch Daten sind aussonderungsfähig. Der Aussonderungsanspruch des Auftraggebers kann sich aus dem zugrunde liegenden Vertrag, aus § 667 BGB, den Grundsätzen der uneigennützigen Verwaltungstreuhand (siehe dazu Rz. 100) sowie aus § 1004 BGB analog ergeben.[245)]

III. Aussonderung aufgrund eines persönlichen Rechts

111 Zur Aussonderung berechtigt ist auch derjenige, der aufgrund eines persönlichen Rechts geltend machen kann, dass ein Gegenstand nicht zur Insolvenzmasse gehört (vgl. § 47 Satz 1 InsO). Zwar betrifft das Aussonderungsrecht in erster Linie dingliche Rechte. Ein schuldrechtlicher Anspruch kann aber zur Aussonderung berechtigten, wenn der Gegenstand, auf den er sich bezieht, nicht zur Insolvenzmasse „gehört“. Hierfür kommt es ent-

---

237) *Adolphsen* in: Gottwald/Haas, InsR-Hdb., § 40 Rz. 17.

238) Uhlenbruck-*Brinkmann*, InsO, § 47 Rz. 55; *Adolphsen* in: Gottwald/Haas, InsR-Hdb., § 40 Rz. 18.

239) *Ganter* in: MünchKomm-InsO, § 47 Rz. 329; *Adolphsen* in: Gottwald, InsR-Hdb., § 40 Rz. 19.

240) *Adolphsen* in: Gottwald, InsR-Hdb., § 40 Rz. 19.

241) BGH, Urt. v. 20.10.2005 – IX ZR 145/04, Rz. 15, ZIP 2005, 2267 = NZI 2006, 97, m. Anm. *Drasdo*, dazu EWiR 2006, 313 *(Tintelnot)*; *Ganter* in: MünchKomm-InsO, § 49 Rz. 6, 75; a. A. (Aussonderungsrecht) Uhlenbruck-*Brinkmann*, InsO, § 47 Rz. 55.

242) BGH, Urt. v. 20.10.2005 – IX ZR 145/04, Rz. 15, ZIP 2005, 2267 = NZI 2006, 97, m. Anm. *Drasdo*.

243) Uhlenbruck-*Brinkmann*, InsO, § 47 Rz. 48; *Adolphsen* in: Gottwald/Haas, InsR-Hdb., § 40 Rz. 23.

244) *Adolphsen* in: Gottwald/Haas, InsR-Hdb., § 40 Rz. 23.

245) *Bultmann*, ZInsO 2011, 992 ff.; zur Aussonderung von Clouddaten im Fall der Insolvenz des Providers, s. *Jülicher*, ZIP 2015, 2063.

scheidend darauf an, welchem Vermögen der umstrittene Gegenstand haftungsrechtlich zuzuordnen ist.[246)] Der Gesetzgeber kann eine solche **haftungsrechtliche Zuordnung** auch dadurch zum Ausdruck bringen, dass er dem Berechtigten unter bestimmten Voraussetzungen lediglich einen obligatorischen Anspruch einräumt.[247)] Zwar wird diese Zuordnung in der Regel nach dinglichen Gesichtspunkten vorgenommen, weil das dingliche Recht im Grundsatz ein absolutes Herrschaftsrecht bezeichnet; schuldrechtliche Ansprüche können aber bei einer den Normzweck beachtenden Betrachtungsweise zu einer von der dinglichen Rechtslage abweichenden Vermögenszuweisung führen.[248)] Voraussetzung ist dabei aber stets die Nichtzugehörigkeit des fraglichen Vermögensgegenstands zum haftenden Schuldnervermögen. Bloße Verschaffungsansprüche führen deshalb in keinem Fall zur Aussonderung (siehe dazu Rz. 112). Soweit persönliche Ansprüche zur Aussonderung berechtigen, kann man die Aussonderung durch den „nur" obligatorischen Berechtigten, der selbst nicht dinglicher Rechtsinhaber ist (siehe dazu Rz. 113), und die Aussonderung trotz dinglichen Schuldnerrechts (siehe dazu Rz. 114 f.) unterscheiden.[249)]

1. Keine Aussonderungskraft bloßer Verschaffungsansprüche

Bloße Verschaffungsansprüche berechtigen nicht zur Aussonderung.[250)] Hat ein Auftraggeber dem Auftragnehmer zur Erfüllung eines Auftrags finanzielle Mittel zur Verfügung gestellt, begründet der Anspruch auf Herausgabe des aus diesen Mitteln Erlangten gegen den Beauftragten nach § 667 BGB in dessen Insolvenz daher kein Aussonderungsrecht.[251)] Gewährt ein Arbeitgeber seinen Arbeitnehmern über einen Versicherungsvertrag mit einer außerbetrieblichen Versicherungsgesellschaft (in aller Regel ein echter Vertrag zugunsten Dritter, §§ 328 ff. BGB) ein widerrufliches Bezugsrecht einer Altersversorgung, so ist der Arbeitnehmer im Insolvenzverfahren über das Vermögen des Arbeitgebers nicht zur Aussonderung berechtigt. Dies gilt selbst dann, wenn die Prämien aus einer Gehaltsumwandlung aufgebracht werden.[252)] 112

2. Aussonderung kraft persönlichen Anspruchs bei dinglichem Drittrecht

Ist ein obligatorischer Anspruch kein Verschaffungsanspruch, mag für seine Aussonderungskraft gedanklich maßgeblich sein, dass der etwa vom Vermieter, der nicht Eigen- 113

---

246) BGH, Urt. v. 10.2.2011 – IX ZR 73/10, Rz. 19, NJW 2011, 1282, dazu EWiR 2011, 355 *(Vogel)*.

247) BGH, Urt. v. 23.10.2003 – IX ZR 252/01, BGHZ 156, 350 = NZI 2004, 78, 80, m. Anm. *Huber*.

248) BGH, Urt. v. 10.2.2011 – IX ZR 73/10, Rz. 19, NJW 2011, 1282; BGH, Urt. v. 24.6.2003 – IX ZR 75/01, BGHZ 155, 227, 233 = NZI 2004, 594; BGH, Urt. v. 23.10.2003 – IX ZR 252/01, BGHZ 156, 350, 359 f. = NZI 2004, 78; OLG Düsseldorf, Hinweisbeschl. v. 14.1.2011 – I-16 U 244/09, ZIP 2011, 485, 486.

249) Ob beides wirklich gesondert gelagerte Fallgruppen sind, wird gelegentlich in Frage gestellt; so etwa *Berger* in: FS Kreft, S. 191, 198; demgegenüber spricht BGH, Urt. v. 24.6.2003 – IX ZR 75/01, BGHZ 155, 227 = NZI 2003, 594, 595, von einer „dinglichen Komponente" bzw. „quasi-dinglichen" Rechtsstellung des Treugebers, was eine Zuordnung zur 1. Var. des § 47 Satz 1 InsO rechtfertigen könnte; dazu auch *Ganter* in: FS Kreft, S. 251, 255, 262 ff. Für eine derartige (dogmatische) Unterscheidung spricht immerhin, dass im ersten Fall für die Aussonderungskraft eines obligatorischen Anspruchs das Drittrecht nur ausgeblendet werden muss, während im letzten Fall die dingliche Rechtszuordnung gerade zum Schuldnervermögen zu überwinden ist.

250) Uhlenbruck-*Brinkmann*, InsO, § 47 Rz. 60; *Adolphsen* in: Gottwald/Haas, InsR-Hdb., § 40 Rz. 27; *Prütting* in: KPB, InsO, § 47 Rz. 49.

251) BGH, Urt. v. 18.7.2002 – IX ZR 264/01, NZI 2002, 604; Uhlenbruck-*Brinkmann*, InsO, § 47 Rz. 62a; zur Aussonderung berechtigt ist der Auftraggeber hingegen in Bezug auf solche Gegenstände, die dieser dem Beauftragten zur Ausführung des Auftrags überlassen hat und nach Maßgabe des § 667 BGB herausverlangen kann, BGH, Urt. v. 23.10.2003 – IX ZR 252/01, BGHZ 156, 350 = NZI 2004, 78, 80.

252) BGH, Urt. v. 18.7.2002 – IX ZR 264/01, NZI 2002, 604; a. A. noch OLG Düsseldorf, Urt. v. 6.3.1992 – 17 U 201/91, NJW-RR 1992, 798, 799, dazu EWiR 1992, 899 *(Reichold)*.

tümer ist,[253] herausverlangte Gegenstand nicht zum haftenden Vermögen des Schuldners gehört. Voraussetzung für den Erfolg der Klage ist ein entsprechender Nachweis indes nicht. Erfolgreich ist die Klage vielmehr schon dann, wenn der Kläger sich lediglich auf den obligatorischen Herausgabeanspruch (**§ 546 Abs. 1 BGB**)[254] stützt, falls der Verwalter nicht seinerseits nachweist, dass die Sache dem Schuldnervermögen und damit der Masse angehört. Erreicht wird damit eine **beträchtliche Verfahrensvereinfachung**, weil es auf die problematische Aufklärung der Eigentumslage auch dann nicht ankommt, wenn der Schuldner Eigenbesitz innehatte.[255] Auch der aufgrund obligatorischen Rechts Aussonderungsberechtigte muss sein eigenes Eigentum oder das Eigentum dessen, von dem er seine Berechtigung ableitet, nicht nachweisen, wie er überhaupt sein eigenes Recht nicht anders als aus dem mit dem Schuldner geschlossenen Vertrag begründen muss.

3. Vom dinglichen Recht abweichende haftungsrechtliche Zuordnung

114 In der zweiten Fallgruppe, in der sich die Nichtzugehörigkeit eines Vermögensgegenstands zum haftenden Schuldnervermögen allein in einem obligatorischen Anspruch gegen den Schuldner ausdrückt, fallen dingliche und haftungsrechtliche Zuordnung auseinander. Das betrifft vor allem **Treuhandverhältnisse** (siehe dazu bereits Rz. 99 ff.). Während in den soeben behandelten Fällen der obligatorische Anspruch indiziert, dass der Schuldner nicht dinglicher Rechtsinhaber ist und der fragliche Gegenstand deshalb nicht seinem haftenden Vermögen angehört, ist der Schuldner als Treuhänder dinglich berechtigt; der Vermögensgegenstand wird jedoch aufgrund der treuhänderischen Bindung seiner Haftungsmasse nicht zugerechnet.

115 Dingliche Zuordnung und haftungsrechtliche „Vermögenszuweisung" fallen auch auseinander, soweit ein Erwerb der **Insolvenz- oder Gläubigeranfechtung** unterliegt. Der Rückgewähranspruch nach § 143 Abs. 1 InsO ist nach ständiger höchstrichterlicher Rechtsprechung – ebenso wie der Anspruch aus § 11 AnfG – ein obligatorischer Anspruch.[256] Dieser begründet für den anfechtungsberechtigten Insolvenzverwalter in der Insolvenz des Anfechtungsgegners seiner Rechtsnatur nach gleichwohl ein Aussonderungsrecht.[257] Das dem Insolvenzverwalter eingeräumte Anfechtungsrecht bewirkt eine Änderung der Vermögenszuordnung. Gegenstände, die aufgrund einer in den §§ 129 ff. InsO genannten Rechtshandlung aus dem Vermögen des Schuldners ausgeschieden sind, müssen auf die

253) Ist der Vermieter zugleich Eigentümer, tritt nach Ablauf der Mietzeit der obligatorische Anspruch aus § 546 Abs. 1 BGB neben den dinglichen Anspruch aus § 985 BGB.

254) Der obligatorische Herausgabeanspruch aus § 546 BGB bleibt durch die Insolvenzeröffnung inhaltlich unbeeinflusst und begründet ohne Rücksicht darauf, ob das Mietverhältnis vor oder nach der Insolvenzeröffnung beendet wurde, ein Aussonderungsrecht, BGH, Urt. v. 19.6.2008 – IX ZR 84/07, Rz. 14, NZI 2008, 554 = ZIP 2008, 1736; Uhlenbruck-*Brinkmann*, InsO, § 47 Rz. 61. Dieses besteht allerdings nur dann, wenn der auszusondernde Gegenstand infolge der Wahrnehmung des Verwalterbesitzes durch den Insolvenzverwalter massebefangen ist, BGH, Urt. v. 19.6.2008 – IX ZR 84/07, Rz. 15, NZI 2008, 554 = ZIP 2008, 1736. Andernfalls kann der Berechtigte allein den Schuldner persönlich in Anspruch nehmen, BGH, Urt. v. 5.10.1994 – XII ZR 53/93, BGHZ 127, 156, 161 = NJW 1994, 3232. Der Herausgabeanspruch des Vermieters begründet ein Aussonderungsrecht in der Insolvenz des Mieters zudem nur in demselben Umfang wie derjenige aus § 985 BGB; ein weitergehender mietvertraglicher Räumungsanspruch ist hingegen als einfache Insolvenzforderung i. S. von § 38 InsO lediglich quotal zu befriedigen, BGH, Urt. v. 5.7.2001 – IX ZR 327/99, BGHZ 148, 252 = NZI 2002, 531, dazu EWiR 2002, 395 *(Flitsch/Herbst)*.

255) Vgl. *Berger* in: FS Kreft, S. 191, 194.

256) BGH, Urt. 9.7.1987 – IX ZR 167/86, BGHZ 101, 286, 288 = NJW 1987, 2821; BGH, Urt. v. 10.5.1978 – VIII ZR 32/77, BGHZ 71, 296, 302 = NJW 1978, 1525; BGH, Urt. v. 31.10.1956 – V ZR 177/55, BGHZ 22, 128, 134 = NJW 1957, 137.

257) BGH, Urt. v. 27.4.2017 – IX ZR 198/16, NZI 2017, 712 = ZIP 2017, 1336; BGH, Urt. v. 23.10.2003 – IX ZR 252/01, BGHZ 156, 350 = NZI 2004, 78, 80.

Anfechtung des Verwalters hin der den Gläubigern haftenden Masse wieder zugeführt werden. Sie werden damit als ein dem Zugriff der Gläubigergesamtheit zur Verfügung stehendes Objekt der Vermögensmasse des insolventen Schuldners behandelt, obwohl sie schuld- und sachenrechtlich wirksam in das Eigentum des Anfechtungsgegners übergegangen sind. Damit wird infolge der insolvenzrechtlichen Anfechtung das zunächst rechtmäßig begründete Eigentum des Erwerbers in ähnlicher Weise überspielt wie dasjenige des insolvent gewordenen Treuhänders (siehe dazu Rz. 99 ff.).

IV. Rechtsstreit über die Aussonderung

Nach § 47 Satz 2 InsO ist der Aussonderungsanspruch (siehe dazu Rz. 78) „außerhalb des Insolvenzverfahrens" geltend zu machen. Dies bedeutet, dass der Rechtsstreit über die Aussonderung nach **allgemeinen prozessualen Vorschriften** durchzuführen ist.[258] 116

1. Zuständigkeit des Gerichts

Funktionell zuständig ist das Prozessgericht, nicht das Insolvenzgericht.[259] 117

Die **sachliche** Zuständigkeit richtet sich nach den §§ 23, 71 GVG, also insbesondere nach dem Streitwert des Aussonderungsanspruchs. Dabei kann die Aussonderungsklage eine Handelssache i. S. von § 95 Abs. 1 Nr. 1 GVG sein.[260] 118

Bei der **örtlichen** Zuständigkeit des Gerichts ist für Aussonderungsklagen – wie bei jeder anderen Klage auch – zunächst danach zu fragen, ob ein ausschließlicher Gerichtsstand eingreift (z. B. § 24 ZPO bei Räumungsklagen gegen den Verwalter). Liegt ein ausschließlicher Gerichtsstand nicht vor,[261] greift jedenfalls der in § 19a ZPO genannte allgemeine Gerichtsstand des Insolvenzverwalters ein. Daneben können besondere Gerichtsstände vorliegen (insbesondere §§ 27, 29 ZPO),[262] die zu einem Wahlrecht des Klägers nach § 35 ZPO führen. Darüber hinaus sind – nach Maßgabe der §§ 38 ff. ZPO – Gerichtsstandsvereinbarungen zwischen dem Aussonderungsberechtigten und dem Insolvenzverwalter zulässig und verbindlich.[263] 119

2. Parteien

Der Aussonderungsberechtigte kann Kläger und Beklagter sein.[264] In den häufigsten Fällen wird er die Rolle des Klägers einnehmen. Dann ist die Aussonderungsklage **gegen den Insolvenzverwalter** als Partei kraft Amtes zu richten,[265] sofern dieser den herausverlangten Gegenstand für die Masse beansprucht.[266] War die Klage vor der Eröffnung des Insolvenz- 120

258) Uhlenbruck-*Brinkmann*, InsO, § 47 Rz. 126, 138; *Ganter* in: MünchKomm-InsO, § 47 Rz. 473.

259) BGH, Urt. v. 14.4.2016 – IX ZR 176/15, NZG 2016, 1390, dazu EWiR 2016, 603 *(Flöther)*; Uhlenbruck-*Brinkmann*, InsO, § 47 Rz. 138; *Prütting* in: KPB, InsO, § 47 Rz. 90.

260) Uhlenbruck-*Brinkmann*, InsO, § 47 Rz. 138; *Ganter* in: MünchKomm-InsO, § 47 Rz. 477, *Prütting* in: KPB, InsO, § 47 Rz. 91.

261) Einen ausschließlichen Gerichtsstand für alle Aussonderungsklagen gibt es – anders als bei der Drittwiderspruchsklage gemäß § 771 ZPO – nicht, BayObLG, Beschl. v. 17.1.2003 – 1Z AR 162/02, NZI 2003, 230, 231 = ZIP 2003, 541 – zu § 19a ZPO; *Ganter* in: MünchKomm-InsO, § 47 Rz. 476.

262) *Ganter* in: MünchKomm-InsO, § 47 Rz. 476; *Adolphsen* in: Gottwald/Haas, InsR-Hdb., § 40 Rz. 112; *Prütting* in: KPB, InsO, § 47 Rz. 92.

263) *Ganter* in: MünchKomm-InsO, § 47 Rz. 476.

264) *Ganter* in: MünchKomm-InsO, § 47 Rz. 478.

265) *Ganter* in: MünchKomm-InsO, § 47 Rz. 478; *Adolphsen* in: Gottwald/Haas, InsR-Hdb., § 40 Rz. 108.

266) Beansprucht der Verwalter die herausverlangte Sache nicht für die Masse und behauptet der Schuldner, diese gehöre zum insolvenzfreien Vermögen, so ist die Herausgabeklage gegen den Schuldner zu richten; dann liegt aber kein Aussonderungsrechtsstreit vor, *Ganter* in: MünchKomm-InsO, § 47 Rz. 478.

verfahrens bereits gegen den Insolvenzschuldner erhoben, kann der Prozess sowohl vom Insolvenzverwalter als auch vom Gegner aufgenommen werden (vgl. § 86 Abs. 1 Nr. 1 InsO, sog. Teilungsmassestreit). Ist der Aussonderungsberechtigte Beklagter einer Herausgabeklage des Verwalters, kann er den Aussonderungseinwand oder eine Zwischenfeststellungswiderklage gemäß § 256 Abs. 2 ZPO erheben.[267)]

3. Klageart

121 Die Aussonderungsklage kann als **Leistungs- oder Feststellungsklage** erhoben werden.[268)] Da das Aussonderungsrecht auf einen bestimmten Gegenstand gerichtet ist und es nicht um einen Anspruch auf Zahlung einer bestimmten Geldsumme oder die Leistung einer bestimmten Menge anderer vertretbarer Sachen oder Wertpapiere geht (vgl. § 592 Satz 1 ZPO), scheidet ein Urkundenprozess hingegen aus.[269)]

4. Klageantrag

122 Die „klassische" Aussonderungsklage ist auf Herausgabe gerichtet.[270)] Ist der Insolvenzverwalter berechtigt, die Sache auf bestimmte Zeit oder zu einem bestimmten Zweck zu nutzen, ist die Feststellung des Aussonderungsanspruchs zu beantragen. Das nach § 256 Abs. 1 ZPO erforderliche Feststellungsinteresse folgt in diesen Fällen aus der Verfahrenseröffnung und dem Bestreiten des Aussonderungsrechts durch den Insolvenzverwalter oder das Ausbleiben einer das Aussonderungsrecht anerkennenden Erklärung durch den Verwalter trotz entsprechender Aufforderung durch den Aussonderungsberechtigten. Wird die Aussonderung eines Grundstücks verlangt, als dessen Eigentümer der Schuldner fälschlicherweise im Grundbuch eingetragen ist, geht der Antrag auf Zustimmung zur Grundbuchberichtigung gemäß § 894 BGB i. V. mit § 19 GBO.[271)] Bei sonstigen Eigentumsbeeinträchtigungen kommt zudem ein Beseitigungs- und Unterlassungsanspruch gemäß § 1004 BGB mit entsprechendem Klageantrag in Betracht.[272)]

5. Beweisfragen

123 Der Aussonderungsberechtigte muss nach allgemeinen zivilprozessualen Regelungen das zur Aussonderung berechtigende Recht, auf das er sich beruft, darlegen und im Bestreitensfalle beweisen. Dabei spricht in Fällen, in denen der Verwalter die Sache in Besitz hat, zugunsten des Verwalters die Eigentumsvermutung des § 1006 BGB.[273)] Diese hat der Aussonderungsberechtigte zu widerlegen.[274)] Bei unrichtigen Grundbucheintragungen gilt

267) *Ganter* in: MünchKomm-InsO, § 47 Rz. 478.

268) Uhlenbruck-*Brinkmann*, InsO, § 47 Rz. 140; *Ganter* in: MünchKomm-InsO, § 47 Rz. 479.

269) OLG Düsseldorf, Urt. v. 26.2.2003 – 11 U 13/02, ZIP 2003, 542, 543, dazu EWiR 2003, 665 *(Stickelbrock)*; Uhlenbruck-*Brinkmann*, InsO, § 47 Rz. 140; *Ganter* in: MünchKomm-InsO, § 47 Rz. 479.

270) Uhlenbruck-*Brinkmann*, InsO, § 47 Rz. 140; *Ganter* in: MünchKomm-InsO, § 47 Rz. 480.

271) Uhlenbruck-*Brinkmann*, InsO, § 47 Rz. 140; *Ganter* in: MünchKomm-InsO, § 47 Rz. 480, hält wahlweise eine Feststellung des Eigentums für zulässig. Dies ist m. E. wegen fehlenden Feststellungsinteresses unrichtig, da sich eine Klage auf Abgabe der Zustimmungserklärung gemäß § 894 ZPO mit Eintritt der Rechtskraft quasi von selbst vollstreckt und daher rechtsschutzintensiver ist. Es ist jedoch zuzugeben, dass im Falle einer Feststellung das Grundbuchamt die rechtsändernde Eintragung im Zweifel auch vornehmen würde, obwohl dies mit § 19 GBO nicht unmittelbar im Einklang steht.

272) Uhlenbruck-*Brinkmann*, InsO, § 47 Rz. 140.

273) BGH, Urt. v. 23.9.2010 – IX ZR 212/09, Rz. 13, NZI 2010, 897, dazu EWiR 2010, 825 *(Freudenberg)*; BGH, Urt. v. 9.5.1996 – IX ZR 244/95, NJW 1996, 2233 = ZIP 1996, 1181; Uhlenbruck-*Brinkmann*, InsO, § 47 Rz. 10; *Ganter* in: MünchKomm-InsO, § 47 Rz. 487; *Adolphsen* in: Gottwald/Haas, InsR-Hdb., § 40 Rz. 5.

274) OLG Hamburg, Urt. v. 12.10.1983 – 8 U 52/83, ZIP 1984, 348; Uhlenbruck-*Brinkmann*, InsO, § 47 Rz. 142; *Ganter* in: MünchKomm-InsO, § 47 Rz. 487.

die Vermutung des § 891 BGB; wer sich auf die Unrichtigkeit des Grundbuchs beruft und Aussonderung verlangt, hat den vollen Beweis (vgl. § 292 ZPO) seiner behaupteten Rechtsposition zu erbringen.[275)]

6. Einstweiliger Rechtsschutz

Der Aussonderungsanspruch kann durch **einstweilige Verfügung** gemäß § 935 ZPO dahingehend gesichert werden, dass dem Insolvenzverwalter verboten wird, einstweilen nicht über den Gegenstand zu verfügen.[276)] 124

7. Vollstreckung

Aus einem gegen den Insolvenzverwalter erstrittenen Herausgabetitel kann der Aussonderungsberechtigte auch während der Dauer des Insolvenzverfahrens vollstrecken.[277)] Das Vollstreckungsverbot des **§ 89 InsO betrifft den Aussonderungsberechtigten nicht**, weil er nicht Insolvenzgläubiger und der Aussonderungsgegenstand nicht Bestandteil der Insolvenzmasse ist (vgl. § 89 Abs. 1 InsO).[278)] 125

Hat der Aussonderungsberechtigte bereits vor der Verfahrenseröffnung einen Titel gegen den Schuldner erwirkt, kann er gemäß **§ 727 ZPO** eine **vollstreckbare Ausfertigung gegen den Insolvenzverwalter** beantragen.[279)] 126

Ob die Anordnung eines allgemeinen Vollstreckungsverbots im Eröffnungsverfahren (**§ 21 Abs. 2 Satz 1 Nr. 3 InsO**), in dem der Aussonderungsberechtigte nicht ausdrücklich ausgenommen wurde, sich auf diesen erstreckt, wurde unterschiedlich beurteilt. Teilweise wurde dies bejaht.[280)] Dem war jedoch bereits nach alter Rechtslage zu widersprechen, da dem Insolvenzgericht andernfalls im Eröffnungsverfahren eine Befugnis zugesprochen würde, die es im eröffneten Verfahren nicht innehat (vgl. § 47 Satz 2 InsO).[281)] Zumindest sog. schwachen vorläufigen Insolvenzverwaltern blieb es jedoch vorbehalten, Aussonderungsansprüche durch Verweisung an den Verwalter im eröffneten Verfahren abzuwehren.[282)] Den sog. starken vorläufigen Verwaltern ist es hingegen nicht gänzlich verwehrt, Herausgabeansprüchen künftiger Aussonderungsberechtigter nachzukommen; dies schied nach h. M. aber jedenfalls dann aus, wenn die Gegenstände zur Fortführung des Unternehmens vorläufig noch erforderlich waren.[283)] 127

Mittlerweile hat der Gesetzgeber für das vorläufige Insolvenzverfahren eine abschließende Regelung in **§ 21 Abs. 2 Satz 1 Nr. 5 InsO** getroffen. Danach kann das Gericht anordnen, dass Gegenstände, deren Aussonderung im Falle der Eröffnung des Verfahrens verlangt werden könnte, vom Gläubiger nicht eingezogen werden dürfen und dass solche Gegenstände zur Fortführung des Unternehmens des Schuldners – gegen eine Nutzungsentschädigung[284)] – eingesetzt werden können, soweit sie hierfür von erheblicher Bedeutung 128

275) BGH, Urt. v. 24.9.1992 – IX ZR 217/91, NJW 1993, 522, 524 = ZIP 1992, 1646; Uhlenbruck-*Brinkmann*, InsO, § 47 Rz. 142; *Prütting* in: KPB, InsO, § 47 Rz. 84.

276) Uhlenbruck-*Brinkmann*, InsO, § 47 Rz. 144; *Ganter* in: MünchKomm-InsO, § 47 Rz. 491.

277) *Ganter* in: MünchKomm-InsO, § 47 Rz. 492.

278) *Uhlenbruck*, InVo 1996, 85, 90.

279) *Ganter* in: MünchKomm-InsO, § 47 Rz. 492; *Steder*, ZIP 1996, 1072, 1079.

280) *Uhlenbruck*, InVo 1996, 85, 89 Fn. 31; *Vallender*, ZIP 1997, 1993, 1997.

281) *Ganter* in: MünchKomm-InsO, § 47 Rz. 493; *Lohkemper*, ZIP 1995, 1641, 1650.

282) BGH, Urt. v. 3.12.2009 – IX ZR 7/09, Rz. 44, BGHZ 183, 269 = NZI 2010, 95, dazu EWiR 2010, 155 *(Voß)*.

283) BGH, Urt. v. 3.12.2009 – IX ZR 7/09, Rz. 44, BGHZ 183, 269 = NZI 2010, 95; *Ganter* in: MünchKomm-InsO, § 47 Rz. 471a.

284) Zu deren Höhe: BGH, Urt. v. 8.9.2016 – IX ZR 52/15, NZI 2016, 946, dazu EWiR 2016, 731 *(Lüke)*.

sind (zur ähnlich gelagerten Aussonderungssperre des § 135 Abs. 3 InsO siehe Rz. 147). Dabei kann das Insolvenzgericht den Verwertungs- und Einziehungsstopp jedoch nur hinsichtlich bestimmter Gegenstände anordnen, bei denen nach seiner Überzeugung die gesetzlichen Voraussetzungen vorliegen.[285] Das setzt die Feststellung voraus, welche Aussonderungsrechte welcher Gläubiger betroffen sind, welches Aussonderungsgut für eine Betriebsfortführung eingesetzt werden soll und welches für die Betriebsfortführung von erheblicher Bedeutung ist. Dabei kann es durchaus in Betracht kommen, bestimmte Gläubiger und Arten von Gegenständen zusammenfassend zu bezeichnen. Unzulässig und wegen fehlender Bestimmtheit unwirksam sind jedoch formularmäßige Pauschalanordnungen, die auf die erforderliche Prüfung der gesetzlichen Voraussetzungen verzichten[286] und lediglich den Gesetzestext wiedergeben.[287]

V. Ersatzaussonderung (§ 48 InsO)

129 Ist ein Gegenstand, dessen Aussonderung hätte verlangt werden können, vor der Eröffnung des Insolvenzverfahrens vom Schuldner oder nach der Eröffnung vom Insolvenzverwalter unberechtigt veräußert worden, so kann der Aussonderungsberechtigte die Abtretung des Rechts auf die Gegenleistung verlangen, soweit diese noch aussteht (§ 47 Satz 1 InsO). Soweit die Gegenleistung in der Masse unterscheidbar vorhanden ist, kann der Aussonderungsberechtigte diese verlangen (§ 47 Satz 2 InsO).

1. Regelungsgedanke

130 Durch diese Vorschrift wird angeordnet, dass das Wertsurrogat, das der Masse durch die unberechtigte Verwertung des Aussonderungsguts zugeflossen ist, keine Haftungsmasse für die Insolvenzgläubiger darstellt. § 48 InsO dient dem Schutz des Aussonderungsberechtigten und weist ihm im Wege einer **„haftungsrechtlichen Surrogation"**[288] die erworbene Gegenleistung zu.[289] Anstelle eines lediglich quotal zu befriedigenden Bereicherungsanspruchs oder eines Anspruchs nach § 687 Abs. 2 Satz 1, § 683 Satz 1, § 670 bzw. §§ 989, 990 BGB oder – bei Verfügungen des Insolvenzverwalters – eines Masseanspruchs nach § 55 Abs. 1 Nr. 1 und 3 InsO verschafft § 48 InsO dem Aussonderungsberechtigten einen **schuldrechtlichen Erstattungsanspruch mit Aussonderungskraft.**[290] Dies stellt eine erhebliche Privilegierung gegenüber anderen Gläubigern mit nur obligatorischen Ansprüchen gegen die Masse dar und macht deshalb eine Einzelfallbetrachtung erforderlich. Zu prüfen ist, ob ein sachlich gerechtfertigter und damit zulässiger Verstoß gegen den Grundsatz der Gläubigergleichbehandlung (par conditio creditorum) vorliegt oder nicht.

131 Wie auch bei der Aussonderung gemäß § 47 InsO ist die Ersatzaussonderung nach § 48 InsO **nur an individuellen Sachen und Rechten** zulässig; auf eine Geldsumme oder

---

285) Zum Folgenden: BGH, Urt. v. 3.12.2009 – IX ZR 7/09, Rz. 19, BGHZ 183, 269 = NZI 2010, 95.

286) *Kirchhof*, ZInsO 2007, 227, 231; *Schmerbach* in: FK-InsO, § 21 Rz. 334, 347 ff.

287) *Schmerbach* in: FK-InsO, § 21 Rz. 334, 347 ff.

288) *Prütting* in: KPB, InsO, § 48 Rz. 4; dazu ausführlich *Gerhardt*, KTS 1990, 1, 3, 10 ff.; *Gundlach/Frenzel/N. Schmidt*, DZWIR 2001, 95, 97; kritisch *Ganter*, NZI 2008, 583, 584 („Letztlich ist § 48 InsO nur Ausfluss eines Billigkeitsgedankens. Dogmatisch zwingend war die Vorschrift nicht geboten."). Kein Fall der Ersatzaussonderung ist gegeben in den Fällen dinglicher Surrogation, bei denen ein Ersatzgegenstand an die Stelle des ursprünglichen Aussonderungsgegenstands tritt (z. B. § 1048 Abs. 1 Satz 2, § 1247 Satz 2, §§ 1287, 1370, 1473, 1646, 2019, 2041, 211 BGB); in diesen Fällen kann das Surrogat unmittelbar nach § 47 InsO ausgesondert werden, Uhlenbruck-*Brinkmann*, InsO, § 48 Rz. 19; *Gerhardt*, KTS 1990, 1, 4; *Adolphsen* in: Gottwald/Haas, InsR-Hdb., § 41 Rz. 8; *Prütting* in: KPB, InsO, § 48 Rz. 5; *Ganter* in: MünchKomm-InsO, § 48 Rz. 10.

289) Uhlenbruck-*Brinkmann*, InsO, § 48 Rz. 1.

290) Uhlenbruck-*Brinkmann*, InsO, § 48 Rz. 1; *Adolphsen* in: Gottwald/Haas, InsR-Hdb., § 41 Rz. 2.

Wertersatz kann die Ersatzaussonderung nicht gerichtet sein.[291] Auch soweit schuldrechtliche Herausgabeansprüche oder beschränkt dingliche Rechte zur Aussonderung berechtigten, führt die Vereitelung der Aussonderung – mit Ausnahme der Vereitelung des Rückgewähranspruchs aus § 143 Abs. 1 Satz 1 InsO bei Veräußerung durch den Insolvenzschuldner – zur Ersatzaussonderung nach § 48 InsO.[292]

2. Unberechtigte Veräußerung

Das Gesetz spricht in § 48 InsO nur von „unberechtigten Veräußerungen." Es ist jedoch anerkannt, dass hierunter **sämtliche entgeltliche**[293] **Verfügungen**[294] fallen, mit denen der Schuldner bzw. Insolvenzverwalter den Vermögenswert des aussonderungsfähigen Rechts in unberechtigter Weise[295] realisiert.[296] Erfasst ist deshalb bspw. auch die unberechtigte[297] Einziehung einer dem Schuldner nicht zustehenden Forderung mit der Folge, dass dem berechtigten Gläubiger ein Ersatzaussonderungsrecht an dem eingezogenen Erlös zusteht.[298] 132

Von einer „Veräußerung" i. S. des § 48 InsO lässt sich jedoch auch auf der Basis der vorstehenden extensiven Auslegung des Gesetzeswortlauts mit Blick auf den Regelungsgehalt dieser Vorschrift nur dann sprechen, wenn durch die jeweilige Verwertungshandlung die **haftungsrechtliche Zuordnung des Gegenstands zum Berechtigten aufgehoben** wird. Das ist dann nicht der Fall, wenn der Schuldner bzw. Insolvenzverwalter das Aussonderungsgut lediglich vermietet oder verpachtet,[299] also allein durch Abschluss eines schuldrechtlichen Vertrags einem Dritten ein Nutzungsrecht einräumt. 133

---

291) Uhlenbruck-*Brinkmann*, InsO, § 48 Rz. 29; *Gerhardt*, KTS 1990, 1, 2; *Adolphsen* in: Gottwald/Haas, InsR-Hdb., § 41 Rz. 3.

292) *Ganter*, NZI 2005, 1, 3; kritisch insoweit *Gundlach/Frenzel/N. Schmidt*, DZWIR 2001, 95.

293) Das Erfordernis der Entgeltlichkeit folgt bereits aus der Tatsache, dass ein „Recht auf die Gegenleistung" (vgl. § 48 Satz 1 InsO) bestehen muss. Auf eine unentgeltliche Verfügung findet § 48 InsO keine Anwendung, Uhlenbruck-*Brinkmann*, InsO, § 48 Rz. 15; bei ihr kann der Berechtigte den Gegenstand bei dem Empfänger nach § 816 Abs. 1 Satz 2 BGB kondizieren, *Adolphsen* in: Gottwald/Haas, InsR-Hdb., § 41 Rz. 15. Bei der **gemischten Schenkung** greift § 48 InsO hinsichtlich des tatsächlichen Entgelts ein, *Adolphsen* in: Gottwald/Haas, InsR-Hdb., § 41 Rz. 15; *Prütting* in: KPB, InsO, § 48 Rz. 11.

294) Unter einer „Verfügung" versteht man die rechtsgeschäftliche Aufhebung, Übertragung, Belastung oder inhaltliche Veränderung eines dinglichen Rechts. Eine Veräußerung i. S. von § 48 InsO setzt daher grundsätzlich eine **rechtsgeschäftliche Einigung** zwischen dem Schuldner bzw. Verwalter und dem Erwerber des Aussonderungsgegenstands voraus, Uhlenbruck-*Brinkmann*, InsO, § 48 Rz. 8; *Adolphsen* in: Gottwald/Haas, InsR-Hdb., § 41 Rz. 11. Darüber hinaus ist jedoch anerkannt, dass auch **Zwangsvollstreckungsmaßnahmen** und **Enteignungen** zum Begriff der Veräußerung gehören, Uhlenbruck-*Brinkmann*, InsO, § 48 Rz. 8; *Ganter* in: MünchKomm-InsO, § 48 Rz. 23; *Gundlach*, KTS 1996, 505, 510 ff. Keine Veräußerung i. S. von § 48 InsO liegt hingegen vor bei einem originären Eigentumserwerb ausschließlich aufgrund tatsächlicher Vorgänge wie bspw. im Falle eines gesetzlichen Erwerbs nach den §§ 946 ff. BGB, dazu ausführlich Uhlenbruck-*Brinkmann*, InsO, § 48 Rz. 9; *Adolphsen* in: Gottwald/Haas, InsR-Hdb., § 41 Rz. 13 jeweils m. w. N.

295) Der Ersatzaussonderungsanspruch entsteht – dem Wortlaut des § 48 Satz 1 InsO klar zu entnehmen – nur, wenn die Veräußerung unberechtigt ist, BGH, Urt. v. 24.6.2003 – IX ZR 120/02, NZI 2003, 549, 551. Bei berechtigter Veräußerung findet § 48 InsO keine Anwendung, Uhlenbruck-*Brinkmann*, InsO, § 48 Rz. 7, 20.

296) *Bork*, Einführung in das Insolvenzrecht, Rz. 289; Uhlenbruck-*Brinkmann*, InsO, § 48 Rz. 7.

297) Die befugte Einziehung einer Forderung mit Einwilligung oder Genehmigung des Gläubigers löst hingegen kein Ersatzaussonderungsrecht nach § 48 InsO aus, BGH, Urt. v. 23.9.2010 – IX ZR 212/09, Rz. 17, NZI 2010, 897, dazu EWiR 2010, 825 *(Freudenberg)*; BGH, Urt. v. 24.6.2003 – IX ZR 120/02, NZI 2003, 549, 550.

298) BGH, Urt. v. 19.1.2006 – IX ZR 154/03, Rz. 17 f., NZI 2006, 700, dazu EWiR 2006, 503 *(Frind)*.

299) BGH, Urt. v. 13.7.2006 – IX ZR 57/05, Rz. 10, 12, NZI 2006, 587 = ZIP 2006, 1641. Zum Masseanspruch des Hauptvermieters bei unberechtigter Untervermietung durch den Insolvenzverwalter s. *Marotzke*, ZInsO 2007, 1, 12.

Praxishinweis

Entscheidender **Zeitpunkt** für das Vorliegen der Aussonderungsberechtigung ist der Augenblick der Veräußerung i. S. von § 48 InsO.[300)]

134 Ob die aussonderungsvereitelnde Verfügung **wirksam** sein muss, wird unterschiedlich beurteilt.[301)] Teilweise wird dies mit dem Argument bejaht, dass das Aussonderungsrecht im Falle einer unwirksamen Veräußerung gar nicht vereitelt würde und für den Berechtigten ein Zugriff auf den Empfänger bestünde.[302)] Diese Sichtweise würde jedoch dazu führen, dass die Masse bei unwirksamer Veräußerung bereichert bliebe und der Insolvenzverwalter den Berechtigten an den Dritten verweisen könnte.[303)] Da eine ungerechtfertigte Bereicherung der Masse durch § 48 InsO jedoch gerade verhindert werden soll (siehe dazu Rz. 130), spricht vieles dafür, mit der h. M. auch unwirksame Veräußerungen ausreichen zu lassen.[304)] Der Meinungsstreit entschärft sich dadurch, dass die Ersatzaussonderung auch nach der Gegenauffassung jedenfalls dann gefordert werden kann, wenn der Berechtigte auf eine Inanspruchnahme des Dritten verzichtet und die Verfügung des Schuldners bzw. Insolvenzverwalters nach § 185 Abs. 1 BGB genehmigt.[305)]

3. Person des Verfügenden

135 Im Hinblick auf die Person des Verfügenden sind in § 48 InsO zwei Fallgruppen angesprochen:

- Die Verfügungen des **Schuldners** vor Verfahrenseröffnung (§ 48 Satz 1 Var. 1 InsO)[306)] und
- solche des **Verwalters** nach der Eröffnung (§ 48 Satz 1 Var. 2 InsO).

136 Nach zutreffender Ansicht sind über den Wortlaut des § 48 InsO hinaus auch Verfügungen des sog. **starken vorläufigen Verwalters** mit Einziehungsbefugnis erfasst.[307)] Kommt es in diesen Fällen nicht zur Verfahrenseröffnung, kann der gesicherte Gläubiger nach Aufhebung der Sicherungsmaßnahmen aus § 816 Abs. 2 BGB gegen den vorläufigen Insolvenzverwalter vorgehen.[308)]

a) Leistungen an den Insolvenzschuldner

137 § 48 InsO gewährt einen Ersatzaussonderungsanspruch auch dann, wenn der Schuldner die Gegenleistung bereits vor der Verfahrenseröffnung eingezogen hatte. Voraussetzung

300) Uhlenbruck-*Brinkmann*, InsO, § 48 Rz. 4; *Ganter* in: MünchKomm-InsO, § 48 Rz. 16; *Gundlach*, KTS 1997, 55, 57; *Prütting* in: KPB, InsO, § 48 Rz. 9.

301) Zum Folgenden: Uhlenbruck-*Brinkmann*, InsO, § 48 Rz. 17 f.

302) *Ganter* in: MünchKomm-InsO, § 48 Rz. 43; *Ganter*, NZI 2005, 1, 6.

303) *Adolphsen* in: Gottwald/Haas, InsR-Hdb., § 41 Rz. 16.

304) *Bork*, Einführung in das Insolvenzrecht, Rz. 291; *Adolphsen* in: Gottwald/Haas, InsR-Hdb., § 41 Rz. 16; *Prütting* in: KPB, InsO, § 48 Rz. 12; a. A. Uhlenbruck-*Brinkmann*, InsO, § 48 Rz. 18.

305) BGH, Urt. v. 16.3.1977 – VIII ZR 215/75, BGHZ 68, 199, 201 = NJW 1977, 901 – zu § 46 KO; *Bork*, Einführung in das Insolvenzrecht, Rz. 291; Uhlenbruck-*Brinkmann*, InsO, § 48 Rz. 18; dagegen *Häsemeyer*, KTS 1982, 1, 18 ff.

306) Zur erweiternden Anwendung des § 48 InsO bei Veräußerungen des Schuldners nach Eröffnung, wenn der Anspruch auf die Gegenleistung nach § 38 InsO als Neuerwerb in die Masse fällt, *Ganter* in: MünchKomm-InsO, § 48 Rz. 13.

307) Uhlenbruck-*Brinkmann*, InsO, § 48 Rz. 14; *Adolphsen* in: Gottwald/Haas, InsR-Hdb., § 41 Rz. 6; *Niesert*, InVo 1998, 141, 142; *Prütting* in: KPB, InsO, § 48 Rz. 28.

308) BGH, Urt. v. 22.2.2007 – IX ZR 2/06, Rz. 15, NZI 2007, 338, m. Anm. *Gundlach/Frenzel*, dazu EWiR 2007, 499 *(Voß)*.

ist lediglich, dass die Gegenleistung in der Masse noch unterscheidbar vorhanden ist.[309)] Dies stellt eine kaum zu rechtfertigende Bevorzugung gegenüber Wertersatzforderungen aus Delikt und Eingriffskondiktion[310)] und damit einen an sich unzulässigen **Verstoß gegen den Gläubigergleichbehandlungsgrundsatz** dar. **Rechtspolitisch** ist die Einbeziehung von Verfügungen des späteren Insolvenzschuldners vor der Verfahrenseröffnung in den Anwendungsbereich **verfehlt**. Gleichwohl ist zu konstatieren, dass sie geltendes Recht ist.[311)]

b) Verfügungen des Insolvenzverwalters

Ohne die Vorschrift des § 48 InsO stünden dem Aussonderungsberechtigten bei unberechtigter Veräußerung des Gegenstands durch den Verwalter lediglich eine Masseforderung nach § 55 Abs. 1 Nr. 1 bzw. 3 InsO und ggf. Schadensersatzansprüche nach § 60 InsO gegen den Insolvenzverwalter persönlich[312)] zu. Dieser Schutz erschien dem Gesetzgeber im Fall der Masseunzulänglichkeit angesichts der Verteilungsregelung des § 209 InsO aber offenbar ungenügend, so dass dem Berechtigten die Möglichkeit der Ersatzaussonderung eingeräumt wurde. 138

4. Inhalt des Ersatzaussonderungsanspruchs

Bei noch ausstehenden Leistungen kann der Aussonderungsberechtigte die Abtretung des Rechts auf die Gegenleistung verlangen (vgl. § 48 Satz 1 InsO, siehe dazu Rz. 140). Ist die Gegenleistung bereits erbracht, kann der Berechtigte diese herausverlangen, soweit sie in der Masse[313)] unterscheidbar vorhanden ist (vgl. § 48 Satz 2 InsO, siehe dazu Rz. 142 ff.). 139

a) Abtretung des Anspruchs auf die ausstehende Gegenleistung

Solange die Gegenleistung noch aussteht,[314)] kann der Ersatzaussonderungsberechtigte vom Insolvenzverwalter die Abtretung des Anspruchs auf die Gegenleistung verlangen. Der Ersatzaussonderungsanspruch richtet sich dabei auf die **volle Gegenleistung**,[315)] also alles, was die Insolvenzmasse aufgrund der „Veräußerung" (siehe dazu Rz. 133) anreichert.[316)] Eine Beschränkung auf den wirtschaftlichen Wert des veräußerten Gegenstands findet nicht statt, da hierdurch der Zweck des § 48 InsO, eine ungerechtfertigte Bereicherung der Masse zu verhindern, vereitelt würde.[317)] Insoweit entspricht § 48 InsO dem 140

309) BGH, Urt. v. 19.1.2006 – IX ZR 154/03, Rz. 18, NZI 2006, 700 – zur Unterscheidbarkeit bei Kontogutschriften; *Gerhardt*, KTS 1990, 1, 10 f.

310) Uhlenbruck-*Brinkmann*, InsO, § 48 Rz. 13; *Adolphsen* in: Gottwald/Haas, InsR-Hdb., § 41 Rz. 4; *Niesert*, InVo 1998, 141, 142.

311) Uhlenbruck-*Brinkmann*, InsO, § 48 Rz. 13.

312) Dazu ausführlich *Gundlach/Frenzel/N. Schmidt*, NZI 2001, 350.

313) Ist die Gegenleistung nicht in die Masse gelangt, ist der Berechtigte entweder Insolvenzgläubiger (bei Veräußerung durch den Schuldner von Insolvenzeröffnung) oder Neugläubiger (bei Veräußerung durch den Insolvenzverwalter nach Verfahrenseröffnung), der nicht am Insolvenzverfahren teilnimmt. Im ersten Fall scheidet eine Ersatzaussonderung aus, im zweiten Fall kommt sie erst in Betracht, wenn der Insolvenzverwalter den Neuerwerb zur Masse gezogen hat, *Ganter* in: MünchKomm-InsO, § 48 Rz. 54.

314) Ob die Gegenleistung noch aussteht, beurteilt sich nach den allgemeinen Regeln der §§ 362 ff. BGB, Uhlenbruck-*Brinkmann*, InsO, § 48 Rz. 34.

315) Uhlenbruck-*Brinkmann*, InsO, § 48 Rz. 33; *Ganter* in: MünchKomm-InsO, § 48 Rz. 67; *Gundlach*, ZIP 1995, 1789, 1794 ff.

316) Uhlenbruck-*Brinkmann*, InsO, § 48 Rz. 31; *Prütting* in: KPB, InsO, § 48 Rz. 18. Ausführlich zum Begriff der Gegenleistung *Gundlach*, ZIP 1995, 1789.

317) Uhlenbruck-*Brinkmann*, InsO, § 48 Rz. 33. Der Vorbehaltsverkäufer muss sich auf seinen Ersatzaussonderungsanspruch jedoch die durch die anderweitige Veräußerung ersparten Transport-, Lager-, Verkaufs- und Wartungskosten anrechnen lassen, LG Hamburg, Urt. v. 13.2.1981 – 76 T 8/81, ZIP 1981, 1238, 1240.

§ 816 Abs. 1 Satz 1 BGB, bei dem nach überwiegender, insbesondere vom BGH[318)] vertretener Auffassung ebenfalls der gesamte Erlös herauszugeben ist. Dies gilt folglich auch in Bezug auf einen etwaigen Veräußerungsgewinn.[319)] Wurde der Gegenstand hingegen unter Wert veräußert, kommen weitergehende Ansprüche gegen die Masse (§§ 55 Abs. 1, 38 InsO) und den Insolvenzverwalter persönlich (§ 60 InsO) in Betracht.[320)]

Praxishinweis

Bei umsatzsteuerpflichtigen Verkäufen ist der Bruttokaufpreisanspruch abzutreten; ist der Kaufpreis jedoch bereits eingezogen und die Umsatzsteuer an das Finanzamt abgeführt, richtet sich der Ersatzaussonderungsanspruch nach § 48 Satz 2 InsO nur noch auf den Nettokaufpreis.[321)]

b) Herausgabe der bereits erbrachten Gegenleistung bei Unterscheidbarkeit

141 Bei bereits erbrachten Gegenleistungen richtet sich der Ersatzaussonderungsanspruch gegen den Insolvenzverwalter auf Herausgabe der Gegenleistung. Dies ist allerdings nur insoweit möglich, als diese in der Masse **„unterscheidbar"** vorhanden ist (vgl. § 48 Satz 2 InsO).

142 Bei **vertretbaren Sachen** fehlt es an einer Unterscheidbarkeit, wenn in der Insolvenzmasse gleichartige Gegenstände vorhanden sind und diese mit dem Ersatzaussonderungsgut vermischt oder vermengt wurden.[322)] An der Ersatzaussonderungsfähigkeit fehlt es jedenfalls dann, wenn die betreffende Sache nicht individualisiert und isoliert werden kann.[323)]

143 Problematisch ist die Unterscheidbarkeit bei **Bargeldleistungen**, bei denen der Barbetrag in die Kasse[324)] des Schuldnerunternehmens geflossen und dort mit anderem Geld vermischt worden ist.[325)] Nach den §§ 947, 948 BGB kann sich in derartigen Fällen ein Miteigentumsanteil des Berechtigten am Gesamtbestand nach dem Verhältnis der Werte, den die Gegenstände zur Zeit der Vermischung bzw. Vermengung hatten, ergeben.[326)] Der übrige Kassenbestand ist insoweit nicht als Hauptsache i. S. des § 947 Abs. 2 BGB anzusehen, weil andernfalls der Regelfall einer Geldvermischung entgegen dem Grundgedanken des Gesetzes gerade in der Insolvenz des Kasseninhabers mit einem dinglichen Rechtsverlust verbunden wäre.[327)] Infolge des Besitzes der Masse an den Gegenständen obliegt es jedoch dem Miteigentümer, den auf ihn entfallenden Anteil der Höhe nach zu

---

318) Vgl. statt vieler BGH, Urt. v. 24.9.1996 – XI ZR 227/95, NJW 1997, 190 = ZIP 1996, 1981; Uhlenbruck-*Brinkmann*, InsO, § 48 Rz. 33.

319) Wurde der Gegenstand hingegen unter Wert veräußert, kommen weitergehende Ansprüche gegen die Masse (§ 55 Abs. 1, § 38 InsO) und den Insolvenzverwalter persönlich (§ 60 InsO) in Betracht.

320) BGH, Urt. v. 8.5.2008 – IX ZR 229/06, Rz. 10, NZI 2008, 426, m. Anm. *de Weerth*, dazu EWiR 2008, 469 *(Gundlach/N. Schmidt)*; BGH, Urt. v. 11.3.1999 – IX ZR 164/98, BGHZ 141, 116 = NJW 1999, 1709, m. Anm. *Krull*, dazu EWiR 1999, 707 *(Canaris)*.

321) BGH, Urt. v. 8.5.2008 – IX ZR 229/06, Rz. 10, NZI 2008, 426, m. Anm. *de Weerth*; BGH, Urt. v. 11.3.1999 – IX ZR 164/98, BGHZ 141, 116 = NJW 1999, 1709, 1710, m. Anm. *Krull*.

322) Uhlenbruck-*Brinkmann*, InsO, § 48 Rz. 35.

323) *Ganter* in: MünchKomm-InsO, § 48 Rz. 55; *Gundlach*, DZWIR 1998, 12; *Gundlach/Frenzel/N. Schmidt*, InVo 2002, 81, 82.

324) Bei Bareinzahlungen auf ein Bankkonto geht ein an dem Geld bestehendes Aussonderungsrecht unter (BGH, Urt. v. 23.9.2010 – IX ZR 212/09, Rz. 14, NZI 2010, 897; BGH, Urt. v. 16.11.2007 – IX ZR 194/04, Rz. 21, BGHZ 174, 228 = NJW 2008, 655, da die Bank das Eigentum an den Banknoten zumindest gutgläubig (§§ 929, 932 BGB) erwirbt; BGH, Urt. v. 8.3.1972 – VIII ZR 40/71, BGHZ 58, 257, 258 = NJW 1972, 872. In Betracht kommt dann lediglich ein Ersatzaussonderungsrecht nach § 48 InsO.

325) Uhlenbruck-*Brinkmann*, InsO, § 48 Rz. 35; *Adolphsen* in: Gottwald/Haas, InsR-Hdb., § 41 Rz. 28; *Gundlach*, DZWIR 1998, 12; *Prütting* in: KPB, InsO, § 48 Rz. 21.

326) *Ganter* in: MünchKomm-InsO, § 48 Rz. 57; *Gundlach/Frenzel/N. Schmidt*, InVo 2002, 81, 83.

327) BGH, Urt. v. 23.9.2010 – IX ZR 212/09, Rz. 13, NZI 2010, 897, 898.

beweisen (vgl. § 1006 BGB); dieser Beweis ist insbesondere bei einer Geldvermengung schwer zu führen.[328)] Mit Blick auf den Regelungszweck des § 48 InsO, eine ungerechtfertigte Bereicherung der Masse zu verhindern, lässt sich eine Ersatzaussonderung ungeachtet der vorstehenden Beweisproblematik allenfalls solange vertreten, wie die Kasse einen den Ersatzaussonderungsbetrag deckenden „Bodensatz" aufweist.[329)]

Eine differenzierte Betrachtung ist beim **bargeldlosen Zahlungsverkehr** erforderlich.[330)] 144
Die Unterscheidbarkeit i. S. von § 48 Satz 2 InsO ist jedenfalls dann gegeben, wenn die Zahlung auf ein Anderkonto des Insolvenzverwalters[331)] oder auf ein seiner Verwaltung unterliegendes Sonderkonto mit Treuhandcharakter im Wege der Banküberweisung vorgenommen worden ist, da der Wert durch den Buchungsbeleg ausreichend identifizierbar ist.[332)] Nach neuerer Rechtsprechung des BGH[333)] kann die Ersatzaussonderung[334)] sogar auch dann verlangt werden, wenn der Erlös aus der Veräußerung massefremder Gegenstände auf ein im Kontokorrent geführtes allgemeines Girokonto des Verwalters gezahlt wurde; in diesem Falle erfasse die Ersatzaussonderung den Erlös bis zur Höhe des in der Zeit danach eingetretenen, niedrigsten Tagessaldos, und zwar unabhängig davon, ob zwischenzeitlich Rechnungsabschlüsse mit Saldoanerkennung stattgefunden haben oder nicht. Zwischenzeitliche Gut- und Lastschriften seien unerheblich, solange ein die Ersatzaussonderungsforderung deckender **„Bodensatz"** auf dem Konto vorhanden sei.[335)] Werde dieser Bodensatz unterschritten, lasse eine spätere Wiederauffüllung des Kontos durch andere Gutschriften den Ersatzaussonderungsanspruch jedoch nicht wieder aufleben;[336)] dabei sei nicht auf die Abschlussstichtage, sondern auf die jeweiligen Tagessalden abzustellen.[337)] Genügt der Tagessaldo nicht zur Befriedigung aller zur Ersatzaussonderung

328) BGH, Urt. v. 23.9.2010 – IX ZR 212/09, Rz. 13, NZI 2010, 897, 898.

329) Uhlenbruck-*Brinkmann*, InsO, § 48 Rz. 35 f.; *Ganter* in: MünchKomm-InsO, § 48 Rz. 57; *Gundlach*, DZWIR 1998, 12, 13, 16.

330) Zum Folgenden: Uhlenbruck-*Brinkmann*, InsO, § 48 Rz. 36.

331) Fließen hingegen im Überweisungsweg Zahlungen von Drittschuldnern zur Tilgung von Forderungen, die der spätere Insolvenzschuldner abgetreten hatte, noch vor Insolvenzeröffnung auf ein Bankkonto des Schuldners, so erwirbt der Zessionar weder ein Recht auf Ersatzaussonderung (§ 48 InsO) oder Ersatzabsonderung (§ 48 InsO analog) noch einen Anspruch wegen rechtsgrundloser Bereicherung der Masse (§ 55 Abs. 1 Nr. 3 InsO), sondern lediglich ein als einfache Insolvenzforderung quotal zu befriedigenden schuldrechtlichen Rückgriffsanspruch aus § 816 Abs. 2 BGB; BGH, Urt. v. 14.5.2009 – IX ZR 63/08, Rz. 31, BGHZ 181, 132 = NZI 2009, 471, 473, m. Anm. *Huber*, dazu EWiR 2009, 579 *(Ch. Keller)*; BGH, Urt. v. 11.5.1989 – IX ZR 222/88, NJW-RR 1989, 1010 = ZIP 1989, 785.

332) BGH, Urt. v. 11.3.1999 – IX ZR 164/98, BGHZ 141, 116 = NJW 1999, 1709, m. Anm. *Krull*, dazu EWiR 1999, 707 *(Canaris)*; *Ganter* in: MünchKomm-InsO, § 48 Rz. 60. Gleiches gilt für die Einziehung der Forderung auf ein offenes Treuhandkonto des Zedenten; der Verstoß gegen die Treuhandabrede, etwa durch Einziehung auf ein allgemeines Geschäftskonto des Zedenten, verhindert hingegen das Entstehen einer insolvenzfesten Rechtsposition des Zessionars und ist deshalb „unberechtigt" i. S. von § 48 InsO, BGH, Urt. v. 21.1.2010 – IX ZR 65/09, Rz. 24, BGHZ 184, 101 = NZI 2010, 339, dazu EWiR 2010, 395 *(Knof)*.

333) BGH, Urt. v. 11.3.1999 – IX ZR 164/98, BGHZ 141, 116 = NJW 1999, 1709, 1710, m. Anm. *Krull*; anders noch BGH, Urt. v. 8.3.1972 – VIII ZR 40/71, BGHZ 58, 257, 260 = NJW 1972, 872.

334) Zur Ersatzabsonderung analog § 48 InsO bei der Einziehung durch den Schuldner sicherungszedierter Forderungen s. BGH, Urt. v. 21.1.2010 – IX ZR 65/09, Rz. 24, BGHZ 184, 101 = NZI 2010, 339.

335) BGH, Urt. v. 11.3.1999 – IX ZR 164/98, BGHZ 141, 116 = NJW 1999, 1709, 1710, m. Anm. *Krull*; ebenso Uhlenbruck-*Brinkmann*, InsO, § 48 Rz. 30; *Adolphsen* in: Gottwald/Haas, InsR-Hdb., § 41 Rz. 28, 33; *Gundlach*, DZWIR 1998, 12, 18; *Prütting* in: KPB, InsO, § 48 Rz. 21; ähnlich auch *Wolff*, ZZP 22 (1896), 207, 241.

336) BGH, Urt. v. 11.3.1999 – IX ZR 164/98, BGHZ 141, 116 = NJW 1999, 1709, m. Anm. *Krull*; *Ganter* in: MünchKomm-InsO, § 48 Rz. 71; *Gundlach*, DZWIR 1998, 12, 18.

337) BGH, Urt. v. 11.3.1999 – IX ZR 164/98, BGHZ 141, 116 = NJW 1999, 1709, m. Anm. *Krull*.

berechtigten Gläubiger aus, so ist nach Auffassung des OLG Köln[338] eine **anteilige Kürzung der Ersatzaussonderungsansprüche** vorzunehmen.

145 Ist die **Gegenleistung untergegangen oder ununterscheidbar** mit anderen Massegegenständen vermengt worden, ist eine Ersatzaussonderung nicht mehr möglich; es kommt dann nur noch ein Masseanspruch des Berechtigten gemäß § 55 Abs. 1 Nr. 1 und 3 InsO oder eine einfache Insolvenzforderung nach § 38 InsO in Betracht.[339]

c) Zweite Ersatzaussonderung bei Weiterveräußerung der erhaltenen Gegenleistung?

146 Von einer zweiten Ersatzaussonderung spricht man dann, wenn die einem Ersatzaussonderungsrecht unterliegende Gegenleistung durch den Insolvenzschuldner oder -verwalter veräußert und von dem Berechtigten die **„Aussonderung des Surrogats des Surrogats"**[340] gefordert wird. Bei der Beurteilung der Zulässigkeit dieser zweiten Ersatzaussonderung ist zwischen Verfügungen des Insolvenzschuldners und denjenigen des Insolvenzverwalters zu unterscheiden:[341]

- **Verfügt der Insolvenzverwalter** oder vorläufige Insolvenzverwalter mit Verfügungsbefugnis (vgl. § 22 Abs. 1 Satz 1 InsO)[342] über die Gegenleistung, so kann der Ersatzaussonderungsberechtigte nach § 48 InsO auch Ersatzaussonderung bezüglich dieser (zweiten) Gegenleistung verlangen.[343] Dass der Insolvenzverwalter materiell-rechtlich als Berechtigter verfügt, ist insoweit unbeachtlich, da i. R. des § 48 InsO eine haftungsrechtliche Betrachtungsweise angezeigt ist, und die Gegenleistung danach ein massefremdes Recht bildet.[344]
- Hat vor der Eröffnung des Insolvenzverfahrens der **Schuldner** über einen Aussonderungsgegenstand und im Anschluss daran erneut über die Gegenleistung **verfügt**, scheidet eine Anwendung des § 48 InsO nach einer Ansicht aus.[345] Für dieses Ergebnis werden in erster Linie „Wertungsgesichtspunkte" bemüht:[346] Es hinge vom Zufall ab, welche Leistungen bei Verfahrenseröffnung noch unterscheidbar in der Masse vorhanden sind. Insofern wäre es willkürlich, gewährte man den Gläubigern, die dieses Glück haben, ein Ersatzaussonderungsrecht, während die anderen lediglich einfache und damit nur quotal zu befriedigende Insolvenzgläubiger wären. Dem ist jedoch zu entgegnen, dass der Wortlaut des § 48 InsO nicht zwischen Verfügungen des Insolvenzverwalters und des Insolvenzschuldners differenziert, sondern diese vielmehr gleichstellt.[347] Auch eine teleologische Reduktion des Gesetzeswortlauts kommt

---

338) OLG Köln, Urt. v. 18.4.2002 –12 U 95/01, ZIP 2002, 947, 950, dazu EWiR 2002, 633 *(Gundlach/ Frenzel)*.

339) BGH, Urt. v. 14.2.1957 – VII ZR 250/56, BGHZ 23, 307, 316 = NJW 1957, 750; *Ganter* in: MünchKomm-InsO, § 48 Rz. 54.

340) Uhlenbruck-*Brinkmann*, InsO, § 48 Rz. 37.

341) Zum Folgenden: Uhlenbruck-*Brinkmann*, InsO, § 48 Rz. 38 und 39.

342) Hier besteht allein der akademische Streit, ob § 48 InsO direkt, so Uhlenbruck-*Brinkmann*, InsO, § 48 Rz. 38, oder analog, so *Prütting* in: KPB, InsO, § 48 Rz. 28, anzuwenden ist, vgl. *Ganter*, NZI 2005, 1, 7.

343) *Gerhardt*, KTS 1990, 1, 1; *Ganter* in: MünchKomm-InsO, § 48 Rz. 74 ff.; *Ganter*, NZI 2005, 1, 7; *Adolphsen* in: Gottwald/Haas, InsR-Hdb., § 41 Rz. 37; a. A. *Scherer*, KTS 2002, 197, 201 ff. Der schuldrechtliche Anspruch des Berechtigten folgt – bei haftungsrechtlicher Betrachtung – entweder aus § 816 Abs. 1 Satz 1 BGB, *Henckel*, JuS 1985, 836, 841, oder aus § 285 Abs. 1 BGB, *Gundlach/Frenzel/Schirrmeister*, KTS 2003, 69, 73.

344) *Gundlach/Frenzel/N. Schmidt*, KTS 2003, 69, 73 f.; *Henckel*, JuS 1985, 836, 841; a. A. *Scherer*, KTS 2002, 197.

345) Uhlenbruck-*Brinkmann*, InsO, § 48 Rz. 39; *Scherer*, KTS 2002, 197, 205.

346) Vgl. Uhlenbruck-*Brinkmann*, InsO, § 48 Rz. 39; *Scherer*, KTS 2002, 197, 205.

347) *Ganter*, NZI 2005, 1, 7.

nicht in Betracht, da die – inhaltlich durchaus überzeugenden – Argumente der Gegenauffassung auch auf die erste Ersatzaussonderung bei Verfügungen des Schuldners zutreffen: Eine (haftungsrechtliche) Privilegierung der ehemals Aussonderungsberechtigten gegenüber sonstigen einfachen Insolvenzgläubigern ist rechtspolitisch verfehlt und vor dem Hintergrund des Gläubigergleichbehandlungsgrundsatzes kaum zu rechtfertigen. Der Gesetzgeber hat sich jedoch für die Einbeziehung von Verfügungen des Schuldners in den Wortlaut des § 48 InsO entschieden – dies ist vom Rechtsanwender zu respektieren. Warum die „Surrogationskette" des § 48 InsO bei Verfügungen des Schuldners lediglich ein Glied haben sollte, ist nicht ersichtlich. Deshalb ist de lege lata eine zweite Ersatzaussonderung auch bei Verfügungen durch den Schuldner möglich.

VI. Aussonderungssperre nach § 135 Abs. 3 InsO

Ein besonderes Augenmerk verdient abschließend die durch Art. 9 Nr. 8 MoMiG vom 23.10.2008[348] mit Wirkung vom 1.11.2008 in das Gesetz aufgenommene Vorschrift des § 135 Abs. 3 InsO.[349] Danach kann ein dem Schuldnerunternehmen durch einen Gesellschafter zum Gebrauch oder zur Ausübung überlassener Gegenstand während der Dauer des Insolvenzverfahrens, höchstens aber für eine Zeit von einem Jahr ab der Eröffnung des Insolvenzverfahrens nicht ausgesondert werden, wenn der Gegenstand für die Fortführung des Unternehmens des Schuldners von erheblicher Bedeutung ist (vgl. § 135 Abs. 3 Satz 1 InsO). Dem Aussonderungsberechtigten steht während dieser Zeit lediglich ein als Masseverbindlichkeit[350] zu befriedigender Nutzungsersatzanspruch nach Maßgabe des § 135 Abs. 3 Satz 2 InsO zu. Dadurch soll – in Anlehnung an § 26a österreichische KO und die Rechtsprechung zur eigenkapitalersetzenden Nutzungsüberlassung[351] – sichergestellt werden, dass der Zweck des Insolvenzverfahrens[352] nicht dadurch unterlaufen wird, dass der Masse für die Unternehmensfortführung wesentliche Gegenstände entzogen werden.[353] 147

C. Absonderung

I. Überblick

1. Begriff und Zweck

Im Unterschied zu Aussonderungsrechten gewähren die in §§ 49–51 InsO geregelten Absonderungsrechte ihrem Inhaber **einen insolvenzfesten Anspruch auf vorzugsweise Befriedigung** aus einem massezugehörigen Gegenstand.[354] Mit der Aussonderung hingegen kann die Nichtzugehörigkeit eines Gegenstands zur Insolvenzmasse geltend gemacht werden, so dass diese vielmehr der Trennung der Vermögensmassen dient. Dieser Unterschied gewinnt insbesondere bei der späteren Verwertung an Bedeutung, weil diese im Falle eines Absonderungsrechts nach § 166 InsO dem Insolvenzverwalter zugewiesen sein kann. Unter den Voraussetzungen der §§ 170, 171 InsO ist der Insolvenzverwalter ferner 148

348) Gesetz zur Modernisierung des GmbH-Rechts und zur Bekämpfung von Missbräuchen (MoMiG), v. 23.10.2008, BGBl. I 2008, 2026.

349) Dazu ausführlich Uhlenbruck-*Hirte*, InsO, § 135 Rz. 21 ff. m. w. N.

350) Uhlenbruck-*Hirte*, InsO, § 135 Rz. 27; vgl. auch Beschlussempfelung und Bericht d. RA z. MoMiG, BT-Drucks. 16/9737, S. 59.

351) Grundlegend BGH, Urt. v. 16.10.1989 – II ZR 307/88, BGHZ 109, 55 ff. = NJW 1990, 516 – zu § 32a GmbHG a. F.

352) Neben der bestmöglichen Gläubigerbefriedigung ist auch der Erhalt des Unternehmens Ziel des Insolvenzverfahrens, vgl. § 1 Satz 1 InsO.

353) Uhlenbruck-*Hirte*, InsO, § 135 Rz. 21.

354) BFH, Urt. v. 7.7.2020 – X R 13/19, Rz. 15, ZRI 2021, 38 = ZVI 2021, 24 = NZI 2020, 1119, m. Anm. *Schmittmann*.

berechtigt, Kostenbeiträge zu erheben und diese aus dem Verwertungserlös vorrangig zugunsten der Insolvenzmasse in Abzug zu bringen. Darüber hinaus steht dem Verwalter nach den §§ 166 ff. InsO das Besitzrecht an den mit einem Absonderungsrecht belasteten Gegenständen zu. Vermögensgegenstände, bezüglich derer ein Absonderungsrecht besteht, sind somit **Bestandteil der Insolvenzmasse.** Die Unterscheidung zwischen Aus- und Absonderungsrechten ist jedoch nicht immer unproblematisch.[355)]

149 Die Rechtsstellung des absonderungsberechtigten Gläubigers richtet sich gemäß § 52 InsO nach dem sog. **Ausfallprinzip**, sofern der Inhaber des Absonderungsrechts zugleich Insolvenzgläubiger nach § 38 InsO ist. Danach kann der Gläubiger seine gesamte Forderung zur Tabelle anmelden und feststellen lassen, jedoch nach § 52 Satz 2 Alt. 2 InsO nur insofern Befriedigung aus der Insolvenzmasse verlangen, als er bei der Verwertung seines Absonderungsrechts ausfällt. Unterlässt er hingegen die Anmeldung seiner persönlichen Forderung zur Insolvenztabelle ganz – etwa weil sie durch den Verwertungserlös des belasteten Gegenstands vollständig gedeckt wird – oder verzichtet er auf sein Absonderungsrecht,[356)] so geht seine materiell-rechtliche **Doppelstellung** als persönlicher Gläubiger und dinglicher Berechtigter mit der Folge unter, dass er lediglich Befriedigung hinsichtlich des verbleibenden Anspruchs erlangen kann. Das Ausfallprinzip schließt damit eine Überprivilegierung des Gläubigers aus, wie sie bestünde, könnte der Gläubiger trotz teilweiser Befriedigung aufgrund des Absonderungsrechts auf seine ungekürzte Forderung die Quote verlangen. Verfügt der Insolvenzgläubiger dagegen über eine von dritter Seite gewährte Sicherheit, etwa eine Grundschuld, ein Pfandrecht oder eine Bürgschaft, hindert ihn das – solange er nicht vollständig befriedigt ist – nicht an der Anmeldung seiner vollen Forderung;[357)] der Dritte ist aber mit seinem Rückgriffsanspruch durch § 44 InsO beschränkt, um eine **Doppelbelastung** der Mitgläubiger **zu verhindern.**

150 **Haftet der Insolvenzschuldner nicht zugleich persönlich**, sondern ist nur Inhaber des belasteten Rechts, ist der Gläubiger nicht Insolvenzgläubiger und daher auf die Befriedigung aus dem Absonderungsrecht beschränkt.[358)] Haften zwei Schuldner **gesamtschuldnerisch** und hat einer von ihnen eine Sicherheit gestellt, gilt in der Insolvenz des Sicherungsgebers das Ausfallprinzip des § 52 Satz 2 InsO, doch kann die Forderung in der Insolvenz des anderen Gesamtschuldners ungekürzt geltend gemacht werden **(Kumulationsprinzip des § 43 InsO)**.[359)]

151 Absonderungsberechtigte, denen der Schuldner auch persönlich haftet, sind ohne Unterscheidung des gesicherten und des ungesicherten Forderungsteils Insolvenzgläubiger (§ 52 Satz 1 InsO) und damit zur Teilnahme an der **Gläubigerversammlung** bzw. zur Teilnahme an einem **(vorläufigen) Gläubigerausschuss** berechtigt (§§ 74 Abs. 1, 67 Abs. 2 InsO und §§ 22a, 21 Abs. 2 Nr. 1a InsO). Dort sind sie stimmberechtigt (§ 77 Abs. 3 Nr. 2 i. V. mit Abs. 2 InsO). Daneben kommt den absonderungsberechtigten Gläubigern besondere Bedeutung i. R. der Aufstellung von Insolvenzplänen über die Regelung des § 222 Abs. 1 Nr. 1 InsO zu, wonach für diese eine **eigene Gruppe** zu bilden ist, sofern in deren Rechte eingegriffen wird. Ferner können besondere Hinweispflichten nach § 223

---

355) Vgl. etwa BGH, Urt. v. 27.3.2008 – IX ZR 220/05, BGHZ 176, 86 = NZI 2008, 357, dazu EWiR 2008, 439 *(Mitlehner)*.

356) Zu den Anforderungen an die Form eines Verzichts des Grundschuldgläubigers auf ein Absonderungsrecht s. BGH, Beschl. v. 2.12.2010 – IX ZB 61/09, BeckRS 2011, 251 = WM 2011, 133, dazu EWiR 2011, 193 *(Kesseler)*; BGH, Urt. v. 9.3.2017 – IX ZR 177/15, NZI 2017, 345, dazu EWiR 2017, 307 *(Bremen)*.

357) *Bornemann* in: FK-InsO, § 43 Rz. 5, 19.

358) *Ganter* in: MünchKomm-InsO, Vor §§ 49–52 Rz. 54.

359) Jaeger-*Henckel*, InsO, § 43 Rz. 31.

Abs. 2 InsO bestehen. Aussonderungsberechtigte Gläubiger hingegen nehmen grundsätzlich nicht teil.

Gemäß § 170 Abs. 1 InsO ist dem absonderungsberechtigten Gläubiger der durch die Verwertung erzielte Erlös abzüglich der gesetzlichen Kostenbeiträge in voller Höhe zur Befriedigung seiner gesicherten Forderung zur Verfügung zu stellen. Diese betragen: **152**

- pauschal 4 % des Werts mithaftender Mobilien bei den Immobiliarsicherheiten (§ 10 Abs. 1 Nr. 1a ZVG),
- pauschal 4 % des Verwertungserlöses für die Feststellung (§§ 170 Abs. 1 und 2, 171 Abs. 1 InsO),
- pauschal 5 % des Verwertungserlöses für die Kosten der Verwertung bzw. bei einer erheblichen Abweichung hiervon die tatsächlichen Kosten (§§ 170 Abs. 1 und 2, 171 Abs. 2 Satz 1 und 2 InsO),
- und die bei der Verwertung etwa anfallende und die Masse belastende Umsatzsteuer (§§ 170 Abs. 2, 171 Abs. 2 Satz 3 InsO) bei Mobiliarsicherheiten.

Praxishinweis

Zu beachten ist, dass die Verpflichtung zur Erstattung der Umsatzsteuer gemäß § 171 Abs. 2 Satz 3 InsO nur dann besteht, soweit es sich um die Verwertung **beweglicher Gegenstände** handelt. Die Belastung der Masse mit Umsatzsteuer aus der Verwertung **unbeweglicher Gegenstände** wird hingegen von der InsO nicht gesondert geregelt.[360)]

Gemäß § 170 Abs. 1 Satz 2 InsO ist der absonderungsberechtigte Gläubiger schließlich aus dem Verwertungserlös nach Abzug der Kosten unverzüglich zu befriedigen. Dieser Anspruch auf Erlösauskehr bietet dem Gläubiger im Unterschied zu den gemäß § 55 Abs. 1 Nr. 1 und 3 InsO als Masseverbindlichkeit ausgestalteten Ansprüchen aufgrund von Verwertungshandlungen des Verwalters bzw. aufgrund einer ungerechtfertigten Bereicherung der Masse den Vorteil, dass sich das Sicherungsrecht des Gläubigers nach der Verwertung zunächst mittels **dinglicher Surrogation** am Erlös fortsetzt.[361)] Trotz zwischenzeitlich eingetretener Masseinsuffizienz gemäß § 208 InsO besteht das Recht auf Erlösauskehr damit im Gegensatz zu den nunmehr lediglich noch nach § 209 Abs. 1 Nr. 3 InsO zu befriedigenden Masseverbindlichkeiten solange fort, bis der Verwertungserlös ununterscheidbar in der Masse aufgegangen ist.[362)] **153**

Führt der Insolvenzverwalter den Erlös einer Verwertung absonderungsrechtsbehangener Vermögensgegenstände der Insolvenzmasse zu statt die absonderungsberechtigten Gläubiger zu befriedigen, macht er sich u. U. schadenersatzpflichtig. Entstanden ist der Schaden bereits in dem Zeitpunkt, in dem er den Erlös der Insolvenzmasse zuführt (und nicht erst die spätere Masseunzulänglichkeit.[363)] **154**

2. Grundlage und Entstehung von Absonderungsrechten

Grundlage der unterschiedlichen dinglichen Rechte, welche dem Gläubiger im Falle der Insolvenz des Schuldners ein Absonderungsrecht gewähren, bildet der numerus clausus des Sachenrechts. Die Regelungen zur Absonderung stellen insofern keinen abschließenden Katalog der Absonderungsrechte dar. Weitere Absonderungsrechte können aber nur durch **155**

360) Uhlenbruck-*Sinz*, InsO, § 171 Rz. 16.

361) BGH, Urt. v. 11.12.2008 – IX ZR 194/07, NJW-RR 2009, 340 = NZI 2009, 165, dazu EWiR 2009, 387 *(Weiß)*.

362) Ausführlich dazu: *Ganter/Bitter*, ZIP 2005, 93, 98.

363) AG Dortmund, Urt. v. 29.10.2018 – 410 C 7987/17, Rz. 124, BeckRS 2018, 28546 = ZIP 2019, 630.

Gesetz oder Gewohnheitsrecht geschaffen werden.[364] Eine Vereinbarung dahingehend zu treffen, dass ein Recht, das nicht zum gesetzlich festgelegten Kreis der Absonderungsrechte gehört, nach Eintritt der Insolvenz zur abgesonderten Befriedigung berechtigen soll, ist nicht möglich. Jedoch kann selbstverständlich ein Recht, welches kraft Gesetzes in einer späteren Insolvenz zur Absonderung berechtigt, vorher vertraglich anerkannt werden.[365]

156 Absonderungsrechte können hinsichtlich ihrer Grundlage unterteilt werden in **dingliche Rechte, insolvenzfeste Zurückbehaltungsrechte** oder **gesetzliche Sonderregelungen.** Diese wiederum lassen sich unterteilen nach dem Gegenstand des Absonderungsrechts (**beweglich** oder **unbeweglich**). Schließlich lässt sich weiter untergliedern nach der Entstehungsform **(Rechtsgeschäft, Zwangsvollstreckung, kraft Gesetzes)**. Diese Überlegung erlaubt folgende Übersicht:

(1) Absonderungsrechte kraft dinglichen Rechts:

- An unbeweglichen Gegenständen (§ 49 InsO),
  - aufgrund rechtsgeschäftlicher Bestellung,
  - aufgrund Zwangshypothek[366],
  - aufgrund sonstiger gesetzlicher Grundlagen der Rangklassen des § 10 Abs. 1 ZVG.
- An beweglichen Gegenständen,
  - aufgrund Rechtsgeschäfts,
  - aufgrund Pfandrechts (§ 50 Abs. 1 Var. 1 InsO),
  - augfrund Sicherungsübertragung (§ 51 Nr. 1 InsO),
  - aufgrund Pfändungspfandrechts (§ 50 Abs. 1 Var. 2 InsO),
  - aufgrund gesetzlichen Pfandrechts (§ 50 Abs. 1 Var. 3 InsO).

(2) Absonderungsrechte **aufgrund eines Zurückbehaltungsrechts** (ZBR) bestehen lediglich in den Fällen ausdrücklicher gesetzlicher Anordnung, da das allgemeine Zurückbehaltungsrecht des § 273 Abs. 1 BGB zugunsten bloßer Insolvenzgläubiger innerhalb der Insolvenz ohne Wirkung ist.[367] In Betracht kommen:

- ZBR wegen Verwendungsersatzanspruch bis zum noch vorhandenen Vorteil (§ 51 Nr. 2 InsO),
- ZBR nach HGB (§ 51 Nr. 3 InsO),
- ZBR des Versicherungsnehmers in der Insolvenz des Versicherten (§ 46 VVG).

(3) **Andere gesetzliche** Absonderungs- bzw. Vorzugsrechte ohne dingliche Berechtigung gelten

- zugunsten von Abgabengläubigern (§ 51 Nr. 4 InsO),
- zugunsten von Gläubigern, die mit dem Schuldner in einer Gemeinschaft oder Gesellschaft ohne Rechtspersönlichkeit verbunden waren, wegen Ansprüchen aus

364) *Ganter* in: MünchKomm-InsO, Vor §§ 49–52 Rz. 13.

365) *Ganter* in: MünchKomm-InsO, Vor §§ 49–52 Rz. 14.

366) BGH, Urt. v. 10.12.2020 – IX ZR 24/20, Rz. 3, ZVI 2021, 142 = ZIP 2021, 380.

367) BGH, Urt. v. 2.12.2004 – IX ZR 200/03, BGHZ 161, 241 = NZI 2005, 157, dazu EWiR 2005, 565 *(Naraschewski)*; BGH, Urt. v. 7.3.2002 – IX ZR 457/99, BGHZ 150, 138 = NJW 2002, 2313; die Auffassung von *Marotzke*, Gegenseitige Verträge im neuen InsolvenzR, Rz. 2.50, 2.63, 2.70 f., ein Zurückbehaltungsrecht nach § 273 Abs. 1 BGB sei insolvenzfest, soweit es sich auf eine noch nicht zur Insolvenzmasse gehörende Sache des anderen Teils bezieht, konnte der BGH hier dahinstehen lassen.

diesem Rechtsverhältnis am Auseinandersetzungsanteil des Schuldners (§ 84 Abs. 1 Satz 2 InsO),

- zugunsten des Geschädigten in der Insolvenz des haftpflichtversicherten Versicherungsnehmers (§ 110 VVG),

3. Insolvenzrechtliche Wirksamkeitsschranken

Erforderlich für die Begründung des Absonderungsrechts ist einerseits die wirksame Entstehung des der Absonderung zugrunde liegenden materiellen Rechts des Gläubigers – im Hinblick auf den Entstehungszeitpunkt also die Vollendung des Erwerbstatbestands.[368)] Hierfür ist die Erfüllung sämtlicher materiell-rechtlicher Tatbestandsmerkmale,[369)] etwa die Eintragung des Grundpfandrechts, soweit nicht eine denselben Schutz vermittelnde Vormerkung zur Eintragung gelangt, die Übergabe der Pfandsache, das Entstehen der ein handelsrechtliches Zurückbehaltungsrecht eröffnenden Gegenforderung oder der wirksame Vollstreckungszugriff, Voraussetzung. Andererseits erfordert das Absonderungsrecht die Erfüllung sämtlicher tatbestandlicher Voraussetzungen gemäß §§ 49 ff. InsO.[370)] Darüber hinaus sieht die InsO jedoch verschiedene – insbesondere der Gläubigergleichbehandlung dienende – Einschränkungen hinsichtlich der wirksamen Entstehung des Absonderungsrechts bzw. dessen Rückabwicklung vor, welche sich an dem **Entstehungszeitpunkt** des zur Absonderung berechtigenden materiellen Rechts – also der Vollendung des Erwerbstatbestands[371)] – orientieren. In zeitlicher Reihenfolge sind folgende Zeitpunkte von besonderer Bedeutung: 157

a) Insolvenzeröffnung

Wesentliche Zäsurwirkung kommt zunächst **§ 91 Abs. 1 InsO** zu, wonach Rechte an den Gegenständen der Insolvenzmasse nach der Eröffnung des Insolvenzverfahrens nicht mehr wirksam erworben werden können. Lediglich Ausnahmefälle nach § 91 Abs. 2 InsO bleiben hiervon unberührt. Für den Zeitpunkt des Rechtserwerbs ist danach entscheidend, dass der gesamte Erwerbstatbestand noch vor Eröffnung des Insolvenzverfahrens vollendet wurde.[372)] 158

b) Rückschlagsperre

Ohne das Vorliegen weiterer besonderer Tatbestandsvoraussetzungen verlagert die in **§ 88 Abs. 1 InsO** geregelte **Rückschlagsperre**, nach der **durch eine Zwangsvollstreckung** erlangte **Sicherungen** innerhalb eines Monats vor und nach dem Antrag auf Eröffnung des Insolvenzverfahrens für unwirksam erklärt werden, den kritischen Erwerbszeitpunkt weiter vor. Diese Vorschrift hindert jedoch lediglich die Entstehung neuer Sicherungen ab diesem Zeitpunkt, nicht hingegen die Fortsetzung der Vollstreckung aufgrund einer bereits zuvor erlangten Sicherung. 159

Ob die Sicherung innerhalb der von § 88 InsO normierten Frist erlangt ist, bestimmt sich nach den für die Wirksamkeit der Zwangsvollstreckungsmaßnahme geltenden Verfahrensregeln. **Maßgeblicher Zeitpunkt** ist auch hier die Vollendung des Tatbestands, der zur Sicherung der Einzelzwangsvollstreckungsmaßnahme führt, da es auf den Erwerbs- 160

---

368) Uhlenbruck-*Mock*, InsO, § 91 Rz. 7.

369) *Lüke* in: KPB, InsO, § 91 Rz. 13.

370) Vgl. hierzu die Ausführungen zum jeweiligen Absonderungsrecht.

371) Uhlenbruck-*Mock*, InsO, § 91 Rz. 7.

372) BGH, Urt. v. 14.12.2006 – IX ZR 102/03, BGHZ 170, 196 = NJW 2007, 1588, dazu EWiR 2007, 185 *(Gundlach/Frenzel)*.

zeitpunkt und nicht auf den Zeitpunkt der Vollstreckungshandlung ankommt.[373] Bei der **Sachpfändung** etwa entscheidet die Ingewahrsamnahme der Sache gemäß § 808 Abs. 1 ZPO durch den Gerichtsvollzieher über den Zeitpunkt der Erlangung der Sicherung, bei der **Pfändung von Forderungen** hingegen erst die Zustellung an den Drittschuldner gemäß § 829 Abs. 2 Satz 1, Abs. 3, § 846 ZPO.[374] Bei der Pfändung **künftiger Forderungen** kommt es auf den Zeitpunkt der Entstehung derselben an (daher ist etwa bei einer Kontenpfändung auf den Zeitpunkt der Gutschrift abzustellen),[375] bei der Pfändung der **Ansprüche aus einer offenen Kreditlinie** auf den Zeitpunkt des Abrufs des Kreditbetrags durch den Schuldner.[376] Bei der Erlangung einer Zwangshypothek ist hingegen der Zeitpunkt der Eintragung im Grundbuch maßgeblich, nicht dagegen der Eintragungsantrag, da es bei der Erlangung von Sicherungen weder auf Gutgläubigkeit noch auf eine positive Kenntnis der Krise oder eine Antragstellung ankommt.[377] Bei einem **Arrest** ist der Zeitpunkt der Vollziehung gemäß § 930 ZPO entscheidend, wobei die Sicherung auch dann entsteht, wenn der Arrest noch vor Zustellung des Arrestbefehls vollzogen und die Zustellung innerhalb der Frist des § 929 Abs. 3 ZPO nachgeholt wird.[378]

161 Flankiert werden diese Regelungen darüber hinaus durch § 110 Abs. 2 Satz 2, Abs. 1 Satz 2 InsO, welcher die **Pfändung von Miet- oder Pachtforderungen** spätestens ab dem zweiten Monat nach Verfahrenseröffnung für unzulässig erklärt und somit zunächst § 91 InsO überwindet. Da die Rückschlagsperre gemäß § 88 InsO jedoch **neben** § 110 Abs. 1 Satz 1, 2 InsO anwendbar ist, ist eine wirksame Pfändung von Miet- oder Pachtzinsforderungen für die Zeit nach Eröffnung des Insolvenzverfahrens nur möglich, sofern die Pfändung außerhalb des Zeitraums von einem Monat vor dem Antrag auf Eröffnung des Insolvenzverfahrens erfolgte.[379] Ausnahmen bestehen nur dann, wenn die Miete im Wege der Zwangsverwaltung nach § 152 ZVG durch den Zwangsverwalter eingezogen wird, da es sich insofern nicht um eine Verfügung i. S. des § 110 InsO handelt,[380] weil der absonderungsberechtigte Grundpfandgläubiger gemäß § 49 InsO zur Durchsetzung seiner Ansprüche gerade auf den Weg der Zwangsverwaltung bzw. -versteigerung angewiesen ist.

162 Schließlich sind Zwangsvollstreckungsmaßnahmen von Insolvenzgläubigern auch während der Dauer des Insolvenzverfahrens unzulässig (§ 89 InsO).

c) Anordnung von Sicherungsmaßnahmen

163 Der Schutz der Insolvenzmasse wird durch die Regelungen des **§ 21 Abs. 2 Satz 1 Nr. 3 InsO** erweitert, durch die das Insolvenzgericht Maßnahmen der Zwangsvollstreckung gegen den Schuldner untersagen oder einstweilen einstellen kann, da die Stellung eines In-

373) *Wimme/Amend* in: FK-InsO, § 88 Rz. 29.

374) Bei der Pfändung anderer Vermögensrechte soll es auf die Zustellung an den Schuldner oder den Drittschuldner ankommen; Uhlenbruck-*Mock*, InsO, § 88 Rz. 30 f.

375) BFH, Urt. v. 12.4.2005 – VII R 7/03, BFHE 209, 34 = NZI 2005, 569; BGH, Urt. v. 20.3.2003 – IX ZR 166/02, NZI 2003, 320, m. Anm. *Gundlach*/Schirrmeister, dazu EWiR 2003, 533 *(Hölzle)*; vgl. zuletzt BGH, Urt. v. 22.4.2010 – IX ZR 8/07, NZI 2010, 682 m. w. N.

376) BGH, Urt. v. 22.1.2004 – IX ZR 39/03, BGHZ 157, 350 = NJW 2004, 1444.

377) Streitig OLG Köln, Beschl. v. 14.7.2010 – 2 Wx 86/10, ZIP 2010, 1763, 1764; LG Berlin, Beschl. v. 25.9.2001 – 86 T 581/01, 582/01, ZIP 2001, 2293; *Breuer/Flöther* in: MünchKomm-InsO, § 88 Rz. 31; a. A. *Wimmer/Amend* in: FK-InsO, § 88 Rz. 29 f.; *Lüke* in: KPB, InsO, § 88 Rz. 17; eine nach § 88 InsO unwirksame Zwangssicherungshypothek erlischt, vgl. BGH, Beschl. v. 12.7.2012 – V ZB 219/11, BGHZ 194, 60 = NZM 2013, 94, dazu EWiR 2012, 631 *(Eckardt)*.

378) *Breuer/Flöther* in: MünchKomm-InsO, § 88 Rz. 30.

379) Streitig *Eckert/J. F. Hoffmann* in: MünchKomm-InsO, § 110 Rz. 20; Uhlenbruck-*Wegener*, InsO, § 110 Rz. 11; *Kayser* in: HK-InsO, § 88 Rz. 9; a. A. *Marotzke* in: HK-InsO, § 110 Rz. 12.

380) BGH, Beschl., v. 13.7.2006 – IX ZB 301/04, BGHZ 168, 339 = NZI 2006, 577, m. Anm. *Stapper/Schädlich*, dazu EWiR 2007, 281 *(Freudenberg)*.

solvenzantrags ebenso wie die Bestellung eines vorläufigen Insolvenzverwalters zunächst die Zulässigkeit von Zwangsvollstreckungsmaßnahmen unberührt lässt.[381)] Die sich lediglich **auf bewegliche Gegenstände** beziehende Vorschrift geht weiter als § 88 InsO, da hierdurch auch bereits anhängige Vollstreckungsmaßnahmen einstweilen eingestellt werden können, um das Ziel einer möglichst effektiven Verfahrensgestaltung durch die Verhinderung eines vorzeitigen Auseinanderreißens der einzelnen Vermögensgegenstände des Schuldners zu fördern, und eine weitere Blockierung der schuldnerischen Aktiva – im Interesse einer bestmöglichen Betriebsfortführung – zu verhindern. Darüber hinaus wird eine Vorwegnahme der Hauptsache – die nach Verfahrenseröffnung ausschließlich in der Kompetenz des Insolvenzverwalters liegt – im Eröffnungsverfahren verhindert (bspw. die Vollstreckung von Herausgabeansprüchen oder die Verwertung von mit Absonderungsrechten belasteten Gegenständen).[382)] Neben der Einstellung der Zwangsvollstreckungsmaßnahmen wird so auch der Erwerb eines **Pfändungspfandrechts** ausgeschlossen.[383)]

Praxishinweis

Da nach einer solchen Anordnung zwar kein Pfändungspfandrecht mehr entstehen, wohl aber noch die öffentlich-rechtliche Verstrickung eintreten kann, wäre eine gleichwohl erfolgende Maßnahme nach § 766 ZPO im Wege der **Erinnerung** zu rügen, da diese somit nicht nichtig wäre.

Ob analog § 89 Abs. 3 InsO das Insolvenzgericht oder aber gemäß § 766 Abs. 1 Satz 1 ZPO das Vollstreckungsgericht zuständig ist, ist umstritten.[384)] Somit wird der Vollstreckungsschutz des § 89 InsO in das Insolvenzeröffnungsverfahren vorverlagert.[385)] Die **Wirksamkeit** des Rechtserwerbs bereits begonnener Vollstreckungsmaßnahmen wird hingegen nicht berührt. **164**

Hat der Gläubiger bereits vor einer Anordnung nach § 21 InsO ein Pfändungspfandrecht erlangt, ergeht nunmehr jedoch eine Anordnung nach § 21 Abs. 2 Satz 1 Nr. 3 InsO, durch die die Realisierung des Herausgabeanspruchs[386)] und die Verwertung verhindert wird, so ist der Gläubiger für die Dauer der Suspendierung der Vollstreckung, frühestens jedoch drei Monate nach der Anordnung, auf einen **Ersatzanspruch** nach § 169 Satz 2, § 172 InsO verwiesen (siehe hierzu Rz. 370 ff.). **165**

Für die Fälle der Zwangsvollstreckung in das unbewegliche Vermögen regelt § 30d Abs. 4 ZVG die Möglichkeit der einstweiligen Einstellung des Zwangsversteigerungsverfahrens zur Verhütung nachteiliger Veränderungen der Vermögenslage des Schuldners. **166**

Darüberhinausgehend verlagert eine Anordnung nach § 21 Abs. 2 Satz 1 Nr. 2 InsO das **allgemeine Verfügungsverbot** nach §§ 81, 82 InsO gemäß § 24 Abs. 1 InsO auf den Zeitraum des vorläufigen Insolvenzverfahrens mit der Folge vor, dass bereits mit einer solchen Anordnung Verfügungen des Schuldners unwirksam werden. **167**

---

381) LG Tübingen, Beschl. v. 23.11.1999 – 5 T 365/99, DGVZ 2000, 39.

382) *Haarmeyer/Schildt* in: MünchKomm-InsO, § 21 Rz. 72; Nerlich/Römermann-*Mönning*, InsO, § 21 Rz. 200 f.

383) BGH, Urt. v. 20.3.2008 – IX ZR 2/07, NZI 2008, 363 = ZIP 2008, 796.

384) AG Göttingen, Beschl. v. 14.8.2003 – 74 AR 16/03, NZI 2003, 612; *Haarmeyer/Schildt* in: MünchKomm-InsO, § 21 Rz. 75 m. w. N.; für die Zuständigkeit des Vollstreckungsgerichts AG Dresden, Beschl. v. 6.2.2004 – 532 IN 3310/03, ZIP 2004, 778, dazu EWiR 2004, 345 *(Fuchs)*; AG Rostock, Beschl. v. 10.1.2000 – 64 M 6512/99, NZI 2000, 142; AG Köln, Beschl. v. 23.6.1999 – 73 IK 1/99, NZI 1999, 381.

385) Uhlenbruck-*Vallender*, InsO, § 21 Rz. 26a.

386) BGH, Urt. v. 3.12.2009 – IX ZR 7/09, BGHZ 183, 269 = NZI 2010, 95, 98; *Gundlach/Schirrmeister*, NZI 2010, 176.

d) Insolvenzanfechtung

168 Weitergehenden Schutz der Insolvenzmasse gewähren schließlich die Vorschriften der Insolvenzanfechtung gemäß §§ 129 ff. InsO. Durch das abgestufte System dieser Vorschriften droht dem Insolvenzgläubiger ein bereicherungsrechtlicher Rückforderungsanspruch gemäß § 143 Abs. 1 InsO für einen Zeitraum von bis zu zehn Jahren vor dem Antrag auf Eröffnung des Insolvenzverfahrens (vgl. § 133 Abs. 1 InsO).

169 Ein in anfechtbarer Weise erlangtes Absonderungsrecht ist dabei je nach Fallkonstellation im Wege der **Einrede** (vgl. § 146 Abs. 2 InsO), etwa gegen den Anspruch des Gläubigers auf Erlösauskehr nach § 170 Abs. 1 Satz 2 InsO, oder durch Klage auf **Herausgabe des Erlangten** geltend zu machen.

e) Ausnahmen

170 Gleichwohl ist der Erwerb eines Absonderungsrechts auch nach Verfahrenseröffnung nicht gänzlich ausgeschlossen. Einerseits folgt dies aus einer Analogie zu § 48 Satz 1 InsO, welcher den absonderungsberechtigten Gläubigern ein sog. **Ersatzabsonderungsrecht** gewährt. Andererseits kann der Insolvenzverwalter auch neue Sicherheiten an dem schuldnerischen Vermögen bestellen, etwa zur Finanzierung des Geschäftsbetriebs i. R. des eröffneten Insolvenzverfahrens.

4. Umfang des Absonderungsrechts

171 Neben der **Hauptforderung** sichert das Absonderungsrecht auch **Nebenforderungen**, die erst nach Verfahrenseröffnung entstehen, wie z. B. im Laufe des Insolvenzverfahrens anfallende Zinsen und Kosten.[387)] Die §§ 49 ff. InsO verdrängen insoweit § 39 Abs. 1 Nr. 1 InsO, welcher grundsätzlich während des Verfahrens anfallende Zinsen zu nachrangigen Insolvenzforderungen erklärt.[388)]

172 Umstritten und – soweit ersichtlich – noch nicht höchstrichterlich entschieden ist schließlich das Verhältnis von § 36 Abs. 1 InsO zur abgesonderten Befriedigung und dort insbesondere dem durch die Sicherungsübereignung begründeten Absonderungsrecht des § 51 Nr. 1 Alt. 1 InsO. In diesem Spannungsverhältnis stellt sich die Frage, ob Gegenstände, die an sich **unpfändbar** sind, etwa weil sie dem Schuldner i. R. seiner Selbständigkeit zum Erwerb dienen und sich demnach die Unpfändbarkeit aus § 811 Abs. 1 Nr. 1 lit. b ZPO ergibt, dennoch im eröffneten Insolvenzverfahren zur Masse gehören, weil sie mit einem Absonderungsrecht belastet sind und durch den Insolvenzverwalter verwertet werden dürfen. Die Frage geht zurück auf den Gedanken, dass an sich unpfändbare Gegenstände aufgrund eines Verzichts des Schuldners auf diesen Schutz pfändbar werden können.[389)] Das wird im Hinblick darauf, dass der Pfändungsschutz auch im Interesse der Öffentlichkeit liegt, bezweifelt, da man den Schuldner über fremde Interessen disponieren ließe.[390)] Andere schließen eine Dispositionsbefugnis der Parteien nicht schlechthin aus.[391)]

387) BGH, Urt. v. 17.7.2008 – IX ZR 132/07, NJW 2008, 3064, dazu EWiR 2009, 89 *(Gundlach/Frenzel)*; *Lohmann* in: HK-InsO, § 50 Rz. 32.

388) *Ganter* in: MünchKomm-InsO, Vor §§ 49–52 Rz. 59c.

389) AG Köln, Beschl. v. 14.4.2003 – 71 IN 25/02, NJW-RR 2003, 987 = NZI 2003, 387.

390) RG, Urt. v. 19.11.1909 – Rep. III. 566/08, RGZ 72, 181; RG, JW 1933, 535; BayObLG, Beschl. v. 19.6.1950 – Nr. II a 2/1950, NJW 1950, 697; OLG Frankfurt/M., Beschl. v. 2.12.1952 – 6 W 581/52, NJW 1953, 1835; LG Berlin, Beschl. v. 24.10.1952 – 23 T 1800-S2, DGVZ 1953, 118.

391) OLG Bamberg, Urt. v. 18.4.1980 – 6 U 4/80, MDR 1981, 50, 51; OLG Frankfurt/M., Urt. v. 9.3.1972 – 12 U 90/71, NJW 1973, 104; AG Köln, Beschl. v. 14.4.2003 – 71 IN 25/02, NJW-RR 2003, 987 = NZI 2003, 387.

Für das Insolvenzverfahren ist jedoch zu beachten, dass ein Verzicht aufgrund einer Sicherungsübereignung (sollte man hierin einen solchen erblicken) lediglich das **Verhältnis zwischen Schuldner und Sicherungsnehmer** beträfe, nicht jedoch das zum Insolvenzverwalter. Für die Massezugehörigkeit wäre jedoch die Pfändbarkeit des Gegenstands für sämtliche Gläubiger erforderlich.[392)] Richtigerweise dürften somit Vereinbarungen vor Insolvenzeröffnung nicht zu einer späteren Massezugehörigkeit des Gegenstands führen, zumal dem Schuldner regelmäßig die Tragweite einer solchen Erklärung mit Blick auf das Insolvenzverfahren nicht klar sein dürfte.[393)] In der Konsequenz scheidet hierdurch ein Absonderungsrecht zunächst aus, da dieses nur an Gegenständen der Insolvenzmasse entsteht; vgl. §§ 36 Abs. 1, 50 Abs. 1, 51 Nr. 1 InsO. Problematisch dürfte sich in derartigen Fällen jedoch eine Betriebsfortführung durch den Insolvenzverwalter darstellen, sofern es sich um betriebsnotwendige Gegenstände handelt. Da die §§ 166 ff. InsO keine Anwendung fänden und der Sicherungsgeber dadurch seinen Herausgabeanspruch gegen den Schuldner durchsetzen könnte, würde eine Betriebsfortführung regelmäßig scheitern. Insofern erscheint eine **analoge Anwendung der §§ 166 ff. InsO** sinnvoll.[394)] Im eröffneten Verfahren hingegen kann der Schuldner wirksam auf den Pfändungsschutz verzichten,[395)] etwa indem er die Verwertung des Gegenstands durch den Insolvenzverwalter widerspruchslos duldet. Vorstehende Überlegungen gelten jedoch nicht für unpfändbare Forderungen und Rechte, da eine rechtsgeschäftliche Verfügung hierüber nicht in Betracht kommt (§§ 400, 413, 1274 Abs. 2 BGB).[396)] 173

II. Absonderungsrechte an unbeweglichem Vermögen

Gemäß § 49 InsO sind Gläubiger, denen ein Recht auf Befriedigung aus Gegenständen zusteht, die der Zwangsvollstreckung in das unbewegliche Vermögen unterliegen (unbewegliche Gegenstände), nach Maßgabe des Gesetzes über die Zwangsversteigerung und Zwangsverwaltung zur abgesonderten Befriedigung berechtigt. Gegenstand der Absonderung ist somit zunächst das Grundstück mit seinen nicht sonderrechtsfähigen wesentlichen Grundstücksbestandteilen gemäß §§ 93, 94 BGB. Ferner können dies auch grundstücksgleiche Rechte (§§ 864, 870 ZPO), wie z. B. das Erbbaurecht,[397)] das Wohnungs- und Teileigentum, bergrechtliche Berechtigungen sowie die dem Hypothekenhaftungsverband (§ 1120 BGB) unterliegenden Gegenstände sein, § 865 ZPO.[398)] Abgesonderte Befriedigung aus unbeweglichem Vermögen können nur solche Gläubiger verlangen, denen die in § 49 InsO vorgesehene Befriedigung nach Maßgabe des ZVG offensteht, d. h. Inhaber von Grundpfandrechten (§ 10 Abs. 1 Nr. 4 ZVG), Vollstreckungsgläubiger, die vor dem nach § 88 InsO maßgeblichen Zeitpunkt unanfechtbar die Beschlagnahme des Grundstücks bewirkt haben (§ 10 Abs. 1 Nr. 5 ZVG)[399)] sowie Gläubiger der öffentlichen Grundstückslasten (§ 10 Abs. 1 Nr. 3 ZVG); siehe dazu Rz. 196 f. 174

392) OLG Köln, Beschl. v. 12.6.2006 – 2 U 45/06, ZVI 2006, 591; LG Aachen, Urt. v. 16.3.2006 – 1 O 506/05, NZI 2006, 643 = ZIP 2006, 1110.

393) OLG Köln, Beschl. v. 12.6.2006 – 2 U 45/06, ZVI 2006, 591; LG Aachen, Urt. v. 16.3.2006 – 1 O 506/05, NZI 2006, 643 = ZIP 2006, 1110.

394) *Lüdtke* in: HambKomm-InsO, § 36 Rz. 22.

395) Uhlenbruck-*Hirte/Praß*, InsO, § 36 Rz. 41.

396) *Peters* in: MünchKomm-InsO, § 36 Rz. 95.

397) Das Erbbaurecht berechtigt zwar zur abgesonderten Befriedigung, jedoch begründet der Erbbauzins keine Masseverbindlichkeit BGH, Urt. v. 20.10.2005 – IX ZR 145/04, Rz. 15, ZIP 2005, 2267 = NZI 2006, 97, m. Anm. *Drasdo*.

398) Gleiches gilt für eingetragene Schiffe (§ 864 ZPO) und Flugzeuge (§ 99 LuftfzRG).

399) Vgl. Jaeger-*Henckel*, InsO, § 51 Rz. 56.

1. Erwerbsfragen

175 Für die Frage, ob tatsächlich eine insolvenzfeste Sicherheit erworben wurde, ist zunächst zu prüfen, ob die **materiellen Voraussetzungen** für die Entstehung des Absonderungsrechts vorliegen. Insbesondere sind hierbei die Vorschriften über die Bestellung der (Zwangssicherungs-) Hypothek sowie der Grundschuld relevant; vgl. §§ 1113, 1115, 1117, 1191, 1192 BGB, § 866 ZPO. Ferner ist im Hinblick auf § 91 InsO, auch auf dessen Absatz 2 i. V. mit § 878 BGB und den **Vormerkungsschutz** des § 106 InsO, die insolvenzrechtliche Wirksamkeit zu prüfen.[400] Unabhängig davon, ob das dingliche Recht vom Gläubiger erst mit der gesicherten Forderung erworben wird (Hypothek) oder losgelöst von dieser (Sicherungsgrundschuld), erlangt der Gläubiger kein Absonderungsrecht mehr, soweit eine **künftige Forderung** gesichert wird, die erst nach Eröffnung entstanden ist oder vom Gläubiger erworben wurde.[401] Ausreichend ist es allerdings, wenn der Rechtsboden für die Entstehung des Anspruchs bereits gelegt ist.[402]

176 Der Erwerbsschutz des § 91 Abs. 2 InsO i. V. mit § 878 BGB ist nach wohl überwiegender Auffassung nicht entsprechend auf Vollstreckungsakte anwendbar.[403] Dies gewinnt dann an Bedeutung, auch abgesehen von der Rückschlagsperre des § 88 InsO, wenn die Eintragung einer Zwangssicherungshypothek zugunsten des Vollstreckungsgläubigers oder die Eintragung der Vormerkung aufgrund einer einstweiligen Verfügung zugunsten des Bauhandwerkers zwar noch vor Eröffnung beantragt, jedoch nicht mehr vollzogen wurde.[404] Wurde im letzteren Fall außerhalb des Zeitraums des § 88 InsO die Vormerkung eingetragen, ist der Gläubiger indes durch § 106 Abs. 1 InsO geschützt.[405]

2. Haftung des unbeweglichen Vermögens

177 Mit der von § 49 InsO vorgesehenen abgesonderten Befriedigung nach Maßgabe des Zwangsversteigerungsgesetzes ist gleichermaßen der Gegenstand der Immobiliarvollstreckung (§§ 864, 865, 870a ZPO, §§ 1120–1131, 1192, 1200, 1107 BGB, § 20 Abs. 2, §§ 21, 148 Abs. 1 ZVG) wie auch die Rangfolge der Befriedigung angesprochen.

a) Gegenstand der Immobiliarvollstreckung

178 Während für Grundstücke und grundstücksgleiche Rechte regelmäßig noch eine klare Trennung zu den Mobiliarsicherheiten möglich ist (häufig auch im Hinblick auf wesentliche Grundstücksbestandteile), wird die Bestimmung des Umfangs des Absonderungsrechts problematischer bei der Frage nach der Haftung von getrennten Erzeugnissen, sonstigen Bestandteilen und Zubehör einschließlich Anwartschaften, welche vom Hypothekenhaftungsverband erfasst werden, soweit sie in das Eigentum des **Grundstückseigentümers** gelangt sind (§ 1120 BGB). § 1123 BGB erstreckt die Haftung auf **Miet- und**

400) Zur Anwendung des § 878 BGB auf die Bewilligung einer Vormerkung zuletzt BGH, Urt. v. 10.2.2005 – IX ZR 100/03, ZIP 2005, 627, 628 = ZInsO 2005, 370; zum Schutz des Erwerbers eines Grundpfandrechts nach Anordnung eines allgemeinen Verfügungsverbots im Insolvenzeröffnungsverfahren vgl. BGH, Urt. v. 26.4.2012 – IX ZR 136/11, NZI 2012, 614, dazu EWiR 2012, 629 *(Mitlehner)*.

401) *Lüke* in: KPB, InsO, § 91 Rz. 27, 30.

402) BGH, Urt. v. 9.3.2006 – IX ZR 11/05, Rz. 12, BGHZ 166, 319 = NJW 2006, 2408, dazu EWiR 2006, 457 *(Kesseler)*.

403) BGH, Beschl. v. 17.4.1953 – V ZB 5/53, BGHZ 9, 250, 253 f. = NJW 1953, 898; OLG Köln, Beschl. v. 14.7.2010 – 2 Wx 86/10, ZIP 2010, 1763, 1764; Jaeger-*Windel*, InsO, § 91 Rz. 116; *Viertelshausen*, InVo 2000, 330, 335 f.; a. A. *Kohler* in: MünchKomm-BGB, § 878 Rz. 27.

404) BGH, Urt. v. 10.2.2005 – IX ZR 100/03, ZIP 2005, 627 = ZInsO 2005, 370.

405) BGH, Urt. v. 15.7.1999 – IX ZR 239/98, BGHZ 142, 208 = NZI 1999, 407, dazu EWiR 2000, 81 *(Gerhardt)*.

Pachtzinsforderungen,[406] § 1126 BGB auf wiederkehrende Leistungen. Für Versicherungsforderungen gelten die §§ 1127–1130 BGB. Damit ist eine Vielzahl von Abgrenzungsfragen verbunden:

Zu prüfen ist zunächst, ob ein zu verwertender Gegenstand in den **grundpfandrechtlichen Haftungsverband** gefallen ist, um anschließend zu prüfen, ob er nach §§ 1121, 1122 BGB wieder von der Haftung **frei geworden** ist. Gemäß § 1120 BGB erstreckt sich die Hypothek auf die von dem Grundstück getrennten Erzeugnisse und sonstigen Bestandteile, soweit sie nicht mit der Trennung nach den §§ 954 bis 957 BGB in das Eigentum eines anderen als des Eigentümers oder des Eigenbesitzers des Grundstücks gelangt sind sowie auf das Zubehör des Grundstücks mit Ausnahme der Zubehörstücke, die nicht in das Eigentum des Eigentümers des Grundstücks gelangt sind. 179

Die **Zubehördefinition**, nach der bewegliche Sachen dem wirtschaftlichen Zweck der Hauptsache zu dienen bestimmt sein müssen (§ 97 BGB), wird für Grundstücke und Gebäude in § 98 BGB exemplifiziert. Der erforderliche dauernde Grundstückszusammenhang schließt den Fahrzeugpark oder Maschinen einer Fabrik oder eines Handelsunternehmens ein, während bei einer Spedition der Grundstücksbezug des Fuhrparks zum Verwaltungsgrundstück fehlt,[407] ebenso der Bezug ausschließlich auf Baustellen eingesetzter Maschinen des Bauunternehmens zum Betriebsgrundstück.[408] Unter Eigentumsvorbehalt geliefertes Zubehör fällt, wie zuvor bereits das **Anwartschaftsrecht,**[409] mit vollständiger Zahlung in den Haftungsverband. Seine Übertragung an Dritte hebt die Haftung nur unter den Voraussetzungen der §§ 1121, 1122 BGB auf.[410] Zu entgehen ist dem allein dadurch, dass der Grundstückseigentümer das Anwartschaftsrecht bereits vor Verbringung der Vorbehaltsware auf das Grundstück überträgt. Angesichts der Tatsache, dass bei gewerblich genutzten Gebäuden alle dem Gewerbebetrieb dienenden Maschinen als Zubehör gelten, wenn das Gebäude nur für den gewerblichen Betrieb eingerichtet ist (ohne dass dies einer besonderen Bauart bedürfte),[411] bedeutet dies in der Praxis eine große Belastung der Insolvenzmasse.[412] 180

Unabhängig von der in diesem Bereich vielzähligen Einzelfallrechtsprechung gilt, dass grundsätzlich das Unternehmenszubehör nur dann Grundstückszubehör wird, wenn das Betriebsgrundstück die Hauptsache im Verhältnis zum Betriebsinventar bildet.[413] 181

Darüber hinaus werden **wesentliche** (§ 93, 94 BGB) und **sonstige Bestandteile** von dem Absonderungsrecht erfasst, wobei reine **Scheinbestandteile (§ 95 BGB)**, die nur dem vorübergehenden Zweck des Grundstücks dienen, nicht erfasst werden. Der Hypothekenhaftungsverband nach § 1120 BGB umfasst ferner auch **Rechte** nach § 96 BGB sowie **Erzeugnisse** des Grundstücks i. S. von § 99 BGB. 182

Ferner unterliegen auch **Miet- und Pachtzinsforderungen** der Immobiliarvollstreckung gemäß § 865 Abs. 1 ZPO, § 1123 BGB. Problematisch ist die Frage, ob die Beschlagnahme gemäß § 1124 Abs. 1 Satz 1 BGB Voraussetzung dafür ist, dass an der Forderung ein Ab- 183

406) Zur Voraussetzung des Vollstreckungszugriffs mangels freiwilliger Leistung LG Stendal, Urt. v. 12.1.2005 – 21 O 293/04, ZIP 2005, 1800.

407) BGH, Urt. v. 2.11.1982 – VI ZR 131/81, BGHZ 85, 234 = NJW 1983, 746.

408) BGH, Urt. v. 13.1.1994 – IX ZR 79/93, BGHZ 124, 380 = NJW 1994, 864, dazu EWiR 1994, 209 *(Serick)*.

409) Vgl. jedoch zum Risiko dessen Aufhebung, etwa bei Drittfinanzierung des Restkaufpreises, BGH, Urt. v. 10.10.1984 – VIII ZR 244/83, BGHZ 92, 280 = NJW 1985, 376.

410) BGH, Urt. v. 17.9.1979 – VIII ZR 339/78, NJW 1979, 2514.

411) BGH, Urt. v. 14.12.2005 – IV ZR 45/05, BGHZ 165, 261 = NJW 2006, 993.

412) *Imberger* in: FK-InsO, § 49 Rz. 14.

413) BGH, Urt. v. 2.11.1982 – VI ZR 131/81, BGHZ 85, 234 = NJW 1983, 746.

sonderungsrecht entsteht, da hiervon i. R. des (vorläufigen) Insolvenzverfahrens abhängt, wem die fällig werdenden Miet- oder Pachtzinsforderungen zustehen. Diese Frage wird durch den BGH verneint.[414)] Voraussetzung für das Entstehen eines Absonderungsrechts ist danach nicht die Beschlagnahme, sondern bereits die **Entstehung des Grundpfandrechts** selbst. Die Beschlagnahme leitet beim dinglichen Gläubiger lediglich die Befriedigung aus dem belasteten Recht ein.[415)] Als Konsequenz folgert der BGH daraus, dass der Grundschuldgläubiger vorinsolvenzliche Mieten anfechtungsfrei mit Gegenforderungen verrechnen dürfe. Ein zwangsweiser Zugriff auf diese Ansprüche, etwa im Wege der Forderungspfändung, kann jedoch nach Insolvenzeröffnung oder nach einer Anordnung von Sicherungsmaßnahmen nach § 21 Abs. 2 Satz 1 Nr. 3 InsO nur noch nach Maßgabe des ZVG, also durch Zwangsverwaltung, erfolgen. Nur die Zwangsverwaltung überwinde den Insolvenzbeschlag hypothekarisch mithaftender Mieten und Pachten zugunsten absonderungsberechtigter Grundpfandgläubiger,[416)] so dass im Ergebnis **für den Mieteinzug dennoch eine Beschlagnahme erforderlich** ist. Im Hinblick auf die Handlungsalternativen des (vorläufigen) Insolvenzverwalters bedeutet dies, dass er sowohl vor als auch nach Eröffnung des Insolvenzverfahrens bis zur Beschlagnahme eingezogene Miet- bzw. Pachterlöse nicht auskehren muss.[417)] Den Beteiligten bleibt es jedoch (insbesondere im Interesse eines schonenden Forderungseinzugs oder bei einer Betriebsfortführung) unbenommen, eine „kalte" Zwangsverwaltung durch den Insolvenzverwalter zu vereinbaren.[418)]

Praxishinweis

Dies gilt nach Verfahrenseröffnung auch dann, wenn die Forderungen abgetreten waren, da nach Verfahrenseröffnung die § 91 Abs. 1, § 110 InsO größtenteils einen Neuerwerb verhindern. Für die Zeit vor Insolvenzeröffnung erscheint dies nunmehr allerdings fraglich (siehe dazu Rz. 313).

184 Schließlich steht den Grundpfandrechtsinhabern auch ein Absonderungsrecht an Versicherungsleistungen zu (§§ 1128 ff. BGB).

b) Enthaftung

185 Während eine Enthaftung bei wesentlichen Grundstücksbestandteilen nicht möglich ist (da diese Teil der Hauptsache werden, § 93 BGB), sehen §§ 1121 Abs. 1, 1122 BGB eine Enthaftung von Erzeugnissen, sonstigen Bestandteilen, Zubehör sowie von Miet- oder Pachtzinsforderungen vor, insbesondere bei erstgenannten, sofern diese vom Grundstück vor dessen Beschlagnahme **veräußert und entfernt** werden. Darüber hinaus ist die Sonderregelung des § 1122 Abs. 2 BGB zu beachten, nach der die Haftung auch **ohne Veräußerung** endet, sofern Erzeugnisse oder Bestandteile **innerhalb der Grenzen einer ordnungsgemäßen Wirtschaft** vom Grundstück vor der Beschlagnahme getrennt werden. Ein Ersatzabsonderungsanspruch des Gläubigers nach § 48 InsO analog greift in beiden Fällen nicht ein, da die Entfernung bzw. Veräußerung vor Anordnung der Zwangsverwaltung bzw. -versteigerung **nicht unberechtigt** erfolgt.[419)] Nach Eröffnung des Insolvenz-

414) BGH, Urt. v. 9.11.2006 – IX ZR 133/05, NZI 2007, 98, 99 = ZIP 2007, 35.

415) BGH, Urt. v. 9.6.2005 – IX ZR 160/04, BGHZ 163, 201, 208 = NJW-RR 2005, 1466, dazu EWiR 2005, 879 *(Weber/Madaus)*.

416) BGH, Urt. v. 13.7.2006 – IX ZB 301/04, BGHZ 168, 339 = NZI 2006, 577, m. Anm. *Stapper/Schädlich*.

417) *Imberger* in: FK-InsO, § 49 Rz. 24 f.

418) Zur umsatzsteuerlichen Behandlung der Massekostenbeiträge i. R. der „kalten" Zwangsverwaltung vgl. BFH, Urt. v. 28.7.2011 – V R 28/09, ZIP 2011, 1923 = WM 2012, 788, dazu EWiR 2011, 673 *(Mitlehner)*.

419) *Imberger* in: FK-InsO, § 49 Rz. 18 m. w. N.

verfahrens besteht jedoch für den Verwalter die Verpflichtung zur Herausgabe des Erlöses gemäß § 170 Abs. 1 Satz 2 InsO (siehe dazu Rz. 402).[420] Veräußert der Insolvenzverwalter hingegen Erzeugnisse, wesentliche Bestandteile oder Zubehör außerhalb der Grenzen einer ordnungsgemäßen Wirtschaft, so macht er sich ferner nach § 823 Abs. 1 und 2 BGB i. V. mit §§ 1134, 1135 BGB gegenüber den Grundpfandgläubigern ersatzpflichtig, wobei dieser Anspruch zur Masseverbindlichkeit i. S. des § 55 Abs. 1 Nr. 1 und 3 InsO erstarkt.[421] Unter den Voraussetzungen analog § 48 InsO unterliegt der Verkaufserlös auch der Ersatzabsonderung (da die Veräußerung insoweit **„unberechtigt"** erfolgte).[422]

Auch die **Betriebsstilllegung** führt nicht ohne weiteres zur Enthaftung des Zubehörs,[423] 186
sondern nur eine dadurch bewirkte Aufhebung der Zubehöreigenschaft innerhalb der Grenzen einer ordnungsgemäßen Wirtschaft nach § 1122 Abs. 2 BGB.[424] Eine Enthaftung tritt schließlich nicht bereits dann ein, wird das im Eigentum des Schuldners stehende Zubehör einem Dritten zur **Sicherheit übereignet.**[425]

3. Realisierung des Absonderungsrechts

Zur Durchsetzung des Anspruchs auf abgesonderte Befriedigung gemäß § 49 InsO sind 187
sowohl der **dinglich berechtigte Gläubiger**, der **persönliche Gläubiger** – der vor Verfahrenseröffnung ein wirksames Absonderungsrecht an dem Grundstück erlangt hat – als auch der **Insolvenzverwalter gemäß § 165 InsO** berechtigt. Der absonderungsberechtigte Gläubiger muss vielfach jedoch selbst initiativ werden, um innerhalb der Ausschlussfrist gemäß § 190 Abs. 1 Satz 1 InsO seinen Ausfall nachweisen zu können. Für dessen Berechnung ist im Falle des Selbsterwerbs durch den Berechtigten in der Versteigerung die Befriedigungsfiktion des § 114a ZVG zu berücksichtigen, wonach sich der Gläubiger auch bei einem günstigeren Erwerb behandeln lassen muss, als habe er Befriedigung i. H. von 7/10 des Grundstückswerts erlangt.

a) Realisierung nach Maßgabe des ZVG

Die Realisierung des Absonderungsrechts erfolgt nach dem gesetzlichen Leitbild nach 188
den Vorschriften des ZVG. Dinglich berechtigte Gläubiger i. S. von § 10 Abs. 1 Nr. 1 – 4 ZVG[426] können danach die Zwangsversteigerung oder Zwangsverwaltung des schuldnerischen Grundstücks betreiben, wobei ein dinglich gegen den Insolvenzverwalter gerichteter Titel erforderlich ist. Die regelmäßig auftauchenden dinglichen Unterwerfungsklauseln in Grundschuldbestellungsurkunden bedürfen somit einer **Umschreibung** nach § 727 ZPO[427] auf und einer **Zustellung** an den Verwalter (§ 750 Abs. 2 ZPO).[428] Liegt ein Titel noch nicht vor, ist dieser über eine sog. Pfandklage[429] zu beschaffen. Diese Maßnah-

420) Darüber hinaus können sich Ansprüche nach §§ 55, 60 InsO ergeben, vgl. *Ganter* in: MünchKomm-InsO, § 49 Rz. 19; Jaeger-*Henckel*, InsO, § 49 Rz. 43 ff.

421) BGH, Urt. v. 21.3.1973 – VIII ZR 52/72, BGHZ 60, 267, 270 = NJW 1973, 997.

422) BGH, Urt. v. 24.1.2019 – IX ZR 110/17, Rz. 19, ZVI 2019, 178 = NZI 2019, 274; *Bork*, Einführung in das Insolvenzrecht, Rz. 307 f., sofern man keine dingliche Surrogation am Verwertungserlös annimmt, vgl. Rz. 409.

423) BGH, Urt. v. 30.11.1995 – IX ZR 181/94, NJW 1996, 835, 836 = ZIP 1996, 223.

424) BGH, Urt. v. 21.3.1973 – VIII ZR 52/72, BGHZ 60, 267, 269 = NJW 1973, 997, 998.

425) BGH, Urt. v. 17.9.1979 – VIII ZR 339/78, NJW 1979, 2514 = MDR 1980, 137.

426) Gleiches gilt auch für persönliche Gläubiger (Nr. 5), sofern diese durch Beschlagnahme vor Verfahrenseröffnung ein wirksames Absonderungsrecht an dem Grundstück erlangt haben.

427) Nerlich/Römermann-*Andres*, InsO, § 49 Rz. 18.

428) BGH, Beschl. v. 14.4.2005 – V ZB 25/05, DNotZ 2005, 840 = BeckRS 2005, 6436.

429) *Ganter* in: MünchKomm-InsO, Vor §§ 49 – 52 Rz. 142.

men richten sich auf die Duldung der Zwangsvollstreckung aus einem bestehenden dinglichen Recht in den unbeweglichen Gegenstand,[430] und sind gegen den Insolvenzverwalter zu erheben. Dies gilt auch dann, wenn ein sog. **starker vorläufiger Insolvenzverwalter** bestellt wurde.[431] War zum Zeitpunkt der Verfahrenseröffnung jedoch bereits ein Zwangsversteigerungs- oder -verwaltungsverfahren anhängig, findet insofern gemäß § 80 Abs. 2 Satz 2 InsO, § 240 ZPO keine Unterbrechung des Verfahrens statt, so dass auch die Umschreibung des Titels nicht erforderlich ist.[432]

Praxishinweis

Der Verwalter kann dabei dem Verfahren des betreibenden Gläubigers mit der Wirkung der §§ 172 ff. ZVG beitreten mit der Folge, dass dieser zu einem mit Verfahrensrechten ausgestatteten Verfahrensbeteiligten wird.[433] Insbesondere kann der **Verwalter** dadurch die Verwertung durch **Anträge auf einstweilige Einstellung** (§§ 30d und 30e sowie § 153b ZVG) erheblich beeinflussen.

189 Erforderlich für den Beginn des Zwangsversteigerungs- oder -verwaltungsverfahrens ist jeweils ein Antrag des betreibenden Verfahrensbeteiligten, wobei dieser gemäß § 165 InsO auch vom Insolvenzverwalter gestellt werden kann, der abweichend von § 16 Abs. 1 ZVG zum Nachweis seiner Rechtsstellung lediglich der Vorlage seiner Bestellungsurkunde gemäß § 56 Abs. 2 Satz 1 InsO bedarf. Möglich bleibt schlussendlich auch, dass ein **Massegläubiger** gemäß §§ 53, 55 InsO unter gewissen Voraussetzungen (vgl. etwa § 90 Abs. 1 oder § 210 InsO) ebenfalls die Zwangsversteigerung in einen Massegegenstand betreibt.

190 Beantragt der Verwalter die Zwangsverwaltung oder Zwangsversteigerung nach §§ 172 ff. ZVG selbst, steht es ihm frei, diese nicht aus der Rangklasse des § 10 Abs. 1 Nr. 5 ZVG, sondern aufgrund eines **Antrags auf zusätzliches Ausgebot** nach § 174a ZVG aus der Rangklasse des § 10 Abs. 1 Nr. 1a zu betreiben.[434] Anders als bei einer freihändigen Veräußerung ist ein dingliches Vorkaufsrecht in diesem Fall nicht ausübbar (§ 1098 Abs. 1 Satz 2 BGB). Da der Beschluss über die Anordnung der Versteigerung auf Antrag des Verwalters nicht als Beschlagnahme gilt und damit auch kein Veräußerungsverbot enthält (§ 173 Satz 1 ZVG), kann der Verwalter ungeachtet der Anordnung nach wie vor freihändig veräußern.

b) Realisierung im Wege der „kalten" Zwangsverwaltung oder der freihändigen Veräußerung

191 Neben der Möglichkeit der Zwangsversteigerung bzw. -verwaltung bietet sich dem Insolvenzverwalter häufig auch die Möglichkeit, in Abstimmung mit den absonderungsberechtigten Gläubigern eine freihändige Verwertung und/oder eine sog. „kalte" Zwangsverwaltung durchzuführen.[435] Während die Zwangsversteigerung regelmäßig nur dann zu Erlösen zugunsten der Insolvenzmasse führt, wenn ein Fall des § 10 Abs. 1 Nr. 1a ZVG vorliegt, führt diese Art der Verwertung häufig zu deutlich höheren Kostenbeiträgen zugunsten der Insolvenzmasse. Solche finden sich zwar nicht in den gesetzlichen Bestimmungen der

430) Nerlich/Römermann-*Andres*, InsO, § 49 Rz. 36.

431) LG Cottbus, Beschl. v. 28.1.2000 – 7 T 549/99, NZI 2000, 183; LG Cottbus, Beschl. v. 20.4.2000 – 7 T 548/99, ZInsO 2000, 337; *Kern* in: MünchKomm-InsO, § 165 Rz. 47.

432) KG Berlin, Beschl. v. 17.12.1999 – 5 W 5591/99, NZI 2000, 228.

433) *Flöther* in: KPB, InsO, § 165 Rz. 24.

434) Zum Problem des Verhältnisses dieser Norm zum Insolvenzschutz der Vormerkung (§ 106 InsO) vgl. *Stöber*, NJW 2000, 3600.

435) Zur Zulässigkeit des Abschlusses einer Vereinbarung über eine „kalte Zwangsverwaltung": BGH, Urt. v. 14.7.2016 – IX ZB 31/14, NZI 2016, 824, dazu EWiR 2016, 635 (*Mock*).

InsO, jedoch sind regelmäßig Kostenbeiträge orientiert an den Vorgaben des § 171 InsO verhandelbar.

c) Realisierung im Wege der Freigabe

Will sich der Insolvenzverwalter hingegen gänzlich einer Verwertung des Objekts entledigen, etwa weil ohnehin mit keinen Kostenbeiträgen zugunsten der Insolvenzmasse zu rechnen ist, bietet sich darüber hinaus ebenfalls die Möglichkeit der **Freigabe aus dem Insolvenzbeschlag** an, indem der Insolvenzverwalter die Immobilie aus seiner Verwaltungs- und Verfügungsmacht heraus an den Schuldner zurückgibt. Auch diese Möglichkeit stellt eine Art der Verwertung dar, da sich mit den Grundpfandgläubigern häufig auch in diesen Fällen Kostenbeiträge vereinbaren lassen. Diesen bleibt einerseits die Umschreibung ihres Titels auf den Insolvenzverwalter erspart, andererseits lassen sich hierdurch häufig einfachere Regelungen mit dem nicht obstruktiv handelnden Schuldner vereinbaren, will dieser etwa die privat genutzte Immobilie weiterhin bewohnen. Diese können mittel- und langfristig für den absonderungsberechtigten Gläubiger die schonendere Art und Weise der Verwertung seiner Sicherheiten bedeuten. Eine Freigabe bietet sich für den Insolvenzverwalter insbesondere auch dazu an, sich **etwaigen Masseverbindlichkeiten zu entziehen** (Grundbesitzabgaben, Wohngeld, Ordnungspflichten etc.).[436] 192

4. Einstellung der Zwangsverwaltung/-vollstreckung

Schließlich bieten die Vorschriften des ZVG dem (vorläufigen) Insolvenzverwalter weitreichende Befugnisse, um eine einstweilige Einstellung der Zwangsversteigerung zu bewirken. Gemäß § 30d ZVG hat der (vorläufige) Insolvenzverwalter insbesondere dann die Möglichkeit die Einstellung der Zwangsversteigerung zu beantragen, wenn eine **nachteilige Veränderung der Vermögenslage** des Schuldners zu befürchten ist, oder wenn die mit dem Grundpfandrecht belastete Immobilie für die Fortführung des schuldnerischen Unternehmens oder eine übertragende Sanierung mit großer Wahrscheinlichkeit benötigt wird, um so ein **vorzeitiges Auseinanderreißen der schuldnerischen Aktiva zu verhindern**. Regelmäßig sind bei einer solchen Entscheidung die Interessen der Insolvenzgläubiger sowie des vollstreckenden Gläubigers gegeneinander abzuwägen. Die Vorschrift des § 30e ZVG bietet dem betreibenden Gläubiger in diesem Fall gewisse Ausgleichsansprüche. Mit der einstweiligen Einstellung hat zugleich die Auflage zu ergehen, dass dem Gläubiger ab dem Berichtstermin, bei Einstellung vor Verfahrenseröffnung spätestens beginnend nach drei Monaten, die **geschuldeten vertraglichen Zinsen** – nicht die regelmäßig höheren dinglichen Zinsen[437] – binnen zwei Wochen nach Fälligkeit aus der Masse zu zahlen (§ 30e Abs. 1 Satz 1 ZVG), ggf. Wertverluste von Beginn an auszugleichen sind (§ 30e Abs. 2 ZVG),[438] es sei denn, der Gläubiger könnte ohnedies nicht mit einer Befriedigung aus dem Versteigerungserlös rechnen (§ 30e Abs. 3 ZVG). Ab welcher Höhe das der Fall ist, hat das Gericht bei der Anordnung mit zu entscheiden, wenn es erkennen muss, dass das Grundstück über seinen Wert hinaus belastet ist. Die entsprechenden Nachteile treffen die Masse nach § 153b ZVG auch bei der Zwangsverwaltung. Besonderheiten gelten nach **§ 135 Abs. 3 InsO** im Falle eines durch einen Gesellschafter überlasse- 193

436) BGH, Urt. v. 1.2.2007 – IX ZR 178/05, NZI 2007, 407, 408 = ZIP 2007, 1020.

437) LG Göttingen, Beschl. v. 27.1.2000 – 10 T 1/2000, ZInsO 2000, 163 = NZI 2000, 186; *Flöther* in: KPB, InsO, § 165 Rz. 44; *Kern* in: MünchKomm-InsO, § 165 Rz. 110 m. w. N.; *Hölzle* in: HK-InsO, § 165 Rz. 19; *Tetzlaff*, ZInsO 2004, 521, 522; a. A. *U. Keller*, ZfIR 2002, 861, 868 f.; *Eickmann*, ZfIR 1999, 81, 83.

438) Es erscheint fraglich, ob das auch Wertverluste aus drohenden Marktveränderungen umfassen kann; so aber: *Kern* in: MünchKomm-InsO, § 165 Rz. 115.

nen Grundstücks. Die Aufhebung der einstweiligen Einstellung regelt schließlich § 30f ZVG.

194 In besonderen Fällen besteht ebenfalls die Möglichkeit eines Einstellungsantrags gemäß § 765a ZPO. § 153b ZVG bietet darüber hinaus die Möglichkeit der einstweiligen Einstellung der Zwangsverwaltung im eröffneten Insolvenzverfahren, um das Grundstück einer **wirtschaftlich sinnvolleren Nutzung** zuzuführen, wenn diese durch die Zwangsverwaltung erschwert würde. Für das Eröffnungsverfahren ist dies hingegen nicht vorgesehen, jedoch erscheint eine entsprechende Anwendung über die Generalverweisung des § 146 Abs. 1 ZVG geboten.[439)] Ausnahmsweise gibt die Vorschrift des § 30d Abs. 2 ZVG auch dem Schuldner die Möglichkeit, die Einstellung der Zwangsversteigerung zu beantragen.

5. Befriedigungsreihenfolge

195 Die Befriedigungsreihenfolge der Absonderungsberechtigten folgt im Falle der **Immobiliarvollstreckung** den §§ 10 ff. ZVG, wobei das Grundstück gemäß § 44 Abs. 1, § 9 Abs. 1 ZVG vorab für die **Kosten des Verfahrens** haftet. Die Verteilung i. R. der Zwangsverwaltung folgt hingegen § 155 ZVG. Diese Reihenfolge ist grundsätzlich auch bei einer **freihändigen Veräußerung** zu beachten. Im Rahmen des Insolvenzverfahrens kommt **§ 10 Abs. 1 Nr. 1a ZVG** wesentliche Bedeutung zu, welcher die Regelungen der §§ 170, 171 InsO ergänzt. Die Vorschrift führt im Ergebnis dazu, dass die Kosten aufgrund der Befriedigungsreihenfolge des § 10 Abs. 1 ZVG allein von demjenigen Grundpfandgläubiger getragen werden, der keine (volle) Befriedigung aus dem Verwertungserlös erlangt.

196 Eine weitere in der Insolvenz regelmäßig auftauchende Problematik sind **Rückstände gemäß § 10 Abs. 1 Nr. 3 ZVG** im Hinblick auf etwaige Grundstückslasten wie Grundsteuern, Erschließungskosten, Anliegerbeiträge und sonstige Kommunalabgaben. Zwar schafft die öffentliche Last hierfür kein Befriedigungsrecht, so dass der Erlass eines etwaigen Duldungsbescheids nach Eröffnung des Insolvenzverfahrens nicht mehr möglich ist,[440)] jedoch begründet sie ein dingliches Recht, welches bei der Erlösverteilung des Zwangsversteigerungs- oder -verwaltungsverfahrens zu berücksichtigen ist.

197 Probleme stellen sich regelmäßig dann, wenn außerhalb der Vorschriften des § 10 ZVG ein Grundstück durch den Insolvenzverwalter freihändig veräußert werden soll. Insofern gewinnt insbesondere die Frage an Bedeutung, inwieweit den Gläubigern öffentlicher Lasten ein **Ersatzabsonderungsanspruch** am Veräußerungserlös zusteht, weil sich ihr Absonderungsrecht hieran im Wege der Surrogation fortsetzt. Dafür ist entscheidend, ob das dingliche Recht im Falle der freihändigen Veräußerung erhalten bleibt oder nicht. Im ersten Fall scheidet mangels eines Rechtsverlusts von vornherein eine dingliche Surrogation und damit eine Beteiligung an dem Verwertungserlös aus.[441)] Da die öffentliche Last nach der obergerichtlichen Rechtsprechung durch die Veräußerung gerade nicht erlischt,[442)] kommt eine dingliche Surrogation am Veräußerungserlös somit nicht in Betracht, mit der Folge, dass der Erwerber als neuer Eigentümer im Ergebnis für diesen Anspruch haftet.[443)] Inwieweit dies im Innenverhältnis zu einem Regress gegenüber dem Verwalter führen kann, hängt im Wesentlichen auch von der jeweiligen Vertragsgestaltung ab.

---

439) *Kern* in: MünchKomm-InsO, § 165 Rz. 264; LG Cottbus, Beschl. v. 20.4.2000 – 7 T 548/99, ZInsO 2000, 337; *Stengel*, ZfIR 2001, 347, 352 ff.; *Niering*, NZI 2008, 146, 147.

440) Uhlenbruck-*Brinkmann*, InsO, § 49 Rz. 60; a. A. OVG Sachsen-Anhalt, Beschl. v. 14.3.2006 – 4 L 328/05, WM 2007, 1622.

441) *Ganter* in: MünchKomm-InsO, Vor §§ 49–52 Rz. 72a.

442) BVerwG, Urt. v. 13.2.1987 – 8 C 25/85, BVerwGE 77, 38 = NJW 1987, 2098.

443) BGH, Urt. v. 18.2.2010 – IX ZR 101/09, NZI 2010, 399, dazu EWiR 2010, 431 *(Büchler)*.

In die **Rangklasse vier** des § 10 Abs. 1 ZVG fallen schließlich Ansprüche aus Rechten an Grundstücken, wie insbesondere Grundschulden und Hypotheken, für die nach § 879 Abs. 1 BGB, § 11 ZVG die Reihenfolge der Eintragung für deren Befriedigung entscheidend ist. Bei der freihändigen Verwertung behilft sich die Praxis, sofern eine vollständige Befriedigung der nachrangig besicherten Gläubiger aufgrund der Höhe des Kaufpreises ausscheidet, mit der Vereinbarung von sog. **Lästigkeitsprämien**, um eine Zustimmung zur Löschungsbewilligung zu erreichen. Der BGH hält solche Prämien jedoch dann für insolvenzzweckwidrig, werden diese durch den Verwalter gezahlt,[444)] so dass regelmäßig der vorrangige Gläubiger die Kosten hierfür übernimmt. 198

6. Steuern

Steuerliche Fragestellungen werden schließlich insbesondere bei der freihändigen Veräußerung oder „kalten" Zwangsverwaltung durch den Insolvenzverwalter aufgeworfen. 199

Im Falle der Veräußerung eines mit einem Absonderungsrecht belasteten unbeweglichen Gegenstands, also insbesondere bei Steuertatbeständen, die unter das Grunderwerbsteuergesetz (GrEStG) fallen, regelt § 4 Nr. 9a UStG, dass diese Umsätze steuerfrei sind. Gemäß § 1 Abs. 1 Nr. 1 GrEStG fallen hierunter insbesondere Kaufverträge oder andere Rechtsgeschäfte, die den Anspruch auf Übereignung eines inländischen Grundstücks begründen, aber auch der Zuschlag i. R. eines Zwangsversteigerungsverfahrens, vgl. § 1 Abs. 1 Nr. 3c GrEStG. 200

Problematisch ist in diesen Fällen jedoch, dass die Veräußerung dadurch zu einer Masseverbindlichkeit nach § 55 InsO führen kann, und sich der Insolvenzverwalter – sollte die Masse für die Begleichung dieses Anspruchs nicht ausreichen – regelmäßig eines **Haftungsanspruchs** nach den §§ 60, 61 InsO und § 69 AO aussetzt, wenn die umsatzsteuerfreie Veräußerung des Grundstücks zu einem Vorsteuerberichtigungsanspruch des Finanzamts führt.[445)] Insofern ist zu berücksichtigen, ob der Insolvenzschuldner eine bei dem Erwerb (durch Option) oder etwa dem Umbau des Grundstücks gezahlte Umsatzsteuer i. R. seines Umsatzsteuerausgleichs bereits geltend gemacht hat. Diesbezüglich gilt gemäß § 15a Abs. 1 Satz 1 und 2 UStG, dass ein **zehnjähriger Betrachtungszeitraum** zu berücksichtigen ist, innerhalb dessen eine Vorsteuerabzugsberichtigung erfolgen muss, sofern das Grundstück mit Umsatzsteuer erworben bzw. umgebaut wurde und innerhalb dieses Zeitraums ohne Umsatzsteuer wieder veräußert wird. 201

Praxishinweis

Um diese Rechtsfolge zu vermeiden, bietet § 9 Abs. 1 UStG die Möglichkeit, zur Umsatzsteuerpflicht zu **optieren**. Hierbei ist insbesondere § 9 Abs. 3 Satz 2 UStG zu beachten, nach welchem die Option **ausschließlich im notariellen Kaufvertrag** beurkundet werden kann. Folge dieser Option ist die Umwandlung der Steuerschuldnerschaft auf den Käufer, da gemäß § 13b Abs. 5, Abs. 2 Nr. 3 UStG in diesem Fall nicht der Leistende, sondern der **Leistungsempfänger die Steuer schuldet**, wenn er Unternehmer oder juristische Person ist. Ist er dies nicht, haftet dennoch die Masse für die Umsatzsteuer.[446)]

Da der BFH den freihändigen Verkauf als Leistung des Verwalters gegenüber dem Grundpfandgläubiger ansieht, ist zu beachten, dass auch ein Massekostenzuschuss als Leistungs- 202

444) BGH, Beschl. v. 20.3.2008 – IX ZR 68/06, NZI 2008, 365, dazu EWiR 2008, 471 *(Schulz)*.

445) BFH, Urt. v. 28.11.2002 – VII R 41/01, BFHE 200, 482 = NZI 2003, 276, dazu EWiR 2003, 303 *(Onusseit)*.

446) *Ganter/Brünink*, NZI 2006, 257.

entgelt umsatzsteuerpflichtig ist.[447] Gleiches gilt im Hinblick auf die Umsatzsteuer für die der Masse verbleibenden Beträge i. R. einer „kalten" Zwangsverwaltung.[448]

7. Übersicht: Kalte Zwangsverwaltung/freihändige Veräußerung

203 Die Aufstellung von *Tetzlaff*[449] wiedergebend sind im Hinblick auf eine „kalte" Zwangsverwaltung bzw. eine freihändige Veräußerung die folgenden regelungsbedürftigen Punkte zu nennen.

- **Verwertungsvereinbarungen:**
  - Angabe der Grundpfandrechte des gesicherten Gläubigers sowie der Höhe der gesicherten Forderungen zum Zeitpunkt der Eröffnung des Insolvenzverfahrens,
  - Regelungen bezüglich der Ablösung dritter (nachrangiger) Grundpfandgläubiger durch den Insolvenzverwalter (Höhe der „Lästigkeitsprämie"),
  - Vereinbarung von Mindesterlösen und ggf. Regelung eines Zustimmungsvorbehalts zugunsten des Grundpfandgläubigers,
  - Regelung der Höhe der Verwertungskostenbeiträge zugunsten der Insolvenzmasse,
  - Regelung für den Fall einer Rückabwicklung des Kaufvertrags (Herausgabe des Geldes, Wiederbestellung des Grundpfandrechts) und für den Fall einer Geltendmachung von Gewährleistungsansprüchen,
  - Vereinbarung über die Kostentragung für Unterhaltung der Immobilie (Grundsteuer, Bewachungskosten, für die Beseitigung von Umweltaltlasten entstehende Kosten u. a.),
  - Vereinbarung über die Tragung der bei der Veräußerung anfallenden Kosten (Notar, Makler),
  - Regelung für den Fall, dass die Masse mit der Zahlung von Umsatzsteuer belastet wird,
  - Abwicklung der Pfandfreigabe und der Verrechnung des Verwertungserlöses.
- **Verwaltungsvereinbarungen:**
  - Festlegung von Beginn und Dauer der kalten Zwangsverwaltung (Kündigungsmöglichkeiten) bzw. Bestimmung eines fiktiven Beschlagnahmezeitpunkts,
  - Abtretung der zukünftigen Mieten durch den Insolvenzverwalter an den Grundpfandgläubiger,
  - Regelung zu rückständigen Mieten und zur Aufteilung derjenigen Mieten, die vor dem Abschluss der Verwertungsvereinbarung bereits bei dem Insolvenzverwalter eingegangen sind,
  - Regelung der Höhe der Beteiligung der Insolvenzmasse am Nettoertrag sowie Festlegung von Pauschalzahlungen,
  - Regelung zur Verrechnung der Mieterlöse mit den Forderungen des Grundpfandgläubigers (Zahlungstermine),
  - Festlegungen hinsichtlich der Durchführung von Renovierungen, Werbeaktionen (für Neuvermietung) und Maßnahmen der Objektpflege, -verbesserung und -entwicklung, insbesondere Kostentragung für diese Maßnahmen,

447) BFH, Urt. v. 18.8.2005 – V R 31/04, BFHE 211, 551 = NZI 2006, 55, dazu EWiR 2005, 841 *(Spliedt/Schacht)*.
448) BFH, Urt. v. 28.7.2011 – V R 28/09, ZIP 2011, 1923 = WM 2012, 788.
449) *Tetzlaff*, ZfIR 2005, 179, 180 f.; vgl. auch *Knees*, ZIP 2001, 1568, 1575.

- Freistellung der Insolvenzmasse von den Kosten für die Unterhaltung der Immobilie (Grundsteuer, Bewachungskosten u. a.),
- Regelungen über die Art und Weise der Verwaltung des Grundstücks: Verwaltung durch Insolvenzverwalter und seine Mitarbeiter, Verwaltung durch die Mitarbeiter des Schuldners, Bestellung eines externen Verwalters (sog. kalte Institutszwangsverwaltung).

III. Absonderungsrechte an beweglichem Vermögen (§§ 50, 51 InsO)

Gemäß § 50 InsO gewähren das **gesetzliche** sowie das **rechtsgeschäftliche Pfandrecht** ihrem Inhaber ein Absonderungsrecht im Fall der Insolvenz des Eigentümers. Gleiches gilt hiernach auch für das **Pfändungspfandrecht.** § 51 InsO erweitert den Kreis der Absonderungsrechte um weitere Tatbestände wie die **Sicherungsübereignung bzw. -abtretung,** verschiedene **Zurückbehaltungsrechte** sowie das **Absonderungsrecht des Fiskus.** 204

Die verschiedenen Absonderungsrechte gewähren dabei ein Befriedigungsrecht für die Hauptforderung, aber insbesondere auch für **Nebenrechte** wie § 50 Abs. 1 InsO klarstellt. Somit muss sich der Sicherungsgläubiger trotz der Vorschrift des § 39 Abs. 1 Nr. 1 und 2 InsO nicht auf eine nachrangige Befriedigung seiner nach Insolvenzeröffnung entstehenden Zinsforderungen verweisen lassen, sondern kann hierfür vielmehr Befriedigung aus dem Absonderungsrecht beanspruchen.[450] Um jedoch zu verhindern, dass laufenden und insbesondere nach Verfahrenseröffnung entstehenden Zinsansprüchen und Verfahrenskosten entgegen der Regelung des § 39 Abs. 1 Nr. 1 und 2 InsO ein weitreichender dinglicher Vorrang verschafft wird, wird die Ansicht vertreten, dass die Aufzählung in § 50 Abs. 1 InsO eine besondere Tilgungsreihenfolge für den Verwertungserlös vorsehe, dieser danach also **zunächst auf die Hauptforderung, dann auf die Zinsen und auf die Kosten** zu verrechnen sei. Anderenfalls würde nach § 367 BGB zunächst der Zins- und Kostenanspruch reguliert mit der Folge, dass die Hauptforderung mit dem ausgefallenen Teil noch vollständig im Insolvenzverfahren als Insolvenzforderung teilnehmen könnte (§ 52 InsO).[451] Dieser Ansicht ist der BGH entgegengetreten.[452] 205

Gegenstand abgesonderter Befriedigung an beweglichem Vermögen (§§ 50, 51 InsO) sind **bewegliche Sachen, Forderungen und sonstige Vermögensrechte**, soweit sie nicht Gegenstand einer Zwangsvollstreckung in das unbewegliche Vermögen (§ 49 InsO, § 865 ZPO, § 1120 BGB) sind. Kommt es nicht infolge einer Immobiliarvollstreckung zur Unzulässigkeit der Mobiliarvollstreckung in mithaftende Gegenstände (§ 865 Abs. 2 ZPO), müssen Grundpfandgläubiger ihr Vorrecht nach § 805 ZPO bzw. nach Abschluss der Mobiliarvollstreckung gestützt auf § 812 BGB geltend machen. 206

Auch wenn nach der Grundlage des Absonderungsrechts in der Praxis quantitativ die mit § 51 Nr. 1 InsO erstmals überhaupt ausdrücklich geregelten Sicherungsübertragungen im Vordergrund stehen, hat der Gesetzgeber mit § 50 Abs. 1 InsO das Absonderungsrecht der Pfandgläubiger zum Grundfall der abgesonderten Befriedigung nach Maßgabe der §§ 166–173 InsO erhoben. Im Hinblick auf die Erwerb und Verwertung betreffenden Besonderheiten seien die einzelnen Absonderungsrechte nachfolgend angesprochen, wobei der praktische Schwerpunkt bei den Sicherungsübertragungen liegt. 207

---

450) BGH, Urt. v 17.7.2008 – IX ZR 132/07, NJW 2008, 3064.

451) So *Ganter* in: MünchKomm-InsO, Vor §§ 49–52 Rz. 59 ff.; *Dahl*, NJW 2008, 3066, 3067 (Urteilsanm.); a. A. Nerlich/Römermann-*Andres*, InsO, § 50 Rz. 27; Jaeger-*Henckel*, InsO, § 50 Rz. 16; vermittelnd insbesondere BGH, Urt. v. 17.7.2008 – IX ZR 132/07, NJW 2008, 3064.

452) BGH, Urt. v. 17.2.2011 – IX ZR 83/10, NZI 2011, 247, dazu EWiR 2011, 321 *(Flitsch)*.

1. Absonderungsrechte nach § 50 InsO

a) Rechtsgeschäftliche Pfandrechte (§ 50 Abs. 1 Var. 1 InsO)

aa) Erwerbsfragen

208 Gemäß § 1205 Abs. 1 BGB ist zur Bestellung des Pfandrechts erforderlich, dass der Eigentümer die Sache dem Gläubiger **übergibt** und beide darüber **einig** sind, dass dem Gläubiger das Pfandrecht zustehen soll. Abhängig von dem jeweiligen Gegenstand des Pfandrechts können sich darüber hinaus Besonderheiten ergeben (etwa bei Traditionspapieren).

209 Bei der **Einigung** handelt es sich wie bei den §§ 929 ff. BGB um einen abstrakten dinglichen Vertrag, der den allgemeinen Vorschriften, z. B. auch den Vorschriften der Stellvertretung, unterliegt.[453)] Daher ist die Einigung formlos möglich, ohne dass es einer zeitlichen Reihenfolge zwischen Einigung und Übergabe bedarf. Selbst wenn der Verpfänder noch nicht einmal selbst das Eigentum erworben hat, kann bereits eine Einigung über die spätere Verpfändung – also **antizipiert** – erfolgen (so etwa bei der Verpfändung von wechselnden Warenlagerbeständen oder bei Nr. 14 AGB-Banken). Erforderlich ist jedoch regelmäßig das **Einigsein zum Zeitpunkt der Übergabe.**[454)] Ist der Gläubiger bereits im Besitz der Sache, so genügt die Einigung über die Entstehung des Pfandrechts (§ 1205 Abs. 1 Satz 2 BGB).

210 Die **Übergabe** erfordert die Besitzerlangung des Pfandgläubigers mit Willen des bisherigen Besitzers. Diese kann auf einem Geben des bisherigen Besitzers oder auf einem Nehmen des Pfandgläubigers beruhen.[455)] Erlangt der Gläubiger ohne oder gegen den Willen des Eigentümers Besitz an der Sache, so verschafft auch die vorausgegangene Einigung über die Pfandbestellung kein Pfandrecht, so z. B., wenn der Gläubiger die Sache ohne Auftrag des Eigentümers von einem Dritten erhält.[456)] Erforderlich ist stets, dass dem Eigentümer der Besitz vollständig entzogen wird. Daher kommt eine Pfandrechtsbestellung durch Vereinbarung eines Besitzkonstituts wie bei der Sicherungsübereignung nicht in Betracht (vgl. § 1205 Abs. 2, § 1206 BGB).[457)] Eine Besitzübertragung gemäß § 854 Abs. 2 BGB bleibt jedoch möglich,[458)] da auch diese erfordert, dass der bisherige Besitzer seine Gewalt über die Sache **vollständig aufgibt.**[459)]

211 Ausreichend ist auch die Überlassung des Besitzes an dem Raum, in dem sich die Pfandsachen, insbesondere ein Warenlager, befinden.[460)] Das Anbringen von Pfandzeichen an den in der Verfügungsgewalt des Verpfänders verbliebenen Sachen genügt – anders als beim Pfändungspfandrecht (§ 808 ZPO) – hingegen nicht. **Mitbesitz** ist ausreichend, wenn er, etwa bei Verpfändung eines Warenlagers in verschlossenem Raum, den Eigentümer von einem alleinigen Zugriff ausschließt (§ 1206 BGB).[461)] Ferner kann die Übergabe auch durch und an Dritte erfolgen, die als Geheißperson bzw. Besitzdiener oder -mittler

453) *Damrau* in: MünchKomm-BGB, § 1205 Rz. 2.

454) BGH, Urt. v. 14.11.1977 – VIII ZR 66/76, NJW 1978, 696 = MDR 1978, 307.

455) *Damrau* in: MünchKomm-BGB, § 1205 Rz. 9.

456) RG, JW 1908, 681.

457) Grüneberg-*Wicke*, BGB, § 1205 Rz. 8; *Imberger* in: FK-InsO, § 50 Rz. 17; *Prütting* in: KPB, InsO, § 50 Rz. 10.

458) *Damrau* in: MünchKomm-BGB, § 1205 Rz. 10.

459) BGH, Urt. v. 30.5.1958 – V ZR 295/56, BGHZ 27, 360, 362 = NJW 1958, 1286.

460) RG, Recht 1904 Nr. 2612.

461) Jaeger-*Henckel*, InsO, § 50 Rz. 19.

fungieren.[462] Schließlich reicht auch die Einräumung des mittelbaren Besitzes gemäß § 1205 Abs. 2 BGB aus, wenn der Verpfänder seinen Herausgabeanspruch gegen einen unmittelbaren Besitzer an den Pfandgläubiger abtritt und der Verpfänder oder der Pfandgläubiger als Bevollmächtigter des Verpfänders die Verpfändung dem Besitzer anzeigt.[463] Dies ist etwa bei der **Verpfändung von in Sammelverwahrung verwahrten Wertpapieren** der Fall, da gemäß § 6 DepotG lediglich Miteigentum an den Wertpapieren besteht, so dass eine Abtretung des Herausgabeanspruchs nach §§ 7, 8 DepotG sowie eine Anzeige gemäß § 1205 Abs. 2 BGB an die Verwahrstelle erforderlich ist. Entgegen einer mehrfach geäußerten Ansicht[464] kann eine wegen Fehlens der Übertragung des unmittelbaren Besitzes gescheiterte Pfandrechtsbestellung nicht in ein Zurückbehaltungsrecht umgedeutet werden, weil der dem Gläubiger allenfalls zustehende mittelbare Besitz dem Eigentümer und unmittelbaren Besitzer gegenüber kein Zurückbehaltungsrecht vermittelt.[465]

Schließlich steht die Übergabe von handelsrechtlichen **Traditionspapieren** (§§ 444, 475c, 212
650 HGB) der Übergabe der Sache gleich (§§ 448, 475g, 650 HGB). Zur Verpfändung genügen die Einigung und die Übergabe des indossierten Papiers.

Besondere Bedeutung in der Praxis erlangt das zur Gruppe der Vertragspfandrechte zäh- 213
lende und in Nr. 14 AGB-Banken bzw. Nr. 21 AGB-Sparkassen niedergelegte **AGB-Pfandrecht** der Banken und Sparkassen. Die durch die Einbeziehung der AGB vorweggenommene dingliche Einigung verschafft der Bank ein Pfandrecht an **sämtlichen Ansprüchen** des Kunden aus der „bankmäßigen Geschäftsverbindung". Insbesondere zählt hierzu auch ein **Pfandrecht an eigener Schuld**, also an Ansprüchen die der Kunde gegen die Bank hat (Guthaben, Herausgabe von Wertpapieren etc.), für welches es nicht der nach § 1280 BGB zur Verpfändung sonst erforderlichen Anzeige des Gläubigers der verpfändeten Forderung an den Schuldner bedarf.[466] Ferner erfasst dieses auch Ansprüche, die der Bank abgetreten wurden.[467] Ausnahmen bestehen lediglich dann, wenn der Bank **Beträge mit besonderer Zweckbestimmung** zugeleitet werden (Nr. 14 Abs. 3 AGB-Banken und Nr. 21 Abs. 2 AGB-Sparkassen). Bei offenen Treuhandkonten, wie etwa bei einem Anderkonto, ist das Pfandrecht hingegen (stillschweigend) gänzlich ausgeschlossen.[468] Dies soll jedoch nur dann gelten, wenn das Treuhandkonto auch als solches erkennbar ist.[469] Eröffnet ein Mieter ein Sparkonto und wird der Auszahlungsanspruch wirksam an den Vermieter verpfändet, so hat dieser ein Absonderungsrecht und der Auszahlungsanspruch ist nicht von dem AGB-Pfandrecht erfasst, da auch insoweit ein konkludenter Ausschluss wie bei offenen Treuhandkonten anzunehmen ist.[470]

Hinsichtlich des **Entstehungszeitpunkts** kommt ein Rechtserwerb nur für Zeiträume vor In- 214
solvenzeröffnung in Betracht. Darüber hinaus ist die Rechtsprechung zur Anfechtbarkeit des AGB-Pfandrechts gemäß § 131 Abs. 1 und Abs. 2 InsO für vorinsolvenzliche Zeiträume zu

462) BGH, Urt. v. 28.9.1977 – VIII ZR 82/76, MDR 1978, 220; BGH, Urt. v. 8.11.1972 – VIII ZR 79/71, NJW 1973, 141; RG, Urt. v. 13.3.1908 – Rep. VII. 256/07, RGZ 67, 421, 422; RG, Urt. v. 22.10.1927 – I 125/27, RGZ 118, 250, 253.

463) RG, Urt. v. 19.10.1914 – Rep. VI. 354/14, RGZ 85, 343, 346.

464) OGHBrZ Köln, Urt. v. 4.5.1950 – I ZS 57/49 und I ZS 75/49, NJW 1950, 785; Staudinger-*Wiegand*, BGB, § 1205 Rz. 31.

465) *Damrau* in: MünchKomm-BGB, § 1205 Rz. 9.

466) BGH, Urt. v. 29.11.1984 – IX ZR 44/84, BGHZ 93, 71, 76 = NJW 1985, 863.

467) BGH, Urt. v 18.11.2008 – XI ZR 590/07, NJW-RR 2009, 630, dazu EWiR 2009, 373 *(Jenal)*.

468) BGH, Urt. v. 25.6.1973 – II ZR 104/71, BGHZ 61, 72, 77 = NJW 1973, 1754; BGH, Urt. v. 13.10.1987 – VI ZR 270/86, NJW 1988, 263, 265.

469) BGH, Urt. v. 25.9.1990 – XI ZR 94/89, NJW 1991, 101, 102 = ZIP 1990, 1463.

470) Uhlenbruck-*Brinkmann*, InsO, § 50 Rz. 17.

beachten.[471] Ferner ist zu berücksichtigen, dass vor Insolvenzeröffnung ein Pfandrecht zwar auch zur Sicherung einer künftigen Forderung bestellt werden kann (§ 1204 Abs. 2 BGB), dieses jedoch an § 91 InsO scheitert, entsteht die Forderung erst nach Eröffnung des Verfahrens – z. B. durch Valutierung eines Darlehens. Sofern die Leistung an den Schuldner erfolgt, ist der Pfandgläubiger nur i. R. des § 82 InsO geschützt.[472]

bb) Gegenstand des Pfandrechts

215 Gegenstand des vertraglichen Pfandrechts können **körperliche Sachen**, **Forderungen** oder **andere übertragbare Vermögenswerte** (§§ 1204, 1273, 1274 Abs. 2 BGB) wie etwa Unternehmensbeteiligungen sein.[473] Bei Letztgenannten kann dies durch Verpfändung der Anteile nach §§ 1291, 1292 BGB erfolgen. Nicht übertragbar und demnach nicht Teil eines Vertragspfandrechts ist hingegen nach den §§ 850 ff. ZPO unpfändbares Einkommen. Daneben besteht eine Vielzahl weiterer gesetzlicher Regelungen, die eine Verpfändung ausschließen.[474] Bewegliche Sachen hingegen können, auch wenn sie gemäß § 811 ZPO unpfändbar sind, Gegenstand einer Verpfändung sein.[475] Besonderheiten bestehen auch für **wesentliche Bestandteile**, an welchen gemäß §§ 93, 94 BGB aufgrund fehlender Sonderrechtsfähigkeit kein Pfandrecht bestellt werden kann. Dafür wäre die Verpfändung der Hauptsache erforderlich. Wird die Hauptsache verpfändet, erfasst die Verpfändung darüber hinaus auch Erzeugnisse, die vom Pfand getrennt werden (§ 1212 BGB). Ob die Verpfändung der Hauptsache auch das **Zubehör** erfasst, ist hingegen Auslegungsfrage.[476] Für unbewegliche Gegenstände ist die Vorschrift des § 926 Abs. 1 BGB sowie die Haftung der §§ 1120, 1121 BGB (Haftungsverband) zu beachten.

216 Soll eine **Gesamtheit von Sachen** verpfändet werden, wie z. B. ein Warenlager, können Gegenstand des Pfandrechts nur die einzelnen Sachen bilden (Grundsatz der Spezialität).

217 Pfandrechte **an Rechten** werden nach den jeweiligen Übertragungsvorschriften begründet (§ 1274 Abs. 1 BGB). Die **Forderungsverpfändung** setzt neben dem Bestand der sichernden Forderung und deren Übertragbarkeit und Pfändbarkeit (§§ 1274, 399, 400 BGB) außer der **Einigung** (§§ 1205, 1273, 398 BGB) grundsätzlich die vor Eröffnung erfolgte **Verpfändungsanzeige** des Gläubigers an den Drittschuldner (§ 1280 BGB) voraus,[477] anders jedoch, wenn die verpfändete Forderung durch Brief- oder Buchgrundpfandrecht gesichert ist (§§ 1274, 1154, 1192, 1199).[478] Zur Verpfändung von **Sparkassenguthaben** oder **Versicherungsansprüchen** genügt die Aushändigung des Sparbuchs oder Versicherungsscheins daher nicht. Eine Einigung genügt, wenn Pfandobjekt Patente (§ 1274 BGB, § 15 Abs. 1 Satz 2 PatG), Geschmacksmuster (§ 3 GeschmMG), Gebrauchsmuster (§ 22 Abs. 1 Satz 2 GebrMG), Marken und Kennzeichen (§§ 27, 29 MarkenG) oder Wertpapiere im Depot (§§ 4, 12 DepotG) sind. Notarieller Form bedarf es bei Erbanteilen (§ 2033 Abs. 1 Satz 2 BGB) sowie GmbH-Anteilen (§§ 15 Abs. 3, 17 GmbHG).[479]

---

471) BGH, Urt. v. 17.6.2004 – IX ZR 124/03, NZI 2004, 492, dazu EWiR 2004, 1043 *(Flitsch)*; BGH, Urt. v. 12.2.2004 – IX ZR 98/03, NZI 2004, 314, dazu EWiR 2004, 1141 *(Beutler/Vogel)*.

472) Vgl. Jaeger-*Windel*, InsO, § 91 Rz. 31; *Lüke* in: KPB, InsO, § 91 Rz. 42; BGH, Urt. v. 27.1.2022 – IX ZR 44/21, Rz. 27, NZM 2022, 333.

473) *Tetzlaff*, ZInsO 2007, 478.

474) Vgl. Überblick bei *Damrau* in: MünchKomm-BGB, § 1274 Rz. 11.

475) Nerlich/Römermann-*Andres*, InsO, § 50 Rz. 3.

476) Uhlenbruck-*Brinkmann*, InsO, § 50 Rz. 5.

477) Jaeger-*Henckel*, InsO, § 50 Rz. 26.

478) Jaeger-*Henckel*, InsO, § 50 Rz. 27.

479) Nach h. M. bedarf es hier keiner Anzeige nach § 16 GmbHG, Scholz-*Seibt*, GmbHG, § 15 Rz. 174 f.

Das verpfändete Recht muss **vor Eröffnung** bereits entstanden sein. Nicht insolvenzfest ist daher die Verpfändung des Auseinandersetzungsguthabens eines Gesellschafters, wenn die Beendigung des Gesellschaftsverhältnisses erst durch Insolvenzeröffnung erfolgt.[480] Gleiches gilt für den Kontokorrentsaldo.[481] 218

cc) Erlöschen

Schließlich setzt § 1204 Abs. 1 BGB das Bestehen einer Forderung voraus. Da es sich somit um ein **akzessorisches Sicherungsrecht** handelt, erlischt das Pfandrecht mit Untergang der gesicherten Forderung. Dies schließt eine Verpfändung für künftige oder bedingte Forderungen jedoch nicht aus (§ 1204 Abs. 2 BGB). 219

dd) Verwertungsrecht

Mangels Besitzes an der beweglichen Sache ist der Verwalter in den Fällen eines **Faustpfandrechts** regelmäßig nicht nach § 166 Abs. 1 InsO verwertungsbefugt. Anders liegt es nur, und entspricht dem Zweck dieser Regelung, wenn der Schuldner in den Fällen des § 1206 BGB **Mitbesitz** am Pfandobjekt behalten hat.[482] Der nicht verwertungsberechtigte Verwalter kann die Verwertung jedoch nach § 173 Abs. 2 InsO beschleunigen. 220

Bei einer **Forderungsverpfändung** begründet § 166 Abs. 2 InsO ebenfalls **kein Einziehungsrecht des Verwalters.**[483] Die für die Geltendmachung der Forderung benötigten Informationen kann sich der Pfandgläubiger allerdings analog § 402 i. V. mit § 1274 Abs. 1 BGB vom Verwalter beschaffen. Ebenso bleibt es bei der Verpfändung sonstiger Rechte bei der Verwertungsbefugnis des Gläubigers analog § 173 Abs. 1 InsO. Ist allerdings noch keine Pfandreife eingetreten, ergibt sich aus §§ 191 Abs. 2, 198 InsO, dass der Gläubiger lediglich einen Anspruch auf Sicherstellung hat. Zur Einziehung des Rückkaufswerts einer verpfändeten Rückdeckungsversicherung ist mangels Pfandreife daher allein der Insolvenzverwalter berechtigt.[484] 221

b) Pfändungspfandrechte (§ 50 Abs. 1 Var. 2 InsO)

Gemäß § 50 Abs. 1 Var. 2 InsO sind ebenfalls diejenigen Gläubiger, die ein Pfändungspfandrecht an Gegenständen der Insolvenzmasse erlangt haben, zur abgesonderten Befriedigung aus dem Pfandgegenstand berechtigt (zum Gegenstand eines Pfandrechts siehe auch Rz. 215 ff.).[485] 222

aa) Erwerbsfragen

Gemäß § 808 Abs. 1 ZPO wird die Pfändung der im Gewahrsam des Schuldners befindlichen **körperlichen Sachen** dadurch bewirkt, dass der Gerichtsvollzieher sie in Besitz 223

480) BGH, Urt. v. 8.1.2009 – IX ZR 217/07, NZG 2009, 355, dazu EWiR 2009, 317 *(Schulz/Schröder)*; OLG Stuttgart, Urt. v. 27.6.2000 – 20 U 18/2000, NZI 2000, 430 = ZIP 2001, 82.

481) BGH, Urt. v. 25.6.2009 – IX ZR 98/08, BGHZ 181, 362 = NJW 2009, 2677, dazu EWiR 2009, 777 *(Junghans)*.

482) Nerlich/Römermann-*Becker*, InsO, § 166 Rz. 19.

483) BGH, Urt. v. 11.7.2002 – IX ZR 262/01, NZI 2002, 599, dazu EWiR 2002, 921 *(Gundlach/Frenzel)*; BGH, Urt. v. 15.5.2003 – IX ZR 218/02, NJW-RR 2003, 1490, dazu EWiR 2003, 799 *(Tetzlaff)*; OLG Jena, Urt. v. 5.4.2005 – 5 U 529/04, ZInsO 2005, 550, 552; *Flöther* in: KPB, InsO, § 166 Rz. 21.

484) BGH, Urt. v. 7.4.2005 – IX ZR 138/04, NZI 2005, 384, dazu EWiR 2005, 641 *(Balle)*. Darüber hinaus kann der Verwalter im Falle des Einzugs die Kosten der Feststellung und Verwertung analog § 171 InsO in Abzug bringen; vgl. BGH, Urt. v. 11.4.2013 – IX ZR 176/11, NZI 2013, 596, dazu EWiR 2013, 523 *(Mitlehner)*.

485) OLG Düsseldorf, Urt. v. 6.12.2018 – I-12 U 20/18, NZI 2019, 127 = ZIP 2019, 483.

nimmt. Sofern es sich hierbei um andere Sachen als Geld, Kostbarkeiten und Wertpapiere handelt, sind diese im Gewahrsam des Schuldners zu belassen, sofern hierdurch die Befriedigung des Gläubigers nicht gefährdet wird. Dabei wird die Wirksamkeit der Pfändung dadurch bedingt, dass diese durch Anlegung von Siegeln oder auf sonstige Weise ersichtlich gemacht wird (vgl. § 808 Abs. 2 Satz 2 ZPO).

224 Für die Pfändung von **Forderungen und anderen Vermögensrechten** ist hingegen gemäß § 828 Abs. 1 ZPO das Vollstreckungsgericht zuständig, wobei diese gemäß § 829 Abs. 1, 2 ZPO mittels Zustellung eines Pfändungsbeschlusses erfolgt. Dieser enthält neben dem sog. Arrestatorium (das Verbot gegen den Drittschuldner, dem Schuldner auf dessen Forderung hin zu zahlen), das sog. Inhibitorium, also das Gebot an den Schuldner, sich jeder Verfügung über die Forderung zu enthalten. Durch den Pfändungsbeschluss wird ein **relatives Verfügungsverbot** i. S. der §§ 135, 136 BGB bewirkt. Gleiches gilt für die Pfändung sonstiger Vermögensgegenstände (§§ 846, 857 ZPO).

225 In insolvenzrechtlicher Hinsicht finden gemäß § 80 Abs. 2 Satz 2 InsO die Vorschriften über die Wirkung einer Pfändung oder einer Beschlagnahme im Wege der Zwangsvollstreckung trotz Insolvenzeröffnung grundsätzlich weiterhin Anwendung. Dabei ist zu beachten, dass gerade **Maßnahmen des Vermögensschutzes nach der StPO** an diesen Voraussetzungen regelmäßig scheitern, wenn hierdurch zwar ein Veräußerungsverbot, jedoch kein Pfändungspfandrecht entsteht.[486)] Denn gemäß § 80 Abs. 2 Satz 1 InsO hat ein gegen den Schuldner bestehendes Veräußerungsverbot, dass nur den Schutz bestimmter Personen bezweckt, im Insolvenzverfahren keine Wirkung. Unabhängig von § 80 Abs. 2 InsO sind weitergehende das Pfändungspfandrecht beeinträchtigende insolvenzrechtliche Vorschriften im Hinblick auf dessen Entstehungszeitpunkt zu berücksichtigen (siehe hierzu Rz. 157 ff.).

226 Ferner ist zu berücksichtigen, dass ein Pfändungspfandrecht zwar nicht an **schuldnerfremden Sachen** entsteht (sog. **gemischt privat- und öffentlich-rechtliche Theorie**), da es an einem wirksamen Pfandrecht fehlt,[487)] jedoch an dem Anwartschaftsrecht an einer etwa unter Eigentumsvorbehalt erworbenen Sache. Dieses kann dann mit dem Erwerb des Volleigentums durch den Schuldner hieran erstarken.[488)] Das gilt jedoch nur solange, wie der Erwerb des Volleigentums noch vor Insolvenzeröffnung stattfindet. Ebenso entsteht kein Absonderungsrecht, wenn der Eigentumserwerb im Zeitraum des § 88 InsO erfolgt.[489)]

227 Die Pfändung von schuldnerfremden Forderungen, die dieser bereits vor der Pfändung abgetreten hatte, ist nicht möglich, so dass ein Pfändungspfandrecht an diesen Forderungen auch dann nicht entsteht, wenn der neue Gläubiger die Forderungen nach der Pfändung an den Schuldner zurückabtritt.[490)]

bb) Erlöschen

228 Neben weiteren Möglichkeiten des Erlöschens des Pfändungspfandrechts ist insbesondere wegen der **Akzessorietät** von Pfandrecht und Forderung ein Erlöschensgrund dann gegeben, wenn die zugrunde liegende Forderung für die es besteht erlischt (§ 1252 BGB i. V. mit der privat- und öffentlich-rechtlichen Theorie).

---

486) BGH, Urt. v. 24.5.2007 – IX ZR 41/05, NZI 2007, 450, dazu EWiR 2007, 693 *(Malitz)*.

487) BGH, Urt. v. 2.7.1992 – IX ZR 274/91, BGHZ 119, 75 = NJW 1992, 2570, 2573.

488) BGH, Urt. v. 22.2.1956 – IV ZR 164/55, BGHZ 20, 88, 101 = NJW 1956, 665; *Ganter* in: MünchKomm-InsO, § 50 Rz. 78.

489) Jaeger-*Henckel*, InsO, § 50 Rz. 78.

490) BGH, Urt. v. 21.9.2006 – IX ZR 23/05, NJW-RR 2007, 927 = ZIP 2007, 146.

Daneben kommt die Aufgabe des Pfandrechts durch den Gläubiger gemäß §§ 1253, 1255 BGB sowie ein gutgläubiger Erwerb der Pfandsache durch einen Dritten gemäß § 135 Abs. 2, §§ 136, 932, 936 BGB in Betracht.[491] 229

Praxishinweis

Ferner ist an eine insolvenzrechtliche Anfechtbarkeit für die durch Zwangsvollstreckung erlangte Sicherung bzw. Befriedigung zu denken.[492] Zwangsvollstreckungsmaßnahmen eröffnen die Anfechtbarkeit nach § 131 InsO als inkongruente Deckung und sind damit regelmäßig im Drei-Monats-Zeitraum vor Insolvenzantragstellung anfechtbar mit der Folge, dass der Insolvenzverwalter dem Absonderungsrecht die Einrede des anfechtbaren Erwerbs entgegenhalten kann (§ 146 Abs. 2 InsO analog).

cc) Verwertungsrecht

Besitzt der Verwalter die gepfändete Sache (etwa weil sie im Besitz des Schuldners belassen wurde), ist dieser nach § 166 Abs. 1 InsO auch zur Verwertung berechtigt. Die gepfändete Forderung kann hingegen der Vollstreckungsgläubiger einziehen. § 166 Abs. 2 InsO ist nicht entsprechend anwendbar.[493] 230

c) Gesetzliche Pfandrechte (§ 50 Abs. 1 Var. 3 InsO)

Ferner berechtigen auch gesetzliche Pfandrechte gemäß § 50 Abs. 1 Var. 3 InsO zur abgesonderten Befriedigung.[494] Hierzu zählen Besitzpfandrechte wie auch besitzlose Pfandrechte, wobei Unterschiede bei der Verwertung bestehen (vgl. § 166 Abs. 1 InsO).[495] Folgende Besitzpfandrechte sollen im Hinblick auf die Erwerbsvoraussetzungen näher dargestellt werden: 231

- Werkunternehmerpfandrecht gemäß § 647 BGB,
- Handelsrechtliche Pfandrechte gemäß §§ 397 ff., 464 ff., 475b und 441 ff. HGB sowie
- Pächterpfandrecht nach §§ 583, 585 Abs. 2 BGB.

Als besitzlose Pfandrechte soll zu folgenden Rechten ein Überblick hinsichtlich der Entstehungsvoraussetzungen sowie einiger insolvenzrechtlicher Besonderheiten gegeben werden: 232

- Vermieter- und Verpächterpfandrecht gemäß §§ 562, 581 Abs. 2, 592 BGB,
- Pfandrecht des Gastwirts gemäß § 704 BGB,
- Pfandrecht des Geschädigten am Freistellungsanspruchs des Versicherungsnehmers gemäß § 110 VVG sowie
- Pfandrecht des Berechtigten an einer Hinterlegung gemäß § 132 BGB; vgl. § 233 BGB.

Die Pfandrechte im Seehandelsrecht gemäß §§ 623, 674, 726, 752, 755 HGB,[496] das Inventarpfandrecht nach Pachtkreditgesetz an den zum Inventar gehörenden Wirtschaftsfrüchten sowie das Früchtepfandrecht nach Düngemittelsicherungsgesetz an Verkaufsfrüchten[497] sollen hier keine Erwähnung finden. 233

491) Musielak/Voit-*Flockenhaus*, ZPO, § 804 Rz. 12.

492) BGH, Urt. v. 22.1.2004 – IX ZR 39/03, BGHZ 157, 350, 353 = NJW 2004, 1444.

493) *Wegener* in: FK-InsO, § 166 Rz. 11.

494) BayObLG, Beschl. v. 19.8.2021 – 102 VA 74/21, NJW-RR 2021, 1643.

495) Zum Gegenstand der Pfandrechte s. bereits die Ausführungen zum rechtsgeschäftlichen Pfandrecht ab Rz. 221.

496) S. hierzu Jaeger-*Henckel*, InsO, § 50 Rz. 73 f.

497) S. hierzu Jaeger-*Henckel*, InsO, § 50 Rz. 75.

aa) Werkunternehmerpfandrecht (§ 647 BGB)

234 Gemäß § 647 BGB hat der Unternehmer für seine Forderungen aus dem Vertrag[498] ein Pfandrecht an den von ihm hergestellten oder ausgebesserten beweglichen Sachen des Bestellers, wenn sie bei der Herstellung oder zum Zwecke der Ausbesserung in seinen Besitz gelangt sind. Gegenstand des Pfandrechts können nur **bewegliche Sachen** i. S. der §§ 90 ff. sein.[499] Der Unternehmer eines Bauwerks ist hingegen über § 650e BGB durch den Anspruch auf Einräumung einer Sicherungshypothek abgesichert.

235 Darüber hinaus setzt § 647 BGB voraus, dass es sich um **Sachen des Bestellers** handelt. Insbesondere bei neu herzustellenden Sachen ist insofern zu bedenken, dass nicht der Besteller, sondern vielmehr der Unternehmer regelmäßig gemäß § 950 BGB Eigentum an der Sache erwirbt, so dass § 647 BGB nur dann Anwendung findet, wenn die Vertragsparteien den Besteller zum „fiktiven" Hersteller i. S. von § 950 BGB bestimmen.[500] Hauptanwendungsfall sind daher **Reparaturarbeiten an Sachen des Bestellers**, wobei es ausreichen soll, dass der Besteller lediglich ein Anwartschaftsrecht an den Sachen Dritter inne hat,[501] mit der Folge, dass das Werkunternehmerpfandrecht am Anwartschaftsrecht gemäß § 1287 Satz 1 BGB analog entsteht und an der Sache erstarkt, wenn der Besteller Volleigentum erwirbt. Ein **gutgläubiger Pfandrechtserwerb** ist hingegen **ausgeschlossen.**[502] Darüber hinaus steht dem Unternehmer wegen der auf die Sache getätigten Verwendungen gemäß §§ 994, 996 BGB ein Zurückbehaltungsrecht nach § 1000 BGB gegenüber dem Herausgabeverlangen des Eigentümers zu.[503]

236 Die Vorschrift setzt ferner voraus, dass der Unternehmer den **Besitz** an der Sache **bei der Herstellung** oder **zum Zweck der Ausbesserung** erlangt hat. Neben dem unmittelbaren Besitz nach § 854 BGB genügt auch die Begründung von **mittelbarem Besitz** nach § 868 BGB den Anforderungen des § 647 BGB, wobei erforderlich ist, dass der Unternehmer den Besteller für die Zeit der Werkherstellung zumindest von einer Einwirkung auf die Sache **ausschließen kann.**[504] Da § 647 BGB den Sicherungszweck verfolgt, dem vorleistungsverpflichteten Unternehmer eine Sicherheit zu verschaffen, ist darüber hinaus erforderlich, dass die im Zusammenhang mit dem Werkvertrag[505] in den Besitz des Werkunternehmers gelangten Sachen des Bestellers bereits be- oder verarbeitet sind.

237 Das Werkunternehmerpfandrecht erlischt schließlich mit der willentlichen Herausgabe der Sache an den Besteller und entsteht auch dann nicht wieder neu, wenn der Unternehmer erneut in den Besitz der Sache gelangt.[506]

498) *Busche* in: MünchKomm-BGB, § 647 Rz. 14.

499) *Busche* in: MünchKomm-BGB, § 647 Rz. 4.

500) Zur Möglichkeit dieser Bestimmung vgl. *Füller* in: MünchKomm-BGB, § 950 Rz. 27 ff.

501) BGH, Urt. v. 31.5.1965 – VIII ZR 302/63, MDR 1965, 736 = NJW 1965, 1475 – zum Vermieterpfandrecht.

502) BGH, Urt. v. 18.5.1983 – VIII ZR 86/82, BGHZ 87, 274, 280 = NJW 1983, 2140; BGH, Urt. v. 21.12.1960 – VIII ZR 146/59, BGHZ 34, 153, 154 = NJW 1961, 502; der hierzu entwickelte Streitstand spielt in der Praxis kaum noch eine Rolle, da der Werkunternehmer regelmäßig über seine allgemeinen Geschäftsbedingungen ein vertragliches Pfandrecht mit dem Besteller vereinbart mit der Folge, dass dadurch ein gutgläubiger Erwerb erfolgen kann.

503) Zur Wirksamkeit des AGB Pfandrechts vgl. BGH, Urt. v. 14.7.1987 – X ZR 38/86, BGHZ 101, 307, 315 ff. = NJW 1987, 2818; BGH, Urt. v. 18.5.1983 – VIII ZR 86/82, BGHZ 87, 274, 279 = NJW 1983, 2140.

504) RG, Urt. v. 14.12.1909 – Rep. VII. 329/09, RGZ 72, 281, 284, 285.

505) *Busche* in: MünchKomm-BGB, § 647 Rz. 10.

506) BGH, Urt. v. 18.5.1983 – VIII ZR 86/82, BGHZ 87, 274, 280 f. = NJW 1983, 2140.

bb) Handelsrechtliche Pfandrechte

Des Weiteren gewähren verschiedene Regelungen aus dem Handelsrecht dem Leistungserbringer ein Pfandrecht an in seinen Besitz gelangten Gegenständen des Leistungsempfängers. 238

Gemein ist den nachfolgend genannten handelsrechtlichen Pfandrechten, dass für diese gemäß § 366 Abs. 3 HGB Besonderheiten im Hinblick auf den gutgläubigen Erwerb des Pfandrechts bestehen. Hiernach steht das gesetzliche Pfandrecht des Kommissionärs, des Frachtführers, des Spediteurs und des Lagerhalters hinsichtlich des Schutzes des guten Glaubens einem gemäß § 366 Abs. 1 HGB durch Vertrag erworbenen Pfandrecht gleich, mit der Folge, dass die Vorschriften der §§ 1207, 932, 934, 935 BGB Anwendung finden. 239

(1) Kommissionär-Pfandrecht (§ 397 HGB)

Gemäß § 397 HGB hat der Kommissionär an dem Kommissionsgut, sofern er es im Besitz hat, insbesondere mittels Konnossement, Ladeschein oder Lagerschein darüber verfügen kann, ein Pfandrecht wegen der auf das Gut verwendeten Kosten, der Provision, der auf das Gut gegebenen Vorschüsse und Darlehen, der mit Rücksicht auf das Gut gezeichneten Wechsel oder in anderer Weise eingegangenen Verbindlichkeiten sowie wegen aller Forderungen aus laufender Rechnung in Kommissionsgeschäften. 240

Erforderlich ist damit 241

- einerseits ein wirksamer **Kommissionsvertrag**
- andererseits das **Bestehen einer Forderung**,

wobei zu beachten ist, dass das Pfandrecht neben **konnexen Forderungen** auch **sämtliche weiteren Forderungen aus laufender Rechnung in Kommissionsgeschäften**, also auch solche aus anderen Kommissionsgeschäften, sichert.

Andererseits muss der Kommissionär bereits vor Insolvenzeröffnung **(un-)mittelbaren Besitz** am Kommissionsgut erlangt haben.[507] 242

Besonderheiten bestehen darüber hinaus für das **Befriedigungsrecht** an dem Kommissionsgut gemäß §§ 398 ff. HGB. Hiernach kann sich der Kommissionär, auch wenn er Eigentümer des Kommissionsguts geworden ist, abweichend von § 1256 BGB nach Maßgabe der für das Pfandrecht geltenden Vorschriften aus dem Gut befriedigen. Dies ist insbesondere für die Einkaufskommission beachtlich. 243

Überträgt der Kommissionär das Eigentum an den Kommittenten gemäß §§ 929, 930 BGB, so soll das pfandrechtsähnliche Befriedigungsrecht nach § 398 HGB in ein Pfandrecht gemäß § 397 HGB übergehen.[508] Darüber hinaus kann sich der Kommissionär für die in § 397 HGB bezeichneten Ansprüche aus den **Forderungen**, welche durch das für Rechnung des Kommittenten geschlossene Geschäft begründet werden, vor dem Kommittenten und dessen Gläubigern befriedigen (§ 399 HGB). 244

(2) Das Frachtführerpfandrecht (§ 440 Abs. 1 HGB)

Gemäß § 440 Abs. 1 HGB hat der Frachtführer wegen aller durch den Frachtvertrag begründeten Forderungen sowie wegen unbestrittener Forderungen aus anderen mit dem Absender abgeschlossenen Fracht-, Speditions- oder Lagerverträgen ein Pfandrecht an dem Gut.[509] Im Hinblick auf Umfang und Entstehung des Pfandrechts gelten die Aus- 245

---

507) RG, Urt. 17.4.1909 – Rep. I. 209/08, RGZ 71, 76, 77.

508) Koller/Kindler/Roth/Drüen-*Roth*, HGB, § 398 Rz. 1.

509) Ausführlich zum Frachtführerpfandrecht auch *Didier*, NZI 2003, 513, 518.

führungen zum Kommissionär-Pfandrecht entsprechend. Auch hier sichert das Pfandrecht im bestimmten Umfang **inkonnexe Forderungen**, wobei es genügt, wenn sie unbestritten sind.[510)]

246 Besonderheiten bestehen hinsichtlich des Erlöschens des Frachtführerpfandrechts gemäß § 441 Abs. 3, § 442 Abs. 1 Satz 2 HGB. Danach bleibt einerseits das Pfandrecht jedes vorhergehenden Frachtführers solange bestehen, wie das des letzten Frachtführers. Andererseits ist das Pfandrecht nach § 441 Abs. 3 HGB entgegen § 1253 Abs. 1 BGB zeitlich verlängert. Danach besteht auch nach der Ablieferung des Guts das Pfandrecht fort, wenn der Frachtführer es innerhalb von drei Tagen nach der Ablieferung gerichtlich geltend macht und das Gut noch im Besitz des Empfängers ist. Einen möglichen gutgläubigen lastenfreien Erwerb nach § 936 BGB verhindert diese Vorschrift jedoch nicht.[511)]

(3) Spediteurpfandrecht (§ 464 HGB)

247 Gemäß § 464 Satz 1 HGB hat der Spediteur wegen aller durch den Speditionsvertrag begründeten Forderungen sowie wegen unbestrittener Forderungen aus anderen mit dem Versender abgeschlossenen Speditions-, Fracht- und Lagerverträgen ein Pfandrecht an dem Gut. Da § 464 Satz 3 HGB auf § 440 Abs. 1 Satz 3 und Abs. 2 bis Abs. 4 HGB verweist, gelten die Vorschriften des Frachtführerpfandrechts nach § 440 HGB (siehe Rz. 245).

248 Wie § 440 Abs. 1 HGB für den Frachtführer regelt § 465 Abs. 2 HGB auch für das Spediteurpfandrecht, das dieses auf einen nachfolgenden Spediteur übergeht, soweit ein vorhergehender Frachtführer oder Spediteur von diesem befriedigt wird. Dies gilt nach § 441 Abs. 3 HGB auch dann, wird die Forderung des Spediteurs durch den nachfolgenden Frachtführer befriedigt.

(4) Lagerhalterpfandrecht (§ 475b HGB)

249 Gemäß § 475b Abs. 1 HGB hat auch der Lagerhalter wegen aller durch den Lagervertrag begründeten Forderungen sowie wegen unbestrittener Forderungen aus anderen mit dem Einlagerer abgeschlossenen Lager-, Fracht- und Speditionsverträgen ein Pfandrecht an dem Gut. Dieses erstreckt sich nach Satz 3 auch auf die **Forderung aus einer Versicherung sowie auf die Begleitpapiere.** Das Pfandrecht besteht dabei grundsätzlich am gesamten Gut, ohne Rücksicht auf das Wertverhältnis der zu sichernden Forderung des Lagerhalters am Lagergut.[512)]

250 Zu beachten ist darüber hinaus, dass zwar grundsätzlich auch **inkonnexe Forderungen** (also solche aus anderen mit dem Einlagerer abgeschlossenen Lager-, Fracht- und Speditionsverträgen) erfasst sind, jedoch nicht Forderungen aus anderen Rechtsgründen, etwa wegen der Bearbeitung des Guts.[513)]

251 Das Pfandrecht erstreckt sich gemäß Absatz 1 Satz 3 auf die Begleitpapiere und besteht gemäß § 475b Abs. 3 HGB solange, wie der Lagerhalter das Gut in **Besitz** hat, insbesondere solange er über das Gut mittels Konnossement, Ladeschein oder Lagerschein (§§ 642, 444, 475c HGB) verfügen kann. Zwar reicht hierfür mittelbarer Besitz nach § 868 BGB

510) BGH, Urt. v. 21.4.2005 – IX ZR 24/04, NZI 2005, 389, dazu EWiR 2005, 545 *(Gerhardt)*; BGH, Urt. v. 18.4.2002 – IX ZR 219/01, BGHZ 150, 326 = NZI 2002, 485; Hopt-*Merkt*, HGB, § 440 Rz. 3.

511) Hopt-*Merkt*, HGB, § 440 Rz. 8.

512) BGH, Urt. v. 22.4.1999 – I ZR 37/97, NJW 1999, 3716, jedoch besteht ggf. ein Freigabeanspruch.

513) BGH, Urt. v. 30.6.1960 – II ZR 264/58, BB 1960, 837, vielmehr greift insofern insbesondere das Werkunternehmerpfandrecht.

aus und auch ein unfreiwilliger Besitzverlust beendet das Pfandrecht nicht,[514] jedoch besteht kein Folgerecht wie beim Frachtführerpfandrecht nach § 440 Abs. 3 HGB.

cc) Pächterpfandrecht (§ 583 BGB)

Gemäß § 583 Abs. 1 BGB steht dem Pächter eines Grundstücks für die Forderung gegen den Verpächter, die sich auf das mitgepachtete Inventar bezieht, ein Pfandrecht an den in seinen **Besitz** gelangten **Inventarstücken** zu. Die sich auf jegliche Art von Pachtverträgen beziehende Vorschrift setzt kein Eigentum des Verpächters an den Inventarstücken voraus.[515] Erfasst werden neben dem Anspruch auf Rückzahlung einer Kaution für das Inventar, Ansprüche wegen ursprünglicher Mängel des Inventars und auf Inventarergänzung gemäß § 582 Abs. 2 BGB sowie der Anspruch auf Wertausgleich nach § 582a Abs. 3 BGB.[516] 252

dd) Vermieter-/Verpächterpfandrecht (§§ 562, 581 Abs. 2, 592 BGB)

Gemäß § 562 Abs. 1 BGB hat der Vermieter für seine Forderungen aus dem Mietverhältnis ein Pfandrecht an den in die Mieträume eingebrachten Sachen des Mieters. 253

Vom Anwendungsbereich her erstreckt sich die Vorschrift auf Wohnraummietverhältnisse, auf Mietverhältnisse über Grundstücke und über Räume, die keine Wohnräume sind (Gewerbe- oder Geschäftsräume) sowie auf Untermietverhältnisse. Während die §§ 562 ff. BGB gemäß § 581 Abs. 2 BGB auch für die Pacht gelten, regelt § 592 BGB Besonderheiten für das Landpachtverhältnis.[517] 254

Das Vermieterpfandrecht ist ein kraft Gesetzes entstehendes **besitzloses Pfandrecht**, bei welchem der Besitz des Pfandgegenstands beim Mieter verbleibt.[518] Somit sind auf das besitzlose Pfandrecht die Vorschriften über das rechtsgeschäftliche Pfandrecht gemäß §§ 1204 ff. BGB nur dann anwendbar, wenn sie keinen Besitz am Pfandobjekt voraussetzen (§ 1257 BGB).[519] Damit gelten insbesondere die Vorschriften der §§ 1209, 1228 ff., 1253, 1215 BGB sowie der sachenrechtliche Prioritätsgrundsatz.[520] 255

Pfandgläubiger i. S. des § 562 BGB ist grundsätzlich der sich aus dem Mietvertrag ergebende Vermieter mit der Folge, dass bei der Untermiete das Pfandrecht dem Untervermieter zusteht und nicht dem Hauptvermieter. 256

Zunächst setzt die Entstehung des Vermieterpfandrechts das **Einbringen der Sachen in die Mieträumlichkeiten** voraus, um die sachenrechtliche Publizität herzustellen. Dabei muss der Mieter die Sache während der Dauer des Mietverhältnisses und in Ausübung seines mietvertraglichen Gebrauchsrechts **willentlich** und nicht lediglich vorübergehend in die Mieträume schaffen.[521] Da es sich insoweit lediglich um einen Realakt handelt, sind etwaige **Willensmängel unbeachtlich**,[522] so dass sich der Mieter der Entstehung des Vermieterpfandrechts nicht bewusst sein muss. 257

---

514) Arg. ex § 1253 BGB; vgl. Hopt-*Merkt*, HGB, § 475b Rz. 3.

515) BGH, Urt. v. 21.12.1960 – VIII ZR 146/59, BGHZ 34, 153, 157 = NJW 1961, 502, 503.

516) *Harke* in: MünchKomm-BGB, § 583 Rz. 1.

517) *Wiederhold* in: BeckOK-BGB, § 562 Rz. 2.

518) Grüneberg-*Weidenkaff*, BGB, § 562 Rz. 2 m. w. N.

519) *Wiederhold* in: BeckOK-BGB, § 562 Rz. 3.

520) *Artz* in: MünchKomm-BGB, § 562 Rz. 5.

521) RG, Urt. 16.3.1931 – VIII 632/30, RGZ 132, 116, 118; OLG Frankfurt/M., Urt. v. 19.5.2006 – 24 U 11/06, IMR 2006, 114 = ZMR 2006, 609; Grüneberg-*Weidenkaff*, BGB, § 562 Rz. 6.

522) Grüneberg-*Weidenkaff*, BGB, § 562 Rz. 6; *Artz* in: MünchKomm-BGB, § 562 Rz. 12.

258 Ausreichend für das Verschaffen in die Räumlichkeiten soll es sein, wenn die Gegenstände bereits zum Zeitpunkt des Mietbeginns in den Mieträumen vorhanden waren oder später dort erzeugt wurden.[523] Die **Einbringung** muss dabei von der lediglich **vorübergehenden Verbringung** unterschieden werden. Letztere soll dann vorliegen, wenn die Sache weder bestimmungsgemäß noch endgültig in den Mieträumlichkeiten verbleiben soll. Demnach ist das Warenlager eines Kaufmanns, auch wenn dessen Teile an sich für den kurzfristigen Verkauf bestimmt sind, nicht vorübergehend eingebracht, da die Waren dort bestimmungsgemäß gelagert werden.[524] Gleiches gilt für Fahrzeuge des Mieters, die auf dem gemieteten Grundstück regelmäßig abgestellt werden.[525] Fraglich ist dies hingegen etwa bei der Tageskasse.[526]

259 Des Weiteren muss es sich bei den eingebrachten Gegenständen um **Sachen i. S. des § 90 BGB**, also nur körperliche Gegenstände, handeln. Gegenstände, die durch Verbindung mit dem Grundstück wesentliche Bestandteile dessen werden, fallen nicht in den Anwendungsbereich der Norm.[527]

260 Die eingebrachten Sachen müssen im **Eigentum** des Mieters stehen.[528] Ein Pfandrecht an Sachen Dritter entsteht nicht. Auch ein **gutgläubiger Erwerb des Vermieterpfandrechts ist ausgeschlossen** (§§ 1207, 1257 BGB).[529] Besonderheiten sind bei der Vermietung an **Personenmehrheiten** zu beachten. Bei der Vermietung an eine Personenhandelsgesellschaft (oHG oder KG) als Partei des Mietvertrags haften etwa lediglich die im Eigentum der Gesellschaft stehenden eingebrachten Sachen, nicht dagegen die Sachen der persönlich haftenden Gesellschafter. Gleiches gilt für die Außen-BGB-Gesellschaft.[530]

261 Erforderlich für die Entstehung des Vermieterpfandrechts ist jedoch nicht, dass der Mieter bereits Volleigentum an der Sache erworben hat. Insbesondere beim Kauf unter Eigentumsvorbehalt kann das Vermieterpfandrecht bereits mit Einbringung in die Mieträume entstehen, obwohl der Eigentumserwerb erst anschließend vollzogen wird. Dieses erfasst dann allerdings zunächst lediglich das dem Mieter zustehende **Anwartschaftsrecht** und erstarkt mit Bedingungseintritt am Vollrecht mit der Folge, einen **Vorrang** vor den ggf. in der Zwischenzeit begründeten Pfändungspfandrechten Dritter inne zu haben.[531] Ein Vorrang besteht auch, wird die Sache einem Dritten sicherungsübereignet, welcher das Sicherungseigentum in diesem Fall nur belastet mit dem Vermieterpfandrecht erwirbt (siehe auch Rz. 262);[532] selbst dann, wenn der Mieter das Anwartschaftsrecht auf einen Dritten überträgt.[533] Das Vermieterpfandrecht genießt für den Fall, dass Sicherungsübereignung und Vermieterpfandrecht erst mit Einbringung der Sachen in die Mieträume wirksam werden, zum Schutze vor seiner wirtschaftlichen Aushöhlung trotz des ansonsten zeitli-

523) Grüneberg-*Weidenkaff*, BGB, § 562 Rz. 6.

524) BGH, Urt. v. 12.2.1992 – XII ZR 7/91, BGHZ 117, 200 = NJW 1992, 1156; *Ehricke* in: FS Gerhardt, S. 191, 199.

525) BGH, Urt. v. 6.12.2017 – XII ZR 95/16, NJW 2018, 1083, dazu EWiR 2018, 115 *(Mitlehner)*.

526) Dafür stimmend: Schmidt-Futterer-*Lammel*, MietR, § 562 BGB Rz. 36; a. A. OLG Braunschweig, Beschl. v. 27.11.1979 – 2 U 175/79, OLGZ 1980, 239 = MDR 1980, 403.

527) *Wiederhold* in: BeckOK-BGB, § 562 Rz. 14.

528) Beim Miteigentum erstreckt sich das Pfandrecht auf den Miteigentumsanteil, vgl. RG, Urt. v. 21.01.1935 – IV 261/34, RGZ 146, 334, 335.

529) BGH, Urt. v. 21.12.1960 – VIII ZR 146/59, BGHZ 34, 153, 154 = NJW 1961, 502.

530) BGH, Urt. v. 29.1.2001 – II ZR 331/00, BGHZ 146, 341 = NJW 2001, 1056.

531) BGH, Urt. v. 10.4.1961 – VIII ZR 68/60, BGHZ 35, 85, 88 = NJW 1961, 1349; BGH, Urt. v. 12.2.1992 – XII ZR 7/91, BGHZ 117, 200 = NJW 1992, 1156.

532) BGH, Urt. v. 12.2.1992 – XII ZR 7/91, BGHZ 117, 200 = NJW 1992, 1156.

533) OLG Düsseldorf, Urt. v. 19.12.1997 – 22 U 133/97, NJW-RR 1998, 559 = NZM 1998, 237; OLG Düsseldorf, Urt. v. 10.9.1999 – 22 U 59/99, NZI 2000, 82.

chen Gleichlaufs **Vorrang vor der Sicherungsübereignung** (siehe hierzu Rz. 294).[534] Diese Folge lässt sich nur dadurch vermeiden, dass der Rechtserwerb eines Dritten vor der Einbringung der Sache in das Mietobjekt erfolgt, da die Sache dann zum Zeitpunkt der Einbringung nicht mehr im Eigentum des Mieters steht.[535]

Veräußert der Mieter die mit dem Vermieterpfandrecht belastete Sache nach der Einbringung an einen Dritten, so ist zwar ein **gutgläubiger, lastenfreier Erwerb** der Sache grundsätzlich möglich (vgl. §§ 929, 932, 936 BGB), allerdings sind an die Gutgläubigkeit des Erwerbers **strenge Anforderungen** zu stellen, der sich im Einzelfall nach einem etwaigen Vermieterpfandrecht erkundigen muss.[536] 262

Weitere Voraussetzung für das Entstehen des Vermieterpfandrechts ist das **Bestehen einer Forderung** des Vermieters aus dem Mietverhältnis. Hierzu zählen neben der Forderung auf Zahlung der Miete[537] und auf Zahlung einer Nutzungsentschädigung nach § 546a BGB auch die Forderung wegen eines Mietausfalls.[538] Ferner reichen auch Ersatzansprüche des Vermieters wegen einer Beschädigung der Mietsache[539] sowie Zinsen und Nebenkosten des Vermieters nach Maßgabe des § 1210 BGB aus. 263

Das Vermieterpfandrecht an eingebrachten pfändbaren Sachen des Mieters **entsteht** dabei bereits **mit der Einbringung**, auch soweit es erst künftig entstehende Forderungen aus dem Mietverhältnis sichert,[540] da es sich hierbei nach § 163 BGB um **aufschiebend befristete Ansprüche** handelt, die bereits mit Abschluss des Mietvertrags entstehen.[541] Zwar brauchen die Forderungen noch nicht fällig zu sein, jedoch kann das Pfandrecht nach § 562 Abs. 2 BGB nur für die Miete für das laufende und das folgende Mietjahr geltend gemacht werden. Nach Absatz 2 besteht das Pfandrecht darüber hinaus ebenfalls nicht für künftige Entschädigungsforderungen, wobei maßgeblicher Zeitpunkt jeweils derjenige der Geltendmachung des Pfandrechts ist.[542] Die Entschädigungsforderung muss bereits einklagbar sein.[543] 264

Nach § 562 Abs. 1 Satz 2 BGB erstreckt sich das Pfandrecht nicht auf diejenigen Sachen, **die der Pfändung nicht unterliegen.** 265

§ 562a BGB regelt das Erlöschen des Vermieterpfandrechts. Hiernach erlischt das Pfandrecht des Vermieters mit der **Entfernung** der Sache von dem Grundstück, es sei denn, diese erfolgt ohne Wissen oder unter Widerspruch des Vermieters. Wie bei der Einbringung handelt es sich bei der Entfernung ebenfalls um einen Realakt, so dass dafür jede willentliche Wegschaffung der eingebrachten Sache durch den Mieter oder einen Dritten (mit Willen des Mieters) genügt.[544] Gleichgültig dabei ist, ob die Sachen auf Dauer oder 266

534) BGH, Urt. v. 4.12.2003 – IX ZR 222/02, NZI 2004, 209, dazu EWiR 2004, 349 *(Pape)*; BGH, Urt. v. 12.2.1992 – XII ZR 7/91, BGHZ 117, 200 = NJW 1992, 1156.

535) OLG Düsseldorf, Urt. v. 16.12.1998 – 11 U 33/98, ZMR 1999, 474, 478, dazu EWiR 1999, 593 *(Muth)*.

536) BGH, Urt. v. 20.6.2005 – II ZR 189/03, NZM 2005, 665 = NJW-RR 2005, 1328.

537) BGH, Urt. v. 6.12.1972 – VIII ZR 179/71, BGHZ 60, 22, 24 = NJW 1973, 238.

538) BGH, Urt. v. 8.3.1972 – VIII ZR 183/70, NJW 1972, 721.

539) BGH, Urt. v. 6.12.1972 – VIII ZR 179/71, BGHZ 60, 22, 24 = NJW 1973, 238.

540) BGH, Urt. v. 20.3.1986 – IX ZR 42/85, NJW 1986, 2426, 2427; BGH, Urt. v. 14.12.2006 – IX ZR 102/03, BGHZ 170, 196 = NJW 2007, 1588; *Artz* in: MünchKomm-BGB, § 562 Rz. 6.

541) BGH, Urt. v. 28.3.1990 – VIII ZR 17/89, BGHZ 111, 84, 93 = NJW 1990, 1785; BGH, Urt. v. 11.11.2004 – IX ZR 237/03, ZIP 2005, 181 = NZI 2005, 164, m. Anm. *Gundlach/N. Schmidt*; BGH, Urt. v. 14.12.2006 – IX ZR 102/03, BGHZ 170, 196 = NJW 2007, 1588.

542) *Artz* in: MünchKomm-BGB, § 562 Rz. 8.

543) OLG Düsseldorf, Urt. v. 4.6.1998 – 24 U 91/97, ZMR 2000, 518, 520.

544) RGZ 71, 418, 419; LG Mannheim, Urt. v. 30.10.2003 – 10 S 38/03, ZIP 2003, 2374, dazu EWiR 2003, 1257 *(A. Schmidt)*.

nur für eine vorübergehende Zeit entfernt werden,[545] so dass insbesondere bei einer nur vorübergehenden Entfernung Zwischenverfügungen über die nunmehr unbelastete Sache erfolgen können. Die Entfernung der Sache kann dabei ebenfalls im Wege der Wegnahme durch den **Gerichtsvollzieher** erfolgen, ohne dass der Vermieter der Entfernung widersprechen könnte. Der Schutz des Vermieters wird in diesen Fällen durch § 805 ZPO gewährleistet, also die Möglichkeit der **vorzugsweisen Befriedigung** aus dem Erlös. Dies gilt ebenfalls für die Wegnahme durch den Insolvenzverwalter, da der Vermieter hier entsprechend der Regelung des § 805 ZPO durch sein Recht auf abgesonderte Befriedigung geschützt wird.[546]

267 Erfolgt die Entfernung der Sache aus dem Mietobjekt ohne Wissen des Vermieters mit der Folge, dass das Pfandrecht an sich gemäß § 562a Satz 2 BGB bestehen bleibt, so erlischt es gleichwohl, wenn der Vermieter – auch im Falle der Kenntnis – der Entfernung nach § 562a Satz 2 BGB nicht hätte widersprechen können.[547] Ein Widerspruchsrecht des Vermieters kommt nämlich insbesondere dann nicht in Betracht, wenn die Entfernung der Sache im **regelmäßigen Geschäftsbetrieb** des Mieters erfolgt, da dieser mit dem Begriff der „gewöhnlichen Lebensverhältnisse“ des § 562a Satz 2 BGB gleichzusetzen ist.[548] Während für das Tatbestandsmerkmal der gewöhnlichen Lebensverhältnisse beim Wohnraummietverhältnis auf die allgemeine Verkehrssitte abzustellen ist, bestehen Besonderheiten bei Geschäftsräumlichkeiten. Da sich im laufenden Geschäftsbetrieb an der Sicherheit des Vermieters im Ergebnis nichts ändert, wenn der Mieter die entfernten Sachen regelmäßig durch neue ersetzt,[549] gewinnt die Frage nach der Enthaftung insbesondere dann an Bedeutung, wenn Abweichungen im Geschäftsbetrieb auftreten. So sollen insbesondere der **Saisonschlussverkauf**[550] oder die tägliche **Entfernung der Tageseinnahmen**[551] in den regelmäßigen Geschäftsbetrieb fallen, **nicht aber der völlige Räumungsverkauf** aus Anlass der Geschäftsaufgabe.[552] Die Bestellung eines (vorläufigen) Insolvenzverwalters stellt im Grundsatz angesichts der zunächst bestehenden Pflicht zur Fortführung des Betriebs ebenfalls keine Abweichung dar,[553] wobei teilweise vorausgesetzt wird, dass sich Warenein- und -ausgang ungefähr entsprechen.[554]

268 Fehlt es hingegen am Merkmal des regelmäßigen Geschäftsbetriebs und wird die Entfernung dadurch „unberechtigt“, steht dem Vermieter nach Verfahrenseröffnung grundsätzlich ein **Ersatzabsonderungsrecht** nach § 48 Satz 2 InsO analog zu, sofern der Erlös noch

545) BGH, Urt. v. 6.12.2017 – XII ZR 95/16, NJW 2018, 1083; *Artz* in: MünchKomm-BGB, § 562a Rz. 5.

546) BGH, Urt. v. 18.5.1995 – IX ZR 189/94, BGHZ 130, 38 = NJW 1995, 2783; OLG Düsseldorf, Urt. v. 10.9.1999 – 22 U 59/99, NZI 2000, 82; zur dinglichen Surrogation des Vermieterpfandrechts trotz berechtigten Einzugs des vorläufigen Insolvenzverwalters aufgrund einer Verwertungsvereinbarung BGH, Urt. v. 4.12.2003 – IX ZR 222/02, NZI 2004, 209, dazu EWiR 2004, 349 *(Pape)*; dahingehend führt eine Vereinbarung zur lastenfreien Veräußerung von Einrichtungsgegenständen zwischen dem späteren Schuldner und dem Vermieter nicht zu einer Gläubigerbenachteiligung, dazu OLG Frankfurt/M., Urt. v. 25.10.2018 – 4 U 30/18, NZI 2019, 429.

547) BGH, Urt. v. 7.12.1992 – II ZR 262/91, BGHZ 120, 368, 375 = NJW 1993, 1791; *Wiederhold* in: BeckOK-BGB, § 562a Rz. 7.

548) Vgl. Begr. RegE Gesetz zur Neugliederung, Vereinfachung und Reform des Mietrechts (Mietrechtsreformgesetz), BT-Drucks. 14/4553, S. 60.

549) BGH, Urt. v. 14.11.1962 – VIII ZR 37/61, NJW 1963, 147 = MDR 1963, 128; LG Mannheim, Urt. v. 30.10.2003 – 10 S 38/03, ZIP 2003, 2374.

550) LG Regensburg, Urt. v. 5.8.1991 – 1 O 50/91, NJW-RR 1992, 717, 718.

551) OLG Braunschweig, Beschl. v. 27.11.1979 – 2 U 175/79, OLGZ 1980, 239 = MDR 1980, 403.

552) BGH, Urt. v. 14.11.1962 – VIII ZR 37/61, NJW 1963, 147 = MDR 1963, 128; OLG Frankfurt/M., Urt. v. 19.5.2006 – 24 U 11/06, IMR 2006, 114 = ZMR 2006, 609.

553) *Ehricke*, KTS 2004, 321, 331.

554) OLG Düsseldorf, Urt. v. 10.9.1999 – 22 U 59/99, NZI 2000, 82, 83.

unterscheidbar in der Masse vorhanden ist.[555] Macht der Insolvenzverwalter nach Verfahrenseröffnung von seinem Verwertungsrecht nach § 166 InsO Gebrauch, so kann der Vermieter zwar der Entfernung (auch außerhalb der Grenzen des regelmäßigen Geschäftsbetriebs) nicht widersprechen, jedoch setzt sich das Vermieterpfandrecht am getrennt von der übrigen Masse zu verwahrenden Erlös fort.[556] Erlöse aus dem Vermieterpfandrecht kann der Verwalter nicht auf Masseforderungen des Vermieters anrechnen, da ihm insoweit kein Tilgungsbestimmungsrecht zusteht.[557]

Schließlich sind die **Entstehung und der Umfang** des Vermieterpfandrechts **in insolvenzrechtlicher Sicht** eingeschränkt: 269

Da das Pfandrecht mit Einbringung der Sache in die Mieträume entsteht,[558] kann wegen 270 § 91 InsO an nach Verfahrenseröffnung eingebrachten Sachen grundsätzlich kein Absonderungsrecht mehr entstehen.[559] Nutzt der Insolvenzverwalter nach Verfahrenseröffnung die gemieteten Räumlichkeiten hingegen weiter, so kann für die dadurch entstehenden **Masseforderungen** nach § 55 InsO dennoch ein Vermieterpfandrecht auch an den nach Verfahrenseröffnung eingebrachten Sachen entstehen.[560] Angesichts der Tatsache, dass § 91 InsO i. R. des Insolvenzeröffnungsverfahrens noch keine Anwendung findet,[561] kann ein Vermieterpfandrecht auch an den durch den vorläufigen Insolvenzverwalter (bzw. mit dessen Zustimmung) während des Insolvenzeröffnungsverfahrens eingebrachten Gegenständen entstehen.[562] Wegen § 91 InsO begründet das Pfandrecht auch kein Absonderungsrecht mehr, wenn unpfändbare Sachen während des Insolvenzverfahrens pfändbar werden.

Da es sich bei gesetzlichen Pfandrechten jedoch grundsätzlich um kongruente Sicherheiten handelt, und die Einbringung von Sachen eine Rechtshandlung i. S. von § 129 InsO darstellt,[563] kommt regelmäßig eine **Insolvenzanfechtung** nach § 130 Abs. 1 InsO in Betracht, sofern die Sachen innerhalb von drei Monaten vor Insolvenzantragstellung in Kenntnis des Vermieters von der Zahlungsunfähigkeit in die Mieträume eingebracht werden. Da es gemäß § 140 Abs. 1 InsO für den Zeitpunkt der Vornahme einer Rechtshandlung darauf ankommt, wann deren rechtliche Wirkungen eintreten, ist zu beachten, dass Mietzinsforderungen bereits mit Abschluss des Mietvertrags als befristete Ansprüche entstehen, mit der Folge, dass gemäß § 140 Abs. 3 InsO der Eintritt der Bedingung bei der Bestimmung des maßgeblichen Zeitpunkts für die Insolvenzanfechtung außer Betracht bleibt. Für die Entstehung des Vermieterpfandrechts ist damit **ausschließlich der Zeitpunkt der Einbringung** maßgeblich und nicht etwa der Zeitpunkt der Valutierung der Mietforderung. Liegt der Zeitpinkt der Einbringung außerhalb der Krise, ist das Absonderungsrecht im vollen Umfang anfechtungsfest.[564] 271

555) Dazu und zum Auskunftsanspruch des Vermieters BGH, Urt. v. 4.12.2003 – IX ZR 222/02, NZI 2004, 209.

556) BGH, Urt. v 12.7.2001 – IX ZR 374/98, NZI 2001, 548; BGH, Urt. v 18.5.1995 – IX ZR 189/94, BGHZ 130, 38 = NJW 1995, 2783.

557) LG Darmstadt, Urt. v. 21.1.2005 – 2 O 296/04, ZVI 2005, 218 = ZIP 2005, 456.

558) BGH, Urt. v. 14.12.2006 – IX ZR 102/03, BGHZ 170, 196 = NJW 2007, 1588.

559) *Eckert*, ZIP 1984, 663, 665.

560) *Giesen*, KTS 1995, 579, 583 f., 602 f.; *Ehricke* in: FS Gerhardt, S. 191, 197 f.; Jaeger-*Henckel*, InsO, § 50 Rz. 39; *Eckert*, ZIP 1984, 663, 665.

561) BGH, Urt. v. 20.3.1997 – IX ZR 71/96, BGHZ 135, 140, 147 = NJW 1997, 1857.

562) BGH, Urt. v. 14.12.2006 – IX ZR 102/03, BGHZ 170, 196 = NJW 2007, 1588.

563) BGH, Urt. v. 14.12.2006 – IX ZR 102/03, BGHZ 170, 196 = NJW 2007, 1588.

564) Zum Streitstand ausführlich BGH, Urt. v. 14.12.2006 – IX ZR 102/03, BGHZ 170, 196 = NJW 2007, 1588.

272 Eine weitere Einschränkung erfährt das Vermieterpfandrecht in der Insolvenz des Mieters durch **§ 50 Abs. 2 InsO**. Während einerseits der Entschädigungsanspruch des Vermieters, der infolge einer Kündigung des Insolvenzverwalters nach § 109 InsO entsteht, ausdrücklich vom Absonderungsrecht ausgenommen ist, wird die Sicherungswirkung des Vermieterpfandrechts andererseits auch **in zeitlicher Hinsicht eingeschränkt**. Über § 50 Abs. 2 Satz 1 InsO wird das Vermieterpfandrecht rückwirkend für Mieten und Pachten auf einen Zeitraum von zwölf Monaten vor Insolvenzeröffnung begrenzt, während § 562 Abs. 2 BGB das Vermieterpfandrecht nur für die Zukunft einschränkt. Dies gilt jedoch nur zugunsten der Masse, nicht gegenüber anderen absonderungsberechtigten Gläubigern.[565)]

273 Das Pfandrecht des Verpächters eines landwirtschaftlichen Grundstücks unterliegt wegen der Pacht gemäß § 50 Abs. 2 Satz 2 InsO hingegen nicht den in § 50 Abs. 2 Satz 1 InsO genannten Beschränkungen.

274 Geschwächt wird der Schutz des Vermieterpfandrechts schließlich dadurch, dass der Vermieter das Schuldnereigentum an den eingebrachten Sachen zu **beweisen** hat und der Verwalter dazu lediglich die Geschäftsunterlagen des Schuldners zur Prüfung durch den Vermieter zur Verfügung stellen muss.[566)]

ee) Pfandrecht des Gastwirts (§ 704 BGB)

275 Der Gastwirt hat für seine Forderungen für Wohnung und andere dem Gast zur Befriedigung seiner Bedürfnisse gewährte Leistungen, mit Einschluss der Auslagen, ein Pfandrecht an den eingebrachten Sachen des Gasts. Die Vorschrift ähnelt in wesentlichen Zügen der Regelung des § 562 BGB, so dass auf die dort getroffenen Feststellungen verwiesen werden kann. Wesentlich für das Pfandrecht des Gastwirts gemäß § 704 BGB ist auch hier, dass die eingebrachten Sachen im Eigentum des Gasts stehen.[567)]

ff) Pfandrecht des Geschädigten (§ 110 VVG)

276 Ferner gewährt § 110 VVG außerhalb der InsO dem Geschädigten ein Absonderungsrecht an dem Freistellungsanspruch des insolventen Versicherungsnehmers gegenüber seiner Haftpflichtversicherung. Der Geschädigte kann dabei jedoch erst dann eine abgesonderte Befriedigung verlangen, wenn der Haftpflichtanspruch festgestellt und der Entschädigungsanspruch fällig geworden ist.[568)] Eine solche Feststellung kann auf einem Anerkenntnis der Schadensersatzforderung durch den Insolvenzverwalter beruhen,[569)] etwa in Form einer widerspruchslosen Tabellenfeststellung der Haftpflichtforderung.[570)] Dies kann jedoch u. U. zu einer Obliegenheitsverletzung gegenüber dem Versicherer führen mit der Folge des Erlöschens der dem Absonderungsrecht zugrundeliegenden Forderung. Dadurch wiederum kann eine Haftung des Verwalters ausgelöst werden.[571)] Die erst während des Insolvenzverfahrens entstehende Entschädigungsforderung des Versicherungsnehmers gehört zwar zur Insolvenzmasse, weil sie als bedingter Anspruch schon vor Verfahrenseröffnung bestand, jedoch belastet mit dem Absonderungsrecht des Haftpflichtgläubigers.[572)] Angesichts des in § 115 Abs. 1 Nr. 2 VVG geregelten Direktanspruchs für

565) BGH, Urt. v. 13.10.1959 – VIII ZR 186/58, NJW 1959, 2251.

566) OLG Düsseldorf, Urt. v. 10.9.1999 – 22 U 59/99, NZI 2000, 82, 83.

567) *Henssler* in: MünchKomm-BGB, § 704 Rz. 4.

568) BGH, Urt. v. 9.1.1991 – IV ZR 264/89, r + s 1992, 192 = VersR 1991, 414; OLG Nürnberg, Beschl. v. 21.6.2012 – 5 W 1109/12, NJOZ 2013, 673 = VersR 2013, 711.

569) BGH, Urt. v. 17.3.2004 – IV ZR 268/03, NJW-RR 2004, 829 = NZV 2004, 353.

570) OLG Celle, Urt. v. 1.3.2001 – 13 U 103/00, BeckRS 2001, 30469815 = VersR 2002, 602.

571) *Münzel*, NZI 2007, 441, 442 f.

572) *Adolphsen* in: Gottwald/Haas, InsR-Hdb., § 42 Rz. 68; *Ganter* in: MünchKomm-InsO, § 51 Rz. 237.

Pflichtversicherungen ist der Anwendungsbereich des § 110 regelmäßig begrenzt.[573)] Das **Insolvenzplanverfahren** lässt das Absonderungsrecht nach § 110 VVG unberührt, da es analog § 254 Abs. 2 Satz 1 InsO nur die Haftpflichtforderung betrifft.[574)]

gg) Exkurs: Versicherung für fremde Rechnung (§ 46 VVG)

277 Bei Versicherungen für fremde Rechnung kann sich der Versicherungsnehmer gemäß § 46 Satz 2 VVG für Ansprüche gegen den Versicherten in Bezug auf die versicherte Sache vorrangig aus der **Entschädigungsforderung gegen den Versicherer** befriedigen. Darüber hinaus besteht im Falle der Insolvenzeröffnung ein Zurückbehaltungsrecht an dem die Aktivlegitimation verleihenden Versicherungsschein bis die Ansprüche gegen den Versicherten befriedigt sind (§ 46 Satz 1 VVG). Damit ist dem Versicherungsnehmer die Verwertungsbefugnis eingeräumt. Sie hat nach § 173 InsO Bestand.

hh) Hinterlegungspfandrecht (§ 233 BGB)

278 Gemäß § 233 BGB erwirbt der Berechtigte einer Hinterlegung ein Pfandrecht an dem hinterlegten Geld oder an den hinterlegten Wertpapieren bzw. ein Pfandrecht an der Forderung auf Rückerstattung, soweit das hinterlegte Geld oder die Wertpapiere in das Eigentum des Fiskus oder der als Hinterlegungsstelle bestimmten Anstalt übergehen. Wesentlicher Anwendungsfall für das Hinterlegungspfandrecht ist die Hinterlegung als Sicherheitsleistung gemäß § 232 Abs. 1 BGB.

279 Das Hinterlegungspfandrecht unterliegt gemäß § 1257 BGB den Regeln des **rechtsgeschäftlichen Pfandrechts.** Zu beachten ist, dass gemäß § 11 Abs. 1 Landes-Hinterlegungsgesetz gesetzliche und gesetzlich zugelassene Zahlungsmittel in das Eigentum des Landes übergehen, ausländisches Geld und Wertpapiere hingegen unverändert aufbewahrt werden (§ 11 Abs. 2 Landes-Hinterlegungsgesetz), mit der Folge, dass die Eigentumsverhältnisse hieran bestehen bleiben.

280 Die Verpflichtung zur Sicherheitsleistung kann sich insbesondere **aus dem Gesetz** (z. B. §§ 257, 258, 273 Abs. 3, 321, 843, 1039, 1051, 1067, 1389 BGB), durch **richterliche Anordnung** (§§ 1382 Abs. 3, 2331a Abs. 2 Satz 2 BGB) oder aber auch durch **Rechtsgeschäft**[575)] ergeben. Für **prozessuale Sicherheitsleistungen** gelten die Vorschriften der §§ 108 ff., 709 ff. ZPO, auf die die §§ 232 ff. BGB Anwendung finden, sofern nicht gemäß §§ 711 Satz 1, 712 Abs. 1 Satz 1 ZPO der Streitgegenstand selbst hinterlegt wird, da ansonsten ein Pfandrecht an eigener Sache entstehen könnte.[576)]

2. Sonstige Absonderungsberechtigte (§ 51 InsO)

281 § 51 InsO erweitert den Kreis der Absonderungsberechtigten, indem diese den in § 50 InsO genannten Gläubigergruppen gleichgestellt werden. Hierzu zählen der Sicherungseigentümer bzw. -zessionar (§ 51 Nr. 1 InsO), Gläubiger mit einem Zurückbehaltungsrecht (§ 51 Nr. 2 und 3 InsO) und absonderungsberechtigte Gläubiger wegen öffentlicher Abgaben (§ 51 Nr. 4 InsO).

573) *Thole*, NZI 2011, 41, auch zu den zivilprozessualen Problemen; zur Möglichkeit der Freigabe des Anspruchs vgl. BGH, Urt. v. 2.4.2009 – IX ZR 23/08, NZI 2009, 380, dazu EWiR 2009, 459 *(Oepen)*.

574) Uhlenbruck-*Brinkmann*, InsO, § 51 Rz. 63; *Adolphsen* in: Gottwald/Haas, InsR-Hdb., § 42 Rz 68.

575) BGH, Urt. v. 14.2.1985 – IX ZR 76/84, NJW 1986, 1038 = ZIP 1985, 525.

576) *Ganter* in: MünchKomm-InsO, § 50 Rz. 107; Uhlenbruck-*Brinkmann*, InsO, § 50 Rz. 46.

a) Sicherungseigentum (§ 51 Nr. 1 Alt. 1 InsO)

282 Gemäß § 51 Nr. 1 Alt. 1 InsO stehen Gläubigern, denen der Schuldner zur Sicherung eines Anspruchs eine bewegliche Sache übereignet oder ein Recht übertragen hat, absonderungsberechtigten Gläubigern i. S. von § 50 InsO gleich.[577)] Aufgrund des Typenzwangs im Sachenrecht führt die Sicherungsübereignung vermögensrechtlich zum Erwerb des **Volleigentums beim Sicherungsgläubiger**, so dass es auf den ersten Blick verwundert, dass dieser nicht nach § 47 InsO zur Aussonderung berechtigt ist. Der Grund hierfür liegt jedoch darin, dass die Sicherungsübereignung bei wirtschaftlicher Betrachtungsweise der Verpfändung näher steht als der Übereignung.[578)] Der Sicherungsgegenstand soll nach dem Willen der Parteien weniger dem Sicherungseigentümer endgültig gehören, als diesem vielmehr als **Haftungsobjekt** im Sicherungsfall dienen. Der Sicherungsgeber hingegen soll wirtschaftlich Berechtigter des Gegenstands bleiben. Der Sicherungsgegenstand dient mithin allein dem Sicherungsinteresse des Gläubigers. Das Sicherungsgut wird in der Insolvenz somit haftungsrechtlich dem Vermögen des Schuldners und damit der Insolvenzmasse zugeordnet.[579)] Im Rahmen der **Insolvenz des Sicherungsnehmers** hingegen steht dem Sicherungsgeber ein Aussonderungsrecht nach § 47 InsO zu, sofern er die dem Sicherungsvertrag zugrunde liegende Forderung erfüllt.

283 Diese Wertungen finden auch auf andere Sachverhalte Anwendung, etwa dann, wenn die Sache zunächst noch aufgrund einer aufschiebend bedingten Übereignung im Eigentum des Vorbehaltsverkäufers stand (mit der Folge eines Aussonderungsanspruchs nach § 47 InsO), anschließend jedoch das Eigentum an eine finanzierende Bank übertragen wird, um einen Darlehensrückzahlungsanspruch gegen den Eigentumsvorbehaltskäufer zu sichern. Da in diesem Fall das vorbehaltene Eigentum in Sicherungseigentum übergeht, steht dem Finanzierer lediglich noch ein Absonderungsrecht nach § 51 InsO zu.[580)]

Praxishinweis

Die Unterscheidung hat für das Insolvenzverfahren weitreichende Konsequenzen, da dem Insolvenzverwalter neben dem **Besitz- und Verwertungsrecht** nach den §§ 166 ff. InsO insbesondere auch das Recht auf Erhebung von **Kostenbeiträgen** nach § 171 InsO zustehen kann – Verwertungskosten kann der Insolvenzverwalter im Unterschied zu den Feststellungskosten jedoch nur dann verlangen, sofern die Verwertung auch durch ihn erfolgt (vgl. §§ 171 Abs. 2, 170 Abs. 2 InsO).

aa) Entstehung

284 Die Sicherungsübereignung erfolgt im Wege der **dinglichen Einigung** und **Besitzverschaffung** nach den §§ 929 ff. BGB, wobei die **Übergabe** regelmäßig **durch Vereinbarung eines Besitzkonstituts** gemäß § 930 BGB ersetzt wird. Hierdurch verbleibt dem Sicherungsgeber der unmittelbare Besitz am Sicherungsgegenstand (im Gegensatz zum Pfandrecht nach §§ 1204 ff. BGB).

---

577) Nach BAG, Urt. v. 18.7.2013 – 6 AZR 47/12, NZI 2014, 167 Rz. 24, dazu EWiR 2013, 733 *(Mückl)*, begründet die zur Absicherung eines Altersteilzeitguthabens vereinbarte Sicherungstreuhand ein der Sicherungsübereignung vergleichbares Absonderungsrecht.

578) Begr. RegE InsO z. § 58, BT-Drucks. 12/2443, S. 125; zum Meinungsstand *Ganter* in: MünchKomm-InsO, § 51 Rz. 4 ff.

579) RG, Urt. v. 14.10.1927 – VII 122/27, RGZ 118, 209; RG, Urt. v. 2.10.1934 – III 39/34, RGZ 145, 182, 193; BGH, Urt. v. 4.2.1954 – IV ZR 164/53, BGHZ 12, 232 = NJW 1954, 673; BGH, Urt. v. 28.6.1978 – VIII ZR 60/77, BGHZ 72, 141 = NJW 1978, 1859.; BGH, Urt. v. 13.5.1981 – VIII ZR 117/80, BGHZ 80, 296 = NJW 1981, 1835.

580) BGH, Urt. v. 27.3.2008 – IX ZR 220/05, BGHZ 176, 86 = NZI 2008, 357.

285 Im Hinblick auf die **dingliche Einigung** hat die Praxis verschiedene Erweiterungs- und Verlängerungsformen entwickelt, etwa sog. **Nachschubklauseln** bei der Sicherungsübereignung von Warenlagern, durch die der Sicherungsgeber einerseits berechtigt wird, über das Sicherungsgut durch Veräußerung oder Verarbeitung zu verfügen. Andererseits wird er hierdurch im Gegenzug schuldrechtlich dazu verpflichtet, für veräußertes, verbrauchtes oder zerstörtes Sicherungsgut Ersatz zu beschaffen. Dinglich einigen sich die Beteiligten darüber hinaus vorab über die Übertragung des Sicherungseigentums an den ersatzweise anzuschaffenden Sachen, da diese zum Zeitpunkt der Einigung noch nicht vorhanden sind (**antizipierte Einigung**). Weitergehende Verlängerungsklauseln sind in diesen Fällen ebenfalls denkbar, um den aus dem Abverkauf erzielten Erlös dem Sicherungsnehmer als weitere Sicherheit zur Verfügung zu stellen. Während erlöstes Bargeld ebenfalls im Wege der vorweggenommenen Sicherungsübereignung übertragen werden kann, werden häufig Forderungen aus dem Erlös an den Sicherungsnehmer abgetreten.

286 Um dem **Bestimmtheitsgrundsatz** des Sachenrechts gerecht zu werden, muss sich die Einigung auf bestimmte Sachen beziehen, so dass eine Übereignung einer Sachgesamtheit als solche ausscheidet. Die Einigung kann jedoch im Wege einer **Sammelbezeichnung** erfolgen, etwa indem der „gesamte Warenbestand" übertragen wird,[581] wofür eine sog. „All-Formel" ausreicht.[582] Erforderlich dafür ist, dass ein Dritter, der den Inhalt des Vertrags kennt, die übereigneten Gegenstände von anderen gleichartigen Sachen deutlich unterscheiden kann.[583] Mengenmäßige Beschreibungen allein reichen hingegen nicht aus.[584] Gleiches gilt, sofern die gewählte Bezeichnung nicht erkennen lässt, welche konkreten Gegenstände erfasst sind.[585] Sollen Gegenstände von der Sicherungsübereignung ausgenommen werden, ist es erforderlich, dass sich diese nicht lediglich aus außervertraglichen Erkenntnisquellen ergeben, sondern dass der Sicherungsvertrag hierauf genauen Bezug nimmt.[586] Bei der Sicherungsübereignung von Teilmengen bieten sich dafür insbesondere **Listenverträge** an, die die Gegenstände etwa nach Warengattungen abgrenzen oder sog. **Markierungsverträge**, bei denen die einzelnen Sachen der Sachgesamtheit gekennzeichnet werden. Darüber hinaus kann dies auch im Wege eines **Raumsicherungsvertrags** erfolgen, welcher eine räumliche Abgrenzung und Individualisierung des Sicherungsguts schafft, indem der Lagerort etwa durch Beifügung einer Skizze im Vertrag genau bezeichnet wird. Zwar führt eine **Entfernung** des Sicherungsguts aus den Sicherungsräumen nicht zu einer Aufhebung der Sicherungsübereignung,[587] jedoch wird dem Sicherungsnehmer regelmäßig der Beweis seines Eigentums nicht mehr gelingen, mit der Folge, dass die Durchsetzung der Ansprüche faktisch vereitelt wird. Gleiches gilt für den Fall, dass eine Markierung verlorengeht.

287 Für **Warenlager mit wechselndem Bestand** reicht es aus, dass die Warenzugänge in den Sicherungsraum verbracht oder markiert werden. Diese müssen im Zeitpunkt der Einigung lediglich bestimmbar sein.[588] Insolvenzrechtlich ist bei der Bestellung von revolvierenden Sicherheiten zu berücksichtigen, dass Warenzugänge im kritischen Zeitraum vor

581) BGH, Urt. v. 24.6.1958 – VIII ZR 205/57, BGHZ 28, 16, 20 = NJW 1958, 1133; BGH, Urt. v. 20.3.1986 – IX ZR 88/85, NJW 1986, 1985, 1986 = ZIP 1986, 636.

582) BGH, Urt. v. 4.10.1993 – II ZR 156/92, NJW 1994, 133, 134 = ZIP 1994, 39.

583) BGH, Urt. v. 13.1.1992 – II ZR 11/91, NJW 1992, 1161 = ZIP 1992, 393; OLG Düsseldorf, Beschl. v. 17.1.2012 – I-14 U 10/12, NZI 2012, 418 = ZIP 2012, 992.

584) BGH, Urt. v. 21.11.1983 – VIII ZR 191/82, NJW 1984, 803, 804 = ZIP 1984, 34.

585) Zum „Vorratsbegriff" BGH, Urt. v. 26.6.2008 – IX ZR 47/05, NZI 2008, 551, 553; *Riggert*, NZI 2009, 137.

586) BGH, Urt. v. 3.12.1987 – IX ZR 228/86, NJW-RR 1988, 565; BGH, Urt. v. 31.1.1979 – VIII ZR 93/78, BGHZ 73, 253 = NJW 1979, 976.

587) BGH, Urt. v. 29.4.1958 – VIII ZR 211/57, NJW 1958, 945.

588) *Ganter* in: MünchKomm-InsO § 51 Rz. 63.

Insolvenzantragstellung der **Insolvenzanfechtung** unterliegen können. Ob die Sicherheitenbestellung auch im Falle von Warenzugängen mit Blick auf die Rechtsprechung zur Globalzession[589)] lediglich nach § 130 InsO anfechtbar ist,[590)] oder vielmehr nach § 131 InsO, etwa weil bei Fehlen einer Nachschubklausel ein Anspruch auf bestimmte neue Sicherheiten nicht besteht, oder diese dem Schuldner noch ein Ermessensspielraum hinsichtlich der Auswahl der Sicherheiten überlässt, ist derzeit – soweit ersichtlich – noch nicht höchstrichterlich entschieden.

288 Für das von § 930 BGB vorausgesetzte **Besitzmittlungsverhältnis** ist erforderlich, dass dieses hinreichend bestimmt ist. Lässt sich ein solches nicht ohne weiteres feststellen, ist auf den Sicherungsvertrag zurückzugreifen,[591)] wobei die Rechtsprechung diesen grundsätzlich für die Vereinbarung eines konkretes Besitzkonstituts nicht genügen lässt. Hierfür sind vielmehr die jeweiligen Umstände des Einzelfalls entscheidend,[592)] wobei es ausreicht, dass sich die Parteien darüber einig sind, dass die eine Seite als Sicherungsgeber die Sache für die andere Seite als Sicherungsnehmer verwahren soll.[593)] Dadurch verblassen die ansonsten strengen Voraussetzungen der Rechtsprechung weitgehend.

289 Schließlich kommt auch eine Sicherungsübereignung nach §§ 929, 931 BGB in Betracht, etwa dann, wenn der Sicherungsgeber nicht auf den unmittelbaren Besitz – wie etwa bei Wertpapieren – angewiesen ist.

bb) Grenzen und Beendigung des Sicherungseigentums

290 Der Wirksamkeit von Sicherungsübertragungen sind jedoch unter dem Gesichtspunkt des **Schuldnerschutzes** wie der **Schädigung von Mitgläubigern** Grenzen gesetzt: Das Sicherungsgeschäft kann nach §§ 134, 138 BGB unwirksam sein, soweit es besondere, über die Bestimmungen der Insolvenzanfechtung hinausgehende Aspekte aufweist.[594)] Hierzu wurden durch die Rechtsprechung insbesondere zwei Nichtigkeitsgründe nach § 138 Abs. 1 BGB entwickelt: Die **Übersicherung** und die **Kollision** mit anderen Sicherungsrechten.

291 Fälle der **Übersicherung** können anfänglich so wie auch nachträglich eintreten, wobei allenfalls noch die **anfängliche Übersicherung** zur Nichtigkeit der Sicherungsübereignung nach § 138 Abs. 1 BGB führen kann.[595)] Hierzu muss bereits bei Vertragsschluss ein **auffällig krasses Missverhältnis** zwischen dem **realisierbaren Wert** der Sicherheit und der **Höhe der gesicherten Forderung** für den künftigen Verwertungsfall bestehen,[596)] wobei der Gesamtcharakter des Geschäfts darüber hinaus **mit den guten Sitten nicht vereinbar** sein darf.[597)]

292 Für die **nachträgliche Übersicherung** bei revolvierenden Globalsicherheiten steht dem Sicherungsgeber hingegen ein Anspruch auf Freigabe der Sicherheiten gegen den Sicherungsnehmer aus dem Sicherungsvertrag zu.[598)] Die Folge einer Übersicherung besteht in

589) BGH, Urt. v. 29.11.2007 – IX ZR 30/07, BGHZ 174, 297 = NZI 2008, 89, dazu EWiR 2008, 187 *(Ries)*.

590) So *Obermüller*, LMK 2008, 254403, zu BGH, Urt. v. 29.11.2007 – IX ZR 30/07, BGHZ 174, 297 = NZI 2008, 89; *Kuder*, ZIP 2008, 289.

591) Grüneberg-*Herrler*, BGB, § 930 Rz. 9.

592) BGH, Urt. v. 2.5.1979 – VIII ZR 207/78, NJW 1979, 2308, 2309.

593) *Ganter* in: MünchKomm-InsO, § 51 Rz. 67.

594) BGH, Urt. v. 23.4.2002 – XI ZR 136/01, NZI 2002, 430 = ZIP 2002, 1155.

595) BGH, Urt. v. 28.4.1994 – IX ZR 248/93, NJW 1994, 1796, 1798 = ZIP 1994, 939; BGH, Urt. v. 12.3.1998 – IX ZR 74/95, NJW 1998, 2047, dazu EWiR 1998, 627 *(Medicus)*.

596) BGH, Urt. v. 15.5.2003 – IX ZR 218/02, NJW-RR 2003, 1490, 1492, dazu EWiR 2003, 799 *(Tetzlaff)*.

597) BGH, Urt. v. 12.3.1998 – IX ZR 74/95, NJW 1998, 2047.

598) BGH, Beschl. v. 27.11.1997 – GSZ 1/97, GSZ 2/97, BGHZ 137, 212 = ZIP 1998, 235.

diesem Fall somit nicht in der Nichtigkeit des Vertrags, sondern in einem **ermessensunabhängigen Freigabeanspruch** des Sicherungsgebers, welcher bei Fehlen einer vertraglichen Deckungsgrenze bezogen auf den realisierbaren Wert der Sicherungsgegenstände ab einer Überschreitung der **Grenze von 110 % der gesicherten Forderungen** besteht.[599] In Ansehung des nach § 237 BGB zu ermittelnden realisierbaren Werts von 2/3 des Sicherungswerts, besteht der Freigabeanspruch des Sicherungsgebers dann, wenn der Sicherungswert die Summe der gesicherten Forderungen um 150 % übersteigt. Soweit der Sicherungsnehmer nach §§ 170 Abs. 2, 171 Abs. 2 Satz 3 InsO die **Umsatzsteuer** auszugleichen hat, ist die Deckungsgrenze um den entsprechenden Satz zu erhöhen.[600] Angesichts der Wirksamkeit des Vertrags trotz der nachträglichen Übersicherung hat diese Fallkonstellation in der Insolvenz keine Bedeutung mehr.[601] Anders jedoch im Fall der anfänglichen Übersicherung.[602] Da hier keine Korrektur wie im Falle der nachträglichen Übersicherung anerkannt wird, droht die Unwirksamkeit nach § 138 BGB. Aus diesem Grund akzeptiert der BGH auch **nicht die Vermutung**, dass ein Abschlag von einem Drittel vom Nenn- bzw. Schätzwert dem Sicherungsinteresse ausreichend Rechnung trägt, sondern hält vielmehr den konkret realisierbaren Wert nach ungewissen Marktverhältnissen im Falle einer Insolvenz für entscheidend.[603] Zu berücksichtigen sind auch dabei mögliche Beiträge für Feststellungs- und Verwertungskosten sowie die Umsatzsteuer nach §§ 170, 171 InsO.[604]

Ähnliche Folgen können auch bei der Kollision einer Sicherungsübereignung mit anderen Sicherungsrechten entstehen. Während die Kollision von Sicherungsrechten regelmäßig nach dem Grundsatz der zeitlichen **Priorität** zu lösen ist, mit der Folge, dass die zeitlich zuerst vereinbarte Sicherung den anderen vorgeht, gibt es auch Fälle, in denen eine eindeutige zeitliche Priorität nicht feststellbar ist. Lässt sich die Kollision von Eigentumsvorbehalt und Sicherungsübereignung noch dadurch lösen, dass das Sicherungseigentum an fremden Sachen grundsätzlich erst mit Übergabe gemäß § 933 BGB gutgläubig erworben werden kann (was regelmäßig angesichts des Zwecks der Sicherungsübereignung ausscheidet), bestehen insbesondere Schwierigkeiten bei der Behandlung der Kollision von **Sicherungsübereignung und Vermieter- oder Verpächterpfandrecht.** 293

Erfolgt die Sicherungsübereignung der mit einem Vermieterpfandrecht belasteten Sache zeitlich später, so erwirbt der Sicherungsnehmer die Sache regelmäßig belastet mit dem Vermieter- bzw. Verpächterpfandrecht, da entweder ein Fall grob fahrlässiger Unkenntnis von dem Vorliegen des gesetzlichen Pfandrechts vorliegt[605] oder die Voraussetzungen des § 936 Abs. 1 Satz 3 BGB nicht erfüllt sind, solange der Erwerber des Sicherungseigentums nicht dessen Besitz erlangt. Werden die Sachen hingegen vorher entfernt oder bereits vor ihrer „Einbringung" zur Sicherheit übereignet, so geht die Sicherungsübereignung dem gesetzlichen Pfandrecht vor.[606] Probleme bestehen jedoch dann, wenn Vermieter- bzw. Verpächterpfandrecht und Raumsicherungsübereignung **zusammentreffen.** In diesem Fall entstehen beide Rechte zeitlich parallel mit dem „Einbringen" der Sache in den Sicherungsraum. Dies hätte grundsätzlich zur Folge, dass beide Sicherheiten zur Ent- 294

599) Insofern hatte der BGH die Feststellungs- und Verwertungskosten nach § 171 InsO im Blick.

600) BGH, Beschl. v. 27.11.1997 – GSZ 1/97, GSZ 2/97, BGHZ 137, 212 = ZIP 1998, 235, 241.

601) Uhlenbruck-*Brinkmann*, InsO, § 51 Rz. 13.

602) Dazu im Einzelnen *Tetzlaff*, ZIP 2003, 1826.

603) BGH, Urt. v. 12.3.1998 – IX ZR 74/95, NJW 1998, 2047, dazu EWiR 1998, 627 *(Medicus)*; BGH, Urt. v. 15.5.2003 – IX ZR 218/02, NJW-RR 2003, 1490.

604) LG Verden, Teilurt. v. 11.4.2002 – 5 O 512/01, BeckRS 2013, 21497.

605) *Vortmann*, ZIP 1988, 626, 627.

606) OLG Hamm, Urt. v. 11.12.1980 – 4 U 131/80, ZIP 1981, 165, 166.

stehung gelangen. Aufgrund einer wertenden Betrachtung gibt die Rechtsprechung dem Vermieterpfandrecht jedoch den Vorrang, um dessen Aushöhlung zu verhindern, so dass das Sicherungseigentum mit dem Vermieterpfandrecht belastet wird.[607)]

295 Ähnliche Überlegungen lassen sich auch für die **Kollision zwischen Sicherungseigentum und Hypothekenhaftungsverband** gemäß § 1120 BGB herstellen. Werden bewegliche Sachen durch Verbindungen mit dem Grundstück zu wesentlichen Bestandteilen desselben, so erstreckt sich nach § 946 BGB auch das Eigentum an dem Grundstück auf diese Sachen mit der Folge, dass gemäß **§ 949 Satz 1 BGB** die an der Sache bestehenden Rechte, also hier das Sicherungseigentum, erlöschen. Im Falle von Grundstückszubehör hingegen, das nach § 1120 BGB für die Grundpfandrechte mithaftet, gilt hingegen wiederum der Prioritätsgrundsatz, wonach vor Entstehung der Hypothek übereignetes Zubehör nicht unter den Haftungsverband unterfällt, da das Zubehör nicht mehr im Eigentum des Grundstückseigentümers steht. Eine nach der Entstehung der Hypothek erfolgende Sicherungsübereignung kommt hingegen nur in den Grenzen des § 1121 Abs. 1 BGB in Betracht, dessen Voraussetzungen bei einer Eigentumsübertragung nach §§ 929, 930 BGB regelmäßig nicht erfüllt werden.

296 Wie jedoch die Kollision bei einer **vorweggenommenen Sicherungsübereignung** unter gleichzeitigem **Bestehen eines Grundpfandrechts** im Zeitpunkt der Anschaffung neuen Zubehörs aufzulösen ist, ist hingegen derzeit höchstrichterlich noch nicht entschieden. Ob in diesem Fall in Anlehnung zur Entscheidung zum **Vorrang des Vermieterpfandrechts** entschieden wird, um die wirtschaftliche Einheit zwischen Grundstück und Zubehör zu schützen, und weil der Sicherungseigentümer die Möglichkeit der Inaugenscheinnahme des Grundbuchs hat, bleibt abzuwarten. Insofern ist nämlich zu bedenken, dass sich die wertende Betrachtung des BGH im Falle des Vermieterpfandrechts[608)] nicht ohne Weiteres übertragen lässt, da sich diese für den Schutz des Vermieters und gegen eine Bevorrechtigung des regelmäßig aufgrund einer Sicherungsübereignung beteiligten Kreditinstituts ausspricht. Dies dürfte im Falle des Hypothekenhaftungsverbands jedoch gerade nicht der Fall sein, da es sich vielmehr bei dem Grundpfandrechtsgläubiger regelmäßig um ein Kreditinstitut handeln wird. Ein Vorrang des Hypothekengläubigers würde somit dazu führen, dass der Sicherungsgeber in seinen Finanzierungsmöglichkeiten erheblich eingeschränkt wird, da sich die Gläubiger einer antizipierten Sicherungsübereignung regelmäßig einer Finanzierung von neuem Zubehör verschließen würden. Verschärfen dürfte dieses Risiko auch, dass der Hypothekengläubiger, im Gegensatz zum Sicherungsnehmer einer revolvierenden Sicherheit, keinen Anspruch auf eine derartige Nachbesicherung innehat, mit der Folge der möglichen Anfechtbarkeit dieser Sicherheitenbestellung als (in-)kongruente Deckung.

Praxishinweis

Da es sich bei der Sicherungsübereignung um ein abstraktes Verfügungsgeschäft handelt, welches unabhängig vom Grundgeschäft ist, führt die Rückführung der gesicherten Forderung regelmäßig noch nicht zur Aufhebung des Sicherungseigentums (eine seltene Ausnahme hiervon besteht dann, wenn das Sicherungseigentum unter einer auflösenden Bedingung vereinbart wurde), so dass es einer **Rückübereignung** bedarf.

cc) Praxisrelevante Formen der Sicherungsübereignung

297 Neben der vorbenannten Raumsicherungsübereignung kann die Übereignung auch als sog. **Mantelsicherungsübereignung** vorgenommen werden, bei der der Sicherungsgeber

607) BGH, Urt. v. 12.2.1992 – XII ZR 7/91, BGHZ 117, 200 = NJW 1992, 1156.
608) BGH, Urt. v. 12.2.1992 – XII ZR 7/91, BGHZ 117, 200 = NJW 1992, 1156.

dem Sicherungsnehmer von Zeit zu Zeit Listen über die ersatzweise angeschafften Waren zukommen lässt und ihm dadurch anbietet, an diesen Waren das Sicherungseigentum zu erwerben. Zwar kann dieses Angebot gemäß § 151 BGB auch stillschweigend angenommen werden, jedoch stehen die ersatzweise angeschafften Waren bis zur Übersendung und Entgegennahme der Warenliste im Eigentum des Sicherungsgebers mit dem Risiko von Zwischenverfügungen.

Darüber hinaus bestehen zur umfassenden Absicherung des **Vorbehaltsverkäufers**, welcher grundsätzlich als Aussonderungsberechtigter nach § 47 InsO zu behandeln ist, verschiedene Erweiterungsformen des **einfachen Eigentumsvorbehalts**, die nach ihrem Zweck nicht mehr zur Absicherung des Herausgabeanspruchs dienen, sondern vielmehr zur Sicherung sonstiger aus dem Vertragsverhältnis entstehender Forderungen. Somit sind auch diese als Absonderungsrechte zu behandeln. 298

Neben der Vereinbarung eines **erweiterten Eigentumsvorbehalts**, bzw. dem Unterfall eines Kontokorrentvorbehalts, sowie eines **verlängerten Eigentumsvorbehalts**, kommt die Vereinbarung einer sog. **Verarbeitungsklausel** als Erweiterungsform des Eigentumsvorbehalts in Betracht. 299

Da es regelmäßig für produzierende Unternehmen erforderlich ist, die unter Eigentumsvorbehalt erworbene Sache bereits vor vollständiger Zahlung des Kaufpreises zu verarbeiten, um aus dem Weiterverkauf der verarbeiteten Sache schließlich auch die eigenen Verbindlichkeiten tilgen zu können, ist § 950 BGB zu beachten, nach dem grundsätzlich der Hersteller der neuen Sache zu deren Eigentümer wird. Dies hat zur Folge, dass gemäß § 950 Abs. 2 BGB das **Eigentumsrecht an den gelieferten Sachen erlischt**. Um diese nachteilige Folge für den Lieferanten zu verhindern, können die Parteien vereinbaren, dass der Eigentumsvorbehaltskäufer die Sache zwar verarbeiten darf, jedoch nicht er, sondern vielmehr der Lieferant **„Hersteller"** der neuen Sache i. S. des § 950 BGB sein soll.[609] Hierdurch erwirbt dieser das Eigentum an dem neu hergestellten Produkt. Da dieser Eigentumserwerb allein dem Sicherungsinteresse des Verkäufers dient, begründet diese Art der Sicherung lediglich noch ein Absonderungsrecht. Werden Materialien, die durch verschiedene Lieferanten jeweils unter Einbeziehung einer Verarbeitungsklausel übereignet wurden, zu einem Produkt verarbeitet, werden die Lieferanten grundsätzlich **Miteigentümer** des Verarbeitungsergebnisses. Ihre Beteiligung bemisst sich dann nach dem Wertverhältnis der einzelnen Rohstoffe.[610] Wird das Insolvenzverfahren eröffnet, erlischt die Wirkung einer Verarbeitungsklausel, da diese für den Insolvenzverwalter nicht verbindlich ist.[611] Für die Lieferanten ergibt sich allerdings ein Anspruch nach § 55 Abs. 1 Nr. 1 InsO, sofern der Insolvenzverwalter dennoch das Sicherungsgut weiter verarbeitet,[612] wenn man die Verarbeitung nicht bereits als Erfüllungswahl mit der Rechtsfolge des § 55 Abs. 1 Nr. 2 InsO ansehen will.[613] 300

Dem Vorbehaltsverkäufer bietet sich auch die Möglichkeit der Vereinbarung eines **verlängerten Eigentumsvorbehalts**. Aufgrund des verlängerten Eigentumsvorbehalts wird dem Käufer gemäß § 185 Abs. 1 BGB gestattet, bereits vor vollständiger Kaufpreiszahlung über den unter Eigentumsvorbehalt gelieferten Kaufgegenstand zu verfügen, insbesondere diesen zu veräußern. Um den Eigentumsverlust auszugleichen, tritt der Käufer zugleich die Verkaufsforde- 301

609) BGH, Urt. v. 3.3.1956 – IV ZR 334/55, BGHZ 20, 159 = NJW 1956, 788; zum Herstellerbegriff *Röthel*, NJW 2005, 625, 627.

610) *Ganter* in: MünchKomm-InsO, § 51 Rz. 112.

611) Nerlich/Römermann-*Kruth*, InsO, § 91 Rz. 16 f.

612) Uhlenbruck-*Sinz*, InsO, § 60 Rz. 41.

613) OLG Celle, Urt. v. 28.10.1987 – 3 U 11/87, NJW-RR 1988, 1145.

rung an den eigenen Verkäufer im Voraus – meist im Wege der Einbeziehung von AGB[614] – ab. Stehen den AGB des Verkäufers jedoch **Abwehrklauseln** (z. B. in den eigenen Einkaufs-AGB des Käufers) entgegen, die das Entstehen eines verlängerten Eigentumsvorbehalts ausschließen,[615] so wird die Weiterveräußerungsforderung nicht an den Verkäufer abgetreten. In der Insolvenz schadet eine Abwehrklausel jedoch insofern nicht, als dass dann die Verfügung über die Ware auch **nicht mehr durch die in den AGB des Verkäufers erteilte Weiterveräußerungsermächtigung gedeckt** ist. Denn diese wird regelmäßig nur im Gegenzug zu der Ersatzsicherheit (Forderungsabtretung) erteilt, mit der Folge, dass eine dennoch vorgenommene Veräußerung der Sache **unberechtigt** wäre, und damit ein Ersatzabsonderungsrecht gemäß § 48 InsO analog entstünde.[616] Im Übrigen kann für die Abtretung, auch im Hinblick auf die insolvenzrechtlichen Besonderheiten, auf die Ausführungen zur Sicherungszession verwiesen werden (siehe Rz. 303 ff.).

302 Des **erweiterten Eigentumsvorbehalts,**[617] welcher vorliegt, wenn der Erwerber das Eigentum nicht bereits mit der Erfüllung der Kaufpreisforderung, sondern erst nach Tilgung weiterer Verbindlichkeiten gegenüber dem Verkäufer erwerben soll,[618] kann sich der Insolvenzverwalter hingegen hinsichtlich noch nicht vollständig bezahlter Vertragsgegenstände aus Einzelverträgen entledigen, indem er die Erfüllung des betreffenden Einzelvertrags wählt (§ 103 InsO) und allein den hierfür geschuldeten Kaufpreis zahlt.[619] Ein Absonderungsrecht zur Sicherung der Lieferantenforderungen aus anderen Verträgen kann wegen § 91 InsO an diesem Gegenstand nicht mehr entstehen. Ist der Kaufpreis für eine der gekauften Sachen hingegen vor der Eröffnung des Insolvenzverfahrens gezahlt worden und die Zahlung nicht erfolgreich angefochten, hat der Verkäufer daran ein Sicherungsrecht erworben, welches ihn zur abgesonderten Befriedigung berechtigt.[620] Zweifelhaft erscheint mit Blick auf §§ 103, 119 InsO, dass die Möglichkeit, hinsichtlich einzelner Lieferverträge Erfüllung zu wählen mit der Folge, dass kein nachgeschaltetes Sicherungsrecht mehr entstehen kann, nicht bei einem **Kontokorrentvorbehalt** bestehen soll.[621] Da die Forderungen jedoch (aufgrund Parteivereinbarung) mit Einstellung in das Kontokorrent zu unselbständigen Rechnungsposten werden,[622] ist dieses Ergebnis richtig.

Praxishinweis

Besonderheiten ergeben sich im **Bankengeschäft** nach Nr. 15 AGB-Banken bzw. Nr. 25 AGB-Sparkassen. Hiernach erwirbt ein Kreditinstitut an den ihm zum Einzug gebrachten Schecks und Wechseln im Zeitpunkt der Einreichung Sicherungseigentum, wobei dieses nur diejenigen Forderungen sichert, die dem Kreditinstitut gegen den Kunden bei der Einreichung der Einzugspapiere auf dem Kontokorrentkonto zustehen oder die infolge der Rückbelastung nicht eingelöster Einzugspapiere oder diskontierter Wechsel entstehen. Mit dem Erwerb des (Sicherungs-)Eigentums an Schecks und Wechseln gehen darüber hinaus auch die zugrunde liegenden Forderungen auf das Kreditinstitut über.

614) Zur Wirksamkeit vgl. BGH, Urt. v. 8.10.1986 – VIII ZR 342/85, BGHZ 98, 303, 307 = NJW 1987, 487; BGH, Urt. v. 20.3.1985 – VIII ZR 342/83, BGHZ 94, 105, 112 = NJW 1985, 1836.

615) Zur Wirksamkeit einer solchen Klausel BGH, Urt. v. 13.7.2006 – VII ZR 51/05, NJW 2006, 3486, m. Anm. *Graf v. Westphalen*, dazu EWiR 2006, 709 *(Moufang)*.

616) So auch *Imberger* in: FK-InsO, § 51 Rz. 33; *Tetzlaff*, ZInsO 2009, 1092.

617) Zur dogmatischen Struktur des erweiterten Eigentumsvorbehalts vgl. einerseits *Berger*, ZIP 2004, 1073, andererseits *Bülow*, ZIP 2004, 2420.

618) Liegt ein Kontokorrentverhältnis vor, kommt es auf die Tilgung der Saldoforderung an (sog. Kontokorrentvorbehalt).

619) Jaeger-*Henckel*, InsO, § 51 Rz. 27 ff.; zur Frage, ob der Verwalter in diesem Fall, wenn der Schuldner einen Kaufgegenstand bereits teilweise gezahlt hatte, tatsächlich nur den Restkaufpreis leisten muss, so Jaeger-*Henckel*, InsO, § 51 Rz. 29.

620) Jaeger-*Henckel*, InsO, § 51 Rz. 28.

621) Jaeger-*Henckel*, InsO, § 51 Rz. 30.

622) BGH, Urt. v. 25.6.2009 – IX ZR 98/08, BGHZ 181, 362 = NJW 2009, 2677.

b) Sicherungszession (§ 51 Nr. 1 Alt. 2 InsO)

303 Gemäß § 51 Nr. 1 Alt. 2 InsO stehen den absonderungsberechtigten Gläubigern des § 50 InsO diejenigen Gläubiger gleich, denen der Schuldner zur Sicherung eines Anspruchs ein Recht übertragen hat.

aa) Anwendungsbereich

304 Bei der Sicherungsabtretung ist zunächst zu beachten, dass diese **als Kreditsicherheit ausgestaltet** ist, also die Abtretung nicht an Erfüllung statt erfolgt, sondern der Schuldner vielmehr gehalten ist, die Verbindlichkeit bei dem Sicherungsnehmer durch eine eigene Tilgung zu erfüllen. Es handelt sich aber auch nicht um die Abtretung einer Forderung erfüllungshalber, da sich bei einer solchen der Zessionar in erster Linie aus der abgetretenen Forderung befriedigen soll. Im Unterschied zur Inkassozession, welche als uneigennützige Treuhandschaft ausgestaltet ist, bei der der Zessionar die Forderung aus eigenem Recht und im eigenen Namen für Rechnung des Zedenten einzieht, handelt es sich bei der Sicherungsabtretung vielmehr um einen Fall der eigennützigen Treuhandschaft. Darüber hinaus ist auch von einem Forderungskauf zu unterscheiden, bei welchem regelmäßig die Abtretung nicht zur Sicherung, sondern zur Erfüllung der kaufvertraglichen Verpflichtung erfolgt.

305 Schwerpunktmäßig kommen als Rechte i. S. des § 51 Nr. 1 Alt. 2 InsO **Forderungen** in Betracht, wobei diese auf Zahlungsentgelt oder eine andere Leistung gerichtet sein können. Gleichwohl kann auch die Abtretung sonstiger Rechte Gegenstand eines Absonderungsrechts sein; insbesondere Lizenzen, Nutzungsrechte oder Geschmacksmuster[623] sowie Firmen- oder Domainrechte.[624]

bb) Entstehung

306 Gemäß § 398 Satz 1 BGB kann eine Forderung von dem Gläubiger durch **Vertrag** mit einem anderen auf diesen übertragen werden (Abtretung). Mit Abschluss des Vertrags tritt der neue Gläubiger (Zessionar) an die Stelle des alten (Zedent). Als Vertrag bedarf die Abtretung somit eines **Angebots sowie dessen Annahme**, wobei die Annahme nach § 151 Satz 1 BGB erfolgen kann, ohne dass es einer Erklärung gegenüber dem Antragenden bedarf, wenn eine solche nach der Verkehrssitte nicht zu erwarten ist.

307 Neben der Existenz der Forderung darf kein **Abtretungsverbot bzw. -ausschluss** nach den §§ 399 f. BGB bestehen. Wurde ein dinglich wirkendes Abtretungsverbot zwischen Zedent und Drittschuldner vereinbart, ist eine gleichwohl erfolgte Abtretung **unwirksam**. Eine Ausnahme besteht allerdings dann, hat sich der Gläubiger gegenüber dem Drittschuldner **lediglich schuldrechtlich verpflichtet**, die Forderung nicht abzutreten. Handelt es sich bei dem Rechtsgeschäft, aus dem die abgetretene Forderung herrührt, für beide Teile um ein Handelsgeschäft, oder ist der Schuldner eine juristische Person des öffentlichen Rechts bzw. ein öffentlich-rechtliches Sondervermögen, ist die Abtretung trotz dinglichen Abtretungsverbots wirksam (§ 354a Abs. 1 HGB). Eine Gegenausnahme in diesem Fall besteht wiederum dann, handelt es sich um eine Forderung aus einem Darlehensvertrag, deren Gläubiger ein Kreditinstitut i. S. des Kreditwesengesetzes ist. Darüber hinaus bestehen weitreichende weitere Abtretungsverbote, etwa bei Ärzten oder Apothekern, wenn der Zedent gemäß § 402 BGB verpflichtet wäre, dem neuen Gläubiger die zur Geltendmachung der Forderung nötige Auskunft zu erteilen und ihm die zum Beweis der Forderung dienenden Urkunden, soweit sie sich in seinem Besitz befinden, auszuliefern.

623) BGH, Urt. v. 2.4.1998 – IX ZR 232/96, NJW-RR 1998, 1057 = ZIP 1998, 830.

624) Jaeger-*Henckel*, InsO, § 51 Rz. 4.

Da dies ohne Verstoß gegen die ärztliche Schweigepflicht nicht möglich ist, ist die Abtretung gemäß § 134 BGB i. V. mit § 203 StGB unwirksam.[625)]

308 Schließlich muss sich auch die Forderungszession am sachenrechtlichen **Bestimmtheitsgrundsatz** messen lassen, wobei es bei antizipierten Abtretungen ausreicht, dass die Forderungen **bestimmbar** sind.[626)] Dem Bestimmtheitsgrundsatz ist Rechnung getragen, wenn sich die abgetretenen Forderungen von allen anderen gleichartigen Forderungen des Verfügenden unterscheiden lassen. Wertmäßige Umschreibungen sind dabei ungeeignet. Bei der Abtretung einer Mehrheit von Forderungen ist dies regelmäßig unproblematisch, wenn die Abtretung alle Forderungen gegen einen oder mehrere Drittschuldner oder alle Forderungen aus bestimmten Geschäftsvorfällen betrifft. Probleme bereiten regelmäßig Teilabtretungen, wenn nicht erkennbar ist, aus welchen Forderungen oder Forderungsteilen sich der Teilbetrag zusammensetzt.[627)]

309 Der **Umfang der Sicherungsabtretung** ist nach dem zugrundeliegenden Vertrag (ggf. auch im Wege der **Vertragsauslegung**) zu ermitteln. Werden etwa Mietzinsen an eine Bank abgetreten, so soll diese Abtretung auch gesetzliche Ansprüche auf Nutzungsentgelt gemäß § 546a Abs. 1 BGB sowie etwaige Ansprüche aus den §§ 987, 990 BGB erfassen. Werden jedoch an den Zessionar bereits abgetretene Forderungen auf das Konto des Zedenten schuldbefreiend geleistet, umfasst die Abtretung nicht zugleich auch den Anspruch des Zedenten gegen seine kontoführende Bank auf Auszahlung dieser Beträge, da die abgetretenen Forderungen mit der Zahlung gemäß § 362 Abs. 1 BGB erlöschen und damit zugleich auch das Sicherungsrecht des Zessionars.[628)] Will der Zessionar sich die neuen Ansprüche des Zedenten gegen seine Bank sichern, müssen diese gesondert abgetreten werden. Dies scheitert in der Insolvenz jedoch dann, werden die Forderungen auf einem als Kontokorrent geführten Konto eingezogen, da die Forderungen mit Einstellung in das Kontokorrent zu **unselbständigen Rechnungsposten** werden mit der Folge, dass nur noch der Schlusssaldo abgetreten werden kann. Da dieser mangels vorheriger Kündigung häufig erst mit Insolvenzeröffnung entsteht, scheitert ein Forderungserwerb an § 91 InsO.[629)]

cc) Praxisrelevante Formen der Sicherungsabtretung

310 Die Sicherungsabtretung kommt in der Praxis insbesondere in der Form des verlängerten Eigentumsvorbehalts (siehe Rz. 303 ff.) sowie der Global- und Mantelzession vor.

311 Zum Verständnis der weitreichenden Rechtsprechung zur insolvenzrechtlichen Wirksamkeit dieser Vorausabtretungen ist zunächst von entscheidender Bedeutung, dass der Abtretungsvertrag und die Verfügung zwar bereits mit Vertragsabschluss wirksam sind, der **Rechtsübergang der Forderung** jedoch erst **mit dem Entstehen der Forderung** erfolgt.[630)] Entsteht die im Voraus abgetretene Forderung erst nach Eröffnung des Insol-

---

625) Grundlegend BGH, Urt. v. 10.7.1991 – VIII ZR 296/90, BGHZ 115, 123 = NJW 1991, 2955 ff.; BGH, Urt. v. 11.5.2006 – IX ZR 247/03, BGHZ 167, 363 = NZI 2006, 457; vgl. dazu *Gundlach/Frenzel*, NZI 2006, 460 (Urteilsanm.).

626) BGH, Urt. v. 12.10.1999 – XI ZR 24/99, NJW 2000, 276, dazu EWiR 2000, 213 *(Lorenz)*.

627) BGH, Urt. v. 22.9.1965 – VIII ZR 265/63, NJW 1965, 2197.

628) BGH, Urt. v. 19.3.1998 – IX ZR 22/97, BGHZ 138, 291 = NJW 1998, 2592; BGH, Urt. v. 25.3.1999 – IX ZR 223/97, BGHZ 141, 173 = NJW 1999, 1544, dazu EWiR 1999, 857 *(Johlke)*.

629) BGH, Urt. v. 25.6.2009 – IX ZR 98/08, BGHZ 181, 362 = NJW 2009, 2677; gleiches kann für ein Auseinandersetzungsguthaben eines Gesellschafters gelten vgl. BGH, Urt. v. 8.1.2009 – IX ZR 217/07, NZG 2009, 355, dazu EWiR 2009, 317 *(Schulz/Schröder)*; OLG Stuttgart, Urt. v. 27.6.2000 – 20 U 18/2000, NZI 2000, 430 = ZIP 2001, 82.

630) BGH, Urt. v. 9.6.1960 – VII ZR 229/58, BGHZ 32, 367 369 = NJW 1960, 1715; BGH, Urt. v. 19.9.1983 – II ZR 12/83, BGHZ 88, 205, 206 = NJW 1984, 492; BGH, Urt. v. 11.5.2006 – IX ZR 247/03, BGHZ 167, 363, 365 f. = NZI 2006, 457.

venzverfahrens, kann der Gläubiger gemäß § 91 Abs. 1 InsO die Forderung nicht mehr erwerben.[631] Nur wenn der Zessionar bereits vor der Eröffnung des Insolvenzverfahrens eine **gesicherte Rechtsposition** hinsichtlich der abgetretenen Forderung erlangt hat, ist die Abtretung insolvenzfest.[632] Vorinsolvenzlich bedeutet dies, dass es nicht etwa auf den Zeitpunkt des Vertragsschlusses, sondern vielmehr auf das **„Werthaltigmachen"** der Forderung, also die Leistungserbringung, ankommt.[633] Da die Vorschrift des § 91 Abs. 1 InsO im Eröffnungsverfahren noch keine Anwendung findet, ist zu beachten, dass auch die unter Mitwirkung eines vorläufigen Insolvenzverwalters neu begründeten Forderungen **trotz Anordnung eines Zustimmungsvorbehalts** der Zession unterfallen,[634] da die Verfügung bereits wirksam war, lediglich der Verfügungserfolg nach Verlust der Verfügungsbefugnis eintritt.[635] Die Abtretung wird jedoch regelmäßig nach Verfahrenseröffnung anfechtbar sein,[636] hatte der Zessionar Kenntnis von der Zahlungsunfähigkeit oder dem Eröffnungsantrag. Wählt der Insolvenzverwalter nach Eröffnung des Verfahrens die Erfüllung eines gegenseitigen noch nicht vollständig erfüllten Vertrags nach § 103 InsO, so wird die dadurch entstehende Forderung von der Abtretung nicht erfasst.[637]

(1) Globalzession

Ein in der Bankenpraxis weit verbreitetes, jedoch häufig nur bedingt werthaltiges Sicherungsmittel, ist die Globalzession als **revolvierende Sicherheit.** Diese ist dadurch gekennzeichnet, dass sich der Zessionar gegenwärtige und künftige Forderungen des Zedenten durch eine umfassende Verfügung übertragen lässt. Zugleich bleibt der Zedent jedoch berechtigt, die Forderungen weiterhin von seinen Drittschuldnern einzuziehen, wobei häufig im Bankenverkehr eine sog. **Zahlstellenklausel** vereinbart wird, um dadurch sicherzustellen, dass die Erlöse aus dem Forderungseinzug an die durch die Abtretung begünstigte Bank fließen. Die Einziehungsermächtigung des Zedenten bleibt grundsätzlich bis zum Eintritt des Sicherungsfalls bestehen und erlischt erst durch **Widerruf** des Sicherungsnehmers bzw. mit Eröffnung des Insolvenzverfahrens. Der Eintritt der wirtschaftlichen Krise, die Beantragung der Eröffnung eines Insolvenzverfahrens oder aber auch die Anordnung von Sicherungsmaßnahmen unter gleichzeitiger Bestellung eines vorläufigen Insolvenzverwalters führen hingegen nicht zum Entfallen der Einziehungsermächtigung.[638] Dies hatte zur Folge, dass das Absonderungsrecht an Forderungen, die auf dem schuldnerischen Konto oder insbesondere aufgrund einer gerichtlichen Anordnung durch den vorläufigen Insolvenzverwalter auf dessen Konto eingezogen wurden, mit dem Zahlungseingang zusammen mit der Forderung erlosch und auch kein Ersatzabsonderungsrecht nach § 48 InsO analog entstand, da der **Forderungseinzug nicht „unberechtigt"** erfolgte.[639] 312

631) BGH, Urt. v. 20.3.1997 – IX ZR 71/96, BGHZ 135, 140, 145 = NJW 1997, 1857; BGH, Beschl., v. 17.2.2005 – IX ZB 62/04, BGHZ 162, 187, 190 = NZI 2005, 263, dazu EWiR 2005, 571 *(Bork)*; BGH, Urt. v. 11.5.2006 – IX ZR 247/03, BGHZ 167, 363, 365 f. = NZI 2006, 457; BGH, Urt. v. 25.6.2009 – IX ZR 98/08, BGHZ 181, 362 = NJW 2009, 2677; BGH, Urt. v. 14.1.2010 – IX ZR 78/09, NZI 2010, 220 = ZIP 2010, 335; *Ganter* in: MünchKomm-InsO, Vor §§ 49–52 Rz. 23.

632) BGH, Urt. v. 22.4.2010 – IX ZR 8/07, NZI 2010, 682.

633) BGH, Urt. v. 26.6.2008 – IX ZR 144/05, NZI 2008, 539.

634) BGH, Urt. v. 10.12.2009 – IX ZR 1/09, NZI 2010, 138, dazu EWiR 2010, 123 *(Jacoby)*.

635) BGH, Urt. v. 22.10.2009 – IX ZR 90/08, NZI 2009, 888, dazu EWiR 2010, 121 *(Wilkens/Siepmann)*.

636) *Ganter* in: MünchKomm-InsO, § 51 Rz. 169.

637) BGH, Urt. v. 9.3.2006 – IX ZR 55/04, NZI 2006, 350 = ZIP 2006, 859.

638) BGH, Urt. v. 6.4.2000 – IX ZR 422/98, BGHZ 144, 192 = NZI 2000, 306, dazu EWiR 2000, 643 *(Eckardt)*.

639) BGH, Urt. v. 6.4.2000 – IX ZR 422/98, BGHZ 144, 192 = NZI 2000, 306; BGH, Urt. v. 4.12.2003 – IX ZR 222/02, NZI 2004, 209.

Folglich ging das Sicherungsrecht ersatzlos unter, so dass der Zessionar gehalten war, kurzfristig die Einziehungsermächtigung zu wiederrufen.

313 Hiervon ist der BGH jedoch abgerückt.[640] Das Fortbestehen der Einzugsermächtigung hatte der Senat in früheren Entscheidungen deshalb für erforderlich gehalten, weil die im Gesetz vorausgesetzte Fortführung eines Unternehmens durch den vorläufigen Insolvenzverwalter (§ 22 Abs. 1, 2 Nr. 2 InsO) kaum möglich wäre, wenn ein wesentlicher Teil des Umlaufvermögens – eben die sehr häufig als Sicherheit an ein Kreditinstitut abgetretenen Forderungen – bereits blockiert wäre.[641] In dem vor dem Inkrafttreten des **§ 21 Abs. 2 Satz 1 Nr. 5 InsO** zu entscheidenden Fall deutete der BGH im Jahr 2010 jedoch an, dass nach Inkrafttreten dieser Vorschrift[642] nunmehr durch das Insolvenzgericht gerade angeordnet werden könne, dass abgetretene Forderungen nicht vom Sicherungsgläubiger, sondern vom vorläufigen Insolvenzverwalter eingezogen werden dürfen,[643] so dass das ursprüngliche für ein Fortbestehen der Einzugsermächtigung sprechende Argument nicht mehr verfängt. Angesichts dessen – so der BGH weiter – könnte auch deshalb an eine Änderung der bisherigen Rechtsprechung gedacht werden, weil die Annahme eines Erlöschens der Einziehungsbefugnis (bereits) mit dem Insolvenzantrag sicherstellt, dass die Forderung nicht durch den Schuldner, sondern nur noch – einen Beschluss des Insolvenzgerichts nach § 21 Abs. 2 Satz 1 Nr. 5 InsO vorausgesetzt – durch den vorläufigen Verwalter eingezogen wird. Da in dem zu entscheidenden Fall eine solche Anordnung jedoch nicht getroffen wurde (da der Forderungseinzug vor Inkrafttreten des § 21 Abs. 2 Satz 1 Nr. 5 InsO erfolgte), sondern der vorläufige Insolvenzverwalter vielmehr zur Einziehung *sämtlicher* Forderungen durch das Gericht ermächtigt wurde, nahm der BGH in analoger Anwendung des § 170 Abs. 1 Satz 2 InsO die dingliche Surrogation des Absonderungsrechts am Einzugserlös zugunsten des Sicherungsgläubigers an. Der Erlös, den bereits der vorläufige Insolvenzverwalter eingenommen und verwahrt hat und den der Insolvenzverwalter mit der Eröffnung des Insolvenzverfahrens übernimmt, sei dabei ebenso zu behandeln wie der Erlös, den der Verwalter selbst aus der Verwertung von sicherungsabgetretenen Forderungen erzielt hat. Demnach sei der vorläufige Verwalter verpflichtet, die Erlöse einerseits unterscheidbar zu verwahren, und die Beträge andererseits nicht für eine Betriebsfortführung zu verwenden, sondern unverzüglich an den Zessionar weiterzuleiten, um so eine Auszahlung auch nach Verfahrenseröffnung bzw. Eintritt der Masseunzulänglichkeit gemäß § 208 InsO zu ermöglichen.

314 Trotz der Neuregelung des § 21 Abs. 2 Satz 1 Nr. 5 InsO ist aufgrund der in der Praxis begrenzten Anordnungshäufigkeit davon auszugehen, dass diese Rechtsprechung künftig zu beachten sein wird, sofern der vorläufige Insolvenzverwalter lediglich pauschal zum Forderungseinzug ermächtigt wird.[644] Der vorläufige Insolvenzverwalter wird daher davon ausgehen müssen, dass die **Einziehungsermächtigung spätestens mit seiner Bestellung erlischt.**[645] Dafür, dass auf den Zeitpunkt des Erlöschens der Einziehungsbefugnis und das dadurch entstehende Ersatzabsonderungsrecht nach § 48 InsO analog (der Forderungseinzug erfolgt danach „unberechtigt“) auf die **Bestellung des vorläufigen Insol-**

640) BGH, Urt. v. 21.1.2010 – IX ZR 65/09, BGHZ 184, 101 = NZI 2010, 339; BGH, Urt. v. 15.3.2012 – IX ZR 249/09, NZI 2012, 365 m. w. N.

641) BGH, Urt. v. 6.4.2000 – IX ZR 422/98, BGHZ 144, 192 = NZI 2000, 306.

642) Eingeführt durch Gesetz zur Vereinfachung des Insolvenzverfahrens, v. 13.4.2007, BGBl. I 2007, 509 m. W. v. 1.7.2007.

643) BGH, Urt. v. 21.1.2010 – IX ZR 65/09, BGHZ 184, 101 = NZI 2010, 339.

644) So auch *Imberger* in: FK-InsO, § 51 Rz. 64 f.

645) A. A. wohl BGH, Urt. v. 21.1.2010 – IX ZR 65/09, BGHZ 184, 101 = NZI 2010, 339, 340, der den Zeitpunkt des Insolvenzantrags in Erwägung zieht.

venzverwalters abzustellen ist spricht auch, dass eine Anordnung nach § 21 Abs. 2 Satz 1 Nr. 5 InsO, die den Einzug abgetretener Forderungen durch den vorläufigen Insolvenzverwalter sicherstellt, ebenso erst mit dessen Bestellung möglich ist.

Dem vorläufigen Insolvenzverwalter bleiben damit regelmäßig zwei Alternativen, um die sicherungszedierten Forderungen dennoch für die Betriebsfortführung nutzbar zu machen: 315

- Einerseits wird vorgeschlagen, eine Vereinbarung mit dem Sicherungsnehmer dahingehend zu treffen, dass dem vorläufigen Insolvenzverwalter unter **Abtretung der Neuforderungen aus der Betriebsfortführung** der Einzug und die Verwendung der Altforderungen gestattet wird.[646] Dadurch, dass dem Zessionar sein Sicherungsmittel erhalten bleibe, könnten die Altforderungen für die Betriebsfortführung nutzbar gemacht und das Anfechtungsrisiko minimiert werden, wenn eine derartige Verknüpfung zwischen Leistung und Gegenleistung hergestellt wird, dass die Voraussetzungen eines Bargeschäfts i. S. des § 142 InsO gegeben sind. Dieses unechte Massedarlehen kann durch eine Ermächtigung nach § 22 Abs. 2 InsO flankiert werden.[647]
- Andererseits besteht die Möglichkeit des Abschlusses einer **Verwertungsvereinbarung**. Durch eine entsprechende quotale Beteiligung der Masse i. H. der für die Betriebsfortführung erforderlichen Beträge kann auch so eine Nutzbarkeit der Altforderungen hergestellt werden. Künftig ist davon auszugehen, dass die Kostenbeiträge nach § 171 Abs. 1 und 2 InsO analog i. H. von 9 %[648] zuzüglich der jeweiligen Umsatzsteuer (zumindest bei der Ist-Versteuerung)[649] zugunsten der (vorläufigen) Masse anfallen. Um dies sicherzustellen, muss eine Anordnung nach § 21 Abs. 2 Satz 1 Nr. 5 InsO beantragt werden, sollten sich die **Kostenbeiträge** nicht i. R. der Verhandlungen mit dem Sicherungsgeber durchsetzen lassen. Es ist jedoch davon auszugehen, dass sich regelmäßig aufgrund des Interesses des Zessionars an einem geordneten Forderungseinzug darüberhinausgehende Beteiligungsquoten vereinbaren lassen dürften.

Zu beachten ist bei einer solchen Vereinbarung stets, dass hierdurch der Forderungseinzug ggf. wieder „berechtigt" wird, so dass die Entstehung eines Ersatzabsonderungsrechts nach § 48 InsO analog ausscheiden kann.[650] Liegt kein Beschluss gemäß § 21 Abs. 2 Satz 1 Nr. 5 InsO vor, so kommt eine Auszahlung der Einzugserlöse nach Verfahrenseröffnung bzw. Eintritt der Masseunzulänglichkeit gemäß § 208 InsO dann lediglich noch unter Anwendung der durch den BGH entwickelten Grundsätze[651] nach § 170 Abs. 1 Satz 2 InsO analog in Betracht.[652] Angesichts dessen ist eine **Separierung der Erlöse** nach Abzug der Kostenbeiträge auf einem zweiten Konto anzuraten, um eine Unterscheidbarkeit und damit eine spätere Auszahlung zu gewährleisten, geht man mit dem 316

646) *Ganter*, NZI 2010, 551 ff.; Uhlenbruck-*Vallender*, InsO, § 21 Rz 38e.

647) BGH, Urt. v. 18.7.2002 – IX ZR 195/01, BGHZ 151, 353 = NZI 2002, 543.

648) Vgl. die Erwägungen in BGH, Urt. v. 21.1.2010 – IX ZR 65/09, BGHZ 184, 101 = NZI 2010, 339, 343 a. E.

649) Ein Einzug dieser Forderungen führt im Fall der Ist-Versteuerung zu einer Steuerpflicht gemäß § 55 Abs. 4 InsO, auch wenn es sich hierbei um Altforderungen handelt, vgl. BFH, Urt. v. 29.1.2009 – V R 64/07, BFHE 224, 24 = NZI 2009, 447, dazu EWiR 2009, 315 *(Berger)* zur Rechtslage i. R. des eröffneten Verfahrens; im Fall der Soll-Versteuerung führt ein Einzug von Altforderungen im vorläufigen Verfahren hingegen nicht zur Steuerpflicht nach § 55 Abs. 4 InsO: BMF-Schreiben v. 17.1.2012 – IV A 3 – S 0550/10/10020-05, Rz. 18, BStBl. I 2012, 120.

650) *Scholz* in: HambKomm-InsO, § 48 Rz. 35; für eine dingliche Surrogation des Vermieterpfandrechts trotz berechtigten Einzugs aufgrund einer Verwertungsvereinbarung BGH, Urt. v. 4.12.2003 – IX ZR 222/02, NZI 2004, 209.

651) BGH, Urt. v. 21.1.2010 – IX ZR 65/09, BGHZ 184, 101 = NZI 2010, 339.

652) BGH, Urt. v. 14.12.2006 – IX ZR 102/03, Rz. 19, BGHZ 170, 196 = NJW 2007, 1588.

BGH[653] davon aus, dass sich das Absonderungsrecht am Erlös fortsetzt.[654] Dies kann durch eine Einzelermächtigung durch das Insolvenzgericht abgesichert werden.

317 Ist die Unterscheidbarkeit hingegen nicht mehr gegeben, kommt lediglich noch eine Anmeldung des Anspruchs als Insolvenzforderung oder ein Haftungsanspruch gegen den (vorläufigen) Insolvenzverwalter in Betracht (siehe hierzu Rz. 403).

318 „Unberechtigt" i. S. von § 48 InsO ist ein Forderungseinzug auch dann, erfolgt dieser entgegen einer **Zahlstellenklausel.** Für die Vereitelung eines Absonderungsrechts reicht zwar ein Verstoß gegen eine schuldrechtliche Vereinbarung (etwa die Verpflichtung, eingezogene Beträge weiterzuleiten) nicht aus. Vielmehr ist eine zumindest „quasidingliche" Einschränkung erforderlich. Eine solche wird jedoch regelmäßig in einer Vereinbarung, die Forderung auf ein (offenes) Treuhandkonto oder ein Konto des Sicherungsnehmers einzuziehen, gesehen. Da der Verstoß gegen eine solche Vereinbarung das Entstehen einer insolvenzfesten Rechtsposition des Zessionars verhindert, ist der Forderungseinzug deshalb „unberechtigt" i. S. von § 48 InsO.[655]

(2) Mantelzession

319 Auch wenn der Zedent dem Abtretungsempfänger bei der Globalzession regelmäßig Debitorenlisten einreicht, hat dieses nur deklaratorische Wirkung für die Abtretung, da die Verfügung bereits mit Abschluss des (Global-)Abtretungsvertrags wirksam ist.[656] An dieser Stelle besteht der entscheidende Unterschied zur Mantelzession, bei welcher sich der Sicherungsgeber lediglich schuldrechtlich verpflichtet, Forderungen in einer bestimmten Höhe an den Sicherungsnehmer abzutreten und im Falle deren Erlöschens den Sicherungsbestand wieder aufzufüllen. Die dingliche Verfügung über die Forderung erfolgt erst durch Übersenden einer Liste mit den jeweiligen Forderungen an den Zessionar der die **Abtretungserklärung mit Empfangnahme der Liste konkludent annimmt**. Bis zur Annahme kann der Zedent allerdings über die Forderungen verfügen, so dass dem Zessionar bis dahin noch kein Absonderungsrecht hieran zusteht.[657]

(3) Grenzen

320 Aufgrund der umfassenden Verfügung i. R. einer Global- bzw. Mantelzession kann es in Einzelfällen zu einer – häufig jedoch lediglich nachträglichen – Übersicherung kommen, wird dem Sicherungsgläubiger etwa zugleich auch das Warenlager übereignet,[658] mit der Folge eines ermessensunabhängigen Freigabeanspruchs (im Fall der anfänglichen Übersicherung gelten die oben dargestellten Grundsätze, siehe Rz. 291 ff.).[659] Eine Insolvenzanfechtung der Globalzession kommt seit dem Urteil des BGH vom 29.11.2007[660] regelmäßig nur noch als **kongruente Deckung** i. S. von § 130 InsO in Betracht.

653) BGH, Urt. v. 14.12.2006 – IX ZR 102/03, Rz. 19, BGHZ 170, 196 = NJW 2007, 1588.

654) Für die Separierung von aufgrund einer Verwertungsvereinbarung eingezogener Beträge auf einem Treuhandkonto s. *Scholz* in: HambKomm-InsO, § 47 Rz. 59 f.

655) BGH, Urt. v. 21.1.2010 – IX ZR 65/09, BGHZ 184, 101 = NZI 2010, 339, 341; *Ganter* in: Ellenberger/Bunte, Bankrechts-Hdb., § 69 Rz. 808.

656) Uhlenbruck-*Brinkmann*, InsO, § 51 Rz. 33.

657) *Ganter* in: MünchKomm-InsO, § 51 Rz. 177.

658) *Ganter* in: MünchKomm-InsO, Vor §§ 49–52 Rz. 85.

659) BGH, Urt. v. 5.5.1998 – XI ZR 234/95, NJW 1998, 2206, 2207 = ZIP 1996, 1426.

660) BGH, Urt. v. 29.11.2007 – IX ZR 30/07, BGHZ 174, 297 = NZI 2008, 89, dazu EWiR 2008, 187 *(Ries)*.

(4) Kollision

Praktische Schwierigkeiten ergeben sich immer dann, hat der Schuldner seine Forderungen an unterschiedliche Sicherungsgläubiger abgetreten. Da der Insolvenzverwalter einerseits gegenüber den vermeintlichen Zessionaren im Hinblick auf bestehende Drittrechte auskunftspflichtig ist, er andererseits aber auch die Berechtigung am Einziehungserlös aufzuklären hat, stellt sich die Frage nach dem Vor- oder Gleichrang der jeweiligen Abtretungen. Kollidieren mehrere Abtretungen entscheidet grundsätzlich das **Prioritätsprinzip** den Vorrang der jeweiligen Abtretung, wobei hierfür auf den Abschluss des Abtretungsvertrags abzustellen ist.[661)] 321

Bei der Kollision zwischen einer Globalzession zugunsten einer Bank oder aber auch einem Warenlieferanten[662)] und einem verlängerten Eigentumsvorbehalt würde dies bedeuteten, dass sich grundsätzlich die zeitlich vorrangige Zession und damit häufig die Globalzession durchsetzen würde. Da dieses Ergebnis allerdings regelmäßig zu einem Vertragsbruch mit den Warenlieferanten führen würde, weil diese einen Weiterverkauf ihrer Ware vielfach vor vollständiger Zahlung nur gegen Abtretung der Verkaufsforderung gestatten, wurde durch den BGH die sog. **Vertragsbruchtheorie** entwickelt, nach welcher die Globalzession sittenwidrig und damit nach § 138 Abs. 1 BGB nichtig ist, soweit sie Forderungen erfasst, welche der Sicherungsgeber an seine Lieferanten abzutreten verpflichtet ist.[663)] Ausnahmen hiervon sollen lediglich dann bestehen, wenn die Bank wegen der Unüblichkeit des verlängerten Eigentumsvorbehalts in der betreffenden Wirtschaftsbranche eine Kollision der Sicherungsrechte für ausgeschlossen halten durfte.[664)] 322

Zur Vermeidung der Unwirksamkeit behilft sich die Praxis seither durch sog. **dingliche Teilverzichts- oder Vorrangklauseln**, aufgrund derer dem verlängerten Eigentumsvorbehalt Vorrang vor der Globalzession eingeräumt wird, um eine Nichtigkeit zu vermeiden. Im Gegensatz zu einer rein schuldrechtlichen Teilverzichtsklausel verschaffen diese dem Zessionar ein wirksames Absonderungsrecht für diejenigen Ansprüche, auf die nicht verzichtet wurde.[665)] Liegt kein dinglicher Teilverzicht bzw. Vorrang vor, geht die Rechtsprechung davon aus, dass sich die Nichtigkeit auf die Abtretung insgesamt und nicht lediglich auf die von einem verlängerten Eigentumsvorbehalt erfassten Forderungen erstreckt.[666)] Gleiches gilt für den **Vorrang des durch eine Verarbeitungsklausel gesicherten Materiallieferanten.** 323

Schwierigkeiten kann auch die Kollision von **echtem und unechtem Factoring** mit sonstigen Abtretungen bereiten. Führt das Factoring durch den Forderungsankauf zu einem Liquiditätszufluss ohne das Risiko der Rückbelastung, wenn die abgetretene Forderung nicht durchsetzbar ist (echtes Factoring), so ist die Forderungsabtretung i. R. des Factoring für den Fall der Kollision mit dem verlängerten Eigentumsvorbehalt trotz der vorbenannten Rechtsprechung (siehe Rz. 322 f.) wirksam, da der Zedent aus dem Verkaufserlös 324

661) BGH, Urt. v. 30.4.1959 – VII ZR 19/58, BGHZ 30, 149 = NJW 1959, 1533.

662) BGH, Urt. v. 21.4.1999 – VIII ZR 128/98, NJW 1999, 2588, dazu EWiR 1999, 677 *(Medicus)*.

663) BGH, Urt. v. 30.4.1959 – VII ZR 19/58, BGHZ 30, 149 = NJW 1959, 1533, m. Anm. *Dempewolf*; BGH, Urt. v. 9.6.1960 – VII ZR 228/58, BGHZ 32, 361 = NJW 1960, 1716; BGH, Urt. v. 8.12.1998 – XI ZR 302/97, NZI 1999, 76, dazu EWiR 1999, 299 *(Medicus)*.

664) BGH, Urt. v. 30.4.1959 – VII ZR 19/58, BGHZ 30, 149 = NJW 1959, 1533, m. Anm. *Dempewolf*; BGH, Urt. v. 9.6.1960 – VII ZR 228/58, BGHZ 32, 361 = NJW 1960, 1716; BGH, Urt. v. 8.12.1998 – XI ZR 302/97, NZI 1999, 76.

665) BGH, Urt. v. 8.10.1986 – VIII ZR 342/85, BGHZ 98, 303, 314 = NJW 1987, 487; BGH, Urt. v. 29.11.1989 – VIII ZR 228/88, BGHZ 109, 240, 245 = NJW 1990, 716; BGH, Urt. v. 18.4.1991 – IX ZR 149/90, NJW 1991, 2144, 2147 = ZIP 1991, 807; BGH, Urt. v. 8.12.1998 – XI ZR 302/97, NZI 1999, 76.

666) BGH, Urt. v. 8.12.1998 – XI ZR 302/97, NZI 1999, 76; BGH, Urt. v. 21.4.1999 – VIII ZR 128/98, NJW 1999, 2588.

seine Vorbehaltslieferanten so befriedigen kann, wie wenn er die an den Factor verkauften Forderungen selbst eingezogen hätte.[667] Besteht die Möglichkeit der Rückbelastung (unechtes Factoring), so bleibt es bei der Nichtigkeit nach § 138 Abs. 1 BGB.[668] Im **Verhältnis zur Globalzession** gilt der Prioritätsgrundsatz,[669] wobei es beim echten Factoring dennoch die Möglichkeit geben soll, die Forderung nochmals an die Factoring-Bank abzutreten, sofern der ungeschmälerte Gegenwert erhalten bleibt, da es im Hinblick auf das Sicherungsinteresse des Inhabers der Globalzession keinen Unterschied machen soll, ob die Forderung beim Kunden oder bei der Factoring-Bank eingezogen wird.[670] Beim echten Factoring erhält der Verkäufer den ungeschmälerten Gegenwert schon dann, wenn er den Nominalbetrag abzüglich eines Abschlags für Ausfallrisiko und einer Abzinsung bekommt, da dieser Betrag dem Marktwert der verkauften Forderung entspricht. Die Anwendbarkeit der **Vertragsbruchtheorie wird in dieser Konstellation zu Recht ausgeschlossen**, da sie zum Ausgleich der Zwangslage des Zedenten entwickelt wurde, welche im Verhältnis Factoring und Globalzession nicht gegeben ist.

(5) Einzelfälle

325 Häufig bedient sich die Praxis zur Besicherung von Ansprüchen des Gläubigers auch der Möglichkeit der Einzelabtretung, die sich auf unterschiedlichste Rechte beziehen kann. Einen besonders relevanten Fall stellt dabei die **Lebensversicherung** dar, deren Ansprüche häufig an finanzierende Kreditinstitute abgetreten werden. Regelmäßig stellt sich bei diesen Abtretungen die Frage nach dem Umfang der Zession, also ob diese lediglich die Todesfallansprüche oder aber auch den Rückkaufswert erfasst. Entscheidend für die Abgrenzung ist dabei die **Auslegung der Willenserklärungen** im Einzelfall,[671] wobei es angesichts der häufig in der Praxis anzutreffenden formularmäßigen Wahlmöglichkeit zwischen beiden Alternativen fraglich erscheint, ob ein weiter Auslegungsspielraum bestehen kann.[672] Voraussetzung für eine wirksame Abtretung ist bei privaten Lebensversicherungen ferner die **Anzeige der Abtretung** an den Versicherer gemäß § 13 Abs. 4 ALB.[673]

326 Einen weiteren praxisrelevanten Fall stellt die **Besicherung einer Bürgschaft durch die Abtretungen eines Bankguthabens** dar. Auch wenn die Inanspruchnahme des Bürgen erst nach Insolvenzeröffnung erfolgt, und damit auch der zugrunde liegende Anspruch erst jetzt auf den Bürgen übergeht mit der Folge des Regressanspruchs gegen den Insolvenzschuldner nach § 774 BGB, so hat dies keinen Einfluss auf die Wirksamkeit der Abtretung und des Absonderungsrechts. Bei der Bürgschaft handelt es sich um ein **bedingt begründetes Recht**,[674] welches im Insolvenzfall als bereits bestehend behandelt wird.[675] Dies gilt selbst dann, wenn die Bedingung erst nach Insolvenzeröffnung eintritt.[676]

---

667) BGH, Urt. v. 15.4.1987 – VIII ZR 97/86, BGHZ 100, 353, 360 ff. = NJW 1987, 1878.

668) BGH, Urt. v. 14.10.1981 – VIII ZR 149/80, BGHZ 82, 50, 64 = NJW 1982, 164; BGH, Urt. v. 15.4.1987 – VIII ZR 97/86, BGHZ 100, 353, 360 ff. = NJW 1987, 1878.

669) BGH, Urt. v. 19.12.1979 – VIII ZR 71/79, BGHZ 75, 391 = NJW 1980, 772.

670) BGH, Urt. v. 11.11.1981 – VIII ZR 269/80, BGHZ 82, 283 = NJW 1982, 571.

671) BGH, Urt. v. 13.6.2007 – IV ZR 330/05, NJW 2007, 2320, dazu EWiR 2007, 567 *(Güther/Kohly)*.

672) Für eine wortlautgetreue Auslegung OLG Düsseldorf, Urt. v. 25.8.2006 – I-16 U 187/05, BeckRS 2007, 4481; OLG Brandenburg, Urt. v. 23.2.2005 – 7 U 145/04, DZWIR 2005, 390; für eine extensivere Auslegung OLG Hamburg, Urt. v. 8.11.2007 – 9 U 123/07, ZIP 2008, 33 = VersR 2008, 767.

673) BGH, Urt. v. 31.10.1990 – IV ZR 24/90, BGHZ 112, 387 = NJW 1991, 559, OLG Brandenburg, Urt. v. 28.8.2012 – 11 U 120/11, ZInsO 2012, 1200.

674) BGH, Urt. v. 1.7.1974 – II ZR 115/72, NJW 1974, 2000, 2001; BGH, Urt. v. 6.11.1989 – II ZR 62/89, NJW 1990, 1301 = ZIP 1990, 53.

675) BGH, Urt. v. 27.5.2003 – IX ZR 51/02, BGHZ 155, 87, 92 = NJW 2003, 2744.

676) BGH, Urt. v. 30.11.1977 – VIII ZR 26/76, BGHZ 70, 75, 77 = NJW 1978, 642.

327 Weitere Sicherungsabtretungen spielen teilweise im Bankenverkehr aufgrund der Einbeziehung der **AGB-Banken** eine Rolle. Neben dem Sicherungseigentum an eingereichten Einzugspapieren wie Wechseln oder Schecks wird über Nr. 15 Abs. 2 AGB-Banken bzw. Nr. 25 Abs. 1 Satz 2, Abs. 2 AGB-Sparkassen darüber hinaus auch die zugrunde liegende Forderung an die Bank abgetreten mit der Folge des Entstehens eines Absonderungsrechts in der Insolvenz ihres Kunden.

328 Besonderheiten bestehen auch bei der **Abtretung von Steuerguthaben**. Nicht nur, dass die geschäftsmäßige Abtretung gemäß § 46 Abs. 4 Satz 2 AO lediglich zu Sicherungszwecken erfolgen darf, so ist die Abtretung darüber hinaus nur dann wirksam, wenn die Forderung bereits zum Zeitpunkt der Abtretung bestand[677)] und wenn sie dem Finanzamt gemäß § 46 Abs. 2 und 3 AO unter Verwendung des amtlichen Vordrucks angezeigt wurde.

329 Mitgesellschafter oder -gemeinschafter können nach § 84 Abs. 1 Satz 2 InsO an einem Auseinandersetzungsguthaben des Schuldners abgesonderte Befriedigung wegen solcher Forderungen verlangen, deren Rechtsgrund gerade in der Stellung des Schuldners als Gemeinschafter liegt.[678)] Dies können insbesondere Ansprüche auf Ausgleichung, Aufwendungs- oder Verwendungsersatz, Auszahlung rückständiger Gewinnanteile oder Auseinandersetzungskosten sein. **Kein Absonderungsrecht** besteht hingegen für Ansprüche der Teilhaber aus **Drittgläubigerforderungen**, etwa aus einem dem Schuldner für persönliche Zwecke gegebenen Darlehen.[679)]

330 Weitere absonderungsähnliche Rechte gewähren §§ 32 ff. DepotG für den **Hinterleger, den Verpfänder oder den Kommittenten von Wertpapieren**, wenn der Verwahrer, Pfandgläubiger, Kommissionär oder Eigenhändler insolvent wird.

c) Zurückbehaltungsrecht wegen nützlicher Verwendungen (§ 51 Nr. 2 InsO)

331 § 51 Nr. 2 InsO gewährt Gläubigern, denen ein Zurückbehaltungsrecht an einer Sache zusteht, weil sie etwas zum Nutzen der Sache verwendet haben, soweit ihre Forderung aus der Verwendung den noch vorhandenen Vorteil nicht übersteigt, ein Absonderungsrecht an dieser Sache. In Betracht kommen nur bewegliche Sachen, da § 49 InsO das Absonderungsrecht an unbeweglichen Gegenständen **abschließend** regelt.[680)] Somit kommen folgende Zurückbehaltungsrechte in Frage: §§ 102, 292 Abs. 2, 304, 347 Abs. 2, 536 Abs. 2, 459, 592, 601 Abs. 2, 670, 675, 683, 693, 850, 972, 994 ff., 1049, 1216, 2022 BGB sowie § 34 Abs. 1 WEG i. V. mit § 273 Abs. 2, § 1000 Satz 1 BGB. § 51 Nr. 2 InsO setzt dabei voraus, dass der Gläubiger den Absonderungsgegenstand bereits bei Insolvenzeröffnung und noch zum Zeitpunkt der Geltendmachung in seinem **unmittelbaren Besitz** hat.[681)] Darüber hinaus muss auch die Verwendung selbst vor Insolvenzeröffnung erfolgt sein.[682)] Ferner bedarf es gemäß § 51 Nr. 2 InsO einer **Verwendung** auf die Sache, also einer Vermögensaufwendung, die (zumindest auch) der Sache zugutekommt, indem sie ihrer Wiederherstellung, Erhaltung oder Verbesserung dient.[683)]

---

677) BFH, Urt. v. 6.2.1996 – VII R 116/94, BStBl. II 1996, 557 = ZIP 1996, 641.

678) *Lüke* in: KPB, InsO, § 84 Rz. 35.

679) Uhlenbruck-*Hirte*, InsO, § 84 Rz. 22.

680) BGH, Urt. v. 23.5.2003 – V ZR 279/02, NZI 2003, 605, dazu EWiR 2004, 351 *(Beutler)*.

681) *Imberger* in: FK-InsO, § 51 Rz. 85.

682) *Ganter* in: MünchKomm-InsO, § 51 Rz. 218; *Pechartschek* in: Gottwald/Haas, InsR-Hdb., § 31 Rz. 67.

683) BGH, Urt. v. 24.11.1995 – V ZR 88/95, BGHZ 131, 220 = NJW 1996, 921; zum Verwendungsbegriff s. Grüneberg-*Herrler*, BGB, § 994 Rz. 2 ff.

332 Begrenzt ist die abgesonderte Befriedigung dadurch, dass diese nur verlangt werden kann, wenn und soweit der Wert der Sache infolge der Verwendung nicht nur im Zeitpunkt der Insolvenzeröffnung, sondern auch noch in dem Zeitpunkt erhöht ist, indem das Absonderungsrecht geltend gemacht wird.[684)] Da für die Tatsache der Werterhöhung und ihren Umfang der Absonderungsberechtigte **darlegungs- und beweisbelastet** ist, läuft das Absonderungsrecht des § 51 Nr. 2 InsO vielfach leer, da sich diese Tatsachen häufig nur schwer beweisen lassen.[685)] Besonderheiten gelten gemäß § 323 InsO für das **Nachlassinsolvenzverfahren**, da dem Erben wegen der Aufwendungen, die ihm nach §§ 1978, 1979 BGB aus dem Nachlass zu ersetzen sind, ein Zurückbehaltungsrecht nicht zusteht. Ein Absonderungsrecht scheidet damit aus.

333 Aufgrund der eindeutigen gesetzlichen Regelung findet die Vorschrift des § 51 Nr. 2 InsO (sowie auch die des § 51 Nr. 3 InsO) auf **das allgemeine Zurückbehaltungsrecht nach § 273 Abs. 1 BGB** als persönliches Recht keine Anwendung.[686)] Gleiches gilt für ein vertraglich vereinbartes Zurückbehaltungsrecht.[687)] Dieser Ausschluss gewinnt in der Praxis häufig dann an Bedeutung, wenn es um die Herausgabe von schuldnerischen Geschäftsunterlagen geht, die bei einem Rechtsanwalt oder Steuerberater aufbewahrt werden. In diesen Fällen scheidet ein Zurückbehaltungsrecht wegen **rückständiger Honoraransprüche** in der Insolvenz des Mandanten vielfach aus.[688)] Ein Herausgabeverlangen scheitert lediglich dann, wenn die herauszugebenden Daten das vertraglich geschuldete Arbeitsergebnis enthalten würden, welches auch der Rechtsanwalt oder Steuerberater nur gegen Entgelt herausgeben müsste.

334 Da für das Absonderungsrecht nach § 51 Nr. 2 InsO der **unmittelbare Besitz** an der zurückbehaltenen Sache erforderlich ist, stünde dem Inhaber des Absonderungsrechts nach dieser Vorschrift gemäß §§ 166 Abs. 1, 173 Abs. 1 InsO grundsätzlich ein **Selbstverwertungsrecht** zu. § 173 Abs. 1 InsO setzt jedoch ein Verwertungsrecht des Gläubigers voraus, also verschafft dieses nicht selbst. Folglich muss sich ein solches aus den allgemeinen Vorschriften ergeben. Eigene Verwertungsrechte ergeben sich lediglich **wegen nicht genehmigten Verwendungen** nach §§ 1000, 1003 Abs. 1 Satz 2, Abs. 2 BGB (ebenso nach §§ 292 Abs. 2, 2022, 2023 BGB, die auf die §§ 1000, 1003 BGB verweisen)

335 Genehmigt der Verwalter die Verwendung, entfällt das Verwertungsrecht mit der Folge, dass er selbst den Absonderungsgegenstand zur Verwertung in seinen Besitz übertragen bekommt, **ohne jedoch Kostenbeiträge erheben zu können.**[689)] Anderenfalls ist eine Verwertung durch den Gläubiger nach den Vorschriften über den Pfandverkauf möglich (§ 1003 Abs. 1 Nr. 2 BGB). Da dem Absonderungsberechtigten in den übrigen Fällen ein eigenes Verwertungsrecht fehlt, hat ebenfalls der Insolvenzverwalter zu verwerten, wobei er auch hier keine Kostenbeiträge erheben kann.[690)]

d) Kaufmännische Zurückbehaltungsrechte (§ 51 Nr. 3 InsO)

336 Ferner gewährt § 51 Nr. 3 InsO für das **kaufmännische Zurückbehaltungsrecht** nach § 369 HGB ein Absonderungsrecht. Nach § 369 Abs. 1 Satz 1 HGB hat ein Kaufmann

684) Jaeger-*Henckel*, InsO, § 51 Rz. 48, *Ganter* in: MünchKomm-InsO, § 51 Rz. 219.

685) *Imberger* in: FK-InsO, § 51 Rz. 84.

686) BGH, Urt. v. 16.5.2019 – IX ZR 44/18, Rz. 26, NZI 2019, 587; Jaeger-*Henckel*, InsO, § 51 Rz. 52; *Lohmann* in: HK-InsO, § 51 Rz. 46; *Imberger* in: FK-InsO, § 51 Rz. 83.

687) RG, Urt. v. 1.12.1911 – Rep. II. 225/11, RGZ 77, 436.

688) OLG Düsseldorf, Urt. v. 12.3.1982 – 24 U 81/82, BeckRS 1982, 30991715 = ZIP 1982, 471; OLG Stuttgart, Urt. v. 1.12.1981 – 12 U 147/81, ZIP 1982, 80; *Imberger* in: FK-InsO, § 51 Rz. 87.

689) Jaeger-*Henckel*, InsO, Vor §§ 49–52 Rz. 47.

690) *Imberger* in: FK-InsO, § 51 Rz. 92.

wegen der fälligen Forderungen, welche ihm gegen einen anderen Kaufmann aus den zwischen ihnen geschlossenen beiderseitigen Handelsgeschäften zustehen, ein Zurückbehaltungsrecht an den beweglichen Sachen und Wertpapieren des Schuldners, welche mit dessen Willen aufgrund von Handelsgeschäften in seinen Besitz gelangt sind. Dies gilt, sofern er sie noch im Besitz hat, insbesondere mittels Konnossements, Ladescheins oder Lagerscheins darüber verfügen kann.

Das Zurückbehaltungsrecht besteht demnach nur unter **Kaufleuten** (§§ 1–6 HGB). Die 337
Forderung, welche einerseits angesichts des Wortlauts nicht nur in der Form einer Geldforderung bestehen muss,[691] muss andererseits zum Zeitpunkt der Geltendmachung des Zurückbehaltungsrechts **fällig** sein.[692] Darüber hinaus muss diese aus einem beiderseitigen Handelsgeschäft hervorgehen,[693] wobei dieses zwischen dem Zurückhaltenden und dem Schuldner der Forderung geschlossen sein muss.[694] Weitere Voraussetzung ist, dass es sich um bewegliche Sachen oder Wertpapiere handelt (vgl. § 369 Abs. 1 Satz 1 HGB). Nicht erfasst sind Rechte oder Forderungen.[695]

Das Zurückbehaltungsrecht setzt ferner voraus, dass es sich um **Sachen des Schuldners** 338
handelt, also solche die in seinem Eigentum stehen. Ein Zurückbehaltungsrecht an Sachen eines Gesellschafters kann dennoch entstehen, wenn die Forderung zwar gegen die Gesellschaft besteht, jedoch der Gesellschafter gleichfalls persönlich haftet und der Gläubiger ihn ebenfalls persönlich in Anspruch nimmt.[696] Ein **gutgläubiger Erwerb** des Zurückbehaltungsrechts ist nicht möglich.[697]

Ferner müssen die Sachen **mit Willen des Schuldners** aufgrund des Handelsgeschäfts in 339
den Besitz des Gläubigers gelangt sein, wobei der mittelbare Besitz des Zurückbehaltenden genügt, wenn nicht der Schuldner selbst den unmittelbaren Besitz innehat. Gemäß § 369 Abs. 1 Satz 2 HGB wird der **Umfang des Zurückbehaltungsrechts** dadurch erweitert, dass der Gläubiger auch eigene dem Schuldner zu übertragende Sachen zurückhalten kann, wenn diese vom Schuldner oder von einem Dritten für den Schuldner in sein Eigentum gelangt sind. Ausgeschlossen ist das Zurückbehaltungsrecht nach § 369 Abs. 3 HGB jedoch dann, wenn der Gläubiger in bestimmter Weise mit dem Gegenstand aufgrund vor (bei) der Übergabe erteilter Weisung des Schuldners oder aufgrund einer von ihm übernommenen Verpflichtung verfahren muss.

Wegen § 91 InsO müssen sämtliche Entstehungsvoraussetzungen vor Insolvenzeröffnung 340
eingetreten sein.[698] Sofern die Kaufmannseigenschaft nach Entstehen des Zurückbehaltungsrechts entfällt, hat dies jedoch keinen Einfluss auf das Absonderungsrecht.[699]

Da der Gläubiger kraft des Zurückbehaltungsrechts befugt ist, sich aus der Sache gemäß 341
§ 371 Abs. 1 Satz 1 HGB zu befriedigen, kann er im Falle der Insolvenz gemäß § 173 Abs. 1 InsO die Sache **selbst verwerten**.

691) Hopt-*Leyens*, HGB, § 369 Rz. 4.
692) RG, Urt. v. 31.1.1923 – I 786/22, RGZ 106, 247, 249.
693) Vgl. §§ 343, 344 HGB.
694) RGH RR 28, 1220.
695) Hopt-*Leyens*, HGB, § 369 Rz. 7.
696) Hopt-*Leyens*, HGB, § 369 Rz. 8.
697) Hopt-*Leyens*, HGB, § 369 Rz. 8.
698) OLG Köln, Urt. v. 23 6.1993 – 27 U 217/92, NJW-RR 1994, 544 = ZIP 1993, 1249.
699) Braun-*Bäuerle*, InsO, § 51 Rz. 61 ff.

e) Absonderungsrechte wegen öffentlicher Abgaben (§ 51 Nr. 4 InsO)

342 Gemäß § 51 Nr. 4 InsO steht Bund, Ländern, Gemeinden und Gemeindeverbänden ein Absonderungsrecht zu, soweit ihnen zoll- und steuerpflichtige Sachen nach gesetzlichen Vorschriften als Sicherheit für öffentliche Abgaben dienen. Den Hauptanwendungsfall bildet dabei die Vorschrift des **§ 76 AO**, wonach verbrauchsteuerpflichtige Waren und einfuhr- und ausfuhrabgabenpflichtige Waren ohne Rücksicht auf die Rechte Dritter als Sicherheit für die darauf ruhenden Steuern dienen (sog. Sachhaftung). Die **Sachhaftung** entsteht bereits bei Einfuhr- und ausfuhrabgaben- oder verbrauchsteuerpflichtigen Waren, wenn nichts anderes vorgeschrieben ist, mit ihrem Verbringen in den Geltungsbereich der Abgabenordnung – also grundsätzlich mit **Überschreiten der Zollgrenze,**[700] gemäß § 5 ZollG bei verbrauchsteuerpflichtigen Waren auch mit Beginn ihrer Gewinnung oder Herstellung (§§ 76 Abs. 2, 327 AO).

343 Auf den Besitz des Fiskus an der Sache kommt es für die Entstehung des Absonderungsrechts nach § 76 AO somit nicht an.[701] Darüber hinaus muss der Insolvenzschuldner weder Schuldner der Steuerforderung noch Vollrechtseigentümer der Sache sein.[702] Auch eine Beschlagnahme nach § 76 Abs. 3 AO bis zur Eröffnung des Verfahrens ist nicht erforderlich, da die Sachhaftung kraft Gesetzes entsteht.[703] Möglich bleibt die **Beschlagnahme** dennoch, auch **innerhalb eines Monats vor Insolvenzantragstellung**, da diese einerseits kein Akt der Zwangsvollstreckung ist, andererseits Zwangsvollstreckungsmaßnahmen von Absonderungsberechtigten nicht unter § 88 InsO fallen.[704] Gleiches soll **nach Verfahrenseröffnung** gelten, da das Absonderungsrecht an die Sachhaftung anknüpft und die Sachhaftung nicht von einer Beschlagnahme abhängt, so dass §§ 89, 91 InsO nicht entgegenstünden.[705] Da das Absonderungsrecht jedoch gerade unabhängig von einer Beschlagnahme entsteht, und dem Sicherungsinteresse des Fiskus somit Genüge getan ist, erscheint dieses Ergebnis sehr zweifelhaft.[706] Zu bedenken ist nämlich, dass die Fortführung des Geschäftsbetriebs durch den Insolvenzverwalter durch eine Beschlagnahme unnötig erschwert würde. Das **Verwertungsrecht** steht dem Fiskus nur zu, hat er Besitz an der Sache (§§ 166 Abs. 1, 173 InsO, § 327 AO). Anderenfalls bleibt es beim Verwertungsrecht des Insolvenzverwalters.[707] Das Absonderungsrecht aus § 76 AO hat **Vorrang** vor allen anderen Sicherungsgläubigern und Rechten Dritter.[708] Wird Sicherheit für die Steuerforderungen gemäß §§ 241, 242 AO geleistet, so setzt sich das Absonderungsrecht an der Sicherheitsleistung fort.[709]

344 Zu den Verbrauchssteuern gehören insbesondere die Tabak-, die Bier-, die Branntwein-, die Schaumwein-, die Mineralöl- und Erdgas- sowie die Kaffeesteuer. Auch die Einfuhr-Umsatzsteuer ist nach § 21 Abs. 1 UStG eine solche Steuer, so dass einfuhrumsatzsteuer-

700) Uhlenbruck-*Brinkmann*, InsO, § 51 Rz. 57; *Adolphsen* in: Gottwald/Haas, InsR-Hdb., § 42 Rz. 72.

701) So auch *Imberger* in: FK-InsO, § 51 Rz. 101.

702) BFH, Beschl. v. 22.7.1980 – VII B 3/80, BStBl. II 1980, 592; *Ganter* in: MünchKomm-InsO, § 51 Rz. 245.

703) BGH, Urt. v. 9.7.2009 – IX ZR 86/08, NZI 2009, 644 = ZIP 2009, 1674; *Ganter* in: MünchKomm-InsO, § 51 Rz. 244; Jaeger-*Henckel*, InsO, § 51 Rz. 62; *Imberger* in: FK-InsO, § 51 Rz. 101, 103.

704) *Ganter* in: MünchKomm-InsO, § 51, Rz. 254; a. A. *Bähr/Smid*, InVo 2000, 401, 405.

705) *Ganter* in: MünchKomm-InsO, § 51 Rz. 255; Jaeger-*Henckel*, InsO, § 51 Rz. 62; Nerlich/Römermann-*Andres*, InsO, § 51 Rz. 14; a. A. *Imberger* in: FK-InsO, § 51 Rz. 105; *Bähr/Smid*, InVo 2000, 401, 405.

706) So auch *Ganter* in: MünchKomm-InsO, § 51 Rz. 255.

707) *Ganter* in: MünchKomm-InsO, § 51 Rz. 258.

708) *Imberger* in: FK-InsO, § 51 Rz. 101; Uhlenbruck-*Brinkmann*, InsO, § 51 Rz. 58.

709) *Imberger* in: FK-InsO, § 51 Rz. 104.

pflichtige Waren der Sachhaftung unterliegen. Dagegen löst die Umsatzsteuer keine Sachhaftung aus.[710)] Gleiches gilt für Zollforderungen.[711)]

Das Absonderungsrecht **erlischt** mit der Steuerschuld sowie bei deren Fortbestehen mit Aufhebung der Beschlagnahme oder durch Übergabe der Waren unter Zustimmung der Finanzbehörde in einen steuerlich nicht beschränkten Verkehr (§ 76 Abs. 4 AO). Darüber hinaus kann auch die Sachhaftung der Insolvenzanfechtung unterliegen.[712)] 345

Andere Absonderungsrechte aufgrund öffentlicher Lasten bestehen insbesondere in der Immobiliarzwangsvollstreckung gemäß § 10 Abs. 1 Nr. 3 ZVG (siehe hierzu insbesondere zum Bestehen des Absonderungsrechts außerhalb der Zwangsvollstreckung Rz. 196 f.). 346

3. Sicherheitenverwertungspool

Da in der Praxis regelmäßig Schwierigkeiten bei der Abgrenzung von kollidierenden Si- 347
cherungsrechten bestehen und daher vielfach Eigentumsrechte sowie Rechte am Forderungsbestand des Insolvenzschuldners nicht in der erforderlichen Weise dargelegt werden können, kommt für die Sicherungsgläubiger die Bildung eines sog. **Sicherheitenverwertungspools** in Betracht. Dieses vielseitig ausgestaltbare Rechtsinstitut ist mittlerweile in der Literatur und Rechtsprechung als der gemeinsamen Ausübung und Verwertung von Sicherheiten dienendes Vehikel anerkannt.[713)] Hinsichtlich der diversen Arten von Poolvereinbarungen kommt dem Sicherheitenverwertungspool in Bezug auf die Geltendmachung von Aus- und Absonderungsrechten insbesondere die Funktion der **Vergemeinschaftung von Sicherungsrechten** zur Durchsetzung der Rechte aufgrund **besserer Beweisbarkeit** zu.[714)]

Problematisch stellt sich etwa die Lieferung baugleicher Gegenstände durch unterschied- 348
liche Eigentumsvorbehaltslieferanten dar. Gleiches gilt für die Vermischung, Vermengung und Verarbeitung von Sachen verschiedener Lieferanten unter Verwendung einer Verarbeitungsklausel, bei welchen auch der Schuldner selbst einen Miteigentumsanteil innehat, sowie für die Abgrenzung von Globalzession und verlängertem Eigentumsvorbehalt hinsichtlich des nicht dem verlängerten Eigentumsvorbehalt unterliegenden Teils der abgetretenen Forderungen. Regelmäßig fehlen die Eigentumsverhältnisse dokumentierende Aufzeichnungen und Markierungen im schuldnerischen Unternehmen, so dass eine Herausgabeklage nicht möglich wäre, zumal ein solcher Umstand auch nicht zur **Umkehr der Beweislast** führt.[715)]

Zur Vergemeinschaftung bündelt der Pool daher insbesondere Eigentumsvorbehaltsliefe- 349
ranten, deren Kreditversicherungen oder andere Sicherungseigentümer, um die Sicherheiten unter **treuhänderischer Leitung eines Pool-Führers** zu verwerten. Dabei können lediglich die Absonderungsrechte, nicht jedoch das Absonderungsgut selbst, ohne Mitwirkung des Insolvenzverwalters in den Pool eingebracht werden, da ein Rechtserwerb am Absonderungsgut gemäß § 91 InsO nach Verfahrenseröffnung ausscheidet. Neben den Absonderungsrechten können auch die persönlichen Forderungen in den Pool eingebracht werden mit der

710) Koenig-*Intemann*, AO, § 76 Rz. 7.

711) *Imberger* in: FK-InsO, § 51 Rz. 102.

712) BGH, Urt. v. 9.7.2009 – IX ZR 86/08, NZI 2009, 644 = ZIP 2009, 1674 – zur Anfechtbarkeit nach § 130 InsO.

713) Uhlenbruck-*Brinkmann*, InsO, § 49 Rz. 18.

714) Uhlenbruck-*Brinkmann*, InsO, § 49 Rz. 18 f.

715) BGH, Urt. v. 17.5.1978 – VIII ZR 11/77, NJW 1978, 1632.

Folge, dass diese Forderungen nur noch durch den Pool-Treuhänder zur Insolvenztabelle nach § 174 InsO für den Ausfall angemeldet werden können.[716)]

350 In Einzelfällen ist bei der Poolbildung eine **Sittenwidrigkeit** des Vertrags gemäß § 138 Abs. 1 BGB bejaht worden, wenn neben dem Ziel der besseren Beweisbarkeit zugleich beabsichtigt wird, eine bei der Übereignung an einzelne Poolmitglieder **fehlende Bestimmtheit oder Bestimmbarkeit** zu ersetzen.[717)] An der notwendigen Bestimmbarkeit kann es auch fehlen, wenn nicht alle beteiligten Sicherungsgläubiger dem Sicherheiten-Pool beitreten. Denn i. R. des Pools kommt etwa der verlängerte Eigentumsvorbehalt nur so weit zum Tragen, wie der Treuhänder nachweisen kann, dass einzelne Forderungen, aus denen abgesonderte Befriedigung begehrt wird, gerade durch den Verkauf einer bestimmten Ware entstanden und in dem Pool gebündelt sind. Die Bestimmbarkeit der Miteigentumsanteile der einzelnen Pool-Gläubiger soll hingegen keine Bedingung für eine abgesonderte Befriedigung sein, sofern nur die gemeinsame Berechtigung bestimmbar und bewiesen ist.[718)]

351 Risiken für die Poolmitglieder können sich auch aus einer möglichen **Insolvenzanfechtung** ergeben, wenn die Poolvereinbarung für die Poolmitglieder neben der Vergemeinschaftung zu einer Verbesserung ihrer Rechtsstellung und damit zu einem Verschieben der Sicherheiten führt.[719)]

352 Beteiligte des Poolvertrags können neben den **Gläubigern** und ggf. einem **Treuhänder** auch der **Schuldner** selbst sowie der **(vorläufige) Insolvenzverwalter** sein, wobei der Beitritt der Vertragsfreiheit unterliegt. Regelmäßig handelt es sich bei Pool-Zusammenschlüssen rechtlich um eine Gesellschaft bürgerlichen Rechts (§§ 705 ff. BGB) mit der Folge, dass eine **Auseinandersetzung** gemäß § 84 InsO, §§ 749 ff. BGB erfolgen muss, wurde der spätere Insolvenzschuldner in den Pool mit eigenen Rechten einbezogen.[720)] Eine Beteiligung des Insolvenzverwalters am Pool ist insbesondere dann sinnvoll, bestehen Aussichten für eine Fortführung des schuldnerischen Unternehmens. Denn hierdurch kann eine Fertigstellung von angearbeiteten Teilen und somit ein besserer Verkauf gewährleistet werden. Die Beteiligung kann zugleich an die **Verpflichtung zur Fertigstellung** geknüpft werden mit der Folge, dass sich im Gegenzug regelmäßig höhere Beteiligungsquoten für die Insolvenzmasse aufgrund der Wertsteigerung der Aus- und Absonderungsrechte vereinbaren lassen, da die Sicherheitenerhöhung regelmäßig an § 91 InsO scheitern dürfte. Gleichzeitig kann der Beitritt des Insolvenzverwalters auch wesentlich zur Vermeidung von Auseinandersetzungen mit den Sicherungsgläubigern beitragen.

353 Um neue Mitglieder in den Pool aufnehmen zu können, enthalten Poolvereinbarungen häufig **Öffnungsklauseln**, um einen Beitritt gleichartiger Sicherungsgläubiger zu ermöglichen. Ein Anspruch auf Aufnahme besteht grundsätzlich jedoch nicht.[721)] Erfolgt die Poolvereinbarung nach Insolvenzeröffnung, wird regelmäßig dem Insolvenzverwalter die Sicherheitenverwertung übertragen, wobei der Pool auch eine günstigere Verwertungsmöglichkeit i. S. von § 168 Abs. 3 Satz 2 InsO nachweisen kann.

716) LG Darmstadt, Urt. v. 31.8.1982 – 16 O 351/82, ZIP 1983, 98.

717) Nerlich/Römermann-*Andres*, InsO, § 47 Rz. 10.

718) BGH, Urt. v. 3.6.1958 – VIII ZR 326/56, NJW 1958, 1534.

719) BGH, Urt. v. 3.11.1988 – IX ZR 213/87, NJW 1989, 895 = ZIP 1988, 1534; BGH, Urt. v. 2.6.2005 – IX ZR 181/03, NZI 2005, 622 dazu EWiR 2005, 899 *(Gundlach/Frenzel)*; BGH, Urt. v. 21.2.2008 – IX ZR 255/06, NZI 2008, 304, dazu EWiR 2008, 475 *(S. Krüger/Achsnik)*.

720) *Adolphsen* in: Gottwald/Haas, InsR-Hdb., § 44 Rz. 17.

721) OLG Hamburg, Urt. v. 27.3.1985 – 13 U 74/84, ZIP 1985, 740.

IV. Verwertung

1. Verwertungsbefugnis (§ 166 InsO)

§ 166 Abs. 1 InsO weist dem Verwalter das Verwertungsrecht für solche mit Absonderungsrechten belasteten beweglichen Sachen zu, die er im **Besitz** hat. Besitz meint dabei nicht zwangsläufig unmittelbaren Besitz. Teilweise kann es auch ausreichen, dass der Verwalter nur mittelbaren Besitz innehat.[722)] Insofern ist nach der Ratio der Norm zu entscheiden. Das heißt, Besitzmittlungen, die für das Wesen der Unternehmenstätigkeit des Schuldners bzw. seines Geschäftskonzepts stehen und die dazu führen, dass der Schuldner eine bessere Besitzposition innehat als der Sicherungsnehmer, sind als ausreichend anzusehen.[723)] Dies betrifft vornehmlich die Absonderungsberechtigten nach § 51 Nr. 1 InsO sowie Inhaber besitzloser Pfandrechte. 354

Das Verwertungsrecht des Verwalters nach § 166 Abs. 2 InsO besteht **für stille wie für offengelegte Sicherungszessionen.**[724)] Entscheidend ist allein, dass die Sicherheit tatsächlich **als zedierte Forderung** eingeordnet werden kann. Auf Bereicherungsansprüche eines vorrangigen Sicherungsnehmers gegen einen nachrangigen Zessionar, an den der Drittschuldner mit befreiender Wirkung geleistet hat, ist § 166 Abs. 2 InsO und sind auch die §§ 170, 171 InsO daher nicht anwendbar.[725)] Gleiches gilt für vorinsolvenzlich unter Verzicht auf die Rücknahme hinterlegte Gelder[726)] oder für **ver- oder gepfändete Forderungen.** 355

Bei sonstigen Rechten wie Marken- oder urheberrechtlichen Nutzungsrechten spricht vieles dafür, den tatsächlichen Gebrauch im Schuldnerunternehmen im Interesse des gesetzlichen Fortführungszwecks für ein Verwertungsrecht des Verwalters ausreichen zu lassen.[727)] 356

Da die §§ 170, 171 InsO im **vorläufigen Insolvenzverfahren** grundsätzlich **keine Anwendung** finden,[728)] ist der vorläufige Insolvenzverwalter verpflichtet, entsprechende Verwertungsvereinbarungen mit den absonderungsberechtigten Gläubigern zu treffen, will er Sachen i. R. der Betriebsfortführung veräußern. 357

Eingeschränkt ist das Verwertungsrecht des Verwalters nach § 166 Abs. 1 und 2 InsO durch die in Absatz 3 genannten Ausschlussfälle von Zahlungs- und Abrechnungssystemen des Interbankenverkehrs (Nr. 1), Sicherheiten zugunsten der genannten Zentralbanken (Nr. 2) und von Finanzsicherheiten (Nr. 3). 358

---

722) *Wegener* in: FK-InsO, § 166 Rz. 8 m. w. N; zur Differenzierung: BGH, Urt. v. 11.1.2018 – IX ZR 295/16, NJW 2018, 1471, dazu EWiR 2018, 373 *(Brinkmann)*.

723) *Bork* in: FS Gaul, S. 71, 76; Braun-*Dithmar*, InsO, § 166 Rz. 9; *Hölzle* in: HK-InsO, § 166 Rz. 17 ff.; a. A. *Flöther* in: KPB, InsO, § 166 Rz. 7; vermittelnd: *Kern* in: MünchKomm-InsO, § 166 Rz. 15 ff.; zum Streitstand *Sessig/Fischer*, ZInsO 2011, 618, 621.

724) BGH, Urt. v. 11.7.2002 – IX ZR 262/01, NZI 2002, 599; BGH, Urt. v. 20.2.2003 – IX ZR 81/02, BGHZ 154, 72 = NZI 2003, 259, dazu EWiR 2003, 425 *(Schumacher)*.

725) BGH, Urt. v. 15.5.2003 – IX ZR 218/02, NJW-RR 2003, 1490.

726) BGH, Urt. v. 17.11.2005 – IX ZR 174/04, NZI 2006, 178, dazu EWiR 2006, 375 *(Heublein)*.

727) *Berger* in: FS Kirchhof, S. 1, 12 – Analogie zur Besitzvoraussetzung des § 166 Abs. 1 InsO; Nerlich/Römermann-*Becker*, InsO, § 166 Rz. 35 (analog § 166 Abs. 2 Satz 1); *Häcker*, ZIP 2001, 995, 997 ff. – besitzunabhängige Analogie zu § 166 Abs. 1; *Hirte/Knof*, WM 2008, 49, 52 ff.; zum aktuellen Stand der Diskussion Uhlenbruck-*Brinkmann*, InsO, § 166 Rz. 36; *Szalai*, ZInsO 2009, 1177.

728) Mit Ausnahme von § 21 Abs. 2 Satz 1 Nr. 5 InsO; BGH, Urt. v. 20.2.2003 – IX ZR 81/02, BGHZ 154, 72, 79 = NZI 2003, 259, dazu EWiR 2003, 425 *(Schuhmacher)*; zur analogen Anwendung beim Forderungseinzug BGH, Urt. v. 21.1.2010 – IX ZR 65/09, BGHZ 184, 101 = NZI 2010, 339.

2. Pflichten des Verwalters bis zur Verwertung

a) Auskunftspflicht

359 Neben der Verpflichtung gemäß § 148 Abs. 1 InsO, das gesamte zur Insolvenzmasse gehörende Vermögen sofort nach Insolvenzeröffnung in Besitz und Verwaltung zu nehmen, ist der Insolvenzverwalter darüber hinaus gemäß § 151 InsO verpflichtet, ein **Verzeichnis der einzelnen Gegenstände der Insolvenzmasse** aufzustellen und diese in einer Vermögensübersicht gemäß § 153 Abs. 1 InsO zu vermerken. Anders als bei Aussonderungsgut sind Gegenstände, an denen Absonderungsrechte bestehen, Massebestandteil und dementsprechend im Verzeichnis aufzuführen.[729)]

360 Darüber hinaus ist der Insolvenzverwalter nach § 167 Abs. 1 InsO den absonderungsberechtigten Gläubigern auf deren Verlangen hin zur **Auskunft über den Zustand der Sache** verpflichtet, grundsätzlich jedoch nur, soweit er nach § 166 Abs. 1 InsO zur Verwertung der Sache berechtigt ist. Das Auskunftsrecht des Gläubigers ist in der Praxis dadurch eingeschränkt, dass dieser den zu seinen Gunsten mit einem Absonderungsrecht belasteten Gegenstand genau bezeichnen muss. Reine Vermutungen reichen hingegen nicht aus.[730)] Darüber hinaus ist das der Absonderung zugrunde liegende Recht, insbesondere das Bestehen der gesicherten Forderung, nachzuweisen.[731)] Ausnahmsweise gewährt der BGH[732)] dem Vermieter ein darüber hinaus gehendes Auskunftsrecht hinsichtlich des Bestands der in die Mietsache eingebrachten Sachen. Der **Umfang der Auskunftspflicht** über den Zustand der Sache bezieht sich auf die **Beschaffenheit des Gegenstands** sowie auf dessen Vorhandensein; bei Forderungen auch auf etwaige damit verbundene **Einwände**. Darüber hinaus sind Drittrechte mitzuteilen.[733)] Der Verwalter ist außerdem verpflichtet, die i. R. des **vorläufigen Verfahrens** durch den vorläufigen Insolvenzverwalter erzielten Erlöse auf Verlangen des Gläubigers mitzuteilen, da ein Ersatzabsonderungsrecht des Gläubigers am Erlös bestehen könnte, solange dieser noch unterscheidbar in der Masse vorhanden ist.[734)]

361 Gemäß § 167 Abs. 1 Satz 2 InsO kann der Insolvenzverwalter anstelle der Auskunftserteilung dem Gläubiger gestatten, die Sache zu besichtigen. Dabei kann der Verwalter nach **eigenem Ermessen** entscheiden, ob er die Auskünfte selbst erteilt oder dem Gläubiger die **Besichtigung der Sache** bzw. die **Einsichtnahme in die Geschäftsunterlagen** gestattet. Hierdurch hat der Verwalter die Möglichkeit, sich der Auskunftserteilung weitestgehend zu entledigen. Die Informationspflicht stößt allerdings an ihre **Grenzen**, wird bspw. bei einer Vielzahl von Sicherungsnehmern die geordnete Abwicklung des Insolvenzverfahrens erheblich gestört oder gar verhindert. In diesem Fall ist der Verwalter berechtigt, auch eine Einsichtnahme wegen Unzumutbarkeit, welche sich in diesem Fall aus Treu und Glauben oder dem Grundsatz der Verhältnismäßigkeit ergibt, zu verweigern.[735)] Gleiches gilt, wenn es dem Gläubiger mit zumutbaren Aufwendungen möglich ist, sich die Information selbst zu verschaffen. Für die erteilten Auskünfte kann der Verwalter keinen Aufwendungsersatz verlangen.[736)] Darüber hinaus ist das Einsichtnahmerecht des Gläubigers in die Geschäftsunterlagen begrenzt, besteht die Gefahr der Preisgabe von Ge-

729) *Wipperfürth* in: KPB, InsO, § 151 Rz. 13, 15.
730) *Kern* in: MünchKomm-InsO, § 167 Rz. 10.
731) *Wegener* in: FK-InsO, § 167 Rz. 4.
732) BGH, Urt. v. 4.12.2003 – IX ZR 222/02, NZI 2004, 209.
733) *Kern* in: MünchKomm-InsO, § 167 Rz. 11.
734) BGH, Urt. v. 4.12.2003 – IX ZR 222/02, NZI 2004, 209.
735) Uhlenbruck-*Brinkmann*, InsO, § 167 Rz. 2.
736) BGH, Urt. v. 25.5.1983 – IVa ZR 199/81, ZIP 1983, 839; zur Behauptungs- und Beweislast im Prozess des Gläubigers auf abgesonderte Befriedigung gegen den Insolvenzverwalter s. *Smid*, ZInsO 2010, 1829.

schäftsgeheimnissen. Der Verwalter kann in diesem Fall auf die Einsichtnahme durch einen zur Verschwiegenheit verpflichteten Dritten verweisen.[737)]

b) Mitteilung der Veräußerungsabsicht und Selbsteintrittsrecht

Zwar steht dem Insolvenzverwalter ein pflichtgemäßes Ermessen im Hinblick auf die Art der Verwertung des mit einem Absonderungsrecht belasteten Gegenstands zu, jedoch schafft § 168 InsO einen Ausgleich zu den Gläubigerinteressen. Nach § 168 Abs. 1 Satz 1 InsO ist der Verwalter verpflichtet, den Absonderungsberechtigten mitzuteilen, auf welche Weise der Gegenstand veräußert werden soll. Die Mitteilung hat dabei den **Preis**, die **Zahlungskonditionen** und insbesondere die mit dem Verkauf verbundenen **Kosten** zu beinhalten.[738)] Bestehen an dem Gegenstand mehrere Absonderungsrechte, so hat der Verwalter gegenüber sämtlichen absonderungsberechtigten Gläubigern die Mitteilung zu machen.[739)] 362

Da § 168 Abs. 1 Satz 1 InsO von der **Veräußerung** eines „Gegenstands" spricht, sind auch **Forderungen** von diesem Begriff umfasst, da § 168 Abs. 1 Satz 1 InsO auf § 166 InsO verweist, der einerseits die Verwertung beweglicher „Sachen" sowie den Forderungseinzug regelt.[740)] Will der Insolvenzverwalter die Forderungen daher verkaufen oder durch Dritte einziehen lassen, hat er den Zessionar hierüber zu unterrichten.[741)] Die **Einziehung** von Forderungen hingegen fällt nicht unter diese Vorschrift, da sie keine „Veräußerung" darstellt. Inwieweit der Verwalter den Gläubiger informieren muss, wenn der Gegenstand **verarbeitet, verbunden oder vermischt** wird oder aber erst soweit hierdurch die Sicherheit beeinträchtigt wird, ist streitig.[742)] 363

Nach **Zugang der Veräußerungsmitteilung** beim absonderungsberechtigten Gläubiger steht diesem eine Frist von einer Woche zur Verfügung, auf eine günstigere Verwertungsart hinzuweisen. **Günstiger** ist die Verwertung insbesondere dann, wenn ein höherer Preis erzielt wird, wobei es grundsätzlich auf die Sichtweise des absonderungsberechtigten Gläubigers ankommt.[743)] Insbesondere die Entlastung der Masse von weiteren Verbindlichkeiten muss sich der Gläubiger nicht anrechnen lassen. Günstiger kann die Verwertungsmöglichkeit auch dann sein, wenn **Kosten eingespart werden** (§ 168 Abs. 3 Satz 2 InsO). Als vorzuziehende Alternative kann gemäß § 168 Abs. 3 Satz 1 InsO auch die Übernahme des Gegenstands durch den Gläubiger in Betracht kommen. Hierdurch erwächst dem Gläubiger die Verpflichtung, den mit dem Verwalter vereinbarten Kaufpreis zu zahlen. 364

Da es sich rechtlich bei einem solchen **Selbsteintritt** um eine Verwertung nach § 168 Abs. 2 InsO handelt, sind die Feststellungs- und Verwertungskosten zu erstatten. Gleiches gilt für die Umsatzsteuer. 365

Der **Hinweis** des Gläubigers i. S. von Absatz 2 muss **hinreichend bestimmt** sein, d. h. konkret darlegen, zu welchen Konditionen an wen und in welcher Art zu verwerten sein soll. Anzugeben sind ferner auch die zu erwartenden Verwertungskosten sowie ein zu erwartender Mehrerlös.[744)] Im Falle einer freiwilligen öffentlichen Versteigerung muss der 366

---

737) BGH, Urt. v. 11.5.2000 – IX ZR 262/98, NZI 2000, 422, dazu EWiR 2001, 177 (*Johlke/Schröder*).

738) *Wegener* in: FK-InsO, § 168 Rz. 2.

739) *Flöther* in: KPB, InsO, § 168 Rz. 7.

740) K. Schmidt-*Sinz*, InsO, § 168 Rz. 3.

741) BGH, Urt. v. 18.10.2012 – IX ZR 10/10, NJOZ 2013, 894 = ZIP 2013, 35.

742) Zur Übersicht *Wegener* in: FK-InsO, § 168 Rz. 4.

743) *Wegener* in: FK-InsO, § 168 Rz. 7.

744) *Flöther* in: KPB, InsO, § 168 Rz. 9.

Verwalter deshalb, wenn der Sicherungsgläubiger seinen Selbsteintritt zu einem bestimmten Kaufpreis angeboten hat, dem Auktionator diesen Betrag zuzüglich der Versteigerungskosten als Mindestgebot aufgeben.[745)]

367 Sind die **Bedingungen identisch**, und veräußert der Verwalter zu seinen Bedingungen, so stehen dem Gläubiger keine **Nachteilsausgleichsansprüche** zu. Bestehen Nachteile, hat der Insolvenzverwalter den Gläubiger grundsätzlich so zu stellen, als wenn er die von diesem genannte Verwertungsmöglichkeit wahrgenommen hätte (§ 168 Abs. 2 InsO).[746)] Dies kann für den Insolvenzverwalter insbesondere dann Sinn machen, handelt es sich um einen Gesamtverkauf, welcher gegenüber dem Einzelverkauf auch unter Berücksichtigung des Nachteilsausgleichs weitergehende Vorteile mit sich bringt. Zu beachten ist, dass § 168 InsO kein Ausbietungsverfahren in Gang setzen will, dass zu einer Verzögerung der Verwertung führen würde,[747)] so dass der Verwalter den Gläubiger nicht erneut informieren muss, wenn sein Interessent sein Angebot nachbessert. Informiert der Insolvenzverwalter den Gläubiger hingegen gar nicht, besteht für diesen die Möglichkeit, Schadensersatzansprüche gegen den Insolvenzverwalter wegen einer Veräußerung unter Wert geltend zu machen (§ 60 InsO).

368 Bei der **Wochenfrist** des Absatz 2 handelt es sich nicht um eine Ausschlussfrist, so dass der Verwalter jede Mitteilung, die vor Veräußerung eingeht, zu berücksichtigen hat.

369 Ob Veräußerungen im **ordentlichen Geschäftsverkehr** i. R. einer Betriebsfortführung von § 168 InsO erfasst werden, ist streitig,[748)] Notverkäufe sollen hingegen nicht erfasst sein.[749)]

c) Verzögerungsschutz des Sicherungsgläubigers

aa) Zinsausgleich (§ 169 InsO)

370 § 169 InsO, der dem § 30e ZVG im Bereich der Immobiliarsicherheiten entspricht, gewährt dem Absonderungsberechtigten, soweit er mit einer Befriedigung aus dem Verwertungserlös rechnen kann (Satz 3), einen **Zinsausgleich** für jede Verzögerung der Verwertung. Vom Berichtstermin an (Satz 1) oder, falls die Verwertung bereits im Eröffnungsverfahren durch eine Anordnung nach § 21 InsO verhindert wurde, spätestens[750)] nach Ablauf von drei Monaten seit der Anordnung (Satz 2) kann der Gläubiger laufend die gesetzlich oder vertraglich geschuldeten Zinsen aus der Masse verlangen. Dieser **generalisierende Ausgleich** dient dem Interessenausgleich zwischen dem Absonderungsberechtigten an einer zügigen Verwertung und dem Verwalter an einer gebotenen Unternehmensfortführung oder Gesamtveräußerung, wobei er genau zu prüfen haben wird, inwieweit sich eine Fortführung unter Abzug der Zinszahlungen noch massemehrend darstellt. § 169 InsO findet insofern neben dem die Wertminderung infolge fortdauernder Nutzung der Masse ausgleichenden Anspruch aus § 172 Abs. 1 InsO Anwendung. **§ 55 InsO wird** hingegen für den Duldungszeitraum durch § 169 InsO **verdrängt**.[751)] Ein Verschulden des Verwalters, für das dieser ebenfalls haften würde (nach § 60 InsO), ist nicht erforderlich.[752)]

745) OLG Celle, Urt. v. 20.1.2004 – 16 U 109/03, NZI 2004, 265, dazu EWiR 2004, 715 *(Blank)*.

746) *Wegener* in: FK-InsO, § 168 Rz. 13.

747) BGH, Beschl. v. 22.4.2010 – IX ZR 208/08, NZI 2010, 525.

748) Dafür Nerlich/Römermann-*Becker*, InsO, § 168 Rz. 6; a. A. *Gundlach/Frenzel/N. Schmidt*, DZWIR 2001, 18, 19.

749) K. Schmidt-*Sinz*, InsO, § 168 Rz. 2.

750) Findet der Berichtstermin früher statt, ist die Entschädigung erst ab dann zu leisten BGH, Urt. v. 3.12.2009 – IX ZR 7/09, BGHZ 183, 269 = NZI 2010, 95, 98.

751) BGH, Urt. v. 3.12.2009 – IX ZR 7/09, BGHZ 183, 269 = NZI 2010, 95.

752) BGH, Urt. v. 20.2.2003 – IX ZR 81/02, BGHZ 154, 72 = NZI 2003, 259.

Bei vom Verwalter zu verwertenden **beweglichen Gegenständen beginnt die Zinszahlungspflicht** somit mit dem Berichtstermin oder spätestens ab dem Ablauf von drei Monaten nach einer Anordnung nach § 21 InsO. Handelt es sich bei dem Sicherungsgegenstand dagegen um eine **zedierte Forderung,** setzt der Zinslauf nach § 169 InsO den Eingang des Forderungsbetrags bei der Masse voraus, denn der Masse soll durch die Verzinsungspflicht nicht das Bonitätsrisiko für den Drittschuldner auferlegt werden; eine weitergehende Verpflichtung der Masse zieht der BGH nur in Betracht, wenn entweder der Verwalter die Forderung früher hätte eintreiben können oder der Drittschuldner Zinsen auf die verspätete Leistung entrichtet hat.[753)] Gleiches hat auch dann zu gelten, hätte der Gläubiger selbst die Verwertung nicht früher realisieren können.[754)] In dem Fall, dass eine Verwertung nicht in absehbarer Zeit möglich ist, hat der Verwalter jedoch zu prüfen, ob nicht eine **Freigabe** des Gegenstands in Betracht kommt.[755)] Sind die Gründe für eine verspätete Verwertung nicht **insolvenzspezifisch** (etwa aufgrund der Beschaffenheit der Sache), geht der BGH davon aus, dass nach § 169 InsO keine Zinsen geschuldet sind.[756)] Dem Gläubiger sollen durch die Insolvenz keine Vorteile verschafft werden. Die Beweislast für die Verwertungsschwierigkeiten liegt jedoch beim Verwalter. Dieses Ergebnis begegnet gerade dann Bedenken, wird der (nicht insolvenzspezifisch) schwer verwertbare Gegenstand dennoch durch den Verwalter i. R. der Betriebsfortführung (dann zinslos) weiter genutzt. 371

Für die Zinszahlungspflicht aufgrund einer einstweiligen Anordnung durch das Insolvenzgericht gemäß § 21 InsO ist erforderlich, dass der Gläubiger gerade an der Verwertung des Sicherungsgegenstands gehindert worden ist.[757)] Ein allgemeines **Verbot der Zwangsvollstreckung** nach § 21 Abs. 2 Satz 1 Nr. 3 InsO oder der **Erlass eines Verbots für die Drittschuldner, an den Schuldner zu zahlen,** reicht nicht aus.[758)] 372

Die Verzinsungspflicht endet, anders als der an die „Verwertung" anknüpfende Wortlaut des § 169 InsO andeuten könnte, nicht bereits mit der Verwertung durch oder dem Zahlungseingang beim Verwalter, sondern erst mit der Erlösauskehr an den Absonderungsberechtigten.[759)] 373

Die Höhe der Zinsen richtet sich grundsätzlich nach der vertraglichen Vereinbarung zwischen Gläubiger und Schuldner, wobei nicht die Darlehensvaluta, sondern der **Netto-Verwertungserlös abzüglich der Kostenbeiträge** zugrunde zu legen ist.[760)] Anderenfalls gilt der gesetzliche Zinssatz nach § 246 BGB. Verzugszinsen sollen dann geltend gemacht werden können, befand sich der Schuldner bereits vor Eröffnung des Insolvenzverfahrens in Verzug.[761)] Ausgeschlossen ist der Anspruch dann, wenn das Absonderungsrecht (etwa wegen vorrangiger Belastungen) wirtschaftlich wertlos ist. 374

753) BGH, Urt. v. 20.2.2003 – IX ZR 81/02, BGHZ 154, 72 = NZI 2003, 259; vgl. auch *Mitlehner*, ZIP 2001, 677, 680; kritisch dazu *Hellmich*, ZInsO 2005, 678, 681.

754) *Obermüller*, NZI 2003, 416, 418.

755) *Wegener* in: FK-InsO, § 169 Rz. 3.

756) BGH, Urt. v. 16.2.2006 – IX ZR 26/05, BGHZ 166, 215 = NJW 2006, 1873, dazu EWiR 2006, 471 *(N. Schmidt/Schirrmeister)*.

757) BGH, Urt. v. 3.12.2009 – IX ZR 7/09, BGHZ 183, 269 = NZI 2010, 95.

758) BGH, Urt. v. 20.2.2003 – IX ZR 81/02, BGHZ 154, 72 = NZI 2003, 259.

759) BGH, Urt. v. 20.2.2003 – IX ZR 81/02, BGHZ 154, 72 = NZI 2003, 259.

760) *Kern* in: MünchKomm-InsO, § 169 Rz. 38 f.

761) Uhlenbruck-*Brinkmann*, InsO, § 169 Rz. 5.

bb) Schutz vor Wertverlust (§ 172 Abs. 1 InsO)

375 Um eine weitergehende Verwendung von mit Absonderungsrechten belasteten Gegenständen i. R. der Fortführung und Sanierung des schuldnerischen Unternehmens zu ermöglichen, erweitert die Vorschrift des § 172 Abs. 1 InsO die Eingriffsbefugnisse des Verwalters für Gegenstände, zu deren Verwertung er nach § 166 InsO berechtigt ist und die für die Betriebsfortführung erforderlich sind. Im Gegenzug gewährt die Vorschrift dem Sicherungsgläubiger einen **Ausgleichsanspruch für eintretende Wertverluste**, für den der tatsächlich eintretende Unterschied zwischen Nutzungsbeginn und -ende ausschlaggebend ist.[762)]

376 Der zeitlich mit **Eröffnung des Verfahrens**, mit einer **Anordnung nach § 21 Abs. 2 Satz 1 Nr. 5 InsO**[763)] sowie mit einer **Anordnung nach § 21 Abs. 2 Satz 1 Nr. 3 InsO**[764)] entstehende Anspruch ist laufend (im Zweifel wohl monatlich) zu zahlen, wobei AfA-Sätze als erste Orientierung dienen können,[765)] ggf. reduziert um die Feststellungs- und Verwertungskosten (siehe hierzu Rz. 389). Beendet wird die Ausgleichspflicht durch Veräußerung, mit Eintritt der Wertlosigkeit der Sache oder mit Erreichen des erzielbaren Verwertungserlöses.[766)] Ausgeschlossen ist der Anspruch dann, wenn der Wertverlust die Sicherung des Gläubigers nicht beeinträchtigt (§ 172 Abs. 1 Satz 2 InsO).

3. Abzug von Kostenbeiträgen vor Erlösverteilung

377 Nach der Verwertung einer beweglichen Sache oder einer Forderung durch den Insolvenzverwalter ist der absonderungsberechtigte Gläubiger **unverzüglich** nach Abzug der Feststellungs- und Verwertungskosten nach § 171 InsO zu befriedigen (§ 170 InsO).[767)] Bis zur Auskehr ist der Erlös von der Masse getrennt zu halten. Zwar setzt sich das **Absonderungsrecht mittels Surrogation am Erlös** fort,[768)] geht jedoch der Verwertungserlös ununterscheidbar in der Masse auf (zur Unterscheidbarkeit siehe Rz. 403), geht auch das Recht des absonderungsberechtigten Gläubigers am Erlös verloren. Dies gilt auch für den Verkauf einer Sachgesamtheit.[769)]

a) Verwertungsrecht des Verwalters

378 Die Kostenbeteiligung der absonderungsberechtigten Gläubiger nach §§ 170, 171 InsO gilt grundsätzlich nur dann, wenn der Verwalter die Gegenstände **nach § 166 InsO verwerten darf**. Dies betrifft somit **bewegliche Sachen**, die sich im **Besitz des Verwalters** befinden sowie **zur Sicherheit abgetretene Forderungen**. Gegenstände die der Aussonderung unterliegen und Immobilien[770)] sind somit gerade nicht betroffen.

---

762) Daneben kommen Ersatzansprüche für übermäßige, vom betrieblichen Zweck her nicht gedeckte Nutzungen, für Verbrauch, Beschädigung oder Zerstörung der genutzten Sachen in Betracht, vgl. BGH, Urt. v. 8.3.2012 – IX ZR 78/11, NZI 2012, 369, m. Anm. *Schädlich/Stapper*, dazu EWiR 2012, 389 *(Tillmann)*; zur Beweislast BGH, Urt. v. 28.6.2012 – IX ZR 219/10, BGHZ 194, 1 = NJW 2012, 2800, dazu EWiR 2012, 601 *(Voß)*.

763) Zu Maßnahmen nach § 21 Abs. 2 Satz 1 Nr. 5 vgl. *Ganter*, NZI 2007, 549; zur Frage der Wirksamkeit von Pauschalanordnungen: BGH, Urt. v. 3.12.2009 – IX ZR 7/09, BGHZ 183, 269 = NZI 2010, 95.

764) Hier gilt § 172 Abs. 1 InsO analog, vgl. *Kern* in: MünchKomm-InsO, § 172 Rz. 19.

765) *Wegener* in: FK-InsO, § 172 Rz. 7.

766) *Kern* in: MünchKomm-InsO, § 172 Rz. 20.

767) *S. Schmidt*, ZInsO 2005, 422 – zur Verjährung des Auszahlungsanspruchs.

768) BGH, Urt. v. 11.12.2008 – IX ZR 194/07, NJW-RR 2009, 340 = NZI 2009, 165.

769) BGH, Urt. v. 17.7.2008 – IX ZR 96/06, NZI 2008, 558, dazu EWiR 2008, 693 *(Frind)*.

770) *Weis/Ristelhuber*, ZInsO 2002, 859 – zu Kostenpauschalen bei der Verwertung von Grundbesitz durch den Insolvenzverwalter.

Darüberhinausgehend steht dem Verwalter nach Ablauf der Frist des § 173 Abs. 2 Satz 2 InsO ein **eigenes Verwertungsrecht** für nicht der Vorschrift des § 166 InsO unterfallende und mit einem Absonderungsrecht belastete Sachen zu, wenn er dies beantragt. Auch in diesem Fall kann er Kostenbeiträge sowie die jeweilige Umsatzsteuer erheben, wenn er tatsächlich verwertet. Für die Feststellungskosten ist dies jedoch fraglich,[771)] da der Feststellungsaufwand zum Zeitpunkt des Übergangs des Verwertungsrechts bereits angefallen ist.[772)] 379

Umgekehrt stehen der Masse nur die Feststellungskosten nebst Umsatzsteuer zu, wenn der verwertungsberechtigte Verwalter dem Absonderungsberechtigten die **Verwertung überlässt** (§ 170 Abs. 2 InsO). 380

Noch nicht geklärt ist die Kostenbelastung in den vom Gesetz nicht ausdrücklich geregelten Fällen eines **Zurückbehaltungsrechts ohne Verwertungsrecht**, in denen der Zurückbehaltungsberechtigte den Gegenstand dem Verwalter zur Verwertung herauszugeben hat.[773)] Der anfängliche Besitz des Zurückbehaltungsberechtigten spricht jedenfalls gegen eine Belastung mit Feststellungskosten, während bei einer Verwertung durch den Verwalter kein Grund ersichtlich ist, Verwertungskosten und Umsatzsteuer nicht aus dem Erlös entnehmen zu dürfen. 381

War der Verwalter bei Eröffnung nach § 166 InsO verwertungsberechtigt, verwertet aber dennoch der Absonderungsberechtigte ohne Zutun des Verwalters – das betrifft insbesondere **Tilgungen durch Drittschuldner gegenüber Sicherungszessionaren** – ändert das nichts daran, dass der Masse der Feststellungsbeitrag (analog § 170 Abs. 2 InsO) sowie eine etwaige Umsatzsteuer zusteht.[774)] Verwertungskosten der Masse können in diesem Fall indes nicht angefallen sein.[775)] 382

Ergibt sich nach Abzug des Kostenbeitrags und Befriedigung des Gläubigers ein Überschuss, so steht dieser der Masse zu.[776)] Ausnahmen für die **Eigenverwaltung** regelt § 282 Abs. 1 Satz 3 InsO. Der Verwalter muss dem Gläubiger schließlich nach der Verwertung **Rechnung legen** und ihn dadurch in die Lage versetzen, die verwerteten Gegenstände und die darauf entfallenden Beträge konkret i. R. einer Klage angeben zu können.[777)] 383

Auf Verwertungsmaßnahmen des vorläufigen Insolvenzverwalters fanden die Vorschriften der §§ 170, 171 InsO zunächst keine Anwendung.[778)] Erhöhte **Kosten des vorläufigen Verwalters** wurden teilweise dennoch für ansatzfähig gehalten, wenn der Verwalter aus Gründen besonderer Dringlichkeit (etwa Verderblichkeit) bereits verwerten musste.[779)] Ob Kostenbeiträge nunmehr jedoch auch anfallen können, wenn der vorläufige Verwalter 384

771) Uhlenbruck-*Brinkmann*, InsO, § 173 Rz. 18; *Wegener* in: FK-InsO, § 173 Rz. 10.

772) So auch *Kern* in: MünchKomm-InsO, § 173 Rz. 28 f.

773) Gegen jede Kostenbelastung Jaeger-*Henckel*, InsO, Vor §§ 49–52 Rz. 47; *Ganter* in: MünchKomm-InsO, § 51 Rz. 220.

774) BGH, Urt. v. 20.11.2003 – IX ZR 259/02, NZI 2004, 137, dazu EWiR 2004, 123 *(Gundlach/N. Schmidt)*; BGH, Urt. v. 20.2.2003 – IX ZR 81/02, BGHZ 154, 72 = NZI 2003, 259, lässt dabei offen, ob der Drittschuldner noch befreiend an den Sicherungszessionar leisten kann, wenn der die Eröffnung kennt; dies bejahend *Obermüller*, NZI 2003, 416, 417 m. w. N. zum Streitstand.

775) BGH, Urt. v. 20.11.2003 – IX ZR 259/02, NZI 2004, 137.

776) *Hölzle* in: HK-InsO, § 170 Rz. 14.

777) BGH, Urt. v 17.7.2008 – IX ZR 96/06, NZI 2008, 558.

778) BGH, Urt. v. 20.2.2003 – IX ZR 81/02, BGHZ 154, 72 = NZI 2003, 259.

779) OLG Jena, Urt. v. 3.2.2004 – 5 U 709/03, ZVI 2004, 687 = ZIP 2004, 2107; *Kirchhoff*, ZInsO 1999, 436, 438.

ohne Ermächtigung nach § 21 Abs. 2 Satz 1 Nr. 5 InsO bereits i. R. des vorläufigen Insolvenzverfahrens verwertet, ist nach neuerer Rechtsprechung des BGH wieder offen.[780)]

b) Verwertung des Verwalters durch Ausgleich eines Wertverlusts?

385 Nach § 170 Abs. 1 Satz 1 InsO können die gesetzlichen Kostenbeiträge erhoben werden, sofern der Verwalter zur **„Verwertung"** i. S. des § 166 InsO berechtigt ist.

386 Um eine Verwertung handelt es sich auch im Falle des **Selbsteintritts des Berechtigten nach § 168 Abs. 3 Satz 1 InsO**.[781)]

387 Fraglich ist indessen, ob auch hinsichtlich des **Ausgleichs eines Wertverlusts** nach **§ 172 Abs. 1 Satz 1 InsO** bei der Benutzung einer Sache, zu deren Verwertung der Verwalter berechtigt ist, von einer „Verwertung" gesprochen werden kann. Dies hätte zur Folge, dass auch die Ausgleichszahlung um die gesetzlichen Kostenbeiträge nach § 171 InsO gemindert werden könnte. Dafür spricht, dass sich die Realisierung der Sicherheit in den Wertverlustausgleich und den späteren entsprechend reduzierten Verwertungserlös aufspaltet.[782)] Insofern ist zu berücksichtigen, dass auch die Höhe des Wertverlusts begrenzt ist durch das Erreichen des erzielbaren Verwertungserlöses. Der Sicherungsgläubiger würde ohne die Erhebung der Kostenbeiträge, sollte der erzielbare Verwertungserlös durch die Ausgleichzahlungen erreicht werden, bessergestellt, als wäre gleich unter Abzug der Kostenbeiträge verwertet worden. Demnach handelt es sich auch bei der ausgleichspflichtigen Benutzung um eine „Verwertung" nach § 170 Abs. 1 Satz 1 InsO.

388 Gleiches gilt, kommt es zur Verbindung, Vermischung oder Verarbeitung durch den Verwalter, die nicht als beeinträchtigend i. S. des § 172 Abs. 2 Satz 1 InsO zu qualifizieren sind, da es sich auch hier um einen Fall des Benutzens i. S. von Absatz 1 mit derselben Rechtsfolge handelt.[783)] Entstehen hingegen Beeinträchtigungen, begründen diese einen Anspruch nach § 951 Abs. 1 BGB, der den Rang einer Masseverbindlichkeit nach § 55 Abs. 1 Nr. 3 InsO hat.[784)]

c) Feststellungs- und Verwertungskosten sowie Umsatzsteuer (§ 171 InsO)

389 Besteht ein Verwertungsrecht des Verwalters, stehen der Masse aus dem Erlös vorweg pauschal 4 % **Feststellungskosten** (§ 170 Abs. 1 i. V. mit § 171 Abs. 1 InsO) für die tatsächliche Feststellung des Gegenstands und der an diesem bestehenden Rechte sowie im Fall der Verwertung durch den Verwalter pauschal 5 % **Verwertungskosten** (§ 170 Abs. 1 i. V. mit § 171 Abs. 2 InsO) zu, die bei erheblicher Abweichung der tatsächlich entstandenen Kosten jedoch nach oben wie nach unten anzupassen sein können (§ 171 Abs. 2 Satz 2 InsO).[785)] Zusätzlich ist nach § 171 Abs. 2 Satz 3 InsO eine die Masse belastende **Umsatzsteuer** in Ansatz zu bringen. Da die Verwertung des Absonderungsguts durch den Verwalter auch eine Leistung gegenüber dem Sicherungsgläubiger darstellt, ist zusätzlich auf das hierfür geschuldete Entgelt in Form der Verwertungskosten Umsatzsteuer zu

---

780) BGH, Urt. v. 21.1.2010 – IX ZR 65/09, BGHZ 184, 101 = NZI 2010, 339.

781) Braun-*Dithmar*, InsO, § 168 Rz. 8 ff.

782) *Mönning* in: FS Uhlenbruck, S. 239, 263 f.; Nerlich/Römermann-*Becker*, InsO, § 172 Rz. 26.

783) Nerlich/Römermann-*Becker*, InsO, § 172 Rz. 8 ff., 49; die Verneinung einer Kostenbelastung durch *Gundlach/Frenzel/N. Schmidt*, DZWIR 2001, 140, 142, für § 172 Abs. 2 InsO bezieht sich wohl nicht auf diese Fälle, wie ihre Behandlung der Einbaufälle zeigt.

784) Uhlenbruck-*Brinkmann*, InsO, § 172 Rz. 19.

785) Zu den Verwertungskosten bei Lebensversicherungen AG Wuppertal, Urt. v. 4.1.2006 – 32 C 346/04, ZInsO 2006, 386, 388 = ZIP 2006, 772.

berechnen.[786] Einem Nachteil aus der Belastung mit Kostenbeiträgen können Sicherungsnehmer durch eine entsprechend großzügige, kompensierende Bemessung ihrer Sicherheiten vorbeugen.[787] Besonderheiten ergeben sich nach § 282 Abs. 1 Satz 2, 3 InsO, wonach Festellungskosten nicht erhoben werden können und Verwertungskosten nur insoweit, als dass diese angefallen sind und erforderlich waren.

aa) Feststellungskosten

Maßgeblich für die prozentuale Pauschale von 4 %, wie auch für alle anderen Kostenbeiträge, ist der Bruttoerlös.[788] Für die Feststellungskosten ist die Pauschale **nicht korrigierbar** und damit unabhängig vom tatsächlichen Aufwand des Verwalters.[789] 390

bb) Verwertungskosten

Die gesetzliche Pauschale zur Abdeckung der Verwertungskosten der Masse aus dem Erlös von 5 % **ist korrigierbar,** wenn der tatsächliche Aufwand „erheblich" abweicht; erheblich geringer oder höher sollen die Kosten sein, wenn sie unter 50 % bzw. über 200 % der Pauschale liegen. Dafür, dass die tatsächlichen Verwertungskosten erheblich unterhalb der Pauschale lagen, trägt der Absonderungsberechtigte die Darlegungs- und Beweislast;[790] hat er diesen Beweis erbracht oder ist eine erhebliche Abweichung unstreitig, trägt der Verwalter die Darlegungs- und Beweislast für die tatsächlich entstandenen Kosten.[791] Eine Mischkalkulation durch Aufteilung der Verwertungskosten in einen konkret berechneten Teil und in einen pauschal i. H. von 5 % berechneten Teil ist nicht möglich.[792] 391

Verwertungskosten sind insbesondere Transportkosten, Werbungskosten und auch Verwertungsprovisionen.[793] Gleiches gilt für Aufwendungen für die Fertigstellung von sicherungsübereigneten Halbfertigwaren[794] oder für die gerichtliche Durchsetzung abgetretener Forderungen.[795] Erhaltungskosten, deren Auferlegung der Gesetzgeber zunächst erwogen hatte, gehören nicht dazu. Ebenso gehört die durch die Befassung des Verwalters mit dem Absonderungsrecht und der Verwertung ggf. ausgelöste Erhöhung der Verwaltervergütung nicht zu den Verwertungskosten,[796] grundsätzlich auch nicht Kosten für vom Verwalter betrautes Personal.[797] Die Kosten des vom Insolvenzverwalter beauftragten Auktionators sind hingegen Teil der tatsächlich angefallenen Verwertungskosten.[798] 392

786) BFH, Urt. v. 28.7.2011 – V R 28/09, ZIP 2011, 1923 = WM 2012, 788; zu den umsatzsteuerrechtlichen Leistungsbeziehungen bei der Verwertung von Sicherungsgut und deren Abrechnung vgl. BMF-Schreiben v. 30.4.2014 – IV D 2 – S 7100/07/10037, 2014/0332437.

787) Begr. RegE InsO z. § 195/§ 170, BT-Drucks. 12/2443, S. 181, abgedr. in: *Kübler/Prütting*, Das neue Insolvenzrecht, S. 400; vgl. auch *Heeseler*, ZInsO 2002, 924.

788) AG Düsseldorf, Urt. v. 4.3.2002 – 55 C 16706/02, ZInsO 2004, 1091 m. w. N.

789) BGH, Urt. v. 11.7.2002 – IX ZR 262/01, NZI 2002, 599.

790) Anders anscheinend OLG Jena, Urt. v. 3.2.2004 – 5 U 709/03, ZVI 2004, 687 = ZIP 2004, 2107.

791) OLG Nürnberg, Beschl., v. 4.3.2005 – 4 U 3471/04, ZInsO 2005, 380 f.

792) BGH, Beschl., v. 22.2.2007 – IX ZR 112/06, NZI 2007, 523 = ZIP 2007, 686.

793) AG Duisburg, Urt. v. 8.5.2002 – 45 C 2180/01, ZInsO 2003, 190.

794) *Flöther* in: KPB, InsO, § 171 Rz. 5.

795) *Kern* in: MünchKomm-InsO, § 171 Rz. 45.

796) OLG Jena, Urt. v. 3.2.2004 – 5 U 709/03, ZVI 2004, 687 = ZIP 2004, 2107.

797) *Kern* in: MünchKomm-InsO, § 171 Rz. 35.

798) BGH, Beschl. v. 22.9.2005 – IX ZR 65/04, NZI 2005, 679 = ZIP 2005, 1974.

cc) Umsatzsteuer

393 Als gesonderte Form von Verwertungskosten nennt § 171 Abs. 2 Satz 3 InsO die Umsatzsteuer. Führt die Verwertung von Absonderungsgegenständen zu einer Belastung der Masse mit Umsatzsteuer, ist diese neben den Feststellungs- und Verwertungskosten gegenüber dem Sicherungsgläubiger in Rechnung zu stellen. Diese Entlastungsregelung zugunsten der Masse greift aufgrund des systematischen Zusammenhangs nur für Verwertungen des Verwalters, sei es durch eigene Veräußerung des Sicherungsguts, bei der er die umsatzsteuerpflichtige Leistung selbst erbringt, sei es bei Überlassung zur Verwertung an den Gläubiger nach § 170 Abs. 2 InsO.[799] Die Umsatzsteuer wird hierdurch zur Masseverbindlichkeit gemäß § 55 Abs. 1 Nr. 1 InsO.

394 Im Falle der **Eigenverwertung** durch den Gläubiger nach § 173 Abs. 1 InsO ist die anfallende Steuer analog § 170 Abs. 2 InsO ebenfalls an die Masse abzuführen, da auch hier ein Doppelumsatz vorliegt.[800] Gleiches gilt, wenn der Sicherungsnehmer das Sicherungsgut bereits vor Verfahrenseröffnung in Besitz nimmt und dieses erst danach verwertet.[801]

395 **Gibt der Verwalter** die Sache hingegen derart **frei**, dass der gesamte wirtschaftliche Wert aus der Masse gegeben wird (echte Freigabe), ist dieser Vorgang nicht umsatzsteuerpflichtig.[802]

396 Für das **vorläufige Insolvenzverfahren** ist § 55 Abs. 4 InsO zu beachten. Hiernach gelten Verbindlichkeiten des Insolvenzschuldners aus dem Steuerschuldverhältnis, die von einem vorläufigen Insolvenzverwalter oder vom Schuldner mit Zustimmung eines vorläufigen Insolvenzverwalters begründet worden sind, nach Eröffnung des Insolvenzverfahrens als Masseverbindlichkeit. Die Verwertung von Sicherungsgut begründet jedoch keine Umsatzsteuerverbindlichkeiten nach § 55 Abs. 4 InsO. Derartige Umsätze unterliegen weiterhin der Steuerschuldnerschaft des Leistungsempfängers nach § 13b Abs. 2 Nr. 2 UStG. Durch die Fiktion in § 55 Abs. 4 InsO werden diese Umsätze nicht zu Umsätzen „innerhalb" des Insolvenzverfahrens.[803]

397 Schließlich ist zu beachten, dass die Verpflichtung zur Erstattung der Umsatzsteuer gemäß § 171 Abs. 2 Satz 3 InsO nur dann besteht, soweit es sich um die Verwertung **beweglicher Gegenstände** handelt. Die Belastung der Masse mit Umsatzsteuer aus der Verwertung **unbeweglicher Gegenstände** wird hingegen von der InsO nicht gesondert geregelt.[804] Dies hat bei Immobiliengeschäften zur Konsequenz, sollte nicht auf die Steuerbefreiung nach § 4 Nr. 9 lit. a UStG verzichtet worden sein (mit der Folge, dass gemäß § 13b Abs. 2 Nr. 3 und Abs. 5 UStG der Leistungsempfänger als Steuerschuldner gilt), dass die Umsatzsteuer nicht gemäß § 171 Abs. 2 Satz 3 InsO vorab aus dem Verwertungserlös in Abzug gebracht werden kann, wenn sich nach der Veräußerung herausstellt, dass das Immobiliengeschäft eine Pflicht zur Umsatzsteuerkorrektur ausgelöst hat (siehe hierzu Rz. 200 f.).

398 Gleiches gilt für die Umsatzbesteuerung einer mit dem Grundpfandrechtsgläubiger vereinbarten **Massekostenbeteiligung**, welche sich ebenfalls als Leistung und damit umsatz-

799) Detaillierte Darstellung bei Uhlenbruck-*Sinz*, InsO, § 171 Rz. 18 ff.

800) BGH, Urt. v. 29.3.2007 – IX ZR 27/06, NZI 2007, 394, dazu EWiR 2007, 537 *(Flitsch)*; Uhlenbruck-*Brinkmann*, InsO, § 173 Rz. 9.

801) BGH, Urt. v. 29.3.2007 – IX ZR 27/06, NZI 2007, 394.

802) BFH, Urt. v. 12.5.1993 – XI R 49/90, ZIP 1993, 1247 f.

803) Vgl. BMF-Schreiben v. 17.1.2012 – IV A 3 – S 0550/10/10020-05, Rz. 16, BStBl. I 2012, 120; zum Ganzen *Kahlert*, ZIP 2010, 1887.

804) Uhlenbruck-*Sinz*, InsO, § 171 Rz. 16.

steuerpflichtiger Vorgang des Insolvenzverwalters gegenüber dem Grundpfandrechtsgläubiger darstellt.[805)]

Für den Sicherungszessionar ist die Regelung des § 13c UStG zu beachten, wonach dieser für die in der abgetretenen Forderung enthaltene Umsatzsteuer haftet, sofern die Steuer nicht durch den Zedenten erfüllt wird. 399

> **Praxishinweis**
>
> Die umsatzsteuerrechtlichen Leistungsbeziehungen bei der Verwertung von Sicherungsgut im Insolvenzverfahren nebst Einzelerläuterungen können dem BMF-Schreiben v. 30.4.2014[806)] entnommen werden. Dort wird ebenfalls exemplarisch die Abrechnung von Verwertungserlösen durch den Insolvenzverwalter gegenüber dem Sicherungsgläubiger dargestellt.

V. Ersatzabsonderung

Gemäß § 48 InsO analog[807)] ist die Ersatzabsonderung eröffnet, wenn durch eine **unberechtigte, entgeltliche Veräußerung** durch den **Schuldner** (bzw. auch mit Zustimmung des sog. schwachen vorläufigen Insolvenzverwalters) oder den (sog. **starken vorläufigen**) **Insolvenzverwalter** derart über einen mit einem **Absonderungsrecht** belasteten Gegenstand verfügt wird, dass dieses **untergeht.**[808)] 400

Die Entstehung eines Ersatzabsonderungsrechts ist daher unter Berücksichtigung des zu den jeweiligen Absonderungsrechten Gesagten insbesondere dann denkbar, wird Grundstückszubehör unberechtigt veräußert, beim verlängerten[809)] oder erweiterten Eigentumsvorbehalt (soweit keine Einziehungs- oder Weiterverarbeitungsermächtigung mehr besteht) sowie bei der unberechtigten Veräußerung von Sicherungseigentum.[810)] 401

Soweit der Verwalter nach § 166 Abs. 1 und 2 InsO jedoch **verwertungsberechtigt** ist, handelt er nicht unberechtigt, löst also auch kein Ersatzabsonderungsrecht aus, da sich das Absonderungsrecht vielmehr im Wege der **Surrogation** am Erlös fortsetzt, so dass dieses auch nicht „vereitelt" wird.[811)] Verstößt der Verwalter gegen die ihm in §§ 166 ff. InsO auferlegten Beschränkungen, unterlässt er etwa die Information des Absonderungsberechtigten nach § 168 Abs. 1 InsO, ist dieser durch § 170 Abs. 1 Satz 2 und § 55 Abs. 1 Nr. 3, § 60 InsO geschützt, so dass es der entsprechenden Anwendung des § 48 InsO in diesen Fällen ebenfalls nicht bedarf.[812)] Gleiches hat künftig wohl auch für Forderungseinzüge i. R. des vorläufigen Insolvenzverfahrens zu gelten, die entweder aufgrund einer Anordnung nach § 21 Abs. 2 Satz 1 Nr. 5 InsO zu einer direkten oder aufgrund der von der Rechtsprechung entwickelten Lösung[813)] zu einer analogen Anwendung des § 170 InsO führen (siehe hierzu Rz. 313 ff.). 402

805) BFH, Urt. v. 18.8.2005 – V R 31/04, BFHE 211, 551 = NZI 2006, 55, dazu EWiR 2005, 841 *(Spliedt/Schacht)*, gleiches gilt auch bei der „kalten" Zwangsverwaltung, vgl. BFH, Urt. v. 28.7.2011 – V R 28/09, ZIP 2011, 1923 = WM 2012, 788.

806) BMF-Schreiben v. 30.4.2014 – IV D 2 – S 7100/07/10037, BStBl. I 2014, 816.

807) § 48 InsO betrifft vom Wortlaut her lediglich die Ersatzaussonderung und wird daher bei Absonderungsrechten analog angewendet; LG Wuppertal, Urt. v. 7.5.2022 – 2 O 200/21, Rz. 27, NZI 2022, 612.

808) BGH, Urt. v. 24.1.2019 – IX ZR 110/17, Rz. 19, ZVI 2019, 178 = NZI 2019, 274; BGH, Urt. v. 12.12.2019 – IX ZR 27/19, Rz. 8, NZI 2020, 164 = ZIP 2020, 182; BGH, Urt. v 4.12.2003 – IX ZR 222/02, NZI 2004, 209; s. hierzu *Mielke/Lägler*, ZIP 2019, 947; *Smid*, ZInsO 2019, 2554.

809) BGH, Urt. v. 19.3.1998 – IX ZR 22/97, BGHZ 138, 291 = NJW 1998, 2592.

810) Uhlenbruck-*Brinkmann*, InsO, § 48 Rz. 43.

811) BGH, Urt. v. 11.12.2008 – IX ZR 194/07, NJW-RR 2009, 340 = NZI 2009, 165; *Kern* in: MünchKomm-InsO, § 170 Rz. 38; *Imberger* in: FK-InsO, § 48 Rz. 27; *Ganter*, NZI 2005, 1, 8.

812) Vgl. im Einzelnen *Ganter/Bitter*, ZIP 2005, 93.

813) BGH, Urt. v. 21.1.2010 – IX ZR 65/09, BGHZ 184, 101 = NZI 2010, 339 ff.

403 Zwingende Voraussetzung ist jedoch in allen Fällen (auch wenn der Verwalter nach § 166 Abs. 1 und 2 InsO berechtigt handelt), dass die Gegenleistung noch **unterscheidbar** in der Masse vorhanden ist. Dies ist bei Zahlungseingängen auf einem im Haben geführten Konto solange der Fall, wie der Kontosaldo nicht durch Abbuchungen unter den Betrag der beanspruchten Leistung abgesunken ist (sog. Bodensatz).[814)] Wird dieser unterschritten, so reduziert sich der Ersatzabsonderungsanspruch auf den niedrigsten Tagessaldo.[815)] Spätere Wiederauffüllungen lassen den Anspruch nicht erneut aufleben.[816)] Insoweit entsteht ein Anspruch nach § 55 Abs. 1 Nr. 3 InsO und im Falle der Masseunzulänglichkeit ggf. auch nach § 60 Abs. 1 InsO. Erfolgt die Gutschrift vor Verfahrenseröffnung auf ein Schuldnerkonto, so ändert sich hieran grundsätzlich nichts, es sei denn, das Konto wird im Soll geführt. In diesem Fall geht die Unterscheidbarkeit verloren.[817)] Um dies zu verhindern, hat eine Übertragung der mit Absonderungsrechten belasteten Beträge auf ein Sonderkonto zu erfolgen.

VI. Absonderungsrechte im Insolvenzplanverfahren

404 Die Befriedigung der absonderungsberechtigten Gläubiger kann schließlich auch abweichend von den Vorschriften der InsO in einem Insolvenzplan geregelt werden (§ 217 InsO), sei es durch Forderungskürzung bzw. -stundung oder in sonstiger Weise (§ 223 Abs. 2 InsO).[818)] Ist im Insolvenzplan nichts anderes bestimmt, werden ihre Rechte hiervon nicht berührt (§ 223 Abs. 1 Satz 1 InsO).

---

814) BGH, Urt. v. 24.1.2019 – IX ZR 110/17, Rz. 42, ZVI 2019, 178 = NZI 2019, 274; BGH, Urt. v. 11.3.1999 – IX ZR 164/98, BGHZ 141, 116 = NJW 1999, 1709, 1711, m. Anm. *Krull*.

815) OLG Köln, Urt. v. 18.4.2002 – 12 U 95/01, ZIP 2002, 947, dazu EWiR 2002, 633 *(Gundlach/Frenzel)*.

816) BGH, Urt. v. 11.3.1999 – IX ZR 164/98, BGHZ 141, 116 = NJW 1999, 1709, 1711, m. Anm. *Krull*.

817) BGH, Urt. v. 8.5.2008 – IX ZR 229/06, NZI 2008, 426, 427, m. Anm. *de Weerth*; BGH, Urt. v. 19.1.2006 – IX ZR 154/03, NZI 2006, 700.

818) Zu den Fragen der Einbeziehung von Absonderungsrechten in einen Insolvenzplan *Eidenmüller* in: FS Drukarczyk, S. 187, 189 ff.; *Bultmann*, ZInsO 2022, 1327; für Grundpfandgläubiger *Smid* in: FS Gerhardt, S. 931, 939 ff.

Kapitel 10
Insolvenzanfechtung

Übersicht

Literatur: *Allgayer*, Rechtsfolgen und Wirkungen der Gläubigeranfechtung, 2000; *Armbrüster*, Anfechtbarkeit oder Nichtigkeit von Rechtshandlungen mit Gläubigerbenachteiligungsvorsatz. Zugleich ein Beitrag zum Verhältnis von Generalklausel und Spezialregelung, in: Festschrift für Claus-Wilhelm Canaris, 2007, Bd. 1, S. 23; *Baumert*, Strukturfragen der Anfechtung wegen unentgeltlicher Leistung – Insolvenzrecht trifft auf Bereicherungsrecht, ZIP 2010, 212; *Berbuer*, Inkongruenz durch Drohung des Gläubigers nicht nur bei Drohung mit Zwangsvollstreckung oder Insolvenzantrag?,

NZI 2016, 717; *Berger*, Der Zeitpunkt des anfechtungsrechtlichen Wirksamwerdens eines Pfandrechts zur Sicherung künftiger Forderungen nach § 140 InsO, NZI 2007, 566; *Berner*, Beweisanzeichen, Erfahrungssätze und tatsächliche Vermutungen – Die neue Rechtsprechung des BGH zu § 133 InsO, ZVI 2010, 215; *Bitter*, Corona und die Folgen nach dem COVID-19-Insolvenzaussetzungsgesetz (COVInsAG), ZIP 2020, 685; *Bitter*, Anfechtbarkeit ursprünglicher Sicherheiten für Gesellschafterdarlehen: Es lebe die Betriebsaufspaltung!, ZIP 2019, 737; *Bitter*, Insolvenzanfechtung nach § 135 InsO bei freiwilligem Rangrücktritt?, ZIP 2013, 2; *Bitter*, Die Nutzungsüberlassung in der Insolvenz nach dem MoMiG (§ 135 Abs. 3 InsO) – Dogmatische Grundlagen und Einzelfragen der Praxis, ZIP 2010, 1; *Bitter*, Insolvenzanfechtung bei Weggabe unpfändbarer Gegenstände – Ansätze für einen normativen Begriff der Gläubigerbenachteiligung, in: Festschrift für Karsten Schmidt, 2009, S. 123; *Bitter/Heim*, Zur Abgrenzung der entgeltlichen von einer unentgeltlichen Verfügung, ZInsO 2011, 483; *Bitter/Heim*, Schenkungsanfechtung bei Auszahlungen im verdeckten Schneeballsystem – Der Fall Phoenix, ZIP 2010, 1569; *Bork*, Der Vertrauensschutzgrundsatz im Insolvenzanfechtungsrecht, in: Festschrift für Christoph G. Paulus, 2022, S. 89; *Bork*, Vom derzeitigen Stand des Insolvenzanfechtungsrechts, ZRI 2021, 1033; *Bork*, Die Regelungen zur Insolvenzanfechtung im StaRUG, ZInsO 2020, 2177; *Bork*, Eigentumsvorbehalt und Gläubigerbenachteiligung, in: Festschrift für Marie Luise Graf-Schlicker, 2018, S. 183; *Bork*, Die Anfechtung unentgeltlicher Leistungen nach § 134 InsO, NZI 2018, 1; *Bork*, Anfechtung bei Rücktritt in den Rang des § 39 Abs. 1 Nr. 4½ InsO, ZIP 2012, 2277; *Bork*, Anfechtung als Kernstück der Gläubigergleichbehandlung, ZIP 2014, 797; *Bork*, Wissenszurechnung im Insolvenz(anfechtungs)recht, DB 2012, 33; *Bork*, Doppelbesicherung eines Gesellschaftsdarlehens durch Gesellschaft und Gesellschafter, in: Festschrift für Hans Gerhard Ganter, 2010, S. 135; *Bork*, Die insolvenzrechtliche Anfechtung: Sanierungsmittel oder Sanierungshindernis?, in: Festschrift für Hans Peter Runkel, 2009, S. 241; *Bork*, Grundtendenzen des Insolvenzanfechtungsrechts, ZIP 2008, 1041; *Bork*, Kann der (vorläufige) Insolvenzverwalter auf das Anfechtungsrecht verzichten?, ZIP 2006, 589; *Bork*, Handbuch des Insolvenzanfechtungsrechts, 2006; *Bork*, Die Renaissance des § 133 InsO, ZIP 2004, 1684; *Bork*, Wiederaufleben von Sicherheiten nach Anfechtung der Erfüllungsleistung, in: Festschrift für Gerhart Kreft, 2004, S. 229; *Bornemann*, Insolvenzrechtliche Aspekte des Maßnahmepakets zur Stabilisierung der Wirtschaft, jurisPR-InsR 9/2020 Anm. 1; *Büttner*, Die Unentgeltlichkeit in der Rechtsprechung des BGH bei Anfechtung von Tilgung und Besicherung fremder Verbindlichkeiten nach § 134 InsO, InsVZ 2010, 323; *Campe*, Insolvenzanfechtung in Deutschland und Frankreich, 1996; *Eckardt*, Haftungsrechtliche Restitution des Erlangten oder Ersatz des Interesses? Zum Umfang des Anfechtungsanspruchs unter besonderer Berücksichtigung von § 143 Abs. 1 S. 2 InsO, in: Festschrift für Walter Gerhardt, 2004, S. 145; *Eckardt*, Die Anfechtungsklage wegen Gläubigerbenachteiligung, 1994; *Foerste*, Grenzen der Vorsatzanfechtung bei kongruenter Deckung, NZI 2006, 6; *Foerste*, Zwangsvollstreckung und Insolvenzanfechtung – ein Prüfstein subjektiver Auslegung, in: Festschrift für Hans-Joachim Musielak, 2004, S. 141; *Ganter*, Weiterentwicklung der Rechtsprechung zu § 133 InsO, WM 2014, 49; *Ganter*, Bargeschäfte (§ 142 InsO) von Dienstleistern, ZIP 2012, 2037; *Ganter*, Betriebsfortführung durch den vorläufigen Verwalter trotz Globalzession?, NZI 2010, 551; *Ganter*, Neues zum Merkmal der Gläubigerbenachteiligung bei der Insolvenzanfechtung, in: Festschrift für Klaus Hubert Görg, 2010, S. 169; *Ganter*, Vorsatzanfechtung nach fehlgeschlagener Sanierung, WM 2009, 1441; *Ganter*, Aktuelle Probleme des Kreditsicherungsrechts – Entwicklungslinien und Tendenzen, WM 2006, 1081; *Gehrlein*, Rechtliche Stabilisierung von Unternehmen durch Anpassung insolvenzrechtlicher Vorschriften in Zeiten der Corona-Pandemie, DB 2020, 713; *Gehrlein*, Neuere Rechtsprechung des BGH zur Vorsatzanfechtung, DB 2013, 2843; *Gerhardt*, Inkongruenz von Leistungen zur Abwendung eines angedrohten Insolvenzantrags – ein langer abwechslungsreicher Weg zu einem problematischen Ergebnis, in: Festschrift für Gerhart Kreft, 2004, S. 267; *Gerhardt*, Die Anfechtung gegen den Rechtsnachfolger, in: Festschrift für Hans-Peter Kirchhof, 2003, S. 121; *Grell/Schormair*, Anfechtbarkeit der Nachbesicherung eines Darlehens gem. § 134 InsO, NZI 2009, 625; *Grevesmühl*, Die Gläubigeranfechtung nach klassischem römischen Recht, 2003; *Gundlach/Frenzel/Schmidt, N.*, Die Anfechtbarkeit von Forderungseinziehungen durch den Sicherungsnehmer vor Insolvenzeröffnung, NZI 2004, 305; *Haas*, Fragen zur „kapitalersetzenden" Nutzungsüberlassung nach neuem Recht, in: Festschrift für Hans Gerhard Ganter, 2010, S. 189; *Heidbrink*, Die Insolvenzanfechtung im Schiedsverfahren, SchiedsVZ 2009, 258; *Henckel*, Zur Auslegung anfechtungsrechtlicher Normen, in: Festschrift für Walter Gerhardt, 2004, S. 361; *Henze/Bauer*, Pflichtenstellung und Haftung des GmbH-Geschäftsführers im früheren und gegenwärtigen Insolvenzrecht, in: Kölner Schrift zur Insolvenzordnung, 2. Aufl., 2000, S. 1311; *Hesse*, Grundzüge des Verfassungsrechts, 20. Aufl., 1995; *Hiebert*, Insolvenzanfechtung nach § 133 InsO, ZInsO 2022, 1660; *Hörmann*, Prozesskostenhilfe zur Durchsetzung von (Anfechtungs-)Ansprüchen zu Gunsten der Insolvenzmasse, NZI 2008, 291; *Huber*, Kein Rechtsweg für Insolvenzanfechtungsklagen gegen Sozialversicherungsträger zum Sozialgericht, ZInsO 2011, 519; *Huber*, Insolvenzanfechtung im Dreiecksverhältnis – vier Fallstudien für eine Erfolg versprechende Anfechtungsklage des Insolvenzverwalters nach Tilgung fremder Schuld, ZInsO 2010, 977; *Huber*, Zur Vorsatzanfechtung bei fehlenden Gläubigern zur Zeit der Rechtshandlung, NZI 2009, 770; *Jacobi*, Der latente Widerspruch zwischen kongruenter Globalzession und inkongruentem AGB-Pfandrecht, ZIP 2006, 2351; *Jacoby*, Die Anfechtung von Deckungen – Zur Rechtsentwicklung unter der Insolvenzordnung, in: Festschrift für Christoph G. Paulus, 2022, S. 371; *Jacoby*, Die Insolvenzfestigkeit von Lastschriften gestern, heute und morgen, ZIP 2010, 1725; *Jacoby*, Zur Bedeutung des § 133 InsO im System der Insolvenzanfechtungsgründe, KTS 2009, 3; *Jacoby*, Globalzession gerettet – Handlungsbedarf bleibt, ZIP 2008, 385; *Jacoby*, Die Anfechtbarkeit von Deckungen durch Zwangsvollstreckung und auf Grund von Zwangsvollstreckungsdruck, KTS 2005, 371; *Jacoby/Mikolajczak*, Gläubigerbenachteiligung bei Zahlung mittels Bank und sonstiger Dritter, ZIP 2010, 301; *Jensen*, „Stufenverhältnis" zwischen §§ 130, 131 InsO und § 133 InsO?, NZI 2013, 471; *Kayser*, Notwendige Korrektur einer aus dem Ruder gelaufenen Rechtsentwicklung?, INDat Report 2/2023, 13; *Kayser*, Konsequenzen des neuen Anfechtungsrechts für die Rechtsprechung des BGH – Viel Lärm um nichts?, ZIP 2018, 1153; *Kayser*, Vorsatzanfechtung im Spannungsverhältnis von Gläubigergleichbehandlung und Sanierungschancen, NJW 2014, 422; *Kayser/Heidenfelder*, Vom Konkurs des Konkurses zur Insolvenz der Insolvenz, ZIP 2016, 447; *Kebekus/Zenker*, Verstrickung adieu – Auswirkungen von Beteiligungswechseln und Zessionen auf Nachrang und Anfechtbarkeit von „Gesellschafterdarlehen", in: Festschrift für Jobst Wellensiek, 2011, S. 475; *Kindler/Bitzer*, Die Insolvenzanfechtung im Visier des europäischen Gesetzgebers, NZI 2023, 569; *Kirchhof*, Fraudulös, betrüglich, unlauter – Versuche zur Einschränkung des Vorsatzbegriffs im Sinne von § 133 InsO, in: Festschrift für Gero Fischer, 2008, S. 285; *Kirstein*, Ausführungen zur real existierenden Situation bei Eröffnungs- und Befriedigungsquoten in Insolvenzverfahren, ZInsO 2006, 966; *Kreft*, Der Rechtsweg für Insolvenzanfechtungsklagen, ZIP 2013, 241; *Kreft*, Zum Verhältnis von Judikative und Legislative am Beispiel des Insolvenzrechts, KTS 2004, 205; *Kuder*, Die einheitliche Rechtsprechung des BGH zum Lastschriftwiderspruch des vorläufigen Insolvenzverwalters und ihre Folgen für die Praxis; ZInsO 2010, 1665; *Larenz/Canaris*, Schuldrecht II/2, 13. Aufl., 1994; *Lorenz*, Prozesskostenhilfe für Insolvenzverwalter unter Berücksichtigung der Berechnungsmethode des OLG Hamm, ZInsO 2010, 1078; *Marotzke*, Formulierungsvorschläge für eine „kleine" Reform des Insolvenzanfechtungsrechts, ZInsO 2014, 745; *Molitor*, Anfechtbarkeit von Banksicherheiten in der Insolvenz des Kreditnehmers, ZInsO 2006, 23; *Müller*, Die Haftung des GmbH-Geschäftsführers aus § 64 GmbHG bei unterlassener Konkursanfechtung, ZIP 1996, 1153; *Paulus*, Rezension zu Kohn-Löffelmann, Insolvenzanfechtung in Europa (2008), KTS 2011, 132; *Paulus*, Zur Auslegung anfechtungsrechtlicher Vorschriften, in: Festschrift für Gero Fischer, 2008, S. 445; *Paulus/Allgayer*, Erwerb durch Zwangsvollstreckung als inkongruente Deckung?, ZInsO 2001, 241; *Paulus/Zenker*, Insolvenzanfechtung und schlechtes Wetter – Anmerkungen zu § 2 COVInsAG, INDat Report 9/2020, 50; *Paulus/Zenker*, Grenzen der Privatautonomie, JuS 2001, 1; *Persch*, Die Insolvenzanfechtung von Kontokorrentverrechnungen, 2008; *Preuß*, Die Folgen insolvenzrechtlicher „Verstrickung" von Gesellschafterdarlehen bei Abtretung des Darlehensrückzahlungsanspruchs an einen außenstehenden Dritten, ZIP 2013, 1145; *Reuter*, Bereits spürbare Wirkung oder Beruhigungspille?, INDat Report 3/2018, 11; *Roth*, Wie gewonnen so zerronnen – Zum Schicksal von Spenden in der Insolvenz, ZInsO 2010, 1617; *Schmittmann*, Ansprüche des Insolvenzverwalters gegen die Finanzverwaltung aus dem Informationsfreiheitsrecht, NZI 2012, 633; *Schmittmann*, Entstehung von Umsatzsteuer als anfechtbare Rechtshandlung, NZI 2010, 55; *Schoppmeyer*, Sanierungsprivilegien im Insolvenzanfechtungsrecht nach dem StaRUG, ZIP 2021, 869; *Schoppmeyer*, § 133 Abs. 1 InsO versus §§ 130, 131 InsO: Ist die Deckungsanfechtung nur ein Unterfall der Vorsatzanfechtung?, ZIP 2009, 600; *Spliedt*, MoMiG in der Insolvenz – ein Sanierungsversuch, ZIP 2009, 149; *Stiller*, Anfechtung einer Kontokorrentverrechnung und Aufspaltung in Anfechtungszeiträume, ZInsO 2011, 87; *Stritz*, Zur Insolvenzanfechtung der Zahlung der Arbeitnehmeranteile zur Sozialversicherung durch den Arbeitgeber, DZWIR 2010, 84; *Thole*, Die Aussetzung der Insolvenzantragspflicht nach dem COV-19-Insolvenz-Aussetzungsgesetz und ihre weiteren Folgen, ZIP 2020, 650; *Thole*, Das Reformgesetz zur Insolvenzanfechtung, ZIP 2017, 401; *Thole*, Die Kritik an der Ausdehnung der Vorsatzanfechtung auf dem Prüfstand, ZIP 2013, 2081; *Thole*, Grundfragen und aktuelle Problemstellungen der Anfechtung unentgeltlicher Leistungen, KTS 2011, 219; *Wagner*, Insolvenz und Schiedsgerichtsverfahren, KTS 2010, 39; *Walker*, Die Rechtswegzuständigkeit für Anfechtungsklagen des Insolvenzverwalters gegen Arbeitnehmer des insolventen Arbeitgebers auf Rückzahlung der Vergütung, in: Festschrift für Jobst-Hubertus Bauer, 2010, S. 1051; *Wischemeyer*, Die Insolvenzanfechtung der Rückführung debitorischer Konten durch Einstellung von Gutschriften in der Krise, 2002; *Zenker*, Entwicklungen im deutschen Insolvenzrecht, in: Clavora/Kapp/Mohr, Insolvenz- und Sanierungsrecht sowie Exekutionsrecht – Jahrbuch 2017, 2017, S. 143; *Zenker*, Reform der Insolvenzanfechtung – Rechts- und Planungssicherheit für den Geschäftsverkehr?, NZI 2015, 1006; *Zenker*, Entwicklungen im deutschen Insolvenzrecht – vor allem im Insolvenzanfechtungsrecht, in: Nunner-Krautgasser/Kapp/Clavora, Insolvenz- und Sanierungsrecht – Jahrbuch 2014, 2014, S. 51; *Zenker*, Geltendmachung der Insolvenz- und der Gläubigeranfechtung, NJW 2008, 1038; *Zenker*, Der Zeitpunkt der Vornahme einer Sicherheitenbestellung an künftigen Gegenständen und für künftige Forderungen, ZVI 2006, 327; *Zenker*, Zur Frage der Rückwirkung des § 96 I Nr. 3 InsO, NZI 2006, 16.

A. Einleitende Bemerkungen

Zu keinem anderen Fragenkreis des Insolvenzrechts äußert sich der BGH wohl so häufig 1
wie zum Insolvenzanfechtungsrecht. Dies dürfte viele Gründe haben; so zeigt es neben

der Vielgestaltigkeit anfechtungsrechtlicher Bewertung unterliegender Sachverhalte zum einen die **immense praktische Bedeutung** der Materie, zum anderen aber auch die Intensität, mit der um jede kleine Nuance in der Auslegung (vornehmlich)[1] der §§ 129 bis 147 InsO gerungen wird.[2] Letzteres mag u. a. an der Besonderheit der Insolvenzanfechtung liegen, dass sie aufgrund des Insolvenzereignisses rückwirkend in zuvor meist vollkommen rechtskonforme, nach allgemeinen verkehrsrechtlichen Maßstäben wirksame Vorgänge eingreift und denjenigen, der davon – zumindest in der wertenden Rückschau – auf Kosten der Gläubigergemeinschaft profitiert hat, gemäß § 143 Abs. 1 Satz 1 InsO zur Herausgabe verpflichtet. Diese Einbuße schmeckt gerade bei einem nunmehr insolventen Schuldner naturgemäß besonders bitter und wird – in den Fällen des § 144 Abs. 1 InsO – durch die Aussicht auf die Teilnahme am Verfahren und auf die Quote nur geringfügig versüßt, zumal Anfechtungen nicht selten auch bei Massearmut erfolgen und dann im Wesentlichen nur das Insolvenzverfahren selbst finanzieren (siehe auch Rz. 167). Das gängige Bild vom **„Damoklesschwert"**, das in Gestalt der möglichen späteren Anfechtbarkeit über vielen Transaktionen hängt, ist daher nur allzu berechtigt.

2 Die Vielzahl der denkbaren Fallgestaltungen und der Judikate zum Anfechtungsrecht[3] bedingt, dass hier auch nur annähernde Vollständigkeit von vornherein nicht angestrebt werden kann – nicht umsonst gibt es ganze Bücher zur Insolvenzanfechtung.[4] Vielmehr soll „nur" ein Überblick über das **System des Anfechtungsrechts**, die **einzelnen Anfechtungstatbestände** und die **Anfechtungsfolgen** gegeben werden, angereichert um einige Fallbeispiele praxistypischer Konstellationen. Orientierungspunkt ist dabei stets die Rechtsprechung; (nicht seltene) Kritik daran soll nicht verschwiegen, aber doch auch nicht in den Vordergrund gestellt werden. Die Änderungen durch das **Gesetz zur Verbesserung der Rechtssicherheit bei Anfechtungen nach der InsO nach dem Anfechtungsgesetz** (AnfG)[5] sind ebenso berücksichtigt wie die sog. „Neuausrichtung" der Rechtsprechung des IX. Zivilsenats des BGH[6] und, mit wenigen ausgewählten Hinweisen, die Sonderregelungen des StaRUG und des SanInsKG (vormals COVInsAG). Nicht berücksichtigt wurde der Kommissionsvorschlag[7] für eine Harmonisierungsrichtlinie, der zu einer eher geringfügigen, aber gleichwohl problematischen Verschärfung zu führen droht;[8] sein

---

1) Zu weiteren Normen des materiellen Anfechtungsrechts s. noch Rz. 8. Daneben sind aber auch prozessuale Fragen aus dem Umfeld der Insolvenzanfechtung umstritten, s. nur zur inzwischen für die Praxis geklärten Rechtswegfrage Rz. 164.

2) Weitere Ursachen könnten darin zu suchen sein, dass nicht die Insolvenz-, sondern die Streitgerichte zur Entscheidung über die Anfechtung berufen sind (s. *Bork*, ZIP 2008, 1041, 1049 mit Fn. 83), dass die Entscheidungen des IX. Zivilsenats des BGH oft (teilweise notwendig) recht vage und selbst nicht immer sehr konsistent sind und dass die Anreizstrukturen auf Seiten der Insolvenzverwalter verzerrt sind und eine (sei es auch wenig erfolgversprechende) Anfechtung begünstigen.

3) Vgl. nur die weit über 100 ausgewählten Fälle aus der Rspr. bei *Schäfer*, Insolvenzanfechtung anhand von Rspr.-Beispielen. Zur Bedeutung der Rspr. für die Fortentwicklung des Anfechtungsrechts und zu Wechselwirkungen mit Gesetzgebung und öffentlicher Meinung vgl. auch *Jacoby* in: FS Paulus, S. 371, 379 ff.

4) Vgl. etwa *Bork*, *Bork/Gehrlein*, *Cranshaw/Hinkel*, *Haarmeyer/Huber/Schmittmann*, *Kummer/Schäfer/Wagner*, *Schäfer* und *Zeuner*.

5) Gesetz zur Verbesserung der Rechtssicherheit bei Anfechtungen nach der Insolvenzordnung und nach dem Anfechtungsgesetz, v. 29.3.2017, BGBl. I 2017, 654; Überleitungsvorschrift in Art. 103j EGInsO; dazu etwa *Zenker* in: Clavora/Kapp/Mohr, Insolvenz- und Sanierungsrecht sowie Exekutionsrecht, S. 143, 154 ff.; *Zenker*, NZI 2015, 1006 – zum RegE.

6) Dazu etwa *Kayser*, INDat Report 2/2023, 13.

7) Vorschlag für eine Richtlinie des Europäischen Parlaments und des Rates zur Harmonisierung bestimmter Aspekte des Insolvenzrechts, v. 8.12.2022, COM(2022) 702.

8) Vgl. nur *Kindler/Bitzer*, NZI 2023, 569 m. w. N.

Schicksal (insbesondere mit Blick auf zu erwartende Änderungen) ist derzeit noch zu ungewiss.

I. Erste Orientierung

Wie bereits angedeutet kann der Insolvenzverwalter vom Anfechtungsgegner gemäß § 143 Abs. 1 Satz 1 InsO grundsätzlich die **Rückgewähr** des durch eine anfechtbare Rechtshandlung zuvor aus dem Schuldnervermögen Abgeflossenen, hilfsweise Wertersatz gemäß § 143 Abs. 1 Satz 2 InsO, § 818 Abs. 2, 4, § 819 Abs. 1 BGB, verlangen bzw. einem solchen Abfluss die Einrede der Anfechtbarkeit entgegensetzen (vgl. § 146 Abs. 2 InsO). Die Geltendmachung des Anfechtungsanspruchs aus § 143 InsO bzw. die Berufung auf die Anfechtungseinrede ist es, was man insolvenzrechtlich „anfechten" nennt. 3

1. Abgrenzungen

Die Insolvenzanfechtung stellt also ein Instrument zum **Mehren und Bewahren der Verteilungsmasse** im Insolvenzverfahren dar – einen wichtigen Schritt auf dem Weg von der bei Verfahrenseröffnung vorgefundenen „Ist-" zur „Soll-Masse"[9] – und unterscheidet sich bereits in dieser ausschließlich vermögens- bzw. masseorientierten Wirkung deutlich von den sonst „Anfechtung" genannten Korrekturmechanismen – etwa der Anfechtung von Rechtsgeschäften bei Willensmängeln, von rechtswidrigen Beschlüssen in Gesellschaften oder von rechtswidrigen Verwaltungsakten bzw. fehlerhaften gerichtlichen Entscheidungen.[10] Auch im Übrigen haben diese Institute wenig bis nichts mit der Insolvenzanfechtung gemein und müssen daher gedanklich streng von ihr getrennt werden – so bleibt z. B. die gemäß §§ 129 ff. InsO „angefochtene" Rechtshandlung (ganz anders als etwa gemäß § 142 Abs. 1 BGB, § 248 Abs. 1 Satz 1 AktG, § 113 Abs. 1 Satz 1 VwGO) **in ihrem rechtlichen Bestand unberührt,** und es erfolgt nur ihre Rückabwicklung über die von der InsO gewährten Ansprüche und Einreden.[11] 4

Eine echte und enge Verwandtschaft besteht hingegen zur (Einzel-)**Gläubigeranfechtung nach dem Anfechtungsgesetz** (AnfG).[12] Dies wird schon daran deutlich, dass sich die Anfechtungstatbestände der §§ 3, 4, 6 und 6a AnfG nahezu wortgleich auch in der InsO wiederfinden (§§ 133 bis 135 InsO); Letztere enthält lediglich darüber hinausgehend noch einige weitere Tatbestände (§§ 130 bis 132, 136 InsO). Beide Rechtsinstitute setzen ein Verteilungsproblem (i. R. einer finanziellen Zwangslage des Schuldners) voraus – einmal zwischen einem Empfänger und der Gläubigergemeinschaft (Insolvenzanfechtung) und einmal zwischen einem Empfänger und einem einzelnen Gläubiger (Gläubigeranfechtung) – und lösen es dadurch, dass sie unter bestimmten Umständen **frühere Vermögenspositionen** des Schuldners auf Kosten des nunmehrigen Inhabers wieder **dem Gläubigerzugriff eröffnen.** Diese Kompatibilität von Voraussetzungen, Wirkungen und Zielen zeigt sich auch in den §§ 16 bis 18 AnfG, die das Verhältnis von Gläubiger- und Insolvenzanfechtung i. S. eines mehr oder weniger fließenden Übergangs regeln, wenn ein Insolvenzverfahren eröffnet bzw. beendet wird. 5

---

9) Dazu s. nur *Paulus*, Insolvenzrecht, Rz. 131 f.

10) Vgl. *Zenker*, NJW 2008, 1038 f.

11) *Bork* in: Bork, Hdb. Insolvenzanfechtungsrecht, Kap. 1 Rz. 14. Vgl. auch BGH, Urt. v. 14.10.2010 – IX ZR 160/08, Rz. 7, ZIP 2010, 2460, dazu EWiR 2011, 89 *(Hoffmann)*.

12) Hierzu vgl. etwa die Kommentierungen von *Huber*, AnfG, von *Weinland*, MünchKomm-AnfG, sowie in *Cranshaw/Hinkel*, Gläubigerkommentar zum Anfechtungsrecht.

2. Normensystem im Überblick

6 Die **Grundnorm des § 129 InsO** enthält einige allgemeine Voraussetzungen der Anfechtbarkeit (eine Rechtshandlung oder ihr Unterlassen vor Verfahrenseröffnung – siehe aber § 147 InsO – muss zu einer Benachteiligung der Insolvenzgläubiger geführt haben). Die **Anfechtungstatbestände der §§ 130 bis 136 InsO** konkretisieren die Fallumstände, unter denen eine gläubigerbenachteiligende Rechtshandlung anfechtbar ist, wobei – wie gesehen (siehe Rz. 5) – die §§ 130 bis 132 und 136 InsO insolvenzspezifisch sind (sog. besondere Insolvenzanfechtung), während die §§ 133 bis 135 InsO Pendants im AnfG haben, auf die eine Gläubigeranfechtung außerhalb des Insolvenzverfahrens gestützt werden kann. Dabei legen die Anfechtungstatbestände verschiedene „Suspektsperioden" (zwischen einem Monat und zehn Jahren) fest, zurückgerechnet von der Stellung eines Insolvenzantrags, innerhalb derer die Rechtshandlung vorgenommen worden sein muss, um der Anfechtbarkeit zu unterliegen (siehe Übersicht unter Rz. 50).

7 Die §§ 137 bis 142, 147 InsO sind im Wesentlichen **„Hilfsnormen"**, die die Anfechtbarkeit einschränken (§ 142 InsO), modifizieren (§ 137 InsO), erweitern (§ 147 InsO) oder einzelne Voraussetzungen näher bestimmen (§§ 138 bis 141 InsO). In den §§ 143 bis 146 InsO schließlich werden die **Rechtsfolgen der Insolvenzanfechtung** (§§ 143 f. InsO) geregelt, ihre Erstreckung auf Rechtsnachfolger (§ 145 InsO) und die zeitlichen Grenzen ihrer Geltendmachung (§ 146 InsO).

8 Daneben enthalten einige weitere Normen außerhalb der §§ 129 bis 147 InsO insolvenzanfechtungsrechtliche Regeln. Hierzu gehören § 88 InsO[13] (**Rückschlagsperre** für Sicherungen durch Zwangsvollstreckung), § 96 Abs. 1 Nr. 3 InsO (Unzulässigkeit von **Aufrechnungen** bei Anfechtbarkeit der Aufrechnungslage), § 259 Abs. 3 InsO (Fortsetzung des Anfechtungsrechtsstreits nach Verfahrensaufhebung im Planverfahren), § 280 InsO (Anfechtungsbefugnis bei Eigenverwaltung), § 322 InsO (Erweiterung von § 134 InsO in der Nachlassinsolvenz) und die Regelungen für **grenzüberschreitende Sachverhalte** in § 339 InsO, Art. 7 Abs. 2 Satz 2 lit. m EuInsVO und Art. 16 EuInsVO (siehe hierzu Kap. 20 Rz. 113 ff. [*Ch. Keller*]). Zu den Sonderregelungen in den §§ 89–91 StaRUG und in § 2 SanInsKG siehe unten Rz. 171 ff.

II. Zwecke und Grenzen der Insolvenzanfechtung

9 Vordergründiger Zweck der Insolvenzanfechtung ist die **Mehrung der Masse**, die zur Verteilung an die Insolvenzgläubiger zur Verfügung steht. Diese Aussage im Verbund mit der gesetzgeberischen Absichtserklärung, durch die Neuregelung in der InsO das Anfechtungsrecht „wirksamer auszugestalten"[14] als noch unter KO und GesO, wird vor allem von der Rechtsprechung als Grundlage einer weiten, anfechtungsfreundlichen Auslegung der §§ 129 ff. InsO herangezogen.[15] Insbesondere bei § 133 Abs. 1 InsO (siehe dazu Rz. 84 ff.) nimmt diese Entwicklung teils bedenkliche Ausmaße an.[16] Der Gesetzgeber hat darauf und auf die darauf beruhenden Forderungen von Gläubigerverbänden im Jahr 2017 mit einer die Anfechtbarkeit beschränkenden Änderung vor allem von § 133 InsO

13) Zur anfechtungsrechtlichen Natur der Rückschlagsperre vgl. nur Jaeger-*Eckardt*, InsO, § 88 Rz. 6 ff.

14) Begr. RegE InsO, BT-Drucks. 12/2443, S. 156. Nur nebenbei sei bemerkt, dass die Regelungen der InsO stellenweise auch hinter den KO-Tatbeständen zurückbleiben (vor allem bei der zeitlichen Reichweite der Deckungs- und ggf. der Vorsatzanfechtung).

15) Vgl. etwa BGH, Urt. v. 6.10.2009 – IX ZR 191/05, Rz. 12, BGHZ 182, 317 = ZIP 2009, 2009, 2010, dazu EWiR 2009, 651 (*Bork*).

16) Vgl. damit Begr. RegE InsO, BT-Drucks. 12/2443, S. 160, wonach die engen materiellen Voraussetzungen des § 31 Nr. 1 KO beibehalten werden sollten.

reagiert (siehe dazu Rz. 84),[17] deren (unmittelbare) praktische Wirksamkeit sich jedoch – leider – in Grenzen halten dürfte.[18] Allerdings dürfte sie (mittelbar) auch zur sog. „Neuausrichtung“ der Rechtsprechung des IX. Zivilsenats des BGH[19] geführt haben,[20] die in erster Linie die Darlegungsanforderungen an den Insolvenzverwalter erhöht, damit die Kräfteverhältnisse im Anfechtungsprozess besser berücksichtigt[21] und möglicherweise durch diese leichte Beschränkung der strukturellen Überlegenheit des Insolvenzverwalters zu verträglicheren Ergebnissen (auch im außergerichtlichen Bereich) führen kann.

Die Orientierung allein an der Gläubigersicht greift zwangsläufig zu kurz, vernachlässigt sie doch, dass die Insolvenzanfechtung eine erhebliche **Beschränkung der Privatautonomie** des Anfechtungsgegners, aber auch des Schuldners darstellt[22] und damit schon verfassungsbedingt (Art. 14 Abs. 1 GG) der Legitimation bedarf, die allein in einem schonenden Ausgleich („praktische Konkordanz“)[23] mit den ebenfalls von Art. 14 GG geschützten Forderungsrechten der Gläubiger zu finden ist. Diese Überlegungen – und insbesondere das ggf. **schutzwürdige Vertrauen des Anfechtungsgegners** in den Bestand der Transaktionen und sein Behaltendürfen[24] – finden ihren Niederschlag in den insgesamt ausgewogenen gesetzlichen Vorschriften (vor allem bei der Bestimmung der Suspektsperioden und der Aufstellung subjektiver Anforderungen auf Seite des Anfechtungsgegners) und müssen stets auch in die **Auslegung anfechtungsrechtlicher Normen** einfließen. Sie stehen einer immer weiter reichenden Interpretation des Anfechtungsrechts entgegen.[25] 10

Die Feststellung, die Insolvenzanfechtung diene der Massevergrößerung, bringt deshalb den Rechtsanwender bei der Auslegung nicht weiter. Vielmehr wird man für eine **teleologische Betrachtung** jeweils auf den einzelnen Tatbestand und den mit ihm adressierten Interessenkonflikt schauen müssen, der in gewissem Umfang rechtfertigt, Weggegebenes noch zur Haftungsmasse zu rechnen bzw. zu ziehen.[26] So kann man für die Tatbestände der besonderen Insolvenzanfechtung (insbesondere für §§ 130 f. InsO) den Zweck ausmachen, ungerechtfertigte Vorzugsbehandlungen zu verhindern und dem **Gleichbehandlungsgrundsatz** (par condicio creditorum) nicht erst ab Verfahrenseröffnung, sondern im Wesentlichen schon ab Eintritt der Zahlungsunfähigkeit[27] zur Geltung zu verhelfen – in den Grenzen des gebotenen Vertrauensschutzes.[28] 11

---

17) Dem Gesetzgeber werden für diese Reform denkbar schlechte (Zwischen-)Zeugnisse ausgestellt; so bezeichnet etwa *Kayser*, INDat Report 2/2023, 13, 15, sie als „systematischen Pfusch“. Dies ist unberechtigt, vgl. *Zenker*, NZI 2015, 1006.

18) Erste Bewertung bei *Reuter*, INDat Report 3/2018, 11. Diese Einschätzung wird bestätigt etwa durch die Auslegung von § 133 Abs. 3 Satz 2 InsO in BGH, Urt. v. 7.5.2020 – IX ZR 18/19, Rz. 15 ff., ZRI 2020, 350.

19) Ausgehend von BGH, Urt. v. 6.5.2021 – IX ZR 72/20, BGHZ 230, 28 = ZRI 2021, 645; kritisch etwa *Bork*, ZRI 2021, 1033, 1040 ff. m. w. N.

20) So die Einschätzung von *Kayser*, INDat Report 2/2023, 13, 14.

21) *Hiebert*, ZInsO 2022, 1660, 1665.

22) *Paulus/Zenker*, JuS 2001, 1, 9.

23) Vgl. *Hesse*, Grundzüge des Verfassungsrechts, Rz. 72.

24) Zum Vertrauensschutzgrundsatz und seiner Rolle für das Anfechtungsrecht (auch im Rechtsvergleich) *Bork* in: FS Paulus, S. 89, 94 ff.

25) Überzeugend *Paulus* in: FS Fischer, S. 445, 450 ff., gegen *Henckel* in: FS Gerhardt, S. 361.

26) Mit diesem Begriffspaar ist die Frage nach der Wirkung der Anfechtbarkeit angesprochen: Zählt das anfechtbar Weggegebene per se zur Masse (haftungsrechtliche sowie dingliche Theorien) oder besteht nur ein rein obligatorischer Rückführungsanspruch (schuldrechtliche Theorie)? S. dazu noch kurz unten Rz. 143 f.

27) Zeitlich begrenzt auf drei Monate vor Insolvenzantrag; dazu de lege ferenda kritisch *Kayser*, INDat Report 2/2023, 13, 15.

28) Jaeger-*Henckel*, InsO, § 130 Rz. 7 f. Dies gilt letztlich auch für § 132 InsO, obwohl der Anfechtungsgegner hier nicht bereits Gläubiger gewesen sein muss; vgl. *Kayser/Freudenberg* in: MünchKomm-InsO, § 132 Rz. 1.

12 Zumindest allein mit diesem Zweck lassen sich die Tatbestände der besonderen Insolvenzanfechtung schon deshalb nicht erfassen, weil sie über das AnfG einen Anwendungsbereich haben, in dem die par condicio von vornherein nicht eingreifen kann – vielmehr geht es hier in der Regel weniger darum, dass die Gläubigergemeinschaft als Ganzes besonders schutzbedürftig ist, als darum, dass im Gegenteil die **angefochtene Rechtshandlung von der Rechtsordnung als minder schutzwürdig angesehen** wird. In §§ 134 f. InsO zeigt sich das schon in der Einordnung entsprechender Forderungen als nachrangig (§ 39 Abs. 1 Nr. 4 und 5 InsO) – diese Nachrangigkeit wird gleichsam ins Vorfeld des Insolvenzverfahrens erstreckt.[29] Auch bei § 133 InsO steht nicht etwa die Durchsetzung der par condicio im Vordergrund – sie ist nur[30] Reflex –;[31] vielmehr ist diese Bestimmung Ausdruck der Überlegung, dass ein Erwerb in Kenntnis dessen, dass der Schuldner mit dem Vorsatz handelte, seine (weiteren) Gläubiger zu benachteiligen, den Schutz der Rechtsordnung nicht verdient.[32]

III. Konkurrenzen

13 Da es bei der Insolvenzanfechtung nicht um die Ausübung eines Gestaltungsrechts, sondern im Regelfall um die Geltendmachung eines Herausgabe- oder Wertersatzanspruchs gemäß § 143 Abs. 1 InsO geht (siehe Rz. 3 f.), besteht **grundsätzlich freie Konkurrenz zu anderen Ansprüchen** (wie etwa der Kondiktion oder der Vindikation) im selben Zwei-Personen-Verhältnis.[33] Um Schutzgesetze i. S. von § 823 Abs. 2 BGB handelt es sich bei den Anfechtungstatbeständen allerdings schon angesichts der Retroaktivität der Anfechtung und des eigenen Rechtsfolgensystems ebenso wenig wie um Verbotsgesetze i. S. von § 134 BGB.[34] Im Verhältnis zu § 138 BGB bewirkt das Anfechtungsrecht (einschließlich § 133 InsO) eine Art Überlagerung und Begrenzung: Grundsätzlich lässt sich die Nichtigkeit eines Rechtsgeschäfts nicht *allein* damit begründen, dass es sich zum Nachteil der Gläubiger auswirkt (selbst wenn Benachteiligungsvorsatz und Kenntnis i. S. des § 133 Abs. 1 InsO vorlagen); es müssen weitere Umstände hinzukommen.[35]

14 Schwieriger ist die Konkurrenz von Anfechtungs- und anderen Ansprüchen in **Mehr-Personen-Verhältnissen** zu beurteilen, wenn sie an dieselbe Rechtshandlung anknüpfen. Prominentestes Beispiel ist wohl die Konkurrenz von Anfechtungsansprüchen gegen die Empfänger von Zahlungen (gestützt etwa auf § 143 i. V. mit §§ 130 f. InsO) und Ersatzansprüchen der insolventen Gesellschaft gegen die Geschäftsleiter (gestützt auf **§ 15b InsO**). Allein der zusätzliche Rechtsbehelf sollte dem Insolvenzverwalter hier keine Zugriffs-

---

29) Nach *Bork*, ZIP 2012, 2277, 2278 f., führt das auch zur Anfechtbarkeit von Rückzahlungen bei vereinbartem Rangrücktritt nach § 135 InsO; dagegen überzeugend *Bitter*, ZIP 2013, 2, 4 ff. Erwägenswert ist hier allerdings eine Analogie zu § 136 InsO, vgl. *Zenker* in: Cranshaw/Paulus/Michel, Bankenkommentar InsR, § 136 InsO Rz. 22.

30) Zu weitgehend lehnt *Jensen*, NZI 2013, 471, 475, selbst dies ab – § 133 InsO sei überhaupt nur dort anwendbar, wo die par condicio nicht gelte.

31) So auch Jaeger-*Henckel*, InsO, § 133 Rz. 2, 4; a. A. *Ganter*, WM 2009, 1441, 1443 m. w. N. Vgl. auch BGH, Urt. v. 3.3.2022 – IX ZR 78/20, Rz. 18, BGHZ 233, 70 = ZRI 2022, 267.

32) *Kayser/Freudenberg* in: MünchKomm-InsO, § 133 Rz. 1, 1a; vgl. auch BAG, Urt. v. 29.1.2014 – 6 AZR 345/12, Rz. 82, ZIP 2014, 628, 636 = ZVI 2014, 307, dazu EWiR 2014, 291 *(Huber)*; *Bork*, ZIP 2014, 797, 803.

33) *Kirchhof/Freudenberg* in: MünchKomm-InsO, Vor § 129 Rz. 86.

34) Zu § 823 Abs. 2 BGB vgl. *Bork* in: KPB, InsO, Vor § 129 Rz. 25; zu § 134 BGB s. Jaeger-*Henckel*, InsO, § 129 Rz. 252.

35) BGH, Urt. v. 23.4.2002 – XI ZR 136/01, ZIP 2002, 1155, 1158 m. w. N.; dies gilt auch für § 826 BGB, vgl. *Bork* in: Bork, Hdb. Insolvenzanfechtungsrecht, Kap. 1 Rz. 25 m. w. N. Im Einzelnen streitig, vgl. *Armbrüster* in: FS Canaris, Bd. 1, S. 23; Jaeger-*Henckel*, InsO, § 129 Rz. 253 ff.; *Kirchhof/Freudenberg* in: MünchKomm-InsO, Vor § 129 Rz. 50 ff.

möglichkeit versperren, so dass er **frei wählen** kann, ob er gegen den Empfänger oder das Organ vorgeht.[36] Allerdings soll letztlich doch derjenige, der von der Zahlung profitiert hat, belastet werden; dies kann durch eine Abtretung des Anfechtungsanspruchs entsprechend § 255 BGB an den Geschäftsleiter erreicht werden.[37] Ist dieser Anspruch zwischenzeitlich verjährt, soll der Insolvenzverwalter aber nach Ansicht des BGH[38] gleichwohl noch in vollem Umfang auf den Geschäftsleiter zugreifen können.

Die Anfechtbarkeit und damit der Anfechtungsanspruch können sich aus **mehreren Anfechtungstatbeständen** ergeben, die **grundsätzlich nebeneinanderstehen**. Selbst dort, wo das Gesetz Komplementärtatbestände zu schaffen scheint (§ 131 InsO, inkongruente Deckung, und § 130 InsO, kongruente Deckung, sowie § 134 InsO, unentgeltliche Leistung, und § 133 Abs. 4 InsO, entgeltlicher Vertrag), kann die Anfechtbarkeit ggf. auf beide Tatbestände gestützt werden, also etwa trotz (z. B. umstrittener) Inkongruenz auch „jedenfalls" auf § 130 InsO[39] oder trotz Unentgeltlichkeit (ohne die Rechtsfolgenbeschränkung von § 143 Abs. 2 InsO) auf § 133 Abs. 4 InsO (siehe noch Rz. 108). Wichtigste Ausnahme ist wohl § 132 InsO, der gegenüber der spezielleren Deckungsanfechtung gemäß §§ 130 f. InsO zurücktritt.[40] Außerdem scheidet – entgegen der Ansicht des BGH[41] – eine Berufung auf § 135 Abs. 1 Nr. 1 InsO aus, sobald die Sicherheit verwertet und dadurch der Gesellschafter befriedigt (§ 135 Abs. 1 Nr. 2 InsO) wurde. Schließlich kann es in **Mehr-Personen-Verhältnissen** zu schwierigen Konkurrenzproblemen kommen: 15

Beispiel 1 16

*D zahlt aus ihm von S überlassenen Mitteln die schon nicht mehr werthaltige Forderung des G gegen S. Sodann werden über die Vermögen von D und von S Insolvenzverfahren eröffnet (**Doppelinsolvenz**). Beide Insolvenzverwalter könnten ggf. Rückzahlung verlangen – einerseits gestützt auf § 134 InsO (bei D; siehe dazu näher Rz. 124) und andererseits gestützt auf §§ 130 f. InsO (bei S; die Zahlung des D stellt sich als „mittelbare Zuwendung" dar, siehe dazu Rz. 24). Der BGH[42] hat sich hier für einen **Vorrang der Deckungsanfechtung** entschieden. Allerdings kann dieser nur so weit reichen, wie die Anfechtbarkeit nach den §§ 130 f. InsO – es erfolgt nicht etwa eine Verkürzung der Suspektsperiode des § 134 InsO.[43] In der Praxis bietet sich in solchen Fällen eine Kooperation der Insolvenzverwalter an.[44]*

Beispiel 2 17

Unternehmer U veranlasst, dass Besteller B den Werklohn direkt an Subunternehmer S zahlt. In der Insolvenz des U stellt sich die Frage, ob neben der Deckungsanfechtung gegenüber S

---

36) K. Schmidt-*K. Schmidt/Herchen*, InsO, § 15b Rz. 36 m. w. N.; vgl. auch BGH, Urt. v. 18.12.1995 – II ZR 277/94, BGHZ 131, 325 = ZIP 1996, 420, dazu EWiR 1996, 459 *(Schulze-Osterloh)* – zur KO.

37) *Thole* in: HK-InsO, § 129 Rz. 114 f. m. w. N.; zur streitigen, aber zu bejahenden Abtretbarkeit des Anspruchs s. Rz. 147.

38) BGH, Urt. v. 18.12.1995 – II ZR 277/94, BGHZ 131, 325 = ZIP 1996, 420, dazu EWiR 1996, 459 *(Schulze-Osterloh)*, zur KO; ebenso K. Schmidt-*K. Schmidt/Herchen*, InsO, § 15b Rz. 36; mit guten Gründen differenzierend *Müller*, ZIP 1996, 1153, 1156 f.; *Henze/Bauer* in: Kölner Schrift, S. 1311, 1330 ff. Rz. 50 f.

39) *Rogge/Leptien* in: HambKomm-InsO, § 130 Rz. 6.

40) *Kayser/Freudenberg* in: MünchKomm-InsO, § 132 Rz. 5.

41) BGH, Urt. v. 18.7.2013 – IX ZR 219/11, BGHZ 198, 64 = ZIP 2013, 1579, m. krit. Anm. *Bitter*, S. 1583, dazu EWiR 2013, 521 *(Bork)*; näher *Zenker* in: Cranshaw/Paulus/Michel, Bankenkommentar InsR, § 135 Rz. 19.

42) BGH, Urt. v. 16.11.2007 – IX ZR 194/04, BGHZ 174, 228 = ZIP 2008, 125, dazu EWiR 2008, 211 *(Ch. Keller)*; hierzu und zu den folgenden Fällen sowie praktischen Folgen instruktiv *Huber*, ZInsO 2010, 977. Kritisch etwa *Bork*, ZIP 2008, 1041, 1048.

43) BGH, Urt. v. 22.10.2009 – IX ZR 182/08, ZIP 2009, 2303, dazu EWiR 2010, 125 *(Michel/Geiger)*.

44) *Huber*, ZInsO 2010, 977, 980.

*(„mittelbare Zuwendung" des U) auch gegenüber B (als **Leistungsmittler**) ein auf § 133 Abs. 1 InsO gestützter Anfechtungsanspruch besteht. Der BGH*[45] *hält das für möglich und sieht dann B und S als **Gesamtschuldner** gemäß § 421 BGB an,*[46] *auch wenn B so das Risiko läuft, doppelt zahlen zu müssen.*[47] *Allerdings sind die Anforderungen an die Kenntnis vom Benachteiligungsvorsatz hoch – vor allem bei Geschäften des **Zahlungsverkehrs***[48] *genügt die Kenntnis der Zahlungsunfähigkeit des Schuldners seitens des Leistungsmittlers nicht, sondern müssen hier auch nach Ansicht des BGH seine Einbindung in die Gläubigerbenachteiligung bzw. ein kollusives Zusammenwirken festzustellen sein.*[49]

B. Allgemeine Tatbestandsmerkmale

18 Gemäß § 129 InsO setzt die Anfechtbarkeit *stets* voraus, dass eine **vor Verfahrenseröffnung vorgenommene Rechtshandlung** (oder ein Unterlassen, Absatz 2) **die Insolvenzgläubiger benachteiligt.** Einzig § 147 InsO schränkt diese Voraussetzungen geringfügig ein, nämlich in der Weise, dass er auch noch *nach* Verfahrenseröffnung vorgenommene Rechtshandlungen si. V. mit § 81 Abs. 1 Satz 2 InsO oder gemäß § 81 Abs. 3 Satz 2 InsO wirksam sind.[50]

I. Rechtshandlung

1. Begriffsbestimmung

19 Die Rechtshandlung ist der Anknüpfungspunkt der Anfechtbarkeit, gerade ihre Vornahme muss in die Suspektsperiode des jeweiligen Anfechtungstatbestandes fallen und gerade sie muss (unmittelbar oder in den meisten Fällen wenigstens mittelbar) zur Gläubigerbenachteiligung geführt haben. Der Begriff „Rechtshandlung" wird **denkbar weit** verstanden, so dass sich **jedes willensgetragene** rechtsgeschäftliche, rechtsgeschäftsähnliche oder rein tatsächliche **Verhalten** – etwa auch Bierbrauen[51] oder theoretisch die Begehung eines Delikts – mit möglichen vermögensrechtlichen Konsequenzen qualifiziert;[52] nach der klarstellenden Anordnung des § 141 InsO auch die Zwangsvollstreckung. Bereits nach

---

45) BGH, Urt. v. 29.11.2007 – IX ZR 121/06, BGHZ 174, 314 = ZIP 2008, 190, dazu EWiR 2008, 539 *(Göb)*; s. a. BGH, Urt. v. 25.4.2013 – IX ZR 235/12, ZIP 2013, 1127, dazu EWiR 2013, 491 *(Rußwurm)*.

46) Entsprechend BGH, Urt. v. 29.11.2007 – IX ZR 165/05, ZIP 2008, 372, dazu EWiR 2008, 505 *(Homann/Junghans)*, bei Anfechtungsansprüchen gegen den Kunden, der eine Leistung empfangen hat, und gegen die Bank, deren Sicherheit dadurch werthaltig wurde, sowie BGH, Urt. v. 19.1.2012 – IX ZR 2/12, BGHZ 192, 221 = ZIP 2012, 280, dazu EWiR 2012, 149 *(Bork)*, bei Anfechtungsansprüchen gegen den Organträger und den Fiskus in der Insolvenz der Organgesellschaft.

47) In Gesamtschuldfällen besteht in der Regel ein Rückgriffsanspruch gegen den Empfänger, vgl. BGH, Urt. v. 26.4.2012 – IX ZR 74/11, Rz. 15, BGHZ 193, 129 = ZIP 2012, 1038, 1039 f., dazu EWiR 2012, 391 *(Jacoby)*, der jedoch ggf. nicht werthaltig ist. Zur Situation der alleinigen Anfechtbarkeit ggü. dem Leistungsmittler BGH, Urt. v. 24.1.2013 – IX ZR 11/12, Rz. 21, ZIP 2013, 371, 373, dazu EWiR 2013, 391 *(Luttmann)*.

48) Vgl. hierzu schon *Bork*, ZIP 2008, 1041, 1048 f.

49) BGH, Urt. v. 13.6.2013 – IX ZR 259/12, Rz. 25, ZIP 2013, 1826, 1828, dazu EWiR 2013, 749 *(Guski)*; BGH, Urt. v. 24.1.2013 – IX ZR 11/12, Rz. 30 ff., ZIP 2013, 371, 373 f., dazu EWiR 2013, 391 *(Luttmann)*. So schon BGH, Urt. v. 26.4.2012 – IX ZR 74/11, Rz. 21 ff., BGHZ 193, 129 = ZIP 2012, 1038, 1040 ff., dazu EWiR 2012, 391 *(Jacoby)*, zur Weiterleitung von Geldern an einzelne Gläubiger durch einen uneigennützigen Treuhänder; vgl. noch *Thole*, ZIP 2013, 2081, 2087 f.

50) Zu Fällen der analogen Anwendung vgl. Cranshaw/Hinkel-*Zenker*, Gläubigerkommentar zum Anfechtungsrecht, § 147 Rz. 11 ff. BGH, Urt. v. 1.12.2011 – IX ZR 11/11, BGHZ 192, 9 = ZIP 2011, 2417, dazu EWiR 2012, 57 *(Henkel)*, begründet eine weitere Ausnahme, gestützt auf § 143 Abs. 3 InsO; überzeugend a. A. *Bork* in: FS Ganter, S. 135.

51) BGH, Urt. v. 9.7.2009 – IX ZR 86/08, Rz. 21 f., ZIP 2009, 1674, 1675.

52) BGH, Urt. v. 14.12.2006 – IX ZR 102/03, Rz. 10, BGHZ 170, 196 = ZIP 2007, 191, 192, dazu EWiR 2007, 185 *(Gundlach/Frenzel)* – zum Einbringen von Sachen in gemietete Räume.

Vermögensrecht unwirksame oder der Masse gegenüber wirkungslose Rechtshandlungen können ebenfalls grundsätzlich der Anfechtbarkeit unterliegen.[53)]

Die Weite des Begriffs „Rechtshandlung" gestattet es, **wirtschaftlich einheitliche Vorgänge** wie mit einem Seziermesser zu **zerlegen** und eine Vielzahl einzelner, je für sich auf ihre Anfechtbarkeit zu überprüfender Rechtshandlungen auszumachen[54)] – wie etwa beim selbständig anfechtbaren **„Werthaltigmachen"** einer Forderung[55)] oder bei der (Ver-)Pfändung einer Forderung und ihrer Erfüllung.[56)] Die Teilanfechtung von Rechtshandlungen ist demgegenüber grundsätzlich nicht zulässig; jedoch werden entsprechende Ergebnisse mitunter doch dadurch erreicht, dass man als Gegenstand anfechtungsrechtlicher Rückabwicklung nicht die Rechtshandlung als solche, sondern nur **einzelne gläubigerbenachteiligende Wirkungen** festlegt (siehe näher Rz. 38 ff.).[57)] 20

2. Unterlassen (§ 129 Abs. 2 InsO)

Einer Rechtshandlung steht gemäß § 129 Abs. 2 InsO ein Unterlassen gleich. Auf den ersten Blick erweitert dies den Anwendungsbereich der Insolvenzanfechtung drastisch. Da jedoch das Unterlassen gemäß § 129 Abs. 2 InsO **wissentlich und willentlich** und in Kenntnis möglicher Rechtsfolgen und Handlungsalternativen geschehen muss[58)] und sich dies jedenfalls oft nicht feststellen lassen wird, hat die Anfechtbarkeit von Unterlassen praktisch keine große Bedeutung. Wichtige Beispiele sind etwa das Verjährenlassen einer Forderung, die unterlassene Kündigung oder Irrtumsanfechtung und das unterbliebene Einlegen eines Rechtsbehelfs.[59)] 21

3. Handelnder/Unterlassender

Nach § 129 InsO ist es zunächst **egal, wer die Rechtshandlung vornimmt** oder unterlässt – der erforderliche Massebezug wird über das Merkmal der „Gläubigerbenachteiligung" hergestellt. Eine gewisse allgemeine Einschränkung ist jedoch angebracht: Gegen Handlungen des Insolvenzverwalters – also solche nach Verfahrenseröffnung – hilft die Insolvenzanfechtung ohnehin nicht; hier bleibt neben der Haftung gemäß §§ 60 f. InsO allenfalls die Prüfung einer Nichtigkeit wegen „Insolvenzzweckwidrigkeit".[60)] Gleiches muss zur Vermeidung von Wertungswidersprüchen auch für den **vorläufigen Insolvenz-** 22

---

53) Problematisch ist dann in Mehr-Personen-Verhältnissen allerdings das Merkmal der „Gläubigerbenachteiligung", vgl. BGH, Urt. v. 17.6.1999 – IX ZR 176/98, ZIP 1999, 1269, 1271 (nicht in BGHZ 142, 72) – zur KO.

54) Anders hingegen grundsätzlich nach dem AnfG, vgl. BGH, Urt. v. 11.3.2010 – IX ZR 104/09, Rz. 10 ff., ZIP 2010, 793, dazu EWiR 2010, 379 *(Huber)*, wo es auf den „Gesamtvorgang" ankommen soll. Zur Relevanz von Gesamtvorgängen bei der Insolvenzanfechtung s. *Kayser/Freudenberg* in: MünchKomm-InsO, § 129 Rz. 65 ff., sowie unten Rz. 24.

55) Vgl. etwa BGH, Urt. v. 29.11.2007 – IX ZR 30/07, Rz. 36, BGHZ 174, 297 = ZIP 2008, 183, 187, m. insoweit zust. Anm. *Mitlehner*, dazu EWiR 2008, 187 *(Ries)*; kritisch etwa *Schäfer*, Insolvenzanfechtung, Rz. 109. Die Grenzen zeigt auf BGH, Urt. v. 11.6.2015 – IX ZR 110/13, Rz. 17 ff., NZI 2015, 765, 766 = ZIP 2015, 1398, dazu EWiR 2015, 675 *(Mitlehner)*.

56) BGH, Urt. v. 21.3.2000 – IX ZR 138/99, ZIP 2000, 898, dazu EWiR 2000, 687 *(Huber)*, sowie *Paulus*, WuB VI B. § 30 Nr. 2 KO Nr. 1.00 (Urteilsanm.) – zur KO.

57) Vgl. etwa *Thole* in: HK-InsO, § 129 Rz. 101 f. m. w. N.; zur „Vereinzelung" s. *Ganter* in: FS Görg, S. 169, 178 ff.

58) BGH, Urt. v. 16.1.2014 – IX ZR 31/12, Rz. 12 f., ZIP 2014, 275, 276 f., dazu EWiR 2014, 251 *(Cranshaw)* – mit weiterer Einschränkung bei § 133 InsO; BGH, Urt. v. 22.12.2005 – IX ZR 190/02, Rz. 19, BGHZ 165, 343 = ZIP 2006, 243, 245 – zum AnfG.

59) Zum Unterlassen, einen Insolvenzantrag zu stellen, vgl. (zweifelhaft) ablehnend BGH, Urt. v. 10.2.2005 – IX ZR 211/02, BGHZ 162, 143 = ZIP 2005, 494, 498, dazu EWiR 2005, 607 *(Eckardt)*.

60) Vgl. etwa *Bartels* in: KPB, InsO, § 129 Rz. 132 m. w. N.

verwalter gelten, wenn er gemäß § 55 Abs. 2 InsO („starker" vorläufiger Verwalter) oder aufgrund gerichtlicher Einzelermächtigung[61] Masseverbindlichkeiten begründet.[62] Soweit die Rechtshandlung allerdings nicht zu einer Masseverbindlichkeit führt (generell beim „schwachen" vorläufigen Verwalter sowie dort, wo etwa Altverbindlichkeiten beglichen werden),[63] kommt eine Anfechtbarkeit grundsätzlich in Betracht – auch wenn der „anfechtende" Insolvenzverwalter mit dem handelnden vorläufigen Verwalter identisch ist; in bestimmten Fällen ist aber aus Vertrauensschutzgründen eine Beschränkung nach Treu und Glauben zu erwägen.[64]

23 Einzelne Tatbestände enthalten eine Beschränkung auf Rechtshandlungen oder Leistungen **gerade des Schuldners** oder unter seiner Beteiligung – nämlich die §§ 132, 133, 134 (siehe aber Rz. 113) und 142 InsO. Dabei gelten freilich die allgemeinen Regelungen zur Zurechnung von Rechtsgeschäften und von sonstigem Verhalten, so dass z. B. Rechtshandlungen eines Stellvertreters oder (etwa nach einer Verschmelzung) auch eines Rechtsvorgängers als Rechtshandlungen „des Schuldners" angesehen werden.[65]

24 Zu den Rechtshandlungen „des Schuldners" zählen auch seine **mittelbaren Zuwendungen**, also Zuwendungen über eine Mittelsperson, die auf Veranlassung und Rechnung des Schuldners Vermögenswerte an einen dritten Empfänger leitet.[66] Diese (schillernde, aber letztlich notwendige) Figur, mit der mehrere Rechtshandlungen durch den **vorgefassten Plan** des Schuldners und die **wirtschaftliche Zusammengehörigkeit** zu einem einheitlich zu würdigenden Gesamtvorgang verklammert werden können, dient insbesondere der Begründung eines Anfechtungszugriffs auf den endgültigen Empfänger.[67] Der Begriff „mittelbare Zuwendung" wird allerdings teilweise auch für andere Konstellationen[68] verwendet, u. a. für **Anweisungsfälle**, in denen (entsprechend auch den bereicherungsrechtlichen Wertungen) im Regelfall[69] die Anfechtung im Valutaverhältnis zwischen anweisendem Schuldner und Zahlungsempfänger erfolgt.[70]

4. Vornahme der Rechtshandlung (§ 140 InsO)

25 Für die retrospektive Feststellung, ob eine Rechtshandlung in den von den Suspektperioden abgesteckten zeitlichen Anwendungsbereich der Insolvenzanfechtung fällt, kommt es darauf an, wann sie – in Bezug zum maßgeblichen Insolvenzantrag (vgl. § 139 Abs. 2

---

61) Grundlegend BGH, Urt. v. 18.7.2002 – IX ZR 195/01, BGHZ 151, 353 = ZIP 2002, 1625, dazu EWiR 2002, 919 *(Spliedt)*.

62) Vgl. nur *Thole* in: HK-InsO, § 129 Rz. 36 f. m. w. N. und Rz. 38 zu Rechtshandlungen des Schuldners in der vorläufigen Eigenverwaltung.

63) Insoweit streitig, wie hier BGH, Urt. v. 20.2.2014 – IX ZR 164/13, Rz. 11 f., BGHZ 200, 210 = ZIP 2014, 584, 585, dazu EWiR 2014, 215 *(Spliedt)*; *Kayser/Freudenberg* in: MünchKomm-InsO, § 129 Rz. 44.

64) BGH, Urt. v. 9.12.2004 – IX ZR 108/04, BGHZ 161, 315 = ZIP 2005, 314, 315, dazu EWiR 2005, 511 *(Marotzke)*; OLG Koblenz, Urt. v. 2.7.2010 – 10 U 1371/09, ZIP 2011, 345 = ZInsO 2010, 1395; *Bartels* in: KPB, InsO, § 129 Rz. 137, 141 ff. m. w. N. Nach BGH, Urt. v. 10.1.2013 – IX ZR 161/11, ZIP 2013, 528, dazu EWiR 2013, 389 *(Freudenberg/Wolf)*, sind Vertrauensschutz und damit Anfechtungsausschluss jedoch die Regel.

65) Näher etwa *Bartels* in: KPB, InsO, § 129 Rz. 109 ff.

66) *Kayser/Freudenberg* in: MünchKomm-InsO, § 129 Rz. 65, 68 ff.

67) Auf seinen Erwerb soll es dann auch für die Vornahme der mittelbaren Zuwendung i. S. von § 140 InsO ankommen, BGH, Urt. v. 28.1.2021 – IX ZR 64/20, Rz. 22 ff., ZRI 2021, 282 = ZIP 2021, 416; a. A. *Kirchhof/Piekenbrock* in: MünchKomm-InsO, § 140 Rz. 32.

68) Vgl. etwa Uhlenbruck-*Borries/Hirte*, InsO, § 129 Rz. 266; *Rogge/Leptien* in: HambKomm-InsO, § 129 Rz. 33 ff.; dagegen *Kayser/Freudenberg* in: MünchKomm-InsO, § 129 Rz. 53.

69) Vgl. aber das bei Rz. 17 geschilderte Beispiel und dazu erneut *Bork*, ZIP 2008, 1041, 1048 f.

70) Eingehend zu diesen Fällen *Brinkmann* in: Bork, Hdb. Insolvenzanfechtungsrecht, Kap. 17 Rz. 56.

InsO)[71] – „vorgenommen" worden ist (zur anschließenden Berechnung siehe § 139 Abs. 1 InsO). Dies bestimmt sich grundsätzlich gemäß § 140 Abs. 1 InsO nach dem Zeitpunkt, in dem die **rechtlichen Wirkungen der Rechtshandlung** eintreten (auch wenn die eigentlichen Handlungen bereits zuvor erfolgten). Bei mehraktigen Tatbeständen kommt es also grundsätzlich auf das letzte zur Wirksamkeit erforderliche Element an. Praktisch wichtige **Ausnahmen** davon sehen Absatz 2 für Rechtsgeschäfte[72] mit **konstitutiver Registereintragung** und Absatz 3 für i. S. von §§ 158 ff., 163 BGB **bedingte oder befristete Rechtsgeschäfte**[73] vor.

Zum Zeitpunkt der Vornahme einer Rechtshandlung gibt es viele in der Praxis zu beachtende Details und teils **haarfeine Differenzierungen**; hier sollen lediglich vier wichtige Fälle zur ersten Illustration dienen:[74] 26

Beispiel 3 27

*Bei der **Vorab- bzw. Globalzession** und beim **verlängerten Eigentumsvorbehalt** ist zwar die Verfügung bereits mit der Vereinbarung beendet;[75] die rechtlichen Wirkungen (in Gestalt des Forderungsübergangs) aber treten erst mit dem späteren Entstehen der Forderung ein. Bis dahin ist die Zession der jeweiligen Forderung noch nicht gemäß § 140 InsO vorgenommen (siehe noch Rz. 44, 58).[76]*

Beispiel 4 28

*Das **Pfandrecht** (nicht an, sondern) **für künftige Forderungen** entsteht vermögensrechtlich bereits mit seiner Bestellung (arg. § 1204 Abs. 2 BGB); gleichwohl muss i. R. des § 140 InsO gerade auf die insolvenzrechtlichen Wirkungen abgestellt werden – diese aber löst erst die Entstehung der gesicherten Forderung aus.[77]*

Beispiel 5 29

*Das (gesetzliche) **Vermieterpfandrecht** gemäß § 562 BGB sichert bereits mit dem Einbringen der Sachen die (betagten bzw. in der Regel **aufschiebend befristeten**) Ansprüche des Vermieters für künftige Abrechnungszeiträume. Wenigstens nach dem Rechtsgedanken des § 140 Abs. 3 InsO ist daher auch anfechtungsrechtlich dieser frühe Zeitpunkt entscheidend.[78]*

---

71) Diese Vorschrift kann zur drastischen Vorverlagerung führen (vgl. LG Berlin, Urt. v. 12.3.2010 – 4 O 356/09, BeckRS 2011, 00583), wobei aber zurückgenommene oder für erledigt erklärte Anträge unbeachtlich sein sollen, wenn kein Verstoß gegen § 242 BGB vorliegt, *Thole* in: HK-InsO, § 139 Rz. 13 m. w. N. Ausnahme bei prozessualer Überholung: BGH, Urt. v. 2.4.2009 – IX ZR 145/08, Rz. 10 f., ZIP 2009, 921 = WM 2009, 959.

72) Nach wohl h. M. gilt § 140 Abs. 2 InsO daher nicht für Zwangsrechte, vgl. Jaeger-*Henckel*, InsO, § 140 Rz. 47 m. w. N.

73) Dazu für die Aufrechnung BGH, Urt. v. 11.2.2010 – IX ZR 104/07, Rz. 11 ff., ZIP 2010, 682, 683 f., dazu EWiR 2010, 497 *(Siepmann/Knapp)*.

74) Mehr Beispiele m. w. N. etwa bei *Bork/Gehrlein*, Aktuelle Probleme der Insolvenzanfechtung, Rz. 58 ff.

75) Mit (streitigen) Konsequenzen vor allem bei Forderungsentstehung im Eröffnungsverfahren, da § 24 Abs. 1 InsO nur auf § 81 InsO, nicht aber auf § 91 InsO verweist, BGH, Urt. v. 22.10.2009 – IX ZR 90/08, ZIP 2009, 2347, dazu EWiR 2010, 121 *(Wilkens/Siepmann)*.

76) BGH, Urt. v. 22.7.2004 – IX ZR 183/03, ZIP 2004, 1819, 1821, dazu EWiR 2005, 29 *(Holzer)*; BGH, Urt. v. 6.4.2000 – IX ZR 122/99, ZIP 2000, 932, 934, dazu EWiR 2001, 117 *(Huber)* – zur GesO.

77) Vgl. eingehend *Berger*, NZI 2007, 566; offengelassen von BGH, Urt. v. 14.12.2006 – IX ZR 102/03, Rz. 14 ff., BGHZ 170, 196 = ZIP 2007, 191, 193 m. w. N. Letztlich muss das auch für nichtakzessorische Sicherheiten gelten, vgl. *Bork* in: KPB, InsO, Anh. I zu § 147 Rz. 9 (Sicherungsgrundschuld); *Zenker*, ZVI 2006, 327, 328 f.

78) BGH, Urt. v. 14.12.2006 – IX ZR 102/03, Rz. 18, BGHZ 170, 196 = ZIP 2007, 191, 193 f.

30 *Beispiel 6*

Auf dem Boden der Genehmigungstheorie[79] *war eine herkömmliche **Lastschrift im Einzugsermächtigungsverfahren** erst vorgenommen, wenn der Schuldner die Belastung genehmigt hat oder die Genehmigungsfiktion eingetreten ist.*[80] *Beim SEPA-Basis- sowie Firmenlastschriftverfahren kommt es hingegen auch anfechtungsrechtlich – wie schon beim herkömmlichen Abbuchungsverfahren*[81] *– auf die Einlösung der Lastschrift durch die Schuldnerbank an.*[82] *Geht man mit dem BGH*[83] *davon aus, dass der Erstattungsanspruch nach § 675x BGB nicht zur Insolvenzmasse gehört, kann das Unterlassen seiner Geltendmachung wohl schon mangels Gläubigerbenachteiligung (bei gebotener normativer Betrachtung) nicht angefochten werden.*[84]

II. Gläubigerbenachteiligung

1. Begriffsbestimmung

31 Die Weite des Merkmals der „Rechtshandlung" (siehe dazu Rz. 19 f.) bedingt, dass der „Gläubigerbenachteiligung" eine umso wichtigere Filterfunktion bezüglich der potenziell anfechtungswürdigen Verhaltensweisen zukommt. Erforderlich ist, dass gerade (auch) infolge der Rechtshandlung die gemeinsamen **Befriedigungschancen der Insolvenzgläubiger (§§ 38 f. InsO) geschmälert** worden sind, sei es durch Verringerung der Aktiv- oder Vergrößerung der Passivmasse oder durch Erschwerung oder Verzögerung des Zugriffs.[85] Dass die Insolvenzgläubiger (bei Masseunzulänglichkeit) auch ohne die Rechtshandlung keine Quote erhalten hätten, schließt die Anfechtung (dann letztlich zugunsten der Massegläubiger) aber nicht aus.[86] Umgekehrt kommt allerdings eine Anfechtung nicht in Betracht, wenn – ganz ausnahmsweise – die Masse zur Befriedigung aller (auch der nachrangigen) Insolvenzgläubiger ausreicht.[87]

32 Eine Gläubigerbenachteiligung **scheidet aus**, wenn der Anfechtungsgegner sie durch Rückgewähr ausgeglichen hat[88] oder wenn der von der Rechtshandlung betroffene Gegenstand **wertausschöpfend belastet**[89] oder sonst für die Insolvenzgläubiger **völlig wertlos** war –

---

79) Dazu und zum Folgenden maßgeblich BGH, Urt. v. 20.7.2010 – XI ZR 236/07, BGHZ 186, 269 = ZIP 2010, 1556, dazu EWiR 2010, 539 *(Lenhardt/Priebe)*, sowie *Jacoby*, ZIP 2010, 1725; *Kuder*, ZInsO 2010, 1665.

80) BGH, Urt. v. 30.9.2010 – IX ZR 177/07, Rz. 11, NZI 2010, 981. Für § 142 InsO ist hingegen auf den Einzug abzustellen, BGH, Urt. v. 29.5.2008 – IX ZR 42/07, Rz. 15 f., ZIP 2008, 1241, 1242 f.; a. A. *Jacoby*, ZIP 2010, 1725, 1729.

81) BGH, Urt. v. 17.1.2013 – IX ZR 184/10, Rz. 8, ZIP 2013, 322, 323, dazu EWiR 2013, 357 *(Mordhorst)*.

82) Dieser Zeitpunkt wiederum wird in der Regel durch die AGB des Kreditinstituts bestimmt, K. Schmidt-*Büteröwe*, InsO, § 140 Rz. 8; *Mordhorst*, EWiR 2013, 357, 358 (Urteilsanm.); Uhlenbruck-*Borries/Hirte*, InsO, § 140 Rz. 77; nach Nr. 9 AGB-Banken gilt die SEPA-Basislastschrift als eingelöst, wenn die Belastungsbuchung nicht spätestens am übernächsten Bankarbeitstag nach Vornahme rückgängig gemacht wird.

83) BGH, Urt. v. 20.7.2010 – XI ZR 236/07, Rz. 29 ff., BGHZ 186, 269 = ZIP 2010, 1556, dazu EWiR 2010, 539 *(Lenhardt/Priebe)*.

84) A. A. wohl K. Schmidt-*Büteröwe*, InsO, § 140 Rz. 8; Uhlenbruck-*Borries/Hirte*, InsO, § 140 Rz. 77, denen zufolge es hierfür bei § 140 InsO auf den Ablauf der Frist nach § 675x Abs. 4 BGB ankomme.

85) Vgl. nur Graf-Schlicker-*Huber*, InsO, § 129 Rz. 19.

86) BGH, Urt. v. 19.7.2001 – IX ZR 36/99, ZIP 2001, 1641, 1643 m. w. N., dazu EWiR 2001, 959 *(Pape)*.

87) BGH, Urt. v. 29.4.1986 – IX ZR 145/85, ZIP 1986, 787, 788 – zur KO.

88) BGH, Urt. v. 21.11.2019 – IX ZR 223/18, Rz. 15 ff., ZRI 2020, 35 = ZIP 2020, 128; dies muss zwar nicht im Hinblick auf die (spätere) Anfechtbarkeit, aber doch eindeutig zu dem Zweck geschehen, dem Schuldner den entzogenen Vermögenswert wieder zur Verfügung zu stellen und damit die Verkürzung seines Vermögens auszugleichen, ohne dass hierdurch andere Ansprüche des Schuldners berührt werden.

89) Auf entgangene Kostenbeiträge nach § 171 InsO kann die Anfechtung nicht gestützt werden, BGH, Urt. v. 23.9.2004 – IX ZR 25/03, ZIP 2005, 40 = MDR 2005, 478, dazu *Zenker*, WuB VI A. § 129 InsO 2.05 (Urteilsanm.); a. A. *Gundlach/Frenzel/Schmidt*, NZI 2004, 305.

und natürlich erst recht, wenn die Rechtshandlung das den Gläubigern zugewiesene Vermögen des Schuldners überhaupt nicht tangiert. Da die Gläubiger nur durch Herstellung des status quo ante vor Vermögensverschlechterungen geschützt werden sollen, ist dies etwa bei bloß unterbliebenen Vermögensmehrungen (**„verpassten Chancen"**, egal ob durch eine Rechtshandlung oder – häufiger – ein Unterlassen) der Fall[90] – mit dem Folgeproblem festzustellen, wann eine Erwerbsaussicht selbst bereits Vermögenswert hat.[91] Deshalb wirkt sich ein unterlassener Einsatz der Arbeitskraft des Schuldners ebenso wenig gläubigerbenachteiligend i. S. von § 129 InsO aus wie die Aufgabe der Arbeit oder das Auslassen günstiger Geschäftschancen. In dieselbe Kategorie fehlender Massezugehörigkeit fallen z. B. **Aussonderungsgut**[92] (etwa aufgrund einer uneigennützigen Treuhand), das Persönlichkeitsrecht des Schuldners, bestimmte höchstpersönliche Rechte (wie die Entscheidung über die Annahme oder Ausschlagung einer Erbschaft, vgl. § 83 Abs. 1 Satz 1 InsO, den Erbverzicht oder die [Nicht-]Geltendmachung des Pflichtteils)[93] und an sich gemäß § 36 Abs. 1 Satz 1 InsO dem Grundsatz nach auch unpfändbare Gegenstände.[94]

Beispiel 7 33

*S zieht eine (unanfechtbar) der Bank B zur Sicherheit zedierte Forderung aufgrund einer Ermächtigung auf ein Konto bei B ein. B verrechnet die Gutschrift mit ihren (höheren) Forderungen gegen S. Die Forderung des S war durch die Sicherungszession (§ 51 Nr. 1 InsO) im Rechtssinne wertausschöpfend belastet. Ihre Einziehung auf das Konto und die Entstehung des AGB-Pfandrechts der B an der Gutschrift gemäß Nr. 14 AGB-Banken benachteiligen daher die Insolvenzgläubiger nicht (**„Sicherheitentausch"** bzw. **„Sicherheitenkette"**). Aufgrund dieses unanfechtbaren Pfandrechts benachteiligt auch die anschließende Verrechnung die Gläubiger nicht. – Anders ist es aber, wenn die Sicherheitenkette unterbrochen wird bzw. die Sicherheit erloschen ist: S zieht eine dem G zur Sicherheit abgetretene Forderung auf sein Konto bei B ein und kehrt den Erlös an G aus. Da mit der Einziehung die Sicherheit des G erloschen war, wirkt die Auszahlung gläubigerbenachteiligend[95] – jedenfalls sofern die Forderung des G gegen S nicht noch anderweit vollwertig gesichert war (siehe aber Rz. 46 zum Bargeschäft).*

2. Normative Korrekturen

Freilich ist die Gläubigerbenachteiligung **nicht allein wirtschaftlich festzustellen**, sondern sind normative Korrekturen erforderlich, was eine gewisse Unschärfe zur Folge hat und vielfältiges Streitpotenzial birgt. 34

90) *Bork/Gehrlein*, Aktuelle Probleme der Insolvenzanfechtung, Rz. 23 ff.; *Bartels* in: KPB, InsO, § 129 Rz. 86.

91) Vgl. *Bartels* in: KPB, InsO, § 129 Rz. 187 ff.

92) Absonderungsgut bleibt hingegen auch im Fall etwa einer Sicherungsübereignung oder -zession Massebestandteil.

93) BGH, Urt. v. 20.12.2012 – IX ZR 56/12, ZIP 2013, 272, dazu EWiR 2013, 289 *(Floeth)*; dort auch für die Mitwirkung des Schuldners an der Aufhebung des ihn begünstigenden Erbvertrags. Anders aber (nach dem AnfG) für die Abtretung des Pflichtteilsanspruchs BGH, Urt. v. 8.7.1993 – IX ZR 116/92, BGHZ 123, 183 = ZIP 1993, 1662, 1663 f., dazu EWiR 1993, 1141 *(Gerhardt)*.

94) Zweckbindungen (§ 851 ZPO) sind hingegen anfechtungsrechtlich grundsätzlich unbeachtlich, vgl. BGH, Urt. v. 17.3.2011 – IX ZR 166/08, ZIP 2011, 824, dazu EWiR 2011, 431 *(Hofmann)*; BGH, Urt. v. 7.6.2001 – IX ZR 195/00, ZIP 2001, 1248 f., dazu EWiR 2001, 1007 *(Gerhardt)* – zur GesO.

95) BGH, Urt. v. 6.4.2006 – IX ZR 185/04, Rz. 17, 21, ZIP 2006, 1009, 1010 f., dazu EWiR 2006, 501 *(Homann)*, und *Paulus/Zenker*, WuB VI A. § 129 InsO 1.06 (Urteilsanm.); vgl. auch BGH, Urt. v. 23.9.2010 – IX ZR 212/09, Rz. 14, ZIP 2010, 2009, 2010 f., dazu EWiR 2010, 825 *(Freudenberg)*.

35 *Beispiel 8*

*S begleicht durch **Überweisung von seinem debitorischen Konto** bei B eine Forderung des G. Der BGH*[96] *nimmt hier, auch wenn es sich auf den ersten Blick nur um einen masseneutralen Gläubigertausch handelt und wenn der Schuldner keinen pfändbaren Anspruch auf Auszahlung gegen B hatte, zu Recht eine Gläubigerbenachteiligung an, da S seine verbleibende Bonität zugunsten des G eingesetzt hat und kein Unterschied zu dem Fall bestehen darf, in dem B das Geld zunächst an S auszahlt und dieser es an G weiterleitet. In einem weiteren Urteil beschränkt der BGH*[97] *diese Lösung jedoch – sehr zweifelhaft – ausdrücklich auf den bargeldlosen Zahlungsverkehr und hält ansonsten eine **„Anweisung auf Kredit"** ohne vorherige Verbindlichkeit des Zahlenden gegenüber dem Schuldner (im Gegensatz zur „Anweisung auf Schuld") für mangels Gläubigerbenachteiligung grundsätzlich nicht anfechtbar. Dies führt bei **Drittzahlungen** mitunter zu der Abgrenzungsfrage, ob der Zahlung der (ggf. konkludente) Abschluss eines Darlehensvertrags zwischen dem Zahlendem und dem Schuldner vorausging, aus dem der Schuldner einen Auszahlungsanspruch erwarb, (dann gläubigerbenachteiligende Anweisung auf Schuld)*[98] *oder ob die Drittzahlung ohne solchen Anspruch erfolgte und der Zahlende durch sie allenfalls einen Aufwendungsersatzanspruch gegen den Schuldner erwarb (dann lediglich masseneutraler Gläubigertausch, ggf. i. R. einer Anweisung auf Kredit), selbst wenn dem Vorgang nachträglich ein Darlehensvertrag unterlegt wurde.*[99]

36 *Beispiel 9*

S überträgt seiner Frau F schenkweise die Ansprüche aus einer Berufsunfähigkeitsversicherung i. H. von 5.000 € pro Monat. F berief sich gegen die Anfechtbarkeit darauf, dass die Ansprüche wegen § 36 Abs. 1 Satz 1 InsO, § 850b Abs. 1 Nr. 1 ZPO ohnehin nicht Massebestandteil geworden wären, so dass ihre Zession die Insolvenzgläubiger nicht benachteilige. Der BGH[100] *greift diesen Grundsatz der Unanfechtbarkeit einer **Weggabe unpfändbarer Gegenstände** nicht an, überträgt aber immerhin § 850b Abs. 2 ZPO ins Insolvenzrecht. Richtigerweise sollte hier mit Bitter*[101] *eine normative Korrektur zugunsten umfassender Anfechtbarkeit deshalb erfolgen, weil sich der Schuldner (im Normalfall) durch die Weggabe des Schutzes der Unpfändbarkeit begeben hat (**„potenzielle Insolvenzmasse"**).*

*Probleme bereitet der Grundsatz „(ex post) Unanfechtbarkeit bei (ex ante) Unpfändbarkeit" ferner bei Zahlungen natürlicher Personen, da sie sich stets darauf berufen könnten, gerade für die sonst anfechtbaren Rechtshandlungen ihr insolvenzfreies **„Schonvermögen"** (§ 811 Abs. 1 Nr. 2, §§ 850k, 850l ZPO) eingesetzt zu haben. Der BGH*[102] *akzeptiert diesen Einwand (zweifelhaft) immerhin bei der Frage der Insolvenzfestigkeit von Lastschriften, hält aber wohl dennoch eine Anfechtbarkeit theoretisch für möglich.*[103] *Dem ist zuzustimmen:*[104] *Da auch aus unpfändbaren*

96) BGH, Urt. v. 6.10.2009 – IX ZR 191/05, Rz. 12 ff., BGHZ 182, 317 = ZIP 2009, 2009, 2010 f., dazu EWiR 2009, 651 *(Bork)*, unter Aufgabe von BGH, Urt. v. 11.1.2007 – IX ZR 31/05, BGHZ 170, 276 = ZIP 2007, 435; vgl. etwa *Ganter* in: FS Görg, S. 169; *Jacoby/Mikolajczak*, ZIP 2010, 301.

97) BGH, Urt. v. 21.6.2012 – IX ZR 59/11, ZIP 2012, 1468, dazu (zustimmend) EWiR 2012, 531 *(Bork)*.

98) BGH, Urt. v. 17.3.2011 – IX ZR 166/08, Rz. 10 f., ZIP 2011, 824, dazu EWiR 2011, 431 *(Hofmann)*.

99) BGH, Urt. v. 28.1.2016 – IX ZR 185/13, Rz. 26 ff., ZIP 2016, 426.

100) BGH, Urt. v. 3.12.2009 – IX ZR 189/08, Rz. 10 ff., ZIP 2010, 293, 294 f., dazu EWiR 2010, 331 *(Fliegner)*, und *Zenker*, NJ 2010, 213 (Urteilsanm.).

101) *Bitter* in: FS K. Schmidt, S. 123, 132 f., 136 ff. – zu weitgehend nur insoweit, als es auf die Schutzrichtung des Pfändungsverbots nicht ankommen soll (S. 141; abweichend wohl *Bitter* in: FAZ v. 11.11.2009, S. 23), s. *Zenker*, NJ 2010, 213, 214 (Urteilsanm.).

102) BGH, Urt. v. 20.7.2010 – IX ZR 37/09, Rz. 19, 23, BGHZ 186, 242 = ZIP 2010, 1552, 1555, dazu EWiR 2010, 537 *(Vosberg)*.

103) BGH, Urt. v. 20.7.2010 – IX ZR 37/09, Rz. 24, BGHZ 186, 242 = ZIP 2010, 1552, 1555; a. A. *Jacoby*, ZIP 2010, 1725, 1732.

104) Für Anfechtbarkeit auch OLG Zweibrücken, Urt. v. 17.5.2013 – 2 U 86/12, Rz. 6, ZInsO 2013, 2061.

Einkünften beim Schuldner gebildetes Vermögen als solches im Wesentlichen pfändbar ist,[105] *hätte vergangenes Schonvermögen in der späteren Insolvenz ohne seine Weggabe zur Masse gehört.*[106] *Die Aufrechterhaltung vergangener, im Übrigen anfechtbarer Verfügungen des Schuldners ist – wenigstens bei Berücksichtigung des Rechtsgedankens von § 112 InsO – auch nicht unter Sozialstaatsgesichtspunkten zum Schutz des Schuldners erforderlich.*

Beispiel 10 37

*S zahlt an Krankenkasse K Sozialversicherungsbeiträge für seinen Arbeitnehmer A. In Bezug auf die Arbeitnehmeranteile ordnet **§ 28e Abs. 1 Satz 2 SGB IV** an, dass sie als aus dem Vermögen des A erbracht gelten – auch, um ihre Zahlung in der Insolvenz des S der Anfechtung zu entziehen.*[107] *Der BGH*[108] *ignoriert diese gesetzgeberische Zielvorstellung unter Berufung auf einen „Rechtsirrtum" des Gesetzgebers: Es handele sich jedenfalls um eine anfechtbare **mittelbare Zuwendung** (siehe dazu Rz. 24) des Arbeitgebers, da er allein zur Zahlung verpflichtet sei (§ 28e Abs. 1 Satz 1 SGB IV); ob (mit § 28e Abs. 1 Satz 2 SGB IV oder ohne ihn) diese reine Abwicklungsmodalität jedoch derart gewichtige Konsequenzen im Anfechtungsrecht haben kann, erscheint fragwürdig. Bei einer abweichenden Konstruktion drohte allerdings die Anfechtbarkeit gegenüber dem A i. H. des Bruttolohns (siehe zur Anfechtbarkeit der Lohnzahlung Rz. 72 f.).*

Der normative Blickwinkel gestattet, eine **Vorteilsanrechnung** oder die Berücksichtigung **hypothetischer Kausalverläufe** im Wesentlichen **auszuschließen,**[109] so dass die Rechtshandlung selbst dann grundsätzlich als gläubigerbenachteiligend gilt, wenn der Nachteil sonst auf andere Weise (unanfechtbar) ebenfalls eingetreten wäre oder wenn der Masse anderweitig kompensierende Vorteile zugeflossen sind. Dies zusammen mit dem bereits erwähnten (siehe Rz. 20) Ansatz, dass Gegenstand der Anfechtbarkeit nicht die Rechtshandlung als solche, sondern ihre **gläubigerbenachteiligenden Wirkungen** seien, führt dazu, dass sich die Insolvenzanfechtung als teilweise sehr wirkungsmächtiges Instrument der Masseanreicherung erweist.[110] 38

Die unter der KO wohl wichtigste Konstellation einer Fokussierung auf die Folgen einer Rechtshandlung – die **Beseitigung (nur) der Aufrechnungswirkungen** bei Anfechtbarkeit der Schaffung einer Aufrechnungslage[111] – ist inzwischen in **§ 96 Abs. 1 Nr. 3 InsO** eigens Gesetz geworden, sofern man diesen Tatbestand mit der ganz h. M. auf vorinsolvenzliche Aufrechnungen erstreckt (siehe noch Rz. 170).[112] Aktuell hingegen ist noch der bereits angesprochene (siehe Rz. 19) Fall des Bierbrauens: 39

105) *Kayser/Freudenberg* in: MünchKomm-InsO, § 129 Rz. 84.

106) Vgl. BGH, Beschl. v. 26.9.2013 – IX ZB 247/11, Rz. 6 f., ZIP 2013, 2112 f.

107) Zur bewegten Geschichte der Norm, die entgegen ursprünglichen Planungen und noch dem Diskussionsentwurf nicht mit dem ESUG aufgehoben wurde, vgl. etwa *Stritz*, DZWIR 2010, 84.

108) BGH, Urt. v. 5.11.2009 – IX ZR 233/08, BGHZ 183, 86 = ZIP 2009, 2301, dazu EWiR 2010, 67 *(Henkel)*; a. A. LG Köln, Urt. v. 9.12.2009 – 13 S 230/09, ZIP 2010, 41, dazu EWiR 2010, 93 *(Looff)*, aufgehoben durch BGH, Urt. v. 30.9.2010 – IX ZR 237/09, ZIP 2010, 2209.

109) BGH, Urt. v. 4.2.2016 – IX ZR 77/15, Rz. 17, BGHZ 209, 8 = ZIP 2016, 583, dazu EWiR 2016, 209 *(Bork)*; BGH, Urt. v. 12.7.2007 – IX ZR 235/03, Rz. 11, 15, ZIP 2007, 2084, 2085 f.; *Kayser/Freudenberg* in: MünchKomm-InsO, § 129 Rz. 175 f., 181 f.

110) Hier besteht allerdings eine erhebliche Spannung zum mitunter zu lesenden Grundsatz, dass die Anfechtung der Masse nicht Vorteile verschaffen solle, die sie sonst nicht erlangt hätte, vgl. BGH, Urt. v. 26.1.1983 – VIII ZR 257/81, BGHZ 86, 349 = ZIP 1983, 334, 335 – zur KO, und nicht mehr zurückgewähren solle, als der Schuldner jemals hatte, vgl. BGH, Urt. v. 7.3.2013 – IX ZR 7/12, Rz. 17, ZIP 2013, 734.

111) Dazu vgl. BGH, Urt. v. 24.6.2010 – IX ZR 97/09, Rz. 8, NZI 2010, 903; BGH, Urt. v. 5.4.2001 – IX ZR 216/98, BGHZ 147, 233 = ZIP 2001, 885, 886 f., dazu EWiR 2001, 883 *(Wagner)* – zur KO.

112) BGH, Urt. v. 28.9.2006 – IX ZR 136/05, Rz. 11 ff., BGHZ 169, 158 = ZIP 2006, 2178, 2179 f. m. w. N., dazu EWiR 2007, 19 *(Wazlawik)*; a. A. *Zenker*, NZI 2006, 16.

40 *Beispiel 11*

Im Insolvenzeröffnungsverfahren wird der Betrieb einer Brauereigaststätte fortgesetzt. Es entsteht Biersteuer, für die das gebraute Bier ab dem Beginn des Brauvorgangs nach § 76 AO haftete. Der BGH[113] *entschied, dass – unabhängig von der die Biersteuer übersteigenden Wertschöpfung durch das Brauen – eine auf § 130 Abs. 1 Satz 1 Nr. 2 InsO gestützte* ***Anfechtung allein zur Beseitigung der Sachhaftung*** *des Bieres möglich war. Dies dürfte freilich mit dem Ausschluss der Vorteilsausgleichung, auf den sich der BGH zur Begründung beruft, nichts zu tun haben und in der Aufspaltung zu weit gehen, zumal in der Konsequenz genau besehen dann auch (gemäß § 132 Abs. 1 InsO) das Entstehen der Biersteuer selbst bzw. etwa für Umsatzgeschäfte das Entstehen der Umsatzsteuerforderung isoliert angefochten werden können müssten.*[114]

3. Relevanter Zeitpunkt/Kausalität

a) Mittelbare Gläubigerbenachteiligung

41 Im Regelfall – wenn das Gesetz nichts anderes anordnet – **genügt eine mittelbare Benachteiligung**, d. h. die Benachteiligung der Insolvenzgläubiger muss (erst)[115] im Zeitpunkt der gerichtlichen Entscheidung (genauer: im letztmöglichen Zeitpunkt für neues Tatsachenvorbringen, vgl. § 767 Abs. 2 ZPO) über den Anfechtungsanspruch oder die Anfechtungseinrede vorliegen.[116] Alle zwischenzeitlichen (nach dem soeben, siehe Rz. 38, Ausgeführten vor allem: nachteiligen) **Entwicklungen sind daher zu berücksichtigen**, solange der Zurechnungszusammenhang nicht abbricht.[117] Dies führt u. a. dazu, dass angesichts der zwischenzeitlichen Insolvenz die **Begleichung von Forderungen** aus dem freien Vermögen des Schuldners nahezu stets mittelbar benachteiligend ist,[118] soweit damit nicht gerade ein Sicherungs- oder Zurückbehaltungsrecht an einem Gegenstand ausgeräumt wurde, der nunmehr noch mit mindestens dem entsprechenden Wert zur Masse gehört.[119] Auch Rechtshandlungen (wie Zahlungen z. B. von Beraterhonoraren oder die Bestellung von Sicherheiten) im Zusammenhang mit schließlich fehlgeschlagenen Sanierungsversuchen sind ungeachtet ihrer *ex-ante*-Bewertung in aller Regel mittelbar gläubigerbenachteiligend;[120] eine denkbare Ausnahme wäre es, wenn der Schuldner etwa Zahlungen korrekt quotal auf alle Insolvenzgläubiger verteilt hat.[121]

---

113) BGH, Urt. v. 9.7.2009 – IX ZR 86/08, Rz. 29, ZIP 2009, 1674, 1676.

114) In diese Richtung – aber inkonsequent auf die Erfüllung/Aufrechnung beschränkt – tatsächlich BGH, Urt. v. 22.10.2009 – IX ZR 147/06, ZIP 2010, 90 = NZI 2010, 17; vgl. auch *Schmittmann*, NZI 2010, 55.

115) Aber zugleich: noch – deshalb schließt die Rückzahlung anfechtbar erhaltener Beträge im Regelfall die Gläubigerbenachteiligung und damit die Anfechtung aus, vgl. – freilich zu einem Sonderfall – BGH, Urt. v. 4.7.2013 – IX ZR 229/12, Rz. 31, BGHZ 198, 77 = ZIP 2013, 1629, 1631 f., dazu EWiR 2013, 657 *(Plathner/Luttmann)*.

116) *Kayser/Freudenberg* in: MünchKomm-InsO, § 129 Rz. 125 m. w. N.

117) Zu weitgehend OLG Celle, Urt. v. 16.12.2010 – 13 U 98/10, ZIP 2011, 676, 677 = NZG 2011, 135 – Verringerung des Beteiligungswerts bei der Muttergesellschaft.

118) *Kayser/Freudenberg* in: MünchKomm-InsO, § 129 Rz. 123.

119) Hierzu und zu den Problemen beim – vor allem: erweiterten – Eigentumsvorbehalt eingehend *Bork* in: FS Graf-Schlicker, S. 183 ff.

120) BGH, Urt. v. 4.12.1997 – IX ZR 47/97, ZIP 1998, 248, 252, dazu EWiR 1998, 225 *(Gerhardt)* – zur KO.

121) *Ganter*, WM 2009, 1441, 1443, 1448; objektiv ist das angesichts der Fluktuationen wohl kaum möglich, da entscheidend für die korrekte Aufteilung erst der Forderungsbestand im eröffneten Verfahren ist; die angestrebte gleichmäßige Aufteilung spielt aber bei den subjektiven Voraussetzungen des § 133 Abs. 1 InsO u. U. eine Rolle.

b) Bargeschäftsausnahme (§ 142 InsO)

Insbesondere im Hinblick auf jene – rechtspolitisch in vielen Fällen gewollten – Sanierungsbemühungen und allgemein die Betriebsfortführung des Unternehmens in der bekannten Krise (vor allem auch im Eröffnungsverfahren) kann es allerdings nicht dabei bleiben, dass jede auch nur mittelbare Gläubigerbenachteiligung später die Anfechtbarkeit vor allem nach § 130 InsO „freischaltet", weil dann wohl niemand mehr zu Geschäften mit dem Schuldner bereit wäre.[122)] Abhilfe schafft § 142 InsO, dem zufolge **Bargeschäfte partiell von Anfechtungsrisiken befreit** werden. Partiell deshalb, weil zum einen das Gesetz die Anfechtbarkeit nach § 133 Abs. 1 bis 3 InsO ausdrücklich dann (aber auch nur dann)[123)] vom Privileg ausnimmt, wenn der Schuldner unlauter handelt und der Anfechtungsgegner dies erkennt,[124)] und weil zum anderen der BGH[125)] § 142 InsO auch auf inkongruente Deckungen (außerhalb von § 142 Abs. 2 Satz 3 InsO)[126)] nicht anwenden will. 42

Rollenmodell des Bargeschäfts ist der Zug-um-Zug-Austausch gleichwertiger Leistungen. Ihm sind auch die drei Voraussetzungen des § 142 InsO nachgebildet: neben der objektiv zu bestimmenden **Gleichwertigkeit** (wobei es unschädlich ist, wenn der Schuldner mehr erhält als der Geschäftspartner) die in § 142 Abs. 2 Satz 1 InsO (kaum) näher konkretisierte **zeitliche Unmittelbarkeit**,[127)] die das Bar- vom Kreditgeschäft unterscheidet, mit einer großzügigen Sonderregelung für Arbeitslohn in § 142 Abs. 2 Satz 2 InsO[128)] und ein innerer, in der Regel durch Parteivereinbarung hergestellter **Zusammenhang**, ein Aufeinander-bezogen-Sein von Leistung und Gegenleistung (dies kommt im „für die" zum Ausdruck).[129)] In § 142 Abs. 2 Satz 3 InsO wird diese Verknüpfung für einen Sonderfall der 43

---

122) BGH, Urt. v. 23.9.2010 – IX ZR 212/09, Rz. 24, ZIP 2010, 2009, 2012.

123) In vor dem 5.4.2017 eröffneten Insolvenzverfahren gilt noch § 142 InsO a. F., der § 133 Abs. 1 InsO insgesamt ausnahm. Allerdings hatte die Rspr. hier bereits einige Einschränkungen aufgrund „bargeschäftsähnlicher Lagen" vorgenommen, vgl. etwa BGH, Urt. v. 4.5.2017 – IX ZR 285/16, Rz. 7, 9, NZI 2017, 620 f. = ZIP 2017, 1232, dazu EWiR 2017, 433 *(Huber)*, dazu NZI 2017, 621 *(Riewe)*; BAG, Urt. v. 29.1.2014 – 6 AZR 345/12, Rz. 84 f., ZIP 2014, 628, 636 f. = ZVI 2014, 307, dazu EWiR 2014, 291 *(Huber)*.

124) Dabei sollte diese Rückausnahme der „Unlauterkeit" eng verstanden werden – vgl. die Beispiele in Begr. RegE Gesetz zur Verbesserung der Rechtssicherheit bei Anfechtungen nach der Insolvenzordnung und nach dem Anfechtungsgesetz, BT-Drucks. 18/7054, S. 19: Ausgaben für flüchtige Luxusgüter, Veräußerung betriebsnotwendiger Gegenstände, um den Gläubigern den Wert zu entziehen – nicht aber bloß unrentable Betriebsfortführung.

125) BGH, Urt. v. 10.5.2007 – IX ZR 146/05, Rz. 10, ZIP 2007, 1162, 1163, dazu EWiR 2007, 471 *(Huber)*; ebenso die h. L., vgl. nur *Thole* in: HK-InsO, § 142 Rz. 13; überzeugend a. A. Jaeger-*Henckel*, InsO, § 142 Rz. 8 ff.; *Paulus* in: FS Fischer, S. 445, 454.

126) Dazu vgl. BGH, Urt. v. 10.3.2022 – IX ZR 4/21, Rz. 18 f., ZRI 2022, 328.

127) Ein Auseinanderfallen von Leistung und Gegenleistung um ca. zwei Wochen bis 30 Tage (egal in welcher Richtung, s. BGH, Urt. v. 13.4.2006 – IX ZR 158/05, Rz. 39, BGHZ 167, 190 = ZIP 2006, 1261, 1265, dazu EWiR 2007, 117 *[Pape]* und *Paulus*, WuB VI A. § 133 InsO 1.06 [Urteilsanm.]) wird oft toleriert. Überblick bei *Bork/Gehrlein*, Aktuelle Probleme der Insolvenzanfechtung, Rz. 533 ff.; Uhlenbruck-*Borries/Hirte*, InsO, § 142 Rz. 29 ff. Insbesondere Sanierungsberater sollten deshalb stets Vorschüsse oder Abschläge für Zeiträume von bis zu 30 Tagen vereinbaren und vereinnahmen, vgl. etwa BGH, Urt. v. 6.12.2007 – IX ZR 113/06, Rz. 20 ff., ZIP 2008, 232.

128) Der Gesetzgeber hat hiermit die – bis dahin zu Recht kritisierte, vgl. *Ganter*, ZIP 2012, 2037, 2043 f. – Rspr. des BAG, vgl. etwa Urt. v. 6.10.2011 – 6 AZR 262/10, BAGE 139, 235 = ZIP 2011, 2366, dazu EWiR 2011, 817 *(Huber)*, ins Gesetz übernommen.

129) *Kirchhof/Piekenbrock* in: MünchKomm-InsO, § 142 Rz. 7 ff.

inkongruenten Deckung hergestellt, nämlich für die (praktisch durchaus häufige) nicht erkennbare Drittzahlung von Arbeitslohn (siehe noch Rz. 60).[130)]

Praxishinweis

Die Voraussetzungen von § 142 InsO sind rein objektiv – ihre irrtümliche Verkennung schneidet das Privileg nicht ab, so wie es ihre irrtümliche Annahme nicht begründen kann; bei irrtümlicher Annahme eines Bargeschäfts und fehlender (oder vom Anfechtungsgegner nicht erkannter) Unlauterkeit des Schuldners wird es aber immerhin regelmäßig i. R. von § 133 InsO am Benachteiligungsvorsatz bzw. seiner Kenntnis fehlen.[131)]

44 *Beispiel 12*

An der Verknüpfung von Leistung und Gegenleistung und damit an einem Bargeschäft fehlt es nach Ansicht des BGH[132)] *bei der* ***Globalzession****, wenn neue Forderungen an die Stelle von eingezogenen treten. Auch wenn es in der Tat schwerfällt, die eher zufällige und kaum kalkulierbare Entwicklung des Forderungsbestands als zielgerichtete Leistung und Gegenleistung anzusehen, droht durch diese Rechtsprechung genau das von § 142 InsO adressierte Problem: Dem den Betrieb trotz materieller Insolvenz fortführenden Schuldner bzw. vorläufigen Verwalter dürfte durch die erforderlich werdende Verwertung der Sicherheiten essenzielle Liquidität entzogen werden. Teilweise wird daher die Vereinbarung eines „Sicherheitenkontokorrents" angenommen oder empfohlen, das von § 142 InsO privilegiert werden könne.*[133)]

45 *Beispiel 13*

Beim ***debitorischen Kontokorrentkonto*** *nämlich soll ein Bargeschäft vorliegen, wenn die Bank*[134)] *zwar einerseits mit Gutschriften den Sollstand zurückführt, andererseits aber unmittelbar im gleichen Umfang Verfügungen des Schuldners (gegenüber Dritten) gestattet und zulasten des Kontos bucht.*[135)] *Die Konsequenz, dass der Insolvenzverwalter nicht jede einzelne Gutschriftenverrechnung angreifen kann, sondern nur die im Saldo bestehende Kreditrückführung, ist sicherlich angemessen – allerdings wirft diese mit § 142 InsO begründete Saldierung auch eine Vielzahl von Problemen auf und führt ggf. zu eher zufälligen Lösungen und dogmatischen Fragwürdigkeiten.*[136)]

46 *Beispiel 14*

Tankstellenbetreiber S verkaufte und veräußerte Kraftstoffe im Namen und auf Rechnung des Mineralölunternehmens G. Das hierfür eingenommene Geld, das im (nach rechtswidriger Ver-

---

130) Kritisch *Zenker* in: Clavora/Kapp/Mohr, Insolvenz- und Sanierungsrecht sowie Exekutionsrecht, S. 143, 158 f.: Weder die Beschränkung auf Arbeitslohn noch diejenige auf nicht erkennbare Drittzahlungen sind gerechtfertigt; die Erweiterung von § 142 InsO erfasst zudem nur einen Teil des Problems – sachgerecht wäre eine Einschränkung von § 131 InsO. Im Übrigen bleibt nach Ansicht des BGH die Anfechtung nach § 134 InsO in der Insolvenz des Zahlenden unberührt, BGH, Urt. v. 10.3.2022 – IX ZR 4/21, Rz. 20 ff., ZRI 2022, 328.

131) Insoweit dürfte die Rspr. zu „bargeschäftsähnlichen Lagen" (s. Fn. 123) weiterhin relevant sein.

132) BGH, Urt. v. 29.11.2007 – IX ZR 30/07, Rz. 40 ff., BGHZ 174, 297 = ZIP 2008, 183, 188 f., dazu EWiR 2008, 187 *(Ries)*.

133) Dazu *Molitor*, ZInsO 2006, 23; nur für das Eröffnungsverfahren auch *Ganter*, NZI 2010, 551, 553 f.

134) Zur Anwendbarkeit außerhalb von Bank- und „echten" Kontokorrentgeschäften (Reihe von Gesellschafterdarlehen/„Staffelkredit") BGH, Urt. v. 7.3.2013 – IX ZR 7/12, ZIP 2013, 734, dazu EWiR 2013, 393 *(Delaveaux)*; BGH, Urt. v. 27.6.2019 – IX ZR 167/18, Rz. 99 ff., BGHZ 222, 283 = ZIP 2019, 1577, dazu EWiR 2019, 595 *(Swierczok/Schubert)*; zu den Grenzen BGH, Beschl. v. 16.1.2014 – IX ZR 116/13, Rz. 4, ZIP 2014, 785, dazu EWiR 2014, 289 *(Spliedt)*.

135) BGH, Urt. v. 7.3.2002 – IX ZR 223/01, BGHZ 150, 122 = ZIP 2002, 812, 814 f., dazu EWiR 2002, 685 *(Ringstmeier/Rigol)*; eingehend *Persch*, Die Insolvenzanfechtung von Kontokorrentverrechnungen, S. 134 ff.

136) S. z. B. OLG Koblenz, Urt. v. 27.5.2010 – 2 U 907/09, ZIP 2010, 1615 = NZI 2010, 649, dazu *Stiller*, ZInsO 2011, 87; OLG München, Urt. v. 12.1.2010 – 5 U 3894/09, ZInsO 2010, 1289.

mischung mit Mitteln des S gemäß §§ 947 f. BGB nur noch Mit-) Eigentum von G stand, zahlte S absprachegemäß auf sein Konto ein und überwies es sogleich weiter an G. Der BGH[137] *verneint bei dieser* ***Zahlungskette*** *ein Bargeschäft, da G keine Leistung an S erbracht und es auch an der erforderlichen Parteivereinbarung gefehlt habe – wohl zu Unrecht, dürfte doch das Gestatten der Einzahlung von Mitteln (auch) der G auf das Konto des S eine valide und durch eine Abrede mit der Überweisung an G verbundene, ausgleichende Gegenleistung gewesen sein.*

An sich gibt es bei § 142 InsO nur ein **„Alles oder Nichts"**; ist also die Leistung an den Schuldner (nicht nur ganz geringfügig) weniger wert als die (Gegen-)Leistung des Schuldners, liegt grundsätzlich überhaupt kein Bargeschäft vor. Eine wichtige Ausnahme stellt jedoch die soeben (siehe Rz. 45) beim Kontokorrentkonto geschilderte Saldierung dar.[138] Für die Voraussetzungen des § 142 InsO trägt der Anfechtungsgegner die **Darlegungs- und Beweislast.**[139] 47

Beispiel 15 48

Ein Bargeschäft ist auch die ***Bestellung angemessener Sicherheiten für ein neu ausgereichtes Darlehen.***[140] *Dabei sollte es für die Gleichwertigkeit bei akzessorischen, aber auch bei nichtakzessorischen Sicherheiten, die insolvenzrechtlich ein Absonderungsrecht gewähren, (wie der Sicherungsübereignung oder -zession) nicht auf den Wert des Sicherungsgegenstandes ankommen,*[141] *da er der Masse von vornherein nicht entzogen wird, soweit er die gesicherte Forderung übersteigt. Häufig werden die Sicherheiten aber zugleich auch auf Altverbindlichkeiten bezogen und für diese mitbestellt – damit entfällt an sich die Gleichwertigkeit. Jedoch kommt bei einer* ***Teilbarkeit*** *der Sicherheiten nach dem Sicherungszweck ein Bargeschäft hinsichtlich der für die Neuverbindlichkeiten bestellten Sicherheiten in Betracht;*[142] *nach dem Vorstehenden sollte sich bei Absonderungsrechten diese Teilbarkeit schon aus der stets bestehenden Möglichkeit ergeben, die gesicherte Forderung entsprechend zu beschneiden. Dennoch eröffnet eine solche Mitbesicherung von Altverbindlichkeiten dem späteren Insolvenzverwalter wenigstens Argumentationsspielräume, weshalb der Gläubiger davon tunlichst Abstand nehmen sollte.*

c) Unmittelbare Benachteiligung

Mit der Bargeschäftsausnahme verwandt, aber echte **(einschränkende) Tatbestandsvoraussetzung** und daher vom Insolvenzverwalter darzulegen ist die von **§ 132 Abs. 1 und § 133 Abs. 4 InsO** geforderte unmittelbare Benachteiligung. Hier also muss die Gläubigerbenachteiligung nicht nur „am Ende" festzustellen sein, sondern – darüber hinaus – durch die Rechtshandlung bereits unmittelbar (also ohne Hinzutreten späterer Entwicklungen) hervorgerufen worden sein. Dies ist z. B. dann der Fall, wenn der Schuldner einseitig etwas aus seinem Vermögen aufgibt oder zumindest **keine gleichwertige Gegenleistung** erhält. Anders als bei § 142 InsO ist ein in kurzem Abstand erfolgender Leistungsaustausch nicht erforderlich, schon deshalb nicht, weil es bei § 132 Abs. 1 InsO und 49

137) BGH, Urt. v. 23.9.2010 – IX ZR 212/09, Rz. 23 ff., ZIP 2010, 2009, 2012 f., dazu EWiR 2010, 825 *(Freudenberg)*.

138) *Kirchhof/Piekenbrock* in: MünchKomm-InsO, § 142 Rz. 17, 19 f.

139) BGH, Urt. v. 6.4.2006 – IX ZR 185/04, Rz. 29, ZIP 2006, 1009, 1011, dazu EWiR 2006, 501 *(Homann)*, und *Paulus/Zenker*, WuB VI A. § 129 InsO 1.06 (Urteilsanm.).

140) *Kirchhof/Piekenbrock* in: MünchKomm-InsO, § 142 Rz. 21 m. w. N. Bei Gesellschafterdarlehen bleibt die Anfechtbarkeit nach § 135 Abs. 1 Nr. 1 InsO allerdings unberührt, vgl. BGH, Urt. v. 14.2.2019 – IX ZR 149/16, Rz. 40 ff., BGHZ 221, 100 = ZIP 2019, 666; *Zenker* in: Cranshaw/Paulus/Michel, Bankenkommentar InsR, § 135 Rz. 7; a. A. *Bitter*, ZIP 2019, 737.

141) Anders aber wohl die h. M., vgl. etwa *Rogge/Leptien* in: HambKomm-InsO, § 142 Rz. 28; *Kirchhof/Piekenbrock* in: MünchKomm-InsO, § 142 Rz. 21; K. Schmidt-*Ganter/Weinland*, InsO, § 142 Rz. 62; Uhlenbruck-*Borries/Hirte*, InsO, § 142 Rz. 45.

142) *Kirchhof/Piekenbrock* in: MünchKomm-InsO, § 142 Rz. 21; Uhlenbruck-*Borries/Hirte*, InsO, § 142 Rz. 46.

§ 133 Abs. 4 InsO vor allem (aber nicht nur) um die Anfechtbarkeit von Verpflichtungsgeschäften geht; es genügt zum Ausschluss der unmittelbaren Benachteiligung, dass im Zeitpunkt des § 140 InsO ein gleichwertiger Gegenanspruch besteht.[143]

> **Praxishinweis**
>
> Allein der Umstand, dass der Schuldner bei Vornahme der Rechtshandlung möglicherweise noch alle seine (damaligen) Gläubiger hätte befriedigen können, schließt die unmittelbare Benachteiligung richtigerweise nicht aus (dies wird vor allem bei § 133 Abs. 4 InsO relevant), da der entscheidende Wertvergleich gleichwohl die besondere Verdächtigkeit der Transaktion ergibt.[144]

C. Anfechtungstatbestände

50 Übersicht über die **Suspektsperioden** vor Antragstellung:

10 Jahre	4 Jahre	2 Jahre	1 Jahr	3 Monate
§ 133 Abs. 1, § 135 Abs. 1 Nr. 1	§ 133 Abs. 2, § 134	§ 133 Abs. 4	§ 135 Abs. 1 Nr. 2, § 136	§ 130, § 131, § 132

I. §§ 130 f. InsO: Deckungsanfechtung

51 **Checkliste §§ 130 f. InsO**

<table>
<tr><td colspan="2">Rechtshandlung in Form einer Deckung gegenüber Insolvenzgläubiger</td></tr>
<tr><td colspan="2">höchstens drei Monate vor dem Antrag (oder danach)</td></tr>
<tr><td colspan="2">(mittelbare) Gläubigerbenachteiligung</td></tr>
<tr><td colspan="2">kein Bargeschäft, § 142 (nach h. M.: nur bei § 130)</td></tr>
<tr><td>kongruent, § 130</td><td>inkongruent, § 131</td></tr>
<tr><td>(obj.) Zahlungsunfähigkeit
oder Antrag
und
(subj.) Kenntnis von Zahlungsunfähigkeit
oder Antrag
(siehe dazu Absatz 2, 3)</td><td>weniger als ein Monat vor dem Antrag
(oder danach)
oder
(obj.) Zahlungsunfähigkeit
oder
(subj.) Kenntnis der Gläubigerbenachteiligung
(siehe Absatz 2)</td></tr>
</table>

1. Bedeutung und Überblick

52 Die Deckungsanfechtung stellt den praktisch wohl (noch?)[145] wichtigsten Anwendungsfall der Anfechtbarkeit dar, weshalb sie hier recht ausführlich dargestellt werden soll; ihre Suspektperiode von drei Monaten vor Antragstellung wird oft auch die **„kritische Zeit"** genannt. Die vorstehende „Checkliste" zeigt bereits, dass zwischen den beiden Tatbeständen der Deckungsanfechtung viele Gemeinsamkeiten bestehen, dass aber § 131 InsO infolge der **Inkongruenz die weiteren Voraussetzungen der Anfechtbarkeit erheblich**

143) *Kayser/Freudenberg* in: MünchKomm-InsO, § 129 Rz. 113 ff., 117.

144) *Kayser/Freudenberg* in: MünchKomm-InsO, § 129 Rz. 112, 120; a. A. Uhlenbruck-*Borries/Hirte*, InsO, § 129 Rz. 246.

145) Mit Blick auf die weite Auslegung von § 133 Abs. 1 – 3 InsO durch die Rspr. (s. dazu unten Rz. 84 ff., auch zu jüngeren Einschränkungen) berufen sich Insolvenzverwalter inzwischen häufiger auch in der Suspektperiode der §§ 130 f. InsO lediglich auf die Vorsatzanfechtung, zumal bei § 133 Abs. 1 Satz 2 InsO die Kenntnis der nur drohenden Zahlungsunfähigkeit genügt (allerdings nur noch bei inkongruenten Deckungen, § 133 Abs. 3 Satz 1 InsO).

verschlankt und damit dem Insolvenzverwalter die Arbeit erleichtert: Bei einer kongruenten Deckung kann aus **Vertrauensschutzgründen** (siehe dazu Rz. 10) eine Anfechtbarkeit nur dann bestehen, wenn nicht nur (objektiv) der Schuldner bei Vornahme der Rechtshandlung bereits materiell insolvent (i. S. von zahlungsunfähig) oder gar bereits ein zulässiger und begründeter Insolvenzantrag gestellt worden war, sondern auch (subjektiv) der Anfechtungsgegner dies wusste (denn dann ist sein Vertrauen auf den Bestand der Rechtshandlung jedenfalls nicht schutzwürdig). Bei einer inkongruenten Deckung bestehen demgegenüber im letzten Monat vor Antragstellung und danach (in Parallele zu § 88 InsO) keine weiteren objektiven Anforderungen an die wirtschaftliche Krise oder subjektiven Anforderungen an den Kenntnisstand des Anfechtungsgegners (§ 131 Abs. 1 Nr. 1 InsO) und beschränkt sich das Gesetz in den Monaten 2 und 3 vor Antragstellung auf *entweder* ein objektives *oder* ein subjektives Erfordernis.

2. Deckung

Die Eingangstür zur Deckungsanfechtung ist – naheliegend – die „Deckung"; ein Begriff, den die InsO selbst nur in den Überschriften von §§ 130 f. InsO (und in ganz anderem Zusammenhang in der Überschrift von § 298 InsO sowie in § 270a Abs. 1 Nr. 1 InsO) verwendet. Die Tatbestände sprechen greifbarer davon, dass „einem Insolvenzgläubiger eine Sicherung oder Befriedigung gewährt oder ermöglicht" wird. Hierher gehören natürlich insbesondere und prototypisch die **Erfüllung und ihre Surrogate** (vgl. §§ 362 ff. BGB) sowie die Bestellung von **Real- und Personalsicherheiten** (mit einer Ausnahme für die „Margensicherheit" in § 130 Abs. 1 Satz 2 InsO). 53

Der Alternative des **„Ermöglichens"** einer Sicherung oder Befriedigung kommt nur relativ geringe Bedeutung zu, da es für §§ 130 f. InsO gleichgültig ist, wer die Rechtshandlung vornimmt, und da eine (auch nur mittelbare) Gläubigerbenachteiligung selten allein infolge des „Ermöglichens" eintreten wird.[146)] Neben dem **Werthaltigmachen** einer Sicherheit (siehe Rz. 20), das man allerdings auch mit dem „Gewähren" erfassen könnte, fallen hierunter vor allem Rechtshandlungen oder Unterlassungen, die für das spätere Gewähren die **Anfechtbarkeit erschwert** haben, etwa aus einer sonst inkongruenten Deckung eine kongruente gemacht haben[147)] – in diesem Fall kann dann ggf. die Änderung des Pflichtenplans selbst gemäß § 131 InsO anfechtbar sein.[148)] 54

Voraussetzung der Deckung ist (in Zusammenschau mit dem Merkmal „einem **Insolvenzgläubiger**") bei unbefangener Lektüre des Gesetzes, dass ein zu sichernder oder befriedigender Anspruch besteht, der eine Insolvenzforderung (vgl. § 38 InsO) darstellt oder ohne die Deckung darstellen würde.[149)] Man wird den Anwendungsbereich aber mit Blick auf § 131 InsO („nicht […] zu beanspruchen") noch um vermeintliche Ansprüche erweitern müssen, so dass die Bezeichnung des Begünstigten als „Insolvenzgläubiger" vor allem der **Abgrenzung von Massegläubigern und Ab- bzw. Aussonderungsberechtigten**[150)] 55

---

146) Zu einem Ausnahmefall BGH, Urt. v. 12.1.2017 – IX ZR 130/16, Rz. 9, 13 f., NZI 2017, 352, 353 = ZIP 2017, 489, dazu EWiR 2017, 275 *(Loszynski)*.

147) Vgl. eingehend Jaeger-*Henckel*, InsO, § 130 Rz. 14 ff.

148) *Kayser/Freudenberg* in: MünchKomm-InsO, § 131 Rz. 10.

149) Vgl. für die Zahlung einer Organgesellschaft vor Erlass eines Haftungsbescheids BGH, Urt. v. 19.1.2012 – IX ZR 2/11, BGHZ 192, 221 = ZIP 2012, 280, dazu EWiR 2012, 149 *(Bork)*; OLG Hamm, Urt. v. 2.12.2010 – 27 U 55/10, ZIP 2010, 2517, 2518, dazu EWiR 2011, 225 *(Ruhe-Schweigel)*.

150) BGH, Urt. v. 19.1.2012 – IX ZR 2/11, Rz. 12, BGHZ 192, 221 = ZIP 2012, 280, 281, dazu EWiR 2012, 149 *(Bork)*; *Kayser/Freudenberg* in: MünchKomm-InsO, § 130 Rz. 16 f., § 131 Rz. 6 f.; wohl noch a. A. BGH, Urt. v. 5.2.2004 – IX ZR 473/00, ZIP 2004, 917, 918, dazu EWiR 2004, 771 *(Höpfner)*, und *Paulus/Zenker*, WuB VI B. § 30 Nr. 2 KO 1.04 (Urteilsanm.) – zur KO.

sowie der Bestimmung des Anfechtungsgegners dient.[151)] Auch etwa der Empfänger einer Handschenkung dürfte danach zum Kreis der Insolvenzgläubiger i. S. von §§ 130 f. InsO gehören.

3. Kongruenz/Inkongruenz

a) Kriterien und Grund der Abgrenzung

56 Die Weichenstellung zwischen § 130 InsO und § 131 InsO erfolgt durch den Vergleich der Deckung mit dem Anspruch des Gläubigers bzw. dem zugehörigen **Pflichtenplan** des Schuldners: Sind sie „deckungsgleich", konnte der Gläubiger also genau diese Leistung (u. U.: neben anderen) verlangen, liegt Kongruenz vor; bei (jedenfalls nicht nur ganz geringfügigen)[152)] Abweichungen, erhält der Gläubiger also etwas, das er – dem Wortlaut von § 131 Abs. 1 InsO entsprechend – „nicht oder nicht in der Art oder nicht zu der Zeit zu beanspruchen hatte", Inkongruenz. In Erbringung und Annahme einer inkongruenten Deckung wird zwar in den meisten Fällen eine stillschweigende Änderung des Pflichtenplans liegen; die insolvenzrechtliche Einordnung bleibt davon aber (natürlich) unberührt.

57 Der eben vorgestellte Prüfungsmaßstab ist nur prima facie kristallklar und trennscharf, zumal die entscheidende (exakte) Bestimmung des Pflichtenplans mitunter Probleme bereitet. Weitere Schwierigkeiten resultieren daraus, dass der erleichterten Anfechtbarkeit bei Inkongruenz **zwei denkbare Rechtfertigungen** innewohnen,[153)] die bei der Auslegung des Tatbestandes und bei der Ermittlung der Rechtsfolgen zu unterschiedlichen Ergebnissen führen können: Zum einen kann mangels rechtlicher Grundlage genau jener Leistung eine wertungsmäßige **Nähe zur Schenkung** ausgemacht und der Empfänger deshalb wegen der überobligatorischen Zuwendung für wenig schutzwürdig gehalten werden. Und zum anderen kann – dies entspricht wohl insgesamt eher den gesetzgeberischen Intentionen[154)] und der Ausgestaltung der Tatbestandsmerkmale von § 131 Abs. 1 InsO – darauf abgestellt werden, dass das Gewähren und Akzeptieren inkongruenter Deckungen Indizien für das Vorliegen einer wirtschaftlichen Krise und einer Vorzugsbehandlung und insoweit **besonders „verdächtig"** sind.[155)]

b) Einzelfälle

58 **Kongruenz:** Geldforderungen können nicht nur durch **Barzahlung,** sondern auch etwa durch verkehrsübliche **Überweisung, Lastschrift** oder auf dem Umweg über einen eigenen **Scheck** (nicht aber Wechsel) des Schuldners kongruent erfüllt werden. Auch wenn der Schuldner nach § 266 BGB zu **Teilleistungen** grundsätzlich nicht berechtigt ist, führen sie ebenso wenig zur Inkongruenz wie **verspätete Leistungen**[156)] – obwohl beides in hohem Maße verdächtig sein kann –, da sie als *minus* in dem enthalten sind, was der Gläubiger verlangen kann.[157)] Trotz der Ausrichtung von § 131 Abs. 1 InsO am Anspruch anstelle der Schuld sind etwa bei einer Wahlschuld oder bei Bestehen einer Ersetzungsbe-

151) Vgl. BGH, Beschl. v. 29.3.2012 – IX ZR 26/10, NZS 2012, 581.

152) BGH, Urt. v. 9.6.2005 – IX ZR 152/03, ZIP 2005, 1243, 1244, dazu EWiR 2005, 829 *(Paulus)*.

153) Vgl. etwa *Kayser/Freudenberg* in: MünchKomm-InsO, § 131 Rz. 1.

154) Vgl. *Hahn*, Materialien zu der KO, S. 117 (= Mot. II, S. 105): „Eine Rechtsvermuthung des bösen Glaubens läßt sich nur da begründen, wo die Natur des stattgefundenen Geschäfts in Jedermann den Verdacht wach rufen muß, daß der Schuldner sich in schlechter Vermögenslage befinde."

155) *Jacoby*, ZIP 2008, 385, 389, und *Jacobi*, ZIP 2006, 2351, 2356, erwägen bei fehlender Verdächtigkeit eine teleologische Reduktion.

156) Zur Teilzahlung OLG Saarbrücken, Urt. v. 24.6.2008 – 4 U 324/07, ZIP 2008, 2430, dazu EWiR 2009, 91 *(Heublein)*.

157) Zum Recht auf Teilforderung vgl. auch BGH, Urt. v. 29.4.2010 – Xa ZR 101/09, RRa 2010, 191.

fugnis alle Leistungen kongruent, die der Schuldner schuldbefreiend erbringen darf. In Anknüpfung an diese Fälle, in denen eine gewisse unilaterale **Dispositionsbefugnis des Schuldners** über die Deckung besteht, sieht der BGH[158)] zu Recht auch die durch eine (aufgrund unanfechtbaren Sicherungsvertrags vereinbarte) **Globalzession** erworbenen Sicherheiten als kongruent an; nichts anderes kann für den Erwerb von Sicherheiten infolge Globalsicherungsübereignung oder **verlängerten Eigentumsvorbehalts**[159)] gelten.

Inkongruenz als „nicht zu beanspruchen": Inkongruent ist die Erfüllung **nicht bestehender**, insbesondere nur vermeintlicher, unvollkommener, verjährter oder sonst dauerhaft nicht durchsetzbarer Verbindlichkeiten. Der Anspruch auf Erfüllung enthält grundsätzlich keinen Anspruch auf **Sicherheiten**, so dass deren rechtsgeschäftliche Bestellung ohne gesonderten (unanfechtbaren) Sicherungsvertrag oder gesetzlichen Anspruch inkongruent ist; als kongruent ist aber die Entstehung etwa gesetzlicher Pfandrechte anzusehen.[160)] Nach h. M.[161)] räumt ein Anspruch auf Sicherheitenbestellung deren schließliche Inkongruenz nicht aus, wenn der Anspruch **nicht hinreichend bestimmt** war. Für hinsichtlich der zu bestellenden Sicherheit ganz offene Klauseln wie Nr. 13 AGB-Banken, Nr. 22 Abs. 1 AGB-Sparkassen ist dem zuzustimmen; hingegen sind das **AGB-Pfandrecht** und die sonstigen Sicherheiten der Banken gemäß Nr. 14 f. AGB-Banken, Nr. 21, 25 AGB-Sparkassen entgegen ständiger Rechtsprechung[162)] – und ebenso wie die Globalzession (siehe Rz. 58) – als kongruent anzusehen.[163)] 59

Inkongruenz als „nicht in der Art zu beanspruchen": Paradefälle für diese Form der Inkongruenz sind Leistungen an **Erfüllungs statt** (etwa in Form von Kundenschecks) oder, sofern nicht wie beim eigenen Scheck verkehrsüblich, **erfüllungshalber.**[164)] Außerdem gehören (wenn nicht unanfechtbar vereinbart) **Zahlungen durch Dritte** auf Veranlassung des Schuldners hierher.[165)] Wenn freilich sonstige Umstände die Abwicklung über den Dritten als verkehrsüblich und „unverdächtig" erscheinen lassen, sollte man die Annahme nur unerheblicher Inkongruenz (mit der Folge der Unanwendbarkeit von § 131 InsO) in Betracht ziehen[166)] – ein solcher Fall hat jetzt in § 142 Abs. 2 Satz 3 InsO eine (zu enge) Sonderregelung erfahren (siehe Rz. 43). Übergibt der Schuldner seiner Bank Kundenschecks zur Einziehung und schreibt diese den Betrag dem debitorischen Schuldnerkonto gut, so geschieht dies im normalen Bankgeschäftsverkehr und ist daher nicht zwangsläufig inkongruent.[167)] Zur Deckung durch Zwangsvollstreckung oder Druckzahlung siehe sogleich Rz. 65. 60

---

158) BGH, Urt. v. 29.11.2007 – IX ZR 30/07, BGHZ 174, 297 = ZIP 2008, 183, dazu EWiR 2008, 187 *(Ries)*; kritisch *Jacoby*, ZIP 2008, 385, 388 f.

159) Dazu BGH, Urt. v. 17.3.2011 – IX ZR 63/10, Rz. 38 ff., BGHZ 189, 1 = ZIP 2011, 773, 776 f., dazu EWiR 2011, 475 *(Knof)*.

160) *Kayser/Freudenberg* in: MünchKomm-InsO, § 131 Rz. 24; streitig.

161) *Kayser/Freudenberg* in: MünchKomm-InsO, § 131 Rz. 20, 39 ff. m. w. N.; *Thole* in: HK-InsO, § 131 Rz. 21 f.

162) Vgl. nur m. w. N. BGH, Urt. v. 7.3.2002 – IX ZR 223/01, BGHZ 150, 122 = ZIP 2002, 812, 813, dazu EWiR 2002, 685 *(Ringstmeier/Rigol)*.

163) So auch etwa *Wischemeyer*, Die Insolvenzanfechtung der Rückführung debitorischer Konten, S. 31 ff.

164) BGH, Urt. v. 19.12.2013 – IX ZR 127/11, Rz. 18, ZIP 2014, 231, 233, dazu EWiR 2014, 219 *(Habereder)*.

165) Nach BAG, Urt. v. 21.11.2013 – 6 AZR 159/12, Rz. 13 ff., ZIP 2014, 233, 234 ff., dazu EWiR 2014, 187 *(Würdinger)*, soll das selbst dann gelten, wenn Schuldner und Dritter ein wirtschaftlich einheitliches Unternehmen unterhalten.

166) Recht weitgehend aber LAG Niedersachsen, Urt. v. 27.5.2013 – 10 Sa 1042/12, ZIP 2013, 1875, 1876.

167) Jaeger-*Henckel*, InsO, § 131 Rz. 16; *Paulus*, NJW 2009, 2603 f. (Urteilsanm.); a. A. aber BGH, Urt. v. 14.5.2009 – IX ZR 63/08, Rz. 11, BGHZ 181, 132 = ZIP 2009, 1235, 1236, dazu EWiR 2009, 579 *(Ch. Keller)*.

61 **Inkongruenz als „nicht zu der Zeit zu beanspruchen"**: Paradigmatisch hierfür ist die Erfüllung einer (noch) **nicht fälligen** oder vorübergehend **einredebehafteten** Verbindlichkeit – und doch wirft bereits dieser Fall zwei Fragen auf: die nach dem erforderlichen Maß der Inkongruenz und die nach den Rechtsfolgen. Zur Verdeutlichung diene folgendes.

62 *Beispiel 16*

S überwies die am 15. fällig werdenden Sozialversicherungsbeiträge bereits am 5. des Monats (Datum der Gutschrift) an Krankenkasse K. Am 11. wurde ein vorläufiger Verwalter mit Zustimmungsvorbehalt bestellt. Der BGH[168] erkannte hier eine inkongruente Deckung, da zwar dem um pünktliche Zahlung bemühten S eine gewisse ***Karenzzeit*** *(fünf Geschäftstage)[169] für die Banküberweisung zuzugestehen, diese vorliegend aber überschritten sei. Jedenfalls deshalb, weil bei Fälligkeit S nicht mehr hätte zahlen können, sei Rechtsfolge gemäß § 143 Abs. 1 InsO die Pflicht der K zur* ***vollständigen Rückzahlung*** *in die Masse.*

63 Geht man davon aus, dass § 131 InsO in erster Linie auf der Verdächtigkeit der inkongruenten Deckung beruht, so ist eine Beschränkung der Rechtsfolge auf den Zwischenzins[170] in keinem Fall angezeigt. Gerade diese Verdächtigkeit (und damit die Inkongruenz) aber dürfte zumindest der Zahlung auf eine Rechnung hin oder sonst i. R. eines Zahlungsziels generell fehlen, auch wenn sie (durchaus verkehrsüblich) längere Zeit vor Fälligkeit erfolgt. Der BGH[171] hat jedenfalls die vorzeitige Zahlung, um einen **Skonto** wahrzunehmen, zu Recht als kongruent bewertet.

Praxishinweis

Anfechtungsrisiken können reduziert werden, indem man **Zahlungsziele** ausdrücklich in einer Weise vereinbart, die die Fälligkeit nicht hinausschiebt.[172]

64 In jedem Fall inkongruent ist aber die Leistung vor Erfüllbarkeit. Schließlich ist die **Fälligstellung durch Kündigung** (etwa eines Darlehens) seitens des Schuldners als Ermöglichungshandlung inkongruent[173] – allerdings richtigerweise nur dann, wenn nicht gleichzeitig auch dem Gläubiger ein Kündigungsrecht zustand, da seine Kündigung kongruent ist[174] und es nicht darauf ankommen kann, wer zuerst handelt bzw. ob der Gläubiger auf die Schuldnerkündigung hin auch selbst noch einmal die Kündigung erklärt (was dennoch aus Vorsichtsgründen derzeit zu empfehlen ist).[175]

c) Zwangsvollstreckung und Druckzahlungen

65 Schon seit Reichsgerichtszeiten[176] höchst umstritten ist die Klassifizierung von Sicherheiten und Befriedigungen mittels **Zwangsvollstreckung** und – später auch – von Leistungen zur **Abwendung der Zwangsvollstreckung oder eines (bereits gestellten oder**

168) BGH, Urt. v. 9.6.2005 – IX ZR 152/03, ZIP 2005, 1243, 1244, dazu EWiR 2005, 829 *(Paulus)*.

169) Leider ist der Anknüpfungspunkt unklar; konsequent erscheint es, die Frist von der Erteilung des Überweisungsauftrags zu berechnen.

170) So zur GesO BGH, Urt. v. 13.3.1997 – IX ZR 93/96, ZIP 1997, 853, 854, dazu EWiR 1997, 1131 *(Rattunde)*.

171) BGH, Beschl. v. 6.5.2010 – IX ZR 114/08, ZIP 2010, 1188 = NZI 2010, 29 – unabhängig davon, ob nicht mit Ablauf der Skontofrist auch Fälligkeit eintrat.

172) Vgl. BGH, Urt. v. 1.2.2007 – III ZR 159/06, Rz. 17, BGHZ 171, 33 = ZIP 2007, 1114, 1115 f. (nicht in BGHZ 171, 33), dazu EWiR 2007, 515 *(Schroeter)*.

173) BGH, Urt. v. 14.5.2009 – IX ZR 63/08, Rz. 14, BGHZ 181, 132 = ZIP 2009, 1235, 1236 f., dazu EWiR 2009, 579 *(Ch. Keller)*.

174) *Kayser/Freudenberg* in: MünchKomm-InsO, § 131 Rz. 41a; offengelassen von BGH, Urt. v. 14.5.2009 – IX ZR 63/08, Rz. 13, BGHZ 181, 132 = ZIP 2009, 1235, 1236, dazu EWiR 2009, 579 *(Ch. Keller)*.

175) Vgl. *Paulus*, NJW 2009, 2603, 2604 (Urteilsanm.).

176) Grundlegend RG, Urt. v. 6.12.1883 – Rep. II. 213/83, RGZ 10, 33 – zur KO.

angedrohten) Insolvenzantrags.[177)] Die ständige Rechtsprechung des BGH[178)] geht davon aus, dass zum einen Deckungen, die zum Abwenden eines angedrohten oder zur Beseitigung eines gestellten Insolvenzantrags erbracht werden, stets inkongruent seien[179)] und dass dies zum anderen auch für Deckungen im Wege der Zwangsvollstreckung (jedenfalls: wegen einer Geldforderung) oder unter dem Druck sowie zur Abwendung der unmittelbar bevorstehenden Zwangsvollstreckung[180)] gelte, wenn sie in den letzten drei Monaten erfolgten.[181)] Allerdings erfasst der Vollstreckungsdruck jedenfalls nur die jeweils in Rede stehende Forderung und nicht auch weitere, auf die später Zahlungen erfolgen.[182)] Die Vollstreckung steht erst dann unmittelbar bevor, wenn der Schuldner aus seiner – objektivierten – Sicht damit rechnen muss, dass der Gläubiger bei Nichtzahlung mit der ohne weiteres zulässigen Zwangsvollstreckung beginnt.[183)] Dazu muss die Forderung jedenfalls schon tituliert sein,[184)] wobei die Zustellung des Vollstreckungstitels allein keinen hinreichenden Vollstreckungsdruck bewirkt.[185)]

Praxishinweis

Die Androhung eines Insolvenzantrags i. R. des Inkassos ist daher wohl regelmäßig ein „Kunstfehler". Dafür genügt die Androhung „zwischen den Zeilen", wenn dem Schuldner das Risiko deutlich wird und die Drohung bei Zahlung aus objektivierter Sicht noch andauert.[186)] Die Durchführung der Zwangsvollstreckung hingegen *kann* wegen deren „Privilegierung" bei § 133 Abs. 1 InsO durchaus ein kluger und gebotener Schachzug sein – der BGH[187)] sieht sogar eine Ursache möglicher Anwaltshaftung darin, dass auf freiwillige Zahlungen des Schuldners gesetzt wird statt unmittelbar zu vollstrecken.

Diese Rechtsprechung wird – inzwischen – ausdrücklich nicht mehr damit begründet, dass der Gläubiger keinen Anspruch auf Sicherung oder Befriedigung gerade durch Zwangsvollstreckung habe (Deckung „nicht in der Art"), sondern (im Anschluss insbesondere an *Henckel*)[188)] – etwas vereinfacht – damit, dass die staatlichen Zwangsmittel nicht (und sei es nur im Wege der Drohung) dazu eingesetzt werden sollen, dem Gläubiger eine **Vorzugsbehandlung unter Durchbrechung der par condicio creditorum in der materiellen Insolvenz** des Schuldners zu verschaffen.[189)] Diese von der wohl herrschenden Lehre[190)] 66

177) Zu diesem Fragenkreis vgl. etwa *Foerste* in: FS Musielak, S. 141; *Gerhardt* in: FS Kreft, S. 267; *Jacoby*, KTS 2005, 371; *Paulus/Allgayer*, ZInsO 2001, 241.

178) S. nur BGH, Urt. v. 26.6.2008 – IX ZR 87/07, Rz. 8, ZIP 2008, 1488 m. w. N., dazu EWiR 2008, 569 *(Koza)*; zustimmend BAG, Beschl. v. 31.8.2010 – 3 ABR 139/09, ZIP 2011, 629.

179) BGH, Urt. v. 18.12.2003 – IX ZR 199/02, BGHZ 157, 242 = ZIP 2004, 319, 320 f., dazu EWiR 2004, 865 *(Homann)*.

180) Vgl. BGH, Urt. v. 20.1.2011 – IX ZR 8/10, ZIP 2011, 385, dazu EWiR 2011, 227 *(Henkel)*. Dies gilt auch hinsichtlich der drohenden Vollstreckung einer Ersatzfreiheitsstrafe: BGH, Urt. v. 14.10.2010 – IX ZR 16/10, Rz. 8, ZIP 2010, 2358 f.

181) BGH, Urt. v. 15.5.2003 – IX ZR 194/02, ZIP 2003, 1304 f., dazu EWiR 2003, 831 *(Eckardt)*, und *Paulus/Zenker*, WuB VI C. § 131 InsO 3.03 (Urteilsanm.).

182) Vgl. etwa BGH, Urt. v. 17.6.2010 – IX ZR 134/09, Rz. 8, ZInsO 2010, 1324, 1325 = NZG 2010, 980.

183) BGH, Urt. v. 7.3.2013 – IX ZR 216/12, Rz. 13, ZIP 2013, 838, 839, dazu EWiR 2013, 355 *(Priebe)*.

184) Nach *Schoppmeyer* in: KPB, InsO, § 131 Rz. 129, muss zudem eine zur (vorläufigen) Vollstreckung erforderliche Sicherheit schon erbracht worden sein.

185) BGH, Urt. v. 7.12.2006 – IX ZR 157/05, Rz. 15, NZI 2007, 161, 162 f. = ZIP 2007, 136, dazu EWiR 2007, 245 *(Hoos)*.

186) BGH, Urt. v. 7.3.2013 – IX ZR 216/12, ZIP 2013, 838, dazu EWiR 2013, 355 *(Priebe)*.

187) BGH, Urt. v. 7.9.2017 – IX ZR 71/16, Rz. 11 ff., NZI 2017, 866, 867 = ZIP 2017, 1968, dazu EWiR 2017, 663 *(Römermann)*.

188) Vgl. nun Jaeger-*Henckel*, InsO, § 131 Rz. 49 ff.

189) Begründungswechsel erstmals bei BGH, Urt. v. 9.9.1997 – IX ZR 14/97, BGHZ 136, 309 = ZIP 1997, 1929 f., dazu EWiR 1998, 37 *(Gerhardt)* – zur KO.

190) Stellvertretend *Kayser/Freudenberg* in: MünchKomm-InsO, § 131 Rz. 26 ff.; *Schoppmeyer* in: KPB, InsO, § 131 Rz. 120 ff.

gestützte Auslegung – oder richtiger wohl: Rechtsfortbildung durch Analogie – kann sich bis zu einem gewissen Grad auf die Gesetzgebungsgeschichte der InsO (nicht aber der KO)[191] und auf einen Vergleich mit § 88 InsO stützen, der (nur) Sicherheiten durch Zwangsvollstreckung für unwirksam erklärt, wenn sie im letzten Monat vor Antragstellung oder danach erlangt worden sind, und damit ersichtlich § 131 Abs. 1 Nr. 1 InsO nachgebildet ist. Man wird sie auch nicht für verfassungswidrig halten können.[192]

67 Überzeugend und richtig allerdings ist die „großzügige" Handhabung von § 131 InsO nicht – gerade unter der InsO, die den zeitlichen Einzugsbereich von Kongruenz- und Inkongruenzanfechtung vereinheitlicht hat,[193] besteht **kein tatsächlicher Bedarf mehr für diese Rechtsfortbildung**, da man die entschiedenen Fälle auch mit § 130 InsO sachgerecht hätte lösen können. Vielmehr dehnt sie die Anfechtbarkeit unangemessen (siehe Rz. 10) zulasten der einzelnen Gläubiger aus, die lediglich **Gebrauch von ihnen zustehenden Instrumentarien und Verfahren** machen. Dennoch sind mehrere Anläufe zur Korrektur im Gesetzgebungsverfahren gescheitert;[194] es liegt jedenfalls nicht fern, darin eine Billigung der Rechtsprechung durch den Gesetzgeber zu sehen.[195] Keine gesetzliche oder sonstige Grundlage besteht allerdings für den (praktisch nicht seltenen) Versuch von Insolvenzverwaltern, in sonstigen Drohungen – etwa mit Strafantrag, Vertragskündigung, Zurückbehaltungsrechten, Meldungen an Auskunfteien, Umstellung auf Vorkasse etc. – die Inkongruenz begründende Umstände auszumachen.[196]

d) Aufrechnungslage

68 Die Frage, ob der Gläubiger einen Anspruch auf das Entstehen einer Aufrechnungslage bzw. auf die Möglichkeit der Aufrechnung hat, ist dem Vermögensrecht fremd. Gleichwohl muss – vor allem für **§ 96 Abs. 1 Nr. 3 InsO**, aber wenigstens für den Fall der Aufrechnung durch den Schuldner auch darüber hinaus – eine insolvenzrechtliche Zuordnung zu den kongruenten bzw. den inkongruenten Deckungen erfolgen. Der BGH[197] fragt hierfür in der Tat nach dem „Anspruch" des Gläubigers auf die Aufrechnungsmöglichkeit und verneint ihn regelmäßig[198] mit der Folge der Inkongruenz, während die wohl herrschende Lehre[199] von demselben rechtlichen Ausgangspunkt nach der Reihenfolge des Forderungserwerbs differenziert (bestand die Insolvenzforderung zuerst, soll in der Regel Inkongruenz vorliegen, sonst Kongruenz). Am überzeugendsten ist wohl die (nahezu) generelle Annahme von **Kongruenz**,[200] die zu einer Harmonisierung mit der Behandlung von **gesetzlichen Pfandrechten** führt (siehe dazu Rz. 59).

---

191) Eingehend *Foerste* in: FS Musielak, S. 141, 152 ff.

192) So aber AG Kerpen, Urt. v. 23.3.2010 – 104 C 419/09, ZIP 2010, 1145 (LS), dazu EWiR 2010, 369 *(Rendels/Frölich)*; AG Kerpen, Urt. v. 8.11.2005 – 22 C 158/05, ZIP 2005, 2327, dazu EWiR 2006, 215 *(Eckardt)*.

193) Mit allenfalls einer mittelbaren Ausnahme in § 131 Abs. 1 Nr. 3 InsO.

194) Vgl. zuletzt Begr. RegE Gesetz zur Verbesserung der Rechtssicherheit bei Anfechtungen nach der Insolvenzordnung und nach dem Anfechtungsgesetz, BT-Drucks. 18/7054, S. 16 f., mit Beschlussempfehlung und Bericht d. RA z. Gesetz zur Verbesserung der Rechtssicherheit bei Anfechtungen nach der Insolvenzordnung und nach dem Anfechtungsgesetz, BT-Drucks. 18/11199, S. 11.

195) So *Jacoby* in: FS Paulus, S. 371, 374.

196) Zutreffend *Schoppmeyer* in: KPB, InsO, § 131 Rz. 133 m. w. N.; vgl. schon BGH, Beschl. v. 23.4.2009 – IX ZR 82/06, Rz. 2, BeckRS 2009, 11943; teilweise abweichend *Berbuer*, NZI 2016, 717.

197) BGH, Urt. v. 29.6.2004 – IX ZR 195/03, ZIP 2004, 1558, 1559 f.

198) Sogar in BGH, Urt. v. 9.2.2006 – IX ZR 121/03, Rz. 14 f., ZIP 2006, 818, 819 f., wo ein anderes Ergebnis nahelag. Kongruenz lag aber vor in BGH, Urt. v. 11.2.2010 – IX ZR 104/07, Rz. 27, ZIP 2010, 682, 685, dazu EWiR 2010, 497 *(Siepmann/Knapp)*.

199) Etwa Jaeger-*Henckel*, InsO, § 131 Rz. 18.

200) Eingehend Jaeger-*Windel*, InsO, § 96 Rz. 58 ff. m. w. N.

4. Sonstige Voraussetzungen des § 130 InsO

a) Allgemein

Für die Anfechtbarkeit einer kongruenten Deckung ist weiterhin erforderlich, dass sie im Stadium der **Zahlungsunfähigkeit** oder nach einem die Voraussetzungen des § 139 Abs. 2 InsO erfüllenden **Insolvenzantrag** (auch wenn er nicht auf Zahlungsunfähigkeit gestützt war und diese eventuell auch nicht vorlag)[201] vorgenommen worden ist und dass der Anfechtungsgegner die Zahlungsunfähigkeit oder ggf. den Insolvenzantrag kannte. Die Zahlungsunfähigkeit bestimmt sich nach § 17 InsO, wobei der BGH[202] im Anfechtungsprozess angesichts der Retrospektivität eine **vereinfachte Feststellung** zulässt: Danach soll (zweifelhaft)[203] rückblickend regelmäßig von der Zahlungsunfähigkeit zu einem Zeitpunkt auszugehen sein, in dem fällige, bis zur Verfahrenseröffnung nicht mehr beglichene Forderungen bestanden haben.[204] 69

Schuldner sind oft schon lange – und nicht selten mehr als drei Monate[205] – vor dem Insolvenzantrag zahlungsunfähig.[206] Daher ist i. R. des § 130 InsO die entscheidende (den Vertrauensschutz zur Geltung bringende) Voraussetzung meist die **Kenntnis des Anfechtungsgegners von der Zahlungsunfähigkeit** (oder dem Insolvenzantrag). Es ist positive Kenntnis, also für sicher gehaltenes Wissen erforderlich – ein Wissenkönnen oder auch Wissenmüssen reicht ebenso wenig wie ein Für-möglich- oder sogar ein Für-wahrscheinlich-Halten. Bereits ernsthafte Zweifel schließen die Kenntnis aus;[207] den zweifelnden Anfechtungsgegner trifft unter der InsO generell **keine Erkundigungspflicht** (mehr).[208] Die in § 133 Abs. 3 Satz 2 InsO enthaltene Vermutung (siehe dazu Rz. 104) sollte auch i. R. des § 130 InsO gelten.[209] 70

Da „Zahlungsunfähigkeit" als Gegenstand der geforderten Kenntnis ein Rechtsbegriff ist, für die Anfechtbarkeit aber nicht entscheidend sein soll, ob der Anfechtungsgegner diese rechtliche Bewertung (ansatzweise) vorgenommen hat, erklärt § 130 Abs. 2 InsO die Subsumtion für entbehrlich und stellt der Kenntnis der Zahlungsunfähigkeit die **Kenntnis von Umständen** gleich, die *zwingend*(!) auf die Zahlungsunfähigkeit schließen lassen. Welche Umstände der Anfechtungsgegner kannte, ob sie diese hohe (in der Rechtsprechung allerdings vielfach eher locker gehandhabte) Hürde des „zwingenden" Schlusses auf Zahlungsunfähigkeit übersteigen und ob dann ggf. Gegenindizien doch wieder ernste Zweifel hätten säen können, ist Gegenstand der freien **tatrichterlichen Würdigung** ge- 71

---

201) *Kayser/Freudenberg* in: MünchKomm-InsO, § 130 Rz. 53.

202) BGH, Urt. v. 12.10.2006 – IX ZR 228/03, Rz. 28, ZIP 2006, 2222, 2224 f., dazu EWiR 2007, 113 *(Wagner)*; einschränkend OLG Frankfurt/M., Urt. v. 3.2.2010 – 4 U 184/09, ZInsO 2010, 1328, 1329.

203) Eine Korrektur dürfte jedenfalls bei bestrittenen, wohl auch bei ganz unerheblichen oder (noch) nicht eingeforderten Forderungen erforderlich sein sowie dort, wo eine zunächst fällige Forderung in der Folge (bis zur Insolvenzeröffnung) gestundet wird oder sonst die Fälligkeit einbüßt.

204) Ähnlich für die Geschäftsführerhaftung etwa BGH, Urt. v. 26.1.2016 – II ZR 394/13, Rz. 14, ZIP 2016, 1119 m. w. N., wo allerdings auf die Zahlungseinstellung abgestellt und – sachgerecht – ein gewisser Umfang der Forderungen verlangt wird.

205) Vgl. *Kirstein*, ZInsO 2006, 966, 967: In 326 Verfahren trat die materielle Insolvenz (allerdings einschließlich Überschuldung) durchschnittlich 10,28 Monate vor Antrag ein.

206) S. auch *Kayser/Heidenfelder*, ZIP 2016, 447, 448: „nach allen empirischen Erkenntnissen über den regelmäßig viel früheren Eintritt der materiellen Insolvenz berechtigte Annahme der gesetzlichen Krise in den letzten drei Monaten vor dem Antrag".

207) Vgl. auch *Kayser/Freudenberg* in: MünchKomm-InsO, § 130 Rz. 33.

208) (Nur) für institutionelle Gläubiger offengelassen von BGH, Urt. v. 19.2.2009 – IX ZR 62/08, Rz. 21 f., BGHZ 180, 63 = ZIP 2009, 526, 528, dazu EWiR 2009, 275 *(Bork)*, und *Zenker*, NJ 2009, 250 (Urteilsanm.); für eine solche Pflicht i. R. von § 10 Abs. 1 Nr. 4 GesO („bekannt sein musste") BGH, Urt. v. 19.7.2001 – IX ZR 36/99, ZIP 2001, 1641, 1643, dazu EWiR 2001, 959 *(Pape)*.

209) Vgl. bereits *Zenker*, NZI 2015, 1006, 1008.

mäß § 286 Abs. 1 ZPO; gesetzliche oder tatsächliche Vermutungen bestehen in diesem Bereich grundsätzlich – mit wohl zwei Ausnahmen – nicht.[210)] Eine davon ist die gesetzliche Vermutung des § 130 Abs. 3 InsO (siehe dazu sogleich Rz. 75 f.); außerdem dürfte § 17 Abs. 2 Satz 2 InsO wenigstens als tatsächliche Vermutung dergestalt auf subjektiver Ebene fortwirken, dass demjenigen, der die **Zahlungseinstellung**[211)] des Schuldners (er)kennt, zunächst einmal unterstellt werden darf, er habe auch die Zahlungsunfähigkeit oder Umstände, die zwingend auf sie schließen lassen, gekannt.[212)] Die Rechtsprechung arbeitet hier insbesondere mit einer Sammlung von Beweisanzeichen bzw. Indizien für und gegen die Kenntnis; dabei kommt es naturgemäß darauf an, welche Informationen dem Anfechtungsgegner zur Verfügung standen und wie verlässlich sie waren. Besonders aussagekräftig sei die eigene Erklärung des Schuldners, zahlungsunfähig bzw. nicht in der Lage zu sein, eine fällige und nicht unbeträchtliche Verbindlichkeit binnen drei Wochen (auch nur ratenweise) zu begleichen; ohne eine solche Erklärung müssten andere Beweisanzeichen zusammengetragen werden, die ein ihr entsprechendes Gewicht erreichen, wofür wiederholte Zahlungsverzögerungen allein häufig nicht ausreichen sollen.[213)]

72 *Beispiel 17*

*Elektroinstallateur E erhielt von Arbeitgeber A Mitte Mai den rückständigen Februar-Lohn und einen Teil des März-Lohns, der Lohn für März (Rest) und April wurde im Juli gezahlt (vgl. inzwischen § 142 Abs. 2 Satz 2 InsO, siehe Rz. 73). E wusste, dass auch gegenüber anderen Arbeitnehmern erhebliche Lohnrückstände bestanden, ohne deren Umfang oder die sonstige Vermögenslage des A zu kennen. Die Presse berichtete zwar von einer Gefährdung der Arbeitsplätze, aber auch einer möglichen Zwischenlösung; in Arbeitsberatungen wurde die wirtschaftliche Situation diskutiert. Die Baustellen waren gut mit Material versorgt, und E ging von Belieferung auf Rechnung jedenfalls aus. Obwohl gerade nennenswerte Rückstände mit Lohn und Sozialabgaben starke Indizien für Zahlungsunfähigkeit seien,[214)] bestätigte der BGH[215)] überzeugend die tatrichterliche Würdigung – keine Kenntnis gemäß § 130 Abs. 2 InsO –, da E keinen ausreichenden **Einblick in die Finanz- und Liquiditätslage** gehabt und es aus Sicht des E auch positive Anzeichen gegeben habe.[216)] Für einen Projekt- und Bauleiter[217)] und eine kaufmännische Angestellte[218)] im selben Betrieb entschied der BGH später allerdings – bei wesentlich höheren Lohnrückständen – entgegengesetzt.*

---

210) BGH, Urt. v. 13.8.2009 – IX ZR 159/06, Rz. 8, ZIP 2009, 1966, 1967, dazu EWiR 2010, 25 *(Heublein)* und *Zenker*, NJ 2010, 79 (Urteilsanm.).

211) Zu den insgesamt eher geringen Anforderungen an die Zahlungseinstellung etwa BGH, Urt. v. 29.3.2012 – IX ZR 40/10, NZI 2012, 663, sowie BGH, Urt. v. 30.6.2011 – IX ZR 134/10, ZIP 2011, 1416, dazu EWiR 2011, 571 *(Henkel)*. Zu den hohen Anforderungen an ihre Beendigung etwa BGH, Beschl. v. 27.9.2012 – IX ZR 24/12, ZInsO 2012, 2048.

212) In diese Richtung *Kayser/Freudenberg* in: MünchKomm-InsO, § 130 Rz. 31; *Schoppmeyer* in: KPB, InsO, § 130 Rz. 113; i. R. von § 133 Abs. 1 InsO auch BGH, Urt. v. 6.5.2021 – IX ZR 72/20, Rz. 41, BGHZ 230, 28 = ZRI 2021, 645; BGH, Urt. v. 25.10.2012 – IX ZR 117/11, Rz. 29 f., ZIP 2012, 2355, 2357 f., dazu EWiR 2012, 797 *(Huber)*.

213) BGH, Urt. v. 6.5.2021 – IX ZR 72/20, Rz. 41 f., BGHZ 230, 28 = ZRI 2021, 645.

214) BGH, Urt. v. 12.10.2006 – IX ZR 228/03, Rz. 24, ZIP 2006, 2222, 2224, dazu EWiR 2007, 113 *(Wagner)*; bzgl. der Löhne ist dieses Indiz aber ohnehin wenigstens zweifelhaft.

215) BGH, Urt. v. 19.2.2009 – IX ZR 62/08, BGHZ 180, 63 = ZIP 2009, 526, dazu EWiR 2009, 275 *(Bork)*, und *Zenker*, NJ 2009, 250 (Urteilsanm.).

216) Ähnlich für einen handwerklichen Betriebsleiter BAG, Urt. v. 6.10.2011 – 6 AZR 262/10, Rz. 29 ff., BAGE 139, 235 = ZIP 2011, 2366, 2370 ff., dazu EWiR 2011, 817 *(Huber)*.

217) BGH, Urt. v. 15.10.2009 – IX ZR 201/08, ZIP 2009, 2306, dazu EWiR 2009, 779 *(Stiller)*.

218) BGH, Beschl. v. 4.2.2010 – IX ZR 32/09, NZI 2010, 444.

Die Abschaffung des Arbeitnehmerprivilegs zusammen mit der teilweise extensiven Rechtsprechung zur Insolvenzanfechtung führten zur häufigeren **Anfechtung von Lohn(nach)-zahlungen** – nicht zuletzt, da Insolvenzverwalter verpflichtet sind, aussichtsreiche Anfechtungsansprüche zu verfolgen. Dies hat neben Begrenzungsbemühungen der Rechtsprechung bei den subjektiven Voraussetzungen (siehe soeben, Rz. 72), bei der Bargeschäftsausnahme[219] sowie bei den Rechtsfolgen[220] rechtspolitische Überlegungen zu einem Anfechtungsausschluss ausgelöst.[221] Sachlich gerechtfertigt ist eine Sonderbehandlung von Arbeitnehmern jedoch kaum – allenfalls könnte darauf abgestellt werden, dass von ihnen anders als etwa von Lieferanten mit Blick auf ihre soziale Abhängigkeit von Arbeitgeber und Arbeitsplatz nicht erwartet werden könne, Insolvenzantrag zu stellen.[222] Der Gesetzgeber hat in der Folge mit § 142 Abs. 2 Satz 2 InsO die zeitliche Reichweite des Bargeschäfts speziell für Arbeitsentgelt (i. w. S.)[223] auf drei Monate erweitert – solange der Arbeitgeber (oder ggf. ein Dritter, § 142 Abs. 2 Satz 3 InsO) innerhalb dieser Frist zahlt, müssen Arbeitnehmer in der Regel keine Anfechtung befürchten, spätere Zahlungen jedoch unterliegen den allgemeinen Anfechtungsregeln. 73

Eine Sonderregel zu § 130 InsO schließlich enthält **§ 137 InsO für kongruente Zahlungen auf Wechsel und Schecks.** Da der Inhaber hier zwar in der Regel eine spezifische Ausfallsicherheit in Gestalt der Wechsel-/Scheckhaftung hat, diese aber nur in Anspruch nehmen kann, wenn er den Schuldner vergeblich zur Zahlung aufgefordert hat, droht ihm ein Dilemma, wenn er zwar weiß, dass der Schuldner zahlungsunfähig oder im Eröffnungsverfahren ist, aber ihm die Zahlung gleichwohl angeboten wird. In dieser Situation schützt ihn § 137 Abs. 1 InsO; im Gegenzug eröffnet § 137 Abs. 2 InsO u. U. die Anfechtbarkeit gegen den vom Erlöschen der Wertpapierhaftung Profitierenden. 74

b) Gegenüber nahestehenden Personen

Gegenüber nahestehenden Personen, deren Kreis in § 138 InsO (grundsätzlich) abschließend gesetzlich abgesteckt ist, enthält **§ 130 Abs. 3 InsO** die bereits erwähnte **gesetzliche Vermutung der Kenntnis**. Sie ist Ausprägung eines **institutionalisierten Misstrauens**, das einerseits aus der (vermeintlich) besseren Informationslage und andererseits aus der Nähebeziehung als solcher bzw. einer Einflussnahmemöglichkeit resultiert, die nahestehende Personen seit jeher zu bevorzugten Empfängern von Vermögensverschiebungen im Vorfeld der Insolvenz gemacht hat.[224] 75

Während ansonsten der Insolvenzverwalter die Darlegungs- und Beweislast für alle Tatbestandsmerkmale des § 130 Abs. 1 InsO (mit Ausnahme allein des Nichtvorliegens einer Margensicherheit nach Absatz 1 Satz 2) trägt, auch für das subjektive Merkmal der Kenntnis von Antrag, Zahlungsunfähigkeit oder Umständen i. S. von § 130 Abs. 2 InsO, muss hier 76

219) Vgl. BAG, Urt. v. 6.10.2011 – 6 AZR 262/10, ZIP 2011, 2366, dazu EWiR 2011, 817 *(Huber)*, und *Ganter*, ZIP 2012, 2037, 2043 f.

220) Vgl. (nicht überzeugend) BAG, Urt. v. 29.1.2014 – 6 AZR 345/12, Rz. 15 ff., ZIP 2014, 628, 629 ff. = ZVI 2014, 307, dazu EWiR 2014, 291 *(Huber)* – Schutz des Existenzminimums.

221) Vgl. etwa den Koalitionsvertrag für die 18. Legislaturperiode „Deutschlands Zukunft gestalten", 2013, unter 1.1., „Rechtsrahmen".

222) Entgegen BAG, Urt. v. 29.1.2014 – 6 AZR 345/12, Rz. 40, ZIP 2014, 628, 632 = ZVI 2014, 307, dazu EWiR 2014, 291 *(Huber)*, müsste er eine ersichtlich zukünftig anfechtbare Zahlung nicht annehmen, vgl. *Paulus/Zenker*, WuB VI B. § 30 Nr. 2 KO 1.04 (Urteilsanm.).

223) Vgl. Begr. RegE Gesetz zur Verbesserung der Rechtssicherheit bei Anfechtungen nach der Insolvenzordnung und nach dem Anfechtungsgesetz, BT-Drucks. 18/7054, S. 20.

224) Vgl. damit die Rspr. zur Sittenwidrigkeit von Bürgschaften vermögensloser Angehöriger, die als legitimen Zweck u. a. die Absicherung gegen Vermögensverschiebungen ansieht, etwa BGH, Urt. v. 23.1.1997 – IX ZR 69/96, BGHZ 134, 325 = ZIP 1997, 406, 408.

nach § 292 ZPO die nahestehende Person das Gegenteil, nämlich ihre Unkenntnis, darlegen und beweisen.

> **Praxishinweis**
>
> Dies dürfte selten gelingen, so dass dieser Vermutung großes Gewicht zukommt. Insolvenzverwalter sollten daher besonders sorgfältig nach Leistungen des Schuldners an nahestehende Personen suchen.

77 Die Vorschrift des § 138 InsO erklärt sich im Wesentlichen selbst; vor allem der **Auffangtatbestand in Absatz 2 Nr. 2** bereitet allerdings doch einige Abgrenzungsprobleme, etwa in seiner Anwendbarkeit auf Schwester- bzw. Tochtergesellschaften, (z. B. Rechts-, Steuer-, Unternehmens- oder Sanierungs-)Berater und Banken. Erforderlich sind im Einzelfall eine der Organstellung oder unternehmerischen Beteiligung gemäß Absatz 2 Nr. 1 vergleichbare gesellschaftsrechtliche oder dienstvertragliche Verbindung *und* die Möglichkeit, sich über die wirtschaftlichen Verhältnisse zu unterrichten. Bei **Konzerngesellschaften** dürften beide Voraussetzungen häufig vorliegen und dürften sie wohl auch sonst nach der Wertung des § 138 Abs. 1 Nr. 4 InsO regelmäßig einzubeziehen sein.[225)] Bei **externen Beratern und Banken** wird man angesichts der normalerweise[226)] fehlenden Einbindung ins Unternehmen und der deswegen zweifelhaften Vergleichbarkeit mit den in Absatz 2 Nr. 1 genannten Personen hingegen jedenfalls vorsichtiger sein bzw. ihre Einbeziehung ablehnen müssen.[227)] Allerdings können ihre (oft exzellenten) Informationsmöglichkeiten (bei Banken etwa im Hinblick auf Covenants und § 18 KWG) natürlich i. R. des § 130 Abs. 1, 2 InsO zu ihren Lasten in die tatrichterliche Würdigung einbezogen werden.

5. Sonstige Voraussetzungen des § 131 InsO

78 Bei Vorliegen einer inkongruenten Deckung erspart der Gesetzgeber dem Insolvenzverwalter – wie eingangs erwähnt (siehe Rz. 52) – normalerweise viel Arbeit und die Sorge, am Aufzeigen des subjektiven Tatbestands zu scheitern. Alle nach dem **Stichtag einen Monat vor Antragstellung** vorgenommenen inkongruenten Deckungen sind **per se anfechtbar** (§ 131 Abs. 1 Nr. 1 InsO), bei den im **zweiten und dritten Monat vor Antragstellung** erfolgten inkongruenten Deckungen reicht jedenfalls das **objektive Bestehen von Zahlungsunfähigkeit** (§ 131 Abs. 1 Nr. 2 InsO). Lediglich für den Fall, dass bei Vornahme der Rechtshandlung innerhalb der Monate zwei und drei vor dem Insolvenzantrag der Schuldner nicht zahlungsunfähig war, und damit in einer Konstellation, in der eine Anfechtung nach § 130 InsO bereits objektiv ausscheidet, wird die Anfechtbarkeit von inkongruenten (also cum grano salis verdächtigen) Deckungen durch ein subjektives Merkmal eröffnet, nämlich die Kenntnis der Gläubigerbenachteiligung (§ 131 Abs. 1 Nr. 3 InsO).[228)]

79 Für **§ 131 Abs. 1 Nr. 3 InsO** muss der Empfänger also davon ausgegangen sein, dass infolge der Deckung die anderen Gläubiger (wenigstens mittelbar) schlechterstehen. An-

---

225) Vgl. Cranshaw/Hinkel-*Zenker*, Gläubigerkommentar zum Anfechtungsrecht, § 138 InsO Rz. 36; differenzierend *Bartels* in: KPB, InsO, § 138 Rz. 86 ff. Generell anders für Schwestergesellschaften Jaeger-*Henckel*, InsO, § 138 Rz. 29 f.

226) Zu einem Ausnahmefall (vollständig auf Steuerberater ausgelagerte Buchhaltung) BGH, Urt. v. 15.11.2012 – IX ZR 205/11, BGHZ 195, 358 = ZIP 2012, 2449, dazu EWiR 2013, 55 *(Müller)*.

227) Cranshaw/Hinkel-*Zenker*, Gläubigerkommentar zum Anfechtungsrecht, § 138 InsO Rz. 38; mit anderer, zweifelhafter Begründung (in der Regel bestehe kein Dienst-, sondern ein Geschäftsbesorgungsvertrag) Jaeger-*Henckel*, InsO, § 138 Rz. 31; zwischen Beratern und Banken differenzierend Braun-*Riggert*, InsO, § 138 Rz. 15 f. Die Einbindung ins Unternehmen allerdings weitgehend ausblendend BGH, Urt. v. 3.3.2022 – IX ZR 78/20, Rz. 68 f., BGHZ 233, 70 = ZRI 2022, 267.

228) Zum Verständnis als „§ 133 Abs. 1 Satz 3 InsO" vgl. *Schoppmeyer* in: KPB, InsO, § 131 Rz. 146 ff.; dagegen zu Recht *Thole* in: HK-InsO, § 131 Rz. 2, 31.

ders als bei der „unmittelbaren Gläubigerbenachteiligung" ist hier die (Vorstellung von der) Vermögenslage des Schuldners entscheidend; der Anfechtungsgegner muss daher gewusst haben, dass das verbleibende schuldnerische Vermögen (voraussichtlich) nicht mehr zur Befriedigung aller Insolvenzgläubiger ausreichen wird.[229] Etwas vereinfachend mag man von der **Kenntnis der drohenden Krise oder der Überschuldung** sprechen. In § 131 Abs. 2 InsO finden sich – zugeschnitten auf die Kenntnis von der Benachteiligung – die aus § 130 Abs. 2, 3 InsO bekannten Erleichterungen.

II. § 132 InsO: Unmittelbare Benachteiligung

Checkliste § 132 Abs. 1 InsO 80

Rechtshandlung in Form eines Rechtsgeschäfts des Schuldners
höchstens drei Monate vor dem Antrag (oder danach)
(fortbestehende) unmittelbare Gläubigerbenachteiligung
(obj.) Zahlungsunfähigkeit oder Antrag *und* (subj.) Kenntnis von Zahlungsunfähigkeit oder Antrag (siehe Absatz 3)

Der in vielen Punkten § 130 InsO entsprechende § 132 InsO betrifft als eine Art **Auffangtatbestand insbesondere Verpflichtungsgeschäfte**[230] im Gegensatz zu den Deckungen der §§ 130 f. InsO, die meist Verfügungen darstellen. Große praktische Bedeutung hat § 132 InsO (neben der ausdehnenden Anwendung, die § 133 InsO erfährt) nicht, was aber natürlich den Verwalter nicht davon entbindet, Anfechtungsmöglichkeiten auch nach dieser Vorschrift zu prüfen. 81

Erforderlich ist ein Rechtsgeschäft, einseitig oder in Form eines Vertrags, gerade (auch) des Schuldners. Charakteristisches Merkmal von § 132 Abs. 1 InsO aber ist die **unmittelbare Gläubigerbenachteiligung** (siehe dazu Rz. 49). Geschäfte, die zu einem (zunächst) gleichwertigen Leistungsaustausch führen,[231] sind daher allenfalls (in den Grenzen von § 142 Abs. 1 InsO) gemäß § 133 Abs. 1 InsO anfechtbar. Wenn jedoch in der kritischen Zeit Vermögensgegenstände z. B. regelrecht verschleudert werden (daher auch die Bezeichnung **„Verschleuderungsanfechtung"**), soll demjenigen gegenüber, der um die prekäre Situation (verkörpert durch Zahlungsunfähigkeit oder Antrag) wusste – wieder mit den bekannten Erleichterungen von § 130 Abs. 2, 3 InsO, auf die in § 132 Abs. 3 InsO schlicht verwiesen wird –, die Anfechtbarkeit eröffnet sein; nicht erforderlich ist freilich, dass der Anfechtungsgegner die unmittelbare Benachteiligung erkennt. 82

Die schwer greifbare Regelung in **§ 132 Abs. 2 InsO** erweitert die Anfechtbarkeit über Rechtsgeschäfte hinaus insbesondere auf (bestimmte) Unterlassungen, Realakte und geschäftsähnliche Handlungen.[232] Hier ist neben der Frage, ob es sich um eine Ergänzung zu Absatz 1 oder einen eigenen Tatbestand handelt, vor allem (damit durchaus zusammenhängend) umstritten, ob wie in Absatz 1 eine unmittelbare Benachteiligung erforderlich ist oder nicht, weil sie quasi gesetzlich unterstellt wird.[233] Auch wenn die Entste- 83

229) BGH, Urt. v. 18.12.2003 – IX ZR 199/02, BGHZ 157, 242 = ZIP 2004, 319, 322, dazu EWiR 2004, 865 *(Homann)*; *Schoppmeyer* in: KPB, InsO, § 131 Rz. 151.

230) Aber auch Verfügungen, sofern sie keine Deckung gemäß §§ 130 f. InsO gewähren – so etwa beim Erlass gemäß § 397 BGB.

231) Dies kann vor allem bei Dienstleistungen anlässlich eines letztlich gescheiterten Sanierungsversuchs u. U. schwer zu beurteilen sein. Dazu vgl. *Kayser/Freudenberg* in: MünchKomm-InsO, § 129 Rz. 163 ff. m. w. N.

232) Mit Beispielen etwa *Schoppmeyer* in: KPB, InsO, § 132 Rz. 43, 47 ff.

233) Uhlenbruck-*Borries/Hirte*, InsO, § 132 Rz. 1, 14 m. w. N.

hungsgeschichte jeweils für die zweite Option sprechen mag, sollte angesichts der Verzahnung der Absätze aus systematischen Gründen im Ergebnis wohl ein einheitlicher Tatbestand angenommen werden, der stets die unmittelbare Benachteiligung voraussetzt;[234] die praktischen Auswirkungen dieser Frage sind allerdings gering.[235]

III. § 133 InsO: Vorsätzliche Benachteiligung

84 Liest man ganz unbefangen den Grundtatbestand der Vorsatzanfechtung in § 133 Abs. 1 InsO, so gewinnt man wohl den Eindruck, es mit einer Ausnahmeregelung zu tun zu haben, die nur – zwar urmenschliches,[236] aber doch – offensichtlich zu missbilligendes, kollusives Verhalten erfasst. (Nur) dieser sittliche Unwert und die hohen subjektiven Anforderungen scheinen es zu legitimieren, bis zu zehn Jahre vor den Eröffnungsantrag zurückzugreifen, unabhängig auch davon, wie die wirtschaftliche Situation des Schuldners damals war. Wie aber bereits erwähnt wurde (siehe Rz. 9), trügt dieser Eindruck gewaltig: § 133 InsO in seiner (teilweise überzogenen) Auslegung durch insbesondere die Rechtsprechung ist eine **veritable Wunderwaffe** des Insolvenzverwalters geworden,[237] mit der er vor allem auch Deckungen in einer außerhalb der Drei-Monats-Frist der §§ 130 f. InsO entstandenen Krise angreifen kann.[238] Immerhin gibt es seit einigen Jahren keine Einbahnstraße hin zu immer weiterer Anfechtbarkeit mehr,[239] sondern finden sich zunehmend auch – aber keineswegs nur[240] – (behutsam) einschränkende Judikate des BGH[241] und seit 6.5.2021[242] die ebenfalls bereits erwähnte „Neuausrichtung" der Rechtsprechung. Schon der Umstand, dass auf der Grundlage der Rechtsprechung[243] Anfechtungen mitunter auch im Drei-Monats-Zeitraum der §§ 130 f. InsO primär mit § 133 Abs. 1 InsO begründet werden, da dessen Voraussetzungen (vermeintlich) leichter darzulegen sind, deutet allerdings auf eine **gravierende Fehlentwicklung** hin. Auf Drängen insbesondere von Gläubigerverbänden, die die große Rechtsunsicherheit bei Vorsatzanfechtungen beklagten,[244] hat der **Gesetzgeber** den Tatbestand für (vor allem kongruente) Deckungen durch die Einführung von Absatz 2 und Absatz 3 in einigen Punkten – in weitgehend sehr sinnvoller Weise[245] – verengt.[246] Ob diese Änderungen – i. V. mit der „Neuausrichtung" der Rechtsprechung – zu mehr Rechtssicherheit beitragen und zu einer effektiven Begrenzung des An-

234) A. A. aber die h. M., vgl. nur Braun-*de Bra*, InsO, § 132 Rz. 19; *Kayser/Freudenberg* in: MünchKomm-InsO, § 132 Rz. 27 m. w. N.

235) Vgl. Braun-*de Bra*, InsO, 7. Aufl., 2017, § 132 Rz. 19 f.

236) Das zeigt sich schon an den Wurzeln u. a. in der actio Pauliana des (wohl) klassischen römischen Rechts (vgl. D. 22,1,38,4: [actio Pauliana] „per quam quae in fraudem creditorum alienata sunt revocantur"); dazu näher *Grevesmühl*, Die Gläubigeranfechtung nach klassischem römischen Recht, S. 58 ff.

237) So – allerdings mit gewisser Distanz – *Bork*, ZIP 2004, 1684; *Bork*, ZIP 2008, 1041, 1045.

238) Hierin sieht *Kayser*, INDat Report 2/2023, 13, 15, letztlich die Berechtigung für die Ausweitung von § 133 Abs. 1 InsO über die „echte […] Absichtsanfechtung" hinaus. Anders aber *Jensen*, NZI 2013, 471, 475.

239) Ähnlich *Bork*, ZIP 2008, 1041, 1045.

240) Sehr weit etwa BGH, Urt. v. 18.1.2018 – IX ZR 144/16, NZI 2018, 264 = ZIP 2018, 432.

241) Vgl. *Kayser*, NJW 2014, 422, 423 m. w. N.

242) BGH, Urt. v. 6.5.2021 – IX ZR 72/20, BGHZ 230, 28 = ZRI 2021, 645.

243) Einschränkend aber BAG, Urt. v. 29.1.2014 – 6 AZR 345/12, Rz. 83, ZIP 2014, 628, 636 = ZVI 2014, 307, dazu EWiR 2014, 291 *(Huber)*.

244) Zum Hintergrund vgl. etwa *Zenker* in: Nunner-Krautgasser/Kapp/Clavora, Insolvenz- und Sanierungsrecht, S. 51, 54 ff. Die Rspr. im Wesentlichen verteidigend aber *Thole*, ZIP 2013, 2081.

245) S. *Zenker*, NZI 2015, 1006; a. A. („systematische[r] Pfusch") *Kayser*, INDat Report 2/2023, 13, 15.

246) Durch das Gesetz zur Verbesserung der Rechtssicherheit bei Anfechtungen nach der Insolvenzordnung und nach dem Anfechtungsgesetz, v. 29.3.2017, BGBl. I 2017, 654.

wendungsbereichs des § 133 Abs. 1 InsO führen können, ist allerdings bestenfalls noch ungewiss.[247)]

> **Praxishinweis**
>
> Wegen der freien Konkurrenz der Anfechtungstatbestände (siehe oben Rz. 15) empfiehlt sich für Insolvenzverwalter auch nach neuem Recht oft noch eine auf §§ 130 f. InsO *und* § 133 Abs. 1 InsO gestützte Anfechtung.

85 Angesichts ihrer großen praktischen Bedeutung sollte der Insolvenzverwalter insbesondere mit den zur Feststellung der subjektiven Voraussetzungen herangezogenen Beweisanzeichen und mit der Vermutung des § 133 Abs. 1 Satz 2 InsO (i. V. mit § 133 Abs. 3 Satz 1 InsO) vertraut sein.[248)] Da der **subjektive Tatbestand das „Nadelöhr"** darstellt, an dessen Nachweis trotz der zahlreichen Erleichterungen ein Anspruch in der Praxis am ehesten zu scheitern droht, ist zudem der **Sondertatbestand** betreffend **nahestehende Personen** in **§ 133 Abs. 4 InsO** mit seiner weitreichenden Beweislastumkehr verlockend.

1. § 133 Abs. 1 InsO: Normalfall

86 **Checkliste § 133 Abs. 1 InsO**

Rechtshandlung des Schuldners
höchstens zehn Jahre (bzw. vier Jahre, Abs. 2) vor dem Antrag (oder danach)
(mittelbare) Gläubigerbenachteiligung
(subj. Schuldner) Vorsatz der Gläubigerbenachteiligung *und* (subj. Anfechtungsgegner) Kenntnis dieses Vorsatzes (siehe Abs. 1 Satz 2, Abs. 3)

a) Objektiver Tatbestand

87 Die objektiven Voraussetzungen von § 133 Abs. 1 InsO sind **selten problematisch** – mit einer Einschränkung, nämlich der Forderung nach einer Rechtshandlung gerade (auch) des Schuldners (siehe Rz. 23 f.), handelt es sich nur um die allgemeinen Merkmale jeder Anfechtbarkeit (Rechtshandlung und dadurch wenigstens mittelbar hervorgerufene Gläubigerbenachteiligung; siehe dazu Rz. 41). Die Suspektsperiode ist mit **zehn Jahren** denkbar lang, wobei allerdings mit zunehmendem Abstand vom Insolvenzereignis die Aussagekraft der diversen Indizien für den subjektiven Tatbestand oft abnimmt.[249)] Für **Deckungen** (siehe Rz. 53 ff.) wird die Suspektsperiode durch § 133 Abs. 2 InsO auf **vier Jahre** verkürzt. Auf frühere Deckungen kann aber immerhin dann zugegriffen werden, wenn ihnen ein nach § 133 Abs. 1 InsO anfechtbares Verpflichtungsgeschäft zugrunde liegt.[250)]

88 Die Verengung des Tatbestands auf **Rechtshandlungen „des Schuldners"**[251)] wird besonders relevant im Zusammenhang mit Maßnahmen der **Zwangsvollstreckung**. Sie sind

---

247) Erste Bewertung bei *Reuter*, INDat Report 3/2018, 11; vgl. auch *Zenker*, NZI 2015, 1006, 1009 f. *Bork*, ZRI 2021, 1033, sieht durch die neue Rspr. und einige andere Entwicklungen sogar eine Vergrößerung der Rechtsunsicherheit – allerdings wohl ausgehend von einem zu positiven Bild des Status quo ante.

248) Vgl. etwa *Gehrlein*, DB 2013, 2843.

249) *Kayser/Freudenberg* in: MünchKomm-InsO, § 133 Rz. 31b, für die Inkongruenz (hier greift meist zudem die Verkürzung der Suspektsperiode nach § 133 Abs. 2 InsO).

250) Vgl. (zum AnfG) BGH, Urt. v. 25.3.2021 – IX ZR 70/20, Rz. 50, ZRI 2021, 462 = ZVI 2021, 268; *Weinland* in: MünchKomm-AnfG, § 3 Rz. 100l.

251) Vgl. auch das – de lege ferenda erwägenswerte – Gegenmodell von *Marotzke*, ZInsO 2014, 745, 746 f., der den Begünstigten in den Mittelpunkt der Betrachtung rücken will.

(ungeachtet der partiellen Gleichstellung im Zivilrecht, vgl. nur beispielhaft § 161 Abs. 1 Satz 2 BGB) keine Rechtshandlungen des Schuldners, so dass eine Anfechtbarkeit nach § 133 Abs. 1 InsO nur in Betracht kommt, wenn der Schuldner durch seine Mitwirkung oder unterlassene (erfolgversprechende) Gegenwehr den Vollstreckungszugriff ermöglicht hat;[252] dabei muss der Beitrag des Schuldners bei wertender Betrachtung den Vollstreckungserfolg auch als seine Entscheidung erscheinen lassen.[253] Ferner fehlt es an einer Rechtshandlung des Schuldners nach überzeugender Ansicht des BGH[254] auch dann, wenn der Schuldner mit seiner Handlung nur den ansonsten unmittelbar bevorstehenden, rechtmäßigen (konkreten)[255] Vollstreckungserfolg vorwegnimmt; hier ist ausnahmsweise (siehe Rz. 38) ein hypothetischer Kausalverlauf zu berücksichtigen, da er dem schuldnerischen Verhalten letztlich die Freiwilligkeit und damit die Qualität einer eigenen Rechtshandlung nimmt.

89 *Beispiel 18*

Auf Aufforderung des Gerichtsvollziehers G zur „freiwilligen“ Leistung (§ 59 Abs. 2 GVGA) begleicht S aus dem Kassenbestand die Forderung, bevor es zur sich ansonsten unmittelbar anschließenden Pfändung des Geldes kommen konnte. Das KG[256] verneinte hier eine Rechtshandlung des S gemäß § 133 Abs. 1 InsO, da die Leistung eben ***nicht freiwillig*** *gewesen sei. Dem ist im Grundsatz zuzustimmen; allerdings dürfte sich entgegen der Ansicht des KG etwas anderes daraus ergeben, dass* ***keine Durchsuchungsanordnung*** *nach § 758a ZPO vorlag, so dass die unmittelbare Pfändung nur aufgrund einer Einwilligung des S zur Durchsuchung möglich gewesen wäre. Hatte er diese bereits zuvor erteilt, so ist zwar nicht die Zahlung, wohl aber (mit gleichem Resultat) die Einwilligung als Rechtshandlung des S ggf. anfechtbar. Der BGH[257] als Revisionsinstanz hielt zwar entsprechend das Unterlassen, eine Durchsuchungsanordnung zu verlangen, für grundsätzlich anfechtbar – jedoch nur dann, wenn dem Schuldner diese Möglichkeit bewusst war.*

90 *Beispiel 19*

Eine Rechtshandlung des Schuldners liegt jedenfalls dann vor, wenn er die Pfändung durch ***Ausstellen eines Schecks***[258] *oder mit von Dritten* ***beschafften Mitteln***[259] *abwendet, wenn er die Kasse zuvor gezielt aufgefüllt hatte*[260] *oder wenn er mit dem Gläubiger oder dem Gerichtsvollzieher eine Ratenzahlungsvereinbarung abschließt und erfüllt.*[261]

---

252) Ausführlich BGH, Urt. v. 10.2.2005 – IX ZR 211/02, BGHZ 162, 143 = ZIP 2005, 494, 495 ff., dazu EWiR 2005, 607 *(Eckardt)*; a. A. *Kreft*, KTS 2004, 205, 216 ff. Es genügt nicht, wenn sich der Schuldner nicht anders verhält als ohne Vollstreckung, also etwa Forderungen weiter über das gepfändete Geschäftskonto einzieht, BGH, Urt. v. 1.6.2017 – IX ZR 48/15, Rz. 18 f., NZI 2017, 715, 716 f. = ZVI 2017, 314, dazu EWiR 2017, 533 *(d'Avoine)*; BGH, Urt. v. 16.1.2014 – IX ZR 31/12, Rz. 9 f., ZIP 2014, 275, 276, dazu EWiR 2014, 251 *(Cranshaw)*.

253) BGH, Urt. v. 1.6.2017 – IX ZR 48/15, Rz. 17, NZI 2017, 715, 716 = ZVI 2017, 314.

254) BGH, Urt. v. 10.2.2005 – IX ZR 211/02, BGHZ 162, 143 = ZIP 2005, 494, 497, dazu EWiR 2005, 607 *(Eckardt)*.

255) Die Hingabe eines Schecks bleibt daher auch dann eine Rechtshandlung des Schuldners, wenn sonst sogleich erfolgreich in sonstiges Vermögen vollstreckt worden wäre, BGH, Urt. v. 14.6.2012 – IX ZR 145/09, ZVI 2012, 301 = ZIP 2012, 1422, dazu EWiR 2012, 567 *(Huber)*.

256) KG Berlin, Urt. v. 16.10.2009 – 14 U 18/09, ZVI 2010, 22 = ZIP 2010, 341.

257) BGH, Urt. v. 3.2.2011 – IX ZR 213/09, Rz. 9 f., ZIP 2011, 531, 532 = ZVI 2011, 220, dazu EWiR 2011, 289 *(Huber)*.

258) BGH, Urt. v. 6.10.2009 – IX ZR 191/05, Rz. 8, BGHZ 182, 317 = ZIP 2009, 2009 f., dazu EWiR 2009, 651 *(Bork)*. Dies gilt jedoch auch bei hypothetischem Pfändungserfolg, s. Fn. 255.

259) Vgl. dazu auch BGH, Urt. v. 27.5.2003 – IX ZR 169/02, BGHZ 155, 75 = ZIP 2003, 1506, 1507 f., dazu EWiR 2003, 1097 *(Hölzle)*, und *Paulus/Zenker*, WuB VI C. § 133 InsO 1.03 (Urteilsanm.).

260) BGH, Urt. v. 3.2.2011 – IX ZR 213/09, Rz. 12 f., ZIP 2011, 531, 532 f. = ZVI 2011, 220.

261) BGH, Urt. v. 10.12.2009 – IX ZR 128/08, Rz. 18, ZIP 2010, 191, 193 = ZVI 2010, 54, dazu EWiR 2010, 189 *(Huber)*.

Beispiel 20 91

Das Finanzamt F pfändet das Konto des S. Zahlt S nun (mit Zustimmung von F) von diesem Konto die Steuerforderung, liegt nach zutreffender Ansicht des BGH[262] *dann eine Rechtshandlung des S in Gestalt des Kreditabrufs vor, wenn das* ***gepfändete Konto*** *kein entsprechendes Guthaben aufwies. Ansonsten fehlt es wohl schon an der Rechtshandlung des S,*[263] *jedenfalls aber angesichts des von F erworbenen Pfandrechts am Guthaben an der Gläubigerbenachteiligung, wenn nicht die Pfändung selbst anfechtbar ist.*[264]

b) Vorsatz des Schuldners zur Gläubigerbenachteiligung

Was in § 31 Nr. 1 KO noch „Absicht" hieß, wird in § 133 Abs. 1 InsO (insoweit ohne inhaltliche Änderung) richtig nur noch mit „Vorsatz" benannt – es genügt nämlich der **bedingte Vorsatz** (dolus eventualis) und mithin, dass der Schuldner die Benachteiligung seiner Gläubiger durch seine und infolge seiner Rechtshandlung billigend in Kauf nimmt bzw. die ernsthafte Gefahr erkennt und sich gleichwohl damit abfindet.[265] Am Vorsatz fehlt es also dann, wenn der Schuldner entweder bereits das Risiko gar nicht sieht, seine (ggf. erst künftigen)[266] Gläubiger nicht mehr vollständig und angesichts dieser Rechtshandlung insgesamt nur (noch) schlechter befriedigen zu können, oder wenn er i. S. bewusster Fahrlässigkeit doch fest darauf vertraut, dass er imstande sein werde, seine Gläubiger vollständig zu befriedigen, oder dass jedenfalls besagte Rechtshandlung seine Fähigkeit zur Gläubigerbefriedigung nicht (zusätzlich) beeinträchtigen werde.[267] Nach heute h. M.[268] ist daneben ein besonderes **Merkmal der Unlauterkeit**, Unredlichkeit oder Kollusion generell[269] außer bei Bargeschäften (§ 142 Abs. 1 InsO) **nicht erforderlich** (siehe dazu noch Rz. 97). Entscheidender Zeitpunkt für den Vorsatz ist die Vornahme der Rechtshandlung gemäß § 140 InsO (siehe dazu Rz. 25 ff.), auch wenn die Willensbetätigung des Schuldners eventuell schon lange – ggf. Jahre – vorher erfolgt ist.[270] 92

Der für den Vorsatz – wie zunächst für alle Voraussetzungen von § 133 Abs. 1 Satz 1 InsO – darlegungs- und beweisbelastete Insolvenzverwalter wird allerdings in den seltensten Fällen imstande sein, diesen Vorsatz direkt zu belegen und ist deshalb auf den **Vortrag von Indizien** angewiesen, die i. R. der freien **tatrichterlichen Würdigung** gemäß § 286 Abs. 1 ZPO – Vermutungen bestehen hierfür nicht[271] – die Überzeugung begründen können, dass der Schuldner die Rechtshandlung mit besagtem Vorsatz vorgenommen hat.[272] 93

---

262) BGH, Urt. v. 9.6.2011 – IX ZR 179/08, Rz. 10, ZIP 2011, 1324, 1325 = ZVI 2011, 455; BGH, Urt. v. 25.10.2007 – IX ZR 157/06, Rz. 16, ZIP 2008, 131, 132 = NZI 2008, 180.

263) BGH, Urt. v. 8.12.2005 – IX ZR 182/01, Rz. 27, ZIP 2006, 290, 294 = ZVI 2006, 121; a. A. BGH, Urt. v. 21.11.2013 – IX ZR 128/13, Rz. 9, ZIP 2014, 35 f., dazu EWiR 2014, 119 *(Fehst)*; BGH, Urt. v. 22.11.2012 – IX ZR 142/11, Rz. 9, ZIP 2012, 2513, 2514 = ZVI 2013, 33, dazu EWiR 2013, 155 *(Junghans)*.

264) BGH, Urt. v. 21.11.2013 – IX ZR 128/13, Rz. 12, ZIP 2014, 35, 36, dazu EWiR 2014, 119 *(Fehst)*.

265) *Bork* in: KPB, InsO, § 133 Rz. 20.

266) BGH, Urt. v. 13.8.2009 – IX ZR 159/06, Rz. 5, ZIP 2009, 1966, 1967, dazu EWiR 2010, 25 *(Heublein)*, und *Zenker*, NJ 2010, 79 (Urteilsanm.).

267) Vgl. *Kayser/Freudenberg* in: MünchKomm-InsO, § 133 Rz. 13 ff.

268) BGH, Urt. v. 17.7.2003 – IX ZR 272/02, ZIP 2003, 1799, 1800, dazu EWiR 2004, 25 *(Gerhardt)*; aus dem Schrifttum vgl. nur *Kayser* in: FS Fischer, S. 285.

269) Zu einer gewissen Ausnahme bei der Anfechtung gegen den Leistungsmittler im Zahlungsverkehr s. oben Rz. 17.

270) Vgl. BGH, Urt. v. 28.1.2021 – IX ZR 64/20, Rz. 22, ZRI 2021, 282 = ZIP 2021, 416; aber auch BGH, Urt. v. 10.1.2008 – IX ZR 33/07, Rz. 15 f., ZIP 2008, 467, 468 f., dazu EWiR 2008, 663 *(Erdmann/Henkel)*.

271) BGH, Urt. v. 13.8.2009 – IX ZR 159/06, Rz. 8, ZIP 2009, 1966, 1967, dazu EWiR 2010, 25 *(Heublein)*, und *Zenker*, NJ 2010, 79 (Urteilsanm.).

272) Eingehend zur Rspr. des BGH *Gehrlein*, DB 2013, 2843 ff.

94 Bei der Vereinbarung nachteiliger Folgen, die erst (i. S. einer **Bedingung**) im Insolvenzfall eintreten sollen, leuchtet wohl ein, dass man grundsätzlich einen wenigstens bedingten Benachteiligungsvorsatz unterstellt.[273] Auch wenn Sicherheiten in der Insolvenz ihre wichtigste Wirkung entfalten, kann ihre (verkehrsübliche) unbedingte Bestellung nicht als Beweisanzeichen angesehen werden.[274] Hingegen gelten etwa die **unmittelbare Benachteiligung**[275] und vor allem die **Unentgeltlichkeit**[276] als (wenn auch eher schwache, regelmäßig für sich nicht ausreichende)[277] Indizien für den Vorsatz.

95 Bedeutsamer ist das vom BGH[278] anerkannte, „mehr oder weniger gewichtige"[279] Beweisanzeichen der **Inkongruenz**. Ausgehend davon, dass inkongruenten Deckungen eine gewisse Verdächtigkeit innewohnt (siehe Rz. 57), dass ihre Gewährung nämlich auf ihm selbst bekannte wirtschaftliche Probleme des Schuldners und/oder die gezielte Bevorzugung einzelner Gläubiger hindeutet, ist dagegen nichts einzuwenden[280] – wenn das Indiz nur nicht (wie wohl zu oft) überbewertet und § 133 InsO dadurch zur schlichten Ausdehnung von § 131 InsO in das Vorfeld der vom Gesetzgeber abgesteckten Dreimonatsperiode „fortentwickelt" wird. Insbesondere ist neben der damaligen Liquiditätslage des Schuldners[281] und der bis zur Insolvenz verstrichenen Zeit das Ausmaß der (dem Schuldner bekannten) Inkongruenz zu würdigen und damit, wie verdächtig sie die Rechtshandlung tatsächlich erscheinen lässt.[282] Leistungen zur **Abwendung der unmittelbar drohenden Zwangsvollstreckung** (nicht aber solche nach **Insolvenzantrag** oder zu seiner Abwendung)[283] außerhalb der kritischen Zeit der §§ 130 f. InsO ordnet der BGH[284] (anders als bei § 131 InsO, siehe dazu Rz. 65) als kongruent ein.

96 Für **kongruente Deckungen** liest man in vielen (vor allem älteren) Entscheidungen des BGH[285] die Aussage, dass bei ihnen an die Feststellung des Vorsatzes erhöhte Anforderungen zu richten seien, da hier der Schuldner ggf. lediglich seine Verpflichtung habe erfüllen wollen, ohne Benachteiligungsvorsatz gegenüber seinen anderen Gläubigern gehabt zu haben – erstaunlicherweise jedoch enden wohl die meisten besagter Entscheidungen gleichwohl in der Anfechtbarkeit. Dies liegt neben dem Umstand, dass der BGH[286] (zu)

---

273) Näher *Kayser/Freudenberg* in: MünchKomm-InsO, § 133 Rz. 28 f.

274) BGH, Urt. v. 10.7.1997 – IX ZR 161/96, ZIP 1997, 1596, 1600 (nicht in BGHZ 136, 220), dazu EWiR 1997, 999 *(Blomeyer)* – zur KO.

275) *Kayser/Freudenberg* in: MünchKomm-InsO, § 133 Rz. 32 m. w. N.

276) BGH, Urt. v. 6.12.2001 – IX ZR 158/00, ZIP 2002, 85, 87 – zum AnfG.

277) Zutreffend restriktiv *Bork* in: KPB, InsO, § 133 Rz. 50 f.

278) Vgl. BGH, Urt. v. 5.3.2009 – IX ZR 85/07, Rz. 17, ZIP 2009, 922, 924 = ZVI 2009, 292 m. w. N., dazu EWiR 2009, 485 *(Wallner)*.

279) BGH, Urt. v. 18.3.2010 – IX ZR 57/09, Rz. 18, ZIP 2010, 841, 843 = ZVI 2010, 221, dazu EWiR 2010, 655 *(Junghans)*.

280) A. A. jedoch *Jacoby*, KTS 2009, 3, 20.

281) Nach BGH, Urt. v. 7.11.2013 – IX ZR 248/12, Rz. 12 f., ZIP 2013, 2368, 2369, dazu EWiR 2013, 781 *(Huber)*, setzt das Beweisanzeichen „Inkongruenz" ernsthafte Zweifel an der Liquidität des Schuldners voraus.

282) Vgl. nur BAG, Urt. v. 12.9.2013 – 6 AZR 980/11, Rz. 56, ZIP 2014, 37, 42 f., dazu EWiR 2014, 55 *(Mückl)*; *Schoppmeyer*, ZIP 2009, 600, 606 f.

283) BGH, Urt. v. 18.12.2003 – IX ZR 199/02, BGHZ 157, 242 = ZIP 2004, 319, 320 f., dazu EWiR 2004, 865 *(Homann)*.

284) Grundlegend BGH, Urt. v. 27.5.2003 – IX ZR 169/02, BGHZ 155, 75 = ZIP 2003, 1506, 1508 f., dazu EWiR 2003, 1097 *(Hölzle)*, und *Paulus/Zenker*, WuB VI C. § 133 InsO 1.03 (Urteilsanm.).

285) Etwa BGH, Urt. v. 20.12.2007 – IX ZR 93/06, Rz. 19, ZIP 2008, 420, 421 f. = NZI 2008, 231; BGH, Urt. v. 24.5.2007 – IX ZR 97/06, Rz. 19, ZIP 2007, 1511, 1512 f.

286) Vgl. BGH, Urt. v. 27.5.2003 – IX ZR 169/02, BGHZ 155, 75 = ZIP 2003, 1506, 1509, dazu EWiR 2003, 1097 *(Hölzle)*, und *Paulus/Zenker*, WuB VI C. § 133 InsO 1.03 (Urteilsanm.) – Zahlungen, „wo es am dringendsten war", zur Verhinderung von Insolvenzanträgen.

schnell eine über die bloße Gläubigerbefriedigung hinausgehende Motivation annimmt, an einem weiteren „starken" Beweisanzeichen, das die Suche nach besagter Motivation weitgehend entbehrlich gemacht zu haben scheint und inzwischen die Rechtsprechung dominiert.[287] Es entstammt u. a. einem **(verfehlten) Erst-recht-Schluss aus § 133 Abs. 1 Satz 2, Abs. 3 Satz 1 InsO**: Kenne der Schuldner seine Zahlungsunfähigkeit,[288] so sei davon auszugehen, dass er bei der Deckung einzelner Verbindlichkeiten billigend in Kauf nehme, die Gläubiger der übrigen Verbindlichkeiten (teilweise) leer ausgehen zu lassen.[289]

Die hier entscheidenden Grundfragen dürften sein, ob § 133 InsO überhaupt die Gläubi- 97
gergleichbehandlung gewährleistet und ab wann ggf. der Schuldner auf die par condicio creditorum verpflichtet ist, ab wann er also nicht mehr die privatautonome Freiheit haben soll, mit seinem Vermögen grundsätzlich nach Gutdünken zu verfahren, sondern stets die gleichmäßige Befriedigung seiner Gläubiger im Blick haben muss. Verneint man richtigerweise bereits die erste Frage (siehe schon Rz. 12), so kann aus § 133 InsO nicht mittelbar die (systemsprengende) Pflicht entnommen werden, in der Krise keinen Gläubiger mehr zu bevorzugen. Deshalb sollte der **Pflichtenkollision des Schuldners**[290] dadurch Rechnung getragen werden, dass man jedenfalls bei kongruenten Deckungen zusätzlich ein „unredliches" Verhalten[291] oder wenigstens erhebliche über die Kenntnis der eigenen Insolvenz hinausgehende Umstände[292] verlangt. Geht man demgegenüber davon aus, dass (etwa entsprechend § 15b InsO, der allerdings seine Grundlage in der Haftungsbeschränkung sowie der daraus folgenden besonderen Inpflichtnahme der Geschäftsleiter zum Schutz der Gesellschaftsgläubiger hat und deshalb auch ungeachtet seiner Ausnahmen kaum verallgemeinerungsfähig ist)[293] mit der Zahlungsunfähigkeit auch außerhalb der Drei-Monats-Frist von §§ 130 f. InsO das Gleichbehandlungsgebot einsetzt, so ist es nur konsequent, auch sonst unverdächtige kongruente Deckungen grundsätzlich § 133 Abs. 1 InsO zu unterwerfen, wenn der Schuldner seine Zahlungsunfähigkeit und die Auswirkungen auf die Gläubigerbefriedigung kannte.[294]

Vornehmlich an dieser Stelle setzt die nun schon mehrfach erwähnte **„Neuausrichtung"** 98
der Rechtsprechung des **IX. Zivilsenats** des BGH[295] an: Reichte dem BGH bislang die (vom Insolvenzverwalter darzulegende und ggf. zu beweisende) Kenntnis der die eigene

---

287) Einschränkend aber BAG, Urt. v. 29.1.2014 – 6 AZR 345/12, Rz. 72 ff., ZIP 2014, 628, 634 ff. = ZVI 2014, 307, dazu EWiR 2014, 291 *(Huber)*.

288) Vor Einführung von § 133 Abs. 3 Satz 1 InsO reichte der Rspr. auch in diesem Punkt generell die Kenntnis der drohenden Zahlungsunfähigkeit; dagegen bereits etwa *Ganter*, WM 2009, 1441, 1443; *Bork* in: KPB, InsO, § 133 Rz. 42 ff., 48; *Bork*, ZIP 2014, 797, 808. Dies hat sich nun wohl (jedenfalls bei Kongruenz) erledigt, wobei der Kenntnis der drohenden Zahlungsunfähigkeit durchaus noch Bedeutung als Indiz zukommen kann, s. Rz. 98; dies soll auch (als eigenes Indiz) für die Kenntnis der Überschuldung gelten, vgl. BGH, Urt. v. 3.3.2022 – IX ZR 53/19, Rz. 15 ff., ZRI 2022, 334 = NZI 2022, 476.

289) BGH, Urt. v. 22.11.2012 – IX ZR 62/10, Rz. 7, ZIP 2013, 79 f., dazu EWiR 2013, 183 *(Knof)*; BGH, Urt. v. 18.3.2010 – IX ZR 57/09, Rz. 19, ZIP 2010, 841, 843 = ZVI 2010, 221, dazu EWiR 2010, 655 *(Junghans)*; BGH, Urt. v. 13.4.2006 – IX ZR 158/05, Rz. 14, BGHZ 167, 190 = ZIP 2006, 1261, 1262 f., dazu EWiR 2007, 117 *(Pape)*; OLG Hamm, Urt. v. 13.4.2010 – I-27 U 133/09, ZInsO 2010, 1004, 1006 m. w. N.

290) Vgl. *Kayser/Freudenberg* in: MünchKomm-InsO, § 133 Rz. 33 f.

291) Überzeugend *Foerste*, NZI 2006, 6, 8 f.

292) *Bork* in: KPB, InsO, § 133 Rz. 46; *Bork*, ZIP 2008, 1041, 1045, der allerdings solche Umstände sehr schnell annimmt (z. B. Abwendung der Zwangsvollstreckung).

293) Vgl. auch BGH, Urt. v. 3.3.2022 – IX ZR 78/20, Rz. 30 f., BGHZ 233, 70 = ZRI 2022, 267.

294) *Jacoby*, KTS 2009, 3, 20 f.

295) BGH, Urt. v. 6.5.2021 – IX ZR 72/20, BGHZ 230, 28 = ZRI 2021, 645. Bestätigt und fortgeführt in BGH, Urt. v. 13.10.2022 – IX ZR 130/21, Rz. 24, ZRI 2022, 1012; BGH, Urt. v. 3.3.2022 – IX ZR 78/20, Rz. 19 ff., BGHZ 233, 70 = ZRI 2022, 267; BGH, Urt. v. 24.2.2022 – IX ZR 250/20, Rz. 21, ZRI 2022, 280 = NZI 2022, 425; BGH, Urt. v. 10.2.2022 – IX ZR 148/19, Rz. 13 f., ZRI 2022, 286 = ZIP 2022, 537. Kritisch etwa *Bork*, ZRI 2021, 1033, 1042.

Zahlungsunfähigkeit begründenden Umstände normalerweise aus, um auf den Benachteiligungsvorsatz des Schuldners zu schließen, während es am Anfechtungsgegner war, Gründe aufzuzeigen, warum der Schuldner möglicherweise dennoch davon ausgegangen sei oder darauf vertraut habe, seine Gläubiger befriedigen zu können, so wird der Schluss auf den Vorsatz nunmehr davon abhängig gemacht, dass der Schuldner wenigstens billigend in Kauf nahm, auch zukünftig möglicherweise nicht mehr in der Lage zu sein, seine Verbindlichkeiten zu erfüllen.[296] Außerdem wird klargestellt, dass die Kenntnis der bloß drohenden Zahlungsunfähigkeit in der Regel unschädlich sei – jedenfalls dann, wenn nicht die Insolvenz für unvermeidbar gehalten werde.[297] Für die Frage, ob der Schuldner davon ausging, seine Gläubiger zukünftig befriedigen zu können, komme es z. B. auf das Ausmaß der ihm bekannten Deckungslücke, berechtigte Hoffnungen auf Besserung, die Krisenursachen, aber auch den Mahn- und Vollstreckungsdruck der Gläubiger an, der maßgeblich bestimme, welcher Zeithorizont dem Schuldner für eine Erholung seiner Lage verbleibe, bis die Insolvenz unausweichlich werde, ohne dass auf §§ 15a, 15b InsO abgestellt werden könne;[298] die Darlegungs- und Beweislast für entsprechende Umstände treffe im Ausgangspunkt den Insolvenzverwalter.[299]

99 Da der Benachteiligungsvorsatz ausscheidet, wenn der Schuldner (fest) davon ausging bzw. darauf vertraute, alle Gläubiger befriedigen zu können, besteht ein wichtiges – und die bisher genannten überlagerndes – Beweisanzeichen *gegen* den Vorsatz, wenn die (ggf. auch inkongruente) Rechtshandlung Bestandteil eines **ernsthaft verfolgten Sanierungsversuchs** war.[300] Dessen schließliches Scheitern steht dem ebenso wenig entgegen wie die objektiv bereits ex ante fehlenden Erfolgsaussichten, wenn die Aussichtslosigkeit nicht so offensichtlich war, dass sie einen Rückschluss auf die fehlende Ernsthaftigkeit erlaubt.[301] Ein Indiz dafür wiederum, dass die Geschäftsleiter es mit dem Sanierungsvorhaben ernst meinen, kann darin liegen, dass sie selbst investieren oder eine persönliche Haftung übernehmen.[302]

c) Kenntnis des Anfechtungsgegners vom Vorsatz

100 Den meist anhand von Beweisanzeichen festgestellten Benachteiligungsvorsatz des Schuldners muss der Anfechtungsgegner[303] im Zeitpunkt der Vornahme der Rechtshandlung

---

296) BGH, Urt. v. 6.5.2021 – IX ZR 72/20, Rz. 31–36, BGHZ 230, 28 = ZRI 2021, 645.

297) BGH, Urt. v. 6.5.2021 – IX ZR 72/20, Rz. 39 f., BGHZ 230, 28 = ZRI 2021, 645; BGH, Urt. v. 3.3.2022 – IX ZR 78/20, Rz. 54 ff., BGHZ 233, 70 = ZRI 2022, 267.

298) BGH, Urt. v. 3.3.2022 – IX ZR 78/20, Rz. 27 ff., BGHZ 233, 70 = ZRI 2022, 267.

299) BGH, Urt. v. 6.5.2021 – IX ZR 72/20, Rz. 36 ff., 46–48, BGHZ 230, 28 = ZRI 2021, 645; vgl. auch *Bograkos* in: Haarmeyer/Huber/Schmittmann, Praxis der Insolvenzanfechtung, § 133 Rz. 52 ff.

300) BGH, Urt. v. 16.10.2008 – IX ZR 183/06, Rz. 52, ZIP 2009, 91, 98 m. w. N., dazu EWiR 2009, 305 *(Frind)*, zur KO. Zur Gründungsphase BGH, Urt. v. 5.3.2009 – IX ZR 85/07, Rz. 17, ZIP 2009, 922, 924 = ZVI 2009, 292, dazu EWiR 2009, 485 *(Wallner)*.

301) Eingehend zum Ganzen *Ganter*, WM 2014, 49 f.; *Ganter*, WM 2009, 1441, 1447 ff. Zu restriktiv *Bork* in: FS Runkel, S. 241, 245 ff., der für den Regelfall ein fachmännisches Sanierungskonzept verlangt; so aber wohl auch BGH, Urt. v. 8.12.2011 – IX ZR 156/09, Rz. 11, 14, ZIP 2012, 137, 138, dazu EWiR 2012, 147 *(Freudenberg/Wolf)*. Wenn ein Schuldner (insbesondere bei Klein- bzw. Kleinstunternehmen) hingegen den Einschätzungen und vermeintlich insolvenzvermeidenden Handlungsempfehlungen eines (dem Anschein nach kompetenten) Sanierungsberaters vertraut und folgt, fehlt in der Regel der Benachteiligungsvorsatz, selbst wenn – vom Schuldner unerkannt – kein belastbares Sanierungskonzept existiert. Nur dies passt jedenfalls bei kongruenten Deckungen auch zur „Neuausrichtung", s. Rz. 98 sowie BGH, Urt. v. 3.3.2022 – IX ZR 78/20, Rz. 74 ff., BGHZ 233, 70 = ZRI 2022, 267 (auch zur Darlegungs- und Beweislast des Insolvenzverwalters).

302) BGH, Urt. v. 4.12.1997 – IX ZR 47/97, ZIP 1998, 248, 252, dazu EWiR 1998, 225 *(Gerhardt)*, zur KO.

303) Zur Zurechnung der Kenntnis Dritter vgl. etwa BGH, Urt. v. 10.1.2013 – IX ZR 13/12, Rz. 26, ZIP 2013, 174, 177, dazu EWiR 2013, 123 *(Römermann)*: Rechtsanwälte bei nicht mandatsspezifischem Wissen; BGH, Beschl. v. 14.2.2013 – IX ZR 115/12, ZIP 2013, 685 = NZI 2013, 398; BGH, Urt. v. 30.6.2011 – IX ZR 155/08, BGHZ 190, 201 = ZIP 2011, 1523, dazu EWiR 2011, 577 *(Eckardt)*: jeweils andere Behörde; und allgemein *Bork*, DB 2012, 33.

gekannt haben. Kenntnis meint – wie schon bei §§ 130 bis 132 InsO – **für sicher gehaltenes Wissen**, so dass bereits ernsthafte Zweifel die Anfechtbarkeit nach § 133 Abs. 1 InsO ausschließen. Es ist weder notwendig noch hinreichend, dass der Anfechtungsgegner selbst Benachteiligungsvorsatz hatte.[304)]

Beispiel 21 101

Der Gläubiger erhält eine Überweisung i. H. einer vereinbarten Tilgungsrate vom Konto des Vaters des Schuldners, dessen Zahlungsunfähigkeit dem Gläubiger bekannt war. Den Einwand des Gläubigers, er hätte nicht gewusst, dass der Überweisung eine Anweisung des Schuldners zugrunde lag und dass die Mittel aus dem schuldnerischen Vermögen stammten (und damit überhaupt eine objektive Gläubigerbenachteiligung als Grundlage des Vorsatzes vorliege), lässt der BGH[305)] *wohl zu Recht nicht gelten. Es entspreche allgemeiner Erfahrung, dass insolvente Personen mitunter ihren Zahlungsverkehr über die Konten nahestehender Personen abwickeln; dieser Einsicht habe sich der Gläubiger nicht verschließen können.*

Da es sich zum einen um ein doppelt subjektives Merkmal handelt – Kenntnis vom Vorsatz – und da zum anderen der Insolvenzverwalter in die Bewusstseinslage des Anfechtungsgegners noch weniger Einblick hat als in die des immerhin mitwirkungspflichtigen Schuldners, aber doch nach allgemeinen Grundsätzen die Darlegungs- und Beweislast trägt, hilft ihm der Gesetzgeber mit einer **Vermutung** aus der Not: Die Kenntnis vom Vorsatz wird gemäß **§ 133 Abs. 1 Satz 2 InsO** dann vermutet, wenn der Anfechtungsgegner die drohende Zahlungsunfähigkeit des Schuldners und die Gläubigerbenachteiligung gekannt hat. Der Ansicht, diese Vermutung passe bei kongruenten Deckungen nicht,[306)] hat sich der Gesetzgeber zwar nicht angeschlossen – er hat die Vermutung für diesen Fall aber immerhin in **§ 133 Abs. 3 Satz 1 InsO** derart eingeschränkt, dass hier die Kenntnis nicht nur der drohenden, sondern der eingetretenen Zahlungsunfähigkeit erforderlich ist. Daneben können zudem die für den Vorsatz des Schuldners sprechenden Beweisanzeichen (siehe Rz. 93 ff.) – soweit sie ihm bekannt sind – auch (ggf. durch die Mediatisierung und die begrenzte Informationsgrundlage des Anfechtungsgegners etwas abgeschwächt) auf den Anfechtungsgegner übertragen werden. 102

Was nun i. R. des § 133 Abs. 1 Satz 2, Abs. 3 Satz 1 InsO zunächst die **Kenntnis von der (ggf. wenigstens drohenden) Zahlungsunfähigkeit** angeht, so ist § 130 Abs. 2 InsO entsprechend heranzuziehen, so dass die Kenntnis von Umständen genügt, die *zwingend* auf die (ggf. nur drohende) Zahlungsunfähigkeit schließen lassen;[307)] allerdings sind diese Umstände im Einzelfall tatrichterlich umfassend auf ihre Aussagekraft hin zu würdigen, ohne dass es darauf ankommt, ob der Anfechtungsgegner weiß, dass der Schuldner seine übrigen Gläubiger auch künftig nicht wird befriedigen können.[308)] Der BGH[309)] ist in diesem Punkt leider oft **zu großzügig** und leitet etwa schon aus der einmaligen Rückgabe einer 103

304) *Kayser/Freudenberg* in: MünchKomm-InsO, § 133 Rz. 19.

305) BGH, Urt. v. 24.10.2013 – IX ZR 104/13, Rz. 18 f., ZIP 2013, 2262, 2264, dazu EWiR 2014, 151 *(Henkel)*. Auch BGH, Urt. v. 19.9.2013 – IX ZR 4/13, Rz. 23 f., ZIP 2013, 2113, 2115 f., dazu EWiR 2014, 153 *(Lau)*, lässt die Kenntnis der Willensrichtung des Schuldners genügen, selbst wenn dem Gläubiger die genaue Rechtshandlung des Schuldners verborgen bleibt.

306) *Paulus/Zenker*, WuB VI C. § 133 InsO 1.03 (Urteilsanm.); de lege ferenda auch z. B. *Bork*, ZIP 2014, 797, 810.

307) BGH, Urt. v. 13.8.2009 – IX ZR 159/06, Rz. 8, ZIP 2009, 1966, 1967, dazu EWiR 2010, 25 *(Heublein)*, und *Zenker*, NJ 2010, 79 (Urteilsanm.). Dabei handelt es sich – inzwischen wohl auch nach Ansicht des BGH (a. a. O.) – nicht nur um eine Vermutung oder ein Beweisanzeichen; a. A. etwa *Berner*, ZVI 2010, 215, 217 f.; *Huber*, NZI 2009, 770 (Urteilsanm.).

308) BGH, Beschl. v. 12.1.2023 – IX ZR 71/22, Rz. 2, ZRI 2023, 301.

309) BGH, Urt. v. 1.7.2010 – IX ZR 70/08, Rz. 10, ZInsO 2010, 1598, 1599 = NZG 2010, 1221.

Lastschrift,[310] dem bloßen monatelangen Schweigen des Schuldners bis zur Titulierung der Forderung[311] oder dem Abschluss einer Teilzahlungsvereinbarung[312] ein aus Gläubigersicht erhebliches Indiz für die Zahlungsunfähigkeit ab. Dabei können Umstände beinahe nur dann wirklich „zwingend" sein, wenn sie einen weiten Einblick in die Liquiditätslage des Schuldners umfassen, an dem es regelmäßig (außer etwa bei Banken oder leitenden Angestellten) fehlen dürfte. Tatsächlich wie dogmatisch besonders problematisch ist es, wenn die (mitunter sehr schnell angenommene) Kenntnis der Zahlungseinstellung bzw. -unfähigkeit fortgeschrieben wird, bis der darlegungs- und beweispflichtige Anfechtungsgegner greifbare Anhaltspunkte dafür habe, dass der Schuldner seine Zahlungen im Allgemeinen wieder aufgenommen hat, wofür es nicht reiche, dass der Anfechtungsgegner selbst Zahlungen erhält.[313] Es muss ausreichen, dass die Entwicklung beim Gläubiger tatsächlich Zweifel an der fortbestehenden Zahlungsunfähigkeit geweckt hat, und die Darlegungs- und Beweislast für die (fortbestehende) Kenntnis muss schon nach allgemeinen Grundsätzen beim Insolvenzverwalter bleiben.

104 Für den praktisch wichtigsten Fall – die Vereinbarung einer Zahlungserleichterung (z. B. einer **Ratenvereinbarung**) – hat der Gesetzgeber dies überzeugend in **§ 133 Abs. 3 Satz 2 InsO**, wohl dem Kernstück der Anfechtungsreform, in Form einer nur vor dem Hintergrund der geschilderten Rechtsprechung verständlichen Vermutung der fehlenden Kenntnis ausdrücklich angeordnet.[314] Gerade diese Norm jedoch wird vielfach als „regelungstechnisch völlig missglückt"[315] angesehen und in ihrem Anwendungsbereich begrenzt – und auch der BGH[316] geht wohl davon aus, dass § 133 Abs. 3 Satz 2 InsO regelmäßig die **Fortdauer der einmal erlangten Kenntnis** unberührt lasse – jedenfalls dann, wenn die Zahlungsunfähigkeit nicht nur auf der Forderung beruhe, auf die sich die Zahlungserleichterung bezieht. Letzteres geht immerhin in die richtige Richtung – allerdings kommt es nicht darauf an, ob die Zahlungsunfähigkeit auf dieser Forderung beruht, sondern ob die Nichtbegleichung dieser Forderung erst die Kenntnis des Anfechtungsgegners begründet hat, und selbst das mag noch zu kurz greifen, wenn der Anfechtungsgegner zwar von anderen Gläubigern weiß, aber die Zahlungserleichterung als Teil einer vom Schuldner möglicherweise angestrebten Gesamtlösung ansehen darf. In jedem Fall kann sich die Fortdauer der Kenntnis auf andere Umstände stützen, ggf. auch auf solche aus der Zeit vor der Zahlungserleichterung, wenn der Anfechtungsgegner nicht davon ausgehen darf, dass sie ausgeräumt sind.[317] Allerdings hält der BGH[318] im Zuge der „Neuausrichtung" (siehe Rz. 98) zwar an der Vermutung der Fortdauer der Zahlungseinstellung und ihrer Kenntnis fest, hat aber eingeräumt, dass diese bislang zu undifferenziert angewandt worden sei

---

310) Ähnlich für einen geplatzten Scheck BGH, Urt. v. 20.11.2001 – IX ZR 159/00, ZIP 2002, 228, 229, dazu EWiR 2002, 297 *(Grothe)* – zur KO.

311) BGH, Urt. v. 18.1.2018 – IX ZR 144/16, NZI 2018, 264 = ZIP 2018, 432.

312) BGH, Urt. v. 30.6.2011 – IX ZR 134/10, Rz. 17, ZIP 2011, 1416, 1418, dazu EWiR 2011, 571 *(Henkel)*. Freilich ging es dort um Steuerverbindlichkeiten von über 87.000 €.

313) Vgl. beispielhaft BGH, Urt. v. 17.11.2016 – IX ZR 65/15, Rz. 25 ff., NZI 2017, 64, 66 f. = ZIP 2016, 2423, dazu EWiR 2017, 115 *(Opp)*; BGH, Urt. v. 6.12.2012 – IX ZR 3/12, ZIP 2013, 228, dazu EWiR 2013, 175 *(Bremen)*.

314) Dazu (und zur Widerlegung) näher *Zenker*, NZI 2015, 1006, 1008.

315) So etwa *Bork* in: KPB, InsO, § 133 Rz. 70 m. w. N.; ähnlich *Kayser*, ZIP 2018, 1153, 1159 f.; *Thole*, ZIP 2017, 401, 405 f.

316) BGH, Urt. v. 7.5.2020 – IX ZR 18/19, Rz. 16 ff., ZRI 2020, 350.

317) Insoweit, und wohl auch im Ergebnis, zutreffend BGH, Urt. v. 7.5.2020 – IX ZR 18/19, Rz. 18 f., ZRI 2020, 350 – die nach der Ratenvereinbarung zu zahlenden Raten überstiegen diejenigen, die der Schuldner zuvor bereits nicht zahlen konnte.

318) BGH, Urt. v. 6.5.2021 – IX ZR 72/20, Rz. 44 f., BGHZ 230, 28 = ZRI 2021, 645; BGH, Urt. v. 10.2.2022 – IX ZR 148/19, Rz. 17, ZRI 2022, 286 = ZIP 2022, 537.

und dass es für ihre Rechtfertigung im Einzelfall entscheidend auf den **Erkenntnishorizont** des Anfechtungsgegners ankomme; außerdem erlegt der BGH[319] dem Insolvenzverwalter eine sekundäre Darlegungslast für die objektive Fortdauer der Zahlungseinstellung auf. Damit ließen sich wohl sachgerechte Ergebnisse begründen.

> **Praxishinweis**
>
> Weitere Umstände,[320] die – in Gesamtschau – für eine (drohende) Zahlungsunfähigkeit sprechen können, sind etwa über längere Zeit aufgelaufene, beträchtliche Rückstände (insbesondere mit Sozialabgaben, Steuern, Löhnen oder Verbindlichkeiten gegenüber für die Unternehmensfortführung essenziellen Lieferanten), erheblich verspätete, schleppende, Teil- oder ausbleibende Zahlungen und die Nichteinhaltung von Ratenzahlungsvereinbarungen. Sogar dafür, dass der Gläubiger die drohende Zahlungsunfähigkeit als solche erkannt hat, können bei umfassender Würdigung etwa dringliche Drohungen mit Lieferstopp, Zwangsvollstreckung oder Insolvenzantrag, die Umstellung auf Vorkasse oder auch das erstmalige Verlangen von Sicherheiten sprechen. Die bloße Bitte des Schuldners um Ratenzahlung ohne Hinweis auf wirtschaftliche Schwierigkeiten stellt hingegen in der Regel kein Indiz für die Zahlungsunfähigkeit dar;[321] daran sollte sich nichts deshalb ändern, weil die Bitte erst nach fruchtlosen Mahnungen und nicht eingehaltenen Zahlungszusagen geäußert wird.[322]

Das Merkmal **„Kenntnis der Gläubigerbenachteiligung“** in § 133 Abs. 1 Satz 2 InsO hat 105
jedenfalls bei unternehmerisch tätigen Schuldnern keine (nennenswerte) praktische Bedeutung, da diese Kenntnis dem eine Zahlung entgegennehmenden Gläubiger, der die (ggf. drohende) Zahlungsunfähigkeit kennt, praktisch unterstellt wird: Der Anfechtungsgegner müsse damit rechnen, dass auch gegenüber anderen Gläubigern Forderungen bestehen und noch entstehen, die der Schuldner nicht oder nicht im selben Maß bedienen kann.[323] Anders mag es wohl nur dort sein, wo der Anfechtungsgegner davon ausgeht, alle anderen Gläubiger würden vor ihm oder (etwa i. R. einer Sanierung durch koordinierte Teilzahlungsvergleiche) doch wenigstens in gleichem Maße bedient.

2. § 133 Abs. 4 InsO: Sonderfall nahestehende Person

Checkliste § 133 Abs. 4 InsO 106

Rechtshandlung: entgeltlicher Vertrag mit nahestehender Person
(fortbestehende) unmittelbare Gläubigerbenachteiligung
höchstens zwei Jahre vor dem Antrag*)
(subj. Schuldner) Vorsatz der Gläubigerbenachteiligung*) *und* (subj. Anfechtungsgegner) Kenntnis dieses Vorsatzes*)

*) Diese Voraussetzungen werden vermutet (Beweislastumkehr).

In § 133 Abs. 4 Satz 1 InsO ist ein Fall umschrieben, dem die **Anrüchigkeit und die potenzielle Anfechtbarkeit auf die Stirn geschrieben** steht: Durch (entgeltlichen) Vertrag 107

319) BGH, Urt. v. 10.2.2022 – IX ZR 148/19, Rz. 18 f., ZRI 2022, 286 = ZIP 2022, 537.

320) Vgl. BGH, Urt. v. 8.10.2009 – IX ZR 173/07, ZVI 2009, 495 = ZIP 2009, 2253, dazu EWiR 2010, 63 *(Koza)*.

321) BGH, Beschl. v. 16.4.2015 – IX ZR 6/14, Rz. 3 f., ZVI 2015, 217 = ZIP 2015, 937 m. w. N., dazu EWiR 2015, 417 *(Brenner)*, und *Ganter*, NZI 2015, 471 (Urteilsanm.).

322) Anders aber BGH, Urt. v. 9.6.2016 – IX ZR 174/15, Rz. 21, NZI 2016, 736, 738 = ZIP 2016, 1348, dazu EWiR 2016, 537 *(Huber)*.

323) Vgl. BGH, Urt. v. 8.1.2015 – IX ZR 203/12, Rz. 30, NZI 2015, 369, 372 = ZVI 2015, 222 m. w. N., dazu EWiR 2015, 323 *(Vosberg/Klawa)*.

wendet der Schuldner einer nahestehenden Person (§ 138 InsO, siehe dazu Rz. 75 ff.) einen Vermögensgegenstand in einer Weise zu, die eine unmittelbare Gläubigerbenachteiligung (siehe Rz. 49) konstituiert. Zeigt der Insolvenzverwalter jenen Vorgang auf, kann der Anfechtungsgegner die Anfechtbarkeit nur noch abwenden, indem er gemäß § 133 Abs. 4 Satz 2 InsO darlegt und ggf. nachweist, dass der Vertrag vor mehr als zwei Jahren geschlossen worden ist oder dass er den Benachteiligungsvorsatz des Schuldners nicht gekannt hat (dies ist natürlich erst recht dann der Fall, wenn der Vorsatz gar nicht bestand,[324] so dass auch dieser Nachweis genügt). Obgleich das letzte Merkmal dem § 133 Abs. 1 InsO entlehnt ist, sind die Voraussetzungen von Absatz 1 und Absatz 4 wohl doch zu verschieden, um Absatz 4 lediglich als Beweislastregel zu begreifen; es handelt sich um einen eigenen, gegenüber Absatz 1 aber allenfalls in seinem Anwendungsbereich speziellen Tatbestand.[325]

108 Für die Auslegung von § 133 Abs. 4 Satz 1 InsO ist zunächst von Bedeutung, dass der Begriff des **Vertrages denkbar weit verstanden** wird und nicht nur alle (z. B. schuld-, sachen- und güterrechtlichen)[326] Verträge i. S. der Rechtsgeschäftslehre erfasst, sondern auch andere Vorgänge, die auf einer Willensübereinstimmung beruhen – sogar die vom Schuldner unterstützte Zwangsvollstreckungsmaßnahme.[327] Das Merkmal der **„Entgeltlichkeit"** hingegen dürfte **völlig zu streichen** sein, da einerseits eine unmittelbare Benachteiligung bei unentgeltlichen Verträgen *zugunsten des Schuldners* ausscheiden dürfte und andererseits kein Grund ersichtlich ist, warum ein unentgeltlicher Vertrag zulasten des Schuldners in der Anfechtbarkeit gegenüber einem entgeltlichen Vertrag privilegiert sein sollte. In der KO diente die Entgeltlichkeit noch der Abgrenzung der im zeitlichen Anwendungsbereich und den Rechtsfolgen kongruenten Regelungen in § 31 Nr. 2 KO (entspricht § 133 Abs. 2 InsO) und § 32 KO (entspricht § 134 InsO), so dass es letzten Endes keinen Unterschied gemacht hätte, ob man auf unentgeltliche Verträge auch § 31 Nr. 2 KO hätte anwenden wollen – nach der InsO kann sich ein derartiger Unterschied aber sehr wohl aus der von § 37 Abs. 2 KO abweichenden Beweislastverteilung in § 143 Abs. 2 InsO ergeben. Dies spricht für eine wenigstens analoge Anwendung von § 133 Abs. 2 InsO auch auf unentgeltliche Verträge.[328]

IV. § 134 InsO: Unentgeltliche Leistung

109 **Checkliste § 134 InsO**

Rechtshandlung: unentgeltliche Leistung des Schuldners
(mittelbare) Gläubigerbenachteiligung
höchstens vier Jahre vor dem Antrag*)
Ausnahme: gebräuchliches Gelegenheitsgeschenk geringen Werts*)

*) Beweislast des Anfechtungsgegners (mehr als vier Jahre/Ausnahme)

324) *Kayser/Freudenberg* in: MünchKomm-InsO, § 133 Rz. 46.

325) A. A. die ganz h. M., vgl. nur *Bork* in: KPB, InsO, § 133 Rz. 75.

326) BGH, Urt. v. 1.7.2010 – IX ZR 58/09, Rz. 9, ZIP 2010, 1702, 1703 = ZVI 2010, 385.

327) *Kayser/Freudenberg* in: MünchKomm-InsO, § 133 Rz. 40a. Dies übersieht wohl BGH, Urt. v. 15.11.2012 – IX ZR 205/11, Rz. 7, ZIP 2012, 2449, dazu EWiR 2013, 55 *(Müller)*, für die rechtsgeschäftliche Erfüllung einer Verbindlichkeit.

328) So bislang allerdings wohl nur *Zenker*, NJ 2008, 173, 174 (Urteilsanm.) zu OLG Rostock, Urt. v. 17.12.2007 – 3 U 99/07, ZIP 2008, 568, dazu EWiR 2008, 339 *(Dörrscheidt)*.

Ganz anders als § 133 InsO mit seinem Fokus auf subjektive Merkmale kommt § 134 InsO im Wesentlichen mit einem besonderen **objektiven Merkmal** aus – der **unentgeltlichen Leistung des Schuldners.** Sie trägt nach dem Willen des Gesetzgebers ganz unabhängig vom anfänglichen Vorliegen oder von der Vorhersehbarkeit einer Krise eine Rückabwicklung im Wege der Insolvenzanfechtung, wenn nicht der Anfechtungsgegner darlegt und ggf. nachweist, dass die unentgeltliche Leistung bereits länger als vier Jahre(!) vor Antragstellung vorgenommen (§ 140 InsO) worden ist oder es sich um ein geringwertiges und gebräuchliches Gelegenheitsgeschenk handelte. 110

Diese tatbestandliche Weite – ausgedehnt noch dadurch, dass auch eine teilweise unentgeltliche Leistung genügen kann – und die große zeitliche Reichweite machen § 134 InsO zu einem für Insolvenzverwalter sehr reizvollen Instrument. Er hat dann auch eine durchaus beträchtliche praktische Bedeutung, selbst wenn die Rechtsprechung in einzelnen Fällen noch eher zurückhaltend mit der Annahme von Unentgeltlichkeit ist.[329] Mit § 134 InsO **komplettiert** der Gesetzgeber die in **§ 39 Abs. 1 Nr. 4 InsO** getroffene Nachranganordnung für Forderungen auf unentgeltliche Leistung,[330] indem die in den letzten vier Jahren vor Antrag erfüllten Forderungen dieser Art u. U. doch noch ins Verfahren einbezogen werden (vorbehaltlich des Vertrauensschutzes durch die Begrenzung der Rechtsfolgen in § 143 Abs. 2 InsO) – hierbei handelt es sich wohl um den deutlichsten Ausdruck der **Schwäche unentgeltlich erworbener Rechtspositionen** (neben z. B. § 816 Abs. 1 Satz 2, § 988 BGB). 111

1. Leistung des Schuldners

Wenn § 134 InsO zunächst eine **„Leistung"** voraussetzt, so wird diese Voraussetzung **weit ausgelegt**[331] (allerdings – trotz Parallelen – nicht im bereicherungsrechtlichen Sinne) und jedenfalls nicht auf rechtsgeschäftliche Verfügungen beschränkt. Nach ganz h. M.[332] fällt hierunter also neben insbesondere der Verschaffung von Vermögensgegenständen (durch Verfügung, Realakt oder auch Prozesshandlung) und der Aufgabe von Rechten zugunsten eines anderen – durch Tun oder Unterlassen – auch die unentgeltliche **Verpflichtung,** paradigmatisch das Schenkungsversprechen. Dieses – vom Wortlaut allerdings gedeckte – Verständnis führte aber zu einer Störung der Rangordnung in § 39 InsO und einer wenn auch geringen, so doch grundlosen Privilegierung der vom Gesetzgeber noch hinter den Schenkungen angesiedelten Gesellschafterdarlehen; deshalb sollten unentgeltliche Verpflichtungen vom Anwendungsbereich des § 134 InsO ausgenommen werden.[333] 112

Dem Wortlaut zufolge muss es sich um eine Leistung **„des Schuldners"** handeln; dies erinnert sogleich an die Auslegung des § 133 Abs. 1 InsO („Rechtshandlung des Schuldners"), wo eine echte (ggf. durch Zurechnung erreichte) Urheberschaft oder wenigstens Mitwirkung gerade des Schuldners erforderlich ist und insbesondere Zwangsvollstreckungsmaßnahmen regelmäßig herausfallen (siehe Rz. 88 ff.). Überwiegend wird auch § 134 InsO 113

---

329) Nach BGH, Urt. v. 26.4.2012 – IX ZR 146/11, Rz. 37, ZIP 2012, 1183, 1186 = ZVI 2012, 336, dazu EWiR 2012, 565 *(Mohr)*, ist der Tatbestand des § 134 InsO allerdings weit auszulegen, insbesondere die Unentgeltlichkeit; zustimmend BAG, Urt. v. 12.9.2013 – 6 AZR 913/11, Rz. 50, ZIP 2014, 139, 144.

330) Zu weitgehende Folgerungen daraus für rechtsgeschäftliche Rangrücktritte bei *Bork*, ZIP 2012, 2277; überzeugend a. A. *Bitter*, ZIP 2013, 2.

331) Nach *Bork* in: KPB, InsO, § 134 Rz. 16, führt „Leistung" gar zu keiner Verengung ggü. „Rechtshandlung".

332) *Kayser/Freudenberg* in: MünchKomm-InsO, § 134 Rz. 6; *Bork* in: KPB, InsO, § 134 Rz. 18; jew. m. w. N.

333) Jaeger-*Henckel*, InsO, § 134 Rz. 37 f.

angesichts des vermeintlich eindeutigen Wortlauts in diesem Sinne ausgelegt;[334)] gerade wenn man, wie hier vorgeschlagen, Verpflichtungen aus dem Anwendungsbereich von § 134 InsO ausnimmt, führt dies jedoch zu problematischen Ergebnissen.[335)] Sie lassen sich vermeiden, wenn man erkennt, dass der Grund für die Anknüpfung an Schuldnerverhalten bei § 133 Abs. 1 InsO darin liegt, dass strukturell ein Bezugspunkt für den Vorsatz erforderlich ist, während bei § 134 InsO ein solcher Grund nicht besteht. Es spricht viel dafür, dass das Merkmal „des Schuldners" hier **nur die „Richtung" der Vermögensverschiebung** verdeutlichen soll (obwohl daran wegen der notwendigen Gläubigerbenachteiligung ohnehin kein Zweifel bestehen kann).[336)] Im Ergebnis sollten daher auch die Zwangsvollstreckung und etwa die Aufrechnung bereits dann erfasst sein, wenn die durchgesetzte Forderung auf unentgeltliche Leistung gerichtet war.[337)]

114 Setzt die Leistung voraus, dass einem anderen etwas zugewendet wird, so ergibt sich die Voraussetzung, dass aus der Masse letztlich auch etwas **abfließen** muss, schon aus dem allgemeinen Merkmal der Gläubigerbenachteiligung. In Zwei-Personen-Verhältnissen ist dies alles recht überschaubar; kompliziert wird es jedoch (wie im allgemeinen Vermögensrecht) schnell, sobald drei oder auch mehr Personen beteiligt sind (so etwa bei Verträgen zugunsten Dritter) und ggf. **mittelbare Zuwendungen** (siehe Rz. 24) in Rede stehen. Problematischer als die „Leistung" ist in diesen Fällen allerdings meist die Unentgeltlichkeit, so dass hier der Hinweis genügen soll, dass es für die **Bestimmung des Anfechtungsgegners** darauf ankommt, wer aufgrund der Leistung aus der Masse einen (wenn auch nicht kongruenten oder fortbestehenden) Vermögensvorteil erhalten hat.[338)]

2. Unentgeltlichkeit

115 Charakteristisches und prägendes Merkmal von § 134 InsO ist natürlich die Unentgeltlichkeit. Damit verbindet sich sogleich die Assoziation „Schenkung" – die Anfechtbarkeit geht aber weit über Handschenkungen und die Erfüllung von Schenkungsversprechen hinaus. Letztlich entscheidend ist, ob **ausgehend vom jeweiligen Rechtsgrund** (der causa)[339)] mit der Leistung eine angemessene (nicht notwendig synallagmatische) **Gegenleistung** korrespondiert.[340)] Die Bestimmung, ob eine Gegenleistung vereinbart oder erfolgt ist, geschieht im Ausgangspunkt rein objektiv,[341)] so dass eine Fehlvorstellung der Parteien die Anfechtbarkeit nicht ausschließt. Bei der anschließenden **Prüfung der Äquivalenz**

---

334) *Kayser/Freudenberg* in: MünchKomm-InsO, § 134 Rz. 11; *Bork* in: KPB, InsO, § 134 Rz. 34 ff. m. w. N.

335) Für die h. M. hingegen nur dann, wenn die Verpflichtung länger als vier Jahre vor Antrag erfolgt war, nicht aber die Durchsetzung, vgl. *Kayser/Freudenberg* in: MünchKomm-InsO, § 134 Rz. 11.

336) Vgl. *v. Campe*, Insolvenzanfechtung in Deutschland und Frankreich, S. 204 f.

337) Eingehend Jaeger-*Henckel*, InsO, § 134 Rz. 38 f.; für die Vollstreckung auch *Thole* in: HK-InsO, § 134 Rz. 6.

338) Näher *Kayser/Freudenberg* in: MünchKomm-InsO, § 134 Rz. 12 ff.

339) Zutreffend Jaeger-*Henckel*, InsO, § 134 Rz. 9 ff.

340) Auch wenn diese ausbleibt, BGH, Urt. v. 21.1.1999 – IX ZR 429/97, ZIP 1999, 316, 317, dazu EWiR 1999, 367 *(Gerhardt)*, zur KO, oder nach § 326 Abs. 1 BGB nicht geschuldet ist, BGH. Beschl. v. 26.1.2023 – IX ZR 17/22, Rz. 11 f., ZRI 2023, 254. Selbst die anfänglich fehlende Werthaltigkeit der Forderung auf die Gegenleistung kann die Unentgeltlichkeit nicht begründen, jedenfalls sofern nicht von Anfang an feststeht, dass keine ausgleichende Gegenleistung erbracht wird, vgl. BGH, Urt. v. 27.6.2019 – IX ZR 167/18, Rz. 63, BGHZ 222, 283 = ZIP 2019, 1577; BGH, Urt. v. 29.4.2021 – IX ZR 266/19, Rz. 14, ZRI 2021, 539; a. A. *Bork*, NZI 2018, 1, 5; *Bork* in: KPB, InsO, § 134 Rz. 41, 57.

341) Eine Einigung über die Unentgeltlichkeit (§ 516 Abs. 1 BGB) ist nicht erforderlich, Uhlenbruck-*Borries/Hirte*, InsO, § 134 Rz. 33.

allerdings wird den Parteien – zu Recht – ein gewisser Bewertungsspielraum zugestanden.[342] Es kommt danach auch eine partielle Unentgeltlichkeit in Betracht, bei der sich der Anfechtungsanspruch auf den (unter Berücksichtigung des Spielraums) unentgeltlichen Teil beschränkt.[343]

Beispiel 22 116

*Der **Abschluss eines Vergleichs** stellt nach zutreffender Ansicht des BGH[344] in der Regel keine unentgeltliche Leistung dar, wenn er das Ergebnis einer nachvollziehbaren Bewertung der rechtlichen und tatsächlichen Ungewissheit ist; anders ist es hingegen, wenn auch aus Sicht der Parteien keine Ungewissheit besteht und der „Vergleich" etwa infolge eines Liquiditätsengpasses geschlossen wird.*

Ob – entsprechend der Rechtsprechung zu § 988 BGB[345] – von § 134 InsO auch **rechtsgrundlose Leistungen** erfasst werden, ist umstritten. Beiläufige Bemerkungen des BGH[346] ließen sich in diesem Sinne verstehen,[347] andere Judikate[348] sprachen eher gegen die pauschale Gleichsetzung. Der BGH[349] beantwortet die Frage nunmehr dahin, dass nur die Leistung auf bekannte Nichtschuld (§ 814 BGB) oder in den Fällen des § 817 Satz 2 BGB[350] als unentgeltliche anfechtbar ist; sonst stehe der bereicherungsrechtliche Rückforderungsanspruch der Unentgeltlichkeit entgegen.[351] Eine besondere Erweiterung der Unentgeltlichkeit für den Fall der Nachlassinsolvenz enthält noch § 322 InsO. 117

a) Zwei-Personen-Verhältnis

Neben Schenkungen sind etwa auch **unbenannte Zuwendungen** unter Ehegatten, **Spenden** und ggf. (zum Teil) Sponsoringbeiträge unentgeltlich,[352] nicht aber im Regelfall (angemessene) Gratifikationen, da sie meist mit Rücksicht auf eine Leistung des Empfängers 118

---

342) *Bork* in: KPB, InsO, § 134 Rz. 44, u. a. mit dem zutreffenden Hinweis, dass es als Ausgangspunkt auf den konkret erzielbaren Marktwert ankommt, der etwa bei Notverkäufen deutlich reduziert sein kann. Ansonsten dürfte der Spielraum bei Gütern mit einem festgelegten Markt- oder Börsenpreis recht gering sein. Sehr weitgehend BGH, Urt. v. 15.9.2016 – IX ZR 250/15, Rz. 22, NZI 2017, 68, 69 = ZIP 2016, 2329 m. w. N., dazu EWiR 2016, 765 *(Bork)*, und *Lütcke*, NZI 2017, 70 (Urteilsanm.) – beidseitiger Irrtum über die Werthaltigkeit der Leistung schließt Unentgeltlichkeit aus; ähnlich BGH, Urt. v. 22.10.2020 – IX ZR 208/18, Rz. 10, ZRI 2020, 660, dazu EWiR 2020, 723 *(Bork)*; kritisch *Bork*, ZRI 2021, 1033, 1039 f.; *Bork*, NZI 2008, 1, 7.

343) BGH, Urt. v. 1.4.2004 – IX ZR 305/00, ZIP 2004, 957, 960, dazu EWiR 2004, 933 *(Huber)* – zur KO.

344) BGH, Urt. v. 8.3.2012 – IX ZR 51/11, Rz. 35, ZIP 2012, 984, 988; BGH, Urt. v. 9.11.2006 – IX ZR 285/03, Rz. 15 ff., ZIP 2006, 2391, 2392 f.

345) Vgl. BGH, Urt. v. 14.7.1995 – V ZR 45/94, ZIP 1995, 1356, 1358.

346) BGH, Beschl. v. 21.12.2010 – IX ZR 199/10, Rz. 12, ZIP 2011, 484, 485; BGH, Urt. v. 22.4.2010 – IX ZR 160/09, Rz. 15, ZIP 2010, 1457, 1459; BGH, Urt. v. 25.6.2009 – IX ZR 157/08, Rz. 10, (n. v).

347) So *Baumert*, ZIP 2010, 212; *Bitter/Heim*, ZInsO 2011, 483, 484; a. A. *Thole*, KTS 2011, 219, 224.

348) Vgl. BGH, Urt. v. 29.11.1990 – IX ZR 29/90, BGHZ 113, 98 = ZIP 1991, 35, 37 m. w. N., dazu EWiR 1991, 75 *(Ackmann)* – zur KO.

349) BGH, Urt. v. 20.4.2017 – IX ZR 252/16, Rz. 13 ff., NZI 2017, 669, 670 ff. = ZIP 2017, 1233, dazu EWiR 2017, 403 *(Jacoby)*; im Ergebnis ebenso Jaeger-*Henckel*, InsO, § 134 Rz. 12 f.; Uhlenbruck-*Borries/Hirte*, InsO, § 134 Rz. 47 ff. (a. A. bis zur 14. Aufl.); a. A. *Bork* in: KPB, InsO, § 134 Rz. 41 ff., 53 m. w. N., der auch die Werthaltigkeit des Kondiktionsanspruchs berücksichtigen will.

350) BGH, Urt. v. 27.6.2019 – IX ZR 167/18, Rz. 95, BGHZ 222, 283 = ZIP 2019, 1577; BGH, Urt. v. 1.10.2020 – IX ZR 247/19, Rz. 11, ZRI 2020, 586.

351) Näher BGH, Urt. v. 30.3.2023 – IX ZR 121/22, Rz. 17 f., ZRI 2023, 400 – zu Dividendenzahlungen.

352) Dazu näher *Roth*, ZInsO 2010, 1617, 1622 f. m. w. N.

erbracht werden.[353] Eine **Gesellschafterfinanzierung** gemäß § 39 Abs. 1 Nr. 5 InsO ist nach Ansicht des BGH[354] hingegen nicht mehr unentgeltlich, seit für den Nachrang nicht mehr an die Ausreichung in der Krise angeknüpft wird – der Rückforderungsanspruch sei hier angemessene Gegenleistung (selbst wenn die Ausreichung in der Krise erfolgte). Bei einer Vertragsübernahme kommt es auf die Äquivalenz der übernommenen Pflichten und Rechte an (ggf. unter Berücksichtigung von Ausgleichszahlungen).[355] Unter § 134 InsO fällt schließlich die Auszahlung von Scheingewinnen:

119 ***Beispiel 23***

G zahlt eine Einlage an die Anlagegesellschaft A. Im Rahmen eines (verdeckten) Schneeballsystems leistet A an den gutgläubigen G Ausschüttungen, denen kein realer Anlageerfolg zugrunde liegt. In einer ganzen Reihe von Entscheidungen hat der BGH[356] zu Recht die Anfechtung gemäß § 134 InsO bezogen auf die Auszahlung[357] der ***Scheingewinne*** *zugelassen; G könne zwar gezahlte (und nicht zu erstattende) Steuern, nicht aber seine Einlage als Entreicherung in Abzug bringen. Eine entgeltliche Leistung hat der BGH[358] hingegen in der Rückzahlung der Einlage als solcher (etwa infolge einer Kündigung) erblickt. Weniger eindeutig ist die Unentgeltlichkeit bei auf der Grundlage von Scheingewinnen berechneten Provisionen.*[359]

120 Als entgeltlich und damit nicht nach § 134 InsO anfechtbar sieht der BGH[360] jedoch stets die **Besicherung** von ihrerseits entgeltlichen (eigenen) Verbindlichkeiten an. Dies soll selbst dann generell gelten, wenn die Besicherung nachträglich erfolgt. Die (ganz herrschende) Gesamtbetrachtung von Grund- und Sicherungsgeschäft,[361] die in der Sicherung nur ein Hilfsgeschäft zur Erfüllung sieht, das nicht weiter anfechtbar sein könne als die Erfüllung selbst,[362] vermag jedoch nicht zu überzeugen, zumal im Insolvenzanfechtungsrecht (zumindest bis zur Verwertung) auch sonst eine getrennte Betrachtung und ggf. unterschiedliche Behandlung von Sicherung und Befriedigung erfolgt (vgl. nur §§ 88, 130 f. und 135 InsO).[363] Allerdings wird gleichwohl die Anfechtbarkeit die Ausnahme sein: Bei anfänglicher Besicherung liegt die Gegenleistung auch für die Sicherheit

353) Vgl. BGH, Urt. v. 12.12.1996 – IX ZR 76/96, ZIP 1997, 247, dazu EWiR 1997, 267 *(Huber)*, und *Paulus*, WuB VI B. § 32 Nr. 1 KO 1.97 (Urteilsanm.) – zur KO. Gleiches gilt mit Blick auf die Betriebstreue für eine „Halteprämie", vgl. BAG, Urt. v. 12.9.2013 – 6 AZR 913/11, Rz. 56 ff., ZIP 2014, 139, 144 f. – sehr großzügig aber bei der noch angemessenen Höhe.

354) BGH, Urt. v. 13.10.2016 – IX ZR 184/14, Rz. 15 ff., BGHZ 212, 272 = ZIP 2016, 2483; anders noch zum alten Recht BGH, Urt. v. 2.4.2009 – IX ZR 236/07, Rz. 16, ZIP 2009, 1080, 1081, dazu EWiR 2009, 549 *(Brinkmann/Luttmann)*.

355) Vgl. BGH, Urt. v. 26.4.2012 – IX ZR 146/11, Rz. 40, ZIP 2012, 1183, 1186 = ZVI 2012, 336, dazu EWiR 2012, 565 *(Mohr)*.

356) Z. B. BGH-Urteile v. 22.4.2010 – IX ZR 160/09, ZIP 2010, 1457, und IX ZR 163/09, ZIP 2010, 1253, dazu EWiR 2010, 619 *(Hofmann)*, und IX ZR 225/09, ZIP 2010, 1455, dazu EWiR 2010 753 *(Rigol)*; dazu ausführlich *Bitter/Heim*, ZIP 2010, 1569.

357) Anders bei Umbuchungen auf ein anderes Anlagekonto desselben Anlegers BGH, Urt. v. 29.3.2012 – IX ZR 207/10, ZIP 2012, 931, dazu EWiR 2012, 425 *(Kruth)*.

358) BGH, Urt. v. 22.4.2010 – IX ZR 225/09, Rz. 12, ZIP 2010, 1455, 1457; zur Tilgungsreihenfolge BGH, Urt. v. 10.2.2011 – IX ZR 18/10, ZIP 2011, 674.

359) Gleichwohl bejahend BGH, Beschl. v. 21.12.2010 – IX ZR 199/10, Rz. 12 f., ZIP 2011, 484, 485; im Wesentlichen verneinend OLG München, Urt. v. 19.10.2010 – 5 U 5250/09, ZIP 2011, 237 = NZI 2011, 108.

360) BGH, Beschl. v. 6.12.2012 – IX ZR 105/12, NZI 2013, 81; BGH, Urt. v. 18.3.2010 – IX ZR 57/09, Rz. 10, ZIP 2010, 841, 843 = ZVI 2010, 221, dazu EWiR 2010, 655 *(Junghans)* – für eine deliktische Forderung.

361) Jaeger-*Henckel*, InsO, § 134 Rz. 4 m. w. N.

362) So *Bork* in: KPB, InsO, Anh. I zu § 147 Rz. 44.

363) Auf die Spitze wird diese Trennung – verfehlt – getrieben von BGH, Urt. v. 18.7.2013 – IX ZR 219/11, BGHZ 198, 64 = ZIP 2013, 1579, m. krit. Anm. *Bitter*, S. 1583, dazu EWiR 2013, 521 *(Bork)*.

in der vom Sicherungsnehmer erbrachten Leistung aus dem Grundgeschäft. Bei nachträglicher Besicherung erfolgt wohl in der Regel etwa eine wenigstens konkludente Prolongation oder ein Verzicht auf eine mögliche Kündigung; diese ist eine vollwertige Gegenleistung, soweit die Forderung sonst hätte durchgesetzt werden können, wofür die Fähigkeit zur Sicherheitenbestellung aus eigenen Mitteln spricht.[364)]

b) Mehr-Personen-Verhältnis

Neben der Bestimmung des Leistungsempfängers und damit des Anfechtungsgegners fällt in Mehr-Personen-Verhältnissen vor allem die Einordnung schwer, ob eine Leistung denn nun unentgeltlich ist oder nicht. Vereinfacht hängt das damit zusammen, dass die Anzahl der Rechtsverhältnisse steigt, in denen Leistung und Gegenleistung fließen können. Als für die praktische Handhabung immens hilfreich dürfte sich eine Festlegung darauf erweisen, ob die Entgeltlichkeit am Zufluss beim Schuldner oder am Abfluss beim Anfechtungsgegner bemessen wird. Der dem Anfechtungsrecht immanente Gedanke des Masseschutzes spräche gewiss für die erste Auslegung. Besinnt man sich jedoch darauf zurück, dass stets auch die Position des Anfechtungsgegners und damit des Rechtsverkehrs berücksichtigt werden muss (siehe Rz. 10), und erkennt man die Ratio von § 134 InsO in der Schwäche unentgeltlichen Erwerbs und der mit der fehlenden eigenen Vermögensdisposition einhergehenden mangelnden Schutzwürdigkeit des Empfängers, muss man zu einem anderen Ergebnis kommen: Ob eine Leistung entgeltlich ist, bemisst sich daher grundsätzlich danach, ob ihr **Empfänger**[365)] **aus seinem Vermögen eine angemessene Gegenleistung – gleich an wen – erbracht** hat. 121

Im Wesentlichen folgt auch der BGH[366)] dieser Überlegung, insbesondere bei der ***Tilgung* fremder Verbindlichkeiten**, wo es entscheidend auf die **Werthaltigkeit** der zum Erlöschen gebrachten Forderung ankommt: 122

Beispiel 24 123

P hat bei V ein Grundstück gepachtet und an S als Betriebsgrundstück weitervermietet. S begleicht kurz vor ihrer Insolvenz die Pachtforderungen des V gegen P. Der BGH[367)] *verneint zu Recht die Unentgeltlichkeit im Verhältnis S zu V, da V durch die* ***Drittzahlung (§ 267 BGB)*** *seine (wie festgestellt war: werthaltige) Forderung gegen P gemäß § 362 BGB eingebüßt habe. Habe weder eine durch die Drittzahlung erfüllte Pflicht der S gegenüber P noch eine Weisung von P bestanden, komme Unentgeltlichkeit im Verhältnis S zu P in Betracht. Ansonsten lägen zwei Leistungsverhältnisse (S an P und P an V) vor, in denen grundsätzlich (wie im Bereicherungsrecht) die Abwicklung zu erfolgen habe.*

Beispiel 25 124

Ist die erfüllte Forderung nicht werthaltig, nimmt der BGH[368)] *hingegen die Unentgeltlichkeit gegenüber dem Gläubiger an, da er in diesem Fall kein Vermögensopfer erbringe. Die Werthaltigkeit soll schon (ungeachtet einer eventuellen Quotenaussicht) bei* ***Zahlungsunfä-***

---

364) *Weinland* in: MünchKomm-AnfG, § 4 AnfG Rz. 37; ähnlich auch *Ganter*, WM 2006, 1081, 1084.

365) Zu einer Erweiterung durch Zurechnung bei wirtschaftlicher Einheit OLG Düsseldorf, Urt. v. 7.11.2013 – I-12 U 114/12, ZIP 2014, 837, 838.

366) Etwa BGH, Urt. v. 20.12.2012 – IX ZR 21/12, Rz. 25, ZIP 2013, 223, 225, dazu EWiR 2013, 247 *(Henkel)*; BGH, Urt. v. 16.11.2007 – IX ZR 194/04, Rz. 8, BGHZ 174, 228 = ZIP 2008, 125, 126, dazu EWiR 2008, 211 *(Ch. Keller)*.

367) BGH, Urt. v. 5.2.2004 – IX ZR 473/00, ZIP 2004, 917, dazu EWiR 2004, 771 *(Höpfner)*, und *Paulus/Zenker*, WuB VI B. § 30 Nr. 2 KO 1.04 (Urteilsanm.) – zur KO.

368) BGH, Urt. v. 16.11.2007 – IX ZR 194/04, Rz. 8, BGHZ 174, 228 = ZIP 2008, 125, 126, dazu EWiR 2008, 211 *(Ch. Keller)*.

higkeit fehlen, für einen Ausnahmefall[369] *sei der Anfechtungsgegner darlegungs- und beweispflichtig.*[370] *Zu den Konkurrenzen zur Deckungsanfechtung bei Doppelinsolvenz siehe Rz. 16.*

125 Etwas aus dem Rahmen dieser ständigen Rechtsprechung[371] fällt allerdings eine Entscheidung zur ***Besicherung*** **fremder Verbindlichkeiten**, die sich mit dem (im Urteil selbst wiederholten) Grundsatz, dass auf den Abfluss beim Anfechtungsgegner abzustellen sei, kaum vereinbaren lässt:

126 *Beispiel 26*

G steht gegen S eine kündbare Forderung zu, deren Werthaltigkeit unklar ist. Zur Abwendung der Kündigung verpfändet D ein Kontoguthaben an G. Der BGH[372] *sieht im* ***„Stehenlassen"*** ***der ungekündigten Forderung*** *gegen S generell keine kompensierende Gegenleistung für die von D bestellte Sicherheit. Dies begründet er in Anknüpfung an § 142 InsO damit, dass das Stehenlassen keine Zuführung eines neuen Vermögenswerts(!) bedeute. Dieser Perspektivenwechsel übersieht, dass § 142 InsO einen ganz anderen Schutzzweck verfolgt und ausschließlich massebezogen auszulegen ist. Richtigerweise wäre es (auch hier) darauf angekommen, ob das infolge der Sicherheitenbestellung nicht ausgeübte und nunmehr wertlose Kündigungsrecht des G bei Bestellung der Sicherheit noch werthaltig war.*[373] *Gesondert nach den jeweiligen Rechtsverhältnissen zu beurteilen ist, ob dem Insolvenzverwalter des D gegen S (§§ 130 f. InsO oder § 134 InsO) oder dem Insolvenzverwalter des S gegen G (§§ 130 f. InsO) Anfechtungsansprüche zustehen.*

3. Ausnahme (§ 134 Abs. 2 InsO)

127 Die vom Anfechtungsgegner vorzutragende Ausnahme in § 134 Abs. 2 InsO hat drei gesondert festzustellende Voraussetzungen: Es muss sich bei der unentgeltlichen Leistung um ein **Gelegenheitsgeschenk**[374] gehandelt haben, dieses muss **gebräuchlich** und ferner von **geringem Wert** gewesen sein. Dabei soll vor allem das Merkmal der Geringwertigkeit zu einer Begrenzung der Ausnahme auf nicht gravierend masseschädigende Schenkungen führen.[375] Über seine Auslegung herrscht Streit; plausibel erscheint eine absolute Obergrenze[376] bei z. B. 500 €, die je nach den Vermögensverhältnissen des Schuldners bei der Leistung (nicht aber: nach der späteren Masse)[377] im Einzelfall noch weiter abgesenkt werden kann.[378] Der BGH[379] geht von einer absoluten Obergrenze von 200 € pro Geschenk (jenseits von einmaligen Sonderanlässen) und 500 € pro Kalenderjahr je Empfänger aus.

369) Etwa dann, wenn sich der Anfechtungsgegner ohne die Drittzahlung durch Aufrechnung noch hätte Befriedigung verschaffen können, so BGH, Urt. v. 18.4.2013 – IX ZR 90/10, ZIP 2013, 1131, dazu EWiR 2013, 453 *(Cranshaw)*.

370) BGH, Urt. v. 17.6.2010 – IX ZR 186/08, Rz. 7, 9, ZIP 2010, 1402 f., dazu EWiR 2010, 755 *(Hahn)*.

371) Zu ihr eingehend *Büttner*, InsVZ 2010, 323.

372) BGH, Urt. v. 7.5.2009 – IX ZR 71/08, Rz. 12, ZIP 2009, 1122, 1123, dazu EWiR 2009, 487 *(Henkel)*.

373) *Grell/Schormair*, NZI 2009, 625, 628; a. A. *Bork* in: KPB, InsO, Anh. I zu § 147 Rz. 45, der nach gekündigten und lediglich kündbaren Forderungen differenziert.

374) Daran fehlt es bei regel- und planmäßigen Spenden ohne besonderen Anlass, BGH, Urt. v. 4.2.2016 – IX ZR 77/15, Rz. 28, BGHZ 209, 8 = ZIP 2016, 583, dazu EWiR 2016, 209 *(Bork)*.

375) Vgl. RegE, BT-Drucks. 12/2443, S. 161, als Reaktion etwa auf RG, Urt. v. 9.4.1929 – VII 278/28, RGZ 124, 59 – zur KO: Nerzmantel zu Weihnachten!

376) Kritisch *Paulus*, KTS 2011, 132, 135 – diese starre Herangehensweise widerspreche dem Menschenbild und dem Sozialgefüge des Grundgesetzes.

377) So aber *Kayser/Freudenberg* in: MünchKomm-InsO, § 134 Rz. 48.

378) Vgl. *Bork* in: KPB, InsO, § 134 Rz. 94.

379) BGH, Urt. v. 4.2.2016 – IX ZR 77/15, Rz. 35, BGHZ 209, 8 = ZIP 2016, 583, dazu EWiR 2016, 209 *(Bork)*.

V. § 135 InsO: Gesellschafterfinanzierungen

Checkliste § 135 Abs. 1 InsO 128

Forderung gemäß § 39 Abs. 1 Nr. 5, Abs. 4, 5 (oder gleichgestellt)	
Rechtshandlung in Form ihrer Sicherung (Nr. 1) *oder* Befriedigung (Nr. 2)	
höchstens zehn Jahre vor dem Antrag (oder danach)	höchstens ein Jahr vor dem Antrag (oder danach)
(mittelbare) Gläubigerbenachteiligung	

So wie § 134 InsO die Disprivilegierung von § 39 Abs. 1 Nr. 4 InsO ins **Vorfeld des Insolvenzverfahrens** erstreckt, tut es der durch das MoMiG[380] umfangreich reformierte § 135 InsO[381] mit **§ 39 Abs. 1 Nr. 5 InsO und § 44a InsO.** Lediglich § 135 Abs. 3 InsO, der zahllose Fragen aufwirft,[382] passt nicht in dieses Konzept und auch gar nicht ins Anfechtungsrecht, da er nur (ähnlich § 21 Abs. 2 Satz 1 Nr. 5 InsO) Nutzungsbefugnisse und Entschädigungsfolgen an Aussonderungsgut regelt, aber bestenfalls sehr mittelbar Aussagen zur Anfechtbarkeit trifft. 129

Die **Reform** hat den Tatbestand alles in allem erweitert und insbesondere dem Insolvenzverwalter durch eine Verschlankung der Voraussetzungen (Verzicht auf die „Krise" als Voraussetzung der Verstrickung von Finanzierungsleistungen) Arbeit abgenommen. Eine erhebliche Einschränkung stellt es jedoch dar, dass die **Beendigung von Nutzungsüberlassungen** durch Gesellschafter und auch die **laufende Entgeltzahlung** für jene grundsätzlich nicht mehr nach § 135 InsO anfechtbar sind – dafür spricht jedenfalls § 135 Abs. 3 InsO.[383] Die Neuregelung ist nach Art. 103d Satz 1 EGInsO anwendbar auf alle seit dem 1.11.2008 eröffneten Insolvenzverfahren. Ist die Rechtshandlung aber vor diesem Stichtag vorgenommen worden, muss ein Günstigervergleich mit den alten Regeln erfolgen, Art. 103d Satz 2 EGInsO.[384] 130

Das wesentliche und prägende Merkmal von § 135 Abs. 1, 2 InsO ist die unmittelbare (Abs. 1) oder durch Sicherheiten vermittelte (Abs. 2) **Gesellschafterfinanzierung** in einem weiten, auf wirtschaftlich entsprechende Unterstützungsleistungen – ggf. auch durch nahestehende Dritte[385] – erweiterten Sinn. Der Frage, welche Forderungen von § 39 Abs. 1 Nr. 5, Abs. 4, 5 InsO und § 44a InsO erfasst werden, wird in diesem Handbuch an anderer Stelle nachgegangen; darauf sei hier lediglich verwiesen (siehe unten Kap. 24 Rz. 132 ff. [*Naraschewski*]).[386] 131

Steht die entsprechende Qualifizierung der Forderung aber einmal fest, ist der **anfechtungsrechtliche Teil** im Fall ihrer Befriedigung vergleichsweise trivial,[387] da sich § 135 132

380) Gesetz zur Modernisierung des GmbH-Rechts und zur Bekämpfung von Missbräuchen, v. 23.10.2008 – MoMiG, BGBl. I 2008, 2026.

381) Eingehend *Zenker* in: Cranshaw/Paulus/Michel, Bankenkommentar InsR, § 135.

382) Vgl. etwa ausführlich *Bitter*, ZIP 2010, 1.

383) *Könen* in: KPB, InsO, § 135 Rz. 23, 65; a. A. *Haas* in: FS Ganter, S. 189.

384) Vgl. etwa *Klinck* in: BeckOK-InsO, Art. 103d EGInsO Rz. 6 f.

385) Dazu BGH, Urt. v. 17.2.2011 – IX ZR 131/10, ZIP 2011, 575, dazu EWiR 2011, 285 *(Spliedt)*.

386) Vgl. auch AG Hamburg, Beschl. v. 23.9.2010 – 67g IN 310/10, InsVZ 2010, 421, sowie *Zenker* in: Cranshaw/Paulus/Michel, Bankenkommentar InsR, § 39 Rz. 27 ff.

387) Vgl. aber zu den anfechtungsrechtlichen Folgen einer Zession der Forderung an einen Nichtgesellschafter BGH, Urt. v. 21.2.2013 – IX ZR 32/12, ZIP 2013, 582, dazu EWiR 2013, 217 *(Bork)*; sowie etwa *Preuß*, ZIP 2013, 1145; *Kebekus/Zenker* in: FS Wellensiek, S. 475.

Abs. 1 Nr. 2, Abs. 2 InsO dann **auf die allgemeinen Anfechtungsvoraussetzungen beschränkt** (Rechtshandlung in Form der Befriedigung, vorgenommen längstens ein Jahr vor dem Antrag, mit der Folge einer wenigstens mittelbaren Gläubigerbenachteiligung). Lediglich für den Fall des Absatz 2 enthält **§ 143 Abs. 3 InsO** eine entscheidende Modifikation: Hier ist dem Normzweck, der an die Schwäche der Gesellschafterfinanzierung anknüpft, entsprechend nicht der befriedigte Drittgläubiger zur Rückgewähr verpflichtet, sondern der Gesellschafter, dessen Sicherheit dadurch frei geworden war – und nur im Umfang dieser Sicherheit.[388)]

133 Teilweise wird noch davon ausgegangen, dass (akzessorische und auch nicht-akzessorische) **Sicherheiten** für nachrangige Forderungen im Insolvenzverfahren nicht zulasten der vorrangigen Gläubiger durchgesetzt werden können.[389)] Damit aber verlöre **§ 135 Abs. 1 Nr. 1 InsO** als Anfechtungstatbestand (nahezu?)[390)] jede mehr als nur deklaratorische oder unterstützende Bedeutung,[391)] wenn man nicht mit dem BGH[392)] zu Unrecht noch nach Verwertung eine auf Nr. 1 gestützte Anfechtung gestatten will. Er mag jedoch auch nach dieser Lesart den Grundsatz der fehlenden Insolvenzfestigkeit für solche Sicherheitenbestellungen einschränken, die länger als zehn Jahre vor Antragstellung vorgenommen worden sind.[393)] Ausgehend davon, dass richtigerweise Absonderungsrechte auch für nachrangige Insolvenzforderungen bestellt und durchgesetzt werden können, stellt sich hingegen u. a. die – umstrittene – Frage, ob auch anfängliche Besicherungen von Gesellschafterdarlehen der Anfechtung unterliegen oder ob hier (etwa nach § 142 InsO oder wegen teleologischer Reduktion) etwas anderes als bei Nachbesicherung gelten muss.[394)]

VI. § 136 InsO: Stille Gesellschaft

134 **Checkliste § 136 InsO**

Rechtshandlung in Form von Einlagenrückgewähr/Erlass der Verlustbeteiligung
Abschluss einer besonderen Vereinbarung darüber
(Vereinbarung) höchstens ein Jahr vor dem Antrag (oder danach)
(mittelbare) Gläubigerbenachteiligung
Vorliegen eines Eröffnungsgrundes (bei Vereinbarung)*)

*) Diese Voraussetzung wird vermutet (Beweislastumkehr).

388) Zur (fragwürdigen) Erstreckung auf die Verwertung von Gesellschaftssicherheiten im laufenden Insolvenzverfahren vgl. bereits oben Fn. 52.

389) Jaeger-*Henckel*, InsO, § 135 Rz. 10; a. A. aber *Zenker* in: Cranshaw/Paulus/Michel, Bankenkommentar InsR, § 135 Rz. 19.

390) Man mag hier für einen verbleibenden Anwendungsbereich etwa an im Wege der mittelbaren Zuwendung bestellte Drittsicherheiten denken, wobei auch diesen wohl in der Regel der Nachrang entgegengehalten werden können müsste.

391) So auch im von *Spliedt*, ZIP 2009, 149, 153, für den „Anfechtungstatbestand" genannten Fall der Rückführung einer gesicherten Forderung im letzten Jahr – die Gläubigerbenachteiligung folgt hier bereits aus dem insolvenzrechtlichen Nachrang.

392) BGH, Urt. v. 18.7.2013 – IX ZR 219/11, BGHZ 198, 64 = ZIP 2013, 1579, m. krit. Anm. *Bitter*, S. 1583, dazu EWiR 2013, 521 *(Bork)*; wie der BGH *Naraschewski*, Kap. 24 Rz. 197; a. A. *Zenker* in: Cranshaw/Paulus/Michel, Bankenkommentar InsR, § 135 Rz. 19.

393) *Könen* in: KPB, InsO, § 135 Rz. 18 f.; *Spliedt*, ZIP 2009, 149, 153.

394) Für die Anfechtbarkeit BGH, Urt. v. 14.2.2019 – IX ZR 149/16, Rz. 40 ff., BGHZ 221, 100 = ZIP 2019, 666; *Zenker* in: Cranshaw/Paulus/Michel, Bankenkommentar InsR, § 135 Rz. 7; a. A. *Bitter*, ZIP 2019, 737; *Bitter*, ZIP 2013, 1497 m. w. N.

Die praktisch wenig bedeutsame Sonderregelung in § 136 InsO enthält nach herrschendem Verständnis einen zeitlich und inhaltlich ausgedehnten Sonderfall der Inkongruenzanfechtung für stille Gesellschafter als **Insider.**[395] Schließen sie mit dem Inhaber des Handelsgeschäfts im letzten Jahr vor Antragstellung trotz **materieller Insolvenz** (Eröffnungsgrund gemäß §§ 17 bis 19 InsO, siehe § 136 Abs. 2 InsO) eine **besondere (ihrerseits inkongruente) Vereinbarung** über die Rückzahlung ihrer Einlage oder den Erlass der Verlustbeteiligung, so sind die korrespondierenden Erfüllungshandlungen anfechtbar. Subjektive Voraussetzungen bestehen nicht; der Anfechtungsgegner ist für den fehlenden Eröffnungsgrund nach Absatz 2 in der Beweislast. 135

D. Rechtsfolgen der Anfechtbarkeit

Liegt nach dem bislang Gesagten ein Anfechtungstatbestand vor, so ergibt sich daraus im Regelfall ein **Anfechtungsanspruch gemäß § 143 InsO** auf Rückgewähr bzw. (sekundär) Wertersatz. Soll ein Anspruch abgewehrt oder eine Einwendung ausgeräumt werden, so dient dazu die **Einrede der Anfechtbarkeit**. Bevor auf diese Rechtsfolgen und ihre Durchsetzung im Einzelnen eingegangen wird, sollen einige allgemeine Bemerkungen gleichsam vor die Klammer gezogen werden. 136

I. Geltendmachung

Bereits einleitend (siehe Rz. 3) wurde betont, dass es bei der Insolvenzanfechtung nicht um die Ausübung eines Gestaltungsrechts geht, sondern dass die **„Anfechtung"** allein in der **Geltendmachung der vom Gesetz vorgesehenen Rechtsfolgen** liegt. Der Insolvenzverwalter muss also nicht – geschweige denn ausdrücklich – die „Anfechtung" erklären oder sich in seiner Rechtsverfolgung auf die §§ 129 ff. InsO berufen. 137

Allerdings treten die Folgen der Anfechtung doch nicht ohne jeden Akt der Geltendmachung mit Wirkung erga omnes ein; dem Insolvenzverwalter steht eine **Dispositionsbefugnis** über die „Anfechtung" zu.[396] So kann etwa ein Gläubiger seinen Widerspruch gegen eine von anderer Seite angemeldete Forderung nicht auf eine bestehende Anfechtungseinrede stützen, bis nicht der Insolvenzverwalter selbst die Forderung bestritten und damit quasi „angefochten" hat.[397] Auch wird man dem Anfechtungsgegner nicht gestatten können, den Anfechtungsanspruch ohne den Willen des Insolvenzverwalters zu erfüllen, um damit etwa die Rechtsfolge des § 144 Abs. 2 Satz 1 InsO auszulösen. Deshalb ist die Anfechtungseinrede echte Einrede[398] und wird teilweise – wenn auch konstruktiv zweifelhaft[399] – neben dem Anfechtungsanspruch noch eine besondere Ausübungsbefugnis als verselbständigte Position postuliert.[400] Über die Ergebnisse besteht wohl im Wesentlichen Einigkeit, ihre genaue dogmatische Begründung mag hier dahinstehen. 138

II. Beteiligte

Bislang wurde immer vom **Insolvenzverwalter** gesprochen, um denjenigen zu bezeichnen, der die Rechtsfolgen der Anfechtbarkeit quasi für die Masse verwaltet und zu ihren Gunsten geltend macht. Das trifft auch im gesetzlichen Normalfall und im praktischen 139

---

395) *Gehrlein* in: MünchKomm-InsO, § 136 Rz. 1; differenzierend und näher *Zenker* in: Cranshaw/Paulus/Michel, Bankenkommentar InsR, § 136 Rz. 2 f.

396) BGH, Urt. v. 21.2.2008 – IX ZR 209/06, Rz. 11, ZIP 2008, 888, 889, dazu EWiR 2008, 601 *(Höpfner)*.

397) Jaeger-*Henckel*, InsO, § 129 Rz. 283.

398) Vgl. nur *Eckardt*, Die Anfechtungsklage wegen Gläubigerbenachteiligung, S. 328 ff.

399) Mit guten Gründen kritisch *Bork*, ZIP 2006, 589, 590.

400) *Kayser/Freudenberg* in: MünchKomm-InsO, § 129 Rz. 192 ff.

Regelfall zu, allerdings gibt es eine besondere Regelung für die Eigenverwaltung (§ 280 InsO) mit der Zuständigkeit des Sachwalters. In vor dem 1.7.2014 beantragten vereinfachten Verfahren konnte nach § 313 Abs. 2 InsO a. F. jeder Gläubiger die Rechtsfolgen der Anfechtbarkeit geltend machen.

140 Auf der anderen Seite steht grundsätzlich derjenige, der anfechtbar etwas aus der Masse oder auf ihre Kosten erlangt hat. Abgesehen davon jedoch, dass die Bestimmung des **Anfechtungsgegners** mitunter längst nicht so einfach ist, wie es dieser Satz suggeriert,[401] enthalten die §§ 129 ff. InsO selbst (wenigstens) drei mehr oder minder abweichende Regelungen: Da ist zunächst der bereits erwähnte (siehe Rz. 132) § 143 Abs. 3 InsO, der für den Fall der nach § 135 Abs. 2 InsO anfechtbaren Rückzahlung eines gesellschafterbesicherten Darlehens nicht den Darlehensgeber, sondern den Gesellschafter als Anfechtungsgegner nominiert. Nicht viel anders wirkt § 137 InsO, auch wenn er letztlich weniger die Rechtsfolgen als den Anfechtungstatbestand des § 130 InsO modifiziert (siehe Rz. 74).

141 Schließlich und in erster Linie eröffnet **§ 145 InsO** die Anfechtbarkeit gegenüber **Rechtsnachfolgern** des ursprünglichen Anfechtungsgegners (eventuell auch neben ihm).[402] Beim Gesamtrechtsnachfolger stellt § 145 Abs. 1 InsO für diese Erstreckung keine weiteren Voraussetzungen auf, während § 145 Abs. 2 InsO bei der Einzelrechtsnachfolge dem ggf. schutzwürdigen Vertrauen des Nachfolgers Rechnung trägt – er wird nur dann Anfechtungsgegner, wenn ihm die anfechtbarkeitsbegründenden Umstände bei seinem Rechtsvorgänger bekannt waren (für nahestehende Personen des Schuldners wird das vermutet) oder er unentgeltlich erworben hat. Die genaue Abgrenzung und die Reichweite[403] dieser Erstreckung sind ebenso umstritten[404] wie die dogmatische Frage,[405] ob dabei jedenfalls der Einzelrechtsnachfolger einen eigenen Anfechtungstatbestand verwirklicht, so dass die Rechtsfolgen in seiner Person neu entstehen, oder ob er im Wege einer Pflichtennachfolge in sie eintritt bzw. schlicht der Gegenstand der Anfechtung unter den Voraussetzungen des § 145 InsO nicht enthaftet wird.

III. Anfechtungsanspruch (§ 143 InsO)

1. Rechtsnatur

142 Gemäß § 143 Abs. 1 Satz 1 InsO ist zur Insolvenzmasse zurückzugewähren, was „durch die anfechtbare Handlung aus dem Vermögen des Schuldners veräußert, weggegeben oder aufgegeben [worden] ist". Das Recht, dieses (oder etwa Wertersatz) zu verlangen, bezeichnet § 146 InsO als „Anfechtungsanspruch" und unterwirft es der (regelmäßigen) Verjährung des BGB, die gemäß § 194 Abs. 1 BGB auch nur für Ansprüche gilt. Damit sind die Rechtsfolgen der Anfechtung den **gebräuchlichen Kategorien des Verkehrsrechts** (im Vergleich zur KO) wenigstens angenähert worden und besteht für eine Sonderbehandlung jeweils Begründungsbedarf; ferner steht grundsätzlich auch das „übliche" **Durchsetzungsinstrumentarium** zur Verfügung.

143 Dennoch kann man sich angesichts der **besonderen (retrospektiven und -aktiven) Wirkung** der Insolvenzanfechtung und ihrer Bindung an das (Gesamt-)Vollstreckungsverfah-

401) Vgl. *Kirchhof/Piekenbrock* in: MünchKomm-InsO, § 143 Rz. 8 ff.

402) Zur Sondersituation bei Anfechtung von Lohnzahlungen im Insolvenzgeldzeitraum vgl. BAG, Urt. v. 29.1.2014 – 6 AZR 345/12, Rz. 13, ZIP 2014, 628 = ZVI 2014, 307, dazu EWiR 2014, 291 *(Huber)*.

403) Für den Wertersatzanspruch nach § 143 Abs. 1 Satz 2 InsO soll sie nicht gelten, vgl. BGH, Urt. v. 24.6.2003 – IX ZR 228/02, BGHZ 155, 199 = ZIP 2003, 1554, 1556, dazu EWiR 2004, 347 *(Haas/Müller)*.

404) Vgl. etwa *Gerhardt* in: FS Kirchhof, 2003, S. 121; sowie Cranshaw/Hinkel-*Zenker*, Gläubigerkommentar zum Anfechtungsrecht, § 145.

405) Näher etwa Jaeger-*Henckel*, InsO, § 145 Rz. 2 ff. m. w. N.

ren und damit die **Haftungsverwirklichung** fragen, ob der Anfechtungsanspruch tatsächlich ein schlichter – obligatorischer – Anspruch ist (schuldrechtliche Theorie) oder nicht vielmehr eine besondere Ausprägung fortbestehender „haftungsrechtlicher" Zugehörigkeit des anfechtbar weggegebenen Gegenstands zur Masse (haftungsrechtliche Theorie oder Theorie von der haftungsrechtlichen Unwirksamkeit); die Ansicht von einer auch vermögensrechtlichen Unwirksamkeit (dingliche Theorie) ist mit der InsO allenfalls noch in einer stark modifizierten Form vereinbar.

Dieser (alte) Streit[406] zur Rechtsnatur der Insolvenzanfechtung kann und soll hier nicht entschieden werden, zumal auch der BGH[407] ausgesprochen hat, dass er die Rechtsfolgen (quasi von Fall zu Fall) anhand des jeweiligen Regelungskontexts bestimmen werde, ohne sich einer der Theorien zu verschreiben. Zugleich hat er entschieden, dass dem den Anfechtungsanspruch verfolgenden Insolvenzverwalter gegen die Einzelzwangsvollstreckung in den herauszugebenden Gegenstand eine **Drittwiderspruchsklage** nach § 771 ZPO zusteht[408] – und damit in der Insolvenz des Anfechtungsgegners ein **Aussonderungsrecht** nach § 47 InsO.[409] Dies gilt aber nur für den Anspruch nach § 143 Abs. 1 Satz 1 InsO; der Wertersatzanspruch nach § 143 Abs. 1 Satz 2 InsO ist bloße Insolvenzforderung.[410] **144**

2. Entstehung/Erlöschen/Übertragung

Da die Anfechtbarkeit neben der betreffenden Rechtshandlung noch voraussetzt, dass binnen einer gewissen Frist ein Insolvenzantrag gestellt wird, der den Anforderungen des § 139 Abs. 2 InsO genügt, und dass das Insolvenzverfahren eröffnet wird, besteht Uneinigkeit darüber, wann der Anspruch im Rechtssinne entsteht – ob schon mit Vornahme der Rechtshandlung, aber aufschiebend bedingt durch die Verfahrenseröffnung (und wohl auch die rechtzeitige Stellung des Antrags),[411] oder – wohl vorzugswürdig – erst bzw. frühestens mit der letztlichen Verfahrenseröffnung.[412] Beide Ansätze haben korrespondierende Stärken und Defizite in der Erklärung bestimmter, im Ergebnis wohl unbestrittener Rechtsfolgen (etwa zur Unzulässigkeit der Aufrechnung gegen den Anfechtungsanspruch, zur Kontinuität des Anspruchs gemäß §§ 16 f. AnfG oder zur Haftung für eine vor Verfahrenseröffnung verursachte Unmöglichkeit der Rückgewähr). Einig ist man sich jedenfalls darin, dass ein **wirksamer Insolvenzanfechtungsanspruch erst ab der Eröffnung des Insolvenzverfahrens** besteht. **145**

Der Anspruch **erlischt nach allgemeinen Regeln** durch Erfüllung, Erfüllungssurrogate und ggf. infolge von Leistungsstörungen, außerdem durch **Verzicht**, der allerdings oft wegen Insolvenzzweckwidrigkeit unwirksam sein wird, wenn er nicht etwa Bestandteil eines angemessenen **Vergleichs** ist.[413] Wird er nicht durchgesetzt, erlischt der Anfechtungsan- **146**

---

406) Zu ihm etwa *Allgayer*, Rechtsfolgen und Wirkungen der Gläubigeranfechtung, Rz. 8 ff.; *Eckardt*, Die Anfechtungsklage wegen Gläubigerbenachteiligung, S. 36 ff., 377 f.; Jaeger-*Henckel*, InsO, § 143 Rz. 3 ff.; *Kirchhof/Freudenberg* in: MünchKomm-InsO, Vor § 129 Rz. 11 ff. alle m. w. N.

407) BGH, Urt. v. 23.10.2003 – IX ZR 252/01, BGHZ 156, 350 = ZIP 2003, 2307, 2310, dazu EWiR 2004, 1099 *(Neußner)*.

408) BGH, Urt. v. 23.10.2003 – IX ZR 252/01, BGHZ 156, 350 = ZIP 2003, 2307, 2310 f.; anders noch zur KO BGH, Urt. v. 11.1.1990 – IX ZR 27/89, ZIP 1990, 246, 247 f., dazu EWiR 1990, 257 *(Balz)*. *Jacoby* in: KPB, InsO, § 143 Rz. 17 ff., bezeichnet dies als „haftungsrechtliche Qualität".

409) BGH, Urt. v. 27.4.2017 – IX ZR 198/16, Rz. 11, NZI 2017, 712, 713 = ZIP 2017, 1336.

410) BGH, Urt. v. 24.6.2003 – IX ZR 228/02, BGHZ 155, 199 = ZIP 2003, 1554, 1556 f., dazu EWiR 2004, 347 *(Haas/Müller)*.

411) Jaeger-*Henckel*, InsO, § 143 Rz. 103; *Kayser/Freudenberg* in: MünchKomm-InsO, § 129 Rz. 186.

412) BGH, Beschl. v. 29.4.2004 – IX ZB 225/03, ZIP 2004, 1653, 1654; *Jacoby* in: KPB, InsO, § 143 Rz. 9.

413) Näher *Bork*, ZIP 2006, 589; vgl. auch OLG Karlsruhe, Beschl. v. 12.8.2013 – 9 U 55/13, ZIP 2014, 530 f.

spruch zumindest in den Händen des Insolvenzverwalters (siehe § 18 AnfG) außerdem grundsätzlich durch **Beendigung des Insolvenzverfahrens,**[414] da mit ihr der Insolvenzbeschlag und das Amt des Insolvenzverwalters enden. Eine Ausnahme davon kann in einem Insolvenzplan (nur) für bereits anhängige Anfechtungsprozesse vorgesehen werden (§ 259 Abs. 3 InsO).[415] Im Regelverfahren wird man eine Aufrechterhaltung des Insolvenzbeschlags in Bezug auf den Anfechtungsanspruch durch einen konkreten Vorbehalt der Nachtragsverteilung (§ 203 InsO) zulassen müssen;[416] der BGH[417] geht darüber hinaus zweifelhaft davon aus, dass auch ohne diesen Vorbehalt noch die Nachtragsverteilung zur Durchsetzung eines (bis dahin unbekannten) Anfechtungsanspruchs angeordnet werden kann.

147 Die **Abtretbarkeit** des Anspruchs aus § 143 Abs. 1 Satz 1 InsO ist umstritten, aber zu bejahen – nach der Disposition, die der Insolvenzverwalter jedenfalls durch die Abtretung über den Anspruch trifft, ist dessen Geltendmachung nicht mehr höchstpersönlich.[418] Freilich erhält der Anspruch durch die Abtretung keinen anderen Inhalt und ist z. B. sein Bestehen weiterhin grundsätzlich auf die Dauer des Insolvenzverfahrens beschränkt.[419]

3. Inhalt des Primäranspruchs

148 Je nach der anfechtbaren Rechtshandlung (bzw. ihrer rückgängig zu machenden Rechtswirkungen) kann die **Rückgewähr**, auf die der Anfechtungsanspruch gerichtet ist, ganz unterschiedlich ausfallen: Neben der Rückgabe und/oder Rückübereignung von Sachen und der Rückübertragung von Rechten kann auch deren Beseitigung (so im Falle einer Belastung) etwa durch Verzicht oder Aufhebung geschuldet sein. Bei der genannten Belastung oder bei anfechtbar begründeten Verbindlichkeiten kann der Insolvenzverwalter der Inanspruchnahme durch den Anfechtungsgegner auch schlicht die Anfechtungseinrede entgegensetzen (siehe noch Rz. 168). Im Fall des anfechtbaren Erlasses oder Verzichts kann an sich die Neubegründung des betroffenen Rechts verlangt werden – oder aber der Insolvenzverwalter macht (so er dies für den besten Weg der Masseverwertung hält) besagtes Recht direkt geltend und erhebt gegenüber der Einwendung des Anfechtungsgegners, dieses sei erloschen, die Gegeneinrede der Anfechtbarkeit des Erlasses (siehe noch Rz. 169).

Praxishinweis

Bereits diese kurze Aufzählung[420] zeigt, dass hier sehr genau auf den **Einzelfall** zu schauen ist, um festzustellen, auf welchem Wege (und ob überhaupt) eine Rückgewähr in Natur möglich ist – fehlt es an dieser Möglichkeit, so kommen Ersatzansprüche, insbesondere gerichtet auf Wertersatz, in Betracht (siehe sogleich Rz. 150 ff.).

---

414) BGH, Urt. v. 10.2.1982 – VIII ZR 158/80, BGHZ 83, 102 = ZIP 1982, 467, 468 – zur KO.

415) Dazu BGH, Urt. v. 10.12.2009 – IX ZR 206/08, ZIP 2010, 102, dazu EWiR 2010, 193 *(Rendels/Körner)*; BGH, Urt. v. 6.10.2005 – IX ZR 36/02, ZIP 2006, 39, dazu EWiR 2006, 87 *(Bähr/Landry)*. Zu den Konsequenzen eines Folgeinsolvenzverfahrens BGH, Urt. v. 9.1.2014 – IX ZR 209/11, Rz. 20 ff., ZIP 2014, 330, 332 f., dazu EWiR 2014, 117 *(Madaus)*.

416) *Jacoby* in: KPB, InsO, § 143 Rz. 10.

417) BGH, Beschl. v. 11.2.2010 – IX ZB 105/09, NZI 2010, 259; wohl auch *Kayser/Freudenberg* in: MünchKomm-InsO, § 129 Rz. 213 (s. aber Rz. 211, 225).

418) BGH, Urt. v. 10.1.2013 – IX ZR 172/11, Rz. 10, ZIP 2013, 531, 532, dazu EWiR 2013, 329 *(Schulz)*; BGH, Urt. v. 17.2.2011 – IX ZR 91/10, ZIP 2011, 1114, dazu EWiR 2011, 433 *(Huber)*; *Jacoby* in: KPB, InsO, § 143 Rz. 8; *Kayser/Freudenberg* in: MünchKomm-InsO, § 129 Rz. 214 ff.; a. A. OLG Zweibrücken, Urt. v. 22.4.2010 – 4 U 128/09, ZIP 2010, 1505, 1506 = NZI 2010, 483; *Allgayer*, Rechtsfolgen und Wirkungen der Gläubigeranfechtung, Rz. 716 ff.

419) *Kayser/Freudenberg* in: MünchKomm-InsO, § 129 Rz. 221; a. A. *Jacoby* in: KPB, InsO, § 143 Rz. 10; offengelassen von BGH, Urt. v. 17.2.2011 – IX ZR 91/10, Rz. 12 f., ZIP 2011, 1114, 1115 f. m. w. N. sowie praktischen Hinweisen, dazu EWiR 2011, 433 *(Huber)*.

420) Detaillierter etwa *Kirchhof/Piekenbrock* in: MünchKomm-InsO, § 143 Rz. 37 bis 82 m. w. N.

Im Zusammenhang mit § 134 InsO wurde bereits auf **§ 143 Abs. 2 InsO** hingewiesen, der eine Begrenzung des Rückgewähranspruchs zugunsten des Empfängers einer unentgeltlichen Leistung vorsieht – allerdings nur dann, wenn sich die Anfechtbarkeit ausschließlich aus §§ 134, 322 InsO oder über § 145 Abs. 2 Nr. 3 InsO ergibt; bei konkurrierenden Anfechtungstatbeständen gilt § 143 Abs. 2 InsO nicht.[421] Im Anwendungsbereich der Privilegierung kann der Empfänger seine – von ihm zu beweisende – **Entreicherung** einwenden (auch gegenüber dem Primäranspruch etwa in Gestalt von Aufwendungen), wenn nicht der Insolvenzverwalter nachweist,[422] dass der Empfänger nach Maßgabe von § 143 Abs. 2 Satz 2 InsO bösgläubig war. 149

4. Sonstige Ansprüche

In **§ 143 Abs. 1 Satz 2 InsO** wird auf die bereicherungsrechtlichen Vorschriften bei Bösgläubigkeit des Empfängers (§§ 818, 819 Abs. 1 BGB) verwiesen. Dieser Verweis regelt eventuelle Ersatz- und Sekundäransprüche und Nebenforderungen und führt insgesamt zu einer **sehr strengen Haftung** des Anfechtungsgegners – und zwar unabhängig davon, ob er mit der späteren Anfechtbarkeit rechnete. 150

Der Verweis auf das **Bereicherungsrecht** und manche Parallelen der Rechtsgebiete (etwa in der Behandlung von klassischen Anweisungsfällen, siehe Rz. 24) sollten nicht den Blick darauf verstellen, dass die ursprüngliche **Perspektive eine grundverschiedene ist**: Während es beim Bereicherungsrecht um die Herausgabe des Erlangten geht, schuldet der Anfechtungsgegner die Rückgewähr des aus der Masse Abgeflossenen. Dieser Unterschied kann durchaus noch Konsequenzen für die Anspruchsberechnung haben;[423] er wird jedoch durch die kraft gesetzlicher Anordnung geltenden bereicherungsrechtlichen Begleitansprüche (Nutzungen, Surrogate) weitgehend verwischt. 151

a) Wertersatz/Schadensersatz/Surrogate

Ist die Rückgewähr nach § 143 Abs. 1 Satz 1 InsO ganz oder teilweise unmöglich – sei es wegen der Natur des Erlangten (z. B. bei anfechtbarer Gebrauchsüberlassung) oder deswegen, weil es beim Anfechtungsgegner nicht mehr vorhanden (sondern z. B. untergegangen, verbraucht oder veräußert worden) ist –, so tritt im Umfang der **Unmöglichkeit** an die Stelle des Rückgewähranspruchs ein **Wertersatzanspruch**. Dieser folgt auch in Fällen der nachträglichen Unmöglichkeit schon aus § 143 Abs. 1 Satz 2 InsO, § 818 Abs. 2 BGB[424] und nicht (nur) aus § 143 Abs. 1 Satz 2 InsO, §§ 819 Abs. 1, 818 Abs. 4, 292 Abs. 1, 989 BGB.[425] Allerdings soll dem Anfechtungsgegner die Berufung auf seine **Entreicherung** gemäß § 818 Abs. 3 InsO nur bei freilich großzügig bejahtem Verschulden (oder Verzug)[426] auf dem besagten Umweg über einen Schadensersatzanspruch gemäß § 989 BGB (bei Verzug i. V. mit §§ 990 Abs. 2, 287 Satz 2 BGB) versagt werden;[427] die entsprechende Auffassung im Bereicherungsrecht sieht sich aber gewichtigen Einwänden ausgesetzt.[428] 152

---

421) Uhlenbruck-*Borries/Hirte*, InsO, § 143 Rz. 58.

422) Dazu vgl. OLG Rostock, Urt. v. 17.12.2007 – 3 U 99/07, ZIP 2008, 568, dazu EWiR 2008, 339 *(Dörrscheidt)*, und *Zenker*, NJ 2008, 173 (Urteilsanm.).

423) Vgl. Jaeger-*Henckel*, InsO, § 143 Rz. 106; *Kirchhof/Piekenbrock* in: MünchKomm-InsO, § 143 Rz. 37.

424) *Jacoby* in: KPB, InsO, § 143 Rz. 25.

425) So aber Jaeger-*Henckel*, InsO, § 143 Rz. 104 ff. (anders Rz. 133 für anfängliche Unmöglichkeit); wohl auch *Kirchhof/Piekenbrock* in: MünchKomm-InsO, § 143 Rz. 101 ff.

426) Zu den Entlastungsmöglichkeiten *Jacoby* in: KPB, InsO, § 143 Rz. 68, 73.

427) Begr. RegE InsO, BT-Drucks. 12/2443, S. 167; *Eckardt* in: FS Gerhardt, S. 145, 175 f.; *Thole* in: HK-InsO, § 143 Rz. 23 f.

428) *Larenz/Canaris*, Schuldrecht II/2, § 73 II 5a, S. 319.

153 In jedem Fall behält der genannte **Schadensersatzanspruch** gemäß § 143 Abs. 1 Satz 2 InsO, §§ 819 Abs. 1, 818 Abs. 4, 292 Abs. 1, 989 f. BGB etwa dann Bedeutung, wenn der Schaden der Masse den Wert der weggegebenen Sache übersteigt. Ferner können sich Schadensersatzansprüche auch aus allgemeinem Leistungsstörungsrecht (§§ 280 ff. BGB) in Bezug auf die Rückgewährpflicht ergeben, etwa gemäß §§ 280 Abs. 1, 3, 281 BGB ein Anspruch auf Schadensersatz statt der Leistung, wenn der Anfechtungsgegner die Herausgabe ernsthaft und endgültig verweigert.[429)]

154 Gemäß § 143 Abs. 1 Satz 2 InsO i. V. mit § 818 Abs. 1 BGB bzw. §§ 819 Abs. 1, 818 Abs. 4, 285 BGB erfasst der Anfechtungsanspruch im Übrigen **Surrogate** – und zwar sowohl das commodum ex re (§ 818 Abs. 1 BGB) als auch das commodum ex negotiatione cum re (§ 285 BGB).[430)]

b) Nutzungen/Zinsen

155 Bei anderen als auf Geldzahlung gerichteten Ansprüchen folgt ein Anspruch auf die vom Anfechtungsgegner **tatsächlich gezogenen und schuldhaft nicht gezogenen Nutzungen**[431)] – jedenfalls unabhängig von einer fortbestehenden Bereicherung – aus § 143 Abs. 1 Satz 2 InsO, §§ 819 Abs. 1, 818 Abs. 4, 292 Abs. 2, 987 BGB, so dass ein Rückgriff auf § 143 Abs. 1 Satz 2 InsO, § 818 Abs. 1 BGB insoweit entbehrlich ist. Für **Geldforderungen** enthält **§ 143 Abs. 1 Satz 3 InsO** mit Wirkung vom 5.4.2017 (siehe Art. 103j EGInsO) eine Sonderregelung, die Anreizen zugunsten einer späten Anfechtung entgegenwirken soll:[432)] Eine **Verzinsung** erfolgt erst ab Verzug (und damit in der Regel Mahnung) oder Rechtshängigkeit der Anfechtung; weitergehende Ansprüche auf Nutzungsherausgabe sind ausgeschlossen. Der Zinssatz liegt gemäß § 288 Abs. 1 Satz 2 BGB derzeit bei fünf Prozentpunkten über dem Basiszinssatz.[433)]

5. Rechtsstellung des Anfechtungsgegners

156 Mit der Rückgewähr einer anfechtbaren Leistung lebt gemäß **§ 144 Abs. 1 InsO** die dadurch ursprünglich zum Erlöschen gebrachte Forderung – als Insolvenzforderung (§ 38 InsO) – mit Rückwirkung wieder auf. Insbesondere für die Deckungsanfechtung leuchtet das unmittelbar ein, soll sie doch die Gleichbehandlung der Gläubiger sichern und wird so der Anfechtungsgegner (wie nach einem Frühstart) wieder in die Gläubigergemeinschaft zurückgeholt. In den meisten Fällen ist die so **(zurück-)gewonnene Aussicht des Anfechtungsgegners auf die Quote** zwar besser als nichts, aber doch nicht sonderlich attraktiv. Dies kann sich schlagartig ändern, wenn für die Forderung **Sicherungsrechte** bestanden, die nun ebenfalls wiederaufleben oder bei bereits rückübertragenen, nichtakzessorischen Sicherheiten ggf. erneut zu bestellen sind.[434)]

---

429) Vgl. zu den Schadensersatzansprüchen insgesamt *Jacoby* in: KPB, InsO, § 143 Rz. 66 ff.

430) *Eckardt* in: FS Gerhardt, S. 145, 184 ff.; *Kirchhof/Piekenbrock* in: MünchKomm-InsO, § 143 Rz. 99 f.; *Rogge/Leptien* in: HambKomm-InsO, § 143 Rz. 70 (a. A. bis 6. Aufl.); a. A. Jaeger-*Henckel*, InsO, § 143 Rz. 151 f.

431) *Jacoby* in: KPB, InsO, § 143 Rz. 55 f.

432) Begr. RegE Gesetz zur Verbesserung der Rechtssicherheit bei Anfechtungen nach der Insolvenzordnung und nach dem Anfechtungsgesetz, BT-Drucks. 18/7054, S. 20 f.

433) Begr. RegE Gesetz zur Verbesserung der Rechtssicherheit bei Anfechtungen nach der Insolvenzordnung und nach dem Anfechtungsgesetz, BT-Drucks. 18/7054, S. 21 – eine Erhöhung nach § 288 Abs. 2 BGB scheitert daran, dass es sich nicht um eine Entgeltforderung handelt.

434) Dazu mit Unterschieden im Detail *Bork* in: FS Kreft, S. 229; *Kirchhof/Piekenbrock* in: MünchKomm-InsO, § 144 Rz. 15 ff. Gegenüber einem Bürgen trägt der Anfechtungsgegner allerdings grundsätzlich die Darlegungs- und Beweislast dafür, dass die Voraussetzungen der Anfechtung tatsächlich vorlagen, vgl. BGH, Urt. v. 13.10.2022 – IX ZR 130/21, Rz. 13, ZRI 2022, 1012.

Mit seiner gemäß § 144 Abs. 1 InsO wiedererweckten Forderung oder mit anderen **Insolvenzforderungen** kann der Anfechtungsgegner gegen den Anfechtungsanspruch (naturgemäß) **weder aufrechnen**[435] noch kann er ihretwegen ein **Zurückbehaltungsrecht** geltend machen. Anders liegt es hingegen, wenn ihm eine Masseforderung zusteht. Diese kann sich u. a. auch aus Verwendungen auf den Anfechtungsgegenstand nach § 143 Abs. 1 Satz 2 InsO, §§ 819 Abs. 1, 818 Abs. 4, 292 Abs. 2, 994 ff. BGB oder aus § 144 Abs. 2 InsO ergeben. 157

Beim **Verwendungsersatz**[436] müsste in der Konsequenz der Verweisung auf die §§ 994 ff. BGB bei Bösgläubigkeit des Besitzers der Ersatz nicht-notwendiger Verwendungen auch bei fortbestehender Bereicherung der Masse ausscheiden und der Anfechtungsgegner auf ein Wegnahmerecht (§ 997 BGB) beschränkt werden.[437] Dieser Schluss führte allerdings zu einer u. U. erheblichen Begünstigung der Masse und stünde in einer gewissen Spannung zu § 144 Abs. 2 InsO, weshalb die ganz h. M.[438] dem Anfechtungsgegner einen Bereicherungsanspruch zuerkennt – folgt man dem, wird das Institut der **aufgedrängten Bereicherung** große Bedeutung zur Feinsteuerung erlangen. 158

Nach besagtem **§ 144 Abs. 2 InsO** ist eine **Gegenleistung** aus der Masse (also als Masseverbindlichkeit gemäß § 55 Abs. 1 Nr. 3 InsO) zu erstatten, soweit sie selbst oder eine Bereicherung dort noch vorhanden ist; im Übrigen besteht (nur) eine Insolvenzforderung (§ 38 InsO) auf Rückgewähr. 159

Praxishinweis

Die **Abgrenzung** der beiden Absätze von § 144 InsO erfolgt meist so, dass § 144 Abs. 2 InsO nur dort herangezogen wird, wo Gegenstand der Anfechtung (auch) das Grundgeschäft war, § 144 Abs. 1 InsO hingegen dort, wo sich die Anfechtung gegen eine Rechtshandlung wendet, die eine Forderung aus dem unangetasteten Grundgeschäft zum Erlöschen gebracht hat.[439]

6. Durchsetzung

Grundsätzlich folgt die Anspruchsdurchsetzung den **allgemeinen Regeln**. Weder ist eine besondere Anfechtungsklage erforderlich[440] noch muss sich der Insolvenzverwalter ausdrücklich auf die Insolvenzanfechtung berufen. Dennoch gibt es einige Besonderheiten, die bei der Verfolgung des Anfechtungsanspruchs zu berücksichtigen sind: 160

a) Verjährung/Ausschlussfristen

Eine bis 2004 bestehende solche Besonderheit hat sich durch gesetzgeberische Korrektur erledigt: An die Stelle der ursprünglich zweijährigen Verjährung ab Verfahrenseröffnung ist die **regelmäßige Verjährung**, §§ 195, 199 BGB, getreten. Die Verjährungsfrist beträgt damit drei Jahre gerechnet vom Ende des Jahres, in dem der Anspruch entstanden ist und der Insolvenzverwalter von den anspruchsbegründenden Umständen und der Person des Anfechtungsgegners Kenntnis erlangt hat oder ohne grobe Fahrlässigkeit hätte erlangen 161

435) BGH, Urt. v. 18.5.1995 – IX ZR 189/94, BGHZ 130, 38 = ZIP 1995, 1204, 1205 f., dazu EWiR 1995, 795 *(Gerhardt)*, und *Paulus*, WuB VI B. § 55 KO 1.96 (Urteilsanm.) – zur KO; Jaeger-*Henckel*, InsO, § 143 Rz. 185.

436) Hierzu *Jacoby* in: KPB, InsO, § 143 Rz. 60 ff. m. w. N.

437) So wohl nur *Dauernheim* in: FK-InsO, § 143 Rz. 29.

438) Vgl. nur Jaeger-*Henckel*, InsO, § 143 Rz. 148; *Thole* in: HK-InsO, § 143 Rz. 22.

439) *Kirchhof/Piekenbrock* in: MünchKomm-InsO, § 144 Rz. 3, 6, 23 m. w. N.; *Thole* in: HK-InsO, § 144 Rz. 2, 4; a. A. *Jacoby* in: KPB, InsO, § 144 Rz. 19 ff.

440) Beachte aber bei internationalen Sachverhalten EuGH, Urt. v. 16.4.2015 – Rs. C-557/13 *(Lutz)*, NZI 2015, 478 = ZIP 2015, 1030, dazu EWiR 2015, 415 *(Ch. Keller)*, und *Mankowski*, NZI 2015, 481 (Urteilsanm.).

müssen, höchstens aber zehn Jahre ab Anspruchsentstehung (Verfahrenseröffnung). Für die Hemmung oder den Neubeginn der Verjährung gelten ebenfalls die allgemeinen Regeln, §§ 203 ff. BGB. Tarifvertragliche Ausschlussfristen können den Anfechtungsanspruch nicht begrenzen.[441)]

b) Auskunftsanspruch

162 Häufig wird sich der Insolvenzverwalter schwertun, anhand der – nicht selten desolaten bis nicht-existenten – Buchhaltung des Schuldners und dessen u. U. nicht unbedingt eifriger[442)] Mitwirkung i. R. der §§ 97 f. InsO Anfechtungsansprüche zu ermitteln. Eine vorprozessuale Mitwirkungs- oder **Auskunftspflicht potenzieller Anfechtungsgegner** besteht an sich nicht, sie kann sich aber als (ggf. nach-)vertragliche Pflicht aus der Geschäftsbeziehung zum Schuldner, aus § 242 BGB oder etwa aus den **Informationsfreiheitsgesetzen** des Bundes und der Länder ergeben. Letzteres sowie Umfang und Grenzen der Auskunftspflicht und zu beschreitender Rechtsweg sind umstritten;[443)] es spricht angesichts des besonderen Schutzzwecks der Informationsansprüche aber viel dafür, dass sich die Verwaltung dagegen nicht damit verteidigen kann, sich nicht quasi selbst belasten und an der Begründung von Anfechtungsansprüchen mitwirken zu müssen.[444)] In Bezug auf das Steuerverhältnis geht der BFH[445)] (zweifelhaft) davon aus, dass ein Auskunftsanspruch bzw. Akteneinsichtsrecht des Insolvenzverwalters nach § 242 BGB nur dort gegeben sei, wo der Anfechtungsanspruch bereits dem Grunde nach feststehe.

c) Anfechtungsprozess

163 Kommt es zum Rechtsstreit,[446)] so bestimmt sich der **Streitgegenstand nach allgemeinen Regeln**, also der Kombination aus Antrag und Lebenssachverhalt. Ein besonderer Streitgegenstand der Insolvenzanfechtung besteht danach nicht, der Rückgewähranspruch kann innerhalb desselben Lebenssachverhalts nebeneinander auf die Anfechtbarkeit und auf andere Rechtsgrundlagen gestützt werden; eine solche Hilfsbegründung wirkt auch nicht streitwerterhöhend.[447)]

164 Der Streit um den Anfechtungsanspruch ist ungeachtet der Natur des ursprünglichen Rechtsverhältnisses insolvenzrechtlich geprägt und damit eine bürgerliche Rechtsstreitigkeit gemäß § 13 GVG;[448)] regelmäßig ist daher der **ordentliche Rechtsweg** eröffnet. Nach

441) BAG, Urt. v. 24.10.2013 – 6 AZR 466/12, Rz. 20 f., ZIP 2014, 91, 92 f., dazu EWiR 2014, 359 *(Knof/Stütze)*; a. A. die Vorinstanz LAG Nürnberg, Urt. v. 30.4.2012 – 7 Sa 557/11, ZIP 2012, 2263, 2264 f., dazu EWiR 2012, 765 *(Stiller)*.

442) Anders evtl., wenn die Restschuldbefreiung auf dem Spiel steht, vgl. BGH, Beschl. v. 11.2.2010 – IX ZB 126/08, ZVI 2010, 281 = NZI 2010, 264.

443) Vgl. etwa BFH, Beschl. v. 16.6.2020 – II B 65/19, BStBl. II 2020, 622 = ZRI 2020, 545; BSG, Beschl. v. 4.4.2012 – B 12 SF 1/10 R, ZIP 2012, 2321; BFH, Beschl. v. 10.2.2011 – VII B 183/10, ZIP 2011, 883, dazu EWiR 2011, 461 *(Blank/Blank)*; BVerwG, Beschl. v. 9.11.2010 – 7 B 43/10, ZIP 2011, 41, dazu EWiR 2011, 83 *(Blank)*; OVG Koblenz, Urt. v. 23.4.2010 – 10 A 10091/10.OVG, ZIP 2010, 1091, dazu EWiR 2010, 573 *(Riedemann)*; VG Düsseldorf, Urt. v. 7.5.2010 – 26 K 3548/09, ZIP 2010, 1661; VG Hamburg, Urt. v. 7.5.2010 – 19 K 288/10, ZInsO 2010, 1098; eingehend *Schmittmann*, NZI 2012, 633.

444) Dazu, dass der Verwalter u. U. sogar verpflichtet ist, derartige Anträge zu stellen, VG Minden, Gerichtsbescheid v. 12.8.2010 – 7 K 23/10, ZInsO 2010, 1839, 1840, m. Anm. *Birkemeyer*.

445) BFH, Beschl. v. 26.4.2010 – VII B 229/09, Rz. 7, ZIP 2010, 1660; so schon BGH, Urt. v. 13.8.2009 – IX ZR 58/06, Rz. 7, ZIP 2009, 1823, 1824, dazu EWiR 2010, 27 *(Blank)*.

446) Zum Schiedsverfahren vgl. *Heidbrink*, SchiedsVZ 2009, 258; *Wagner*, KTS 2010, 39, 48 f.

447) Näher und m. w. N. *Zenker*, NJW 2008, 1038, 1040.

448) Ausdrücklich GmS-OGB, Beschl. v. 27.9.2010 – GmS-OGB 1/09, Rz. 6, ZIP 2010, 2418, 2419, dazu EWiR 2010, 765 *(Bork)*. Deshalb kann eine weitere Rechtswegzersplitterung verhindert werden; vgl. BGH, Beschl. v. 24.3.2011 – IX ZB 36/09, Rz. 10, ZIP 2011, 683, 684, dazu EWiR 2011, 281 *(Jacoby)*; *Huber*, ZInsO 2011, 519.

einer – verfehlten[449] – Entscheidung des **Gemeinsamen Senats der Obersten Gerichtshöfe des Bundes**[450] führt allerdings für die Anfechtung von Rechtshandlungen in arbeitsrechtlichem Kontext (etwa: Zahlung von Arbeitslohn) der Rechtsweg nach § 2 Abs. 1 Nr. 3a ArbGG zu den **ArbG.**[451]

Die Bestimmung der **sachlichen Gerichtszuständigkeit** richtet sich gemäß §§ 23 Nr. 1, 71 Abs. 1 GVG nach dem Streitwert. Um eine Handelssache nach § 95 GVG handelt es sich nicht.[452] Funktionell zuständig ist auch bei den AG nicht das Insolvenz-, sondern ein „normales" Streitgericht; bei den Landgerichten ist die funktionelle Zuständigkeit der spezialisierten Zivilkammern nach § 72a Abs. 1 Nr. 7 GVG gegeben. **165**

Die **örtliche Zuständigkeit** richtet sich in aller Regel (nur) nach dem allgemeinen Gerichtsstand des Anfechtungsgegners, §§ 12 ff. ZPO, oder den besonderen Gerichtsständen der §§ 20 bis 23 ZPO, da es sich beim Anfechtungsanspruch insbesondere nicht um eine deliktische Forderung i. S. von § 32 ZPO oder die Geltendmachung eines dinglichen Rechts i. S. von § 24 ZPO handelt.[453] **Nach Art. 6 Abs. 1 EuInsVO** sind deutsche Gerichte für die Entscheidung über die Insolvenzanfechtung dann **international zuständig,** wenn sie es auch für die Durchführung des Insolvenzverfahrens selbst sind.[454] Dies gilt nach der Rechtsprechung des EuGH[455] selbst im Verhältnis zu Nicht-Mitgliedstaaten – freilich kann es hier dazu kommen, dass auch ausländische Gerichte sich für zuständig halten bzw. dass die Anerkennung der deutschen Entscheidung im Ausland abgelehnt wird. Soweit danach deutsche Gerichte international zuständig sind, aber kein inländischer Gerichtsstand nach §§ 12 ff. ZPO begründet ist, entscheidet das für den Sitz des Insolvenzgerichts zuständige Streitgericht, Art. 102c § 6 EGInsO. Bei der Entscheidung von grenzüberschreitenden Anfechtungsstreiten sind die Kollisionsregeln in Art. 16 EuInsVO und § 339 InsO zu beachten. **166**

Bei der Prüfung, ob dem Insolvenzverwalter für die Verfolgung des Anfechtungsanspruchs **Prozesskostenhilfe (PKH)** zu gewähren ist, sieht **§ 116 Satz 1 Nr. 1 ZPO** zwar die Berücksichtigung der Zumutbarkeit einer **Kostenbeteiligung von Gläubigern** (als den wirtschaftlich Beteiligten, wenn im Erfolgsfall mit einer Quotenverbesserung zu rechnen ist) vor;[456] allerdings sollte eine Verweigerung von PKH doch nur zurückhaltend auf die Annahme dieser Zumutbarkeit gestützt werden, dient doch die Anfechtung in (potenziell) massearmen Verfahren gerade deren Finanzierung und daher mit der so ermöglichten geordneten Haftungsverwirklichung zugleich einer Zielvorstellung der InsO. Erst recht nicht darf die Rechtsverfolgung bei bestehender Massearmut pauschal als mutwillig klassifiziert und deshalb PKH verweigert werden;[457] dies kommt vielmehr nur **167**

---

449) Nach *Kreft*, ZIP 2013, 241, ist die Entscheidung gar verfassungswidrig.

450) GmS-OGB, Beschl. v. 27.9.2010 – GmS-OGB 1/09, ZIP 2010, 2418, dazu EWiR 2010, 765 *(Bork)*, gegen die Vorlage BGH, Beschl. v. 2.4.2009 – IX ZB 182/08, ZIP 2009, 825, dazu EWiR 2009, 415 *(Jacoby)*. Zur Entwicklung auch *Walker* in: FS Bauer, S. 1051.

451) Vgl. aber BGH, Beschl. v. 6.12.2012 – IX ZB 84/12, ZIP 2012, 2524, dazu EWiR 2013, 69 *(Hess)*: Zahlung des Arbeitgebers an privatrechtliche Sozialeinrichtung; BGH, Beschl. v. 19.7.2012 – IX ZB 27/12, ZIP 2012, 1681 – Zahlung des Arbeitslohns durch Dritten.

452) *Thole* in: HK-InsO, § 129 Rz. 127 m. w. N.; a. A. für § 135 InsO *Schröder* in: HambKomm-InsO, § 135 Rz. 89.

453) *Jacoby* in: KPB, InsO, Anh. § 143 Rz. 7.

454) Damit wurde die Rspr. des EuGH umgesetzt, vgl. EuGH, Urt. v. 12.2.2009 – Rs. C-339/07 (Deko Marty), ZIP 2009, 427, dazu EWiR 2009, 411 *(Müller)*; anders bei Abtretung des Anfechtungsanspruchs EuGH, Urt. v. 19.4.2012 – Rs. C-213/10 (F-Tex), ZIP 2012, 1049, dazu EWiR 2012, 383 *(Brinkmann)*.

455) EuGH, Urt. v. 16.1.2014 – Rs. C-328/12 (Schmid), ZIP 2014, 181, dazu EWiR 2014, 85 *(Paulus)*.

456) Zur Auslegung etwa BGH, Beschl. v. 6.3.2006 – II ZB 11/05, ZIP 2006, 682, dazu EWiR 2006, 415 *(Beutler/Voss)*; *Thole* in: HK-InsO, § 129 Rz. 129 f.; *Lorenz*, ZInsO 2010, 1078.

457) So aber OLG Celle, Beschl. v. 8.4.2010 – 9 W 21/10, ZIP 2010, 1464, dazu EWiR 2010, 473 *(Jacoby)*.

dann in Betracht, wenn auch bei erfolgreicher Anfechtung das Verfahren immer noch masselos und daher in jedem Fall gemäß § 207 InsO einzustellen wäre.[458)]

IV. Anfechtungseinrede/Aufrechnung

168 Einfacher als bei der Durchsetzung eines Anfechtungsanspruchs hat es der Insolvenzverwalter, wenn er lediglich unter Berufung auf die Anfechtbarkeit einen gegen die Masse gerichteten Anspruch zu Fall bringen will. Dies ist der eigentliche Anwendungsbereich der Anfechtungseinrede, die in **§ 146 Abs. 2 InsO** eine Teilregelung erfahren hat, nämlich die Klarstellung, dass diese **Abwehr von Leistungspflichten** auch noch nach Verstreichenlassen der Verjährungsfrist des § 146 Abs. 1 InsO uneingeschränkt möglich ist.

169 Diese Regelung wendet der BGH[459)] nun aber (durchaus gegen den Wortlaut von § 146 Abs. 2 InsO) selbst dort an, wo der Insolvenzverwalter einen Anspruch verfolgt, dem der Schuldner eine Einwendung entgegensetzt, die sich ihrerseits der Anfechtbarkeit ausgesetzt sieht (sog. **Anfechtungsgegeneinrede**). In diesem Fall sollen sich mithin die **Verjährung** (und auch der Rechtsweg) für die Klage des Verwalters allein nach dem geltend gemachten Hauptanspruch richten. Die Frage dürfte nach der Übernahme der regelmäßigen Verjährung in § 146 Abs. 1 InsO zwar jedenfalls dann kaum praktische Bedeutung mehr haben, wenn man in der Geltendmachung des Hauptanspruchs bereits auch eine konkludente Berufung auf die Anfechtbarkeit möglicher Gegenrechte erblickt. Die besseren Gründe sprechen jedoch wohl für eine – ggf. analoge (es geht nicht eigentlich um einen Anspruch) – Anwendung von § 146 Abs. 1 InsO auch auf die Gegeneinrede, da der „angreifende" Verwalter hier zwar (scheinbar) keinen Anfechtungsanspruch geltend macht, aber doch nicht lediglich der reine Ist-Bestand der Masse geschützt werden soll und der Anfechtungsgegner in seinem Vertrauen auf den Bestand seiner Einwendung u. U. schutzwürdig ist.[460)]

170 Neben den damit drohenden Manipulationsmöglichkeiten je nachdem, welchen Anspruch genau der Insolvenzverwalter geltend macht, ist die Rechtsprechung des BGH hier auch etwas widersprüchlich:[461)] Im Falle der **nach § 96 Abs. 1 Nr. 3 InsO (angeblich) unwirksamen Aufrechnung** nimmt sie inzwischen an,[462)] dass zwar der ursprüngliche Anspruch des Schuldners (im dafür eröffneten Rechtsweg)[463)] verfolgt werde, der Anspruch aber in der Frist des § 146 Abs. 1 InsO verjähre. Letztlich geht es hier jedoch um nichts anderes als die gegen die Einwendung der Aufrechnung gerichtete Gegeneinwendung der gerade anfechtungsrechtlich bedingten Unwirksamkeit bzw. – wenn man § 96 Abs. 1 Nr. 3 InsO auf bereits vor Verfahrenseröffnung erklärte Aufrechnungen nicht anwendet[464)] – um die „echte" Gegeneinrede der Anfechtbarkeit.

---

458) BGH, Beschl. v. 16.7.2009 – IX ZB 221/08, Rz. 8, ZIP 2009, 1591, 1592, dazu EWiR 2009, 757 *(Wagner)*; selbst für diesen Fall a. A. *Hörmann*, NZI 2008, 291.

459) BGH, Urt. v. 2.4.2009 – IX ZR 236/07, Rz. 35 f., ZIP 2009, 1080, 1082, dazu EWiR 2009, 549 *(Brinkmann/Luttmann)*.

460) *Eckardt*, Die Anfechtungsklage wegen Gläubigerbenachteiligung, S. 85 ff.; *Zenker*, NJW 2008, 1038, 1041; a. A. Jaeger-*Henckel*, InsO, § 146 Rz. 73; differenzierend *Kirchhof/Piekenbrock* in: MünchKomm-InsO, § 146 Rz. 57.

461) So auch – mit anderen Folgerungen – Jaeger-*Henckel*, InsO, § 146 Rz. 10, 73.

462) BGH, Urt. v. 28.9.2006 – IX ZR 136/05, Rz. 23 ff., BGHZ 169, 158 = ZIP 2006, 2178, 2180 ff., dazu EWiR 2007, 19 *(Wazlawik)*, und *Zenker*, ZInsO 2007, 142; a. A. *Jacoby* in: KPB, InsO, § 146 Rz. 21 ff.; vgl. auch BGH, Urt. v. 17.7.2008 – IX ZR 148/07, Rz. 19 ff., ZIP 2008, 1593, 1594 ff., dazu EWiR 2009, 153 *(Weiß)*.

463) BGH, Beschl. v. 2.6.2005 – IX ZB 235/04, ZIP 2005, 1334, 1335.

464) Dazu *Zenker*, NZI 2006, 16 m. w. N.

E. Sonderregelungen in StaRUG und SanInsKG

Abschließend sei noch kurz auf neuere Sonderregelungen einerseits im Zusammenhang mit Restrukturierungsverfahren nach dem StaRUG und andererseits mit der Bewältigung der COVID-19-Pandemie hingewiesen. 171

I. StaRUG

Die §§ 89–91 StaRUG verfolgen zwei sehr unterschiedliche Stoßrichtungen im Hinblick auf ihre anfechtungsrechtlichen Konsequenzen: So trägt § 91 StaRUG dem Umstand Rechnung, dass die Restrukturierungssache zu einer Verzögerung der Stellung eines Insolvenzantrags führen kann, die ihrerseits maßgeblich für die Berechnung der anfechtungsrechtlichen Suspektsperioden ist – damit das StaRUG auch im Fall der Folgeinsolvenz nicht faktisch ältere Sachverhalte der Anfechtbarkeit entzieht, werden die **Suspektsperioden entsprechend verlängert**. 172

Demgegenüber sollen die (wesentlich mehr Fragen aufwerfenden) §§ 89 f. StaRUG die **Rechtssicherheit und den Vertrauensschutz stärken**, indem sie die Anfechtbarkeit von Rechtshandlungen i. R. eines laufenden Restrukturierungsverfahrens bzw. des isolierten Gebrauchs einzelner Instrumente des Stabilisierungs- und Restrukturierungsrahmens wie etwa der Stabilisierungsanordnung (§ 89 StaRUG) bzw. die Anfechtbarkeit der Planregelungen und des Planvollzugs selbst (§ 90 StaRUG) begrenzen. Ob es der §§ 89 f. StaRUG überhaupt bedurft hätte, ob sie ggf. sogar eher schaden als nützen und welche konkrete Reichweite und Wirkung sie haben, wird unterschiedlich bewertet; um reine Klarstellungen, wie es in der Gesetzesbegründung heißt,[465] handelt es sich aber wohl doch nicht.[466] 173

II. SanInsKG (vormals COVInsAG)

Der Gesetzgeber hat auf die **COVID-19-Pandemie** und die daraus resultierenden Herausforderungen für die Wirtschaft insolvenzrechtlich – wie zuvor bei diversen Wetterkatastrophen – primär durch eine (partielle) Aussetzung der Insolvenzantragspflicht nach § 15a InsO reagiert (§ 1 SanInsKG), diese aber mit flankierenden Regelungen ergänzt, zu denen ein **Sonderregime für die Insolvenzanfechtung** gehört (§ 2 Abs. 1 Nr. 2, 4 und 5 SanInsKG),[467] das unabhängig davon gilt, ob der Schuldner auch ohne § 1 SanInsKG überhaupt der Insolvenzantragspflicht unterliegen würde, aber immerhin nur für Unternehmen, nicht auch für Verbraucher (§ 2 Abs. 2 SanInsKG). Das Sonderregime greift freilich dort nicht, wo der Schuldner unabhängig von der Pandemie (also insbesondere bereits zuvor) insolvent oder wo eine Beseitigung der pandemiebedingten Insolvenz aussichtslos war. 174

Im Aussetzungszeitraum (1.3.2020 bis 30.9.2020 bzw., wenn keine Zahlungsunfähigkeit vorlag, bis 31.12.2020 bzw. unter bestimmten Umständen sogar bis 30.4.2021) gewährte **neue Kredite** (einschließlich Gesellschafterdarlehen) konnten nach § 2 Abs. 1 Nr. 2 SanInsKG anfechtungsfest bis zum 30.9.2023 zurückgeführt werden; im Aussetzungszeitraum bestellte Sicherheiten (ohne diejenigen für Gesellschafterdarlehen) für solche Kredite sind ebenfalls anfechtungsfest. Bei KfW- und gleichgestellten Krediten gilt dies nach § 2 Abs. 3 SanInsKG sogar unbefristet und auch bei Gewährung oder Besicherung nach dem Aussetzungszeitraum. Diese Privilegierung dürfte in mehrfacher Hinsicht in Tatbestand und Rechtsfolge überschießend sein – eine nachträgliche Korrektur ist jedoch schon mit 175

---

465) Vgl. Begr. RegE SanInsFoG z. StaRUG, BT-Drucks. 19/24181, S. 181.

466) Vgl. hierzu und zu den Regelungen selbst etwa *Bork*, ZRI 2021, 1033, 1036; *Bork*, ZInsO 2020, 2177; *Schoppmeyer*, ZIP 2021, 869.

467) Dazu näher etwa *Bitter*, ZIP 2020, 685; *Bork*, ZRI 2021, 1033 ff.; *Bornemann*, jurisPR-InsR 9/2020 Anm. 1; *Gehrlein*, DB 2020, 713; *Paulus/Zenker*, INDat Report 9/2020, 50; *Thole*, ZIP 2020, 650.

Blick auf Rechtssicherheit und Vertrauensschutz problematisch.[468] Ebenfalls überschießend dürfte die pauschale Anfechtungsfestigkeit von bis zum 31.3.2022 erfolgten Zahlungen auf bis zum 28.2.2021 **gestundete Forderungen** sein, wenn das Insolvenzverfahren erst nach dem 18.2.2021 eröffnet wurde (§ 2 Abs. 1 Nr. 5 SanInsKG).

176 Während die Privilegierung der Zuführung neuer Mittel und auch von Zahlungserleichterungen einleuchtet, auch wenn die (notwendig sehr eilig erfolgte) Umsetzung nicht überzeugt, ist die rechtspolitische Rechtfertigung der **Regelung für** im Aussetzungszeitraum erfolgte **Deckungen** in § 2 Abs. 1 Nr. 4 SanInsKG unklar, die im Übrigen ebenfalls etliche **Auslegungsfragen** aufwirft.[469] Hier wird die Anfechtbarkeit von kongruenten Deckungen und bestimmten inkongruenten Deckungen ausgeschlossen, wenn dem Anfechtungsgegner nicht bekannt war, dass die vom Schuldner konkret verfolgten Sanierungs- und Finanzierungspläne zur Beseitigung einer eingetretenen Zahlungsunfähigkeit ungeeignet waren. Erste Gerichtsentscheidungen zu § 2 Abs. 1 Nr. 4 SanInsKG behandeln vor allem die Fragen, ob das Privileg auch noch für Rechtshandlungen nach (dem Anfechtungsgegner bekannter) Stellung eines Insolvenzantrags gilt[470] und ob es nur auf Vertragsgläubiger Anwendung findet oder auch die Gläubiger gesetzlicher Forderungen betrifft.[471]

468) Vgl. *Paulus/Zenker*, INDat Report 9/2020, 50, 51 ff. m. w. N.

469) Vgl. *Paulus/Zenker*, INDat Report 9/2020, 50, 54 f. m. w. N.

470) Gegen die Anwendbarkeit von § 2 Abs. 1 Nr. 4 SanInsKG OLG Hamburg, Beschl. v. 30.3.2022 – 11 U 169/21, ZRI 2022, 480 = NZI 2022, 616; OLG München, Beschl. v. 20.10.2021 – 5 U 4809/21, ZRI 2021, 1013 = NZI 2022, 76; a. A. *Bork*, ZRI 2021, 1033, 1035 f.

471) Für eine Beschränkung auf Vertragsgläubiger OLG Düsseldorf, Urt. v. 15.9.2022 – 12 U 7/22, ZRI 2023, 225, 228 f.; ebenso *Bork*, ZRI 2021, 1033, 1035.

Kapitel 11
Feststellung der Forderungen, Verteilung, Aufhebung

Übersicht

Literatur: *Eckardt*, Die Feststellung und Befriedigung des Insolvenzgläubigerrechts, in: Kölner Schrift zur Insolvenzordnung, 2. Aufl., 2000, S. 743; *Hägele*, Vorläufiges Bestreiten einer Insolvenzforderung und Kostentragungspflicht beim Feststellungsrechtsstreit, ZVI 2007, 347; *Marquardt/Hoffmann*, Anmeldung und Feststellung von Forderungen im Insolvenzverfahren – Voraussetzungen und Prüfungskompetenzen nach BGH, NZI 2020, 782, NZI 2021, 1047; *Mohrbutter*, Der Ausgleich von Verteilungsfehlern in der Insolvenz, 1998; *Riedel*, Aufbewahrung von Unterlagen des Schuldners durch den Insolvenzverwalter/Treuhänder, InsbürO 2011, 220; *Wazlawik*, Die Hemmung der Verjährung nachrangiger Insolvenzforderungen, NZI 2020, 1081.

A. Überblick

I. Anwendungsbereich

1 Bei §§ 174–206 InsO handelt es sich in systematischer Hinsicht um Vorschriften, die das eröffnete Verfahren betreffen. Die Regelungen finden gleichermaßen im Regelinsolvenzverfahren wie im Verbraucher- sowie in einem Planverfahren oder bei einer angeordneten Eigenverwaltung Anwendung. Während außerhalb eines Insolvenzverfahrens eine persönliche Forderung gegen den Schuldner gerichtlich geltend gemacht und ggf. im Wege der Zwangsvollstreckung durchgesetzt werden kann, gelten im **eröffneten Insolvenzverfahren** andere Vorgaben: Die persönliche Forderung gegen den Schuldner, die zum Zeitpunkt der Verfahrenseröffnung begründet war (§ 38 InsO) oder als nachrangige Insolvenzforderung i. S. des § 39 Abs. 1 Nr. 1 oder Nr. 2 InsO danach entsteht, kann nur noch nach den Vorschriften über das Insolvenzverfahren verfolgt werden (§ 87 InsO). An die Stelle des subjektiven Haftungsrechts des einzelnen Gläubigers tritt die haftungsrechtliche Zuwei-

sung der Insolvenzmasse an die Gesamtheit der Insolvenzgläubiger.[1] Für den einzelnen Insolvenzgläubiger besteht lediglich ein Anspruch auf die auf ihn entfallende Insolvenzquote.

II. Wirkungen der Anmeldung

Die in §§ 174 ff. InsO geregelte Anmeldung seiner Forderung ist nicht nur Voraussetzung für die Teilhabe des Gläubigers an der quotenmäßigen Verteilung der Masseerlöse. 2
Auch die verfahrensrechtliche Teilnahme knüpft an die Forderungsanmeldung des Gläubigers an. So ist z. B. nach § 77 InsO ein Insolvenzgläubiger in der Gläubigerversammlung nur dann stimmberechtigt, wenn er seine Forderung angemeldet hat. Auch die Möglichkeit, an der Abstimmung über einen Insolvenzplan teilzunehmen, setzt die Anmeldung der Forderung voraus (§ 237 InsO). Einen Antrag auf Versagung der Restschuldbefreiung kann ebenfalls nur derjenige Gläubiger stellen, der seine Forderung zur Tabelle angemeldet hat.[2]

Der Gläubiger kann den wegen einer Insolvenzforderung geführten und durch die Eröffnung des Insolvenzverfahrens über das Vermögen des Schuldners **unterbrochenen Rechtsstreit** erst aufnehmen, wenn die Forderung im Insolvenzverfahren angemeldet und geprüft worden und bestritten geblieben ist.[3] Dies ist in jeder Lage des Verfahrens von Amts wegen zu prüfen.[4] Die ansonsten fehlende **Sachurteilsvoraussetzung** kann nicht durch Anerkenntnis geheilt werden. Einer Klage, mit der die Feststellung einer Forderung zur Insolvenztabelle begehrt wird, fehlt das erforderliche Feststellungsinteresse, wenn die Forderung nicht zuvor beim Insolvenzverwalter angemeldet und gemäß § 176 InsO geprüft worden war. Eine ohne vorherige Anmeldung und Prüfung der Forderung erhobene Klage ist als unzulässig abzuweisen.[5] 3

Dagegen hängt die Berechtigung, einen Antrag auf Einberufung einer Gläubigerversammlung nach § 75 InsO zu stellen, nicht davon ab, dass der Insolvenzgläubiger seine Forderung angemeldet hat.[6] Wobei allerdings das Rechtsschutzbedürfnis für einen solchen Antrag zweifelhaft erscheint, wenn der Antragsteller sich mangels Anmeldung seiner Forderung nicht an der einberufenen Gläubigerversammlung beteiligen kann. 4

Letztlich führt die Anmeldung einer Forderung zum Insolvenzverfahren zur **Hemmung der Verjährung** (§ 204 Abs. 2 Nr. 10 BGB); diese endet sechs Monate nach der Beendigung des Insolvenzverfahrens (§ 204 Abs. 2 BGB). Schließt sich daran ein Restschuldbefreiungsverfahren an, ist der Insolvenzgläubiger zwar nach § 294 InsO daran gehindert, die Zwangsvollstreckung gegen den Schuldner zu betreiben. Er kann jedoch gegen den Schuldner auf Leistung klagen und einen Vollstreckungstitel erwirken, wenn der Gläubiger es versäumt hat, mittels Anmeldung der Forderung zur Insolvenztabelle einen Vollstreckungstitel zu erlangen. Ansonsten müssten diese Gläubiger sehenden Auges ihre Forderungen verjähren lassen, obwohl noch nicht endgültig darüber entschieden ist, ob die Restschuldbefreiung erteilt wird.[7] 5

1) *Eckardt* in: Kölner Schrift, S. 743 Rz. 1.
2) § 290 Abs. 1 InsO; BGH, Beschl. v. 13.2.2020 – IX ZB 55/18, ZVI 2020, 152 = ZIP 2020, 681; BGH, Beschl. v. 8.10.2009 – IX ZB 257/08, ZVI 2010, 30 = NZI 2009, 856; BGH, Beschl. v. 17.3.2005 – IX ZB 214/04, ZVI 2005, 322 = NZI 2005, 399.
3) BGH, Beschl. v. 3.7.2014 – IX ZR 261/12, ZVI 2014, 411 = ZIP 2014, 1503.
4) BGH, Urt. v. 16.2.2023 – IX ZR 24/22, NJW 2023, 2204.
5) BGH, Beschl. v. 23.10.2003 – IX ZR 165/02, ZIP 2003, 2379 = ZVI 2003, 661.
6) BGH, Beschl. v. 16.12.2010 – IX ZB 238/09, ZInsO 2011, 131.
7) OLG Brandenburg, Urt. v. 2.5.2012 – 7 U 32/11, ZInsO 2012, 1982 = NZI 2012, 762.

6 Da **nachrangige Forderungen** i. S. des § 39 InsO erst dann angemeldet werden können, wenn das Insolvenzgericht hierzu ausdrücklich auffordert (§ 174 Abs. 3 Satz 1 InsO; siehe Rz. 23), kann die Verjährung solcher Forderungen regelmäßig nicht durch deren Anmeldung zum Insolvenzverfahren gehemmt werden. Eine anderweitige Geltendmachung seiner Forderung ist dem nachrangigen Insolvenzgläubiger gemäß § 87 InsO jedoch verwehrt. In entsprechender Anwendung des § 206 BGB ist deshalb davon auszugehen, dass die Verjährung nachrangiger Insolvenzforderungen so lange gehemmt ist, als der Gläubiger aufgrund der Vorschriften der InsO seinen Anspruch nicht verfolgen kann.[8] In Anwendung des § 204 Abs. 2 Satz 1 Alt. 2 BGB kann auch vertreten werden, dass die Hemmung der Verjährung bis sechs Monate nach Beendigung des Insolvenzverfahrens andauert, wenn während des eröffneten Insolvenzverfahrens keine Aufforderung nach § 174 Abs. 3 InsO erging.[9] Nach Beendigung des Insolvenzverfahrens ist es auch dem nachrangigen Gläubiger möglich, seine Forderung im Wege einer Leistungsklage oder im Mahnverfahren titulieren zu lassen und damit die Verjährung der Forderung zu verhindern. Dies ist auch während der **Wohlverhaltensphase** möglich, da die Regelung des § 87 InsO keine Anwendung mehr findet.

7 Nur eine ordnungsgemäße, rechtzeitige und vollständige Forderungsanmeldung hemmt gemäß § 204 Abs. 1 Nr. 10 BGB die Verjährung. Die Anmeldung muss den in der InsO insoweit aufgestellten Anforderungen genügen. Fehlt es daran, wird durch die Anmeldung der Ablauf der Verjährungsfrist nicht gehindert.[10]

8 Im Anwendungsbereich der AO wird die Verjährung durch die Anmeldung der Forderung **unterbrochen** (§ 231 AO).

9 Um an einer Erlösverteilung zu partizipieren, ist neben der Anmeldung der Forderung deren **Feststellung** bzw. deren Titulierung erforderlich. Davon unabhängig, d. h. ungeachtet einer unterlassenen Anmeldung, wird ein Insolvenzgläubiger von den Wirkungen der Verfahrenseröffnung und ggf. von einer erteilten **Restschuldbefreiung** betroffen. Ein Insolvenzgläubiger kann sich demnach z. B. die Möglichkeiten der Einzelzwangsvollstreckung oder der individuellen Verfolgung seines Anspruchs nicht dadurch bewahren, dass er seine Forderung nicht zum Insolvenzverfahren anmeldet (§§ 87, 89 InsO).

10 ***Beispiel***

Insolvenzgläubiger X teilt dem Insolvenzverwalter mit, dass er wegen seiner Werklohnforderung i. H. von 2.000 € auf die Teilnahme am Insolvenzverfahren verzichte. Gleichzeitig erhebt er Klage vor dem zuständigen AG (Zivilabteilung). Wie hat das AG zu entscheiden?

Der von Insolvenzgläubiger X erhobenen Klage fehlt es am Rechtsschutzbedürfnis; sie ist als unzulässig abzuweisen. X muss seine Forderung beim Insolvenzverwalter anmelden.[11]

11 Eine gesetzliche Pflicht zur Anmeldung von Forderungen besteht indes nicht. Wie aufgezeigt, bringt die unterlassene Anmeldung dem Gläubiger jedoch regelmäßig keinerlei Vorteile.

8) Jaeger-*Gerhardt*, InsO, § 174 Rz. 108; OLG Celle, Beschl. v. 30.8.2022 – 16 U 358/22, ZRI 2022, 975 = ZIP 2022, 2239; a. A. Jaeger-*Henckel*, InsO, § 39 Rz. 4, wonach die Anmeldung der nachrangigen Forderung ungeachtet der Aufforderung seitens des Insolvenzgerichts die Verjährung hemmt.

9) *Wazlawik*, NZI 2020, 1081.

10) BGH, Urt. v. 21.2.2013 – IX ZR 92/12, ZVI 2013, 187 = ZIP 2013, 680, dazu EWiR 2013, 251 *(Foerste)*.

11) Vgl. *Pape/Schaltke* in: KPB, InsO, §§ 174 ff.

B. Anmeldung

I. Adressat der Anmeldung

Die Insolvenzforderungen sind beim **Insolvenzverwalter** anzumelden (§ 174 Abs. 1 Satz 1 InsO). Dieser wird im Eröffnungsbeschluss durch das Gericht bestimmt (§ 56 InsO) bzw. in der ersten Gläubigerversammlung durch die Gläubiger gewählt (§ 57 InsO). Bei angeordneter **Eigenverwaltung** ist die Forderungsanmeldung an den Sachwalter zu richten (§ 270f Abs. 2 Satz 2 InsO). 12

Von der Verfahrenseröffnung und damit von der Notwendigkeit einer Forderungsanmeldung sowie von der Person des Insolvenzverwalters erfährt der Gläubiger durch die Zustellung des Eröffnungsbeschlusses (§ 30 Abs. 2 InsO). Dies gilt aber nur für diejenigen Gläubiger, die dem Insolvenzgericht bzw. dem Insolvenzverwalter, etwa aus den Unterlagen des Schuldners, bekannt sind. Soweit dies nicht der Fall ist, kann die Verfahrenseröffnung nur den entsprechenden **Veröffentlichungen** im Internet[12] entnommen werden. Mit dieser Veröffentlichung sind die Rechte der Gläubiger gewahrt. Wird eine Forderungsanmeldung fälschlicherweise dem Insolvenzgericht übermittelt, so wird diese an den Verwalter weitergeleitet und ist damit nicht etwa als gegenstandslos zu betrachten. Fristwahrende Wirkung kommt der Anmeldung aber erst mit deren Eingang beim Insolvenzverwalter zu. 13

II. Gegenstand der Anmeldung

1. Insolvenzforderung

Die Insolvenzgläubiger haben gemäß § 174 Abs. 1 Satz 1 InsO ihre Forderungen anzumelden. Angesprochen sind damit Insolvenzforderungen i. S. der §§ 38, 39 InsO, wobei die in § 39 InsO aufgelisteten nachrangigen Insolvenzforderungen erst angemeldet werden können, nachdem das Insolvenzgericht hierzu ausdrücklich aufgefordert hat (§ 174 Abs. 3 InsO; siehe Rz. 23). Als Insolvenzforderungen i. S. des § 38 InsO gelten die zum Zeitpunkt der Verfahrenseröffnung gegen den Schuldner begründeten, persönlichen Forderungen. **Begründet** ist eine Forderung in dem Zeitpunkt, in dem ihre Rechtsgrundlage gelegt wird.[13] 14

Unerheblich ist, ob die Forderung selbst schon entstanden oder fällig ist.[14] Ein **prozessualer Kostenerstattungsanspruch** etwa entsteht aufschiebend bedingt mit Prozessbeginn und ist deshalb dann eine Insolvenzforderung i. S. von § 38 InsO, wenn der Prozess vor der Eröffnung des Insolvenzverfahrens begonnen hat.[15] Dagegen ist nach Ansicht des OLG Celle im **Strafverfahren** auf den Zeitpunkt der Kostengrundentscheidung abzustellen.[16] Der Anspruch auf Einziehung von Wertersatz (§ 73c StGB) wird insolvenzrechtlich mit der Erlangung des Gegenstands begründet.[17] 15

Steuerforderungen etwa gelten dann als Insolvenzforderungen, wenn sie für einen vor Verfahrenseröffnung liegenden Zeitraum erhoben werden.[18] Auf den Zeitpunkt der Festsetzung kommt es nicht an. Ebenso kommt es nicht auf die Fälligkeit der Forderung an. 16

12) Im Internet abzurufen unter www.insolvenzbekanntmachungen.de.

13) BGH, Urt. v. 6.11.1978 – VIII ZR 179/77, BGHZ 72, 263 = NJW 1979, 310.

14) BGH, Beschl. v. 22.9.2011 – IX ZB 121/11, ZVI 2011, 408 = NZI 2011, 953.

15) BGH, Beschl. v 28.8.2019 – XII ZB 119/19, NZI 2019, 953; BGH, Beschl. v. 20.11.2014 – IX ZB 16/14, ZVI 2015, 61 = ZIP 2015, 85.; BGH, Beschl. v. 6.2.2014 – IX ZB 57/12, ZVI 2014, 185 = NZI 2014, 310.

16) OLG Celle v. 10.02.2020 – 2 Ws 43/20, ZVI 2020, 179 = ZIP 2020, 826.

17) BGH, Beschl. v. 18.2.2021 – IX ZB 6/20, ZRI 2021, 323 = ZVI 2021, 179.

18) BFH, Urt. v. 14.10.1977 – III R 111/75, NJW 1978, 559.

Eine öffentlich-rechtliche Beitragsforderung ist dagegen erst dann ein begründeter Vermögensanspruch i. S. des § 38 InsO, wenn eine Beitragspflicht auf der Grundlage einer wirksamen Abgabensatzung entstanden ist.[19]

17 Von den Insolvenzforderungen abzugrenzen und **nicht anmeldbar** sind Masseverbindlichkeiten (§§ 53 ff. InsO), (Ersatz-)Aussonderungsansprüche (§§ 47, 48 InsO) sowie (Ersatz-)Absonderungsrechte (§§ 49 ff. InsO). Derartige Ansprüche sind unmittelbar gegenüber dem Insolvenzverwalter geltend zu machen oder – wie etwa bei entsprechenden Absonderungsrechten – durch den berechtigten Gläubiger zu realisieren (vgl. § 166 InsO).

18 In der **Blockaltersteilzeit** sind Vergütungsansprüche des Arbeitnehmers in der Freistellungsphase, die für seine vor Insolvenzeröffnung geleistete Arbeit geschuldet sind, als Insolvenzforderungen zu qualifizieren. Sie gelten auch dann nicht als **Masseverbindlichkeit**, wenn die Freistellungsphase in die Zeit nach Eröffnung des Insolvenzverfahrens fällt.[20]

19 Der **absonderungsberechtigte Gläubiger** trägt grundsätzlich die Verantwortung dafür, dass er seine Rechte an beweglichen Sachen oder Rechten dem Insolvenzverwalter unverzüglich anzeigt (§ 28 Abs. 2 InsO). Der Verwalter ist allenfalls dann verpflichtet, entsprechende Nachforschungen anzustellen, wenn er Gegenstände vorfindet, an denen erfahrungsgemäß Fremdrechte etwa in Form von Eigentumsvorbehalt oder Sicherungsübereignung bestehen. Absonderungsrechte an unbeweglichen Sachen sind vom Insolvenzverwalter auch dann zu berücksichtigen, wenn sie vom Gläubiger nicht angemeldet werden. Dies gilt auch für solche Ansprüche, die wie etwa das Absonderungsrecht für Haus- und Wohngeldrückstände i. S. des § 10 Abs. 1 Nr. 2 ZVG oder öffentliche Grundstückslasten nicht aus dem Grundbuch ersichtlich sind.

20 Besteht neben dem Recht auf abgesonderte Befriedigung eine **persönliche Forderung** gegen den Schuldner, kann diese zwar als Insolvenzforderung uneingeschränkt zum Verfahren angemeldet werden. Bei einer Verteilung wird die Forderung jedoch nur mit den sich aus § 52 Satz 2 InsO ergebenden Einschränkungen also mit dem sog. **Ausfall** berücksichtigt (siehe Rz. 181). In der vorbehaltlosen Anmeldung der durch ein Absonderungsrecht gesicherten Forderung ist kein Verzicht auf das Absonderungsrecht zu sehen.[21] Umgekehrt ist die Anwendbarkeit der §§ 52 und 190 InsO nicht davon abhängig, dass die Forderung „für den Ausfall" festgestellt wird. Ein absonderungsberechtigter Gläubiger erhält auf die gesicherte Forderung auch dann nur die seinem Ausfall entsprechende Quote, wenn der Insolvenzverwalter die angemeldete Forderung ohne Einschränkung anerkennt. Bei der Feststellung „für den Ausfall" handelt es sich gleichsam um einen Merkposten, der bei der Verteilung der Erlöse nach § 190 InsO zum Tragen kommt. Die Ausfallhaftung nach § 52 InsO wirkt sich somit erst bei der Verteilung der Insolvenzmasse an die Insolvenzgläubiger, nicht jedoch im Anmeldeverfahren aus.[22]

21 Insolvenzgläubiger, die zur **Aufrechnung** befugt sind (§ 94 InsO), können ihre gesamte Forderung anmelden; sie nehmen aber an der Quotenberechnung bzw. an der Erlösverteilung nur mit dem Betrag teil, der unter Berücksichtigung der erklärten Aufrechnung verbleibt.[23] Meldet ein Insolvenzgläubiger nur den Differenzbetrag an, der sich unter Berücksichtigung einer erklärten Aufrechnung ergibt und wird dieser Betrag zur Tabelle festge-

---

19) BayVGH, Beschl. v. 25.10.2007 – 23 ZB 07.1941, AbfallR 2007, 289.

20) LAG Rheinland-Pfalz, Urt. v. 20.5.2021 – 2 Sa 170/20, ZIP 2021, 2033.

21) BGH, Urt. v. 9.3.2017 – IX ZR 177/15, ZVI 2017, 234 = ZIP 2017, 686.

22) BAG, Urt. v. 20.9.2016 – 3 AZR 77/15, ZInsO 2017, 227.

23) Vgl. BGH, Urt. v. 29.3.2012 – IX ZR 116/11, ZVI 2012, 311 = ZIP 2012, 1087, dazu EWiR 2012, 493 (*Eckardt*).

stellt, so bleibt die nachträgliche Anmeldung der Restforderung für den Fall möglich, dass die Aufrechnung unwirksam ist.[24)]

Keine Insolvenzforderungen stellen solche persönlichen Ansprüche dar, die erst nach Verfahrenseröffnung gegen den Schuldner begründet werden, ohne zu den Masseverbindlichkeiten zu gehören (sog. **Neuforderungen**).[25)] Hierzu zählt auch die Einkommensteuerschuld, die auf den zur Insolvenzmasse gehörenden Teil des Arbeitseinkommens entfällt, das der Schuldner nach Verfahrenseröffnung bezieht. Mangels Verwalterhandelns entsteht keine Masseverbindlichkeit.[26)] 22

2. Nachrangige Insolvenzforderungen

Nachrangige Insolvenzforderungen i. S. des § 39 InsO können nur dann angemeldet werden, wenn das Insolvenzgericht hierzu **ausdrücklich auffordert** (§ 174 Abs. 3 InsO). Dies geschieht gegenüber den bekannten Gläubigern durch Zustellung des entsprechenden Beschlusses, im Übrigen durch öffentliche Bekanntmachung. Allerdings kommt eine derartige Aufforderung nur in den Fällen in Betracht, in denen die Masse ausreicht, um neben der vollständigen Befriedigung der nicht nachrangigen Insolvenzgläubiger auch Zahlungen auf die nachrangigen Forderungen erwarten zu lassen. Fordert das Gericht nachrangige Insolvenzgläubiger nicht gemäß § 174 Abs. 3 InsO auf, so nehmen diese Gläubiger mangels Anmeldung und Feststellung ihrer Forderung an einer evtl. Quotenverteilung nicht teil. Auch sind nachrangige Gläubiger in einer Gläubigerversammlung nicht stimmberechtigt, § 77 Abs. 1 Satz 2 InsO. Sie sind jedoch als berechtigt anzusehen, im Prüfungstermin der angemeldeten Forderung eines anderen, auch nicht nachrangigen Gläubigers, zu widersprechen (zur Frage der Verjährungshemmung siehe Rz. 5 sowie Rz. 68).[27)] Auch ist es einem nachrangigen Gläubiger nicht verwehrt, einen Insolvenzeröffnungsantrag zu stellen, unabhängig davon, ob er mit einer Quotenzahlung rechnen kann.[28)] 23

Meldet ein Gläubiger eine nachrangige Forderung zur Insolvenztabelle an, ohne dabei auf den Nachrang hinzuweisen, gilt dies als Anmeldung einer **nicht nachrangigen** Forderung.[29)] Dabei spielt es keine Rolle, ob das Insolvenzgericht nach § 174 Abs. 3 InsO zur Anmeldung nachrangiger Forderungen aufgefordert hat. Es handelt sich weder um eine formal unzureichende, noch gar um eine unzulässige Anmeldung. Eine solche Anmeldung darf mithin weder der Insolvenzverwalter noch das Insolvenzgericht zurückweisen.[30)] Die Entscheidung darüber, ob der Gläubiger zu Recht davon ausgeht, dass es sich um eine nicht nachrangige Forderung handelt, ist nicht i. R. der Aufnahme der Forderung in die Insolvenztabelle zu treffen. Vielmehr steht hierfür die Feststellungsklage zur Verfügung, die der Gläubiger erheben kann, wenn der Insolvenzverwalter die in die Insolvenztabelle aufgenommene Forderung bestreitet (§ 179 Abs. 1 InsO). Insbesondere eine sich aus § 39 Nr. 5 InsO ergebende Nachrangigkeit ist nicht immer eindeutig zu bestimmen.[31)] Abschließend kann daher nur in einem streitigen Verfahren über den Rang der Forderung entschieden werden. Wird eine nachrangige Forderung als nicht nachrangige Forderung 24

24) BGH, Urt. v. 19.1.2012 – IX ZR 4/11, ZIP 2012, 537 = ZVI 2012, 299, dazu EWiR 2012, 251 *(U. Keller)*.

25) BGH, Beschl. v. 6.2.2014 – IX ZR 148/13, ZInsO 2014, 495.

26) BFH, Urt. v. 24.2.2011 – VI R 21/10, ZIP 2011, 873, dazu EWiR 2011, 427 *(Onusseit)*.

27) OLG München, Urt. v. 28.7.2010 – 7 U 2417/10, ZInsO 2010, 1603, dazu EWiR 2011, 189 *(Menke/Reissinger)*.

28) BGH, Beschl. v. 23.9.2010 – IX ZB 282/09, ZVI 2010, 422 = ZIP 2010, 2055, dazu EWiR 2010, 819 *(Gundlach/U. Müller)*.

29) Begr. RegE InsO, BT-Drucks. 12/2443, S. 184.

30) LG Waldshut-Tiengen, Beschl. v. 26.1.2005 – 1 T 172/03, ZVI 2005, 217 = ZIP 2005, 499.

31) Vgl. etwa BGH, Urt. v. 22.10.2020 – IX ZR 231/19, ZRI 2020, 664 = ZIP 2020, 2409.

zur Tabelle festgestellt, so gilt sie in der Folge als nicht nachrangige Forderung. Dabei spielt es keine Rolle, ob das Insolvenzgericht zur Anmeldung nachrangiger Forderungen aufgefordert hat.

25 In einem Insolvenzverfahren über das Vermögen einer **natürlichen Person** ist in diesem Zusammenhang fraglich, ob eine Aufforderung zur Anmeldung nachrangiger Forderungen erfolgen sollte, wenn in einem möglichen späteren **Restschuldbefreiungsverfahren** zu erwarten ist, dass sämtliche Insolvenzgläubiger befriedigt werden und damit auch nachrangige Insolvenzgläubiger zum Zuge kämen, wenn sie denn im Schlussverzeichnis genannt wären. Im Hinblick darauf, dass die Erteilung der Restschuldbefreiung gemäß § 301 InsO auch für nachrangige Insolvenzgläubiger gilt und zwar unabhängig davon, ob sie ihre Forderungen angemeldet haben oder nicht, spricht vieles dafür, in einem solchen Fall diese Gläubiger – vorsorglich – zur Forderungsanmeldung aufzufordern.

26 Für den Fall, dass zulässigerweise eine **nachrangige Forderung** angemeldet wird, ist der Nachrang zu vermerken und die in Anspruch genommene Rangstelle zu bezeichnen (§ 174 Abs. 3 Satz 2 InsO). Die Rangstelle und damit die Reihenfolge, in der nachrangige Forderungen zu berücksichtigen sind, richtet sich dabei nach § 39 Abs. 1 InsO:

- Es sind zunächst die Forderungen der **Nr. 1**, laufende **Zinsen** und **Säumniszuschlage** auf Forderungen der Insolvenzgläubiger seit Eröffnung, zu berücksichtigen.
- Erst dann kommen **Nr. 2, Kosten** der Insolvenzgläubiger aufgrund ihrer Teilnahme am Insolvenzverfahren,
- **Nr. 3, Geldstrafen etc.** und
- **Nr. 4**, Forderungen auf eine **unentgeltliche Leistung** des Schuldners, zum Zuge.
- Die besonders praxisrelevanten **Forderungen auf Rückgewähr eines** Gesellschafterdarlehens oder ihnen gleichgestellte Zahlungsansprüche **(Nr. 5)** werden erst danach berücksichtigt. Zu berücksichtigen ist dabei das sog. Kleinbeteiligtenprivileg des § 39 Abs. 5 InsO.[32)]

27 Haben Schuldner und Gläubiger den **Nachrang vereinbart,** so sind diese Forderungen im Zweifel erst nach den in § 39 Abs. 1 InsO genannten Forderungen zu berichtigen (§ 39 Abs. 2 InsO). Als nachrangige Forderung i. S. des § 39 Abs. 1 Nr. 4 InsO gilt auch der Anspruch aus einer Gewinnzusage auf Leistung des Preises (§ 661a BGB).[33)]

3. Nicht fällige Forderungen (§ 41 InsO)

28 Bei Eröffnung des Insolvenzverfahrens begründete, aber noch nicht fällige Forderungen gelten nach § 41 Abs. 1 InsO als fällig mit dem Tag der Verfahrenseröffnung. Zinsen und Säumniszuschläge können bis zum Zeitpunkt der Insolvenzeröffnung beansprucht werden (§ 39 Abs. 1 Nr. 1 InsO). Ist die betagte Forderung unverzinslich, ist sie nach § 41 Abs. 2 InsO mit dem gesetzlichen Zinssatz (§ 246 BGB; § 352 HGB) für die Zeit von der Verfahrenseröffnung bis zur Fälligkeit abzuzinsen.[34)] Die Berechnung erfolgt nach der **Hoffmann'schen Formel:**

$$\text{abgezinster Betrag} = \frac{36\,500 \times \text{Nennbetrag der Forderung}}{36\,500 + (\text{Zinssatz} \times \text{Tage von Eröffnung bis Fälligkeit})}$$

---

32) Zur Auslegung der Vorschrift: BGH, Urt. v. 26.1.2023 – IX ZR 85/21, ZRI 2023, 292 = ZIP 2023, 705.

33) BGH, Urt. v. 23.10.2008 – IX ZR 111/07, ZIP 2009, 37; OLG Karlsruhe, Urt. v. 2.3.2007 – 14 U 31/04, ZIP 2007, 2091.

34) BGH, Urt. v. 12.1.2017 – IX ZR 130/16, ZVI 2017, 160 = ZIP 2017, 489, dazu EWiR 2017, 275 *(Loszynski)*.

Eine Abzinsung ist hiernach dann nicht möglich, wenn der künftige Fälligkeitszeitpunkt nicht eindeutig zu bestimmen ist. Die von § 41 InsO erfassten Forderungen, bei denen nur der Fälligkeitszeitpunkt aufgeschoben ist, sind von den **befristeten Forderungen** (§ 163 BGB) zu unterscheiden, welche erst bei Eintritt eines vorgegebenen Zeitpunkts entstehen und daher wie aufschiebend bedingte Forderungen behandelt werden (siehe Rz. 31); für diese gilt § 191 InsO.[35] Sie können wie unbedingte Forderungen angemeldet werden, die entfallenden Erlösanteile werden jedoch bei der Ausführung der Verteilung zurückbehalten und hinterlegt (siehe Rz. 185). 29

Die insolvenzrechtliche Fiktion der Fälligkeit (noch) nicht fälliger Forderungen (§ 41 Abs. 1 InsO) betrifft nach Ansicht des OLG Karlsruhe lediglich das Verhältnis zwischen Insolvenzschuldner und -gläubiger, nicht aber die Beziehung des letzteren zu Dritten, etwa zu Bürgen. Die Verjährung eines Bürgschaftsanspruchs beginnt deshalb nicht bereits mit dem Tag der Verfahrenseröffnung, sondern erst mit der Kündigung des Darlehens, zu dessen Sicherstellung die Bürgschaft gegeben wurde.[36] 30

4. Aufschiebend bedingte Forderungen

Aufschiebend bedingte Forderungen, deren Entstehen vom Eintritt eines ungewissen Ereignisses abhängt, bei denen es also insgesamt noch unklar ist, ob sie überhaupt zur Entstehung gelangen, können **ohne Abzinsung** angemeldet werden. Als aufschiebend bedingt und nicht als zukünftig gelten u. a. die Ansprüche auf Altersruhegeld, Berufsunfähigkeits- oder Hinterbliebenenrente, wenn die Voraussetzungen, unter denen sie verlangt werden können, noch nicht eingetreten sind.[37] Der Eintritt des ungewissen Ereignisses wird jedoch durch die InsO nicht fingiert. Bei der Zuteilung auf eine aufschiebend bedingte Forderung ist deshalb die Regelung des § 191 InsO zu beachten, wonach auf derartige Forderungen entfallende Erlösanteile zurückzubehalten sind und erst nach Eintritt der Bedingung zur Auszahlung kommen (siehe Rz. 185). Tritt die Bedingung nicht ein, wird der zurückbehaltene Betrag frei für eine Verteilung unter den anderen Gläubigern, die ggf. i. R. einer Nachtragsverteilung gemäß § 203 InsO zu erfolgen hat. Eine Ausnahme von der unbeschränkten Anmeldbarkeit aufschiebend bedingter Forderungen enthalten die §§ 43, 44 InsO für den Fall, dass eine Forderung gemäß § 426 Abs. 2 Satz 1 BGB in der Hand des zahlenden Gesamtschuldners bzw. nach § 774 Abs. 1 Satz 1 BGB in der Hand des zahlenden Bürgen nach Verfahrenseröffnung entsteht (siehe Rz. 37). 31

5. Auflösend bedingte Forderungen (§ 42 InsO)

Auflösend bedingte Forderungen können nach § 42 InsO so lange zum Insolvenzverfahren angemeldet werden, wie die auflösende Bedingung noch nicht eingetreten ist. Auch für die Zuteilung gelten bis zum Bedingungseintritt keine Besonderheiten (siehe Rz. 186). Tritt die auflösende Bedingung **nach Feststellung der Forderung** ein, so kann der Insolvenzverwalter Vollstreckungsgegenklage gemäß § 767 ZPO erheben;[38] die Eintragung in die Insolvenztabelle wirkt wie ein rechtskräftiges Urteil (§ 178 Abs. 3 InsO; siehe Rz. 115). 32

Tritt die Bedingung ein, **nachdem bereits Zahlungen i. R. einer Verteilung an den Gläubiger geleistet worden sind,** so kann der Insolvenzverwalter den gezahlten Betrag unter dem Gesichtspunkt der ungerechtfertigten Bereicherung (§ 812 Abs. 1 Satz 2 Alt. 1 BGB) 33

35) OLG Frankfurt/M., Urt. v. 24.5.2022 – 4 U 110/21, juris.

36) OLG Karlsruhe, Urt. v. 4.2.2013 – 1 U 168/12, ZIP 2013, 990 = BB 2013, 449.

37) Vgl. BGH, Urt. v. 7.4.2005 – IX ZR 138/04, ZIP 2005, 909, dazu EWiR 2005, 641 *(Balle)*.

38) RG, Beschl. v. 24.2.1888 – III 4/88, RGZ 21, 331.

zurückfordern. Tritt die Bedingung erst nach Verfahrensaufhebung ein, kommt die Anordnung einer Nachtragsverteilung in Betracht.[39]

6. Gesamtschuldnerische Haftung (§ 43 InsO)

34 Haften mehrere Schuldner gesamtschuldnerisch i. S. des § 421 BGB und wird über das Vermögen von zumindest eines von ihnen das Insolvenzverfahren eröffnet, ist § 43 InsO zu beachten. Danach kann der Gläubiger den Betrag anmelden, den er zum **Zeitpunkt der Verfahrenseröffnung** zu fordern berechtigt war. Zahlungen eines Gesamtschuldners, die nach § 422 Abs. 1 BGB auch für die übrigen Schuldner wirken, muss der Gläubiger sich nur anrechnen lassen, wenn sie vor Eröffnung des Verfahrens geleistet wurden. Insoweit ist die Forderung auf den zahlenden Gesamtschuldner nach § 426 Abs. 2 Satz 1 BGB übergegangen. Zahlungen, die nach Verfahrenseröffnung geleistet werden, bleiben bei der Anmeldung unberücksichtigt. Insgesamt darf der Gläubiger aber nur seine Forderung erhalten. Die auszureichende Insolvenzquote darf zusammen mit den sonstigen Zahlungen die Forderung des Gläubigers nicht übersteigen.

35 ***Beispiel*** *(nach OLG Karlsruhe ZIP 1982, 1108)*

L und M schulden dem G wegen einer in Nebentäterschaft begangenen unerlaubten Handlung 10.000 € als Gesamtschuldner (§ 840 Abs. 1 BGB). Nach Eröffnung des Insolvenzverfahrens über das Vermögen des L zahlt M an G einen Betrag von 9.000 €. L kann wegen § 43 InsO weiterhin die vollen 10.000 € anmelden. Beträgt die Quote aber mehr als 10 % (= 1.000 €), so darf der Insolvenzverwalter den G i. R. der Verteilungen nicht mehr berücksichtigen. Sofern der Insolvenzverwalter von der Zahlung des M keine Kenntnis hat und deshalb insgesamt mehr als 1.000 € an G zahlt, muss er den 10.000 € übersteigenden Betrag nach § 812 Abs. 1 Satz 1 Alt. 1 BGB herausverlangen, oder wenn die Forderung festgestellt ist, aber noch keine Zahlungen erfolgt sind, wegen des 10.000 € übersteigenden Betrags Verteilungsgegenklage entsprechend § 767 ZPO erheben, soweit der Gläubiger nicht bereit ist, auf den überschießenden Betrag zu verzichten.[40]

36 Besonderheiten gelten dann, wenn sich ein **Gesellschafter** für die Darlehensschuld oder eine gleichgestellte Verbindlichkeit der insolventen Gesellschaft verbürgt oder eine Sicherheit bestellt hat. In diesem Fall kann der Darlehensgeber als Insolvenzgläubiger nur mit dem Betrag an der Erlösverteilung teilnehmen, mit dem er bei der Inanspruchnahme des Gesellschafters ausgefallen ist (§ 44a InsO). Der in dieser Weise gesicherte Gläubiger wird demnach wie ein absonderungsberechtigter Gläubiger behandelt (vgl. §§ 52, 190 InsO). Dies entspricht der bis 31.10.2008 geltenden Regelung des § 32a Abs. 2 GmbHG. Allerdings wurde zu § 32a Abs. 2 GmbHG zum Teil die Meinung vertreten, dass die Vorschrift gegenüber § 43 InsO subsidiär sei und deshalb ein Darlehensgeber seinen gesamten zum Eröffnungszeitpunkt bestehenden Anspruch in der Insolvenz der Gesellschaft auch dann geltend machen kann, wenn der in kapitalersetzender Weise verpflichtete Gesellschafter nach Verfahrenseröffnung eine Teilleistung erbringt.[41] Mit Aufhebung des § 32a GmbHG hat sich diese Fragestellung erledigt. Geklärt ist mittlerweile auch das Problem der sog. **Doppelsicherung.** Der Gläubiger einer insolventen Gesellschaft ist nicht gezwungen, primär diejenigen Sicherheiten zu verwerten, die ihm ein Gesellschafter der insolventen Gesellschaft an seinem Vermögen bestellt hat. Der Gläubiger kann vielmehr nach seiner Wahl unmittelbar die am Gesellschaftsvermögen bestehenden Sicherheiten verwerten. In diesem

39) Jaeger-*Henckel*, InsO, § 42 Rz. 5.
40) *Bitter* in: MünchKomm-InsO, § 43 Rz. 36.
41) Jaeger-*Henckel*, InsO, § 43 Rz. 23.

Fall ist der Gesellschafter allerdings zur Erstattung des an den Gläubiger ausgekehrten Betrags zur Insolvenzmasse verpflichtet.[42)]

7. Rechte des Bürgen und des Gesamtschuldners (§ 44 InsO)

Zahlt der Bürge oder ein Gesamtschuldner nach Eröffnung des Insolvenzverfahrens über das Vermögen des (Haupt-)Schuldners an den Gläubiger, kann dieser ungeachtet der Zahlung den Betrag anmelden, den er zum Zeitpunkt der Verfahrenseröffnung von dem Schuldner beanspruchen konnte. Dies ergibt sich bereits aus § 43 InsO. Anknüpfend an § 43 InsO regelt § 44 InsO, dass dann, wenn ein noch nicht befriedigter Gläubiger am Verfahren teilnimmt, der neben dem Schuldner haftende **Bürge oder Gesamtschuldner** seine Forderung, die er durch die Befriedigung des Gläubigers künftig erwerben könnte, nicht im Insolvenzverfahren anmelden kann. Damit durchbricht die Norm den Grundsatz, dass aufschiebend bedingte Forderungen ohne Einschränkung anmeldbar sind (siehe Rz. 31). 37

Beispiel 38

Gläubiger G hat eine Darlehensforderung gegen den Schuldner i. H. von 40.000 €. Für diese Forderung hat sich der B verbürgt. G meldet die Forderung zur Tabelle an. Auch B nimmt wegen seiner aufschiebend bedingten Forderung aus § 774 BGB eine Anmeldung vor. Wie wäre es, wenn G seine Forderung nicht angemeldet hätte? Was wäre, wenn G seine Forderung erst anmeldet, wenn die Forderung des B bereits zur Tabelle festgestellt worden ist?

Im Ausgangsfall hat der Insolvenzverwalter die Forderung des B im Prüfungstermin zu bestreiten. Sofern G seine Forderung nicht anmeldet, kann der Bürge B seine Forderung anmelden. Sie wird bei der Verteilung als aufschiebend bedingte Forderung behandelt (§ 191 InsO). Meldet G seine Forderung erst nach der Feststellung der Forderung des B an, so muss der Insolvenzverwalter Klage gegen B gemäß § 767 ZPO erheben.

Festzuhalten ist, dass die Bürgschaft **kein Absonderungsrecht** darstellt und auch nicht mit einer bestehenden Aufrechnungslage vergleichbar ist. Es ist deshalb verfehlt, den Gläubiger als verpflichtet anzusehen, zunächst den Bürgen in Anspruch zu nehmen und nur den sich dabei ergebenden Ausfall im Insolvenzverfahren über das Vermögen des Schuldners zu berücksichtigen. 39

8. Umrechnung von Forderungen (§ 45 InsO)

§ 45 Satz 1 InsO bestimmt, dass Insolvenzforderungen, die, wie Übereignungs- oder Herausgabeansprüche, nicht auf Geld gerichtet sind, sowie Forderungen, deren Geldbetrag unbestimmt ist, mit dem zu **schätzenden** Wert anzumelden sind.[43)] Maßgebend für die Wertschätzung ist der Zeitpunkt der Verfahrenseröffnung. Die Umwandlung von einer nicht auf Geld gerichtete Insolvenzforderung in eine Geldforderung erfolgt erst mit deren Feststellung zur Tabelle, nicht bereits mit der Eröffnung des Insolvenzverfahrens oder mit der Anmeldung zur Tabelle.[44)] Der Geldbetrag einer Forderung ist dann unbestimmt, wenn zwar deren Grund, nicht aber deren Höhe bei Insolvenzeröffnung feststeht. § 45 Satz 1 InsO umfasst auch Ansprüche auf Nachbesserung, Mängelbeseitigung oder Rückgewähr infolge Wandelung.[45)] Besondere praktische Relevanz hat § 45 Satz 1 InsO aufgrund der Verweisung des § 46 Satz 2 InsO (siehe Rz. 43). 40

42) BGH, Urt. v. 1.12.2011 – IX ZR 11/11, ZIP 2011, 2417, dazu EWiR 2012, 57 *(Henkel)*.

43) Vgl. BGH, Urt. v. 11.10.2018 – IX ZR 217/17, ZIP 2018, 2174.

44) BGH, Urt. v. 5.5.2022 – IX ZR 140/21, ZRI 2022, 649 = ZIP 2022, 1398.

45) BGH, Urt. v. 23.10.2003 – IX ZR 165/02, ZIP 2003, 2379 = ZVI 2003, 661, dazu EWiR 2004, 191 *(Holzer)*.

41 Von **§ 45 Satz 2 InsO** werden alle Forderungen in **Fremdwährung** oder in Rechnungseinheiten erfasst. Die Vorschrift bestimmt, dass jede Forderung zum Stichtag der Eröffnung des Insolvenzverfahrens in Euro umzurechnen ist. Hierdurch ändert sich jedoch der Charakter der Forderung noch nicht. Vielmehr entsteht erst mit der insolvenzmäßigen Feststellung eine Forderung in Euro, und zwar mit dem Umrechnungskurs zum Zeitpunkt der Verfahrenseröffnung. Maßgebend ist der amtliche Kurs am Tage und zur Uhrzeit der Verfahrenseröffnung, der am Ort der Insolvenzverwaltung (Zahlungsort) gilt. Der auf diesem Weg einmal festgestellte Betrag bleibt auch über die Beendigung des Insolvenzverfahrens hinaus maßgeblich.[46)]

42 Auch eine Forderung, die von einer **Zug um Zug** zu erbringenden Leistung abhängt, ist entsprechend § 45 Satz 1 InsO in einen Geldbetrag umzurechnen. Andernfalls kann eine solche Forderung nicht zur Tabelle festgestellt werden, weil sie sich nicht für die Berechnung der Quote eignet und die Insolvenzordnung in dem Feststellungs- und Verteilungsverfahren nach §§ 174 ff. InsO keine den §§ 756, 765 ZPO entsprechende Regelung kennt.[47)]

9. Wiederkehrende Leistungen (§ 46 InsO)

43 Forderungen auf wiederkehrende Leistungen, deren Betrag und Dauer bestimmt sind (z. B. in monatlichen Raten rückzahlbares Darlehen), sind mit dem Betrag geltend zu machen, der sich ergibt, wenn die noch ausstehenden Leistungen unter Abzug des in § 41 InsO bezeichneten **Zwischenzinses** zusammengerechnet werden (§ 46 Satz 1 InsO). Ist die Forderung verzinslich, entfällt der Abzug des Zwischenzinses (§ 41 Abs. 2 InsO). Ist die Dauer der Leistung unbestimmt (z. B. Rentenansprüche), ist die Forderung gemäß § 45 Satz 1 InsO ggf. nach versicherungsmathematischen Grundsätzen zu schätzen und mit dem sich ergebenden einmaligen Kapitalbetrag geltend zu machen (§ 46 Satz 2 InsO). Dasselbe gilt für den Fall, dass zwar die Dauer, aber nicht der Betrag der wiederkehrenden Leistung bestimmt ist.

44 Die **kapitalisierende Anmeldung von Rentenbezügen** hat nicht zur Folge, dass der für Rentenansprüche geltende Pfändungsschutz entfällt. Damit scheidet u. a. eine Aufrechnung gegen den kapitalisierten Rentenanspruch gemäß § 394 BGB aus.[48)]

45 Mit der Eröffnung des Insolvenzverfahrens gehen die Betriebsrentenansprüche der (ehemaligen) Betriebsangehörigen auf den **Pensions-Sicherungs-Verein** über (§ 9 Abs. 2 BetrAVG). Dementsprechend tritt im Insolvenzverfahren ausschließlich der Pensions-Sicherungs-Verein als Gläubiger auf: Er zahlt die Betriebsrenten und meldet die auf ihn übergegangenen Ansprüche zur Tabelle an (§ 7 BetrAVG). Neben den Rentenansprüchen gehen auch die Versorgungsanwartschaften auf den Pensions-Sicherungs-Verein über, soweit sie unverfallbar sind (§ 9 Abs. 2 BetrAVG). Inhaber von verfallbaren Anwartschaften haben hingegen keine Ansprüche gegen die Masse. Mit Eröffnung des Insolvenzverfahrens verfallen diese.

46 Bei den unverfallbaren Anwartschaften ist – im Gegensatz zu den Renten – nicht nur unbekannt, bis wann Zahlungen zu leisten sind, es ist darüber hinaus ungewiss, ob eine Rente überhaupt zukünftig gezahlt werden muss. Nach der Systematik des Gesetzes wären diese Anwartschaften deshalb als aufschiebend bedingte Forderungen gemäß § 191 InsO zu behandeln (siehe Rz. 185 ff.). § 9 Abs. 3 BetrAVG stellt aber klar, dass sie gemäß § 45 InsO

---

46) Jaeger-*Henckel*, InsO, § 45 Rz. 18, 19.

47) BGH, Urt. v. 26.1.2017 – IX ZR 315/14, ZVI 2017, 151 = ZIP 2017, 436, dazu EWiR 2017, 241 (*Jungmann*).

48) OLG Oldenburg, Urt. v. 16.2.2018 – 6 U 7/18, ZIP 2018, 1311.

zu kapitalisieren sind. Dabei ist der gesetzliche Zinssatz anzuwenden, um den Vorteil der sofortigen Fälligkeit auszugleichen.[49)]

III. Person des Anmeldenden

1. Anmeldung durch den Forderungsinhaber

Grundsätzlich ist nur der Inhaber der Forderung aktivlegitimiert, diese zum Verfahren anzumelden. Steht die Insolvenzforderung mehreren Gläubigern zu (§ 428 BGB), kann sie unter Angabe des Berechtigungsverhältnisses und der weiteren Berechtigten von jedem einzelnen Gläubiger angemeldet werden. Dasselbe gilt für Bruchteils- und **Gesamthandsgemeinschaften** (§ 432 BGB). **Juristische Personen** werden bei der Forderungsanmeldung durch ihre vertretungsberechtigten Organe vertreten. Für Personengesellschaften handeln ihre vertretungsberechtigten Gesellschafter. 47

2. Vertretung des Forderungsinhabers

Eine **gewillkürte Vertretung** ist durch Vorlage der schriftlichen Vollmacht nachzuweisen. Wird der Nachweis auch nach entsprechender Aufforderung nicht geführt, ist die Anmeldung zurückzuweisen (siehe Rz. 86).[50)] Für die Vertretung durch einen Rechtsanwalt gilt § 88 Abs. 2 ZPO. Die Bewilligung von Prozesskostenhilfe unter Beiordnung eines Anwalts kommt für eine Forderungsanmeldung nicht in Betracht.[51)] Zur Vertretung eines Gläubigers bei der Anmeldung einer Forderung sind auch Personen befugt, die **Inkassodienstleistungen** erbringen (registrierte Personen nach § 10 Abs. 1 Satz 1 Nr. 1 RDG; § 174 Abs. 1 Satz 3 InsO). § 88 Abs. 2 ZPO findet dabei keine Anwendung.[52)] 48

3. Gläubigerpool

Schließen sich mehrere Insolvenzgläubiger zu einem sog. **Gläubigerpool** zusammen, erfolgt die Anmeldung durch einen Treuhänder. Aus einer solchen Anmeldung müssen sich die einzelnen Forderungen und deren Gläubiger ergeben.[53)] 49

> **Praxishinweis**
>
> Eine Zusammenführung der beteiligten Forderungen ist nicht zulässig, da damit die Möglichkeit entfiele, einzelne Forderungen zu prüfen und ggf. zu bestreiten.

Wurde eine Forderung gepfändet und dem **Pfändungsgläubiger** zur Einziehung überwiesen, so begründet die Überweisung auch das Recht, die Forderung zu einem Insolvenzverfahren anzumelden (§ 836 ZPO). 50

4. Geltendmachung der Gesellschafterhaftung

Besteht für eine Forderung gegen eine Gesellschaft ohne Rechtspersönlichkeit oder eine Kommanditgesellschaft auf Aktien die Haftung des persönlich haftenden Gesellschafters (z. B. GmbH & Co. KG), kann diese Forderung im Insolvenzverfahren über das Vermögen dieses Gesellschafters nur von dem im Insolvenzverfahren über das Vermögen der Gesellschaft bestellten Insolvenzverwalter angemeldet werden (§ 93 InsO).[54)] Bei der ge- 51

---

49) BAG, Urt. v. 18.5.2021 – 3 AZR 317/20, ZRI 2021, 685 = ZIP 2021, 1670.

50) LG München II, Beschl. v. 30.3.1992 – 7 T 1398/92, ZIP 1992, 789.

51) AG Göttingen, Beschl. v. 23.7.2007 – 74 IN 222/07, ZVI 2007, 311 = ZIP 2007, 1281.

52) Vgl. BGH, Beschl. v. 29.9.2021 – VII ZB 25/20, WM 2021, 2203.

53) KG, Urt. v. 2.6.1987 – 7 U 107/87, ZIP 1987, 1199; *Eickmann*, EWiR 1987, 803–804 (Urteilsanm.).

54) BGH, Beschl. v. 31.10.2001 – VIII ZR 177/00, Rpfleger 2002, 94.

richtlichen Geltendmachung der Gesellschafterhaftung wird der Insolvenzverwalter als **gesetzlicher Prozessstandschafter** der einzelnen Gläubiger tätig, weil der in Anspruch genommene Gesellschafter durch Zahlung an ihn konkrete Gläubigerforderungen zum Erlöschen bringt.[55] Die Insolvenzgläubiger können ihre Forderung nur im Verfahren, das über das Vermögen der Gesellschaft eröffnet wurde, anmelden. Dagegen können solche Forderungen, die nur gegen den persönlich haftenden Gesellschafter bestehen, ohne Einschränkung in dem über dessen Vermögen eröffneten Verfahren angemeldet werden.[56] Dies gilt auch für solche Forderungen gegen die Gesellschaft, für die der persönlich haftende Gesellschafter eine vertragliche Haftung, etwa in Form einer Bürgschaft oder eines Garantievertrags, übernommen hat.

52 Macht der Insolvenzverwalter in seiner Funktion aus § 93 InsO kraft gesetzlicher Ermächtigung die Forderung von sonstigen Insolvenzgläubigern geltend, die diese zur Tabelle angemeldet haben, muss er die von ihm zur Masse beanspruchten Forderungen konkret nach Gläubiger, Höhe, Entstehungszeitpunkt und Schuldgrund darlegen, damit der Streitgegenstand in zivilprozessualer Weise ausreichend bezeichnet und im Übrigen auch der Gesellschafter zu den geltend gemachten Ansprüchen Stellung nehmen kann.[57]

53 Der Insolvenzverwalter ist berechtigt, sich mit einem Gesellschafter über die Höhe seiner Haftung zu vergleichen. Ein solcher Vergleich kommt den betroffenen Gesellschaftern auch zugute, wenn das Insolvenzverfahren aufgehoben ist.[58]

5. Anmeldung durch Sonderinsolvenzverwalter

54 Wurde z. B. in einem **Konzerninsolvenzverfahren** für mehrere rechtlich selbständige juristische Personen ein und derselbe Insolvenzverwalter bestellt, so können untereinander bestehende Ansprüche grundsätzlich nur durch einen zu bestellenden Sonderinsolvenzverwalter geltend gemacht werden.[59]

IV. Anmeldefrist

1. Bestimmung der Anmeldefrist

55 Im Eröffnungsbeschluss bestimmt das Insolvenzgericht den Endzeitpunkt der Anmeldefrist (§ 28 Abs. 1 InsO). Dieser muss mindestens zwei Wochen und darf höchstens drei Monate nach dem Eröffnungstag liegen. Diese Anmeldefrist ist jedoch **keine Ausschlussfrist**. Auch nach dem Ablauf der Anmeldefrist können Forderungen beim Insolvenzverwalter angemeldet werden (§ 177 InsO).

2. Anmeldung nach Ablauf der Anmeldefrist

56 Auch die nachträgliche Forderungsanmeldung ist an den **Insolvenzverwalter** zu richten. Formal und inhaltlich müssen dieselben Vorgaben beachtet werden, die auch für eine vor Ablauf der Anmeldefrist vorgenommene Forderungsanmeldung gelten. Als nachträgliche Anmeldung gilt auch die Erhöhung eines bereits angemeldeten Betrags nach Ablauf der Anmeldefrist. Ebenso eine Änderung des Forderungsgrunds oder die nachträgliche Qua-

55) BGH, Urt. v. 12.7.2012 – IX ZR 217/11, ZVI 2012, 342 = ZIP 2012, 1683, dazu EWiR 2013, 121 *(J. M. Schmidt)*.

56) BGH, Urt. v. 4.7.2002 – IX ZR 265/01, ZIP 2002, 1492, dazu EWiR 2003, 335 *(Welzel)*.

57) LG Frankenthal, Urt. v. 16.11.2016 – 2 S 115/16, BeckRS 2016, 115829.

58) BGH, Urt. v. 17.12.2015 – IX ZR 143/13, ZIP 2016, 274, dazu EWiR 2016, 111 *(Lüke)*.

59) *Frege*, Der Sonderinsolvenzverwalter, Rz. 110.

lifizierung eines Anspruchs als Forderung aus einer vorsätzlich begangenen unerlaubten Handlung.[60)]

Nachträgliche Anmeldungen, die zwar nach Ablauf der Anmeldefrist, aber noch **vor dem (allgemeinen) Prüfungstermin** erfolgen, werden im Prüfungstermin geprüft, wenn weder der Insolvenzverwalter noch ein Insolvenzgläubiger der Prüfung widerspricht (§ 177 Abs. 1 Satz 2 InsO). Für spätere Anmeldungen ist ein **besonderer Prüfungstermin** zu bestimmen (§ 177 Abs. 1 Satz 2 InsO; siehe Rz. 96). Außerdem kommt die Prüfung im **schriftlichen Verfahren** in Betracht. Einen besonderen oder nachträglichen Prüfungstermin bestimmt das Gericht nicht bei jeder nachträglichen Anmeldung, sondern lässt regelmäßig mehrere Anmeldungen zusammenkommen. 57

Kosten des besonderen Prüfungstermins oder des schriftlichen Verfahrens sind vom Säumigen zu tragen (§ 177 Abs. 1 Satz 2 InsO). Gerichtsgebühren werden derzeit i. H. von 22 € (Nr. 2430 KV GKG) erhoben. Gerichtliche Auslagen, etwa für die Veröffentlichung des Prüfungstermins fallen daneben nicht an. Jedoch ist denkbar, dass ein Gläubiger seine Terminwahrnehmungskosten geltend macht. Wird eine nachträglich angemeldete Forderung noch im allgemeinen Prüfungstermin geprüft, fällt hierfür keine gesonderte Gebühr an. Das Gleiche gilt, wenn die Forderungsanmeldung noch vor einem angesetzten besonderen Prüfungstermin zurückgenommen wird. Wurde die Forderung rechtzeitig angemeldet, stand sie aber gleichwohl im allgemeinen Prüfungstermin – aus welchen Gründen auch immer – nicht zur Prüfung, fällt die Gebühr nicht an. Dies ergibt sich bereits aus dem insoweit eindeutigen Wortlaut der Vorschrift.[61)] 58

3. Spätester Anmeldezeitpunkt

Zu welchem Zeitpunkt eine Forderungsanmeldung **spätestens** erfolgen kann, ist in der InsO nicht ausdrücklich geregelt. Die Anmeldung muss jedenfalls so rechtzeitig vorgenommen werden, dass die Forderung noch in einem Prüfungstermin geprüft werden und im Falle der Feststellung in das **Schlussverzeichnis** eingestellt werden kann (siehe Rz. 179). 59

Nach Ansicht des BGH kann eine Forderung nur dann noch in das Schlussverzeichnis aufgenommen werden, wenn sie vor der Veröffentlichung der Schlussverteilung und der **Niederlegung des Schlussverzeichnisses** i. S. des § 188 InsO, also spätestens mit dem Beginn der Frist des § 189 InsO angemeldet wird.[62)] Nachdem die Veröffentlichung nach § 188 InsO gerichtsintern verfügt wird, hat ein Gläubiger keine Möglichkeit, von dem hiernach maßgebenden Zeitpunkt Kenntnis zu erlangen. 60

Auch eine Anmeldung zum Schlusstermin selbst kann demnach nicht mehr mit dem Ziel der Aufnahme in das Schlussverzeichnis vorgenommen werden. Dies gilt auch dann, wenn das Insolvenzgericht den Schlusstermin mit einem nachträglichen Prüfungstermin verbunden hat. Es besteht insoweit kein Vertrauenstatbestand, auf den sich der verspätet anmeldende Gläubiger berufen könnte.[63)] Stellt der Insolvenzverwalter nach Veröffentlichung und Niederlegung des Schlussverzeichnisses innerhalb der Frist des § 189 InsO eine zunächst bestrittene und dann anerkannte Forderung nachträglich fest, so kann diese nicht mehr in das Schlussverzeichnis aufgenommen werden. Wegen des Sinns und Zwecks der 61

60) BGH, Urt. v. 17.1.2008 – IX ZR 220/06, ZVI 2008, 116 = ZIP 2008, 566.

61) *Zenker*, NZI 2017, 368 (Urteilsanm.); *Pape/Schaltke* in: KPB, InsO, § 177 Rz. 21; *Riedel* in: MünchKomm-InsO, § 177 Rz. 18; K. Schmidt-*Jungmann*, InsO, Rz. 20; a. A. OLG Dresden, Beschl. v. 24.1.2023 – 12 W 636/22, ZRI 2023, 153 = ZIP 2023, 424; *Depré* in: HK-InsO, § 177 Rz. 15.

62) BGH, Beschl. v. 22.3.2007 – IX ZB 8/05, ZVI 2007, 267 = ZIP 2007, 876, dazu EWiR 2007, 627 *(Köster)*.

63) BGH, Beschl. v. 22.3.2007 – IX ZB 8/05, ZVI 2007, 267 = ZIP 2007, 876.

Veröffentlichung und Niederlegung des Schlussverzeichnisses kommt auch eine analoge Anwendung des § 189 InsO nicht in Betracht.[64] Die Praxis einiger Insolvenzgerichte, alle Forderungen, die nach Ablauf der Anmeldefrist angemeldet werden, in einem mit dem Schlusstermin verbundenen Prüfungstermin zur Prüfung zu stellen, erscheint vor diesem Hintergrund problematisch und kann durchaus **Amtshaftungsansprüche** verursachen.[65]

62 Mit dem Ziel, einen **vollstreckbaren Tabellenauszug** gemäß § 201 Abs. 2 InsO für seine festgestellte Forderung zu erhalten, muss dem Gläubiger aber das Recht eingeräumt werden, auch nach Ablauf des genannten Zeitraums eine Forderungsanmeldung vorzunehmen. Sie muss dazu nur so rechtzeitig erfolgen, dass das Gericht noch einen besonderen Prüfungstermin bestimmen kann.[66] Dieser kann auch mit dem Schlusstermin verbunden werden (siehe Rz. 213). Für eine nach dem Schlusstermin angemeldete Forderung besteht kein Anspruch des Gläubigers auf Durchführung eines weiteren Prüfungstermins. Zur Hemmung der Verjährung kann eine Forderungsanmeldung aber auch nach dem Schlusstermin noch sinnvoll sein.[67]

Praxishinweis

Demzufolge muss eine Forderungsanmeldung spätestens bis zur Terminierung des Schlusstermins vorliegen, damit das Gericht die Forderungsprüfung als weiteren Tagesordnungspunkt des Schlusstermins bestimmen kann.[68] Sinnvoll mag es sein, den Schlusstermin vorsorglich mit einem Prüfungstermin zu verbinden. Damit kann auch noch eine Forderung geprüft und mit einem Tabellenauszug ausgestattet werden, die zwischen dem Schlusstermin und der Terminbestimmung angemeldet wird.

V. Formelle Anforderungen

63 Zur Erfassung der am Insolvenzverfahren teilnehmenden Forderungen ist es erforderlich, dass die Insolvenzgläubiger ihre Forderungen beim Insolvenzverwalter **schriftlich** anmelden (§ 174 Abs. 1 InsO); die Möglichkeit einer Erklärung zu Protokoll der Geschäftsstelle kommt nicht in Betracht. Dennoch ist die Anmeldung **Prozesshandlung,** da sie auf die Herbeiführung von Wirkungen in dem nach wie vor gerichtlichen Prüfungsverfahren abzielt. Hieraus ergibt sich, dass der Anmelder prozessfähig, ein Vertreter hinreichend legitimiert sein muss (vgl. §§ 56, 88 f. ZPO, jeweils i. V. m. § 4 InsO). Anmeldungen, die durch einen Bevollmächtigten erfolgen, sind, soweit es sich nicht um einen Rechtsanwalt handelt, die Vollmachtsurkunden beizufügen. § 130d ZPO findet keine Anwendung, da die Anmeldung nicht gegenüber dem Gericht erfolgt. Eine **elektronische Anmeldung,** zu der auch eine Übermittlung per E-Mail gehört, kann wirksam nur vorgenommen werden, wenn der Insolvenzverwalter hierzu sein Einverständnis erklärt hat (§ 174 Abs. 4 InsO). Dies kann etwa dadurch erfolgen, dass den Gläubigern ein Zugangscode übermittelt wird, mittels dessen die Forderung auf der Internet-Seite des Verwalters angemeldet werden kann. Die Regelung des § 174 Abs. 4 InsO stellt im Verhältnis zu § 130d ZPO die speziellere Vorschrift dar.[69] Die Verwendung von Vordrucken oder Formblättern ist nicht vorgeschrie-

64) LG Krefeld, Beschl. v. 9.2.2011 – 7 T 23/11, ZInsO 2011, 870.

65) Uhlenbruck-*Sinz*, InsO, § 177 Rz. 33.

66) BGH, Urt. v. 7.5.2013 – IX ZR 151/12, ZVI 2013, 364 = ZIP 2013, 1677, dazu EWiR 2013, 623 *(Laroche).*

67) BGH, Urt. v. 19.12.2019 – IX ZR 53/18, ZVI 2020, 96 = ZIP 2020, 327.

68) Nach Ansicht des BGH (BGH, Urt. v. 5.2.1998 – IX ZR 259/97, ZIP 1998, 515) rechtfertigt es die Aussicht, einen vollstreckbaren Tabellenauszug zu erhalten, auch nach Abhaltung des Schlusstermins bis zur Aufhebung des Verfahrens einen besonderen Prüfungstermin anzuberaumen, in dem eine nachträglich angemeldete Forderung festgestellt werden kann. In seiner Entscheidung vom 12.7.2012 (BGH, Urt. v. 12.7.2012 – IX ZR 217/11, ZVI 2012, 342 = ZIP 2012, 1683) hat der BGH dagegen festgestellt, dass eine Forderungsanmeldung spätestens zum Schlusstermin erfolgen muss.

69) BGH, Beschl. v. 24.11.2022 – IX ZB 11/22, ZRI 2023, 59 = ZVI 2023, 65 = ZIP 2023, 92.

ben. Auch soweit den Gläubigern von den Insolvenzgerichten bzw. von den Verwaltern entsprechende Muster übersandt werden, besteht zu deren Verwendung keine Verpflichtung.

Nicht gerechtfertigt erscheint es, Anmeldungen in einer **fremden Sprache** grundsätzlich für unwirksam zu erklären. Vielmehr sollte es auch außerhalb der EuInsVO[70] für die Wirksamkeit der Anmeldung genügen, dass die Anmeldung ohne besondere Sprachkenntnisse als solche erkennbar ist. **64**

Der Gläubiger muss freilich als verpflichtet angesehen werden, binnen angemessener Frist eine Übersetzung nachzureichen; kommt er dieser Verpflichtung nicht nach, so ist die Forderung zu bestreiten. **65**

VI. Inhaltliche Anforderungen

1. Angabe von Schuldgrund und Betrag

Inhaltlich verlangt § 174 Abs. 2 InsO, dass die Forderung, für die die Haftung der Masse geltend gemacht wird, nach Schuldgrund und Betrag (ggf. in Euro umgerechnet, § 45 InsO) individualisiert wird. Hierfür gelten die **zivilprozessualen Anforderungen** an Klage und Mahnbescheid entsprechend. Für eine wirksame Forderungsanmeldung erfordert die Angabe des Grundes der Forderung die bestimmte Angabe des Lebenssachverhalts, aus dem die Forderung nach der Behauptung des Gläubigers entspringt; eine schlüssige Darlegung der Forderung ist nicht erforderlich.[71] **66**

Der Gläubiger kann zur Darlegung seiner Forderung auf beigefügte **Unterlagen** Bezug nehmen, wenn daraus der Grund der Forderung hervorgeht.[72] Wird eine Mehrzahl von Forderungen angemeldet (**Sammelanmeldung**), so muss jeder einzelne Zahlungsanspruch aus dem Vortrag des Gläubigers nach Grund und Betrag nachvollziehbar sein. Insbesondere muss der Lebenssachverhalt dargestellt werden, aus dem sich die einzelnen Forderungen ergeben.[73] **67**

Fehlt es hieran, so ist die Anmeldung unwirksam und insbesondere zur Hemmung der Verjährung (§ 204 Abs. 1 Nr. 10 BGB) nicht geeignet;[74] auch die **Feststellungswirkungen** (§ 178 Abs. 3 InsO) können in diesem Fall nicht eintreten. Nach überwiegender Meinung ist der Insolvenzverwalter nicht verpflichtet, den Gläubiger auf evtl. inhaltliche Mängel seiner Anmeldung hinzuweisen.[75] **68**

Soweit die Höhe einer Forderung bis zum Ablauf der Anmeldefrist nicht eindeutig bestimmt werden kann, was oftmals bei **Sozialversicherungs- und Steueransprüchen** der Fall ist, genügt es, zunächst einen Pauschbetrag anzumelden. Einer solchen Anmeldung wird der Verwalter im Prüfungstermin zwar (vorläufig) widersprechen; er wird dann aber seinen Widerspruch zurücknehmen, wenn in der Folge die genaue Höhe des Anspruchs **69**

70) Verordnung (EG) Nr. 1346/2000 des Rates der Europäischen Union v. 29.5.2000 über Insolvenzverfahren (EuInsVO), ABl. (EG) L 160/1 v. 30.6.2000; ergänzt durch Art. 102 EGInsO und §§ 335 ff. InsO. Für grenzüberschreitende Insolvenzverfahren, die nach dem 26.6.2017 eröffnet wurden, gilt die Verordnung (EU) 2015/848 des Europäischen Parlaments und des Rates v. 20.5.2015 über Insolvenzverfahren (EuInsVO), ABl. (EU) L 141/19 v. 5.6.2015; ergänzt durch Art. 102c EGInsO.

71) BGH, Urt. v. 25.6.2020 – IX ZR 47/19, ZRI 2020, 414 = ZVI 2020, 428; s. dazu *Marquardt/Hoffmann*, NZI 2021, 1047.

72) BGH, Urt. v. 5.7.2018 – IX ZR 167/15, ZIP 2018, 1644, dazu EWiR 2018, 719 *(Schur)*.

73) BGH, Urt. v. 22.1.2009 – IX ZR 3/08, ZIP 2009, 483 = ZVI 2009, 105; BGH, Urt. v. 25.6.2020 – IX ZR 47/19, ZRI 2020, 414 = ZVI 2020, 428.

74) BGH, Urt. v. 21.2.2013 – IX ZR 92/12, ZVI 2013, 187 = ZIP 2013, 680.

75) OLG München, Urt. v. 22.12.2017 – 13 U 927/15, ZInsO 2018, 326; LG Berlin, Beschl. v. 8.11.2018 – 66 S 114/18, NZI 2019, 113.

dargestellt werden kann.[76] Auf diese Weise können ein nachträglicher Prüfungstermin und die damit entstehenden Kosten vermieden werden.

70 **Zinsen**, die der Gläubiger beansprucht, sind mit dem Zinssatz, dem Zinszeitraum und der Berechnungsgrundlage anzugeben. Dabei kann es nicht dem Insolvenzverwalter überlassen werden, den Betrag der beanspruchten Zinsen auszurechnen.

71 **Arbeitnehmerforderungen**, zu denen auch Ansprüche aus einem Sozialplan gehören, sind mit ihrem Bruttobetrag anzumelden.[77] An den Arbeitnehmer erfolgt eine Erlösauszahlung jedoch nur i. H. des Nettolohnanspruchs. Die Sozialabgaben sind entsprechend der Anmeldung der Sozialversicherungseinzugsstellen an diese auszukehren. Die auf den auszuzahlenden Betrag anfallende Lohnsteuer ist an die Finanzverwaltung abzuführen. Eine gesonderte Anmeldung durch die Finanzverwaltung ist insoweit nicht notwendig.

72 Soll der Grund einer bereits festgestellten Forderung oder der Betrag der festgestellten Forderung **geändert** werden, bedarf es einer neuerlichen Anmeldung und Prüfung der Veränderung (§ 177 Abs. 1 Satz 3 InsO).

2. Bezeichnung des Gläubigers

73 Die Forderungsanmeldung muss den Inhaber der Forderung eindeutig erkennen lassen. Dieser ist mit seiner **zustellungsfähigen Anschrift** anzugeben. Eine **Wohnungseigentümergemeinschaft** wir durch die das Grundstück näher bestimmenden postalischen oder katastermäßigen Bezeichnungen beschrieben (§ 9a WEG). Die Angabe sämtlicher Wohnungseigentümer ist nicht erforderlich, wenn die Wohnungseigentümergemeinschaft wie bei einer Forderungsanmeldung eigene oder ihr zur Ausübung zustehende Rechte im eigenen Namen geltend macht.[78] Steht die angemeldete Forderung **mehreren Gläubigern** nach § 428 BGB zu und erfolgt die Anmeldung nicht durch alle Berechtigte, sind die übrigen Gläubiger mit Namen und Anschrift anzugeben. Der Gesamtgläubigerstellung steht nicht entgegen, dass die Schuldnerin schuldbefreiend nur an einen Zahlungsempfänger soll leisten können.[79]

3. Anspruch aus deliktischer Handlung

74 Soweit eine Forderung aus einer vom Schuldner **vorsätzlich begangenen unerlaubten Handlung** geltend gemacht wird, hat der Gläubiger die Tatsachen anzugeben, aus denen sich nach seiner Einschätzung ergibt, dass ihr eine vorsätzlich begangene unerlaubte Handlung des Schuldners zugrunde liegt (§ 174 Abs. 2 InsO). Der Rechtsgrund der vorsätzlich begangenen unerlaubten Handlung muss in der Anmeldung so beschrieben werden, dass der aus ihm hergeleitete Anspruch in tatsächlicher Hinsicht zweifelsfrei bestimmt ist und der Schuldner erkennen kann, welches Verhalten ihm vorgeworfen wird; einer schlüssigen Darlegung des (objektiven und subjektiven) Deliktstatbestands bedarf es nicht. Dem Schuldner muss anhand der Schilderung der Vorgang bewusst gemacht werden, der zur Schadensersatzpflicht geführt hat.[80] Im Einzelfall kann es ausreichend sein, auf einen anhängigen Rechtsstreit und die dazu eingereichten Schriftsätze zu verweisen.[81] Die bloße Behauptung des Gläubigers, es läge eine vorsätzlich begangene unerlaubte Handlung des

76) OLG Frankfurt/M., Beschl. v. 15.2.2021 – 13 W 6/21, NZI 2021, 510.

77) Vgl. LAG Hamm, Beschl. v. 22.11.1999 – 4 Sa 1414/99, ZInsO 2000, 55 = NZI 2001, 74.

78) BGH, Urt. v. 28.1.2011 – V ZR 145/10, BGHZ 188, 157 = NJW 2011, 1361.

79) BGH, Urt. v. 5.7.2018 – IX ZR 167/15, ZIP 2018, 1644.

80) BGH, Urt. v. 9.1.2014 – IX ZR 103/13, ZVI 2014, 105 = ZIP 2014, 278, dazu EWiR 2014, 217 (*Jungmann*).

81) BGH, Urt. v. 11.8.2022 – IX ZR 78/21, ZRI 2022, 818 = ZVI 2023, 18 = ZIP 2022, 1876.

Schuldners vor, reicht demnach nicht aus. Unterlässt der Gläubiger diesen Vortrag, wird seine Forderung auch dann von einer Restschuldbefreiung betroffen, wenn sie tatsächlich aus einer vorsätzlich begangenen unerlaubten Handlung des Schuldners herrührt (§ 302 Nr. 1 InsO). Auf ein Verschulden des Gläubigers kommt es dabei nicht an.[82]

Dies gilt auch für den Fall, dass eine Forderung etwa bereits auf der Grundlage einer vom Schuldner vorsätzlich begangenen unerlaubten Handlung **tituliert** ist. Auch eine solche Forderung muss unter Angabe der qualifizierten Anspruchsgrundlage zur Insolvenztabelle angemeldet werden, soll sie nicht durch von einer Restschuldbefreiung umfasst werden. Zur Darstellung des einschlägigen Sachverhalts kann aber wohl auf den Titel verwiesen werden. 75

Nachgeholt werden kann der Tatsachenvortrag noch so lange wie eine Prüfung der Anspruchsgrundlage in einem Prüfungstermin oder in einem schriftlichen Verfahren möglich ist; somit also auch noch im Schlusstermin, wenn dieser mit einem Prüfungstermin verbunden wird.[83] Ebenso kann auch die Anspruchsgrundlage „vorsätzlich begangene unerlaubte Handlung" nachträglich angemeldet und ggf. in einem gesonderten Prüfungstermin geprüft werden.[84] Wird dem Schuldner innerhalb eines noch nicht beendeten Insolvenzverfahrens die **Restschuldbefreiung** erteilt, muss die Anmeldung spätestens vor dieser Entscheidung des Insolvenzgerichts bzw. bis zum Ablauf der Abtretungsfrist angemeldet werden.[85] 76

Wurde eine Forderung als Zahlungsanspruch aus einer vorsätzlich begangenen unerlaubten Handlung angemeldet, ohne dass ein entsprechender Tatsachenvortrag erfolgte, hat der Verwalter den Gläubiger zur Ergänzung aufzufordern. Unterbleibt diese Ergänzung, ist die Forderung nur dann in die Insolvenztabelle (siehe Rz. 84) aufzunehmen, wenn sie auch aus anderen Rechtsgründen besteht, was regelmäßig der Fall sein wird. Das Attribut „vorsätzlich begangene unerlaubte Handlung" darf die Tabelle in diesem Fall jedoch nicht ausweisen (siehe Rz. 88).[86] 77

In Verfahren, deren Eröffnung **nach dem 30.6.2014** beantragt wird, sind auch Verbindlichkeiten des Schuldners aus einer vorsätzlichen pflichtwidrigen Verletzung einer gesetzlichen **Unterhaltspflicht**, auch wenn diese nicht strafbewährt ist, von einer Restschuldbefreiung nicht umfasst; ebenso Verbindlichkeiten aus einem Steuerschuldverhältnis, sofern der Schuldner im Zusammenhang damit wegen einer Steuerstraftat nach den §§ 370, 373 oder § 374 AO rechtskräftig verurteilt ist. Der Gläubiger hat eine solche Forderung unter Angabe der Tatsachen anzumelden, die nach seiner Einschätzung die entsprechende Qualifizierung der Forderung rechtfertigen (§ 302 Nr. 1 InsO; § 174 Abs. 2 InsO). Kommt der Gläubiger trotz entsprechender Aufforderung seitens des Insolvenzverwalters diesem Erfordernis nicht nach, darf die Forderung nicht als von der Restschuldbefreiung nicht betroffene Insolvenzforderung in die Tabelle aufgenommen werden. 78

Hat der Insolvenzschuldner **keinen Antrag auf Restschuldbefreiung** gestellt, kommt eine Anmeldung des Rechtsgrunds einer vorsätzlich begangenen unerlaubten Handlung nicht in Betracht. Insbesondere rechtfertigt eine sich möglicherweise anschließende privilegiert Lohnpfändung nach § 850f Abs. 2 ZPO kein Feststellungsbedürfnis des Gläubigers. Zwar können die Voraussetzungen des § 850f Abs. 2 ZPO, nämlich die Tatsache, dass es sich bei dem zu vollstreckenden Anspruch um eine Forderung aus einer vorsätzlich begange- 79

82) BGH, Urt. v. 16.12.2010 – IX ZR 24/10, Rpfleger 2011, 395.

83) BGH. Urt. v. 19.12.2019 – IX ZR 53/18, ZVI 2020, 96 = ZIP 2020, 327.

84) BGH, Urt. v. 17.1.2008 – IX ZR 220/06, = ZVI 2008, 116 = ZIP 2008, 566.

85) BGH, Urt. v. 7.5.2013 – IX ZR 151/12, ZVI 2013, 364 = ZIP 2013, 1677.

86) Uhlenbruck-*Sinz*, InsO, § 174 Rz. 38.

nen unerlaubten Handlung handelt, mit einem vollstreckbaren Auszug aus der Insolvenztabelle nachgewiesen.[87] Daraus kann jedoch nicht zwingend der Schluss gezogen werden, dass eine deliktische Forderung auch dann mit der Folge des Privilegnachweises zur Aufnahme in die Insolvenztabelle angemeldet werden kann, wenn der Schuldner keine Restschuldbefreiung beantragt hat. Das ist u. a. damit zu begründen, dass das Insolvenzgericht den Schuldner nicht entsprechend § 174 InsO belehrt, wenn keine Restschuldbefreiung beantragt ist.[88]

4. Notwendige Anlagen

80 Gemäß § 174 Abs. 1 Satz 2 InsO sollen die Urkunden, aus denen sich die Forderung ergibt, im Original oder in Kopie beigefügt werden. Dies gilt z. B. für Rechnungen,[89] Lieferscheine oder Abnahmeprotokolle, aber auch für **Vollstreckungstitel**, Schecks und Wechsel, auf denen gemäß § 178 Abs. 2 Satz 3 InsO die Feststellung der titulierten bzw. verbrieften Forderung durch das Insolvenzgericht zu vermerken ist.[90] Erfolgt die Forderungsanmeldung auf elektronischem Wege, ist die Beifügung einer elektronischen Rechnung ausreichend. Auf Verlangen des Insolvenzverwalters oder des Insolvenzgerichts sind Ausdrucke, Abschriften oder Originale von Urkunden einzureichen (§ 174 Abs. 4 Satz 2 InsO). In entsprechender Anwendung des § 254 Abs. 5 ZPO sind die beigefügten Unterlagen dem Insolvenzverwalter mit einer weiteren Abschrift vorzulegen. Ansonsten ist die Abschrift auf Kosten des Anmelders herzustellen.

81 Unterlässt es der Gläubiger, derartige Urkunden vorzulegen, hat dies zwar auf die Wirksamkeit seiner Anmeldung keinen Einfluss; er riskiert jedoch, dass der Verwalter der Feststellung der Forderung im Prüfungstermin widerspricht (siehe Rz. 101). Dies gilt insbesondere dann, wenn nur die Abschrift eines Vollstreckungstitels und nicht dessen **vollstreckbare Ausfertigung** vorgelegt wird, wozu der Gläubiger allerdings nicht verpflichtet ist.[91] Macht der Insolvenzverwalter wegen der Nichtvorlage von Originalurkunden im Prüfungsverfahren von seinem Widerspruchsrecht Gebrauch, muss er sich im nachfolgenden Feststellungsrechtsstreit (siehe Rz. 130 ff.) mit den geltend gemachten Forderungen des Klägers in der Sache auseinandersetzen. Für seine Einlassungsobliegenheit gelten die allgemeinen Grundsätze. Der über die Vorgänge nicht unterrichtete Insolvenzverwalter muss die Geschäftsunterlagen des Schuldners sichten und diesen notfalls befragen. Erst wenn seine Erkundigungen keinen Aufschluss erbracht haben, darf sich der Insolvenzverwalter unter Darlegung dieses Umstands zu der Forderung gemäß § 138 Abs. 4 ZPO pauschal mit Nichtwissen erklären. Ansonsten muss er den Bestand der zur Tabelle eingeklagten Forderung konkret anhand der gewonnenen Erkenntnisse bestreiten. Ein Widerspruch kann demnach nicht allein darauf gestützt werden, dass die vollstreckbare Ausfertigung des Titels nicht vorgelegt wurde.[92]

---

87) BGH, Beschl. v. 11.3.2020 – VII ZB 38/19, ZVI 2020, 176 = ZIP 2020, 826; BGH, Beschl. v. 4.9.2019 – VII ZB 91/17, ZVI 2019, 415 = ZIP 2019, 2070.

88) Vgl. AG Köln, Beschl. v. 16.6.2020 – 73 IN 298/17, ZVI 2020, 270 = NZI 2020, 899; AG Aurich, Beschl. v. 3.12.2015 – 9 IN 145, NZI 2016, 143, m. Anm. *Ahrens*, NZI 2016, 121.

89) Nach Ansicht des AG Köln, Beschl. v. 20.8.2003 – 125 C 286/03, ZInsO 2003, 1009, reicht die Vorlage von Rechnungen nicht aus, da daraus nicht ersichtlich ist, dass die Warenlieferung tatsächlich erfolgt ist; vielmehr wäre der Lieferschein vorzulegen.

90) Vgl. AG Mönchengladbach, Urt. v. 20.2.2003 – 5 C 608/02, ZInsO 2003, 291.

91) Vgl. AG Mönchengladbach, Urt. v. 20.2.2003 – 5 C 608/02, ZInsO 2003, 291.

92) BGH, Urt. v. 1.12.2005 – IX ZR 95/04, ZVI 2006, 26 = ZIP 2006, 192 (ber. S. 344), dazu EWiR 2006, 177 *(Köster)*.

Praxishinweis
Letztlich ist es aber auch nicht notwendig, einer als tituliert angemeldeten Forderung deshalb zu widersprechen, weil nicht die vollstreckbare Ausfertigung des Titels vorgelegt wird. Dass dem Gläubiger ein weiterer Titel in Form eines vollstreckbaren Tabellenauszugs ausgehändigt wird, ist dadurch zu verhindern, dass das Insolvenzgericht den Tabellenauszug in Anwendung des § 733 ZPO erst dann erteilt, wenn der Gläubiger den bereits vorhandenen Titel dem Gericht vorlegt.

VII. Rücknahme der Anmeldung

Bis zur Feststellung der Forderung im Prüfungstermin bzw. im schriftlichen Verfahren kann die Anmeldung zurückgenommen werden. Sie hat zur Folge, dass die Forderung nicht mehr am Insolvenzverfahren teilnimmt.[93] Die Rücknahme einer Forderungsanmeldung stellt keinen Verzicht auf die Forderung dar, sondern lediglich einen Verzicht auf die weitere Teilnahme an der Verteilung.[94] **82**

Wurde eine angemeldete Forderung entsprechend § 178 InsO festgestellt, ist eine Rücknahme der Forderungsanmeldung nicht mehr möglich.[95] Es bleibt einem Gläubiger jedoch unbenommen, auf die Berücksichtigung seiner Forderung in einem Verteilungsverfahren zu **verzichten.** Ein solcher Verzicht wird regelmäßig in einer erklärten Rücknahme der Forderungsanmeldung zu sehen sein. Zu erklären ist die Rücknahme bzw. der Verzicht gegenüber dem Insolvenzgericht. Dieses vermerkt den erklärten Verzicht in der Insolvenztabelle.[96] Die nach Durchführung des Prüftermins an den Insolvenzverwalter adressierte Rücknahme der Anmeldung einer nicht zur Tabelle festgestellten Forderung wird wirksam, wenn die Rücknahmeerklärung nach Weiterleitung durch den Insolvenzverwalter beim Insolvenzgericht eingeht.[97] **83**

VIII. Tabelle (§ 175 InsO)

1. Anlegung durch den Insolvenzverwalter

Der Insolvenzverwalter hat jede angemeldete Forderung in eine Tabelle einzutragen (§ 175 Abs. 1 Satz 1 InsO). Dabei ist für jede Forderung ein einzelnes Tabellenblatt zu fertigen, das Grund und Betrag der Forderung sowie deren eventuellen Nachrang ausweist. Liegt für eine angemeldete Forderung ein Vollstreckungstitel vor, sollte dies vermerkt werden. Auch die Tatsache, dass der Gläubiger seinen Anspruch auf eine vorsätzlich begangene unerlaubte Handlung des Schuldners stützt, sollte im Hinblick auf § 175 Abs. 2 InsO besonders hervorgehoben werden. Der Insolvenzverwalter ist verpflichtet, aufgrund einer formal ordnungsgemäßen Anmeldung einer Forderung als Insolvenzforderung diese Forderung auch dann in die Tabelle einzutragen, wenn er meint, der Forderung stünden insolvenzrechtliche Einwendungen entgegen.[98] Streng genommen ist die vom Insolvenzverwalter nach § 175 InsO zu erstellende Tabelle nicht identisch mit der vom Insolvenzgericht zu führenden **(amtlichen) Insolvenztabelle** i. S. des § 178 InsO.[99] Allerdings hat **84**

93) BGH, Urt. v. 11.4.2019 – IX ZR 79/18, ZVI 2019, 223 = ZIP 2019, 1024.

94) AG Aurich, Beschl. v. 12.11.2021 – 9 IK 370/16, ZInsO 2022, 480.

95) Vgl. RG, Urt. v. 8.1.1926 – II 282/25, RGZ 112, 297; Uhlenbruck-*Sinz*, InsO, § 174 Rz. 49; a. A. AG Köln, Beschl. v. 8.1.2016 – 71 IN 20/13, ZVI 2016, 248 = ZIP 2016, 688, wonach erst nach Beendigung des Insolvenzverfahrens eine Rücknahme der Anmeldung ausgeschlossen sei.

96) OLG Brandenburg, Urt. v. 13.3.2018 – 3 U 49/16, ZVI 2018, 366 = ZIP 2018, 1308, dazu EWiR 2018, 405 *(Jungmann)*.

97) BGH, Urt. v. 11.4.2019 – IX ZR 79/18, ZVI 2019, 223 = ZIP 2019, 1024.

98) BGH, Urt. v. 26.1.2017 – IX ZR 315/14, ZVI 2017, 151 = ZIP 2017, 436.

99) OLG Düsseldorf, Urt. v. 5.11.2020 – 6 U 149/19, juris = GRUR-RR 2020, 531.

der BGH u. a. in seiner Entscheidung vom 20.2.2018 diese Unterscheidung nicht getroffen, sodass sie auch nicht weiter beachtet werden muss.[100] In der Praxis wird die vom Insolvenzverwalter angelegte Tabelle vom Insolvenzgericht als Insolvenztabelle fortgeführt (vgl. § 15a Abs. 5 AktO).

85 Die Anlage der Insolvenztabelle in **virtueller Form** ist zulässig (§ 5 Abs. 4 InsO). Spätestens mit Abschluss des Verfahrens muss die Tabelle jedoch in Papierform erstellt und in dieser Form auch aufbewahrt werden (§ 15 Abs. 3 AktO).

2. Vorprüfung der Anmeldung

86 Vor der Aufnahme in die von ihm anzulegende Tabelle prüft der Verwalter die Forderungsanmeldung auf ihre **formale Vollständigkeit**. Dazu gehören insbesondere die hinreichende Bezeichnung des Gläubigers und dessen Vertreters, die Angabe von Forderungsbetrag und -grund sowie die Unterzeichnung der Anmeldung. Dagegen gehört die Vorlage von Urkunden, die die Forderung belegen oder beweisen, nicht zu den formalen Anforderungen. In Anwendung des § 139 ZPO ist der Gläubiger zur Beseitigung von bestehenden Mängeln aufzufordern. Kommt der Gläubiger der Aufforderung nicht nach, hat der Verwalter die Anmeldung zurückzuweisen, d. h. die Aufnahme der angemeldeten Forderung in die Tabelle zu verweigern. In Zweifelsfällen sollte der Verwalter dem Insolvenzgericht die Entscheidung über die Zurückweisung einer Anmeldung überlassen. Dem Gläubiger obliegt es in diesem Fall, eine erneute Forderungsanmeldung vorzunehmen.

87 Bei Forderungsanmeldungen, die den formalen Anforderungen entsprechen, aber eine **unanmeldbare Forderung** enthalten, wie etwa eine nachrangige Forderung, zu deren Anmeldung das Gericht nicht aufgefordert hat, kann der Gläubiger auf diese Tatsache hingewiesen werden. Eine Zurückweisung der Anmeldung durch den Insolvenzverwalter nach unterlassener Mängelbeseitigung kommt in diesem Fall aber wohl nur dann in Betracht, wenn die Forderung ausdrücklich als nachrangige Forderung angemeldet wurde.[101] Andernfalls ist die Forderung in die Tabelle aufzunehmen und zu bestreiten. Der Insolvenzverwalter ist nicht berechtigt, die Aufnahme einer Forderung in die Insolvenztabelle mit der Begründung abzulehnen, die Forderung sei nicht anmeldbar.[102]

88 Wurde eine Forderung als Zahlungsanspruch aus einer **vorsätzlich begangenen unerlaubten Handlung** angemeldet, ohne dass der nach § 174 Abs. 2 InsO notwendige Tatsachenvortrag geführt ist und hat der Gläubiger dies trotz entsprechendem Hinweis des Verwalters nicht nachgeholt, darf die Forderung nur in die Tabelle aufgenommen werden, wenn sie auch aufgrund anderer Rechtsgrundlagen bestehen kann. Das Attribut „vorsätzlich begangene unerlaubte Handlung“ ist in diesem Fall nicht in die Tabelle aufzunehmen (siehe Rz. 74 ff.). Dies ist damit zu begründen, dass der Verwalter allein dem Schuldgrund nicht widersprechen kann und damit die Forderung zu Unrecht als Deliktsanspruch zur Tabelle festgestellt werden würde, wenn der Schuldner nicht seinerseits einen Widerspruch erhebt.[103]

3. Niederlegung und Fortführung der Insolvenztabelle

89 Die vom Verwalter angelegte Tabelle ist gemäß § 175 Abs. 1 Satz 2 InsO innerhalb des ersten Drittels des Zeitraums, der zwischen dem Ablauf der Anmeldefrist und dem Prü-

100) BGH, Urt. v. 20.2.2018 – II ZR 272/16, ZIP 2018, 640 = NZI 2018, 442; ebenso BGH v. 17.11.2020 – II ZR 68/20, juris.

101) Vgl. LG Waldshut-Tiengen, Beschl. v. 26.1.2005 – 1 T 172/03, ZVI 2005, 217 = ZIP 2005, 499.

102) BGH, Urt. v. 26.1.2017 – IX ZR 315/14, ZVI 2017, 151 = ZIP 2017, 436.

103) Vgl. BGH, Urt. v. 17.1.2008 – IX ZR 220/06, ZVI 2008, 116 = ZIP 2008, 566.

fungstermin liegt, in der Geschäftsstelle des Insolvenzgerichts zur Einsicht der Beteiligten niederzulegen.[104] Auch die Anmeldungen selbst sowie die beigefügten Urkunden können von den Beteiligten eingesehen werden. Unzutreffend ist deshalb die bei den Insolvenzgerichten verbreitete Handhabe, wonach diese Urkunden beim Insolvenzverwalter verbleiben. Die weitere Führung der (amtlichen) Insolvenztabelle obliegt dem **Insolvenzgericht**. Sie verbleibt samt den Anmeldungsunterlagen beim Gericht. Für nachträgliche Anmeldungen hat der Verwalter ein Tabellenblatt anzulegen, das durch das Insolvenzgericht der Tabelle hinzugefügt wird. Alle weiteren Eintragungen, wie etwa das Ergebnis des Prüfungstermins oder die Rücknahme von Forderungsanmeldungen, werden durch das Insolvenzgericht in der Tabelle vermerkt.

Praxishinweis

In der Praxis hat es sich mittlerweile eingebürgert, dass der Insolvenzverwalter dem Insolvenzgericht die Tabelle mit bereits eingetragenem Prüfungsergebnis übermittelt. Dies ist für das Gericht durchaus hilfreich und streng genommen wohl auch nicht zu beanstanden, da das vermerkte Prüfungsergebnis erst mit der Unterschrift des Rechtspflegers und ggf. des Urkundsbeamten wirksam wird. Für einen Gläubiger, der in die niedergelegte Tabelle Einsicht nimmt, könnte jedoch der falsche Eindruck entstehen, dass eine Forderung bereits geprüft wurde. Deshalb verlangen einige Insolvenzgerichte vom Verwalter eine weitere Tabelle, die keine Prüfungsergebnisse enthält. Diese Praxis ist abzulehnen.

4. Privilegierte Forderungen

Hat ein Gläubiger eine Forderung aus einer vorsätzlich begangenen unerlaubten Handlung unter Beachtung des § 174 Abs. 2 InsO angemeldet (siehe Rz. 74 ff.), so hat das Insolvenzgericht – nicht der Insolvenzverwalter – den Schuldner darauf **hinzuweisen**, dass er die Möglichkeit hat, die Forderung im Prüfungstermin zu bestreiten, und die Forderung ansonsten ungeachtet einer ggf. zu erteilenden Restschuldbefreiung gegen ihn bestehen bleibt (§ 175 Abs. 2 InsO). In Verfahren, deren Eröffnung nach dem 30.6.2014 beantragt wird, gilt dies auch für angemeldete Verbindlichkeiten des Schuldners aus einer vorsätzlich pflichtwidrigen Verletzung einer gesetzlichen **Unterhaltspflicht** oder aus einem Steuerschuldverhältnis, sofern der Schuldner im Zusammenhang damit wegen einer Steuerstraftat nach den §§ 370, 373 oder § 374 AO rechtskräftig verurteilt ist. 90

Wurde der Schuldner unzureichend informiert, ist ihm ggf. **Wiedereinsetzung** nach § 186 InsO zu gewähren. Dem Schuldner ist eine gerichtliche Frist zur Nachholung des Widerspruchs zu setzen.[105] Ein nach Ablauf eines Jahrs (§ 234 Abs. 3 ZPO) nach dem Ende der versäumten Frist gestellter Antrag auf Wiedereinsetzung in den vorigen Stand ist auch dann unzulässig, wenn die Fristversäumung dadurch verursacht worden ist, dass ein zuzustellendes Schriftstück von der Person, an die eine zulässige Ersatzzustellung erfolgte, dem Empfänger vorenthalten wurde.[106] 91

Um dem Gericht die Arbeit zu erleichtern, hat es sich als nützlich erwiesen, wenn der Verwalter die in Frage kommenden Anmeldungen **gesondert auflistet**. Ist die angemeldete Deliktsforderung als solche tituliert, sollte dies in der Bemerkungsspalte angegeben werden. Ist die Deliktsforderung nur als vertraglicher Anspruch tituliert, so sollte auch hierauf hingewiesen werden. Der Insolvenzverwalter darf einer Forderung, die als Zahlungsanspruch aus einer vorsätzlich begangenen unerlaubten Handlung angemeldet ist, dann nicht 92

104) AG Leipzig, Beschl. v. 27.2.2017 – 404 IN 1437/16, ZIP 2017, 1683 – 1684: In Großverfahren kann die Tabelle samt den Anmeldeunterlagen auch im Büro des Insolvenzverwalters zur Einsicht der Beteiligten niedergelegt werden.

105) AG Düsseldorf, Beschl. v. 9.1.2023 – 513 IK 191/15, ZVI 2023, 178 = ZInsO 2023, 290.

106) BGH, Beschl. v. 21.1.2016 – IX ZA 24/15, ZInsO 2016, 543 = NZI 2016, 238.

widersprechen, wenn die Forderung jedenfalls aufgrund eines sonstigen Rechtsgrunds begründet ist.[107] So kann z. B. einer Forderung auf Schmerzensgeld nicht deshalb widersprochen werden, weil der Schuldner eventuell nicht vorsätzlich gehandelt hat. Schmerzensgeld kann auch bei fahrlässiger Herbeiführung des Schadensereignisses beansprucht werden.

93 **Übersicht: Anmeldung**

Wer?	Grundsätzlich nur Insolvenzgläubiger (§ 38 InsO); nachrangige Insolvenzgläubiger (§ 39 InsO) nur bei besonderer Aufforderung (§ 174 Abs. 3 InsO).
Was?	Insolvenzforderungen nach Grund und Betrag (§ 27 Abs. 2 Nr. 3, Abs. 3 InsO).
Wo?	Exklusiv beim Verwalter, d. h. eine anderweitige gerichtliche Geltendmachung unter Verzicht auf die Teilnahme am Insolvenzverfahren kommt nicht in Betracht.
Wann?	Innerhalb der im Eröffnungsbeschluss genannten Frist; bei Fristversäumung kommt eine nachträgliche Anmeldung in Betracht (§ 177 InsO).
Wie?	Schriftlich; grundsätzlich in deutscher Sprache; eindeutig.
Wirkung?	Die Anmeldung hemmt die Verjährung (§ 204 Abs. 1 Nr. 10 BGB).

C. Forderungsprüfung

I. Vorbereitung des Prüfungstermins

1. Maßnahmen des Insolvenzgerichts

a) Prüfung der Tabelle und der Anmeldungen

94 Möglichst bereits i. R. der Niederlegung der vom Verwalter angelegten Tabelle, spätestens aber in Vorbereitung des Prüfungstermins, sollte das Insolvenzgericht die Tabelle und die entsprechenden Anmeldungen überprüfen. Hierbei können unzulängliche Gläubigerangaben korrigiert werden. Ob das Insolvenzgericht – nach fruchtloser Aufforderung des Gläubigers zur Mängelbeseitigung – berechtigt ist, Anmeldungen zurückzuweisen, ist umstritten,[108] aber zumindest hinsichtlich formaler Mängel zu bejahen. Genügt eine Anmeldung demzufolge nicht den an sie zu stellenden formalen Anforderungen und hat nicht bereits der Verwalter die Anmeldung zurückgewiesen, so obliegt es dem Insolvenzgericht, den Gläubiger zur **Mangelbeseitigung** aufzufordern und ggf. die Anmeldung zurückzuweisen. Das Insolvenzgericht ist dagegen nicht befugt, eine Anmeldung mit der Begründung zurückzuweisen, es handle sich um eine nicht anmeldbare Forderung.[109]

b) Terminierung

95 Zur Prüfung der angemeldeten Forderungen hat das Insolvenzgericht eine **Gläubigerversammlung** mit dem Tagesordnungspunkt „Forderungsprüfung" einzuberufen oder die schriftliche Prüfung anzuordnen (vgl. § 5 Abs. 2 InsO). Der erste oder **allgemeine Prüfungstermin** wird bereits im Eröffnungsbeschluss bestimmt (§ 29 Abs. 1 Nr. 2 InsO) und zusammen mit diesem veröffentlicht bzw. den Gläubigern bekanntgemacht (§ 30 InsO). Der allgemeine Prüfungstermin kann mit dem Berichtstermin verbunden werden (§ 29 Abs. 2 InsO).

107) BGH, Urt. v. 17.1.2008 – IX ZR 220/06, ZVI 2008, 116 = ZIP 2008, 566.

108) *Frege/U. Keller/Riedel*, InsR, Rz. 3.1071.

109) A. A. AG Münster, Beschl. v. 10.8.2017 – 77 IN 24/17, ZIP 2017, 2493 = NZI 2017, 807, m. abl. Anm. *Riedel*, NZI 2017, 808.

Besondere Prüfungstermine, die für die Prüfung nachträglich angemeldeter Forderungen notwendig werden, sind gesondert zu bestimmen, soweit nicht die schriftliche Forderungsprüfung angeordnet wird. Die Terminsbestimmung ist öffentlich bekannt zu machen und den Gläubigern, die Forderungen nachträglich angemeldet haben, dem Schuldner sowie dem Verwalter besonders mitzuteilen (§ 177 Abs. 3 InsO). 96

Der **allgemeine Prüfungstermin** ist so zu bestimmen, dass zwischen dem Ablauf der Anmeldefrist und dem Termin mindestens eine Woche und höchstens zwei Monate liegen (§ 29 Abs. 1 Nr. 2 InsO). Für den **besonderen Prüfungstermin** enthält die InsO ebenso wie für das schriftliche Prüfungsverfahren keine detaillierten Regelungen. In Anwendung von § 217 ZPO muss zwischen der Bekanntmachung des Termins und dem Termin eine Frist von **drei Tagen** liegen. Die Frist beginnt mit Ablauf von zwei Tagen nach dem Tag der Veröffentlichung der Terminsbestimmung (§ 9 Abs. 1 InsO). 97

Wird ein Prüfungstermin **vertagt**, kann die Bekanntmachung des weiteren Termins unter den Voraussetzungen des § 74 Abs. 2 Satz 2 InsO unterbleiben. 98

Ordnet das Insolvenzgericht die Prüfung angemeldeter Forderungen im **schriftlichen Verfahren** an, so hat es eine Frist zu bestimmen, innerhalb der gegen die Forderungen Widerspruch erhoben werden kann. Die Anordnung ist zu veröffentlichen und den anmeldenden Gläubigern gesondert bekannt zu machen. Geht innerhalb der festgesetzten Frist kein Widerspruch ein, gilt die Forderung als festgestellt.[110] Die gesetzte Frist ist auch vom Insolvenzverwalter einzuhalten. 99

c) Sonstige Aufgaben

Dem Insolvenzgericht kommen hinsichtlich der Forderungsanmeldung und der Forderungsprüfung nur sehr eingeschränkte Funktionen zu. Nach § 178 Abs. 2 Satz 1 InsO trägt das Insolvenzgericht das Ergebnis der Forderungsprüfung in die Insolvenztabelle ein. Dabei handelt es sich um eine rein beurkundende Tätigkeit.[111] In Anwendung des § 58 InsO kann darüber hinaus ein Gläubiger, dessen Forderungsanmeldung der Insolvenzverwalter aus formalen Gründen zurückgewiesen hat, die gerichtliche Anweisung an den Insolvenzverwalter erreichen, die Forderung in die Insolvenztabelle aufzunehmen. Dagegen steht dem Insolvenzverwalter die sofortige Beschwerde zu (§ 58 Abs. 2 Satz 3 InsO). Umgekehrt ist der Insolvenzverwalter zur eigenen Entlastung berechtigt, das Insolvenzgericht zu ersuchen, eine formal unzureichende Forderungsanmeldung förmlich zurückzuweisen. Hiergegen kann der betroffene Gläubiger mit der befristeten Rechtspflegererinnerung vorgehen (§ 11 Abs. 2 RPflG). 100

2. Maßnahmen der Beteiligten

Der Prüfungstermin dient der **Erhebung von Widersprüchen** gegen angemeldete Forderungen (siehe Rz. 103). Einen solchen Widerspruch können der Insolvenzverwalter, der Schuldner und jeder Insolvenzgläubiger erheben (§ 176 InsO). Ein Widerspruch muss zwar nicht begründet werden,[112] sollte aber dennoch nicht grundlos erhoben werden, da damit die Erhebung einer Feststellungsklage provoziert wird, für deren Kosten im Falle des Unterliegens der Widersprechende einzustehen hat. 101

110) Vgl. BGH, Beschl. v. 8.3.2018 – IX ZB 12/16, ZVI 2018, 329 = WM 2018, 682.

111) BGH, Beschl. v. 24.11.2016 – IX ZB 4/15, ZVI 2017, 104 = ZIP 2017, 386, dazu EWiR 2017, 213 *(Ahrens)*.

112) *Riedel* in: MünchKomm-InsO, § 176 Rz. 27.

Praxishinweis

Die notwendigen **Informationen** können die Gläubiger sowie der Schuldner anhand der im Vorfeld des Prüfungstermins ausliegenden Insolvenztabelle und der dazugehörigen Anmeldungsunterlagen gewinnen. Dem Insolvenzverwalter stehen die Anmeldungsunterlagen und ggf. die Buchhaltung des Schuldners zur Verfügung. Darüber hinaus ist auch die Abklärung einzelner Forderungen mit dem Schuldner für den Verwalter eine wichtige Informationsquelle.

102 Der Insolvenzverwalter ist verpflichtet, bei Zweifeln am Bestand einer angemeldeten Forderung Widerspruch zu erheben. Der pflichtwidrig unterlassene Widerspruch des Insolvenzverwalters stellt eine **Pflichtverletzung** dar, die seine Entlassung aus wichtigem Grund nach § 59 Abs. 1 InsO rechtfertigen kann. Ein Verschulden der sachbearbeitenden Mitarbeiter, die der Insolvenzverwalter mit der Aufgabe der Forderungsanmeldung betraut hat, ist ihm zuzurechnen. Die Tiefe der Überprüfung der Forderung ist eine Frage des Einzelfalls. Häufen sich Indizien, die am Bestand der Forderung Zweifel aufkommen lassen, kann der Insolvenzverwalter zu einer tiefergehenden Prüfung der Forderung verpflichtet sein.[113] Auch wenn zu erwarten ist, dass angesichts der geringen Masse keine Zahlungen an Insolvenzgläubiger geleistet werden können, sind die angemeldeten Forderungen sorgfältig zu prüfen. Ein versehentlich unterlassener Widerspruch kann ggf. nachgeholt werden, wobei ein dadurch verursachter Schaden aber vom Verwalter zu ersetzen ist.

II. Prüfungstermin

1. Bedeutung

103 Im Prüfungstermin – und nur dort – können die angemeldeten Forderungen vom Insolvenzverwalter, vom Schuldner und von jedem (auch nachrangigen) Insolvenzgläubiger bestritten werden (§ 176 InsO), was durch die Erhebung eines Widerspruchs gegen die Forderung geschieht (§ 178 Abs. 1 InsO). Hat das Insolvenzgericht die **schriftliche Prüfung** angeordnet, kann ein Widerspruch auch schriftlich innerhalb der vom Gericht bestimmten Frist erhoben werden. Der Gläubiger, der den Prüfungstermin oder die vom Gericht im schriftlichen Prüfungsverfahren bestimmte Frist versäumt, hat auch bei schuldloser **Säumnis** keine Möglichkeit, einen Widerspruch nachzuholen. Dagegen sieht § 186 InsO für den Schuldner die Möglichkeit der **Wiedereinsetzung** in den vorigen Stand unter den Voraussetzungen der §§ 233–236 ZPO vor. Eine analoge Anwendung des § 186 InsO zugunsten des säumigen Gläubigers oder Insolvenzverwalters kommt nach dem Wortlaut der Vorschrift nicht in Betracht. Die Frage, ob hierbei von einer Regelungslücke gesprochen werden kann, ist zu verneinen.[114]

104 Wird eine Forderung weder vom Insolvenzverwalter noch von einem Insolvenzgläubiger bestritten, gilt sie mit den **Wirkungen eines rechtskräftigen Urteils** hinsichtlich Betrag und Rang gegenüber dem Insolvenzverwalter und allen Insolvenzgläubigern als festgestellt (§ 178 Abs. 1 InsO) und ist bei jeder Verteilung sowie ggf. innerhalb eines Restschuldbefreiungsverfahrens zu berücksichtigen. Eine Rechtskrafterstreckung darauf, dass eine festgestellte Forderung nicht höher als angemeldet ist, lässt sich § 178 Abs. 3 InsO dagegen auch nach Sinn und Zweck der Vorschrift nicht entnehmen.[115] Der Prüfungstermin dient jedoch nicht dazu, über die streitigen Forderungen zu entscheiden. Vielmehr kann das Gericht allenfalls zwischen dem Bestreitenden und dem Gläubiger der bestrittenen Forderungen vermitteln. Unterlässt der Insolvenzverwalter irrtümlich das Bestreiten

113) LG Stendal v. 12.10.2017 – 25 T 13/17, ZVI 2018, 108 = ZIP 2018, 191.

114) A. A. AG Düsseldorf, Beschl. v. 3.6.2020 – 502 IN 223/13, ZIP 2020, 1768 = NZI 2020, 834.

115) BGH, Urt. v. 19.1.2012 – IX ZR 4/11, ZVI 2012, 299 = ZIP 2012, 537.

einer zur Tabelle angemeldeten Forderung, so kann er diese Forderung nach der gerichtlichen Eintragung der Forderungsfeststellung zur Tabelle nicht mehr wegen eines behaupteten insolvenzzweckwidrigen Handelns bestreiten.[116)]

2. Ablauf des Prüfungstermins

Der Prüfungstermin stellt eine **Gläubigerversammlung** dar. Der Termin ist nicht öffentlich. Teilnahmeberechtigt sind der Schuldner sowie die Insolvenzgläubiger, die ihre Forderungen angemeldet haben. Nachrangige Insolvenzgläubiger können ihre Forderungen nur nach einer entsprechenden Aufforderung seitens des Gerichts anmelden (siehe Rz. 23). Bestreiten können nachrangige Gläubiger die Forderung eines anderen (auch nicht nachrangigen) Gläubigers auch dann, wenn sie ihre Forderung mangels gerichtlicher Aufforderung nicht angemeldet haben.[117)] 105

Der Insolvenzverwalter ist zur Teilnahme verpflichtet. Ist er im Einzelfall verhindert, so hat er einen Vertreter in der Form eines **Erklärungsboten** zu beauftragen. Der Schuldner kann durch das Gericht zur Teilnahme verpflichtet werden (§ 91 Abs. 1 Satz 1 InsO). Das Gericht hat für den geordneten Ablauf des Termins zu sorgen. Es hat die bestrittenen Forderungen zur Erörterung zu stellen (§ 176 Satz 2 InsO). 106

3. Ergebnis der Forderungsprüfung

Als Ergebnis der Forderungsprüfung kommen folgende Varianten in Betracht: 107

- Die Forderung wird nicht oder nur vom Schuldner bestritten und gilt somit als festgestellt (§ 178 Abs. 1 InsO); Folge für die Verteilung: § 188 InsO.
- Die Forderung wird vom Verwalter oder einem Gläubiger bestritten; Folge für die Verteilung: § 189 InsO.
- Die Forderung wird vom Verwalter oder einem Gläubiger vorläufig bestritten; Folge für die Verteilung: § 189 InsO.
- Die Forderung wird für den Ausfall festgestellt; Folge für die Verteilung: § 190 InsO.
- Forderung wird bedingt festgestellt; Folge für die Verteilung: § 191 InsO.

Das **„vorläufige Bestreiten"** einer Forderung ist in der InsO nicht vorgesehen. In der Praxis kommt es jedoch immer noch ab und zu vor, dass Forderungen vom Verwalter vorläufig bestritten werden, um Zeit zur weitergehenden Prüfung der Forderung zu gewinnen, was z. B. bei Arbeitnehmerforderungen meist schon deshalb notwendig ist, weil die Abrechnungen der Arbeitsagenturen nur mit erheblicher Zeitverzögerung zu erlangen sind. Daneben wird insbesondere von den Finanzbehörden und den Sozialversicherungsträgern meist nur ein Pauschbetrag angemeldet, der erst im Lauf des Verfahrens spezifiziert werden kann und durch ein vorläufiges Bestreiten in der Schwebe gehalten wird. Grundsätzlich stellt auch das vorläufige Bestreiten einen **Widerspruch** gegen die Forderung mit der Folge der §§ 179, 189 InsO dar. Gleichwohl ist der Gläubiger daraus noch nicht zur uneingeschränkten Erhebung der Feststellungsklage i. S. des § 179 Abs. 1 InsO mit der Folge der Kostentragungspflicht der Masse berechtigt.[118)] Der Insolvenzverwalter muss nach der Rücknahme eines zuvor durch ihn erhobenen Widerspruchs, jedenfalls bei einem vorläufigen Bestreiten, auf eine Berichtigung der Insolvenztabelle hinwirken. Ansonsten 108

---

116) OLG Hamm, Urt. v. 17.6.2008 – 34 U 261/07.

117) OLG München, Urt. v. 28.7.2010 – 7 U 2417/10, ZInsO 2010, 1603.

118) BGH, Beschl. v. 9.2.2006 – IX ZB 160/04, ZIP 2006, 576; OLG Frankfurt/M., Beschl. v. 15.2.2021 – 13 W 6/21, NZI 2021, 510; OLG Hamm, Urt. v. 12.10.1998 – 30 U 61/98, ZInsO 1999, 352; LG Mönchengladbach, Urt. v. 2.8.2002 – 1 O 201/01, ZInsO 2002, 1103; *Hägele*, ZVI 2007, 347.

macht er sich schadensersatzpflichtig. Es besteht ein Schadensersatzanspruch gegen einen Insolvenzverwalter wegen der Verletzung insolvenzspezifischer Pflichten, wenn dieser nach Rücknahme des erhobenen Widerspruchs gegen angemeldete Forderungen pflichtwidrig nicht auf eine Berichtigung der Insolvenztabelle hingewirkt hat.[119)]

109 Die mit einem „endgültigen" Bestreiten einhergehende Möglichkeit der Klageerhebung samt dargestellter Kostenfolge kann dadurch entschärft werden, dass der Verwalter seinen Widerspruch begründet. Also etwa angibt, dass noch nachprüfbare Unterlagen fehlen.

110 Die **bedingte Feststellung** stellt ebenso wie die **Feststellung für den Ausfall** keinen Widerspruch gegen die angemeldete Forderung dar, so dass die Forderung grundsätzlich als festgestellt gilt. Damit ist der betroffene Gläubiger z. B. nicht berechtigt, die Feststellungsklage nach § 179 InsO zu erheben. Die Einschränkung, die sich aus der „bedingten" Feststellung bzw. der Feststellung „für den Ausfall" ergibt, stellt nur die Wiedergabe der gesetzlichen Regelungen der §§ 191 und 190 InsO dar. Besteht für eine Insolvenzforderung objektiv kein Absonderungsrecht, so wird ein solches nicht dadurch begründet, dass die Forderung für den Ausfall zur Tabelle festgestellt wird.[120)] Ein objektiv bestehendes Absonderungsrecht gilt aufgrund der Feststellung für den Ausfall allerdings seitens des Verwalters als anerkannt.[121)] Letztlich sind diese Einschränkungen nichts anderes als ein Merkposten, der für die Erstellung des Verteilungsverzeichnisses sowie für die Ausführung der Verteilung Bedeutung erlangt.[122)]

111 Erhebt nur der **Schuldner** Widerspruch gegen eine Forderung, hindert dies nicht deren Feststellung. Ein **vollstreckbarer Tabellenauszug** kann in diesem Fall gemäß § 201 InsO aber erst erteilt werden, wenn der erhobene Widerspruch entweder zurückgenommen oder i. R. einer Klage nach § 179 Abs. 1 InsO beseitigt wird (siehe Rz. 155). Im Falle eines auf den Schuldgrund beschränkten Widerspruchs des Schuldners gegen die Feststellung einer Forderung zur Insolvenztabelle (hier: Einordnung der Forderung als eine solche aus vorsätzlicher unerlaubter Handlung), kann der Gläubiger die Erteilung einer vollstreckbaren Ausfertigung des Tabellenauszugs verlangen. Denn im Fall des auf den Schuldgrund beschränkten Widerspruchs lässt der Schuldner die übrigen tabellenrelevanten Feststellungen gerade unbestritten.[123)]

112 Wird gegen eine **titulierte Forderung** Widerspruch erhoben, so gilt sie ungeachtet des vorliegenden Titels als bestritten. Allerdings ist die Forderung dennoch in das Verteilungsverzeichnis aufzunehmen und an Erlösverteilungen zu beteiligen (§ 189 InsO), soweit sie nicht i. R. einer vom Bestreitenden zu erhebenden Feststellungsklage beseitigt wird (siehe Rz. 135).

113 Ein **vollstreckbarer Tabellenauszug** kann hingegen nicht erteilt werden. Ein solcher ist aber für den Gläubiger entbehrlich, da sein vorhandener Titel mangels Feststellung der Forderung nicht „aufgezehrt" wird. Auch dann, wenn nur der Schuldner einer titulierten Forderung widerspricht und deshalb kein vollstreckbarer Tabellenauszug erteilt werden kann, wird ein vorhandener Titel durch die im Übrigen eintretende Feststellung der Forderung nicht aufgezehrt.[124)]

---

119) BGH, Urt. v. 27.4.2023 – IX ZR 99/22, ZRI 2023, 554 = ZVI 2023, 413 = ZIP 2023, 1436.

120) Vgl. BGH, Beschl. v. 20.10.2009 – IX ZB 49/09, ZInsO 2009, 2243.

121) Vgl. BGH, Urt. v. 2.7.2009 – IX ZR 126/08, ZIP 2009, 1580.

122) Vgl. BAG, Urt. v. 20.9.2016 – 3 AZR 77/15, ZInsO 2017, 227.

123) LG Köln, Beschl. v. 3.7.2012 – 13 T 50/12, ZVI 2012, 379 = NZI 2012, 682.

124) BGH, Urt. v. 18.5.2006 – IX ZR 187/04, ZVI 2006, 311 = ZIP 2006, 1700, dazu EWiR 2006, 539 *(Ahrens)*.

4. Eintragung des Prüfungsergebnisses in die Tabelle

a) Inhalt der Eintragung

Das Insolvenzgericht vermerkt das Ergebnis der Prüfung in der Tabelle (§ 178 Abs. 2 InsO). 114
Dabei ist für den Fall eines Widerspruchs auch die **Person des Widersprechenden** anzugeben. Ebenfalls anzugeben ist ggf. die Tatsache, dass sich der Widerspruch nur gegen den Forderungsgrund und nicht gegen deren Höhe richtet. Nachdem ein Widerspruch nicht begründet werden muss, ist auch kein entsprechender Vermerk in die Tabelle aufzunehmen. Allerdings ist es für den Gläubiger sachdienlich, wenn ihm ein Widerspruch gegen seine Forderung begründet wird. So wird vermieden, dass der Gläubiger den Grund für einen Widerspruch erfragen muss und er kann z. B. noch fehlende Unterlagen ohne weiteres nachreichen. Wurde kein Widerspruch erhoben, so ist die Feststellung der Forderung zu vermerken. Die Ergänzung der Tabelle stellt einen Teil der Terminsprotokollierung dar. Deshalb ist der Vermerk vom Rechtspfleger und ggf. vom Urkundsbeamten zu unterschreiben (§ 163 ZPO i. V. mit § 4 InsO).

Praxishinweis

In der Praxis hat es sich eingebürgert, dass im Hinblick darauf, dass regelmäßig Widersprüche nur vom Verwalter erhoben werden, dieser das Ergebnis des Prüfungstermins bereits in die von ihm anzulegende Tabelle eindruckt. Dies ist als zulässig anzusehen, da der Prüfungsvermerk erst mit der Unterschrift des Rechtspflegers rechtswirksam ist. Für einen Gläubiger oder den Schuldner, der Einsicht in die vor dem Prüfungstermin niedergelegte Tabelle nimmt, kann der vorgedruckte Prüfungsvermerk jedoch den Eindruck erwecken, dass die Forderung bereits geprüft ist. Um dies zu verhindern, sollte ein Einsichtnehmender auf die tatsächliche Rechtslage hingewiesen werden.

b) Wirkung der Eintragung für festgestellte Forderung

Die Eintragung in die Tabelle wirkt für die festgestellte Forderung gemäß § 178 Abs. 3 115
InsO wie ein **rechtskräftiges Urteil** gegenüber dem Insolvenzverwalter und allen Insolvenzgläubigern. Die Feststellung der Forderung zur Insolvenztabelle hat auch zur Folge, dass nach § 197 Abs. 1 Nr. 5 BGB analog die 30jährige Verjährungsfrist an die Stelle der bis zur Titulierung maßgeblichen Verjährungsfrist tritt.[125] Der Eintrag in die Tabelle bewirkt jedoch lediglich die positive Feststellung des Anspruchs in angemeldeter Höhe; eine negative Feststellung jenseits der Anmeldung folgt daraus nicht. Wird demnach eine Forderung nur teilweise angemeldet und in dieser Höhe auch mit der Wirkung des § 178 Abs. 3 InsO festgestellt, ist damit nicht die Restforderung verloren. Diese kann vielmehr auf entsprechende Anmeldung nachträglich festgestellt werden.[126]

Die einem rechtskräftigen Urteil gleichstehende Eintragung der festgestellten Forderung 116
hat weiterhin zur Folge, dass Einwendungen nur noch mit den Mitteln geltend gemacht werden können, die auch bei einem rechtskräftigen Urteil zur Verfügung stehen.[127] Dies sind:

- die bloße **Berichtigung bei versehentlichen Eintragungen** (z. B.: bestrittene Forderung wird als unbestritten eingetragen; siehe Rz. 125); diese Berichtigung hat von Amts wegen oder auf Antrag zu erfolgen;[128]

125) BGH, Urt. v. 23.5.2017 – XI ZR 219/16, WM 2017, 1356.
126) BGH, Urt. v. 19.1.2012 – IX ZR 4/11, ZVI 2012, 299 = ZIP 2012, 537.
127) BGH, Urt. v. 18.2.2010 – IX ZR 113/09, ZIP 2010, 1772 = NZI 2010, 345.
128) Vgl. AG Köln, Beschl. v. 30.9.2004 – 71 IN 453/02, NZI 2005, 171.

- bei formal zutreffend festgestellten Forderungen kommen in Betracht:
  - Nichtigkeitsklage (§ 579 ZPO),
  - Restitutionsklage (§ 580 ZPO),
  - Klage aus § 826 BGB,
  - Vollstreckungsgegenklage (§ 767 ZPO); wegen § 767 Abs. 2 ZPO ist eine Präklusion möglich.

117 Für den Schuldner ergibt sich die Rechtskraftwirkung nicht aus § 178 Abs. 3 InsO, weil dieser dort nicht genannt ist. Sie folgt aber mittelbar aus § 201 Abs. 2 InsO. Nach dieser Vorschrift können Insolvenzgläubiger, deren Forderungen festgestellt und nicht vom Schuldner im Prüfungstermin bestritten worden sind, nach Aufhebung des Insolvenzverfahrens aus der Eintragung in die Tabelle wie aus einem vollstreckbaren Urteil die Zwangsvollstreckung gegen den Schuldner betreiben, wobei eine nicht bestrittene Forderung einer Forderung gleichsteht, bei der ein erhobener Widerspruch beseitigt.[129] Ein vollstreckbarer Tabellenauszug kann grundsätzlich auch als **Europäischer Vollstreckungstitel** bestätigt werden.[130]

118 Wird eine **Steuerforderung** gegenüber einer GmbH **widerspruchslos** zur Insolvenztabelle festgestellt, ist der als Haftungsschuldner in Anspruch genommene Geschäftsführer der GmbH gemäß § 166 AO mit Einwendungen gegen die Höhe der Steuerforderung ausgeschlossen, wenn er der Forderungsanmeldung hätte widersprechen können, dies aber nicht getan hat.[131]

119 Aus der Tatsache, dass die Feststellung einer Forderung die Wirkung eines rechtskräftigen Urteils hat, ergibt sich auch, dass der Insolvenzverwalter mit der **Aufrechnung** gegen eine Insolvenzforderung im Nennbetrag nach deren Feststellung zur Insolvenztabelle ausgeschlossen ist, wenn die Aufrechnungslage schon vor der Feststellung bestand (§ 767 Abs. 2 ZPO).[132]

120 Problematisch ist die Rechtslage dann, wenn der Insolvenzverwalter nicht erkennt, dass eine Forderung „unanmeldbar“ ist, sondern diese in die Tabelle eingetragen und im Prüfungstermin festgestellt wird. In einem solchen Fall stellt sich die Frage, ob die Feststellung zur Tabelle den **Charakter der Forderung** zu ändern vermag. Nach wohl h. M. soll die Feststellung als Insolvenzforderung die spätere Geltendmachung als Masseforderung oder als zur Ersatzaussonderung berechtigenden Forderung nicht ausschließen.[133] Sofern bereits Zahlungen i. R. einer Abschlags- oder der Schlussverteilung geleistet wurden, sind diese anzurechnen.

121 Dieser h. M. kann nicht gefolgt werden. Sie lässt sich nicht mit der in § 178 Abs. 3 InsO normierten Rechtskraftwirkung vereinbaren; danach wirkt die Feststellung für die jeweilige Forderung nach ihrem Rang und ihrem Betrag wie ein rechtskräftiges Urteil.[134] Au-

---

129) BGH, Urt. v. 20.2.2018 – II ZR 272/16, ZIP 2018, 640 = NZI 2018, 442, dazu EWiR 2018, 275 *(Jacoby)*.

130) LG Aachen, Beschl. v. 17.7.2015 – 6 T 44/15, NZI 2015, 871.

131) BFH, Urt. v. 29.8.2018 – XI R 57/17, NZI 2019, 89.

132) BGH, Urt. v. 8.5.2014 – IX ZR 118/12, ZVI 2014, 381 = ZIP 2014, 1181, dazu EWiR 2014, 489 *(Schur)*.

133) BGH, Urt. v. 13.6.2006 – IX ZR 15/04, ZVI 2006, 512 = ZIP 2006, 1410, dazu EWiR 2006, 627 *(Köster/Willmer)*; OLG Schleswig, Urt. v. 19.12.2003 – 4 U 181/01, ZInsO 2004, 687; *Pape/Schaltke* in: KPB, InsO, § 174 Rz. 26 m. w. N. sowie Rz. 76 unter Hinweis darauf, dass die Anmeldung einer Masseforderung als Insolvenzforderung keine Verjährungsunterbrechung bewirken soll (§ 209 Abs. 2 Nr. 2 BGB) und dass der Insolvenzverwalter sogar mit Erfolg die Einrede der Verjährung ggü. der Masseforderung erheben können soll.

134) So auch SG Köln, Urt. v. 30.5.1979 – S 9 Ar 153/77, ZIP 1980, 35.

ßerdem bleibt unklar, wie nach Beendigung des Verfahrens etwa eine als Insolvenzforderung festgestellte Masseforderung geltend gemacht werden soll. Eine Möglichkeit bestünde darin, dass der Insolvenzverwalter gegen sämtliche Insolvenzgläubiger, die Zahlungen erhalten haben, im Wege der Leistungskondiktion vorgeht. Insgesamt müsste genau der Betrag kondiziert werden, der der Differenz zwischen Masseforderung und der Quote entspricht, die auf die als Insolvenzforderung festgestellte Masseforderung gezahlt worden ist. Dieser Weg ist insbesondere bei Großverfahren nahezu unpraktikabel. Eine andere Möglichkeit bestünde darin, dem betroffenen Gläubiger einen Schadensersatzanspruch gegen den Insolvenzverwalter i. H. der genannten Differenz zuzubilligen. Hierbei ist aber zu berücksichtigen, dass auf den Gläubiger angesichts der von ihm selbst initiierten Anmeldung zur Tabelle regelmäßig ein hohes Mitverschulden (§ 254 BGB) entfallen wird. Vorzugswürdig ist deshalb die hier vertretene Auffassung, wonach die Feststellung zur Tabelle den Charakter einer Forderung zu ändern vermag.

In diesem Zusammenhang gewinnt die oben erwähnte Hinweispflicht des Insolvenzverwalters gemäß § 139 ZPO analog zusätzliches Gewicht: Hält ein Gläubiger trotz eines entsprechenden Hinweises an seiner an sich fehlerhaften Anmeldung fest, so geschieht ihm kein Unrecht, wenn er an den Folgen seiner Erklärung festgehalten wird. 122

Hat der Insolvenzverwalter aber den wahren Charakter der Forderung nicht erkannt, so stellt sich die Frage, **wie sich die Feststellung einer nachrangigen Insolvenzforderung als (normale) Insolvenzforderung auswirkt.** Bemerkenswerterweise geht die h. M. in diesem Fall genau den entgegengesetzten Weg: Wird eine nachrangige Insolvenzforderung als (normale) Insolvenzforderung festgestellt, so soll sich diese in eine normale Insolvenzforderung umwandeln. Dieses Ergebnis wird damit begründet, dass es sich bei einer nachrangigen Insolvenzforderung schließlich auch um eine Insolvenzforderung handele.[135] 123

Der h. M. ist im Ergebnis zuzustimmen. § 178 Abs. 3 InsO normiert auch für diesen Fall, dass die Forderung nach Rang und Betrag rechtskräftig festgestellt wird. Davon zu unterscheiden ist die unrichtige Übernahme eines angemeldeten Forderungsbetrags in die Tabelle. Wird gegen eine solche Forderung kein Widerspruch erhoben, gilt der Betrag mit der Wirkung eines rechtskräftigen Urteils als festgestellt. 124

Eine von den tatsächlichen Vorgängen abweichende und damit unzutreffende Tabelleneintragung ist nicht mit der Wirkung des § 178 Abs. 3 InsO ausgestattet. Ein derartiger Tabelleneintrag kann und muss berichtigt werden.[136] Die Unrichtigkeit kann nicht mit einer Feststellungsklage verfolgt werden. 125

Eine **Tabellenberichtigung** kann auch nach Aufhebung des Verfahrens erfolgen.[137] Unrichtige Eintragungen in die Insolvenztabelle, die etwa darauf beruhen, dass das Gericht versehentlich eine bestrittene Forderung als unbestritten eingetragen, einen Widerspruch nicht vermerkt oder bei einer im Prüfungsverfahren erörterten und unstreitig gebliebenen Forderung den Feststellungsvermerk vergessen hat, können sowohl von Amts wegen als auch auf Antrag berichtigt werden. Eine Berichtigung der Insolvenztabelle erfolgt nicht nach § 319 ZPO, sondern in entsprechender Anwendung (§ 4 InsO) des § 164 ZPO. Nach dieser Vorschrift scheidet eine sofortige Beschwerde in jedem Fall aus. Ob eine Berichtigung erfolgt oder abgelehnt wird, ist unerheblich. Als Rechtsbehelf gegen die Ablehnung des Antrags auf Berichtigung der Insolvenztabelle kommt nur die sofortige Erin- 126

135) BGH, Urt. v. 21.2.1991 – IX ZR 133/90, ZIP 1991, 456, dazu EWiR 1991, 493 *(Brehm)*; *Pape/Schaltke* in: KPB, InsO, § 174 Rz. 39.

136) Vgl. BGH, Urt. v. 17.5.1984 – VII ZR 333/83, BGHZ 91, 198 = ZIP 1984, 980.

137) BGH, Beschl. v. 16.7.2020 – IX ZB 14/19, ZVI 2020, 388 = ZRI 2020, 476; vgl. OLG Celle, Beschl. v. 9.4.1963 – 8 W 47/63, MDR 1964, 65.

nerung nach § 11 Abs. 2 Satz 1 RPflG in Betracht, über welche der Richter nach Vorlage durch den Rechtspfleger abschließend entscheidet.[138]

5. Mitteilung des Prüfungsergebnisses

127 Dem Gläubiger einer bestrittenen Forderung ist ein beglaubigter Auszug aus der Insolvenztabelle zu erteilen, aus dem sich der **Widerspruchsvermerk** ergibt (§ 179 Abs. 3 Satz 1 InsO). Liegt für die bestrittene Forderung ein Vollstreckungstitel vor, ist auch dem Bestreitenden ein solcher Auszug zu übersenden (§ 179 Abs. 3 Satz 2 InsO). Gläubiger, deren Forderungen festgestellt wurden, erhalten keine Benachrichtigung (§ 179 Abs. 3 Satz 3 InsO).

> **Praxishinweis**
>
> Dies birgt die Gefahr in sich, dass ein Gläubiger von der Feststellung seiner Forderung ausgeht, obwohl seine Anmeldung etwa auf dem Postweg verloren ging. Dem kann durch eine Rückfrage beim Insolvenzgericht oder durch den Aufruf der Homepage des Verwalters begegnet werden.

128 Der mit dem Widerspruchsvermerk versehene Auszug aus der Insolvenztabelle ist **Sachurteilsvoraussetzung** für die Erhebung einer Feststellungsklage (siehe Rz. 132). Die Feststellungsklage muss auf denselben Rechtsgrund abstellen, den auch die Tabelle ausweist.[139] Ist dies nicht der Fall, kann eine Feststellungsklage mit einem abweichenden Rechtsgrund nur dann zulässig erhoben werden, wenn dieser Rechtsgrund zuvor neu angemeldet und in einem insolvenzgerichtlichen Prüfungsverfahren bestritten wurde.[140]

III. Verfolgung bestrittener Forderungen

1. Rücknahme des Widerspruchs

129 Eine vom Verwalter oder einem Insolvenzgläubiger bestrittene Forderung gilt nachträglich als festgestellt, wenn ein erhobener Widerspruch zurückgenommen wird. Insbesondere bei vorläufig bestrittenen Forderungen nimmt der Verwalter häufig seinen Widerspruch dann zurück, wenn der Gläubiger noch ausstehende Beweisurkunden vorlegen oder bei pauschalierten Anmeldungen seine Forderung spezifizieren kann. Ein Widerspruch kann auch hinsichtlich eines **Teilbetrags** oder hinsichtlich einer einzelnen Forderung zurückgenommen werden. Die Rücknahme eines Widerspruchs ist dem Gläubiger der bestrittenen Forderung oder dem Insolvenzgericht gegenüber zu erklären.[141] Dieses vermerkt die sich daraus ergebende Feststellung der Forderung in der Tabelle und benachrichtigt hiervon den Gläubiger.

2. Feststellungsverfahren

a) Allgemeines

130 Wird ein erhobener Widerspruch nicht zurückgenommen, kann die Strittigkeit einer Forderung nur i. R. eines Feststellungsverfahrens geklärt werden. Dies geschieht durch die Erhebung einer **Feststellungsklage** (§ 180 Abs. 1 Satz 1 InsO).[142] Zuständig hierfür ist nicht das Insolvenzgericht, auch nicht die Insolvenzkammern i. S. des § 72a Abs. 1 Nr. 7

138) BGH, Beschl. v. 24.11.2016 – IX ZB 4/15, ZVI 2017, 104 = ZIP 2017, 386.

139) Vgl. OLG Karlsruhe, Urt. v. 27.10.2011 – 9 U 27/11, NZI 2012, 715.

140) BGH, Urt. v. 22.1.2009 – IX ZR 3/08, ZVI 2009, 105 = ZIP 2009, 483.

141) OLG Dresden, Beschl. v. 19.1.1995 – 7 U 888/94, ZIP 1995, 665.

142) Zur Frage, ob bei entsprechendem Streitwert ein außergerichtlicher Schlichtungsversuch erforderlich ist, vgl. AG Wuppertal, Urt. v. 30.11.2001 – 36 C 366/01, ZInsO 2002, 91.

GVG, sondern das **Streitgericht** (§ 180 Abs. 1 InsO).[143] Diese Zuständigkeit gilt auch für den Fall, dass nur der deliktische Charakter einer ansonsten unwidersprochen gebliebenen Forderung vom Schuldner bestritten wurde und über die Qualität der Forderung i. R. einer Feststellungsklage entschieden werden soll („Attributsklage").

Soweit es sich um **öffentlich-rechtliche Forderungen** handelt, wie etwa Steueransprüche des Fiskus, für deren Feststellung der Rechtsweg zu den ordentlichen Gerichten nicht gegeben ist (§ 185 InsO), ist die Feststellung bei dem zuständigen Gericht oder von der zuständigen **Verwaltungsbehörde** zu betreiben. Werden demnach z. B. angemeldete, nicht titulierte Steueransprüche bestritten, so erlässt das zuständige Finanzamt einen Bescheid nach § 251 Abs. 3 AO, der zur Feststellung der bestrittenen Ansprüche führt.[144] Nach Eröffnung des Insolvenzverfahrens über das Vermögen des Steuerschuldners ist die Feststellung einer vor Insolvenzeröffnung mit einem Einspruch angefochtenen und im Prüfungstermin vom Insolvenzverwalter bestrittenen Steuerforderung durch **Aufnahme** des unterbrochenen Einspruchsverfahrens zu betreiben. Aufgrund der bereits festgesetzten Steuer kommt der Erlass eines Feststellungsbescheids nach § 251 Abs. 3 AO in einem solchen Fall nicht mehr in Betracht.[145] Über die Frage, ob eine öffentlich-rechtliche Forderung deliktischer Natur i. S. des § 302 Nr. 1 InsO ist, hat das **Streitgericht** zu entscheiden.[146] Nach Ansicht des BFH ist die Finanzverwaltung allerdings berechtigt, durch Verwaltungsakt gemäß § 251 Abs. 3 AO feststellen, dass ein Steuerpflichtiger im Zusammenhang mit Verbindlichkeiten aus einem Steuerschuldverhältnis wegen einer Steuerstraftat rechtskräftig verurteilt worden ist.[147] 131

Für die Feststellungsklage verlangt § 181 InsO als besondere **Sachurteilsvoraussetzung**, dass der angemeldete und der gerichtlich verfolgte Anspruch hinsichtlich Höhe und Grund deckungsgleich sind, was der Kläger mittels des ihm nach § 179 Abs. 3 InsO erteilten Auszugs (siehe Rz. 128) aus der Insolvenztabelle nachzuweisen hat.[148] Wurde zunächst ein Rückzahlungsanspruch infolge Wandelung angemeldet, so ist eine Feststellungsklage, mit der der Nichterfüllungsschaden geltend gemacht wird, unzulässig.[149] Entspricht die Anmeldung einer Forderung nicht den zu beachtenden Mindestanforderungen oder wird der Forderungsgrund nach der Anmeldung ausgetauscht, erfordert die Zulässigkeit der Forderungsfeststellungsklage sowohl eine Neuanmeldung als auch die Durchführung eines hierauf bezogenen Prüfungstermins.[150] War die streitgegenständliche Forderung im Zeitpunkt der erhobenen Feststellungsklage noch nicht beim Insolvenzverwalter angemeldet und von diesem geprüft worden, so kann dieser Mangel noch nach Rechtshängigkeit behoben werden, und zwar bis zum Schluss der mündlichen Verhandlung bzw. bis zur eventuellen Abgabe übereinstimmender Erledigterklärungen.[151] 132

143) Zur Bestimmung eines gemeinschaftlich zuständigen Gerichts bei einer Klage gegen einen Insolvenzverwalter in Streitgenossenschaft, vgl. BayObLG Beschl. v. 28.5.2002 – 1Z AR 49/02, ZInsO 2002, 727; LG Frankfurt/M., Beschl. v. 25.10.2021 – 2-13 O 163/21, ZIP 2022, 45.

144) BFH, Urt. v. 2.7.1997 – I R 11/97, ZIP 2009, 1820 = NJW 1998, 630.

145) BFH, Urt. v. 23.2.2005 – VII R 63/03, ZVI 2005, 497 = ZIP 2005, 1184, dazu EWiR 2005, 685 *(Paul)*.

146) BGH, Beschl. v. 2.12.2010 – IX ZB 271/09, ZInsO 2011, 44.

147) BFH, Urt. v. 27.8.2018 – VII R 24/17, VII R 25/17, ZVI 2019, 26.

148) BAG, Urt. v. 21.9.1999 – 9 AZR 912/98, ZIP 2000, 846, dazu EWiR 2000, 689 *(Peters-Lange)*.

149) BGH, Urt. v. 23.10.2003 – IX ZR 165/02, ZIP 2003, 2379 = ZVI 2003, 661; BGH, Urt. v. 21.2.2013 – IX ZR 92/12, ZVI 2013, 187 = ZIP 2013, 680.

150) BGH, Urt. v. 22.1.2009 – IX ZR 3/08, ZIP 2009, 483 = ZVI 2009, 105.

151) LAG Hamm, Urt. v. 25.10.2005 – 4 Sa 2419/04, juris.

b) Feststellung nicht titulierter Forderungen

133 Für die Feststellung nicht titulierter Forderungen gilt, dass die **Feststellungslast beim anmeldenden Gläubiger** liegt (§ 179 Abs. 1 InsO). Ihm bleibt es überlassen, gegen den Bestreitenden Klage auf Feststellung der Forderung zur Insolvenztabelle zu erheben. Dem Bestreitenden fehlt es am Rechtsschutzbedürfnis.[152] Die Erhebung der Klage muss der Gläubiger spätestens innerhalb der Frist des § 189 InsO dem Insolvenzverwalter nachweisen, ansonsten bleibt die Forderung bei der Verteilung unberücksichtigt. Will sich der Gläubiger zur Wahrung der Frist die Vorwirkungen der Einreichung der Klage bei deren Zustellung demnächst zunutze machen, muss er dem Verwalter den tatsächlichen Eingang der Klage bei dem zuständigen Gericht und, wenn rechtlich erforderlich, die Einzahlung des Kostenvorschusses nachweisen.[153] Dem **Insolvenzverwalter** fehlt regelmäßig ein geschütztes Interesse für eine Klage auf Feststellung, dass sein gegen eine zur Tabelle angemeldete, nicht titulierte Forderung erhobener Widerspruch begründet sei.[154]

134 Obsiegt der anmeldende Gläubiger mit seiner Klage, so treten die **Wirkungen des § 183 InsO** ein: Die Forderung gilt als festgestellt, und dem obsiegenden Gläubiger obliegt es, beim Insolvenzgericht die Berichtigung der Tabelle zu beantragen; haben mehrere die Forderung bestritten, so gilt die Forderung allerdings nur dann als festgestellt, wenn die Widersprüche **sämtlicher** Bestreitender beseitigt worden sind; sofern möglich, empfiehlt es sich, den Rechtsstreit von vornherein gegen sämtliche Bestreitenden zu führen.[155] Diese sind aufgrund des Zwangs zur einheitlichen Feststellung notwendige Streitgenossen.[156]

c) Feststellung titulierter Forderungen

135 Lag für die Forderung **zum Zeitpunkt der Verfahrenseröffnung** bereits ein Vollstreckungstitel vor, so hat nicht der Gläubiger, sondern der **Bestreitende** den Widerspruch zu verfolgen (§ 179 Abs. 2 InsO): Er muss Feststellungsklage mit dem Antrag erheben, sein Widerspruch sei begründet. Nach ganz h. M. kann aber auch der Gläubiger der bestrittenen Forderung in diesem Fall Feststellungsklage erheben, um Rechtssicherheit zu schaffen.[157] So kann auch die Finanzbehörde die bestandkräftig verbeschiedene Steuerforderung per Bescheid feststellen, wenn etwa der Insolvenzverwalter seinen Widerspruch auf die von ihm behauptete Unwirksamkeit der Forderungsanmeldung stützt.[158]

136 **Titel** in diesem Sinne sind zunächst vollstreckbare Schuldtitel, also jede erdenkliche Grundlage für die Zwangsvollstreckung in das Vermögen des Schuldners (§ 179 Abs. 2 Alt. 1 InsO). Titel in diesem Sinne ist auch ein als Feststellungsurteil ergangenes Endurteil (§ 179 Abs. 2 Alt. 2 InsO). Für das Insolvenzverfahren ist das Ergebnis eines solchen Verfahrens gleichermaßen anzuerkennen. Der Titel muss zum Zeitpunkt der Eröffnung des Insolvenzverfahrens bereits vorgelegen haben, d. h. existent gewesen sein. Dabei genügt die mündliche Urteilsverkündung. Es obliegt dem Bestreitenden, seinen Widerspruch zu verfolgen, wenn ein Gläubiger neben einem auf Zahlung Zug um Zug lautenden Titel auch über einen

152) *Pape/Schaltke* in: KPB, InsO, § 179 Rz. 10.

153) BGH, Beschl. v. 13.9.2012 – IX ZB 143/11, ZIP 2012, 2071 = ZVI 2013, 28, dazu EWiR 2012, 767 *(Baumert)*.

154) OLG Hamm, Urt. v. 24.2.2021 – 8 U 2/20, ZIP 2021, 1926.

155) BGH, Beschl. v. 6.3.2013 – III ZR 261/12, NZI 2013, 396.

156) *Pape/Schaltke* in: KPB, InsO, § 179 Rz. 9.

157) Vgl. BGH, Urt. v. 29.6.1998 – II ZR 353/97, BGHZ 139, 132 = ZIP 1998, 1594.

158) BFH, Urt. v. 23.2.2010 – VII R 48/07, ZVI 2010, 309 = ZIP 2010, 844, dazu EWiR 2010, 577 *(v. Spiessen)*.

weiteren Titel verfügt, mit dem die Voraussetzungen für eine Zwangsvollstreckung aus dem Zug-um-Zug-Titel nachgewiesen werden.[159]

Beispiel 137

Zum Zeitpunkt der Verfahrenseröffnung war zwischen dem Schuldner und seinem Gläubiger A vor dem AG eine Klage anhängig, mit der A Zahlung von 9.000 € begehrte. Gegen diese Forderung erhob der Insolvenzverwalter im Prüfungstermin Widerspruch. Das AG übersah die – von Amts wegen zu beachtende – Vorschrift des § 240 ZPO, wonach die Eröffnung des Insolvenzverfahrens die Unterbrechung eines anhängigen Rechtsstreits bewirkt, setzte den Prozess fort und erließ schließlich ein stattgebendes Urteil.

Ist entgegen § 240 ZPO ein Titel erwirkt worden, so vermag dieser die Wirkung des § 179 Abs. 2 InsO nicht auszulösen. Andernfalls wäre die Gleichbehandlung der Insolvenzgläubiger durch eine verfahrensrechtliche Bevorzugung eines unter einem Verfahrensverstoß erlangten Titels gefährdet.[160] *Ein ergangenes Urteil, welches – wie hier – auf Zahlung lautet, kann aber ausgelegt werden, und zwar als stattgebendes Feststellungsurteil. Es spricht nämlich alles für die Annahme, dass das Gericht in der Sache nicht anders entschieden hätte, wenn der gemäß § 240 ZPO unterbrochene Rechtsstreit vom Gläubiger A aufgenommen worden wäre und er seinen Leistungsantrag auf Feststellung zur Tabelle umgestellt hätte.*[161] *Dementsprechend kann X gemäß § 183 Abs. 2 InsO beim Insolvenzgericht die Berichtigung der Tabelle beantragen.*

Zu beachten ist, dass § 179 Abs. 2 InsO die gesetzlichen Angriffsmöglichkeiten nicht erweitert. Ein rechtskräftiges Urteil etwa kann nur mit der **Nichtigkeits-, der Restitutionsklage** (§§ 579, 580 ZPO) oder mit der Klage gemäß § 826 BGB beseitigt werden; in Betracht kommt auch § 767 ZPO (etwa bei nachträglicher Erfüllung, § 362 BGB) oder § 323 ZPO. Der Widerspruch gegen eine nicht rechtskräftig titulierte Forderung wird durch Einlegung des statthaften Rechtsmittels gegen das vorläufig vollstreckbare Urteil verfolgt (§ 180 Abs. 2 InsO; siehe Rz. 133 ff.). 138

§ 240 ZPO bewirkt die Unterbrechung eines anhängigen Rechtsstreits. Da in diesem Fall gemäß § 249 Abs. 1 ZPO auch die Rechtsbehelfsfristen unterbrochen sind, konnte das Urteil nicht rechtskräftig werden. Die Unterbrechung endet erst durch Aufnahme (§ 250 ZPO) oder mit der Freigabe des durch den Schuldner rechtshängig gemachten Anspruchs. 139

d) Forderungen, bezüglich derer zum Zeitpunkt der Verfahrenseröffnung ein Rechtsstreit anhängig ist

Die Eröffnung des Insolvenzverfahrens bewirkt, dass ein anhängiger **Rechtsstreit unterbrochen** ist (§ 240 ZPO). Ob dies der Fall ist, unterliegt der amtswegigen Prüfung.[162] Die Unterbrechung endet, wenn der Insolvenzverwalter den vom Schuldner rechtshängig gemachten Anspruch freigibt.[163] Die Freigabe eines Passivprozesses ist dagegen nicht möglich.[164] Ist die Unterbrechungswirkung nach § 240 ZPO zwischen den Parteien streitig, ist hierüber durch Zwischenurteil gemäß § 303 ZPO zu entscheiden.[165] 140

---

159) BGH, Urt. v. 11.8.2022 – IX ZR 78/21, ZRI 2022, 818 = ZVI 2023, 18 = ZIP 2022, 1876.

160) Vgl. OLG Köln, Urt. v. 9.3.1988 – 13 U 230/87, ZIP 1988, 447 = NJW 1988, 1859.

161) *Pape/Schaltke* in: KPB, InsO, § 180 Rz. 15.

162) BGH, Beschl. v. 31.1.2023 – II ZR 169/22, ZRI 2023, 290 = NZI 2023, 397.

163) BGH, Urt. v. 21.4.2005 – IX ZR 281/03, ZVI 2005, 492 = ZIP 2005, 1034, dazu EWiR 2005, 603 *(Flitsch)*.

164) BGH, Beschl. v. 27.10.2003 – II ZA 9/02, ZIP 2003, 2271 = NZI 2004, 54.

165) BGH, Beschl. v. 31.1.2023 – II ZR 169/22, ZRI 2023, 290 = NZI 2023, 397.

141 Gemäß § 180 Abs. 2 InsO ist die Feststellung durch **Aufnahme** (Einreichung eines Schriftsatzes, § 250 ZPO) zu betreiben. War zur Zeit der Eröffnung des Insolvenzverfahrens ein Rechtsstreit über eine Forderung anhängig, der vom Insolvenzverwalter oder von einem Insolvenzgläubiger widersprochen wurde, und verfolgt der die Forderung Bestreitende seinen Widerspruch nicht, ist der Gläubiger der Forderung zur Aufnahme des Rechtsstreits auch dann befugt, wenn für die Forderung ein vollstreckbarer Schuldtitel oder ein Endurteil vorlag.[166)]

142 *Beispiel*

Zum Zeitpunkt der Verfahrenseröffnung war zwischen Gläubiger G und dem Schuldner S ein Rechtsstreit anhängig. Im Prüfungstermin hat der Insolvenzverwalter die Forderung bestritten. G kann den Rechtsstreit gegen den Insolvenzverwalter aufnehmen. Hat ein anderer Gläubiger widersprochen, so kann der Prozess gegen diesen fortgeführt werden. In jedem Fall handelt es sich um einen gesetzlichen Parteiwechsel. Der nunmehrige Beklagte tritt in die Partei-, nicht aber die Rechtsstellung des S ein. Folglich muss der Kläger den Antrag in objektiver (Feststellung statt Leistung) und in subjektiver Hinsicht (Verurteilung des widersprechenden Insolvenzverwalters oder Gläubigers) umstellen. Diese Klageänderungen sind gesetzlich (§ 180 Abs. 2 InsO) zulässig.[167)]

143 Zu beachten ist, dass ein Rechtsstreit nicht nur bis zur Verkündung eines Urteils, sondern bis zu dessen Rechtskraft anhängig ist. Gemäß § 249 Abs. 1 ZPO ist die Rechtsbehelfsfrist ihrerseits durch die Unterbrechung gemäß § 240 ZPO unterbrochen. In einem solchen Fall ist zunächst der jeweilige Rechtsbehelf einzulegen.

144 *Beispiel*

G hatte zwei Wochen vor Verfahrenseröffnung gegen den Schuldner S ein Urteil beim LG Hamburg erstritten. Zum Zeitpunkt der Verfahrenseröffnung war dieses Urteil nicht rechtskräftig. Bestreitet der Insolvenzverwalter die Forderung, so muss er den Rechtsstreit aufnehmen (§ 179 Abs. 2 InsO). Hierzu muss er beim OLG Hamburg Berufung einlegen und die Abänderung des landgerichtlichen Urteils beantragen; weiterhin muss er beantragen festzustellen, dass der Widerspruch gegen die angemeldete Forderung des G begründet sei. Dies ist ihm wegen §§ 240, 249 Abs. 1 InsO auch noch möglich; die Berufungsfrist des § 516 ZPO ist bis zur Aufnahme des Rechtsstreits unterbrochen.

145 Der Gläubiger kann den wegen einer Insolvenzforderung geführten und durch die Eröffnung des Insolvenzverfahrens über das Vermögen des Schuldners unterbrochenen Rechtsstreit erst aufnehmen, wenn die Forderung im Insolvenzverfahren angemeldet und geprüft worden und bestritten geblieben ist.[168)] Die Aufnahme eines durch die Eröffnung des Insolvenzverfahrens über das Vermögen einer Partei unterbrochenen Rechtsstreits über eine Insolvenzforderung ist nur wirksam, wenn die besonderen **Sachurteilsvoraussetzungen** für eine Forderungsfeststellungsklage gegeben sind. Ob der Insolvenzgläubiger seine Forderung in ausreichend individualisierter Weise angemeldet hat, richtet sich nach den Verhältnissen im Prüfungstermin; eine nachträglich erfolgte Individualisierung wirkt nicht auf den Zeitpunkt der Forderungsanmeldung zurück.[169)]

146 Die uneingeschränkte Aufnahme eines Rechtsstreits durch den Gläubiger einer zur Insolvenztabelle angemeldeten Forderung ist, wenn der Forderung i. S. von § 178 Abs. 1 Satz 1

166) BGH, Urt. v. 12.3.2021 – V ZR 181/19, ZInsO 2021, 1388 = NZI 2021, 669; BGH, Urt. v. 31.10.2012 – III ZR 204/12, ZIP 2012, 2369, dazu EWiR 2012, 799 *(Eckardt)*. BAG, Beschl. v. 28.8.2013 – 5 AZN 426/13, ZInsO 2013, 2456.

167) Vgl. OLG Düsseldorf, Beschl. v. 8.7.2004 – I-24 W 32/04, ZVI 2005, 54.

168) BGH, Urt. v. 3.7.2014 – IX ZR 261/12, ZVI 2014, 411 = ZIP 2014, 1503.

169) BGH, Urt. v. 25.6.2020 – IX ZR 47/19, ZRI 2020, 414 = ZVI 2020, 428.

InsO (teilweise) widersprochen haben, nur wirksam, wenn der Rechtsstreit gegenüber allen Widersprechenden aufgenommen wird.[170)] Ein Insolvenzgläubiger kann einen durch die Eröffnung des Insolvenzverfahrens unterbrochenen Rechtsstreit über eine Insolvenzforderung auch dann wirksam aufnehmen, wenn der Widerspruch nur auf insolvenzrechtliche Einwendungen gestützt wird.[171)] Tritt ein Insolvenzgläubiger eine zur Tabelle angemeldete und bestrittene Forderung, über die zur Zeit der Eröffnung des Insolvenzverfahrens ein Rechtsstreit anhängig war, nach der Anmeldung ab, so kann der Zessionar den Rechtsstreit auch ohne Zustimmung des Prozessgegners aufnehmen, wenn die Rechtsnachfolge zwischen Zessionar, Prozessgegner und dem Zedenten unstreitig ist und gegenüber dem Insolvenzgericht nachgewiesen, in der Tabelle vermerkt und dem Prozessgegner angezeigt worden ist.[172)] Ist die mit der Klage des Versicherungsnehmers geltend gemachte Schadensersatzforderung nach Rechtshängigkeit entweder infolge Abtretung oder infolge Legalzession auf den Versicherer übergegangen und fällt der Versicherungsnehmer nach dem Forderungsübergang in Insolvenz, ist der Insolvenzverwalter befugt, den unterbrochenen Rechtsstreit aufzunehmen und die Forderung im eigenen Namen gerichtlich geltend zu machen.[173)]

Besonderheiten gelten im **Mahnverfahren**, welches an sich nicht zur Feststellung geeignet ist, da weder ein Mahnbescheid noch ein Vollstreckungsbescheid auf Feststellung lauten kann. Hatte der Gläubiger aber bereits vor Verfahrenseröffnung einen Mahnbescheid gegen den Schuldner erwirkt und der Schuldner dagegen Widerspruch eingelegt, so besteht für den Gläubiger ein Wahlrecht: Er hat sowohl die Möglichkeit, gemäß § 696 Abs. 1 Satz 1 ZPO Antrag auf Übergang ins Klageverfahren bei dem für den Widerspruch zuständigen Gericht zu stellen, als auch gemäß § 180 Abs. 1 InsO zu verfahren, also Feststellungsklage beim AG/LG im Bezirk des Insolvenzgerichts zu erheben. **147**

e) Kostenfragen

Der Streitwert eines Feststellungsprozesses richtet sich nach § 182 InsO. Danach bestimmt sich der **Streitwert** nach dem Betrag, der im Zeitpunkt der Klageeinreichung[174)] bei der Verteilung der Insolvenzmasse für die Forderung zu erwarten ist („Quote").[175)] Ist in dem Insolvenzverfahren mangels Masse eine Quotenzahlung für die Insolvenzgläubiger nicht zu erwarten, ist der Streitwert und die Beschwer nach § 182 InsO, § 26 Nr. 8 Satz 1 EGZPO auf die niedrigste Gebührenstufe von 500 € festzusetzen.[176)] Dies gilt sowohl für den Gebühren- als auch für den Zuständigkeits- und Rechtsmittelstreitwert, mithin auch für die Ermittlung des Wertes der mit der Revision geltend zu machenden Beschwer.[177)] **148**

Der Streitwert einer Klage des Gläubiger auf Feststellung, dass eine im Insolvenzverfahren angemeldete Forderung auf einer vorsätzlich begangenen unerlaubten Handlung beruht (§ 184 InsO, **„Attributsklage"**), bemisst sich nach einem Bruchteil des Nennwerts **149**

170) BGH, Urt. v. 6.3.2013 – III ZR 261/12, NZI 2013, 396.

171) BGH, Urt. v. 26.1.2017 – IX ZR 315/14, ZVI 2017, 151 = ZIP 2017, 436.

172) BGH, Urt. v. 16.2.2023 – IX ZR 21/22, ZRI 2023, 452 = ZIP 2023, 923.

173) BGH, Urt. v. 15.12.2022 – I ZR 135/21, ZIP 2023, 87 = NZI 2023, 259.

174) OLG Köln, Beschl. v. 29.1.2003 – 2 W 14/03, NZI 2003, 568.

175) BGH, Beschl. v. 25.9.2013 – VII ZR 340/12, BauR 2014, 320; BGH, Beschl. v. 16.2.2023 – IX ZR 21/22, ZRI 2023, 452 = ZIP 2023, 923; nach BGH, Beschl. v. 9.9.1999 – IX ZR 80/99, ZIP 1999, 1811 = ZInsO 1999, 643, dazu EWIR 2000, 243 *(Tappmeier)* sind i. R. der Schätzung des Streitwerts sämtliche Erkenntnismöglichkeiten auszuschöpfen (etwa: Beiziehung der Insolvenzakten, Einholung von Auskünften beim Insolvenzverwalter).

176) BGH, Beschl. v. 27.6.2019 – III ZR 190/18, ZInsO 2019, 1748.

177) BGH, Beschl. v. 15.6.2020 – IX ZA 8/20, BGHZ 156, 30 = ZInsO 2020, 1768; BGH, Beschl. v. 29.9.2022 – IX ZR 15/22, ZRI 2022, 1017 = ZIP 2022, 2621.

der Forderung, wobei bei zweifelhaften Vollstreckungsaussichten ein Abschlag von ca. 75 % angemessen ist.[178)]

150 Steht der Masse eine (aufrechenbare) **Gegenforderung** gegen den Kläger einer Feststellungsklage zu, so ist der Streitwert der Feststellungsklage grundsätzlich nach dem Betrag festzusetzen, der bei einer Verteilung der um die Gegenforderung erhöhten Masse auf die Klageforderung entfiele.[179)] War wegen einer Forderung zum Zeitpunkt der Verfahrenseröffnung ein Rechtsstreit anhängig, so gilt im Fall der Aufnahme Folgendes: Bis zur Unterbrechung (§ 240 ZPO) ergeben sich keine Besonderheiten; bereits entstandene Gebühren bleiben bestehen. Für Gebühren, die erst nach der Aufnahme entstanden sind, gilt § 182 InsO.[180)]

151 Die **Kostenverteilung** des Feststellungsprozesses gemäß §§ 179 ff. InsO richtet sich zunächst nach den §§ 91 ff. ZPO. Unterliegt der Gläubiger in einem aufgenommenen Verfahren, so sind ihm die gesamten Verfahrenskosten gemäß § 91 Abs. 1 ZPO aufzuerlegen, die zur Masse zu leisten sind. Erkennt der Insolvenzverwalter in einem gegen ihn aufgenommenen Verfahren den Anspruch sofort an und hat der Insolvenzverwalter keine Veranlassung zur Klage gegeben, weil er den Anspruch nur vorläufig bestritten hat, so sind ebenfalls dem Gläubiger die Kosten gemäß § 93 ZPO aufzuerlegen und zur Masse zu erstatten. Ist dagegen in einem vor Insolvenzeröffnung gegen den Schuldner anhängigen Verfahren ein sofortiges Anerkenntnis mit der Folge des § 93 ZPO nicht mehr möglich, weil der Schuldner im schriftlichen Vorverfahren in der Klageerwiderung Klageabweisung beantragt hatte, oder hat der Insolvenzverwalter Veranlassung zur Klage gegeben, weil er die Forderung (endgültig) bestritten hat, so sind dem Verwalter die Verfahrenskosten ebenso aufzuerlegen, wie im Falle des Unterliegens.

152 Streitig ist insoweit jedoch, ob die Verfahrenskosten insgesamt als **Masseschulden** anzusehen sind, oder ob die vor Eröffnung des Verfahrens entstandenen Kosten vom obsiegenden Gläubiger nur als Insolvenzforderung geltend gemacht werden können und deshalb das Gericht eine entsprechende Kostenquotelung vorzunehmen hat.[181)] Wurden dem Insolvenzverwalter die Verfahrenskosten insgesamt auferlegt, so ist der Rechtspfleger im Kostenfestsetzungsverfahren aber wohl an diese Kostengrundentscheidung gebunden.[182)] Eine Kostenfestsetzung zugunsten eines sog. Altmassegläubigers ist unzulässig, sobald der Insolvenzverwalter die Masseunzulänglichkeit angezeigt hat.[183)] Als Altmassegläubiger gelten dabei diejenigen Prozessgegner des Insolvenzverwalters, deren Verfahren vor der Anzeige der Masseunzulänglichkeit rechtshängig wurden, unabhängig davon, ob einzelne Kosten oder der Kostenerstattungsanspruch erst nach dieser Anzeige entstanden sind.

153 Grundsätzlich hat der Gläubiger, der eine Forderung bestritten hat, keinen Anspruch gegen die Masse auf Kostenerstattung. Lediglich dann, wenn der Masse durch die Prozessführung ein Vorteil erwächst, kann der – obsiegende – Gläubiger neben seinem **Kostenerstattungsanspruch** aus § 91 ZPO gegen seinen Prozessgegner zusätzlich gegenüber der

---

178) BGH, Beschl. v. 1.10.2020 – IX ZR 199/19, ZVI 2020, 481 = ZIP 2020, 2525.

179) BGH, Urt. v. 16.12.1999 – IX ZR 197/99, ZIP 2000, 237, dazu EWiR 2001, 29 *(Mohrbutter)*.

180) *Pape/Schaltke* in: KPB, InsO, § 180 Rz. 16.

181) BGH, Beschl. v. 28.9.2006 – IX ZB 312/04, ZIP 2006, 2132 = ZVI 2007, 75, dazu EWiR 2007, 85 *(Hofmann)*; *Pape/Schaltke* in: KPB, InsO, § 180 Rz. 17: „Es handelt sich im Grundsatz insgesamt um eine Masseverbindlichkeit; eine Ausnahme kann allenfalls dann in Betracht kommen, wenn die Unterbrechung des Rechtsstreits in einer höheren Instanz oder nach Zurückverweisung erfolgt ist."

182) OLG Düsseldorf, Beschl. v. 10.2.2005 – I-W 149/04, Rpfleger 2005, 485.

183) BGH, Beschl. v. 17.3.2005 – IX ZB 247/03, ZIP 2005, 817.

Masse einen Kostenerstattungsanspruch geltend machen (§ 183 Abs. 3 InsO).[184] Dieser Anspruch ist Masseschuld i. S. des § 55 Abs. 1 Nr. 3 InsO.[185]

Übersicht: Feststellungsprozess gemäß §§ 179 ff. InsO 154

	Ausgangssituation	Aufnahme durch	Zuständiges Gericht	Antrag	Streitwert
1.	Nicht titulierte Forderung	[…] Gläubiger der bestrittenen Forderung (§ 179 Abs. 1 InsO) Nicht durch Bestreitenden: ihm fehlt das Rechtsschutzbedürfnis	AG/LG (§ 180 Abs. 1 InsO) oder anderweitiges Gericht oder Verwaltungsbehörde (§ 185 InsO)	„Die Forderung des Kl. gegen den Bekl. über […] € wird in dem Insolvenzverfahren (Az. […]) zur Tabelle festgestellt."	Betrag, der bei der Verteilung der Insolvenzmasse für die Forderung zu erwarten ist (§ 182 InsO)
2.	Titulierte Forderung, die nicht (mehr) mit Rechtsbehelfen/Rechtsmitteln angegriffen werden kann	a) […] Widersprechenden (§ 179 Abs. 2 InsO)	Wie oben, § 180 Abs. 1, § 185 InsO	„Der Widerspruch des Kl. in dem Insolvenzverfahren (Az. […]) bezüglich der durch … titulierten Forderung des Bekl. über […] € wird für begründet erklärt."	Wie oben 1.
		b) […] Gläubiger der bestrittenen Forderung (h. M.)	Wie oben, § 180 Abs. 1, § 185 InsO	„Der Widerspruch des Bekl. in dem Insolvenzverfahren (Az. […]) bezüglich der durch … titulierten Forderung des Kl. über […] € wird für unbegründet erklärt."	Wie oben 1.
3.	Anhängiger Rechtsstreit zum Zeitpunkt der Verfahrenseröffnung				
	a) Nicht titulierte Forderung	[…] Gläubiger der bestrittenen Forderung (§ 180 Abs. 2, § 179 Abs. 1 InsO) (h. M.) Nicht durch Bestreitenden: ihm fehlt das Rechtsschutzbedürfnis	Gericht, bei dem Rechtsstreit anhängig ist (§ 180 Abs. 2 InsO)	Umstellung (§ 263 ZPO): (wie oben 1.)	Bis zur Aufnahme bleibt es beim bisherigen Streitwert; für die Zeit nach Aufnahme gilt § 182 InsO, h. M.
	b) Titulierte Forderung; Rechtsbehelfs-/Rechtsmittelfrist ist gemäß §§ 240, 249 Abs. 1 ZPO unterbrochen	[…] Widersprechenden (§ 180 Abs. 2, § 179 Abs. 2 InsO); […] Gläubiger der bestrittenen Forderung	Gericht, bei dem Rechtsstreit anhängig ist (§ 180 Abs. 2 InsO). Bei Rechtsmitteln, insbesondere Berufung/Revision: Gericht, welches für das Rechtsmittel zuständig ist	Einlegung des Rechtsmittels und Umstellung (§ 263 ZPO): Wie oben 2.	Wie oben 3. a)

184) Die Vorschrift gilt nicht für den Insolvenzverwalter. Dieser begründet durch seine Prozessführung unmittelbare Masseverbindlichkeiten gemäß § 55 Abs. 1 Nr. 1 InsO.

185) OLG München, Beschl. v. 7.10.2004 – 9 W 2449/04, OLGR 2004, 422.

3. Widerspruch des Schuldners

a) Widerspruch gegen eine nicht titulierte Forderung

155 Widerspricht der Schuldner einer nicht titulierten Forderung, so hat dies zwar auf die Feststellung der Forderung zur Insolvenztabelle keinen Einfluss; dem Gläubiger kann aber kein vollstreckbarer Tabellenauszug erteilt werden (§ 201 Abs. 2 InsO). Mit § 184 Abs. 1 Satz 1 InsO ist dem Gläubiger deshalb die Möglichkeit eröffnet, gegen den widersprechenden Schuldner auf **Feststellung der Forderung** zu klagen. Dies gilt auch für den Fall, dass der Schuldner nur dem Forderungsgrund „vorsätzlich begangene unerlaubte Handlung" widerspricht.[186)]

156 Der Wortlaut des § 184 Abs. 1 Satz 1 InsO ist, soweit danach die Klage auf Feststellung der Forderung zu erheben ist, ungenau, da der Widerspruch des Schuldners der Feststellung der Forderung zur Tabelle nicht entgegensteht (§ 178 Abs. 1 Satz 2 InsO). Die Klage ist vielmehr darauf zu richten, den Widerspruch des Schuldners zu beseitigen oder für unbegründet zu erklären. Für die Erhebung der Klage ist keine Frist bestimmt.[187)] Der Gläubiger kann alternativ die Beendigung des Insolvenzverfahrens abwarten und anschließend gegen den Schuldner auf Leistung klagen. Dies kann auch während einer ggf. laufenden Wohlverhaltensphase geschehen.

157 Zu beachten ist aber, dass der Anspruch der **Verjährung** unterliegt und die Hemmung der Verjährung sechs Monate nach Aufhebung des Insolvenzverfahrens endet (§ 204 Abs. 2 BGB).[188)] Aus einem entsprechenden Titel kann der Gläubiger gemäß § 294 InsO während einer Wohlverhaltensphase allerdings nicht vollstrecken. Erst nach Ablauf der Wohlverhaltensphase kann die Zwangsvollstreckung betrieben werden, wobei der Schuldner dieser dann erfolgreich begegnen kann, wenn die titulierte Forderung von einer erteilten Restschuldbefreiung umfasst ist (§ 302 InsO).

158 *Beispiel*

Gläubiger G meldet in der Form des § 174 Abs. 2 InsO eine Forderung aus einer vorsätzlich begangenen unerlaubten Handlung zur Tabelle an. Ein Vollstreckungstitel liegt nicht vor. Der Schuldner widerspricht dem angemeldeten Forderungsgrund. In der Folge wird dem Schuldner Restschuldbefreiung erteilt. Wenn Gläubiger G nach Ablauf der Wohlverhaltensphase die Zwangsvollstreckung gegen den Schuldner betreiben möchte, muss er sich einen entsprechenden Titel verschaffen. In diesem Rahmen trägt der Gläubiger die Beweislast für den behaupteten Rechtsgrund. Kann er dieser Beweislast entsprechen, wird er einen Titel erlangen und kann ungeachtet der erteilten Restschuldbefreiung gegen den Schuldner vollstrecken. G verliert demnach seine Forderung nicht deshalb, weil er nicht innerhalb des Insolvenzverfahrens die Feststellung seiner Forderung betrieben hat. Wichtig ist für G nur, dass er seine Forderung unter Beachtung des § 174 Abs. 2 InsO angemeldet hat.

159 Ist zum Zeitpunkt der Verfahrenseröffnung ein Rechtsstreit hinsichtlich der vom Schuldner bestrittenen Forderungen anhängig, so kann der Gläubiger zur Feststellung seiner Forderung das Verfahren **aufnehmen** (§ 182 Abs. 1 Satz 2 InsO).

160 Vor dem Hintergrund, dass für die Feststellungsklage des Gläubigers keine Frist zu beachten ist, und der Schuldner damit lange Zeit im Ungewissen bleibt, kann dem Schuldner

186) BGH, Urt. v. 18.1.2007 – IX ZR 176/05, ZVI 2007, 424 = ZIP 2007, 541.

187) BGH, Urt. v. 18.12.2008 – IX ZR 124/08, ZIP 2009, 389.

188) BGH, Urt. v. 8.12.2009 – XI ZR 182/08, ZIP 2009, 2303, dazu EWiR 2010, 125 *(Michel/Geiger)*.

das Rechtsschutzbedürfnis für eine von ihm zu erhebende Feststellungsklage wohl nicht abgesprochen werden.[189)]

Die **Zuständigkeit** für die Klage nach § 184 Abs. 1 InsO richtet sich nach den allgemeinen prozessualen Regelungen. § 180 InsO ist nicht anwendbar, da es nicht um die Feststellung einer Insolvenzforderung zur Tabelle handelt. Der **Streitwert** ist unter Berücksichtigung der tatsächlichen Vollstreckungsaussichten zu bestimmen.[190)] Sind diese als gering anzusehen, kann ein Abschlag von 75 % des Nennwerts der Forderung durchaus angemessen sein.[191)] **161**

b) Widerspruch gegen eine titulierte Forderung

Widerspricht der Schuldner einer titulierten Forderung, so gilt dieser Widerspruch als nicht erhoben, wenn der Schuldner nicht innerhalb einer **Monatsfrist** den Widerspruch verfolgt. Die Frist beginnt mit dem Prüfungstermin. Im schriftlichen Verfahren beginnt die Frist mit dem Bestreiten der Forderung (§ 184 Abs. 2 Satz 1 InsO), also mit der Aufnahme des Widerspruchs in die Insolvenztabelle bei dem Insolvenzgericht. Das Insolvenzgericht erteilt dem Schuldner und dem Gläubiger, dessen Forderung bestritten worden ist, einen beglaubigten Auszug aus der Tabelle und weist den Schuldner auf die Folgen einer Fristversäumung hin (§ 184 Abs. 2 Satz 2 InsO). **162**

Praxishinweis

Damit erfährt der Schuldner insbesondere bei schriftlicher Forderungsprüfung, bei der keine mündliche Belehrung im Prüfungstermin stattfinden kann, von den Folgen einer Fristversäumung erst nach dem Fristbeginn. Um dem vorzubeugen, kann zumindest in den Fällen, in denen dem Schuldner gemäß § 175 Abs. 2 InsO eine Belehrung über die Folgen der Anmeldung einer Forderung aus vorsätzlich begangener unerlaubter Handlung zu übermitteln ist, der Schuldner in diesem Rahmen auch über die Folgen einer Fristversäumung nach § 184 Abs. 2 InsO aufgeklärt werden. Im Übrigen sind der Tabellenauszug und die Belehrung dem Schuldner möglichst umgehend im Anschluss an den entsprechenden Tabelleneintrag zu übermitteln. Einer Zustellung bedarf es nicht.

Die Übersendung des Tabellenauszugs an den Gläubiger hat nur informativen Charakter. Der Klage eines Gläubigers, der über einen vollstreckbaren Schuldtitel verfügt, auf Feststellung des Rechtsgrunds der unerlaubten Handlung fehlt es jedoch nach dem auf den Rechtsgrund beschränkten Widerspruch des Schuldners nicht an einem rechtlich geschützten Interesse.[192)] **163**

Der Schuldner hat dem Gericht die Verfolgung des Anspruchs (richtig wohl: „Widerspruchs") **nachzuweisen** (§ 184 Abs. 2 Satz 3 InsO). Es ist somit Sache des Schuldners, dem Insolvenzgericht von der Erhebung der Feststellungsklage Kenntnis zu verschaffen. Das Gericht ist demnach nicht gehalten, den Schuldner zur Nachweisführung aufzufordern. Da jedoch für den Nachweis keine Frist bestimmt ist, ist das Insolvenzgericht letztlich doch gezwungen, den Schuldner unter Fristsetzung aufzufordern, die fristgerechte Klageerhebung nachzuweisen. Dies wird das Insolvenzgericht jedoch erst und dann in Betracht ziehen, wenn der fiktive Wegfall des Widerspruchs Bedeutung erlangt. Dies ist insbesondere dann der Fall, wenn der Gläubiger einen vollstreckbaren Tabellenauszug beantragt. **164**

189) Vgl. BGH, Urt. v. 18.5.2006 – IX ZR 187/04, ZIP 2006, 1700 = ZVI 2006, 311, dazu EWiR 2006, 539 *(Ahrens)*; BGH, Urt. v. 10.10.2013 – IX ZR 30/13, ZVI 2014, 57 = ZIP 2013, 2265, dazu EWiR 2014, 17 *(Ahrens)*.

190) BGH, Beschl. v. 22.1.2009 – IX ZR 235/08, ZVI 2009, 267 = ZIP 2009, 435.

191) BGH, Beschl. v. 1.10.2020 – IX ZR 199/19, ZVI 2020, 481 = ZIP 2020, 2525; BGH, Beschl. v. 6.4.2009 – VI ZB 88/08, ZIP 2009, 2172 (LS).

192) BGH, Urt. v. 2.12.2010 – IX ZR 41/10, ZIP 2011, 39, dazu EWiR 2011, 161 *(Dimassi)*.

Dieser darf nach § 201 Abs. 2 Satz 1 InsO erst erteilt werden, wenn der Widerspruch des Schuldners „beseitigt" ist.

165 Die „Verfolgung des Widerspruchs" i. S. des § 184 Abs. 2 Satz 1 InsO erfolgt durch die **vom Schuldner** zu erhebende Feststellungsklage (vgl. § 180 Abs. 1 InsO). Liegt für die vom Schuldner bestrittene Forderung ein vorläufig vollstreckbarer Titel vor, so muss dem Schuldner die Möglichkeit eröffnet sein, das gemäß § 240 ZPO ruhende Verfahren durch Einlegung des statthaften Rechtsbehelfs aufzunehmen; dies ungeachtet der Tatsache, dass der BGH bisher davon ausgegangen ist, dass dem Schuldner die Aufnahme eines Passivprozesses während des Insolvenzverfahrens verwehrt ist und eine entsprechende Freigabe seitens des Verwalters nicht in Betracht kommt.[193)]

166 Der Schuldner, der einer angemeldeten Forderung nicht widerspricht oder dessen Widerspruch nach den obigen Ausführungen als nicht erhoben gilt, verliert damit die Möglichkeit, einer nach Beendigung des Insolvenzverfahrens betriebenen zwangsweisen Realisierung der Forderung entgegenzutreten.

167 *Beispiel*

Gläubiger G meldet eine Forderung mit dem Vortrag an, es handle sich um einen Anspruch aus einer vorsätzlich begangenen unerlaubten Handlung. Vorgelegt wird ein Versäumnisurteil, aus dem sich auch der Schuldgrund „unerlaubte Handlung" ergibt. Schuldner S widerspricht dem Forderungsgrund. Er versäumt es, innerhalb der Monatsfrist des § 184 Abs. 2 InsO seinen Widerspruch durch Erhebung einer Feststellungsklage zu bestätigen. In der Folge wird dem Schuldner die Restschuldbefreiung erteilt. Der von G betriebenen Zwangsvollstreckung kann S nicht mit der Vollstreckungsabwehrklage gestützt auf die erteilte Restschuldbefreiung begegnen.

168 Ist eine Forderung als Anspruch aus **vorsätzlich begangener unerlaubter Handlung** angemeldet, aber nur als sonstiger Anspruch tituliert (z. B. Kaufpreisforderung, die auch einen Schadensersatzanspruch aufgrund Eingehungsbetrug darstellt) und widerspricht der Schuldner dem geltend gemachten Schuldgrund, so findet § 184 Abs. 2 InsO keine Anwendung; ebenso dann, wenn die Titulierung nur in Form eines Vollstreckungsbescheids oder eines Versäumnisurteils gegeben ist.[194)] Der Gläubiger hat in diesen Fällen die Möglichkeit, auf Feststellung des Schuldgrunds gemäß § 184 Abs. 1 InsO zu klagen.[195)] Der Anspruch des Gläubigers auf Feststellung des Rechtsgrunds einer vollstreckbaren Forderung als solcher aus einer vorsätzlich begangenen unerlaubten Handlung **verjährt** dabei nicht nach den Vorschriften, welche für die Verjährung des Leistungsanspruchs gelten.[196)] Ist der Anspruch als solcher tituliert, steht einer Feststellungsklage hinsichtlich des Attributs der vorsätzlich begangenen unerlaubten Handlung die dreijährige Verjährungsfrist nicht entgegen. Hat der Anspruch aus vorsätzlich begangener unerlaubter Handlung jedoch einen anderen Streitgegenstand als der titulierte Anspruch, kann der Schuldner gegenüber dem Feststellungsbegehren des Gläubigers einwenden, der Anspruch aus vorsätzlich begangener unerlaubter Handlung sei verjährt.[197)]

169 Ein vollstreckbarer Tabellenauszug darf dem Gläubiger nur in einer Form erteilt werden, die deutlich macht, dass der Schuldgrund „vorsätzliche unerlaubte Handlung" vom Schuldner bestritten wurde. Hat dagegen der Schuldner den Rechtsgrund der vorsätzlich began-

193) BGH, Beschl. v. 27.10.2003 – II ZA 9/02, ZIP 2003, 2271 = NZI 2004, 54.

194) Vgl. BGH, Beschl. v. 5.4.2005 – VII ZB 17/05, ZVI 2005, 253; BGH, Urt. v. 28.6.2012 – IX ZR 160/11, ZInsO 2012, 1614.

195) BGH, Urt. v. 18.1.2007 – IX ZR 176/05, ZVI 2007, 424 = ZIP 2007, 541.

196) BGH, Urt. v. 2.12.2010 – IX ZR 247/09, ZIP 2011, 37, dazu EWiR 2011, 261 *(Riedemann)*.

197) BGH, Beschl. v. 3.3.2016 – IX ZB 33/14, ZVI 2016, 357.

genen unerlaubten Handlung in einem Vergleich außer Streit gestellt, findet § 184 Abs. 2 InsO Anwendung.[198] Ebenso, wenn im Wege der Auslegung eines bestehenden Titels der Schluss zu ziehen ist, dass das erkennende Gericht seine Entscheidung auf eine vorsätzlich begangene unerlaubte Handlung des Schuldners stützte.[199]

Übersicht: Feststellungsprozess gemäß § 184 InsO 170

	Ausgangs-situation	Aufnahme durch	Zuständiges Gericht	Antrag	Streitwert
1.	Nicht titulierte Forderung	[…] Gläubiger der bestrittenen Forderung (§ 184 Abs. 1 Satz 1 InsO) […] Schuldner; das Rechtsschutzbedürfnis kann nicht verneint werden (streitig)	AG/LG oder anderweitiges Gericht (§ 180 InsO ist nicht anwendbar) oder Verwaltungsbehörde (§ 185 InsO)	„Der Widerspruch des Bekl. gegen die unter Nr. […] zur Insolvenztabelle festgestellte Forderung ist unbegründet."	Betrag der geltend gemachten Forderung unter Berücksichtigung der tatsächlichen Vollstreckungsaussichten; § 182 InsO gilt nicht
2.	Titulierte Forderung	[…] Schuldner, § 184 Abs. 2 InsO Nicht Gläubiger mangels Rechtsschutzbedürfnis	Wie oben 1.	„Der Widerspruch des Kl. in dem Insolvenzverfahren (Az. […]) bezüglich der durch … titulierten Forderung des Bekl. über […] € wird für begründet erklärt."	Wie oben 1.
3.	Anhängiger Rechtsstreit zum Zeitpunkt der Verfahrenseröffnung	[…] Gläubiger der bestrittenen nicht titulierten Forderung, § 184 Abs. 1 Satz 2 InsO […] Schuldner der titulierten oder nicht titulierten Forderung	Gericht, bei dem Rechtsstreit anhängig ist, § 185 InsO	Umstellung (§ 263 ZPO)	Bis zur Aufnahme bleibt es beim bisherigen Streitwert; für die Zeit nach Aufnahme gilt oben Gesagtes

D. Verteilungsverfahren

I. Übersicht

Soweit das Insolvenzverfahren nicht einzustellen ist, endet es mit seiner **förmlichen Aufhebung** durch das Insolvenzgericht (§ 200 Abs. 1 InsO). Voraussetzung hierfür ist die vollständige Verwertung und Verteilung der Insolvenzmasse. 171

Die Verteilung der Insolvenzmasse an die Insolvenzgläubiger obliegt dem Insolvenzverwalter (§ 187 Abs. 3 Satz 1 InsO), der hierfür die Zustimmung des Gläubigerausschusses einzuholen hat, soweit ein solcher bestellt ist (§ 187 Abs. 3 Satz 2 InsO). Die Verteilung des Verwertungserlöses erfolgt in Form der **Abschlags- und der Schlussverteilung.** Nach Verfahrensaufhebung zur Verfügung stehende Beträge werden i. R. der **Nachtragsverteilung** ausgeschüttet. Unabhängig von den formalen Verteilungsverfahren hat der Insolvenzverwalter die Masseverbindlichkeiten i. S. der §§ 54, 55 InsO zu berichtigen. Für So- 172

198) BGH, Urt. v. 25.6.2009 – IX ZR 154/08, ZVI 2009, 405 = ZIP 2009, 1687, dazu EWiR 2010, 403 *(Römermann)*.

199) OLG Brandenburg, Urt. v. 11.2.2010 – 12 U 164/09, ZIP 2010, 2022 = NZI 2010, 266.

zialplanforderungen, die Masseverbindlichkeiten darstellen, enthält § 123 InsO gesonderte Regelungen.

173 **Abschlagsverteilungen** sollen nach § 187 Abs. 2 InsO immer dann vorgenommen werden, wenn hinreichend Barmittel vorhanden sind. Dies zu beurteilen, obliegt dem Verwalter. Das Insolvenzgericht kann allenfalls eine Abschlagsverteilung anregen. Aufgabe des Gläubigerausschusses ist es auch, den zu zahlenden Bruchteil auf Vorschlag des Insolvenzverwalters zu bestimmen (§ 195 Abs. 1 InsO). Eine Zustimmung des Insolvenzgerichts ist insoweit nicht erforderlich.

174 Dagegen bedürfen Abschlagszahlungen auf **Sozialplanforderungen**, die Masseverbindlichkeiten darstellen, der Zustimmung des Gerichts (§ 123 Abs. 3 InsO). Die Erteilung der Zustimmung kann sowohl der Insolvenzverwalter als auch ein Arbeitnehmer beantragen. Ein Anspruch des Arbeitnehmers auf Leistung von Abschlagszahlungen ist daraus aber nicht abzuleiten. Wie bei der in § 170 KO geregelten Vorauszahlung an bevorrechtigte Gläubiger obliegt es auch i. R. des § 123 InsO dem Insolvenzverwalter, zu beurteilen, ob eine Abschlagszahlung auf Sozialplanforderungen möglich ist. Mit der Formulierung „soll" enthält § 123 InsO zwar einen etwas stärkeren Hinweis als mit dem Wort „können" in § 187 Abs. 2 InsO. Gleichwohl ist damit aber keine Anspruchsgrundlage geschaffen worden. Die Zustimmung des Insolvenzgerichts ist mit der Maßgabe zu erteilen, dass die Befriedigung der übrigen Gläubiger nicht gefährdet werden darf. Insgesamt darf auf Sozialplanansprüche nicht mehr als ein Drittel der Masse verwendet werden (§ 123 Abs. 2 Satz 2 InsO). Eine weitere Begrenzung enthält § 123 Abs. 1 InsO, wonach einem von einer Entlassung betroffenen Arbeitnehmer maximal zweieinhalb Monatsverdienste ausbezahlt werden dürfen.

175 Die **Schlussverteilung** ist dann einzuleiten, wenn das Verfahren abschlussreif ist, d. h. die Verwertung der Masse abgeschlossen ist (§ 196 Abs. 1 InsO). Auch insoweit obliegt es grundsätzlich dem Verwalter, diese Voraussetzung zu beurteilen. Das Gesetz enthält insoweit nur die Aussage, dass ein laufendes Einkommen des Schuldners die Beendigung des Verfahrens nicht hindert. Gleichwohl hat das Insolvenzgericht i. R. seiner Aufsichtspflicht (§ 58 InsO) auf eine zügige Abwicklung des Verfahrens hinzuwirken. Dazu ist dem Verwalter aufzugeben, sich in seinen turnusmäßigen Berichten zum Stand des Verfahrens und zu dessen voraussichtlicher Dauer zu erklären. Eine **Nachtragsverteilung** kommt unter den Voraussetzungen des § 203 InsO in Betracht (siehe dazu ausführlich Rz. 224 ff.).

II. Verteilungsverzeichnis

1. Erstellung

176 Grundlage jeder Verteilung ist ein Verteilungsverzeichnis, das der Insolvenzverwalter zu erstellen hat (§ 188 InsO). Das für die Schlussverteilung maßgebende Verteilungsverzeichnis wird **Schlussverzeichnis** genannt (§ 197 Abs. 1 Satz 1 Nr. 2 InsO). Das Schlussverzeichnis stellt auch die Grundlage für eine Nachtragsverteilung dar (§ 205 InsO). Im **Restschuldbefreiungsverfahren** werden ebenfalls nur die im Schlussverzeichnis aufgeführten Gläubiger berücksichtigt (§ 292 Abs. 1 Satz 2 InsO). In das Verteilungsverzeichnis sind grundsätzlich die bei der anstehenden Verteilung zu berücksichtigenden Gläubiger mit ihren zur Tabelle festgestellten Forderungen aufzunehmen. Die **auszuzahlende Quote** wird im Verteilungsverzeichnis nicht ausgeworfen. Ebenso bleiben Besonderheiten, die für die Ausführung der Verteilung zu berücksichtigen sind, wie etwa die Tatsache, dass es sich um eine aufschiebend bedingte Forderung handelt, unerwähnt.

2. Niederlegung und Veröffentlichung

Das Verteilungsverzeichnis ist auf der Geschäftsstelle zur Einsicht der Beteiligten niederzulegen (§ 188 Satz 2 InsO). Daneben hat der **Verwalter** die Summe der Forderungen, die bei einer anstehenden Verteilung zu berücksichtigen sind, und den für die Verteilung zur Verfügung stehenden Betrag dem Gericht anzuzeigen. Dieses veröffentlicht die angezeigte Summe der Forderungen und den für die Verteilung verfügbaren Betrag im Internet (§ 188 Satz 3 InsO). Dabei muss das Insolvenzgericht als Urheber der Veröffentlichung verdeutlicht werden.[200] Aus dem Verhältnis der genannten Beträge ergibt sich grundsätzlich die auszuzahlende **Quote**. Diese Quote kann sich jedoch u. a. dadurch verändern, dass Einwendungen gegen das Verteilungsverzeichnis erhoben werden, die zur Minderung oder Erhöhung der zu berücksichtigenden Gläubiger führen. Auch das in § 195 InsO vorgesehene Recht des Gläubigerausschusses, die i. R. einer Abschlagsverteilung auszuzahlende Quote zu bestimmen, kann Abweichungen zu der vorgenommenen Veröffentlichung ergeben. Derartige Veränderungen haben indes nicht zur Folge, dass eine weitere, berichtigte Veröffentlichung vorzunehmen ist. Dem Informationsbedürfnis der Gläubiger wird vielmehr dadurch Rechnung getragen, dass diesen die Quote, die vom Gläubigerausschuss für die Verteilung i. R. einer Abschlagsverteilung bestimmt wurde, mitgeteilt wird (§ 195 Abs. 2 InsO). Insoweit genügt es, wenn auf dem Überweisungsträger die Quote festgehalten ist. 177

Die Veröffentlichung nach § 188 InsO löst die Fristen der §§ 189 und 190 InsO aus und ist deshalb von den betroffenen Gläubigern stets zu verfolgen. 178

3. Aufzunehmende Forderungen

a) Bestrittene, nicht titulierte Forderungen

Eine Insolvenzforderung, die nicht zur Tabelle festgestellt ist und für die kein Vollstreckungstitel vorliegt, wird nur dann in das Verteilungsverzeichnis aufgenommen, wenn der Gläubiger dem Insolvenzverwalter nachweist, dass und für welchen Betrag die **Feststellungsklage** erhoben oder das Verfahren in dem früher anhängigen Rechtsstreit aufgenommen ist (§ 189 Abs. 1 InsO). Regelmäßig genügt es, wenn die Klage fristgerecht eingereicht und sichergestellt ist, dass sie demnächst an den Beklagten zugestellt wird.[201] Dieser Nachweis muss innerhalb einer Frist von **zwei Wochen** geführt werden, die mit dem Ablauf des zweiten auf den Tag der Veröffentlichung der in § 188 InsO genannten Daten (siehe Rz. 177) folgenden Tages beginnt. Wird diese Frist versäumt, wird der Gläubiger nicht in das Verteilungsverzeichnis aufgenommen. Eine Wiedereinsetzung in den vorherigen Stand kommt auch bei schuldloser Säumnis nicht in Betracht. Wird die Frist im Vorfeld einer **Abschlagsverteilung** versäumt, bleibt der Gläubiger zwar bei dieser unberücksichtigt, kann jedoch bis zur nächsten Abschlagsverteilung bzw. bis zur Schlussverteilung die versäumte Handlung nachholen und erhält dann bei dieser Verteilung vorab einen Betrag, der ihn mit den übrigen Gläubigern gleichstellt (§ 192 InsO). Wird die Frist jedoch i. R. einer **Schlussverteilung** versäumt, bleibt der Gläubiger im gesamten restlichen Verfahren und auch innerhalb eines sich eventuell anschließenden Restschuldbefreiungsverfahrens unberücksichtigt. 179

b) Bestrittene, titulierte Forderungen

Eine titulierte Forderung ist auch dann in das Verteilungsverzeichnis aufzunehmen, wenn sie bestritten und vom Bestreitenden kein Feststellungsverfahren nach § 179 Abs. 2 InsO 180

200) BGH, Beschl. v. 7.2.2013 – IX ZR 145/12, ZIP 2013, 636.
201) BGH, Beschl. v. 13.9.2012 – IX ZB 143/11, ZVI 2013, 28 = ZIP 2012, 2071.

betrieben wurde, in dem der Widerspruch für begründet erklärt wurde.[202] Nicht geregelt ist der Fall, in dem der Widersprechende die Feststellung zwar betreibt und dies auch innerhalb der Frist des § 189 Abs. 1 InsO nachweist, aber bis zur Erstellung des Verteilungsverzeichnisses noch keine Entscheidung herbeiführen konnte. Hier ist in entsprechender Anwendung von § 189 Abs. 2 InsO davon auszugehen, dass der auf die betroffene Forderung entfallende Betrag **zurückzubehalten** ist.[203]

c) Ausfallforderungen

181 Eine festgestellte Forderung, für die ein **Absonderungsrecht** besteht (siehe Rz. 20), wird nur dann in das Verteilungsverzeichnis aufgenommen, wenn der Gläubiger dem Insolvenzverwalter nachweist, dass und für welchen Betrag er auf abgesonderte Befriedigung verzichtet hat oder bei ihr ausgefallen ist (§ 190 Abs. 1 Satz 1 InsO).[204] Dass das Absonderungsrecht von dem Berechtigten geltend gemacht wird, ist insoweit nicht erforderlich. Der Verzicht auf abgesonderte Befriedigung i. S. von § 190 Abs. 1 Satz 1 InsO kann nur in der Form erklärt werden, die auch zur Begründung des Absonderungsrechts erforderlich ist; bei einem Grundpfandrecht mithin nur in öffentlich beglaubigter Form, was nach § 1168 BGB zu einem Eigentümerrecht führt. Es genügt demnach nicht, gegenüber dem Insolvenzverwalter auf die abgesonderte Befriedigung zu verzichten.[205] Abweichend hiervon genügt für einen Verzicht auf das Absonderungsrecht, dass der Gläubiger im Umfang der Anmeldung als Insolvenzforderung auf den schuldrechtlichen Sicherungsanspruch aus einer Zweckvereinbarung mit den Sicherungsgebern verzichtet. Dies nach Ansicht des BGH jedenfalls dann, wenn es sich bei dem Grundpfandrecht um ein Gesamtrecht handelt, das auch an dem Grundstück eines Dritten lastet.[206]

182 Die vorbehaltlose Anmeldung einer Forderung stellt dagegen keinen Verzicht des Gläubigers auf sein Absonderungsrecht dar.[207]

183 Dass die Forderung ohne Einschränkung oder nur für den Ausfall festgestellt wurde, spielt dabei keine Rolle. In der rechtskräftigen Feststellung einer Forderung „für den Ausfall", ist jedoch die Anerkennung des Absonderungsrechts zu sehen.[208] Der Nachweis ist innerhalb einer Frist von **zwei Wochen** zu führen, die wiederum mit dem Ablauf des zweiten auf den Tag der Veröffentlichung der in § 188 InsO genannten Daten folgenden Tages beginnt (siehe Rz. 177). Zur Berücksichtigung bei einer **Abschlagsverteilung** genügt es insoweit, wenn der Gläubiger dem Verwalter nachweist, dass die Verwertung des der abgesonderten Befriedigung dienenden Gegenstands betrieben wird und den Betrag des mutmaßlichen Ausfalls glaubhaft macht (§ 190 Abs. 2 Satz 1 InsO). Allerdings ist der hierauf entfallende Betrag nicht auszuzahlen, sondern zurückzubehalten (§ 190 Abs. 2 Satz 2 InsO). In das **Schlussverzeichnis** wird ein absonderungsberechtigter Gläubiger dagegen nur aufgenommen, wenn er gegenüber dem Insolvenzverwalter auf das Absonderungsrecht verzichtet oder diesem nachweist, in welcher Höhe er bei der Verwertung des Absonderungsguts ausgefallen ist. Der Insolvenzverwalter ist grundsätzlich nicht verpflichtet, einen Gläubiger darauf hinzuweisen, dass er seinen Ausfall bisher nicht nachgewiesen hat.[209] Dagegen kann sich aus der Besonderheit des Einzelfalls die Pflicht des Verwalters

202) BGH, Urt. v. 26.1.2017 – IX ZR 315/14, ZVI 2017, 151 = ZIP 2017, 436.
203) Uhlenbruck-*Wegener*, InsO, § 189 Rz. 19.
204) BGH, Urt. v. 2.7.2009 – IX ZR 126/08, ZIP 2009, 1580.
205) LG Dessau-Roßlau, Beschl. v. 21.1.2009 – 5 T 368/08, ZVI 2009, 149.
206) BGH, Beschl. v. 2.12.2010 – IX ZB 61/09, ZVI 2011, 54 = ZIP 2011, 180, dazu EWiR 2011, 193 *(Kesseler)*.
207) BGH, Urt. v. 9.3.2017 – IX ZR 177/15, ZVI 2017, 234 = ZIP 2017, 686, dazu EWiR 2017, 307 *(Bremen)*.
208) OLG Karlsruhe, Urt. v. 19.12.1997 – 8 U 52/97, OLGR 1998, 273.
209) Vgl. OLG Hamm, Beschl. v. 1.6.1994 – 15 W 123/93, ZIP 1994, 1373.

ergeben, den Gläubiger darauf hinzuweisen, dass sein Ausfallnachweis bisher nicht geführt wurde.[210)]

Ist nur der Insolvenzverwalter zur **Verwertung des Absonderungsguts** berechtigt (§ 166 InsO), so trifft den Gläubiger keine Darlegungslast. Vielmehr obliegt es dem Verwalter, bei einer Abschlagsverteilung den Ausfall des Gläubigers zu schätzen und den auf die Forderung entfallenden Anteil zurückzubehalten (§ 190 Abs. 3 InsO). Hinsichtlich der Schlussverteilung enthält das Gesetz insoweit keine Regelung; es geht offensichtlich davon aus, dass die Verwertung des Absonderungsguts bis zur Schlussverteilung abgeschlossen ist und damit die Höhe des Ausfalls feststeht. Andernfalls ist der Verwalter wohl verpflichtet, dem Gläubiger das Absonderungsgut zu überlassen. 184

d) Aufschiebend bedingte Forderungen

Eine aufschiebend bedingte Forderung (siehe Rz. 31) ist, soweit sie zur Insolvenztabelle festgestellt wurde, in das Verteilungsverzeichnis aufzunehmen. Auszahlungen in Ausführung der Verteilung erfolgen jedoch nur dann, wenn der Gläubiger den Eintritt der Bedingung nachweist. Bis zu diesem Zeitpunkt ist der auf die aufschiebend bedingte Forderung entfallende Erlösanteil **zurückzubehalten.**[211)] Dies gilt in Ergänzung des Wortlauts des § 191 Abs. 1 InsO auch für die Schlussverteilung.[212)] Ist die Bedingung bis zum Vollzug der Schlussverteilung nicht eingetreten, sind die Erlösanteile bei einer geeigneten Stelle, etwa auch auf einem Sonderanderkonto des Insolvenzverwalters zu hinterlegen (§ 198 InsO).[213)] Die Aufnahme in das Schlussverzeichnis unterbleibt dann, wenn die Möglichkeit des Eintritts der Bedingung so fern liegt, dass die Forderung zur Zeit der Verteilung keinen Vermögenswert hat (§ 191 Abs. 2 Satz 1 InsO). Dies ist insbesondere auch dann der Fall, wenn mit dem Bedingungseintritt etwa erst in Jahrzehnten gerechnet werden kann und damit der Bedingungseintritt eben sehr „fern" liegt. Darüber hinaus kann auch die Bedingung selbst den Schluss auf eine fernliegende Möglichkeit des Bedingungseintritts ziehen lassen. Die Forderung bleibt unberücksichtigt, ohne dass Erlösanteile zurückbehalten werden. Der Gläubiger, dessen aufschiebend bedingte Forderung in dieser Weise unberücksichtigt bleibt, kann Einwendungen gegen das Verzeichnis erheben (§ 194 InsO). 185

e) Auflösend bedingte Forderungen

Auflösend bedingte Forderungen werden gemäß § 42 InsO wie unbedingte Forderungen behandelt, solange die Bedingung nicht eingetreten ist. Derartige Forderungen sind somit ohne Einschränkung in das Verteilungsverzeichnis aufzunehmen und auch bei der Ausführung der Verteilung zu berücksichtigen (siehe Rz. 32).[214)] 186

f) Nachrangige Insolvenzforderungen

Auch nachrangige Insolvenzforderungen (siehe Rz. 23) können bei einer Verteilung nur berücksichtigt werden, wenn sie zur Tabelle festgestellt wurden. Dies setzt voraus, dass das Insolvenzgericht zur Anmeldung dieser Forderungen aufgefordert hat. Aber selbst dann, wenn nachrangige Insolvenzforderungen zur Tabelle festgestellt wurden, sollen sie bei einer Abschlagsverteilung unberücksichtigt bleiben (§ 187 Abs. 2 Satz 2 InsO). Im Rahmen 187

210) Vgl. BGH, Urt. v. 19.11.1992 – IX ZR 78/92, NJW-RR 1993, 255.
211) Vgl. BGH, Urt. v. 7.4.2005 – IX ZR 138/04, ZIP 2005, 909.
212) Uhlenbruck-*Wegener*, InsO, § 191 Rz. 9.
213) BGH, Beschl. v. 20.11.2014 – IX ZB 16/14, ZVI 2015, 61 = ZIP 2015, 85.
214) BFH, Beschl. v. 16.3.2016 – V B 41/15, ZIP 2016, 1393.

der **Schlussverteilung** sind dagegen die festgestellten nachrangigen Insolvenzforderungen ohne Einschränkung zu berücksichtigen.

4. Änderung des Verteilungsverzeichnisses

188 Wird nach der Niederlegung und der Veröffentlichung nach § 188 InsO die Berichtigung des Verteilungsverzeichnisses erforderlich, weil die Tatbestände der §§ 189–192 InsO nachträglich erfüllt werden, hat der Verwalter das Verzeichnis binnen **drei Tagen** nach Ablauf der in § 189 Abs. 1 InsO vorgesehenen Frist, d. h. nach Ablauf von zwei Wochen nach Veröffentlichung des Betrags der Gläubigerforderungen und der zur Verteilung stehenden Masse, entsprechend zu ändern (§ 193 InsO). Eine Änderung des Verteilungsverzeichnisses kommt auch dann in Betracht, wenn sich **Schreib- oder Rechenfehler** ergeben. Die Frist des § 189 InsO ist dabei unbeachtlich.[215)] Das geänderte Verzeichnis bleibt auf der Geschäftsstelle zur Einsicht der Beteiligten niedergelegt. Keine Anwendung findet § 193 InsO auf sonstige Fälle der Änderung des Verteilungsverzeichnisses. Insbesondere kann hierauf nicht die nachträgliche Aufnahme einer bis zur Niederlegung des Schlussverzeichnisses nicht geprüften Insolvenzforderung gestützt werden.[216)]

5. Einwendungen gegen das Verteilungsverzeichnis

a) Einwendungsberechtigte

189 Nach § 194 Abs. 1 InsO kann ein „Gläubiger" Einwendungen gegen das Verteilungsverzeichnis erheben. Danach wären auch solche Gläubiger, die nicht Insolvenzgläubiger sind, einwendungsberechtigt. Allerdings wird bei solchen Gläubigern, die keine Aussicht darauf haben, in das Verzeichnis aufgenommen zu werden bzw. durch die Aufnahme eines anderen Gläubigers keine Minderung ihrer Befriedigungsquote erleiden, kein **Rechtsschutzbedürfnis** für die Erhebung einer Einwendung gegen das Verteilungsverzeichnis bestehen.

Praxishinweis

Vor diesem Hintergrund besteht eine Berechtigung zur Erhebung von Einwendungen letztlich nur für Insolvenzgläubiger, die ihre Forderung angemeldet haben. Sie können sich gegen die Nichtaufnahme ihrer Forderung sowie gegen die Aufnahme der Forderung eines anderen Gläubigers zur Wehr setzen. Der Insolvenzverwalter ist ebenso wie der Schuldner nicht berechtigt, Einwendungen gegen das Verzeichnis zu erheben. Mit der Erhebung von Einwendungen kann der Insolvenzverwalter demnach nicht die Beseitigung von Fehlern verfolgen, die sich nachträglich ergeben. Hier bleibt nur die Möglichkeit, den betroffenen Gläubiger oder für den Fall, dass eine Forderung zu Unrecht in das Verzeichnis aufgenommen wurde, einen anderen Gläubiger zur Erhebung von Einwendungen aufzufordern.

b) Einwendungsfrist

190 Gegen das im Vorfeld einer **Abschlagsverteilung** erstellte Verteilungsverzeichnis sind Einwendungen eines Gläubigers bis zum Ablauf einer Woche nach dem Ende der in § 189 Abs. 1 InsO vorgesehenen Ausschlussfrist bei dem Insolvenzgericht zu erheben. Die Einwendungsfrist beträgt damit drei Wochen und beginnt mit dem Ablauf des zweiten auf den Tag der Veröffentlichung gemäß § 188 InsO folgenden Tages. Damit bleibt im Falle eines nach § 193 InsO geänderten Verzeichnisses den Gläubigern nur noch ein Zeitraum von vier Tagen, um Einwendungen zu erheben. Gegen das **Schlussverzeichnis** können Einwendungen nur im Schlusstermin (siehe Rz. 210) erhoben werden (§ 197 Abs. 1 Satz 1 Nr. 2

215) BGH, Beschl. v. 22.3.2007 – IX ZB 8/05, ZVI 2007, 267 = ZIP 2007, 876; LG Bonn v. 25.2.2014 – 6 T 48/14, ZIP 2014, 1689 = NZI 2014, 831.

216) BGH, Beschl. v. 22.3.2007 – IX ZB 8/05, ZVI 2007, 267 = ZIP 2007, 876.

InsO). Wird die Frist oder der Schlusstermin versäumt, ist auch bei schuldloser Säumnis keine Wiedereinsetzung in den vorigen Stand möglich.

c) Einwendungsgründe

Einwendungen können sich sowohl gegen die Nichtaufnahme als auch gegen die Auf- 191
nahme einer Forderung richten. Dabei kann sich aber eine Einwendung nur darauf beziehen, dass die Aufnahme einer Forderung unterblieb bzw. vorgenommen wurde, obwohl die formalen Voraussetzungen vorlagen bzw. nicht vorlagen. **Materiell-rechtliche Einwendungen,** die sich gegen den Bestand einer Forderung richten, können dagegen nicht mit einer Einwendung gegen das Verteilungsverzeichnis verfolgt werden. Sie sind im Prozessweg auf der Grundlage der §§ 179, 189 InsO geltend zu machen.[217)] Wurde eine Forderung zur Tabelle festgestellt und dennoch nicht in das Verzeichnis aufgenommen, kann der Gläubiger gegen das Verzeichnis einen entsprechenden Einwand erheben. Wird dagegen eine festgestellte Forderung in das Verzeichnis aufgenommen, so kann ein anderer Gläubiger hiergegen nicht einwenden, dass die Forderung nicht besteht. Ein absonderungsberechtigter Gläubiger, der nicht in das Verzeichnis aufgenommen wurde, kann hiergegen Einwendungen mit der Begründung erheben, dass er den Nachweis seines Ausfalls rechtzeitig i. S. des § 190 InsO geführt hat. Wurde die Frist des § 190 InsO dagegen versäumt, kann der Nachweis des Ausfalls nicht in der Frist des § 194 InsO nachgeholt oder noch im Schlusstermin geltend gemacht und damit Einwendungen gegen das Verteilungsverzeichnis begründet werden. Ist wiederum eine Forderung nicht im Verteilungsverzeichnis aufgeführt, weil der Gläubiger hierfür ein Absonderungsrecht geltend machte und die Frist des § 190 InsO versäumte, so kann auch noch im Schlusstermin eingewandt werden, dass das Verteilungsverzeichnis deshalb unrichtig ist, weil ein Absonderungsrecht entgegen der Anmeldung des Gläubigers nicht besteht.[218)]

d) Entscheidung über erhobene Einwendungen

Die Entscheidung über erhobene Einwendungen obliegt dem **Insolvenzgericht**; dort dem 192
funktionell zuständigen Rechtspfleger. Vor der Entscheidung sind der Verwalter und der betroffene Gläubiger anzuhören. Entscheidungserhebliche Tatsachen sind von Amts wegen zu ermitteln (§ 5 Abs. 1 InsO). Über Einwendungen, die im Schlusstermin gegen das Schlussverzeichnis erhoben werden, kann entweder unmittelbar im Termin oder danach im Beschlussweg entschieden werden. Weist das Insolvenzgericht Einwendungen zurück, ist die Entscheidung dem betroffenen Gläubiger und dem Insolvenzverwalter zuzustellen (§ 194 Abs. 2 Satz 1 InsO). Mit einer den Einwendungen stattgebenden Entscheidung ist die Berichtigung des Verteilungsverzeichnisses anzuordnen. Auch diese Entscheidung ist dem Gläubiger (nicht allen) und dem Verwalter zuzustellen. Das berichtigte Verteilungsverzeichnis ist daneben zusammen mit dem Beschluss zur Einsicht niederzulegen. Gegen eine zurückweisende Entscheidung steht dem Gläubiger die **sofortige Beschwerde** zu (§ 194 Abs. 2 Satz 2 InsO). Die Beschwerdefrist beginnt mit der Zustellung bzw. mit der Verkündung der Entscheidung (§ 6 Abs. 2 InsO). Gegen die stattgebende Entscheidung können der Verwalter und die Insolvenzgläubiger die sofortige Beschwerde erheben (§ 194 Abs. 3 Satz 2 InsO).[219)] Die Beschwerdefrist beginnt mit der Niederlegung der Entscheidung (§ 194 Abs. 3 Satz 3 InsO).

217) Vgl. BGH, Urt. v. 25.6.1957 – VIII ZR 251/56, WM 1957, 1225.

218) BGH, Beschl. v. 22.10.2009 – IX ZB 49/09, ZInsO 2009, 2243.

219) BGH, Urt. v. 17.1.2008 – IX ZR 220/06, ZVI 2008, 116 = ZIP 2008, 566.

6. Überprüfung durch das Gericht

193 Das zu einer **Abschlagsverteilung** erstellte Verteilungsverzeichnis wird vom Insolvenzgericht nicht geprüft. Es ist Sache der Gläubiger, die Richtigkeit und Vollständigkeit des Verzeichnisses zu überprüfen und ggf. Einwendungen dagegen zu erheben. Dagegen bedarf die **Schlussverteilung** der Zustimmung des Insolvenzgerichts, die vom Insolvenzverwalter zu beantragen ist (§ 196 Abs. 2 InsO). Die Zustimmung ist erst dann zu erteilen, wenn die Voraussetzungen für die Aufhebung des Verfahrens gegeben sind, also insbesondere die Masse restlos verwertet ist. Ob dies der Fall ist, hat das Insolvenzgericht zu prüfen. Gegenstand dieser Prüfung ist demnach primär die vollständige Verwertung der Insolvenzmasse. Dies ist anhand der vom Verwalter vorzulegenden Schlussrechnung, die auch den sog. **Schlussbericht** umfasst, zu klären (vgl. § 66 Abs. 2 Satz 1 InsO). Das Schlussverzeichnis ist dabei grundsätzlich nicht Gegenstand der gerichtlichen Prüfung, da diesem keine Fakten zu entnehmen sind, die Einfluss auf die vollständige Verwertung der Masse haben. Gleichwohl unterzieht die Mehrzahl der Insolvenzgerichte auch das Schlussverzeichnis einer zumindest stichpunktartigen Prüfung. Dabei kann jedoch nur abgeglichen werden, ob die zur Tabelle festgestellten Forderungen in das Schlussverzeichnis aufgenommen wurden. Dagegen kann z. B. nicht geprüft werden, ob der Gläubiger einer Ausfallforderung zu Recht unberücksichtigt blieb, weil er seinen Ausfall nicht rechtzeitig nachgewiesen hat. Der Nachweis des Ausfalls ist nicht gegenüber dem Gericht, sondern gegenüber dem Verwalter zu führen. Letztlich obliegt es demzufolge auch hinsichtlich des Schlussverzeichnisses den Gläubigern, das Verzeichnis zu prüfen und ggf. Einwendungen dagegen zu erheben. Dazu haben sie im Schlusstermin Gelegenheit (§ 197 Abs. 1 Satz 2 Nr. 2 InsO).

III. Ausführung der Verteilung

1. Zeitpunkt

194 Die Abschlagsverteilung ist auszuführen, sobald die Frist für die Erhebung von Einwendungen abgelaufen ist. Die Schlussverteilung ist nach Abhaltung des Schlusstermins auszuführen. Wurden während der Einwendungsfrist bzw. im Schlusstermin Einwendungen gegen das Verteilungsverzeichnis erhoben und ist über die Einwendungen noch nicht rechtskräftig entschieden, kann die Verteilung vorgenommen werden, soweit dabei Forderungen bedient werden, die von den Einwendungen nicht betroffen sind. Dies gilt auch für die Schlussverteilung, wenngleich die Aufhebung des Verfahrens erst nach dem endgültigen Vollzug der Schlussverteilung möglich ist (§ 200 Abs. 1 InsO), was wiederum voraussetzt, dass erhobene Einwendungen rechtskräftig erledigt wurden.

2. Bestimmung der Ausschüttungsquote

195 Die Ausschüttungsquote errechnet sich aus dem Verhältnis der zu berücksichtigenden Forderungen zu der zu verteilenden Masse. Die Forderungen ergeben sich aus dem Verteilungsverzeichnis. Die zu verteilende Masse hat der Verwalter zu ermitteln. Für eine **Abschlagsverteilung** bestimmt der Gläubigerausschuss – soweit vorhanden – auf Vorschlag des Verwalters den zu zahlenden Bruchteil (§ 195 Abs. 1 InsO), der damit nicht mit der Quote übereinstimmen muss, die sich aus der Veröffentlichung nach § 188 InsO ergibt. Deshalb sieht § 195 Abs. 2 InsO vor, dass der vom Gläubigerausschuss bestimmte Bruchteil den Gläubigern mitzuteilen ist. Aber auch bei der **Schlussverteilung**, für die § 195 InsO nicht gilt, ist der veröffentlichte Betrag regelmäßig nicht identisch mit der tatsächlich zur Verteilung kommenden Masse. Nach der Veröffentlichung gemäß § 188 InsO fallen regelmäßig noch Masseverbindlichkeiten an, etwa in Form der Verwaltervergütung, der Veröffentlichungskosten oder der Kosten für die Umsatzsteuererklärung. Umgekehrt

fließt meist noch eine Umsatzsteuererstattung aus der für die Verwaltervergütung abgeführten Vorsteuer der Masse zu.

3. Auszahlung

Die auf die einzelne Forderung entfallende Quote wird vom Verwalter durch Überweisung 196
an den Gläubiger oder dessen mit **Inkassovollmacht** ausgewiesenen Vertreter ausbezahlt. Denkbar ist auch die Übersendung eines Verrechnungsschecks. Beträge, die mangels bekannter Bankverbindung oder Anschrift des Gläubigers nicht ausbezahlt werden können, sind gemäß § 372 BGB zu **hinterlegen.**

4. Zurückzubehaltende Beträge

a) Fälle der Zurückbehaltung

Im Rahmen einer **Abschlagsverteilung** ist der Betrag, der auf eine Forderung entfällt, deren 197
Gläubiger seinen mutmaßlichen Ausfall bei einer abgesonderten Befriedigung glaubhaft macht, zurückzubehalten bis der erlittene Ausfall nachgewiesen oder auf die abgesonderte Befriedigung verzichtet wird (§ 190 Abs. 2 Satz 2 InsO). Kann der Nachweis nicht spätestens innerhalb der Frist des § 189 Abs. 1 InsO geführt werden oder wird nicht spätestens innerhalb dieser Frist die Verzichtserklärung abgegeben, bleibt die Forderung gänzlich unberücksichtigt. Zurückzubehalten ist i. R. einer Abschlagsverteilung auch der auf eine aufschiebend bedingte Forderung entfallende Betrag bis die Bedingung eintritt (§ 191 Abs. 1 Satz 2 InsO).

Bei der **Schlussverteilung** sind die Beträge zurückzubehalten, die auf Forderungen entfallen, 198
die aufschiebend bedingt sind und bei denen die Möglichkeit des Bedingungseintritts nicht so fern liegt, dass sie keinen Vermögenswert haben. Dies ist zwar in der InsO nicht ausdrücklich geregelt, ergibt sich aber aus der analogen Anwendung des § 191 Abs. 2 InsO.[220]

Sowohl i. R. einer Abschlagsverteilung als auch bei der Schlussverteilung sind die Beträge 199
zurückzubehalten, die auf Forderungen entfallen,

- die als nicht titulierte Forderungen bestritten wurden und deren Gläubiger innerhalb der Frist des § 189 Abs. 1 InsO dem Insolvenzverwalter die Erhebung der Feststellungsklage bzw. die Aufnahme eines anhängigen Rechtsstreits nachgewiesen haben (§ 189 Abs. 2 InsO);
- die als titulierte Forderung bestritten wurden und bei denen der Bestreitende innerhalb der Frist des § 189 Abs. 1 InsO dem Insolvenzverwalter die Erhebung der Feststellungsklage oder die Aufnahme eines anhängigen Rechtsstreits nachgewiesen hat (§ 189 Abs. 2 InsO analog).

b) Behandlung der zurückzubehaltenden Beträge

Beträge, die i. R. einer Abschlagsverteilung zurückzubehalten sind, verbleiben zunächst in 200
der Masse. Treten die Bedingungen, die eine Auszahlung der Beträge ermöglichen, während des Verfahrens ein, ist die Auszahlung vorzunehmen. Beträge, die i. R. der Schlussverteilung zurückzubehalten sind, hat der Insolvenzverwalter zu hinterlegen (§ 198 InsO). Die **Hinterlegung** muss nicht bei der Hinterlegungsstelle des AG erfolgen. Der Insolvenzverwalter kann die zurückbehaltenen Anteile auch bei einer Bank oder sonst geeigneten Stelle hinterlegen. Eine Genehmigung des Insolvenzgerichts ist hierfür nicht erforderlich. Die Hinterlegung muss aber so erfolgen, dass der Geldbetrag im Falle einer Nachtragsverteilung zur Verfügung steht (siehe Rz. 224). Bei der Hinterlegung beim AG darf der

220) Uhlenbruck-*Wegener*, InsO, § 191 Rz. 9.

Verwalter demnach nicht auf das Recht der Rücknahme verzichten.[221] Die Hinterlegung hindert die Aufhebung des Insolvenzverfahrens nicht.

5. Bildung von Rückstellungen

201 Von den Fällen des Zurückbehaltens ist die Bildung von Rückstellungen zu unterscheiden, die im Gesetz keine Erwähnung findet. Der Insolvenzverwalter bildet Rückstellungen für Verbindlichkeiten, die in Zukunft entstehen bzw. in Zukunft bedient werden müssen. Dazu gehören z. B. Prozesskosten, die im Falle des Unterliegens dem Prozessgegner zu erstatten sind.[222] Auch die Befriedigung der Kosten einer Archivierung von Geschäftsunterlagen des Schuldners kann in Form von Rückstellungen gesichert werden, aus denen ratierlich an den beauftragten Archivar bezahlt wird.[223] Möglich ist auch eine einmalige Vorwegzahlung, die mit einer Bankbürgschaft abgesichert werden sollte. Der Insolvenzverwalter hat eine Rückstellung für nach Aufhebung des Insolvenzverfahrens in der **Wohlverhaltensperiode** entstehende Verfahrenskosten zu bilden, wenn nach den persönlichen und wirtschaftlichen Verhältnissen des Schuldners die in diesem Verfahrensabschnitt voraussichtlich entstehenden Verfahrenskosten durch die in diesem Verfahrensabschnitt mutmaßlich zu erwartenden Einkünfte nicht gedeckt sind.[224]

6. Nachweis der Ausführung der Verteilung

202 Den Vollzug einer **Abschlagsverteilung** muss der Verwalter dem Insolvenzgericht weder melden noch belegen. In der Praxis ist es allerdings üblich, dass der Verwalter dem Gericht die ausbezahlten Quotenbeträge auflistet und meist auch mit den entsprechenden Überweisungsbelegen darstellt. Das Insolvenzgericht vermerkt den Quotenbetrag in der Insolvenztabelle in der Spalte „Bemerkungen". Über die Ausführung der **Schlussverteilung** hat der Insolvenzverwalter dagegen dem Insolvenzgericht Rechnung zu legen, da diese Teil der Schlussrechnung ist, die gemäß § 66 InsO der Überprüfung durch das Gericht unterliegt. Dabei sind i. R. einer fortgeführten Schlussrechnung auch Einnahmen und Ausgaben darzustellen, die sich nach dem Schlusstermin ergeben haben. Die Überweisung der Quotenbeträge an die Gläubiger ist zu belegen. Die Nullstellung des Insolvenzkontos ist nachzuweisen. Erst dann, wenn die Schlussverteilung (nachweislich) vollzogen ist, beschließt das Insolvenzgericht die Aufhebung des Verfahrens (§ 200 Abs. 1 InsO).

7. Ausgleich von Verteilungsfehlern

203 Verteilungsfehler können in vielfältigen Erscheinungsformen vorkommen.[225] Die größte praktische Relevanz dürften folgende Fallgruppen haben:

- Der Insolvenzverwalter ordnet eine Forderung insolvenzrechtlich fehlerhaft ein.
- Der Insolvenzverwalter zahlt einem einzelnen Insolvenzgläubiger versehentlich einen zu hohen Betrag (Schreibfehler, Zahlendreher bei der Überweisung etc.).

204 ***Beispiele***

Die Insolvenzforderung des Gläubigers D i. H. von 10.000 € wird vom Insolvenzverwalter fälschlicherweise als Masseverbindlichkeit behandelt und in voller Höhe befriedigt.

---

221) *Frege/U. Keller/Riedel*, InsR, Rz. 3.1241.

222) Vgl. BGH, Urt. v. 5.7.1988 – IX ZR 7/88, ZIP 1988, 1068, dazu EWiR 1988, 1015 *(Lüke)*.

223) Vgl. *Riedel*, InsbürO 2011, 220.

224) BGH, Beschl. v. 20.11.2014 – IX ZB 16/14, ZVI 2015, 61 = ZIP 2015, 85.

225) Uhlenbruck-*Wegener*, InsO, § 187 Rz. 12 ff.

Die Insolvenzforderung des Gläubigers E i. H. von 5.000 € wird vom Insolvenzverwalter fälschlicherweise als eine zur Ersatzaussonderung berechtigende Forderung behandelt und ebenfalls in voller Höhe befriedigt.

Gläubiger F, dessen Insolvenzforderung i. H. von 50.000 € zur Tabelle festgestellt worden ist und der i. R. von Abschlagsverteilungen bereits insgesamt 2.500 € erhalten hat, erhält durch ein Versehen des Insolvenzverwalters (Zahlendreher bei der Überweisung) anstelle der im Schlussverzeichnis aufgeführten 5.700 € einen Betrag von 7.500 € ausbezahlt.

Gläubiger G meldet seine Forderung i. H. von 1.000 € zur Tabelle an. Versehentlich werden 10.000 € in die Tabelle aufgenommen und im Prüfungstermin festgestellt. Aufgrund der errechneten Quote von 5 % werden dem Gläubiger 500 € ausbezahlt.

In den genannten Fällen stellt sich die Frage, ob die jeweils überzahlten Beträge zurückgefordert werden können. Als Anspruchsgrundlage kommt jeweils § 812 BGB in Betracht. D, E, F und G haben die jeweiligen Zahlungen durch Leistung des Insolvenzverwalters erlangt. Es fragt sich, ob dies auch ohne Rechtsgrund geschehen ist.

Bei vordergründiger Betrachtung könnte man denken, dass jeweils ein Rechtsgrund vorliegt: D hat eine Forderung i. H. von 10.000 € und hat genau diesen Betrag erhalten; dies gilt auch für den an E ausgezahlten Betrag i. H. von 5.000 €. F hat lediglich Zahlungen von insgesamt 10.000 € (2.500 € + 7.500 €) auf seine Forderung über 50.000 € erhalten. G hat auf seine Forderung von 1.000 € einen Teilbetrag von 500 € ausbezahlt bekommen.

Diese Betrachtungsweise lässt jedoch außer Acht, dass die Zahlungen i. R. eines Insolvenzverfahrens erfolgt sind. Dementsprechend muss zu dem eigentlichen schuldrechtlichen Rechtsgrund ein ***insolvenzspezifischer Rechtsgrund*** *hinzutreten.*[226] *An einem solchen aber fehlt es hinsichtlich D, E und F. Die Insolvenzforderungen von D, E und F waren nach der insolvenzrechtlichen Befriedigungsordnung und Rangfolge zu berichtigen. Konkret bedeutet dies, dass die an D und E gezahlten Beträge in voller Höhe kondiziert werden können.*[227] *Sodann müssen D und E ihre Forderungen als Insolvenzforderungen anmelden. Danach müssen die Forderungen in einem besonderen Prüfungstermin (§ 177 InsO, siehe Rz. 96) geprüft werden. Für F ergibt sich, dass er 1.800 € (7.500 € ./. 5.700 €) zurückzahlen muss. Insoweit steht ihm kein insolvenzspezifischer Rechtsgrund zur Seite. Hinsichtlich G besteht sowohl der schuldrechtliche als auch der insolvenzspezifische Rechtsgrund, so dass eine Rückforderung nicht in Betracht kommt.*

In diesem Zusammenhang tritt die Frage auf, ob die Befugnis des Insolvenzverwalters, 205
derartige Verteilungsfehler zu beheben, mit der **Beendigung des Insolvenzverfahrens** endet. Hierfür spricht das Interesse der an einem Insolvenzverfahren Beteiligten an Rechtssicherheit. Verteilungsfehler werden indes häufig erst nach der Beendigung des Insolvenzverfahrens bekannt. Vor diesem Hintergrund spricht vieles dafür, die Befugnis des Insolvenzverwalters für Maßnahmen, die den Ausgleich bekannt gewordener Verteilungsfehler zum Ziel haben, auch auf den Zeitraum nach Beendigung des Insolvenzverfahrens auszudehnen.[228] Beträge, die auf diesem Weg nachträglich in die Masse fließen, sind im Wege einer Nachtragsverteilung zu verteilen (§ 203 Abs. 2, Abs. 1 Nr. 2 und 3 InsO; siehe Rz. 224 ff.).

226) Uhlenbruck-*Wegner*, InsO, § 187 Rz. 12 ff.

227) Ausgeschlossen ist die Leistungskondiktion bei Kenntnis des Insolvenzverwalters von der Nichtschuld (§ 814 BGB) und bei Entreicherung des Gläubigers (§ 818 Abs. 3 BGB).

228) So auch *Hess*, NJW 1999, 2956 (Rezension zu *Mohrbutter*, Der Ausgleich von Verteilungsfehlern in der Insolvenz, 1998).

206 **Übersicht: Verteilungsverfahren**

	Abschlagsverteilung	Schlussverteilung	Nachtragsverteilung
Voraussetzung	Ausreichende Masse; Zustimmung des Gläubigerausschusses	Zustimmung des Insolvenzgerichts	Anordnung durch das Insolvenzgericht
Berücksichtigung von Absonderungsberechtigten, […]	[…] wenn Ausfall glaubhaft gemacht wird	[…] wenn Ausfall nachgewiesen oder auf das Absonderungsrecht verzichtet wird	[…] wenn bei der Schlussverteilung berücksichtigt wurde
Niederlegung des Verteilungsverzeichnisses […]	[…] bis zum Ablauf der Frist des § 194 Abs. 1 InsO	[…] bis zum Schlusstermin	[…] keine Niederlegung
Erhebung von Einwendungen gegen das Verteilungsverzeichnis […]	[…] innerhalb einer Woche nach Veröffentlichung	[…] nur im Schlusstermin	[…] nicht möglich; maßgebend ist das Schlussverzeichnis

E. Verfahrensaufhebung

I. Voraussetzungen

1. Übersicht

207 Soweit das Verfahren nicht nach den Regeln der §§ 207 ff. ZPO vorzeitig einzustellen ist, ist es durch entsprechenden Beschluss des Insolvenzgerichts aufzuheben (§ 200 InsO). Der Aufhebungsbeschluss setzt den Vollzug der **Schlussverteilung** voraus (§ 200 Abs. 1 InsO), was wiederum die restlose Verwertung der Masse (§ 196 InsO) sowie die Abhaltung des **Schlusstermins** zur Voraussetzung hat (§ 197 InsO).

2. Vollständige Masseverwertung

208 Die Insolvenzmasse ist dann vollständig verwertet, wenn alle Vermögenswerte, die gemäß § 35 InsO zur Masse gehören, eingezogen und verwertet wurden. Das **fortlaufende Einkommen** des Schuldners hindert die Aufhebung des Verfahrens nicht (§ 196 Abs. 1 InsO). Für den Fall eines der Verfahrensaufhebung folgenden Restschuldbefreiungsverfahrens ist der pfändbare Teil des Einkommens an den Treuhänder abzuführen (§§ 287 Abs. 2, 292 Abs. 1 Satz 2 InsO). Ansonsten steht es den Gläubigern für eine Einzelzwangsvollstreckungsmaßnahme zur Verfügung. Auch ein noch nicht abgeschlossener Aktivprozess, wie etwa eine Anfechtungsklage, hindert die Verfahrensaufhebung nicht.[229]

209 Der Insolvenzverwalter bleibt insoweit auch nach Verfahrensaufhebung aktivlegitimiert und prozessführungsbefugt, als es um Vermögenswerte geht, die durch das Insolvenzgericht einer **Nachtragsverteilung** vorbehalten wurden. Allerdings hat er dafür Sorge zu tragen, dass die auf die Insolvenzmasse im Falle eines Prozessverlusts entfallenden Kosten zurückbehalten werden. Nach Abschluss des Aktivprozesses ist eine Nachtragsverteilung durchzuführen (§ 203 Abs. 1 InsO; siehe Rz. 224 ff.).

229) *Frege/U. Keller/Riedel*, InsR, Rz. 3.1186.

3. Schlusstermin

a) Bedeutung des Schlusstermins

Gleichzeitig mit der Zustimmung zur Schlussverteilung bestimmt das Gericht den Schlusstermin (§ 197 InsO). Er dient u. a. 210

- zur Erörterung der Schlussrechnung des Insolvenzverwalters (§ 197 Abs. 1 Nr. 1 InsO),
- zur Erhebung von Einwendungen gegen das Schlussverzeichnis (§ 197 Abs. 1 Nr. 2 InsO) sowie
- zur Entscheidung der Insolvenzgläubiger über die nicht verwertbaren Gegenstände der Insolvenzmasse (§ 197 Abs. 1 Nr. 3 InsO).

Im Gegensatz zu den Regeln der KO (vgl. § 162 KO) dient der Schlusstermin **nicht der Abnahme**, sondern nur der Erörterung der Schlussrechnung. Die Schlussrechnung, und damit die in der Schlussrechnung dargestellte Tätigkeit des Verwalters, gilt demzufolge nicht als von den Gläubigern genehmigt und abgesegnet, wenn im Schlusstermin keine entsprechenden Einwendungen erhoben werden. Vielmehr kann ein Gläubiger den Insolvenzverwalter aus dessen Haftung bei Pflichtverletzungen (§ 60 InsO) auch dann in Anspruch nehmen, wenn im Schlusstermin keine entsprechenden Ansprüche gestellt wurden. 211

Einwendungen gegen das Schlussverzeichnis können die Gläubiger nur im Schlusstermin erheben. Nachträgliche Einwendungen bleiben unberücksichtigt und können auch nicht i. R. des Bereicherungsrechts verfolgt werden (siehe Rz. 190). 212

Das Gericht kann weitere Tagesordnungspunkte, wie etwa die **nachträgliche Forderungsprüfung**, als Inhalt des Schlusstermins bestimmen. Dabei ist zu beachten, dass eine Forderung auch dann nicht mehr in das Schlussverzeichnis aufgenommen werden kann, wenn sie in einer mit dem Schlusstermin verbundenen Forderungsprüfung festgestellt wird (siehe Rz. 59 ff.). Möglich bleibt jedoch die Erteilung eines vollstreckbaren Tabellenauszugs (§ 201 Abs. 2 InsO; siehe Rz. 220). 213

b) Vorbereitung des Schlusstermins

Mit seinem Antrag auf Zustimmung zur Schlussverteilung (§ 196 Abs. 2 InsO) legt der Insolvenzverwalter seine **Schlussrechnung** dem Insolvenzgericht zur Prüfung vor (§ 66 Abs. 1 InsO). Die Schlussrechnung enthält eine Zusammenstellung der Einnahmen und Ausgaben sowie einen Schlussbericht, der den gesamten Ablauf des Verfahrens und die Tätigkeit des Verwalters beschreibt. Dem Insolvenzgericht obliegt es, die Schlussrechnung des Verwalters in Vorbereitung des Schlusstermins zu prüfen. Nach Abschluss dieser Prüfung ist die Schlussrechnung mit einem entsprechenden **Prüfungsvermerk** zu versehen und zur Einsicht der Beteiligten auszulegen (§ 66 Abs. 2 InsO). 214

Die **Bestimmung des Schlusstermins** und dessen Tagesordnungspunkte sind öffentlich bekannt zu machen (§ 74 Abs. 2 InsO). Der Schuldner und der Verwalter erhalten eine gesonderte Terminsnachricht. Zwischen der öffentlichen Bekanntmachung (§ 9 InsO) und dem Termin soll eine Frist von mindestens einem Monat und höchstens zwei Monaten liegen (§ 197 Abs. 2 InsO). 215

c) Durchführung des Schlusstermins

Der Schlusstermin stellt eine **Gläubigerversammlung** i. S. des § 74 InsO dar, deren Leitung dem Insolvenzgericht obliegt. Der Insolvenzverwalter hat innerhalb des Schlusstermins den anwesenden Gläubigern Bericht zu erstatten über den Ablauf und das Ergebnis des Verfahrens. Er kann sich hierbei auf die eingereichte Schlussrechnung und den Schlussbe- 216 richt beziehen. Die Gläubiger haben Gelegenheit, zu der Schlussrechnung des Verwalters Stellung zu nehmen.

II. Aufhebungsbeschluss

217 Das Insolvenzgericht beschließt die Aufhebung des Insolvenzverfahrens, sobald der Insolvenzverwalter den Vollzug der Schlussverteilung nachgewiesen hat (siehe Rz. 208). Dies kann durchaus noch mehrere Monate nach Abhaltung des Schlusstermins in Anspruch nehmen. Der Aufhebungsbeschluss ist öffentlich bekannt zu machen (§ 200 Abs. 2 Satz 2 InsO). Soweit bereits entsprechende Vermögenswerte bekannt sind, sollten diese im Aufhebungsbeschluss ausdrücklich einer **Nachtragsverteilung** vorbehalten werden, womit die Beschlagnahme dieser Gegenstände fortbesteht (siehe Rz. 231 ff.). Ist z. B. noch mit einer Steuerrückzahlung zu rechnen, so können die hieraus zu erwartenden Beträge einer Nachtragsverteilung vorbehalten werden mit der Folge, dass der Schuldner nicht durch Abtretung über die Ansprüche verfügen kann.[230)]

III. Wirkungen der Aufhebung

218 Mit der Aufhebung des Verfahrens erhält der Schuldner die Verwaltungs- und Verfügungsbefugnis über sein noch vorhandenes und zukünftiges Vermögen zurück (vgl. § 215 Abs. 2 InsO), soweit nicht einzelne Vermögenswert einer **Nachtragsverteilung vorbehalten** wurden.[231)] Rechtshandlungen des Verwalters im eröffneten Verfahren, wie die Kündigung von Mietverträgen, behalten ihre Wirksamkeit. Grundsätzlich verliert der Insolvenzverwalter mit Aufhebung des Verfahrens seine Prozessführungsbefugnis für die Masse. Das im Zeitpunkt der Verfahrensaufhebung noch anhängige Verfahren ist nach §§ 239, 242 ZPO zu unterbrechen. Insbesondere hinsichtlich laufender Anfechtungsprozesse kann die Prozessführungsbefugnis des Insolvenzverwalters durch den anzuordnenden Vorbehalt einer Nachtragsverteilung über die Verfahrensaufhebung hinaus aufrechterhalten werden.

219 Die Geschäftsbücher und -unterlagen sind dem Schuldner zurückzugeben. Soweit dies nicht möglich ist, wie etwa bei juristischen Personen, erfolgt deren Einlagerung für die Zeit der gesetzlichen **Aufbewahrungsfrist** auf Kosten der Masse.[232)] Die mit der Anmeldung des Anspruchs eingetretene Hemmung der Verjährung endet sechs Monate nach der rechtskräftigen Aufhebung des Verfahrens (§ 204 Abs. 2 InsO).

220 Für die Insolvenzgläubiger hat die Verfahrensaufhebung zur Folge, dass sie, soweit sich kein Restschuldbefreiungsverfahren anschließt, ihre (restlichen) Forderungen wieder im Wege der Zwangsvollstreckung gegen den Schuldner geltend machen können (§ 201 Abs. 1 InsO). Hierzu ist ihnen auf Antrag ein **vollstreckbarer Auszug** aus der Insolvenztabelle vom Insolvenzgericht zu erteilen (§ 201 Abs. 2 InsO). Der Antrag auf Erteilung eines solchen vollstreckbaren Tabellenauszugs kann gemäß § 201 Abs. 2 Satz 3 erst nach Aufhebung des Insolvenzverfahrens gestellt werden. Das während einer sich ggf. anschließende Wohlverhaltensphase im **Restschuldbefreiungsverfahren** geltende Vollstreckungsverbot des § 294 InsO steht der Erteilung einer vollstreckbaren Ausfertigung aus der Tabelle nicht entgegen. Wurde allerdings dem Schuldner bereits rechtskräftig die Restschuldbefreiung erteilt, kann ein vollstreckbarer Tabellenauszug nur noch hinsichtlich solcher Forderungen erteilt werden, die gemäß § 302 InsO nicht von den Wirkungen einer Restschuldbefreiung betroffen sind.[233)]

230) Vgl. BGH, Beschl. v. 12.1.2006 – IX ZB 239/04, ZIP 2006, 340 = ZVI 2006, 58, dazu EWiR 2006, 245 *(Beck)*; BFH, Urt. v. 28.2.2012 – VII R 36/11, ZIP 2012, 933 = ZVI 2012, 276, dazu EWiR 2012, 463 *(Sinz/Hiebert)*.

231) Vgl. BGH, Beschl. v. 17.2.2011 – IX ZR 268/08, ZIP 2011, 625.

232) *Frege/U. Keller/Riedel*, InsR, Rz. 3.1250.

233) BGH, Beschl. v. 18.6.2020 – IX ZB 46/18, ZIP 2020, 1526–1528 = ZVI 2020, 305.

Besonderheiten gelten bei **titulierten Forderungen.** Da ein vorhandener Titel von dem Tabellenauszug „aufgezehrt“[234] wird, kann eine Vollstreckung aus dem „alten“ Titel mit der Vollstreckungsgegenklage gemäß § 767 ZPO abgewehrt werden. Dies gilt allerdings nur insoweit, als sich der Tabellenauszug und der bereits vorhandene Titel decken.[235] Dies ist z. B. hinsichtlich der nach Verfahrenseröffnung angefallenen Zinsen nicht der Fall. **Ausschließlich zuständig** für Klagen auf Erteilung oder gegen die Erteilung der Vollstreckungsklausel und auch für Klagen gemäß § 767 ZPO ist gemäß § 202 Abs. 1 InsO das AG, bei dem das Insolvenzverfahren anhängig ist. 221

Insolvenzgläubiger, deren **nicht titulierte Forderungen** vom Schuldner **bestritten** worden sind, müssen sich – um vollstrecken zu können – nach Aufhebung des Verfahrens einen Titel beschaffen. Schon während des Insolvenzverfahrens besteht die Möglichkeit, gemäß § 184 Abs. 1 InsO Klage gegen den Widerspruch des Schuldners zu erheben (siehe Rz. 155). Insolvenzgläubiger, deren **titulierte Forderungen** vom Schuldner **bestritten** worden sind, können nach Aufhebung aus dem bereits vorhandenen Titel vollstrecken (§ 201 InsO). 222

Massegläubiger, deren Ansprüche im Insolvenzverfahren nicht oder nicht vollständig befriedigt wurden, können vom Schuldner die Erfüllung ihrer offenen Ansprüche nur insoweit verlangen, als diese durch Vermögenswerte gedeckt werden, die dem Schuldner aus der Masse überlassen wurden. Eine weitergehende **Haftung des Schuldners** für nicht erfüllte Masseansprüche besteht nicht, da der Insolvenzverwalter nicht Vertreter des Schuldners ist und diesen demnach nicht mittels entsprechender Rechtshandlungen verpflichten kann.[236] Etwas anderes gilt für **oktroyierte Masseverbindlichkeiten** nach § 55 Abs. 1 Nr. 2 Alt. 2 InsO. Sie wurden bereits vor Verfahrenseröffnung durch den Schuldner begründet, so dass dessen Haftung über die Verfahrensbeendigung hinaus fortbesteht.[237] So haftet der Insolvenzschuldner für eine Einkommensteuerschuld, die nach Beendigung des Insolvenzverfahrens festgesetzt wird und aus Mieteinnahmen resultiert, die der Insolvenzverwalter aufgrund von Mietverträgen eingenommen hat, die der Insolvenzschuldner vor Eröffnung des Insolvenzverfahrens eingegangen ist.[238] 223

IV. Nachtragsverteilung

1. Allgemeines

Unter den Voraussetzungen des § 203 InsO kommen nach dem Schlusstermin und auch **nach der Aufhebung des Verfahrens** (§ 203 Abs. 2 InsO) auf Antrag des Insolvenzverwalters oder eines Insolvenzgläubigers oder von Amts wegen noch **Nachtragsverteilungen** in Betracht (Rechtsmittel: § 204 InsO). Insoweit lebt der Insolvenzbeschlag (§ 80 Abs. 1 InsO), der mit der Aufhebung des Verfahrens endet, wieder auf. Allerdings hat die Anordnung der Nachtragsverteilung keine Rückwirkung, so dass z. B. nach Verfahrensaufhebung und vor Anordnung der Nachtragsverteilung erklärte Aufrechnungen wirksam bleiben.[239] Anders dann, wenn i. R. einer Verfahrensaufhebung die Nachtragsverteilung mittels einer entsprechenden gerichtlichen Beschlussfassung vorbehalten wird (siehe Rz. 231). Die Nachtragsverteilung setzt die noch nicht endgültig abgeschlossene Schlussverteilung fort. Sie ermöglicht den Gläubigern den Zugriff auf Vermögensgegenstände, 224

234) So die h. M., vgl. *Holzer* in: KPB, InsO, § 201 Rz. 17 ff.

235) *Hintzen* in: MünchKomm-InsO, § 201 Rz. 37.

236) BGH, Urt. v. 28.1.2021 – IX ZR 54/20, ZRI 2021, 245 = ZIP 2021, 528; vgl. BGH, Urt. v. 25.11.1954 – IV ZR 81/54, NJW 1955, 309; BGH, Urt. v. 13.7.1964 – II ZR 218/61, WM 1964, 1125.

237) Vgl. BGH, Urt. v. 28.6.2007 – IX ZR 73/06, WM 2007, 1844 = NZI 2007, 670.

238) BFH, Urt. v. 2.4.2019 – IX R 21/17, ZIP 2019, 1333.

239) BFH, Beschl. v. 4.9.2008 – VII B 239/07, KKZ 2009, 182.

die der Insolvenzmasse zuzuordnen sind, aber aus rechtlichen oder tatsächlichen Gründen bei der Schlussverteilung nicht berücksichtigt und somit nicht an die Gläubiger verteilt werden konnten.[240)]

225 Die Nachtragsverteilung findet auch im Verbraucherinsolvenzverfahren Anwendung.[241)] Dagegen ist sie ausgeschlossen, wenn das Insolvenzverfahren i. R. eines Planverfahrens abgeschlossen wird.[242)] Dagegen hindert eine erteilte Restschuldbefreiung nicht die Anordnung einer Nachtragsverteilung.[243)] Im Verbraucherinsolvenzverfahren kann die Nachtragsverteilung auch angeordnet werden, wenn ein Gläubiger schlüssig darlegt, dass er mit Hilfe einer Anfechtungsklage unbekannte Gegenstände zur Masse ziehen kann.[244)]

226 § 203 Abs. 3 InsO normiert eine **Geringfügigkeitsklausel**: Das Gericht kann von einer Nachtragsverteilung absehen und stattdessen den zur Verfügung stehenden Betrag oder den ermittelten Gegenstand dem Schuldner überlassen. Dies kommt insbesondere dann in Betracht, wenn die Kosten des Verfahrens in keinem Verhältnis zu den auszuschüttenden Beträgen stehen. Zur Einsparung von Kosten ist es als zulässig anzusehen, den Kreis der Gläubiger, die an einer Nachtragsverteilung beteiligt werden, einzuschränken, was jedoch eine entsprechende Beschlussfassung der Gläubigerversammlung erfordert. Denkbar wäre z. B., nur Gläubiger zu berücksichtigen, deren festgestellte Forderungen über 10.000 € liegen. Damit wird verhindert, dass die Überweisungskosten über dem auszuzahlenden Betrag liegen. Im Gegensatz zu den Regeln der KO eröffnet die InsO keine Möglichkeit, geringfügige Beträge dem Insolvenzverwalter als weitere Vergütung zuzusprechen.

227 § 205 InsO stellt klar, dass die Verteilung **aufgrund des Schlussverzeichnisses** zu erfolgen hat. Innerhalb einer Nachtragsverteilung sind demnach nur die im Schlussverzeichnis aufgeführten Insolvenzgläubiger zu berücksichtigen.

228 Entgegen § 211 Abs. 3 InsO kann eine Nachtragsverteilung auch dann angeordnet werden, wenn das Insolvenzverfahren nach § 207 InsO wegen nicht gedeckter Kosten eingestellt wurde.[245)] Ebenso kann eine Nachtragsverteilung entgegen des Wortlauts des § 211 Abs. 3 Satz 1 InsO bei einer Einstellung aufgrund Masseunzulänglichkeit nicht nur bei nachträglicher Feststellung von Massegegenständen angeordnet werden. Vielmehr kommen alle **Anordnungstatbestände** des § 203 Abs. 1 InsO in Betracht.[246)]

2. Voraussetzungen

a) Freiwerdende Beträge

229 **§ 203 Abs. Nr. 1 InsO** regelt den Fall, dass gemäß § 198 InsO **zurückbehaltene Beträge** nach dem Schlusstermin für die Masse frei werden, weil z. B.

- der Gläubiger einer bestrittenen Forderung im Feststellungsprozess unterliegt;[247)]
- der eine titulierte Forderung bestreitende Gläubiger im Feststellungsprozess unterliegt;

240) BGH, Beschl. v. 25.2.2016 – IX ZB 74/15, ZVI 2016, 246 = ZIP 2016, 686, dazu EWiR 2016, 409 *(Freudenberg/Girbig)*.

241) BGH, Beschl. v. 10.7.2008 – IX ZB 172/07, NZI 2008, 560 = ZInsO 2008, 921; BGH, Beschl. v. 1.12.2005 – IX ZB 17/04, ZVI 2006, 25 = ZIP 2006, 143.

242) BGH, Urt. v. 10.12.2009 – IX ZR 206/08, ZVI 2010, 269 = ZIP 2010, 102, dazu EWiR 2010, 193 *(Rendels/Körner)*; OLG Celle, Beschl. v. 20.4.2006 – 4 U 166/06, ZVI 2007, 321 = ZIP 2006, 2394, dazu EWiR 2007, 87 *(Bähr/Landry)*.

243) BGH, Beschl. v. 10.7.2008 – IX ZB 172/07, NZI 2008, 560 = ZInsO 2008, 921.

244) BGH, Beschl. v. 11.2.2010 – IX ZB 105/09, ZVI 2010, 268 = NZI 2010, 259.

245) BGH, Beschl. v. 10.10.2013 – IX ZB 40/13, ZVI 2014, 54 = ZIP 2013, 2320.

246) BAG, Urt. v. 8.5.2014 – 6 AZR 246/12, ZIP 2014, 1498, dazu EWiR 2014, 655 *(Zimmer)*.

247) Vgl. *Holzer* in: KPB, InsO, § 203 Rz. 10 f.

- bei einer aufschiebend bedingten Forderung (§ 191 InsO) die Bedingung ausfällt oder ihr Eintritt nicht mehr möglich ist;
- bei zurückbehaltenen Anteilen auf auflösend bedingte Forderungen (§ 42 InsO) die Bedingung eingetreten ist;
- Masseverbindlichkeiten nicht mehr bestehen, für deren Begleichung Gelder hinterlegt worden sind.

Nicht hierher gehören Beträge, die i. R. einer **Abschlagsverteilung** zurückbehalten wurden. Auch auszuzahlende, von den Insolvenzgläubigern aber nicht abgeholte Beträge gehören nicht hierher, da sie gemäß § 372 BGB unter Verzicht auf das Rücknahmerecht zu hinterlegen sind, für die Insolvenzmasse also nicht nachträglich frei werden können. 230

Als **im weiteren Sinne zurückbehalten** gelten auch die Gegenstände und Beträge, die durch die Anordnung des Insolvenzgerichts einer Nachtragsverteilung vorbehalten wurden. Der **Vorbehalt der Nachtragsverteilung** ist im Gesetz jedenfalls nicht explizit vorgesehen. Er unterscheidet sich von den gesetzlich normierten Fällen der Nachtragsverteilung dadurch, dass der gegenständliche Vermögenswert nur deshalb noch nicht zur Masse gezogen werden konnte, weil seine Realisierung noch nicht abgeschlossen ist. Hier ist etwa an noch nicht fällige oder unter einer aufschiebenden Bedingung stehende Forderungen des Schuldners zu denken. Ebenso können insolvenzrechtliche Anfechtungsansprüche einer Nachtragsverteilung vorbehalten und damit die Prozessführungsbefugnis des Insolvenzverwalters über die Verfahrensbeendigung hinaus aufrechterhalten werden.[248] Damit wird dasselbe Ergebnis erzielt, das für den Fall eines Planverfahrens mit § 259 Abs. 3 InsO gesetzlich normiert ist. So besteht die Möglichkeit, ein Insolvenzverfahren abzuschließen, auch wenn noch ein Anfechtungsprozess anhängig ist. 231

Praxishinweis

Einer Nachtragsverteilung vorbehalten werden in der Praxis auch oftmals **Steuererstattungsansprüche**, die gemäß § 38 AO erst nach Ablauf des Veranlagungszeitraums geltend gemacht werden können. Damit ist es den Finanzbehörden u. a. verwehrt, mit Steuerforderungen gegen die Erstattungsansprüche aufzurechnen.[249]

Abweichend vom Wortlaut der Regelung sind Beträge, die nach dem Schlusstermin aber noch vor der Aufhebung des Verfahrens frei werden, noch i. R. der Schlussverteilung an die Insolvenzgläubiger zu verteilen. Die Anordnung einer Nachtragsverteilung vor der Verfahrensaufhebung würde eine unnötige Formalie darstellen. 232

b) Zurückfließende Beträge

§ 203 Abs. 1 Nr. 2 InsO bestimmt, dass eine Nachtragsverteilung anzuordnen ist, wenn nach dem Schlusstermin aus der Insolvenzmasse gezahlte Beträge zurückfließen. Als Beispiele sind insbesondere zu nennen: Der auf eine festgestellte auflösend bedingte Forderung (§ 42 InsO) ausgezahlte und nach Eintritt der Bedingung zurückzuzahlende Anteil; Kondiktionsansprüche des Insolvenzverwalters gegen Insolvenzgläubiger, die aufgrund eines Verteilungsfehlers eine zu hohe Quote erhalten haben; Steuerrückerstattung. Auch hier sind, abweichend vom Wortlaut der Regelung, solche Beträge die nach dem Schlusstermin, aber vor der Verfahrensaufhebung zur Masse zurückfließen, noch i. R. der Schlussverteilung zu verteilen. Erst nach Verfahrensaufhebung ist eine Nachtragsverteilung erforderlich. 233

248) Vgl. BGH, Urt. v. 10.2.1982 – VIII ZR 158/80, BGHZ 83, 102 = ZIP 1982, 467.
249) BFH, Urt. v. 28.2.2012 – VII R 36/11, ZVI 2012, 276 = ZIP 2012, 933.

c) Nachträglich ermittelte Beträge

234 Gemäß **§ 203 Abs. 1 Nr. 3 InsO** ist eine Nachtragsverteilung anzuordnen, wenn nach dem Schlusstermin Gegenstände der Masse ermittelt werden. Hierzu gehören auch Gegenstände, von denen der Insolvenzverwalter irrtümlich meinte, sie gehörten nicht zur Insolvenzmasse,[250] und solche, die aufgrund einer nachträglich bekannt gewordenen Möglichkeit zur Insolvenzanfechtung (§§ 129 ff. InsO) zur Masse gezogen werden können.[251] Auch Gegenstände, die der Insolvenzverwalter zunächst für nicht verwertbar hielt und deshalb nicht zur Masse gezogen hat, können einer Nachtragsverteilung zugeführt werden.[252] Tritt bei einem Schuldner nach Eröffnung des Insolvenzverfahrens ein Erbfall ein, der ihn zum Pflichtteilsberechtigten macht, so gehört dieser Pflichtteil zur Insolvenzmasse, auch wenn der Pflichtteilsanspruch erst nach Beendigung der Wohlverhaltensperiode rechtskräftig durchgesetzt wird. Es findet eine Nachtragsverteilung gemäß § 203 Abs. 1 Nr. 3 InsO statt.[253]

235 Entsteht nach Beendigung des Insolvenzverfahrens ein Anspruch des Schuldners auf die Todesfallleistung aus einer **Risikolebensversicherung**, der davor aufschiebend bedingt durch den Eintritt des Versicherungsfalls begründet war, kommt die Anordnung einer Nachtragsverteilung in Betracht.[254] Aufschiebend bedingt, und zwar durch das Entstehen des **Rückgewähranspruchs** bei Wegfall des Sicherungszwecks ist auch der Erlösanspruch des Grundstückseigentümers aus einem durch Verzicht des eingetragenen Grundpfandrechtsgläubigers auf die Erlöszuteilung entstandenen Eigentümererlöspfandrecht.[255] Ein solches Eigentümererlöspfandrecht entsteht in analoger Anwendung des § 1168 BGB dann, wenn ein Fremdgrundpfandrecht mit dem Zuschlag im Zwangsversteigerungsverfahren erlischt und der Gläubiger auf den Erlös, der auf das erloschene Recht entfällt, durch Erklärung gegenüber dem Versteigerungsgericht verzichtet.[256]

236 Schließlich gehören wohl auch nachträglich bekannt gewordenen Schadensersatzansprüche gegen den Insolvenzverwalter hierher, obwohl ein solcher Anspruch jedenfalls dem dolosen Insolvenzverwalter bekannt gewesen sein dürfte. Ein von dem Schuldner gegen den Treuhänder wegen der Ausschüttung unpfändbaren Vermögens erwirkter Schadensersatzanspruch fällt als Einzelschaden, der einen Ausgleich für diese die Gläubiger rechtswidrig begünstigende Maßnahme bildet, jedoch nicht in die Insolvenzmasse und unterliegt keiner Nachtragsverteilung.[257]

237 Demgegenüber besteht dann **keine Möglichkeit der Nachtragsverteilung,** wenn ein Vermögensgegenstand im Schlusstermin durch Beschluss der Gläubigerversammlung (§ 192 Abs. 1 Nr. 3 InsO) wirksam freigegeben wurde. Auch vom Schuldner nach Verfahrensaufhebung erworbenes Neuvermögen steht nicht für eine Nachtragsverteilung zur Verfügung.[258] Ebenso unterliegen Gegenstände, die zur Zeit ihrer Ermittlung bereits rechts-

---

250) Vgl. BGH, Beschl. v. 6.12.2007 – IX ZB 229/06, ZVI 2008, 23 = ZIP 2008, 322.

251) BGH, Urt. v. 10.2.1982 – VIII ZR 158/80, BGHZ 83, 102, 103 = ZIP 1982, 467.

252) BGH, Beschl. v. 21.9.2006 – IX ZB 287/05, ZInsO 2006, 1105 = NZI 2007, 33.

253) LG Münster, Beschl. v. 13.7.2009 – 5 T 296/09, NZI 2009, 657.

254) BGH, Beschl. v. 18.12.2014 – IX ZB 50/13, ZVI 2015, 97 = ZIP 2015, 281; BGH, Beschl. v. 20.12.2018 – IX ZB 8/17, ZVI 2019, 59 = ZIP 2019, 229: „Bei einer Lebensversicherung gehören Ansprüche auf die Versicherungsleistung im Versicherungsfall, die dem Schuldner als Versicherungsnehmer oder aufgrund eines unwiderruflichen Bezugsrechts zustehen, bereits vor Eintritt des Versicherungsfalls zur Insolvenzmasse".

255) BGH, Beschl. v. 27.4.2017 – IX ZB 93/16, ZVI 2017, 340 = ZIP 2017, 1169, dazu EWiR 2017, 469 *(Cranshaw)*.

256) BGH, Urt. v. 27.4.2012 – V ZR 270/10, ZIP 2012, 1140, dazu EWiR 2012, 517 *(Clemente)*.

257) BGH, Beschl. v. 10.7.2008 – IX ZB 172/07, NZI 2008, 560 = ZInsO 2008, 921.

258) Vgl. BGH, Beschl. v. 12.1.2006 – IX ZB 239/04, ZVI 2006, 58 = ZIP 2006, 340.

wirksam aus dem Vermögen ausgeschieden sind, nicht einer möglichen Nachtragsverteilung. Gibt der Verwalter z. B. Gegenstände aus der Masse frei und stellt sich nachträglich heraus, dass ein für unverwertbar gehaltener und deshalb freigegebener Gegenstand doch verwertbar war, so kann dieser Gegenstand von dem Dritten, an den ihn der Schuldner veräußert hat, nicht etwa zum Zwecke der Nachtragsverteilung herausverlangt werden.[259)] Ebenso dann, wenn der Schuldner nach Verfahrensaufhebung über ein Grundstück wirksam verfügt, das der Verwalter während des Verfahrens nicht verwertet hat.[260)] Ob in einem solchen Fall die an den Schuldner geflossene **Gegenleistung** einer Nachtragsverteilung unterworfen werden kann, ist fraglich. Nach Ansicht des BGH jedoch zu bejahen. Offengelassen hat der BGH, ob und in welchem Umfang eine Ausnahme in Fällen zu machen ist, in denen der Schuldner die Gegenleistung in der Annahme verbraucht hat, darüber unbeschränkt verfügen zu können.[261)]

Der Anspruch des Schuldners auf Rückzahlung einer geleisteten **Mietkaution** entsteht zwar aufschiebend bedingt bereits mit der Leistung der Kaution. Nach Sinn und Zweck der Mietkaution ist der Anspruch auf Rückzahlung jedoch der Fortsetzung des Mietverhältnisses nach dem Wirksamwerden der Enthaftungserklärung nach § 109 Abs. 1 Satz 2 InsO zuzuordnen. Der Rückzahlungsanspruch kann demnach nicht einer Nachtragsverteilung vorbehalten werden.[262)] 238

3. Verfahren der Nachtragsverteilung

a) Anordnungsbeschluss

Die Nachtragsverteilung wird durch das Insolvenzgericht angeordnet. Dabei ist der Geldbetrag oder der Gegenstand, hinsichtlich dessen die Nachtragsverteilung angeordnet wird, genau zu beschreiben.[263)] Ansonsten kann keine Beschlagnahme herbeigeführt werden. Der entsprechende Beschluss ist dem Verwalter, dem Schuldner und ggf. dem antragstellenden Gläubiger zuzustellen (§ 204 Abs. 2 Satz 1 InsO). Eine öffentliche Bekanntmachung erfolgt nicht. Mit der Nachtragsverteilung wird der im aufgehobenen Verfahren tätige Insolvenzverwalter betraut. Er hat hierfür Anspruch auf eine gesonderte **Vergütung** (§ 6 InsVV).[264)] 239

Gegen die Ablehnung der Nachtragsverteilung steht dem Antragsteller die sofortige Beschwerde zu, § 204 Abs. 1 InsO. Wer die Anordnung der Nachtragsverteilung nur „angeregt" hat, ist nicht beschwerdeberechtigt.[265)] Gegen die Anordnung der Nachtragsverteilung kann sich der Schuldner mit der sofortigen Beschwerde wenden (§ 204 Abs. 2 InsO). Diese kann der Schuldner u. a. damit begründen, dass zwischenzeitlich kein Eröffnungsgrund mehr besteht, womit er in einem eröffneten Verfahren die Einstellung nach § 212 InsO beantragen könnte.[266)] 240

Die Zugehörigkeit einer Sache oder eines Rechts i. S. des § 203 Abs. 1 Nr. 3 InsO hat das Insolvenzgericht von Amts wegen zu prüfen. Die Frage kann nicht vom Insolvenzgericht 241

259) Vgl. Uhlenbruck-*Wegener*, InsO, § 203 Rz. 12.

260) BGH, Beschl. v. 6.12.2007 – IX ZB 229/06, ZVI 2008, 23 = ZIP 2008, 322.

261) BGH, Beschl. v. 26.1.2012 – IX ZB 111/10, ZVI 2012, 108 = ZIP 2012, 437, dazu EWiR 2012, 183 *(Zipperer)*.

262) BGH, Beschl. v. 13.7.2017 – IX ZB 33/16, ZVI 2017, 471.

263) BGH, Beschl. v. 12.2.2015 – IX ZR 186/13, ZInsO 2015, 634.

264) BGH, Beschl. v. 6.10.2011 – IX ZB 12/11, ZVI 2012, 118 = ZIP 2011, 2115, dazu EWiR 2011, 785 *(Kalkmann)*.

265) BGH, Beschl. v. 18.12.2014 – IX ZB 50/13, ZVI 2015, 97 = ZIP 2015, 281.

266) BGH, Beschl. v. 15.7.2010 – IX ZB 229/07, ZVI 2010, 425 = ZIP 2010, 1610.

offen gelassen und entsprechend § 47 Satz 2 InsO der Klärung im ordentlichen Verfahren überlassen werden.[267)]

b) Durchführung

242 Die Durchführung der Nachtragsverteilung obliegt dem damit betrauten Insolvenzverwalter (§ 205 Satz 1 InsO). Er hat dem Insolvenzgericht den Vollzug der Nachtragsverteilung zu belegen und gesondert Rechnung zu legen (§ 205 Satz 2 InsO). Das Insolvenzgericht prüft die Rechnungslegung und stellt anschließend den Abschluss der Nachtragsverteilung fest.

267) BGH, Beschl. v. 20.12.2018 – IX ZB 8/17, ZVI 2019, 59 = ZIP 2019, 229.

Kapitel 12
Einstellung und Masseunzulänglichkeit

Übersicht

Literatur: *Ahrendt/Struck*, Kein Anfechtungsrecht des Verwalters bei Masseunzulänglichkeit?, ZInsO 2000, 264; *Blankenburg*, Restschuldbefreiung im Insolvenzplanverfahren und bei Einstellung des Verfahrens, ZVI 2017, 89; *Bork*, Aufhebung und Einstellung des Insolvenzverfahrens unter Vorbehalt der Nachtragsverteilung, ZIP 2009, 2077; *Büchler*, Haftungsrisiken bei „faktischer Masseunzulänglichkeit", ZInsO 2011, 1240; *Commandeur/Brocker*, Aktuelle Entwicklungen im Insolvenzrecht – Keine Verjährungshemmung bei Masseverbindlichkeiten durch Anzeige der Masseunzulänglichkeit – Konsequenzen für die insolvenzrechtliche Praxis, NZG 2018, 494; *Foerste*, Insolvenzanfechtung zugunsten von Massegläubigern, ZInsO 2013, 659; *Ganter*, Die „erneute Masseunzulänglichkeit", NZI 2019, 7; *Hees/Freitag*, Prozesskostenhilfe für Insolvenzverwalter – Anspruchsvolle Einzelfallprüfung, NZI 2017, 377; *Heitsch*, Einstellung von Insolvenzverfahren gemäß § 213 InsO – Sanierungen in alternativem Gewand, ZInsO 2021, 2124; *Horstkotte*, Besonderheiten eines Insolvenzplanverfahrens bei Masseunzulänglichkeit, ZInsO 2020, 2587; *Kluth*, Das Verfahren bei unzulänglicher Insolvenzmasse oder ein „Himmelfahrtskommando" für den Insolvenzverwalter, ZInsO 2000, 177; *Kröpelin*, Anglerlatein oder: Der Widerstand gegen die Umsetzung der Finanzsicherheitenrichtlinie, ZIP 2003, 2336; *Maus*, Die steuerrechtliche Stellung des Insolvenzverwalters und des Treuhänders, ZInsO 1999, 683; *Mäusezahl*, Die Abwicklung masseunzulänglicher Insolvenzverfahren, ZVI 2003, 617; *Möhlmann*, Der Nachweis der Verfahrenseinstellung im neuen Insolvenzrecht, KTS 1998, 373; *Onusseit*, Die steuerrechtlichen Rechte und Pflichten des Insolvenzverwalters in den verschiedenen Verfahrensarten nach der InsO, ZInsO 2000, 363; *Onusseit*, Steuererklärungspflichten in der Insolvenz, ZIP 1995, 1798; *Pape*, Zulässigkeit der Insolvenzanfechtung nach Anzeige der Masseinsuffizienz, ZIP 2001, 901; *Pape*, Die Berücksichtigung der Anzeige der Masseinsuffizienz im Erkenntnisverfahren, ZInsO 2001, 60; *Pape*, Die Verfahrensabwicklung und Verwalterhaftung bei Masselosigkeit und Massearmut (Masseunzulänglichkeit de lege lata und de lege ferenda), KTS 1995, 189; *Pulte/Arend*, Einstellungsantrag gemäß § 213 InsO versus Verwertung der Insolvenzmasse, ZInsO 2019, 592; *Runkel*, Verjährungsproblematiken im Insolvenzverfahren, in: Festschrift für Bruno M. Kübler, 2015, S. 595; *Runkel/Schnurbusch*, Rechtsfolgen der Masseunzulänglichkeit, NZI 2000, 49; *Seidel/Hinderer*, Die Haftung des Insolvenzverwalters bei Masseunzulänglichkeit, NZI 2010, 745 (und NJOZ 2010, 2048); *Schmidt, A.*, Nichts ist unmöglich: Rückkehr zum „normalen" Insolvenzverfahren trotz angezeigter Masseunzulänglichkeit (§ 208 InsO), NZI 1999, 442; *Schmittmann*, Die insolvenzrechtlichen Aspekte des Gesetzes zur Stärkung der Integrität in der Wirtschaft („Verbandssanktionierung"), ZRI 2020, 290; *Smid*, Pläne bei Masseunzulänglichkeit, ZInsO 2017, 2085; *Spiekermann*, Die Verjährung von Masseverbindlichkeiten bei Masseunzulänglichkeit – Zugleich Besprechung von BGH, NZI 2018, 154, NZI 2019, 446;

Thole, Die rechtliche Behandlung der „erneuten Masseunzulänglichkeit", ZIP 2018, 2241; *Uhlenbruck*, Gesetzesunzulänglichkeit bei Masseunzulänglichkeit, NZI 2001, 408; *Wenner/Jauch*, Die Verjährung von Masseverbindlichkeiten im Insolvenzverfahren bei Masseunzulänglichkeit, ZIP 2009, 1894; *Zimmer*, Insolvenzplan bei Masseunzulänglichkeit nach § 210a InsO (ESUG), ZInsO 2012, 390; *Zwanziger*, Materiell-rechtliche und prozessuale Fragen im Zusammenhang mit Masseunzulänglichkeit, NZA 2015, 577.

A. Überblick

1 Für die rechtskräftige Beendigung eines Insolvenzverfahrens gibt es zwei Möglichkeiten: Wird das Verfahren ordnungsgemäß zu Ende geführt, beschließt das Insolvenzgericht unmittelbar nach der Schlussverteilung (§ 196 InsO) die **Aufhebung** des Insolvenzverfahrens (§ 200 Abs. 1 InsO); siehe dazu oben Kap. 11 Rz. 207 ff. [*Riedel*]. Muss das Verfahren hingegen vorzeitig abgebrochen werden, so endet es mit einer **Einstellung**. Nur Letzteres soll an dieser Stelle erörtert werden.

2 Vergegenwärtigt man sich das vorrangige Ziel eines Insolvenzverfahrens, ergibt sich der **Sinn und Zweck** hinter dem Dritten Abschnitt des Fünften Teils des Gesetzes: Ein Insolvenzverfahren wird vorrangig im Interesse der Insolvenzgläubiger durchgeführt. Der Staat stellt diesen seine Gerichte und den Insolvenzverwalter in aller Regel nicht kostenlos zur Verfügung.[1] Die Kosten des Insolvenzverfahrens (§ 54 InsO) sind vielmehr gemäß § 53 Alt. 1 InsO als Masseverbindlichkeiten vorab aus der Insolvenzmasse zu begleichen. Geht das Insolvenzgericht bereits im Eröffnungsverfahren davon aus, dass das Vermögen des Schuldners voraussichtlich nicht ausreichen wird, um die Kosten des Verfahrens zu decken, weist es – sofern kein Fall des § 26 Abs. 1 Satz 2 InsO (Verfahrenskostenvorschuss oder Stundung der Kosten des Insolvenzverfahrens nach § 4a InsO) vorliegt – den Eröffnungsantrag mangels Masse ab (§ 26 Abs. 1 Satz 1 InsO); siehe dazu oben Kap. 4 Rz. 128 ff. [*Nissen/Beuck*]. Dies ist dadurch begründet, dass ein Insolvenzverfahren für die Insolvenzgläubiger ohne wirtschaftlichen Nutzen ist, wenn eine zu verteilende Masse nicht erzielt werden kann.[2] Der gleiche Gedanke gilt auch nach der Eröffnung des Insolvenzverfahrens. Stellt sich erst im eröffneten Verfahren heraus, dass die Insolvenzmasse zur vorrangigen Befriedigung der Massegläubiger[3] nicht ausreicht und damit für die (einfachen) Insolvenzgläubiger nach § 38 InsO ein Totalausfall eintritt, so wird das Insolvenzverfahren durch Einstellung beendet.

3 Bei der Einstellung des Verfahrens differenziert das Gesetz nach dem Grad der Massearmut. Stellt sich nach der Eröffnung des Insolvenzverfahrens heraus, dass die Insolvenzmasse nicht einmal ausreicht, um die Kosten des Insolvenzverfahrens zu decken (sog. **Masselosigkeit**), ist das Verfahren nach Maßgabe des § 207 InsO unverzüglich einzustellen (siehe dazu Rz. 6 ff.). Sind hingegen zwar die Kosten des Insolvenzverfahrens gedeckt, reicht die Insolvenzmasse jedoch (voraussichtlich, vgl. § 208 Abs. 1 Satz 2 InsO) nicht aus, um die fälligen sonstigen Masseverbindlichkeiten (§ 55 InsO) zu erfüllen, spricht das Gesetz von einer **Masseunzulänglichkeit**. In diesem Falle hat der Verwalter dem Insolvenzgericht die Masseunzulänglichkeit anzuzeigen (§ 208 Abs. 1 Satz 1 InsO); die Einstel-

---

1) Etwas anderes gilt regelmäßig in Privatinsolvenzverfahren, bei denen die Verfahrenskosten häufig gemäß § 4a InsO gestundet werden. Hintergrund hierfür ist die Ermöglichung einer Restschuldbefreiung (§§ 286 ff. InsO) für den Insolvenzschuldner.

2) *Hefermehl* in: MünchKomm-InsO, § 207 Rz. 1.

3) Masseverbindlichkeiten sind gemäß § 53 InsO neben den Kosten des Insolvenzverfahrens (§ 54 InsO) auch die sonstigen Masseverbindlichkeiten (§ 55 InsO).

lung des masseunzulänglichen Verfahrens richtet sich dann nach den §§ 208 bis 211 InsO (siehe dazu Rz. 18 ff.).[4]

4 Die Sinnhaftigkeit der weiteren Durchführung des (eröffneten) Insolvenzverfahrens entfällt ferner dann, wenn der Schuldner gar nicht mehr insolvent ist. In diesem Falle kann das Verfahren wegen **Wegfalls des Eröffnungsgrunds** nach Maßgabe des § 212 InsO auf Antrag des Schuldners eingestellt werden (siehe dazu Rz. 56). Gleiches gilt nach § 213 InsO dann, wenn der Schuldner die **Zustimmung aller Insolvenzgläubiger** zur Einstellung des Verfahrens beibringt (siehe dazu Rz. 57 ff.). In beiden Fällen richtet sich das Verfahren nach den Vorgaben des § 214 InsO (siehe dazu Rz. 61 f.).

5 Die **Rechtsfolgen einer Einstellung** sind weitgehend in § 215 Abs. 2 InsO normiert. Danach erhält der Schuldner mit der Verfahrenseinstellung das Recht zurück, über die Insolvenzmasse zu verfügen (siehe unten Rz. 64 ff.).

B. Einstellung mangels Masse (§ 207 InsO)

I. Voraussetzungen

6 Stellt sich erst nach Eröffnung des Insolvenzverfahrens heraus, dass die Insolvenzmasse nicht ausreicht, um die Kosten des Verfahrens (§ 54 InsO) zu decken, stellt das Gericht das Verfahren gemäß § 207 InsO ein. Etwas anderes gilt nur dann, wenn ein ausreichender Geldbetrag vorgeschossen wird oder die Kosten nach § 4a InsO gestundet werden (§ 207 Abs. 1 Satz 2 Halbs. 1 InsO).

7 Der **Vorschuss** kann von jeder interessierten Person freiwillig eingezahlt werden. Entgegen der h. M. kann auch der Insolvenzverwalter den Vorschuss leisten, weil durch die Verfolgung eigener wirtschaftlicher Interessen seine Unabhängigkeit nicht ohne weiteres beeinträchtigt wird.[5] Der Vorschuss eines Dritten (nicht Insolvenzschuldner) fällt nicht in die Insolvenzmasse, sondern wird zweckgebundenes Sondervermögen, das ausschließlich zur Befriedigung der Verfahrenskosten verwendet werden darf.[6] Der Einzahler hat ggf. einen Regressanspruch gegen das antragspflichtige Organ, sofern dieses seine Antragspflicht nach § 15a InsO verletzt hat (§ 207 Abs. 1 Satz 2 Halbs. 2 i. V. mit § 26 Abs. 3 InsO).

8 Die **Feststellung der Masselosigkeit** obliegt dem Insolvenzgericht. Das Gericht ist aber regelmäßig von sich aus nicht in der Lage zu beurteilen, ob eine die Kosten deckende Masse vorhanden ist. Sowohl die Gerichtskosten als auch die Vergütung des Insolvenzverwalters richten sich nach dem Wert der Masse. In der Praxis wird deshalb der Insolvenzverwalter dem Gericht die Massekostenarmut anzeigen. Es ist seine Aufgabe, den Schuldner hinsichtlich der Massearmut zu überwachen, diese zu prognostizieren und dem Gericht anzuzeigen.[7] Das Gericht wird sodann nach Anhörung der Beteiligten (§ 207 Abs. 2 InsO) von Amts wegen (§ 5 InsO) das Verfahren durch Beschluss einstellen.

9 Erlangt das Insolvenzgericht Kenntnis von der Möglichkeit der fehlenden Deckung der Verfahrenskosten, muss es gemäß § 207 Abs. 2 InsO die Gläubigerversammlung, den Insolvenzverwalter und die Massegläubiger vor der Einstellung **anhören.** Entgegen teilweise vertretener Ansicht[8] können die Beteiligten – etwa durch einen „Vorratsbeschluss“ in der

---

4) Vgl. zur Abgrenzung zwischen Masselosigkeit und Masseunzulänglichkeit: Nerlich/Römermann-*Westphal*, InsO, § 207 Rz. 15 f.

5) K. Schmidt-*Jungmann*, InsO, § 207 Rz. 28; Braun-*Ludwig*, InsO, § 207 Rz. 16; a. A. Nerlich/Römermann-*Westphal*, InsO, § 207 Rz. 21; Uhlenbruck-*Ries*, InsO, § 207 Rz. 19; *Pape* in: KPB, InsO, § 207 Rz. 19.

6) Uhlenbruck-*Ries*, InsO, § 207 Rz. 20; *Pape* in: KPB, InsO, § 207 Rz. 17.

7) BGH, Beschl. v. 21.9.2006 – IX ZB 11/04, Rz. 16, NZI 2006, 697; *Pape* in: KPB, InsO, § 207 Rz. 32; *Hefermehl* in: MünchKomm-InsO, § 207 Rz. 40.

8) So etwa: Braun-*Ludwig*, InsO, § 207 Rz. 14; Graf-Schlicker-*Riedel*, InsO, § 207 Rz. 17.

ersten Gläubigerversammlung – auf die Anhörung nicht verzichten.[9] Die Anhörung wird vom Insolvenzgericht durchgeführt und soll abschließend klären, ob die Einstellungsvoraussetzungen vorliegen oder ob die Einstellung etwa am Nachweis nicht berücksichtigter Vermögenswerte des Schuldners durch Gläubiger scheitert oder durch die Leistung eines Verfahrenskostenvorschusses verhindert werden kann.[10] Dieser Anhörungstermin kann mit dem der Rechnungslegung (§ 66 InsO) verbunden werden.[11] Dies erscheint grundsätzlich auch zweckmäßig, da hierdurch die Verfahrenseinstellung unter Berücksichtigung der eingetretenen Masselosigkeit möglichst schnell und kostengünstig erreicht werden kann.[12] Auch im Falle der Einstellung mangels Masse nach § 207 InsO hat der Insolvenzverwalter einen Tätigkeitsbericht vorzulegen.[13]

Praxishinweis

Der Insolvenzverwalter sollte die Schlussrechnung, die den Voraussetzungen des § 66 InsO genügt, schon mit dem Antrag auf Einstellung des Verfahrens dem Gericht zur Prüfung (§ 66 Abs. 2 Satz 1 InsO) überreichen. So kann der Anhörungstermin nach § 207 Abs. 2 InsO mit dem des § 66 InsO verbunden werden.

II. Pflichten des Insolvenzverwalters nach erfolgter Einstellung

10 Soweit Barmittel vorhanden sind, hat der Insolvenzverwalter gemäß **§ 207 Abs. 3 Satz 1 InsO** *vor* der Einstellung die Kosten des Verfahrens zu berichtigen und dies dem Insolvenzgericht nachzuweisen.[14] Diese Anordnung ist in der Praxis mit Problemen behaftet, weil der Insolvenzverwalter erst mit dem Vollzug beginnen darf, wenn ihm dies vom Insolvenzgericht aufgegeben bzw. gestattet wurde.[15]

Praxishinweis

Der Insolvenzverwalter sollte sich beim Insolvenzgericht vor der Verteilung vergewissern, ob es im Anschluss an die Verteilung der Barmittel auch tatsächlich zur Verfahrenseinstellung kommt.[16]

11 Von den Barmitteln sind primär die Auslagen zu befriedigen. Dabei gehen sowohl die Auslagen des Gerichts als auch die des Verwalters und der übrigen Kostengläubiger den Kosten des Verfahrens vor. Sodann folgen anteilig die Gerichtsgebühren und die Vergütungsansprüche.[17] Dies gilt allerdings nur für die noch vorhandenen Barmittel; bereits er-

9) BGH, Urt. v. 13.4.2006 – IX ZR 22/05, Rz. 24, BGHZ 167, 178, 187 = ZVI 2006, 303; K. Schmidt-*Jungmann*, InsO, § 207 Rz. 11; *Pape* in: KPB, InsO, § 207 Rz. 58 f.; *Hefermehl* in: MünchKomm-InsO, § 207 Rz. 42; Uhlenbruck-*Ries*, InsO, § 207 Rz. 32; a. A. Graf-Schlicker-*Riedel*, InsO, § 207 Rz. 17; Braun-*Ludwig*, InsO, § 207 Rz. 14.

10) *Ruland* in: BeckOK-InsO, § 207 Rz. 4; K. Schmidt-*Jungmann*, InsO, § 207 Rz. 13; *Pape* in: KPB, InsO, § 207 Rz. 58.

11) Ebenso: *Pape* in: KPB, InsO, § 207 Rz. 58.

12) *Hefermehl* in: MünchKomm-InsO, § 207 Rz. 44; *Ruland* in: BeckOK-InsO, § 207 Rz. 5.

13) *Hefermehl* in: MünchKomm-InsO, § 207 Rz. 44.

14) Unterbleibt die Einstellung wegen einer Verfahrenskostenstundung gemäß § 4a InsO, ist der Verwalter gleichwohl an die Tilgungsreihenfolge des § 209 Abs. 1 InsO gebunden, BGH, Beschl. v. 19.11.2009 – IX ZB 261/08, Rz. 18, ZVI 2010, 36 = NZI 2010, 188, dazu EWiR 2010, 127 *(Weitzmann)*. Da die Berichtigung der Verfahrenskosten absoluten Vorrang hat, BGH, Urt. v. 13.4.2006 – IX ZR 22/05, Rz. 22 ff., BGHZ 167, 178, 187 = ZVI 2006, 303, BGH, Beschl. v. 26.4.2007 – IX ZB 221/04, Rz. 5, ZVI 2007, 317 = NZI 2007, 406, hat er entsprechende Rückstellungen zu bilden.

15) *Pape* in: KPB, InsO, § 207 Rz. 71; *Hefermehl* in: MünchKomm-InsO, § 207 Rz. 59.

16) *Pape* in: KPB, InsO, § 207 Rz. 71; *Hefermehl* in: MünchKomm-InsO, § 207 Rz. 59; s. a. Nerlich/Römermann-*Westphal*, InsO, § 207 Rz. 36.

17) *Pape* in: KPB, InsO, § 207 Rz. 71.

folgte Vorschusszahlungen an den Insolvenzverwalter müssen nicht zurückgewährt werden, wenn ihm ein berechtigter Anspruch auf Vergütung zusteht.[18)]

> **Praxishinweis**
>
> Der Insolvenzverwalter sollte vor allem in Verfahren mit wenig Masse regelmäßig prüfen, ob er von der Möglichkeit, einen Vorschuss gemäß § 9 InsVV zu beantragen, Gebrauch macht.

Gemäß **§ 207 Abs. 3 Satz 2 InsO** ist der Insolvenzverwalter nach erfolgter Einstellung – anders als in den Fällen angezeigter Masseunzulänglichkeit (§ 208 Abs. 3 InsO) – nicht mehr zur Verwertung von Massegegenständen *verpflichtet*. Da er selbst nicht mehr damit rechnen kann, für seine Bemühungen honoriert zu werden, kann ihm eine weitere risikobehaftete Tätigkeit nicht zugemutet werden; deshalb ist er nur noch angehalten, die vorhandene liquide Masse zu verteilen.[19)] Der Insolvenzverwalter bleibt freilich *berechtigt*, Massegegenstände zu verwerten, wenn die Masse dadurch nicht mit zusätzlichen Kosten belastet und die Verfahrenseinstellung nicht verzögert wird.[20)] 12

> **Praxishinweis**
>
> Im Hinblick auf die drohende Schadensersatzpflicht (§ 61 InsO) für neu begründete Masseverbindlichkeiten ist hiervon grundsätzlich abzuraten.[21)]

Während mit der Einstellung die Verwaltungs- und Verfügungsbefugnis nach § 215 Abs. 2 Satz 1 InsO wieder auf den Schuldner übergeht und er für anhängige Klagen die Prozessführungsbefugnis zurückerlangt,[22)] gelten für noch **anhängige Insolvenzanfechtungsprozesse** Besonderheiten. Mit der Einstellung des Verfahrens endet das Anfechtungsrecht des Insolvenzverwalters.[23)] Erklärt der Insolvenzverwalter den Rechtsstreit nicht für erledigt, verliert er den Prozess und hat die Kosten des Verfahrens zu tragen (§ 91 Abs. 1 ZPO).[24)] In der Konsequenz würden (bei einer begründeten Insolvenzanfechtungsklage) solche Gläubiger, die sich in anfechtbarer Weise eine Sicherung oder Befriedigung verschafft haben, von der Kostenarmut der Masse profitieren. Es bietet sich daher an, dass das Insolvenzgericht analog § 203 Abs. 1 Nr. 1 InsO die **Durchführung einer Nachtragsverteilung** bezüglich der Anfechtungsforderung anordnet.[25)] Dann bleibt der Insolvenzverwalter ausnahmsweise befugt, den Prozess fortzusetzen.[26)] 13

Stellt sich nach Eröffnung des Verfahrens heraus, dass die Insolvenzmasse nicht ausreicht, um die Kosten des Verfahrens zu decken, scheidet in aller Regel ein Antrag auf Bewilligung von **Prozesskostenhilfe** aus. Ausnahmsweise kommt Prozesskostenhilfe in Betracht, wenn die Kostenarmut durch die Führung des Prozesses voraussichtlich entfallen würde.[27)] 14

---

18) LG Göttingen, Beschl. v. 8.4.2014 – 10 T 16/14, ZVI 2014, 469 = NZI 2014, 713, 714, m. Anm. *Keller*.

19) Begr. RegE InsO, BT-Drucks. 12/2443, S. 218; BGH, Beschl. v. 16.7.2009 – IX ZB 221/08, Rz. 6, NZI 2009, 602, dazu EWiR 2009, 757 *(Wagner)*.

20) BGH, Beschl. v. 16.7.2009 – IX ZB 221/08, Rz. 6, NZI 2009, 602, dazu EWiR 2009, 757 *(Wagner)*; OLG Celle, Beschl. v. 22.12.2009 – 13 W 94/09, NZI 2010, 688, 689; *Pape* in: KPB, InsO, § 207 Rz. 25; *Hefermehl* in: MünchKomm-InsO, § 207 Rz. 63; Uhlenbruck-*Ries*, InsO, § 207 Rz. 34.

21) Vgl. K. Schmidt-*Jungmann*, InsO, § 207 Rz. 17.

22) S. *Pape* in: KPB, InsO, § 207 Rz. 113 ff.

23) Vgl. BGH, Versäumnisurt. v. 17.2.2011 – IX ZR 91/10, Rz. 12, NZG 2011, 873, dazu EWiR 2011, 433 *(Huber)*.

24) *Pape* in: KPB, InsO, § 207 Rz. 117.

25) *Pape* in: KPB, InsO, § 207 Rz. 118.

26) Vgl. BGH, Urt. v. 10.12.2009 – IX ZR 206/08, Rz. 8, ZVI 2010, 269 = NZI 2010, 99, dazu EWiR 2010, 193 *(Rendels/Körner)*.

27) Vgl. BGH, Beschl. v. 12.11.2015 – IX ZR 82/14, Rz. 4, ZVI 2016, 253; s. hierzu: *Hees/Freitag*, NZI 2017, 377.

Würde man dies anders sehen, könnten Anspruchsgegner selbst offensichtlich berechtigte Forderungen nicht bezahlen, weil sie auf eine Verfahrenseinstellung spekulieren.[28)]

III. Rechtsfolgen der Einstellung mangels Masse

15 Mit der Einstellung des Verfahrens durch begründeten und öffentlich bekannt zu machenden (§ 215 Abs. 1 InsO) Beschluss[29)] erhält der Schuldner das Recht zurück, über die Insolvenzmasse frei zu verfügen (§ 215 Abs. 2 Satz 1 InsO). Die mit der Verfahrenseröffnung verbundenen **Beschränkungen** der Verwaltungs- und Verfügungsbefugnis des Schuldners (§ 80 Abs. 1 InsO) einschließlich der Prozessführungsbefugnis (§§ 85 f. InsO) **entfallen.** Das Amt des Insolvenzverwalters endet. Ebenso enden die Ämter der Mitglieder des Gläubigerausschusses.[30)] Den Insolvenzgläubigern wird gemäß § 215 Abs. 2 Satz 2 i. V. m. §§ 201, 202 InsO wieder die Möglichkeit eingeräumt, ihre restlichen Forderungen gegen den Schuldner unbeschränkt geltend zu machen und zu vollstrecken. Das Vollstreckungsverbot des § 89 Abs. 1 InsO entfällt mit der Einstellung des Verfahrens. Das gilt auch in Privatinsolvenzen, da dem Schuldner in diesem unvollständig gebliebenen, vorzeitig beendeten Verfahren keine Restschuldbefreiung nach den §§ 286 ff. InsO mehr erteilt werden kann.[31)]

16 Gesellschaftsrechtlich bleibt bei juristischen Personen aufgrund der insoweit unvollständigen Regelung des § 207 InsO das Problem der **fehlenden Vollabwicklung** der durch die Verfahrenseröffnung aufgelösten[32)] Gesellschaften. Das ursprüngliche Ziel des Gesetzgebers, eine Vollabwicklung bis hin zur Löschungsreife und Löschung im jeweiligen Register im Insolvenzverfahren zu bewirken,[33)] ist bislang nicht erreicht worden.[34)]

IV. Rechtsmittel

17 Gegen den Einstellungsbeschluss steht sowohl dem Schuldner als auch jedem Insolvenzgläubiger die sofortige Beschwerde zu (§ 216 Abs. 1 InsO). Der Insolvenzverwalter und die Massegläubiger sind nicht beschwerdebefugt.[35)] Der Lauf der Beschwerdefrist beginnt mit dem Wirksamwerden der öffentlichen Bekanntmachung nach § 9 Abs. 1 Satz 3 InsO.[36)] Wird die Einstellung des Verfahrens nach § 207 InsO abgelehnt – was in der Praxis in den seltensten Fällen vorkommen dürfte – ist dagegen nach § 11 Abs. 2 RPflG die Erinnerung statthaft. Eine Überprüfung der richterlichen Entscheidung in einem (weiteren) Rechtsmittelverfahren findet jedoch nicht statt, selbst wenn ein förmlicher Beschluss ergeht.[37)]

C. Einstellung wegen Masseunzulänglichkeit (§§ 208 bis 211 InsO)

18 Sind zwar die Kosten des Verfahrens (§ 54 InsO) gedeckt, reicht die Insolvenzmasse jedoch nicht aus, um die fälligen sonstigen Masseverbindlichkeiten (§ 55 InsO) zu erfüllen,

28) *Hefermehl* in: MünchKomm-InsO, § 207 Rz. 22.

29) Vgl. hierzu Uhlenbruck-*Ries*, InsO, § 207 Rz. 44.

30) Nerlich/Römermann-*Westphal*, InsO, § 207 Rz. 43; Uhlenbruck-*Ries*, InsO, § 207 Rz. 48.

31) Graf-Schlicker-*Riedel*, InsO, § 207 Rz. 24; *Hefermehl* in: MünchKomm-InsO, § 207 Rz. 73 f. In der Praxis kommt es hierzu jedoch in aller Regel nicht, da in massearmen Privatinsolvenzen regelmäßig eine Stundung der Verfahrenskosten nach § 4a InsO erfolgt.

32) Vgl. § 262 Abs. 1 Nr. 3 AktG, § 60 Abs. 1 Nr. 4 GmbHG, § 101 GenG.

33) Begr. RegE InsO, BT-Drucks. 12/2443, S. 83, 85.

34) S. hierzu ausführlich *Pape* in: KPB, InsO, § 207 Rz. 127; Uhlenbruck-*Ries*, InsO, § 207 Rz. 54.

35) BGH, Beschl. v. 26.4.2007 – IX ZB 221/04, Rz. 4, ZVI 2007, 317 = NZI 2007, 406; *Pape* in: KPB, InsO, § 207 Rz. 76.

36) *Pape* in: KPB, InsO, § 207 Rz. 76; Nerlich/Römermann-*Westphal*, InsO, § 207 Rz. 50; Uhlenbruck-*Ries*, InsO, § 207 Rz. 46; a. A. OLG Köln, Beschl. v. 3.1.2000 – 2 W 270/99, NZI 2000, 169, dazu EWiR 2000, 181 *(Bork)* – Zustellung an den einzelnen Gläubiger, wenn diese vor der öffentlichen Zustellung erfolgte.

37) BGH, Beschl. v. 26.4.2007 – IX ZB 221/04, Rz. 4, ZVI 2007, 317 = NZI 2007, 406.

spricht das Gesetz von einer Masseunzulänglichkeit. Das Verfahren in derartigen Fällen ist in den §§ 208 bis 211 InsO geregelt.

I. Anzeigepflicht des Insolvenzverwalters

19 Wenn Masseunzulänglichkeit vorliegt oder deren Eintritt droht (§ 208 Abs. 1 Satz 2 InsO), hat der Insolvenzverwalter dies dem Insolvenzgericht anzuzeigen (§ 208 Abs. 1 Satz 1 InsO). Die **Feststellung der Masseunzulänglichkeit**[38] wirft zumindest am Anfang eines Insolvenzverfahrens in aller Regel keine besonderen Probleme für den Verwalter auf. In der Mehrzahl der Insolvenzverfahren wird sich aus der Gegenüberstellung der relevanten Aktiva und Passiva ein klares Ergebnis ablesen lassen.[39] Da eine Verfahrenseröffnung nach § 26 Abs. 1 InsO aber schon bei einer knappen Deckung der Verfahrenskosten erfolgen muss, kann es im Laufe des Verfahrens durchaus problematisch werden, ob die zur Verfügung stehenden Mittel der Insolvenzmasse über die Verfahrenskosten hinaus auch zur **Erfüllung aller sonstigen Ansprüche der Massegläubiger** ausreichen.[40]

20 Bei der **Ermittlung der (drohenden) Masseunzulänglichkeit** ist von dem vorhandenen Zahlungsmittelbestand auf der einen Seite und den bereits fälligen Masseverbindlichkeiten auf der anderen Seite auszugehen. Dann ist eine Fortschreibung in die Zukunft vorzunehmen. Dabei sind weitere Zuflüsse aus der Verwertung der Insolvenzmasse ebenso zu prognostizieren wie zukünftig zu erwartende fällig werdende weitere Masseverbindlichkeiten. Ergibt sich aus dieser Gegenüberstellung bereits zum Zeitpunkt der Aufstellung des Finanzplans eine Unterdeckung, so liegt **Masseunzulänglichkeit** vor. Ergibt sich die Unterdeckung erst bei Fortschreibung in der Zukunft (durch eine Prognose) und ist sie nicht nur kurzfristig zu befürchten, so liegt **drohende Masseunzulänglichkeit** vor.[41] Wann Masseunzulänglichkeit „droht", ist demnach entsprechend dem Begriff der „drohenden Zahlungsunfähigkeit" in § 18 Abs. 1 InsO und unter Berücksichtigung des Begriffs der „Voraussichtlichkeit" in § 61 InsO zu bestimmen.[42] Dem Verwalter wird dabei eine Prognoseentscheidung abverlangt, die mit einem gewissen Beurteilungsspielraum einhergeht.[43] Er muss sich die Frage stellen, ob die Nichterfüllung sämtlicher sonstiger Masseverbindlichkeiten wahrscheinlicher ist als deren vollständige Erfüllung.[44] Der Verwalter hat somit eine Liquiditätsbilanz aufzustellen, die derjenigen zur Feststellung der (drohenden) Zahlungsunfähigkeit ähnelt (siehe hierzu oben Kap. 4 Rz. 98 ff. [*Nissen/Beuck*]).

21 Bei der Frage, zu welchem Zeitpunkt der Verwalter die (drohende) Masseunzulänglichkeit anzeigt, steht ihm ein weiter Handlungs- und Entscheidungsspielraum zu.[45] Dieser Beurteilungsspielraum, dessen Einhaltung das Gericht des Haftungsprozesses umfassend nachprüfen kann, bezieht sich auch auf die Ermittlung, ob Masseunzulänglichkeit droht oder bereits vorliegt, und damit auf die Bewertung, ob die Verfahrens- und Massekosten auch gedeckt sind.[46] Wirksam, aber für den Verwalter haftungsträchtig, ist eine **„prophy-**

38) S. hierzu ausführlich Uhlenbruck-*Ries*, InsO, § 208 Rz. 10 ff.; Nerlich/Römermann-*Westphal*, InsO, § 207 Rz. 15 ff.
39) *Hefermehl* in: MünchKomm-InsO, § 208 Rz. 19.
40) *Hefermehl* in: MünchKomm-InsO, § 208 Rz. 19.
41) Braun-*Ludwig*, InsO, § 208 Rz. 4 ff.
42) *Pape* in: KPB, InsO, § 208 Rz. 16; K. Schmidt-*Jungmann*, InsO, § 208 Rz. 16; Nerlich/Römermann-*Westphal*, InsO, § 208 Rz. 14.
43) BGH, Urt. v. 20.7.2017 – IX ZR 310/14, Rz. 25, NZI 2017, 753, dazu EWiR 2017, 631 *(Ries)*.
44) *Hefermehl* in: MünchKomm-InsO, § 208 Rz. 21.
45) BGH, Urt. v. 20.7.2017 – IX ZR 310/14, Rz. 25, NZI 2017, 753, dazu EWiR 2017, 631 *(Ries)*.
46) BGH, Urt. v. 20.7.2017 – IX ZR 310/14, Rz. 25 ff., NZI 2017, 753, dazu EWiR 2017, 631 *(Ries)*.

laktische" **Anzeige** der Masseunzulänglichkeit, die nicht durch einen entsprechenden Sachverhalt gedeckt ist, aus dem sich zumindest die drohende Masseunzulänglichkeit ergibt.[47)]

22 Ist die Masseinsuffizienz nur vorübergehend, hat der Insolvenzverwalter die **„temporäre" Masseunzulänglichkeit** anzuzeigen. Kann die Massesuffizient wiederhergestellt werden, besteht die Möglichkeit **in das Regelinsolvenzverfahren** zurückzukehren.[48)] Gegebenenfalls hat das Gericht unter den Voraussetzungen der §§ 212–214 InsO analog durch entsprechenden Beschluss die Rechtsfolgen der Masseunzulänglichkeit mit Wirkung ex nunc zu beseitigen und die Fortführung des Verfahrens als „normales" Insolvenzverfahren anzuordnen.[49)]

Praxishinweis

Statt der Anzeige einer temporären Masseunzulänglichkeit nach §§ 208 ff. InsO, die eine Rückkehr in das Regelinsolvenzverfahren nur unter Einschaltung des Insolvenzgerichts zulässt, sollte der Insolvenzverwalter mit Massegläubigern über **Stundungsabreden** und **Haftungsverzichtserklärungen** verhandeln, um die Phase der „temporären" Masseunzulänglichkeit zu überwinden. Je nach Einzelfall können auch Zwischenfinanzierungslösungen mit Dritten sinnvoll sein.[50)]

II. Form und Inhalt der Masseunzulänglichkeitsanzeige

23 Das Gesetz stellt **keine besonderen Anforderungen** an die Form und den Inhalt der Anzeige der (drohenden) Masseunzulänglichkeit.[51)] Der Insolvenzverwalter ist dem Gericht gegenüber auch nicht verpflichtet, die Masseunzulänglichkeit zu begründen und durch geeignete Nachweise zu belegen.[52)] Dies ist insoweit folgerichtig, als das Gericht weder berechtigt noch verpflichtet ist, seine Anzeige zu überprüfen.[53)] Aufgrund der besonderen Benachrichtigungspflicht in § 208 Abs. 2 Satz 2 InsO fordern die Gerichte vom Verwalter neben der Anzeige zusätzlich eine vollständige Auflistung aller Massegläubiger.[54)]

Praxishinweis

Zur Absicherung des Insolvenzverwalters in einem eventuellen Haftungsprozess ist es aufgrund der Beweislastumkehr des § 61 InsO empfehlenswert, dass dieser seine Einschätzung über den Eintritt der Masseunzulänglichkeit durch einen der Anzeige beigefügten aktuellen Insolvenzstatus belegt.[55)] Um den Altmassegläubigern einen Einblick in die finanzielle Situation zu ermöglichen empfiehlt es sich ferner, diesen Status gemeinsam mit der Anzeige den Massegläubigern zuzustellen.

---

47) Braun-*Ludwig*, InsO, § 208 Rz. 20; K. Schmidt-*Jungmann*, InsO, § 208 Rz. 22; *Pape* in: KPB, InsO, § 208 Rz. 17; Uhlenbruck-*Ries*, InsO, § 208 Rz. 21.

48) BVerfG, Beschl. v. 9.2.2005 – 1 BvR 2719/04, ZVI 2005, 132, dazu EWiR 2005, 507 *(Berg-Grünenwald/Hertzog)*; BFH, Urt. v. 17.9.2019 – VII R 31/18, Rz. 33, NZI 2020, 526, dazu EWiR 2020, 277 *(Ries)*; BAG, Urt. v. 21.1.2010 – 6 AZR 785/06, Rz. 14, NZI 2010, 317; K. Schmidt-*Jungmann*, InsO, § 208 Rz. 39 ff.; *Pape* in: KPB, InsO, § 208 Rz. 23 ff.; *Hefermehl* in: MünchKomm-InsO, § 208 Rz. 53.

49) K. Schmidt-*Jungmann*, InsO, § 208 Rz. 42; grundlegend: *A. Schmidt*, NZI 1999, 442, 443.

50) So bereits K. Schmidt-*Jungmann*, InsO, § 208 Rz. 23 m. w. N.

51) Hier und zum Folgenden: *Hefermehl* in: MünchKomm-InsO, § 208 Rz. 36; Uhlenbruck-*Ries*, InsO, § 208 Rz. 20.

52) BGH, Urt. v. 21.10.2010 – IX ZR 220/09, Rz. 10, ZIP 2010, 2356, dazu EWiR 2011, 123 *(Fuchs)*; K. Schmidt-*Jungmann*, InsO, § 208 Rz. 18.

53) BGH, Urt. v. 20.7.2017 – IX ZR 310/14, Rz. 24, NZI 2017, 753, dazu EWiR 2017, 631 *(Ries)*; BGH, Beschl. v. 19.11.2009 – IX ZB 261/08, Rz. 12, ZVI 2010, 36 = NZI 2010, 188, dazu EWiR 2010, 127 *(Weitzmann)*.

54) Vgl. Braun-*Ludwig*, InsO, § 208 Rz. 26; K. Schmidt-*Jungmann*, InsO, § 208 Rz. 18.

55) Vgl. K. Schmidt-*Jungmann*, InsO, § 208 Rz. 18; *Hefermehl* in: MünchKomm-InsO, § 208 Rz. 36; Uhlenbruck-*Ries*, InsO, § 208 Rz. 33; der Insolvenzverwalter kann sich entlasten, wenn er zum Zeitpunkt der Begründung der Masseverbindlichkeit einen – aus damaliger Sicht – auf zutreffenden Anknüpfungstatsachen beruhenden und sorgfältig erwogenen Liquiditätsplan erstellt hat, der eine Erfüllung der fälligen Masseverbindlichkeiten erwarten ließ; ihm obliegt nicht die Darlegung und der Beweis für die Ursachen einer von der Liquiditätsprognose abweichende Entwicklung, BGH, Urt. v. 17.12.2004 – IX ZR 185/03, NZI 2005, 222, m. Anm. *van Zwoll*.

III. Öffentliche Bekanntmachung

Gemäß § 208 Abs. 2 Satz 1 InsO hat das Insolvenzgericht die Anzeige der Masseunzulänglichkeit öffentlich bekannt zu machen (§ 9 InsO). Den Massegläubigern ist sie gesondert zuzustellen (§ 208 Abs. 2 Satz 2 InsO). Auch diese Zustellung erfolgt grundsätzlich durch das Gericht, welches allerdings auch den Insolvenzverwalter mit der Durchführung der Zustellung beauftragen kann (§ 8 Abs. 3 InsO). Die Zustellung der Anzeige an die Massegläubiger ist erforderlich, weil mit der Anzeige der Masseunzulänglichkeit den Altmassegläubigern i. S. des § 209 Abs. 1 Nr. 3 InsO die Vollstreckung verboten ist (§ 210 InsO).[56] Nicht ausreichend ist, dass die Massegläubiger auf sonstige Weise Kenntnis von der Masseunzulänglichkeit erlangt haben.[57] 24

IV. Keine gerichtliche Überprüfung der Anzeige

Ob die vom Insolvenzverwalter angezeigte Masseunzulänglichkeit tatsächlich vorliegt, wird durch das Insolvenzgericht nicht geprüft; gegen die Anzeige an das Insolvenzgericht sind auch **keine Rechtsmittel** statthaft (siehe dazu Rz. 48).[58] Die Wirkungen der Anzeige (siehe dazu Rz. 27 ff.) treten also ohne vorherige gerichtliche Überprüfung ein. 25

Die Richtigkeit der Masseunzulänglichkeitsanzeige kann aber in einem späteren **Haftungsprozess** (und nur dort) überprüft werden.[59] Die Tatbestandswirkung der Anzeige hindert die Überprüfung ihrer Rechtmäßigkeit nicht.[60] Stellt sich im Haftungsprozess heraus, dass die Voraussetzungen des § 208 InsO nicht vorgelegen haben und auch im Laufe des Verfahrens nicht eingetreten sind, haftet der Insolvenzverwalter den gemäß § 209 Abs. 1 Nr. 3 InsO im Rang zurückgestuften Altmassegläubigern nach § 60 InsO.[61] Hat der Insolvenzverwalter die Masseunzulänglichkeit schuldhaft zu früh angezeigt, obwohl die Voraussetzungen der drohenden Masseunzulänglichkeit nach § 208 Abs. 1 Satz 2 InsO (noch) nicht vorlagen, kommt ebenfalls eine Haftung des Insolvenzverwalters nach § 60 InsO in Betracht.[62] Vor diesem Hintergrund kann sich für den Insolvenzverwalter die Frage, ob er die (drohende) Masseunzulänglichkeit anzeigen soll oder nicht, als „Tanz auf der Rasierklinge" darstellen. Haftungsrechtlich gerät er nämlich leicht in eine **Zwickmühle**, da ihm umgekehrt auch dann eine persönliche Haftung nach den §§ 60, 61 InsO droht, wenn er eine bestehende Masseunzulänglichkeit nicht oder verspätet anzeigt.[63] 26

56) *Hefermehl* in: MünchKomm-InsO, § 208 Rz. 42.

57) *Pape* in: KPB, InsO, § 208 Rz. 2; Uhlenbruck-*Ries*, InsO, § 208 Rz. 28.

58) *Ruland* in: BeckOK-InsO, § 208 Rz. 5; Uhlenbruck-*Ries*, InsO, § 208 Rz. 28.

59) Vgl. BGH, Urt. v. 21.10.2010 – IX ZR 220/09, Rz. 12, ZIP 2010, 2356, dazu EWiR 2011, 123 *(Fuchs)*; K. Schmidt-*Jungmann*, InsO, § 208 Rz. 29; Uhlenbruck-*Ries*, InsO, § 208 Rz. 16.

60) BGH, Urt. v. 20.7.2017 – IX ZR 310/14, Rz. 24 f., NZI 2017, 753, dazu EWiR 2017, 631 *(Ries)*.

61) *Hefermehl* in: MünchKomm-InsO, § 208 Rz. 77.

62) *Hefermehl* in: MünchKomm-InsO, § 208 Rz. 78; K. Schmidt-*Jungmann*, InsO, § 208 Rz. 29 ff.

63) BGH, Urt. v. 20.7.2017 – IX ZR 310/14, Rz. 39, NZI 2017, 753, dazu EWiR 2017, 631 *(Ries)*; BGH, Urt. v. 21.10.2010 – IX ZR 220/09, Rz. 12, ZIP 2010, 2356, dazu EWiR 2011, 123 *(Fuchs)*; K. Schmidt-*Jungmann*, InsO, § 208 Rz. 29; *Hefermehl* in: MünchKomm-InsO, § 208 Rz. 79; Uhlenbruck-*Ries*, InsO, § 208 Rz. 29.

Praxishinweis

Abgemildert wird diese für Verwalter missliche Lage dadurch, dass in den Fällen einer verfrühten bzw. sachlich nicht zutreffenden Anzeige der Masseunzulänglichkeit den Massegläubigern allein durch den Verteilungsschlüssel des § 209 InsO kein größerer Schaden entsteht, da sie am Ende – bei fehlender Masseunzulänglichkeit – doch voll befriedigt werden.[64] Den sog. Altmassegläubigern im Rang des § 209 Abs. 1 Nr. 3 InsO bleibt hier lediglich der Nachteil, dass ihre Befriedigung nach der Anzeige zunächst zeitlich zurückgestellt ist und vorübergehend nicht durch Vollstreckung erzwungen werden kann.[65] Dies dürfte der Grund sein, warum Verwalter in der Praxis die Masseunzulänglichkeit im Zweifel eher zu früh als zu spät anzeigen.[66]

V. Rechtsfolgen der Anzeige der Masseunzulänglichkeit

27 Die Anzeige der Masseunzulänglichkeit führt zu einer **Änderung des Verfahrenszwecks;** dieser beschränkt sich nunmehr auf eine zügige Restabwicklung ausschließlich im Interesse der Massegläubiger.[67] Zahlungen auf Insolvenzforderungen gemäß §§ 38, 39 InsO dürfen nicht mehr erfolgen. Vielmehr greift der **Verteilungsschlüssel des § 209 InsO** ein.

28 Die **Befriedigungsreihenfolge des § 209 InsO** ist bei eingetretener Masseunzulänglichkeit allerdings auch ohne deren Anzeige einzuhalten.[68] § 209 Abs. 1 InsO geht wie selbstverständlich davon aus, dass bei Masseunzulänglichkeit auch eine Anzeige erfolgt ist. Deshalb kann der Insolvenzverwalter bei vorliegender Masseunzulänglichkeit die in § 209 Abs. 1 InsO für diesen Fall **zwingend** vorgegebene Berichtigungsreihenfolge nicht dadurch außer Kraft setzen, dass er die gebotene Anzeige unterlässt.[69] Der Vorrang hängt nicht davon ab, wann der Insolvenzverwalter die bestehende Masseunzulänglichkeit dem Insolvenzgericht anzeigt. Deshalb findet auch bei einer verspäteten Anzeige eine Aufteilung der Kosten für die Zeit vor und nach der Anzeige nicht statt.[70]

29 Nach angezeigter Masseunzulänglichkeit sind die Masseverbindlichkeiten in der folgenden **Rangordnung des § 209 InsO** zu berichtigen: Zunächst sind die **Kosten des Insolvenzverfahrens** (§ 209 Abs. 1 Nr. 1 i. V. m. § 54 InsO) zu berichtigen. Hierunter fallen die Gerichtskosten sowie die Vergütung und die Auslagen des vorläufigen Insolvenzverwalters, des Insolvenzverwalters und der Mitglieder des Gläubigerausschusses. Sie sind stets im ersten Rang zu befriedigen[71] und haben gegenüber den sonstigen in § 209 InsO aufgezählten Masseverbindlichkeiten absoluten Vorrang.[72] Ob sog. „unausweichliche Verwaltungskosten“ den Verfahrenskosten gleichzustellen sind,[73] hat der BGH offenge-

64) Uhlenbruck-*Ries*, InsO, § 208 Rz. 30.

65) BGH, Urt. v. 4.12.2003 – IX ZR 222/02, NZI 2004, 209 = ZVI 2004, 105, dazu EWiR 2004, 349 *(Pape)*.

66) Zu den Haftungsrisiken bei „faktischer Masseunzulänglichkeit“ s. *Büchler*, ZInsO 2011, 1240 ff.

67) Uhlenbruck-*Ries*, InsO, § 208 Rz. 40; *Pape* in: KPB, InsO, § 208 Rz. 20; so auch BGH, Urt. v. 4.7.2002 – IX ZR 97/99, NJW 2002, 3170, 3171.

68) BGH, Beschl. v. 13.3.2014 – IX ZB 204/11, Rz. 7, NZI 2014, 399; BGH, Beschl. v. 20.12.2012 – IX ZB 19/10, Rz. 14, ZIP 2013, 226, dazu EWiR 2013, 245 *(Blersch)*; BGH, Beschl. v. 19.11.2009 – IX ZB 261/08, Rz. 14, ZVI 2010, 36 = NZI 2010, 188, dazu EWiR 2010, 127 *(Weitzmann)*.

69) BGH, Beschl. v. 19.11.2009 – IX ZB 261/08, Rz. 14, ZVI 2010, 36 = NZI 2010, 188, dazu EWiR 2010, 127 *(Weitzmann)*.

70) BGH, Beschl. v. 19.11.2009 – IX ZB 261/08, Rz. 14, ZVI 2010, 36 = NZI 2010, 188, dazu EWiR 2010, 127 *(Weitzmann)*; BGH, Urt. v. 13.4.2006 – IX ZR 22/05, Rz. 24, BGHZ 167, 178, 187 = ZVI 2006, 303.

71) BGH, Urt. v. 13.4.2006 – IX ZR 22/05, Rz. 14, BGHZ 167, 178, 187 = ZVI 2006, 303.

72) BGH, Beschl. v. 20.11.2014 – IX ZB 16/14, Rz. 20, ZVI 2015, 61 = NZI 2015, 128; BGH, Beschl. v. 19.11.2009 – IX ZB 261/08, Rz. 18, ZVI 2010, 36 = NZI 2010, 188, dazu EWiR 2010, 127 *(Weitzmann)*; BGH, Urt. v. 13.4.2006 – IX ZR 22/05, Rz. 22, BGHZ 167, 178, 187 = ZVI 2006, 303.

73) So etwa Braun-*Ludwig*, InsO, § 207 Rz. 12; Graf-Schlicker-*Riedel*, InsO, § 209 Rz. 2; *Weitzmann* in: HambKomm-InsO, § 207 Rz. 5; a. A. *Ruland* in: BeckOK-InsO, § 209 Rz. 2; K. Schmidt-*Jungmann*, InsO, § 209 Rz. 8; *Pape* in: KPB, InsO, § 209 Rz. 7; *Hefermehl* in: MünchKomm-InsO, § 207 Rz. 29.

lassen.[74)] Unter dem Begriff der unausweichlichen Verwaltungskosten werden Aufwendungen erörtert, die der Insolvenzverwalter in Erfüllung seiner Pflichten nicht vermeiden kann, weil sie aus tatsächlichen oder rechtlichen Gründen zwingend aufgebracht werden müssen[75)] (etwa Kosten für die Erhaltung der Masse, für die Verkehrssicherung oder für eine Steuererklärung). Die Abführung von Umsatzsteuer aus der Veräußerung eines Massegegenstands zählt nicht dazu, da die Umsatzsteuer erst als Folge einer solchen Veräußerung anfällt.[76)]

Im zweiten Rang stehen die sog. **Neumasseverbindlichkeiten**. Das sind Forderungen gegen die Masse, die erst nach erfolgter Anzeige begründet worden sind und nicht zu den Verfahrenskosten gehören (§ 209 Abs. 1 Nr. 2 InsO). „Begründet" worden ist die Verbindlichkeit nur dann, wenn der Insolvenzverwalter ihren Rechtsgrund durch ein selbstbestimmtes Handeln nach der angezeigten Masseunzulänglichkeit geschaffen hat (vgl. § 55 InsO, sog. „gewillkürte" Masseverbindlichkeiten).[77)] Als Neumasseverbindlichkeiten in diesem Sinne gelten nach § 209 Abs. 2 InsO auch die Verbindlichkeiten 30

- aus einem gegenseitigen Vertrag, dessen Erfüllung der Verwalter gewählt hat, nachdem er die Masseunzulänglichkeit angezeigt hatte (Nr. 1);[78)]
- aus einem Dauerschuldverhältnis für die Zeit nach dem erstmöglichen Termin, zu dem der Verwalter nach Anzeige der Masseunzulänglichkeit kündigen konnte (Nr. 2);[79)]
- aus einem Dauerschuldverhältnis, soweit der Insolvenzverwalter nach der Anzeige der Masseunzulänglichkeit für die Insolvenzmasse die Gegenleistung in Anspruch nimmt (Nr. 3).[80)]

Im dritten Rang stehen gemäß § 209 Abs. 1 Nr. 3 InsO die übrigen Masseverbindlichkeiten, also insbesondere die sog. **Altmasseverbindlichkeiten**, die bereits vor der Anzeige der Masseunzulänglichkeit begründet worden sind.[81)] 31

Die Anzeige der Masseunzulänglichkeit führt somit zu einer **zeitlichen Zäsur**, die eine unterschiedliche Befriedigung der Massegläubiger auslöst und damit dem Umstand der 32

74) BGH, Beschl. v. 13.3.2014 – IX ZB 204/11, Rz. 5, NZI 2014, 399; BGH, Beschl. v. 14.10.2010 – IX ZB 224/08, Rz. 10, ZVI 2011, 226 = NZI 2011, 60, dazu EWiR 2011, 59 *(Ries)*.

75) BGH, Beschl. v. 13.3.2014 – IX ZB 204/11, Rz. 9, NZI 2014, 399; BGH, Beschl. v. 14.10.2010 – IX ZB 224/08, Rz. 10, ZVI 2011, 226 = NZI 2011, 60, dazu EWiR 2011, 59 *(Ries)*.

76) BGH, Beschl. v. 14.10.2010 – IX ZB 224/08, Rz. 10, ZVI 2011, 226 = NZI 2011, 60, dazu EWiR 2011, 59 *(Ries)*.

77) BGH, Urt. v. 13.4.2006 – IX ZR 22/05, Rz. 9, BGHZ 167, 178, 187 = ZVI 2006, 303; BGH, Beschl. v. 17.3.2005 – IX ZB 247/03, NZI 2005, 328, 329; BGH, Urt. v. 29.4.2004 – IX ZR 141/03, BeckRS 2004, 5222, dazu EWiR 2004, 871 *(Eckert)*. Als „oktroyierte" Masseverbindlichkeiten bezeichnet man hingegen solche Masseverbindlichkeiten, die ohne Zutun des Verwalters entstehen, vgl. etwa *Lüke* in: KPB, InsO, § 90 Rz. 5 f.

78) Dies entspricht der ersten Alternative des § 55 Abs. 1 Nr. 2 InsO und knüpft an das Erfüllungswahlrecht des Insolvenzverwalters gemäß § 103 InsO an, BGH, Urt. v. 29.4.2004 – IX ZR 141/03, BeckRS 2004, 5222, dazu EWiR 2004, 871 *(Eckert)*; so auch *Hefermehl* in: MünchKomm-InsO, § 209 Rz. 29; Nerlich/Römermann-*Westphal*, InsO, § 209 Rz. 7.

79) Braun-*Ludwig*, InsO, § 209 Rz. 34; K. Schmidt-*Jungmann*, InsO, § 209 Rz. 23; Nerlich/Römermann-*Westphal*, InsO, § 209 Rz. 10; Uhlenbruck-*Ries*, InsO, § 209 Rz. 22.

80) § 209 Abs. 2 Nr. 3 InsO setzt kein voluntatives Element in dem Sinne voraus, dass der Insolvenzverwalter die Gegenleistung auf der Grundlage eines erklärten eigenen Willensakts in Anspruch genommen hat, s. Nerlich/Römermann-*Westphal*, InsO, § 209 Rz. 11; Uhlenbruck-*Ries*, InsO, § 209 Rz. 25. Ausreichend ist vielmehr ein Verhalten des Insolvenzverwalters, mit dem er die Gegenleistung nach Anzeige der Masseunzulänglichkeit nutzt, obwohl er dies pflichtgemäß hätte verhindern können, BGH, Urt. v. 3.4.2003 – IX ZR 101/02, NZI 2003, 369, 370, m. Anm. *Uhlenbruck* = ZVI 2003, 468, dazu EWiR 2003, 651 *(Tetzlaff)*; BGH, Urt. v. 29.4.2004 – IX ZR 141/03, BeckRS 2004, 5222, dazu EWiR 2004, 871 *(Eckert)*.

81) *Ruland* in: BeckOK-InsO, § 209 Rz. 15; *Pape* in: KPB, InsO, § 209 Rz. 18 ff.

„Insolvenz in der Insolvenz“[82)] gerecht wird. Die Anzeige bewirkt, dass die Altmassegläubiger allenfalls eine quotale Befriedigung aus der Verteilung der vorhandenen Insolvenzmasse erhalten und in einen Nachrang gegenüber den Neumassegläubigern geraten (§ 209 Abs. 1 Nr. 2, 3 InsO).[83)] Eine Befriedigung ihrer Forderungen kommt nur in Betracht, wenn zuvor sämtliche Neumasseverbindlichkeiten vollständig aus der Masse beglichen werden können. Dies bedeutet zugleich, dass den (einfachen) Insolvenzgläubigern i. S. des § 38 InsO in diesem Verfahrensstadium keine Quote mehr in Aussicht gestellt wird und ihnen das Insolvenzverfahren daher nicht mehr dient.[84)] Aus diesem Grund hat der Insolvenzverwalter bei besonders bedeutsamen Rechtshandlungen (i. S. des § 160 InsO), die nicht zur Beseitigung der Masseunzulänglichkeit führen, nicht mehr die Zustimmung des Gläubigerausschusses (bzw. der Gläubigerversammlung) einzuholen, sondern die der Altmassegläubiger.[85)]

33 Die **Abgrenzung** zwischen Alt- und Neumasseverbindlichkeiten kann im Einzelfall problematisch sein. Maßgebend für die Einordnung der Verbindlichkeit ist, ob ihr Rechtsgrund vor oder nach dem Zugang der Anzeige der Masseunzulänglichkeit beim Insolvenzgericht geschaffen worden ist; auf den Entstehungsgrund der Forderung kommt es nicht an.[86)]

34 Sobald der Insolvenzverwalter die Masseunzulänglichkeit angezeigt hat, ist die **Vollstreckung** wegen einer Masseverbindlichkeit i. S. von § 209 Abs. 1 Nr. 3 InsO **unzulässig** (§ 210 InsO).[87)] Dahinter steht der Gedanke, den Verteilungsmechanismus des § 209 InsO zu schützen. So sollen die nachrangigen Altmassegläubiger nicht zulasten der vorrangigen Neumassegläubiger im Wege der Einzelvollstreckung die Insolvenzmasse vorzeitig entleeren. Nach der Anzeige der Masseunzulänglichkeit kann eine Masseverbindlichkeit i. S. von § 209 Abs. 1 Nr. 3 InsO auch nicht mehr im Wege der auf Schaffung eines zur Vollstreckung geeigneten Titels gerichteten Leistungsklage, sondern **nur noch** mit einer **Feststellungsklage** verfolgt werden.[88)] Der

---

82) BGH, Urt. v. 20.7.2017 – IX ZR 310/14, Rz. 24, NZI 2017, 753, dazu EWiR 2017, 631 *(Ries)*; Uhlenbruck-*Ries*, InsO, § 209 Rz. 1.

83) BGH, Urt. v. 3.4.2003 – IX ZR 101/02, NZI 2003, 369, 371, m. Anm. *Uhlenbruck* = ZVI 2003, 468, dazu EWiR 2003, 651 *(Tetzlaff)*; K. Schmidt-*Jungmann*, InsO, § 209 Rz. 3; *Hefermehl* in: MünchKomm-InsO, § 209 Rz. 3.

84) BGH, Beschl. v. 7.10.2004 – IX ZB 128/03, NZI 2005, 32, 33 = ZVI 2004, 752; *A. Schmidt*, NZI 1999, 442, 443. Ob die Insolvenzgläubiger deshalb nach der Anzeige der Masseunzulänglichkeit im weiteren Verfahren der Verwaltung und Verwertung (§ 208 Abs. 3 InsO) nicht mehr zu beteiligen sind (vgl. dazu etwa *Pape* in: KPB, InsO, § 208 Rz. 7; Uhlenbruck-*Ries*, InsO, § 208 Rz. 4; *Mäusezahl*, ZVI 2003, 617, 618 ff.), hat der BGH in der vorstehenden Entscheidung offengelassen.

85) A. A. K. Schmidt-*Jungmann*, InsO, § 160 Rz. 1; Jaeger-*Eckardt*, InsO, § 160 Rz. 16; *Mäusezahl*, ZVI 2003, 617, 618; *Pape*, ZInsO 1999, 305, 315; *Pape* in: KPB, InsO, § 208 Rz. 7.

86) BGH, Urt. v. 13.4.2006 – IX ZR 22/05, Rz. 9, BGHZ 167, 178, 187 = ZVI 2006, 303; Graf-Schlicker-*Riedel*, InsO, § 209 Rz. 3; K. Schmidt-*Jungmann*, InsO, § 209 Rz. 12.

87) BGH, Urt. v. 13.4.2006 – IX ZR 22/05, Rz. 8, BGHZ 167, 178, 187 = ZVI 2006, 303. § 210 InsO stellt eine Ergänzung der allgemeinen Vorschrift des § 90 Abs. 1 InsO dar, wonach nur die Gläubiger sog. aufgezwungener („oktroyierter“) Masseverbindlichkeiten für einen Zeitraum von sechs Monaten seit Eröffnung des Verfahrens nicht vollstrecken dürfen.

88) BGH, Beschl. v. 14.2.2018 – IV AR(VZ) 2/17, Rz. 23, NZI 2018, 353, m. Anm. *Ruland*, dazu EWiR 2018, 245 *(Zipperer)*; vgl. auch BGH, Urt. v. 14.12.2017 – IX ZR 118/17, Rz. 12, ZVI 2018, 202 = NZI 2018, 154, m. Anm. *Schädlich*, dazu EWiR 2018, 207 *(Birnbreier)*; BGH, Beschl. v. 17.3.2005 – IX ZB 247/03, NZI 2005, 328, 329; BGH, Urt. v. 13.4.2006 – IX ZR 22/05, Rz. 8, BGHZ 167, 178, 187 = ZVI 2006, 303; BGH, Urt. v. 29.4.2004 – IX ZR 141/03, BeckRS 2004, 5222, dazu EWiR 2004, 871 *(Eckert)*; BGH, Urt. v. 3.4.2003 – IX ZR 101/02, NZI 2003, 369, 370, m. Anm. *Uhlenbruck* = ZVI 2003, 468, dazu EWiR 2003, 651 *(Tetzlaff)*; BGH, Urt. v. 4.12.2003 – IX ZR 222/02, NZI 2004, 209, 212 = ZVI 2004, 105, dazu EWiR 2004, 349 *(Pape)*; BAG, Urt. v. 11.12.2001 – 9 AZR 459/00, NZI 2002, 975, dazu EWiR 2002, 815 *(Berscheid)* – kein Rechtsschutzbedürfnis; mit Formulierungsvorschlag für den Feststellungsantrag *Zwanziger*, NZA 2015, 577, 581.

Antrag ist dann durch den Kläger umzustellen.[89] Die durch den Verwalter angezeigte Masseunzulänglichkeit ist dabei für das Prozessgericht bindend.[90]

Für **Neumasseverbindlichkeiten** i. S. von § 209 Abs. 1 Nr. 2 InsO gelten die vorstehenden Einschränkungen grundsätzlich nicht; sie können regelmäßig gegen die Masse vollstreckt werden (vgl. § 210 InsO) und in diesem Umfang auch Gegenstand einer Leistungsklage sein.[91] 35

Nicht gesetzlich geregelt ist, welche Rechtsfolgen eintreten, wenn nach Anzeige der Masseunzulänglichkeit die Masse einschließlich der neu zu erwirtschaftenden Insolvenzmasse (vgl. § 208 Abs. 3 InsO) nicht ausreicht, um alle fälligen Neumasseverbindlichkeiten zu decken.[92] In derartigen Fällen spricht man von einer **„Insolvenz in der Insolvenz der Insolvenz"**, einer „erneuten" oder „verschärften" Insolvenz.[93] Nach Ansicht des BGH sind dann alle Neumassegläubiger quotal zu befriedigen. Eine etwaige „Neumasseunzulänglichkeitsanzeige" begründe keine gegenüber § 209 InsO modifizierte Verteilungsordnung.[94] In der Literatur wird hieran bemängelt, dass bestehende Chancen zu einer Masseoptimierung hierdurch vertan werden. Die Alternativvorschläge[95] haben sich aber bislang nicht durchgesetzt. 36

Materiell-rechtliche Folgen löst die Anzeige der Masseunzulänglichkeit nach zutreffender Ansicht **nicht** aus.[96] Die Anzeige nach § 208 InsO berührt nicht den materiellen Bestand der Forderung, sondern nur ihre verfahrens- und vollstreckungsmäßige Durchsetzung.[97] Andernfalls wäre eine Aufrechnung mit einer Masseforderung nur noch insoweit möglich, als die Forderung durch den Einwand der Masseunzulänglichkeit in ihrem materiell-rechtlichen Bestand nicht zuvor bereits verkürzt wurde. Richtig ist zwar, dass mit der Zäsur der §§ 208, 209 InsO eine Forderungs- und Verlustgemeinschaft der Massegläubiger eintritt, die diese zu einer insolvenzrechtlichen Gleichbehandlung zwingt.[98] Das gilt aber nur für die Dauer und die Zwecke des Insolvenzverfahrens.[99] Eine Beschränkung der Aufrechnungsbefugnis der Massegläubiger zur Wahrung des in § 209 InsO angeordneten Verteilungsschlüssels lässt sich 37

89) BGH, Beschl. v. 2.5.2019 – IX ZB 67/18, Rz. 14, NZI 2019, 505; *Hefermehl* in: MünchKomm-InsO, § 208 Rz. 65.

90) BGH, Urt. v. 20.7.2017 – IX ZR 310/14, Rz. 24, NZI 2017, 753, dazu EWiR 2017, 631 *(Ries)*; BGH, Beschl. v. 19.11.2009 – IX ZB 261/08, Rz. 13, ZVI 2010, 36 = NZI 2010, 188, dazu EWiR 2010, 127 *(Weitzmann)*; BGH, Urt. v. 4.12.2003 – IX ZR 222/02, NZI 2004, 209, 212 = ZVI 2004, 105, dazu EWiR 2004, 349 *(Pape)*; *Hefermehl* in: MünchKomm-InsO, § 208 Rz. 35; Uhlenbruck-*Ries*, InsO, § 208 Rz. 19.

91) BGH, Urt. v. 13.4.2006 – IX ZR 22/05, Rz. 8, BGHZ 167, 178, 187 = ZVI 2006, 303; BAG, Urt. v. 23.3.2017 – 6 AZR 264/16, Rz. 13, NZI 2017, 535; *Ruland* in: BeckOK-InsO, § 210 Rz. 6; Braun-*Ludwig*, InsO, § 210 Rz. 8; *Pape* in: KPB, InsO, § 210 Rz. 6; *Hefermehl* in: MünchKomm-InsO, § 210 Rz. 19; Nerlich/Römermann-*Westphal*, InsO, § 210 Rz. 8; Uhlenbruck-*Ries*, InsO, § 210 Rz. 15.

92) BGH, Urt. v. 13.4.2006 – IX ZR 22/05, Rz. 15, BGHZ 167, 178, 187 = ZVI 2006, 303; BGH, Urt. v. 29.4.2004 – IX ZR 141/03, BeckRS 2004, 5222, dazu EWiR 2004, 871 *(Eckert)*; vgl. auch ausführlich *Thole*, ZIP 2018, 2241; *Ganter*, NZI 2019, 7.

93) BGH, Urt. v. 13.4.2006 – IX ZR 22/05, Rz. 16, BGHZ 167, 178, 187 = ZVI 2006, 303.

94) BGH, Urt. v. 13.4.2006 – IX ZR 22/05, Rz. 15, BGHZ 167, 178, 187 = ZVI 2006, 303; BGH, Urt. v. 29.4.2004 – IX ZR 141/03, BeckRS 2004, 5222, dazu EWiR 2004, 871 *(Eckert)*.

95) *Thole*, ZIP 2018, 2241; *Ganter*, NZI 2019, 7.

96) *Kröpelin*, ZIP 2003, 2336, 2342; Braun-*Ludwig*, InsO, § 208 Rz. 33; Uhlenbruck-*Ries*, InsO, § 208 Rz. 34; *Runkel/Schnurbusch*, NZI 2000, 49, 54; a. A. *Pape*, KTS 1995, 189, 202 ff.; *Pape*, ZInsO 2001, 60; *Pape* in: KPB, InsO, § 208 Rz. 38.

97) *Runkel/Schnurbusch*, NZI 2000, 49, 54 f.; zustimmend Uhlenbruck-*Ries*, InsO, § 208 Rz. 34.

98) Insoweit zutreffend *Pape*, KTS 1995, 189, 203.

99) BFH, Urt. v. 13.12.2016 – VII R 1/15, Rz. 10, ZIP 2017, 934, dazu EWiR 2017, 377 *(Debus/Elpers)*; Uhlenbruck-*Ries*, InsO, § 208 Rz. 2, 34.

vielmehr durch eine analoge Anwendung der §§ 95 ff. InsO erzielen:[100] Den Massegläubigern bleiben danach nur solche Aufrechnungslagen erhalten, die zum Zeitpunkt der Anzeige der Masseunzulänglichkeit schon insolvenzfest bestanden.

38 In der Praxis kommt es vielfach dazu, dass die Altmassegläubiger nach Bekanntmachung der Masseunzulänglichkeitserklärung keine verjährungshemmenden Maßnahmen einleiten. Hierdurch begeben sich die Altmassegläubiger in die Gefahr, dass der Insolvenzverwalter die Verjährungseinrede erhebt.[101]

VI. Pflichten des Insolvenzverwalters nach erfolgter Anzeige

39 Nach erfolgter Anzeige ist der Insolvenzverwalter zur **Fortsetzung der Verwaltung und Verwertung** der Masse verpflichtet (§ 208 Abs. 3 InsO). Das Schuldnervermögen soll nach angezeigter Masseunzulänglichkeit vollständig im Insolvenzverfahren abgewickelt werden.

40 Besondere Relevanz haben in diesem Zusammenhang die auch nach Anzeige der Masseunzulänglichkeit fortbestehenden **steuerlichen Verpflichtungen** (§ 155 InsO, § 34 Abs. 3 AO).[102] Nach Auffassung des BFH[103] ist der Insolvenzverwalter nicht berechtigt, die Erledigung dieser Pflichten mit der Begründung zu verweigern, in der Masse seien die Mittel für die Beauftragung eines Steuerberaters nicht vorhanden; der Verwalter habe die Pflichten aus § 34 Abs. 3 AO im übergeordneten öffentlichen Interesse zu erfüllen und sei hierzu in aller Regel auch aufgrund seiner Ausbildung und/oder beruflichen Erfahrung zur Abgabe von Steuererklärungen ausreichend qualifiziert. Deshalb könne er sich diesen Verpflichtungen nicht mit dem Argument entziehen, die Kosten für einen Steuerberater könnten aus der Insolvenzmasse nicht beglichen werden. Nur in Ausnahmefällen – etwa bei äußerst umfangreichen Vorarbeiten – sei eine andere Beurteilung denkbar. In derartigen Fällen sollte der Verwalter in Abstimmung mit dem Finanzamt einen Verzicht auf die Abgabe von Steuererklärungen und Bilanzen anregen und im Interesse der Masse um eine qualifizierte Steuerschätzung durch die Finanzverwaltung bitten.[104] Weiterhin ist dann, wenn es den Finanzbehörden lediglich um die Feststellung einer Steuerforderung zum Zwecke der Anmeldung zur Insolvenztabelle geht, eine **konstruktive Mitwirkung der Finanzbehörden** zu verlangen. Die Pflichten des Insolvenzverwalters beschränken sich in solchen Fällen darauf, das Finanzamt mitwirkend zu unterstützen, etwa bei der Auflistung der von ihm aufgefundenen Lücken und Mängel.[105]

---

100) BFH, Urt. v. 4.3.2008 – VII R 10/06, Rz. 13, ZIP 2008, 886, dazu EWiR 2008, 661 *(v. Spiessen)*; Andres/Leithaus-*Andres*, InsO, § 210 Rz. 3; Braun-*Ludwig*, InsO, § 210 Rz. 11; *Jacoby* in: HambKomm-InsO, Vor § 94 Rz. 9; K. Schmidt-*Thole*, InsO, § 94 Rz. 6 f.; *Pape* in: KPB, InsO, § 210 Rz. 11; Uhlenbruck-*Ries*, InsO, § 208 Rz. 44.

101) BGH, Urt. v. 14.12.2017 – IX ZR 118/17, Rz. 11 ff., ZVI 2018, 202 =NZI 2018, 154, m. Anm. *Schädlich*, dazu EWiR 2018, 207 *(Birnbreier)*; s. hierzu die ausführliche Besprechung von *Spiekermann*, NZI 2019, 446, und *Commandeur/Brocker*, NZG 2018, 494; grundlegend: *Wenner*/Jauch, ZIP 2009, 1894; a. A. *Runkel* in: FS Kübler, S. 595, 602.

102) Zum Folgenden Uhlenbruck-*Ries*, InsO, § 208 Rz. 36.

103) BFH, Urt. v. 23.8.1994 – VII R 143/92, ZIP 1994, 1969, 1970, dazu EWiR 1995, 165 *(Braun)*; kritisch *Onusseit*, ZIP 1995, 1798, 1804 ff.; kritisch zur zwangsweisen Durchsetzung von steuerlichen Pflichten BGH, Beschl. v. 22.7.2004 – IX ZB 161/03, NJW 2004, 2976 = ZVI 2004, 606 – unter Verweis auf AG Duisburg, Beschl. v. 27.4.2003 – 62 IN 241/02, ZVI 2003, 305 = NZI 2003, 384, das die zwangsweise Durchsetzung für unvereinbar mit dem geltenden Recht hält; bejahend hingegen BFH, Urt. v. 6.11.2012 – VII R 72/11, ZVI 2013, 148.

104) BGH, Beschl. v. 22.7.2004 – IX ZB 161/03, NJW 2004, 2976, 2977 = ZVI 2004, 606; AG Dresden Beschl. v. 6.7.2006 – 551 IN 1042/05, ZIP 2006, 1686; *Weitzmann* in: HambKomm-InsO, § 208 Rz. 17; Graf-Schlicker-*Breitenbücher*, InsO, § 155 Rz. 49; *Hefermehl* in: MünchKomm-InsO, § 208 Rz. 71.

105) *Maus*, ZInsO 1999, 683, 686; eingehend hierzu und im Ergebnis kritisch zur Rspr. des BFH *Onusseit*, ZInsO 2000, 363.

In diesem Zusammenhang ist der **Rechtsgedanke des § 151 Abs. 3 InsO** anzuwenden, wonach das Insolvenzgericht dem Verwalter gestatten kann, dass die Aufstellung eines Masseverzeichnisses unterbleibt. Sinn und Zweck dieser Vorschrift ist es, insbesondere bei Kleinstverfahren einen unverhältnismäßigen Aufwand bei der Bewertung der Massegegenstände (§ 151 Abs. 2 InsO) zu vermeiden.[106] Dieser Gedanke muss auch bei steuerrechtlichen Verpflichtungen gelten. Ob und inwieweit ein Erlass oder eine Beschränkung der steuerrechtlichen Verpflichtungen des Insolvenzverwalters in Betracht kommt, sollte aber vorsorglich in jedem Einzelfall mit den Finanzämtern abgestimmt werden.[107] 41

Der Verwalter bleibt nach Anzeige der Masseunzulänglichkeit – anders als in den Fällen des § 207 InsO (siehe dazu Rz. 67) – ferner verpflichtet, **Anfechtungsansprüche** für die Masse durchzusetzen. Wie sich aus § 129 Abs. 1 InsO ergibt, nimmt der Verwalter mit der Anfechtung von gläubigerbenachteiligenden Rechtshandlungen eine ihm mit seinem Amt übertragene Aufgabe wahr, die ihm sogar dann obliegt, wenn der aus einer Anfechtung zu erzielende Erlös wegen der vorweg zu befriedigenden Verfahrenskosten (§ 54 InsO) nicht an die Insolvenzgläubiger verteilt werden kann.[108] Bereits anhängige Anfechtungsprozesse sind fortzuführen,[109] noch nicht anhängige Verfahren ggf. anhängig zu machen. Für derartige Anfechtungsklagen kann dem Insolvenzverwalter auch Prozesskostenhilfe bewilligt werden.[110] Die Anfechtungsklage ist nicht schon dann mutwillig i. S. von § 114 Abs. 1 Satz 1 ZPO, wenn der Verwalter Masseunzulänglichkeit angezeigt hat.[111] Die Anzeige der Masseunzulänglichkeit hat nämlich lediglich Auswirkungen auf die Verteilung der vorhandenen Masse (§§ 208, 209 InsO), nicht jedoch auf den Aufgabenkreis des Insolvenzverwalters; dieser bleibt verpflichtet, das gesamte zur Insolvenzmasse gehörende Vermögen zu verwalten und zu verwerten (§ 208 Abs. 3 InsO); zu diesem Vermögen zählen auch Anfechtungsansprüche.[112] 42

Im Falle des Unterliegens im Anfechtungsprozess stellen sich für den Insolvenzverwalter vor allem **haftungsrechtliche Fragen.**[113] Eine Inanspruchnahme droht dem Insolvenz- 43

---

106) Für eine restriktive Auslegung des § 151 Abs. 3 InsO: *Jarchow* in: HambKomm-InsO, § 151 Rz. 25.

107) Vgl. *Maus*, ZInsO 1999, 683, 686, der auch auf die doppelte Haftung des Insolvenzverwalters hinweist: Der Insolvenzverwalter haftet u. U. aus § 60 InsO (einfache Fahrlässigkeit) und daneben aus § 69 AO (grobe Fahrlässigkeit). Regelmäßig ist die Haftung aus § 69 AO nicht von der Vermögenshaftpflichtversicherung des Insolvenzverwalters erfasst, da es sich hierbei um eine öffentlich-rechtliche Pflicht handelt.

108) BGH, Beschl. v. 14.4.2011 – IX ZA 51/10, Rz. 5, ZVI 2011, 343 = NZI 2011, 639; BGH, Beschl. v. 16.7.2009 – IX ZB 221/08, Rz. 5, NZI 2009, 602, dazu EWiR 2009, 757 *(Wagner)*; BGH, Urt. v. 28.2.2008 – IX ZR 213/06, Rz. 13 f., NZI 2008, 297; BGH, Beschl. v. 18.9.2003 – IX ZB 460/02, NZI 2004, 26, 27, m. Anm. *Gundlach/Frenzel* = ZVI 2003, 556; vgl. auch BAG, Urt. v. 18.10.2018 – 6 AZR 506/17, Rz. 17, ZVI 2019, 74 = NZA 2019, 203; *Ahrendt/Struck*, ZInsO 2000, 264; *Pape*, ZIP 2001, 901.

109) BGH, Urt. v. 19.7.2001 – IX ZR 36/99, NZI 2001, 585; *Pape*, ZIP 2001, 901, 902; K. Schmidt-*Jungmann*, InsO, § 208 Rz. 31; *Weitzmann* in: HambKomm-InsO, § 208 Rz. 13.

110) Instruktiv: *Hees/Freitag*, NZI 2017, 377.

111) BGH, Beschl. v. 22.11.2012 – IX ZB 62/12, Rz. 6, ZVI 2013, 32 = NZI 2013, 79; BGH, Beschl. v. 16.7.2009 – IX ZB 221/08, Rz. 5, NZI 2009, 602, dazu EWiR 2009, 757 *(Wagner)*; BGH, Beschl. v. 28.2.2008 – IX ZB 147/07, NZI 2008, 431.

112) BGH, Beschl. v. 16.7.2009 – IX ZB 221/08, Rz. 5, NZI 2009, 602, dazu EWiR 2009, 757 *(Wagner)*; *Foerste*, ZInsO 2013, 659, 662, der unter Verweis auf AG Göttingen, Beschl. v. 30.11.2012 – 74 IN 153/12, ZVI 2013, 39 = NZI 2013, 188, eine Ausnahme bejaht, wenn der Vorteil, der dem Anfechtungsgegner zugeflossen ist, diesem als Massegläubiger auch vom Insolvenzverwalter (wieder) zugewendet werden müsste, da keine weiteren Gläubiger mit gleichen oder besseren Vorrechten existieren; *Hefermehl* in: MünchKomm-InsO, § 208 Rz. 51, erachtet die Insolvenzanfechtung nur dann als statthaft, „soweit sie sich auch zum Vorteil der Gläubigergesamtheit auswirken kann"; einschränkend auch *A. Schmidt*, NZI 1999, 442, 443, wonach die Anfechtung vom Insolvenzverwalter nach erfolgter Anzeige der Masseunzulänglichkeit nur realisiert werden darf, wenn mit ihrer Geltendmachung wenigstens eine minimale Verbesserung der Stellung der Insolvenzgläubiger verbunden ist.

113) Zum Folgenden s. *A. Schmidt*, NZI 1999, 442, 444; allgemein zur Haftung des Insolvenzverwalters bei Masseunzulänglichkeit *Seidel/Hinderer*, NZI 2010, 745 ff.

verwalter aber nur dann, wenn er nachweislich[114] durch die Führung des Anfechtungsprozesses seine Pflichten schuldhaft verletzt hat (§ 60 InsO). Den Insolvenzverwalter trifft jedoch keine insolvenzspezifische Pflicht, vor der Erhebung einer Klage oder während des Prozesses die Interessen des Prozessgegners an einer eventuellen Erstattung seiner Kosten zu berücksichtigen. Es gehört zu den allgemeinen Prozessrisiken der obsiegenden Partei, dass die unterliegende Partei keine ausreichenden Mittel hat, um die Kosten des Rechtsstreits zu tragen.[115]

VII. Das Einstellungsverfahren (§ 211 InsO)

44 Sobald der Insolvenzverwalter die Insolvenzmasse nach Maßgabe des § 209 InsO verteilt hat, stellt das Insolvenzgericht das Insolvenzverfahren ein (§ 211 Abs. 1 InsO). Ein besonderes **Verteilungsverfahren** sieht das Gesetz dabei nicht vor.[116] Eine analoge Anwendung des auf die Insolvenzgläubiger zugeschnittenen Verteilungsverfahrens nach den §§ 187 ff. InsO kommt nicht in Betracht, weil sich der dort geltende Gläubigergleichbehandlungsgrundsatz (par condicio creditorum) mit der strikten Rangordnung des § 209 InsO nicht verträgt. Dem Verwalter ist es daher freigestellt, wie er die Aufgabe der ranggerechten Verteilung der Insolvenzmasse erfüllt. Er ist nicht zur Erstellung von Massegläubigerlisten und Verteilungsverzeichnissen verpflichtet. Ebenso wenig ist die Schlussverteilung von einer Zustimmung des Gerichts abhängig. Der Verwalter hat jedoch noch vor der Verfahrenseinstellung für seine Tätigkeit nach der Anzeige der Masseunzulänglichkeit gesondert Rechnung zu legen (§ 211 Abs. 2 InsO). In dieser **Schlussrechnung** hat der Insolvenzverwalter über seine Tätigkeiten vor und nach der Anzeige der Masseunzulänglichkeit getrennt Rechnung zu legen. Diese Unterscheidung ist notwendig, weil die Anzeige das Kriterium darstellt, ob Masseverbindlichkeiten vorrangig oder nachrangig zu berücksichtigen sind. Die **getrennte Rechnungslegung** muss deshalb erkennen lassen, ob der Insolvenzverwalter die Einordnung der Masseverbindlichkeiten entsprechend der Rangfolge des § 209 InsO vorgenommen und bei der Verteilung des Erlöses berücksichtigt hat.

45 Für **Form und Inhalt** dieser Rechnungslegung gibt es keine besonderen Vorschriften. In inhaltlicher Hinsicht ist zu verlangen, dass neben der Überschussrechnung ein Tätigkeitsbericht für beide Zeiträume vorgelegt wird. Weiterhin empfiehlt es sich, eine dem Schlussverzeichnis entsprechende **Liste der Alt- und Neumassegläubiger** sowie deren Forderungen und die darauf geleisteten Zahlungen vorzulegen, die u. a. auch im Hinblick auf spätere Nachtragsverteilungen (§ 211 Abs. 3 InsO) Bedeutung erlangt. Die Vorlage eines Verteilungsverzeichnisses entsprechend § 188 InsO erübrigt sich in diesem Verfahren, da auf die Insolvenzgläubiger keine Quote entfällt.

46 Durch diese gesonderte Rechnungslegungspflicht wird das Verwalterhandeln mit Blick auf die in den §§ 60, 61 InsO normierte **Haftung** transparent und überprüfbar gemacht. Dies sollte aber schon im eigenen Interesse des Verwalters geschehen, da sich der Verwalter dadurch in die Lage versetzt, einer vermeintlichen persönlichen Haftung wegen angeblicher Verteilungsfehler wirkungsvoll entgegentreten zu können.

114) Vgl. BGH, Urt. v. 5.7.1988 – IX ZR 7/88, NJW-RR 1988, 1487, dazu EWiR 1988, 1015 *(Lüke)*; OLG Karlsruhe, Beschl. v. 17.2.1989 – 9 W 6/89, ZIP 1989, 1029, dazu EWiR 1989, 799 *(Pape)*; vgl. auch *Lüke* in: KPB, InsO, § 60 Rz. 26 f.

115) BGH, Urt. v. 20.7.2017 – IX ZR 310/14, Rz. 39 f., NZI 2017, 753, dazu EWiR 2017, 631 *(Ries)*; BGH, Urt. v. 2.12.2004 – IX ZR 142/03, NZI 2005, 155; BGH, Urt. v. 26.6.2001 – IX ZR 209/98, NZI 2001, 533, 534; *Lüke* in: KPB, InsO, § 60 Rz. 26 f.

116) Zum Folgenden: *Hefermehl* in: MünchKomm-InsO, § 211 Rz. 5; *Kluth*, ZInsO 2000, 177, 182; *Uhlenbruck*, NZI 2001, 408, 409 f.

Werden nach der Einstellung des Verfahrens Gegenstände der Insolvenzmasse ermittelt, so ordnet das Gericht auf Antrag des Insolvenzverwalters oder eines Massegläubigers oder von Amts wegen eine **Nachtragsverteilung** an (§ 211 Abs. 3 InsO).[117] 47

VIII. Rechtsmittel

Gegen die Anzeige der Masseunzulänglichkeit durch den Verwalter an das Insolvenzgericht[118] und gegen den Einstellungsbeschluss gemäß § 211 InsO ist kein Rechtsmittel, insbesondere nicht die sofortige Beschwerde statthaft. Dies folgt aus § 216 InsO, der den Fall des § 211 InsO bewusst nicht erwähnt.[119] 48

IX. Insolvenzplan bei Masseunzulänglichkeit (§ 210a InsO)

§ 210a InsO eröffnet die Möglichkeit, auch im Fall der Masseunzulänglichkeit den Schuldner durch einen Insolvenzplan abzuwickeln. So kann die Erhaltung des Unternehmens auf der Grundlage eines Insolvenzplans wirtschaftlich sinnvoller sein, als eine Abwicklung nach den gesetzlichen Vorschriften. Dies betrifft bspw. die Situation, dass der Fortführungswert des Unternehmens höher liegt als der Zerschlagungswert. 49

Gemäß § 210a InsO finden „bei der Anzeige der Masseunzulänglichkeit" die Vorschriften über den Insolvenzplan mit der Maßgabe Anwendung, dass an die Stelle der nicht nachrangigen Insolvenzgläubiger die Massegläubiger mit dem Rang des § 209 Abs. 1 Nr. 3 InsO (sog. Altmasseverbindlichkeiten, siehe dazu oben Rz. 31) und an die Stelle der nachrangigen Insolvenzgläubiger die nicht nachrangigen Insolvenzgläubiger treten. 50

In der bis zum 31.12.2020 geltenden Fassung ordnete § 210a Nr. 2 InsO a. F. für die nicht nachrangigen Insolvenzgläubiger die entsprechende Anwendung des § 246 Nr. 2 InsO an. Damit sollte der Tatsache Rechnung getragen werden, dass im Fall der Masseunzulänglichkeit ein Insolvenzplan stets in die Rechte der Massegläubiger eingreift und die nicht nachrangigen Insolvenzgläubiger etwa die Position haben wie sonst nachrangige Insolvenzgläubiger.[120] Durch die Neufassung der Vorschrift hat der Gesetzgeber nun ausdrücklich klargestellt, dass die nicht nachrangigen Insolvenzgläubiger vollumfänglich an die Stelle der nachrangigen Gläubiger treten.[121] § 210a InsO statuiert deshalb für den Fall der Masseunzulänglichkeit die **einzige Möglichkeit, bestimmte Massegläubiger in das Insolvenzplanverfahren einzubeziehen.**[122] 51

Der Gesetzeswortlaut knüpft an die **„Anzeige der Masseunzulänglichkeit"** an. Damit ist nicht gemeint, dass die Voraussetzungen des § 208 InsO tatsächlich vorliegen müssen. Es reicht die formelle Anzeige der Masseunzulänglichkeit.[123] 52

117) In den Fällen der Massekostenarmut (§ 207 InsO) ist § 211 Abs. 3 InsO entsprechend anwendbar, BGH, Beschl. v. 16.1.2014 – IX ZB 122/12, Rz. 5, ZIP 2014, 437; BGH, Beschl. v. 10.10.2013 – IX ZB 40/13, ZVI 2014, 54 = NZI 2013, 1019; vgl. zur Nachtragsverteilung bei masseunzulänglichen Verfahren auch *Bork*, ZIP 2009, 2077, 2080; ausführlich auch *Hefermehl* in: MünchKomm-InsO, § 211 Rz. 18 ff.; K. Schmidt-*Jungmann*, InsO, § 211 Rz. 17 ff.; Nerlich/Römermann-*Westphal*, InsO, § 211 Rz. 15 ff.

118) Braun-*Ludwig*, InsO, § 208 Rz. 40; *Weitzmann* in: HambKomm-InsO, § 208 Rz. 22; Uhlenbruck-*Ries*, InsO, § 208 Rz. 28.

119) BGH, Beschl. v. 25.1.2007 – IX ZB 234/05, Rz. 6, ZVI 2007, 320 = NZI 2007, 243; *Pape* in: KPB, InsO, § 211 Rz. 10; Nerlich/Römermann-*Westphal*, InsO, § 211 Rz. 8.

120) *Horstkotte*, ZInsO 2020, 2587, 2587 f.; K. Schmidt-*Jungmann*, InsO, § 210a Rz. 9; *Weitzmann* in: HambKomm-InsO, § 210a Rz. 2.

121) Begr. RegE SanInsFoG z. § 210a InsO, BT-Drucks. 19/24181, S. 57, 199; *Horstkotte*, ZInsO 2020, 2587, 2588; *Ruland* in: BeckOK-InsO, § 210a Rz. 3.

122) BGH, Beschl. v. 16.2.2017 – IX ZB 103/15, Rz. 22, ZVI 2017, 208 = NZI 2017, 260, dazu EWiR 2017, 179 *(Madaus)*; kritisch *Smid*, ZInsO 2017, 2085, 2088 f.

123) *Pape* in: KPB, InsO, § 210a Rz. 4.

53 Entsprechendes gilt für den im Gesetzeswortlaut verwandten Begriff der **„Masseunzulänglichkeit“**. Dieser entspricht dem Masseunzulänglichkeitsbegriff in § 208 InsO.[124] § 210a InsO gilt nicht – auch nicht analog –, wenn zwar die Verfahrenskosten, nicht aber auch die Neumasseverbindlichkeiten gedeckt sind.[125] Ferner gilt § 210a InsO nicht bei Massekostenarmut i. S. von § 207 InsO.[126]

54 An die Stelle der nicht nachrangigen Insolvenzgläubiger treten nach § 210a Nr. 1 InsO die **Massegläubiger mit dem Rang des § 209 Abs. 1 Nr. 3 InsO**. Damit sind die sog. Altmassegläubiger gemeint.[127] Diese sind nach Anzeige der Masseunzulänglichkeit und ab Vorlage eines Insolvenzplans[128] zur Teilnahme an Gläubigerversammlungen befugt.[129]

55 Durch die Neufassung des § 210a Nr. 2 InsO tritt eine Subordination der Rechtsstellung der nicht nachrangigen Insolvenzgläubiger ein. Neben § 246 Nr. 2 InsO sind nunmehr etwa auch § 222 Abs. 1 Nr. 3 InsO oder § 225 InsO entsprechend anwendbar.[130]

D. Einstellung gemäß §§ 212, 213 InsO

I. Voraussetzungen des § 212 InsO

56 Die Vorschrift regelt die Einstellung des Insolvenzverfahrens wegen Wegfalls des Eröffnungsgrunds. Unter der Voraussetzung, dass der Schuldner nicht (mehr)[131] zahlungsunfähig ist und seine Zahlungsunfähigkeit auch nicht droht (§ 18 InsO), beschließt das Gericht auf **Antrag des Schuldners**[132] die Einstellung des Insolvenzverfahrens. Soweit eine Überschuldung (§ 19 InsO) Grund für die Eröffnung des Insolvenzverfahrens ist, darf auch diese nicht mehr vorliegen. Die Zustimmung der Gläubiger ist nicht erforderlich. Der Antrag ist nur zulässig, wenn das Fehlen eines Eröffnungsgrunds glaubhaft gemacht

124) K. Schmidt-*Jungmann*, InsO, § 210a Rz. 6.

125) K. Schmidt-*Jungmann*, InsO, § 210a Rz. 7; Graf-Schlicker-*Kebekus/Handschumacher*, InsO, § 210a Rz. 2; *Pape* in: KPB, InsO, § 210a Rz. 16; *Zimmer*, ZInsO 2012, 390, 393.

126) K. Schmidt-*Jungmann*, InsO, § 210a Rz. 8; Graf-Schlicker-*Kebekus/Handschumacher*, InsO, § 210a Rz. 2; *Pape* in: KPB, InsO, § 210a Rz. 10; einschränkend *Weitzmann* in: HambKomm-InsO, § 210a Rz. 3: „[…] es sei denn, diese wird durch den Plan behoben“; wohl zustimmend *Smid*, ZInsO 2017, 2085, 2089.

127) K. Schmidt-*Jungmann*, InsO, § 210a Rz. 10; *Madaus* in: MünchKomm-InsO, § 210a Rz. 1; Nerlich/Römermann-*Westphal*, InsO, § 210a Rz. 12.

128) *Weitzmann* in: HambKomm-InsO, § 210a Rz. 9; *Madaus* in: MünchKomm-InsO, § 210a Rz. 21; Uhlenbruck-*Ries*, InsO, § 210a Rz. 12; außerhalb des Insolvenzplanverfahrens, mithin im Regelinsolvenzverfahren, ändert sich an der Rechtsstellung der Massegläubiger insbesondere in Gläubigerversammlungen nichts; dies kritisierend K. Schmidt-*Jungmann*, InsO, § 210a Rz. 14.

129) *Weitzmann* in: HambKomm-InsO, § 210a Rz. 9; K. Schmidt-*Jungmann*, InsO, § 210a Rz. 13; *Westphal* in: Nerlich/Römermann, InsO, § 210a Rz. 14; a. A. *Madaus* in: MünchKomm-InsO, § 210a Rz. 10; *Zimmer*, ZInsO 2012, 390, 392.

130) Graf-Schlicker-*Kebekus/Handschumacher*, InsO, § 210a Rz. 5.

131) Die Vorschrift findet auch Anwendung, wenn ein Eröffnungsgrund nicht vorgelegen hat, sondern irrtümlich angenommen worden ist, Braun-*Ludwig*, InsO, § 212 Rz. 4; *Weitzmann* in: HambKomm-InsO, § 212 Rz. 2; *Pape* in: KPB, InsO, § 212 Rz. 1; *Westphal* in: Nerlich/Römermann, InsO, § 212 Rz. 3; Uhlenbruck-*Ries*, InsO, § 212 Rz. 2. In diesem Fall kann der Schuldner nach § 212 InsO vorgehen und gleichzeitig gemäß § 34 Abs. 2 InsO sofortige Beschwerde gegen den Eröffnungsbeschluss einlegen.

132) Antragsbefugt ist nur der Schuldner. Es genügt ein formloser Antrag an das Insolvenzgericht, *Hefermehl* in: MünchKomm-InsO, § 212 Rz. 7 f.; Nerlich/Römermann-*Westphal*, InsO, § 212 Rz. 6a; Uhlenbruck-*Ries*, InsO, § 212 Rz. 2. Zur Befugnis einer juristischen Person, einen Antrag auf Einstellung des Verfahrens zu stellen, s. BGH, Beschl. v. 24.3.2016 – IX ZB 32/15, Rz. 11, ZIP 2016, 817 = NZI 2016, 702, dazu EWiR 2016, 693 (*Wolffsky/Wahl*). Der Antrag ist nach h. M. von allen organschaftlichen Vertretern zu stellen, Braun-*Ludwig*, InsO, § 212 Rz. 2; *Weitzmann* in: HambKomm-InsO, § 212 Rz. 3; *Pape* in: KPB, InsO, § 212 Rz. 3; *Hefermehl* in: MünchKomm-InsO, § 212 Rz. 7; Uhlenbruck-*Ries*, InsO, § 212 Rz. 5; vgl. auch AG Hamburg, Beschl. v. 26.4.2006 – 67c IN 312/05, ZIP 2006, 1688.

wird (§ 212 Satz 2 InsO).[133] Der Schuldner muss gemäß § 294 ZPO darlegen, dass eine nachhaltige Beseitigung[134] des Eröffnungsgrunds überwiegend wahrscheinlich ist.[135] Taugliches Mittel der Glaubhaftmachung können zwar eidesstattliche Versicherungen sein; von höherem Beweiswert sind aber in aller Regel **Sachverständigengutachten** zum Wegfall oder Fehlen des Eröffnungsgrundes sowie Urkunden über rechtswirksam übernommene Bürgschaften, Rangrücktritte, Patronatserklärungen, Besserungsscheine oder auch von einem Wirtschaftsprüfer begutachtete Finanz- und Liquiditätspläne.[136] Hierdurch wird eine inhaltliche Überprüfung der Einstellungsvoraussetzungen durch das Gericht aber nicht ersetzt. Die Erteilung der Restschuldbefreiung, durch welche die Insolvenzforderungen zu unvollkommenen Verbindlichkeiten geworden sind (vgl. § 301 Abs. 3 InsO), rechtfertigt für sich genommen nicht bereits die Einstellung des Insolvenzverfahrens.[137]

II. Voraussetzungen des § 213 InsO

Die Vorschrift regelt die Einstellung des Insolvenzverfahrens auf Antrag des Schuldners (siehe hierzu Rz. 59)[138] mit **Zustimmung aller Insolvenzgläubiger,**[139] die Forderungen zur Insolvenztabelle angemeldet haben.[140] Da der Wortlaut des § 213 Abs. 1 Satz 1 InsO die Zustimmung „aller Insolvenzgläubiger" voraussetzt, müssen nach h. M. neben den einfachen Insolvenzgläubigern nach § 38 InsO auch die Nachranggläubiger nach § 39 InsO zustimmen. Entscheidend ist, dass die Gläubiger ihre Forderung zur Tabelle angemeldet haben. Damit die Nachranggläubiger hierzu Gelegenheit haben, muss das Insolvenzgericht sie vor einer Verfahrenseinstellung nach § 213 InsO gemäß § 174 Abs. 3 Satz 1 InsO zur Anmeldung auffordern.[141] Die Zustimmung derjenigen Gläubiger, deren Forderung bereits festgestellt worden sind, ist in jedem Fall erforderlich. Bei Gläubigern, deren Forderungen vom Schuldner oder vom Insolvenzverwalter bestritten werden,[142] und bei absonderungsberechtigten Gläubigern entscheidet hingegen das Insolvenzgericht nach freiem Ermessen, inwieweit es einer Zustimmung dieser Gläubiger oder einer Sicherheitsleistung ihnen gegenüber bedarf (§ 213 Abs. 1 Satz 2 InsO). 57

133) Er ist zudem nur bis zur Aufhebung des Insolvenzverfahrens möglich, BGH, Beschl. v. 15.7.2010 – IX ZB 229/07, Rz. 13, ZVI 2010, 245 = NZI 2010, 741; BGH, Beschl. v. 11.5.2010 – IX ZB 167/09, Rz. 17, ZVI 2010, 345 = NZI 2010, 655.

134) *Möhlmann*, KTS 1998, 373, 374 ff.

135) *Pape* in: KPB, InsO, § 212 Rz. 7; *Hefermehl* in: MünchKomm-InsO, § 212 Rz. 10; Uhlenbruck-*Ries*, InsO, § 212 Rz. 9.

136) *Hefermehl* in: MünchKomm-InsO, § 212 Rz. 10.

137) BGH, Beschl. v. 23.1.2014 – IX ZB 33/13, Rz. 7 ff., ZVI 2014, 187 = NZI 2014, 229; K. Schmidt-*Jungmann*, InsO, § 212 Rz. 16; Uhlenbruck-*Ries*, InsO, § 212 Rz. 4.

138) § 213 InsO setzt – ebenso wie bei der Einstellung nach § 212 InsO – einen Antrag des Schuldners voraus.

139) Der Zustimmung der Massegläubiger bedarf es nicht, da deren Rechte durch die zwingende Regelung in § 214 Abs. 3 InsO gewahrt werden, Braun-*Ludwig*, InsO, § 213 Rz. 3; K. Schmidt-*Jungmann*, InsO, § 213 Rz. 10; Uhlenbruck-*Ries*, InsO, § 213 Rz. 6.

140) Ausführlich zur Einstellung gemäß § 213 InsO *Heitsch*, ZInsO 2021, 2124; *Pulte/Arend*, ZInsO 2019, 592.

141) *Weitzmann* in: HambKomm-InsO, § 213 Rz. 4, *Schmittmann*, ZRI 2020, 290, 293; Nerlich/Römermann-*Westphal*, InsO, § 213 Rz. 3; kritisch K. Schmidt-*Jungmann*, InsO, § 213 Rz. 11; Uhlenbruck-*Ries*, InsO, § 213 Rz. 5.

142) Nach dem Wortlaut des § 213 Abs. 1 Satz 2 InsO ist das Bestreiten durch einen Insolvenzgläubiger (vgl. § 176 Satz 2 InsO) ohne Bedeutung; auch in diesem Fall muss der Schuldner die Zustimmungserklärung des Gläubigers beibringen, K. Schmidt-*Jungmann*, InsO, § 213 Rz. 16; *Pape* in: KPB, InsO, § 213 Rz. 5; Uhlenbruck-*Ries*, InsO, § 213 Rz. 10; a. A. Nerlich/Römermann-*Westphal*, InsO, § 213 Rz. 10 – „offensichtliches Redaktionsversehen".

58 Die Zustimmungserklärung ist an **keine bestimmte Form** gebunden. Sie hat lediglich verfahrensrechtliche Auswirkung und bedeutet keinen Verzicht auf die Forderung oder deren Geltendmachung. Verzichtet wird nur auf die Fortsetzung des Insolvenzverfahrens und eine Befriedigung nach Maßgabe der InsO.[143)]

59 Erforderlich ist stets ein **Einstellungsantrag des Schuldners**, der bis zum Schlusstermin (§ 197 InsO), jedoch erst nach Ablauf der Anmeldefrist (§ 28 Abs. 1 Satz 1 InsO) gestellt werden kann.[144)]

60 Als Regelfall geht das Gesetz in § 213 Abs. 1 InsO davon aus, dass die Anmeldefrist bereits abgelaufen sein muss, bevor der Schuldner die Verfahrenseinstellung beantragen und das Gericht diese beschließen darf. Ausnahmsweise *kann* das Verfahren nach **§ 213 Abs. 2 InsO** auf Antrag des Schuldners bereits vor dem Ablauf der Anmeldefrist eingestellt werden, wenn außer den Gläubigern,[145)] deren Zustimmung der Schuldner beibringt, andere Gläubiger nicht bekannt sind. Aus der Formulierung „kann" ergibt sich, dass es sich hierbei um eine Ermessensentscheidung des Gerichts handelt.[146)] Da das Gericht dieses Ermessen im üblichen Arbeitsgang in den seltensten Fällen vor Ablauf der Anmeldefrist vollständig ausübt, kommt der Vorschrift des § 213 Abs. 2 InsO kaum praktische Relevanz zu.[147)]

Praxishinweis

In der Praxis liegt im Fall von § 213 Abs. 1 InsO häufig eine Einigung zwischen Schuldner und Gläubiger zugrunde. So wird bspw. mit Hilfe eines Dritten ein bestimmter Betrag zur Befriedigung der Gläubiger bereitgestellt, der diese zur Zustimmung zur Einstellung motivieren soll. Hat der Schuldner nur wenige Gläubiger und sind diese sich mit dem Schuldner (und in aller Regel dem Dritten) über die Kompensationshöhe einig geworden, ist § 213 InsO eine Art „Insolvenzplan-Light".[148)]

III. Verfahren bei der Einstellung (§ 214 InsO)

61 § 214 InsO regelt den verfahrenstechnischen Ablauf bei vorzeitiger Einstellung des Verfahrens nach den §§ 212, 213 InsO, ohne dabei zwischen dem Wegfall des Eröffnungsgrunds und der Einstellung mit Zustimmung der Gläubiger zu unterscheiden. Die Voraussetzungen der §§ 212, 213 InsO hat das Gericht von Amts wegen zu ermitteln.

62 **§ 214 Abs. 3 InsO** verpflichtet den Insolvenzverwalter, vor der Einstellung die unstreitigen Masseverbindlichkeiten zu berichtigen und für die streitigen Masseverbindlichkeiten Sicherheit zu leisten. Damit sind die Masseverbindlichkeiten des § 53 InsO gemeint, also die Kosten des Insolvenzverfahrens (§ 54 InsO) und die sonstigen Masseverbindlichkeiten (§ 55 InsO). Zur Ermittlung der Verfahrenskosten hat der Insolvenzverwalter unter Vorlage der Schlussrechnung die Festsetzung seiner Vergütung[149)] sowie derjenigen des

143) *Weitzmann* in: HambKomm-InsO, § 213 Rz. 4; K. Schmidt-*Jungmann*, InsO, § 213 Rz. 13 ff.; *Hefermehl* in: MünchKomm-InsO, § 213 Rz. 6; Nerlich/Römermann-*Westphal*, InsO, § 213 Rz. 9; Uhlenbruck-*Ries*, InsO, § 213 Rz. 7.

144) *Ruland* in: BeckOK-InsO, § 213 Rz. 3; Graf-Schlicker-*Riedel*, InsO, § 213 Rz. 2; Uhlenbruck-*Ries*, InsO, § 213 Rz. 4.

145) Gemeint sind hier alle Gläubiger, und zwar unabhängig von der Anmeldung ihrer Forderungen zur Insolvenztabelle, *Ruland* in: BeckOK-InsO, § 213 Rz. 17; Uhlenbruck-*Ries*, InsO, § 213 Rz. 15.

146) *Weitzmann* in: HambKomm-InsO, § 213 Rz. 6; *Pape* in: KPB, InsO, § 213 Rz. 8; Uhlenbruck-*Ries*, InsO, § 213 Rz. 15.

147) *Ruland* in: BeckOK-InsO, § 213 Rz. 17; K. Schmidt-*Jungmann*, InsO, § 213 Rz. 24; *Hefermehl* in: MünchKomm-InsO, § 213 Rz. 13; Uhlenbruck-*Ries*, InsO, § 213 Rz. 15.

148) *Schmittmann*, ZRI 2020, 290, 293.

149) Die Vergütung des Verwalters muss vor der Einstellung des Verfahrens festgesetzt werden, BGH, Beschl. v. 14.2.2019 – IX ZB 25/17, Rz. 6, ZVI 2019, 163 = NZI 2019, 392.

Gläubigerausschusses zu bewirken und die Erstellung der Gerichtskostenrechnung zu beantragen. Die Berichtigung oder Sicherheitsleistung ist dem Insolvenzgericht anzuzeigen.

IV. Rechtsmittel

Im Falle der Ablehnung einer Einstellung gemäß §§ 212, 213 InsO steht dem Schuldner die sofortige Beschwerde zu (§ 216 Abs. 2 InsO). Im Falle einer Einstellung gemäß § 213 InsO steht jedem Insolvenzgläubiger die sofortige Beschwerde zu (§ 216 Abs. 1 InsO). 63

E. Rechtsfolgen der Einstellung

I. Ende der Wirkungen der Insolvenzeröffnung

§ 215 Abs. 2 Satz 1 InsO regelt, dass der Schuldner mit der Einstellung ex nunc[150] das Recht zurückerhält, frei über die Insolvenzmasse zu verfügen. Die Verfahrenseinstellung wird wirksam, wenn nach dem Tage ihrer Veröffentlichung zwei weitere Tage verstrichen sind (§ 9 Abs. 1 Satz 3 InsO). 64

Mit der Verfahrenseinstellung enden der **Insolvenzbeschlag** und die mit ihm einhergehenden Wirkungen der §§ 80 ff. InsO. Hierzu gehört auch das Vollstreckungsverbot des § 89 InsO. Weiterhin enden mit der Verfahrenseinstellung die Befugnisse des Insolvenzverwalters und des Gläubigerausschusses. 65

Die **Rechtshandlungen des Insolvenzverwalters** (z. B. Begründung von Verbindlichkeiten, Ausübung des Wahlrechts gemäß § 103 InsO, Kündigung eines Dauerschuldverhältnisses) bleiben aber grundsätzlich wirksam. Etwas anderes soll nur dann gelten, wenn eine Rechtshandlung dem Insolvenzzweck offensichtlich zuwiderläuft.[151] 66

Vom Insolvenzverwalter geführte **Aktiv- und Passivprozesse** werden wegen Wegfalls seiner Prozessführungsbefugnis analog §§ 239, 240 ZPO unterbrochen.[152] Der Schuldner hat aber grundsätzlich die Möglichkeit, die Prozesse wieder aufzunehmen. Etwas anderes gilt jedoch bei Anfechtungsprozessen nach den §§ 129 ff. InsO. Die Möglichkeit der **Insolvenzanfechtung** besteht nach der Einstellung des Verfahrens nicht mehr, da das Recht zur Insolvenzanfechtung ausschließlich dem Insolvenzverwalter zusteht[153] und der Schuldner nicht dessen Rechtsnachfolger wird. Deshalb ist der Schuldner nicht berechtigt, Anfechtungsprozesse fortzusetzen, da die Aktivlegitimation hierfür allein dem Insolvenzverwalter zusteht.[154] Eine zum Zeitpunkt der Einstellung anhängige Anfechtungsklage ist deshalb – sofern sie in der Hauptsache fortgesetzt wird – abzuweisen.[155] 67

150) K. Schmidt-*Jungmann*, InsO, § 215 Rz. 6; *Pape* in: KPB, InsO, § 215 Rz. 10; *Hefermehl* in: MünchKomm-InsO, § 215 Rz. 10; Uhlenbruck-*Ries*, InsO, § 215 Rz. 5.

151) Vgl. BGH, Urt. v. 25.4.2002 – IX ZR 313/99, NZI 2002, 375, dazu EWiR 2003, 125 *(Tintelnot)*; BGH, Urt. v. 13.1.1983 – III ZR 88/81, NJW 1983, 2018, 2019; *Pape* in: KPB, InsO, § 215 Rz. 10 f.

152) BGH, Urt. v. 10.2.1982 – VIII ZR 158/80, NJW 1982, 1765; *Weitzmann* in: HambKomm-InsO, § 215 Rz. 4; K. Schmidt-*Jungmann*, InsO, § 215 Rz. 9; *Pape* in: KPB, InsO, § 215 Rz. 12; Uhlenbruck-*Ries*, InsO, § 215 Rz. 8.

153) Vgl. BGH, Vorlagebeschl. v. 2.4.2009 – IX ZB 182/08, Rz. 13, ZVI 2009, 198 = NZI 2009, 313, dazu EWiR 2009, 415 *(Jacoby)*; *Weitzmann* in: HambKomm-InsO, § 215 Rz. 4; Uhlenbruck-*Ries*, InsO, § 215 Rz. 8.

154) BGH, Beschl. v. 2.4.2009 – IX ZB 182/08, Rz. 13, ZVI 2009, 198 = NZI 2009, 313; *Ruland* in: BeckOK-InsO, § 215 Rz. 6; *Weitzmann* in: HambKomm-InsO, § 215 Rz. 4; Uhlenbruck-*Ries*, InsO, § 215 Rz. 8.

155) BGH, Urt. v. 10.2.1982 – VIII ZR 158/80, NJW 1982, 1765; *Ruland* in: BeckOK-InsO, § 215 Rz. 6; Uhlenbruck-*Ries*, InsO, § 215 Rz. 8.

Der Schuldner kann aber den Rechtsstreit für erledigt erklären mit dem Ziel, ggf. eine für ihn günstige Kostenentscheidung herbeizuführen.[156)]

II. Verfügungsbefugnis des Schuldners

68 Mit der Verfahrenseinstellung entsteht zwischen dem Insolvenzverwalter und dem Schuldner ein **Abwicklungsverhältnis**. Hieraus ist der Insolvenzverwalter verpflichtet, alle erforderlichen Maßnahmen zu treffen, damit der Schuldner tatsächlich die Verfügungsgewalt wiedererlangt; insbesondere besteht hinsichtlich des Massevermögens und der Geschäftsbücher ein zivilrechtlicher Herausgabeanspruch.[157)]

69 Auch Gegenstände, die für eine **Nachtragsverteilung** in Betracht kommen, werden mit der Einstellung zunächst frei. Sie unterliegen aber mit Anordnung der Nachtragsverteilung wieder dem Insolvenzbeschlag.[158)]

70 Gemäß § 81 InsO werden unwirksame **Verfügungen des Schuldners** mit der Einstellung des Verfahrens *nicht* wirksam. § 81 InsO wirkt absolut.[159)]

III. Haftung des Schuldners nach erfolgter Einstellung

71 Mit der wiedererlangten Verfügungsbefugnis korrespondiert eine **Nachhaftung des Schuldners.** Die Insolvenzgläubiger können nach der Einstellung des Insolvenzverfahrens ihre restlichen Forderungen gegen den Schuldner unbeschränkt geltend machen (§ 215 Abs. 2 Satz 2 i. V. m. § 201 Abs. 1 InsO). Gläubiger, deren Forderung im Prüfungstermin anerkannt wurde, können aus der Eintragung in die Tabelle wie aus einem vollstreckbaren Urteil die Zwangsvollstreckung gegen den Schuldner betreiben (§ 215 Abs. 2 Satz 2 i. V. m. § 201 Abs. 2 Satz 1 InsO). Der Hinweis auf die §§ 201, 202 InsO in § 215 Abs. 2 Satz 2 InsO kann dagegen nicht auf die Vorschriften über die Restschuldbefreiung (§§ 286 ff. InsO) bezogen werden, die gemäß § 201 Abs. 3 InsO unberührt bleiben.[160)] Nach § 212 InsO setzt die Einstellung die volle Deckung der Verbindlichkeiten voraus, so dass eine Restschuldbefreiung nicht in Betracht kommt. Gleiches gilt in den Fällen des § 213 InsO, da Schuldner und Gläubiger hier einvernehmlich auf die Fortsetzung des Insolvenzverfahrens und damit auch auf die Möglichkeit einer Restschuldbefreiung verzichtet haben.[161)]

72 Dem Wortlaut des § 215 Abs. 2 InsO nicht zu entnehmen ist, ob und in welcher Weise der Schuldner nach erfolgter Einstellung gegenüber den unbefriedigt gebliebenen **Massegläubigern** haftet. Der BGH leitet aus § 80 Abs. 1 InsO eine sog. Haftungsbeschränkung auch für solche Masseverbindlichkeiten ab, die nach Verfahrenseröffnung durch Rechtshandlungen des Insolvenzverwalters begründet worden sind. Der Insolvenzschuldner bleibe zwar Schuldner aller durch die Rechtshandlungen des Insolvenzverwalters nach Verfahrenseröffnung begründeten Masseverbindlichkeiten (§ 55 Abs. 1 Nr. 1 Alt. 1 InsO).

---

156) RG, Beschl. v. 21.10.1902 – III 133/02, RGZ 52, 330, 332; *Ruland* in: BeckOK-InsO, § 215 Rz. 6; Nerlich/Römermann-*Westphal*, InsO, § 215 Rz. 13; Uhlenbruck-*Ries*, InsO, § 215 Rz. 8.

157) *Ruland* in: BeckOK-InsO, § 215 Rz. 9; Braun-*Ludwig*, InsO, § 215 Rz. 11; *Weitzmann* in: HambKomm-InsO, § 215 Rz. 5.

158) BGH, Beschl. v. 22.2.1973 – VI ZR 165/71, NJW 1973, 1198, 1199; *Pape* in: KPB, InsO, § 215 Rz. 13; Nerlich/Römermann-*Westphal*, InsO, § 215 Rz. 18; Uhlenbruck-*Ries*, InsO, § 215 Rz. 5.

159) Vgl. Begr. RegE z. § 81 InsO, BT-Drucks. 12/2443, S. 136; *Weitzmann* in: HambKomm-InsO, § 215 Rz. 5; Nerlich/Römermann-*Westphal*, InsO, § 215 Rz. 19.

160) Zum Folgenden: *Ruland* in: BeckOK-InsO, § 215 Rz. 8; *Pape* in: KPB, InsO, § 215 Rz. 15; Uhlenbruck-*Ries*, InsO, § 215 Rz. 10.

161) Da die Vorschriften der §§ 201, 202 InsO nach § 215 Abs. 2 Satz 2 InsO ohnehin nur „entsprechend" gelten, bedarf es insoweit keiner teleologischen Reduktion.

Allerdings beschränke sich die Haftung während des Verfahrens auf die Gegenstände der Insolvenzmasse. Es handele sich um eine dem Verfahren immanente Haftungsbeschränkung. Für diese sei maßgeblich, dass der Verwalter nicht befugt sei, den Schuldner persönlich mit seinem insolvenzfreien Vermögen zu verpflichten, weil seine Verwaltungs- und Verfügungsbefugnis nach § 80 Abs. 1 InsO auf das zur Insolvenzmasse gehörende Vermögen beschränkt sei.[162)]

IV. Restschuldbefreiung

Bei einem Insolvenzverfahren über das Vermögen einer natürlichen Person kommt nach 73
einer Einstellung des Verfahrens ein Restschuldbefreiungsverfahren (§§ 286 ff. InsO) nur dann in Betracht, wenn nach Anzeige der Masseunzulänglichkeit die Insolvenzmasse nach § 209 InsO verteilt worden ist und die Einstellung nach § 211 InsO erfolgt **(§ 289 InsO)**. In allen anderen Fällen (§§ 207, 212, 213 InsO) scheidet diese Möglichkeit aus. Der Antrag auf Erteilung der Restschuldbefreiung wird unzulässig. In diesem Fall sollte der Schuldner den Antrag zurücknehmen und das Gericht dies deklaratorisch feststellen.[163)] Nimmt der Schuldner seinen Antrag auf Erteilung der Restschuldbefreiung nicht zurück, muss der Antrag als unzulässig zurückgewiesen werden.[164)]

Die Restschuldbefreiung erfasst nach dem eindeutigen Wortlaut des § 286 InsO nur die 74
Forderungen der Insolvenzgläubiger. Konsequenterweise normiert § 294 Abs. 1 InsO nur für diese ein Zwangsvollstreckungsverbot während der Dauer des Restschuldbefreiungsverfahrens. Nicht erfasst werden **Masseverbindlichkeiten**;[165)] für diese haftet der Schuldner – u. U. neben dem Insolvenzverwalter (§ 61 InsO) – persönlich.

V. Eintragung in Schuldnerverzeichnis?

Eine Eintragung in das Schuldnerverzeichnis erfolgt nur im Falle einer Abweisung man- 75
gels Masse (§ 26 InsO), nicht hingegen im Falle einer Einstellung des Verfahrens gemäß §§ 207 ff. InsO. Die §§ 207 ff. InsO verweisen nicht auf § 26 Abs. 2 InsO.

---

162) BGH, Teilurt. v. 24.9.2009 – IX ZR 234/07, Rz. 12, NJW 2010, 69, m. Anm. *Gundlach/Frenzel*, dazu EWiR 2009, 775 *(Berger)*; vgl. BFH, Urt. v. 28.11.2017 – VII R 1/16, Rz. 21, ZVI 2018, 227 = NZI 2018, 461, dazu EWiR 2018, 309 *(Anzinger)*.

163) *Blankenburg*, ZVI 2017, 89, 92.

164) *Blankenburg*, ZVI 2017, 89, 92.

165) *Runkel/Schnurbusch*, NZI 2000, 49, 57.

Teil IV
Besondere Verfahrenskonstellationen

Kapitel 13
Insolvenzplanverfahren

Übersicht

Literatur: *Bay/Seeburg/Böhmer*, Debt-Equity-Swap nach § 225a Abs. 2 Satz 1 des geplanten Gesetzes zur weiteren Erleichterung der Sanierung von Unternehmen (ESUG), ZInsO 2011, 1927; *Bissels/Falter/Krings*, Aktuelles Arbeitsrecht in Krise und Insolvenz, NZI 2015, 693; *Bloß/Zugelder*, Auswirkungen des insolvenzrechtlichen Nachrangs auf Sicherheiten, NZI 2011, 332; *Bork*, Grundfragen des Restrukturierungsrechts – Prolegomena zu einer Reform des deutschen Insolvenzrechts, ZIP 2010, 397; *Bork*, Die Doppeltreuhand in der Insolvenz, NZI 1999, 337; *Bork*, Der Insolvenzplan, ZZP 109 (1996), 473; *Braun*, Die objektive Auslegung des Insolvenzplanes, NZI 2019, 526; *Braun/Heinrich*, Auf dem Weg zu einer (neuen) Insolvenzplankultur in Deutschland – Ein Beitrag zu dem Regierungsentwurf für ein Gesetz zur weiteren Erleichterung der Sanierung von Unternehmen, NZI 2011, 505; *Brinkmann*, Wege aus der Insolvenz eines Unternehmens – oder: Die Gesellschafter als

Sanierungshindernis, WM 2011, 97; *Brünkmans/Greif-Werner*, Die Prüfung gesellschaftsrechtlicher Regelungen im Insolvenzplan durch Insolvenzgericht und Registergericht, ZInsO 2015, 1585; *Buchalik/Hiebert*, Insolvenzanfechtung und Insolvenzplan: Sind Insolvenzanfechtungs-, Haftungs- und Erstattungsansprüche plandispositiv?, ZInsO 2014, 109; *Dellit*, Entwurf eines Gesetzes zur Erleichterung der Bewältigung von Konzerninsolvenzen: Der Konzerninsolvenzplan, Der Konzern, 2013, 190; *Dellit/Hamann*, Forderungserlass und Insolvenzplan, ZIP 2015, 308; *Dinstühler*, Kreditrahmenabreden gem. den §§ 264 ff. InsO – Ein Beitrag des neuen Insolvenzrechts zur Sanierung von Unternehmen, ZInsO 1998, 243; *Drouven/Nobiling*, Reverse Debt-Equity-Swap – Auch steuerlich eine Alternative?, DB 2009, 1895; *Eckert/Harig*, Zur Bewertung von Sicherheiten beim Debt Equity Swap nach § 225a InsO im Insolvenzplanverfahren, ZInsO 2012, 2318; *Eidenmüller/Engert*, Reformperspektiven einer Umwandlung von Fremd- in Eigenkapital (Debt-Equity Swap) im Insolvenzplanverfahren, ZIP 2009, 541; *Ekkenga*, Neuerliche Vorschläge zur Nennwertanrechnung beim Debt-Equity-Swap – Erkenntnisfortschritt oder Wiederbelebungsversuche am untauglichen Objekt?, DB 2012, 331; *Engberding*, Was leistet der Insolvenzplan im neuen Insolvenzrecht?, DZWIR 1998, 94; *Engels*, „Lex Hypo Real Estate" – Das Finanzmarktstabilisierungsergänzungsgesetz auf verfassungsrechtlichem Prüfstand, BKR 2009, 365; *Fröhlich/Bachstädt*, Erfolgsaussichten eines Insolvenzplans in Eigenverwaltung, ZInsO 2011, 985; *Griffiths/Hellmig*, Insolvenzkulturen – Kampf oder Harmonisierung? – Eine angelsächsische Perspektive, NZI 2008, 418; *Harig*, Der Antrag nach § 253 IV InsO in der Praxis des Insolvenzplanverfahrens, NZI 2018, 969; *Heinrichs*, Der Insolvenzplan – Verfahrensbeendend! Verfahrensbegleitend?, NZI 2008, 74; *Henckel*, Deregulierung im Insolvenzverfahren?, KTS 1998, 477; *Hingerl*, Gruppenbildung im Insolvenzverfahren – Manipulation durch „Ein-Gläubiger-Gruppen"?, ZInsO 2007, 1337; *Hingerl*, Nachtragsverteilung nach Insolvenzplanverfahren, ZInsO 2007, 870; *Hirte/Knof/Mock*, Das Gesetz zur weiteren Erleichterung der Sanierung von Unternehmen (Teil I), DB 2011, 632; *Hirte/Mock*, Vorzugsaktien im Insolvenzplanverfahren, ZInsO 2009, 1129; *Hofert/Möller*, Gesellschaftsrecht. Vereinfachte Kapitalherabsetzung, GmbHR 2009, 527; *Holthusen*, Die Regelung des § 7 IV BetrAVG im Insolvenzplanverfahren, NZI 2021, 705; *Hölzle*, Insolvenzplan auf Initiative des vorläufigen Sachwalters im Schutzschirmverfahren – Oder: Wer erstellt und wer bezahlt den Insolvenzplan im Verfahren nach § 270b InsO?, ZIP 2012, 855; *Hölzle*, Die Sanierung von Unternehmen im Spiegel des Wettbewerbs der Rechtsordnungen in Europa, KTS 2011, 291; *Klepsch/Kiesewetter*, Befreiung vom Pflichtangebot beim Erwerb zur Sanierung, BB 2007, 1403; *Knof*, Erfordert die Fortführungsfinanzierung (doch) einen Umverteilungstatbestand im Insolvenzrecht?, ZInsO 2010, 1999; *Küpper*, Die Forderungsnachmeldung von Insolvenzgläubigern i. S. d. § 38 InsO beim bestätigten und durchgeführten Planverfahren – Problem gelöst durch das ESUG?, ZInsO 2013, 471; *Lüdtke*, Gemeinsamkeiten und Unterschiede der Schuldenregulierung im Regelinsolvenz- und Insolvenzplanverfahren, ZVI 2016, 297; *Madaus*, Die zeitliche Grenze des Rechts zur Rücknahme eines Insolvenzplans durch den Planinitiator, KTS 2012, 27; *Madaus*, Möglichkeiten und Grenzen einer Reform der Rechtsmittel gegen den Beschluss über die Insolvenzplanbestätigung, NZI 2010, 430; *Meyer/Degener*, Debt-Equity-Swap nach dem RegE-ESUG, BB 2011, 846; *Pape*, Erleichterung der Sanierung von Unternehmen durch Insolvenzverfahren bei gleichzeitiger Abschaffung der Gläubigergleichbehandlung?, ZInsO 2010, 2155; *Paul*, §§ 231, 232 InsO: Planzurückweisung trotz vorliegender Stellungnahmen der Beteiligten?, ZInsO 2012, 259; *Paul*, Insolvenzplan: Können nicht angemeldete Forderungen i. S. v. §§ 255, 256 InsO „wieder aufleben"?, ZInsO 2011, 1590; *Priester*, Debt Equity Swap zum Nennwert?, DB 2010, 1445; *Riggert*, Das Insolvenzplanverfahren, WM 1998, 1521; *Rieble*, Insolvenzbedingter Forderungsverzicht und arbeitsrechtliche Erlassverbote, ZIP 2007, 1389; *Röder*, Der neue § 8d KStG und die Fortführung des Geschäftsbetriebs: Verlustnutzung mit unternehmerischer Entwicklung vereinbar – auch in Sanierungsfällen, DStR 2017, 1737; *Römermann*, Neues Insolvenz- und Sanierungsrecht durch das ESUG, NJW 2012, 645; *Rugullis*, Neue Gesetze schaffen neue Probleme – zur Auslegung der besonderen Verjährungsfrist des § 259b InsO, NZI 2012, 825; *Schmidt*, Liquidation als Vergleichsmaßstab für konkrete und wesentliche wirtschaftliche Schlechterstellung durch Insolvenzplan, ZInsO 2019, 257; *Smid*, Struktur und systematischer Gehalt des deutschen Insolvenzrechts in der Judikatur des IX. Zivilsenats des Bundesgerichtshofs, DZWIR 2009, 133 (Teil 2); *Specovius*, Der Koordinationsplan, NZI Beilage Heft 1/2018, S. 35; *Stahlschmidt*, Der Insolvenzplan lebt – die Rechtsprechung der letzten Jahres zur vorgerichtlichen Prüfung des Insolvenzplanes, ZInsO 2018, 494; *Thewes/Ziegenhagen*, Die neue Sanierungsklausel in § 8c Abs. 1a KStG, BB 2009, 2116; *Thole*, Die Insolvenzanfechtung in der Folgeinsolvenz, NZI 2017, 129; *Uhlenbruck*, Von der Notwendigkeit eines eigenständigen Sanierungsgesetzes, NZI 2008, 201; *Urlaub*, Notwendige Änderungen im Gesetz zur weiteren Erleichterung der Sanierung von Unternehmen (ESUG) zur Verhinderung von Missbräuchen, ZIP 2011, 1040; *Vallender*, Gefahren für den Insolvenzstandort Deutschland, NZI 2007, 129; *Vögeli*, Sanierungsgewinn – Gewinn oder Grund erneuter Insolvenz?, ZInsO 2000, 144; *Wienberg/Dellit*, Der Insolvenzplan: Gesetzgeber im Zielkonflikt zwischen Sanierungswillen und fiskalpolitischen Interessen, in: Festschrift für Jobst Wellensiek, 2011, S. 677; *Wilhelmsen/Rechel*, Die Reform des Insolvenzplanverfahrens – Ein Zwischenstandsbericht, Anmerkungen zu den vorgeschlagenen Änderungen, BB 2010, 2059; *Windsor/Müller-Seils/Burg*, Unternehmenssanierungen nach englischem Recht – Das Company Voluntary Arrangement, NZI 2007,

7; *Zwirner*, Anforderungen an Insolvenzpläne – Neufassung des IDW S 2 durch das IDW, Der Betrieb 2019, 1221

A. Grundlagen

I. Rechtsnatur des Insolvenzplans/Überblick zu dessen Leistungsfähigkeit

Der Insolvenzplan ist ein **spezifisch insolvenzrechtliches Instrument**, mit dem die Gläubigergesamtheit als eine durch die Eröffnung des Insolvenzverfahrens über das Vermögen des Schuldners zusammengefügte **Schicksalsgemeinschaft**[1] ihre Befriedigung aus dem Schuldnervermögen organisiert. Die Möglichkeit, den Willen einzelner Gläubiger durch Mehrheitsentscheidungen zu überwinden (§§ 244 ff. InsO) zeigt, dass der Insolvenzplan, auch wenn seine Annahme weitgehend auf der Willensübereinkunft der Beteiligten beruht, kein Vertrag im herkömmlichen Sinn ist.[2] 1

Der Insolvenzplan vermag den **Rechtsträger** (z. B. GmbH) und somit auch die für diesen erteilte Genehmigungen, Konzessionen und Verträge zu **erhalten**. Er ermöglicht eine **finanzwirtschaftliche Restrukturierung**, etwa durch Stundung oder Erlass auch gegen den Willen einzelner Gläubiger, eine gesellschaftsrechtliche Restrukturierung und bringt zudem (planbegleitend) das gesamte **leistungswirtschaftliche Sanierungsinstrumentarium** des Insolvenzverfahrens zur Anwendung. 2

Damit ist das Insolvenzplanverfahren vor allem für Unternehmen mit (nach leistungswirtschaftlicher Sanierung) gesundem operativem Geschäft und komplexer Passivseite sowie zur Straffung oder Neustrukturierung der Gesellschafterstruktur geeignet. Es ermöglicht anders als die Regelabwicklung, die sich streng an die Vorschriften der InsO zu halten hat, abhängig von den jeweiligen Umständen des Einzelfalls auch mikrochirurgische Eingriffe. Es öffnet die Tür zu den ausschließlich im Insolvenzverfahren verfügbaren leistungswirtschaftlichen Sanierungsinstrumenten (siehe Rz. 240 ff.) und kann hierdurch in den Fällen, in denen auch leistungswirtschaftlich saniert werden muss, mit deutlichen Vorteilen, insbesondere gegenüber dem Restrukturierungsplan, aufwarten. 3

II. Ursprung planmäßiger Restrukturierung und Umsetzung in Deutschland

1. Ursprung

In der zweiten Hälfte des 19. Jh. wurde der Westen der USA durch den Bau und Ausbau eines Eisenbahnsystems weiter erschlossen. Ungeachtet der staatlichen Zuschüsse und der Schenkung von Land entlang der Eisenbahnlinie an die **Eisenbahngesellschaften** führten die **Kapitalintensität und der hohe Liquiditätsbedarf** zu Insolvenzen von Bahngesellschaften. Aufgrund der volkswirtschaftlichen Bedeutung der Erschließung des Westens der USA war deren Liquidation einschließlich des Abbaus der Gleise keine wirtschaftliche Option. Das US-amerikanische Insolvenzrecht kannte zu dieser Zeit noch kein wirksames Reorganisationsverfahren. In der Folge erklärten sich mangels hinreichender gesetzlicher Regelungen zunächst die Bundesgerichte für zuständig, die Restrukturierung solcher Eisenbahngesellschaften zu beaufsichtigen und zu leiten. Im Rahmen dieses sog. Equity-Receivership-Verfahrens stellte der Supreme Court Grundregeln auf. Nachfolgend entwickelte sich das US-amerikanische Insolvenzrecht über den Bankruptcy Act 1898 und Reformen bis hin zum Bankruptcy Reform Act von 1978, dass ein Reorganisationsverfahren nach Chapter 11 regelt. In diesem **Reorganisationsverfahren** auf Antrag des Schuldners 4

---

1) BGH, Urt. v. 6.10.2005 – IX ZR 36/02, Rz. 15, ZIP 2006, 39 = NZI 2006, 100, dazu EWiR 2006, 87 *(Bähr/Landry)*.

2) BGH, Urt. v. 6.10.2005 – IX ZR 36/02, Rz. 15, ZIP 2006, 39 = NZI 2006, 100.

oder eines Gläubigers kann sich der Schuldner i. R. einer Eigenverwaltung außerhalb eines eröffneten Insolvenzverfahrens unter Beteiligung eines Gläubigerausschusses sanieren.[3)]

2. InsO 1999

5 Das **historische deutsche Konkursrecht** orientierte sich vorrangig am **Primat der Gesamtvollstreckung** in das schuldnerische Vermögen, nicht aber an der Restrukturierung. Zwar gab es die Vergleichsordnung aus dem Jahre 1935. Diese war allerdings aufgrund des Regelungsgehalts, insbesondere der erforderlichen Mehrheiten, nahezu bedeutungslos.[4)] Die gesellschaftliche Vorstellung der Insolvenz als „bürgerlicher Tod", die selbst heute noch weit verbreitet ist, verhinderte über Jahrzehnte quotenfördernde Reformen. Erst mit dem Inkrafttreten der **InsO** am 1.1.1999 wurde, orientiert am US-amerikanischen Recht, auch in Deutschland erstmals mit dem Insolvenzplanverfahren ein sinnhaftes **Reorganisationsverfahren** ermöglicht. Das Insolvenzverfahren diente fortan auch dazu, in einem Insolvenzplan, abweichend von der InsO, Regelungen insbesondere zum Erhalt des Unternehmens zu treffen und dem redlichen Schuldner Gelegenheit zu geben, sich von seinen restlichen Verbindlichkeiten zu befreien (§ 1 InsO).

3. Reformen der InsO

a) ESUG (Inkrafttreten zum 1.3.2012)

6 Die Erwartung des Gesetzgebers der InsO von 1999, dass ca. 10 % aller Insolvenzverfahren in ein Insolvenzplanverfahren münden,[5)] erfüllte sich nicht. Die Regelungen im sechsten Teil der InsO zum Insolvenzplan haben vielfach Kritik erfahren, da das Potenzial von in Insolvenzverfahren integrierten Restrukturierungsverfahren bei weitem nicht ausgeschöpft wurde. Wesentliche **Kritikpunkte** waren fehlende hinreichende Einflussmöglichkeiten auf die Bestellung des Insolvenzverwalters bzw. Sachwalters, ein nicht hinreichend berechenbarer Ablauf des Insolvenz(plan)verfahrens, zu langwierige Insolvenzplanverfahren, keine Eingriffsmöglichkeit in Anteils- und Mitgliedschaftsrechte, insbesondere auch keine Umwandlung von Forderungen in Eigenkapital (Debt Equity Swap), Rechtsunsicherheit durch Rechtsmittel und Obstruktion einzelner Gläubiger, nicht hinreichend qualifizierte Insolvenzgerichte und Sanierungshemmnisse aufgrund fiskalpolitischer Interessen.[6)]

7 Folge waren vereinzelte Sitzverlegungen ins Ausland (**Forum Shopping**),[7)] Sanierungskonzepte, die ausschließlich auf Insolvenzvermeidung ausgelegt waren (Insolvenzszenarien werden häufig lediglich als **Zerschlagungsszenarien** dargestellt und gerechnet), übertragende Sanierungen bei obstruierenden Anteilseignern im Insolvenzverfahren als einzige Sanierungsoption und verspätete Insolvenzantragstellungen, die für Deutschlands Insolvenzverfahren geringe Quoten zur Folge hatten.

8 Unter dem Eindruck der Wirtschafts- und Finanzkrise 2008/2009 und auf Druck der Sanierungspraxis hat der Gesetzgeber die InsO mit dem ESUG reformiert,[8)] das zur Opti-

---

3) S. detailliert hierzu: Uhlenbruck-*Lüer/Streit*, InsO, Vorb. §§ 217–269 Rz. 9 f.

4) *Vallender/Undritz*, Praxis des Insolvenzrechts, Kap. 1, A. Rz. 5.

5) *Wilhelmsen/Rechel*, BB 2010, 2059.

6) *Wienberg/Dellit* in: FS Wellensiek, S. 677 ff.

7) Etwa *Schefenacker*: Britische Gesellschaft übernahm die Unternehmensaktivitäten, vgl. dazu etwa Windsor/Müller-Seils/Burg, NZI 2007, 7; *Vallender*, NZI 2007, 129; *Griffiths/Hellmig*, NZI 2008, 418.

8) Gesetz zur weiteren Erleichterung der Sanierung von Unternehmen (ESUG), v. 7.12.2011, BGBl. I 2011, 2582 (Inkrafttreten: 1.3.2012).

mierung des Planverfahrens in Reaktion auf die Kritik an der alten Rechtslage seither u. a. folgende Maßnahmen vorsieht:

- Beschleunigung des Planverfahrens (§§ 66 Abs. 4, 231 Abs. 1 Satz 2, 232 Abs. 3 Satz 2, 235 Abs. 1 Satz 3, 254a InsO);
- Abbau von Blockadepotenzial (§§ 221, 251, 253 Abs. 2, 253 Abs. 4 InsO);
- Eingriffe in Anteils- und Mitgliedschaftsrechte (§§ 217 Abs. 1 Satz 2, 225a InsO);
- Zulässigkeit des Planverfahrens auch bei Masseunzulänglichkeit (§ 210a InsO);
- Erhöhung der Rechtssicherheit (§§ 254 Abs. 4, 259a Abs. 1, 259b Abs. 1 InsO);
- keine zwingende Sicherheitsleistung für am Ende des Insolvenzverfahrens nicht fällige Masseansprüche (§ 258 Abs. 2 Satz 2 InsO).

Das ESUG trat zum 1.3.2012 in Kraft. Gemäß Art. 103g EGInsO sind auf Insolvenzverfahren, die vor dem 1.3.2012 beantragt worden sind, die bis dahin geltenden Vorschriften weiter anzuwenden. 9

b) Gesetz zur Erleichterung der Bewältigung von Konzerninsolvenzen

Bis zum Inkrafttreten des Gesetzes zur Erleichterung der Bewältigung von Konzerninsolvenzen am 21.4.2018 war das geltende Recht ausschließlich auf die Insolvenz einzelner Rechtsträger zugeschnitten. Geriet ein Verbund verschiedener Unternehmen (Konzern) in die Krise, mussten die jeweiligen Insolvenzverwalter der einzelnen Unternehmen ggf. bei unterschiedlichen Insolvenzgerichten die Partikularinteressen der jeweiligen Gläubigerschaft beachten, ohne dass es gesetzliche Koordinierungsmöglichkeiten gab. Dies konnte dazu führen, dass die wirtschaftliche Einheit des Konzerns zerschlagen werden musste und damit nicht der volle Wert der Unternehmensgesamtheit für die Gläubiger realisiert werden konnte. Die mit Inkrafttreten des Gesetzes zur Erleichterung der Bewältigung von Konzerninsolvenzen eingefügten §§ 269a ff. InsO erleichtern die Bewältigung von Konzerninsolvenzen, ohne den Grundsatz „ein Unternehmen, ein Insolvenzverfahren“ aufzugeben. Vorgesehen sind insbesondere ein Gruppengerichtsstand (siehe Rz. 56 f.), ein Koordinationsverfahren (siehe Rz. 60) und ein Koordinationsplan (siehe Rz. 61). 10

c) SanInsFoG (Inkrafttreten zum 1.1.2021)

Bereits 2014 strebte die EU-Kommission mit einer „Empfehlung für einen neuen Ansatz im Umgang mit unternehmerischem Scheitern und Unternehmensinsolvenzen“[9] eine Harmonisierung der nationalen Insolvenzrechte an, damit „Abweichungen und Ineffizienzen [...] abgebaut werden und auf diese Weise die Kosten einer Restrukturierung für Schuldner und Gläubiger gesenkt“ sowie die Restrukturierung von Unternehmensgruppen erleichtert werden, ungeachtet des Niederlassungsortes der Mitglieder der Gruppe in der Europäischen Union. Ferner empfahl die EU-Kommission die Einführung eines vorinsolvenzlichen Sanierungsverfahrens, das weder langwierig noch kostenaufwendig sein und in dem die Einbeziehung des Gerichts auf das erforderliche Maß begrenzt werden sollte. 11

---

9) Empfehlung der Kommission v. 12.3.2014 für einen neuen Ansatz im Umgang mit unternehmerischem Scheitern und Unternehmensinsolvenzen (2014/135/EU), ABl. (EU) L 74/65, v. 14.3.2014.

12 Nachdem das Thema lange diskutiert und im Dezember 2018 zwischen EU-Rat, EU-Kommission und EU-Parlament ein Kompromiss gefunden wurde, trat die Richtlinie[10] im Juli 2019 in Kraft. Auch mit dem Ziel, durch die COVID-Pandemie erforderliche Anpassungen des Sanierungs- und Insolvenzrechts vorzunehmen, veröffentlichte das BMJV bereits am 19.9.2020 den Referentenentwurf für ein Gesetz zur Fortentwicklung des Sanierungs- und Insolvenzrechts[11] (SanInsFoG). Nur knapp zwei Monate später veröffentlichte die Bundesregierung einen auf dem Referentenentwurf aufbauenden Gesetzentwurf zur Fortentwicklung des Sanierungs- und Insolvenzrechts,[12] der am 17.12.2020 durch den Bundestag bestätigt wurde. Das SanInsFoG trat zum 1.1.2021 in Kraft.[13]

13 Wesentlicher Bestandteil des **SanInsFoG** ist das Unternehmensstabilisierungs- und Restrukturierungsgesetz[14] **(StaRUG)**, welches die Lücke zwischen vorinsolvenzlicher Sanierung und einer Sanierung durch ein gerichtliches Verfahren schließt. Unternehmen wird es ermöglicht, Verhandlungen mit Gläubigern eigenständig zu führen, um eine Insolvenz zu vermeiden. Dafür wurde ein **Restrukturierungsrahmen** geschaffen, der Unternehmen die Gelegenheit gibt, sich zu sanieren, bevor sie in die Insolvenz geraten (siehe Rz. 18 ff.).

14 Das SanInsFoG optimierte auch Vorschriften der InsO im Hinblick auf Insolvenzpläne, insbesondere

- Ermöglichung von Eingriffen in gruppeninterne Drittsicherheiten, § 217 Abs. 2 InsO (siehe Rz. 149),
- Beschleunigung des Planverfahrens, § 232 Abs. 4 InsO, (siehe Rz. 8, 276),
- Erleichterung der Vergleichsrechnung bei natürlichen Personen i. R. des Obstruktionsverbots, § 245 Abs. 2 Satz 2 InsO, (siehe Rz. 323 ff.) sowie § 245a InsO, (siehe Rz. 121, 331),
- Erleichterung der Zustellungen des Insolvenzplans an die Beteiligten, § 252 Abs. 2 Satz 3 InsO, (siehe Rz. 339),
- Stärkung der Gläubigerautonomie: Auftragserteilung zur Erstellung eines Insolvenzplans bei angeordneter Eigenverwaltung bereits durch den vorläufigen Gläubigerausschuss, § 284 Abs. 1 InsO, (siehe Rz. 259).

10) Richtlinie (EU) 2019/1023 des Europäischen Parlaments und des Rates v. 20.6.2019 über präventive Restrukturierungsrahmen, über Entschuldung und über Tätigkeitsverbote sowie über Maßnahmen zur Steigerung der Effizienz von Restrukturierungs-, Insolvenz- und Entschuldungsverfahren und zur Änderung der Richtlinie (EU) 2017/1132 (Richtlinie über Restrukturierung und Insolvenz – Restrukturierungsrichtlinie), ABl. (EU) L 172/18 v. 26.6.2019.

11) RefE SanInsFoG, v. 19.9.2020, abrufbar unter https://www.bmjv.de/SharedDocs/Gesetzgebungsverfahren/Dokumente/RefE_SanInsFoG.pdf?__blob=publicationFile&v=6 (Abrufdatum: 20.11.2023).

12) RegE SanInsFoG v. 9.11.2020, BT-Drucks. 19/24181.

13) Gesetz zur Fortentwicklung des Sanierungs- und Insolvenzrechts (Sanierungs- und Insolvenzrechtsfortentwicklungsgesetz – SanInsFoG), v. 22.12.2020, BGBl. I 2020, 3256.

14) Gesetz über den Stabilisierungs- und Restrukturierungsrahmen für Unternehmen (Unternehmensstabilisierungs- und -restrukturierungsgesetz – StaRUG), v. 22.12.2020, BGBl. I 2020, 3256 (= Art. 1 des Gesetzes zur Fortentwicklung des Sanierungs- und Insolvenzrechts [Sanierungs- und Insolvenzrechtsfortentwicklungsgesetz – SanInsFoG], v. 22.12.2020, BGBl. I 2020, 3256).

III. Insolvenzplan in der Systematik der Restrukturierungsoptionen

1. Übersicht

Nachfolgend sind die Restrukturierungsoptionen im Krisenverlauf abgebildet. 15

Abb. 1: Restrukturierungsoptionen im Krisenverlauf 16

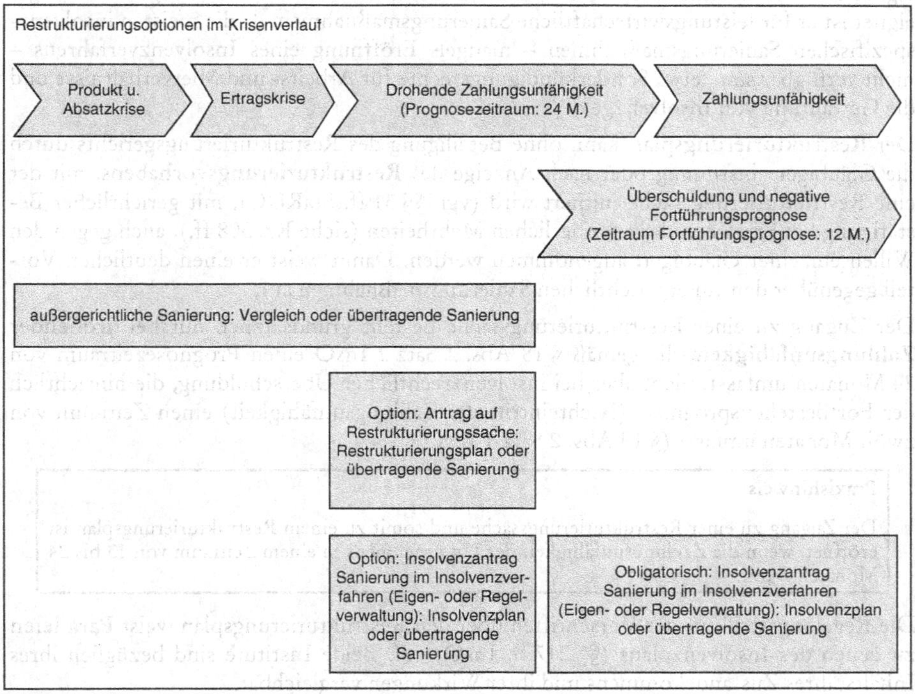

Quelle: Eigene Darstellung.

2. Außergerichtliche Sanierung

Sanierungsbeiträge müssen bei **außergerichtlicher Sanierung** jeweils bilateral mit den einzelnen Beteiligten verhandelt werden. Ungeachtet des damit verbundenen erheblichen Aufwands sind selten alle Stakeholder bereit, sich an den Sanierungsmaßnahmen zu beteiligen. Dies führt regelmäßig dazu, dass Gläubiger, insbesondere Finanzämter, eigene Beiträge aufgrund der Ungleichbehandlung ablehnen. Die fehlenden Sanierungsbeiträge der der Sanierung ablehnend gegenüberstehenden Stakeholder müssen sodann durch diejenigen aufgeholt werden, die sanierungsbereit sind. 17

3. Restrukturierungssache und -plan nach StaRUG

Am 1.1.2021 ist das Unternehmensstabilisierungs- und restrukturierungsgesetz (StaRUG) in Kraft getreten. (siehe Rz. 13) Das StaRUG bietet drohend zahlungsunfähigen Unternehmen ein vorinsolvenzliches Sanierungsverfahren, welches das deutsche Recht zuvor nicht kannte. Es erweitert den Werkzeugkasten der Sanierung, aus dem der Schuldner einzelne wählen kann, die ihm Sanierungsmöglichkeiten bieten, die zuvor nur in einem Insolvenzverfahren zur Verfügung standen. 18

19 Die §§ 84 bis 88 StaRUG zur öffentlichen Restrukturierungssache traten am 17.7.2022 in Kraft (Art. 25 Abs. 3 Nr. 1 SanInsFoG) und ermöglichen die **EU-weite Anerkennung** deutscher Restrukturierungsverfahren nach dem StaRUG als öffentliche Verfahren i. S. des Art. 1 Abs. 1, Abs. 3, Anhang A EuInsVO.

20 Zentrales Instrument des StaRUG ist der **Restrukturierungsplan** (§§ 2–28 StaRUG). Er eignet sich für finanzwirtschaftliche und gesellschaftsrechtliche Sanierungen. Nicht geeignet ist er für leistungswirtschaftliche Sanierungsmaßnahmen, da die meisten insolvenzspezifischen Sanierungsmaßnahmen – mangels Eröffnung eines Insolvenzverfahrens – nicht verfügbar sind, etwa Sonderkündigungsrechte für Arbeits- und Mietverhältnisse und die Gewährung von Insolvenzgeld.

21 Der **Restrukturierungsplan** kann ohne Beteiligung des Restrukturierungsgerichts durch die Gläubiger einstimmig oder nach Anzeige des **Restrukturierungsvorhabens**, mit der eine Restrukturierungssache initiiert wird (vgl. §§ 31 ff. StaRUG), mit gerichtlicher Bestätigung bei Erreichen der erforderlichen Mehrheiten (siehe Rz. 308 ff.), auch gegen den Willen einzelner Gläubiger, angenommen werden. Damit weist er einen deutlichen Vorteil gegenüber den außergerichtlichen Sanierungsmaßnahmen auf.

22 Der Zugang zu einer Restrukturierungssache besteht grundsätzlich nur bei **drohender Zahlungsunfähigkeit**, die gemäß § 18 Abs. 2 Satz 2 InsO einen Prognosezeitraum von 24 Monaten umfasst, nicht aber bei insolvenzrechtlicher Überschuldung, die hinsichtlich der Fortbestehensprognose (Nichteintritt der Zahlungsunfähigkeit) einen Zeitraum von zwölf Monaten umfasst (§ 19 Abs. 2 Satz 1 InsO).

> **Praxishinweis**
>
> Der Zugang zu einer Restrukturierungssache und somit zu einem Restrukturierungsplan ist eröffnet, wenn die Zahlungsunfähigkeit des Unternehmens in einem Zeitraum von 13 bis 24 Monaten droht.

23 Die Regelungsstruktur der Vorschriften über den Restrukturierungsplan weist **Parallelen** zu denen des Insolvenzplans (§§ 217 ff. InsO) auf. Beide Institute sind bezüglich ihres Inhalts, ihres Zustandekommens und ihrer Wirkungen vergleichbar.

24 **§ 2 StaRUG** legt die durch einen Restrukturierungsplan gestaltbaren Rechtsverhältnisse fest, die sich in ihrer sachlichen und personellen Reichweite an § 217 InsO anlehnen. Auf der Grundlage eines Restrukturierungsplans können gestaltet werden (siehe für den Insolvenzplan Rz. 139 ff.):

- Forderungen, die gegen eine restrukturierungsfähige Person (Schuldner) begründet sind (Restrukturierungsforderungen),
- die an Gegenständen des schuldnerischen Vermögens bestehenden Rechte, die im Fall der Eröffnung eines Insolvenzverfahrens zur Absonderung berechtigen würden, es sei denn, es handelt sich bei ihnen um Finanzsicherheiten i. S. des § 1 Abs. 17 KWG oder um Sicherheiten, die dem Betreiber eines Systems nach § 1 Abs. 16 KWG zur Absicherung seiner Ansprüche aus dem System oder der Zentralbank eines Mitgliedstaats der EU oder der Europäischen Zentralbank gestellt wurden (Absonderungsanwartschaften).

25 Ist der Schuldner eine juristische Person oder eine Gesellschaft ohne Rechtspersönlichkeit, können – wie im Insolvenzplanverfahren (§§ 217 Abs. 1 Satz 2, 225a InsO, siehe Rz. 166 ff.) – auch die Anteils- oder Mitgliedschaftsrechte der an dem Schuldner beteiligten Personen durch den Restrukturierungsplan gestaltet, sonstige gesellschaftsrechtlich zulässige

Regelungen getroffen sowie Anteils- und Mitgliedschaftsrechte übertragen werden (§ 2 **Abs. 3 StaRUG**).[15)]

26 **§ 2 Abs. 4 StaRUG** bezieht auch gruppeninterne Drittsicherheiten in den Katalog der gestaltbaren Rechtsverhältnisse ein (siehe für den Insolvenzplan Rz. 149 ff.).

27 Eingriffe in **Forderungen** von **Arbeitnehmern**, aus **vorsätzlicher unerlaubter Handlung** und solche i. S. des § 39 Abs. 1 Nr. 3 InsO, etwa Geldstrafen, Geldbußen, Ordnungsgelder und Zwangsgelder, schließt § 4 StaRUG aus. Im Insolvenzplanverfahren sind gemäß § 225 Abs. 3 InsO nur Eingriffe in Geldstrafen und die diesen in § 39 Abs. 1 Nr. 3 InsO gleichgestellten Verbindlichkeiten ausgeschlossen.

28 Wie der Insolvenzplan (vgl. § 219 Satz 1 InsO) besteht der Restrukturierungsplan aus einem **darstellenden** (§ 6 StaRUG) und einem **gestaltenden Teil** (§ 7 StaRUG). Der Restrukturierungsplan vermag zu bestimmen, welche Beteiligten planbetroffen sein sollen. Die Auswahl der **Planbetroffenen** hat dabei nach sachgerechten Kriterien zu erfolgen, die im darstellenden Teil des Restrukturierungsplans anzugeben und zu erläutern sind (§ 8 Satz 1 StaRUG). Diese Selektionsmöglichkeit unterscheidet den Restrukturierungsplan vom Insolvenzplan. Begrenzt wird die Auswahl der Planbetroffenen im Restrukturierungsplan durch das Kriterium der Sachgerechtheit, deren Einzelheiten in § 8 Satz 2 Nr. 1 bis 3 StaRUG geregelt sind (siehe zum Insolvenzplan Rz. 106 ff.).

29 Bei der Festlegung der Rechte der Planbetroffenen im Restrukturierungsplan sind (obligatorische) **Gruppen** zu bilden, soweit Planbetroffene mit unterschiedlicher Rechtsstellung betroffen sind (§ 9 Abs. 1 Satz 1 StaRUG). Die Bildung nur einer Gruppe ist möglich (§ 8 Satz 2 Nr. 3 StaRUG); siehe zum Insolvenzplan Rz. 92.

30 Innerhalb einer Gruppe gilt der **Gleichbehandlungsgrundsatz** (§ 10 Abs. 1 StaRUG), siehe zum Insolvenzplan Rz. 91, 156, 168. Eine unterschiedliche Behandlung der Planbetroffenen in einer Gruppe ist nur mit Zustimmung aller Planbetroffenen, zu deren Lasten die unterschiedliche Behandlung geht, zulässig. In diesem Fall ist dem Restrukturierungsplan die zustimmende Erklärung eines jeden Planbetroffenen, zu dessen Lasten die unterschiedliche Behandlung geht, beizufügen (§ 10 Abs. 2 StaRUG), siehe zum Insolvenzplan Rz. 91. Jedes Abkommen des Schuldners oder Dritter mit einzelnen Planbetroffenen, durch das diesen für ihr Verhalten ein nicht im Restrukturierungsplan vorgesehener Vorteil gewährt wird, ist gemäß § 10 Abs. 3 StaRUG nichtig, siehe zum Insolvenzplan Rz. 204.

31 Ist im Restrukturierungsplan nichts anderes bestimmt, wird der Schuldner mit der im gestaltenden Teil vorgesehenen **Befriedigung** der Gläubiger von seinen restlichen Verbindlichkeiten gegenüber diesen aus den in den Restrukturierungsplan einbezogenen Restrukturierungsforderungen und Absonderungsanwartschaften befreit, § 11 StaRUG (siehe zum Insolvenzplan Rz. 191).

32 Gemäß § 12 StaRUG können in den Restrukturierungsplan Regelungen zur Zusage von **Darlehen** oder sonstigen Krediten aufgenommen werden, die zur Finanzierung der Restrukturierung auf der Grundlage des Restrukturierungsplans erforderlich sind (neue Finanzierung), siehe zum Insolvenzplan Rz. 222. Als **neue Finanzierung** gilt auch deren Besicherung. Zur Kreditierung verpflichtet werden können die Planbetroffenen nicht.

33 Für den Fall, dass Einstimmigkeit der betroffenen Gläubiger in einer (außergerichtlichen) Planabstimmung prognostisch nicht erreichbar ist, oder nicht erreicht wurde, kann das Unternehmen i. R. einer **(gerichtlichen) Restrukturierungssache** (siehe Rz. 18) Stabilisierungs- und Restrukturierungsinstrumente nutzen, sich insbesondere einen Restrukturierungsplan gerichtlich bestätigen lassen. Auf Antrag des Schuldners bestätigt das Gericht i. R. einer Re-

15) Braun-*Esser*, StaRUG, § 2 Rz. 30 ff.

strukturierungssache (§§ 31 ff. StaRUG) den von den Planbetroffenen angenommenen Restrukturierungsplan durch Beschluss (§ 60 Abs. 1 Satz 1 StaRUG), sofern keine Versagungsgründe gemäß § 63 StaRUG vorliegen und die Gläubiger mit den erforderlichen Mehrheiten den Restrukturierungsplan angenommen haben oder deren Zustimmung ersetzt wurde (siehe zum Insolvenzplan Rz. 322 ff.). In jeder Gruppe ist eine 75 %ige Mehrheit der Forderungen zur Annahme erforderlich (§ 25 StaRUG); siehe zum Insolvenzplan Rz. 285. Wird in einer Gruppe die nach § 25 StaRUG erforderliche Mehrheit nicht erreicht, gilt die Zustimmung dieser Gruppe unter den Voraussetzungen des § 26 StaRUG (gruppenübergreifende Mehrheitsentscheidung oder Cross-Class Cram-down) als erteilt (siehe zum Insolvenzplan Rz. 285, 322). Die Beantragung des Instruments der gerichtlichen Planbestätigung (§ 29 Abs. 2 Nr. 4 StaRUG) dient primär dazu, auch diejenigen Planbetroffenen an den Restrukturierungsplan zu binden, die gegen ihn gestimmt haben oder die an der Abstimmung nicht teilgenommen haben (§ 67 Abs. 1 Satz 2 StaRUG).

34 Restrukturierungssachen sind grundsätzlich **nicht öffentlich**. Gemäß §§ 84 ff. StaRUG kann der Schuldner beantragen, die Restrukturierungssache öffentlich bekannt zu machen.

4. Insolvenzplan

a) Verteilung der Sanierungsbeiträge

35 In sich verschärfenden Krisenszenarien nehmen sowohl die Kosten der Finanzierung der Sanierung als auch die Risiken bei Ausreichung oder Prolongierung der finanziellen Mittel zu. Die Lasten dieser Finanzierung sind regelmäßig ungleich verteilt. Neben Eigenkapital, das häufig nur unzureichend vorhanden ist, wird Fremdkapital meist bei den beteiligten Kreditinstituten, aber auch bei Kunden oder Lieferanten abgefragt.

36 Ist die Krise schon so weit vorangeschritten, dass die Zuführung frischer Mittel allein nicht mehr ausreicht, sondern auch Stundungen und Erlasse erforderlich sind, stellt sich die Frage, welche **Stakeholder Sanierungsbeiträge** leisten. In Betracht kommen Kreditinstitute, Leasinggeber, Kunden, Vermieter/Verpächter, Dienstleister/Lieferanten, die Bundesagentur für Arbeit, die Finanzverwaltung, Arbeitnehmer, der PSVaG (Pensionssicherungsverein) und sonstige Gläubiger.

37 Ab einem bestimmten Krisenstadium überwiegen für die sanierungsbereiten Gläubiger die **Risiken** die **Chancen der außergerichtlichen Sanierung**:

38 **Abb. 2: Risiken der Finanzierung bei sich verschärfender Krise**

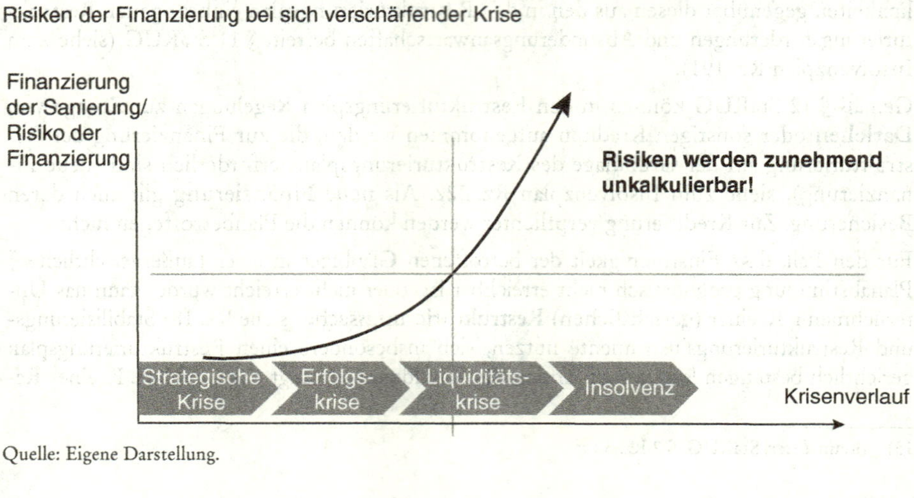

Quelle: Eigene Darstellung.

Deutlich vor diesem Zeitpunkt sollten die Stakeholder, die bereit sind, die Sanierung zu tragen, daher eine **Entscheidung über die beste Art der Sanierung** treffen (können). Hierzu bedarf es eines **Sanierungsgutachtens**, in dem sämtliche in Betracht kommenden Sanierungsalternativen dargestellt sind. Neben der außergerichtlichen Sanierung und dem Restrukturierungsplan sollte dort insbesondere auch – bei Sinnhaftigkeit und Machbarkeit – das **Insolvenzplanszenario** gerechnet werden. Erst dann ist überhaupt eine objektive Entscheidung über die beste Art der Sanierung möglich. 39

> **Praxishinweis**
>
> Je früher die Krise „in den Blick genommen" wird, anstatt sie zu ignorieren oder auf Besserung ohne Restrukturierung zu hoffen, desto größer sind die Sanierungschancen und die Sanierungsoptionen. Sanierungsfördernd ist – sofern das Insolvenzverfahren mit Insolvenzplan die beste Option ist – ein Insolvenzantrag unter Beifügung eines Insolvenzplans bereits bei drohender Zahlungsunfähigkeit.

b) Kriterien pro Insolvenzplan/Ausschlusskriterien

Im Zusammenhang mit einer objektiven Entscheidung zur optimalen Sanierungslösung stellt sich die Frage, bei Vorliegen welcher **Kriterien** die Berechnung eines **Insolvenzplanszenarios** zwingend oder zumindest sinnvoll ist und wann dies nicht angezeigt ist. Die Kriterien orientieren sich an den **besonderen insolvenz- sowie insolvenzplanspezifischen Sanierungsinstrumenten** (siehe Rz. 240 ff.), die bei außergerichtlicher, übertragender Sanierung oder im Restrukturierungsplan nicht zur Verfügung stehen. Zudem können Akkordstörer, also die nicht zur Sanierung bereite Minderheit, durch den Insolvenzplan zu Sanierungsbeiträgen gezwungen werden, ohne dass – wie bei außergerichtlicher Sanierung erforderlich – eine Vielzahl von bilateralen Verhandlungen erforderlich ist. Die erforderlichen Mehrheiten lassen sich im Insolvenzplan im Vergleich zum Restrukturierungsplan leichter erreichen (siehe zu den erforderlichen Mehrheiten im Insolvenzplan Rz. 285 und im Restrukturierungsplan Rz. 33). Die Last der Finanzierung der Sanierung wird im Insolvenzplan auf den Schultern sämtlicher (insbesondere ungesicherter) Gläubiger verteilt, dagegen im Restrukturierungsplan nur der Planbetroffenen und bei außergerichtlicher Sanierung nur der Gläubiger, mit denen bilateral Vereinbarungen getroffen wurden. 40

In Abb. 3 sind Kriterien dargestellt, die zu einer Unzulässigkeit oder Undurchführbarkeit eines Insolvenzplans führen. 41

Abb. 3: Ausschlusskriterien für Insolvenzplan 42

> **Zwingende Ausschlusskriterien**
>
> – Insolvenzeröffnungsgrund, d. h. Zahlungsunfähigkeit, drohende Zahlungsunfähigkeit und/oder Überschuldung (ohne positive Fortführungsprognose), liegt **nicht** vor, § 218 Abs. 1 InsO.
> – (Drohende) Gewerbeuntersagung (AG Siegen, Beschl. v. 28.12.1999 – 25 IN 161/99).
> – Schuldner (sofern natürliche Person, insbesondere Einzelunternehmer bzw. persönlich haftender Gesellschafter einer Gesellschaft ohne Rechtspersönlichkeit oder Kommanditgesellschaft auf Aktien) ist nicht zur Betriebsfortführung bereit, § 230 Abs. 1 InsO.
> – Geschäftsführer/Vorstand einer Kapitalgesellschaft kann nicht ausgetauscht werden und ist/wird wegen Insolvenzstraftaten (§§ 283 bis 283 d StGB) oder Insolvenzverschleppung verurteilt (grundsätzlich fünf Jahre ab Rechtskraft); § 6 Abs. 2 Nr. 3 GmbHG, § 76 Abs. 3 Nr. 3 AktG.
> – Vertrauenssensible Branche.
> – Kein zukunftsfähiges Geschäftsmodell.
> – Vertrauen der Stakeholder in das Unternehmen ist nachhaltig verloren und kann auch nicht durch Austausch der Organe und Gesellschafter wiederhergestellt werden.

Quelle: Eigene Darstellung.

c) Kosten des Planverfahrens

43 **Erarbeitet der Verwalter einen Insolvenzplan**, ist seine Tätigkeit in den Kosten des Insolvenzverfahrens gemäß § 54 Nr. 2 InsO enthalten. Die Vergütung des Insolvenzverwalters wird vom Insolvenzgericht festgesetzt.

Praxishinweis

Eine Regelung im Insolvenzplan über die **Festsetzung der Vergütung des Insolvenzverwalters** gehört nicht zu den Gegenständen, die nach den gesetzlichen Bestimmungen Inhalt eines Insolvenzplans sein können.[16] Weder § 217 InsO noch andere Vorschriften über den Insolvenzplan eröffnen diese Möglichkeit. Ein Insolvenzplan, der dennoch eine solche Regelung enthält, verstößt gegen die Vorschriften über den Inhalt des Insolvenzplans.[17] Ebenso kann die Bestätigung eines Insolvenzplans nicht von der Bedingung abhängig gemacht werden, dass das Insolvenzgericht die Vergütung des Insolvenzverwalters vor der Bestätigung des Insolvenzplans festsetzt.[18]

Die **Vergütung der Mitglieder** eines mit der Überwachung der Planerfüllung betrauten **Gläubigerausschusses**, der erst nach Aufhebung des Insolvenzverfahrens bestimmt worden ist, kann Gegenstand einer nach Aufhebung des Insolvenzverfahrens geschlossenen Vereinbarung zwischen dem Schuldner und den Ausschussmitgliedern sein. Die Vergütung muss nicht durch das Insolvenzgericht festgesetzt werden.[19]

44 Gemäß § 3 Abs. 1 lit. e InsVV erhält der Verwalter für die Ausarbeitung eines Insolvenzplans einen **Zuschlag** auf den Regelsatz der Vergütung eines Insolvenzverwalters (§ 2 InsVV). Beauftragt ein Verwalter einen **Dritten** mit der Erstellung eines Insolvenzplans kommt ein Zuschlag nur in Betracht, wenn er dennoch einen erheblichen Mehraufwand hatte. Die **Bemessung** der Höhe des Zuschlags hat stets zu berücksichtigen, welchen Inhalt der Insolvenzplan hat und welche Tätigkeiten und Aufwendungen des Insolvenzverwalters und seiner Mitarbeiter hierfür erforderlich waren.[20] Zu beachten ist zudem, dass die relevante **Berechnungsgrundlage** für die Vergütung des Insolvenzverwalters (§ 1 InsVV) sowie die **Gerichtskosten** (§ 58 GKG) sich durch die Berücksichtigung von Fortführungswerten im Verhältnis zur Regelabwicklung (meist Zerschlagungswerte) erhöht. Zusätzliche Kosten entstehen für Zustellungen (gemäß §§ 235 Abs. 3, 252 Abs. 2 InsO) als Auslagen des Gerichts (§ 54 InsO) sowie ggf. für planbegleitende Maßnahmen, etwa eine steuerrechtliche Begleitung.

45 **Erarbeitet der Schuldner selbst einen Insolvenzplan** und werden betriebswirtschaftliche und/oder rechtliche Berater beauftragt, sind deren Leistungen regelmäßig zeitaufwandsbezogen zu vergüten.

Praxishinweis

Für die Leistungen vor Eröffnung des Insolvenzverfahrens ist aus Sicht der Berater darauf zu achten, dass die Vergütung nicht gemäß §§ 129 ff. InsO in anfechtbarer Weise geleistet wird, sondern den Grundsätzen des **Bargeschäfts** (§ 142 InsO) entspricht.

46 Im Rahmen der **vorläufigen Eigenverwaltung** gemäß § 270b InsO wird man dem Schuldner einen Anspruch auf Ersatz angemessener Beratungskosten zur Vorbereitung und Durchführung der Sanierung zuerkennen müssen.[21] Da solche Beratungskosten

16) BGH, Beschl. v. 16.2.2017 – IX ZB 103/15, ZIP 2017, 482 = NZI 2017, 260, dazu EWiR 2017, 179 *(Madaus)*.

17) BGH, Beschl. v. 16.2.2017 – IX ZB 103/15, ZIP 2017, 482 = NZI 2017, 260.

18) BGH, Beschl. v. 16.2.2017 – IX ZB 103/15, ZIP 2017, 482 = NZI 2017, 260.

19) BGH, Urt. v. 6.5.2021 – IX ZR 57/20, ZVI 2021, 341 = ZRI 2021, 532 = NZI 2021, 733.

20) *Haarmeyer/Mock*, InsVV, § 3 Rz. 50.

21) *Körner/Rendels* in: Kübler/Bork/Prütting, HRI II, § 20 Rz. 27.

nicht zum gewöhnlichen Geschäftsbetrieb gehören,[22] bedarf es der Zustimmung des vorläufigen Sachwalters. Der vorläufige Sachwalter hat allerdings, jedenfalls solange die Sanierung nicht offensichtlich aussichtslos ist, der Entnahme der Beratungskosten für die Schuldnerberatung grundsätzlich i. R. der §§ 270b Abs. 1, 275 Abs. 1 InsO zuzustimmen.[23] Gleiches gilt für entsprechende Beratungsleistungen nach Eröffnung des Insolvenzverfahrens im Fall der **Eigenverwaltung.**[24]

Ist **Eigenverwaltung** angeordnet und nimmt die Tätigkeit i. R. der allgemeinen Mitwir- 47
kung gemäß § 218 Abs. 2 InsO den Sachwalter nur in geringem Maß in Anspruch wird im Zusammenhang mit dem Plan kein, oder nur ein geringer Zuschlag zu seiner Vergütung zu gewähren sein. Anderes gilt jedenfalls dann, wenn die Überarbeitung des Plans einen vergütungsrelevanten Aufwand mit sich gebracht hat.[25] Bei beantragter Eigenverwaltung kann der **vorläufige Sachwalter** vom vorläufigen Gläubigerausschuss mit Zustimmung des Schuldners bereits im Insolvenzantragsverfahren beauftragt werden, einen **Insolvenzplan auszuarbeiten.** Diese Tätigkeit ist dann ebenfalls aus der Masse mit einem Zuschlag zu vergüten.[26] Gleiches gilt bei seiner Beauftragung durch die Gläubigerversammlung.

Im Rahmen des **Regelinsolvenzverfahrens** hat der **Schuldner** keinen gesetzlichen An- 48
spruch auf Erstattung der durch die Planerstellung entstehenden Kosten.[27]

d) Die geplante Insolvenz (Planinsolvenz)

In Abb. 4 wird der Ablauf eines strukturierten Insolvenzverfahrens „Planinsolvenz" dar- 49
gestellt.

Abb. 4: Die Planinsolvenz 50

Schritt 1a

Vorüberlegung zu Handlungsoptionen im Sanierungsfall: Gibt es k.-o.-Kriterien für eine der Sanierungsalternativen?

- Beispiele k.-o.-Kriterien außergerichtliche Sanierung: keine frischen Mittel aufgrund der Risiken der außergerichtlichen Sanierung, keine Einigung auf erforderlichen Haircut.
- Beispiele k.-o.-Kriterien Asset Deal: kein Investor, betriebsnotwendige Genehmigungen, Lizenzen, Verträge sind nicht übertragbar.
- Beispiele k.-o.-Kriterien Insolvenzplan: siehe Abb. 3.

Schritt 1b

Erstellung Sanierungsgutachten in den Szenarien, soweit relevant:

- außergerichtlich: etwa (Teil-)Sanierung, übertragende Sanierung von Betriebsteilen, (Teil-)Liquidation,
- Restrukturierungsplan: etwa (Teil-)Sanierung, übertragende Sanierung von Betriebsteilen, (Teil-)Liquidation,
- Insolvenzplan mit (Teil-)Sanierung, übertragender Sanierung von Betriebsteilen, (Teil-)Liquidation,
- Insolvenzverfahren: etwa übertragende Sanierung von Betriebsteilen, (Teil-)Liquidation.

Ergebnisse sind jeweils für gesicherte Gläubiger und ungesicherte Gläubiger gesondert auszuweisen.

22) A. A. *Hölzle*, ZIP 2012, 855, 856.
23) *Körner/Rendels* in: Kübler/Bork/Prütting, HRI II, § 20 Rz. 27.
24) Umfassend zur Kostentragung im Schutzschirmverfahren: *Hölzle*, ZIP 2012, 855.
25) *Stephan/Riedel*, InsVV, § 3 Rz. 28.
26) BGH, Urt. v. 22.9.2016 – IX ZB 71/14, ZIP 2016, 1981 = NZI 2016, 963.
27) *Eidenmüller* in: MünchKomm-InsO, § 218 Rz. 94 ff.

Schritt 1c

Feststellung, ob Insolvenzplan die optimale Sanierungslösung ist. Hierzu sind zu ermitteln:

- Verkehrswerte sämtlicher Vermögensgegenstände unter Liquidations- und Fortführungsgesichtspunkten (ggf. auch: Kaufpreise bei übertragender Sanierung i. R. eines strukturierten Verkaufsprozesses);
- potenzielle insolvenzspezifische Ansprüche, etwa Anfechtung;
- Cashflow bei außergerichtlicher Sanierung (Berechnung aufgrund integrierter Finanzplanung);
- Cashflow bei Restrukturierungsplan (Berechnung aufgrund integrierter Finanzplanung);
- Cashflow bei Insolvenzplan (Berechnung aufgrund integrierter Finanzplanung).

Schritt 2 (unterstellt, der Insolvenzplan ist die optimale Sanierungslösung):

- Erstellung eines Insolvenzplanentwurfs einschließlich Sanierungskonzept, ggf. Abstimmung mit den wesentlichen Gläubigern.
- ggf. Bestellung eines insolvenzerfahrenen Sanierungsvorstands/-geschäftsführers.
- Einreichung des Insolvenzantrags, ggf. verbunden mit Antrag auf Eigenverwaltung und Schutzschirmverfahren.
- Erforderlichenfalls Anordnung der Einstellung von Einzelzwangsmaßnahmen; unter dem Schutz der (vorläufigen) Insolvenzverwaltung oder unter Kontrolle des (vorläufigen) Sachwalters kann Restrukturierung vorangetrieben werden, ohne dass eine Vielzahl von bilateralen Vereinbarungen getroffen werden müsste.
- Abstimmung des Insolvenzplans mit den wesentlichen Gläubigern und dem (vorläufigen) Insolvenz- bzw. Sachwalter oder – sofern der Insolvenz- bzw. Sachwalter den Insolvenzplan eingereicht hat – mit dem Schuldner.
- Einreichung des Insolvenzplans.

Schritt 3

Umsetzung des Sanierungskonzepts

Schritt 4

Mit Rechtskraft der gerichtlichen Bestätigung des Insolvenzplans, §§ 248, 253 InsO, treten dessen Wirkungen ein, es werden etwa finanz- sowie gesellschaftsrechtliche Sanierungsmaßnahmen umgesetzt, soweit dies im Insolvenzplan vorgesehen ist.

Schritt 5

Aufhebung des Insolvenzverfahrens: durch die Sanierungsmaßnahmen sind die Insolvenzeröffnungsgründe Überschuldung[28)] und (drohende) Zahlungsunfähigkeit beseitigt.

Schritt 6

Das Unternehmen hat, soweit dies nicht während des Verfahrens erledigt wurde, neben den laufenden lediglich noch die Verpflichtungen aus dem Insolvenzplan zu erfüllen. Hierzu gehört regelmäßig eine Quotenzahlung, die entweder aus neu zufließenden Finanzmitteln (etwa von neuen oder alten Anteilsinhabern) oder aber aus dem künftigen Geschäftsbetrieb finanziert wird.

Quelle: Eigene Darstellung.

IV. Insolvenzplanarten

1. Fortführungsplan/Abgrenzung zur übertragenden Sanierung

51 Der **Fortführungsplan** erhält den Geschäftsbetrieb oder Teile hiervon im alten Rechtsträger, etwa einer GmbH oder einer AG. Aus dem Insolvenzverfahren geht – ggf. gesellschaftsrechtlich umstrukturiert – derselbe Rechtsträger hervor, der in das Insolvenzverfahren eingetreten ist. Dieser verfügt nach wie vor über sämtliche **betriebsnotwendigen Vermögensgegenstände**. Dies unterscheidet den Fortführungsplan von der **übertragenden Sanierung**, bei der der Geschäftsbetrieb mit den betriebsnotwendigen Vermögensgegenständen sowie den Arbeitnehmern aus dem alten Rechtsträger herausgelöst und auf

28) Zum Überschuldungsbegriff ab 1.1.2011 *Schröder* in: HambKomm-InsO, § 19 Rz. 11 f. m. w. N.

einen neuen Rechtsträger übertragen wird. Für die Übertragung des Geschäftsbetriebs erhält der alte Rechtsträger regelmäßig einen Kaufpreis, der vorrangig der Befriedigung seiner Gläubiger dient und nachrangig, bei Vollbefriedigung aller Gläubiger, an den Schuldner gemäß § 199 Satz 1 InsO bzw. an die in § 199 Satz 2 InsO genannten Personen verteilt wird.

2. Fortführungsplan mit übertragender Sanierung oder Liquidation einzelner Geschäftsbereiche

Der Fortführungsplan kann zum Modellieren einer neuen Unternehmensstruktur auch Betriebsteile oder Geschäftsbereiche teilweise verkaufen oder stilllegen und das Unternehmen im Übrigen sanieren. 52

3. Verfahrensleitender Insolvenzplan mit übertragender Sanierung

Es kann sinnvoll sein, das **Insolvenzplanverfahren** mit einer **übertragenden Sanierung** 53 zu **verknüpfen.** Der Grund hierfür kann sein, das operative Geschäft möglichst schnell vom „Insolvenzmakel" zu befreien, indem die betriebsnotwendigen Vermögensgegenstände auf einen neuen Rechtsträger übertragen werden. Die Restverwertung, Lösung etwaiger streitiger Fragen und Verteilung an die Gläubiger kann dann über einen verfahrensleitenden Insolvenzplan erfolgen.

Vor Inkrafttreten des ESUG[29] wurden **verfahrensleitende Insolvenzpläne** teilweise für 54 unzulässig gehalten.[30] Der Gesetzgeber hat in § 217 InsO klargestellt, dass Gegenstand des Insolvenzplans auch die Verfahrensabwicklung sein kann. Als Ausdruck der Gläubigerautonomie sollen die Gläubiger i. R. eines Insolvenzplans auch abweichend von den Vorschriften der InsO darüber befinden können, wie die Insolvenzmasse verwertet und verteilt wird.

Praxishinweis

Der Insolvenzplan kann etwa eine Teilgeschäftsveräußerung mit anschließender (Abschlags-)Verteilung an die Gläubiger und, nach Realisierung weiterer Ansprüche (etwa aus Vorstands- und Geschäftsführerhaftung) im fortdauernden Insolvenzverfahren, die Schlussverteilung vorsehen.

4. Koordinationsplan und Konzerninsolvenzplan

Volkswirtschaftlich bedeutsame Unternehmen bestehen regelmäßig, mittelständisch or- 55 ganisierte Unternehmen häufig, aus **verbundenen Einzelunternehmen.** Gerät ein solcher Konzern in eine wirtschaftliche Schieflage, bedarf es im Falle der Eröffnung eines Insolvenzverfahrens geeigneter Lösungen, die die in allen insolventen Konzerngesellschaften vorhandene Haftungsmasse im Interesse der Gläubigerschaft maximieren.[31] Mit Anordnung der vorläufigen Insolvenzverwaltung, spätestens aber mit Eröffnung eines Insolvenzverfahrens, entfällt in vielen Fallkonstellationen ein wesentliches Element einer Unternehmensgruppe, die einheitliche wirtschaftliche Leitungsmacht. Dies gilt etwa im GmbH-Konzern im Fall der Insolvenz von Tochtergesellschaften. Es bedarf daher geeigneter Instrumente, die zumindest faktisch die **Konzernleitungsmacht** im Insolvenzver-

29) Gesetz zur weiteren Erleichterung der Sanierung von Unternehmen (ESUG), v. 7.12.2011, BGBl. I 2011, 2582 (Inkrafttreten: 1.3.2012).

30) Vgl. *Heinrichs*, NZI 2008, 74, 76; Andres/Leithaus-*Andres*, InsO, § 258 Rz. 8; dies offenlassend: BGH, Beschl. v. 5.2.2009 – IX ZB 230/07, ZIP 2009, 480 = ZInsO 2009, 478, dazu EWiR 2009, 251 *(Landry)*.

31) RegE Gesetz zur Erleichterung der Bewältigung von Konzerninsolvenzen, BT-Drucks. 18/407.

fahren einzelner oder aller gruppenangehöriger Unternehmen erhalten, mindestens aber koordinieren und deren Bestand i. R. der Restrukturierungsmaßnahmen sichern. Andernfalls ist sowohl die Betriebsfortführung als auch die Sanierung des Konzerns als wirtschaftliche Einheit gefährdet.[32)]

56 Mit dem Gesetz zur Erleichterung der Bewältigung von Konzerninsolvenzen,[33)] das am 21.4.2018 in Kraft getreten ist (siehe Rz. 10), sind im deutschen Insolvenzrecht im Wesentlichen koordinierende Regelungen in Kraft getreten, die mit einem **Gruppen-Gerichtsstand** (ein Insolvenzgericht für alle gruppenangehörigen Unternehmen, siehe §§ 3a–3e InsO), einem Gruppen-Gläubigerausschuss (zusätzlich zu den Einzelgläubigerausschüssen, siehe § 269c InsO) und einem Gruppen-Insolvenzverwalter (eine Person als Verwalter für alle gruppenangehörigen Unternehmen, siehe § 56b InsO) darauf zielt, ungeachtet des weiterhin geltenden Grundsatzes der Trennung der Vermögensmassen, wirtschaftliche Einheiten zu erhalten, sofern dies wirtschaftlich sinnvoll ist.

57 Ein **Gruppen-Gerichtsstand** (vgl. §§ 3a ff. InsO) auf Antrag des Schuldners ermöglicht die Durchführung von Insolvenzverfahren aller gruppenangehöriger Gesellschaften bei einem Insolvenzgericht, auch wenn örtlich unterschiedliche Insolvenzgerichte für diese zuständig wären.

58 Für den Fall, dass dennoch verschiedene Personen zu Verwaltern der gruppenangehörigen Unternehmen bestellt werden, ist ein Koordinationsverfahren und gemäß § 269e InsO die Möglichkeit der Bestellung eines **Verfahrenskoordinators** vorgesehen. Dieser soll regelmäßig ein neutraler Dritter sein, der keinen Interessenkonflikten ausgesetzt ist und der als Mediator zwischen den Verfahrensbeteiligten agiert, um für eine abgestimmte Abwicklung der Verfahren zu sorgen (§ 269f Abs. 1 InsO).

59 Ist ein Verfahrenskoordinator (noch) nicht bestellt, können die Insolvenzverwalter der gruppenangehörigen Schuldner gemeinsam einen Koordinierungsplan vorlegen.

60 Das **Koordinierungsverfahren** (vgl. § 269d Abs. 1 InsO) soll die Abstimmung der Einzelverfahren verbessern. Der Koordinationsplan (§ 269h InsO) bildet das Herzstück des Koordinationsverfahrens.[34)] In dem **Koordinationsplan** gemäß § 369h InsO können alle Maßnahmen beschrieben werden, die für eine abgestimmte Abwicklung der Verfahren sachdienlich sind. Insbesondere kann der Plan Vorschläge enthalten:

- zur Wiederherstellung der wirtschaftlichen Leistungsfähigkeit einzelner Teile oder der gesamten Unternehmensgruppe,
- zur Beilegung gruppeninterner Streitigkeiten,
- zu vertraglichen Vereinbarungen zwischen den Insolvenzverwaltern, etwa auch über die Liquiditätssteuerung und die Bestellung von Sicherheiten.

61 Einen gestaltenden Teil enthält der Koordinationsplan nicht.

62 Die Verpflichtung zur Zusammenarbeit der Verwalter ist in § 269a InsO normiert, galt aber bereits vor Inkrafttreten dieser Vorschrift aufgrund § 1 InsO (bestmögliche Verwertung des Vermögens).[35)]

32) *Dellit*, Der Konzern, 2013, 190, 191.

33) Gesetz zur Erleichterung der Bewältigung von Konzerninsolvenzen, v. 13.4.2017, BGBl. I 2017, 866.

34) *Specovius*, NZI Beilage Heft 1/2018, S. 35.

35) Umfassend zur Koordination von Mittelstandskonzernen in der Insolvenz: *Dellit/Bräuer* in: Wilhelm, Konzerninsolvenzrecht, C. IV. 3., Rz. 42 ff.

Es ist aber weiterhin auch ohne Koordinationsverfahren und Bestellung eines Verfahrenskoordinators möglich, eine (Sanierungs-)Lösung für eine Unternehmensgruppe oder Teile hiervon durch Insolvenzpläne zu strukturieren. 63

Praxishinweis

Beispielhaft hierfür steht ein Fall aus der Sanierungspraxis der Autoren: Für drei Konzerngesellschaften (Stahlverarbeitung) wurden drei verschiedene Insolvenzverwalter eingesetzt. Unter Federführung eines Verwalters wurde ein Insolvenzplan für sämtliche beteiligten Konzerngesellschaften erstellt, wobei im Gestaltenden Teil des Insolvenzplans sowohl allgemeine Regelungen für alle Gesellschaften als auch spezielle Regelungen für jede einzelne Gesellschaft, etwa zum Eingriff in die Rechte der Gläubiger, getroffen wurden. Einzelne Anlagen zum Insolvenzplan wurden jeweils ausschließlich den Gläubigern der jeweiligen Konzerngesellschaft zur Verfügung gestellt. Die Erörterungs- und Abstimmungstermine der Konzerngesellschaften fanden jeweils getrennt statt. Indes waren die Regelungen des (Konzern-)Insolvenzplans durch auflösende und aufschiebende Bedingungen dergestalt miteinander verknüpft, dass diese nur gemeinsam in Kraft treten konnten. Der Konzerninsolvenzplan war erfolgreich und bot den Gläubigern (Rang § 38 InsO) der operativ tätigen Unternehmen eine 100 %-Quote. Diese Vollbefriedigung wurde möglich, da u. a. durch die Insolvenzpläne masseaufzehrende Rechtsstreitigkeiten zwischen den Konzerngesellschaften vermieden wurden.

B. Aufbau und Regelungsinhalt des Insolvenzplans

Der Insolvenzplan besteht aus dem unterrichtenden **Darstellenden Teil** gemäß § 220 InsO (siehe Rz. 65 ff.), dem **Gestaltenden Teil** gemäß § 221 InsO mit einem rechtsändernden Charakter (siehe Rz. 128 ff.) und den Anlagen gemäß §§ 229, 230 InsO (siehe Rz. 229 ff.). 64

I. Darstellender Teil

1. Überblick

Im Darstellenden Teil des Insolvenzplans wird beschrieben, welche Maßnahmen nach Insolvenzantragstellung und Eröffnung des Insolvenzverfahrens getroffen wurden oder noch getroffen werden sollen, um die Grundlagen für die geplante Gestaltung der Rechte der Beteiligten zu schaffen. Der Darstellende Teil muss alle sonstigen Angaben zu den Grundlagen und den Auswirkungen des Plans enthalten, die für die Entscheidung der Beteiligten über die Zustimmung zum Plan und für dessen gerichtliche Bestätigung erheblich sind (§ 220 Abs. 2 Satz 1 InsO). 65

Es müssen diejenigen Informationen aufgenommen sein, auf deren Basis die Gläubiger ein sachgerechtes Urteil über den Plan, gemessen an ihren eigenen wirtschaftlichen Interessen, fällen können.[36] Ein Insolvenzplan sollte stets klar, präzise und widerspruchslos formuliert werden.[37] 66

Sieht der Insolvenzplan Eingriffe in die Rechte von Insolvenzgläubigern aus **gruppeninternen Drittsicherheiten** (§ 217 Abs. 2 InsO) vor, sind in die Darstellung auch die Verhältnisse des die Sicherheit gewährenden verbundenen Unternehmens und die Auswirkungen des Plans auf dieses Unternehmen einzubeziehen (§ 220 Abs. 3 InsO). 67

Abhängig von der Größe des Unternehmens und der für die Sanierung zur Verfügung stehenden Finanzmittel sowie der Informationsbedürfnisse der Gläubiger sollte der Darstellende Teil des Insolvenzplans einem IDW S 6[38] oder zumindest einem IDW S 6 ange- 68

36) BGH, Beschl. v. 13.10.2011 – IX ZB 37/08, Rz. 9, ZIP 2012, 187 = NZI 2012, 139, dazu EWiR 2012, 215 (*Rendels/Körner*); BGH, Beschl. v. 3.12.2009 – IX ZB 30/09, Rz. 3, ZIP 2010, 341 = ZInsO 2010, 85.

37) Zur Auslegung von Insolvenzplänen: *Braun*, NZI 2019, 526 ff.

38) *IDW* Standard, Anforderung an Sanierungskonzepte (IDW S 6), Stand: 22.6.2023, IDW Life 12/2023, 1159 ff.

lehnten Standard entsprechen. Hieran orientiert sich die als Abb. 5 beigefügte Gliederung des Darstellenden Teils des Insolvenzplans.

69 **Abb. 5 Aufbau des Darstellenden Teils des Insolvenzplans**

I.			**Zusammenfassung des Plans**
	1.		**Planinitiative**
	2.		**Ziele**
	3.		**Regelungsansatz**
	4.		**Besserstellung der Gläubiger durch den Insolvenzplan**
	5.		**Stellungnahmen zum Insolvenzplan**
II.			**Wesentliche Unternehmens- und Verfahrensinformationen**
	1.		**Datenpool**
		a)	Unternehmensbezogene Daten (Firma, Rechtsform, Sitz, zustellfähige Anschrift, Gesellschaftsvertrag, Gründung, Handelsregister, satzungsgemäßer Unternehmensgegenstand, Stammkapital, Gesellschafter (aktuell), Geschäftsführer (aktuell), Finanzamt, Steuernummer, Betriebsrat, Arbeitnehmer)
		b)	Verfahrensbezogene Daten (Insolvenzantrag, Anordnung von Sicherungsmaßnahmen, Insolvenzeröffnung; Insolvenzver- oder Sachwalter und vorläufiger Insolvenzver- oder Sachwalter, Gläubigerausschuss)
	2.		**Unternehmensgegenstand**
	3.		**Rechtliche Verhältnisse**
		a)	Gesellschaftsrechtliche Verhältnisse/Firma
		b)	Vertretung
		c)	Arbeitnehmer
		d)	Steuerliche Verhältnisse
		e)	Außenrechtsverhältnisse
		f)	Finanzierung
		g)	Rechtsstreite
	4.		**Wirtschaftliche Entwicklung vor Insolvenzantragstellung/Krisen- und Ursachenanalyse**
		a)	Analyse der Branche und des Umfelds, Benchmark
		b)	Analyse der internen Unternehmensverhältnisse/SWOT-Analyse
		c)	Feststellung des Krisenstadiums
		d)	Analyse der Krisenursachen
		e)	Aussagen zur Liquiditäts- und Kapitalsituation sowie Fortführung des Unternehmens
		a)	Analyse der Branche und des Umfelds, Benchmark
III.			**Ergebnis für die Beteiligten i. R. des Insolvenzplans (Quoten)**
	1.		**Leitbild der sanierten Gesellschaft**
	2.		**Restrukturierung**
		a)	Restrukturierung während des Insolvenzverfahrens/planbegleitende Restrukturierung
		aa)	Finanzwirtschaftliche Maßnahmen (Sicherung der betriebsnotwendigen Liquidität; Ablösung von Aus- und Absonderungsrechten außerhalb des Insolvenzplans)
		bb)	Leistungswirtschaftliche Maßnahmen
		cc)	Außenrechtsverhältnisse

		dd)	Rechtsstreite
		ee)	Investorensuche
		b)	Restrukturierung durch den Insolvenzplan
		aa)	Finanzwirtschaftliche Restrukturierung
		bb)	Künftige Finanzierung
		cc)	Gesellschaftsrechtliche Maßnahmen
	3.		**Gruppenbildung**
		a)	Allgemeines
		b)	Einteilung der Gläubiger in Gruppen
		c)	Erläuterung der Gruppenbildung
	4.		**Behandlung der Beteiligten**
		a)	Aussonderungsgläubiger
		b)	Absonderungsgläubiger
		c)	Massegläubiger gemäß § 53 InsO
		d)	Insolvenzgläubiger mit Insolvenzforderungen gemäß § 38 InsO
		e)	PSVaG
		f)	Nachrangige Insolvenzgläubiger gemäß § 39 InsO
		g)	Inhaber der Anteile an der Gesellschaft
		h)	Minderheitenschutz
	5.		**Erläuterung des Vermögensverzeichnisses und der Finanzplanung**
		a)	Allgemeines
		b)	Vermögensverzeichnis
		c)	Ertrags- und Cash-Flow-Planung
		d)	Liquiditätsplanung
		e)	Bilanzplanung
	6.		**Steuerliche Auswirkung des Plans**
	7.		**Planbegleitende Maßnahmen**
		a)	Planüberwachung
		b)	Insolvenzrechtliche Rechnungslegung
IV.			**Ergebnis für die Beteiligten bei Ablehnung des Insolvenzplans**
	1.		**Allgemeines**
	2.		**Quote Regelverfahren**
		a)	Aktiva
		b)	Passiva und Regelabwicklungsquote
V.			**Vergleich Insolvenzplan und Regelabwicklung**
	1.		**Besserstellung durch den Insolvenzplan**
	2.		**Angemessene wirtschaftliche Beteiligung der Beteiligten**
	3.		**Risiken des Insolvenzplans**

Quelle: Eigene Darstellung.

Praxishinweis

Neben dem Insolvenzplan im Volltext empfiehlt sich ein Kurzüberblick über dessen Inhalt, auf dessen Grundlage den Beteiligten eine Entscheidung über den Insolvenzplan möglich ist. Dieser Kurzüberblick ist nicht zu verwechseln mit der Zusammenfassung des Insolvenzplans, dessen Zustellung das Insolvenzgericht gemäß § 235 Abs. 3 Satz 2 InsO anordnen kann. Sind im Insolvenzplan und in der für die Gläubiger bestimmten Zusammenfassung gemäß § 235 Abs. 3 Satz 2 InsO widersprüchliche Regelungen enthalten, ist der rechtskräftig bestätigte Insolvenzplan maßgeblich.[39]

2. Planinitiative, Ziele und Regelungsansatz des Insolvenzplans

70 Der Insolvenzplan muss zweifelsfrei erkennen lassen, wer diesen vorlegt, auch um prüfen zu können, ob die Vorschriften zum **Planinitiativrecht** eingehalten sind (zum Planinitiativrecht siehe Rz. 254 ff.).

71 **Primäres Ziel** des Insolvenzverfahrens ist die **bestmögliche Befriedigung der Gläubiger.** Diesem Ziel hat sich auch das Insolvenzplanverfahren unterzuordnen. Dieses Ziel wird häufig, indes nicht zwingend, durch die Erhaltung des Unternehmens, abweichend von den Regelungen des Regelinsolvenzverfahrens, erreicht werden (vgl. § 1 InsO).

72 Der **Regelungsansatz** beschreibt zusammenfassend den Weg zum Erreichen dieses Ziels. Es sollte insbesondere zusammengefasst dargestellt werden, welche Sanierungsmaßnahmen erforderlich sind, um dieses Ziel zu erreichen.

3. Wesentliche Verfahrens- und Unternehmensinformationen

73 Ausgangspunkt für die Erstellung eines **Sanierungskonzepts** ist die vollständige Erfassung der für das Unternehmen **wesentlichen** Daten. Diese Daten sind unter Berücksichtigung ihrer Relevanz für das Sanierungskonzept in einer klaren und übersichtlichen Form darzustellen.

a) Datenpool

74 Eine tabellarische Darstellung (Datenpool) der wesentlichen Unternehmens- und Verfahrensinformationen zum Verfahren führt zu einer Straffung des Insolvenzplans (siehe zum Inhalt Abb. 5, Rz. 69).

b) Unternehmensgegenstand und rechtliche Verhältnisse

75 Regelmäßig deckt sich der tatsächliche mit dem satzungsgemäßen Unternehmensgegenstand nicht vollständig. Hierzu ist auszuführen.

76 Um Chancen und Risiken des Insolvenzplans besser einschätzen zu können, hat der Insolvenzplan auch die **rechtlichen Verhältnisse** darzustellen. Die Anforderungen an die Darstellung steigen in dem Maße, in dem sie Relevanz für den Erfolg des Insolvenzplans haben. Grundsätzlich ist auszuführen zu:

- den gesellschaftsrechtlichen Verhältnissen,
- der Vertretung,
- den personalwirtschaftlichen Verhältnissen,
- den steuerlichen Verhältnissen,
- den Außenrechtsverhältnissen,

39) BGH, Urt. v. 9.1.2014 – IX ZR 209/11, ZIP 2014, 330 = NZI 2014, 262, dazu EWiR 2014, 117 *(Madaus)*.

- zur Finanzierung und
- zu Rechtsstreiten.

Ist das Unternehmen gruppenangehörig, sind auch die Rechtsverhältnisse zwischen den Konzerngesellschaften zu erläutern. 77

Der Insolvenzplan (für natürliche Personen) muss nicht **Gründe** darlegen, aus denen ein Gläubiger die **Versagung der Restschuldbefreiung** beantragen kann.[40] Die Verpflichtung, dass der Darstellende Teil eines Insolvenzplans alle Angaben zu den Grundlagen und Auswirkungen des Plans enthalten muss, die für die Entscheidung der Gläubiger über die Zustimmung zum Plan und für dessen gerichtliche Bestätigung erheblich sind, führt nicht dazu, dass **Versagungsgründe**, die von einzelnen Gläubigern geltend gemacht werden könnten und deren Voraussetzung von diesen gemäß §§ 251 Abs. 2, 290 Abs. 2, 297 Abs. 2 InsO dargelegt und glaubhaft gemacht werden müssten, vom Schuldner im Falle der Vorlage eines Insolvenzplans umgekehrt den Gläubigern dargelegt werden müssen. Dies steht mit der gesetzlichen Verteilung der Darlegungs- und Beweislast nicht im Einklang.[41] 78

Aufzunehmen in den Darstellenden Teil des Insolvenzplans, der die Fortführung des Unternehmens vorsieht, ist indes, ob der Schuldner (sofern natürliche Person) rechtskräftig wegen **Insolvenzstraftaten** verurteilt ist, die nach §§ 290 Abs. 1 Nr. 1, 297 InsO die Versagung der Restschuldbefreiung zur Folge haben.[42] Für die Zustimmung zur Fortführung des Unternehmens des Schuldners ist von Bedeutung, ob dieser sich wegen Insolvenzstraftaten nach §§ 283 bis 283c StGB strafbar gemacht hat, sofern dies Einfluss auf seine Befugnis hat, den Geschäftsbetrieb fortzuführen.[43] 79

4. Wirtschaftliche Entwicklung vor Insolvenzantragstellung/Krisen-/Ursachenanalyse

In Abhängigkeit von ihrer Bedeutung für das Sanierungskonzept gehören zur Darstellung der wirtschaftlichen Entwicklung vor Insolvenzantragstellung die wesentlichen **Angaben zu den leistungswirtschaftlichen Verhältnissen** (einschließlich der Ressourcen, Kompetenzen und Strukturen des Unternehmens sowie der Wettbewerbsvorteile und Strategien) sowie der **finanzwirtschaftlichen Entwicklung.** Ist das Unternehmen gruppen-angehörig, sind Ausführungen zu den wirtschaftlichen Verhältnissen und Wechselwirkungen zwischen den Konzerngesellschaften zu ergänzen. 80

Um geeignete Maßnahmen zur Sanierung des Unternehmens ergreifen zu können, muss zunächst das **Krisenstadium** festgestellt werden. Da das Insolvenzplanverfahren in ein Insolvenzverfahren eingebettet ist und demzufolge **Insolvenzeröffnungsgründe erforderlich** sind, befindet sich das Unternehmen nach Durchlaufen der Stakeholder-, Strategie-, Produkt- und Absatzkrise in einer **Liquiditätskrise.** Dies ist in einem Liquiditätsstatus darzustellen, sofern nicht auf die Feststellungen im Gutachten zur Eröffnung des Insolvenzverfahrens zurückgegriffen werden kann, in dem ein solcher Status enthalten sein sollte. Zudem sind Feststellungen zur Fortbestehensprognose des Unternehmens sowie zur Kapitalsituation erforderlich. 81

40) BGH, Beschl. v. 19.5.2009 – IX ZB 236/07, Rz. 25, ZIP 2009, 1384, dazu EWiR 2010, 29 *(Lau)*.
41) BGH, Beschl. v. 13.10.2011 – IX ZB 37/08, Rz. 14, ZIP 2012, 187 = NZI 2012, 139.
42) *Eilenberger* in: MünchKomm-InsO, § 220 Rz. 9a; Uhlenbruck-*Lüer/Streit*, InsO, § 220 Rz. 26.
43) BGH, Beschl. v. 19.5.2009 – IX ZB 236/07, Rz. 27, ZIP 2009, 1384.

82 Bei der Lagebeurteilung des sanierungsbedürftigen Unternehmens **(Krisen- und Ursachenanalyse)** sind die externen Faktoren (z. B. Chancen und Risiken am Markt) und die internen Faktoren (Stärken und Schwächen des Unternehmens) darzustellen.[44]

> **Praxishinweis**
>
> Informationsquellen zur Analyse der Branche und des Umfelds sind etwa das Statistische Bundesamt (www.destatis.de), volkswirtschaftliche Analysen der Deutschen Bundesbank (www.bundesbank.de) sowie Marktstudien/Branchenreports von Branchenverbänden, etwa des Deutscher Sparkassen- und Giroverband (www.dsgv.de) oder der Statista GmbH (de.statista.com).

83 Regelmäßig sind i. R. der Restrukturierung bei fortgeschrittener Liquiditätskrise auch **personalwirtschaftliche Maßnahmen** erforderlich. Das Insolvenzverfahren kann gerade bei solchen Sanierungsmaßnahmen im Verhältnis zur außergerichtlichen Sanierung mit erheblichen **Vorteilen** aufwarten (siehe Rz. 239 ff.). Sofern das der Fall ist, müssen die personalwirtschaftlichen aktuellen Verhältnisse ausführlich dargestellt werden. Sind solche Maßnahmen bereits umgesetzt oder vorgesehen, etwa Sozialplan und Interessenausgleich (siehe Rz. 242), ist hierzu zu berichten.

> **Praxishinweis**
>
> Sofern ein noch nicht abgeschlossener Sozialplan und/oder ein Interessenausglich Voraussetzung für eine erfolgreiche Sanierung ist, muss diesbezüglich eine aufschiebende Bedingung in den Insolvenzplan aufgenommen werden. Anderenfalls droht der Insolvenzplan zu scheitern.

5. Ergebnis für die Beteiligten i. R. des Insolvenzplans

a) Leitbild des sanierten Unternehmens

84 Im Anschluss an die Darstellung der wesentlichen Daten und die Analyse des Unternehmens erfolgt dessen Neuausrichtung am **Leitbild** nach Sanierung.

> **Praxishinweis**
>
> Dem Leitbild folgend stellt das Sanierungskonzept die Maßnahmen zur Erreichung dieser Vision dar. Ohne ein solches Leitbild, das wirklichkeitsnah sein muss, werden die Beteiligten des Insolvenzplanverfahrens kaum von der Bewältigung der Unternehmenskrise überzeugt werden können. Demzufolge ist hierauf besondere Sorgfalt zu verwenden.

b) Darstellung der krisenstadiengerechten Bewältigung der Unternehmenskrise

85 Die krisenstadiengerechte Bewältigung der Unternehmenskrise ist sodann unter Nennung der einzelnen leistungswirtschaftlichen, strategischen, finanzwirtschaftlichen sowie gesellschaftsrechtlichen Maßnahmen zu erläutern. Dies sollte unter Beachtung des IDW-Standards „Anforderungen an Sanierungskonzepte" **(IDW S 6)**[45] erfolgen (siehe Rz. 86 ff.).

---

44) *IDW* Standard, Anforderung an Sanierungskonzepte (IDW S 6), Stand: 22.6.2023, Rz. 45, IDW Life 10/2023, 1159 ff.

45) *IDW* Standard, Anforderung an Sanierungskonzepte (IDW S 6), Stand: 22.6.2023, Rz. 70 ff., IDW Life 10/2023, 1159 ff.

c) Sanierungskonzept und IDW S 6

Da der Insolvenzplan durch gesetzlich geregelte Mehrheitsentscheidungen in die Rechte von Beteiligten auch gegen deren Willen eingreifen kann (siehe Rz. 285, 322 ff.), sind an das **Sanierungskonzept hohe Anforderungen** zu stellen, die nicht nur von den Beteiligten, sondern auch vom Insolvenzgericht nachvollzogen und i. R. von dessen Kompetenzen (vgl. §§ 231, 248, 245, 251 InsO) prüfbar sein müssen. Vor allem aber richten die Gläubiger ihre Entscheidung für oder gegen den Insolvenzplan an der Darstellung und Schlüssigkeit des Sanierungskonzepts aus. 86

Die **InsO** selbst gibt dem Planarchitekten allerdings nur die **grundsätzliche Leitlinie** vor. Das Institut der Wirtschaftsprüfer hat mit dem **IDW S 2** einen Standard zu Anforderungen an Insolvenzpläne erstellt.[46] Dieser verweist in Ziff. 13 hinsichtlich des Sanierungskonzepts auf den IDW-Standard „Anforderungen an Sanierungskonzepte" (**IDW S 6**)[47]. Die im IDW S 6 beschriebenen Anforderungen an die Erstellung von Sanierungskonzepten gelten gemäß Ziff. 1 (3) IDW S 6 auch für Sanierungen i. R. von Insolvenzverfahren, insbesondere für das Insolvenzplanverfahren.[48] 87

Da das Institut der Wirtschaftsprüfer ein Sanierungskonzept abhängig vom Krisenstadium fordert, behandelt es in Ziff. 5.1 IDW S 6 konsequent auch die Überwindung der Insolvenz und benennt als Instrument hierfür ausdrücklich den Insolvenzplan. Zwar haben IDW-Standards vor allem für Wirtschaftsprüfer Bedeutung, allerdings sollte insbesondere der IDW S 6 auch von sonstigen Planerstellern beachtet werden. Er zwingt zu einer tiefergehenden Darstellung und Analyse des Unternehmens (Ziff. 3 IDW S 6), einer Ausrichtung der Sanierung am Leitbild des sanierten Unternehmens (Ziff. 4 IDW S 6), einer insolvenzüberwindenden Bewältigung der Unternehmenskrise (Ziff. 5 IDW S 6) sowie einer integrierten Sanierungsplanung (Ziff. 6 IDW S 6). Ohnehin fordern die Beteiligten am Insolvenzplanverfahren, insbesondere Kreditinstitute, häufig ein zumindest an IDW S 6 ausgerichtetes Sanierungskonzept. 88

d) Konkrete Sanierungsmaßnahmen

Ausgehend vom Krisenstadium und ausgerichtet am Sanierungskonzept hat der Insolvenzplan die konkreten Sanierungsmaßnahmen darzulegen, die dieser selbst vorsieht und die planbegleitend umgesetzt wurden und werden sollen (siehe zu möglichen finanzwirtschaftlichen, leistungswirtschaftlichen und gesellschaftsrechtlichen Maßnahmen Rz. 240 ff.). 89

Praxishinweis

Im Ergebnis der Restrukturierungsmaßnahmen muss die Krise überwunden sein. Dies sollte (auch) anhand von Kennzahlen dargestellt werden.

---

46) *IDW* Standard, Anforderungen an Insolvenzpläne (IDW S 2), Stand: 18.11.2019, IDW Life 1/2020, 45 ff. (ebenso im Entwurf einer Neufassung des IDW S 2 n. F., Stand: 27.9.2022, IDW Life 1/2023, 7).

47) *IDW* Standard, Anforderung an Sanierungskonzepte (IDW S 6), Stand: 22.6.2023, Rz. 13, IDW Life 10/2023, 1159 ff.

48) *Zwirner*, Der Betrieb 2019, 1221 ff.

e) Gruppenbildung

90 Den gesetzlichen Rahmen der Gruppenbildung regelt § 222 InsO.

> **Praxishinweis**
>
> Der **strategischen Gruppenbildung** kommt im Insolvenzplanverfahren im Hinblick auf die zur Annahme eines Insolvenzplans erforderlichen Mehrheiten (siehe Rz. 285) entscheidende Bedeutung für dessen Gelingen oder Misslingen zu. Der Planersteller hat daher auf die Gruppenbildung besondere Aufmerksamkeit zu legen.

91 Die Gläubiger einer Gruppe sind gemäß § 226 Abs. 1 InsO grundsätzlich gleichzubehandeln. Eine unterschiedliche Behandlung der Beteiligten einer Gruppe ist nur mit Zustimmung aller betroffenen Beteiligten zulässig (§ 226 Abs. 2 Satz 1 InsO). In diesem Fall ist dem Insolvenzplan die zustimmende Erklärung eines jeden betroffenen Beteiligten beizufügen (§ 226 Abs. 2 Satz 2 InsO). Kann der Planersteller die Gleichbehandlung nicht gewährleisten, bedarf es – in den Grenzen der Zulässigkeit (siehe Rz. 90 ff.) bei unterschiedlichen Eingriffen in deren Rechte der Bildung mehrerer Gruppen. Durch § 226 Abs. 2 Satz 1 InsO wird der **Gläubigergleichbehandlungsgrundsatz** (par conditio creditorum) relativiert. Um Sanierungen zu ermöglichen, können unterschiedliche Regelungen für die beteiligten Gläubiger nach sachlichen Kriterien durchaus sinnvoll oder sogar erforderlich sein. Solange die betroffenen Gläubiger den jeweils für sie vorgesehenen Regelungen zustimmen, ist dagegen nichts einzuwenden.[49)]

92 Die **Bildung von nur einer Gruppe** ist ohne weiteres möglich, wenn es nur einen Beteiligten, aber auch, wenn es nur Beteiligte mit gleicher Rechtsstellung gibt (§ 222 Abs. 1 Satz 1 InsO) und etwa § 222 Abs. 3 Satz 1 InsO nicht zur Bildung einer Sondergruppe für Arbeitnehmer verpflichtet.[50)] Ebenso ist die Bildung von **Ein-Gläubigergruppen**[51)] und von **Gruppen mit nur einem Recht** zulässig.[52)]

93 Bei der Gruppenbildung sind „Muss"-, „Soll"- und „Kann"-Gruppen zu unterscheiden.

---

49) Uhlenbruck-*Lüer/Streit*, InsO, § 226 Rz. 2.

50) *Eidenmüller* in: MünchKomm-InsO, § 222 Rz. 37.

51) *Hingerl*, ZInsO 2007, 1337 ff. m. w. N.

52) *Eidenmüller* in: MünchKomm-InsO, § 222 Rz. 31.

Abb. 6: Gläubigergruppen 94

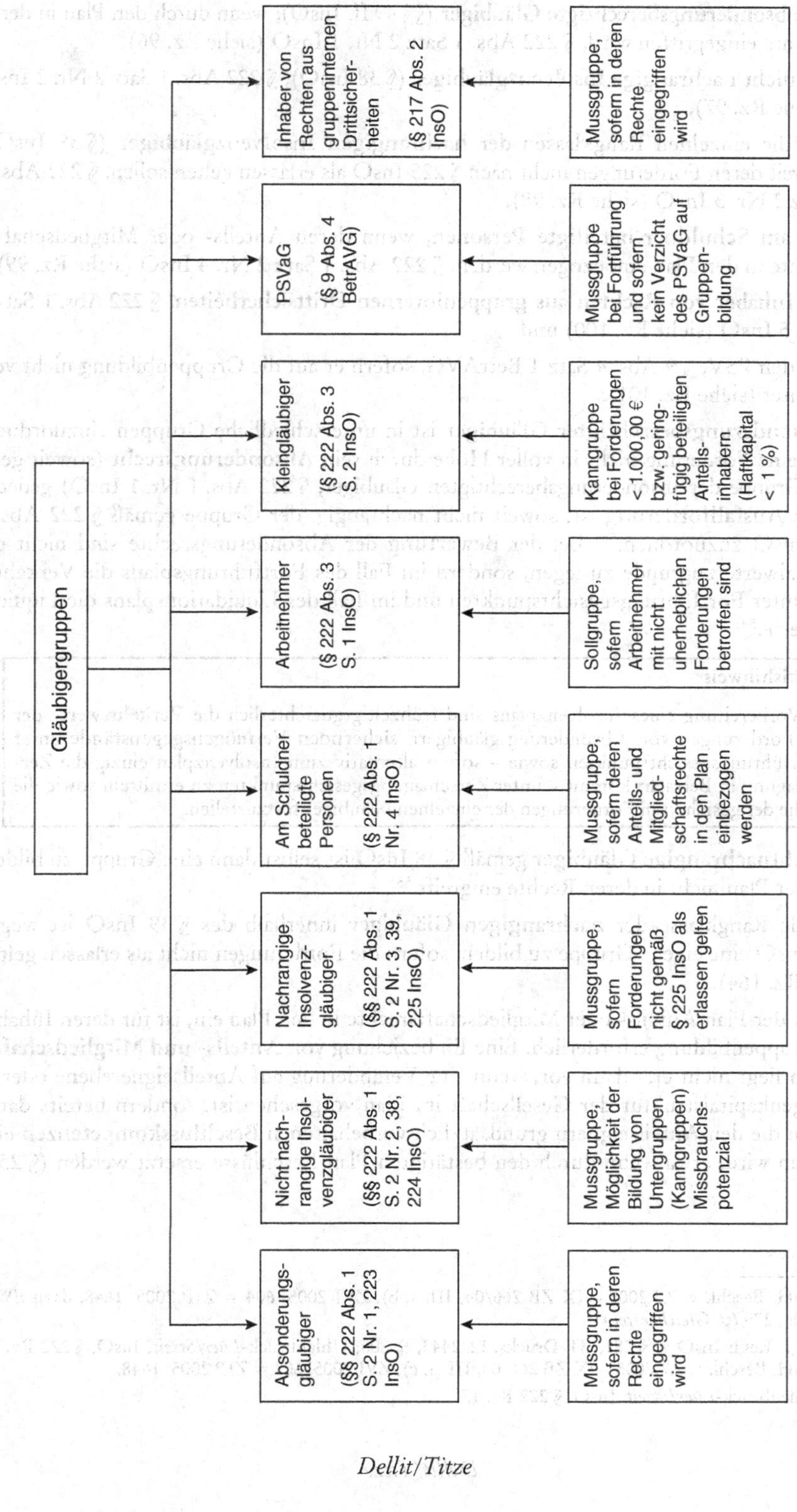

95 Zwingend zu bilden (**„Muss"-Gruppen**) sind Gruppen

- für **absonderungsberechtigte Gläubiger** (§§ 49 ff. InsO), wenn durch den Plan in deren Rechte eingegriffen wird, § 222 Abs. 1 Satz 2 Nr. 1 InsO (siehe Rz. 96),
- für **nicht nachrangige Insolvenzgläubiger** (§ 38 InsO), § 222 Abs. 1 Satz 2 Nr. 2 InsO (siehe Rz. 97),
- für die einzelnen Rangklassen der **nachrangigen Insolvenzgläubiger** (§ 39 InsO), soweit deren Forderungen nicht nach § 225 InsO als erlassen gelten sollen, § 222 Abs. 1 Satz 2 Nr. 3 InsO (siehe Rz. 98),
- für **am Schuldner beteiligte Personen**, wenn deren Anteils- oder Mitgliedschaftsrechte in den Plan einbezogen werden, § 222 Abs. 1 Satz 2 Nr. 4 InsO (siehe Rz. 99),
- für **Inhaber von Rechten aus gruppeninternen Drittsicherheiten,** § 222 Abs. 1 Satz 2 Nr. 5 InsO (siehe Rz. 100) und
- für den **PSV**, § 9 Abs. 4 Satz 1 BetrAVG, sofern er auf die Gruppenbildung nicht verzichtet (siehe Rz. 101).

96 Ein **absonderungsberechtigter Gläubiger** ist in unterschiedliche Gruppen einzuordnen, wenn seine Forderung nicht in voller Höhe durch sein **Absonderungsrecht** (soweit gesichert: Gruppe der absonderungsberechtigten Gläubiger, § 222 Abs. 1 Nr. 1 InsO) gedeckt ist. Die **Ausfallforderung** ist, soweit nicht nachrangig, der Gruppe gemäß § 222 Abs. 1 Nr. 2 InsO zuzuordnen.[53)] Bei der **Bewertung** der Absonderungsrechte sind nicht die Nominalwerte zugrunde zu legen, sondern im Fall des Fortführungsplans die Verkehrswerte unter Fortführungsgesichtspunkten und im Fall des Liquidationsplans die Liquidationswerte.[54)]

> **Praxishinweis**
>
> In Vorbereitung eines Insolvenzplans sind frühzeitig gutachterlich die **Verkehrswerte** der die Forderungen von Absonderungsgläubigern **sichernden Vermögensgegenstände** unter Fortführungsgesichtspunkten sowie – sofern alternativ zum Insolvenzplan einzig die Zerschlagung in Betracht kommt – unter Zerschlagungsgesichtspunkten zu ermitteln sowie die Höhe der gesicherten Forderungen der einzelnen Gläubiger festzustellen.

97 Für **nichtnachrangige Gläubiger** gemäß § 38 InsO ist selbst dann eine Gruppe zu bilden, wenn der Plan nicht in deren Rechte eingreift.[55)]

98 Für jede Rangklasse der **nachrangigen Gläubiger** innerhalb des § 39 InsO ist wegen § 226 InsO eine eigene Gruppe zu bilden, sofern die Forderungen nicht als erlassen gelten (siehe Rz. 164).

99 Bezieht der Plan Anteils- oder Mitgliedschaftsrechte in den Plan ein, ist für deren Inhaber eine Gruppenbildung erforderlich. Eine Einbeziehung von **Anteils- und Mitgliedschaftsrechten** liegt nicht erst dann vor, wenn eine Veränderung auf Anteilseignerebene oder in der Eigenkapitalstruktur der Gesellschaft im Plan vorgesehen ist, sondern bereits dann, wenn in die den Anteilseignern grundsätzlich vorbehaltenen **Beschlusskompetenzen** eingegriffen wird, etwa wenn durch den bestätigten Plan Beschlüsse ersetzt werden (§ 254a

---

53) BGH, Beschl. v. 7.7.2005 – IX ZB 266/04, III. 4. b), ZVI 2005, 604 = ZIP 2005, 1648, dazu EWiR 2006, 279 *(v. Gleichenstein)*.

54) Begr. RegE InsO z. § 281, BT-Drucks. 12/2443, S. 206; Uhlenbruck-*Lüer/Streit*, InsO, § 222 Rz. 16; BGH, Beschl. v. 7.7.2005 – IX ZB 266/04, III. 4. c), ZVI 2005, 604 = ZIP 2005, 1648.

55) Uhlenbruck-*Lüer/Streit*, InsO, § 222 Rz. 17.

Abs. 2 InsO), die außerhalb der Insolvenz und des Insolvenzplanverfahrens der Gesellschafterversammlung vorbehalten wären.[56)]

Für Inhaber von Rechten aus **gruppeninternen Drittsicherheiten**, insbesondere Bürgschaften, Mitschuldnerschaften oder bei anderweitig übernommenen Haftungen bei verbundenen Unternehmen i. S. von § 15 AStG, ist eine Gruppenbildung erforderlich, wenn der Plan in deren Rechte eingreift (§ 222 Abs. 1 Nr. 5 InsO). 100

Gemäß § 9 Abs. 4 Satz 1 BetrAVG muss (**„Muss"-Gruppe**) für den **Pensionssicherungsverein a. G.** (PSVaG), der aufgrund Forderungsübergangs gemäß § 9 Abs. 2 BetrAVG Gläubiger wird, eine eigene Gruppe gebildet werden (siehe zur Behandlung des PSVaG Rz. 162 f.). Im Gegensatz zu anderen Gläubigern rückt der PSVaG erst mit der Verfahrenseröffnung in die Gläubigerposition und hat somit ein besonderes Informationsbedürfnis; er ist vielfach einer der größten Gläubiger und die betriebliche Altersversorgung ist langfristig angelegt. Damit ist der PSVaG noch viele Jahre nach der Bestätigung des Plans von den Folgen der Insolvenz betroffen, zudem erfordern Langfristigkeit und Komplexität der betrieblichen Altersversorgung und technischer Abstimmung mit dem Arbeitgeber eine besondere Berücksichtigung der Interessen des PSVaG. 101

Hinsichtlich der **Gruppenbildung für Arbeitnehmer** besteht für Planersteller ein eingeschränktes Ermessen. Solche Gruppen müssen gebildet werden, soweit die Voraussetzungen des § 222 Abs. 3 InsO erfüllt sind und nicht ausnahmsweise aufgrund besonderer Umstände des Einzelfalls gleichwohl von der Bildung dieser Gruppe abgesehen werden kann. **Arbeitnehmer** sollen (**„Soll"-Gruppe**) gemäß § 222 Abs. 3 InsO im Insolvenzplan eine gesonderte Gruppe bilden, wenn sie als Gläubiger mit **nicht unerheblichen Forderungen** beteiligt sind. Ob eine Forderung nicht unerheblich ist, ist dabei nach subjektiven Kriterien aus Sicht der Arbeitnehmer zu bestimmen.[57)] Häufig sind Arbeitnehmer nur mit unerheblichen Forderungen beteiligt, da ihre Ansprüche, soweit Insolvenzgeld gewährt wird, gemäß § 169 SGB III auf die Bundesagentur für Arbeit übergehen. Beispiele für Forderungen von Arbeitnehmern, die eine Gruppenbildung erfordern, sind – da diese nicht insolvenzgeldfähig sind – Abfindungsforderungen, Guthaben aus nicht insolvenzfesten Arbeitszeitkonten, Zahlungen aus einem betrieblichen Vorschlags- und Verbesserungsprogramm, Sozialplanforderungen aus einem länger als drei Monate vor dem Eröffnungsantrag vereinbarten Sozialplan oder nicht durch Insolvenzausfallgeld gedeckte Lohn- und Gehaltsforderungen.[58)] 102

Für **„Kann"-Gruppen** gemäß § 222 Abs. 2 Satz 1 InsO und § 222 Abs. 3 Satz 2 InsO ist es dem Planersteller i. R. der strengen gesetzlichen Regeln überlassen, ob und wie er sie bildet. 103

Wichtigste Anwendungsfälle sind die „Kann"-Gruppen gemäß § 222 Abs. 2 Satz 1 InsO, bei denen aus den **Beteiligten mit gleicher Rechtsstellung** Gruppen gebildet werden können. Kumulativ müssen **gleichartige wirtschaftliche Interessen** und **sachgerechte Abgrenzungskriterien** vorliegen. Die Kriterien für die Abgrenzung sind im Plan anzugeben (§ 222 Abs. 2 Satz 3 InsO).[59)] Es ist zu erläutern, aufgrund welcher gleichartigen insolvenzbezogenen wirtschaftlichen Interessen die Gruppe gebildet wurde und inwiefern alle Beteiligten, deren wichtigste insolvenzbezogene wirtschaftliche Interessen übereinstimmen, derselben Gruppe zugeordnet wurden.[60)] 104

---

56) *Hölzle* in: Kübler/Bork/Prütting, HRI II, § 26 Rz. 5.

57) LG Mühlhausen, Beschl. v. 17.9.2007 – 2 T 190/06, NZI 2007, 224.

58) Uhlenbruck-*Lüer/Streit*, InsO, § 222 Rz. 22.

59) BGH, Beschl. v. 10.1.2008 – IX ZB 97/07, BeckRS 2008, 01659.

60) BGH, Beschl. v. 7.5.2015 – IX ZB 75/14, ZIP 2015, 1346 = NZI 2015, 697, dazu EWiR 2015, 483 *(Spliedt)*.

105 Die wirtschaftlichen Interessen sind im Hinblick auf das Planziel festzustellen.[61] Der BGH spricht von »insolvenzbezogenen wirtschaftlichen Interessen«, hinsichtlich derer zum einen zu erläutern ist, inwiefern deren Unterscheidung die Bildung separater Gruppen rechtfertigt, und zum anderen darzulegen ist, dass es sich jeweils um die wichtigsten wirtschaftlichen Interessen der jeweils zugeordneten Gläubiger handelt.[62]

> **Praxishinweis**
>
> Beispiele für Anknüpfungspunkte für gleichartige wirtschaftliche Interessen sind: Rechtliche Struktur/Entstehungsgrund eines Rechts; Gegenstand eines Rechts; Werthaltigkeit eines Rechts; Fälligkeit/Unsicherheit eines Rechts; Person des Berechtigten/Typus von Beteiligten.[63]

106 Das **Kriterium der sachgerechten Abgrenzung** wird vom Gesetzgeber nicht näher erläutert. Sachlich gerechtfertigt ist etwa die Abgrenzung nach folgenden Kriterien: **Sanierungsbeiträge**, **Größenordnung** der Forderungen, **Rechtsgrund**, **Laufzeit**, **Gegenleistung**, **spezifische Leistungskriterien**, **wirtschaftliche Bedeutung** für die jeweiligen Gläubiger.[64] Einen sachlich gerechtfertigten Grund zur Bildung mehrerer Gruppen gibt es nicht, wenn die wichtigsten wirtschaftlichen Interessen derjenigen, deren Rechte in unterschiedliche Gruppen eingeordnet wurden, gleichartig sind.[65]

> **Praxishinweis**
>
> In unterschiedliche wirtschaftliche Gruppen eingeordnet werden können folgende Forderungstypen: Finanzkreditforderungen, Lieferantenkreditforderungen, Steuerforderungen, Forderungen der Bundesagentur für Arbeit, Ausfallforderungen, Fiskalgläubiger.[66]
>
> Auch Gläubiger mit Forderungen aus vorsätzlich begangenen unerlaubten Handlungen[67] können (müssen aber nicht) in eine eigene Gruppe eingeteilt werden.[68] Dies gilt jedenfalls, wenn Kriterium der sachgerechten Abgrenzung der Rechtsgrund der Forderung ist.

107 Gesetzlich ausdrücklich geregelt sind „Kann"-Gruppen für **Kleingläubiger** in der Rangklasse des § 38 InsO und **geringfügig beteiligte Anteilsinhaber** mit einer Beteiligung am Haftkapital von weniger als 1 % oder weniger als 1 000 € (§ 222 Abs. 3 Satz 2 InsO). Die Bildung von (mehreren) Kleingläubigergruppen ist bei der insolvenzrechtlichen Planbildung nicht sachgerecht. Zwar ermöglicht § 222 Abs. 3 Satz 2 InsO grundsätzlich die Bildung einer oder mehrerer Kleingruppen. Jedoch sind bei der Bildung mehrerer Kleingläubigergruppen die Gruppenbildungskriterien des § 222 Abs. 2 Satz 1 und 2 InsO zu beachten, da der Planersteller es anderenfalls in der Hand hätte, durch die Bildung einer hinreichenden Anzahl von Kleingläubigergruppen die Gruppenmehrheit bei der Abstimmung zu erlangen.[69]

108 Die Gruppenbildung ist gemäß §§ 231, 248, 250 InsO der **gerichtlichen Überprüfung** zugänglich (siehe auch Rz. 268 f.).

61) Begr. RegE InsO, BT-Drucks. 12/2443, S. 199.

62) BGH, Beschl. v. 7.5.2015 – IX ZB 75/14, ZIP 2015, 1346 = NZI 2015, 697; *Thies/Lieder* in: HambKomm-InsO, § 222 Rz. 19.

63) *Eidenmüller* in: MünchKomm-InsO, § 222 Rz. 96.

64) Uhlenbruck-*Lüer/Streit*, InsO, § 222 Rz. 24 m. w. N.

65) *Eidenmüller* in: MünchKomm-InsO, § 222 Rz. 100 f.

66) Braun-*Braun/Frank*, InsO, § 222 Rz. 10.

67) Uhlenbruck-*Lüer/Streit*, InsO, § 222 Rz. 30.

68) Vgl. AG Köln, Beschl. v. 14.11.2017 – 73 IN 173/15, Rz. 31, ZVI 2018, 241 = BeckRS 2017, 135340; LG Hamburg 15.1.2018 – 326 T 40/17, Rz. 39, ZVI 2018, 249 = BeckRS 2018, 856; *Lüdtke*, ZVI 2016, 297, 300.

69) LG Bielefeld, Beschl. v. 20.1.2021 – 23 T 478/20, NZI 2021, 891.

Praxishinweis

Um die bei Ablehnung des Insolvenzplans durch eine Gruppe erforderliche Ersetzung der Zustimmung dieser Gruppe durch das Insolvenzgericht gemäß § 245 InsO zu vermeiden, empfiehlt es sich, voraussichtlich obstruierende Gläubiger in Gruppen einzuordnen, in denen sie innerhalb der Gruppe überstimmt werden. Die Regelungen zur Gruppenbildung gemäß § 222 InsO sind hierbei zu beachten. Dem innerhalb einer Gruppe überstimmten Gläubiger bleibt allerdings noch der Minderheitenschutz, § 251 InsO (siehe Rz. 329 ff.), der indes antragsgebunden ist sowie die sofortige Beschwerde gemäß § 253 InsO (siehe Rz. 342 ff.).

f) Behandlung der Beteiligten des Insolvenzplans

Die Behandlung der **Beteiligten**, insbesondere der **Eingriff in deren Rechte** (etwa Stundung, Erlass, Änderung sachenrechtlicher Verhältnisse) sowie vom Schuldner planmäßig zu erfüllende Verpflichtungen, insbesondere **Quoten** und **Entschädigungen**, sind im Darstellenden Teil detailliert zu erläutern. 109

Auch für diejenigen Gläubiger, für die eine Gruppe nicht gebildet wurde oder für die ein Eingriff in ihre Rechte durch den Insolvenzplan unzulässig wäre, empfehlen sich klarstellende Ausführungen. Dies gilt insbesondere für die **aussonderungsberechtigten Gläubiger** (siehe Rz. 69, 141, 203), die **Massegläubiger** gemäß §§ 54, 55 InsO (siehe Rz. 141), sofern nicht Masseunzulänglichkeit vorliegt (siehe Rz. 305 ff.) sowie die **nachrangigen Insolvenzgläubiger** gemäß § 39 InsO, sofern deren Forderungen nicht als erlassen gelten sollen, § 225 Abs. 1 InsO (siehe Rz. 164 ff.). 110

g) Finanzierung des Insolvenzplans

Bei Durchführung des Insolvenzverfahrens nach den Vorschriften der InsO (**Regelabwicklung**) hat der Insolvenzverwalter oder der eigenverwaltende Schuldner sämtliche Vermögensgegenstände zu verwerten und den Erlös zu verteilen. Im Fall eines **Fortführungsplans** verbietet sich indes die liquiditätswirksame **Verwertung von betriebsnotwendigem Vermögen**. Da der Insolvenzplan jeden einzelnen Beteiligten dennoch insbesondere zur Ermöglichung der Ersetzung der Zustimmung einzelner Gruppen gemäß § 245 InsO, der Meidung der Gewährung von Minderheitenschutz gemäß § 251 InsO sowie von Rechtsmitteln gemäß § 253 InsO gegenüber der Regelabwicklung nicht schlechterstellen sollte, muss die **Planquote alternativ finanziert** werden. In diesen Fällen erhalten die Beteiligten ihre Befriedigung regelmäßig kumulativ oder alternativ aus am Ende des Insolvenzverfahrens verteilbaren liquiden Mitteln (etwa aus dem Überschuss einer Betriebsfortführung während des Insolvenzverfahrens oder aus der Realisierung insolvenzspezifischer Ansprüche), frischen liquiden Mitteln der (alten oder neuen) Anteilsinhaber und – für eine begrenzte Zeit erforderlichenfalls – Liquiditätsüberschüssen des fortgeführten Geschäftsbetriebs nach Aufhebung des Insolvenzverfahrens. 111

Praxishinweis

Werden Forderungen in Anteilsrechte umgewandelt (**Debt Equity Swap**; siehe Rz. 177 ff.), schont dies die Liquidität des Unternehmens, da auf die umgewandelten Forderungen keine Quoten gezahlt werden müssen.

h) Erläuterung der Vermögensübersicht und der Finanzplanung

Gemäß § 220 Abs. 2 Satz 1 InsO soll der Darstellende Teil des Insolvenzplans **Angaben zu dessen Grundlagen und Auswirkungen** enthalten, die für die Entscheidung der Beteiligten über die Zustimmung zum Plan und über dessen gerichtliche Bestätigung erheblich sind. Darunter fallen auch diejenigen Angaben, die in einem regulären Insolvenzverfahren 112 den Gläubigern gegenüber angegeben werden müssen, wie z. B. das Verzeichnis der Massegegenstände (§ 151 InsO), das Gläubigerverzeichnis (§ 152 InsO) und die Vermögensübersicht gemäß § 153 InsO.[70)]

113 Sollen die Gläubiger aus den Erträgen des vom Schuldner oder von einem Dritten fortgeführten Unternehmens befriedigt werden, so ist dem Insolvenzplan eine **Vermögensübersicht** beizufügen, in der die Vermögensgegenstände und die Verbindlichkeiten, die sich im Zeitpunkt des (voraussichtlichen) Wirksamwerdens des Plans gegenüberstünden, mit ihren Werten aufgeführt werden, § 229 Satz 1 InsO (siehe hierzu ausführlich Rz. 234 ff.). Diese Vermögensübersicht ist aus den Verzeichnissen gemäß §§ 151 ff. InsO abzuleiten und auf den Tag der Rechtskraft des Insolvenzplans fortzuschreiben. Ergänzend ist diesem Fall darzustellen, welche **Aufwendungen und Erträge** für den Zeitraum, während dessen die Gläubiger befriedigt werden sollen, zu erwarten sind und durch welche **Abfolge von Einnahmen und Ausgaben** die Zahlungsfähigkeit des Unternehmens während dieses Zeitraums gewährleistet werden soll, § 229 Satz 2 InsO (siehe hierzu ausführlich Rz. 236). Die grundsätzlich als Anlage beizufügenden Finanzplanung bedarf zum Verständnis einer Erläuterung und der Angabe von Prämissen.

6. Steuerliche Wirkungen des Plans

114 Die steuerrechtlichen Wirkungen der Restrukturierungsmaßnahmen (siehe Rz. 412 ff.) sind ausführlich darzustellen. Sofern durch die i. R. von Sanierungsmaßnahmen häufig erforderlichen Erlasse von Verbindlichkeiten eine Steuerpflicht entsteht (siehe Rz. 421 ff. zu den Voraussetzungen des Entstehens einer Steuerpflicht) und diese nicht gestundet und erlassen wird, kann dies (nach Aufhebung des laufenden Insolvenzverfahrens) erneut den Insolvenzeröffnungsgrund der Zahlungsunfähigkeit herbeiführen.

7. Planbegleitende Maßnahmen

115 Planbegleitende Maßnahmen sind zu beschreiben. Hierzu zählen insbesondere die Planüberwachung, die Ermächtigung für den Verwalter zur Fortsetzung von Rechtsstreitigkeiten, die Insolvenzanfechtungen betreffend, die Prozessführungsermächtigung im Übrigen, die Einsetzung eines Treuhänders, der massezuhöriges Vermögen verwertet und verteilt sowie die Einräumung eines Kreditrahmens. Siehe hierzu detaillierte Ausführung unter Rz. 238 ff.

8. Ergebnis für die Beteiligten bei Ablehnung des Insolvenzplans

116 Rechtspraktische Zielsetzung der §§ 217 ff. InsO des Insolvenzplans ist die Erhaltung sanierungsfähiger Einheiten zur Meidung unwirtschaftlicher Zerschlagungsverluste, aber auch die Arbeitsplatzerhaltung.[71)] Für den Fall des Scheiterns dieses Ziels mittels eines Insolvenzplans ist den Beteiligten darzustellen, welche Alternativen mit welchen wirtschaftlichen Auswirkungen es gibt.

117 Abhängig von den Alternativen zum Insolvenzplan ist im Darstellenden Teil des Insolvenzplans zusätzlich zum Ergebnis des (das Unternehmen fortführenden) Insolvenzplans das **Ergebnis einer übertragenden Sanierung** oder aber, sofern Investoren hierfür nicht zur Verfügung stehen, einer **Stilllegung des Unternehmens** in einer **Vergleichsrechnung** gegenüberzustellen und zu erläutern (zur Vergleichsrechnung siehe Rz. 122 ff.). Um die Ergebnisse vergleichen zu können, ist detailliert zu den einzelnen Vermögensgegenstän-

70) BGH, Beschl. v. 19.7.2012 – IX ZB 250/11, Rz. 6, WM 2012, 1640.

71) Uhlenbruck-*Lüer/Streit*, InsO, Vorb. §§ 217–269 Rz. 1.

den, deren Fremdrechtsbelastung und prognostischen Verwertungserlöse bei Ablehnung des Plans auszuführen.

Sieht der Plan eine Fortführung des Unternehmens vor, ist für die Ermittlung der voraussichtlichen **Befriedigung ohne Plan in der Regel zu unterstellen, dass das Unternehmen fortgeführt wird** (§ 220 Abs. 2 Satz 3 InsO). Dies gilt gemäß § 220 Abs. 2 Satz 4 InsO nur dann nicht, wenn ein Verkauf des Unternehmens oder eine anderweitige Fortführung aussichtslos ist. Daher bedarf es einer besonderen Begründung, warum eine Fortführung des Unternehmens, etwa i. R. einer übertragenden Sanierung, ohne Plan nicht möglich ist. 118

Liegen konkrete Angebote für eine **übertragende Sanierung** oder einen Gesamtverkauf vor, so ist der von dem Erwerbsinteressenten konkret angebotene Übernahmepreis bzw. Kaufpreis der Vergleichsmaßstab. 119

Ist eine **Zerschlagung** mangels solcher Angebote der Vergleichsmaßstab, ist der aus dem wahrscheinlichen Zerschlagungserlös auf die (jeweils) dissentierende Gruppe entfallende Anteil am Liquidationswert maßgebend, eine Beurteilung nach Fortführungswerten scheidet aus.[72] Für die Zerschlagung ist auch zu **prognostizieren**, wann die **Quotenzahlung** voraussichtlich erfolgt. Bis zur Schlussverteilung wird dies regelmäßig einige Zeit in Anspruch nehmen, etwa, weil Rechtsstreite zu führen sind. Ist mit einer früheren Quotenzahlung durch den Insolvenzplan im Verhältnis zur Regelabwicklung zu rechnen, ist die Regelabwicklungsquote **abzuzinsen**. Risikozuschläge für das Planszenario sind nicht zu berücksichtigen.[73] 120

Praxishinweis

Bei Zerschlagung des Geschäftsbetriebs entstehen **Stilllegungskosten**, etwa durch die Beendigung von Arbeitsverhältnissen. Diese sind zu berechnen und in die Vergleichsrechnung einzubeziehen, sofern nicht alternativ zum Insolvenzplan eine übertragende Sanierung in Betracht kommt. Die Meidung solcher Stilllegungskosten im Planszenario führt regelmäßig zu einer Besserstellung der Gläubiger durch den Insolvenzplan im Verhältnis zur Regelabwicklung.

Das wirtschaftliche Ergebnis bei Abwicklung ohne Insolvenzplan (Regelabwicklung) wird im Fall des Verwertungsrechts des Verwalters bezüglich absonderungsbelasteter Vermögensgegenstände gemäß § 166 InsO von den **Kostenbeiträgen gemäß** § 171 InsO beeinflusst. Ohne Insolvenzplan fallen bei Verwertung von Absonderungsgut 4 % Feststellungskosten und Verwertungskosten (ggf. Pauschale 5 %), jeweils auf den Bruttoverwertungserlös an (bei Eigenverwaltung entfallen gemäß § 282 Abs. 1 Satz 2 InsO die Feststellungskosten, ebenso kann eine Verwertungskostenpauschale nicht geltend gemacht werden). Im Fall der Durchführung eines Insolvenzplans ohne Verwertung entfallen diese Kostenbeiträge vollständig. Bei Regelabwicklung verringert sich also durch die Kostenbeiträge die Auskehr auf Absonderungsrechte und es erhöht sich die Quote für Insolvenzgläubiger. Dies hat (auch) Bedeutung für die Vergleichsrechnung (siehe Rz. 122 ff.).

Sollen **natürliche Personen** plansaniert werden, die eine **selbständige Tätigkeit** ausüben, ist i. R. der Regelabwicklung zu berücksichtigen, dass der Schuldner nach Aufhebung des Insolvenzverfahrens bis zur Erlangung der Rechtschuldbefreiung – sofern diese beantragt ist – gemäß § 295a Abs. 1 InsO die Insolvenzgläubiger durch Zahlungen an den Treuhänder so zu stellen hat, wie wenn er ein **angemessenes Dienstverhältnis** eingegangen wäre. Zu berücksichtigen ist insofern der pfändbare Betrag seines fiktiven Arbeitseinkommens. Ist er **abhängig beschäftigt**, ist auf den pfändbaren Teil seines Arbeitseinkommens abzustellen. Zeitlich relevant sind diese Beträge für den Lauf seiner Abtretungserklärung gemäß § 287 Abs. 2 Satz 1 InsO, die drei Jahre nach Eröffnung des Insolvenzverfahrens en- 121

72) Uhlenbruck-*Lüer/Streit*, InsO, § 245 Rz. 14; *Schmidt*, ZInsO 2019, 257.

73) Uhlenbruck-*Lüer/Streit*, InsO, § 245 Rz. 16 ff.

det. Gemäß § 245a InsO[74] ist im Zweifel davon auszugehen, dass die Einkommens-, Vermögens- und Familienverhältnisse des Schuldners zum Zeitpunkt der Abstimmung über den Insolvenzplan für die Verfahrensdauer und den Zeitraum, in dem die Insolvenzgläubiger ihre restlichen Forderungen gegen den Schuldner unbeschränkt geltend machen können, maßgeblich bleiben. Hat der Schuldner einen zulässigen Antrag auf Restschuldbefreiung gestellt, ist im Zweifel zudem anzunehmen, dass die Restschuldbefreiung zum Ablauf der Abtretungsfrist des § 287 Abs. 2 InsO erteilt wird.

> **Praxishinweis**
>
> Die Berechnung des fiktiven Einkommens bei selbständiger Tätigkeit gemäß § 295a Abs. 1 InsO bereitet häufig Schwierigkeiten, weil ein Vergleichsmaßstab fehlt. Sofern möglich, kann auf Tarifverträge zurückgegriffen werden.

9. Vergleichsrechnung/Vergleich Insolvenzplan und Regelinsolvenzverfahren

122 In der **Vergleichsrechnung** sind die Auswirkungen des Plans und der Alternative zum Plan auf die voraussichtliche Befriedigung der Gläubiger nachvollziehbar darzustellen (vgl. § 220 Abs. 2 Satz 2 InsO). Die Vergleichsrechnung im Insolvenzplan ist zwingend (§ 220 Abs. 2 Satz 2 InsO). Es bedarf Ausführungen zum wirtschaftlichen Ergebnis (Quoten) für die Gläubiger sowohl im Fall der Durchführung des Plans als auch bei dessen Scheitern.

> **Praxishinweis**
>
> Der Planersteller muss im Darstellenden Teil des Insolvenzplans eine nachvollziehbare vergleichende Betrachtung aufnehmen, die zeigt, dass die Beteiligten durch den Plan gegenüber dem Regelinsolvenzverfahren nicht wirtschaftlich benachteiligt sind, da die Insolvenzgerichte dies zu prüfen haben (vgl. §§ 245, 247, 248, 251 InsO). Eine ausführliche Darstellung erschwert zudem die Glaubhaftmachung einer (wesentlichen) Schlechterstellung bei sofortiger Beschwerde (vgl. § 253 Abs. 2 Nr. 3 InsO).

123 Für die **Beteiligten** ist die Vergleichsrechnung eine wichtige **Entscheidungsgrundlage** (vgl. §§ 253 Abs. 2 Nr. 3, 251 Abs. 2 InsO).[75] Der darstellende Teil des Insolvenzplans leidet an einem erheblichen Mangel, wenn die Vergleichsrechnung mit mehreren Fehlern behaftet ist, die für die Gläubigerbefriedigung von Bedeutung sind.[76] Die Beteiligten werden einem Insolvenzplan in der Regel nur zustimmen, wenn der Insolvenzplan sie nicht schlechterstellt, als sie ohne diesen stünden. Stellt der Insolvenzplan die Gläubiger schlechter, so kann er dennoch Wirksamkeit erlangen, ist indes aufgrund des Minderheitenschutzes (auf Antrag, siehe Rz. 330 ff.) und durch Rechtsmittel angreifbar (siehe Rz. 342 ff.). Zudem fehlt es an einer wesentlichen Voraussetzung der Zustimmungsersetzung beim Obstruktionsverbot (siehe Rz. 322).

124 Auch für das **Insolvenzgericht** muss sich aus der Vergleichsrechnung das wirtschaftliche Ergebnis sowohl des Insolvenzplans als auch der Regelabwicklung ergeben. Die Vorschriften der InsO zum Planverfahren sind vom Grundgedanken getragen, dass kein Beteiligter durch den Insolvenzplan schlechtergestellt werden soll, als er ohne den Plan stünde. Dieser Grundsatz wird auch angewandt auf die Verhinderung eines missbräuchlichen Verhaltens des Schuldners, des Gläubigers oder eines Anteils- und Mitgliedschaftsinhabers. Das Gericht kann deshalb die fehlende Zustimmung einer Gläubigergruppe durch Beschluss ersetzen (§ 245 InsO) bzw. den Widerspruch des Schuldners (§ 247 InsO) oder

74) In Kraft seit dem 1.1.2021.

75) Vgl. auch *Bork*, ZZP 109 (1996), 473, 475; Uhlenbruck-*Lüer/Streit*, InsO, § 220 Rz. 4.

76) BGH, Beschl. v. 26.4.2018 – IX ZB 49/17, ZVI 2018, 272 = NZI 2018, 691.

eines Gläubigers (§ 251 InsO) zurückweisen, wenn der Schuldner oder die Gläubiger durch den Plan nicht schlechtergestellt werden, als sie ohne einen Plan stünden. Die Vergleichsrechnung ist für das Gericht die **Grundlage** für den zu fassenden **Beschluss.** Die besondere Bedeutung der Vergleichsrechnung ergibt sich auch aus der Verpflichtung des Insolvenzgerichts, den Insolvenzplan den in § 232 Abs. 1 Nr. 1 bis 3 InsO benannten Beteiligten insbesondere zur Vergleichsrechnung zur Stellungnahme zuleitet.

Ein Insolvenzplan kann in die Rechte eines Gläubigers, insbesondere in die Rechte eines 125 Absonderungsberechtigten eingreifen, ohne dass eine **Schlechterstellung** i. S. des § 245 Abs. 1 Nr. 1 InsO vorliegt, wenn nur der an einer Stelle erfolgte Eingriff an anderer Stelle wirtschaftlich zumindest kompensiert wird[77] **(wirtschaftliche Kompensation).**

Absonderungsgläubiger werden aufgrund eines Insolvenzplans nicht allein dadurch 126 schlechtergestellt, als sie ohne diesen Plan stünden, dass die **Kredittilgung** für eine bestimmte Zeit ausgesetzt wird, wenn eine fortlaufende **Verzinsung** erfolgt. Dies gilt jedenfalls dann, wenn der Gläubiger anderweitig keine höheren Zinserträge erzielen könnte als bei Fortführung der vertraglichen Vereinbarungen mit dem Unternehmen.[78]

Eine **Schlechterstellung** kann sich daraus ergeben, dass Gläubigern aufgrund der im In- 127 solvenzplan geregelten Stundungen und Erlasse **Aufrechnungsbefugnisse** entzogen werden. Bei Durchführung des Regelinsolvenzverfahrens können Gläubiger nach Aufhebung des Insolvenzverfahrens mit ihren zur Insolvenztabelle festgestellten Forderungen gegen nach Aufhebung des Insolvenzverfahrens neu entstehende Forderungen des Schuldners gegen diesen Gläubiger aufrechnen. Dies gilt auch für **natürliche Personen**, für die sich i. R. der Regelabwicklung bei beantragter Restschuldbefreiung die **Wohlverhaltensperiode** an das Insolvenzverfahren anschließt. In der Wohlverhaltensperiode besteht **kein allgemeines Aufrechnungsverbot** für die Insolvenzgläubiger.[79] Insbesondere gilt die Vorschrift des § 96 Abs. 1 Nr. 1 InsO nicht. Sieht der Insolvenzplan nun den unbedingten (Teil-)Erlass der zur Tabelle festgestellten Forderung vor, ist eine Aufrechnung wegen des Fehlens einer Forderung, gegen die aufgerechnet wird, ausgeschlossen, woraus sich eine Schlechterstellung ergeben kann.

Praxishinweis

Der Entzug der Befugnis zur Aufrechnung kann insbesondere für Finanzämter nachteilig sein, da die Abtretung gemäß § 287 Abs. 2 InsO bei Regelabwicklung und Restschuldbefreiungsantrag natürlicher Personen nicht den Anspruch auf Erstattung von Lohn- und Einkommenssteuerzahlungen erfasst.[80] Allerdings (dies gilt nicht nur für natürliche Personen) wird es für die Frage der Nachteiligkeit des Entzugs der Aufrechnungsmöglichkeit von nach Aufhebung des Insolvenzverfahrens entstehenden Steuererstattungsansprüchen mit Insolvenzforderungen darauf ankommen, ob solche Steuererstattungsansprüche überhaupt entstehen oder (steuerlich optimiert) vermieden werden können (siehe Rz. 332 ff. zur Glaubhaftmachung). Ist bei Regelabwicklung prognostisch mit einer Einstellung des Geschäftsbetriebs zu rechnen, entfallen hiermit in Zusammenhang stehende Steuererstattungsansprüche, so dass eine Aufrechnung ohnehin nicht in Betracht kommt.

77) LG Traunstein, Beschl. v. 27.8.1999 – 4 T 2966/99, NZI 1999, 461, 463.

78) LG Traunstein, Beschl. v. 27.8.1999 – 4 T 2966/99, NZI 1999, 461.

79) BGH, Beschl. v. 12.1.2006 – IX ZB 239/04, Rz. 9, ZIP 2006, 340, dazu EWiR 2006, 245 *(Beck).*

80) BGH, Beschl. v. 12.1.2006 – IX ZB 239/04, Rz. 9, ZIP 2006, 340.

II. Gestaltender Teil

1. Allgemeines

128 Im Gestaltenden Teil des Insolvenzplans wird festgelegt, wie die **Rechtsstellung der Beteiligten** durch den Plan geändert werden soll (§ 221 Satz 1 InsO).

129 **Abb. 7: Aufbau Gestaltender Teil des Insolvenzplans**

I.	Erhalt des Unternehmens (sofern Fortführungsplan)
II.	Aufschiebende und auflösende Bedingungen
III.	Gruppenbildung
IV.	Plangestaltung für die Beteiligten
V.	Gesellschaftsrechtliche Regelungen
VI.	Minderheitenschutz
VII.	Regelungen für die Zeit nach Aufhebung des Insolvenzverfahrens/Verfahrensleitende Maßnahmen
VIII.	Sonstige Regelungen

Quelle: Eigene Darstellung.

130 Sofern es sich um einen Insolvenzplan handelt, der Regelungen zum Erhalt des Unternehmens enthält, sollte die Fortführungsentscheidung der Gläubiger (nicht zu verwechseln mit dem Fortsetzungsbeschluss der Gesellschafter, siehe Rz. 174 ff.) dem Gestaltenden Teil des Insolvenzplans vorangestellt werden.

2. Bedingter Insolvenzplan

131 Aufschiebende Bedingungen i. S. des § 249 Satz 1 InsO, ohne deren Erfüllung der Insolvenzplan vom Insolvenzgericht nicht bestätigt werden darf, sind erforderlich, wenn planbegleitend Sanierungsmaßnahmen vorgesehen und diese essenziell für die Restrukturierung, insbesondere die nachhaltige Beseitigung der Insolvenzgründe sind. Als **aufschiebende Bedingungen** können etwa geregelt werden:

- Verbindliche Auskunft des zuständigen Finanzamts zu Steuerthemen (siehe Rz. 412 ff.),
- Zurverfügungstellung von Planzuschüssen (etwa auf einem Treuhandkonto eines Dritten),
- Zurverfügungstellung von neuem Eigenkapital (entbehrlich, sofern die Mittel bei einem Treuhänder liegen, der diese dem Unternehmen bei Rechtskraft der gerichtlichen Bestätigung des Insolvenzplans auszukehren hat oder bei verbindlichem Finanzierungsnachweis),
- Zustimmung der Betroffenen zum Eingriff in deren Rechte, in die der Insolvenzplan nicht eingreifen darf (siehe Rz. 144),
- Zustimmung der Betroffenen zum Eingriff in deren Rechte, die den Insolvenzplanregelungen zwar zugänglich sind, aber zur Meidung einer Überfrachtung des Insolvenzplans gesondert vereinbart werden (etwa notarieller Kaufvertrag eines Grundstücks).

> **Praxishinweis**
>
> Bedingungen i. S. des § 249 Satz 1 InsO müssen in angemessener, vom Insolvenzgericht gemäß § 249 Satz 2 InsO gesetzter Frist erfüllbar sein, da anderenfalls die Versagung der Bestätigung von Amts wegen droht.

Als **auflösende Bedingung** können etwa bei Gesellschaften fehlende Fortsetzungsbeschlüsse vorgesehen werden (siehe zur Bedeutung von Fortsetzungsbeschlüssen Rz. 174 ff.). Stattdessen sollte aber von der Möglichkeit Gebrauch gemacht werden, den Fortsetzungsbeschluss gemäß § 225a Abs. 3 InsO in den Gestaltenden Teil des Insolvenzplans aufzunehmen (siehe Rz. 175). 132

> **Praxishinweis**
>
> Da **Fortsetzungsbeschlüsse** bei Gesellschaften gemäß § 60 Abs. 1 Nr. 4 GmbHG, § 274 Abs. 2 Nr. 1 AktG, § 140 Abs. 1 HGB, § 117 Abs. 1 GmbHG, § 49 Abs. 2 VAG erst nach der Aufhebung des Insolvenzverfahrens infolge der gerichtlichen Bestätigung des Plans gefasst werden dürfen und ohne einen Fortführungsbeschluss die Erfüllung des Plans gefährdet ist, bedarf es insofern zur Meidung eines Zirkelschlusses keiner aufschiebenden, sondern einer auflösenden Bedingung.[81] Für **auflösende Bedingungen** gilt § 249 Satz 1 InsO nicht, so dass der Plan bestätigt und das Insolvenzverfahren aufgehoben werden kann.

3. Gruppenbildung

Die im Darstellenden Teil erläuterte Gruppenbildung (siehe Rz. 90 ff.) ist im Gestaltenden Teil zu regeln, wobei es nicht darauf ankommt, ob die Erläuterung in den Darstellenden oder in den Gestaltenden Teils des Insolvenzplans aufgenommen wird. 133

4. Verfahrensrechtliche und materiell-rechtliche Wirkung des Insolvenzplans

Verfahrensrechtlich bildet der Plan entweder die Grundlage für die Aufhebung des Insolvenzverfahrens (Fortführungsplan) oder dessen modifizierte Fortsetzung (verfahrensleitender Plan, vgl. § 217 InsO) und – bei Aufhebung des Insolvenzverfahrens – für die Zwangsvollstreckung der Insolvenzgläubiger aus dem Insolvenzplan. 134

Mit der Rechtskraft der Bestätigung des Insolvenzplans treten gemäß § 254 Abs. 1 InsO in **materiell rechtlicher Hinsicht** die im Gestaltenden Teil festgelegten **rechtsgestaltenden** Wirkungen für und gegen alle Beteiligten ein. 135

Die Wirkungen des Insolvenzplans gemäß §§ 254, 254a InsO gelten gemäß § 254b InsO **für alle Beteiligte, insbesondere alle Insolvenzgläubiger**, mithin auch für solche, die ihre Forderungen nicht angemeldet haben und für Beteiligte, die dem Insolvenzplan widersprochen haben. 136

> **Praxishinweis**
>
> Die nachinsolvenzliche Änderung einer vorinsolvenzlich erfolgten Körperschaftsteuerfestsetzung ist gemäß § 164 Abs. 2 AO nach rechtskräftiger Bestätigung eines Insolvenzplanes, der die vom Finanzamt angemeldete und im Prüfungstermin vom Steuerpflichtigen nicht bestrittene Körperschaftssteuerforderung erfasst, nicht mehr zulässig.[82]

§ 254 Abs. 2 InsO grenzt die Gestaltungswirkung des Insolvenzplans von den Rechten und Pflichten ab, welche die Beteiligten im Verhältnis zu Dritten haben (siehe Rz. 138, 193, 196). 137

Eine Besonderheit gilt gemäß § 254 Abs. 2 Satz 2 InsO für Mitschuldner, Bürgen oder andere Rückgriffsberechtigte, soweit deren Rechte gemäß § 223a InsO durch den Plan gestaltet werden. Der Insolvenzplan kann in Rechte von Insolvenzgläubigern aus einer **gruppeninternen Drittsicherheit** gemäß § 217 Abs. 2 InsO eingreifen und wirkt somit zu deren Lasten. 138

---

81) Uhlenbruck-*Lüer/Streit*, InsO, § 248 Rz. 2 – zu auflösender Bedingung.

82) BFH, Urt. v. 22.10.2014 – I R 39/13, ZIP 2015, 141 = NZI 2015, 292, dazu EWiR 2015, 87 *(Schmittmann)*.

5. Zulässiger Regelungsinhalt des Insolvenzplans

139 Das Insolvenzverfahren dient gemäß § 1 Satz 1 InsO dazu, die Gläubiger eines Schuldners gemeinschaftlich zu befriedigen, indem das Vermögen des Schuldners verwertet und der Erlös verteilt oder in einem Insolvenzplan eine abweichende Regelung insbesondere zum Erhalt des Unternehmens getroffen wird. Der Insolvenzplan ermöglicht es, dass Gläubiger auch gegen ihren Willen zur Restrukturierung des Schuldners beitragen und die insolvenzrechtlichen Vorschriften – soweit zulässig (siehe Rz. 140 ff.) – modifiziert werden, um eine optimale Gläubigerbefriedigung zu erreichen.

140 Der nicht dispositive, sondern zwingende § 217 InsO[83] gestaltet die Schranke der gemäß Art. 14 GG **verfassungsmäßig geschützten Eigentumsgarantie** der Gläubiger sowie Anteils- und Mitgliedschaftsinhaber konkret aus und gestattet von den Vorschriften der InsO abweichende Regelungen wie folgt:

- Befriedigung der Absonderungsgläubiger (siehe Rz. 148),
- Befriedigung der Insolvenzgläubiger (siehe Rz. 151 ff.),
- Verwertung der Insolvenzmasse (siehe Rz. 139),
- Verteilung der Insolvenzmasse (siehe Rz. 139),
- Verfahrensabwicklung (siehe Rz. 57 f., 134, 139),
- Haftung des Schuldners (siehe Rz. 191 ff.),
- Gestaltung von Anteils- und Mitgliedschaftsrechten der am Schuldner beteiligten Personen, sofern der Schuldner keine natürliche Person ist (siehe Rz. 166 ff.),
- Gestaltung für Inhaber von Insolvenzforderungen, die diesen aus einer von einem verbundenen Unternehmen i. S. des § 15 AktG als Bürge, Mitschuldner oder aufgrund einer anderweitig übernommenen Haftung oder an Gegenständen des Vermögens dieses Unternehmens (gruppeninterne Drittsicherheit) zustehen (siehe Rz. 149 ff.),[84]
- Befriedigung der **Massegläubiger** gemäß §§ 55, 209 Abs. 1 Nr. 3 InsO (nur bei Masseunzulänglichkeit gemäß § 210a InsO)[85] (siehe Rz. 201 ff.),
- Änderung sachenrechtlicher Verhältnisse gemäß § 228 Satz 1 InsO (siehe Rz. 145 ff.).

141 Im Umkehrschluss zum Wortlaut des § 217 Satz 1 InsO sind die nicht ausdrücklich benannten Bereiche indisponibel. Dies sind vor allem die allgemeinen Vorschriften über das Insolvenzverfahren und die Beteiligten in den §§ 1–147 InsO, die Regelungen über die Feststellung der Forderungen nach den §§ 174–186 InsO[86] (siehe Rz. 142), die Normen, die das Planverfahren selbst regeln und letztlich die Vorschriften, die ausdrücklich vom Insolvenzplanverfahren ausgenommen worden sind.[87] **Insbesondere unzulässig sind Eingriffe** in die Rechte der **Aussonderungsgläubiger**, der **Neugläubiger** (Forderungen nach Aufhebung des Insolvenzverfahrens) und der **Massegläubiger (§ 53 InsO)**, sofern nicht Masseunzulänglichkeit vorliegt (§ 210a InsO).[88]

83) Vgl. Uhlenbruck-*Lüer/Streit*, InsO, § 217 Rz. 26.

84) *Geiwitz/v. Danckelmann* in: BeckOK-InsO, § 217 Rz. 32 ff.

85) Gesetz zur weiteren Erleichterung der Sanierung von Unternehmen (ESUG), v. 7.12.2011, BGBl. I 2011, 2582.

86) BGH, Beschl. v. 5.2.2009 – IX ZB 230/07, ZIP 2009, 480 = ZInsO 2009, 478.

87) *Thies* in: HambKomm-InsO, § 217 Rz. 7.

88) BGH, Beschl. v. 5.2.2009 – IX ZB 230/07, Rz. 26, ZIP 2009, 480 = ZInsO 2009, 478.

Praxishinweis

Erfolgt ein Parteiwechsel auf Klägerseite auf den Insolvenzschuldner erst nach Eröffnung des Insolvenzverfahrens, sind Kostenerstattungsansprüche des Beklagten insolvenzrechtlich als Neuforderungen einzuordnen und fallen daher nicht unter die Regelungen eines Insolvenzplanes.[89)]

Zu den Vorschriften, die nicht Gegenstand der Regelungen in einem Insolvenzplan sein können, gehören die Vorschriften über die **Feststellung der Forderungen** der Gläubiger (§§ 174 bis 186 InsO).[90)] Die Gläubiger dürfen nicht durch Mehrheitsbeschluss bestimmen, in welchem Umfang die angemeldeten Forderungen in die Insolvenztabelle aufgenommen werden. Die §§ 174 ff. InsO garantieren den Gläubigern das Recht, ihre Forderungen in einem formalisierten Prüfungsverfahren feststellen zu lassen und im Fall des Widerspruchs gerichtlich zu verfolgen. Dies gilt für anmeldende und widersprechende Gläubiger gleichermaßen. Diese rechtlichen Garantien können dem Gläubiger nicht durch einen Insolvenzplan entzogen werden. Anderenfalls wäre es möglich, durch Mehrheitsbeschluss einzelnen Gläubigern ihre Forderungen vollständig oder teilweise zu entziehen. Das dem Insolvenzverwalter und den anderen Gläubigern eingeräumte Widerspruchsrecht könnte nicht ausgeübt werden, weil die Regelung des Insolvenzplans dem entgegenstehen würden. All dies ist mit den verfahrensrechtlichen Garantien der §§ 174 ff. InsO nicht zu vereinbaren.[91)] 142

6. Beteiligte

Zu den Beteiligten i. S. des § 221 Satz 1 InsO gehören alle Personen, die unmittelbar am Insolvenzplanverfahren teilnehmen. Dies sind insbesondere die **absonderungsberechtigten Gläubiger**, die **Insolvenzgläubiger**, die Insolvenzgläubiger mit **Rechten aus einer gruppeninternen Sicherheit**, der **Schuldner** und die **Inhaber von Anteils- und Mitgliedschaftsrechten**, sofern der Schuldner keine natürliche Person ist. 143

Vereinbarungen mit Personen, die nicht unter den **Beteiligtenbegriff** gemäß § 221 Satz 1 InsO subsumiert werden können, sind dem Plan als Anlage beizufügen, sofern dies für den Erfolg des Insolvenzplans maßgeblich ist, § 230 Abs. 3 InsO (siehe Rz. 233). Dies sind **Dritte**, in deren Rechte der Insolvenzplan grundsätzlich wegen entgegenstehender zwingender Vorschriften nicht eingreifen darf, dies aber mit deren Zustimmung dennoch tut. 144

7. Änderungen sachenrechtlicher Verhältnisse an Gegenständen

§ 228 Satz 1 InsO erlaubt es, **Änderung sachenrechtlicher Verhältnisse** unmittelbar zum Gegenstand des Plans zu machen.[92)] Zu den Willenserklärungen gemäß § 228 Satz 1 InsO gehören bspw. **Einigungserklärungen** i. R der §§ 873, 929, 1205 BGB, **Aufhebungserklärungen** i. R. des § 875 BGB und **Abtretungs-/Übertragungserklärungen** gemäß §§ 398, 413 BGB sowie die **Auflassung** gemäß § 925 Abs. 1 Satz 3 BGB.[93)] Auch die Übertragung (oder Verpfändung) von Forderungen ist denkbar, ebenso diejenige von Gesellschaftsanteilen (an Beteiligungen) oder immateriellen Güterrechten.[94)] 145

Die für die erforderlichen Erklärungen vorgeschriebenen **Beurkundungs- oder sonstigen Formerfordernisse** werden gemäß § 254a Abs. 1 InsO als eingehalten fingiert, wenn der 146

89) BGH, Beschl. v. 13.10.2016 – IX ZR 250/16, NZI 2017, 62.

90) BGH, Beschl. v. 5.2.2009 – IX ZB 230/07, Rz. 26, ZIP 2009, 480 = ZInsO 2009, 478.

91) BGH, Beschl. v. 5.2.2009 – IX ZB 230/07, Rz. 26, ZIP 2009, 480 = ZInsO 2009, 478.

92) Begr. RegE InsO z. § 271, BT-Drucks. 12/2443, S. 202; abgedr. in: *Balz/Landfermann*, S. 479.

93) Braun-*Braun/Frank*, InsO, § 228 Rz. 3.

94) Braun-*Braun/Frank*, InsO, § 228 Rz. 3.

Plan rechtskräftig bestätigt worden ist. Nach dem Wortlaut der Vorschrift beschränkt das Gesetz den Eintritt der Wirksamkeit auf die **Willenserklärungen**, die im Zusammenhang mit den einzelnen Verfügungsgeschäften in den Insolvenzplan aufgenommen worden sind. Soweit allerdings für den Rechtsübergang bzw. die Wirksamkeit des Verfügungsgeschäfts weitere Akte erforderlich sind, bspw. **Besitzübergang, Übergabe oder Registereintragungen**, werden diese nicht durch die Aufnahme der auf die Übertragung gerichteten Willenserklärungen in den Plan überflüssig.[95] Vielmehr müssen sie außerhalb des Plans noch vorgenommen werden. Das gilt auch für den **grundbuchmäßigen Eintragungsantrag.**[96] Die in den Insolvenzplan aufgenommenen Willenserklärungen zum Abschluss von **Verpflichtungsgeschäften** werden mit der Rechtskraft des Insolvenzplans verbindlich.

147 § 228 InsO umfasst sowohl **masseeigene** als auch **massefremde** Gegenstände.[97] Dies ist sinnvoll, da sich teilweise erst effektive Lösungen für den Insolvenzplan durch die Einbeziehung massefremder Gegenstände ergeben, so etwa, wenn zur Weiterproduktion etwas zur Masse von einem Dritten erworben werden soll. Maßgeblichkeit kann der Insolvenzplan jedoch nur gegenüber den zur Abstimmung bzw. zum Widerspruch berechtigten Personen entfalten, die ggf. überstimmt werden können. Gegenüber **außenstehenden Dritten** besteht diese Möglichkeit nicht, d. h. diese können nicht zum **Abschluss eines** entsprechenden **Rechtsgeschäfts** gezwungen werden. Liegt die erforderliche Willenserklärung eines am Insolvenzplanverfahren unbeteiligten Dritten nicht vor, ist die Erklärung erst dann wirksam, wenn er hierzu sein Einverständnis erklärt hat (§§ 184, 185 BGB) und der Insolvenzplan bestätigt wird.[98]

8. Eingriff in Absonderungsrechte

148 Ist im Insolvenzplan nichts anderes bestimmt, so wird das Recht der absonderungsberechtigten Gläubiger zur Befriedigung aus den Gegenständen, an denen **Absonderungsrechte** bestehen, vom Plan nicht berührt (§ 223 Abs. 1 Satz 1 InsO). Soweit im Plan eine abweichende Regelung getroffen wird, ist im Gestaltenden Teil für die absonderungsberechtigten Gläubiger anzugeben, um welchen Bruchteil die Rechte gekürzt, für welchen Zeitraum sie gestundet oder welchen sonstigen Regelungen sie unterworfen werden sollen (§ 223 Abs. 2 InsO).[99]

9. Eingriff in gruppeninterne Drittsicherheiten

149 Der Insolvenzplan kann ferner die Rechte der Inhaber von Insolvenzforderungen gestalten, die diesen aus einer von einem verbundenen Unternehmen i. S. des § 15 AktG als Bürge, Mitschuldner oder aufgrund einer anderweitig übernommenen Haftung oder an Gegenständen des Vermögens dieses Unternehmens **(gruppeninterne Drittsicherheit)** zustehen (§ 217 Abs. 2 InsO).[100] Der Insolvenzplan muss dies ausdrücklich regeln, anderenfalls wird das Recht eines Insolvenzgläubigers aus einer gruppeninternen Drittsicherheit (§ 217 Abs. 2 InsO) durch den Insolvenzplan nicht berührt. Zudem ist dem Plan die **Zustimmung des verbundenen Unternehmens** beizufügen, das die Sicherheit gestellt hat (§ 230 Abs. 4 InsO). Wird in solche Rechte eingegriffen, ist der Eingriff gemäß § 223a Satz 3 InsO angemessen zu entschädigen und es ist gemäß §§ 223a Abs. 2, 223 Abs. 2 InsO

95) *Breuer* in: MünchKomm-InsO, § 228 Rz. 4 ff.; Uhlenbruck-*Lüer/Streit*, InsO, § 228 Rz. 1.

96) Uhlenbruck-*Lüer/Streit*, InsO, § 228 Rz. 1.

97) *Thies* in: HambKomm-InsO, § 228 Rz. 3.

98) *Breuer* in: MünchKomm-InsO, § 228 Rz. 6.

99) Abweichende Bestimmungen hinsichtlich der Finanzsicherheiten i. S. von § 1 Abs. 17 KWG sind unter den Voraussetzungen des § 223 Abs. 1 Satz 2 InsO ausgeschlossen.

100) SanInsFoG, v. 22.12.2020, BGBl. I 2020, 3256 (Inkrafttreten: 1.1.2021).

anzugeben, um welchen Bruchteil die Rechte gekürzt, für welchen Zeitraum sie gestundet oder welchen sonstigen Regelungen sie unterworfen werden sollen (zur Gruppenbildung siehe Rz. 133 ff.).

Die Einbeziehung gruppeninterner Drittsicherheiten in den Insolvenzplan ermöglicht die Sanierung nicht nur des Schuldners selbst, sondern auch weiterer (infizierter) Unternehmen der Unternehmensgruppe, zu der der Schuldner gehört.[101] 150

10. Eingriff in nicht nachrangige Insolvenzforderungen gemäß § 38 InsO

a) Allgemeines

Für die **nicht nachrangigen Insolvenzgläubiger** gemäß § 38 InsO ist im Gestaltenden Teil des Insolvenzplans anzugeben, um welchen **Bruchteil die Forderung** gekürzt, für welchen Zeitraum sie **gestundet**, wie sie **gesichert** oder welchen **sonstigen Regelungen** sie unterworfen werden sollen (§ 224 InsO). 151

Praxishinweis

Die im Gestaltenden Teil des Insolvenzplans geregelten Verpflichtungen müssen i. V. mit dem Tabellenauszug (§ 257 InsO) vollsteckbar und damit hinreichend bestimmt sein.[102]

Denkbar ist es, statt der Festlegung von Quoten für die jeweiligen Forderungen einen **Gesamtabgeltungsbetrag** für die nichtnachrangigen Insolvenzgläubiger festzusetzen, der auf die festgestellten Forderungen proportional aufgeteilt wird.[103] Der von dem Schuldner für die Verteilung aufzuwendende Betrag bleibt in diesem Fall identisch, es verändert sich lediglich die Quote für die Gläubiger in Prozent. Der Zulässigkeit von **Gesamtabgeltungsbeträgen** ist jedenfalls für die eigentliche Planquote (siehe aber Praxishinweis zu Rz. 153) entgegenzutreten.[104] Diese sind i. S. des § 257 InsO nicht bestimmt oder zumindest bestimmbar. Gemäß § 257 InsO erfolgt aus dem rechtskräftig bestätigten Insolvenzplan i. V. mit der Eintragung in die Tabelle wie aus einem vollstreckbaren Urteil die Zwangsvollstreckung gegen den Schuldner. Der für die Vollstreckung zuständige Rechtspfleger muss zur Erteilung der Vollstreckungsklausel also (ausschließlich) aus dem gestaltenden Teil des Insolvenzplans und der Insolvenztabelle den zu vollstreckenden Betrag bestimmen können. Der mit der Vollstreckungsklausel versehene Auszug aus der Tabelle unter Bezugnahme auf Planbestätigung und Planinhalt muss so eindeutig sein, dass die Zwangsvollstreckung wie nach einem auf Zahlung gerichteten Urteilstenor möglich ist. Bei den regelmäßig verwendeten Gesamtabgeltungsbeträgen steht die Quote auch nach Aufhebung des Insolvenzverfahrens noch nicht fest, da Gläubiger, die am Insolvenzverfahren nicht teilgenommen haben, nicht materiell von der Planquote ausgeschlossen werden dürfen, aber bei Ermittlung der Quote aus dem plangemäß zur Verfügung zu stellenden Betrag und den planquotenberechtigten Gläubigern einzubeziehen sind. Selbst ein Jahr nach Rechtskraft des Beschlusses, durch den der Insolvenzplan bestätigt wird, kann die Quote nicht exakt berechnet werden, da die besondere Verjährungsfrist gemäß § 259b InsO u. a. erst mit Fälligkeit der Forderung beginnt (siehe Rz. 370). 152

101) Vgl. zum Flächenbrand im Konzernverbund: *Dellit/Bräuer* in: Wilhelm, Konzerninsolvenzrecht, Teil 1, C. Rz. 34.

102) *Smid/Rattunde/Martini*, Insolvenzplan, Rz. 268 ff.; Nerlich/Römermann-*Rühle*, InsO, § 224 Rz. 6.

103) Uhlenbruck-*Lüer/Streit*, InsO, § 224 Rz. 6; Braun-*Braun/Frank*, InsO, § 224 Rz. 3; *Breuer* in: MünchKomm-InsO, § 224 Rz. 16.

104) So im Ergebnis auch AG Hannover, Beschl. v. 30.9.2016 – 902 IN 607/14 – 7, ZIP 2016, 2081 = ZInsO 2016, 2093.

153 Stattdessen ist die Quote auf der Grundlage der in der Buchhaltung erfassten Kreditoren (vgl. auch § 229 Satz 3 InsO) in Prozent anzugeben. Eine potentielle wirtschaftliche Überforderung wird durch § 259a InsO (Vollstreckungsschutz, siehe Rz. 371 ff.), und § 259b InsO (besondere Verjährungsfrist, siehe Rz. 370) relativiert.

Praxishinweis

Da regelmäßig nicht alle in der Buchhaltung des Schuldners erfassten Gläubiger planquotenberechtigt sind, kann zur Meidung einer Benachteiligung der Gläubiger durch den Insolvenzplan in diesem eine nachträgliche Verteilung über den Schuldner oder einen Treuhänder (siehe Rz. 390) vorgesehen werden.

Nicht in Prozent angegeben werden können etwa durch den Schuldner, einen Treuhänder oder den nach § 259 Abs. 3 InsO zur Fortführung von Insolvenzanfechtungsrechtsstreitigkeiten legitimierten Insolvenzverwalter/Sachwalter plangemäß an die Beteiligten nach Aufhebung des Insolvenzverfahrens und Realisierung von Ansprüchen oder Wegfall von Risiken (siehe Absatz 1 des Praxishinweises) zu verteilende Quoten. Hierfür kann im Insolvenzplan mangels Kenntnis der Höhe des zu verteilenden Betrages nur geregelt werden, wie die Quote zu ermitteln ist.

154 Ein Insolvenzplan entbehrt möglicherweise der erforderlichen **Klarheit und Widerspruchsfreiheit**, wenn zwar eine feste Insolvenzquote bestimmt wird, ihre Fälligkeit aber von aufschiebenden Bedingungen abhängt, die tatsächlich nicht eintreten können und die gebotene Vollstreckungsfähigkeit in Frage stellen.[105)]

155 **Forderungen**, die aus einer **vorsätzlich begangenen unerlaubten Handlung** des Schuldners herrühren, sind von der Schuldbefreiung (§ 227 InsO) durch den erfüllten Insolvenzplan nur dann ausgenommen, wenn er dies bestimmt.[106)] Dies gilt ungeachtet dessen, dass i. R. des Regelinsolvenzverfahrens über das Vermögen einer natürlichen Person Verbindlichkeiten des Schuldners aus einer vorsätzlich begangenen unerlaubten Handlung gemäß § 302 Nr. 1 InsO von der Erteilung der Restschuldbefreiung ausgenommen sind, sofern der Gläubiger die entsprechende Forderung unter Angabe dieses Rechtsgrunds gemäß § 174 Abs. 2 InsO angemeldet hatte und diese entsprechend festgestellt ist (zur hierdurch bedingten, ggf. eintretenden Schlechterstellung der betroffenen Gläubiger siehe Rz. 122 ff., 334).

b) Insolvenzforderungen aus Tarifverträgen

156 Teilweise wird vertreten, dass die Wirkungen des Insolvenzplans wegen der bei **Tarifverträgen** gemäß § 4 Abs. 1 Satz 1, § 3 Abs. 1, 3; § 4 Abs. 3 TVG geltenden Unabdingbarkeit für Entgeltregelungen nicht für rückständige Insolvenzforderungen gemäß § 38 InsO von **gewerkschaftlich organisierten Arbeitnehmern** bei tarifgebundenen Arbeitgebern gelten.[107)] Die Auffassung verkennt indes, dass die zitierten Regelungen des TVG mit der im Insolvenzplanverfahren geltenden gesetzlichen Restschuldbefreiung gemäß § 227 InsO kollidieren. § 227 InsO hat nach dem Sinn und Zweck der §§ 217 ff. InsO Vorrang. Die Besserstellung eines Teils der Arbeitnehmer aufgrund ihrer Zugehörigkeit zu einer Gewerkschaft gegenüber den übrigen Gläubigern derselben Rangklasse ist sachlich nicht zu rechtfertigen und verstößt gegen den Gläubigergleichbehandlungsgrundsatz. Ein Insolvenzplan, der diese Besserstellung vorsieht, fände auch keine Akzeptanz. Würde anderes vertreten werden, könnten Schuldner auch keine Restschuldbefreiung im gesetzlichen Restschuldbefreiungsverfahren gemäß §§ 286 ff. InsO erlangen. Dies ist aber bislang un-

105) BGH, Beschl. v. 26.4.2018 – IX ZB 49/17, ZVI 2018, 272 = NZI 2018, 691.

106) BGH, Beschl. v. 17.12.2009 – IX ZR 32/08, Rz. 2, NJW-Spezial 2010, 343.

107) *Rieble*, ZIP 2007, 1389 ff.

bestritten. Jedenfalls bei dem regelmäßig vorkommenden Übergang der Ansprüche der Arbeitnehmer auf die Bundesagentur für Arbeit nach Gewährung von Insolvenzgeld sind die Ansprüche nicht unverzichtbar.[108)]

c) Streitige Insolvenzforderungen, Ausfallforderungen, nicht angemeldete Insolvenzforderungen

Die Wirkungen des Insolvenzplans gelten auch für im Prüfungstermin **bestrittene Forderungen** und der Höhe nach noch nicht feststehende **Ausfallforderungen absonderungsberechtigter Gläubiger**, soweit deren Berechtigung nachträglich noch festgestellt wird. Besonderheiten ergeben sich hinsichtlich der Zahlungen auf solche Forderungen nach dem Gestaltenden Teil des Insolvenzplans, insbesondere von Quoten, zur Meidung des Wegfalls von Stundung und Teilerlass gemäß § 255 Abs. 1 InsO (siehe hierzu Rz. 383). 157

Für die zur Insolvenztabelle angemeldete, aber streitige Insolvenzforderungen kann der Insolvenzplan eine **Ausschlussfrist** zur Erhebung einer **Tabellenfeststellungsklage** vorsehen, bei deren Nichteinhaltung die Forderung bei der Verteilung nicht berücksichtigt wird. Die Klagefrist beginnt unabhängig von den Regelungen im Insolvenzplan erst mit der Rechtskraft des Beschlusses zu laufen, der den Insolvenzplan bestätigt.[109)] Diese formelle Ausschlussfrist lässt den Anspruch aber materiell-rechtlich unberührt (siehe Rz. 159). 158

Eine Klausel in einem Insolvenzplan, die vorsieht, dass Gläubiger, die ihre Forderung angemeldet, aber nach Bestreiten innerhalb einer Ausschlussfrist von einem Monat nach Bestandskraft des den Insolvenzplan bestätigenden Beschlusses des Insolvenzgerichts **nicht im Klageweg weiterverfolgt haben**, bei der Verteilung analog § 189 InsO nicht berücksichtigt werden, lässt den Anspruch der Insolvenzgläubiger materiell-rechtlich unberührt, wenn die Frist versäumt wurde. Es bleibt den Insolvenzgläubigern, die die Frist versäumt haben, unbenommen, **nach Aufhebung** des Insolvenzverfahrens die Planquote mit einer Leistungsklage gegenüber dem Schuldner durchzusetzen.[110)] 159

Insolvenzgläubiger, die sich am Insolvenzverfahren **nicht beteiligt** haben (sog. **Nachzügler**) können ihre Forderungen auch nach Verfahrensaufhebung noch geltend machen.[111)] Sie sind grundsätzlich wie bestrittene Forderungen zu behandeln.[112)] Die Nichtteilnahme am Insolvenzverfahren kann verschiedene Ursachen haben, etwa, dass dem Gläubiger die Forderung noch nicht bekannt ist (z. B. Gewährleistungsansprüche) oder aber, dass dieser sich mit Blick auf eine geringe Quotenerwartung zunächst nicht am Insolvenzverfahren beteiligen wollte. Der betreffende Gläubiger ist nachträglich mit den Verpflichtungen aus dem Insolvenzplan in der Gruppe zu behandeln, in die er eingeordnet worden wäre, wäre seine Forderung rechtzeitig bekannt gewesen und hat diese Quote nach Aufhebung des Insolvenzverfahrens auf dem Zivilrechtsweg geltend zu machen.[113)] 160

Materielle Präklusionsregeln, durch welche die Insolvenzgläubiger, die sich am Insolvenzverfahren nicht beteiligt haben, mit ihren Forderungen i. H. der vorgesehenen Quote ausgeschlossen sind, sind unzulässig.[114)] Zur Herstellung von Rechtssicherheit für den Schuldner 161

108) *Rieble*, ZIP 2007, 1389, 1395 f.

109) BGH, Beschl. v. 15.7.2010 – IX ZB 65/10, Rz. 8, ZIP 2010, 1448, dazu EWiR 2010, 681 *(Huber)*; a. A. *Küpper*, ZInsO 2013, 471, 476, der nach Inkrafttreten des ESUG Ausschlussklauseln ablehnt.

110) BAG, Urt. v. 19.11.2015 – 6 AZR 559/14, ZIP 2016, 178 = NZI 2016, 175, dazu EWiR 2016, 179 *(Klasen)*.

111) OLG Celle, Urt. v. 14.7.2011 – 13 U 26/11, ZIP 2011, 1577 = NZI 2011, 690, dazu EWiR 2011, 717 *(Freudenberg)*; entgegen LAG Sachsen, Urt. v. 22.11.2007 – 1 Sa 364/03, BeckRS 2011, 67354.

112) Uhlenbruck-*Lüer/Streit*, InsO, § 256 Rz. 4.

113) OLG Celle, Urt. v. 14.7.2011 – 13 U 26/11, ZIP 2011, 1577 = NZI 2011, 690.

114) BGH, Beschl. v. 7.5.2015 – IX ZB 75/14, ZIP 2015, 1346 = NZI 2015, 697.

ist in § 259b InsO eine **besondere Verjährungsfrist** (ein Jahr) für Forderungen vorgesehen,[115] die nicht bis zum Abstimmungstermin angemeldet worden sind (siehe Rz. 370).

Praxishinweis

Werden Forderungen bekannt, die nicht zur Insolvenztabelle angemeldet waren, hat der Schuldner, um ein Wiederaufleben der erlassenen Forderungen zu verhindern, entweder die im Insolvenzplan festgesetzte Quote zu zahlen oder das Insolvenzgericht anzurufen, um eine Entscheidung nach § 256 Abs. 1 Satz 2 InsO herbeizuführen.[116] Der Schuldner ist erst dann mit der Erfüllung seiner Zahlungspflicht in Rückstand, wenn er nach der vorläufigen Festsetzung der Quotenzahlung durch das Gericht nicht fristgerecht zahlt.[117]

d) Insolvenzforderungen aus betrieblicher Altersvorsorge

162 Werden einem Arbeitnehmer Leistungen der Alters-, Invaliditäts- oder Hinterbliebenenversorgung aus Anlass seines Arbeitsverhältnisses vom Arbeitgeber zugesagt (betriebliche Altersversorgung), sind im BetrAVG geregelte, insolvenzplanspezifische Vorschriften zu beachten. Der **Pensionssicherungsverein aG (PSVaG)** hat, sofern er nach Eröffnung des Insolvenzverfahrens zuständig wird, nicht nur im Hinblick auf die Gruppenbildung (siehe Rz. 101 ff.) eine Sonderstellung. Gemäß § 7 Abs. 4 Satz 5 BetrAVG soll in einem Insolvenzplan vorgesehen werden, dass bei einer nachhaltigen Besserung der wirtschaftlichen Lage des Arbeitgebers die vom PSVaG zu erbringenden Leistungen ganz oder zum Teil vom Arbeitgeber oder sonstigen Trägern der Versorgung übernommen werden (**Besserungsklausel**). Ein Anspruch auf Leistungen gegen den Träger der Insolvenzsicherung vermindert sich gemäß § 7 Abs. 4 Satz 1 BetrAVG in dem Umfang, in dem der Arbeitgeber oder sonstige Träger der Versorgung die Leistungen der betrieblichen Altersversorgung erbringt.

163 Wird im Insolvenzverfahren ein Insolvenzplan bestätigt, vermindert sich der Anspruch auf Leistungen gegen den Träger der Insolvenzsicherung insoweit, als nach dem Insolvenzplan der Arbeitgeber oder sonstige Träger der Versorgung einen Teil der Leistungen selbst zu erbringen haben (**„vertikale Aufteilung"** der Versorgungsleistung, § 7 Abs. 4 Satz 2 BetrAVG).[118] Leistungen Dritter sind nicht anrechenbar. Ist im Insolvenzplan geregelt, dass der Arbeitgeber oder sonstige Träger der Versorgung die Leistungen aus der betrieblichen Altersversorgung ab einem bestimmten Zeitpunkt wieder selbst (teilweise oder in voller Höhe) zu erbringen hat, so erlischt von diesem Zeitpunkt an die Einstandspflicht des PSVaG (**„horizontale Aufteilung"** der Versorgungsleistung, § 7 Abs. 4 Satz 3 BetrAVG). Die Festlegung des Zeitraumes, in dem Leistungen vom Träger der Insolvenzsicherung übernommen werden, kann im Insolvenzplan von den Beteiligten frei vereinbart werden.[119]

Praxishinweis

Es empfiehlt sich, den regelmäßig eher an einer vertikalen oder horizontalen Aufteilung der künftigen Leistungen für die Altersversorgung als an einer sofortigen quotalen Befriedigung seines Rückgriffsanspruchs interessierten PSVaG[120] frühzeitig in die Sanierung einzubinden. Hierzu ist zunächst zu ermitteln, ob der PSVaG überhaupt zu beteiligen ist. Ist der Sicherungsfall eingetreten, sollte der Plan mit diesem abgestimmt werden. Wird für den zu beteiligenden PSVaG keine Gruppe gebildet, so ist der Insolvenzplan gemäß § 9 Abs. 4 Satz 1 BetrAVG wegen fehlerhafter Gruppenbildung unzulässig.

---

115) Begr. RegE ESUG z. § 259b, BT-Drucks. 17/5712, S. 38.

116) OLG Celle, Urt. v. 14.7.2011 – 13 U 26/11, ZIP 2011, 1577 = NZI 2011, 690.

117) *Paul*, ZInsO 2011, 1590 ff.

118) *Höfer*, BetrAVG, § 7 Rz. 4530.

119) *Höfer*, BetrAVG, § 7 Rz. 4531 ff.; *Holthusen*, NZI 2021, 705, 706.

120) Begr. RegE InsO z. § 265, BT-Drucks. 12/2443, S. 199 f.; abgedr. bei *Balz/Landfermann*, S. 335.

11. Eingriff in nachrangige Insolvenzforderungen

Die Forderungen **nachrangiger Insolvenzgläubiger** (§ 39 InsO) gelten, wenn im Insolvenzplan nichts anderes bestimmt ist, als **erlassen,** § 225 Abs. 1 InsO. Abweichende Regelungen (vgl. §§ 225 Abs. 2, 224 InsO) sind nur angezeigt, wenn die vorrangigen Gläubiger, insbesondere die nicht nachrangigen Insolvenzgläubiger gemäß § 38 InsO Vollbefriedigung erlangen. § 225 Abs. 1 InsO gilt nicht für Geldstrafen und die diesen in § 39 Abs. 1 Nr. 3 InsO gleichgestellten Forderungen (§ 225 Abs. 3 InsO).[121] 164

Praxishinweis

Um nachrangige Forderungen in die Insolvenztabelle aufnehmen und (gemäß ihrem Rang) feststellen zu können, bedarf es gemäß § 174 Abs. 3 InsO einer besonderen Aufforderung durch das Insolvenzgericht. Hierauf hat der Insolvenzverwalter oder der Sachwalter das Insolvenzgericht erforderlichenfalls hinzuweisen. Die Feststellung zur Tabelle ist Voraussetzung dafür, dass aus solchen Forderungen i. V. m. dem Insolvenzplan die Zwangsvollstreckung betrieben werden kann (§ 257 Abs. 1 InsO).

Im Insolvenzverfahren über das Vermögen einer AG sind i. R. eines Insolvenzplanverfahrens die **unselbständigen Ansprüche von Vorzugsaktionären** auf Nachzahlung nicht geleisteter **Vorzugsdividenden** wie Forderungen letztrangiger Insolvenzgläubiger zu behandeln. Diese Ansprüche gelten mit rechtskräftiger Bestätigung des Insolvenzplans als erloschen, soweit im Plan nicht etwas anderes bestimmt ist.[122] 165

12. Eingriff in Anteils- und Mitgliedschaftsrechte (gesellschaftsrechtliche Maßnahmen)

a) Allgemeines

Die Möglichkeit, i. R. eines Restrukturierungsprozesses bzw. des Insolvenzplans auch auf den **gesellschaftsrechtlichen Bestand** des schuldnerischen Unternehmens einzuwirken, wurde insbesondere im europäischen und auch im Vergleich mit dem US-amerikanischen Recht als unabdingbare Voraussetzung für die Entwicklung eines sanierungsfreundlichen Rechtsrahmens in Deutschland genannt.[123] Dies nicht zuletzt, um den Gesellschaftern die opportunistische Ausnutzung der Sanierungsbereitschaft der Gläubiger abzuschneiden und Blockaden der Gesellschafter von vornherein auszuschließen.[124] 166

Mit Inkrafttreten des ESUG[125] wurde der immer wieder kritisierte Mangel, dem Insolvenzrecht fehle die Verknüpfung zu den Normen des Gesellschaftsrechts,[126] beseitigt. Der **Paradigmenwechsel** erfolgte mit Einführung der §§ 217 Satz 2, 225a InsO,[127] die **Eingriffe in die Anteils- oder Mitgliedschaftsrechte** der am Schuldner beteiligten Personen zulassen. Seither können Insolvenzpläne nicht mehr nur durch freiwillige gesellschaftsrechtliche Maßnahmen flankiert werden,[128] sondern es sind Zwangseingriffe möglich. Nicht sanierungsbereite Anteilsinhaber können Insolvenzpläne nicht mehr blockieren, 167

121) Uhlenbruck-*Lüer/Streit*, InsO, § 225 Rz. 9.

122) BGH, Urt. v. 5.4.2010 – IX ZR 188/09, Rz. 29 f., BGHZ 185, 206 = ZIP 2010, 1039, dazu EWiR 2010, 465 *(Mock)*; umfassend zu Vorzugsaktien im Planverfahren: *Hirte/Mock*, ZInsO 2009, 1129.

123) *Bork*, ZIP 2010, 397, 403; *Hölzle*, KTS 2011, 291, 317; *Hölzle* in: Kübler/Bork/Prütting, HRI II, § 26 Rz. 6.

124) *Eidenmüller/Engert*, ZIP 2009, 541; *Hölzle* in: Kübler/Bork/Prütting, HRI II, § 26 Rz. 6.

125) ESUG, v. 7.12.2011, BGBl. I 2011, 2582 (Inkrafttreten: 1.3.2012).

126) *Pape*, ZInsO 2010, 2155, 2157, *Uhlenbruck*, NZI 2008, 201, 204.

127) ESUG, v. 7.12.2011, BGBl. I 2011, 2582.

128) Freiwillige gesellschaftsrechtliche Maßnahmen wurden vor Inkrafttreten des ESUG regelmäßig mittels aufschiebender oder auflösender Bedingung mit dem Insolvenzplan verknüpft.

indem sie zwar nicht bereit oder in der Lage sind Sanierungsbeiträge zu leisten, aber ihre Anteilsinhaberstellung nicht oder nur gegen einen im Verhältnis zu deren Wert unangemessenen Kaufpreis aufgeben.

b) Zulässige gesellschaftsrechtliche Maßnahmen

168 Gemäß § 225a Abs. 3 InsO kann im Insolvenzplan jede Regelung getroffen werden, die gesellschaftsrechtlich zulässig ist. Die **gesellschaftsrechtliche Zulässigkeit** bestimmt sich in erster Linie nach dem hierfür geltenden Recht, das, soweit der Gesetzgeber dies für notwendig erachtet hat, von den insolvenzplanspezifischen Vorschriften der InsO überlagert wird. Überlagert werden:

- Regelungen zur Beschlussfassung der Gesellschafter (etwa §§ 47, 48, 49, 51 GmbHG etc.) durch §§ 234, 237–238a, 242–244, 246 f., 254a Abs. 2 InsO,
- der gesellschaftsrechtliche Minderheitenschutz der Anteilsinhaber durch insolvenzspezifischen Minderheitenschutz gemäß §§ 245 Abs. 3, 251 und 253 InsO,
- der gesellschaftsrechtliche Gleichbehandlungsgrundsatz (§§ 19 Abs. 1, 24, 26 Abs. 2 und 3, 29 Abs. 3, 31 Abs. 3, 47 Abs. 2 GmbHG und § 53 AktG) durch den insolvenzplanspezifischen Gleichbehandlungsgrundsatz innerhalb der Gruppen (§ 226 InsO).[129)]

169 Auch durch die **Wertungen des Insolvenzverfahrens** und das System der zwangsweisen Einbindung der Anteilsinhaber und ihrer Rechte in den Insolvenzplan kann Gesellschaftsrecht überlagert oder verdrängt werden.[130)] Da dem Gesellschafter i. R. des Insolvenzplans sogar jegliche Anteile an der Gesellschaft vollständig entzogen werden können, muss auch erst recht ein geringerer Eingriff in die Anteile, also etwa die Beschneidung oder Beschränkung seiner Rechte möglich sein.[131)] Vor diesem Hintergrund sind bei einer Insolvenzplanreglung, die in die Rechtsstellung der Gesellschafter eingreift, keine Vorschriften des Gesellschaftsrechts einzuhalten, die sich auf die Beschlussfassung der Gesellschafter beziehen, wie etwa die Erforderlichkeit eines notariell zu beurkundenden Gesellschafterbeschlusses bei Satzungsänderung mit einer Mehrheit von mindestens 75 % der abgegebenen Stimmen. § 53 GmbHG ist bei einer satzungsändernden Regelung im Insolvenzplan nicht anwendbar.[132)]

170 Abgesehen von diesen nur die Altgesellschafter schützenden Vorschriften müssen Insolvenzplanregelungen sämtliche gesellschaftsrechtlichen Vorgaben einhalten.[133)] Damit zeigt die gesellschaftsrechtliche Zulässigkeit neben potentiellen Gestaltungsmöglichkeiten auch die Grenze der inhaltlichen Ausgestaltung einer Planregelung auf.[134)] Insbesondere gesellschaftsrechtliche Vorschriften, die das öffentliche Interesse, das Interesse der zukünftigen Gläubiger oder zukünftigen Gesellschafter schützen bzw. den gesellschaftsrechtlichen Numerus Clausus betreffen, bilden über den Verweis des § 225a Abs. 3 InsO eine inhaltliche Ausgestaltungsgrenze.[135)] So sind insbesondere die Vorschriften über die ordnungsgemäße Kapitalaufbringung (§§ 7 Abs. 2, 9, 19, 56, 56a, 57a GmbHG, §§ 28, 36 Abs. 2, 36a, 54, 63, 64, 65, 66, 188 Abs. 2 Satz 1 AktG), Kapitalerhaltung (§§ 30 Abs. 1, 31, 33 Abs. 2, 34 Abs. 3, 43a, 44 ff. GmbHG, §§ 57, 59, 62, 66 Abs. 2, 71 ff. AktG) und Gründungsvorschriften bei einem Formwechsel gemäß §§ 190 ff. UmwG einzuhalten.

129) *Brünkmans* in: Brünkmans/Thole, Hdb. Insolvenzplan, § 31 Rz. 58.
130) *Brünkmans* in: Brünkmans/Thole, Hdb. Insolvenzplan, § 31 Rz. 59.
131) *Brünkmans/Greif-Werner*, ZInsO 2015, 1585, 1588.
132) *Brünkmans* in: Brünkmans/Thole, Hdb. Insolvenzplan, § 31 Rz. 60.
133) *Brünkmans* in: Brünkmans/Thole, Hdb. Insolvenzplan, § 31 Rz. 63.
134) *Horstkotte*, ZInsO 2015, 416, 417 (Urteilsanm.).
135) *Brünkmans/Greif-Werner*, ZInsO 2015, 1585, 1588.

Ist im Insolvenzplan keine Regelung vorgesehen, bleiben die Anteils- und Mitgliedschaftsrechte der am Schuldner beteiligten Personen vom Insolvenzplan unberührt (§ 225a Abs. 1 InsO). 171

Folgende **gesellschaftsrechtliche Maßnahmen** können in einem Insolvenzplan insbesondere vorgenommen werden: 172

- Kapitalherabsetzung, vereinfachte Kapitalherabsetzung,
- Kapitalerhöhung,
- Leistung von Sacheinlagen,
- Ausschluss von Bezugsrechten,
- Fortsetzung einer aufgelösten Gesellschaft,
- Übertragung von Anteils- oder Mitgliedschaftsrechten,
- Abschaffung von Sonderrechten,
- Zahlung von Abfindungen an ausscheidende Anteilsinhaber.

Praxishinweis

Wertpapierrechtliche Vorschriften sind zu beachten. Ab einem Anteilserwerb von mindestens 30 % besteht bei börsennotierten Unternehmen gemäß §§ 35 ff., 29 Abs. 2 WpÜG die Verpflichtung, den übrigen Anteilsinhabern ein Pflichtangebot zu unterbreiten. Dies kann durch eine vereinfachte Kapitalherabsetzung auf Null vermieden werden, wodurch allerdings die Börsenzulassung verloren geht.

Zulässig sind aber auch Maßnahmen, die **keinen unmittelbaren Einfluss auf die Finanzverfassung** der Gesellschaft haben: 173

- Abberufung und Bestellung von Organmitgliedern,
- Widerruf und Erteilung von Prokura und Handlungsvollmacht,
- Satzungsändernde Beschlüsse hinsichtlich Gesellschaftszweck, Sitz, Firma etc.,
- Feststellung von Jahresabschlüssen,
- Teilung,
- Zusammenlegung sowie Einziehung von Geschäftsanteilen,
- Maßregeln zur Prüfung und Überwachung der Geschäftsführung bis hin zur Aufstellung einer Geschäftsordnung.[136)]

c) Fortsetzungsbeschluss der Anteilsinhaber

Durch die Eröffnung des Insolvenzverfahrens werden Gesellschaften regelmäßig aufgelöst (vgl. § 728 Abs. 1 Satz 1 BGB, § 131 Abs. 1 Nr. 3 HGB, § 262 Abs. 1 Nr. 3 AktG, § 60 Abs. 1 Nr. 4 GmbHG, § 81a Nr. 1 GenG). Soll die Gesellschaft nach der Aufhebung des Insolvenzverfahrens in Folge des Wirksamwerdens eines Insolvenzplans fortgeführt werden, bedarf es **zwingend** eines Beschlusses der Gesellschafter über die Fortsetzung der Gesellschaft. Fortsetzungsbeschlüsse bei Gesellschaften können gemäß § 728 Abs. 1 Satz 2 BGB, § 144 Abs. 1 HGB, § 274 Abs. 1 und 2 Nr. 1 AktG, § 60 Abs. 1 Nr. 4 GmbHG bzw. § 117 GenG **erst nach der Aufhebung des Insolvenzverfahrens** infolge der gerichtlichen Bestätigung des Plans gefasst werden. 174

Der Fortsetzungsbeschluss sollte in den **Gestaltenden Teil** des Insolvenzplans aufgenommen werden (§ 225a Abs. 3). Dessen Wirksamkeit ist jedoch wegen § 131 Abs. 1 175

136) Ausführlich: *Hölzle* in: Kübler/Bork/Prütting, HRI II, § 26 Rz. 24.

Nr. 3 HGB, § 262 Abs. 1 Nr. 3 AktG, § 60 Abs. 1 Nr. 4 GmbHG, § 117 GenG unter die **aufschiebende Bedingung** der Aufhebung des Insolvenzverfahrens nach rechtskräftiger Planbestätigung zu stellen.[137)]

176 **Voraussetzung** für den Fortsetzungsbeschluss ist, dass der Insolvenzplan den Fortbestand der Gesellschaft vorsieht.[138)] Bei einer GmbH ist dies i. S. des § 60 Abs. 1 Nr. 4 GmbHG bereits dann der Fall, wenn der Plan die Fortsetzung der GmbH als Möglichkeit darstellt. Allerdings darf noch nicht mit der Verteilung des Gesellschaftsvermögens begonnen worden sein.[139)] Enthält der Insolvenzplan (auch) keine Fortführungsplanung, kann eine GmbH nach Aufhebung des Insolvenzplanverfahrens nicht kraft Fortsetzungsbeschlusses ihres Alleingesellschafters fortgesetzt werden.[140)]

d) Debt to Equity Swap

177 Ausdrücklich benannt ist in § 225a Abs. 2 Satz 1 InsO die Umwandlung der Forderungen von Gläubigern in Anteils- oder Mitgliedschaftsrechte am Schuldner (Debt Equity Swap), die indes nur mit **Zustimmung** der betroffenen Gläubiger zulässig ist, § 225a Abs. 2 Satz 2 InsO. Hierbei erfolgt zunächst eine **Kapitalherabsetzung** – im Insolvenzfall im Regelfall auf Null – im vereinfachten Verfahren nach §§ 58a ff. GmbHG bzw. § 229 Abs. 2 AktG. Die sich anschließende **Kapitalerhöhung**, ggf. unter Ausschluss der Altanteilsinhaber, erfolgt als Sachkapitalerhöhung durch Einbringung der in Eigenkapital umzuwandelnden Forderungen der Gläubiger gemäß §§ 56 Abs. 1, 5 Abs. 4 GmbHG, §§ 183 Abs. 1, 27 AktG. Die Einbringung der Gläubigerforderung geschieht rechtstechnisch entweder durch **Abtretung** der Forderung an die Gesellschaft (§ 398 InsO) mit der Rechtsfolge des Erlöschens der Forderung durch Konfusion, durch Erlassvertrag oder Verrechnungsabrede.[141)]

Praxishinweis

Die praktische Bedeutung des Debt Equity Swap und ähnlicher Konstruktionen hat dadurch zugenommen, dass sich „alternative Investoren" etwa Hedgefonds darauf spezialisiert haben, Sanierungen durch Ankauf von Krediten vorzubereiten und Unternehmen unter Unternehmensbeteiligung aus der Position des Fremdkapitalgläubigers in der Krise zu übernehmen.[142)] Zu beachten ist allerdings das Verbot von Vorteilsabkommen (siehe Rz. 204 f.).

178 Bei der **Sachkapitalerhöhung** stellt sich i. R. der Bewertung der Sacheinlage die Frage, ob die Gläubigerforderungen zum ursprünglichen **Nennwert oder** zu einem aufgrund der Insolvenzsituation reduzierten Wert mit einem deutlichen **Bewertungsabschlag gegenüber dem Nominalbetrag** eingebracht werden können.[143)]

179 § 254 Abs. 4 InsO ist zu entnehmen, dass die Forderungen nur zum Teilwert eingebracht werden sollen. Im Umkehrschluss zu § 254 Abs. 4 InsO ist der Schuldner berechtigt, bis zur gerichtlichen Bestätigung des Insolvenzplans Ansprüche wegen einer **Überbewertung von Forderungen**, die in Anteils- oder Mitgliedschaftsrechte umgewandelt werden, geltend zu machen. Diese Regelung liefe ins Leere, wenn die Forderung zum Nominalwert einzubringen wäre. Ein wesentlicher Teil der Literatur will daher die Forderung zum

137) *Eidenmüller* in: MünchKomm-InsO, § 230 Rz. 4 m. w. N.

138) BGH, Beschl. v. 8.4.2020 – II ZB 3/19, ZRI 2020, 297 = ZInsO 2020, 1244.

139) BGH, Beschl. v. 8.4.2020 – II ZB 3/19, ZRI 2020, 297 = ZInsO 2020, 1244.

140) OLG Celle, Beschl. v. 8.3.2019 – 9 W 17/19, ZIP 2019, 611 = NZI 2019, 431.

141) *Scholz* in: Münch-Hdb. GesR, Bd. 4, § 57 Rz. 85.

142) *Vetter* in: MünchKomm-GmbHG, Vorb. § 58 Rz. 87.

143) *Bay/Seeburg/Böhmer*, ZInsO 2011, 1927, 1934.

Teilwert einbringen,[144] wobei zur Wertermittlung verschiedene Ansätze vertreten werden. Zur Frage der Werthaltigkeit ist ggf. ein Wertgutachten einzuholen.[145] Nach einer Auffassung hat der **Teilwertansatz** mit dem quotalen Wert zu erfolgen, mit dem die Gesellschaft noch in der Lage ist, ihre Forderungen zu bedienen.[146] Weiter wird vertreten, die Forderung sei mit dem Wert zu berücksichtigen, mit dem das Aktivvermögen der Gesellschaft deren Verbindlichkeiten nach Einbringung der Forderungen und anschließender Konfusion der Forderung und der Verbindlichkeit übersteigt.[147] Modifizierend hierzu kann auch der Barwert der von der sanierten Gesellschaft zukünftig erzielbaren Einzahlungsüberschüsse, etwa im Wege des Discounted-Cashflow-Verfahrens (DCF-Verfahren), ermittelt und hiervon die nach Restrukturierung verbleibenden Verbindlichkeiten abgesetzt werden. Dieser Ansatz orientiert sich an dem Wert des neu geschaffenen Geschäftsanteils, welcher mit der Einbringung der Forderung erlangt wird.

Dem **besicherten Gläubiger** stellt sich i. R. eines **Debt Equity Swap** im Insolvenzplan- 180
verfahren die Frage, ob er seine gesicherte Forderung in Unternehmensanteile umwandelt oder ob die Sicherheiten verwertet werden und lediglich der Ausfall in Anteile umgewandelt wird. In beiden Fällen bedarf es auch der Bewertung der Sicherheiten[148] zu Fortführungswerten. Problematisch ist insoweit teilweise die Ermittlung des Werts der Sicherheit, etwa von seit längerem nicht beitreibbaren Forderungen i. R. einer Globalzession.[149]

Praxishinweis

Zu beachten ist für Gläubiger bei Teilumwandlung von Forderungen in Eigenkapital oder anschließender Neukreditierung das Risiko der Nachrangigkeit der Forderungen gemäß § 39 Abs. 1 Nr. 5, Abs. 4 InsO, das auch Auswirkungen auf ggf. bestellte Sicherheiten hat.[150]

Unabhängig davon, ob die Forderungen zum Teilwert oder zum Nominalwert in Anteils- 181
oder Mitgliedschaftsrechte umgewandelt werden, können Rechte wegen Überbewertung der Forderungen gemäß § 254 Abs. 4 InsO nach Bestätigung des Insolvenzplans nicht mehr geltend gemacht werden (Ausschluss der **Differenzhaftung**). Hierdurch wird eine für den Debt Equity Swap erforderliche Rechtssicherheit geschaffen, die außerhalb eines Insolvenzverfahrens nicht gewährt wird.

e) Debt Mezzanine Swap

Eine **Alternative** zum Debt Equity Swap bietet der Debt Mezzanine Swap, mit dem han- 182
delsbilanziell Eigenkapital, steuerlich aber Fremdkapital entsteht. Der positive Effekt besteht in der Vermeidung der Herbeiführung von Sanierungsgewinnen.[151] Beim Debt Mezzanine Swap werden Verbindlichkeiten **durch Novation** in Mezzanine-Kapital umgewandelt.[152] Diese Mezzanine-Instrumente können insbesondere zu einem verbesserten

144) *Ekkenga*, DB 2012, 331, 232 m. w. N.; Hölters/Weber-*Apfelbacher/Metzner*, AktG, § 183 Rz. 19; *Vetter* in: MünchKomm-GmbHG, Vorb. § 58 Rz. 88; *Urlaub*, ZIP 2011, 1040, 1044; *Meyer/Degener*, BB 2011, 846, 849; *Hirte/Knof/Mock*, DB 2011, 632, 642.

145) Begr. RegE ESUG z. Nr. 17, BT-Drucks. 17/5712, S. 32; weiter wird ausgeführt: Die Werthaltigkeit der Forderung wird aufgrund der Insolvenz des Schuldners regelmäßig reduziert sein und der Wert wird nicht dem buchmäßigen Nennwert entsprechen, sondern deutlich darunterliegen. Hierbei kann auch die Quotenerwartung berücksichtigt werden.

146) *Gärtens* in: MünchKomm-GmbHG, § 5 Rz. 127; *Pentz* in: MünchKomm-AktG, § 27 Rz. 29.

147) *Priester*, DB 2010, 1445, 1448.

148) *Eckert/Harig*, ZInsO 2012, 2318, 2319.

149) *Eckert/Harig*, ZInsO 2012, 2318, 2320.

150) S. ausführlich auch m. N. zur Rspr.: *Bloß/Zugelder*, NZI 2011, 332 ff.

151) *Heckschen* in: Reul/Heckschen/Wienberg, Insolvenzrecht in der Gestaltungspraxis, Rz. 435.

152) *Hofert/Möller*, GmbHR 2009, 527, 528.

Rating führen, dass wegen der künftig kapitalmarktorientierteren Mittelstandsfinanzierung eine immer bedeutsamere Rolle einnehmen wird.[153)]

f) Reverse Debt Equity Swap

183 Während beim Debt Equity Swap die offenen Forderungen in der Krise einer Gesellschaft in Eigenkapital, also Geschäftsanteile, umgewandelt werden, wird beim Reverse Debt Equity Swap die **krisenverhaftete Gesellschaft** in eine bestehende oder zu diesem Zweck neu gegründete Gläubigergesellschaft **eingebracht**. Dies vermeidet die Nachteile des Debt Equity Swap, etwa die damit verbundene Kapitalherab- und anschließende Heraufsetzung sowie das eventuell abzugebende Pflichtangebot,[154)] wenn eine Beteiligungsschwelle von mehr als 30 % bei einer börsennotierten AG erreicht wird.[155)] Beim Reverse Debt Equity Swap bringen die Gläubiger ihre Forderungen im Wege der Sacheinlage auf eine hierfür gegründete Zweckgesellschaft gegen Ausgabe von Anteilen ein.[156)] Möglich ist aber auch eine Bargründung der Gläubiger mit anschließender Einbringung der Forderungen.[157)] Der Schuldner bringt seinerseits im Wege der Ausgliederung nach § 123 Abs. 3 Nr. 1 UmwG oder der Einzelübertragung i. R. einer Sachgründung/Sachkapitalerhöhung mindestens einen Betriebsteil einschließlich der gegenüber den Gläubigern bestehenden Verbindlichkeiten in die Zweckgesellschaft ein. Als Gegenleistung erhält das Schuldnerunternehmen von den Gläubigern Geschäftsanteile an der Zweckgesellschaft.[158)] Die Forderung der Gläubiger erlischt automatisch im Wege der Konfusion. Zu beachten ist indes bei der Ausgliederung nach dem Umwandlungsgesetz die gesamtschuldnerische Haftung gemäß § 133 Abs. 1 UmwG.[159)] Zu beachten ist zudem, dass bei einer Sacheinlage in die (nicht insolvente) Zweckgesellschaft das Privileg des § 225a Abs. 4 InsO (Unwirksamkeit von **Change-of-Control-Klauseln**, siehe Rz. 187) nicht gilt.

g) Abspaltung und Ausgliederung

184 Unternehmensteile können gemäß § 123 Abs. 3 Nr. 1 UmwG ausgegliedert oder gemäß § 123 Abs. 1, Abs. 2 UmwG auf- oder abgespalten werden. Sinnvoll ist dies immer dann, wenn Vermögen auf mehrere Rechtsträger übertragen werden soll. Finanzwirtschaftlich saniert wird ein Unternehmen damit allerdings nicht, da übertragender und übernehmender Rechtsträger gesamtschuldnerisch haften, § 133 UmwG. Solche Maßnahmen können aber in einem Insolvenzplan vorgesehen werden, der zuvor hinsichtlich der Verbindlichkeiten einen Teilerlass vorsieht.

h) Formfiktion und Anmeldebefugnis

185 **Verfahrensbeschleunigend** und vereinfachend für sämtliche zulässigen gesellschaftsrechtlichen Maßnahmen wirkt § 254a Abs. 2 InsO, wonach die in den Plan aufgenommenen Beschlüsse der Anteilsinhaber oder sonstigen Willenserklärungen der Beteiligten als in der vorgeschriebenen Form abgegeben gelten, wenn die Anteils- oder Mitgliedschaftsrechte der am Schuldner beteiligten Personen in den Plan einbezogen sind. Auch gesell-

153) *Hofert/Möller*, GmbHR 2009, 527, 528.

154) *Drouven/Nobiling*, DB 2009, 1895.

155) Zur Befreiung vom Pflichtangebot beim Erwerb zur Sanierung: *Klepsch/Kiesewetter*, BB 2007, 1403 ff.; *Heckschen* in: Reul/Heckschen/Wienberg, Insolvenzrecht in der Gestaltungspraxis, Rz. 432.

156) *Drouven/Nobiling*, DB 2009, 1895.

157) *Heckschen* in: Reul/Heckschen/Wienberg, Insolvenzrecht in der Gestaltungspraxis, Rz. 432.

158) *Heckschen* in: Reul/Heckschen/Wienberg, Insolvenzrecht in der Gestaltungspraxis, Rz. 432.

159) Zu weiteren Vor- und Nachteilen des Reverse Debt Equity Swap s. *Heckschen* in: Reul/Heckschen/Wienberg, Insolvenzrecht in der Gestaltungspraxis, Rz. 411 ff.

schaftsrechtlich erforderliche Ladungen, Bekanntmachungen und sonstige Maßnahmen zur Vorbereitung von Beschlüssen der Anteilsinhaber gelten als in der vorgeschriebenen Form bewirkt (§ 254a Abs. 2 Satz 2 InsO).

Zudem ist der Insolvenzverwalter berechtigt, die erforderlichen Anmeldungen beim jeweiligen Registergericht vorzunehmen (§ 254a Abs. 2 Satz 3 InsO). Entsprechendes gilt für die in den Plan aufgenommenen Verpflichtungserklärungen, die einer solchen Maßnahme zugrunde liegen (§ 254 Abs. 3 InsO). **186**

i) Change-of-Control-Klauseln

§ 225a Abs. 4 InsO ordnet an, dass gesellschaftsrechtliche Maßnahmen nicht zum Rücktritt oder zur Kündigung von Verträgen berechtigen, an denen der Schuldner beteiligt ist. Die in der Vertragspraxis verbreiteten Change-of-Control-Klauseln werden in diesem Zusammenhang **für unwirksam erklärt.**[160] Kollisionen von schuldrechtlichen Vertragsklauseln mit Änderung der Anteilsinhaber- oder Mitgliedschaftsstruktur werden zugunsten des Insolvenzplans aufgelöst. **187**

j) Verfassungsrechtlicher Schutz der Altanteilsinhaber

Die Rechte der Anteilsinhaber sind grundsätzlich von **Art. 9, 14 GG** geschützt. §§ 217 Satz 2, 225a InsO lassen die Anteilsinhaber daher im Hinblick auf die **Eigentumsgarantie gemäß Art. 14 GG** nicht rechtsschutzlos. Sie haben **Stimmrechte** bei der Abstimmung über den Insolvenzplan und nehmen gemäß § 222 Abs. 1 Satz 2 Nr. 4 InsO an der Abstimmung über den Insolvenzplan teil Für sie ist (mindestens) eine **Gruppe** zu bilden, wenn deren Anteils- oder Mitgliedschaftsrechte in den Plan einbezogen werden. Auch gelten sowohl der **Minderheitenschutz** gemäß § 251 Abs. 1 InsO (siehe Rz. 329 ff.), als auch der Schutz vor einer Zustimmungsersetzung gemäß § 245 Abs. 3 InsO (**Obstruktionsverbot**, siehe Rz. 322 ff.) für die Anteilsinhaber, wenn der Schuldner keine natürliche Person ist.[161] Den Anteilsinhabern steht zudem die **sofortige Beschwerde** gemäß § 253 Abs. 1 InsO (siehe Rz. 342 ff.) offen. **188**

> **Praxishinweis**
>
> Die Schlechterstellung der Inhaber von Anteils- und Mitgliedschaftsrechten durch den Insolvenzplan ist regelmäßig auszuschließen, aber in der Vergleichsrechnung des Plans dennoch darzustellen. Vergleichsmaßstab ist die Vermögenslage, die sich ohne Insolvenzplan eingestellt hätte. Bei Regelabwicklung im Insolvenzverfahren ist die Auskehr eines Überschusses, vgl. § 199 InsO (im letzten Rang) sehr selten. Stellt der Insolvenzplan ungeachtet dessen Mittel für den Fall der Schlechterstellung auch für Inhaber von Anteils- und Mitgliedschaftsrechten bereit, so ist die Frage, ob er einen Ausgleich an diesen Mitteln erhält, außerhalb des Verfahrens zu klären (vgl. § 251 Abs. 3 InsO).

Die Anteilsinhaber haben gemäß § 225a Abs. 5 InsO ein **außerordentliches Kündigungsrecht** und ggf. einen Abfindungsanspruch, sofern eine Maßnahme nach § 225a Abs. 2 oder 3 InsO einen wichtigen Grund zum Austritt aus der juristischen Person oder Gesellschaft ohne Rechtspersönlichkeit darstellt. Unter verfassungsrechtlichen Gesichtspunkten muss diese Austrittsmöglichkeit so auszulegen sein, dass jede gesellschaftsrechtliche Maßnahme i. S. des § 225a InsO, die zu einer Veränderung der Beteiligungsstruktur führt, einen solchen wichtigen Grund darstellt.[162] Für den Abfindungsanspruch ist die **189**

160) *Römermann*, NJW 2012, 645, 651.

161) Vgl. für Eigentumsgarantie m. w. N. *Engels*, BKR 2009, 365, 366; vgl. auch *Madaus*, Der Insolvenzplan, S. 596.

162) *Hölzle*, KTS 2011, 291, 322.

Vermögenslage maßgeblich, die sich bei Abwicklung des Schuldners eingestellt hätte (§ 225a Abs. 5 Satz 1 InsO).

k) Prüfungskompetenz von Insolvenz- und Registergericht

190 Die gesellschaftsrechtliche Zulässigkeit der Regelungen des Insolvenzplans ist vom **Insolvenzgericht** zu prüfen (siehe Rz. 266 ff.), nach teilweise vertretener Auffassung aber auch vom **Registergericht**, sofern registerliche Eintragungen erforderlich sind. Das AG Charlottenburg meint, dass für den Fall der Einbeziehung der Anteilseigner in den gestaltenden Teil eines Insolvenzplans, dessen Regelungen zur Erlangung ihrer Wirksamkeit der Eintragung in das Handelsregister bedürfen, trotz Bestätigung des Plans durch das Insolvenzgericht die Befugnis und die Verpflichtung des Registergerichts besteht, die zur Eintragung angemeldeten Tatsachen auf ihre Vereinbarkeit mit anwendbarem Gesellschaftsrecht zu prüfen, der Prüfungsrahmen des Registergerichts aber auf die spezifisch gesellschaftsrechtlich als zwingend zu beachtenden Gesichtspunkte beschränkt sei, formelle Aspekte, die an der Fiktionswirkung des § 254a Abs. 2 InsO teilhaben jedoch nicht vom ihm zu prüfen seien.[163] Dies kann zu widersprechenden Entscheidungen von Insolvenzgericht und Registergericht führen. Zwar kann der Planersteller den Insolvenzplan vorab auch mit dem Registergericht abstimmen, indes ist dies nicht rechtssicher möglich. Im Ergebnis kann eine weitgehende Entscheidungskompetenz des Registergerichts zur Undurchführbarkeit von rechtskräftig bestätigten Insolvenzplänen führen, wenn das Registergericht die notwendigen Eintragungen nicht vornimmt. Im Ergebnis muss das Insolvenzgericht die umfassende Prüfungskompetenz auch für gesellschaftsrechtliche Regelungen haben, die auch die Prüfung umfasst, die außerhalb eines Insolvenzplans dem Registergericht obliegt. Beim Registergericht verbleibt nur noch die Prüfung auf schwerwiegende und offensichtliche Fehler.[164]

Praxishinweis

Bis zur abschließenden Klärung der Prüfungskompetenz des Registergerichts ist der Planersteller gut beraten, sich vor Initiierung (auch) mit dem Registergericht abzustimmen.

13. Haftung des Schuldners/Schuldbefreiung

191 Ist im Insolvenzplan nichts anderes bestimmt, tritt mit der im Gestaltenden Teil vorgesehenen Befriedigung der Insolvenzgläubiger (zur Meidung der im Regelinsolvenzverfahren geltenden Nachhaftung gemäß § 201 Abs. 1 InsO) für den Schuldner **Schuldbefreiung** von seinen restlichen Verbindlichkeiten gegenüber diesen Gläubigern ein, § 227 Abs. 1 InsO.

192 Korrektiv hierzu ist die Wiederauflebensklausel gemäß § 255 InsO (siehe Rz. 379 ff.).

193 Gegenüber dem **Mitschuldner, dem Bürgen** oder **anderen Rückgriffsberechtigten** wird der Schuldner in gleicher Weise befreit wie gegenüber dem Gläubiger (§ 254 Abs. 2 Satz 2 InsO).

194 Die gesetzliche Restschuldbefreiung gemäß § 227 InsO führt dazu, dass es sich bei den Forderungen der Gläubiger, die dieser Regelung unterliegen, nach Wirksamwerden des Insolvenzplans um **unvollkommene, rechtlich nicht durchsetzbare Forderungen** handelt.[165]

195 Statt der gesetzlichen Schuldbefreiung gemäß § 227 InsO kann ein ausdrücklicher Forderungserlass nach § 397 Abs. 1 BGB im Insolvenzplan vorgesehen werden. Auch für diesen

163) AG Charlottenburg, Beschl. v. 9.2.2015 – HRB 153203 B, ZIP 2015, 394 = ZInsO 2015, 413.

164) Umfassend zu Einzelfragen der Prüfungskompetenz: *Brünkmans* in: Brünkmans/Thole, Hdb. Insolvenzplan, § 31 Rz. 180 ff. m. w. N.

165) BGH, Urt. v. 19.5.2011 – IX ZR 222/08, ZIP 2011, 1271 = ZInsO 2011, 1214.

gilt das System der §§ 225, 227, 254, 255 InsO, wonach die erlassenen Forderungen **unvollkommene, rechtlich nicht durchsetzbare Forderungen** bleiben.[166] Daher gehen akzessorische Sicherungsrechte, falls diese nicht im Plan schon eingreifend geregelt wurden, nicht unter.[167]

Ist der Schuldner eine **Gesellschaft ohne Rechtspersönlichkeit** oder eine **Kommanditgesellschaft auf Aktien**, so gilt § 227 Abs. 1 InsO entsprechend für die persönliche Haftung der Gesellschafter. Betroffen ist ausschließlich die **akzessorische Gesellschafterhaftung.**[168] **Dingliche Haftungen**, die der Gesellschafter für eine Gesellschaftsverbindlichkeit übernommen hat oder eine Bürgschaft (vgl. insofern § 254 Abs. 2 InsO) bleiben hiervon unberührt[169] (siehe aber Rz. 199 f.). 196

Grundsätzlich (zur Ausnahme siehe Rz. 138) unberührt bleiben auch im Übrigen die Rechte der Insolvenzgläubiger gegen **Mitschuldner und Bürgen** des Schuldners sowie die Rechte dieser Gläubiger an Gegenständen, die nicht zur Insolvenzmasse gehören, oder aus einer Vormerkung, die sich auf solche Gegenstände bezieht (§ 254 Abs. 2 Satz 1 InsO). Das gilt auch, wenn solche Rechte von Existenz und Umfang der im Verhältnis zwischen Insolvenzgläubiger und Schuldner zugrunde liegenden Forderungen abhängen, weshalb die § 254 Abs. 2 InsO unterworfenen Dritten voll und ohne Rücksicht auf die Beschränkungen der gesicherten Schuld in Anspruch genommen werden können.[170] § 254 Abs. 3 InsO, der die Rückgewähr des durch die Beteiligten insolvenzplangemäß Erlangten ausschließt, dient der **Rechtsklarheit und Endgültigkeit** des rechtskräftigen Insolvenzplans. 197

Für die persönliche Haftung der Ehegatten für Verbindlichkeiten, deren Erfüllung aus dem Gesamtgut verlangt werden kann, gilt § 227 Abs. 1 InsO im Fall eines Insolvenzplans entsprechend (§ 334 Abs. 2 InsO). 198

14. Wirkung auf gruppeninterne Drittsicherheiten

Rechte von Insolvenzgläubigern aus gruppeninternen Drittsicherheiten können gemäß § 223a InsO im Insolvenzplan gestaltet werden (siehe Rz. 149 f.). Damit vermag der rechtskräftig bestätigte Insolvenzplan, sofern es sich um gruppeninterne Drittsicherheiten handelt, dingliche Haftungen an nicht dem Schuldner zuzuordnendem Vermögen oder Bürgschaften Dritter zu gestalten. 199

Mit der Rechtskraft der Bestätigung des Insolvenzplans treten die im Gestaltenden Teil festgelegten Wirkungen auch für und gegen die Inhaber gruppeninterner Drittsicherheiten (§ 217 Abs. 2 InsO) ein, sofern der Plan Eingriffe in diese vorsieht (siehe Rz. 149 f.). Voraussetzung ist die Zustimmung des verbundenen Unternehmens, das die Sicherheit gestellt hat (vgl. § 230 Abs. 4 InsO). 200

15. Wirkung des Insolvenzplans auf Masseverbindlichkeiten

Ein Eingriff in die Rechte von **Massegläubigern** gemäß § 53 InsO (vgl. etwa § 123 Abs. 2 Satz 1 InsO zu nach Eröffnung des Insolvenzverfahrens entstandenen **Sozialplanansprüchen**) ist grundsätzlich unzulässig. Auch nach Eröffnung des Insolvenzverfahrens entstehende Einkommensteuerschulden werden als Masseverbindlichkeiten von den Wirkungen eines Insolvenzplanverfahrens grundsätzlich nicht erfasst, denn die Wirkungen des Insol- 201

166) Ausführlich *Dellit/Hamann*, ZIP 2015, 308.

167) Braun-*Braun/Frank*, InsO, § 227 Rz. 6.

168) Uhlenbruck-*Lüer/Streit*, InsO, § 227 Rz. 16.

169) Uhlenbruck-*Lüer/Streit*, InsO, § 227 Rz. 16.

170) *Huber/Madaus* in: MünchKomm-InsO, § 254 Rz. 25 ff.

venzplanes treten nur gegenüber den am Insolvenzplanverfahren beteiligten Personen (§§ 254, 254 a InsO) auf. Massegläubiger sind jedoch keine Beteiligten des Insolvenzplanverfahrens.[171)]

202 Nur ausnahmsweise sind Eingriffe in Masseverbindlichkeiten zulässig, wenn **Masseunzulänglichkeit** gemäß § 208 Abs. 1 InsO angezeigt wurde. Dann gilt § 210a InsO (siehe Rz. 8, 140 f., 305 ff.).

16. Wirkung des Insolvenzplans auf sonstige Beteiligte

203 In die Rechte von **Aussonderungsgläubigern** (§ 47 InsO) vermag der Insolvenzplan ebenso nicht einzugreifen, wie in die Rechte von **Neugläubigern**,[172)] es sei denn, diese stimmen jeweils zu.

17. Vorteilsabkommen

204 Jedes **Abkommen** des Insolvenzverwalters, des Schuldners oder anderer Personen mit einzelnen Beteiligten, durch das diesen für ihr **Verhalten bei Abstimmungen** oder sonst im Zusammenhang mit dem Insolvenzverfahren ein nicht im Plan vorgesehener **Vorteil** gewährt wird, ist **nichtig** (§ 226 Abs. 3 InsO).

205 Kauft ein Insolvenzgläubiger oder ein Dritter einzelnen anderen Insolvenzgläubigern deren Forderungen **(Forderungskauf)** zu einem Preis ab, der die in einem vorgelegten Insolvenzplan vorgesehene Quote übersteigt, wird insofern also der Verkäufer begünstigt, um mit der so erlangten **Abstimmungsmehrheit** die Annahme des Insolvenzplans zu bewirken, ist der Forderungskauf nichtig, falls der Insolvenzplan zustande kommt.[173)] Das Insolvenzgericht darf den Plan allerdings schon nicht bestätigen, wenn dessen Annahme auf dem Forderungskauf beruhen kann.[174)] Die Herbeiführung der Annahme eines Insolvenzplans durch einen Forderungskauf, der einzelnen Gläubigern besondere Vorteile bietet, ist unlauter, unabhängig davon, ob der Forderungskauf heimlich durchgeführt wird oder ob er den abstimmungsberechtigten Gläubigern bekannt war. Etwas anderes kann nur gelten, wenn er offen in dem Insolvenzplan ausgewiesen wird[175)] (vgl. auch § 226 Abs. 3 InsO).

18. Salvatorische Klauseln

206 Salvatorische Klauseln in Insolvenzplänen, die etwa wie folgt formuliert sind, sind unzulässig (siehe auch Rz. 270):

> „Sollte eine Bestimmung des gestaltenden Teils des Insolvenzplans teilweise unwirksam oder undurchführbar sein oder sollte sich eine Lücke herausstellen, soll hierdurch die Gültigkeit der übrigen Bestimmungen nicht berührt werden. Anstelle der unwirksamen oder undurchführbaren Bestimmungen oder zur Ausfüllung der Lücke gilt eine angemessene Regelung, die, soweit rechtlich zulässig dem am nächsten kommt, was die Gläubigergemeinschaft gewollt hat oder nach Sinn und Zweck des Insolvenzplans gewollt hätte, falls sie den Punkt bedacht hätte."

---

171) BFH, Urt. v. 23.10.2018 – VII R 13/17, ZVI 2019, 231 = ZInsO 2019, 145; BGH, Beschl. v. 16.2.2017 – IX ZB 103/15, ZIP 2017, 482 = NZI 2017, 260.

172) Zum Verzicht auf laufende Unterhaltsansprüche nach Eröffnung des Insolvenzverfahrens: OLG Düsseldorf, Urt. v. 24.9.2008 – II 8 UF 212/07, NZI 2008, 689 = ZInsO 2008, 1142, dazu EWiR 2009, 191 *(Stapper/Jacobi)*.

173) BGH, Beschl. v. 3.3.2005 – IX ZB 153/04, ZIP 2005, 719 = NJW-RR 2005, 842, dazu EWiR 2005, 547 *(Bähr/Landry)*.

174) BGH, Beschl. v. 3.3.2005 – IX ZB 153/04, ZIP 2005, 719 = NJW-RR 2005, 842.

175) BGH, Beschl. v. 3.3.2005 – IX ZB 153/04, ZIP 2005, 719 = NJW-RR 2005, 842.

Durch eine solche salvatorische Klausel wird § 139 BGB abbedungen, für dessen Anwendung im Insolvenzplanverfahren kein Raum ist. Deshalb kann die Vorschrift nicht durch hierauf bezogene salvatorische Klauseln modifiziert werden. Im Insolvenzplanverfahren und für den bestätigten Insolvenzplan gelten insoweit allein die Regelungen der InsO (§§ 231, 248, 250, 254 ff. InsO).[176] 207

19. Regelungen für die Zeit nach Aufhebung des Insolvenzverfahrens

a) Planüberwachung

Im Gestaltenden Teil des Insolvenzplans kann gemäß § 260 Abs. 1 InsO vorgesehen werden, dass die Erfüllung des Plans überwacht wird (siehe Rz. 391 ff.). 208

b) Ermächtigung für den Verwalter zur Fortsetzung von Rechtsstreitigkeiten, betreffend die Insolvenzanfechtung

Der Insolvenzverwalter verliert grundsätzlich mit Aufhebung des Insolvenzverfahrens seine **Prozessführungsbefugnis.**[177] Mit Aufhebung des Insolvenzverfahrens nach Bestätigung eines Insolvenzplans erlischt das Amt des Insolvenzverwalters (§ 259 Abs. 1 Satz 1 InsO).[178] Der Schuldner erhält das Verfügungsrecht über die Insolvenzmasse zurück und wird wieder selbst prozessführungsbefugt. Der Insolvenzverwalter kann einen anhängigen Prozess dann auch nicht nach § 265 Abs. 2 ZPO weiterführen.[179] Auch eine im Gestaltenden Teil des Insolvenzplans vorgesehene **Planüberwachung** lässt die Prozessführungsbefugnis des Insolvenzverwalters nicht weiter bestehen.[180] 209

Gemäß § 259 Abs. 3 InsO kann der Insolvenzplan allerdings die Befugnis vorsehen, dass der Verwalter auch nach Aufhebung des Insolvenzverfahrens einen im Zeitpunkt der Aufhebung des Insolvenzverfahrens **rechtshängigen Rechtsstreit**[181] fortführt, der die **Insolvenzanfechtung** gemäß § 129 ff. InsO zum Gegenstand hat. Hierdurch sollen Anreize für den Anfechtungsgegner verhindern werden, den Prozess zu verschleppen.[182] 210

Praxishinweis

Die Klausel „§ 259 Abs. 3 InsO findet Anwendung" im Gestaltenden Teil des Insolvenzplans genügt in der Regel als Ermächtigung des Insolvenzverwalters, Anfechtungsrechtsstreitigkeiten auch nach Aufhebung des Insolvenzverfahrens fortzuführen.[183] Führt der Insolvenzverwalter oder der Sachwalter im Insolvenzverfahren mit Eigenverwaltung des Schuldners aufgrund einer entsprechenden Regelung im Insolvenzplan einen Anfechtungsprozess fort, bleiben die anfechtungsrechtlichen Beschränkungen der Einwendungs- und Aufrechnungsmöglichkeiten des Anfechtungsgegners auch nach Aufhebung des Insolvenzverfahrens erhalten.[184]

Ein Insolvenzplan kann dem Insolvenzverwalter allerdings nicht die Befugnis verleihen, nach rechtskräftiger Bestätigung des Insolvenzplans **und Verfahrensaufhebung** eine Insolvenzanfechtungsklage zu erheben.[185] 211

176) BGH, Beschl. v. 7.5.2015 – IX ZB 75/14, ZIP 2015, 1346 = NZI 2015, 697.

177) BGH, Urt. v. 7.7.2008 – II ZR 26/07, Rz. 8, ZIP 2008, 2094 = NZI 2008, 561.

178) Anders beim verfahrensleitenden Plan (vgl. § 217 InsO), bei dem das Insolvenzverfahren nicht aufgehoben wird.

179) BGH, Urt. v. 7.7.2008 – II ZR 26/07, Rz. 9, ZIP 2008, 2094 = NZI 2008, 561.

180) BGH, Urt. v. 7.7.2008 – II ZR 26/07, Rz. 11, ZIP 2008, 2094 = NZI 2008, 561.

181) BGH, Urt. v. 11.4.2013 – IX ZR 122/12, ZIP 2013, 998, dazu EWiR 2013, 557 *(Ruhe-Schweigel)* – der klarstellt, dass tatsächlich der Rechtsstreit schon rechtshängig sein muss.

182) Begr. RegE InsO z. § 306, BT-Drucks. 12/2443, S. 214.

183) BGH, Urt. v. 6.10.2005 – IX ZR 36/02, ZIP 2006, 39 = NZI 2006, 100.

184) BGH, Beschl. v. 24.3.2016 – IX ZR 157/14, ZIP 2016, 831, dazu EWiR 2016, 307 *(Dimassi)*.

185) BGH, Beschl. v. 26.4.2018 – IX ZB 49/17, ZVI 2018, 272 = NZI 2018, 691.

212 Insolvenzanfechtungsansprüche sind plandispositiv. Der Insolvenzplan kann etwa die Befugnis des Insolvenzverwalters, **Anfechtungsklagen** fortzuführen, auf bestimmte Anfechtungsansprüche **beschränken.**[186] Ebenso kann er aus sachlichen und wirtschaftlichen Erwägungen bestimmen, dass solche Ansprüche gar nicht oder gegen eine Abgeltungszahlung nicht geltend gemacht werden. Der Verzicht auf die Geltendmachung der Ansprüche ist jedenfalls dann nicht insolvenzzweckwidrig, wenn die Gläubiger bei Umsetzung des Insolvenzplans ohne Durchsetzung der Ansprüche voraussichtlich bessergestellt sind, als sie im Falle der Regelinsolvenz und damit einhergehenden Verwirklichung der Ansprüche stünden. Maßgeblich ist von Gesetzes wegen allein eine wirtschaftliche Betrachtungsweise. Voraussetzung ist dabei die vollständige und sachgerechte Information der Gläubiger im Insolvenzplan, auf dessen Basis die Gläubiger selbst entscheiden können und müssen, welche Verwertungsmöglichkeit – Regelabwicklung oder Durchführung des Insolvenzplankonzepts – für sie die bessere Verwertungsalternative darstellt.[187]

213 Ohne eine Regelung im Insolvenzplan erledigt sich eine von dem Insolvenzverwalter noch in Ausübung seines Amts rechtshängig gemachte Anfechtungsklage mit Beendigung des Verfahrens.[188]

214 Eine Ermächtigung des Insolvenzgerichts, der Insolvenzverwalter dürfe nach Aufhebung des Insolvenzverfahrens Anfechtungsansprüche gerichtlich oder außergerichtlich geltend machen, ist mangels Eingreifens jeglicher Rechtsgrundlage nichtig und geht ins Leere.[189]

Praxishinweis

Für anfechtungsbedrohte Gläubiger empfiehlt es sich, zu prüfen, ob der Insolvenzplan eine Befugnis gemäß § 259 Abs. 3 InsO vorsieht, um Überraschungen zu vermeiden. Grundsätzlich kann der Insolvenzverwalter auch nach Rechtskraft des Insolvenzplans, der die Ermächtigung zur Fortführung von insolvenzrechtlichen Anfechtungsansprüchen vorsieht, kurz vor Aufhebung des Insolvenzverfahrens, einen Rechtsstreit rechtshängig machen. In diesem Fall wird der Gläubiger mit seiner nach Zahlung auf den Anfechtungsanspruch wiederauflebenden Forderung nicht mehr in die Insolvenztabelle aufgenommen werden können. Es bleibt ihm dann nur die Möglichkeit, den Anspruch über die Zivilgerichte geltend zu machen.

215 Der Anfechtungsprozess wird gemäß § 259 Abs. 3 Satz 2 InsO für Rechnung des Schuldners geführt. Der Schuldner hat daher mangels abweichender Regelung im Plan einerseits die Kosten des Rechtsstreits zu tragen, andererseits steht ihm das Erlangte aus dem Anfechtungsrechtsstreit zu.[190]

Praxishinweis

Ohne Regelung zu dem Erlangten aus einem nach Aufhebung des Insolvenzplans fortgeführten Anfechtungsrechtsstreit kann sich eine Schlechterstellung der Gläubiger durch den Plan im Verhältnis zur Regelabwicklung ergeben. Zu empfehlen ist daher eine diesbezügliche Regelung im Plan, die eine Verteilung zugunsten der Gläubiger, aber auch eine Kostentragungspflicht zu deren Lasten vorsieht.

186) BGH, Beschl. v. 7.3.2013 – IX ZR 222/12, ZIP 2013, 738 = NZI 2013, 491.

187) *Buchalik/Hiebert*, ZInsO 2014, 109.

188) *Huber/Madaus* in: MünchKomm-InsO, § 259 Rz. 20; *Ehricke* in: KPB, InsO, § 129 Rz. 6; zum „Anhängigmachen“ einer Anfechtungsklage nach Aufhebung des Insolvenzverfahrens ohne Regelung gemäß § 259 Abs. 3 InsO im Insolvenzplan: BGH, Urt. v. 10.12.2009 – IX ZR 206/08, ZIP 2010, 102 ff. = NZI 2010, 99, dazu EWiR 2010, 193 (*Rendels/Körner*).

189) BGH, Urt. v. 10.12.2009 – IX ZR 206/08, Rz. 9, ZIP 2010, 102 ff. = NZI 2010, 99.

190) BGH, Urt. v. 6.10.2005 – IX ZR 36/02, ZIP 2006, 39 = NZI 2006, 100.

Anfechtungsansprüche können vom Insolvenzverwalter vor Aufhebung des Insolvenzverfahrens an einen Dritten **abgetreten** werden.[191] Die Rückgewähr eines anfechtbar aus dem Vermögen des Schuldners weggegebenen Vermögensgegenstands durch dessen Übertragung an andere Gläubiger als die Insolvenzmasse (vgl. § 143 InsO) kann ohne Veränderung des Anspruchsinhalts erfolgen. Dies widerspricht nicht dem Zweck des Anfechtungsrechts. Aufgabe der Insolvenzanfechtung ist es, den Bestand des den Gläubigern haftenden Schuldnervermögens dadurch wiederherzustellen, dass bestimmte Vermögensverschiebungen rückgängig gemacht werden. Dieser Zweck kann auch dann erreicht werden, wenn der Insolvenzverwalter nicht den anfechtbar weggegebenen Vermögensgegenstand zurückerhält, sondern den Rückgewähranspruch verwertet.[192] 216

Praxishinweis

Zur Meidung von Rechtsunsicherheit für die Insolvenzmasse und die Gläubiger können Anfechtungsansprüche verkauft und abgetreten werden. In Betracht kommt dies etwa auch, wenn ein Investor, der die Anteile am Schuldner übernimmt, ein Interesse an der Nichtgeltendmachung von Anfechtungsansprüchen, z. B. gegen den betriebsnotwendigen Lieferanten hat. Voraussetzung ist aber, dass ein Gegenwert in die Insolvenzmasse fließt.

c) Prozessführungsermächtigung

Werden nach Aufhebung des Insolvenzverfahrens Prozesse geführt, für die der Schuldner (wieder) prozessführungsbefugt ist, kann er Dritte, etwa auch den ehemaligen Insolvenzverwalter zur Prozessführung ermächtigen. Dies muss zur Meidung einer Interessenkollision indes auf Fälle beschränkt bleiben, in denen der Erlös hieraus an die Gläubiger verteilt werden soll. Die **Prozessführungsermächtigung** muss in den Tatsacheninstanzen offengelegt werden, um dem Prozessgegner Gelegenheit zu geben, sich auf die besondere Art des prozessualen Vorgehens einzustellen und seine Verteidigung entsprechend auszurichten.[193] 217

d) Treuhänder

Mit Aufhebung des Insolvenzverfahrens verliert der Insolvenzverwalter grundsätzlich das **Verwaltungs- und Verfügungsrecht** über die Insolvenzmasse und die des Schuldners lebt ex nunc wieder auf (siehe Rz. 366). Damit entfällt auch das Recht des Insolvenzverwalters, Vermögensgegenstände zugunsten der Insolvenzmasse zu realisieren. 218

Praxishinweis

Die in Sanierungsplänen regelmäßig angestrebte frühe Aufhebung des Insolvenzverfahrens nach § 258 Abs. 2 InsO und das Verbot einer Nachtragsverteilung[194] stehen der Realisierung von streitigen oder kurzfristig nicht liquidierbaren Rechten oder Gegenständen zugunsten der Insolvenzgläubiger jedenfalls dann entgegen, wenn mit einer konsequenten Durchsetzung von Ansprüchen oder der Realisierung von Vermögen nach Aufhebung des Insolvenzverfahrens durch den Schuldner selbst nicht zu rechnen ist. Dies gilt bspw. bei Realisierung von Ansprüchen gegen Geschäftspartner oder eigene Geschäftsführer.

Um dennoch einen Zugriff der Neugläubiger auf Vermögensgegenstände der ehemaligen Insolvenzmasse und eine Schlechterstellung der Gläubiger durch den Insolvenzplan im Verhältnis zur Regelabwicklung zu vermeiden, kann der Insolvenzplan eine **Treuhandlösung** mit dem **ehemaligen Insolvenzverwalter/Sachwalter oder einem Dritten** als Treuhänder 219

191) BGH, Vers.-Urt. v. 17.2.2011 – IX ZR 91/10, Rz. 8, ZIP 2011, 1114, dazu EWiR 2011, 433 *(Huber)*.
192) BGH, Vers.-Urt. v. 17.2.2011 – IX ZR 91/10, Rz. 9, ZIP 2011, 1114.
193) BGH, Urt. v. 7.7.2008 – II ZR 26/07, Rz. 14 ff., ZIP 2008, 2094 = NZI 2008, 561.
194) BGH, Beschl. v. 26.4.2018 – IX ZB 49/17, Rz. 30, ZVI 2018, 272 = NZI 2018, 691.

vorsehen.[195] Hierzu sind im **Gestaltenden Teil** Ansprüche und/oder Vermögen an einen Dritten als Treuhänder mit der Maßgabe abzutreten bzw. sonstig dinglich zu übertragen, diese zu liquidieren und eingehende Zahlungen nach den Regelungen des Insolvenzplans an die Gläubiger nach Aufhebung des Insolvenzverfahrens zu verteilen. Dies kann etwa erforderlich sein, wenn die Nichtrealisierung von Ansprüchen oder Vermögen des Schuldners und die Nichtverteilung des Erlöses an die Beteiligten zu deren Schlechterstellung durch den Insolvenzplan führen würde, gleichzeitig aber eine schnelle Aufhebung des Insolvenzverfahrens geboten ist.

Praxishinweis

Der Treuhänder, der selbst im Fall der Personenidentität mit dem Insolvenzverwalter oder Sachwalter kein originärer Verfahrensbeteiligter ist, muss die Abtretung/sonstige dingliche Übertragung annehmen. Die Annahmeerklärung ist dem Plan als Anlage beizufügen (siehe Rz. 233).

220 Gemäß § 228 InsO kann im gestaltenden Teil des Insolvenzplans (insbesondere) eine Forderungsübertragung vorgenommen und dadurch verhindert werden, dass der Schuldner insoweit seine Verfügungsbefugnis gemäß § 259 Abs. 1 Satz 2 InsO wiedererlangt.[196] Die Forderungen können in einem Insolvenzplan auf die Person des Insolvenzverwalters in seiner Eigenschaft als Treuhandzessionar übertragen werden.[197] Der Insolvenzverwalter verliert zwar sein Prozessführungsrecht als Insolvenzverwalter. Mit der durch rechtskräftige Bestätigung des Insolvenzplans gemäß § 254 Abs. 1 InsO wirksam gewordenen[198] Abtretung der Forderung an ihn als Treuhänder sowie mit Aufhebung des Insolvenzverfahrens (§ 258 InsO) sind die Rechte aber auf ihn persönlich – als **Treuhandzessionar** – übergegangen.[199]

221 Die Ausgestaltung von Treuhandverhältnissen als Verwaltungs-, Sicherungs- oder doppel- bzw. mehrnützige Treuhandverhältnisse hat im **Folgeinsolvenzverfahren** Auswirkungen auf das Treugut (siehe hierzu Rz. 407 ff.).

e) Kreditrahmen

222 Die Sanierung des Schuldners wird häufig nur dann gelingen, wenn dem wirtschaftlich angeschlagenen Unternehmen nach der Bestätigung des Insolvenzplans und der sich anschließenden Aufhebung des Insolvenzverfahrens neue Kredite gewährt werden, um die schwierige Anlaufzeit nach dem Insolvenzverfahren zu überbrücken.[200] Die Vorschriften der §§ 264 ff. InsO dienen dazu, die Sanierungschancen des insolventen Unternehmens zu erhöhen,[201] indem sie dem zu sanierenden Schuldner in Gestalt des **Kreditrahmens** ein unterstützendes **Kreditsicherungsmittel** zur Verfügung stellt. Dem Schuldner und einer eventuellen Übernahmegesellschaft wird es durch entsprechende Regelungen im Gestaltenden Teil des Insolvenzplans ermöglicht, Kredite mit bestimmten Wirkungen zu privilegieren, die während der Überwachung neu gewährt oder prolongiert werden.

223 Die Privilegierung wirkt erst und nur in einem **Folgeinsolvenzverfahren** (siehe Rz. 399 ff.), das während der maximal dreijährigen Überwachung (vgl. § 266 Abs. 1 InsO) eröffnet wird.[202] Die privilegierten Gläubiger bleiben allerdings Insolvenzgläubiger und werden

195) *Dellit* in: Brünkmans/Thole, Hdb. Insolvenzplan, § 24 Rz. 44; *Thies* in: HambKomm-InsO, § 259 Rz. 9 f.; *Braun/Heinrich*, NZI 2011, 505, 509.
196) BGH, Beschl. v. 26.4.2018 – IX ZB 49/17, Rz. 28, ZVI 2018, 272 = NZI 2018, 691.
197) BGH, Urt. v. 7.1.2008 – II ZR 283/06, ZIP 2008, 546 = NZI 2009, 340.
198) Begr. RegE InsO, BT-Drucks. 12/2443, S. 202.
199) BGH, Urt. v. 15.6.1992 – II ZR 88/91, ZIP 1992, 1152 = DB 1992, 1817.
200) Begr. RegE InsO z. § 311, BT-Drucks. 12/2443, S. 216.
201) *Flitsch/Proske* in: Cranshaw/Paulus/Michel, Bankenkommentar zum Insolvenzrecht, § 264 InsO Rz. 1, 2.
202) Uhlenbruck-*Lüer/Streit*, InsO, § 264 Rz. 1.

nicht etwa zu Massegläubigern. Sie sind im Rang zwischen den Massegläubigern und den Insolvenzgläubigern des Folgeinsolvenzverfahrens zu befriedigen.[203)]

Die Kredite, die nach §§ 264 bis 266 InsO rangprivilegiert sein sollen, müssen im Gestaltenden Teil des Insolvenzplans hinreichend bestimmt festgesetzt sein.[204)] Als **Mindestinhalt** muss gemäß § 264 Abs. 1 Satz 2 InsO der Gesamtbetrag sämtlicher zu privilegierender Kredite festgesetzt werden (Kreditrahmen). Es ist nicht notwendig, dass die verschiedenen Kreditarten und deren Einzelrahmen ausgewiesen werden.[205)] Der Gesamtbetrag darf indes den Wert der Vermögensgegenstände nicht übersteigen, die in der Vermögensübersicht des Plans gemäß § 229 Satz 1 InsO aufgeführt sind (§ 264 Abs. 1 Satz 3 InsO). Der kreditrahmenfähige Kredit ist abzugrenzen von den nicht privilegierten Kapitalzuführungen. Der Insolvenzverwalter hat vor Erteilung der Bestätigung zu überprüfen, ob die getroffene Vereinbarung über die Einbeziehung die **formalrechtlichen Anforderungen** nach § 264 Abs. 2 InsO erfüllt.[206)] 224

Nach §§ 264 ff. InsO können nur Kapitalzuführungen bevorrechtigt werden, die rechtlich **Fremdkapital** des Insolvenzschuldners bzw. der Übernahmegesellschaft bleiben; dementsprechend werden die Kapitalmaßnahmen, die rechtlich **Eigenkapital** des Schuldners bzw. der Übernahmegesellschaft werden, von der Privilegierung ausgeschlossen, nicht indes etwa Nutzungsüberlassungen.[207)] 225

Der **Nachrang der Insolvenzgläubiger** in einem Folgeinsolvenzverfahren besteht nur gegenüber Gläubigern, mit denen vereinbart wird, dass und in welcher Höhe der von ihnen gewährte Kredit nach Hauptforderung, Zinsen und Kosten innerhalb des Kreditrahmens liegt, und gegenüber denen der Insolvenzverwalter diese Vereinbarung schriftlich bestätigt (§ 264 Abs. 2 InsO). 226

§ 265 InsO sichert die gemäß § 264 InsO privilegierten Gläubiger auch im Verhältnis zu bestimmten **Neugläubigern** ab, die Forderungen gegen den Schuldner während der Zeit der Planüberwachung begründen. Als solche Ansprüche gelten auch Ansprüche aus einem vor der Überwachung vertraglich begründeten **Dauerschuldverhältnis** für die Zeit nach dem ersten Termin, zu dem der Gläubiger nach Beginn der Überwachung kündigen konnte, § 265 Satz 2 InsO. Der Gesetzgeber geht davon aus, dass die durch vertragliche Abreden mit dem Schuldner bzw. der Übernahmegesellschaft hinzutretenden Neugläubiger keiner Gleichstellung mit den nach § 264 InsO privilegierten Kreditgläubigern bedürfen, weil ihnen durch die öffentliche Bekanntmachung des Kreditrahmens freisteht, ob sie überhaupt neue vertragliche Forderungen begründen wollen.[208)] Dies schließt nicht aus, dass solche Neugläubiger im Wege von Verhandlungen mit dem Verwalter die Aufnahme ihrer neubegründeten Forderungen in den Kreditrahmen vereinbaren.[209)] 227

Die Vorschriften zum Kreditrahmen kommen **nur selten zur Anwendung.** Ursächlich hierfür ist u. a. die gemäß §§ 266 Abs. 1, 268 Abs. 1 Nr. 2 InsO bewirkte zeitliche Befristung des Vorrangs auf die Planüberwachung.[210)] Zudem ist die Kreditrahmenreglung in § 264 Abs. 3 InsO unzulänglich, da der Kreditrahmen, der vom Insolvenzplanverfasser im Gestaltenden Teil des Insolvenzplans betragsmäßig festgelegt werden soll, den Wert der Vermögensgegenstände nicht übersteigen darf, die in der Vermögensübersicht des Plans 228

203) Uhlenbruck-*Lüer/Streit*, InsO, § 264 Rz. 25 f.
204) Formulierungsbeispiele bei *Blersch/Goetsch/Haas*, InsO, Formular § 264–1; *Braun/Uhlenbruck*, Muster eines Insolvenzplans, S. 86.
205) Uhlenbruck-*Lüer/Streit*, InsO, § 264 Rz. 12.
206) Uhlenbruck-*Lüer/Streit*, InsO, § 264 Rz. 22.
207) Uhlenbruck-*Lüer/Streit*, InsO, § 264 Rz. 3, 7 f.
208) *Dinstühler*, ZInsO 1998, 243, 248.
209) Begr. RegE InsO z. § 312, BT-Drucks. 12/2443, S. 216 f.; abgedr. bei *Balz/Landfermann*, S. 384.
210) *Knof*, ZInsO 2010, 1999, 2004.

(§ 229 Satz 1 InsO) aufgeführt sind. Diesen Werten kommt in einem Folgeinsolvenzverfahren keine echte Aussagekraft mehr zu.[211)]

III. Anlagen

1. Fortführungserklärung des Schuldners

229 Ist im Insolvenzplan vorgesehen, dass der Schuldner sein Unternehmen fortführt, und ist der Schuldner eine natürliche Person, so ist dem Plan eine Erklärung des Schuldners beizufügen, dass er zur **Fortführung des Unternehmens** auf der Grundlage des Plans bereit ist (§ 230 Abs. 1 Satz 1 InsO). Ist der Schuldner eine **Gesellschaft ohne Rechtspersönlichkeit** oder eine **KGaA**, so ist dem Plan eine entsprechende Erklärung der Person beizufügen, die nach dem Plan persönlich haftende Gesellschafter des Unternehmens sein soll (§ 230 Abs. 1 Satz 2 InsO). Die Erklärung des Schuldners nach Satz 1 ist nicht erforderlich, wenn dieser selbst den Plan vorlegt (§ 230 Abs. 1 Satz 3 InsO).

2. Fortsetzungsbeschluss der Gesellschafter

230 Von der Fortführungserklärung gemäß § 230 Abs. 1 InsO (siehe Rz. 229) ist bei Gesellschaften der **Fortsetzungsbeschluss** der Anteilsinhaber zu unterscheiden, der nach Auflösung der Gesellschaft infolge der Insolvenzeröffnung zu deren Fortführung zwingend zu fassen ist (siehe ausführlich Rz. 367). Sofern der Fortsetzungsbeschluss nicht in den Gestaltenden Teil des Insolvenzplans aufgenommen wird (§ 225a Abs. 3) (siehe Rz. 174), kann in den Insolvenzplan eine auflösende Bedingung für den Fall aufgenommen werden, dass die Anteilsinhaber nicht binnen einer kurzen Frist nach Aufhebung des Insolvenzverfahrens einen Fortsetzungsbeschluss vorlegen (siehe Praxishinweis zu Rz. 132). Zur Meidung der Gefährdung der Erfüllung der Verpflichtungen aus dem Insolvenzplan muss dem Insolvenzplan dann eine **Anlage** beigefügt werden, in der sich die Gesellschafter zur Beschlussfassung über die Fortsetzung der Gesellschaft nach Planbestätigung und Aufhebung des Insolvenzverfahrens verpflichten[212)] oder in der der notariell beglaubigte Fortsetzungsbeschluss aufschiebend bedingt auf die Aufhebung des Insolvenzverfahrens nach rechtskräftiger Planbestätigung gefasst ist.

3. Erklärungen der Gläubiger bei Übernahme von Anteils- und Mitgliedschaftsrechten

231 Sollen Gläubiger **Anteils- oder Mitgliedschaftsrechte** oder Beteiligungen an einer juristischen Person, einem nichtrechtsfähigen Verein oder einer Gesellschaft ohne Rechtspersönlichkeit übernehmen, so ist dem Plan **die zustimmende Erklärung** eines jeden dieser **Gläubiger** als Anlage beizufügen (§ 230 Abs. 2 InsO).

4. Erklärung des verbundenen Unternehmens bei Eingriff in gruppeninterne Sicherheiten

232 Im Fall eines Eingriffs in die Rechte von Gläubigern aus gruppeninternen Drittsicherheiten ist dem Plan die Zustimmung des verbundenen Unternehmens beizufügen, das die Sicherheit gestellt hat.

5. Erklärungen Dritter

233 Ebenso sind **Willenserklärungen Dritter** gemäß § 228 InsO sowie gemäß § 230 Abs. 3 InsO dem Plan als Anlage beizufügen, die für den Fall der Bestätigung des Plans Verpflichtungen gegenüber den Gläubigern übernommen haben. Dies gilt etwa für Willenserklärungen eines Treuhänders, der nach Aufhebung des Insolvenzverfahrens Ansprüche und Vermögen zugunsten der Gläubiger realisieren soll (siehe Rz. 219).

---

211) *Knof*, ZInsO 2010, 1999, 2004.
212) Uhlenbruck-*Sinz*, InsO, § 230 Rz. 3.

6. Vermögensübersicht/Finanzplanung/weitere Anlagen

Sollen die Gläubiger aus den Erträgen des vom Schuldner oder von einem Dritten fortgeführten Unternehmens befriedigt werden, so ist dem Insolvenzplan eine **Vermögensübersicht** beizufügen, in der die Vermögensgegenstände und die Verbindlichkeiten, die sich im Zeitpunkt des (voraussichtlichen) Wirksamwerdens des Plans gegenüberstehen, mit ihren Werten aufgeführt werden (§ 229 Satz 1 InsO). Ausdrücklich sieht § 229 Satz 3 InsO vor, dass auch die Gläubiger zu berücksichtigen sind, die zwar ihre Forderungen nicht angemeldet haben, jedoch bei der Ausarbeitung des Plans bekannt sind. Damit wird das Risiko gemindert, dass ein Insolvenzplan nach rechtskräftiger Bestätigung durch nachträglich angemeldete Forderungen zu Fall gebracht wird.[213] Die Vermögensübersicht ist keine Handelsbilanz, sondern eine Vermögensrechnung unter Zugrundelegung des Planszenarios.[214] 234

Zusätzlich sind in die Vermögensübersicht die Vermögensgegenstände und die Verbindlichkeiten bei weiterer Durchführung der Regelabwicklung (in der Regel Zerschlagungswerte) aufzunehmen.[215] 235

> **Praxishinweis**
>
> Die Vermögensübersicht ist aufbauend auf dem Verzeichnis der Massegegenstände gemäß § 151 InsO zum Zeitpunkt der Eröffnung des Insolvenzverfahrens auf den Zeitpunkt des Wirksamwerdens des Insolvenzplanes fortzuschreiben.

Ergänzend ist darzustellen, welche **Aufwendungen und Erträge** für den Zeitraum, während dessen die Gläubiger befriedigt werden sollen, zu erwarten sind und durch welche **Abfolge von Einnahmen und Ausgaben** die Zahlungsfähigkeit des Unternehmens während dieses Zeitraums gewährleistet werden soll (§ 229 Satz 2 InsO). Im Ergebnis bedarf es einer integrierten Finanzplanung (Gewinn- und Verlustrechnung, Liquiditätsplanung, Planbilanz). 236

> **Praxishinweis**
>
> Die integrierte Finanzplanung ist entbehrlich, wenn die Gläubiger, etwa aus neuem Eigenkapital neuer oder ehemaliger Inhaber von Anteils- und Mitgliedschaftsrechten am Schuldner mit einem Einmalbetrag befriedigt werden. Dies führt ohnehin zu einer höheren Planakzeptanz, da die Prognoseunsicherheit entfällt, ob die Verpflichtungen des Insolvenzplans aus dem fortgeführten Geschäftsbetrieb erfüllt werden können.

7. Schwerwiegender Mangel der Anlagen eines Insolvenzplans

Ein **wesentlicher Verstoß gegen die Vorgaben** für die i. R. eines Insolvenzplanverfahrens vorzulegenden **Übersichten und Prognoseberechnungen** liegt dann vor, wenn es sich um einen Mangel handelt, der Einfluss auf die Annahme des Insolvenzplans gehabt haben könnte.[216] In solchen Fällen hat das Insolvenzgericht dem Insolvenzplan die Bestätigung gemäß § 250 Nr. 1 InsO zu versagen. 237

IV. Planbegleitende Sanierungsinstrumente

1. Insolvenzplan als Sanierungsinstrument

Der Insolvenzplan kann mit gesellschaftsrechtlichen und finanzwirtschaftlichen Maßnahmen in die Rechte der Beteiligten eingreifen, die gegenüber einer Sanierung ohne Insolvenzverfahren, einer übertragenden Sanierung und teilweise gegenüber einem Restrukturierungsplan vorteilhaft sein können. 238

---

213) Begr. RegE ESUG z. Nr. 18, BT-Drucks. 17/5712, S. 32.
214) Nerlich/Römermann-*Ober*, InsO, § 229 Rz. 6; Braun-*Braun/Frank*, InsO, § 229 Rz. 3.
215) Braun-*Braun/Frank*, InsO, § 229 Rz. 4.
216) BGH, Beschl. v. 3.12.2009 – IX ZB 30/09, Rz. 3, ZIP 2010, 341 = ZInsO 2010, 85.

239 **Abb. 8: Vorteile Sanierung durch Insolvenzplan**

- Rechtssicherer Erwerb von Anteilen durch Umwandlung von Forderungen in Eigenkapital in der Krise: Nachschusspflicht nach den Grundsätzen der Differenzhaftung ist ausgeschlossen (§ 254 Abs. 4 InsO).
- Zerstrittene und/oder gegen die Sanierung obstruierende Anteilsinhaber und/oder vermögenslose Anteilsinhaber: Insolvenzplan vermag in die Anteils- und Mitgliedschaftsrechte der Gesellschafter eingreifen, somit können obstruierenden Inhabern von Anteils- und Mitgliedschaftsrechten ihre Anteile zwangsweise entzogen werden (§ 225a InsO).
- Hohe Pensionsrückstellungen: PSVaG übernimmt (etwa für begrenzte Zeit) die Zahlungsverpflichtungen.
- Ausreichung eines Massedarlehens (nach Insolvenzantragstellung und Einzelermächtigung durch das Insolvenzgericht oder nach Eröffnung des Insolvenzverfahrens) vermeidet die Anfechtbarkeit im aktuellen Insolvenzverfahren.
- Rechtssicherheit im laufenden Insolvenzverfahren hinsichtlich Besicherung eines Massedarlehens.
- Risiko der Anfechtung eines frischen Gesellschafterdarlehens i. R. eines Sanierungskonzepts kann gemäß § 135 InsO ausgeschlossen werden.
- Insolvenzplanverfahren fordert „automatisch" gleiche Sanierungsbeiträge aller Insolvenzgläubiger ein: Verteilung der Finanzierungslast der Sanierung auf vielen Schultern; Akzeptanz durch die Gläubiger, insbesondere den meist beteiligten Fiskus.
- Inhomogene Struktur der finanzierenden Kreditinstitute: Planersteller als Moderator bei Streitigkeiten zwischen Kreditgebern.
- Übertragende Sanierung kommt nicht in Betracht: Insolvenzplan erhält sämtliche Vertragsverhältnisse, Lizenzen, öffentlich- rechtliche Genehmigungen.
- Gläubiger sind zerstritten oder einzelne Gläubiger wollen sich an Sanierung nicht beteiligen: Restrukturierung kann mittels Insolvenzplan in den Grenzen der §§ 245, 251 InsO auch gegen den Willen einzelner Gläubiger (Akkordstörer) durchgesetzt werden und bedarf somit im Verhältnis zur außergerichtlichen Sanierung deutlich weniger Kompromisse; insolvenzspezifisches Sanierungsinstrumentarium zwingt die Gläubiger zu Sonderbeiträgen (siehe unten etwa verkürzte Kündigungsfristen bei Immobilienmietverträgen, Rz. 241).
- Liquidität kann vorübergehend ohne Einzelverhandlungen (Moratorien) auf die Restrukturierung konzentriert werden, ab Eröffnung des Insolvenzverfahrens Vollstreckungsverbot gemäß § 89 InsO.
- Beteiligung des Fiskus an Sanierung: Steuersparmodell Insolvenzplan, Beispiel: Abschreibung auf (hohe) Buchwerte, statt (im Fall der übertragenden Sanierung) niedrigere Einkaufswerte.
- Planbegleitende Gewährung von Insolvenzgeld.

Quelle: Eigene Darstellung.

2. Insolvenzspezifische Sanierungsinstrumente

240 Bei fortgeschrittener Krise bedarf es regelmäßig der Durchführung leistungswirtschaftlicher Maßnahmen, die im Sanierungskonzept im Darstellenden Teil des Insolvenzplans (siehe Rz. 65 ff.) zu beschreiben sind. Diese sind allerdings planbegleitend umzusetzen, da der Insolvenzplan selbst im Gestaltenden Teil nur die in der InsO vorgesehenen Maßnahmen regeln darf (siehe Rz. 140). Erforderlichenfalls sind im Insolvenzplan aufschiebende und auflösende Bedingungen hinsichtlich der Umsetzung leistungswirtschaftlicher Sanierungsmaßnahmen vorzusehen. Die insolvenzspezifischen Sanierungsinstrumente stehen nur im Insolvenzverfahren zur Verfügung. Da der Insolvenzplan die Eröffnung des Insolvenzverfahrens voraussetzt, kann das gesamte **leistungswirtschaftliche**, insolvenzspezifische Sanierungsinstrumentarium genutzt werden.

Praxishinweis

Der Insolvenzplan bietet im Verhältnis zum Restrukturierungsplan (siehe Rz. 20) hinsichtlich leistungswirtschaftlicher, insolvenzspezifischer Sanierungsinstrumente, entscheidende Vorteile, die gegen aus der Eröffnung eines Insolvenzverfahrens resultierende Nachteile abgewogen werden müssen.

Abb. 9: Insolvenzrechtliche, planbegleitende leistungswirtschaftliche Sanierungsmaßnahmen 241

- Sonderkündigungsfristen für Arbeitnehmer gemäß § 113 InsO (maximal drei Monate);
- Sozialplanansprüche sind auf maximal 2,5 Monatsgehälter begrenzt; § 123 Abs. 1 InsO;
- Aufträge und Geschäftsbesorgungsverträge erlöschen mit Eröffnung des Insolvenzverfahrens, §§ 115, 116 InsO;
- Sonderkündigungsfristen für Immobilienmietverträge gemäß § 109 InsO (maximal drei Monate);
- Möglichkeit der Wahl der Nichterfüllung von nicht betriebsnotwendigen Dauerschuldverhältnissen, § 103 InsO;
- liquiditätsschonende Produktion für bis zu drei Monate durch Zahlung der Personalkosten über das Insolvenzgeld durch die Bundesagentur für Arbeit;
- führungsloses Unternehmen (Vorstand/Geschäftsführung setzt sich ab): Anordnung der starken vorläufigen Insolvenzverwaltung durch das Insolvenzgericht;
- Insolvenzverfahren bietet Schutz vor Einzelzwangsvollstreckung (schon für Insolvenzantragsverfahren können vorläufige Maßnahmen gemäß § 21 Abs. 2 Nr. 3 InsO angeordnet werden), keine Zahlung auf Insolvenzforderungen gemäß § 38 InsO.

Quelle: Eigene Darstellung.

3. Betriebsänderung gemäß §§ 111, 112a Abs. 1 BetrVG

242 Der Gestaltende Teil des Insolvenzplans vermag Betriebsänderungen nicht zu regeln. Insbesondere können ein Sozialplan und/oder ein Interessenausgleich nicht gegen den Willen des Betriebsrates wirksam werden. Die Betriebsänderung muss planbegleitend erfolgen und im Darstellenden Teil des Insolvenzplans erläutert werden. Ist eine Betriebsänderung Voraussetzung für eine erfolgreiche Sanierung, bedarf es im Insolvenzplan (als Anlage) des Nachweises, dass etwa ein **Interessenausgleich** und/oder **Sozialplan** zustande gekommen ist oder aber – sofern das nicht der Fall ist – einer entsprechenden aufschiebenden Bedingung im Gestaltenden Teil.

243 Sieht der Insolvenzplan planbegleitend **gemäß §§ 111, 112a Abs. 1 BetrVG** eine **Betriebsänderung** vor, ist der Personalabbau interessenausgleichs- und sozialplanpflichtig. Betriebsrat und Arbeitgeber können für noch nicht geplante, aber in groben Umrissen schon abschätzbare Betriebsänderungen einen Sozialplan in Form einer freiwilligen Betriebsvereinbarung aufstellen, ohne dass darin ein (unzulässiger) Verzicht auf künftige Mitbestimmungsrechte liegt.[217)] Soweit ein solcher vorsorglicher Sozialplan wirksame Regelungen enthält, ist das Mitbestimmungsrecht des Betriebsrats nach § 112 BetrVG verbraucht, falls eine entsprechende Betriebsänderung später tatsächlich vorgenommen wird.[218)]

244 Bestätigt das Insolvenzgericht den eine Betriebsänderung vorsehenden Insolvenzplan, ohne dass ein Interessenausgleich und/oder ein Sozialplan zustande gekommen sind, kann der bereits bestätigte, „unbedingte" Insolvenzplan nachträglich scheitern, wenn wegen Verletzung der Mitbestimmungsrechte des Betriebsrats in größerem Umfang Nachteilsausgleichsansprüche auf die Insolvenzmasse zukommen, die im Insolvenzplan nicht enthalten sind oder wenn die Einigungsstelle unter Hinweis auf § 123 Abs. 2 Satz 2 InsO ein höheres Sozialplanvolumen festlegt, als im Insolvenzplan vorgesehen ist.

Praxishinweis

Liegt im Fall einer Betriebsänderung ein Interessenausgleich und/oder Sozialplan noch nicht vor, bedarf es insofern einer aufschiebenden Bedingung im gestaltenden Teil des Insolvenzplans gemäß § 249 Satz 1 InsO.[219)]

---

217) BAG, Beschl. v. 26.8.1997 – 1 ABR 12/97, LS, ZIP 1998, 1412; Uhlenbruck-*Berscheid/Ries*, InsO, § 124 Rz. 39.
218) BAG, Beschl. v. 26.8.1997 – 1 ABR 12/97, LS, ZIP 1998, 1412; Uhlenbruck-*Berscheid/Ries*, InsO, § 124 Rz. 40.
219) Vgl. auch Uhlenbruck-*Zobel*, InsO, § 124 Rz. 41.

245 Bezüglich der **Sozialpläne** gilt gemäß § 123 Abs. 1 InsO im Insolvenzplanverfahren eine „absolute Obergrenze" (maximal zweieinhalb Monatsverdienste), jedoch nicht die **„relative Obergrenze"** gemäß § 123 Abs. 2 Satz 2, 3 InsO (nicht mehr als ein Drittel der Masse).[220) Der Wortlaut des § 123 Abs. 2 InsO enthält insofern eine ausdrückliche Einschränkung.

> **Praxishinweis**
>
> Sofern die Sanierung einen Arbeitsplatzabbau erfordert, lassen sich Sozialpläne im Insolvenzplan wegen der Nutzung von Insolvenzgeld und der „absoluten Obergrenze" deutlich preiswerter gestalten, als im Restrukturierungsplan.

4. Sanierungstarifverträge

246 Der Gestaltende Teil des Insolvenzplans vermag Tarifverträge, auch Sanierungstarifverträge nicht zu regeln. Insbesondere kann ein Tarifvertrag nicht gegen den Willen der zuständigen Gewerkschaft wirksam werden. Tarifverträge müssen planbegleitend geschlossen und im Darstellenden Teil des Insolvenzplans erläutert werden. Ist dies Voraussetzung für eine erfolgreiche Sanierung, bedarf es im Insolvenzplan (als Anlage) des Nachweises, dass der Tarifvertrag zustande gekommen ist oder aber – sofern das nicht der Fall ist – einer aufschiebenden Bedingung im Gestaltenden Teil.

5. Aussetzung von Verwertung und Verteilung

247 Wenn die Durchführung eines vorgelegten Insolvenzplans durch die Verwertung und Verteilung der Insolvenzmasse gefährdet ist, ordnet das Insolvenzgericht gemäß § 233 InsO die **Aussetzung der Verwertung und Verteilung** an, die für sämtliche Vermögensgegenstände gilt, zu deren Verwertung der Insolvenzverwalter berechtigt ist.[221) Dies setzt gemäß § 233 Satz 1 InsO voraus, dass das **Planverfahren** initiiert wurde, die Durchführung des **Insolvenzplans** durch die Fortsetzung der Verwertung und Verteilung der Insolvenzmasse **gefährdet** würde, wobei die Annahme der Gefährdungslage bei anstehender oder begonnener Verwertung eher die Regel sein sollte, ein **Antrag** des **Schuldners** oder **Insolvenzverwalters** zur Aussetzung der Verwertung und Verteilung dem Gericht vorliegt und **der Plan nicht gemäß § 231 vom Gericht zurückgewiesen** ist.[222)

248 Das Gericht sieht gemäß § 233 Satz 2 InsO von der Aussetzung ab oder hebt sie auf, wenn mit ihr die **Gefahr erheblicher Nachteile** für die Insolvenzmasse verbunden ist oder soweit der Verwalter mit Zustimmung des Gläubigerausschusses oder der Gläubigerversammlung die Fortsetzung der Verwertung und Verteilung beantragt.

249 **Rechtsmittel** gegen die Entscheidung gemäß § 233 InsO sind nicht vorgesehen.

C. Verfahrensablauf

I. Überblick

250 Das Insolvenzplanverfahren ist kein selbständiges Verfahren, sondern Bestandteil eines Insolvenzverfahrens. Insofern bedarf es eines eröffneten Insolvenzverfahrens,[223) indes keines besonderen Insolvenzplanantrags. Ausreichend ist die Vorlage eines Plans durch den Insolvenzverwalter, den Schuldner oder, sofern dieser beauftragt ist, den Sachwalter. Ein **Überblick** zum Ablauf eines Insolvenz(plan)verfahrens ist in Abb. 10 dargestellt.

---

220) Uhlenbruck-*Zobel*, InsO, § 124 Rz. 42.

221) Uhlenbruck-*Lüer/Streit*, InsO, § 233 Rz. 10.

222) *Thies* in: HambKomm-InsO, § 233 Rz. 2 ff.

223) So auch in *U. Keller*, Insolvenzrecht, 4. Teil Rz. 1643.

Abb. 10: Ablauf eines Insolvenz(plan)verfahrens 251

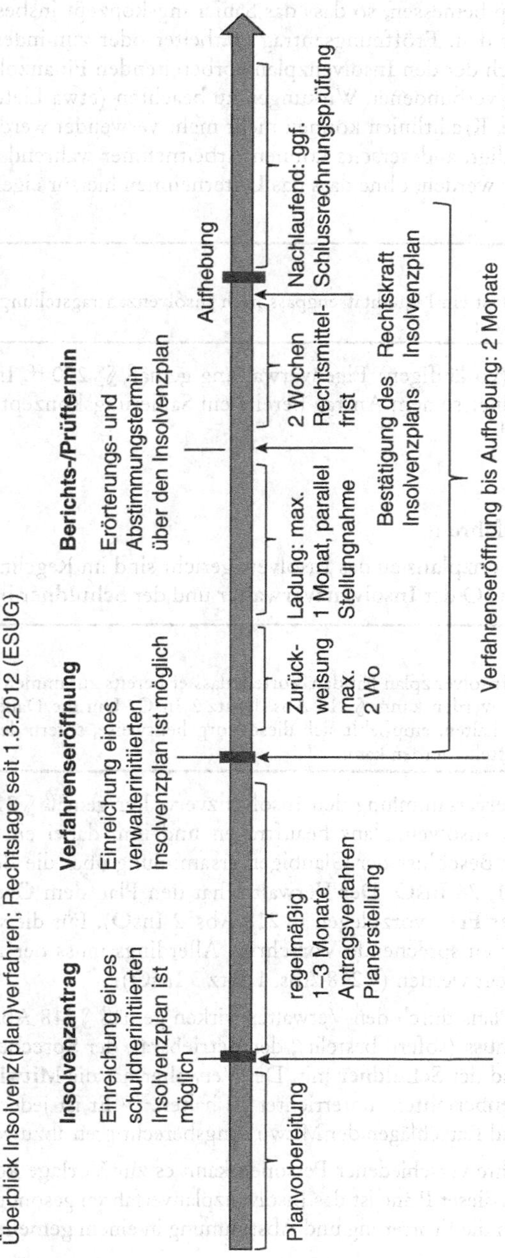

Quelle: Eigene Darstellung.

II. Vorbereitung des Insolvenzplanverfahrens

Die frühzeitige Erarbeitung des Insolvenzplans ist maßgeblich für dessen Erfolg. Der Gesetzgeber normiert in § 270d Abs. 1 Satz 1 InsO (lediglich) für das **Schutzschirmverfahren** eine Frist zur Vorlage eines Insolvenzplans. Die Frist darf höchstens drei Monate 252 betragen (§ 270d Abs. 1 Satz 2 InsO). Diese Frist ist bei komplexen Unternehmens- bzw. Konzernstrukturen knapp bemessen, so dass das Sanierungskonzept insbesondere in diesen Fällen möglichst vor dem Eröffnungsantrag erarbeitet oder zumindest angearbeitet werden sollte. Hinsichtlich der den Insolvenzplan vorbereitenden Finanzplanung sind die mit dem Insolvenzantrag verbundenen Wirkungen zu beachten (etwa Lieferungen häufig nur noch gegen Vorkasse, Kreditlinien können nicht mehr verwendet werden, Kontokorrentlinien werden gekündigt, andererseits können Arbeitnehmer während des Insolvenzgeldzeitraums beschäftigt werden, ohne dass das Unternehmen hierfür eigene liquide Mittel einsetzen muss).

Praxishinweis

Zwingend zu vermeiden ist ein Liquiditätsengpass nach Insolvenzantragstellung, der die Betriebsfortführung gefährdet.

253 Für die Anordnung der (vorläufigen) Eigenverwaltung gemäß §§ 270 ff. InsO ist es vorteilhaft, wenn der Schuldner seinem Antrag bereits ein Sanierungskonzept in Form eines Insolvenzplans beifügt.[224)]

III. Planinitiativrecht

1. Regelinsolvenzverfahren

254 Zur **Vorlage eines Insolvenzplans** an das Insolvenzgericht sind im Regelinsolvenzverfahren gemäß § 218 Abs. 1 InsO der **Insolvenzverwalter** und der **Schuldner** berechtigt.

Praxishinweis

Der schuldnerinitiierte Insolvenzplan hat den Vorteil, dass er bereits zusammen mit dem Insolvenzantrag vorgelegt werden kann, § 218 Abs. 1 Satz 2 InsO. Um die Dauer des Insolvenzverfahrens kurz zu halten, empfiehlt sich diese Vorgehensweise, sofern der Insolvenzplan rechtzeitig fertiggestellt werden kann.

255 Zudem kann die Gläubigerversammlung den Insolvenzverwalter gemäß § 218 Abs. 2 InsO mit der Erstellung eines Insolvenzplans beauftragen und ihm dabei ein Ziel vorgeben (§ 157 Satz 2 InsO). Der Beschluss der Gläubigerversammlung über die Beauftragung ist unanfechtbar, §§ 6 Abs. 1, 76 InsO. Der Verwalter hat den Plan dem Gericht in diesem Fall binnen **angemessener Frist** vorzulegen (§ 218 Abs. 2 InsO). Für die weiteren Initiativberechtigten fehlt eine entsprechende Vorschrift. Allerdings muss der Plan spätestens im **Schlusstermin** vorgelegt werden (§ 218 Abs. 1 Satz 3 InsO).

256 Bei der Aufstellung des Plans durch den Verwalter wirken gemäß § 218 Abs. 3 InsO beratend der **Gläubigerausschuss** (sofern bestellt), der **Betriebsrat**, der **Sprecherausschuss** der leitenden Angestellten und der **Schuldner** mit. Der Verwalter hat die **Mitwirkungsberechtigten**, etwa mit **Zwischenberichten**, unterrichtet zu halten.[225)] Er ist jederzeit berechtigt, von den Vorstellungen und Ratschlägen der Mitwirkungsberechtigten abzuweichen.[226)]

257 Aufgrund der Initiativrechte verschiedener Personen kann es zur **Vorlage konkurrierender Pläne** kommen. Für jeden dieser Pläne ist das Insolvenzplanverfahren gesondert durchzuführen.[227)] Für alle Pläne kann die Erörterung und Abstimmung in einem **gemeinsamen Termin**

224) *Haas* in: Gottwald/Haas, InsR-Hdb., § 87 Rz. 7; zu den Erfolgsaussichten eines Insolvenzplans in Eigenverwaltung: *Fröhlich/Bachstädt*, ZInsO 2011, 985.

225) Uhlenbruck-*Lüer/Streit*, InsO, § 218 Rz. 39.

226) *Braun/Uhlenbruck*, Unternehmensinsolvenz, S. 474.

227) Uhlenbruck-*Lüer/Streit*, InsO, § 218 Rz. 17.

zusammengefasst werden.[228] Eine solche Verbindung der Erörterungs- und Abstimmungstermine für konkurrierende Pläne stößt jedoch wegen der Terminierungsfristen und wegen des vom Gericht zu beachtenden Beschleunigungsgrundsatzes auf enge Grenzen. Eine Verbindung der Erörterungs- und Abstimmungstermine für konkurrierende Insolvenzpläne wird daher nur in Betracht kommen, wenn diese zeitnah eingereicht werden, so dass sich für den zuerst eingereichten Plan keine größeren Verzögerungen ergeben.[229]

Die **Abstimmungsreihenfolge** legt das Insolvenzgericht nach dem Inhalt der Pläne und den sonstigen Umständen des Einzelfalls fest.[230] Werden – was durchaus vorkommen kann – mehrere Pläne angenommen, so hat das Insolvenzgericht zu entscheiden, welcher Plan durchgeführt werden soll.[231] Allerdings ist es dem Gericht nach h. M. nicht gestattet, den Plan zu bestätigen, den es als wirtschaftlich am günstigsten erachtet, da es anderenfalls auf Kosten der Gläubiger eine inhaltliche Gestaltungsbefugnis erlangt, die der Privatautonomie der Gläubiger und der Rolle des Gerichts nicht gerecht wird.[232] Entscheidend kann deshalb nur das Maß der Gläubigerzustimmung sein, wobei es sinnvoll ist, auf die Zahl der zustimmenden Gläubigergruppen unter Berücksichtigung von deren Größe und wirtschaftlicher Betroffenheit abzustellen.[233] Es wird aber auch vertreten, Summenmehrheit oder Kopf- und Summenmehrheit zugrunde zu legen oder auf Fortführungschancen abzustellen.[234] Mit Rechtskraft des von dem Gericht bestätigten Insolvenzplans tritt die Erledigung der anderen Insolvenzpläne ein.[235] 258

2. Eigenverwaltungsverfahren

Im Rahmen eines Eigenverwaltungsverfahrens hat nur der Schuldner gemäß § 270 Abs. 1 Satz 2 InsO i. V. mit § 218 Abs. 1 Satz 1 InsO ein eigenes Initiativrecht zur Vorlage eines Insolvenzplans. Die **Gläubigerversammlung** kann gemäß § 284 Abs. 1 Satz 1 InsO einen Auftrag zur Ausarbeitung eines Insolvenzplanes an den Schuldner oder an den Sachwalter richten. Einen Auftrag zur **Ausarbeitung eines Insolvenzplans** kann gemäß § 284 Abs. 1 Satz 2 InsO auch der vorläufige Gläubigerausschuss an den vorläufigen Sachwalter oder den Schuldner richten. 259

Durch die Möglichkeit auch der **Beauftragung des Sachwalters** als einer vom Schuldner unabhängigen Person soll die Gläubigerautonomie gestärkt, eine größere Flexibilität der Eigenverwaltung eingeführt und eine größere Akzeptanz herbeigeführt werden.[236] Ohne einen Auftrag der Gläubigerversammlung ist der Sachwalter, anders als der Schuldner, nicht berechtigt, einen Plan vorzulegen.[237] Soweit die Gläubigerversammlung den Schuldner mit der Ausarbeitung eines Insolvenzplans beauftragt, hat der Sachwalter gemäß § 284 Abs. 1 Satz 3 InsO beratend mitzuwirken. 260

Erarbeitet der Schuldner trotz des Auftrags der Gläubigerversammlung den vorgegebenen Insolvenzplan nicht, so kann die Gläubigerversammlung gemäß §§ 157 Satz 3, 284 Abs. 1 261

---

228) Uhlenbruck-*Lüer/Streit*, InsO, § 235 Rz. 7.

229) Uhlenbruck-*Lüer/Streit*, InsO, § 235 Rz. 7.

230) *Hintzen* in: MünchKomm-InsO, § 235 Rz. 31 m. w. N.

231) Nerlich/Römermann-*Rühle*, InsO, § 218 Rz. 16.

232) Nerlich/Römermann-*Rühle*, InsO, § 218 Rz. 16; abweichende Auffassung *Henckel*, KTS 1998, 477 ff., 482.

233) *Braun/Uhlenbruck*, Unternehmensinsolvenz, S. 643.

234) Nerlich/Römermann-*Rühle*, InsO, § 218 Rz. 16; *Riggert*, WM 1998, 1521 ff., 1525; *Spahlinger* in: KPB, InsO, § 218 Rz. 43; *Engberding*, DZWIR 1998, 94 ff., 96.

235) *Koch/de Bra* in: Gottwald/Haas, InsR-Hdb., § 67 Rz. 21.

236) Beschlussempfehlung und Bericht d. RA z. RegE InsO z. EGInsO, BT-Drucks. 12/7302, S. 186.

237) Andres/Leithaus-*Andres*, InsO, § 284 Rz. 3; Braun-*Riggert*, InsO, § 284 Rz. 2; Uhlenbruck-Zipperer, InsO, § 284 Rz. 1; Graf-Schlicker-*Graf-Schlicker*, InsO, § 284 Rz. 8.

InsO ihre Entscheidung ändern und den Auftrag an den Sachwalter richten. Daneben kann die Ausarbeitung des Insolvenzplans vom Insolvenzgericht nach §§ 270 Abs. 1 Satz 1, 58 Abs. 2 InsO mit Mitteln der Aufsicht erzwungen werden. Schließlich kann gemäß § 272 InsO die Eigenverwaltung aufgehoben werden. Das Insolvenzgericht hat das Recht, die Eigenverwaltung auch ohne Antrag der Gläubigerversammlung aufzuheben (§ 272 Abs. 1 Nr. 1, 2 InsO).[238)]

3. Form und Sprache des Insolvenzplans

262 Der Plan, der gemäß § 184 GVG **in deutscher Sprache** abzufassen ist, bedarf der **Schriftform,**[239)] also der **eigenhändigen Unterschrift** des Vorlegenden.

IV. Vorprüfung durch das Insolvenzgericht

1. Sachliche und funktionelle Zuständigkeit

263 Insolvenzpläne sind dem Insolvenzgericht vorzulegen (§ 218 Abs. 1 Satz 1 InsO). Dieses ist **sachlich zuständig.**

264 Das Verfahren über einen Insolvenzplan nach den §§ 217 bis 256 InsO und den §§ 258 bis 269 InsO bleibt **dem Richter** vorbehalten (§ 18 Abs. 1 Nr. 2 RPflG).[240)]

2. Unverzügliche Prüfung

265 Das Insolvenzgericht hat den Insolvenzplan nach Vorlage zu prüfen, wobei die Entscheidung des Gerichts über die **Zurückweisung des Plans** innerhalb von zwei Wochen nach dessen Vorlage erfolgen soll (§ 231 Abs. 1 Satz 2 InsO).

3. Umfang der Prüfung

266 Die gerichtliche Vorprüfung des Plans soll vermeiden, dass das Insolvenzverfahren durch Pläne belastet und verzögert wird, welche die **Mindestanforderungen** nicht erfüllen, **offenkundig unerfüllbar** sind oder **offenkundig keine Aussicht** auf Erfolg haben.[241)] Das Gericht prüft unter Berücksichtigung sämtlicher rechtlicher Gesichtspunkte, ob die gesetzlichen Bestimmungen über das Vorlagerecht und den Inhalt des Plans beachtet sind. Dabei hat es nicht nur offensichtliche Rechtsfehler zu beanstanden.[242)]

267 Es ist aber nicht Aufgabe der Vorprüfung, die Annahmefähigkeit eines Plans sicherzustellen oder diesen inhaltlich oder wirtschaftlich zu optimieren.[243)]

268 Das Insolvenzgericht weist den Insolvenzplan gemäß § 231 Abs. 1 InsO von Amts wegen zurück, wenn

– die Vorschriften über das Recht zur Vorlage und den Inhalt des Plans, insbesondere zur Bildung von Gruppen nicht beachtet sind und der Vorlegende den Mangel nicht beheben kann oder innerhalb einer angemessenen, vom Gericht gesetzten Frist nicht behebt;
– ein vom Schuldner vorgelegter Plan offensichtlich keine Aussicht auf Annahme durch die Beteiligten oder auf Bestätigung durch das Gericht hat oder

---

238) SanInsFoG, v. 22.12.2020, BGBl. I 2020, 3256.

239) Uhlenbruck-*Lüer/Streit*, InsO, § 218 Rz. 30.

240) ESUG, v. 7.12.2011, BGBl. I 2011, 2582 (Inkrafttreten des § 18 RPflG: 1.1.2013).

241) Begr. RegE InsO, BT-Drucks. 12/2443; abgedr. bei *Balz/Landfermann*, S. 35; Begr. RegE InsO z. § 275, BT-Drucks. 12/2443, S. 204; abgedr. bei *Balz/Landfermann*, S. 345 ff.

242) BGH, Beschl. v. 7.5.2015 – IX ZB 75/14, ZIP 2015, 1346 = NZI 2015, 697.

243) Uhlenbruck-*Lüer/Streit*, InsO, § 231 Rz. 1.

– die Ansprüche, die den Beteiligten nach dem Gestaltenden Teil eines vom Schuldner vorgelegten Plans zustehen, offensichtlich nicht erfüllt werden können. Einzelheiten der Prüfungskompetenz des Insolvenzgerichts sind in Abb. 11 dargestellt.

Abb. 11: Prüfungskompetenz des Insolvenzgerichts gemäß § 231 Abs. 1 InsO 269

Zurückweisungsgrund	Prüfungsrelevanz	keine Prüfungsrelevanz
§ 231 Abs. 1 Nr. 1 InsO (Recht zur Vorlage)	– §§ 218 Abs. 1, 284 Abs. 1 Satz 1 InsO.	– § 218 Abs. 2 InsO; – § 218 Abs. 3 InsO.
§ 231 Abs. 1 Nr. 1 InsO (Vorschriften über Inhalt)	– § 217 InsO, § 219 InsO hinsichtlich des „Ob“ der Einteilung des Plans in Darstellenden und Gestaltenden Teil; – § 220 InsO hinsichtlich Angaben zu den Grundlagen und den Auswirkungen des Plans (Vergleichsrechnung); – § 221 InsO; – § 222 InsO: obligatorische Gruppenbildung; – § 222 Abs. 1 Nr. 1 InsO: Eingriff in die Rechte der Absonderungsgläubiger; – § 222 Abs. 1 Nr. 2 InsO: Eingriff in die Rechte nicht nachrangiger Gläubiger (§ 224 InsO); – § 222 Abs. 1 Nr. 3 InsO: abweichende Regelung im Plan; – § 222 Abs. 1 Nr. 4 InsO: Einbeziehung von Anteils- und Mitgliedschaftsrechten; – § 222 Abs. 1 Nr. 5 InsO: Einbeziehung von Inhabern von Rechten gruppeninterner Drittsicherheiten: (§ 223 a InsO); – § 222 Abs. 2 InsO; sachgerechte Abgrenzung der fakultativen Gruppen; – § 225 Abs. 3 InsO, sofern Plan Regelungen über die Haftung des Schuldners enthält: Zulässigkeit dieser Regelung; – § 226 InsO Gewährung gleicher Rechte innerhalb jeder Gruppe; – §§ 229, 230 InsO, sofern Fortführungsplan, hinsichtlich der Vollständigkeit der Anlagen; – § 230 Abs. 4 InsO: bei Eingriffen in die Rechte von Gläubigern aus gruppeninternen Drittsicherheiten hinsichtlich Zustimmung des verbundenen Unternehmens zum Plan, das die Sicherheit gestellt hat; – Vergütung des Insolvenzverwalters oder aufschiebende Bedingung, dass das Insolvenzgericht die Vergütung des Insolvenzverwalters vor der Bestätigung des Insolvenzplans festsetzt (siehe Rz. 47, 270);	– § 220 InsO: Sinnhaftigkeit der Maßnahmen; – § 222 InsO Sinnhaftigkeit der Gruppenbildung; – §§ 229, 230 InsO hinsichtlich der Richtigkeit des Inhalts der Planrechnung;[244)] – wirtschaftlich zweckmäßige Gestaltung des Insolvenzplans und ob er voraussichtlich Erfolg haben wird;[245)] – Bewertung von Massegegenständen.[246)]

244) Uhlenbruck-*Lüer/Streit*, InsO, § 231 Rz. 28.

245) BGH, Beschl. v. 7.5.2015 – IX ZB 75/14, ZIP 2015, 1346 = NZI 2015, 697; *Stahlschmidt*, ZInsO 2018, 494 ff.

246) BGH, Beschl. v. 7.5.2015 – IX ZB 75/14, ZIP 2015, 1346 = NZI 2015, 697.

Zurückweisungsgrund	Prüfungsrelevanz	keine Prüfungsrelevanz
	– materielle Präklusionsregeln, durch welche die Insolvenzgläubiger, die sich am Insolvenzverfahren nicht beteiligt haben, mit ihren Forderungen i. H. der vorgesehenen Quote ausgeschlossen sind (siehe Rz. 161, 270).	
§ 231 Abs. 1 Nr. 2 InsO (keine Aussicht auf Annahme durch die Gläubiger oder Bestätigung durch das Insolvenzgericht)	– Nur offensichtliche und eindeutige Fälle, ohne dass es auf Sinnhaftigkeit oder Zustimmungswürdigkeit ankommt; – hinsichtlich eines neuen Plans, wenn das Insolvenzgericht bereits einen Insolvenzplan von Amts wegen zurückgewiesen hatte (Zurückweisung nicht allein auf Antrag des Insolvenzverwalters und mit Zustimmung des Gläubigerausschusses.[247]	Regelungen in verwalterinitiierten Plänen
§ 231 Abs. 1 Nr. 3 InsO (Ansprüche nach dem gestaltenden Teil des Plans können offensichtlich nicht erfüllt werden)	– Das Insolvenzgericht sollte die Unerfüllbarkeit der Ansprüche, die den Beteiligten nach dem gestaltenden Teil des vom Schuldner vorgelegten Insolvenzplans zustehen, auf extreme Ausnahmefälle beschränken;[248] – Berichtigung der Masseverbindlichkeiten.[249]	Regelungen in verwalterinitiierten Plänen

Quelle: Eigene Darstellung.

270 Beispielhaft liegen mögliche Zurückweisungsgründe vor, wenn der Insolvenzplan,

- nicht angibt, nach welchen Vorschriften die Gruppen gebildet wurden;
- bei der Bildung fakultativer Gruppen nicht erläutert, aufgrund welcher gleichartigen insolvenzbezogenen wirtschaftlichen Interessen die Gruppe gebildet wurde und inwiefern alle Beteiligten, deren wichtigste insolvenzbezogene wirtschaftliche Interessen übereinstimmen, derselben Gruppe zugeordnet wurden;[250]
- Präklusionsklauseln vorsieht, durch welche die Insolvenzgläubiger, die sich am Insolvenzverfahren nicht beteiligt haben, mit ihren Forderungen i. H. der vorgesehenen Quote ausgeschlossen sind;[251] das gilt auch, wenn der Schuldner Restschuldbefreiung beantragt hat;[252]
- eine salvatorische Klausel (siehe auch Rz. 206 f.) etwa wie folgt enthält:

> „Sollte eine Bestimmung des gestaltenden Teils des Insolvenzplans teilweise unwirksam oder undurchführbar sein oder sollte sich eine Lücke herausstellen, soll hierdurch die Gültigkeit der übrigen Bestimmungen nicht berührt werden. Anstelle der unwirksamen oder undurchführbaren Bestimmungen oder zur Ausfüllung der Lücke gilt eine angemessene Regelung, die, soweit rechtlich zulässig dem am nächsten kommt, was die Gläubigergemeinschaft gewollt hat oder nach Sinn und Zweck des Insolvenzplans gewollt hätte, falls sie den Punkt bedacht hätte."[253]

247) BGH, Beschl. v. 7.5.2015 – IX ZB 75/14, ZIP 2015, 1346 = NZI 2015, 697.
248) *Thies* in: HambKomm-InsO, § 231 Rz. 20.
249) *Thies* in: HambKomm-InsO, § 231 Rz. 21; LG Neubrandenburg, Beschl. v. 21.2.2002 – 4 T 361/01, ZInsO 2002, 296.
250) BGH, Beschl. v. 7.5.2015 – IX ZB 75/14, ZIP 2015, 1346 = NZI 2015, 697.
251) BGH, Beschl. v. 7.5.2015 – IX ZB 75/14, ZIP 2015, 1346 = NZI 2015, 697.
252) BGH, Beschl. v. 3.12.2015 – IX ZA 32/14, ZIP 2016, 85 = NJW 2016, 1015.
253) BGH, Beschl. v. 7.5.2015 – IX ZB 75/14, ZIP 2015, 1346 = NZI 2015, 697.

- Vereinbarungen über die Vergütung des Insolvenzverwalters beinhaltet oder eine aufschiebende Bedingung, dass das Insolvenzgericht die Vergütung des Insolvenzverwalters vor der Bestätigung des Insolvenzplans festsetzt;[254)]
- offensichtlich nicht wirksam wird, da ein erfolgreicher Antrag auf Versagung der gerichtlichen Bestätigung zum Schutz von Minderheiten gestellt werden wird;[255)]
- eine Gruppe bildet, die Gläubiger mit werthaltigen und nicht werthaltigen Absonderungsrechten (Mischgruppe) in sich vereint.[256)]

Die in § 231 Abs. 1 Nr. 1 bis 3 InsO genannten Zurückweisungsgründe sind abschließend.[257)] 271
Im Rahmen seiner Vorprüfung kann das Insolvenzgericht **Stellungnahmen von Beteiligten** berücksichtigen.[258)] Das Insolvenzgericht ist bei seiner späteren Entscheidung gemäß § 250 InsO, ob die Bestätigung eines Insolvenzplans von Amts wegen zu versagen ist, nicht an seine i. R. der Vorprüfung des Insolvenzplans getroffene Entscheidung gebunden.[259)]

Hatte der Schuldner in dem Insolvenzverfahren bereits einen Plan vorgelegt, der von den 272
Beteiligten abgelehnt, vom Gericht nicht bestätigt oder vom Schuldner nach der öffentlichen Bekanntmachung des Erörterungstermins zurückgezogen worden ist, so hat das Gericht einen neuen Plan des Schuldners zurückzuweisen, wenn der Insolvenzverwalter mit Zustimmung des Gläubigerausschusses, wenn ein solcher bestellt ist, die Zurückweisung beantragt (§ 231 Abs. 2 InsO). Dies soll eine fortlaufende Beschäftigung des Insolvenzgerichts sowie der sonstigen Beteiligten mit vom Schuldner initiierten, unzureichenden Insolvenzplänen vermeiden.

Eine Zurückweisung des Insolvenzplans wegen **Masseunzulänglichkeit** kommt nicht 273
mehr in Betracht, es sei denn § 210a InsO wurde nicht beachtet.

Gegen den Beschluss, durch den der Plan zurückgewiesen wird, steht dem Vorlegenden 274
die **sofortige Beschwerde** zu (§ 231 Abs. 3 InsO).

V. Ergebnis der Prüfung und weiteres Verfahren

Weist das Insolvenzgericht den Insolvenzplan nicht zurück, so ist dem Gläubigeraus- 275
schuss (sofern bestellt), dem Betriebsrat, dem Sprecherausschuss der leitenden Angestellten und dem Schuldner (bei verwalterinitiiertem Plan) bzw. Insolvenzverwalter (bei schuldnerinitiiertem Plan) der Plan zur **Stellungnahme**, insbesondere zur Vergleichsrechnung zuzuleiten (§ 232 Abs. 1 InsO). Die Stellungnahmefrist soll zwei Wochen nicht überschreiten (§ 232 Abs. 3 Satz 2 InsO). Der Insolvenzplan ist gemäß § 234 InsO mit seinen Anlagen und den eingegangenen Stellungnahmen in der Geschäftsstelle zur **Einsicht der Beteiligten niederzulegen.**

VI. Erörterungs- und Abstimmungstermin

1. Terminierung und Ladung

Das Gericht beraumt, sofern es Insolvenzplan nicht gemäß § 231 InsO zurückweist, einen 276
Erörterungs- und Abstimmungstermin an, § 235 Abs. 1 InsO. Zur Beschleunigung des

254) BGH, Beschl. v. 16.2.2017 – IX ZB 103/15, ZIP 2017, 482 = NZI 2017, 260.

255) BGH, Beschl. v. 20.7.2017 – IX ZB 13/16, ZVI 2018, 21 = NZI 2017, 751, dazu EWiR 2017, 601 *(Horstkotte)*.

256) BGH, Beschl. v. 7.7.2005 – IX ZB 266/04, ZVI 2005, 604 = ZIP 2005, 1648.

257) LG München I, Beschl. v. 5.9.2009 – 14 T 15659/03, ZVI 2003, 473.

258) BGH, Beschl. v. 30.6.2011 – IX ZB 30/10, ZInsO 2011, 1550; BGH, Beschl. v. 16.12.2010 – IX ZB 21/09, ZIP 2011, 340; *Paul*, ZInsO 2012, 259.

259) BGH, Beschl. v. 16.2.2017 – IX ZB 103/15, ZIP 2017, 482 = NZI 2017, 260.

Verfahrens kann die Anberaumung zugleich mit der Einholung der Stellungnahmen nach § 232 InsO (siehe Rz. 275) erfolgen (§ 235 Abs. 1 Satz 3 InsO).

277 Der Erörterungs- und Abstimmungstermin darf **nicht vor dem Prüfungstermin** stattfinden, § 236 InsO. Dies ist für die **Ablaufplanung des Insolvenzplanverfahrens** von wesentlicher Bedeutung. Bereits im Eröffnungsbeschluss bestimmt das Insolvenzgericht einen Termin u. a. für eine Gläubigerversammlung, in der die angemeldeten Forderungen geprüft werden (Prüfungstermin), § 29 Abs. 1 Nr. 2 InsO. Der Zeitraum zwischen dem Ablauf der Anmeldefrist und dem Prüfungstermin soll mindestens eine Woche und höchstens zwei Monate betragen. Die Frist für die Gläubiger, ihre Forderungen gemäß § 174 InsO beim Insolvenzverwalter anzumelden, beträgt gemäß § 28 Abs. 1 Satz 2 InsO mindestens zwei Wochen und höchstens drei Monate.

Praxishinweis

Zur Beschleunigung des Planverfahrens bietet es sich daher an, beim Insolvenzgericht einen frühen Prüfungstermin anzuregen. Die Anregung muss vor Eröffnung des Insolvenzverfahrens erfolgen, da sowohl die Anmeldefrist als auch die Bestimmung des Prüfungstermins im Eröffnungsbeschluss zu erfolgen haben (vgl. §§ 28 Abs. 1 InsO, 29 Abs. 1 Nr. 2 InsO).

278 Der **Erörterungs- und Abstimmungstermin** ist vom Insolvenzgericht **öffentlich bekannt zu machen** (§ 235 Abs. 2 Satz 1 InsO). Dabei ist darauf hinzuweisen, dass der Plan und die eingegangenen Stellungnahmen in der Geschäftsstelle eingesehen werden können (§ 235 Abs. 2 Satz 2 InsO). Die grundsätzlich erforderliche öffentliche Bekanntmachung kann unterbleiben, wenn in einer Gläubigerversammlung die Verhandlung vertagt wird (§§ 235 Abs. 2 Satz 3, 74 Abs. 2 Satz 2 InsO). **Besonders zu laden** sind die Insolvenzgläubiger, die Forderungen angemeldet haben, die absonderungsberechtigten Gläubiger, der Insolvenzverwalter, der Schuldner, der Betriebsrat und der Sprecherausschuss der leitenden Angestellten (§ 235 Abs. 3 Satz 1 InsO). Mit der Ladung ist ein Abdruck des Plans oder eine Zusammenfassung seines wesentlichen Inhalts, die der Vorlegende auf Aufforderung einzureichen hat, zu übersenden (§ 235 Abs. 3 Satz 2 InsO).

279 Die **Zustellungen** können vom Insolvenzgericht gemäß §§ 235 Abs. 3 Satz 4, 8 Abs. 3 InsO dem Insolvenzverwalter übertragen werden.

280 Sind **Anteils- oder Mitgliedschaftsrechte** der am Schuldner beteiligten Personen in den Plan einbezogen, sind auch diese Personen besonders zu laden und es ist ihnen ein Abdruck des Plans oder eine Zusammenfassung seines wesentlichen Inhalts zu übersenden (§ 235 Abs. 3 Satz 3 InsO). Dies gilt nicht für **Aktionäre oder Kommanditaktionäre**. Bei AGs und KGaAs handelt es sich oftmals um Publikumsgesellschaften, deren Anteile breit gestreut sind. Hinzu kommt, dass Name und Anschrift der betroffenen Aktionäre oder Kommanditaktionäre meist nicht bekannt sein werden. Entsprechend den aktienrechtlichen Vorgaben über Ladungen zur Hauptversammlung erscheint es grundsätzlich ausreichend, wenn sie durch die öffentliche Bekanntmachung des Erörterungs- und Abstimmungstermins nach § 235 Abs. 2 InsO informiert werden. Für **börsennotierte Gesellschaften** i. S. von § 3 Abs. 2 AktG wird für die Ladung auf die Regelung über die Ladung zur Hauptversammlung nach § 121 Abs. 4a AktG Bezug genommen. Sofern diese Gesellschaften nicht ausschließlich Namensaktien ausgegeben haben und die Aktionäre nicht unmittelbar per eingeschriebenem Brief einberufen werden, hat die **Bekanntmachung** über solche Medien zu erfolgen, bei denen davon ausgegangen werden kann, dass sie die Information in der gesamten EU verbreiten.[260)]

260) Begr. RegE ESUG z. Nr. 22, BT-Drucks. 17/5712, S. 33.

Grundsätzlich sollen Erörterungs- und Abstimmungstermin einheitlich stattfinden. Ausnahmsweise kann das Gericht gemäß § 241 Abs. 1 InsO auch einen **gesonderten Abstimmungstermin** anberaumen. Der Zeitraum zwischen Erörterungstermin und dem Abstimmungstermin soll indes nicht mehr als einen Monat betragen. Diese Frist rechnet sich ab dem Erörterungstermin.[261] Einen bereits anberaumten gemeinsamen Erörterungs- und Abstimmungstermin kann das Gericht gemäß § 4 i. V. mit § 227 ZPO vertagen, falls dies erforderlich werden sollte.[262] Auch der gesonderte Abstimmungstermin kann vertagt werden.[263] Zum **gesonderten Abstimmungstermin** sind (nur) die stimmberechtigten Beteiligten und der Schuldner zu laden (§ 241 Abs. 2 Satz 1 InsO).[264] Für Aktionäre und Kommanditaktionäre reicht es aus, den Termin öffentlich bekannt zu machen (§ 241 Abs. 1 Satz 2 InsO). Für börsennotierte Gesellschaften findet § 121 Abs. 4a AktG entsprechende Anwendung (§ 241 Abs. 2 Satz 3 InsO). 281

2. Erörterung und Abstimmung

Vor Beginn des Erörterungs- und Abstimmungstermins ist die **Teilnahmeberechtigung** vom Gericht zu prüfen. Teilnahmeberechtigt sind zunächst die vom Gericht Geladenen sowie wegen der Möglichkeit weiterer Erörterungen der Verwalter, der Betriebsrat und der Sprecherausschuss der leitenden Angestellten. Ferner sind auch **Gläubiger ohne Stimmrechte** teilnahmeberechtigt. Sie sind zwar nicht stimmberechtigt, ihr Teilnahmerecht ergibt sich jedoch daraus, dass auch nicht stimmberechtigte Gläubiger das Recht haben, bis zum Ende und damit im Abstimmungstermin dem Plan zu widersprechen (vgl. § 251 Abs. 1 Nr. 1 InsO). 282

Der Erörterungs- und Abstimmungstermin gliedert sich in fünf Bereiche: **Protokollarische Feststellung** der Formalien nach Aufruf der Sache, **Erläuterung des Inhalts des Plans** durch den Planinitiator, **Feststellung der Stimmrechte, Abstimmung, Feststellung des Ergebnisses der Abstimmung** und ggf. Feststellung des Vorliegens der **Zustimmung des Schuldners** durch das Gericht.[265] 283

Die **Abstimmung** über den Insolvenzplan erfolgt durch die stimmberechtigten Beteiligten in jeder einzelnen Gruppe gesondert (§ 243 InsO). **Abstimmungsberechtigt** sind ausschließlich die anwesenden oder vertretenen Stimmrechtsberechtigten. Es gilt der Grundsatz der Mündlichkeit.[266] Das Stimmrecht kann lediglich dann schriftlich ausgeübt werden, wenn ein besonderer Abstimmungstermin bestimmt ist (§ 242 Abs. 1 InsO). 284

Zur **Annahme des Insolvenzplans** muss zunächst **in jeder** der gebildeten **Gruppen** die Mehrheit der abstimmenden Gläubiger dem Plan zustimmen (**Kopfmehrheit**) und die Summe der Ansprüche der zustimmenden Gläubiger mehr als die Hälfte der Summe der Ansprüche der abstimmenden Gläubiger betragen (**Summenmehrheit**), § 244 Abs. 1 InsO. Forderungen nicht abstimmender Gläubiger werden nicht berücksichtigt. Werden die erforderlichen Kopf- und Summenmehrheiten innerhalb einzelner gebildeter Gruppen verfehlt, kann deren Zustimmung dennoch über das Obstruktionsverbot (siehe Rz. 322 ff.) erreicht werden. Das Obstruktionsverbot ermöglicht die Durchsetzung des Insolvenzplans gegen die Interessen Einzelner. 285

---

261) Uhlenbruck-*Lüer/Streit*, InsO, § 241 Rz. 5, 6.

262) Uhlenbruck-*Lüer/Streit*, InsO, § 235 Rz. 8.

263) Uhlenbruck-*Lüer/Streit*, InsO, § 241 Rz. 9.

264) Uhlenbruck-*Lüer/Streit*, InsO, § 241 Rz. 11.

265) *Thies* in: HambKomm-InsO, § 235 Rz. 16.

266) Uhlenbruck-*Lüer/Streit*, InsO, § 243 Rz. 5.

286 **Gesamtgläubiger** haben gemäß § 244 Abs. 2 InsO nur eine (Kopf-)Stimme. Gleiches gilt für Sicherheitenverwertungsgemeinschaften (Sicherheitenpool), die als GbR ausgestaltet sind.[267)]

287 Für die **am Schuldner beteiligten Personen** gilt § 244 Abs. 1 Nr. 2 InsO entsprechend mit der Maßgabe, dass an die Stelle der Summe der Ansprüche die Summe der Beteiligung tritt (§ 244 Abs. 3 InsO).

> **Praxishinweis**
>
> Das voraussichtliche Abstimmungsverhalten der wesentlichen stimmrechtsberechtigten Beteiligten sollte vor Einreichung des Insolvenzplans vom Planersteller bei diesen erfragt werden, um Überraschungen zu vermeiden.

3. Stimmrechte

288 Die Stimmrechte der Beteiligten werden in einer Stimmliste gemäß § 239 InsO festgehalten.

a) Insolvenzgläubiger

289 Für das **Stimmrecht der Insolvenzgläubiger** gemäß § 38 InsO bei der Abstimmung über den Insolvenzplan gewähren die Forderungen, die angemeldet und weder vom Insolvenzverwalter noch von einem stimmberichtigten Gläubiger bestritten worden sind, ein Stimmrecht (§§ 237 Abs. 1 Satz 1, 77 Abs. 1 Satz 1 InsO). Die Insolvenzgläubiger, deren **Forderungen bestritten** werden, sind stimmberechtigt, soweit sich in der Gläubigerversammlung der Verwalter und die erschienenen stimmberechtigten Gläubiger über das Stimmrecht geeinigt haben. Kommt es nicht zu einer Einigung, so entscheidet das Insolvenzgericht (§§ 237 Abs. 1 Satz 1, 77 Abs. 2 Satz 2 InsO). Es kann seine Entscheidung auf Antrag des Verwalters oder eines in der Gläubigerversammlung erschienenen Gläubigers ändern (§§ 237 Abs. 1 Satz 1, 77 Abs. 2 InsO). Für die Gläubiger mit **aufschiebend bedingten Forderungen** gilt dies entsprechend (§§ 237 Abs. 1 Satz 1, 77 Abs. 3 Nr. 1 InsO).

290 **Gläubiger**, deren Forderungen durch den Plan **nicht beeinträchtigt** werden, haben kein Stimmrecht (§ 237 Abs. 2 InsO).

291 Die Abstimmung über den Insolvenzplan findet ohne **Stimmrechte der nachrangigen Gläubiger** statt, sofern diese keine Befriedigung zu erwarten haben. In diesen Fällen verhindert § 237 Abs. 2 InsO, dass den nachrangigen Gläubigern ein Gewicht beigemessen wird, das ihnen deshalb nicht zukommt, weil das zugrunde liegende wirtschaftliche Interesse fehlt.[268)] § 246 InsO, der die Zustimmung nachrangiger Gläubiger zum Insolvenzplan regelt, hat demzufolge nur Bedeutung, sofern für diese Gruppen gemäß § 225 Abs. 2 InsO zu bilden sind.[269)]

b) Absonderungsgläubiger

292 Soweit im Insolvenzplan ein Eingriff in die Rechte der **absonderungsberechtigten Gläubiger** geregelt wird, sind im Termin deren Rechte einzeln zu erörtern (§ 238 Abs. 1 Satz 1 InsO). Ein Stimmrecht gewähren die Absonderungsrechte, die weder vom Insolvenzverwalter noch von einem absonderungsberechtigten Gläubiger noch von einem Insolvenzgläubiger bestritten werden (§ 238 Abs. 1 Satz 2 InsO). Absonderungsgläubiger, deren

---

267) Uhlenbruck-*Lüer/Streit*, InsO, § 244 Rz. 6.

268) Begr. RegE InsO z. § 291, BT-Drucks. 12/2443, S. 209; abgedr. Bei *Balz/Landfermann*, S. 363.

269) Vgl. umfassend Uhlenbruck-*Lüer/Streit*, InsO, § 246 Rz. 1 ff.

Rechte durch den Plan nicht beeinträchtigt werden, haben kein Stimmrecht (§§ 238 Abs. 2, 237 Abs. 2 InsO).

Absonderungsberechtigte Gläubiger sind insoweit als ihnen der Schuldner auch persönlich haftet und sie auf die abgesonderte Befriedigung **verzichten** oder bei ihr **ausfallen** zusätzlich zu ihren Absonderungsrechten mit ihrem Ausfall zur Abstimmung als Insolvenzgläubiger berechtigt (zur insoweit erforderlichen Zuordnung zu unterschiedlichen Gruppen siehe Rz. 96). Solange der **Ausfall** nicht feststeht, sind sie mit dem mutmaßlichen Ausfall zu berücksichtigen (§ 237 Abs. 1 Satz 2 InsO). 293

Praxishinweis

§ 237 Abs. 1 Satz 2 InsO hat über seinen eigentlichen Inhalt hinaus Bedeutung. Bereits bei der Feststellung des Stimmrechts sollte die Wirkung auf einen Rückstand und das Wiederaufleben gemäß § 255 InsO bedacht werden (siehe Rz. 383). Im Hinblick auf die Möglichkeit des Wiederauflebens der Forderungen sollte der Schuldner nach dem Erörterungs- und Abstimmungstermin auch Akteneinsicht in die Stimmliste beantragen.

c) Berechtigte aus gruppeninternen Drittsicherheiten

Sieht der Plan Eingriffe in Rechte aus gruppeninternen Drittsicherheiten vor, richtet sich das Stimmrecht gemäß § 238b InsO nach dem Befriedigungsbeitrag, der aus der Geltendmachung der Rechte aus der Drittsicherheit mutmaßlich zu erwarten ist. 294

d) Anteilsinhaber

Das **Stimmrecht der Anteilsinhaber** des Schuldners bestimmt sich gemäß § 238a InsO allein nach deren Beteiligung am gezeichneten Kapital oder Vermögen des Schuldners. Stimmrechtsbeschränkungen, Sonder- oder Mehrheitsstimmrechte bleiben außer Betracht. § 237 Abs. 2 InsO gilt entsprechend. Eine **Zustimmungsfiktion** ergibt sich gemäß § 246a InsO für die Anteilsinhaber, sofern sie an der Abstimmung nicht teilnehmen. 295

e) Schuldner

Gemäß § 247 InsO gilt die Zustimmung des Schuldners zum Plan als erteilt, wenn der Schuldner dem Plan nicht spätestens im Abstimmungstermin schriftlich widerspricht (**Zustimmungsfiktion**). Ein Widerspruch des Schuldners zu Protokoll der Geschäftsstelle ist zur Vereinfachung der Abläufe bei Gericht nicht (mehr) möglich.[270] Dieser **Widerspruch ist unbeachtlich**, wenn er durch den Plan voraussichtlich nicht schlechtergestellt wird, als er ohne einen Plan stünde und kein Gläubiger einen wirtschaftlichen Wert erhält, der den vollen Betrag seines Anspruchs übersteigt (§ 247 Abs. 2 InsO). 296

f) Stimmrechtsfestsetzung

Die Stimmrechtsfestsetzung erfolgt durch den für das Insolvenzplanverfahren zuständigen Richter. Mangels sonstigen leges speziales und einschränkendem Wortlaut umfasst die Prüfung des § 250 InsO (siehe Rz. 311 ff.) auch die Stimmrechtsfestsetzung.[271] 297

Die Festsetzung der Stimmrechte der Gläubiger durch das Insolvenzgericht muss vor dem Beginn der Abstimmung über den Insolvenzplan abgeschlossen sein. Eine ohne Klärung der Stimmrechte vorgenommene Abstimmung ist zu wiederholen.[272] 298

270) Begr. RegE ESUG, BT-Drucks. 17/5712, S. 34 i. V. mit S. 30.

271) *Thies* in: HambKomm-InsO, § 250 Rz. 5.

272) BGH, Beschl. v. 17.12.2020 – IX ZB 38/18, ZRI 2021, 186 = ZVI 2021, 182.

4. Änderungen des Plans

299 Der Insolvenzverwalter kann durch den Plan gemäß § 221 Satz 2 InsO bevollmächtigt werden **offensichtliche Fehler** des Plans nach Abstimmung und Rechtskraft zu berichtigten. Eine solche Planberichtigung bedarf aber der gerichtlichen Planbestätigung, § 248 a InsO (siehe Rz. 309).

> **Praxishinweis**
>
> Von der Möglichkeit der Bevollmächtigung gemäß § 221 Satz 2 InsO sollte zur Beschleunigung Gebrauch gemacht werden.

300 Der Vorlegende des Insolvenzplans ist zudem berechtigt, gemäß § 240 InsO **einzelne Regelungen** des Insolvenzplans aufgrund der Erörterung im Termin (vor der Abstimmung) **inhaltlich zu ändern**. Maßstab hierfür ist die Beeinträchtigung der verfahrensrechtlichen Stellung der Beteiligten. Es ist entscheidend, ob die anwesenden Gläubiger den Insolvenzplan trotz der Änderung bei hinreichender Informationsgrundlage vollumfänglich prüfen[273] und die Auswirkungen auf die eigene wirtschaftliche und rechtliche Situation einschätzen können.[274] Zulässig ist die **Änderung der Gruppenbildung** nur, wenn sie nachvollziehbar ist und sich kein Abstimmungsberechtigter hierdurch „überfahren fühlt".[275] Die Kriterien für die Abgrenzung und die Folgen der Änderung müssen deutlich werden. Unzulässig ist dagegen die Änderung der Zielrichtung des Plans, z. B. Liquidations-, statt Sanierungsplan.[276] Die Einbeziehung bisher nicht Betroffener in den Insolvenzplan ist möglich, wenn diese Beteiligten anwesend sind oder wenn ein separater Abstimmungstermin angesetzt wird.[277] Die Auslegung dieser Norm sollte i. Ü. in der Praxis großzügig gehandhabt werden um eine rasche und effektive Planabwicklung zu gewährleisten.[278]

301 Werden Änderungen eines Insolvenzplanes nicht zugelassen, bleibt der Insolvenzplan in seiner ursprünglichen Fassung Gegenstand des Erörterungs- und Abstimmungstermins. Sofern der den Plan Einreichende dies verhindern will, muss er sich hierzu ausdrücklich erklären und den Plan **ggf. zurücknehmen**. Ein Anspruch auf eine gesonderte rechtsmittelfähige Entscheidung zur Frage der Zulässigkeit der Planänderung besteht nicht.[279]

302 Stellt der Antragsberechtigte vor der gerichtlichen Bestätigung des Plans einen **überarbeiteten Entwurf** zur Abstimmung, der aus seiner Sicht dem bisherigen Diskussionstand besser Rechnung trägt, ist das **rechtliche Gehör aller Beteiligten** gewahrt und sieht das Gericht keine Veranlassung, den neuen Plan nach § 231 InsO von Amts wegen zurückzuweisen, liegt jedenfalls kein Verstoß gegen wesentliche Verfahrensvorschriften i. S. des § 250 Nr. 1 InsO vor, wenn über diesen neuen Plan abgestimmt wird.[280]

303 Auf Änderungen des Insolvenzplans muss in der Ladung gemäß § 241 Abs. 2 Satz 5 InsO besonders hingewiesen werden.

---

273) *Thies* in: HambKomm-InsO, § 240 Rz. 4.
274) *Thies* in: HambKomm-InsO, § 240 Rz. 4; *Hintzen* in: MünchKomm-InsO, § 240 Rz. 8.
275) *Hintzen* in: MünchKomm-InsO, § 240 Rz. 9; *Jaffé* in: FK-InsO, § 240 Rz. 12.
276) *Hintzen* in: MünchKomm-InsO, § 240 Rz. 9.
277) *Thies* in: HambKomm-InsO, § 240 Rz. 5; *Jaffé* in: FK-InsO, § 240 Rz. 10.
278) Uhlenbruck-*Lüer/Streit*, InsO, § 240 Rz. 4; vgl. aber *Smid*, DZWIR 2009, 133, 144 f.
279) LG Düsseldorf, Beschl. v. 20.12.2019 – 25 T 665/19, ZVI 2020, 190 = ZRI 2020, 199.
280) BGH, Beschl. v. 26.4.2007 – IX ZB 5/06, Rz. 7, ZInsO 2007, 713.

5. Rücknahme des Plans

Die InsO enthält selbst keine Vorschriften **zur Rücknahme eines Insolvenzplans.**[281] 304
Nach allgemeinen verfahrensrechtlichen Regeln kann der Antrag auf Durchführung des Insolvenzplanverfahrens als Verfahrenshandlung **jederzeit** zurückgenommen werden. Allerdings treten mit rechtskräftiger Bestätigung des Insolvenzplans dessen Wirkungen ein. Dies spricht aus Gründen der Rechtssicherheit dafür, dass eine Rücknahme des Antrags jedenfalls **ab Rechtskraft der gerichtlichen Bestätigung des Plans ausgeschlossen** ist.[282] Der BGH lässt die Rücknahme des Insolvenzplans auch nach dessen Annahme noch zu, solange die Rechtskraft der gerichtlichen Bestätigung nicht eingetreten ist.[283]

6. Planverfahren bei Masseunzulänglichkeit

Masseunzulänglichkeit liegt vor, wenn zwar die Kosten des Verfahrens gemäß § 54 InsO 305
gedeckt sind, jedoch nicht alle sonstigen Masseverbindlichkeiten gemäß § 55 InsO erfüllt werden können (§ 208 InsO).

§ 210a InsO enthält Sondervorschriften zur Durchführung eines Planverfahrens bei Masse- 306
unzulänglichkeit.[284] Diese erleichtern die Sanierung von Unternehmen, die etwa aufgrund von Altlasten oder Arbeitsplatzabbaukosten im Rang von Masseverbindlichkeiten masseunzulänglich werden, aber im Übrigen (nach Sanierung) über ein zukunftsfähiges Geschäftsmodell verfügen.

Die **Altmassegläubiger** (Massegläubiger mit dem Rang des § 209 Abs. 1 Nr. 3 InsO) tre- 307
ten bei Masseunzulänglichkeit gemäß § 210a Nr. 1 InsO an die Stelle der Insolvenzgläubiger. In ihre Rechte wird in der Regel eingegriffen, so dass für diese (mindestens) eine Gruppe zu bilden ist. Sie stimmen über den Insolvenzplan ab. Die **Insolvenzgläubiger** gemäß § 38 InsO haben bei Regelabwicklung des masseunzulänglichen Verfahrens keine Quotenaussicht. Diese treten gemäß § 210a Nr. 2 InsO[285] an die Stelle der nachrangigen Insolvenzgläubiger. Enthält der Plan für Insolvenzforderungen keine Regelungen, sind für die Insolvenzgläubiger gemäß § 38 InsO auch keine Gruppen zu bilden, sie stimmen über den Plan auch nicht ab,[286] der Schuldner wird zudem von Verbindlichkeiten diesen gegenüber befreit.

VII. Gerichtliche Bestätigung des Insolvenzplans

Nach der Annahme des Insolvenzplans durch die Beteiligten im Abstimmungstermin und 308
der Zustimmung des Schuldners (Fiktion gemäß § 247 Abs. 1 InsO) bedarf der Plan der **Bestätigung durch das Insolvenzgericht** (§ 248 Abs. 1 InsO). Vor der Entscheidung soll der Insolvenzverwalter, der Gläubigerausschuss, sofern bestellt und der Schuldner gehört werden.

281) Umfassend zur Rücknahme des Insolvenzplans: *Madaus*, KTS 2012, 27.

282) Überblick: Uhlenbruck-*Lüer/Streit*, InsO, § 218 Rz. 43.

283) Vgl. BGH, Beschl. v. 15.9.2009 – IX ZB 36/08, ZIP 2010, 344 = ZInsO 2009, 2113.

284) In Rspr. und Schrifttum war die Frage, ob ein Insolvenzplanverfahren bei Masseunzulänglichkeit zulässig ist, uneinheitlich behandelt worden. Die ablehnende Auffassung stützte sich im Wesentlichen auf § 258 Abs. 2 InsO, wonach die Bestätigung eines Insolvenzplans eine vollständige Tilgung aller Masseverbindlichkeiten verlange. Da dies bei Masseunzulänglichkeit nicht gegeben sei, scheide ein Insolvenzplan als unzulässig aus. Allerdings kann die Massearmut z. B. Folge eines Umweltschadens sein, der während des Verfahrens verursacht worden ist, ohne dass die Ertragsaussichten des Unternehmens hiervon beeinträchtigt sein müssen.

285) SanInsFoG, v. 22.12.2020, BGBl. I 2020, 3256 (Inkrafttreten: 1.1.2021).

286) Braun-*Ludwig*, InsO, § 210a Rz. 14.

309 Wurde der Insolvenzplan durch den Ersteller gemäß § 221 Satz 2 InsO wegen offensichtlicher Fehler berichtigt, so bedarf diese **Berichtigung** der gesonderten Bestätigung durch das Insolvenzgericht (§ 248a Abs. 1 InsO). Die **Anhörung** von Beteiligten richtet sich nach § 248a Abs. 2 InsO. Die **Bestätigung ist auf Antrag zu versagen**, wenn ein Beteiligter durch die mit der Berichtigung einhergehende Planänderung voraussichtlich schlechtergestellt wird, als er nach den mit dem Plan beabsichtigten Wirkungen stünde (§ 248a Abs. 3 InsO). Gegen den Beschluss, durch den die Berichtigung bestätigt oder versagt wird, stehen dem Insolvenzverwalter, dem Gläubigerausschuss, sofern bestellt, den Gläubigern und den Anteilsinhabern, sofern ihre Rechte betroffen sind, die **sofortige Beschwerde** zu, § 248a Abs. 4 InsO, § 253 Abs. 4 InsO gilt entsprechend (siehe Rz. 342 ff.).

310 Vor der gerichtlichen Bestätigung des Insolvenzplans müssen sämtliche dort geregelten **aufschiebenden Bedingungen** (siehe Rz. 131 ff.) erfüllt sein (§ 249 Satz 1 InsO). Bei seiner Prüfung hat das Insolvenzgericht von Amts wegen Verstöße gegen Verfahrensvorschriften gemäß § 250 InsO sowie auf Antrag den Minderheitenschutz gemäß § 251 InsO zu prüfen.

1. Verstoß gegen Verfahrensvorschriften

311 Die Bestätigung ist gemäß § 250 InsO von Amts wegen zu versagen,

- Nr. 1 wenn die Vorschriften über den **Inhalt** und die **verfahrensmäßige Behandlung** des Insolvenzplans sowie über die **Annahme durch die Beteiligten** und die **Zustimmung des Schuldners** in einem wesentlichen Punkt nicht beachtet worden sind und der Mangel nicht behoben werden kann oder
- Nr. 2 wenn die Annahme des Plans **unlauter**, insbesondere durch **Begünstigung eines Beteiligten**, herbeigeführt worden ist.

312 Das Insolvenzgericht ist bei seiner Entscheidung, ob die Bestätigung eines Insolvenzplans zu versagen ist, nicht an seine i. R. der Vorprüfung des Insolvenzplans getroffene Entscheidung gebunden.[287)]

313 Zu den Vorschriften über die **verfahrensmäßige Behandlung** zählen die **Zuleitung** des Plans zur Stellungnahme gemäß § 232 InsO, die **Niederlegung** des Plans gemäß § 234 InsO, Regelungen über den **Erörterungs-** und **Abstimmungstermin** gemäß § 235 InsO, die **Abhaltung** und ggf. die **Terminierungsfolge** im Hinblick auf den **Prüfungstermin** gemäß § 236 InsO, Teile der Vorschriften über einen etwaigen **gesonderten Abstimmungstermin** gemäß § 241 InsO sowie die **Anhörung** vor der Bestätigung gemäß § 248 Abs. 2 InsO bzw. vor Berichtigung der Planbestätigung gemäß § 248a Abs. 2 InsO.[288)]

314 Mangels sonstigen leges speziales und einschränkendem Wortlaut umfasst die Prüfung des § 250 InsO (siehe Rz. 311 ff.) auch die Stimmrechtsfestsetzung.[289)]

315 Zu den Vorschriften über die **Annahme des Plans** durch die Gläubiger zählen die §§ 243 bis 246a InsO sowie im Falle des gesonderten Abstimmungstermins § 242 InsO über die schriftliche Stimmabgabe.[290)] Für die Zustimmung des Schuldners ist § 247 InsO relevant.

316 Zu den Vorschriften über den **Inhalt des Plans** zählen über die bereits i. R. des § 231 Abs. 1 Nr. 1 InsO genannten Themen hinaus (siehe Rz. 269) die Beachtung der Zulässigkeit von **Änderungen** gemäß § 240 InsO sowie die Zulässigkeit etwaiger **Bedingungen** gemäß § 249 InsO. Dagegen zählt die mögliche **Erfolgsaussicht des Plans** bei einem ver-

287) BGH, Beschl. v. 16.2.2017 – IX ZB 103/15, ZIP 2017, 482 = NZI 2017, 260.
288) Uhlenbruck-*Lüer/Streit*, InsO, § 250 Rz. 12.
289) *Thies* in: HambKomm-InsO, § 250 Rz. 5.
290) Uhlenbruck-*Lüer/Streit*, InsO, § 250 Rz. 15.

walterinitiierten Insolvenzplan nicht zum Gegenstand der inhaltlichen Prüfung.[291] Ebenso ist die Wirtschaftlichkeit oder Durchführbarkeit der Regelungen nicht vom Insolvenzgericht zu überprüfen, da hierüber bereits die Gläubiger entschieden haben.[292]

Vereinbarungen über die Vergütung des Insolvenzverwalters können nicht Inhalt eines Insolvenzplans sein.[293] Die Bestätigung eines Insolvenzplans kann auch nicht von der Bedingung abhängig gemacht werden, dass das Insolvenzgericht die Vergütung des Insolvenzverwalters vor der Bestätigung des Insolvenzplans festsetzt.[294] 317

Unrichtige Angaben über Einkommen oder Vermögen des Schuldners stellen einen Verstoß gegen § 220 Abs. 2 InsO dar und führen zu einer Versagung der Bestätigung von Amts wegen. Bei Nichtangabe dieser Information liegt ein Mangel vor, der Einfluss auf seine Annahme gehabt haben könnte.[295] 318

Allerdings ist das Fehlen einer dem Insolvenzplan nach § 229 Satz 1 InsO beizufügenden **Liquiditätsrechnung in tabellarischer Form** kein solcher Mangel, wenn Ausführungen zu den Einnahmen und Ausgaben des Schuldners während des Planzeitraums in schriftlicher Ausführung erfolgen.[296] 319

Beachtlich sind gemäß § 250 Nr. 1 InsO nur **wesentliche Verstöße**. Wesentlich ist ein Verstoß dann, wenn es sich um einen Mangel handelt, der Einfluss auf die Annahme des Insolvenzplans gehabt haben kann. Es muss nicht feststehen, sondern lediglich ernsthaft in Betracht kommen, dass der Mangel tatsächlich Einfluss auf die Annahme des Plans hatte.[297] Ist der Verstoß heilbar, hat das Gericht zunächst hierauf hinzuwirken.[298] 320

Bei der Anwendung des § 250 Nr. 2 InsO liegt nach Wortlaut und Sinn des Gesetzes die **materielle Beweislast** für den Versagungsgrund beim Insolvenzgericht. Nur wenn zur Überzeugung des Gerichts feststeht, dass ein **unlauteres Verhalten** des Schuldners oder eines Dritten vorliegt und dass dieses Verhalten für die Annahme des Plans zumindest mitursächlich war, kann die Bestätigung versagt werden.[299] 321

2. Obstruktionsverbot

Nicht in jedem Fall wird die Zustimmung sämtlicher Gläubigergruppen erreichbar sein. Würden Insolvenzplanverfahren am Widerstand einzelner Gläubigergruppen scheitern, wäre deren Anwendungsbereich deutlich eingeschränkt. Abhilfe wird durch das Obstruktionsverbot geschaffen. Werden die erforderlichen Mehrheiten innerhalb einzelner gebildeter Gruppen nicht erreicht, gilt deren Zustimmung dennoch als erteilt (**Obstruktionsverbot, § 245 Abs. 1 InsO**), wenn 322

- die Angehörigen dieser Gruppe durch den Insolvenzplan voraussichtlich **nicht schlechtergestellt** werden, als sie ohne einen Plan stünden (siehe Rz. 122 ff.),
- die Angehörigen dieser Gruppe **angemessen an dem wirtschaftlichen Wert beteiligt** (siehe hierzu Rz. 324) werden, der auf der Grundlage des Plans den Beteiligten zufließen soll, und
- die Mehrheit der abstimmenden Gruppen dem Plan mit den erforderlichen Mehrheiten zugestimmt hat.

291) BGH, Beschl. v. 7.7.2005 – IX ZB 266/04, ZVI 2005, 604 = ZIP 2005, 1648.
292) *Sinz* in: MünchKomm-InsO, § 250 Rz. 5.
293) BGH, Beschl. v. 16.2.2017 – IX ZB 103/15, ZIP 2017, 482 = NZI 2017, 260.
294) BGH, Beschl. v. 16.2.2017 – IX ZB 103/15, ZIP 2017, 482 = NZI 2017, 260.
295) BGH, Beschl. v. 19.7.2012 – IX ZB 250/11, Rz. 9, WM 2012, 1640.
296) BGH, Beschl. v. 3.12.2009 – IX ZB 30/09, Rz. 3, ZIP 2010, 341 = ZInsO 2010, 85.
297) BGH, Beschl. v. 26.4.2018 – IX ZB 49/17, ZVI 2018, 272 = NZI 2018, 691.
298) Uhlenbruck-*Lüer/Streit*, InsO, § 250 Rz. 6.
299) AG Duisburg, Beschl. v. 14.11.2001 – 60 IN 107/00, NZI 2002, 502.

323 § 245a InsO[300] erleichtert die Prüfung einer eventuellen **Schlechterstellung der Gläubiger** i. R. des Obstruktionsverbots durch den Insolvenzplan bei natürlichen Personen (siehe Rz. 331, 347).

324 Für eine Gruppe der Gläubiger liegt gemäß § 245 Abs. 2 InsO eine **angemessene Beteiligung** im vorgenannten Sinne vor, wenn nach dem Plan

- kein anderer Gläubiger wirtschaftliche Werte erhält, die den vollen Betrag seines Anspruchs übersteigen,
- weder ein **Gläubiger**, der ohne einen Plan **mit Nachrang** gegenüber den Gläubigern der Gruppe zu befriedigen wäre, noch der **Schuldner** oder eine an ihm beteiligte Person einen durch Leistung in das Vermögen des Schuldners nicht vollständig ausgeglichenen **wirtschaftlichen Wert** erhält (siehe Rz. 325) und
- kein Gläubiger, der ohne einen Plan gleichrangig mit den Gläubigern der Gruppe zu befriedigen wäre, bessergestellt wird als dieser Gläubiger.

325 Die Fortführung eines Unternehmens durch den Schuldner führt nicht zwangsläufig zu einer **Zuwendung eines wirtschaftlichen Werts an den Schuldner** i. S. des § 245 Abs. 2 Satz 2 InsO, vielmehr kommt es auf die Umstände des Einzelfalles an. Ist kein Dritter zur Fortführung des Unternehmens an Stelle des Schuldners bereit, kann im Zweifel nicht davon ausgegangen werden, dass der Schuldner durch den Plan einen wirtschaftlichen Wert erhält.[301] § 245 Abs. 2 Satz 2 InsO[302] stellt klar, dass eine Wertzuweisung an den Schuldner, die wirtschaftlich voll ausgeglichen wird, eine angemessene Beteiligung der Gläubigergruppe nicht hindert und somit die Anwendung des Obstruktionsverbotes nicht sperrt, wenn

- der Schuldner eine natürliche Person ist, deren Mitwirkung bei der Fortführung des Unternehmens infolge besonderer, in der Person des Schuldners liegender Umstände unerlässlich ist, um den Planmehrwert zu verwirklichen, und
- sich der Schuldner im Plan zur Fortführung des Unternehmens sowie dazu verpflichtet hat, die wirtschaftlichen Werte, die er erhält oder behält, zu übertragen, wenn seine Mitwirkung aus von ihm zu vertretenden Gründen vor Ablauf von fünf Jahren oder einer kürzeren, für den Planvollzug vorgesehenen Frist endet.

326 § 245 Abs. 2 Satz 2 InsO gilt entsprechend für **an der Geschäftsführung beteiligte Inhaber** von Anteils- oder Mitgliedschaftsrechten.

> **Praxishinweis**
>
> Zur Annahme des Plans ist gemäß § 244 InsO erforderlich, dass in jeder Gruppe die Mehrheit der Gläubiger dem Plan zustimmt, so dass der Insolvenzplan nur dann gegen den **PSVaG**, für den eine eigene Gruppe zu bilden ist, beschlossen werden kann, wenn dessen Zustimmung ersetzt wird. Hierzu ist insbesondere § 7 Abs. 4 BetrAVG zu beachten (siehe Rz. 162 f.).

327 Für eine Gruppe der Anteilsinhaber liegt gemäß § 245 Abs. 3 InsO eine **angemessene Beteiligung** i. S. des § 245 Abs. 1 Nr. 2 InsO vor, wenn nach dem Plan

- kein Gläubiger wirtschaftliche Werte erhält, die den vollen Betrag seines Anspruches übersteigen, und
- kein Anteilsinhaber, der ohne einen Plan den Anteilsinhabern der Gruppe gleichgestellt wäre, bessergestellt wird als diese.

---

300) In Kraft seit dem 1.1.2021.

301) LG Traunstein, Beschl. v. 27.8.1999 – 4 T 2966/99, NZI 1999, 461 ff.

302) In Kraft seit dem 1.1.2021.

Sind **gruppeninterne Sicherheiten** in den Insolvenzplan einbezogen und wird die erforderliche Mehrheit in der nach § 222 Abs. 1 Satz 2 Nr. 5 InsO zu bildenden Gruppe (siehe Rz. 95) nicht erreicht, gelten die § 245 Abs. 1 und 2 InsO für diese Gruppe nur, wenn die für den Eingriff vorgesehene Entschädigung die Inhaber der Rechte aus der gruppeninternen Drittsicherheit für den zu erleidenden Rechtsverlust angemessen **entschädigt** (§ 245 Abs. 2a InsO). Die Entschädigung richtet sich nach § 223a InsO (siehe Rz. 149). 328

3. Minderheitenschutz gemäß § 251 InsO

Der Minderheitenschutz gemäß § 251 InsO erfasst drei Fälle: der einzelne Beteiligte wird ohne abzustimmen benachteiligt, er wird innerhalb seiner Gruppe überstimmt oder die Zustimmung seiner Gruppe, die gegen den Plan votiert, wird nach § 245 InsO fingiert.[303)] § 251 InsO gewährt dem einzelnen Gläubiger bzw. Anteilsinhaber Schutz davor, gegen den eigenen Willen schlechtergestellt zu werden, als er ohne den Plan stünde.[304)] Der verfassungsrechtlich gebotene Eigentumsschutz der betroffenen **Anteilsinhaber** wird durch die Regelung zum Minderheitenschutz (§§ 245, 251 InsO) und zum Rechtsmittel gegen die Planbestätigung (§ 253 InsO) gewährleistet.[305)] 329

Auf **Antrag eines Gläubigers** oder, wenn der Schuldner keine natürliche Person ist, einer am Schuldner **beteiligten Person**, ist die **Bestätigung des Insolvenzplans zu versagen**, wenn der Antragsteller 330

- dem Plan spätestens im Abstimmungstermin schriftlich oder zu Protokoll **widersprochen** hat und
- durch den Plan **voraussichtlich schlechtergestellt** wird, als er ohne den Plan stünde; ist er eine natürliche Person, gilt § 245a InsO entsprechend (§ 251 Abs. 1 InsO).

Der Verweis auf § 245a InsO erleichtert die Prüfung einer eventuellen Schlechterstellung der Gläubiger bei Schuldnern, die natürliche Personen sind, auch i. R. des Minderheitenschutzes ebenso wie beim Obstruktionsverbot (siehe Rz. 323, 347). 331

Die Zulässigkeit des Antrags auf Minderheitenschutz setzt voraus, dass der Antragsteller die Verletzung seiner wirtschaftlichen Interessen noch im Abstimmungstermin glaubhaft macht (§ 251 Abs. 2 InsO). Über die Verweisungsnorm des § 4 InsO richtet sich die Form der **Glaubhaftmachung** nach § 294 ZPO. Die **Prüfung des Insolvenzgerichts** ist auf die vom Gläubiger vorgebrachten (und glaubhaft gemachten) Tatsachen und Schlussfolgerungen beschränkt.[306)] 332

Das **Erfordernis der Glaubhaftmachung** soll das Insolvenzgericht davor bewahren, dass ein Antrag, der auf bloße Vermutungen gestützt wird, zu umfangreichen Ermittlungen führt.[307)] Nach § 251 Abs. 2 InsO ist i. R. der Glaubhaftmachung eine Beweisaufnahme, die nicht sofort erfolgen kann, unstatthaft.[308)] Geht es um eine **Prognose**, muss die Entwicklung, die eine **Benachteiligung** bewirken könnte, nicht nur abstrakt möglich, sondern aufgrund konkreter Anhaltspunkte wahrscheinlicher sein als eine Nichtschlechterstellung.[309)] Der Gläubiger muss also Tatsachen vortragen und glaubhaft machen, aus de- 333

---

303) *Pleister* in: KPB, InsO, § 251 Rz. 3; AG Düsseldorf, Beschl. v. 7.1.2008 – 503 IN 221/02, ZInsO 2008, 463, 464.

304) Uhlenbruck-*Lüer/Streit*, InsO, § 251 Rz. 1.

305) Begr. RegE ESUG z. Nr. 14, BT-Drucks. 17/5712, S. 30.

306) Vgl. OLG Dresden, Beschl. v. 21.6.2000 – 7 W 0951/00, ZIP 2000, 1303 = NZI 2000, 436; BGH, Beschl. v. 29.3.2007 – IX ZB 204/05, LS, ZIP 2007, 923 = NZI 2007, 409.

307) Begr. RegE InsO, BT-Drucks. 12/2443.

308) BGH, Beschl. v. 22.3.2007 – IX ZB 10/06, Rz. 14, ZInsO 2007, 442, 443 = NZI 2007, 522.

309) Begr. RegE EGInsO ÄndG z. Art. 2 Nr. 14, v. 2.12.1998, BT-Drucks. 14/120, S. 14.

nen sich die **überwiegende Wahrscheinlichkeit seiner Schlechterstellung** durch den Insolvenzplan ergibt.

334 Wird etwa eine Schlechterstellung durch den Insolvenzplan damit begründet, dass eine Forderung aus **vorsätzlich begangener unerlaubter Handlung** von der Restschuldbefreiung bei Regelabwicklung nicht erfasst ist, muss – neben anderen Voraussetzungen – die behauptete Vorsatztat in diesem Sinne wahrscheinlich sein.[310] Die Glaubhaftmachung gemäß § 251 Abs. 2 InsO erfordert weiterhin, dass die Schlechterstellung durch den Plan exakt und substantiiert dargelegt wird.[311] Bloße Vermutungen reichen insofern nicht aus.[312]

335 Die Darstellung eines Gläubigers, dass die **abstrakte Möglichkeit** besteht, durch eine **künftige Entwicklung** – etwa das Entstehen von Steuererstattungsansprüchen in unbekannter Höhe während der Wohlverhaltensphase – Vorteile bei der Regelabwicklung zu erlangen, die durch den Insolvenzplan ausgeschlossen werden, reicht für die **Glaubhaftmachung einer Schlechterstellung** durch den Insolvenzplan nicht aus.[313]

336 Der individuelle Minderheitenschutz ermöglicht es für jeden Beteiligten, Gerichte über mehrere Instanzen mit der Frage der Rechtmäßigkeit des Insolvenzplans zu beschäftigen. Diese Verzögerung kann in der wirtschaftlich kritischen Situation der Insolvenz ausreichen, um die Sanierungschance zu verspielen.[314]

Praxishinweis

Gemäß § 251 Abs. 3 InsO können zur Meidung solcher Verzögerungen im Plan **zusätzliche Mittel** an Beteiligte vorgesehen werden, die dem Plan widersprechen und den Nachweis führen, dass sie ohne solche Zusatzleistungen durch den Plan schlechtergestellt werden als ohne einen Plan. Ist eine solche **Klausel**[315] im Gestaltenden Teil des Plans enthalten und sind die Mittel in hinreichender Höhe vorgesehen (siehe auch nachfolgenden Praxishinweis), so ist der **Antrag auf Minderheitenschutz** abzuweisen. Ob der Beteiligte einen Ausgleich aus den Mitteln erhält, ist dann außerhalb des Insolvenzverfahrens durch Zivilgerichte zu klären.

Soll die durch einen Insolvenzplan verursachte Schlechterstellung eines Beteiligten mittels einer Kompensationsregelung ausgeglichen werden, muss die Finanzierung der zum Ausgleich vorgesehenen Mittel gesichert sein und durch diese zusätzlichen Mittel ein vollständiger Ausgleich der Schlechterstellung eindeutig erreicht werden können.[316]

337 Gegen den separaten Beschluss über die Zurückweisung des Antrags auf Minderheitenschutz ist kein Rechtsmittel zulässig. Sofern die Entscheidung nach § 251 InsO einen Teil des Bestätigungs- oder Versagensbeschlusses nach § 252 InsO bildet, ist allein die sofortige Beschwerde nach § 253 InsO das statthafte Rechtsmittel.[317]

4. Bekanntgabe der Entscheidung

338 Der **Beschluss**, durch den der Insolvenzplan bestätigt oder die **Bestätigung** versagt wird, ist entweder im Abstimmungstermin oder in einem besonderen Termin **zu verkünden**. Ist ein **besonderer Verkündungstermin** erforderlich, so braucht dieser nicht öffentlich bekanntgemacht zu werden (§§ 252 Abs. 1 Satz 2, 74 Abs. 2 Satz 2 InsO).

310) BGH, Beschl. v. 22.3.2007 – IX ZB 10/06, Rz. 11, ZInsO 2007, 442 = NZI 2007, 522.

311) LG Nürnberg-Fürth, Beschl. v. 4.2.2011 – 11 T 10430/10, NZI 2011, 592.

312) LG Nürnberg-Fürth, Beschl. v. 4.2.2011 – 11 T 10430/10, NZI 2011, 592.

313) BGH, Beschl. v. 29.3.2007 – IX ZB 204/05, Rz. 11, ZIP 2007, 923, 924 = NZI 2007, 409.

314) *Madaus*, NZI 2010, 430, 431.

315) Ausführlich zu dem möglichen Inhalt solcher Klauseln *Eidenmüller* in: MünchKomm-InsO, § 221 Rz. 44 ff.; *Binz*, Konkurrierende Insolvenzpläne, S. 165 ff.

316) BGH, Beschl. v. 20.7.2017 – IX ZB 13/16, ZVI 2018, 21 = NZI 2017, 751.

317) *Thies* in: HambKomm-InsO, § 251 Rz. 27.

Den Insolvenzgläubigern mit angemeldeten Forderungen und den absonderungsberechtigten Gläubigern ist gemäß § 252 Abs. 2 InsO ein **Abdruck des Plans** oder eine **Zusammenfassung seines wesentlichen Inhalts zu übersenden.** Bei der Übersendung erfolgt ein Hinweis auf die Bestätigung des Plans. Die Übersendung eines Abdrucks des Plans oder einer Zusammenfassung seines wesentlichen Inhalts nach § 252 Abs. 2 Satz 1, 2 InsO kann unterbleiben, wenn ein Abdruck des Plans mit der Ladung nach § 235 Abs. 2 Satz 2 übersendet und der Plan unverändert angenommen wurde (§ 252 Abs. 2 Satz 3 InsO). 339

5. Rechtskraft der gerichtlichen Bestätigung des Insolvenzplans

Werden gegen den **Planbestätigungsbeschluss** keine Rechtsmittel eingelegt, so tritt dessen **Rechtskraft** gemäß §§ 6, 4 InsO, §§ 569 Abs. 1, 705 ZPO mit Ablauf der Beschwerdefrist von zwei Wochen ab Beschlussverkündung (§§ 6 Abs. 2, 252 Abs. 1 Satz 1 InsO) ein. Bei Einlegung einer sofortigen Beschwerde tritt die Rechtskraft hingegen erst ein, wenn über die Beschwerde rechtskräftig entschieden wurde. Diese Voraussetzung ist bereits gegeben, wenn das LG die Beschwerde aufgrund eines **Freigabeantrags** des Insolvenzverwalters nach § 253 Abs. 4 Satz 1 InsO unverzüglich zurückweist. Entscheidet das Beschwerdegericht hingegen in der Sache, so ist zu beachten, dass hiergegen eine **Rechtsbeschwerde** nur noch in Fällen ihrer besonderen Zulassung statthaft ist (§ 4 InsO, § 574 Abs. 1 Satz 1 Nr. 2 ZPO). Fehlt diese, so wird der Bestätigungsbeschluss mit Verkündung der Beschwerdeentscheidung rechtskräftig.[318)] 340

6. Rechtswirkung der rechtskräftigen Bestätigung des Insolvenzplans

Mit der Rechtskraft der gerichtlichen Bestätigung des Insolvenzplans werden alle **inhaltlichen Mängel** sowie **Verfahrensmängel geheilt.**[319)] 341

VIII. Rechtsmittel

1. Sofortige Beschwerde gegen die Bestätigung des Insolvenzplans oder dessen Versagung

a) Beschwerdegegenstand

Gegen den Beschluss, durch den der Insolvenzplan bestätigt oder die Bestätigung versagt wird, steht den Beschwerdeberechtigten gemäß § 253 InsO die **sofortige Beschwerde** zu. 342

b) Beschwerdeberechtigung/Beschwer

Beschwerdeberechtigt sind die Gläubiger, der Schuldner und, wenn dieser keine natürliche Person ist, die am Schuldner beteiligten Personen. Sowohl den Gläubigern, als auch den am Schuldner beteiligten Personen steht die Beschwerdeberechtigung indes nur dann zu, wenn ihre Rechte tatsächlich in den Insolvenzplan einbezogen sind.[320)] Der Insolvenzverwalter ist nicht beschwerdeberechtigt.[321)] 343

Hinsichtlich der weiteren Zulässigkeitsvoraussetzung **„Beschwer"** wird zwischen formeller und materieller Beschwer unterschieden: **Formell beschwert** ist derjenige, dem etwas 344

318) *Madaus* in: MünchKomm-InsO, § 259b Rz. 9.

319) Uhlenbruck-*Lüer/Streit*, § 254 Rz. 9.

320) Begr. RegE ESUG z. Nr. 37, BT-Drucks. 17/5712, S. 35, für die am Schuldner beteiligten Personen; Braun-*Braun/Frank*, InsO, § 253 Rz. 2; *Thies* in: HambKomm-InsO, § 253 Rz. 6; Nerlich/Römermann-*Rühle*, § 253 Rz. 1; Uhlenbruck-*Lüer/Streit*, InsO, § 253 Rz. 4.

321) BGH, Beschl. v. 5.2.2009 – IX ZB 230/07, Rz. 10 ff., ZIP 2009, 480 = ZInsO 2009, 478.

versagt wurde, was er beantragt hat; **materiell beschwert** ist jeder, der durch die Entscheidung in seinen Interessen nachteilig betroffen ist.[322]

345 **Versagt das Insolvenzgericht die Bestätigung** des Insolvenzplans, ist der **Schuldner** formell beschwert, wenn er den Plan vorgelegt hat.[323] Hat er den Plan nicht vorgelegt, muss er eine materielle Beschwer geltend machen.[324] Im Fall der Versagung der Bestätigung können **Gläubiger und Anteilsinhaber** mangels Recht zur Planvorlage durch die Versagung der Bestätigung nicht formell beschwert sein. Die formelle Beschwer ist in diesem Fall aber auch keine Zulässigkeitsvoraussetzung, da § 253 Abs. 2 InsO nach seinem Wortlaut nicht für eine sofortige Beschwerde gegen die Versagung der Planbestätigung gilt.[325] Materiell beschwert ist ein Gläubiger oder eine am Schuldner beteiligte Person durch den gerichtlichen Versagungsbeschluss, wenn der Insolvenzplan seine Befriedigungsaussichten verbessert.[326] Der **Schuldner** ist materiell in diesem Fall beschwert, wenn der Insolvenzplan finanzwirtschaftliche Sanierungsmaßnahmen vorsieht, etwa Stundung oder Erlass.

346 **Bei Planbestätigung** regelt § 253 Abs. 2 Nr. 1 und 2 InsO die **formelle Beschwer.** Zulässig ist die sofortige Beschwerde nur dann, wenn der **Beschwerdeführer** dem Plan spätestens im Abstimmungstermin schriftlich oder zu Protokoll **widersprochen** und er **gegen den Plan gestimmt** hat. Dies gilt indes nur dann, wenn er in der öffentlichen Bekanntmachung des Erörterungs- und Abstimmungstermins gemäß § 235 Abs. 2 InsO und in den Ladungen zum Termin gemäß § 253 Abs. 3 InsO auf die Notwendigkeit eines Widerspruchs einer Planablehnung besonders hingewiesen wurde. Für **Beschwerdeführer ohne Stimmrecht** im Abstimmungstermin sollen die Zulässigkeitsvoraussetzungen gemäß § 253 Abs. 2 Nr. 1 und 2 InsO nicht gelten.[327]

347 Die **materielle Beschwer bei Planbestätigung** ergibt sich aus § 253 Abs. 2 Nr. 3 InsO. Demgemäß hat der Beschwerdeführer eine **Schlechterstellung** darzulegen, die **wesentlich** sein muss. Wann eine Schlechterstellung wesentlich ist, wird im Einzelfall durch die Gerichte zu entscheiden sein, aber jedenfalls zu verneinen sein, wenn die Abweichung von dem Wert, den der **Gläubiger** voraussichtlich bei Verwertung ohne Insolvenzplan erhalten hätte, unter 10 % liegt.[328] Die Prüfung einer eventuellen Schlechterstellung der Gläubiger bei Schuldnern, die natürliche Personen sind, wird durch den Verweis auf § 245a InsO erleichtert (siehe Rz. 323, 331).

348 Für den **Schuldner** ist eine **Schlechterstellung** im Vergleich zur Stellung im Regelinsolvenzverfahren die Beeinträchtigung seiner Rechtsstellung durch Verweigerung oder Erschwerung der Restschuldbefreiung, der Eingriff in insolvenzfreies Vermögen, indem Zuzahlungen aus dem der Zwangsvollstreckung nicht unterworfenen Vermögen verlangt werden oder (theoretisch) die Verweigerung eines Übererlöses nach § 199 InsO.[329] Für **Anteilsinhaber** wird sich eine wesentliche Schlechterstellung in der Regel nicht feststellen lassen, da ihre Beteiligungen im Regelinsolvenzverfahren typischerweise wertlos sind und sie keine Ausschüttung gemäß § 199 InsO erhalten.[330] **Nachrangige Insolvenzgläu-**

322) *Ganter/Lohmann* in: MünchKomm-InsO, 2. Aufl., § 6 Rz. 31.

323) *Thies* in: HambKomm-InsO, § 253 Rz. 10.

324) *Burmeister/Tasma* in: Kübler/Bork/Prütting, HRI II, § 38 Rz. 127.

325) *Burmeister/Tasma* in: Kübler/Bork/Prütting, HRI II, § 38 Rz. 132.

326) *Sinz* in: MünchKomm-InsO, § 253 Rz. 24.

327) Begr. RegE ESUG z. Nr. 36, BT-Drucks. 17/5712, S. 35.

328) Begr. RegE ESUG z. Nr. 36, BT-Drucks. 17/5712, S. 35.

329) Braun-*Braun/Frank*, InsO, § 247 Rz. 3 ff.

330) Vgl. *Bork*, Sanierungsrecht in Deutschland und England, Rz. 15.9; *Brinkmann*, WM 2011, 97, 100.

biger i. S. des § 39 InsO haben nur ein theoretisches Beschwerderecht. In der Praxis dürfte eine Schlechterstellung regelmäßig bereits deswegen ausscheiden, da sie auch im Regelinsolvenzverfahren nur sehr selten eine Quote erhalten.

Zur Beschleunigung des Insolvenzplanverfahrens sowie Vermeidung von sog. „Akkordstörern" kann der Insolvenzplan im Gestaltenden Teil gemäß § 251 Abs. 3 InsO **Mittel für den Fall** bereitstellen, dass ein Beteiligter eine **Schlechterstellung** nachweist. Enthält der Gestaltende Teil des Plans solche Regelungen, hat der Beschwerdeführer zudem glaubhaft zu machen, dass der Nachteil durch die wesentliche Schlechterstellung nicht durch Zahlungen aus den in § 251 Abs. 3 InsO genannten Mitteln ausgeglichen werden kann. 349

Praxishinweis

Zur Erhöhung der Erfolgsaussichten des Insolvenzplans und Vermeidung von sog. „Akkordstörern" sollten **Klauseln** in den Plan aufgenommen werden, die solche Mittel bereitstellen (siehe auch Praxishinweis Rz. 349).

c) Sonstige Zulässigkeitsvoraussetzungen der sofortigen Beschwerde

Die sofortige Beschwerde ist gemäß §§ 4, 6 Abs. 1 Satz 1 InsO i. V. mit § 569 Abs. 1 Satz 1 ZPO binnen einer **Notfrist von zwei Wochen** durch **Einreichung einer Beschwerdeschrift** gemäß § 569 Abs. 2 Satz 1 ZPO oder durch Erklärung zu **Protokoll der Geschäftsstelle** gemäß § 569 Abs. 3 Nr. 1 ZPO beim **Insolvenzgericht** gemäß § 6 Abs. 1 Satz 2 InsO (abweichend von § 569 Abs. 1 ZPO) einzulegen. Durch die Adressierung an das Insolvenzgericht wird dem Insolvenzrichter die Möglichkeit eröffnet, sofort überprüfen zu können, ob er von seiner Abhilfebefugnis gemäß § 572 Abs. 1 Satz 1 ZPO Gebrauch machen will.[331] Hilft der Insolvenzrichter der Beschwerde nicht ab, hat das LG die Entscheidungskompetenz. 350

Die Zulässigkeitsvoraussetzung **„Rechtschutzbedürfnis"** des Beschwerdeführers folgt regelmäßig aus der Beschwer (siehe Rz. 343). **Weitere Zulässigkeitsvoraussetzungen** sind die **Beteiligtenfähigkeit**, die **Verfahrensfähigkeit**, die **Vertretungsmacht** und die **Bedingungslosigkeit** der Verfahrenshandlung.[332] 351

d) Begründetheit der sofortigen Beschwerde

Die sofortige Beschwerde ist begründet, wenn der Planbestätigungs- oder Versagungsbeschluss gegen die Vorschriften über die Planbestätigung gemäß §§ 248 bis 252 InsO verstoßen hat.[333] Erfasst sind damit auch diejenigen Vorschriften über den **Inhalt**, das **Verfahren**, die **Annahme des Plans** sowie die **Zustimmung des Schuldners** zum Plan, auf die in §§ 248 bis 251 InsO verwiesen wird.[334] Ein Verstoß gegen § 251 InsO ist nur dann beachtlich, wenn ein **Antrag auf Minderheitenschutz** gemäß § 251 InsO (siehe Rz. 329 ff.) gestellt wurde. 352

e) Insolvenzrechtliches Freigabeverfahren, Antrag auf Zurückweisung wegen überwiegenden Vollzugsinteresses

Voraussetzung für die **unverzügliche Zurückweisung** einer Beschwerde (§ 253 Abs. 4 Satz 1 InsO) gegen einen Beschluss des Insolvenzgerichts, durch den der Insolvenzplan 353

331) Braun-*Baumert*, InsO, § 6 Rz. 25.

332) *Burmeister/Tasma* in: Kübler/Bork/Prütting, HRI II, § 38 Rz. 128.

333) *Thies* in: HambKomm-InsO, § 253 Rz. 21.

334) Andres/Leithaus-*Andres*, InsO, § 253 Rz. 9; BGH, Beschl. v. 23.10.2008 – IX ZB 235/06, ZIP 2008, 2428, 2429 = NZI 2009, 106.

bestätigt wurde, ist, dass der Insolvenzverwalter einen entsprechenden Antrag stellt und das **alsbaldige Wirksamwerden** des Insolvenzplans **vorrangig** erscheint, weil die Nachteile einer Verzögerung des Planvollzugs nach freier Überzeugung des Gerichts die Nachteile für den Beschwerdeführer überwiegen. Zu vergleichen ist also die Lage bei einer sofortigen Bestätigung des Insolvenzplans ohne Sachprüfung der Beschwerde mit der Lage, die sich bei einer späteren Bestätigung des Insolvenzplans nach rechtskräftiger Sachprüfung der Beschwerde ergibt. Es geht mithin um Nachteile, die sich für die Umsetzung des Insolvenzplans aus der Verzögerung durch eine möglicherweise umfangreiche und schwierige Zulässigkeits- und Begründetheitsprüfung in der Beschwerdeinstanz ergeben können, nicht um Nachteile einer möglichen Aufhebung des Insolvenzplans im Beschwerdeverfahren für die übrigen Planbetroffenen.[335)]

354 Wird die Beschwerde gemäß § 253 Abs. 4 InsO unverzüglich zurückgewiesen, ist gegen die Entscheidung eine **Rechtsbeschwerde** nicht statthaft.[336)] In diesem Fall findet auch ein **Abhilfeverfahren** gemäß § 572 Abs. 1 Satz 1 ZPO nicht statt. Ausgenommen hiervon sind besonders **schwerwiegende Rechtsverstöße** (§ 253 Abs. 4 Satz 2 InsO). Die Regelung folgt dem Vorbild des aktienrechtlichen Freigabeverfahrens gemäß § 246a AktG.[337)]

355 **Rechtsfolge** der Zurückweisung der Beschwerde in diesem Sinne ist, dass dem Beschwerdeführer aus der Masse der Schaden zu ersetzen ist, der ihm durch den Planvollzug entsteht. Ohne dass dies ausdrücklich geregelt wäre, setzt der Anspruch grundsätzlich voraus, dass die sofortige Beschwerde zulässig und begründet gewesen wäre.[338)]

356 Für **Art und Höhe der zu ersetzenden Schäden** gelten die allgemeinen Grundsätze der §§ 249 ff. BGB. Zu ersetzen ist der durch den Vollzug adäquat kausal verursachte Schaden, vor allem also die wirtschaftlichen Nachteile, die dem Beschwerdeführer durch den Planvollzug entstehen. Dazu gehören auch die Kosten, die dem Beschwerdeführer durch das Beschwerdeverfahren entstanden sind.[339)] Der Beschwerdeführer muss die Anspruchsvoraussetzungen und damit auch sämtliche Voraussetzungen der Zulässigkeit und Begründetheit darlegen und ggf. beweisen. Für die Begründung des Schadens ist eine Vergleichsrechnung anzustellen, aus der sich der Differenzwert als Schaden ergibt, die der Beschwerdeführer aufgrund des Planvollzugs erleidet.[340)] Die Rückgängigmachung der Wirkungen des Insolvenzplans kann indes nicht durch Schadensersatz geltend gemacht werden (§ 253 Abs. 4 Satz 3 InsO).

357 Die **Zuständigkeit für solche Klagen auf Schadensersatz** liegt bei dem LG, das die sofortige Beschwerde zurückgewiesen hat (§ 253 Abs. 4 Satz 4 InsO).

2. Sofortige Beschwerde gegen die Planberichtigung

358 Gegen den Beschluss, durch den die **Berichtigung eines Insolvenzplans** gemäß § 248a InsO bestätigt oder versagt wird, steht den Gläubigern und Anteilsinhabern, sofern ihre Rechte betroffen sind, die sofortige Beschwerde zu. Das insolvenzrechtliche **Freigabeverfahren** gemäß § 253 Abs. 4 InsO ist auch insofern entsprechend anwendbar (siehe Rz. 353 ff.).

335) BVerfG, Beschl. v. 28.10.2020 – 2 BvR 764/20, ZInsO 2020, 2639; *Harig*, NZI 2018, 969.

336) BGH, Beschl. v. 17.9.2014 – IX ZB 26/14, ZIP 2014, 2040, dazu EWiR 2014, 685 *(Spliedt)*.

337) Beschlussempfehlung und Bericht d. RA z. ESUG, BT-Drucks. 17/7511, S. 36.

338) *Burmeister/Tasma* in: Kübler/Bork/Prütting, HRI II, § 38 Rz. 195.

339) *Burmeister/Tasma* in: Kübler/Bork/Prütting, HRI II, § 38 Rz. 196.

340) *Burmeister/Tasma* in: Kübler/Bork/Prütting, HRI II, § 38 Rz. 195.

3. Sofortige Beschwerde gegen die Zurückweisung des Insolvenzplans

Gegen den Beschluss, durch den der **Plan zurückgewiesen** wird, steht dem Vorlegenden gemäß § 231 Abs. 3 InsO die sofortige Beschwerde zu. 359

4. Rechtsbeschwerde gemäß § 4 InsO i. V. mit § 574 ZPO

Dem Beschwerdeführer steht gegen die Entscheidung des Beschwerdegerichts über die sofortige Beschwerde die Rechtsbeschwerde zum BGH (vgl. § 133 GVG) offen. Die **Statthaftigkeit der Rechtsbeschwerde** ist indes seit Aufhebung des § 7 InsO[341)] stark eingeschränkt, da das Beschwerdegericht die Beschwerde gemäß § 574 Abs. 1 Satz 1 Nr. 2 ZPO zulassen muss. Eine **Nichtzulassungsbeschwerde** gibt es bei der Rechtsbeschwerde nicht.[342)] 360

IX. Schlussrechnungsprüfung

Der Insolvenzverwalter hat bei Beendigung seines Amts der Gläubigerversammlung **Rechnung zu legen**. Bei angeordneter Eigenverwaltung obliegt dies dem Schuldner, § 281 Abs. 3 Satz 1 InsO. § 66 Abs. 4 InsO sieht vor, dass der Insolvenzplan eine hiervon abweichende Regelung treffen kann. 361

Praxishinweis

Insolvenzgerichte haben zu § 66 Abs. 1 Satz 2 a. F. vertreten, dass im Insolvenzplanverfahren lediglich die Gläubigerversammlung auf ihr Recht auf eine Rechnungslegung verzichten könne. Das eigenständige Prüfungsrecht des Gerichts sei nicht dispositiv.

Durch die Verschiebung von § 66 Abs. 1 Satz 2 in den neuen Absatz 4[343)] wird geregelt, dass die Schlussrechnungslegung in Gänze zur Disposition der Gläubiger steht. Die Rechnungslegung erfolgt im Interesse der Gläubiger. Wenn diese im Plan auf eine Rechnungslegung verzichten, soll für die Verfahrensaufhebung auch keine gerichtliche Vorprüfung der Schlussrechnung erforderlich sein.[344)]

X. Verteilung/Quotenzahlung

Im Insolvenzplan ist auch anzugeben, wer die im Insolvenzplan vorgesehenen **Quotenzahlungen** vornimmt. Im Betracht kommen der **Schuldner**, eine **Übernahmegesellschaft, Dritte**, etwa ein Treuhänder (siehe Rz. 390) oder, sofern die Verteilung noch vor Aufhebung des Verfahrens erfolgen soll, der **Insolvenzverwalter** (zur Verteilung nach Aufhebung des Insolvenzverfahrens siehe Rz. 387 ff.). 362

XI. Aufhebung des Insolvenzverfahrens/Folgewirkung des Plans

1. Aufhebungsbeschluss

Mit der **rechtskräftigen Bestätigung** des Insolvenzplans treten (nur) dessen materiellrechtliche und verfahrensrechtliche Wirkungen ein. Das Insolvenzverfahren endet damit indes nicht.[345)] Die Aufhebung des Insolvenzverfahrens erfolgt durch förmlichen gericht- 363

341) Durch das Gesetz zur Änderung des § 522 ZPO, v. 21.10.2011, BGBl. I 2011, 2082.

342) Umfassend auch zu den Zulassungsgründen des § 574 Abs. 2 ZPO vgl. *Burmeister/Tasma* in: Kübler/Bork/Prütting, HRI II, § 38 Rz. 213.

343) I. d. F. des SanInsFoG, v. 22.12.2020, BGBl. I 2020, 3256.

344) Begr. RegE SanInsFoG z. Art. 5, BT-Drucks. 19/24181, Nr. 17.

345) A. A. *Jaffé* in: FK-InsO, § 258 Rz. 5: Bereits durch den Insolvenzplan tritt die materiell-rechtliche Beendigung des Insolvenzverfahrens ein, die Wirksamkeit erlangt, wenn das Gericht durch einen besonderen Beschluss die Aufhebung des Insolvenzverfahrens verfügt hat.

lichen Beschluss (§ 258 Abs. 1 InsO). Der Beschluss enthält den Zeitpunkt der Aufhebung, der frühestens zwei Tage nach der Beschlussfassung liegen soll (§ 258 Abs. 3 Satz 1 InsO). Funktional zuständig ist gemäß § 18 Abs. 1 Nr. 2 RPflG der Insolvenzrichter. Der Aufhebungsbeschluss ist gemäß § 258 Abs. 3 Satz 1 InsO öffentlich bekannt zu machen.[346] Er ist im Hinblick auf § 6 Abs. 1 Satz 1 InsO und eine fehlende anderweitige gesetzliche Regelung **nicht anfechtbar.**[347]

2. Voraussetzung der Aufhebung

364 Der Insolvenzverwalter gemäß § 258 Abs. 2 Satz 1 InsO oder – im Fall der Eigenverwaltung – das eigenverwaltende Organ gemäß §§ 270 Abs. 1 Satz 2, 258 Abs. 2 Satz 1 InsO hat vor Aufhebung des Insolvenzverfahrens die **unstreitigen fälligen Masseansprüche** zu berichtigen, die entsprechenden Massegläubiger also voll zu befriedigen. Der Insolvenzplan kann hierzu grundsätzlich keine abweichende Regelung treffen (Ausnahme § 210a InsO). Einen Finanzplan kann er hierfür nicht vorlegen, denn dieser ist gesetzlich für fällige Verbindlichkeiten nicht vorgesehen. Sofern der Schuldner die Voraussetzungen des § 258 Abs. 2 Satz 1 InsO nicht anderweitig erfüllt, kann das Insolvenzverfahren nicht aufgehoben werden. Für **streitige Masseansprüche** ist eine **Sicherheitsleistung** verpflichtend.[348] Streitig gemäß § 258 Abs. 2 Satz 1 InsO sind die vom Insolvenzverwalter nicht anerkannten Masseansprüche.

365 Auch für **nicht fällige Masseansprüche** ist eine Sicherheitsleistung grundsätzlich verpflichtend.[349] Für diese reicht gemäß § 258 Abs. 2 Satz 2 InsO aber auch ein **Finanzplan**[350] aus, aus dem sich ergibt, dass ihre Erfüllung gewährleistet ist.[351] Diesen Finanzplan definiert der Gesetzgeber als belastbare Liquiditätsrechnung.[352]

3. Wirkung der Aufhebung des Insolvenzverfahrens

366 Mit Aufhebung des Insolvenzverfahrens erlöschen auch die Ämter des **Insolvenzverwalters** und der Mitglieder des **Gläubigerausschusses.** Der Schuldner erhält die **Verwaltungs- und Verfügungsbefugnis** über die Insolvenzmasse zurück (§ 259 Abs. 1 InsO). Die Wiedererlangung der unbeschränkten Verwaltungs- und Verfügungsbefugnis ist planfest. Der Insolvenzplan kann also nicht bestimmen, dass der Schuldner die Verwaltungs- und Verfügungsbefugnis nur teilweise wieder zurückerhält.[353] Mit Aufhebung des Insolvenzverfahrens entfallen die Wirkungen des § 103 InsO für zur Zeit der Eröffnung des Insolvenzverfahrens vom Schuldner und vom anderen Teil nicht vollständig erfüllte Verträge.

Praxishinweis

Es ist anlässlich der Planerstellung zu prüfen, ob zur Zeit der Eröffnung des Insolvenzverfahrens vom Schuldner und vom anderen Teil nicht vollständig erfüllte Verträge gemäß § 103 InsO, die nicht betriebsnotwendig sind, beendet sind. Anderenfalls droht nach Aufhebung des Insolvenzverfahrens die Inanspruchnahme durch die Vertragspartner.

---

346) *Huber* in: MünchKomm-InsO, § 258 Rz. 9.

347) Braun-*Braun/Frank*, InsO, § 258 Rz. 15.

348) *Huber/Madaus* in: MünchKomm-InsO, § 258 Rz. 12.

349) *Huber/Madaus* in: MünchKomm-InsO, § 258 Rz. 12 f.; *Thies* in: HambKomm-InsO, § 258 Rz. 11.

350) Zu den Anforderungen an den Finanzplan s. *Dellit* in: Brünkmans/Thole, Hdb. Insolvenzplan, § 24 Rz. 5.

351) Begr. RegE ESUG, BT-Drucks. 17/5712, S. 37; *Huber/Madaus* in: MünchKomm-InsO, § 258 Rz. 14.

352) *Thies* in: HambKomm-InsO, § 258 Rz. 15; Begr. RegE ESUG, BT-Drucks. 17/5712, S. 37.

353) BGH, Beschl. v. 26.4.2018 – IX ZB 49/17, ZVI 2018, 272 = NZI 2018, 691; BGH, Urt. v. 7.7.2008 – II ZR 26/07, Rz. 9, NZI 2008, 561 = ZIP 2008, 2094; BAG, Urt. v. 12.9.2013 – 6 AZR 907/11, Rz. 33, ZIP 2013, 2268 = NZI 2013, 1076; *Spahlinger* in: KPB, InsO, § 259 Rz. 26; Uhlenbruck-*Lüer/Streit*, InsO, § 259 Rz. 4; *Hingerl*, ZInsO 2007, 870; *Madaus/Huber* in: MünchKomm-InsO, § 259 Rz. 10.

4. Erforderlichkeit eines Fortsetzungsbeschlusses

Gesellschaften werden mit Eröffnung des Insolvenzverfahrens aufgelöst (vgl. § 728 Abs. 1 Satz 1 BGB, § 131 Abs. 1 Nr. 3 HGB, § 262 Abs. 1 Nr. 3 AktG, § 60 Abs. 1 Nr. 4 GmbHG, § 81a Nr. 1 GenG). Fehlt es nach Aufhebung des Insolvenzverfahrens infolge der Bestätigung eines Insolvenzplans, an einem Fortsetzungsbeschluss (§ 728 Abs. 1 Satz 2 BGB, § 144 Abs. 1 HGB, § 274 Abs. 1 und 2 Nr. 1 AktG, § 60 Abs. 1 Nr. 4 GmbHG bzw. § 117 GenG), bleibt die Gesellschaft aufgelöst und kann nicht fortgeführt werden (siehe Rz. 174 ff.). 367

5. Anmeldung gesellschaftsrechtlicher Änderungen

Registeranmeldungen zu gesellschaftsrechtlichen Maßnahmen sind vom Schuldner oder, sofern dies der Insolvenzplan vorsieht, vom Insolvenzverwalter vorzunehmen (§ 254a Abs. 2 Satz 3 InsO). 368

Zur Meidung einer wirtschaftlichen Neugründung ist die Anmeldung des Fortsetzungsbeschlusses zeitnah nach Aufhebung des Insolvenzverfahrens vorzunehmen. 369

6. Besondere Verjährungsfrist

Zum Schutz des Schuldners sieht § 259b InsO eine **besondere Verjährungsfrist** (ein Jahr) für Forderungen vor,[354] die nicht bis zum Abstimmungstermin angemeldet worden sind. Allerdings beginnt die Verjährungsfrist erst, wenn zumindest die Forderung fällig[355] und der Beschluss, durch den der Insolvenzplan bestätigt wurde, rechtskräftig ist, § 259b Abs. 2 InsO. Die besondere Verjährungsfrist gilt auch nur, wenn dadurch die Verjährung einer Forderung früher vollendet wird als bei Anwendung der ansonsten geltenden Verjährungsvorschriften (§ 259b Abs. 3 InsO).[356] 370

7. Vollstreckungsschutz

Während der Dauer des Insolvenzverfahrens sind gemäß § 89 InsO Zwangsvollstreckungen für einzelne Insolvenzgläubiger weder in die Insolvenzmasse noch in das sonstige Vermögen des Schuldners zulässig. Dies gilt nicht für die Zeit ab Aufhebung des Insolvenzverfahrens. Für die Beteiligten muss der Insolvenzplan daher Regelungen vorsehen, etwa Stundungen und zu definierten Zeitpunkten Quotenzahlungen. 371

Mangels materieller Ausschlusswirkung des Plans für nicht am Verfahren teilnehmende Forderungen (siehe Rz. 157 ff.) können sich aber auch noch nach dessen Wirksamwerden Gläubiger melden, mit deren Forderungen – auch in der durch den Plan reduzierten Höhe – bei der Gestaltung des Plans nicht zu rechnen war. Solche unbekannten Gläubiger können im Einzelfall, abhängig von der Höhe der Forderung und der hierauf entfallenden Quote, die dem Plan zugrunde liegende Finanzplanung stören.[357] Für diese Fälle sieht § 259a InsO einen Vollstreckungsschutz vor. 372

Gefährden **nach der Aufhebung** des Verfahrens **Zwangsvollstreckungen einzelner Insolvenzgläubiger**, die ihre Forderungen bis zum Abstimmungstermin **nicht angemeldet** haben, die Durchführung des Insolvenzplans, kann das Insolvenzgericht eine Maßnahme der Zwangsvollstreckung ganz oder teilweise aufheben oder **längstens für drei Jahre** un- 373

354) Begr. RegE ESUG z. § 259b, BT-Drucks. 17/5712, S. 38.

355) Zur Fälligkeit s. *Dellit* in: Brünkmans/Thole, Hdb. Insolvenzplan, § 27 Rz. 14 f.

356) Umfassend zu § 259b InsO: *Rugullis*, NZI 2012, 825 ff.

357) Begr. RegE ESUG, BT-Drucks. 17/5712.

tersagen (§ 259a Abs. 1 Satz 1 InsO). Eine derartige Untersagung ist auch vorsorglich für **künftig drohende Vollstreckungshandlungen** zulässig.[358)]

374 Eine **Gefährdung der Plansanierung** liegt vor, wenn die Beitreibung dem Unternehmen die nach der Finanzplanung für die Fortsetzung des Unternehmens notwendige Liquidität entzieht. Insbesondere Konten- und Forderungspfändungen können diesen Tatbestand erfüllen.[359)] Aber auch die Entziehung von betriebsnotwendigen Gegenständen im Wege der Sachpfändung oder die Vollstreckung in Betriebsgrundstücke nach § 864 ZPO i. V. mit dem ZVG können eine planmäßige Unternehmensgesundung vereiteln und damit dessen Sanierung gefährden.[360)] In den Fällen, in denen die Sanierungsbemühungen bereits erkennbar gescheitert sind, bedarf es keines Schutzes der misslungenen Plansanierung durch Vollstreckungsschutz nach § 259a InsO.[361)]

375 § 259a InsO untersagt die Vollstreckung durch Insolvenzgläubiger, die ihre Forderungen **bis zum Abstimmungstermin** i. S. des § 235 Abs. 1 InsO **nicht angemeldet hatten,**[362)] zudem nicht generell (kein allgemeiner Vollstreckungsstopp), sondern nur auf **Antrag des Schuldners** und nur in den Fällen und in dem Umfang, in denen nach der Auffassung des Insolvenzgerichts die **Vollstreckungsmaßnahme die Sanierung** des Schuldners **gefährdet.**

376 Der Antrag ist nur zulässig, wenn der Schuldner die tatsächlichen Behauptungen, die die Gefährdung begründen, glaubhaft macht, § 259a Abs. 1 Satz 2 InsO. Ist die Gefährdung **glaubhaft** gemacht worden, so kann das Insolvenzgericht nach § 259a Abs. 2 InsO zunächst die **einstweilige Einstellung** der Zwangsvollstreckung bis zur endgültigen Entscheidung über den Vollstreckungsschutz anordnen. Für die **endgültige Entscheidung über den Vollstreckungsschutz** gilt der Untersuchungsgrundsatz des § 5 InsO,[363)] weshalb es etwa zulässig ist, das zwischenzeitliche Scheitern der Plansanierung durch die Hinzuziehung eines Sachverständigen prüfen zu lassen.[364)]

377 **Zuständig** für die Entscheidung über den Antrag auf Vollstreckungsschutz ist nach § 259a Abs. 1 Satz 1 InsO das Insolvenzgericht, das für das vorangegangene Insolvenzverfahren über das Vermögen des Schuldners zuständig war.

378 Das Recht des Schuldners, **Vollstreckungsschutz nach § 765a ZPO** beim Vollstreckungsgericht zu beantragen, bleibt unberührt.[365)] Die dort notwendige sittenwidrige Härte der Zwangsvollstreckungsmaßnahme gegenüber dem Schuldner zielt in der Regel auf einen Grundrechtsschutz (Menschenwürde, körperliche Unversehrtheit) des (in der Regel natürlichen) Schuldners ab. Die bloße Sanierungsgefährdung wird dort aber nicht erfasst.

8. Wiederaufleben von Forderungen bei Zahlungsverzug

379 Gerät der Schuldner mit Erfüllung der insolvenzplangemäß festgesetzten Restforderung in erheblichen Rückstand,[366)] so versetzt § 255 Abs. 1 Satz 1 InsO bei Vorliegen der weiteren Voraussetzungen diese Forderung ungeachtet der plangemäß geregelten Einschrän-

358) Begr. RegE ESUG, BT-Drucks 17/5712, S. 37.

359) *Madaus* in: MünchKomm-InsO, § 259a Rz. 11.

360) Begr. RegE ESUG, BT-Drucks. 17/5712, S. 37; *Madaus* in: MünchKomm-InsO, § 259a Rz. 11.

361) S. detailliert: *Dellit* in Brünkmans/Thole, § 27 Rz. 8.

362) *Thies* in: HambKomm-InsO, § 259a Rz. 3.

363) Begr. RegE ESUG, BT-Drucks. 17/5712, S. 38.

364) *Madaus* in: MünchKomm-InsO, § 259a Rz. 13.

365) Begr. RegE ESUG, BT-Drucks 17/5712, S. 37 f.

366) Zu den Voraussetzungen eines erheblichen Rückstands s. *Dellit* in: Brünkmans/Thole, Hdb. Insolvenzplan, § 26 Rz. 59.

kungen (**Stundungen, teilweiser Erlass**) wieder in ihren ursprünglichen Zustand.[367] Neben dem erheblichen Rückstand mit einer Zahlung setzt das **Wiederaufleben von Forderungen** gemäß § 255 Abs. 1 InsO voraus, dass es sich um Insolvenzforderungen (also nicht Masseverbindlichkeiten und Neuforderungen) handelt, die plangemäß gestundet und teilerlassen sind (bei vollständigem Erlass ist § 255 Abs. 1 InsO nicht anwendbar),[368] die fällig sind sowie hinsichtlich derer der Schuldner selbst zahlungspflichtig ist. Wegen des Wortlauts des § 260 Abs. 2 InsO ist es nicht ausreichend, dass dies hinsichtlich einer Übernahmegesellschaft der Fall ist.

§ 255 Abs. 1 Satz 2 InsO definiert den **erheblichen Rückstand**. Dieser ist erst anzunehmen, wenn der Schuldner eine fällige Verbindlichkeit nicht bezahlt hat, obwohl der Gläubiger ihn schriftlich gemahnt hat und ihm dabei eine mindestens zweiwöchige Nachfrist gesetzt hat. 380

Praxishinweis

Die Wiederauflebensklausel ist dispositiv, § 255 Abs. 3 InsO, wobei eine Abweichung zum Nachteil des Schuldners ausgeschlossen ist. Zur Meidung eines Wiederauflebens von Forderungen, das regelmäßig zur erneuten Zahlungsunfähigkeit des Unternehmens führt, empfiehlt es sich, im Gestaltenden Teil des Insolvenzplans einen „erheblichen Rückstand" weiter zu fassen, als dies die Legaldefinition des § 255 Abs. 1 Satz 2 InsO vorsieht. Gegebenenfalls kann vor der Mahnung mit Nachfrist eine weitere Mahnung vorgesehen werden. Im Fall der Planüberwachung kann vorgesehen werden, dass Mahnungen und Fristsetzungen auch dem planüberwachenden (ehemaligen) Insolvenzverwalter zuzustellen sind, anderenfalls der Lauf der Fristen nicht beginnt. Diesem wird damit Gelegenheit gegeben, die Gläubigerschaft insgesamt rechtzeitig zu informieren vgl. § 262 InsO und ggf. auch auf den Schuldner einzuwirken.

§ 255 Abs. 1 InsO regelt das Wiederaufleben der **Insolvenzforderung des einzelnen Gläubigers**, nicht aber aller Forderungen. Die Vorschrift erfasst sowohl alle Arten schuldrechtlicher Verpflichtungen des Schuldners[369] als auch auf Zahlung gerichtete sonstige Gläubigerforderungen, nicht jedoch im Insolvenzplan geregelte Nebenpflichten.[370] 381

Praxishinweis

Der Insolvenzplan sollte in seinem gestaltenden Teil Haupt- und Nebenpflichten klar benennen.

Auch dingliche Gläubigerrechte werden von der Vorschrift nicht erfasst.[371] 382

Praxishinweis

Sieht der Insolvenzplan vor, dass Gläubiger ganz oder teilweise auf **dingliche Sicherungsrechte** verzichten, so werden sie im Falle des Wiederauflebens gemäß § 255 Abs. 1 InsO nicht automatisch wiederhergestellt. Sicherungsgläubiger müssen daher darauf hinwirken, dass in den Gestaltenden Teil des Insolvenzplans Regelungen aufgenommen werden, die ihnen im Falle des Wiederauflebens der zu sichernden Forderungen den Rückgriff auf solche Sicherheiten ermöglichen.[372]

Bei einer im Prüfungstermin **bestrittenen Forderung** oder einer der Höhe nach noch nicht feststehenden **Ausfallforderung eines absonderungsberechtigten Gläubigers** herrscht 383

367) Zum Verhältnis von § 255 InsO und der Naturalobligation s. *Dellit/Hamann*, ZIP 2015, 308.
368) *Huber/Maudaus* in: MünchKomm-InsO, § 255 Rz. 11 ff.
369) Nerlich/Römermann-*Rühle*, InsO, § 255 Rz. 3.
370) *Jaffé* in: FK-InsO, § 255 Rz. 9; Nerlich/Römermann-*Rühle*, InsO, § 255 Rz. 4.
371) Uhlenbruck-*Lüer/Streit*, InsO, § 255 Rz. 2; Nerlich/Römermann-*Rühle*, InsO, § 255 Rz. 3; *Spahlinger* in: KPB, InsO, § 255 Rz. 10 f.
372) Nerlich/Römermann-*Rühle*, InsO, § 255 Rz. 3; Uhlenbruck-*Lüer/Streit*, InsO, § 255 Rz. 3.

Unklarheit für den Schuldner, ob und in welchem Umfang er den entsprechenden Gläubiger befriedigen muss. Zahlt er deshalb bis zur endgültigen Feststellung nichts, so drohen der Wegfall von Stundung und Teilerlass gemäß § 255 Abs. 1 InsO.[373] Zur Meidung dieser Wirkung kann der Schuldner die Forderung bis zur endgültigen Feststellung ihrer Höhe in dem Ausmaß berücksichtigen, das der Entscheidung des Insolvenzgerichts über das Stimmrecht (siehe Rz. 288 ff.) des Gläubigers bei der Abstimmung über den Plan entspricht (§ 256 Abs. 1 Satz 1 InsO). Fehlt eine Entscheidung über das Stimmrecht, so hat das Insolvenzgericht auf Antrag des Schuldners oder des Gläubigers nachträglich festzustellen, in welchem Ausmaß der Schuldner vorläufig die Forderung zu berücksichtigen hat (§ 256 Abs. 1 Satz 2 InsO).

384 Nicht unter § 256 Abs. 1 InsO fallen diejenigen bestrittenen Forderungen, deren Feststellung der betreffende Gläubiger nicht betrieben (§§ 179 ff. InsO) oder dessen Geltendmachung er durch Feststellungsklage dem Insolvenzverwalter nicht nachgewiesen hat (§ 189 Abs. 1, 3 InsO)[374] und für die auch ein Stimmrecht nicht festgesetzt wurde. Diese braucht der Schuldner nicht vorläufig zu bedienen, da er insofern nicht in Rückstand i. S. des § 255 Abs. 1 InsO geraten kann.

385 § 256 Abs. 2, 3 InsO ergänzen die Vorschrift um eine **Nachzahlungsverpflichtung** des Schuldners und eine **Erstattungsverpflichtung** der überzahlten Gläubiger.

XII. Verteilung nach Aufhebung des Insolvenzverfahrens

1. Verteilung durch Schuldner

386 Erfolgt die Verteilung der Planquote nicht bereits während des Insolvenzverfahrens durch den Insolvenzverwalter oder Schuldner, hat grundsätzlich der Schuldner die Verteilung vorzunehmen.

2. Keine Nachtragsverteilung durch Insolvenzverwalter

387 Der Insolvenzverwalter verliert mit Aufhebung des Insolvenzverfahrens die Verwaltungs- und Verfügungsbefugnis über das schuldnerische Vermögen und ist in dieser Eigenschaft auch nicht mehr zur Verteilung berechtigt.

388 Ein Insolvenzplan darf insbesondere eine **Nachtragsverteilung** durch den Insolvenzverwalter gemäß § 203 InsO nicht vorsehen, da die §§ 217 ff. InsO eine derart weite Gestaltungsfreiheit nicht gewähren.[375] § 259 Abs. 1 Satz 2 InsO sieht nicht vor, dass der Schuldner seine Verfügungsbefugnis nach Aufhebung des Insolvenzverfahrens nur teilweise wiedererlangt.[376] Für die mit einer Nachtragsverteilung verbundene **Beschränkung der Verwaltungs- und Verfügungsbefugnis** fehlt nach der Aufhebung des Insolvenzverfahrens eine gesetzliche Grundlage.[377] Anderes kann durch einen Insolvenzplan nur für Rechtsstreite vorgesehen werden, die die Insolvenzanfechtung zum Gegenstand haben (siehe Rz. 115, 209 ff.).

389 Möglich ist aber, dass die Person des Insolvenzverwalters oder Sachwalters als im Insolvenzplan vorgesehener Treuhänder die Verteilung vornimmt (siehe Rz. 390).

---

373) *Huber/Madaus* in: MünchKomm-InsO, § 256 Rz. 1.

374) *Huber/Madaus* in: MünchKomm-InsO, § 256 Rz. 7; Uhlenbruck-*Lüer/Streit*, InsO, § 256 Rz. 2; a. A. Nerlich/Römermann-*Braun*, InsO, § 256 Rz. 2.

375) *Thies* in: HambKomm-InsO, § 259 Rz. 8.

376) BGH, Urt. v. 7.1.2008 – II ZR 283/06, ZIP 2008, 546 = NZI 2009, 340.

377) *Lüer/Streit* in: Uhlenbruck-InsO, § 259 Rz. 10; BGH, Urt. v. 10.12.2009 – IX ZR 206/08, ZIP 2010, 102 ff. = NZI 2010, 99; OLG Celle, Beschl. v. 20.11.2006 – 4 U 166/06, ZIP 2006, 2394 ff. = NZI 2007, 35, dazu EWiR 2007, 87 *(Bähr/Landry)*.

3. Verteilung durch Treuhänder

Über einen im Insolvenzplan vorgesehenen Treuhänder kann Vermögen auch nach Aufhebung des Insolvenzverfahrens noch zugunsten der Gläubiger realisiert und verteilt werden (siehe Rz. 407 ff.) zu Treuhandschaften in der Folgeinsolvenz). 390

D. Planüberwachung

I. Allgemeines

Der Insolvenzplan kann die Erfüllung seines gestaltenden Teils auch über die Aufhebung des Insolvenzverfahrens hinaus einer Überwachung unterwerfen (§§ 260 Abs. 1, 284 Abs. 2 InsO). Der Gesetzgeber hatte hierbei insbesondere den Fall vor Augen, dass der Schuldner nach dem Plan sein Unternehmen fortführt und die Gläubiger aus den Erträgen befriedigt werden sollen. 391

Die Überwachung im Eigenverwaltungsverfahren ist **Aufgabe des Sachwalters gemäß § 284 Abs. 2 InsO, ansonsten des Insolvenzverwalters** (§ 261 Abs. 1 Satz 1 InsO). Die Ämter des Verwalters und der Mitglieder des Gläubigerausschusses und die Aufsicht des Insolvenzgerichts bestehen insofern fort (§ 261 Abs. 1 Satz 2 InsO). Überwacht wird, ob die Ansprüche erfüllt werden, die den Gläubigern nach dem Gestaltenden Teil gegen den Schuldner zustehen (§ 260 Abs. 2 InsO). 392

Während der Zeit der Überwachung hat der Verwalter dem Gläubigerausschuss, wenn ein solcher bestellt ist, und dem Gericht jährlich über den jeweiligen Stand und die weiteren Aussichten der Erfüllung des Insolvenzplans **zu berichten** (§ 261 Abs. 2 Satz 1 InsO). Bei **Nichterfüllung** oder **zu erwartender Nichterfüllung** der Ansprüche aus dem Insolvenzplan, deren Erfüllung überwacht werden, hat der Verwalter dies **unverzüglich** dem Gläubigerausschuss und dem Insolvenzgericht **anzuzeigen** (§ 262 Satz 1 InsO). Ist ein Gläubigerausschuss nicht bestellt, so hat der Verwalter an dessen Stelle alle Gläubiger zu unterrichten, denen nach dem Gestaltenden Teil des Insolvenzplans Ansprüche gegen den Schuldner oder die Übernahmegesellschaft zustehen (§ 262 Satz 2 InsO). 393

> **Praxishinweis**
> Vor der Anzeige sollte der Verwalter dem Schuldner Gelegenheit zur Nacherfüllung geben und eine (kurze) Frist setzen, da eine solche Anzeige das Ende der Restrukturierung für den Schuldner bedeuten kann.

Sieht der Insolvenzplan in seinem Gestaltenden Teil die Überwachung des Insolvenzplans vor, ist mit dem Beschluss über die Aufhebung des Insolvenzverfahrens gemäß § 267 Abs. 1 InsO die Überwachung der Erfüllung des Insolvenzplans nach § 260 Abs. 1 InsO **öffentlich bekannt zu machen**. Unter den Voraussetzungen des § 31 InsO sind **Zustimmungserfordernisse**, die der gestaltende Teil des Insolvenzplans vorsieht im **Grundbuch** (§ 32 InsO) oder im **Register für Schiffe und Luftfahrzeuge** (§ 33 InsO) einzutragen.[378] Gemäß §§ 267 Abs. 3 Satz 1, 31 InsO hat die Geschäftsstelle des Insolvenzgerichts die Überwachung der Planerfüllung dem Registergericht zu übermitteln, wenn der Schuldner oder die Übernahmegesellschaft im Handels-, Genossenschafts-, Partnerschafts- oder Vereinsregister eingetragen ist. Damit soll sichergestellt werden, dass die interessierte Öffentlichkeit durch Einsicht in die Register von wesentlichen insolvenzgerichtlichen Entscheidungen Kenntnis erlangen. Die Planüberwachung wird im **Handels-, Genossenschafts-, Partnerschafts- oder Vereinsregister** vermerkt.[379] 394

---

378) *R.-D. Mönning* in: Kübler/Bork/Prütting, HRI II, § 42 Rz. 29.

379) *Stephan* in: MünchKomm-InsO, § 267 Rz. 10.

Praxishinweis

Kostenauslösende Planüberwachungen können vermieden werden, wenn die Verpflichtungen des Unternehmens aus dem Insolvenzplan noch im laufenden Insolvenzverfahren aus von den Anteilseignern oder Dritten neu zur Verfügung gestellten liquiden Mitteln und nicht erst nach Verfahrensende vom fortgeführten Unternehmen befriedigt werden.

II. Erweiterung der Befugnisse durch den Insolvenzplan

395 Die Befugnisse des planüberwachenden Insolvenzverwalters können erweitert werden, etwa hinsichtlich der **Erfüllung der Ansprüche**, die den Gläubigern nach dem Gestaltenden Teil gegen eine juristische Person oder Gesellschaft ohne Rechtspersönlichkeit zustehen, die nach Eröffnung des Insolvenzverfahrens gegründet worden ist, um das Unternehmen oder einen Betrieb des Schuldners zu übernehmen und weiterzuführen (**Übernahmegesellschaft**, § 260 Abs. 3 InsO) und hinsichtlich von **Zustimmungsvorbehalten** für zu bestimmende **Rechtsgeschäfte des Schuldners** oder der Übernahmegesellschaft während der Zeit der Überwachung (§ 263 Abs. 1 InsO).

396 **Willenserklärungen** des Schuldners bzw. der Übernahmegesellschaft sind unwirksam, wenn die Zustimmung des Insolvenzverwalters fehlt, obwohl sie nach dem gestaltenden Teil des Insolvenzplans erforderlich ist. Ist ein **zweiseitiges Rechtsgeschäft** in diesem Fall ohne Einwilligung des planüberwachenden ehemaligen Insolvenzverwalters abgeschlossen worden, so ist es so lange schwebend unwirksam, bis sich dieser erklärt; erteilt er auf Ersuchen des Schuldners bzw. Übernahmegesellschaft die Einwilligung nicht oder lehnt er ihre Erteilung ausdrücklich ab, so wird das Geschäft endgültig, also absolut unwirksam.[380)]

III. Aufhebung der Planüberwachung

397 Das Insolvenzgericht beschließt gemäß § 268 Abs. 1 InsO die Aufhebung der Überwachung,

- wenn die Ansprüche, deren Erfüllung überwacht wird, erfüllt sind oder die Erfüllung dieser Ansprüche gewährleistet ist oder
- wenn seit der Aufhebung des Insolvenzverfahrens drei Jahre verstrichen sind und kein Antrag auf Eröffnung eines neuen Insolvenzverfahrens vorliegt.

398 Der Beschluss ist gemäß § 268 Abs. 2 Satz 1 InsO öffentlich bekannt zu machen. Die Überwachung endet mit Ablauf des zweiten Tages nach der Veröffentlichung des Aufhebungsbeschlusses im Internet (§§ 268 Abs. 2 Satz 1, 9 Abs. 1 Satz 3 InsO).[381)] Gemäß §§ 268 Abs. 2 Satz 2, 267 Abs. 3 Satz 1, 31 InsO hat die Geschäftsstelle des Insolvenzgerichts die Aufhebung der Überwachung der Planerfüllung dem Registergericht zu übermitteln. Gleiches gilt gegenüber dem Grundbuch und dem Register für Schiffe und Luftfahrzeuge.

E. Insolvenzplan in der Folgeinsolvenz

I. Wiederaufleben von Forderungen in der Folgeinsolvenz

399 Wird **vor vollständiger Erfüllung des Plans** über das Vermögen des Schuldners ein **neues Insolvenzverfahren** eröffnet, so ist die Stundung oder der Erlass für alle Insolvenzgläubiger hinfällig (§ 255 Abs. 2 InsO). Hierdurch sollen alle Insolvenzgläubiger, die bisher keine volle Befriedigung erhalten haben, auch an dem neuen Verfahren mit ihren Forderungen unbegrenzt teilnehmen können, insbesondere ohne Berücksichtigung der zu-

380) Uhlenbruck-*Lüer/Streit*, InsO, § 263 Rz. 5.

381) Uhlenbruck-*Pape*, InsO, § 9 Rz. 5.

nächst durch Stundung und Teilerlass erfolgten Beschränkungen.[382] Mit Eröffnung eines neuen Insolvenzverfahrens steht das endgültige **Scheitern der Planerfüllung** fest, so dass die übrigen Insolvenzgläubiger, die ebenfalls ihre Forderungen gestundet oder teilweise erlassen haben, nicht mehr erwarten können, darauf noch Befriedigung zu erhalten.[383]

Rechtsfolge ist der **Wegfall von Stundungen und Erlassen** nicht nur der gestundeten oder 400
teilweise erlassenen Insolvenzforderungen, sondern aller Insolvenzforderungen an **(Gesamtwirkung)**, um den status quo vor den Planwirkungen wiederherzustellen.[384] Alle erlassenen Insolvenzforderungen leben daher wieder auf, soweit sie noch bestehen, insbesondere also nicht erfüllt wurden.[385] Im Übrigen bleibt aber der Insolvenzplan im Grundsatz bestehen,[386] sofern in ihm nicht etwas anderes bestimmt ist.[387] Das kann Auswirkungen auf **Sicherungsrechte**, die mit Rechtskraft des Plans wegfallen und im Folgeinsolvenzverfahren mangels entsprechender Regelung nicht wieder aufleben (siehe Rz. 382) und **sonstige Verfügungen** haben.

Die nicht befriedigten Insolvenzgläubiger des ersten Insolvenzverfahrens sind auch Insol- 401
venzgläubiger des neuen Insolvenzverfahrens und werden in diesem quotenmäßig befriedigt.[388]

II. Insolvenzgeld in der Folgeinsolvenz

Grundsätzlich haben Arbeitnehmer in der Insolvenz eines Arbeitgebers gemäß §§ 165 ff. 402
SGB III einen Anspruch auf Insolvenzgeld für die während der letzten drei Monate vor einem Insolvenzereignis entgangene Arbeitsvergütung. Solange aber die auf einem bestimmten Insolvenzereignis beruhende Zahlungsunfähigkeit des Arbeitgebers andauert, kann ein weiteres Insolvenzereignis bei demselben Arbeitgeber keinen neuen Anspruch auf Insolvenzgeld auslösen. Dies kann bei den Rechtsträger erhaltenden Insolvenzplänen in einer Folgeinsolvenz dazu führen, dass Arbeitnehmer keinen Anspruch auf Insolvenzgeld haben.[389]

Etwas anderes gilt, wenn der Arbeitgeber nach dem ersten Insolvenzereignis wieder Zah- 403
lungsfähigkeit erlangt hat. Von **andauernder Zahlungsunfähigkeit** ist so lange auszugehen, wie der Schuldner wegen eines nicht nur vorübergehenden Mangels an Zahlungsmitteln nicht in der Lage ist, seine fälligen Geldschulden im Allgemeinen zu erfüllen. Eine einmal eingetretene Zahlungsunfähigkeit wird regelmäßig erst beseitigt, wenn die geschuldeten Zahlungen an die Gesamtheit der Gläubiger im Allgemeinen wieder aufgenommen werden können.[390] Sie endet nicht schon dann, wenn der Schuldner wieder einzelnen Zahlungsverpflichtungen nachkommt.[391]

---

382) Uhlenbruck-*Lüer/Streit*, InsO, § 255 Rz. 19.

383) *Dellit* in: Brünkmans/Thole, Hdb. Insolvenzplan, § 25 Rz. 1.

384) *Huber/Madaus* in: MünchKomm-InsO, § 255 Rz. 31.

385) *Huber/Madaus* in: MünchKomm-InsO, § 255 Rz. 36.

386) *Huber/Madaus* in: MünchKomm-InsO, § 255 Rz. 36; *Thies* in: HambKomm-InsO, § 255 Rz. 16; Ahrens/Gehrlein/Ringstmeier-*Silcher*, InsR, § 255 Rz. 17; Uhlenbruck-*Lüer/Streit*, InsO, § 255 Rz. 21.

387) Uhlenbruck-*Lüer/Streit*, InsO, § 255 Rz. 21.

388) BGH, Urt. v. 9.1.2014 – IX ZR 209/11, ZIP 2014, 330 = NZI 2014, 262, dazu EWiR 2014, 117 *(Madaus)*.

389) *Dellit* in: Brünkmans/Thole, Hdb. Insolvenzplan, § 25 Rz. 14.

390) BGH, Urt. v. 20.11.2001 – IX ZR 48/01, ZIP 2002, 87 = NJW 2002, 515.

391) BSG, Urt. v. 6.12.2012 – B 11 AL 11/11 R, NZI 2013, 454; BSG, Urt. v. 21.11.2002 – B 11 AL 35/02 R, NZI 2003, 337; BGH, Urt. v. 20.11.2001 – IX ZR 48/01, ZIP 2002, 87 = NJW 2002, 515.

Praxishinweis
Die Wiederherstellung der Zahlungsfähigkeit muss in Fällen, in denen ein Insolvenzplan vorausgegangen ist, sorgfältig geprüft werden, da fehlendes Insolvenzgeld in der Praxis jedenfalls dann zur Betriebseinstellung führt, wenn keine hinreichende Liquidität für die Löhne vorhanden ist bzw. aus einer Betriebsfortführung oder aus Mitteln Dritter generiert werden kann, was regelmäßig der Fall ist.

404 Allein die Annahme und **Durchführung eines Insolvenzplanes** mit **andauernder Planüberwachung** rechtfertigt nicht den Schluss, dass der Arbeitgeber wieder Zahlungsfähigkeit erlangt hat,[392)] selbst wenn einzelne Zahlungsverpflichtungen erfüllt werden. Von einer Fortdauer der aus Anlass des früheren Insolvenzereignisses eingetretenen Zahlungsunfähigkeit ist auszugehen, wenn die im Insolvenzplan vorgesehene Überwachung der Planerfüllung noch andauert.[393)]

III. Anfechtung in der Folgeinsolvenz

405 Wird der Insolvenzverwalter im Insolvenzplan des ersten Insolvenzverfahrens ermächtigt, **rechtshängige Anfechtungsklagen** nach dessen Aufhebung fortzuführen, wird nach § 259 Abs. 3 InsO eine **gewillkürte oder gesetzliche Prozessstandschaft** für den dortigen Insolvenzverwalter begründet. Diese erlischt nicht gemäß §§ 115, 116 InsO mit Eröffnung des **Folgeinsolvenzverfahrens**, weil der Auftrag nicht vom Schuldner erteilt wurde. Die gemäß § 259 Abs. 3 InsO geführten Klagen werden durch die Eröffnung des zweiten Insolvenzverfahrens auch nicht unzulässig, sie können nicht abgewiesen werden.[394)] Der **Rechtsstreit** wird aber in entsprechender Anwendung des § 240 ZPO **unterbrochen** weil er die Insolvenzmasse dieses (neuen) Insolvenzverfahrens betrifft.[395)] Dies entspricht dem Rechtsgedanken des § 17 AnfG, der für den parallel gelagerten Fall eines anhängigen Prozesses über eine Gläubigeranfechtung ausdrücklich die Unterbrechung des Prozesses anordnet, wenn das Insolvenzverfahren über das Vermögen des Schuldners eröffnet wird. Der Verwalter in dem neuen Insolvenzverfahren kann den Rechtsstreit wieder aufnehmen.[396)] Es ist ausschließlich der **Insolvenzverwalter im Folgeinsolvenzverfahren** – und nur dieser – prozessführungsbefugt, soweit er den zuvor durch den vormaligen Insolvenzverwalter (bzw. Sachwalter) mit **Prozessführungsbefugnis** gemäß § 259 Abs. 3 InsO nach Aufhebung des ersten Insolvenzverfahrens geführten Anfechtungsrechtsstreit, nach dessen Unterbrechung durch die Eröffnung des zweiten Insolvenzverfahrens, als Verwalter in diesem Verfahren gemäß § 85 InsO wirksam aufnimmt.[397)] Im Falle des Obsiegens fällt der Erlös aus dem Prozess in die Masse des neuen Insolvenzverfahrens und nicht (allein) den Gläubigern des ersten Insolvenzverfahrens zur Verteilung gemäß den Bestimmungen des Insolvenzplans zu.[398)]

392) BSG, Urt. v. 17.3.2015 – B 11 AL 9/14 R, ZVI 2015, 425 = NZI 2015, 720.

393) BSG, Urt. v. 29.5.2008 – B 11a AL 57/06 R, ZIP 2008, 1989; BSG, Urt. v. 21.11.2002 – B 11 AL 35/02 R, NZI 2003, 337; *R.-D. Mönning* in: Kübler/Bork/Prütting, HRI II, § 42 Rz. 212; *Bissels/Falter/Krings*, NZI 2015, 693; a. A. *Thies* in: HambKomm-InsO, § 260 Rz. 7, der u. a. darauf verweist, dass bei andauernder Zahlungsunfähigkeit das Insolvenzverfahren des ersten Insolvenzverfahrens hätte schon nicht aufgehoben werden dürfen.

394) BGH, Urt. v. 9.1.2014 – IX ZR 209/11, ZIP 2014, 330 = NZI 2014, 262.

395) BGH, Urt. v. 9.1.2014 – IX ZR 209/11, ZIP 2014, 330 = NZI 2014, 262; *Schumacher* in: MünchKomm-InsO, Vor §§ 85–87 Rz. 15.

396) BGH, Urt. v. 9.1.2014 – IX ZR 209/11, ZIP 2014, 330 = NZI 2014, 262.

397) BGH, Urt. v. 9.1.2014 – IX ZR 209/11, ZIP 2014, 330 = NZI 2014, 262.

398) BGH, Urt. v. 9.1.2014 – IX ZR 209/11, ZIP 2014, 330 = NZI 2014, 262.

Handlungen des Schuldners in Umsetzung eines Insolvenzplans, etwa nach Aufhebung des Insolvenzverfahrens geleistete Quotenzahlungen, unterliegen – anders als Planumsetzungsmaßnahmen des Insolvenzverwalters des ersten Insolvenzverfahrens[399)] – der insolvenzrechtlichen Anfechtung im Folgeinsolvenzverfahren.[400)] Demzufolge können Altgläubiger, soweit sie i. R. des Insolvenzplans befriedigt wurden, ihrerseits **insolvenzrechtlichen Anfechtungen** ausgesetzt sein.[401)] Allerdings profitieren sie umgekehrt auch aus den im ersten Insolvenzverfahren fortbestehenden Anfechtungsansprüchen, die zur Masse des neuen Insolvenzverfahrens gehören, aus dem auch die Altgläubiger (anteilig) befriedigt werden.[402)] Handlungen des Insolvenzverwalters des ersten Insolvenzverwalters sind hingegen nicht anfechtbar.[403)] 406

IV. Treuhandschaften in der Folgeinsolvenz

Der Ausgestaltung von in Insolvenzplänen vorgesehenen Treuhandschaften (siehe Rz. 390) kommt insbesondere für die Beteiligten des ersten Insolvenzverfahrens im Folgeinsolvenzverfahren erhebliche Bedeutung zu, da das Treugut entweder in die Insolvenzmasse des Folgeinsolvenzverfahrens fällt oder aber weiterhin (nur) für die Gläubiger des ersten Insolvenzverfahrens zur Verfügung steht. Das ist davon abhängig, ob das Treuhandverhältnis insolvenzfest ausgestaltet ist. Zu unterscheiden sind die Verwaltungstreuhand, die Sicherungstreuhand und die doppel- oder mehrnützige Treuhand. 407

In **Verwaltungstreuhandverhältnissen** handelt der Treuhänder fremdnützig, etwa i. R. einer Inkassozession. Er verfolgt bei der Ausübung der ihm übertragenen Rechtsinhaberschaft keine eigenen Interessen.[404)] In der (erneuten) Insolvenz des Treugebers erlischt die Treuhandabrede gemäß §§ 115, 116 InsO und der neue Insolvenzverwalter kann gemäß § 667 BGB (i. V. mit § 675 Abs. 1 BGB) Herausgabe des Treuguts verlangen und es so zur Masse ziehen.[405)] 408

Bei der **Sicherungstreuhand** hält der Treuhänder das Treugut eigennützig und darf es nach der Sicherungsabrede bei Eintritt des Sicherungsfalls zur Deckung der gesicherten Ansprüche verwerten; im Folgeinsolvenzverfahren besteht ein Absonderungsrecht.[406)] Hauptfälle sind die Sicherungsübereignung und die Sicherungsabtretung.[407)] In der Insolvenz des Treugebers bleibt der Vertrag wirksam, die §§ 115, 116 InsO sind nicht anwendbar,[408)] so dass die Sicherungstreuhand in der Insolvenz des Treugebers insolvenzfest ist. 409

Hält ein Dritter einen Vermögensgegenstand treuhänderisch sowohl für den späteren Schuldner als auch für einen oder mehrere Drittbegünstigte, stehen die §§ 115, 116 InsO jedenfalls nicht einer vertraglich vorgesehenen Verwertung des Vermögensgegenstands durch den Treuhänder zugunsten des oder der Drittbegünstigten entgegen.[409)] Diese **doppel- oder mehrnützige Treuhandabrede** ist nach gefestigter Rechtsprechung insolvenz- 410

399) *Dellit* in: Brünkmans/Thole, Hdb. Insolvenzplan, § 25 Rz. 12.

400) *Thole*, NZI 2017, 129, 132.

401) *Dellit* in: Brünkmans/Thole, Hdb. Insolvenzplan, § 25 Rz. 12.

402) BGH, Urt. v. 9.1.2014 – IX ZR 209/11, ZIP 2014, 330 = NZI 2014, 262.

403) *Dellit* in: Brünkmans/Thole, Hdb. Insolvenzplan, § 25 Rz. 10.

404) *Tintelnot* in: KPB, InsO, §§ 115, 116 Rz. 133.

405) BGH, Urt. v. 12.7.2012 – IX ZR 213/11, Rz. 12, NZI 2012, 803 = ZIP 2012, 1517; *Ganther* in: MünchKomm-InsO, § 47 Rz. 371.

406) Uhlenbruck-*Brinkmann*, InsO, § 47 Rz. 84, 86.

407) *Ganther* in: MünchKomm-InsO, § 47 Rz. 373.

408) BGH, Urt. v. 24.9.2015 – IX ZR 272/13, Rz. 42, NZI 2016, 21; *Ott/Vuia* in: MünchKomm-InsO, § 116 Rz. 24.

409) Vgl. BGH, Urt. v. 24.9.2015 – IX ZR 272/13, Rz. 43, NZI 2016, 21 m. w. N.; *Bork*, NZI 1999, 337, 341.

fest.[410] Wird ein Nachfolgeinsolvenzverfahren eröffnet, bleibt die **dingliche Übertragung an einen Treuhänder** in diesem Fall ungeachtet der Eröffnung des zweiten Insolvenzverfahrens wirksam.[411] Die vertraglichen Vereinbarungen bleiben wirksam, soweit dies zur Wahrung der Rechte der Drittbegünstigten erforderlich ist und zwar unabhängig davon, ob diese auf einer mehrseitigen Vereinbarung oder einem Vertrag zugunsten Dritter beruhen.[412] Das Vertrauen der Drittbegünstigten ist in diesem Fall schutzwürdig.[413]

Praxishinweis

Zur Meidung des Risikos, die Prozesskosten bei einer Folgeinsolvenz persönlich zu tragen und vom Schuldner nur die Insolvenzquote als Kostenersatz zu erhalten,[414] sollte der Treuhänder mit hinreichend Liquidität für die potentiell entstehenden Prozesskosten ausgestattet werden.

V. Kreditrahmen in der Folgeinsolvenz

411 Vom Kreditrahmen gemäß §§ 264 ff. InsO erfassten Verbindlichkeiten (ausführlich siehe Rz. 222 ff.) wird in einem Folgeinsolvenzverfahren, das während der Planüberwachung eröffnet wird, der Vorrang vor den übrigen Insolvenzgläubigern eingeräumt.[415] Die Privilegierung wirkt in einem Folgeinsolvenzverfahren, das während der maximal dreijährigen Überwachung (vgl. § 266 Abs. 1 InsO) eröffnet wird.[416] Die privilegierten Gläubiger bleiben allerdings Insolvenzgläubiger und werden nicht etwa zu Massegläubigern. Sie sind im Rang zwischen den Massegläubigern und den Insolvenzgläubigern des Folgeinsolvenzverfahrens zu befriedigen.[417]

F. Steuerliche Aspekte der Restrukturierung durch den Insolvenzplan

I. Sanierungsgewinn

1. Allgemeines

412 Sanierungsgewinne entstehen durch den Wegfall von Verbindlichkeiten (etwa aufgrund Erlass oder auch durch die Befreiung des Schuldners von Verbindlichkeiten gemäß § 227 InsO), sofern diese zuvor ertragssteuerwirksam eingebucht wurden. Dies ist in Insolvenzplänen regelmäßig vorgesehen, so dass eine Auseinandersetzung mit der Frage, ob Sanierungsgewinne entstehen und ob diese zu versteuern sind, zwingend erforderlich ist.

2. Historie

413 Mit Abschaffung des § 3 Nr. 66 EStG 1977 (Steuerfreiheit von Sanierungsgewinnen trotz unbegrenzten Verlustvortrags) für die Veranlagungszeiträume ab 1998 entstand eine Rechtsunsicherheit, die Jahrzehnte andauerte. Fortan waren Sanierungsgewinne grundsätzlich zu versteuern. Es bestand lediglich die Möglichkeit, den Erlass der Steuerlast aufgrund Billigkeit zu beantragen. Eine Verwaltungsanweisung des Bundesministeriums für Finanzen vom 27.3.2003[418] sollte unter definierten Voraussetzungen einen Billigkeitserlass von Steuerlasten aus Sanierungsgewinnen regeln. Diese Verwaltungsanweisung verstieß aller-

410) BGH, Urt. v. 24.9.2015 – IX ZR 272/13, Rz. 43, NZI 2016, 21.

411) BGH, Urt. v. 7.1.2008 – II ZR 283/06, ZIP 2008, 546 = NZI 2009, 340.

412) BGH, Urt. v. 24.9.2015 – IX ZR 272/13, Rz. 43, NZI 2016, 21.

413) *Dellit*, NZI 2021, 681 (Anm. zu OLG Düsseldorf, Beschl. v. 17.12.2020 – 12 U 27/20).

414) Vgl. BGH, Urt. v. 9.1.2014 – IX ZR 209/11, Rz. 24, ZIP 2014, 330 = NZI 2014, 262.

415) Uhlenbruck-*Lüer/Streit*, InsO, § 264 Rz. 25.

416) Uhlenbruck-*Lüer/Streit*, InsO, § 264 Rz. 1.

417) Uhlenbruck-*Lüer/Streit*, InsO, § 264 Rz. 25 f.

418) BMF-Schreiben v. 27.3.2003 – IV A 6 – S 2140 – 8/03, BStBl. I 2003, 240.

dings gegen den Grundsatz der Gesetzmäßigkeit der Verwaltung.[419)] Nachfolgende Bemühungen der Finanzverwaltung mit einer weiteren Verwaltungsanweisung[420)] Vertrauensschutz für die Fälle vor dem 9.2.2017 herzustellen, waren ebenfalls unzulässig.[421)] Mit den Gesetzen gegen schädliche Steuerpraktiken im Zusammenhang mit Rechteüberlassungen vom 27.6.2017[422)] und zur Vermeidung von Umsatzsteuerausfällen beim Handel mit Waren im Internet und zur Änderung weiterer steuerlicher Vorschriften vom 11.12.2018[423)] wurde sodann die Steuerfreiheit des Sanierungsgewinns wieder eingeführt (siehe zu den Voraussetzungen der Steuerfreiheit Rz. 417 ff.).

3. Steuerfreiheit von Sanierungsgewinnen durch Gesetz gegen schädliche Steuerpraktiken im Zusammenhang mit Rechteüberlassungen

Das Gesetz gegen schädliche Steuerpraktiken im Zusammenhang mit Rechteüberlassungen **414** vermochte hinsichtlich der Steuerfreiheit von Sanierungsgewinnen zunächst nicht in Kraft zu treten, weil es der ausdrücklichen Zustimmung der EU-Kommission bedurfte. Nachdem die EU-Kommission mitgeteilt hatte, dass sie davon ausgeht, dass die beabsichtigte Neuregelung nicht gegen europäisches Beihilferecht verstößt, die Zustimmung aber nicht formal erteilt, hat der deutsche Gesetzgeber mit dem Gesetz zur Vermeidung von Umsatzsteuerausfällen beim Handel mit Waren im Internet und zur Änderung weiterer steuerlicher Vorschriften[424)] das Erfordernis der Zustimmung der EU-Kommission im Gesetz gegen schädliche Steuerpraktiken im Zusammenhang mit Rechteüberlassungen aufgehoben. Somit konnten die Regelungen zur Steuerfreiheit von Sanierungsgewinnen in Kraft treten.

Demnach gilt die Steuerfreiheit für Sanierungsgewinne sowohl im Körperschaftsteuer- **415** recht (§ 8 Abs. 1 KStG mit Verweis auf § 3a Abs. 1 Satz 1 EStG), als auch im Gewerbesteuerrecht (§ 7b GewStG mit Verweis auf § 3a EStG und § 3c Abs. 4 EStG). Sie wird auch ungeachtet dessen gewährt, ob Gewinnermittlung durch Betriebsvermögensvergleich gemäß § 4 Abs. 1 EStG) oder durch Einnahmen-/Überschussrechnung gemäß § 4 Abs. 3 EStG ermittelt wird (vgl. Wortlaut des § 3a Abs. 1 Satz 1 EStG, der Betriebsvermögensmehrungen und Betriebseinnahmen erfasst).

Die Steuerfreiheit ist rückwirkend auf Fälle anzuwenden, in denen die Schulden ganz oder **416** teilweise nach dem 8.2.2017 (Tag der Veröffentlichung des Beschlusses des Großen Senats des v. 28.11.2015 auf der Internetseite des BFH) erlassen worden sind (vgl. § 52 Abs. 5 letzter Satz EStG).

Voraussetzung der Nichtbesteuerung von Sanierungsgewinnen ist, dass die Betriebs- **417** vermögensmehrungen oder Betriebseinnahmen aus einem Schuldenerlass zum Zwecke einer unternehmensbezogenen Sanierung resultieren (§ 3a Abs. 2 EStG). Der Steuerpflichtige muss für den **Zeitpunkt des Schuldenerlasses** eine **unternehmensbezogene Sanierung** nachweisen (Prognoseentscheidung). Die Nachweispflicht umfasst:

- die Sanierungsbedürftigkeit des Unternehmens,
- die Sanierungsfähigkeit des Unternehmens,

419) BFH (Großer Senat), Beschl. v. 28.11.2016 – GrS 1/15, ZIP 2017, 338 = NZI 2017, 163.

420) BMF-Schreiben v. 27.4.2017 – IV C 6 – S 2140/13/10003, BStBl. I 2017, 741.

421) BFH, Urt. v. 23.8.2017 – X R 38/15, ZIP 2017, 2161 = NZI 2017, 934.

422) Gesetz gegen schädliche Steuerpraktiken im Zusammenhang mit Rechteüberlassungen, v. 27.6.2017, BGBl. I 2017, 2074.

423) Gesetz zur Vermeidung von Umsatzsteuerausfällen beim Handel mit Waren im Internet und zur Änderung weiterer steuerlicher Vorschriften, v. 11.12.2018, BGBl. I 2018, 2338.

424) Gesetz zur Vermeidung von Umsatzsteuerausfällen beim Handel mit Waren im Internet und zur Änderung weiterer steuerlicher Vorschriften, v. 11.12.2018, BGBl. I 2018, 2338.

- die Sanierungseignung des betrieblich begründeten Schuldenerlasses und
- die Sanierungsabsicht der Gläubiger.

418 Die Nichtbesteuerung begünstigt folgende Sanierungsmaßnahmen:

- vertragliche Vereinbarung zwischen dem Schuldner und den Gläubigern,
- Verzicht von Gläubigern auf eine Forderung (Erlassvertrag nach § 397 Abs. 1 BGB),
- Anerkenntnis, dass ein Schuldverhältnis nicht besteht (negatives Schuldanerkenntnis nach § 397 Abs. 2 BGB),
- Forderungsverzicht i. R. eines Insolvenzplanverfahrens (§§ 217 ff. InsO), das nicht auf die Zerschlagung des Unternehmens ausgerichtet ist,
- gesetzliche Restschuldbefreiung (§§ 286 ff. InsO), mit steuerlicher Rückwirkung (§ 175 Abs. 1 Satz 1 Nr. 2 AO), im Zeitpunkt der jeweiligen Betriebsaufgabe oder -veräußerung zu berücksichtigen.

419 **Keine Steuerfreiheit** wird gewährt für durch das Gesellschaftsverhältnis veranlasste Betriebsvermögensmehrungen (regelmäßig dann der Fall, wenn Forderungsverzichte nahezu ausschließlich durch Gesellschafter ausgesprochen werden).

420 Gemäß § 3a Abs. 3 EStG entfallen bis zur Höhe des dort näher definierten (geminderten) Sanierungsertrags die dort aufgeführten steuermindernden unselbständigen Besteuerungsgrundlagen des Steuerpflichtigen (ausnahmsweise auch von nahestehenden Dritten) insbesondere auch Verluste und Verlustvorträge. **Steuerliche Wahlrechte** sind im Sanierungsjahr und im Folgejahr gewinnmindernd auszuüben, § 3a Abs. 1 Satz 2 EStG; nach § 3a Abs. 1 Satz 3 EStG sind insbesondere **Teilwertabschreibungen** vorzunehmen, § 3c Abs. 4 EStG. Betriebsvermögensminderungen oder Betriebsausgaben, die mit einem Sanierungsertrag in unmittelbarem wirtschaftlichem Zusammenhang stehen, dürfen grundsätzlich unabhängig davon, in welchem Veranlagungszeitraum der Sanierungsertrag entsteht, nicht abgezogen werden. Soweit kein Sanierungsertrag mehr vorhanden ist, die Steuerminderungsbeträge i. S. des § 3a Abs. 3 Satz 2 und 3 EStG den geminderten Sanierungsertrag also überstiegen haben, sind Sanierungskosten, die nach dem Sanierungsjahr entstehen, ebenso nach § 3c Abs. 4 Satz 4 EStG abziehbar.

4. Rechtslage bei Nichtvorliegen der Voraussetzungen der Steuerfreiheit

421 Liegen die Voraussetzungen der Nichtbesteuerung von Sanierungsgewinnen (§ 3a Abs. 2 EStG) nicht vor (siehe Rz. 417 ff.) sind Sanierungsgewinne grundsätzlich **zu versteuern**. Es verbleibt allenfalls die Möglichkeit eines Erlassantrags auf Billigkeitsgründen.

422 Die Steuerlast aus einem Sanierungsgewinn ist eine **sonstige Masseverbindlichkeit** gemäß § 55 InsO und somit gemäß § 258 Abs. 2 InsO zu berücksichtigen.[425] Sie kann vermieden oder verringert werden, wenn hinreichend Verluste, verwendbare Verlustvorträge oder Verlustrückträge vorhanden sind oder gestaltet werden können. Verluste gestaltet werden können etwa durch **Teilwertabschreibungen**. Verbleiben dennoch Sanierungsgewinne, müssen die hieraus resultierenden Steuerlasten berücksichtigt werden (§ 258 Abs. 2 InsO).

Praxishinweis

Sind die finanziellen Mittel zur Begleichung der Steuerlasten unzureichend, kann alternativ zu Verzichten der Gläubiger über finanzwirtschaftliche Sanierungsmaßnahmen nachgedacht werden, die den Sanierungsgewinn vermeiden, etwa einen qualifizierten Rangrücktritt, ggf. nach Übertragung von Insolvenzforderungen auf einen Investor.

425) *Vögeli*, ZInsO 2000, 144, 145; BFH, Beschl. v. 15.11.2018 – XI B 49/18, ZInsO 2020, 15 – 17.

Hinsichtlich der Altfälle (bis einschließlich 8.2.2017), für die verbindlichen Auskünfte (§ 89 Abs. 2 AO) zur Anwendung des Sanierungserlasses erteilt wurden, besteht das Risiko eines Widerrufs. Dieser ist möglich, wenn sich herausstellt, dass die erteilte Auskunft unrichtig war (§ 2 Abs. 4 StAuskVO). Auf Basis der Entscheidung des BFH vom 28.11.2016[426] werden erteilte Auskünfte für unrichtig gehalten werden müssen. Dennoch gewährt die Finanzverwaltung Vertrauensschutz.[427] 423

II. Mindestbesteuerung

Mit dem Gesetz zur Umsetzung der Protokollerklärung der Bundesregierung zur Vermittlungsempfehlung zum Steuervergünstigungsabbaugesetz[428] beschränkte der Gesetzgeber den überperiodischen Verlustausgleich. Verluste, die weder im Veranlagungszeitraum ihrer Entstehung noch im Wege des Verlustrücktrags ausgeglichen werden können, sind seit dem Veranlagungszeitraum 2004 i. R. des **Verlustvortrags** nur noch begrenzt verrechnungsfähig. Gemäß § 10d Abs. 2 Satz 1 EStG können sie nur noch bis zu einem Gesamtbetrag der Einkünfte von 1 Mio. € uneingeschränkt abgezogen werden. Darüberhinausgehende negative Einkünfte aus früheren Veranlagungszeiträumen sind nur noch i. H. von 60 % des 1 Mio. € übersteigenden Gesamtbetrags der Einkünfte ausgleichsfähig (zur Verrechnung mit Verlustvorträgen im Fall des Sanierungsgewinns siehe Rz. 420). Die sog. Mindestbesteuerung war eingeführt worden, um das Steueraufkommen vor dem Hintergrund eines gewaltigen Verlustvortragspotentials der Unternehmen für die öffentlichen Haushalte kalkulierbarer zu machen und um eine Verstetigung der Staatseinnahmen zu gewährleisten.[429] 424

III. Verlustvortrag bei Gesellschafterwechsel

Gemäß § 8c KStG i. d. F. des UntStRefG 2008 vom 14.8.2007[430] entfallen bei einem Gesellschafterwechsel die Verlustvorträge anteilig, wenn innerhalb von fünf Jahren mehr als 25 % und vollständig, wenn mehr als 50 % der Gesellschaftsrechte übertragen werden. 425

Praxishinweis

Bei einem Debt Equity Swap ist zu bedenken, dass es regelmäßig zum Wechsel von Anteilen über der Grenze von 25 % kommt, der zu einem teilweisen bzw. vollständigen Entfall der Verlustvorträge führt.

In der Wirtschafts- und Finanzkrise 2008/2009 wurden mit den Steuerverschärfungen die in Kauf genommenen Gefahren Realität, die entstehen, wenn etwas besteuert wird, was für die Steuerzahlung nicht verfügbar ist.[431] Unternehmen gerieten schon aufgrund von Steuerverbindlichkeiten in Zahlungsschwierigkeiten bzw. es verstärkte sich die Liquiditätskrise. Unter den Zwängen der Finanzkrise und auf Drängen des Bundesrats wurde der Ausschluss der Verlustverrechnung bei Gesellschafterwechsel durch Schaffung einer Sa- 426

426) BFH (Großer Senat) Beschl. v. 28.11.2016 – GrS 1/15, ZIP 2017, 338 = NZI 2017, 163.

427) BMF-Schreiben v. 27.4.2017 – IV C 6 – S 2140/13/10003, BStBl. I 2017, 741; nachfolgend aber zur Verfassungswidrigkeit dieser Verwaltungsanweisung: BFH, Urt. v. 23.8.2017 – X R 38/15, ZIP 2017, 2161 = NZI 2017, 934, dazu EWiR 2017, 763 *(v. Spiessen)*.

428) Gesetz zur Umsetzung der Protokollerklärung der Bundesregierung zur Vermittlungsempfehlung zum Steuervergünstigungsabbaugesetz, v. 22.12.2003, BGBl. I 2003, 2840.

429) Begr. RegE z. § 10d Abs. 2 EStG 2002 n. F., BT-Drucks. 15/1518, S. 13.

430) Unternehmenssteuerreformgesetz 2008 (UnStRefG), v. 14.8.2007, BGBl. I 2007, 1912 = BStBl. I 2007, 630 – KStG 2002 n. F.

431) *Wienberg/Dellit* in: FS Wellensiek, 2011, S. 677 ff.

nierungsklausel gemäß § 8c Abs. 1a KStG[432] entschärft.[433] Die Sanierungsklausel greift bei Maßnahmen, die darauf gerichtet sind, die Zahlungsunfähigkeit oder Überschuldung zu verhindern oder zu beseitigen und zugleich die wesentlichen Betriebsstrukturen zu erhalten. Indes gelangte diese Vorschrift zunächst nicht zur Anwendung, da die EU-Kommission mit Beschluss v. 26.1.2011[434] feststellte, dass die Sanierungsklausel des § 8c Abs. 1a KStG eine mit dem Binnenmarkt unvereinbare Beihilfe i. S. des Art. 107 Abs. 1 AEUV sei. Der EuGH hob diese Entscheidung auf und bestätigte durch Entscheidung vom 28.6.2018[435] dessen Vereinbarkeit mit dem Binnenmarkt, so dass die Sanierungsklausel wirksam wurde.

427 Am 20.12.2016 trat – zusätzlich zu § 8c KStG – durch das „Gesetz zur Weiterentwicklung der steuerlichen Verlustverrechnung bei Körperschaften" § 8d KStG in Kraft.[436] Demnach können Körperschaften steuerliche Verluste nach einem schädlichen Beteiligungserwerb i. S. von § 8c KStG weiternutzen, wenn sie ihren Geschäftsbetrieb fortführen und bestimmte weitere Voraussetzungen erfüllt sind.[437] Ein Geschäftsbetrieb in diesem Sinne umfasst sämtliche von einer einheitlichen Gewinnerzielungsabsicht getragenen, nachhaltigen, sich gegenseitig ergänzenden und fördernden Betätigungen (§ 8d Abs. 1 Satz 3 KStG).

Praxishinweis

Ungeachtet der Regelungen gemäß §§ 8c, 8d KStG entfallen gemäß § 3a Abs. 3 EStG bis zur Höhe des dort näher definierten (geminderten) Sanierungsertrags die dort aufgeführten steuermindernden unselbständigen Besteuerungsgrundlagen des Steuerpflichtigen (ausnahmsweise auch von nahestehenden Dritten) insbesondere auch Verluste und Verlustvorträge (siehe Rz. 425 ff.).

IV. Zinsschranke

428 Mit der Unternehmenssteuerreform 2008[438] beschränkte der Gesetzgeber den Betriebsausgabenabzug für Zinsausgaben (sog. **Zinsschranke**, § 4h EStG) mit dem Ziel, die Verlagerung von Gewinnen zulasten des deutschen Fiskus zu vermeiden. Die viel kritisierte Zinsschranke sah u. a. zunächst eine Freigrenze von 1 Mio. € vor, bis zu der Zinsaufwendungen abzugsfähig waren. Mit der Neufassung des § 4h Abs. 2 Satz 1 lit. a EStG sind nunmehr Zinsaufwendungen bis zu 3 Mio. € abziehbar. Die Regelung gilt mit dem Wachstumsbeschleunigungsgesetz vom 22.12.2009 zeitlich unbeschränkt.[439]

432) Beschlussempfehlung und Bericht d. FA z. Bürgerentlastungsgesetz KV, BT-Drucks. 16/13429, S. 50 f.

433) *Thewes/Ziegenhagen*, BB 2009, 2116.

434) EU-Kommission (2011/527/EU), Beschl. v. 26.1.2011 über die staatliche Beihilfe Deutschlands C 7/10 (ex CP 250/09 und NN 5/10) „KStG, Sanierungsklausel" (bekannt gegeben unter Az. K(2011) 275), ABl. (EU) L 235/26 v. 10.9.2011.

435) EuGH, Urt. v. 28.6.2018 – Rs. C-203/16, ZIP 2018, 1345.

436) Gesetz zur Weiterentwicklung der steuerlichen Verlustverrechnung bei Körperschaften, v. 20.12.2016, BGBl. I 2016, 2998.

437) *Röder*, DStR 2017, 1737.

438) Unternehmenssteuerreformgesetz 2008 (UnStRefG), v. 14.8.2007, BGBl. I 2007, 1912 = BStBl. I 2007, 630 – KStG 2002 n. F.

439) Wachstumsbeschleunigungsgesetz, v. 22.12.2009, BGBl. I 2009, 3950.

Kapitel 14
Übertragende Sanierung

Übersicht

Literatur: *Aleth/Böhle*, Neue Transaktionsformen als Folge der Finanzmarkt-/Wirtschaftskrise – handels-, gesellschafts- und insolvenzrechtliche Aspekte, DStR 2010, 1186; *Arends/Hofert-v. Weiss*, Distressed M&A – Unternehmenskauf aus der Insolvenz, BB 2009, 1538; *Bales*, Insolvenzplan und Eigenverwaltung – Chancen für einen Neustart im Rahmen der Sanierung und Insolvenz, NZI 2008, 216; *Becker*, Umwandlungsmaßnahmen im Insolvenzplan und die Grenzen einer Überlagerung des Gesellschaftsrechts durch das Insolvenzrecht, ZInsO 2013, 1885; *Bertus*, Kapitalmarktrechtliche Publizitätspflichten in Krisenzeiten, BB 2021, 1355; *Besau*, Chancen und Risiken bei der Rettung von Unternehmen durch übertragende Sanierung, KSI 2011, 202; *Beyer/Beyer*, Verkauf von Kundendaten in der Insolvenz – Verstoß gegen datenschutzrechtliche Bestimmungen?, NZI 2016, 241; *Biehl/Johst*, Übertragende Sanierung – Chancen und Risiken für Investoren, BB 2021, 2118; *Bitter*, Geschäftsleiterhaftung in der Insolvenz – Alles neu durch SanInsFoG und StaRUG?, ZIP 2021, 321; *Bitter/Laspeyres*, Rechtsträgerspezifische Berechtigungen als Hindernis übertragender Sanierung, ZIP 2010, 1157; *Blasche*, Umwandlungsmöglichkeiten bei Auflösung, Überschuldung oder Insolvenz eines der beteiligten Rechtsträger, GWR 2010, 441; *Brete/Thomsen*, Die Auffanggesellschaft, NJOZ 2008, 4159; *Brinkmann*, Wege aus der Insolvenz eines Unternehmens – oder: Die Gesellschafter als Sanierungshindernis, WM 2011, 97; *Brünkmans*, Rechtliche Möglichkeiten und Grenzen von Umwandlungen im Insolvenzplanverfahren, ZInsO 2014, 2533; *Düwell/Pulz*, Urlaubsansprüche in der Insolvenz, NZA 2008, 786; *Fietz/Fingerhuth*, Die vorzeitige Löschung der GmbH – ein Schwarzes Loch für Liquidatoren?, GmbHR 2006, 960; *Froehner*, Die Haftung des Erwerbers für rückständige Sozialversicherungsbeiträge beim Unternehmenskauf im Rahmen eines Asset Deals, GWR 2015, 202; *Fuhrmann/Heinen/Schilz*, Die gesellschaftsrechtlichen Aspekte des StaRUG, NZG 2021, 684; *Gessner*, Insolvenzanträge des GmbH-Geschäftsführers bei drohender Zahlungsunfähigkeit entgegen dem Gesellschafterwillen?, NZI 2018, 185; *Grave*, Staatliche Beihilfe zu Gunsten der System Microelectronic Innovation GmbH teilweise nichtig – SMI, Anmerkung zu EuGH vom 29.4.2004, Rs C-277/00, EuZW 2004, 374; *Hagebusch/Oberle*, Gläubigerbefriedigung durch Unternehmungssanierung: die übertragende Sanierung Eine Bestandsaufnahme vor dem Hintergrund jüngster InsO-Reformen, NZI 2006, 618; *Harig/Kay*, Der Insolvenzplan als Lösung für datenschutzrechtliche Probleme beim Verkauf aus der Insolvenz, NZI 2020, 96; *Hermanns*, Beurkundungspflichten, Beurkundungsverfahren und Beurkundungsmängel unter besonderer Berücksichtigung des Unternehmenskaufvertrages, DNotZ 2013, 9; *Hoegen/Kranz*, Neue Möglichkeiten der Konzernsanierung durch SanInsFoG und StaRUG, NZI 2021, 105; *Hoffmann/Danylak*, 40 Jahre „übertragende Sanierung", NZI 2020, 705; *Hoffmann/Marquardt*, Der Übergang von Arbeitsverhältnissen bei der übertragenden Sanierung, NZI 2017, 513; *Hölzle*, Zur Begründung und Ausgestaltung einer Restrukturierungsverschleppungshaftung, in: Festschrift für Markus Gehrlein, 2022, S. 261; *Hölzle/Curtze*, Eine Krise – Ein Verfahren! – Folgen eines vorangegangenen Restrukturierungsverfahrens nach StaRUG in der späteren Insolvenz, ZIP 2021, 1293; *Hölzle/Kahlert*, Der sog. Sanierungserlass ist tot – Es lebe die Ausgliederung, ZIP 2017, 510; *Hölzle/Wendt*, Beihilferechtliche Rückforderung rechtswidrig gewährter Corona-Hilfen als Haftungsrisiko für den Erwerber aus der Insolvenz bei übertragender Sanierung und Insolvenzplan, ZRI 2021, 953; *Kahlert*, Ertragsteuerliche Beurteilung von Darlehensverbindlichkeiten im Abwicklungsvermögen einer Tochtergesellschaft, ZIP 2017, 1687; *Kahlert*, ESUG macht es möglich: Ausgliederung statt Asset Deal im Insolvenzplanverfahren, DStR 2013, 975; *Kocher/Widder*, Ad-hoc-Publizität in Unternehmenskrise und Insolvenz, NZI 2010, 925; *König*, Aspekte des Unternehmenskaufs in der Krise, KSzW 2011, 407; *König*, Informationsmöglichkeiten beim Unternehmenskauf, in: Festschrift für Klaus Hubert Görg, 2010, S. 259; *Leuering*, Die Änderung der Firma zwecks übertragender Sanierung, NJW 2016, 3265; *Leuering/Rubner*, Der Unternehmenserwerb aus der Insolvenz, NJW-Spezial 2016, 463; *Morgen/Rathje*, Stellt eine positive Liquidationsprognose eine positive Fortführungsprognose i. S. d. § 19 II 1 InsO dar?, ZIP 2018, 1955; *Morshäuser/Falkner*, Unternehmungskauf aus der Insolvenz, NZG 2010, 881; *Saenger/Al-Wraikat*, Insolvenzrecht versus Gesellschaftsrecht: Wer darf bei der GmbH wann den Schutzschirm öffnen?, NZG 2013, 1201; *Schmerbach/Staufenbiel*, Die übertragende Sanierung im Insolvenzverfahren, ZInsO 2009, 458; *Schmidt, K.*, Insolvenzordnung und Unternehmensrecht – Was bringt die Reform?, in: Kölner Schrift zur Insolvenzordnung, 2. Aufl., 2000, S. 1199; *Scholz*, Die Krisenpflichten von Geschäftsleitern nach Inkrafttreten des StaRUG, ZIP 2021, 219; *Simon/Brünkmans*, Die Ausgliederung von sanierungswürdigen Betriebsteilen mithilfe des Insolvenzplanverfahrens nach ESUG: Verdrängt die Gläubigerautonomie den institutionalisierten Gläubigerschutz des Umwandlungsgesetzes?, ZIP 2014, 657; *Stenslik*, Unternehmenskauf in der Insolvenz – arbeitsrechtliche Besonderheiten, DStR 2016, 874; *Theiselmann*, M&A in Krisensituation: Die übertragende Sanierung, GmbH-StB 2012, 309; *Uhlenbruck*, Das neue Insolvenzrecht, 1994; *Vallender*, Unternehmenskauf in der Insolvenz, GmbHR 2004, 642; *Vallender*, Unternehmenskauf in der Insolvenz (Teil I), GmbHR 2004, 544; *Wellensiek*, Übertragende Sanierung, NZI 2002, 233; *Wertenbruch*, Gesellschafterbeschluss für Insolvenzantrag bei drohender Zahlungsunfähigkeit?, DB 2013, 1592; *Wolff*, Kredite an Fortführungsgesellschaften, ZIP 1984, 669; *Zipperer*, Übertragende Sanierung – Sanierung ohne Grenzen oder erlaubtes Risiko?, NZI 2008, 206.

A. Systematischer Überblick

Die **übertragende Sanierung** gehört neben der **Sanierung des Rechtsträgers** sowie der **Liquidation** (siehe dazu Rz. 90 ff.) zu den klassischen Optionen in der Unternehmenskrise. Die übertragende Sanierung ist dadurch gekennzeichnet, dass das Unternehmen des Schuldners als funktionale, wirtschaftliche Einheit vollständig oder teilweise auf einen neuen Rechtsträger übertragen und von diesem fortgeführt wird.[1] Dazu werden die zur Fortführung des Unternehmens erforderlichen Vermögensgegenstände im Wege der Einzelübertragung – dem sog. **Asset Deal** – auf den neuen Rechtsträger übertragen, während die Verbindlichkeiten des alten Rechtsträgers regelmäßig nicht übernommen werden. Der für die Übertragung der Vermögensgegenstände erzielte Kaufpreis dient der Gläubigerbefriedigung. 1

Durch den **Erhalt des Unternehmens als funktionale wirtschaftliche Einheit** unterscheidet sich die übertragende Sanierung von der Einzelverwertung der Vermögensgegenstände i. R. einer Liquidation. Anders als bei der Sanierung des Rechtsträgers wird der Schuldner selbst jedoch nicht saniert, sondern – sofern es sich um eine juristische Person oder Personengesellschaft handelt – nach Abschluss der übertragenden Sanierung und der nachfolgenden Gläubigerbefriedigung abgewickelt und aus dem Handelsregister gelöscht. 2

Die größte praktische Relevanz hat die übertragende Sanierung im Insolvenzverfahren. Dort stellt sie eine **Form der Verwertung** des Schuldnervermögens i. S. des § 1 Satz 1 Var. 1 InsO dar,[2] und ist – trotz der zunehmenden Bedeutung von Rechtsträgersanierungen im Insolvenzplanverfahren – nach wie vor die dominierende Sanierungsform. Dabei kommt es häufig vor, dass nur Teile des Geschäftsbetriebes des Schuldners übertragen werden, so dass der Rest i. R. des Insolvenzverfahrens verwertet und abgewickelt werden muss. Im Insolvenzverfahren gelten für die außergerichtliche Sanierung eine Reihe von Privilegierungen, die insbesondere die rechtlichen Risiken für den Erwerber gegenüber außergerichtlichen Strukturen deutlich reduzieren (siehe dazu Rz. 35 ff.). Die übertragende Sanierung ist als Sanierungsinstrument jedoch nicht auf das Insolvenzverfahren beschränkt, sondern kann auch im **außergerichtlichen Bereich**, in einem Stabilisierungs- und Restrukturierungsrahmen oder einer Sanierungsmoderation nach dem StaRUG zur Anwendung kommen. 3

1) *Nerlich/Rhode* in: MünchAHB-InsR, § 4 Rz. 192 ff.; *Wellensiek*, NZI 2002, 233, 234.

2) *Biehl/Johst*, BB 2021, 2118; *Schmerbach/Staufenbiel*, ZInsO 2009, 458, 466; *Wellensiek*, NZI 2002, 233, 234; *Hagebusch/Oberle*, NZI 2006, 618, 619.

B. Übertragende Sanierung

I. Betriebswirtschaftliche Rahmenbedingungen

1. Zielsetzung: Bestmögliche gemeinschaftliche Gläubigerbefriedigung

4 Ziel des Insolvenzverfahrens und Richtschnur für die verantwortlichen Akteure bei einer übertragenden Sanierung in Insolvenz ist die **bestmögliche gemeinschaftliche Befriedigung der Insolvenzgläubiger** (§ 1 Satz 1 InsO). Auch i. R. außergerichtlicher Sanierungen sind die typischerweise erforderlichen Beiträge der Gläubiger regelmäßig nur zu erlangen, wenn diese ihre Rechte in dem entsprechenden Sanierungskonzept unter den gegebenen Umständen bestmöglich gewahrt sehen. Das Ziel der bestmöglichen gemeinschaftlichen Gläubigerbefriedigung ist daher der entscheidende Prüfstein für die Entscheidung zwischen einer Sanierung des Rechtsträgers, einer übertragenden Sanierung oder einer Einzelverwertung.[3)]

5 Der wesentliche Vorteil der übertragenden Sanierung gegenüber der Einzelverwertung besteht darin, dass der **Fortführungswert des Unternehmens** des Schuldners als **Going Concern** realisiert werden kann. Dieser Fortführungswert ist häufig – aber nicht stets – erheblich höher als der Liquidationswert des schuldnerischen Vermögens. Hinzu kommt, dass auch **abwicklungsbedingte Kosten und Verbindlichkeiten** durch eine erfolgreiche übertragende Sanierung weitgehend vermieden oder jedenfalls reduziert werden können.[4)] Sofern bspw. Arbeitnehmer des Schuldners i. R. eines Betriebsübergangs auf einen Investor übergehen, fallen insofern keine Abfindungen und keine Gehälter im Auslauf der Kündigungsfristen an. Die bessere Verwertung der Aktiva i. V. mit der Reduzierung der Passiva kann die Befriedigungsaussichten für die Gläubiger deutlich verbessern.

2. Betriebswirtschaftlicher Neustart

6 Betriebswirtschaftlich ermöglicht die übertragende Sanierung eine weitgehende Zäsur gegenüber der bisherigen wirtschaftlichen Lage und Entwicklung des Schuldners. Dies gilt zum einen in Hinblick auf die **Passivseite der Bilanz**, die durch die übertragende Sanierung sehr weitreichend bereinigt werden kann. Zum anderen besteht die Möglichkeit das Unternehmen des Schuldners, insbesondere wenn es aus mehreren Betrieben oder Betriebsteilen besteht, im Wege eines sog. **Carve-outs** nach betriebswirtschaftlichen Gesichtspunkten „zuzuschneiden“, insbesondere defizitäre Unternehmensteile abzustoßen. Dadurch wirkt die übertragende Sanierung sowohl **finanz- als auch leistungswirtschaftlich.**[5)]

7 Die vorstehend beschriebenen Gestaltungsoptionen sind bei der Prüfung der Sanierungsfähigkeit des Unternehmens zu berücksichtigen. Nach dem **IDW S 6**[6)] **für die Anforderungen an Sanierungskonzepte** ist ein erwerbswirtschaftliches Unternehmen nur dann sanierungsfähig, wenn es ergänzend zur positiven Fortführungsprognose (§ 252 Abs. 1 Nr. 2 HGB) durch geeignete Maßnahmen nachhaltig sowohl die **Wettbewerbsfähigkeit** als auch die **Renditefähigkeit** wieder erlangen kann und es damit nachhaltig fortführungsfähig ist. Regelmäßig werden sich nur dann Investoren für eine übertragende Sanierung finden, wenn diese Voraussetzungen erfüllt sind. Daher ist die (Weiter)Entwicklung des **Business Case** i. R. des M&A-Prozesses häufig von zentraler Bedeutung. Allerdings kann sich insbesondere bei strategischen Investoren ein Erwerbsinteresse unabhängig von

---

3) *Kühne* in: Bieg/Borchardt/Frind, Unternehmenssanierung, Teil 3 C., Rz. 1.

4) *Seagon* in: Buth/Hermanns, Restrukturierung, § 24 Rz. 73.

5) *Pleister* in: Flöther, Hdb. Konzerninsolvenzrecht, § 5 Rz. 117; *Hagebusch/Oberle*, NZI 2006, 618, 619.

6) *IDW* Standard, Anforderungen an Sanierungskonzepte (IDW S 6), Stand: 22.6.2023, IDW Life 10/2023, S. 1159 ff.

der (isolierten) Renditefähigkeit des Unternehmens ergeben, z. B. weil dieses über besonderes Know-how oder andere Potentiale verfügt, die im Zusammenspiel mit dem bereits bestehenden Geschäftsbetrieb des Investors attraktiv erscheinen.

Ein erfolgreicher Carve-out erfordert in komplexeren Betriebsstrukturen regelmäßig umfangreiche **Vorbereitungsmaßnahmen** etwa in Hinblick auf Buchhaltung, IT Systeme, die Nutzung von Standorten und andere betriebsorganisatorische Bereiche. Häufig sind Investoren daher nur dann zu einer Übernahme i. R. einer übertragenden Sanierung bereit, wenn diese Maßnahmen jedenfalls teilweise erfolgreich umgesetzt worden sind. Dabei verfolgen verschiedene Bieter nicht selten unterschiedliche Carve-out-Konzepte, die Auswirkungen auf die konkret erforderlichen Vorbereitungsmaßnahmen haben. Angesichts des typischerweise bestehenden Zeitdrucks stellt die Verzahnung der Carve-out-Vorbereitung mit dem M&A-Prozess in diesen Konstellationen eine große Herausforderung dar. 8

II. Übertragende Sanierung versus Sanierung des Rechtsträgers

Die übertragende Sanierung bildet das Alternativmodell zur Sanierung des Rechtsträgers. 9
Bei der Sanierung des Rechtsträgers wird sowohl die Gesellschaft (oder praktisch seltener der Einzelkaufmann) als auch ihr Unternehmen als funktionale Wirtschaftseinheit saniert. Zur Sanierung des Rechtsträgers bedarf es in der fortgeschrittenen Krise regelmäßig finanzwirtschaftlicher Maßnahmen, wie etwa einer Kapitalerhöhung, einer Darlehensstundung oder eines Schuldenschnitts. Kennzeichnend für die übertragende Sanierung ist hingegen, dass das Unternehmen als funktionale Einheit auf einen neuen Rechtsträger übertragen wird, während der alte Rechtsträger liquidiert wird. Beide Strukturen stehen sowohl im außergerichtlichen Bereich, in der Sanierungsmoderation, im Stabilisierungs- und Restrukturierungsrahmen als auch im Insolvenzverfahren zur Verfügung.

Für die Entscheidung zwischen einer übertragenden Sanierung und einer Sanierung des Rechtsträgers sind vielfältige Erwägungen relevant, von zentraler Bedeutung sind aber meist die sogenannten **rechtsträgerbezogenen Berechtigungen**.[7] Dabei handelt es sich um Rechte oder Positionen, wie bspw. bestimmte Genehmigungen, Konzessionen, Vertragsverhältnisse oder bestimmte Kundendaten[8], die nicht oder nicht ohne Zustimmung eines Dritten im Wegen der Einzelrechtsnachfolge übertragen werden können. Sofern solche rechtsträgerbezogenen Berechtigungen für den Erfolg der Sanierung entscheidend sind und die erforderliche Zustimmung des Dritten nicht oder nicht mit der erforderlichen Rechtssicherheit zu erlangen ist, ist eine übertragende Sanierung nicht oder nur in Kombination mit umwandlungsrechtlichen Instrumenten (siehe dazu Rz. 64 ff.) möglich. 10

III. Mögliche Rechtsrahmen für die übertragende Sanierung

Die übertragende Sanierung kann außerhalb oder innerhalb eines **Insolvenzverfahrens** erfolgen. Auch im Insolvenzeröffnungsverfahren ist eine übertragende Sanierung denkbar, wenn auch praktisch äußerst selten. Darüber hinaus können auch der **Stabilisierungs- und Restrukturierungsrahmen** und die Sanierungsmoderation nach dem StaRUG für eine übertragende Sanierung genutzt werden. 11

7) *Bitter/Laspeyres*, ZIP 2010, 1157; *Brinkmann*, WM 2011, 97 f.
8) *Harig/Kay*, NZI 2020, 96; *Hoffmann/Danylak*, NZI 2020, 705, 709.

1. Die Entscheidung über den Rechtsrahmen

12 Die Entscheidung zwischen den verschiedenen zur Verfügung stehenden Rechtsrahmen wird maßgeblich durch das jeweilige **Krisenstadium** bestimmt, ist aber nur teilweise rechtlich determiniert. Insbesondere im Stadium der drohenden Zahlungsunfähigkeit (§ 18 InsO) kann der Schuldner zwischen mehreren Regimen wählen.

13 Sofern keiner der in §§ 17 bis 19 InsO genannten Insolvenzgründe vorliegt, kann die übertragende Sanierung entweder außergerichtlich oder i. R. einer Sanierungsmoderation nach §§ 94 ff. StaRUG erfolgen. Dagegen ist der Zugang zum Stabilisierungs- und Restrukturierungsrahmen sowie zum Insolvenzverfahren außerhalb einer zumindest drohenden Zahlungsunfähigkeit (§ 18 InsO) nicht eröffnet.

14 Sofern lediglich **drohende Zahlungsunfähigkeit** (§ 18 InsO) aber keine Zahlungsunfähigkeit (§ 17 InsO) oder Überschuldung (§ 19 InsO) vorliegt, stehen dem Schuldner sämtliche Rechtsrahmen für eine übertragende Sanierung zur Verfügung. Für die Abgrenzung zwischen der drohenden Zahlungsunfähigkeit und der Überschuldung kommt es in der Praxis regelmäßig entscheidend auf den **Prognosezeitraum** an, der nach § 19 Abs. 2 Satz 1 InsO bei der Fortbestehensprognose i. R. des Überschuldungstatbestandes zwölf Monate und bei der drohenden Zahlungsunfähigkeit nach § 18 Abs. 2 Satz 2 InsO 24 Monate beträgt. Die Geschäftsleiter haben in diesem Stadium in Erfüllung ihrer nunmehr in § 1 Abs. 1 Satz 2 StaRUG kodifizierten **Krisenmanagementpflicht** zwischen den verschiedenen Regimen zu entscheiden. Dabei ist der genaue Inhalt dieser Pflicht – insbesondere die Frage, ob es zu einem „Shift of Fiduciary Duties" zugunsten der Gläubiger der Gesellschaft kommt – im Einzelnen stark umstritten.[9] Ebenso umstritten ist die Frage, inwieweit die Geschäftsleiter bei der Entscheidung über die Einleitung des Stabilisierungs- und Restrukturierungsrahmens oder der Insolvenzantragstellung wegen drohender Zahlungsunfähigkeit internen Bindungen gegenüber den jeweiligen Gesellschafter- oder Aufsichtsorganen unterliegen.[10]

15 Ist die Gesellschaft **zahlungsunfähig oder überschuldet**, sind die Geschäftsleiter verpflichtet unverzüglich, spätestens aber innerhalb von drei Wochen ab Eintritt der Zahlungsunfähigkeit oder innerhalb von sechs Wochen ab dem Eintritt der Überschuldung, einen Insolvenzantrag zu stellen (§ 15a Abs. 1 InsO). Zwar kann grundsätzlich auch durch eine übertragende Sanierung der Insolvenzgrund beseitigt werden, so dass die Insolvenzantragspflicht entfällt. In der Praxis sind übertragende Sanierungen innerhalb des zeitlichen Rahmens, den die Antragsfrist vorgibt, aber nur selten umsetzbar. Der Zugang zum Stabilisierungs- und Restrukturierungsrahmen sowie zur Sanierungsmoderation ist in diesem Stadium ebenfalls nicht mehr eröffnet (vgl. § 33 Abs. 2 Nr. 1 StaRUG bzw. § 94 Abs. 1 Satz 2 und 3 StaRUG).

2. Die Governance-Regime der verschiedenen Rechtsrahmen

16 Die verschiedenen Rechtsrahmen, in denen die übertragende Sanierung umgesetzt werden kann, – außergerichtlich, Sanierungsmoderation, Stabilisierungs- und Restrukturierungsrahmen oder Insolvenzverfahren – sehen unterschiedliche Governance-Strukturen für die übertragende Sanierung vor. Das jeweilige Governance-Regime bestimmt in welcher Form welche Stakeholder an der übertragenden Sanierung mitwirken müssen.

---

9) *Bitter*, ZIP 2021, 321; *Scholz*, ZIP 2021, 219; *Kuntz*, ZIP 2021, 597; *Hölzle* in: FS Gehrlein, 2022, S. 261 ff.; Morgen-*Demisch/Schwenke*, StaRUG, § 43 Rz. 43 ff.

10) S. dazu *Fuhrmann/Heinen/Schilz*, NZG 2021, 684; *Saenger/Al-Wraikat*, NZG 2013, 1201; *Gessner*, NZI 2018, 185; *Wertenbruch*, DB 2013, 1592.

a) Governance im außergerichtlichen Bereich

Im außergerichtlichen Bereich bedarf die Übertragung des gesamten Gesellschaftsvermögens oder wesentlicher Teile des gesamten Gesellschaftsvermögens, die i. R. einer übertragenden Sanierung regelmäßig erfolgt, in aller Regel der Zustimmung des Gesellschafterorgans. Dies folgt für die AG aus **§ 179a AktG**, der für KG entsprechend gilt.[11] Zwar findet die Vorschrift auf die GmbH keine entsprechende Anwendung, dort bedarf eine solche Maßnahme als besonders bedeutsame Rechtshandlung aber schon nach allgemeinen Grundsätzen (§§ 37, 46 GmbHG) der Zustimmung der Gesellschafterversammlung.[12] Auch i. R. einer **Sanierungsmoderation** wird die Entscheidungshoheit des Gesellschafterorgans nicht eingeschränkt. 17

> **Praxishinweis**
> Da § 179a AktG keine bloß interne Pflichtenbindung statuiert, sondern die Unwirksamkeit des Geschäfts im Außenverhältnis zur Folge hat, muss auch der Käufer im eigenen Interesse die Beachtung dieser Anforderungen überprüfen.

Insbesondere bei Publikumsgesellschaften ist die Einbindung der Gesellschafterorgane regelmäßig selbst bei Verkürzung der Ladungsfrist mit einem erheblichen zeitlichen Vorlauf verbunden.[13] Läuft bereits eine Insolvenzantragsfrist, kann daher eine außergerichtliche übertragende Sanierung bereits an diesen zeitlichen Restriktionen scheitern. 18

Sofern **Beiträge von Gläubigern** i. R. einer außergerichtlichen Sanierung erforderlich sind, z. B. weil es für die solvente Liquidation des übertragenden Rechtsträgers eines Teilerlasses bedarf, gilt das **Konsensprinzip**: Solche Beiträge können nicht erzwungen, sondern nur im Einvernehmen mit dem Gläubiger erzielt werden.[14] Dazu müssen die Gläubiger davon überzeugt werden, dass ihre Rechte in der geplanten Struktur im Vergleich zu Alternativszenarien am besten gewahrt werden. 19

b) Governance in der Sanierungsmoderation (§§ 94 ff. StaRUG)

Die Governance-Struktur für eine übertragende Sanierung i. R. einer Sanierungsmoderation entspricht im Grundsatz derjenigen im außergerichtlichen Bereich. Insbesondere bleiben gesellschaftsrechtliche Zustimmungserfordernisse unberührt und Zwangseingriffe in Gläubigerrechte sind nicht möglich. Als weiterer Beteiligter tritt der **Sanierungsmoderator** hinzu, dessen Aufgaben sich schwerpunktmäßig aber auf Moderation und fachliche Unterstützung beschränken.[15] Sofern die übertragende Sanierung i. R. eines Sanierungsvergleichs vollzogen werden soll, ist für dessen Bestätigung das **Restrukturierungsgericht** zuständig (§ 97 StaRUG). 20

c) Governance im Stabilisierungs- und Restrukturierungsrahmen

Die gesellschaftsrechtlichen Bindungen der Geschäftsleiter bei der übertragenden Sanierung gegenüber den Überwachungs- und Gesellschafterorganen gelten grundsätzlich auch im Stabilisierungs- und Restrukturierungsrahmen fort.[16] Denn das StaRUG kennt keine 21

11) BGH, Urt. v. 23.11.1994 – XII ZR 186/93, NJW 1995, 596 = WM 1995, 336.

12) BGH, Urt. v. 8.1.2019 – II ZR 364/18, BGHZ 220, 354 = NZG 2019, 505.

13) So beträgt die Einberufungsfrist für die Hauptversammlung einer AG grundsätzlich mindestens 30 Tage (§ 123 Abs. 1 Satz 1 AktG) und selbst in der Verkürzung nach § 1 Abs. 3 Satz 1 COVGesMG 21 Tage.

14) BGH, Urt. v. 12.12.1991 – IX ZR 178/91, BGHZ 116, 319 = NJW 1992, 967.

15) *Curtze/Doebert* in: Bieg/Borchardt/Frind, Unternehmenssanierung, Teil 1 VI., Rz. 3 ff.

16) Nerlich/Römermann-*Curtze*, InsO, § 43 StaRUG Rz. 7; Flöther-*Goetker*, StaRUG, § 43 Rz. 34 ff.

Regelung, die wie § 276a InsO die Bindungen der Geschäftsleiter gegenüber diesen Organen aufhebt. Jedoch verpflichtet § 43 Abs. 1 Satz 1 StaRUG die Geschäftsleiter zur **Beachtung der Interessen der Gläubiger.** Weisungen anderer Organe, die mit der Pflicht zur Wahrung der Gläubigerinteressen kollidieren, sind damit unbeachtlich.[17)]

22 Erfolgt die übertragende Sanierung auf Grundlage eines Restrukturierungsplans nach §§ 2 ff. StaRUG, können die erforderlichen Zustimmungen durch eine gestaltende Planregelung nach § 7 StaRUG eingeholt werden, was eine Beschlussfassung in der Plangruppe der Gesellschafter (§ 9 Abs. 1 Nr. 4 StaRUG) voraussetzt. Diese Beschlussfassung in der Plangruppe der Gesellschafter kann über eine gruppenübergreifende Mehrheitsentscheidung – den sog. **Cross-Class Cram-down** – fingiert werden (§ 26 StaRUG).[18)]

23 Über den Restrukturierungsplan sind auch Eingriffe in Forderungen und Absonderungsrechte von Gläubigern möglich, wobei bestimmte Arten von Forderungen ausgenommen sind (vgl. §§ 2 ff. StaRUG). Hierzu bedarf es grundsätzlich einer Dreiviertelmehrheit in den jeweiligen Gläubigergruppen (§ 25 Abs. 1 StaRUG), wobei jedoch auch insofern eine gruppenübergreifende Mehrheitsentscheidung nach § 26 StaRUG möglich ist. Damit ist eine übertragende Sanierung über einen Restrukturierungsplan auch gegen den Widerstand einzelner **Akkordstörer** umsetzbar. Hierin liegt ein **wichtiger Vorteil** gegenüber der außergerichtlichen Umsetzung und der Sanierungsmoderation.

d) Governance im Regelinsolvenzverfahren

24 Im Insolvenzverfahren geht die Verwaltungs- und Verfügungsbefugnis nach § 80 InsO auf den Insolvenzverwalter über, der dem Ziel der bestmöglichen gemeinschaftlichen Befriedigung der Insolvenzgläubiger verpflichtet ist (§ 1 Satz 1 InsO). Der Insolvenzverwalter unterliegt bei der Verwertung der Insolvenzmasse keinen Bindungen gegenüber den Gesellschafter- oder Überwachungsorganen der Schuldnerin. Stattdessen bedarf der Insolvenzverwalter im Innenverhältnis der **Zustimmung des Gläubigerausschusses** oder – sofern ein Gläubigerausschuss nicht bestellt ist – **der Gläubigerversammlung,** § 160 Abs. 1 i. V. mit Abs. 2 Nr. 1 InsO. Trotz Bestehens eines Gläubigerausschusses ist die Zustimmung der Gläubigerversammlung in den in § 162 InsO genannten Fällen einer Betriebsveräußerung an „besonders Interessierte" einzuholen. Dies erfasst Fälle,

- in denen der Erwerber oder eine Person, die an seinem Kapital zu mindestens einem Fünftel beteiligt ist,
- zu den dem Schuldner nahestehenden Personen i. S. des § 138 InsO gehört (siehe hierzu die Erläuterungen bei Kap. 10 Rz. 75 ff. [*Zenker*]), oder
- ein absonderungsberechtigter Gläubiger oder ein nicht nachrangiger Insolvenzgläubiger ist, dessen Absonderungsrechte und Forderungen nach der Schätzung des Insolvenzgerichts zusammen ein Fünftel der Summe erreichen, die sich aus dem Wert aller Absonderungsrechte und den Forderungsbeiträgen aller nicht nachrangigen Insolvenzgläubiger ergibt.

25 Nach dem gesetzlichen Grundmodell beginnt die Verwertungspflicht des Insolvenzverwalters erst nach dem **Berichtstermin** nach Maßgabe der Beschlüsse der Gläubigerversammlung (§ 159 InsO). Der Berichtstermin kann gemäß § 29 Abs. 1 Nr. 1 InsO bis zu drei Monate nach Verfahrenseröffnung stattfinden, so dass der Insolvenzverwalter das insolvente Unternehmen bis zu diesem Zeitpunkt fortführen müsste. Die Praxis hat gezeigt, dass sich die Chance der optimalen Masseverwertung durch übertragende Sanierung

17) *Hoegen/Kranz*, NZI 2021, 105, 106 f.; Braun-*Weber/Dömmecke*, StaRUG, § 43 Rz. 8.

18) Flöther-*Hoegen/Herding*, StaRUG, § 90 Rz. 42.

bei längerer Verfahrensdauer häufig zerschlägt.[19] Oftmals gelingt es, bereits im Antragsverfahren einen Übernahmeinteressenten zu finden und mit diesem den Vertrag für eine unmittelbar nach Verfahrenseröffnung umzusetzende Veräußerung „endzuverhandeln".[20] In diesem Fall ist weder dem Erwerbsinteressenten und dessen möglichen Finanzgebern noch den Geschäftspartnern und Arbeitnehmern des Insolvenzschuldners ein u. U. mehrmonatiges Zuwarten auf die Entscheidung der Gläubigerversammlung im Berichtstermin zuzumuten.

Gemäß § 158 Abs. 1 InsO ist der Insolvenzverwalter zur **Veräußerung des Unternehmens schon vor dem Berichtstermin** berechtigt. Sofern ein Gläubigerausschuss bestellt ist, ist dessen Zustimmung einzuholen. Besteht kein Gläubigerausschuss kann der Insolvenzverwalter nach pflichtgemäßen Ermessen entscheiden.[21] Ein solches Vorgehen ohne Zustimmung des Gläubigerausschusses ist jedoch für den Insolvenzverwalter mit erheblichen **Haftungsrisiken** nach §§ 60, 61 InsO verbunden. Der Insolvenzverwalter sollte von dieser Möglichkeit daher nur im Notfall Gebrauch machen und stattdessen auf die rechtzeitige Bestellung eines Gläubigerausschusses hinwirken. Verweigert der vorläufige Gläubigerausschuss seine Zustimmung oder steht dies zu befürchten, kann der Verwalter nach § 75 Abs. 1 Nr. 1 InsO beantragen, eine (vorgezogene) Gläubigerversammlung einzuberufen. 26

Zum anderen ist der **Schuldner** vom Insolvenzverwalter vor der Beschlussfassung des Gläubigerausschusses bzw. vor der Veräußerung **zu unterrichten,** § 158 Abs. 2 Satz 1 InsO. Der Schuldner ist berechtigt, beim Insolvenzgericht die Untersagung der Veräußerung zu beantragen. Diesem Antrag ist stattzugegeben, wenn die Veräußerung ohne erhebliche Verminderung der Insolvenzmasse bis zum Berichtstermin aufgeschoben werden kann, § 158 Abs. 2 Satz 2 InsO. 27

Möchte der Insolvenzverwalter **unmittelbar nach Verfahrenseröffnung** veräußern, sollte er bereits als vorläufiger Insolvenzverwalter die wesentlichen Gläubiger einbinden und Einvernehmen über die übertragende Sanierung erzielen. Er hat dazu auf die Einsetzung eines **vorläufigen Gläubigerausschusses** gemäß § 67 Abs. 1 InsO hinzuwirken und sollte geeignete Ausschussmitglieder vorschlagen. Liegen dem Insolvenzgericht deren schriftliche Erklärungen zur Bereitschaft der Annahme des Amts vor, kann es zugleich mit dem Eröffnungsbeschluss einen sofort handlungsfähigen Gläubigerausschuss installieren. Dieser kann unmittelbar über die zu treffende Maßnahme abstimmen. 28

Praxishinweis

Alternativ können auch der Vertragsabschluss und die Vertragsdurchführung unter der aufschiebenden Bedingung der Zustimmung des Gläubigerausschusses bzw. der Gläubigerversammlung getroffen werden, wodurch allerdings zunächst noch Rechtsunsicherheiten verbleiben.

Eine erfolgreiche übertragende Sanierung im Insolvenzverfahren gelingt in der Praxis regelmäßig nur dann, wenn diese bereits im **Eröffnungsverfahren** durch einen Investorenprozess, Due-Diligence-Prüfungen und Vertragsverhandlungen intensiv vorbereitet wurde. Die Umsetzung der übertragenden Sanierung durch den Abschluss der entsprechenden Verträge erfolgt dagegen in aller Regel erst im Insolvenzeröffnungsverfahren. Zwar ist vor dem Hintergrund der i. R. eines Insolvenzverfahrens nicht selten eintretenden Erosion des schuldnerischen Geschäftsbetriebs die Zulässigkeit einer übertragenden Sanierung bereits 29

19) *Hagebusch/Oberle*, NZI 2006, 618, 621.

20) *Decker* in: HambKomm-InsO, § 158 Rz. 5.

21) Uhlenbruck-*Zipperer*, InsO § 158 Rz. 9; *Decker* in: HambKomm-InsO, § 158 Rz. 7 m. w. N.

im Eröffnungsverfahren diskutiert worden.[22] Unabhängig von der Frage, unter welchen Voraussetzungen der vorläufige Insolvenzverwalter zu einer solchen Maßnahme überhaupt berechtigt ist, hat diese Struktur aufgrund erheblicher Haftungsrisiken für den Erwerber (siehe dazu Rz. 35 ff.) in der Praxis kaum Bedeutung erlangt. Gelegentlich kommt es allerdings vor, dass das Eröffnungsverfahren durch Rücknahme des Insolvenzantrags beendet wird, weil ein Investor die Gesellschaft im Wege eines Share Deals übernommen hat oder übernehmen will und die Insolvenzgründe beseitigt.

e) Governance im Insolvenzverfahren in Eigenverwaltung

30 Im Insolvenzverfahren in Eigenverwaltung geht die Verwaltungs- und Verfügungsbefugnis nicht auf einen Insolvenzverwalter über, sondern der Schuldner ist berechtigt, unter der Aufsicht des Sachwalters die Insolvenzmasse zu verwalten und über sie zu verfügen (§ 270 InsO). Im Rahmen seiner Überwachungsaufgabe ist der Sachwalter auch in den M&A-Prozess eng und aktiv einzubinden. Für Rechtshandlungen von besonderer Bedeutung, wie etwa eine übertragende Sanierung, gelten dieselben Zustimmungserfordernisse des Gläubigerausschusses bzw. der Gläubigerversammlung wie im Regelinsolvenzverfahren (§ 276 InsO). Zustimmungserfordernisse gegenüber den gesellschaftsrechtlichen Organen werden dagegen durch § 276a Abs. 1 InsO suspendiert. Die Mitglieder des Vertretungsorgans unterliegen bei der Verwaltung der Insolvenzmassen denselben Bindungen wie ein Insolvenzverwalter – sind also insbesondere dem Ziel der bestmöglichen gemeinschaftlichen Gläubigerbefriedigung (§ 1 InsO) verpflichtet und haften auch nach Maßgabe der §§ 60 bis 62 InsO (§ 276a Abs. 2 InsO). Zur Corporate Governance in der Eigenverwaltung siehe ausführlich Kap. 24 Rz. 107 ff. [*Naraschewski*].

3. Vor- und Nachteile des jeweiligen Rechtsrahmens

31 Die verschiedenen Rechtsrahmen, in denen eine übertragende Sanierung umgesetzt werden kann, unterscheiden sich nicht nur in ihrer Governance-Struktur, sondern haben auch Einfluss auf die materiell-rechtliche Beurteilung der Transaktion. Diese Aspekte sind für die Entscheidung des Schuldners zwischen den verschiedenen Rechtsrahmen regelmäßig von zentraler Bedeutung.

a) Stille Sanierung vs. Publizität der Krise

32 Wird die Krise eines Unternehmens publik, so hat dies in der Praxis regelmäßig erhebliche **nachteilige Auswirkungen auf den Geschäftsbetrieb.**[23] Denn häufig kassieren oder reduzieren Lieferanten ihre Zahlungsziele, Kunden orientieren sich angesichts der unsicheren Lage zu Wettbewerbern und es droht ein Verlust der Leistungsträger unter den Mitarbeitern. In aller Regel reduziert sich auch der Kaufpreis, der i. R. der übertragenden Sanierung erlöst werden kann, wenn die potentiellen Erwerber erkennen, dass der Verkäufer aufgrund wirtschaftlicher Zwänge zeitnah verkaufen muss. Die konkreten Auswirkungen eines öffentlichen Bekanntwerdens der Krise sind im Vorfeld nur sehr schwer abschätzbar. Zur Optimierung der Sanierungschancen sollten daher möglichst nur diejenigen Beteiligten von der Krisensituation in Kenntnis gesetzt werden, deren Beiträge zur Überwindung der Krise erforderlich sind.

33 Eine außergerichtliche Sanierung kann regelmäßig **„still"**, d. h. nur unter Einbeziehung der unmittelbar an der Sanierung Beteiligten erfolgen. Dies gilt aufgrund der Selbstbefrei-

---

22) *Morshäuser/Falkner*, NZG 2010, 881, 882; *Arends/Hofert-v. Weiss*, BB 2009, 1538, 1539; Uhlenbruck-*Vallender*, InsO, § 22 Rz. 39 f.

23) *Besau*, KSI 2011, 202, 206.

ungsmöglichkeit regelmäßig auch dann, wenn der Schuldner den kapitalmarkrechtlichen Ad-hoc-Pflichten unterliegt.[24)] Auch der Stabilisierungs- und Restrukturierungsrahmen sowie die Sanierungsmoderation sind nicht-öffentliche Verfahren, die keine allgemeine Publizität vorsehen. Anders verhält es sich hingegen im Insolvenzverfahren. Spätestens der Eröffnungsbeschluss ist nach § 30 InsO öffentlich bekannt zu machen, auch wenn das Verfahren in Eigenverwaltung geführt wird. Eine Publizität der Krise ist damit bei einer übertragenden Sanierung im Insolvenzverfahren unvermeidlich.

Praxishinweis

Um die negativen Auswirkungen der Krisenpublizität möglichst gering zu halten, ist eine proaktive Krisenkommunikation unerlässlich. In größeren Fällen hat sich hier in der Praxis der Einsatz entsprechend spezialisierter Kommunikationsberater bewährt.

b) Selektive Einbeziehung der Stakeholder vs. Gesamtverfahren

Ein weiterer wichtiger Aspekt bei der Auswahl des Rechtsrahmens ist die Frage, inwiefern der Schuldner selbst bestimmen kann, **welche Gläubiger** er in das Verfahren einbezieht. Im außergerichtlichen Bereich ebenso wie im Restrukturierungsrahmen und der Sanierungsmoderation nach StaRUG ist es grundsätzlich dem Schuldner überlassen, welche Gläubiger er in die Restrukturierung einbindet. Das hat den Vorteil, dass die Geschäftsbeziehungen zu den nicht einbezogenen Gläubigern durch die Sanierung nicht beeinträchtigt werden. Im Rahmen des durch den Grundsatz der Gläubigergleichbehandlung geprägten Insolvenzverfahrens sind hingegen alle Gläubiger im Rang des § 38 InsO erfasst. Das kann insbesondere auch Lieferanten oder Kunden mit vergleichsweise geringen Forderungen treffen und zu erheblichen Friktionen mit diesen Beteiligten führen, die den Geschäftsbetrieb empfindlich schädigen können. Sofern im Insolvenzverfahren bspw. schwerwiegende Forderungsausfälle für Schlüsselkunden oder -lieferanten zu erwarten sind, kann sich dies als Sanierungshindernis erweisen. 34

4. Haftungsrechtliche Aspekte

Insbesondere aus Sicht des Erwerbers ist ein entscheidender Aspekt bei der übertragenden Sanierung die Frage, inwieweit eine Haftung für Verbindlichkeiten des übertragenden Rechtsträger ausgeschlossen werden kann. Zwar werden übertragende Sanierungen typischerweise als **Asset Deals** im Wege der Einzelrechtsnachfolge strukturiert, wobei eine Haftung des übernehmenden Rechtsträgers für Verbindlichkeiten des übertragenden Rechtsträgers vertraglich ausgeschlossen wird. Dieses Grundmodell stößt jedoch im Bereich der **gesetzlichen Haftungstatbestände**, die einer vertraglichen Gestaltung naturgemäß nicht zugänglich sind, an seine Grenzen. Im Hinblick auf die gesetzlichen Haftungstatbestände ist die übertragende Sanierung **i. R. eines eröffneten Insolvenzverfahrens stark privilegiert.** 35

a) Haftung wegen Firmenfortführung (§ 25 HGB)

Der Insolvenzbeschlag erstreckt sich auch auf die Firma als immaterielles Gut des Unternehmens sowie auf das an ihr bestehende subjektive Recht.[25)] § 25 Abs. 1 Satz 1 HGB ordnet die Haftung des Erwerbers für alle im Betrieb des erworbenen Handelsgeschäfts begründeten Verbindlichkeiten an, wenn der Erwerber dieses unter der bisherigen Firma 36

24) Dazu *Bertus*, BB 2021, 1355; *Kocher/Widder*, NZI 2010, 925.

25) BGH, Urt. v. 27.9.1982 – II ZR 51/82, ZIP 1983, 193 = NJW 1983, 755; selbst wenn der Name des Gesellschafters Bestandteil der Firma ist, kann er der Veräußerung nicht widersprechen, s. *Leuering*, NJW 2016, 3265.

mit oder ohne Hinweis auf das Nachfolgeverhältnis fortführt. Der Tatbestand der **Firmenfortführung** ist dabei bereits erfüllt, wenn die Firma in ihrem Kern fortgeführt wird.[26] Beim Erwerb im eröffneten Insolvenzverfahren findet § 25 HGB nach allgemeiner Auffassung keine Anwendung.[27] Anderenfalls würde die bestmögliche Verwertung der Vermögensgegenstände unnötig erschwert werden.[28]

37 Demgegenüber findet beim Erwerb vor Insolvenzantragstellung, als auch im Insolvenzeröffnungsverfahren, die Regelung des § 25 HGB vollumfänglich Anwendung.[29] Um hier zu einer Haftungsbegrenzung für den Erwerber zu gelangen, müssen die Parteien einen **Haftungsausschluss** i. S. des § 25 Abs. 2 HGB vereinbaren und diesen entweder in das Handelsregister eintragen und bekannt machen lassen oder den Gläubigern mitteilen. Ein Haftungsausschluss kann jedoch nur dann Außenwirkung entfalten, wenn die Bekanntmachung unverzüglich nach der Übertragung vorgenommen wird. Ausreichend ist es, wenn die Anmeldung zum Handelsregister unverzüglich nach Geschäftsübernahme vorgenommen wird und Eintragung und Bekanntmachung dann in angemessenem Zeitabstand erfolgen.[30]

b) Haftung des Betriebsübernehmers nach § 75 AO

38 Wird ein Unternehmen oder ein in der Gliederung eines Unternehmens gesondert geführter Betrieb im Ganzen übereignet, haftet der Erwerber gemäß § 75 Abs. 1 Satz 1 AO für **Steuern**, wenn die Steuerpflicht auf dem Betrieb des Unternehmens (also insbesondere Gewerbesteuer, Umsatzsteuer sowie Verbrauchssteuern, Versicherungssteuern und Steuerabzugsbeträge wie z. B. die Lohnsteuer) beruht. Die Haftung erfasst in zeitlicher Hinsicht allerdings nur Ansprüche auf Steuern, die seit Beginn des letzten, vor der Übertragung liegenden Kalenderjahrs entstanden sind und bis zum Ablauf von einem Jahr nach Anmeldung des Betriebs durch den Erwerber festgesetzt oder angemeldet werden. Zum anderen ist die Haftung der Höhe nach auf den Wert des übernommenen Vermögens beschränkt, § 75 Abs. 1 Satz 2 AO.

39 Auf übertragende Sanierungen im außergerichtlichen Bereich oder im Insolvenzeröffnungsverfahren findet die gesetzliche Haftung nach § 75 Abs. 1 AO grundsätzlich[31] uneingeschränkt Anwendung,[32] wohingegen die Haftung gemäß Absatz 2 des § 75 AO kraft Gesetzes nicht bei einem **Erwerb aus der Insolvenzmasse** gilt.

---

26) Hopt-*Merkt*, HGB, § 25 Rz. 7; *Thiessen* in: MünchKomm-HGB, § 25 Rz. 61 m. w. N.; BGH, Urt. v. 24.9.2008 – VIII ZR 192/06, ZIP 2008, 2116, 2117 = MDR 2008, 1404.

27) BGH, Urt. v. 24.9.2008 – VIII ZR 192/06, ZIP 2008, 2116, 2117 = MDR 2008, 1404; BAG, Urt. v. 20.9.2006 – 6 AZR 215/06, ZIP 2007, 386, 387; *Thiessen* in: MünchKomm-HGB, § 25 Rz. 36 m. w. N.

28) *Thiessen* in: MünchKomm-HGB, § 25 Rz. 36; BAG, Urt. v. 20.9.2006 – 6 AZR 215/06, ZIP 2007, 386, 387.

29) Vgl. *Thiessen* in: MünchKomm-HGB, § 25 Rz. 36 f.; *Theiselmann*, GmbH-StB 2012, 309, 312; *Besau*, KSI 2011, 202, 204; BGH, Urt. v. 4.11.1991 – II ZR 85/91, ZIP 1992, 398, 399 = NJW 1992, 911; BGH, Urt. v. 28.11.2005 – II ZR 355/03, ZIP 2006, 367, 368 = NJW 2006, 1001; BAG, Urt. v. 20.9.2006 – 6 AZR 215/06, ZIP 2007, 386, 388.

30) Hopt-*Merkt*, HGB, § 25 Rz. 15 m. w. N.; OLG München, Beschl. v. 6.2.2007 – 31 Wx 103/06, ZIP 2007, 1063, 1064 = MDR 2007, 785 m. w. N., wonach eine Eintragung des Haftungsausschlusses nach fünf Monaten bei unverzüglicher Anmeldung nach Übergang zulässig ist, ein Zeitraum von weit über sieben Monaten der Eintragungsfähigkeit jedoch entgegensteht.

31) Ausnahmsweise greift der Haftungsausschluss auch beim Erwerb von einem vorläufigen Insolvenzverwalter, wenn sich das Insolvenzverfahren zeitlich unmittelbar anschließt, BFH, Urt. v. 23.7.1998 – VII R 143/97, DStR 1998, 1600, 1602 f. = ZIP 1998, 1845.

32) Koenig-*Kratzsch*, AO, § 75 Rz. 5 ff.

c) Haftung wegen Betriebsübergangs nach § 613a BGB

Bei der Haftung wegen Betriebsübergangs nach § 613a BGB geht es insbesondere in Fällen, in denen Personalüberhang zur Krise beigetragen hat, um die Frage, welche Arbeitsverhältnisse auf den Übernehmer wegen des Betriebsübergangs übergehen. Des Weiteren bestimmt die Vorschrift, in welchem Umfang der Erwerber im Hinblick auf die übergegangenen Arbeitsverhältnisse für Forderungen der Arbeitnehmer aus der Zeit vor Insolvenzeröffnung haftet. 40

Nach § 613a Abs. 1 Satz 1 BGB tritt der Erwerber bei rechtsgeschäftlichem Übergang eines Betriebs oder eines Betriebsteils in die Rechte und Pflichten der im Zeitpunkt des Übergangs bestehenden Arbeitsverhältnisse ein.[33)] Dieser Grundsatz gilt hinsichtlich des Übergangs der Arbeitsverhältnisse auch im Fall der übertragenden Sanierung innerhalb eines Insolvenzverfahrens,[34)] was in der Praxis oftmals eine übertragende Sanierung erschwert.[35)] Allerdings sieht die InsO unter bestimmten Voraussetzungen gewisse **Kündigungserleichterungen** vor, so dass die Anzahl der übergehenden Arbeitsverhältnisse oftmals reduziert werden kann. So räumt § 113 InsO dem Insolvenzverwalter ohne Rücksicht auf vertragliche oder gesetzliche Kündigungsfristen ein Kündigungsrecht mit höchstens dreimonatiger Frist zum Monatsende ein. Ferner bestehen gemäß §§ 125–128 InsO insolvenzspezifische Kündigungserleichterungen bei einer Betriebsänderung i. S. des § 111 BetrVG, wenn diese auf Grundlage eines zwischen dem Insolvenzverwalter und dem Betriebsrat geschlossenen Interessenausgleichs (§ 125 InsO) bzw. eines arbeitsgerichtlichen Beschlussverfahrens zum Kündigungsschutz (§ 126 InsO) durchgeführt wird. Dies gilt unabhängig davon, ob die Betriebsänderung vor oder nach der Betriebsveräußerung durchgeführt wird, § 128 Abs. 1 InsO.[36)] 41

Die Kündigungserleichterungen der §§ 113, 125–128 InsO gelten, wie sich aus ihrer systematischen Stellung im 3. Teil der InsO ergibt, nur im eröffneten Insolvenzverfahren. Im Rahmen einer außergerichtlichen übertragenden Sanierung, einer Sanierungsmoderation oder eines Stabilisierungs- und Restrukturierungsrahmens finden sie somit keine Anwendung. 42

Hinsichtlich des Umfangs der Haftung für die auf den Erwerber übergegangenen Arbeitsverhältnisse ist allgemein anerkannt, dass § 613a BGB bei einem Erwerb im eröffneten Insolvenzverfahren **teleologisch zu reduzieren** ist. Der Erwerber haftet nicht für die bereits vor Insolvenzeröffnung entstandenen Ansprüche der auf ihn übergegangenen Arbeitnehmer.[37)] Anderenfalls bestünde die Gefahr, dass ein Erwerber den an die Masse zu leistenden Kaufpreis um die auf ihn übergehenden Verbindlichkeiten reduzieren würde.[38)] Dies würde den Grundsatz der gleichmäßigen Gläubigerbefriedigung verletzen, da die Ar- 43

---

33) Vgl. zur konkreten Ausgestaltung der Eintrittspflicht § 613a Abs. 1 und Abs. 2 BGB.

34) Vgl. BAG, Urt. v. 25.10.2007 – 8 AZR 917/06, NZI 2008, 450, 451 = BB 2008, 1175; *Besau*, KSI 2011, 202, 205; *Wellensiek*, NZI 2002, 233, 235; *Preis* in: ErfK, § 613a BGB Rz. 146.

35) *Wellensiek*, NZI 2002, 233, 235; *Schmerbach/Staufenbiel*, ZInsO 2009, 458, 464 m. w. N.

36) S. zu den Voraussetzungen und der Durchführung von Personalanpassungsmaßnahmen, insbesondere zum Einsatz einer sog. Beschäftigungs- und Qualifizierungsgesellschaft Kap. 21 [*Eckhoff*] und *Stenslik*, DStR 2016, 874, sowie insbesondere zum Ansatz des kollektiven Widerspruchs der Arbeitnehmer nach § 613a Abs. 6 BGB *Hoffmann/Marquardt*, NZI 2017, 513.

37) Grundlegung zur Fortgeltung dieses Grundsatzes im Anwendungsbereich der InsO BAG, Urt. v. 20.6.2002 – 8 AZR 459/01, ZIP 2003, 222, 225 ff. = NZI 2003, 222; BAG, Urt. v. 30.10.2008 – 8 AZR 54/07, NZA 2009, 432, 434 f. m. w. N.; *Preis* in: ErfK, § 613a BGB Rz. 146.

38) BAG, Urt. v. 20.6.2002 – 8 AZR 459/01, ZIP 2003, 222, 226 = NZI 2003, 222; BAG, Urt. v. 30.10.2008 – 8 AZR 54/07, NZA 2009, 432, 434 f.

beitnehmer, obwohl sie hinsichtlich ihrer Forderungen nur einfache Insolvenzgläubiger sind, zulasten der übrigen Insolvenzgläubiger bevorzugt werden würden.[39)]

44 **Urlaubsansprüche** gelten allerdings als Masseverbindlichkeiten,[40)] denn Urlaubsansprüche sind auf Freistellung von der Arbeitsleistung bei Fortzahlung der Bezüge gerichtet, nicht von einer Arbeitsleistung im Kalenderjahr abhängig und werden damit nicht monatlich verdient.[41)] Da eine Zuordnung zu einem bestimmten Zeitraum im Jahr nicht möglich ist, können sie nicht unter § 108 Abs. 2 InsO subsumiert werden, denn nach dieser Regelung sind nur die Ansprüche aus dem Arbeitsverhältnis für die Zeit vor Insolvenzeröffnung Insolvenzforderungen.[42)] Als Masseverbindlichkeiten sind bei Betriebsübergang noch bestehende Urlaubsansprüche vom Erwerber voll zu erfüllen.[43)]

45 Die aufgezeigte teleologische Reduktion des § 613a BGB hinsichtlich der bereits im Zeitpunkt des Übergangs auf den Erwerber bestehenden Ansprüche der übergegangenen Arbeitnehmer wird im Fall eines Betriebsübergangs vor Eröffnung des Insolvenzverfahrens nicht vorgenommen.[44)] Der Grundsatz der gleichmäßigen Gläubigerbefriedigung kommt hier gerade nicht zum Tragen.[45)]

d) Beihilferechtliche Haftung nach Art. 87 EGV

46 Entgegen EU-Vorgaben, insbesondere entgegen Art. 87 Abs. 1 EGV gewährte Beihilfen können vom Empfänger zurückgefordert werden.[46)] Ist der Beihilfeempfänger in Insolvenz gefallen, vollzieht sich die Wiederherstellung der früheren Lage und die Beseitigung der aus den rechtswidrig geleisteten Beihilfen resultierenden Wettbewerbsverzerrungen grundsätzlich durch **Anmeldung der Rückerstattungsforderung zur Tabelle.**[47)] Kontrovers diskutiert wird die Frage, ob und unter welchen Voraussetzungen der Erwerber eines Unternehmens, welches die Beihilfe in der Vergangenheit empfangen hatte, ebenfalls als beihilfebegünstigt und rückzahlungsverpflichtet angesehen werden kann.[48)]

47 Die Kommission hat angesichts des Umstands, dass die Empfänger im Zeitpunkt der Rückforderung häufig insolvent sind, die **Beihilfebegünstigung** und Rückzahlungspflicht **ausgedehnt** auf Erwerber, wenn die Umstände des Erwerbs auf eine Umgehung der Rückforderung schließen lassen.[49)]

48 Der **EuGH** hat diese Praxis beschränkt. Nach ständiger Rechtsprechung des EuGH ist maßgeblich, ob das Unternehmen, welches eine rechtswidrige staatliche Beihilfe erhalten hat, vom Erwerber zum **Marktpreis** erworben wird. Marktpreis ist dabei der höchste

---

39) BAG, Urt. v. 20.6.2002 – 8 AZR 459/01, ZIP 2003, 222, 226 = NZI 2003, 222; BAG, Urt. v. 30.10.2008 – 8 AZR 54/07, NZA 2009, 432, 434 f.; *Preis* in: ErfK, § 613a BGB Rz. 146.

40) BAG, Urt. v. 25.3.2003 – 9 AZR 174/02, NZA 2004, 43, 46 = ZIP 2003, 1802; *Düwell/Pulz*, NZA 2008, 786, 789.

41) BAG, Urt. v. 25.3.2003 – 9 AZR 174/02, NZA 2004, 43, 46 = ZIP 2003, 1802.

42) BAG, Urt. v. 25.3.2003 – 9 AZR 174/02, NZA 2004, 43, 46 = ZIP 2003, 1802.

43) *Düwell/Pulz*, NZA 2008, 786, 789.

44) BAG, Urt. v. 20.6.2002 – 8 AZR 459/01, ZIP 2003, 222, 225 ff. = NZI 2003, 222, das auch insbesondere eine Vergleichbarkeit mit der erweiternden Auslegung von § 75 Abs. 2 AO ablehnt, s. ZIP 2003, 222, 227; *Preis* in: ErfK, § 613a BGB Rz. 146.

45) BAG, Urt. v. 20.6.2002 – 8 AZR 459/01, ZIP 2003, 222, 226 = NZI 2003, 222.

46) Instruktiv zu diesem Komplex im Kontext der übertragenden Sanierung *Hölzle/Wendt*, ZRI 2021, 953.

47) EuGH, Urt. v. 29.4.2004 – Rs. C-277/00, ZIP 2004, 1013, 1019 = EuZW 2004, 370 m. w. N.; *Schmerbach/Staufenbiel*, ZInsO 2009, 458, 465.

48) *Hölzle/Wendt*, ZRI 2021, 953; *Götz/Martinez Soria* in: Dauses/Ludwigs, EU-Wirtschaftsrecht, Kap. H. III., Rz. 274; *Grave*, EuZW 2004, 374, jeweils m. zahlr. N. zum Stand der Diskussion.

49) Götz/Martinez Soria in: Dauses/Ludwigs, EU-Wirtschaftsrecht, Kap. H. III., Rz. 380 m. w. N.

Preis, den ein privater Investor unter normalen Wettbewerbsbedingungen für das Unternehmen in der Situation, in der es sich – unter Berücksichtigung der gewährten staatlichen Beihilfe – befand, zu zahlen bereit war, das Beihilfeelement also zum Marktpreis bewertet und in den Kaufpreis einbezogen wurde. In diesem Fall kann der Erwerber nicht als Nutznießer der Beihilfe gegenüber den übrigen Marktteilnehmern angesehen werden.[50)]

Weiter hat der EuGH darauf abgestellt, dass die fraglichen Verkäufe in einem **hinreichend offenen und transparenten Verfahren** durchgeführt wurden, konkret erst nach fruchtlosen Verhandlungen mit einem anderen Interessenten und durch den unter gerichtlicher Aufsicht stehenden Konkursverwalter.[51)] Ausgeschlossen werden soll durch diese Voraussetzung, dass durch die konkrete Transaktion die Konsequenzen der Rückforderung umgangen werden.[52)] 49

Zusammenfassend kann der Erwerber eines Unternehmens aus dem eröffneten Insolvenzverfahrens somit nach der Rechtsprechung des EuGH nicht auf Rückzahlung von dem insolventen Unternehmensträger gemeinschaftswidrig gewährten Beihilfen in Anspruch genommen werden, wenn 50

- der Erwerber einen marktüblichen Preis unter Berücksichtigung der gewährten Beihilfe gezahlt hat und
- der Verkauf in einem hinreichend offenen und transparenten Verfahren durchgeführt wurde, was beim Erwerb vom unter gerichtlicher Aufsicht stehenden Insolvenzverwalter jedenfalls der Fall ist.[53)]

Der EuGH hatte in der zitierten Entscheidung keinen Anlass, sich zur Frage der Haftung des Unternehmenskäufers auf Rückerstattung rechtwidrig gezahlter Beihilfen zu äußern, wenn sich der **Erwerb außerhalb einer Insolvenz** vollzieht. Die herangezogene Begründung spricht jedoch dafür, den Adressatenkreis der Rückforderung auch in diesem Fall – bei Vorliegen der genannten Voraussetzungen – nicht auf den Erwerber zu erstrecken. Die Voraussetzung des Erwerbs zum Marktpreis unter Berücksichtigung der erhaltenen Beihilfen hat der EuGH allgemein formuliert.[54)] Ob das Unternehmen aus der Insolvenz heraus oder außerhalb der Insolvenz erworben wurde, ist für die Frage, ob sich die Wettbewerbsverzerrung beim Erwerber fortsetzt oder nicht, ohne Einfluss, sofern der Erwerb unter Berücksichtigung der geleisteten Beihilfe zu einem marktüblichen Preis erfolgte. Die weitere Voraussetzung, dass der Verkauf in einem hinreichend offenen und transparenten Verfahren durchgeführt sein müsse, dürfte auch außerhalb eines eröffneten Insolvenzverfahrens erfüllt werden können, z. B. durch den Nachweis der Durchführung eines Bieterverfahrens. Insofern ist allerdings festzuhalten, dass Anhaltspunkte zur Subsumtion unter das Tatbestandsmerkmal „offenes und transparentes Verfahren" für den Erwerb außerhalb einer Insolvenz vom EuGH nicht aufgestellt worden sind. Insofern verbleiben rechtliche Unsicherheiten, über welche bei anwaltlicher Beratung eines Erwerbsinteressenten entsprechend aufgeklärt werden sollte. Die tatsächlich bestehenden rechtlichen Risiken richtig einzuschätzen, ist aus Sicht des Erwerbers insofern schwierig, als er den Verkaufsprozess naturgemäß nicht in der Hand hat und auf die Angaben des Verkäufers angewiesen ist. 51

50) EuGH, Urt. v. 29.4.2004 – Rs. C-277/00, ZIP 2004, 1013, 1018 f. = EuZW 2004, 370.

51) EuGH, Urt. v. 29.4.2004 – Rs. C-277/00, ZIP 2004, 1013, 1019 f. = EuZW 2004, 370.

52) EuGH, Urt. v. 29.4.2004 – Rs. C-277/00, ZIP 2004, 1013, 1019 f. = EuZW 2004, 370.

53) Zustimmend *Grave*, EuZW 2004, 374.

54) Vgl. EuGH, Urt. v. 29.4.2004 – Rs. C-277/00, ZIP 2004, 1013, 1018 = EuZW 2004, 370; vgl. auch *Grave*, EuZW 2004, 374.

e) Altlasten

52 Betrifft die übertragende Sanierung Grundstücke, sind etwaige Altlastenthemen in den Blick zu nehmen. Die Beseitigungspflicht für schädliche Bodenveränderungen und Altlasten knüpft u. a. auch an die **tatsächliche Sachgewalt** über das Grundstück an, § 4 Abs. 3 BBodSchG. Der Besitzer nicht verwerteter Abfälle ist verpflichtet, diese zu beseitigen, § 11 Abs. 1 KrW-/AbfG. Geht die tatsächliche Sachherrschaft i. R. der Übertragung auf den Erwerber über, kann dieser zur Beseitigung in Anspruch genommen werden.[55] Insbesondere bei Grundstücken als Gegenstand der Übertragung gehen die damit verbundenen Haftungsrisiken wegen (unerkannter) Altlasten und Abfälle auf den Erwerber über. Dieses Haftungsrisiko trifft den Erwerber im Fall des außergerichtlichen Unternehmenserwerbs und im Fall des Unternehmenserwerbs aus der Insolvenz gleichermaßen.

5. Insolvenzanfechtungsrisiken

53 Insolvenzanfechtungsrisiken[56] spielen bei übertragenden Sanierungen außerhalb eines eröffneten Insolvenzverfahrens eine zentrale Rolle. Sie haben auf die Gestaltung der Transaktion maßgeblichen Einfluss und können in der Praxis dazu führen, dass sich übertragende Sanierungen im außergerichtlichen Bereich als nicht rechtssicher umsetzbar erweisen. Bei übertragenden Sanierungen im Insolvenzverfahren ergibt sich dieses Risiko hingegen nicht (§ 129 Abs. 1 InsO).

54 Ein besonderer Anfechtungsschutz gilt nach § 90 StaRUG für Maßnahmen i. R. eines **gerichtlich bestätigen Restrukturierungsplans oder Sanierungsvergleichs.** In Hinblick auf übertragende Sanierungen ist dieser Schutz jedoch sehr beschränkt (siehe dazu Rz. 61 ff.).

a) Schutz durch bargeschäftliche Strukturierung und Einbindung in ernsthaften Sanierungsversuch

55 Ein weitgehender Schutz der übertragenden Sanierung vor anfechtungsrechtlichen Risiken lässt sich erzielen, wenn diese als Bargeschäft i. S. des § 142 InsO strukturiert und in einen ernsthaften Sanierungsversuch eingebunden werden kann. Nach § 142 Abs. 1 InsO ist eine Leistung des Schuldners, für die unmittelbar eine gleichwertige Gegenleistung in sein Vermögen gelangt, nur anfechtbar, wenn die Voraussetzungen des § 133 Abs. 1 bis 3 InsO gegeben sind und der andere Teil erkannt hat, dass der Schuldner unlauter handelte.

aa) Gleichwertigkeit der Gegenleistung

56 Voraussetzung für die Nutzung des **Bargeschäftsprivilegs** ist also zunächst, dass der Erwerber eine gleichwertige Gegenleistung erbringt. Dies erfordert bei der übertragenden Sanierung insbesondere die Vereinbarung eines marktkonformen Kaufpreises. Die gleichwertige Gegenleistung muss dem Schuldner selbst zufließen, eine Leistung an Dritte, z. B. Gläubiger des Schuldners, ist nicht ausreichend.[57]

> **Praxishinweis**
>
> Die Marktangemessenheit des vereinbarten Kaufpreises sollte bei einer übertragenden Sanierung vorsorglich mit einem Wertgutachten oder einer Fairness Opinion eines objektiven Dritten unterlegt werden.[58]

55) Die Inanspruchnahme erfolgt i. R. des Auswahlermessens der zuständigen Behörde.

56) S. ausführlich zur Insolvenzanfechtung Kap. 10 [*Zenker*].

57) BGH, Urt. v. 23.9.2010 – IX ZR 212/09, NZI 2010, 897, 900 = MDR 2010, 1487.

58) *Aleth/Böhle*, DStR 2010, 1186, 1192, wobei bei einem Erwerb nach Durchführung eines Bieterverfahrens eine Vermutung für die Angemessenheit des Kaufpreises bestehen dürfte.

bb) Unmittelbarkeit des Leistungsaustauschs

Weiter ist es für die Annahme eines Bargeschäfts erforderlich, dass der Leistungsaustausch **unmittelbar** erfolgt. Das ist nach § 142 Abs. 2 Satz 1 InsO der Fall, wenn der Austausch nach Art der ausgetauschten Leistungen und unter Berücksichtigung der Gepflogenheiten des Geschäftsverkehrs in einem engen zeitlichen Zusammenhang erfolgt. Damit ist maßgeblich, ob das Rechtsgeschäft unter Berücksichtigung der üblichen Zahlungsbräuche noch als einheitliche Bardeckung oder schon als Kreditierung gegenüber dem Schuldner beurteilt wird.[59] Die Anforderungen an einen unmittelbaren Leistungsaustausch ist i. R. übertragender Sanierungen insbesondere dann schwer umzusetzen, wenn die Parteien kommerziell **Earn-out-Komponenten** wünschen, der Kaufpreis also teilweise erst mehrere Monate oder Jahre nach der Transaktion gezahlt wird. 57

cc) Ernsthafter Sanierungsversuch

Sind die vorgenannten Voraussetzungen erfüllt, so ist das Geschäft nur anfechtbar, wenn die Voraussetzungen der Vorsatzanfechtung nach § 133 InsO vorliegen und der Erwerber erkannt hat, dass der Schuldner **unlauter** handelte. Dabei soll die Unlauterkeit mehr voraussetzen, als dass der Schuldner die Rechtshandlung in dem Bewusstsein vornimmt, nicht mehr alle Gläubiger befriedigen zu können.[60] Vielmehr müssen hinreichend gewichtige Umstände hinzutreten, die in dem vollzogenen Austausch einen besonderen Unwert erkennen lassen.[61] Ein unlauteres Handeln soll nach der Gesetzesbegründung bei gezielter Benachteiligung von Gläubigern vorliegen, wenn z. B. es dem Schuldner in erster Linie darauf ankommt, durch die Befriedigung des Empfängers andere Gläubiger zu schädigen, oder der Schuldner zur Aufrechterhaltung des Betriebs notwendiges Betriebsvermögen abstößt und den vereinnahmten Gegenwert den Gläubigern entziehen will.[62] Darüber hinaus muss der Leistungsempfänger das unlautere Handeln des Schuldners erkannt haben.[63] 58

Um einen **Gläubigerbenachteiligungsvorsatz** sowie den Vorwurf der Unlauterkeit auszuschließen, sollten bei der übertragenden Sanierung die Anforderungen der Rechtsprechung an einen **ernsthaften Sanierungsversuch** beachtet werden.[64] Ein solcher Sanierungsversuch setzt ein zur Zeit der angefochtenen Handlung vorliegendes, schlüssiges und von den tatsächlichen Gegebenheiten ausgehendes Sanierungskonzept voraus, das zumindest in den Anfängen schon in die Tat umgesetzt worden ist und beim Schuldner 59

---

59) Uhlenbruck-*Ede/Hirte*, InsO, § 142 Rz. 27 m. w. N.; vgl. BGH, Urt. v. 13.4.2006 – IX ZR 158/05, NJW 2006, 2701, 2704 = ZVI 2006, 456; Begr. RegE Gesetz zur Verbesserung der Rechtssicherheit bei Anfechtungen nach der Insolvenzordnung und nach dem Anfechtungsgesetz, BT-Drucks. 18/7054, S. 20.

60) Begr. RegE Gesetz zur Verbesserung der Rechtssicherheit bei Anfechtungen nach der Insolvenzordnung und nach dem Anfechtungsgesetz, BT-Drucks. 18/7054, S. 19.

61) Begr. RegE Gesetz zur Verbesserung der Rechtssicherheit bei Anfechtungen nach der Insolvenzordnung und nach dem Anfechtungsgesetz, BT-Drucks. 18/7054, S. 19.

62) Begr. RegE Gesetz zur Verbesserung der Rechtssicherheit bei Anfechtungen nach der Insolvenzordnung und nach dem Anfechtungsgesetz, BT-Drucks. 18/7054, S. 19.

63) Dabei sollen die Anknüpfungstatsachen der Vermutungsregelung des § 133 Abs. 3 Satz 1 i. V. mit Abs. 1 Satz 2 InsO n. F. nicht ausreichen, um auf die Kenntnis eines unlauteren schuldnerischen Verhaltens i. S. von § 142 Abs. 1 InsO n. F. schließen zu können, s. Begr. RegE Gesetz zur Verbesserung der Rechtssicherheit bei Anfechtungen nach der Insolvenzordnung und nach dem Anfechtungsgesetz, BT-Drucks. 18/7054, S. 19.

64) BGH, Urt. v. 8.12.2011 – IX ZR 156/09, ZIP 2012, 137, 138 = ZVI 2012, 110 m. w. N., dazu EWiR 2012, 147 *(Freudenberg/Wolf)*; *Rogge/Leptien* in: HambKomm-InsO, § 133 Rz. 17.

die ernsthafte und begründete Aussicht auf Erfolg rechtfertigt.[65] Dagegen räumt die bloße Hoffnung des Schuldners auf eine Sanierung seinen Benachteiligungsvorsatz nicht aus, wenn die dazu erforderlichen Bemühungen über die Entwicklung von Plänen und die Erörterung von Hilfsmöglichkeiten nicht hinausgekommen sind.[66] Sowohl für die Frage der Erkennbarkeit der Ausgangslage als auch für die Prognose der Durchführbarkeit ist auf die Beurteilung eines unvoreingenommenen – nicht notwendigerweise unbeteiligten –, branchenkundigen Fachmanns abzustellen, dem die vorgeschriebenen oder üblichen Buchhaltungsunterlagen zeitnah vorliegen.[67]

60 Im Rahmen einer übertragenden Sanierung soll der **übertragende Rechtsträger** regelmäßig nicht saniert, sondern außergerichtlich **liquidiert** werden. Nach zutreffender Ansicht tritt in diesen Fällen ein Liquidationskonzept an die Stelle des Sanierungskonzepts, dass nach Beurteilung eines unvoreingenommenen – nicht notwendigerweise unbeteiligten –, branchenkundigen Fachmanns die ernsthafte und begründete Aussicht rechtfertigt, dass eine solvente Liquidation des übertragenden Rechtsträgers erfolgreich durchgeführt werden kann, der übertragende Rechtsträger also bis zum Abschluss der Liquidation nicht zahlungsunfähig wird.[68]

Praxishinweis

Zum Schutz vor Anfechtungsrisiken ist es regelmäßig sinnvoll, das Liquidationskonzept gutachterlich validieren zu lassen.

b) Besonderer Anfechtungsschutz bei übertragender Sanierung i. R. eines Restrukturierungsplans oder Sanierungsvergleichs (§ 90 StaRUG)

61 Nach § 90 StaRUG sind Regelungen eines rechtskräftig bestätigten Restrukturierungsplans und Rechtshandlungen, die im Vollzug eines solchen Plans erfolgen, anfechtungsrechtlich besonders privilegiert. Solche Rechtshandlungen sind bis zur nachhaltigen Restrukturierung nur anfechtbar, wenn die Bestätigung auf der Grundlage unrichtiger oder unvollständiger Angaben des Schuldners erfolgte und dem anderen Teil dies bekannt war. Die Privilegierung gilt nicht für Gesellschafterdarlehen und -sicherheiten. Auch auf den rechtskräftig bestätigten Sanierungsvergleich findet § 90 StaRUG Anwendung (§ 97 Abs. 3 StaRUG).

62 Für übertragende Sanierungen enthält **§ 90 Abs. 2 StaRUG** hingegen eine wichtige Einschränkung: Sieht der Restrukturierungsplan die Übertragung des gesamten schuldnerischen Vermögens oder wesentlicher Teile davon vor, greift der Anfechtungsschutz nur, soweit sichergestellt ist, dass die nicht-planbetroffenen Gläubiger sich gegenüber den Planbetroffenen vorrangig aus der dem Wert des Gegenstandes der Übertragung angemessenen Gegenleistung befriedigen können. Probleme bereitet in der Praxis insbesondere der Befriedigungsvorrang der nicht planbetroffenen Gläubiger gegenüber den planbetroffenen Gläubigern. Dies führt dazu, dass Mittel zur Bedienung nicht fälliger Verbindlichkeiten zunächst separiert werden müssen und nicht zur Betriebsfortführung einge-

65) BGH, Urt. v. 8.12.2011 – IX ZR 156/09, ZIP 2012, 137, 138 = ZVI 2012, 110 m. w. N., dazu EWiR 2012, 147 (*Freudenberg/Wolf*); Uhlenbruck-*Ede/Hirte*, InsO, § 133 Rz. 132 m. w. N.; jedenfalls im Kontext der Haftung gegenüber Sanierungsberatern rückt der BGH in jüngster Zeit davon ab, dass das Sanierungskonzept jedenfalls in seinen Anfängen bereits umgesetzt sein muss, BGH, Urt. v. 3.3.2022 – IX ZR 78/20, ZVI 2022, 225 = ZRI 2022, 267.

66) BGH, Urt. v. 8.12.2011 – IX ZR 156/09, ZIP 2012, 137, 138 = ZVI 2012, 110 m. w. N., dazu EWiR 2012, 147 (*Freudenberg/Wolf*).

67) BGH, Urt. v. 4.12.1997 – IX ZR 47/97, ZIP 1998, 248, 251 = NJW 1998, 1561; *Rogge/Leptien* in: HambKomm-InsO, § 129 Rz. 101.

68) S. dazu *Morgen/Rathje*, ZIP 2018, 1955.

setzt werden dürfen, wobei unklar ist, für welche Zeiträume eine solche Separierung erfolgen muss.[69] In der Praxis werden übertragende Sanierungen daher nur selten dem Schutz des § 90 StaRUG unterfallen.[70]

IV. Sonderkonstellationen

Übertragende Sanierungen können nicht nur i. R. eines Regelinsolvenzverfahrens, sondern auch auf der Grundlage eines **Insolvenzplans** vorgenommen werden (siehe dazu Kap. 13 [*Dellit/Titze*]). Zudem ist eine vorübergehende Übertragung des zu sanierenden Unternehmens auf eine eigens zu diesem Zweck gegründete **Auffanggesellschaft** (als Zwischenlösung „auf Zeit") denkbar. 63

1. Übertragende Sanierung auf der Grundlage eines (Ausgliederungs-)Insolvenzplans

Typischerweise wird das Insolvenzplanverfahren für Sanierungen des Schuldners als Rechtsträger genutzt. Es ist daher insbesondere dann gegenüber der übertragenden Sanierung als Asset Deal vorzugswürdig, wenn rechtsträgerbezogene Berechtigungen eine entscheidende Rolle spielen (siehe dazu Rz. 10 ff.). Das Insolvenzplanverfahren kann aber auch mit einer übertragenden Sanierung **kombiniert** werden. Dazu kann zum einen die weitere Verfahrensabwicklung nach Umsetzung der übertragenden Sanierung durch einen **verfahrensleitenden Insolvenzplan** (siehe dazu Rz. 155) abweichend von den Vorschriften des Regelinsolvenzverfahrens geregelt werden. 64

Zum anderen eröffnet das Insolvenzplanverfahren die Möglichkeit **umwandlungsrechtliche Elemente**, insbesondere das Instrument der umwandlungsrechtlichen Ausgliederung, für eine übertragende Sanierung nutzbar zu machen. Gemäß den §§ 225a Abs. 3, 254a Abs. 2 InsO kann durch den Insolvenzplan jede Regelung getroffen werden, die **gesellschaftsrechtlich zulässig** ist. Hierzu zählt auch die Ausgliederungen zur Aufnahme nach § 123 Abs. 3 UmwG.[71] Gegenstand einer Ausgliederung zur Aufnahme können nicht nur Vermögensgegenstände, sondern insbesondere auch Vertragsverhältnisse des übertragenden Rechtsträgers sein.[72] Die Annahme eines entsprechenden Insolvenzplans unter Beteiligung der Gesellschafter ersetzt die gemäß den §§ 13 Abs. 1, 125 Satz 1 UmwG erforderliche Beschlussfassung der Gesellschafter über die Umwandlungsmaßnahme.[73] 65

Die Ausgliederung ist nach § 123 UmwG eine der drei Arten der Spaltung nach dem UmwG. Sie zeichnet sich dadurch aus, dass der übertragende Rechtsträger (und nicht dessen Anteilseigner) im Gegenzug für die Ausgliederung eine Beteiligung an dem übernehmenden Rechtsträger erhält (§ 123 Abs. 3 UmwG). Die Ausgliederung kann entweder auf einen bereits bestehenden Rechtsträger („Ausgliederung zur Aufnahme", §§ 153–157 UmwG) oder einen durch die Ausgliederung neu entstehenden Rechtsträger („Ausgliederung zur Neugründung", §§ 158–160 UmwG) erfolgen. 66

Der übertragende Rechtsträger kann frei wählen, welche **Aktiva und Passiva** aus seinem Unternehmen ausgegliedert werden. Die entsprechende Aufteilung erfolgt bei der Ausgliederung zur Aufnahme im **Ausgliederungsvertrag** und bei der Ausgliederung zur Neu- 67

69) *Hölzle/Curtze*, ZIP 2021, 1293, 1305, schlagen eine Orientierung an den zu § 303 AktG entwickelten Grundsätzen vor.

70) Dazu im Einzelnen *Hölzle/Curtze*, ZIP 2021, 1293, 1304 f.

71) *Kahlert/Gehrke*, DStR 2013, 975; *Simon/Brünkmans*, ZIP 2014, 657, 660; *Hölzle/Kahlert*, ZIP 2017, 510, 512; *Spahlinger* in: KPB, InsO, § 225a Rz. 78; K. Schmidt-*Spliedt*, InsO, § 225a Rz. 49.

72) Semler/Stengel/Leonard-*Schröer/Greitemann*, UmwG, § 131 Rz. 35.

73) *Simon/Brünkmans*, ZIP 2014, 657, 660.

gründung im **Ausgliederungsplan**. Die inhaltlichen Anforderungen daran ergeben sich grundsätzlich aus der für alle Spaltungs- und Übernahmeverträge geltenden Norm des § 126 UmwG. Der Ausgliederungsvertrag bedarf grundsätzlich der notariellen Beurkundung (§§ 125, 6 UmwG). Diese wird bei Vornahme der Ausgliederung i. R. eines Insolvenzplans durch § 254a Abs. 2 Satz 1 InsO ersetzt. Eine Spaltungsprüfung nach den §§ 9–12 UmwG ist nicht erforderlich (§ 125 Satz 2 UmwG).

68 Im Ergebnis führt die Ausgliederung damit zu einer **partiellen Gesamtrechtsnachfolge** in Bezug auf die ausgegliederten Aktiva und Passiva. Diese Gestaltung ist daher insbesondere dann eine interessante Option, wenn Verträge auf einen anderen Rechtsträger übertragen werden sollen und die Zustimmung der Vertragspartner nicht zu erlangen ist, z. B. weil es sich um sehr viele Verträge handelt. In diesen Fällen kann über die Ausgliederung eine Übertragung der Vertragsverhältnisse auch ohne Zustimmung der Vertragspartner erfolgen.

69 Grundsätzlich sieht § 133 Abs. 1 UmwG eine gesamtschuldnerische Haftung aller beteiligten Rechtsträger für die Altverbindlichkeiten des übertragenden Rechtsträgers für einen Zeitraum von fünf Jahren vor. Nach zutreffender und herrschender Auffassung in der Literatur findet die **Nachhaftung aus § 133 UmwG** bei der Ausgliederung im Insolvenzverfahren allerdings keine Anwendung.[74] Es sollen hier dieselben Grundsätze Anwendung finden, wie sie für die Nicht-Anwendung von § 25 HGB, § 75 AO und § 613a Abs. 2 BGB bei Unternehmensverkäufen im Insolvenzverfahren gelten. Die Gläubiger sind insofern nicht schutzwürdig, weil der Schutz durch die insolvenzplanspezifischen Schutzregime gewährleistet wird. Ein Einzelzugriff der Gläubiger nach § 133 UmwG wäre außerdem mit dem verfahrensmäßigen Ziel der bestmöglichen gemeinschaftlichen Gläubigerbefriedigung unvereinbar.[75] Da höchstrichterliche Rechtsprechung insofern noch nicht existiert, empfiehlt es sich in entsprechenden Insolvenzplänen zusätzlich einen Verzicht auf die Geltendmachung der Haftung nach § 133 UmwG vorzusehen.

2. Zwischenschaltung einer Auffanggesellschaft

70 Sofern für das Unternehmen in unsaniertem Zustand (vorerst) nicht ohne weiteres ein Käufer gefunden werden kann, jedoch sanierungsfähige und sanierungswürdige Unternehmensteile vorhanden sind, kann der Insolvenzverwalter eine Auffanggesellschaft[76] (als Zwischenlösung „auf Zeit") gründen. Auf diese Auffanggesellschaft werden zunächst die Unternehmensaktiva **im Wege der Einzelrechtsnachfolge** übertragen, wobei in der Regel nur die rentablen Unternehmensbereiche übertragen werden.[77] Die zur Fortführung des Unternehmens nicht benötigten „Assets" sowie die Verbindlichkeiten werden nicht übernommen und verbleiben in der Insolvenzmasse.[78] Dieses nicht betriebsnotwendige Vermögen des Krisenunternehmens bleibt also quasi als „Ballast" zurück und ist i. R. der Liquidation zu verwerten.[79]

74) *Heckschen* in: Reul/Heckschen/Wienberg, Insolvenzrecht in der Gestaltungspraxis, § 4 Rz. 615; *Becker*, ZInsO 2013, 1885, 1890 f.; *Kahlert/Gehrke*, DStR 2013, 975, 977 f.; *Simon/Brünkmans*, ZIP 2014, 657, 664 f.; *Brünkmans*, ZInsO 2014, 2533, 2542 f.; Kallmeyer-*Kocher*, UmwG, Anh. II Rz. 30.

75) Zu dieser Erwägung im Kontext der Nichtanwendung des § 25 HGB s. BGH, Versäumnisurt. v. 23.10.2013 – VIII ZR 423/12, ZIP 2014, 29 = MDR 2014, 265.

76) Vgl. zur Begrifflichkeit *Brete/Thomsen*, NJOZ 2008, 4159; eingehend zur übertragenden Sanierung und Auffanggesellschaften auch: *Nerlich/Rhode* in: MünchAHB-InsR, § 4 Rz. 192 ff.

77) *Schmerbach/Staufenbiel*, ZInsO 2009, 458, 466.

78) *Bales*, NZI 2008, 216, 218; *Schmerbach/Staufenbiel*, ZInsO 2009, 458, 466.

79) *Bales*, NZI 2008, 216, 218.

Die Berechtigung des Insolvenzverwalters zur Gründung einer Auffanggesellschaft leitet sich aus § 80 **InsO** her.[80] Der Insolvenzverwalter erwirbt den Gesellschaftsanteil nach h. M. als Partei kraft Amtes im eigenen Namen. Materiell-rechtlich wird jedoch der Insolvenzschuldner Gesellschafter der Auffanggesellschaft, wobei auch dieser Beteiligungserwerb dem Insolvenzbeschlag und der Verwaltungs- und Verfügungsbefugnis des § 80 InsO unterfällt.[81] 71

In der Praxis werden verschiedene Formen von Auffanggesellschaften eingesetzt, wobei auch Mischformen gebräuchlich sind.[82] Als Grundformen werden zum einen sog. **Betriebsübernahmegesellschaften** gebildet, auf welche die überlebensfähigen Teile des Unternehmens im Wege eines Asset Deal übertragen werden und bei denen die Gläubiger des veräußernden Unternehmensträgers mit dem erzielten Kaufpreis befriedigt werden. In der Regel kann die Betriebsübernahmegesellschaft dabei den Kaufpreis erst dann zahlen, wenn sie ihrerseits einen Erwerber für das Unternehmen gefunden hat. Die Anteile an der Betriebsübernahmegesellschaft hält regelmäßig die Insolvenzmasse. 72

Zum anderen kommen sog. **Sanierungs-Auffanggesellschaften** in Betracht, die vor allem den Zweck haben, erst einmal Sanierungschancen des (alten) Unternehmensträgers auszuloten.[83] Diese Sanierungs-Auffanggesellschaften pachten entweder den Betrieb des insolventen Unternehmens oder halten diesen treuhänderisch für die Insolvenzmasse.[84] In beiden Fällen führt die Sanierungs-Auffanggesellschaft in eigenem Namen den Betrieb des insolventen Unternehmens fort. Ihren Kapitalbedarf kann sie auch durch Zuschüsse von Gläubigern decken, die im Gegenzug Anteile an der Sanierungs-Auffanggesellschaft erwerben können.[85] Die Risiken des Fehlschlagens der Sanierung bleiben überschaubar, da eine Haftung der Sanierungs-Auffanggesellschaft für Altverbindlichkeiten nicht übernommen wird und Kaufpreisverpflichtungen gegenüber dem alten Unternehmensträger nicht eingegangen werden.[86] 73

V. Eckpunkte des Verkaufs aus der Insolvenz

1. Vorbereitung

a) Zeitrahmen

Der Verkauf des Unternehmens aus der Insolvenz steht oftmals unter nicht unerheblichem **Handlungs- und Zeitdruck**. Operative Probleme müssen gelöst, die Kunden bei Laune gehalten, ggf. neue Geschäftsbeziehungen geknüpft werden. Zugleich muss es gelingen, die wichtigsten Mitarbeiter an Bord zu behalten, um den Know-how-Abfluss zu minimieren.[87] Weiterhin bietet die Insolvenz aber auch besondere Möglichkeiten, das Unternehmen zu restrukturieren und so bestehende Schwachstellen zu beseitigen. Für Entlastung sorgt zudem das für drei Monate gezahlte Insolvenzgeld. Damit ist zugleich auch der Rahmen vorgegeben, innerhalb dessen man mit den Vorbereitungen zum Verkauf des Unternehmens typischerweise schon recht weit gekommen sein sollte. 74

80) *Heckschen* in: Reul/Heckschen/Wienberg, Insolvenzrecht in der Gestaltungspraxis, § 4 Rz. 475, 482.

81) *Heckschen* in: Reul/Heckschen/Wienberg, Insolvenzrecht in der Gestaltungspraxis, § 4 Rz. 482 f.

82) Zum Folgenden vgl. *Zipperer*, NZI 2008, 206, 207 f., mit dem Hinweis, dass sich eine einheitliche Terminologie gerade erst herausbildet.

83) *Brete/Thomsen*, NJOZ 2008, 4159, 4160.

84) *Nerlich/Rhode* in: MünchAHB-InsR, § 4 Rz. 214 m. w. N.

85) *Wolff*, ZIP 1984, 669, 672.

86) *Brete/Thomsen*, NJOZ 2008, 4159, 4160.

87) Näher *König*, KSzW 2011, 407, 409 f.; *Fröhlich* in: Buth/Hermanns, Restrukturierung, § 40 Rz. 113.

75 Ein **Verkauf schon im vorläufigen Verfahren** scheidet regelmäßig aus, da schon fraglich ist, ob der vorläufige Insolvenzverwalter überhaupt befugt ist, das Unternehmen bzw. wesentliche Vermögensgegenstände desselben zu veräußern. Dies wird zum Teil unter Hinweis auf die Regelung in § 22 Abs. 1 Satz 2 Nr. 1 und 2 InsO verneint, weil daraus sehr deutlich die gesetzgeberische Intention hervorgehe, dass der vorläufige Insolvenzverwalter das Vermögen des Schuldners zu sichern und das Unternehmen bis zur Entscheidung über die Eröffnung des Insolvenzverfahrens fortzuführen habe.[88)] Auch steht die Verfügungsbefugnis über das Eigentum an den einzelnen Vermögensgegenständen dem vorläufigen Insolvenzverwalter (noch) nicht zu. Anderes soll nach teilweise vertretener Auffassung nur dann gelten, wenn sich bereits im vorläufigen Verfahren eine besonders günstige Veräußerungsmöglichkeit ergibt, und dürfte damit praktisch allenfalls in Ausnahmekonstellationen in Betracht kommen.[89)] Zudem gelten im vorläufigen Verfahren auch verschiedene Haftungsregelungen, z. B. für Steuern nach § 75 AO oder gemäß § 25 HGB, die im eröffneten Insolvenzverfahren keine Anwendung mehr finden, fort.[90)] Damit stellt sich ein Verkauf schon im vorläufigen Verfahren als im Regelfall wenig attraktiv dar. Deshalb sollte in entsprechenden Konstellationen eher überlegt werden, mit Zustimmung aller Beteiligten zu handeln, den Kaufvertrag unter aufschiebende Bedingungen zu stellen, oder aber zu versuchen, die Eröffnung des Verfahrens zu beschleunigen. Weiterhin kann die Zeit bis zur Insolvenzeröffnung für vorbereitende Maßnahmen, bspw. die Durchführung der (abgespeckten) Due-Diligence-Prüfung, genutzt werden, um den anschließenden Verkauf zu beschleunigen.[91)] Eine Veräußerung bzw. ein Vertragsabschluss unmittelbar nach Eröffnung des Verfahrens ist dann gut möglich bzw. dies stellt den häufig beschrittenen Weg dar.

b) Transaktionsstruktur

76 Da beim Verkauf aus der Insolvenz typischerweise kein Rechtsträger (mehr) zur Verfügung steht, den jemand kaufen wollte (an der Übernahme der Verbindlichkeiten der insolventen Verkäufer-Gesellschaft ist kein Käufer interessiert), bildet der Verkauf der einzelnen Vermögensgegenstände und Rechte im Wege eines **Asset Deal** den Regelfall.[92)] Das bedeutet vor allem einen höheren Aufwand bei der Abwicklung der Transaktion, insbesondere weil die betreffenden Assets einzeln übertragen sowie Vertragsverhältnisse einzeln übergeleitet und dazu die Zustimmung der jeweiligen Vertragspartner eingeholt werden müssen. Dies bietet zugleich aber auch die Chance, Konditionen neu zu verhandeln bzw. zu verändern. Insbesondere stehen dem Insolvenzverwalter mit dem Wahlrecht nach § 103 InsO erweiterte Handlungsmöglichkeiten zu (siehe dazu auch Kap. 8 [*Höpfner*]). Zudem ist es möglich, nur einzelne relevante Assets zu übernehmen, was beim Share Deal zunächst deren Herauslösung erfordern würde.

c) Wahrung der Vertraulichkeit

77 Wichtig ist es, in jeder Phase des Verkaufsprozesses die Vertraulichkeit zu wahren: Sensible Unternehmensdaten – jedweder Art – dürfen nicht herausgegeben werden, ohne zu-

---

88) Vgl. *Arends/Hofert-v. Weiss*, BB 2009, 1538, 1539 f.; *Heckschen* in: Reul/Heckschen/Wienberg, Insolvenzrecht in der Gestaltungspraxis, § 4 Rz. 1409; *Morshäuser/Falkner*, NZG 2010, 881, 882; *Vallender*, GmbHR 2004, 544.

89) S. dazu die Darstellung in Uhlenbruck-*Vallender*, InsO, § 22 Rz. 39.

90) Vgl. *Froehner*, GWR 2015, 202, 202; *Leuering/Rubner*, NJW-Spezial 2016, 463; *Undritz* in: Runkel/J. Schmidt, AHB InsR, § 15 Rz. 115.

91) *Heckschen* in: Reul/Heckschen/Wienberg, Insolvenzrecht in der Gestaltungspraxis, § 4 Rz. 1410.

92) S. zur Trennung zwischen Unternehmen und insolventem Unternehmensträger: *Leuering/Rubner*, NJW-Spezial 2016, 463.

vor mit dem Interessenten bzw. potentiellen Vertragspartner eine marktüblichem Standard[93)] entsprechende **Vertraulichkeitsvereinbarung** abgeschlossen zu haben. Diese sieht insbesondere vor, dass überlassene Daten und Informationen nur zur Prüfung der potentiellen Transaktion verwandt werden dürfen und nach Abbruch der entsprechenden Überlegungen bzw. der Prüfung zurückzugeben oder zu vernichten/löschen sind; die Daten dürfen also insbesondere nicht für andere Zwecke verwandt werden. Der Insolvenzverwalter wird in diesem Zuge auch Überlegungen dazu anstellen, wie mögliche Verstöße gegen die Regeln der Vertraulichkeitsvereinbarung sanktioniert werden können, z. B. durch die Vereinbarung einer entsprechenden Vertragsstrafe.[94)]

Weiterhin ist im Hinblick auf die Vertraulichkeit stets zu bedenken, die einzelnen **Unternehmensdaten nach dem Grad ihrer Sensibilität einzustufen** und besonders sensible Daten – zumal in einem kompetitiven Marktumfeld – nicht gleich im ersten Zug, sondern erst zu einem späteren Zeitpunkt, ggf. auch erst nach Unterzeichnung eines Kaufvertrages, offenzulegen. 78

Praxishinweis

Eine unnötige Preisgabe von Unternehmensdaten, insbesondere im Hinblick auf betriebswirtschaftliche Zahlen und Planungen, aber auch von vertraulichen Vertragskonditionen könnte einen Neustart des Unternehmens sehr erschweren, wenn nicht sogar ganz verhindern. Man muss bedenken, dass Mitbewerber sich möglicherweise nur deshalb an einem Verkaufsprozess beteiligen, um an genau solche Informationen zu gelangen. Zudem durchläuft ein Unternehmen nach dem Neustart – ggf. über einen längeren Zeitraum hinweg – eine äußerst sensible Phase, bspw. hinsichtlich des Wiederaufbaus eines Vertrauensverhältnisses zu den Lieferanten. Neben dem Abschluss einer marktüblichem Standard entsprechenden Vertraulichkeitsvereinbarung muss demnach stets sorgsam abgewogen werden, welche Informationen wem wann – ggf. gestaffelt – zur Verfügung gestellt werden.

d) Ablauf des Verkaufsprozesses

aa) Gestaltung des Verkaufsprozesses

Sofern nicht ein Verkauf an einen schon feststehenden, präferierten Interessenten erfolgen soll und erfolgt, bietet es sich für den Insolvenzverwalter zumeist an, **professionelle Berater** für die Gestaltung und Strukturierung eines Verkaufsprozesses hinzuzuziehen, also Unternehmensberater und/oder eine Investmentbank. Bei der Auswahl derselben sollte sich der Verwalter einerseits an vorhandener Expertise in Sanierungs- und Insolvenzsituationen orientieren, und andererseits auf das ggf. erforderliche bzw. beim Berater vorhandene Branchen-Know-how abstellen. 79

Aufgabe der Berater ist es, den Markt zu sondieren und den **Verkaufsprozess** zu gestalten. Dazu bietet sich oftmals ein strukturiertes Bieterverfahren (Auktion) an, das zwar aufwändiger ist als der Verkauf an einen (ggf. schon länger feststehenden) Interessenten, in dessen Rahmen sich aber typischerweise auch der größtmögliche Wettbewerb und damit das beste Verkaufsergebnis erzielen lassen. In mehreren Schritten werden dabei immer konkretere Angebote eingeholt und zugleich der Kreis potentieller Käufer mehr und mehr eingeschränkt. Parallel bereitet der Berater Informationen zu dem zu verkaufenden Unternehmen auf, erstellt zunächst zumeist ein Kurzprofil (Teaser) des zu verkaufenden Unternehmens, weiterhin ein Informationsmemorandum und koordiniert ggf. auch eine sog. Vendors Due Diligence. Zudem wird die Datensammlung für die von Käuferseite durchzuführende Unternehmensprüfung (Due Diligence) angestoßen. 80

93) S. dazu etwa die Vorlagen in den verschiedenen Formularbüchern.

94) Wenn eine solche Vertragsstrafenklausel von Investoren aus zum Teil als grundsätzlich eingestuften Erwägungen oftmals auch nicht akzeptiert werden wird.

81 Weiterhin sollte frühzeitig auch ein **erfahrener M&A-Anwalt** beauftragt und in den Prozess eingebunden werden: Manche Weichen, bei denen der Anwalt wertvollen Rat geben kann, werden schon zu Beginn des Verkaufsprozesses gestellt. Ferner gilt es vor allem, einen Kaufvertragsentwurf vorzubereiten, der den Kaufinteressenten so rechtzeitig vorgelegt werden kann, dass sie idealerweise in der Lage sind, am Ende der Due Diligence auf Basis des Vertragsentwurfs ein verbindliches Kaufangebot abzugeben.

bb) Unternehmensprüfung (Due Diligence)

82 Da der Insolvenzverwalter – der (formal) Verkäufer ist – bei Vertragsabschluss regelmäßig selbst noch nicht lange im Unternehmen sein wird, verfügt er typischerweise über kaum mehr Informationen als der Käufer, zumal wenn dieser noch eine (ggf. auch umfassendere) Due Diligence auf Basis der durch das Unternehmen bereitgestellten Unterlagen durchgeführt haben wird, wohingegen der Insolvenzverwalter vielleicht noch gar nicht einmal alle Daten hat sorgsam aufbereiten können.[95] Der Prozess der **Datenaufbereitung und Informationsbeschaffung** ist demnach oftmals ein gemeinsamer Prozess, oftmals mit einem verbleibenden größeren Maß an Ungewissheit als beim Verkauf eines „gesunden" Unternehmens. Von besonderer Wichtigkeit ist es für den Insolvenzverwalter deshalb, bei der Aufbereitung der Daten des Unternehmens auf – loyale – leitende Mitarbeiter oder ggf. sogar die Vorstände/Geschäftsführer des insolventen Unternehmens zurückgreifen zu können.

83 Dagegen spielen beim Verkauf aus der Insolvenz etwaige **Meinungsverschiedenheiten unter den Gesellschaftern** hinsichtlich der Offenbarung vertraulicher Daten eine allenfalls marginale Rolle, einerseits weil der Insolvenzverwalter als Ansprechpartner alleine verantwortlich ist, und zudem auch, weil das Unternehmen typischerweise im Ganzen veräußert werden wird.

84 Die Due Diligence selbst wird typischerweise von dem beauftragten Berater organisiert. Inzwischen hat sich dafür die Einrichtung eines **elektronischen Datenraums** eingebürgert. So können Informationen auch gestaffelt zugänglich gemacht werden, und es können problemlos auch mehrere Kaufinteressenten gleichzeitig auf die relevanten Daten zugreifen. Regelmäßig wird auch das übliche Frage-Antwortspiel (Q&A) über den elektronischen Datenraum abgewickelt.

2. Kaufvertrag

a) Vertragsmuster

85 Ein einfach gehaltener, typischer Kaufvertrag betreffend den Verkauf des – insolventen – Unternehmens durch den Insolvenzverwalter könnte etwa wie nachfolgend aufgeführt ausgestaltet sein:[96]

KAUFVERTRAG

[*ggf. notarielle Beurkundung erforderlich*]

zwischen

1. Herrn Rechtsanwalt[97] […], handelnd in seiner Eigenschaft als Insolvenzverwalter über das Vermögen der […] AG, [*Adresse, HR-Eintragung*] (nachfolgend auch **„Insolvenzschuldnerin"** genannt), und damit in seiner Eigenschaft als Verkäufer des Vermögens der Insolvenzschuldnerin

– nachfolgend auch **„Verkäufer"** oder **„Insolvenzverwalter"** genannt –,

95) Näher *König* in: FS Görg, 2010, S. 259, 270 f.

96) S. dazu ferner auch die Musterverträge in den verschiedenen Formularbüchern.

97) Gleichbedeutend ist die jeweilige weibliche Form, durch die die männliche ggf. zu ersetzen ist.

und

2. der […] (mit Sitz in […], eingetragen im Handelsregister des Amtsgerichts […] unter HRB […])

– nachfolgend auch **„Käufer"** genannt –,

– Verkäufer und Käufer nachfolgend jeweils auch **„Partei"** und zusammen die **„Parteien"** genannt –, wird folgender Kaufvertrag geschlossen:

[*Vorbemerkung: ggf. bei notarieller Urkunde den Verweis auf eine Bezugsurkunde ergänzen*]

[*ggf. Inhaltsverzeichnis einfügen*]

Präambel

[*Beschreibung des zu verkaufenden Unternehmens, des Geschäftsbereichs oder des Betriebs; Beschreibung des konkreten Status zum Zeitpunkt der Veräußerung; Beschreibung der Verkaufsabsicht und der Transaktion*]

Vor diesem Hintergrund vereinbaren die Parteien was folgt:

§ 1 Kaufgegenstand

1.1 Kaufgegenstand sind die am Stichtag zum Unternehmen gehörenden Vermögensgegenstände des Anlage- und Umlaufvermögens, sonstige bewegliche Sachen, Verträge und Rechte (nachfolgend zusammen auch **„Assets"** oder **„Vermögensgegenstände"** genannt) gemäß den Regelungen in den nachfolgenden §§ 2 bis 5, soweit in diesem Vertrag nichts anderes bestimmt ist. Zum Unternehmen gehören auch alle überwiegend oder ausschließlich von diesem genutzten und/oder für dieses unabdingbaren Gegenstände gemäß den Anlagen zu diesem Vertrag.

1.2 Nicht mitverkauft, sofern in diesem Vertrag nicht ausdrücklich abweichend geregelt, sind

- Forderungen (i. S. von § 266 Abs. 2 B. II. HGB),
- Finanzanlagen (i. S. von § 266 Abs. 2 A. III. HGB),
- Wertpapiere (i. S. von § 266 Abs. 2 B. III. HGB),
- Schecks, Kassenbestände, Bundesbankguthaben oder vergleichbare Guthaben und Guthaben bei Kreditinstituten (i. S. von § 266 Abs. 2 B. IV. HGB),
- die zum Unternehmen gehörenden Verbindlichkeiten und Eventualverbindlichkeiten (i. S. von § 266 Abs. 3 B. und C. HGB), wobei insoweit eine abweichende Regelung insbesondere für Verbindlichkeiten gilt, die i. R. der übernommenen Verträge (nachfolgend §§ 4 und 5) oder der übergehenden Arbeitsverhältnisse (nachfolgend § 6) der Zeit ab dem Stichtag zuzuordnen sind, sowie
- diejenigen Vermögensgegenstände, die nicht im Eigentum des Unternehmens bzw. des Verkäufers stehen.

1.3 Gegenstände, die von den Regelungen dieses Vertrages nicht ausdrücklich erfasst oder während des Zeitraums zwischen dem Abschluss dieses Vertrages und dem Stichtag erworben oder dem Unternehmen anderweitig zugeführt werden, sind mitverkauft, soweit sie zum Unternehmen gehören; der Verkäufer bleibt zur Übertragung dieser Gegenstände auch nach dem Stichtag verpflichtet. Gleiches gilt für Gewährleistungsansprüche und sonstige Ansprüche gegen Dritte (einschließlich Versicherungen) hinsichtlich der verkauften Vermögensgegenstände.

1.4 Der Verkäufer verkauft die Vermögensgegenstände mit wirtschaftlicher Wirkung ab dem […] (nachfolgend auch **„Stichtag"** genannt) an den dies annehmenden Käufer.

§ 2 Verkauf von Wirtschaftsgütern

2.1 Der Verkäufer verkauft hiermit mit Wirkung ab dem Stichtag an den dies annehmenden Käufer

2.1.1 sämtliche am Stichtag zu dem Unternehmen gehörenden bzw. diesem zuzuordnenden, in Anlage 2.1.1 aufgeführten Gegenstände des beweglichen Anlagevermögens, einschließlich der Betriebs- und Geschäftsausstattung sowie der geringwertigen Wirtschaftsgüter (i. S. von § 266 Abs. 2 A. II. 2., 3. und 4. HGB);

2.1.2 die am Stichtag zum Unternehmen gehörenden bzw. diesem zuzuordnenden Vorräte (i. S. von § 266 Abs. 2 B. I. HGB), die in Anlage 2.1.2 aufgeführt sind.

2.2 Der Verkauf schließt die bis zum Stichtag i. R. des gewöhnlichen Geschäftsgangs vom und für das Unternehmen erworbenen oder diesem anderweitig zugeführten Gegenstände oder Vorräte ein, ferner auch diejenigen eindeutig dem Unternehmen zuzuordnenden Wirtschaftsgüter, die versehentlich nicht in den betreffenden Anlagen aufgeführt wurden. Nicht mitverkauft sind hingegen die in Anlage 2.1.1 oder 2.1.2 aufgeführten Gegenstände oder Vorräte, die bis zum Stichtag i. R. des gewöhnlichen Geschäftsgangs veräußert oder dem Unternehmen i. R. des gewöhnlichen Geschäftsgangs anderweitig entzogen werden.

2.3 Der Verkauf gemäß den vorstehenden Absätzen umfasst ferner alle Anwartschaftsrechte in Bezug auf den Kauf und/oder die Abtretung der betreffenden Wirtschaftsgüter und alle sonstigen, diesen Vermögenswerten zugehörigen Rechte.

§ 3 Gewerbliche Schutzrechte, Know-how und Dokumentation

3.1 Der Verkäufer verkauft hiermit mit Wirkung ab dem Stichtag an den dies annehmenden Käufer

3.1.1 die in Anlage 3.1.1 aufgeführten gewerblichen Schutzrechte, einschließlich der dort aufgeführten Lizenzen und des Rechts zur Nutzung der dort aufgeführten Internet Domain-Namen;

3.1.2 das zu dem Unternehmen gehörende (technische und kommerzielle) Know-how einschließlich aller Verkörperungen davon, wie z. B. schriftliche Beschreibungen, Aufzeichnungen, Dokumentationen oder elektronische Datenträger, die dem Unternehmen am Stichtag zuzuordnen sind;

3.1.3 die zu dem Unternehmen gehörenden Kunden- und Lieferantenbeziehungen einschließlich aller Verkörperungen wie z. B. Unterlagen über die Verwaltungs- und Vertriebsorganisation, Lieferanten- und Kundenkarteien sowie Lieferanten- und Kundenkorrespondenz oder sonstige Geschäftsunterlagen und die das Unternehmen betreffenden Bücher.

3.2 Der Verkäufer verpflichtet sich zugleich, sämtliche Erklärungen abzugeben und Handlungen vorzunehmen, die erforderlich sind, um die Übertragung (und soweit erforderlich Umschreibung) der gewerblichen Schutzrechte auf oder die Nutzung derselben durch den Käufer zu bewirken. Sämtliche durch die Umschreibung entstehenden Kosten trägt der Käufer.

3.3 Sollte es erforderlich sein, dass der Verkäufer zur Erfüllung der vorgenannten Verpflichtungen Dokumente, Aufzeichnungen oder Daten an den Käufer übergibt, die sich (zumindest teilweise) im Besitz Dritter befinden, tritt er insoweit seine entsprechenden Ansprüche gegen den Dritten auf Herausgabe an den dies annehmenden Käufer ab. Soweit Arbeitnehmer Rechte und/oder den Besitz an entsprechenden Dokumenten, Aufzeichnungen oder Daten haben, verpflichtet sich der Verkäufer, die entsprechenden Arbeitnehmer anzuweisen, diese Rechte und/oder den Besitz auf den Käufer zu übertragen. Der Verkäufer stimmt bereits jetzt der Übertragung des Know-how von den Arbeitnehmern auf den Käufer zu; er behält insoweit keinerlei Rechte zurück.

§ 4 Verträge und Vertragsverhältnisse

4.1 Der Käufer übernimmt vom Verkäufer, im Wege der Vertragsübernahme mit befreiender Wirkung zugunsten des Verkäufers, ab dem Stichtag sämtliche am Stichtag bestehenden Rechte und Pflichten aus den Verträgen und Vertragsangeboten des Unternehmens (nachfolgend **„Vertragsverhältnisse“** genannt), einschließlich der am Stichtag noch nicht erfüllten Bestellungen bei Lieferanten sowie der bereits eingegangenen, am Stichtag noch nicht erfüllten Bestellungen bzw. Aufträge ihrer Kunden, insbesondere aus den in Anlage 4.1 aufgeführten Vertragsverhältnissen. Ferner übernimmt der Käufer sämtliche Rechte und Pflichten aus den Vertragsverhältnissen, die der Verkäufer bis zum Stichtag eingeht und die daher noch nicht in Anlage 4.1 aufgeführt sind, oder die zwar am Unterzeichnungstag bestanden, aber dort versehentlich nicht aufgenommen wurden, und zwar jeweils, wenn sich die Vertragsverhältnisse ausschließlich oder überwiegend auf das Unternehmen beziehen und i. R. des gewöhnlichen Geschäftsgangs sowie in Übereinstimmung mit der bisherigen Geschäftspraxis und ohne Verletzung dieses Vertrages eingegangen werden bzw. worden sind.

4.2 Der Käufer übernimmt damit vom Verkäufer im Wege der befreienden Schuldübernahme insbesondere sämtliche aus den Vertragsverhältnissen stammenden, bereits am Stichtag bestehenden und/oder begründeten Verpflichtungen, soweit sie den Zeitraum ab dem Stichtag betreffen, sowie sämtliche ab dem Stichtag entstehenden und/oder begründeten Verpflichtungen. Demgegenüber verbleiben alle etwaigen, auf mangelhafter Leistung oder Schlechtleistung zurückzuführenden Verpflichtungen aus den übernommenen Vertragsverhältnissen sowie alle weiteren aus den Vertragsverhältnissen stammenden Rechte und Verpflichtungen, die den Zeitraum bis zum Stichtag betreffen, beim Verkäufer. Die Parteien werden sich entsprechend der vorgenannten Regelung gegenseitig von allen etwaigen Ansprüchen Dritter freistellen sowie erhaltene Zahlungen, die der jeweils anderen Partei zustehen, ausgleichen.

4.3 Der Käufer wird sich (soweit erforderlich unter Mitwirkung des Verkäufers) um die Einholung der Zustimmung derjenigen Dritten bemühen, die Parteien der übernommenen Vertragsverhältnisse oder Gläubiger der übernommenen Verbindlichkeiten sind, soweit dies nicht schon vor Unterzeichnung dieses Vertrages erfolgt ist. Sollte die Einholung der Zustimmung nicht möglich oder (nach gemeinsamer Auffassung) nicht zweckmäßig sein, werden sich der Verkäufer und der Käufer, soweit rechtlich zulässig, im Innenverhältnis so verhalten und behandeln lassen, als wäre die Übernahme des entsprechenden Vertrages oder der entsprechenden Rechte und Pflichten wirksam erfolgt. In diesem Fall wird der Verkäufer im Außenverhältnis Vertragspartei bleiben, den Vertrag aber im Innenverhältnis für Rechnung und auf Weisung des Käufers durchführen und erfüllen. Wenn und soweit eine Übernahme einzelner Vertragsverhältnisse und Verpflichtungen aber dennoch nicht bis spätestens […] Wochen nach dem Stichtag vollständig erfolgt sein sollte, ist der Insolvenzverwalter berechtigt, das entsprechende Vertragsverhältnis schnellstmöglich durch Ablehnung der Erfüllung (§ 103 der Insolvenzordnung), Kündigung oder eine sonstige, ihm zur Verfügung stehende Möglichkeit zu beenden.

4.4 Übernommene Dauerschuldverhältnisse und Leistungen aus sonstigen, nicht bereits von den vorstehenden Regelungen erfassten Verträgen bzw. Vertragsverhältnissen sind mit Wirkung zum Stichtag sachgerecht abzugrenzen. Der Wert von Vorleistungen oder ausstehenden Leistungen des Verkäufers oder der jeweils anderen Vertragspartei, die mit der Dauer des Vertragsverhältnisses verknüpft sind, wird zwischen dem Verkäufer und dem Käufer pro rata temporis auf den Stichtag ausgeglichen, wobei Besonderheiten der jeweiligen vertraglichen Gestaltung angemessen zu berücksichtigen sind. Die Regelung in § 4.2 Satz 3 gilt im Übrigen entsprechend.

§ 5 Mietverhältnis

5.1 Der Käufer übernimmt, sofern der Vermieter einverstanden ist, vom Verkäufer im Wege der Vertragsübernahme mit befreiender Wirkung sämtliche Rechte und Pflichten aus dem in Anlage 5.1 aufgeführten, zwischen dem Verkäufer und dem betreffenden Vermieter geschlossenen Mietvertrag betreffend die von dem Unternehmen genutzten Räumlichkeiten.

5.2 Soweit rechtlich zulässig gelten die Regelungen des vorstehenden § 4 für die Überleitung des Mietvertrages entsprechend.

§ 6 Übergang von Arbeitsverhältnissen

6.1 Die dem Unternehmen zugeordneten Arbeitsverhältnisse gehen mit allen Rechten und Pflichten gemäß § 613a des Bürgerlichen Gesetzbuchs (BGB) mit Wirkung ab dem Stichtag auf den Käufer über, sofern die betroffenen Arbeitnehmer nicht von ihrem gesetzlichen Widerspruchsrecht Gebrauch machen. Die betroffenen Arbeitnehmer sind in Anlage 6.1 vollständig aufgeführt.

6.2 Der Käufer übernimmt sämtliche ab dem Stichtag fällig werdenden Ansprüche aus den Arbeitsverhältnissen der in Anlage 6.1 aufgeführten Arbeitnehmer, sofern deren Arbeitsverhältnisse im Wege eines Betriebsübergangs auf ihn übergehen und die Arbeitnehmer von ihrem Widerspruchsrecht keinen Gebrauch machen. Davon sind insbesondere sämtliche Entgeltansprüche sowie sämtliche Ansprüche der Arbeitnehmer auf Nebenleistungen (insbesondere Sachleistungen, erfolgsabhängige Vergütungen, stille Lasten im Arbeitsverhältnis wie Urlaubsansprüche, anteiliges Weihnachtsgeld etc.) aus oder im Zusammenhang mit ihren Arbeitsverhältnissen, einschließlich der auf die vorgenannten Positionen entfallenden Arbeitgeberanteile zur Sozialversicherung umfasst. Auf Grundlage der Rechtsprechung des Bundesarbeitsgerichts zur eingeschränkten Haftung gemäß § 613a BGB bei einem Erwerb aus der Insolvenz sind Ansprüche aus den Arbeitsverhältnissen, die im Insolvenzverfahren als Insolvenzforderung geltend gemacht werden können, hiervon ausgenommen, d. h. hierfür haftet nur die Insolvenzschuldnerin. Zugleich stellt der Käufer den Verkäufer wegen etwaiger Ansprüche dieser Arbeitnehmer ab dem Stichtag, für welche der Verkäufer als Gesamtschuldner gemäß § 613a Abs. 2 BGB in Anspruch genommen wird, vollumfänglich frei.

6.3 Verkäufer und Käufer werden die betroffenen Arbeitnehmer unverzüglich nach Abschluss dieses Vertrages durch eine gemeinsam abgestimmte Erklärung über den Betriebsübergang gemäß § 613a Abs. 5 BGB schriftlich unterrichten. Von etwaigen Widersprüchen von Arbeitnehmern gegen den Übergang ihres Arbeitsverhältnisses auf den Käufer wird der Verkäufer den Käufer unverzüglich in Kenntnis setzen. Entsprechendes gilt für den Käufer, wenn der Widerspruch ihm gegenüber erklärt wird.

§ 7 Genehmigungen

7.1 Anlage 7.1 enthält eine vollständige Liste der wirtschaftlich zum Unternehmen gehörenden und für dessen Betrieb erforderlichen oder vorhandenen Genehmigungen, Erlaubnisse, Konzessionen und sonstigen öffentlich-rechtlichen Rechtspositionen (nachfolgend zusammen auch **„Genehmigungen"** genannt).

7.2 Die Parteien sind sich darüber einig, dass der Verkauf die vorgenannten, für das Unternehmen erteilten behördlichen Genehmigungen (Realkonzessionen) umfasst, dass diese aber nicht (gesondert) auf den Käufer übertragen werden müssen, der Käufer diese Genehmigungen vielmehr ohne Weiteres nutzen darf. Die personengebundenen behördlichen Genehmigungen (Personalkonzessionen) müssen dem Käufer demgegenüber neu erteilt oder ausdrücklich auf den Käufer übertragen werden. Der Verkäufer wird den Käufer in seinem Bemühen um die Neuerteilung der personengebundenen behördlichen Genehmigungen angemessen unterstützen.

§ 8 Gewährleistungs- und Haftungsausschluss

8.1 Soweit in diesem Vertrag nicht anders geregelt, erfolgt der Verkauf der Assets, soweit rechtlich zulässig, jeweils unter Ausschluss jeglicher Gewährleistung (insbesondere gemäß den §§ 434 ff., 437 ff. BGB) oder Haftung des Verkäufers; Schadensersatzansprüche, gleich aus welchem Rechtsgrund (insbesondere gemäß § 280 BGB), ebenso wie das Recht zum Rücktritt von diesem Vertrag sind ausgeschlossen. Der Käufer erkennt hiermit ausdrücklich an, dass – soweit nicht in nachfolgendem § 8.2 abweichend vereinbart – der Verkäufer in Bezug auf die verkauften Vermögensgegenstände kein selbständiges, verschuldensunabhängiges Garantieversprechen abgegeben hat.

8.2 Der Käufer hat vor Abschluss dieses Vertrages eine umfassende Prüfung (*Due Diligence*) der wirtschaftlichen, finanziellen, rechtlichen, technischen und sonstigen Verhältnisse des Unternehmens vorgenommen. Ihm ist bekannt, dass insbesondere dem Insolvenzverwalter im Vorfeld dieser Transaktion nur eine eingeschränkte Prüfung der Eigentumsverhältnisse an den Assets und der Lastenfreiheit derselben möglich war. Vor diesem Hintergrund garantiert der Verkäufer dem Käufer hiermit im Wege eines selbstständigen, verschuldensunabhängigen Garantieversprechens lediglich, dass er am Stichtag der alleinige Eigentümer/Inhaber der gemäß diesem Vertrag verkauften Vermögensgegenstände ist, dass (zum Stichtag) keine Rechte Dritter an den verkauften Vermögensgegenständen bestehen, und dass der Insolvenzverwalter befugt ist, über die verkauften Vermögensgegenstände zu verfügen.

8.3 Sind eine oder mehrere der vorstehenden Aussagen (§ 8.2) unzutreffend, beschränken sich die Ansprüche des Käufers nach seiner Wahl entweder auf Herstellung des der Garantie entsprechenden Zustands (Naturalrestitution) oder auf Zahlung des für die Herstellung erforderlichen Geldbetrages (Schadenersatz). Darüber hinaus wird jegliche Haftung des Verkäufers, insbesondere für Mängel der verkauften Vermögensgegenstände, soweit gesetzlich zulässig ausgeschlossen. Dies schließt, soweit gesetzlich zulässig, insbesondere auch alle Ansprüche auf Schadenersatz wegen Pflichtverletzung nach § 280 BGB, Anfechtungsrechte wegen Fehlens wesentlicher Eigenschaften, Ansprüche wegen Verletzung vorvertraglicher Pflichten (§ 311 Abs. 2 BGB) und Ansprüche wegen Störung der Geschäftsgrundlage (§ 313 BGB) ein. In keinem Fall ist eine Partei berechtigt, von diesem Vertrag zurückzutreten oder sonst diesen Vertrag rückgängig zu machen. Ansprüche wegen Arglist oder vorsätzlichen Verhaltens bleiben jedoch unberührt.

8.4 Alle etwaigen Haftungsansprüche des Käufers beschränken sich der Höhe nach auf einen Betrag von maximal [...] % des Kaufpreises. Bei Haftung des Verkäufers wegen Vorsatzes gilt die gesetzliche Verjährung; im Übrigen verjähren sämtliche (etwaigen) Ansprüche des Käufers gegen den Verkäufer mit Ablauf von [...] Monaten nach dem Stichtag.

8.5 Jede persönliche Haftung des Insolvenzverwalters in dem Insolvenzverfahren über das Vermögen der Insolvenzschuldnerin aus oder in Zusammenhang mit Ansprüchen aus diesem Vertrag, insbesondere aus den §§ 60, 61 InsO oder aus Verträgen in Ausführung dieses Vertrages, ist – soweit gesetzlich zulässig – ausgeschlossen.

§ 9 Kaufpreis und Zahlung

9.1 Der Kaufpreis beträgt [...] € (in Worten [...] Euro) ohne etwa anfallende gesetzliche Umsatzsteuer („Kaufpreis"). Der Kaufpreis erhöht sich unter den Voraussetzungen des nachfolgenden § 9.8 um eine etwa anfallende gesetzliche Umsatzsteuer.

9.2 [*ggf. Regelung zur Zusammensetzung bzw. Zuordnung des Kaufpreises*]

9.3 [*ggf. Regelung zur Anpassung des Kaufpreises*]

9.4 Zur Sicherstellung der Zahlung des Kaufpreises hat der Käufer dem Verkäufer bei Abschluss dieses Vertrages eine dem als **Anlage 9.4** beigefügten Muster entsprechende, unbedingte, unbefristete, selbstschuldnerische und auf erstes schriftliches Anfordern unter Verzicht auf die Einrede der Vorausklage zahlbare Bürgschaft einer in Deutschland als Zoll- oder Steuerbürge zugelassenen Großbank oder Sparkasse i. H. des Kaufpreises zu übergeben, in der zugleich auf die Einreden der Anfechtbarkeit und Aufrechenbarkeit verzichtet wird (**„Kaufpreisbürgschaft"**).

9.5 Der Kaufpreis ist innerhalb von drei Bankarbeitstagen nach Erfüllung der letzten aufschiebenden Bedingung zur Zahlung fällig. Die Kosten der Überweisung trägt der Käufer. Jegliche Minderungs-, Zurückbehaltungs- oder Aufrechnungsansprüche, gleich aus welchem Rechtsgrund, sowie die Einrede aus § 320 BGB sind ausgeschlossen.

9.6 [*ggf. Regelung zur Verzinsung des Kaufpreises*]

9.7 Der an den Verkäufer zu zahlende Kaufpreis ist auf das in Anlage 9.7 aufgeführte Konto des Verkäufers zu überweisen, soweit der Verkäufer dem Käufer nicht spätestens drei Tage vor dem Fälligkeitstag schriftlich eine andere Kontoverbindung mitgeteilt hat.

9.8 Nach einvernehmlicher Auffassung der Parteien stellt das in diesem Vertrag vereinbarte Rechtsgeschäft eine Geschäftsveräußerung im Ganzen i. S. des § 1 Abs. 1 a des Umsatzsteuergesetzes dar und unterliegt somit nicht der Umsatzsteuer. Sollten die zuständigen Finanzbehörden demgegenüber gleichwohl der Ansicht sein, dass das in diesem Vertrag vereinbarte Rechtsgeschäft ganz oder teilweise der Umsatzsteuer unterliegt, hat der Käufer die gesetzliche Umsatzsteuer auf den umsatzsteuerbaren Kaufpreis(teil) zu zahlen, und zwar unverzüglich auf Verlangen und nach Erteilung einer zum Vorsteuerabzug berechtigenden Rechnung durch den Verkäufer. Dieser Anspruch verjährt nicht vor Ablauf eines halben Jahres nach dem Abschluss der umsatzsteuerlichen Betriebsprüfung für das Jahr [...] bei dem Verkäufer.

§ 10 Aufschiebende Bedingungen

10.1 Die dingliche Übertragung der Vermögensgegenstände bzw. des Unternehmens erfolgt mit Wirkung zum Stichtag (§ 1.4), nicht jedoch vor Eintritt sämtlicher Aufschiebender Bedingungen (gemäß nachfolgendem § 10.4) und nicht vor bzw. Zug-um-Zug mit Zahlung des Kaufpreises gemäß den Regelungen in § 9.5 (nachfolgend **„Vollzugstag"** genannt).

10.2 Für den Fall, dass nicht sämtliche Aufschiebenden Bedingungen bis spätestens drei Bankarbeitstage vor dem Stichtag (oder einem der nachfolgenden Monatsersten) eingetreten sind, erfolgt die dingliche Übereignung der Vermögensgegenstände bzw. der Übergang der Arbeitsverhältnisse jeweils zum nachfolgenden Monatsersten. Nutzen und Lasten an den Vermögensgegenständen bzw. des Unternehmens gehen zum Stichtag auf den Käufer über.

10.3 Die Parteien werden am Stichtag bzw. am Vollzugstag (sowie, falls dieser auf einen Sonn- oder Feiertag oder einen Sonnabend fällt, am nächsten Werktag des betreffenden Monats) die in nachfolgendem § 11 aufgeführten Vollzugsmaßnahmen vornehmen.

10.4 Der Verkauf der Vermögensgegenstände sowie die Verpflichtung, Vollzugshandlungen gemäß nachfolgendem § 11 (sowie sonstige Vollzugshandlungen gemäß diesem Vertrag) durchzuführen, steht unter den folgenden aufschiebenden Bedingungen („**Aufschiebende Bedingungen**"):

10.4.1 Eintritt der in § 12.1 geregelten Bedingung (Fusionskontrolle);

10.4.2 Mitteilung des Insolvenzverwalters, dass der Gläubigerausschuss dem Abschluss dieses Unternehmenskaufvertrages zugestimmt hat;

10.4.3 [*ggf. Ablösung und Zustimmung der Sicherungsgläubiger*].

10.5 Die Parteien werden sich gegenseitig jeweils unverzüglich schriftlich über den Eintritt einzelner Bedingungen unterrichten, wobei der Käufer über den Eintritt der in § 10.4.1 genannten, und der Verkäufer über den Eintritt der in § 10.4.2 und § 10.4.3 genannten aufschiebenden Bedingungen jeweils unverzüglich schriftlich – ggf. unter Beifügung geeigneter Nachweise – unterrichten wird. Die Parteien werden sich sodann über den Eintritt sämtlicher Aufschiebender Bedingungen sowie darüber verständigen, dass dies insgesamt rechtzeitig vor dem avisierten Vollzugstag (gemäß der Regelung in vorstehendem § 10.2) erfolgt ist.

10.6 Der Verkäufer ebenso wie der Käufer sind berechtigt, von diesem Vertrag zurückzutreten, wenn nicht sämtliche Aufschiebenden Bedingungen bis spätestens […] Monate nach Abschluss dieses Vertrages eingetreten sind. Der Rücktritt ist jedoch ausgeschlossen, soweit eine Partei nicht sämtliche für den Bedingungseintritt erforderlichen Mitwirkungshandlungen erbracht hat. Ein Rücktritt von diesem Vertrag ist innerhalb von vier Wochen nach Kenntnis von den zum Rücktritt berechtigenden Umständen schriftlich gegenüber der anderen Partei zu erklären.

§ 11 Vertragsvollzug

11.1 Die Parteien sind sich darüber einig, dass das Eigentum an den gemäß diesem Vertrag verkauften Vermögensgegenständen (einschließlich der sonstigen Rechte sowie des Know-how) am Vollzugstag auf den Käufer übergeht. Insbesondere gehen am Vollzugstag alle Nutzungen, Kosten und Lasten, soweit sie den verkauften Vermögensgegenständen zuzuordnen sind, auf den Käufer über, sofern und soweit in diesem Vertrag nichts anderes bestimmt ist. Soweit am Vollzugstag an den verkauften Vermögensgegenständen Eigentumsvorbehaltsrechte oder Miteigentumsrechte Dritter bestehen oder Vermögensgegenstände an Dritte sicherungsübereignet sind, der Verkäufer jedoch verfügungsbefugt ist, tritt der Verkäufer das ihm zustehende Anwartschaftsrecht (oder Miteigentumsrecht, sofern und soweit übertragbar) an den dies annehmenden Käufer ab.

11.2 Der Verkäufer wird dem Käufer am Vollzugstag Besitz an den gemäß diesem Vertrag verkauften Vermögensgegenständen einräumen. Die Übergabe erfolgt an dem Ort, an dem sich der jeweilige Vermögensgegenstand am Vollzugstag befindet. Soweit der Käufer am Vollzugstag an einzelnen Gegenständen noch keinen Besitz erhält, wird die für die Übertragung des Eigentums erforderliche Übergabe hiermit durch die Vereinbarung ersetzt, dass diese Vermögensgegenstände durch den Verkäufer für den Käufer verwahrt werden. Sofern sich bestimmte Vermögensgegenstände am Vollzugstag im Besitz Dritter befinden, wird die Übergabe dadurch ersetzt, dass der Verkäufer dem Käufer hiermit mit Wirkung ab dem Vollzugstag seinen diesbezüglichen Herausgabeanspruch gegen einen solchen Dritten an Erfüllungs statt an den diese Abtretung annehmenden Käufer (voraus-)abtritt.

11.3 Der Käufer übernimmt mit Wirkung ab dem Stichtag die gemäß diesem Vertrag übernommenen Verpflichtungen und tritt mit Wirkung ab dem Stichtag in die gemäß diesem Vertrag übernommenen Verträge und Vertragsangebote ein; die Parteien sind sich darüber einig, dass mit dem Stichtag alle Nutzungen, Kosten und Lasten sowie das gesamte unternehmerische Risiko, soweit sie dem Unternehmen zuzuordnen sind, auf den Käufer übergehen.

11.4 Der Verkäufer tritt hiermit mit Wirkung ab dem Stichtag alle von ihm nach diesem Vertrag an den Käufer verkauften Rechte an den die Abtretung annehmenden Käufer ab. Dies gilt auch für alle sonstigen verkauften Vermögensgegenstände, sofern sie einer Abtretung zugänglich sind.

11.5 Der Verkäufer tritt hiermit zudem mit Wirkung ab dem Stichtag sämtliche noch vorhandenen, ihm zustehenden sonstigen Ansprüche, die sich auf einzelne verkaufte Vermögensgegenstände sowie auf den Zeitraum ab dem Stichtag beziehen, an den Käufer ab, soweit dies rechtlich möglich ist.

11.6 Wenn und soweit eine rechtswirksame Übertragung gemäß den vorstehenden Regelungen – aus welchen Gründen auch immer – nicht möglich sein sollte, sollen alle Übertragungen im Verhältnis zwischen dem Verkäufer und dem Käufer zueinander soweit wie möglich als mit Wirkung zum Stichtag erfolgt gelten.

11.7 Zum Nachweis des Vollzugs dieses Vertrages werden die Parteien am Vollzugstag das im Entwurf als Anlage 11.7 beigefügte Vollzugsprotokoll unterzeichnen.

§ 12 Fusionskontrolle

12.1 Der Verkauf der verkauften Vermögensgegenstände sowie die Verpflichtung, Vollzugshandlungen nach § 11 sowie sonstige Vollzugshandlungen nach diesem Vertrag herbeizuführen, stehen unter der aufschiebenden Bedingung, dass der Vollzug nach § 41 Abs. 1 GWB zulässig ist, wobei diese Bedingung als erfüllt gilt, wenn

12.1.1 das Bundeskartellamt den Parteien schriftlich mitteilt, dass die Untersagungsvoraussetzungen (des § 36 Abs. 1 GWB) nicht erfüllt sind, oder

12.1.2 ein Monat nach Eingang der vollständigen Anmeldung des Zusammenschlussvorhabens beim Bundeskartellamt keine Mitteilung des Bundeskartellamts über den Eintritt in das Hauptprüfverfahren (gemäß § 40 Abs. 1 Satz 1 GWB) vorliegt, oder

12.1.3 das Bundeskartellamt den Zusammenschluss im Hauptprüfverfahren freigibt (§ 40 Abs. 2 Satz 1 GWB), oder

12.1.4 das Bundeskartellamt nach einer Mitteilung über den Eintritt in das Hauptprüfverfahren (gemäß § 40 Abs. 1 Satz 1 GWB) den Zusammenschluss nicht innerhalb von vier Monaten nach Eingang der vollständigen Anmeldung des Zusammenschlussvorhabens (bzw. innerhalb einer gemäß § 40 Abs. 2 Satz 4 Nr. 1 GWB verlängerten Frist) untersagt (§ 40 Abs. 2 Satz 2 GWB).

12.2 Der Käufer wird das Zusammenschlussvorhaben unverzüglich nach Unterzeichnung dieses Vertrages beim Bundeskartellamt anmelden. Der Verkäufer wird dem Käufer sämtliche Informationen und Unterlagen zur Verfügung stellen, die für die Anmeldung des Zusammenschlussvorhabens benötigt werden. Der Käufer hat den Verkäufer in regelmäßigen Abständen über den Verfahrensverlauf beim Bundeskartellamt zu unterrichten.

12.3 Der Käufer wird sämtliche Anstrengungen unternehmen, um die aufschiebende Bedingung nach § 12.1 zu erfüllen. Sollte das Bundeskartellamt die Freigabe des Zusammenschlusses von Bedingungen oder Auflagen abhängig machen, ist der Käufer verpflichtet, diese Bedingungen und Auflagen auf eigene Kosten anzubieten und zu erfüllen. Der Käufer bleibt auch in diesem Fall zur Zahlung des vollständigen Kaufpreises verpflichtet.

§ 13 Überleitung des Unternehmens/sonstige vertragliche Pflichten

13.1 Die Parteien werden mit Wirkung ab dem Stichtag alle Erklärungen abgeben und Handlungen vornehmen, die geeignet oder erforderlich sind, um die in diesem Vertrag festgelegten rechtlichen und wirtschaftlichen Wirkungen zu erzielen, insbesondere die Übertragung der verkauften Vermögensgegenstände herbeizuführen. Sie sind verpflichtet, sich dazu gegenseitig alle Auskünfte zu erteilen und an allen Geschäften und Rechtshandlungen mitzuwirken, die zur Durchführung dieses Vertrages (auch nach dem Stichtag) erforderlich sind. Der Verkäufer verpflichtet sich insbesondere, dem Käufer über die Angelegenheiten des Unternehmens aus der Zeit vor dem Stichtag auf Verlangen soweit erforderlich und angemessen Auskunft zu erteilen.

13.2 Ab der Unterzeichnung dieses Vertrages bis zum Stichtag wird der Verkäufer

13.2.1 das Unternehmen nur i. R. des gewöhnlichen Geschäftsgangs und in Übereinstimmung mit der bisherigen Praxis fortführen;

13.2.2 die geschäftlichen Beziehungen des Unternehmens wie bisher pflegen und den „Goodwill" desselben nach Möglichkeit bewahren, und

13.2.3 außerhalb des gewöhnlichen Geschäftsgangs ohne vorherige Zustimmung des Käufers keine Handlungen vornehmen, die Ansprüche des Käufers nach diesem Vertrag begründen könnten.

13.3 Die Parteien werden sich unverzüglich über den Erhalt von rechtlich und/oder geschäftlich relevanter Korrespondenz oder von Zahlungen Dritter informieren bzw. entsprechende Zahlungen gegenseitig ausgleichen, die inhaltlich der anderen Partei zuzuordnen sind.

13.4 Der Verkäufer ist bei der Abwicklung des Insolvenzverfahrens möglicherweise auf Auskünfte oder Unterstützungstätigkeiten der früheren Mitarbeiter und Geschäftsführer des Unternehmens angewiesen, die dazu erforderlichenfalls Einsicht in die von dem Käufer übernommenen Geschäftsunterlagen nehmen und unter Umständen auch neue Unterlagen erstellen müssen. Der Käufer trägt insbesondere dafür Sorge, dass die betreffenden Personen für Auskunftserteilungen oder Unterstützungstätigkeiten der vorbezeichneten Art zur Verfügung stehen.

13.5 Der Käufer wird sämtliche i. R. dieses Vertrages erhaltenen Geschäftsunterlagen und sämtliche anderen Unterlagen und Dateien, die für die Erfüllung der Pflichten des Verkäufers benötigt werden könnten, i. R. der für den Verkäufer geltenden gesetzlichen Fristen, mindestens jedoch bis zum Ablauf von zwei Jahren nach Beendigung des Insolvenzverfahrens über das Vermögen des Verkäufers aufbewahren.

13.6 Der Verkäufer ist berechtigt, zum Zweck der Erfüllung seiner Verpflichtungen und der weiteren Insolvenzverwaltung Originalunterlagen vorübergehend zurückzunehmen oder nach Wahl auch Kopien sämtlicher Unterlagen zu erstellen und zu verwenden. Die Unterlagen können nach entsprechender Ankündigung von dem Verkäufer sowie sonstigen mit Abwicklungsaufgaben betrauten dritten Personen zu geschäftsüblichen Zeiten eingesehen werden; Kopien dürfen angefertigt und Originale dürfen vorübergehend entnommen werden. Gleiches gilt für die in elektronischer Form gespeicherten Daten.

§ 14 Vertraulichkeit und Unterrichtung Dritter

14.1 Der Verkäufer wird über vertrauliche Angelegenheiten des Unternehmens dauerhaft Stillschweigen bewahren. Vertrauliche Angelegenheiten sind solche, an deren Geheimhaltung das Unternehmen bzw. der Käufer ein berechtigtes Interesse hat, und hinsichtlich derer keine gesetzlichen Offenlegungspflichten bestehen.

14.2 Die Parteien werden den Inhalt dieses Vertrages vertraulich behandeln, soweit nicht gesetzliche Offenlegungspflichten bestehen, die Offenlegung aufgrund einer anwendbaren Börsenordnung zu erfolgen oder die jeweils andere Partei ihre Zustimmung zur Offenlegung erteilt hat. Die Parteien werden ferner Informationen, die sie übereinander und/oder über mit der jeweils anderen Partei i. S. der §§ 15 ff. AktG verbundene Unternehmen erhalten haben, vertraulich behandeln, soweit nicht solche Informationen öffentlich bekannt oder allgemein zugänglich sind oder die jeweils andere Partei ihre Zustimmung zur Weitergabe der Informationen erteilt hat.

14.3 Die Unterrichtung der Arbeitnehmer und Geschäftspartner des Unternehmens über den Abschluss dieses Vertrages erfolgt nach gegenseitiger Abstimmung der Parteien; Gleiches gilt für die Unterrichtung der Öffentlichkeit, insbesondere durch eine Presseerklärung.

§ 15 Mitteilungen

15.1 Alle rechtsgeschäftlichen Erklärungen und anderen Mitteilungen im Zusammenhang mit diesem Vertrag bedürfen der Schriftform, soweit nicht notarielle Beurkundung oder eine andere Form durch zwingendes Recht vorgeschrieben ist.

15.2 Alle Mitteilungen an den Verkäufer im Zusammenhang mit diesem Vertrag sind an nachfolgende Person zu richten, wobei diese zugleich auch als Zustellungsbevollmächtigter dient:

[…]

[*mit Kopie an:*

…]

15.3 Alle Mitteilungen an den Käufer im Zusammenhang mit diesem Vertrag sind an nachfolgende Person zu richten, wobei diese zugleich auch als Zustellungsbevollmächtigter dient:

[…]

15.4 Jede Partei ist berechtigt, gegenüber der jeweils anderen Partei jederzeit einen oder mehrere andere Empfangsbevollmächtigte und/oder Zustellungsbevollmächtigte und/oder Adressen zu benennen. Für jede Partei muss jedoch mindestens ein Zustellungsbevollmächtigter mit Wohnsitz in der Bundesrepublik Deutschland benannt sein.

§ 16 Abtretungsverbot

Ansprüche aus oder im Zusammenhang mit diesem Vertrag können nur mit vorheriger Zustimmung der jeweils anderen Partei abgetreten werden.

§ 17 Kosten und Verkehrsteuern

Die in Folge des Abschlusses und der Durchführung dieses Vertrages entstehenden Übertragungskosten, einschließlich etwaiger Verkehrsteuern und der Kosten, die im Zusammenhang mit der Anmeldung des Zusammenschlussvorhabens beim Bundeskartellamt entstehen, trägt der Käufer. Im Übrigen trägt jede Partei ihre Kosten, einschließlich der Kosten für ihre Berater, selbst.

§ 18 Schlussbestimmungen

[**18.1** Dieser Vertrag unterliegt deutschem Recht. Das Wiener UN-Übereinkommen über Verträge über den internationalen Warenkauf (CISG) findet keine Anwendung.]

18.2 Sofern und soweit rechtlich zulässig, ist [...] ausschließlicher Gerichtsstand für alle Streitigkeiten, die sich aus oder im Zusammenhang mit diesem Vertrag oder über seine Gültigkeit ergeben.

18.3 Änderungen, Ergänzungen oder die Aufhebung dieses Vertrages, einschließlich der Änderung dieser Bestimmung selbst, bedürfen der Schriftform, soweit nicht nach zwingendem Recht eine strengere Form (z. B. notarielle Beurkundung) erforderlich ist.

18.4 Sämtliche Anlagen sind Bestandteil dieses Vertrages.

18.5 Dieser Vertrag enthält abschließend sämtliche Vereinbarungen der Parteien zu seinem Gegenstand und ersetzt alle mündlichen oder schriftlichen Verhandlungen, Vereinbarungen und Abreden, die zuvor zwischen den Parteien im Hinblick auf den Vertragsgegenstand geschlossen wurden. Nebenabreden zu diesem Vertrag bestehen nicht.

18.6 Sollte eine Bestimmung dieses Vertrages ganz oder teilweise nichtig, unwirksam oder undurchsetzbar sein oder werden, wird die Wirksamkeit und Durchsetzbarkeit aller übrigen verbleibenden Bestimmungen davon nicht berührt. Die nichtige, unwirksame oder undurchsetzbare Bestimmung ist als durch diejenige wirksame und durchsetzbare Bestimmung ersetzt anzusehen, die dem mit der nichtigen, unwirksamen oder undurchsetzbaren Bestimmung verfolgten wirtschaftlichen Zweck nach Gegenstand, Maß, Zeit, Ort oder Geltungsbereich am nächsten kommt. Entsprechendes gilt für etwaige Lücken in diesem Vertrag.

[*Ort*], den [*Datum*]

(Verkäufer) (Käufer)

[*ggf. Anlagenverzeichnis ergänzen*]

b) Anmerkungen

Der Kaufvertrag unterliegt typischerweise den folgenden Besonderheiten: 86

- Der Insolvenzverwalter ist gemäß § 80 Abs. 1 InsO verfügungsbefugt, d. h. er ist als Verkäufer Partei des Vertrags. Indes muss er die **gesetzlichen Zustimmungserfordernisse** beachten, so insbesondere die erforderliche Zustimmung des Gläubigerausschusses (§§ 158 ff. InsO); auch wenn diese keine Wirksamkeitsvoraussetzung im Außenverhältnis ist,[98] droht anderenfalls eine persönliche Haftung. Demnach sieht der Vertrag eine entsprechende aufschiebende Bedingung vor (§ 10.4.2).

98) Vgl. *Vallender*, GmbHR 2004, 642, 644.

- Gleiches gilt für die Zustimmung und **Ablösung der Sicherungsgläubiger** (Banken), mit denen üblicherweise eine gesonderte Vereinbarung getroffen wird (§ 10.4.3 des Vertrags).
- Der jeweilige Übergang aller Vermögensbestandteile, insbesondere der wichtigen, zur Fortführung des Unternehmens **erforderlichen Vermögensbestandteile** muss – wie immer beim Asset Deal – sorgfältig geregelt werden.
- Die bestehenden **Vertragsbeziehungen** müssen einzeln übergeleitet werden. Da im Insolvenzverfahren u. U. eine recht einfache Lösung auch von längerfristig bestehenden Verträgen möglich ist (§ 103 InsO), liegt es im Interesse des Käufers, soweit möglich genau zu prüfen, wo Veränderungsbedarf besteht, d. h. welche Verträge besser nicht mit übernommen werden sollten, so dass diese vom Insolvenzverwalter beendet werden können.
- Der Insolvenzverwalter wird regelmäßig ein großes Interesse an der Bestimmung eines **möglichst festen Kaufpreises** haben, weil so eine verlässliche Abstimmung zwischen den einzelnen Gläubigern erreicht und die erforderliche Zustimmung des Gläubigerausschusses eingeholt werden kann.
- Beim Kauf aus der Insolvenz werden, wenn überhaupt, regelmäßig nur sehr **wenige Garantien** vereinbart. Dies ist zumeist deshalb gerechtfertigt, weil auch der Insolvenzverwalter als Verkäufer, wenn überhaupt, so regelmäßig nicht über umfassendere Informationen zu dem zu verkaufenden Unternehmen verfügt als der Käufer. Zudem wird er eine persönliche Haftung stets vermeiden wollen. Ausnahmen finden sich im Hinblick auf die Verfügungsbefugnis des Insolvenzverwalters, die sich aus dem Gesetz ergibt, ferner u. U. zum Eigentum der Insolvenzschuldnerin sowie zur Belastungsfreiheit der einzelnen Assets bei Closing dann, wenn mit den betreffenden Banken oder sonstigen Gläubigern eine entsprechende Freigabe vereinbart worden ist. Umgekehrt spiegelt sich dieser geringere Garantierahmen in einem typischerweise niedrigeren Kaufpreis.
- Sofern klar ist, dass auf den Vertrag deutsches Recht Anwendung findet, etwa bei beidseitig deutschen Vertragsparteien, sollte auf die Rechtswahlklausel (§ 18.1) im Falle einer notariellen Beurkundung verzichtet werden, um zusätzliche Notarkosten (infolge eines weiteren Beurkundungsgegenstands, § 111 Nr. 4 GNotKG) zu vermeiden.

3. Signing und Closing

87 Der Asset-Kaufvertrag kann grundsätzlich **privatschriftlich** geschlossen werden, es sei denn, die Übertragung einzelner der zu übertragenden Vermögensgegenstände bzw. Rechte bedürfte nach dem Gesetz notarieller Beurkundung. Dies wäre insbesondere der Fall, wenn auch Grundstücke oder Geschäftsanteile an einer (nicht insolventen) Tochter-GmbH mit verkauft und übertragen werden sollen.[99)]

88 Besonderes Augenmerk ist auf die **Erstellung der Anlagen** zu richten. Insbesondere die Listen übergehender Vermögensgegenstände und Verträge bedürfen sorgfältiger Vorbereitung. Mit ihrer Erstellung sollte rechtzeitig begonnen werden. Wenn möglich, wäre zudem auch eine Aktualisierung auf den Vollzugs-/(oder ggf. Stich-)Tag, oder aber auf einen Tag zeitnah zum Übergang des Unternehmens hilfreich.

99) Näher zur Beurkundungsbedürftigkeit zuletzt etwa *Hermanns*, DNotZ 2013, 9 ff.; ferner auch *Heckschen* in: Beck'sches Notar-Hdb., Teil D. V., Rz. 9 ff.; *Undritz* in: Runkel/J. Schmidt, AHB InsR, § 15 Rz. 312 ff.

Vertragsabschluss (Signing) und der **Vollzug des Vertrags** (sog. **Closing**) können in zeitlicher Hinsicht mitunter deutlich auseinanderfallen. Insbesondere diejenigen (aufschiebenden) Bedingungen, deren Eintritt nicht ausschließlich in der Hand der Parteien liegt, wie z. B. eine fusionskontrollrechtliche Freigabe, müssen sorgsam berücksichtigt bzw. behandelt werden. Bei ggf. längeren Zeiträumen dürfte es mitunter nicht leicht sein, den Fortbestand des Unternehmens zu sichern. 89

C. Liquidation

I. Liquidation außerhalb der Insolvenz

Die Liquidation – in der Terminologie des AktG Abwicklung genannt (§ 264 AktG) – 90
stellt ein **Verfahren zur geordneten Beendigung der Existenz der Gesellschaft** dar.[100] An die Stelle der bei einer werbenden Gesellschaft regelmäßig bestehenden Gewinnerzielungsabsicht tritt die Verwertung und Verteilung des Vermögens an die Gläubiger und, wenn etwas übrig bleibt, die Gesellschafter.[101] Im Interesse der Gläubiger und des Rechtsverkehrs läuft die Liquidation in einem klar umrissenen Rahmen ab. Im Zuge des Liquidationsverfahrens werden insbesondere alle Rechtsbeziehungen der Gesellschaft mit Dritten, aber auch diejenigen zwischen den Gesellschaftern untereinander und zwischen ihnen und der Gesellschaft gelöst; an seinem Ende erlischt die Gesellschaft und verschwindet damit vom Markt.[102]

Das Liquidationsverfahren hat bei den einzelnen Gesellschaftsformen, insbesondere den 91
Personenhandelsgesellschaften (oHG und KG) sowie bei GmbH und AG einen **weitestgehend ähnlichen Ablauf**. Die entsprechenden Auflösungsvorschriften sind zu großen Teilen ähnlich aufgebaut.[103] Im Folgenden werden daher zunächst die Gemeinsamkeiten der Liquidationsverfahren dargestellt, bevor auf Besonderheiten der einzelnen Rechtsformen einzugehen ist.

1. Schritte des Liquidationsverfahrens

a) Auflösungsgründe

Die Gründe für die Auflösung einer Gesellschaft sind vielfältig. Zunächst können sie quasi 92
freiwilliger Natur sein, so bei vorab erfolgter Bestimmung einer bestimmten Zeitdauer im Gesellschaftsvertrag und Ablauf derselben (§ 131 Abs. 1 Nr. 1 HGB, § 60 Abs. 1 Nr. 1 GmbHG, § 262 Abs. 1 Nr. 1 AktG). Entsprechendes gilt bei Beschlussfassung durch die Gesellschafter: Diese haben es selbst in der Hand, die werbende Tätigkeit ihrer Gesellschaft zu beenden, etwa weil der Gesellschaftszweck nicht mehr als lukrativ angesehen wird, oder weil man verästelte Konzernstrukturen vereinfachen mag, ohne dafür einen anderen geeigneten Weg, z. B. eine Verschmelzung auf eine andere Konzern-Gesellschaft, zu finden. Die Möglichkeit, einen Auflösungsbeschluss zu fassen, folgt aus § 131 Abs. 1 Nr. 2 HGB, § 60 Abs. 1 Nr. 2 GmbHG, § 262 Abs. 1 Nr. 2 AktG; der Beschluss bedarf einer qualifizierten Mehrheit, nämlich im Grundsatz einer Einstimmigkeit bei oHG bzw. KG und einer Mehrheit von 75 % des vertretenen Kapitals bzw. der abgegebenen Stimmen bei AG und GmbH.

---

100) Vgl. Oetker-*Kamanabrou*, HGB, § 145 Rz. 3; Koch-*Koch*, AktG, § 264 Rz. 2.

101) Vgl. nur: BGH, Urt. v. 6.7.1954 – I ZR 38/53, BGHZ 14, 163 = NJW 1954, 1682; BGH, Urt. v. 23.5.1957 – II ZR 250/55, BGHZ 24, 279 = NJW 1957, 1279; Oetker-*Kamanabrou*, HGB, § 145 Rz. 11; *Koch* in: MünchKomm-AktG, § 262 Rz. 12.

102) Vgl. *Berner* in: MünchKomm-GmbHG, § 60 Rz. 2; Koch-*Koch*, AktG, § 262 Rz. 3.

103) Vgl. zur ähnlichen Gestaltung der § 60 GmbHG und § 262 AktG: *Berner* in: MünchKomm-GmbHG, § 60 Rz. 1.

93 Auflösungsgrund ist ferner die **Eröffnung des Insolvenzverfahrens** über das Vermögen der Gesellschaft – oder ein rechtskräftiger Beschluss über die Ablehnung der Eröffnung des Verfahrens mangels Masse (§ 131 Abs. 1 Nr. 3, Abs. 2 HGB, § 60 Abs. 1 Nr. 4 und Nr. 5 GmbHG, § 262 Abs. 1 Nr. 3 und Nr. 4 AktG). In diesen Fällen richtet sich das Verfahren allerdings nicht nach Gesellschaftsrecht, sondern nach den insolvenzrechtlichen Regelungen (siehe dazu näher nachfolgend Rz. 144 ff.).

94 Weiterhin wird eine Kapitalgesellschaft aufgelöst, wenn dies im öffentlichen Interesse wegen **Gefährdung des Gemeinwohls** geboten ist (§ 62 GmbHG bzw. § 396 AktG). Gleiches gilt bei Feststellung eines Mangels des Gesellschaftsvertrags bzw. der Satzung dergestalt, dass essentielle Angaben zu Firma, Kapital oder Gesellschaftsanteilen fehlen oder nichtig sind (§ 60 Abs. 1 Nr. 6 GmbHG, § 262 Abs. 1 Nr. 5 AktG, jeweils i. V. m. § 399 FamFG), wobei dies praktisch – jedenfalls bei fachkundiger Beratung – äußerst selten vorkommen sollte, und bei Löschung der Kapitalgesellschaft wegen Vermögenslosigkeit (§ 60 Abs. 1 Nr. 7 GmbHG, § 262 Abs. 1 Nr. 6 AktG, jeweils i. V. mit § 394 FamFG). Letzteres gilt auch für die Personenhandelsgesellschaft, die keine natürliche Person als persönlich haftenden Gesellschafter hat (§ 131 Abs. 2 Nr. 2 HGB).

95 Letzte Kategorie im Kanon der Auflösungsgründe ist die **Auflösung durch gerichtliches Urteil**, §§ 131 Abs. 1 Nr. 4, 133 HGB, §§ 60 Abs. 1 Nr. 3, 62, 63 GmbHG). Die entsprechende Auflösungsklage setzt u. a. einen wichtigen Grund zur Auflösung voraus, der etwa bei Verletzung wesentlicher Verpflichtungen eines Gesellschafters vorliegen kann.[104] In diese Kategorie fällt zudem auch das Vorliegen eines unauflösbaren Zerwürfnisses zwischen den Gesellschaftern.[105]

b) Eintragung in das Handelsregister

96 Die Auflösung der Gesellschaft ist zur **Eintragung in das Handelsregister** anzumelden, sofern dies nicht – wie insbesondere im Falle der Eröffnung (oder Ablehnung der Eröffnung) des Insolvenzverfahrens über das Vermögen der Gesellschaft – von Amts wegen erfolgt, § 143 Abs. 1 HGB, § 65 Abs. 1 GmbHG bzw. § 263 AktG. Die Eintragung ins Handelsregister wirkt grundsätzlich rein deklaratorisch, nicht konstitutiv, es sei denn, mit der Auflösung wäre eine Satzungsänderung verbunden.[106] Mit der Auflösung ändert sich der Zweck der Gesellschaft, er ist nicht mehr Erwerbszweck, also auf eine werbende Tätigkeit, sondern fortan auf die Abwicklung und Beendigung sämtlicher Rechtsbeziehungen gerichtet.[107]

97 Ebenso sind die **Liquidatoren** (zu Person und Aufgaben derselben sogleich) zur Eintragung in das Handelsregister anzumelden. Gleiches gilt für ihre Vertretungsbefugnis und für einen späteren Wechsel in ihrer Person (§ 148 HGB, § 67 GmbHG, § 266 AktG).

98 Entsprechendes gilt für die spätere Beendigung der Liquidation als dem abschließenden Akt, mit dem zugleich das Erlöschen der Gesellschaft ins Handelsregister einzutragen ist.

---

104) Vgl. etwa die Beispiele bei Hopt-*Roth*, HGB, § 133 Rz. 7 ff.

105) So etwa der Streit der Eigentümer der Gaffel-Brauerei, in dessen Zuge auch die Auflösung der Gesellschaft im Raume stand, vgl. u. a. das Verfahren OLG Köln, Urt. v. 19.12.2013 – 18 U 218/11, sowie den Bericht unter: www.juve.de/nachrichten/verfahren/2012/11/gaffel-streit-heinrich-becker-verliert-mit-cms-und-kundigt-berufung-an (Abrufdatum: 15.11.2023).

106) Dazu OLG Oldenburg, Beschl. v. 3.1.2005 – 3 W 42/04, GmbHR 2005, 367 f. m. w. N.; vgl. auch: Spindler/Stilz-*Bachmann*, AktG, § 263 Rz. 13; Noack/Servatius/Haas-*Haas*, GmbHG, § 65 Rz. 15; Oetker-*Kamanabrou*, HGB, § 143 Rz. 9; Hopt-*Roth*, HGB, § 143 Rz. 5.

107) Vgl. nur Hopt-*Roth*, HGB, § 145 Rz. 4.

c) Verantwortlich: Die Liquidatoren

Die Durchführung des zur Beendigung führenden Verfahrens, die sog. Liquidation, liegt in der **Verantwortung der Liquidatoren.** Dies sind von Gesetzes wegen die Gesellschafter (so bei den Personenhandelsgesellschaften, § 146 Abs. 1 HGB) bzw. die Geschäftsführer oder die Vorstände (so bei GmbH und AG, § 66 Abs. 1 GmbHG bzw. § 265 Abs. 1 AktG), wenn diese Aufgabe nicht durch Beschluss der Gesellschafter anderen Personen zugewiesen wird. Eine derartige Beschlussfassung mit Bestimmung einer dritten, quasi neuen Person kommt in der Praxis eher selten vor. Üblicherweise handeln auch in der Liquidation weiterhin die mit den Verhältnissen der Gesellschaft vertrauten Geschäftsführer bzw. Vorstände; Abweichendes ist aber auch nicht ausgeschlossen. Es finden dann ebenfalls die für Geschäftsführer geltenden Ausschlusskriterien Anwendung, d. h. Liquidator kann nicht werden, wer z. B. einem Berufsverbot unterliegt oder sich eine Insolvenzstraftat hat zuschulden kommen lassen (§ 66 Abs. 4 GmbHG, § 265 Abs. 2 Satz 2 AktG). 99

Die **Geschäftsführungs- und Vertretungsbefugnisse** der Liquidatoren unterscheiden sich allenfalls marginal von denjenigen der vormaligen Geschäftsführer: Gebunden an den geänderten Zweck, die Abwicklung der Gesellschaft zu vollziehen (siehe näher sogleich Rz. 103 ff.), unterliegen sie (bei der GmbH) weitgehend den insbesondere die Geschäftsführer bindenden Regelungen zur Corporate Governance, insbesondere den Regelungen des dritten Abschnitts (§§ 35 ff.) des GmbHG (§ 69 Abs. 1 GmbHG). Ausdrücklich gilt auch die Haftungsregelung des § 43 GmbHG (§ 71 Abs. 4 GmbHG), so dass – man ist geneigt zu sagen selbstverständlich – auch die Liquidatoren ihr Handeln an der Sorgfalt eines ordentlichen Geschäftsmanns messen lassen müssen.[108] Die Liquidatoren haben bei der Erreichung ihres Handlungsziels, einer möglichst raschen Abwicklung der Gesellschaft wie auch der Erzielung eines möglichst hohen Endvermögens, einen entsprechend hohen Sorgfaltsmaßstab anzulegen.[109] Ähnlichen Anforderungen unterliegen die Abwickler der AG, auch sie haben (u. a.) die Pflichten des Vorstands (§ 268 Abs. 2 Satz 1 AktG), bzw. die Liquidatoren der Personenhandelsgesellschaft (§§ 149–151 HGB).[110] 100

Die **Organstruktur der Gesellschaft** bleibt im Liquidationsverfahren weitgehend unverändert bestehen; der Aufsichtsrat bei der AG (ggf. auch bei der GmbH) bleibt im Amt und behält seine Überwachungsbefugnisse (insbesondere aus § 111 AktG). Gleiches gilt für die Haupt- bzw. Gesellschafterversammlung, die als Gesellschaftsorgan mit im Wesentlichen unveränderten Kompetenzen bestehen bleibt.[111] 101

Im Rechtsverkehr ist durch einen entsprechenden, der Firma der Gesellschaft beizufügenden **Zusatz** („i. L.", „in Liq" oder „in Abwicklung") der Status als in Liquidation befindliche Gesellschaft kenntlich zu machen (§ 153 HGB, § 68 Abs. 2 GmbHG, § 269 Abs. 6 AktG).[112] 102

d) Aufgaben der Liquidatoren

Die **Aufgabe der Liquidatoren** besteht im Grundsatz darin, die laufenden Geschäfte, d. h. die Geschäftstätigkeit der Gesellschaft insgesamt zu beenden, dabei bestehende For- 103

108) *Müller* in: MünchKomm-GmbHG, § 71 Rz. 56.

109) *Weitbrecht/Schalk* in: Münch-Hdb. GesR, Bd. 3, § 63 Rz. 23.

110) Hopt-*Roth*, HGB, § 149 Rz. 1.

111) Vgl. nur Noack/Servatius/Haas-*Haas*, GmbHG, § 69 Rz. 18 f.; *Hoffmann-Becking* in: Münch-Hdb. GesR, Bd. 4, § 67 Rz. 1.

112) Hopt-*Roth*, HGB, § 153 Rz. 1; *Drescher* in: Henssler/Strohn, GesR, § 269 AktG Rz. 1; *Müller* in: MünchKomm-GmbHG, § 68 Rz. 18.

derungen einzuziehen, das Vermögen der Gesellschaft in Geld umzusetzen und die Gläubiger zu befriedigen (§ 149 Satz 1 HGB, § 70 Satz 1 GmbHG, § 268 Abs. 1 Satz 1 AktG). Es sind also – kurz zusammengefasst – die Assets zu versilbern und die Verbindlichkeiten zu tilgen. Dabei haben die Abwickler im Interesse der Gläubiger wie auch der Gesellschafter ein bestmögliches Verwertungsergebnis zu erzielen.[113] Unter Umständen kann es demnach geboten sein, zuvorderst Alternativen, etwa eine ggf. günstigere Veräußerung des Unternehmens im Ganzen, auszuloten (siehe dazu näher nachfolgend Rz. 137 ff.).

104 Das nach Erfüllung aller Verbindlichkeiten verbleibende, nur noch in Geld bestehende **Vermögen** wird sodann an die Gesellschafter **verteilt** (§ 155 HGB, § 72 GmbHG, § 271 AktG). Für die Liquidatoren gilt es, im Einzelnen Folgendes zu beachten:

aa) Beendigung der laufenden Geschäfte

105 Die Auflösung der Gesellschaft (außerhalb der Insolvenz) ist zunächst eine interne Angelegenheit der Gesellschafter und hat grundsätzlich keine Auswirkungen auf die von der Gesellschaft geschlossenen Verträge. Demzufolge müssen nach wie vor sämtliche Pflichten, die aus den von der Gesellschaft geschlossenen Verträgen folgen, erfüllt werden. Die Gesellschaft – und damit die Liquidatoren bei ihrem Tun – bleibt zunächst uneingeschränkt an sie gebunden. Aufgabe der Liquidatoren ist es aber, alle bestehenden **Vertrags- und sonstigen Rechtsverhältnisse bestmöglich für die Gesellschaft zu beenden**. Wenn der Vertrag nicht ohnehin ausläuft oder keine Kündigungsmöglichkeit besteht, kann es also etwa auch geboten sein, sich beim jeweiligen Vertragspartner um eine einvernehmliche, vorzeitige Beendigung zu bemühen.

106 Grundsätzlich werden **Dauerschuldverhältnisse** von der Auflösung des einen Vertragspartners nicht unmittelbar berührt. Es greift auch kein Wahlrecht, wie dasjenige des Insolvenzverwalters im Falle der Insolvenz nach § 103 InsO (siehe dazu näher Kap. 8 [*Höpfner*]). Auch im Liquidationsverfahren können Verträge demnach nur wie (im Vertrag) vorgesehen zum nächstzulässigen Termin gekündigt werden; entsprechend wird sich die Durchführung der Liquidation unter Umständen verzögern. Anderes gilt nur dann, wenn vertraglich vereinbart ist, dass die Auflösung der Gesellschaft für einen der Vertragspartner einen wichtigen Grund zur (vorzeitigen) Kündigung darstellt, was aber zumeist nicht der Fall sein wird, weil die Auflösung regelmäßig in der Risikosphäre der betreffenden Gesellschaft selbst liegt.[114]

107 Zudem wirkt sich die Auflösung der Gesellschaft nicht auf **anhängige Rechtsstreitigkeiten** aus. Die Prozesse werden ohne Unterbrechung fortgeführt, wenn die Gesellschafter bzw. die Geschäftsführer die Liquidation selbst durchführen. Sollte hingegen noch kein Liquidator vorhanden sein, wird der Prozess unterbrochen und kann erst nach Bestellung der Liquidatoren von diesen fortgesetzt werden (vgl. § 241 ZPO). Darüber hinaus sind die Liquidatoren auch befugt, i. R. der Liquidation neue Prozesse anhängig zu machen, wenn sie diese zur Durchführung der Liquidation für erforderlich halten.[115]

bb) Einziehung von Forderungen und Verwertung des übrigen Vermögens

108 Die Durchführung der Liquidation umfasst die **Einziehung sämtlicher der Gesellschaft zustehender Forderungen.** Hierunter fallen auch Ansprüche der Gesellschaft gegen ihre Gesellschafter, unabhängig davon, ob diese aus dem Gesellschaftsverhältnis oder aus einer anderen Rechtsbeziehung resultieren. Es sind alle Vermögensgegenstände zu realisieren,

113) Oetker-*Kamanabrou*, HGB, § 149 Rz. 2; Hopt-*Roth*, HGB, § 149 Rz. 4.
114) Vgl. dazu etwa *Schmid* in: Münch-Hdb. GesR, Bd. 2, § 46 Rz. 48.
115) Vgl. *Schmid* in: Münch-Hdb. GesR, Bd. 2, § 46 Rz. 49.

das gesamte Vermögen der Gesellschaft ist derart zusammenzustellen, dass es nur noch eine Geldsumme darstellt. Dabei können bei den Personengesellschaften im Wege der sog. actio pro socio Ansprüche aus dem Gesellschaftsverhältnis auch von jedem einzelnen Gesellschafter für die Gesellschaft, d. h. zur Leistung an diese geltend gemacht werden; Entsprechendes gilt – in freilich engerem Rahmen – aber auch für GmbH und AG.[116)]

Hinsichtlich **streitiger Forderungen** müssen die Liquidatoren insbesondere auch entscheiden, ob sie sich auf einen Rechtsstreit einlassen wollen. Dabei müssen sie auch etwaige Anweisungen von Liquidationsbeteiligten nach § 161 Abs. 2, § 152 bzw. § 146 HGB beachten. 109

Die mit der Abwicklung befassten Liquidatoren haben ferner auch zu prüfen, ob noch **rückständige Einlagen** vorhanden sind, und diese einzuziehen, allerdings nur, soweit dies zur Durchführung der Liquidation erforderlich ist.[117)] Gleiches gilt auch für Einlagen atypisch stiller Gesellschafter. Nachschüsse können die Liquidatoren von den Gesellschaftern hingegen nur dann verlangen, wenn dies im Gesellschaftsvertrag vorgesehen ist, d. h. wenn die Gesellschafter zur Leistung von Nachschüssen – auch unter der geänderten Zweckbestimmung im Liquidationsverfahren – verpflichtet sind (vgl. § 710 BGB).[118)] Hat ein Gesellschafter einen negativen Kapitalanteil, besteht eine Ausgleichsverpflichtung nur im Verhältnis zu den anderen Gesellschaftern; hingegen kann die durch die Liquidatoren vertretene Gesellschaft den Ausgleich eines passiven Kapitalanteils nicht verlangen, es sei denn, sie hat (auf anderer Grundlage) selbst einen entsprechenden Anspruch.[119)] Die Mitgesellschafter sind folglich darauf beschränkt, i. R. des internen Ausgleichs einen solchen Negativsaldo zu berücksichtigen. 110

Zudem sind die Liquidatoren verpflichtet, das übrige **Gesellschaftsvermögen zu verwerten**. Nach pflichtgemäßem Ermessen ist insoweit zu entscheiden, in welcher Art und Weise und zu welchem Zeitpunkt bewegliche und unbewegliche Vermögensgegenstände (Assets) veräußert werden. Vorrangig ist auch zu prüfen, ob nicht die Veräußerung des Unternehmens als Ganzes die ergiebigste, weil den höchsten Ertrag versprechende (und ggf. auch bringende) Lösung darstellt. Denn regelmäßig führt nur eine solche Veräußerung des Unternehmens im Ganzen dazu, für den sog. Goodwill des Unternehmens einen zusätzlichen Betrag zu erhalten.[120)] Auch im Übrigen dürften sich so, ggf. aber auch auf alternativem Weg, die noch vorhandenen Werte am besten realisieren lassen (siehe dazu näher Rz. 134 ff.). 111

cc) Gläubigerbefriedigung

Die Liquidatoren haben nicht nur das Vermögen zu verwerten, sondern damit auch die **Gesellschaftsgläubiger zu befriedigen** bzw. das Vermögen auf die Gläubiger zu verteilen. Gelingt dies in vollem Maße, wenn also alle Verbindlichkeiten der Gesellschaft vollauf getilgt werden können, hat dies eine positive Rückwirkung auf die persönlich haftenden Gesellschafter (Komplementäre) bei der Personengesellschaft, die entsprechend von ihrer Haftung befreit werden. Insofern dient die Gläubigerbefriedigung zumindest auch dem Interesse der Gesellschafter. Eine Haftung der Liquidatoren gegenüber den Gläubigern 112

116) Noack/Servatius/Haas-*Fastrich*, GmbHG, § 13 Rz. 36 ff.; Koch-*Koch*, AktG, § 53a Rz. 19 m. w. N.; *Merkt* in: MünchKomm-GmbHG, § 13 Rz. 326 ff.

117) Vgl. zu den Ausnahmen *Schmid* in: Münch-Hdb. GesR, Bd. 2, § 46 Rz. 53 f.

118) S. nur *Herrler/Berkefeld* in: Hauschild/Kallrath/Wachter, Notar-Hdb., § 14 Rz. 68; Noack/Servatius/Haas-*Kersting*, GmbHG, § 26 Rz. 3, bzw. Noack/Servatius/Haas-*Haas*, GmbHG, § 69 Rz. 5.

119) *Schmid* in: Münch-Hdb. GesR, Bd. 2, § 46 Rz. 55.

120) OLG Hamm, Beschl. v. 27.7.1954 – 15 W 287/54, BB 1954, 913; vgl. auch *Schmid* in: Münch-Hdb. GesR, Bd. 2, § 46 Rz. 56 f.

kann dann nur noch unter den Voraussetzungen des § 826 BGB oder ggf. auch nach den Grundsätzen der culpa in contrahendo bestehen. Dem Gläubiger werden durch die Liquidation keine zusätzlichen Rechte und Ansprüche zuteil. Weder der Zeitpunkt noch die Art und Weise der Geltendmachung seiner Forderungen ändern sich durch die Auflösung, d. h. sie bleiben unverändert bestehen, als wenn die Gesellschaft nicht aufgelöst werden würde.[121)]

113 Zugleich wird mit Befriedigung der Gläubiger vermieden, dass etwa ein Antrag auf Eröffnung des Insolvenzverfahrens gestellt werden muss.[122)] Denn falls das Gesellschaftsvermögen nach der Verwertung bzw. im Zuge derselben nicht ausreichen sollte, um die Gläubiger vollumfänglich zu befriedigen, muss **Antrag auf Eröffnung des Insolvenzverfahrens** gestellt werden, u. U. mit den entsprechenden Haftungsfolgen für die persönlich haftenden Gesellschafter einer Personengesellschaft. Die Gesellschafter sind hingegen im Grundsatz nicht verpflichtet, der Gesellschaft gegenüber Nachschüsse zu erbringen.

dd) Ansprüche von und gegen Gesellschafter

114 Die Gesellschafter stehen anderen Gläubigern grundsätzlich gleich, soweit sie Forderungen gegen die Gesellschaft haben, die nicht aus dem Gesellschaftsverhältnis herrühren, sondern als **Verkehrsgeschäfte** wie zwischen fremden Dritten („at arm's length") vereinbart wurden. Eine abweichende Beurteilung kann lediglich dann greifen, wenn der Gesellschafter auf Basis der ihm obliegenden gesellschafterlichen Treuepflicht mit der Geltendmachung eines Anspruchs zuzuwarten hat, weil dies – im Ausnahmefall – zur Vermeidung von Nachteilen für die Gesellschaft geboten erscheint.[123)]

115 Entsprechendes gilt für **Gesellschafterdarlehen** bei der GmbH, die – anders als nach dem bis zum Inkrafttreten des MoMiG geltenden Eigenkapitalersatzrecht – grundsätzlich keiner Rückzahlungssperre mehr unterliegen.[124)] Freilich sind dabei aber gesonderte vertragliche Vereinbarungen, wie insbesondere ein Rangrücktritt, zu beachten. Darüber hinaus ist nach der Bund-Länder-abgestimmten Verfügung der OFD Frankfurt a. M. vom 30.6.2017 nunmehr klargestellt, dass der Beschluss des darlehensgebenden Gesellschafters zur Liquidation der darlehensnehmenden Gesellschaft (bzw. seine Zustimmung hierzu) grundsätzlich keinen Verzicht auf die Darlehensforderung darstellt; demnach bleibt die Darlehensverbindlichkeit bei der zu liquidierenden Gesellschaft weiterhin passiviert, ist also nicht ertragswirksam aufzulösen.[125)]

116 **Ansprüche aus dem Gesellschaftsverhältnis** können hingegen in der Liquidationsphase nicht selbständig geltend gemacht werden; sie stellen vielmehr nur einen Rechnungsposten bei der Auseinandersetzung der Gesellschafter untereinander dar. Etwas anderes gilt nur dann, wenn feststeht, dass der Gesellschafter auch nach der Auseinandersetzung einen bestimmten Mindestbetrag verlangen kann: Dann ist er berechtigt, seinen Anspruch auch schon während der Durchführung der Liquidation geltend zu machen.[126)]

121) *Schmid* in: Münch-Hdb. GesR, Bd. 2, § 46 Rz. 59.

122) *Weitbrecht/Schalk* in: Münch-Hdb. GesR, Bd. 3, § 63 Rz. 23.

123) BGH, Urt. v. 2.7.1962 – II ZR 204/60, BGHZ 37, 304= NJW 1962, 1863; BGH, Urt. v. 4.7.1968 – II ZR 47/68, NJW 1968, 2005 = WM 1968, 1086; BGH, Urt. v. 6.2.1984 – II ZR 88/83, ZIP 1984, 438 = NJW 1984, 1455; BGH, Urt. v. 27.6.1988 – II ZR 143/87, NJW 1989, 166, 167 f. = ZIP 1988, 1117; Noack/Servatius/Haas-*Fastrich*, GmbHG, § 13 Rz. 27; Michalski/Heidinger/Leible/J. Schmidt-*Lieder*, GmbHG, § 13 Rz. 175.

124) Dazu nur Noack/Servatius/Haas-*Haas*, GmbHG, § 70 Rz. 6.

125) Vgl. dazu vertiefend *Kahlert*, ZIP 2017, 1687 f.

126) *Schmid* in: Münch-Hdb. GesR, Bd. 2, § 46 Rz. 63.

Umgekehrt kann (und muss) die Gesellschaft ihre **gegen einen Gesellschafter gerichteten Ansprüche** in gleicher Weise wie Forderungen gegen Dritte geltend machen, sofern diese nicht Bezug zum Gesellschaftsverhältnis haben bzw. auf diesem beruhen. 117

Zudem sind auch alle Forderungen, die ihren **Rechtsgrund in der Mitgliedschaft** des Gesellschafters haben, geltend zu machen, so insbesondere Forderungen aufgrund ausstehender Einlagen, Differenzhaftung oder verbotener Einlagerückgewähr.[127] Weiterhin zählen dazu auch Ansprüche gegen einen Gesellschafter, der sich durch schuldhafte Verzögerung der Liquidation schadensersatzpflichtig gemacht hat.[128] 118

ee) Eingehen neuer Verbindlichkeiten

Auch **neue Rechtsgeschäfte** (und damit Verbindlichkeiten) dürfen von den Liquidatoren in gewissem Rahmen eingegangen bzw. abgeschlossen werden, nämlich soweit es die Abwicklung erfordert, § 149 Satz 1 Halbs. 2 HGB, § 70 Satz 2 GmbHG. Dazu zählt etwa der Erwerb von Rohstoffen, um Produkte fertigzustellen und diese dann gewinnbringend veräußern zu können. Den Liquidatoren steht insoweit ein gewisser Ermessensspielraum zu; Grenze muss es aber immer sein, dass sich entsprechende Maßnahmen noch i. R. des geänderten Zwecks, hin auf die Abwicklung der Gesellschaft, bewegen müssen. Eine schleichende Abkehr davon mit (erneuter) Hinwendung der Gesellschaft zur werbenden wäre nicht zulässig.[129] 119

e) Eröffnungs- und Schlussbilanz

Die Liquidatoren haben für den Beginn der Liquidation auf den Stichtag der Auflösung der Gesellschaft eine **Eröffnungsbilanz** aufzustellen, § 154 HGB, § 71 Abs. 1 GmbHG, § 270 Abs. 1 AktG. Diese ist im Unterschied zum üblichen Jahresabschluss keine Bilanz zur Ermittlung des Erfolgs in einem bestimmten Zeitabschnitt, sondern eine Übersicht über das gesamte Gesellschaftsvermögen und dessen aktuellen Wert, also die abschließende Rechnungslegung der werbenden Gesellschaft auf den Stichtag der Auflösung.[130] Entscheidend ist der Tag der Vollendung des Auflösungstatbestands, also etwa des entsprechenden Beschlusses, unabhängig von der Eintragung der Auflösung in das Handelsregister.[131] Zugleich ist bei GmbH und AG ein die Eröffnungsbilanz erläuternder Bericht zu verfassen.[132] 120

Auf die Eröffnungsbilanz sind die Vorschriften über den Jahresabschluss im Grundsatz entsprechend anzuwenden. Nicht einheitlich beurteilt wird darüber hinaus aber, ob noch vom **Grundsatz der Unternehmensfortführung** auszugehen ist, das sog. Going-Concern-Prinzip des § 252 Abs. 1 Nr. 2 HGB also noch Anwendung findet oder nicht.[133] Maßgeblich dagegen spricht, dass das Unternehmen entsprechend dem gewandelten (Abwicklungs-)Zweck – zumindest typischerweise – nach sehr überschaubarer Zeit nicht mehr 121

---

127) Vgl. nur Noack/Servatius/Haas-*Haas*, GmbHG, § 70 Rz. 7 m. w. N.

128) BGH, Urt. v. 4.7.1968 – II ZR 47/68, NJW 1968, 2006 = WM 1968, 1086.

129) Vgl. Noack/Servatius/Haas-*Haas*, GmbHG, § 70 Rz. 10; Michalski/Heidinger/Leible/J. Schmidt-*Nerlich*, GmbHG, § 70 Rz. 33.

130) *Schmid* in: Münch-Hdb. GesR, Bd. 2, § 46 Rz. 66 ff.

131) Noack/Servatius/Haas-*Haas*, GmbHG, § 71 Rz. 14.

132) Vgl. Noack/Servatius/Haas-*Haas*, GmbHG, § 71 Rz. 22; Koch-*Koch*, AktG, § 270 Rz. 9.

133) Überblick bei Noack/Servatius/Haas-*Haas*, GmbHG, § 71 Rz. 16; Koch-*Koch*, AktG, § 270 Rz. 7, jeweils m. w. N.

fortgeführt werden wird, was man auch bei der Bilanzierung nicht völlig wird außer Acht lassen können.[134)]

122 Während der Liquidationsphase behält die Gesellschaft ihre Kaufmannseigenschaft und unterliegt damit (selbstverständlich) auch weiterhin der **Buchführungspflicht** gemäß §§ 238 ff. HGB. Die Liquidatoren haben für eine ordnungsgemäße Buchführung Sorge zu tragen. Im Gegensatz zum eigentlichen handelsrechtlichen Zweck einer Jahresbilanz findet bei der aufgelösten Gesellschaft eine Verteilung nicht auf der Grundlage des Gewinns eines jeden Geschäftsjahrs statt, sondern vielmehr nur auf der Grundlage der Schlussbilanz. Etwaige, auf die vorherigen Geschäftsjahre während der Liquidationsphase entfallende Gewinne sind insoweit bedeutungslos. Dennoch ist bei GmbH und AG, anders als bei den Personengesellschaften (vgl. § 154 HGB), auch während der Liquidation für den Schluss eines jeden Jahrs (gemeint ist das Kalenderjahr) ein Jahresabschluss und ein Lagebericht aufzustellen, § 71 Abs. 1 GmbHG, § 270 Abs. 1 AktG. Auch insoweit gelten die oben angegebenen Grundsätze.

123 Sobald das Vermögen der Gesellschaft einen Zustand erreicht hat, der eine vollständige Verteilung erlaubt (siehe dazu sogleich Rz. 125), haben die Liquidatoren eine (Liquidations-)**Schlussbilanz** aufzustellen. Maßgebend ist derjenige Zeitpunkt, zu dem das gesamte Gesellschaftsvermögen in Geld umgesetzt und alle Gesellschaftsgläubiger befriedigt sind.

124 Weiterhin besteht nach § 74 Abs. 1 GmbHG, § 273 Abs. 1 AktG die Verpflichtung, nach Befriedigung der Gläubiger und Verteilung des Restvermögens unter den Gesellschaftern eine **Schlussrechnung** zu legen. Diese hat Informationen über das zu erwartende oder erzielte Liquidationsergebnis zu enthalten. Sie stellt eine Rechenschaftslegung i. S. des § 259 BGB dar, d. h. die Abwickler müssen insoweit nicht notwendig die Form einer Bilanz einhalten, sondern es genügt eine geordnete Zusammenstellung von Einnahmen und Ausgaben.[135)] Allerdings dürfte diese oftmals – zumindest in großen Teilen – mit der Schlussbilanz identisch sein, so dass sich u. U. auch eine entsprechende Darstellung anbietet.[136)] In der Regel werden entsprechende, gesonderte Vermögensaufstellungen auch nicht gesondert neben den gesetzlich vorgeschriebenen Bilanzen erstellt.

f) Vermögensverteilung bzw. Verteilung von Gewinn und Verlust

125 Soweit im Gesellschaftsvertrag nichts anderes vereinbart ist, bilden die **Kapitalteile** der jeweiligen Gesellschafter, welche in der Schlussbilanz endgültig festgelegt werden, aber im Grundsatz dem zuvor schon bestehenden Anteilsverhältnis entsprechen, die Grundlage für die sog. Schlussverteilung.[137)] Die Schlussbilanz ist damit die alles entscheidende Grundlage für die Verteilung des Liquidationsgewinns und -verlusts. Dabei bedarf es nicht der förmlichen Aufstellung einer weiteren Bilanz; vielmehr genügt es, wenn, ausgehend von der letzten Bilanz, die Erfüllung aller Verbindlichkeiten dargelegt und ein Verteilungsplan für die verbleibenden Vermögensposten entwickelt wird.[138)]

126 Die Gesellschafter haben einen gesetzlichen **Anspruch auf Ausschüttung** des nach Abwicklung, insbesondere nach Befriedigung oder Sicherstellung der Gläubiger, verbleiben-

---

134) Vgl. etwa auch die Regelung in § 71 Abs. 2 Satz 3 GmbHG, wonach Vermögensgegenstände des Anlagevermögens bei beabsichtigter Veräußerung wie Umlaufvermögen zu bewerten sind.

135) Spindler/Stilz-*Bachmann*, AktG, § 273 Rz. 4; *Hoffmann-Becking* in: Münch-Hdb. GesR, Bd. 4, § 67 Rz. 18; Koch-*Koch*, AktG, § 273 Rz. 3.

136) Vgl. dazu die Überlegungen von Noack/Servatius/Haas-*Haas*, GmbHG, § 71 Rz. 29.

137) Vgl. § 72 GmbHG; ferner *Schmid* in: Münch-Hdb. GesR, Bd. 2, § 46 Rz. 77 ff.

138) *Hoffmann-Becking* in: Münch-Hdb. GesR, Bd. 4, § 67 Rz. 19 m. w. N.

den Vermögens, des sog. Abwicklungsüberschusses; es handelt sich dabei um ein aus der Mitgliedschaft folgendes Vermögensrecht.[139)]

g) Ende der Liquidation

Die Liquidation ist beendet, wenn das verwertbare Vermögen verteilt ist und keine Abwicklungsmaßnahmen mehr erforderlich sind; sie endet mit Durchführung der **Schlussverteilung**, die regelmäßig der letzte Akt der Liquidation sein wird.[140)] Dies gilt selbst dann, wenn noch Schulden vorhanden sind, aber kein verwertbares Gesellschaftsvermögen mehr, welches zur Bezahlung der Schulden oder zur Verteilung verwendet werden könnte. 127

Gemäß § 74 Abs. 1 GmbHG, § 273 Abs. 1 AktG ist bei GmbH und AG nach der Vermögensverteilung die Schlussrechnung durch die Liquidatoren zu legen. Schließlich ist das **Erlöschen der Firma** zur Eintragung im Handelsregister anzumelden. Das Amt der Liquidatoren erlischt.[141)] 128

2. Besonderheiten einzelner Rechtsformen und besondere Verfahren

a) Gläubigeraufruf und Sperrjahr

Bei GmbH und AG sind die Gläubiger durch **Bekanntmachung in den Gesellschaftsblättern** (regelmäßig der Bundesanzeiger) aufzufordern, sich zu melden bzw. ihre Ansprüche anzumelden, § 65 Abs. 2 GmbHG, § 267 AktG.[142)] Ein dreimaliger Aufruf ist hingegen, anders als noch nach altem Recht, nicht mehr erforderlich. 129

Weiterhin darf eine Verteilung des Vermögens an die Gesellschafter erst erfolgen, wenn seit der Veröffentlichung dieses Aufrufs ein Jahr vergangen ist, sog. **Sperrjahr** (§ 73 Abs. 1 GmbHG, § 272 Abs. 1 AktG).[143)] Gläubiger, die sich nicht gemeldet haben, gehen ihrer Rechte im Ablauf des Sperrjahrs jedoch nicht verlustig. Sind Gläubiger bekannt, melden sie sich aber nicht, ist der betreffende Betrag zu hinterlegen; im Zweifel ist für eine Verbindlichkeit Sicherheit zu leisten (dazu § 73 Abs. 2 GmbHG, § 272 Abs. 2, 3 AktG). 130

b) Nachhaftung

Bei den Personengesellschaften endet die persönliche Haftung (des oHG-Gesellschafters bzw. des Komplementärs) nicht mit dem Ende der Liquidation: Stellt sich nachträglich eine bisher nicht berücksichtigte Schuld der Gesellschaft heraus, sind die Gläubiger vielmehr berechtigt, gegen die einzelnen Gesellschafter persönlich vorzugehen. Deren **persönliche Haftung** für Gesellschaftsschulden besteht auch nach der Beendigung der Liquidation, also nach Vollbeendigung der Gesellschaft, fort, wobei – entsprechend § 160 HGB – eine Nachhaftungsfrist von fünf Jahren Anwendung findet. Anderes gilt nur insofern, als sich herausstellt, dass auch noch Gesellschaftsvermögen vorhanden ist. 131

c) Fortsetzung der Gesellschaft, Nachtragsliquidation

Gemäß § 274 AktG kann die Hauptversammlung jederzeit die Abwicklung abbrechen und die **Fortsetzung der Gesellschaft** beschließen, solange die Abwickler noch nicht mit der Verteilung des Liquidationsüberschusses unter die Aktionäre begonnen haben. Entsprechendes gilt für die GmbH, wobei insoweit – wie im Fall des § 274 AktG – eine quali- 132

---

139) S. nur Koch-*Koch*, AktG, § 271 Rz. 2 m. w. N.

140) *Weitbrecht/Schalk* in: Münch-Hdb. GesR, Bd. 3, § 63 Rz. 57.

141) *Weitbrecht/Schalk* in: Münch-Hdb. GesR, Bd. 3, § 63 Rz. 59 f.

142) Zu den Anforderungen an den Text etwa Koch-*Koch*, AktG, § 267 Rz. 2.

143) Koch-*Koch*, AktG, § 272 Rz. 2; Michalski/Heidinger/Leible/J. Schmidt-*Nerlich*, GmbHG, § 72 Rz. 6.

fizierte Mehrheit von drei Vierteln des vertretenen Kapitals für die Fortsetzung stimmen muss, d. h. die Rückgängigmachung der Liquidation, durch die die Gesellschaft in eine werbende zurückverwandelt wird.[144)]

133 Die **Liquidation** ist – im umgekehrten Fall – hingegen **fortzusetzen**, auch wenn das Ende der Liquidation bereits im Handelsregister eingetragen wurde, wenn sich später noch ein (gemeinschaftliches) Vermögen der Gesellschaft findet oder sich herausstellt, dass die Gesellschaft noch Vermögen hat, sog. Nachtragsliquidation. Zugleich ist dann die nunmehr unrichtig gewordene Eintragung im Handelsregister zu berichtigen. Die Bestellung des Nachtragsliquidators erfolgt durch das Registergericht und stellt eine neue Bestellung dar.[145)]

3. Abweichende Gestaltungen und Alternativen

a) Liquidationsvorschriften als ius dispositivum

134 Die Liquidationsvorschriften stellen nahezu uneingeschränkt **abdingbares Recht** dar.[146)] Von ihnen kann also – sei es durch den Gesellschaftsvertrag oder aber durch (einvernehmliche) Beschlussfassung der Gesellschafter – abgewichen werden. Eine Grenze der Abdingbarkeit bildet allein das Interesse der Gläubiger, die durch abweichende Vereinbarungen nicht benachteiligt werden dürfen.[147)]

135 Die Berücksichtigung oder jedenfalls die frühzeitige Erwägung möglicher **alternativer Gestaltungen** wird regelmäßig unter den Gesichtspunkten einer Maximierung des Ertrags bzw. einer Reduktion des Aufwands lohnend sein. Auch Aspekte der Vermeidung einer (möglicherweise negativ verstandenen) Publizität, die sich im Falle des Liquidationsverfahrens aufgrund von Handelsregistereintragungen und Bekanntmachungen kaum vermeiden lässt, mögen eine Rolle spielen. Demnach sollten immer auch Alternativen zur Durchführung eines Liquidationsverfahrens bedacht oder die Ausgestaltung desselben ggf. an die konkreten Bedürfnisse angepasst werden.

136 **Alternativen** zur gesetzlichen Regelung der Liquidation können dabei insbesondere sein:[148)]

- die Veräußerung des Unternehmens im Ganzen, sei es durch einen der Gesellschafter oder durch Dritte;
- die Gesellschaft als solche veräußert ihr Geschäft mit Aktiva und Passiva an einen Dritten bzw. an einen Treuhänder, welchem insbesondere die Verpflichtung auferlegt werden kann, das Unternehmen in der Art abzuwickeln, wie dies auch durch die Liquidatoren geschehen müsste;
- Umwandlungsmaßnahmen, insbesondere Aufspaltung oder Verschmelzung, d. h. vor allem die Übernahme durch eine neue Gesellschaft;
- Durchführung einer sog. stillen Liquidation.

b) Veräußerung des Unternehmens im Ganzen

137 Die Veräußerung des Unternehmens im Ganzen, sei es durch Übertragung der Gesellschaftsanteile (**Share Deal**) oder durch Verkauf der Vermögensgegenstände und Rechte (**Asset Deal**), stellt immer dann eine attraktive Alternative zur Liquidation dar, wenn

144) *Gores* in: Hauschild/Kallrath/Wachter, Notar-Hdb., § 16 Rz. 762.

145) Noack/Servatius/Haas-*Haas*, GmbHG, § 60 Rz. 106; Koch-*Koch*, AktG, § 273 Rz. 16.

146) Vgl. § 158 HGB.

147) *Schmid* in: Münch-Hdb. GesR, Bd. 2, § 46 Rz. 100.

148) Vgl. zum Ganzen auch *Gores* in: Hauschild/Kallrath/Wachter, Notar-Hdb., § 16 Rz. 711 ff.; *Schmid* in: Münch-Hdb. GesR, Bd. 2, § 46 Rz. 103 ff.

noch ein im Kern funktionsfähiges Unternehmen vorhanden ist, oder aber das noch vorhandene Unternehmen – möglicherweise nur durch andere Eigentümer oder in einem anderen Konzernverbund – wieder in ein funktionsfähiges verwandelt werden kann. So liegt es etwa, wenn der Grund für die Liquidationsüberlegungen eher im Gesellschafterkreis zu suchen ist, bspw. wenn die Gesellschafter zerstritten sind, oder wenn sie nicht über das zur ertragsbringenden Fortführung des Unternehmens nötige Know-how verfügen. Ähnlich liegt es, wenn im Familienkreis (und auch sonst) kein geeigneter Nachfolger vorhanden ist, der das Unternehmen fortführen mag.

Die Veräußerung des ganzen Unternehmens ist regelmäßig deshalb die attraktivere Alter- 138
native im Vergleich zur Liquidation, weil Vermögensgegenstände und Rechte, ferner die Vertragsbeziehungen, das Know-how und insbesondere auch der **Goodwill** des Unternehmens beim Verkauf in der Summe einen zumeist deutlich höheren Erlös versprechen, als er bei entsprechenden Einzelübertragungen, wie sie durch die Liquidatoren vorzunehmen wären, erzielbar wäre. Möglicherweise kann es sich insoweit auch anbieten, nur eine Beteiligung am Unternehmen an Dritte zu übertragen.

Als weitere Gestaltungsvariante, die bedacht sein will, kommt die **Übernahme der Ge-** 139
sellschaft, zumeist der betreffenden Gesellschaftsanteile durch einen Mitgesellschafter in Betracht. Dies gilt vor allem bei unterschiedlichen Auffassungen über die weitere strategische Positionierung des Unternehmens.

Dies hat Auswirkungen auch auf die Verpflichtung der Liquidatoren: Im Interesse der 140
Gläubiger und der Gesellschafter haben sie ein **bestmögliches Verwertungsergebnis** zu erzielen. Da der Erlös einer Gesamtveräußerung des Unternehmens in den allermeisten Fällen erheblich größer sein wird als der Zerschlagungswert bei einer Einzelveräußerung der Vermögensgegenstände, müssen auch sie diese Möglichkeit berücksichtigen (und ggf. verfolgen), so jedenfalls, wenn sie nicht schon vorab bedacht worden sein sollte. Im Zweifelsfall wäre das Unternehmen dann solange als wirtschaftliche Einheit fortzuführen, wie noch die Chance einer Gesamtveräußerung besteht.[149] In einem solchen Fall unterscheidet sich die Aufgabenstellung der Abwickler nur marginal von den Aufgaben eines Vorstandes, der zu einer möglichst raschen, aber auch möglichst erfolgreichen Veräußerung des Unternehmens entschlossen ist.[150]

c) Umwandlungsmaßnahmen

Weitere Alternative zur Liquidation kann eine Umwandlung sein, insbesondere eine **Ver-** 141
schmelzung oder eine **Aufspaltung** nach den Regelungen des UmwG,[151] oder aber auch eine Anwachsung auf einen Gesellschafter durch Austritt aller anderen Gesellschafter bei der Personengesellschaft. Dies kann sich insbesondere anbieten, wenn es lediglich darum geht, bestimmte, nicht mehr benötigte Tochtergesellschaften innerhalb einer Unternehmensgruppe zu beseitigen, um die Strukturen zu verschlanken. Eine Verschmelzung ist innerhalb der Europäischen Union inzwischen auch grenzüberschreitend möglich, §§ 122a ff. UmwG.

Im Rahmen der Prüfung, ob eine Umwandlung alternativ in Betracht kommt, sind zudem 142
immer auch **Haftungsgesichtspunkte** in die Überlegungen einzubeziehen: Bei Verschmelzungen haftet die übernehmende Gesellschaft für alle (früheren) Verbindlichkeiten der übernommenen Gesellschaft, wohingegen solche Verbindlichkeiten im Fall der Liquidation möglicherweise (ganz oder zumindest teilweise) nicht übernommen werden müss-

149) *Hoffmann-Becking* in: Münch-Hdb. GesR, Bd. 4, § 67 Rz. 9.

150) Vgl. Koch-*Koch*, AktG, § 268 Rz. 5.

151) Überblick bei *Blasche*, GWR 2010, 441 ff.

ten. Für die Spaltung gilt nach § 133 UmwG eine fünfjährige gesamtschuldnerische Haftung aller beteiligten Rechtsträger.

d) **Stille Liquidation**

143 Hat die Gesellschaft, die liquidiert werden soll, eine nur begrenzte Zahl von Vermögensgegenständen, Verbindlichkeiten und Rechtsbeziehungen, mag ferner auch eine sog. **stille Liquidation** als Alternative dienen: Bei dieser wird die werbende Tätigkeit der Gesellschaft dadurch – still – eingestellt, dass die Geschäftsbeziehungen beendet und die Vermögensgegenstände veräußert bzw. die Verbindlichkeiten getilgt werden.[152] Die formalen Akte des Liquidationsverfahrens müssen dabei nicht eingehalten werden, insbesondere bedarf es keiner Handelsregisterpublizität und auch nicht der Einhaltung eines Sperrjahres; freilich kann auch dieser Prozess nur auf Basis eines entsprechenden Gesellschafterbeschlusses durchgeführt werden. Am Ende bleibt die Gesellschaft als leerer Mantel bestehen, und kann, wenn gewünscht, später für einen anderen Zweck wieder reaktiviert werden.

II. Liquidation innerhalb der Insolvenz

1. Allgemeines

144 Zwar bildet die Eröffnung des Insolvenzverfahrens, wie oben (siehe Rz. 93) bereits beschrieben, für die oHG, die KG, die AG und die GmbH einen zwingenden gesetzlichen **Auflösungsgrund.** Die Liquidation erfolgt jedoch nicht nach den gesellschaftsrechtlichen Vorschriften, sondern diese verweisen umfassend auf die Vorschriften der InsO (vgl. § 145 Abs. 1 HGB; § 264 Abs. 1 AktG; § 66 Abs. 1 GmbHG).

145 Anders als in der gesellschaftsrechtlichen Liquidation führt das Insolvenzverfahren nicht zwingend zu einer Einstellung des Geschäftsbetriebs. Nach § 157 Satz 1 InsO beschließt die Gläubigerversammlung im Berichtstermin, „ob das Unternehmen des Schuldners stillgelegt oder vorläufig fortgeführt werden soll“. Nach § 225a Abs. 3 InsO kann ein Insolvenzplan auch die **Fortsetzung einer aufgelösten Gesellschaft** regeln. Die Auflösung der Gesellschaft durch die Insolvenzeröffnung ist damit nicht irreversibel, sondern die gesellschaftsrechtliche Auflösung kann mit insolvenzrechtlichen Instrumenten auch wieder rückgängig gemacht werden.

146 Der Gesetzgeber hat damit nicht nur die Entscheidung über die Form und die Art der **Masseverwertung**, sondern auch die Entscheidung über die Gestaltung des Verfahrens, insbesondere über die Fortführung des Schuldnerunternehmens und über die Verfahrensdauer ausschließlich in die Hände der Gläubiger gelegt.[153] Die Verweisung auf die InsO ist insoweit auch abschließend, da selbst bei einer vollständigen Befriedigung aller Gläubiger sich dem Insolvenzverfahren nicht eine gesellschaftsrechtliche Liquidation anschließt,[154] sondern der Verwalter nach § 199 Satz 2 InsO das überschüssige Vermögen an die Anteilseigner so herauszugeben hat, wie „[…] bei einer Abwicklung außerhalb des Insolvenzverfahrens […]“. Auch zeitlich schließt sich an das Insolvenzverfahren keine gesellschaftsrechtliche Liquidation an, sondern nach dessen Aufhebung wird die Gesellschaft gemäß § 394 Abs. 1 Satz 2 FamFG **von Amts** wegen aus dem Handelsregister **gelöscht.**

152) Vgl. etwa *Fietz/Fingerhuth*, GmbHR 2006, 960, 963, auch zu Fragen einer nachfolgenden Löschung der Gesellschaft.

153) Begr. RegE InsO, BT-Drucks. 12/2443, abgedr. bei *Uhlenbruck*, Das neue Insolvenzrecht, S. 235 f.

154) *K. Schmidt* in: Kölner Schrift, S. 1199 ff. Rz. 20.

Eine wichtige Konsequenz der Verdrängung der gesellschaftsrechtlichen Liquidationsvorschriften durch die insolvenzrechtlichen Regelungen ist, dass die **Geschäftsleiter als solche im Amt bleiben** und nicht zu Liquidatoren werden.[155] Dies kann insbesondere in Insolvenzverfahren in Eigenverwaltung von praktischer Bedeutung sein, wenn sich die satzungsmäßige Vertretungsmacht der Geschäftsleiter von derjenigen der Liquidatoren unterscheidet. Häufig wird dieser Grundsatz von den Registergerichten nicht beachtet, so dass die Geschäftsleiter mit Verfahrenseröffnung von Amts wegen als Liquidatoren im Handelsregister eingetragen werden. 147

2. Besonderheiten der insolvenzrechtlichen Liquidation

Die Liquidation eines Unternehmens i. R. eines Insolvenzverfahrens unterscheidet sich grundlegend von der gesellschaftsrechtlichen Liquidation. Die insolvenzrechtlichen Sonderregelungen haben auch erheblichen Einfluss auf das Liquidationsergebnis der Gläubiger und Gesellschafter des Rechtsträgers. In der Praxis werden diese Unterschiede zur Vorbereitung von Sanierungs- und Liquidationsstrategien häufig näherungsweise i. R. sog. **Szenarioplanungen** ermittelt. 148

a) Vereinfachte Beendigung von Rechtsverhältnissen

Eine Besonderheit der Liquidation im Insolvenzverfahren ist die vereinfachte Beendigung von Rechtsverhältnissen nach den §§ 103 ff. InsO. Insbesondere die Erleichterungen für die Kündigungen von Dienstverhältnissen bei denen der Schuldner Dienstberechtigter ist (§ 113 InsO) sowie von Miet- und Pachtverhältnissen, bei denen der Schuldner Mieter bzw. Pächter ist (§ 109 InsO) führen häufig zu erheblichen Abweichungen des Liquidationsergebnisses gegenüber einer außergerichtlichen Liquidation. 149

b) Vermögensmehrung durch Insolvenzanfechtung

Die §§ 129–147 InsO geben dem Insolvenzverwalter die Handhabe, eine vor Eröffnung des Insolvenzverfahrens vorgenommene **Schmälerung der Insolvenzmasse** zu korrigieren.[156] Im Gegensatz zur gesellschaftsrechtlichen Liquidation, in der grundsätzlich alle Gläubiger befriedigt werden müssen, können durch die Anfechtungstatbestände so Vermögensverschiebungen rückgängig gemacht werden, um die verteilungsfähige Masse für die Gläubiger zu erhöhen. Die Einzelheiten zu den Anfechtungstatbeständen sind in Kap. 10 [*Zenker*] näher erläutert. 150

Eine erfolgreiche Insolvenzanfechtung führt zwar zu einer Mehrung der Masse, bedeutet aber für den betroffenen Gläubiger eine deutliche wirtschaftliche Verschlechterung. Insolvenzanfechtungsrisiken sind daher aus Sicht der Gläubiger ein wichtiger Aspekt bei der Entscheidung über die Sanierungs- oder Liquidationsstrategie. 151

c) Vermögensverteilung

Im Gegensatz zur gesellschaftsrechtlichen Liquidation, in der die vollständige Befriedigung aller Gläubiger i. R. der zivilrechtlichen Fälligkeiten während der gesamten Liquidation erfolgen muss und Voraussetzung für die abschließende Vermögensverteilung an die Gesellschafter ist, erfolgt die quotale Gläubigerbefriedigung im Insolvenzverfahren i. R. von Abschlags- und Schlussverteilungen zu Ende des Verfahrens (§§ 187 ff. InsO). Daher kommt es im Insolvenzverfahren in aller Regel zu einer deutlichen **zeitlichen Verzöge-** 152

---

155) BGH, Beschl. v. 24.3.2016 – IX ZB 32/15, Rz. 21, GmbHR 2016, 587, 588 = NZI 2007, 231.

156) Uhlenbruck-*Hirte/Ede*, InsO, § 129 Rz. 1.

rung bei der Gläubigerbefriedigung, meist um mehrere Jahre, die für Gläubiger i. R. ihrer Work-Out-Strategie von entscheidender Bedeutung ist.

153 Eine sich an diese Gläubigerbefriedigung anschließende Vermögensverteilung unter den Gesellschaftern findet nur in dem praktisch äußerst seltenen Fall statt, dass sich bei der Schlussverteilung ein **Überschuss** ergibt (§ 199 InsO). In diesem Fall ist der Überschuss durch den Verwalter zwischen den Gesellschaftern nach den allgemeinen Vorschriften zu verteilen.

d) Aufhebung des Insolvenzverfahrens

154 Im Unterschied zur Pflicht der Liquidatoren, bei der gesellschaftsrechtlichen Liquidation nach Beendigung der Liquidation und Legung der Schlussrechnung den Schluss der Liquidation zur Eintragung in das Handelsregister anzumelden, endet das Insolvenzverfahren nach Vollzug der Schlussverteilung durch **Beschluss des Insolvenzgerichts**. Im Anschluss an den Beschluss ist die Gesellschaft gemäß § 394 Abs. 1 Satz 2 FamFG von Amts wegen aus dem Handelsregister zu löschen.

III. Liquidation auf der Grundlage eines Insolvenzplans

155 Zwar zielt ein Insolvenzplan regelmäßig auf die Sanierung des Unternehmens und seines Rechtsträgers. Ein Insolvenzplan kann aber auch die Verwertung der Insolvenzmasse und deren Verteilung an die Beteiligten sowie die Verfahrensabwicklung abweichend von den Regelungen der Insolvenzordnung regeln (§ 217 Abs. 1 InsO). Eine solche Regelung der Abwicklung durch einen Insolvenzplan kommt insbesondere in Kombination mit einer übertragenden Sanierung eines Unternehmensteils in Betracht. Wegen des mit dem Insolvenzplanverfahren verbundenen Aufwands, ist diese Gestaltung regelmäßig aber nur in Sonderkonstellationen sinnvoll.

Kapitel 15
Eigenverwaltung und Schutzschirmverfahren

Übersicht

Literatur: *Andres/Grund*, Die Flucht vor deutschen Insolvenzgerichten nach England, NZI 2007, 137; *Bork*, Pflichten der Geschäftsführung in Krise und Sanierung, ZIP 2011, 101; *Buchalik*, Das Schutzschirmverfahren nach § 270b InsO (incl. Musteranträge), ZInsO 2012, 349; *Desch*, Schutzschirmverfahren nach dem RegE-ESUG in der Praxis, BB 2011, 841; *Eidenmüller*, Reformperspektiven im Restrukturierungsrecht, ZIP 2010, 649; *Frind*, Der vorläufige Gläubigerausschuss – Rechte, Pflichten, Haftungsgefahren, ZIP 2012, 1380; *Frind*, Die Begründung von Masseverbindlichkeiten im Eigenverwaltungseröffnungsverfahren, ZInsO 2012, 1099; *Frind*, Anmerkungen zur Musterbescheinigung des IDW nach § 270b Abs. 1 Satz 3 InsO, ZInsO 2012, 540; *Frind*, Problemanalyse zu geplanten Neuregelungen des Plan- und Eigenverwaltungsverfahrens nebst Insolvenzstatistik, ZInsO 2011, 656; *Gehrlein*, Haftung des Insolvenzverwalters und eigenverwaltender Organe, ZInsO 2018, 2234; *Gutmann/Lauberau*, Schuldner und Bescheiniger im Schutzschirmverfahren, ZInsO 2012, 1861; *Hirte*, Anmerkungen zum von § 270b RefE-InsO ESUG vorgeschlagenen „Schutzschirm", ZInsO 2011, 401; *Hirte/Knof/Mock*, Das Gesetz zur weiteren Erleichterung der Sanierung von Unternehmen, DB 2011, 693 (Teil II); *Hofmann*, Die Haftung der Geschäftsleiter in der Eigenverwaltung der Gesellschaft, ZIP 2018, 1429; *Hofmann*, Die Vorschläge des DiskE-ESUG zur Eigenverwaltung und zur Auswahl des Sachwalters – Wege und Irrwege zur Erleichterung von Unternehmenssanierungen, NZI 2010, 798; *Hölzle*, Folgen der „faktischen Verwalterhaftung" für die Grundsätze ordnungsmäßiger Eigenverwaltung und den Nachteilsbegriff i. S. d. § 270 Abs. 2 Nr. 2 InsO, ZIP 2018, 1669; *Hölzle*, Präventiver Restrukturierungsrahmen – Beitrag zu einer Verbesserung der Restrukturierungskultur in Europa und ergänzende Sanierungsoption oder „Schlachtbank“ für die Motive des ESUG?, ZIP 2017, 1307; *Hölzle*, Insolvenzplan auf Initiative des vorläufigen Sachwalters im Schutzschirmverfahren – Oder: Wer erstellt und wer bezahlt den Insolvenzplan im Verfahren nach § 270b InsO?, ZIP 2012, 855; *Hölzle*, Eigenverwaltung im Insolvenzverfahren nach ESUG – Herausforderungen für die Praxis, ZIP 2012, 158; *Hölzle*, Die Fortführung von Unternehmen im Insolvenzeröffnungsverfahren – Zur Reichweite der Kompetenzen des schwachen vorläufigen Insolvenzverwalters, ZIP 2011, 1889; *Hölzle*, Die Sanierung von Unternehmen im Spiegel des Wettbewerbs der Rechtsordnungen in Europa, KTS 2011, 291; *Hölzle*, Die erleichterte Sanierung von Unternehmen – ein hehres Ziel des RegE-ESUG, NZI 2011, 124; *Hölzle*, Unternehmenssanierung außerhalb der Insolvenz. Überlegungen zu einem Sanierungsvergleichsgesetz, NZI 2010, 207; *Hölzle/Eckert*, Brauchen wir für eine neue Sanierungskultur ein eigenständiges Sanierungsvergleichsgesetz?, ZIP 2023, 445; *Hölzle/Pink*, Mezzanine-Programme und Gestaltungspotenzial der Sanierungseigenverwaltung im ESUG – Eine Bedarfsanalyse für das modernisierte Insolvenzplanverfahren auf empirischer Grundlage, ZIP 2011, 360; *Hölzle/Schulenberg*, Das „Gesetz zur vorübergehenden Aussetzung der Insolvenzantragspflicht und zur Begrenzung der Organhaftung bei einer durch die COVID-19-Pandemie bedingten Insolvenz (COVID-19-Insolvenzaussetzungsgesetz – COVInsAG)“, ZIP 2020, 633; *Horstkotte*, Was ist eigentlich ein „Geschäftsleiter“, ZInsO 2018, 2329; Jacoby/Madaus/Sack/Schmidt, H./Thole, Evaluierung: Gesetz zur weiteren Erleichterung der Sanierung von Unternehmen (ESUG) vom 7. Dezember 2011, abrufbar unter: https://www.bmj.de/SharedDocs/Downloads/DE/News/Artikel/101018_Gesamtbericht_Evaluierung_ESUG.html (Abrufdatum: 19.11.2023); *Krebs*, Sonderverbindung und außerdeliktische Schutzpflichten, 2000; *Obermüller*, Das ESUG und seine Auswirkungen auf das Bankgeschäft, ZInsO 2011, 1809; *Oldiges*, Die Haftung des Insolvenzverwalters unter der Business Judgment Rule, 2010 (Diss.); *Sämisch/Noffz/Haug*, Besser spät als nie – das neue Eigenverwaltungsrecht, ZRI 2021, 741; *Schmidt/Linker*, Ablauf des sog. Schutzschirmverfahrens nach § 270b InsO, ZIP 2012, 963; *Vallender*, Das neue Schutzschirmverfahren nach dem ESUG, GmbHR 2012, 450; *Vallender*, Insolvenzkultur gestern, heute und morgen, NZI 2010, 838.

A. Bedeutung der Eigenverwaltung

1 Vor der Reform der InsO durch das ESUG[1] führte die Eigenverwaltung nach §§ 270 ff. InsO ein Schattendasein. Zwar gab es einige wenige Großinsolvenzen, die in Eigenverwaltung geführt worden waren, jedoch begegnete die Praxis diesem Instrument mit großer Skepsis. Maßgeblicher Gesichtspunkt war das Misstrauen in die Fähigkeit des Schuldners, die Eigenverwaltung frei von eigenen Interessen durchzuführen; es spreche daher normalerweise wenig dafür, den sprichwörtlichen „Bock zum Gärtner“ zu machen.[2]

2 Der ESUG-Gesetzgeber ist jedoch angetreten, diesem Misstrauen die Grundlage zu entziehen und das Vertrauen sowohl der Gläubiger als auch der Insolvenzschuldner in die Sanierungsinstrumente der InsO zu stärken. Soll die InsO mehr als Sanierungs- denn als Zerschlagungsordnung wahrgenommen werden, so war ein solcher Wandel in der Wahrnehmung auch nötig. Denn: Für die finanzwirtschaftliche Sanierung gilt, was auch für die leistungswirtschaftliche Sanierung unbestritten ist. Die Erfolgsaussichten steigen, je früher das Verfahren eingeleitet und der Zugriff auf die sanierungsrechtlichen Institutionen eröffnet wird.[3] Dieses Ziel hat der ESUG-Gesetzgeber, auch wenn die absoluten Zahlen der in Eigenverwaltung geführten Verfahren nach wie vor gering sind, grundsätzlich erreicht. Seit Inkrafttreten des ESUG werden regelmäßig rund 50 % der größten Insolvenzverfahren in **Eigenverwaltung** geführt. Das Instrument hat sich daher als Sanierungsinstrument für mittelgroße und große Unternehmen etabliert und ist aus der Sanierungslandschaft nicht mehr wegzudenken.

1) Gesetz zur weiteren Erleichterung der Sanierung von Unternehmen (ESUG), v. 7.12.2011, BGBl. I 2011, 2582.

2) K. Schmidt-*Undritz*, InsO, Vor §§ 270–285 Rz. 5 m. w. N.

3) *Hölzle*, Praxisleitfaden SanInsFoG, §§ 270, 270a Rz. 1 m. w. N.

Mit dem Inkrafttreten des **SanInsFoG**[4] zum 1.1.2021, durch welches auch die Ergebnisse der **ESUG-Evaluation** umgesetzt wurden, sind die Zugangsvoraussetzungen zur Eigenverwaltung umfangreich neugefasst worden. Waren der InsO- und der ESUG-Gesetzgeber noch davon ausgegangen, dass das Eigenverwaltungsverfahren eher auf die Insolvenz Selbstständiger ausgerichtet sei, trägt das SanInsFoG den rechtstatsächlichen Entwicklungen Rechnung und legt Zugangsvoraussetzungen fest, die sicherstellen sollen, dass nur gut vorbereitete Unternehmen (und Unternehmer) mit einem definierten Verfahrenskonzept Zugang zur Eigenverwaltung erhalten. Eine Verschärfung der Zugangsvoraussetzungen, wie z. T. undifferenziert vertreten,[5] ist damit aber nicht verbunden. Jedenfalls in den professionell betriebenen, auch bisher gut vorbereiteten Eigenverwaltungsverfahren waren die durch das SanInsKG neu gefassten Voraussetzungen für den Eintritt in die Eigenverwaltung auch bislang regelmäßig schon als Mindeststandard erfüllt worden. Es sollte daher nicht von einer Verschärfung des Zugangs durch das SanInsFoG, sondern allein von einer Professionalisierung gesprochen werden. 3

Die Besonderheit der Eigenverwaltung liegt darin, dass die **Verwaltungs- und Verfügungsbefugnis** nicht auf den Insolvenzverwalter übertragen wird (§ 80 InsO), sondern im Wesentlichen beim Schuldner verbleibt. Dies folgt dem US-amerikanischen Vorbild des „debtor in possession“.[6] Die Eigenverwaltung ist dabei, anders als vom Gesetzgeber in § 270a Abs. 1 Nr. 5 InsO formuliert, allerdings nicht als Gegenbegriff zum Regelinsolvenzverfahren zu sehen; das Gegensatzpaar ist vielmehr Eigenverwaltung vs. fremdverwaltetes Insolvenzverfahren, während das Regelinsolvenzverfahren den Gegenbegriff zum Insolvenzplanverfahren darstellt, wie sich aus § 1 Satz 1 InsO unmittelbar ergibt. 4

Wenn der Schuldner nach § 270 Abs. 1 InsO in der Eigenverwaltung auch berechtigt bleibt, die Insolvenzmasse zu verwalten und über sie zu verfügen, so steht er dennoch unter der Aufsicht des gerichtlich bestellten Sachwalters, der Gewähr dafür bieten soll, dass der Schuldner i. R. seiner „Sanierungsgeschäftsführung“ nicht gegen die insolvenzrechtliche Verteilungsordnung verstößt und Obacht gibt, dass aus der Fortsetzung der Eigenverwaltung keine Nachteile für die Gläubiger zu erwarten sind (§ 274 Abs. 2, 3 InsO). Anders als noch vor Inkrafttreten des SanInsFoG werden die für die Gläubiger **zu erwartenden Nachteile** lediglich noch in § 274 Abs. 3 InsO als Aufhebungsgrund einer bereits angeordneten Eigenverwaltung genannt, der über die Verweisungsbrücke des § 270b Abs. 1 Satz 1 InsO auch im vorläufigen Eigenverwaltungsverfahren gilt. Daraus darf nicht der verfehlte Schluss abgeleitet werden, die vorläufige Eigenverwaltung dürfte angeordnet werden, wenn und soweit zwar die Voraussetzungen der §§ 270a, 270b InsO erfüllt sind, aber aus anderen Gründen aus der Anordnung der (vorläufigen) Eigenverwaltung Nachteile für die Gläubiger zu erwarten sind. Ein Verfahren, dass sogleich wieder aufgehoben werden müsste, darf gar nicht erst angeordnet werden, weshalb der Tatbestand des § 274 Abs. 3 InsO weitere, ungeschriebene Anordnungsvoraussetzung ist und sich der Eigenverwaltungsantrag dazu verhalten sollte, dass Nachteile für die Gläubiger aus der Anordnung der Eigenverwaltung nicht zu erwarten sind. 5

Dies kommt auch in der (geschriebenen) Anordnungsvoraussetzung des § 270a Abs. 1 Nr. 4 InsO zum Ausdruck, wonach der Schuldner in seinem Eigenverwaltungsantrag anzugeben hat, welche Vorkehrungen er getroffen hat, um seine insolvenzrechtlichen Verpflichtungen im Verfahren sicherzustellen. Diese Vorschrift zielt auf die Begleitung des regelmäßig insolvenzrechtlich nicht versierten Schuldners bzw. seiner Organe durch einen 6

4) Gesetz zur Fortentwicklung des Sanierungs- und Insolvenzrechts (Sanierungs- und Insolvenzrechtsfortentwicklungsgesetz – SanInsFoG), v. 22.12.2020, BGBl. I 2020, 3256.

5) Z. B. *Sämisch/Noffz/Haug*, ZRI 2021, 741.

6) Vgl. Begr. RegE InsO, BT-Drucks. 12/2443, S. 116.

insolvenzrechtserfahrenen Rechtsanwalt oder sonstigen Berater ab, der regelmäßig in das Organ zu bestellen ist und sich nicht auf eine bloße Beraterrolle beschränken darf, um die Anforderungen des § 270a Abs. 1 Nr. 4 InsO zu erfüllen.[7]

7 Die Eigenverwaltung stellt indes **keine eigene Verfahrensart** dar.[8] Dies kommt bereits darin zum Ausdruck, dass das Gesetz gegen die Ablehnung des Antrags auf Anordnung der Eigenverwaltung kein Rechtsmittel vorsieht. Die Gründe für die Bestellung eines vorläufigen Insolvenzverwalters, also für die Ablehnung des Eigenverwaltungsantrages sind nach § 270b Abs. 4 Satz 1 InsO jedoch schriftlich anzugeben.

8 Ist der Schuldner bei Antragstellung nachgewiesenermaßen noch nicht zahlungsunfähig und kann er eine Bescheinigung vorlegen, wonach die angestrebte Sanierung nicht offensichtlich aussichtslos ist, so kann das vorläufige Eigenverwaltungsverfahren in der besonderen Ausprägung des **Schutzschirmverfahrens** nach § 270d InsO beantragt und eröffnet werden. Das Schutzschirmverfahren unterscheidet sich von der isolierten Eigenverwaltung dadurch, dass das Gericht eine Frist von längstens drei Monaten zur Vorlage eines Insolvenzplans setzt, Sicherungsmaßnahmen nach § 21 Abs. 2 Satz 1 Nr. 3 InsO abweichend von § 270c Abs. 3 InsO nur auf Antrag des Schuldners anordnen und von einem Vorschlag des Schuldners zur Person des Sachwalters nur unter den schriftlich zu begründenden engen Voraussetzungen des § 270d Abs. 2 Satz 3 InsO abweichen darf. Mit Eröffnung des Verfahrens nach § 270f InsO unterscheiden sich beide Ausprägungen des vorläufigen Eigenverwaltungsverfahrens dann nicht mehr; auch das Schutzschirmverfahren wird als „gewöhnliche“ Eigenverwaltung eröffnet.

9 Obgleich es sich auch bei dem Eigenverwaltungsverfahren und auch bei dessen spezieller Ausprägung des Schutzschirmverfahrens um ein Insolvenzverfahren handelt, hat die Anordnung der Eigenverwaltung ganz **erhebliche Außenwirkung**, setzt sie doch ein deutliches Signal für die Unternehmenssanierung bei der Auswahl der im Insolvenzverfahren zur Verfügung stehenden Optionen, Sanieren oder Liquidieren.[9] Die praktische Bedeutung dieser Außenwirkung kommt in den in der Praxis verwendeten, den Begriff der „Insolvenz“ vermeidenden Wortschöpfungen zum Ausdruck, wie sie z. B. in dem Schutzschirmverfahren der Condor Flugdienst AG mit dem der InsO unbekannten Begriff des „Schutzschirmhauptverfahrens“ Verwendung finden.

10 Wenn die Eigenverwaltung nicht zuletzt aus diesem Grund durch das ESUG eine ganz erhebliche Aufwertung erfahren hat, so sind die vielen positiven Konnotationen infolge der **Corona-Pandemie** doch erheblich beschädigt worden. Die Bundesregierung war zu Beginn der Pandemie bemüht, eine durch die verschiedenen Lockdown‘s befürchteten Insolvenzwelle entgegenzuwirken und hat in einer beachtenswerten Kraftanstrengung Insolvenzantragspflichten durch das CoVInsAG[10] ausgesetzt. Dieses Gesetz war in seiner Ursprungsfassung uneingeschränkt zu begrüßen; im Anschluss allerdings immer wieder erfolgte Verlängerungen der Aussetzung der Antragspflichten gepaart mit sonstigen Maßnahmen, wie insbesondere der im Ergebnis unbegrenzten Ausdehnung des Kurzarbeitergeldes (KUG), haben ein erhebliches Vertrauensdefizit der Politik in das deutsche Insolvenzrechtsregime offenbart, das nach einer Erhebung der Weltbank als das viertbeste[11] der

7) Dazu ausführlich *Hölzle*, ZIP 2018, 1669; *Hölzle*, Praxisleitfaden SanInsFoG, §§ 270, 270a InsO Rz. 41 ff.

8) BGH, Beschl. v. 7.12.2006 – V ZB 93/06 (KG), ZIP 2007, 249, dazu EWiR 2007, 249 *(Bähr/Landry)*.

9) Ausführlich *Neußner* in: Kübler/Bork/Prütting, HRI II, § 3 Rz. 1 ff.

10) Dazu sehr ausführlich *Hölzle/Schulenberg*, ZIP 2020, 633.

11) Nach dem Ranking als drittbestes Insolvenzrecht der Welt noch im Jahr 2015.

Welt gilt.[12] Die Insolvenzvermeidung um jeden Preis schadet der Wahrnehmung der InsO mit ihren gut funktionierenden Sanierungsinstrumenten als Sanierungsordnung und nährt die frühere Assoziation des Insolvenzantrages mit der Zerschlagung des Unternehmens. Es sollte deshalb dringend an der Wiederbelebung der durch das ESUG begonnenen Sanierungskultur innerhalb des Insolvenzrechts gearbeitet werden, wozu ggf. auch ein an das Insolvenzverfahren angelehnter Zwischenweg eines Prepack-Verfahrens hilfreich sein kann.[13]

Regelmäßig als Vorteil der Eigenverwaltung ins Feld geführt wird eine vermeintliche **Kostenersparnis** gegenüber dem fremdverwalteten Verfahren. Ob eine solche in der Praxis tatsächlich den Ausschlag gibt, darf bezweifelt werden. Zwar erhält der Sachwalter nur 60 % der Vergütung des Insolvenzverwalters (§ 12 InsVV). Jedoch ist nach § 270a Abs. 1 Nr. 4 InsO neben der bisherigen Geschäftsführung regelmäßig ein **CIO** (Chief Insolvency Officer) als weiterer Geschäftsführer zu bestellen. Dabei muss es sich um eine sanierungs- und regelmäßig auch branchenerfahrene Person handeln.[14] Die Gesamtkosten eines eigenverwalteten Insolvenzverfahrens liegen daher regelmäßig faktisch gleichauf mit den Kosten eines fremdverwalteten Verfahrens, was den durch eine eigenverwaltete Insolvenz erzeugten kommunikativen und organisatorischen Vorteilen keinen Abbruch tut. Auch sieht der Gesetzgeber nicht vor, dass das Eigenverwaltungsverfahren kostengünstiger sein müsse als ein fremdverwaltetes Verfahren. § 270a Abs. 1 Nr. 5 InsO gibt lediglich vor, dass etwaige Mehr- oder Minderkosten transparent dargestellt werden müssen. 11

Der relative Anteil der Eigenverwaltungsverfahren an den Insolvenzverfahren insgesamt ist seit Inkrafttreten des ESUG nur gering auf rund 3,5 % aller Insolvenzverfahren gestiegen, jedoch wird die überwiegende **Mehrzahl der großen Insolvenzverfahren** in Eigenverwaltung geführt. Die wirtschaftliche Bedeutung der Eigenverwaltung ist aus der Restrukturierung- und Sanierungslandschaft des deutschen Insolvenzrechts daher nicht mehr wegzudenken. Dies darf jedoch nicht darüber hinwegtäuschen, dass es auch Fälle **missbräuchlicher Ausnutzung** der Eigenverwaltung mit dem Ziel gegeben hat und gibt, zum Nachteil der Gläubiger insbesondere die Gesellschafter eines Unternehmens zu entschulden. Zu Recht empfahl die **ESUG-Evaluation** daher die gesetzliche Implementierung strengerer Anforderungen an den Eintritt in das Eigenverwaltungsverfahren.[15] Auf derselben Linie liegen die Empfehlungen des Forum 270 und die dort entwickelten Standards für die Grundsätze ordnungsgemäßer Eigenverwaltung.[16] Den Erwägungen wurde mit dem Inkrafttreten des SanInsFoG zum 1.1.2021 hinreichend Rechnung getragen. 12

B. Antragsvoraussetzung

I. Insolvenzantrag und Eigenverwaltungsantrag

Für den Antrag auf Eigenverwaltung kommt es nicht darauf an, ob der **Insolvenzantrag** als **Eigen- oder** als **Fremdantrag** gestellt worden ist. Dem Schuldner steht es auch dann frei, die Eigenverwaltung zu beantragen, wenn das Insolvenzverfahren auf Grundlage eines Gläubigerinsolvenzantrags eingeleitet worden ist; sei es, weil der Schuldner überhaupt keinen Eigenantrag gestellt hat, sei es, weil ein Gläubiger dem Insolvenzschuldner zuvor- 13

12) Doing Business Report der Weltbank 2020, abrufbar unter https://archive.doingbusiness.org/en/data/exploreeconomies/germany# (Abrufdatum: 19.11.2023).

13) Mit einem entsprechenden Vorschlag, der geringfügig modifiziert auch wesentliche Teile des jüngst vorgelegten Entwurfs einer Harmonisierungsrichtlinie der EU aufgreift, vgl. *Hölzle/Eckert*, ZIP 2023, 445.

14) *Hölzle*, ZIP 2018, 1669; *Horstkotte*, ZInsO 2018, 2329; *Gehrlein*, ZInsO 2018, 2234.

15) *Jacoby/Madaus/Sack/H. Schmidt/Thole*, ESUG-Evaluationsbericht, S. 79 f.

16) Abrufbar unter www.forum270.de (Abrufdatum: 19.11.2023).

gekommen ist. Allerdings dürfte es regelmäßig faktisch schwerfallen, auf einen Gläubigerantrag mit einem Eigenverwaltungsantrag zu reagieren, wenn dieser zum Zeitpunkt der Antragstellung durch den Gläubiger noch nicht hinreichend vorbereitet war. Insbesondere die nach § 270a Abs. 1 Nr. 1, 2 InsO erforderliche Eigenverwaltungsplanung wird sich in kurzer Zeit nicht erstellen lassen. In solchen Fällen ist der faktische Ausschluss einer Eigenverwaltung aber auch richtig, da diese Verfahrensform nach dem gesetzgeberischen Willen nur für gut vorbereitete Verfahren eröffnet sein soll.

14 Ein Antragsrecht des den Insolvenzantrag stellenden Gläubigers, gleichzeitig einen Antrag auf Eigenverwaltung zu stellen, gibt es nicht. Der **Eigenverwaltungsantrag** kann nach § 270f Abs. 1 InsO **nur vom Schuldner selbst** gestellt werden. Eine Ausnahme beinhaltet lediglich § 271 InsO, wonach auch die Gläubigerversammlung mit qualifizierter Mehrheit beantragen kann, das Insolvenzverfahren in Eigenverwaltung zu führen; hierbei ist jedoch die Zustimmung des Schuldners erforderlich. Gegen dessen Willen ist eine Eigenverwaltung daher auch in diesem Fall nicht möglich.

15 Die an den zulässigen Eigenverwaltungsantrag zu stellenden Anforderungen sind **durch das SanInsFoG neu gefasst** worden. Sie orientieren sich an dem, was in professionell vorbereiteten Eigenverwaltungsverfahren auch vor Inkrafttreten des SanInsFoG bereits *Best Practice* gewesen ist. Kern der reformierten Zulässigkeitsvoraussetzungen ist die Eigenverwaltungsplanung nach § 270a Abs. 1 Nr. 1, 2 InsO, die neben einem Finanzplan, der den Zeitraum der typisierten Verfahrensdauer von sechs Monaten unter fundierter Angabe der Finanzierungsquellen umfassen muss, auch das Konzept für das Eigenverwaltungsverfahren und dessen Ziele darstellen soll. Dieses Konzept ist dynamischer Natur, kann im Laufe des Verfahrens daher an die tatsächlichen Entwicklungen angepasst werden, soll den Schuldner aber verpflichten, sich vor Einleitung des Verfahrens fundierte Gedanken über dessen Ablauf und die realistisch erreichbaren Ergebnisse zu machen.

II. Frist

16 Das Gesetz nennt weder in § 270 Abs. 1 InsO noch in § 270a InsO unmittelbar eine Frist für die Stellung des Antrags auf Eigenverwaltung. Allerdings ordnet das Insolvenzgericht unmittelbar nach Antragstellung entweder nach § 270b Abs. 1 InsO die **vorläufige Eigenverwaltung** an oder bestellt, liegen die Voraussetzungen für die Eigenverwaltung nicht vor, nach § 21 Abs. 2 Nr. 1 InsO einen vorläufigen Insolvenzverwalter (vgl. auch § 270b Abs. 4 InsO).

17 Aus der Tatsache, dass die Bestellung eines vorläufigen Insolvenzverwalters eine Sicherungsmaßnahme darstellt, die dem Verhältnismäßigkeitsgrundsatz unterliegt[17] und daher aufzuheben ist, wenn eine mildere, ebenso geeignete Maßnahme gegeben scheint, die Interessen der Gläubiger zu sichern, sowie aus dem Umkehrschluss aus § 271 InsO, der die nachträgliche Anordnung nur aufgrund eines Beschlusses der Gläubigerversammlung zulässt, folgt, dass der Antrag auf Eigenverwaltung **bis zum Erlass des Eröffnungsbeschlusses** durch das Insolvenzgericht (§ 27 InsO) zu jedem Zeitpunkt des Insolvenzeröffnungsverfahrens gestellt werden kann. Daraus folgt zunächst, dass nach Eröffnung des Insolvenzverfahrens ein **Nachschieben** eines Antrags auf Anordnung der Eigenverwaltung nicht möglich ist; auch ein Nachschieben eines Antrags auf Eigenverwaltung i. R. einer Beschwerde gegen den Eröffnungsbeschluss ist nicht möglich.[18] Im Umkehrschluss ist vor Eröffnung des Verfahrens, also während des Eröffnungsverfahrens und damit auch nach Anordnung einer vorläufigen Insolvenzverwaltung, die Aufhebung derselben und die Be-

17) K. Schmidt-*Hölzle*, InsO, § 21 Rz. 9.

18) K. Schmidt-*Undritz*, InsO, § 270 Rz. 4.

stellung eines vorläufigen Sachwalters anstelle des bislang bestellten vorläufigen Insolvenzverwalters möglich, wenn und soweit der Schuldner die Antragsvoraussetzungen des § 270a InsO nachträglich erfüllt. Aus § 270b InsO ergibt sich nicht, dass die vorläufige Eigenverwaltung nur auf einen mit dem Insolvenzantrag verbundenen Antrag hin angeordnet werden könnte. Dies ist auch richtig, weil die Reichweite der Anordnung der gebotenen Sicherungsmaßnahmen einem am Maßstab des Verhältnismäßigkeitsgrundsatzes pflichtgemäß auszuübenden Ermessen unterliegt, woraus folgt, dass auch nicht (mehr) verhältnismäßige Sicherungsmaßnahmen für die Zukunft aufzuheben sind.[19]

Über § 4 InsO gelten für den Antrag auf Eigenverwaltung die allgemeinen zivilprozessualen Vorschriften. Da er **Prozesshandlung** ist, ist er bedingungsfeindlich.[20] 18

III. Form und Begründung des Antrags

§ 270f Abs. 1 InsO, der den Antrag auf Eigenverwaltung zur Voraussetzung für deren Anordnung erhebt, sieht für diesen Antrag keine besondere Form vor. Ob das für den Eröffnungsantrag selbst geltende Formerfordernis des § 13 Abs. 1 InsO auch für den Antrag auf Eigenverwaltung gilt, wenn dieser mit dem Insolvenzantrag verbunden wird,[21] ist zweifelhaft. Eine Grundlage hierfür findet sich im Gesetz nicht. Allerdings dürfte diese Frage in der Praxis kaum je eine Rolle spielen, da jedenfalls seit Inkrafttreten des SanInsFoG die für die Zulässigkeit des Antrages erforderlichen Voraussetzungen des § 270a InsO rein faktisch nur unter Wahrung der Schriftform erfüllt werden können.[22] 19

Unter Geltung des ESUG umstritten war, ob *erstens* der Antrag **begründet** werden muss und ob *zweitens* das Gericht an den **Amtsermittlungsgrundsatz** aus § 5 Abs. 1 InsO gebunden war und zu ermitteln hatte, ob Umstände i. S. des § 270 Abs. 2 Nr. 2 InsO a. F. vorlagen, die erwarten ließen, dass die Anordnung zu Nachteilen für die Gläubiger führen werde. Dieser Streit hat sich durch die Neukonzeption der Zugangsvoraussetzungen erledigt, da der Schuldner nunmehr bei Erfüllung der von ihm zu begründenden Zugangsvoraussetzungen einen Anspruch auf Anordnung der (vorläufigen) Eigenverwaltung hat. 20

Anders als § 270b InsO a. F. (nun § 270d InsO) verlangten weder § 270a InsO a. F. für das vorläufige Eigenverwaltungsverfahren noch § 270 InsO a. F. für die Eigenverwaltung im eröffneten Insolvenzverfahren die Vorlage eines begründeten Antrags. Daraus wurde zum Teil geschlossen, dass eine Begründungspflicht für den Antrag auf Eigenverwaltung nicht bestand.[23] Andererseits war zu berücksichtigen, dass das Gericht nach § 270 Abs. 2 Nr. 2 InsO a. F. verpflichtet war, eine **Prognose** über mögliche Nachteile der Anordnung der Eigenverwaltung für die Gläubiger anzustellen. Zu einer solchen Prognose war das bislang mit dem Fall nicht befasste Gericht nur in der Lage, wenn und soweit der Schuldner den aus seiner Sicht für die Anordnung der Eigenverwaltung maßgeblichen Sachverhalt darstellte. Daraus hätte sich die Obliegenheit des Schuldners ergeben können, seinen Antrag auf Eigenverwaltung zu begründen.[24] 21

Durch die **Gesetzesänderung** wurde i. R. der Darlegung der Zulässigkeitsvoraussetzungen von dem unbestimmten Rechtsbegriff des Nachteils für Gläubiger Abstand genommen, wenngleich die „Nachteile für die Gläubiger" als Tatbestandsmerkmal in § 274 InsO er- 22

19) K. Schmidt-*Hölzle*, InsO, § 21 Rz. 19.

20) *Pape* in: KPB, InsO, § 270 Rz. 80.

21) Graf-Schlicker-*Graf-Schlicker*, InsO, § 270 Rz. 8.

22) Vgl. *Hölzle*, Praxisleitfaden SanInsFoG, §§ 270, 270a InsO Rz. 9 ff.

23) *Neußner* in: Kübler, HRI, 3 Aufl., § 6 Rz. 146 ff.

24) So K. Schmidt-*Undritz*, InsO, § 270 Rz. 9; *Haas* in: Gottwald/Haas, InsR-Hdb., § 87 Rz. 97; differenzierend *Kern* in: MünchKomm-InsO, § 270 Rz. 91 ff.; a. A. *Pape* in: KPB, InsO, § 270 Rz. 90.

halten blieben. § 270a InsO sieht nunmehr aber einen konkreten **Anforderungskatalog** vor, der für die Zulässigkeit des Eigenverwaltungsantrages zu erfüllen ist. Dass keine Nachteile für die Gläubiger durch die Einleitung des Verfahrens in (vorläufiger) Eigenverwaltung begründet werden dürfen, ergibt sich über die Verweisungsbrücke des § 270b Abs. 1 Satz 1 InsO auf § 274 InsO darüber hinaus als ungeschriebenes Tatbestandsmerkmal. Aus dem Erfordernis des Vorliegens einer **Eigenverwaltungsplanung** folgt damit eine Begründungspflicht des Antrages.

C. Antragsvoraussetzung: Eigenverwaltungsplanung und Eigenverwaltungswürdigkeit

23 Die Ablehnung eines Eigenverwaltungsantrages war unter Geltung des ESUG nur dann möglich, wenn dem Gericht im Zeitpunkt der Entscheidung Umstände bekannt waren, die „Nachteile für die Gläubiger" erwarten ließen.[25] Es kam damit auf präsentes Wissen bzw. präsente Indizien an. Soweit der Nachteilsbegriff über §§ 274, 270b Abs. 1 Satz 1 InsO auch heute noch als ungeschriebenes Tatbestandsmerkmal von dem Insolvenzgericht mit zu prüfen ist, gelten die überkommenen Grundsätze fort.

24 Anders als z. B. § 56a Abs. 3 InsO und § 22a Abs. 3 InsO spricht § 274 InsO nur von „Nachteilen für die Gläubiger", nicht aber von negativen Auswirkungen auf das Vermögen des Schuldners. Eine ausschließlich an der Quotenerwartung oder dem Vermögen des Schuldners orientierte Auslegung des unbestimmten **Tatbestandsmerkmals „Nachteil"** in § 274 InsO scheint daher vom Gesetzgeber weder gewollt noch möglich zu sein. Anderenfalls wären die unterschiedlichen verwendeten Termini nicht zu erklären. Darüber hinaus würde ein solches, quotenorientiertes Verständnis auch dem Tatbestand im Ganzen nicht gerecht, weil der Insolvenzrichter bereits bei Antragstellung auch über die Frage zu entscheiden hat, ob er einen vorläufigen Insolvenzverwalter (§§ 21, 22 InsO) oder nur einen vorläufigen Sachwalter (§ 270b Abs. 1 InsO) einsetzt, stellte der Schuldner einen Antrag auf Eigenverwaltung. Dabei darf er nach den Buchstaben des Gesetzes nur Umstände zugrunde legen, die im Zeitpunkt der Beschlussfassung bereits „bekannt" sind.

25 Das unbestimmte Tatbestandsmerkmal „Nachteil" in § 274 InsO erfasst daher die **gesamten Interessen aller Verfahrensbeteiligten** in einem umfassenden Sinne. Dazu gehören aus diesem Grunde auch vom Schuldner zu vertretende Verzögerungen im Verfahrensablauf, intransparentes Verhalten des Schuldners und die fehlende Abstimmung der Verfahrenshandlungen mit dem vorläufigen Sachwalter und dem Insolvenzgericht. Informiert der Schuldner das Gericht nicht über alle verfahrensrelevanten Vorgänge, kann daraus ebenfalls auf indirekt drohende Nachteile geschlossen werden, was für die Versagung der Eigenverwaltung ebenfalls ausreicht. Da es allerdings nur auf präsentes Wissen des Gerichts ankommt, ist die Bestellung eines Sachverständigen (§ 5 InsO), um Umstände zu einer etwaigen Nachteiligkeit zu ermitteln, auch im geltenden Recht ausgeschlossen.

26 Durch die Neukonzeption der Antragsvoraussetzungen will der Gesetzgeber die in der Praxis mit der Auslegung des **unbestimmten Rechtsbegriffs des Nachteils** verbundene Rechtsunsicherheit nunmehr vermeiden und die Anordnung der Eigenverwaltung für den Schuldner, erfüllt er die in § 270a InsO niedergelegten Voraussetzungen, vorhersehbar gestalten. Die Eigenverwaltungsplanung nach § 270a Abs. 1 InsO bewirkt eine zwangsweise deutlich bessere Vorbereitung des Verfahrens. Außerdem ist, um nur redlichen Schuldnern den Weg in die Eigenverwaltung zu eröffnen, in § 270a Abs. 2 InsO an die **Eigenverwaltungswürdigkeit** des Schuldners angeknüpft.

---

25) Begr. RegE SanInsFoG z. InsO, BT-Drucks. 19/24181, S. 202.

Anspruch hat der eigenverwaltungswürdige Schuldner, wenn er eine den Anforderungen des § 270a Abs. 1 InsO genügende **Eigenverwaltungsplanung** vorlegt. Die Eigenverwaltungsplanung umfasst als Oberbegriff die im Gesetz in § 270a Abs. 1 Nr. 1–5 InsO aufgeführten erforderlichen Unterlagen. Der Gesetzgeber sieht dabei explizit die Inanspruchnahme fremder Hilfe durch **rechtliche Beratung** bei der Erstellung als zulässig an. Dazu gehören 27

- ein Finanzplan für den Zeitraum von sechs Monaten zur Sicherstellung der Liquidität (Nr. 1),
- ein Eigenverwaltungskonzept zur Erreichung der Ziele (Nr. 2),
- eine Aufstellung des Verhandlungsstands mit Gläubigern (Nr. 3),
- eine Darstellung von bereits durch den Schuldner getroffenen Vorkehrungen zur Sicherstellung der Erfüllung insolvenzrechtlicher Pflichten (Nr. 4) sowie
- eine Darstellung von Mehr- und Minderkosten im Vergleich zum fremdverwalteten Insolvenzverfahren (Nr. 5).

Zwischen den Voraussetzungen besteht kein Wertungsunterschied, das Fehlen einer Angabe führt zur Unzulässigkeit insgesamt auf Grund eines Mangels i. S. des § 270b Abs. 1 Satz 2 InsO. 28

Der **Finanzplan** nach § 270a Abs. 1 Nr. 1 InsO muss unter Beachtung der betriebswirtschaftlichen Regeln[26] aufgestellt werden und umfasst einen Mindestzeitraum von sechs Monaten. Hierbei handelt es sich um die typisierte Verfahrenslaufzeit aus drei Monaten Eröffnungsverfahren und weiteren drei Monaten im eröffneten Verfahren, die es regelmäßig aber auch mindestens braucht, um eine Fortführungslösung, sei es durch Verkauf, sei es durch Insolvenzplan umzusetzen. Durch das Erfordernis, dass auch die Darstellung der Finanzierungsquellen obligatorisch ist, soll sichergestellt werden, dass die erforderliche Liquidität gegeben ist, um die Kosten der Betriebsfortführung und des Insolvenzverfahrens tatsächlich zu decken und der Antrag nicht nach dem „Prinzip Hoffnung" gestellt wird. Nicht erforderlich ist allerdings, dass die Finanzierung bereits rechtswirksam zugesagt ist. Wird die Finanzierung des Eigenverwaltungsverfahrens z. B. auf den für wahrscheinlich gehaltenen Abschluss eines Massedarlehensvertrages gestützt, der typischerweise erst nach Einleitung des Verfahrens – im Rang einer künftigen Masseverbindlichkeit – abgeschlossen werden kann, so genügt die **Darstellung des Verhandlungsstandes**, soweit sich daraus eine hinreichende Wahrscheinlichkeit für die Gewährung der erforderlichen Finanzierung ergibt.[27] Dies folgt bereits aus dem Wortlaut des § 270a Abs. 1 Nr. 1 InsO, wonach anzugeben ist, aus welchen Finanzquellen die Finanzierung „sichergestellt werden soll", worin sowohl ein voluntatives als auch ein prognostisches Element zum Ausdruck kommt und gerade nicht verlangt wird, dass die Finanzierung bereits „sichergestellt ist". 29

Die Finanzplanung hat sich an dem Eigenverwaltungskonzept auszurichten und darf in diesem vorgesehene Maßnahmen unter Beachtung eines realistischen Zeitrahmens für deren Umsetzung berücksichtigen. Als **mögliche Ziele** kann die Eigenverwaltungsplanung z. B. die Schließung eines Teilbetriebes, den Abbau von Arbeitsplätzen, den Verkauf nicht benötigten Anlage- oder Umlaufvermögens oder Ähnliches vorsehen, was in die Finanzplanung selbstverständlich Einzug halten darf. 30

Des Weiteren ist die Vorlage eines **Eigenverwaltungskonzepts** erforderlich, das auf Grundlage von **Art, Ausmaß und Ursachen der Krise** das **Ziel der Eigenverwaltung** und 31

---

26) Begr. RegE SanInsFoG z. InsO, BT-Drucks. 19/24181, S. 204.

27) Begr. RegE SanInsFoG z. InsO, BT-Drucks. 19/24181, S. 204.

die für die Erreichung des Ziels in Aussicht genommenen **Maßnahmen** darstellt. Ziel des Konzepts ist es, dass sich der Schuldner mit der Sinnhaftigkeit und der Realisierbarkeit des Vorhabens vor der Antragstellung auseinandersetzt.[28] Der Zugang zu der Eigenverwaltung soll dadurch nicht schwerer werden, sondern plan- und vorhersehbarer. Die Eigenverwaltung muss für die Gläubiger dabei nicht zwingend vorteilhafter als das fremdverwaltete Verfahren sein, sie darf nur nicht zu offenkundigen Nachteilen führen. Das hat Auswirkung auf die möglichen Ziele der Eigenverwaltung, die sich nicht auf eine Sanierung beschränken, sondern ebenso gut in der geordneten (Teil-)Liquidation liegen können. Das Konzept muss plausibel und nachvollziehbar sein, ist aber nicht statisch zu verstehen. Das Insolvenz(eröffnungs)verfahren ist ein **dynamischer Prozess**, was sich auch in dem Eigenverwaltungskonzept abbilden darf. Das heißt das Konzept kann im Verlauf des Verfahrens an die sich entwickelnden Verhältnisse angepasst werden. Abweichungen der tatsächlichen Entwicklung von der bei Antragstellung vorgelegten Eigenverwaltungsplanung haben daher keinen Einfluss auf die Zulässigkeit des Verfahrens.

32 Ferner hat der Antragsteller den **Verhandlungsstand** mit den wesentlichen Gläubigern darzustellen, was erforderlich ist, um einerseits dem Gericht einen Eindruck von dem Stand der Vorbereitung des Verfahrens zu vermitteln, andererseits eine Einschätzung über die Erfolgsaussichten und damit die Erfüllbarkeit des Eigenverwaltungskonzepts ermöglicht. Nicht erforderlich ist, dass tatsächlich Verhandlungen im Vorfeld des Antrags geführt wurden. Haben solche nicht stattgefunden, ist aber auch das anzugeben.[29]

33 Da die **Verwaltungs- und Verfügungsbefugnis** beim Schuldner verbleibt, muss dieser darstellen, welche **Vorkehrungen** er getroffen hat, die ihm obliegenden **insolvenzrechtlichen Pflichten** im Verfahren zu erfüllen. Die Erfüllung der insolvenzrechtlichen Pflichten ist regelmäßig allein durch Bestellung eines insolvenzrechtlich erfahrenen Beraters in das Organ des schuldnerischen Unternehmens gewährleistet. Anders, als es in der Gesetzesbegründung[30] zum Ausdruck kommt, ist die Bestellung insbesondere nur eines Generalbevollmächtigten, der nicht die organrechtlichen Kompetenzen innehat, regelmäßig nicht genügend. Das Erfordernis des § 270a Abs. 1 Nr. 4 InsO ist Korrelat der im fremdverwalteten Verfahren durch § 56 Abs. 1 InsO sichergestellten Kompetenzgewährleistung; tritt im eigenverwalteten Verfahren der Schuldner und damit bei einer Gesellschaft ohne Rechtspersönlichkeit dessen Organ an die Stelle des Insolvenzverwalters, so muss sichergestellt sein, dass derjenige, dem insolvenzrechtlich die Handlungskompetenz zugewiesen ist, auch über die entsprechende Qualifikation verfügt. Der Hinweis, dass die Gewährleistung der nötigen Expertise auch durch Generalbevollmächtigte oder Berater erfolgen könne, steht auch im Widerspruch zu dem ausdrücklichen Willen des Gesetzgebers, die bislang bestehende Haftungslücke in der Eigenverwaltung dadurch zu schließen, dass die Haftung nach §§ 60, 61 InsO in Anlehnung an ein Urteil des BGH vom 26.4.2018[31] durch § 276a Abs. 2 InsO auch auf eigenverwaltende Organe erstreckt wird. Dadurch sollen Verhaltensanreize gesetzt und die mit der Haftungsandrohung verbundene Steuerungswirkung gerade auch auf die Organe von Rechtsträgern in haftungsbeschränkender Rechtsform in der Eigenverwaltung erstreckt werden.[32]

34 Schließlich sind die **Mehr- und Minderkosten** der Eigenverwaltung darzustellen. Somit soll ein Vergleich zum fremdverwalteten Verfahren möglich sein, ohne dass sich daraus

28) Begr. RegE SanInsFoG z. InsO, BT-Drucks. 19/24181, S. 203.

29) Begr. RegE SanInsFoG z. InsO, BT-Drucks. 19/24181, S. 205.

30) Begr. RegE SanInsFoG z. InsO, BT-Drucks. 19/24181, S. 205.

31) BGH, Urt. v. 26.4.2018 – IX ZR 238/17, BGHZ 218, 290 = ZIP 2018, 977, dazu ausführlich *Hölzle*, ZIP 2018, 1669.

32) Wie hier *Hölzle*, Praxisleitfaden SanInsFoG, §§ 270, 270a InsO Rz. 45.

die Vorgabe ableiten ließe, dass das eigenverwaltete Verfahren zwingend kostengünstiger zu sein habe, als ein fremdverwaltetes Verfahren. Zur Darstellung etwaiger Mehr- oder Minderkosten müssen die Honorarvereinbarungen mit den grundsätzlich obligatorischen insolvenzrechtlichen Experten (CIO) offenbart werden. Wie sich aus § 270b Abs. 1 InsO und dem eindeutigen Ziel der Novellierung der Antragsvoraussetzungen ergibt, handelt es sich bei Erfüllung der Anordnungsvoraussetzungen um eine **gebundene Entscheidung**. Der Schuldner hat Anspruch auf die Anordnung der (vorläufigen) Eigenverwaltung. Das Ergebnis der Darstellung der Mehr- oder Minderkosten hat darauf keinen Einfluss. Dieses wird erst dann relevant, wenn über §§ 270b Abs. 1, 274 InsO aus erheblichen Mehrkosten unter Berücksichtigung sämtlicher sonstigen Umstände auf einen Nachteil für die Gläubiger geschlossen werden kann, oder die Darstellung der Mehrkosten einen vorläufigen Gläubigerausschuss nach § 270b Abs. 3 Satz 4 InsO dazu veranlasst, einstimmig gegen die Eigenverwaltung zu votieren. Von wesentlichen Mehrkosten, die einen Nachteil für die Gläubiger darstellen können, ist jedenfalls erst bei einer Überschreitung von 30 % auszugehen.[33]

Ebenfalls i. R. der Neufassung der Antragsvoraussetzungen wurde zur Vermeidung einer missbräuchlichen Verwendung des Eigenverwaltungsverfahrens[34] die Voraussetzung der **Eigenverwaltungswürdigkeit** des Schuldners gemäß § 270a Abs. 2 InsO geschaffen.[35] Der Eigenverwaltungswürdigkeit des Schuldners kann es demnach **entgegenstehen**, wenn 35

- er sich – in Abhängigkeit vom quantitativen und qualitativen Umfang – gegenüber seinen Gläubigern, differenziert darzustellen nach Arbeitnehmern, Pensionsempfängern, der Finanzkasse, Sozialversicherungsträgern oder Lieferanten in Verzug befindet (Abs. 2 Nr. 1),
- er in den vergangenen drei Jahren bereits Vollstreckungs- oder Verwertungssperren nach der InsO oder dem StaRUG in Anspruch genommen hat (Abs. 2 Nr. 2) oder
- er in den letzten drei Jahren seinen Offenlegungspflichten insbesondere nach den §§ 325–328, 339 HGB nicht nachgekommen ist.[36]

Entsprechende Angaben des Schuldners führen aber nicht notwendigerweise zur Versagung der Eigenverwaltung. Nach § 270b Abs. 2 InsO tritt an die Stelle des gebundenen Anspruchs auf Anordnung der Eigenverwaltung in diesem Fall eine **Ermessensentscheidung** des Gerichts, wonach die Anordnung der Eigenverwaltung nur erfolgen soll, wenn trotz der benannten Umstände zu erwarten ist, dass der Schuldner bereit und in der Lage ist, seine Geschäftsführung an den Interessen der Gläubiger auszurichten. Hierzu muss der Antrag in diesem Fall substantiierte Angaben enthalten, da das Gericht anderenfalls nicht in der Lage ist, die Fähigkeit des Schuldners zur Erfüllung der insolvenzrechtlichen Pflichten zu beurteilen und ein non liquet zu seinen Lasten geht. 36

D. Anhörung des Gläubigerausschusses

Nach § 270 Abs. 3 InsO a. F. war vor einer Entscheidung über den Antrag auf Eigenverwaltung der vorläufige Gläubigerausschuss anzuhören, wenn dies nicht zu einer nachteiligen Veränderung der Vermögenslage des Schuldners führte.[37] Nach § 270b Abs. 3 InsO besteht diese Pflicht weiterhin, ist aber dadurch verschärft und die Gläubigerbeteiligung nach dem Willen des Gesetzgebers damit gestärkt worden, dass die Entscheidung des Ge- 37

33) AG Freiburg, Beschl. v. 1.5.2015 – 58 IN 37/15, ZInsO 2015, 1167 = ZIP 2015, 2238.

34) *Jacoby/Madaus/Sack/H. Schmidt/Thole*, ESUG-Evaluationsbericht, S. 79.

35) Vergleichbar mit der Sanierungswürdigkeit i. S. d. § 51 Abs. 2 StaRUG außerhalb des Insolvenzverfahrens.

36) Begr. RegE SanInsFoG z. InsO, BT-Drucks. 19/24181, S. 205.

37) Vgl. zum Ganzen *Hölzle*, Praxisleitfaden ESUG, §§ 270, 270a Rz. 59 ff.

richts ohne Anhörung des Ausschusses nur ergehen darf, wenn seit der Anhörung zwei Werktage vergangen sind oder wenn offensichtlich mit nachteiligen Veränderungen der Vermögenslage des Schuldners zu rechnen ist, die sich nicht anders als durch Bestellung eines vorläufigen Sach-/Insolvenzverwalters abwenden lassen.

38 Ein **Votum** des Gläubigerausschusses für oder gegen die Anordnung der Eigenverwaltung ist (nur) bei Einstimmigkeit für das Gericht bindend, gleich ob eine Zustimmung oder Ablehnung Inhalt der Entscheidung ist. Die Bindung der Ablehnung war in der Vorgängerregelung noch nicht enthalten. Das Gericht ist verpflichtet den vorläufigen Gläubigerausschuss anzuhören. Es geht dabei um den Schutz der Gläubigerautonomie und der Stärkung des Einflusses der Gläubiger auf das Verfahren. Die kurze Frist von zwei Werktagen sieht der Gesetzgeber als ausreichend und zumutbar an.[38)]

39 Die Anhörung des vorläufigen Gläubigerausschusses hat sich neben der Verfahrensfrage auch auf die Person des **vorläufigen Sachwalters** zu erstrecken. Dies ergibt sich aus der Verweiskette des § 270b Abs. 1 InsO auf § 274 InsO und von dort wiederum auf §§ 56 ff. InsO. Nach § 56a Abs. 1 InsO besteht die Pflicht, auch zur Person des vorläufigen Sachwalters anzuhören und entsteht eine entsprechende Bindungswirkung für das Gericht.

40 In Ausnahmefällen (§ 270b Abs. 3 Satz 2 InsO) kann der Beschluss auch vor Ablauf der zwei Werktage ergehen, wenn anderenfalls eine nachteilige Veränderung der Vermögenslage des Schuldners die Folge wäre. § 270b Abs. 4 InsO schreibt vor, dass eine gesonderte Begründung in diesen Fällen erforderlich ist. Die Entwicklung muss offensichtlich und darf nicht anders, als durch Bestellung eines vorläufigen Insolvenzverwalters abwendbar sein.

41 **Offensichtlich** ist die nachteilige Veränderung der Vermögenslage nur dann, wenn kein begründeter Zweifel daran besteht, dass ohne die Bestellung eines vorläufigen Insolvenzverwalters **innerhalb der folgenden zwei Werktage** das Vermögen des Schuldners in einer die Quotenerwartung der Gläubiger erkennbar beeinträchtigenden Weise beeinflusst werden wird. Allgemeine Erfahrungswerte reichen hierzu nicht aus. Das Gericht muss sämtliche verfügbaren Erkenntnisse berücksichtigen. Hat der Schuldner eine vollständige Eigenverwaltungsplanung vorgelegt, aus der sich ergibt, dass das Verfahren durchfinanziert ist, ist eine Aussetzung der Anhörungspflicht kaum je denkbar, da nachteilige Veränderungen in diesem Fall schwer begründbar sein dürften. Insgesamt dürfte die Öffnungsklausel bei dogmatischer Betrachtung daher einen nur sehr kleinen Anwendungsbereich haben. In der Praxis wird die Anhörung regelmäßig dadurch vorweggenommen, dass der Schuldner bereits Erklärungen der designierten, von ihm vorgeschlagenen Ausschussmitglieder beibringt, mit denen diese sich mit der Führung des Verfahrens in Eigenverwaltung einverstanden erklären und ggf. auch zur Person des zu bestellenden Sachwalters äußern.

E. Kompetenzausweitung im Eröffnungsverfahren

42 Um das vorläufige Eigenverwaltungsverfahren effizienter zu gestalten, hat der Gesetzgeber mit § 270c InsO weitere Möglichkeiten von Kompetenzzuweisungen an den vorläufigen Sachwalter und den Schuldner geschaffen.

43 Zunächst kann das Gericht den vorläufigen Sachwalter beauftragen, die vom Schuldner vorgelegte **Eigenverwaltungsplanung** daraufhin **zu überprüfen**, ob diese von den erkannten und erkennbaren tatsächlichen Gegebenheiten ausgeht, schlüssig ist und durchführbar erscheint (Abs. 1 Nr. 1), die Rechnungslegung und Buchführung vollständig und als Grundlage für die Eigenverwaltungsplanung insbesondere für die Finanzplanung ge-

38) Begr. RegE SanInsFoG z. InsO, BT-Drucks. 19/24181, S. 198.

eignet ist (Abs. 1 Nr. 2) und ob Haftungsansprüche des Schuldners gegen amtierende oder ehemalige Mitglieder der Organe bestehen (Abs. 1 Nr. 3). Diese Kompetenzanordnungen dienen in erster Linie der Sicherstellung der Zulässigkeitsvoraussetzungen für die Anordnung der (vorläufigen) Eigenverwaltung und damit nicht zuletzt der Transparenz des Verfahrens und damit dem Vertrauen der Gläubiger in das Verfahren.

Vor dem Hintergrund, dass es sich bei der Eigenverwaltungsplanung und der Führung eines Insolvenzverfahrens in vorläufiger Eigenverwaltung um ein dynamisches Konzept handelt, muss die Eigenverwaltungsplanung an die tatsächlichen Entwicklungen angepasst werden dürfen. Dass der Schuldner dies aber auch tatsächlich tut und damit der dem Verfahren und den Gläubigern geschuldeten Transparenz Genüge tut, ist er gemäß § 270c Abs. 2 InsO verpflichtet, dem Gericht und dem vorläufigen Sachwalter **unverzüglich wesentliche Änderung mitzuteilen**, welche die Eigenverwaltungsplanung betreffen. 44

Neu ist ferner die ausdrückliche Klarstellung in § 270c Abs. 3 InsO, dass das Gericht auch im vorläufigen Eigenverwaltungsverfahren berechtigt ist, **Sicherungsanordnungen** nach § 21 Abs. 1 und 2 Satz 1 Nr. 1a, 3–5 InsO zu treffen. Eine solche Anordnung war nötig, da insbesondere Vollstreckungssperren (§ 21 Abs. 2 Nr. 3 InsO) und Verwertungsermächtigungen (§ 21 Abs. 2 Nr. 5 InsO) auch im Eigenverwaltungsverfahren regelmäßig erforderlich sind. Gleichzeitig enthält § 270c Abs. 3 InsO die Grundlage für die Anordnung einer sog. **„starken vorläufigen Sachwaltung"** dadurch, dass das Gericht anordnen kann, dass Verfügungen des Schuldners der Zustimmung durch den vorläufigen Sachwalter bedürfen. Dieses Zustimmungserfordernis kann auf bestimmte Rechtsgeschäfte beschränkt oder allgemein für sämtliche Rechtshandlungen des Schuldners angeordnet werden. 45

Schließlich enthält § 270c Abs. 4 InsO eine Regelung, die vor Inkrafttreten des SanInsFoG nur für das Schutzschirmverfahren ausdrücklich getroffen und für das isolierte Eigenverwaltungsverfahren regelmäßig analog angewendet worden war, nämlich die Rechtsgrundlage dafür, den Schuldner zu ermächtigen, mit Wirkung für das eröffnete Insolvenzverfahren **Masseverbindlichkeiten zu begründen**. Mit dieser Vorschrift zeichnet der Gesetzgeber die gelebte Rechtspraxis seit Inkrafttreten des ESUG nach, weshalb die Vorschrift im Kern nichts Neues enthält. 46

F. Rechtsfolgen

I. Grundsatz

Die Anordnung der Eigenverwaltung bewirkt nicht allein, dass der Schuldner die Verwaltungs- und Verfügungsbefugnis über sein Vermögen, die sonst auf den Insolvenzverwalter übergeht (§ 80 InsO), behält; sie geht darüber hinaus, indem sie dem Schuldner Sonderkompetenzen insbesondere nach §§ 279, 282 InsO erteilt. Auch der Insolvenzschuldner in der Eigenverwaltung ist daher Amtswalter im Interesse der Gläubiger, woraus folgt, dass seine Rechtsmacht durch den Insolvenzweck beschränkt ist.[39] Insolvenzzweckwidrige Handlungen auch des Insolvenzschuldners in Eigenverwaltung sind, ebenso wie es solche des Insolvenzverwalters in der Regelverwaltung wären, nichtig.[40] 47

Im Grundsatz stehen die wesentlichen, im fremdverwalteten Verfahren dem Insolvenzverwalter zugewiesenen Kompetenzen in der Eigenverwaltung jedoch dem Schuldner selbst zu. Er übt diese Kompetenzen unter der Aufsicht des Sachwalters aus, der gemäß § 274 InsO dem Insolvenzgericht gegenüber zur Berichterstattung verpflichtet ist. 48

39) K. Schmidt-*Undritz*, InsO, § 270 Rz. 17 m. w. N.; so jetzt auch BGH, Urt. v. 26.4.2018 – IX ZR 238/17, BGHZ 218, 290 = ZIP 2018, 977, dazu ausführlich *Hölzle*, ZIP 2018, 1669.

40) Vgl. z. B. BGH, Beschl. v. 20.3.2008 – IX ZR 68/06, ZIP 2008, 884, dazu EWiR 2008, 471 *(Schulz)*.

49 Nach § 275 InsO soll der Schuldner Verbindlichkeiten, die nicht zum gewöhnlichen Geschäftsbetrieb gehören, nur mit **Zustimmung des Sachwalters** eingehen. Auf Verbindlichkeiten, die zum gewöhnlichen Geschäftsbetrieb gehören, soll er nicht eingehen, wenn der Sachwalter widerspricht. Verstößt der Schuldner hiergegen, so bleibt eine Rechtshandlung – in den Grenzen der Insolvenzweckmäßigkeit – im Außenverhältnis jedoch wirksam.[41] Verletzt der Schuldner jedoch eine Obliegenheit aus § 275 Abs. 1 InsO, so lässt dies regelmäßig erwarten, dass die Fortsetzung der Eigenverwaltung zu Nachteilen für die Gläubiger führen wird.

50 Die Hauptaufgabe des (vorläufigen) Sachwalters liegt deshalb in der über den Schuldner zu führenden Aufsicht. Die sich aus § 274 Abs. 2 InsO ergebende Aufsichtspflicht betreffend die laufende Geschäftsführung des Schuldners ist i. S. einer permanenten Überwachung zu verstehen.[42]

51 Damit der vorläufige Sachwalter seine **Aufsichtspflichten** nach § 274 InsO erfüllen kann, ist ihm der Schuldner zur Auskunft und auch zur Offenbarung verpflichtet. Gemäß § 274 Abs. 2 Satz 3 InsO, der auf § 22 Abs. 3 InsO verweist, ist der (vorläufige) Sachwalter berechtigt, die Geschäftsräume des Schuldners zu betreten und dort Nachforschungen anzustellen. Der Schuldner hat dem (vorläufigen) Sachwalter Einsicht in seine Bücher und Geschäftspapiere zu gestatten. Er hat alle erforderlichen Auskünfte zu erteilen und ihn bei der Erfüllung seiner Aufgaben voll umfänglich zu unterstützen. Eine professionelle Eigenverwaltung gewährleistet daher vollständige Transparenz gegenüber dem Sachwalter, insbesondere durch Einrichtung eines regelmäßigen Reportings.

Praxishinweis

In der Praxis folgt daraus regelmäßig, dass der Schuldner und der (vorläufige) Sachwalter ein Prozedere abstimmen, welche Informationen in welchem Turnus zur Verfügung gestellt und auf welchen Wegen Entscheidungen getroffen werden. Dies sollte i. R. einer **Geschäftsordnung** geregelt werden.

52 Das wesentlichste Instrument der Aufsicht über den Schuldner stellt jedoch die **Übernahme der Kassenführungsbefugnis** durch den (vorläufigen) Sachwalter nach § 275 Abs. 2 InsO dar.[43] Durch die Übernahme der Kassenführungsbefugnis, wodurch u. a. erreicht wird, dass der gesamte Zahlungsverkehr des Unternehmens über ein beim Sachwalter geführtes Sonderkonto abgewickelt wird, wird zwar die Aufsicht gestärkt; allerdings stellen sich häufig praktische Probleme ein, da durch die Änderung der Kontoverbindung und der Zuständigkeit für den Zahlungsverkehr nicht nur zusätzliche Reibungsverluste im werbenden Geschäftsbetrieb entstehen, sondern gerade auch das gesetzgeberische Ziel der Eigenverwaltung, den betroffenen Stakeholdern das Vertrauen in die Fortführung des Unternehmens transparent zu kommunizieren, unterminiert wird. Der (vorläufige) Sachwalter entscheidet über den Antrag auf Übernahme der Kassenführung nach pflichtgemäßem Ermessen, wobei eine Besorgnis des Missbrauchs der Kassenführung durch den Schuldner nicht erforderlich ist.[44]

---

41) Uhlenbruck-*Zipperer*, InsO, § 275 Rz. 6.

42) *Hofmann* in: Kübler/Bork/Prütting, HRI II, § 4 Rz. 64; *Pape* in: KPB, InsO, § 274 Rz. 52.

43) *Hofmann* in: Kübler/Bork/Prütting, HRI II, § 4 Rz. 80 ff.

44) *Kern* in: MünchKomm-InsO, § 275 Rz. 18.

Praxishinweis
Gerade in professionell geführten Eigenverwaltungen, in denen ein Team der bestellten CIO für die insolvenzrechtliche ordnungsgemäße Abwicklung Sorge trägt, dürfte die Übernahme der Kassenführung durch den vorläufigen Sachwalter eher die Ausnahme als die Regel darstellen. Soweit nämlich ein Verstoß gegen insolvenzrechtliche Vorschriften nicht zu besorgen ist, sollten die Reputationsverluste so gering wie möglich gehalten werden.

Ist darüber hinaus zum Schutz der Insolvenzmasse eine **weitere Einschränkung der Befugnisse** des Schuldners und eine weitere Übertragung von Kompetenzen auf den Sachwalter erforderlich, so kann das Insolvenzgericht nach § 277 InsO die Zustimmungsbedürftigkeit weiterer Rechtshandlungen auf Antrag anordnen. Wegen des Grundsatzes der Verhältnismäßigkeit ist bei der Auswahl der anzuordnenden Sicherungsmaßnahmen jede zusätzliche Sicherungsanordnung gegenüber der Anordnung der vorläufigen Insolvenzverwaltung das mildere Mittel und daher zulässig (siehe dazu sogleich Rz. 59 ff.). 53

Von vornherein in der Kompetenz des Sachwalters verbleiben die Geltendmachung von **Haftungsansprüchen** nach §§ 92, 93 InsO sowie die Kompetenz zur Geltendmachung und Durchsetzung von **Insolvenzanfechtungsansprüchen** aus §§ 129 ff. InsO. Nach wie vor ungeklärt ist demgegenüber, wem die Kompetenz zur Durchsetzung insbesondere von Organhaftungsansprüchen nach § 15b InsO zusteht. § 280 InsO verhält sich dazu nicht. Es entspricht regelmäßig gelebter Praxis, um die Neutralität zu gewährleisten, jedenfalls aber zu dokumentieren, dass solche Ansprüche dem Sachwalter zur Durchsetzung zugewiesen und nötigenfalls abgetreten (§ 398 BGB) werden, um rechtliche Zweifel in der Aktivlegitimation auszuschließen. Dies macht insbesondere in solchen Fällen Sinn, in denen der vorläufige Sachwalter bereits gemäß § 270c Abs. 1 Nr. 3 InsO mit der Prüfung solcher Ansprüche durch das Gericht beauftragt worden war. 54

II. Kompetenzverteilung im laufenden Geschäftsbetrieb (Fortführung des Unternehmens)

Nicht nur für die Bildung eines Gläubigervertrauens im fortlaufenden Geschäftsbetrieb, sondern auch für die Frage der Organisation, der Kommunikation und nicht zuletzt auch für die Frage der Vergütung des (vorläufigen) Sachwalters ist erheblich, wie weit dessen Kompetenzen i. R. der Fortführung des Geschäftsbetriebs reichen und welche Entscheidungen der (vorläufige) Sachwalter grundsätzlich mitzutragen hat.[45] 55

Die für die Eigenverwaltung **im eröffneten Insolvenzverfahren geltenden Grundsätze** finden auch im Insolvenzeröffnungsverfahren und i. R. der vorläufigen Sachwaltung Anwendung, soweit nicht die allgemeinen Vorschriften durch die spezielleren Normen der neu geregelten §§ 270 ff. InsO verdrängt werden. 56

Es gelten damit die allgemeinen Grundsätze des § 21 InsO auch für die vorläufige Sachwaltung.[46] Darüber hinaus ordnet § 274 Abs. 1 InsO, auf den auch § 270b InsO in seinem Absatz 1 Satz 1 verweist, an, dass der Sachwalter die wirtschaftliche Lage des Schuldners zu prüfen und die Geschäftsführung zu überwachen hat. Nach § 275 InsO hat der Sachwalter die Ausgaben jeweils zu prüfen, zu qualifizieren und zu entscheiden, ob ihnen widersprochen oder zugestimmt wird und kann der Sachwalter nach § 275 Abs. 2 InsO vom Schuldner verlangen, dass der gesamte Zahlungsverkehr über ein beim Sachwalter eingerichtetes Sonderkonto abgewickelt wird. 57

45) Dazu ausführlich *Hölzle*, Praxisleitfaden ESUG, § 26a Rz. 14 ff.

46) So auch *Hofmann* in: Kübler/Bork/Prütting, HRI II, § 4 Rz. 8 f.

58 Aus der ausdrücklichen Kompetenzzuweisung der Überwachung des Geschäftsbetriebs des Schuldners und des Zahlungsverhaltens folgt die unmittelbar mit der Kompetenzzuweisung verbundene Frage, welchem **Zweck diese Überwachung** im Insolvenzeröffnungsverfahren dient. Denn nur wenn die Frage nach dem Zweck beantwortet ist, können die sich aus der Überwachungspflicht ableitenden Aufgaben- und Kompetenzzuweisungen verlässlich definiert werden.

59 Die Anordnung der vorläufigen Eigenverwaltung nach § 270b Abs. 1 InsO fällt nicht in die gerichtliche Ermessensentscheidung. § 270b InsO unterscheidet zwischen **objektiven und subjektiven Anordnungsvoraussetzungen**, wobei § 270b Abs. 1 InsO mit den objektiven Antragsvoraussetzungen des § 270a Abs. 1 InsO und § 270b Abs. 2 InsO mit den subjektiven Antragsvoraussetzungen des § 270a Abs. 2 InsO korrespondiert. Sofern nun die Voraussetzungen des § 270a Abs. 1 InsO gegeben sind, der Schuldner den durch die Neuregelung etablierten Anforderungen gerecht wird, handelt es sich um eine gebundene Entscheidung des Gerichts.

60 Rechtsdogmatisch bedeutet die „Anordnung der vorläufigen Eigenverwaltung" nach § 270b Abs. 1 InsO den Ausschluss des § 21 Abs. 2 Nr. 1 InsO sowie die Ermächtigungsgrundlage für die Bestellung eines vorläufigen Sachwalters, dessen Rechtsstellung sich grundsätzlich an derjenigen des Sachwalters (§§ 274, 275 InsO) orientiert.

61 Der vorläufige Sachwalter tritt dabei ebenso wenig wie der nur mit einem Zustimmungsvorbehalt ausgestattete vorläufige Insolvenzverwalter nicht an die Stelle, sondern **an die Seite des Schuldners.** Dabei ist vorrangiges Ziel der vorläufigen Eigenverwaltung das Ansehen des Schuldners im Rechtsverkehr nicht unnötig zu beschädigen.[47] Zu Recht weist *Vallender* darauf hin, dass, wenn das Gesetz dem Schuldner ein gerichtliches Sanierungsverfahren zur Verfügung stellt, das es ihm erlaubt, rechtzeitig unter gerichtlicher Aufsicht durch einen Insolvenzplan oder auf sonstige Weise mit den Gläubigern eine einvernehmliche Schuldenregulierung herbeizuführen, die Insolvenzgerichte auch verpflichtet sind, dem Schuldner oder dem Schuldnerunternehmen einen sachgerechten Einstieg in dieses Verfahren zu ermöglichen.[48] Schon zu Zeiten der KO hat *Mönning*[49] nachgewiesen, dass sich eine Entmachtung der schuldnerischen Organe im Insolvenzeröffnungsverfahren als fortführungs- und sanierungsfeindlich erweisen kann, und dass im Grundsatz insbesondere bei dem Eigenantrag stellenden Schuldner von einem hohen Maß an Kooperationsbereitschaft ausgegangen werden kann.

62 Dies alles ändert jedoch nichts daran, dass sich auch der Aufgabenkatalog des vorläufigen Sachwalters bereits kraft Gesetzes auf die Aufgabenkreise Aufsicht, Sicherung und Gestaltung fokussiert, wie es auch beim sog. schwachen vorläufigen Insolvenzverwalter der Fall ist.[50] Die Sicherungsfunktion, die dem Insolvenzantragsverfahren immanent ist und auch i. R. des Verfahrens über die Anordnung der vorläufigen Sachwaltung darin zum Ausdruck kommt, dass vorbehaltlich abweichender Sonderregelungen jede Sicherungsanordnung nach § 21 InsO (mit Ausnahme von § 21 Abs. 2 Nr. 2 InsO) sowie entsprechend § 277 InsO[51] möglich bleibt, verwirklicht sich nach dem Verhältnismäßigkeitsprinzip in der qualifizierten Aufsicht durch den vorläufigen Sachwalter, der gläubigerschädigende Verfügungen durch rechtzeitige Anzeige gegenüber dem Insolvenzgericht

47) So z. B. auch Uhlenbruck-*Vallender*, InsO, § 22 Rz. 15; *Minuth* in: Kübler/Bork/Prütting, HRI II, § 9 Rz. 152 ff.

48) *Hölzle*, NZI 2011, 124 m. w. N.

49) *Mönning*, Betriebsfortführung in der Insolvenz, 1997, Rz. 313 ff., 316 f.

50) *Hölzle*, ZIP 2011, 1889 f.

51) *Hofmann* in: Kübler/Bork/Prütting, HRI II, § 4 Rz. 153.

und Anregung weiterer Sicherungsmaßnahmen sowie durch Übernahme der Kassenführungsbefugnis zu verhüten hat.

Die InsO kennt **drei gleichberechtigte**[52] nebeneinanderstehende **Verfahrensziele**: die Liquidation, die Sanierung des fortzuführenden Rechtsträgers im Insolvenzverfahren und die übertragende Sanierung.[53] Dabei sieht die InsO vor, dass ein im Zeitpunkt der Antragstellung noch tätiger und deshalb lebender Geschäftsbetrieb bis zur Entscheidung der Gläubiger im Berichtstermin (§ 156 InsO) grundsätzlich fortzuführen ist (§ 158 Abs. 1 InsO). Daraus folgt, dass insbesondere jeder vorläufige Insolvenzverwalter, gleich mit welcher Rechtsmacht er im Einzelfall ausgestattet ist, also auch der lediglich mit einem Zustimmungsvorbehalt versehene schwache vorläufige Insolvenzverwalter zur mittelbaren Unternehmensfortführung verpflichtet ist.[54] Da auch der vorläufige Insolvenzverwalter mit Zustimmungsvorbehalt selbst keine Verfügungsbefugnis über das schuldnerische Vermögen hat, ist er zu einer eigenverantwortlichen Unternehmensfortführung rechtlich nicht in der Lage, begründet aber gemeinsam mit dem Insolvenzschuldner ein Kooperationsverhältnis,[55] das **auf die gemeinsame Fortführung** des Unternehmens **ausgerichtet** ist. 63

Die Unternehmensfortführung im Insolvenzeröffnungsverfahren ist schon deshalb verpflichtender Gegenstand eines jeden i. R. des gerichtlichen Sicherungsauftrags bestellten Organs des Insolvenzverfahrens, weil im Insolvenzantragsverfahren die Grundlagen für das letztendlich zu verwirklichende Insolvenzverfahrensziel geschaffen werden müssen.[56] Daraus folgt, dass jedes Insolvenzverfahrensorgan – also ungeachtet der Rechtsmacht: jeder vorläufige Insolvenzverwalter aber auch der vorläufige Sachwalter – zunächst i. R. der **Sicherungsfunktion** des Insolvenzeröffnungsverfahrens die Voraussetzung dafür zu schaffen bzw. durch Überwachung zu erhalten hat, dass jedes der gleichrangig nebeneinanderstehenden Insolvenzziele sich potenziell im eröffneten Verfahren auch kann verwirklichen lassen. Diese unmittelbar aus der Bestellung des Organs folgende allgemeine Pflicht konkretisiert sich sodann zu einer qualifizierten Pflicht, die Sanierungsaussichten für das Schuldnerunternehmen zu prüfen und sämtliche Handlungen und Maßnahmen, die vorzunehmen und/oder zu genehmigen sind, an diesem qualifizierten Maßstab zu messen.[57] 64

Den Auftrag, die Verfahrensziele zu sichern, kann das im Antragsverfahren bestellte Organ, kann also auch der vorläufige Sachwalter nur erfüllen, wenn ihm die Kompetenz zur Vornahme der dazu erforderlichen Schritte, also insbesondere die Prüfungs-, Verhandlungs- und Beteiligungskompetenz an den im Rechtssinne vom eigenverwaltenden Schuldner vorzunehmenden Rechtshandlungen eingeräumt wird.[58] 65

Allein die Tatsache, dass i. R. der vorläufigen Eigenverwaltung das Recht, über das Vermögen des Insolvenzschuldners zu verfügen, beim schuldnerischen Organ verbleibt, folgt daher nicht, dass der vorläufige Sachwalter keine auf das Vermögen bezogenen Kompetenzen und keine Beteiligungsrechte und -pflichten i. R. der Unternehmensfortführung und der damit in Zusammenhang stehenden Aufgaben hätte. Im Gegenteil: Auch die vorläufige Sachwaltung ist – allein aus dem Grund der Geltung des Verhältnismäßigkeitsprinzips reduzierte – Sicherungsanordnung, was insbesondere in der **Überwachungspflicht**, 66

52) Uhlenbruck-*Pape*, InsO, § 1 Rz. 7.
53) *Beck* in: Beck/Depré/Ampferl, Praxis der Insolvenz, § 1 Rz. 7.
54) Ausführlich *Hölzle*, ZIP 2011, 1889, 1890 f.
55) *Krebs*, Sonderverbindungen, S. 116, 212, 303.
56) Jaeger-*Gerhardt*, InsO, § 22 Rz. 163 ff.
57) Insbesondere für den Sachwalter auch *Minuth* in: Kübler/Bork/Prütting, HRI II, § 9 Rz. 26 f.
58) In diesem Sinne *Hölzle*, ZIP 2011, 1889, 1892.

dem Recht, die **Kassenführungsbefugnis** an sich zu ziehen und der entsprechenden Anwendung des § 277 InsO[59] zum Ausdruck kommt. Diese Pflicht kann der vorläufige Sachwalter jedoch nur erfüllen, wenn damit die Kompetenz zur gestalterischen Beteiligung an allen verfahrensrelevanten Schritten und Maßnahmen ipso iure eingeräumt ist. Wenn auch der vorläufige Sachwalter nicht die rechtsverbindliche Erklärung abgibt, so ist er doch in den Willensbildungsprozess auf jeder Stufe maßgeblich einbezogen und ist er auch verpflichtet, sich in jeden Willensbildungsprozess einbeziehen zu lassen. Voraussetzung für eine erfolgreiche Sachwaltung ist daher ein **hohes Maß an Kommunikation** zwischen dem Sachwalter und dem Schuldner sowie den anderen Beteiligten.[60] Ohne eine solche Einbeziehung in die Innenorganisation und die Willensbildung im Insolvenz(eröffnungs)verfahren wäre die Überwachung des Schuldners nach §§ 274, 275 InsO schlicht unmöglich.

Praxishinweis

Der vorläufige Sachwalter ist damit ebenfalls durch Sonderverbindung mit dem Schuldner und den Insolvenzgläubigern verbunden und nimmt im Antragsverfahren im besonderen Umfang **eigenes Vertrauen** in Anspruch, was nicht zuletzt unabhängig von der Geltung der §§ 60, 61 InsO eine persönliche Haftung nach den Grundsätzen der §§ 241 Abs. 2, 311 Abs. 3 BGB auslösen kann.

67 Auch mit der Anordnung der vorläufigen Sachwaltung ist daher eine gesetzliche Kompetenzzuweisung verbunden, die in der Natur des gesetzlichen Sicherungsauftrags auch der vorläufigen Sachwaltung liegt.

III. Information der Gläubiger und des Gerichts

1. Insolvenzspezifische Rechnungslegung (§ 281 InsO)

68 Nach § 281 InsO obliegt es dem Schuldner, das **Verzeichnis der Massegegenstände**, das **Gläubigerverzeichnis** und die **Vermögensübersicht** nach §§ 151 bis 153 InsO zu erstellen. Der Sachwalter hat die Verzeichnisse lediglich zu prüfen und zu erklären, ob nach seiner Prüfung hiergegen Einwendungen zu erheben sind.

69 Im **Berichtstermin** hat der Schuldner den Gläubigern Bericht zu erstatten (§ 281 Abs. 2 Satz 1 InsO). Die Rolle des Sachwalters beschränkt sich auf eine Stellungnahme zum Bericht des Schuldners. Eine weitere **Stärkung des Gläubigervertrauens** auch in die Eigenverwaltung könnte hier erreicht werden, wenn verlangt würde, dass der Sachwalter sich obligatorisch zu den ausschließlich von ihm geltend zu machenden Ansprüchen nach § 280 InsO erklärt. Da dies jedoch seinem ausschließlichen Aufgabenkreis obliegt, kann bereits aus § 280 InsO eine entsprechende Verpflichtung des Sachwalters zur verbindlichen Erklärung über den Stand der Ermittlungen und ggf. der Durchsetzung solcher Ansprüche abgeleitet werden. Nur wenn der Sachwalter sich verbindlich auch zu insolvenzspezifischen Ansprüchen gegen Gesellschafter und Organe des Schuldners erklärt, kann das Misstrauen der Gläubiger, das aus der weiteren Führung des Unternehmens durch den Schuldner selbst unweigerlich herrührt, auf ein Mindestmaß reduziert werden. Die Berichtsverpflichtung des Sachwalters mittelbar aus § 280 InsO sollte deshalb sehr ernst genommen werden.

59) *Hofmann* in: Kübler/Bork/Prütting, HRI II, § 4 Rz. 153.

60) *Minuth* in: Kübler/Bork/Prütting, HRI II, § 9 Rz. 155.

Praxishinweis

Darüber hinaus ist außerhalb der förmlichen Berichtspflichten und nicht nur i. R. des Reportings gegenüber dem Sachwalter sicherzustellen, dass die wesentlichen Stakeholder regelmäßig informiert und in das Verfahren bestmöglich eingebunden werden.

2. Tabelle, Forderungsprüfung, Verteilung

Da die Prüfung der angemeldeten Forderungen durch den Schuldner erfolgt, besteht zugunsten des Sachwalters ein **Recht zum Bestreiten** (§ 283 Abs. 1 InsO). Er wird sich daher in Erfüllung seiner Aufgaben aus § 274 Abs. 2 InsO vor dem Prüfungstermin die zur ordnungsgemäßen Ausübung seines Widerspruchsrechts erforderlichen Kenntnisse zu verschaffen haben.[61] 70

Die Erstellung des **Verteilungsverzeichnisses**[62] und die Verteilung selbst erfolgen durch den Schuldner. Der Sachwalter hat das Verteilungsverzeichnis zu prüfen. Die Verteilung durch den Schuldner wird jedoch eine Ausnahme darstellen, denn wenn feststeht, dass eine Fortführung nicht möglich ist, liegt es nahe, die angeordnete Eigenverwaltung zu beenden und die Verteilungen durch einen dann zu bestellenden Insolvenzverwalter vornehmen zu lassen.[63] Im Übrigen führt die Vornahme der Ausschüttung durch den Insolvenzschuldner auch zu praktischen Problemen, da die Insolvenztabelle vom Sachwalter geführt wird. Die automatisierte Ausschüttung ist daher vom Sachwalter sehr viel einfacher vorzunehmen als von dem Insolvenzschuldner. Aus diesem Grund wird in Insolvenzplänen auch häufig geregelt, dass das zur Ausschüttung vorgesehene Vermögen dem Sachwalter übertragen und die Ausschüttung von diesem vorgenommen wird. 71

IV. Verwertung von Sicherungsgut

Das Verwertungsrecht aus § 166 InsO, wonach der Insolvenzverwalter zur Verwertung auch von Gegenständen berechtigt ist, die mit Absonderungsrechten belastet sind, steht nach § 282 InsO dem Schuldner zu. Dies jedoch mit der Besonderheit, dass **Feststellungskosten** (§ 170 InsO) nicht erhoben werden. Eine **Verwertungskostenpauschale** (§ 171 InsO) ist ebenfalls nicht vorgesehen. Stattdessen können nur die tatsächlichen Kosten der Verwertung in Ansatz gebracht werden. 72

Der Schuldner ist verpflichtet, Verwertungshandlungen **im Einvernehmen mit dem Sachwalter** vorzunehmen. Dies ist schon deshalb erforderlich, um sicherzustellen, dass keine z. B. die Fortführung des Unternehmens beeinträchtigende Verwertungshandlungen vorgenommen werden. 73

V. Begründung von Masseverbindlichkeiten

Im eröffneten Insolvenzverfahren in Eigenverwaltung obliegt es dem Schuldner, Masseverbindlichkeiten i. S. von § 55 Abs. 1 Nr. 1 InsO zu begründen. Bei einer Verletzung seiner Pflichten haftet der Schuldner entsprechend §§ 60, 61 InsO auch persönlich, was in der Praxis aber nur wenig bedeutsam war, da es in der Regel an einer zusätzlichen Haftungsmasse fehlte.[64] Dieses Problem hat sich jedoch seit der Entscheidung des BGH vom 74

61) Blersch/Goetsch/Haas-*Blersch*, InsO, § 283 Rz. 4.

62) Vgl. Blersch/Goetsch/Haas-*Blersch*, InsO, § 283 Rz. 10; *Brünkmans* in: HK-InsO, § 283 Rz. 3.

63) Begr. RegE InsO, BT-Drucks. 12/2443, S. 226, abgedr. in: *Kübler/Prütting*, RWS-Dok. 18, S. 533 f.; Blersch/Goetsch/Haas-*Blersch*, InsO, § 283 Rz. 9.

64) K. Schmidt-*Undritz*, InsO, § 270 Rz. 18.

26.4.2018[65] erledigt, in welcher der BGH festgestellt hat, dass sich die Haftung nicht auf das Vermögen des Insolvenzschuldners beschränkt, sondern analog §§ 60, 61 InsO eine **persönliche Haftung der im Eigenverwaltungsverfahren handelnden Organe** besteht.[66] Diese Rechtsprechung ist mit Inkrafttreten des SanInsFoG in **§ 276a InsO** aufgegangen, der nunmehr eine entsprechende Haftungsanordnung ausdrücklich trifft. Im Haftungsfall steht den Gläubigern daher als Haftungssubstrat das Privatvermögen der handelnden Organe, wie im fremdverwalteten Insolvenzverfahren dasjenige des Insolvenzverwalters, zur Verfügung.

75 Nach § 274 Abs. 1 InsO gilt auch für den Sachwalter die Haftungsvorschrift des § 60 InsO unmittelbar. Da sich die Haftung allerdings nach der Kompetenzverteilung richtet, folgt ein Überwachungsverschulden des Sachwalters regelmäßig dem Handlungsverschulden des schuldnerischen Organs nach.[67] Beide sind jedoch regelmäßig, soweit es nicht um originäre Kompetenzen nur des Sachwalters (z. B. Anfechtung) geht, Gesamtschuldner.

G. Insolvenzplan

I. Bedeutung im (isolierten) Eigenverwaltungsverfahren

76 Während das Schutzschirmverfahren nach § 270d InsO ausdrücklich auf die Vorlage eines Insolvenzplans abzielt, ist dies bei der isolierten Eigenverwaltung nicht zwingend. Im Rahmen der **isolierten Eigenverwaltung**, also außerhalb eines Schutzschirmverfahrens, mag es auch gute Gründe geben, ein zu liquidierendes Unternehmen im Eigenverwaltungsverfahren zu führen. Darüber hinaus kann am Ende eines Eigenverwaltungsverfahrens auch eine **übertragende Sanierung** bestehen. Ob in deren Anschluss sodann das Verfahren für die Abwicklung der Restanten in ein fremdverwaltetes Insolvenzverfahren überführt wird, ist im jeweiligen Einzelfall zu entscheiden. Da dies jedoch häufig so gehandhabt wird, ist die Aussagekraft von Statistiken, die ein später in ein fremdverwaltetes Insolvenzverfahren überführtes Eigenverwaltungsverfahren als „gescheiterte Eigenverwaltung" brandmarken, gering. Der Erfolg des Eigenverwaltungsverfahrens ist in diesen Fällen nämlich mit einer erfolgreich vollzogenen übertragenden Sanierung bereits eingetreten, weshalb für die Fortsetzung des Verfahrens in Eigenverwaltung kein zwingender Bedarf mehr besteht. Dennoch zielen nicht wenige isolierte Eigenverwaltungsverfahren freilich auf die Vorlage eines Insolvenzplans ab.

77 Ob dem vorläufigen Sachwalter ein eigenes **Planinitiativrecht** zusteht, ist umstritten.[68] Nach dem Buchstaben des Gesetzes ist dies zunächst nicht der Fall. Gerichtliche Entscheidungen zu dieser Frage stehen aus. Unstreitig aber jedenfalls ist, dass der (vorläufige) Sachwalter bei der Erstellung des Insolvenzplans regelmäßig eng eingebunden wird und hieran beratend mitwirkt. Dies schon deshalb, weil es zu seinen Überwachungsaufgaben gehört, festzustellen, ob und inwieweit die Erstellung des Insolvenzplans und die darin vorzusehenden Regelungen möglicherweise zu Nachteilen für die Gläubiger führen. Schon aus diesem Grunde ist es auch aus Beratersicht nur sinnvoll, den vorläufigen Sachwalter aktiv in die Planerstellung einzubinden.

---

65) BGH, Urt. v. 26.4.2018 – IX ZR 238/17, BGHZ 218, 290 = ZIP 2018, 977, m. Anm. *Bitter*, S. 986; dazu EWiR 2018, 339 *(Thole)*; *Hofmann*, ZIP 2018, 1429.

66) Ausführlich *Hölzle*, ZIP 2018, 1669; *Horstkotte*, ZInsO 2018, 2329.

67) *Häsemeyer*, Insolvenzrecht, Rz. 8.14; AG Duisburg, Beschl. v. 4.10.2005 – 60 IN 136/02, ZIP 2005, 2335 = NZI 2006, 112.

68) Dafür: *Hölzle*, ZIP 2012, 855; *Hölzle*, Praxisleitfaden ESUG, §§ 270, 270a Rz. 32 ff.; dagegen: K. Schmidt-*Undritz*, InsO, § 270b Rz. 10.

II. Dual Track

Nach der Auffassung des Gesetzgebers war Motiv der Stärkung des Eigenverwaltungsverfahrens im Wesentlichen auch die Überlegung, Anreize für Unternehmer zu setzen, frühzeitig Insolvenzantrag zu stellen. Dennoch ist auch das Eigenverwaltungsverfahren ein Insolvenzverfahren, das den an prominenter Stelle, nämlich in § 1 InsO definierten Verfahrenszielen einer **bestmöglichen Gläubigerbefriedigung** unterliegt. Hieraus ergibt sich ein **Zielkonflikt:** Während dem Unternehmer einen Anreiz geboten werden soll, die finanz- und leistungswirtschaftlichen Sanierungsinstrumente der InsO frühzeitig zu nutzen, steht das Verfahrensziel der Sanierung des Rechtsträgers unter dessen Erhalt für den bisherigen Gesellschafter immer im Konflikt mit einer möglicherweise besseren Verwertung durch Verkauf des Unternehmens an einen Dritten. In jedem Eigenverwaltungsverfahren ist daher die Frage zu stellen, ob und inwieweit auch dann, wenn die Eigensanierung des Rechtsträgers Ziel des Verfahrens sein soll, ein **Verkaufsprozess** eingeleitet werden muss, um eine ordnungsgemäße **Vergleichsrechnung** für die Gläubiger erstellen zu können. Obwohl die Frage des Umgangs mit einem Verkaufsprozess auch bei beabsichtigtem Insolvenzplan in der Praxis von herausragender Bedeutung ist und für weitreichende Diskussionen sorgt, fehlt es bislang weitgehend an einer dogmatischen Aufbereitung.[69] Gerade in – zum Teil auch prominenten – Eigenverwaltungsverfahren ist das Problem der Reservierung des Unternehmenswerts für die Alt-Gesellschafter unter der Überschrift des Missbrauchs nicht zu Unrecht in der Diskussion. 78

> **Praxishinweis**
>
> Die Notwendigkeit, parallel zu den Insolvenzplanbemühungen einen Verkaufsprozess durchführen zu müssen, wird auch als **„Dual-Track"-Verfahren** bezeichnet.

Der Gesetzgeber des SanInsFoG hat diese Diskussion aufgegriffen und in § 220 Abs. 2 InsO, der Vorschrift über die **Vergleichsrechnung** des Insolvenzplans, klargestellt, dass wenn der Plan eine **Fortführung** des Unternehmens vorsieht, für die Ermittlung der voraussichtlichen Befriedigung ohne Plan in der Regel ebenfalls zu unterstellen ist, dass das Unternehmen fortgeführt wird. Dies soll nur dann nicht gelten, wenn ein Verkauf des Unternehmens oder eine anderweitige Fortführung aussichtslos ist. Diese Aussichtslosigkeit wäre vom Planersteller nachzuweisen. Dies kann in aller Regel nur durch einen gescheiterten Verkaufsprozesses gelingen. 79

Als **Alternative** zum Dual Track wird vorgeschlagen, den Unternehmenswert i. R. der Vergleichsrechnung des Insolvenzplans, die für die Anwendung des § 245 InsO entscheidend ist und der auch i. R. der Prüfung nach § 250 InsO entscheidende Bedeutung zukommt, durch ein **Unternehmensbewertungsgutachten** zu ersetzen. Solches Vorgehen birgt indes erhebliche praktische Risiken. Gibt es nämlich obstruierende Gläubiger, die im Erörterungs- und Abstimmungstermin ihrerseits ein Parteigutachten vorlegen, das zu einem deutlich höheren Wert gelangt, der sodann auch von derer im Insolvenzplan gebildeten Rücklage nach § 251 Abs. 3 InsO nicht mehr gedeckt ist, so muss das Insolvenzgericht einen Widerspruch gegen den Insolvenzplan gemäß § 251 Abs. 1 InsO berücksichtigen und kann den Insolvenzplan nicht mehr bestätigen. Der Insolvenzplan wäre – jedenfalls zunächst – gescheitert. Es käme auch nicht zu den vielbeschworenen „Gutachterschlachten", weil bereits das eine Gegengutachten genügt, um den Erörterungs- und Abstimmungstermin zugunsten der obstruierenden Gläubiger zu entscheiden. Schon um dieses 80

69) Vgl. aber *Hölzle* in: Kübler/Bork/Prütting, HRI II, § 25 Rz. 53 ff.; soweit erkennbar bisher einzige, in der Begr. aber nicht vertretbare Entscheidung ist die des LG Stade, Beschl. v. 29.12.2017 – 7 T 151/17, ZInsO 2018, 614 = NZI 2019, 31; ablehnend dazu auch *Rendels*, EWiR 2018, 345 (Urteilsanm.).

Risiko auszuschließen, sollte aus rein praktischen Erwägungen ein Dual-Track-Verfahren regelmäßig durchgeführt werden.[70)]

81 Bei der Durchführung eines Dual Track handelt es sich indes nicht allein um ein empfehlenswertes Instrumentarium zur Absicherung des Insolvenzplans. Vielmehr handelt es sich entgegen der nicht nachvollziehbaren Entscheidung des LG Stade[71)] um ein **dogmatisch grundsätzlich zwingendes Erfordernis**, von dem nur im begründeten Einzelfall Ausnahmen zugelassen werden können.

82 Die Insolvenzschuldnerin hat im eigenverwalteten Insolvenzverfahren den wesentlichen Teil der Pflichten zu erfüllen, die im fremdverwalteten Insolvenzverfahren dem Insolvenzverwalter obliegen. Der Aufgabenkreis sowohl des vorläufigen als auch des endgültigen Insolvenzverwalters besteht in jedem Stadium des Insolvenzverfahrens darin, die **bestmögliche Gläubigerbefriedigung** zu ermöglichen, wie sich bereits aus § 1 InsO ergibt. Diesem Ziel ist daher auch die Eigenverwaltung bzw. der eigenverwaltende Schuldner verpflichtet. Da sich regelmäßig nicht auf den ersten Blick offenbart, auf welchem Weg die bestmögliche Gläubigerbefriedigung realisiert wird, ist das handelnde Verwaltungsorgan zur aktiven rechtlichen und betriebswirtschaftlichen Gestaltung des Verfahrens auf der einen Seite[72)] und zur Prüfung weiterer Aussichten für die Unternehmensfortführung und für das letztendlich zu verwirklichende Insolvenzziel auf der anderen Seite verpflichtet. Die InsO kennt drei gleichberechtigt nebeneinanderstehende Insolvenzziele: die Liquidation, die übertragende Sanierung und die Sanierung im Insolvenzverfahren durch Insolvenzplan.[73)] Die Entscheidung darüber, welches Insolvenzziel letztendlich verfolgt werden soll, steht ausschließlich der **Gläubigergesamtheit** in Gestalt der Entscheidung durch die Gläubigerversammlung (§ 157 InsO) zu. Die Gläubiger haben demnach autonom zu entscheiden, welche Alternative sie für den Fortgang des Verfahrens wählen.[74)] Aus dieser alleinigen Entscheidungskompetenz der Gesamtgläubigerschaft folgt die unmittelbare **Rechtspflicht eines jeden Verwaltungsorgans**, die Voraussetzungen dafür zu schaffen, dass jedes der gleichrangig nebeneinanderstehenden Insolvenzziele sich potenziell im eröffneten Verfahren auch verwirklichen lassen wird. Diese allgemeine Pflicht konkretisiert sich mit fortschreitendem Verfahrensverlauf zu einer qualifizierten Pflicht, die Sanierungsaussichten für das Schuldnerunternehmen zu prüfen und die nötigen Entscheidungsgrundlagen für die Gläubigerversammlung i. S. einer informierten Entscheidung[75)] zu schaffen. Ausfluss dieser qualifizierten Pflicht zur Vorbereitung einer informierten Entscheidung der Gläubigerversammlung ist die umfassende Berichtspflicht nach § 156 InsO.[76)]

83 Aus der Alleinentscheidungskompetenz der Gläubigerversammlung (§ 157 InsO), der Pflicht zur Herstellung der bestmöglichen Gläubigerbefriedigung (§ 1 InsO) und der damit einhergehenden Pflicht zur Aufrechterhaltung aller alternativ in Betracht kommenden

70) So auch die Empfehlungen des Forum 270 in deren Grundsätzen ordnungsgemäßer Eigenverwaltung, abrufbar unter www.forum270.de (Abrufdatum: 19.11.2023).

71) LG Stade, Beschl. v. 29.12.2017 – 7 T 151/17, ZInsO 2018, 614 = NZI 2019, 31; ablehnend dazu EWiR 2018, 345 *(Rendels)*.

72) Haarmeyer/Wutzke/Förster, Hdb. InsO, § 1 Rz. 8 ff.

73) Uhlenbruck-*Pape*, InsO, § 1 Rz. 6 ff.

74) *Janssen* in: MünchKomm-InsO, § 157 Rz. 1 ff.

75) Das Erfordernis der Schaffung einer ausreichenden Tatsachengrundlage für unternehmerische Entscheidungen ist bekannt aus der Rspr. zur Business Judgment Rule, vgl. *Spindler* in: MünchKomm-AktG, § 93 Rz. 48 ff.; zur Anwendung auch auf unternehmerische Entscheidungen i. R. eines Insolvenzverfahrens vgl. *Oldiges*, Die Haftung des Insolvenzverwalters unter der Business Judgment Rule, S. 130 ff.

76) *Hölzle*, ZIP 2011, 1889, 1891 f.

Verfahrensziele folgt die Pflicht zur **Vorbereitung einer umfassenden Entscheidungsgrundlage** für die Gläubigerversammlung (§§ 156, 157 InsO). Im Umkehrschluss folgt hieraus das Verbot für das Verwaltungsorgan, aus eigener Entscheidungsmacht mögliche Verfahrensziele tatsächlich oder faktisch dadurch auszuschließen, dass die Grundlagen für eine Entscheidung der Gläubigerversammlung nicht geschaffen, mögliche Verfahrensziele nicht verfolgt und dadurch Entscheidungsgrundlagen über Befriedigungsoptionen für die Gläubiger nicht lege artis eröffnet werden. Legt sich das Verwaltungsorgan also frühzeitig auf einen Befriedigungsweg, z. B. durch Insolvenzplan, fest, und verfolgt es die anderen möglichen Befriedigungswege nicht mit dem sachgerecht gebotenen Aufwand weiter, so liegt hierin eine Amtspflichtverletzung und, wichtiger noch, eine Verletzung der in § 1 InsO an prominenter Stelle definierten erstrangigen Verfahrensziele vor. Dabei ist unerheblich, ob die Festlegung auf einen Befriedigungsweg unter Vorspiegelung einer Legende oder aber stillschweigend erfolgt. Jedenfalls obliegt es nicht der Entscheidungsprärogative des Verwaltungsorgans, darüber zu präjudizieren, ob der eine oder andere Befriedigungsweg zu besseren oder schlechteren Ergebnissen führt, und ihn auf Grundlage eines solchen – unzulässigen – Präjudizes faktisch z. B. allein durch Zeitablauf auszuschließen. Vielmehr hat das Verwaltungsorgan alles Erforderliche zu unternehmen, den Verwertungsweg offenzuhalten und zur **Abstimmung** durch die Gläubigerversammlung bzw. den Gläubigerausschuss zu stellen. Hierzu gehört die ausdrückliche Pflicht des Verwalters, im Berichtstermin die Möglichkeiten einer übertragenden Sanierung als Alternative zur Liquidation zu erörtern und ggf. einen Sanierungsplan vorzulegen.[77]

Praxishinweis

Im Konkreten bedeutet dies, dass auch in dem Fall, in dem die Gesellschafter, und auch die eigenverwaltende Schuldnerin, das Ziel der Sanierung über einen Insolvenzplan verfolgen, der Insolvenzplanlösung zwingend das realisierbare Ergebnis einer übertragenden Sanierung gegenüberzustellen ist. Dem folgt die damit nicht zuletzt aus § 245 Abs. 1 Nr. 1 InsO hergeleitete Pflicht, zur Vorbereitung der Entscheidung der Gläubiger eine plausible und transparente Vergleichsrechnung zu erstellen.[78]

Der Insolvenzverwalter bzw. die eigenverwaltende Schuldnerin haben daher, selbst wenn ihre eigenen Präferenzen andere sind, sämtliche Szenarien der Verfahrenszielerreichung ebenbürtig zu verfolgen und zu unterstützen.[79] 84

Alles in allem dürfte daher ein Dual-Track-Verfahren nur auf Grundlage eines Beschlusses jedenfalls des Gläubigerausschusses überhaupt verzichtbar sein. Fehlt es an einem Dual-Track-Verfahren, trägt der Initiator des Insolvenzplans, regelmäßig also die Schuldnerin, das Darlegungsrisiko i. R. der Vergleichsrechnung, was nicht zuletzt zu einer Umkehr der Darlegungslast auch i. R. eines Verfahrens nach § 253 Abs. 4 InsO führen kann.[80] 85

H. Schutzschirmverfahren (§ 270d InsO)

I. Gesetzesgeschichte und Zweck der Vorschrift

Bereits vor Einführung des ESUG wurde in Praxis und Lehre nach einem die Sanierung vorbereitenden Verfahren verlangt, durch welches Schuldner incentiviert würden, Insolvenzanträge früher zu stellen und sich dem Schutz und den Sanierungspotentialen der InsO unterzuordnen. Der Gesetzgeber hat darauf reagiert und mit dem ESUG in § 270b InsO 86

77) BAG, Urt. v. 18.7.2013 – 6 AZR 420/12, ZIP 2014, 391, dazu EWiR 2014, 261 *(Lindemann)*.

78) AG Hamburg, Beschl. v. 20.12.2013 – 67g IN 419/12, ZIP 2014, 237, dazu EWiR 2014, 155 *(Hofmann)*.

79) *Westpfahl* in: Hopt/Seibt, SchuldverschreibungsR, Rz. 12.24.

80) Wie hier insgesamt *Hölzle* in: Kübler/Bork/Prütting, HRI II, § 25 Rz. 53 ff.

a. F. das sog. „Schutzschirmverfahren" zur Verfügung gestellt.[81] Nach Inkrafttreten des SanInsFoG wurde die Norm überwiegend wortgleich in § 270d InsO übernommen. Änderungen waren weder beabsichtigt noch wurden sie veranlasst. Für die Auslegung ist weiterhin auf die Gesetzesbegründung zum ESUG zurückzugreifen.

87 § 270d InsO stellt dem Schuldner in dem Zeitraum zwischen Antragstellung und Verfahrenseröffnung ein eigenständiges Sanierungsverfahren zur Verfügung. So liest es sich in der Gesetzesbegründung.[82] Tatsächlich stellt das sog. Schutzschirmverfahren ein Moratorium dar, während dessen der Schuldner die Sanierung unter dem Schutzmantel der InsO vorbereiten kann. Abgeschlossen wird die Sanierung erst, wenn sie denn gelingt, nach der Eröffnung des Insolvenzverfahrens, weshalb es tatsächlich ein **sanierungsvorbereitendes Verfahren** ist.[83]

88 Das Schutzschirmverfahren ist dabei allerdings nicht als vollständiges Moratorium (kein Kündigungsschutz für Verträge, kein Schutz vor Fälligstellung durch Gläubiger)[84], wohl aber als **Vollstreckungsschutzverfahren** für die Dauer des Insolvenzeröffnungsverfahrens ausgestaltet, während dessen der Schuldner unter dem Schutz der InsO und etwaig anzuordnender Sicherungsmaßnahmen (§ 270c Abs. 3 InsO) die nötige Zeit erhalten soll, einen Sanierungsplan aufzustellen und diesen in dem rechtlichen Kleid des Insolvenzplans bei Gericht einzureichen. Ein solches Verfahren, dass die Vorbereitung eines **„Prepackaged Plan"** bereits unter dem Schutzschirm der InsO erlaubt, war bis zum Inkrafttreten des ESUG in der InsO ohne Vorbild. Pate gestanden für das Schutzschirmverfahren haben neben der britischen „Administration Procedure" vor allem das US-amerikanische Chapter 11-Verfahren. Der Gesetzgeber hielt es für nötig, dem Schuldner das erforderliche Vertrauen in das Verfahren dadurch zu erleichtern, dass die Eigenverwaltung, der Insolvenzplan und die von ihm selbst getroffene Auswahl des (vorläufigen) Sachwalters gewährleistet würden.

89 Trotz der starken Ausrichtung des Verfahrens an den Schuldnerinteressen, spielt auch die frühzeitige und in der Regel noch vor Antragstellung gebotene **Einbeziehung der Gläubiger** und die Kooperation mit diesen für das Gelingen des Verfahrens eine große Rolle. Dies nicht zuletzt, weil auch im Schutzschirmverfahren die **Letztentscheidungskompetenz** bei diesen verbleibt. Dies nicht nur bei der Abstimmung über den vorzulegenden Insolvenzplan, sondern auch in Bezug auf die Frage, ob das Schutzschirmverfahren überhaupt durchgeführt werden soll. Nach § 270e Abs. 1 Nr. 4 Alts. 2 InsO ist das Schutzschirmverfahren nämlich aufzuheben, wenn der Gläubigerausschuss dies – ohne jede nötige Begründung – beantragt. Der Gesetzgeber sieht das Schutzschirmverfahren daher offenbar als eine Art Kooperationsverfahren zwischen dem Schuldner und seinen Gläubigern und hat es vor allem solchen Schuldnern zugedacht, „[…] die sich in Abstimmung und mit Unterstützung ihrer zentralen Gläubiger in einem Insolvenzverfahren sanieren wollen"[85]. Dass eine solche Kooperation und ein solcher Konsens zwischen Gläubiger und Schuldner bei der Einleitung eines Insolvenzverfahrens wünschenswert und in anderen Rechtsordnungen mit einer ausgeprägten Sanierungskultur[86] auch realisierbar ist, steht außer Frage. Die Wahrnehmung des Insolvenzverfahrens in Deutschland war bis zum In-

81) Die nachfolgenden Ausführungen entstammen überwiegend aus *Hölzle*, Praxisleitfaden ESUG, § 270b Rz. 1 ff.

82) Begr. RegE ESUG, BR-Drucks. 127/11, S. 61.

83) *Desch*, BB 2011, 841; *Hofmann*, NZI 2010, 798.

84) Vgl. Begr. RegE ESUG, BT-Drucks. 17/5712, S. 40.

85) Begr. RegE ESUG, BT-Drucks. 17/5712, S. 40.

86) *Vallender*, NZI 2010, 838.

krafttreten des ESUG jedoch (noch) eine andere.[87)] Dass ferner das ESUG angetreten ist, gerade diese Missstände zu beseitigen, und die InsO von ihrem Stigma, Zerschlagungsordnung zu sein, zu befreien, ist ebenso richtig.

Auch nach den ersten Erfahrungen in der Praxis ist daher der im Vorfeld als zu weitgehend empfundenen Feststellung der Gesetzesbegründung zuzustimmen, dass ein Unter- 90
nehmen für das **Schutzschirmverfahren nicht geeignet** sei, wenn ein solcher **Konsens** zwischen dem Schuldner und den zentralen Gläubigern im Vorfeld der Antragstellung nicht erreicht werden kann.[88)] Viele Gläubiger, insbesondere Banken reagieren in aller Regel zu Recht mit ausgeprägter Zurückhaltung, sich an dem Sanierungsprozess zu beteiligen, wenn sie nicht bereits vor der Antragstellung informiert und eingebunden worden sind. Die Antragstellung markiert daher das Ende der außergerichtlichen Vorbereitungsphase und den Eintritt in die Umsetzung des zuvor mit den Stakeholdern erarbeiteten, diesen aber jedenfalls kommunizierten Konzepts.

II. Antrag und Zeitpunkt der Antragstellung

Das Schutzschirmverfahren wird nur auf Antrag des Schuldners eingeleitet. Der Insol- 91
venzantrag des Schuldners muss daher unter Hinweis auf § 270d InsO um den Antrag ergänzt werden, eine gerichtliche Frist zur Vorlage eines Insolvenzplans zu bestimmen. Erforderlich ist zudem selbstverständlich ein vollständiger Antrag nach § 270a InsO.

Das Gesetz und die Gesetzesbegründung verhalten sich mit keinem Wort dazu, wann der 92
Schuldner den Antrag nach § 270d Abs. 1 InsO zu stellen hat. Das könnte nahelegen, dass der Antrag zu jedem Zeitpunkt des laufenden Insolvenzeröffnungsverfahrens gestellt werden kann. Dafür spräche, dass es sich um einen eigenständigen Antrag auf Durchführung des Eröffnungsverfahrens in einer besonderen Verfahrensart handelt, der von dem Eröffnungsantrag und dem Antrag auf Eigenverwaltung unabhängig ist.[89)]

Die Ziele und die gesetzliche Systematik des Schutzschirmverfahrens **verbieten jedoch** 93
einen späteren Wechsel in diese Art des vorgelagerten Sanierungsvorbereitungsverfahrens. Ist einmal ein vorläufiger Insolvenzverwalter bestellt und sind entsprechende Sicherungsanordnungen nach §§ 21, 22 InsO getroffen, so ist der Weg in das Schutzschirmverfahren verschlossen und ein nachträglicher Antrag unzulässig. Hier unterscheidet sich das Schutzschirmverfahren vom isolierten vorläufigen Eigenverwaltungsverfahren (siehe dazu Rz. 17). Die Fristbestimmung zur Vorlage eines Insolvenzplans, die Ersetzung des vorläufigen Insolvenzverwalters durch einen vom Schuldner benannten vorläufigen Sachwalter und das Ziel, in kooperativem Zusammenwirken zwischen dem Schuldner und seinen zentralen Gläubigern eine Sanierungsstrategie zu entwickeln, verlieren ihren Sinn, wenn das Insolvenzverfahren einmal als Regelinsolvenzeröffnungsverfahren in Gang gesetzt ist. Obwohl dies dem Wortlaut der Norm nicht unmittelbar zu entnehmen ist, ist § 270d InsO insoweit teleologisch zu reduzieren.

III. Antragsvoraussetzungen

Das Schutzschirmverfahren steht grundsätzlich jedem Insolvenzschuldner, gleich welcher 94
Rechtsform und damit Kapital- und Personengesellschaften ebenso offen wie natürlichen Personen. Es handelt sich um einen modifizierten, nämlich um die Frist zur Vorlage des Insolvenzplans ergänzten Eigenverwaltungsantrag.

87) Vgl. z. B. *Eidenmüller*, ZIP 2010, 649, 651 f.; *Andres/Grund*, NZI 2007, 137, 138.

88) Vgl. Begr. RegE ESUG, BT-Drucks. 17/5712, S. 40 (re. Sp. oben); vgl. auch AG Köln, Beschl. v. 1.7.2013 – 72 IN 211/13, NZI 2013, 796 = ZIP 2013, 1390, im Anschluss an *Hölzle*, ZIP 2012, 158.

89) K. Schmidt-*Undritz*, InsO, § 270b Rz. 2.

95 Der Antrag auf Durchführung des Schutzschirmverfahrens ist dabei nur zulässig, wenn der Schuldner den Insolvenzantrag als **Eigenantrag wegen drohender Zahlungsunfähigkeit oder Überschuldung** stellt. Liegen konkurrierende Insolvenzanträge des Schuldners und eines Gläubigers und der Gläubigerantrag wegen glaubhaft gemachter Zahlungsunfähigkeit vor, so ist der Schutzschirmantrag unzulässig. Zum einen ist das Gericht nicht berufen, vor der Entscheidung über den Schutzschirmantrag sachverständig prüfen zu lassen, ob die Glaubhaftmachung des Gläubigers sich bestätigt,[90] zum anderen verliert das Schutzschirmverfahren bei konkurrierenden Schuldner- und Gläubigeranträgen das in der Gesetzesbegründung als wesentlich herausgestellte konsensuale Element.

96 Der Schutzschirmantrag ist auf die Abwicklung des Insolvenzverfahrens im Insolvenzplanverfahren (§ 1 Satz 1 InsO) ausgerichtet. Obgleich es aber eine Vielzahl möglicher Planvarianten vom Sanierungsinsolvenzplan über jede erdenkliche Zwischenform bis hin zum Liquidationsplan gibt, setzt das Schutzschirmverfahren voraus, dass der Schuldner einen Insolvenzplan jedenfalls zur Sanierung von Teilen seines Unternehmens („Teilsanierungsplan“) anstrebt. Aus diesem Grunde ist, obwohl im Tatbestand nicht ausdrücklich genannt, zwingende Voraussetzung für den Eintritt in das Schutzschirmverfahren, dass der Schuldner einen noch nicht eingestellten Geschäftsbetrieb unterhält. Tatbestandliche Anknüpfung hierfür ist das Erfordernis, dass die **Sanierung nicht offensichtlich aussichtslos** sein darf, was nur bei einem werbenden Geschäftsbetrieb der Fall sein kann.

97 Im geschriebenen Tatbestand setzt § 270d Abs. 1 InsO für den Eintritt in das Schutzschirmverfahren voraus, dass der Schuldner lediglich drohend zahlungsunfähig oder überschuldet und eben die Sanierung nicht offensichtlich aussichtslos ist. Eine im Antragszeitpunkt **bereits vorliegende Zahlungsunfähigkeit** schließt das Schutzschirmverfahren aus, die nachträglich eintretende beendet es aber nicht (mehr) automatisch, was einer durch den Rechtsausschuss[91] noch eingebrachten Änderung des Gesetzesentwurfs zu verdanken ist. Ist der Schuldner bereits vor Antragstellung einmal zahlungsunfähig gewesen und hat er diese Zahlungsunfähigkeit durch ein kurzfristiges Moratorium beseitigt, so bleibt der Schutzschirmantrag unzulässig, wenn das Moratorium kurz nach der Antragstellung ausläuft und nicht sämtliche Gläubiger ausdrücklich bestätigt haben, einer Verlängerung zuzustimmen.[92]

98 Stellt der Schuldner den Antrag auf Durchführung des Verfahrens in Eigenverwaltung ergänzt um den **Schutzschirmantrag** nach § 270d InsO, so werden die Zulässigkeitsvoraussetzungen nach §§ 270a, 270bb Abs. 1 Satz 1 InsO um die weiteren, ungeschriebenen Tatbestandsmerkmale des fehlenden Eintritts der Zahlungsunfähigkeit nach § 17 InsO und der Ausrichtung der Eigenverwaltungsplanung jedenfalls auf eine Teilsanierung des noch werbenden Geschäftsbetriebes ergänzt, die in der isolierten Eigenverwaltung gerade nicht Voraussetzung ist.

99 Die Antragsvoraussetzungen, nämlich die Tatsache, dass der Schuldner nicht zahlungsunfähig i. S. des § 17 InsO, der Geschäftsbetrieb nicht eingestellt, die Sanierung nicht offensichtlich aussichtslos und i. R. eines – jedenfalls Teilsanierungs- bzw. – Insolvenzplans angestrebt ist, müssen durch Bescheinigung einer **fachkundigen Stelle** nachgewiesen werden, wobei fachkundige Stelle ein „insolvenzerfahrener“ Rechtsanwalt, Wirtschaftsprüfer, Steuerberater oder eine ähnliche Person sein kann. Die Erweiterung um „ähnliche Personen“ dient dabei im Wesentlichen dem Erhalt der Europarechtskonformität dadurch, dass auch

---

90) Begr. RegE ESUG, BT-Drucks. 17/5712, S. 41 (li. Sp. oben).

91) Beschlussempfehlung und Bericht d. RA z. RegE ESUG, BT-Drucks. 17/7511, S. 37.

92) AG Erfurt, Beschl. v. 13.4.2012 – 172 IN 190/12, ZInsO 2012, 944; vgl. auch *Frind*, ZInsO 2012, 1099.

vergleichbare Qualifikationen aus anderen EU-Staaten anzuerkennen sind. Die **Bescheinigung** muss in formell und materiell genügender Form gemeinsam mit dem Antrag dem Gericht vorgelegt werden. Um Form und Inhalt einer solchen Bescheinigung ranken sich jedoch nach wie vor vielfältige Probleme. Fehlt es an einer formell und materiell genügenden Bescheinigung, ist der Antrag auf Durchführung des Verfahrens als Schutzschirmverfahren unzulässig.[93] Da es sich bei dem Schutzschirmantrag indes um einen von dem Insolvenzantrag und von dem Antrag, das Verfahren in Eigenverwaltung zu eröffnen, unabhängigen Antrag handelt, bleiben diese beiden Anträge von der Unzulässigkeit des Schutzschirmantrags infolge fehlender oder unzureichender Bescheinigung nach § 270d Abs. 1 Satz 1 InsO unberührt. Das **Insolvenzgericht** hat daher nach wie vor über den Eröffnungsantrag und darüber zu entscheiden, ob nach § 270b Abs. 1 InsO (nur) ein vorläufiger Sachwalter bestellt werden soll.

Eine dem § 270c Abs. 5 InsO entsprechende Vorschrift kennt § 270d InsO nicht. Will das 100
Insolvenzgericht den Schutzschirmantrag **zurückweisen**, so muss es den Schuldner hierauf nicht gesondert hinweisen und ihm auch keine Gelegenheit geben, den Antrag zurückzunehmen. Jedoch soll das Insolvenzgericht, sofern der Charakter des Eröffnungsverfahrens als Eilverfahren dies zulässt, dem Schuldner regelmäßig Gelegenheit geben, die Bescheinigung innerhalb kurz bemessener Frist nachzubessern.[94] Was für die Zulässigkeit des Insolvenzantrags insgesamt gilt, kann nämlich für die Ergänzung des Antrags, das Verfahren in einer besonderen Verfahrensart zu führen, nicht an strengere Maßstäbe geknüpft werden.

IV. Person des Ausstellers der Bescheinigung

Schon vor Inkrafttreten des ESUG war kontrovers diskutiert worden, welche Anforde- 101
rungen an die Person des Ausstellers der Bescheinigung zu stellen sind.[95] Auch heute sind längst nicht alle Zweifelsfragen geklärt; der Fundus an Entscheidungen ist nach wie vor begrenzt.

1. Qualifikation und Erfahrungsnachweis

Das Gesetz spricht von einem insolvenzerfahrenen **Wirtschaftsprüfer, Steuerberater,** 102
Rechtsanwalt oder einer ähnlichen Person. Die Berufsträgereigenschaft allein ist daher weder ausreichend noch erforderlich, weil es über die Öffnung für „sonstige Personen" außerhalb der ausdrücklich benannten Berufsträgereigenschaften, wozu neben berufsrechtlichen Qualifikationen aus anderen EU-Mitgliedstaaten sicherlich z. B. auch vereidigte Buchprüfer gehören, im Schwerpunkt auf die Erfahrung in Insolvenzsachen ankommt. In der Gesetzesbegründung[96] heißt es insoweit lediglich zu den sonstigen, ähnlich qualifizierten Personen:

> „[…] auch diese Personen müssen jedoch über Erfahrung in Insolvenzsachen verfügen".[97]

Ein gesetzliches Leitbild für den Nachweis besonderer Erfahrungen in Insolvenzsachen 103
gibt es nur an einer Stelle, nämlich in der Fachanwaltsordnung (FAO) für Rechtsanwälte und dem dortigen Anforderungskatalog an die theoretischen Kenntnisse und die prakti-

93) AG Erfurt, Beschl. v. 13.4.2012 – 172 IN 190/12, ZInsO 2012, 944.

94) *Schmidt/Linker*, ZIP 2012, 963, 964.

95) Vgl. dazu ausführlich bereits *Hölzle*, ZIP 2012, 158 ff.; *Buchalik*, ZInsO 2012, 349; *Schmidt/Linker*, ZIP 2012, 963.

96) Begr. RegE ESUG, BT-Drucks. 17/5712, S. 62.

97) Kritisch zu den gesetzlichen Vorgaben *Hirte*, ZInsO 2011, 401.

schen Erfahrungen des Fachanwalts für Insolvenzrecht. Dass sich diese Anforderungen aber unreflektiert verallgemeinern ließen, dürfte nur schwerlich anzunehmen sein, zumal es für den Inhalt der Bescheinigung nur auf einen Ausschnitt aus dem erforderlichen Wissens- und Erfahrungsspektrum ankommt, das wiederum für die Erlangung der Qualifikation eines „Fachanwalts für Insolvenzrecht" rechtspraktisch nicht gesondert nachgewiesen werden muss.

104 Mangels klar definierbarer Referenzkennzahlen wird die Anwendungspraxis deshalb darauf hinauslaufen müssen, dass der die Bescheinigung ausstellende Berater dem Gericht gegenüber seine Erfahrung in Insolvenzsachen im Allgemeinen und bei der Ermittlung von Insolvenzgründen sowie der Beurteilung von Sanierungskonzepten im Besonderen konkret nachzuweisen hat. Da es sich bei dem Erfordernis der Vorlage einer (ordnungsmäßigen) Bescheinigung um eine **Zulässigkeitsvoraussetzung** handelt und der Beschluss des Gerichts im Eilverfahren getroffen wird, ist das Gericht hier zu eigenen Nachforschungen hinsichtlich der Qualifikation des Ausstellers nicht nach § 5 Abs. 1 InsO verpflichtet,[98] sondern darf auf die ihm bekannten und bekannt gemachten Tatsachen zurückgreifen.[99]

105 Sind die Zulässigkeitsvoraussetzungen **nicht glaubhaft gemacht**, ist der Antrag als unzulässig zurückzuweisen. Es obliegt daher dem Schuldner bzw. dem Aussteller der Bescheinigung, der Bescheinigung einen entsprechenden Erfahrungsnachweis des nicht gerichtsbekannten Ausstellers sogleich beizufügen, der sich inhaltlich an den konkreten Zielen und dem Zweck der Bescheinigung orientiert.

106 Trotz des allgemeinen Wortlauts des Gesetzes, wonach die Erfahrung „in Insolvenzsachen" nachzuweisen ist, wird es dabei ausschließlich auf die **konkrete Erfahrung in der Feststellung von Insolvenzgründen und der Beurteilung von Sanierungsaussichten** für Unternehmen der betroffenen Größenklasse ankommen. Ein Rechtsanwalt z. B., der bislang ausschließlich als Treuhänder in Verbraucherinsolvenzverfahren tätig gewesen (und ggf. darüber auch Fachanwalt für Insolvenzrecht geworden) ist, dürfte damit nicht die für die Ausstellung einer Bescheinigung nach § 270d Abs. 1 InsO, z. B. für ein mittelständisches produzierendes Unternehmen mit 500 Mitarbeitern erforderliche Erfahrung nachweisen können. Vielmehr muss sich der Erfahrungsnachweis nach der Intention des Gesetzes beziehen auf die betriebswirtschaftlichen und rechtlichen, praktisch erworbenen Fertigkeiten zur Aufstellung von Überschuldungsbilanzen und Liquiditätsplänen nach insolvenzrechtlichen Grundsätzen sowie die Erstellung und Beurteilung von Sanierungskonzepten, wobei sicherlich der Sanierungsstandard des IDW S 6 ein Leitbild[100] darstellt.

107 Zwar verlangt der Gesetzgeber[101] aus Kostengründen, und um auch kleineren Unternehmen den Eintritt in das Verfahren zu eröffnen, ausdrücklich **kein „umfassendes Sanierungsgutachten"** als Inhalt der Bescheinigung, jedoch kann die Sanierungseignung eines Unternehmens nur dann zuverlässig beurteilt werden, wenn der Beurteilende über die hinlängliche Erfahrung im Umgang mit dem jedenfalls später zu erstellenden Sanierungsgutachten verfügt. Im Übrigen ist bereits der Ansatz des Gesetzgebers fraglich, weil im weiteren Verlauf des Verfahrens die Arbeit zur Ermittlung der Krisenursachen, zur Erarbeitung des Leitbilds des sanierten Unternehmens und zur Feststellung der geeigneten

98) Ebenso *Gutmann/Lauberau*, ZInsO 2012, 1861; K. Schmidt-*Undritz*, InsO, § 270b Rz. 7; a. A. *Vallender*, GmbHR 2012, 450.

99) Gerade dies ist von dem dem Gericht zustehenden Beurteilungs- und Ermessensspielraum gedeckt, vgl. *Bruns* in: MünchKomm-InsO, § 5 Rz. 20; Jaeger-*Gerhardt*, InsO, § 5 Rz. 2.

100) Vgl. die dazu einschlägige Rspr., z. B. BGH, Urt. v. 21.2.2013 – IX ZR 52/10, ZIP 2013, 894, dazu EWiR 2013, 555 *(Hölzle)*; OLG Köln, Urt. v. 24.9.2009 – 18 U 134/05, NZI 2010, 49 = GmbHR 2010, 251, m. Anm. *Blöse*, GmbHR 2010, 254; dazu auch *Gehle*, DB 2010, 1051.

101) Begr. RegE ESUG, BT-Drucks. 17/5712, S. 62.

Sanierungsmaßnahmen i. R. der Erstellung des Insolvenzplans ohnehin geleistet werden muss. Die Kosten dafür fallen deshalb in jedem Falle an. Der Umfang der Tätigkeit ist dabei immer an der **Größe des Unternehmens** auszurichten, was auch bereits bei der Erstellung auch eines vorgreiflichen, der Bescheinigung zugrundeliegenden Sanierungskonzepts gälte.

Praxishinweis

Weder einem jeden Fachanwalt für Insolvenzrecht noch viel weniger einem jeden Steuerberater, auch nicht dem Fachberater für Sanierung und Insolvenzverwaltung (Deutscher Steuerberaterverband, DStV), ist vor diesem Hintergrund die erforderliche Erfahrung zu unterstellen. Bei Letzteren folgt dies schon daraus, dass der Titel ausschließlich an den erfolgreichen Abschluss einer theoretischen Ausbildung anknüpft und keinerlei praktische Erfahrung oder Tätigkeit in diesem Tätigkeitsfeld erfordert. Gerade die praktische Erfahrung aber ist bei der Beurteilung von Sanierungsaussichten unerlässlich.

2. Unabhängigkeit

Schließlich wird der Aussteller der Bescheinigung über § 270d Abs. 1 InsO zum – jedenfalls mittelbar – Verfahrensbeteiligten, da er mit seiner Bescheinigung wesentlichen Einfluss auf den möglichen Ablauf des Insolvenz(eröffnungs)verfahrens nimmt. Damit ist auch der Aussteller der Bescheinigung, wie jeder andere Verfahrensbeteiligte auch, den vorrangigen Zielen der InsO und des Insolvenzverfahrens unterworfen. 108

Vor diesem Hintergrund liegt die Überlegung nahe, an den Aussteller der Bescheinigung dieselben Anforderungen an dessen Unabhängigkeit zu stellen, wie an einen (vorläufigen) Insolvenzverwalter auch. Eine Regelung dazu fehlt im Gesetz allerdings ebenso wie eine Stellungnahme in der Gesetzesbegründung. 109

Dieses Fehlen einer gesetzlichen Aussage über die Anforderungen an die Person des Ausstellers und dessen Unabhängigkeit provoziert die **Frage nach einer entsprechenden Anwendung des § 56 InsO.**[102] 110

Das Schutzschirmverfahren nach §§ 270, 270a, 270b, 270c, 270d InsO dient der (frühzeitigen) Erarbeitung eines Insolvenzplans unter dem Schutze eines Moratoriums. Der Insolvenzplan ist eine von dem Regelverfahren der Liquidation abweichende Art der Verwertung des schuldnerischen Vermögens im Interesse der Gläubiger (§ 1 InsO). Eine Schlechterstellung von Gläubigern, also die Reduzierung der Befriedigungsaussichten im Insolvenzplanverfahren gegenüber der Regelabwicklung, ist wegen § 245 InsO grundsätzlich nur bei Zustimmung aller betroffenen Insolvenzgläubiger möglich. Soll die Sanierung im Insolvenzplanverfahren unter Inanspruchnahme solch weitergehender Zugeständnisse der Gläubiger durchgeführt werden, so müsste sich bereits die Bescheinigung über die Sanierungseignung des Unternehmens zu der Frage des zu erwartenden Zustimmungsquorums substantiiert verhalten. Schweigt die Bescheinigung dazu, ist zu unterstellen, dass der Insolvenzplan zu einer Quotenverbesserung für die einfachen, ungesicherten Gläubiger im Rang des § 38 InsO führt und somit eine Ersetzung der Zustimmung nach § 245 InsO im Falle der Verweigerung der Zustimmung durch die Gruppe möglich wäre. 111

Damit ist die Bescheinigung nach § 270d Abs. 1 Satz 1 InsO als Zulässigkeitsvoraussetzung für das auf die Erarbeitung eines Insolvenzplans angelegte Schutzschirmverfahren 112

102) Dafür bereits *Hölzle*, ZIP 2012, 158, 161 f.; dem folgend AG München, Beschl. v. 29.3.2012 – 1507 IN 1125/12, ZIP 2012, 789, dazu EWiR 2012, 465 *(Hölzle)*; AG München, Beschl. v. 14.6.2012 – 1506 IN 1851/12, ZIP 2012, 1308, dazu EWiR 2012, 495 *(Vallender)*; *Pape* in: KPB, InsO, § 270b Rz. 42; a. A. *Buchalik*, ZInsO 2012, 349, 351; *Schmidt/Linker*, ZIP 2012, 963, 964; K. Schmidt-*Undritz*, InsO, § 270b Rz. 7 a. E.

maßgeblich nicht nur im Schuldner-, sondern gerade **auch im Gläubigerinteresse abzugeben**. Der Versuch einer nicht offensichtlich aussichtslosen Sanierung, deren Möglichkeit bescheinigt wird, muss nämlich vor dem hier geschilderten Hintergrund grundsätzlich geeignet sein, die Befriedigungsaussichten aller Gläubiger insgesamt zu verbessern, jedenfalls aber gegenüber der Regelliquidation nicht zu verschlechtern. Auch das Schutzschirmverfahren als ein dem Insolvenzplan vorgeschaltetes Vehikel zur effizienteren Erreichung der Verfahrensziele ist ein Verfahren nach § 1 InsO, das dem Gebot der bestmöglichen Gläubigerbefriedigung gehorcht und unterliegt. Die nach § 1 InsO verlangte bestmögliche Gläubigerbefriedigung soll insbesondere dadurch gewährleistet werden, dass das Verfahren dem Schuldner den Anreiz zu einer frühzeitigen Antragstellung vermittelt; es lässt sich insoweit von einer verfahrensrationalen Auslegung des Schutzschirmverfahrens sprechen.

113 Eine Tätigkeit auch im Gläubigerinteresse setzt aber allenthalben eine **neutrale Begutachtung** unabhängig von Mandanteninteressen und -zielen voraus. Das aber lässt sich nur gewährleisten, wenn der Aussteller der Bescheinigung nicht im Vorfeld beratend für den Schuldner tätig gewesen ist. Aus diesem Grunde muss die Unabhängigkeit des Ausstellers der Bescheinigung in derselben Weise institutionalisiert sein, wie diejenige des (vorläufigen) Insolvenzverwalters. Die im Gesetz zu dieser Frage sich offenbarende Regelungslücke dürfte deshalb als planwidrig zu gelten haben, was angesichts der vergleichbaren Interessenlage die analoge Anwendung des § 56 InsO auf die Person des Ausstellers nicht nur rechtfertigt, sondern sogar gebietet.

114 Der erforderliche Qualifikations- und Erfahrungsnachweis des Ausstellers ist daher um eine für die Zulässigkeit des Antrags **obligatorische Negativerklärung nach § 56 InsO** zu ergänzen. Insbesondere z. B. der langjährige Steuerberater des Schuldners scheidet damit als Aussteller der Bescheinigung zwangsläufig ebenso aus,[103] wie andere Mitglieder seiner Sozietät.

V. (Pflicht-)Inhalt der Bescheinigung

1. Grundlagen

115 Das Schutzschirmverfahren des § 270d InsO ist einer der Eckpfeiler der Reform des Sanierungsstatuts in Deutschland. Der Gesetzgeber war deshalb um ein praxistaugliches Verfahren bemüht, für das die Eingangshürden nicht zu hoch liegen,[104] das aber dennoch nicht der nötigen Effizienz entbehrt und auch dem Regime der Gläubigerautonomie (vgl. § 270d Abs. 4 Satz 2 InsO) gehorcht. Aus diesem Grund dürfen zwar die Eingangshürden für das Verfahren nicht zu hochgelegt werden, müssen aber, damit sich das Verfahren dauerhaft als eine allseits akzeptierte Sanierungsoption etabliert, von vornherein Instrumentarien geschaffen werden, um untaugliche oder gar missbräuchliche Anträge auszusortieren und ein Schutzschirmverfahren gar nicht einzuleiten.

Praxishinweis

Gerade die zum Teil zu beobachtende Praxis, als missbräuchlich empfundene Anträge mit Hilfe mehr oder minder offenbarer Gesetzesumgehungen abzuwehren, zeigt, dass eine größtmögliche Objektivierung des Verfahrens mit ggf. zunächst auch zu strengen Eingangshürden nötig ist, um Missbräuche auszuschließen und zu verhindern, dass das gesamte Verfahren auf Dauer stigmatisiert wird.

103) AG München, Beschl. v. 14.6.2012 – 1506 IN 1851/12, ZIP 2012, 1308.

104) *Schmidt/Linker*, ZIP 2012, 963.

Denn nur, wenn sich das Verfahren als ernsthaftes Sanierungsverfahren etabliert, werden auch die Gläubiger das nötige Vertrauen entwickeln, an einem solchen Verfahren aktiv mitzuwirken. Das aber wiederum ist Zulässigkeitsvoraussetzung für den Antrag. Sollten eine Vielzahl von Sanierungen im Schutzschirmverfahren im Ergebnis scheitern, wird auch dieses Verfahren sich nicht durchsetzen können, weil es ihm dann mittel- und langfristig an der nötigen Akzeptanz fehlen wird. 116

Die Bescheinigung muss daher einen gewissen Kanon an Pflichtinhalten erfüllen, um dem Gericht die Aufgabenerfüllung zu ermöglichen. Der Aussteller der Bescheinigung muss für deren Inhalt einstehen und die Richtigkeit versichern. Das entlastet zugleich das Gericht davon, den Inhalt der Bescheinigung seinerseits überprüfen lassen zu müssen, was mit dem Eilcharakter des Verfahrens nicht vereinbar wäre. Das **Gericht** ist auf eine **Schlüssigkeits- und Plausibilitätsprüfung** beschränkt.[105] Die Bestellung eines Sachverständigen zur Überprüfung des Inhalts der Bescheinigung ist daher grundsätzlich unzulässig.[106] 117

2. Angaben zum Sanierungskonzept

Der Gesetzgeber hat im Interesse niedriger Eintrittshürden klargestellt, dass er es nicht für erforderlich hält, dass zum Zwecke der Ausstellung der Bescheinigung bereits ein vollständiges Sanierungsgutachten, z. B. nach IDW S 6, vorgelegt wird.[107] Er wollte damit auch kleinen Unternehmen den Eintritt in das Verfahren ermöglichen und die kostenaufwändige Erstellung eines solchen Gutachtens vermeiden. 118

Allerdings stellt der Gesetzgeber ebenso klar, dass die Bescheinigung mit Gründen versehen sein muss.[108] Wie detailliert diese **Begründung** sein muss, erschließt sich ausschließlich aus dem Zweck, der mit der Bescheinigung nach § 270d Abs. 1 InsO erreicht werden soll. Die Begründung der Bescheinigung ist dabei auch losgelöst von dem Eigenverwaltungskonzept (§ 270a Abs. 1 Nr. 1 InsO) zu beurteilen. Insbesondere kann Letzteres nicht die substantiierte Begründung der Bescheinigung ersetzen. Vielmehr baut das Konzept im Grunde erst auf der Bescheinigung auf, welche die Grundlage für die Beurteilung der Erfüllbarkeit des Konzepts liefert. 119

Bei dem Schutzschirmverfahren handelt es sich grundsätzlich um ein konsensuales Sanierungsverfahren, das auf Kooperation angelegt ist. Wenn ein bereits vorinsolvenzlich erreichter Konsens auch nicht Eintrittsvoraussetzung für das Verfahren ist, so ist die angestrebte Sanierung im Insolvenzplanverfahren jedoch von vornherein offensichtlich aussichtslos, wenn der Insolvenzplan z. B. i. S. des § 231 Abs. 1 Nr. 2 InsO keine Aussicht auf Annahme durch die Gläubiger hat. Das Gericht ist daher berufen, bereits im Antragsverfahren nach § 270d Abs. 1 InsO auch die Voraussetzungen für die Annahme des Insolvenzplans nach § 231 InsO summarisch vorzuprüfen. Das aber ist nur möglich, wenn die Bescheinigung nach § 270d Abs. 1 Satz 1 InsO sich zu dem angestrebten Planinhalt und der beabsichtigten Sanierungsstrategie verhält, was dann i. R. der Darstellung des Eigenverwaltungskonzepts aufgegriffen werden kann. 120

Diese bereits in einer die Vorprüfung erlaubenden Validität darzustellen, verlangt jedoch eine jedenfalls 121

- **vorläufige Krisenursachenanalyse,**

---

105) K. Schmidt-*Undritz*, InsO, § 270b Rz. 9.

106) *Desch*, BB 2011, 841; *Schmidt/Linker*, ZIP 2012, 963, 964; *Vallender*, GmbHR 2012, 450, 453; a. A. *Frind*, ZInsO 2011, 656, 660; *Obermüller*, ZInsO 2011, 1809, 1818; *Buchalik*, ZInsO 2012, 349, 352.

107) Begr. RegE ESUG, BT-Drucks. 17/5712, S. 40.

108) Begr. RegE ESUG, BT-Drucks. 17/5712, S. 40.

- verlangt nach der **Definition des Leitbildes des sanierten Unternehmens** und
- nach einer ersten Einschätzung, **auf welchem Wege die Wiederherstellung der nachhaltigen Ertragsfähigkeit** des Unternehmens erreicht werden soll.

122 Die Ähnlichkeit zu den Anforderungen an die Darstellung des Sanierungskonzepts nach § 270a Abs. 1 Nr. 1 InsO verwundert nicht, da die konzeptionellen Grundlagen freilich dieselben sind. Damit ist aber jedenfalls die Gliederung eines Sanierungsgutachtens **nach dem Standard IDW S 6** in ihren Grundzügen auch der Bescheinigung nach § 270d Abs. 1 InsO zugrunde zu legen, müssen sich mindestens ihre Inhalte im Wesentlichen auch in der Bescheinigung wiederfinden;[109)] dabei sind die Komplexität des Schuldnerunternehmens und die Gläubigerstruktur zu berücksichtigen.[110)] Fehlt es daran, ist dem Gericht weder die sachgerechte Bemessung der Frist zur Vorlage des Insolvenzplans (§ 270d Abs. 1 Satz 1 InsO) noch die summarische Vorprüfung nach § 231 Abs. 1 InsO möglich, so dass ihm eine Beurteilung, ob die Sanierung offensichtlich aussichtslos ist, in einem wesentlichen Punkt unmöglich bleibt. Da insoweit aber, ähnlich wie im Anwendungsbereich des § 22a Abs. 3 InsO[111)] der Beibringungsgrundsatz dem Amtsermittlungsgrundsatz vorgeht, ist ein Schutzschirmantrag wegen materiell unzureichender Bescheinigung nach § 270d Abs. 1 InsO zurückzuweisen, wenn diese nicht bereits die Grundstruktur der beabsichtigten Sanierung erkennen lässt.

Praxishinweis

Dabei ist selbstverständlich, dass es sich nicht um eine bereits vertiefte Darstellung eines Sanierungskonzepts handeln muss. Vielmehr reicht es aus, wenn die Grundzüge, wie sie Eingang in eine integrierte Ertrags- und Liquiditätsplanung halten müssen, plausibel dargestellt werden. Die Darstellung in der Bescheinigung entfaltet auch keine Bindungswirkung für die spätere Sanierung. Im Verlauf der Entwicklung des konkreten Sanierungskonzepts kann, darf und regelmäßig muss von der Grundstruktur auch wieder abgewichen und ein anderes Konzept zugrunde gelegt werden. Dies ändert aber freilich nichts daran, dass unabhängig von der fehlenden Bindungswirkung der Bescheinigung Änderungen in dem Eigenverwaltungskonzept nach § 270c Abs. 2 InsO jederzeit mitgeteilt werden müssen. Welche Auswirkungen dies auf den Inhalt der Bescheinigung hat, ist allerdings unerheblich, da diese mit der Zulassung des Schutzschirmverfahrens ihre Bedeutung für den weiteren Verfahrensverlauf verliert.

3. Fristbestimmung – Notwendigkeit einer Liquiditätsvorschau

123 Darüber hinaus dient der Inhalt der Bescheinigung nach § 270d Abs. 1 Satz 1 InsO auch als Referenzmaßstab für die Ausübung des dem Insolvenzgericht eingeräumten Ermessens bei der Bestimmung des maximal dreimonatigen Zeitraums, der dem Schuldner zur Vorlage eines Insolvenzplans eingeräumt werden muss, § 270d Abs. 1 InsO.

124 Da das Schutzschirmverfahren einen werbenden Geschäftsbetrieb voraussetzt, ist die Ausübung dieses Ermessens dem Insolvenzgericht objektiv nur dann und insoweit möglich, als das Insolvenzgericht in die Lage versetzt wird, zu prüfen, wie lange das Unternehmen auch unter Vollstreckungsschutz in der Lage ist, seinen **Geschäftsbetrieb aufrechtzuerhalten**. Das wiederum ist nur durch Vorlage eines jedenfalls den maximalen Zeitraum des Schutzschirmverfahrens (drei Monate) zuzüglich desjenigen maximalen Zeitraums bis zur Abstimmung über den Insolvenzplan (drei Monate) umfassenden Liquiditätsplans möglich. Denn nur wenn die Liquidität *(ohne Berücksichtigung der Bedienung von Insolvenzforderungen selbstverständlich!)* für diesen **bis zu sechs Monate** wäh-

---

109) Ebenso K. Schmidt-*Undritz*, InsO, § 270b Rz. 5; *Hölzle*, ZIP 2012, 855.

110) *Hirte/Knof/Mock*, DB 2011, 693, 696.

111) Vgl. dazu *Hölzle*, Praxisleitfaden ESUG, § 22a Rz. 35.

renden Zeitraum mindestens gesichert ist, hat das Schutzschirmverfahren überhaupt Aussicht auf Erfolg. Die Bescheinigung muss daher selbst oder in der Anlage zwingend eine **Liquiditätsvorausschau** für mindestens die auf den Antrag folgenden sechs Monate enthalten, soll sie dem Gericht die nötige Entscheidungsgrundlage liefern. Auch das Fehlen einer solchen Liquiditätsplanung führt zur Unzulässigkeit und zur Zurückweisung des Antrags.

Sieht die Liquiditätsplanung besondere Einflussfaktoren vor, so soll in der Bescheinigung, 125
um die Überprüfung durch das Gericht zu erleichtern, darauf ausdrücklich hingewiesen werden. Besondere Einflussfaktoren in diesem Sinne sind z. B. die Inanspruchnahme einer Insolvenzgeldvorfinanzierung (§ 188 Abs. 4 SGB III), die Aufnahme neuer Kreditmittel zur Überbrückung z. B. als Massekredit (vgl. § 270c Abs. 4 Satz 3 InsO i. V. mit § 55 Abs. 2 InsO), die Inanspruchnahme von Lieferantenkrediten etc. Hängt die Liquiditätsplanung und damit die Fortführungsfähigkeit des Unternehmens von solchen Einflussfaktoren ab, so sind diese für die Beurteilung der Frage, ob die Sanierung nicht „offensichtlich aussichtslos“ ist, von zentraler Bedeutung.

Da es sich insoweit aber um eine Zulässigkeitsvoraussetzung für das vom Schuldner ange- 126
strebte Verfahren handelt, kann das Gericht sich für die Prüfung der Zulässigkeitsvoraussetzungen nicht allein auf die in den Liquiditätsplan inkorporierte Aussage des Schuldners verlassen, solche Leistungen in Anspruch nehmen zu können oder gar nur zu wollen. Die Prüfung wird dem Gericht vielmehr nur ermöglicht, wenn entsprechende **Erklärungen der die Leistung erbringenden Dritten** der Bescheinigung sogleich beigefügt sind.[112] Der Gesetzgeber, der den nötigen Pflichtinhalt der Bescheinigung überhaupt nicht geregelt hat, hat die Notwendigkeit solcher ergänzender Erklärungen entweder bewusst der Bestimmung durch die Rechtsprechung überlassen oder aber übersehen. In beiden Fällen ist der Weg für eine Analogie zu § 230 Abs. 3 InsO, wonach dem Insolvenzplan Erklärungen Dritter beizufügen sind, die für den Fall der Bestätigung des Plans Verpflichtungen übernommen haben, frei. Denn neben der bestehenden Regelungslücke ist bei analoger Anwendung der Vorschriften über den Insolvenzplan immer auch eine vergleichbare Interessenslage gegeben, da das gesamte Schutzschirmverfahren als ein dem Insolvenzplan vorgelagertes und auf den Abschluss eines Insolvenzplans ausgerichtetes Verfahren angelegt ist.

Der Bescheinigung müssen also ggf. entsprechende Anlagen, für den Fall einer Insolvenz- 127
geldvorfinanzierung also z. B. in Gestalt einer vorläufigen Zustimmungserklärung der zuständigen Agentur für Arbeit beigefügt sein, da anderenfalls die verpflichtend beizufügende Liquiditätsplanung nicht valide ist und damit die Bescheinigung nach § 270d Abs. 1 InsO in materieller Hinsicht ungenügend ist.

VI. Aktualität der Bescheinigung

Zuletzt bleibt die Frage zu klären, wie alt die Bescheinigung sein darf, oder besser: wie ak- 128
tuell die Bescheinigung sein muss, um den Anforderungen an § 270d Abs. 1 InsO zu genügen.

Bei einem werbenden Geschäftsbetrieb handelt es sich um ein dynamisches Gebilde, das 129
stetigen Änderungen unterworfen ist. Damit sind auch die Schwierigkeiten bei der Erstellung von Ertrags- und Liquiditätsvorschauen und auch von Sanierungskonzepten untrennbar verbunden. Dem Schuldner kann deshalb sicherlich nicht zugemutet werden, die

112) In vergleichbarem Sinne auch AG Erfurt, Beschl. v. 13.4.2012 – 172 IN 190/12, ZInsO 2012, 944, das zum Beleg fortwährender Stundung die ausdrückliche Zustimmung aller Gläubiger verlangt.

Bescheinigung auf den Stichtag der Insolvenzantragstellung vorlegen zu müssen. Dies wäre angesichts des hier verlangten Pflichtinhalts auch weitgehend unmöglich.

130 Dennoch ist die Bescheinigung und ist ihr Inhalt wesentlicher und das Eröffnungsverfahren bestimmender Faktor, weshalb gewährleistet sein muss, dass die **bescheinigten Voraussetzungen auf den Insolvenzantragsstichtag (noch) vorliegen**. Eine außerordentliche Belastung des Schuldners ist mit diesem grundsätzlichen Postulat nur sehr bedingt verbunden, weil dieser – einmal unterstellt es handelt sich um das Organ einer Kapital- oder sonst haftungsbegrenzenden Gesellschaft – in der Krise und damit der Sanierungssituation ohnehin zur gesteigerten Beobachtung und Überwachung des Unternehmens und zur Fortschreibung von Liquiditäts- und Ertragsplänen verpflichtet ist.[113] Das Intervall, in dem solche Fortschreibungen zu geschehen haben, hängt dabei von den Besonderheiten des Unternehmens, seines Gegenstandes und vor allem des Dynamisierungsgrads der Geschäftsvorfälle ab. Ein Unternehmen mit hohen Umschlagszahlen und kurzen Forderungslaufzeiten wird die Aktualisierung der Liquiditäts- und Ertragsvorschau in kürzeren Intervallen vornehmen müssen, als ein Unternehmen mit wenigen großvolumigen, dafür aber mittelfristig angelegten Geschäftsvorfällen. Dessen ungeachtet muss die Bescheinigung aber auch objektiv und ohne Ansehung der Besonderheiten des konkreten Unternehmens geeignet sein, die Verhältnisse des Unternehmens im Zeitpunkt des Insolvenzantrags und der Entscheidung des Gerichts abzubilden.

131 Aus diesem Grunde ist davon auszugehen, dass dem Schuldner zumutbar, dem Gericht aber objektiv noch ausreichend, eine **Bescheinigung** ist, die im Regelfall **nicht älter als eine Woche sein sollte**, wobei auf den bisherigen Turnus der Aktualisierung insbesondere der Liquiditätsplanung hinzuweisen ist, um dem Gericht eine Einschätzung der subjektiven Aktualität zu ermöglichen.

132 Ist die Bescheinigung älter, so ist nicht zwingend eine vollständige Neuerstellung nötig, sondern ist ihr eine **ergänzende Erklärung des Ausstellers** beizufügen, dass sich an den bestimmenden Faktoren der Sanierungsfähigkeit und des Vorliegens lediglich einer drohenden Zahlungsunfähigkeit oder Überschuldung aufgrund aktueller Validierung nichts geändert hat. Darüber hinaus ist der Liquiditätsplan fortzuschreiben und mitzuteilen, ob und inwieweit sich betreffend die vom ursprünglichen Liquiditätsplan umfassten aber bereits abgelaufenen Zeiträume Abweichungen ergeben haben und welche Folgen sich daraus für die Fortschreibung und die Aussagekraft des Plans i. Ü. ergeben.

VII. Rechtsfolge des Antrags

1. Zulässiger Antrag

a) Grundlagen

133 Genügt der Antrag des Schuldners auf Eröffnung des Verfahrens in Eigenverwaltung den Anforderungen des § 270a InsO i. V. mit § 270b Abs. 1 Satz 1 InsO und ist der Schuldner weder bereits zahlungsunfähig i. S. des § 17 InsO noch die (Teil-)Sanierung des Unternehmens offensichtlich aussichtslos, was sich aus einer vom Schuldner vorgelegten, den formellen und materiellen Anforderungen genügenden Bescheinigung nach § 270d Abs. 1 InsO ergibt, so wird das Eröffnungsverfahren in der besonderen Verfahrensart des Schutzschirmverfahrens geführt, woraus ein eingeschränkter Ermessensspielraum des Insolvenzgerichts in verschiedener Hinsicht folgt.

134 Soweit nicht ein vorsorglicher Widerspruch eines bereits eingesetzten vorläufigen Gläubigerausschusses (§ 22a InsO) entsprechend § 270e Abs. 1 Nr. 4 Alt. 2 InsO bzw. eines

113) *Bork*, ZIP 2011, 101 ff. m. w. N.

Gläubigers entsprechend § 270e Abs. 2 InsO einschließlich hinreichender Glaubhaftmachung bei Gericht eingegangen ist,

- bestellt das Gericht an Stelle eines vorläufigen Insolvenzverwalters einen vorläufigen Sachwalter nach § 270b InsO, wobei es von einem Vorschlag des Schuldners nur abweichen darf, wenn die vorgeschlagene Person „offensichtlich ungeeignet" ist (§ 270d Abs. 2 Satz 3 InsO), und
- setzt dem Schuldner eine maximal dreimonatige Frist zur Vorlage eines Insolvenzplans.

Die Pflicht des vorläufigen Insolvenzverwalters zur Fortführung des schuldnerischen Unternehmens[114] gilt für den Schuldner in Eigenverwaltung dabei selbstverständlich erst recht, da der Antrag mit bestehenden Sanierungsaussichten begründet worden und auf die Sanierung des Unternehmens angelegt ist. Sollen bereits im Schutzschirmverfahren Unternehmensteile abgestoßen oder der Geschäftsbetrieb teilweise eingestellt werden, so wäre eine solche Maßnahme gesondert zu beantragen und vom Insolvenzgericht zu genehmigen. 135

b) Einsetzung eines vorläufigen Gläubigerausschusses

Allein der Umstand, dass das Eröffnungsverfahren als Schutzschirmverfahren geführt wird, 136
begründet keine Verpflichtung zur Errichtung eines vorläufigen Gläubigerausschusses. Die Gesetzesbegründung geht vielmehr davon aus, dass das Schutzschirmverfahren ohne weiteres auch möglich ist, soweit ein vorläufiger Gläubigerausschuss nicht bestellt wurde.[115)]

Im Übrigen gelten aber die Voraussetzungen des § 22a InsO für die Frage der Einsetzung 137
eines originären oder derivativen Pflicht- oder auch eines fakultativen vorläufigen Ausschusses unmittelbar. Weder ergibt sich aus dem Gesetz, dass i. R. des Schutzschirmverfahrens Besonderheiten gelten, noch würde § 270e Abs. 1 Nr. 4 Alt. 2 InsO Sinn machen, ginge der Gesetzgeber davon aus, dass im Schutzschirmverfahren ein vorläufiger Gläubigerausschuss nicht einzusetzen sein sollte.[116)]

Das Vorschlagsrecht des Schuldners verdrängt jedoch als spezielleres Recht das allgemei- 138
ne Vorschlagsrecht des vorläufigen Gläubigerausschusses nach § 56a InsO.

c) Sicherungsmaßnahmen

Nach § 270c Abs. 3 InsO kann das Gericht, wie im vorläufigen Insolvenzverfahren auch, 139
ab dem Zeitpunkt des Eingangs des Antrags vorläufige Maßnahmen nach § 21 Abs. 1 und Abs. 2 Nr. 1a, Nr. 3 bis 5 InsO anordnen.

Maßnahmen nach § 21 Abs. 2 Nr. 3 InsO (Einstellung der Zwangsvollstreckung)[117)] sind 140
anzuordnen, wenn der Schuldner dies beantragt.

> **Praxishinweis**
>
> Die Möglichkeit der Anordnung von Sicherungsmaßnahmen insbesondere in Gestalt des Vollstreckungsschutzes und der Anordnung nach § 21 Abs. 2 Nr. 5 InsO, wonach Gegenstände, an denen im eröffneten Verfahren Absonderungsrechte bestehen, vom Unternehmen genutzt werden können,[118)] schaffen die Grundlage für ein sanierungsvorbereitendes Moratorium.

114) *Hölzle*, ZIP 2011, 1889.

115) Beschlussempfehlung und Bericht d. RA z. RegE ESUG, BT-Drucks. 17/7511, S. 37.

116) *Koch/Jung* in: Kübler/Bork/Prütting, HRI II, § 5 Rz. 96 ff.; K. Schmidt-*Undritz*, InsO, § 270b Rz. 11; a. A. *Frind*, ZIP 2012, 1380, 1384.

117) Vgl. dazu K. Schmidt-*Hölzle*, InsO, § 21 Rz. 68 ff.

118) Vgl. K. Schmidt-*Hölzle*, InsO, § 21 Rz. 74 ff.

d) Einsetzung eines vorläufigen Sachwalters

141 Ist der Antrag zulässig, so bestellt das Gericht einen vorläufigen Sachwalter, dessen Rechtsstellung sich nach § 270b Abs. 1 InsO richtet. Wegen der in § 270c Abs. 3 InsO ausgenommenen Verweisung auf § 21 Abs. 2 Nr. 2 InsO ist die Bestellung eines vorläufigen Insolvenzverwalters im Schutzschirmverfahren unzulässig.

142 Zu einem grundsätzlichen Umdenken zwang das ESUG die Fachwelt dadurch, dass das Gericht von einem Vorschlag des Schuldners zur Person des Sachwalters nur in Ausnahmefällen abweichen darf. In der Fachöffentlichkeit ist für das Vorschlagsrecht des Schuldners zur Person des vorläufigen Sachwalters und die nur eingeschränkte Ablehnungsbefugnis des Insolvenzgerichts der Begriff des **„mitgebrachten Sachwalters"** geprägt worden.[119] Der hinter dieser Öffnung stehende Gedanke ist richtig[120] und auf dem Weg in eine neue Rechtskultur der Wahrnehmung des Insolvenzverfahrens als probatem Restrukturierungsinstrumentarium auch erforderlich, um die Interessen des Schuldners in angemessenen Ausgleich zu den Interessen der übrigen Verfahrensbeteiligten zu bringen.[121] Allerdings darf der Blick dabei nicht allein auf die Incentivierung des Schuldners gerichtet werden, sondern es müssen neben den objektiv bestimmbaren Interessen der Gläubiger auch subjektive Vertrauenshemmnisse im Auge behalten werden.[122]

143 Im ersten Schritt folgt aus dieser Berücksichtigung auch des Gläubigervertrauens, dass auch der „mitgebrachte Sachwalter" die nötige **Unabhängigkeit** wahren muss. § 270d Abs. 2 InsO ordnet zwar ausdrücklich an, dass die Person des vorläufigen Sachwalters vom Schuldner vorgeschlagen werden darf, dass dieser aber zunächst einmal mit dem Aussteller der Bescheinigung personenverschieden sein muss; eine Klarstellung, die ebenfalls dem Rechtsausschuss zu verdanken ist. Damit soll noch einmal herausgestellt werden, dass die nach §§ 270b Abs. 1 Satz 2, 274, 56 InsO stets und auch im Falle des „mitgebrachten Sachwalters" umso mehr geforderte Unabhängigkeit nicht mehr gegeben ist, wenn dieser bereits die Bescheinigung ausgestellt hat[123] und damit im Vorfeld in einem über das nach § 56 Abs. 1 Nr. 2 InsO tolerierte Maß hinausgehenden Umfang für den Schuldner tätig gewesen ist.

144 Aus der allgemeinen Geltung des § 56 InsO folgt dann aber auch, was ohnehin selbstverständlich sein sollte, dass die Person des Ausstellers der Bescheinigung von dem vorläufigen Sachwalter nicht nur personen-, sondern grundsätzlich auch sozietätsverschieden sein muss.[124] Dass diesem Gesichtspunkt aus Sicht des Gesetzgebers ganz besondere Bedeutung zukommt, zeigt sich in der Gesetzesbegründung noch an anderer Stelle, nämlich bereits in der Einleitung zur Beschlussempfehlung des Rechtsausschusses,[125] wo es heißt:

> „Eine solche Bindung des Insolvenzgerichts darf nicht dazu führen, dass in Einzelfällen Verwalter bestellt werden, denen nicht die für ihr Amt unerlässliche Unabhängigkeit zukommt."

Praxishinweis

Ein strenger Prüfungsmaßstab des Gerichts dürfte deshalb dem an verschiedenen Stellen und eindringlich geäußerten Willen des Gesetzgebers entsprechen.

---

119) *Hölzle/Pink*, ZIP 2011, 360; ausführlich auch *Hölzle*, NZI 2011, 124, 130 ff.

120) A. A. offenbar *Hofmann*, NZI 2010, 798, 802 f.

121) *Hölzle*, KTS 2011, 291, 310 ff. m. w. N.

122) Ausführlich *Hölzle*, NZI 2010, 207 ff.; *Hölzle*, NZI 2011, 124, 130.

123) Beschlussempfehlung und Bericht d. RA z. RegE ESUG, BT-Drucks. 17/7511, S. 37.

124) *Buchalik*, ZInsO 2012, 349, 351; *Frind*, ZInsO 2012, 540.

125) Beschlussempfehlung und Bericht d. RA z. RegE ESUG, BT-Drucks. 17/7511, S. 4.

Im Übrigen gelten auch für den „mitgebrachten Sachwalter“ die **Auswahl- und Bestellungskriterien** wie für jeden anderen Sach- und Insolvenzverwalter auch. 145

Dass § 270d Abs. 2 InsO ein **Recht des Gerichts zur Ablehnung** des vom Schuldner vorgeschlagenen vorläufigen Sachwalters nur für den Fall der offensichtlichen Ungeeignetheit der Person begründet, bedeutet nicht, dass die übrigen Kriterien des § 56 Abs. 1 InsO außer Kraft gesetzt wären. Insbesondere muss der Vorgeschlagene (selbstverständlich) zur Übernahme des Amts bereit sein – und dies regelmäßig dem Gericht bereits abstrakt oder konkret angezeigt haben – und neben der vorzunehmenden Eignungsprüfung auch, vom Gericht uneingeschränkt überprüfbar, geschäftskundig und persönlich geeignet sein. Insoweit gelten für die Auswahl und Bestellung i. R. des § 270d Abs. 2 InsO keine Besonderheiten. 146

Bleibt die Frage zu klären, wann das Gericht von der **offensichtlichen Ungeeignetheit** eines vom Schuldner vorgeschlagenen vorläufigen Sachwalters ausgehen darf. Trotz Kritik aus der Fachöffentlichkeit[126] hat der Gesetzgeber davon abgesehen, die mögliche Auswahl auf gerichtsbekannte, insbesondere auf bei dem zuständigen Insolvenzgericht bereits gelistete Verwalter zu beschränken, was dem englischen Modell der vom den Schuldner autonom vorzunehmenden Auswahl des *Administrators* aus den zum (anerkannten) Beruf durch Prüfung Zugelassenen nahe gekommen wäre.[127] Dem ist, unterstellt man ein bewusstes Handeln des Gesetzgebers, wohl der gesetzgeberische Wille zu entnehmen, dass ein Kandidat nicht schon deshalb als ungeeignet gilt, weil er dem Gericht bzw. dem erkennenden Richter nicht (persönlich) bekannt ist. 147

Demgegenüber impliziert das Recht zur Ablehnung eines offensichtlich ungeeigneten Kandidaten aber nicht nur die Berechtigung des Richters zur Nachfrage, um sich jedenfalls ein Bild von der Eignung des Vorgeschlagenen zu machen, sondern gerade auch die **Pflicht** dazu. Das stellt das Gericht aber erneut vor das Problem, in der kurzen zur Verfügung stehenden Zeit des Insolvenzeröffnungsverfahrens ggf. Nachforschungen anstellen zu müssen, was dem Verfahrensziel abermals abträglich sein dürfte. Will man auch hier ähnlich der Argumentation zu § 22a Abs. 3 InsO davon ausgehen, dass die mangels hinreichender Information **fehlende Überprüfungsmöglichkeit** des Gerichts tendenziell zu einer ablehnenden Entscheidung führen muss, weil insoweit wegen des Charakters der Vorschrift des § 270d Abs. 2 InsO, überwiegend dem Schuldnerinteresse zu dienen, von der Geltung des der Amtsermittlung vorgehenden Beibringungsgrundsatzes auszugehen ist, so würde jedenfalls ausgeschlossen, dass der Schuldner sich auf eine Person bezieht, der es an dem nötigen Erfahrungshorizont und der erforderlichen Fachkenntnis vollständig fehlt. So kann die Ablehnung eines vom Schuldner vorgeschlagenen Kandidaten z. B. dann erfolgen, wenn dieser bei dem betreffenden Insolvenzgericht in der Vergangenheit tätig war, allerdings von der Liste der Insolvenzverwalter bei dem Gericht auf Veranlassung des Gerichts gestrichen worden ist.[128] Ob sich das **Delisting** bei einem Gericht auch für andere Gerichte als berücksichtigungsfähig darstellt, hängt von den Gründen für das Delisting ab, soweit diese bekannt sind. Prima facie jedenfalls ist von einer Erstreckung des Delisting bei einem Gericht auch auf andere Gerichte nicht auszugehen, weil das Delisting z. B. auf rein regionale Gründe (keine ortsnahe Präsenz etc.) zurückgehen kann. 148

Der Schuldner würde durch ein solches Verständnis des § 270d Abs. 2 InsO auch nicht über Gebühr belastet, da es für ihn ein Leichtes ist, die Eignung des vorgeschlagenen Kandidaten, auch wenn dieser dem Gericht unbekannt ist, in geeigneter Weise gemeinsam mit 149

126) *Hölzle*, NZI 2011, 124, 130 f. m. w. N.; *Hölzle/Pink*, ZIP 2011, 360.

127) *Hölzle*, KTS 2011, 291, 305 ff.

128) AG Hamburg, Beschl. v. 2.7.2013 – 67e IN 108/13, ZIP 2013, 1684 = ZInsO 2013, 1533.

seinem Antrag oder, besser und in der Praxis geläufiger, i. R. eines rechtzeitigen Vorgesprächs mit dem Gericht, darzulegen. Dies kann z. B. durch eine Referenzliste bisheriger Erfahrungen, den ergänzenden Nachweis theoretischer Kenntnisse oder in sonst vergleichbarer Weise geschehen. Alternativ sollte dem Schuldner das Recht eingeräumt werden, wie an einigen Insolvenzgerichten üblich, **nicht nur einen Kandidaten**, sondern ggf. bis zu drei mögliche Kandidaten, auch in einer vorgegebenen Reihenfolge zu benennen, so dass er sich nicht dem Risiko aussetzt, hält das Gericht den Wunschkandidaten für ungeeignet oder lehnt es ihn aus anderen Gründen ab, die Auswahl vollends dem vorläufigen Gläubigerausschuss oder dem Insolvenzgericht in freiem Ermessen überlassen zu müssen. Es würde dann, bestehen in der Person des ersten benannten Kandidaten Bestellungshindernisse, der zweite Kandidat zu bestellen sein. Die „Wunschliste" des Schuldners darf dabei natürlich keine unendliche sein, sondern sollte auf das Recht, maximal drei Kandidaten in vorgegebener Reihenfolge zu benennen, begrenzt sein. Für jeden Kandidaten gelten sodann die vorstehend wiedergegebenen Grundsätze.

150 Soweit das Gericht keinen Anlass hat, an den derart dargelegten Erfahrungs- und Kenntnisnachweisen zu zweifeln, hat das Gericht den Vorgeschlagenen, das Vorliegen der übrigen Kriterien vorausgesetzt, auch tatsächlich einzusetzen. Es bliebe aber vermieden, dass dem zuständigen Insolvenzrichter, der insoweit außerhalb des Spruchrichterprivilegs handelt, zugemutet würde, eine ihm vollends unbekannte Person, ohne dass ihm irgendwelche Informationen zu dieser zur Verfügung gestellt werden, implizit als geeignet behandeln bzw. dessen Eignung unterstellen muss, wo sonst herausgehobene Anforderungen an die Eignung und die personelle wie sachliche Ausstattung des Insolvenzverwalters und seines Büros gestellt werden. Dies würde weder der Bedeutung des Amts des vorläufigen Sachwalters und der damit verbundenen Verantwortung, noch den Anforderungen an die vom Insolvenzgericht nach §§ 270b Abs. 1, 274 Abs. 1, 58 InsO zu führende Aufsicht gerecht.

151 Nur unter Zugrundelegung dieser hier vertretenen Auffassung, wonach bei dem Vorschlag eines beim zuständigen Insolvenzgericht nicht gelisteten oder sonst dem Richter bekannten Insolvenzverwalters dem Antrag ein Eignungsnachweis in Bezug auf den Vorgeschlagenen beigefügt werden muss, soll der vorgeschlagene Kandidat nicht übergangen werden, bleiben inkonsistente Lösungen und daraus folgende Wertungswidersprüche vermieden und wird auch dem nötigen Gläubigervertrauen Rechnung getragen.

152 **Übergeht das Insolvenzgericht den Vorschlag** des Schuldners, hat es dies gemäß § 270d Abs. 2 Satz 3 Halbs. 2 InsO gesondert zu begründen. Die Entscheidung ist nicht beschwerdefähig.[129)]

e) Berichtspflichten und Bestellung eines Sachverständigen

153 Nach §§ 270b Abs. 1, 274 Abs. 1, 58 Abs. 1 Satz 2 InsO führt das Insolvenzgericht über den (vorläufigen) Sachwalter Aufsicht in derselben Weise, wie über einen Insolvenzverwalter. Wie im regulären Insolvenzeröffnungsverfahren hat und kann das Insolvenzgericht dem vorläufigen Sachwalter daher Berichtspflichten auferlegen und ihm aufgeben, **in regelmäßigen Abständen** von üblicherweise vier Wochen zum Stand des Verfahrens zu berichten, und muss nicht allein wegen der formal zu setzenden Frist zur Vorlage des Insolvenzplans auf eine Zwischenberichterstattung verzichten. Außerdem kann das Insolvenzgericht selbstverständlich auch den vorläufigen Sachwalter im Schutzschirmverfahren entsprechend § 270c Abs. 1 InsO mit den besonderen (redundanten) Berichtspflichten beauftragen. Aber auch wenn das nicht geschieht kann und wird das Insolvenzgericht von dem vorläufigen Sachwalter nach §§ 270d Abs. 2, 270b, 270c InsO regelmäßige Sachstands-

129) AG Hamburg, Beschl. v. 2.7.2013 – 67e IN 108/13, ZIP 2013, 1684 = ZInsO 2013, 1533.

berichte verlangen, was sich bereits unmittelbar aus § 58 Abs. 1 Satz 2 InsO ergibt, der über §§ 270b Abs. 1, 274 Abs. 1 InsO in Verweis genommen und deshalb ohne weiteres anwendbar ist.

Darüber hinaus ist der vorläufige Sachwalter aus §§ 270b Abs. 1, 274 Abs. 3 InsO verpflichtet, auch außerhalb des Berichtsturnus außerordentlich und ungefragt über sämtliche Erkenntnisse und Umstände zu berichten, die (abstrakt) geeignet sind, das Entstehen von Nachteilen für die Gläubiger aus der Fortsetzung der Eigenverwaltung zu besorgen. 154

Problematischer ist demgegenüber die Frage, ob das Insolvenzgericht, was in der Sache durchaus zur Erreichung der Verfahrensziele und zur Stärkung des Vertrauens aller Beteiligten förderlich sein kann, berechtigt ist, neben dem vorläufigen Sachwalter auch einen **Sachverständigen** nach § 5 Abs. 1 Satz 2 InsO zu bestellen, um die übrigen Verfahrens- und Eröffnungsvoraussetzungen festzustellen. 155

Die Gesetzesbegründung scheint auf den ersten Blick davon auszugehen, dass dies unzulässig ist. So heißt es in den Erläuterungen zu § 270b Abs. 2 InsO a. F.:[130] 156

> „Für die Dauer der gerichtlich bestimmten Frist kann weder ein vorläufiger Insolvenzverwalter bestellt werden, noch kann dem Schuldner ein allgemeines Verfügungsverbot auferlegt oder können seine Verfügungen unter Zustimmungsvorbehalt gestellt werden. Aber auch in der Phase bis zur Entscheidung des Gerichts über den Antrag nach § 270b InsO ist das Gericht durch Absatz 2 Satz 3 gehindert, einen Sachverständigen oder vorläufigen Insolvenzverwalter zu bestellen."

Dieser Passage der Gesetzesbegründung kann jedoch tatsächlich nicht das – über den ausdrücklichen Wortlaut hinausgehende – Verständnis beigemessen werden, dass während des gesamten Eröffnungsverfahrens unter dem Schutzschirm des § 270d InsO die – ergänzende – Bestellung eines Sachverständigen unzulässig ist. 157

Zunächst verhält sich weder das Gesetz noch die Gesetzesbegründung i. R. der Regelungen zum Schutzschirmverfahren zu dessen Verhältnis zu den allgemeinen Eröffnungsvoraussetzungen. Auch das Schutzschirmeröffnungsverfahrens nach § 270d InsO ist im Kern ein Insolvenzeröffnungsverfahren infolge eines Insolvenzantrags nach § 11 InsO in dessen Verlauf als Voraussetzung für einen Eröffnungsbeschluss (§ 27 InsO) das Vorliegen eines Eröffnungsgrunds nach § 16 InsO und der Nachweis der Massekostendeckung nach § 26 InsO erforderlich sind. Dies kommt auch darin zum Ausdruck, dass das Gericht nach § 270d Abs. 4 Satz 2 InsO nach Aufhebung der Anordnung oder nach Ablauf der gesetzten Frist über „die Eröffnung des Insolvenzverfahrens" entscheidet. Darin liegt ein Verweis auf die allgemeinen Vorschriften. 158

Das Insolvenzgericht trifft im Eröffnungsverfahren grundsätzlich eine **Ermittlungspflicht.** Es steht ihm dabei ein gewisser Beurteilungsspielraum[131] bzw. ein Ermessen[132] zu, welche Umstände es bei der Ermittlung für erheblich halten darf. Die Ermittlung der Eröffnungsvoraussetzungen (Insolvenzgrund; Massekostendeckung) gehört aber jedenfalls dazu, weshalb insoweit kein berechtigter Zweifel an der Befugnis zur Bestellung eines Sachverständigen neben dem vorläufigen Sachwalter bestehen kann. Wie im regulären Eröffnungsverfahren auch kann das Gericht nämlich nicht darauf verwiesen werden, den Angaben des Antragstellers „blind" vertrauen zu müssen. Zwar mögen die Regelvoraussetzungen, insbesondere die Verfahrenskostendeckung (§ 26 Abs. 1 InsO) bei einem Unternehmen, dessen Sanierung als nicht offensichtlich aussichtslos bescheinigt ist, regelmäßig vorlie- 159

130) Begr. RegE ESUG, BT-Drucks. 17/5712, S. 40 f.

131) *Bruns* in: MünchKomm-InsO, § 5 Rz. 20.

132) Jaeger-*Gerhardt*, InsO, § 5 Rz. 2.

gen, jedoch kann dies bei der Feststellung der Insolvenzgründe schon problematischer werden. Das Insolvenzgericht ist daher gehalten, für Zwecke seines Eröffnungsbeschlusses ausdrücklich und in originärer Zuständigkeit festzustellen, ob im Zeitpunkt der Eröffnungsentscheidung und damit zu einem von der Bescheinigung nach § 270d Abs. 1 Satz 2 InsO nicht mehr erfassten Zeitraum, tatsächlich Insolvenzeröffnungsgründe und falls ja, welche vorliegen.

160 Nicht erstreckt werden darf der **Sachverständigenauftrag** aber auf die Überprüfung des Pflichtinhalts der Bescheinigung und auf den Fortbestand der Sanierungsaussichten oder auf die Frage, ob aus der Eigenverwaltung ggf. Nachteile für die Gläubiger drohen. Insbesondere die letztgenannten Umstände unterliegen nämlich der Mitteilungspflicht durch den vorläufigen Sachwalter nach §§ 270b Abs. 1, 274 Abs. 2, 3 InsO und ggf. einem gesonderten Prüfungs- und Berichtsauftrag nach § 270c Abs. 1 InsO und damit der Aufsicht des Insolvenzgerichts nach § 58 InsO. Die Vorschriften zur Aufsicht über den Verwalter sind jedoch ***leges speciales*** zur allgemeinen Amtsermittlungspflicht, was eine vorgreifliche Sachverständigenbestellung verbietet.

161 Durch die parallele Einschaltung des Sachverständigen nach § 5 InsO entsteht, wenn dieser mit dem vorläufigen Sachwalter personenverschieden ist, eine Art „Doppelspitze" gemeinsam mit dem vorläufigen Sachwalter, was ein Beitrag zur Objektivierung des Verfahrens und zur Vermeidung von gläubigerseitigem Misstrauen in diese Verfahrensart unter dem Gesichtspunkt der „Bock-Gärtner-Theorie" sein kann, weil die Transparenz der Arbeit des „mitgebrachten" vorläufigen Sachwalters erhöht wird. Allerdings entspricht es der Praxis zahlreicher Insolvenzgerichte, den vorläufigen Sachwalter zugleich zum Sachverständigen zu bestellen, was aus dem Blickwinkel der Verfahrenseffizienz richtig ist, solange und soweit keine Bedenken gegen die Unabhängigkeit und Geschäftskunde des mitgebrachten Sachwalters bestehen.

162 Reicht der Sachverständige sein Eröffnungsgutachten vor Ablauf der dem Schuldner gesetzten Frist zur Erstellung des Insolvenzplans ein, so ist das Gericht (noch) nicht berechtigt, das Insolvenzverfahren zu eröffnen, auch wenn das Vorliegen der allgemeinen Eröffnungsvoraussetzungen hierdurch festgestellt ist. Dies folgt aus einem Umkehrschluss aus § 270d Abs. 4 Satz 2 InsO, wonach das Insolvenzgericht **erst nach Ablauf der Frist** über die Eröffnung entscheidet. Die vorzeitige Eröffnungsentscheidung würde die dem Schuldner gesetzte Frist unzulässig abkürzen und von der vom Sachverständigen benötigten Zeit, die Eröffnungsvoraussetzungen festzustellen, abhängig gemacht, was im Gesetz keine Grundlage findet.

163 Stellt der vorläufige Sachwalter, gleich ob in dieser Funktion oder in der Funktion als Sachverständiger Umstände fest, die nahelegen, dass die für die Einleitung des Schutzschirmverfahrens erforderlichen Voraussetzungen, insbesondere das Fortbestehen aussichtsreicher Sanierungschancen nachträglich **weggefallen** sind – oder bereits **anfänglich nicht vorgelegen** haben – so ist das Insolvenzgericht hierauf **unverzüglich hinzuweisen**. Das Gericht wird dann zu entscheiden haben, ob die dargelegten Umstände die Aufhebung der vorläufigen Eigenverwaltung vor allem nach § 270e Abs. 1 Nr. 3 InsO – oder aus einem anderen Aufhebungsgrund – rechtfertigen. Hierin liegt eine Neuerung des **§ 270d InsO i. d. F. des SanInsFoG** gegenüber dem § 270b InsO a. F. i. d. F. des ESUG. Während es nämlich auch nach Inkrafttreten des ESUG keine ausdrückliche Möglichkeit der Aufhebung der vorläufigen Eigenverwaltung gab,[133)] ist diese mit § 270e InsO zwischenzeitlich – zu Recht – geschaffen worden.

133) Vgl. aber AG Bremen, Beschl. v. 21.12.2017 – 513 IN 16/17, ZInsO 2018, 193.

Die **isolierte Aufhebung** des **Schutzschirmverfahrens** unter Beibehaltung der vorläufigen Eigenverwaltung kommt demgegenüber, anders als § 270d Abs. 4 Satz 2 Alt. 1 InsO vermuten lassen könnte, **nicht in Betracht**, da nach Bestellung des vorläufigen Sachwalters ggf. auf Vorschlag des Schuldners das Schutzschirmverfahren keine besonderen verfahrensrechtlichen Regeln mehr bereithält. Bei der Formulierung handelt es sich lediglich um die wortgleiche Übernahme der Formulierung aus dem vormaligen § 270b Abs. 4 Satz 2 Alt. 1 InsO a. F. (i. d. F. des ESUG), die neben § 270e InsO keinen eigenständigen Anwendungsbereich mehr hat. Die Aufhebung der Anordnung nach Absatz 1 bestünde nämlich allein darin, die Fristsetzung zur Vorlage eines Insolvenzplans aufzuheben; dies allerdings würde nicht zum Nachteil des Schuldners, sondern allein der Gläubiger gereichen, weshalb mit dieser Maßnahme der Zweck einer Reaktion auf bzw. Sanktion wegen zwischenzeitlich weggefallener Voraussetzungen geradezu konterkariert würde. 164

f) Frist zur Vorlage des Insolvenzplans

Das Gesetz begrenzt lediglich den Maximalzeitraum, der dem Schuldner für die Vorlage des Insolvenzplans zu gewähren ist. Eine Verlängerung der Frist ist nicht möglich. Innerhalb dieser rechtlichen Grenzen ist dem Gericht **Ermessen** eingeräumt, welche Frist es dem Schuldner gewährt. Zu den für die Ermessensausübung maßgeblichen Determinanten schweigt die Gesetzesbegründung. Diese sind aus dem Sinn und Zweck des Verfahrens und den widerstreitenden Interessen der Verfahrensbeteiligten abzuleiten. 165

Dabei ist zunächst zu berücksichtigen, dass der Schuldner i. R. der Vorbereitung der Bescheinigung nach § 270d Abs. 1 InsO ebenso wie im Zusammenhang mit der Erarbeitung des Eigenverwaltungskonzept nach § 270a Abs. 1 Nr. 2 InsO bereits wesentliche Vorbereitungen auch für die Erstellung des Insolvenzplans hat leisten müssen. Bei der Bestimmung der Frist muss das Gericht daher nicht davon ausgehen, dass die wirtschaftlichen Grunddaten des Unternehmens und die grundsätzliche Sanierungsstrategie aus erst noch festzustellenden Krisenursachen noch entwickelt werden müssen, sondern darf unterstellen, dass die Basis vollständig gelegt ist. Demgegenüber wäre es für die Sanierungschancen abträglich, wenn der Schuldner unnötig unter zusätzlichen zeitlichen Druck gesetzt würde, ohne dass damit eine Reduzierung des Gefährdungspotentials für die Gläubiger effektiv verbunden ist. 166

Wesentlicher Bestimmungsfaktor ist daher das für die Gläubiger **mit der Dauer des Eröffnungsverfahrens verbundene Risiko.** Dieses bildet sich im Wesentlichen auch in der vorzulegenden Liquiditätsplanung ab. Je komfortabler die Liquiditätssituation des schuldnerischen Unternehmens noch ist bzw. sich entwickelt, desto großzügiger kann das Gericht bei der Bestimmung der Frist sein. 167

Da regelmäßig die Deckung der Verfahrens- und der operativen Kosten für die Dauer von sechs Monaten gewährleistet sein muss (§ 270a Abs. 1 Nr. 1 InsO), ist in der Regel davon auszugehen, dass die dreimonatige Frist zur Vorlage des Insolvenzplans auch gewährt werden kann. Hiervon sollte nur im Ausnahmefall nach unten abgewichen werden, wenn und soweit nämlich aus besonderen Umständen zu schlussfolgern ist, dass die vorzeitige Vorlage des Insolvenzplans für das Erreichen des Eigenverwaltungsziels geboten oder erforderlich erscheint. 168

g) Veröffentlichung des Beschlusses

Für kontroverse Diskussionen hat die Frage gesorgt, ob der Beschluss über die Anordnung der vorläufigen Sachwaltung nach § 23 Abs. 1 InsO öffentlich bekannt zu machen ist.[134)] 169

134) Vgl. K. Schmidt-*Hölzle*, InsO, § 23 Rz. 4.

170 Nach § 23 Abs. 1 ist die Anordnung von Verfügungsbeschränkungen gemäß § 21 Abs. 2 Nr. 2 InsO und ist die Bestellung eines vorläufigen Insolvenzverwalters öffentlich bekannt zu machen. Die Bestellung eines vorläufigen Sachwalters ist keine Sicherungsmaßnahme in diesem Sinne. Ähnlich wie isolierte Verfügungsbeschränkungen nicht bekannt zu machen sind,[135] **fehlt es** damit auch für die Veröffentlichung der Anordnung einer vorläufigen Eigenverwaltung **an einer Rechtsgrundlage**. Die Anordnung ist daher weder veröffentlichungspflichtig noch veröffentlichungsfähig.[136] Auch für die Auffassung des AG Göttingen,[137] die öffentliche Bekanntmachung stehe im Ermessen des Gerichts, fehlt es daher an einer Rechtsgrundlage.

2. Unzulässiger Antrag

171 Ist der Schutzschirmantrag unzulässig, z. B., weil keine den formellen und materiellen Anforderungen genügende Bescheinigung nach § 270d Abs. 1 Satz 1 InsO beigefügt und auch nicht innerhalb kurz bemessener Frist Abhilfe geschaffen worden ist, ist der Schutzschirmantrag zurückzuweisen.[138]

172 Da der Antrag nach § 270d Abs. 1 InsO jedoch von dem Antrag auf Eröffnung des Insolvenzverfahrens und von dem Antrag auf Anordnung der Eigenverwaltung unabhängig ist, hat das Gericht auch bei Unzulässigkeit des Schutzschirmantrags selbst über die **beiden übrigen Anträge** noch zu entscheiden. Liegen die Voraussetzungen insbesondere des § 270b Abs. 1 InsO vor, so ist dennoch lediglich ein vorläufiger Sachwalter zu bestellen und kein vorläufiges Insolvenzeröffnungsverfahren in Fremdverwaltung einzuleiten. Ein **Hinweis** entsprechend § 270c Abs. 5 InsO, dass das Gericht den Schutzschirmantrag zurückzuweisen beabsichtigt, um dem Schuldner Gelegenheit zu geben, den Insolvenzantrag zurückzunehmen, ist nicht zu erteilen. Dazu fehlt es an einer entsprechenden Regelung. Ein solcher Hinweis ist erst dann geschuldet, wenn das Gericht auch den Antrag auf Eröffnung des Insolvenzverfahrens in Eigenverwaltung für unzulässig oder unbegründet hält und auch diesen zurückzuweisen beabsichtigt.

173 Die **analoge Anwendung des § 270c Abs. 5 InsO** insbesondere auf Fälle, in denen der Schutzschirmantrag mangels hinreichender Bescheinigung nach § 270d Abs. 1 Satz 1 InsO unzulässig ist, **kommt** mangels Planwidrigkeit einer etwaigen Regelungslücke und mangels vergleichbarer Interessenslage **nicht in Betracht**. § 270c Abs. 5 InsO dient dazu, dem Schuldner den Weg in das Insolvenzverfahren dadurch zu eröffnen, dass an Stelle der Bestellung eines Insolvenzverwalters die vorläufige Eigenverwaltung angeordnet wird und der Schuldner damit „Herr im eigenen Haus" bleibt. Das Schutzschirmverfahren geht darüber insoweit hinaus, als dass zugleich eine Frist zur Vorlage eines Insolvenzplans gesetzt wird und der Schuldner die Person des Sachwalters grundsätzlich mit Bindungswirkung für das Gericht vorschlagen kann. Da jedoch auch im regulären vorläufigen Eigenverwaltungsverfahren die vorbereitende Erstellung eines Insolvenzplans möglich bleibt, der ebenfalls mit Eröffnung des Insolvenzverfahrens eingereicht werden kann und der Schuldner überdies nicht gehindert ist, einen Sachwalter-Kandidaten vorzuschlagen, sind die Beschränkungen, die aus der Zurückweisung (nur) des Schutzschirmantrags folgen, nicht so einschneidend, dass besondere Hinweispflichten des Gerichts festzuschreiben wären. Einen besonderen Vertrauensschutz in die Einleitung des Insolvenzeröffnungsverfahrens als Schutzschirmverfahren gibt es nicht.

---

135) AG Düsseldorf, Beschl. v. 8.2.2011 – 503 IN 20/11, ZIP 2011, 443, dazu EWiR 2011, 295 *(Vallender)*.
136) K. Schmidt-*Hölzle*, InsO, § 23 Rz. 4; a. A. *Buchalik*, ZInsO 2012, 349; *Desch*, BB 2011, 841.
137) AG Göttingen, Beschl. v. 12.11.2012 – 74 IN 160/12, ZIP 2012, 2360 = NZI 2012, 1008.
138) AG Erfurt, Beschl. v. 13.4.2012 – 172 IN 190/12, ZInsO 2012, 944.

Ist der Schutzschirmantrag zurückgewiesen, trifft das Gericht seine Entscheidungen im regulären Insolvenzeröffnungsverfahren mit Antrag auf Eigenverwaltung, also nach §§ 5 Abs. 1, 21, 270f, 270a, 270b InsO. 174

VIII. Beendigung des Schutzschirmverfahrens

Das Schutzschirmverfahren endet durch Eröffnung des Insolvenzverfahrens durch Beschluss nach § 26 InsO oder durch Aufhebung nach bzw. entsprechend § 270e InsO. 175

1. Beendigung durch Eröffnungsbeschluss

Reicht der Insolvenzschuldner den Insolvenzplan innerhalb der vom Gericht bestimmten Frist ein, so eröffnet das Insolvenzgericht – entsprechende Feststellungen zu den allgemeinen Eröffnungsvoraussetzungen des ggf. parallel eingesetzten Sachverständigen vorausgesetzt – das Insolvenzverfahren durch Beschluss und bestimmt mit dem Termin zur Gläubigerversammlung sogleich einen Erörterungs- und Abstimmungstermin nach § 235 InsO. Dies beschreibt den Regelfall. Gleichzeitig ordnet das Insolvenzgericht gemäß § 270f InsO die Eigenverwaltung an und bestellt in der Regel den vorläufigen zum endgültigen Sachwalter. Die Personenidentität ergibt sich zwar nicht aus dem Gesetz, entspricht aber bei ordnungsmäßigem Verlauf des Eröffnungsverfahrens in aller Regel einer verfahrens- und kostenrationalen Ausübung des gerichtlichen Ermessens bei der Auswahl und Bestellung des Sachwalters. 176

Eine **Anhörung des vorläufigen Gläubigerausschusses** nach § 56a InsO zu der Person des Sachwalters oder den an sie zu stellenden Anforderungen muss nicht erfolgen. Zwar sieht das Gesetz in § 270d Abs. 2 InsO nur vor, dass der Schuldner mit seinem Antrag einen Vorschlag zur Person des vorläufigen Sachwalters machen kann, von dem das Gericht nicht abweichen darf; jedoch erstreckt sich der Vorrang des § 270d Abs. 2 InsO als speziellere Norm vor dem Recht des vorläufigen Gläubigerausschusses aus § 56a InsO auch auf die Bestellung des Sachwalters bei Eröffnung des Verfahrens. Dies ergibt sich aus zweierlei: Zum einen ist der vorläufige Gläubigerausschuss vor der Eröffnung des Verfahrens nicht anzuhören, wenn er bereits im Eröffnungsverfahren angehört worden ist. Entfällt die Anhörungspflicht im Eröffnungsverfahren, weil § 56a InsO als allgemeine von einer spezielleren Vorschrift überlagert wird, so kann die Anhörungspflicht nicht wiederaufleben, weil damit das Spezialitätsverhältnis unterlaufen würde. Zum anderen ergibt sich aus dem Sinn und Zweck des § 270d Abs. 2 InsO und dem allgemeinen Gebot der Verfahrenseffizienz, dass der einmal bestellte vorläufige Sachwalter, der regelmäßig insbesondere auch in die Erstellung des Insolvenzplans eingebunden worden ist, auch zum endgültigen Sachwalter bestellt worden ist. Das setzt allerdings voraus, dass die Person auch im Zeitpunkt der Eröffnungsentscheidung aus dem Kenntnis- und Erkenntnishorizont des Gerichts nach wie vor nicht offensichtlich ungeeignet ist.[139] 177

2. Beendigung vor Verfahrenseröffnung

§ 270d Abs. 4 Satz 2 InsO erhält die wörtliche Übernahme des § 270b Abs. 4 Satz 2 InsO a. F. (i. d. F. des ESUG). Danach entscheidet das Insolvenzgericht über die Eröffnung des Insolvenzverfahrens nach Aufhebung der Anordnung nach Absatz 1 oder nach Ablauf der gesetzten Frist zur Vorlage des Insolvenzplans. 178

Dies scheint zunächst nahezulegen, dass bei Wegfall der Voraussetzungen für die Einleitung eines Schutzschirmverfahrens auch die Schutzschirmanordnung isoliert aufgehoben 179

139) Vgl. AG Stendal, Beschl. v. 31.8.2012 – 7 IN 164/12, ZIP 2012, 1875, dazu EWiR 2012, 705 *(Schulte-Kaubrügger)*.

werden könnte. Das allerdings ist gerade nicht möglich. Die Formulierung der Norm stammt noch aus der Zeit des ESUG, das keine explizite Möglichkeit der Aufhebung einer vorläufigen Eigenverwaltung vorsah, sondern eine Entscheidung über die Fortsetzung des Verfahrens in Eigenverwaltung grundsätzlich erst mit Eröffnung des Insolvenzverfahrens ermöglichte.[140] Mit dem Inkrafttreten des **SanInsFoG** wurden die Unterschiede zwischen der isolierten Eigenverwaltung und dem Schutzschirmverfahren aber nivelliert. Die Besonderheit des Schutzschirmverfahrens liegt nunmehr ausschließlich darin, dass eine Frist zur Vorlage des Insolvenzplans gesetzt wird, was mehr einen vertrauensbildenden, kommunikativen Effekt als eine materiell-rechtliche Wirkung hat, weil der Insolvenzplan auch im isolierten Eigenverwaltungsverfahren mit der Eröffnung des Verfahrens vorgelegt werden kann, sowie darin, dass der Schuldner den für das Gericht bindenden und das **Vorschlagsrecht** des vorläufigen Gläubigerausschusses zurückdrängenden Vorschlag zur Person des „mitgebrachten Sachwalters" unterbreiten kann. Im Übrigen richtet sich das Schutzschirmverfahren aber vollständig an den §§ 270a bis 270c InsO aus, woraus folgt, dass auch die **Aufhebungsgründe** des § 270e InsO im Schutzschirmverfahren uneingeschränkt anwendbar sind.

180 Für die isolierte Aufhebung nur der Fristsetzung zur Vorlage des Insolvenzplans, was nach dem Wortlautverständnis des § 270d Abs. 4 Satz 2 Alt. 1 InsO einziger Gegenstand einer Maßnahme zur Aufhebung der Anordnung nach Absatz 1 sein könnte, ist aber kein Raum. Diese würde nämlich keine Sanktion für den Schuldner darstellen, sondern lediglich die berechtigten **Interessen der Gläubiger** an einer stringenten, zielorientierten und beschleunigten Verfahrensführung **beeinträchtigen**, weil der Schuldner dann nicht mehr der Frist zur Vorlage des Plans unterlegen wäre. Durch die Aufhebung der Fristsetzung würde der Zweck der Maßnahme daher geradezu konterkariert. § 270d Abs. 4 Satz 2 Alt. 1 InsO ist daher unter Berücksichtigung der Gesetzeshistorie als Verweis auf die Aufhebungsgründe nach § 270e InsO zu lesen. Liegen die Voraussetzungen für die Aufhebung der Eigenverwaltung vor, ist auch das Schutzschirmverfahren als besondere Form der vorläufigen Eigenverwaltung aufzuheben.

181 Noch nichts gesagt ist damit aber für den Fall des § 270d Abs. 4 Satz 2 Alt. 2 InsO, dass die **Frist abläuft**, ohne dass der Schuldner den Insolvenzplan vorgelegt hat. Liegen zu diesem Zeitpunkt die allgemeinen Eröffnungsvoraussetzungen der §§ 26, 27 InsO vor – insbesondere, weil der Sachverständige sein Eröffnungsgutachten bereits eingereicht hat – so hat das Gericht über die Eröffnung des Insolvenzverfahrens und über die Anordnung der Eigenverwaltung nach § 270f InsO zu entscheiden. Dabei hat besondere Berücksichtigung zu finden, ob das Versäumnis der Frist zur Vorlage des Insolvenzplans einen Grund i. S. des § 270b InsO, ein Eröffnungsverfahren nicht in vorläufiger Eigenverwaltung zu führen oder eine solche nach § 270e InsO wieder aufzuheben, darstellt. In diesem Fall ist das Verfahren als fremdverwaltetes Insolvenzverfahren zu eröffnen. Die Vorlage eines Insolvenzplans steht dem Schuldner auch in diesem Verfahren weiterhin frei. Ist das Fristversäumnis hinlänglich entschuldigt, begründet es insbesondere keinen Verstoß gegen insolvenzrechtliche Pflichten und ist das formulierte Eigenverwaltungsziel, insbesondere die angestrebte Sanierung nach wie vor erreichbar, so ist das Verfahren als Eigenverwaltungsverfahren nach § 270 InsO zu eröffnen. Das Fristversäumnis allein ist in Ansehung möglicher Versagungsgründe nicht tatbestandlich i. S. des § 270f InsO i. V. mit §§ 270b, 270e InsO.

182 Liegen die allgemeinen Eröffnungsvoraussetzungen für das Insolvenzverfahren zum Zeitpunkt des Ablaufs der Frist zur Vorlage des Insolvenzplans noch nicht vor, so hat das In-

140) Vgl. aber AG Bremen, Beschl. v. 21.12.2017 – 513 IN 16/17, ZInsO 2018, 193.

solvenzgericht zu entscheiden, wie das vorläufige Insolvenzverfahren fortzusetzen ist. Eine Eröffnungsentscheidung kommt zu diesem Zeitpunkt jedenfalls noch nicht in Betracht. Die mögliche Entscheidung besteht daher allein darin, das Verfahren als **isoliertes Eigenverwaltungsverfahren** fortzusetzen, was keinerlei Beschluss erfordert, oder die **vorläufige Eigenverwaltung** nach § 270e InsO **aufzuheben** und einen vorläufigen Insolvenzverwalter zu bestellen.

Letzteres kommt insbesondere nach § 270a Abs. 1 Nr. 3 InsO in Betracht, weil das Ver- **183**
säumnis der Frist zur Vorlage des Insolvenzplans indiziert, dass die Eigenverwaltung, insbesondere die angestrebte Sanierung aussichtslos geworden ist. Das Gericht darf dies bei Fristversäumnis im Regelfall unterstellen. Es ist zu weiteren Amtsermittlungen i. S. des § 5 InsO nicht verpflichtet und darf der Entscheidung allein das präsente, aktenkundige Wissen zugrunde legen. Dem Schuldner steht es demgemäß jedoch frei, rechtzeitig vor Ablauf der Frist, wenn auch nicht den Insolvenzplan vorzulegen, so jedenfalls aber die Gründe darzulegen, weshalb das Eigenverwaltungsziel und die Sanierung des Unternehmens nach wie vor aussichtsreich und erreichbar sind. Hält das Insolvenzgericht diese Gründe unter sachgerechter Ermessensausübung für plausibel, so fehlt es auch bei Fristversäumnis an einem Aufhebungsgrund für die vorläufige Eigenverwaltung und das Verfahren ist als isoliertes vorläufiges Eigenverwaltungsverfahren fortzusetzen. Die Darlegungs- und Glaubhaftmachungslast liegt allerdings allein beim Schuldner.

Kapitel 16
Restschuldbefreiung

Übersicht

Literatur: *Grote*, Reform der Verbraucherinsolvenz- und Restschuldbefreiungsverfahren – Teil 9: Vorzeitige Restschuldbefreiung nach 3 oder 5 Jahren?, InsBürO 2014, 47; *Grote/Pape*, Das Ende der Diskussion? Die wichtigsten Neuregelungen zur Restschuldbefreiung, ZInsO 2013, 1433; *Pape*, Fortfall der Zweistufigkeit bei den RSB-Versagungsgründen, § 297a InsO n. F., ZVI 2014, 234; *Pape*, Vorzeitige Erteilung der Restschuldbefreiung bei fehlenden Forderungsanmeldungen, NZI 2004, 1.

A. Überblick

1 Mit der InsO wurde die Restschuldbefreiung zur Entschuldung einer natürlichen Person in das deutsche Rechtssystem eingeführt. Die InsO löste die Konkursordnung ab. Mit dieser war es einer natürlichen Person auch schon möglich, ein Gesamtvollstreckungsverfahren zu durchlaufen. Es wurden aber lediglich eine zeitweise, gleichmäßige Befriedigung der beteiligten Gläubiger und ein zeitweiliger Vollstreckungsschutz des Schuldners vor den Einzelvollstreckungsmaßnahmen erreicht. Die ver- bzw. überschuldete Vermögenssituation des Schuldners blieb allerdings nach Abschluss des Konkursverfahrens erhalten. Durch die InsO gibt es nun die Möglichkeit zur Erlangung der Restschuldbefreiung für einen wirtschaftlichen Neubeginn für natürliche Personen nach vorangegangener Ver- bzw. Überschuldung.

B. Das Verfahren zur Restschuldbefreiung

I. Anwendungsbereich

Die Erteilung der Restschuldbefreiung ist **nur für natürliche Personen** (§ 286 InsO) im Verbraucherinsolvenzverfahren gemäß § 304 InsO und *(für natürliche Personen)* im Regelinsolvenzverfahren möglich. Die Restschuldbefreiung erstreckt sich auf die Verbindlichkeiten der Insolvenzgläubiger (§ 38 InsO), die in einem vorhergehenden Insolvenzverfahren nicht beglichen werden konnten. Dies gilt auch für Verbindlichkeiten von Insolvenzgläubigern, die nicht am Verfahren teilnehmen. Andere im Verfahren entstehende Verbindlichkeiten, also **Masseverbindlichkeiten** oder Verbindlichkeiten, die nach Eröffnung des Verfahrens gegen den Schuldner entstehen (Neuschulden), werden von der Restschuldbefreiung nicht erfasst. 2

II. Voraussetzungen

1. Antrag

Das Restschuldbefreiungsverfahren setzt einen Antrag des Schuldners auf Erteilung der Restschuldbefreiung voraus. Der Antrag ist schriftlich zu stellen. Die entsprechenden Antragsformulare können im Internet unter www.justiz.de/formulare/index.php heruntergeladen werden. Auch halten Insolvenzgerichte für diesen Zweck besondere Vordrucke bereit. Der Antrag des Schuldners auf Erteilung der Restschuldbefreiung soll mit dem Antrag auf Eröffnung des Insolvenzverfahrens verbunden werden (§ 287 Abs. 1 InsO). Der Schuldner hat dem Antrag eine Erklärung beizubringen, ob ein Fall des § 287a Abs. 2 Satz 1 Nr. 1 oder 2 InsO vorliegt (§ 278 Abs. 1 Satz 3 InsO) und die Richtigkeit und Vollständigkeit der Erklärung nach Satz 3 zu versichern. Dem Antrag auf Erteilung der Restschuldbefreiung ist zudem die Erklärung beizufügen, dass der Schuldner seine pfändbaren Forderungen auf Bezüge aus einem Dienstverhältnis oder an deren Stelle tretende laufende Bezüge für die Zeit von **drei Jahren** nach Eröffnung des Insolvenzverfahrens (**Abtretungsfrist**) an den von dem Gericht zu bestimmenden Insolvenzverwalter/Treuhänder abtritt (Abtretungserklärung, § 287 Abs. 2 InsO, Geltungszeitraum ab dem 1.10.2020). Ist dem Schuldner auf Grundlage eines nach dem 30.9.2020 gestellten Antrags bereits einmal Restschuldbefreiung erteilt worden, so verlängert sich die Abtretungsfrist in einem erneuten Verfahren auf **fünf Jahre**; der Schuldner hat dem Antrag eine entsprechende Abtretungserklärung beizufügen (§ 287 Abs. 2 Satz 2 InsO). 3

Verbindet der Schuldner seinen Insolvenzantrag nicht mit dem Restschuldbefreiungsantrag, so **weist das Insolvenzgericht** ihn gemäß § 20 Abs. 2 InsO **auf die Möglichkeit der Restschuldbefreiung hin.** Gleichzeitig weist es darauf hin, dass der Antrag, sofern Restschuldbefreiung begehrt wird, innerhalb von zwei Wochen nach dem gerichtlichen Hinweis gemäß §§ 20 Abs. 2, 287 Abs. 1 Satz 2 InsO nachgeholt werden muss. Diese Frist kann nicht verlängert werden, da es sich um eine gesetzliche Frist handelt (§ 4 InsO i. V. mit § 224 Abs. 2 ZPO). 4

Versäumt der Schuldner die **zweiwöchige Nachholfrist**, ist eine Wiedereinsetzung in den vorherigen Stand nicht möglich. Bei der Frist des § 20 Abs. 2 InsO handelt es sich nicht um eine Notfrist i. S. des § 233 ZPO. 5

Erfolgt keine gerichtliche Belehrung oder ist die Belehrung mangelhaft, beginnt die Frist nicht zu laufen. Der Schuldner kann den Antrag auf Erteilung der Restschuldbefreiung noch bis **zur Aufhebung oder Einstellung des Insolvenzverfahrens** nachholen.[1] 6

1) *Stephan* in: MünchKomm-InsO, § 287 Rz. 65; *Streck* in: HambKomm-InsO, § 287 Rz. 14; BGH, Beschl. v. 22.10.2015 – IX ZB 3/15, ZVI 2016, 55 = ZInsO 2015, 2579.

7 Das Insolvenzgericht hat vor der Entscheidung über den Eröffnungsantrag von Amts wegen zu prüfen, ob der Antrag auf Restschuldbefreiung zulässig ist (sog. **Eingangsentscheidung** gemäß § 287a Abs. 2 InsO):

– Bestimmte Versagungsgründe werden vorab geprüft. Entsprechende Versagungsgründe sind zum einen die rechtskräftige Verurteilung wegen Insolvenzstraftaten (§ 297 InsO), zum anderen Sperren wegen eines Vorverfahrens (Elf-/Fünf-Jahres-Sperrfristen gemäß § 287a Abs. 2 InsO). Dazu hat der Schuldner gemäß § 287 Abs. 1 Satz 3, 4 InsO in dem Antrag die Erklärung abzugeben, ob ein Fall des § 287 Abs. 2 InsO vorliegt, und die Vollständigkeit und Richtigkeit seiner Angaben zu versichern.

– Ist der Antrag zulässig, stellt das Insolvenzgericht (Richter) durch Beschluss fest, dass der Schuldner Restschuldbefreiung erlangt, wenn er den Obliegenheiten gemäß § 295 InsO nachkommt und die Voraussetzungen für eine Versagung nach den §§ 290, 297 bis 298 InsO nicht vorliegen; sog. Ankündigungsentscheidung.

– Ist der Antrag unzulässig, erhält der Schuldner Gelegenheit, seinen Antrag auf Eröffnung des Insolvenzverfahrens vor der Entscheidung über die Eröffnung zurückzunehmen.

– Der Eröffnungs- mit Ankündigungsbeschluss ist öffentlich bekannt zu machen.

8 Liegt ein **Gläubigerantrag** vor, hat das Insolvenzgericht den Schuldner gemäß § 4 InsO, § 139 ZPO, § 20 Abs. 2 InsO darauf hinzuweisen, dass er neben einem Restschuldbefreiungsantrag auch einen **eigenen Insolvenzantrag** stellen muss. Dieser **gerichtliche Hinweis** löst noch nicht die Zwei-Wochen-Frist des § 287 Abs. 1 Satz 2 InsO aus, da diese Frist einen Eigenantrag des Schuldners voraussetzt.[2] Stellt der Schuldner nach der gerichtlichen Belehrung einen eigenen Eröffnungsantrag, beginnt die Frist des § 287 Abs. 1 Satz 2 InsO ohne eine erneute Belehrung zu laufen. Wird das Verfahren aufgrund des Gläubigerantrags eröffnet und erfolgte zuvor keine oder fehlerhafte Belehrung, genügt es, wenn der Schuldner lediglich einen Antrag auf Restschuldbefreiung stellt,[3] da nach der Eröffnung des Verfahrens aufgrund des Gläubigerantrags ein Eigenantrag des Schuldners nicht mehr zulässig ist. Dies gilt sowohl für das Regel- als auch Verbraucherinsolvenzverfahren.

9 Der Antrag auf Erteilung der Restschuldbefreiung muss von einer natürlichen Person gestellt werden, die **partei- und prozessfähig** ist (§ 286 InsO). Er verlangt die Parteifähigkeit und die Prozessfähigkeit des Schuldners als Sachentscheidungs- und Prozesshandlungsvoraussetzung.

10 Für die Frage, ob eine Genehmigung des **Betreuungsgerichts** erforderlich ist, wenn die antragstellende Person prozessunfähig ist, ist zwischen den prozessualen Anträgen (auf Eröffnung des Insolvenzverfahrens, auf Erteilung der Restschuldbefreiung sowie auf Stundung der Verfahrenskosten) einerseits und der Abtretungserklärung i. S. von § 287 Abs. 2 InsO andererseits zu unterscheiden. Ist dem Betreuer der Aufgabenkreis Vermögensangelegenheiten übertragen worden, kann er die prozessualen Anträge stellen; eine Genehmigung durch das Betreuungsgericht ist hierfür nicht erforderlich. Für die Abtretungserklärung sollte eine Einwilligung des Schuldners, sofern er hierzu krankheitsbedingt in der Lage ist, oder die Genehmigung des Betreuungsgerichts eingeholt werden. Durch die Abtretungserklärung verzichtet der Insolvenzschuldner über mehrere Jahre auf sein pfändungsfreies Einkommen. Seine Handlungsmöglichkeiten sind dadurch in diesem Zeitraum deutlich eingeschränkt. Es sollte daher auf das – im Betreuungsrecht vorgesehene –

2) BGH, Beschl. v. 8.7.2004 – IX ZB 209/03, ZVI 2004, 492 = NZI 2004, 593, dazu EWiR 2005, 481 *(Pape)*; weiterführend BGH, Beschl. v. 17.2.2005 – IX ZB 176/03, ZVI 2005, 220 = NJW 2005, 1433, dazu EWiR 2005, 311 *(Smode)*.

3) BGH, Beschl. v. 17.2.2005 – IX ZB 176/03, ZVI 2005, 220 = NJW 2005, 1433, dazu EWiR 2005, 311 *(Smode)*.

Kontrollinstrument der Genehmigung durch das Betreuungsgericht nicht verzichtet werden, sofern der Schuldner nicht selbst die Abtretungserklärung wirksam unterzeichnet.[4)]

2. Abtretung

a) Abtretungserklärung

Mit seinem Antrag hat der Schuldner eine Abtretungserklärung einzureichen, wonach er seine **laufenden Bezüge** i. H. des pfändbaren Anteils an einen von dem Gericht noch zu bestellenden Treuhänder abtritt (§ 287 Abs. 2 InsO). Im Regelfall hat der Schuldner die Bezüge für die Zeit von drei Jahren ab Verfahrenseröffnung abgetreten. Vereinbarungen des Schuldners sind insoweit unwirksam, als sie die Abtretungserklärung nach Absatz 2 vereiteln oder beeinträchtigen würden (§ 287 Abs. 3 InsO). 11

Bei Verfahren, die bis zum 16.12.2019 beantragt wurden, beträgt die Abtretungsfrist sechs Jahre. Gemäß Art. 103k EGInsO (Überleitungsvorschrift zu Art. 2 des Gesetzes zur weiteren Verkürzung des Restschuldbefreiungsverfahrens)[5)] gilt: 12

> „(1) Auf Insolvenzverfahren, die vor dem 1. Oktober 2020 beantragt worden sind, sind vorbehaltlich des Absatzes 2 die bis dahin geltenden Vorschriften weiter anzuwenden.
>
> (2) [1]Auf Insolvenzverfahren, die im Zeitraum vom 17. Dezember 2019 bis einschließlich 30. September 2020 beantragt worden sind, verkürzt sich die Abtretungsfrist im Sinne des § 287 Absatz 2 der Insolvenzordnung für jeden vollen Monat, der seit dem 16. Juli 2019 bis zur Stellung des Insolvenzantrages vergangen ist, um denselben Zeitraum. [2]Demgemäß beträgt die Abtretungsfrist:

Datum der Stellung des Insolvenzantrages:	Abtretungsfrist:
zwischen dem 17. Dezember 2019 und 16. Januar 2020	fünf Jahre und sieben Monate
zwischen dem 17. Januar 2020 und 16. Februar 2020	fünf Jahre und sechs Monate
zwischen dem 17. Februar 2020 und 16. März 2020	fünf Jahre und fünf Monate
zwischen dem17. März 2020 und 16. April 2020	fünf Jahre und vier Monate
zwischen dem 17. April 2020 und 16. Mai 2020	fünf Jahre und drei Monate
zwischen dem 17. Mai 2020 und 16. Juni 2020	fünf Jahre und zwei Monate
zwischen dem17. Juni 2020 und 16. Juli 2020	fünf Jahre und ein Monat
zwischen dem 17. Juli 2020 und 16. August 2020	fünf Jahre
zwischen dem 17. August 2020 und 16. September 2020	vier Jahre und elf Monate
zwischen dem 17. September 2020 und 30. September 2020	vier Jahre und zehn Monate

> (3) […].“

4) *Stephan* in: MünchKomm-InsO, § 287 Rz. 27–29; a. A. – keine betreuungsgerichtliche Genehmigung – AG Hannover, Beschl. v. 24.3.2020 – 904 IK 109/20-4, ZVI 2020, 185–188 = NZI 2020, 799.

5) Gesetz zur weiteren Verkürzung des Restschuldbefreiungsverfahrens und zur Anpassung pandemiebedingter Vorschriften im Gesellschafts-, Genossenschafts-, Vereins- und Stiftungsrecht sowie im Miet- und Pachtrecht, v. 22.12.2020, BGBl. I 2020, 3328.

b) Rechtsnatur der Abtretungserklärung

13 Die **Abtretungserklärung** ist gemäß § 287 Abs. 2 InsO eine prozessuale Erklärung des Schuldners,[6] die als besondere Voraussetzung für die Durchführung des Restschuldbefreiungsverfahrens abgegeben werden muss.

c) Inhalt

14 Abgetreten werden die **pfändbaren Forderungen auf Bezüge aus einem Dienstverhältnis** oder an deren Stelle tretende laufende Bezüge. Als solche werden sämtliche Arten von Arbeitseinkommen i. S. von § 850 ZPO erfasst; d. h. Arbeitseinkommen sind alle Vergütungen in Geld, die dem Schuldner aus Arbeits- und Dienstleistung zustehen. Hierzu zählen z. B. Gehalt, Lohn, Dienst- und Versorgungsbezüge der Beamten und Soldaten, Honorare, Tantiemen, Provisionen, Lohnfortzahlungen im Krankheitsfall, aber auch einmalige Zahlungen wie z. B. Entlassungsentschädigungen, Abfindungen.[7]

15 Ferner werden im Falle des Ruhestandes und der Arbeitslosigkeit anstelle der Forderungen aus Bezügen aus einem Dienstverhältnis die unter die laufenden Bezüge fallenden Renten des Schuldners und sonstige Leistungen der Träger der Sozialversicherungen und der Bundesagentur für Arbeit von der Abtretungserklärung erfasst.[8] Kein Arbeitseinkommen sind **Lohn- oder Einkommenssteuererstattungsansprüche des Schuldners**. Sie werden daher nicht von der Abtretung erfasst.[9]

16 Der **Begriff des laufenden Einkommens** ist im Übrigen sehr weit gefasst, da sonst der Personenkreis über die Frage der Abtretung eingegrenzt würde. Natürliche Personen, die selbstständig tätig sind, müssen Insolvenzgläubiger so stellen, als ob sie in einem **angemessenen Dienstverhältnis** stehen würden (vgl. § 295a InsO). Ein selbstständiger Handwerker bestimmt also, wie hoch sein Verdienst in einer gleichartigen abhängigen Beschäftigung wäre, und führt danach pfändbare Beträge an den Treuhänder ab.

d) Laufzeit und Beginn

17 Grundsätzlich gilt die Abtretung für einen Zeitraum von drei Jahren und beginnt mit der Eröffnung des Verfahrens (§ 287 Abs. 2 InsO). Die Berechnung der Frist richtet sich nach § 4 InsO i. V. mit § 222 Abs. 1 ZPO, §§ 187 Abs. 1, 188 Abs. 2 BGB.

e) Gehaltsabtretung

18 Laufendes Einkommen ist ein für Gläubiger günstiges Sicherungs- und Vollstreckungsobjekt. Kreditverträge sehen fast ausnahmslos vor, dass zur Sicherung des Rückzahlungsanspruchs das laufende Einkommen an den Gläubiger abgetreten wird. Kann der Schuldner seine Ratenzahlungen nicht mehr leisten, wird die Abtretung **gegenüber dem Arbeitgeber offengelegt**. Auf Arbeitseinkommen können Gläubiger durch Pfändung auf einfache Art und Weise zugreifen.

f) Ausschluss von Abtretungen

19 **Tarifverträge** schließen häufig eine Abtretung des laufenden Einkommens aus. Damit wird der Schutz des Arbeitnehmers vor langfristigen Einkommensverkürzungen auf den pfändungsfreien Teil des Einkommens bezweckt.

---

6) BGH, Beschl. v. 13.7.2006 – IX ZB 117/04, ZVI 2006, 404 = ZIP 2006, 871.

7) *Streck* in: HambKomm-InsO, § 287 Rz. 19.

8) Uhlenbruck-*Sternal*, InsO, § 287 Rz. 42.

9) BGH, Urt. v. 21.7.2005 – IX ZR 115/04, ZVI 2005, 437 = NZI 2005, 565; BGH, Beschl. v. 12.1.2006 – IX ZB 239/04, ZVI 2006, 58 = ZIP 2006, 340, dazu EWiR 2006, 245 *(Beck)*; BFH, Beschl. v. 9.1.2007 – VII B 45/06, BFH/NV 2007, 855; BFH, Urt. v. 21.11.2006 – VII R 1/06, ZVI 2007, 137 = ZIP 2007, 347.

Hätten diese Regelungen auch im Insolvenzverfahren Bestand, könnte der Schuldner die Voraussetzungen des Restschuldbefreiungsverfahrens nicht erfüllen. Es ist deshalb folgerichtig, diese Vereinbarungen insoweit außer Kraft zu setzen, als sie die Abtretung des Restschuldbefreiungsverfahrens beeinträchtigen würde (§ 81 Abs. 2 Satz 1 InsO). Die Unwirksamkeit bezieht sich ausschließlich auf diesen Sachverhalt. 20

g) Erwerbsobliegenheit des Schuldners (§ 287b InsO)

Ab Beginn der Abtretungsfrist bis zur Beendigung des Insolvenzverfahrens obliegt es dem Schuldner, eine angemessene Erwerbstätigkeit auszuüben und, wenn er ohne Beschäftigung ist, sich um eine solche zu bemühen und keine zumutbare Tätigkeit abzulehnen. 21

Inhaltlich entspricht die Erwerbsobliegenheit gemäß § 287b InsO derjenigen aus § 295 Nr. 1 InsO.[10] Verletzt der Schuldner diese Obliegenheitspflicht kann das gemäß § 290 Abs. 1 Nr. 7 InsO zu der Versagung der Restschuldbefreiung führen. 22

An den Schuldner werden über diese Formalien hinaus besondere Anforderungen gestellt. Nur der **redliche Schuldner** soll die Möglichkeit haben, sich von seinen Verbindlichkeiten zu befreien (§ 1 InsO). Der Begriff des redlichen Schuldners wird nicht nähert erläutert, ist aber weit gefasst. Begrenzt wird er durch eine größere Zahl von Pflichten („Obliegenheiten") und Versagungsgründen. Die Obliegenheitspflichten ergeben sich aus § 295 InsO und sind von dem Schuldner in dem Zeitraum zwischen Beendigung des Insolvenzverfahrens und dem Ende der Abtretungsfrist zu erfüllen. 23

Die Abtretungsfrist ist gemäß § 287 Abs. 2 InsO auf drei Jahre ab Verfahrenseröffnung begrenzt. 24

III. Versagung der Restschuldbefreiung

Ob ein Schuldner redlich ist, wird nicht i. R. der Amtsermittlungspflicht, also durch selbstständiges Tätigwerden des Insolvenzgerichts festgestellt. Eine Versagung der Restschuldbefreiung von Amts wegen kommt daher nicht in Betracht. Auch hat der Insolvenzverwalter oder Treuhänder kein eigenes Antragsrecht, bis auf die Ausnahme in § 298 InsO, da er ein neutrales Amt ausübt. Der Antrag auf Versagung der Restschuldbefreiung kann vielmehr **nur durch einen Insolvenzgläubiger** gestellt werden. Von der Restschuldbefreiung sind die Insolvenzgläubiger durch den Verlust ihrer Forderungen betroffen. Ihnen soll deshalb die Entscheidung, ob das Vorliegen eines Versagungsgrunds überprüft wird, überlassen sein. Liegt ein solcher Antrag vor, setzt wieder die **Amtsermittlungspflicht des Gerichts in beschränktem Umfang** ein. 25

In den §§ 290, 295 bis 298 InsO werden abschließend die Ausnahmetatbestände normiert, die zur Versagung der Restschuldbefreiung führen können. Während im eröffneten Verfahren nur die in § 290 InsO aufgeführten Gründe gelten, greifen nach Aufhebung des Verfahrens die sog. Obliegenheitsverletzungen, § 295 InsO, (siehe hierzu Rz. 34 ff.). 26

1. Der Versagungsantrag

Der Versagungsantrag kann nur durch einen Insolvenzgläubiger erfolgen, der seine Forderung bis zum Schlusstermin zur Insolvenztabelle angemeldet hat.[11] Der Antrag des Gläubigers kann gemäß § 290 Abs. 2 Satz 1 InsO bis zum Schlusstermin oder bis zur Entscheidung nach § 211 Abs. 1 InsO schriftlich gestellt werden und ist nur zulässig, wenn ein Versagungsgrund glaubhaft gemacht wird. 27

---

10) *Streck* in: HambKomm-InsO, § 287b Rz. 2.

11) BGH, Beschl. v. 20.11.2014 – IX ZB 56/13, ZVI 2015, 158 – 159 = ZInsO 2015, 108.

28 Sowohl im Regelfall des schriftlichen Verfahrens (§ 5 Abs. 2 InsO), als auch im Ausnahmefall des mündlichen Verfahrens können die Versagungsanträge zu jedem beliebigen Zeitpunkt während des eröffneten Verfahrens schriftlich gestellt werden. Nur im mündlichen Verfahren ist eine mündliche Antragstellung ausschließlich im Schlusstermin möglich.

29 Der Schlusstermin ist eine Gläubigerversammlung, in der der Antrag stellende Insolvenzgläubiger persönlich oder ein **Vertreter** anwesend sein muss. Die Vertretungsmöglichkeiten ergeben sich aus § 79 ZPO.

30 Die gerichtliche Entscheidung erfolgt auch in dem Fall der mündlichen Durchführung erst nach dem Schlusstermin (§ 290 Abs. 2 Satz 2 InsO).

31 Alle **Versagungsgründe** sind so gefasst, dass sie anhand eindeutiger Tatbestände überprüft werden können. Langwierige Beweiserhebungen sollen vermieden werden. Dem dient auch die Anforderung an die Zulässigkeit des Antrags nach § 290 Abs. 2 InsO, nämlich den Antrag glaubhaft machen zu müssen. Der antragstellende Gläubiger muss den Versagungsgrund bis zum Schlusstermin glaubhaft machen.[12)] Wenn der Antrag im mündlichen Verfahren im Schlusstermin gestellt wird, bedeutet dies, dass auch die **Glaubhaftmachung im Termin** erfolgen muss. Eine nachträgliche Glaubhaftmachung ist nicht zulässig.

32 Glaubhaftmachung bedeutet, dass eine überwiegende Wahrscheinlichkeit dafür besteht, dass eine Behauptung zutrifft.[13)] Zur Glaubhaftmachung kann sich der Antrag stellende Gläubiger gemäß § 4 InsO, § 294 ZPO aller Beweismittel bedienen, z. B. Bezugnahme auf Berichte des Insolvenzverwalters bzw. Treuhänders, wenn diese konkrete Angaben zu dem geltend gemachten Versagungsgrund enthalten, eidesstattliche Versicherungen, Abschriften von Urkunden. Zeugenaussagen können nur dann herangezogen werden, wenn der Zeuge im Termin anwesend ist. Erst wenn dem Gläubiger die Glaubhaftmachung gelungen ist, besteht Anlass für weitere Ermittlungen nach § 5 InsO (Amtsermittlungspflicht). Zuvor kann das Insolvenzgericht lediglich auf Beseitigung von Unklarheiten i. R. des § 139 ZPO drängen. Unzulässig ist es, Beweismittel nach dem Termin zu präsentieren.[14)] War eine Glaubhaftmachung ausnahmsweise nicht erforderlich, weil die Tatsachen, auf die der Gläubiger seinen Antrag stützt, unstreitig sind[15)] oder der Schuldner im Schlusstermin nicht erschienen war und den Vortrag des Gläubigers nicht bestritten hat, kann das Bestreiten und die Glaubhaftmachung noch in der Rechtsmittelinstanz nachgeholt werden[16)], es sei denn, der Schuldner wurde entsprechend gerichtlich belehrt.[17)] Ist dem Gläubiger die Glaubhaftmachung gelungen, können ggf. weitere Ermittlungen i. R. der Amtsermittlungspflicht gemäß § 5 InsO erfolgen. Das Insolvenzgericht kann die Beseitigung von Unklarheiten i. R. des § 139 ZPO verlangen.

33 Der **Versagungsantrag** kann nur auf einen der in § 290 Abs. 1 InsO aufgezählten Gründe gestützt werden. Diese Aufzählung ist abschließend und schafft Rechtssicherheit. Zwar bleibt dadurch so manches „unredliches“ Verhalten des Schuldners folgenlos, jedoch würde eine wie auch immer gestaltete Generalklausel zu einer kaum zu übersehenden Zahl von Versagungsgründen führen. Weder für den Schuldner, der anhand der Aufzählung sehr genau prüfen kann, ob er mit einem Versagungsantrag rechnen muss, noch für den Insol-

---

12) *Pape*, ZVI 2014, 234, 236.

13) BGH, Beschl. v. 11.9.2003 – IX ZB 37/03, ZVI 2003, 538 = ZInsO 2003, 942; BGH, Beschl. v. 18.12.2014 – IX ZB 34/14, ZVI 2015, 93–95 = ZIP 2015, 329.

14) *Stephan* in: MünchKomm-InsO, § 290 Rz. 33.

15) BGH, Beschl. v. 8.1.2009 – IX ZB 80/08, ZInsO 2009, 298.

16) *Stephan* in: MünchKomm-InsO, § 290 Rz. 33.

17) BGH, Beschl. v. 10.2.2011 – IX ZB 237/09, MDR 2011, 695 = WM 2011, 839; BGH, Beschl. v. 22.9.2011 – IX ZB 133/10, NZI 2011, 861.

venzgläubiger, der seine Erfolgsaussichten prüft, wäre eine Generalklausel sinnvoll. Letztlich dient die gefundene gesetzliche Regelung der Gleichbehandlung der Schuldner. Auch Gerichte stünden sonst vor der Frage, ob ein Tatsachenvortrag zu einer Versagung führen kann, müssten also jeden Einzelfall intensiv prüfen und entscheiden. Obliegenheitsverletzungen gemäß § 295 InsO können im Verfahren nach §§ 291, 290 InsO nicht geltend gemacht werden.[18)]

2. Die Versagungsgründe

Bei der Überprüfung, ob ein Versagungsgrund gemäß § 290 InsO vorliegt, ist stets auf den **genauen Wortlaut** zu achten. Die §§ 295 ff. InsO sind im eröffneten Verfahren zu diesem Zeitpunkt des Verfahrens nicht anwendbar. Eine Benachteiligung der Gläubiger ist bei den Versagungsgründen des § 290 Abs. 1 Nr. 1 bis 6 InsO keine Voraussetzung, im Gegensatz zu § 296 InsO.[19)] 34

a) Straftat nach den §§ 283–283c StGB (§ 290 Abs. 1 Nr. 1 InsO)

Dies gilt für Schuldner, die in den letzten fünf Jahren vor dem Antrag auf Eröffnung des Insolvenzverfahrens oder nach diesem Antrag wegen einer Straftat nach den §§ 283 bis 283c StGB rechtskräftig zu einer Geldstrafe von mehr als 90 Tagessätzen oder einer Freiheitsstrafe von mehr als drei Monaten rechtskräftig verurteilt worden sind. Es ist Insolvenzgläubigern auch möglich die Versagungsgründe des § 290 Abs. 1 InsO geltend zu machen, wenn deren Vorliegen erst nach dem Schlusstermin bzw. der Einstellung des Verfahrens gemäß § 211 InsO bekannt geworden ist. Hierfür wird den Gläubigern eine Frist von sechs Monaten ab Kenntniserlangung eingeräumt. 35

Es handelt sich hierbei um die typischen Insolvenzstraftaten: 36

- Bankrott (§ 283 StGB),
- besonders schwerer Fall des Bankrotts (§ 283a StGB),
- Verletzung der Buchführungspflicht (§ 283b StGB),
- Gläubigerbegünstigung (§ 283c StGB).

Es ist eine **abschließende Aufzählung.** Andere Straftaten sind bei diesem Versagungsgrund nicht relevant, auch wenn die Redlichkeit des Schuldners dadurch bezweifelt werden könnte. Des Weiteren greift dieser Tatbestand nur dann, wenn der Schuldner wegen einer (oder auch mehrerer) der genannten Straftaten **rechtskräftig verurteilt** wurde. Die rechtskräftige Verurteilung muss zum Zeitpunkt des Versagungsantrags vorliegen; dies ist entweder im Schlusstermin oder zum Stichtag im schriftlichen Verfahren. Eine nicht rechtskräftige Verurteilung ist nicht ausreichend. Wird der Schuldner nach dem Schlusstermin wegen einer solchen Straftat verurteilt oder tritt die Rechtkraft nach dem Schlusstermin ein, greift der Versagungstatbestand des § 297 InsO. Eine Insolvenzstraftat kann nur innerhalb der Tilgungs- und Verwertungsregelungen nach den §§ 45 ff. BZRG[20)] verwertet werden. Liegt eine rechtskräftige Verurteilung vor und tritt die Tilgung nach dem Eröffnungsantrag ein, ist trotzdem ein Grund zur Versagung der Restschuldbefreiung gege- 37

---

18) BGH, Beschl. v. 29.6.2004 – IX ZB 90/03, ZVI 2004, 419 = NZI 2004, 635; BGH, Beschl. v. 5.4.2006 – IX ZB 227/04, ZVI 2006, 596.

19) *Streck* in: HambKomm-InsO, § 290 Rz. 14, LG Hamburg, Beschl. v. 16.11.2001 – 326 T 124/01, ZVI 2002, 33.

20) BGH, Beschl. v. 18.2.2010 – IX ZB 180/09, ZVI 2010, 280 = ZInsO 2010, 629.

ben.[21] Ein konkreter Zusammenhang zwischen der Verurteilung des Schuldners wegen einer Insolvenzstraftat und dem laufenden Insolvenzverfahren muss nicht gegeben sein.[22]

b) Leistungen aufgrund falscher Angaben (§ 290 Abs. 1 Nr. 2 InsO)

38 Hat der Schuldner in den letzten drei Jahren **vor oder nach** Antragstellung bis zum Schlusstermin falsche oder unvollständige Angaben zur Erlangung von Krediten oder Leistungen aus öffentlichen Mitteln oder zur Vermeidung von Leistungen an öffentliche Kassen gemacht, kann die Restschuldbefreiung versagt werden.[23] Bei der Prüfung sind verschiedene Voraussetzungen zu beachten:

aa) Krediterlangung

39 Der Schuldner muss

- einen Kredit erhalten oder
- Leistungen aus öffentlichen Mitteln bezogen oder
- Leistungen an öffentliche Kassen vermieden

haben.

40 Ein redlicher Schuldner erlangt Kredite oder Sozialleistungen nicht unter Vortäuschung falscher Tatsachen. Derartige **„Ungenauigkeiten"** finden sich immer wieder in Kreditverträgen, in deren Vorfeld man genaue Angaben zur wirtschaftlichen Situation machen muss. Die Erteilung von Auskünften über die eigene wirtschaftliche Situation ist Grundlage für die Entscheidung des Kreditgebers, ob der Kreditnehmer in der Lage sein wird, den Kredit zurückzuzahlen.

41 **Öffentliche Leistungen**, z. B. Sozialhilfe, Wohngeld, Arbeitslosenunterstützung, können nur bezogen werden, wenn eine Bedürftigkeit besteht. Je nach Art der Unterstützung werden unterschiedlichste Angaben verlangt.

> **Praxishinweis**
>
> Um Forderungen öffentlicher Kassen zu vermeiden, z. B. die Zahlung von Steuern, ist regelmäßig eine Erklärung erforderlich, die bestimmen lässt, inwieweit der Schuldner zahlungspflichtig ist. Typisches Beispiel ist die Steuererklärung, die genauestens über erzielte Einnahmen Auskunft geben muss.

bb) Falsche oder unvollständige Angaben

42 Täuscht der Schuldner während laufender Kreditverhandlungen, z. B. durch Weglassen von nachteiligen Informationen über seine wirtschaftlichen Verhältnisse, Tatsachen vor, die seine **wirtschaftliche Situation besser erscheinen lassen**, um einen Kredit zu erlangen, schädigt er unmittelbar den Gläubiger. Dessen Risiko, den Kredit nicht vereinbarungsgemäß zurückzuerhalten, vergrößert sich. Dies gilt auch, wenn der Schuldner tatsächlich unrichtige Angaben macht.

43 Werden bei der **Beantragung von Sozialhilfe** Einkünfte oder Vermögen verschwiegen, obwohl sie zur Sicherung des Lebensunterhalts herangezogen werden können, um überhaupt oder höhere Sozialleistungen zu erhalten, wird der Gläubiger, hier öffentliche Kassen,

---

21) BGH, Beschl. v. 16.2.2012 – IX ZB 113/11, ZVI 2012, 202 = ZInsO 2012, 543.

22) BGH, Beschl. v. 18.12.2002 – IX ZB 121/02, ZVI 2003, 34 = ZInsO 2003, 125, dazu EWiR 2003, 287 *(Gundlach/Schirrmeister)*.

23) BGH, Beschl. v. 1.12.2011 – IX ZB 260/10, ZVI 2012, 78 = ZInsO 2012, 192.

unmittelbar geschädigt. Ein deutliches Beispiel ist der Bezug von Arbeitslosengeld und gleichzeitige Ausführung von Lohnarbeiten („Schwarzarbeit").

Unter den Begriff **„Leistungen an öffentliche Kassen"** fallen Steuerzahlungsverpflichtungen oder Rückerstattungsverpflichtungen für überzahlte öffentliche Zuwendungen. Dies trifft insbesondere auf Steuerhinterziehungen zu.[24] Die Vermeidung einer bestehenden Leistungspflicht kann nur durch falsche oder unvollständige Angaben des Schuldners erreicht werden. 44

cc) Vorsatz

Ein Versagungsgrund liegt nur dann vor, wenn der Schuldner in der Absicht gehandelt hat, einen Vermögensvorteil zu erlangen. Dies gilt auch bei **grober Fahrlässigkeit** des Schuldners. Grob fahrlässig handelt der Schuldner, wenn er die erforderliche Sorgfalt in ungewöhnlich hohem Maße verletzt und dasjenige unbeachtet bleibt, was im gegebenen Fall jedem hätte einleuchten müssen.[25] Für Schuldner ist es häufig schwierig, Kreditverträge zu überschauen oder behördliche Formulare auszufüllen. Durch die Forderung nach grober Fahrlässigkeit oder Vorsatz werden nur solche Handlungen erfasst, die der Schuldner wissentlich oder durch Inkaufnahme der Rechtsfolge vornimmt.[26] 45

Praxishinweis

Hat ein Schuldner in einem Gespräch mit der Kredit gebenden Bank deutlich auf seine Schuldensituation hingewiesen und bereitet der Sachbearbeiter eine Selbstauskunft vor, die die Frage nach weiteren Verbindlichkeiten mit „Nein" beantwortet, erfüllt dies den Tatbestand nach § 290 Abs. 1 Satz 2 InsO nur dann, wenn der Schuldner befürchten musste, dass der Vermittler die Angaben nicht ordnungsgemäß in das Vertragsformular einträgt.[27] Lässt der Schuldner Angaben durch einen Dritten fertigen und leitet dieser die Angaben mit Billigung des Schuldners weiter, muss der Schuldner sich dies zurechnen lassen.

dd) Schriftlichkeit

Die Bindung an schriftliche Angaben des Schuldners dient der Vermeidung umfangreicher Nachforschungen des Gerichts,[28] da **mündliche Angaben nur schwer nachprüfbar** sind. Ein vom Schuldner unterzeichnetes eigenhändiges Schriftstück ist nicht erforderlich.[29] Werden Erklärungen des Schuldners in Form einer öffentlichen Urkunde aufgenommen, gilt auch dies als schriftliche Erklärung; selbst dann, wenn der Schuldner die Urkunde nicht unterschriftlich genehmigt.[30] Angaben des Schuldners liegen auch dann vor, wenn sie von Dritten mit Wissen und Billigung des Schuldners abgegeben wurden.[31] Die Erlangung eines Kredits oder öffentlicher Leistungen wie auch die Vermeidung von Leistungen an öffentliche Kassen bedürfen, jedenfalls bei ordnungsgemäßer Abwicklung, schriftlicher Erklärungen des Schuldners. 46

---

24) BGH, Beschl. v. 13.1.2011 – IX ZB 199/09, ZVI 2011, 103 = ZInsO 2011, 301.

25) BGH, Urt. v. 11.5.1953 – IV ZR 170/52, BGHZ 10, 16 = NJW 1953, 1139.

26) *Stephan* in: MünchKomm-InsO, § 290 Rz. 59.

27) BGH, Beschl. v. 21.7.2005 – IX ZB 80/04, ZVI 2005, 503 = ZInsO 2005, 927.

28) *Stephan* in: MünchKomm-InsO, § 290 Rz. 48.

29) BGH, Beschl. v. 11.9.2003 – IX ZB 37/03, ZVI 2003, 538 = ZInsO 2003, 942; Festhaltung an BGH, Beschl. v. 18.12.2014 – IX ZB 34/14, ZVI 2015, 93 – 95 = ZIP 2015, 329, dazu EWiR 2015, 185 *(Laroche)*.

30) BGH, Beschl. v. 9.3.2006 – IX ZB 19/05, ZInsO 2006, 601 = ZVI 2007, 206; Festhaltung an BGH, Beschl. v. 23.10.2008 – IX ZB 17/08, JurBüro 2009, 103 – 104.

31) BGH, Beschl. v. 9.3.2006 – IX ZB 19/05, ZInsO 2006, 601, 602 = ZVI 2007, 206; Festhaltung an BGH, Beschl. v. 23.10.2008 – IX ZB 17/08, JurBüro 2009, 103 – 104.

ee) Zeitraum der Angaben

47 Der Zeitraum, in dem die falschen, fehlerhaften oder unvollständigen Angaben gemacht worden sind, ist begrenzt auf die Zeit von **drei Jahren vor dem Antrag auf Eröffnung des Insolvenzverfahrens** und die **Zeit nach der Antragstellung.** Weit zurückliegende Handlungen des Schuldners sind damit ausgeschlossen. Allerdings sind alle Erklärungen des Schuldners während des Insolvenzverfahrens bis zum Schlusstermin eingeschlossen.[32]

ff) Erfolg

48 Für den Versagungsgrund des § 290 Abs. 1 Nr. 2 InsO müssen die fehlerhaften oder unvollständigen Angaben subjektiv dem Zweck dienen, Leistungen von Dritten zu erhalten bzw. eigene Leistungen zu vermeiden.[33] Eine tatsächliche Kreditvergabe oder Leistungsgewährung ist nicht erforderlich.[34] Bereits die Absicht bzw. der Vorsatz des Schuldners zur Leistungserlangung oder -vermeidung aufgrund falscher oder fehlerhafter Angaben belegt seine Unredlichkeit, die zur Versagung der Restschuldbefreiung führen kann.

c) Wiederholte Restschuldbefreiung (§ 290 Abs. 1 Nr. 3 InsO)

49 Mit Einführung des neuen Insolvenzrechts zum 1.7.2014 ist § 290 Abs. 1 Nr. 3 InsO aufgehoben und wurde in § 287a Abs. 2 InsO (neu) als weitere Zulässigkeitsvoraussetzung für den Antrag auf Erteilung der Restschuldbefreiung eingeführt.

d) Unangemessene Verbindlichkeiten/Verschleuderung von Vermögen (§ 290 Abs. 1 Nr. 4 InsO)

50 Ein Schuldner, der in zeitlicher Nähe vor seinem Antrag auf Eröffnung des Insolvenzverfahrens **unangemessene Verbindlichkeiten** begründet oder **Vermögen verschleudert,** beeinträchtigt die Interessen der Insolvenzgläubiger. Derartiges Verhalten stimmt ebenfalls nicht mit dem Bild des redlichen Schuldners überein. Im Einzelnen muss der Schuldner

– unangemessene Verbindlichkeiten begründet
– oder Vermögen verschwendet
– oder die Eröffnung des Insolvenzverfahrens ohne Aussicht auf Besserung seiner wirtschaftlichen Lage verzögert

haben.

51 Ein Insolvenzantrag ist kein spontaner Entschluss. Ein Schuldner, der kurz vor dem Antrag auf Eröffnung des Insolvenzverfahrens und der damit verbundenen Beantragung der Restschuldbefreiung neue Kredite aufnimmt, dokumentiert seine Unredlichkeit, weil er den Betrag nicht zurückzahlen will. **Umschuldungsmaßnahmen** fallen nicht unter den Begriff der unangemessenen Verbindlichkeit. Sie dienen in der Regel einer Bereinigung der Verschuldenssituation, unterstreichen also den Versuch des Schuldners, seine finanziellen Verhältnisse zu ordnen.[35] Unangemessen sind Verbindlichkeiten, wenn sie wirtschaftlich nicht sinnvoll sind oder im Gegensatz zu den zuvor bestehenden Lebensverhältnissen stehen.

52 **Verschwendung von Vermögen** in zeitlicher Nähe zum Insolvenzantrag ist gleichbedeutend mit einer Schädigung der Gläubiger. Nach der Begründung des Regierungsentwurfs

32) BGH, Beschl. v. 1.12.2011 – IX ZB 260/10, ZVI 2012, 78 = ZInsO 2012, 192.

33) BGH, Beschl. v. 20.12.2007 – IX ZB 189/06, ZVI 2008, 83 = ZInsO 2008, 157; Fortführung von BGH, Beschl. v. 12.11.2009 – IX ZB 98/09, juris.

34) LG Potsdam, Beschl. v. 29.4.2005 – 5 T 90/04, ZInsO 2005, 666.

35) Uhlenbruck-*Vallender*, InsO, § 290 Rz. 51.

zur InsO[36] sind hierunter Luxusaufwendungen zu verstehen, z. B. Kauf eines Luxus-PKW o. Ä., aber auch Verschwendung durch Spiel oder Wette, Veräußerung von Waren deutlich unter Wert.

Wird die **Einleitung des Insolvenzverfahrens** verzögert, führt dies leicht zu einer weiteren Verschlechterung der wirtschaftlichen Situation des Schuldners und damit zu einer Schmälerung der Insolvenzmasse. Durch die Sanktionierung zögerlichen Handelns soll der Schuldner angehalten werden, einen Insolvenzantrag rechtzeitig zu stellen. Eine Pflicht des Schuldners zur Antragstellung ist damit nicht verbunden. 53

Die genannten Handlungen müssen in den **letzten drei Jahren vor dem Antrag auf Eröffnung oder danach** vorgenommen worden sein. 54

Die Handlung muss vorsätzlich oder grob fahrlässig begangen worden sein. Grob fahrlässig handelt der Schuldner, wenn er die erforderliche Sorgfalt nicht einhält und das unterlässt, was im gegebenen Fall jedem einzuleuchten hat. Eine Beurteilung durch das Insolvenzgericht wird durch die Qualifizierung nach **Vorsatz und grober Fahrlässigkeit** wesentlich vereinfacht. 55

Durch die Handlung muss eine **Schädigung der Gläubiger** verursacht worden sein. Verlangt wird keine erhebliche Beeinträchtigung der Befriedigung der Insolvenzgläubiger. Die Beeinträchtigung muss tatsächlich eingetreten sein. Durch sein Handeln muss der Schuldner zumindest zu einer Beeinträchtigung beigetragen haben. Unerheblich ist dabei, wann die Beeinträchtigung eingetreten ist. 56

e) Verletzung von Auskunfts- und Mitwirkungspflichten (§ 290 Abs. 1 Nr. 5 InsO)

Für die Versagung der Restschuldbefreiung sind lediglich die Verletzungen von Auskunfts- und Mitwirkungspflichten relevant, die durch die InsO auch bestimmt sind.[37] Der Schuldner, der den Vorteil der Restschuldbefreiung erreichen will, soll am Verfahren i. R. der Regelungen der InsO mitwirken. Die Auskunfts- und Mitwirkungspflichten sind in den §§ 97, 98, 101 und 20 InsO geregelt. So ist der Schuldner gemäß § 97 InsO verpflichtet, dem Insolvenzgericht, dem Insolvenzverwalter, dem Gläubigerausschuss und, auf gerichtliche Anordnung, der Gläubigerversammlung, Auskunft über alle das Verfahren betreffenden Verhältnisse zu erteilen. Der Schuldner hat speziell seine Vermögensverhältnisse offenzulegen. Hält er Belege zurück oder verschweigt das Guthaben bei einer ausländischen Bank, verstößt er bspw. gegen seine **Mitwirkungspflichten.** Weiterhin sind jeder **Wohnortwechsel** sowie der Wechsel oder die Aufnahme einer Arbeitsstelle mitzuteilen. Außerdem sind die pfändbaren Beträge des Einkommens an den Treuhänder abzuführen. Eine gerichtliche Anordnung, die nicht den Vorschriften der InsO entspricht, kann keine Verletzung der Mitwirkungspflicht auslösen.[38] 57

Werden Vereinbarungen nicht eingehalten, die zwischen dem Schuldner und dem Insolvenzverwalter geschlossen wurden, ist auch hier zu prüfen, ob eine Mitwirkungspflicht nach der InsO verletzt wurde. Es gehört zu den Aufgaben des Schuldners, den Verwalter bei der Erfüllung seiner Aufgaben zu unterstützen (§ 97 Abs. 2 InsO). Für die Versagung der Restschuldbefreiung gemäß § 290 Abs. 1 Nr. 5 InsO ist es **nicht von Belang, ob die Gläubiger** durch das Verhalten des Schuldners **geschädigt wurden.**[39] Eine **Gefährdung der Gläubigerrechte ist ausreichend.** Bei der Prüfung, ob eine Pflichtverletzung vorliegt, 58

36) Begr. RegE InsO z. § 236 RegE/§ 290 InsO, BT-Drucks. 12/2443, S. 190, abgedr. in: *Kübler/Prütting*, RWS-Dok. 18, S. 546.

37) BGH, Beschl. v. 9.3.2006 – IX ZB 17/05, NZI 2006, 481.

38) BGH, Beschl. v. 20.3.2003 – IX ZB 388/02, ZVI 2003, 170 = NZI 2003, 389.

39) BGH, Beschl. v. 8.1.2009 – IX ZB 73/08, ZVI 2009, 168 = ZInsO 2009, 395.

muss auch der Verhältnismäßigkeitsgrundsatz beachtet werden. So sind geringe Verstöße gegen die Auskunfts- und Mitwirkungspflichten als nicht relevant zu betrachten.[40] Der Schuldner muss die Auskunfts- und Mitwirkungspflichten vorsätzlich oder grob fahrlässig verletzt haben.

59 Seit dem 1.7.2014 erfasst die Vorschrift nicht nur die Verletzung der Auskunfts- und Mitwirkungspflichten des Schuldners während des eröffneten Insolvenzverfahrens, sondern auch die Pflichtverstöße, die von dem Schuldner während des Eröffnungsverfahrens begangen wurden.[41]

f) Fehlerhafter Verbraucherantrag (§ 290 Abs. 1 Nr. 6 InsO)

60 Ein weiterer Versagungsgrund kann vorliegen, wenn der Schuldner in der nach § 287 Abs. 1 Satz 3 InsO vorzulegenden Erklärung und in den gemäß § 305 Abs. 1 Nr. 3 InsO vorzulegenden Verzeichnissen vorsätzlich oder grob fahrlässig unvollständige oder unrichtige Auskünfte erteilt hat.

61 Einbezogen sind nicht alle **Bestandteile des Antragsformulars**, sondern nur die unter § 305 Abs. 1 Nr. 3 InsO genannten Teile:

- das Vermögensverzeichnis,
- die Vermögensübersicht,
- das Gläubiger- und Forderungsverzeichnis
- Erklärung, dass die enthaltenen Angaben richtig und vollständig sind.

62 **Unerheblich ist**, ob durch das Fehlverhalten des Schuldners Gläubigerrechte beeinträchtigt werden. Es genügt, dass die falschen oder unvollständigen Angaben ihrer Art nach geeignet sind, die Befriedigung der Insolvenzgläubiger zu gefährden.[42] Ganz unwesentliche Verstöße rechtfertigen die Versagung der Restschuldbefreiung nicht.[43] Gläubiger sollen durch vollständige Angaben in die Lage versetzt werden, das gesamte wirtschaftliche Umfeld des Schuldners einzuschätzen. Hierbei sind auch Ansprüche zu nennen, die der Schuldner für nicht werthaltig hält.[44] Zur allgemeinen Beurteilung, welche Gläubiger zu nennen sind, ist auf den zukünftigen Zeitpunkt der Eröffnung abzustellen.[45]

63 Kein Versagungsgrund liegt vor, wenn der Schuldner seine Angaben nach § 305 Abs. 3 Satz 1 InsO auf **Aufforderung des Insolvenzgerichts** ergänzt oder nach den eingegangenen Stellungnahmen der Gläubiger zu dem Schuldenbereinigungsplan eine Änderung nach § 307 Abs. 3 Satz 1 InsO vornimmt und dadurch die fehlenden Angaben ergänzt oder Unrichtigkeiten berichtigt.[46]

g) Erwerbsobliegenheiten (§ 290 Abs. 1 Nr. 7 InsO)

64 Durch die Einführung des § 287b InsO ist der Schuldner während des gesamten Verfahrens verpflichtet, eine angemessene Erwerbstätigkeit auszuüben, sich um eine solche zu bemühen und keine zumutbare Tätigkeit abzulehnen. Ein Verstoß und die damit einhergehende Beeinträchtigung der Gläubigerbefriedigung stellen einen Versagungsgrund dar.

40) BGH, Beschl. v. 19.5.2011 – IX ZB 142/11, ZInsO 2011, 1223.
41) *Streck* in: HambKomm-InsO, § 290 Rz. 34.
42) BGH, Beschl. v. 24.3.2011 – IX ZB 80/09, ZInsO 2011, 835; Fortführung von BGH, Beschl. v. 28.6.2012 – IX ZB 259/11, ZInsO 2013, 99–100.
43) BGH, Beschl. v. 9.12.2004 – IX ZB 132/04, ZVI 2005, 643 = ZInsO, 2005, 146.
44) OLG Celle, Beschl. v. 4.2.2002 – 2 W 5/02, NZI 2002, 323 = Rpfleger 2002, 326.
45) BGH, Beschl. v. 7.4.2005 – IX ZB 195/03, ZVI 2005, 364 = NZI 2005, 403.
46) BayObLG, Beschl. v. 17.4.2002 – 4Z BR 20/02, ZVI 2002, 215 = NZI 2002, 392.

IV. Die Entscheidung über die Restschuldbefreiung

1. Zulässigkeitsprüfung

Die **erste Prüfung** eines Antrags auf Erteilung der Restschuldbefreiung erfolgt – neben dem Antrag auf Eröffnung des Insolvenzverfahrens – bereits **vor Eröffnung des Verfahrens** gemäß § 287a InsO. Der Antrag auf Erteilung der Restschuldbefreiung muss mit dem Antrag auf Eröffnung des Insolvenzverfahrens verbunden sein. Ist er dies nicht, haben die entsprechenden gerichtlichen Belehrungen und Hinweise gemäß § 287 Abs. 1 Satz 2 InsO i. V. mit § 20 InsO an den Schuldner zu erfolgen. Des Weiteren hat der Schuldner **eine Erklärung** darüber **abzugeben**, ob ihm 65

- in den letzten elf Jahren vor diesem Eröffnungsantrag oder danach die Restschuldbefreiung erteilt wurde (§§ 287 Abs. 1 Satz 3, 4, 287a Abs. 2 Satz 1 Nr. 1 Alt. 1 InsO),
- in den letzten fünf Jahren vor diesem Eröffnungsantrag oder danach die Restschuldbefreiung gemäß § 297 InsO versagt wurde (§§ 287 Abs. 1 Satz 3, 4, 287a Abs. 2 Satz 1 Nr. 1 Alt. 2 InsO),
- in den letzten drei Jahren vor diesem Eröffnungsantrag oder danach die Restschuldbefreiung gemäß § 290 Abs. 1 Nr. 5, 6 oder 7 InsO oder nach § 296 InsO versagt wurde (§§ 287 Abs. 1 Satz 3, 4, 287a Abs. 2 Satz 1 Nr. 2 Alt. 1 InsO),
- in den letzten drei Jahren vor diesem Eröffnungsantrag oder danach die Restschuldbefreiung gemäß § 297a InsO versagt wurde, wenn die nachträgliche Versagung auf die Gründe des § 290 Abs. 1 Nr. 5, 6 oder 7 InsO gestützt wurden (§§ 287 Abs. 1 Satz 3, 4, 287a Abs. 2 Satz 1 Nr. 2 Alt. 2 InsO), und
- die Richtigkeit und Vollständigkeit der Erklärung zu versichern (§ 287 Abs. 1 Satz 4 InsO).

Diese **Zulässigkeitsvoraussetzungen** sind durch das Insolvenzgericht **von Amts wegen zu prüfen** (§ 5 Abs. 1 InsO). Ist der Antrag unzulässig, muss das Insolvenzgericht dem Schuldner Gelegenheit geben, seinen Eröffnungsantrag vor der Entscheidung über die Eröffnung zurückzunehmen (§ 287a Abs. 2 Satz 2 InsO). Ist der Antrag zulässig, erfolgt bereits im Zusammenhang mit der Verfahrenseröffnung die Ankündigung der Restschuldbefreiung unter den Voraussetzungen, dass der Schuldner den Obliegenheiten des § 295 InsO nachkommt und die Voraussetzungen für eine Versagung der Restschuldbefreiung gemäß §§ 290, 297 bis 298 InsO nicht vorliegen. Gegen den Beschluss ist das Rechtsmittel der sofortigen Beschwerde gegeben (§ 287a Abs. 1 Satz 3 InsO). Zuständig für die Entscheidung über die Ankündigung der Restschuldbefreiung ist der Richter (§ 18 Abs. 1 Nr. 3 RpflG). Die Entscheidung ist öffentlich bekannt zu machen (§ 287a Abs. 1 Satz 2 InsO). 66

2. Versagung der Restschuldbefreiung im eröffneten Verfahren

Nur der redliche Schuldner, der sich gegenüber seinen Gläubigern ehrlich, zuverlässig und pflichtbewusst verhalten hat, soll in den Genuss der Restschuldbefreiung kommen. Gründe, aus denen die Restschuldbefreiung versagt werden kann, sind in § 290 und §§ 295 bis 298 InsO **abschließend aufgezählt**. Dabei findet § 290 InsO im eröffneten Verfahren und §§ 295 ff. InsO ab Aufhebung des Insolvenzverfahrens bis zum Ende der Abtretungsfrist und Anwendung. Der Gesetzgeber hat aus Gründen der Rechtssicherheit mit den in §§ 290, 295 ff. InsO aufgezählten Versagungstatbeständen eine abschließende Regelung getroffen. 67

Die Versagung der Restschuldbefreiung kann gemäß § 290 Abs. 2 InsO jederzeit **bis zum Schlusstermin oder bis zur Einstellung des Verfahrens** gemäß § 211 Abs. 1 InsO von einem Gläubiger (§ 290 Abs. 1 InsO), beantragt werden. Nur Insolvenzgläubiger, die ihre Forderungen bis zum Schlusstermin zur Insolvenztabelle angemeldet haben, sind an- 68 tragsberechtigt.[47] Hat ein Gläubiger nicht an dem Insolvenzverfahren teilgenommen, weil er z. B. erst nach Aufhebung des Insolvenzverfahrens davon erfahren hat, ist er nicht antragsberechtigt. Ihm bleibt lediglich die Möglichkeit, außerhalb des Insolvenzverfahrens Klage gemäß § 826 BGB gegen den Schuldner zu erheben.[48]

69 Liegen **mehrere Gläubigeranträge** vor, kommt eine Verbindung der Verfahren gemäß § 147 ZPO nicht in Betracht, weil es am erforderlichen rechtlichen Zusammenhang fehlt.[49] Hat das Insolvenzgericht aufgrund eines Antrags die Restschuldbefreiung versagt, liegt hinsichtlich der weiteren Anträge ggf. ein Fall der Erledigung vor. Weitere Anträge sind mangels Rechtsschutzbedürfnis unzulässig.[50]

70 Der **Insolvenzverwalter** ist ebenfalls nicht zur Stellung eines Versagungsantrags gemäß § 290 InsO berechtigt. Er ist auch nicht berechtigt, einen Versagungsantrag durch einen Gläubiger zu initiieren, da er ein neutrales Amt ausübt. Allerdings ist er berechtigt, die Gläubiger über die Obliegenheitsverletzungen des Schuldners zu informieren.[51]

71 Auch eine Versagung **von Amts wegen ist nicht möglich**.

72 Der geltend gemachte Versagungstatbestand muss durch den Antrag stellenden Gläubiger **glaubhaft gemacht werden** und es muss auch eine Gläubigerbeeinträchtigung gegeben sein.

73 Zwar kann ein Gläubigerantrag auf Versagung der Restschuldbefreiung bis zum Schlusstermin schriftlich gestellt werden, jedoch erfolgt die **Entscheidung** über den Versagungsantrag erst nach dem Schlusstermin. Dies folgt aus der Gesetzesbegründung zur Einführung des neuen § 290 Abs. 2 Satz 2 InsO.[52] Darin heißt es:

> „Nach § 290 Abs. 2 S. 2 InsO-E hat das Insolvenzgericht nach dem Schlusstermin über alle Versagungsanträge zu entscheiden. Diese Regelung entspricht im Kern des bisherigen § 289 Abs. 1. S. 2 InsO. Da nach der Konzeption des Gesetzesentwurfs die Insolvenzgläubiger bis zum Schlusstermin einen Versagungsantrag stellen können, wird im Interesse der Justizentlastung vorgesehen, dass das Gericht über alle Anträge erst nach diesem Termin zu entscheiden hat. Damit wird auch klargestellt, dass diese Sachbehandlung nicht als unangemessene Verfahrensdauer gemäß § 198 Abs. 1 des Gerichtsverfassungsgesetzes (GVG) gewertet werden kann."

74 Eine vorherige Entscheidung des Insolvenzgerichts über einen Versagungsantrag ist damit verfahrensfehlerhaft. Dies gilt auch für von Anfang an unzulässige oder unbegründete Anträge auf Versagung der Restschuldbefreiung.[53]

75 Die Entscheidung über Anträge auf Versagung der Restschuldbefreiung ist dem Richter vorbehalten (§ 18 Abs. 1 Nr. 3 RPflG). Gegen den Beschluss ist das Rechtsmittel der sofortigen Beschwerde zulässig und er ist öffentlich bekannt zu machen (§ 290 Abs. 3 InsO). Beschwerdeberechtigt sind der Schuldner und der Antrag stellende Insolvenzgläubiger. Dem Insolvenzverwalter steht kein eigenes Beschwerderecht zu.

76 Mit der Einführung der Gesetzesreform mit Geltung zum 1.7.2014 wurden für den Schuldner weitere Möglichkeiten zur vorzeitigen Erteilung der Restschuldbefreiung geschaffen (nähere Ausführungen hierzu siehe Rz. 188 ff.) und auch die Gründe des Wider-

47) BGH, Beschl. v. 20.11.2014 – IX ZB 56/13, ZVI 2015, 158–159 = ZInsO 2015, 108.

48) OLG Saarbrücken, Beschl. v. 7.5.2015 – 4 W 9/15, ZVI 2015, 415–418 = ZInsO 2015, 2130–2133; *Streck* in: HambKomm-InsO, § 290 Rz. 2.

49) *Streck* in: HambKomm-InsO, § 290 Rz. 3.

50) *Streck* in: HambKomm-InsO, § 290 Rz. 3.

51) *Streck* in: HambKomm-InsO, § 290 Rz. 4.

52) Begr. RegE Gesetz zur Verkürzung des Restschuldbefreiungsverfahrens und zur Stärkung der Gläubigerrechte, BT-Drucks. 17/11268, S. 27.

53) LG Göttingen, Beschl. v. 26.10.2017 – 10 T 55/17, NZI 2017, 975–977 = ZVI 2018, 257.

rufs der Restschuldbefreiung erweitert (nähere Ausführungen siehe Rz. 253). Dies gilt jedoch nur für Verfahren, die vor dem 1.10.2020 beantragt wurden.

V. Der Treuhänder des Restschuldbefreiungsverfahrens

Für das Restschuldbefreiungsverfahren bestimmt das Gericht einen Treuhänder von Amts wegen. Seine Rechte und Pflichten richten sich im Wesentlichen nach § 292 InsO. 77

1. Ernennung

Der Treuhänder wird durch das Insolvenzgericht im Zusammenhang mit der Aufhebung des Insolvenzverfahrens bzw. Einstellung gemäß § 211 InsO bestimmt (§ 288 InsO). Mit der Aufhebung bzw. Einstellung des Insolvenzverfahrens gehen die pfändbaren Bezüge des Schuldners nach Maßgabe der Abtretungserklärung auf den Treuhänder – als Nachfolger des Insolvenzverwalters – über, die dieser einzuziehen und zur quotalen Befriedigung der Insolvenzgläubiger zu verwenden hat. 78

2. Aufgaben

Der Treuhänder nimmt direkt nach Amtsübernahme mit dem Drittschuldner, welcher zur Zahlung der Bezüge verpflichtet ist, Kontakt auf und unterrichtet ihn über die Abtretung des pfändbaren Einkommens (§ 292 Abs. 1 Satz 1 InsO). Grundlage ist die mit dem Antrag eingereichte **Abtretungserklärung**, mit der der Schuldner Lohn-, Gehalts- oder sonstige Forderungen i. S. der § 287 Abs. 2 Satz 1 InsO zu eigenem Recht auf den Treuhänder überträgt.[54] Die Abtretungserklärung befindet sich in den Akten des Insolvenzgerichts. 79

Die eingehenden Bezüge oder sonstigen Leistungen sind **von dem Vermögen des Treuhänders getrennt** zu halten, folglich auf ein offenes Ander- oder Treuhandkonto einzuzahlen[55] und einmal jährlich nach dem Schlussverzeichnis an die Insolvenzgläubiger zu verteilen, sofern die nach § 4a InsO gestundeten Verfahrenskosten berichtigt sind. Die Verteilung der eingezogenen Beträge erfolgt auf Grundlage des Schlussverzeichnisses gemäß § 197 Abs. 1 Nr. 2 InsO; d. h. die Verteilung erfolgt nur an die Insolvenzgläubiger, deren Forderungen im Insolvenzverfahren festgestellt wurden. 80

Wurde das Insolvenzverfahren wegen **Masseunzulänglichkeit** eingestellt (§ 211 InsO), hat der Treuhänder zunächst an die Massegläubiger und erst nach deren vollständigen Befriedigung an die Insolvenzgläubiger zu verteilen. 81

3. Umfang der Abtretungserklärung

Abgetreten werden die jeweils **pfändbaren Beträge des laufenden Einkommens** (§ 287 Abs. 2 Satz 1 InsO). Pfändbares Einkommen ist der Betrag, der die durch die §§ 850 ff. ZPO dem Schuldner zu belassenen Beträge übersteigt. Aufgabe des Treuhänders ist es daher auch, den pfändbaren Betrag zu berechnen. 82

Gemäß § 292 Abs. 1 Satz 3 InsO i. V. mit § 36 Abs. 1 Satz 2, Abs. 4 InsO sind die Pfändungsschutzvorschriften der §§ 850 ff. ZPO anwendbar. Bei der Festlegung des pfändbaren Betrags sind alle Umstände zu berücksichtigen, die zu einer Änderung des pfändbaren Betrags führen können. 83

Folgende **Pfändungsschutzvorschriften** können zur Anwendung kommen: 84

Bis 30.11.2021:

– § 850 ZPO: Pfändungsschutz für Arbeitseinkommen.

54) *Streck* in: HambKomm-InsO, § 292 Rz. 1.

55) *Stephan* in: MünchKomm-InsO, § 292 Rz. 50.

- § 850a und (§ 850b ZPO umstritten): Unpfändbare bzw. bedingt pfändbare Bezüge.
- § 850c ZPO: Pfändungsfreigrenzen für Arbeitseinkommen, Nichtberücksichtigung unterhaltsberechtigter Personen.
- § 850e ZPO: Berechnung des pfändbaren Einkommens.
- § 850f Abs. 1 ZPO: Änderung des unpfändbaren Betrags.
- § 850g ZPO: Änderung der Unpfändbarkeitsvoraussetzungen.
- § 850h ZPO: Verschleiertes Arbeitseinkommen.
- § 850i ZPO: Pfändungsschutz bei sonstigen Verfügungen.
- § 850k ZPO: Pfändungsschutzkonto.
- § 851c ZPO: Pfändungsschutz bei Altersrenten.
- § 851d ZPO: Pfändungsschutz bei steuerlich gefördertem Altersvorsorgevermögen.

Ab 1.12.2021:

- § 850 ZPO: Pfändungsschutz für Arbeitseinkommen.
- § 850a und (§ 850b ZPO umstritten): Unpfändbare bzw. bedingt pfändbare Bezüge.
- § 850c ZPO: Pfändungsfreigrenzen für Arbeitseinkommen, Nichtberücksichtigung unterhaltsberechtigter Personen.
- § 850e ZPO: Berechnung des pfändbaren Einkommens.
- § 850f Abs. 1 ZPO: Änderung des unpfändbaren Betrags.
- § 850g ZPO: Änderung der Unpfändbarkeitsvoraussetzungen.
- § 850h ZPO: Verschleiertes Arbeitseinkommen.
- § 850i ZPO: Pfändungsschutz bei sonstigen Verfügungen.
- § 850k ZPO: Pfändungsschutzkonto.
- **§ 850l ZPO**: Pfändung des Gemeinschaftskontos.
- **§§ 899 bis 904, 905 Satz 1 und 3 sowie 906 Abs. 2 bis 4 ZPO**: Festsetzung eines abweichenden pfändungsfreien Betrages durch das Vollstreckungsgericht.
- § 36 Abs. 1 Satz 3 InsO.

85 Für Entscheidungen gemäß § 36 Abs. 4 Satz 1 InsO ist das Insolvenzgericht zuständig. Hier ist zu entscheiden, ob ein Gegenstand, nach den in Absatz 1 Satz 2 genannten Vorschriften, der **Zwangsvollstreckung** unterliegt. Antragsberechtigt ist der Insolvenzverwalter bzw. Treuhänder.

86 ***Häufig in der Praxis vorkommende Beispiele***

1. *Der Schuldner verfügt über mehrere laufende Einkommen, z. B. Arbeitseinkommen oder Renten. Nach § 36 Abs. 1 Satz 2 InsO, § 850e Nr. 2; 2a ZPO werden die Einkommen zusammengerechnet und danach der pfändbare Betrag nach § 850c ZPO berechnet.*
2. *Unterhaltsberechtigte des Schuldners haben eigene Einkünfte. Dieser Fall ist häufig, da in der Regel die Ehe- bzw. Lebenspartner ebenfalls über laufendes Einkommen verfügen. Für die Gläubiger und den Verwalter besteht die Möglichkeit, einen Antrag auf (teilweise) Nichtberücksichtigung einer unterhaltsberechtigten Person zu beantragen (§ 850c Abs. 4 ZPO).*
3. *Der Schuldner hat durch Wechsel der Arbeitsstelle einen weiteren Arbeitsweg und möchte wegen der erhöhten Fahrtkosten gemäß § 850f Abs. 1 Nr. 2 b ZPO die Erhöhung des pfändungsfreien Einkommens erreichen.*

Eine Entscheidung des Insolvenzgerichts ist nur erforderlich, wenn unter den Beteiligten, dazu gehört auch der Drittschuldner, Streit oder Unklarheit besteht, welcher Betrag an den Treuhänder abzuführen ist. 87

Bezieht der Schuldner sein **Einkommen aus dem Ausland** und begehrt Pfändungsschutz, so ist hierfür das Prozessgericht zuständig.[56] Von dem Insolvenzgericht müssen solche Anträge demnach als unzuständig zurückgewiesen werden. 88

Der Abtretung unterliegt nur das pfändbare laufende Einkommen des Schuldners. **Steuererstattungsansprüche** gehören nicht hierzu. Ansprüche auf Steuererstattung sind nach insolvenzrechtlichen Kriterien einzuordnen. Es kommt deshalb darauf an, wann der Rechtsgrund für eine mögliche Erstattung gelegt worden ist: Er entsteht bereits mit der Abführung der Steuer und ist aufschiebend bedingt, da erst die Berechnung nach Ablauf des Veranlagungszeitraums feststellt, ob die gezahlten Beträge die Steuerpflicht übersteigen.[57] Liegt der Entstehungszeitpunkt vor der Aufhebung des Verfahrens, ist der Anspruch der Insolvenzmasse nach § 35 InsO zuzurechnen und eine Nachtragsverteilung (§ 203 InsO) anzuordnen. Im Übrigen steht der Anspruch dem Schuldner zu. Die Nachtragsverteilung kann bezüglich der Steuererstattungsansprüche bereits bei Aufhebung des Insolvenzverfahrens vorbehalten werden. Der Insolvenzbeschlag bleibt sodann auch nach Aufhebung des Insolvenzverfahrens bestehen.[58] 89

Ebenso unterfallen **Einkünfte aus selbstständiger Tätigkeit** nicht der Abtretung gemäß § 287 Abs. 2 InsO.[59] Zwar haben selbstständig tätige Schuldner ebenfalls die Erklärung gemäß § 287 Abs. 2 InsO abzugeben, jedoch greift die Abtretung nur für den Fall, dass der Schuldner eine abhängige Beschäftigung annimmt. Nimmt er keine unselbstständige Tätigkeit an, geht die Abtretung ins Leere.[60] Vor diesem Hintergrund ist der Schuldner gemäß § 295a Abs. 1 InsO verpflichtet, an den Treuhänder den Betrag abzuführen, der dem pfändbaren Teil seiner Einkünfte entspräche, wenn er ein angemessenes Dienstverhältnis eingegangen wäre. 90

4. Verteilung der abgetretenen Beträge

Der Treuhänder verteilt die im Laufe eines Jahrs erlangten Beträge **nach Ablauf des Jahrs** an die Berechtigten (§ 292 Abs. 1 Satz 1 InsO). Er kann die Verteilung längstens bis zum Ende der Abtretungsfrist aussetzen, wenn dies angesichts der Geringfügigkeit der zu verteilenden Beträge angemessen erscheint; er hat dies dem Gericht einmal jährlich unter Angabe der Höhe der erlangten Beträge mitzuteilen (§ 292 Abs. 1 Satz 4 InsO) 91

Die Laufzeit der Abtretungserklärung beginnt mit der Eröffnung des Insolvenzverfahrens. Regelmäßig wird nach Aufhebung des Verfahrens die Laufzeit nicht mehr in ganze Jahre unterteilt werden können. 92

Beispiel nach altem Recht 93

Eröffnung des Insolvenzverfahrens	*10.1.2018*
Rechtskräftige Aufhebung des Verfahrens	*10.8.2018*
Laufzeit der Abtretungserklärung	*vom 10.1.2002–10.1.2024*

56) BGH, Beschl. v. 5.6.2012 – IX ZB 31/10, ZVI 2012, 305 = ZIP 2012, 1371.

57) BGH, Beschl. v. 12.1.2006 – IX ZB 239/04, ZVI 2006, 58 = ZIP 2006, 340, dazu EWiR 2006, 245 *(Beck)*.

58) BFH, Urt. v. 28.2.2012 – VII R 36/11, ZVI 2012, 276 = ZIP 2012, 933, dazu EWiR 2012, 463 *(Sinz/Hiebert)*.

59) BGH, Urt. v. 15.10.2009 – IX ZR 234/08, ZVI 2010, 28.

60) *Stephan* in: MünchKomm-InsO, § 287 Rz. 119.

Beispiel nach neuem Recht

Eröffnung des Insolvenzverfahrens	*10.1.2021*
Rechtskräftige Aufhebung des Verfahrens	*10.8.2021*
Laufzeit der Abtretungserklärung	*vom 10.1.2021–10.1.2024*

Das Amt des Treuhänders der Wohlverhaltensperiode erstreckt sich über den Zeitraum vom 10.8.2018 bis 10.1.2024, also von fünf Jahren und fünf Monate bzw. vom 10.8.2021 bis 10.1.2024, also von zwei Jahren und fünf Monaten. Hier ist eine gesetzliche Regelung nicht vorhanden. In Absprache mit dem Insolvenzgericht wird der Treuhänder entweder zu Beginn oder zum Ende den kürzeren Zeitraum abrechnen.

94 Grundsätzlich verteilt der Treuhänder an die Insolvenzgläubiger, die sich aus dem **Schlussverzeichnis** ergeben (§ 292 Abs. 1 Satz 2 InsO; zum Sonderfall der Masseunzulänglichkeit siehe Rz. 266 ff.).

a) Vergütung des Treuhänders

95 Für seine Tätigkeit in der Wohlverhaltensperiode erhält der Treuhänder eine Vergütung nach § 14 InsVV. Steht sie nicht über die Masse zur Verfügung, wird sie entweder über die **Verfahrenskostenstundung** gedeckt oder muss von dem Schuldner gezahlt werden. Eine Verpflichtung des Treuhänders zur Weiterführung seiner Tätigkeit besteht nur, wenn seine Vergütung gedeckt ist. Ist sie nicht gedeckt, kann dies bei einem entsprechenden Antrag des Treuhänders zur Versagung der Restschuldbefreiung und damit zum Ende der Wohlverhaltensperiode führen (§ 298 InsO). Aus diesem Grunde ist die Vergütung immer erstrangig zu bedienen.

b) Stundung der Verfahrenskosten

96 Die nach § 4a InsO gestundeten Verfahrenskosten sind grundsätzlich vorweg zu berichtigen. Es handelt sich dabei um die für das Haupt- und Restschuldbefreiungsverfahren gestundeten Kosten mit Ausnahme der Kosten für einen beigeordneten Rechtsanwalt (§ 292 Abs. 1 Satz 2 InsO).

97 Die **Vorrangregelung der Kosten** übernimmt die Grundsätze des eröffneten Verfahrens. Nach § 53 InsO sind die Kosten des Verfahrens vorweg aus der Masse zu berücksichtigen, d. h. vor einer Befriedigung der Insolvenzgläubiger. Während der Wohlverhaltensperiode führt dies allerdings zu einer gewissen Beeinträchtigung der Gläubiger. Da die Kosten des Verfahrens über das eröffnete Verfahren hinaus Berücksichtigung finden, wird der Zahlungsanspruch der Insolvenzgläubiger geschmälert.

98 Kosten für einen **beigeordneten Rechtsanwalt** haben ihren Grund nicht im eigentlichen Insolvenzverfahren. Sie sind Ausfluss einer staatlichen Fürsorge. In bestimmten, besonders schwierigen Fällen soll der rechtsunkundige Schuldner durch die Beiordnung eines Rechtsanwalts unterstützt werden. Diese Kosten sollen jedoch nicht zulasten der Insolvenzgläubiger gehen. Sie können nur i. R. des Nachforderungsrechts der Landeskasse nach § 4b InsO geltend gemacht werden.[61)]

c) Sonstige Masseverbindlichkeiten

99 Ist das Verfahren wegen **Masseunzulänglichkeit** eingestellt worden, sind die noch offenen sonstigen Masseverbindlichkeiten vorweg zu befriedigen.

---

61) Begr. RegE InsOÄndG z. Nr. 16 (§ 292 InsO), BT-Drucks. 14/5680, S. 28, abgedr. in: *Kübler/Prütting*, InsO, Anh. III, S. 46.

d) Insolvenzgläubiger

Insolvenzgläubiger werden nach dem **Schlussverzeichnis** befriedigt. Die Verteilung erfolgt, wie auch im eröffneten Verfahren, quotal, also im Verhältnis der festgestellten Forderungen. 100

5. Überwachung der Obliegenheiten

Neben der Einziehung der pfändbaren Beträge und deren Verteilung kann der **Treuhänder** durch die Gläubigerversammlung beauftragt werden, die Obliegenheiten des Schuldners nach § 295 InsO zu überwachen (§ 292 Abs. 2 InsO). Anlass für eine solche Entscheidung der Gläubiger kann eine bekannte Unzuverlässigkeit des Schuldners sein. Diese Entscheidung muss spätestens im Schlusstermin von der Gläubigerversammlung getroffen werden, da nach der Beendigung des Insolvenzverfahrens eine Einberufung einer Gläubigerversammlung nach § 74 InsO nicht mehr in Betracht kommt.[62] Sofern das Überwachungsbedürfnis im Schlusstermin noch nicht geklärt ist, kann die Gläubigerversammlung auch bedingte Beschlüsse fassen. 101

Dem Treuhänder steht für diese besondere Tätigkeit eine zusätzliche **Vergütung** i. H. von mindestens 50 € (35 € für Verfahren bis zum 1.1.2021) pro Stunde zu (§ 15 InsVV).[63] Die Überwachungspflicht trifft den Treuhänder nur dann, wenn die zusätzliche Vergütung gedeckt ist. Dies kann durch einen Vorschuss eines Gläubigers erfolgen. Der vorschussleistende Gläubiger erhält hierdurch aber keine bevorrechtigte Stellung in Bezug auf Information durch den Treuhänder oder gar in Bezug auf die Befriedigung seiner Forderung. Angesichts der geringen Massen in den Insolvenzen natürlicher Personen kommt es nur in Ausnahmefällen zu einer entsprechenden Entscheidung der Gläubigerversammlung. 102

Auch ohne besonderen Auftrag der Gläubigerversammlung hat der Treuhänder zu überprüfen, ob tatsächlich die **pfändbaren Teile des laufenden Einkommens** abgeführt werden. Die Anforderungen dürfen jedoch nicht überspannt werden, sodass letztlich eine Überwachung ohne Beschluss der Gläubigerversammlung erreicht würde. Es ist ausreichend, wenn der Treuhänder durch einfache Überprüfung einer Einkommensbescheinigung anhand der Anlage zu § 850c ZPO (Pfändungstabelle) den pfändbaren Betrag ermittelt und mit den Zahlungen aufgrund der Abtretung abgleicht. Geht der Schuldner einer **selbstständigen Tätigkeit** nach, obliegt es ihm, den Betrag an den Treuhänder abzuführen, den er abzuführen hätte, wenn er ein angemessenes Dienstverhältnis eingegangen wäre (§ 295a Abs. 1 InsO). Unterlässt der Schuldner die Zahlung an den Treuhänder, liegt zwar ein Versagungsgrund vor, jedoch ist der Treuhänder weder berechtigt noch verpflichtet, die abzuführenden Beträge gegen den Schuldner geltend zu machen.[64] 103

Vielfach beauftragen die Insolvenzgerichte den Treuhänder, Anhaltspunkte einer Obliegenheitsverletzung anzuzeigen. Erhält der Treuhänder Kenntnis von Umständen, die auf eine **Verletzung der Obliegenheiten** hindeuten, etwa wenn der Schuldner für ihn nicht mehr erreichbar ist oder entgegen dem Ergebnis des Insolvenzverfahrens keine Gelder eingehen, teilt er dies mit. Eine Ermittlung oder ein Forschen nach Obliegenheitsverletzungen wäre gleichbedeutend mit einem Überwachungsauftrag und kann daher nicht durch das Gericht angeordnet werden. Mit dem Auftrag des Gerichts wird keine Vergütung nach § 15 InsVV ausgelöst. 104

---

62) *Streck* in: HambKomm-InsO, § 292 Rz. 11.

63) Der Stundensatz ist durch die Verordnung zur Änderung der Insolvenzrechtlichen Vergütungsverordnung (InsVV), v. 4.10.2004, BGBl. I 2004, 2569, erhöht worden; in Verfahren, die vor dem 1.1.2004 eröffnet wurden, beträgt der Stundensatz 15 €.

64) *Riedel* in: BeckOK-InsO, § 295a Rz. 7.

6. Rechnungslegung

105 Über die Verwendung der verwalteten Gelder hat der Treuhänder zum Ende des Amts Rechnung zu legen (§ 292 Abs. 3 Satz 1 InsO). **Adressat der Rechnungslegung ist das Insolvenzgericht** und nicht, wie es § 66 Abs. 1 InsO vorsieht, die Gläubigerversammlung.[65] Die Rechnungslegung umfasst den gesamten Zeitraum von der Aufhebung des Verfahrens bis zum Ende der Laufzeit der Abtretung. Andere Zeitintervalle sind jedoch dadurch nicht ausgeschlossen und werden häufig von den Gerichten gefordert.

> **Praxishinweis**
> Üblich ist eine jährliche Abrechnung. Dieser Zeitraum ist überschaubar und lässt eine zeitnahe Behebung von Beanstandungen zu. Auch die Rechnungslegung nur zum Ende des Amts muss Abrechnungen für jedes Jahr aufweisen. Eingenommene Beträge werden jährlich an die Insolvenzgläubiger ausgeschüttet und müssen zur Nachvollziehbarkeit entsprechend dargestellt werden.

a) Form der Rechnungslegung

106 Die InsO beschreibt die **Form der Rechnungslegung** weder für die Regel- noch für die Verbraucherinsolvenz. An Umfang und Inhalt sollten angesichts der geringen Masse in Insolvenzen über das Vermögen natürlicher Personen keine übertriebenen Anforderungen gestellt werden.

107 Die Rechnungslegung enthält in der Regel

- die Gesamtsumme der eingezogenen Beträge des vergangenen Jahres
- abzüglich der jährlichen Vergütung des Treuhänders
- abzüglich gestundeter Verfahrenskosten
- abzüglich der jährlichen Ausschüttung der Quote

für jedes Jahr der Wohlverhaltensperiode.

> **Praxishinweis**
> Verwaltersoftware ermöglicht den Ausdruck von Summen- und Saldenlisten, Kontendarstellungen und Geldkonten bezogene Übersichten. Bestandteil der **Rechnungsunterlagen** sind buchungsbegründende Unterlagen, z. B. Rechnungen, Kontoauszüge. Es empfiehlt sich, Belege den jeweiligen Kontoauszügen chronologisch zuzuordnen, da die Gerichte bevorzugt nach diesem System prüfen.

108 Werden während des Abrechnungszeitraums keine Umsätze getätigt, ist eine förmliche **Schlussrechnung** wie auch die Einrichtung eines Verfahrenskontos **entbehrlich**. Hier reicht in der Regel eine entsprechende Mitteilung über die fehlenden Umsätze an das Insolvenzgericht. Sofern ein Verfahrenskonto geführt wird, sollte ein Kontenbestandsnachweis vorgelegt werden, um eine Anschlussmöglichkeit für nachfolgende Abrechnungen in der Wohlverhaltensphase herzustellen.

b) Inhalt der Rechnungslegung

109 Der Inhalt einer Rechnungslegung am Ende des Insolvenzverfahrens bestimmt sich nach dem am Anfang des Verfahrens durch den Insolvenzverwalter festgelegten Kontenrahmen. Die Rechnungslegung ist eine Einnahmen-Überschussrechnung, deren Bestand sich aus der Summe aller Einnahmen abzüglich der Summe aller Ausgaben ergibt. Dabei ist zu beachten, dass die unterschiedlichen Einnahmen und Ausgaben während des Verfahrens

---

65) *Stephan* in: MünchKomm-InsO, § 292 Rz. 95.

zum richtigen Einnahmen- bzw. Ausgabenkonto gebucht werden. Die Rechnungslegung ist dann die Zusammenstellung aller Buchungskonten im Zusammenhang mit einer chronologischen Einnahmen-Ausgabenabrechnung für das bestehende Verfahrenskonto, ggf. für Geldanlagekonten und Kassen. Die Rechnungslegung für die Wohlverhaltensphase wird in Fortführungen des bereits für das vorangegangene Insolvenzverfahren bestehenden Kontenrahmens erstellt. Werden Verteilungen vorgenommen, ist immer ein Verteilungsverzeichnis beizufügen, aus dem sich die bereits vorher und die aktuell ausgezahlten Quoten für jeden einzelnen Gläubiger ergeben.

aa) Bestand nach Schlussverteilung

Insbesondere bei laufendem Einkommen fließen auch nach dem Schlusstermin weitere Beträge in die Masse. Beträge, die nach dem Schlusstermin ermittelt werden, lösen, soweit sie nicht von der Abtretungserklärung erfasst sind, die Anordnung einer **Nachtragsverteilung** aus (§ 203 Abs. 1 Nr. 3 InsO). Eine Nachtragsverteilung bedeutet regelmäßig die Ausschüttung einer weiteren Quote. Demgegenüber können, je nach Masse, ein erheblicher Aufwand und natürlich die Kosten der Überweisung stehen. 110

Üblich ist es, im Schlusstermin mit den Gläubigern oder bei Anordnung der Nachtragsverteilung zu entscheiden, dass diese Beträge mit der Verteilung des folgenden Jahrs der Wohlverhaltensperiode ausgeschüttet werden. Ebenso wird verfahren, wenn sich schon aus der Schlussrechnung eine geringe Quote für die Schlussverteilung ergibt. Der Insolvenzverwalter regt eine solche Verfahrensweise – **eine abweichende Vollziehung der Schlussverteilung** – bereits im Schlussbericht oder mit der Anzeige der Notwendigkeit zur Einrichtung einer Nachtragsverteilung an. Bei Bestimmung des Schlusstermins muss dieser Tagesordnungspunkt aufgenommen werden, da andernfalls eine Behandlung im Termin nicht möglich ist. 111

Sind dem Schuldner die Verfahrenskosten gestundet worden und konnten sie im eröffneten Verfahren noch nicht beglichen werden, ist die Bezahlung der **Verfahrenskosten vorrangig**. Zahlungen an die Gläubiger, deren Ansprüche den gestundeten Kosten nachrangig sind, können erst erfolgen, wenn die Verfahrenskosten vollständig ausgeglichen wurden. 112

bb) Einnahmen

Einnahmen während der Wohlverhaltensperiode ergeben sich wie folgt: 113

- **Pfändbarer Teil des laufenden Einkommens**, das i. R. der Abtretung in die Masse fließt (§ 287 Abs. 2 Satz 1 InsO, § 292 Abs. 1 Satz 2 InsO).
- **Einnahmen aus Selbstständigkeit**, wobei der Schuldner die Gläubiger so zu stellen hat, dass die abgeführten Beträge einer Abtretung aus einem angemessenen Dienstverhältnis entsprechen.
- **Erbschaft**, die der Schuldner hälftig der Masse zuführen muss (§ 295 Satz 1 Nr. 2 InsO).
- **Zurückbehaltene Beträge** nach § 203 Abs. 1 Nr. 1 InsO. Hat ein Gläubiger, dessen Forderung bestritten war, Feststellungsklage erhoben, wird der auf diese Forderung entfallende Teil i. R. der Schlussverteilung zurückbehalten (§ 189 Abs. 1, 2 InsO). Verliert der Gläubiger den Rechtsstreit, wird der Betrag zugunsten der übrigen Gläubiger frei und ist im Wege der Nachtragsverteilung auszuschütten (§ 203 Abs. 1 Nr. 1 InsO). Das Insolvenzgericht wird, wenn die Wohlverhaltensperiode noch nicht beendet ist, die Ausschüttung gemeinsam mit der Jahresausschüttung anordnen.
- **Rückflüsse:** Hat der Treuhänder bzw. Verwalter im eröffneten Verfahren Verbindlichkeiten erfüllt und fließt aufgrund neuer Berechnung oder sonstiger Änderung der Betrag wieder in die Masse, ist auch dies ein Fall der **Nachtragsverteilung** (§ 203

Abs. 1 Nr. 2 InsO). Auch hier wird die Nachtragsverteilung gemeinsam mit einer Jahresausschüttung erfolgen.

- **Nachträglich ermittelte Masse:** Wird nach Abhaltung des Schlusstermins Masse ermittelt (z. B. „vergessene" Lebensversicherungsverträge), auf die im eröffneten Verfahren schon ein Anspruch bestand, besteht wiederum Anlass für eine Nachtragsverteilung (§ 203 Abs. 1 Nr. 3 InsO), die i. R. der jährlichen Verteilung ausgeführt wird.
- **Sonstige Einnahmen:** Ein Schuldner kann ein Interesse daran haben, Insolvenzgläubiger durch Sonderzahlungen zu befriedigen. Nach § 295 Abs. 1 Nr. 4 InsO darf er nicht unmittelbar an die Gläubiger zahlen, vielmehr hat er solche Beträge an den Treuhänder zu übergeben, der die Verteilung vornimmt. Denkbar wäre, dass der Schuldner bei einem Lottogewinn alle Forderungen sofort begleichen möchte oder bei Selbstständigkeit zur Aufrechterhaltung von Geschäftsbeziehungen mit Lieferanten Sonderzahlungen leistet.
- Zu den Einnahmen gehören auch die **Beträge, die der Treuhänder noch zurückhalten muss**, da ein Feststellungsstreit noch nicht beendet ist. Diese Beträge gehören zum Bestand.

cc) Ausgaben

114 Als Ausgaben sind anzusetzen:

- **Treuhändervergütung** gemäß § 14 InsVV.
- **Vergütung für eine Nachtragsverteilung:** Die Nachtragsverteilung ist dem Hauptverfahren zuzuordnen und daher vor weiteren Ansprüchen zu befriedigen.
- **Zahlung auf gestundete Verfahrenskosten:** Verfahrenskosten sind Massekosten i. S. von § 54 InsO und daher vor den sonstigen Masseverbindlichkeiten sowie der Insolvenzforderungen zu begleichen. Dieser Grundsatz gilt auch in der Wohlverhaltensperiode. Zu berücksichtigen sind nicht nur die bis zur Aufhebung des Verfahrens gestundeten Kosten, sondern auch die für jedes Jahr der Wohlverhaltensphase anfallende Treuhändervergütung. Wird die Verfahrenskostenstundung während der Wohlverhaltensphase aufgehoben, hat der Treuhänder für das Jahr der Stundungsaufhebung einen Sekundärzahlungsanspruch gegen die Landeskasse.[66)]
- **Sonstige Massekosten:** Während der Wohlverhaltensperiode entstehen im Allgemeinen nur geringe **sonstige Masseverbindlichkeiten.** Dazu gehören bspw. die Kosten des Verfahrenskontos.
- **Masseverbindlichkeiten:** Soweit die Wohlverhaltensperiode **nach Einstellung wegen Masseunzulänglichkeit** (§ 211 InsO) begonnen hat, sind noch nicht alle Masseverbindlichkeiten beglichen worden. Sie sind entsprechend der im eröffneten Verfahren geltenden Rangfolge vor den Insolvenzforderungen zu begleichen (§ 53 InsO). Dabei ist die Reihenfolge nach § 209 InsO zu beachten, insbesondere sind zunächst die Verbindlichkeiten zu befriedigen, die nach Anzeige der Masseunzulänglichkeit entstanden sind (Neumasseverbindlichkeiten) und dazu nachrangig die vor der Anzeige entstandenen Masseverbindlichkeiten (Altmasseverbindlichkeiten).
- **Ausschüttung Nachtragsverteilung:** Obwohl rein rechnerisch die **Nachtragsverteilung** gemeinsam mit der jährlichen Regelausschüttung verbunden werden kann, muss der Betrag aus Gründen der Nachprüfbarkeit gesondert ausgeworfen werden.

66) BGH, Beschl. v. 3.12.2009 – IX ZA 36/09, juris.

- **Ausschüttung an die Gläubiger laut Schlussverzeichnis:** Insolvenzforderungen werden, wie auch im eröffneten Verfahren, nach den Masseverbindlichkeiten befriedigt. Die Quote wird entsprechend der Verteilung im Hauptverfahren berechnet:

$$\text{Quote} = \frac{100 \times \text{Verteilungsmasse}}{\text{Insolvenzforderungen}}$$

- **Ausschüttung an nachrangige Insolvenzgläubiger:** Ist im eröffneten Verfahren zur Anmeldung nachrangiger Forderungen aufgefordert worden (§ 174 Abs. 3 InsO), wurden diese Ansprüche auch in das Schlussverzeichnis als **nachrangige Forderungen** aufgenommen und werden während der Wohlverhaltensperiode entsprechend bedient.
- **Sonstige Ausgaben:** Ohne Rücksicht auf den Rang sind sonstige Auszahlungen aufzuführen. Hat etwa der Arbeitgeber des Schuldners den pfändbaren Betrag falsch berechnet, ist der zu viel gezahlte Betrag an den Schuldner zu erstatten.

Praxishinweis

Alle genannten Einnahmen und Ausgaben sind durch sachkontenbezogene Buchung einzeln nachzuweisen. Die auf dem Markt erhältlichen Verwalterprogramme bieten entsprechende Buchungssysteme an. Wegen der unterschiedlichen Ausgestaltung der Programme ist eine Darstellung an dieser Stelle nicht möglich. Jede Verteilung sollte mit einem gesonderten Verteilungsverzeichnis belegt werden. Sofern es im gesamten Verfahren zu mehreren Verteilungen kommt, müssen die Verteilungsverzeichnisse die jeweils aktuell verteilte Quote und die bereits vorher verteilen Quoten enthalten. Auch hier bieten die erhältlichen Verwalterprogramme entsprechende Gestaltungsmöglichkeiten.

7. Aufsicht des Insolvenzgerichts

Der Treuhänder steht unter der Aufsicht des Insolvenzgerichts (§§ 292 Abs. 3 Satz 2, 58 InsO). Aufsichtsmaßnahmen auslösende Sachverhalte können nur in der Nichterfüllung der im Vergleich zum Hauptverfahren wenigen Pflichten gesehen werden, etwa wenn er es versäumt, die regelmäßige Zahlung der abgetretenen Beträge zu überwachen, oder mit dem selbstständigen Schuldner offensichtlich fehlerhafte Absprachen hinsichtlich der abzuführenden Beträge trifft. 115

Zu den üblichen Pflichten des Treuhänders während der Wohlverhaltensperiode gehört bspw. über den Verlauf der Wohlverhaltensperiode zu berichten, Rechnung zu legen und die eventuell zu tätigende Verteilung durchzuführen. 116

Auch eine **Entlassung** des Treuhänders ist möglich (§§ 292 Abs. 3, 59 InsO). Während der Wohlverhaltensperiode besteht kein Raum für eine Gläubigerversammlung. Antragsberechtigt ist deshalb jeder Insolvenzgläubiger (§ 292 Abs. 3 Satz 2 InsO). Ebenso kann eine Entlassung von Amts wegen oder auf eigenen Antrag des Treuhänders erfolgen. Eine Entlassung ist nur aus wichtigem Grund möglich, also etwa bei Begünstigung einzelner Gläubiger. Dem Treuhänder ist vor der Entscheidung rechtliches Gehör zu gewähren. 117

8. Die Vergütung des Treuhänders

Auch der Treuhänder der Wohlverhaltensperiode hat Anspruch auf eine angemessene Vergütung (§ 293 InsO). Dabei ist dem Zeitaufwand des Treuhänders und dem Umfang seiner Tätigkeit Rechnung zu tragen. Dieser Anspruch entsteht für das Restschuldbefreiungsverfahren nach §§ 286 ff. InsO **gesondert neben dem Vergütungsanspruch für das eröffnete Insolvenzverfahren.** Sie steht nur dem Treuhänder, nicht dem Insolvenzverwalter zu und setzt eine Entscheidung des Insolvenzgerichts gemäß § 288 Satz 2 InsO 118 über die Bestellung des Treuhänders voraus.[67] Im Einzelnen wird die Vergütung gemäß § 293 Abs. 2 InsO i. V. mit § 65 InsO i. V. mit § 14 InsVV geregelt.

119 Danach erhält der Treuhänder ähnlich wie ein Verwalter einen **prozentualen Anteil** der verwalteten Beträge:

Von den ersten 35.000 €	5 %
Von weiteren 35.000 €	3 %
Von dem Mehrbetrag	1 %

120 Maßgebend sind die Beträge, die aufgrund der Abtretungserklärung und sonstiger Leistungen des Schuldners (z. B. durch eine Erbschaft) oder Dritter während der Dauer des Abtretungszeitraums an den Treuhänder abgeführt werden.[68] Gehen keine oder nur geringe Beträge bei dem Treuhänder ein, beträgt die Vergütung für jedes Jahr der Tätigkeit des Treuhänders **mindestens 140 €** (für Verfahren bis zum 31.12.2021: 100 €) zuzüglich Umsatzsteuer (§ 14 Abs. 3 Satz 1 InsVV) und zwar unabhängig von dem Umfang der Verwaltertätigkeit. Durch die Verordnung zur Änderung der InsVV vom 4.10.2004[69] wurde § 14 Abs. 3 InsVV geändert und Satz 2 eingefügt. Danach **erhöht sich die Mindestvergütung** des Treuhänders um 70 € (für Verfahren bis zum 31.12.2021: 50 €) je weitere fünf Gläubiger, wenn er die durch die Abtretung oder auf sonstige Weise erlangten Beträge an mehr als fünf Gläubiger verteilt; d. h. die Erhöhung um 70 € (für Verfahren bis zum 31.12.2021: 50 €) fällt jeweils an, wenn an weitere fünf Gläubiger[70] verteilt wird. Der Zuschlag ist auch für die ersten fünf Gläubiger zu gewähren (vorausgesetzt, die Zahl 5 ist insgesamt überschritten) und erfolgt nur blockweise für jeweils fünf Gläubiger und nicht für jeweils angefangene fünf Gläubiger.[71]

121 Nach der Neuregelung soll der Treuhänder in der Wohlverhaltensperiode also zumindest die sich aus § 14 Abs. 3 InsVV ergebende Vergütung erhalten. Zu vergleichen sind daher für die gesamte Dauer der Tätigkeit des Treuhänders einerseits die **Mindestvergütung** und andererseits die **Regelvergütung** aus § 14 Abs. 1 und 2 InsVV. Die **höhere Vergütung ist festzusetzen.**[72] Dies kann in Einzelfällen dazu führen, dass die Mindestvergütung bei einer hohen Anzahl von Gläubigern die Regelvergütung, selbst bei einer beachtlichen Höhe der eingenommenen Beträge, übersteigt. Der Verordnungsgeber sah jedoch nur auf diese Weise eine annehmbare Vergütung der Treuhänder gewährleistet.[73]

122 **Auslagen** kann der Treuhänder in Abweichung von der allgemeinen Regelung des § 7 Abs. 3 InsVV nicht pauschal abrechnen.[74] Sie sind einzeln darzustellen und zu belegen (§ 16 Abs. 1 Satz 3 InsVV).

123 Bei der Vergütung handelt es sich um eine rein betragsmäßig definierte Vergütung, bei der der Umfang und Zeitaufwand des Treuhänders regelmäßig nicht zu berücksichtigen ist.

67) BGH, Beschl. v. 18.12.2003 – IX ZB 60/03, ZVI 2004, 57 = NZI 2004, 156.

68) *Streck* in: HambKomm-InsO, § 293 Rz. 2.

69) Verordnung zur Änderung der Insolvenzrechtlichen Vergütungsverordnung (InsVV), v. 4.10.2004, BGBl. I 2004, 2569.

70) Maßgeblich ist die Kopfzahl der Gläubiger und nicht die Zahl ihrer Forderungen; BGH, Beschl. v. 16.12.2010 – IX ZB 261/09, ZVI 2011, 106 = NZI 2011, 147.

71) BGH, Beschl. v. 16.12.2010 – IX ZB 261/09, ZVI 2011, 106 = NZI 2011, 147.

72) BGH, Beschl. v. 16.12.2010 – IX ZB 261/09, ZVI 2011, 106 = NZI 2011, 147.

73) Begr. z. Art. 1 Nr. 10 der Ersten Änderungsanordnung zur InsVV, abgedr. in: *Kübler/Prütting/Bork*, InsO Anh. III zur InsVV.

74) *Stephan* in: MünchKomm-InsO, § 293 Rz. 29.

Entstehen Zusatzbelastungen ist die Anwendung von Erhöhungstatbeständen nicht ausdrücklich ausgeschlossen (§ 3 InsVV). Ein Erhöhungstatbestand kann z. B. gesehen werden in 124

- einer außergewöhnlich hohen Zahl Gläubiger,
- Schwierigkeiten bei der Ermittlung des abgetretenen pfändbaren Betrags, insbesondere bei Selbstständigen,
- gerichtliche Durchsetzung und Vollstreckung abgetretener Beträge gegen den Verpflichteten.

Da die Verteilung der Beträge nach dem Schlussverzeichnis weitgehend automatisiert ausgeführt wird, also nicht mit besonderen Schwierigkeiten verbunden ist, bedeutet es grundsätzlich keinen Unterschied, an 20 oder 50 Gläubiger Auszahlungen zu leisten. Auch Schwierigkeiten bei der Ermittlung des abgetretenen pfändbaren Betrags lassen sich durch den Treuhänder durch einen Antrag bei dem Insolvenzgericht nach § 36 Abs. 1 Satz 2, 4 InsO, §§ 850 ff. ZPO einfach beheben. 125

Der Treuhänder ist berechtigt, eine jährliche Mindestvergütung ohne Festsetzung oder Zustimmung durch das Insolvenzgericht i. S. eines **Vorschusses** der eingenommenen Masse zu entnehmen (§ 16 Abs. 2 Satz 1 InsVV). Eine **endgültige Berechnung** erfolgt dann zum Ende des Amts und nur auf Antrag des Treuhänders (§ 16 Abs. 1 Satz 2 InsVV). Die entnommenen Vorschüsse, die den Gesamtbetrag der Vergütung nicht übersteigen dürfen (§ 16 Abs. 2 Satz 2 InsVV), sind anzurechnen. 126

Der Schuldner muss sicherstellen, dass die Mindestvergütung des Treuhänders gedeckt ist, ansonsten läuft er Gefahr, dass ihm die Restschuldbefreiung versagt wird (§ 298 InsO). 127

Sind die Kosten des Verfahrens nach § 4a InsO gestundet, so kann das Insolvenzgericht die Vorschüsse bewilligen (§ 16 Abs. 2 Satz 3 InsVV). Wird der Vorschuss versagt, ist die Erinnerung nach § 11 Abs. 2 RPflG gegeben.[75] Auch hier darf der bewilligte Vorschuss nicht den bereits verdienten Teil der Vergütung und nicht die Mindestvergütung übersteigen. 128

VI. Obliegenheiten des Schuldners und sonstige Versagungsgründe

Während des Zeitraums zwischen der Beendigung des Insolvenzverfahrens und dem Ende der Abtretungsfrist hat der Schuldner Pflichten zu erfüllen, die die weitere Befriedigung der Insolvenzgläubiger sicherstellen sollen. **Die Verletzung der Obliegenheiten** kann zur Versagung der Restschuldbefreiung führen. Daneben können die Verurteilung wegen einer Insolvenzstraftat und die fehlende Deckung der Treuhändervergütung zur Versagung der Restschuldbefreiung führen. 129

§ 295 InsO regelt die Obliegenheiten, die der Schuldner während der Wohlverhaltensperiode zu erfüllen hat. Die Wohlverhaltensperiode beginnt mit der Aufhebung des Insolvenzverfahrens und dauert bis zum Ende der Laufzeit der Abtretungsfrist.[76] Die Unterscheidung zwischen Versagungsgrund im eröffneten Verfahren (§ 290 InsO) und Versagung aufgrund der Verletzung von Obliegenheiten (§ 295 InsO) erfolgt aufgrund der **unterschiedlichen Anforderungen im jeweiligen Verfahrensabschnitt**; dementsprechend sind die Pflichten des redlichen Schuldners verschieden festgelegt worden. 130

1. Ausübung einer angemessenen Erwerbstätigkeit (§ 295 Satz 1 Nr. 1 InsO)

Insolvenzgläubiger werden während der Wohlverhaltensperiode nur aus den abgetretenen Beträgen befriedigt. Von dem Schuldner ist deshalb zu verlangen, dass er eine seinen 131

75) *Büttner* in: HambKomm-InsO, § 16 InsVV Rz. 12.

76) BGH, Beschl. v. 18.12.2008 – IX ZB 249/07, ZVI 2009, 170 = ZInsO 2009, 299.

Möglichkeiten **angemessene Tätigkeit ausübt**, um ein für die Gläubiger bestmögliches Ergebnis zu erzielen. **Ist er ohne Arbeit**, muss er sich um **eine solche bemühen** und darf **zumutbare Arbeit nicht ablehnen**. Der Schuldner muss also regelmäßig bei der Agentur für Arbeit vorstellig werden und dem Arbeitsmarkt zur Verfügung stehen. Damit ist auch klargestellt, dass er längere Zeit keine Beträge an den Treuhänder abführt, weil er nur **Arbeitslosenhilfe** bezieht und diese keinen pfändbaren Betrag ergibt. Verlangt wird über die Vorstellung bei der Arbeitsagentur hinaus auch **weiterer persönlicher Einsatz**, z. B. Bewerbung auf nicht von der Agentur für Arbeit vermittelte Stellen.

132 Zumutbar ist eine berufsfremde oder auswärtige Beschäftigung oder auch eine Gelegenheitsarbeit. Dabei ist auf **persönliche Pflichten des Schuldners** gegenüber Familienangehörigen Rücksicht zu nehmen. Insbesondere ist hier zu berücksichtigen, ob der Schuldner **minderjährige Kinder** oder Pflegefälle zu betreuen hat.[77)]

133 Die Aufnahme eines **Studiums** ist dann zulässig, wenn das Studium unmittelbar nach dem Schulabschluss begonnen und im zeitlich üblichen Rahmen durchgeführt wird. Die **Fortsetzung eines begonnenen Studiums** stellt nur dann keine Obliegenheitsverletzung dar, wenn dafür nicht eine angemessene Erwerbstätigkeit aufgegeben wurde.[78)]

134 Die Erwerbsobliegenheit des Schuldners greift **während des gesamten Verfahrens** (§ 287b InsO). Lediglich die Geltendmachung durch einen Insolvenzgläubiger gestaltet sich unterschiedlich. In dem eröffneten Verfahren muss der Gläubiger den Versagungsgrund nach § 290 Abs. 1 Nr. 7 InsO geltend machen, während der Wohlverhaltensperiode geschieht dies nach § 296 InsO.

135 Die Verletzung dieser Obliegenheit stellt auch einen Grund dar, die **Verfahrenskostenstundung aufzuheben** (§ 4c Nr. 4 InsO). Generell reicht die Obliegenheit nur soweit, wie das Bemühen um eine angemessene Tätigkeit dem Schuldner nach seinen persönlichen Möglichkeiten (Ausbildung, Fähigkeiten, Alter, Gesundheitszustand) tatsächlich möglich und zumutbar ist.[79)]

2. Herausgabe von erworbenen Vermögen (§ 295 Satz 1 Nr. 2 InsO)

a) Vermögen von Todes wegen

136 Erwirbt der Schuldner während der Wohlverhaltensperiode **Vermögen von Todes wegen**, muss er den hälftigen Wert an den Treuhänder abführen, weil dieses Vermögen nicht der Abtretung unterliegt. Hintergrund dieser Lösung ist die Erwartung des Gesetzgebers, der Schuldner würde, falls er die gesamte Erbschaft an den Treuhänder abführen müsste, die Erbschaft zugunsten etwa seiner Kinder ausschlagen.[80)] Damit würde jedoch die Befriedigung der Gläubiger beeinträchtigt. Die Regelung umfasst jeden **Vermögenserwerb von Todes wegen**. Hierunter fällt u. a. der Erwerb des Erben aufgrund gesetzlicher, testamentarischer oder vertraglicher Erbfolge, also auch in Fällen der Mit-, Vor- oder Nacherbschaft.[81)] Ist der Erbfall während des eröffneten Verfahrens eingetreten und erst nach Aufhebung bekannt geworden, liegt ein Fall der Nachtragsverteilung vor. Dann ist die gesamte Erbschaft an die Gläubiger zu verteilen. Fällt der Erwerb jedoch erst nach Ende der Abtretungsfrist an, dann besteht keine Verpflichtung zur Ablieferung mehr.[82)] Die Aus-

77) *Stephan* in: MünchKomm-InsO, § 295 Rz. 26.

78) *Stephan* in: MünchKomm-InsO, § 295 Rz. 33.

79) BGH, Beschl. v. 2.12.2010 – IX ZB 160/10, ZVI 2011, 92 = ZInsO 2011, 147.

80) *Wenzel* in: KPB, InsO, § 295 Rz. 27.

81) *Streck* in: HambKomm-InsO, § 295 Rz. 10.

82) *Stephan* in: MünchKomm-InsO, § 295 Rz. 68.

schlagung einer Erbschaft stellt keine Obliegenheitsverletzung dar, da es sich hier um ein höchstpersönliches Recht handelt.[83)]

b) Schenkungen (für Verfahren ab 1.10.2020)

Ebenfalls zur Hälfte hat der Schuldner schenkungsweise Zuwendungen, die ihm während der Wohlverhaltensphase zufließen, an den Treuhänder abzuführen. Von der Herausgabepflicht sind gebräuchliche **Gelegenheitsschenkungen** ausgenommen. Auf Antrag des Schuldners hat das Insolvenzgericht zu entscheiden, ob es sich um ein solches Gelegenheitsgeschenk handelt (§ 295 Abs. 1 Satz 2 InsO). Für die Entscheidung können die zu § 134 InsO entwickelten Grundsätzen als Orientierungshilfe dienen: 137

> „Gebräuchliche Gelegenheitsgeschenke an eine Person sind im Sinne des § 134 Abs. 2 von geringem Wert, wenn sie zu der einzelnen Gelegenheit den Wert von 200 € und im Kalenderjahr den Wert von 500 € nicht übersteigen“[84)].

c) Gewinne (für Verfahren ab 1.10.2020)

In voller Höhe sind Gewinne aus Ausspielungen, Lotterien, Wetten und alle sonstigen Spiele mit Gewinnmöglichkeit[85)] an den Treuhänder herauszugeben. Ausgenommen hiervon sind Gewinne von geringem Wert. Auch in diesem Fall hat das Insolvenzgericht auf Antrag des Schuldners zu entscheiden, ob ein Ausnahmefall vorliegt (§ 295 Abs. 1 Satz 2 InsO). 138

3. Anzeige des Wechsels des Wohnsitzes oder Beschäftigungsstelle (§ 295 Satz 1 Nr. 3 InsO)

Insolvenzgericht und Treuhänder müssen in der Lage sein, die Verhältnisse des Schuldners zu überwachen oder zu überprüfen. Zeigt der Schuldner einen **Wohnsitzwechsel** nicht unverzüglich an, ist er zumindest auf Zeit nicht mehr erreichbar und kann nicht zur Abgabe von verfahrensrelevanten Informationen aufgefordert werden. Durch einen dem Treuhänder nicht bekannten Wechsel des Arbeitsplatzes ist die ordnungsgemäße Abführung und Überprüfung der abgetretenen Beträge zumindest gefährdet und eine Beeinträchtigung der Befriedigung der Gläubiger möglich. Daher ist auch dieser Wechsel unverzüglich anzuzeigen. Als Obergrenze sind hier zwei Wochen anzunehmen.[86)] 139

4. Weitere Mitwirkungspflicht des Schuldners (§ 295 Satz 1 Nr. 3 InsO)

Mit § 295 Abs. 1 Nr. 3 InsO treffen den Schuldner **Auskunfts- und Informationspflichten.** Diese Auskünfte hat der Schuldner gegenüber dem Insolvenzgericht und auch dem Treuhänder zu erteilen. Diese dienen insbesondere der Überprüfung und Überwachung des Schuldnerverhaltens während der Wohlverhaltensperiode und erstrecken sich ausdrücklich nicht auf die Pflichten des § 97 InsO.[87)] Die Auskunfts- und Mitwirkungspflichten des § 97 InsO gelten lediglich im eröffneten Verfahren.[88)] 140

83) *Stephan* in: MünchKomm-InsO, § 295 Rz. 68.

84) BGH, Urt. v. 4.2.2016 – IX ZR 77/15, ZVI 2016, 407 = NZI 2016, 359; *Riedel* in: BeckOK-InsO, § 295 Rz. 14a.

85) Begr. RegE Gesetz zur weiteren Verkürzung des Restschuldbefreiungsverfahrens v. 31.8.2020, BT-Drucks. 19/21981, S. 20.

86) *Streck* in: HambKomm-InsO, § 295 Rz. 19.

87) *Streck* in: HambKomm-InsO, § 295 Rz. 18.

88) BGH, Beschl. v. 18.12.2008 – IX ZB 249/07, ZVI 2009, 170 = ZInsO 2009, 299.

141 Im Einzelnen bestehen die Obliegenheitspflichten, neben den oben (siehe Rz. 139) angegebenen anzuzeigenden Wohnsitz- und Beschäftigungswechsel, in

- der Angabe der von der Abtretungserklärung erfassten Bezüge,
- der Angabe der unter § 295 Abs. 1 Nr. 2 InsO erwähnten Vermögenszuflüsse,
- der Auskunft über seine Erwerbstätigkeit und
- der Auskunft über sein Bemühen um eine Erwerbstätigkeit
- der Auskunft über seine Bezüge
- der Auskunft über sein Vermögen.

142 Ist der Arbeitgeber z. B. nicht bereit, die abgetretenen Beträge unmittelbar an den Treuhänder abzuführen, hat der Schuldner **selbst** unverzüglich dafür **Sorge zu tragen**, dass die abgetretenen Beträge abgeführt werden.

143 Die Obliegenheiten zur Anzeige des **Wechsels** der Beschäftigungsstelle, der Angabe der von der Abtretungserklärung erfassten Bezüge und der Auskunft über die Bemühungen, eine Erwerbstätigkeit zu finden, treffen nur den **nicht selbstständigen Schuldner**. Die anderen Obliegenheiten sind von allen Schuldnern zu erfüllen.[89)]

5. Befriedigung der Insolvenzgläubiger nur über den Treuhänder (§ 295 Satz 1 Nr. 4 InsO)

144 Während der Wohlverhaltensperiode darf der Schuldner an einzelne Insolvenzgläubiger nicht unmittelbar Beträge überweisen, selbst wenn diese Zahlungen dem Schlussverzeichnis entsprechen würden.[90)] Es ist Aufgabe des Treuhänders als neutrale Person die gleichmäßige und richtige Befriedigung der Insolvenzgläubiger zu besorgen und jederzeit nachprüfbar darzustellen. Unkontrollierte Zahlungen des Schuldners an einzelne Insolvenzgläubiger würden diese Aufgabe erheblich behindern. Im Übrigen gilt auch während der Wohlverhaltensperiode der **Grundsatz der gemeinschaftlichen Befriedigung** der Gläubiger. Die Regelung verhindert zugleich die Bevorteilung einzelner Insolvenzgläubiger. Insolvenzgläubiger sind die persönlichen Gläubiger, die zum Zeitpunkt der Eröffnung des Verfahrens einen begründeten Vermögensanspruch gegen den Schuldner innehaben (§ 38 InsO). Es kommt also nicht darauf an, ob ein Gläubiger im Schlussverzeichnis enthalten ist. Zu diesem Kreis zählen auch nachrangige Gläubiger, wie die Staatsanwaltschaft, die eine **Geldstrafe** einziehen will (§ 39 Abs. 1 Nr. 3 InsO). Zahlt der Schuldner nicht, droht die Vollstreckung der Ersatzfreiheitsstrafe, womit möglicherweise der Arbeitsplatzverlust und damit eine Beeinträchtigung der Gläubigerinteressen einhergehen. Insoweit dürften diese Zahlungen zum einen aufgrund der sonst erheblichen Folgen für den Schuldner von den Gläubigern hinzunehmen sein und zum anderen auch in deren Interesse liegen, weil sich ihre Befriedigungsaussichten verschlechtern würden, wenn der Schuldner die Haftstrafe antreten müsste[91)] (siehe auch Rz. 213 und Rz. 245 f.).

145 Es wird allerdings für zulässig erachtet, dass der Schuldner Forderungen aus seinem **unpfändbaren Vermögen** begleichen kann.[92)] Die Verletzung einer Obliegenheit gemäß § 295 Abs. 1 Nr. 4 InsO oder gar die Gewährung eines Sondervorteils i. S. des § 294 Abs. 2 InsO sind in diesem Fall nicht gegeben, weil der Schuldner über die ihm zustehen-

---

89) *Stephan* in: MünchKomm-InsO, § 295 Rz. 93; zu den Obliegenheiten im Einzelnen *Stephan* in: MünchKomm-InsO, § 295 Rz. 97 ff.

90) *Streck* in: HambKomm-InsO, § 295 Rz. 26.

91) *Stephan* in: MünchKomm-InsO, § 295 Rz. 128.

92) *Streck* in: HambKomm-InsO, § 294 Rz. 12 f.; BGH, Beschl. v. 17.6.2015 – VIII ZR 19/14, ZVI 2015, 339 = ZInsO 2015, 1748.

den pfandfreien Beträge uneingeschränkt verfügen kann[93] und diese von der Abtretungserklärung nicht erfasst sind. Sie stehen nicht der Masse zu und können daher auch nicht zur einheitlichen Befriedigung der Gläubiger durch den Treuhänder verwendet werden.

Zahlt der Schuldner z. B. Geldstrafen zur Abwendung der Vollstreckung von Ersatzfreiheitsstrafen allerdings aus Beträgen, die der Abtretungserklärung unterliegen und somit der Masse zustehen, liegt eine Obliegenheitsverletzung i. R. des § 295 Abs. 1 Nr. 4 InsO vor.[94] 146

Praxishinweis

Zur Vermeidung der Vollstreckung der Ersatzfreiheitsstrafe kann sich der Schuldner allerdings auch um Ableistung der Strafe durch **gemeinnützige Arbeit** bemühen, um seinen Arbeitsplatz zu erhalten.

6. Keine Begründung von unangemessenen Verbindlichkeiten

In Verfahren, die vor dem 30.9.2020 beantragt wurden, ist dem Schuldner auch dann die Restschuldbefreiung zu versagen, wenn er während der Wohlverhaltensphase unangemessene Verbindlichkeiten i. S. des § 290 Abs. 1 Nr. 4 InsO begründet.[95] Für die Bewertung, ob eine unangemessene Verbindlichkeit vorliegt, gelten dieselben Maßstäbe wie bei § 290 Abs. 1 Nr. 4 InsO.[96] 147

7. Obliegenheiten bei selbstständiger Tätigkeit (§ 295a InsO)

Mit der Einführung des Gesetzes zur weiteren Verkürzung des Restschuldbefreiungsverfahrens wurde die Abführungspflicht des § 295 Abs. 2 InsO aufgehoben und mit der Schaffung der eigenständigen Norm des § 295a InsO **neu geregelt.** 148

Ist der Schuldner selbstständig, gibt es keinen Arbeitgeber, der die Berechnung der der Abtretung unterliegenden Beträge übernimmt und die Beträge an den Treuhänder abführt. Abgetreten sind die pfändbaren Beträge aus laufendem Einkommen, über das der Selbstständige nicht verfügt. Um auch diesem Personenkreis eine Restschuldbefreiung zu ermöglichen, ist vorgesehen, dass **der Schuldner selbst** für die Abführung an den Treuhänder sorgt. Seine Zahlungen müssen dabei dem entsprechen, was ein Schuldner, der in einem angemessenen Dienstverhältnis steht, zur Verfügung stellen könnte. Ob eine Person selbstständig tätig ist, lässt sich in Anlehnung an § 84 Abs. 1 Satz 2 HGB bestimmen. Danach ist selbstständig, wer im Wesentlichen frei seine Tätigkeit gestalten und seine Arbeitszeit bestimmen kann.[97] 149

Anders als in § 295 Abs. 2 InsO a. F. enthält der neu geschaffene § 295a InsO eine **Zahlungsfrist,** bis zu der der Schuldner die Zahlungen an den Treuhänder zu leisten hat. Die Zahlungen sind **kalenderjährlich** bis zum 31.1. des Folgejahres zu leisten. Diese neu eingeführte Zahlungsfrist orientiert sich weitgehend an den zu § 295 Abs. 2 InsO a. F. entwickelten Grundsätzen des BGH.[98] Gemäß dieser Grundsätze ist davon auszugehen, dass die **letzte Zahlung am Ende der Wohlverhaltensphase** und nicht erst am 31.1. des Folgejahres zu leisten ist. Andernfalls könnte erst nach diesem Zeitpunkt über die Erteilung der Restschuldbefreiung entschieden werden.[99] 150

---

93) AG Göttingen, Beschl. v. 5.8.2005 – 74 IN 162/04, ZVI 2005, 557 = ZInsO 2005, 1001.

94) AG Mannheim v. 27.7.2005 – IN 113/02, ZVI 2005, 383 ff.

95) *Riedel* in: BeckOK-InsO, § 295 Rz. 26.

96) *Riedel* in: BeckOK-InsO, § 295 Rz. 28.

97) *Stephan* in: MünchKomm-InsO, § 295 Rz. 131.

98) BGH, Beschl. v. 19.7.2012 – IX ZB 188/09, ZVI 2012, 386 ff.

99) *Riedel* in: BeckOK-InsO, § 295a Rz. 2.1.

151 Die Höhe der Zahlungen des Schuldners orientiert sich nicht an dem wirtschaftlichen Erfolg des Schuldners.[100] Maßgebend ist ein **hypothetisches Einkommen aus** einem **angemessenen**, nicht notwendigerweise der selbstständigen **Tätigkeit** entsprechenden Dienstverhältnis.

152 Gemäß § 295a Abs. 2 InsO hat das Insolvenzgericht auf Antrag des Schuldners den monatlichen Betrag zu bestimmen, den der selbstständige Schuldner erzielen könnte, wenn er ein **angemessenes Dienstverhältnis** eingehen würde. Dabei sind Qualifikation, Alter und gesundheitlicher Zustand des Schuldners (persönliche Verhältnisse) und Verhältnisse des Arbeitsmarktes zu berücksichtigen. Um dem Gericht eine Entscheidung zu ermöglichen, hat der Schuldner in seinem Antrag daher die Beträge konkret zu benennen, die er bei Ausübung einer angemessenen abhängigen (Vollzeit-)Beschäftigung erzielen könnte, und diese auch glaubhaft zu machen. Die Glaubhaftmachung könnte bspw. durch eine entsprechende Bescheinigung der Arbeitsagentur oder Bestätigung durch die IHK oder Handwerkskammer erfolgen.[101]

153 Mit der Regelung des § 295a Abs. 2 InsO soll dem Schuldner die Möglichkeit gegeben werden, sich Gewissheit darüber zu verschaffen, welche Beträge er an den Treuhänder abzuführen hat, ohne seine Restschuldbefreiung zu gefährden.

154 Kommt der Schuldner seiner Verpflichtung nicht nach, **verletzt er eine seiner Obliegenheiten.**[102] Die Regelung des § 295a InsO stellt jedoch keine Anspruchsgrundlage dar. Der Treuhänder ist im Gegensatz zum Insolvenzverwalter weder berechtigt noch verpflichtet, die abzuführenden Beträge gegen den Schuldner geltend zu machen. Die Zahlung ist **nicht erzwingbar.** Das Nichtabführen der Beträge begründet lediglich einen Versagungsgrund.[103]

8. Insolvenzstraftaten (§ 297 InsO)

155 Aus dem Grundsatz, dass nur ein redlicher Schuldner in den Genuss der Restschuldbefreiung kommen soll, folgt, dass der Schuldner in dem Zeitraum zwischen der Beendigung des Insolvenzverfahrens und dem Ende der Abtretungsfrist nicht wegen einer **Insolvenzstraftat** nach den §§ 283–283c StGB rechtskräftig zu einer Geldstrafe von mehr als 90 Tagessätzen oder einer Freiheitsstrafe von mehr als drei Monaten verurteilt werden darf (siehe Rz. 35 ff.).

156 Durch die Festlegung des Beginns der Laufzeit auf die Eröffnung des Insolvenzverfahrens durch das InsOÄndG 2001 greift dieser Versagungsgrund **während des gesamten Verfahrens.** Lediglich die Geltendmachung durch einen Insolvenzgläubiger gestaltet sich unterschiedlich. In dem eröffneten Verfahren muss der Gläubiger den Versagungsgrund nach § 290 Abs. 1 Nr. 1 InsO geltend machen, während der Wohlverhaltensperiode geschieht dies nach § 296 InsO.

9. Nachträglich bekannt gewordene Versagungsgründe (§ 297a InsO)

157 Durch die Einführung des § 297a InsO wird eine bislang bestehende Lücke geschlossen. Es ist Insolvenzgläubigern nunmehr möglich, die Versagungsgründe des § 290 Abs. 1 InsO geltend zu machen, wenn deren Vorliegen erst nach dem Schlusstermin bzw. der Einstellung des Verfahrens gemäß § 211 InsO bekannt geworden ist. Hierfür wird den Gläubigern eine Frist von sechs Monaten ab Kenntniserlangung eingeräumt. Der Antrag ist nur

100) BGH, Beschl. v. 5.4.2006 – IX ZB 50/05, ZVI 2006, 257 = ZInsO 2006, 548 (Fortführung BGH, Beschl. v. 18.11.2010 – IX ZB 137/08, ZVI 2006, 257 = NZI 2006, 413).

101) *Riedel* in: BeckOK-InsO, § 295a Rz. 9.

102) Ausführlich hierzu *Stephan* in: MünchKomm-InsO, § 295 Rz. 147.

103) *Riedel* in: BeckOK-InsO, § 295a Rz. 7.

zulässig, wenn der Gläubiger glaubhaft macht, dass die Voraussetzungen des § 297a Abs. 1 Satz 1 und 2 InsO vorliegen und er keine Kenntnisse bis zum maßgeblichen Zeitpunkt des § 297a Abs. 1 Satz 1 InsO hatte.

10. Deckung der Mindestvergütung des Treuhänders (§ 298 InsO)

Dem Schuldner soll die Restschuldbefreiung nur erteilt werden, wenn die Vergütung des Treuhänders während der Wohlverhaltensperiode auch sichergestellt ist. Ist dies nicht der Fall, so ist die Restschuldbefreiung zu versagen. Die Vergütung muss aus den eingezogenen Beträgen entnommen werden können oder, falls dies nicht möglich ist, durch den Schuldner gezahlt oder im Wege der Verfahrenskostenstundung (§ 4a InsO) gedeckt werden. 158

Die Versagung der Restschuldbefreiung erfolgt auf **Antrag des Treuhänders.** Voraussetzung ist, dass die Mindestvergütung gemäß § 14 Abs. 3 InsVV für das vorangegangene Jahr seiner Tätigkeit nicht gedeckt ist. 159

Besteht keine Kostenstundung gemäß § 4a InsO **fordert der Treuhänder** den Schuldner nach Ablauf des Tätigkeitsjahrs schriftlich **zur Zahlung des fehlenden Betrags auf.** Dem Schuldner ist hierbei eine mindestens zweiwöchige Frist zu gewähren und auf die drohende Versagung der Restschuldbefreiung hinzuweisen. Ein Zugangsnachweis ist nicht unbedingt erforderlich (siehe Rz. 185). 160

Sollte trotzdem keine Zahlung erfolgen, so hat das Insolvenzgericht den gemäß § 298 Abs. 2 Satz 1 InsO **anzuhörenden Schuldner** nochmals aufzufordern, den fälligen Betrag binnen zwei Wochen an den Treuhänder zu zahlen. Eine Verlängerung der gerichtlichen Frist ist nicht möglich.[104] 161

Bei **Zahlung des Betrags innerhalb der Frist** erledigt sich der Antrag auf Versagung der Restschuldbefreiung und wird durch den Treuhänder zurückgenommen. Bei Nichtzahlung erfolgt die Versagung der Restschuldbefreiung. 162

Sofern Kostenstundung besteht, kann keine Versagung der Restschuldbefreiung wegen Nichtzahlung der Mindestvergütung erfolgen, es sei denn, die Kostenstundung wurde rechtskräftig aufgehoben, etwa weil der Schuldner seinen Auskunftspflichten gemäß § 4c Nr. 1 InsO nicht nachgekommen ist. 163

VII. Verfahren bei Versagungsantrag

1. Obliegenheitsverletzung

Eine Versagung wegen der Verletzung der Obliegenheiten setzt immer einen **Antrag eines Insolvenzgläubigers** voraus (§ 296 Abs. 1 Satz 1 InsO). Ebenso wie bei dem Versagungsantrag nach § 290 InsO im Schlusstermin bleibt es den Insolvenzgläubigern überlassen, Obliegenheitsverletzungen zu ahnden. Der Gläubiger bestimmt mit seinem Antrag, aus welchen Gründen das Versagungsverfahren eingeleitet wird. Das Insolvenzgericht ist nicht befugt, ein Verfahren auf Versagung der Restschuldbefreiung von Amts wegen einzuleiten oder auf andere als beantragte Versagungsgründe zu stützen. Auch der Treuhänder hat kein eigenes Antragsrecht nach § 296 InsO. 164

Der Antrag kann schriftlich oder mündlich zu Protokoll der Geschäftsstelle gestellt werden. Der Antrag muss **binnen eines Jahrs** ab dem Zeitpunkt gestellt werden, ab dem dem Antrag stellenden Gläubiger die Obliegenheitsverletzung des Schuldners bekannt geworden ist. Die Jahresfrist ist eine Ausschlussfrist, die nicht verlängert werden kann. Nach Ablauf der Frist gestellte Anträge sind unzulässig.[105] 165

104) *Streck* in: HambKomm-InsO, § 298 Rz. 5.
105) *Streck* in: HambKomm-InsO, § 296 Rz. 5.

166 **Antragsberechtigt ist jeder Insolvenzgläubiger** i. S. von § 38 InsO, der seine Forderung zur Insolvenztabelle angemeldet hat. Nur dadurch wird der Wille des Gläubigers zum Ausdruck gebracht, am Verfahren teilzunehmen. Ohne Forderungsanmeldung kann ein Insolvenzgläubiger keine Verfahrensrechte in Anspruch nehmen.[106)]

167 **Erfolgreich ist der Antrag**, wenn

- der Schuldner Obliegenheiten nach § 295 InsO verletzt hat,
- durch die Verletzung die Befriedigung der Insolvenzgläubiger beeinträchtigt worden ist,
- den Schuldner ein Verschulden trifft,[107)]
- die Angaben und die Beeinträchtigung der Gläubiger[108)] durch den Insolvenzgläubiger glaubhaft gemacht werden (§ 296 Abs. 1 Satz 3 InsO) und
- der Antrag nicht später als ein Jahr nach Kenntnis der Obliegenheitsverletzung durch den Gläubiger gestellt wird § 296 Abs. 1 Satz 2 InsO).

168 Die Verletzung der Obliegenheiten muss zu **einer Beeinträchtigung der Gläubigerbefriedigung** führen. Ist der Schuldner arbeitslos und steht aufgrund einer Bescheinigung der Arbeitsagentur fest, dass der Schuldner wegen seines Alters und einer Körperbehinderung nicht vermittelbar ist, ist auch ein Bemühen um einen Arbeitsplatz außerhalb der Möglichkeiten der Arbeitsagentur aussichtslos. Unterlässt der Schuldner entsprechende Aktivitäten, verletzt er zwar eine Obliegenheit, verursacht aber keine Gefährdung der Gläubigerinteressen. Anders, wenn der Schuldner nur eine seiner Ausbildung entsprechende Tätigkeit sucht und Angebote der Arbeitsagentur, die sich auf eine ausbildungsfremde Tätigkeiten beziehen, nicht wahrnimmt. Die Glaubhaftmachung des Gläubigers muss dazu führen, dass bei wirtschaftlicher Betrachtung eine konkret messbare Schlechterstellung der Gläubiger wahrscheinlich ist.[109)] Dabei muss weiterhin die Obliegenheitsverletzung ursächlich für die Schlechterstellung sein.

Praxishinweis

Falls sich eine Beeinträchtigung ergibt, kann der Schuldner einwenden, dass ihn kein **Verschulden** trifft. Gelingt ihm der Nachweis nicht, geht dies zulasten des Schuldners. Es ist nicht Aufgabe des Gläubigers, ein Verschulden glaubhaft zu machen. Anhaltspunkte für ein Verschulden sollten, soweit bekannt, dennoch in den Antrag einfließen, um die Erfolgsaussichten des Antrags zu verbessern.

169 Zur Glaubhaftmachung kann sich der Gläubiger aller Beweismittel bedienen (§ 4 InsO, § 294 ZPO). Die **Glaubhaftmachung ist eine Zulässigkeitsvoraussetzung** (§ 296 Abs. 1 Satz 3 InsO). Ein Antrag, der die Obliegenheitsverletzung nicht glaubhaft macht, ist als unzulässig zurückzuweisen. Zuständig ist der Insolvenzrichter, nicht der Rechtspfleger (§ 18 Abs. 1 Nr. 2 RPflG), da die Entscheidung der Recht sprechenden Tätigkeit i. S. des Art. 92 GG zumindest nahekommt und tief in die rechtliche Stellung des Schuldners oder Gläubigers eingreift.[110)]

---

106) BGH, Beschl. v. 17.3.2005 – IX ZB 214/04, ZVI 2005, 322 = NZI 2005, 322.

107) *Stephan* in: MünchKomm-InsO, § 296 Rz. 19.

108) BGH, Beschl. v. 5.4.2006 – IX ZB 50/05, ZVI 2006, 257 = ZInsO 2006, 548; BGH, Beschl. v. 18.11.2010 – IX ZB 137/08, ZVI 2006, 257 = NZI 2006, 413.

109) BGH, Beschl. v. 5.4.2006 – IX ZB 50/05, ZVI 2006, 257 = ZInsO 2006, 548; BGH, Beschl. v. 18.11.2010 – IX ZB 137/08, ZVI 2006, 257 = NZI 2006, 413.

110) *Stephan* in: MünchKomm-InsO, § 296 Rz. 34.

Aus Gründen der Rechtssicherheit ist die Geltendmachung auf den Zeitraum eines Jahrs nach **Kenntnis des Gläubigers von der Obliegenheitsverletzung** begrenzt. Inhalt des Antrags muss daher auch die Beschreibung des Zeitpunkts der Kenntniserlangung sein. 170

Ist der Antrag zulässig, sind der Schuldner, der Treuhänder und die Insolvenzgläubiger anzuhören. Es obliegt dem Insolvenzgericht, zu entscheiden, ob es die Anhörung schriftlich oder i. R. einer mündlichen Anhörung der Gläubiger durchführt. Ausdrücklich ist eine **mündliche Anhörung der Gläubiger** nicht vorgesehen. Sinnvoll ist sie, wenn der Gläubiger seine Glaubhaftmachung auf Zeugen stützt, die vernommen werden sollen. Beschränkt sich die Anhörung auf die Möglichkeit, zu dem Versagungsantrag Stellung zu nehmen, ist das schriftliche Verfahren vorzuziehen. Unbenommen bleibt es, den Schuldner zu einem besonderen **Anhörungstermin** zu laden, um Auskünfte über die Erfüllung seiner Obliegenheiten zu erhalten. Hierzu ist der Schuldner verpflichtet (§ 296 Abs. 2 Satz 2 InsO). Nur der Gläubiger, der die Versagung der Restschuldbefreiung beantragt hat, kann verlangen, dass der Schuldner die Richtigkeit seiner erteilten Auskünfte an Eides statt versichert. Kommt der Schuldner seiner Auskunftspflicht (mündlich oder schriftlich) oder der gerichtlichen Aufforderung zur Abgabe der eidesstattlichen Versicherung nicht nach, wird er hierzu unter Fristsetzung besonders aufgefordert (§ 296 Abs. 2 Satz 3 InsO). Verstreicht die gesetzte Frist, ohne dass der Schuldner sich hinreichend entschuldigt hat, ist die Restschuldbefreiung zu versagen. Der ursprüngliche Antrag des Gläubigers, die Restschuldbefreiung wegen Verletzung einer Obliegenheit zu versagen, ist nicht mehr erstrangig. **Schon die fehlende Mitwirkung** bei der Entscheidung über den Antrag auf Versagung **führt zur Versagung** der Restschuldbefreiung. 171

Die Entscheidung des Gerichts unterliegt der **sofortigen Beschwerde**. Beschwerdeberechtigt sind der Schuldner, wenn die Restschuldbefreiung versagt wird, und der Antrag stellende Gläubiger, wenn seinem Antrag nicht entsprochen wird. Die Versagung ist im Internet unter www.insolvenzbekanntmachungen.de öffentlich bekannt zu machen (§ 296 Abs. 3 Satz 2 InsO). Nur eine Veröffentlichung im Internet führt zu einer bundesweiten Publizität, wie sie auch für die Ankündigung der Restschuldbefreiung durch die gemeinsame Veröffentlichung mit der Aufhebung des Verfahrens erreicht wird. 172

2. Insolvenzstraftat (§ 297 InsO)

Auch die Versagung der Restschuldbefreiung bei einer rechtskräftigen Verurteilung wegen einer versuchten oder vollendeten **Insolvenzstraftat** i. S. der §§ 283 bis 283c StGB erfolgt nur auf Antrag eines am Verfahren teilnehmenden Gläubigers.[111] 173

Erfolgreich ist ein Antrag, wenn 174

- eine rechtskräftige Verurteilung wegen einer Insolvenzstraftat i. S. des §§ 283 bis 283c StGB erfolgt ist,
- die Angaben durch den Gläubiger glaubhaft gemacht werden (§§ 297 Abs. 2, 296 Abs. 1 Satz 3 InsO),
- der Antrag nicht später als ein Jahr nach Kenntnis der Obliegenheitsverletzung durch den Antrag stellenden Gläubiger gestellt wird (§§ 297 Abs. 2, 296 Abs. 1 Satz 2 InsO) und
- die Verurteilung nach dem Schlusstermin bis zum Ende der Wohlverhaltensphase erfolgt ist.

Liegt eine **rechtskräftige Verurteilung** vor dem Schlusstermin vor, von der ein beteiligter Gläubiger erst nach dem Schlusstermin oder in der sog. Wohlverhaltensphase Kenntnis 175

111) BGH, Beschl. v. 9.10.2008 – IX ZB 16/08, ZVI 2009, 389 = ZInsO 2009, 52.

erhält, ist eine Versagung der Restschuldbefreiung gemäß § 297 InsO nicht möglich. Für diesen Zeitraum greift der Tatbestand des § 290 Abs. 1 Nr. 1 InsO.

176 Bei einem Antrag auf Versagung der Restschuldbefreiung gemäß § 297 InsO kommt es nicht darauf an, ob die Verurteilung zu **einer Beeinträchtigung der Gläubiger** führt. Auch ist es unerheblich, ob sich die zugrunde liegende Straftat auf das vorliegende Insolvenzverfahren bezieht.[112] Die Glaubhaftmachung erfolgt durch Bezugnahme auf die Strafakten, die dann von dem Gericht beigezogen werden können, oder durch Vorlage einer Urteilsausfertigung oder beglaubigten Abschrift des Urteils, die mit der Bescheinigung über den Eintritt der Rechtskraft versehen ist. Außerdem ist darzulegen, wann der Antrag stellende Gläubiger von der Verurteilung des Schuldners Kenntnis erhalten hat. Auch dies ist glaubhaft zu machen. Zu der Glaubhaftmachung kann sich der Gläubiger auch hier aller nach der ZPO zulässigen Beweismittel bedienen.

177 Voraussetzung für die Versagung gemäß § 297 InsO ist die rechtskräftige Verurteilung wegen einer Insolvenzstraftat gemäß §§ 283 bis 283c StGB zu einer Geldstrafe von mehr als 90 Tagessätzen oder einer Freiheitsstrafe von mehr als drei Monaten. Durch die sog. Bagatellgrenze soll verhindert werden, dass dem Schuldner wegen einer vergleichsweise unbedeutenden Straftat die Restschuldbefreiung versagt wird.[113]

178 Zu einem zulässig gestellten Antrag ist der Schuldner i. R. der Gewährung des **rechtlichen Gehörs** anzuhören, auch wenn eine solche Anhörung durch die Insolvenzordnung nicht ausdrücklich vorgesehen ist. Einwendungen des Schuldners sind nur insoweit möglich, als er darlegen kann, dass er nicht verurteilt worden oder die Entscheidung über die Verurteilung noch nicht rechtskräftig ist. Ihn treffen die gleichen Verpflichtungen wie im Falle der Verletzung von Obliegenheiten.

179 Über den Antrag entscheidet der **Richter** (§ 18 Abs. 1 Nr. 2 RPflG) durch zu begründenden Beschluss. Gegen einen die Restschuldbefreiung versagenden Beschluss steht dem Schuldner, andernfalls dem Antrag stellenden Gläubiger, die sofortige Beschwerde zu. Die Entscheidung ist öffentlich bekannt zu machen. Die Bekanntmachung erfolgt nach § 9 Abs. 1 InsO durch zentrale und länderübergreifende Veröffentlichung im Internet (www.insolvenzbekanntmachungen.de).

3. Nachträglich bekannt gewordene Versagungsgründe (§ 297a InsO)

180 § 297a InsO ermöglicht den Insolvenzgläubigern die Versagungsgründe des § 290 Abs. 1 InsO geltend zu machen, wenn deren Vorliegen erst nach dem Schlusstermin bzw. der Einstellung des Verfahrens gemäß § 211 InsO bekannt geworden sind. Der Schuldner soll keinen Vorteil daraus ziehen, dass den Gläubigern ein Versagungsgrund zu spät bekannt geworden ist. Erfasst werden sämtliche in § 290 Abs. 1 InsO normierte Versagungsgründe, die spätestens bis zum Zeitpunkt des Schlusstermins bzw. im Falle des § 211 InsO vor der Einstellung verwirklicht waren.[114]

181 Eine Versagung der Restschuldbefreiung gemäß § 297a InsO kommt ebenfalls nur auf Antrag eines Insolvenzgläubigers in Betracht. Der antragstellende Gläubiger hat glaubhaft zu machen, dass Versagungsgründe bis zur Beendigung des Insolvenzverfahrens gegeben waren und er bis zum maßgeblichen Zeitpunkt keine Kenntnisse davon hatte. Hierfür wird den Gläubigern eine Frist von sechs Monaten ab Kenntniserlangung eingeräumt.

---

112) BGH, Beschl. v. 18.12.2002 – IX ZB 121/02, ZVI 2003, 34 = ZInsO 2003, 125, dazu EWiR 2003, 287 *(Gundlach/Schirrmeister)*.

113) *Streck* in: HambKomm-InsO, § 297 Rz. 3.

114) *Streck* in: HambKomm-InsO, § 297a Rz. 4.

4. Nichtdeckung der Mindestvergütung (§ 298 InsO)

Ist die **Mindestvergütung** des Treuhänders durch die an ihn abgeführten Beträge nicht gedeckt, kann er die Versagung der Restschuldbefreiung beantragen. Der Antrag setzt voraus: 182

- dass die Mindestvergütung des Treuhänders, bezogen auf das abgelaufene Jahr der Wohlverhaltensphase, nicht vollständig gedeckt ist,
- der Treuhänder den Schuldner unter Setzung einer Mindestfrist von zwei Wochen zur Zahlung des fehlenden Betrags aufgefordert hat (§ 298 Abs. 1 Satz 1 InsO),
- ihn dabei auf die Möglichkeit der Versagung der Restschuldbefreiung hingewiesen hat (§ 298 Abs. 1 Satz 1 InsO),
- die Vergütung des Treuhänders richtig berechnet worden ist und
- die Kosten nicht nach § 4a InsO gestundet worden sind (§ 298 Abs. 1 Satz 2 InsO).

Nach Einführung der **Verfahrenskostenstundung** kommt dieser Versagungsgrund meist nur dann zum Tragen, wenn während der Dauer der Wohlverhaltensphase die Verfahrenskostenstundung aufgehoben wurde. Selbst dann ist der Schuldner in vielen Fällen in der Lage, die Mindestvergütung i. H. von 100 € zzgl. Umsatzsteuer auch aus seinem unpfändbaren Einkommen zu erbringen. Die Versagungsmöglichkeit ist in der Regel nur dann gegeben, wenn der Schuldner dazu nicht bereit ist. 183

Der Rückstand der Vergütung bezieht sich auf **das abgelaufene Jahr der Tätigkeit** des Treuhänders nach Aufhebung des Verfahrens, weil erst mit Aufhebung die Tätigkeit des Treuhänders gemäß § 291 Abs. 2 InsO beginnt. Ein Versagungsantrag wegen Nichtdeckung der Mindestvergütung kann daher frühestens nach Ablauf eines Jahrs seit Aufhebung des Verfahrens gestellt werden. 184

Der Antrag ist begründet, wenn die Vergütung des Treuhänders richtig berechnet ist und der Schuldner durch den Verwalter zur Zahlung des ausstehenden Betrags aufgefordert wurde. Ein **Zugangsnachweis** ist nur dann erforderlich, wenn der Schuldner den Zugang des Aufforderungsschreibens in Frage stellt.[115)] Der Antrag ist auch dann zulässig, wenn die Verfahrenskostenstundung im abgelaufenen Jahr aufgehoben wurde. Der Schuldner ist für die ausstehende Vergütung erstattungspflichtig. Der Treuhänder hat lediglich einen Sekundärhaftungsanspruch gegen die Landeskasse,[116)] der den Schuldner von seiner Zahlungspflicht aber nicht befreit. 185

Erachtet das Insolvenzgericht den Antrag für zulässig, **hört es den Schuldner an** (§ 298 Abs. 2 Satz 1 InsO). Zugleich fordert es den Schuldner auf, den fehlenden Betrag binnen zwei Wochen an den Treuhänder zu zahlen. Sofern die Verfahrenskostenstundung noch nicht gewährt wurde, kann der Schuldner im gleichen Anschreiben darauf hingewiesen werden, dass er innerhalb der Frist die Stundung der Verfahrenskosten beantragen kann (§ 298 Abs. 2 Satz 2 InsO). Wurde die Verfahrenskostenstundung vorab aufgehoben, besteht kein Rechtschutzbedürfnis für die erneute Gewährung der Verfahrenskostenstundung für die Wohlverhaltensphase.[117)] Wird durch den Schuldner nicht gezahlt oder, falls möglich, ein Stundungsantrag gestellt, ist die Restschuldbefreiung zu versagen. **Zuständig ist der Rechtpfleger**, da nach § 18 Abs. 1 Satz 2 RPflG dem Richter Entscheidungen über 186

115) BGH, Beschl. v. 21.1.2010 – IX ZB 155/09, ZVI 2010, 109 = NZI 2010, 265; BGH, Beschl. v. 30.9.2010 – IX ZA 35/10, ZInsO 2010, 109 = NZI 2011, 25.

116) BGH, Beschl. v. 3.12.2009 – IX ZA 36/09, juris.

117) BGH, Beschl. v. 25.6.2009 – IX ZA 10/09, NZI 2009, 615 (red. LS und Gründe).

Versagungsanträge nur dann vorbehalten sind, wenn ein Insolvenzgläubiger die Versagung beantragt.[118)]

187 Die Entscheidung unterliegt der **sofortigen Beschwerde** durch den Treuhänder, wenn sein Antrag zurückgewiesen wird und durch den Schuldner, wenn die Restschuldbefreiung versagt wird. Wird auf Versagung der Restschuldbefreiung erkannt, ist die Entscheidung öffentlich bekannt zu machen (§§ 298 Abs. 3, 296 Abs. 3 InsO). Die Bekanntmachung erfolgt nach § 9 Abs. 1 InsO durch zentrale und länderübergreifende Veröffentlichung im Internet (www.insolvenzbekanntmachungen.de).

VIII. Vorzeitige Beendigung der Wohlverhaltensperiode (für Verfahren bis 30.9.2020)

188 Während der Wohlverhaltensperiode gehört es zu den Aufgaben des Treuhänders, die pfändbaren Teile des Einkommens, die ihm aufgrund der Abtretungserklärung zufließen, einmal jährlich an die Insolvenzgläubiger auf Grundlage des Schlussverzeichnisses zu verteilen (§ 292 Abs. 1 Satz 2 InsO). Berücksichtigt werden im Schlussverzeichnis nur die Forderungen, die im Prüfungsverfahren uneingeschränkt festgestellt worden sind. Für Forderungen, für die nach den §§ 189–191 InsO Beträge zurückzuhalten sind, also bspw. eine bestrittene Forderung, zu der Feststellungsklage erhoben, aber über die Klage noch nicht entschieden ist, wird der auf diese Forderungen entfallende Teil bis zur endgültigen Klärung einbehalten.

189 Die vorzeitige Erteilung der Restschuldbefreiung ist für verschiedene Verfahrenskonstellationen möglich.

1. Schlussverzeichnis ohne Forderungen (§ 300 Abs. 1 Nr. 1 Alt. 1 InsO)

190 Enthält das Schlussverzeichnis keine Forderungen, die festgestellt, und keine Forderungen, für die Beträge zurückzuhalten sind, oder wurden keine Forderungen angemeldet und sind sämtliche Masseverbindlichkeiten und Verfahrenskosten vollständig gezahlt,[119)] ist ein weiterer Masseeinzug durch den Treuhänder nicht notwendig. Die Durchführung der Wohlverhaltensphase ist daher nicht erforderlich. Pfändbare Beträge könnte der Treuhänder zwar einziehen, müsste sie aber an den Schuldner erstatten. Für diese Tätigkeit stünde ihm außerdem eine jährliche Vergütung zu. Dies widerspräche aber dem Sinn und Zweck des Verfahrens. Außerdem ist auch die Verletzung der Obliegenheitspflichten des Schuldners (§ 295 InsO) nicht mehr relevant. Der Schuldner muss mit seinen Pflichtverletzungen eine Gläubigerbeeinträchtigung verursachen. Da sich aber hier keine Gläubiger am Verfahren beteiligt haben, ist eine Gläubigerbeeinträchtigung ausgeschlossen. Ein Antrag nach § 297 InsO ist ebenfalls ausgeschlossen, da kein antragsberechtigter Gläubiger vorhanden ist. Sofern also alle Verfahrenskosten und Masseverbindlichkeiten im laufenden Verfahren durch die vorhandene Masse gedeckt sind, kann dem Schuldner bereits im Schlusstermin die Restschuldbefreiung erteilt werden. Das Restschuldbefreiungsverfahren entfällt hier vollständig.

2. Vollständige Befriedigung aller Tabellengläubiger (§ 300 Abs. 1 Nr. 1 Alt. 2 InsO)

191 Können alle bei einer Verteilung zu berücksichtigenden Forderungen des Schlussverzeichnisses aus der vorhandenen Insolvenzmasse vollständig befriedigt (einschließlich Verfahrenskosten) werden, dann führt das zu einer Verkürzung des Restschuldbefreiungsverfahrens.

118) *Stephan* in: MünchKomm-InsO, § 298 Rz. 30.

119) BGH, Beschl. v. 22.9.2016 – IX ZB 29/16, ZVI 2017, 39 = ZIP 2016, 91.

3. Mindestquote von 35 % nach drei Jahren ab Verfahrenseröffnung (§ 300 Abs. 1 Nr. 2 InsO) (gilt nur für Verfahren, die vor dem 1.10.2022 beantragt wurden)

192 Dem Insolvenzverwalter im eröffneten Verfahren bzw. dem Treuhänder während der Laufzeit der Abtretungserklärung nach Aufhebung bzw. Einstellung des Verfahrens muss drei Jahre nach Eröffnung des Insolvenzverfahrens ein Betrag zugeflossen sein, der 35 % der angemeldeten Forderungen befriedigt **und** die Verfahrenskosten sowie Masseverbindlichkeiten deckt.

193 Fraglich ist, ob der Betrag exakt nach drei Jahren vorliegen muss oder ob mindestens drei Jahre verstrichen sein müssen. Die Begründung des Gesetzgebers lässt eher darauf schließen, dass die Voraussetzungen „innerhalb der drei Jahre" geschaffen sein müssen.

194 Generell problematisch dürfte die **Ermittlung des zu zahlenden Betrags** sein. Unklar ist bspw., wie mit nachträglich angemeldeten Forderungen verfahren werden soll. Auch hat der Schuldner keinen Anspruch auf Festsetzung der Kosten durch das Insolvenzgericht.[120] Die Höhe der Kosten des Verfahrens dürfte weder dem Gericht noch dem Verwalter verbindlich bekannt sein, denn sie hängt zum einen von dem Vergütungsantrag des Verwalters ab (beantragte Zuschläge gemäß § 3 InsVV und die Problematik der Erhöhung der Berechnungsgrundlage durch Vereinnahmung der Umsatzsteuer)[121] und zum anderen von der Festsetzung des Gerichts (mit der Möglichkeit der Herabsetzung gemäß § 3 Abs. 2 lit. e InsVV und weiteren Absetzungen). Ebenfalls ist dem Insolvenzgericht die Höhe der Masseverbindlichkeiten nicht bekannt.

195 Endet die Drei-Jahres-Frist **im laufenden Insolvenzverfahren** dürfte die Durchführung eines Insolvenzplanverfahrens die interessantere Alternative für den Schuldner sein.

196 Enden die drei Jahre **im Restschuldbefreiungsverfahren**, stehen die Verfahrenskosten größtenteils fest und der zu zahlende Betrag lässt sich einfacher ermitteln; ggf. kann der Schuldner einen „Sicherheitsabschlag" leisten, wenn noch ein Kostenberechnungsrisiko besteht.[122]

197 Formelle Voraussetzung ist, dass der Schuldner einen **Antrag** auf vorzeitige Erteilung der Restschuldbefreiung stellt und Angaben über die Herkunft der Mittel, die an den Treuhänder geflossen sind und über die Beträge hinausgehen, die von der Abtretungserklärung erfasst sind, macht. Des Weiteren hat der Schuldner zu erklären, dass die gemachten Angaben richtig und vollständig sind. Er hat das Vorliegen der Voraussetzungen glaubhaft zu machen (§ 300 Abs. 2 InsO).

4. Deckung der Verfahrenskosten nach fünf Jahren (§ 300 Abs. 1 Nr. 3 InsO) (gilt nur für Verfahren, die vor dem 1.10.2020 beantragt wurden)

198 Voraussetzung ist, dass fünf Jahre nach Eröffnung die Kosten des Verfahrens ausgeglichen sind. Die Berichtigung von Masseverbindlichkeiten ist keine Voraussetzung zur vorzeitigen Erteilung der Restschuldbefreiung.

199 In jedem Fall hat der Schuldner, einen Antrag auf vorzeitige Erteilung der Restschuldbefreiung zu stellen und die Antragsvoraussetzungen glaubhaft zu machen.

200 Stellt sich bei der Entscheidung über den Antrag der vorzeitigen Restschuldbefreiung heraus, dass z. B. der eingezahlte Betrag nicht ausreicht oder die Restschuldbefreiung auf-

120) BGH, Beschl. v. 24.3.2012 – IX ZB 67/10, ZInsO 2011, 777.

121) BGH, Beschl. v. 26.1.2006 – IX ZB 183/04, ZVI 2006, 129 = ZIP 2006, 486; BGH, Beschl. v. 19.12.2013 – IX ZB 9/12, ZVI 2006, 129 = ZIP 2006, 486.

122) *Grote*, InsBüro 2014, 47 ff. Allenfalls und nur bezogen auf den „Sicherheitsabschlag": *Stephan* in: MünchKomm-InsO, § 300 Rz. 48.

grund eines Versagungsantrags eines Gläubigers (§ 300 Abs. 3 InsO) versagt wird, gibt es keine Möglichkeit der Nachbesserung. Zudem werden die von dem Schuldner zusätzlich gezahlten Beträge für die Verfahrenskosten und zur erhöhten Gläubigerbefriedigung Teil der Insolvenzmasse und fließen nicht an den Schuldner zurück. Wie mit diesen und weiteren Problematiken zu verfahren sein wird, hat die Praxis und Rechtsprechung zu entwickeln.[123)]

201 Vor jeder Entscheidung zur vorzeitigen Erteilung der Restschuldbefreiung sind die Insolvenzgläubiger und der Treuhänder anzuhören (§ 300 Abs. 1 Satz 1 InsO). Damit haben die Gläubiger auch hier die Gelegenheit, Versagungsanträge zu stellen, über die das Insolvenzgericht zu entscheiden hat (§ 300 Abs. 3 InsO). Die Entscheidungen sind öffentlich bekannt zu machen (§ 300 Abs. 4 Satz 1 InsO).

202 **Wird die Restschuldbefreiung vorzeitig erteilt**, ist mit der Rechtskraft der Entscheidung

- die Laufzeit der Abtretungserklärung beendet,
- das Amt des Treuhänders beendet,
- greifen die Wirkungen der Erteilung der Restschuldbefreiung gemäß §§ 301, 302 InsO.

5. Durch Versterben des Schuldners

203 Das **Restschuldbefreiungsverfahren** soll dem redlichen Schuldner zur Befreiung von seinen Verbindlichkeiten verhelfen. Es stellt ein höchstpersönliches Verfahren dar, denn kein Dritter profitiert von einer ausgesprochenen Restschuldbefreiung. Daher endet die Wohlverhaltensphase mit dem **Tod des Schuldners**, da das Ziel der **Erteilung der Restschuldbefreiung** für den Schuldner **nicht mehr erreichbar** ist. Die Erben haben die Möglichkeit zur Einleitung eines Nachlassinsolvenzverfahrens. Eine automatische Überleitung in ein Nachlassinsolvenzverfahren erfolgt, anders als im eröffneten Verfahren,[124)] hier nicht, da das Hauptverfahren bereits abgeschlossen ist.

204 Mit dem Tod des Schuldners

- endet die Laufzeit der Abtretungserklärung,
- endet das Amt des Treuhänders,
- erledigt sich der Antrag auf Erteilung der Restschuldbefreiung.

205 Es erfolgt ein deklaratorischer Beschluss über die Feststellung der Beendigung des Restschuldbefreiungsverfahrens durch Tod des Schuldners.

6. Versagung der Restschuldbefreiung

206 Die Wohlverhaltensphase endet vorzeitig vor Ablauf der Abtretungserklärung mit **Rechtskraft** einer Versagungsentscheidung gemäß §§ 296, 297, 297a oder 298 InsO.

207 **Wird die Restschuldbefreiung versagt**, endet mit Rechtskraft der Entscheidung

- die Laufzeit der Abtretungserklärung,
- das Amt des Treuhänders,
- und die Beschränkung der Rechte der Gläubiger (Vollstreckungsverbot § 294 InsO).

208 Der Treuhänder hat gegenüber dem Insolvenzgericht in jedem dieser vorstehenden Fälle Rechnung zu legen (§ 292 Abs. 3 InsO). Beträge, die er aufgrund der Abtretung erhalten hat, kehrt er nach Abzug seiner Vergütung und möglicher offener Verfahrenskosten und Masseverbindlichkeiten an die Gläubiger nach Maßgabe des Schlussverzeichnisses aus. So-

123) *Grote*, InsBüro 2014, 47 ff.

124) BGH, Beschl. v. 21.2.2008 – IX ZB 62/05, ZVI 2008, 183 = ZIP 2008, 798, dazu EWiR 2008, 573 *(Floeth)*.

fern der Treuhänder nach Rechtskraft der Versagungsentscheidung noch Leistungen vom Abtretungsgegner erhält, muss er diese vollständig an den Schuldner erstatten, da der Schuldner nun wieder Inhaber der Forderung ist. Dies gilt auch für die vorzeitige Erteilung der Restschuldbefreiung.

IX. Rechte der Gläubiger während der Wohlverhaltensperiode (§ 294 InsO)

Wie im eröffneten Insolvenzverfahren gilt während der Laufzeit der Abtretungserklärung der **Gleichbehandlungsgrundsatz für alle Insolvenzgläubiger**. Insolvenzgläubiger sind alle persönlichen Gläubiger, die zum Zeitpunkt der Eröffnung einen begründeten Vermögensanspruch gegen den Schuldner haben (§ 38 InsO). Unerheblich ist, ob Insolvenzgläubiger sich durch Forderungsanmeldung am bisherigen Verfahren beteiligt haben oder deren Forderungen im Schlussverzeichnis enthalten sind. Das Vollstreckungsverbot gemäß § 294 Abs. 1 InsO setzt mit Aufhebung des Insolvenzverfahrens ein und schließt sich unmittelbar an das Vollstreckungsverbot des § 89 Abs. 1 InsO an. Die zwischenzeitliche Entstehung von Pfandrechten oder Verstrickungen ist daher ausgeschlossen. 209

Praxishinweis

Das Vollstreckungsverbot erstreckt sich jedoch nicht auf Vorbereitungsmaßnahmen zur Vollstreckung. Gläubiger, deren Forderungen zur Tabelle festgestellt sind, können während der Wohlverhaltensperiode auf Antrag einen **vollstreckbaren Auszug aus der Insolvenztabelle** erhalten. Auch die Titulierung einer Forderung durch eine klagweise Geltendmachung einer Insolvenzforderung i. R. einer Feststellungsklage oder eines oktroyierten Masseanspruchs nach § 90 InsO ist zulässig.[125]

Für Insolvenzgläubiger gilt in der Wohlverhaltensphase ein allgemeines **Vollstreckungsverbot** (§ 294 Abs. 1 InsO). Einwendungen des Schuldners gegen eine Vollstreckung sind mangels einer dem eröffneten Verfahren entsprechenden Regelung (§ 89 Abs. 3 InsO) i. R. des allgemeinen Vollstreckungsverfahrens nach dem achten Buch der ZPO und den dort vorgesehenen Rechtsmitteln und Rechtsbehelfen zu erheben. Entscheidungen werden demnach durch die Vollstreckungsgerichte getroffen (§§ 764 Abs. 1, 802 ZPO). 210

Auch für **Abtretungsgläubiger**, die eine Insolvenzforderung erworben haben, gilt das Vollstreckungsverbot. Sie treten an die Stelle des ursprünglichen Insolvenzgläubigers (§ 398 BGB) und gelten nicht als Neugläubiger. 211

Neugläubiger, deren Anspruch nach Eröffnung des Verfahrens entstanden ist, können grundsätzlich gegen den Schuldner vollstrecken. Der pfändbare Teil der Bezüge ist jedoch durch die Abtretung nach § 287 Abs. 2 Satz 1 InsO ihrem Zugriff entzogen. Gegenstände von Wert wurden regelmäßig im Hauptverfahren verwertet, so dass die Vollstreckungsmöglichkeiten nur theoretischer Natur sind. Sofern jedoch gemäß § 35 InsO Vermögensgegenstände aus der Insolvenzmasse freigegeben wurden, stehen diese für Vollstreckungs- und Verwertungsmaßnahmen von Neugläubigern zur Verfügung. Insoweit ist auch die Beantragung eines zweiten Insolvenzverfahrens durch einen Neugläubiger bezüglich des freigegebenen Vermögens möglich.[126] 212

Während der Wohlverhaltensphase gilt der Gleichbehandlungsgrundsatz des § 294 Abs. 2 InsO. Insolvenzgläubigern dürfen durch den Schuldner oder andere Personen **keine Sondervorteile** verschafft werden. Vereinbarungen, die diesen Zweck verfolgen, sind nichtig. Ob ein Sondervorteil gegeben ist, ist allein unter wirtschaftlichen Gesichtspunkten zu 213

125) BGH, Urt. v. 28.6.2007 – IX ZR 73/06, ZInsO 2007, 994.

126) BGH, Beschl. v. 9.6.2011 – IX ZB 175/10, ZVI 2011, 448 = ZIP 2011, 1326, dazu EWiR 2011, 751 *(R. Weiß/Rußwurm)*.

prüfen, da Zweck der Regelung die Gleichbehandlung aller Insolvenzgläubiger, d. h. ausschließliche Befriedigung durch die Ausschüttung des Treuhänders, ist. Erhält ein Gläubiger darüber hinaus durch ein Abkommen einen wirtschaftlichen Vorteil, ist ein Sondervorteil i. S. der Vorschrift gegeben. Der Begriff des Abkommens ist weit auszulegen. Er erfasst Verträge, Verpflichtungs- und Verfügungsgeschäfte, Verfahrensrechte und auch einseitige Rechtshandakte, die Vermögensverschiebungen bewirken, z. B. Prozesshandlungen oder Ermächtigungen.[127] Einen Sondervorteil stellen auch Zahlungen dar, die der Schuldner zur Vermeidung der Vollstreckung einer Ersatzfreiheitsstrafe an eine Staatsanwaltschaft zahlt, sofern die Zahlungen aus Beträgen resultieren, die von der Abtretungserklärung erfasst sind und damit der Masse zustehen würden (siehe auch Rz. 144 und Rz. 245 f.).

214 **Abkommen**, die einzelnen Insolvenzgläubigern einen Sondervorteil verschaffen, sind **nichtig**. Die Nichtigkeit erstreckt sich sowohl auf das Verpflichtungs- als auch auf das Verfügungsgeschäft. Wurden Sachleistungen erbracht, besteht ein Herausgabeanspruch gemäß § 985 BGB. Für Geldleistungen, die aufgrund eines nichtigen Abkommens an Insolvenzgläubiger geflossen sind, besteht ein Rückzahlungsanspruch aus Bereicherungsrecht. § 817 Satz 2 BGB steht dem Anspruch nicht entgegen, da ein Kondiktionsausschluss die Zuwiderhandlung gegen das gesetzliche Verbot des § 294 Abs. 2 InsO doppelt sanktionieren und ein erfülltes Sonderabkommen folgenlos stellen würde.[128]

X. Erteilung der Restschuldbefreiung

215 Bei Verfahren, die **ab dem 1.12.2001 eröffnet** wurden, beträgt die Frist **sechs Jahre ab Eröffnung** des Insolvenzverfahrens. Mit dem Gesetz zur weiteren Verkürzung des Restschuldbefreiungsverfahrens[129] hat der Gesetzgeber eine EU-Richtlinie umgesetzt und die Dauer des Restschuldbefreiungsverfahrens verkürzt (Art. 103k EGInsO).

216 Insolvenzverfahren, die **im Zeitraum vom 17.12.2019 bis einschließlich 30.9.2020** beantragt worden sind, verkürzt sich die Abtretungsfrist i. S. des § 287 Abs. 2 InsO – unbeachtlich einer in der Abtretungserklärung erklärten, anderslautenden Abtretungsfrist – wie folgt.

217 **Übersicht: Verkürzung der Abtretungsfrist**

Datum der Antragstellung	Abtretungsfrist
zwischen dem 17.12.2019 und 16.1.2020	fünf Jahre und sieben Monate
zwischen dem 17.1.2020 und 16.2.2020	fünf Jahre und sechs Monate
zwischen dem 17.2.2020 und 16.3.2020	fünf Jahre und fünf Monate
zwischen dem 17.3.2020 und 16.4.2020	fünf Jahre und vier Monate
zwischen dem 17.4.2020 und 16.5.2020	fünf Jahre und drei Monate
zwischen dem 17.5.2020 und 16.6.2020	fünf Jahre und zwei Monate
zwischen dem 17.6.2020 und 16.7.2020	fünf Jahre und ein Monat
zwischen dem 17.7.2020 und 16.8.2020	fünf Jahre
zwischen dem 17.8.2020 und 16.9.2020	vier Jahre und elf Monate
zwischen dem 17.9.2020 und 30.9.2020	vier Jahre und zehn Monate

127) *Streck* in: HambKomm-InsO, § 294 Rz. 9.

128) *Streck* in: HambKomm-InsO, § 294 Rz. 13.

129) Gesetz zur weiteren Verkürzung des Restschuldbefreiungsverfahrens und zur Anpassung pandemiebedingter Vorschriften im Gesellschafts-, Genossenschafts-, Vereins- und Stiftungsrecht sowie im Miet- und Pachtrecht, v. 22.12.2020, BGBl. I 2020, 3328.

Bei Insolvenzverfahren, die **ab dem 1.10.2020** beantragt worden sind, beträgt die Abtretungsfrist drei Jahre. 218

Verstreicht die Laufzeit der Abtretungserklärung ohne einen erfolgreichen Versagungsantrag oder anderweitige vorzeitige Beendung, ist die **Entscheidung über** den Antrag des Schuldners auf **Erteilung der Restschuldbefreiung** zu treffen. Die Berechnung des Zeitraumes ist Aufgabe des Insolvenzgerichts und richtet sich nach den Vorschriften des Bürgerlichen Gesetzbuches (§ 4 InsO, § 222 ZPO). 219

Maßgebend für die Berechnung der Frist ist das Ereignis „Eröffnung des Insolvenzverfahrens" (§ 287 Abs. 1 Satz 1 InsO). Der Tag der Eröffnung wird nicht mitgerechnet (§ 187 Abs. 1 BGB). 220

Beispiel 221

Wurde das Insolvenzverfahren z. B. am 2.1.2021 eröffnet, beginnt die Frist am 3.1.2021 um 0.00 Uhr (§ 187 Abs. 1 BGB) und endet nach drei Jahren mit Ablauf des Tages, der durch seine Zahl dem Tag entspricht, auf den das Ereignis gefallen ist, also mit Ablauf des 2.1.2024 (§ 188 Abs. 2 BGB).

Das Verstreichen der regulären **Laufzeit der Abtretungserklärung** ist Voraussetzung für die Erteilung der Restschuldbefreiung. Das Erteilungsverfahren kann in der Regel erst nach Ablauf der Abtretungsfrist eingeleitet werden. Eine Erteilung der Restschuldbefreiung vor Ablauf der Abtretungsfrist ist jedoch möglich, wenn der Schuldner einen Antrag auf vorzeitige Erteilung der Restschuldbefreiung stellt, keine Forderungen in dem Insolvenzverfahren angemeldet wurden oder sämtliche Insolvenzforderungen befriedigt wurden und der Schuldner die Verfahrenskosten sowie Masseverbindlichkeiten berichtigt hat (§ 300 Abs. 2 InsO). 222

Vor einer Entscheidung sind die Insolvenzgläubiger, der Treuhänder/Insolvenzverwalter und der Schuldner zu hören. Auch an dieser Stelle bedarf es nicht zwingend einer mündlichen Anhörung der Insolvenzgläubiger. Es genügt ein schriftliches Verfahren. Die Beteiligten werden regelmäßig schriftlich über den Ablauf der Wohlverhaltensphase und die beabsichtigte Erteilung der Restschuldbefreiung informiert. Im Rahmen dieser **Anhörung** kann auch ein Hinweis auf die Möglichkeit zur Stellung von Anträgen auf Versagung der Restschuldbefreiung enthalten sein. Es wird unter Fristsetzung die Möglichkeit der Stellungnahme eingeräumt (§ 300 Abs. 1 InsO). 223

Praxishinweis

Die Anhörung kann auch in der Form erfolgen, dass in einem im Internet zu veröffentlichenden Beschluss eine Frist bestimmt wird, innerhalb derer die Gläubiger Anträge auf Versagung der Restschuldbefreiung stellen können.[130] Die Form der Anhörung der Beteiligten wird von den Insolvenzgerichten unterschiedlich gehandhabt.

Zu einer Versagung aufgrund eingehender Stellungnahmen kann es nur kommen, wenn ein Insolvenzgläubiger Obliegenheitsverletzungen i. S. des § 295 InsO (§ 296 InsO), die rechtskräftige Verurteilung wegen einer Insolvenzstraftat (§ 297 InsO) oder der Treuhänder die Unterdeckung seiner Vergütung (§ 298 InsO) geltend macht oder nachträglich Versagungsgründe bekannt werden (§ 297a InsO). Zu einer Versagung führt auch die unterlassene Mitwirkung nach § 296 Abs. 2 Satz 3 InsO (Auskunftsverweigerung und Verweigerung der eidesstattlichen Versicherung). Weiter kann eingewendet werden, dass die **Laufzeit der Abtretung** noch nicht verstrichen ist. Dies führt nicht zu einer Versagung, sondern nur zur Verschiebung der Entscheidung. 224

130) BGH, Beschl. v. 18.10.2012 – IX ZB 131/10, WM 2012, 2250.

225 Geht bis zum Ablauf der Anhörungsfrist ein Versagungsantrag ein, ist das für diese Anträge vorgesehene Verfahren nach § 296 InsO durchzuführen. Die **Zuständigkeit** geht auf den Richter über (§ 18 Abs. 1 Nr. 2 RPflG). Vor der Entscheidung über den Versagungsantrag ist der Schuldner zu hören.

226 Die Entscheidung über die Erteilung oder Versagung ist **öffentlich bekannt zu machen.** Die Bekanntmachung erfolgt durch zentrale und länderübergreifende Veröffentlichung im Internet (www.insolvenzbekanntmachungen.de).

227 Wird die Restschuldbefreiung versagt, steht dem Schuldner die **sofortige Beschwerde** zu (§ 300 Abs. 4 Satz 2 InsO). Gegen die Erteilung der Restschuldbefreiung kann nur der Insolvenzgläubiger, der i. R. der Anhörung nach § 300 Abs. 1 InsO die Versagung beantragt hat oder das Nichtvorliegen der Voraussetzungen einer vorzeitigen Restschuldbefreiung geltend macht, sofortige Beschwerde erheben (§ 300 Abs. 4 Satz 2 InsO). Die Entscheidung über die Zurückweisung eines Versagungsantrags und die Erteilung der Restschuldbefreiung erfolgen in einem Beschluss. Die Beschwerdeberechtigungen für das Verfahren nach § 300 InsO sind besonders geregelt. Dem Treuhänder steht nur i. R. des Restschuldbefreiungsversagungsverfahrens gemäß § 298 InsO ein eigenes Beschwerderecht zu, wenn sein Versagungsantrag wegen Nichtdeckung der Vergütung abgelehnt würde. Er ist aber gleichwohl beschwert, weil seine Tätigkeit nicht entgolten wird. Entscheidungen zur Versagung der Restschuldbefreiung wegen

- Vorliegens von Versagungsgründen gemäß §§ 290, 296, 297, 297a InsO,
- Nichterfüllung der Voraussetzungen für eine vorzeitige Erteilung gemäß § 300 Abs. 2 InsO nach drei Jahren mit erhöhter Gläubigerbefriedigung,
- Widerrufs der bereits erteilten Restschuldbefreiung

werden gemäß § 303a InsO vom Insolvenzgericht an das Vollstreckungsgericht übermittelt und sind in das **Schuldnerverzeichnis** nach § 882b ZPO einzutragen.

228 So können sich am Rechtsverkehr Beteiligte schützen, indem sie die Kreditwürdigkeit eines potentiellen Geschäftspartners überprüfen können. Außerdem sollen die Insolvenzgerichte hierdurch die Möglichkeit haben, sich einfacher von Amts wegen die Kenntnisse zu verschaffen, die für die Entscheidung über die Stundung der Verfahrenskosten notwendig sind und für die Entscheidung über die Zulässigkeit des Antrags auf Restschuldbefreiung maßgeblich sind.[131)]

XI. Wirkung der Restschuldbefreiung

1. Betroffene Gläubiger

229 Mit Rechtskraft des Beschlusses über die Erteilung der Restschuldbefreiung wandeln sich die nicht erfüllten Insolvenzforderungen in **unvollkommene Verbindlichkeiten (Naturalobligationen)** um. Das heißt, sie verlieren ihren vollstreckbaren Charakter, bleiben allerdings bestehen und erfüllbar, sind aber nicht mehr erzwingbar.[132)] Bei einer Verfahrenseinstellung gemäß § 211 InsO fließen Zahlungen während der Wohlverhaltensphase vorrangig an die noch nicht befriedigten Massegläubiger.[133)] Masseverbindlichkeiten werden nicht von der Restschuldbefreiung erfasst.[134)] Die Restschuldbefreiung wirkt gegen alle Insolvenzgläubiger (§ 301 Abs. 1 Satz 1 InsO). Es ist unerheblich, ob sich die Gläubiger

131) *Stephan* in: MünchKomm-InsO, § 303a Rz. 2.

132) *Streck* in: HambKomm-InsO, § 301 Rz. 9.

133) *Streck* in: HambKomm-InsO, § 301 Rz. 3.

134) BFH, Urt. v. 28.11.2017 – VII R 1/16, ZVI 2018, 227 = NZI 2018, 461, dazu EWiR 2018, 309 *(Anzinger)*.

am Verfahren durch Anmeldung ihrer Forderung beteiligt haben (§ 301 Abs. 1 Satz 2 InsO) oder nicht. Dies gilt auch für verspätete oder unvollständige Forderungsanmeldungen.[135] Ausschlaggebend ist allein der Zeitpunkt des Entstehens der Forderung (§ 38 InsO).

Von der Wirkung der Restschuldbefreiung **nicht erfasst** sind 230

- Masseforderungen, §§ 54, 55 InsO,
- Ansprüche aus abgesonderter Befriedigung (§§ 47, 48 InsO),
- Aussonderungsansprüche (§§ 40–51 InsO),
- Forderungen, die nach Verfahrenseröffnung entstanden sind (§ 38 InsO),
- nicht vermögensrechtliche Ansprüche (z. B. Unterlassungen),
- Forderungen, die gemäß § 302 InsO von der Restschuldbefreiung ausgenommen sind.

Die Rechte eines Berechtigten einer im Grundbuch eingetragenen(!) Vormerkung (vgl. 231 auch § 106 InsO) werden durch die Erteilung der Restschuldbefreiung nicht berührt (§ 301 Abs. 2 Satz 1 InsO). Verfügt der Gläubiger über ein Absonderungsrecht an einem Grundstück (Hypothek, Grundschuld), bleibt das Sicherungsrecht erhalten, während die zu sichernde persönliche Forderung der Wirkung der Restschuldbefreiung unterliegt und sich in eine Naturalobligation umwandelt.

Insolvenzgläubiger können ihre Rechte gegen **Bürgen** und **Mitschuldner** des Schuldners 232 uneingeschränkt geltend machen (§ 301 Abs. 2 Satz 1 InsO). Ohne diese Regelung könnte der Bürge nach § 768 BGB die Einrede erheben, die Forderung sei durch die Restschuldbefreiung erloschen. Natürlich muss die Bürgschaft wirksam sein. Die Wirkungen der Restschuldbefreiung treten für den Insolvenzschuldner auch gegenüber seinen Bürgen, Mitschuldnern und anderen, die Rückgriffansprüche gegen ihn geltend machen könnten, ein (§ 301 Abs. 2 Satz 2 InsO). Die Insolvenzgläubiger können also ihre nicht befriedigte Forderung weiterhin gegen die Bürgen und Mitschuldner des Schuldners geltend machen. Die Bürgen und Mitschuldner haben aber aufgrund der erteilten Restschuldbefreiung **keinen Erstattungsanspruch gegen den Schuldner.**

Leistet der Schuldner freiwillig nach der Erteilung der Restschuldbefreiung an einen In- 233 solvenzgläubiger, dessen Forderung von der Restschuldbefreiung erfasst wird, erwächst daraus für den **Schuldner kein Rückgewähranspruch** (§ 301 Abs. 3 InsO).

Unternimmt ein Gläubiger nach Erteilung der Restschuldbefreiung einen Vollstreckungs- 234 versuch gegen den Schuldner, steht diesem zur Abwehr der Zwangsvollstreckungsmaßnahme die Vollstreckungsgegenklage nach § 767 ZPO zu.[136]

2. Von der Restschuldbefreiung ausgenommene Forderungen

Einige Forderungen sind aufgrund ihres besonderen Charakters von der Restschuldbe- 235 freiung ausgenommen (§ 302 InsO).

a) Allgemeines

Von den Wirkungen der Erteilung der Restschuldbefreiung sind ausgenommen: 236

- Forderungen aus vorsätzlich begangener unerlaubter Handlung (§ 302 Abs. 1 Alt. 1 InsO),

135) BGH, Urt. v. 16.12.2010 – IX ZR 24/10, ZInsO 2011, 244.

136) BGH, Beschl. v. 25.9.2008 – IX ZB 205/06, ZVI 2009, 40 = ZInsO 2008, 1280.

- Forderungen aus rückständigem gesetzlichen Unterhalt, der vom Schuldner vorsätzlich pflichtwidrig nicht gezahlt wurde (§ 302 Abs. 1 Alt. 2 InsO),
- Forderungen aus einem Steuerschuldverhältnis, wenn der Schuldner im Zusammenhang damit wegen einer Steuerstraftat nach §§ 370, 373 oder 374 AO rechtskräftig verurteilt wurde (§ 302 Abs. 1 Alt. 3 InsO).

237 Der Schuldner soll sich solchen Forderungen nicht über ein Restschuldbefreiungsverfahren entziehen können. Formelle Voraussetzung ist, dass der Gläubiger die Forderung mit dem **zusätzlichen Attribut des Delikts, rückständigen Unterhalts oder der Steuerschuld zur Insolvenztabelle angemeldet** hat (§ 174 Abs. 2 InsO). Ausreichend ist nicht nur die Bezeichnung der Forderung als eine Forderung aus vorsätzlich begangener unerlaubter Handlung, vorsätzlich pflichtwidrigen rückständigen Unterhalts oder aus einem Steuerverhältnis, sondern auch die Angabe der Tatsachen, aus denen sich nach Ansicht des Gläubigers ergibt, dass es sich um eine solche Forderung handelt. Er muss einen Lebenssachverhalt beschreiben, nicht die Forderung im juristischen Sinne schlüssig darlegen. Die Nachmeldung dieses zusätzlichen Tatbestands nach Prüfung der Forderung ist allerdings auch möglich.[137)]

238 Die Nachmeldung des einer nach § 302 Nr. 1 InsO ausgenommenen Tatbestands ist allerdings nur bis zum Ende der Laufzeit der Abtretungserklärung in einem laufenden Verfahren möglich.[138)]

239 Der **Insolvenzverwalter und das Insolvenzgericht prüfen nicht**, ob der Anmeldung des Insolvenzgläubigers tatsächlich ein privilegierter Anspruch zugrunde liegt. Dies obliegt allein der **Einschätzung des Schuldners**. Damit wird erreicht, dass der Schuldner sehr frühzeitig und nicht erst nach Erteilung der Restschuldbefreiung erfährt, dass derartige Forderungen gegen ihn geltend gemacht werden. Der Schuldner ist von dem Insolvenzgericht im Prüfungsverfahren vor dem Termin ausdrücklich auf die Anmeldung solcher Forderungen und die Rechtsfolgen des § 302 InsO hinzuweisen, sowie über die Möglichkeit zur Einlegung eines **Widerspruchs** zu belehren (§ 175 Abs. 2 InsO).

240 Wird seitens des Schuldners im Prüfungstermin ein Widerspruch gegen das entsprechende Forderungsattribut eingelegt, kann der Gläubiger diesen nur über eine **Feststellungsklage** nach § 184 InsO beseitigen. Hierbei ist er an keine Frist gebunden. Die Klage kann auch noch nach Aufhebung des Insolvenzverfahrens erhoben werden.[139)] Scheitert die Feststellungsklage oder wird sie gar nicht erhoben, ist die angemeldete Forderung durch den nicht beseitigten Widerspruch des Schuldners gegen das entsprechende Forderungsattribut von den Wirkungen der Restschuldbefreiung erfasst. § 302 Nr. 1 InsO greift dann nicht. Das Insolvenzgericht teilt dem Gläubiger nach dem Prüfungstermin die Einlegung des Widerspruchs durch den Schuldner mit. Es ist hierbei zu prüfen, ob für das privilegierte Forderungsmerkmal ein **vollstreckbarer Titel** vorliegt oder nicht. Sofern sie als solche bereits tituliert ist, muss der Schuldner seinen Widerspruch i. R. der Feststellungsklage weiterverfolgen (§ 184 Abs. 2 InsO). Dazu steht ihm eine Frist von **einem Monat** ab dem Prüfungstermin oder nach Einlegung des Widerspruchs im schriftlichen Verfahren zu. Hierüber ist er durch das Insolvenzgericht besonders zu belehren.

---

137) BGH, Urt. v. 17.1.2008 – IX ZR 220/06, ZVI 2008, 116 = ZIP 2008, 566.

138) BGH, Beschl. v. 7.5.2013 – IX ZR 151/12, ZVI 2013, 364 = ZIP 2013, 1677, dazu EWiR 2013, 623 *(Laroche)*.

139) BGH, Urt. v. 18.12.2008 – IX ZR 124/08, ZIP 2009, 389 = ZInsO 2009, 278.

> **Praxishinweis**
>
> Zu beachten ist, dass die Angabe der vorsätzlich begangenen unerlaubten Handlung in einem **Strafbefehl** oder einem **Vollstreckungsbescheid** nicht für die Feststellung des Anspruchs aus vorsätzlich begangener unerlaubter Handlung ausreicht.[140] In einem solchen Fall liegt keine Titulierung des Forderungsattributs vor und der Gläubiger muss die Feststellungsklage betreiben. Diese ist bei dem Zivilgericht an dem Standort des Insolvenzgerichts einzulegen. Diese **besondere örtliche Zuständigkeit** ergibt sich aus **§ 185 InsO**. Weist die Tabelleneintragung das unbestrittene oder durch ein Zivilverfahren rechtskräftig festgestellte Attribut einer „vorsätzlich begangenen unerlaubten Handlung" auf, ist die Forderung formell von der Restschuldbefreiung ausgenommen.

Wurde von einem Insolvenzgläubiger eine Forderung aus vorsätzlich begangener unerlaubter Handlung, vorsätzlich pflichtwidrigen rückständigen Unterhalts oder aus einem Steuerverhältnis zur Tabelle angemeldet, diese vom Insolvenzverwalter nach Betrag und Rang festgestellt und vom Schuldner **bzgl. des** entsprechenden **Forderungsattributs nicht bestritten**, wird der Rechtsgrund der Forderung von den Rechtswirkungen der Tabelleneintragung nach § 178 Abs. 3 InsO erfasst.[141] Die **Insolvenztabelle wird somit Vollstreckungsgrundlage** für die Zeit nach Erteilung der Restschuldbefreiung. Dies gilt auch, wenn ein Widerspruch des Schuldners durch Feststellungsklage beseitigt wurde. Dem Gläubiger kann daher eine vollstreckbare Ausfertigung der Insolvenztabelle zur weiteren Geltendmachung seines Anspruchs gegen den Schuldner erteilt werden. Gegebenenfalls vorliegende frühere Titel verlieren ihre Vollstreckbarkeit. 241

Das gilt jedoch **nicht uneingeschränkt**. Unter bestimmten Voraussetzungen ist auch nach Durchführung eines Insolvenzverfahrens, mit oder ohne Erteilung der Restschuldbefreiung, die Vollstreckung aus **„Alttiteln"** möglich.[142] Dies trifft bspw. auf Zinsen aus einem bestehenden Titel zu, die als nachrangige Insolvenzforderungen (§ 39 Abs. 1 Nr. 1 InsO) nicht angemeldet werden konnten.[143] Im Forderungsprüfungsverfahren ist zwischen Erklärungen zur Tabelle, die die Feststellung hindern und denen des Schuldners, die die Feststellung nicht hindern, zu unterscheiden. Wird eine Forderung weder von Insolvenzgläubigern noch vom Verwalter bestritten, gilt sie als festgestellt (§ 178 Abs. 1 Satz 1 InsO). Ist eine Forderung tituliert, wird die Feststellung auf dem Titel vermerkt (§ 178 Abs. 2 Satz 3 InsO). Es soll dadurch verhindert werden, dass nach Aufhebung des Verfahrens zwei Vollstreckungstitel für denselben Anspruch existieren. Der alte Vollstreckungstitel bleibt allerdings insoweit wirksam, wie der Gläubiger seine Forderung nicht anmelden konnte. Wird die Wohlverhaltensperiode vorzeitig durch Versagung der Restschuldbefreiung beendet, kann der Insolvenzgläubiger nach § 201 Abs. 2 Satz 1 InsO aus einer vollstreckbaren Ausfertigung aus der Tabelle seine noch verbliebene Forderung gegen den Schuldner uneingeschränkt geltend machen. Der ursprüngliche Vollstreckungstitel steht ihm für den Tabellenanspruch nicht mehr zur Verfügung. Dies gilt auch für die Erteilung der Restschuldbefreiung. Auch hier bleibt dem Insolvenzgläubiger nur die vollstreckbare Ausfertigung aus der Insolvenztabelle. 242

Neben den formellen Anmeldevoraussetzungen kann die **vollstreckbare Ausfertigung nach Widerspruch des Schuldners** nur erteilt werden, wenn dieser Widerspruch beseitigt worden ist (§ 201 Abs. 2 Satz 1 InsO). Ob der Schuldner Widerspruch gegen die Forderung als solche oder nur gegen das Attribut erhoben hat, ist unerheblich. Der Wider- 243

140) BGH, Urt. v. 18.5.2006 – IX ZR 187/04, ZVI 2006, 311 = ZInsO 2006, 704, dazu EWiR 2006, 539 (*M. Ahrens*).

141) *Streck* in: HambKomm-InsO, § 302 Rz. 12.

142) *Stephan* in: MünchKomm-InsO, § 302 Rz. 79, 80.

143) *Stephan* in: MünchKomm-InsO, § 302 Rz. 80.

spruch gegen das Attribut soll aus Sicht des Schuldners verhindern, dass nach Erteilung der Restschuldbefreiung die Forderung gegen ihn geltend gemacht wird. Ziel ist die Verhinderung der Vollstreckung. Beantragt der Insolvenzgläubiger eine vollstreckbare Ausfertigung nach Erteilung der Restschuldbefreiung, muss er nachweisen, dass der Widerspruch beseitigt ist. Falls eine Rücknahme des Widerspruchs durch den Schuldner nicht erreicht werden kann, bleibt dem Insolvenzgläubiger nur die Klage gegen den Schuldner entsprechend § 184 InsO. Soweit der Schuldner nur das Forderungsattribut bestritten hat, richtet sich diese Klage auf Feststellung der Forderung aus vorsätzlich begangener unerlaubter Handlung, vorsätzlich pflichtwidrigen rückständigen Unterhalts oder aus einem Steuerverhältnis.

244 **Erhebt der Schuldner** im Prüfungstermin **keinen Widerspruch**, kann er sich nach Erteilung der Restschuldbefreiung nicht mehr gegen den Anspruch zur Wehr setzen. Insbesondere ist eine Vollstreckungsabwehrklage nach § 767 ZPO unzulässig. Begründet werden kann die Klage nur, wenn die vom Schuldner erhobenen Einwendungen nach dem Schluss der letzten mündlichen Verhandlung entstanden sind (§ 767 Abs. 2 ZPO). Im Forderungsprüfungsverfahren entspricht die mündliche Verhandlung dem Prüfungstermin.

b) Geldstrafen und gleichgestellte Forderungen

245 Durch die Erteilung der Restschuldbefreiung soll sich der Schuldner einer Strafe nicht entziehen können. Die Strafen werden zu Sanktionszwecken verhängt. Würden diese Forderungen von den Folgen der Restschuldbefreiung erfasst, würde das ihren Zweck unterlaufen. Daher sind sie von der Restschuldbefreiung ausgenommen. Zu den genannten Forderungen, die auch nachrangige Forderungen sind, gehören gemäß §§ 302 Nr. 2, 39 Abs. 1 Nr. 3 InsO

- Geldstrafen,
- Geldbußen,
- Ordnungsgelder,
- Zwangsgelder,
- Nebenfolgen einer Straftat, die zur Zahlung eines Geldbetrags verpflichten (z. B. Einziehung eines Wertersatzes oder Abführung eines Mehrerlöses) und
- Ordnungswidrigkeiten, die zu einer Geldzahlung verpflichten.

246 Von der Restschuldbefreiung erfasst sind dagegen **Säumniszuschläge** oder Kosten, die mit einer der genannten Forderungen einhergehen.[144)] So sind die Gerichtskosten in Strafsachen häufig deutlich höher als die verhängte Geldstrafe. **Gerichtskosten** sind keine Nebenfolgen einer Straftat. Es handelt sich hierbei um einfache Insolvenzforderungen (siehe auch Rz. 144 ff. und Rz. 213).

c) Verbindlichkeiten aus zinslosen Darlehen

247 **Zinslose Darlehen**, die dem Schuldner **zur Begleichung der Verfahrenskosten** gewährt wurden, sind ebenfalls von der Restschuldbefreiung ausgenommen. Dieser Tatbestand hat in der Praxis allerdings nur geringe Bedeutung, da in der überwiegenden Zahl der Insolvenzverfahren über Vermögen natürlicher Personen die Verfahrenskostenstundung gewährt wird. Für Verfahren, die vor dem 1.12.2001 eröffnet wurden, kann der Tatbestand von Bedeutung sein. Der Darlehensbegriff ist hierbei allerdings eng auszulegen. Das Darlehen muss zum Auszahlungszeitpunkt bereits die **Zweckbindung für die Verfahrens-**

144) *Wenzel* in: KPB, InsO, § 302 Rz. 2b.

kosten enthalten **und** muss **zinslos** sein. Geldgeber sind karitative Einrichtungen oder Stiftungen, die dem Schuldner die für die Durchführung des Verfahrens notwendigen Kosten in Form eines Kredits zur Verfügung stellen und damit eine Stundung der Verfahrenskosten überflüssig machen. Können diese Kosten aus dem Insolvenzverfahren oder von dem Schuldner zurückgeführt werden, stehen sie anderen Schuldnern zur Finanzierung eines Insolvenzverfahrens wieder zur Verfügung. Durch die Ausnahme von der Restschuldbefreiung werden derartige Kredite privilegiert. Um gewerbliche Anbieter von der Privilegierung auszuschließen, gilt diese Regelung nur für **zinslose** Darlehen. Der Zinsbegriff erstreckt sich auch auf Bearbeitungs- und Vermittlungsgebühren.[145)]

3. Wirkungen im Berufsrecht

Mit dem Gesetz vom 22.12.2020 wurde die Regelung des **§ 301 Abs. 4 InsO** neu eingefügt. Der angefügte Absatz 4 dient der Umsetzung von Art. 22 der Restrukturierungsrichtlinie[146)] und ordnet als weitere Folge der rechtkräftigen Erteilung der Restschuldbefreiung an, dass ein allein aufgrund der Insolvenz des Schuldners erlassenes Tätigkeitsverbot außer Kraft tritt (Satz 1). Dies gilt nicht für zulassungs- oder erlaubnispflichtige Tätigkeiten (Satz 2). 248

Bereits die Eröffnung des Insolvenzverfahrens begründet Zweifel an der Vertrauenswürdigkeit eines Schuldners. So kann z. B. gemäß § 35 Abs. 1 GewO die Ausübung eines an sich erlaubnisfreien Gewerbes untersagt werden, sofern dies nicht nach § 12 GewO im Interesse der Erhaltung des Gewerbebetriebes unzulässig ist.[147)] Rechtsfolge des Satz 1 ist, dass mit der rechtskräftigen Erteilung der Restschuldbefreiung sämtliche Verfügungen, mit denen dem Schuldner die Aufnahme oder Fortsetzung von unternehmerischen Tätigkeiten untersagt wurden, ihre Wirkung verlieren und der **Schuldner seine Tätigkeit (wieder) aufnehmen kann**, ohne dass er hierfür eine Aufhebung der Untersagungsverfügung oder Gestattung seiner Tätigkeit benötigt.[148)] 249

Bei erlaubnis- und zulassungspflichtigen Tätigkeiten, z. B. als Rechtsanwalt gemäß § 7 Nr. 9, 14 Abs. 2 Nr. 7 BRAO, Immobilienmakler gemäß § 34c Abs. 2 Nr. 2 GewO, Finanzanlagenvermittler gemäß § 34f Abs. 2 Nr. 2 GewO, bleibt allerdings die Einholung einer erneuten Erlaubnis oder Zulassung erforderlich (Satz 2). Damit sollen bestimmte Berufsgruppen, von deren Vertretern ein unparteiisches und objektives Handeln erwartet wird, auch nach der rechtskräftigen Erteilung der Restschuldbefreiung einer staatlichen Überprüfung ihrer finanziellen Situation unterliegen.[149)] 250

4. Neuerwerb im laufenden Insolvenzverfahren

Mit der Einführung des § 300a InsO wird geregelt, was geschieht, wenn das Insolvenzverfahren länger dauert als die Laufzeit der Abtretungserklärung. Über den Antrag auf Erteilung der Restschuldbefreiung ist nach Ablauf der Abtretungsfrist zu entscheiden. Der zwischen dem Zeitpunkt des Ablaufs der Abtretungserklärung und der rechtskräftigen Erteilung erlangte Neuerwerb des Schuldners muss vom Insolvenzverwalter zur Insol- 251

145) Begr. RegE InsOÄndG, BT-Drucks. 14/5680, S. 47.

146) Richtlinie (EU) 2019/1023 des Europäischen Parlaments und des Rates v. 20.6.2019 über präventive Restrukturierungsrahmen, über Entschuldung und über Tätigkeitsverbote sowie über Maßnahmen zur Steigerung der Effizienz von Restrukturierungs-, Insolvenz- und Entschuldungsverfahren und zur Änderung der Richtlinie (EU) 2017/1132 (Richtlinie über Restrukturierung und Insolvenz – Restrukturierungsrichtlinie), ABl. (EU) L 172/18 v. 26.6.2019.

147) *Brüning* in: BeckOK-GewO, § 35 Rz. 5.

148) Begr. RegE Gesetz zur weiteren Verkürzung des Restschuldbefreiungsverfahrens v. 31.8.2020, BT-Drucks. 19/21981, S. 21.

149) *Riedel* in: BeckOK-InsO, § 295a Rz. 7.

venzmasse gezogen und verwaltet werden, gehört aber nicht mehr zur Insolvenzmasse (§ 300a Abs. 2 InsO). Das Vollstreckungsverbot des § 89 InsO entfällt nach rechtskräftiger Erteilung der Restschuldbefreiung, auch wenn das Insolvenzverfahren noch nicht abgeschlossen ist. Nach rechtskräftiger Erteilung der Restschuldbefreiung muss der Insolvenzverwalter, den noch eingezogenen Neuerwerb an den Schuldner herausgeben und hat über dessen Verwaltung Rechnung zu legen (§ 300a Abs. 2 Satz 3 InsO).

252 Neuerwerb gehört aber dann zur Insolvenzmasse, wenn er aufgrund einer Anfechtung des Insolvenzverwalters zur Masse zurückgewährt wird. Auch für Vermögensbestandteile, die aufgrund eines vom Insolvenzverwalter geführten Rechtsstreits oder aufgrund Verwertungshandlungen des Insolvenzverwalters zur Insolvenzmasse gehören, entfällt der Insolvenzbeschlag mit der Erteilung der Restschuldbefreiung nicht.[150)]

XII. Widerruf der Restschuldbefreiung

253 Grundsätzlich soll in einem Insolvenzverfahren nur der redliche Schuldner die Restschuldbefreiung erlangen. Daher besteht auch **nach Erteilung der Restschuldbefreiung** die Möglichkeit, **Obliegenheitsverletzungen** des Schuldners mit dem Ziel der Verhinderung der Restschuldbefreiung geltend zu machen. Allerdings sind die Voraussetzungen im Vergleich zum Verfahren bei Verstoß gegen Obliegenheiten nach § 296 InsO stark verschärft, denn der Schuldner muss seine **Obliegenheiten vorsätzlich verletzt** und dadurch die **Befriedigungsaussichten** der Insolvenzgläubiger **erheblich beeinträchtigt** haben (§ 303 Abs. 1 InsO).

254 Die Insolvenzgläubiger können Anträge auf Widerruf der Restschuldbefreiung stellen, wenn sich nachtäglich herausstellt, dass der Schuldner

– eine seiner Obliegenheiten vorsätzlich verletzt und dadurch die Insolvenzgläubigerbefriedigung erheblich beeinträchtigt hat (Nr. 1),
– während der Abtretungsfrist nach § 297 Abs. 1 InsO verurteilt wurde oder nach der Erteilung der Restschuldbefreiung wegen einer bis zum Ende der Abtretungsfrist begangenen Straftat nach § 297 Abs. 1 InsO verurteilt wird (Nr. 2),
– nach Erteilung der Restschuldbefreiung seine ihm im Verfahren obliegenden Auskunfts- und Mitwirkungspflichten vorsätzlich oder grob fahrlässig verletzt hat, die ihm nach der Insolvenzordnung während des Insolvenzverfahrens obliegen (Nr. 3).

255 Der **Widerruf der Restschuldbefreiung** nach Erteilung soll nach dem Willen des Gesetzgebers nur in besonders schwerwiegenden Fällen möglich sein, also nur bei Vorsatz und erheblicher Beeinträchtigung der Gläubigerinteressen. Die Obliegenheitsverletzung darf dem Insolvenzgläubiger erst nach rechtskräftiger Erteilung der Restschuldbefreiung bekannt geworden sein. Es ist Sache des Insolvenzgläubigers die Voraussetzungen des Widerrufs glaubhaft zu machen. In den Fällen des § 303 Abs. 1 Nr. 1 InsO hat der Insolvenzgläubiger zudem glaubhaft zu machen, dass er bis zur Rechtskraft der Entscheidung keine Kenntnis von dem Widerrufsgrund hatte (§ 303 Abs. 2 InsO). Fehlt die **Glaubhaftmachung**, ist der Antrag unzulässig.

256 Der Schuldner sowie der Treuhänder (in den Fällen des Abs. 1 Nr. 1 und 3) sind zu dem zulässigen Antrag des Insolvenzgläubigers zu hören (§ 303 Abs. 3 Satz 1 InsO). Die Entscheidung ergeht durch begründeten Beschluss und unterliegt der sofortigen Beschwerde durch den Schuldner, soweit die Restschuldbefreiung widerrufen und durch den Insolvenzgläubiger, wenn sein Antrag zurückgewiesen wird.

257 Sofern die **Restschuldbefreiung widerrufen** wird, ist **in demselben Beschluss auch die Versagung der Restschuldbefreiung** auszusprechen. Zuständig ist gemäß § 18 Abs. 1

150) *Stephan* in: MünchKomm-InsO, § 300a Rz. 5.

Nr. 2 RPflG der **Richter.** Nach Eintritt der Rechtskraft ist die Entscheidung, soweit die Restschuldbefreiung widerrufen wird, öffentlich bekannt zu machen. Die Bekanntmachung erfolgt durch zentrale und länderübergreifende Veröffentlichung im Internet (www.insolvenzbekanntmachungen.de).

Mit § 303 Abs. 1 Nr. 3 InsO wird geregelt, was geschieht, wenn nach Ablauf der Abtretungsfrist bereits **im laufenden Verfahren** gemäß § 300 Abs. 1 Satz 1 InsO über die Restschuldbefreiung zu entscheiden ist. Das Insolvenzverfahren wird nach dieser Entscheidung weitergeführt. Den Schuldner treffen weiterhin die Auskunfts- und Mitwirkungspflichten des § 97 InsO für das noch andauernde Insolvenzverfahren. 258

Für die Stellung entsprechender **Widerrufsanträge** gelten gemäß § 303 Abs. 2 InsO unterschiedliche **Fristen.** Die Tatbestände des § 303 Abs. 1 Nr. 1 und 2 InsO können binnen eines Jahrs ab rechtskräftiger Erteilung der Restschuldbefreiung geltend gemacht werden. Für den Tatbestand des § 303 Abs. 1 Nr. 3 InsO gilt eine Frist von sechs Monaten ab rechtskräftiger Aufhebung des Insolvenzverfahrens. 259

C. Besondere Verfahrensabläufe

I. Ablauf der Abtretungserklärung vor Verfahrensbeendigung

Für Verfahren, die bis zum 30.9.2020 beantragt wurden, ist die Laufzeit der Abtretungserklärung auf sechs Jahre ab Eröffnung des Insolvenzverfahrens beschränkt. Für Insolvenzverfahren, die im Zeitraum vom 17.12.2019 bis einschließlich 30.9.2020 beantragt wurden, richtet sich die Abtretungsfrist nach Art. 103k EGInsO (siehe Rz. 12). Eine dreijährige Abtretungsfrist gilt für Verfahren, die ab dem 1.10.2020 beantragt wurden 260

Dauert ein Insolvenzverfahren länger als die reguläre Abtretungsfrist, ist dem Schuldner nach Ablauf der Frist die Restschuldbefreiung zu erteilen, auch wenn das Verfahren noch nicht beendet ist.[151] Das bedeutet jedoch nicht, dass auch das Insolvenzverfahren sofort beendet werden muss. Der Insolvenzbeschlag (§ 35 InsO) ist mit Eröffnung des Verfahrens über das gesamte Vermögen des Schuldners entstanden und hängt nicht von der Abtretungserklärung ab. Diese bezieht sich ausschließlich auf die pfändbaren Einkommensanteile des Schuldners aus einem Dienstverhältnis. Wenn die Laufzeit der Abtretungserklärung vor Verfahrensabschluss endet, entfällt der Insolvenzbeschlag danach für die pfändbaren Einkommensanteile des Schuldners. Für alle anderen Vermögenswerte und Massegegenstände bleibt er jedoch bis zur Verfahrensaufhebung bestehen. Der zwischen dem Zeitpunkt des Ablaufs der Abtretungserklärung und der rechtskräftigen Erteilung der Restschuldbefreiung erlangte Neuerwerb des Schuldners muss vom Insolvenzverwalter zur Insolvenzmasse gezogen und verwaltet werden, gehört aber nicht mehr zur Insolvenzmasse (§ 300a Abs. 2 InsO). Vor der Erteilung der Restschuldbefreiung sind die bis dahin bekannten Gläubiger anzuhören. Sie können Versagungsanträge nach § 290 InsO stellen. Die Obliegenheitsverpflichtungen des Schuldners gemäß §§ 295, 296, 297 InsO entfallen hier vollständig, da keine Wohlverhaltensphase eingeleitet wird.[152] 261

II. Tod des Schuldners

Verstirbt der Schuldner im laufenden Verfahren, wird es durch Beschluss in ein **Nachlassinsolvenzverfahren** übergeleitet. Ein Verbraucherinsolvenzverfahren (IK) wird damit zu einem Regelinsolvenzverfahren (IN) und als solches beim Insolvenzgericht auch als neues IN-Verfahren eingetragen. Der Beschluss ist öffentlich bekannt zu machen, damit 262

151) BGH, Beschl. v. 3.12.2009 – IX ZB 247/08, ZVI 2010, 68 = ZInsO 2010, 102, dazu EWiR 2010, 221 *(Wallner)*.

152) BGH, Beschl. v. 3.12.2009 – IX ZB 247/08, ZVI 2010, 68 = ZInsO 2010, 102.

alle Verfahrensbeteiligten vom neuen Verfahrensablauf und Aktenzeichen Kenntnis erlangen können. Die Erlangung der **Restschuldbefreiung ist nicht mehr möglich**, weil jetzt der Nachlass Gegenstand des Verfahrens ist und nicht mehr das Vermögen einer natürlichen Person. Aus demselben Grund endet auch, falls gewährt, die Verfahrenskostenstundung.

263 **Verstirbt der Schuldner in der Wohlverhaltensphase**, endet diese automatisch. Das Insolvenzgericht erlässt einen klarstellenden Beschluss über das Verfahrensende und macht diesen öffentlich bekannt. Der Treuhänder wickelt das Verfahren mit Einreichung des Schlussberichts und der Rechnungslegung ab und stellt ggf. seinen Vergütungsantrag. Er berichtigt die offenen Verfahrenskosten und nimmt, sofern Masse vorhanden ist, eine Verteilung an die Gläubiger auf Grundlage des Schlussverzeichnisses vor. Die Erben des Schuldners haben keinen Anspruch auf Überleitung in ein Nachlassinsolvenzverfahren, da das Hauptverfahren bereits beendet war. Sie können aber zur Erlangung der Haftungsbeschränkung auf den Nachlass ein reguläres Nachlassinsolvenzverfahren neu beantragen.

III. Insolvenzplanverfahren

264 Die Vorschriften der §§ 217 bis 269 InsO für die Durchführung des Insolvenzplanverfahrens sind für das Verbraucherinsolvenzverfahren anwendbar. Zuständig ist gemäß § 18 Abs. 1 Nr. 2 RpflG der/die Insolvenzrichter/in.

IV. Verzicht der Gläubiger

265 Während der Wohlverhaltensperiode kann der Schuldner auch versuchen, die Insolvenzgläubiger durch sofortige Zahlung eines Betrags **zum Verzicht auf die Fortführung der Wohlverhaltensperiode** zu bewegen. Nach erfolgreichem Abschluss des Hauptverfahrens versuchen Schuldner so, die Wohlverhaltensperiode abzukürzen, um z. B. eine neue und schuldenfreie Selbstständigkeit zu beginnen. Dabei muss der Schuldner jedoch beachten, dass er alle Insolvenzgläubiger erreicht, da ansonsten Sondervorteile i. S. des § 294 Abs. 2 InsO gewährt werden, die zu einer Versagung der Restschuldbefreiung führen können. Im eröffneten Verfahren ist eine Verfahrenseinstellung möglich, wenn der Schuldner die Zustimmung aller Anmeldegläubiger beibringen kann (§ 213 InsO). Während der Wohlverhaltensperiode führt ein Verzicht der Insolvenzgläubiger, deren Forderungen im Schlussverzeichnis enthalten sind, zu einem leeren Schlussverzeichnis. Es kann entsprechend der oben gemachten Ausführungen vorgegangen werden.[153] Die Insolvenzgläubiger sind auch hier i. R. der **vorgezogenen Entscheidung über die Restschuldbefreiung** anzuhören (§ 300 InsO).

V. Restschuldbefreiung bei Masseunzulänglichkeit

266 Masseunzulänglichkeit (§ 208 InsO) kann auch bei der natürlichen Person auftreten. Seit dem InsOÄndG 2001, durch das die selbstständige oder ehemals **selbstständige Person** der Regelinsolvenz zugeordnet wurde, kam es vermehrt zur Anzeige der Masseunzulänglichkeit. Auch im eröffneten Verfahren kann es sinnvoll sein, die Selbstständigkeit fortzuführen, denn sie bildet bei dem betreffenden Personenkreis häufig die einzige Einnahmequelle. Die Aufgabe der Selbstständigkeit führt den Schuldner häufig in die Arbeitslosigkeit und verhindert eine zumindest quotale Befriedigung der Insolvenzgläubiger.

267 Durch die Änderung des § 35 InsO zum 1.7.2007 wurde dem Insolvenzverwalter jedoch die Möglichkeit eröffnet, die selbstständige Tätigkeit **aus der Insolvenzmasse freizu-**

153) BGH, Beschl. v. 17.3.2005 – IX ZB 214/04, ZVI 2005, 322 = NZI 2005, 322.

geben, um eine mögliche Masseunzulänglichkeit zu vermeiden. Die Problematik hat seitdem deutlich an Relevanz verloren.

Grundsätzlich wird über die Einstellung oder Fortführung der selbstständigen Tätigkeit des Schuldners durch die Gläubigerversammlung **im Berichtstermin** (§ 157 Satz 1 InsO) **entschieden.** Der Termin findet etwa zwei Monate nach Eröffnung statt. Während dieser Zeit entstehen Lohnforderungen, Energiekosten, Steuerforderungen, Pachtkosten usw., die Masseverbindlichkeiten darstellen. 268

Der Insolvenzverwalter kann ab Eröffnung des Verfahrens die Wirtschaftlichkeit der schuldnerischen Tätigkeit prüfen. Er hat die Möglichkeit zur **Freigabe der Selbstständigkeit aus der Insolvenzmasse**, um die Begründung von **Masseverbindlichkeiten zu verhindern** (§ 35 Abs. 2 InsO). Wird die Freigabe gegenüber dem Schuldner erklärt, dem Insolvenzgericht angezeigt und von diesem öffentlich bekannt gemacht, scheidet die Selbstständigkeit aus der Insolvenzmasse aus. Die Insolvenzmasse ist dann von allen damit im Zusammenhang entstehenden Verbindlichkeiten befreit. Sie gehen zulasten des Schuldners außerhalb des Insolvenzverfahrens. Allerdings stehen der Masse die Einkünfte aus dieser Tätigkeit dann auch nicht mehr zu. Der Schuldner muss die Insolvenzgläubiger durch Zahlungen aus seiner Selbstständigkeit so stellen, als wenn er ein angemessenes Dienstverhältnis eingegangen wäre (§§ 35 Abs. 2 Satz 2, 295a Abs. 2 InsO). Es wird also von einem fiktiven Dienstverhältnis ein angemessenes Einkommen des Schuldners angenommen, aus dem dann der pfändbare Betrag ermittelt wird, den der Schuldner an die Masse aus seiner Selbstständigkeit leisten muss. 269

Damit die **Gläubigerhoheit** des Insolvenzverfahrens nicht ausgehöhlt wird, hat die Gläubigerversammlung gemäß § 35 Abs. 2 Satz 3 InsO die Gelegenheit, die **Freigabeerklärung** des Insolvenzverwalters durch das Insolvenzgericht **für unwirksam erklären zu lassen.** Auch dieser Beschluss ist öffentlich bekannt zu machen (§ 35 Abs. 3 Satz 2 InsO). In diesem Fall bleibt die schuldnerische Selbstständigkeit Teil der Insolvenzmasse mit allen Verbindlichkeiten, die daraus erwachsen können. Allerdings stehen dann auch alle möglichen Einkünfte aus der Selbstständigkeit der Insolvenzmasse zu. 270

Wird die Freigabe nicht oder für unwirksam erklärt, zeigt der Insolvenzverwalter den **Eintritt der Masseunzulänglichkeit** an (§ 208 Abs. 1 InsO), um seine persönliche Haftung zu minimieren. Die Anzeige gemäß § 208 InsO setzt voraus, dass die **Kosten des Verfahrens** aus der Insolvenzmasse oder durch Verfahrenskostenstundung gedeckt sind (Gerichtskosten, Vergütung des Verwalters/Treuhänders, Vergütung der Gläubigerausschussmitglieder), aber nicht die sonstigen Masseverbindlichkeiten oder wenn die Unterdeckung der sonstigen Masseverbindlichkeiten droht. Eine Prüfung des Vorliegens der Voraussetzungen durch das Insolvenzgericht findet nicht statt. 271

Da die Masse nicht ausreicht, um die Masseverbindlichkeiten zu decken, wird die Masse nur an die Massegläubiger nach der **Rangfolge des § 209 InsO** verteilt. Dabei haben die Verfahrenskosten immer Vorrang, soweit keine Verfahrenskostenstundung gewährt wurde. Um das Entstehen weiterer Masseverbindlichkeiten zu verhindern, wird der Verwalter die Verwertung beschleunigt betreiben. Er muss die vorhandene Masse zur zumindest anteiligen Befriedigung der Massegläubiger nach der Rangfolge des § 209 InsO nutzen. Der Insolvenzverwalter ist aber weiterhin zur Verwaltung und Verwertung der Insolvenzmasse verpflichtet (§ 208 Abs. 3 InsO). 272

Es ist auch möglich, dass die Masseunzulänglichkeit **während des weiteren Verfahrens beseitigt** wird. Dieser Fall wird unterschiedlich gehandhabt. 273

- Das Verfahren wird regulär durchgeführt und schlicht an die Tabellengläubiger verteilt, nachdem alle vorgehenden Verbindlichkeiten erfüllt wurden.

– Der Insolvenzverwalter zeigt die Beseitigung der Masseunzulänglichkeit beim Insolvenzgericht an und es erfolgt eine Veröffentlichung analog zu § 208 InsO. Dann wird das Verfahren regulär weitergeführt.

274 Sofern die Masseunzulänglichkeit bestehen bleibt, ist eine **Gläubigerversammlung** eigentlich nicht mehr erforderlich und auch nicht vorgesehen. Das Verfahren muss nicht mehr durch eine abschließende Gläubigerversammlung beendet, sondern kann durch gerichtlichen Beschluss eingestellt werden. Einzige Voraussetzung ist der Abschluss der Verteilung an die Massegläubiger des § 209 InsO. Ist sie erfüllt, muss das Insolvenzgericht das Verfahren einstellen (§ 211 Abs. 1 InsO). **Ein Ermessensspielraum besteht für das Insolvenzgericht nicht.**

Praxishinweis
Die Handhabung der Gerichte bei Masseunzulänglichkeit kann höchst unterschiedlich sein und von der Durchführung des Insolvenzverfahrens entsprechend den Regeln ohne Masseunzulänglichkeit bis zur Feststellung, dass Insolvenzgläubiger nach Anzeige der Masseunzulänglichkeit nicht mehr am Verfahren beteiligt sind, reichen. Für das Restschuldbefreiungsverfahren können sich folgende Problemkreise ergeben:

1. Fehlendes Schlussverzeichnis

275 Wird das Verfahren vor dem Prüfungstermin eingestellt, gibt es im Verfahren keine gerichtlich geprüfte **Insolvenztabelle.**[154] Ergebnis des Tabellenverfahrens ist das **Schlussverzeichnis**, nach dem der Treuhänder die in der Wohlverhaltensperiode eingehenden Beträge an die Insolvenzgläubiger verteilen muss (§ 292 Abs. 1 Satz 2 InsO). Eine Einstellung vor Prüfungstermin entzieht dem Restschuldbefreiungsverfahren also die Verteilungsgrundlage.

276 Es ist deshalb erforderlich, bei Masseunzulänglichkeit und Antrag auf Erteilung der Restschuldbefreiung ein Tabellenverfahren durchzuführen, um eine Verteilungsgrundlage für den Zeitraum der Wohlverhaltensperiode zu schaffen. Diese Möglichkeit spielt in der Praxis keine Rolle, weil der erste Prüfungstermin in der Regel mit dem Berichtstermin verbunden ist.

2. Fehlender Schlusstermin

277 Der Schlusstermin dient i. R. der Restschuldbefreiung der Geltendmachung von Versagungsanträgen. Eine Überwachung der Obliegenheiten (292 Abs. 2 InsO) wird aufgrund eines Beschlusses der Gläubigerversammlung angeordnet. Diese Möglichkeit bleibt versperrt, wenn kein Schlusstermin stattfindet.

278 Allerdings ist die Gläubigerversammlung zum Antrag des Schuldners auf Erteilung der Restschuldbefreiung anzuhören. Diese **Anhörung** dient nicht nur der Gewährung des rechtlichen Gehörs, sondern auch zur Sachverhaltsermittlung möglicher **Versagungstatbestände.**[155] Das darf den Insolvenzgläubigern auch bei Verfahren mit Masseunzulänglichkeit nicht verwehrt werden. Eine Gläubigerversammlung ist daher vor Einstellung des Verfahrens zu diesem Punkt erforderlich. Es ist auch die Durchführung des schriftlichen Verfahrens mit Stichtagsbestimmung möglich.[156] Das darf den Insolvenzgläubigern auch bei Verfahren mit Masseunzulänglichkeit nicht verwehrt werden.

154) Ausführlich *Pape*, NZI 2004, 1.
155) *Stephan* in: MünchKomm-InsO, § 289 Rz. 17.
156) *Stephan* in: MünchKomm-InsO, § 289 Rz. 17.

Die Anhörung der Insolvenzgläubiger erfolgt durch Einberufung einer **Gläubigerversammlung** im mündlichen Verfahren oder durch eine Schlussanhörung im schriftlichen Verfahren. Die Anordnung des schriftlichen Verfahrens hat wegen der damit verbundenen Rechtsfolgen grundsätzlich durch Beschluss zu erfolgen. Sie ist – ebenso wie die Bestimmung des Schlusstermins (§ 197 Abs. 2 InsO) oder die Einberufung einer sonstigen Gläubigerversammlung (§ 74 Abs. 2 InsO) – im Internet öffentlich bekannt zu machen.[157] 279

Praxishinweis

In der Praxis wird regelmäßig mit Anberaumung dieses Termins auch die Veröffentlichung eines Verteilungsverzeichnisses gemäß § 188 Satz 3 InsO erfolgen, da die Masseunzulänglichkeit wieder beseitigt werden kann, möglicherweise auch in der Wohlverhaltensphase.

3. Keine Insolvenzgläubiger

Können Insolvenzgläubiger durch die Einstellung nach § 211 Abs. 1 InsO nicht am Verfahren teilnehmen, weil die Einstellung des Verfahrens vor dem Prüfungstermin erfolgt, führt dies zu einem Restschuldbefreiungsverfahren ohne Gläubigerbeteiligung. Zur Überprüfung der Redlichkeit des Schuldners, eine wesentliche Voraussetzung für die Erlangung der Restschuldbefreiung, räumt die InsO den Insolvenzgläubigern ein umfangreiches Antragsrecht ein. Nur Insolvenzgläubiger können Versagungsanträge stellen (§ 290 Abs. 1 InsO) oder die Verletzung von Obliegenheiten geltend machen (§ 296 Abs. 1 Satz 1 InsO). In einem masseunzulänglichen Verfahren sind also Prüfungs- und ein „Schlusstermin" i. S. einer Schlussanhörung durchzuführen. Ihr Inhalt ist beschränkt auf die für die Restschuldbefreiung erforderlichen Tagesordnungspunkte. 280

4. Berücksichtigung der Massegläubiger

Massegläubiger spielen i. R. der Restschuldbefreiung keine Rolle, insbesondere regelt die InsO ihre Befriedigung während der Wohlverhaltensperiode nicht. Die Forderungen der Massegläubiger sind im eröffneten Verfahren durch den Verwalter/Treuhänder ohne eine Beteiligung der Insolvenzgläubiger vorab zu befriedigen (§ 53 InsO). Im Insolvenzverfahren ergibt sich damit folgende Rangfolge: 281

(1) Massekosten

§ 54 InsO: Gerichtskosten, Vergütungen und Auslagen des Insolvenzverwalters und der Mitglieder des Gläubigerausschusses.

(2) Sonstige Masseverbindlichkeiten

§ 55 InsO: Forderungen, die aus der Verwaltung der Masse entstehen, aus gegenseitigen Verträgen, aus ungerechtfertigter Bereicherung der Masse; Verbindlichkeiten, die nach Anzeige der Masseunzulänglichkeit entstehen, sind vor den Verbindlichkeiten, die vor der Anzeige entstanden sind, zu befriedigen (§ 209 InsO).

(3) Insolvenzforderungen

§ 38 InsO: Forderungen der Gläubiger, die zum Zeitpunkt der Eröffnung einen begründeten Vermögensanspruch gegen den Schuldner haben.

(4) Gegebenenfalls nachrangige Forderungen

§ 39 InsO: z. B. Zinsansprüche nach Eröffnung, Geldstrafen.

Um in das Restschuldbefreiungsverfahren zu gelangen, müssen die Massekosten gedeckt sein. Seit Einführung der **Verfahrenskostenstundung** ist dies bei natürlichen Personen 282

157) *Stephan* in: MünchKomm-InsO, § 289 Rz. 17.

regelmäßig der Fall. Nachrangige Forderungen spielen praktisch keine Rolle. Zur Anmeldung solcher Forderung wird nur aufgefordert (§ 174 Abs. 3 InsO), wenn Befriedigung zu erwarten ist, d. h. alle Masseverbindlichkeiten sowie alle Insolvenzforderungen in voller Höhe gedeckt sind. Diese Konstellation findet sich in Insolvenzverfahren nur äußerst selten.

283 Bevor das Verfahren wegen Masseunzulänglichkeit eingestellt wird, erstellt der Insolvenzverwalter ein Verteilungsverzeichnis unter Berücksichtigung der Rangfolge des § 209 InsO:

(1) Masseverbindlichkeiten, die nach der Anzeige der Masseunzulänglichkeit begründet worden sind (Neumasseverbindlichkeiten);

(2) Masseverbindlichkeiten, die vor der Anzeige der Masseunzulänglichkeit begründet worden sind (Altmasseverbindlichkeiten);

(3) Unterhaltsforderungen aus Bewilligungen nach den §§ 100, 101 Abs. 1 Satz 3 InsO;

(4) Forderungen der Insolvenzgläubiger.

284 Aus den Beträgen, die der Treuhänder aus der Abtretung nach § 287 Abs. 2 InsO erhält, ist nach diesem Schlüssel an die Gläubiger zu verteilen.

285 Während der Wohlverhaltensperiode ist auch gegenüber den Massegläubigern der **Gleichbehandlungsgrundsatz** nach § 294 InsO anzuwenden. Würde die Vollstreckung für Neumassegläubiger zugelassen werden, wäre der Treuhänder nicht mehr in der Lage, eine sinnvolle Verteilung vorzunehmen, dem Schuldner wäre es unmöglich, Beträge aus der Abtretung an den Treuhänder abzuführen oder eine selbstständige Tätigkeit aufrechtzuerhalten.

VI. Verfahrenseinstellung gemäß § 207 InsO

286 Wird ein Insolvenzverfahren gemäß § 207 **InsO** eingestellt, ist die **Erteilung der Restschuldbefreiung nicht möglich**. § 289 InsO sieht vor, dass die Entscheidung über den Antrag des Schuldners auf Erteilung der Restschuldbefreiung nur dann getroffen werden kann, wenn das Verfahren gemäß § 200 InsO aufgehoben oder gemäß § 211 InsO eingestellt wurde. Eine Verfahrenseinstellung gemäß § 207 InsO ist für die Entscheidung über den Restschuldbefreiungsantrag nicht vorgesehen.

287 Es liegt dann ein **Antrag auf Erteilung der Restschuldbefreiung** vor, für den die beabsichtigte Rechtfolge nicht mehr eintreten kann. Allerdings wird der gestellte Restschuldbefreiungsantrag durch die Verfahrenseinstellung gemäß § 207 InsO auch **nicht unzulässig**.

288 Der weitere Umgang mit solchen Anträgen erfolgt **bei den Insolvenzgerichten unterschiedlich**:

- Feststellung im Schlusstermin, dass die Erteilung bzw. Ankündigung der Restschuldbefreiung aufgrund der Rechtsfolgen der Verfahrenseinstellung gemäß § 207 InsO nicht möglich ist.
- Erlass eines klarstellenden Beschlusses im Schlusstermin unter Hinweis auf die Rechtsfolgen der Verfahrenseinstellung gemäß § 207 InsO, weil ein noch nicht beschiedener Antrag vorliegt.
- Erlass eines Zurückweisungsbeschlusses bzgl. des Antrags auf Erteilung der Restschuldbefreiung, weil ein noch nicht beschiedener Antrag vorliegt, die Rechtsfolgen der Einstellung gemäß § 207 InsO die Erteilung der Restschuldbefreiung aber ausschließen.
- Keine Äußerung zum Antrag auf Erteilung der Restschuldbefreiung, weil die Rechtsfolgen mit der Einstellung des Verfahrens gemäß § 207 InsO eintreten und damit das Ziel des Antrags nicht mehr eintreten kann.

289 In jedem Fall schließt sich an die Einstellung des Verfahrens nach § 207 InsO **keine Wohlverhaltensphase** an. Nach Rechtskraft des Einstellungsbeschlusses verteilt der Insolvenzverwalter die ggf. vorhandene Masse quotal auf die entstandenen Gerichtskosten und seine Vergütung. Er weist die Durchführung der Verteilung und die Nullstellung des Verfahrenskontos beim Insolvenzgericht nach und reicht seine Bestallungsurkunde zurück. Ist keine Insolvenzmasse vorhanden, wird nur die Bestallungsurkunde zurückgereicht. Für die nicht gedeckten Kostenansprüche fallen die Landeskasse und der Insolvenzverwalter erst einmal aus. Natürlich besteht für beide die Möglichkeit, die entstandenen Kosten gegen den Schuldner persönlich geltend zu machen. Grundlagen hierfür sind dann die Gerichtskostenrechnung und der Vergütungsfestsetzungsbeschluss.

D. Übersicht zum zeitlichen Ablauf

290 **Zeitlicher Ablauf des Restschuldbefreiungsverfahrens**

Verfahrensgang	Ereignisse	InsO-Regelungen
Eröffnungsantrag	Antrag auf Erteilung der Restschuldbefreiung	§ 20 Abs. 2, § 287
	Abtretungserklärung	§ 287 Abs. 2 Satz 1
Ankündigung der Restschuldbefreiung	*Eingangs- und Zulässigkeitsentscheidung über Antrag auf Erteilung der Restschuldbefreiung*	*§ 287a*
Eröffnung des Insolvenzverfahrens		–
Schlusstermin	*Behandlung der Versagungsanträge*	*§ 290*
	Eintragung in das Schuldnerverzeichnis	*§ 303a*
Aufhebung/Einstellung des Verfahrens	*Beginn der Wirkungen der Restschuldbefreiungsphase*	*§§ 200, 211*
	Bestimmung des Treuhänders	*§ 288 Satz 2*
	Beginn des Treuhänderamtes	*§ 292*
	Abtretungsbeträge an Treuhänder	*§ 287 Abs. 2*
	Vollstreckungsverbot	*§ 294 Abs. 1*
	Wohlverhalten	*§§ 295 bis 297a*
Entscheidung über den Antrag auf Erteilung der Restschuldbefreiung	*Anhörung der Gläubiger*	*§ 300*
	Behandlung von Versagungsanträgen	*§§ 290, 296, 297, 297a*
	Eintragung in das Schuldnerverzeichnis bei Versagung	*§ 303a*
	Erteilung oder Versagung	*§§ 300, 301, 302*
Widerruf der Restschuldbefreiung	–	§ 303
	Eintragung in das Schuldnerverzeichnis bei Versagung	*§ 303a*

E. Sperrwirkung gescheiterter Restschuldbefreiungsversuche

291 Es ist nicht Sinn und Zweck eines Insolvenzverfahrens, dass sich ein Schuldner wieder und wieder seiner Verbindlichkeiten durch eine Restschuldbefreiung entledigt. Zwar geht die InsO grundsätzlich von der Möglichkeit eines wiederholten Restschuldbefreiungsan-

trags aus, jedoch ist nach der Neuregelung im *Gesetz zur Verkürzung des Restschuldbefreiungsverfahrens und zur Stärkung der Gläubigerrechte vom 15.7.2013*[158)] ein Antrag auf Restschuldbefreiung unzulässig, wenn dem Schuldner in einem vorhergehenden Verfahren

- in den letzten **elf Jahren** die Restschuldbefreiung vor dem aktuellen Antrag auf Eröffnung des Insolvenzverfahrens oder nach diesem Antrag erteilt (§ 287a Abs. 2 Nr. 1 Alt. 1 InsO) oder
- in den letzten **fünf Jahren** vor dem aktuellen Antrag auf Eröffnung des Insolvenzverfahrens oder nach diesem Antrag die Restschuldbefreiung gemäß § 297 InsO versagt (§ 287a Abs. 2 Nr. 1 Alt. 2 InsO) oder
- in den letzten **drei Jahren** vor dem aktuellen Antrag auf Eröffnung des Insolvenzverfahrens oder nach diesem Antrag die Restschuldbefreiung gemäß § 290 Abs. 1 Nr. 5, 6 oder 7 InsO oder § 296 InsO versagt wurde (§ 287a Abs. 2 Nr. 2 InsO). Dies gilt auch im Falle des § 297a InsO, wenn nachträglich Gründe nach § 290 Abs. 1 Nr. 5, 6 oder 7 InsO *„bekannt werden"*.

292 Der Gesetzgeber hat mit der Neuregelung die als gefestigt angesehene Sperrfristrechtsprechung des BGH[159)] aufgenommen und gleichzeitig eingeschränkt. Danach soll lediglich der Schuldner gesperrt sein, der in einem früheren Insolvenzverfahren aufgrund seines unredlichen Verhaltens an dem Restschuldbefreiungsversuch gescheitert ist.[160)] Die bloße Nachlässigkeit des Schuldners soll hingegen nicht durch die Sperrfristen des § 287a InsO sanktioniert werden.[161)]

293 In allen nicht explizit geregelten Fällen der Versagung gilt hingegen keine Sperrfrist.[162)] Die Einschränkung bezieht sich augenscheinlich nur auf die materiellen Versagungsgründe. Es ist nicht anzunehmen, dass der Gesetzgeber dem „taktischen Schuldnerverhalten [...] ein Schlupfloch für die Umgehung der Antragssperre"[163)] eröffnen wollte.[164)] Danach ist analog § 287a Abs. 1 InsO ein erneuter Antrag auf Erteilung der Restschuldbefreiung unzulässig, wenn der Schuldner in einem früheren Insolvenzverfahren innerhalb der maßgeblichen Frist seinen Restschuldbefreiungsantrag zurückgenommen hat, um einer Versagung gemäß §§ 290 Abs. 1 Nr. 5, 6 oder 7, 296 oder 297 InsO zu entgehen.

158) Gesetz zur Verkürzung des Restschuldbefreiungsverfahrens und zur Stärkung der Gläubigerrechte v. 15.7.2013, BGBl. I 2013, 2379.

159) In der sog. Sperrfrist-Rspr.; grundlegend BGH, Beschl. v. 16.7.2009 – IX ZB 219/08, ZVI 2009, 422 = NZI 2009, 691.

160) Begr. RegE Gesetz zur Verkürzung des Restschuldbefreiungsverfahrens und zur Stärkung der Gläubigerrechte, BT-Drucks. 17/11268, S. 24.

161) *Streck* in: HambKomm-InsO, § 287a Rz. 10.

162) Begr. RegE Gesetz zur Verkürzung des Restschuldbefreiungsverfahrens und zur Stärkung der Gläubigerrechte, BT-Drucks. 17/11268, S. 25; *Streck* in: HambKomm-InsO, § 287a Rz. 9.

163) Vgl. *Grote/Pape*, ZInsO 2013, 1433, 1440.

164) *Streck* in: HambKomm-InsO, § 287a Rz. 11.

Übersicht: Sperrfristen (für Verfahren bis 30.09.2020) 294

Art des Antrags	Eröffnung	Versagung RSB nach § 290 InsO	Sperrfrist	Entscheidung	Fundstellen
Eigenantrag, RSB-Antrag	Ja	§ 290 Abs. 1 Nr. 5 und 6 InsO	3 Jahre ab RK der Entscheidung	BGH v. 16.7.2009 – IX ZB 219/08	ZVI 2009, 422 = ZInsO 2009, 1777
Eigenantrag, RSB-Antrag	ja	§ 290 Abs. 1 Nr. 4 InsO	3 Jahre ab RK der Entscheidung	BGH v. 14.1.2010 – IX ZB 257/09	ZInsO 2010, 347 = NZI 2010, 407
Eigenantrag, RSB-Antrag	Nein; Abweisung mangels Masse (z. B. nach Abweisung der Stundung)		3 Jahre ab RK der Entscheidung	BGH v. 11.2.2010 – IX ZA 45/09	ZVI 2010, 100 = ZInsO 2010, 490
Fremdantrag	Ja, kein Eigenantrag trotz Belehrung		3 Jahre ab Eröffnung für neuen Eigenantrag	BGH v. 21.1.2010 – IX ZB 174/09	ZVI 2010, 101 = NZI 2010, 195
Eigenantrag, RSB-Antrag	Nein, Stundungsabweisung, dann Antragsrücknahme		3 Jahre	BGH v. 6.10.2011 – IX ZB 114/11	ZInsO 2011, 2198 = NZI 2011, 948
Eigenantrag, RSB-Antrag, Rücknahme RSB-Antrag	Ja	Antrag eines Gl. auf Versagung nach § 290 InsO, Rücknahme RSB-Antrag	3 Jahre ab Rücknahme RSB-Antrag	BGH v. 12.5.2011 – IX ZB 221/09	ZVI 2011, 291 = ZInsO 2011, 1127
Eigenantrag, RSB-Antrag	Nein	Abweisung der Stundung wg. Verstoß gegen § 290 Abs. 1 Nr. 5 InsO, Rücknahme des Insolvenzantrags	3 Jahre ab Rücknahme des Eigenantrags	BGH v. 12.5.2011 – IX ZB 221/09	ZVI 2011, 291 = ZInsO 2011, 1127
Eigenantrag, RSB-Antrag	Ja	Zurückweisung RSB-Antrag als unzulässig	3 Jahre ab Entscheidung über RSB-Antrag	BGH v. 3.12.2009 – IX ZB 89/09	ZInsO 2010, 140 = NZI 2010, 153

Kapitel 17
Verbraucherinsolvenz

Übersicht

Literatur: *Münder/Geiger*, Sozialgesetzbuch II, 7. Aufl., 2021; *Stöber/Rellermeyer*, Forderungspfändung, 17. Aufl., 2020.

A. Überblick

1 Mit der Einführung des Verbraucherinsolvenzverfahrens beabsichtigte der Gesetzgeber die Schaffung eines Insolvenzverfahrens für alle natürlichen Personen, die nie selbstständig tätig waren oder es zum Zeitpunkt der Antragstellung nicht mehr sind und weitere Voraussetzungen erfüllen. Mit der Sonderregelung des Neunten Teils sollte die Möglichkeit geschaffen werden, dass sog. „Verbraucher“ – ebenso wie ein Unternehmen oder Selbstständige – ein Insolvenzverfahren durchlaufen und schließlich zu einer Restschuldbefreiung gelangen können.

2 Die gesetzliche Regelung des Verbraucherinsolvenzverfahrens zielt vorrangig auf **eine einvernehmliche Schuldenbereinigung** zwischen Schuldner und Gläubigern zur Abwendung eines Insolvenzverfahrens ab. Erst im Fall des Scheiterns der außergerichtlichen Schuldenbereinigung soll sich ein gerichtliches Insolvenzverfahren mit dem Ziel der Restschuldbefreiung anschließen.

3 Das Verbraucherinsolvenzverfahren zeichnet sich im Gegensatz zum Regelinsolvenzverfahren dadurch aus, dass ihm ein außergerichtliches Schuldenbereinigungsplanverfahren vorgeschaltet ist, **das ggf. im eröffneten Verfahren fortgesetzt werden kann.** Dazu wurde ein mehrstufiges Verfahren entwickelt, wobei der jeweils nächste Schritt erst eingeleitet werden kann, wenn die vorherige Stufe beendet wurde. Das Verbraucherinsolvenzverfahren gliedert sich in folgende Schritte:

- außergerichtliche Einigung/Schuldenbereinigung,
- gerichtliche Einigung/Schuldenbereinigung,
- eröffnetes Insolvenzverfahren,
- sog. Wohlverhaltensperiode.

4 Besonderer Wert wird auf den Versuch gelegt, eine umfassende Schuldenbereinigung aufgrund Einigung zwischen Schuldner und Gläubigern zu erreichen. Die Eröffnung des Insolvenzverfahrens soll nach dem Willen des Gesetzgebers nur die letzte Möglichkeit sein.

5 Für das Verbraucherinsolvenzverfahren gelten grundsätzlich die allgemeinen Regelungen eines Regelinsolvenzverfahrens. Insbesondere sind folgende Bereiche zu nennen:

- Ein Antrag auf Eröffnung des Insolvenzverfahrens ist nur zulässig, wenn der Schuldner zahlungsunfähig ist (§ 17 InsO). Stellt der Schuldner den Eröffnungsantrag, greift auch der Eröffnungsgrund „drohende Zahlungsunfähigkeit“ (siehe oben Kap. 3 Rz. 125 ff. [*Hölzle*]).
- Das Insolvenzgericht hat alle für das Verfahren bedeutende Umstände i. R. einer Amtsermittlungspflicht zu prüfen (§ 5 Abs. 1 InsO).
- Das Verbraucherinsolvenzverfahren wird durch einen Insolvenzverwalter – nicht mehr durch einen Treuhänder – geführt. § 313 InsO wurde vollständig gestrichen.

- Reicht die vorhandene Masse nicht aus, um die Kosten des Verfahrens zu decken, weist das Insolvenzgericht den Eröffnungsantrag mangels Masse ab (§ 26 InsO). Allerdings tritt diese Konstellation nach Einführung der Verfahrenskostenstundung (§§ 4a ff. InsO) praktisch nicht mehr auf.
- Die Insolvenzmasse bestimmt sich nach den §§ 35 ff. InsO.
- Das Verfahren zur Prüfung der Forderungen (§§ 174 ff. InsO) gilt uneingeschränkt.
- Auch eine Verbraucherinsolvenz kann masseunzulänglich sein. Die weitere Abwicklung bestimmt sich nach den §§ 208 ff. InsO. Probleme ergeben sich allerdings, wenn der Schuldner Restschuldbefreiung beantragt hat (Kap. 16 Rz. 266 ff. [*Achelis/Schemmerling*]).
- Anfechtungen und Verwertungen von Sicherheiten können nach Einführung des Gesetzes zur Verkürzung des Restschuldbefreiungsverfahrens und Stärkung der Gläubigerrechte vom 15.7.2013[1] mit Wirkung vom 1.7.2014 wie im Regelinsolvenzverfahren vorgenommen werden.
- Ebenso finden die Vorschriften des Insolvenzplanverfahrens (§§ 217 ff. InsO) Anwendung. Die Regelungen des Insolvenzplans sind nun sogar auch für Verfahren anwendbar, die vor der Änderung der InsO beantragt und eröffnet wurden (siehe Kap. 16 Rz. 264 [*Achelis/Schemmerling*]).

Lediglich die Eigenverwaltung bleibt nach der in gemäß § 270 Abs. 1 Satz 3 InsO eingeführten Regelung dem Regelinsolvenzverfahren vorbehalten. 6

B. Die Verbraucherinsolvenz auf Antrag des Schuldners

I. Verbraucherbegriff

Grundsätzlich handelt es sich bei Regel- und Verbraucherinsolvenzverfahren um zwei unterschiedlich strukturierte und sich ausschließende Verfahrensarten.[2] Zentrale **Abgrenzungsvorschrift zwischen Regel- und Verbraucherinsolvenz** ist § 304 InsO. 7

Verbraucher ist demnach, 8

- eine natürliche Person,
- die aktuell nicht selbstständig tätig ist oder
- in der Vergangenheit eine selbstständige wirtschaftliche Tätigkeit ausgeübt hat und deren Vermögensverhältnisse überschaubar sind (§ 304 Abs. 1 Satz 2 InsO).

Der **Umfang des Vermögens** oder die **Zahl der Gläubiger** spielt hier keine Rolle. So ist es durchaus möglich, dass ein Verbraucher 150 Gläubiger hat und dennoch nach den §§ 304 ff. InsO zu behandeln ist. Eine solche hohe Gläubigerzahl ist allerdings die Ausnahme. 9

1. Verbraucher

Dem Anwendungsbereich des § 304 InsO unterfallen ausschließlich natürliche Personen. 10
Dabei ist zu unterscheiden, ob es sich bei dem Schuldner um einen sog. Verbraucher oder um einen Unternehmer handelt. Bei Verbrauchern handelt es sich um Personen, die keine selbstständige wirtschaftliche Tätigkeit ausüben oder in der Vergangenheit ausgeübt haben. Darunter fallen Angestellte, Rentner, Arbeitslose, Sozialhilfeempfänger, Studenten, Schüler,

---

1) Gesetz zur Verkürzung des Restschuldbefreiungsverfahrens und zur Stärkung der Gläubigerrechte v. 15.7.2013, BGBl. I 2013, 2379.

2) BGH, Beschl. v. 25.4.2013 – IX ZB 179/10, ZVI 2013, 261 = ZIP 2013, 1139, dazu EWiR 2013, 385 (*Römermann/Praß*).

Praktikanten sowie Zivil- und Wehrdienstleistende.[3] Verbraucher unterliegen gemäß § 304 Abs. 1 Satz 1 InsO stets dem Verbraucherinsolvenzverfahren. Bei Unternehmern ist weiter zu differenzieren.

2. Die selbstständige natürliche Person

11 Für Personen, die im Zeitpunkt der Antragstellung **noch eine selbstständige Tätigkeit ausüben**, ist ausschließlich das Regelinsolvenzverfahren anwendbar.[4]

12 Selbstständige, die im Allgemeinen eine größere Zahl Gläubiger haben und deren Rechtsverhältnisse weitaus komplizierter als die des typischen Verbrauchers sind, eignen sich für das Verbraucherinsolvenzverfahren nicht. So haben Schuldenbereinigungspläne eines Selbstständigen einen erheblichen Umfang. Arbeitsverhältnisse und Verträge, die ein Selbstständiger überwiegend abschließt, lassen sich kaum in einem Schuldenbereinigungsplan darstellen. Zur Verdeutlichung wurde häufig ein Insolvenzverfahren aus Nordrhein-Westfalen genannt. In diesem Verfahren waren alleine 14.000 DM an Kopierkosten für die Versendung des Schuldenbereinigungsplans an 128 Gläubiger mit 40.000 Blatt Papier zu veranschlagen, obwohl absehbar war, dass es nicht zu einer Einigung mit den Gläubigern kommen konnte. Die Erfahrungen in der Zeit vom 1.1.1999 bis zum 1.12.2001 haben also gezeigt, dass diese Pläne keinerlei Aussicht auf Erfolg haben. Mit der Insolvenzrechtsreform 2001[5] wurden folgerichtig die selbstständigen natürlichen Personen der Regelinsolvenz zugeordnet. Zu den selbstständig Tätigen gehört auch der **geschäftsführende Alleingesellschafter** der GmbH.[6]

3. Die ehemals selbstständige natürliche Person

13 Etwas schwieriger gestaltet sich die **Abgrenzung zu einem ehemals Selbstständigen.** Grundsätzlich sind ehemals Selbstständige der Regelinsolvenz zuzuordnen. Eine Ausnahme gilt jedoch für ehemals Selbstständige, deren Vermögensverhältnisse mit denen eines Verbrauchers vergleichbar sind. Sind ihre Vermögensverhältnisse überschaubar, d. h., sind weniger als 20 Gläubiger vorhanden und bestehen gegen sie keine Forderungen aus Arbeitsverhältnissen, gelten die Regeln der Verbraucherinsolvenz (§ 304 Abs. 1 Satz 2 InsO). Aus den gesetzlichen Bestimmungen ergibt sich nicht, zu welchem Zeitpunkt die Selbständigkeit bestanden haben muss. Es ist deshalb möglich, dass die Selbständigkeit mehrere Jahre zurückliegt. Die selbstständige Tätigkeit muss jedoch zum Zeitpunkt der Antragstellung vollständig beendet sein.

14 Hat der genannte Personenkreis mehr als 19 Gläubiger oder richten sich Forderungen aus Arbeitsverhältnissen gegen ihn, ist die Regelinsolvenz zwingend.

a) Überschaubare Vermögensverhältnisse

15 Der Umfang eines Insolvenzverfahrens wird wesentlich durch **die Anzahl der beteiligten Gläubiger** bestimmt. Während des Verfahrens (Eröffnungs- und eröffnetes Verfahren) hat der Insolvenzverwalter die Verbindlichkeiten des Schuldners zu ermitteln, Ansprüche abzuwehren und schließlich die Insolvenztabelle zu erstellen. Je größer die Zahl der Gläubiger ist, desto mehr Aufwand entsteht, desto schwieriger gestaltet sich die Abwicklung des Verfahrens. Ein einzelner Gläubiger, der im Verfahren eine Darlehensforderung i. H. von 2.000.000 € geltend macht, verkompliziert das Verfahren hingegen nur unwesentlich.

---

3) *Ritter* in: HambKomm-InsO, § 304 Rz. 4.

4) BGH, Beschl. v. 14.11.2002 – IX ZB 152/02, ZVI 2002, 449 = NZI 2003, 105.

5) Gesetz zur Änderung der Insolvenzordnung und anderer Gesetze (InsOÄndG), v. 26.10.2001, BGBl. I 2001, 2710.

6) BGH, Beschl. v. 22.9.2005 – IX ZB 55/04, ZVI 2005, 598 = ZIP 2005, 2070, dazu EWiR 2006, 123 *(S. Schmidt)*.

Mit der Abgrenzung beider Personengruppen befasst sich das Gericht regelmäßig bei **Antragstellung**, sicher aber im laufenden Eröffnungsverfahren. Andere mögliche Kriterien[7] (Umsatz, Anlage- und Betriebskapital, Geschäftsbeziehungen) sind in diesem Stadium kaum verlässlich verifizierbar. Erfahrungen der gerichtlichen Praxis haben gezeigt, dass die Zahl der Gläubiger für die Verfahrenswahl ausschlaggebend ist, denn es ließ sich feststellen, dass die Quote der erfolgreichen außergerichtlichen und gerichtlichen Einigungsversuche mit steigender Gläubigerzahl abnimmt. Einigung ist aber gerade ein zentrales Ziel des Verbraucherinsolvenzverfahrens. Schließlich lässt sich, wie es der Gesetzeswortlaut vorsieht, bei Antragstellung leicht feststellen, wie viele Gläubiger Ansprüche gegen den Schuldner stellen, etwa durch Vordrucke zur Antragstellung[8] oder, bei einem Gläubigerantrag, durch Anhörung des Schuldners. 16

Es war deshalb folgerichtig, die **Zahl der Gläubiger als Abgrenzungskriterium** einzuführen. Nach den Ermittlungen der Bund-Länder-Arbeitsgruppe liegt die Zahl der Gläubiger der typischen Verbraucherinsolvenzen bei weniger als 20 Gläubigern. Der Gesetzgeber hat diese Zahl übernommen und festgelegt, dass Vermögensverhältnisse bei mehr als 19 Gläubigern eines ehemals Selbstständigen nicht mehr als überschaubar einzustufen sind. 17

Das Insolvenzgericht kann aber zu der Auffassung gelangen, dass die Vermögensverhältnisse bereits bei nur fünf Gläubigern nicht mehr überschaubar und deshalb die Vorschriften der Regelinsolvenz maßgebend sind. Ergeben die Ermittlungen des vom Gericht bestellten Sachverständigen komplizierte Anfechtungssachverhalte, liegt die Zuordnung zur Regelinsolvenz sehr nahe. Umgekehrt kann aus einfachen Vermögensverhältnissen des Selbstständigen keine Zuordnung zum Verbraucherinsolvenzverfahren hergeleitet werden, denn dies würde klar dem Willen des Gesetzgebers widersprechen.[9] Das Insolvenzgericht hat von Amts wegen die zutreffende Verfahrensart zu ermitteln und festzustellen. Es besteht für den Schuldner kein Wahlrecht hinsichtlich der Verfahrensart.[10] Er hat daher bei einem Eigenantrag ausdrücklich anzugeben, welche Verfahrensart von ihm gewollt ist. 18

Im Fall eines Gläubigerantrags ist es statthaft, wenn der Gläubiger die Frage der Verfahrensart offenlässt, da ihm die Verhältnisse des Schuldners oftmals nicht bekannt sein dürften.[11] 19

b) Forderungen aus Arbeitsverhältnissen

Der Begriff **„Forderungen aus Arbeitsverhältnissen"** beschränkt sich nicht nur auf Lohn- und Gehaltsansprüche, sondern auch auf solche, die aus einem Arbeitsverhältnis erwachsen, ohne unmittelbar Anspruch des Arbeitnehmers zu sein, z. B. Forderungen der Finanzämter (Lohnsteuer) und der Sozialversicherungsträger.[12] Nach der Begründung des Gesetzesentwurfs ist der Begriff Arbeitsverhältnis weit zu verstehen und soll ausdrücklich nicht nur auf die Forderungen des Arbeitnehmers selbst beschränkt sein. Forderungen dieser Art sind einer vergleichsweisen Regelung i. R. einer außer- oder gerichtlichen Einigung grundsätzlich nicht zugänglich. 20

---

7) Vgl. Bund-Länder-Arbeitsgruppe „Insolvenzrecht", Bericht zur 71. Konferenz der Justizministerinnen und Justizminister v. 24./25.5.2000 in Potsdam, Abschn. B. I. 1.

8) Vordrucke für das Verbraucherinsolvenzverfahren und das Restschuldbefreiungsverfahren stehen zum Download unter „Justizportal des Bundes und der Länder: Formulare" zur Verfügung.

9) BGH, Beschl. v. 14.11.2002 – IX ZB 152/02, ZVI 2002, 449 = NZI 2003, 105.

10) *Ritter* in: HambKomm-InsO, § 304 Rz. 11.

11) *Ritter* in: HambKomm-InsO, § 304 Rz. 14.

12) Begr. RegE InsOÄndG z. Nr. 21 (§ 304 InsO), BT-Drucks. 14/5680, S. 30, abgedr. in: *Kübler/Prütting*, RWS-Dok. 18, Anh. III, S. 50 f.; Beschlussempfehlung und Bericht d. RA z. RegE InsOÄndG z. § 304 InsO, BT-Drucks. 14/6468, S. 18, abgedr. in: *Kübler/Prütting*, RWS-Dok. 18, Anh. III, S. 52; vgl. auch *Wenzel* in: KPB, InsO, § 304 Rz. 16, 41 ff.; BGH, Beschl. v. 22.9.2005 – IX ZB 55/04, ZVI 2005, 598 = ZIP 2005, 2070.

21 **Übersicht: Abgrenzung Verbraucher – ehemals Selbstständiger**

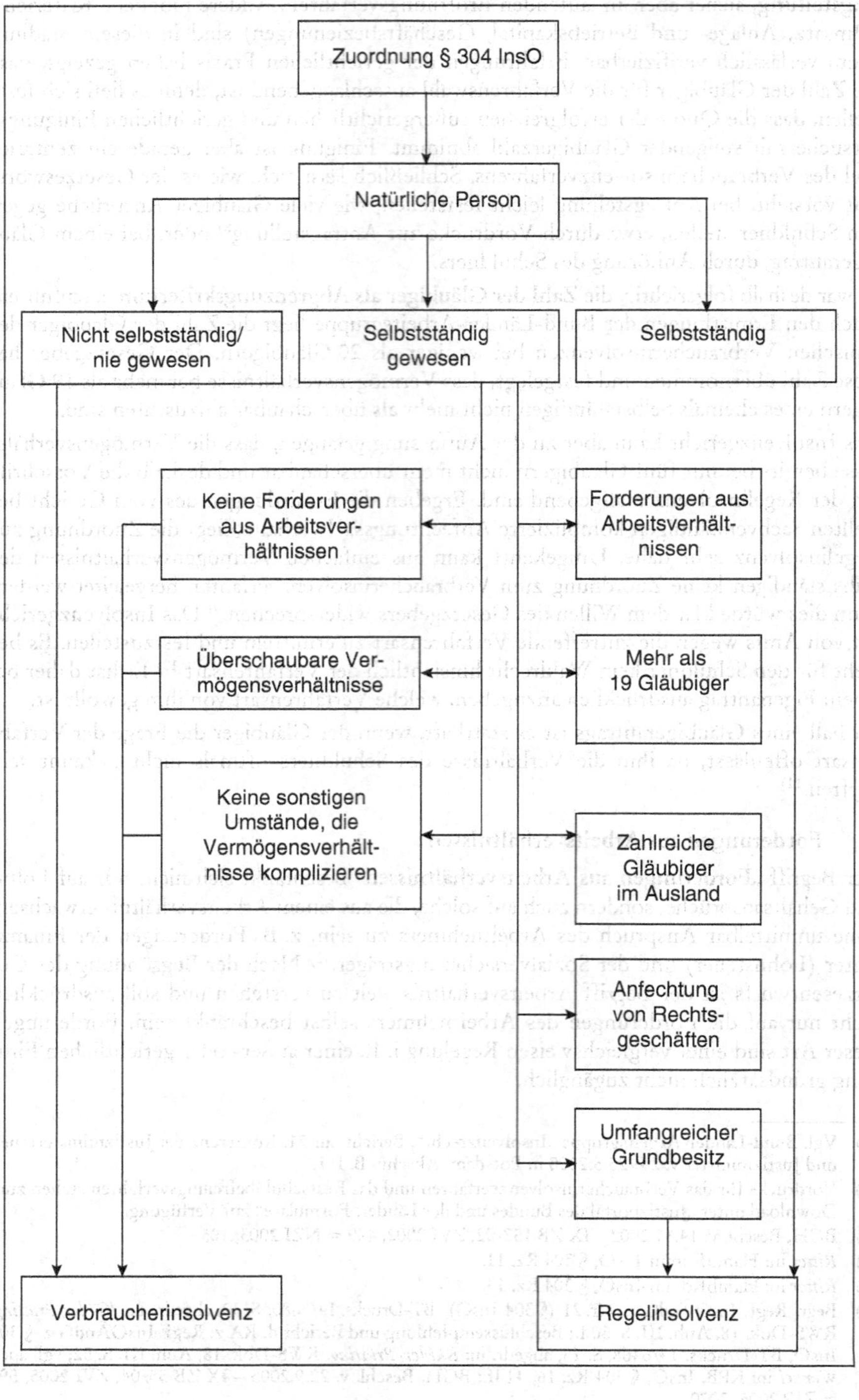

II. Der Eröffnungsantrag des Schuldners

Regel- und Verbraucherinsolvenz unterscheiden sich in vielerlei Hinsicht. So auch i. d. F. des Antrags. Aus den Vorschriften über die Antragstellung ergeben sich nicht nur Formalien, sondern auch weitere Antragsvoraussetzungen. 22

1. Allgemeine Antragsvoraussetzungen

Auch das Verbraucherinsolvenzverfahren ist ein **Antragsverfahren** nach § 13 InsO, setzt also einen Antrag des Schuldners voraus und unterliegt bis zur Eröffnung des Insolvenzverfahrens oder rechtskräftigen Abweisung des Antrags der Disposition des Schuldners, d. h. er kann unter diesen Bedingungen seinen Antrag jederzeit zurücknehmen, § 13 Abs. 2 InsO (siehe oben Kap. 4 Rz. 138 ff. [*Nissen*]). Möglich ist nach § 13 Abs. 1 Satz 2 InsO auch ein Gläubigerantrag. Er wird gesondert behandelt (siehe dazu Rz. 201 ff.). 23

2. Der Antrag nach § 305 InsO

Ein **Eröffnungsantrag** zur Einleitung des Verbraucherinsolvenzverfahrens kann **nur schriftlich** eingereicht werden (§ 305 Abs. 1 Satz 1 InsO). Es ist deshalb nicht möglich, den Antrag zu Protokoll der Geschäftsstelle (§ 496 ZPO) zu erklären und den Gerichtsbediensteten das Ausfüllen des recht umfangreichen Antragsformulars aufzubürden. Das Gericht ist jedoch nicht gehindert, den durch den Schuldner persönlich überbrachten Antrag zu sichten und den Schuldner zur Ergänzung offensichtlicher Mängel, z. B. bei vergessenem Ankreuzen des Antrags auf Restschuldbefreiung, wenn der Schuldner zugleich Verfahrenskostenstundung beantragt, anzuhalten. 24

Durch § 1 VbrInsFV[13] wurde der Inhalt des Antrags konkretisiert. Der Antrag muss danach auch die Erklärung enthalten, ob ein Antrag auf Erteilung der Restschuldbefreiung gestellt wird oder nicht. 25

Neben dem eigentlichen Eröffnungsantrag und dem Antrag auf Erteilung der Restschuldbefreiung nach § 287 Abs. 1 InsO bzw. die Erklärung, dass die Restschuldbefreiung nicht beantragt wird, sind in Form von Anlagen folgende Angaben erforderlich: 26

- Personalbogen mit Angaben zur Person des Schuldners;
- Bescheinigung über das Scheitern des außergerichtlichen Einigungsversuchs nach § 305 Abs. 1 Nr. 1 InsO;
- Erklärung des Schuldners gemäß § 287 Abs. 2 InsO, dass dieser seine pfändbaren Forderungen auf Bezüge aus einem Dienstverhältnis oder auf an deren Stelle tretende laufende Bezüge für den Zeitraum von drei Jahren nach der Eröffnung des Insolvenzverfahrens (Abtretungsfrist) an einen vom Gericht zu bestimmenden Treuhänder abtritt. Ist dem Schuldner auf Grundlage eines nach dem 30.9.2020 gestellten Antrags bereits einmal Restschuldbefreiung erteilt worden, so beträgt die Abtretungsfrist in einem erneuten Verfahren fünf Jahre; der Schuldner hat dem Antrag eine entsprechende Abtretungserklärung beizufügen;
- Zusammenfassung des wesentlichen Inhalts des Vermögensverzeichnisses nach § 305 Abs. 1 Nr. 3 InsO (**Vermögensübersicht**);
- Verzeichnis des vorhandenen Vermögens und des Einkommens nach § 305 Abs. 1 Nr. 3 InsO mit Ergänzungsblättern (**Vermögensverzeichnis**);

13) Verordnung zu Einführung von Vordrucken für das Verbraucherinsolvenzverfahren und das Restschuldbefreiungsverfahren (Verbraucherinsolvenzvordruckverordnung – VbrInsVV), v. 17.2.2002, BGBl. I 2002, 703, abgedr. in: *Kübler/Prütting*, RWS-Dok. 18, unter „Texte“.

- Verzeichnis der Gläubiger und Verzeichnis der gegen den Schuldner gerichteten Forderungen nach § 305 Abs. 1 Nr. 3 InsO (**Gläubiger- und Forderungsverzeichnis**);
- Schuldenbereinigungsplan nach § 305 Abs. 1 Nr. 4 InsO.

27 Inhalt der Verordnung ist auch das **amtliche Antragsformular bzw. amtliche Vordrucke.**[14] Abweichungen sind nur i. R. des § 2 VbrInsFV möglich, also nur, wenn geänderte Rechtsvorschriften eine Änderung erfordern. Folglich muss ein Antrag nach § 305 InsO unter Nutzung des amtlichen Formulars gestellt werden. Die Struktur des Formularsatzes orientiert sich an den Erfordernissen des Planverfahrens, das nach dem InsOÄndG 2001 einen Großteil des Plans den Gläubigern nur über die Einsichtsmöglichkeit bei Gericht zur Verfügung stellt.

3. Insolvenzberatung

28 Um die formellen Voraussetzungen des Verbraucherinsolvenzverfahrens zu schaffen, benötigen Schuldner meistens häufig Unterstützung. Sie werden daher durch **Schuldnerberatungsstellen**, die eine Verbraucherinsolvenzberatung anbieten, begleitet. Die Beratungsstellen bedürfen hierzu einer besonderen behördlichen Anerkennung als **geeignete Person oder Stelle**, die von den Ländern bzw. durch von den Ländern bestimmte Behörden vergeben werden (§ 305 Abs. 1 Nr. 1 InsO). Durch die Ausführungsgesetze der einzelnen Bundesländer wird bestimmt, welche Stelle bzw. Person als geeignet i. S. des § 305 InsO anzusehen ist. Regelmäßig sind dies kommunale und karitative Schuldnerberatungsstellen, aber auch die rechts- und steuerberatenden Berufe sowie Gütestellen, Sozialämter, Träger der freien Wohlfahrtspflege.[15]

29 Zu den Aufgaben der geeigneten Stellen gehören:

- die Aufklärung des Schuldners über die Funktion der außergerichtlichen Einigung,
- Hilfestellung bei der Abfassung eines Angebots,
- Ermittlung des Schuldnervermögens,
- Ermittlung der Gläubiger und ihrer Forderungen,
- Unterstützung bei der Erstellung des außergerichtlichen Schuldenbereinigungsplans,
- Ausstellung einer Bescheinigung über den erfolglosen Einigungsversuch,
- Hilfestellung bei dem Ausfüllen des amtlichen Vordrucks einschließlich des gerichtlichen Schuldenbereinigungsplans,
- ggf. Beratung und Begleitung des Schuldners bis zur Erteilung der Restschuldbefreiung.

30 Der den geeigneten Stellen abverlangte **Aufwand** ist erheblich und kann auch unter Einbeziehung öffentlicher Mittel nur begrenzt umgesetzt werden. Die Schuldner befinden sich in einer unübersichtlichen wirtschaftlichen Situation und häufig sind auch persönliche Probleme vorhanden, die meist nicht unerheblich die wirtschaftlichen Probleme mit verursacht haben. Den Schuldnerberatungsstellen steht eine umfangreiche **Software** für das gesamte außergerichtliche Verfahren zur Verfügung, mit der die einzelnen Schritte bis zur Erstellung eines gerichtlichen Insolvenzantrags „abgearbeitet" werden können. Die Datenerfassung bzgl. Vermögen, Gläubiger und Forderungen bildet hierbei die Basis für das Verfahren.

---

14) Der Vordrucksatz ist über verschiedene Internetseiten beziehbar, z. B. Justizportal des Bundes und der Länder: Formulare.

15) *Ritter* in: HambKomm-InsO, § 305 Rz. 14.

Praxishinweis

Die **Sachbearbeitung** der Schuldnerberatungsstellen ist **unterschiedlich**. Es gibt Schuldnerberatungsstellen, die den Schuldner lediglich im Verfahren unterstützen. Hier ist der Schuldner gefordert und muss selbstständig seine Unterlagen ordnen und aufbereiten, um die erforderlichen Informationen zur Verfügung stellen zu können. Bei den Terminen in der Schuldnerberatung werden dann die Ergebnisse besprochen, die nächsten Ziele gesteckt und weitere Schritte eingeleitet. Hierbei wird dem Schuldner ein gewisses Maß an eigenverantwortlicher Mitarbeit bzw. sogar Hauptarbeit abverlangt. Dies soll dazu führen, dass der Schuldner geregelte Abläufe erlernt und sich um seine Angelegenheiten selbst kümmern kann. Hierbei entstehen längere Bearbeitungszeiten, da sich ein Schuldner von einer Stufe zur nächsten durcharbeiten muss. Andere Schuldnerberatungsstellen nehmen den Schuldnern diese Arbeit teilweise oder sogar ganz ab und arbeiten die Unterlagen des Schuldners eigenständig oder in Zusammenarbeit mit ihm auf. Dies führt teilweise zu schnelleren Bearbeitungszeiten. Die Art und der Umfang der Einforderung der Mitarbeit des Schuldners werden durch die Beratungsstellen sehr unterschiedlich gehandhabt.

Ganz ohne besondere Zulassung sind **rechtsberatende Berufe** (Rechtsanwälte, Steuerberater, Notare) zur Insolvenzberatung befugt. 31

Eine **Vertretung des Schuldners** durch eine geeignete Stelle, die nicht den rechtsberatenden Berufen zugeordnet werden kann, unterliegt den Grenzen des Gesetzes über außergerichtliche Rechtsdienstleistungen (Rechtsdienstleistungsgesetz – RDG). Nach § 8 Abs. 1 Nr. 3 RDG sind jedoch Rechtsdienstleistungen durch eine nach Landesrecht als geeignet anerkannte Person oder Stelle i. S. des § 305 Abs. 1 Nr. 1 InsO i. R. ihres Aufgaben- und Zuständigkeitsbereichs erlaubt. Zu den Aufgaben nach § 305 Abs. 1 Nr. 1 InsO gehören: 32

- Begleitung und Beratung des Schuldners bei einem außergerichtlichen Einigungsversuch,
- Ausstellen der Bescheinigung auf Grundlage einer persönlichen Beratung und eingehenden Prüfung der Einkommens- und Vermögensverhältnisse des Schuldners über das Scheitern der außergerichtlichen Einigung,
- Vertretung des Schuldners im gerichtlichen Schuldenbereinigungsplanverfahren.

An die Erfüllung der Aufgaben der außergerichtlichen Schuldnerberatung werden durch die Einführung des Gesetzes zur Verkürzung der Restschuldbefreiung und der Stärkung der Gläubigerrechte höhere Anforderungen geknüpft. Das Scheitern einer außergerichtlichen Einigung innerhalb der letzten sechs Monate im Vorwege eines gerichtlichen Antrags auf Eröffnung des Insolvenzverfahrens kann erst bescheinigt werden, wenn eine persönliche Beratung und eine Analyse der finanziellen Situation des Schuldners erfolgt ist (§ 305 Abs. 1 Satz 1 Nr. 1 InsO). Das neu eingefügte Erfordernis soll verhindern, dass die Bescheinigung „ohne Weiteres" ausgestellt wird. Ferner soll die gründliche Prüfung auch die Gerichtsfestigkeit der Unterlagen sicherstellen.[16)] Die persönliche Beratung kann nur durch die geeignete Person durchgeführt werden und kann, anders als bei der außergerichtlichen Verhandlung oder Planerstellung, nicht auf eine Person, die den Voraussetzungen des § 305 InsO nicht genügt, delegiert werden. Ob Insolvenzgerichte bei Anhaltspunkten einer ungenügenden persönlichen Beratung ein Überprüfungsrecht haben, ist in der Praxis umstritten.[17)] 33

Angehörige einer anerkannten Stelle für Verbraucherberatung sind nach der Einführung des Gesetzes zur Verkürzung der Restschuldbefreiung und der Stärkung der Gläubigerrechte in ihrer Vertretungsbefugnis nicht mehr nur auf das außergerichtliche und gericht- 34

---

16) Begr. RegE Gesetz zur Verkürzung des Restschuldbefreiungsverfahrens und zur Stärkung der Gläubigerrechte, BT-Drucks. 17/11268, S. 34; *Ritter* in: HambKomm-InsO, § 305 Rz. 16.

17) Im Einzelnen: *Ritter* in: HambKomm-InsO, § 305 Rz. 17.

liche Schuldenbereinigungsplanverfahren (§ 305 Abs. 4 InsO a. F.) beschränkt und können Schuldner auch im eröffneten Verfahren und in der sog. Wohlverhaltensperiode vertreten.

35 **Schuldnerberatungsstellen** finanzieren sich überwiegend aus öffentlichen Mitteln. Anerkannte Stellen, die nicht den rechtsberatenden Berufen angehören, können ihre Tätigkeit nicht aus der Beratungshilfe finanzieren, denn diese steht ausschließlich dem in § 3 Abs. 1 BerHG genannten Personenkreis offen.[18]

4. Die außergerichtliche Einigung

36 Im Verbraucherinsolvenzverfahren spielt die Einigung eine zentrale Rolle. Die außergerichtliche Einigung ist **vorrangig.**[19] Sie muss **innerhalb der letzten sechs Monate vor Antragstellung** versucht worden sein. Vorgaben für Art und Weise der außergerichtlichen Einigung gibt es in der InsO nicht. Lediglich der Inhalt eines gerichtlichen Schuldenbereinigungsplans ist ansatzweise geregelt. Ursprünglich sollte sich ein Großteil der Anträge bereits durch die außergerichtliche Einigung erledigen. Diese Erwartung an die InsO hat sich nicht erfüllt. Die Verschuldenssituation der Schuldner ermöglicht nur ausnahmsweise eine nennenswerte quotale Tilgung i. R. einer Einigung. Regelmäßig sind die zur Verfügung stehenden Mittel bereits durch den notwendigen Lebensunterhalt oder vorangegangene Einzelvollstreckungsmaßnahmen verbraucht. Da also meist keine angemessenen Teilzahlungen angeboten werden können, ist die Bereitschaft der Gläubiger gering, einer außergerichtlichen Einigung zuzustimmen.

37 Außergerichtliche Schuldenbereinigungen kommen tatsächlich nur höchst selten zustande. Letztlich fungiert die außergerichtliche Einigung als Verpflichtung für den Schuldner, sein Insolvenzverfahren vorzubereiten und den Verfahrensgang durch Zusammenstellung der Schulden zu ermöglichen.

38 Die außergerichtliche Einigung muss **ernsthaft betrieben werden.** Der Schuldner muss einen Plan erstellen, der eine Regulierung der Schulden beschreibt, und diesen den Gläubigern übersenden. Einfache telefonische Anfragen bei den Gläubigern sind nicht ausreichend. Die Planerstellung setzt voraus, dass der Schuldner, ggf. mit Unterstützung der Insolvenzberatung, eine Aufstellung aller Gläubiger und aller Verbindlichkeiten fertigt. Schuldner sind hierzu regelmäßig nicht in der Lage, weil Unterlagen fehlen, die Unterlagen nicht geordnet sind, der Schuldner schlicht die Übersicht über seine Verbindlichkeiten verloren hat, der Schuldner sich nicht mehr erinnert oder die gesamte Schuldensituation vorab ignoriert wurde. Von Schuldnern gelieferte Verzeichnisse sind häufig ungenau.

39 Gläubiger sind verpflichtet, dem Schuldner **Auskunft über den Schuldenstand** zu erteilen (§ 305 Abs. 2 Satz 2 InsO), wenn der Schuldner sie bei seiner Anfrage auf den beabsichtigten Insolvenzantrag hinweist. Die damit auf Gläubigerseite verbundenen Kosten muss der jeweilige Gläubiger tragen.

40 Die meisten Gläubiger erteilen die erforderlichen Auskünfte. Meist sinkt nach den entsprechenden Schuldneranfragen sogar der Vollstreckungsdruck auf die Schuldner, da ein Verbraucherinsolvenzverfahren nun möglich wird. Manche Gläubiger reagieren auf das **Auskunftsersuchen** nicht. Unabhängig von der Frage, ob durch § 305 Abs. 2 Satz 2 InsO ein durchsetzbarer Anspruch normiert ist, fehlen den typischen Verbrauchern die Mittel, eine Auskunft gerichtlich zu erstreiten. Forderungen, bei denen der Schuldner nicht auf

18) OLG Düsseldorf, Beschl. v. 23.2.2006 – I-10 W 115/05, ZInsO 2006, 775 f. = Rpfleger 2006, 328, weitergehend BVerfG, Beschl. v. 4.12.2006 – 1 BvR 1198/06, NZI 2007, 181.

19) Beschlussempfehlung und Bericht d. RA z. RegE InsO, BT-Drucks. 12/7302, S. 189, abgedr. in: *Kübler/Prütting*, RWS-Dok. 18, S. 568.

eine zeitnahe Auskunft des Gläubigers zurückgreifen kann, sind nach bestem Wissen und Gewissen zu spezifizieren. Auf diesen Umstand ist in dem späteren Eröffnungsantrag zur Vermeidung einer Versagung der Restschuldbefreiung ausdrücklich hinzuweisen.

Zu verlangen ist, **alle bekannten Gläubiger an einer außergerichtlichen Einigung zu beteiligen**. Nicht statthaft ist es, nur mit den Großgläubigern zu verhandeln. Es ist zwar zutreffend, dass ihre Ablehnungen eine außergerichtliche Einigung verhindert. Zweck des Einigungsversuchs ist es jedoch auch, genaue Angaben über Gläubiger und Forderungen zu erlangen und eine Prognose für den späteren gerichtlichen Schuldenbereinigungsplan zu ermöglichen. Nur wenn alle Gläubiger beteiligt worden sind, kann das Insolvenzgericht entscheiden, ob ein gerichtlicher Plan Aussicht auf Erfolg hat (§ 306 Abs. 1 Satz 3 InsO). 41

Der Plan muss in einem **zeitnahen Zusammenhang zum Insolvenzverfahren** stehen. Aus Sicht des Gesetzgebers sind darunter sechs Monate vor Antragstellung zu verstehen (§ 305 Abs. 1 Nr. 1 InsO). Eine Abweichung sieht die InsO nicht vor. Ist also der genannte Zeitraum überschritten, mangelt es dem Antrag an Vollständigkeit. Es greift die Regelung des § 305 Abs. 3 Satz 2 InsO. Danach verbleibt dem Schuldner nach gerichtlicher Aufforderung ein Monat, um eine erneute außergerichtliche Einigung zu versuchen. Andernfalls gilt sein Antrag als zurückgenommen. Dies bedeutet, innerhalb eines Monats alle Gläubiger erneut anzuschreiben, Rückbriefe zu überprüfen, Kontakt mit der Schuldnerberatung aufzunehmen usw. 42

Inhaltliche Anforderungen an die außergerichtliche Einigung stellt der Gesetzgeber nicht. Folglich ist jede Regelung, die der Schuldner für sinnvoll erachtet, möglich. Bei der außergerichtlichen Einigung greift der **Grundsatz der Privatautonomie.** Dem Schuldner stehen alle möglichen Gestaltungsvarianten offen. Einzige Begrenzung ist, dass die getroffenen Regelungen für die einzelnen Gläubiger hinreichend bestimmt sind. Bei der außergerichtlichen Einigung ist der Schuldner auch **nicht** an den **Gleichbehandlungsgrundsatz** gebunden, der in dem Insolvenzverfahren gilt. Er kann für verschiedene Gläubiger unterschiedliche Regelungen in die außergerichtliche Einigung einbringen, z. B. Ratenzahlung, Stundungen, Zinsverzichte, Einmalzahlungen, Teilverzichte. Außerdem können für bestehende Sicherheiten Sonderabreden wie z. B. Verwertungsverzicht für einen bestimmten Zeitraum oder sogar eine Besserstellung gegenüber anderen Gläubigern getroffen werden. Da sich die persönlichen und wirtschaftlichen Verhältnisse des Schuldners ändern können, sind auch Klauseln möglich, die diese Änderungen berücksichtigen. Solche **„Anpassungsklauseln“** können zu einer erhöhten Gläubigerzustimmung führen. 43

> **Praxishinweis**
>
> Zu beachten ist **in jedem Fall**, dass **alle Gläubiger** an einer außergerichtlichen Einigung **beteiligt** werden. Nicht beteiligte Gläubiger sind bei einer Annahme der Vereinbarung nicht daran gebunden und können weiterhin Vollstreckungsmaßnahmen gegen den Schuldner durchführen und somit den gesamten Plan zum Scheitern bringen. Lediglich rechtsmissbräuchliche außergerichtliche Einigungsversuche sind unzulässig; z. B. ein Angebot, das bewusst niedrig gehalten wird, um in jedem Fall ein Scheitern zu erreichen.

Zustande gekommen ist eine außergerichtliche Einigung nur, wenn alle beteiligten Gläubiger ausdrücklich zustimmen. Es gilt das **Prinzip der Gesamtzustimmung**. Bereits eine einzige Ablehnung bringt die Einigung zum Scheitern. Gläubiger, die sich nicht äußern, stimmen nicht zu. Unzulässig ist es, sich eine Ablehnung „zu besorgen“, d. h. einen Gläubiger anzuschreiben, von dem man sicher weiß, dass er ablehnt. 44

Eine Erleichterung stellt die Regelung des § 305a InsO dar. Sie nimmt **das Scheitern der außergerichtlichen Einigung** an, wenn ein Gläubiger nach Aufnahme der außergericht- 45 lichen Verhandlungen über die Schuldenbereinigung die Zwangsvollstreckung betreibt.[20] Das Vollstreckungsverbot des Insolvenzverfahrens greift für diesen Verfahrensabschnitt nicht. Die **Fiktion der Ablehnung** gilt nicht für Gläubiger, für die zu diesem Zeitpunkt Zwangsvollstreckungsmaßnahmen laufen. Der Beginn der Verhandlungen über eine außergerichtliche Schuldenbereinigung ist für § 305a InsO maßgebend. Die schuldnerische Aufforderung an die Gläubiger zur Übersendung einer aktuellen Forderungsaufstellung fällt ebenfalls nicht unter die Ablehnungsfiktion des § 305a InsO. Die Regelung des § 305a InsO spielt in der Praxis keine große Rolle, da außergerichtliche Schuldenbereinigungspläne so gut wie nie zustande kommen.

46 Gläubiger, die der Schuldner bewusst oder unbewusst nicht in die außergerichtliche Einigung einbezieht, sind an diese Einigung nicht gebunden. Eine **Einigung ist ein Vertrag**, der nur zwischen den Vertragsparteien wirkt.

47 Das Scheitern der außergerichtlichen Einigung muss i. R. des Eröffnungsantrags nachgewiesen werden. Um die Gerichte nicht mit umfangreichen Prüfungen hinsichtlich der Einigungsversuche zu belasten, ist die Bescheinigung des Scheiterns durch eine geeignete Person oder Stelle vorgesehen. Aus der Bescheinigung muss sich ergeben, dass

- die außergerichtliche Einigung
- aufgrund eines Plans
- innerhalb der letzten sechs Monate vor Antragstellung
- erfolglos versucht worden ist und
- aus welchen Gründen der Plan gescheitert ist,
- eine persönliche Beratung und
- eine eingehende Prüfung der Einkommens- und Vermögensverhältnisse des Schuldners erfolgt ist.

48 Der Plan ist beizufügen. Auch die Form der Bescheinigung ist durch die **Verbraucherinsolvenzvordruckverordnung** festgeschrieben.

5. Darstellung des Vermögens und der Verbindlichkeiten

a) Vermögen

49 In dem Antrag auf Eröffnung des Verbraucherinsolvenzverfahrens muss das **Vermögen des Antragstellers** dargestellt werden. Der Umfang der Darstellung ergibt sich aus dem amtlichen Formular. Dieses ist im Hinblick auf mögliche Versagungsgründe zur Restschuldbefreiung aber nicht als abschließend zu verstehen (§ 292 Abs. 1 Nr. 6 InsO). Das Vermögensverzeichnis muss alle Wertgegenstände des Schuldners aufführen. Regelmäßig sind also Angaben zu Immobilien, Einkommen des Schuldners, verwertbare Gegenstände, Forderungen des Schuldners, Bankguthaben und Geldanlagen, bestehende Versicherungen etc. zu machen. Der Schuldner muss das **gesamte Vermögen** angeben. Dies erstreckt sich auch auf Angaben zu unpfändbaren Einkünften oder unpfändbaren Gegenständen. Die Beurteilung der Massezugehörigkeit und damit der Verwertungsfähigkeit und -möglichkeit obliegt dem Insolvenzverwalter. Problematisch sind Verständnisprobleme der Antragsteller. Formulierungen wie „immaterielle Vermögensgegenstände, Genussrechte, Einkünfte aus Kapitalvermögen, Fremdwährungskonten oder Gesellschafterdarlehen" sind Begriffe, die die Schuldner überfordern können, auch wenn sie hierzu nur angeben müssen, dass sie diese Art von Vermögensgegenständen nicht besitzen. Der Antragsteller

20) Ausführlich zur Fiktion des Scheiterns des Einigungsversuchs: *Wenzel* in: KPB, InsO, § 305a Rz. 4 ff.

ist nur verpflichtet, das anzugeben, was er wirklich besitzt oder an Forderungen und Rechten beanspruchen kann.

b) Darstellung der Verbindlichkeiten

Ebenso wichtig ist die korrekte **Darstellung der Verbindlichkeiten.** Hierzu muss der 50
Schuldner ein Verzeichnis erstellen, in dem die vollständigen Namen nebst zustellungsfähigen Anschriften (keine Postfachanschrift) aller seiner Gläubiger (**Gläubigerverzeichnis**) und alle gegen ihn bestehenden Forderungen (**Forderungsverzeichnis**) angegeben sind. Die Forderungen sind auch der Art und Höhe nachzubezeichnen. Grundlage dafür sind u. a. die aktuellen Forderungsaufstellungen, die von den Gläubigern abgerufen wurden. Wird eine Forderung von dem Schuldner als unberechtigt angesehen, muss er sie trotzdem angeben,[21] kann sie aber entsprechend seiner Einschätzung mit 0 € und einem entsprechenden Vermerk in der Aufstellung kennzeichnen.

aa) Verbindlichkeiten im Schuldenbereinigungsplanverfahren

Sind in dem Plan Gläubiger und Forderungen nicht korrekt verzeichnet, ist auch der Ver- 51
gleichsvorschlag für die gerichtliche Schuldenbereinigung fehlerhaft. Gläubiger werden einem Plan, der ihre Forderungen unrichtig wiedergibt, nicht zustimmen. Im Rahmen des Zustimmungsersetzungsverfahrens kann der Plan scheitern, wenn ein Gläubiger die **fehlerhafte Forderungsbeschreibung** geltend macht (§ 309 Abs. 3 InsO).

bb) Verbindlichkeiten im eröffneten Verfahren

Sind die Verbindlichkeiten sorgfältig aufbereitet worden, lässt sich das bei Scheitern des 52
gerichtlichen Schuldenbereinigungsplans durchzuführende Insolvenzverfahren wesentlich zügiger abwickeln. In der Regelinsolvenz ist es Aufgabe des Verwalters, insbesondere anhand der schuldnerischen Buchhaltung, die bestehenden Verbindlichkeiten zu ermitteln. In der Verbraucherinsolvenz muss der Insolvenzverwalter in der Regel nur auf die **Darstellung des Schuldners** zurückgreifen. Auch die Forderungsprüfung wird wesentlich erleichtert. Grund der Unterscheidung zwischen Verbraucherinsolvenzverfahren und Regelinsolvenz und der daraus resultierenden Verfahrensvereinfachungen ist gerade, dass die Beteiligten durch den Schuldenbereinigungsplan umfassend über die Vermögensverhältnisse informiert werden.

cc) Verbindlichkeiten und Restschuldbefreiung

Weist das Gläubiger- und Forderungsverzeichnis Fehler auf, besteht die Gefahr, dass ein 53
Gläubiger nach § 290 Abs. 1 Nr. 6 InsO **die Versagung der Restschuldbefreiung** beantragt. Unrichtigkeiten werden in der Regel im Laufe des eröffneten Verfahrens, z. B. bei der Forderungsprüfung, festgestellt und von dem Insolvenzverwalter in seinen Berichten an das Insolvenzgericht mitgeteilt. Gläubiger können hierdurch in den Besitz solcher Informationen gelangen. Lässt sich **Vorsatz oder grobe Fahrlässigkeit** nachweisen, führt der Antrag des Gläubigers zur Versagung der Restschuldbefreiung. Indem Gläubiger- und Forderungsverzeichnis muss der Schuldner daher alle ihm bekannten Informationen berücksichtigen, auch wenn sie bei Antragstellung unvollständig oder veraltet sein sollten. Nach § 305 Abs. 1 Nr. 3 Halbs. 2 InsO muss der Schuldner die schriftliche Versicherung der Richtigkeit und Vollständigkeit aller dem Antrag beigefügten Verzeichnisse und Übersichten abgeben. Die vorsätzliche Falschabgabe dieser Versicherung kann als Betrug strafrechtlich verfolgt werden. Grobe Fahrlässigkeit hinsichtlich der Versicherung setzt den

21) BGH, Beschl. v. 2.7.2009 – IX ZB 63/08, ZVI 2009, 510 = ZInsO 2009, 1459.

Schuldner der Gefahr der Versagung der Restschuldbefreiung gemäß § 296 Abs. 1 Nr. 6 InsO aus.

c) **Unvollständiger Antrag**

54 Sind die **Angaben des Antrags oder die Anlagen unvollständig**, wird der Schuldner durch das Gericht aufgefordert, das Fehlende innerhalb eines Monats nachzuholen (§ 305 Abs. 3 InsO). Es handelt sich hierbei um eine **Ausschlussfrist**. Das Gericht prüft hierbei nur die Vollständigkeit. Eine inhaltliche Prüfung findet nicht statt.[22] Gelingt es dem Schuldner nicht, den Mangel rechtzeitig zu beheben, gilt sein Antrag als zurückgenommen. Es bedarf also keiner gerichtlichen Feststellung. Üblicherweise wird der Schuldner auf diesen Umstand hingewiesen.

55 Eine **Rücknahme** hat im Hinblick auf einen erneuten Antrag keine Auswirkungen, insbesondere erwachsen hieraus kein Versagungsgrund und keine Eintragung in ein Schuldnerverzeichnis. Neben dem erneuten Aufwand der Antragsvorbereitung trägt der Schuldner die bis zu diesem Zeitpunkt entstandenen Kosten, also die Gebühr für das Antragsverfahren (§ 50 Abs. 1 Satz 1 GKG, Nr. 5110 der Anlage 1 zu § 11 Abs. 1 GKG) sowie die entstandenen Auslagen (§ 50 Abs. 1 Satz 2 GKG).

6. **Gerichtlicher Schuldenbereinigungsplan**

56 Zweite Stufe des Verbraucherinsolvenzverfahrens ist der gerichtliche **Schuldenbereinigungsplan**. Er ist Bestandteil des Antrags und muss verpflichtend eingereicht werden. Antragsberechtigt ist der Schuldner. Der Schuldner kann sich in dem Verfahren zur Vorbereitung und Abschluss des Schuldenbereinigungsplans gemäß § 305 Abs. 4 InsO vor dem Insolvenzgericht von einer geeigneten Person oder einem Angehörigen einer als geeignet anerkannten Stelle i. S. des Absatzes 1 Nr. 1 vertreten lassen.

57 Der Schuldenbereinigungsplan dient der **gütlichen Einigung** zwischen Schuldner und Gläubigern. Gestaltet wird er zunächst durch den Schuldner, in der Regel mit Unterstützung der nach § 305 Abs. 1 Nr. 1 InsO geeigneten Stelle. Der Schuldenbereinigungsplan soll Regelungen enthalten, die unter Berücksichtigung der Gläubigerinteressen sowie der Vermögens-, Einkommens- und Familienverhältnisse des Schuldners geeignet sind, zu einer **angemessenen Schuldenbereinigung** zu führen (§ 305 Abs. 1 Nr. 4 InsO) und unterliegt der Vertragsfreiheit.[23]

58 **Zwingend** in den Plan aufzunehmen ist nur ob und inwieweit Bürgschaften, Pfandrechte und andere **Sicherheiten** der Gläubiger von dem Plan berührt werden (siehe § 305 Abs. 1 Nr. 4 Halbs. 2 InsO).

59 Inhalt kann z. B. eine Stundungsabrede sein, ein Erlass, die Rückgabe des noch nicht bezahlten Fahrzeugs gegen Verzicht auf die Restpreisforderungen usw.

60 Der Plan kann vorsorglich Regelungen für den Fall vorsehen, dass es bei der Durchführung der Schuldenbereinigung zu Störungen durch Zahlungsverzug des Schuldners kommt. In den Plan aufgenommen werden können auch Verfallklauseln und Klauseln über das Wiederaufleben erlassener Teilforderungen für den Fall, dass der Schuldner den im Plan festgelegten Zahlungspflichten nicht nachkommt.[24]

---

22) BGH, Beschl. v. 22.10.2009 – IX ZB 195/08, ZVI 2010, 18 = ZInsO 2009, 2262.

23) Beschlussempfehlung und Bericht d. RA z. RegE InsO z. § 357b RegE/§ 305 InsO, BT-Drucks. 12/7302, S. 190 (Nr. 196 Abs. 10), abgedr. in: *Kübler/Prütting*, RWS-Dok. 18, S. 572.

24) *Vuia* in: MünchKomm-InsO, § 305 Rz. 58.

Für die Erstellung des Plans können auch **Anpassungsklauseln** sinnvoll sein, wenn sich die persönlichen oder wirtschaftlichen Verhältnisse des Schuldners in unvorhergesehener Weise ändern, bspw. durch Geburt eines Kindes, Ehescheidung, schwere Erkrankung, Berufsunfähigkeit oder Arbeitslosigkeit.[25] Ebenso können **streitige Forderungen** in den Schuldenregulierungsplan aufgenommen werden. Hier ist eine Einigung zwischen Gläubiger und Schuldner anzustreben. 61

Kommt der **Plan** zustande, hat er die **Wirkung eines Vergleichs** nach § 794 Abs. 1 Nr. 1 ZPO (§ 308 Abs. 1 Satz 2 InsO). Daraus folgt nicht zwingend, dass sein Inhalt vollstreckbar sein muss, also auch nicht, dass der Anspruch eines jeden Gläubigers zu jeder Zeit bestimmbar oder berechenbar sein muss. 62

Gemäß § 305 Abs. 5 Satz 1 InsO ermächtigt der Bundesminister der Justiz durch Rechtsverordnung, mit Zustimmung des Bundesrates, zur Vereinfachung des Verfahrens, Vordrucke einzuführen. Soweit Vordrucke eingeführt sind, muss sich der Schuldner ihrer bedienen (§ 305 Abs. 5 Satz 2 InsO). Nachdem der Gesetzgeber durch die Verordnung zur Einführung von Vordrucken für das Verbraucherinsolvenzverfahren und die Restschuldbefreiung vom 17.2.2002 Gebrauch gemacht hat, sind die Schuldner somit verpflichtet, die amtlichen Vordrucke zu verwenden.[26] 63

Liegt ein zulässiger Plan vor, **ruht das Eröffnungsverfahren** kraft Gesetzes bis zur Entscheidung über den Schuldenbereinigungsplan (§ 306 InsO). Andernfalls wäre, soweit die allgemeinen Voraussetzungen vorliegen, z. B. Zahlungsunfähigkeit, das Insolvenzverfahren zu eröffnen. Das Schuldenbereinigungsplanverfahren ist somit ein eigenständiger Verfahrensabschnitt. Das Ruhen des Verfahrens soll nicht länger als drei Monate dauern (§ 306 Abs. 1 Satz 2 InsO). 64

Durch das Ruhen des Verfahrens ist die Anordnung von Sicherungsmaßnahmen nicht ausgeschlossen (§ 306 Abs. 2 Satz 1 InsO).[27] Anders als im Regelinsolvenzverfahren haben die Sicherungsmaßnahmen einen geringeren Umfang. Sicherungsmaßnahmen dienen der Sicherung des vorhandenen Vermögens. Es soll verhindert werden, dass der Schuldner Vermögen der zukünftigen Masse im eröffneten Verfahren entzieht, dass Gläubiger auf die vorhandene Masse Zugriff nehmen und damit dem **Zweck** des Insolvenzverfahrens, der **gemeinschaftlichen Befriedigung aller Gläubiger**, entgegenwirken. Die Anordnung von **Sicherungsmaßnahmen erfolgt von Amts wegen**; ein dahingehender Anspruch der Gläubiger oder des Schuldners besteht nicht. 65

Zudem kommt es in Betracht, neue **Zwangsvollstreckungsmaßnahmen zu untersagen und laufende einzustellen.** Damit kann verhindert werden, dass die pfändbaren Beträge aus dem Arbeitseinkommen zugunsten einzelner Gläubiger aus der Masse fließen. Allerdings führt die Einstellung einer Pfändung nicht dazu, dass die pfändbaren Beträge an den Schuldner ausgekehrt werden können. Die Pfändungsmaßnahme wird eingestellt und nicht beseitigt. Der Arbeitgeber muss die pfändbaren Beträge zurückhalten oder i. R. des § 853 ZPO hinterlegen. Neue Vollstreckungsmaßnahmen werden vermieden und machen eine spätere mögliche Anfechtung überflüssig. **Andere Sicherungsmaßnahmen** werden nur ausnahmsweise angeordnet. 66

Auch in einem Verbraucherinsolvenzverfahren kann z. B. ein vorläufiger Insolvenzverwalter bestellt werden. 67

---

25) *Vuia* in: MünchKomm-InsO, § 305 Rz. 59.
26) *Vuia* in: MünchKomm-InsO, § 305 Rz. 49.
27) Ausführlich zu möglichen Sicherungsmaßnahmen: Uhlenbruck-*Sternal*, InsO, § 306 Rz. 27 ff.

68 Das **Insolvenzgericht** kann auch gegen den Schuldner persönlich gerichtete **Maßnahmen** anordnen bis hin zur zwangsweisen Vorführung und der Verhaftung des Schuldners (§ 21 Abs. 3 InsO) sowie der Verhängung einer Postsperre (§ 99 InsO).[28]

69 Die **Bestellung eines Sachverständigen** ist keine Sicherungsmaßnahme. Er wird durch das Gericht bestellt, wenn i. R. der Amtsermittlungspflicht des Gerichts ein Aufklärungsbedarf besteht; häufig um zu klären, ob es sich um ein Regel- oder Verbraucherinsolvenzverfahren handelt. Ihm dürfen keine Befugnisse eines vorläufigen Insolvenzverwalters übertragen werden.[29]

70 Wird das gerichtliche Schuldenbereinigungsverfahren durchgeführt, so stellt das Insolvenzgericht gemäß § 307 Abs. 1 Satz 1 InsO den vom Schuldner genannten Gläubigern den Schuldenbereinigungsplan sowie die Vermögensübersicht zu und gibt ihnen **Gelegenheit zur Stellungnahme** zu dem Schuldenbereinigungsplan. Bei der Frist zur Stellungnahme handelt es sich um eine **Notfrist von einem Monat.** Ebenso ist auf die Rechtsfolgen des § 308 Abs. 2 Satz 3 InsO hinzuweisen. Der Schuldner hat hierzu binnen einer Frist von zwei Wochen nach Aufforderung durch das Gericht (§ 306 Abs. 2 Satz 2 InsO) die zuzustellenden Unterlagen in entsprechender Anzahl vorzulegen.

71 Hält das Gericht das Schuldenbereinigungsplanverfahren für aussichtsreich, wird es, nach Ablauf der in § 307 Abs. 1 Satz 1 InsO genannten Frist, dem Schuldner Gelegenheit geben, binnen einer von dem Gericht gesetzten Frist, den **Plan zu korrigieren oder zu ergänzen.**

72 Die **Entscheidung über die Durchführung** eines Schuldenbereinigungsplanverfahrens wird in die freie Entscheidung des Gerichts gestellt (§ 306 Abs. 3 Satz 1 InsO). Das Insolvenzgericht hat somit die Möglichkeit das vereinfachte Insolvenzverfahren sofort zu eröffnen, wenn das Scheitern des Schuldenbereinigungsverfahrens wahrscheinlicher ist als ein Erfolg.[30] Hier kann auch die Einschätzung der geeigneten Stelle in der Bescheinigung über das Scheitern der außergerichtlichen Einigung ebenso wie die des Schuldners selbst herangezogen werden. Erst wenn die Prüfung der Erfolgsaussicht zu einem positiven Ergebnis führt, wird das Abstimmungsverfahren aufgenommen.

7. Abstimmungsverfahren und Zustimmungsersetzung

a) Verfahren

73 Wird der Plan durch das Gericht für aussichtsreich erachtet, erfolgt eine Zustellung einer beglaubigten Abschrift des Plans und der Vermögensübersicht an die Gläubiger. Erforderliche **Abschriften** muss der Schuldner auf Verlangen herstellen und bei Gericht einreichen (§ 306 Abs. 2 Satz 2 InsO). Damit ist klargestellt, dass von dem Schuldner keine für die Herstellung von Abschriften erforderlichen Kosten als Vorschuss gezahlt werden müssen.

74 Das Gericht fordert den Schuldner auf, die notwendigen Abschriften binnen zwei Wochen einzureichen. Werden die Abschriften nicht rechtzeitig eingereicht, gilt der Antrag des Schuldners auf Eröffnung des Insolvenzverfahrens als zurückgenommen (§§ 306 Abs. 2 Satz 2, 305 Abs. 3 Satz 2 InsO).

75 Der Plan wird an die Gläubiger versandt. Sie erhalten nicht alle Unterlagen in Abschrift, sondern lediglich den Schuldenbereinigungsplan sowie die Vermögensübersicht (§ 307

---

28) *Vuia* in: MünchKomm-InsO, § 306 Rz. 17.

29) BGH, Beschl. v. 4.3.2004 – IX ZB 133/03, ZVI 2004, 240 = ZIP 2004, 915, dazu EWiR 2004, 499 *(Bähr)*.

30) *Vuia* in: MünchKomm-InsO, § 306 Rz. 5.

Abs. 1 InsO). Mit der Übersendung werden die Gläubiger aufgefordert, binnen einer **Notfrist** von einem Monat zum Plan Stellung zu nehmen. Notfristen können nicht verlängert werden (§ 4 InsO, §§ 223, 224 ZPO). Eine Wiedereinsetzung (§ 4 InsO, § 233 ZPO) ist jedoch möglich. Die Notfrist wird teilweise als Ausschlussfrist gesehen. Ein Gläubiger ist danach mit den Einwendungen ausgeschlossen, die er nicht innerhalb der Notfrist erhoben hat.[31] Nach Ablauf der Frist soll zügig über den Plan aufgrund der Stellungnahmen der Gläubiger entschieden werden. **Insolvenzverfahren sind grundsätzlich eilige Verfahren**, die nicht unnötig verzögert werden dürfen.

Zu dem gerichtlichen Schreiben gehört auch der Hinweis, dass die vollständigen Unter- 76
lagen bei Gericht ausliegen und dort eingesehen werden können. Ein Gläubiger kann nicht verlangen, dass ihm eine Kopie der Unterlagen auf Antrag übersandt wird. Allerdings kann ein Gläubiger i. R. der Einsichtnahme Kopien erstellen.

Wichtiger aber ist der **Hinweis auf die Rechtsfolgen des Schweigens** und der unterlasse- 77
nen Überprüfung der Forderung. Hat der Schuldner im Schuldenbereinigungsplan die Forderung mit einem unzutreffenden, geringeren Betrag angegeben und äußert sich der Gläubiger innerhalb der gesetzten Frist hierzu nicht, **erlischt die Forderung** i. H. des nicht angegebenen Teilbetrags (§ 308 Abs. 3 Satz 2 InsO). Gibt der Gläubiger **keine Erklärung** ab, wird dies als **Zustimmung** gewertet (§ 307 Abs. 2 InsO).

Wegen aller Rechtswirkungen sind die allgemeinen **Zustellungsvorschriften** nach § 8 InsO 78
verschärft (§ 307 Abs. 1 Satz 3 InsO).

Unzulässig sind 79

- die Zustellung durch Aufgabe zur Post,
- die Übertragung auf den vorläufigen Insolvenzverwalter (§ 306 Abs. 2 Satz 1 InsO),
- die Zustellung an den Zustellungsbevollmächtigten und
- der Verzicht auf eine Zustellung bei unbekanntem Aufenthalt.

Entgegen der sonst üblichen Verfahrensweise müssen zuzustellende Abschriften beglaubigt 80
werden. Die Beglaubigung der Abschriften erfolgt durch das Insolvenzgericht oder den Bevollmächtigten (§ 305 Abs. 4 InsO) des Schuldners. Bei der Beglaubigung haben die Urkundenbeamten der Geschäftsstelle die von dem Schuldner eingereichten Abschriften auf Übereinstimmung mit der Urschrift zu überprüfen (§ 169 Abs. 2 ZPO, § 42 BeurkG).

Nehmen Gläubiger zu dem Schuldenbereinigungsplan Stellung und hält das Gericht da- 81
nach eine **Änderung oder Ergänzung des Plans** für erforderlich, ist dem Schuldner hierzu Gelegenheit zu geben (§ 307 Abs. 3 InsO). Diese Entscheidung trifft das Insolvenzgericht in eigenem Ermessen.[32] Ziel des Planverfahrens ist eine gütliche Einigung. Kann durch eine Ergänzung oder Änderung des Plans doch noch eine Mehrheit für den Schuldenbereinigungsplan erreicht werden, wird damit ein Insolvenzverfahren vermieden. Es erfolgt eine erneute Zustellung an alle Gläubiger. Grundsätzlich ist keine weitere Änderung oder Ergänzung eines Plans möglich. Scheitert der zweite Schuldenbereinigungsplan an förmlichen Hindernissen und kann nach erneuter Änderung eine Annahme mit ziemlicher Sicherheit erwartet werden, kann der Schuldner in Ausnahmefällen nochmals einen geänderten Plan einreichen. Auch dieser geänderte Plan muss allen Gläubigern erneut und vollständig zugestellt[33] werden. Nur in Ausnahmefällen kann hierauf verzichtet werden.

---

31) LG Münster, Urt. v. 8.7.2002 – 5 T 290/02, ZVI 2002, 267 = NZI 2002, 616; *Wenzel* in: KPB, InsO, § 307 Rz. 8.

32) OLG Karlsruhe, Beschl. v. 16.3.2000 – 9 W 1/00, NZI 2000, 375.

33) *Wenzel* in: KPB, InsO, § 307 Rz. 17.

b) Zustimmungsersetzung

82 **Wesentlicher Unterschied** zwischen außergerichtlichem und gerichtlichem Plan ist die **Art der Abstimmung.** Dem außergerichtlichen Plan muss ausdrücklich zugestimmt werden. Es ist nicht erforderlich, dem Plan zu widersprechen. Schon die „Nichtäußerung" bedeutet Ablehnung. Angenommen werden kann der außergerichtliche Plan nur durch ausdrückliche Zustimmung aller Gläubiger.

83 Anders ist die Lage bei dem gerichtlichen Schuldenbereinigungsplan. **Schweigen bedeutet hier Zustimmung** (§ 307 Abs. 2 Satz 1 InsO). Ergeben Kopf- und Summenmehrheit der benannten Gläubiger eine Mehrheit, können die fehlenden Zustimmungen nach § 309 InsO ersetzt werden. Es gilt also auch beim gerichtlichen Plan **das Prinzip der Gesamtzustimmung**, die sich aus positiver Äußerung, Schweigen und Zustimmungsersetzung zusammensetzt. Gegenstand des **Ersetzungsverfahrens** ist immer der Plan, der allen Gläubigern übersandt worden ist und den letzten Stand wiedergibt. Ändert oder ergänzt der Schuldner seinen ersten Plan (§ 307 Abs. 3 Satz 1 InsO), handelt es sich um einen weiteren Plan, der allen Gläubigern zur Zustimmung vorgelegt werden muss. Äußert sich ein Gläubiger dahingehend, seine Forderung sei zu gering angegeben worden, und erkennt der Schuldner dies durch Berichtigung seines Schuldenbereinigungsplans an, werden Zustimmungen anderer Gläubiger hinfällig, denn sie bezogen sich auf den ersten, unveränderten Plan.

aa) Summen- und Kopfmehrheit

84 Die benannten Gläubiger müssen zunächst dem Plan mit **Mehrheit** ausdrücklich oder durch Nichtäußerung mit Fristablauf zugestimmt haben. Die Abstimmung erfolgt nach **Forderungshöhe.** Im Abstimmungsverfahren über den Schuldenbereinigungsplan muss **zusätzlich** auch **nach Köpfen** abgestimmt werden.

85 Ergeben die zusammengerechneten Ansprüche der zustimmenden Gläubiger mehr als die Hälfte aller Ansprüche, liegt eine **Summenmehrheit** vor. Zur Ermittlung der Anspruchshöhe und damit des Stimmrechts kann § 77 InsO nicht herangezogen werden, denn es gibt in diesem Stadium noch kein Forderungsprüfungsverfahren. Allerdings haben die Gläubiger die Möglichkeit, die Angaben des Schuldners zu ihrer Forderung zu überprüfen und zu beanstanden. Grundsätzlich erfolgt die Berechnung, soweit keine anderen Angaben gemacht werden, nach den vom Schuldner im gerichtlichen Plan gemachten Angaben.[34] Mit Übersendung des Plans und der Vermögensübersicht werden die Gläubiger darauf hingewiesen, dass sie ihre Forderung in dem bei Gericht ausliegenden, ausführlichen Forderungsverzeichnis überprüfen können. Dieser Hinweis zielt auf die Rechtsfolgen des § 308 Abs. 3 Satz 2 InsO, wonach die Forderung nur nach den Angaben des Schuldners Berücksichtigung findet, wenn der Gläubiger nicht auf Berichtigung drängt. Mit der Überprüfung erreicht der Gläubiger aber auch, dass seine Forderung im Abstimmungsverfahren richtig berücksichtigt wird. Eine unterlassene Prüfung wirkt sich also nicht nur auf den Forderungsbestand, sondern auch auf das Abstimmungsverfahren aus.

86 **Kopfmehrheit** bedeutet, dass die Mehrheit der Personen dem Plan zugestimmt hat. Dabei hat jeder Gläubiger nur eine Stimme, unabhängig von der Zahl und Höhe der genannten Forderungen.

87 Schwierigkeiten können auftreten, wenn z. B. **Forderungen verschiedener Finanzämter** eines Bundeslands in das Forderungsverzeichnis aufgenommen wurden. Jedes Finanzamt handelt in Vertretung des jeweiligen Bundeslandes, welches Gläubiger der Forderungen ist. Zu dem Schuldenbereinigungsplan erklären sich jedoch alle Finanzämter gesondert.

34) BGH, Beschl. v. 17.1.2008 – IX ZB 142/07, ZVI 2008, 164 = ZInsO 2008, 327.

Diese Situation entspricht prinzipiell dem Auftreten einer **Gläubigergemeinschaft.** Hier kommt man zu einer zustimmenden Erklärung, wenn alle Mitglieder der Gemeinschaft einheitlich die Zustimmung erklären. Folglich stimmt das Bundesland nur dann zu, wenn alle in seinem Namen handelnden Behörden zustimmen.

Ähnliche Schwierigkeiten treten im privatwirtschaftlichen Bereich auf, etwa wenn **verschiedene Teile eines Konzerns** teilnehmen, z. B. verschiedene Niederlassungen der X-Bank. 88

Bei **Inkassounternehmen** ist zu unterscheiden, ob mehrere Inkassovollmachten für unterschiedliche Forderungen bestehen oder ob aufgrund von Inkassozession oder Forderungskäufen das Inkassounternehmen selbst als Gläubiger auftritt. Im Falle der Mehrfachbevollmächtigung steht dem Inkassounternehmen pro vertretenen Gläubiger eine Stimme im Verfahren zu. Ist das Inkassounternehmen selbst Inhaber mehrerer Forderungen, hat es nur eine Stimme. Forderungen, die mit einem Absonderungsrecht besichert sind, sind nur mit dem mutmaßlichen Ausfall zu berücksichtigen, wenn der Plan in diese Rechte nicht eingreift. 89

bb) Antrag auf Ersetzung der Zustimmung

Die **Ersetzung der Zustimmung erfolgt nur auf Antrag.** Antragsberechtigt sind der Schuldner und jeder Gläubiger (§ 309 Abs. 1 Satz 1 InsO). Der Schuldner kann diesen Antrag bereits mit seinem Eröffnungsantrag stellen. Liegt noch kein Antrag vor, sind die Gläubiger und der Schuldner auf diese Möglichkeit unter Fristsetzung hinzuweisen. Dies ergibt sich zwar nicht aus dem Gesetzeswortlaut, ist aber folgerichtig, denn die Beteiligten können nur durch das Gericht, bei dem die Stellungnahmen ausgewertet werden, erfahren, dass eine Mehrheit zustande gekommen ist. 90

Neben diesen Voraussetzungen für ein Ersetzungsverfahren sieht § 309 InsO **Ausschlusstatbestände** vor. Sind deren Voraussetzungen erfüllt, darf das Gericht eine Zustimmung nicht ersetzen. 91

cc) Nicht angemessene Beteiligung (§ 309 Abs. 1 Satz 2 Nr. 1 InsO)

Hat der Gläubiger, dessen Zustimmung ersetzt werden soll, Einwendungen gegen den Plan erhoben, kann seine Zustimmung nur ersetzt werden, wenn er am Plan **angemessen beteiligt** ist. Grundsätzlich gilt: Gegen ihren Willen sollen einzelne Gläubiger nicht schlechtergestellt werden als andere am Plan beteiligte Gläubiger, die eine ähnliche Rechtsposition innehaben wie der widersprechende Gläubiger. Zu vergleichen ist also nicht mit allen beteiligten Gläubigern, sondern mit **gleichartigen Gläubigern,** etwa mit denen, die über ein Sicherungsrecht verfügen. Ein Gläubiger, dessen Forderung zu niedrig angegeben ist, wird nicht angemessen beteiligt, da er bei richtiger Forderungsangabe eine höhere Quote erhalten würde. Die Beurteilung, ob sich aus dem Unterschied der Beträge keine angemessene Beteiligung ergibt, ist eine Ermessensentscheidung.[35] 92

dd) Schlechterstellung durch Schuldenbereinigungsplan (§ 309 Abs. 1 Satz 2 Nr. 2 InsO)

Kein Gläubiger soll gezwungen werden, durch einen Schuldenbereinigungsplan schlechtergestellt zu werden als durch ein Insolvenzverfahren. Wendet sich der Gläubiger gegen den Plan, muss das Insolvenzgericht prüfen, welchen Betrag der Gläubiger in einem Insolvenzverfahren, beginnend mit der Eröffnung und endend mit der Erteilung der Rest- 93

35) Beschlussempfehlung und Bericht d. RA z. RegE InsO z. § 357f RegE/§ 309 InsO (Nr. 200 Abs. 3), BT-Drucks. 12/7302, S. 192, abgedr. in: *Kübler/Prütting*, RWS-Dok. 18, S. 580.

schuldbefreiung, erhalten würde. Es ist also eine **Prognose** ausgehend von dem im Schuldenbereinigungsplan dargestellten Vermögen zu bilden. Dabei kann das Gericht unterstellen, dass sich die Vermögens-, Einkommens- und Familienverhältnisse während dieser Zeit nicht ändern. Berücksichtigt werden darf nur das, was nach § 36 InsO in die Masse fällt.

94 Die **Prognose beginnt mit der Eröffnung und endet mit der Entscheidung über den Restschuldbefreiungsantrag.** Die in einem Verbraucherinsolvenzverfahren bis zum Ablauf der Wohlverhaltensphase zu erwartenden Beträge sind zugrunde zu legen. Dabei sind auch die potentiellen Gerichtskosten und Insolvenzverwaltervergütungen und die Treuhändervergütung zu berücksichtigen. Außerdem muss i. R. des § 114 Abs. 3 InsO geprüft werden, ob und wie lange einem Gläubiger eine im Wege der Zwangsvollstreckung erlangte Sicherheit zustehen würde.[36] Auch zu erwartende Vermögenszuwächse über mögliche Anfechtungen im eröffneten Verfahren oder absehbare Verbesserungen oder Verschlechterungen der Einkommensverhältnisse (z. B. baldige Beendung einer Ausbildung, Wegfall oder Neuentstehung von Unterhaltsverpflichtungen durch Volljährigkeit oder Geburt eines Kindes) des Schuldners müssen in die Prognose einfließen.

95 Auch das Vorliegen von Gründen, die zur Versagung der Restschuldbefreiung führen, fließt in die Prognose ein.[37] Bereits das Vorliegen der objektiven Voraussetzung eines Versagungsgrunds genügt. Ob tatsächlich ein Antrag auf Versagung der Restschuldbefreiung gestellt werden wird, spielt hierbei keine Rolle.[38]

96 In der Praxis sind **Wiederauflebens-, Verfallsklauseln** oder die Einräumung eines **Kündigungsrechts** zur Vermeidung wirtschaftlicher Schlechterstellungen von Gläubigern regelmäßig in den gerichtlichen Schuldenbereinigungsplänen enthalten. Diese greifen dann ein, wenn durch das Verschulden des Schuldners Umstände eintreten, die im Fall der Durchführung des Insolvenzverfahrens zu einer Versagung der Restschuldbefreiung führen würden.[39] Außerdem sollte ein Plan auch eine **Besserungsklausel** enthalten, die den Schuldner verpflichtet, bei Verbesserung seiner Einkommensverhältnisse, die erhöhten pfändbaren Einkommensanteile vollständig an die Gläubiger zu zahlen. Damit werden die angebotenen Leistungen des Schuldners bei veränderten Einkommensverhältnissen automatisch angepasst.

ee) Forderung aus unerlaubter Handlung

97 Eine Forderung aus vorsätzlich begangener unerlaubter Handlung hindert die Ersetzung, da sie von der Restschuldbefreiung ausgenommen ist (§ 302 Nr. 1 InsO).[40]

ff) Falsch angegebene Forderung (§ 309 Abs. 3 InsO)

98 Eine Zustimmungsersetzung ist auch dann ausgeschlossen, wenn der betroffene Gläubiger Tatsachen glaubhaft macht, aus denen sich ernsthafte Zweifel an einer vom Schuldner angegebenen Forderung ergeben und von der Klärung dieser Frage abhängt, ob der Gläubiger angemessen beteiligt ist.

36) BGH, Beschl. v. 22.10.2009 – IX ZB 148/05, ZInsO 2009, 2406 = NZI 2010, 44.

37) OLG Celle, Beschl. v. 7.6.2000 – 2 W 42/00, ZInsO 2000, 456 = NZI 2001, 57.

38) OLG Köln, Beschl. v. 29.8.2001 – 2 W 105/01, ZInsO 2001, 807 = NZI 2001, 594.

39) *Ritter* in: HambKomm-InsO, § 309 Rz. 19.

40) *Vuia* in: MünchKomm-InsO, § 309 Rz. 19.

c) Anhörung des Gläubigers und Glaubhaftmachung von Einwendungen

Im Rahmen des Zustimmungsersetzungsverfahrens soll eine langwierige Prüfung durch das Insolvenzgericht vermieden werden. § 309 Abs. 2 und 3 InsO sehen deshalb vor, dass Einwendungen, die nach Absatz 1 Satz 2 und Absatz 3 der Ersetzung entgegenstehen, **von dem Gläubiger glaubhaft gemacht werden**. Dies bedeutet jedoch nicht, dass die Prüfungen des Gerichts ausschließlich auf Einwendungen beschränkt sind, die der Gläubiger vorträgt und glaubhaft macht. Ergeben sich Einwendungen bereits aus dem Akteninhalt, ist eine besondere Glaubhaftmachung nicht erforderlich. 99

Behauptet der Gläubiger eine **wirtschaftliche Schlechterstellung** durch den Plan, muss er dies durch Gegenüberstellung beider Varianten, also sowohl der Aussichten aus dem Plan als auch der Aussichten bei Durchführung des Insolvenzverfahrens mit anschließender Restschuldbefreiung, glaubhaft machen. Führt er weitere Einkommensquellen, die sich zukünftig erschließen sollen, an, müssen diese hinreichend wahrscheinlich sein.[41] Im Zweifel ist anzunehmen, dass die wirtschaftlichen Verhältnisse des Schuldners unverändert bleiben (§ 309 Abs. 1 Satz 2 Nr. 2 InsO). Bei tatsächlichen Anhaltspunkten für Veränderung kann aber konkretisiert werden, z. B. bei dem im Laufe des Verfahrens zu erwartenden Eintritt des Rentenalters, wobei die Rentenhöhe durch eine Berechnung des Rentenversicherers glaubhaft gemacht werden kann. 100

8. Annahme des Plans (§ 308 InsO)

Ein Schuldenbereinigungsplan kann nur mit **Zustimmung aller Gläubiger** angenommen werden. Zustimmung bedeutet, dass 101

- ein Gläubiger ausdrücklich zugestimmt hat,
- ein Gläubiger sich nicht geäußert hat oder
- die Zustimmung eines Gläubigers ersetzt worden ist (§ 309 InsO).

Die Annahme des Schuldenbereinigungsplans wird formell durch das Gericht festgestellt. Der Beschluss wird den Gläubigern und dem Schuldner mit einer Ausfertigung des Plans zugestellt. Gegen den Beschluss ist ein Rechtsmittel nicht gegeben (§ 6 Abs. 1 InsO). In Betracht kommt aber die Gegenvorstellung oder die Auslegung als Antrag auf Wiedereinsetzung in der Frist zur Erhebung von Einwendungen gemäß § 307 Abs. 1 InsO.[42] 102

Der angenommene Plan hat die **Wirkung eines** vor einem Gericht geschlossenen **Vergleichs** (§ 308 Abs. 1 Satz 2 InsO, § 794 Abs. 1 Nr. 1 ZPO). Vollstreckungstitel ist er jedoch nur, wenn er einen vollstreckungsfähigen Inhalt aufweist (§§ 794 Abs. 1 Nr. 1, 795 ZPO).[43] Der Feststellungsbeschluss des Insolvenzgerichts i. V. mit einem vollstreckbaren Auszug aus dem Schuldenbereinigungsplan bildet den Vollstreckungstitel.[44] Nicht zwingend ist eine Vereinbarung über die **Folgen der Nichterfüllung**, etwa derart, dass im Falle der Nichterfüllung die ursprünglichen Forderungen wieder aufleben. Nicht zulässig ist eine Einflussnahme des Gerichts. Stimmen dem Plan alle Gläubiger zu, muss das Insolvenzgericht die Annahme des Plans nach § 308 InsO feststellen. 103

Streitfragen, die im Zusammenhang mit der Frage der Wirksamkeit des Plans stehen, sind in Fortsetzung des Schuldenbereinigungsplanverfahrens zu klären.[45] 104

41) AG Kleve, Beschl. v. 20.12.2002 – 34 IK 33/02, ZVI 2003, 27.

42) *Vuia* in: MünchKomm-InsO, § 308 Rz. 8.

43) Uhlenbruck-*Sternal*, InsO, § 308 Rz. 18; a. A. *Wenzel* in: KPB, InsO, § 308 Rz. 6.

44) *Ritter* in: HambKomm-InsO, § 308 Rz. 5.

45) *Ritter* in: HambKomm-InsO, § 308 Rz. 5.

105 Die Forderungen der Gläubiger bestehen, sofern sie in den Schuldenbereinigungsplan einbezogen sind, in Bezug auf Inhalt und Umfang und hinsichtlich der für sie bestellten Sicherheiten nur nach Maßgabe des Schuldenbereinigungsplans fort, im Übrigen sind sie durch Erlassvereinbarung erloschen.[46)]

106 Wie jeder Vertrag unterliegt auch der Schuldenbereinigungsplan der **Anfechtung**, z. B. wegen Irrtum oder arglistiger Täuschung (§§ 119, 123 BGB), wenn etwa die Vermögenslage durch den Schuldner vorgetäuscht und dadurch eine Zustimmung des Gläubigers erschlichen worden ist. Dies gilt auch dann, wenn die Zustimmung der Gläubiger gerichtlich ersetzt worden sind.[47)]

107 Darüber hinaus sind einige Folgen gesetzlich normiert. Hat der Schuldner Forderungen nicht in das Verzeichnis aufgenommen, bleiben diese Forderungen unverändert bestehen. **Wirkung** entfaltet der Plan **nur zwischen den Beteiligten** und bezüglich der im Plan genannten Rechtsverhältnisse (§ 308 Abs. 3 Satz 1 InsO). Nicht genannte Gläubiger können ihre Forderungen unverändert gegen den Schuldner geltend machen, insbesondere Erfüllung verlangen.

108 Etwas anderes gilt, wenn der Gläubiger mit seiner Forderung im Gläubiger- und Forderungsverzeichnis enthalten ist, seine Forderung aber nicht korrekt, insbesondere zu gering bezeichnet worden ist. Nimmt er sein Recht auf Einsicht in das Forderungsverzeichnis bei Gericht nicht wahr (§ 307 Abs. 1 Satz 2 InsO) und wird die Forderung zu einem geringeren Betrag in den Schuldenbereinigungsplan aufgenommen, **erlischt die Forderung** i. H. des nicht angegebenen Umfangs.

109 Durch die Annahme des Schuldenbereinigungsplans gelten die Anträge auf Eröffnung des Insolvenzverfahrens und auf Erteilung der Restschuldbefreiung als zurückgenommen (§ 308 Abs. 2 InsO).

110 Liegt auch nur eine Einwendung eines Gläubigers vor, die nicht durch eine Zustimmung ersetzt werden kann, so ist die gerichtliche Schuldenbereinigung gescheitert und das Verfahren über den Eröffnungsantrag gemäß § 311 InsO wieder aufzunehmen.[48)]

46) *Vuia* in: MünchKomm-InsO, § 308 Rz. 10.
47) *Vuia* in: MünchKomm-InsO, § 308 Rz. 11.
48) *Ritter* in: HambKomm-InsO, § 308 Rz. 3.

Übersicht: Gerichtlicher Schuldenbereinigungsplan I 111

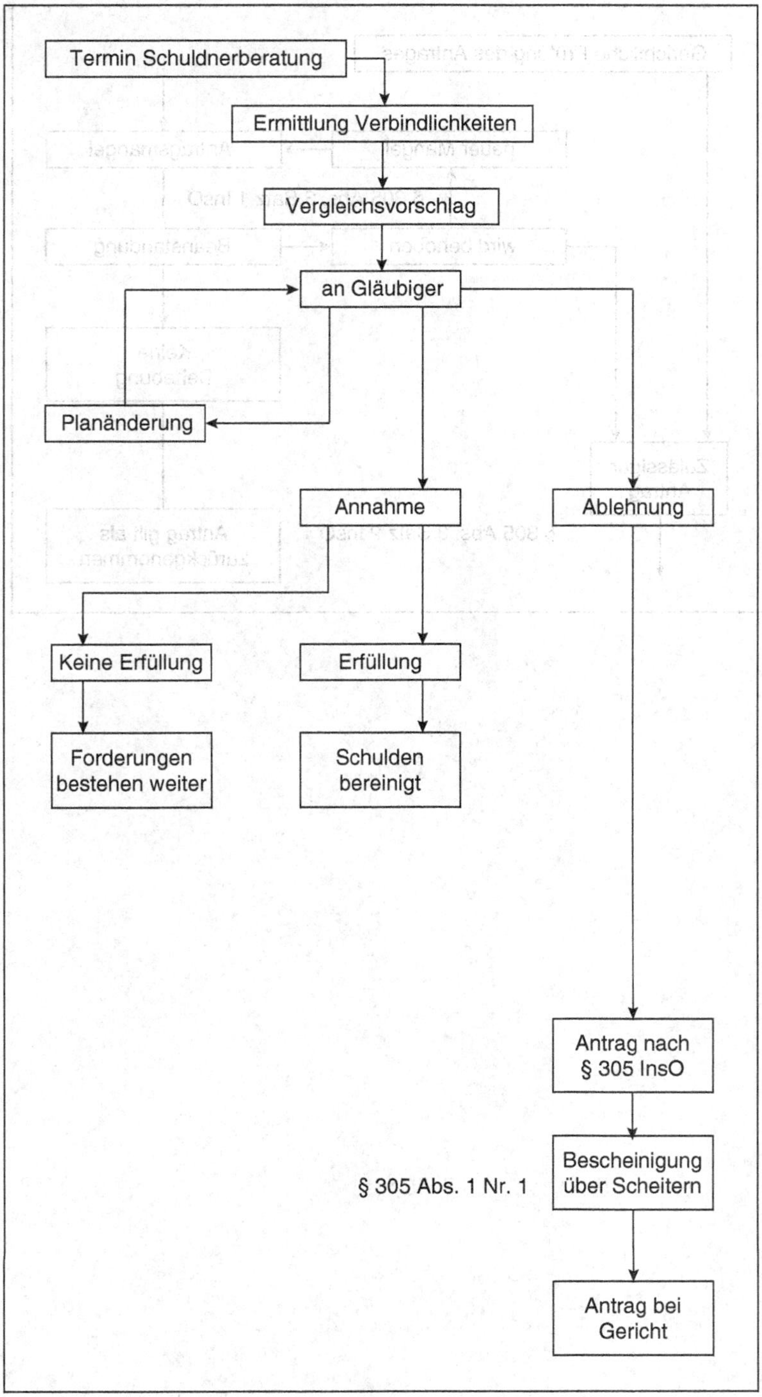

112 **Übersicht: Gerichtlicher Schuldenbereinigungsplan II**

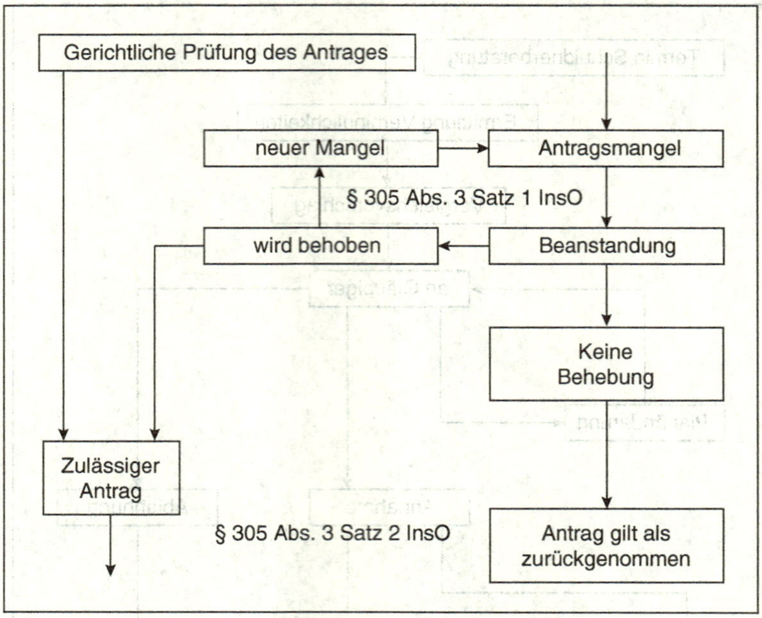

Übersicht: Gerichtlicher Schuldenbereinigungsplan III 113

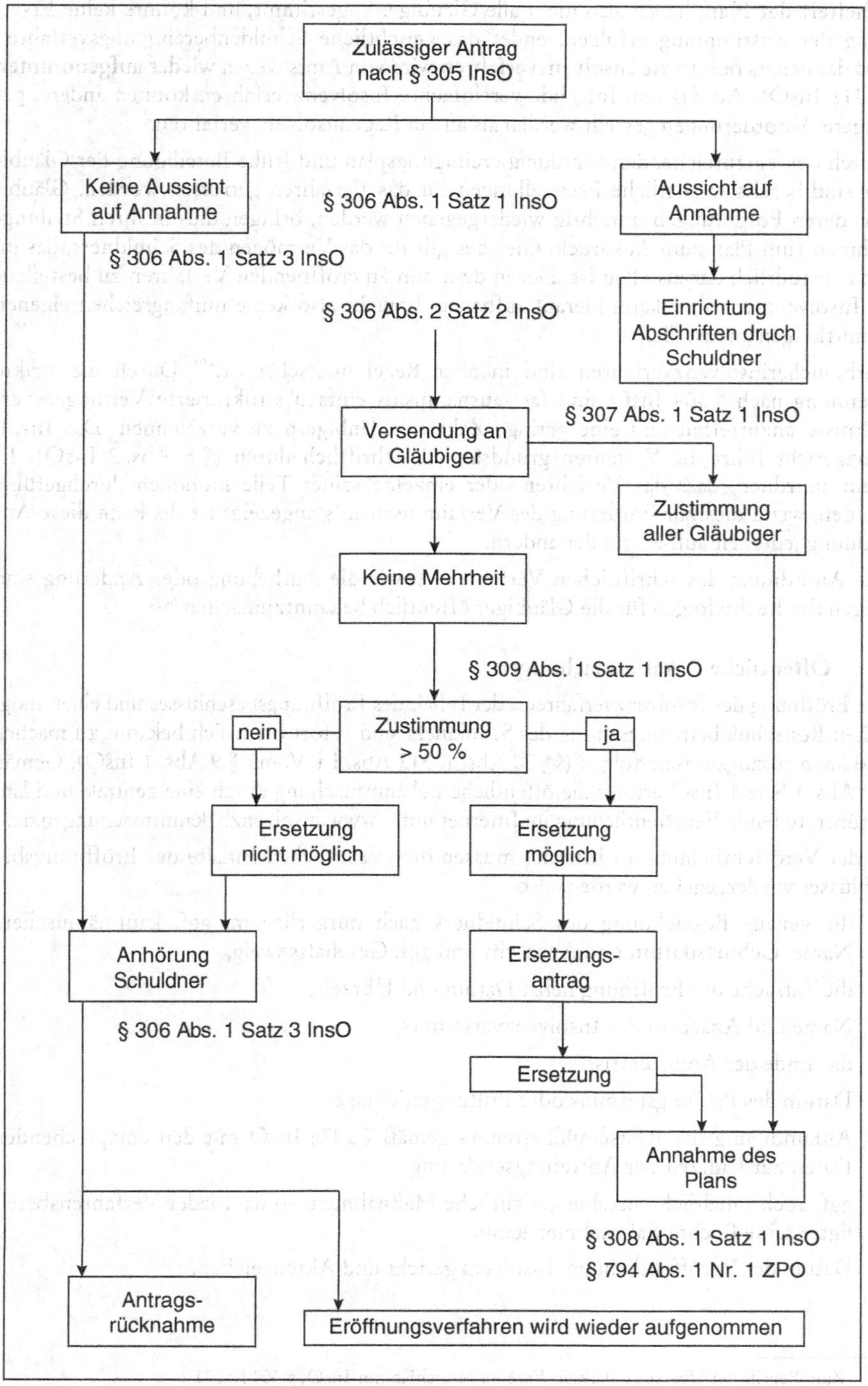

III. Vereinfachtes Insolvenzverfahren als schriftliches Verfahren

114 **Scheitert der Plan**, haben also nicht alle Gläubiger zugestimmt, und konnte keine Ersetzung der Zustimmung erfolgen, endet das gerichtliche Schuldenbereinigungsverfahren und das bereits beantragte **Insolvenzverfahren** wird von Amts wegen **wieder aufgenommen** (§ 311 InsO). An das nun folgende vereinfachte Insolvenzverfahren können andere, geringere Anforderungen gestellt werden als an ein Regelinsolvenzverfahren.

115 Durch den einzureichenden Schuldenbereinigungsplan und frühe Beteiligung der Gläubiger sind bereits wesentliche Feststellungen für das Verfahren getroffen worden. Gläubiger, deren Forderungen unrichtig wiedergegeben werden, bringen dies in ihren Stellungnahmen zum Plan zum Ausdruck. Gleiches gilt für das Vermögen des Schuldners, das im Plan ausführlich darzustellen ist. Der in dem nun zu eröffnenden Verfahren zu bestellende Insolvenzverwalter kann hierauf aufbauen, braucht also keine umfangreichen eigenen Ermittlungen anzustellen.

116 Verbraucherinsolvenzverfahren sind in aller Regel überschaubar.[49] Durch die strikte Trennung nach § 304 InsO sind fast ausnahmslos einfach strukturierte Vermögensverhältnisse anzutreffen und eine geringe Zahl an Gläubigern zu verzeichnen. Das Insolvenzgericht führt die Verfahren grundsätzlich schriftlich durch (§ 5 Abs. 2 InsO). Es kann anordnen, dass das Verfahren oder einzelne seiner Teile mündlich durchgeführt werden, wenn dies zur Förderung des Verfahrensablaufs angezeigt ist. Es kann diese Anordnung jederzeit aufheben oder ändern.

117 Die Anordnung des schriftlichen Verfahrens sowie die Aufhebung oder Änderung sind wegen der Rechtsfolgen für die Gläubiger öffentlich bekanntzumachen.[50]

1. Öffentliche Bekanntmachungen

118 Die Eröffnung des Insolvenzverfahrens, der Inhalt des Eröffnungsbeschlusses und einen möglichen Restschuldbefreiungsantrag des Schuldners sind sofort öffentlich bekannt zu machen und kann auszugsweise erfolgen (§§ 30 Abs. 1, 312 Abs. 1 i. V. mit § 9 Abs. 1 InsO). Gemäß § 9 Abs. 1 Satz 1 InsO erfolgt die öffentliche Bekanntmachung durch eine zentrale und länderübergreifende Veröffentlichung im Internet unter www.insolvenzbekanntmachungen.de.

119 In der Veröffentlichung im Internet müssen die wesentlichen Inhalte des Eröffnungsbeschlusses wiedergegeben werden, also

- die genaue Bezeichnung des Schuldners nach bürgerlichem, ggf. kaufmännischem Name, **Geburtsdatum** und Anschrift und ggf. Geschäftszweig,
- die Tatsache der Eröffnung nebst Datum und Uhrzeit,
- Name und Anschrift des Insolvenzverwalters,
- das Ende der Anmeldefrist,
- Datum des Prüfungstermins oder Prüfungsstichtages,
- Ankündigung der Restschuldbefreiung gemäß § 287a InsO mit den entsprechenden Daten zur Laufzeit der Abtretungserklärung
- ggf. auch inhaltlich einzelne gerichtliche Maßnahmen, so dass jeder Verfahrensbeteiligter seine Rechte wahrnehmen kann,
- Datum der Veröffentlichung, Insolvenzgericht und Aktenzeichen.

---

49) Zum Begriff der Überschaubarkeit: *Vuia* in: MünchKomm-InsO, § 304 Rz. 71.

50) *Rüther* in: HambKomm-InsO, § 5 Rz. 40.

Aus datenschutzrechtlichen Gründen ist zu beachten, dass nur die personenbezogenen Daten veröffentlicht werden, die die InsO zur Veröffentlichung vorschreibt.[51] Gerade bei der Insolvenz der natürlichen Person ist dieser Grundsatz besonders wichtig. 120

Die formgerechte öffentliche Bekanntmachung genügt gemäß § 9 Abs. 3 InsO zum Nachweis der Zustellung an alle Beteiligten, auch wenn die InsO daneben eine gesonderte Zustellung vorschreibt. 121

2. Prüfungstermin

Pflichttermine der Verbraucherinsolvenz sind Prüfungs- und Schlusstermin (siehe zum Prüfungstermin Kap. 11 Rz. 94 ff. und Rz. 103 ff. [*Riedel*]). Im Gegensatz zur Regelinsolvenz wird **nur ein Prüfungstermin** bestimmt. Es muss gemäß § 29 Abs. 2 Satz 2 InsO für die Verbraucherinsolvenzverfahren regelmäßig kein Berichtstermin stattfinden. Über eine gütliche Regelung ist bereits vor Eröffnung verhandelt worden. Die Informationen über die wirtschaftliche Situation des Schuldners sind bereits geflossen, so dass ein Bericht des Insolvenzverwalters nichts Neues vermitteln kann. Ein weiterer Termin würde das Verfahren und die Gerichte nur unnötig durch Wiederholungen belasten.[52] Dies schließt nicht aus, dass das Insolvenzgericht zur Behandlung einzelner Themen, z. B. Insolvenzverwalter nach einem schriftlichen Antrag der Gläubiger zur Wahl eines neuen Insolvenzverwalters, eine Gläubigerversammlung einberuft. Insbesondere kann sich bei einem Gläubigerantrag die Notwendigkeit ergeben, dass der Insolvenzverwalter über die wirtschaftliche Lage des Schuldners und ihre Ursachen berichtet.[53] 122

Der Inhalt des Prüfungstermins hängt nicht davon ab, ob er schriftlich oder mündlich als Gläubigerversammlung durchgeführt wird. In beiden Varianten beschränkt sich die Tagesordnung auf die Prüfung der Forderungen. 123

Im Prüfungstermin werden die angemeldeten Forderungen geprüft (§ 176 Satz 1 InsO). Im Termin können Gläubiger, Schuldner und Insolvenzverwalter Erklärungen zu einzelnen Forderungen abgeben, sie insbesondere bestreiten (§§ 176 Satz 2, 178 InsO). 124

Einziger **Unterschied des schriftlichen Verfahrens zum mündlichen Prüfungstermin** ist die Schriftform des Widerspruches und die Eintragung des Prüfungsergebnisses in die Tabelle ohne Anwesenheit der Beteiligten. Insbesondere die Information der Gläubiger über die angemeldeten Forderungen unterscheidet sich nicht, denn auch im mündlichen Verfahren kann der Gläubiger die Tabelle lediglich bei Gericht einsehen. Auslegungsprobleme hinsichtlich der schriftlichen Widersprüche sind nicht zu erwarten. Ein Widerspruch gegen eine Forderung oder den Rang muss weder in der Gläubigerversammlung noch im schriftlichen Verfahren begründet werden. In die Insolvenztabelle wird folglich auch nur der Widerspruch als solcher eingetragen. Es empfiehlt sich dennoch, die Widerspruchsschreiben gleich bei Eingang zu sichten, um mögliche Unklarheiten, die eine korrekte Tabelleneintragung verhindern, zu klären. 125

In dem Insolvenzverfahren erfolgt die Unterrichtung der Gläubiger durch Zustellung und Veröffentlichung des Eröffnungsbeschlusses (§ 30 InsO). Er muss also alle Gegenstände bezeichnen, die im Prüfungstermin, der mit Eröffnungsbeschluss bestimmt wird, eine Rolle spielen. 126

---

51) Verordnung zu öffentlichen Bekanntmachungen in Insolvenzverfahren im Internet v. 12.2.2002, BGBl. I 2002, 677, abgedr. in: *Kübler/Prütting*, RWS-Dok. 18, unter „Texte".

52) Beschlussempfehlung und Bericht d. RA z. RegE InsO z. § 357i RegE/§ 305 InsO (Nr. 203), BT-Drucks. 12/7302, S. 193, abgedr. in: *Kübler/Prütting*, RWS-Dok. 18, S. 582.

53) *Busch* in: MünchKomm-InsO, §§ 27–29 Rz. 98.

127 Der Prüfungstermin übernimmt dabei die Funktion der ersten Gläubigerversammlung.[54] Es sind daher alle Tagesordnungspunkte zu veröffentlichen, die das Gesetz für diese erste Versammlung allgemein vorsieht. Im Einzelnen sind dies:

- Der Tag der Prüfung (= Termin) und den Stichtag, bis zu dem die Gläubiger eine Forderung schriftlich bestreiten können,
- Beschlussfassung über Unterhaltsleistungen aus der Insolvenzmasse (§ 100 InsO),
- Wahl eines anderen Insolvenzverwalters (§ 57 InsO).

128 Dabei sind die Gläubiger darüber zu informieren, dass sie einen Schriftsatz, mit dem eine Forderung bestritten wird, bis zu einem bestimmten Termin bei Gericht einreichen müssen.

129 Sowohl im mündlichen als auch im schriftlichen Verfahren ist vorgesehen, dass nach § 179 Abs. 3 InsO **nur** die **Gläubiger, deren Forderung** im Prüfungstermin **bestritten wurden, von dem Prüfungsergebnis informiert** werden, um einen Nachweis über Anmeldung und Widerspruch für einen Feststellungsprozess zu erleichtern.[55] Die Information über das Prüfungsergebnis erfolgt **durch** Übersendung eines **beglaubigten Tabellenauszugs** durch das Insolvenzgericht (§ 179 Abs. 3 Satz 1 InsO). Liegt die Feststellungslast beim Bestreitenden (§ 179 Abs. 2 InsO), erhält auch dieser einen Tabellenauszug. Gläubiger festgestellter Forderungen werden nicht von dem Prüfungsergebnis benachrichtigt (§ 179 Abs. 3 Satz 3 InsO). Häufig besteht jedoch für die Verfahrensbeteiligten die Möglichkeit, sich über ein Gläubigerinformationssystem[56], das mittlerweile viele Insolvenzverwalter anbieten, über das Prüfungsergebnis bzw. über den Verfahrensgang zu informieren. Die Durchführung der mündlichen Verhandlung wird die Ausnahme sein.

3. Schlusstermin

130 Einen **Schlusstermin** im schriftlichen Verfahren durchzuführen, ist wegen der im Termin abzuwickelnden Tagesordnungspunkte etwas schwieriger.

131 Im Einzelnen sind zu behandeln:

- Erörterung der Schlussrechnung des Insolvenzverwalters (§ 197 Abs. 1 Satz 2 Nr. 1 InsO),
- Erhebung von Einwendungen gegen das Schlussverzeichnis (§ 197 Abs. 1 Satz 2 Nr. 2 InsO),
- Entscheidung der Gläubiger über die nicht verwertbaren Gegenstände der Insolvenzmasse (§ 197 Abs. 1 Satz 2 Nr. 3 InsO),
- Erörterung zum Antrag des Schuldners auf Restschuldbefreiung (§ 290 Abs. 1 InsO),
- Beauftragung des Insolvenzverwalters, die Obliegenheiten des Schuldners zu überwachen (§ 292 Abs. 2 Satz 1 InsO).

132 Auch hier müssen die Gläubiger mit Terminbestimmung über die konkreten Gegenstände des Termins informiert werden. Zeit, Ort und Tagesordnung sind also gemäß § 9 InsO öffentlich bekannt zu machen (§§ 197 Abs. 2, 74 Abs. 2 Satz 1 InsO).

---

54) *Busch* in: MünchKomm-InsO, §§ 29 Rz. 99 f.

55) *Herchen* in: HambKomm-InsO, § 179 Rz. 52.

56) Die Struktur eines Gläubigerinformationssystems kann auf den Web-Seiten diverser Verwalter eingesehen werden (vgl. Verwalter im Internet: www.rws-verlag.de/indat/inlink.htm). Nicht öffentliche Verfahrensdaten stehen nur Verfahrensbeteiligten offen.

a) Erörterung der Schlussrechnung

Der **Insolvenzverwalter** hat bei Beendigung seines Amts gemäß § 66 InsO der Gläubigerversammlung **Rechnung zu legen**. Das Insolvenzgericht hat nach Prüfung der Schlussrechnung diese nebst Belegen und seinen Bemerkungen grundsätzlich zur **Einsicht der Beteiligten** auszulegen (§ 66 Abs. 2 Satz 2 InsO). Dabei wird nicht zwischen schriftlichem und mündlichem Verfahren unterschieden. Gläubiger werden also immer zur Wahrnehmung ihres Informationsrechtes auf die Einsicht bei Gericht verwiesen, eine Übersendung von Unterlagen sieht die InsO nicht vor. Eine Erörterung im schriftlichen Verfahren gestaltet sich hingegen schwieriger. Erörtern bedeutet, einzelne Punkte der Schlussrechnung mit dem Insolvenzverwalter zu besprechen und näheren Aufschluss darüber zu erlangen.[57] Übertragen auf das schriftliche Verfahren bedeutet dies, dass eingehende schriftliche Stellungnahmen an die Beteiligten übersandt werden und ihnen die Möglichkeit zur Gegenäußerung gegeben wird. Der Praktiker wird sofort erkennen, dass dies zu einer Verkomplizierung des Verfahrens führt und nicht, wie es das schriftliche Verfahren gewährleisten soll, zu einer Vereinfachung. Einige Insolvenzgerichte führen aus diesem Grund den Schlusstermin grundsätzlich in einer mündlichen Verhandlung durch. Allerdings handelt es sich bei Verbraucherinsolvenzverfahren in der Regel um Verfahren mit wenig (meist keiner) Masse, die in einer Schlussrechnung darzustellen ist, so dass sich Ansatzpunkte für eine Erörterung regelmäßig nicht ergeben. Einsicht in die Schlussrechnung hat nach den bisherigen Erfahrungen keine nennenswerte Zahl der Gläubiger genommen. Besteht kein Anlass zu einer Erörterung, ergeben sich keine Bedenken gegen ein schriftliches Verfahren. 133

b) Erhebung von Einwendungen gegen das Schlussverzeichnis

Die Erhebung von Einwendungen steht im Ermessen des Gläubigers und kann im schriftlichen Verfahren schriftlich bis zum Schlusstermin erklärt werden. Der schriftliche Vortrag des Gläubigers muss allerdings genügen, um als Entscheidungsgrundlage zu dienen. Er muss seine Einwendung also i. S. seines Begehrens hinreichend begründen. Dies entspricht den Regelungen des Zivilprozesses. Auch dort muss die Partei schriftlich die Grundlagen für eine Entscheidung schaffen. Der Gläubiger kann gegen das Schlussverzeichnis nur einwenden, dass eine Forderung zu Unrecht aufgenommen oder nicht aufgenommen wurde. Materiell-rechtliche Einwendungen über den Bestand einer Forderung sind ausgeschlossen.[58] Hat das Gericht gemäß § 5 Abs. 2 InsO angeordnet, dass das Verfahren mündlich durchgeführt wird, sind Einwendungen gegen das Schlussverzeichnis im Schlusstermin mündlich zu erheben, um die Möglichkeit zu eröffnen, eine sofortige Klärung an Ort und Stelle herbeizuführen.[59] 134

Der weitere Ablauf (Entscheidung des Gerichts, Rechtsmittel) ist in der InsO geregelt (§§ 197 Abs. 3, 194 Abs. 2 und 3 InsO) und bedarf keiner mündlichen Verhandlung. 135

c) Entscheidung der Gläubiger über die nicht verwertbaren Gegenstände der Insolvenzmasse

Grundsätzlich ist der Insolvenzverwalter befugt, einzelne Massegegenstände aus dem Vermögen freizugeben, wenn sich diese trotz ausreichender Bemühungen nicht verwerten lassen. Die Freigabe eines Vermögensgegenstands liegt also im Ermessen des Insolvenzverwalters. Um bei einem eventuellen Ermessensfehler eine Schadensersatzpflicht nach 136

---

57) *Preß* in: HambKomm-InsO, § 197 Rz. 8.

58) *Preß* in: HambKomm-InsO, § 197 Rz. 10.

59) *Preß* in: HambKomm-InsO, § 197 Rz. 10.

§ 60 InsO zu vermeiden, kann er die **Entscheidung über nicht verwertbare Gegenstände der Gläubigerversammlung** überlassen. Die Gläubigerversammlung hat dann zu entscheiden, ob der Massegegenstand tatsächlich unverwertbar ist und durch Freigabe in das insolvenzfreie Vermögen des Schuldners überführt werden oder ob der Insolvenzverwalter einen erneuten (andersartigen) Versuch der Verwertung unternehmen soll. Die Vorschrift **dient** lediglich **dem Zweck, den Verwalter von den Folgen einer Freigabe zu entlasten**[60] und bietet den Gläubigern die Möglichkeit, den aus Sicht des Insolvenzverwalters unverwertbaren Gegenstand selbst zu erwerben oder eine ihnen sinnvolle Art der Verwertung, auf die der Insolvenzverwalter nicht gekommen ist, vorzuschlagen.

137 Handelt es sich um ein mündliches Verfahren, wird der Gläubiger im Termin erfahren können, um welchen Gegenstand es sich konkret handelt. Im schriftlichen Verfahren hingegen kann sich der Gläubiger nur im Vorwege über die nicht verwertbaren Gegenstände durch den Bericht des Insolvenzverwalters informieren.

Praxishinweis

Da im Gegensatz zur Eröffnung des Verfahrens die Gläubiger lediglich durch die öffentliche Bekanntmachung über den Schlusstermin, jedoch nicht gesondert unterrichtet werden, ist es ratsam, dass sich die Gläubiger in gewissen Zeitabständen über den Stand des Verfahrens informieren.

d) Erörterung zum Antrag des Schuldners auf Restschuldbefreiung

138 Die Gläubiger können mögliche Versagungsanträge im laufenden Verfahren bis spätestens im Schlusstermin zulässig stellen (§ 290 Abs. 2 Satz 1 InsO).

139 Häufig ist ein Antrag auf Versagung der Restschuldbefreiung der einzige Grund, der einen Gläubiger zur Teilnahme am Schlusstermin veranlasst. Der Vorteil eines mündlichen Termins liegt darin, dass der Antrag, ggf. gemeinsam mit dem Schuldner, erörtert und die Beweismittel des Gläubigers bereits einer Überprüfung durch den Rechtspfleger unterzogen werden können. Nicht selten führt diese Erörterung zu einer Rücknahme des Versagungsantrags. Der Schuldner ist rechtzeitig vor dem Termin in geeigneter Weise darauf hinzuweisen, dass Versagungsanträge gestellt werden können und er in der Regel im mündlichen Verfahren nur durch persönliches Erscheinen in dem Termin Gelegenheit zur Stellungnahme erhält.[61]

140 Im schriftlichen Verfahren legt der Rechtspfleger den Versagungsantrag dem zuständigen Richter vor. Die schriftliche Durchführung der Beweisaufnahme und Entscheidung obliegt nun dem Richter.

e) Beauftragung des Insolvenzverwalters, die Obliegenheiten des Schuldners zu überwachen

141 Grundsätzlich gehört die Überwachung des Schuldners nicht zu den gesetzlichen Aufgaben des Insolvenzverwalters. Vielmehr obliegt es gemäß § 292 Abs. 2 InsO der Gläubigerversammlung, den Insolvenzverwalter mit der Überwachung zu beauftragen. Eine Beauftragung des Insolvenzverwalters, die Obliegenheiten des Schuldners zu überwachen, ist äußerst selten, denn die knappe Masse rechtfertigt den zusätzlichen Kostenaufwand kaum. Zwar kann ein Gläubiger die Überwachung schriftlich beantragen, ob es aber tatsächlich zu einer Beauftragung kommt, entscheidet die Gläubigerversammlung (§ 292 Abs. 2 Satz 1 InsO).

---

60) Uhlenbruck-*Wegener*, InsO, § 197 Rz. 13.

61) *Preß* in: HambKomm-InsO, § 197 Rz. 16.

Die **Entscheidung der Gläubigerversammlung** bedarf der Summenmehrheit der abstimmenden Gläubiger (§ 76 Abs. 2 InsO). Ein Beschluss der Gläubigerversammlung kann demnach bei der schriftlichen Durchführung des Schlusstermins ohne Kenntnis eines solchen Antrags nicht durchgeführt werden. Erreicht das Insolvenzgericht ein solches Ersuchen, muss es entweder diesen Tagesordnungspunkt auf eine Gläubigerversammlung vertagen oder aber ein aufwendiges **schriftliches Abstimmungsverfahren** durchführen. Ein schriftliches Abstimmungsverfahren ist in der InsO lediglich für die Abstimmung über einen Insolvenzplan als Sonderfall definiert (§ 242 InsO). Dies gilt auch nur eingeschränkt, nämlich dann, wenn ein besonderer Abstimmungstermin bestimmt wird. Die schriftliche Stimmabgabe ergänzt lediglich die Abstimmung in einer Gläubigerversammlung. Es dürfte kaum zulässig sein, diese Regelung auf ein allgemeines schriftliches Verfahren zu übertragen. Eine Abstimmung in einer Gläubigerversammlung ist unabhängig von dieser Frage in jedem Fall einfacher und schneller abzuwickeln. 142

4. Besonderheiten des schriftlichen Verfahrens

a) Zustellungsfragen

Über im schriftlichen Verfahren durchgeführte Termine ist eine **Niederschrift** zu fertigen, die die Ergebnisse festhält. Vorgeschrieben ist dies – mangels einer Regelung des schriftlichen Verfahrens – nicht. Über mündliche Verhandlungen ist ein Protokoll zu führen, dass die Ergebnisse des Termins festhält (§ 159 Abs. 1 ZPO). Gleiches kann nur für einen im schriftlichen Verfahren durchzuführenden Termin gelten. Soweit die InsO keine Einschränkungen vorsieht (vgl. Prüfungstermin) ist die Niederschrift den Beteiligten zur Kenntnis zu bringen. 143

Entscheidungen, die im schriftlichen Verfahren ergehen, sind den Beteiligten zur Kenntnis zu bringen (§§ 5 Abs. 2 Satz 3, 4 InsO, § 329 Abs. 2 ZPO). Werden Fristen in Lauf gesetzt oder Termine bestimmt, ist eine förmliche Zustellung erforderlich, die in der Regel durch die Veröffentlichung gewährleistet ist (§ 9 Abs. 3 InsO). 144

b) Gläubigerversammlung

Ergibt sich im Laufe des Verfahrens ein Anlass, eine Gläubigerversammlung durchzuführen, kann die **Anordnung des schriftlichen Verfahrens jederzeit widerrufen** werden (§ 5 Abs. 2 Satz 2 InsO). Änderungen in die eine oder andere Richtung sind den Beteiligten zur Kenntnis zu bringen.[62] In der Regel geschieht dies durch öffentliche Bekanntmachung. **Beteiligte sind verpflichtet, Veröffentlichungen und die dadurch in Gang gesetzten Fristen und festgesetzten Termine zu verfolgen.**[63] Solche Anlässe können sein: 145

c) Schlusstermin

Gerichte führen den Schlusstermin vielfach nicht im schriftlichen Verfahren durch. Grund hierfür ist die Möglichkeit, nach § 290 InsO Versagungsanträge bis zum – also auch im – Schlusstermin zu stellen. Zeichnet sich ein solcher Antrag im Laufe des Verfahrens ab, bietet die mündliche Verhandlung den Vorteil der unmittelbaren Erörterung des Versagungsantrags. Vielen Antragstellern ist nicht klar, dass der Antrag auf einen Tatbestand der abschließenden Aufzählung des § 290 Abs. 1 Nr. 1–7 InsO zu stützen ist. Können sie dies nicht darlegen, führt eine Erörterung im Termin oft zur Rücknahme des Antrags. 146

62) BGH, Beschl., v. 20.3.2003 – IX ZB 388/02, ZVI 2003, 170 = NZI 2003, 389, dazu EWiR 2003, 593 *(Tetzlaff)*.

63) BGH, Beschl. v. 10.3.2005 – IX ZB 241/04, juris.

d) Vertagung

147 Müssen einzelne Tagesordnungspunkte vertagt werden, z. B. die Prüfung einzelner Forderung, die mit dem Attribut „vorsätzlich begangene unerlaubte Handlung", „vorsätzliche pflichtwidrige Verletzung einer gesetzlichen Unterhaltspflicht" oder „Steuerstraftat des Schuldners nach den §§ 370, 373 oder § 374 der Abgabenordnung (AO)" versehen sind, weil der Schuldner nicht rechtzeitig belehrt worden ist, geschieht dies im mündlichen Verfahren durch Vertagungsbeschluss des Gerichts. Einer weiteren besonderen Information bedarf es nicht (§ 74 Abs. 2 Satz 2 InsO). Im schriftlichen Verfahren ist der **Vertagungsbeschluss** schriftlich abzufassen und den Beteiligten zur Kenntnis zu bringen. Soweit zum Ursprungstermin eine besondere Aufforderung an bestimmte Beteiligte erforderlich war, z. B. der erste Prüfungstermin (§ 30 Abs. 2 InsO), ist diesen Personen die Vertagung besonders mitzuteilen. Im Übrigen genügt die Veröffentlichung.

148 Keine Anwendung im Verbraucherinsolvenzverfahren finden die Vorschriften über die Eigenverwaltung (§ 270 Abs. 1 Satz 3 InsO).

IV. Der Insolvenzverwalter

149 Für das Verbraucherinsolvenzverfahren wird ein Insolvenzverwalter bestellt, der die gleichen Befugnisse hat, wie in einem Regelinsolvenzverfahren. Er ist Partei kraft Amtes und muss die vorhandene Insolvenzmasse bestmöglich zugunsten der gemeinschaftlichen Gläubigerbefriedigung verwerten. Der **Treuhänder** tritt nur noch nach der Aufhebung des Verfahrens bis zum Ablauf der Abtretungserklärung auf. Hier ist eine Unterscheidung sinnvoll. Der Treuhänder wird gemäß § 288 Satz 2 InsO mit der Entscheidung über die Aufhebung gemäß § 200 InsO bzw. Einstellung des Verfahrens gemäß § 211 InsO bestimmt. Mit dieser Entscheidung gehen die pfändbaren Bezüge des Schuldners nach Maßgabe der Abtretungserklärung auf den Treuhänder über. Dadurch erfolgt eine klare Abgrenzung der einzelnen Verfahrensteile und der Befugnisse zwischen Insolvenzverwalter in einem eröffneten und dem Treuhänder in einem abgeschlossenen Insolvenzverfahren.

150 **Grundsätzlich** obliegt dem Insolvenzverwalter die Verwertung des Vermögens des Schuldners. Es geltend die allgemeinen Vorschriften. **Bewegliche Sachen**, die nicht unter die Schutzvorschriften gemäß §§ 811 ff. ZPO fallen, darf der Insolvenzverwalter freihändig (durch Verkauf) verwerten (§ 166 Abs. 1 InsO). Übersteigen die Verwertungskosten den zu erwartenden Erlös, gibt der Insolvenzverwalter die Sache aus der Masse frei (§ 803 Abs. 2 ZPO). Dem Schuldner zustehende Forderungen zieht er zur Masse, soweit sie nicht an einen Gläubiger abgetreten sind.

1. Berichte des Insolvenzverwalters

151 Zu den besonderen Aufgaben des Insolvenzverwalters in der Phase unmittelbar nach Eröffnung gehört die Fertigung eines **Erstberichts**. In einem Verbraucherinsolvenzverfahren sind die Gläubiger durch die vorangegangene außergerichtliche Einigung und den gerichtlichen Schuldenbereinigungsplan umfassend über die wirtschaftliche und persönliche Situation des Schuldners informiert worden. Der Insolvenzverwalter wird oft erstmals nach Eröffnung des Verfahrens mit dem Schuldner Kontakt aufnehmen. In Verbraucherinsolvenzen ist es nicht üblich, wie in der Regelinsolvenz, einen vorläufigen Verwalter zu bestellen. Das bedeutet, dass erst nach Eröffnung eine sachverständige Person die Verhältnisse des Schuldners in Augenschein nimmt. Der Erstbericht dient daher nicht der Vorbereitung des Berichtstermins, sondern der sachverständigen **Darstellung der Verhältnisse des Insolvenzschuldners.** Üblich und sinnvoll ist es, mit dem Schuldner ein ausführliches Erstgespräch zu führen.

a) **Das Erstgespräch**

In einem gut geplanten Erstgespräch können alle für das Verfahren bedeutsamen Sachverhalte abgehandelt und spätere Nachfragen auf ein Minimum reduziert werden. Obwohl ein solches Gespräch nicht verpflichtend ist, sollte die Gelegenheit wahrgenommen werden, um einen persönlichen Eindruck zu gewinnen und offene Fragen zu klären. Viele Verbraucher sind in rechtlichen Fragen, insbesondere in Bezug auf das Insolvenzrecht, unbedarft. 152

Spätestens nach Eröffnung des Verfahrens nimmt der Insolvenzverwalter Einsicht in die Insolvenzakten des Gerichts. Durch den obligatorischen Antrag nach § 305 InsO sind alle Gläubiger des Schuldners, regelmäßige Verpflichtungen, Unterhaltsberechtigte sowie das Vermögen des Schuldners weitgehend bekannt. Zur Gesprächsvorbereitung kann sich der Insolvenzverwalter schon ein sehr genaues Bild des Schuldners erarbeiten. Zum Inhalt des Gesprächs gehören Informationen und Erklärungen zum Vorgehen des Insolvenzverwalters. 153

Beispielhafter Ablauf eines Erstgesprächs: 154

- Erklären, in welchem **Stadium** sich das Verfahren nun befindet und welchen **Verlauf** es nehmen wird:

  Markiert wird das Hauptverfahren insbesondere durch die Veröffentlichung des Eröffnungsbeschlusses und die Unterrichtung der Beteiligten sowie die Termine des Verfahrens. Der zeitliche Rahmen des Hauptverfahrens ergibt sich aus dem im Eröffnungsbeschluss benannten Prüfungstermin und dem nach den Erfahrungen des Insolvenzverwalters zu erwartenden Zeitpunkt des Schlusstermins.

- Erklären, welche **Aufgaben** der **Insolvenzverwalter** hat:

  Die Aussage eines Schuldners „Ich war heute bei *meinem* Insolvenzberater" kennzeichnet ein häufiges Problem. Schuldner betrachten den Insolvenzverwalter nicht so, wie ihn die InsO beschreibt, sondern eher als eine Person, die sich um den Schuldner kümmert. Zur Vermeidung künftiger Probleme kann dies im Erstgespräch klargestellt werden. Aufgabe des Insolvenzverwalters ist es, Werte für die Allgemeinheit der Gläubiger zu erwirtschaften, nicht den Schuldner zu betreuen. Gleichwohl dient es dem Verfahrensfortgang, zum Schuldner ein gewisses Vertrauensverhältnis aufzubauen.

- Erklären, welche **Wirkungen** das **eröffnete Verfahren** hat:

  Trotz der im Allgemeinen guten Beratung durch Schuldnerberater wird Schuldnern erst in diesem Gespräch deutlich, welche insolvenzspezifischen Konsequenzen das Verfahren für sie hat, z. B., dass die Verwaltungs- und Verfügungsbefugnis auf den Insolvenzverwalter übergegangen ist (§ 80 InsO) und inwieweit sich der Insolvenzbeschlag konkret auswirkt.

- Prüfung der Angaben zur **Person des Schuldners:**

  Der Schuldner hat die erforderlichen Angaben bereits in der Anlage 1 seines Antrags (Personalbogen: Angaben zur Person) gemacht. Bestätigen sollte sich, dass die Angaben noch Bestand haben. Unklarheiten werden nachgefragt.

- Erörterung des **Vermögensverzeichnisses:**

  Anträge nach § 305 InsO müssen durch die Gerichte nicht eingehend geprüft werden. Ob die einzelnen Anlagen wirklich vollständig und richtig sind, kann nicht vorausgesetzt werden. Der Insolvenzverwalter hat nach der Eröffnung das zur Insolvenzmasse gehörende Vermögen zu verwalten (§ 80 Abs. 1 InsO). Er muss es daher kennen und ebenso wie in der Regelinsolvenz die Voraussetzungen für eine ordnungsgemäße, insbesondere vollständige Rechnungslegung schaffen. An dieser Stelle sind regelmäßig Angaben des Schuldners zu Verträgen zu ergänzen: korrekte Anschrift eines Vertragspartners, Geschäftszeichen, eingezahltes Guthaben, genaue Bezeichnung von Grundbesitz, Belastungen von Vermögensgegenständen usw. Verfügt der Schuldner über Gegenstände, deren Verwertung unverhältnismäßig aufwendig ist oder die er gerne behalten möchte, ist frühzeitig zu überlegen, ob ein Verfahren zur vereinfachten Verwertung nach § 314 InsO einzuleiten ist. Typisches Beispiel ist ein Fahrzeug, dessen Verwertung wegen des Alters und der gefahrenen Kilometer wenig sinnvoll ist. Hier bietet es sich an, den Gegenwert durch Ratenzahlungen des Schuldners zur Masse zu realisieren.

– Laufendes **Einkommen**/regelmäßige **Verpflichtungen**:

  Einziger verwertbarer Vermögensgegenstand ist in den meisten Verfahren das laufende Einkommen aus abhängiger Beschäftigung. Für den Insolvenzverwalter ist von Bedeutung, ob sich aus dem Einkommen ein pfändbarer Betrag (§§ 850 ff. ZPO), also Masse, ergibt und inwieweit Rechte Dritter, z. B. aufgrund einer Sicherungsabtretung, bestehen und geltend gemacht werden. Im Rahmen der Ermittlung des pfändbaren Betrags werden die regelmäßigen Verpflichtungen (Unterhalt, Miete usw.) überprüft. Ergeben sich Anhaltspunkte für einen von der Pfändungstabelle nach § 850c ZPO abweichenden Pfändungsbetrag, etwa weil die Kosten des Lebensunterhalts durch den pfändungsfreien Betrag nicht gedeckt werden können, muss der Schuldner auf die Möglichkeit eines Antrags nach § 36 Abs. 1 Satz 1 InsO, § 850f Abs. 1 ZPO hingewiesen werden. Möglich ist es auch, sogleich eine Vereinbarung mit dem Schuldner zu treffen, da eine Entscheidung des Gerichts nur im Streitfall, erforderlich ist. Wesentlich ist auch die Überprüfung der Einkommenssituation der Personen, gegenüber denen der Schuldner unterhaltsverpflichtet ist. Verfügen sie über eigenes Einkommen, kann es erforderlich sein, bei Gericht einen Antrag nach § 850c Abs. 6 ZPO (Nichtberücksichtigung von Unterhaltsberechtigten bei der Berechnung des pfändbaren Betrags) zu stellen.

– Kann der Schuldner aus seinem pfändungsfreien Einkommen während des Verfahrens den **Mietzins** entrichten:

  Größte regelmäßige Verpflichtung des Schuldners ist die Zahlung seiner Miete. Der Schuldner ist bestrebt, das Mietverhältnis fortzusetzen, also die Miete weiterhin entrichten wollen. Um die Entstehung weiterer Masseverbindlichkeiten zu vermeiden, sollte und muss der Insolvenzverwalter die **Erklärung nach § 109 Abs. 1 Satz 2 InsO** abgeben.

– **Girokonto**:

  Ohne ein Girokonto ist in der heutigen Zeit keine Abwicklung von Zahlungsverpflichtungen mehr möglich. Insolvenzschuldner, das gilt insbesondere für natürliche Personen, haben stets Schwierigkeiten, ihre Bankverbindung aufrechtzuerhalten. Probleme tauchen auf, weil das kontoführende Institut das Konto gekündigt hat, eigene Rechte an dem Guthaben geltend macht oder das Konto mit einer Pfändung belegt ist. Besteht eine Pfändung aus der Zeit vor Eröffnung, muss der Insolvenzverwalter die Bank ggf. darauf hinweisen, dass bei Eingang eines Guthabens die Pfändung nicht mehr berücksichtigt werden darf. Verfügt der Schuldner über kein Konto, können ihm die laufenden Leistungen (Arbeitseinkommen, Sozialleistungen) nicht mehr überwiesen werden. Probleme müssen daher im Gespräch ermittelt und i. S. eines zügigen Verfahrensablaufs auch geklärt werden.

– Überprüfung des **Gläubigerverzeichnisses**:

  Inhalt des Antrags nach § 305 InsO ist ein ausführliches Gläubigerverzeichnis. Zur Vorbereitung des Prüfungsverfahrens (§§ 174 ff. InsO) kann anhand des Verzeichnisses bereits die Richtigkeit der einzelnen Ansprüche im Gespräch mit dem Schuldner überprüft werden. Werden diese Forderungen auch zur Tabelle angemeldet, bedarf es, von Ausnahmen abgesehen, keines Aufwandes mehr zur Abgabe der Erklärung zum Prüfungstermin.

– **Widerspruch** des Schuldners gegen Forderungen aus vorsätzlich begangener unerlaubter Handlung, vorsätzlicher pflichtwidriger Verletzung einer gesetzlichen Unterhaltspflicht oder Steuerstraftat nach den §§ 370, 373 oder § 374 AO:

  Ergeben sich aus dem Gläubigerverzeichnis Ansprüche, die aus einer vorsätzlich begangenen unerlaubten Handlung, vorsätzlichen pflichtwidrigen Verletzung einer gesetzlichen Unterhaltspflicht oder Steuerstraftat nach den §§ 370, 373 oder § 374 AO stammen, wird dem Schuldner die Bedeutung eines solchen Anspruches, d. h. Ausnahme dieser Forderung von der Restschuldbefreiung und die Möglichkeit, sich gegen die Art der Anmeldung zur Wehr zu setzen, erläutert. Der Widerspruch gegen die Anmeldung des privilegierten Rechtsgrundes wird bei den Insolvenzgerichten nicht einheitlich behandelt. Ein Hinweis auf die Verfahrensweise bei dem jeweils zuständigen Gericht darf daher nicht fehlen.

– Hinweise auf **Versagungsgründe:**

  Ausdrücklich ist der Insolvenzverwalter nicht verpflichtet, nach Versagungsgründen zu forschen. Hat er aber Anhaltspunkte für das Vorliegen von Versagungsgründen, insbesondere wenn im eröffneten Verfahren betreffende Sachverhalte bekannt werden, teilt er dies i. R. seiner Berichtspflichten dem Insolvenzgericht mit. Zu beachten sind insbesondere die Versagungsgründe nach § 290 Abs. 1 Nr. 5, 6 und 7 InsO. Dessen sollte sich der Schuldner bewusst sein und auf diese Möglichkeit hingewiesen werden.

– **Verfahrenskostenstundung:**

  Nach § 4c InsO kann die Stundung der Verfahrenskosten aus verschiedenen Gründen aufgehoben werden, etwa wenn der Schuldner zur Erlangung der Stundung vorsätzlich falsche Angaben gemacht hat. Im Erstgespräch sind daher auch der Antrag und die Voraussetzungen zur Verfahrenskostenstundung zu erörtern. Insbesondere ist darauf hinzuweisen, dass die Verfahrenskosten nach der Entscheidung über die Restschuldbefreiung fällig werden. **Kostenstundung bedeutet kein Zahlungserlass.**

b) Der Erstbericht des Insolvenzverwalters

In Verbraucherinsolvenzverfahren kann auf einen Berichtstermin verzichtet (§ 29 Abs. 2 **155**
Satz 2 InsO und das Verfahren schriftlich durchgeführt werden, da die Vermögensverhältnisse des Schuldners überschaubar und die Anzahl der Gläubiger und die Höhe der Verbindlichkeiten eher gering sind. An die Stelle des Berichtstermins zur Gläubigerversammlung tritt dann ein Kalenderdatum (Stichtag), bis zu dem die Beteiligten ihre schriftlichen Erklärungen bei Gericht einreichen können (vgl. § 128 Abs. 2 ZPO, § 4 InsO). Die Beteiligungsmöglichkeiten der Gläubiger sind im eröffneten Verbraucherinsolvenzverfahren durch den Verzicht auf einen Berichtstermin und das schriftliche Verfahren eingeschränkt. Aus diesem Grund muss das schriftliche Verfahren insgesamt so ausgestaltet sein, dass die Informations-, Anhörungs- und Mitwirkungsrechte der Beteiligten sichergestellt bleiben und die Willensbildung der Gläubiger in vertretbaren Fristen möglich ist. Die Fristen des § 29 Abs. 1 InsO und die Grundsätze über die Tagesordnung sowie die Regeln über Niederlegungspflichten des Insolvenzverwalters (§ 154 InsO) gelten daher entsprechend. Das Insolvenzgericht wird den Insolvenzverwalter zum schriftlichen Prü-

fungstermin auffordern, einen **Erstbericht** einzureichen. Sein Inhalt richtet sich nach den spezifischen Anforderungen des Verbraucherinsolvenzverfahrens.[64)]

156 **Beispielhafte Gliederung eines Erstberichts:**

- Verfahrensdaten (Zeitpunkt und Ergebnis der außergerichtlichen Einigung; Daten des Antragsverfahrens wie z. B. Antragsdatum, Sicherungsmaßnahmen, Bestellung eines Sachverständigen oder vorläufigen Verwalters),
- persönliche Daten des Schuldners (Familienverhältnisse, Wohnort, Beruf),
- wirtschaftliche Verhältnisse des Schuldners (Einkommenssituation, Ursachen der Insolvenz),
- Aktiva des Schuldners,
- Passiva des Schuldners,
- Masseverbindlichkeiten (Kosten des Verfahrens, sonstige Masseverbindlichkeiten),
- Besonderheiten (Erklärung nach § 109 Abs. 1 Satz 2 InsO, mögliche Anfechtungsansprüche),
- Quotenaussicht,
- Anhaltspunkte für Versagungsgründe,
- Verfahrensdauer.

> **Praxishinweis**
>
> Keine Bedenken bestehen gegen einen Bericht in tabellarischer Form.

157 Sollte eine längere Dauer des Verfahrens erwartet werden, werden vom Insolvenzverwalter regelmäßige **Zwischenberichte**, häufig im halbjährigen Abstand, erwartet. Angesichts der geringen Masse und der geringen Vergütung des Insolvenzverwalters sollte das Verfahren zügig abgewickelt werden.

2. Anfechtung

158 Durch die Gleichstellung der Aufgaben und Befugnisse des Insolvenzverwalters im Verbraucherinsolvenzverfahren mit dem Insolvenzverwalter im Regelinsolvenzverfahren durch die Reform der Restschuldbefreiung zum 1.7.2014 kann der Insolvenzverwalter im Verbraucherinsolvenzverfahren Anfechtungen gemäß §§ 129 ff. InsO durchführen. Hierzu vergleiche Ausführungen zum Regelinsolvenzverfahren.

3. Absonderungsrechte

159 Auch in einer Verbraucherinsolvenz kann Bedarf zur Verwertung eines Absonderungsrechts bestehen.

160 Mit dem InsOÄndG 2001 hat der Gesetzgeber diese Problematik aufgenommen und dem Insolvenzverwalter einen Weg eröffnet, mit Absonderungsrechten belastete Gegenstände zu verwerten (§ 173 Abs. 2 InsO) Der Insolvenzverwalter kann bei dem Insolvenzgericht beantragen, den Gläubiger **unter Fristsetzung zur Verwertung des Gegenstands aufzufordern.** Verwertet der Gläubiger nicht, ist der Insolvenzverwalter berechtigt, den Gegenstand zu verwerten.

161 Unter welchen Umständen das Insolvenzgericht einem solchen Antrag folgt, ist nicht eindeutig beschrieben. Aus der Formulierung „[…] kann das Insolvenzgericht […]“ in

64) *Busch* in: MünchKomm-InsO, §§ 27–29 Rz. 101.

§ 173 Abs. 2 InsO ist zu entnehmen, dass es sich um eine Ermessensentscheidung handelt. Die **Interessen** des Gläubigers und der Insolvenzmasse sind **gegeneinander abzuwägen**. Inhalt des schriftlichen Antrags des Insolvenzverwalters ist auch eine Begründung, die erkennen lässt, ob eine Verwertung durch den Insolvenzverwalter **für die Masse vorteilhaft** ist. Ist der Antrag insoweit zulässig, hört das Insolvenzgericht den betroffenen Gläubiger an. Er hat Gelegenheit, der Darstellung des Insolvenzverwalters entgegenzutreten und etwa die Behauptung des Insolvenzverwalters, es sei eine nennenswerte Erlösspitze zu erwarten, zu widerlegen.

Kann der Vortrag des Insolvenzverwalters nicht entkräftet werden, fordert das Insolvenzgericht den Gläubiger unter angemessener Fristsetzung auf, den Gegenstand zu verwerten und weist gleichzeitig daraufhin, dass nach fruchtlosem Fristablauf der Insolvenzverwalter zur Verwertung berechtigt ist. Die Frist ist angemessen zu bestimmen, hängt also im Wesentlichen von der Art des Gegenstands ab. Während die Verwertung eines finanzierten Kraftfahrzeugs kurzfristig realisiert werden kann, stellt sich die Verwertung von Grundbesitz[65] langwieriger dar. **162**

Sofern Insolvenzschuldner über Grundbesitz verfügen, besteht für **Grundpfandrechtsgläubiger** einerseits die Möglichkeit, die Zwangsvollstreckung zu betreiben, andererseits sind sie durch Grundpfandrechte gesichert, die über das Insolvenzverfahren und das Restschuldbefreiungsverfahren hinaus Bestand haben. Bei Verwertung von Grundbesitz dürfte eine vollständige Verwertung, z. B. von Beantragung der **Zwangsversteigerung von Grundbesitz** nach dem ZVG bis zur Auskehrung des Erlöses, nicht durch die Fristsetzung des Gerichts bestimmt werden können. Ein Zwangsversteigerungsverfahren kann durchaus deutlich länger als ein Jahr dauern und ist hinsichtlich des Verlaufs nicht alleine vom Gläubiger zu bestimmen. So kann es etwa sein, dass in einem ersten Termin das geringste Gebot (§ 44 Abs. 1 ZVG) nicht erreicht wird oder aber es werden während des Zwangsversteigerungsverfahren keine Gebote abgegeben. **163**

Betreibt der Gläubiger die **rechtsgeschäftliche Veräußerung von Grundbesitz**, muss die Frist großzügig bemessen sein. Er muss Gelegenheit haben, einen Makler mit der Veräußerung zu beauftragen und eine gewisse Zahl von Angeboten einzuholen. Unter diesen Gesichtspunkten ist eine Mindestfrist von sechs Monaten durchaus angemessen. **164**

Problematisch bei der Verwertung unbeweglichen Vermögens nach § 173 Abs. 2 InsO ist, dass es **regelmäßig mehrere Pfandrechtsgläubiger** gibt. Sie sind alle in das Verfahren einzubeziehen, also anzuhören und unter Fristsetzung zur Verwertung aufzufordern. Da jeder Pfandrechtsgläubiger alleine berechtigt ist, die Zwangsversteigerung des Grundbesitzes zu betreiben, genügt es, wenn ein Gläubiger der gerichtlichen Aufforderung folgt. Eine rechtsgeschäftliche Veräußerung ist auf verschiedene Art und Weise möglich, etwa durch gemeinsames Handeln aller Grundpfandrechtsgläubiger oder durch eine vorgeschaltete Umschuldungsmaßnahme mit dem Ziel, andere Pfandrechtsgläubiger vorab zu befriedigen usw. **165**

Im Rahmen einer rechtsgeschäftlichen Veräußerung ist immer auch die grundbuchrechtliche **Bewilligung des Insolvenzverwalters** nach § 19 GBO erforderlich. Ist der Schuldner Grundeigentümer, wird spätestens mit Eröffnung des Insolvenzverfahrens ein sog. Insolvenzvermerk in das Grundbuch eingetragen. Damit wird im Hinblick auf möglichen gutgläubigen Erwerb klargestellt, dass nicht mehr der Schuldner, sondern der Insolvenzverwalter verfügungsbefugt ist (§ 80 Abs. 1 InsO). Die Bewilligung des Insolvenzverwalters muss in der Form des § 29 GBO, also als öffentliche oder öffentlich beglaubigte Urkunde, nachgewiesen werden. Die damit verbundene Inanspruchnahme eines Notars ver- **166**

---

65) Uhlenbruck-*Vallender*, InsO, § 313 Rz. 111.

ursacht Kosten, die der Insolvenzverwalter regelmäßig zu vermeiden versucht. Vor Eintragung der Eigentumsumschreibung ersucht der Insolvenzverwalter das Insolvenzgericht um **Löschung des Insolvenzvermerks** oder um Übersendung des Löschungsersuchens an den den Kaufvertrag beurkundenden Notar „zu treuen Händen". Ersuchen des Insolvenzgerichts sind kostenfrei.

167 Erklärt der Gläubiger i. R. seiner Anhörung, dass er mit einer Verwertung durch den Insolvenzverwalter einverstanden ist, ist eine gerichtliche Aufforderung entbehrlich.

4. Vergütung des Insolvenzverwalters

168 Die Regelvergütung des Insolvenzverwalters im Verbraucherinsolvenzverfahren richtet sich wie auch in dem Regelinsolvenzverfahren nach den Staffelsätzen des § 2 InsVV, beginnend mit einer Vergütung von 40 % der Insolvenzmasse, wenn diese 25.000 € beträgt.

169 Die Mindestvergütung beträgt nach § 2 Abs. 2 InsVV 1.400 € (für Verfahren bis zum 31.12.2021 1.000 €), wobei der Betrag gemäß § 13 InsVV auf 1.120 € (für Verfahren bis zum 31.12.2021 800 €) gekürzt werden kann, wenn die entsprechenden Unterlagen gemäß § 305 Abs. 1 Nr. 3 InsO (Vermögensverzeichnis, Gläubigerverzeichnis, Forderungsverzeichnis) von einer geeigneten Person oder Stelle erstellt worden sind.

170 Zudem können gemäß § 3 Ins VV Zu -und Abschläge geltend gemacht bzw. festgesetzt werden.

V. Fallgestaltungen der §§ 850 ff. ZPO

171 Grundsätzlich ermittelt der Insolvenzverwalter die Höhe der pfändbaren Beträge und überprüft die Berechnung des Drittschuldners. Können sich der Schuldner, Drittschuldner und Insolvenzverwalter über die Höhe der pfändbaren Einkommensanteile nicht einigen, ist die Entscheidung des Insolvenzgerichts erforderlich (§ 36 Abs. 1 InsO).

1. Nichtberücksichtigung unterhaltsberechtigter Personen (§ 850c Abs. 6 ZPO)

172 Hat der Schuldner unterhaltsberechtigte Personen, denen er aufgrund einer gesetzlichen Verpflichtung Unterhalt gewährt, so stehen ihm erhöhte Freibeträge gemäß § 850c Abs. 1 ZPO zu. Verfügt jedoch ein Unterhaltsberechtigter über eigenes Einkommen (z. B. Arbeitseinkommen, Unterhaltsleistung durch einen Dritten[66], nicht aber Kindergeld[67]) ist es streitig, ab welcher Höhe der Eigeneinkünfte der unterhaltsberechtigten Person dazu führt, dass dieser bei der Bestimmung des pfändbaren Teils des Arbeitseinkommens des Schuldners unberücksichtigt bleiben kann.

173 **Auf Antrag des Insolvenzverwalters** kann das Insolvenzgericht gemäß §§ 4, 36 InsO i. V. mit § 850c Abs. 6 ZPO nach billigem Ermessen bestimmen, dass eine Person, welcher der Schuldner aufgrund gesetzlicher Verpflichtung Unterhalt gewährt, bei der Berechnung des unpfändbaren Teils des Arbeitseinkommens ganz oder teilweise unberücksichtigt bleibt, sofern diese Person eigenes Einkommen hat. Die durch das Insolvenzgericht gemäß § 850c Abs. 6 ZPO zu treffende Bestimmung hat unter Einbeziehung aller **wesentlichen Umstände des Einzelfalls** zu erfolgen. Angesichts der unterschiedlichen Lebenssachverhalte verbietet sich nach Zweck der Bestimmung, den Umständen des Einzelfalls

---

66) BGH, Beschl. v. 7.5.2009 – IX ZB 211/08, ZVI 2009, 331 = NZI 2009, 443.

67) BGH, Beschl. v. 4.10.2005 – VII ZB 24/05, ZVI 2006, 19.

Rechnung zu tragen, eine rein schematische Betrachtungsweise und Orientierung an festen Berechnungsgrößen.[68]

Für die **Ausübung des Ermessens** können Pfändungsfreibeträge und Unterhaltssätze herangezogen werden.[69] Ermessensfehlerhaft ist es jedoch, dieselbe Berechnungsformel unterschiedslos auf die verschiedenen Sachverhalte anzuwenden. Lebt bspw. der Unterhaltsberechtigte im Haushalt des Schuldners können als Orientierungshilfe bei der Berechnung des Freibetrags der unterhaltsberechtigten Person die nach den sozialhilferechtlichen Regelungen existenzsichernden Sätze herangezogen werden. Ferner ist i. R. der Ermessensausübung zu berücksichtigen, dass nicht nur das Existenzminimum des Schuldners und seiner Unterhaltsberechtigten gesichert werden soll, sondern auch eine deutlich darüber liegende Teilhabe an seinem Arbeitseinkommen erhalten bleiben muss. Ein Besserstellungszuschlag in einer Größenordnung von 30 % bis 50 % ist allgemein anerkannt.[70] 174

Bei getrennter Haushaltsführung kann auf den Grundfreibetrag gemäß § 850c Abs. 1 Satz 1 ZPO abgestellt werden. Der Grundfreibetrag dient u. a. dazu, die Wohnungsmiete und andere Grundkosten des Haushalts abzudecken; also Kosten, die sich bei mehreren Personen nicht proportional erhöhen. Führt der Unterhaltsberechtigte einen eigenen Haushalt, hat er aus seinem Einkommen Mietzahlungen und weitere Grundkosten selbst zu tragen. Sein Lebensbedarf wird regelmäßig so hoch sein wie der des Schuldners. Es kann daher dem billigem Ermessen entsprechen, den Grundfreibetrag gemäß § 850c Abs. 1 ZPO zugrunde zu legen. 175

Andere **Besonderheiten des Einzelfalls**, z. B. berufs- oder krankheitsbedingte Aufwendungen, sind ebenfalls stets zu berücksichtigen. Der individuelle Mehrbedarf ist für erwerbsfähige in § 21 SGB II und für nicht erwerbsfähige Unterhaltsberechtigte in §§ 28, 30 SGB XII unterschiedlich geregelt. 176

Ein Unterhaltsberechtigter ist nicht zu berücksichtigen, wenn sein Bedarf anderweitig gedeckt ist. Bei unbedeutenden **Einkünften der unterhaltsberechtigten Person** (z. B. Einkommen unterhalb des Sozialhilfesatzes) bleibt dieser bei der Ermittlung des pfändbaren Betrags voll berücksichtigt. Liegen die Einkünfte dazwischen, kann er teilweise unberücksichtigt bleiben. 177

Beispiel: Nichtberücksichtigung einer unterhaltsberechtigten Person nach Regelbedarf 178

Der Schuldner lebt mit seiner Ehefrau in einer gemeinsamen Wohnung, bildet somit eine Bedarfsgemeinschaft. Die Ehefrau hat ein monatliches Nettoeinkommen i. H. von 939 €.

Die Regelleistung einer volljährigen erwerbsfähigen Person, die mit einer volljährigen Person eine Bedarfsgemeinschaft bildet, beträgt gemäß § 20 Abs. 4 SGB II für jede Person derzeit monatlich 451 €.[71] *Ein Besserstellungszuschlag von 40 % erscheint unter Würdigung der (angenommenen) Lebensumstände in diesem Fall als ausreichend und angemessen. Der Mindestbedarf der Ehefrau liegt somit bei einem Regelbetrag i. H. von 374 € zuzüglich des 40 %igen Zuschlags von 631 € bei 180 €. Das Einkommen der Ehefrau i. H. von 939 € liegt damit deutlich über dem ermittelten Lebensbedarf, so dass die Ehefrau des Schuldners bei der Berechnung des unpfändbaren Teiles des Arbeitskommens gänzlich außer Betracht zu lassen ist.*

68) BGH, Beschl. v. 5.4.2005 – VII ZB 28/05, ZVI 2005, 254 3; weitergeführt BGH, Beschl. v. 5.11.2009 – IX ZB 101/09, NZI 2010, 578 = FamRZ 2010, 123.

69) BGH, Beschl. v. 4.10.2005 – VII ZB 24/05, ZVI 2006, 19.

70) BGH, Beschl. v. 5.4.2005 – VII ZB 28/05, ZVI 2005, 254, (der BGH lässt in seiner Entscheidung offen, ob der Besserstellungszuschlag auf den Sozialhilfesatz oder auf das Einkommen des Unterhaltsberechtigten zu gewähren ist); weitergeführt BGH, Beschl. v. 5.11.2009 – IX ZB 101/09, NZI 2010, 578 = FamRZ 2010, 123.

71) Stand: 1.1.2023.

179 *Beispiel: Teilweise Nichtberücksichtigung einer unterhaltsberechtigten Person nach Regelbedarf*

Der Schuldner lebt mit seiner Ehefrau in einer gemeinsamen Wohnung und bildet somit eine Bedarfsgemeinschaft. Die Ehefrau hat ein monatliches Nettoeinkommen i. H. von 400 €.

Die Regelleistung einer volljährigen erwerbsfähigen Person, die mit einer volljährigen Person eine Bedarfsgemeinschaft bildet, beträgt gemäß § 20 Abs. 4 SGB II für jede Person derzeit monatlich 502 €. Ein Besserstellungszuschlag von 40 % erscheint unter Würdigung der Lebensumstände in diesem Fall als ausreichend und angemessen. Der Mindestbedarf der Ehefrau liegt somit bei einem Regelbetrag von 502 € zuzüglich des Zuschlags von 200,80 € (kaufmännisch gerundet) bei 703 €.

Das Einkommen der Ehefrau i. H. von durchschnittlich monatlich 400 € liegt deutlich unterhalb des ermittelten Lebensbedarfs, so dass die Ehefrau des Schuldners bei der Berechnung des unpfändbaren Teiles des Arbeitskommens teilweise nicht zu berücksichtigen ist.

Gemäß §§ 4, 36 InsO i. V. mit § 850c Abs. 4 ZPO ist somit das anzurechnende Einkommen der Unterhaltsberechtigten ins Verhältnis zu ihrem Mindestbedarf zu setzen (hier: 400 € ./. 703 € × 100 = 56,89 = ca. 57 %) und der entsprechende Anteil des Differenzbetrags zwischen der für alle Unterhaltsberechtigten geltenden und der vorgehenden Tabellenstufe dem pfändbaren Betrag nach der für alle Unterhaltsberechtigten geltenden Tabellenstufe hinzuzurechnen.[72]

*Bei einem monatlichen Nettoeinkommen des Schuldners i. H. von 1.800 € ist **pfändbar:***	
bei einer unterhaltsberechtigten Person (Ehefrau voll berücksichtigt)	*0 €*
bei keiner unterhaltsberechtigten Person (Ehefrau nicht berücksichtigt)	*278,40 €*
bei einer unterhaltsberechtigten Person (Ehefrau zu 71 % unberücksichtigt)	*197,66 €*

180 *Beispiel: Teilweise Nichtberücksichtigung einer unterhaltsberechtigten Person gemäß Grundfreibetrag*

Der Schuldner lebt in einem eigenen Haushalt. Die Ehefrau hat ein eigenes Einkommen i. H. von 380,40 €.

Bereits bei der Begründung des Gesetzentwurfs[73] *zur Einfügung des § 850c ZPO war angeregt worden, einen Unterhaltsberechtigten dann außer Betracht zu lassen, wenn seine Einkünfte höher als die Grundfreibeträge für einen alleinstehenden Schuldner nach § 850c Abs. 1 Satz 1 ZPO liegen. Liegt das anrechenbare Einkommen des Angehörigen unter 1.409,99 € (Stand: 1.7.2023) ist nach Anrechnung der Eigeneinkünfte festzustellen, ob und ggf. zu welchem Prozentsatz oder Bruchteil der Unterhaltsberechtigte unberücksichtigt bleibt.*

Der Entscheidung gemäß §§ 4, 36 InsO i. V. mit § 850c Abs. 4 ZPO wird daher ein Grundfreibetrag für einen Schuldner ohne Unterhaltsverpflichtung, derzeit 1.409,99 €, zugrunde gelegt. Das anzurechnende Einkommen des Unterhaltsberechtigten ist ins Verhältnis zu setzen zu dem Grundfreibetrag eines alleinstehenden Schuldners (hier: 380,40 € ./. 1.409,99 € × 100 = 26,98 = ca. 27 %) und der entsprechende Anteil des Differenzbetrags zwischen der für alle Unterhaltsberechtigten geltenden und der vorgehenden Tabellenstufe dem pfändbaren Betrag nach der für alle Unterhaltsberechtigten geltenden Tabellenstufe hinzuzurechnen.

72) OLG Oldenburg, Beschl. v. 26.9.1994 – 2 W 95/94, Rpfleger 1995, 262 = JurBüro 1995, 48.

73) Begr. RegE Viertes Gesetz zur Änderung der Pfändungsfreigrenzen, BT-Drucks. 8/693, S. 48.

Bei einem monatlichen Nettoeinkommen des Schuldners i. H. von 1.800 € ist ***pfändbar:***

bei einer unterhaltsberechtigten Person (Ehefrau voll berücksichtigt)	*0 €*
bei keiner unterhaltsberechtigten Person (Ehefrau nicht berücksichtigt)	*278,40 €*
bei einer unterhaltsberechtigten Person (Ehefrau zu 27 % unberücksichtigt)	*75,17 €*

2. Zusammenrechnung mehrerer Einkommen (§ 850e Nr. 2 ZPO)

Hat der Schuldner mehrere Lohnansprüche bei demselben Arbeitgeber, stellen alle Vergütungen des Schuldners, die ihm aus Arbeits- und Dienstleistungen zustehen, vollstreckungsrechtlich ein einziges Arbeitseinkommen dar. 181

Bezieht der Schuldner jedoch mehrere Arbeitseinkünfte **bei verschiedenen Drittschuldnern,** dann bleiben bei der Feststellung der pfändbaren Teile des Arbeitseinkommens die Arbeitseinkünfte aus mehreren Arbeits- oder Dienstverhältnissen bei verschiedenen Arbeitgebern oder Dienstherren selbstständig. Die Berechnung des pfändbaren Teils des jeweiligen Arbeitseinkommens hat demnach jeder Drittschuldner gesondert vorzunehmen.[74] Sämtliche pfändbare Bezüge aus einem Dienstverhältnis oder an deren Stelle tretende Bezüge sind von der Abtretungserklärung erfasst, so dass der Schuldner zu mehreren Freibeträgen gemäß § 850c ZPO kommt. Weil aber das Existenzminimum des Schuldners bereits durch die Gewährung des ersten Freibetrags gesichert wird, führt dies zu einer nicht gerechtfertigten Benachteiligung der Insolvenzgläubiger. § 850e Nr. 2 ZPO i. V. mit § 4 InsO eröffnet die Möglichkeit, mehrere Arbeitseinkommen, die von verschiedenen Drittschuldnern bezogen werden, zusammenzurechnen und somit den pfändbaren Betrag gemäß § 850c ZPO aus dem Gesamteinkommen zu bestimmen. Nach § 850e Nr. 2a ZPO können auch laufende, pfändbare Sozialleistungen mit Arbeitseinkommen oder anderen pfändbaren Sozialleistungen zusammengerechnet werden. 182

Auf Antrag des Insolvenzverwalters kann das Insolvenzgericht gemäß § 4 InsO i. V. mit § 850e Nr. 2 oder 2a ZPO die Zusammenrechnung anordnen. Der **Antrag auf Zusammenrechnung** mehrerer Arbeitseinkommen muss enthalten: 183

- die genaue Bezeichnung der verschiedenen Drittschuldner
- die Art und die ungefähre Höhe der verschiedenen Einkommen.

Diese Angaben sind von dem Antragsteller zu belegen und ggf. im Falle des Bestreitens zu beweisen. 184

Der **Beschluss** muss angeben, welchem Einkommen des Schuldners der unpfändbare Grundbetrag und die weiteren unpfändbaren Bezüge zu entnehmen sind. Gemäß § 850e Nr. 2 Satz 2 ZPO ist der unpfändbare Grundbetrag in erster Linie dem Arbeitseinkommen zu entnehmen, welches die wesentliche Grundlage der Lebenshaltung des Schuldners bildet. Dabei kommt es nicht ausschließlich auf die Höhe des Einkommens an, sondern auf die Sicherheit und Beständigkeit des Einkommens. 185

Der Beschluss enthält keine betragsmäßige Anordnung der Zusammenrechnung der Bezüge. Die Zusammenrechnung wird mit einem Blankettbeschluss angeordnet. Die Anordnung fester Beträge ist unpraktikabel und hätte bei Einkommensschwankungen zur Folge, dass stets eine Abänderung des Beschlusses gemäß § 850g ZPO erforderlich wird. Die Ermittlung der pfändbaren und nichtpfändbaren Einkommensbeträge hat der Drittschuldner vorzunehmen. Deckt das Haupteinkommen den unpfändbaren Grundbetrag nicht, ist der weitere unpfändbare Betrag dem Nebeneinkommen zu entnehmen. Die Drittschuldner haben sich ggf. untereinander abzusprechen. 186

---

74) BGH, Urt. v. 13.5.1997 – IX ZR 246/96, NJW 1997, 2823 = MDR 1997, 877.

3. Erhöhung des nichtpfändbaren Teils des Einkommens (§ 850f ZPO)

187 Gemäß § 850f Abs. 1 lit. a ZPO kann der unpfändbare Betrag für den Schuldner erhöht werden, wenn der Schuldner nachweist, dass bei Anwendung der Pfändungsfreigrenzen gemäß § 850c ZPO der notwendige Lebensunterhalt i. S. des Dritten und Elften Kapitels des Zwölften Buches Sozialgesetzbuch (SGB XII, Sozialhilfe) oder nach Kapitel 3 Abschnitt 2 des Zweiten Buches Sozialgesetzbuch (SGB II, Arbeitslosengeld II) für sich und für die Personen, denen er Unterhalt zu gewähren hat, nicht gedeckt ist oder besondere Bedürfnisse des Schuldners aus persönlichen oder beruflichen Gründen dies erfordern und überwiegende Belange der Gläubiger nicht entgegenstehen. Ist der Schuldner erwerbsfähig, kann insofern auf die Vorschriften des Zweiten Buches Sozialgesetzbuch abgestellt werden (vgl. § 2 SGB XII).

a) § 850f Abs. 1 lit. a ZPO – Erhöhung des Pfändungsfreibetrags zur Sicherung des Mindestbedarfs

188 Gemäß § 850f ZPO ist eine Erhöhung des pfandfreien Betrags also dann möglich, wenn die individuelle Lage des Schuldners einen **zusätzlichen Schutz gegen Einkommenspfändung** notwendig macht. Die Regelung des § 850f Abs. 1 ZPO soll dem Schuldner insoweit die Möglichkeit geben, zu verhindern, dass sein nach der Pfändung verbleibendes Resteinkommen unter dem ihm zustehenden **Mindestbedarf** absinkt. Der gemäß § 850f Abs. 1 lit. a ZPO erweiterte pfändungsfreie Teil entspricht demnach dem Betrag, der dem Schuldner nach den Vorschriften des SGB XII ergänzend als Sozialhilfe zum Lebensunterhalt auszuzahlen wäre.[75]

189 Voraussetzung für eine Erhöhung des pfandfreien Betrags ist somit, dass der Schuldner nachweist, dass der Mindestbedarf i. S. des Kapitels 3 Abschnitt 2 des SGB II nicht gedeckt ist. Den Nachweis soll der Schuldner in der Regel durch Vorlage einer Bescheinigung des für die Leistung der Sozialhilfe bzw. des Arbeitslosengeld II zuständigen Leistungsträgers erbringen. Das Insolvenzgericht hat die Richtigkeit der Angaben zu überprüfen und die Bescheinigung nach freier Überzeugung zu würdigen (§ 286 ZPO).[76] Im Einzelfall ist z. B. ein Mehrbedarf aufgrund Erkrankung, Alter, Behinderung zu berücksichtigen.

190 Der **individuelle Bedarf** eines Schuldners setzt sich wie folgt zusammen:

- **Laufender Bedarf** des notwendigen Lebensunterhaltes:
  Der notwendige Lebensunterhalt umfasst insbesondere Ernährung, Unterkunft, Kleidung, Körperpflege, Hausrat, Heizung und persönliche Bedürfnisse des alltäglichen Lebens (§ 20 Abs. 1 SGB II; auch § 27a Abs. 1 Satz 1 SGB XII). Der gesamte laufende Bedarf des notwendigen Lebensunterhalts richtet sich nach den Regelsätzen gemäß § 20 SGB II bzw. 28 SGB XII und landesrechtlichen Rechtsverordnungen.
- Kosten der **Unterkunft und Heizung:**
  Gesondert zu den Regelsätzen werden noch die Kosten der Unterkunft (Miete) und Heizung in tatsächlicher Höhe, sofern sie nicht unangemessen hoch sind, berücksichtigt (§ 35 SGB XII bzw. § 22 SGB II).
- **Mehrbedarfe:**
  Zusätzliche Bedarfe gemäß § 21 SGB II bzw. § 30 SGB XII sind zu berücksichtigen für Personen, die das 65. Lebensjahr vollendet haben, erwerbsgemindert sind, für werdende Mütter, für alleinerziehende Schuldner, für Behinderte, Kranke und Genesende.

---

75) BGH, Beschl. v. 23.7.2009 – VII ZB 103/08, NZI 2009, 655.

76) *Stöber/Rellermeyer*, Forderungspfändung, S. 648 Rz. C.444.

– Notwendige **Ausgaben zur Erzielung von Einkommen:**

Mit den zur „Erzielung des Einkommens verbundenen notwendigen Aufwendungen" sind die Ausgaben für den Erwerb, zur Erhaltung und Sicherung des Einkommens (= im Steuerrecht: Werbungskosten) gemeint. Höhere notwendige Ausgaben können vor allem Fahrkosten und doppelte Haushaltsführung sein. Für Erwerbseinkommen aus nicht selbstständiger Tätigkeit oberhalb der 100-Euro-Pauschalierungsgrenze sind bei konkretem Nachweis Werbungskosten gemäß § 11b Abs. 1 Nr. 5 SGB II bzw. § 82 Abs. 3 Satz 1 SGB XII von dem Einkommen abzusetzen, soweit sie zur Einkommenserzielung erforderlich und angemessen sind. Sie stehen somit dem Schuldner pfandfrei zur Verfügung.

Fahrtkosten werden bei der Berechnung des Mindestbedarfs nur insoweit berücksichtigt als sie den Grundfreibetrag bei Erwerbstätigen für Erwerbskosten gemäß § 11b Abs. 2 SGB II übersteigen. Der Grundfreibetrag beträgt für berufsbedingte Aufwendungen, private Versicherungen und private Altersvorsorge pauschal 100 €. Sind die Aufwendungen/Werbungskosten i. S. des § 11b Abs. 2 SGB II nachweislich höher als der Grundfreibetrag von 100 €, können sie zusätzlich berücksichtigt werden. Ist es dem Schuldner zuzumuten öffentliche Verkehrsmittel zu nutzen, können die Werbungskosten nur i. H. der Kosten für die Benutzung eines öffentlichen Verkehrsmittels berücksichtigt werden. Bei Benutzung eines Kraftfahrzeugs sind für Fahrtkosten zwischen Wohnung und Arbeitsstätte pauschal 0,20 € für jeden Entfernungskilometer der kürzesten Straßenverbindung anzusetzen. Maßgeblich ist bei der Berechnung die einfache Strecke nach Routenplaner, also nicht Hin- und Rückfahrt.[77)]

– **Erwerbstätigenzuschlag:**

Zum Ausgleich für die von dem Schuldner ausgeübte Erwerbstätigkeit ist gemäß § 11b Abs. 1 Nr. 6, Abs. 3 SGB II zusätzlich ein (weitergehender) Freibetrag von dem monatlichen Einkommen anzusetzen. Dieser beträgt für die Einkommensstufe von 100,01 € bis 1.000,00 € 20 %, und für die Einkommensstufe von 1.000,01 € bis 1.200,00 € 10 % für erwerbsfähige Schuldner ohne minderjährige Kinder. Bei erwerbsfähigen Schuldnern mit mindestens einem minderjährigen Kind tritt anstelle des Betrags von 1.200 € ein Betrag von 1.500 €.

Beispiel 191

Erwerbseinkommen (netto gemäß § 850e Nr. 1 ZPO)	*1.613,00 €*
Pfändbar nach § 850c ZPO (keine Unterhaltspflichten)	*145,40 €*
Verbleibendes (unpfändbares) Resteinkommen	***1.467,60 €***

Notwendiger Lebensunterhalt nach (hier:) SGB II:

Regelsatz (§ 20 Abs. 2 SGB II)	*502,00 €*
Miete nebst Heizkosten (§ 22 SGB II, in tatsächlicher Höhe, sofern angemessen)	*510,00 €*
Fahrtkosten (140 € Fahrkosten) (§ 11b Abs. 1 Nr. 5 SGB II, sofern geltend gemacht)	*140,00 €*
Erwerbstätigenzuschlag (§ 11b Abs. 1 Nr. 6, Abs. 3 SGB II)	*200,00 €*
Gesamt	*1.352,00 €*

*Stand: 1.7.2023.

77) Münder/Geiger-*Geiger*, SGB II, § 11b Rz. 20, 40.

b) § 850f Abs. 1 lit. b ZPO – Erhöhung des Pfändungsfreibetrags aus persönlichen oder beruflichen Gründen

192 Dem Schuldner ist über den unpfändbaren Betrag nach §§ 850c, 850d und 850i ZPO hinaus ein weiterer Teil seines Einkommens zu belassen, wenn dieser aus persönlichen oder beruflichen Gründen erhebliche Mehraufwendungen hat (§ 850c Abs. 1 lit. b ZPO).

193 Besondere Bedürfnisse können sein:

- notwendige Kosten infolge von Erkrankungen oder körperlicher Behinderung (z. B. Kurkosten, besondere Ernährung, Sachaufwendungen/Auslagen der Ärzte und Zahnärzte i. R. der von kassen(zahn)ärztlichen Vereinigungen zu zahlenden Vergütungen;[78])
- Ausbildung, erhöhte Mehraufwendungen für Berufsbekleidung, Mehrkosten für weite Anfahrt zur Arbeitsstätte, Arbeitsraum.

194 Dabei ist zu beachten, dass in den Freibeträgen nach § 850c ZPO, ebenso wie in den Regelsätzen nach SGB, bereits die Beträge berücksichtigt sind, die zur Deckung der „durchschnittlichen" Bedürfnisse erforderlich sind.[79]) Bedürfnisse des Schuldners, die bereits durch die Freibeträge nach §§ 850c und 850d ZPO abgegolten sind, können nicht berücksichtigt werden.[80])

4. Pfändungsschutz für sonstige Einkünfte (§ 850i ZPO)

195 Gemäß § 850i ZPO i. V. mit § 36 Abs. 1 InsO kann dem Schuldner aus einmaligen Arbeitsvergütungen, auf seinen Antrag hin, so viel belassen werden, als er während eines angemessenen Zeitraumes für seinen notwendigen Unterhalt bedarf. § 850i Abs. 1 Satz 3 ZPO begrenzt diesen Anspruch der Höhe nach auf den Betrag, welcher dem Schuldner nach freier Schätzung des Gerichts verbleiben würde, wenn sein Arbeitseinkommen aus laufenden Arbeits- und Dienstlohn bestünde. Gemäß § 850i Abs. 1 Satz 2 ZPO sind darüber hinaus die sonstigen Verdienstmöglichkeiten des Schuldners abzuwägen. Der Antrag des Schuldners ist insoweit abzulehnen, als überwiegende Belange der Gläubiger entgegenstehen.

196 Im Gegensatz zu regelmäßig eingehendem Arbeitseinkommen, welches von vornherein durch § 850c ZPO geschützt ist, kann Pfändungsschutz für unregelmäßig gezahlte Vergütungen für Arbeit- und Dienstleistungen sowie sonstige Einkünfte, die kein Arbeitseinkommen sind, **nur auf Antrag** gewährt werden.

197 Selbstständig tätige und andere nicht abhängig beschäftigte Personen können danach für alle Arten von Einkünften, die keinen besonderen Regelungen unterliegen, wie z. B. Arbeitseinkommen und Sozialleistungen, Pfändungsschutz in dem für die Pfändung von Arbeitseinkommen vorgesehenen Umfang erlangen.[81])

198 Auch fallen hierunter z. B. Kündigungsabfindungen, die ganz oder teilweise aus der Insolvenzmasse freigegeben werden sollen. Die Berechnung erfolgt unter Berücksichtigung der jeweiligen Umstände des Einzelfalles.

5. Pfändungsschutzkonto (§ 906 Abs. 2 ZPO)

199 Mit Einführung des sog. Pfändungsschutzkontos (P-Konto) wurde der Pfändungsschutz neu geregelt. Geschützt wird das Guthaben auf dem P-Konto (§ 899 Abs. 1 Satz 1 ZPO/§ 850k Abs. 1 Satz 1 ZPO a. F.), unabhängig von Herkunft oder Regelmäßigkeit, Pfändbarkeit

78) OLG Zweibrücken, Beschl. v. 7.3.1988 – 3 W 24/88, JurBüro 1988, 934; LG Mainz, Entsch. v. 30.5.1990 – 8 T 42/90, Rpfleger 1990, 470; BGH, Urt. v. 5.12.1985 – IX ZR 9/85, NJW 1986, 2362.

79) Zöller-*Stöber*, ZPO, § 850f Rz. 4.

80) OLG Hamm, Entsch. v. 22.2.1977 – 14 W 6/77, Rpfleger 1977, 224.

81) *Voit* in: BeckOK-ZPO, § 850i Rz. 1.

oder (teilweisen) Unpfändbarkeit. Gemäß § 850k Abs. 1 ZPO kann eine natürliche Person **jederzeit** von dem Kreditinstitut **verlangen,** dass ein von ihr dort geführtes Zahlungskonto als Pfändungsschutzkonto geführt wird. Satz 1 gilt auch, wenn das Zahlungskonto zum Zeitpunkt des Verlangens einen negativen Saldo aufweist. Ein Pfändungsschutzkonto darf jedoch ausschließlich auf **Guthabenbasis** geführt werden. Der Guthabenschutz besteht darin, dass der Schuldner jeweils bis zum Ende des Kalendermonats über den sog. Sockelbetrag nach § 850c Abs. 1, 4 ZPO verfügen kann.[82] Für einen Mehrbetrag („überschießender Betrag", § 850c Abs. 2 ZPO) besteht dieser Schutz nicht (zur Erhöhung des nichtpfändbaren Betrages siehe § 902 ZPO).

Hat der Schuldner bereits **vor Insolvenzeröffnung** das Arbeitseinkommen an (mehrere) Gläubiger abgetreten bzw. haben Gläubiger unanfechtbar bei dem Arbeitgeber („an der Quelle") gepfändet, dann werden von dem Arbeitgeber nur die **nichtpfändbaren Teile des Arbeitseinkommens** auf das Pfändungsschutzkonto des Schuldners überwiesen. Auf Antrag des Schuldners kann das Insolvenzgericht gemäß § 36 Abs. 1 Satz 2 InsO i. V. mit §§ 906 Abs. 2, 899 Abs. 1 ZPO bestimmen, dass das den Sockelbetrag überschießende Kontoguthaben des Schuldners auf dem Pfändungsschutzkonto nicht von dem Insolvenzbeschlag erfasst wird (§ 35 InsO).[83] 200

C. Der Eröffnungsantrag des Gläubigers

Für den Antrag des Gläubigers auf Eröffnung des Insolvenzverfahrens gelten zunächst die allgemeinen Zulässigkeitsvoraussetzungen des § 14 InsO. 201

Der Gläubiger muss gemäß § 14 Abs. 1 InsO lediglich 202

- ein rechtliches Interesse an der Eröffnung des Insolvenzverfahrens haben,
- seine Forderung und
- den Eröffnungsgrund glaubhaft machen (siehe Kap. 4 Rz. 54 ff. [*Nissen*]).

Er ist nicht verpflichtet, anzugeben, welche Verfahrensart (Regel- oder Verbraucherinsolvenzverfahren) anzuwenden ist. Das Insolvenzgericht hat vielmehr, sofern nicht ein ausdrücklicher Antrag auf Eröffnung eines **Verbraucherinsolvenzverfahrens** vorliegt, von einem **Regelinsolvenzverfahren** auszugehen. Es ist Aufgabe des Insolvenzgerichts von Amts wegen zu ermitteln (§ 5 Abs. 1 InsO), ob der Schuldner dem Personenkreis des § 304 Abs. 1 InsO zuzurechnen ist.[84] 203

Die Klärung dieser **Abgrenzungsfrage** ist schon deshalb erforderlich, weil das Insolvenzgericht bei Vorliegen der Voraussetzung des Verbraucherinsolvenzverfahrens die Pflicht hat, den Schuldner darauf hinzuweisen, dass er selbst einen Insolvenzantrag stellen kann (§ 306 Abs. 3 Satz 1 InsO). Denn das für das Verbraucherinsolvenzverfahren vorgesehene gerichtliche Schuldenbereinigungsplanverfahren kann nur stattfinden, wenn der Schuldner selbst einen Antrag auf Verfahrenseröffnung gestellt hat. 204

Wichtig ist der Hinweis auf das Recht zur Antragstellung, weil die **Restschuldbefreiung nur bei Stellung eines Eigenantrags** beantragt werden kann.[85] Dies war bis zum Inkrafttreten des InsOÄndG 2001 streitig, Der Gesetzgeber hat in § 287 Abs. 1 InsO eine Klarstellung herbeigeführt. Zwar wird vereinzelt noch ein **isolierter Restschuldbefreiungsan-** 205

82) Ausführlich zum P-Konto und Sockelbetrag Zöller-*Stöber*, ZPO, § 850k Rz. 4 ff.

83) BGH, Beschl. v. 10.11.2011 – VII ZB 64/10, ZVI 2011, 450.

84) *Ritter* in: HambKomm-InsO, § 306 Rz. 12.

85) BGH, Beschl. v. 8.7.2004 – IX ZB 209/03, ZVI 2004, 492, dazu EWiR 2004, 481 *(Pape)*; Fortführung BGH, Beschl. v. 17.02.2005, IX ZB 176/03, ZVI 2005, 220; Ergänzung BGH, Beschl. v. 22.10.2015, IX ZB 3/15, ZVI 2016, 55.

trag zugelassen, der Wille des Gesetzgebers ist aber, zumindest in der Entwurfsbegründung, eindeutig: „Der Gesetzesentwurf schlägt deshalb vor, eine Restschuldbefreiung nur aufgrund eines eigenen Insolvenzantrags des Schuldners zu ermöglichen."[86] Es ist sinnvoll, mit dem Hinweis auf die Möglichkeit des Eigenantrags den nach § 20 Abs. 2 InsO erforderlichen Hinweis zu verbinden, den Schuldner also über die Möglichkeit der Erlangung der Restschuldbefreiung nach den §§ 286 bis 303 InsO zu informieren.

206 Stellt der Schuldner nach dem gerichtlichen Hinweis keinen Eigenantrag, ist ihm eine **Restschuldbefreiung verwehrt**. Das Verfahren wird fortgeführt und, soweit die Voraussetzungen vorliegen, als Verbraucherinsolvenzverfahren nach den §§ 312 ff. InsO eröffnet.

207 Der **Eigenantrag des Schuldners bei vorliegendem Gläubigerantrag** ist an alle Formalien des § 305 InsO gebunden. Gefordert wird eine außergerichtliche Einigung, denn auch hier will der Gesetzgeber die Möglichkeit einer Einigung außerhalb des Insolvenzverfahrens zur Vermeidung des gerichtlichen Insolvenzverfahrens eröffnen (§ 306 Abs. 3 Satz 2 InsO). Mit Eingang des Eigenantrags ruht sowohl das Verfahren über den Antrag des Gläubigers als auch über den Antrag des Schuldners für einen Zeitraum von regelmäßig drei Monaten (§ 306 Abs. 3 Satz 2 i. V. mit Abs. 1 Satz 1 InsO). Zu unterscheiden sind hier allerdings verschiedene Fristen. Gibt der Schuldner die gemäß § 305 Abs. 1 Nr. 1 bis 4 InsO erforderlichen Erklärungen und Unterlagen nicht vollständig ab, so weist das Gericht auf den Mangel hin. Der Schuldner kann dann binnen einer Frist von **einem Monat** (§ 305 Abs. 3 Satz 2 InsO) die ergänzenden Erklärungen und Unterlagen nachreichen. Lediglich für die Vorlage der Bescheinigung über das Scheitern des außergerichtlichen Schuldenbereinigungsplanverfahrens gilt gemäß § 305 Abs. 3 Satz 3 i. V. mit § 306 Abs. 3 Satz 3 InsO die dreimonatige Frist.

208 Gelingt es dem Schuldner nicht, eine außergerichtliche Einigung herbeizuführen, wird das Verfahren über die Eröffnungsanträge wieder aufgenommen. Das Insolvenzgericht wird prüfen, ob die Kosten des Verfahrens gedeckt sind (§ 26 InsO). Soweit der Schuldner auch einen **Antrag auf Erteilung der Restschuldbefreiung** gestellt hat, kann er, falls die Kosten nicht durch das Schuldnervermögen gedeckt sind, **Verfahrenskostenstundung** nach § 4a InsO beantragen. Ist der Antrag nicht mangels Masse zurückzuweisen und liegen die sonstigen Voraussetzungen des § 305 InsO vor, wird das Insolvenzverfahren eröffnet. Maßgebend ist dabei das führende Verfahren, regelmäßig also das Verfahren des Eigenantrags.

209 Liegen **mehrere Eröffnungsanträge** vor, gelten die allgemeinen Verfahrensgrundsätze hinsichtlich der **Verbindung von Verfahren**. Jeder Antrag wird in einer gesonderten Akte geführt und erhält ein eigenes Aktenzeichen. Häufig werden die Verfahren verbunden und das Verfahren des Eigenantrags als führend deklariert. Wegen der mit der Antragstellung verbundenen Kosten ist dies auch im Interesse des Antrags stellenden Gläubigers.

210 Nicht zwingend ist die **Anordnung von Sicherungsmaßnahmen** nach § 306 Abs. 2 Satz 1 InsO in jedem Verfahren, denn Sicherungsmaßnahmen in Insolvenzverfahren wirken über die jeweilige Akte hinaus. Werden i. R. des Eigenantrags die Zwangsvollstreckung eingestellt und Vollstreckungsmaßnahmen untersagt, wirkt die Anordnung gegen alle Gläubiger, also auch gegen den Antrag stellenden Gläubiger. Erfolgt die Anordnung aus dem Verfahren des Gläubigerantrags und nimmt der Gläubiger seinen Antrag zurück, hat dies die Aufhebung der Sicherungsmaßnahmen, z. B. die Beendigung des Amts des vorläufigen Insolvenzverwalters, zur Folge. Das Verfahren des Eigenantrags unterliegt danach keinen Sicherungsmaßnahmen mehr.

211 Das eröffnete Verfahren nach Gläubiger- und Eigenantrag unterscheidet sich nicht von dem des isolierten Eigenantrags.

---

86) Begr. RegE InsOÄndG Nr. 15 (§ 313 InsO Abs. 2), BT-Drucks. 14/5680, S. 28, abgedr. in: *Kübler/Prütting*, RWS-Dok. 18, Anh. III, S. 50 ff.

Kapitel 18
Sonderinsolvenzen

Übersicht

Literatur: *Foerste*, Insolvenzanfechtung zugunsten von Massegläubigern, ZInsO 2013, 659; *Hanisch*, Nachlassinsolvenzverfahren und materielles Recht, in: Festschrift für Wolfram Henckel, 1995, S. 369; *Hüsemann*, Das Nachlassinsolvenzverfahren, 1998; *Kuchinke*, Erbrecht, 2. Aufl., 1978; *Marotzke*, Kann ein Erbe trotz Unkenntnis oder Ungewissheit seiner Erbenstellung verpflichtet sein, die Eröffnung eines Nachlassinsolvenzverfahrens zu beantragen?, ZInsO 2011, 2105; *Nöll*, Nachlassverwaltung in der (Liquidation-)Krise: Aufrechnungsverbot für Massegläubiger des § 324 Abs. 1 InsO und andere Hinweise zur Überwindung der notorischen Massearmut, ZInsO 2010, 1866; *Roth*, Keine einkommensteuerlichen Erklärungs- und Mitwirkungspflichten des Nachlassinsolvenzverwalters, ZVI 2014, 45; *Roth*, Eröffnungsgründe im Nachlassinsolvenzverfahren, ZInsO 2009, 2265; *Schmidt-Kessel*, Kann die Insolvenzpraxis dazu beitragen, den Begriff „Nachlass" und die ihm zukommende haftungsrechtliche Funktion besser zu verstehen?, WM 2003, 2086; *Vallender*, Das rechtliche Gehör im Insolvenzverfahren, in: Kölner Schrift zur Insolvenzordnung, 3. Aufl., 2009, S. 115.

A. Überblick

1 In dem zehnten Teil der InsO werden unter den §§ 315–334 InsO das Insolvenzverfahren über einen Nachlass und über das Gesamtgut einer fortgesetzten oder gemeinschaftlich verwalteten Gütergemeinschaft als besondere Arten des Insolvenzverfahrens geregelt.[1] Die Insolvenzfähigkeit dieser Sondervermögen ist in § 11 Abs. 2 Nr. 2 InsO aus-

---

1) *Häsemeyer*, Insolvenzrecht, Einl. 2. Abschn., S. 960.

drücklich bestimmt.[2] Die Regelungen ergänzen insoweit die allgemeinen Vorschriften über das Regelinsolvenzverfahren insbesondere in Bezug auf die Antragsberechtigung.

2 Von den Regelungen nicht erfasst ist der sich bis zur Volljährigkeit eines Kindes gebildete und gemäß § 1926a BGB beschränkt haftende Vermögensteil (Sondervermögen) eines volljährig gewordenen Kindes.[3] Soweit sich die volljährig gewordene Person auf die Beschränkung der Haftung beruft, finden die Vorschriften über die Haftung des Erben gemäß §§ 1990, 1991 (Dürftigkeitseinrede) entsprechende Anwendung.

B. Nachlassinsolvenzverfahren (§§ 315–331 InsO)

I. Begriff des Nachlassinsolvenzverfahrens

3 Das Nachlassinsolvenzverfahren als „verspätete Erblasserinsolvenz"[4] hat zwei gesetzgeberische Ziele:

– Es dient einerseits der Haftungsverwirklichung des Nachlasses durch Vermögenssonderung (separatio bonorum) zur gemeinschaftlichen Befriedigung der Gläubiger des Erblassers gemäß § 1 InsO und

– andererseits dem Erbeninteresse an der Beschränkung seiner Haftung für Nachlassverbindlichkeiten auf den Nachlass gemäß §§ 1975 ff. BGB.[5]

II. Erbrechtliche Grundlagen

4 Wegen der konzeptionell engen Verzahnung von materiellem Recht und Verfahrensrecht,[6] sind zunächst die erbrechtlichen Grundlagen des Nachlassinsolvenzverfahrens in den Blick zu nehmen, bevor die Einzelheiten des Nachlassinsolvenzverfahrens selbst dargestellt werden.

5 Mit dem Tode des Erblassers geht das vererbbare Vermögen[7] nach dem **Grundsatz der Gesamtrechtsnachfolge (Universalsukzession) und des Vonselbsterwerbs**[8] **gemäß §§ 1922, 1942 BGB** ipso iure auf den Erben über. Im Falle der Vereinigung von Recht und Verbindlichkeit oder Recht und Belastung auf die Person des Erben erlischt grundsätzlich das betreffende Recht (Grundsatz der Konsolidation und Konfusion).[9] Dieser Grundsatz wird gemäß § 1976 BGB durch die Anordnung der Nachlassverwaltung oder des Nachlassinsolvenzverfahrens durchbrochen.

6 Die Erbfolge richtet sich in erster Linie[10] nach dem Willen des Erblassers, den dieser privatautonom i. R. der **Testierfreiheit** rechtsgeschäftlich durch eine **Verfügung von Todes wegen** bestimmen kann. Mit dem Testament gemäß § 2247, §§ 2232 ff., § 2249, § 2250 BGB, dem gemeinschaftlichen Testament gemäß §§ 2265 ff. BGB sowie dem Erbvertrag gemäß § 1941 Abs. 1 BGB kennt das BGB drei verschiedene Arten der Verfügung von

2) Vgl. zum Begriff: *Schmidt-Kessel*, WM 2003, 2086.
3) Dazu *Häsemeyer*, Insolvenzrecht, Rz. 29.02.
4) *Kuchinke*, Erbrecht, § 46 VI., S. 1191.
5) BGH, Urt. v. 21.2.2008 – IX ZR 62/05, BGHZ 175, 307, 311; OLG Köln, Urt. v. 14.4.2005 – 2 Wx 43/04, ZIP 2005, 1435, 1436 = ZVI 2005, 315; Uhlenbruck-*Lüer/Weidmüller*, InsO, § 315 Rz. 3; *Häsemeyer*, Insolvenzrecht, Rz. 33.03.
6) *Hanisch* in: FS Henckel, S. 369, 370 und 375.
7) Nicht vererbbar sind die höchstpersönlichen Rechte und Rechtsverhältnisse wie das Nießbrauchsrecht (§§ 1061 Satz 1, 1068 BGB), das Vorkaufsrecht (§ 473 BGB) oder die Rechte als Gesellschafter (§ 727 BGB).
8) Grüneberg-*Weidlich*, BGB, Einl. vor § 1922, Rz. 3.
9) Grüneberg-*Weidlich*, BGB, § 1922 Rz. 6.
10) Grüneberg-*Weidlich*, BGB, § 1922 Rz. 1.

Todes wegen (gewillkürte Erbfolge), die sich vor allem in ihrer Bindungswirkung (Widerrufbarkeit) unterscheiden.

In den §§ 1924–1936 BGB, § 10 LPartG ist die **gesetzliche Erbfolge** geregelt. Sie ist subsidiär und greift nur ein, wenn der Erblasser keine eigene Regelung getroffen hat.[11] Sie beruht auf dem Familienerbrecht, wonach nächste Verwandte vor entfernteren erben. Nur ausnahmsweise, nämlich wenn sich kein Verwandter ermitteln lässt, erlangt der Staat die Erbenstellung gemäß § 1936 BGB. 7

Der Erblasser kann von seiner Testierfreiheit auch dahingehend Gebrauch machen, dass er gemäß § 1938 BGB einen oder alle gesetzlichen Erben von der Erbfolge ausschließt. Eine solche **Enterbung** berührt jedoch grundsätzlich nicht das **Pflichtteilsrecht.**[12] Der Pflichtteil kann nur ausnahmsweise entzogen werden. Die Gründe sind abschließend[13] in den §§ 2333–2335 BGB geregelt. 8

Das Erbe fällt unabhängig vom Willen und Wissen des Erben an. Voraussetzung der Erbenstellung sind lediglich die Erbfähigkeit gemäß § 1923 BGB und die gewillkürte oder gesetzliche Berufung zum Erben.[14] 9

Der Erbe hat deshalb gemäß §§ 1942, 1944 BGB das Recht, die Erbschaft innerhalb von sechs Wochen nach Kenntnis von dessen Anfall **auszuschlagen.**[15] Im Falle der wirksamen Ausschlagung gilt die Erbschaft gegenüber dem Ausschlagenden gemäß § 1953 Abs. 1 BGB als nicht angefallen. Die Ausschlagung wirkt auf den Zeitpunkt des Erbfalls zurück, der Erbanfall gilt dann als nicht erfolgt (§ 1953 Abs. 1 BGB). Den durch das Recht zur Ausschlagung entstehenden Schwebezustand kann der Erbe durch Annahme der Erbschaft beenden. Die Annahme der Erbschaft erfolgt gemäß § 1943 BGB entweder durch Verstreichenlassen der Ausschlagungsfrist oder durch eine formlose, nicht empfangsbedürftige Willenserklärung.[16] Ausreichend ist insoweit bereits ein Verhalten, das den Willen des Erben erkennen lässt, die Erbschaft behalten zu wollen.[17] Der berufene Erbe ist bis zur Annahme oder Ausschlagung sog. **vorläufiger Erbe.**[18] Sowohl **Annahme** als auch **Ausschlagung** sind unter bestimmten Voraussetzungen der §§ 1954 ff. BGB **anfechtbar.** 10

Nimmt der Erbe die Erbschaft an, kann er sämtliche aus den **Einzelrechten** des Nachlasses resultierenden Ansprüche geltend machen. Daneben hat er den sog. **Erbschaftsanspruch**, der als Gesamtanspruch auf Herausgabe der ganzen Erbschaft gerichtet ist (§§ 2018–2031 BGB). Umgekehrt **haftet** jedoch der Erbe gemäß § 1967 BGB bzw. die Miterbengemeinschaft gemäß § 2058 BGB für sämtliche **Verbindlichkeiten** des Nachlasses. Wegen der mit der Universalsukzession verbundenen Verschmelzung von Nachlass- und Eigenvermögen haftet der Erbe zunächst **unbeschränkt** sowohl mit dem Nachlass- als auch mit seinem Eigenvermögen. Durch Beantragung der Nachlassverwaltung (§§ 1975–1988 BGB) oder der Eröffnung eines Nachlassinsolvenzverfahrens (§§ 1975–1980 BGB) kann er jedoch die Trennung des Nachlasses von seinem Eigenvermögen (separatio bonorum) erreichen. Dies hat zur Folge, dass einerseits der Zugriff der Nachlass- 11

11) Grüneberg-*Weidlich*, BGB, § 1924 Rz. 1.
12) Grüneberg-*Weidlich*, BGB, § 1938 Rz. 3.
13) BGH, Urt. v. 25.10.1976 – IV ZR 109/74, NJW 1977, 339 = FamRZ 1977, 47; Staudinger-*Olshausen*, BGB, Vorb. §§ 2333–2337 Rz. 3.
14) *Brox/Walker*, Erbrecht, S. 3, Rz. 4 ff.
15) Ausführlich hierzu: Grüneberg-*Weidlich*, BGB, § 1942 Rz. 1; *Brox/Walker*, Erbrecht, S. 176 ff., Rz. 301 ff.
16) H. M. vgl. *Leipold* in: MünchKomm-BGB, § 1943 Rz. 9 m. w. N.
17) *Brox/Walker*, Erbrecht, S. 183, Rz. 310.
18) Ausführlich zur Rechtsstellung des vorläufigen Erben *Brox/Walker*, Erbrecht, S. 181, Rz. 315 ff.

gläubiger auf den Nachlass gemäß § 1975 BGB beschränkt und umgekehrt der Zugriff der Eigengläubiger des Erben auf den Nachlass gemäß § 1984 Abs. 2 BGB ausgeschlossen wird.

12 Können diese Verfahren mangels eines die Verfahrenskosten deckenden Nachlasses gemäß § 1982 BGB bzw. § 26 InsO nicht durchgeführt werden, kann der Erbe seine eigene Haftung gemäß § 1990 Abs. 1 Satz 1 BGB auf den Nachlass beschränken und die Befriedigung der Nachlassgläubiger aus den Mitteln seines Eigenvermögens verweigern, soweit er nicht das Recht zur Haftungsbeschränkung nach § 2013 BGB verloren hat. Der Erbe ist im Falle der Verweigerung verpflichtet den Nachlass zum Zwecke der Befriedigung der Gläubiger im Wege der Zwangsvollstreckung herauszugeben. Je nach dem Maß der Befriedigungsmöglichkeit für die Nachlassgläubiger wird bei der Verweigerung zwischen der **Dürftigkeitseinrede** (unzureichender, aber nicht überschuldeter Nachlass), der **Unzulänglichkeitseinrede** (überschuldeter Nachlass) und der **Erschöpfungseinrede** (kein Aktivnachlass mehr vorhanden) unterschieden.[19]

13 Möglich ist auch ein **Aufgebotsverfahren** nach den §§ 1970 ff. BGB, §§ 433 ff., 454 ff. FamFG. Neben der Feststellung der Nachlassverbindlichkeiten hat das Verfahren i. S. von § 1973 BGB den Ausschluss derjenigen Gläubiger zum Ziel, die ihre Forderung im Verfahren nicht anmelden. Nach Erlass des entsprechenden Ausschlussbeschlusses nach § 439 FamFG durch das gemäß § 454 FamFG zuständige Nachlassgericht kann der Erbe die Gläubiger auf einen etwaigen Nachlassüberschuss gemäß § 1973 Abs. 1 Satz 1 BGB verweisen. Wird ein Antrag auf Durchführung eines Aufgebotsverfahrens innerhalb eines Jahrs nach Annahme der Erbschaft gestellt, so kann der Erbe zudem die Erfüllung von Nachlassverbindlichkeiten gemäß § 2015 Abs. 1 BGB für die Dauer des Aufgebotsverfahrens verweigern.

14 Einem durch das Aufgebotsverfahren ausgeschlossenem Gläubiger gleichgestellt, ist derjenige, der seine Ansprüche erst fünf Jahre nach dem Erbfall geltend macht. Ihm gegenüber kann der Erbe die **Verschweigungseinrede** nach § 1974 BGB erheben und ebenso auf den Nachlassüberschuss verweisen.

15 Ist der Nachlass allein wegen der Belastung mit Vermächtnissen oder Auflagen überschuldet, kann der Erbe die **Überschwerungseinrede** nach § 1992 BGB geltend machen.

16 Vor Annahme der Erbschaft können gemäß § 1958 BGB Nachlassverbindlichkeiten gegen den vorläufigen Erben nicht gerichtlich geltend gemacht werden. Soweit der Nachlassgläubiger die Annahme der Erbschaft nicht mindestens schlüssig behauptet, ist eine Klage mangels Prozessführungsbefugnis des vorläufigen Erben von Amts wegen als unzulässig abzuweisen. Vor Annahme der Erbschaft ist gemäß § 778 ZPO zudem einerseits die Zwangsvollstreckung wegen einer Nachlassverbindlichkeit auf den Nachlass beschränkt und andererseits die Zwangsvollstreckung wegen einer Verbindlichkeit des Erben in den Nachlass unzulässig. In den ersten drei Monaten nach Annahme der Erbschaft kann der Erbe gemäß § 2014 BGB die Befriedigung von Nachlassverbindlichkeiten verweigern (**Drei-Monats-Einrede**). In dieser Schonfrist soll der Erbe die Möglichkeit erhalten sich einen hinreichenden Überblick über die Verhältnisse des Nachlasses zu verschaffen.

17 Vorbehaltlich einer unbeschränkten Haftung für die Nachlassverbindlichkeiten können **Miterben** gemäß § 2059 Abs. 1 BGB bis zur Teilung des Nachlasses (dem Vollzug der Auseinandersetzung) die Berichtigung von Nachlassverbindlichkeiten aus ihrem Eigenvermögen verweigern. Nicht beschränkt wird hierdurch jedoch das Recht der Nachlass-

19) Grüneberg-*Weidlich*, BGB, § 1990 Rz. 1.

gläubiger, die Befriedigung aus dem ungeteilten Nachlass von sämtlichen Miterben zu verlangen, vgl. § 2059 Abs. 2 BGB.

18 Die Aufstellung des **Inventars** gemäß §§ 1993 ff. BGB dient der Abwendung der unbeschränkten Haftung, vgl. § 2000 Satz 3 BGB. Die Errichtung des Inventars, die beim Nachlassgericht einzureichen ist,[20] führt eine Haftungsbeschränkung jedoch nicht gleichsam automatisch herbei;[21] sie erhält dem Erben lediglich die Möglichkeit, sich auf die genannten haftungsbeschränkenden Tatbestände zu berufen.

19 Im Falle sowohl der allgemeinen **Inventaruntreue** (Unterlassen der Errichtung binnen Frist, § 1994 BGB, oder Errichtung eines **unrichtigen Inventarverzeichnisses**, § 2005 BGB) als auch der Weigerung des Erben, die nur von einem einzelnen Gläubiger geforderte Abgabe einer eidesstattlichen Versicherung gemäß § 2006 BGB abzugeben, tritt entweder die allgemeine – oder nur wegen der im Einzelantrag bezeichneten Forderung relativ – unbeschränkte Erbenhaftung gemäß § 2013 BGB ein. Auch im Falle der unbeschränkten Haftung des Erben für die Nachlassverbindlichkeiten ist ein Antrag auf Eröffnung des Nachlassinsolvenzverfahrens gemäß § 316 InsO zulässig. Soweit der Erbe unbeschränkt haftet, können die Nachlassgläubiger den Erben auch im Falle der Eröffnung des Insolvenzverfahrens persönlich in Anspruch nehmen, vgl. § 2013 BGB, § 784 Abs. 1 ZPO.[22] Der Erbe ist im Falle der unbeschränkten Haftung gemäß § 2013 Abs. 1 Satz 2 Halbs. 2 BGB nicht mehr zur Beantragung der Nachlassverwaltung berechtigt.

III. Beteiligte im Nachlassinsolvenzverfahren

1. Schuldner

20 Als Sondervermögen ist der Nachlass gemäß § 11 Abs. 2 Nr. 2 InsO zwar insolvenzfähig, nicht aber rechtsfähig. Entgegen der insoweit irreführenden Begründung zu § 363 RegE[23] kann deshalb nicht der Nachlass als Schuldner angesehen werden.[24] Diese Rolle kommt vielmehr dem **Erben als rechtsfähige natürliche Person** und Träger der in der Nachlassmasse befindlichen Vermögenswerte und Nachlassverbindlichkeiten zu.[25] Die insolvenzrechtliche Schuldnerstellung ergibt sich insoweit aus der Verbundenheit des Erben mit dem Nachlass,[26] so dass auch der **vorläufige Erbe** bis zur Ausschlagung Schuldner im insolvenzrechtlichen Sinne ist. Für den Fall, dass ein Erbe wegfällt, kann der Erblasser gemäß § 2096 BGB einen anderen als Erben einsetzen. Trotz § 1953 Abs. 1 BGB bleibt derjenige, der ausgeschlagen hat, jedoch insoweit Schuldner, als es i. R. einer Insolvenzanfechtung auf eine von ihm vorgenommene gläubigerbenachteiligende Rechtshandlung ankommt. Im Falle der **Nacherbschaft** ist bis zu dessen Tod der Vorerbe Schuldner. Danach tritt ex nunc der Nacherbe gemäß § 2106 BGB in die Schuldnerposition gemäß § 2139 BGB ein. Bei einem **Berliner Testament** ist bis zu seinem Tod der Längerlebende, danach der Schlusserbe Schuldner.[27] Bei einer **Miterbengemeinschaft** gemäß §§ 2032 ff.

---

20) Grüneberg-*Weidlich*, BGB, § 1993 Rz. 2.

21) Grüneberg-*Weidlich*, BGB, Einf. v. § 1967 Rz. 2 f.

22) *Siegmann/Scheuing* in: MünchKomm-InsO, § 317 Rz. 2.

23) Begr. RegE InsO z. § 363, BT-Drucks. 12/2443, S. 231.

24) So aber LG Göttingen, Urt. v. 10.10.2000 – 10 T 128/00, Rpfleger 2001, 95 = NZI 2001, 54.

25) H. M.; grundlegend RG, Urt. v. 7.4.1913 – 603/12 IV, JW 1913, 752 f.; BGH, Urt. v. 16.5.1969 – V ZR 86/68, NJW 1969, 1349 = MDR 1969, 650; OLG Köln, Urt. v. 14.4.2005 – 2 Wx 43/04, ZIP 2005, 1435, 1436 = ZVI 2005, 315; *Siegmann/Scheuing* in: MünchKomm-InsO, Anh. § 315 Rz. 1; *Böhm* in: HambKomm-InsO, Vorb. §§ 315 ff. Rz. 13; *Häsemeyer*, Insolvenzrecht, Rz. 33.11; *Bork*, Einführung in das Insolvenzrecht, Rz. 424; Nerlich/Römermann-*Riering*, InsO, § 315 Rz. 11; Rattunde/Smid/Zeuner-*Fehl*, InsO, § 315 Rz. 11.

26) *Hanisch* in: FS Henckel, S. 369, 377.

27) *Schallenberg/Rafiqpoor* in: FK-InsO, § 317 Rz. 7.

BGB ergibt sich aus der gesamthänderischen Verbundenheit der Erben gemäß § 2040 BGB, dass die Miterben zusammen die Schuldnerstellung einnehmen.[28] Mangels Rechts- und Prozessfähigkeit der Erbengemeinschaft als solcher[29] ist jeder einzelne berechtigt und verpflichtet.[30] Die Miterben müssen jedoch gemeinsam und einheitlich handeln.[31]

21 Ist für die unbekannten Erben ein Nachlasspfleger (§§ 1960, 1961 BGB) bestellt, nimmt dieser als gesetzlicher Vertreter des/der Erben die Schuldnerrolle wahr.[32] Ein Verwaltungstestamentsvollstrecker (§ 2205 BGB) hat die Rechte und Pflichten eines Schuldners zumindest neben dem Erben wahrzunehmen.[33] Beide sind insbesondere befugt, Rechtsmittel z. B. gegen den Eröffnungsbeschluss gemäß § 34 Abs. 2 InsO oder die Abweisung mangels Masse (§ 26 InsO) einzulegen. Sie haben das Recht zur Einsichtnahme gemäß §§ 175 Abs. 1 Satz 2, 188 Satz 2 InsO und können sich im Prüfungstermin gemäß § 176 Satz 2 InsO erklären. Zu den **Pflichten** der/des Erben als Schuldner gehören namentlich die Erfüllung der Auskunfts- und Mitwirkungspflichten im Verfahren nach §§ 20, 97 InsO; er ist insoweit auch Adressat von Zwangsmitteln nach § 98 InsO und der Postsperre (§ 99 InsO).

22 **Fallen Rechtsträger des Vermögens und Auskunftsperson auseinander**, ist über eine entsprechende Anwendung des § 101 Abs. 2 InsO die jeweils zur Auskunft fähige Person für die Dauer von zwei Jahren vor Insolvenzantragstellung (vgl. § 101 Abs. 2 InsO) verpflichtet. Dies gilt insbesondere für denjenigen, der das Erbe ausgeschlagen hat. Auch jeder Miterbe, Nachlasspfleger, Nachlassverwalter und der Verwaltungstestamentsvollstrecker bleibt insoweit auskunfts- und mitwirkungsverpflichtet.[34]

23 Nicht berührt werden die staatsbürgerlichen Rechte des Erben. Auch treffen ihn nicht die mit einer originären Schuldnerstellung verbundenen bürgerlich-rechtlichen Beschränkungen.[35]

2. Gläubiger

24 Der Kreis der teilnahmeberechtigten Gläubiger bestimmt sich nach materiellem Recht. Gemäß § 325 InsO i. V. mit § 1967 BGB können im Nachlassinsolvenzverfahren nur Nachlassverbindlichkeiten geltend gemacht werden. Ausgeschlossen sind damit insbesondere persönliche Gläubiger des Erben.

3. Sonstige Verfahrensbeteiligte

25 Für den **Insolvenzverwalter** ergeben sich im Nachlassinsolvenzverfahren keine Besonderheiten.[36] Er übt sein Amt aufgrund gerichtlicher Bestellung aus und ist vom Willen der Erben unabhängig. Dies führt insbesondere dazu, dass eine Fortführung des Geschäfts des Erblassers durch den Insolvenzverwalter nicht die Haftung des Erben nach § 27 HGB begründet.[37]

---

28) *Schallenberg/Rafiqpoor* in: FK-InsO, Vorb. §§ 315 ff. Rz. 34.

29) BGH, Urt. v. 11.9.2002 – XII ZR 187/00, NJW 2001, 3389, 3390, dazu EWiR 2002, 951 *(H. G. Eckert)*; *Lange*, Erbrecht, § 73, S. 788, Rz. 163; Uhlenbruck-*Lüer/Weidmüller*, InsO, § 315 Rz. 13.

30) Kilger/*K. Schmidt*, KO, § 214 Rz. 3; *Kuhn/Uhlenbruck*, KO, § 214 Rz. 7, 8.

31) Uhlenbruck-*Lüer/Weidmüller*, InsO, § 315 Rz. 13.

32) BGH, Urt. v. 6.10.1982 – IVa ZR 166/81, NJW 1983, 226 = MDR 1983, 206.

33) *Häsemeyer*, Insolvenzrecht, Rz. 33.12.

34) Hierzu: *Passauer/Stephan* in: MünchKomm-InsO, § 101 Rz. 14; Jaeger-*Schilken*, InsO, § 101 Rz. 12.

35) Vgl. im Einzelnen hierzu Uhlenbruck-*Lüer/Weidmüller*, InsO, § 315 Rz. 11.

36) OLG Köln, Urt. v 26.6.1988 – 13 U 17/88, ZIP 1988, 1203.

37) BGH, Urt. v. 27.3.1961 – II ZR 294/59, BGHZ 35, 13, 17 = NJW 1961, 1304.

Den Nachlassinsolvenzverwalter treffen allerdings in Bezug auf die Einkommensteuer keine Erklärungs- oder Mitwirkungspflichten, denn er ist nicht Vermögensverwalter i. S. des § 34 Abs. 3 AO.[38) 26

Im Falle der Freigabe einer Sache aus dem Insolvenzbeschlag, scheidet diese zwar aus der Insolvenzmasse aus; nicht jedoch aus dem Nachlass, sodass sie für die Nachlassverbindlichkeiten weiter haftet.[39) 27

Am Nachlassinsolvenzverfahren nicht beteiligt ist der **Nachlassverwalter**, denn sein Amt endet gemäß § 1988 Abs. 1 BGB mit der Insolvenzeröffnung. Eine **Nachlasspflegschaft** (§§ 1960, 1961 BGB) bleibt im Falle der Insolvenzeröffnung hingegen bestehen, bis sie aufgehoben wird. Der Nachlasspfleger ist gesetzlicher Vertreter des Erben[40) und daher diesem verantwortlich. Er hat den Nachlass zu sichern und zu erhalten (§ 1960 BGB). Auch das Amt des **Testamentsvollsteckers** wird durch die Insolvenzeröffnung nicht berührt. Seine Tätigkeit im Verfahren beschränkt sich allerdings wegen § 80 InsO auf die unpfändbaren bzw. die vom Insolvenzverwalter freigegeben Vermögensgegenstände und die Wahrnehmung der Verfahrensrechte des Erben. 28

IV. Eröffnungsantrag

Das Nachlassinsolvenzverfahren setzt gemäß §§ 317 ff. InsO einen zulässigen und begründeten Insolvenzantrag voraus. 29

1. Zulässigkeit (§§ 315–317, 319 InsO)

a) Zuständigkeit

Für die gerichtliche Zuständigkeit maßgeblich sind gemäß § 3 InsO i. V. mit § 315 InsO die **Verhältnisse des Erblassers.** Primär zuständig ist damit das Insolvenzgericht (nicht das Nachlassgericht), in dessen Bezirk der **Mittelpunkt der selbständigen Tätigkeit** des Erblassers – also die planmäßig auf Erwerb abzielende unternehmerische Tätigkeit am Markt – lag. Hierunter fällt auch die Geschäftsführerschaft einer Personengesellschaft oder einer GmbH, soweit der Erblasser auch alleiniger Gesellschafter der GmbH war.[41) Maßgeblich insoweit ist dann der entsprechende insolvenzgerichtliche Gerichtsstand der Gesellschaft. 30

War der **Erblasser nicht selbständig tätig**, richtet sich die Zuständigkeit gemäß § 13 ZPO i. V. mit § 7 BGB nach dem allgemeinen Gerichtsstand und damit primär nach dem letzten Wohnsitz. Dies kann unabhängig vom insoweit vorausgesetzten Domizilwillen[42) des Erblassers auch der von einem Betreuer (§ 1896 BGB) bestimmte Aufenthaltsort sein. Bestehen mehrere allgemeine Gerichtsstände, ist gemäß § 3 Abs. 2 InsO dasjenige Gericht zuständig, bei dem zuerst ein Antrag gestellt worden ist. Bei Exterritorialität eines deutschen Erblassers ist nach § 15 Abs. 1 ZPO das Gericht des letzten Wohnsitzes zuständig. Hatte der Erblasser keinen Wohnsitz, bestimmt sich die Zuständigkeit gemäß § 16 ZPO nach dem letzten Aufenthaltsort. Ansonsten ist der allgemeine Gerichtsstand am Sitz der Bundesregierung gegeben.[43) 31

38) *Roth*, ZVI 2014, 45, 49.

39) *Böhm* in: HambKomm-InsO, Vorb. §§ 315 ff. Rz. 14.

40) BGH, Urt. v. 6.10.1982 – IVa ZR 166/81, NJW 1983, 226 = MDR 1983, 206.

41) AG Köln, Urt. v. 21.3.2002 – 72 IN 494/01, ZVI 2002, 69 = ZInsO 2002, 344.

42) Grüneberg-*Ellenberger*, BGB, § 7 Rz. 7.

43) Uhlenbruck-*Lüer/Weidmüller*, InsO, § 315 Rz. 17.

32 Ein ausländischer Wohnsitz geht einem deutschen vor.[44)] Ist zum Zeitpunkt des Todes des Erblassers keine allgemeine Zuständigkeit eines deutschen Gerichts gegeben, hatte der Erblasser aber eine Niederlassung oder sonstiges Vermögen im Inland, ist gemäß § 354 InsO ein Partikularverfahren über das inländische Vermögen zulässig. Im Geltungsbereich der EuInsVO ist Art. 3 EuInsVO maßgeblich.[45)]

b) Antragberechtigung

33 Den Kreis der Antragsberechtigten Personen bestimmt § 317 InsO. Sonderregelungen enthält § 318 InsO für den Fall, dass der Nachlass zum Gesamtgut einer Gütergemeinschaft gehört (siehe unten Rz. 101 ff.). Für den Erbschaftskauf bestimmt § 330 InsO, dass das Antragsrecht auf den Erbschaftskäufer übergeht (siehe unten Rz. 92 ff.).

34 Antragsberechtigt ist damit nach § 317 Abs. 1 InsO zunächst **„jeder Erbe"**, d. h. jeder vorläufige Erbe, sowie jeder Ersatz-, Vor-, und Nacherbe. Letzterer jedoch erst mit Eintritt des Nacherbfalles,[46)] da erst in diesem Zeitpunkt die Erbenstellung des Vorerbens gemäß § 2139 BGB endet. Den Nachweis der Antragsberechtigung des vorläufigen Erben kann dieser insbesondere durch Vorlage eines öffentlich beglaubigten Testaments führen. Die Ausstellung eines Erbscheins ausschließlich zum Zwecke der Insolvenzantragstellung kann der vorläufige Erbe nicht verlangen. Ein Anspruch hierauf dürfte sich unter Berücksichtigung der Rechtsprechung[47)] zu § 107 KostO auch nicht aus dem seit 31.7.2013 geltenden § 40 GNotKG ergeben. Der Schlusserbe aus einem Berliner Testament hat bis zum Tod des Längerlebenden mangels Erbenstellung ebenfalls kein Antragsrecht als Schuldner.[48)] Auch der Erbe, der wirksam ausgeschlagen hat, ist nicht zur Antragstellung berechtigt.[49)] Wird die Erbschaft nach Antragstellung erst im Insolvenzeröffnungsverfahren ausgeschlagen, entfällt die Antragsberechtigung wegen § 1953 BGB ex tunc. Der Insolvenzantrag wird unzulässig und kann nicht mehr zur Insolvenzeröffnung führen.

Praxishinweis

Ein Erbe, der die Annahme der Erbschaft angefochten hat, weil er die Ausschlagungsfrist des § 1944 Abs. 1 BGB versäumt hat, ist nicht mehr antragsberechtigt – auch wenn die Wirksamkeit der Anfechtung noch nicht feststeht.

35 Da die Erbenhaftung gemäß §§ 1922, 1942, 1923 Abs. 2 BGB unabhängig von der Annahme der Erbschaft mit dem Erbfall eintritt, ist die Annahme der Erbschaft gemäß § 316 Abs. 1 Alt. 1 InsO keine Antragsvoraussetzung. In einem Antrag des **vorläufigen Erben** ist daher auch nicht die konkludente Annahme der Erbschaft zu sehen.[50)] Anders als im Falle der Nachlassverwaltung ist gemäß §§ 316, 317 Abs. 2 InsO auch jeder **Miterbe** antragsberechtigt.[51)] Bei der gemeinschaftlichen Antragstellung hat der einzelne Miterbe den Eröffnungsgrund jedoch glaubhaft zu machen, § 317 Abs. 2 InsO i. V. mit § 4 InsO, § 294 ZPO. Ein Antrag ist trotz § 2047 BGB auch nach erfolgter Nachlassteilung gemäß § 316 Abs. 2 InsO zulässig.

---

44) OLG Köln, Urt. v. 23.4.2001 – 2 W 82/01, ZInsO 2001, 622, dazu EWiR 2001, 967 *(Mankowski)*.

45) *Schallenberg/Rafiqpoor* in: FK-InsO, § 315 Rz. 8b.

46) Uhlenbruck-*Lüer/Weidmüller*, InsO, § 317 Rz. 2; Nerlich/Römermann-*Riering*, InsO, § 317 Rz. 2; *Hess* in: KölnKomm-InsO, § 317 Rz. 20.

47) OLG Düsseldorf, Beschl. v. 22.1.2004 – I-10 W 108/03, Rpfleger 2004, 440. Vgl. auch BayObLG, Beschl. v. 19.1.2000 – 3 Z BR 380/99, FGPrax 2000, 82.

48) *Schallenberg/Rafiqpoor* in: FK-InsO, § 317 Rz. 7.

49) OLG Koblenz, Urt. v. 21.9.1989 – 4 W 644/89, Rpfleger 1989, 510; Erman-*Schlüter*, BGB, § 1980 Rz. 6.

50) *Böhm* in: HambKomm-InsO, § 316 Rz. 2; *Siegmann/Scheuing* in: MünchKomm-InsO, § 317 Rz. 2.

51) *Schallenberg/Rafiqpoor* in: FK-InsO, Vorb. §§ 315 ff. Rz. 34.

Antragsberechtigt sind gemäß § 317 Abs. 1 InsO zudem auch der **Nachlassverwalter, der Nachlasspfleger** und der **Verwaltungstestamentsvolltrecker**, §§ 2197 ff. BGB, nicht jedoch der in seinen Befugnissen nach §§ 2208, 2223 BGB beschränkte Testamentsvollstrecker. Der Antrag des Nachlasspflegers ist dabei ebenso wie ein Antrag des Erben bereits zulässig, wenn dieser den Eröffnungsgrund nachvollziehbar darlegt, einer Schlüssigkeit im technischen Sinne bedarf es nicht.[52] Mehrere Testamentsvollstrecker müssen den Insolvenzantrag grundsätzlich gemäß § 2224 BGB gemeinschaftlich stellen.[53] Bei Meinungsverschiedenheiten entscheidet das Nachlassgericht nach § 2224 Abs. 1 Satz 1 Halbs. 2 BGB. Nicht antragsberechtigt ist der **Vermächtnisvollstrecker** nach § 2223 BGB. Auch das **Nachlassgericht** selbst hat kein Antragsrecht – insoweit wäre ein Nachlasspfleger zu bestellen.[54] 36

Gemäß § 317 Abs. 1 InsO ist auch **„jeder Nachlassgläubiger"**, mithin sowohl jeder Massegläubiger i. S. des § 324 Abs. 1 InsO, jeder Nachlassinsolvenzgläubiger nach § 325 InsO, als auch die gemäß § 327 InsO nachrangigen Pflichtteilsberechtigten, Vermächtnisnehmer und aus Auflagen berechtigten Insolvenzgläubiger, antragsberechtigt.[55] Da diese Gläubiger noch hinter denjenigen im Rang des § 39 InsO rangieren, haben auch Letztere – im Gegensatz zum Regelinsolvenzverfahren – ein Antragsrecht.[56] Antragsberechtigt ist auch der i. R. eines Aufgebotsverfahrens ausgeschlossene Gläubiger.[57] 37

Für einen Gläubigerantrag sind die allgemeinen Vorschriften maßgeblich. Der Gläubiger muss daher gemäß § 14 InsO ein rechtliches Interesse an der Eröffnung haben und das Vorliegen eines Eröffnungsgrunds glaubhaft machen (§§ 14 Abs. 1 Sätze 2, 4 InsO i. V. mit § 294 ZPO). 38

Praxishinweis

Haften im Falle einer Miterbengemeinschaft nicht sämtliche Miterben gemeinschaftlich gemäß § 2058 BGB für eine Verbindlichkeit, sondern trifft eine Haftung nur einen oder mehrere Erben (sog. **Erbteilsverbindlichkeiten**),[58] so können die Gläubiger nur einen Insolvenzantrag hinsichtlich des Vermögens des/der einzelnen Miterben und nicht des Nachlasses stellen.[59]

In **zeitlicher Hinsicht** ist ein Insolvenzantrag **ab Eintritt des Erbanfalls** zulässig. Häufig anzutreffende Formulierungen in Verfügungen von Todes wegen wie z. B., dass die Zuwendung nur gilt, wenn sie angenommen wird, sind unbeachtlich. Gemäß § 1942 Abs. 1 BGB fällt dem Erben die Erbschaft unbeschadet dem Recht an, sie auszuschlagen.[60] 39

Der Antrag eines Nachlassgläubigers ist nur innerhalb der Ausschlussfrist des § 319 InsO von zwei Jahren zulässig. 40

c) Antragspflicht

Die in § 1978 BGB normierten Pflichten des Erbens werden durch § 1980 BGB ergänzt. Nach § 1980 Abs. 1 Satz 1 BGB ist der **endgültige Erbe** bei Kenntnis der Zahlungsunfä- 41

52) BGH, Beschl. v. 19.5.2011 – IX ZB 74/10, ZVI 2011, 367 = NZI 2011, 653; BGH, Beschl. v. 12.7.2007 – IX ZB 82/04, ZVI 2007, 612 = ZIP 2007, 1868, dazu EWiR 2008, 111 *(Floeth)*.

53) *Zimmermann* in: MünchKomm-BGB, § 2205 Rz. 96.

54) BGH, Beschl. v. 18.2.2009 – IX ZB 29/09, ZEV 2009, 352 = FamRZ 2009, 872.

55) *Hess* in: KölnKomm-InsO, § 317 Rz. 37.

56) Braun-*Bauch*, InsO, § 317 Rz. 9.

57) Grüneberg-*Weidlich*, BGB, § 1973 Rz. 1.

58) Hierzu *Ann* in: MünchKomm-BGB, § 2058 Rz. 11.

59) *Siegmann/Scheuing* in: MünchKomm-InsO, § 317 Rz. 5.

60) *Leipold* in: MünchKomm-BGB, § 1942 Rz. 7.

higkeit oder Überschuldung verpflichtet unverzüglich i. S. von § 121 BGB einen Insolvenzantrag zu stellen. Vor Annahme der Erbschaft oder bei Unkenntnis von der Erbenstellung besteht mangels Verwaltungspflicht auch keine Antragspflicht.[61] Ist der Nachlass ausschließlich durch Vermächtnisse und Auflagen beschwert, entfällt gemäß § 1980 Abs. 1 Satz 3 InsO die Antragspflicht.

42 Die Pflicht zur Antragstellung trifft gemäß § 1985 Abs. 2 i. V. mit § 1980 BGB auch den **Nachlassverwalter**[62] und zwar auch dann, wenn der Antrag gemäß § 26 InsO mangels Masse abzuweisen sein wird.[63] Mit Anordnung der Nachlassverwaltung endet die Antragspflicht des Erben.[64] Bestand die Antragspflicht jedoch bereits vor Anordnung der Nachlassverwaltung, bleibt der Erbe antragsverpflichtet. Das gleiche gilt, wenn der Erbe durch Befriedigung einzelner Gläubiger einen Insolvenzgrund selbst herbeigeführt hat.[65]

43 Die **Verletzung der Antragspflicht** durch die Erben oder einen Nachlassverwalter führt zu einem Schadensersatzanspruch der Nachlassgläubiger gemäß § 1980 Abs. 1 Satz 2 BGB i. H. des hierdurch entstandenen Quotenschadens. Dieser bemisst sich nach der Differenz zwischen dem tatsächlich erhaltenen und dem Betrag, den die Nachlassgläubiger bei rechtzeitiger Antragstellung erhalten hätten.[66] Der gemäß § 1978 Abs. 2 BGB zum Nachlass gehörende Schadensersatzanspruch ist nach § 92 InsO von dem Nachlassinsolvenzverwalter geltend zu machen. Ein Verschulden des Testamentsvollstreckers oder des Nachlasspflegers wird dem Erben nicht zugerechnet.[67]

44 **Testamentsvollstrecker** und den **Nachlasspfleger** sind hingegen nach h. M.[68] trotz der Antragsberechtigung gemäß § 317 Abs. 1 InsO nicht gemäß § 1980 Abs. 1 Satz 1 BGB zur Antragstellung verpflichtet. Normadressat des § 1980 BGB sind insoweit nur der Erbe oder der Nachlassverwalter über die Verweisung in § 1985 Abs. 2 BGB. Aus der Pflicht des Testamentsvollstreckers und des Nachlasspflegers zur ordnungsgemäßen Verwaltung des Nachlasses kann sich jedoch eine Antragspflicht gegenüber dem Erben ergeben, wenn durch das Insolvenzverfahren eine Verkürzung des Nachlasses verhindert werden kann.[69] Die Insolvenzantragstellung liegt in diesem Fall im vordergründigen Interesse des Erben.

45 Die Möglichkeit eine Verkürzung des Nachlasses durch die Antragstellung zu verhindern, kann daher zu einer **Antragspflicht** führen (BGH NJW 2005, 756, 758; ZEV 2011, 544, 546). Stellt der Testamentsvollstrecker bzw. der Nachlasspfleger dennoch **pflichtwidrig** keinen Insolvenzantrag führt dies nach den §§ 2216, 2219 BGB bzw. §§ 1915 Abs. 1 Satz 1, 1833 Abs. 1 Satz 1 BGB zu einem Schadensersatzanspruch des Erben i. H. der verursachten Verkürzung des Nachlasses. Ein Schaden kann hierbei insbesondere in der Be-

61) *Marotzke*, ZInsO 2011, 2105 f.

62) *Küpper* in: MünchKomm-BGB, § 1980 Rz. 12.

63) OLG Stuttgart, Urt. v. 22.5.1984 – 8 W 165/84, Rpfleger 1984, 416; *Ebenroth*, Erbrecht, Rz. 1144.

64) Grüneberg-*Weidlich*, BGB, § 1980 Rz. 3.

65) Soergel-*Stein*, BGB, Bd. 21, 13. Aufl., 2002, § 1980 Rz. 5.

66) Vgl. hierzu OLG Köln, Urt. v. 23.11.2011 – 2 U 92/11, ZVI 2012, 462 = ZInsO 2012, 2254.

67) BGH, Urt. v. 8.12.2004 – IV ZR 199/03, ZVI 2005, 21 = ZInsO 2005, 375; *Ringstmeier* in: Mohrbutter/Ringstmeier, Hdb. Insolvenzverwaltung, § 19 Rz. 22.

68) BGH, Urt. v. 8.12.2004 – IV ZR 199/03, ZVI 2005, 21 = ZInsO 2005, 375; *Küpper* in: MünchKomm-BGB, § 1980 Rz. 12; Grüneberg-*Weidlich*, BGB, § 1980 Rz. 3; Erman-*Schlüter*, BGB, § 1980 Rz. 5.

69) BGH, Beschl. v. 19.5.2011 – IX ZB 74/10, Rz. 14, ZVI 2011, 367 = NZI 2011, 653; BGH, Urt. v. 8.12.2004 – IV ZR 199/03, ZVI 2005, 21 = ZInsO 2005, 375; *Leipold* in: MünchKomm-BGB, § 1960 Rz. 60; *Siegmann/Scheuing* in: MünchKomm-InsO, § 317 Rz. 7; Staudinger-*Dobler*, BGB, § 1980 Rz. 15; *Schallenberg/Rafiqpoor* in: FK-InsO, § 317 Rz. 20.

lastung des Nachlasses durch weitere nicht mehr erforderliche vergütungsrelevante Tätigkeiten liegen.[70)]

46 Die Höhe des **Schadensersatzanspruchs** errechnet sich aus der Differenz zwischen dem Wert des Nachlasses bei tatsächlicher Antragstellung und dem Wert des Nachlasses, der bei rechtzeitiger Antragstellung vorhanden gewesen wäre. Der Wert des Nachlasses ergibt sich hierbei aus den vorhandenen Aktiva abzüglich der Passiva des Nachlasses zu dem jeweiligen Zeitpunkt. Eine Verkürzung des Nachlasses und mithin eine Schadensersatzpflicht kann sich bspw. daraus ergeben, dass der Geschäftsbetrieb des Erblassers eingestellt wird, obwohl bei rechtzeitiger Antragstellung eine übertragende Sanierung des Geschäftsbetriebs oder sogar eine Sanierung möglich gewesen wäre. Auch in der Begründung von weiteren **vermeidbaren Nachlassverbindlichkeiten** durch die nach Feststellung der Insolvenzreife entfaltete Tätigkeit des Testamentsvollstreckers oder des Nachlasspflegers (Vergütungsansprüche) kann eine Verkürzung des Nachlasses liegen.[71)]

47 Der Schadensersatzanspruch fällt in den Nachlass und ist vom **Nachlassinsolvenzverwalter geltend zu machen.** Denn der Schadensersatzanspruch der unbekannten Erben stellt ein Surrogat i. S. von § 2041 BGB da, weil er auf einem pflichtwidrigen Umgang des Beklagten mit dem Nachlassvermögen beruht.[72)] Diesen Schadensersatzanspruch kann der Nachlassinsolvenzverwalter auch ohne Pfändung bei dem Erben direkt als massezugehörigen Bestandteil des Nachlasses geltend machen.[73)]

d) Rechtliches Gehör

48 § 317 InsO bestimmt zusammen mit § 14 InsO neben dem Kreis der Antragsberechtigten auch den Kreis der Personen, denen im Antragsverfahren rechtliches Gehör zu gewähren ist.[74)]

49 Bei einem Antrag des Alleinerben bestehen grundsätzlich keine weiteren Anhörungspflichten. Ist jedoch ein **Testamentsvollstrecker** bestellt, ist gemäß § 317 Abs. 3 InsO dieser zu einem Antrag des Erben zu hören und umgekehrt. Sind mehrere Erben vorhanden und haben nicht alle gemeinsam einen Insolvenzantrag gestellt, hat das Gericht bei einem zulässigen Antrag gemäß § 317 Abs. 2 Satz 2 InsO die übrigen Erben anzuhören. Im Falle eines Gläubigerantrags sind die Erben bzw. der Erbe zu hören, § 14 Abs. 2 InsO.

50 Der Anhörungspflicht hat das Gericht grundsätzlich auch trotz einer möglichen dadurch eintretenden Verfahrensverzögerung nachzukommen. Abgesehen werden kann von einer Anhörung nur gemäß der allgemeinen Regelung des § 10 Abs. 1 Satz 1 InsO, wenn der Miterbe sich im Ausland befindet und eine übermäßige Verfahrensverzögerung eintreten würde oder wenn der Aufenthalt eines Miterben unbekannt ist. In diesem Falle hat das Gericht grundsätzlich einen Vertreter oder Angehörigen des Erben zu hören, § 10 Abs. 1 Satz 2 InsO.

51 Die **Verletzung** rechtlichen Gehörs führt zu einem Verfahrensfehler der im Beschwerdeverfahren zu rügen ist und zur Aufhebung der gerichtlichen Entscheidung führt, soweit nicht die Nachholung des rechtlichen Gehörs den Verfahrensmangel heilt.[75)]

---

70) LG Hamburg, Urt. v. 20.9.2021 – 304 O 407/20, ZVI 2022, 286 = ZInsO 2021, 2752; der beklagte Nachlasspfleger hat die Berufung auf den Hinweisbeschluss des OLG Hamburg v. 11.2.2022 – Az. 11 U 179/21, zurückgenommen.

71) BGH, Urt. v. 13.5.1985 – II ZR 196/84, NJW 1986, 581 (LS) = NJW-RR 1986, 28.

72) Vgl. LG Hamburg, Urt. v. 20.9.2021 – 304 O 407/20, ZVI 2022, 286 = ZInsO 2021, 2752.

73) RG. Urt. v. 3.11.1932 – IV 295/32, RGZ 138, 132; *Siegmann/Scheuing* in: MünchKomm-InsO, § 317 Rz. 7.

74) Ausführlich hierzu: *Vallender* in: Kölner Schrift, 2009, S. 116 ff.

75) Jaeger-*Gerhardt*, InsO, § 5 Rz. 36 ff.

2. Begründetheit des Insolvenzantrags (§ 320 InsO), Eröffnungsfähigkeit

a) Eröffnungsgrund

52 Der Insolvenzantrag ist begründet, wenn zum Zeitpunkt der gerichtlichen Entscheidung ein Eröffnungsgrund vorliegt, der Nachlass also i. S. des § 320 InsO i. V. mit §§ 17–19 InsO überschuldet, oder (drohend) zahlungsunfähig ist.

53 Die **Zahlungsunfähigkeit** bestimmt sich nach § 17 Abs. 2 InsO. Insoweit wird auf die Ausführungen von in Kap. 3 [*Hölzle*] verwiesen. Zur Feststellung der Zahlungsunfähigkeit ist nur auf die im Nachlass vorhandenen Mittel abzustellen.[76] Durch Einbringung von Eigenmitteln unter Verzicht auf eine Rückforderung kann der Erbe den Eröffnungsgrund beseitigen.[77] Bei der Prüfung der Zahlungsunfähigkeit außer Acht zu lassen sind etwaig erhobene aufschiebende Einreden (§§ 2014 ff. BGB), die die Nachlassgläubiger einstweilen an der Durchsetzung ihrer Ansprüche hindern, denn sie ändern nichts an der Fälligkeit der Verbindlichkeiten.

Praxishinweis

Ist der Nachlass Pflichtteilsansprüchen ausgesetzt, ist die Möglichkeit der Stundung nach § 2331a BGB zu prüfen. Stundungsberechtigt sind insoweit nicht nur der Erbe, sondern auch der Nachlasspfleger (§§ 1960, 1961 BGB), der Nachlassverwalter (§ 1984 BGB) und der Nachlassinsolvenzverwalter (§ 1980 BGB, § 80 InsO). Nicht stundungsberechtigt ist dagegen der Testamentsvollstrecker.[78] Unschädlich ist eine bloß vorübergehende Zahlungsstockung,[79] wenn sie gerade wegen des Ablebens des Erblassers eintritt (z. B. wegen eines noch nicht ausgestellten Erbscheins).

54 Erbe, Nachlassverwalter, Nachlasspfleger oder antragsberechtigter Testamentsvollstrecker können auch wegen **drohender Zahlungsunfähigkeit** gemäß § 18 Abs. 2 InsO einen Insolvenzantrag stellen.[80] Die nur drohende Zahlungsunfähigkeit begründet jedoch keine Antragspflicht nach § 1980 Abs. 2 BGB. Ein Nachlassgläubiger hingegen kann seinen Insolvenzantrag nicht auf drohende Zahlungsunfähigkeit stützen.[81]

55 Gemäß § 320 InsO ist neben der (drohenden) Zahlungsunfähigkeit auch die Überschuldung ein Eröffnungsgrund im Nachlassinsolvenzverfahren. Der Begriff der **Überschuldung** ist § 19 Abs. 2 InsO zu entnehmen. Insoweit wird auf die Ausführungen in Kap. 3 [*Hölzle*] verwiesen. Für das Nachlassinsolvenzverfahren gilt dabei: Anzusetzen sind Liquidationswerte.[82] Befindet sich ein Unternehmen im Nachlass, dessen Fortführung überwiegend wahrscheinlich ist, sind Fortführungswerte zugrunde zu legen.[83] Ansprüche gegen den Erben nach §§ 1978, 1980 BGB sind im Überschuldungsstatus nicht zu aktivieren. Unberücksichtigt bleiben insoweit auch die durch Konfusion erloschenen Ansprüche des Erblassers gegen den Erben.[84] Zu passivieren sind demgegenüber neben den Masseforderungen nach § 55 InsO auch diejenigen gemäß § 324 Abs. 1 InsO sowie sämtliche –

---

76) Begr. RegE InsO, BT-Drucks. 12/2443, S. 231; Blersch/Goetsch/Haas-*Goetsch*, InsO, § 320 Rz. 13; Uhlenbruck-*Lüer/Weidmüller*, InsO, § 320 Rz. 2.

77) *Böhm* in: HambKomm-InsO, § 320 Rz. 2.

78) *Lange* in: MünchKomm-BGB, § 2331a Rz. 3.

79) BGH, Urt. v. 24.5.2005 – IX ZR 123/04, ZVI 2005, 408 = ZIP 2005, 1426, dazu EWiR 2005, 767 (*Bruns*).

80) *Böhm* in: HambKomm-InsO, § 320 Rz. 3.

81) *Böhm* in: HambKomm-InsO, § 320 Rz. 3.

82) BayObLG, Urt. v. 11.1.1999 – 1Z BR 113/98, NJW-RR 1999, 590 = FamRZ 1999, 1172; Uhlenbruck-*Lüer/Weidmüller*, InsO, § 320 Rz. 3 m. w. N.

83) *Böhm* in: HambKomm-InsO, § 320 Rz. 4.

84) *Roth*, ZInsO 2009, 2265, 2266.

auch nachrangige – Nachlassinsolvenzforderungen und die Forderungen des Erben gegen den Nachlass, soweit er nicht auf sie verzichtet.[85] Nicht zu berücksichtigen sind die für das beantragte Nachlassinsolvenzverfahren anfallenden Verfahrenskosten nach § 54 InsO.[86] In zeitlicher Hinsicht kommt es auf den Zeitpunkt der gerichtlichen Entscheidung, nicht auf den des Todes des Erblassers an.[87]

b) Verfahrenskostendeckung

Das Insolvenzgericht eröffnet das Insolvenzverfahren nur, wenn die Verfahrenskosten nach § 54 InsO gedeckt sind. Ist dies nicht der Fall, wird der Eröffnungsantrag gemäß § 26 InsO **abgewiesen.** Eine Nachlassverwaltung ist in diesem Fall entsprechend § 1988 Abs. 2 BGB aufzuheben, da dem Nachlassverwalter die Erfüllung seines Amts – die vollständige Befriedigung der Nachlassgläubiger – nicht mehr möglich ist. Eine **Verfahrenskostenstundung** nach § 4a InsO kommt im Nachlassinsolvenzverfahren nicht in Betracht. Es fehlt hierfür an der Möglichkeit der Erlangung der Restschuldbefreiung gemäß § 287 InsO für die Sondermasse Nachlass. Die Regel des § 4a InsO ist insoweit abschließend auf natürliche Personen beschränkt.[88] Dem Erben steht jedoch die Möglichkeit offen, die Dürftigkeitseinrede gemäß § 1990 BGB zu erheben.[89] Kann in einem massearmen Verfahren die Eröffnung nicht durch einen entsprechenden die Kostenvorschuss herbeigeführt werden,[90] obliegt es dem nicht bereits unbeschränkt haftenden Erben, nunmehr den Nachweis der Dürftigkeit gemäß §§ 1990, 1991 BGB zu führen, um die Haftung mit seinem Eigenvermögen zu vermeiden. 56

Stellt der Erbe den Nachlassinsolvenzantrag bei **offensichtlicher Dürftigkeit des Nachlasses,** ist ihm mangels hinreichender Aussicht seiner Rechtsverfolgung weder Verfahrenskostenhilfe zu bewilligen, noch ein Rechtsanwalt beizuordnen.[91] 57

> **Praxishinweis**
>
> Da das Insolvenzverfahren der gemeinschaftlichen Befriedigung der Insolvenzgläubiger i. S. des § 38 InsO dient, hat eine Verfahrenseröffnung zu unterbleiben, wenn in einem eröffneten Insolvenzverfahren nur Massegläubiger befriedigt werden und die Insolvenzgläubiger keine Quote erhalten.[92] Hierunter fällt insbesondere der Fall, dass durch Anfechtung der vom Testamentsvollstrecker dem Nachlass entnommenen Vergütung zwar eine kostendeckende Masse generiert werden könnte, der Überschuss jedoch vollständig an den Testamentsvollstrecker als Massegläubiger gemäß § 324 Abs. 1 Nr. 6 InsO auszukehren wäre.[93]

3. Rechtsmittel

Gegen einen Eröffnungs- oder einen Abweisungsbeschluss ist die sofortige Beschwerde gemäß § 34 InsO statthaft. **Beschwerdeberechtigt** sind gemäß § 34 Abs. 1 InsO der Antragsteller bei Ablehnung der Eröffnung sowie gemäß § 34 Abs. 2 InsO der Erbe und der 58

85) *Roth*, ZInsO 2009, 2265, 2267.
86) AG Göttingen, Urt. v. 22.8.2002 – 71 IN 65/01, ZInsO 2002, 944, 945.
87) *Böhm* in: HambKomm-InsO, § 320 Rz. 4.
88) AG Göttingen, Beschl. v. 9.5.2017 – 74 IN 79/17, ZVI 2017, 395 = NZI 2017, 575.
89) Der Gesetzgeber hat die Bereitstellung der zur Verfahrensdurchführung notwendigen Massekosten aus öffentlichen Mitteln bewusst abgelehnt, s. NJW 2000, 1869, 1871.
90) *Haarmeyer/Schildt* in: MünchKomm-InsO, § 26 Rz. 27; *Schmerbach* in: FK-InsO, § 26 Rz. 21.
91) AG Hannover, Beschl. v. 21.9.2020 – 904 IN 271/20, ZInsO 2020, 2150 = NZI 2021, 350.
92) Jaeger-*Henckel*, InsO, § 129 Rz. 142.
93) AG Göttingen, Beschl. v. 30.11.2012 – 74 IN 153/12, ZInsO 2013, 84, 85 = ZVI 2013, 39; zur Anfechtung zugunsten von Massegläubigern allgemein: *Foerste*, ZInsO 2013, 659 ff.

Miterbe. Soweit vorhanden sind der Nachlassverwalter, der Nachlasspfleger und der Testamentsvollstrecker ebenfalls beschwerdeberechtigt.

59 Erfolgt die **Abweisung mangels Masse** gemäß § 26 InsO, ist jeder Erbe beschwerdeberechtigt, da deren Haftungslage bei Durchführung des Verfahrens im Hinblick auf die Möglichkeit der Erhebung der Dürftigkeitseinrede gemäß §§ 1990, 1991 BGB günstiger wäre als im Falle der Abweisung (§§ 1989, 1973 BGB).[94)] Bei einem in Erwartung einer Abweisung gestellten Insolvenzantrag des Erben fehlt es ihm im Falle der Eröffnung am Rechtsschutzinteresse für eine Beschwerde.[95)] Wird das Insolvenzverfahren hingegen auf einen Gläubigerantrag hin eröffnet, kann dem Erben das Rechtschutzbedürfnis für eine Beschwerde mit dem Ziel einer Abweisung mangels Masse nicht abgesprochen werden.[96)] Statthaft ist insbesondere auch die Beschwerde eines Nachlassverwalters gegen einen Eröffnungsbeschluss, wenn er den Insolvenzantrag aufgrund seiner Antragspflicht aus §§ 1985 Abs. 2, 1980 Abs. 1 BGB gestellt, jedoch wegen der Verfahrenskosten die Abweisung mangels Masse angeregt hatte.

60 Wird der Nachlassinsolvenzantrag des Erben mangels Masse abgewiesen, so sind die **Kosten** des Verfahrens nicht dem Nachlass, sondern dem mit seinem gesamten Vermögen haftenden Erben aufzuerlegen.[97)]

61 Durch Rücknahme des Antrags vor Eintritt der Rechtskraft eines Abweisungsbeschlusses nach § 26 InsO kann die **Aufnahme in das Schuldnerverzeichnis** (§ 882h ZPO), vermieden werden (vgl. § 13 Abs. 2 InsO).

62 Stellt sich heraus, dass der Nachlass doch über eine kostendeckende Masse verfügt bzw. eine Vorschussleistung glaubhaft gemacht werden kann, ist eine **abermalige Antragstellung zulässig.**[98)]

V. Insolvenzmasse

1. Grundsatz

63 Mit Eröffnung des Insolvenzverfahrens geht die Verwaltungs- und Verfügungsbefugnis über den Nachlass gemäß § 80 Abs. 1 InsO auf den Insolvenzverwalter über. Der Insolvenzverwalter nimmt mit der Verfahrenseröffnung den Nachlass zur Verwertung in Besitz, §§ 148 Abs. 1, 159 InsO. Der Umfang der Insolvenzmasse bestimmt sich nach den allgemeinen Regeln der §§ 35 ff. InsO.[99)] Zur Insolvenzmasse gehören demnach sämtliche der Zwangsvollstreckung unterliegende Gegenstände einschließlich des Neuerwerbs. Konkret bestimmen Insolvenzrecht und Erbrecht gemeinsam, was als Haftungssubstrat für welche Gläubiger dient.[100)] Ausgehend von den Vorschriften der §§ 1922, 1967 BGB gehören zunächst alle zur Zeit der Insolvenzeröffnung vom Erblasser hinterlassenen **Aktivgegenstände** (Sachen und Rechte), die noch unterscheidbar im Vermögen des Erben vorhanden sind, zur Insolvenzmasse. Dasjenige, was in der Zeit zwischen Erbfall und Insol-

94) *Böhm* in: HambKomm-InsO, § 317 Rz. 6.

95) BGH, Urt. v. 18.7.2007 – IX ZB 170/06, ZVI 2007, 132 = ZIP 2007, 499, dazu EWiR 2007, 375 *(Frind)*; OLG Celle, Urt. v. 28.4.1999 – 2 W 36/99, ZIP 1999, 1605, dazu EWiR 1999, 901 *(Messner)*; OLG Köln, Urt. v. 10.12.2001 – 2 W 154/01, ZInsO 2002, 331, 322 = NZI 2002, 101; a. A. OLG Frankfurt/M., Entsch. v. 2.12.1970 – 6 W 469/70, MDR 1971, 491 = Rpfleger 1971, 146.

96) BGH, Urt. v. 15.6.2004 – IX ZB 172/03, ZVI 2004, 754 = ZIP 2004, 1727.

97) AG Hannover, Beschl. v. 21.9.2020 – 904 IN 271/20, ZInsO 2020, 2150, 2153 = NZI 2021, 350.

98) BGH, Urt. v. 5.8.2002 – IX ZB 51/02, ZIP 2002, 1695 = NZI 2002, 601; *Haarmeyer/Schildt* in: MünchKomm-InsO, § 26 Rz. 41.

99) *Böhm* in: HambKomm-InsO, Vorb. §§ 315 ff. Rz. 4; *Hüsemann*, Das Nachlassinsolvenzverfahren, S. 96.

100) *Hanisch* in: FS Henckel, S. 369, 370.

venzeröffnung dem Nachlass zugewachsen ist, sowie dasjenige, was der Erbe bei der Verwaltung für den Nachlass erworben hat, gehört ebenfalls zur Insolvenzmasse[101] und ist vom Erben gemäß §§ 667, 668 BGB mit sämtlichen Nutzungen herauszugeben. Werden Aktivgegenstände verbraucht oder unter Wert veräußert, hat der Erbe die Verkürzung auszugleichen.[102]

Zur Sicherung des Vorrangs der Nachlassgläubiger vor den Eigengläubigern des Erben ordnet das materielle Recht für die Fälle des Erbenbesitzes gemäß § 2019 BGB, der Vorerbschaft gemäß § 2111 BGB sowie der Miterbengemeinschaft gemäß § 2041 BGB und der Testamentsvollstreckung gemäß § 2205 BGB den **Surrogationserwerb** an. Hieraus resultierende Ansprüche sind ebenfalls massezugehörig. Nicht angeordnet ist eine Surrogation für die Alleinerbschaft, die Erbenmehrheit nach Auseinandersetzung sowie für den Fall der Vereinigung aller Erbteile in einer Hand und für die Beendigung des Erbschaftbesitzes. Auch eine analoge Anwendung der entsprechenden Surrogationsvorschriften kommt nicht in Betracht.[103] Deshalb bleiben entsprechende Verfügungen des Erben in der Zeit vor Eröffnung des Insolvenzverfahrens grundsätzlich unberührt. Eingreifen können insoweit grundsätzlich nur schuldrechtliche Verschaffungsansprüche nach § 1978 BGB i. V. mit dem Auftragsrecht. Für die Nachlassverwaltung sind die §§ 1978 Abs. 2, 1985 Abs. 2 Satz 2 BGB zu beachten. Dieses als unbillig empfundene Ergebnis mildert die h. M.[104] ab, indem sie all dasjenige, was der Erbe mit Willen für den Nachlass erwirbt als Nachlassbestandteil wertet. Konsequenter und vorzugswürdig erscheint demgegenüber jedoch die Ansicht, die die Fiktion des § 1978 Abs. 2 BGB unabhängig vom Willen des Erben auf sämtliche Gegenstände ausdehnt, die er aus der Verwaltung des Nachlasses erlangt.[105] 64

Ebenfalls in die Masse fallen eigene **Ersatzansprüche** der Erben. Hierbei handelt es sich z. B. Schadensersatzansprüche wegen Zerstörung eines Nachlassgegenstands oder Ansprüche auf die entsprechende Versicherungssumme. Massezugehörig sind auch etwaig gegen den Erben selbst bestehende **Schadensersatzansprüche** gemäß § 1980 Abs. 1 Satz 2 BGB und § 1978 Abs. 1 BGB i. V. mit § 280 Abs. 1 BGB. 65

Maßgeblicher Zeitpunkt zur Bestimmung des Umfangs der Insolvenzmasse ist der Tag der Verfahrenseröffnung,[106] da durch sie der Nachlass haftungsrechtlich und rückwirkend auf den Erbfall vom Eigenvermögen des Erben getrennt wird. 66

2. Handelsgeschäft des Erblassers

Massezugehörig ist auch ein etwaig vom Alleinerben fortgeführtes Unternehmen des Erblassers mitsamt den aus der Fortführung gewonnenen Erträgen.[107] Gemeinsam mit dem Unternehmen wird Massebestandteil all das, was dem Unternehmen dient. Hierzu zählt auch die Verwertbarkeit der **Firma** eines Handelsgeschäfts i. S. von § 18 HGB. 67

---

101) *Böhm* in: HambKomm-InsO, Vorb. §§ 315 ff. Rz. 5.

102) OLG Braunschweig, Urt. v. 23.7.1909, FerienZS, Rspr. D. OLG Bd. 19, 231, 232.

103) BGH, Urt. v. 13.7.1989 – IX ZR 227/87, NJW-RR 1989, 1226, 1227 = MDR 1990, 47.

104) H. M. Vgl. OLG Brauchschweig, Urt. v. 23.7.1909, FerienZS, Rspr. D. OLG Bd. 19, 231, 234; *Siegmann/Scheuing* in: MünchKomm-InsO, Anh. § 315 Rz. 30; *Küpper* in: MünchKomm-BGB, § 1978 Rz. 6; Jaeger-*Weber*, KO, § 214 Rz. 26; Grüneberg-*Weidlich*, BGB, § 1978 Rz. 3.

105) Hierzu BGH v. 2.7.1992 – IX ZR 256/91, NJW 1992, 2694, 2695, und *Schmidt-Kessel*, WM 2003, 2086, 2090 f.

106) Uhlenbruck-*Lüer/Weidmüller*, InsO, § 315 Rz. 2; Nerlich/Römermann-*Riering*, InsO, § 315 Rz. 23; *Böhm* in: HambKomm-InsO, Vorb. §§ 315 ff. Rz. 5.

107) Blersch/Goetsch/Haas-*Goetsch*, InsO, § 315 Rz. 17; *Kuhn/Uhlenbruck*, KO, § 214 Rz. 7, 8; Kilger/*K. Schmidt*, KO, § 214 Anm. 3.

68 Ein vom Erben fortgeführtes Unternehmen gehört ausnahmsweise dann nicht (mehr) zum Nachlass, wenn er es **umfirmiert oder derart lange fortgeführt** hat, dass es nicht mehr als das Ererbte angesehen werden kann.[108] In diesem Fall hat die Masse aber gemäß § 1978 BGB einen Anspruch auf Erstattung des auf den Erbfall bezogenen Werts des Unternehmens einschließlich des durch die Fortführung entnommenen Goodwills.[109]

Praxishinweis

Führen **Miterben** das Unternehmen fort, bleibt es aufgrund der Surrogationsvorschrift des § 2041 BGB Teil der Masse. Eine Ausgliederung – auch dann freilich mit der Folge der Ersatzpflicht nach § 1978 BGB – ist nur durch Gründung einer Gesellschaft zur Fortführung durch die Miterben möglich. Surrogation tritt auch ein, wenn das Handelsgeschäft von einem Nachlassverwalter, einem Nachlasspfleger oder einem Testamentsvollstecker bis zur Insolvenzeröffnung fortgeführt wird.

3. Mitgliedschaft in Personengesellschaften

69 War der Erblassers Gesellschafter einer **Gesellschaft bürgerlichen Rechts (GbR)** wird diese gemäß § 727 Abs. 1 BGB durch den Tod des Gesellschafters aufgelöst (§ 727 Abs. 1 BGB), sofern nicht der Gesellschaftsvertrag etwas anderes bestimmt. Der Anteil an der Liquidationsgesellschaft fällt in die Nachlassinsolvenzmasse.[110] Massezugehörig sind dementsprechend auch die vermögensrechtlichen Ansprüche, also insbesondere Gewinn- und Auseinandersetzungsansprüche.[111]

70 Die übrigen Gesellschafter und der/die Erbe(n) können auch die **Fortsetzung der Gesellschaft beschließen.** Im Wege der Sonderrechtsnachfolge erwirbt dann jeder (Mit-)Erbe den seiner Quote entsprechenden Gesellschaftsanteil. Gleiches gilt, wenn eine (einfache) Nachfolgeklausel vereinbart wurde, durch die der Anteil mit dem Tod des Erblassers auf den/die Erben übergehen soll. Der so erworbene Anteil gehört zum Nachlass.[112] Die mit dem Anteil verbundenen Erbschaftsrechte verbleiben jedoch beim Erben.[113] Zur Realisierung des Werts des Geschäftsanteils für die Masse kann der Insolvenzverwalter aber die vermögensrechtlichen Ansprüche aus dem Geschäftsanteil geltend machen oder die Gesellschaft gemäß § 725 BGB kündigen. Die Ausübung darüberhinausgehender Gestaltungsrechte ist aufgrund der Sonderrechtsnachfolge ausgeschlossen und bleibt dem Erben vorbehalten.

71 Ist im Gesellschaftsvertrag eine **Fortsetzungsklausel** (§ 736 BGB) vereinbart, scheidet der Erblasser im Falle der Kündigung, des Todes oder der Eröffnung des Insolvenzverfahrens über sein Vermögen aus der Gesellschaft aus. Der Abfindungsanspruch nach § 738 BGB fällt in die Nachlassinsolvenzmasse. Im Falle einer **Eintrittsklausel** wird die Gesellschaft mit den übrigen Gesellschaftern fortgesetzt. Auch hier fällt der Abfindungsanspruch nach §§ 736, 738 BGB in die Masse.

72 Bei einer **offenen Handelsgesellschaft (oHG)** führt der Tod des Gesellschafters zum Ausscheiden aus der Gesellschaft. Sein Gesellschaftsanteil wächst den anderen Gesell-

108) OLG Braunschweig, Urt. v. 23.7.1909, FerienZS, Rspr. d. OLG, Bd. 19, 231, 233 – zweieinhalb Jahre.

109) Nerlich/Römermann-*Riering*, InsO, § 315 Rz. 36; *Siegmann/Scheuing* in: MünchKomm-InsO, Anh. § 315 Rz. 16; *Böhm* in: HambKomm-InsO, Vorb. §§ 315 ff. Rz. 7; *Küpper* in: MünchKomm-BGB, § 1985 Rz. 5, § 1978 Rz. 7.

110) *Böhm* in: HambKomm-InsO, Vorbem. §§ 315 ff. Rz. 9.

111) Blersch/Goetsch/Haas-*Goetsch*, InsO, § 315 Rz. 18.

112) BGH, Urt. v. 14.5.1986 – IVa ZR 155/84, ZIP 1986, 912 = NJW 1986, 2431.

113) Blersch/Goetsch/Haas-*Goetsch*, InsO, § 315 Rz. 18.

schaftern zu (vgl. §§ 131 Abs. 3 Nr. 1, 105 Abs. 3 HGB, § 738 Abs. 1 Satz 1 BGB); wie bei der GbR fällt auch hier der Abfindungsanspruch in die Nachlassinsolvenzmasse.[114)]

Im Falle einer vereinbarten **Nachfolgeklausel** gemäß § 139 HGB fällt dem/den Erben der 73
Gesellschaftsanteil i. H. ihres Erbteils zu. Der Anteil gehört zum Nachlass. Da das Insolvenzverfahren nicht über das Vermögen des Erbengesellschafters, sondern über den Nachlass des früheren Gesellschafters eröffnet wurde, ist § 131 Abs. 3 Nr. 2 HGB nicht anwendbar. Die Eröffnung des Nachlassinsolvenzverfahrens führt daher nicht zum Ausscheiden des dem Erblasser nachfolgenden Erben.[115)] Gleiches gilt für die **KG** bei Tod eines Kommanditisten. Die Gesellschaft wird vorbehaltlich abweichender Bestimmungen im Gesellschaftsvertrag gemäß § 177 HGB mit dem/den Erben fortgesetzt.[116)] Wie bei der oHG bewirkt auch hier die Eröffnung des Nachlassinsolvenzverfahrens nicht das Ausscheiden der Erben. §§ 161 Abs. 1, 131 Abs. 3 Nr. 2 HGB ist nicht analog anwendbar.[117)]

4. Ansprüche aus Lebensversicherungsverträgen

Ansprüche aus einer Lebensversicherung des Erblassers fallen dem Bezugsberechtigten 74
zu, sofern ein solcher benannt worden ist (vgl. §§ 328, 330, 331 Abs. 1 BGB). Der Anspruch auf die Versicherungsleistung fällt dementsprechend nicht in den Nachlass.[118)] Für die Auslegung einer entsprechenden Erklärung hinsichtlich der Bezugsberechtigung ist § 160 VVG maßgeblich. Nach § 160 Abs. 2 VVG ausreichend ist bereits, dass im Vertrag „der oder die Erbe(n)" als Bezugsberechtigt benannt wurde(n).[119)]

Im Falle eines **widerruflichen Bezugsrechts** kommt jedoch eine Anfechtung nach § 134 75
Abs. 1 InsO in Betracht, sofern es sich im Valutaverhältnis um eine unentgeltliche Leistung handelt.[120)] Da das widerrufliche Bezugsrecht nicht mehr als „eine ungesicherte Hoffnung auf den Erwerb eines künftigen Anspruches" ist, kommt es für die Anfechtbarkeit auf den Anspruchserwerb als solches und damit auf den Eintritt des Versicherungsfalles an gemäß § 159 Abs. 2 VVG.[121)]

Wurde ein **unwiderrufliches Bezugsrecht** vor dem Vier-Jahres-Zeitraum des § 134 Abs. 1 76
InsO gewährt, kann zwar nicht die Bezugsberechtigung wohl aber die Prämienzahlungen für diesen Zeitraum angefochten werden.[122)] Das gleiche gilt im Falle einer sicherungshalber abgetretenen Lebensversicherung, soweit damit die Aufrechterhaltung der auf den Todesfall vereinbarten Versicherungssumme erkauft worden ist. Zurückzugewähren ist in diesem Fall der Mehrbetrag, der aufgrund der Ratenzahlung im Vergleich zu der hypothetischen Versicherungssumme, die ohne Fortsetzung der Prämienzahlung angefallen wäre,

---

114) *Böhm* in: HambKomm-InsO, Vorb. §§ 315 ff. Rz. 11; Blersch/Goetsch/Haas-*Goetsch*, InsO, § 315 Rz. 18.

115) *Siegmann/Scheuing* in: MünchKomm-InsO, Anh. § 315 Rz. 24.

116) *Siegmann/Scheuing* in: MünchKomm-InsO, Anh. § 315 Rz. 25.

117) *Böhm* in: HambKomm-InsO, Vorb. §§ 315 ff. Rz. 11.

118) BGH, Urt. v. 27.4.2010 – IX ZR 245/09, ZIP 2010, 1964 = ZInsO 2010, 997, dazu EWiR 2010, 787 *(Priebe)*.

119) Prölss/Martin-*Schneider*, VVG, § 160 Rz. 6.

120) BGH, Urt. v. 23.10.2003 – IX ZR 252/01, ZVI 2003, 657 = ZIP 2003, 2307, dazu EWiR 2004, 1099 *(Neußner)*; OLG Düsseldorf, Urt. v. 9.4.2008 – I-12 U 131/07, ZIP 2008, 2033, dazu EWiR 2008, 725 *(Floeth)*; LG Görlitz, Urt. v. 19.4.2002 – 1 O 315/01, ZInsO 2003, 808, dazu EWiR 2002, 585 *(Bert)*.

121) St. Rspr. vgl. BGH, Urt. v. 4.3.1993 – IX ZR 169/92, WM 1993, 1057, 1058 = ZIP 1993, 600; BGH, Urt. v. 7.4.2005 – IX ZR 138/04, WM 2005, 937, 938 = ZIP 2005, 909, dazu EWiR 2005, 641 *(Balle)*; Uhlenbruck-*Hirte/Praß*, InsO, § 35 Rz. 217; BGH, Urt. v. 27.4.2010 – IX ZR 245/09, ZInsO 2010, 997, 998 = ZIP 2010, 1964; BGH, Urt. v. 22.10.2015 – IX ZR 248/14, ZVI 2016, 81 = ZIP 2015, 2328, dazu EWiR 2016, 53 *(Mohr)* – für die Risikolebensversicherung.

122) *Böhm* in: HambKomm-InsO, Vorb. §§ 315 ff. Rz. 12.

erlangt wurde.[123] Anfechtbar ist auch die nachträgliche Gewährung eines unwiderruflichen Bezugsrechts innerhalb des Anfechtungszeitraumes des § 134 InsO.[124]

77 Aus § 80 InsO ergibt sich für den Insolvenzverwalter ein Auskunftsanspruch gegenüber Lebensversicherungsunternehmen hinsichtlich der Vertragsdaten.[125]

5. Zwangsvollstreckung nach dem Erbfall

78 Mit dem Ziel, den Nachlass möglichst in den Stand des Zeitpunkts des Erbanfalls zurückzuversetzen, regelt § 321 InsO, dass nach Eintritt des Erbfalles Maßnahmen der Zwangsvollstreckung kein Recht auf abgesonderte Befriedigung gewähren. Nicht erfasst ist jedoch der Fall, dass die Zwangsvollstreckung im Zeitpunkt der Verfahrenseröffnung bereits zur Befriedigung des Gläubigers geführt hat. In diesem Fall kommt ggf. eine Anfechtung in Betracht.[126]

79 Da § 321 InsO von „Maßnahmen der Zwangsvollstreckung" spricht, bleiben rechtsgeschäftlich vereinbarte oder gesetzliche Pfandrechte, z. B. aus §§ 559, 647 BGB, von der Vorschrift unberührt und dementsprechend wirksam.[127]

80 Von § 321 InsO erfasste Maßnahmen werden mit Insolvenzeröffnung **relativ unwirksam,** so dass der Insolvenzverwalter eine gepfändete Sache ohne Rücksicht auf das Sicherungsrecht verwerten kann.[128] Eine Verwertung durch den Pfändungspfandrechtsgläubiger kann der Verwalter durch Einlegung der Erinnerung nach § 766 ZPO verhindern. Im Falle einer Zwangshypothek kann er Löschung verlangen oder nach § 52 GBO vorgehen. Mit Veräußerung des Gegenstands erlischt das Pfändungspfandrecht auf Dauer. Da § 321 InsO den Rechtsgrund für die dauernde Entziehung i. S. des § 812 BGB darstellt, kommt ein Bereicherungsanspruch des ehemaligen Pfandrechtsgläubigers gegen die Masse nicht in Betracht.[129] Er erhält in diesem Fall die Stellung eines Insolvenzgläubigers auf die Quote angewiesen.[130]

81 Verwertet der Verwalter den gepfändeten Gegenstand im Verfahren nicht oder gibt er ihn frei, lebt das Pfändungspfandrecht wieder auf. Der Gläubiger kann seine Pfändung daraufhin fortsetzen.

Praxishinweis

Der Zwangsvollstreckung eines Nachlassgläubigers in das **Eigenvermögen des Erben** kann dieser mit der Vollstreckungsabwehrklage gemäß § 784 Abs. 1, §§ 785, 767 Abs. 1 ZPO verhindern.

6. Insolvenzanfechtung

82 Die allgemeinen Anfechtungstatbestände der §§ 129 ff. InsO gelten ohne Besonderheiten auch im Nachlassinsolvenzverfahren.[131] Im Hinblick auf etwaige Fristen kommt es deshalb auf den Insolvenzantrag und nicht etwa auf den Erbfall an. Für Rechtshandlungen

123) OLG Frankfurt/M., Urt. v. 2.3.2011 – 19 W 5/11, ZVI 2011, 252 = ZIP 2011, 1067.

124) LG Görlitz, Urt. v. 19.4.2001 – 1 O 315/01, ZInsO 2003, 808.

125) OLG Saarbrücken, Urt. v. 3.3.2010 – 5 U 233/09-62, ZInsO 2010, 621, dazu EWiR 2010, 495 *(Floeth)*.

126) *Häsemeyer*, Insolvenzrecht, Rz. 33.05; *Ringstmeier* in: Mohrbutter/Ringstmeier, Hdb. Insolvenzverwaltung, § 19 Rz. 42.

127) *Böhm* in: HambKomm-InsO, § 321 Rz. 2; Uhlenbruck-*Lüer/Weidmüller*, InsO, § 321 Rz. 3.

128) RG, Urt. v. 29.4.1938 – VII 233/37, RGZ 157, 294, 295; Uhlenbruck-*Lüer/Weidmüller*, InsO, § 321 Rz. 5.

129) *Holzer* in: KPB-InsO, § 321 Rz. 15.

130) *Holzer* in: KPB-InsO, § 321 Rz. 14.

131) Vgl. nur *Schallenberg/Rafiqpoor* in: FK-InsO, § 322 Rz. 2.

vor dem Erbfall ist die Person des Erblassers, für solche nach dem Erbfall die Person des Erben maßgebend.

Einen besonderen Anfechtungstatbestand normiert **§ 322 InsO**. Der Normgehalt entspricht der Wertung des § 327 InsO bzw. § 1991 Abs. 4 BGB. Inhaber der genannten Ansprüche haben nur einen Anspruch auf Teilhabe am Nachlassüberschuss. Sie sollen nicht besserstehen als der Erbe selbst. Die Erfüllung von Pflichtteilsansprüchen (§ 2303 BGB), Vermächtnissen (§ 2147 BGB), gesetzlichen Vermächtnissen (§§ 1932, 1969 BGB) und Auflagen (§ 2192 BGB) mit Mitteln des Nachlasses durch den Erben ist daher in gleicher Weise anfechtbar wie eine unentgeltliche Leistung des Erben. Maßgeblich ist demnach § 134 InsO. Unter Erfüllung fällt auch die Annahme an Erfüllungs statt, die wirksame Hinterlegung, die Aufrechnung, die Einräumung von Sicherungsrechten sowie die Erfüllung im Wege der Zwangsvollstreckung.[132] Die Verbindlichkeit gilt auch dann als „aus dem Nachlass" erfüllt, wenn der Erbe Eigenmittel aufwendet, die er im Verfahren als Masseforderung nach § 324 Abs. 1 Nr. 1 InsO geltend macht. Der Erfüllung durch den Erben stehen Verfügungen eines postmortal Bevollmächtigten, des Vor- oder Nacherben, des Miterben, Nachlasspflegers oder -verwalters sowie des Testamentsvollstreckers gleich, so dass auch insoweit ein Rückgewähranspruch besteht.[133] 83

VI. Verbindlichkeiten

Die allgemeinen Vorschriften betreffend Masse- und Insolvenzgläubiger werden für das Nachlassinsolvenzverfahren ergänzt durch §§ 324–327 InsO. 84

1. Masseverbindlichkeiten

§ 324 Abs. 1 InsO erweitert den Kreis der Masseforderungen nach §§ 54 f. InsO um Aufwendungen, die typischerweise nach Eintritt des Erbfalls i. R. ordnungsgemäßer Verwaltung erfolgen. Gemäß § 324 Abs. 1 Nr. 1 InsO können sämtliche noch beschränkt haftende Erben unter den Voraussetzungen der §§ 1978, 1979 BGB **Ersatz ihrer Aufwendungen** nach den Vorschriften über das Auftragsrecht bzw. der Geschäftsführung ohne Auftrag verlangen. Im Sinne einer zügigen Verfahrensabwicklung normiert § 323 InsO, dass dem Erben ein Zurückbehaltungsrecht nach § 273 BGB an den Nachlassgegenständen/für den gesamten Nachlass wegen dieser Ansprüche nicht zusteht. 85

Zu den Masseverbindlichkeiten zählen auch die **Beerdigungskosten** gemäß § 324 Abs. 1 Nr. 2 InsO. Umfasst sind insoweit sämtliche Kosten, die nach der Lebensstellung des Erblassers für eine würdige Bestattung erforderlich sind.[134] Dazu zählen die Kosten für Traueranzeige und Danksagungen, die Kosten einer angemessenen Bewirtung der Trauergäste, ein angemessenes Grabmal sowie sämtliche unmittelbare Aufwendungen zur Vorbereitung und Durchführung der Beerdigung.[135] In der Praxis sind diese Kosten häufig bereits seitens der/des Erben gezahlt. Der Anspruch unterfällt dann § 324 Abs. 1 Nr. 1 InsO. Auch **Kosten der Todeserklärung** nach § 128 KostO sind Masseverbindlichkeiten gemäß § 324 Abs. 1 Nr. 3 InsO, wenn sie dem Nachlass gemäß § 34 VerschG auferlegt werden. Außerdem werden **Nachlassverwaltungsschulden** (Nr. 4), **Verbindlichkeiten aus Rechtsgeschäften** des Nachlasspflegers, Nachlassverwalters oder Testamentsvollstreckers (Nr. 5) sowie **Verbindlichkeiten des Erben** gegenüber einem Nachlasspfleger, Tes- 86

---

132) *Siegmann/Scheuing* in: MünchKomm-InsO, § 323 Rz. 3.

133) Jaeger-*Weber*, KO, § 222 Rz. 9; Uhlenbruck-*Lüer/Weidmüller*, InsO, § 322 Rz. 1.

134) BGH, Urt. v. 20.9.1973 – III ZR 148/71, BGHZ 61, 238 = NJW 1973, 2103.

135) *Böhm* in: HambKomm-InsO, § 324 Rz. 4 m. w. N.

tamentsvollstrecker oder einem ausschlagenden Erben (Nr. 6) als Masseverbindlichkeiten qualifiziert.[136)]

87 Im Falle der **Masseunzulänglichkeit** haben die Masseverbindlichkeiten des § 324 Abs. 1 InsO gemäß § 324 Abs. 2 InsO den Rang des § 209 Abs. 1 Nr. 3 InsO. Gleichauf mit den Masseverbindlichkeiten nach § 55 InsO gehen sie denjenigen aus §§ 100, 101 Abs. 1 Satz 3 InsO sowie denen nach § 209 Abs. 2 InsO vor.

88 Insoweit stellt sich **die Frage**, ob Massegläubiger – insbesondere der Erbe – mit ihren Masseforderungen gegen Ansprüche des Insolvenzverwalters auf Herausgabe des Nachlasses gemäß § 148 InsO, §§ 1984 Abs. 1, 1978 Abs. 1, 667 BGB **aufrechnen können** bzw. ob **erhaltene Zahlungen anfechtbar** sind.

- Eine **Aufrechnungsbefugnis** ist zunächst entsprechend dem Rechtsgedanken sowohl des § 1979 BGB als auch § 96 Abs. 1 Nr. 3 InsO jedenfalls für den Fall **abzulehnen,** dass der Erbe seine Stellung als Massegläubiger dadurch erlangt, dass er **pflichtwidrig Zahlungen aus dem Nachlass** an einen späteren Massegläubiger i. S. des § 324 Abs. 1 InsO leistet, an dessen Stelle er gemäß § 326 Abs. 2 InsO tritt; § 324 InsO kann insoweit nicht dazu herangezogen werden, dass der pflichtwidrig handelnde Erbe gleichsam gerade aufgrund der Pflichtwidrigkeit gegenüber gleich- oder höherrangigen Gläubigern bessergestellt wird.[137)] Es ist insolvenzzweckwidrig, wenn mit dem Insolvenzantrag gegenüber den Nachlassgläubigern eine Haftungsbeschränkung gemäß §§ 1975, 1990 BGB erreicht werden soll, andererseits aber bereits eine vorrangige Befriedigung in Anspruch genommen wird, obwohl die entstehenden oder bereits entstandenen Verfahrenskosten gemäß § 54 InsO demgegenüber vorrangige Masseverbindlichkeiten nach § 209 Abs. 1 InsO sind.
- Konnte der Erbe jedoch zum Zeitpunkt der Begründung seiner späteren Masseforderung trotz **ordnungsgemäßer Verwaltung** die Überschuldung nicht erkennen und handelte er deshalb nicht pflichtwidrig, gilt eine **Zahlung aus dem Nachlass** in diesem Fall als für Rechnung des Nachlasses erfüllt. **Leistet der Erbe aus eigenen Mitteln,** kann er seine Aufwendungen als Masseforderung nach § 324 Abs. 1 Nr. 1 InsO geltend machen. Da die Forderung vor Verfahrenseröffnung bzw. Eintritt der Masseunzulänglichkeit im Zeitpunkt der Geltendmachung der Ansprüche des Verwalters bereits bestanden hat, wird die Aufrechnung nicht durch die entsprechend anzuwendenden[138)] Regelungen der §§ 94 ff. InsO verhindert. In diesem seltenen Fall ist eine Aufrechnungsbefugnis mithin zu bejahen, soweit man nicht eine Aufrechnung generell für ausgeschlossen hält.[139)]
- **Anfechtungsrechtlich**[140)] problematisch ist, ob eine Gläubigerbenachteiligung zum Zeitpunkt des Zahlungsempfangs vorliegt, wenn die Forderung der benachteiligten Gläubiger erst durch und damit erst im Zeitpunkt der Verfahrenseröffnung entsteht, und zwar als deren Kosten. Indes: Im Zeitpunkt der Zahlung war die bediente Forderung noch Insolvenzforderung i. S. des § 38 InsO, womit eine Gläubigerbenachteiligung gegeben ist, da es andernfalls keinen Insolvenzgrund gäbe. Wertungswidersprüchlich wäre es, wenn sich der Gläubiger einerseits auf seine Privilegierung als

---

136) Verbindlichkeiten nach § 324 Abs. 1 Nr. 5 InsO sind Masseverbindlichkeiten, BGH, Urt. v. 14.5.1985 – IX ZR 142/84, BGHZ 94, 312 = NJW 1985, 2596.

137) Vgl. dazu ausführlich *Böhm* in: HambKomm-InsO, § 324 Rz. 11 f.

138) *Weitzmann* in: HambKomm-InsO, § 208 Rz. 19, *Jacoby* in: HambKomm-InsO, § 94 Rz. 11; Jaeger-*Windel*, InsO, § 94 Rz. 62 ff.; *Siegmann/Scheuing* in: MünchKomm-InsO, § 324 Rz. 14.

139) So AG Ottweiler, Urt. v. 19.5.2000 – 16 C 420/99, ZInsO 2000, 520 = NZI 2001, 52, und *Nöll*, ZInsO 2010, 1866, 1871 ff.

140) Vgl. zum Folgenden *Böhm* in: HambKomm-InsO, § 324 Rz. 13.

Massegläubiger im eröffneten Verfahren berufen könnte, andererseits aber die dadurch entstehenden Kosten nicht als vorrangig akzeptieren müsste. Insoweit verfängt auch die Auffassung nicht, dass eine Anfechtung nur bei Befriedigung von Insolvenzforderungen nach § 38 InsO in Betracht komme.[141)] Der Wertungswiderspruch kann deshalb nur durch Bejahung einer analogen Anwendung der §§ 130, 133 InsO vermieden werden.[142)]

2. Insolvenzforderungen

Im Nachlassinsolvenzverfahren können gemäß § 325 InsO nur Nachlassverbindlichkeiten i. S. von § 1967 Abs. 2 BGB geltend gemacht werden. Zu unterscheiden ist insoweit zwischen Erblasserschulden, Erbfallschulden und Nachlasserbenschulden: 89

- **Erblasserschulden** sind „die vom Erblasser herrührenden Schulden", soweit sie nicht mit dem Tod des Erblassers erlöschen und vererbbar sind.[143)]
- Als **Erbfallschulden** werden die Masseverbindlichkeiten i. S. des § 324 Abs. 1 InsO, die Pflichtteilsrechte, Vermächtnisse und Auflagen gemäß § 1967 Abs. 2 BGB, die Erbschaftsteuer nach § 9 ErbStG, das Vorausvermächtnis i. S. von § 2150 BGB, der Ausbildungsanspruch des Stiefabkömmlings nach § 1371 Abs. 4 BGB und Unterhaltspflichten nach § 1963 BGB bezeichnet.[144)] Ein Unterfall der Erbfallschulden stellen die **Nachlassverwaltungsschulden** dar, zu denen die Masseverbindlichkeiten nach § 324 Abs. 1 Nr. 3, 4 InsO mit Ausnahme der der Kosten des privaten Gläubigeraufgebots des Miterben gemäß § 2061 Abs. 2 Satz 3 BGB gehören. Auch die Kosten des Insolvenzverfahrens selbst zählen zu den Nachlassverwaltungsschulden.
- **Nachlasserbenschulden** sind solche Verbindlichkeiten aus Rechtsgeschäften des Erben. Sie sind grundsätzlich dessen Schulden (sog. Eigenverbindlichkeiten), für die er mit seinem Eigenvermögen haftet.[145)] Sofern aber das Rechtsgeschäft im Zusammenhang mit dem Nachlass oder dem Erbfall steht oder der Abwicklung des Nachlasses dient, entsteht im **Außenverhältnis** sowohl eine Nachlass- als auch eine Eigenverbindlichkeit des Erben, es sei denn, der Erbe beschränkt seine Haftung ausdrücklich oder stillschweigend auf den Nachlass.[146)] Geschieht dies nicht, entsteht im Falle der Haftungssonderung durch Anordnung der Nachlassverwaltung oder Eröffnung des Nachlassinsolvenzverfahrens ein einheitliches Schuldverhältnis mit **doppelter Haftungsgrundlage**. Die Gläubiger können Zugriff sowohl auf das Eigenvermögen des Erben als auch auf das Nachlassvermögen nehmen, und zwar gemäß § 43 InsO jeweils bis zur vollständigen Befriedigung. Im **Innenverhältnis** hat der Erbe einen Anspruch gegenüber dem Nachlass gemäß § 1978 Abs. 3 BGB i. V. mit § 670 BGB bzw. §§ 677, 683, 670 BGB, den er als Masseverbindlichkeit nach § 324 Abs. 1 Nr. 1 InsO geltend machen kann.

Für **Verbindlichkeiten gegenüber Pflichtteilsberechtigten, Vermächtnisnehmern** und vom Erblasser angeordneten **Auflagen** ordnet § 327 InsO die Nachrangigkeit nach denjenigen Verbindlichkeiten gemäß § 39 InsO an. 90

141) So BGH, Urt. v. 15.6.2005 – IX ZA 3/04, FamRZ 2006, 411.
142) Vgl. hierzu *Böhm* in: HambKomm-InsO, § 324 Rz. 13.
143) Grüneberg-*Weidlich*, BGB, § 1967 Rz. 2 ff., m. zahlreichen Bsp. und Nachweisen.
144) Vgl. *Böhm* in: HambKomm-InsO, § 325 Rz. 3.
145) Grüneberg-*Weidlich*, BGB, § 1967 Rz. 8.
146) BGH, Urt. v. 25.3.1968 – II ZR 99/65, WM 1968, 798.

3. Ansprüche des Erben (§ 326 InsO)

91 Die mit Eintritt des Erbfalls durch Konfusion und Konsolidation untergegangenen Ansprüche des Erben leben wegen der mit der Insolvenzeröffnung verbundenen Vermögenssonderung ex tunc[147] wieder auf. Der Erbe soll nicht schlechterstehen, als die übrigen Nachlassgläubiger. **Ist der Erbe** insoweit selbst **Nachlassinsolvenzgläubiger,** kann die ihm gegen den Erblasser zustehenden Ansprüche nach § 326 Abs. 1 InsO im Verfahren geltend machen.

VII. Erbschaftskauf

92 Hat der Erbe die Erbschaft verkauft, so regelt § 330 InsO die Verfahrensfragen im Falle der Insolvenz des Nachlasses.

93 Gemäß § 330 Abs. 1 InsO tritt damit im Falle der Insolvenz der Erbschaftskäufer in die **Rolle des Schuldners** ein. Ihn trifft somit insbesondere die Insolvenzantragspflicht nach § 1980 BGB. Der Erbe ist nicht mehr antragsverpflichtet. Da dem Käufer im Verhältnis zum Verkäufer die Nachlassverbindlichkeiten gemäß § 2378 BGB zur Last fallen soweit nicht der Erbe gemäß § 2376 BGB haftet, ist er gemäß § 330 Abs. 2 Satz 1 InsO wie ein Nachlassgläubiger antragsberechtigt. Sein Antrag unterliegt daher der Zwei-Jahres-Frist des § 319 InsO, auch muss er den Eröffnungsgrund entsprechend glaubhaft machen (§§ 14, 4 InsO, § 294 ZPO). § 330 Abs. 2 Satz 2 Halbs. 1 InsO billigt dem Erben auch hinsichtlich solcher Verbindlichkeiten, für die der Käufer dem Erben nicht haftet (insbesondere Pflichtteilsansprüche, Vermächtnisse und Auflagen) ein Antragsrecht zu, um seine Haftung durch einen Eröffnungsantrag für diese Verbindlichkeiten beschränken zu können.

94 Gemäß § 2385 Abs. 1 BGB gelten die Regeln über den Erbschaftskauf auch für den **Weiterverkauf** oder **anderweitige Übertragung** der Erbschaft. § 330 Abs. 3 InsO ordnet die entsprechende Anwendung der Absätze 1 und 2 an, so dass jeder weitere Erwerber wiederum in die Rolle des Schuldners eintritt.

Praxishinweis

Die Insolvenzmasse bilden sämtliche Nachlassgegenstände einschließlich sich aus dem Erbschaftskauf selbst etwaig ergebende Ansprüche, z. B. gemäß § 2383 Abs. 1 Satz 3 BGB.

VIII. Sonderfragen

1. Übergeleitetes Insolvenzverfahren

95 **Stirbt der Schuldner** im Regelinsolvenzeröffnungsverfahren oder in der eröffneten Regelinsolvenz, endet das Verfahren nicht. Es gelten ab dem Eintritt des Erbfalls vielmehr die für die Nachlassinsolvenz maßgeblichen Bestimmungen. Das Verfahren wird ohne Unterbrechung mit dem Erben als neuem Schuldner fortgesetzt[148] und durch klarstellenden Beschluss übergeleitet. Eine Verweisung an ein anderes dadurch möglicherweise zuständiges Gericht erfolgt nicht. Vom Erblasser gestellte Anträge auf Restschuldbefreiung gemäß §§ 286 ff. InsO und Stundung der Verfahrenskosten nach § 4a InsO werden gegenstandslos. Denn durch das Nachlassinsolvenzverfahren wird die Haftung des Erben als Träger des Sondervermögens „Nachlass“ bereits auf das Sondervermögen beschränkt, so dass er selber wegen der Nachlassverbindlichkeiten keine Restschuldbefreiung benötigt

147) Grüneberg-*Weidlich*, BGB, § 1976 Rz. 1.

148) BGH, Urt. v. 22.1.2004 – IX ZR 39/03, ZVI 2004, 188 = ZIP 2004, 513; BGH, Beschl. v. 21.2.2008 – IX ZB 62/05, Rz. 13, ZVI 2008, 183 = ZIP 2008, 798; *Böhm* in: HambKomm-InsO, Vorb. §§ 315 ff. Rz. 16.

und eine Restschuldbefreiung für den Nachlass von vornherein ausscheidet. Das Verfahren ist ggf. nach § 207 InsO wegen fehlender Kostendeckung mangels Masse einzustellen.

Stirbt der Schuldner in einem bereits laufenden **Verfahren zur Restschuldbefreiung**, wird dieses vorzeitig beendet. Aufgrund der Höchstpersönlichkeit der Restschuldbefreiung und der Nichtvererblichkeit der Erteilung der Restschuldbefreiung nach § 1922 BGB, ist eine Fortführung mit dem Erben nicht möglich.[149)] 96

Besonderheiten können sich ergeben, wenn der **spätere Erbe einziger Gläubiger des Erblassers** war. Das die Forderung begründende Rechtsverhältnis erlischt im Eröffnungsverfahren durch Konfusion. § 1976 BGB findet keine Anwendung, da es noch nicht zur Eröffnung des Insolvenzverfahrens gekommen war. Dies bedeutet, dass der Insolvenzantrag – als nunmehriger Eigenantrag – unzulässig geworden ist, da offensichtlich kein Insolvenzgrund mehr vorliegt. Andernfalls hat der nunmehrige Erbe darzulegen, dass Forderungen Dritter bestehen, es sei denn, dies ist dem Insolvenzgericht bereits bekannt. 97

Im eröffneten Regelinsolvenzverfahren ist die Rechtslage jedoch anders zu bewerten. Eine Einstellung des Verfahrens wegen Wegfalls des Eröffnungsgrunds gemäß § 212 InsO erfolgt nicht, da eine Konfusion angesichts der Eröffnung des Insolvenzverfahrens im Hinblick auf § 1976 BGB nicht eingetreten ist. Möglich ist allerdings eine **Einstellung mit Zustimmung** des nunmehrigen Erben nach § 213 InsO. Dies bedeutet allerdings, dass der Erbe, der von seiner alleinigen Gläubigerstellung ausgeht, dann gegenüber den bis dato nicht bekannten Gläubigern (siehe § 213 Abs. 2 InsO) unbeschränkt haftet. 98

Ein **Verbraucherinsolvenz**- oder **sonstiges Kleinverfahren** nach §§ 304 ff. InsO wird ebenfalls als Nachlassinsolvenzverfahren fortgeführt. Die Bestellung des Insolvenzverwalters wirkt fort. Der gemäß § 13 InsVV reduzierte Regelsatz für die Vergütung des Insolvenzverwalters im Verbraucherinsolvenzverfahren kann jedoch erhöht werden, wenn erhebliche Abweichungen von dem Tätigkeitsbild vorliegen, wie es typischerweise gegeben ist.[150)] 99

2. Nachlassinsolvenzverfahren über das Vermögen einer nach dem Verschollenheitsgesetz für tot erklärten Person

Bei Vorliegen der Eröffnungsgründe findet über das Vermögen einer nach § 9 VerschG für tot erklärten Person ein Nachlassinsolvenzverfahren statt, das nicht automatisch mit dem Wiederauftauchen der Person endet. Der Wiederaufgetauchte kann jedoch die Eröffnung des Insolvenzverfahrens mit der sofortigen Beschwerde und der Begründung, ein Insolvenzgrund liege nicht vor, gemäß § 34 Abs. 2 InsO anfechten.[151)] Die Beschwerde ist trotz Versäumung der Frist des § 34 InsO i. V. mit § 6 InsO unter den Voraussetzungen der §§ 579, 586 ZPO zulässig; der fälschlich für tot Erklärte gilt als nicht ordnungsgemäß vertretene Partei nach § 579 Abs. 1 Nr. 4 ZPO. Wird auch die Monatsfrist des § 586 ZPO versäumt, ist das Nachlassinsolvenzverfahren als Regelinsolvenzverfahren fortzuführen.[152)] Nach anderer Ansicht bedarf es keines Rechtsmittels. Das Verfahren wird vielmehr von vornherein als reines Regelinsolvenzverfahren fortgesetzt. Der Wiederaufgetauchte kann bei Fehlen eines Eröffnungsgrundes die Einstellung des Verfahrens nach § 212 InsO beantragen.[153)] 100

149) *Böhm* in: HambKomm-InsO, Vorb. §§ 315 ff. Rz. 16.

150) BGH, Beschl. v. 24.5.2005 – IX ZB 6/03, ZVI 2005, 388 = ZInsO, 2005, 760.

151) *Holzer* in: KPB-InsO, § 315 Rz. 33.

152) Uhlenbruck-*Lüer/Weidmüller*, InsO, § 316 Rz. 10.

153) *Siegmann/Scheuing* in: MünchKomm-InsO, Vorbem. §§ 315–331 Rz. 8.

C. Insolvenzverfahren über das Gesamtgut bei Gütergemeinschaften (§§ 332–334 InsO)

I. Allgemeines

101 Voraussetzung für ein Insolvenzverfahren über das Gesamtgut bei Gütergemeinschaften ist, dass die Eheleute den Güterstand der Gütergemeinschaft durch Ehevertrag gewählt haben gemäß §§ 1415 ff. BGB. Dies ist in der Praxis äußerst selten. In der Regel leben Eheleute im gesetzlichen Güterstand der Zugewinngemeinschaft. Praktische Relevanz hat daneben noch die Gütertrennung nach § 1414 BGB.

102 Haben die Eheleute Gütergemeinschaft gemäß §§ 1415–1518 BGB vereinbart, wird das eingebrachte und später erworbene Vermögen als Gesamtgut gemeinschaftliches Vermögen der Eheleute zur gesamten Hand gemäß §§ 1416, 1419 BGB. Die Verwaltung erfolgt durch einen oder beide Ehegatten nach §§ 1421, 1422 ff., 1450 ff. BGB. Neben dem Gesamtgut kann es gemäß §§ 1417, 1418 BGB auch ein Sonder- und Vorbehaltsgut geben.

II. Insolvenzverfahren über das Gesamtgut einer fortgesetzten Gütergemeinschaft (§ 332 InsO)

103 Die fortgesetzte Gütergemeinschaft endet nicht mit dem Tod eines Ehegatten,[154] vielmehr setzt der überlebende Ehegatte die Gemeinschaft mit den gemeinsamen Abkömmlingen fort. Der Anteil des Verstorbenen am Gesamtgut fällt nicht in den Nachlass gemäß § 1483 Abs. 1 BGB. Der überlebende Ehegatte hat die Stellung eines allein verwaltenden Ehegatten nach § 1487 Abs. 1 BGB und haftet gemäß § 1489 Abs. 1 BGB für die Gesamtgutsverbindlichkeiten persönlich. Diese persönliche Haftung des überlebenden Ehegatten kann gemäß § 1489 Abs. 2 BGB auf das Gesamtgut beschränkt werden. Deshalb ist ein Insolvenzverfahren über das Gesamtgut einer fortgesetzten Gütergemeinschaft gemäß § 11 Abs. 2 Nr. 2 InsO zulässig. Das Verfahren unterliegt jedoch den Regeln über die Nachlassinsolvenz gemäß § 332 InsO und den dort normierten Abweichungen.

III. Insolvenzverfahren über das gemeinschaftlich verwaltete Gesamtgut einer Gütergemeinschaft (§§ 333, 334 InsO)

104 Diejenigen Ehegatten, die durch Ehevertrag den Güterstand der Gütergemeinschaft vereinbart haben, können zudem regeln, dass einer alleine oder beide gemeinschaftlich das Gesamtgut verwalten. Treffen sie keine Vereinbarung, verwalten sie gemeinschaftlich gemäß § 1450 BGB. Bei gemeinschaftlicher Verwaltung ist ein Insolvenzverfahren gemäß § 11 Abs. 2 Nr. 2 InsO zulässig. Unerheblich ist, ob die Ehegatten auch hinsichtlich ihres übrigen Vermögens zahlungsunfähig sind. Eröffnungsgründe sind Zahlungsunfähigkeit i. S. von § 17 InsO und drohende Zahlungsunfähigkeit i. S. von § 18 InsO des Gesamtguts (§ 333 InsO).

105 Wird der Insolvenzantrag auf Zahlungsunfähigkeit gestützt, ist **jeder Gläubiger**, der die Erfüllung einer Verbindlichkeit aus dem Gesamtgut verlangen kann, nach § 333 Abs. 1 InsO antragsberechtigt. Gesamtgutsverbindlichkeiten sind grundsätzlich alle Schulden von Ehemann und Ehefrau, gleichgültig welcher Art sie sind (§ 1459 BGB),[155] es sei denn, die Haftung des Gesamtguts ist nach §§ 1460, 1461, 1462 BGB ausgeschlossen. Antragsberechtigt sind gemäß § 333 Abs. 2 InsO weiterhin die **Ehegatten**, entweder jeder für sich oder gemeinsam; nur im zuletzt genannten Fall ist der Antrag bereits bei drohen-

154) Grüneberg-*Siede*, BGB, § 1482 Rz. 1.

155) Grüneberg-*Siede*, BGB, § 1459 Rz. 2; Ausnahmen enthalten §§ 1460–1462 BGB.

den Zahlungsunfähigkeit gemäß § 333 Abs. 2 Satz 3 InsO zulässig. Stellt nur ein Ehegatte den Antrag, ist der Eröffnungsgrund glaubhaft zu machen (§ 4 InsO, § 294 ZPO).

Gemäß § 1459 Abs. 2 BGB haften die Ehegatten für Gesamtgutsverbindlichkeiten auch **106** persönlich als **Gesamtschuldner**. Während der Dauer des Insolvenzverfahrens kann dieser Anspruch allerdings nach § 334 Abs. 1 InsO nur vom Insolvenzverwalter geltend gemacht werden. Diese Vorschrift beruht auf dem Rechtsgedanken des § 93 InsO, wonach die persönliche Haftung eines Gesellschafters für die Verbindlichkeiten der Gesellschaft (GbR, oHG, KG, KGaA) während der Dauer des Insolvenzverfahrens nur vom Insolvenzverwalter geltend gemacht werden kann.

Kapitel 19
Konzerninsolvenzrecht

Übersicht

Literatur: *Brünkmans*, Entwurf eines Gesetzes zur Erleichterung der Bewältigung von Konzerninsolvenzen: Kritische Analyse und Anregungen aus der Praxis, ZIP 2013, 193; *Commandeur/Knapp*, Aktuelle Entwicklungen im Insolvenzrecht, NZG 2013, 176; *Eidenmüller*, Verfahrenskoordination bei Konzerninsolvenzen, ZHR 169 (2005), 528; *Eidenmüller/Frobenius*, Das Regulierungskonzept zur Bewältigung von Gruppeninsolvenzen: Verfahrenskonsolidierung im Kontext nationaler und internationaler Reformvorhaben, ZIP Beilage Heft 22/2013, S. 3 ff.; *Fölsing*, Konzerninsolvenz: Gruppen-Gerichtsstand, Kooperation und Koordination, ZInsO 2013, 413; *Frind*, Die Überregulierung der „Konzern"insolvenz, ZInsO 2013, 429; *Frind*, Forum PINning?, ZInsO 2008, 363; *Graeber*, Das Konzerninsolvenzverfahren des Diskussionsentwurfs 2013, ZInsO 2013, 409; *Harder/Lojowski*, Der Diskussionsentwurf für ein Gesetz zur Erleichterung der Bewältigung von Konzerninsolvenzen – Verfahrensoptimierung zur Sanierung von Unternehmensverbänden?, NZI 2013, 327; *Hirte*, Vorschläge für die Kodifikation eines Konzerninsolvenzrechts, ZIP 2008, 444; *Höfer/Harig*, Mögliche Anwendungsfälle des Koordinierungsplans nach § 269h InsO in der Praxis, NZI Beilage Heft 8/2018, S. 38; *Kübler*, Konzern und Insolvenz, ZGR 1984, 561; *Laroche*, Das neue Konzerninsolvenzrecht nach InsO und EuInsVO – Probleme und Fragen aus gerichtlicher Sicht, ZInsO 2017, 2585; *Leutheusser-Schnarrenberger*, Dritte Stufe der Insolvenzrechtsreform – Entwurf eines Gesetzes zur Erleichterung der Bewältigung von Konzerninsolvenzen, ZIP 2013, 97; *Pannen*, Aspekte der europäischen Konzerninsolvenz, ZInsO 2014, 222; *Pape*, Aktuelles Insolvenzrecht im Jahr 2017 – Übersicht über die Rechtsprechung des BGH zur InsO im vergangenen Jahr (Teil 1), ZInsO 2018, 425; *Paulus*, Konturen eines modernen Insolvenzrechts – Überlappungen mit dem Gesellschaftsrecht, DB 2008, 2523; *Paulus*, Überlegungen zu einem modernen Konzerninsolvenzrecht, ZIP 2005, 1948; *Pleister*, Das besondere Koordinationsverfahren nach dem Diskussionsentwurf für ein Gesetz zur Erleichterung der Bewältigung von Konzerninsolvenzen, ZIP 2013, 1013; *Pleister/Sturm*, Die Herausforderungen des neuen Konzerninsolvenzrechts, ZIP 2017, 2329; *Rotstegge*, Zuständigkeitsfragen bei der Insolvenz in- und ausländischer Konzerngesellschaften, ZIP 2008, 955; *Sämisch/Deichgräber*, Der Verfahrenskoordinator in der Konzerninsolvenz – mehr als ein bloßer Mediator, ZIP 2019, 1152;

Schmidt, K., Konzern-Insolvenzrecht – Entwicklungsstand und Perspektiven, KTS 2010, 1; *Schneider/Kramer*, Neues Konzerninsolvenzrecht: effektivere Verfahren durch Mediation, BB 2018, 713; *Verhoeven*, Konzerne in der Insolvenz nach dem Regierungsentwurf zur Erleichterung der Bewältigung von Konzerninsolvenzen (RegE) – Ende gut, alles gut … und wenn es nicht gut ist, dann ist es noch nicht das Ende!, ZInsO 2014, 217; *Verhoeven*, Konzerninsolvenz: Die Büchse der Pandora geöffnet, ZInsO 2012, 1757 (Teil II); *Verhoeven*, Konzerninsolvenz: Eine Lanze für ein modernes und wettbewerbsfähiges deutsches Insolvenzrecht, ZInsO 2012, 1689 (Teil I); *Wellensiek*, Risiken von Beteiligungen in (durch) Insolvenzverfahren der Muttergesellschaften, ZIP 1984, 541; *Zipperer*, Die einheitliche Verwalterbestellung nach dem Diskussionsentwurf für ein Gesetz zur Erleichterung der Bewältigung von Konzerninsolvenzen, ZIP 2013, 1007.

A. Einleitung

1 Unter dem Begriff des „Konzerninsolvenzrechts" werden im weitesten Sinne Sachverhalte erfasst, bei denen zwei oder mehrere rechtlich selbstständige Unternehmen von einem Insolvenzverfahren unmittelbar oder mittelbar betroffen sind, die in einer gesellschaftsrechtlichen Beziehung zueinanderstehen. Dabei handelt es sich meist um verbundene Unternehmen i. S. von §§ 15 ff. AktG oder aber um Unternehmen, die in den demgegenüber anders gefassten Anwendungsbereich des § 290 HGB fallen. Die Art der gesellschaftsrechtlichen Verbindung kann dabei sehr unterschiedlich ausgestaltet sein. Dies hat jedoch nicht zur Folge, dass es ggf. zu einem einheitlichen Insolvenzverfahren über diese Unternehmen kommt. Der Konzern ist nämlich als solcher nicht insolvenzfähig.[1] Daher bleibt es auch in diesen Fällen dabei, dass über das Vermögen **jeden einzelnen Konzernunternehmens ein eigenständiges Insolvenzverfahren zu beantragen und ggf. zu eröffnen ist**. Naturgemäß bringt dies aufgrund der gesellschaftsrechtlichen Strukturen einige besondere Problemstellungen mit sich.

2 Beim Konzerninsolvenzrecht handelt es sich grundsätzlich um eine **Schnittpunktmaterie zwischen Insolvenz- und Gesellschaftsrecht**, wobei zusätzlich konzernrechtliche, aber auch wirtschaftliche Besonderheiten hinzutreten. Die Gemengelage zwischen Gesellschafts- und Konzernrecht wird umso komplizierter, wenn die betreffenden Unternehmen ihren Sitz in verschiedenen Ländern haben, die Regelungen der EuInsVO und ggf. unterschiedliche Rechtsordnungen zur Anwendung kommen.[2]

3 Grob eingeteilt sind beim Konzerninsolvenzrecht **zwei Bereiche** zu unterscheiden: Einerseits das Verfahrensrecht und andererseits materiell-rechtliche Regelungen. Zu den Letzteren zählen insbesondere Fragen im Bereich der Gesellschafterdarlehen (siehe näher Kap. 24 Rz. 132 ff. [*Naraschewski*]) bzw. des Cashpools (dazu näher Kap. 24 Rz. 207, 258 [*Naraschewski*]) und die Auswirkungen eines Insolvenzverfahrens auf Unternehmensverträge (siehe dazu näher Kap. 24 Rz. 114 ff. [*Naraschewski*]).

4 Ist ein Konzernunternehmen insolvenzreif, kommt es nicht selten zu einem **Domino-Effekt**, d. h. auch die übrigen, möglicherweise sogar wirtschaftlich gesunden Konzernunternehmen, werden infolge der gesellschaftsrechtlichen und vertraglichen Vereinbarungen (etwa Haftungsübernahmen, Gesellschafterdarlehen)[3] ebenfalls von der Krise erfasst und ggf. selbst insolvenzreif.[4] Hieraus wird deutlich, dass die Insolvenz eines Konzernunternehmens leicht einen „Flächenbrand" im gesamten Konzern auslösen kann. Die besondere Bedeutung von Konzernen im Wirtschaftsleben ist unbestritten.[5] Das gilt in gleicher Weise auch für Konzerninsolvenzverfahren, was nicht zuletzt durch die verhältnismäßig

1) Kübler/Prütting-*Noack*, InsO, GesR Rz. 713 ff.; *Vuia* in: MünchKomm-InsO, § 11 Rz. 35; *Prütting* in: KPB, InsO, § 11 Rz. 62 ff.; K. Schmidt-*K. Schmidt*, InsO, § 11 Rz. 22.

2) S. dazu: *Undritz* in: Flöther, Hdb. Konzerninsolvenzrecht, § 8 Rz. 1 ff.

3) S. dazu Beispiele bei *Laroche*, ZInsO 2017, 2585, 2586.

4) *Wellensiek*, ZIP 1984, 541, 543 ff.

5) *Leutheusser-Schnarrenberger*, ZIP 2013, 97.

hohe Anzahl von größeren Konzerninsolvenzen in den letzten Jahren unterstrichen wird. Obwohl dies seit langem propagiert wurde,[6] ist erst am **21.4.2018** das **Gesetz zur Erleichterung der Bewältigung von Konzerninsolvenzen** vom 13.4.2017 in Kraft getreten. Dem vorangegangen war der RegE vom 29.8.2013 bzw. der DiskE vom 3.1.2013, mit dem endlich Bewegung in die Diskussion um ein kodifiziertes Konzern(verfahrens)insolvenzrecht gekommen war. Die Bundesregierung übernahm den Entwurf vom 29.8.2013 praktisch unverändert in ihren Gesetzentwurf vom 30.1.2014 übernommen und in das Gesetzgebungsverfahren eingebracht (siehe Rz. 8 ff.).[7] Am 26.6.2017 sind mit der Neufassung der EuInsVO Regelungen zur Bewältigung grenzüberschreitender Konzerninsolvenzverfahren in Kraft getreten (siehe auch Rz. 86).

B. Der frühere Stand des Konzerninsolvenzrechts

Mangels gesetzlicher Regelungen war das Konzerninsolvenzrecht bisher insbesondere im Zusammenhang mit zwei Gesichtspunkten diskutiert worden: der örtlichen Zuständigkeit des Insolvenzgerichts und der Auswahl des Insolvenzverwalters. Diese beiden Fragen spiegelten auch gleichzeitig die besondere Problematik von Konzerninsolvenzen wider, die auch Einfluss auf die nun geltende gesetzliche Regelung nahmen.[8] Im Wesentlichen handelt es sich bei neuen Regelungen um verfahrensrechtliche Vorschriften.[9] 5

I. Örtliche Zuständigkeit

Da für jedes Konzernunternehmen ein eigenständiges Insolvenzverfahren zu eröffnen ist, können bei einem Konzern bzw. einer Unternehmensgruppe mehrere Insolvenzgerichte mit dem einzelnen Verfahren befasst sein, wenn die Konzernunternehmen ihren jeweiligen Sitz in verschiedenen Gerichtsbezirken haben (vgl. § 3 Abs. 1 Satz 1 InsO). Dies hätte zur Folge, dass die Insolvenzverfahren einer einheitlichen Unternehmensgruppe örtlich zersplittert würden und somit die Sanierung der Unternehmensgruppe möglicherweise erschwert würde. Der Sitz eines Unternehmens ist jedoch dann nicht maßgeblich, wenn der **Mittelpunkt der wirtschaftlichen Tätigkeit** des Schuldners an einem anderen Ort liegt. Dann ist das Insolvenzgericht zuständig, in dessen Bezirk dieser Ort liegt (§ 3 Abs. 1 Satz 2 InsO). Bei Konzernunternehmen ist dabei die örtliche Zuständigkeit für jedes einzelne Unternehmen gesondert zu prüfen.[10] Die bloße Zugehörigkeit zu einem Konzern oder eine allgemeine Konzernleitungsmacht reichen dafür nicht aus.[11] Nur bei Hinzutreten **besonderer Umstände** liegt der Mittelpunkt der wirtschaftlichen Interessen eines Konzernunternehmens **am Sitz der Muttergesellschaft**. Maßgeblich ist in diesem Zusammenhang, an welchem Ort die tatsächliche Willensbildung stattfindet, die Entscheidungen der Unternehmensleitung getroffen, dokumentiert und umgesetzt werden. Diese Faktoren erfordern zudem eine gewisse organisatorische Verfestigung.[12] Ob dabei 6

6) Zuerst: *Kübler*, ZGR 1984, 561; anschließend u. a. *Eidenmüller*, ZHR 169 (2005), 528; *Hirte*, ZIP 2008, 444; *Paulus*, DB 2008, 2523; *Paulus*, ZIP 2005, 1948; *K. Schmidt*, KTS 2010, 1, 2 ff.; *Verhoeven*, ZInsO 2012, 1689 (Teil I) und ZInsO 2012, 1757 (Teil II).

7) RegE Gesetz zur Erleichterung der Bewältigung von Konzerninsolvenzen, BT-Drucks. 18/407.

8) Zu Fragen der europäischen Konzerninsolvenz: *Pannen*, ZInsO 2014, 222 ff.

9) *Pape*, ZInsO 2018, 425, 426.

10) AG Essen, Beschl. v. 1.9.2009 – 166 IN 119/09, ZIP 2009, 1826, dazu EWiR 2009, 679 *(Brünkmans)*; *Rüther* in: HambKomm-InsO, § 3 Rz. 15.

11) OLG Brandenburg, Beschl. v. 19.6.2002 – 1 AR 27/02, ZIP 2002, 1590; K. Schmidt-*Stephan*, InsO, § 3 Rz. 9; *Rüther* in: HambKomm-InsO, § 3 Rz. 15.

12) AG Essen, Beschl. v. 1.9.2009 – 166 IN 119/09, ZIP 2009, 1826; *Ganter/Bruns* in: MünchKomm-InsO, § 3 Rz. 10, 14; *Prütting* in: KPB, InsO, § 3 Rz. 15; K. Schmidt-*Stephan*, InsO, § 3 Rz. 9; *Rüther* in: HambKomm-InsO, § 3 Rz. 15.

bereits der Sitz eines Lenkungsausschusses der Unternehmensgruppe ausreichend ist, ist streitig.[13] Gegebenenfalls kann im Vorfeld eines Insolvenzverfahrens der Sitz der Gesellschaft an einen gemeinsamen Ort verlegt oder die Geschäftsführung an einem solchen Ort zusammengeführt werden.[14] Während einer Krise ist eine willkürliche Verlegung des wirtschaftlichen Mittelpunkts der Unternehmensgruppe allerdings unzulässig, da dies in jedem Fall dem Gesetzeszweck widerspricht.[15] Festzuhalten ist hier, dass nicht immer gesichert werden kann, dass die Insolvenzverfahren an einem Ort „gebündelt" werden können. Es ist damit offensichtlich, dass für das Insolvenzrecht ein Konzerngerichtsstand fehlt.

II. Auswahl des Insolvenzverwalters

7 In Insolvenzverfahren über Unternehmen einer Unternehmensgruppe wird häufig empfohlen, **denselben Insolvenzverwalter für alle einzelnen Rechtsträger zu bestellen.** Hierdurch soll verhindert werden, dass die Unternehmensgruppe auseinanderfällt, weil die unterschiedlichen Verwalter verschiedene Sanierungs- oder Abwicklungsstrategien verfolgen.[16] Es liegt auf der Hand, dass hier jedoch **Interessenkollisionen** drohen und somit nicht die nach § 56 Abs. 1 Satz 1 InsO erforderliche Unabhängigkeit gegeben ist. Diesen ist durch die **Bestellung von Sonderinsolvenzverwaltern** vorzubeugen.[17] Letztendlich führt dies jedoch zu einem erheblichen Koordinierungsaufwand mit entsprechenden zusätzlichen Verfahrenskosten.[18] Ob für jedes Gruppenunternehmen ein eigener Sonderinsolvenzverwalter zu bestellen ist, ist streitig.[19] Richtigerweise sollten die Bedürfnisse und Gefahren der jeweils konkreten Fallkonstellation abgewogen werden. Soweit Interessen gleichlaufend sind und somit kein Interessenkonflikt besteht, kann auch ein gemeinsamer Sonderinsolvenzverwalter bestellt werden.[20] Die Bestellung hat dann jedoch für jeden gruppenangehörigen Schuldner gesondert zu erfolgen, da es sich jeweils um rechtlich getrennte Verfahren handelt.[21]

C. Das kodifizierte Konzerninsolvenzrecht

8 Dem DiskE des Gesetzes zur Erleichterung der Bewältigung von Konzerninsolvenzen vom 3.1.2013,[22] der schnell einige Resonanz in der Literatur gefunden hat,[23] ist am

13) Für ausreichend erachtet: AG Köln, Beschl. v. 1.2.2008 – 73 IN 682/07, ZIP 2008, 982, dazu EWiR 2008, 595 *(Müller)*; *Rotstegge*, ZIP 2008, 955; kritisch: *Frind*, ZInsO 2008, 363; *Rüther* in: HambKomm-InsO, § 3 Rz. 15.

14) *Graeber* in: MünchKomm-InsO, § 56 Rz. 52.

15) *Rüther* in: HambKomm-InsO, § 3 Rz. 15.

16) *Frind* in: HambKomm-InsO, § 56 Rz. 124; einschränkend: *Graeber* in: MünchKomm-InsO, § 56 Rz. 47 ff., 50.

17) *Frind* in: HambKomm-InsO, § 56 Rz. 125; K. Schmidt-*Ries*, InsO, § 56b Rz. 8. *Flöther* in: Flöther, Hdb. Konzerninsolvenzrecht, § 4 Rz. 186a, und *Pape*, ZInsO 2018, 425, 426, bemängeln, dass der Gesetzgeber die Rechtsstellung der Sonderinsolvenzverwalter nicht geregelt hat.

18) *Graeber* in: MünchKomm-InsO, § 56 Rz. 51; *Pape*, ZInsO 2018, 425.

19) Dafür: *Wimmer-Amend* in: FK-InsO, § 56b Rz. 53.

20) K. Schmidt-*Ries*, InsO, § 56b Rz. 9.

21) In diesem Fall ist in jedem Verfahren die Vergütung des Sonderinsolvenzverwalters einzeln festzusetzen, wobei allerdings bei der Vertretung gleichgerichteter Interessen auf den Rechtsgedanken des § 269g Abs. 2 InsO zurückgegriffen werden kann.

22) RegE Gesetz zur Erleichterung der Bewältigung von Konzerninsolvenzen, ZIP Beilage Heft 22/2013; zusammenfassend: *Leutheusser-Schnarrenberger*, ZIP 2013, 97.

23) Z. B. *Brünkmans*, ZIP 2013, 193; *Commandeur/Knapp*, NZG 2013, 176; *Eidenmüller/Frobenius*, ZIP Beilage Heft 22/2013; *Fölsing*, ZInsO 2013, 413; *Frind*, ZInsO 2013, 429; *Graeber*, ZInsO 2013, 409; *Harder/Lojowski*, NZI 2013, 327; *Pleister*, ZIP 2013, 1013; *Zipperer*, ZIP 2013, 1007.

29.8.2013 ein RegE gefolgt. Der RegE enthält gegenüber dem DiskE mehrere Änderungen. Schon am 30.1.2014 hat die Bundesregierung ihren RegE praktisch unverändert in das Gesetzgebungsverfahren eingebracht.[24)] Im Verlauf des Gesetzgebungsverfahrens sind noch vereinzelte Änderungen vorgenommen vor, bevor der Bundestag das **Gesetz zur Erleichterung und der Bewältigung von Konzerninsolvenzen** am 13.4.2017 beschlossen hat, das am 21.4.2018 in Kraft getreten ist.

I. Zielsetzungen des Gesetzes

1. Problemstellung

Der Regierungsentwurf legt anschaulich die wesentliche Problemstellung einer Konzern- 9
insolvenz offen: Das geltende Insolvenzrecht ist auf die Bewältigung der **Insolvenz eines einzelnen Rechtsträgers zugeschnitten**, so dass über das Vermögen jedes einzelnen Unternehmensträgers ein eigenständiges Insolvenzverfahren eröffnet werden muss. Dies kann aber insbesondere dann zu Nachteilen führen, wenn die in einem Konzern zusammengeschlossenen Unternehmen eine wirtschaftliche Einheit bilden, weil etwa betriebs- und finanzwirtschaftliche Funktionen der insgesamt verfolgten unternehmerischen Tätigkeit auf unterschiedliche Unternehmensträger verteilt sind. Durch die jeweils für jeden Unternehmensträger separat zu führenden Insolvenzverfahren mit einer Verteilung auf mehrere Insolvenzverwalter wird es schwieriger, die wirtschaftliche Einheit des Konzerns als solche zu erhalten und seinen vollen Wert für die Gläubiger zu realisieren, da diese zuvor durch die Ausübung der Konzernleitungsmacht aufeinander abgestimmt war. **Suboptimale Verwertungsergebnisse** drohen daher insbesondere dann, wenn die Verwalter unterschiedliche und nicht aufeinander abgestimmte Verwertungsstrategien verfolgen.[25)] Eine bestmögliche Gläubigerbefriedigung wird es oftmals erfordern, gerade diesen in der Konzernsituation innewohnenden zusätzlichen Wert zu heben.[26)] Häufig geschieht dies durch eine einheitliche Sanierung der Unternehmensgruppe.

> **Praxishinweis**
>
> Kurz gefasst geht es darum, **einen sich aus der Konzernstruktur ergebenden Mehrwert für die Gläubiger zu sichern.**[27)] Allerdings bietet eine koordinierte Abwicklung auch Kostenvorteile.[28)] Der Kostenvorteil wird aber insoweit aufgehoben, wenn und soweit Sonderinsolvenzverwalter bestellt werden müssen, um Interessenkonflikten vorzubeugen (siehe dazu Rz. 7).

2. Grundsätzlicher Lösungsansatz

Zur Lösung der vorstehenden Problematik werden in der Literatur verschiedene Lösungs- 10
ansätze diskutiert. Gegenüber stehen sich hier **zwei Modelle**: die Konsolidierung der Insolvenzverfahren einerseits und deren Koordinierung andererseits.

– Bei der **Konsolidierung** werden die Vermögensgegenstände und Verbindlichkeiten aller Konzernunternehmen zusammengefasst.[29)] Dies hat den Vorteil, dass der Konzern ggf.

24) RegE Gesetz zur Erleichterung der Bewältigung von Konzerninsolvenzen, BT-Drucks. 18/407.

25) Begr. RegE Gesetz zur Erleichterung der Bewältigung von Konzerninsolvenzen, BT-Drucks. 18/407, S. 15.

26) Begr. RegE Gesetz zur Erleichterung der Bewältigung von Konzerninsolvenzen, BT-Drucks. 18/407, S. 38 f.

27) *Leutheusser-Schnarrenberger*, ZIP 2013, 97.

28) *Eidenmüller/Frobenius*, ZIP Beilage Heft 22/2013, S. 4.

29) *Paulus*, ZIP 2005, 1948, 1953 ff.; s. dazu auch die Darstellung bei *Eidenmüller/Frobenius*, ZIP Beilage Heft 22/2013, S. 3; *K. Schmidt*, KTS 2010, 1, 13 ff.

einheitlich und damit einfacher saniert werden kann sowie etwaige Verlagerungen von Gewinnen ausgeblendet werden.[30]

- Dagegen bleibt es bei der **Koordinierung** dabei, dass für jeden Rechtsträger ein separates Verfahren eröffnet wird. Jedoch werden die einzelnen Verfahren durch verschiedene Mechanismen aufeinander abgestimmt.[31] Dabei könnte – so ein Vorschlag – die Abstimmung so weit gehen, dass ein einheitliches Verfahren für alle Konzernunternehmen eröffnet wird, aber die Insolvenzmassen der einzelnen Unternehmensträger als voneinander getrennte Sondermassen gebildet werden.[32]

11 Das Gesetz entscheidet sich hier für die **Koordinierung der einzelnen (selbstständigen) Verfahren.** Einer Konsolidierung erteilt das Gesetz eine Absage, da sich die mit dem Grundsatz der Haftungstrennung und der rechtlichen Selbstständigkeit der Rechtsträger nicht vereinbaren lasse. Hierdurch könnten sich auch die Kosten für Kredite von Konzernunternehmen erhöhen, da die Gläubiger ihre Kreditwürdigkeitsprüfung auf den gesamten Konzern stützen müssten.[33] Dies ist auch deshalb konsequent, weil der Konzern als solcher nicht insolvenzfähig ist. Stattdessen setzt das Gesetz auf **Koordinierungsmechanismen,** um die Problematik mit einem differenzierten und flexiblen rechtlichen Rahmen, der eine dem jeweiligen Einzelfall gerecht werdende Koordinierung der Verfahren erlaubt, zu lösen. Damit will das Gesetz den in der Praxis bestehenden vielfältigen Konzernstrukturen Rechnung tragen.[34]

12 Um eine Koordinierung zu erreichen, setzt das Gesetz auf vier verschiedene Bausteine:

- Schaffung eines einheitlichen Gerichtsstands (Gruppen-Gerichtsstand),
- Regelungen zur Bestellung des Insolvenzverwalters,
- Vorschriften zur Zusammenarbeit von Gerichten, Insolvenzverwaltern und Gläubigerausschüssen (Kooperationspflichten),
- Einführung eines Koordinationsverfahrens.

13 Das Gesetz knüpft dabei an den Begriff der **Unternehmensgruppe** an. Diese besteht nach § 3e InsO aus rechtlich selbstständigen Unternehmen, die den Mittelpunkt ihrer hauptsächlichen Interessen im Inland haben und die unmittelbar oder mittelbar durch die Möglichkeit der Ausübung beherrschenden Einflusses (Nr. 1) oder eine Zusammenfassung unter einheitlicher Leitung (Nr. 2) verbunden sind. Mit dieser Regelung schafft die InsO einen für diese **eigenständigen „Konzernbegriff“.** Die Formulierung unter Nr. 1 lehnt sich an § 290 Abs. 1 HGB an. Allerdings ist dieser weiter gefasst, da er im Gegensatz zu § 290 Abs. 1 HGB nicht ausschließlich Gesellschaften unter Leitung einer Kapitalgesellschaft erfasst.[35]

Praxishinweis

Damit regelt das Gesetz nicht nur typische Konzernkonstellationen nach §§ 15 ff. AktG, sondern **praktisch nahezu jedwede Form der Unternehmensverbindung.** Der Anwendungsbereich des Gesetzes ist damit deutlich größer als es der Titel des Gesetzes zunächst vermuten lässt.[36] Nr. 2 bezieht insbesondere den Gleichordnungskonzern mit ein.[37]

---

30) *Paulus*, ZIP 2005, 1948, 1953.

31) *Eidenmüller/Frobenius*, ZIP Beilage Heft 22/2013, S. 3 f.

32) Begr. RegE Gesetz zur Erleichterung der Bewältigung von Konzerninsolvenzen, BT-Drucks. 18/407, S. 17.

33) Begr. RegE Gesetz zur Erleichterung der Bewältigung von Konzerninsolvenzen, BT-Drucks. 18/407, S. 17; zustimmend: *Brünkmans*, ZIP 2013, 193, 194.

34) Begr. RegE Gesetz zur Erleichterung der Bewältigung von Konzerninsolvenzen, BT-Drucks. 18/407, S. 16 f.

35) Begr. RegE Gesetz zur Erleichterung der Bewältigung von Konzerninsolvenzen, BT-Drucks. 18/407, S. 29.

36) *Frind*, ZInsO 2013, 429.

37) Begr. RegE Gesetz zur Erleichterung der Bewältigung von Konzerninsolvenzen, BT-Drucks. 18/407, S. 29.

14 Die Kodifizierung des Konzerninsolvenzrechts ist ganz sicher zu begrüßen. Allerdings zeigt sich bei der folgenden Darstellung, dass doch eine Reihe von Einzelproblemen zu diskutieren und zu lösen sind. Dies wird erst einmal die Aufgabe der Praxis sein.

II. Die einzelnen Regelungsbereiche

1. Der Gruppen-Gerichtsstand

a) Voraussetzungen

15 § 3a InsO schafft einen Gruppen-Gerichtsstand.[38] Dieser Gerichtsstand wird dadurch begründet, dass sich auf Antrag eines Schuldners (**„gruppenangehöriger Schuldner"**) das angerufene Insolvenzgericht auch für die Insolvenzverfahren über die anderen gruppenangehörigen Schuldner (**„Gruppen-Folgeverfahren"**) für zuständig erklärt (§ 3a Abs. 1 Satz 1 InsO). Voraussetzung hierfür ist jedoch, dass ein zulässiger Insolvenzantrag vorliegt und der Schuldner **nicht offensichtlich von untergeordneter Bedeutung für die gesamte Unternehmensgruppe ist.** § 3a Abs. 1 Satz 2 InsO stellt in diesem Zusammenhang die **Vermutung** auf, dass eine untergeordnete Bedeutung **in der Regel** nicht anzunehmen ist, wenn im vorangegangenen abgeschlossenen Geschäftsjahr die Zahl der vom Schuldner im Jahresdurchschnitt beschäftigten Arbeitnehmer 15 % der in der Unternehmensgruppe im Jahresdurchschnitt beschäftigten Arbeitnehmer ausmachte und a) die Bilanzsumme oder b) der Umsatz des Schuldners mehr als 15 % der zusammengefassten Bilanzsumme bzw. des zusammengefassten Umsatzes beträgt. Den Arbeitnehmerinteressen ist somit ein hoher Stellenwert eingeräumt worden, was sich auch in der Auffangregelung in § 3a Abs. 1 Satz 4 InsO widerspiegelt. Dies ist jedoch nicht unproblematisch (siehe dazu Rz. 16).[39]

16 Erfüllt jedoch keiner der gruppenangehörigen Schuldner die vorstehenden numerischen Kriterien, kann der Gruppen-Gerichtsstand bei dem Gericht begründet werden, das für den gruppenangehörigen Schuldner zuständig ist, der im vorangegangenen abgeschlossenen Geschäftsjahr im Jahresdurchschnitt die meisten Arbeitnehmer beschäftigt hat (§ 3a Abs. 1 Satz 4 InsO). Hier wird man jedoch besonders umfassende Begründung seitens des Insolvenzgerichts verlangen dürfen, aus welchen Gründen eine Verfahrenskonzentration am angerufenen Insolvenzgericht im Interesse der Gläubiger liegt (§ 13a Abs. 1 Nr. 2 InsO).

17 Ob der Schuldner tatsächlich nicht von untergeordneter Bedeutung ist, ist anhand aller Umstände des Einzelfalls zu beurteilen. Dabei weist die Gesetzesbegründung darauf hin, dass nicht nur allein die vorstehenden quantitativen Größen maßgeblich sind, sondern auch **qualitative Kriterien**. Hier ist insbesondere in Bezug auf den Gruppenkontext auf die vom Unternehmen übernommenen Aufgaben und Funktionen abzustellen.[40] Stellt eine Holding-Gesellschaft den Antrag nach § 3a Abs. 1 Satz 1 InsO, indiziert deren Stellung im Konzern, dass die Gesellschaft nicht nur von untergeordneter Bedeutung i. S. von § 3a Abs. 1 Satz 2 InsO ist, auch wenn die dort angegeben quantitativen Größen nicht erreicht werden.[41] Denkbar ist in diesem Zusammenhang eine erhebliche Bedeutung des Schuldners etwa auch dann, wenn dieser für die Unternehmensgruppe z. B. wichtige nicht

38) Darüber hinaus sieht § 2 Abs. 3 Satz 1 InsO vor, dass die Landesregierung durch Verordnung ein Gericht je Bezirk eines OLG zum Gericht des Gruppen-Gerichtsstands zu bestimmen, um Konzernverfahren an einem Ort zu konzentrieren und hier eine besondere Kompetenz aufzubauen.

39) Im RegE waren die Schwellenwerte noch mit 10 % angesetzt. Diese sind auf 15 % erhöht worden, um ein missbräuchliches Forum Shopping zu verhindern.

40) Begr. RegE Gesetz zur Erleichterung der Bewältigung von Konzerninsolvenzen, BT-Drucks. 18/407, S. 26 f.

41) AG Hamburg, Beschl. v. 2.2.2023 – 67h IE 1/23, ZRI 2023, 175 = ZIP 2023, 543; AG Hamburg, Beschl. v. 9.6.2020 – 67g IN 136/20, ZRI 2020, 391.

bilanzierbare immaterielle Vermögensgegenstände hält oder wichtige Vertragsverhältnisse eingegangen ist. Die Regelung in § 3a Abs. 1 InsO enthält nur eine reine Zweifelsregelung.[42] Auf sie kann folglich nur zurückgegriffen werden, wenn die Beurteilung anhand anderer Kriterien nicht möglich ist oder kein eindeutiges Ergebnis bringt.

18 Bestehen **Zweifel** daran, dass eine Verfahrenskonzentration **im gemeinsamen Interesse der Gläubiger** liegt, kann das Gericht nach § 3a Abs. 2 InsO den Antrag auf Begründung eines Gruppen-Gerichtsstands ablehnen. Angesichts der Zielsetzungen des Gesetzes wird man hier verlangen müssen, dass der Schuldner i. R. der gemäß § 13a InsO zu machenden Angaben möglichst konkret darlegt, dass durch die Konzentrierung der Insolvenzverfahren bei einem Insolvenzgericht und deren koordinierter Abwicklung ein möglicher, durch die Konzernstruktur begründeter Mehrwert in dem Insolvenzverfahren für die Gläubiger realisiert werden kann und nicht verlorengeht (siehe dazu Rz. 9).[43] Anderenfalls gibt es auch keinen Grund von der sonst nach § 3 Abs. 1 InsO zu bestimmenden, örtlichen Zuständigkeit abzuweichen.[44] Maßgeblich ist das „gemeinsame" Interesse aller Gläubiger der Unternehmensgruppe. Das Gericht hat also auch die Interessen der Gläubiger der anderen gruppenangehörigen Unternehmen zu berücksichtigen. Es muss allerdings nicht positiv feststellen, dass durch die Koordinierung Vorteile zu erwarten sind. Zweifel daran genügen für eine Ablehnung des Antrags.[45] Sollte ein Gläubiger im Falle der Begründung eines Gruppen-Gerichtsstands aufgrund der Auffangregelung des § 3a Abs. 1 Satz 4 InsO Zweifel vortragen, wird seitens des Insolvenzgerichts eine besonders kritische Prüfung erforderlich sein. Die bloße Anzahl der Arbeitnehmer sagt über die wirtschaftliche Bedeutung des gruppenangehörigen Schuldners und die Auswirkungen eines Gruppen-Insolvenzverfahrens für die Gläubiger nichts aus.

Praxishinweis

Hier ist ggf. kritisch zu prüfen, ob eine Loslösung vom Sitz des Mutterkonzerns tatsächlich sachgerecht ist. Nicht selten liegen die Konzernsitze in Großstädten, während sich die Produktionsstätten in der Region befinden. Dies fördert nicht gerade die Vorhersehbarkeit des potentiellen Gruppen-Gerichtsstands.[46]

19 **Maßgeblicher Zeitpunkt** für die Beurteilung der Zugehörigkeit zur Unternehmensgruppe ist der **Eingang des Antrags, der spezifisch auf die Verfahrenskonzentration gerichtet ist** (§ 3a Abs. 1 Satz 1 InsO). War eine Gesellschaft zu diesem Zeitpunkt gruppenangehörig, kann der Eröffnungsantrag auch dann am Gruppen-Gerichtsstand gestellt werden, selbst wenn nach dem Antrag i. S. des § 3a Abs. 1 Satz 1 InsO die Gruppenzugehörigkeit entfallen sein sollte.[47]

b) Antragserfordernis

20 Das Insolvenzgericht prüft die Begründung eines Gruppen-Gerichtsstands nur **auf Antrag des Schuldners** (§ 3a Abs. 1 Satz 1 InsO). Nach § 3a Abs. 3 InsO geht das Antragsrecht mit der Eröffnung des Insolvenzverfahrens auf den Insolvenzverwalter und im Falle

42) *Laroche*, ZInsO 2017, 2585, 2590.

43) Begr. RegE Gesetz zur Erleichterung der Bewältigung von Konzerninsolvenzen, BT-Drucks. 18/407, S. 27.

44) Vgl. auch *Laroche*, ZInsO 2017, 2585, 2591; *Verhoeven*, ZInsO 2014, 217, 218.

45) Begr. RegE Gesetz zur Erleichterung der Bewältigung von Konzerninsolvenzen, BT-Drucks. 18/407, S. 27; offenbar weniger streng: *Pleister/Sturm*, ZIP 2017, 2329, 2334; *v. Wilcken* in: Flöther, Hdb. Konzerninsolvenzrecht, § 4 Rz. 60.

46) *Pleister/Sturm*, ZIP 2017, 2329, 2333.

47) *Thole* in: Flöther, Hdb. Konzerninsolvenzrecht, § 2 Rz. 51.

der Bestellung eines vorläufigen (starken) Insolvenzverwalter, dem die Verwaltungs- und Verfügungsbefugnis über das Vermögen des Schuldners übertragen worden ist, über.

Das Antragsrecht des Schuldners ist durchaus kritisch zu sehen, da die Begründung des **Gruppen-Gerichtsstands** doch **erhebliche Bedeutung** für alle Gruppen-Folgeverfahren hat und insoweit zu einer Weichenstellung für die gesamte Unternehmensgruppe führt (siehe dazu Rz. 13). Es sind durchaus Konstellationen denkbar, in denen ein Gruppenunternehmen zwar die Schwellenwerte des § 3a Abs. 1 Satz 2 InsO erreicht, aber sonst im Vergleich zu den anderen Gruppenunternehmen dennoch von untergeordneter Bedeutung ist. Das kann insbesondere der Fall sein, wenn die Unternehmensleitung der Gruppe in einem anderen Insolvenzgerichtsbezirk ansässig ist und etwa von dort aus die Sanierung betreibt. Hier kann der Antrag des ersten Gruppenunternehmens die Sanierungsbemühungen der Unternehmensgruppe insgesamt beeinträchtigen, etwa wenn zunächst nur ein einzelnes Unternehmen einen Insolvenzantrag stellt. 21

In diesem Zusammenhang wird darauf hingewiesen, dass die Muttergesellschaft über ihre **Konzernleitungsmacht** bzw. die **Weisungsrechte** nach § 37 Abs. 1 GmbHG bzw. § 308 AktG auf die Antragstellung Einfluss nehmen könnte. Dies kollidiere auch nicht mit der Insolvenzantragspflicht nach § 15a InsO.[48] Dies ist grundsätzlich zutreffend. Allerdings besteht hier das Problem, dass etwaige **Beschränkungen der Vertretungsmacht** bei einem GmbH-Geschäftsführer nach § 37 Abs. 2 GmbHG und etwaige **Weisungen** an einen nicht aufgrund eines Beherrschungsvertrags gebundenen Vorstand einer Aktiengesellschaft (§ 76 Abs. 1 AktG) unbeachtlich sind. Dieser Gefahr kann man z. B. dadurch begegnen, dass sich das Insolvenzgericht einen entsprechenden Beschluss der Gesellschafter vorlegen lässt oder diese vor einer Entscheidung bzw. die Geschäftsleitung der Spitze der Unternehmensgruppe anhört. Im Hinblick auf die Bedeutung und die Auswirkungen eines Antrags zur Begründung eines Gruppen-Gerichtsstands hat man zu verlangen, dass der Geschäftsführer zuvor einen Beschluss der Gesellschafter einholt.[49] 22

Für die Antragstellung gilt das **Prioritätsprinzip**, so dass der zuerst gestellte Antrag maßgeblich ist.[50] § 3a Abs. 1 Satz 3 Halbs. 1 InsO stellt klar, dass bei zeitgleich eingegangen Anträgen oder, wenn unklar ist, welcher Antrag zuerst gestellt worden ist, der Antrag des Schuldners maßgeblich ist, der im vergangenen abgeschlossenen Geschäftsjahr die meisten Arbeitnehmer beschäftigt hat. Parallel dazu erklärt die Regelung die anderen Anträge für unzulässig (§ 3a Abs. 1 Satz 3 Halbs. 2 InsO). Die Anknüpfung an die Anzahl der Arbeitnehmer gibt zwar ein konkretes Entscheidungskriterium. Im Entwurf wurde noch auf die Bilanzsumme abgestellt. Wobei er hier aber richtigerweise erkannt hat, dass dieses Kriterium nicht uneingeschränkt für die wirtschaftliche Bedeutung des Schuldners innerhalb der Unternehmensgruppe aussagekräftig ist. Er gibt ihm allerdings aus Gründen der Klarheit den Vorzug.[51] 23

48) *Brünkmans*, ZIP 2013, 193, 197.

49) Vgl. OLG München, Urt. v. 21.3.2013 – 23 U 3344/12, ZIP 2013, 1121, dazu EWiR 2013, 483 *(Jakobs)*, zur Pflicht eines Geschäftsführers einer Komplementär-GmbH einen Beschluss der KG-Gesellschafter einzuholen, bevor er einen Insolvenzantrag wegen drohender Zahlungsunfähigkeit der KG stellt.

50) Begr. RegE Gesetz zur Erleichterung der Bewältigung von Konzerninsolvenzen, BT-Drucks. 18/407, S. 27.

51) Begr. RegE Gesetz zur Erleichterung der Bewältigung von Konzerninsolvenzen, BT-Drucks. 18/407, S. 27; kritisch hierzu *Verhoeven*, ZInsO 2014, 217, 218 f.

Praxishinweis

Es ist nicht von der Hand zu weisen, dass das hier geltende Prioritätsprinzip zum forum shopping einlädt und daher **missbrauchsanfällig** ist.[52] Das Gesetz will das Risiko dadurch minimieren, dass Anträge von untergeordneten Gruppenunternehmen durch die Schwellenwerte in § 3a Abs. 1 Satz 2 InsO ausgenommen werden.[53] Ob das tatsächlich ausreicht, ist fraglich, da die Regelungen doch Möglichkeiten eröffnen, durch ein „Pilotverfahren"[54] den Ort des Insolvenzgerichts zu beeinflussen. Dies gilt vor allem durch die Aufnahme der Auffangregelung in § 3a Abs. 1 Satz 4 InsO (siehe auch Rz. 15 f.).

c) Anlagen zum Antrag

24 Damit das Insolvenzgericht die Bedeutung des Schuldners für die Unternehmensgruppe beurteilen kann, sind im Insolvenzantrag die in § 13a InsO aufgeführten Angaben zu machen bzw. Unterlagen vorzulegen. Besonders relevant ist hier die Darstellung aus welchen Gründen eine Verfahrenskonzentration am angerufenen Insolvenzgericht im gemeinsamen Interesse der Gläubiger liegt (§ 13a Abs. 1 Nr. 2 InsO). Zu Recht wird darauf hingewiesen, dass es einem Schuldner möglicherweise Schwierigkeiten bereiten kann, die erforderlichen Informationen von den anderen Unternehmen der Gruppe zu erhalten.[55] Daher sind hier keine zu hohen Anforderungen zu stellen. Allerdings sollten die Angaben so spezifisch sein, dass eine missbräuchliche Auswahl des Insolvenzgerichts (siehe Rz. 16) ausgeschlossen werden kann. Das Insolvenzgericht hat ggf. im Wege der Amtsermittlung weitere Nachforschungen anzustellen. Dies kann allerdings zu Zeitverlusten führen.[56]

d) Wirkung des Gruppen-Gerichtsstands

25 **Folge** der nach § 3a Abs. 1 Satz 1 InsO erklärten Zuständigkeit für die Gruppen-Folgeverfahren ist, dass für die anderen Unternehmen der Unternehmensgruppe ein Insolvenzantrag am Ort des Gruppen-Gerichtsstands gestellt werden kann, da nunmehr auch hier die örtliche Zuständigkeit begründet ist. § 3c Abs. 2 InsO stellt klar, dass dieser Gerichtsstand **neben** den nach § 3 Abs. 1 InsO tritt und in diesem Zusammenhang auch **keine Sperrwirkung** auslöst. Bei dem Gruppen-Gerichtsstand handelt sich daher um einen Wahlgerichtsstand.[57] Das bedeutet zugleich auch, dass § 3 Abs. 1 InsO seinen Charakter als ausschließlichen Gerichtsstand verliert.[58] Dabei erklärt § 3c Abs. 1 InsO die Abteilung des Insolvenzgerichts für zuständig, das den Gruppen-Gerichtsstand begründet hat. Der RegE erklärt dies damit, dass es keinen Sinn ergäbe, wenn aufgrund der Geschäftsverteilung nicht derselbe Richter für die Folgeverfahren zuständig wäre, weil sich sonst die Zuständigkeitskonzentration nur unvollkommen erreichen ließe.[59]

---

52) *Commandeur/Knapp*, NZG 2013, 176, 177; *Eidenmüller/Frobenius*, ZIP Beilage Heft 22/2013, S. 5; *Frind*, ZInsO 2013, 429, 431 f.; s. a. Stellungnahme d. BRats z. Gesetz zur Erleichterung der Bewältigung von Konzerninsolvenzen, BT-Drucks. 18/407, S. 47.

53) Begr. RegE Gesetz zur Erleichterung der Bewältigung von Konzerninsolvenzen, BT-Drucks. 18/407, S. 19.

54) Diesen passenden Begriff wählt *Frind*, ZInsO 2013, 429, 431.

55) *Fölsing*, ZInsO 2013, 413, 416.

56) Vgl. auch *Frind*, ZInsO 2013, 429, 430.

57) *Pleister/Sturm*, ZIP 2017, 2329, 2331.

58) Begr. RegE Gesetz zur Erleichterung der Bewältigung von Konzerninsolvenzen, BT-Drucks. 18/407, S. 27 f.

59) Begr. RegE Gesetz zur Erleichterung der Bewältigung von Konzerninsolvenzen, BT-Drucks. 18/407, S. 28; wobei nunmehr auf die Abteilung des Insolvenzgerichts abgestellt wird (Änderung durch Art. 5 Nr. 3 SanInsFoG = Gesetz zur Fortentwicklung des Sanierungs- und Insolvenzrechts [Sanierungs- und Insolvenzrechtsfortentwicklungsgesetz – SanInsFoG], v. 22.12.2020, BGBl. I 2020, 3256).

26 Ein einmal begründeter Gruppen-Gerichtsstand bleibt auch dann erhalten, wenn das Insolvenzverfahren des antragstellenden Schuldners nicht eröffnet, aufgehoben oder eingestellt wird, solange an diesem Gerichtsstand ein Verfahren über einen anderen gruppenangehörigen Schuldner anhängig ist (§ 3b InsO). Der Gruppen-Gerichtsstand bleibt begründet, solange auch nur ein Verfahren eines gruppenangehörigen Unternehmens anhängig ist. Das gilt auch für Folgeverfahren, die während des „Erstverfahrens“ noch nicht anhängig gewesen sind.[60)]

e) Verweisung von Anträgen weiterer gruppenangehöriger Schuldner

27 Stellt ein weiterer gruppenangehöriger Schuldner einen Insolvenzantrag bei einem anderen Insolvenzgericht als dem des Gruppen-Gerichtsstands, so kann das angerufene Insolvenzgericht das Verfahren an das Gericht des Gruppen-Gerichtsstands verweisen (§ 3d Abs. 1 Satz 1 InsO). Die Verweisung steht damit **im Ermessen des Gerichts.** Es hat zu prüfen, ob die Verweisung auch bei Berücksichtigung des Verfahrensstands im Interesse der Gläubiger des Schuldners liegt. Dies kann etwa dann zu verneinen sein, wenn das Verfahren bereits eröffnet worden ist und der eingesetzte Verwalter bereits eine Vielzahl von Dispositionen getroffen hat.[61)] Allerdings hat eine Verweisung auf Antrag des Schuldners zu erfolgen, wenn er im Falle eines zulässigen Gläubigerinsolvenzantrags unverzüglich beim Gericht des Gruppen-Gerichtsstands einen Eröffnungsantrag stellt (§ 3d Abs. 1 Satz 2 i. V. mit Abs. 2 Satz 1 InsO). Beschließt das Gericht die Verweisung, soll diese **bindend** sein.[62)]

28 Die Regelung ist durchaus kritisch zu beurteilen: Sie setzt voraus, dass das Insolvenzgericht auch darüber unterrichtet ist, dass es sich um einen gruppenangehörigen Schuldner und sich um einen Gruppen-Folgeantrag handelt. Nur dann kann es überhaupt die Prüfung vornehmen, ob die Voraussetzungen für eine Verweisung erfüllt sind. Daran knüpft die weitere Frage an, anhand welcher **Unterlagen** das Gericht seine Prüfung vornehmen soll. Die in § 13a InsO aufgeführten Unterlagen sind nämlich nur im Zusammenhang mit der Begründung eines Gruppen-Gerichtsstands vorzulegen. Weiterhin stellt sich die Frage, ob das Gericht die Prüfung vornehmen soll, ob die Verweisung im Interesse der Gläubiger liegt. Als Maßstab hierfür müsste § 3a Abs. 2 InsO herangezogen werden. Diese Prüfung hat jedoch bereits das Gericht des Gruppen-Gerichtsstands vorgenommen und auch positiv festgestellt. Letztlich muss verhindert werden, dass in diesem Zusammenhang entgegengesetzte Entscheidungen getroffen werden. Diese können für eine Sanierung oder koordinierte Abwicklung nicht förderlich sein. In jedem Fall treffen hier das Gericht die Pflichten nach § 269b InsO bevor es eine Entscheidung fällt. Unabhängig davon ist es nicht überzeugend, darauf abzustellen, ob der Insolvenzverwalter bereits Dispositionen getroffen hat. Entscheidend muss allein sein, ob ein etwaiger Mehrwert der Unternehmensgruppe realisiert werden kann.

29 Wird das Verfahren verwiesen, kann das Gericht des Gruppen-Gerichtsstands einem vom Erstgericht **bestellten** vorläufigen **Insolvenzverwalter** entlassen, wenn dies erforderlich ist, um eine Person zum Insolvenzverwalter nach § 56b InsO für einen oder mehrere gruppenangehörige Schuldner zu bestellen (§ 3d Abs. 3 InsO).

---

60) Begr. RegE Gesetz zur Erleichterung der Bewältigung von Konzerninsolvenzen, BT-Drucks. 18/407, S. 27.

61) Begr. RegE Gesetz zur Erleichterung der Bewältigung von Konzerninsolvenzen, BT-Drucks. 18/407, S. 28.

62) Begr. RegE Gesetz zur Erleichterung der Bewältigung von Konzerninsolvenzen, BT-Drucks. 18/407, S. 28; kritisch: *Fölsing*, ZInsO 2013, 413, 416.

2. Bestellung des Insolvenzverwalters

30 Damit das Ziel des Konzerninsolvenzverfahrens, insbesondere die Vermeidung von Verwertungsverlusten (siehe Rz. 9), erreicht werden kann, ermuntert das Gesetz, **einen Verwalter für alle gruppenangehörigen Schuldner** zu bestellen.[63] Vor diesem Hintergrund sollen sich die betreffenden Insolvenzgerichte darüber abstimmen, ob es im Interesse der Gläubiger liegt, lediglich eine Person zum Insolvenzverwalter zu bestellen (§ 56b Abs. 1 Satz 1 InsO). Dabei geht der Regierungsentwurf richtigerweise davon aus, dass es eines stetigen Kontakts zum Austausch von Informationen und zur Koordinierung des Vorgehens bedürfe, wenn unterschiedliche Verwalter in den einzelnen Verfahren eingesetzt würden. Hier drohten neben dem zusätzlichen Aufwand Lücken im Informationsfluss und Ineffizienzen im Abstimmungsvorgang. Dieser Gefahr ließe sich dadurch am besten begegnen, wenn eine Person zum Verwalter bestellt würde. Dies **reduziere die sonst erforderlichen Abstimmungsvorgänge**. Außerdem könne der Verwalter eine Gesamtstrategie zur optimalen Bewältigung der Konzerninsolvenz entwickeln und umsetzen. Etwas anderes kann aber dann gelten, wenn die Unternehmen in ganz unterschiedlichen Bereichen tätig sind.[64] Sanktionen gegen eine Verletzung der Abstimmungspflicht sieht das Gesetz zu Recht nicht vor.[65]

31 Bestellt das Gericht einen einheitlichen Insolvenzverwalter, stellt sich gerade in Unternehmensgruppen regelmäßig die Gefahr von **Interessenkollisionen**. Diese können sich bei einer Konzerninsolvenz in vielfältiger Weise ergeben: z. B. bei konzerninternem Lieferungs- und Leistungsaustausch, bei wechselseitigen Ansprüchen und der Prüfung von Forderungsanmeldungen sowie bei Insolvenzanfechtungen.[66] Vor diesem Hintergrund haben die Gerichte gemäß § 56b Abs. 1 Satz 2 InsO i. R. ihrer Abstimmung zu erörtern, ob der Verwalter alle Verfahren über die gruppenangehörigen Unternehmen mit der gebotenen Unabhängigkeit wahrnehmen kann und ob mögliche Interessenkonflikte durch die Bestellung von **Sonderinsolvenzverwaltern** ausgeräumt werden können. Hier ist jedoch eine Grenze zu ziehen, wenn Sonderinsolvenzverwalter in einem solchen Umfang zu bestellen wären, welcher außer Verhältnis zu den Vorteilen einer einheitlichen Verwalterbestellung stünde.[67]

32 § 56b Abs. 2 InsO befasst sich mit der Frage, wie verfahren werden kann, wenn die vorläufigen Gläubigerausschüsse der einzelnen Gruppenunternehmen von ihrem Recht nach § 56a Abs. 1 InsO Gebrauch machen, aber jeweils **unterschiedliche** geeignete **Personen** einstimmig **vorschlagen**. Damit dennoch nur eine Person zum Verwalter aller Gruppenunternehmen bestellt werden kann, ermöglicht die Vorschrift dem Insolvenzgericht, von der sonst grundsätzlich bestehenden Bindung des § 56 Abs. 2 Satz 1 InsO **abzuweichen** und eine andere vorgeschlagene Person zu bestellen. Vor der Bestellung ist der vorläufige Gläubigerausschuss jedoch anzuhören (§ 56b Abs. 2 Satz 2 InsO). Diese Regelungen gelten nach § 56b Abs. 2 Satz 3 InsO entsprechend auch für einen etwa zu bestellenden Sonderinsolvenzverwalter.

---

63) Zu den Vor- und Nachteilen des Ein-Verwaltermodells: *Laroche*, ZInsO 2017, 2585, 2598.

64) Begr. RegE Gesetz zur Erleichterung der Bewältigung von Konzerninsolvenzen, BT-Drucks. 18/407, S. 30.

65) *Zipperer*, ZIP 2013, 1007, 1009.

66) *Frege/Nicht* in: Flöther, Hdb. Konzerninsolvenzrecht, § 4 Rz. 264 ff.

67) Begr. RegE Gesetz zur Erleichterung der Bewältigung von Konzerninsolvenzen, BT-Drucks. 18/407, S. 30; zu Recht vermisst *Pape*, ZInsO 2018, 425, Regelungen, die es ermöglichen, seitens der Gläubiger einen Sonderinsolvenzverwalter zu bestellen.

3. Kooperationspflichten

Die §§ 269a ff. InsO begründen Kooperationspflichten für die Insolvenzverwalter gruppenangehöriger Schuldner, die Insolvenzgerichte und Gläubigerausschüsse.[68] Entsprechendes gilt auch für gruppenangehörige Unternehmen im Falle der Eigenverwaltung (§ 270d InsO). Ziel dieser Regelungen ist die **Abstimmung zwischen den wesentlichen Verfahrensbeteiligungen**, um eine bestmögliche Befriedigung der Gläubiger zu erreichen, insbesondere sollen dadurch aber suboptimale Verwertungen vermieden werden (siehe Rz. 9). Die Kooperationspflichten bestehen unabhängig davon, ob ein Gruppen-Gerichtsstand begründet worden ist.[69] 33

a) Insolvenzverwalter

aa) Inhalt der Kooperationspflicht

Insolvenzverwalter gruppenangehöriger Schuldner sind untereinander zur **Unterrichtung** und **Zusammenarbeit** verpflichtet, soweit hierdurch nicht die Interessen der Verfahrensbeteiligten beeinträchtigt werden (§ 269a Satz 1 InsO). Dabei stellt § 269a Satz 2 InsO besonders heraus, dass der Insolvenzverwalter auf Anforderung unverzüglich alle Informationen mitzuteilen hat, die für das andere Verfahren von Bedeutung sein können. 34

Wesentliches Ziel des Insolvenzverfahrens ist nach § 1 Satz 1 InsO die bestmögliche Verwertung des Vermögens des Schuldners. Hieran hat der Insolvenzverwalter sein Handeln auszurichten. Aus dieser Vorgabe lässt sich schon nach dem heute geltenden Recht die Pflicht des Insolvenzverwalters ableiten, sich mit den Insolvenzverwaltern anderer gruppenangehöriger Unternehmen **abzustimmen und die erforderlichen Maßnahmen zu ergreifen**, wenn eine gemeinschaftliche Verwertung und ggf. Sanierung den Insolvenzmassen einen Vorteil verschafft und somit zu maximalen Verwertungsergebnissen führt.[70] Das Ziel der bestmöglichen (auf die Unternehmensgruppe bezogenen) Verwertung kann nur dann gelingen, wenn alle Beteiligten hier an „einem Strang" ziehen. Die Vorschrift stellt damit letztlich ledig klar, was bereits schon vor Inkrafttreten der Gesetzesänderung galt.[71] 35

Aus § 269a Satz 2 InsO könnte man den Schluss ziehen, dass die Zusammenarbeit sich lediglich auf die gegenseitige Informationserteilung bezieht. Dem ist aber nicht so. Es geht hier um die **Abstimmung und Umsetzung konkreter Maßnahmen**. Nach der Regierungsbegründung besteht diese Verpflichtung auch dann, wenn sie für die Insolvenzmasse neutral ist, also weder Vor- noch Nachteile bringt.[72] Damit geht § 269a InsO über die allgemeine Verpflichtung des § 1 Satz 1 InsO hinaus, der sich lediglich auf den einzelnen Rechtsträger bezieht. Dem Insolvenzverwalter eines gruppenangehörigen Unternehmens werden damit Verpflichtungen zugunsten der Insolvenzmassen der anderen gruppenangehörigen Unternehmen auferlegt. 36

68) Für eine weitergehende wechselseitige Öffnung der Verfahren plädieren *Eidenmüller/Frobenius*, ZIP Beilage Heft 22/2013, S. 10.

69) *Pleister/Sturm*, ZIP 2017, 2329, 2331.

70) Begr. RegE Gesetz zur Erleichterung der Bewältigung von Konzerninsolvenzen, BT-Drucks. 18/407, S. 21, 32.

71) *Leutheusser-Schnarrenberger*, ZIP 2013, 97, 101.

72) Begr. RegE Gesetz zur Erleichterung der Bewältigung von Konzerninsolvenzen, BT-Drucks. 18/407, S. 21.

Praxishinweis

Dabei geht es nicht nur um die Verwertung der Masse als solche, sondern auch um Leistungen, die innerhalb der Gruppe zwischen den einzelnen Unternehmen erbracht werden.[73] Dies ist insbesondere von Bedeutung, wenn die anderen Unternehmen i. R der Betriebsfortführung auf bestimmte Leistungen angewiesen sind. Regelmäßig hängt von diesen Fragen bereits die Sanierungsfähigkeit ab.[74] Werden Leistungen erbracht, sind diese marktgerecht zu vergüten.[75]

bb) Grenzen

37 Gleichzeitig zieht der Entwurf aber auch richtigerweise eine **Grenze der Kooperation**: Die eine Insolvenzmasse hat sich nicht im Interesse einer anderen Insolvenzmasse **„aufzuopfern“**.[76] Hieran knüpft sich die Frage an, ob der Insolvenzverwalter solche Handlungen generell ablehnen darf oder diese gegen Leistung einer entsprechenden Kompensation vorzunehmen hat (siehe auch Rz. 72). Denkbar ist z. B. der Fall, dass eine separate Verwertung eines lebensnotwendigen Betriebsbestandteils für die Gläubiger des einzelnen Gruppenunternehmen günstiger ist als ein Verbleib in der Unternehmensgruppe, bei der sich dieser in den Dienst der gesamten Gruppe stellt, damit diese insgesamt saniert und anschließend mit einem für die Gläubiger der übrigen Gruppenunternehmen besseren Ergebnis verwertet werden kann. Werden diese Nachteile entsprechend **kompensiert**, spricht nichts dagegen, dass sich die Insolvenzmasse den Interessen der Massen der anderen Gruppenunternehmen unterzuordnen hat. Die Regierungsbegründung betont zwar, dass der Insolvenzverwalter für die bestmögliche Verwertung der ihm anvertrauten Insolvenzmasse zu sorgen habe,[77] dabei muss aber auch beachtet werden, dass sich sonst das Ziel einer bestmöglichen Verwertung der Unternehmensgruppe insgesamt sonst nicht verwirklichen ließe. Widersprüchlich erscheint daher die Formulierung in der Regierungsbegründung, dass der Insolvenzverwalter nicht verpflichtet sei, ein übergeordnetes Konzerninteresse im Auge zu behalten, ohne dass dies Auswirkungen auf die Belange der Gläubiger hätte.[78] Durch die Kompensation wird sichergestellt, dass den Belangen der betroffenen Gläubiger ausreichend Rechnung getragen wird. Letztlich darf auch nicht unberücksichtigt bleiben, dass den Gläubigern regelmäßig bekannt sein wird, dass sie es mit einem gruppenangehörigen Unternehmen zu tun haben. Eine gesetzliche Regelung über die konkreten Pflichten bei der Verwertung gibt es leider nicht. Sie ist jedoch wünschenswert (siehe auch Rz. 83 ff.).

38 Eine **Grenze** der Kooperation besteht in jedem Fall darin, dass der Insolvenzverwalter von sich aus keine Sachverhalte mitzuteilen hat, die sich **einseitig negativ** für die Insolvenzmasse auswirken. Zu denken ist hier z. B. an die Mitteilung von Umständen, die Grundlage für eine Anfechtung sein können.[79]

cc) Umfang der Informationserteilung

39 Aus § 269a Satz 2 InsO ergibt sich, dass Informationen **nur auf Anforderung** zu erteilen sind. Hinsichtlich des Umfangs stellt die Regierungsbegründung klar, dass der Insolvenz-

73) Begr. RegE Gesetz zur Erleichterung der Bewältigung von Konzerninsolvenzen, BT-Drucks. 18/407, S. 21, 32.
74) Begr. RegE Gesetz zur Erleichterung der Bewältigung von Konzerninsolvenzen, BT-Drucks. 18/407, S. 32.
75) Begr. RegE Gesetz zur Erleichterung der Bewältigung von Konzerninsolvenzen, BT-Drucks. 18/407, S. 32.
76) Begr. RegE Gesetz zur Erleichterung der Bewältigung von Konzerninsolvenzen, BT-Drucks. 18/407, S. 21.
77) Begr. RegE Gesetz zur Erleichterung der Bewältigung von Konzerninsolvenzen, BT-Drucks. 18/407, S. 32.
78) Begr. RegE Gesetz zur Erleichterung der Bewältigung von Konzerninsolvenzen, BT-Drucks. 18/407, S. 32.
79) Begr. RegE Gesetz zur Erleichterung der Bewältigung von Konzerninsolvenzen, BT-Drucks. 18/407, S. 32.

verwalter eines Gruppenunternehmens nicht gehalten ist, den Verwaltern der Parallelverfahren eingehend den Stand der Parallelverfahren mitzuteilen und ggf. unaufgefordert Informationen oder sonstige Unterstützungsleistungen für das andere Verfahren zu erbringen.[80] Im Regelfall wird jedoch davon auszugehen sein, dass sich die Insolvenzverwalter konstruktiv und kollegial austauschen werden, um gemeinsam die bestmögliche Art der Verwertung zu eruieren. Soweit der Aufwand überschaubar ist, sind die Informationen gegen Ersatz etwaiger Auslagen, ansonsten aber **kostenfrei** zu erteilen. Anderenfalls ist ein außerordentlicher Aufwand angemessen zu vergüten.

b) Insolvenzgericht

Werden die Insolvenzverfahren über die Unternehmen einer Unternehmensgruppe bei verschiedenen Insolvenzgerichten geführt, verpflichtet § 269b Satz 1 InsO auch diese zur gegenseitigen Zusammenarbeit und zum Austausch von Informationen, insbesondere über die in § 269b Satz 2 InsO genannten Maßnahmen und Ereignisse. Die Regelung soll insbesondere als Grundlage für eine **organisatorische Abstimmung** dienen.[81] Sie geht dabei über die Abstimmung nach § 56b InsO (siehe Rz. 30 ff.) hinaus. 40

Aus der Regierungsbegründung ergibt sich, dass es bei der eigenverantwortlichen Abwicklung des Verfahrens durch die einzelnen Gerichte bleibt. Die Insolvenzgerichte haben **von sich aus**, also nicht erst auf Anfrage, die wesentlichen Informationen auszutauschen. § 269b Satz 2 InsO zählt beispielhaft bestimmte Ereignisse auf. Eine Grenze der Zusammenarbeit für das einzelne Gericht bilden jedoch Verfahrenshandlungen, die den Zielen des bei diesem Gericht geführten Verfahrens zuwiderlaufen.[82] 41

c) Gruppen-Gläubigerausschuss

Das Gesetz setzt die Kooperation der Verfahrensbeteiligten auch auf Ebene der Gläubiger fort, indem es dem Gericht des Gruppen-Gerichtsstands mit § 269c Abs. 1 Satz 1 InsO die Möglichkeit gibt, einen **Gruppen-Gläubigerausschuss** einzusetzen. Dabei ist jedoch zu betonen, dass hierdurch keine allgemeine Verpflichtung der Gläubiger zur Kooperation begründet wird. Hiervon sieht das Gesetz ausdrücklich ab und überlässt die weitere Diskussion der Rechtsprechung und Wissenschaft.[83] Für einen vorläufigen Gruppen-Gläubigerausschuss gelten die nachstehenden Regelungen entsprechend (§ 269c Abs. 3 InsO). 42

aa) Aufgabe

Nach Vorstellung des Gesetzes können die Insolvenzverwalter durch ein **geregeltes Zusammenwirken der einzelnen Gläubigerausschüsse** dazu angehalten werden, sinnvolle abgestimmte Strategien zu verfolgen und unproduktive Prozesse gegen Verwalter von anderen gruppenangehörigen Unternehmen zu vermeiden.[84] Als wesentliche Aufgabe soll der Gruppen-Gläubigerausschuss die **Insolvenzverwalter und die Gläubigerausschüsse unterstützen**, um eine abgestimmte Abwicklung zu erreichen (§ 269c Abs. 2 Satz 1 InsO). Besondere Bedeutung hat aber auch, dass diesem die Zustimmung zu einem Koordina- 43

80) Begr. RegE Gesetz zur Erleichterung der Bewältigung von Konzerninsolvenzen, BT-Drucks. 18/407, S. 32 f.

81) Begr. RegE Gesetz zur Erleichterung der Bewältigung von Konzerninsolvenzen, BT-Drucks. 18/407, S. 21 f., 33.

82) Begr. RegE Gesetz zur Erleichterung der Bewältigung von Konzerninsolvenzen, BT-Drucks. 18/407, S. 33 f.

83) Begr. RegE Gesetz zur Erleichterung der Bewältigung von Konzerninsolvenzen, BT-Drucks. 18/407, S. 22; eine solche Verpflichtung befürwortend: *Brünkmans*, ZIP 2013, 193, 200.

84) Begr. RegE Gesetz zur Erleichterung der Bewältigung von Konzerninsolvenzen, BT-Drucks. 18/407, S. 34.

tionsplan zugewiesen ist (§ 269h Abs. 1 Satz 2 InsO). Er ist auch bereits in die Auswahl des Koordinationsverwalters einzubinden (§ 269e Abs. 2 InsO).

44 Dem Gesetz geht es darum, eine möglichst breite Basis für die Akzeptanz der Abwicklung der Verfahren herzustellen und ggf. die Verwalter auch auf der Konzernebene erforderlichenfalls zu einer gedeihlichen Zusammenarbeit anzuhalten. Dabei soll der Gruppen-Gläubigerausschuss das Interesse aller Gläubiger der einzelnen Unternehmen der Unternehmensgruppe wahrnehmen.[85] Dieses Ziel ist möglicherweise etwas hoch gesteckt, da es i. R. eines Koordinationsverfahrens auch darum gehen kann, wie ein sich aus der gesamten Verwertung der Unternehmensgruppe ergebender Mehrwert ermittelt und anschließend auf die einzelnen Unternehmen verteilt wird. Hier drohen nämlich möglicherweise „Verteilungskämpfe" (siehe auch Rz. 50).[86] Es liegt auf der Hand, dass hier bei den Mitgliedern des Gruppen-Gläubigerausschusses, die ja gleichzeitig auch Mitglieder des Gläubigerausschusses eines einzelnen Gruppenunternehmens sind, ein Interessenkonflikt bestehen kann.

bb) Bestellung und Zusammensetzung, Entlassung

45 Ein Gruppen-Gläubigerausschuss wird nur **auf Antrag** eines in einem Verfahren über einen gruppenangehörigen Schuldner gebildeten Gläubigerausschusses von dem Gericht des Gruppen-Gerichtsstands eingesetzt. Das Antragserfordernis ist zwingend. Das gilt selbst dann, wenn bei den einzelnen Gruppenunternehmen nach § 22a InsO ein Gläubigerausschuss zu bilden ist.[87] Das Gericht des Gruppen-Gerichtsstands hat nach **pflichtgemäßem Ermessen** über die Einsetzung zu entscheiden. Dabei hat es alle Umstände zu berücksichtigen, insbesondere ob angesichts des Aufwands und Nutzens ein Bedürfnis für die Bestellung besteht.[88] Vor dem Hintergrund der angestrebten Koordinierung zur Optimierung des Verwertungsergebnisses für die Gruppen-Insolvenzverfahren insgesamt ist insbesondere darauf abzustellen, ob dieses Ziel durch die Einsetzung gefördert wird. Zuvor hat das Gericht die anderen Gläubigerausschüsse anzuhören (§ 269c Abs. 1 InsO).

46 Im Gruppen-Gläubigerausschuss sollen alle Gläubigerausschüsse der gruppenangehörigen Schuldner, die nicht von untergeordneter Bedeutung sind, durch **ein Mitglied** vertreten sein (§ 269c Abs. 1 Satz 2 InsO). Ob ein Gruppenunternehmen nur von untergeordneter ist, ist anhand der Kriterien des § 3a Abs. 1 Satz 1, 2 InsO zu entscheiden (siehe dazu Rz. 15). Die Vorschrift differenziert dabei nicht nach der Bedeutung der jeweiligen gruppenangehörigen Schuldner. Der RegE rechtfertigt dies damit, dass sich das Aufgabengebiet des Gruppen-Gläubigerausschusses auf Koordinierungsaufgaben bzw. die Entscheidung über den Koordinationsplan beschränkt.[89] Als weiteres Argument kann man hier anführen, dass die Größe des jeweiligen Unternehmens keinen Aussagewert für den Anteil am konzernbedingten „Mehrwert" hat. Die Gläubigerausschüsse können Vorschläge für die Besetzung des Gruppen-Gläubigerausschuss machen. Das Gericht ist an diese aber nicht gebunden. Die Regierungsbegründung legt dem Gericht nahe, darauf zu achten, dass möglichst alle Gläubigergruppen dort repräsentiert sind, um eine möglichst hohe Akzeptanz zu erreichen.[90] Dabei ordnet § 269c Abs. 1 Satz 3 InsO jedoch an, dass ein Mitglied aus dem Kreis der Vertreter der Arbeitnehmer bestimmt wird. Der Vertreter der Arbeit-

85) Begr. RegE Gesetz zur Erleichterung der Bewältigung von Konzerninsolvenzen, BT-Drucks. 18/407, S. 34.
86) Dazu *Brünkmans*, ZIP 2013, 193, 195.
87) Begr. RegE Gesetz zur Erleichterung der Bewältigung von Konzerninsolvenzen, BT-Drucks. 18/407, S. 34.
88) Begr. RegE Gesetz zur Erleichterung der Bewältigung von Konzerninsolvenzen, BT-Drucks. 18/407, S. 34.
89) Begr. RegE Gesetz zur Erleichterung der Bewältigung von Konzerninsolvenzen, BT-Drucks. 18/407, S. 34.
90) Begr. RegE Gesetz zur Erleichterung der Bewältigung von Konzerninsolvenzen, BT-Drucks. 18/407, S. 34.

nehmer muss dabei kein Gläubiger sein. Die Arbeitnehmer sollen vielmehr bereits aufgrund ihrer Stellung als Beschäftigte und ihres Rechts auf Mitbestimmung im Unternehmen im Gruppen-Gläubigerausschuss repräsentiert sein.[91]

Für die Entlassung von Mitgliedern des Gruppen-Gläubigerausschusses gilt über § 269c Abs. 2 Satz 2 InsO die Regelung des § 70 InsO entsprechend. 47

cc) Innere Ordnung, Beschlussfassungen, Haftung, Vergütung

Der Gruppen-Gläubigerausschuss organisiert sich selbst und bestimmt auch seine Arbeitsweise,[92] soweit in § 72 InsO, der über § 269c Abs. 2 Satz 2 InsO ausdrücklich Anwendung findet, nichts anderes geregelt ist. Im Übrigen finden die Vorschriften der §§ 71–73 InsO auch auf den Gruppen-Gläubigerausschuss Anwendung (§ 269c Abs. 2 Satz 2 InsO).[93] Hinsichtlich des Vergütungsanspruchs stellt § 269c Abs. 2 Satz 3 InsO-E klar, dass die Tätigkeit des Mitglieds im Gruppen-Gläubigerausschuss als Tätigkeit in dem Gläubigerausschuss gilt, den das Mitglied dort vertritt. Die Vergütung ist also in dem jeweiligen Insolvenzverfahren festzusetzen. 48

d) Eigenverwaltung bei gruppenangehörigen Schuldnern

Im Falle der (vorläufigen) Eigenverwaltung bei einem gruppenangehörigen Schuldner unterliegt der Schuldner nach § 270d Satz 1 InsO der Kooperationspflicht des § 269a Satz 1 InsO. Ihm stehen auch die in § 269a Satz 2 InsO genannten Antragsrechte zu.[94] Eine Regelung über eine Kooperationspflicht der Sachwalter untereinander sieht das Gesetz nicht vor. Diese Lücke soll dadurch gefüllt werden, dass für alle gruppenangehörigen Gesellschaften derselbe Sachwalter bestellt wird.[95] Dies ist aber nicht überzeugend, da die einzelnen Gesellschaften doch recht unterschiedliche Interessen haben können (siehe auch Rz. 31). 49

Praxishinweis

Diese Lücke sollte eher dadurch geschlossen werden, dass ein in entsprechender Anwendung der §§ 269e ff. InsO ein Verfahrenskoordinator eingesetzt wird. Die Interessenkonflikte stellen sich nämlich unabhängig von der Frage, ob die Verfahren in Fremd- oder Eigenverwaltung durchgeführt werden.

4. Das Koordinationsverfahren

Die §§ 269d ff. InsO sehen ein besonderes Verfahren vor, wenn Bedarf für eine weitergehende Koordinierung der einzelnen Verfahren über die gruppenangehörigen Unternehmen besteht. Die Regelungen schaffen die **verfahrensrechtlichen Voraussetzungen** dafür. Die Begründung des Gesetzes stellt ausdrücklich klar, dass damit **keine Konsolidierung** der einzelnen Verfahren bezweckt ist.[96] Letztendlich soll mit diesem Verfahren 50

91) *Hoffmann* in: Flöther, Hdb. Konzerninsolvenzrecht, § 4 Rz. 96a.

92) Hierzu im Einzelnen: *Hoffmann* in: Flöther, Hdb. Konzerninsolvenzrecht, § 4 Rz. 117 ff.

93) Aus der Begr. RegE Gesetz zur Erleichterung der Bewältigung von Konzerninsolvenzen (BT-Drucks. 18/407, S. 34) ergibt sich, dass offenbar eine Regelung geplant war, dass das Insolvenzgericht Beschlüsse des Gruppen-Gläubigerausschusses aus wichtigem Grund zu ändern. Dieses ist allerdings nicht in den Gesetzestext übernommen worden. Offenbar ist der Text in der Begr. versehentlich stehengeblieben.

94) S. umfassend zur Abwicklung der Eigenverwaltung im Konzern: *Kübler* in: Kübler/Bork/Prütting, HRI II, § 19.

95) *Pleister/Sturm*, ZIP 2017, 2329, 2335 f.

96) Begr. RegE Gesetz zur Erleichterung der Bewältigung von Konzerninsolvenzen, BT-Drucks. 18/407, S. 22.

auch erreicht werden, etwaige „Verteilungskämpfe“ zwischen den einzelnen Insolvenzmassen zu vermeiden (siehe dazu Rz. 43 ff.). In der Ausgestaltung kann man fast von einer Art Schlichtungsverfahren sprechen.[97)]

51 Das Koordinationsverfahren wird durch das **Koordinationsgericht** eingeleitet (§ 269d Abs. 1 InsO). Koordinationsgericht ist danach das für die Eröffnung von Gruppen-Folgeverfahren zuständige Gericht (§ 3a Abs. 1 Satz 1 InsO). Das Gericht bestellt einen Koordinationsverwalter (§ 269e Abs. 1 InsO). Dieser soll gemäß § 269f Abs. 1 InsO für eine abgestimmte Abwicklung sorgen, was durch einen Koordinationsplan (§ 269h InsO) geschehen soll. Die Folgen einer Abweichung vom Koordinationsplan ergeben sich aus § 269i InsO (siehe dazu Rz. 81 ff.).

52 Wie sich aus § 269d Abs. 2 Satz 1 InsO ergibt, wird das Koordinationsverfahren nur **auf Antrag** durchgeführt. Antragsberechtigt ist jeder gruppenangehörige Schuldner. Im Falle der Insolvenzeröffnung bzw. im Falle des Übergangs der Verwaltungs- und Verfügungsbefugnis auf einen vorläufigen Insolvenzverwalter geht das Recht auf den (vorläufigen) Insolvenzverwalter über (§ 269d Abs. 2 Satz 2 i. V. mit § 3a Abs. 3 InsO). Darüber hinaus ist nach § 269d Abs. 2 Satz 3 InsO auch jeder (vorläufige) Gläubigerausschuss aufgrund eines einstimmigen Beschlusses antragsberechtigt.

53 Die Entscheidung über die Einleitung des Koordinationsverfahrens steht im **Ermessen des Gerichts**. Die Einleitung soll unterbleiben, wenn ein solches Verfahren nach den Umständen des Falles keine Vorteile erwarten lässt, die in angemessenem Verhältnis zu den Kosten stehen.[98)] Der Antrag ist daher entsprechend **zu begründen**. An diesen sollte das Gericht aber keine überspannten Anforderungen stellen, da das Verfahren auch gerade darauf gerichtet ist, Streitigkeiten zu vermeiden. Es lässt sich auch nicht immer vorhersagen, in welchem Umfang sich Vorteile ergeben. Die bloße Aussicht auf diese muss daher ausreichen.

a) Koordinationsverwalter

aa) Bestellung, Eignungsvoraussetzungen, Abwahl, Entlassung

54 Der Koordinationsverwalter wird vom Koordinationsgericht bestellt (§ 269e Abs. 1 Satz 1 InsO). Er muss zunächst einmal die **allgemeinen Anforderungen an einen Insolvenzverwalter erfüllen** (§ 56 Abs. 1 InsO i. V. mit § 269f Abs. 3 InsO) erfüllen. Hinsichtlich dieser Voraussetzungen konkretisiert die Regierungsbegründung den Eignungsmaßstab: Der Koordinationsverwalter soll in der Lage sein, „konfligierende Interessen“ möglichst zu entschärfen und die Verwalter der einzelnen Verfahren auf ein gemeinsames Ziel auszurichten, die es sonst nur gewohnt sind, sich an ihren eigenen Interessen bzw. den Interessen ihres Verfahrens zu orientieren.[99)]

55 Weiterhin stellt § 269e Abs. 1 Satz 2 InsO **zusätzliche Anforderungen an die Unabhängigkeit** auf: Der Koordinationsverwalter soll von den Insolvenzverwaltern und Sachwaltern der gruppenangehörigen Schuldner unabhängig sein.[100)] Hierdurch sollen Interessenkonflikte vermieden und die Basis für eine vertrauensvolle Zusammenarbeit gelegt wer-

97) Nicht ohne Grund nennt die Begr. RegE Gesetz zur Erleichterung der Bewältigung von Konzerninsolvenzen (BT-Drucks. 18/407, S. 36), dass Erfahrungen in der Mediation hilfreich seien und der Koordinationsverwalter eine Vermittlerrolle habe; dazu: *Schneider/Kramer*, BB 2018, 713 ff.

98) Begr. RegE Gesetz zur Erleichterung der Bewältigung von Konzerninsolvenzen, BT-Drucks. 18/407, S. 27.

99) Begr. RegE Gesetz zur Erleichterung der Bewältigung von Konzerninsolvenzen, BT-Drucks. 18/407, S. 36.

100) Hier weicht der RegE vom DiskE ab. Letzterer hatte vorgesehen, dass ein Insolvenzverwalter der gruppenangehörigen Unternehmen zum Koordinationsverwalter bestellt wird. Dies war von *Fölsing*, ZInsO 2013, 413, 419, und *Pleister*, ZIP 2013, 1013, 1015, kritisiert worden.

den, ohne dass zu befürchten ist, dass dieser Eigeninteressen verfolgt. Allerdings sollen auch **Ausnahmen** zulässig sein. Dies kann nach Auffassung der Regierungsbegründung der Fall sein, wenn Nachteile aus der Bestellung eines Insolvenzverwalters eines gruppenangehörigen Unternehmens nicht zu befürchten seien, oder dieser besondere Sachkompetenz habe. Ferner könne die Einbeziehung eines Dritten gerade bei einer kleinen Unternehmensgruppe einen unverhältnismäßigen Aufwand verursachen.[101] Richtig überzeugend ist die Begründung nicht. Gerade das Bedürfnis für die Einleitung eines Koordinationsverfahrens zeigt, dass es Interessengegensätze innerhalb der einzelnen Insolvenzverfahren gibt. Anderenfalls wäre das Verfahren sicherlich nicht beantragt worden. Dies setzt aber – wie die Regierungsbegründung an anderer Stelle richtig darstellt – einen unabhängigen Verwalter voraus. Dies wird aber im Regelfall nicht gegeben sein. Auch das Argument hinsichtlich der Kosten sticht nicht. Der Koordinationsverwalter hat gemäß § 269g InsO stets einen Vergütungsanspruch für seine Tätigkeit. Daran ändert sich nichts, wenn ein Insolvenzverwalter eines gruppenangehörigen Unternehmens bestellt wird. Steht der damit verbundene Aufwand in keinem Verhältnis zum Nutzen, hat das Koordinationsgericht die Durchführung eines Koordinationsverfahrens abzulehnen (siehe Rz. 53). Vor diesem Hintergrund sollte die Bestellung eines Koordinationsverwalters aus dem Kreise der Verwalter der Gruppenunternehmen nur bei ganz besonderen Gründen in Betracht kommen.

Bevor das Koordinationsgericht einen Koordinationsverwalter bestellt, hat es die einzelnen Gruppen-Gläubigerausschüsse zu der Person und den an diese zu stellenden Anforderungen anzuhören (§ 269e Abs. 2 InsO). Über die Verweisung in § 269f Abs. 3 InsO findet § 56a Abs. 2 InsO Anwendung. Die Gruppen-Gläubigerausschüsse können damit bei einem einstimmigen Beschluss das Koordinationsgericht insoweit grundsätzlich an einen Vorschlag binden. 56

Für eine Abwahl in der ersten Gläubigerversammlung bzw. eine Entlassung aus dem Amt gelten die §§ 57, 59 InsO i. V. mit § 269f Abs. 3 InsO. 57

Eine weitere Einschränkung bei der Auswahl des Koordinationsverwalters sieht § 269e Abs. 1 Satz 3 InsO im Falle der Eigenverwaltung vor. Ein gruppenangehöriger Schuldner (d. h. dessen Vertretungsorgan) kann nicht zum Koordinationsverwalter bestellt werden. 58

bb) Aufgaben und Rechtsstellung

Die Regierungsbegründung beschreibt den Koordinationsverwalter als Kernelement bzw. **„Seele des gesamtem Koordinationsverfahrens“**.[102] Das ist nicht übertrieben. § 269f Abs. 1 Satz 1 InsO beschreibt dessen wesentliche Verpflichtung: Der Koordinationsverwalter soll für eine **abgestimmte Abwicklung der Verfahren über die gruppenangehörigen Schuldner sorgen.** Er kann dabei alle Maßnahmen ergreifen, die für eine abgestimmte Abwicklung der Verfahren sinnvoll sind und die im Interesse der Gläubiger liegen. Als wichtigste Aufgabe nennt § 269f Abs. 1 Satz 2 InsO die Aufstellung eines Koordinationsplans (§ 269i InsO; siehe dazu Rz. 72 ff.). Ganz allgemein besteht seine Tätigkeit darin, moderierend auf die Gestaltung der einzelnen Gruppenverfahren einzuwirken. Zum Beispiel kann er dafür werben, dass in den einzelnen Verfahren keine voreiligen Tatsachen geschaffen werden, etwa die Einstellung des Geschäftsbetriebs.[103] 59

101) Begr. RegE Gesetz zur Erleichterung der Bewältigung von Konzerninsolvenzen, BT-Drucks. 18/407, S. 36.

102) Begr. RegE Gesetz zur Erleichterung der Bewältigung von Konzerninsolvenzen, BT-Drucks. 18/407, S. 23, 36; *Sämisch/Deichgräber*, ZIP 2019, 1152, 1155, bemängeln, dass dem Koordinationsverwalter nach den Regelungen der InsO nur eine nachrangige Rolle zukomme.

103) Begr. RegE Gesetz zur Erleichterung der Bewältigung von Konzerninsolvenzen, BT-Drucks. 18/407, S. 36.

60 Die Tätigkeit des Koordinationsverwalters muss auf das **Gläubigerinteresse** ausgerichtet sein. Die Regierungsbegründung stellt in diesem Zusammenhang nicht auf ein gemeinsames Interesse der Insolvenzgläubiger (§ 78 Abs. 1 InsO) ab. In Insolvenzverfahren über gruppenangehörige Unternehmen ist dies vielmehr so zu verstehen, dass der gemeinsame Nenner des Gläubigerinteresses darin besteht, in dem Insolvenzverfahren Verluste möglichst gering zu halten. Allerdings verlangt das Gläubigerinteresse nicht, dass jeder einzelne Gläubiger der Gruppenunternehmen einen Vorteil von der Koordination hat. Ausreichend ist hier vielmehr, dass **zumindest in einem Verfahren eine höhere Befriedigungsquote erreicht werden kann**, ohne dass dadurch in den anderen Verfahren Einbußen hinzunehmen sind (Pareto-Effizienz).[104)]

61 Aufgrund dieser Aufgabenstellung des Koordinationsverwalters verpflichtet § 269f Abs. 2 Satz 1 InsO die (vorläufigen) Insolvenzverwalter der Gruppenunternehmen zur **Zusammenarbeit** mit diesem. Der Begriff ist umfassend zu verstehen. Ausdrücklich erwähnt ist in § 269f Abs. 2 Satz 2 InsO deren Verpflichtung zur **Informationserteilung**, soweit dies für seine Tätigkeit erforderlich ist. Darüber hinaus ist dem Koordinationsverwalter aber auch **Zugang** zu den Gruppenunternehmen zu gewähren, damit sich dieser ein Bild von der Situation machen kann. Allerdings unterliegt er gewissen Rücksichtnahmepflichten auf die Verhältnisse bei dem Unternehmen.[105)]

62 Zudem ist der Koordinationsverwalter (eine von ihm bevollmächtigte Person) auch berechtigt, den Plan in den jeweiligen Gläubigerversammlungen zu erläutern (§ 269f Abs. 1 Satz 3 InsO-E). Er hat insoweit also ein **Teilnahme- und Rederecht.**

63 Der Koordinationsverwalter steht gemäß § 58 InsO i. V. mit § 269f Abs. 3 InsO unter Aufsicht des Koordinationsgerichts. Für **Pflichtverletzungen** haftet er nach § 60 InsO i. V. mit § 269f Abs. 3 InsO.

cc) Vergütung

64 Der Koordinationsverwalter hat gemäß § 269g Abs. 1 Satz 1 InsO Anspruch auf Zahlung einer Vergütung und auf Ersatz angemessener Auslagen. Nach § 269g Abs. 1 Satz 2 InsO bestimmt sich der Regelsatz nach den zusammengefassten Insolvenzmassen der in das Koordinationsverfahren einbezogenen Unternehmen.[106)] Systematisch gehört diese Regelung in die InsVV. Unabhängig davon bestehen aber hinsichtlich der **Berechnungsgrundlage** Bedenken. Wenn die Aufgabe des Koordinationsverwalters die Abstimmung der Einzelverfahren zur Vermeidung von Verwertungsverlusten bzw. zur Realisierung eines in der Unternehmensgruppe immanenten Werts ist (siehe Rz. 9), dann muss sich die Berechnungsgrundlage auch auf diesen Wert beziehen oder falls eine Vereinbarung zwischen den Insolvenzverwaltern (§ 269h Abs. 2 Nr. 2 bzw. Nr. 3) Gegenstand der Koordinierung ist, auf deren Wert.[107)] Anderenfalls drohen hier nicht unerhebliche Kosten für die Koordination, die zu Beginn des Koordinationsverfahrens auch noch nicht abschätzbar sind. Die Kosten-/Nutzenanalyse ist jedoch ein Prüfungspunkt für die Einleitung des Koordinationsverfahrens (siehe dazu Rz. 53).

---

104) Begr. RegE Gesetz zur Erleichterung der Bewältigung von Konzerninsolvenzen, BT-Drucks. 18/407, S. 37.

105) Begr. RegE Gesetz zur Erleichterung der Bewältigung von Konzerninsolvenzen, BT-Drucks. 18/407, S. 37.

106) Ob die Berechnungsgrundlage allerdings um „Intragruppenforderungen" zu bereinigen ist (so Begr. RegE Gesetz zur Erleichterung der Bewältigung von Konzerninsolvenzen, BT-Drucks. 18/407, S. 38); ist streitig; zustimmend K. Schmidt-*Spliedt*, InsO, § 269g Rz. 3 m. w. N. zum Meinungsstand; dagegen mit überzeugenden Argumenten: *Pannen* in: HambKomm-InsO, § 269g Rz. 7.

107) S. die zutreffende Kritik von *Pleister*, ZIP 2013, 1013, 1015.

§ 269g Abs. 2 InsO ordnet an, dass die Vergütung anteilig aus den Insolvenzmassen der gruppenangehörigen Unternehmen zu zahlen ist. Die Regierungsbegründung stellt in diesem Zusammenhang jedoch klar, dass es auf den durch das Koordinationsverfahren erzielten Mehrwert ankomme. Hat die Insolvenzmasse eines Gruppenunternehmens hierdurch keinen Vorteil gehabt, ist diese auch nicht zur Zahlung heranzuziehen.[108] Im Zweifel sieht die Vorschrift vor, die Vergütung im Verhältnis des Werts der einzelnen Massen aufzuteilen. 65

Für die Festsetzung und Verjährung der Vergütung gelten über den Verweis in § 269g Abs. 1 Satz 3 InsO die §§ 64, 65 InsO entsprechend.[109] 66

b) Koordinationsplan

aa) Rechtsnatur

Das Koordinationsverfahren dient der bestmöglichen Befriedigung der Gläubiger, indem ein konzernbedingter Mehrwert realisiert bzw. eine Unternehmensgruppe einheitlich saniert wird (siehe Rz. 9). Dessen Herzstück ist der Koordinationsplan (§ 269h InsO). Er soll die einzelnen Verfahren auf ein übergeordnetes Sanierungsziel ausrichten, indem er für die Einzelverfahren eine Abwicklung abstimmt. Dabei handelt es sich um einen **kupierten Insolvenzplan**, bei dem der gestaltende Teil weggelassen worden ist.[110] Der Koordinationsplan entfaltet gegenüber den Insolvenzverwaltern jedoch grundsätzlich **keine Bindungswirkung** (§ 269i Abs. 1 Satz 2 InsO; siehe Rz. 81). Allenfalls hat er eine faktische Bindungswirkung, da sich ein Insolvenzverwalter, der von dem Plan abweicht, schadenersatzpflichtig machen kann. 67

Auch bei Konzerninsolvenzverfahren bleibt es bei dem Prinzip, dass das Ziel jedes Insolvenzverfahrens über das Vermögen eines Gruppenunternehmens die **bestmögliche Gläubigerbefriedigung** ist. Diesem Ziel müssen sich auch die Bemühungen um eine Sanierung der gesamten Gruppe unterordnen. Gleichwohl wird die bestmögliche Befriedigung der Gläubiger es meistens erfordern, den wirtschaftlichen Mehrwert, der in der konzernrechtlichen Verpflichtung angelegt ist, durch abgestimmte Maßnahmen zu heben.[111] 68

> **Praxishinweis**
>
> Nicht zu verwechseln ist der Koordinationsplan mit bei Konzerninsolvenzen abgestimmten Insolvenzplänen.[112] Auch diese können durch eine Verständigung der Insolvenzverwalter bzw. Planaufsteller eine Ausrichtung der Verfahren auf eine einheitliche Strategie vorsehen. Hier handelt es sich um einzelne Insolvenzpläne. Der Koordinationsplan soll demgegenüber den Vorteil bieten, dass die Verfahrensziele in einem Dokument niedergelegt sind.[113]

bb) Inhalt des Plans

Nach § 269h Abs. 1 Satz 1 InsO können im Koordinationsplan **alle Maßnahmen beschrieben werden, die für eine abgestimmte Abwicklung der Verfahren sachdienlich sind.** § 269h Abs. 1 Satz 2 InsO greift mehrere mögliche Vorschläge beispielhaft heraus: 69

– Die Wiederherstellung der wirtschaftlichen Leistungsfähigkeit der einzelnen gruppenzugehörigen Unternehmen und der Unternehmensgruppe insgesamt (Nr. 1)[114],

108) Begr. RegE Gesetz zur Erleichterung der Bewältigung von Konzerninsolvenzen, BT-Drucks. 18/407, S. 38.
109) Offenbar versehentlich ist der Verweis auch in § 269f InsO enthalten.
110) Begr. RegE Gesetz zur Erleichterung der Bewältigung von Konzerninsolvenzen, BT-Drucks. 18/407, S. 38 f.
111) Begr. RegE Gesetz zur Erleichterung der Bewältigung von Konzerninsolvenzen, BT-Drucks. 18/407, S. 38 f.
112) Begr. RegE Gesetz zur Erleichterung der Bewältigung von Konzerninsolvenzen, BT-Drucks. 18/407, S. 38.
113) Begr. RegE Gesetz zur Erleichterung der Bewältigung von Konzerninsolvenzen, BT-Drucks. 18/407, S. 39.
114) S. hierzu *Madaus* in: Flöther, Hdb. Konzerninsolvenzrecht, § 5 Rz. 74 ff.

- die Beilegung gruppeninterne Streitigkeiten (Nr. 2) sowie
- vertragliche Vereinbarungen zwischen den Insolvenzverwaltern (Nr. 3).

70 **Konkreter Inhalt** des Koordinierungsplan kann etwa sein:

- Preise für gegenseitigen Leistungsaustausch,
- Liquiditätsbeschaffung,
- Poolvereinbarung/Sicherheiten,
- Investorenprozess,
- Umgang mit Marken, Lizenzen und Beteiligungen,
- Verwertungsreihenfolge der Unternehmen,
- Auflösung und Abänderung gegenseitiger Verträge,
- Umgang mit Gesellschaftern,
- Insolvenzanfechtungsansprüche oder
- Aufteilung der Verfahrenskosten.[115)]

71 Der Koordinationsplan soll nach Ansicht der Regierungsbegründung **nur einen darstellenden Teil** enthalten, so dass an diesen keine strengen Anforderungen zu stellen sind.[116)] Dies ist nicht zutreffend, da z. B. insbesondere die in § 269h Abs. 1 Satz 2 InsO aufgeführten Beispiele über eine bloße Darstellung hinausgehen. Es handelt sich bei diesen aber auch nicht um einen gestaltenden Teil wie bei einem Insolvenzplan, weil sie grundsätzlich keine Bindungswirkung haben.[117)] Inhaltlich schlägt die Regierungsbegründung vor, neben den einzelnen Maßnahmen auch die **Gründe** der Schieflage der Unternehmensgruppe detailliert darzulegen, da sich nur hieraus die Neuausrichtung auf ein Sanierungsziel präzise bestimmen lasse.[118)]

72 Hohe Erwartungen setzt die Regierungsbegründung auf die Beilegung gruppeninterner Streitigkeiten. Dies solle insbesondere i. R. der Insolvenzanfechtung eine Rolle spielen. Hier wird dargelegt, dass gerade **Anfechtungsansprüche** eine Sanierung nachhaltig beeinflussen könnten. Deren Geltendmachung solle möglichst vermieden werden, ohne dass hierdurch Gläubiger der zur Anfechtung berechtigten Insolvenzmasse benachteiligt werden. Hier schlägt die Begründung die Zahlung einer **Kompensation** vor.[119)] Dies alles bedarf doch der Klarstellung. Eine Regelung (Vergleich) kann allenfalls bei streitigen (unklaren) Anfechtungsansprüchen eine Rolle spielen. Bei ersichtlich begründeten Ansprüchen, darf der Insolvenzverwalter grundsätzlich keinen (auch teilweisen) Verzicht aussprechen, da er sich sonst pflichtwidrig verhalten würde. Die Kompensation könnte in diesem Fall nur auf Zahlung des vollen Betrags gerichtet sein, so dass zum Anfechtungsanspruch der Höhe nach kein Unterschied bestünde.

73 Von besonderer Bedeutung werden hier insbesondere Vereinbarungen mit dem Inhalt sein, dass ein Gruppenunternehmen zugunsten der anderen Gruppenunternehmen Nachteile hinsichtlich der bestmöglichen Verwertung der Insolvenzmasse dieses Unternehmens hinnehmen soll und die Frage wie diese ausgeglichen werden sollen. Hier müssen die Parteien auf dem Verhandlungswege (ggf. unter Mitwirkung des Koordinationsverwalters)

115) *Höfer/Harig*, NZI Beilage Heft 8/2018, S. 38 f.

116) Begr. RegE Gesetz zur Erleichterung der Bewältigung von Konzerninsolvenzen, BT-Drucks. 18/407, S. 40.

117) *Eidenmüller/Frobenius*, ZIP Beilage Heft 22/2013, S. 11 f.; *Harder/Lojowsky*, NZI 2013, 327, 329 f. und *Pleister*, ZIP 2013, 1013, 1017, befürworten die Einführung eines bindenden Gruppeninsolvenzplans.

118) Begr. RegE Gesetz zur Erleichterung der Bewältigung von Konzerninsolvenzen, BT-Drucks. 18/407, S. 39.

119) Begr. RegE Gesetz zur Erleichterung der Bewältigung von Konzerninsolvenzen, BT-Drucks. 18/407, S. 40.

eine angemessene Regelung treffen. Unberührt bleibt die Pflicht des Insolvenzverwalters ggf. einen Beschluss der Gläubigerversammlung nach § 160 InsO einzuholen.[120)]

Es ist zu erwarten, dass die **Verteilung eines durch die Sanierung bzw. der Verwertung** 74 **anfallenden Mehrwerts** (siehe dazu Rz. 9), der in der Unternehmensgruppe insgesamt enthalten ist, besonderen Raum einnehmen wird. Leider sieht das Gesetz hier keine Regelung vor, um eine gemeinschaftliche Regelung ggf. auch zwischen den Beteiligten zu erzwingen.[121)]

cc) Vorlagerecht

Das Vorlagerecht (Initiativrecht) steht dem Koordinationsverwalter zu. Ist ein solcher 75 nicht bestellt, können auch die Insolvenzverwalter der gruppenangehörigen Unternehmen den Plan vorlegen (§ 269h Abs. 1 Satz 1 InsO). In diesem Fall ist erforderlich, dass der Plan von allen Insolvenzverwaltern mitgetragen werden muss.[122)]

dd) Zustimmung zum Plan

Ist ein Gruppen-Gläubigerausschuss gebildet worden, bedarf der Plan seiner Zustimmung 76 (§ 269h Abs. 1 Satz 2 InsO). Weitere Zustimmungen, insbesondere der Gläubigerversammlungen der Gruppenunternehmen, sind nicht erforderlich. Dies ist mit der grundsätzlich fehlenden Bindungswirkung des Plans zu erklären.

ee) Bestätigung des Plans

Der Koordinationsplan bedarf der Bestätigung des Koordinationsgerichts. Es hat diesen 77 von Amts wegen zurückzuweisen, wenn die Vorschriften über das Recht zur Vorlage, den Inhalt des Plans oder die verfahrensmäßige Behandlung nicht beachtet worden sind und der Vorlegende den Mangel nicht beheben kann oder diesen innerhalb einer angemessenen Frist nicht behebt (§ 269h Abs. 1 Satz 3 InsO). Mit dem Inhalt des Plans ist lediglich die Frage gemeint, ob sich der Plan auf einen darstellenden Teil beschränkt (siehe Rz. 71).[123)] Es handelt sich damit um eine **Prüfung der formellen Voraussetzungen.**

Ein **Beschwerderecht** gegen eine Versagung der Bestätigung steht nur dem Vorlegenden 78 zu (§ 269h Abs. 3 Satz 1 InsO). Es ist nicht erforderlich, einem Mitglied des Gruppen-Gläubigerausschusses, das bei der Abstimmung über den Plan überstimmt worden ist, ein Beschwerderecht einzuräumen, da das Gericht nur eine formelle Prüfung vornimmt und der Plan für das Gruppenunternehmen bzw. dessen Insolvenzverwalter auch nicht bindend ist.

ff) Erläuterung des Plans

Der Koordinationsplan soll den Gläubigerversammlungen im Berichtstermin erläutert 79 werden. Entweder erfolgt dieses durch den Koordinationsverwalter (oder dessen Bevollmächtigten) gemäß § 269f Abs. 1 Satz 3 InsO oder nach § 269i Abs. 1 Satz 1 InsO durch den Insolvenzverwalter. Hat der Berichtstermin bereits stattgefunden, soll der Plan in der Gläubigerversammlung erläutert werden, die vom Insolvenzgericht alsbald anberaumt

120) *Pleister*, ZIP 2013, 1013, 1018.

121) *Brünkmans*, ZIP 2013, 193, 195, 200; *Harder/Lojowsky*, NZI 2013, 327, 329, 330.

122) Begr. RegE Gesetz zur Erleichterung der Bewältigung von Konzerninsolvenzen, BT-Drucks. 18/407, S. 39.

123) Begr. RegE Gesetz zur Erleichterung der Bewältigung von Konzerninsolvenzen, BT-Drucks. 18/407, S. 39 f.

wird (§ 269i Abs. 1 Satz 1 InsO). Für die Einberufung und Durchführung gelten die allgemeinen Vorschriften (§§ 74 ff. InsO).

80 Die Gläubigerversammlung kann den Insolvenzverwalter gemäß § 157 Satz 2 InsO beauftragen, einen Insolvenzplan auszuarbeiten und kann ihm das Ziel des Plans vorgeben. Gemäß § 269i Abs. 2 InsO soll der Koordinationsplan auf Beschluss der Gläubigerversammlung einem auszuarbeitenden Insolvenzplan zugrunde gelegt werden. Damit kann die Gläubigerversammlung dem Insolvenzverwalter ggf. konkret einen Inhalt vorgeben, was ansonsten in § 157 Satz 2 InsO so nicht vorgesehen ist.[124] Eine **Bindungswirkung** (siehe auch Rz. 67, 81) kann die Gläubigerversammlung jedoch dadurch erreichen, dass sie einen entsprechenden Beschluss fasst.

gg) Abweichungen vom Plan

81 Aus § 269i Abs. 1 Satz 2 InsO folgt, dass der Koordinationsplan **grundsätzlich keine Bindungswirkung** hat. Allerdings kann die Gläubigerversammlung einen Beschluss nach § 269i Abs. 2 InsO fassen (siehe dazu Rz. 80). Will der Insolvenzverwalter von dessen Inhalt abweichen, hat er dies in der Gläubigerversammlung **zu begründen**. Hier wird der Insolvenzverwalter insbesondere darauf einzugehen haben, dass die Abweichung zumindest nicht nachteilig für die Insolvenzmasse ist. In diesem Zusammenhang ist zu beachten, dass sich die Insolvenzmasse nicht den Interessen der Massen der anderen gruppenangehörigen Schuldner bzw. der Unternehmensgruppe unterzuordnen hat. Weicht der Insolvenzverwalter von dem Koordinationsplan ab und entsteht der Insolvenzmasse hierdurch ein Schaden, so haftet er nach § 60 InsO. Vor diesem Hintergrund sollte der Insolvenzverwalter zu seiner eignen Absicherung sich die Zustimmung durch eine entsprechende Beschlussfassung erteilen lassen.

82 Die Regierungsbegründung betont, dass der Insolvenzverwalter sein Handeln allein zum Wohl der Insolvenzmasse des betreffenden Schuldners auszurichten hat (siehe Rz. 68). Weicht der Insolvenzverwalter von dem Inhalt des Koordinationsplans ab und erteilt die Gläubigerversammlung vielleicht sogar die Zustimmung dazu, stehen den Insolvenzmassen der anderen gruppenangehörigen Unternehmen keinerlei Ansprüche gegen die Insolvenzmasse zu.

83 In diesem Zusammenhang stellt sich die Frage, ob es in Einzelfällen doch sinnvoll ist, den Insolvenzverwalter zur Einhaltung des Koordinationsplans zu verpflichten, nämlich dann, wenn sich aus der Durchführung des Plans zwar keine Vorteile für die Insolvenzmasse ergeben oder diese entsprechend ausglichen werden, aber den anderen Insolvenzmassen sonst erhebliche Vorteile entgehen.

84 *Beispiel*

Hier ist folgender Fall denkbar: Ein Gruppenunternehmen ist für die gesamte Unternehmensgruppe von erheblicher Bedeutung. Eine Sanierung der Gruppe kommt aber nur dann in Betracht, wenn das Gruppenunternehmen in der Gruppe verbleibt. Ein besonderer Mehrwert ist jedoch nicht zu erwarten, vielmehr werden durch die Sanierung der gesamten Gruppe verwertungsbedingte Verluste vermieden. Der Koordinationsplan sieht daher eine einheitliche Verwertung aller Gruppenunternehmen vor. Der Insolvenzverwalter will das Gruppenunternehmen jedoch anderweitig verwerten.

Denkbar ist auch, dass die Gläubigerversammlung aus bestimmten Gründen eigene Interessen mit der Verwertung verfolgt. Sowohl das Ergebnis einer separaten Verwertung als auch

124) Vgl. dazu Begr. RegE Gesetz zur Erleichterung der Bewältigung von Konzerninsolvenzen, BT-Drucks. 18/407, S. 41.

einer Verwertung der Gruppe insgesamt sind für das Gruppenunternehmen gleich. Lediglich die anderen Gruppenunternehmen profitieren von der einheitlichen Verwertung.

Maßgeblich für die Beantwortung der Frage ist der Umfang der Kooperationspflicht des Insolvenzverwalters (siehe dazu Rz. 34 ff.). Soll das wesentliche Ziel des Gesetzes erreicht werden, Verwertungsverluste zu vermeiden (siehe Rz. 9), muss man in diesen Fällen eine Pflicht des Insolvenzverwalters zur Verwertung unter Einbeziehung der Gruppe bejahen. Ansonsten hilft auch die Zuhilfenahme der „Pareto-Effizienz“ nichts, da sonst das gesamte Koordinationsverfahren im Ergebnis ein stumpfes Schwert ist. **85**

D. Europäisches Konzerninsolvenzrecht[125)]

Im Rahmen der Neufassung der EuInsVO 2015 sind nunmehr auch Regelungen über die Abwicklung von Konzerninsolvenzen in die Verordnung aufgenommen worden (Art. 2 Nr. 13 und 14, Art. 56 ff. EuInsVO). Die Regelungen finden Anwendung, wenn über zwei oder mehr Gesellschaften einer Unternehmensgruppe das Insolvenzverfahren eröffnet worden ist. Die EuInsVO knüpft an den Begriff der „Unternehmensgruppe“ an, die (mindestens) aus einem Mutter- und einem Tochterunternehmen besteht, wobei das Mutterunternehmen das Tochterunternehmen unmittelbar oder mittelbar kontrolliert (Art. 2 Nr. 13 und 14 EuInsVO). Ebenso wie bei den Regelungen der InsO findet keine materielle Konsolidierung der Insolvenzmassen statt. Es gibt auch keine formelle Konsolidierung durch die Einführung eines einheitlichen Gruppen-Gerichtsstands. Etwas anderes kann aber dann gelten, wenn ein einheitlicher COMI besteht (siehe ErwG 54 EuInsVO). Vielmehr hält die EuInsVO Regelungen über die koordinierte Abwicklung durch folgende Maßnahmen bereit: **86**

- Zusammenarbeits- und Kommunikationspflichten zwischen den Verwaltern und Gerichten (Art. 56–58 EuInsVO)
- Anhörungs- und Antragsrechte eines Verwalters in den anderen Verfahren (Art. 60 EuInsVO)
- Durchführung eines Koordinationsverfahrens (Art. 61–77 EuInsVO).

125) Hierzu umfassend: *Undritz* in: Flöther, Hdb. Konzerninsolvenzrecht, § 8.

Kapitel 20
Internationales Insolvenzrecht

Übersicht

Literatur: *Ahrens*, Rechte und Pflichten ausländischer Insolvenzverwalter im internationalen Insolvenzrecht, 2002; *Albrecht*, Die Reform der EuInsVO nimmt Fahrt auf – der Änderungsvorschlag der Europäischen Kommission in der Übersicht, ZInsO 2013, 1876; *Altmeppen*, Masseschmälernde Zahlungen, NZG 2016, 521; *d'Avoine*, Internationale Zuständigkeit des deutschen Insolvenzgerichts bei offenkundiger „Rückkehroption" des ehemals selbstständig wirtschaftlich tätigen Schuldners (Unternehmer, Freiberufler, Arzt Anwalt, Notar etc.) mit dem Ziel der Restschuldbefreiung, NZI 2011, 310; *Balz*, Das neue Europäische Insolvenzübereinkommen, ZIP 1996, 948; *Baumert*, Offene Zweifelsfragen beim internationalen Gerichtsstand bei Insolvenzanfechtungsklagen – Art. 3 EuInsVO analog, NZI 2014, 106; *Beck*, Verwertungsfragen im Verhältnis von Haupt- und Sekundärinsolvenzverfahren nach der EuInsVO, NZI 2006, 609; *Behme/Caspar*, Die britische Limited mit Verwaltungssitz in Deutschland: Gewissheiten und Ungewissheiten, ZIP 2021, 2557; *Berger*, Lizenzen im Pre-Pack-Verfahren nach Art. 27 des Vorschlags der EU-Harmonisierungs-Richtlinie – Insolvenzfestigkeit von Lizenzverträgen durch die europäische Hintertür?, ZRI 2023, 473; *Berger*, Die Verwertung von Absonderungsgut im Spannungsverhältnis zwischen Bürgerlichem Recht, Insolvenzrecht und Europäischem Recht, KTS 2007, 433; *Blaschczok*, Die schweizerisch-deutschen Staatsverträge auf dem Gebiet des Insolvenzrechts, ZIP 1983, 141; *Bombe*, Die Qualifikation und Abgrenzung insolvenzbezogener Geschäftsleiterhaftung, ZRI 2023, 541; *Bork*, Harmonisierung der Insolvenzanfechtungsrechte in Europa, ZRI 2021, 873; *Bork*, Insolvenzverfahren über das Vermögen einer Limited nach dem Brexit, ZRI 2021, 261; *Bork*, Zuständigkeit für Haftungsklagen gegen Kommanditisten, NJW 2018, 2985; *Bork*, Internationale Zuständigkeit und ordre public, in: Festheft zu Ehren von Dr. Katherine Knauth, ZIP Beilage Heft 22/2016, S. 11; *Bork*, Die Aufrechnung im internationalen Insolvenzverfahrensrecht, ZIP 2002, 690; *Bork/Harten*, Die Niederlassung i. S. v. Art. 2 Nr. 10 EuInsVO bei natürlichen Personen, NZI 2018, 673; *Bornemann*, Der lange Weg der Insolvenzrechtsharmonisierung, NZI Beilage Heft 16–17/2019, S. 6; *Bramkamp*, Die Attraktivgerichtsstände des europäischen Insolvenzrechts: Eine Untersuchung der Regelungen des Art. 6 EuInsVO, 2019; *Bramkamp*, Neues zu insolvenzbezogenen Annexverfahren im Sinne der EuInsVO, KTS 2015, 421; *Brinkmann*, Gesellschafterdarlehen und Art. 13 EuInsVO – Ein offenes Scheunentor des Gläubigerschutzes, in: Festheft zu Ehren von Dr. Katherine Knauth, ZIP Beilage Heft 22/2016, S. 14; *Brinkmann*, Grenzüberschreitende Sanierung und europäisches Insolvenzrecht, KTS 2014, 381; *Brünkmans*, Auf dem Weg zu einem europäischen Insolvenzrecht, ZInsO 2013, 797; *Buchberger, D./Buchberger, R.*, Das System der „kontrollierten" Universalität des Konkursverfahrens nach der Europäischen Insolvenzordnung, ZIK 2000, 149; *Carstens*, Die internationale Zuständigkeit im europäischen Insolvenzrecht, 2005; *Cherubini et al.*, Harmonisation of Insolvency Law at EU Level, IILR 2010, 87; *Commandeur/Hübler*, Ist die Einführung eines vorinsolvenzlichen Sanierungsverfahrens in Deutschland nur noch eine Frage der Zeit?, NZG 2016, 340; *Cranshaw*, Aktuelle Fragen zur europäischen Insolvenzordnung vor dem Hintergrund der Rechtsprechung des EuGH, DZWIR 2009, 353; *Damann/Lehmkuhl*, Unwirksamkeit insolvenzbedingter Lösungsklauseln – Vorrang der lex fori concursus nach Art. 4 II 2 lit. e EuInsVO?, NJW 2012, 3069; *Deipenbrock*, Das neue europäische Internationale Insolvenzrecht – von der „quantité négligeable" zu einer „quantité indispensable", EWS 2001, 113; *Delzant/Schütze*, Die Restschuldbefreiung für Privatpersonen in den französischen Departements Bas-Rhin, Haut-Rhin und Moselle im Rahmen einer Privatinsolvenz (faillite civile), ZInsO 2008, 540; *Dornblüth*, Fortbestehende Geschäftsführerhaftung gemäß § 823 Abs. 2 BGB, § 266a StGB trotz in England erlangter Restschuldbefreiung?, ZIP 2014, 712; *Duursma-Kepplinger*, Aktuelle Entwicklungen zur internationalen Zuständigkeit für Hauptinsolvenzverfahren – Erkenntnisse aus Staubitz-Schreiber und Eurofood, ZIP 2007, 896; *Duursma-Kepplinger/Duursma*, Der Anwendungsbereich der Insolvenzverordnung – unter Berücksichtigung der Bereichsausnahmen, von Konzernsachverhalten und der von den Mitgliedstaaten abgeschlossenen Konkursverträge, IPrax 2003, 505; *Ebenroth/Benzler*, Close-out-Netting nach der neuen Insolvenzordnung, ZVglRWiss 95 (1996), 335; *Eble*, Auf dem Weg zu einem europäischen Konzerninsolvenzrecht – Die „Unternehmensgruppe" in der EuInsVO 2017, NZI 2016, 115; *Ehricke*, Das Verhältnis des Hauptinsolvenzverwalters zum Sekundärinsolvenzverwalter bei grenzüberschreitenden Insolvenzen nach der EuInsVO, ZIP 2005, 1104; *Ehricke/Ries*, Die neue Europäische Insolvenzverordnung, JuS 2003, 313; *Eichel*, Der internationale Geltungsbereich des Pfändungsschutzes in der Insolvenz, NZI 2017, 790; *Eidenmüller*, Was ist ein Insolvenzverfahren?, ZIP 2016, 145; *Eidenmüller*, Die Restrukturierungsempfehlung der EU-Kommission und das deutsche Restrukturierungsrecht, KTS 2014, 401; *Eidenmüller*, Der nationale und der internationale Insolvenzverwaltungsvertrag, ZZP 114 (2001), 3; *Eidenmüller*, Europäische Verordnung über Insolvenzverfahren und zukünftiges deutsches internationales Insolvenzrecht, IPRax 2001, 2; *Eidenmüller/Frobenius*, Ein Regulierungskonzept zur Bewältigung von Gruppeninsolvenzen: Verfahrenskonsolidierung im Kontext nationaler und internationaler Reformvorhaben, ZIP Beilage Heft 22/2013, 1; *Eyber*, Auslandsinsolvenz und Inlandsrechtsstreit, ZInsO 2009, 1225; *Fehrenbach*, Insolvenzanfechtung in grenzüberschreitenden Insolvenzverfahren bei Verfahrenspluralität, NZI 2015, 157; *Fehrenbach*, Kapitalmaßnahmen im grenzüberschreitenden Reorganisationsverfahren, ZIP 2014, 245; *Fehrenbach*, Haupt- und Sekundärinsolvenzverfahren, 2014; *Finkelmeier*, Die Sperrwirkung von Art. 16 EuInsVO bei Gesellschafterdarlehen – weil nicht sein kann, was nicht sein darf?, EuZW 2020, 833; *Flecke-Giammarco/Keller, Ch.*, Die Auswirkung der Wahl des Schiedsorts auf den Fortgang des Schiedsverfahrens in der

Insolvenz, NZI 2012, 529; *Flessner*, Dingliche Sicherungsrechte nach dem Europäischen Insolvenzübereinkommen, in: Festschrift für Ulrich Drobnig, 1998, S. 277; *Freitag*, Internationale Zuständigkeit für Klagen aus Insolvenzverschleppungshaftung, ZIP 2014, 302; *Frevel*, Das europäische Kollisionsrecht der Insolvenzanfechtung: Eine Untersuchung zur Auslegung des Art. 16 EuInsVO, 2017; *Frind*, Der „EU-harmonisierte" Gläubigerausschuss – Aliud oder Entsprechung zum deutschen Recht?, ZIP 2023, 449; *Frind/Pannen*, Einschränkung der Manipulation der insolvenzrechtlichen Zuständigkeiten durch Sperrfristen – ein Ende des Forum Shopping in Sicht?, ZIP 2016, 398; *Fritz*, Besser Sanieren in Deutschland? Wesentliche Aspekte der Einpassung der Europäischen Insolvenzordnung in das deutsche Recht, BB 2017, 131; *Fritz/Bähr*, Die Europäische Verordnung über Insolvenzverfahren – Herausforderung an Gerichte und Insolvenzverwalter, DZWIR 2001, 221; *Fuchs*, Nationale und internationale Aspekte des Restschuld-Befreiungs-Tourismus, 2015; *Ganter*, Patentlizenzen in der Insolvenz des Lizenzgebers, NZI 2011, 833; *Gehrlein*, Anfechtbarkeit der Erstattung eines auf der Grundlage ausländischen Rechts gewährten Gesellschafterdarlehens, ZInsO 2020, 2591; *Geimer*, Widerklageprivileg gilt auch für ausländischen Insolvenzverwalter, GWR 2010, 227; *Gelbrich*, Die nicht mehr vorhandene Ein-Personen-Limited im Insolvenzeröffnungsverfahren, NZI 2021, 256; *Goslar*, Annullierung englischer Insolvenzeröffnungsentscheidungen nach sec. 282 Insolvency Act (UK), NZI 2012, 912; *Gottwald*, Grenzüberschreitende Insolvenzen, 1997; *Gotzen*, Deutsche Restschuldbefreiung gegenüber US-amerikanischen Gläubigern?, ZVI 2011, 439; *Graf*, EU-Insolvenzverordnung und Arbeitsverhältnis, ZAS 2002, 173; *Grompe*, Die vis attractiva concursus im Europäischen Insolvenzrecht – Ein Instrument zur Konkretisierung des Insolvenzstatuts, 2018; *Gröning*, Gesellschafter- und Geschäftsleiterhaftung im internationalen Zivilverfahrensrecht – Zur internationalen Zuständigkeit nach Brüssel Ia-VO und EuInsVO, 2019; *Haas*, Insolvenzrechtliche Annexverfahren und internationale Zuständigkeit, ZIP 2013, 2381; *Haas/Blank*, Die örtliche und internationale Zuständigkeit für Ansprüche des Insolvenzverwalters nach § 128 HGB i. V. mit § 93 InsO, ZInsO 2013, 706; *Herchen*, Das Prioritätsprinzip im internationalen Insolvenzrecht, ZIP 2005, 1401; *Herchen*, Aktuelle Entwicklungen im Recht der internationalen Zuständigkeit zur Eröffnung von Insolvenzverfahren: Der Mittelpunkt der (hauptsächlichen) Interessen im Mittelpunkt der Interessen, ZInsO 2004, 825; *Herchen*, Scheinauslandsgesellschaften im Anwendungsbereich der Europäischen Insolvenzverordnung, ZInsO 2003, 742; *Herchen*, Die Befugnisse des deutschen Insolvenzverwalters hinsichtlich der „Auslandsmasse" nach In-Kraft-Treten der EG-Insolvenzverordnung (Verordnung des Rates Nr. 1346/2000), ZInsO 2002, 345; *Herchen*, Das Übereinkommen über Insolvenzverfahren der Mitgliedstaaten der Europäischen Union vom 23.11.1995: Eine Analyse zentraler Fragen des Internationalen Insolvenzrechts unter besonderer Berücksichtigung dinglicher Sicherungsrechte, 2000; *Hergenröder*, Entschuldung durch Restschuldbefreiungstourismus, DZWIR 2009, 309; *Hergenröder/Alsmann*, Das Privatinsolvenzverfahren in Belgien, Luxemburg und den Niederlanden, ZVI 2009, 177; *Hess*, Back to the Past: BREXIT und das europäische internationale Privat- und Verfahrensrecht, IPRax 2016, 409; *Hoffmann/Giancristofano*, Ist das englische Scheme of Arrangement (noch) ein taugliches Sanierungsinstrument für deutsche Unternehmen? Neue Tendenzen in der englischen Rechtsprechung und das Problem der positiven Fortführungsprognose, ZIP 2016, 1151; *Himmer*, Das europäische Konzerninsolvenzrecht nach der reformierten EuInsVO, 2019; *Hölzle*, Wege in die Restschuldbefreiung und Schuldenerlass im Exil – Lohnt die Flucht nach Frankreich wirklich?, ZVI 2007, 1; *Hoos/Schwartz/Schlander*, Handlungsoptionen für Unternehmen – Internationale Zuständigkeit und Anerkennung von präventiven Restrukturierungsverfahren, ZIP 2021, 2214; *Huber*, Die Europäische Insolvenzverordnung, EuZW 2002, 490; *Huber*, Internationales Insolvenzrecht in Europa, ZZP 114 (2001), 133; *Hübler*, Aktuelles europäisches und internationales Insolvenzrecht, NZI 2022, 163; *Hübler*, Aktuelles europäisches und Internationales Insolvenzrecht, NZI 2021, 169; *Hützen/Poertzgen*, Insolvenzgeld für Arbeitnehmer in Deutschland bei ausländischem Insolvenzereignis am Beispiel der Niederlande, ZInsO 2010, 1719; *Jahn*, Die Anwendbarkeit deutscher Gläubigerschutzvorschriften bei einer EU-Kapitalgesellschaft mit Sitz in Deutschland, 2014; *Jakob/Hunsperger*, Zur Liberalisierung des schweizerischen internationalen Insolvenzrechts, NZI 2018, 545; *Kammel*, Die Bestimmung der zuständigen Gerichte bei grenzüberschreitenden Konzerninsolvenzen, NZI 2006, 334; *Keay*, The Harmonization of the Avoidance Rules, International and Comparative Law Quarterly, 66 (2017), 9; *Keay/Walton*, Insolvency Law – Corporate and Personal, 2. Aufl., 2008; *Keller, B.*, Zur Verwertung im Ausland belegenen Schuldnervermögens durch deutsche Insolvenzverwalter, 2010; *Keller, Ch.*, Forderungsanmeldung, -prüfung und -feststellung in Fällen mit Auslandsbezug, ZInsO 2022, 1488; *Keller, Ch.*, Rechtsverkehr in Insolvenzsachen mit Großbritannien, ZInsO 2022, 733; *Keller, Ch.*, Die verfahrensrechtlichen Folgen des Brexits für Insolvenzverfahren über das Vermögen von Private Companies Limited by Shares, ZInsO 2021, 1441; *Keller, Ch.*, Die Folgen des Statutenwechsels infolge der Verlagerung des COMI, NZI 2021, 110; *Keller, Ch.*, Der Gesellschafter im Insolvenzplanverfahren, BB 2020, 2435; *Keller, Ch.*, Die Rechtsmittel der EuInsVO im Bereich der Verfahrenseröffnung, ZInsO 2020, 1617; *Keller, Ch.*, Unionsschutzrechte als Kreditsicherheit – Zur Auslegung des Art. 15 EuInsVO, NZI 2020, 608; *Keller, Ch.*, Die fehlerhafte Zusicherung nach Art. 36 EuInsVO, ZInsO 2018, 1999; *Keller, Ch.*, Avoiding Premature Insolvency – The Structure of Commencement Standards in English and German Insolvency Law, in: Leonard, Norton Annual Review of International Insolvency 2012, S. 300–331; *Kemper*, Die Verordnung (EG) Nr. 1346/2000 über Insolvenzverfahren, ZIP 2001, 1609; *Kern*, Ein Wettbewerb der Rechtsordnungen? Vergleich des niederländischen und des deutschen Umsetzungsgesetzes zur Restrukturierungsrichtlinie, NZI Beilage Heft 5/2021, S. 74; *Kindler*, Insolvenzrecht als Tätigkeitsausübungsrecht – Die sachliche Reichweite der Niederlassungsfreiheit nach dem Kornhaas-Urteil des EuGH, EuZW 2016, 136; *Kindler*, Lex loci arbitri vs. lex fori concursus vs. lex societatis: Die Insolvenz der ausländischen Schiedspartei nach der (geplanten) Reform der EuInsVO, in: Festschrift für Rolf A. Schütze, 2014, S. 221; *Kindler*, Hauptfragen der Reform des Europäischen Internationalen Insolvenzrechts, KTS 2014, 25; *Kleindiek*, Die Anfechtung der Eröffnungsentscheidung nach Art. 5 EuInsVO, 2022; *Kleinschmidt*, Aktuelles zum insolvenzrechtlichen Gutglaubensschutz eines E-Geldinstituts, NZI 2021, 1052; *Klumb*, Kollisionsrecht der Insolvenzanfechtung, 2005; *Knof*, Europäisches Insolvenzrecht und Schuldbefreiungs-Tourismus, ZInsO 2005, 1017; *Kolmann*, Kooperationsmodelle im internationalen Insolvenzrecht, 2001; *Kopp*, Insolvenzanfechtung gegenüber ausländischen Finanzbehörden: Gläubigergleichbehandlung contra Staatenimmunität, NZI 2021, 657; *Kraus*, Das Schicksal internationaler Schiedsverfahren in der Insolvenz des Schiedsbeklagten, 2020 (Diss.); *Kübler*, Der Mittelpunkt der hauptsächlichen Interessen nach Art. 3 Abs. 1 EuInsVO, in: Festschrift für Walter Gerhardt, 2004, S. 527; *Laukemann*, Der ordre public im europäischen Insolvenzverfahren, IPRax 2012, 207; *Lecoutre*, Die deutsche Ausgestaltung des Rechtsbehelfs nach Art. 5 EuInsVO, 2023; *Lehmann/Zetsche*, Die Auswirkungen des Brexit auf das Zivil- und Wirtschaftsrecht, JZ 2017, 62; *Leible/Staudinger*, Die europäische Verordnung über Insolvenzverfahren, KTS 2000, 533; *Leipold*, Zum künftigen Weg des deutschen Internationalen Insolvenzrechts, in: Stoll, Vorschläge und Gutachten zur Umsetzung des EG-Übereinkommens über Insolvenzverfahren im deutschen Recht, 1997, S. 185; *Leithaus/Lange*, Wer haftet für die Kosten eines Sekundärinsolvenzverfahrens (Art. 27 ff. EuInsVO), in: Festschrift für Heinz Vallender, 2015, S. 333; *Liersch*, Deutsches Internationales Insolvenzrecht, NZI 2003, 302; *Lorenz*, Der Regierungsentwurf eines Gesetzes zur Restrukturierung und geordneten Abwicklung von Kreditinstituten – Überblick und erste Einordnung, NZG 2010, 1046; *Lorenz*, Annexverfahren bei Internationalen Insolvenzen: Internationale Zuständigkeitsregelung der Europäischen Insolvenzverordnung, 2005; *Lürken*, Totgesagte leben länger – Neuer Anstoß aus Brüssel für die Einführung eines vorinsolvenzlichen Sanierungsverfahrens, NZI 2015, 3; *Madaus*, Vertrauliche Restrukturierungspläne für ausländische Schuldner, ZIP 2022, 1233; *Madaus*, Einstieg in die ESUG-Evaluation – Für einen konstruktiven Umgang mit den europäischen Ideen für einen präventiven Restrukturierungsrahmen, NZI 2017, 329; *Mankowski*, Insolvenzrecht gegen Gesellschaftsrecht 2:0 im europäischen Spiel um § 64 GmbHG, NZG 2016, 281; *Mankowski*, Zusicherungen zur Vermeidung von Sekundärinsolvenzen unter Art. 36 EuInsVO – Synthetische Sekundärverfahren, NZI 2015, 961; *Mankowski*, Internationale Nachlassinsolvenzverfahren, ZIP 2011, 1501; *Mankowski*, Gläubigerstrategien zur Fixierung des schuldnerischen Centre of Main Interests (COMI), ZIP 2010, 1376; *Mankowski*, Verträge über unbewegliche Gegenstände im europäischen Internationalen Insolvenzrecht (Art. 8 EuInsVO), in: Festschrift für Klaus Hubert Görg, 2010, S. 273; *Mankowski*, Klärung von Grundfragen des europäischen Internationalen Insolvenzrechts durch die Eurofood-Entscheidung?, BB 2006, 1753; *Mankowski*, Zulässigkeit von Sonderzahlungen zur Vermeidung eines Sekundärinsolvenzverfahrens – MG Rover, NZI 2006, 416; *Mankowski*, Entwicklungen im Internationalen Privat- und Prozessrecht 2004/2005 (Teil 2), RIW 2005, 561; *Mankowski*, Grenzüberschreitender Umzug und das center of main interests im europäischen Internationalen Insolvenzrecht, NZI 2005, 368; *Marshall*, The Future of the European Insolvency Regulation – Rights in rem, IILR 2011, 263; *Martini*, Die Europäische Insolvenzordnung vom 29.5.2000 und die Rechtsfolgen für die Praxis, ZInsO 2002, 905; *Mehring*, Die Durchsetzung von Ansprüchen trotz Restschuldbefreiung nach englischem oder französischem Recht, ZInsO 2012, 1247; *Meyer-Löwy/Plank*, Entbehrlichkeit des Sekundärinsolvenzverfahrens bei flexibler Verteilung der Insolvenzmasse im Hauptinsolvenzverfahren?, NZI 2006, 622; *Mock*, Das künftige (harmonisierte) Insolvenzrecht – Entwurf einer Richtlinie zum Unternehmensinsolvenzrecht, NZI 2016, 977; *Mock*, Die Vergütung des Insolvenzverwalters in grenzüberschreitenden Insolvenzverfahren, ZInsO 2013, 2245; *Mock*, Internationale Restschuldbefreiung, KTS 2013, 423; *Mock*, Handlungsoptionen bei ausufernden Sekundärinsolvenzverfahren, ZInsO 2009, 895; *Mock*, Steine statt Brot? – Verfahrenskonzentration bei grenzüberschreitenden Insolvenzanfechtungsklagen und fehlende örtliche Zuständigkeiten, ZInsO 2009, 470; *Mock/Schildt*, Insolvenz ausländischer Kapitalgesellschaften mit Sitz in Deutschland, ZInsO 2003, 396; *Mörsdorf-Schulte*, Zuständigkeit für Insolvenzanfechtungsklagen im Eröffnungsstaat, ZIP 2009, 1456; *Müller*, Das europäische Kollisionsrecht der Insolvenzanfechtung zwischen Gläubigergleichbehandlung und Vertrauensschutz, EuZW 2016, 212; *Müller-Seils/Burg/Windsor*, Unternehmenssanierungen nach englischem Recht – Das Company Voluntary Arrangement, NZI 2007, 7; *Oberhammer*, Zur internationalen Anfechtungsbefugnis des Sekundärverwalters nach Europäischem Insolvenzrecht, KTS 2008, 271; *Obermüller/Kuder*, Die Entwicklung der Gesetzgebung zu Bankinsolvenzen, ZInsO 2010, 2016; *Pannen*, Aspekte der europäischen Konzerninsolvenz, ZInsO 2014, 222; *Pannen*, Das geplante Restrukturierungsgesetz für Kreditinstitute, ZInsO 2010, 2026; *Pannen*, Das europäische internationale Insolvenzrecht für Versicherungsunternehmen, in: Festschrift für Hans Peter Runkel, 2009, S. 509; *Pannen*, Europäische Insolvenzverordnung, 2007; *Pannen/Riedemann*, Der Begriff des „centre of main interests" i. S. des Art. 3 I 1 EuInsVO im Spiegel aktueller Fälle aus der Rechtsprechung, NZI 2004, 646; *Parzinger*, Die neue EuInsVO auf einen

Blick, NZI 2016, 63; *Paulus*, Globale Grundsätze für die Zusammenarbeit in grenzüberschreitenden Insolvenzen und globale Richtlinien für die gerichtliche Kommunikation, RIW 2014, 194; *Paulus*, Das neue internationale Insolvenzrecht der USA, NZI 2005, 439; *Paulus*, Zuständigkeitsfragen nach der Europäischen Insolvenzverordnung, ZIP 2003, 1725; *Penzlin/Riedemann*, Klarstellung der Befugnisse englischer Hauptinsolvenzverwalter – MG Rover II, NZI 2005, 515; *Piekenbrock*, Grenzüberschreitende Restrukturierungsverfahren, ZInsO 2022, 2512; *Piekenbrock*, Insolvenzrechtliche Annexverfahren im Europäischen Justizraum, KTS 2015, 379; *Piekenbrock*, Klagen und Entscheidungen über Insolvenzforderungen zwischen LugÜb, EuGVVO und EuInsVO, ZIP 2014, 2067; *Piekenbrock*, Ansprüche gegen den ausländischen Schuldner in der deutschen Partikularinsolvenz, IPRax 2012, 337; *Plappert*, Dingliche Sicherungsrechte in der Insolvenz, 2008; *Pleister/Koa*, Gesellschafterdarlehen in der Insolvenz – ein europäischer Flickenteppich, ZRI 2020, 273; *Pluta/Keller, Ch.*, Das virtuelle Sekundärinsolvenzverfahren nach der reformierten Europäischen Insolvenzverordnung, in: Festschrift für Heinz Vallender, 2015, S. 437; *Pogacar*, Rechte und Pflichten des Hauptverwalters im Sekundärverfahren, NZI 2011, 46; *Prager/Bangha-Szabo*, Internationale Insolvenzanfechtung gemäß § 135 InsO, in: Festschrift für Klaus Wimmer, 2017, S. 506; *Prager/Keller, Ch.*, Der Entwicklungsstand des Europäischen Insolvenzrechts, WM 2015, 805; *Prager/Keller, Ch.*, Der Vorschlag der Europäischen Kommission zur Reform der EuInsVO, NZI 2013, 57; *Prager/Keller, Ch.*, Anerkennung deutscher Postsperren im Vereinigten Königreich, NZI 2012, 829; *Prager/Keller, Ch.*, Die Einrede des Art. 13 EuInsVO, NZI 2011, 697; *Radtke/Hoffmann*, Die Anwendbarkeit von nationalem Insolvenzstrafrecht auf EU-Auslandsgesellschaften, EuZW 2009, 404; *Reinhart*, Zur Anerkennung ausländischer Insolvenzverfahren, ZIP 1997, 1734; *Reps/Müller-Leibenger*, Kollisionsrechtliche Einordnung der Kreditgeberhaftung nach§ 826 BGB, ZRI 2022, 925; *Riewe*, Aktuelles Internationales und ausländisches Insolvenzrecht, NZI 2009, 549; *Ringleb*, Universalität und Territorialität im deutschen internationalen Konkursrecht, 1968; *Rotstegge*, Zuständigkeitsfragen bei der Insolvenz in- und ausländischer Konzerngesellschaften, ZIP 2008, 955; *Rübbeck*, Das forum attractivum des Europöäischen Insolvenzrechts – Reichweitenbestimmung des Art. 6 I EuInsVO, 2021; *Rüfner*, Neues internationales Insolvenzrecht in den USA, ZIP 2005, 1859; *Rühl*, Die Wahl englischen Rechts und englischer Gerichte nach dem Brexit – Zur Zukunft des Justizstandorts England, JZ 2017, 72; *Sämisch*, Die neue Harmonisierungsrichtlinie – verwalterloses Verfahren als Risiko?, ZRI 2023, 93; *Saenger/Kockenbrink*, Anerkennungsfragen im internationalen Insolvenzrecht gelöst? Zugleich Anmerkung zum Urteil des EuGH vom 2.5.2006 – Rs. C-341/04 (Eurofood/Parmalat), EuZW 2006, 363; *Sakka*, Die Neufassung der Europäischen Insolvenzverordnung, EuZW 2015, 460; *Sax/Berkner/Saed*, Anerkennungsmöglichkeiten des englischen Part 26A-Restrukturierungsplans in Deutschland post Brexit, NZI 2021, 517; *Sax/Swierczok*, Das englische Scheme of Arrangement – ein taugliches Sanierungsinstrument für deutsche Unternehmen!, ZIP 2016, 1945; *Schall*, Das Kornhaas-Urteil gibt grünes Licht für die Anwendung des § 64 GmbHG auf eine Limited mit Sitz in Deutschland – Alles klar dank EuGH!, ZIP 2016, 289; *Schefold*, Anerkennung von Banksanierungsmaßnahmen im EWR-Bereich, IPRax 2012, 66; *Schlöder/Parzinger/Knebel*, Der Restrukturierungsplan nach dem StaRUG im Lichte grenzüberschreitender Restrukturierungen – praxistaugliches Anerkennungsregime oder ein Fall für die obersten Gerichte?, ZIP 2021, 1041; *Schmidt, Jessica*, Präventiver Restrukturierungsrahmen: Internationale Zuständigkeit, Anerkennung und anwendbares Recht, ZInsO 2021, 654; *Schmidt, Jessica*, Neues zum COMI: das EuGH-Urteil in der Rs. Novo Banco, ZInsO 2020, 1816; *Schmidt, Jessica*, Eurofood – Eine Leitentscheidung und ihre Rezeption in Europa und den USA, ZIP 2007, 405; *Schmidt, Lukas*, Die Zusicherung nach Art. 36 EuInsVO, 2019; *Schmiedeknecht*, Der Anwendungsbereich der Europäischen Insolvenzverordnung und die Auswirkungen auf das deutsche Insolvenzrecht: Unter besonderer Berücksichtigung des Konzerninsolvenzrechts, 2004; *Schmitt*, Die Rechtsstellung englischer Insolvenzverwalter in Prozessen vor deutschen Gerichten, ZIP 2009, 1990; *Schmitz*, Schiedsverfahren und Insolvenz, 2016; *Schubert*, Das deutsche Insolvenzanfechtungsrecht und die Mindestharmonisierungsvorgaben des Richtlinienentwurfs COM(2022) 702 final, NZI 2023, 193; *Schultze-Moderow*, Schiedsverfahren und Insolvenz – Eine autonome Kollisions-Lösung für Schiedsgerichte mit Sitz in Deutschland, 2017; *Schumann*, Virtuelle Sekundärinsolvenzverfahren im europäischen Insolvenzrecht – Schattendasein oder ein wichtiger Schritt in Richtung europäischer Sanierungskultur?, 2020 (Diss.); *Schuster*, Die Abgabe der Zusicherung nach Art. 36 I 2 EuInsVO durch den Hauptinsolvenzverwalter, NZI 2017, 873; *Schwab*, Missbrauchsbekämpfung durch die GmbH-Reform: Schutzinstrumente und Schutzlücken, DStR 2010, 333; *Schwarz*, Die Anerkennung des englischen Part 26A-Restructuring Plan-Verfahrens in Deutschland, ZRI 2023, 478; *Schwemmer*, Die Verlegung des centre of main interests (COMI) im Anwendungsbereich der EuInsVO, NZI 2009, 335; *Siemon*, Das Konzept für ein vorinsolvenzliches Sanierungsverfahren, NZI 2016, 57; *Siemon/Frind*, Der Konzern in der Insolvenz, NZI 2013, 1; *Skauradszun*, Restrukturierungsverfahren und das Internationale Privatrecht, NZI 2021, 568; *Skauradszun*, Die „tatsächlichen Annahmen" der Zusicherung nach Art. 36 Abs. 1 Satz 1 EuInsVO n. F., ZIP 2016, 1563; *Skauradszun*, Einstweilige Maßnahmen und Sicherungsmaßnahmen nach Art. 36 Abs. 9 EuInsVO n. F., KTS 2016, 419; *Skauradszun*, Synthetische Sekundärinsolvenzverfahren und „echter" Rechtsschutz, in: Hochschule Fulda, Discussion Papers in Business and Economics No. 18, v. 6/2016, abrufbar unter https://fuldok.hs-fulda.de/opus4/frontdoor/deliver/index/docId/381/file/Discussion+Paper+No+18+(Skauradszun)+-+final.pdf (Abrufdatum: 18.11.2023); *Skauradszun/*

Kümpel/Nijnens, Zur (richtigen) Anwendung des Art. 102c EGInsO auf präventive Restrukturierungsrahmen, NZI 2023, 481; *Smid*, Kritische Anmerkungen zum Pre-pack-Verfahren im Richtlinienentwurf zur europäischen Insolvenzrechtsharmonisierung, ZInsO 2023, 1289; *Smid*, Voraussetzungen der Eröffnung eines deutschen Sekundärinsolvenzverfahrens – Geltendes Recht und Reformpläne, ZInsO 2013, 953; *Smid*, EuGH zu „Eurofood", BGH zur internationalen Zuständigkeit: Neueste Judikatur zur EuInsVO, DZWIR 2006, 325; *Smid*, Vier Entscheidungen englischer und deutscher Gerichte zur europäischen internationalen Zuständigkeit zur Eröffnung von Hauptinsolvenzverfahren, DZWIR 2003, 397; *Smid/Wehdeking*, Vereinfachte Liquidationsverfahren über Microunternehmen im Richtlinienentwurf der EU zur Harmonisierung mitgliedstaatlicher Insolvenzrechte, ZInsO 2023, 198; *Strub*, Insolvenzverfahren im Binnenmarkt, EuZW 1994, 424; *Stürner*, Gerichtsstandsvereinbarungen und Europäisches Insolvenzrecht – Zugleich ein Beitrag zur internationalen Zuständigkeit bei insolvenzbezogenen Annexverfahren, IPRax 2005, 416; *Swierczok*, Das deutsche autonome internationale Insolvenzrecht: Ein Leben im Schatten der EuInsVO!, BB 2018, 2057; *Taupitz*, Das (zukünftige) europäische Internationale Insolvenzrecht – insbesondere aus international-privatrechtlicher Sicht, ZZP 111 (1998), 315; *Thole*, Der Kommissionsvorschlag für eine Richtlinie zur Harmonisierung bestimmter Aspekte des Insolvenzrechts, COM(2022) 702, ZIP 2023, 389; *Thole*, Vertrauliche Restrukturierungsverfahren: Internationale Zuständigkeit, anwendbares Recht und Anerkennung, ZIP 2021, 2153; *Thole*, Das neue Konzerninsolvenzrecht in Deutschland und Europa, KTS 2014, 351; *Thole*, Die Anwendung des Art. 13 EuInsVO bei Zahlung auf fremde Schuld, NZI 2013, 113; *Thole*, Gläubigerschutz durch Insolvenzrecht, 2010; *Thole*, Negative Feststellungsklagen, Insolvenztorpedos und EuInsVO, ZIP 2012, 605; *Thole/Swierczok*, Der Kommissionsvorschlag zur Reform der EuInsVO, ZIP 2013, 550; *Trunk*, Internationales Insolvenzrecht: Systematische Darstellung des deutschen Rechts mit internationalen Bezügen, 1998; *Thomale*, Die Scheinauslandsgesellschaft in der Krise – Gläubigerschutz zwischen Gesellschaftsstatut und Insolvenzstatut, JBl 2021, 83 (Teil II); *Turck*, Priorität im Europäischen Insolvenzrecht. Perpetuatio fori und Entscheidungsanerkennung in der EuInsVO, 2014; *Ungerer*, Folgen des harten Brexit im Internationalen Privat- und Zivilverfahrensrecht, NJW 2021, 1270; *Vallender*, Rechtsmissbräuchliches Forum Shopping natürlicher Personen vor dem Aus?, VIA 2016, 57; *Vallender*, Der deutsche Motor stockt, aber Europa drückt aufs Gas, ZInsO 2015, 57; *Vallender*, Wirkungen und Anerkennung einer im Ausland erteilten Restschuldbefreiung, ZInsO 2009, 616; *Vallender*, Aufgaben und Befugnisse des deutschen Insolvenzrichters in Verfahren nach der EuInsVO, KTS 2005, 283; *Vallender/Fuchs*, Die Antragspflicht organschaftlicher Vertreter einer GmbH vor dem Hintergrund der Europäischen Insolvenzverordnung, ZIP 2004, 829; *Vanmeenen/Van Hoe*, Shareholders' loans at the crossroads between corporate and insolvency law: impact of the freedom of establishment on national insolvency law, IILR 2011, 468; *Virgós/Schmit*, Erläuternder Bericht zu dem EU-Übereinkommen über Insolvenzverfahren in: Stoll, Vorschläge und Gutachten zur Umsetzung des EG-Übereinkommens über Insolvenzverfahren im deutschen Recht, 1997, S. 32; *Wagner*, Insolvenz und Schiedsverfahren, KTS 2010, 39; *Wagner*, Insolvenzantragstellung nur im EU-Ausland? Zivil- und strafrechtliche Risiken für den GmbH-Geschäftsführer, ZIP 2006, 1934; *Wallner/Neuenhahn*, Der Sanierungskredit – ein Überblick, NZI 2006, 553; *Wedemann*, Die Regelungen des deutschen Eigenkapitalersatzrechts: Insolvenz- oder Gesellschaftsrecht?, IPrax 2012, 226; *Wehling/Benning*, Das Model Law on Cross-Border Insolvency der Vereinten Nationen, EuZW 1997, 619; *Weller*, GmbH-Bestattung im Ausland, ZIP 2009, 2029; *Weller*, Die intertemporale Behandlung der Insolvenzverschleppungshaftung beim Insolvenzstatutenwechsel, in: Festschrift für Hans Gerhrard Ganter, 2010, S. 439; *Weller*, Die Verlegung des Center of Main Interest von Deutschland nach England, ZGR 2008, 835; *Weller/Thomale/Benz*, Englische Gesellschaften und Unternehmensinsolvenzen in der Post-Brexit-EU, NJW 2016, 2378; *Weller/Thomale/Zwirlein*, Brexit: Statutenwechsel und Acquis communautaire, ZEuP 2018, 892; *Wells/Aconley*, How to get recognised: cross-border recognition of insolvency and restructuring proceedings post-Brexit, BJIBFL 2021, 187; *Wessels/Boon*, Cross-Border Insolvency Law – International Instruments and Commentary, 2. Aufl. 2015; *Westpfahl/Goetker/Wilkens*, Grenzüberschreitende Insolvenzen, 2008; *Wilfinger*, Feststellung zur Insolvenztabelle zwischen EuInsVO, EuGVVO, nationalem Recht und Schiedsverfahren, KTS 2020, 121; *Willemer*, Vis attractiva concursus und die Europäische Insolvenzverordnung, 2006; *v. Wilmowsky*, Europäisches Kreditsicherungsrecht: Sachenrecht und Insolvenzrecht unter dem EG-Vertrag, 1996; *Wimmer*, Die UNCITRAL-Modellbestimmungen über grenzüberschreitende Insolvenzverfahren, ZIP 1997, 220; *Wright/Fenwick*, Bankruptcy tourism – what it is, how it works and how creditors can fight back, IILR 2012, 45; *Würdinger*, Die Anerkennung ausländischer Entscheidungen im europäischen Insolvenzrecht, IPRax 2011, 562; *Zimmer/Fuchs*, Die Bank in Krise und Insolvenz: Ansätze zur Minderung des systemischen Risikos, ZGR 2010, 597; *Zipperer*, Rechtsmittel im Europäischen Insolvenz- und Restrukturierungsrecht, NZI 2021, 1041; *Zipperer*, Probleme der sofortigen Beschwerde nach Art. 5 EuInsVO, NZI 2020, 600.

A. Einführung

I. Begriff und Regelungsstandorte

Der Begriff „Internationales Insolvenzrecht" meint in diesem Kapitel den Inbegriff derjenigen Vorschriften des deutschen Rechts, die in einem grenzüberschreitenden Insolvenzverfahren Anwendung finden. Diese Vorschriften sind nicht in einem Gesetz versammelt. Vielmehr sind sie in verschiedenen Gesetzen enthalten. Welches dieser Gesetze zur Anwendung kommt, hängt davon ab, welche Jurisdiktion außer Deutschland im konkreten Fall betroffen ist. Weiß man das, so ist das anwendbare Gesetz am besten nach folgendem **Prüfungsschema** zu ermitteln: 1

- Besteht zwischen der Bundesrepublik Deutschland (oder einem Bundesland) und dem betroffenen Staat (oder einer rechtlich selbständigen Verwaltungseinheit dieses Staats) ein **bilaterales Abkommen**, in dem insolvenzrechtliche Fragen geregelt werden?

> **Praxishinweis**
>
> Beispiele[1] für solche bilateralen Abkommen waren die im 19. Jahrhundert mit der Schweiz geschlossenen Übereinkünfte der **schweizerischen Eidgenossenschaft** mit Ausnahme der Kantone Neuenburg und Schwyz und der Krone Württemberg betreffend die Konkursverhältnisse und die gleiche Behandlung der beiderseitigen Staatsangehörigen in Konkursfällen vom 12.12.1825 und 13.5.1826 sowie zwischen einigen schweizerischen Kantonen mit Ausnahme der Kantone Schwyz und Appenzell-Innerrhoden und dem Königreich Bayern über die gleichmäßige Behandlung der gegenseitigen Staatsangehörigen in Konkursfällen vom 11.5./27.6.1834.[2] Im Zuge der Reform des schweizerischen IPRG wurden diese Abkommen jedoch obsolet.[3]

  Dabei ist stets zu bedenken, dass sich der insolvenzrechtliche Bezug eines bilateralen Abkommens nicht unbedingt in dessen Titel widerspiegeln muss. Deshalb kann es sinnvoll sein, auch bilaterale Abkommen mit, um zwei Beispiele zu nennen, zivilprozessualem oder gesellschaftsrechtlichem Schwerpunkt daraufhin durchzusehen, ob sie international-insolvenzrechtliche Vorschriften enthalten. In Zweifelsfällen empfiehlt es sich, die höchste mit Justizangelegenheiten befasste Behörde des betroffenen fremden Staats um Auskunft dazu zu bitten, ob es ein bilaterales Abkommen mit insolvenzrechtlichem Bezug gibt.

- Für den Fall, dass – wie in der Regel – kein bilaterales Abkommen besteht: Sind die Bundesrepublik Deutschland und der betroffene Staat (oder eine rechtlich selbständige Verwaltungseinheit dieses Staats) Mitglied eines **multilateralen Übereinkommens**, in dem insolvenzrechtliche Fragen geregelt werden? Für die Bundesrepublik Deutschland ist dieser Prüfungsschritt schnell getan: Es gibt nur ein solches Übereinkommen, nämlich die **EuInsVO**.[4] Diese ist das praktisch bedeutsamste international-insolvenzrechtliche Regelwerk des deutschen Rechts. Als Verordnung i. S. des Art. 288 Abs. 1 Satz 2 AEUV ist sie in Deutschland unmittelbar geltendes Recht. Ihre Vorschriften genießen Anwendungsvorrang vor inhaltsgleichen oder verschiedenen Vorschriften des deutschen Rechts. Auf die Vorschriften der EuInsVO ist **Art. 102c EGInsO** bezogen. Diese Vorschrift enthält in insgesamt 26 Paragraphen Vorschriften, die die Regelungen der EuInsVO ergänzen und überwiegend verfahrensrechtlichen Charakters

1) Zu weiteren *Kolmann/Ch. Keller* in: Gottwald/Haas, InsR-Hdb., § 133.
2) *Blaschczok*, ZIP 1983, 141.
3) *Jakob/Hunsperger*, NZI 2018, 545, 548.
4) Verordnung (EU) 2015/848 des Europäischen Parlaments und des Rates v. 20.5.2015 über Insolvenzverfahren (EuInsVO), ABl. (EU) L 141/19 v. 5.6.2015; es handelt sich um die Nachfolgeverordnung zur Verordnung (EG) Nr. 1346/2000 des Rates v. 29.5.2000 über Insolvenzverfahren, ABl. (EG) L 160/1 v. 30.6.2000. Die amtliche Entsprechungstabelle mit einer Übersicht über die alten und die neuen Vorschriften der EuInsVO findet sich in **Anh. 3** zu diesem Kapitel.

sind. Über die Zuordnung der Vorschriften des Art. 102c EGInsO zu den Vorschriften der EuInsVO gibt **Anh. 1** zu diesem Kapitel Auskunft.[5)]

- Für den Fall, dass weder ein bi- noch ein multilaterales Ab- bzw. Übereinkommen besteht, findet das deutsche **autonome Internationale Insolvenzrecht**, also die Vorschriften der **§§ 335–358 InsO** Anwendung. Das ist u. a. im Verhältnis zu den **USA**[6)] und **Großbritannien**[7)] der Fall. Das deutsche autonome Internationale Insolvenzrecht findet ferner Anwendung, wenn es um die internationale **Insolvenz einer Bank oder eines Versicherungsunternehmens** geht, denn auf diese findet die EuInsVO aufgrund der Bereichsausnahme in Art. 1 Abs. 2 EuInsVO keine Anwendung. Den §§ 335–358 InsO kommt schließlich eine Art **Auffangfunktion** zu: Enthält ein Abkommen oder die EuInsVO keine Regelung zu einer bestimmten Sachfrage, kann im Einzelfall zur Ergänzung auf eine Vorschrift der §§ 335–358 InsO zurückgegriffen werden.[8)] Umgekehrt können Vorschriften der EuInsVO im Einzelfall zur Auslegung der Vorschriften des deutschen autonomen Internationalen Insolvenzrechts herangezogen werden.

2 *Beispiele*

Ein Gläubiger, der nach der Eröffnung eines Hauptinsolvenzverfahrens auf irgendeine Weise, insbesondere durch Zwangsvollstreckung, vollständig oder teilweise aus einem Gegenstand der Masse befriedigt wird, der in einem anderen Mitgliedstaat belegen ist, muss das Erlangte gemäß ***Art. 23 Abs. 1 EuInsVO*** *an den Verwalter herausgeben. Diese Vorschrift ist eine Anspruchsgrundlage. Sie stellt den Verwalter allerdings vor das Problem, dass er nicht weiß, wie hoch die Befriedigung des Gläubigers ausgefallen ist. Sie enthält auch keinen Auskunftsanspruch. Insofern findet* ***§ 342 Abs. 3 InsO*** *– der einen solchen Auskunftsanspruch enthält – Anwendung (siehe näher unten Rz. 83). Umgekehrt können Lücken im deutschen autonomen Internationalen Insolvenzrecht auch durch die entsprechende Anwendung von Vorschriften der EuInsVO ergänzt werden: Die Definition des Begriffs* ***„Gericht" in Art. 2 Nr. 6 Ziff. ii EuInsVO*** *(„das Justizorgan oder jede sonstige zuständige Stelle eines Mitgliedstaats, die befugt ist, ein Insolvenzverfahren zu eröffnen oder im Laufe des Verfahrens Entscheidungen zu treffen") wird zur Auslegung des Tatbestandsmerkmals* ***„Gericht" in § 343 Abs. 1 Satz 2 Nr. 1 InsO*** *herangezogen.*[9)] *Zwei andere Beispiele: Anhang A wird zur Bestimmung dessen herangezogen, was ein „Insolvenzverfahren" i. S. des § 343 Abs. 1 Satz 1 InsO ist,*[10)] *und der* ***Katalog des Art. 7 Abs. 2 Satz 2 EuInsVO*** *wird zur* ***Auslegung des § 335 InsO*** *herangezogen.*

3 Der Umstand, dass das in Deutschland anwendbare Internationale Insolvenzrecht in unterschiedlichen Gesetzen geregelt ist, darf nicht den Blick dafür verstellen, dass zwischen den §§ 335–358 InsO und der EuInsVO **Struktur- und Wertungsparallelität** besteht. Zu jedem der §§ 335–358 InsO findet sich eine Entsprechung in der EuInsVO (s. **Anh. 2**). Nicht selten sind beide Vorschriften sogar ähnlich oder gleich formuliert. Aber nicht nur das: Auch die Auslegung der Vorschriften führt regelmäßig zu denselben Ergebnissen. Für die Darstellung des Internationalen Insolvenzrechts in diesem Kapitel hatte das zur Folge, dass primär die rechtspraktisch wichtigeren Vorschriften der EuInsVO besprochen werden. Die Vorschriften der InsO werden im Haupttext nur insoweit besprochen, als sie anders als ihr

5) Zur Anwendung des Art. 102c EGInsO auf Restrukturierungsverfahren s. *Skauradszun/Kümpel/Nijnens*, NZI 2023, 481.

6) *Rüfner*, ZIP 2005, 1859; *Paulus*, NZI 2005, 439; *Grauke/Fail/Hwangpo* in: MünchKomm-InsO, Länderbericht USA, Rz. 71 ff.; Pannen-*Hollander/Graham*, EuInsVO, Teil 4.

7) S. später bei und in Fn. 28.

8) *Trunk* in: Stoll, Vorschläge und Gutachten, S. 232, 234; Braun-*Tashiro*, InsO, Vor §§ 335–358 Rz. 17; *Reinhart* in: MünchKomm-InsO, Vor §§ 335 Rz. 86; *Swierczok*, BB 2018, 2057, 2058.

9) *Kindler* in: MünchKomm-BGB, § 343 InsO Rz. 8; s. zur ferner ErwG 20 EuInsVO.

10) *Paulus* in: KPB, InsO, § 343 Rz. 4 – „indizieller Charakter".

europäisches Pendant ausgelegt werden. Wo sie wie dieses ausgelegt werden, sind die Fußnoten um Nachweise aus Rechtsprechung und Literatur zu §§ 335–358 InsO ergänzt.

Zum Internationalen Insolvenzrecht existiert neben den genannten Gesetzen eine Reihe von Regelwerken, die von supranationalen Organisationen oder berufsständischen Vereinigungen erarbeitet wurden und zum Teil laufend aktualisiert werden.[11] Ihnen allen kommt jedoch keinerlei Bindungswirkung, insbesondere keine Gesetzeskraft zu (weshalb sie im internationalen Sprachgebrauch als Soft Law bezeichnet werden). Sie sind nicht Bestandteil des deutschen Internationalen Insolvenzrechts. Doch können sie als Steinbruch für Argumente dienen, wenn es um die Lösung konkreter Sachfragen geht. Das bekannteste dieser Regelwerke ist das sog. **UNCITRAL-Modellgesetz**. Dabei handelt es sich um ein im Jahr 1997 in der Art eines Kommentars verfasstes Regelwerk, das Empfehlungen dazu gibt, welche Regelungen ein modernes Internationales Insolvenzrecht nach Meinung seiner Verfasser enthalten sollte.[12] Das Modellgesetz liegt dem Internationalen Insolvenzrecht u. a. der USA, Großbritanniens und Japans, nicht aber Deutschlands zugrunde. Dadurch, dass es qua Verweis in den **Cross-Border Insolvency Regulations 2006** Bestandteil des autonomen britischen Internationalen Insolvenzrechts ist, ist es nach dem Brexit maßgeblich für die Anerkennung deutscher Insolvenz- und Restrukturierungsverfahren in Großbritannien.[13] Es ist daher von großer Bedeutung. 4

II. Regelungsgehalt und Qualifikation

Besteht Klarheit über das anwendbare Gesetz, ist eine Operation durchzuführen, die im Internationalen Privatrecht als **Qualifikation** bezeichnet wird. Das bedeutet, dass im Wege einer intuitiven Annäherung an den Text des Regelwerks versucht wird, das konkret zu lösende Sachproblem einer dort enthaltenen Vorschrift zuzuordnen. 5

Dabei kann hilfreich sein zu wissen, dass sich die Vorschriften des Internationalen Insolvenzrechts in der Sache in drei Kategorien unterteilen lassen: 6

- Vorschriften über die Zuständigkeit von Gerichten und die Anerkennung ausländischer gerichtlicher Entscheidungen. Sie gehören systematisch zusammen,[14] auch wenn sie nicht in unmittelbarem Kontext geregelt sind.
- Vorschriften über die Behandlung spezieller insolvenzrechtlicher Problemlagen. Das betrifft etwa die Insolvenzanfechtung, die Verwertung der Insolvenzmasse, die Auswirkungen der Insolvenzeröffnung auf gegenseitige Verträge oder laufende Rechtsstreitigkeiten, das Konzerninsolvenzrecht und dergleichen mehr.
- Vorschriften über das Zusammenspiel von Haupt- und Sekundär- oder Partikularinsolvenzverfahren.

In dieser Reihenfolge wird der Gehalt des deutschen Internationalen Insolvenzrechts später in diesem Kapitel abgehandelt. Gewiss, es gibt auch noch andere Arten von Vorschriften, 7

---

11) Zur Bedeutung s. ErwG 48 EuInsVO. S. bei *Kolmann/Ch. Keller* in: Gottwald/Haas, InsR-Hdb., Schrifttum Vor § 132. Unter diesen sind die von *Wessels* und *Virgós* erarbeiteten „European Communication and Cooperation Guidelines for Cross-border Insolvency Proceedings" (2007), die [interjustizielle Zusammenarbeit] sowie die vom *American Law Institute* und vom *International Insolvency Institute (III)* beauftragten, in der Sache von *Wessels* und *Fletcher* verfassten „Globalen Grundsätze für die Zusammenarbeit in grenzüberschreitenden Insolvenzen und globale Richtlinien für die gerichtliche Kommunikation" (in deutscher Übersetzung abgedr. bei *Paulus*, RIW 2014, 194) hervorzuheben. Eine Sammlung solcher Empfehlungen und Richtlinien ist veröffentlicht als *Wessels/Boon*, Cross-Border Insolvency Law – International Instruments and Commentary.

12) Dazu *Kolmann/Ch. Keller* in: Gottwald/Haas, InsR-Hdb., § 133 Rz. 7–17; *Westpfahl/Goetker/Wilkens*, Grenzüberschreitende Insolvenzen, Rz. 1474 ff.; *Wimmer*, ZIP 1997, 220; *Wehling/Benning*, EuZW 1997, 619; Pannen-*Hollander/Graham*, EuInsVO, Teil 4.

13) *Wells/Aconley*, BJIBFL 2021, 187; *Ch. Keller*, ZInsO 2022, 733, 739.

14) *Leipold* in: Stoll, Vorschläge und Gutachten, S. 185, 190.

etwa solche über den zeitlichen und räumlichen Anwendungsbereich eines Gesetzes, Vorschriften, die Legaldefinitionen enthalten, und Übergangsvorschriften. Aber die spielen bei einer ersten Annäherung an das Thema, wie sie hier beabsichtigt ist, keine Rolle.

III. Kollisions- und Sachnormen

8 Ist die einschlägige Vorschrift aufgefunden, ist auf die Natur der Vorschrift zu sehen. Damit ist Folgendes gemeint: In Anwendung der international-privatrechtliche Dogmatik werden im Internationalen Insolvenzrecht zwei Arten von Vorschriften unterschieden, nämlich Kollisionsnormen und Sachnormen. **Kollisionsnormen** sind Vorschriften, die nicht auf die Lösung des jeweils in Rede stehenden Sachproblems abzielen, sondern aus denen sich ergibt, welcher Jurisdiktion Recht zur Lösung des Sachproblems zur Anwendung berufen ist. Man erkennt Kollisionsnormen daran, dass sie ein bestimmtes Recht für anwendbar erklären. Die praktisch bedeutendste aller Kollisionsnormen ist Art. 7 EuInsVO, der für einen ganzen Katalog von Sachproblemen das Recht des Eröffnungsstaats (das sog. **Insolvenzstatut**) für anwendbar erklärt. Hinsichtlich der Art der Verweisung wird zwischen **Sachnormverweisungen** und **Gesamtverweisungen** unterschieden. Der Unterschied liegt darin, dass bei einer Gesamt(norm)verweisung anders als bei einer Sachnormverweisung auch auf das Internationale Insolvenz- und Privatrecht des jeweiligen Staats verwiesen wird, also eine Rück- oder Weiterverweisung denkbar ist. Das Ergebnis der Anwendung einer Kollisionsnorm wird als **Anknüpfung** bezeichnet.

9 **Sachnormen** sind Vorschriften, die zur Lösung eines Sachproblems nicht auf den Normenbestand einer bestimmten Jurisdiktion verweisen, sondern selbst die Lösung enthalten. Beispiele für Sachnormen sind die bereits erwähnten Vorschriften über die Zuständigkeit von Gerichten und die Anerkennung gerichtlicher Entscheidungen. Diese Vorschriften verweisen nicht auf ein bestimmtes Recht, sondern sie erklären selbst, welches Gericht zuständig ist und unter welchen Voraussetzungen Entscheidungen ausländischer Gerichte anzuerkennen sind. Sowohl die Kollisions- als auch die Sachnormen des deutschen Internationalen Insolvenzrechts gehören zum Handwerkszeug in Deutschland zugelassener Rechtsanwälte. Allerdings mag der Auftritt des deutschen Rechtsanwalts im Falle der Anwendung einer Kollisionsnorm ein kurzer sein, dann nämlich, wenn die Kollisionsnorm ausländisches Recht zur Anwendung beruft. Dazu kann ein inländischer Rechtsanwalt meistens nicht beraten.

10 *Beispiel*

Der Unterschied zwischen Kollisions- und Sachnorm lässt am ***Vorschriftenpaar des Art. 18 EuInsVO einerseits, des § 352 InsO*** *andererseits verdeutlichen. Beide Vorschriften befassen sich mit der Frage, wie sich die Eröffnung eines Insolvenzverfahrens auf einen außerhalb des Eröffnungsstaats anhängigen Rechtsstreit auswirkt. Art. 18 EuInsVO ist eine Kollisionsnorm und verweist für die Antwort auf das Recht desjenigen Staats, in dem der Rechtsstreit anhängig ist, im Falle eines in Deutschland anhängigen Rechtsstreits also auf § 240 ZPO, der unter den dortigen Voraussetzungen eine Unterbrechung des Rechtsstreits vorsieht. § 352 InsO hingegen ist eine Sachnorm und verweist in der Situation eines außereuropäischen Insolvenzverfahrens nicht auf § 240 ZPO, sondern ordnet selbst die Unterbrechung des Verfahrens an.*

IV. Auslegung und wissenschaftlicher Diskurs

11 Die Sach- und Kollisionsnormen des Internationalen Insolvenzrechts können und müssen ausgelegt werden. Dabei gelten die klassischen canones der Auslegung, also **grammatikalische, historische, systematische und teleologische Auslegung.**[15] Das gilt unabhängig davon, ob ein bilaterales Abkommen, ein multilaterales Übereinkommen oder deutsches

15) *Schack*, Int. Zivilverfahrensrecht, Rz. 98.

autonomes Internationales Insolvenzrecht anwendbar ist. Ist die EuInsVO anwendbar, so ist bei der Auslegung eine Besonderheit zu beachten: Sie ist **autonom** auszulegen.[16)] Das heißt, dass die Auslegung der EuInsVO frei von nationalen Implikationen zu erfolgen hat. Verwendet also die EuInsVO einen bestimmten Begriff, so ist es möglich (aber nicht zwingend so), dass dieser Begriff i. R. der EuInsVO anders verstanden wird als im deutschen Rechtssprachgebrauch. Kommentare und Handbücher geben Auskunft. Das Primärhilfsmittel der autonomen Auslegung sind die der EuInsVO beigegebenen **Erwägungsgründe (ErwG)**, die eine Art kursorische Gesetzesbegründung darstellen. Das prozedurale Gegenstück der autonomen Auslegung ist das **Vorabentscheidungsverfahren nach Art. 267 AEUV.** Über die Auslegung der Vorschriften der EuInsVO entscheidet letztverbindlich der EuGH, also nicht etwa nationale Gerichte. Haben nationale Gerichte Zweifel über die Auslegung einer Vorschrift der EuInsVO, so können sie (das letztinstanzliche Gericht muss das gemäß Art. 267 Abs. 3 AEUV sogar) dem EuGH die Zweifelsfrage zur Entscheidung vorlegen. Alle maßgeblichen Entscheidungen des EuGH zur EuInsVO ergingen in Vorabentscheidungsverfahren nach § 267 AEUV.

Bei der Auslegung der Vorschriften des Internationalen Insolvenzrechts muss auf die hierzu ergangene **Rechtsprechung** und kann auf die hierzu veröffentlichte **Literatur** zurückgegriffen werden. Es ist für einen Praktiker heute allerdings kaum noch möglich, bei der Bearbeitung eines Falls sämtliche einschlägigen Veröffentlichungen und Gerichtsentscheidungen zu besorgen, auszuwerten und zusammenzufassen: Es sind zu viele. Jede Jurisdiktion steuert das Ihre zu einer unendlich groß gewordenen Bibliothek international-insolvenzrechtlicher Publikationen bei. Umso wichtiger ist es (und dieser Gedanke liegt der Bearbeitung dieses Kapitels zugrunde), sich auf das Wesentliche zu beschränken, in dem Wissen, dass das notwendigerweise Unvollständigkeit und Subjektivität, aber weder Ungenauigkeit noch Einseitigkeit bedeutet. Im Bereich der Gerichtsentscheidungen erfordert das eine Beschränkung auf die Entscheidungen des EuGH und inländische Entscheidungen. Im Bereich der veröffentlichten Literatur tut eine Beschränkung auf wegweisende oder besonders einprägsame Darstellungen not. Eine dieser Veröffentlichungen, auf die bereits an dieser Stelle hinzuweisen ist, ist der von *Virgós* und *Schmit* verfasste erläuternde Bericht zum EuInsÜ, dem fast wortgleichen Vorläufer der EuInsVO.[17)] Er ist im Grunde eine Art ausführliche Gesetzesbegründung, die zur Klärung von Zweifels- und Auslegungsfragen auch heute noch herangezogen werden kann, wenn der Text der Verordnung und die ihr beigegebenen, bereits erwähnten Erwägungsründe das alleine nicht mehr ermöglichen. 12

B. Anwendungsbereich der EuInsVO

I. Zeitlicher Anwendungsbereich

Die EuInsVO ist gemäß Art. 84 Abs. 1 Satz 1 nur auf Insolvenzverfahren[18)] i. S. des Art. 1 EuInsVO anzuwenden, die **am oder nach dem 26.6.2017** eröffnet wurden (das ist mit der Formulierung „ab dem 26. Juni 2017" gemeint)[19)]. Für Rechtshandlungen des Schuldners vor diesem Datum gilt gemäß Art. 84 Abs. 1 Satz 2 EuInsVO weiterhin das Recht, das für diese Rechtshandlungen anwendbar war, als sie vorgenommen wurden. Das ist eine Vertrauensschutzregelung. Für Insolvenzverfahren, die vor dem 26.6.2017 eröffnet wurden, gilt trotz ihrer Aufhebung die alte EuInsVO weiter – das stellt Art. 84 Abs. 2 EuInsVO klar. Für 13

16) Geimer/Schütze-*Geimer*, EZVR, Art. 1 EuInsVO Rz. 7.

17) *Virgós/Schmit* in: Stoll, Vorschläge und Gutachten, S. 32 ff.

18) Zu der Frage, wie zu entscheiden ist, wenn über das Vermögen ein und desselben Schuldners mehrere Insolvenzverfahren eröffnet werden und die Eröffnungszeitpunkte teils vor, teils nach dem 26.6.2017 liegen, s. Mankowski/Müller/J. Schmidt-*J. Schmidt*, EuInsVO, Art. 84 Rz. 7 f. *Schmidt* schlägt dort eine getrennte Beurteilung der Verfahren vor.

19) Mankowski/Müller/J. Schmidt-*J. Schmidt*, EuInsVO, Art. 84 Rz. 4.

den **Zeitpunkt der Eröffnung** gilt die Legaldefinition des **Art. 2 Nr. 8 EuInsVO:** Maßgeblich ist der Zeitpunkt, zu dem die Entscheidung zur Eröffnung des Insolvenzverfahrens wirksam wird, unabhängig davon, ob die Entscheidung endgültig ist oder nicht.[20] Irrelevant ist ferner, ob der Antrag vor oder nach dem 26.6.2017 gestellt wurde.[21] Für die Frage, ob auf ein Sekundärinsolvenzverfahren die EuInsVO 2000 oder die EuInsVO 2015 anzuwenden ist, kommt es gemäß Art. 84 Abs. 1 Satz 1 EuInsVO 2015 auf die Eröffnung des Hauptinsolvenzverfahrens und nicht auf die Eröffnung des Sekundärinsolvenzverfahrens an.[22]

II. Räumlicher Anwendungsbereich

14 Die EuInsVO gilt im Gebiet sämtlicher Mitgliedstaaten der Europäischen Union (EU) mit Ausnahme Dänemarks.[23] Die Anwendbarkeit der EuInsVO setzt nach Maßgabe von Art. 1 Abs. 1, Art. 3 Abs. 1 EuInsVO in räumlicher Hinsicht sodann zweierlei voraus, nämlich

- dass sich der Mittelpunkt der hauptsächlichen Interessen des Schuldners (Centre of Main Interest – COMI) in einem der o. g. Mitgliedstaaten befindet und
- dass dem Insolvenzverfahren ein grenzüberschreitender Sachverhalt zugrunde liegt.

15 Dieser grenzüberschreitende Bezug muss nicht zu einem anderen Mitgliedstaat, sondern kann auch zu einem **Drittstaat** bestehen.[24] Anders ist es nur, wenn die konkret anzuwendende Vorschrift der EuInsVO ausdrücklich den Bezug zu einem anderen Mitgliedstaat verlangt.[25] Die EuInsVO gilt **nicht** für **reine Binnensachverhalte** (also Insolvenzen, die nicht grenzüberschreitend sind)[26] und auch nicht für **reine Drittstaatensachverhalte** (also Insolvenzen außerhalb der EU)[27].

16 Im **Verhältnis zu Großbritannien** gilt seit Vollzug des Brexit zum 1.1.2021 für Fragen der Anerkennung nicht mehr die EuInsVO, sondern das jeweilige autonome Internationale Insolvenzrecht. Das bedeutet, dass britische Verfahren nur noch nach Maßgabe des **§ 343 InsO** anerkannt werden können.[28] Das setzt voraus, dass es sich bei dem betreffenden Verfahren

---

20) Mankowski/Müller/J. Schmidt-*J. Schmidt*, EuInsVO, Art. 84 Rz. 5.

21) Mankowski/Müller/J. Schmidt-*J. Schmidt*, EuInsVO, Art. 84 Rz. 5.

22) LG München I, Beschl. v. 5.3.2018 – 14 T 2769/18, ZIP 2018, 796, dazu EWiR 2018, 257 *(Bork)*.

23) Von Irland wird berichtet, dass Änderungen der EuInsVO zuletzt nicht immer sofort übernommen wurden, ohne dass dafür ein sachlicher Grund bestand: *Hübler*, NZI 2022, 163, 164; *Piekenbrock*, European Insolvency & Restructuring, TLE-001-2022.

24) EuGH, Urt. v. 1.3.2005 – Rs. C-281/02 (Owusu), EuZW 2005, 345 = BB 2005, 292; Urt. v. 16.1.2014 – Rs. C-328/12 (Schmid), Rz. 17 ff., 29, ZIP 2014, 181, dazu EWiR 2014, 85 *(Paulus)*; BGH, Beschl. v. 8.12.2022 – IX ZB 72/19, Rz. 19, ZRI 2023, 101 = NZI 2021, 187; *Haubold* in: Gebauer/Wiedmann, Kap. 32, Art. 1 EuInsVO Rz. 30; *Herchen*, ZInsO 2003, 742; *Huber*, ZZP 114 (2001), 133, 138; *Schulz*, EuZW 2014, 264 (Urteilsanm. z. EuGH); Mankowski/Müller/J. Schmidt-*J. Schmidt*, EuInsVO, Art. 84 Rz. 5; *Schuster* in: FK-InsO, Art. 1 EuInsVO Rz. 15. Zu abweichenden Auffassungen s. 2. Aufl. Rz. 15 [*Prager/Ch. Keller*].

25) EuGH, Urt. v. 16.1.2014 – Rs. C-328/12 (Schmid), ZIP 2014, 181, dazu EWiR 2014, 85 *(Paulus)*; EuGH, Urt. v. 4.12.2014 – Rs. C-295/13 (H), ZIP 2015, 196, dazu EWiR 2015, 93 *(Mankowski)*; K. Schmidt-*Brinkmann*, InsO, Art. 1 EuInsVO Rz. 16 f.; *Kolmann/Ch. Keller* in: Gottwald/Haas, InsR-Hdb., § 1129 Rz. 22; *Paulus*, EuInsVO, Art. 1 Rz. 39; *Reinhart* in: MünchKomm-InsO, Art. 1 EuInsVO Rz. 28 ff.; *Undritz* in: HambKomm-InsO, Art. 1 EuInsVO Rz. 33; *Schuster* in: FK-InsO, Art. 1 EuInsVO Rz. 16; wohl auch Vallender-*Vallender*, EuInsVO, Art. 1 Rz. 77; Wimmer/Bornemann/Lienau-*Bornemann*, Neufassung EuInsVO, Rz. 135.

26) Vallender-*Vallender*, EuInsVO, Art. 1 Rz. 68; *Schuster* in: FK-InsO, Art. 1 EuInsVO Rz. 14. Diese Sicht der Dinge ist nach EuGH, Urt. v. 16.1.2014 – Rs. C-328/12 (Schmid), ZIP 2014, 181, dazu EWiR 2014, 85 *(Paulus)* und EuGH, Urt. v. 4.12.2014 – Rs. C-295/13 (H), ZIP 2015, 196, dazu EWiR 2015, 93 *(Mankowski)*, nicht zweifelsfrei, denn in beiden Entscheidungen sprach der EuGH aus, dass sich der EuInsVO nicht entnehmen lasse, dass ein Bezug zu mehr als einem Mitgliedstaat erforderlich sei.

27) ErwG 25 EuInsVO.

28) *Weller/Thomale/Benz*, NJW 2016, 2378, 2382; *Tschentscher/Böhm* in: Braun, Insolvenzrecht und Unternehmenssanierung – Jahrbuch 2019, S. 24 f. Ausführlich zum Ganzen *Hess*, IPRax 2016, 409; *Lehmann/Zetzsche*, JZ 2017, 62; *Rühl*, JZ 2017, 72.

um ein Insolvenzverfahren i. S. des § 343 Abs. 1 Satz 1 InsO handelt (was für das Scheme of Arrangement vom BGH bereits verneint wurde)[29], und dass das englische Gericht seine internationale Zuständigkeit zu Recht bejaht hat (§ 343 Abs. 1 Satz 2 Nr. 1 i. V. mit Art. 3 EuInsVO/§ 3 InsO – sog. Spiegelbildprinzip). Auch die britische **Restschuldbefreiung (Discharge)** wird in Deutschland nicht mehr automatisch, sondern nur noch unter den Voraussetzungen des § 343 InsO anerkannt.[30] Umgekehrt sind **deutsche Insolvenzverfahren in Großbritannien** nur noch nach Maßgabe der Cross-Border Insolvency Regulations 2006 und den per Verweis einbezogenen Regeln des UNCITRAL-Modellgesetzes anerkennungsfähig. Was für die Gestaltungswirkung eines deutschen Insolvenzplans und eines Restrukturierungsplans nach dem StaRUG[31] gilt, ist derzeit noch unklar.[32]

Der Austritt des Vereinigten Königreichs aus der EU per 31.12.2020 hat ferner dazu ge- 17
führt, dass englische **Private Companies Limited by Shares** mit Verwaltungssitz in Deutschland aufgrund der Anwendung der Sitztheorie nicht mehr fortexistieren. Hatte die Ltd. mehrere Gesellschafter, ist sie nun oHG oder GbR, je nachdem, ob die Ltd. ein Handelsgeschäft betrieb oder nicht. Es handelt sich um einen Fall der **Gesamtrechtsnachfolge.** Hatte sie nur einen Gesellschafter, kam es zur Anwachsung des Vermögens der Ltd. auf diesen einen Gesellschafter. Auch insoweit liegt ein Fall der Gesamtrechtsnachfolge vor. Diese Fälle der Gesamtrechtsnachfolge werfen insbesondere insolvenzverfahrensrechtlich intrikate Fragestellungen auf.[33]

III. Persönlicher Anwendungsbereich

Die EuInsVO gilt für Insolvenzverfahren über das Vermögen von Personengesellschaf- 18
ten, juristischen und natürlichen Personen.[34] Sie gilt gemäß **Art. 1 Abs. 2 EuInsVO** nicht für die Insolvenzverfahren von Versicherungsunternehmen, Kreditinstituten, Wertpapierfirmen und anderen Firmen, Einrichtungen und Unternehmen, soweit sie unter die geänderte Richtlinie 2001/24/EG des Europäischen Parlaments und des Rates v. 4.4.2001 über die Sanierung und Liquidation von Kreditinstituten fallen, ferner nicht für Organismen für gemeinsame Anlagen (Definition in **Art. 2 Nr. 2 EuInsVO**); siehe dazu unten Rz. 148.

IV. Sachlicher Anwendungsbereich

Die EuInsVO gilt gemäß **Art. 1 Abs. 1 Unterabs. 1 lit. a–c EuInsVO** für öffentliche Ge- 19
samtverfahren (definiert in **Art. 2 Nr. 1 EuInsVO**) einschließlich Verfahren des vorläufigen Rechtsschutzes, die sich auf eine gesetzliche Regelung zur Insolvenz stützen und in denen zu Zwecken der Sanierung, Schuldenanpassung, Reorganisation oder Liquidation

– dem Schuldner die Verfügungsgewalt über sein Vermögen ganz oder teilweise entzogen und ein Verwalter (Definition in **Art. 2 Nr. 5 EuInsVO**) bestellt wird,

---

29) BGH, Urt. v. 15.2.2012 – IV ZR 194/09, Rz. 21, ZIP 2012, 740, dazu EWiR 2012, 313 *(Mankowski)*; zu möglichen Wegen der Anerkennung nach dem Brexit s. unten Rz. 61.

30) *Vallender*, VIA 2016, 57.

31) Gesetz über den Stabilisierungs- und Restrukturierungsrahmen für Unternehmen (Unternehmensstabilisierungs- und -restrukturierungsgesetz – StaRUG), v. 22.12.2020, BGBl. I 2020, 3256 (= Art. 1 des Gesetzes zur Fortentwicklung des Sanierungs- und Insolvenzrechts [Sanierungs- und Insolvenzrechtsfortentwicklungsgesetz – SanInsFoG], v. 22.12.2020, BGBl. I 2020, 3256).

32) Ausführlich *Ch. Keller*, ZInsO 2022, 733 ff.; optimistisch *Hübler*, NZI 2021, 169, 172, denn eine Anerkennung scheine angesichts der Anerkennung des britischen SoA in den USA nach Chapter 15 US-Bankruptcy Code, der seinerseits die Umsetzung des UNCITRAL Model Law in US-amerikanisches Recht darstellt, recht wahrscheinlich.

33) Ausführlich *Bork*, ZRI 2021, 261, 271; *Gelbrich*, NZI 2021, 256; *Ch. Keller*, ZInsO 2021, 1441; allgemeiner *Behme/Caspar*, ZIP 2021, 2557.

34) ErwG 9 EuInsVO.

- die Insolvenzmasse der Kontrolle[35] oder Aufsicht durch ein Gericht (Definition in **Art. 2 Nr. 6 EuInsVO**) unterstellt wird oder
- eine vorübergehende Aussetzung eines Einzelvollstreckungsverfahrens von einem Gericht oder von Amts wegen angeordnet wird, um Verhandlungen zwischen dem Schuldner und seinen Gläubigern zu ermöglichen, sofern das Verfahren, bei dem die Aussetzung angeordnet wird, geeignete Maßnahmen zum Schutz der Gesamtheit der Gläubiger vorsieht und vor einem der in den beiden vorstehenden Spiegelstrichen genannten Verfahren erfolgt, wenn keine Einigung erzielt wird.

20 Kann ein solches Verfahren in Situationen eröffnet werden, in denen lediglich die Wahrscheinlichkeit einer Insolvenz besteht, muss der Zweck des Verfahrens die Vermeidung der Insolvenz des Schuldners oder der Einstellung seiner Geschäftstätigkeit sein.

21 Die Verfahren, auf die in diesem Absatz Bezug genommen wird, sind in **Anh. A zur EuInsVO abschließend aufgelistet (Art. 2 Nr. 4 EuInsVO).**[36] Auf Verfahren, die dort nicht aufgelistet sind, findet die EuInsVO keine Anwendung, ganz gleich, ob es sich in der Sache um Insolvenzverfahren handelt oder nicht. Für Deutschland finden sich dort das Konkursverfahren, das gerichtliche Vergleichsverfahren, das Gesamtvollstreckungsverfahren, das **Insolvenzverfahren** und das **öffentliche Verfahren nach dem StaRUG**. „Insolvenzverfahren" in diesem Sinne ist auch das **vorläufige Insolvenzverfahren**[37], das **Nachlassinsolvenzverfahren**[38] und das **Insolvenzplanverfahren**; unerheblich ist, ob es sich um Fremd- oder Eigenverwaltungsverfahren handelt. Auch die **Wohlverhaltensphase** ist ein Insolvenzverfahren i. S. des Anhang A, obwohl zu diesem Zeitpunkt das Insolvenzverfahren bereits aufgehoben ist.[39]

Praxishinweis

Es ist damit zu rechnen, dass auch die übrigen Mitliedstaaten jeweils nur die öffentliche Variante desjenigen Verfahrens, das sie in Umsetzung der **Restrukturierungsrichtlinie** geschaffen haben, in Anh. A zur EuInsVO werden aufnehmen lassen. Das wäre jedenfalls konsequent, denn Öffentlichkeit ist immerhin eines der Merkmale, die die abstrakte Definition in Art. 1 Unterabs. 1 EuInsVO enthält. Daran anschließend stellt sich die Frage, ob und wie die **nicht-öffentlichen Verfahrensvarianten** anerkannt werden können. Insofern wird derzeit (ähnlich wie beim seinerzeitigen Streit um die Anerkennung des Scheme of Arrangement)[40] Verschiedenes vertreten, u. a. eine Anerkennung nach Maßgabe der **EuGVVO**[41], des **§ 343 InsO**[42], des **§ 328 ZPO**[43] und des **Art. 12 Abs. 1 lit. d Rom I-VO**[44]. Es spricht manches dafür, dass nicht-öffentliche Restrukturierungsverfahren in der Sache Insolvenzverfahren i. S. des § 343 Abs. 1 Satz 1 InsO sind, jedenfalls sofern sie im konkreten Fall unter Beteiligung aller Gläubiger stattfinden. Immerhin würden dann die Argumente, die der BGH seinerzeit gegen die Anerkennung eines Scheme of Arrangement nach § 343 InsO formuliert hat (voraussetzungslose Zulässigkeit und Teilkollektivität) nicht greifen. Auch wird man sagen dürfen, dass der Wesenskern eines Insolvenzverfahrens die durch Vermögensinsuffizienz einer Person veranlasste Gesamtvollstreckung und nicht die Öffentlichkeit dieses Vorgangs ist.[45]

---

35) Zur Auslegung des Begriffs der „Kontrolle" s. ErwG 10 EuInsVO.

36) ErwG 9 EuInsVO. Zum Wesen eines Insolvenzverfahrens *Eidenmüller*, ZIP 2016, 145.

37) ErwG 15 EuInsVO.

38) AG Köln, Beschl. v. 12.11.2010 – 71 IN 343/10, ZVI 2011, 247 = ZIP 2011, 631; AG Düsseldorf, Beschl. v. 19.6.2012 – 503 IN 6/12, ZInsO 2012, 1278 = NZI 2012, 839, sowie *Mankowski*, ZIP 2011, 1501.

39) LG Passau, Urt. v. 12.12.2013 – 1 O 721/13, ZVI 2014, 387 = ZInsO 2014, 1505.

40) Dazu *Hoffmann/Giancristofano*, ZIP 2016, 1151, m. Erwiderung *Sax/Swierczok*, ZIP 2016, 1945; *Parzinger*, NZI 2016, 63, 65; *Prager/Ch. Keller*, WM 2015, 805, 806.

41) *J. Schmidt*, ZInsO 2021, 654, 661.

42) *Thole*, ZIP 2021, 2153, 2156; *Piekenbrock*, ZInsO 2022, 2512, 2516.

43) *Hoos/Schwartz/Schlander*, ZIP 2021, 2214, 2220.

44) *Schlöder/Parzinger/Knebel*, ZIP 2021, 1041, 1048 – Überblick über den Meinungsstand; *Piekenbrock*, ZInsO 2022, 2512, 2517 – wenn verfahrensrechtliche Anerkennung nach § 343 InsO nicht möglich.

45) *Thole*, ZIP 2021, 2153, 2156.

C. Internationale Zuständigkeit

I. Relevanz der internationalen Zuständigkeit

Ist es nicht egal, welches Gericht das Insolvenzverfahren eröffnet? Haben nicht alle Gerichte und alle Insolvenzverwalter verdient, dass man ihnen in gleichem Maße Vertrauen entgegenbringt? Nein. 22

- Erstens gibt es nach wie vor erhebliche Unterschiede betreffend das Maß an **Rechtsstaatlichkeit, Professionalität und Ergebnistransparenz**, mit denen Insolvenzverfahren in unterschiedlichen Staaten von Gerichten und Insolvenzverwaltern durchgeführt werden.[46] Das müsste für Europa an sich ein verblassendes Argument sein, ist es aber nicht, und es ist erst recht noch gültig im Verhältnis zu zahlreichen außereuropäischen Staaten. Weil Rechtsstaatlichkeit, Professionalität und Ergebnistransparenz aus Gläubigersicht die wichtigsten Qualitätsmerkmale eines Insolvenzverfahrens sind, ist es ihnen nicht gleichgültig, in welchem Staat ein Verfahren eröffnet wird.
- Zweitens ist die Entscheidung, welches Gericht für die Eröffnung des Insolvenzverfahrens international zuständig ist, präjudiziell dafür, **nach welchem Recht das Insolvenzverfahren durchgeführt** wird. Art. 7 EuInsVO bestätigt das.

Weil aber die Insolvenzrechte Sachfragen durchaus unterschiedlichen Lösungen zuführen, erlangt die internationale Eröffnungszuständigkeit auch unter diesem Blickwinkel große Bedeutung: Einem Verbraucher mag an einer Verfahrenseröffnung in Frankreich gelegen sein, weil Restschuldbefreiung dort nicht wie in Deutschland nach sechs, fünf oder drei, sondern unabhängig von einer Wohlverhaltensphase und damit früher erteilt wird.[47] Ein Gesellschafter, der seiner Gesellschaft ein Darlehen gegeben hat, mag Interesse daran haben, dass das Insolvenzverfahren nicht in Deutschland, sondern in den Niederlanden eröffnet wird. Denn in den Niederlanden wäre sein Darlehensrückzahlungsanspruch anders als in Deutschland nicht nachrangig (vgl. § 39 Abs. 1 Nr. 5 InsO).[48] Auch die Anfechtungsrechte der europäischen Staaten unterscheiden sich ganz erheblich,[49] so dass die Eröffnung unter einem eher anfechtungsfeindlichen Regime aus Sicht potentieller Anfechtungsgegner vorzugswürdig sein kann. Der Effekt lässt sich durch die Eröffnung eines Sekundärverfahrens unter einem anfechtungsfreundlichen Regime zunichtemachen.[50] Schließlich unterscheiden sich auch die europaweit zur Verfügung stehenden Restrukturierungsverfahren erheblich. So ermöglicht etwa der niederländische wet homologatie onderhands akkoord die Beendigung von Verträgen, während das deutsche StaRUG dies nicht tut.[51] 23

46) Es gibt sogar eine von der Europäischen Kommission erstellte Rangliste dazu, wie effektiv die Insolvenzverfahren der einzelnen Mitgliedstaaten sind. Manches überrascht, manches nicht: Deutschland findet sich auf Platz 2, Großbritannien auf Platz 8. Sieger ist Finnland, Schlusslicht ist Malta, abrufbar unter http://ec.europa.eu/newsroom/just/item-detail.cfm?item_id=50043 (Abrufdatum: 18.11.2023).

47) *Delzant/Schütze*, ZInsO 2008, 540, und *Hölzle*, ZVI 2007, 1. Für Belgien, Luxemburg und die Niederlande *Hergenröder/Alsmann*, ZVI 2009, 177.

48) *Paulus*, EuInsVO, Art. 7 Rz. 39. Dazu, ob dieses Ergebnis auch schlicht dadurch erreicht werden kann, dass der Darlehensvertrag niederländischem Recht unterstellt wird, später näher (s. Rz. 122). In Europa kennen überhaupt nur Deutschland, Italien, Kroatien und Portugal Sonderregeln für Gesellschafterdarlehen, *Bork*, ZRI 2021, 873, 874; s. ferner *Pleister/Koa*, ZRI 2020, 273.

49) *Bork*, ZRI 2021, 873, 874.

50) Vallender-*Ch. Keller*, EuInsVO Art. 34 Rz. 10, und – zur Abgrenzung konkurrierender Anfechtungsansprüche von Haupt- und Sekundärverwalter – Rz. 32.

51) *Kern*, NZI Beilage Heft 5/2021, S. 74, 76.

II. Prüfung der internationalen Zuständigkeit

1. Grundlagen

24 **Art. 3 Abs. 1 Unterabs. 1 Satz 1 EuInsVO** enthält die Grundregel für die Begründung der internationalen Zuständigkeit: Danach sind für die Eröffnung des Insolvenzverfahrens die Gerichte des Mitgliedstaats zuständig, in dessen Gebiet der Schuldner den **Mittelpunkt seiner hauptsächlichen Interessen** – kurz **COMI** – hat. Es folgt in Satz 2 eine sehr allgemein gehaltene Definition dessen, was den COMI eines Schuldners ausmacht: Danach „gilt" als COMI der Ort, an dem der Schuldner gewöhnlich der Verwaltung seiner Interessen nachgeht und der für Dritte feststellbar ist. Mit dieser Definition, genauer: den in ihr enthaltenen beiden Elementen der „Verwaltung seiner Interessen" und der Feststellbarkeit für Dritte greift der europäische Gesetzgeber die sog. **Business-Activity-Doktrin** auf, wie sie vom EuGH[52] unter Zustimmung der **h. M.**[53] entwickelt wurde – zu den maßgeblichen Kriterien später näher (siehe Rz. 38 ff.).

25 Diesen Regelungen folgen in **Art. 3 Abs. 1 Unterabs. 2–4 EuInsVO** drei **Vermutungstatbestände**, wobei insofern zwischen

- Gesellschaften oder juristischen Personen,
- natürlichen Person, die eine selbständige oder freiberufliche Tätigkeit ausüben und
- anderen natürlichen Personen

unterschieden wird. Die Anwendung des jeweiligen Vermutungstatbestands setzt voraus, dass sich der vermutungsbegründende Umstand innerhalb eines Zeitraums von drei bzw. sechs Monaten vor der Stellung des Insolvenzantrags **nicht geändert** hat. Mit der Einführung dieser **Suspektperioden** soll **missbräuchlichem Forum Shopping vorgebeugt** werden, also Sachverhalten, in denen der Schuldner versucht, sich die Zuständigkeit eines bestimmten Gerichts kurz vor der Stellung des Insolvenzantrags zu erschleichen.[54]

> **Praxishinweis**
>
> Beachte, dass die Suspektperioden an die Verlegung von Sitz, Hauptniederlassung oder gewöhnlichen Aufenthalt, **nicht** an die **Verlegung des COMI** anknüpfen. Die Verlegung des COMI innerhalb der Suspektperioden ist möglich und beachtlich.[55] Zur Verlegung des COMI siehe unten Rz. 44.

26 Im Einzelnen gilt: Bei **Gesellschaften oder juristischen Personen** wird bis zum Beweis des Gegenteils vermutet, dass der Mittelpunkt ihrer hauptsächlichen Interessen der **Ort ihres Sitzes** ist. Diese Annahme gilt nur, wenn der Sitz nicht in einem Zeitraum von drei Monaten vor dem Antrag auf Eröffnung eines Insolvenzverfahrens in einen anderen Mit-

---

52) EuGH, Urt. v. 2.5.2006 – Rs. C-341/04 (Eurofood), ZIP 2006, 907 = EuZW 2006, 337; bestätigt durch EuGH, Urt. v. 20.10.2011 – Rs. C-396/09 (Interedil), ZIP 2011, 2153, dazu EWiR 2011, 745 *(Paulus)*, sowie EuGH, Urt. v. 15.12.2011 – Rs. C-191/10 (Rastelli), Rz. 33, ZIP 2012, 183, dazu EWiR 2012, 87 *(Paulus)*. Zum *Eurofood-Urteil Mankowski*, BB 2006, 1753; *Schmidt*, ZIP 2007, 405; *Smid*, DZWIR 2006, 325; *Saenger/Klockenbrink*, EuZW 2006, 363.

53) *Bähr/Riedemann*, ZIP 2004, 1066 (Urteilsanm.); *Herchen*, ZInsO 2004, 825, 827; *Pannen/Riedemann*, NZI 2004, 646, 651; *Kübler* in: FS Gerhardt, S. 527, 555; *Vallender*, KTS 2005, 283, 292 f.; *Mankowski*, RIW 2005, 561, 575 f. Zum zuvor bestehenden Meinungsstreit s. 1. Aufl., Rz. 18 m. w. N.

54) ErwG 5 und 29 EuInsVO. Die Regelung befürwortend *Frind/Pannen*, ZIP 2016, 398, 407; **kritisch** *Thole*, Gläubigerschutz durch Insolvenzrecht, S. 803, weil „zu weit gehend" und „kontraproduktive Effekte" zeitigend, sowie *Parzinger*, NZI 2016, 63, 65, weil die Vorschrift durch Gründung einer Ltd. & Co. KG mit nachfolgendem Austritt des Kommanditisten umgangen werden könne; m. E. aber sehr zweifelhaft; *Kolmann/Ch. Keller* in: Gottwald/Haas, InsR-Hdb., § 129 Rz. 141, wegen der inneren Widersprüchlichkeit des Regelungskomplexes.

55) K. Schmidt-*Brinkmann*, InsO, Art. 3 EuInsVO Rz. 18. Im Verfahren BGH, Beschl. v. 17.12.2020 – IX ZB 72/19, ZVI 2021, 155 = ZIP 2021, 90, dazu EWiR 2021, 149 (*J. Schmidt*), ging es um die Frage, ob die Verlegung des COMI selbst rechtsmissbräuchlich sein kann.

gliedstaat verlegt wurde. Bei einer **natürlichen Person, die eine selbständige oder freiberufliche Tätigkeit ausübt,** wird bis zum Beweis des Gegenteils vermutet, dass der Mittelpunkt ihrer hauptsächlichen Interessen ihre **Hauptniederlassung** ist. Diese Annahme gilt nur, wenn die Hauptniederlassung der natürlichen Person nicht in einem Zeitraum von drei Monaten vor dem Antrag auf Eröffnung eines Insolvenzverfahrens in einen anderen Mitgliedstaat verlegt wurde. Bei **allen anderen natürlichen Personen** wird bis zum Beweis des Gegenteils vermutet, dass der Mittelpunkt ihrer hauptsächlichen Interessen der **Ort ihres gewöhnlichen Aufenthalts** ist. Diese Annahme gilt nur, wenn der gewöhnliche Aufenthalt nicht in einem Zeitraum von sechs (nicht drei!) Monaten vor dem Antrag auf Eröffnung eines Insolvenzverfahrens in einen anderen Mitgliedstaat verlegt wurde.

Als **Prüfungsreihenfolge** empfiehlt sich: Zunächst ist zu prüfen, um welche Art von 27 Schuldner es sich handelt, also eine Gesellschaft oder juristische Person, eine freiberuflich tätige natürliche Person oder eine sonstige natürliche Person. Sodann ist in zwei Schritten zu prüfen, ob die jeweilige Vermutung für die Belegenheit des COMI Anwendung finden kann. Zunächst ist festzustellen, sich der vermutungsbegründende Umstand innerhalb der letzten drei bzw. sechs Monate vor dem Insolvenzantrag geändert hat. Ist das der Fall, scheidet eine Zuständigkeitsbegründung aufgrund der Vermutung (nicht aber aufgrund einer Bejahung der abstrakten Kriterien des Art. 3 Abs. 1 Unterabs. 1 Satz 2 EuInsVO) aus. Ist das nicht der Fall, muss geprüft werden, ob die Vermutung aus dem Grund als widerlegt anzusehen ist, dass die abstrakten Kriterien des Art. 3 Abs. 1 Unterabs. 1 Satz 2 EuInsVO nicht erfüllt sind. Ist auch das nicht der Fall, kommt eine Zuständigkeitsbegründung aufgrund der Vermutung in Betracht.

Das Wechselspiel zwischen den Suspektperioden und den abstrakten Kriterien des Art. 3 28 Abs. 1 Unterabs. 1 Satz 2 EuInsVO kann zu der Situation führen, dass die Vermutung, der satzungsmäßige Sitz etc. sei der COMI, zwar aufgrund einer Verlegung innerhalb der letzten drei bzw. sechs Monate vor der Antragstellung nicht gilt, dass aber die Belegenheit des COMI am Ort des satzungsmäßigen Sitzes etc. deshalb bejaht werden kann und muss, weil die abstrakten Kriterien des Art. 3 Abs. 1 Unterabs. 1 Satz 2 EuInsVO zu diesem Ort führen. Insofern muss sorgfältig zwischen einer Verlegung des COMI und einer Verlegung (nur) des satzungsmäßigen Sitzes oder anderen vermutungsbegründenden Umstands unterschieden werden.

Die Belegenheit des COMI hat das Insolvenzgericht gemäß **Art. 4 Abs. 1 Satz 1 EuInsVO** 29 **von Amts wegen** zu ermitteln. In seiner Eröffnungsentscheidung hat das Insolvenzgericht gemäß **Art. 4 Abs. 1 Satz 2 EuInsVO** anzugeben, auf welche Erwägungen es seine Entscheidung stützt.[56)] Darauf bezogen ist **Art. 102c § 5 EGInsO**: Danach soll der Eröffnungsantrag des Schuldners dann, wenn Anhaltspunkte dafür bestehen, dass auch die internationale Zuständigkeit eines anderen Mitgliedstaats der EU für die Eröffnung eines Hauptinsolvenzverfahrens begründet sein könnte, auch folgende Angaben enthalten:

- seit wann der Sitz, die Hauptniederlassung oder der gewöhnliche Aufenthalt an dem im Antrag genannten Ort besteht,
- Tatsachen, aus denen sich ergibt, dass der Schuldner gewöhnlich der Verwaltung seiner Interessen in der Bundesrepublik Deutschland nachgeht,
- in welchen anderen Mitgliedstaaten sich Gläubiger oder wesentliche Teile des Vermögens befinden oder wesentliche Teile der Tätigkeit ausgeübt werden und
- ob bereits in einem anderen Mitgliedstaat ein Eröffnungsantrag gestellt oder ein Hauptinsolvenzverfahren eröffnet wurde.

56) Art. 4 Abs. 2 EuInsVO enthält eine – für Deutschland unbedeutende – Parallelregelung für den Fall, dass ein Insolvenzverfahren nicht durch gerichtliche Entscheidung eröffnet wird.

30 Die Vorschrift ist gemäß **§ 84 Abs. 1 Satz 3 StaRUG** auf öffentliche Restrukturierungsverfahren nach diesem Gesetz anwendbar.

31 Der Schuldner als Antragsteller soll dem Gericht also die Tatsachen mitteilen, mit denen es seine spätere Entscheidung begründen kann.[57] Die Vorschrift gilt ausweislich ihres Wortlauts nicht für den Gläubigerantrag, und sie gilt nicht für die im Verbraucherinsolvenzverfahren nach § 305 Abs. 1 InsO zu stellenden Anträge. Das Fehlen der genannten Angaben im Schuldnerantrag berührt weder dessen Zulässigkeit noch gar dessen Begründetheit (arg. e „soll“).

32 Findet **deutsches autonomes Internationales Insolvenzrecht** Anwendung, ist für die internationale Zuständigkeit auf **§ 3 Abs. 1 InsO** abzustellen. Gemäß § 3 Abs. 1 Satz 1 InsO ist ausschließlich das Insolvenzgericht zuständig, in dessen Bezirk der Schuldner seinen allgemeinen Gerichtsstand hat. Liegt der **Mittelpunkt einer selbständigen wirtschaftlichen Tätigkeit** des Schuldners an einem anderen Ort, so ist gemäß § 3 Abs. 1 Satz 2 InsO ausschließlich das Insolvenzgericht zuständig, in dessen Bezirk dieser Ort liegt.[58] § 3 InsO ist eigentlich eine Vorschrift, in der es nur um die örtliche Zuständigkeit des Insolvenzgerichts geht. Nach ganz **h. M.** sind die deutschen Vorschriften über die örtliche Zuständigkeit bestimmter Gerichte aber doppelfunktional: Fehlt im autonomen Recht eine Vorschrift, die die Frage der internationalen Zuständigkeit ausdrücklich regelt, so folgt aus den Vorschriften über die örtliche Zuständigkeit nicht nur diese, sondern auch die internationale Zuständigkeit.[59] Die Zuständigkeitsbegründung über § 3 Abs. 1 Satz 1 InsO ist gegenüber derjenigen nach § 3 Abs. 1 Satz 2 InsO **subsidiär**.[60] Das hat zur Folge, dass § 3 Abs. 1 Satz 2 InsO stets vor § 3 Abs. 1 Satz 1 InsO zu prüfen ist, und dass dann, wenn der Schuldner zwar seinen allgemeinen Gerichtsstand im Inland hat, sich der Mittelpunkt seiner selbständigen wirtschaftlichen Tätigkeit aber im Ausland befindet, eine Zuständigkeitsbegründung über § 3 InsO nicht in Betracht kommt.[61]

Praxishinweis

Es ist fraglich und zweifelhaft, ob die Zuständigkeitsbegründung gemäß § 3 InsO nach der Entscheidung des BGH vom 8.12.2022[62] überhaupt noch in Frage kommt. In dieser Entscheidung hat der BGH wiederholt, dass schon dann, wenn (i) der Schuldner seinen COMI i. S. des Art. 3 EuInsVO in Deutschland hat und (ii) ein Bezug zu einem Mitgliedstaat der EU oder einem Drittstaat vorliegt, sich die Zuständigkeit deutscher Gerichte ausschließlich (dazu sogleich im Text) nach Art. 3 EuInsVO bemisst. Aufgrund der Einbeziehung des Drittstaatenbezugs sind, wenn ich recht sehe, keine Fälle mehr denkbar, in denen die internationale Zuständigkeit über § 3 InsO begründet werden könnte. Ich kommentiere die Vorschrift im Folgenden gleichwohl noch.

33 Sowohl die nach Art. 3 EuInsVO als auch die nach § 3 InsO begründete internationale Zuständigkeit ist **ausschließlich**[63] und einer Gerichtsstandsvereinbarung nicht zugäng-

57) Vgl. ErwG 32 EuInsVO.

58) Zum Unterschied im Wortlaut s. Pannen-*Frind*, EuInsVO, Art. 102 § 1 EGInsO Rz. 2.

59) BGH, Urt. v. 17.12.1998 – IX ZR 196/97, ZIP 1999, 196, dazu EWiR 1999, 673 *(Holzer)*; BGH, Urt. v. 12.6.2007 – XI ZR 290/06, Rz. 24, ZIP 2007, 1676 = WM 2007, 1586; BGH, Urt. v. 17.2.1997 – II ZR 242/95, BGHZ 134, 224 = ZIP 1997, 682; OLG Frankfurt/M., Urt. v. 17.12.2012 – 1 U 17/11, ZIP 2013, 277, dazu EWiR 2013, 159 *(Brinkmann)*; *Prütting* in: KPB, InsO, § 3 Rz. 33; *Westpfahl/Goetker/Wilkens*, Grenzüberschreitende Insolvenzen, Rz. 629.

60) *Ganter* in: MünchKomm-InsO, § 3 Rz. 4.

61) AG Münster, Beschl. v. 23.11.1999 – 77 IN 50/99, ZInsO 2000, 49; *Ganter* in: MünchKomm-InsO, § 3 Rz. 23; *Westpfahl/Goetker/Wilkens*, Grenzüberschreitende Insolvenzen, Rz. 629.

62) BGH, Beschl. v. 8.12.2022 – IX ZB 72/19, ZRI 2023, 101 = NZI 2021, 187.

63) *Paulus*, EuInsVO, Art. 3 Rz. 2 – zu Art. 3 EuInsVO.

lich.[64] Eine **Verweisung** aufgrund internationaler Unzuständigkeit analog § 281 ZPO ist nach **h. M.** *nicht* möglich.[65] Der Regelungsanspruch der beiden Normen indes unterscheidet sich: Während die EuInsVO nur Regelungen über die internationale Zuständigkeit, nicht aber die örtliche und sachliche Zuständigkeit enthält,[66] folgt – Doppelfunktionalität der Norm – aus § 3 InsO nicht nur die internationale, sondern auch die örtliche Zuständigkeit des Insolvenzgerichts. Das kann im Falle des Art. 3 EuInsVO mit seinem geringeren Regelungsanspruch zu zwei Problemlagen führen:

- Erstens ist der Fall eines **positiven Kompetenzkonflikts** denkbar. Dazu kommt es, wenn innerhalb eines Mitgliedstaats mehrere Insolvenzgerichte örtlich zuständig sind, weil der Schuldner mehrere Niederlassungen hat und nicht festgestellt werden kann, bei welcher er den „Mittelpunkt seiner selbständigen wirtschaftlichen Tätigkeit" hat. Liegt es so, ist gemäß **§ 3 Abs. 2 InsO** das zuerst angerufene Insolvenzgericht örtlich ausschließlich zuständig. Wird diese Regel ignoriert und erklären sich mehrere Insolvenzgerichte für zuständig, wird das zuständige Gericht **analog § 36 ZPO** durch das übergeordnete Gericht bestimmt.[67]
- Zweitens kann die Situation eines **negativen Kompetenzkonflikts** entstehen.[68] Dazu kommt es, wenn zwar die internationale Zuständigkeit, nicht aber die örtliche Zuständigkeit bestimmt werden kann. Das Problem wird im Falle der Zuständigkeit des Insolvenzgerichts selten auftreten. Tritt es auf, gilt die Auffangzuständigkeit des **Art. 102c § 1 Abs. 1 EGInsO**, wonach das Gericht örtlich zuständig ist, in dessen Bezirk der Schuldner den Mittelpunkt seiner hauptsächlichen Interessen hat.[69] Unbeschadet dieser Zuständigkeit ist gemäß Art. 102c § 1 Abs. 3 Satz 1 EGInsO für Entscheidungen und Maßnahmen nach der EuInsVO jedes Insolvenzgericht zuständig, in dessen Bezirk Vermögen des Schuldners belegen ist. Häufiger wird das Problem des Gerichtsstandsmangels im Bereich der Annexverfahren auftreten, also wenn es um die Begründung eines Gerichtsstands für eine Klage des Insolvenzverwalters geht: Hier ist zur Ausfüllung der Regelungslücke auf Art. 102c § 6 Abs. 1 EGInsO abzustellen, wonach das sachlich zuständige Gericht am Sitz des Insolvenzgerichts örtlich zuständig ist.[70]

Bei der Ermittlung des COMI ist sodann – sowohl im Anwendungsbereich des Art. 3 EuInsVO als auch dem des § 3 InsO – zwischen natürlichen Personen einerseits, Personengesellschaften und juristischen Personen andererseits zu unterscheiden. 34

2. Natürliche Personen

Bei einer natürlichen Person, die eine selbständige gewerbliche oder freiberufliche Tätigkeit ausübt, wird bis zum Beweis des Gegenteils vermutet, dass der Mittelpunkt ihrer hauptsächlichen Interessen ihre **Hauptniederlassung** ist. Für die Grenzziehung zwischen 35

64) *Knof/Mock*, ZIP 2006, 189 (Urteilsanm.); Uhlenbruck-*Pape*, InsO, § 3 Rz. 1.

65) Geimer/Schütze-*Geimer*, EZVR, Art. 1 EuInsVO Rz. 44; Mankowski/Müller/J. Schmidt-*Mankowski*, EuInsVO, Art. 3 Rz. 182; *Reinhart* in: MünchKomm-InsO, Art. 3 EuInsVO Rz. 77; *Vallender*, KTS 2005, 283, 298; *Schuster* in: FK-InsO, Art. 3 EuInsVO Rz. 46; **a. A.** AG Hamburg, Beschl. v. 9.5.2006 – 67c IN 122/06, ZIP 2006, 1105, dazu EWiR 2006, 433 *(Wagner)*; Pannen-*Pannen*, EuInsVO, Art. 3 Rz. 79 und 80, sowie Pannen-*Frind*, EuInsVO, Art. 102 EGInsO § 3 Rz. 11 – unter Berufung auf den Grundsatz des gemeinschaftlichen Vertrauens. Der zuletzt genannten Auffassung ist im Hinblick auf die Möglichkeit der Erfüllung der Antragspflicht aus § 15a InsO der Vorzug zu geben.

66) ErwG 26 EuInsVO.

67) K. Schmidt-*Stephan*, InsO, § 3 InsO Rz. 21 a. E.

68) Beispiele bei Pannen-*Frind*, EuInsVO, Art. 102 § 1 EGInsO Rz. 5 f.

69) Vgl. BGH, Urt. v. 19.5.2009 – IX ZR 39/06, Rz. 22, ZIP 2009, 1287, dazu EWiR 2009, 505 *(Riedemann)*.

70) BGH, Urt. v. 19.5.2009 – IX ZR 39/06, Rz. 23, ZIP 2009, 1287; *Mörsdorf-Schulte*, ZIP 2009, 1456, 1461; **kritisch** *Wolfer*, GWR 2009, 152 (Urteilsanm.).

selbständig und unselbständig Tätigen sind dieselben Kriterien heranzuziehen wie im internationalen Arbeitsprozess- und Arbeitsvertragsrecht.[71] Diese Annahme gilt nur, wenn die Hauptniederlassung der natürlichen Person nicht in einem Zeitraum von drei Monaten vor dem Antrag auf Eröffnung des Insolvenzverfahrens in einen anderen Mitgliedstaat verlegt wurde. Jenseits dieser Vermutung ist an die wirtschaftliche oder gewerbliche Tätigkeit des Schuldners anzuknüpfen.[72] Der BGH hat dem EuGH jüngst die Frage zur Entscheidung vorgelegt, ob Art. 3 Abs. 1 Unterabs. 3 Satz 1 i. V. mit Art. 2 Nr. 10 EuInsVO dahin auszulegen ist, dass der Tätigkeitsort einer selbstständig gewerblich oder freiberuflich tätigen natürlichen Person auch dann eine Niederlassung darstellt, wenn die ausgeübte Tätigkeit keinen Einsatz von Personal und Vermögenswerten voraussetzt. Sollte dies zu verneinen sein, soll der EuGH klären, ob dann, wenn die betreffende Person keine Niederlassung unterhält, der COMI der betreffenden Person dort belegen ist, wo die selbstständige gewerbliche oder freiberufliche Tätigkeit ausgeübt wird, oder dort, wo die Person ihren gewöhnlichen Aufenthalt hat.[73]

36 Bei allen anderen natürlichen Personen – insbesondere **Arbeitnehmern** – wird bis zum Beweis des Gegenteils vermutet, dass der Mittelpunkt ihrer hauptsächlichen Interessen der Ort ihres **gewöhnlichen Aufenthalts** ist.[74] Diese Vermutung gilt nur, wenn der gewöhnliche Aufenthalt nicht in einem Zeitraum von sechs Monaten vor dem Antrag auf Eröffnung des Insolvenzverfahrens in einen anderen Mitgliedstaat verlegt wurde. Der BGH verstand unter dem gewöhnlichen Aufenthalt i. S. des Art. 3 EuInsVO bislang den tatsächlichen Lebensmittelpunkt als Schwerpunkt der wirtschaftlichen, sozialen und kulturellen Beziehungen einer Person. Der EuGH dagegen stellt nur auf Kriterien ab, die sich auf die **Vermögenslage und wirtschaftliche Situation der betreffenden Person** beziehen, d. h., es wird auf den Ort abgestellt, an dem diese Person der Verwaltung ihrer wirtschaftlichen Interessen nachgeht und an dem die meisten ihrer Einkünfte erzielt und ausgegeben werden.[75] Deshalb kann die Vermutung u. U. nicht allein dadurch widerlegt werden, dass die einzige **Immobilie** der betreffenden Person außerhalb des Mitgliedstaats des gewöhnlichen Aufenthalts belegen ist.[76] Der Ort des gewöhnlichen Aufenthalts darf nicht verwechselt werden mit dem Wohnsitz: Der Wohnsitz einer Person ist ein normativ zu bestimmendes Kriterium, während es für die Bestimmung des gewöhnlichen Aufenthalts **nur auf die tatsächlichen Verhältnisse** ankommt.[77]

37 Eine ähnliche Unterscheidung ist i. R. des § 3 InsO zu treffen: Geht der Schuldner einer selbständigen wirtschaftlichen Tätigkeit nach (ist er also **Selbständiger, Freiberufler, Kaufmann** oder **Einzelunternehmer**), so ist gemäß § 3 Abs. 1 Satz 2 InsO das Insolvenzgericht international und örtlich zuständig, in dessen Bezirk der Schuldner den Mittelpunkt dieser selbständigen wirtschaftlichen Tätigkeit hat. Geht der Schuldner sowohl einer selbständigen als auch einer unselbständigen Tätigkeit nach, ist das Insolvenzverfahren am Ort der selbständigen Tätigkeit zu eröffnen, es sei denn, dieser kommt nach dem Ge-

---

71) Mankowski/Müller/J. Schmidt-*Mankowski*, EuInsVO, Art. 3 Rz. 116.

72) BGH, Beschl. v. 18.9.2018 – IX ZB 77/17, Rz. 6, NZI 2018, 997; BGH, Beschl. v. 17.9.2009 – IX ZB 51/09, Rz. 3, ZInsO 2009, 1955.

73) BGH, Beschl. v. 29.6.2023 – IX ZB 35/22, ZRI 2023, 658 = ZVI 2023, 363.

74) BGH, Beschl. v. 18.9.2018 – IX ZB 77/17, Rz. 6, NZI 2018, 997; BGH, Beschl. v. 2.3.2017 – IX ZB 70/16, Rz. 10, ZIP 2017, 688, dazu EWiR 2017, 373 *(Egerlandt)*.

75) EuGH, Urt. v. 16.7.2020 – Rs. C-253/19 (Novo Banco), Rz. 24, NZI 2020, 805 = ZIP 2020, 1673; zustimmend *J. Schmidt*, ZInsO 2020, 1816, 1819; **kritisch** *Ahrens*, NJW-Spezial 2021, 725, 726, und *Paulus* EWiR 2020, 561, 562 (Urteilsanm.), weil der EuGH in casu immobilienbezogene Verträge dann aber außer Acht ließ.

76) EuGH, Urt. v. 16.7.2020 – Rs. C-253/19 (Novo Banco), LS, NZI 2020, 805 = ZIP 2020, 1673.

77) Mankowski/Müller/J. Schmidt-*Mankowski*, EuInsVO, Art. 3 Rz. 119 f.

samtbild der Verhältnisse nur eine untergeordnete Bedeutung zu.[78] Liegt zwar der allgemeine Gerichtsstand des Schuldners im Inland, befindet sich aber der Mittelpunkt seiner selbständigen wirtschaftlichen Tätigkeit im Ausland, so kann wegen des Subsidiaritätsverhältnisses des § 3 Abs. 1 Satz 1 zu § 3 Abs. 1 Satz 2 InsO nur dort, nicht aber im Inland ein Hauptinsolvenzverfahren eröffnet werden. Ist der Schuldner dagegen eine natürliche Person, die keiner selbständigen wirtschaftlichen Tätigkeit nachgeht (ist er also etwa **Arbeitnehmer**), so ist gemäß § 3 Abs. 1 Satz 1 InsO i. V. mit § 13 ZPO das Insolvenzgericht international und örtlich zuständig, in dessen Bezirk der Schuldner seinen **Wohnsitz** hat. Hierin liegt ein Unterschied zu Art. 3 EuInsVO. Dem Grundsatz folgend, dass Tatbestandsmerkmale prozessualer Normen (wie des § 13 ZPO) nach dem Recht der lex fori beurteilt werden, ist für die Frage, ob ein Ausländer seinen Wohnsitz im Inland hat, deutsches Recht maßgeblich. Anwendung finden also die §§ 7 ff. BGB.

3. Personengesellschaften und juristische Personen

Ist der Schuldner eine Personengesellschaft oder juristische Person, ist das Gericht zuständig, in dessen Bezirk er seinen **satzungsmäßigen Sitz** hat – so die Vermutung des Art. 3 Abs. 1 Unterabs. 1 Satz 2 EuInsVO. Allerdings kann nachgewiesen werden, dass sich der Mittelpunkt der hauptsächlichen Interessen des Schuldners tatsächlich an einem anderen Ort als dem des satzungsmäßigen Sitzes befindet und deshalb ein anderes Gericht international zuständig ist. An die **Widerlegung dieser Vermutung** sind aus Gründen der Rechtssicherheit und der Vorhersehbarkeit für die Gläubiger **hohe Anforderungen** zu stellen.[79] Dabei kommt es nach dem Wortlaut des Art. 3 Abs. 1 Unterabs. 1 Satz 2 EuInsVO auf **für Dritte feststellbare Kriterien** an. 38

Zu diesen zählen[80] 39

- der Ort des Geschäftslokals,
- der Sitz der Geschäftsführung, nicht aber der private Wohnsitz des Geschäftsführers,[81]
- der Ort der Führung des Geschäftskontos,[82]
- der Sitz des zuständigen des Finanzamts,
- der Sitz der zuständigen Aufsichtsbehörde (falls es eine solche gibt),
- der Sitz des zuständigen Registergerichts,
- der Ort und die Art der Abwicklung der für die Geschäftsbeziehungen mit den Gläubigern grundlegenden Verträge (insbesondere dort enthaltene Abreden über Erfüllungsort und Gerichtsstand),
- die Rechtswahl für die Verträge mit Arbeitern und Angestellten[83] sowie für die die Vertragsbeziehungen mit den Gläubigern,
- der Ort der Bereitstellung von Kreditsicherheiten durch Dritte für Gläubiger des Schuldners,

---

78) *Westpfahl/Goetker/Wilkens*, Grenzüberschreitende Insolvenzen, Rz. 635 m. w. N.

79) LG Berlin, Beschl. v. 8.1.2018 – 84 T 2/18 (NIKI), LS 1, ZIP 2018, 140, dazu EWiR 2018, 85 *(J. Schmidt)*.

80) Weiterführend Mankowski/Müller/J. Schmidt-*Mankowski*, EuInsVO, Art. 3 Rz. 84–112.

81) BayObLG, Beschl. v. 19.12.2019 – 1 AR 139/19, ZIP 2020, 624, dazu EWiR 2020, 371 *(Berjasevic)*; LG Berlin, Beschl. v. 8.1.2018 – 84 T 2/18 (NIKI), unter E., ZIP 2018, 140, 142. Vgl. auch AG Ludwigshafen, Beschl. v. 4.7.2014 – 3 f IN 260/14 Ft, ZIP 2014, 1746 = NZI 2014, 761, wonach der Mittelpunkt der wirtschaftlichen Interessen der Schuldnerin (COMI) in Deutschland begründet ist, wenn sich die Geschäftstätigkeit der Schuldnerin alleine darauf erstreckt, in Deutschland belegenes Immobilienvermögen zu vermieten und zu verwalten und sich lediglich der Wohnsitz des Geschäftsführers außerhalb Deutschlands befindet.

82) LG Berlin, Beschl. v. 8.1.2018 – 84 T 2/18 (NIKI), ZIP 2018, 140, 142.

83) LG Berlin, Beschl. v. 8.1.2018 – 84 T 2/18 (NIKI), unter H. und I., ZIP 2018, 140, 142.

– der Ort der Finanzierung des Geschäfts des Schuldners durch Dritte, und schließlich
– (wenn es mehrere Geschäftsräumlichkeiten gibt) der Ort, an dem die meisten Arbeitnehmer des Schuldners tätig sind.[84)]

40 Der **Ort des größten Umsatzes** ist als solcher **nicht maßgeblich** für die Bestimmung des COMI, weil dieser nicht auf Märkte oder Marktbetätigung, sondern auf Koordination und Struktur abhebt.[85)]

41 Etwas anders ist die Rechtslage, wenn **deutsches autonomes Internationales Insolvenzrecht** zur Anwendung kommt. Zunächst einmal wird bei Personengesellschaften und juristischen Personen der Fall selten sein, dass gemäß § 3 Abs. 1 Satz 1 InsO überhaupt auf den allgemeinen Gerichtsstand abgestellt werden muss. Denn jedenfalls die Personenhandelsgesellschaften und die Kapitalgesellschaften üben per definitionem eine selbständige wirtschaftliche Tätigkeit aus. Wo dies einmal nicht der Fall ist (denkbar bei der GbR, dem Verein und der gemeinnützigen GmbH), kommt es auf den allgemeinen Gerichtsstand, also § 17 ZPO an: Maßgeblich ist der Sitz der Gesellschaft. Im Regelfall aber ist bei Personengesellschaften und juristischen Personen gemäß § 3 Abs. 1 Satz 2 InsO auf den Mittelpunkt ihrer selbständigen wirtschaftlichen Tätigkeit abzustellen. Nach **h. M.** liegt dieser dort, wo die **Willensbildung des Schuldners** stattfindet, d. h. die unternehmensleitenden Entscheidungen getroffen und umgesetzt werden.[86)] Die Indizien, die nach **h. M.** zur Bestimmung des Mittelpunkts der selbständigen wirtschaftlichen Tätigkeit des Schuldners herangezogen werden, sind präzise diejenigen, die auch i. R. des Art. 3 Abs. 1 Unterabs. 1 Satz 2 EuInsVO maßgeblich sind (siehe oben Rz. 39 f.).

4. Maßgeblicher Zeitpunkt

42 Maßgeblicher Zeitpunkt für die Prüfung des COMI ist i. R. des Art. 3 EuInsVO, wie der EuGH in der Rechtssache *Staubitz-Schreiber* klargestellt hat, der Zeitpunkt der **Stellung des Insolvenzantrags.**[87)] Im Falle öffentlicher Restrukturierungsverfahren nach dem StaRUG ist maßgeblicher Zeitpunkt für die Prüfung der die internationale Zuständigkeit begründenden Umstände der Zeitpunkt der **Anzeige des Restrukturierungsvorhabens gemäß § 31 Abs. 1 StaRUG.**[88)] Ändern sich nach Antragstellung die die internationale Zuständigkeit begründenden Tatsachen (insbesondere die Belegenheit des COMI), ist dies unerheblich. Für diese Auffassung sprechen die Gebote der Verhinderung des Forum Shopping,[89)] der Effizienz grenzüberschreitender Insolvenzverfahren[90)] und der Rechtssicherheit. Sie entspricht der international-zivilprozessualen Doktrin der perpetuatio fori. Gleiches gilt im Anwendungsbereich des deutschen **autonomen Internationalen Insol-**

84) *Kübler* in: FS Gerhardt, S. 527, 556; vgl. LG Berlin, Beschl. v. 8.1.2018 – 84 T 2/18 (NIKI), unter D., ZIP 2018, 140, 142.

85) LG Berlin, Beschl. v. 8.1.2018 – 84 T 2/18 (NIKI), LS 3, ZIP 2018, 140.

86) *Prütting* in: KPB, InsO, § 3 Rz. 14; *Undritz* in: HambKomm-InsO, § 3 Rz. 13; K. Schmidt-*Stephan*, InsO, § 3 Rz. 7; *Westpfahl/Goetker/Wilkens*, Grenzüberschreitende Insolvenzen, Rz. 636; *Sternal* in: HK-InsO, § 3 Rz. 9.

87) EuGH, Urt. v. 17.1.2006 – Rs. C-1/04 (Staubitz/Schreiber), ZIP 2006, 188, m. Anm. *Knof/Mock*, dazu EWiR 2006, 141 *(Vogl)*, und *Duursma-Kepplinger*, ZIP 2007, 896; gleichsinnig EuGH, Urt. v. 20.10.2011 – Rs. C-396/09 (Interedil), Rz. 55, ZIP 2011, 2153, dazu EWiR 2011, 745 *(Paulus)*; EuGH, Urt. v. 16.1.2014 – Rs. C-328/12 (Schmid) Rz. 28, ZIP 2014, 181, dazu EWiR 2014, 85 *(Paulus)*; zur EuInsVO 2015 EuGH, Urt. v. 24.3.2022 – Rs. C-723/20 (Galapagos BidCo.), Rz. 29, ZRI 2022, 316 = NZI 2022, 539 – auf Vorlage des BGH durch Beschl. v. 17.12.2020 – IX ZB 72/19, ZVI 2021, 155 = ZIP 2021, 90, dazu EWiR 2021, 149 (*J. Schmidt*); nachfolgend BGH, Beschl. v. 8.12.2022 – IX ZB 72/19, Rz. 28, ZRI 2023, 101 = NZI 2021, 187; s. ferner BGH, Beschl. v. 7.7.2022 – IX ZB 14/21, ZVI 2022, 472 = NZI 2022, 912.

88) *Deppenkemper* in: Seibt/Westpfahl, StaRUG, § 35 Rz. 4.

89) ErwG 5 und 29 EuInsVO.

90) ErwG 3 EuInsVO.

venzrechts.[91] Deutsche Gerichte bleiben für die Entscheidung über die Eröffnung des Insolvenzverfahrens auch dann zuständig, wenn der **Eröffnungsantrag bei einem örtlich unzuständigen Insolvenzgericht gestellt** worden ist und der Schuldner nach Antragstellung, aber vor der Verweisung an das örtlich zuständige Insolvenzgericht den Mittelpunkt seiner hauptsächlichen Interessen in das Gebiet eines anderen Mitgliedstaats verlegt.[92]

Der Zeitpunkt der Stellung des Insolvenzantrags ist nach **h. M.** auch dann der Maßgebliche, wenn der Schuldner seinen COMI *vor* – auch kurz vor – der Antragstellung verlegt.[93] Ob dieser Grundsatz in Extremfällen – wie dem **Restschuldbefreiungstourismus**[94] und der **Firmenbestattung**[95] – durch einen **allgemeinen Rechtmissbrauchsvorbehalt** einzuschränken ist, ist umstritten.[96] 43

Anders ist es, wenn es sich um eine **in Liquidation befindliche Gesellschaft** handelt. In diesem Fall ist auf den Zeitpunkt der Einstellung der werbenden Tätigkeit anzustellen.[97] 44

Praxishinweis

Folge (und meistens auch Zweck) einer Verlegung des COMI ist, dass sich das gemäß Art. 7 EuInsVO anwendbare Insolvenzstatut ändert. Das wirft die Frage auf, wie mit insolvenzrechtlichen **Tatbeständen** umzugehen ist, **die vor der Verlegung des COMI verwirklicht** wurden. Die Antwort ist nach überwiegend vertretener Auffassung, dass auf bei Verlegung des COMI verwirklichte Tatbestände das Insolvenzrecht desjenigen Staats anwendbar bleibt, in dem sich der COMI vor der Sitzverlegung befand.[98] Als systemimmanent hinzunehmen ist dagegen der Umstand, dass straf- und zivilrechtliche **Haftungsgefahren** durch eine Verlegung des COMI **für die Zukunft beseitigt oder verringert** werden können. Insbesondere kann das Risiko der strafrechtlichen Haftung aus § 15a Abs. 4 und 5 InsO für die Zukunft dadurch ausgeschlossen werden, dass der COMI der Gesellschaft in einen Staat verlegt wird, der (wie z. B. das Vereinigte Königreich) keine Antragspflicht kennt.[99]

---

91) BGH, Beschl. v. 8.12.2022 – IX ZB 72/19, Rz. 43, ZRI 2023, 101 = NZI 2021, 187.

92) BGH, Beschl. v. 7.7.2022 – IX ZB 14/21, ZVI 2022, 472 = NZI 2022, 912.

93) EuGH, Urt. v. 20.10.2011 – Rs. C-396/09 (Interedil), Rz. 56, ZIP 2011, 2153; *Knof*, ZInsO 2005, 1017; *Mankowski*, NZI 2005, 368, 370 ff.; *Westpfahl/Goetker/Wilkens*, Grenzüberschreitende Insolvenzen, Rz. 167 f.; ausführlich *Schwemmer*, NZI 2009, 335; zu Gläubigerstrategien zur Fixierung des COMI *Mankowski*, ZIP 2010, 1376.

94) Vgl. zu diesem Phänomen *d'Avoine*, NZI 2011, 310; *Fuchs*, Nationale und internationale Aspekte des Restschuld-Befreiungs-Tourismus (m. Bespr. *Mankowski*, NZI 2016, 299); *Hergenröder*, DZWIR 2009, 309; *Wright/Fenwick*, IILR 2012, 45 – Überblick; *Goslar*, NZI 2012, 912 – Annullierung britischer Eröffnungsbeschlüsse; *Dornblüth*, ZIP 2014, 712 – deliktische Geschäftsführerhaftung trotz britischer Restschuldbefreiung. Zur Durchsetzung von Ansprüchen trotz britischer oder französischer Restschuldbefreiung *Mehring*, ZInsO 2012, 1247, und OLG Düsseldorf, Urt. v. 16.2.2022 – I-18 U 4/21, ZRI 2022, 369 – Versäumnisurteil nach Discharge.

95) BGH, Urt. v. 13.12.2007 – IX ZB 238/06, BeckRS 2008, 720, dazu EWiR 2008, 181 *(Webel)*; vgl. auch AG Köln, Beschl. v. 19.2.2008 – 73 IE 1/08, ZIP 2008, 423, dazu EWiR 2008, 531 *(Paulus)*; weiterführend *Weller*, ZGR 2008, 835, 848–852.

96) *Kolmann/Ch. Keller* in: Gottwald/Haas, InsR-Hdb., § 129 Rz. 50 ff.; **dagegen** K. Schmidt-*Brinkmann*, InsO, Art. 3 EuInsVO Rz. 16; vgl. ferner BGH, Beschl. v. 17.12.2020 – IX ZB 72/19, ZVI 2021, 155 = ZIP 2021, 90, dazu EWiR 2021, 149 *(J. Schmidt)*.

97) EuGH, Urt. v. 20.10.2011 – Rs. C-396/09 (Interedil), Rz. 58, ZIP 2011, 2153, dazu EWiR 2011, 745 *(Paulus)*; BGH, Beschl. v. 1.12.2011 – IX ZB 232/10, ZIP 2012, 139 = GmbHR 2012, 216, dazu EWiR 2012, 175 *(Riedemann)*.

98) BGH, Beschl. v. 18.04.2023 – II ZR 184/12, ZRI 2023, 486 – unter Hinweis auf EuGH, Urt. v. 14.10.2008 – C-353/06 (Grunkin und Paul) Rz. 21 ff., NJW 2009, 135; BGH, Beschl. v. 16.10.1974 – IV ZB 12/74, BGHZ 63, 107, 111 f.; K. Schmidt-*Brinkmann*, InsO, Art. 3 EuInsVO Rz. 18; Staudinger-*Looschelders*, BGB, Einl. IPR Rz. 1061, 1064; *Weller* in: FS Ganter, S. 439, 450 f.; *Weller/Thomale/Zwirlein*, ZEuP 2018, 892, 899 f.; nach Ansprüchen **differenzierend** *Ch. Keller*, NZI 2021, 110, 113 f.

99) *Bunnemann* in: Bunnemann/Zirngibl, GmbH in der Praxis, § 3 Rz. 154; *Pelz* in: Wabnitz/Janovsky, Hdb. Wirtschafts- und Steuerstrafrecht, 9. Kap., Teil A Rz. 33 a. E.; *Schwab*, DStR 2010, 333, 336. Zur Anwendbarkeit von nationalem Insolvenzstrafrecht auf EU-Auslandsgesellschaften *Radtke/Hoffmann*, EuZW 2009, 404.

III. Reichweite der internationalen Zuständigkeit

1. Entscheidungen des Insolvenzgerichts

45 Die internationale Zuständigkeit nach Art. 3 Abs. 1 EuInsVO gilt zunächst für **verfahrenseinleitende und -beendende Entscheidungen** des Insolvenzgerichts.[100] Das sind der Beschluss über die Eröffnung des Insolvenzverfahrens (§ 27 InsO), die Bestellung und Entlassung eines Insolvenzverwalters (§§ 56, 59 InsO), über die Ablehnung der Eröffnung mangels Masse (§ 26 InsO), die Aufhebung des Verfahrens (§ 200 InsO) und seine Einstellung (§§ 207–216 InsO). Sie ist hierauf aber nicht beschränkt, sondern gilt für **alle verfahrensbegleitenden Entscheidungen**, die das Insolvenzgericht i. R. des Insolvenzverfahrens trifft.[101] In Deutschland zählen dazu

- die Bestellung eines Gutachters (§ 4 InsO),
- die Anordnung von Sicherungsmaßnahmen (§ 22 InsO),[102]
- die Entscheidung über die Massezugehörigkeit eines Gegenstandes (§ 36 Abs. 4 InsO),
- die Anberaumung von Berichts- und Prüfungsterminen (§ 29 InsO),
- Vorführungs- und Haftbefehle (§ 98 InsO),
- die Anordnung von Postsperren (§ 99 InsO),
- die Bestätigung eines Insolvenzplans (§ 248 InsO),
- die Entscheidung über eine Restschuldbefreiung (§ 300 InsO) und
- die Bestätigung eines Schuldenbereinigungsplans (§ 308 InsO).

2. Annexverfahren

46 Die Gerichte des Mitgliedstaats, in dessen Gebiet ein Insolvenzverfahren nach Art. 3 EuInsVO eröffnet worden ist, sind gemäß Art. 6 Abs. 1 EuInsVO auch zuständig für alle Klagen, die unmittelbar aus diesem Verfahren hervorgehen und in engem Zusammenhang damit stehen, wie bspw. Anfechtungsklagen. Art. 6 Abs. 1 EuInsVO regelt solchermaßen die **internationale Zuständigkeit für sog. Annexverfahren.** Gesetz geworden ist damit die *Deko-Marty*-Doktrin, die der EuGH durch Urteil vom 12.2.2009 in der gleichnamigen Rechtssache begründete.[103] Verfahren, die nicht als Annexverfahren i. S. des Art. 6 Abs. 1 EuInsVO zu qualifizieren sind, unterfallen der EuGVVO.[104] Welches Gericht örtlich und sachlich zuständig ist, ergibt sich (nicht aus der EuInsVO, sondern) aus dem Zivilprozessrecht des Eröffnungsstaats.[105] In Deutschland ist gemäß **Art. 102c § 6 Abs. 1 EGInsO** das sachlich zuständige AG oder LG örtlich zuständig, in dessen Bezirk das Insolvenzgericht seinen Sitz hat, es sei denn, dass sich bereits aus anderen Vorschriften eine örtliche Zuständigkeit ergibt. Das ist bei der Feststellungsklage (siehe **§ 180 Abs. 1 Satz 1 und 2 InsO**) sowie bei Passivprozessen des Verwalters (siehe **§ 19a ZPO**) der Fall.[106] Nach zu-

---

100) Arg. Art. 19 und Art. 32 Abs. 1 Unterabs. 1 Satz 1 EuInsVO.

101) Arg. Art. 32 Abs. 1 Unterabs. 1 Satz 1 EuInsVO – „Durchführung".

102) Arg. Art. 32 Abs. 1 Unterabs. 3 EuInsVO – „Sicherungsmaßnahmen"; vgl. ErwG 36 EuInsVO; ebenso *Kindler* in: MünchKomm-BGB, Art. 3 EuInsVO Rz. 86 – unter Hinweis auf ErwG 36 EuInsVO; Pannen-*Riedemann*, EuInsVO, Art. 25 Rz. 29 f.; *Schuster* in: FK-InsO, Art. 3 EuInsVO Rz. 43. Bei Sicherungsmaßnahmen ist zusätzlich Art. 21 EuInsVO zu prüfen. Maßnahmen gemäß Art. 52 EuInsVO, also die Beantragung von Sicherungsmaßnahmen durch den vorläufigen Verwalter in einem anderen Mitgliedstaat als dem der Verfahrenseröffnung, fallen nicht in den Anwendungsbereich der Vorschrift, Braun-*Ehret*, InsO, Art. 32 EuInsVO Rz. 18.

103) EuGH, Urt. v. 12.2.2009 – Rs. C-339/07 (Deko Marty), ZIP 2009, 427, dazu EWiR 2009, 411 *(Müller)*.

104) Vgl. ErwG 7 EuInsVO.

105) ErwG 26 EuInsVO.

106) Ausführlich Vallender-*Hänel*, EuInsVO, Art. 102c § 6 EGInsO Rz. 17 ff.

treffender und mittlerweile weit überwiegender Auffassung handelt es sich bei der internationalen Zuständigkeit nach Art. 6 Abs. 1 EuInsVO um eine **ausschließliche Zuständigkeit.**[107] Die Zuständigkeit gemäß Art. 6 Abs. 1 EuInsVO besteht auch dann, wenn der Anfechtungsgegner seinen Sitz nicht im Geltungsbereich der EuInsVO, sondern in einem **Drittstaat** hat.[108] Die Klage gegen einen in einem Drittstaat ansässigen Anfechtungsgegner ist allerdings nur sinnvoll, wenn dieser über vollstreckbares Vermögen im Geltungsbereich der EuInsVO verfügt.[109] Ob auch diese exorbitante Zuständigkeit ausschließlich ist, ist unklar.[110]

Im Detail streitig war, ist und wird bleiben, wie weit der Kreis der unter Art. 6 Abs. 1 EuInsVO zu subsumierenden Verfahren zu ziehen ist.[111] Aus den bisherigen Entscheidungen des EuGH lassen sich immerhin zwei Voraussetzungen für eine Zuständigkeit nach Art. 6 EuInsVO ableiten: Zum einen fragt der EuGH, ob die Klage „anlässlich eines Insolvenzverfahrens erhoben" wurde.[112] Die hypothetische Möglichkeit, dass der jeweilige Anspruch auch aus einem solchen Verfahren heraus geltend gemacht werden könnte, genügt nicht.[113] Zum anderen fragt er, ob die in Rede stehende Klage „ihren Ursprung im Insolvenzverfahrensrecht oder in anderen Regeln" hatte.[114] Dabei berücksichtigt das Gericht, ob die jeweilige Anspruchsgrundlage den Zielen des Insolvenzverfahrens dient, mithin dem Schutz oder der Anreicherung der Insolvenzmasse.[115] Diese Voraussetzun- 47

107) EuGH, Urt v. 14.11.2018 – Rs. C-296/17 (Wiemer & Trachte), LS, ZIP 2018, 2327 = NZI 2018, 994 – zu Art. 3 EuInsVO a. F., dazu EWiR 2019, 19 *(Brinkmann)*; *Kolmann/Ch. Keller* in: Gottwald/Haas, InsR-Hdb., § 129 Rz. 94 f.; *Prager/Ch. Keller*, WM 2015, 805, 806; *Madaus* in: KPB, InsO, Art. 6 EuInsVO Rz. 4; *Mankowski*, NZI 2019, 864 (Urteilsanm.); *Schack*, Int. Zivilverfahrensrecht, Rz. 1268; zuvor schon BGH, Urt. v. 19.5.2009 – IX ZR 39/06, Rz. 16, ZIP 2009, 1287; *Mock*, ZInsO 2009, 470; *Baumert*, NZI 2014, 106; **a. A.** BGH, Urt. v. 9.6.2016 – IX ZR 314/14, Rz. 35, ZIP 2016, 1226 = NJW 2016, 2328, implizit, weil einer Gerichtsstandsvereinbarung auch für den Fall Vorrang eingeräumt wird, dass eine Zuständigkeit analog Art. 3 Abs. 1 EuInsVO a. F. besteht; *Kindler*, KTS 2014, 25, 35 ff.; *Thole*, Gläubigerschutz durch Insolvenzrecht, S. 933 ff. Unklar *Albrecht*, ZInsO 2013, 1876, 1881. Zum Konflikt zwischen Ausschließlichkeit der Zuständigkeit und Staatenimmunität bei **Insolvenzanfechtung ggü. ausländischen Finanzbehörden** s. *Kopp*, NZI 2021, 657, sowie **kritisch** *Jungclaus/Ch. Keller* in: FK-InsO, § 129 Rz. 32 (im Erscheinen).

108) EuGH, Urt. v. 16.1.2014 – Rs. C-328/12 (Schmid), ZIP 2014, 181, dazu EWiR 2014, 85 *(Paulus)*.

109) *Paulus*, EWiR 2014, 85 (Urteilsanm.); *Baumert*, NZI 2014, 106, 107.

110) **Dagegen** *Baumert*, NZI 2014, 106, 107.

111) Monografisch *Lorenz*, Annexverfahren bei Internationalen Insolvenzen: Internationale Zuständigkeitsregelung der Europäischen Insolvenzverordnung, 2005; *Willemer*, Vis attractiva concursus und die Europäische Insolvenzverordnung, 2006; *Bramkamp*, Die Attraktivgerichtsstände des europäischen Insolvenzrechts: Eine Untersuchung der Regelungen des Art. 6 EuInsVO, 2019; *Grompe*, Die vis attractiva concursus im Europäischen Insolvenzrecht – Ein Instrument zur Konkretisierung des Insolvenzstatuts, 2019; *Rübbeck*, Das forum attractivum des Europäischen Insolvenzrechts – Reichweitenbestimmung des Art. 6 I EuInsVO, 2021.

112) EuGH, Urt. v. 4.12.2014 – Rs. C-295/13 (H), Rz. 18, ZIP 2015, 196, dazu EWiR 2015, 93 *(Mankowski)*; EuGH, Urt. v. 4.9.2014 – Rs. C-157/13 (Nickel & Goeldner), ZIP 2015, 96 Rz. 27, dazu EWiR 2015, 31 *(Zarth)*.

113) EuGH, Urt. v. 6.2.2019 – Rs. C-535/17 (NK), ZIP 2019, 534 = NZI 2019, 302, m. Anm. *Mankowski*; K. Schmidt-*Brinkmann*, InsO, Art. 6 EuInsVO Rz. 10; im Ergebnis auch *Freitag*, ZIP 2014, 302, 304 ff.

114) EuGH, Urt. v. 18.9.2019 – C-47/18 (Riel), Rz. 36, ZIP 2019, 1872, dazu EWiR 2019, 627 *(Paulus)*; EuGH, Urt. v. 20.12.2017 – Rs. C-649/16 (Valach), ZIP 2018, 185, dazu EWiR 2018, 243 *(Undritz)*; EuGH, Urt. v. 9.11.2017 – Rs. C-641/16 (Tünkers), ZIP 2017, 2275 = NZI 2018, 45; EuGH, Urt. v. 4.12.2014 – Rs. C-295/13 (H), ZIP 2015, 196, dazu EWiR 2015, 93 *(Mankowski)*; EuGH, Urt. v. 18.7.2013 – Rs. C-147/12 (ÖFAB), ZIP 2013, 1932 = EuZW 2013, 703; EuGH, Urt. v. 2.7.2009 – Rs. C-111/08 (Alpenblume), Rz. 29, ZIP 2009, 1441 = EuZW 2009, 610; OLG Düsseldorf, Urt. v. 4.10.2018 – I-12 U 46/17, Rz. 17, ZVI 2019, 120 = ZIP 2018, 2378 – Verhältnis zum Gerichtsstand nach CMR.

115) Etwas anders EuGH, Urt. v. 18.9.2019 – Rs. C-47/18 (Riel), ZIP 2019, 1872, dazu EWiR 2019, 627 *(Paulus)*, wo nicht die Rechtsgrundlage, sondern die durch das Insolvenzrecht vorgeschriebene Klageart (Feststellungsklage) maßgeblich war.

gen gelten nicht nur für Aktiv-, sondern ebenso für Passivprozesse.[116)] Ob das innerstaatliche Recht die Annexverfahren kontradiktorisch oder als Verfahren der freiwilligen Gerichtsbarkeit behandelt, spielt keine Rolle.[117)]

48 Folgende **Aktivprozesse** des Insolvenzverwalters lassen sich demzufolge als Annexverfahren i. S. des Art. 6 Abs. 1 EuInsVO qualifizieren (wobei weder diese noch die später folgenden Aufzählungen Vollständigkeit beanspruchen – der Begriff des Annexverfahrens unterliegt stetiger Rechtsentwicklung):

- Klagen aus **§ 15b InsO**, also Klagen, mit denen die insolvenzspezifische Geschäftsleiterhaftung geltend gemacht wird;[118)]
- Klagen aus **§ 24 i. V. mit §§ 81 f. InsO**;[119)]
- Klagen aus **§ 26 Abs. 4 InsO** (Kostenvorschuss);[120)]
- negative Feststellungsklagen, mit denen das Nichtbestehen von Ansprüchen nach **§§ 60 f. InsO** geltend gemacht wird;[121)]
- Klagen auf der Grundlage des **§ 88 InsO**;
- Klagen aus **§ 93 InsO i. V. mit § 128 HGB**;[122)]
- Klagen aus **§ 171 Abs. 2, § 172 Abs. 4 HGB**;[123)]
- Klagen im Zusammenhang mit **§ 103 InsO**;[124)]
- **Insolvenzanfechtungsklagen** aus (einschließlich der aus § 135 und § 313 InsO),[125)] jedoch nicht, wenn aus abgetretenem Anfechtungsrecht geklagt wird[126)] und jedenfalls nicht stets, wenn der Anfechtungseinwand einredeweise erhoben wird;[127)]

116) *Kolmann/Ch. Keller* in: Gottwald/Haas, InsR-Hdb., § 129 Rz. 112.

117) *Sakka*, EuZW 2015, 460, 462.

118) EuGH, Urt. v. 4.12.2014 – Rs. C-295/13 (H), ZIP 2015, 196, dazu EWiR 2015, 93 *(Mankowski)* = NZI 2015, 88, m. Anm. *Poertzgen* = EuZW 2015, 141, m. Anm. *Kindler*, und Bespr. *Bramkamp*, KTS 2015, 421. Zur **Insolvenzverursachungshaftung** *Piekenbrock*, KTS 2015, 379, 404 (zu § 64 Satz 3 GmbHG a. F.). Monografisch *Gröning*, Gesellschafter- und Geschäftsleiterhaftung im internationalen Zivilverfahrensrecht – Zur internationalen Zuständigkeit nach Brüssel Ia-VO und EuInsVO, 2019.

119) Vgl. OLG Düsseldorf, Beschl. v. 23.10.2014 – I-12 U 27/14, ZInsO 2015, 920, 921 = ZIP 2015, 794; **a. A.** jedoch OLG Schleswig, Urt. v. 11.8.2021 – 9 U 14/21, ZIP 2021, 2290, 2291 = ZRI 2021, 858 = ZVI 2021, 394, weil in der Sache kein insolvenzspezifischer Anspruch geltend gemacht werde. Im Ergebnis ließ das OLG die Frage offen.

120) ErwG 35 EuInsVO.

121) Zöller-*Geimer*, ZPO, Art. 1 EuGVVO Rz. 44b.

122) Graf-Schlicker-*Bornemann*, InsO, Art. 6 EuInsVO Rz. 34; *Thole* in: MünchKomm-InsO, Art. 6 EuInsVO Rz. 23; **a. A.** LG Saarbrücken, Vers-Urt., 22.1.2013 – 4 O 275/12, LS, ZInsO 2013, 741 – Art. 5 Nr. 1 LugÜ, dazu *Haas/Blank*, ZInsO 2013, 706; K. Schmidt-*Brinkmann*, InsO, Art. 6 EuInsVO Rz. 26; Uhlenbruck-*Knof*, EuInsVO, Art. 6 Rz. 13; *Piekenbrock*, KTS 2015, 379, 403.

123) *Prager/Ch. Keller*, WM 2015, 805, 817; *Thole* in: MünchKomm-InsO, Art. 6 EuInsVO Rz. 24. Zur örtlichen Zuständigkeit *Bork*, NJW 2018, 2985; **a. A.** jetzt AG Niebüll, Urt. v. 27.7.2023 – 10 C 14/22, ZInsO 2023, 1500.

124) *Haas*, ZIP 2013, 2381, 2389; Vallender-*Hänel*, EuInsVO, Art. 6 Rz. 59; *Kindler* in: MünchKomm-BGB, Art. 32 EuInsVO Rz. 18; *Riewe*, NZI 2009, 549, 550; *Westpfahl/Goetker/Wilkens*, Grenzüberschreitende Insolvenzen, Rz. 224; **a. A.** K. Schmidt-*Brinkmann*, InsO, Art. 6 EuInsVO Rz. 23; *Prager/Ch. Keller*, WM 2015, 805, 807; Zöller-*Geimer*, ZPO, Art. 1 EuGVVO Rz. 44c; **differenzierend** *Piekenbrock*, KTS 2015, 379, 408 f.

125) EuGH, Urt. v. 12.2.2009 – Rs. C-339/07 (Deko Marty), ZIP 2009, 427, und **allg. M.** Beachte, dass nach OLG Frankfurt/M., Urt. v. 17.12.2012 – 1 U 17/11, ZIP 2013, 277, dazu EWiR 2013, 159 *(Brinkmann)*, deutsche Gerichte *nicht* für die Anfechtungsklagen zuständig sind, die aus einem in Deutschland über das Vermögen einer Bank eröffneten Insolvenzverfahren heraus erhoben werden.

126) EuGH, Urt. v. 19.4.2012 – Rs. C-213/10 (F-Tex SIA), LS 1, ZIP 2012, 1049, dazu EWiR 2012, 383 *(Brinkmann)*.

127) *Haas*, ZIP 2013, 2381, 2389.

- die Klage aus § **23 Abs. 1 EuInsVO** (ggf. verbunden mit der aus § **342 Abs. 3 InsO**);[128)]
- die Auskunftsklage aus **Art. 41 EuInsVO** (auch als Passivprozess);
- die Überschussklage gemäß **Art. 49 EuInsVO;**
- Streit um die **Zugehörigkeit eines Gegenstandes zur Haupt- oder Sekundärmasse** (auch als Passivprozess); in diesem Fall besteht eine konkurrierende internationale Zuständigkeit der Gerichte des Niederlassungsstaats und des Staates des Hauptverfahrens;[129)]
- Klagen aus **§ 823 Abs. 2 BGB i. V. mit § 15a InsO**, soweit der vom Insolvenzverwalter gem. § 92 InsO geltend gemachte **Altgläubigerschaden** inmitten steht;[130)]
- Klagen aus **§ 823 Abs. 2 BGB i. V. mit §§ 283 ff. StGB;**
- Klagen aus § 826 BGB wegen eines **existenzvernichtenden Eingriffs;**[131)] entscheidend scheint hier, dass der Anspruch die materielle Insolvenz des Schuldners voraussetzt; und
- Fälle der auf **§ 826 BGB gestützten Dritthaftung**, soweit der vom Insolvenzverwalter gemäß § 92 InsO geltend gemachte **Altgläubigerschaden** inmitten steht.[132)]

Keine Annexverfahren sind dagegen folgende Aktivprozesse: 49

- Klagen aus **§ 11 Abs. 2 GmbHG;**[133)]
- Klagen aus **§§ 14, 19 GmbHG;**
- Klagen aus **§ 31 GmbHG und § 62 AktG** sowie Klagen aus den auf die Kapitalschutzvorschriften bezogenen Organhaftungstatbeständen **§ 43a GmbHG und § 93 Abs. 3 Nr. 1 AktG;**[134)]
- Klagen des Insolvenzverwalters aus § 93 AktG (mit Ausnahme des § 93 Abs. 3 Nr. 6 AktG) und § 43 GmbHG, also Klagen, mit denen die **allgemeine Geschäftsleiterhaftung** geltend gemacht wird;[135)]

---

128) Vallender-*Hänel*, EuInsVO, Art. 23 Rz. 77 – für die Auskunftsklage; *Thole* in: MünchKomm-InsO, Art. 6 EuInsVO Rz. 15; **a. A.** für die Auskunftsklage *Paulus*, EuInsVO, Art. 23 Rz. 17.

129) EuGH, Urt. v. 11.6.2015 – Rs. C-649/13 (Nortel), Rz. 25 ff, ZIP 2015, 1299; Vallender-*Ch. Keller*, EuInsVO, Art. 34 Rz. 36 m. w. N.; *Undritz* in: HambKomm-InsO, Art. 6 EuInsVO Rz. 17.

130) K. Schmidt-*Brinkmann*, InsO, Art. 6 EuInsVO Rz. 14; *Thole* in: MünchKomm-InsO, Art. 6 EuInsVO Rz. 26 f.; **ohne Differenzierung** zwischen Alt- und Neugläubigerschaden Graf-Schlicker-*Bornemann*, InsO, Art. 6 EuInsVO Rz. 34; *Kindler* in: MünchKomm-BGB, Art. 6 EuInsVO Rz. 16; Mankowski/Müller/J. Schmidt-*Mankowski*, EuInsVO, Art. 6 Rz. 20; ganz **a. A.** EuGH, Urt. v. 18.7.2013 – Rs. C-147/12 (ÖFAB), ZIP 2013, 1932 = EuZW 2013, 703, m. zust. Anm. *Freitag*, ZIP 2014, 302 – deliktischer Gerichtsstand.

131) Graf-Schlicker-*Bornemann*, InsO, Art. 6 EuInsVO Rz. 34; *Cranshaw*, DZWIR 2009, 353, 362; *Ego* in: MünchKomm-AktG, Europäische Niederlassungsfreiheit Rz. 384; *Paulus*, EuInsVO, Art. 6 Rz. 11; *Piekenbrock*, KTS 2015, 379, 404; *Weller*, ZIP 2009, 2029, 2032 in Fn. 46; **a. A.** K. Schmidt-*Brinkmann*, InsO, Art. 6 EuInsVO Rz. 25; Mankowski/Müller/J. Schmidt-*Mankowski*, EuInsVO, Art. 6 Rz. 23 a. E.; *Thole* in: MünchKomm-InsO, Art. 6 EuInsVO Rz. 21; *Westpfahl/Goetker/Wilkens*, Grenzüberschreitende Insolvenzen, Rz. 225. EuGH, Urt. v. 10.03.2022 – Rs. C-498/20 (BMA Nederland), ZRI 2022, 321 = NJW 2022, 2739, betraf mit der niederländischen „Peeters/Gatzen-Klage" (beschrieben in Rz. 15) eine rechtsähnliche Anspruchsgrundlage deliktischer Natur. Der EuGH hielt im Anschluss an die ÖFAB-Entscheidung Art. 7 Nr. 2 EuGVVO (den deliktischen Gerichtsstand) für einschlägig (Rz. 31 f.). Das könnte Zweifel an der Vertretbarkeit der bislang h. M. wecken. Zu dieser Entscheidung *Reps/Müller-Leibenger*, ZRI 2022, 925.

132) **A. A.** für die Kreditgeberhaftung aus § 826 BGB unter Berücksichtigung von EuGH, Urt. v. 10.3.2022 – Rs. C-498/20 (BMA Nederland), ZRI 2022, 321 = NJW 2022, 2739 *Reps/Müller-Leibenger*, ZRI 2022, 925 – arg. § 92 InsO ändert nicht die deliktische Natur des Anspruchs.

133) *Schack*, Int. Zivilverfahrensrecht, Rz. 1269.

134) *Piekenbrock*, KTS 2015, 379, 404.

135) OLG Karlsruhe, Urt. v. 22.12.2009 – 13 U 102/09, ZIP 2010, 2123 = EuZW 2010, 359; *Piekenbrock*, KTS 2015, 379, 403; Pannen-*Riedemann*, EuInsVO, Art. 25 Rz. 20.

- Klagen aus **konzernrechtlichen Ansprüchen;**[136)]
- die Klage auf Feststellung der Unwirksamkeit des Verkaufs einer in einem anderen Mitgliedstaat belegenen Liegenschaft und der zulasten dieser bestellten Hypothek der Gesamtheit der Gläubiger; hier ist der dingliche Gerichtsstand vorrangig;[137)] und
- der sog. **Forderungseinzug des Verwalters,**[138)] insbesondere die Geltendmachung von Ansprüchen aus sog. internen **Patronatserklärungen.**[139)]

50 Folgende **Passivprozesse** des Insolvenzverwalters sind Annexverfahren:

- Klagen, mit denen die persönliche Haftung des Insolvenzverwalters aus **§§ 60 f. InsO** geltend gemacht wird,[140)] insbesondere auch in den Fällen des **Art. 36 Abs. 10 EuInsVO** (Haftung bei Zusicherung), des **Art. 41 EuInsVO** (Haftung bei Verletzung einer Kooperations- oder Kommunikationsverpflichtung) und des **Art. 70 EuInsVO** (Haftung des Kooperationsverwalters);
- Klagen und Anträge, mit denen **Rechtsschutz i. R. virtueller Sekundärinsolvenzverfahren** begehrt wird;
- die **Forderungsfeststellungsklage**[141)] und die **Rangfeststellungsklage**[142)];
- negative Feststellungsklagen, mit denen das Nichtbestehen von Ansprüchen der oben (siehe Rz. 48) genannten Art geltend gemacht wird;[143)] und
- die Auskunftsklage nach **Art. 41 EuInsVO.**

51 **Keine Annexverfahren** sind dagegen folgende Passivprozesse:

- **Aus- und Absonderungsklagen**, denn diese könnten als Herausgabe- oder Drittwiderspruchsklage bzw. Klage auf vorzugsweise Befriedigung auch außerhalb des Insolvenzverfahrens erhoben werden;[144)]

---

136) *Thole* in: MünchKomm-InsO, Art. 6 EuInsVO Rz. 21.

137) EuGH, Urt. v. 4.12.2019 – Rs. C-493/18 (Tiger), ZRI 2020, 29 = ZIP 2020, 80, dazu EWiR 2020, 145 *(Riedemann/Wollring)*.

138) ErwG 35 EuInsVO; EuGH, Urt. v. 21.11.2019 – Rs. C-198/18 (CeDe Group), ZRI 2020, 32 = ZIP 2019, 2360; EuGH, Urt. v. 4.9.2014 – Rs. C-157/13 (Nickel & Goeldner), ZIP 2015, 96, dazu EWiR 2015, 31 *(Zarth)*; EuGH, Urt. v. 16.9.2015 – VIII ZR 17/15, ZIP 2015, 219, dazu EWiR 2015, 751 *(Brinkmann)* – Kaufpreisklage.

139) BGH, Beschl. v. 6.7.2021 – II ZR 206/20, Rz. 13, ZRI 2021, 943 = NZG 2021, 1654; BGH, Beschl. v. 15.6.2021 – II ZB 35/20 (Air Berlin/Etihad), Rz. 25 f., ZRI 2021, 628 = ZIP 2021, 1514, dazu EWiR 2021, 508 *(J. Schmidt)*; KG, Beschl. v. 3.12.2020 – 2 W 1009/20, (Air Berlin/Etihad), ZRI 2021, 96 = ZIP 2021, 308, dazu *Fölsing*, ZInsO 2021, 699; OGH Österreich, Urt. v. 23.11.2016 – 3 Ob 202/16a, ZIP 2017, 829, dazu EWiR 2017, 247 *(Mankowski)*.

140) *Kindler* in: MünchKomm-BGB, Art. 32 EuInsVO Rz. 18; *Thole* in: MünchKomm-InsO, Art. 6 EuInsVO Rz. 30; **a. A.** *Schack*, Int. Zivilverfahrensrecht, Rz. 1269.

141) EuGH, Urt. v. 18.9.2019 – Rs. C-47/18 (Riel), ZIP 2019, 1872, dazu EWiR 2019, 627 *(Paulus)* – zu § 110 östIO; Graf-Schlicker-*Bornemann*, InsO, Art. 6 EuInsVO Rz. 34 – wenn Rechtskrafterstreckung auf alle Gläubiger; *Kemper*, ZIP 2001, 1609, 1614; Mankowski/Müller/J. Schmidt-*Mankowski*, EuInsVO, Art. 6 Rz. 12; *Piekenbrock*, ZIP 2014, 2067, 2072; *Schack*, Int. Zivilverfahrensrecht, Rz. 1269; *Thole* in: MünchKomm-InsO, Art. 6 EuInsVO Rz. 16. Ob diese Rspr. dann zustimmungswürdig ist, wenn durch Art. 6 EuInsVO sog. **Schutzgerichtsstände der EuGVVO** (z. B. für Arbeitnehmer) verdrängt werden, kann man bezweifeln: *Wilfinger*, KTS 2020, 121, 127.

142) Graf-Schlicker-*Bornemann*, InsO, Art. 6 EuInsVO Rz. 34; *Stürner*, IPRax 2005, 416, 421; *Thole* in: MünchKomm-InsO, Art. 6 EuInsVO Rz. 16.

143) LG Innsbruck, Beschl. v. 12.12.2013 – 14 CG 56/13z, NZI 2014, 286, m. Anm. *Mäsch*; Vallender-*Hänel*, EuInsVO, Art. 6 Rz. 59; Mankowski/Müller/Schmidt-*Mankowski*, EuInsVO, Art. 6 Rz. 12; *Thole*, ZIP 2012, 605, 608 f.

144) EuGH, Urt. v. 10.9.2009 – Rs. C-292/08 (German Graphics), LS 2, ZIP 2009, 2345 = EuZW 2009, 785 – Aussonderung; *Virgós/Schmit* in: Stoll, Vorschläge und Gutachten, Rz. 196; Graf-Schlicker-*Bornemann*, InsO, Art. 6 EuInsVO Rz. 34; *Kindler* in: MünchKomm-BGB, Art. 6 EuInsVO Rz. 15; **a. A.** noch Schlosser/Hess-*Hess*, EuZPR, § 9 Rz. 11 a. E.; **differenzierend** *Thole* in: MünchKomm-InsO, Art. 6 EuInsVO Rz. 14 und 17; *Skauradszun* in: KPB, InsO, Art. 32 EuInsVO Rz. 33.

- Klagen, mit denen **Masseverbindlichkeiten** i. S. der §§ 53–55 InsO geltend gemacht werden,[145] mit Ausnahme der Masseverbindlichkeiten nach § 55 Abs. 1 Nr. 2 InsO (siehe Rz. 48 zu § 103 InsO); und
- **Kündigungsschutzklagen**, die gegen einen Insolvenzverwalter in Deutschland nach deutschem Recht erhoben werden, und zwar auch dann nicht, wenn die Kündigungen auf der Grundlage eines Interessenausgleichs mit Namensliste nach § 125 InsO und mit der kurzen Frist des § 113 InsO erklärt worden sind.[146]

Streitigkeiten um die **Wirksamkeit der vom Insolvenzverwalter vorgenommenen Handlungen** stellen Annexstreitigkeiten dar,[147] und zwar unabhängig davon, wer die Parteien dieses Rechtsstreits sind. 52

Deliktische Schadensersatzklagen, die von Gesellschaftern der Insolvenzschuldnerin oder Gläubigern **gegen Mitglieder eines Gläubigerausschusses** wegen ihres Verhaltens bei einer Abstimmung über einen Sanierungsplan erhoben werden, sind Annexverfahren.[148] 53

Eine **Haftungsklage wegen unlauteren Wettbewerbs**, mit der dem Übernehmer eines i. R. eines Insolvenzverfahrens erworbenen Geschäftsbereichs vorgeworfen wird, sich zu Unrecht als Alleinvertriebshändler der vom Schuldner hergestellten Waren dargestellt zu haben, fällt nicht in die Zuständigkeit des Gerichts, das das Insolvenzverfahren eröffnet hat.[149] 54

Die **Gläubigeranfechtungsklage** ist kein Annexverfahren, denn sie hat ihre Grundlage im Forderungsrecht, einem persönlichen Recht des Gläubigers gegenüber seinem Schuldner, und dient dem Schutz des Zugriffs des Gläubigers auf das Vermögen des Schuldners.[150] 55

Steht eine Klage i. S. des Art. 6 Abs. 1 EuInsVO – also ein Annexverfahren – im Zusammenhang mit einer anderen zivil- oder handelsrechtlichen Klage gegen denselben Beklagten, so kann der Insolvenzverwalter gemäß **Art. 6 Abs. 2 Unterabs. 1 Satz 1 EuInsVO** beide Klagen in dem Mitgliedstaat, in dem der Beklagte(!) seinen Wohnsitz hat, oder – bei einer Klage gegen mehrere Beklagte – in dem Mitgliedstaat, in dem einer der Beklagten seinen Wohnsitz hat, anstrengen, vorausgesetzt, die betreffenden Gerichte sind nach der EuGVVO zuständig. Dasselbe gilt für den Schuldner in Eigenverwaltung, sofern er nach nationalem Recht Klage im Namen der Insolvenzmasse erheben kann (**Zusammenhangsklage**). Klagen stehen gemäß Art. 6 Abs. 3 EuInsVO in diesem Sinne miteinander im Zusammenhang, wenn zwischen ihnen eine so enge Beziehung gegeben ist, dass eine gemeinsame Verhandlung und Entscheidung geboten erscheint, um zu vermeiden, dass in getrennten Verfahren einander widersprechende Entscheidungen ergehen.[151] Örtliche und sachliche Zuständigkeit: **Art. 102c § 6 Abs. 2 EGInsO.** 56

3. Internationale Kompetenzkonflikte

Das Problem des internationalen Kompetenzkonflikts ist mit den oben beschriebenen Phänomenen (siehe oben Rz. 33) des positiven und negativen Kompetenzkonflikts ver- 57

145) Mankowski/Müller/J. Schmidt-*Mankowski*, EuInsVO, Art. 6 Rz. 12; *Trunk*, Internationales Insolvenzrecht: Systematische Darstellung des deutschen Rechts mit internationalen Bezügen, 1998, S. 116; *Willemer*, Vis attractiva, S. 367 ff., 374; K. Schmidt-*Brinkmann*, InsO, Art. 6 EuInsVO Rz. 23 – für den Fall des § 55 Abs. 1 Nr. 2 InsO; **differenzierend** *Thole* in: MünchKomm-InsO, Art. 6 EuInsVO Rz. 18.

146) BAG, Urt. v. 20.9.2012 – 6 AZR 253/11, ZIP 2012, 2312, dazu EWiR 2013, 49 *(Knof/Stütze)*.

147) EuGH, Urt. v. 2.7.2009 – Rs. C-111/08 (Alpenblume), Rz. 26 ff., ZIP 2009, 1441 = EuZW 2009, 610.

148) EuGH, Urt. v. 20.12.2017 – Rs. C-649/16 (Valach), ZIP 2018, 185, dazu EWiR 2018, 243 *(Undritz)*.

149) EuGH, Urt. v. 9.11.2017 – Rs. C-641/16 (Tünkers), ZIP 2017, 2275 = NZI 2018, 45, m. Anm. *Mankowski*, dazu EWiR 2017, 737 *(J. Schmidt)*.

150) EuGH, Urt. v. 4.10.2018 – Rs. C-337/17 (Feniks/Azteca), Rz. 40, ZIP 2019, 142 = NZI 2019, 134, m. Anm. *Fuchs*, dazu EWiR 2018, 701 *(Mankowski)*.

151) Näher ErwG 35 EuInsVO.

wandt, muss aber dennoch sorgfältig von ihnen unterschieden werden: Dort ging es darum, dass nicht die Begründung der internationalen, sondern die der örtlichen Zuständigkeit problematisch war. Hier geht es nun darum, dass bereits die Begründung der internationalen Zuständigkeit Probleme bereitet. Strukturell können indes auch hier die Situation des positiven und des negativen Kompetenzkonflikts unterschieden werden.

- Zu einem **positiven Kompetenzkonflikt** kommt es, wenn sich die Insolvenzgerichte mehrerer Mitgliedstaaten für international zuständig halten. In diesem Fall gilt das **Prioritätsprinzip.**[152)] Normative Grundlage des Prioritätsprinzips ist **Art. 19 Abs. 1 Unterabs. 1 EuInsVO**, wonach die zuerst ergangene, rechtskräftige Eröffnungsentscheidung in jedem Mitgliedstaat anzuerkennen ist, und zwar auch dann, wenn sie falsch ist. Tatsächlich greift das Prioritätsprinzip aber nicht erst bei Vorliegen einer rechtskräftigen Entscheidung. Vielmehr **entfaltet nach einer neueren Entscheidung des EuGH bereits der Insolvenzantrag Sperrwirkung.**[153)] Das ist eine deutliche Fortentwicklung der Eurofood-Entscheidung[154)], in der der EuGH als maßgeblichen Zeitpunkt noch die Anordnung einer Sicherungsmaßnahme ansah.[155)] Diese Prioritätsregel gilt freilich **nur im Anwendungsbereich der EuInsVO** (und entspricht hier im Übrigen der Wertung des Art. 62 EuInsVO). Der in einem **Drittstaat** gestellte Insolvenzantrag entfaltet diese Sperrwirkung **nicht**, so dass deutsche Gerichte hier überholen können.[156)] Das Prioritätsprinzip wird konkretisiert durch **Art. 102c § 2 Abs. 1 EGInsO**. Danach ist, hat das Gericht eines anderen Mitgliedstaats ein Hauptinsolvenzverfahren eröffnet, solange dieses Verfahren anhängig ist, ein bei einem deutschen Insolvenzgericht gestellter Antrag auf Eröffnung eines Hauptinsolvenzverfahrens über das zur Insolvenzmasse gehörende Vermögen **unzulässig**. Ein entgegen dieser Regel eröffnetes Verfahren ist, wenn möglich, als Sekundärinsolvenzverfahren fortzuführen[157)] oder einzustellen.[158)] Es ist die Frage, ob der Wortlaut der Vorschrift noch beibehalten werden kann, weil er abweichend von der Galapagos-Rechtsprechung noch auf die Eröffnung eines Hauptinsolvenzverfahrens und nicht auf den Antrag abstellt. Ein **Beschwerderecht des ausländischen Verwalters** gegen die Eröffnung eines zweiten Hauptverfahrens, wie es früher in Art. 102 § 3 Abs. 1 Satz 3 EGInsO geregelt war, **gibt es nicht mehr**, nur noch die Beschwerdebefugnis des ausländischen Hauptverwalters gegen die Eröffnung eines Sekundärverfahrens gemäß Art. 39 EuInsVO. Man wird **Art. 39 EuInsVO** jedoch **analog anwenden** können, wenn zu Unrecht ein zweites Hauptverfahren (das nach der Logik der EuInsVO ja kein solches sein kann) eröffnet wird.
- Das Prioritätsprinzip gilt gemäß § 88 StaRUG auch für das Verhältnis eines in Anhang A zur EuInsVO aufgeführten **Restrukturierungsverfahrens** zu einem Insolvenz- oder Restrukturierungsverfahren. Die in § 102c § 2 EGInsO vorgesehenen Rechtsfolgen finden wie folgt Anwendung: Wird ein ausländisches Restrukturierungsverfahren

152) EuGH, Urt. v. 2.5.2006 – Rs. C-341/04 (Eurofood), Rz. 49, ZIP 2006, 907 = EuZW 2006, 337.

153) EuGH, Urt. v. 24.3.2022 – Rs. C-723/20 (Galapagos BidCo.), Rz. 36 a. E., ZRI 2022, 316 = NZI 2022, 539; kritisch noch *Turck*, Priorität im Europäischen Insolvenzrecht. Perpetuatio fori und Entscheidungsanerkennung in der EuInsVO, 2014, S. 91–94, da nicht mit dem Wortlaut des Art. 16 Abs. 1 EuInsVO a. F. vereinbar. Das Argument gilt auch für Art. 19 Abs. 1 Unterabs. 1 EuInsVO.

154) EuGH, Urt. v. 2.5.2006 – Rs. C-341/04 (Eurofood), ZIP 2006, 907 = EuZW 2006, 337.

155) Zutreffend *Kratzlmeier*, ZIP 2023, 455, 458.

156) BGH, Beschl. v. 8.12.2022 – IX ZB 72/19, Rz. 42–48, ZRI 2023, 101 = NZI 2021, 187.

157) Zur dann erforderlichen Auslegung des Insolvenzantrags s. AG Berlin-Charlottenburg, Beschl. v. 23.1.2018 – 36 n IE 6433/17, ZIP 2018, 240, dazu EWiR 2018, 153 *(Baumert)*.

158) Verfahren und Wirkungen dieser Einstellung regelt Art. 102c § 3 EGInsO, dazu BGH, Beschl. v. 29.5.2008 – IX ZB 102/07, ZIP 2008, 1338, dazu EWiR 2008, 491 *(J. Schmidt)*.

eröffnet (wobei insofern die erste gerichtliche Entscheidung maßgeblich sein muss[159])), so ist ein im Inland gestellter Antrag auf Eröffnung eines Insolvenzverfahrens unzulässig. Ein gleichwohl eröffnetes Insolvenzverfahren kann allerdings nicht als Sekundärinsolvenzverfahren fortgeführt werden, sondern ist stets einzustellen. Etwas anders ist es bei Konkurrenz eines ausländischen Restrukturierungsverfahrens mit einem inländischen Restrukturierungsverfahren. Ein inländisches Restrukturierungsverfahren kann nach h. M. als Sekundärverfahren zu einem ausländischen Restrukturierungsverfahren geführt werden.[160]) Eine Einstellung analog § 33 StaRUG kommt deshalb nur in Betracht, wenn das nicht möglich oder gewünscht ist.[161])

- Zu einem **negativen Kompetenzkonflikt** kommt es, wenn sich die Gerichte aller in Betracht kommenden Mitgliedstaaten für international unzuständig halten. Die EuInsVO selbst behandelt diese Form des Kompetenzkonflikts nicht. Sie wird in dieser Hinsicht ergänzt durch **Art. 102c § 2 Abs. 2 EGInsO.** Hat das Gericht eines Mitgliedstaats die Eröffnung des Insolvenzverfahrens abgelehnt, weil nach Art. 3 Abs. 1 EuInsVO deutsche Gerichte zuständig seien, so darf ein deutsches Insolvenzgericht die Eröffnung des Insolvenzverfahrens nicht mit der Begründung ablehnen, dass die Gerichte eines anderen Mitgliedstaats zuständig seien. Jedoch kann das deutsche Insolvenzgericht seine Zuständigkeit mit der Begründung ablehnen, dass der Mittelpunkt der hauptsächlichen Interessen des Schuldners im Gebiet eines Drittstaats liege.[162])
- Die Regelung findet über § 88 StaRUG auch Anwendung, wenn ein ausländisches Gericht sich für ein **Restrukturierungsverfahren** für unzuständig hält.[163])

4. Überprüfung der internationalen Zuständigkeit

Gemäß **Art. 5 Abs. 1 EuInsVO** können der Schuldner oder jeder Gläubiger die Entscheidung zur Eröffnung des Hauptinsolvenzverfahrens vor Gericht aus Gründen der internationalen Zuständigkeit anfechten. Anfechtbar ist nach Art. 5 Abs. 1 EuInsVO nur die Eröffnungsentscheidung, nicht die Entscheidung über die Ablehnung der Eröffnung.[164]) Sie betrifft nur die Entscheidung über die Eröffnung eines Hauptverfahrens, nicht dagegen die über die Eröffnung eines Sekundär- oder Partikularverfahrens (s. für Sekundärverfahren Art. 39 EuInsVO).[165]) Beschwerdebefugt sind der Schuldner und, anders als in § 34 Abs. 2 InsO, auch ein Gläubiger, und zwar auch dann, wenn er in einem Drittstaat ansässig ist.[166]) Die gegenüber § 34 Abs. 2 InsO weiter gefasste Beschwerdebefugnis kann ein Aussetzen des Vollzugs einer Eröffnungsentscheidung nach §§ 570 Abs. 2 und 3, 575 Abs. 5 ZPO ermöglichen.[167]) Gerügt werden kann nur das Fehlen der internationalen Zuständigkeit. Auf Art. 5 EuInsVO ist **Art. 102c § 4 EGInsO** bezogen: Nach Satz 1 dieser Vorschrift steht dem Schuldner und jedem Gläubiger unbeschadet des § 21 Abs. 1 Satz 2 InsO und des § 34 InsO gegen die Entscheidung über die Eröffnung des Hauptinsolvenzverfahrens nach Art. 3 Abs. 1 EuInsVO die **sofortige Beschwerde** zu, wenn nach Art. 5 **58**

159) *Madaus* in: MünchKomm-StaRUG, § 88 Rz. 7; Seibt/Westphal-*Mankowski*, StaRUG, § 88 Rz. 44.

160) *Skauradszun/Kümpel/Nijnens*, NZI 2023, 481, 485 m. Fn. 40; **a. A.** Morgen-*Blankenburg*, StaRUG, § 88 Rz. 7.

161) *Madaus* in: MünchKomm-StaRUG, § 88 Rz. 8; Seibt/Westphal-*Mankowski*, StaRUG, § 88 Rz. 44.

162) Pannen-*Frind*, EuInsVO, Art. 102 § 3 EGInsO Rz. 10; Vallender-*Vallender/Zipperer*, EuInsVO, § 102c § 2 Rz. 14; **a. A.** *Thole* in: MünchKomm-InsO, Art. 102c § 3 EGInsO Rz. 15.

163) *Madaus* in: MünchKomm-StaRUG, § 88 Rz. 11; Morgen-*Blankenburg*, StaRUG, § 88 Rz. 9.

164) *Schuster* in: FK-InsO, Art. 5 EuInsVO Rz. 2.

165) *Schuster* in: FK-InsO, Art. 5 EuInsVO Rz. 2.

166) BGH, Beschl. v. 8.12.2022 – IX ZB 72/19, Rz. 14, ZRI 2023, 101 = NZI 2021, 187.

167) BGH, Beschl. v. 28.1.2020 – IX ZB 86/19, KTS 2020, 414, m. Anm. *Barnert*.

Abs. 1 EuInsVO das Fehlen der internationalen Zuständigkeit für die Eröffnung eines Hauptinsolvenzverfahrens gerügt werden soll. Die Vorschrift ist nach Maßgabe des **§ 84 Abs. 2 Satz 3 StaRUG** auf öffentliche Restrukturierungsverfahren nach diesem Gesetz anwendbar. Die Vorschrift qualifiziert das verordnungsunmittelbare Rechtsmittel für Deutschland mithin als sofortige Beschwerde.[168] Konsequenterweise gelten nach Satz 2 der Vorschrift die §§ 574–577 ZPO entsprechend, d. h. das **Rechtsmittel ist befristet.** Die oben genannten Beschränkungen des verordnungsunmittelbaren Rechtsmittels und die hierdurch entstehenden Regelungslücken werfen eine Reihe von Fragen auf, die in Art. 5 Abs. 1 EuInsVO nur teilweise behandelt werden. Deshalb regelt **Art. 5 Abs. 2 EuInsVO,** dass die Entscheidung zur Eröffnung des Hauptinsolvenzverfahrens von anderen als den in Art. 5 Abs. 1 EuInsVO genannten Verfahrensbeteiligten oder aus anderen Gründen als einer mangelnden internationalen Zuständigkeit angefochten werden kann, wenn dies nach nationalem Recht vorgesehen ist. Das ist in Deutschland der Fall, wie nicht zuletzt dem in **Art. 102c § 4 Satz 1 EGInsO** enthaltenen Verweis auf §§ 21 Abs. 1 Satz 2, 34 InsO zu entnehmen ist.[169]

IV. Anerkennung und Vollstreckung

1. Anerkennung ausländischer Entscheidungen

59 Gemäß **Art. 19 Abs. 1 Unterabs. 1 EuInsVO** wird die Eröffnung eines Insolvenzverfahrens durch ein nach Art. 3 EuInsVO zuständiges Gericht eines Mitgliedstaats in allen übrigen Mitgliedstaaten anerkannt, sobald die Entscheidung im Staat der Verfahrenseröffnung wirksam ist. Dies gilt nach **Art. 19 Abs. 1 Unterabs. 2 EuInsVO** auch, wenn in den übrigen Mitgliedstaaten über das Vermögen des Schuldners „wegen seiner Eigenschaft" ein Insolvenzverfahren nicht eröffnet werden könnte. Das meint den Fall, in dem es dem Schuldner im Anerkennungsstaat an der Insolvenzfähigkeit fehlt. Die Regelung ergänzt Art. 7 Abs. 2 Satz 2 lit. a EuInsVO. Eine Überprüfung der Entscheidung auf ihre Richtigkeit findet, vorbehaltlich eines Verstoßes gegen den ordre public, nicht statt.[170] Art. 19 Abs. 2 EuInsVO stellt in seinen beiden Sätzen klar, dass die Anerkennung eines als Hauptinsolvenzverfahren eröffneten Verfahrens der Eröffnung eines Sekundärinsolvenzverfahrens nicht entgegensteht. Nach **Art. 20 Abs. 1 EuInsVO** entfaltet die Eröffnung eines Hauptinsolvenzverfahrens in jedem anderen Mitgliedstaat, **ohne dass es hierfür irgendwelcher Förmlichkeiten bedarf**, die Wirkungen, die das Recht des Staats der Verfahrenseröffnung dem Verfahren beilegt, sofern die EuInsVO nichts anderes bestimmt und solange in diesem anderen Mitgliedstaat kein Sekundärinsolvenzverfahren eröffnet ist (sog. **Wirkungserstreckung**).

60 Die Verpflichtung zur Ankerkennung aller **sonstigen verfahrensbezogenen Entscheidungen** des Insolvenzgerichts ergibt sich aus **Art. 32 Abs. 1 Unterabs. 1 Satz 1 EuInsVO.** Danach werden die zur Durchführung und Beendigung eines Insolvenzverfahrens ergangenen Entscheidungen eines Gerichts, dessen Eröffnungsentscheidung anerkannt wird, **ohne weitere Förmlichkeiten anerkannt.** Das gilt nach **Art. 32 Abs. 1 Unterabs. 2 EuInsVO** auch für Entscheidungen, die in Annexverfahren ergehen, und zwar auch dann, wenn diese Ent-

168) Monografisch *Lecoutre*, Die deutsche Ausgestaltung des Rechtsbehelfs nach Art. 5 EuInsVO, 2023.

169) Ausführlich zum Rechtsmittelsystem der EuInsVO *Kleindiek*, Die Anfechtung der Eröffnungsentscheidung nach Art. 5 EuInsVO, 2022; *Ch. Keller*, ZInsO 2020, 1617; *Zipperer*, NZI 2020, 600, sowie – auch zu Restrukturierungsverfahren – NZI 2021, 1041.

170) EuGH, Urt. v. 2.5.2006 – Rs. C-341/04 (Eurofood), Rz. 42, ZIP 2006, 907 = EuZW 2006, 337; EuGH, Urt. v. 21.1.2010 – Rs. C-444/07 (Probud Gdynia), Rz. 29, ZIP 2010, 187, dazu EWiR 2010, 77 *(J. Schmidt)*, und *Würdinger*, IPRax 2011, 562; EuGH, Urt. v. 22.11.2012 – Rs. C-116/11 (Bank Handlowy), Rz. 41, ZIP 2012, 2403, dazu EWiR 2013, 173 *(Jopen)*.

scheidungen (wie in Deutschland) von einem anderen Gericht als dem Insolvenzgericht getroffen werden. Sicherungsmaßnahmen sind nach **Art. 32 Abs. 1 Unterabs. 3 EuInsVO** anzuerkennen.

Nach Vollzug des Brexit mit Wirkung zum 1.1.2021 können **britische Insolvenz- und Restrukturierungsverfahren** nicht mehr auf der Grundlage europarechtlicher Vorschriften – wie EuInsVO und EuGVVO – anerkannt werden. Zwischenzeitlich steht darüber hinaus fest, dass auch weder das Übereinkommen über die gerichtliche Zuständigkeit und die Anerkennung und Vollstreckung von Entscheidungen in Zivil- und Handelssachen vom 30.10.2007 (LugÜ) noch das Abkommen über die gerichtliche Zuständigkeit und die Vollstreckung gerichtlicher Entscheidungen in Zivil- und Handelssachen (EuGVÜ) als Anerkennungsregime in Betracht kommen: Die EU hat einer Aufnahme Großbritanniens als Vertragsstaat des LugÜ die Zustimmung verweigert,[171] und Partei des EuGVÜ war Großbritannien ohnehin nie, so dass selbst ein Wiederaufleben dieses Übereinkommens den Rechtsverkehr mit Großbritannien nicht beträfe.[172] 61

Künftig ist daher wie folgt zu unterscheiden: Britische Verfahren, die ein Insolvenzverfahren i. S. des § 343 Abs. 1 Satz 1 InsO darstellen, sind nach dieser Vorschrift anzuerkennen; die Anerkennung erfolgt i. S. einer Wirkungserstreckung automatisch. Dies trifft zu für einige Formen der **Administration**, einige Formen des **Winding-up** und das Verfahren der **Bankruptcy**, nicht aber für das **Creditors' Voluntary Arrangement (CVA)**[173], das **Scheme of Arrangement** und das **Part 26A-Verfahren**[174].[175] Im Falle der beiden letztgenannten Verfahrenstypen spricht viel dafür, dass eine verfahrensrechtliche Anerkennung über das Abkommen zwischen der Bundesrepublik Deutschland und dem Vereinigten Königreich Großbritannien und Nordirland über die gegenseitige Anerkennung und Vollstreckung von gerichtlichen Entscheidungen in Zivil- und Handelssachen vom 14.7.1960 (hilfsweise § 328 ZPO)[176] in Betracht kommt.[177] Die Wirkungen eines CVA hingegen dürften nur kollisionsrechtlich über Art. 12 Abs. 1 lit. d Rom I-VO anerkennungsfähig sein. Die Rom I-VO ist zwar auch europäisches Sekundärrecht. Als sog. loi uniforme beansprucht sie allerdings Geltung auch gegenüber Drittstaaten, und ein solcher ist Großbritannien. Die kollisionsrechtliche Anerkennung kann aber nur hinsichtlich solcher Forderungen stattfinden, deren Statut deutsches Recht ist.[178] 62

2. Grenzen der Anerkennung ausländischer Entscheidungen

Grenze der Anerkennung ausländischer Entscheidungen ist der in **Art. 33 EuInsVO** enthaltene **Ordre-Public-Vorbehalt**. Danach kann sich jeder Mitgliedstaat weigern, ein in einem anderen Mitgliedstaat eröffnetes Insolvenzverfahren anzuerkennen oder eine in einem solchen Verfahren ergangene Entscheidung zu vollstrecken, soweit diese Anerkennung 63

---

171) Zöller-*Geimer* Art. 36 EuGVO Rz. 1; **a. A.** noch Germelmann/Matthes/Prütting-*Prütting*, ArbGG, Einl. Rz. 263a – für EuGVÜ; *Christopoulos*, LTO Online v. 15.7.2016 „Ende des Gerichtsstandorts London?" – für EuGVÜ; ausführlich *Hess*, IPRax 2016, 409; *Lehmann/Zetzsche*, JZ 2017, 62; *Rühl*, JZ 2017, 72.

172) *Röckrath/Fischer*, Der grenzüberschreitende Zivilprozess nach dem Brexit, abrufbar unter https://www.gleisslutz.com/de/aktuelles/know-how/Zivilprozess_nach_dem_Brexit.html (Abrufdatum: 18.11.2023); **a. A.** *Ungerer*, NJW 2021, 1270, 1272.

173) Ausführlich *Müller-Seils/Burg/Windsor*, NZI 2007, 7.

174) *Sax/Berkner/Saed*, NZI 2021, 517; zweifelnd *Schwarz*, ZRI 2023, 478 ff., dort auch zur möglicherweise erforderlichen Verlagerung des COMI nach UK.

175) Ausführlich *Ch. Keller*, ZInsO 2022, 733.

176) Wiederum zweifelnd *Schwarz*, ZRI 2023, 478, 480 f. – fehlende Verbürgung der Gegenseitigkeit.

177) *Ch. Keller*, ZInsO 2022, 733, 736 f.

178) *Ch. Keller*, ZInsO 2022, 733, 737.

bzw. diese Vollstreckung zu einem Ergebnis führt, das offensichtlich mit seiner öffentlichen Ordnung, insbesondere mit den Grundprinzipien oder den verfassungsmäßig garantierten Rechten und Freiheiten des Einzelnen, unvereinbar ist. Die Vorschrift gilt richtiger Ansicht zu Folge nicht nur für die Entscheidungen des Insolvenzgerichts einschließlich der Eröffnungsentscheidung,[179] sondern nach **h. M.** auch für Entscheidungen in Annexverfahren.[180] Sie ist eng auszulegen.[181] Im Allgemeinen wird insofern die **Faustregel** gelten, dass eine Maßnahme jedenfalls dann nicht gegen den ordre public des Anerkennungsstaats verstößt, wenn das nationale Recht dieses Staats Maßnahmen oder Verfahren gleicher Art und Schwere zulässt,[182] ferner dann nicht, wenn dem Betroffenen ein Rechtsmittel zu Gebote steht, mit dem der angebliche Entscheidungsmangel gerügt werden kann (Rechtsgedanke des Art. 45 Abs. 1 lit. b EuGVVO).[183] Das ist bei der Eröffnungsentscheidung nun wegen Art. 5 EuInsVO immer der Fall.[184] Ein Verstoß gegen den ordre public liegt nach in Deutschland **h. M.** nicht vor, wenn ein ausländisches Gericht seine Zuständigkeit fehlerhaft beurteilt,[185] nach Ansicht des BGH (bis zur Grenze der Willkür) sogar dann nicht, wenn ein Gericht seine Zuständigkeit überhaupt nicht prüft, sondern sie alleine aufgrund unsubstantiierter Behauptungen des Antragstellers annimmt.[186] Ein Verstoß gegen die Verpflichtung zur Gewährung rechtlichen Gehörs kann, muss aber kein Verstoß gegen den deutschen ordre public sein.[187] Als Verstoß gegen den ordre public

179) EuGH, Urt. v. 21.1.2010 – Rs. C-444/07 (Probud Gdynia), LS, ZIP 2010, 187; BGH, Beschl. v. 18.9.2001 – IX ZB 51/00, ZIP 2002, 365 = NJW 2002, 956; OLG Köln, Urt. v. 28.2.2013 – 18 U 298/11, ZIP 2013, 644 = NZI 2013, 506, m. Anm. *Schroeders*; LG Köln, Urt. v. 14.10.2011 – 82 O 15/08, ZIP 2011, 2119, dazu EWiR 2011, 775 *(Vallender)*; AG Nürnberg, Beschl. v. 15.8.2006 – 8004 IN 1326 bis 1331/06 (Brochier), ZIP 2007, 81, dazu EWiR 2007, 81 *(Duursma-Kepplinger)*; AG Göttingen, Beschl. v. 10.12.2012 – 74 IN 28/12, ZIP 2013, 472 = NZI 2013, 206; **a. A.** OLG Nürnberg, Beschl. v. 15.12.2011 – 1 U 2/11, ZIP 2012, 241. Zu einem Gegenargument s. ferner *Leipold* in: Stoll, Vorschläge und Gutachten, S. 185, 192, der im Ergebnis aber die **h. M.** teilt.

180) Mankowski/Müller/J. Schmidt-*Müller*, EuInsVO, Art. 33 Rz. 3; *Paulus*, EuInsVO, Art. 33 Rz. 5; *Westpfahl/Goetker/Wilkens*, Grenzüberschreitende Insolvenzen, Rz. 242; **a. A.** Pannen-*Riedemann*, EuInsVO, Art. 26 Rz. 3.

181) ErwG 22 EuInsVO; EuGH, Urt. v. 21.1.2010 – Rs. C-444/07 (Probud Gdynia), Rz. 34, 157, ZIP 2010, 187.

182) So High Court of London, Beschl. v. 17.2.2011, der eine deutsche Postsperre mit dem Argument mit dem britischen ordre public für vereinbar hielt, das britische Recht selbst lasse in sec. 371 des Insolvency Act 1986 ebenfalls Postsperren zu. Zu dieser Entscheidung *Prager/Ch. Keller*, NZI 2012, 829.

183) *Laukemann*, IPRax 2012, 207, 210 ff. – zu s. 282 Insolvency Act 1986; *Paulus*, EuInsVO, Art. 33 Rz. 12; vgl. auch OLG Celle, Beschl. v. 27.11.2012 – 2 U 147/12, ZVI 2013, 218 = ZIP 2013, 945; VG Greifswald, Urt. v. 20.6.2018 – 3 A 1365/16 HGW, LS 5, ZVI 2019, 18 = NZI 2018, 658; LG Aurich, Urt. v. 4.11.2016 – 1 O 1079/15, unter II. 2. d), ZInsO 2017, 655; **a. A.** *Westpfahl/Goetker/Wilkens*, Grenzüberschreitende Insolvenzen, Rz. 255, weil der Ordre-Public-Vorbehalt nicht alleine dem Individualschutz zu dienen bestimmt sei.

184) Vallender-*Vallender*, EuInsVO, Art. 5 Rz. 5; **a. A.** Graf-Schlicker-*Bornemann*, InsO, Art. 5 EuInsVO Rz. 4.

185) OLG Celle, Beschl. v. 27.11.2012 – 2 U 147/12, ZVI 2013, 218 = ZIP 2013, 945; VG Greifswald, Urt. v. 20.6.2018 – 3 A 1365/16 HGW, LS 5, ZVI 2019, 18 = NZI 2018, 658; *Herchen*, ZIP 2005, 1401, 1404; Pannen-*Riedemann*, EuInsVO, Art. 26 Rz. 18; *Paulus*, EuInsVO, Art. 33 Rz. 16; *Westpfahl/Goetker/Wilkens*, Grenzüberschreitende Insolvenzen, Rz. 253.

186) BGH, Urt. v. 10.9.2015 – IX ZR 304/13, ZIP 2015, 2331, dazu EWiR 2016, 69 *(Vallender)*; *Bork*, ZIP Beilage Heft 22/2016, S. 11, 13 f.

187) EuGH, Urt. v. 2.5.2006 – Rs. C-341/04 (Eurofood), Rz. 41, ZIP 2006, 907 = EuZW 2006, 337; ausführlich *Westpfahl/Goetker/Wilkens*, Grenzüberschreitende Insolvenzen, Rz. 257–264. Nach *Leipold* soll ein Verstoß gegen den ordre public dann vorliegen, wenn nicht mindestens die in Art. 34 Nr. 2–4 EuGVVO genannten verfahrensrechtlichen Garantien gewahrt wurden (*Leipold* in: Stoll, Vorschläge und Gutachten, S. 185). Nach *Gottwald*, Grenzüberschreitende Insolvenzen, S. 45 kann die Restschuldbefreiung nicht anerkannt werden, wenn ein betroffener Gläubiger nicht die Gelegenheit hatte, Unwürdigkeitsgründe vorzubringen.

wurde der Fall angesehen, dass durch ein dem deutschen Insolvenzplan vergleichbares Instrument in Rechte Dritter eingegriffen wird.[188]

3. Vollstreckung ausländischer Entscheidungen

Sowohl die Entscheidungen des Insolvenzgerichts als auch die Entscheidungen anderer Gerichte in Annexstreitigkeiten (und darauf bezogener Sicherungsmaßnahmen) werden nach **Art. 32 Abs. 1 Unterabs. 1 Satz 2 EuInsVO** nach Maßgabe der **Art. 39–44 und 47–57 EuGVVO** vollstreckt. Für den Eröffnungsbeschluss – der gemäß § 148 Abs. 2 Satz 1 InsO Herausgabetitel ist – wird Art. 32 EuInsVO durch **Art. 102c § 10 EGInsO** ergänzt, der eine Verweisung auf Art. 32 Abs. 1 Unterabs. 1 Satz 2 EuInsVO i. V. mit Art. 39–44 und 47–57 EuGVVO enthält. Einer Vollstreckbarerklärung bedarf es gemäß Art. 39 EuGVVO nicht mehr, weshalb die Vorschriften des AVAG keine Rolle mehr spielen. Erforderlich ist nach Art. 42 EuGVVO lediglich die **Vorlage einer Ausfertigung** der Entscheidung sowie eine **Bescheinigung nach Art. 53 EuGVVO.**[189] Dem Schuldner steht gegen die Vollstreckung der **Rechtsbehelf nach Art. 44 EuGVVO** zu. 64

Praxishinweis

Nach Ansicht des LG Aachen[190] war die Verweisung aus Art. 25 Abs. 2 EuInsVO a. F. dynamisch dahingehend zu verstehen, dass über den Verweis auf die EuGVVO auch der Anwendungsbereich der **EuVTVO**[191] erfasst werden soll. Diese Verordnung sieht für die Vollstreckung von Titeln über unbestrittene Forderungen vereinfachte Vollstreckungsvoraussetzungen vor und ist – so das Gericht – auf die grenzüberschreitende **Vollstreckung von Auszügen aus der Insolvenztabelle** anwendbar.

4. Verfahrenspublizität

Der Insolvenzverwalter (auch der vorläufige)[192] oder der Schuldner in Eigenverwaltung **hat** gemäß **Art. 28 Abs. 1 Satz 1 EuInsVO** zu beantragen, dass eine Bekanntmachung der Entscheidung zur Eröffnung des Insolvenzverfahrens und ggf. der Entscheidung zur Bestellung des Verwalters in jedem anderen Mitgliedstaat, in dem sich eine **Niederlassung des Schuldners (Art. 2 Nr. 10 EuInsVO)** befindet, nach dem in diesem Mitgliedstaat vorgesehenen Verfahren veröffentlicht wird (**obligatorische Bekanntmachung**). In der Bekanntmachung ist gemäß **Art. 28 Abs. 1 Satz 2 EuInsVO** ggf. anzugeben, wer als Verwalter bestellt wurde und ob sich die Zuständigkeit aus Art. 3 Abs. 1 oder Abs. 2 EuInsVO ergibt. Der Antrag ist gemäß **Art. 102c § 7 Abs. 1 EGInsO** an das nach Art. 102c § 1 Abs. 2 EGInsO Insolvenzgericht zu richten, also an das Gericht, in dessen Bezirk sich die **Niederlassung** des Schuldners befindet.[193] Voraussetzung für die Anerkennung eines Insolvenzverfahrens ist die korrekte Bekanntmachung nicht.[194] Der Verwalter oder der Schuldner in Eigenverwaltung **kann** gemäß Art. 28 Abs. 2 EuInsVO beantragen, dass die 65

188) OLG Nürnberg, Urt. v. 9.12.1998 – 12 U 2626/98, IPRax 1999, 464, dazu EWiR 1999, 305 *(Fleischer)*, bestätigt durch BGH, Urt. v. 25.5.2000 – IX ZR 52/99, IPRax 2000, 546.

189) Vallender-*Reutershahn*, EuInsVO, Art. 32 Rz. 9.

190) LG Aachen, Beschl. v. 17.7.2015 – 6 T 44/15, NZI 2015, 871, dazu EWiR 2016, 63 *(Mankowski)*.

191) Verordnung (EG) Nr. 805/2004 des Europäischen Parlaments und des Rates v. 21.4.2004 zur Einführung eines europäischen Vollstreckungstitels für unbestrittene Forderungen, ABl. (EU) L 143/15 v. 30.4.2004, ber. ABl. (EU) L 97/64 v. 15.4.2005 und ABl. (EU) L 50/71 v. 23.2.2008.

192) *Schuster* in: FK-InsO, Art. 28 EuInsVO Rz. 8.

193) Zur Anwendung von Art. 28 EuInsVO und Art. 102c § 7 EGInsO in öffentlichen Restrukturierungsverfahren nach dem StaRUG s. *Skauradszun/Kümpel/Nijnens*, NZI 2023, 481, 484 ff.

194) ErwG 29 EuInsVO; *Thole/Swierczok*, ZIP 2013, 550, 555 f.; *Schuster* in: FK-InsO, Art. 28 EuInsVO Rz. 13.

Bekanntmachung nach Absatz 1 in jedem anderen Mitgliedstaat, in dem er dies für notwendig hält, nach dem in diesem Mitgliedstaat vorgesehenen Verfahren der Bekanntmachung veröffentlicht wird (**fakultative Bekanntmachung**).[195] Dieser Antrag ist gemäß **Art. 102c § 7 Abs. 2 Satz 1 EGInsO** an das Insolvenzgericht zu richten, in dessen Bezirk sich der **wesentliche Teil des Vermögens des Schuldners** befindet. Hat der Schuldner in der Bundesrepublik Deutschland kein Vermögen, so kann der Antrag gemäß Satz 2 bei jedem Insolvenzgericht gestellt werden.

66 Ist es in einem Mitgliedstaat, in dem sich eine Niederlassung des Schuldners (Art. 2 Nr. 10 EuInsVO) befindet und diese Niederlassung in einem öffentlichen Register dieses Mitgliedstaats eingetragen ist oder in dem unbewegliches Vermögen des Schuldners belegen ist, gesetzlich vorgeschrieben, dass die Informationen nach Art. 28 EuInsVO über die Eröffnung eines Insolvenzverfahrens im Grundbuch, Handelsregister oder einem sonstigen öffentlichen Register einzutragen sind, stellt der Verwalter (auch der vorläufige)[196] oder der Schuldner in Eigenverwaltung gemäß **Art. 29 Abs. 1 EuInsVO** die **Eintragung im Register** durch alle dazu erforderlichen Maßnahmen sicher. Der Eintragungsantrag ist gemäß **Art. 102c § 8 Abs. 1 Satz 1 i. V. mit § 1 Abs. 2 EGInsO** an das Insolvenzgericht – nicht das Grundbuchamt oder das Registergericht – zu richten, in dessen Bezirk der Schuldner eine Niederlassung betreibt. Er soll mit dem Antrag nach Art. 28 Abs. 1 EuInsVO verbunden werden. Der Verwalter oder der Schuldner in Eigenverwaltung **kann** gemäß **Art. 29 Abs. 2 EuInsVO** diese Eintragung in jedem anderen Mitgliedstaat beantragen, sofern das Recht des Mitgliedstaats, in dem das Register geführt wird, eine solche Eintragung zulässt. Dieser Antrag ist gemäß **Art. 102c § 8 Abs. 2 i. V. mit § 7 Abs. 2 EGInsO** an das Insolvenzgericht zu richten, in dessen Bezirk sich der wesentliche Teil des Vermögens des Schuldners befindet. Er soll mit dem Antrag nach Art. 28 Abs. 2 EuInsVO verbunden werden. Für die **Löschung eines im Grundbuch eingetragenen Insolvenzvermerks** über die Eröffnung eines ausländischen Insolvenzverfahrens gilt im Anwendungsbereich der EuInsVO Art. 102c § 8 Abs. 2 EGInsO entsprechend; es bedarf keines Rückgriffs auf § 346 InsO. Mithin ist das Ersuchen eines Insolvenzverwalters auf Löschung eines aufgrund der Eröffnung eines ausländischen Insolvenzverfahrens im deutschen Grundbuch eingetragenen Insolvenzvermerks an das Insolvenzgericht zu richten.[197] Die Form und der Inhalt der Eintragung richten sich gemäß **Art. 102c § 8 Abs. 3 Satz 1 EGInsO** nach deutschem Recht. Kennt das Recht des Mitgliedstaats der EU, in dem das Insolvenzverfahren eröffnet worden ist, Eintragungen, die dem deutschen Recht unbekannt sind, so hat das Insolvenzgericht nach Satz 2 dieser Vorschrift eine Eintragung zu wählen, die der des Mitgliedstaats der Verfahrenseröffnung am nächsten kommt.

67 Wer in einem Mitgliedstaat an einen Schuldner leistet, über dessen Vermögen in einem anderen Mitgliedstaat ein Insolvenzverfahren eröffnet worden ist, obwohl er an den Verwalter des Insolvenzverfahrens hätte leisten müssen, wird gemäß **Art. 31 Abs. 1 EuInsVO** befreit, wenn ihm die Eröffnung des Verfahrens nicht bekannt war.[198] Art. 31 EuInsVO ist eine **Sachnorm**, die den guten Glauben des in einem anderen Mitgliedstaat leistenden Dritten schützt. Sie ist in ihrem Regelungsgehalt den §§ 82, 305 InsO vergleichbar.[199] Erfolgt die Leistung *vor* der öffentlichen Bekanntmachung nach Art. 28 EuInsVO, so wird nach Art. 31 Abs. 2 Satz 1 EuInsVO bis zum Beweis des Gegenteils vermutet, dass dem

195) Vergleichbar § 345 InsO.

196) *Schuster* in: FK-InsO, Art. 29 EuInsVO Rz. 6.

197) OLG Köln, Beschl. v. 21.10.2019 – 2 Wx 271/19, 2 Wx 275/19 – 2 Wx 287/19, ZRI 2020, 97 = ZIP 2019, 2168.

198) Vergleichbar § 350 InsO.

199) Vallender-*Fritz*, EuInsVO, Art. 31 Rz. 4.

Leistenden die Eröffnung nicht bekannt war. Erfolgt die Leistung *nach* der Bekanntmachung gemäß Art. 28 EuInsVO, so wird nach Art. 31 Abs. 2 Satz 2 EuInsVO bis zum Beweis des Gegenteils vermutet, dass dem Leistenden die Eröffnung bekannt war. Der Begriff der „Leistung" in Art. 31 EuInsVO erfasst anders als der in § 82 InsO nicht die Leistung an einen Dritten zur Erfüllung (§ 362 Abs. 2 BGB).[200] Eine die aus Art. 31 Abs. 1 EuInsVO folgende Leistungsbefreiung einschränkende **Informationsbeschaffungspflicht** durch erforderliche Überwachungsmaßnahmen **besteht nicht.**[201]

Schließlich enthalten **Art. 24–27 EuInsVO** Vorschriften über Schaffung eines **europäischen Insolvenzregisters.** Danach müssen die Mitgliedstaaten für ihr Gebiet jeweils eines oder mehrere Insolvenzregister unterhalten, die der Öffentlichkeit kostenfrei über das Internet zur Verfügung stehen. Darin sollen für jedes Insolvenzverfahren (außer Verbraucherinsolvenzverfahren) das Eröffnungsdatum, das Gericht, das Aktenzeichen des Gerichts, die Art des Verfahrens, Name und Adresse des Schuldners, Name und Adresse des Insolvenzverwalters, die Frist zur Anmeldung von Insolvenzforderungen, die Eröffnungsentscheidung, die Entscheidung über die Bestellung des Insolvenzverwalters sowie der Abschluss des Insolvenzverfahrens veröffentlicht werden. Diesen Anforderungen genügt das in Deutschland vorhandene Portal „insolvenzbekanntmachungen.de". Gemäß Art. 25 EuInsVO ist es anschließend Aufgabe der Kommission, die Insolvenzregister zu einem einheitlichen europäischen Insolvenzregister zusammen zu führen. Ziel ist es, die in den jeweiligen Insolvenzregistern enthaltenen Informationen der europäischen Öffentlichkeit in allen Amtssprachen der EU zur Verfügung zu stellen. 68

D. Durchführung des Insolvenzverfahrens

I. Grundsatz: Geltung des Insolvenzstatuts

Ist die Eröffnungsentscheidung getroffen und nicht mehr anfechtbar, beginnt die Durchführung des Verfahrens. In diesem Stadium geht es nicht mehr so sehr um die internationale Zuständigkeit, sondern darum, nach welchem Recht gewisse insolvenzrechtliche Problemlagen zu behandeln sind. Nach der **Generalklausel des Art. 7 Abs. 1 EuInsVO** gilt dafür vorbehaltlich einer anderen Regelung in der Verordnung stets das Recht des Eröffnungsstaats – das sog. **Insolvenzstatut**, die lex fori concursus. Das gilt nicht nur für (vorläufige) Hauptinsolvenzverfahren, sondern gemäß **Art. 35 EuInsVO** auch für (vorläufige) Sekundär- und Partikularinsolvenzverfahren.[202] Dieses Statut wird lex fori concursus secundarii genannt. Das Recht des Staats der Verfahrenseröffnung regelt gemäß Art. 7 Abs. 2 Satz 1 EuInsVO, unter welchen Voraussetzungen das Insolvenzverfahren eröffnet wird und wie es durchzuführen und zu beenden ist. 69

Es regelt nach Satz 2 lit. a bis m insbesondere: 70

- bei welcher Art von Schuldnern ein Insolvenzverfahren zulässig ist;
- welche Vermögenswerte zur Insolvenzmasse gehören und wie die nach der Verfahrenseröffnung vom Schuldner erworbenen Vermögenswerte zu behandeln sind;
- die Befugnisse des Schuldners und des Insolvenzverwalters;
- die Voraussetzungen für die Wirksamkeit einer Aufrechnung;

200) EuGH, Urt. v. 19.9.2013 – Rs. C-251/12, ZIP 2013, 1971, dazu EWIR 2013, 719 *(Paulus)*.

201) OLG Schleswig, Urt. v. 11.8.2021 – 9 U 14/21, ZIP 2021, 2290 = ZRI 2021, 858 = ZVI 2021, 394, dazu *Kleinschmidt*, NZI 2021, 1052.

202) ErwG 66 EuInsVO. Der Wortlaut des Art. 35 EuInsVO ist insoweit zu eng geraten, als dort nur von Sekundärverfahren die Rede ist, *Flöther* in: KPB, InsO, Art. 35 EuInsVO Rz. 8; *Paulus*, EuInsVO, Art. 35 Rz. 2.; **a. A.** Mankowski/Müller/J. Schmidt-*Mankowski*, EuInsVO, Art. 35 Rz. 23.

– wie sich das Insolvenzverfahren auf laufende Verträge des Schuldners auswirkt;
– wie sich die Eröffnung eines Insolvenzverfahrens auf Rechtsverfolgungsmaßnahmen einzelner Gläubiger auswirkt; ausgenommen sind die Wirkungen auf anhängige Rechtsstreitigkeiten;
– welche Forderungen als Insolvenzforderungen anzumelden sind und wie Forderungen zu behandeln sind, die nach der Eröffnung des Insolvenzverfahrens entstehen;
– die Anmeldung, die Prüfung und die Feststellung der Forderungen;
– die Verteilung des Erlöses aus der Verwertung des Vermögens, den Rang der Forderungen und die Rechte der Gläubiger, die nach der Eröffnung des Insolvenzverfahrens aufgrund eines dinglichen Rechts oder infolge einer Aufrechnung teilweise befriedigt wurden;
– die Voraussetzungen und die Wirkungen der Beendigung des Insolvenzverfahrens, insbesondere durch Vergleich;
– die Rechte der Gläubiger nach der Beendigung des Insolvenzverfahrens;
– wer die Kosten des Insolvenzverfahrens einschließlich der Auslagen zu tragen hat;
– welche Rechtshandlungen nichtig, anfechtbar oder relativ unwirksam sind, weil sie die Gesamtheit der Gläubiger benachteiligen.

71 Die umfassende Geltung des Insolvenzstatuts wird in der EuInsVO selbst eingeschränkt, und zwar auf zwei Weisen. Zum einen enthält die EuInsVO eine Reihe von **Kollisionsnormen**, die eine von Art. 7, 35 EuInsVO abweichende **Sonderanknüpfung** enthalten. Zum anderen enthält die EuInsVO eine Reihe von **Sachnormen**, die bestimmte Sachfragen einer einheitlichen europaweiten Regelung zuführen. In beiden Fällen handelt es sich regelmäßig um Vorschriften, die dem **Vertrauensschutz** und der **Rechtssicherheit** dienen.[203] Sie schützen das Vertrauen ausländischer Gläubiger in die Wirksamkeit bestimmter Rechtsakte, die diese vor der Eröffnung des aus ihrer Sicht ausländischen Insolvenzverfahrens nach dem Recht ihres Heimatstaats vorgenommen haben. Existiert weder eine Kollisionsnorm mit Sonderanknüpfung noch eine Sachnorm, so bleibt es bei der Geltung des Insolvenzstatuts, was entweder aus Art. 7 Abs. 2 oder den Generalklauseln der Art. 7 Abs. 1, 35 EuInsVO folgt.

Praxishinweis

Als schwierig kann sich die **Abgrenzung von Gesellschafts- und Insolvenzstatut** erweisen. Virulent wird diese Frage immer dann, wenn deutsch-rechtliche Vorschriften – z. B. aus § 15b InsO oder aus § 135 InsO – in Sachverhalten angewendet werden sollen, in denen Protagonistin keine Gesellschaft deutschen Rechts, sondern eine Auslandsgesellschaft ist. Es kommt dann darauf an, ob die inmitten stehenden Sachfragen insolvenz- oder gesellschaftsrechtlich zu qualifizieren ist. Der EuGH hat die **Insolvenzantragspflicht** und die **insolvenzspezifische Geschäftsleiterhaftung** aus § 15b Abs. 1 InsO insolvenzrechtlich qualifiziert.[204] Ebenfalls **insolvenzrechtlich zu**

203) ErwG 67 EuInsVO.

204) EuGH (Sechste Kammer), Urt. v. 10.12.2015 – Rs. C-594/14 (Kornhaas), ZIP 2015, 2468 = NZI 2016, 48, m. Anm. *Swierczok*, dazu EWiR 2016, 67 *(Schulz)* – zu § 64 Satz 1 GmbHG a. F.; ausführlich zu dieser Entscheidung *Mankowski*, NZG 2016, 281, und *Bombe*, ZRI 2023, 541, auch zum Zusammenhang zwischen Qualifikation und Annexzuständigkeit; ebenso OLG Düsseldorf, Urt. v. 1.10.2015 – I-6 U 169/14, NZI 2016, 642, m. insoweit abl. Anm. *Poertzgen*. Die Entscheidung des EuGH erfolgte auf Vorlage durch BGH, Beschl. v. 2.12.2014 – II ZR 119/14, ZIP 2015, 86 = GmbHR 2015, 79, m. Anm. *Römermann*, dazu EWiR 2015, 99 *(Müller)*.

qualifizieren sein sollen die Insolvenzverschleppungshaftung aus **§ 823 Abs. 2 BGB i. V. mit § 15a Abs. 4 InsO,**[205] die Insolvenzverursachungshaftung aus **§ 15b Abs. 5 Satz 1 InsO,**[206] die Haftung bei der Rückzahlung von Gesellschafterdarlehen (**§§ 39 Abs. 1 Nr. 5, 135 InsO**)[207] sowie die **Existenzvernichtungshaftung,**[208] nicht jedoch die Haftung bei Verstoß gegen Kapitalerhaltungsvorschriften (**§§ 30, 31 GmbHG** und **§§ 57, 62 AktG**).[209]

Das **deutsche autonome Internationale Insolvenzrecht** folgt denselben Grundsätzen. 72
Die **Generalklausel des § 335 InsO** ordnet wie Art. 7 Abs. 1 EuInsVO für in Deutschland eröffnete Insolvenzverfahren die umfassende Geltung des Insolvenzstatuts – deutschen Insolvenzrechts – an. Anders als Art. 7 Abs. 2 EuInsVO enthält § 335 InsO jedoch keinen ausformulierten Katalog einzelner insolvenzrechtlicher Problemlagen, für die ausdrücklich die Geltung des Insolvenzstatuts angeordnet wird; der deutsche Gesetzgeber beließ es bei einer Generalklausel.[210] Die dann folgenden Vorschriften sind analog dem Inhalt der EuInsVO Kollisionsnormen mit Sonderanknüpfungen oder Sachnormen deutschen Rechts. Auf die zwischen EuInsVO und InsO insofern bestehende Strukturparallelität wurde bereits hingewiesen (siehe oben Rz. 3 und unten **Anh. 2**).

Praxishinweis

Schwierigkeiten können sich bei der Bestimmung des anwendbaren Rechts in **nicht-öffentlichen Restrukturierungsverfahren** nach dem StaRUG ergeben. Das deutsche Recht kennt kein autonomes Internationales Restrukturierungsrecht, und die EuInsVO ist nur auf öffentliche Restrukturierungsverfahren anwendbar. Insofern ist vorgeschlagen worden, die solchermaßen bestehende Lücke durch eine **entsprechende Anwendung des § 335 InsO** zu schließen.[211] Das setzt voraus, dass man die nicht-öffentlichen Restrukturierungsverfahren in der Sache als Insolvenzverfahren oder jedenfalls wesensmäßig vergleichbare Verfahren ansieht. Dagegen spricht nichts.

205) OLG Düsseldorf, Urt. v. 1.10.2015 – I-6 U 169/14, NZI 2016, 642, m. insoweit zust. Anm. *Poertzgen*; *Kienle/Dolzer* in: Süß/Wachter, Hdb. des internationalen GmbH-Rechts, § 3 Rz. 177; *Kindler*, EuZW 2016, 136, 139; *Mankowski*, NZG 2016, 281, 286. Nach **a. A.** soll diese Haftung deliktsrechtlich zu qualifizieren sein, was wegen des Tatortsprinzips des Art. 4 Rom II-VO allerdings ebenfalls zur Anwendbarkeit deutschen Rechts führt. In diese Richtung tendieren wohl *Altmeppen*, NZG 2016, 521, 527, und *Schall*, ZIP 2016, 289, 293, die angesichts der Ergebnisgleichheit allerdings beide auf die praktische Unerheblichkeit der Frage hinweisen.

206) *Kienle/Dolzer* in: Süß/Wachter, Hdb. des internationalen GmbH-Rechts, § 3 Rz. 190; *Kindler*, EuZW 2016, 136, 139; *Mankowski*, NZG 2016, 281, 286; *Mock*, NZI 2015, 85, 87 (Urteilsanm.); *Schall*, ZIP 2016, 289, 292 – alle zu § 64 Satz 3 GmbHG a. F.

207) BGH, Urt. v. 21.7.2011 – IX ZR 185/10, ZIP 2011, 1775, dazu EWiR 2011, 643 *(Bork)*; *Mankowski*, NZG 2016, 281, 286, *Mock*, NZI 2015, 85, 87 (Urteilsanm.); ausführlich *Wedemann*, IPRax 2012, 226, 235.

208) *Jahn*, Die Anwendbarkeit deutscher Gläubigerschutzvorschriften bei einer EU-Kapitalgesellschaft mit Sitz in Deutschland, S. 316–322; *Hausmann* in: Reithmann/Martiny, Int. Vertragsrecht, § 6 Rz. 6.175; *Kienle/Dolzer* in: Süß/Wachter, Hdb. des internationalen GmbH-Rechts, § 3 Rz. 203; *Kindler* in: MünchKomm-BGB, Art. 7 EuInsVO Rz. 101; Uhlenbruck-*Lüer/Knof*, InsO, Art. 7 EuInsVO Rz. 123; *Mankowski*, NZG 2016, 281, 286; Geimer/Schütze*Paulus*, EZVR, VO (EG) 1215/2012 Art. 7 Rz. 38, 174; *Thomale*, JBl 2021, 83, 94; **a. A.** *Schuster* in: FK-InsO, Art. 7 EuInsVO Rz. 32 f. Wie im Falle der Haftung aus § 823 Abs. 2 BGB i. V. mit § 15a InsO, so wäre auch hier die nächstliegende Alternative die deliktsrechtliche Qualifizierung, die auch hier zur Anwendbarkeit deutschen Rechts führt, s. *Schall*, ZIP 2016, 289, 294 – auch zu weiteren Fällen der Durchgriffshaftung.

209) *Schuster* in: FK-InsO, Art. 7 EuInsVO Rz. 21; *Kienle/Dolzer* in: Süß/Wachter, Hdb. des internationalen GmbH-Rechts, § 3 Rz. 167 – wenn auch erkennbar zweifelnd; **a. A.** *Mankowski*, NZG 2016, 281, 286; vorsichtiger, aber im Ergebnis wohl ebenso *Kindler*, EuZW 2016, 136, 139. Das ist zutreffend, weil diese Ansprüche weder die materielle Insolvenz des Schuldners noch die Eröffnung eines Insolvenzverfahrens voraussetzen. Auch handelt es sich bei Klagen aus den genannten Vorschriften nach ganz **h. M.** nicht um Annexverfahren i. S. des Art. 6 EuInsVO (s. oben Rz. 49).

210) Allerdings kann der Katalog des Art. 7 Abs. 2 Satz 2 EuInsVO zur Auslegung des § 335 InsO herangezogen werden, s. K. Schmidt-*Brinkmann*, InsO, § 335 InsO Rz. 12; Uhlenbruck-*Lüer/Knof*, InsO, § 335 Rz. 11; Braun-*Tashiro*, InsO, Vor §§ 335–358 Rz. 17.

211) *Skauradszun*, NZI 2021, 568, 571 – auch zu alternativen Modellen; **anders** *Madaus*, ZIP 2022, 1233, der die Anerkennungsfähigkeit über Gerichtsstandsvereinbarung nach der EuGVVO und Rechtswahl sicherstellen will.

73 Sowohl Art. 7 EuInsVO als auch § 335 InsO sind sog. **allseitige Kollisionsnormen.** Das heißt, dass nicht nur für ein in Deutschland eröffnetes Insolvenzverfahren deutsches Insolvenzrecht gilt, sondern dass umgekehrt auch anerkannt wird, dass für ein im Ausland eröffnetes Insolvenzverfahren das Insolvenzrecht dieses Staats gilt.

II. Katalogtatbestände

1. Insolvenzfähigkeit

74 Das Recht des Eröffnungsstaats regelt gemäß **Art. 7 Abs. 2 Satz 2 lit. a EuInsVO**, bei welcher Art von Schuldnern ein Insolvenzverfahren zulässig ist. Für Deutschland ergibt sich das aus §§ 11 f. InsO.[212] **Art. 19 Abs. 1 Unterabs. 2 EuInsVO** ergänzt Art. 7 Abs. 2 Satz 2 lit. a EuInsVO, indem er anordnet, dass sämtliche Mitgliedstaaten die Eröffnung eines Insolvenzverfahrens auch dann anzuerkennen haben, wenn nach ihrem eigenen Insolvenzrecht der Schuldner nicht insolvenzfähig ist.

Praxishinweis

Keine ausdrückliche Regelung enthält die EuInsVO dazu, wie **Insolvenzantragsrechte** und etwaige **Insolvenzantragspflichten** wie § 15a Abs. 1 InsO (nicht alle Rechtsordnungen kennen solche) zu qualifizieren sind. Nach ganz **h. M.** gilt für beide das Insolvenzstatut, d. h. wer antragsberechtigt und ggf. -pflichtig ist, ist dem Insolvenzrecht des Eröffnungsstaats zu entnehmen.[213] In diesen Zusammenhang gehört der Hinweis, dass eine tatsächlich in Deutschland bestehende Insolvenzantragspflicht wohl auch dadurch erfüllt wird, dass bei einem ausländischen Gericht Insolvenzantrag gestellt wird; dies gilt (jedenfalls innerhalb der EU) auch dann, wenn dieses Gericht tatsächlich international unzuständig ist.[214] Sieht man das anders, kann die Abweisung des im Ausland gestellten Antrags zur Folge haben, dass aufgrund der zwischenzeitlich verstrichenen Zeit Schadensersatzansprüche aus § 823 Abs. 2 BGB i. V. mit § 15a Abs. 4 InsO entstanden sind und eine strafbare Insolvenzverschleppung vorliegt. Etwas anderes kann allerdings dann gelten, wenn das Gericht, bei dem der Antrag gestellt wird, offensichtlich unzuständig ist oder der Antrag missbräuchlich bei einem unzuständigen Gericht gestellt wird.[215]

2. Insolvenzmasse und Neuerwerb

75 Das Recht des Eröffnungsstaats regelt gemäß **Art. 7 Abs. 2 Satz 2 lit. b EuInsVO**, welche Vermögenswerte zur Insolvenzmasse gehören und wie die nach der Verfahrenseröffnung vom Schuldner erworbenen Vermögenswerte zu behandeln sind. Damit ist gemeint, wie weit der Vermögensbeschlag des Insolvenzverfahrens reicht.[216] Nach dem Recht des Eröffnungsstaats (in Deutschland nach §§ 35 f. InsO) sind mithin die Fragen zu beantworten, wie mit **Neuerwerb** umzugehen ist, ob eine **Freigabe** vorliegt oder erteilt werden kann, ob und unter welchen Umständen **Masseunzulänglichkeit** vorliegt und welche Folgen dies hat.[217] Nach Art. 7 Abs. 2 Satz 2 lit. b EuInsVO ist auch die Frage zu beantworten, nach welchem Recht sich die **Pfändbarkeit eines Gegenstands** – Voraussetzung

212) Pannen-*Pannen*, EuInsVO, Art. 3 Rz. 14 – mit Beispielen aus ausländischen Rechtsordnungen.

213) EuGH (Sechste Kammer), Urt. v. 10.12.2015 – Rs. C-594/14 (Kornhaas), ZIP 2015, 2468 = NZI 2016, 48, m. Anm. *Swierczok*, dazu EWiR 2016, 67 *(Schulz)*; zustimmend *Schall*, ZIP 2016, 289, 293. *Kienle/Dolzer* in: Süß/Wachter, Hdb. Des internationalen GmbH-Rechts, § 3 Rz. 141 zur Antragsberechtigung und Rz. 175 f. zur Antragspflicht.

214) AG Köln, Beschl. v. 10.8.2005 – 71 IN 416/05, ZIP 2005, 1566 = EuZW 2005, 704, m. krit. Anm. *Wagner*, S. 1934; *Vallender/Fuchs*, ZIP 2004, 829, 833; *Schuster* in: FK-InsO, Art. 7 EuInsVO Rz. 27; a. A. *Kienle/Dolzer* in: Süß/Wachter, Hdb. Des internationalen GmbH-Rechts, § 3 Rz. 182 – aber einen vorsorglichen Zweitantrag im Inland für zulässig haltend; K. Schmidt-*K. Schmidt/Herchen*, InsO, § 15a Rz. 28; *Wagner*, ZIP 2006, 1934, 1937.

215) *Schuster* in: FK-InsO, Art. 7 EuInsVO Rz. 27.

216) Vallender-*Liersch*, EuInsVO, Art. 7 Rz. 12.

217) *Haubold* in: Gebauer/Wiedmann, Kap. 32, Rz. 96; Geimer/Schütze-*Geimer*, EZVR, Art. 4 Rz. 13.

der Zugehörigkeit eines Gegenstands zu einer deutschen Insolvenzmasse – richtet. Die Frage, ob eine ausländische Rente pfändbar ist und damit zur inländischen Masse gehört, ist nach der Eröffnung des Insolvenzverfahrens über das Vermögen des Rentenberechtigten im Inland nach dem deutschen Insolvenzstatut zu beurteilen ist.[218)] Anwendbar sind also auch die **Pfändungsschutzvorschriften** des deutschen Rechts. Die Entscheidung des BGH erging für das deutsche autonome Internationale Insolvenzrecht, gilt richtiger Ansicht zu Folge aber auch im Anwendungsbereich der EuInsVO.[219)] Die **Aussonderung** ist **nicht** nach Art. 7 Abs. 2 Satz 2 lit. b EuInsVO anzuknüpfen. Ob ein Gegenstand aus der Insolvenzmasse ausgesondert werden kann, richtet sich danach, ob an dem Gegenstand ein dingliches oder persönliches Recht i. S. des § 47 Satz 1 InsO besteht. Das aber ist keine insolvenzrechtlich anzuknüpfende Frage, sondern eine solche des Sach- bzw. Schuldstatuts.

Die Kollisionsnorm des Art. 7 Abs. 2 Satz 2 lit. b EuInsVO wird ferner durch vier spezielle **Kollisions- und Sachnormen** ergänzt. Die Rede ist von 76

- Art. 8 EuInsVO betreffend die dinglichen Rechte,
- Art. 10 Abs. 1 EuInsVO betreffend den Eigentumsvorbehalt in der Käuferinsolvenz,
- Art. 15 EuInsVO betreffend Gemeinschaftsmarken und -patente sowie
- Art. 23 EuInsVO betreffend den Rechtserwerb an Gegenständen der Masse.

Gemäß **Art. 8 Abs. 1 EuInsVO** wird das dingliche Recht eines Gläubigers oder eines Dritten an körperlichen oder unkörperlichen, beweglichen oder unbeweglichen Gegenständen des Schuldners – sowohl an bestimmten Gegenständen als auch an einer Mehrheit von nicht bestimmten Gegenständen mit wechselnder Zusammensetzung[220)] –, die sich zum Zeitpunkt der Eröffnung des Insolvenzverfahrens **(Art. 2 Nr. 8 EuInsVO)** im Gebiet eines anderen Mitgliedstaats befinden, von der Eröffnung des Verfahrens nicht berührt. Art. 8 EuInsVO ist nach **h. M.** eine **Sachnorm.**[221)] Sie bezweckt den Schutz dinglicher Rechte und dient insbesondere dem Kreditgeschäft, indem sie dem Vertrauen auf den Bestand dinglicher Sicherheiten europaweiten Schutz verleiht.[222)] Dagegen schützt Art. 8 EuInsVO nicht die schuldrechtliche Forderung, die ein dingliches Recht sichert. Das ist an sich selbstverständlich, wurde in Großbritannien allerdings als mögliche Auslegung des Art. 8 EuInsVO diskutiert.[223)] Was ein dingliches Recht ist, definiert die Vorschrift nicht. Ob ein solches in Rede steht, ist nach dem Internationalen Privatrecht des Eröffnungsstaats zu prüfen, das – wie Art. 43 Abs. 1 EGBGB für Deutschland – dafür regelmäßig auf das 77

218) BGH, Beschl. v. 20.7.2017 – IX ZB 63/16, ZIP 2017, 1586, dazu EWiR 2017, 599 *(Brinkmann)*, sowie – **kritisch** – *Eichel*, NZI 2017, 790. Zum Meinungsstand s. Rz. 13 dieser Entscheidung. Zur internationalen Zuständigkeit für die Entscheidung nach § 36 Abs. 4 InsO s. oben Rz. 45.

219) *Eichel*, NZI 2017, 790, 793.

220) Dieser Zusatz ist auf die Floating Charge des britischen Rechts zugeschnitten. Eine Floating Charge hat drei Charakteristika: „(1.) If it is a charge on a class of assets of a company present and future; (2.) if that class is one which, in the ordinary course of the business of the company, would be changing from time to time; and (3.) if you find that by the charge it is contemplated that, until some future step is taken by or on behalf of those interested in the charge, the company may carry on its business in the ordinary way as far as concerns the particular class of assets I am dealing with." In re Yorkshire Woolcombers Association Ltd. [1903] 2 Ch D 284, S. 295. Sie ähnelt den revolvierenden Globalsicherheiten des deutschen Rechts.

221) *Bork* in: KPB, InsO, Art. 8 EuInsVO Rz. 28; Vallender-*Liersch*, EuInsVO, Art. 8 Rz. 24; Mankowski/Müller/J. Schmidt-*J. Schmidt*, EuInsVO, Art. 8 Rz. 34 – alle m. w. N. auch zur Gegenauffassung, der sog. **Kollisionsnormtheorie**.

222) ErwG 68 EuInsVO; *Virgós/Schmit* in: Stoll, Vorschläge und Gutachten, Rz. 97.

223) *Marshall*, IILR 2011, 263, 269.

Recht des Belegenheitsorts verweisen wird.[224] Art. 8 Abs. 2 lit. a–d und Abs. 3 EuInsVO enthalten einen Katalog abstrakter Beispiele dafür, was ein dingliches Recht sein kann:

- Das Recht, den Gegenstand zu verwerten oder verwerten zu lassen und aus dem Erlös oder den Nutzungen dieses Gegenstands befriedigt zu werden, insbesondere aufgrund eines Pfandrechts oder einer Hypothek. Unter diese Definition fallen in Deutschland das Fahrnispfandrecht nach §§ 1204 ff. BGB, das Pfändungspfandrecht, die Hypothek nach §§ 1113 ff. BGB und die Grundschuld nach § 1192 i. V. mit § 1113 BGB. Nach **h. M.** erfasst diese Alternative des Art. 8 EuInsVO auch die Sicherungsübereignung.[225] Sie führt in Deutschland gemäß §§ 49 f. InsO zu einem Absonderungsrecht.
- Das ausschließliche Recht, eine Forderung einzuziehen, insbesondere aufgrund eines Pfandrechts an einer Forderung oder aufgrund einer Sicherheitsabtretung dieser Forderung. Diese Alternative erfasst in Deutschland das Forderungspfandrecht nach §§ 1273 ff. BGB sowie die Sicherungsabtretung, die gemäß § 50 InsO ein Absonderungsrecht verschaffen.
- Das Recht, die Herausgabe des Gegenstands von jedermann zu verlangen, der diesen gegen den Willen des Berechtigten besitzt oder nutzt; das meint die Vindikation, in Deutschland also den Herausgabeanspruch aus § 985 BGB, der in der Insolvenz zum Aussonderungsrecht des § 47 InsO wird. Auch der Unterlassungsanspruch nach § 1004 BGB fällt nach **h. M.** unter diese Alternative des Art. 8 EuInsVO.
- Das dingliche Recht, die Früchte eines Gegenstands zu ziehen. Hierunter fallen in Deutschland der Nießbrauch und die Grunddienstbarkeit. Beide führen zu einem Aussonderungsrecht.
- Das in einem öffentlichen Register eingetragene und gegen jedermann wirksame Recht, ein dingliches Recht i. S. von Art. 8 Abs. 1 EuInsVO zu erlangen. Diese Alternative ist auf die deutsche Vormerkung der §§ 883 ff. BGB zugeschnitten, die den Schutz des § 107 InsO genießt.[226]

78 *Beispiel*

Über das Vermögen des S wurde in Spanien ein Insolvenzverfahren eröffnet. Verwalter V weiß von einem in München stehenden Motorrad und hält es für einen Gegenstand der spanischen Insolvenzmasse. Er verlangt Herausgabe von Besitzer B. Der behauptet, das Motorrad gehöre ihm, S habe es ihm in Deutschland übereignet, weshalb er es nicht herausgeben müsse. Anwendbar ist im Verhältnis Spaniens zu Deutschland die EuInsVO. Was zur Insolvenzmasse gehört und was nicht, bestimmt sich gemäß Art. 7 Abs. 2 Satz 2 lit. b EuInsVO nach spanischem Insolvenzrecht. Sollte D allerdings Inhaber eines dinglichen Rechts – Eigentum – an dem Motorrad sein, so bliebe dieses von der spanischen Verfahrenseröffnung gemäß Art. 8 Abs. 1 Satz 1 EuInsVO unberührt. Ob er ein dingliches Recht an dem Motorrad hat, ist nach dem IPR des Gerichtsorts zu prüfen, also entweder Art. 43 Abs. 1 EGBGB oder Art. 10 Abs. 1 Satz 1 Codigo Civil[227]*, die beide auf das Recht des Belegenheitsstaats verweisen.*

224) *Westpfahl/Goetker/Wilkens*, Grenzüberschreitende Insolvenzen, Rz. 341.

225) *Paulus*, EuInsVO, Art. 8 Rz. 10 – unter a).

226) *Paulus*, EuInsVO, Art. 8 Rz. 10 – unter e).

227) Die Vorschrift lautet: „La posesión, la propiedad, y los demás derechos sobre bienes inmuebles, así como su publicidad, se regirán por la ley del lugar donde se hallen."

> **Praxishinweis**
>
> Durch Urteil vom 26.10.2016[228]) entschied er EuGH, dass Art. 5 EuInsVO dahin auszulegen ist, dass eine Sicherheit, die gemäß einer Vorschrift des nationalen Rechts wie der im Ausgangsverfahren in Rede stehenden bestellt wurde, nach der auf dem Grundstück des Grundsteuerschuldners kraft Gesetzes eine öffentliche Last ruht und dieser Eigentümer die Zwangsvollstreckung aus dem Steuertitel in den Grundbesitz dulden muss, ein „dingliches Recht" i. S. dieses Artikels darstellt. Die Entscheidung erging zu **§ 12 GrStG i. V. mit § 77 Abs. 2 Satz 1 AO**, wonach **Grundsteuerforderungen** kraft Gesetzes als öffentliche Last auf dem Grundstück ruhen und der Eigentümer insoweit die Zwangsvollstreckung dulden muss.

Streitig ist, ob und unter welchen Voraussetzungen der Insolvenzverwalter Gegenstände 79 verwerten darf, an denen ein dingliches Recht i. S. des Art. 8 EuInsVO besteht. Einigkeit besteht nur darüber, dass der Verwalter eine solche **Verwertung** jedenfalls dadurch stattfinden lassen kann, dass er die **Eröffnung eines Sekundärinsolvenzverfahrens** im Belegenheitsstaat beantragt.[229]) Geschieht dies, verwertet der Sekundärverwalter und kehrt gemäß Art. 49 EuInsVO den Überschuss nach Abschluss des Sekundärverfahrens an die Masse des Hauptinsolvenzverfahrens aus. Dieser Weg ist allerdings nicht immer sinnvoll,[230]) mangels Niederlassung manchmal auch gar nicht gangbar.[231]) Ferner besteht Einigkeit darüber, dass der Insolvenzverwalter **das dingliche Recht ablösen** kann, indem er die gesicherte Forderung (oder auf der Basis eines Vergleichs einen Teil derselben) begleicht.[232]) Der Streit konkretisiert sich deshalb auf die Frage, ob und unter welchen Voraussetzungen der Insolvenzverwalter jenseits der Eröffnung eines Sekundärverfahrens und der Begleichung der gesicherten Forderung zur Verwertung von Gegenständen befugt ist, an denen ein dingliches Recht i. S. des Art. 8 EuInsVO besteht. Nach h. M. – der bereits erwähnten **Sachnormtheorie** – ist der inländische Insolvenzverwalter hierzu überhaupt nicht befugt, weil weder die Verwertungsregelungen der lex fori concursus (die §§ 166 ff. InsO) noch die des Insolvenzrechts des Belegenheitsstaats angewendet werden dürfen. Zur Verwertung sei der Inhaber des dinglichen Rechts berufen, der lediglich einen etwaigen **Übererlös an die Masse abzuführen** habe.[233])

Dieses Ergebnis kompletter Insolvenzimmunität ausländischer Sicherheiten wurde und 80 wird vielfach kritisiert, hat aber nicht zu einer Änderung des Art. 8 EuInsVO im Zuge der Reform der EuInsVO im Jahr 2015 geführt. M. E. sollte Art. 8 EuInsVO so ausgelegt werden, dass er dem Sicherungsgläubiger den wirtschaftlichen Wert seiner Sicherheit erhält, den diese nach dem Recht des Belegenheitsstaats – einschließlich des dortigen Insolvenzrechts – hätte.[234]) Verwertungsbefugt ist danach derjenige, der nach der lex fori concursus dazu berufen ist, regelmäßig also der Verwalter, der den Sicherungsnehmer wertmäßig aber so zu stellen hat, wie er im Falle einer Insolvenz im Belegenheitsstaat stünde. Nur eine solche **Werterhaltstheorie** bringt das Ziel störungsfreier Betriebsfortführung zum

228) EuGH, Urt. v. 26.10.2016 – Rs. C-195/15 (Senior Home), NZI 2016, 1011 = ZIP 2016, 2175, im Anschluss an BGH, Beschl. v. 12.3.2015 – V ZB 41/14, ZIP 2015, 1134, dazu EWiR 2015, 519 *(Paulus)*.

229) ErwG 48 EuInsVO.

230) *Berger*, KTS 2007, 433, 447.

231) *Paulus*, EuInsVO, Art. 8 Rz. 21.

232) *Berger*, KTS 2007, 433, 448; Vallender-*Liersch*, EuInsVO, Art. 8 Rz. 26; *Paulus*, EuInsVO, Art. 8 Rz. 21 f.

233) *Bork* in: KPB, InsO, Art. 8 EuInsVO Rz. 28; Graf-Schlicker-*Bornemann*, InsO, Art. 8 EuInsVO Rz. 19; *Kindler* in: MünchKomm-BGB, Art. 8 EuInsVO Rz. 22; Vallender-*Liersch*, EuInsVO, Art. 8 Rz. 24; Mankowski/Müller/J. Schmidt-*J. Schmidt*, EuInsVO, Art. 8 Rz. 34; etwas **abweichend** *Plappert*, Dingliche Sicherungsrechte in der Insolvenz, S. 291 und zuvor, wonach ein dingliches Recht so lange nicht von der inländischen Insolvenz „berührt" wird, als sein Gehalt dem des Insolvenzrechts des Belegenheitsstaats entspricht.

234) In diese Richtung bereits *Herchen*, Das Übereinkommen über Insolvenzverfahren, S. 92 ff.

Zweck der Sanierung[235] und den Schutz des Vertrauens des Sicherungsgläubigers in praktische Konkordanz. Praktisch bedeutet das, dass der deutsche Verwalter keine **Kostenbeiträge** in Ansatz bringen darf, sofern und soweit das Insolvenzrechts des Belegenheitsstaats dies nicht auch tut.[236]

> **Praxishinweis**
>
> Unklar ist das Verhältnis des Art. 8 EuInsVO zu den **Aussonderungssperren des § 21 Abs. 2 Satz 1 Nr. 5 InsO und des § 135 Abs. 3 InsO**. Nach der Sachnormtheorie stünde Art. 8 EuInsVO der Anordnung einer Aussonderungssperre nach § 21 Abs. 2 Satz 1 Nr. 5 InsO bzw. der Anwendung des § 135 Abs. 3 InsO auf einen im Ausland belegenen Gegenstand entgegen, weil es sich um eine Einschränkung der dinglichen Rechtsmacht des Eigentümers handelt. Nach der Werterhaltstheorie ist dies anders zu sehen, weil beide Vorschriften eine Entschädigung des Eigentümers vorsehen.

81 Gemäß **Art. 10 Abs. 1 EuInsVO** lässt die Eröffnung eines Insolvenzverfahrens gegen den Käufer einer Sache die Rechte des Verkäufers aus einem Eigentumsvorbehalt unberührt, wenn sich die Sache zum Zeitpunkt der Eröffnung des Verfahrens (**Art. 2 Nr. 8 EuInsVO**) im Gebiet eines anderen Mitgliedstaats als dem der Verfahrenseröffnung befindet. Art. 10 Abs. 1 EuInsVO betrifft die **Käuferinsolvenz**. Voraussetzung der Vorschrift ist (neben der Eröffnung eines Insolvenzverfahrens über das Vermögen des Käufers), dass Verkäufer und Käufer einen Eigentumsvorbehalt vereinbart haben, was als Vorfrage selbständig nach dem Internationalen Privatrecht des Gerichtsorts anzuknüpfen ist.[237] Ferner muss sich das Vorbehaltsgut in einem anderen Mitgliedstaat befinden als dem Staat, vor dessen Gerichten das Hauptinsolvenzverfahren eröffnet worden ist. Die Belegenheit des Vorbehaltsguts beurteilt sich nach der Legaldefinition des **Art. 2 Nr. 9 EuInsVO.**[238]

82 Umstritten ist die Bedeutung des **Art. 15 EuInsVO** im Zusammenhang mit Art. 8 EuInsVO. Nach dieser Vorschrift fallen **Gemeinschaftsmarken und -patente** nie in die Insolvenzmasse des Sekundärinsolvenzverfahrens, sondern stets in die Masse des Hauptinsolvenzverfahrens.[239] Nach **h. M.** fingiert Art. 15 EuInsVO die Belegenheit des Unionsschutzrechts am Ort des COMI, so dass es sich um eine Sondervorschrift zu Art. 2 Nr. 9 EuInsVO handelt.[240] Wer der h. M. folgt ist gezwungen anzunehmen, dass Art. 8 EuInsVO auf ein an einem Unionsschutzrecht begründetes Sicherungsrecht keine Anwendung findet.[241] Denn nach Art. 8 EuInsVO wird das dingliche Recht eines Gläubigers an körperlichen oder unkörperlichen, beweglichen oder unbeweglichen Gegenständen des Schuldners, die sich zum Zeitpunkt der Eröffnung des Insolvenzverfahrens im Hoheitsgebiet *eines anderen Mitgliedstaats* befinden, von der Eröffnung des Verfahrens nicht berührt. Wenn aber Art. 15 EuInsVO verhindert, dass ein Unionsschutzrecht aus Sicht des Hauptverfahrens

---

235) Vgl. *v. Wilmowsky*, Europäisches Kreditsicherungsrecht, S. 306 m. Fn. 253.

236) *Paulus*, EuInsVO, Art. 8 Rz. 25.

237) *Kindler* in: MünchKomm-BGB, Art. 10 EuInsVO Rz. 5.

238) *Kindler* in: MünchKomm-BGB, Art. 10 EuInsVO Rz. 7.

239) Weiterführend *Ch. Keller*, NZI 2020, 608, und *Ch. Keller*, ZIP 2020, 1052.

240) *Ch. Keller* NZI 2020, 608, 609 m. N. auch zur **Gegenauffassung.**

241) *Haubold* in: Gebauer/Wiedmann, Kap. 32 Rz. 143; *Kindler* in: MünchKomm-BGB, Art. 15 EuInsVO Rz. 10; Mankowski/Müller/J. Schmidt-*Mankowski*, EuInsVO, Art. 15 Rz. 14; *Paulus*, EuInsVO, Art. 15 Rz. 3; *Schuster* in: FK-InsO, Art. 15 EuInsVO Rz. 3; a. A. *Westphal/Goetker/Wilkens*, Grenzüberschreitende Insolvenzen, Rz. 444; *Ch. Keller*, NZI 2020, 608, 609 – nur für Art. 12 a. F.; wohl auch *Piekenbrock* in Hess/Oberhammer/Pfeiffer, External Evaluation of Regulation No. 1346/2000/EC on Insolvency Proceedings JUST/2011/JCIV/PR/0049/A4, 2011, S. 307 f.

jemals in einem anderen Mitgliedstaat belegen ist, dann bleibt für die Anwendung des Art. 8 EuInsVO kein Raum.[242)]

Ein Gläubiger, der nach der Eröffnung eines Hauptinsolvenzverfahrens auf irgendeine Weise, insbesondere durch Zwangsvollstreckung, vollständig oder teilweise aus einem Gegenstand der Masse befriedigt wird, der in einem anderen Mitgliedstaat belegen ist, muss das Erlangte gemäß **Art. 23 Abs. 1 EuInsVO** vorbehaltlich der Art. 8 und 10 EuInsVO an den Verwalter herausgeben. Die Vorschrift, die dem deutschen § 91 InsO vergleichbar ist, dient dem Schutz der Insolvenzmasse. Sie ist eine **Anspruchsgrundlage**. Sie wird durch **§ 342 Abs. 3 InsO** ergänzt,[243)] wonach der Insolvenzgläubiger auf Verlangen des Insolvenzverwalters Auskunft über das Erlangte zu geben hat. Sowohl die Klage auf Auskunft als auch diejenige auf Leistung (ggf. zu einer Stufenklage verbunden) sind **Annexverfahren** (siehe Rz. 48). 83

3. Befugnisse des Schuldners und des Verwalters

Gemäß **Art. 7 Abs. 2 Satz 2 lit. c EuInsVO** regelt das Recht des Eröffnungsstaats die Befugnisse[244)] des Schuldners und des Insolvenzverwalters.[245)] **Befugnisse des Schuldners** meint dessen Fähigkeit, nach Verfahrenseröffnung noch Verträge zu schließen oder Verfügungen vorzunehmen, was in den meisten Rechtsordnungen (auch in Deutschland gemäß § 80 InsO) nicht möglich ist.[246)] Im Hinblick auf die **Befugnisse – und Pflichten[247)] – des Verwalters** wird Art. 7 Abs. 2 Satz 2 lit. c EuInsVO ergänzt durch Art. 21 f. und Art. 52 EuInsVO: Gemäß **Art. 21 Abs. 1 Satz 1 EuInsVO** darf der Verwalter, der durch ein nach Art. 3 Abs. 1 EuInsVO zuständiges Gericht bestellt worden ist, im Gebiet eines anderen Mitgliedstaats **alle Befugnisse ausüben**, die ihm nach dem Recht des Staats der Verfahrenseröffnung zustehen. Vorbehaltlich der Art. 8 und 10 EuInsVO kann er insbesondere die zur Masse gehörenden Gegenstände aus dem Gebiet des Mitgliedstaats entfernen, in dem sich die Gegenstände befinden. Er darf gemäß **Art. 21 Abs. 2 Satz 1 EuInsVO** in jedem anderen Mitgliedstaat gerichtlich und außergerichtlich geltend machen, dass ein beweglicher Gegenstand nach der Eröffnung des Insolvenzverfahrens aus dem Gebiet des Staats der Verfahrenseröffnung in das Gebiet dieses anderen Mitgliedstaats verbracht worden ist. Schließlich kann er nach **Art. 21 Abs. 2 Satz 2 EuInsVO** eine den Interessen der Gläubiger dienende **Anfechtungsklage** erheben. 84

Diese Befugnis unterliegt **vier Beschränkungen:** 85

- Ist in dem anderen Staat ein **Sekundär- oder Partikularverfahren eröffnet** worden, so wird gemäß Art. 21 Abs. 1 Satz 1 Halbs. 2 EuInsVO nicht mehr der Hauptverwalter, sondern nur noch der Sekundär- bzw. Partikularverwalter tätig.
- Ist zwar noch kein Sekundär- oder Partikularverfahren eröffnet worden, aber Antrag auf Eröffnung eines solchen gestellt worden, so darf der Hauptverwalter gemäß Art. 21 Abs. 1 Satz 1 Halbs. 2 EuInsVO nicht gegen eine insofern angeordnete **Sicherungsmaß-**

---

242) Zu den hieraus resultierenden, geringen Schutzdefiziten *Ch. Keller* NZI 2020, 608, 610.

243) Vallender-*Hänel*, EuInsVO, Art. 23 Rz. 76 m. w. N. § 342 InsO ist die Parallelvorschrift zu Art. 23 EuInsVO; zur ergänzenden Anwendung des deutschen autonomen Internationalen Insolvenzrechts im Anwendungsbereich der EuInsVO s. oben Rz. 1 a. E.

244) Dass auch für die Pflichten des Verwalters und des Schuldners das Recht des Staats der Verfahrenseröffnung maßgeblich ist, ergibt sich aus Art. 7 Abs. 2 Satz 1 EuInsVO, *Paulus*, EuInsVO, Art. 7 Rz. 26.

245) Vgl. KG Berlin, Urt. v. 25.9.2013 – 28 U 36/12, ZVI 2015, 121 = ZInsO 2015, 312 – zu den Befugnissen eines Trustee.

246) Pannen-*Pannen/Riedemann*, EuInsVO, Art. 4 Rz. 49.

247) Pannen-*Pannen/Riedemann*, EuInsVO, Art. 4 Rz. 47; *Paulus*, EuInsVO, Art. 7 Rz. 26.

nahme handeln. Wird etwa in Deutschland ein vorläufiger Insolvenzverwalter bestellt, so darf ein ausländischer Hauptverwalter nicht in dessen Amtsführung eingreifen.

- Bei der Ausübung seiner Befugnisse hat der Verwalter gemäß Art. 21 Abs. 3 Satz 1 EuInsVO das **Recht des Mitgliedstaats**, in dessen Gebiet er handeln will, zu beachten. Das gilt insbesondere hinsichtlich der Art und Weise der Verwertung eines Gegenstands der Masse. Auf die Schranken, die Art. 8 EuInsVO den Verwertungsbemühungen des Verwalters im Ausland setzen kann, wurde bereits hingewiesen (siehe oben Rz. 79).
- Keinesfalls umfasst die Handlungsbefugnis des ausländischen Verwalters die Anwendung von **Zwangsmitteln** oder das Recht, **Rechtsstreitigkeiten** oder andere Auseinandersetzungen **zu entscheiden.**

86 Wird er im Ausland tätig, so legitimiert sich der Verwalter gemäß **Art. 22 Unterabs. 1 EuInsVO** durch eine beglaubigte Abschrift der Entscheidung, durch die er bestellt worden ist (in Deutschland den Eröffnungsbeschluss), oder durch eine andere von dem zuständigen Gericht ausgestellte Bescheinigung (etwa die deutsche Bestallungsurkunde).[248)]

87 Bestellt das Insolvenzgericht eines Mitgliedstaats zur Sicherung des Schuldnervermögens einen vorläufigen Verwalter, so ist dieser gemäß **Art. 52 EuInsVO**[249)] berechtigt, zur Sicherung und Erhaltung des Schuldnervermögens, das sich in einem anderen Mitgliedstaat befindet, jede **Sicherungsmaßnahme** zu beantragen, die nach dem Recht dieses Staats für die Zeit zwischen dem Antrag auf Eröffnung eines Liquidationsverfahrens und dessen Eröffnung vorgesehen ist. Verweigert das Insolvenzgericht die Anordnung einer Sicherungsmaßnahme, so sollte dem Verwalter in ergänzender Anwendung des **§ 344 Abs. 2 InsO** ein Beschwerderecht zugestanden werden.

4. Aufrechnung

88 Gemäß **Art. 7 Abs. 2 Satz 2 lit. d EuInsVO** ergeben sich aus dem Recht des Eröffnungsstaats die Voraussetzungen für die Wirksamkeit einer Aufrechnung. Nach **h. M.** sind mit dem Passus „Voraussetzungen für die Wirksamkeit einer Aufrechnung“ nur die spezifisch insolvenzrechtlichen Kautelen für die Wirksamkeit einer Aufrechnung (in Deutschland die §§ 94–96 InsO), nicht aber die materiellen Voraussetzungen der Aufrechnung (in Deutschland die §§ 387 ff. BGB) gemeint. Diese sind nach dem Aufrechnungsstatut anzuknüpfen.[250)] Für diese Auffassung lässt sich ins Feld führen, dass nach der Grundkollisionsnorm des Art. 7 Abs. 1 EuInsVO nur das „Insolvenzverfahren und seine Wirkungen“ dem Insolvenzstatut unterliegen.[251)] Ferner spricht für diese Sicht der Dinge das systematische Argument, dass die Sonderanknüpfung des Art. 9 EuInsVO voraussetzt, dass sich die allgemeine Wirksamkeit der Aufrechnung nach dem Statut der Hauptforderung

248) Es kann gemäß Art. 22 Satz 2 EuInsVO eine Übersetzung in die Amtssprache oder eine der Amtssprachen des Mitgliedstaats, in dessen Gebiet er handeln will, verlangt werden. Eine Legalisation oder eine entsprechende andere Förmlichkeit wird nicht verlangt. Eine vergleichbare Vorschrift enthält § 347 InsO.

249) Vergleichbar § 344 InsO.

250) ErwG 70 EuInsVO und **h. M.**, s. *Bork*, ZIP 2002, 690, 692; *Ehricke/Ries*, JuS 2003, 313, 316; *Haubold* in: Gebauer/Wiedmann, Kap. 32, Rz. 125; *Kolmann*, Kooperationsmodelle, S. 310 ff.; Vallender-*Liersch*, EuInsVO, Art. 7 Rz. 20; Mankowski/Müller/J. Schmidt-*Müller*, EuInsVO, Art. 7 Rz. 26; Nerlich/Römermann-*Nerlich*, InsO, Art. 4 EuInsVO Rz. 34–38; Pannen-*Pannen/Riedemann*, EuInsVO, Art. 4 Rz. 52; *Westpfahl/Goetker/Wilkens*, Grenzüberschreitende Insolvenzen, Rz. 396; **a. A.** – insolvenzrechtliche Anknüpfung – Duursma-Kepplinger/Duursma/Chalupski-*Duursma-Kepplinger*, EuInsVO, Art. 4 Rz. 16; *Eidenmüller*, IPRax 2001, 2, 6; *Gottwald*, Grenzüberschreitende Insolvenzen, S. 36; *Huber*, EuZW 2002, 490, 493; *Kindler* in: MünchKomm-BGB, Art. 7 EuInsVO Rz. 22–28 m. ausf. Begr.; *Leible/Staudinger*, KTS 2000, 533, 555; *Taupitz*, ZZP 111 (1998), 315, 343 ff.; **differenzierend** Geimer/Schütze-*Geimer*, EZVR, Art. 4 EuInsVO Rz. 17.

251) *Bork*, ZIP 2002, 690, 692.

richtet.[252] Endlich spricht für diese Auffassung, dass dann, wenn man auch die zivilrechtliche Zulässigkeit der Aufrechnung nach dem Insolvenzstatut beurteilt, dies zur Folge haben kann, dass eine vor der Insolvenz nach dem Aufrechnungsstatut nicht bestehende Aufrechnungslage mit Anwendung des Insolvenzstatuts nach Insolvenzeröffnung erstmals eine Aufrechnungslage begründen könnte. Das ist weder sachgerecht noch durch den Aspekt des Vertrauensschutzes zu rechtfertigen.[253]

Art. 7 Abs. 2 Satz 2 lit. d EuInsVO wird durch zwei Kollisionsnormen mit Sonderan- 89
knüpfungen verdrängt. **Gemäß Art. 9 EuInsVO** wird die Befugnis eines Gläubigers, mit seiner Forderung gegen eine Forderung des Schuldners aufzurechnen, von der Eröffnung des Insolvenzverfahrens nicht berührt, wenn diese Aufrechnung nach dem für die Forderung des insolventen Schuldners maßgeblichen Recht zulässig ist.[254] Art. 9 EuInsVO ist eine **Kollisionsnorm**, die das Vertrauen des Gläubigers in die Rechtsbeständigkeit der Aufrechnung schützt.[255] Schränkt also die lex fori concursus die Aufrechnung in der Insolvenz ein (wie es etwa das deutsche Recht in §§ 94–96 InsO tut), ist sie aber nach dem Statut der Forderung des Schuldners zulässig, so setzt sich das Forderungsstatut gegen das Insolvenzstatut durch.

Eine weitere Sonderanknüpfung enthält **Art. 12 Abs. 1 EuInsVO** für Aufrechnungen, die 90
i. R. von **Zahlungs- oder Finanzierungssystemen** erklärt werden.[256] Unbeschadet des Art. 8 EuInsVO ist für die Wirkungen des Insolvenzverfahrens auf die Rechte und Pflichten der Mitglieder eines Zahlungs- oder Abwicklungssystems oder eines Finanzmarkts danach ausschließlich das Recht des Mitgliedstaats maßgebend, das für das betreffende System oder den betreffenden Markt gilt. Art. 12 Abs. 1 EuInsVO steht einer Nichtigkeit, Anfechtbarkeit oder relativen Unwirksamkeit der Zahlungen oder Transaktionen gemäß den für das betreffende Zahlungssystem oder den betreffenden Finanzmarkt geltenden Rechtsvorschriften gemäß Art. 12 Abs. 2 EuInsVO nicht entgegen. Abweichend von Art. 7 Abs. 2 Satz 2 lit. m, Art. 16 EuInsVO kommt betreffend die Nichtigkeit, Anfechtbarkeit oder relativen Unwirksamkeit der Zahlungen oder Transaktionen ausschließlich das Recht zur Anwendung, das für das System bzw. den Markt gilt. Art. 12 EuInsVO schützt primär das sog. Close-out-Netting. Dieser Begriff bezeichnet eine Verrechnung gegenseitiger Forderungen aus einem Vertragsverhältnis (typischerweise einem Swap), die sich unter bestimmten Bedingungen (u. a. der Insolvenz eines der Vertragspartner) automatisch vollzieht. Sie hat wirtschaftlich zur Folge, dass an die Stelle wechselseitiger Forderungen ein Abrechnungsposten tritt, der von einer der beiden Vertragsparteien zu zahlen ist.[257]

Praxishinweis

Art. 7 Abs. 2 Satz 2 lit. d EuInsVO wird nicht durch Art. 13 EuInsVO eingeschränkt. Für **Aufrechnungen in Arbeitsverhältnissen** bleibt es bei Art. 7 Abs. 2 Satz 2 lit. d und Art. 9 EuInsVO.

252) Vgl. *Madaus* in: KPB, InsO, Art. 7 EuInsVO Rz. 26.

253) K. Schmidt-*Brinkmann*, InsO, Art. 7 EuInsVO Rz. 26.

254) Inhaltsgleich § 338 InsO. Der Unterschied im Wortlaut – § 338 InsO enthält keinen dem Art. 9 Abs. 2 EuInsVO vergleichbaren Vorbehalt zugunsten der Anfechtung – wirkt sich nicht aus, vgl. Graf-Schlicker-*Bornemann*, InsO, § 338 Rz. 9.

255) *Virgós/Schmit* in: Stoll, Vorschläge und Gutachten, Rz. 109.

256) Eine vergleichbare Vorschrift enthält § 340 InsO. Soweit die Insolvenz einer Bank oder einer Versicherung betroffen ist, gilt § 340 InsO auch im europäischen Bereich, *Paulus* in: KPB, InsO, § 340 Rz. 2.

257) *Dornblüth* in: HK-InsO, Art. 12 Rz. 3; *Ebenroth/Benzler*, ZVglRWiss 95 (1996), 335; *Fried* in: MünchKomm-InsO, Art. 12 EuInsVO Rz. 1.

5. Laufende Verträge

91 Gemäß **Art. 7 Abs. 2 Satz 2 lit. e EuInsVO** regelt das Recht des Eröffnungsstaats, wie sich die Insolvenzeröffnung auf laufende Verträge des Schuldners auswirkt. Ein laufender Vertrag ist ein solcher, der zum Zeitpunkt der Insolvenzeröffnung von beiden Seiten noch nicht oder nicht vollständig erfüllt ist oder der, wenn es um ein Dauerschuldverhältnis geht, noch nicht beendet ist. In der Sache geht es in Art. 7 Abs. 2 Satz 2 lit. e EuInsVO um die Frage, ob und welche Möglichkeiten einem Verwalter zustehen, sich von einem solchen Vertrag zu lösen und welche Folgen eine solche Lösung hat (für Deutschland siehe §§ 103–119 InsO).

Praxishinweis

Aufgrund des Fehlens einer gesetzlichen Regelung ist nach wie vor problematisch die **Insolvenzfestigkeit der Lizenz in der Insolvenz des Lizenzgebers.** In Deutschland wird dieses Problem aus zwei verschiedenen Blickwinkeln behandelt: Zum einen wird darauf gesehen, ob dem Insolvenzverwalter hinsichtlich des Lizenzvertrags das Wahlrecht nach § 103 InsO zusteht, was dann grundsätzlich nicht der Fall ist, wenn die Lizenz gegen einmalige Zahlung einer Lizenzgebühr eingeräumt wurde.[258] International-insolvenzrechtlich gesehen ist insofern Art. 7 Abs. 2 Satz 2 lit. e EuInsVO anzuwenden. Zum anderen wird darauf gesehen, ob es sich um eine ausschließliche oder nicht ausschließliche Lizenz handelt. Ist sie ausschließlich, kommt ihr dinglicher Charakter zu und steht dem Lizenznehmer ein Aussonderungsrecht zu.[259] International ist insofern Art. 7 Abs. 2 Satz 2 lit. b EuInsVO anzuwenden, wobei die Vorfrage, ob eine ausschließliche Lizenz ein dingliches Recht verschafft, nach dem Recht des Staats zu beurteilen ist, dem der Lizenzvertrag unterliegt. Eines Rekurses auf Art. 8 EuInsVO bedarf es insoweit nicht.[260]

92 Auch für die Frage der Wirksamkeit **insolvenzbedingter Lösungsklauseln** ist die lex fori concursus maßgeblich.[261] Zu Art. 7 Abs. 2 Satz 2 lit. e EuInsVO finden sich drei Sonderanknüpfungen: für Eigentumsvorbehaltskäufe in Art. 10 Abs. 2 EuInsVO, für Verträge über unbewegliche Gegenstände in Art. 11 und für Arbeitsverträge in Art. 13 EuInsVO.

93 Nach **Art. 10 Abs. 2 EuInsVO** rechtfertigt die Eröffnung eines Insolvenzverfahrens gegen den Verkäufer einer Sache nach deren Lieferung nicht die Auflösung oder Beendigung des Kaufvertrags und steht dem Eigentumserwerb nicht entgegen, wenn sich diese Sache zum Zeitpunkt der Verfahrenseröffnung (**Art. 2 Nr. 8 EuInsVO**) im Gebiet eines anderen Mitgliedstaats als dem der Verfahrenseröffnung befindet. Art. 10 Abs. 2 EuInsVO betrifft die **Verkäuferinsolvenz.** Die Vorschrift setzt voraus, dass ein einfacher Eigentumsvorbehalt vereinbart,[262] dass über das Vermögen des Vorbehaltsverkäufers ein Hauptinsolvenzverfahren eröffnet, dass die Sache vor Eröffnung dieses Verfahrens geliefert wurde und dass sich die Sache zur Zeit der Verfahrenseröffnung in einem anderen Mitgliedstaat befindet.

Praxishinweis

Art. 10 Abs. 1 EuInsVO betrifft den Fall der **Käuferinsolvenz**, der hier besprochene Art. 10 Abs. 2 EuInsVO den Fall der **Verkäuferinsolvenz.** Art. 10 EuInsVO betrifft nur den einfachen Eigentumsvorbehalt. Erweiterungen oder Verlängerungen des Eigentumsvorbehalts können nach Art. 8 EuInsVO geschützt sein.

258) BGH, Urt. v. 21.10.2015 – I ZR 173/14, LS 2, ZIP 2016, 40 = NZI 2016, 97.

259) *Berberich* in: BeckOK-InsO, § 108 Rz. 75 ff.

260) **A. A.** wohl *Ganter*, NZI 2011, 833, 842.

261) *Paulus*, EuInsVO, Art. 7 Rz. 31; *Damann/Lehmkuhl*, NJW 2012, 3069, 3071; Mankowski/*Müller*/J. Schmidt-*Müller*, EuInsVO, Art. 7 Rz. 32; **a. A.** OLG Karlsruhe, Urt. v. 15.2.2012 – 13 U 150/10, ZIP 2012, 2025 = NJW 2012, 3106.

262) *Westpfahl/Goetker/Wilkens*, Grenzüberschreitende Insolvenzen, Rz. 368 f.

Art. 10 Abs. 2 EuInsVO ist eine Sachnorm und dient dem Schutz des Handelsverkehrs.[263] Geschützt wird das Anwartschaftsrecht des Eigentumsvorbehaltskäufers: Er kann weiter seine Zahlungen leisten und durch Zahlung der letzten Rate trotz Insolvenz des Verkäufers Eigentümer der Sache werden. Nach **h. M.** findet die Vorschrift auch dann Anwendung, wenn im Belegenheitsstaat ein Sekundärinsolvenzverfahren eröffnet wurde und der Eigentumsvorbehalt nach dem Recht des Belegenheitsstaats insolvenzfest ist. Streitig ist, ob dies auch dann gilt, wenn Letzteres nicht der Fall ist. Richtigerweise ist die Frage zu bejahen, denn dem Zweck des Art. 10 Abs. 2 EuInsVO, den Handelsverkehr durch Insolvenzfestigkeit des Eigentumsvorbehalts zu schützen, entspricht diese Auslegung eher als die Gegenauffassung.[264] 94

Für die Wirkungen des Insolvenzverfahrens auf einen Vertrag, der zum Erwerb oder zur Nutzung eines **unbeweglichen Gegenstands** berechtigt, ist gemäß **Art. 11 EuInsVO** ausschließlich das Recht des Mitgliedstaats maßgebend, in dessen Gebiet dieser Gegenstand belegen ist.[265] In engem thematischen Zusammenhang zu Art. 11 EuInsVO steht die Kollisionsnorm des **Art. 14 EuInsVO**: Danach ist für die Wirkungen des Insolvenzverfahrens auf Rechte des Schuldners an einem unbeweglichen Gegenstand, einem Schiff oder einem Luftfahrzeug, die der Eintragung in ein **öffentliches Register** unterliegen, das Recht des Mitgliedstaats maßgebend, unter dessen Aufsicht das Register geführt wird. Zu beachten ist, dass die Vorschrift nur für Rechte „des Schuldners", also nicht für Rechte Dritter gilt. Für diese bleibt es bei Art. 8 EuInsVO, falls eine Verdichtung zum dinglichen Recht (die Art. 14 EuInsVO nicht voraussetzt) vorliegt.[266] Die Wirkung eines in einem ausländischen Grundbuch eingetragenen Insolvenzvermerks richtet sich gemäß Art. 7 Abs. 1 EuInsVO nach der lex fori concursus.[267] 95

> **Praxishinweis**
> Im Falle eines Vertrags über einen unbeweglichen Gegenstand genießt ein bereits entstandenes dingliches Recht Schutz nach Art. 8 EuInsVO. Schuldrechtliche Positionen genießen Schutz nach Art. 11 EuInsVO.

Für die Wirkungen des Insolvenzverfahrens auf einen **Arbeitsvertrag** und auf das Arbeitsverhältnis gilt gemäß **Art. 13 EuInsVO** ausschließlich das Recht des Mitgliedstaats, das auf den Arbeitsvertrag anzuwenden ist.[268] Die Vorschrift dient dem Schutz der Arbeitnehmer.[269] Anwendbar sind sowohl das Individual- als auch das kollektive Arbeitsrecht.[270] Das für den Arbeitsvertrag geltende Statut bestimmt sich im Falle von nach dem 96

263) *Virgós/Schmit* in: Stoll, Vorschläge und Gutachten, Rz. 112.

264) *Westpfahl/Goetker/Wilkens*, Grenzüberschreitende Insolvenzen, Rz. 383; **a. A.** *Paulus*, EuInsVO, Art. 10 Rz. 5.

265) Ausführlich zur Auslegung dieser Vorschrift *Mankowski* in: FS Görg, S. 273 ff.; Inhaltsgleich § 336 Abs. 1 InsO. Für die Auslegung des Begriffs „unbeweglicher Gegenstand" ist i. R. des § 336 InsO allerdings auf die Legaldefinition des § 49 InsO zurückzugreifen, z. B. Braun-*Tashiro*, InsO, § 336 Rz. 5. Ein weiterer Unterschied ist, dass Schiffe und Luftfahrzeuge zwar von § 336 Abs. 2 InsO, nicht aber von Art. 8 EuInsVO erfasst sind. **Kritisch** Braun-*Tashiro*, InsO, § 336 Rz. 6. Umstritten ist, ob der Begriff des *„Vertrags"* nur schuldrechtliche oder auch dingliche Verträge meint. Zum Meinungsstand Braun-*Tashiro*, InsO, § 336 Rz. 2 m. Fn. 1.

266) *Paulus*, EuInsVO, Art. 14 Rz. 2.

267) BGH, Beschl. v. 20.7.2017 – IX ZB 69/16, ZIP 2017, 1627, m. krit. Anm. *Delzant* = FD-InsR 2017, 394382, dazu EWiR 2017, 697 *(Stoffler)*.

268) Inhaltsgleich § 337 InsO. Zur Anwendbarkeit deutschen Insolvenzarbeitsrechts in einem britischen Administrations-Verfahren s. LAG Hessen, Urt. v. 14.12.2010 – 13 Sa 969/10 (Nortel), ZIP 2011, 289, dazu EWiR 2011, 215 *(J. Schmidt)*; zur Anwendbarkeit deutschen Insolvenzarbeitsrechts in einem US-amerikanischen Chapter-11-Verfahren LAG Hessen, Urt. v. 5.3.2014 – 12 Sa 265/13, ZIP 2014, 2363, dazu EWiR 2015, 27 *(Schöne)*.

269) ErwG 72 EuInsVO.

270) LAG Hessen, Urt. v. 14.12.2010 – 13 Sa 969/10 (Nortel), ZIP 2011, 289 m. w. N.

17.12.2009 geschlossenen Arbeitsverträgen nach der Rom I-VO, im Falle zuvor geschlossener Arbeitsverträge nach Art. 30 EGBGB. Über Art. 13 Abs. 1 EuInsVO ist in einer ausländischen Insolvenz das **Sonderkündigungsrecht** des § 113 InsO anwendbar.[271] Nicht nach Art. 13 EuInsVO, sondern nach Art. 7 Abs. 2 Satz 2 lit. i EuInsVO ist die Frage anzuknüpfen, wie die **Entgeltansprüche der Arbeitnehmer** in der Insolvenz des Arbeitgebers dem Rang nach zu behandeln sind.[272] Weder nach Art. 7 Abs. 2 Satz 2 lit. i EuInsVO noch nach Art. 13 EuInsVO ist die Frage anzuknüpfen, ob der Arbeitnehmer einen Anspruch auf **Insolvenzgeld** oder eine vergleichbare Leistung hat.[273] Das richtet sich nach **allgemeiner Meinung** ausschließlich nach dem Recht des Staats, in dem die in Anspruch genommene Einrichtung zur Insolvenzausfallsicherung besteht.[274]

6. Rechtsverfolgungsmaßnahmen

97 Gemäß **Art. 7 Abs. 2 Satz 2 lit. f EuInsVO** regelt das Recht des Eröffnungsstaats, wie sich die Insolvenzeröffnung auf die Rechtsverfolgungsmaßnahmen einzelner Gläubiger auswirkt. Der Begriff der Rechtsverfolgungsmaßnahme ist weit auszulegen.[275] Er umfasst nicht nur Maßnahmen der **Zwangsvollstreckung** und **Maßnahmen gesicherter Gläubiger** wie bspw. die Verwertung einer Sicherheit,[276] sondern ganz grundsätzlich die Frage, ob und ggf. unter welchen Voraussetzungen ein massebezogener Rechtsstreit nach Insolvenzeröffnung fortgesetzt oder begonnen werden darf.[277]

Praxishinweis

Insolvenzrechte, die vom Grundsatz der Gläubigergleichbehandlung geprägt sind, kennen in der Regel eine Vorschrift, die Maßnahmen der Zwangsvollstreckung für die Zeit nach Verfahrenseröffnung verbietet oder für unwirksam erklärt. Für die Wirkung solcher Vollstreckungsverbote auch im Ausland sorgt Art. 7 Abs. 2 Satz 2 lit. f EuInsVO. Davon zu unterscheiden ist die Frage, **wie diese Vollstreckungsverbote prozessual im Ausland durchgesetzt werden können.** Hierfür muss sich der Verwalter derjenigen Rechtsbehelfe bedienen, die das jeweilige ausländische Recht zur Verfügung stellt. In Deutschland ergibt sich dabei folgendes Problem: An sich sieht § 89 Abs. 1 Satz 3 InsO vor, dass über insolvenzspezifische Einwendungen gegen den die Zwangsvollstreckung das Insolvenzgericht (also nicht das Vollstreckungsgericht) entscheidet. Nur: Ist ein ausländisches Insolvenzverfahren eröffnet, existiert im Inland kein „Insolvenzgericht" i. S. des § 89 Abs. 3 Satz 1 InsO, dass über einen gegen die Zwangsvollstreckung gerichteten Rechtsbehelf entscheiden könnte. In diesem Fall ist das **Vollstreckungsgericht** für die Entscheidung über die Zulässigkeit der Zwangsvollstreckung **zuständig.**

98 Nicht von Art. 7 Abs. 2 Satz 2 lit. f EuInsVO erfasst sind jedoch **anhängige Rechtsstreitigkeiten des Schuldners**: Für die Wirkungen des Insolvenzverfahrens auf einen anhängigen Rechtsstreit des Schuldners über einen Gegenstand oder ein Recht der Masse[278] gilt

271) **Allg. M.**, *Graf*, ZAS 2002, 173, 174; Braun-*Josko de Marx*, EuInsVO, Art. 13 Rz. 14; Vallender-*Liersch*, EuInsVO, Art. 13 Rz. 10; Mankowski/Müller/J. Schmidt-*Mankowski*, EuInsVO, Art. 13 Rz. 19; *Reinhart* in: MünchKomm-InsO, Art. 13 EuInsVO Rz. 8.

272) ErwG 72 EuInsVO.

273) **Zweifelnd** auch LAG Hessen, Urt. v. 14.12.2010 – 13 Sa 969/10 (Nortel), ZIP 2011, 289.

274) S. z. B. *Virgós/Schmit* in: Stoll, Vorschläge und Gutachten, Rz. 128; *Kindler* in: MünchKomm-BGB, Art. 13 EuInsVO Rz. 7; Mankowski/Müller/J. Schmidt-*Mankowski*, EuInsVO, Art. 13 Rz. 29; Braun-*Tashiro*, InsO, § 337 Rz. 11 ff.; s. ferner *Hützen/Poertzgen*, ZInsO 2010, 1719.

275) Duursma-Kepplinger/Duursma/Chalupski-*Duursma-Kepplinger*, Art. 4 EuInsVO, Rz. 19.

276) *Paulus*, EuInsVO, Art. 7 Rz. 33.

277) OLG Saarbrücken, Urt. v. 5.4.2023 – 5 U 54/21, ZRI 2023, 495, 498 f. – Auswirkung eines französischen Verfahrens auf inländischen Rechtsstreit mit Unterscheidung zwischen vor und nach Insolvenzeröffnung entstandenen Forderungen; weiterführend *Ch. Keller*, ZInsO 2022, 1488, 1489.

278) Nach EuGH, Urt. v. 6.6.2018 – Rs. C-250/17 (Tarragó da Silveira), Rz. 25, ZIP 2018, dazu EWiR 2018, 465 *(Swierczok)*, ist mit dieser Wendung die gesamte Insolvenzmasse des Schuldners, nicht lediglich einzelne Gegenstände oder Rechte gemeint.

nach **Art. 18 EuInsVO** ausschließlich das Recht des Mitgliedstaats, in dem der Rechtsstreit anhängig ist.[279] In der Sache geht es in Art. 18 EuInsVO um die Frage, ob ein anhängiger Rechtsstreit infolge der Insolvenzeröffnung unterbrochen ist (wie in Deutschland nach § 240 ZPO) und bejahendenfalls, ob und unter welchen Voraussetzungen er wieder aufgenommen werden kann.[280] Die Frage, *wer* den Rechtsstreit wiederaufnehmen kann – Schuldner, Insolvenzverwalter oder Gläubiger (für Deutschland siehe §§ 85, 86 InsO) – richtet sich dagegen nach der lex fori concursus.[281] Es handelt sich um eine Frage der Kompetenzabgrenzung zwischen Schuldner und Verwalter bzw. die Frage, inwieweit ein Gläubiger nach Insolvenzeröffnung zur Rechtsverfolgung berechtigt ist. Beide Fragen sind gemäß Art. 7 Abs. 2 Satz 2 lit. c EuInsVO bzw. Art. 7 Abs. 2 Satz 2 lit. f EuInsVO nach dem Recht des Eröffnungsstaats zu beurteilen. Diese Differenzierung liegt i. Ü. auch § 352 Abs. 1 Satz 2 InsO zugrunde („von einer Person aufgenommen wird, die nach dem Recht des Staats der Verfahrenseröffnung zur Fortführung des Rechtsstreits berechtigt ist").

Der Begriff der **„Rechtsstreitigkeit"** ist autonom auszulegen[282] und erfasst sowohl Aktiv- als auch Passivprozesse.[283] Er betrifft das **Erkenntnisverfahren**, und zwar in Verfahren der ordentlichen und der freiwilligen[284] Gerichtsbarkeit, der Arbeits-, der Sozial und der Finanzgerichtsbarkeit[285] sowie das Widerspruchsverfahren (§§ 68 ff. VwGO) und das Einspruchsverfahren (§§ 347 ff. AO), weil diese die Funktion eines zivilgerichtlichen Erkenntnisverfahrens erfüllen und zu bestandskräftigen Entscheidungen führen können.[286] Nicht erfasst sind Maßnahmen der Einzelzwangsvollstreckung (einschließlich des Arrests und der Sicherungsverfügung)[287], für die es bei Art. 7 Abs. 2 Satz 2 lit. f bleibt.[288] Nicht unter Art. 7 Abs. 2 Satz 2 lit. f, 18 EuInsVO fällt die Frage, welche Auswirkungen die Insolvenzeröffnung auf ein bereits entstandenes **Pfändungspfandrecht** hat. Dafür gelten 99

279) OLG Saarbrücken, Urt. v. 5.4.2023 – 5 U 54/21, ZRI 2023, 495, 498.

280) *Mock* in: BeckOK-InsO, Art. 18 EuInsVO Rz. 11. Zur in § 352 InsO geregelten Frage, wann ein inländischer Rechtsstreit durch ein ausländisches Insolvenzverfahren unterbrochen wird, s. BAG, Urt. v. 18.7.2013 – 6 AZR 882/11, ZIP 2014, 596 = NZA 2014, 279; OLG Nürnberg, Beschl. v. 15.12.2011 – 1 U 2/11, ZIP 2012, 241 = BauR 2012, 692; OLG Frankfurt/M., Zwischenurt. v. 28.8.2012 – 5 U 150/11, ZInsO 2012, 1990 = EuZW 2013, 80; OLG Celle, Beschl. v. 27.11.2012 – 2 U 147/12, ZVI 2013, 218 = ZIP 2013, 945, dazu Anm. *Cranshaw*, jurisPR-InsO 6/2013, S. 104; durch die Gewährung einer Nachlassstundung nach Schweizer Recht wird ein inländischer Rechtsstreit nicht unterbrochen, BGH, Vers.-Urt. v. 20.12.2011 – VI ZR 14/11, ZIP 2012, 1527 = WM 2012, 852 = NZI 2012, 572.

281) **A. A.** *Reinhart* in: MünchKomm-InsO, Art. 18 EuInsVO Rz. 15 m. w. N.

282) Duursma-Kepplinger/Duursma/Chalupski-*Duursma-Kepplinger*, EuInsVO, Art. 15 Rz. 29; Pannen-*Dammann*, EuInsVO, Art. 15 Rz. 8; *Paulus*, EuInsVO, Art. 18 Rz. 3 – mit der Einschränkung, dass bei Vollstreckungsverfahren das Recht des Gerichtsorts über die Einbeziehung entscheiden soll; m. E: zweifelhaft; *Westpfahl/Goetker/Wilkens*, Grenzüberschreitende Insolvenzen, Rz. 470.

283) *Balz*, ZIP 1996, 948, 951; K. Schmidt-*Brinkmann*, InsO, Art. 18 EuInsVO Rz. 7 – unter Hinweis auf OLG München, Urt. v. 25.2.2010 – 29 U 1513/07, ZIP 2010, 2118 = NZI 2010, 826, 828, dazu EWiR 2010, 727 *(Westpfahl/Luhn)*; Duursma-Kepplinger/Duursma/Chalupski-*Duursma-Kepplinger*, EuInsVO, Art. 15 Rz. 20; *Leible/Staudinger*, KTS 2000, 533, 558; Pannen-*Dammann*, EuInsVO, Art. 15 Rz. 8; *Westpfahl/Goetker/Wilkens*, Grenzüberschreitende Insolvenzen, Rz. 477.

284) **H. M.**, *Paulus*, EuInsVO, Art. 18 Rz. 3; *Reinhart* in: MünchKomm-InsO, Art. 18 EuInsVO Rz. 5; Vallender-*Thole*, EuInsVO, Art. 18 Rz. 5; **zweifelnd** *Westpfahl/Goetker/Wilkens*, Grenzüberschreitende Insolvenzen, Rz. 472; **a. A.** *Kindler* in: MünchKomm-BGB, Art. 18 EuInsVO Rz. 5, und Pannen-*Dammann*, EuInsVO, Art. 15 Rz. 8.

285) *Eyber*, ZInsO 2009, 1225, 1227; *Paulus*, EuInsVO, Art. 18 Rz. 3; *Reinhart* in: MünchKomm-InsO, Art. 18 EuInsVO Rz. 5.

286) *Reinhart* in: MünchKomm-InsO, Art. 18 EuInsVO Rz. 5; Vallender-*Thole*, EuInsVO, Art. 18 Rz. 5.

287) EuGH, Urt. v. 6.6.2018 – Rs. C-250/17 (Tarragó da Silveira), Rz. 30, ZIP 2018, 1254.

288) EuGH, Urt. v. 9.11.2016 – Rs. C-212/15 (ENEFI), Rz. 34, ZIP 2017, 26, dazu EWiR 2017, 177 *(Riedemann/Ch. Schmidt)*; *Virgós/Schmit* in: Stoll, Vorschläge und Gutachten, Rz. 142; Pannen-*Dammann*, EuInsVO, Art. 15 Rz. 6 und Rz. 8; Duursma-Kepplinger/Duursma/Chalupski-*Duursma-Kepplinger*, EuInsVO, Art. 15 Rz. 27; *Huber*, ZZP 114 (2001), 133, 166; *Kindler* in: MünchKomm-BGB, Art. 18 EuInsVO Rz. 4; *Westpfahl/Goetker/Wilkens*, Grenzüberschreitende Insolvenzen, Rz. 468; *Reinhart* in: MünchKomm-InsO, Art. 18 EuInsVO Rz. 4; Vallender-*Thole*, EuInsVO, Art. 18 Rz. 4.

Art. 8 Abs. 1 und 2 EuInsVO und, soweit es um die Rückschlagsperre oder die Anfechtung des Pfändungspfandrechts geht, Art. 8 Abs. 4 i. V. mit Art. 7 Abs. 2 Satz 2 lit. m, 16 EuInsVO.[289)]

Praxishinweis

Die Wirkung der Insolvenzeröffnung auf anhängige Rechtsstreitigkeiten bemisst sich nach dem Recht des Gerichtsorts (Art. 18 EuInsVO). Die Wirkung der Insolvenzeröffnung auf Maßnahmen der Zwangsvollstreckung bemisst sich nach dem Recht des Eröffnungsstaats (Art. 7 Abs. 2 Satz 2 lit. f EuInsVO). Die Frage der Anfechtbarkeit eines Pfändungspfandrechts bemisst sich nach Art. 8 Abs. 4 i. V. mit Art. 7 Abs. 2 Satz 2 lit. m, 16 EuInsVO.

100 Nach Art. 18 EuInsVO beurteilt sich die Frage, welche Auswirkungen die Eröffnung des Insolvenzverfahrens auf eine **Prozessvollmacht** hat.[290)] Art. 18 EuInsVO gilt nur für Rechtsstreitigkeiten, die bei Verfahrenseröffnung bereits anhängig sind. **„Anhängig"** in diesem Sinne ist ein Rechtsstreit gemäß Art. 30 EuGVVO, wenn das verfahrenseinleitende Schriftstück bei Gericht eingereicht wurde oder – falls die Zustellung an den Beklagten zu bewirken ist – wenn die für die Zustellung an den Beklagten zuständige Stelle das Schriftstück erhalten hat.[291)]

101 Streitig scheint die Frage zu sein, nach welchem Recht sich die **prozessuale Stellung eines ausländischen Insolvenzverwalters** im Zivilprozess beurteilt. Das OLG München scheint hierzu auf dem Standpunkt zu stehen, dass sich diese Frage nach deutschem Recht beurteilt: ein ausländischer Insolvenzverwalter ist demnach stets Partei kraft Amtes.[292)] Nach **a. A.** ist die Antwort auf diese Frage der lex fori concursus zu entnehmen. Kennt diese das Rechtsinstitut der Partei kraft Amtes nicht und ordnet diese den Verwalter – wie das englische Recht[293)] – als Vertreter des Schuldners ein, so sei dieser auch im deutschen Zivilprozess so zu behandeln. Dem ist zuzustimmen, weil es sich bei der prozessualen Stellung des Insolvenzverwalters um einen Teilaspekt seiner Rechtsstellung insgesamt handelt, diese aber nach der lex fori concursus zu bestimmen ist (Art. 7 Abs. 2 Satz 2 lit. c EuInsVO). Es gibt in diesem Punkt auch keinen sachlichen Grund für einen Vorrang des Prozessrechts vor dem Insolvenzrecht.

102 Art. 18 EuInsVO enthält – anders als seine Vorgängervorschrift – nunmehr eine ausdrückliche Regelung des Inhalts, dass sich die Wirkung der Insolvenzeröffnung auf **anhängige Schiedsverfahren** nach dem Recht des Staats bemisst, in dem das Schiedsgericht seinen Sitz hat. Diese Ergänzung ist vor dem Hintergrund des dem ordre public zugehörigen Grundsatzes der Gläubigergleichbehandlung kritisch zu sehen, da sie den Erlass nicht anerkennungsfähiger Schiedssprüche zu fördern geeignet ist.[294)]

---

289) Näher *Prager/Ch. Keller*, NZI 2011, 697, 699. Beachte, dass ein ausländisches Pfändungspfandrecht aber nur dann in den Anwendungsbereich des Art. 8 EuInsVO fällt, wenn es dingliche Wirkung hat. So nicht das niederländische Pfändungspfandrecht, vgl. Gerechtshof Arnhem-Leeuwarden, Urt. v. 21.3.2023 – 200.265.991/01, ZRI 2023, 875, m. abl. Anm. *Bork*.

290) Duursma-Kepplinger/Duursma/Chalupski-*Duursma-Kepplinger*, EuInsVO, Art. 15 Rz. 36; *Westpfahl/Goetker/Wilkens*, Grenzüberschreitende Insolvenzen, Rz. 480 f. Zum Teil wird dieses Ergebnis nicht aus Art. 18 EuInsVO hergeleitet, sondern als Frage des Zivilprozessrechts angesehen, für die das Recht des Gerichtsorts gilt.

291) Für die Anwendung von Art. 30 EuGVVO *Haubold* in: Gebauer/Wiedmann, Kap. 32 Rz. 154; Nerlich/Römermann-*Nerlich*, InsO, Art. 15 EuInsVO Rz. 8; *Reinhart* in: MünchKomm-InsO, Art. 18 EuInsVO Rz. 7.

292) OLG München, Urt. v 25.2.2010 – 29 U 1513/07, ZIP 2010, 2118 = NZI 2010, 826, 828.

293) *Schmitt*, ZIP 2009, 1990, 1992; *Geimer*, GWR 2010, 227.

294) Zum Problem OLG Stuttgart, Beschl. v. 5.11.2013 – 1 Sch 2/11, SchiedsVZ 2014, 307, m. Anm. *Ch. Keller*. Die Neuregelung begrüßend *Kindler* in: FS Schütze, S. 221, 229. Ausführlich zum Problem des Schiedsverfahrens in der Insolvenz *Kraus*, Das Schicksal internationaler Schiedsverfahren in der Insolvenz des Schiedsbeklagten, 2020; *Schmitz*, Schiedsverfahren und Insolvenz, 2016; *Schultze-Moderow*, Schiedsverfahren und Insolvenz, 2017; *Flecke-Giammarco/Ch. Keller*, NZI 2012, 529.

Gemäß **§ 352 Abs. 1 Satz 1 InsO** wird durch die Eröffnung eines ausländischen Insolvenzverfahrens ein Rechtsstreit unterbrochen, der zur Zeit der Eröffnung anhängig ist und die Insolvenzmasse betrifft. Die Unterbrechung dauert gemäß § 352 Abs. 1 Satz 2 InsO an, bis der Rechtsstreit von einer Person aufgenommen wird, die nach dem Recht des Staats der Verfahrenseröffnung zur Fortführung des Rechtsstreits berechtigt ist, oder bis das Insolvenzverfahren beendet ist. Dies gilt gemäß § 352 Abs. 2 InsO entsprechend, wenn die Verwaltungs- und Verfügungsbefugnis über das Vermögen des Schuldners durch die Anordnung von Sicherungsmaßnahmen nach auf einen vorläufigen Insolvenzverwalter übergeht. § 352 Abs. 1 InsO ist die Parallelregelung des deutschen autonomen Internationalen Insolvenzrechts zu Art. 18 EuInsVO. Anders als Art. 18 EuInsVO ist § 352 InsO allerdings keine Kollisionsnorm, sondern eine **Sachnorm**, die Voraussetzungen, Anfang und Ende der Unterbrechung eines anhängigen Rechtsstreits selbst regelt, ohne hierfür weiter ins deutsche Recht (etwa auf § 240 ZPO) zu verweisen. Aus diesem Rechtscharakter der Vorschrift hat sich die Frage ergeben, unter welchen Voraussetzungen ein Rechtsstreit i. S. des § 352 Abs. 1 InsO aufgenommen werden kann; die Vorschrift sagt das ja nicht, sondern setzt die Möglichkeit der Aufnahme voraus. In Ermangelung einer anderen Alternative müssen **§§ 85 f. InsO analog** angewendet werden. 103

Als **Insolvenzverfahren i. S. der §§ 352 Abs. 1, 343 Abs. 1 Satz 1 InsO** werden Auslandsverfahren angesehen, wenn damit in etwa die gleichen Ziele verfolgt werden wie mit den in der InsO vorgesehenen Verfahren.[295] „Insolvenzverfahren“ ist mithin jedes rechtsförmige Verfahren, 104

– dass durch ein Gericht/eine Behörde oder zumindest unter substantieller Aufsicht eines Gerichtes/einer Behörde durchgeführt wird;[296]

– dass wegen wirtschaftlicher Schwierigkeiten oder materieller Insolvenz des Schuldners eingeleitet wird.[297] Es ist nicht erforderlich, dass das Verfahren die materielle Insolvenz des Schuldners i. S. der deutschen Zahlungsunfähigkeit i. S. des § 17 InsO oder Überschuldung i. S. des § 19 InsO voraussetzt. Auch ist nicht erforderlich, dass drohende Zahlungsunfähigkeit i. S. des § 18 InsO vorliegt.[298] Das Verfahren muss aber mindestens an wirtschaftliche Schwierigkeiten des Schuldners anknüpfen oder darf, anders formuliert, nicht voraussetzungslos zulässig sein.

---

295) BGH, Vers.-Urt. v. 20.12.2011 – VI ZR 14/11, Rz. 32 ff., ZIP 2012, 1527 = WM 2012, 852 = NZI 2012, 572; BGH, Urt. v. 13.10.2009 – X ZR 79/06 (BPatG), Rz. 8, ZIP 2009, 2217, dazu EWiR 2009, 781 *(Rendels/Körner)*; BAG, Urt. v. 27.2.2007 – 3 AZR 618/06, Rz. 19, ZIP 2007, 2047, dazu EWiR 2007, 759 *(Mankowski)*; Begr. RegE Gesetz zur Neuregelung des Internationalen Insolvenzrechts, BT-Drucks. 15/16, S. 21.

296) BGH, Urt. v. 13.10.2009 – X ZR 79/06 (BPatG), ZIP 2009, 2217, Rz. 16, dazu EWiR 2009, 781 *(Rendels/Körner)*; *Ahrens*, Rechte und Pflichten ausländischer Insolvenzverwalter im internationalen Insolvenzrecht, S. 74; *Kolmann*, Kooperationsmodelle, S. 521; *Weissinger* in: BeckOK-InsO, § 343 Rz. 7; *Trunk*, Internationales Insolvenzrecht: Systematische Darstellung des deutschen Rechts mit internationalen Bezügen, 1998, S. 3. Dazu, dass auch die Durchführung/Überwachung durch eine Behörde ausreicht, s. Begr. RegE Gesetz zur Neuregelung des Internationalen Insolvenzrechts, BT-Drucks. 15/16, S. 21; Braun-*Ehret*, InsO, § 343 Rz. 4; **a. A.** *Westpfahl/Goetker/Wilkens*, Grenzüberschreitende Insolvenzen, Rz. 654 – „unter der Aufsicht einer staatlichen oder anderen Institution“.

297) BGH, Urt. v. 13.10.2009 – X ZR 79/06 (BPatG), Rz. 15, ZIP 2009, 2217; BAG, Urt. v. 18.7.2013 – 6 AZR 882/11, Rz. 64, ZIP 2014, 596 =AP InsO § 352 Nr. 1; BAG, Urt. v. 25.4.2013 – 6 AZR 49/12, Rz. 188, ZIP 2013, 1982 (LS) = BeckRS 2013, 70060; *Trunk*, Internationales Insolvenzrecht: Systematische Darstellung des deutschen Rechts mit internationalen Bezügen, 1998, S. 3; enger noch *Kolmann*, Kooperationsmodelle, S. 131 – „Insolvenz“.

298) BGH, Urt. v. 13.10.2009 – X ZR 79/06 (BPatG), Rz. 15, ZIP 2009, 2217.

– dass grundsätzlich das gesamte Schuldnervermögen umfasst.[299] Dass der Schuldner der Befugnis verlustig geht, über sein Vermögen zu verfügen, ist für die Annahme eines Insolvenzverfahrens nicht erforderlich. Mithin können auch Eigenverwaltungsverfahren, bei denen lediglich ein Überwachungsorgan bestellt wird, „Insolvenzverfahren" i. S. der §§ 352 Abs. 1, 343 Abs. 1 Satz 1 InsO sein.[300]
– dass die gemeinschaftliche Befriedigung aller Gläubiger anstrebt, sei es durch Liquidation des Schuldnervermögens, sei es durch einen Vergleich des Schuldners mit seinen Gläubigern.[301] Der entscheidende Gesichtspunkt ist, dass es sich bei dem betreffenden Verfahren um eine Gesamtvollstreckung handelt,[302] die alle Gläubiger einschließt.[303] Keine „Insolvenzverfahren" i. S. der §§ 352 Abs. 1, 343 Abs. 1 Satz 1 InsO sind deshalb teilkollektive Verfahren, die nur Teile der Gläubigerschaft einschließen.

105 Wird i. R. eines inländischen **Schiedsverfahrens** über das Vermögen einer der Schiedsparteien ein ausländisches Insolvenzverfahren eröffnet, entscheidet deutsches Recht oder das von den Parteien gemäß § 1051 ZPO gewählte Recht darüber, ob das Schiedsverfahren unterbrochen wird und ob und unter welchen Voraussetzungen es wieder aufgenommen werden kann.[304] **§ 352 InsO ist nicht auf Schiedsverfahren anwendbar,** denn nach der Gesetzesbegründung sollte die Vorschrift lediglich den Inhalt des § 240 ZPO in das internationale Insolvenzrecht transponieren. Wenn aber § 240 ZPO auf Schiedsverfahren nicht anwendbar ist, dann kann das im Falle des § 352 InsO nicht anders sein.[305]

7. Insolvenz- und Masseforderungen

106 Gemäß **Art. 7 Abs. 2 Satz 2 lit. g EuInsVO** regelt das Recht des Eröffnungsstaats, welche Forderungen als Insolvenzforderungen anzumelden und wie nach Verfahrenseröffnung entstandene Forderungen zu behandeln sind. Art. 7 Abs. 2 Satz 2 lit. g EuInsVO betrifft in der Sache – und ausgedrückt in deutscher Terminologie – also die Unterscheidung zwischen Insolvenzforderung und Masseverbindlichkeit. Sie betrifft *nicht* die Frage des Rangs einer Insolvenzforderung; insofern ist Art. 7 Abs. 2 Satz 2 lit. i EuInsVO das speziellere Gesetz.[306] Sie betrifft auch nicht die prozedurale Frage, ob und wie Insolvenzforderungen anzumelden, zu prüfen und festzustellen sind. Insofern ist Art. 7 Abs. 2 Satz 2 lit. h EuInsVO das speziellere Gesetz.[307]

---

299) *Ahrens*, Rechte und Pflichten ausländischer Insolvenzverwalter im internationalen Insolvenzrecht, S. 75; *Trunk*, Internationales Insolvenzrecht: Systematische Darstellung des deutschen Rechts mit internationalen Bezügen, 1998, S. 3.

300) BGH, Urt. v. 13.10.2009 – X ZR 79/06 (BPatG), Rz. 13, ZIP 2009, 2217 – zu Chapter 11; **a. A.** aber BAG, Urt. v. 18.7.2013 – 6 AZR 882/11, Rz. 64, ZIP 2014, 596 = NZA 2014, 279 („Sie müssen den vollständigen oder teilweisen Vermögensbeschlag – dh. Den Verlust der Befugnis des Schuldners zur Verwaltung seines Vermögens – und die Bestellung eines Verwalters zur Folge haben."), und BAG, Urt. v. 25.4.2013 – 6 AZR 49/12, Rz. 188, ZIP 2013, 1982 (LS) = BeckRS 2013, 70060.

301) BGH, Urt. v. 20.12.2011 – VI ZR 14/11, Rz. 33, ZIP 2012, 1527 = WM 2012, 852 = NZI 2012, 572; BGH, Urt. v. 13.10.2009 – X ZR 79/06 (BpatG), Rz. 8, ZIP 2009, 2217; BGH, Urt. v. 14.11.1996 – IX ZR 339/95, ZIP 1997, 39 – ausländischer Zwangsvergleich, dazu ausführlich *Reinhart* ZIP 1997, 1734; *Kolmann*, Kooperationsmodelle, S. 129; *Trunk*, Internationales Insolvenzrecht: Systematische Darstellung des deutschen Rechts mit internationalen Bezügen, 1998, S. 3.

302) Uhlenbruck-*Lüer/Knof*, InsO, § 343 Rz. 8.

303) BGH, Urt. v. 15.2.2012 – IV ZR 194/09, Rz. 24, ZInsO 2012, 704.

304) *Swierczok* in: HK-InsO, § 352 InsO Rz. 6.

305) *Kraus*, Das Schicksal internationaler Schiedsverfahren in der Insolvenz des Schiedsbeklagten, S. 161; *Swierczok* in: HK-InsO, § 352 Rz. 6; **a. A.** K. Schmidt-*Brinkmann*, InsO, § 352 Rz. 5; *Paulus* in: KPB, InsO, § 352 Rz. 4; *Thole* in: MünchKomm-InsO, § 352 Rz. 16; *G. Wagner*, KTS 2010, 39, 62; *Weissinger* in: BeckOK-InsO, § 352 Rz. 10.

306) *Paulus*, EuInsVO, Art. 7 Rz. 35.

307) *Paulus*, EuInsVO, Art. 7 Rz. 37.

8. Anmeldung, Prüfung und Feststellung der Forderungen

Gemäß **Art. 7 Abs. 2 Satz 2 lit. h EuInsVO** regelt das Recht des Eröffnungsstaats die Kautelen, die für die Anmeldung, die Prüfung und die Feststellung der Forderungen gelten.[308] Die Kollisionsnorm des Art. 7 Abs. 2 Satz 2 lit. h EuInsVO wird ergänzt durch eine Reihe von Sachnormen, die auf europäischer Ebene ein weitgehend **einheitliches und transparentes Verfahren der Forderungsanmeldung** gewährleisten sollen. Sobald in einem Mitgliedstaat ein Insolvenzverfahren eröffnet wird, unterrichtet das zuständige Gericht dieses Staats oder der von diesem Gericht bestellte Verwalter gemäß **Art. 54 Abs. 1 EuInsVO** unverzüglich alle bekannten ausländischen Gläubiger. Diese Unterrichtung erfolgt gemäß Art. 54 Abs. 2 Satz 1 EuInsVO durch **individuelle Übersendung eines Vermerks** und gibt insbesondere an, welche **Fristen** einzuhalten sind, welches die Versäumnisfolgen sind, welche Stelle für die Entgegennahme der Forderungsanmeldungen zuständig ist und welche weiteren Maßnahmen vorgeschrieben sind. In dem Vermerk ist gemäß Art. 54 Abs. 2 Satz 2 EuInsVO auch anzugeben, ob die bevorrechtigten oder dinglich gesicherten Gläubiger ihre Forderungen anmelden müssen. Dem Vermerk ist schließlich gemäß Art. 54 Abs. 2 Satz 3 EuInsVO eine Kopie des **Standardformulars für die Anmeldung von Forderungen gemäß Art. 55 EuInsVO** beizufügen oder es ist anzugeben, wo dieses Formular erhältlich ist. Die Unterrichtung nach Art. 54 Abs. 1 und Abs. 2 EuInsVO erfolgt ihrerseits ebenfalls mithilfe eines **Standardmitteilungsformulars**, das gemäß Art. 88 EuInsVO festgelegt wird. Bei Insolvenzverfahren über das Vermögen einer natürlichen Person, die **keine selbständige gewerbliche oder freiberufliche Tätigkeit** ausübt, ist die Verwendung dieses Standardformulars gemäß Art. 54 Abs. 4 EuInsVO nicht vorgeschrieben, sofern die Gläubiger nicht verpflichtet sind, ihre Forderungen anzumelden, damit diese im Verfahren berücksichtigt werden. 107

Jeder ausländische Gläubiger kann sich zur Anmeldung seiner Forderungen in dem Insolvenzverfahren gemäß **Art. 53 Satz 1 EuInsVO aller Kommunikationsmittel** bedienen, die nach dem Recht des Staats der Verfahrenseröffnung zulässig sind – er muss also nicht das in der EuInsVO vorgesehene Standardformular verwenden. Allein für die Anmeldung einer Forderung ist gemäß **Art. 53 Satz 2 EuInsVO** die Vertretung durch einen Rechtsanwalt oder sonstigen **Rechtsbeistand nicht zwingend**. Die ggf. bestehende Notwendigkeit anwaltlicher Vertretung im Feststellungsprozess bleibt schon vom Wortlaut der Norm („Allein für die Anmeldung […]“) unberührt. Forderungen können gemäß **Art. 55 Abs. 5 Satz 1 EuInsVO** in einer Amtssprache der Organe der EU angemeldet werden. Das Gericht, der Verwalter oder der Schuldner in Eigenverwaltung können gemäß **Art. 55 Abs. 5 Satz 2 EuInsVO** vom Gläubiger eine **Übersetzung** in die Amtssprache des Staats der Verfahrenseröffnung oder – falls es in dem betreffenden Mitgliedstaat mehrere Amtssprachen gibt – in die Amtssprache oder in eine der Amtssprachen des Orts, an dem das Insolvenzverfahren eröffnet wurde, oder in eine andere Sprache, die dieser Mitgliedstaat zugelassen hat, verlangen. Dass die Übersetzung von einem vereidigten Übersetzer beglaubigt sein müsste, sagt die Vorschrift nicht, auch eine vom Gläubiger selbst angefertigte reicht aus. Forderungen sind gemäß **Art. 55 Abs. 6 Satz 1 EuInsVO** innerhalb der im Recht des Staats der Verfahrenseröffnung festgelegten **Frist** anzumelden. Bei ausländischen Gläubigern beträgt diese Frist gemäß **Art. 55 Abs. 6 Satz 2 EuInsVO** mindestens dreißig Tage nach Bekanntmachung der Eröffnung des Insolvenzverfahrens im Insolvenzregister des Staats der Verfahrenseröffnung. 108

308) Ausführlich *Ch. Keller*, ZInsO 2022, 1488.

9. Verteilung der Insolvenzmasse

109 Das Recht des Eröffnungsstaats regelt gemäß **Art. 7 Abs. 2 Satz 2 lit. i EuInsVO** die Verteilung des Erlöses aus der Verwertung des Vermögens, den Rang der Forderungen und die Rechte der Gläubiger, die nach der Eröffnung des Insolvenzverfahrens aufgrund eines dinglichen Rechts oder infolge einer Aufrechnung teilweise befriedigt wurden. Art. 7 Abs. 2 Satz 2 lit. i EuInsVO gilt u. a. für die Frage, ob der Anspruch auf **Rückzahlung eines Gesellschafterdarlehens nachrangig** ist (so in Deutschland gemäß § 39 Abs. 1 Nr. 5 InsO) ist oder nicht, denn diese Frage ist nach ganz **h. M.** insolvenzrechtlich zu qualifizieren.[309]

> **Praxishinweis**
>
> Der insolvenzrechtliche Nachrang des Anspruchs auf Rückzahlung eines Gesellschafterdarlehens in der Insolvenz ist nicht allen europäischen Rechtsordnungen bekannt. Das hat zu der Frage geführt, ob eine Vorschrift wie **§ 39 Abs. 1 Nr. 5 InsO gegen die Niederlassungsfreiheit verstößt** und Art. 7 Abs. 2 Satz 2 lit. i EuInsVO deshalb vertragskonform so auszulegen ist, dass er hinsichtlich des Rangs eines Gesellschafterdarlehens – auch ungeachtet der insolvenzrechtlichen Qualifikation der Frage – dann nicht anzuwenden ist, wenn das Gründungsstatut der Gesellschaft einen solchen Nachrang nicht vorsieht. Der BGH hat die Frage verneint,[310] andere bejahen sie aus durchaus erwägenswerten Gründen.[311] Eine Entscheidung des EuGH liegt nicht vor.

10. Beendigung des Insolvenzverfahrens

110 Das Recht des Eröffnungsstaats regelt gemäß **Art. 7 Abs. 2 Satz 2 lit. j EuInsVO** die Voraussetzungen und die Wirkungen der Beendigung des Insolvenzverfahrens, insbesondere durch Vergleich. Es regelt auch, wann die Beendigung des Insolvenzverfahrens eintritt.[312] Die Vorschrift erfasst in Deutschland die Verfahrensbeendigung durch Aufhebung des Verfahrens nach Schlussverteilung (§ 200 InsO), wegen Masselosigkeit (§ 207 InsO), Masseunzulänglichkeit (§ 211 InsO), Wegfall des Eröffnungsgrundes (§ 212 InsO), Zustimmung der Gläubiger (§ 213 InsO) oder rechtskräftiger Bestätigung eines Insolvenzplans (§§ 217 ff., 258 ff. InsO).[313] Mit der Alternative der Verfahrensbeendigung durch „Vergleich" nimmt die Vorschrift Bezug auf den deutschen Insolvenzplan und vergleichbare Institute des ausländischen Rechts.[314]

11. Rechte der Gläubiger nach Verfahrensbeendigung

111 Das Recht des Eröffnungsstaats bestimmt gemäß **Art. 7 Abs. 2 Satz 2 lit. k EuInsVO** die Rechte der Gläubiger nach der Beendigung des Insolvenzverfahrens. Das betrifft die Frage, ob und unter welchen Voraussetzungen den Gläubigern nach Abschluss des Verfahrens ein **freies Nachforderungsrecht** zusteht, ferner die Frage, ob und unter welchen Voraussetzungen **Restschuldbefreiung** erteilt wird[315] und – wenn der Restschuldbefreiung eine

---

309) BGH, Urt. v. 21.7.2011 – IX ZR 185/10 (PIN), Rz. 26, ZIP 2011, 1775.

310) BGH, Urt. v. 21.7.2011 – IX ZR 185/10 (PIN), Rz. 37 ff., ZIP 2011, 1775; ebenso *Kindler* in: MünchKomm-BGB, Art. 7 EuInsVO Rz. 97; *Ego* in: MünchKomm-AktG, Europäische Niederlassungsfreiheit Rz. 388.

311) *Vanmeenen/Van Hoe*, IILR 2011, 468.

312) EuGH, Urt. v. 22.11.2012 – Rs. C-116/11 (Bank Handlowy), LS 1, ZIP 2012, 2403.

313) Geimer/Schütze-*Geimer*, EZVR, Art. 4 EuInsVO Rz. 25.

314) Zu diesen *Paulus*, EuInsVO, Art. 7 Rz. 40 m. w. N.

315) Pannen-*Pannen/Riedemann*, EuInsVO, Art. 4 Rz. 63; *Paulus*, EuInsVO, Art. 7 Rz. 41 m. w. N.; *Vallender*, ZInsO 2009, 616; *Madaus* in: KPB, InsO, Art. 7 EuInsVO Rz. 40; rechtsvergleichend *Mock*, KTS 2013, 423; zur Frage der deutschen Restschuldbefreiung gegenüber US-amerikanischen Gläubigern *Gotzen*, ZVI 2011, 439.

gerichtliche Entscheidung zugrunde liegt im Zusammenspiel mit Art. 32 EuInsVO[316] – welche Wirkungen eine erteilte Restschuldbefreiung hat.[317] Ebenfalls nach der lex fori concursus sind die Rechte der Gläubiger zu beurteilen, die sich aus dem gestaltenden Teil eines **Insolvenzplans** (oder eines vergleichbaren ausländischen Instruments) ergeben,[318] wobei es vertretbar wäre, diese Frage nach Art. 7 Abs. 2 Satz 2 lit. j anzuknüpfen. Instrumente des Planverfahrens, mit denen **gemäß § 225a InsO gesellschaftsrechtliche Umstrukturierungen** vorgenommen werden, sind insolvenzrechtlich zu qualifizieren. Sie müssen allerdings nach dem jeweiligen Gesellschaftsstatut zulässig sein.[319] Maßstab kann dabei u. U. auch ausländisches Gesellschaftsrecht sein kann, nämlich bei Auslandsgesellschaften, deren COMI in Deutschland liegt (sog. Scheinauslandsgesellschaften).[320]

12. Verfahrenskosten und Auslagen

Das Recht des Eröffnungsstaats regelt gemäß **Art. 7 Abs. 2 Satz 2 lit. l EuInsVO**, wer die Kosten des Insolvenzverfahrens einschließlich der Auslagen zu tragen hat. Das betrifft in Deutschland den § 23 GKG, ferner die Regelungen der §§ 4a ff. InsO über die Verfahrenskostenstundung.[321] Art. 7 Abs. 2 Satz 2 lit. l EuInsVO betrifft richtiger Ansicht zu Folge nur die Frage der Kostentragungspflicht dem Grunde nach, nicht aber die Frage, welche Positionen zu den Verfahrenskosten und Auslagen rechnen. Dennoch ist auch auf diese Frage das Recht des Eröffnungsstaats anzuwenden, und zwar über die Generalklausel des Art. 7 Abs. 2 Satz 1 EuInsVO.[322] Zu beachten ist, dass Art. 7 Abs. 2 Satz 2 lit. l EuInsVO hinsichtlich des Kostenbegriffes partiell durch **Art. 30 EuInsVO** ergänzt wird: Die **Kosten der öffentlichen Bekanntmachung** nach Art. 28 EuInsVO und der Eintragung in öffentliche Register nach Art. 29 EuInsVO gelten gemäß Art. 30 EuInsVO als Kosten und Aufwendungen des Verfahrens. Diese Vorschrift hat Vorrang vor anderslautenden mitgliedstaatlichen Regelungen. Des Weiteren betrifft Art. 7 Abs. 2 Satz 2 lit. l EuInsVO auch nicht die Frage des Rangs dieser Forderungen, also ob es sich um Masseverbindlichkeiten handelt, und bejahendenfalls, welchen Rangs diese sind. Insofern stellt Art. 7 Abs. 2 Satz 2 lit. g EuInsVO das speziellere Gesetz dar. 112

Praxishinweis

Hinsichtlich der **Vergütung des Insolvenzverwalters** kann Art. 7 Abs. 2 Satz 2 lit. l EuInsVO nicht als Kollisionsnorm herangezogen werden, weil die Vorschrift nur die Kostentragungslast (also die Frage, wer Kosten- und Auslagenschuldner ist), nicht aber die Entstehung oder den Umfang der Entstehung von Verfahrenskosten betrifft.[323] Die Vergütung des Insolvenzverwalters ist kollisionsrechtlich nach der Generalklausel des Art. 7 Abs. 2 Satz 1 EuInsVO zu behandeln.[324]

316) K. Schmidt-*Brinkmann*, InsO, Art. 7 EuInsVO Rz. 35.

317) BGH, Urt. v. 18.9.2014 – VII ZR 58/13, LS 2, ZIP 2014, 2092 = ZVI 2015, 118, dazu EWiR 2014, 751 *(Mankowski)*, und KG Berlin, Urt. v. 25.9.2013 – 28 U 36/12, ZVI 2015, 121 = ZInsO 2015, 312 – beide zu den Wirkungen der britischen Discharge.

318) *Paulus*, EuInsVO, Art. 7 Rz. 41.

319) K. Schmidt-*Brinkmann*, InsO, Art. 7 EuInsVO Rz. 34; ausführlich *Fehrenbach*, ZIP 2014, 245.

320) *Ch. Keller*, BB 2020, 2435, 2438 m. Fn. 57.

321) *Paulus*, EuInsVO, Art. 7 Rz. 42. Zur Kostenhaftung in einem Sekundärinsolvenzverfahren *Leithaus/Lange* in: FS Vallender, S. 333.

322) *Paulus*, EuInsVO, Art. 7 Rz. 42.

323) *Mock*, ZInsO 2013, 2245, 2249; wohl ebenso *Paulus*, EuInsVO, Art. 7 Rz. 42; **a. A.** K. Schmidt-*Brinkmann*, InsO, Art. 7 EuInsVO Rz. 36.

324) *Mock*, ZInsO 2013, 2245, 2249.

13. Insolvenzanfechtung

113 Das Recht des Eröffnungsstaats regelt gemäß **Art. 7 Abs. 2 Satz 2 lit. m EuInsVO**, welche Rechtshandlungen nichtig, anfechtbar oder relativ unwirksam sind, weil sie die Gesamtheit der Gläubiger benachteiligen. Die Vorschrift findet Anwendung auf sämtliche Rechtsinstitute, die eine die Gesamtheit der Gläubiger benachteiligende Rechtshandlung nichtig, anfechtbar oder relativ unwirksam sein lassen. Dazu gehört die klassische insolvenzrechtliche Anfechtungsklage (in Deutschland auch diejenige nach § 135[325] und § 313 Abs. 2 InsO)[326], die Unwirksamkeit einer nach Verfahrenseröffnung vorgenommenen Leistung an den Schuldner (§§ 24 Abs. 1, 82 InsO)[327], die Unwirksamkeit der Übertragung eines Vermögensgegenstands (§§ 24 Abs. 1, 81 InsO)[328], die Rückschlagsperre (§ 88 InsO)[329] und die Unwirksamkeit einer anfechtbaren Aufrechnung (§ 96 Abs. 1 Nr. 3 InsO)[330].

> **Praxishinweis**
>
> Für die Einschränkung der deutschen Vorschriften über die insolvenzrechtliche Unwirksamkeit der Aufrechnung durch Vorschriften der EuInsVO gilt also Folgendes: § 95 Abs. 1 Satz 3, § 96 Abs. 1 Nr. 1, Nr. 2 und Nr. 4 InsO werden eingeschränkt durch Art. 6 Abs. 1 EuInsVO. § 96 Abs. 1 Nr. 3 InsO wird eingeschränkt durch Art. 16 EuInsVO.

114 **Nicht erfasst** sind Rechtsinstitute, die zwar im Interesse der Gläubigergesamtheit die Nichtigkeit einer Rechtshandlung anordnen oder Erstattungs- oder Ersatzansprüche statuieren, die aber nicht insolvenzrechtlich anzuknüpfen sind. Nicht erfasst sind deshalb die Einzelgläubigeranfechtung nach dem AnfG,[331] die Nichtigkeitsgründe des BGB,[332] auch dann nicht, wenn der Vorwurf der Sittenwidrigkeit mit dem Aspekt der Gläubigertäuschung[333] oder der eigensüchtigen Insolvenzverschleppung[334] begründet wird, die Vorschriften über Kapitalaufbringung und Kapitalerhaltung in Kapitalgesellschaften[335] (wohl aber das Recht der Gesellschafterdarlehen), auch dann nicht, wenn sie analoge Anwendung auf die GmbH & Co. KG finden, und die gesellschaftsrechtliche Durchgriffshaftung,[336] insbesondere das Rechtsinstitut des existenzvernichtenden Eingriffs. Nicht erfasst sind ferner Ansprüche, die zwar das Interesse der Gläubigergesamtheit im Blick haben oder sogar insolvenzrechtlich anzuknüpfen sind, die aber nicht auf der Nichtigkeit, Anfechtbarkeit oder relativen Unwirksamkeit einer bestimmten Rechtshandlung i. S. des Art. 7 Abs. 2 Satz 2 lit. m EuInsVO beruhen. Das betrifft die Fälle der §§ 92, 93 InsO, des § 171 Abs. 2 HGB, der insolvenzspezifischen Geschäftsleiterhaftung aus § 15b InsO sowie des § 823 Abs. 2 BGB i. V. mit § 15a InsO.

---

325) Mankowski/Müller/J. Schmidt-*Müller*, EuInsVO, Art. 7 Rz. 70; *Paulus*, EuInsVO, Art. 7 Rz. 44; s. aber OLG Naumburg, Urt. v. 6.10.2010 – 5 U 73/10, ZIP 2011, 677, dazu EWiR 2011, 709 *(Knof)*.

326) Braun-*Tashiro*, InsO, § 339 Rz. 4 – zu § 339 InsO.

327) Mankowski/Müller/J. Schmidt-*Müller*, EuInsVO, Art. 7 Rz. 70.

328) *Reinhart* in: MünchKomm-InsO, Art. 7 EuInsVO Rz. 49.

329) *Paulus*, EuInsVO, Art. 7 Rz. 44; *Reinhart* in: MünchKomm-InsO, Art. 7 EuInsVO Rz. 49; *Kolmann/Ch. Keller* in: Gottwald/Haas, InsR-Hdb., § 131 Rz. 107; Uhlenbruck-*Lüer*, InsO, § 339 Rz. 9 – zu § 339 InsO; Braun-*Tashiro*, InsO § 339 Rz. 8 – zu § 339 InsO.

330) *Paulus*, EuInsVO, Art. 7 Rz. 44; Duursma-Kepplinger/Duursma/Chalupski-*Duursma-Kepplinger*, EuInsVO, Art. 6 Rz. 28; *Reinhart* in: MünchKomm-InsO, Art. 9 EuInsVO Rz. 14; Uhlenbruck-*Lüer*, InsO, § 339 Rz. 9 – zu § 339 InsO; Braun-*Tashiro*, InsO, § 339 Rz. 9 – zu § 339 InsO.

331) *Paulus*, EuInsVO, Art. 7 Rz. 44 m. N. zur Gegenansicht.

332) *Paulus*, EuInsVO, Art. 7 Rz. 44 – für § 138 BGB.

333) BGH, Urt. v. 16.3.1995 – IX ZR 72/94, ZIP 1995, 630 = NZI 2011, 136; **a. A.** Mankowski/Müller/J. Schmidt-*Müller*, EuInsVO, Art. 7 Rz. 73; *Paulus*, EuInsVO, Art. 7 Rz. 44.

334) **A. A.** Mankowski/Müller/J. Schmidt-*Müller*, EuInsVO, Art. 7 Rz. 73; näher *Wallner/Neuenhahn*, NZI 2006, 553, 559.

335) Pannen-*Pannen/Riedemann*, EuInsVO, Art. 4 Rz. 77.

336) Pannen-*Pannen/Riedemann*, EuInsVO, Art. 4 Rz. 77.

> **Praxishinweis**
> Die Tatsache, dass die vorgenannten Rechtsinstitute nicht unter Art. 7 Abs. 2 Satz 2 lit. m EuInsVO subsumiert werden können, heißt nicht, dass diese nicht möglicherweise insolvenzrechtlich qualifiziert werden müssen. Während dies für die **insolvenzspezifische Geschäftsleiterhaftung** mittlerweile vom EuGH so entschieden wurde, dürfte dies im Falle des § 92 InsO und des § 171 Abs. 2 HGB anders zu beurteilen sein: Ansprüche, die nach diesen Vorschriften geltend gemacht werden, unterfallen dem Gesellschaftsstatut, sind richtiger Ansicht zu Folge aber gleichwohl Annexverfahren. Es handelt sich um einen der seltenen Fälle, wo die materiellrechtliche Qualifikation und prozessuale Einordnung nicht Hand in Hand gehen.

Das Recht des Staats der Verfahrenseröffnung regelt gemäß Art. 7 Abs. 2 Satz 2 lit. m EuInsVO nicht nur die Voraussetzungen, sondern auch die **Rechtsfolgen** der genannten Rechtsinstitute. Insbesondere regelt das Recht des Staats der Verfahrenseröffnung, welche Qualität dem Anfechtungsanspruch in der Insolvenz des Anfechtungsgegners zukommt. Bekanntlich kann der deutsche Anfechtungsanspruch aus § 143 InsO in dieser Situation sowohl den Charakter einer Masse- als auch einer Insolvenzforderung haben, was davon abhängt, ob der Primäranspruch (dann Masseforderung) oder der Wertersatzanspruch (dann Insolvenzforderung) geltend gemacht wird. Alternativ käme eine Anknüpfung dieser Frage nach Art. 7 Abs. 2 Satz 2 lit. b EuInsVO in Betracht, was zur Anwendbarkeit des Insolvenzrechts des Staats führen würde, in dem der Anfechtungsgegner seinen Sitz hat. Das ist abzulehnen. 115

Beispiel 116

Über das Vermögen der D-GmbH wurde in Deutschland das Insolvenzverfahren eröffnet. Der Geschäftsführer der D-GmbH setzt sich nach Frankreich ab und erreicht, dass ein französisches Privatinsolvenzverfahren über sein Vermögen eröffnet wird. Die D-GmbH hatte, ohne das hierzu eine vertragliche Verpflichtung bestand, dem Geschäftsführer drei Jahre vor Insolvenzantrag ein unwiderrufliches Bezugsrecht an einer von ihr unterhaltenen Lebensversicherung eingeräumt. Ob der französische Insolvenzverwalter seinen deutschen Kollegen auf die Anmeldung zur Tabelle verweisen kann, oder ob der Anfechtungsanspruch eine Masseverbindlichkeit ist, mit der Folge, dass der Rückkaufswert ungeschmälert zur deutschen Insolvenzmasse gezogen werden kann, bestimmt sich nach der hier vertretenen Auffassung nach Art. 7 Abs. 2 Satz 2 lit. m EuInsVO und damit nach deutschem Recht.

Art. 16 EuInsVO bestimmt, dass Art. 7 Abs. 2 Satz 2 lit. m EuInsVO keine Anwendung findet, wenn die Person, die durch eine die Gesamtheit der Gläubiger benachteiligende Handlung begünstigt wurde, nachweist, dass für diese Handlung das **Recht eines anderen Mitgliedstaats** als das des Staats der Verfahrenseröffnung maßgeblich ist und dass in diesem Fall die Handlung in keiner Weise nach diesem Recht angreifbar ist.[337)] Die **Sachnorm** des Art. 16 EuInsVO schützt so das Vertrauen von Gläubigern und Dritten, dass Rechtshandlungen, die nach dem auf diese Rechtshandlung anwendbaren Recht wirksam und unangreifbar sind, nicht durch ein fremdes Insolvenzrecht beeinträchtigt werden.[338)] Sie gibt dem Anfechtungsgegner eine **Einrede** und ist folglich **nicht von Amts wegen zu prüfen.**[339)] Eine etwaige **prozessuale Präklusion der Einrede** richtet sich nach dem Recht des Gerichtsstaats, da die kumulative Berufung der lex causae durch Art. 16 EuInsVO 117

337) Inhaltsgleich § 339 InsO.

338) *Kemper*, ZIP 2001, 1609, 1619; *Kindler* in: MünchKomm-BGB, Art. 16 EuInsVO Rz. 2 f.; *Westpfahl/Goetker/Wilkens*, Grenzüberschreitende Insolvenzen, Rz. 445; *Reinhart* in: MünchKomm-InsO, Art. 16 EuInsVO Rz. 1, der die Regelung vor dem Hintergrund des Vertrauensschutzgedankens allerdings für nicht gelungen hält.

339) Duursma-Kepplinger/Duursma/Chalupski-*Duursma-Kepplinger*, Art. 13 Rz. 13; *Bork* in: KPB, InsO, Art. 16 EuInsVO Rz. 20; *Kindler* in: MünchKomm-BGB, Art. 16 EuInsVO Rz. 24; *Leible/Staudinger*, KTS 2000, 533, 556.

nicht den Schutz des Einzelnen vor dem gewöhnlichen Risiko bezweckt, sich in einem Anfechtungsprozess verteidigen zu müssen; Art. 16 EuInsVO gewährt daher auch keinen Schutz vor dem Verfahrensrecht, das von dem zuständigen Gericht angewandt wird.[340]

Praxishinweis

Auf Art. 7 Abs. 2 Satz 2 lit. m EuInsVO und damit auch auf Art. 16 EuInsVO wird in Art. 8 Abs. 4, Art. 9 Abs. 2 und Art. 10 Abs. 3 EuInsVO verwiesen. Art. 11 EuInsVO enthält keine solche Verweisung. Gleichwohl unterliegen auch Immobiliarverträge der Insolvenzanfechtung.[341]

118 Der **Begriff der „Rechtshandlung"** in Art. 16 EuInsVO ist **weit auszulegen**, wobei nicht, wie teilweise vertreten wird,[342] auf die Auslegung des Begriffs nach dem Insolvenzrecht des Eröffnungsstaats (in Deutschland also § 129 InsO) abzustellen ist, sondern eine **autonome Auslegung** greift.[343] Er ist identisch mit dem in Art. 7 Abs. 2 Satz 2 lit. m EuInsVO verwendeten Begriff.[344] Kommt auf das betreffende Rechtsgeschäft das Recht eines Drittstaats zur Anwendung, scheidet die Anwendung des Art. 16 EuInsVO aus. In diesem Fall unterliegt die Anfechtung ausschließlich dem Insolvenzstatut des Eröffnungsstaats.[345] Art. 16 EuInsVO ist nur auf **vor Verfahrenseröffnung erfolgte Rechtshandlungen** anwendbar.[346] Ist die fragliche Handlung nach Verfahrenseröffnung vorgenommen worden, bewendet es bei Art. 7 Abs. 2 Satz 2 lit. m EuInsVO.[347] Diese Sicht führt dazu, dass der Anwendungsbereich von Art. 16 EuInsVO kleiner ist als der des Art. 7 Abs. 2 Satz 2 lit. m EuInsVO, was sich damit rechtfertigen lässt, dass es nach Verfahrenseröffnung keines Vertrauensschutzes mehr bedarf.[348] Ob das immer richtig ist, ist fraglich, insbesondere wenn es um die Anfechtung gemäß § 147 InsO geht. Im Falle der **Verwertung von Sicherheiten** ist der Zeitpunkt der Begründung der Sicherheit maßgeblich. Daher erfasst Art. 16 EuInsVO auch den Fall, dass die von einem Insolvenzverwalter angefochtene Auszahlung eines vor Eröffnung des Insolvenzverfahrens gepfändeten Geldbetrags erst nach Eröffnung dieses Verfahrens erfolgt ist.[349] Ob Art. 16 EuInsVO auch auf Rechtshandlungen Anwendung findet, die während der **vorläufigen Insolvenzverwaltung** vorgenommen wurden, ist unklar, richtigerweise aber zu bejahen.

119 Der Anfechtungsgegner trägt die **Darlegungs- und Beweislast** dafür, dass für die angefochtene Rechtshandlung **„das Recht eines anderen Mitgliedstaats als des Staates der Verfahrenseröffnung maßgeblich"** ist. Wie dieses Recht zu bestimmen ist, war früher streitig.[350] Nach **h. M.** war dabei auf das Internationale Privatrecht des Staats der Verfahrens-

340) EuGH, Urt. v. 8.6.2017 – Rs. C-54/16 (Vinyls), ZIP 2017, 1426 = NZI 2017, 633, dazu WuB 2018, 42 (*Ch. Keller*).

341) *Mankowski* in: FS Görg, S. 273, 289 f.

342) *Undritz* in: HambKomm-InsO, Art. 16 EuInsVO Rz. 7.

343) *Reinhart* in: MünchKomm-InsO, Art. 16 EuInsVO Rz. 6.

344) *Kindler* in: MünchKomm-BGB, Art. 16 EuInsVO Rz. 7.

345) *Paulus*, EuInsVO, Art. 16 Rz. 9; **a. A.** *Westpfahl/Goetker/Wilkens*, Grenzüberschreitende Insolvenzen, Rz. 448 – § 339 InsO, m. E. aber zweifelhaft.

346) EuGH, Urt. v. 16.4.2015 – Rs. C-557/13 (Lutz), Rz. 36, ZIP 2015, 1030, dazu EWiR 2015, 415 (*Ch. Keller*); *Kindler* in: MünchKomm-BGB, Art. 16 EuInsVO Rz. 8; Pannen-*Pannen/Riedemann*, EuInsVO, Art. 4 Rz. 70; *Virgós/Schmit* in: Stoll, Vorschläge und Gutachten, Rz. 138; *Undritz* in: HambKomm-InsO, Art. 16 EuInsVO Rz. 4; **a. A.** K. Schmidt-*Brinkmann*, InsO, Art. 16 EuInsVO Rz. 11; **dagegen** *Müller*, EuZW 2016, 212, 214.

347) *Kindler* in: MünchKomm-BGB, Art. 16 EuInsVO Rz. 8; Duursma-Kepplinger/Duursma/Chalupski-*Duursma-Kepplinger*, EuInsVO, Art. 13 Rz. 16.

348) *Undritz* in: HambKomm-InsO, Art. 16 EuInsVO Rz. 4.

349) EuGH, Urt. v. 16.4.2015 – Rs. C-557/13 (Lutz), ZIP 2015, 1030.

350) Im Falle einer im Wege der Insolvenzanfechtung angegriffenen Überweisung ist das maßgebliche Recht dasjenige Recht, das dem Verpflichtungsgeschäft zugrunde liegt, LG Krefeld, Urt. v. 3.9.2014 – 7 O 67/12, ZIP 2014, 1940, dazu EWiR 2014, 659 (*J. Schmidt*).

eröffnung abzustellen,[351)] während nach **a. A.** das Internationale Privatrecht des Staats des jeweils angerufenen Gerichts maßgeblich war,[352)] das wegen Art. 6 EuInsVO in der Regel aber identisch mit dem Recht des Staates der Verfahrenseröffnung ist.[353)] Richtig ist letzteres, denn bei der Frage des anwendbaren Rechts handelt es sich um eine nicht-insolvenzrechtliche Vorfrage, die von Art. 7 EuInsVO nicht erfasst wird, und für die deshalb der allgemeine international-privatrechtliche Grundsatz gilt, dass jedes Gericht sein internationales Privatrecht anwendet.[354)] Ist ein Vertrag Grundlage der angefochtenen Rechtshandlung, so ist das Vertragsstatut maßgeblich. Das gilt auch, soweit es um die Anfechtung der **Rückzahlung von Gesellschafterdarlehen**[355)] oder der **Drittleistung auf eine vertragliche Verpflichtung** geht.[356)] Ist eine sachenrechtliche Verfügung Gegenstand der Anfechtung, ist die lex rei sitae (Art. 43 EGBGB) maßgeblich.[357)]

In **„keiner Weise angreifbar"** i. S. des Art. 16 EuInsVO ist die Handlung, wenn ihre Wirksamkeit nach der lex causae unter keinem denkbaren Gesichtspunkt in Zweifel gezogen werden kann. Nach Ansicht des EuGH „neben den insolvenzrechtlichen Vorschriften des für diese Handlung geltenden Rechts (lex causae) sämtliche Vorschriften und allgemeinen Grundsätze dieses Rechts."[358)] Erfasst sind mithin nicht nur **materiell-rechtliche Einwände**, sondern auch **verfahrensrechtliche Einwände.**[359)] Zu den denkbaren materiell-rechtlichen Einwänden zählen z. B. die allgemeine zivilrechtliche actio pauliana, die Gläubigeranfechtung, die Anfechtung wegen Willensmängeln, die Nichtigkeit wegen Sittenwidrigkeit oder eines Formmangels, die Einrede der Verjährung sowie etwaige Form- und Fristvorschriften für den Anfechtungsanspruch.[360)] 120

Praxishinweis

Insofern ist Vorsicht geboten im **Rechtsverkehr mit Österreich.** § 43 öInsO bestimmt, dass Anfechtungsansprüche innerhalb eines Jahres ab Insolvenzeröffnung geltend gemacht werden müssen. Das ist eine aus deutscher Sicht sehr kurze Frist, die nach der *Lutz-Entscheidung* nun allerdings bekannt sein sollte.

351) Pannen-*Dammann*, EuInsVO, Art. 13 Rz. 4; Duursma-Kepplinger/Duursma/Chalupski-*Duursma-Kepplinger*, EuInsVO, Art. 13 Rz. 16; *Klumb*, Kollisionsrecht der Insolvenzanfechtung, S. 43.

352) OLG Naumburg, Urt. v. 6.10.2010 – 5 U 73/10, ZIP 2011, 677; LG Potsdam, Urt. v. 6.10.2017 – 6 O 346/16, NZI 2017, 943, m. Anm. *Friese*; *Bork* in: KPB, InsO, Art. 16 EuInsVO Rz. 13; Graf-Schlicker-*Bornemann*, InsO, Art. 16 EuInsVO Rz. 6; *Frevel*, Das europäische Kollisionsrecht der Insolvenzanfechtung: Eine Untersuchung zur Auslegung des Art. 16 EuInsVO, S. 94 ff.; *Kindler* in: MünchKomm-BGB, Art. 16 EuInsVO Rz. 9; Uhlenbruck-*Knof* VO (EU) 2015/848 Art. 16 Rz. 17; *Müller*, EuZW 2016, 212, 214; *Reinhart* in: MünchKomm-InsO, Art. 16 EuInsVO Rz. 8; *Dornblüth* in: HK-InsO, Art. 16 Rz. 6; *Thole*, MünchKomm-InsO, Art. 16 EuInsVO Rz. 5; *Undritz* in: HambKomm-InsO, Art. 16 EuInsVO Rz. 8.

353) *Bork* in: KPB, InsO, Art. 16 EuInsVO Rz. 13.

354) *Bork* in: KPB, InsO, Art. 16 EuInsVO Rz. 13; *Brinkmann*, ZIP Beilage Heft 22/2016, S. 15.

355) **Sehr streitig**, *Finkelmeier*, EuZW 2020, 833, 836 f.; *Kindler* in: MünchKomm-BGB, Art. 16 EuInsVO Rz. 12; *Kolmann/Ch. Keller* in: Gottwald/Haas, InsR-Hdb., § 131 Rz. 97; **a. A.** OLG Naumburg, Urt. v. 6.10.2010 – 5 U 73/10, ZIP 2011, 677 – Insolvenzstatut; die Entscheidung verteidigend *Brinkmann*, ZIP Beilage Heft 22/2016, S. 16 m. w. N.; *Prager/Bangha-Szabo* in: FS Wimmer, S. 506, 520 f.; ebenso jetzt *Gehrlein*, ZInsO 2020, 2591, 2593.

356) EuGH, Urt. v. 22.4.2021 – Rs. C-73/20, NZI 2021, 502 = EuZW 2021, 509; BGH, Urt. v. 29.7.2021 – IX ZR 94/19, NZI 2021, 990 = ZIP 2020, 426; *Thole*, NZI 2013, 113.

357) *Dornblüth* in: HK-InsO, Art. 16 Rz. 6.

358) EuGH, Urt. v. 15.10.2015 – Rs. C-310/14 (Nike), Rz. 36, ZIP 2015, 2379 = NZI 2015, 954.

359) EuGH, Urt. v. 15.10.2015 – Rs. C-310/14 (Nike), LS 3, ZIP 2015, 2379 = NZI 2015, 954, dazu EWiR 2015, 773 *(Mankowski)*; EuGH, Urt. v. 8.6.2017 – Rs. C-54/16 (Vinyls), ZIP 2017, 1426 = NZI 2017, 633, dazu WuB 2018, 42 (*Ch. Keller*).

360) EuGH, Urt. v. 16.4.2015 – Rs. C-557/13 (Lutz), ZIP 2015, 1030, dazu EWiR 2015, 415 *(Ch. Keller)*, im Anschluss an BGH, Urt. v. 10.10.2013 – IX ZR 265/12, ZIP 2013, 2167 = NZI 2015, 1017; Duursma-Kepplinger/Duursma/Chalupski-*Duursma-Kepplinger*, EuInsVO, Art. 13 Rz. 18; *Kindler* in: MünchKomm-BGB, Art. 16 EuInsVO Rz. 13 ff.; *Undritz* in: HambKomm-InsO, Art. 16 EuInsVO Rz. 10; *Virgós/Schmit* in: Stoll, Vorschläge und Gutachten, Rz. 137.

121 Nach ständiger Rechtsprechung des EuGH trägt der Anfechtungsgegner – abweichend von § 293 ZPO – die **Darlegungs- und Beweislast** dafür, dass die Rechtshandlung in keiner Weise nach dem Recht dieses Mitgliedstaats angreifbar ist. EuGH und BGH schränken diese – nach dem Wortlaut kaum je zu erfüllende – Darlegungs- und Beweislast allerdings doppelt ein: Der EuGH verlangt nicht, dass der Anfechtungsgegner zu sämtlichen möglichen Tatbeständen der lex causae vorträgt, nach denen die Rechtshandlung angreifbar sein könnte. Er verlangt nur, dass der Anfechtungsgegner „in Anbetracht aller Umstände des jeweiligen Falls“[361] vorträgt. Das reduziert seine Darlegungs- und Beweislast auf diejenigen Tatbestände der lex causae, die angesichts des Parteivortrages **„im konkreten Fall“ in Betracht kommen.** Eine abstrakte Prüfung der Wirksamkeit der Rechtshandlung nach der lex causae verlangt der EuGH also nicht.[362] Der EuGH überlässt es ferner den Gerichten der Mitgliedstaaten, wie sie nach ihrem Verfahrensrecht mit dem Umstand umgehen, dass Art. 16 EuInsVO den Nachweis einer Negativtatsache verlangt.[363] Der BGH stellt an Darlegung- und Beweis im Zusammenhang mit **Negativtatsachen** folgende Anforderungen: Um die tatsächliche Schwierigkeit eines Nachweises negativer Tatsachen zu mildern, hat die damit belastete Partei in der Regel nur die Umstände zu widerlegen, die nach dem Vortrag der Gegenseite für die positive Tatsache, also für das Vorhandensein des streitigen Umstands, sprechen. Der nicht beweisbelasteten Partei obliegt es, i. R. des ihr Zumutbaren die Behauptung der positiven Tatsachen aufzustellen, deren Unrichtigkeit sodann die beweisbelastete Partei nachzuweisen hat.[364]

122 Art. 16 EuInsVO schafft Raum für die **kautelarische Überlegung**, einen Vertrag durch Rechtswahl dem Recht zu unterstellen, das die den Vertragsparteien günstigsten Anfechtungsregeln (z. B. die kürzesten Fristen, die schärfsten Voraussetzungen oder die wenigsten Anfechtungstatbestände) enthält.[365] Sogar zwei Inländer können einen Vertrag durch Rechtswahl einem insolvenzrechtlich als günstig empfundenen, ausländischen Recht unterstellen. Das deutsche Internationale Privatrecht verbietet das nach heute **h. M.** nicht.[366] In Rechtsprechung und Literatur werden allerdings verschiedene Vorschläge gemacht, wie einem Missbrauch der Rechtswahlfreiheit entgegengewirkt werden kann:

- **Art. 3 Abs. 3 Rom I-VO**: Sind alle anderen Elemente des Sachverhalts zum Zeitpunkt der Rechtswahl in einem anderen als demjenigen Staat belegen, dessen Recht gewählt wurde, so berührt die Rechtswahl der Parteien nach dieser Vorschrift nicht die Anwendung derjenigen Bestimmungen des Rechts dieses anderen Staats, von denen nicht durch Vereinbarung abgewichen werden kann. Die Idee des Generalanwalts war, das Insolvenzanfechtungsrecht des Eröffnungsstaats über diese Vorschrift als „Bestimmung […], von denen nicht durch Vereinbarung abgewichen werden kann“, zur Anwendung zu bringen. Der EuGH wollte das nicht, weil er denkt, Art. 16 EuInsVO sei im Hinblick auf das Recht der Insolvenzanfechtung die speziellere Norm, die Art. 3 Abs. 3 Rom I-VO verdränge.[367]

---

361) EuGH, Urt. v. 15.10.2015 – Rs. C-310/14 (Nike), Rz. 25, ZIP 2015, 2379 = NZI 2015, 954.

362) EuGH, Urt. v. 8.6.2017 – Rs. C-54/16 (Vinyls), Rz. 34 und 35, ZIP 2017, 1426 = NZI 2017, 633.

363) EuGH, Urt. v. 15.10.2015 – Rs. C-310/14 (Nike), Rz. 25, ZIP 2015, 2379 = NZI 2015, 954; **kritisch** dazu, dass Art. 16 EuInsVO den Nachweis einer Negativtatsache verlangt, *Müller*, EuZW 2016, 212, 217.

364) BGH, Urt. v. 22.2.2011 – XI ZR 261/09, Rz. 20, NZI 2011, 402 = ZIP 2011, 722.

365) **A. A.** *Brinkmann*, ZIP Beilage Heft 22/2016, S. 16, der u. a. aus diesem Grunde das auf Gesellschafterdarlehen anwendbare Recht nach dem Insolvenzstatut bestimmen will. Dabei soll es darauf ankommen, wo der COMI zum Zeitpunkt der Vornahme der Rechtshandlung belegen war (a. a. O., S. 17).

366) Grüneberg-*Thorn*, BGB, Art. 3 Rom I-VO Rz. 4.

367) **A. A.** *Mankowski*, NZI 2017, 637 (Urteilsanm.).

- **Art. 9 Rom I-VO:** Eine **Eingriffsnorm** i. S. dieser Vorschrift ist eine zwingende Vorschrift, deren Einhaltung von einem Staat als so entscheidend für die Wahrung seines öffentlichen Interesses, insbesondere seiner politischen, sozialen oder wirtschaftlichen Organisation, angesehen wird, dass sie ungeachtet des nach Maßgabe dieser Verordnung auf den Vertrag anzuwendenden Rechts auf alle Sachverhalte anzuwenden ist, die in ihren Anwendungsbereich fallen. Man könnte argumentieren, die Anfechtungstatbestände des Eröffnungsstaats seien Eingriffsnormen i. S. des Art. 9 Rom I-VO.[368] Die Anwendung dieser Vorschrift wurde vom EuGH indes nicht diskutiert; auch in der Literatur wird eine direkte Anwendung der Vorschrift bislang abgelehnt, in der Regel allerdings stillschweigend ohne Erörterung des Problems.
- Der EuGH[369] ging einen anderen Weg: Ausgehend von seiner These, Art. 16 EuInsVO sei im Verhältnis zu Art. 3 Abs. 3 Rom I-VO lex specialis, stellte er zunächst fest, dass die Vorschrift selbst keine Schranken für die Rechtswahl enthält. Er stellte die Möglichkeit der Rechtswahl deshalb nur unter einen **allgemeinen Betrugs- und Missbrauchsvorbehalt**, wobei es ausdrücklich den Gerichten der Mitgliedstaaten überlassen bleibt, diesen mit Leben zu erfüllen. Einen Hinweis gibt der EuGH allerdings: Die bloße Tatsache, dass die Parteien von der Möglichkeit Gebrauch gemacht haben, das Recht eines anderen Mitgliedstaats als desjenigen, in dem sie ihren Sitz haben, zu wählen, begründet jedenfalls keine Vermutung, dass die insolvenzrechtlichen Vorschriften in betrügerischer oder missbräuchlicher Weise umgangen werden sollten. Indizien für eine missbräuchliche Rechtswahl könnten etwa die Umstände sein, dass die Rechtswahl nachträglich – gar in der Krise – geändert wird, dass sie zeitlich mit anderen Maßnahmen koinzidiert, mit der denen der Schuldner sein Vermögen vor Gläubigern in Sicherheit bringen möchte (vgl. § 283 StGB) oder dass sie Teil einer gläubigerbenachteiligenden Gesamtstrategie ist.
- Schließlich kommt in Betracht, dass eine Rechtswahl unter bestimmten Umständen selbst der **Insolvenzanfechtung** unterliegt, namentlich als vorsätzliche Gläubigerbenachteiligung i. S. des § 133 Abs. 1 InsO.[370] Wenn das der Fall ist, könnte sie durch eine inzidente Anfechtung unbeachtlich werden.

E. Haupt- und Sekundärinsolvenzverfahren

I. Universalität und Territorialität

Bei der Schaffung eines Internationalen Insolvenzrechts sind grundsätzlich zwei konzeptionelle Ansätze denkbar: Das **Universalitätsprinzip** besagt, dass ein einziges Insolvenzverfahren durchgeführt wird, in dem das gesamte weltweite Vermögen des Schuldners erfasst wird, an dem alle weltweiten Gläubiger des Schuldner beteiligt sind und das von allen Staaten anerkannt wird. Die Verwirklichung des Universalitätsprinzips stößt in solchen Staaten auf Schwierigkeiten, in denen die Zugehörigkeit eines Vermögensgegenstands zum Schuldnervermögen juristisch anders beurteilt wird, als im Staat der Verfahrenseröffnung. Zu dieser Situation kommt es immer dann, wenn divergierende Sachrechte involviert sind. Beispielsweise berechtigt in Deutschland der einfache Eigentumsvorbehalt zur Aussonderung des Vermögensgegenstands nach Maßgabe des § 47 InsO i. V. mit § 985 BGB, während die Sicherungsübereignung lediglich zur abgesonderten Befriedigung nach Maßgabe der 123

368) Vgl. *Piekenbrock*, LMK 2017, 393458 (Urteilsanm.) – im Anschluss an *Pfeiffer* in: Hess/Oberhammer/Pfeiffer, European Insolvency Law, Rz. 626, der diese Vorschrift zwar nicht anwenden will, die Wirkungsweise des Art. 16 EuInsVO aber als verwandt ansieht.

369) EuGH, Urt. v. 8.6.2017 – Rs. C-54/16 (Vinyls), ZIP 2017, 1426 = NZI 2017, 633, dazu WuB 2018, 42 *(Ch. Keller)*.

370) Vgl. 1. Aufl., Rz. 81; *Prager/Ch. Keller*, NZI 2011, 697, 701 m. w. N.; *Reinhart* in: MünchKomm-InsO, § 339 Rz. 10, Art. 16 EuInsVO Rz. 6; *Klumb*, Kollisionsrecht der Insolvenzanfechtung, S. 109.

§§ 50 Nr. 1, 166 ff. InsO berechtigt. In Italien hingegen führt die Sicherungsübereignung zu einem Aussonderungsrecht.[371)] Ein italienischer Jurist würde wohl also davon ausgehen, dass eine ihm von einem deutschen Schuldner sicherungsübereignete Sache nicht zur Insolvenzmasse eines deutschen Verfahrens gehört – was nach dem Gesagten nicht zutrifft.

124 Theoretisches Gegenstück zum Universalitätsprinzip ist das **Territorialitätsprinzip**, das die Wirkungen der Insolvenzeröffnungen nur in den Grenzen des Territoriums des Staats zulässt, durch dessen Gerichte das Insolvenzverfahren eröffnet wurde. Das Territorialitätsprinzip betrachtet das Insolvenzverfahren als hoheitlichen Akt, der außerhalb des jeweiligen Hoheitsgebietes keine Wirkung entfaltet.[372)] Inlandsverfahren zeitigen danach keine Wirkungen im Ausland, so wie umgekehrt Auslandsverfahren keine Inlandswirkungen entfalten. Das ist zunächst einleuchtend, da mit der Grenze eines Staats auch dessen Hoheitsgewalt endet. Seine Berechtigung erfährt das Territorialitätsprinzip aus dem Umstand, dass eine Beschränkung der Insolvenzwirkungen auf die jeweiligen Nationalstaaten *erstens* besondere Organisationsregelungen im Ausland entbehrlich macht und *zweitens* kollidierende Sachrechte vermieden werden. Die Nachteile des Territorialitätsprinzips überwiegen indes, weil dem Prinzip der Gläubigergleichbehandlung nicht Rechnung getragen wird. Da das Territorialitätsprinzip nicht sicherstellt, dass in allen Staaten, in denen Schuldnervermögen belegen ist, Insolvenzverfahren eröffnet werden, wird tatsächlich gar nicht das gesamte Schuldnervermögen zur Haftungsrealisierung herangezogen. Fehlen international abgestimmte Regelungen zur Bildung einer Masse aus dem gesamten schuldnerischen Vermögen, bleibt es einzelnen Gläubigern möglich, sich aus dem im Ausland befindlichen Vermögen des Schuldners zu befriedigen, während der Großteil der Gläubiger auf das im Inland vom Insolvenzgericht in Beschlag genommene Vermögen beschränkt wird.

125 Die EuInsVO folgt im Grundsatz dem Universalitätsprinzip:[373)] Nach Art. 7 EuInsVO gilt für das Insolvenzverfahren und seine Wirkungen das Insolvenzrecht des Mitgliedstaats, in dem das Verfahren eröffnet wird. Mithin bestimmt das Recht des Eröffnungsstaats grundsätzlich Voraussetzungen und Wirkungen der Eröffnung eines Insolvenzverfahrens, sofern speziellere Rechtsvorschriften nichts Anderes regeln. Allerdings erfährt das Universalitätsprinzip in der EuInsVO zwei strukturelle Einschränkungen,[374)] weshalb man bezüglich der EuInsVO auch von „eingeschränkter"[375)], „kontrollierter"[376)] oder „modifizierter"[377)] Universalität spricht. *Erstens* gilt die lex fori concursus nicht ausnahmslos, sondern wird bisweilen durch Sonderanknüpfungen verdrängt oder ergänzende Sachnormen modifiziert. Das war Gegenstand des vorangegangenen Abschnitts. *Zweitens* wird das Universalitätsprinzip durch die Möglichkeit zur Eröffnung von einem oder mehreren Territorialverfahren in den Mitgliedstaaten beschränkt.[378)] Das ist Gegenstand dieses Abschnitts.

Terminologischer Hinweis

Das nach Art. 3 Abs. 1 EuInsVO eröffnete Insolvenzverfahren wird in Art. 34 Satz 1 EuInsVO als **Hauptinsolvenzverfahren** definiert. Ein zuvor eröffnetes Territorialverfahren wird **Partikularinsolvenzverfahren** genannt, ein danach eröffnetes Territorialverfahren **Sekundärinsolvenzverfahren**. Kapitel III der EuInsVO bezieht sich seiner missverständlichen Überschrift zum Trotze nicht nur auf Sekundär-, sondern auch auf Partikularverfahren.

371) *v. Wilmowsky*, Europäisches Kreditsicherungsrecht, S. 134.
372) *Kolmann*, Kooperationsmodelle, S. 7; *Ringleb*, Universalität und Territorialität im deutschen internationalen Konkursrecht, S. 67.
373) ErwG 22 EuInsVO.
374) ErwG 22 und 23 EuInsVO.
375) *Strub*, EuZW 1994, 424.
376) *Vormstein*, S. 111; *Westpfahl/Goetker/Wilkens*, Grenzüberschreitende Insolvenzen, Rz. 28.
377) ErwG 4 EuInsVO 2000.
378) Monografisch *Fehrenbach*, Haupt- und Sekundärinsolvenzverfahren, 2014.

II. Eröffnung von Territorialverfahren

Für die Eröffnung des Insolvenzverfahrens sind gemäß Art. 3 Abs. 1 Unterabs. 1 Satz 1 EuInsVO die Gerichte des Mitgliedstaats zuständig, in dessen Gebiet der Schuldner den Mittelpunkt seiner hauptsächlichen Interessen hat. Hat der Schuldner den Mittelpunkt seiner hauptsächlichen Interessen im Gebiet eines Mitgliedstaats, so sind die Gerichte eines anderen Mitgliedstaats gemäß **Art. 3 Abs. 2 Satz 1 EuInsVO** nur dann zur Eröffnung eines Insolvenzverfahrens befugt, wenn der Schuldner zum Zeitpunkt der Antragstellung[379] eine **Niederlassung** im Gebiet dieses anderen Mitgliedstaats hat.[380] Der Begriff der Niederlassung ist in **Art. 2 Nr. 10 EuInsVO** legaldefiniert als jeder Tätigkeitsort, an dem der Schuldner nicht nur vorübergehend seinen wirtschaftlichen Aktivitäten nachgeht bzw. drei Monate vor Eröffnung des Hauptinsolvenzverfahrens nachgegangen ist und an dem Vermögenswerte belegen sind. Der EuGH hat daraus die nach wie vor gültige Formulierung gemacht, erforderlich sei „eine auf die Ausübung einer wirtschaftlichen Tätigkeit gerichtete Struktur mit einem Mindestmaß an Organisation und einer gewissen Stabilität".[381] Nicht ausreichend ist, dass in dem betreffenden Mitgliedstaat lediglich Vermögenswerte – etwa Grundstücke oder Bankkonten – belegen sind,[382] denn der Verordnungsgeber wollte keinen Vermögensgerichtsstand schaffen.[383] 126

Praxishinweis

Das ist **anders im deutschen autonomen Internationalen Insolvenzrecht**: Die Anerkennung eines ausländischen Hauptinsolvenzverfahrens schließt ein Sekundärinsolvenzverfahren über das inländische Vermögen gemäß § 356 Abs. 1 Satz 1 InsO nicht aus. Ein solches Verfahren kann allerdings nur unter den Voraussetzungen des § 354 InsO eröffnet werden, und dessen Abs. 1 lässt ausreichen, dass in Deutschland **„sonstiges Vermögen"** belegen ist; einer Niederlassung bedarf es also nicht. §§ 356, 345 InsO schützen die inländischen – deutschen – Insolvenzgläubiger also stärker als Art. 3 Abs. 2 EuInsVO.

Auf die **Eintragung einer Niederlassung in das Handelsregister** kommt es **nicht** an.[384] Ist der Schuldner eine natürliche Person, reicht seine eigene Tätigkeit zur Begründung einer Niederlassung nicht aus.[385] Allerdings genügt ein sog. **Ein-Mann-Büro**, d. h. die ständige Anwesenheit eines Mitarbeiters.[386] 127

Art. 3 Abs. 2 Satz 1 EuInsVO wird ergänzt durch die Vorschrift des **Art. 102c § 1 Abs. 2 Satz 1 EGInsO**. Danach ist innerhalb Deutschlands örtlich ausschließlich das Insolvenz- 128

---

379) BGH, Beschl. v. 8.3.2012 – IX ZB 178/11, Rz. 7, ZIP 2012, 782 m. w. N., dazu EWiR 2012, 315 *(Paulus)*.

380) Zu den Voraussetzungen der Eröffnung eines deutschen Sekundärverfahrens *Smid*, ZInsO 2013, 953.

381) EuGH, Urt. v. 20.10.2011 – Rs. C-396/09 (Interedil), ZIP 2011, 2153, dazu EWiR 2011, 745 *(Paulus)*; EuGH, Urt. v. 15.12.2011 – Rs. C-191/10 (Rastelli), Rz. 18, ZIP 2012, 183; ausführlich zur Niederlassung natürlicher Personen *Bork/Harten*, NZI 2018, 673.

382) EuGH, Urt. v. 20.10.2011 – Rs. C-396/09 (Interedil), Rz. 62, ZIP 2011, 2153; BGH, Beschl. v. 21.6.2012 – IX ZB 287/11, ZIP 2012, 1920 m. w. N. = NZI 2012, 725; BGH, Beschl. v. 8.3.2012 – IX ZB 178/11, Rz. 6 und LS, ZIP 2012, 782 – Unmaßgeblichkeit des COMI, dazu EWiR 2012, 315 *(Paulus)*; AG Deggendorf, Beschl. v. 22.10.2012 – IE 256/12, NZI 2013, 112; AG München, Beschl. v. 5.2.2007 – 1503 IE 4371/06 (BenQ Mobile Holding B. V.), NZI 2007, 358 = ZIP 2007, 495; AG Gifhorn, Beschl. v. 13.9.2012 – 35 IE 4/12, ZInsO 2012, 1907; AG Stade, Beschl. v. 24.8.2012 – 73 IE 1/12, ZInsO 2012, 1911; **a. A.** wohl LG Hildesheim, Beschl. v. 18.10.2012 – 5 T 294/12, NZI 2013, 110, wonach die Verwaltung einer Warenhausimmobilie genügen soll; § 347 Abs. 2 InsO ist nicht analog anwendbar, BGH, Beschl. v. 21.12.2010 – IX ZB 227/09, ZIP 2011, 389 = ZInsO 2011, 231, dazu EWiR 2011, 185 *(Mankowski)*.

383) *Virgós/Schmit* in: Stoll, Vorschläge und Gutachten, Rz. 80; Pannen-*Riedemann*, EuInsVO, Art. 3 Rz. 120; *Westpfahl/Goetker/Wilkens*, Grenzüberschreitende Insolvenzen, Rz. 179 ff.

384) BGH, Beschl. v. 21.6.2012 – IX ZB 287/11, ZIP 2012, 1920 = NZI 2012, 725.

385) LG Hannover, Beschl. v. 10.4.2008 – 20 T 5/08, ZIP 2008, 2375 = NZI 2008, 631.

386) Vallender-*Vallender/Zipperer*, EuInsVO, Art. 3 Rz. 44.

gericht **örtlich zuständig**, in dessen Bezirk die Niederlassung des Schuldners liegt. Hat der Schuldner mehrere Niederlassungen, so ist gemäß Art. 102 § 1 Abs. 2 Satz 2 EGInsO i. V. mit § 3 Abs. 2 InsO das zuerst angerufene Gericht zuständig.

129 Gemäß Art. 35 EuInsVO sind im Sekundärverfahren sodann die Rechtsvorschriften des Staats der Eröffnung des Sekundärverfahrens anzuwenden, jedoch nicht das Internationale Privatrecht dieses Staats. Art. 35 EuInsVO ist eine **Sachnormverweisung.**[387] Ebenfalls nicht von der Verweisung erfasst sind andere als insolvenzrechtliche Vorschriften, obwohl der sehr weite Wortlaut („die Rechtsvorschriften") des Art. 35 EuInsVO daran Zweifel wecken könnte.[388] Das Argument ist, dass der Regelungsanspruch der EuInsVO insolvenzrechtliche Fragen betrifft, das im Hinblick auf anders zu qualifizierende Sachverhalte anwendbare Recht aber nicht bestimmen will.

130 Wird ein Insolvenzverfahren nach Art. 3 Abs. 1 EuInsVO eröffnet, so ist jedes zu einem späteren Zeitpunkt eröffnete Insolvenzverfahren nach **Art. 3 Abs. 3 EuInsVO** ein **Sekundärinsolvenzverfahren.** Bislang muss ein Sekundärinsolvenzverfahren gemäß Art. 3 Abs. 3 Satz 2, 27 Satz 2 EuInsVO a. F. ein **Liquidationsverfahren** nach Maßgabe des Anh. B der EuInsVO a. F. sein. Das ist nun anders: Nun ist das Insolvenzgericht, bei dem die Eröffnung eines Sekundärverfahrens beantragt wird, in der Lage, jedes in dem jeweiligen Mitgliedstaat zulässige Verfahren zu eröffnen, also insbesondere auch ein **Sanierungsverfahren.** Diese Änderung soll sicherstellen, dass dann, wenn ein Sekundärinsolvenzverfahren eröffnet wird, Bemühungen um die Sanierung des schuldnerischen Unternehmens nicht von vornherein zum Scheitern verurteilt sind.[389]

131 Das Sekundärinsolvenzverfahren dient **zwei Zwecken:**

- *Erstens* dient es dem Sicherungsinteresse nationaler Gläubiger, denen verfahrens- und materiell-rechtlich diejenigen Rechte bezüglich des im Inland belegenen Schuldnervermögens gewährt werden, die sie auch bei Eröffnung eines inländischen Hauptinsolvenzverfahrens hätten. Das ist die sog. **Sicherungsfunktion.**[390] Die bloße Untätigkeit des ausländischen Hauptverwalters erlaubt die Eröffnung eines Sekundärverfahrens nicht.[391] Dies ist insbesondere dann von Bedeutung, wenn das Recht des Belegenheitsstaats den Zugriff auf Sicherungsgegenstände zulässt.[392] Da im Sekundärinsolvenzverfahren das Recht des Staats anwendbar ist, in dem das Verfahren durchgeführt wird (und nicht das auf die Hauptinsolvenz anzuwendende Recht), bleiben den nationalen Gläubigern erhebliche Schwierigkeiten erspart, die eine Forderungsanmeldung im Ausland mit sich bringen kann.[393] So müssen sie sich weder mit einem unbekannten Rechtssystem auseinandersetzen, noch Sprachbarrieren überwinden.
- *Zweitens* hat das Sekundärinsolvenzverfahren **Unterstützungsfunktion.**[394] Der Hauptinsolvenzverwalter hat die Befugnis, ein Sekundärinsolvenzverfahren zu beantragen und

387) Vallender-*Ch. Keller*, EuInsVO, Art. 35 Rz. 1.

388) Vallender-*Ch. Keller*, EuInsVO, Art. 35 Rz. 2; a. A. *Paulus*, EuInsVO, Art. 35 Rz. 5.

389) Kommission, Vorschlag für eine Verordnung des Europäischen Parlamentes und des Rates zur Änderung der Verordnung (EG) Nr. 1346/2000 des Rates über Insolvenzverfahren, v. 12.12.2012, COM(2012) 744 final, S. 8; Mankowski/Müller/J. Schmidt-*Mankowski*, EuInsVO, Vor Art. 34–51 Rz. 65 f.

390) Vgl. ErwG 40 EuInsVO; Mankowski/Müller/J. Schmidt-*Mankowski*, EuInsVO, Vor Art. 34–51 Rz. 45.

391) BGH, Beschl. v. 21.12.2010 – IX ZB 227/09, ZIP 2004, 389 = ZInsO 2011, 231, dazu EWiR 2011, 185 *(Mankowski)* – zu §§ 354, 356 InsO.

392) Vallender-*Ch. Keller*, EuInsVO, Art. 34 Rz. 10.

393) *D. Buchberger*/*R. Buchberger*, ZIK 2000, 149, 150.

394) ErwG 40 EuInsVO; *Beck*, NZI 2006, 609; *Ehricke*, ZIP 2005, 1104, 1106; Vallender-*Ch. Keller*, EuInsVO, Art. 34 Rz. 5; Mankowski/Müller/J. Schmidt-*Mankowski*, EuInsVO, Vor Art. 34–51 Rz. 43. Zur Abgrenzung speziell der Anfechtungsrechte von Haupt- und Sekundärinsolvenzverwalter s. *Oberhammer*, KTS 2008, 271.

die Hilfe eines vor Ort tätigen, dort rechts- und sprachkundigen Sekundärinsolvenzverwalters zu erlangen, falls dies für eine effiziente Verwaltung der Masse erforderlich ist.[395)]

Vor der Eröffnung eines Hauptinsolvenzverfahrens kann ein **Partikularverfahren** nach **Art. 3 Abs. 4 lit. a und b EuInsVO** eröffnet werden, falls die Eröffnung eines Insolvenzverfahrens nach Art. 3 Abs. 1 EuInsVO angesichts der Bedingungen, die das Recht des Mitgliedstaats vorschreibt, in dem der Schuldner den Mittelpunkt seiner hauptsächlichen Interessen hat, nicht möglich ist *oder* falls die Eröffnung des Partikularverfahrens von einem Gläubiger beantragt wird, dessen Forderung auf einer sich aus oder im Zusammenhang mit dem Betrieb einer Niederlassung ergebenden Verbindlichkeit beruht, die (i) sich im Gebiet des Mitgliedstaats befindet, in dem die Eröffnung des Partikularverfahrens beantragt wird, oder (ii) von einer Behörde beantragt wird, die nach dem Recht des Mitgliedstaats, in dessen Gebiet sich die Niederlassung befindet, das Recht hat, die Eröffnung von Insolvenzverfahren zu beantragen.[396)] Diese strengen Voraussetzungen sind Folge des Anliegens, Fälle, in denen die Eröffnung eines an sich unerwünschten Partikularverfahrens vor dem Hauptverfahren beantragt wird, auf das unumgängliche Maß zu beschränken.[397)] Wird später ein Hauptinsolvenzverfahren eröffnet, wird das Partikularverfahren gemäß **Art. 3 Abs. 4 Satz 2 EuInsVO** automatisch zu einem Sekundärverfahren.[398)] 132

Die Wirkungen des Sekundärverfahrens sind gemäß **Art. 3 Abs. 2 Satz 2, 34 Satz 3 EuInsVO** auf das im Gebiet dieses letzteren Mitgliedstaats belegene Vermögen des Schuldners beschränkt. Sie dürfen in den anderen Mitgliedstaten gemäß **Art. 20 Abs. 2 Satz 1 EuInsVO** nicht in Frage gestellt werden. Faktisch bildet sich mit der Eröffnung des Sekundärverfahrens deshalb eine eigene, gesonderte Insolvenzmasse, die sog. **Sekundärinsolvenzmasse.** Für die Bestimmung der in den Bereich der Wirkungen des Sekundärinsolvenzverfahrens fallenden Vermögensgegenstände des Schuldners besteht eine **konkurrierende Annexkompetenz der Gerichte von Haupt- und Sekundärverfahrensstaat.**[399)] Die Bestimmung der Vermögensgegenstände des Schuldners, die in den Bereich der Wirkungen des Sekundärverfahrens fallen, ist nicht nach nationalem Recht, sondern nach **Art. 2 Nr. 9 EuInsVO** zu treffen, und zwar unabhängig davon, ob sich diese Vermögensgegenstände in einem Mitgliedstaat oder einem Drittstaat befinden.[400)] Maßgeblicher Zeitpunkt für diese Bestimmung ist derjenige der Eröffnung des Sekundärverfahrens, nachfolgende Verlagerungen des Vermögensgegenstandes sind irrelevant.[401)] Eine Folge der Trennung von Haupt und Sekundärverfahren ist, dass eine in einem ausländischen Hauptinsolvenzverfahren eingetretene **Restschuldbefreiung** einen Gläubiger nicht hindert, seine Forderung in einem vor Eintritt der Restschuldbefreiung im Inland eröffneten und noch nicht abgeschlossenen Sekundärinsolvenzverfahren anzumelden und in diesem Rahmen zu verfolgen.[402)] 133

War es für das Hauptinsolvenzverfahren erforderlich, dass der Schuldner insolvent ist, so **wird die Insolvenz** des Schuldners in dem Mitgliedstaat, in dem ein Sekundärinsolvenzverfahren eröffnet werden kann, **nicht erneut geprüft.** Die übrigen Voraussetzungen für 134

395) *Herchen*, ZInsO 2002, 345, 351; *Kolmann/Ch. Keller* in: Gottwald/Haas, InsR-Hdb., § 129 Rz. 173.

396) Zur Auslegung der Vorgängervorschrift EuGH, Urt. v. 17.11.2011 – Rs. C-112/10 (Hof van Cassatie), ZIP 2011, 2415, dazu EWiR 2011, 807 *(J. Schmidt)*.

397) ErwG 17 EuInsVO.

398) In diesem Fall gelten die Vorschriften über die Abstimmung von Haupt- und Sekundärinsolvenzverfahren – Art. 41 ff. EuInsVO – gemäß Art. 50 EuInsVO für das zuerst eröffnete, dann aber zum Sekundärinsolvenzverfahren gewordene Verfahren nur „soweit dies nach dem Stand dieses Verfahrens möglich ist".

399) EuGH, Urt. v. 11.6.2015 – Rs. C-649/13 (Nortel), ZIP 2015, 1299, dazu EWiR 2015, 515 *(J. Schmidt)*.

400) EuGH, Urt. v. 11.6.2015 – Rs. C-649/13 (Nortel), ZIP 2015, 1299, dazu EWiR 2015, 515 *(J. Schmidt)*.

401) EuGH, Urt. v. 11.6.2015 – Rs. C-649/13 (Nortel), ZIP 2015, 1299, dazu EWiR 2015, 515 *(J. Schmidt)*.

402) BGH, Urt. v. 18.9.2014 – VII ZR 58/13, LS 2, ZIP 2014, 2092 = ZVI 2015, 118, dazu EWiR 2014, 751 *(Mankowski)*.

die Eröffnung eines Insolvenzverfahrens – insbesondere die Insolvenzfähigkeit der Niederlassung – müssen aber geprüft und bejaht werden.[403)] Zu beachten ist, dass diese Regel nur für Sekundär-, nicht aber für Partikularverfahren gilt.[404)]

135 Die Eröffnung eines Sekundärinsolvenzverfahrens kann[405)] gemäß **Art. 37 Abs. 1 EuInsVO** beantragt werden von dem Verwalter des Hauptinsolvenzverfahrens sowie jeder anderen Person oder Behörde, die nach dem Recht des Mitgliedstaats, in dessen Hoheitsgebiet die Eröffnung des Sekundärinsolvenzverfahrens beantragt wird, dazu befugt ist. In Deutschland zählt hierzu auch der starke vorläufige Insolvenzverwalter, nicht aber der schwache.[406)] Ein besonderes rechtliches Interesse ist hierfür nicht erforderlich.[407)] Verlangt das Recht des Mitgliedstaats, in dem ein Sekundärinsolvenzverfahren beantragt wird, dass die Kosten des Verfahrens einschließlich der Auslagen ganz oder teilweise durch die Masse gedeckt sind, so kann das Gericht, bei dem ein solcher Antrag gestellt wird, vom Antragsteller gemäß **Art. 40 EuInsVO** einen **Kostenvorschuss** oder eine angemessene Sicherheitsleistung verlangen.

136 Der Antrag auf Eröffnung eines Sekundärinsolvenzverfahrens hat das Potential, die Abwicklung des Hauptinsolvenzverfahrens zu stören. Antragsberechtigte Gläubiger sind in der Lage, den Verwalter des Hauptinsolvenzverfahrens durch die Drohung mit einem Antrag auf Eröffnung eines Sekundärinsolvenzverfahrens unter Druck zu setzen. Dieser Praxis soll **Art. 36 EuInsVO (auf den die Art. 102c §§ 11–14, 17–19, 21 bezogen sind)** entgegenwirken:[408)] Um die Eröffnung eines Sekundärinsolvenzverfahrens zu vermeiden, kann der Verwalter des Hauptinsolvenzverfahrens gemäß Art. 36 Abs. 1 EuInsVO in Bezug auf das Vermögen, das in dem Mitgliedstaat, in dem ein Sekundärinsolvenzverfahren eröffnet werden könnte, belegen ist, eine einseitige **Zusicherung** des Inhalts geben, dass er bei der Verteilung dieses Vermögens oder des bei seiner Verwertung erzielten Erlöses die Verteilungs- und Vorzugsrechte nach nationalem Recht wahrt, die Gläubiger hätten, wenn ein Sekundärinsolvenzverfahren in diesem Mitgliedstaat eröffnet worden wäre. Damit hat das sog. **virtuelle oder synthetische Sekundärverfahren** Einzug gehalten in das geschriebene Recht.[409)] Die Zusicherung muss gemäß Art. 36 Abs. 5 EuInsVO **von den bekannten lokalen Gläubigern (Art. 2 Nr. 11 EuInsVO) gebilligt** werden. Eine gebilligte Zusicherung ist gemäß Art. 36 Abs. 6 Satz 1 EuInsVO **für die Insolvenzmasse verbindlich**.

137 Ist eine Zusicherung im Einklang mit Art. 36 EuInsVO bindend geworden, so zeitigt das zunächst gewisse **verfahrensrechtliche Wirkungen**: So muss der Antrag auf Eröffnung eines Sekundärinsolvenzverfahrens gemäß **Art. 37 Abs. 2 EuInsVO** innerhalb von dreißig Tagen

403) Vallender-*Ch. Keller*, EuInsVO, Art. 34 Rz. 24; *Paulus*, EuInsVO, Art. 34 Rz. 12.

404) *Paulus*, EuInsVO, Art. 34 Rz. 13.

405) Zur möglichen Verpflichtung des Hauptverwalters, Antrag auf Durchführung eines Sekundärinsolvenzverfahrens zu stellen, Vallender-*Ch. Keller*, EuInsVO, Art. 37 Rz. 6.

406) Wohl **h. M.**, s. zu diesem Meinungsstreit im Einzelnen Vallender-*Ch. Keller*, EuInsVO, Art. 37 Rz. 5.

407) *Virgós/Schmit* in: Stoll, Vorschläge und Gutachten, Rz. 227.

408) Die Schwierigkeiten, die sich infolge des grundsätzlichen Bekenntnisses zur Territorialität aus dem Nebeneinander von Haupt- und Sekundärverfahren ergeben, könnte man auch durch eine Rückkehr zur uneingeschränkten Universalität beheben. Darüber hat *Brinkmann* (KTS 2014, 381, 392 f.) nachgedacht, aber befunden, die Zeit dafür sei noch nicht reif.

409) Monografisch *L. Schmidt*, Die Zusicherung nach Art. 36 EuInsVO, 2019 (m. Bespr. *Mankowski*, RabelsZ 86/1 [2022], 299 und *Ch. Keller*, ZInsO 2020, 1007) und *Schumann*, Virtuelle Sekundärinsolvenzverfahren im europäischen Insolvenzrecht – Schattendasein oder ein wichtiger Schritt in Richtung europäischer Sanierungskultur?, 2020. S. ferner *Brinkmann*, KTS 2014, 381; *Fritz*, BB 2017, 131; *Mankowski*, NZI 2015, 961; *Mankowski*, NZI 2006, 416 (Anm. zum Beschl. des High Court of Justice Birmingham v. 11.5.2005 – 2375–2382/05); *Ch. Keller*, ZInsO 2018, 1999; *Meyer-Löwy/Plank*, NZI 2006, 622; *Mock*, ZInsO 2009, 895; *Penzlin/Riedemann*, NZI 2005, 515 (Anm. zum Beschl. des High Court of Justice Birmingham v. 11.5.2005 – 2375–2382/05); *Pluta/Ch. Keller* in: FS Vallender, S. 437; *Prager/Ch. Keller*, WM 2015, 805; *Schuster*, NZI 2017, 873; *Skauradszun*, ZIP 2016, 1563; *Skauradszun*, Discussion Papers in Business and Economics, No. 18, v. 6/2016; *Skauradszun*, KTS 2016, 419; *Smid*, ZInsO 2013, 953.

nach Erhalt der Mitteilung über die Billigung der Zusicherung gestellt werden. Wird er später gestellt, ist er unzulässig. Ferner wird bei Vorliegen einer bindenden Zusicherung das Sekundärinsolvenzverfahren gemäß **Art. 38 Abs. 2 EuInsVO** nicht eröffnet, wenn das mit dem Antrag befasste Gericht der Überzeugung ist, dass die Zusicherung das allgemeine Interesse der lokalen Gläubiger angemessen schützt. Das Gericht muss bei der Beurteilung dieses Interesses die Tatsache berücksichtigen, dass die Zusicherung von einer qualifizierten Mehrheit der lokalen Gläubiger gebilligt worden ist.[410] Neben diesen verfahrensrechtlichen Wirkungen hat die Zusicherung **materiell-rechtliche Wirkungen**, deren wichtigste in Art. 36 Abs. 2 EuInsVO so beschrieben ist: Wurde eine Zusicherung gegeben und von den Gläubigern gebilligt, so gilt für die Verteilung des Erlöses aus der Verwertung von Gegenständen der Masse des virtuellen Sekundärverfahrens, für den Rang der Forderungen und für die Rechte der Gläubiger in Bezug auf Gegenstände der Masse des virtuellen Sekundärverfahrens das Recht des Mitgliedstaats, in dem das Sekundärverfahren hätte eröffnet werden können. Es treten also die Wirkungen eines Sekundärinsolvenzverfahrens ein, ohne dass ein solches eröffnet worden wäre. Maßgeblicher Zeitpunkt für die Bestimmung des Umfangs der virtuellen Sekundärinsolvenzmasse ist gemäß Art. 36 Abs. 2 Satz 2 EuInsVO der Zeitpunkt der Abgabe der Zusicherung, also nicht der der Billigung durch die Gläubiger.

Art. 36 EuInsVO enthält in seinen Absätzen 7–9 ein detailliertes **Rechtsschutzsystem.**[411] 138
Abs. 10 enthält einen **Haftungstatbestand** zulasten des Verwalters. Die Komplexität des Verfahrens, das scharfe Schwert der Haftung, das anerkannte Instrument des „Protocols" und die Möglichkeit der Aussetzung einer Sekundärinsolvenz lassen besorgen, dass Art. 36 EuInsVO (daneben) keine größere praktische Bedeutung erlangen wird. Bis zum Datum der Drucklegung dieses Werkes sind denn auch keine größeren Fälle bekannt geworden.

Das mit einem Antrag auf Eröffnung eines Sekundärinsolvenzverfahrens befasste Gericht 139
unterrichtet den Verwalter oder den Schuldner in Eigenverwaltung des Hauptinsolvenzverfahrens gemäß **Art. 38 Abs. 1 EuInsVO** umgehend von der Antragstellung und gibt ihm Gelegenheit, sich zu dem Antrag zu äußern. Damit soll sichergestellt werden, dass das Insolvenzgericht über etwaige, vom Hauptverwalter eingeleitete besondere Sanierungsverfahren im Bilde ist und deshalb die Konsequenzen der Eröffnung eines Sekundärverfahrens abschätzen kann.[412] Auch soll damit dem Problem der Sekundärstörer entgegengewirkt werden. Hat der Verwalter des Hauptinsolvenzverfahrens eine Zusicherung gemäß Art. 36 EuInsVO gegeben, so eröffnet das Gericht gemäß **Art. 38 Abs. 2 EuInsVO** auf Antrag des Verwalters kein Sekundärinsolvenzverfahren, wenn es der Überzeugung ist, dass die Zusicherung die allgemeinen Interessen der lokalen Gläubiger angemessen schützt.[413] Wurde eine vorübergehende Aussetzung eines Einzelvollstreckungsverfahrens gewährt, um Verhandlungen zwischen dem Schuldner und seinen Gläubigern zu ermöglichen, so kann das Gericht gemäß **Art. 38 Abs. 3 Unterabs. 1 Satz 1 EuInsVO** auf Antrag des Verwalters oder des Schuldners in Eigenverwaltung die Eröffnung eines Sekundärinsolvenzverfahrens für einen Zeitraum von höchstens drei Monaten aussetzen, wenn geeignete Maßnahmen zum Schutz des Interesses der lokalen Gläubiger bestehen. Solche Maßnahmen kann auch das Insolvenzgericht selbst anordnen. Art. 38 Abs. 3 EuInsVO dient der verfahrensmäßigen Absicherung kollektiver Schuldenbereinigungsverfahren; unter

410) ErwG 40 EuInsVO.

411) Dazu *Skauradszun*, Discussion Papers in Business and Economics, No. 18, v. 6/2016; *Skauradszun*, KTS 2016, 419; Vallender-*Ch. Keller*, EuInsVO, Art. 36 Rz. 30 ff.

412) Kommission, Vorschlag für eine Verordnung des Europäischen Parlamentes und des Rates zur Änderung der Verordnung (EG) Nr. 1346/2000 des Rates über Insolvenzverfahren, v. 12.12.2012, COM(2012) 744 final, S. 7.

413) Zur Interessenschutzklausel ausführlich Vallender-*Ch. Keller*, EuInsVO, Art. 38 Rz. 13–15.

diese Definition ist auch der deutsche **Insolvenzplan** zu subsumieren.[414] **Art. 39 EuInsVO** schließlich stellt dem Hauptinsolvenzverwalter in ein eigenes **Rechtsmittel** zur Verfügung, mit dem er die Entscheidung, ein Sekundärinsolvenzverfahren zu eröffnen, anfechten kann, wenn er der Meinung ist, es sei gegen die Voraussetzungen des Art. 38 verstoßen worden. **Art. 102c § 20 Abs. 2 EGInsO** sagt, dass es sich bei diesem Rechtsmittel um eine sofortige Beschwerde handelt, für die die §§ 574–577 ZPO entsprechend gelten.

III. Koordination von Haupt- und Sekundärverfahren

140 Der Koordination von Haupt- und Sekundärverfahren dienen zunächst die **Art. 41–44 EuInsVO.**[415] Diese Vorschriften regeln Verpflichtungen zu Zusammenarbeit und Kommunikation, und zwar entlang dreier Achsen: Zwischen den beteiligten Verwaltern (Art. 41), zwischen den beteiligten Gerichten (Art. 42 EuInsVO; Gerichtskosten: Art. 44 EuInsVO) und schließlich zwischen den Verwaltern und den Gerichten (Art. 43 EuInsVO; Gerichtskosten: Art. 44 EuInsVO). Alle drei Vorschriften enthalten Vorbehalte zugunsten der lokalen Datenschutzgesetze („[…] soweit […], wie eine solche Zusammenarbeit mit den für das jeweilige Verfahren geltenden Vorschriften vereinbar ist […]").

141 Art. 41 Abs. 1 Satz 2 EuInsVO, der die Zusammenarbeit der Verwalter betrifft, erklärt als Form der Zusammenarbeit ausdrücklich Vereinbarungen zwischen den Insolvenzverwaltern für zulässig.

Praxishinweis

Diese Verwaltervereinbarungen – sog. **Protocols** – haben nun schon seit Längerem große Bedeutung bei der Abwicklung von grenzüberschreitenden Insolvenzen.[416] Das sind Verträge zwischen den beteiligten Insolvenzverwaltern, in denen diese sich über bestimmte die Koordinierung der Verfahren betreffende Fragen (Art und Weise der Kommunikation und Information, Einrichtung einer gemeinsamen Internet-Plattform zum Informationsaustausch und dergleichen)[417] verbindlich einigen und damit klagbare Ansprüche schaffen. Ein solcher Vertrag ist zulässig, soweit er sich i. R. des **Insolvenzzwecks** hält, mit **datenschutzrechtlichen Vorschriften vereinbar ist, nicht zu Interessenkonflikten führt** und nicht gegen sonstige **zwingende Vorschriften der lex fori concursus** verstößt.[418] Ist er eine besonders bedeutende Rechtshandlung, bedarf er nach deutschem Insolvenzrecht der Zustimmung der Gläubigerversammlung oder des Gläubigerausschusses.[419]

142 Wie schon die alte EuInsVO, so enthält auch die reformierte Fassung keine Vorschrift dazu, wie die Kooperations- und Kommunikationspflichten der beteiligten Verwalter durchgesetzt werden können. Zum Teil wird vertreten, dies sei im Wege **aufsichtsrechtlicher Maßnahmen des Insolvenzgerichts** möglich.[420] Zum Teil wurde angenommen, eine Sanktionierung von Verstößen gegen Kooperations- oder Kommunikationspflichten sei nur im Wege der **persönlichen Haftung des Verwalters** möglich.[421] Für die Informationspflicht des Art. 31 Abs. 1 EuInsVO a. F. wurde auch angenommen, die Vorschrift gebe den Verwaltern einen

414) Vallender-*Ch. Keller*, EuInsVO, Art. 38 Rz. 22.

415) Eine wesentlich weniger weitgehende Regelung enthält § 348 InsO.

416) ErwG 49 EuInsVO. Ausführlich *Eidenmüller*, ZZP 114 (2001), 3. Bsp. für mögliche Vorschriften in einem Protocol finden sich in dem *UNCITRAL*, Practice Guide on Cross-Border Insolvency Cooperation (2010).

417) *Reinhart* in: MünchKomm-InsO, Art. 41 EuInsVO Rz. 10.

418) Vallender-*Hermann*, EuInsVO, Art. 41 Rz. 34; Nerlich/Römermann-*Commandeur/Hübler*, InsO, Art. 41 EuInsVO Rz. 2; *Paulus*, EuInsVO, Art. 41 Rz. 10; *Reinhart* in: MünchKomm-InsO, Art. 41 EuInsVO Rz. 13; *Undritz* in: HambKomm-InsO, Art. 41 EuInsVO Rz. 15 ff.

419) *Reinhart* in: MünchKomm-InsO, Art. 41 EuInsVO Rz. 42.

420) Mankowski/Müller/J. Schmidt-*Mankowski*, EuInsVO, Art. 41 Rz. 89 ff.; *Reinhart* in: MünchKomm-InsO, Art. 41 EuInsVO Rz. 47; *Pogacar*, NZI 2011, 46, 48 – zu Art. 31 EuInsVO a. F.

421) *Flöther* in: KPB, InsO, Art. 41 EuInsVO Rz. 115; Mankowski/Müller/J. Schmidt-*Mankowski*, EuInsVO, Art. 41 Rz. 93 ff.; *Reinhart* in: MünchKomm-InsO, Art. 41 EuInsVO Rz. 44–46 f.; Pannen-*Pannen/Riedemann*, EuInsVO, Art. 31 Rz. 27.

materiell-rechtlichen Auskunftsanspruch, der im Wege der Klage durchgesetzt werden könne (das wäre dann ein Annexverfahren i. S. des Art. 6 Abs. 1 EuInsVO).[422] Dieser Ansatz wird nun auf die Kooperationspflicht an sich übertragen.[423]

Der Koordination von Haupt- und Sekundärverfahren dient ferner Art. 46 EuInsVO. Das Gericht, das das Sekundärinsolvenzverfahren eröffnet hat, setzt gemäß **Art. 46 Abs. 1 EuInsVO** auf Antrag des Verwalters des Hauptinsolvenzverfahrens die Verwertung der Masse ganz oder teilweise aus. In diesem Fall kann das Gericht jedoch vom Verwalter des Hauptinsolvenzverfahrens verlangen, alle angemessenen Maßnahmen zum Schutz der Interessen der Gläubiger des Sekundärinsolvenzverfahrens sowie einzelner Gruppen von Gläubigern zu ergreifen. Der Antrag des Verwalters des Hauptinsolvenzverfahrens kann nur abgelehnt werden, wenn die Aussetzung offensichtlich für die Gläubiger des Hauptinsolvenzverfahrens nicht von Interesse ist. Die Aussetzung der Verwertung der Masse kann für höchstens drei Monate angeordnet werden. Sie kann für jeweils denselben Zeitraum verlängert oder erneuert werden. Die dinglichen Rechte der Gläubiger bleiben durch die Aussetzung unberührt.[424] Das Insolvenzgericht hebt die Aussetzung der Verwertung der Masse gemäß **Art. 46 Abs. 2 EuInsVO** in zwei Fällen auf, nämlich *erstens* auf Antrag des Verwalters des Hauptinsolvenzverfahren sowie *zweitens* von Amts wegen, auf Antrag eines Gläubigers oder auf Antrag des Verwalters des Sekundärinsolvenzverfahrens, wenn sich herausstellt, dass diese Maßnahme insbesondere nicht mehr mit dem Interesse der Gläubiger des Haupt- oder des Sekundärinsolvenzverfahrens zu rechtfertigen ist. 143

Die **Beendigung des Sekundärinsolvenzverfahrens** betrifft **Art. 47 Abs. 1 EuInsVO:** Kann das Sekundärinsolvenzverfahren nach dem für dieses Verfahren maßgeblichen Recht ohne Liquidation durch einen Sanierungsplan, einen Vergleich oder eine andere vergleichbare Maßnahme beendet werden, so kann eine solche Maßnahme nach dieser Vorschrift vom Verwalter des Hauptinsolvenzverfahrens vorgeschlagen werden. Jede Beschränkung der Rechte der Gläubiger, wie z. B. eine Stundung oder eine Schuldbefreiung, die sich aus einer in einem Sekundärinsolvenzverfahren vorgeschlagenen Maßnahme i. S. von Art. 47 Abs. 1 EuInsVO ergibt, kann gemäß **Art. 47 Abs. 2 EuInsVO** nur dann Auswirkungen auf das nicht von diesem Verfahren betroffene Vermögen des Schuldners haben, wenn alle betroffenen Gläubiger der Maßnahme zustimmen. Ein zur Masse eines Sekundärverfahrens gehörender Anspruch aus Insolvenzanfechtung kann vom Verwalter des Hauptverfahrens geltend gemacht werden, wenn das Sekundärverfahren abgeschlossen und der Anspruch vom Verwalter des Sekundärverfahrens nicht verfolgt worden ist.[425] 144

Können bei der Verwertung der Masse des Sekundärinsolvenzverfahrens alle in diesem Verfahren festgestellten Forderungen befriedigt werden, so übergibt der in diesem Verfahren bestellte Verwalter den verbleibenden **Überschuss** gemäß **Art. 49 EuInsVO** unverzüglich dem Verwalter des Hauptinsolvenzverfahrens. Art. 49 EuInsVO ist eine **Anspruchsgrundlage.** Die Verletzung der Pflicht zur unverzüglichen Herausgabe kann zu 145

422) Vallender-*Hermann*, EuInsVO, Art. 41 Rz. 40 – allerdings den Sinn einer solchen Klage bezweifelnd, und Pannen-*Pannen/Riedemann*, EuInsVO, Art. 31 Rz. 27.

423) K. Schmidt-*Brinkmann*, InsO, Art. 41 EuInsVO Rz. 11; *Flöther* in: KPB, InsO, Art. 41 EuInsVO Rz. 105; Vallender-*Hermann*, EuInsVO, Art. 41 Rz. 40.

424) ErwG 69 EuInsVO.

425) BGH, Urt. v. 20.11.2014 – IX ZR 13/14, ZIP 2015, 42, dazu EWiR 2015, 83 *(Paulus)*, und – **kritisch** – *Fehrenbach*, NZI 2015, 157, der meint, dass die Anfechtungsrechte von Haupt- und Sekundärverwalter entgegen der Auffassung des BGH nicht nach den Regeln abgegrenzt werden könnten, die für die Aufteilung der Aktivmassen gelten. Richtigerweise sei eine Abgrenzung der Kompetenzen der Verwalter vorzunehmen. M. E. angreifbar, weil zwar nicht der Anfechtungsanspruch, wohl aber der Gegenstand der Anfechtung (haftungsrechtlich, arg. § 143 Abs. 1 Satz 1 InsO) Bestandteil des Schuldnervermögens ist.

Schadensersatzansprüchen führen.[426] Hierauf bezogene Rechtsstreite sind **Annexverfahren,** für die die Gerichte des Staats der Eröffnung des Hauptverfahrens international zuständig sind.[427]

> **Praxishinweis**
> Die **Vergütung des Sekundärverwalters** richtet sich nach der lex fori concursus secundarii, mithin dem Recht des Staats, in dem das Sekundärverfahren eröffnet wurde. Dem steht nicht entgegen, dass der Anspruch des Sekundärverwalters auf Vergütung im Hauptinsolvenzverfahren eine Insolvenzforderung ist, während er – nach deutschem Rechtsverständnis – im Sekundärverfahren den Rang einer Masseforderung hat. Denn das ist letztlich nur eine Folge des Grundsatzes, dass es sich bei Haupt- und Sekundärverfahren um eigenständige Verfahren handelt, die jeweils einer eigenen Rechtsordnung unterliegen.[428]

IV. Gläubigerrechte

146 Jeder Gläubiger kann seine Forderung gemäß **Art. 45 Abs. 1 EuInsVO** im Hauptinsolvenzverfahren und in jedem Sekundärinsolvenzverfahren anmelden.[429] Die Verwalter des Hauptinsolvenzverfahrens und der Sekundärinsolvenzverfahren melden in den anderen Verfahren gemäß Art. 45 Abs. 2 EuInsVO die Forderungen an, die in dem Verfahren, für das sie bestellt sind, bereits angemeldet worden sind, soweit dies für die Gläubiger des letztgenannten Verfahrens zweckmäßig ist und vorbehaltlich des Rechts dieser Gläubiger, dies abzulehnen oder die Anmeldung zurückzunehmen, sofern ein solches Recht gesetzlich vorgesehen ist.[430] Für die **inhaltlichen Anforderungen an die Forderungsanmeldung** gilt **Art. 55 EuInsVO.**[431]

147 Der Verwalter eines Haupt- oder eines Sekundärinsolvenzverfahrens ist gemäß Art. 45 Abs. 1 EuInsVO berechtigt, wie ein Gläubiger an einem anderen Insolvenzverfahren mitzuwirken, insbesondere indem er an einer Gläubigerversammlung teilnimmt. Art. 45 EuInsVO wird – in deutschen Insolvenzverfahren – ergänzt durch **§ 341 Abs. 3 InsO**, wonach der Verwalter als bevollmächtigt gilt, das Stimmrecht aus einer Forderung, die in dem Verfahren, für das er bestellt ist, angemeldet worden ist, in einem anderen Insolvenzverfahren über das Vermögen des Schuldners auszuüben, sofern der Gläubiger keine anderweitige Bestimmung trifft.[432] Jegliche Beschränkung der Rechte der Gläubiger, insbesondere eine Stundung oder eine Schuldbefreiung infolge des Verfahrens, wirkt hinsichtlich des im Gebiet eines anderen Mitgliedstaats belegenen Vermögens gemäß **Art. 20 Abs. 2 Satz 2**

426) *Ehricke*, ZIP 2005, 1104, 1108.

427) EuGH, Urt. v. 11.6.2015 – Rs. C-649/13 (Nortel), ZIP 2015, 1299, dazu EWiR 2015, 515 *(J. Schmidt)*.

428) LG Aachen, Beschl. v. 17.7.2014 – 6 T 44/14, ZIP 2015, 191, dazu EWiR 2015, 123 *(Mankowski)*.

429) Haben Insolvenzgläubiger in einem inländischen **Partikularinsolvenzverfahren** durch die deutsche Niederlassung einer in der EU ansässigen Gesellschaft begründete Forderungen zur Tabelle angemeldet, so ist der deutsche Partikularinsolvenzverwalter weder analog Art. 32 EuInsVO noch analog § 93 InsO befugt, im Inland vermeintliche Haftungsansprüche der Insolvenzgläubiger gegen die Gesellschaft geltend zu machen, KG Berlin, Beschl. v. 21.7.2011 – 23 U 97/09, ZIP 2011, 1730, m. Bespr. *Piekenbrock*, IPRax 2012, 337.

430) Zur Verpflichtung zur Forderungsanmeldung *Pogacar*, NZI 2011, 46, 48; zur Haftung bei Verletzung dieser Verpflichtung i. R. des § 341 InsO Graf-Schlicker-*Bornemann*, InsO, § 341 Rz. 5; zum Begriff der Zweckmäßigkeit *Virgós/Schmit* in: Stoll, Vorschläge und Gutachten, Rz. 239.

431) Beachte, dass der in EuGH, Urt. v. 18.9.2019 – C-47/18 (Riel), ZIP 2019, 1872, ausgeurteilte Grundsatz, wonach es der Angabe des Entstehungszeitpunktes der Forderung unter bestimmten Umständen nicht bedarf, i. R. des Art. 55 EuInsVO keine Anwendung findet, weil die Entscheidung insoweit zur EuInsVO a. F. erging, *Mankowski* NZI 2019, 865 unter 4. (Urteilsanm.).

432) **Streitig**, wie hier Graf-Schlicker-*Bornemann*, InsO, § 341 Rz. 4; *Undritz* in: HambKomm-InsO, Art. 45 EuInsVO Rz. 12; **a. A.** *Flöther* in: KPB, InsO, Art. 45 EuInsVO Rz. 2; *Pogacar*, NZI 2011, 46, 48; *Schuster* in: FK-InsO, Art. 45 EuInsVO Rz. 16 – Stimmrecht steht dem Verwalter nur dann zu, wenn er von seinen Gläubigern ausdrücklich hierzu ermächtigt wurde.

EuInsVO nur gegenüber den Gläubigern, die ihre Zustimmung hierzu erteilt haben. Zur Wahrung der Gleichbehandlung der Gläubiger nimmt ein Gläubiger, der in einem Insolvenzverfahren eine Quote auf seine Forderung erlangt hat, gemäß **Art. 23 Abs. 2 EuInsVO** an der Verteilung i. R. eines anderen Verfahrens erst dann teil, wenn die Gläubiger gleichen Rangs oder gleicher Gruppenzugehörigkeit in diesem anderen Verfahren die gleiche Quote erlangt haben.

F. Insolvenzverfahren von Banken und Versicherungen

Nach der Bereichsausnahme des Art. 1 Abs. 2 Satz 1 ist die EuInsVO nicht für Insolvenzverfahren über das Vermögen von Versicherungsunternehmen oder Kreditinstituten, von Wertpapierfirmen, die Dienstleistungen erbringen, welche das Halten von Geldern oder Wertpapieren Dritter umfasst, sowie Organismen für gemeinsame Anlagen (vgl. die Definition in **Art. 2 Nr. 2 EuInsVO**) anwendbar. Etwas einfacher ausgedrückt, findet die EuInsVO keine Anwendung auf die Insolvenzen von Banken und Versicherungen. Für die genannten besonderen Schuldner gilt Sonderrecht: Für Kreditinstitute und Wertpapierfirmen gilt das **Gesetz zur Sanierung und Abwicklung von Instituten und Finanzgruppen (SAG)** vom 10.12.2014, ferner die **Verordnung (EU) Nr. 806/2014** des Europäischen Parlaments und des Rates vom 15.7.2014 zur Festlegung einheitlicher Vorschriften und eines einheitlichen Verfahrens für die Abwicklung von Kreditinstituten und bestimmten Wertpapierfirmen im Rahmen eines einheitlichen Abwicklungsmechanismus und eines einheitlichen Abwicklungsfonds und schließlich die **§§ 46 ff. KWG**. Für Versicherungen gilt das **Gesetz über die Beaufsichtigung der Versicherungsunternehmen** vom 1.4.2015. Die genannten deutschen Gesetze dienen jeweils auch der Umsetzung europäischer Richtlinien.[433] 148

G. Konzerninsolvenzen

I. Ausgangspunkt

Bislang enthielt die EuInsVO keine speziellen Vorschriften für die Insolvenz mehrerer konzernangehöriger Gesellschaften. Im Gegenteil: Der Verordnungsgeber hatte sich im Jahr 2000 ganz bewusst gegen die Aufnahme konzerninsolvenzrechtlicher Vorschriften entschieden.[434] Gleichwohl wurde dies allgemein in rechtstatsächlicher Hinsicht,[435] im Hinblick auf die Begründung einer einheitlichen internationalen Zuständigkeit[436] und die Effektivität der Verwertung der Insolvenzmasse[437] als Mangel angesehen. Abhilfe schafft die reformierte EuInsVO, die in Kapitel V – den **Art. 56–77 EuInsVO** – Vorschriften für Insolvenzverfahren über das Vermögen von Mitgliedern einer Unternehmensgruppe enthält.[438] Anknüpfungspunkt des Insolvenzverfahrens bleibt danach zwar nach wie vor die einzelne Gesellschaft. Eine materiell-rechtliche Konsolidierung der Verfahren findet nicht statt. Durch die Schaffung besonderer **Kooperations- und Kommunikationspflichten** (Art. 56–60 EuInsVO) und eines **Gruppen-Koordinationsverfahrens** (Art. 61–77 EuInsVO) soll aber eine bessere verfahrensrechtliche Koordination der Insolvenzverfahren erreicht werden. Da aber auch verfahrensrechtlich keine vollständige Konsolidation der Insolvenzverfahren statt- 149

---

433) *Madaus* in: KPB, InsO, Art. 1 EuInsVO Rz. 30 ff.

434) *Virgós/Schmit* in: Stoll, Vorschläge und Gutachten, Rz. 76.

435) Vallender-*Hermann*, EuInsVO, Art. 56 Rz. 1.

436) *Kammel*, NZI 2006, 334; *Pannen*, ZInsO 2014, 222, 223; *Rotstegge*, ZIP 2008, 955, Mankowski/Müller/J. Schmidt-*J. Schmidt*, EuInsVO, Art. 56 Rz. 3; *Siemon/Frind*, NZI 2013, 1.

437) *Moss/Smith et al.* in: Moss/Fletcher/Isaacs, The EU Regulation on Insolvency Proceedings, Rz. 8.746.

438) Ausführlich *Himmer*, Das europäische Konzerninsolvenzrecht nach der reformierten EuInsVO, 2019.

findet, kann insoweit (nur, aber immerhin) von einer **verfahrensrechtlichen Teilkonsolidation** gesprochen werden.[439]

II. Begriff der Unternehmensgruppe

150 Bezugspunkt des Konzerninsolvenzrechts der EuInsVO ist die in **Art. 2 Nr. 13 EuInsVO** eingefügte **Definition der Unternehmensgruppe**. Eine Unternehmensgruppe ist danach ein Mutterunternehmen und alle seine Tochterunternehmen. Der Begriff des **Mutterunternehmens** ist in **Art. 2 Nr. 14 Satz 1 EuInsVO** seinerseits definiert als ein Unternehmen, das ein oder mehrere Tochterunternehmen entweder unmittelbar oder mittelbar kontrolliert. Der Begriff der **unmittelbaren oder mittelbaren Kontrolle** ist nicht näher definiert. Da er (wie die Vermutung in Art. 2 Nr. 14 Satz 2 EuInsVO zeigt) dem europäischen Bilanzrecht entlehnt ist, fallen darunter in Anlehnung an Art. 22 Abs. 1 der Bilanzrichtlinie[440] Beherrschungsmöglichkeiten, die durch

- Stimmrechtsmehrheiten oder Stimmrechtsvereinbarungen,
- das Recht, die Mehrheit der Mitglieder des Verwaltungs-, Leitungs- oder Aufsichtsorgans zu bestellen,
- Satzungsbestimmungen und Unternehmensverträge vermittelt oder
- den Umstand indiziert werden, dass durch die Ausübung der Stimmrechte oder deren Koordinierung mit anderen Gesellschaftern die Mehrheit der Mitglieder des Verwaltungs-, Leitungs- oder Aufsichtsorgans tatsächlich bestellt wurde.[441]

151 Da die Möglichkeit der Beherrschung ausreicht und tatsächliche Beherrschung nicht erforderlich ist, kommt Kontrolle in diesem Sinne auch bei Minderheitsbeteiligungen in Betracht.[442] Ein Unternehmen, das einen konsolidierten Abschluss gemäß der Bilanzrichtlinie erstellt, gilt gemäß Art. 2 Nr. 14 Satz 2 EuInsVO als Mutterunternehmen. Es handelt sich um eine **widerlegliche Vermutung.**[443] **Tochterunternehmen** ist jedes nach Maßgabe des Vorstehenden kontrollierte Unternehmen, also nicht nur die unmittelbare Tochtergesellschaft, sondern auch eine mittelbare Tochtergesellschaft.

152 Die Regeln der Art. 56 ff. EuInsVO finden nur Anwendung, wenn Mutter- und Tochterunternehmen ihren Sitz in unterschiedlichen Mitgliedstaaten haben (also nicht auf reine Binnensachverhalte).[444] Sie finden keine Anwendung auf gruppenangehörige Unternehmen in Drittstaaten.[445]

III. Konzerninsolvenzrechtliche Regelungen

1. Kommunikations- und Kooperationspflichten

153 Einer der beiden zentralen Bausteine des europäischen Konzerninsolvenzrechts sind die **Kommunikations- und Kooperationspflichten**, die sich entlang dreier Achsen entfalten:

439) Mankowski/Müller/J. Schmidt-*J. Schmidt*, EuInsVO, Art. 56 Rz. 4.

440) Richtlinie 2013/34/EU des Europäischen Parlaments und des Rates v. 26.6.2013 über den Jahresabschluss, den konsolidierten Abschluss und damit verbundene Berichte von Unternehmen bestimmter Rechtsformen und zur Änderung der Richtlinie 2006/43/EG des Europäischen Parlaments und des Rates und zur Aufhebung der Richtlinien 78/660/EWG und 83/349/EWG des Rates (Bilanzrichtlinie), ABl. L 182/19 v. 29.6.2013.

441) Wimmer/Bornemann/Lienau-*Bornemann*, Neufassung EuInsVO, Rz. 540.

442) Wimmer/Bornemann/Lienau-*Bornemann*, Neufassung EuInsVO, Rz. 541.

443) *Eble*, NZI 2016, 115, 116 f.; Wimmer/Bornemann/Lienau-*Bornemann*, Neufassung EuInsVO, Rz. 544 f.; a. A. Vallender-*Sutschet*, EuInsVO, Art. 2 Rz. 65; Mankowski/Müller/J. Schmidt-*J. Schmidt*, EuInsVO, Art. 52 Rz. 79 – unwiderlegliche Vermutung.

444) *Moss/Smith et al.* in: Moss/Fletcher/Isaacs, The EU Regulation on Insolvency Proceedings, Rz. 8.752.

445) Wimmer/Bornemann/Lienau-*Bornemann*, Neufassung EuInsVO, Rz. 554.

Zwischen den beteiligten Insolvenzverwaltern (**Art. 56 EuInsVO**), zwischen den beteiligten Insolvenzgerichten (**Art. 57 EuInsVO**) und schließlich zwischen den beteiligten Insolvenzgerichten und den beteiligten Insolvenzverwaltern (**Art. 58 EuInsVO**). Diese Vorschriften, deren Regelungsgehalt sich so oder in vergleichbarer Form in vielen konzerninsolvenzrechtlichen Veröffentlichung findet und auf deren eingehende Besprechung hier aus Raumgründen verzichtet wird, sind den Vorschriften über Kommunikations- und Kooperationspflichten zwischen Haupt- und Sekundärverwalter (Art. 41–43 EuInsVO) strukturell und sprachlich nachgebildet. Die **Kosten** der Zusammenarbeit und Kommunikation nach den Art. 56 bis 60, die einem Verwalter oder einem Gericht entstehen, gelten gemäß **Art. 59 EuInsVO** als Kosten und Auslagen des Verfahrens, in dem sie angefallen sind.

2. Rechtsstellung der beteiligten Verwalter

Der Insolvenzverwalter eines über das Vermögen eines Mitglieds einer Unternehmensgruppe eröffneten Insolvenzverfahrens, kann – soweit dies eine wirksame Verfahrensführung erleichtern kann – gemäß **Art. 60 Abs. 1 lit. a EuInsVO** in jedem über das Vermögen eines anderen Mitglieds derselben Unternehmensgruppe eröffneten Verfahren gehört werden. Dieser **verordnungsunmittelbare Anspruch auf rechtliches Gehör** besteht unabhängig davon, ob der Verwalter auch Gläubiger des jeweiligen anderen Verfahrens ist. Ist er das, ergeben sich seine Rechte aus der lex fori concursus dieses anderen Verfahrens. Der verordnungsunmittelbare Anspruch auf rechtliches Gehör verschafft dem Verwalter das Recht, an den Gläubigerversammlungen des anderen Insolvenzverfahrens teilzunehmen und zu Verfahrensfragen schriftlich oder mündlich Stellung zu nehmen.[446] Ein Stimmrecht hat der Verwalter allerdings nur, wenn er Gläubiger ist und die lex fori concursus dies so vorsieht.[447] 154

Der Insolvenzverwalter eines über das Vermögen eines Mitglieds einer Unternehmensgruppe eröffneten Insolvenzverfahrens, kann – soweit dies eine wirksame Verfahrensführung erleichtern kann – gemäß **Art. 60 Abs. 1 lit. b EuInsVO** eine **Aussetzung jeder Maßnahme im Zusammenhang mit der Verwertung der Masse in einem Verfahren über das Vermögen jedes anderen Mitglieds derselben Unternehmensgruppe** beantragen, sofern 155

- für alle oder einige Mitglieder der Unternehmensgruppe, über deren Vermögen ein Insolvenzverfahren eröffnet worden ist, ein Restrukturierungsplan gemäß Art. 56 Abs. 2 Unterabs. 2 lit. c EuInsVO vorgeschlagen wurde und hinreichende Aussicht auf Erfolg hat,
- die Aussetzung notwendig ist, um die ordnungsgemäße Durchführung des Plans sicherzustellen,
- der Plan den Gläubigern des Verfahrens, für das die Aussetzung beantragt wird, zugutekäme und
- weder das Insolvenzverfahren, für das der Insolvenzverwalter gemäß Absatz 1 bestellt wurde, noch das Verfahren, für das die Aussetzung beantragt wird, einer Koordinierung gemäß Abschnitt 2 dieses Kapitels unterliegen.

446) **H. M.**, s. schon *Prager/Ch. Keller*, NZI 2013, 57, 63; Vallender-*Hermann*, EuInsVO, Art. 60 Rz. 7 m. w. N.; Mankowski/Müller/J. Schmidt-*J. Schmidt*, EuInsVO, Art. 60 Rz. 5, scheint für die Bestimmung der sachlichen Reichweite des verordnungsunmittelbaren Anspruchs auf rechtliches Gehör auf die lex fori concursus abstellen zu wollen; **a. A.** *Schuster* in: FK-InsO, Art. 60 EuInsVO Rz. 4.

447) K. Schmidt-*Brinkmann*, InsO, Art. 60 EuInsVO Rz. 6 – wenn der Verwalter Gläubiger ist; **strenger** Graf-Schlicker-*Bornemann*, InsO, Art. 60 EuInsVO Rz. 8; Vallender-*Hermann*, EuInsVO, Art. 60 Rz. 7; *Prütting* in: KPB, InsO, Art. 60 EuInsVO Rz. 3 – nie Stimmrecht; *Schuster* in: FK-InsO, Art. 60 EuInsVO Rz. 4 – der schon das Teilnahmerecht verneint.

156 Das Recht, eine Aussetzung zu verlangen, dient der Zähmung der Widerspenstigen, nämlich der Insolvenzverwalter, die an der gruppenweiten Sanierung nicht mitwirken wollen. Ihr Insolvenzverfahren wird ausgesetzt, um demjenigen Insolvenzverwalter, der am meisten an der Implementierung der Sanierungsmaßnahme interessiert ist, diese auch zu ermöglichen, ohne dass zuvor im Verfahren über eine gruppenangehörige Gesellschaft kontraproduktiv vollendete Tatsachen geschaffen werden.[448] Gleichzeitig wirkt die Möglichkeit der Aussetzung in terrorem, d. h. ihre Existenz wird andere Verwalter davon abhalten, bei Vorlage eines Restrukturierungsplans gemäß Art. 56 Abs. 2 Unterabs. 1 lit. c EuInsVO obstruktiv tätig zu werden.[449]

157 Schließlich kann der Insolvenzverwalter eines über das Vermögen eines Mitglieds einer Unternehmensgruppe eröffneten Insolvenzverfahrens – soweit dies eine wirksame Verfahrensführung erleichtern kann – gemäß **Art. 60 Abs. 1 lit. c EuInsVO** die Eröffnung eines Gruppen-Koordinationsverfahrens im Einklang mit Art. 61 EuInsVO beantragen – zu diesem Verfahrenstyp später näher.

3. Aussetzung von Verwertungsmaßnahmen

158 Gemäß **Art. 60 Abs. 2 Unterabs. 1 EuInsVO setzt das Insolvenzgericht alle Maßnahmen im Zusammenhang mit der Verwertung der Masse** in seinem Verfahren ganz oder teilweise **aus**, wenn es sich überzeugt hat, dass die Voraussetzungen nach Art. 60 Abs. 1 lit. b EuInsVO erfüllt sind. Die Vorschrift räumt dem Insolvenzgericht zwar kein Ermessen ein, enthält auf der Tatbestandsseite allerdings einen unbestimmten Rechtsbegriff, der hinreichend flexible Entscheidungen ermöglicht.[450] Wer den Schutz der Gläubiger höher bewertet als das Sanierungsinteresse des ausländischen Insolvenzverwalters, der wird für den Nachweis ein dem § 286 ZPO entsprechendes Beweismaß verlangen.[451] Wer stärker dem Sanierungsinteresse Rechnung tragen möchte, wird ein der Glaubhaftmachung des § 294 ZPO vergleichbares Beweismaß genügen lassen. Ein unmittelbarer Rückgriff auf diese Vorschriften dürfte wohl ausscheiden, weil das Tatbestandsmerkmal der richterlichen Überzeugung in Art. 60 Abs. 2 Unterabs. 1 EuInsVO verordnungsautonom auszulegen ist.[452] Vor Anordnung der Aussetzung hört das Gericht den Insolvenzverwalter des Insolvenzverfahrens, für das die Aussetzung beantragt wird, gemäß **Art. 60 Abs. 2 Unterabs. 2 Satz 1 EuInsVO** an. Der Schutz der Gläubiger in dem auszusetzenden Verfahren wird auf zwei Weisen bewerkstelligt:

- Art. 60 Abs. 2 Unterabs. 2 Satz 2 EuInsVO ermöglicht dem Gericht, die Dauer der Aussetzung auf drei Monate zu befristen.
- Das Gericht kann die Dauer der Aussetzung gemäß **Art. 60 Abs. 2 Unterabs. 4 EuInsVO** um einen weiteren Zeitraum oder mehrere weitere Zeiträume **verlängern**, die es für angemessen hält und die mit den für das Verfahren geltenden Vorschriften vereinbar sind, sofern die in Absatz 1 lit. b Ziff. ii bis iv genannten Bedingungen weiterhin erfüllt sind und die Gesamtdauer der Aussetzung (die anfängliche Dauer zuzüglich der Verlängerungen) sechs Monate nicht überschreitet.

---

448) So ausdrücklich Kommission, Vorschlag für eine Verordnung des Europäischen Parlamentes und des Rates zur Änderung der Verordnung (EG) Nr. 1346/2000 des Rates über Insolvenzverfahren, v. 12.12.2012, COM(2012) 744 final, S. 9.

449) Vallender-*Hermann*, EuInsVO, Art. 60 Rz. 8.

450) *Prager/Ch. Keller*, NZI 2013, 57, 63; *Brünkmans*, ZInsO 2013, 797, 804.

451) Dies mit beachtlichen Gründen **ablehnend** *Thole/Swierczok*, ZIP 2013, 550, 557.

452) *Brünkmans*, ZInsO 2013, 797, 805.

– Das Gericht, das die Aussetzung anordnet, kann außerdem gemäß **Art. 60 Abs. 2 Unterabs. 3 EuInsVO** verlangen, dass der Insolvenzverwalter alle geeigneten Maßnahmen des nationalen Rechts zum Schutz der Interessen der Gläubiger dieses Verfahrens ergreift.

4. Gruppen-Koordinationsverfahren

Das Gruppen-Koordinationsverfahren – wie es das Parlament in seiner legislativen Entschließung[453] vorschlug – war seiner Struktur und teilweise seinem Inhalt nach dem Koordinationsverfahren des damaligen Diskussionsentwurfs des BMJ für ein Gesetz zur Erleichterung der Bewältigung von Konzerninsolvenzen ähnlich. Wie das Koordinationsverfahren des Diskussionsentwurfs, so war auch das Koordinationsverfahren des Parlaments seiner Natur nach ein Metaverfahren, das über mehrere Insolvenzverfahren gruppenangehöriger Gesellschaften gelegt wird, und dass nicht die Regelung insolvenzrechtlicher Problemlagen, sondern die Koordination der Einzelverfahren bezweckt. Der Rat hat den Normkomplex in seinem Entwurf zum Koordinationsverfahren vom 3.6.2014 inhaltlich und sprachlich gänzlich neu gefasst und so für eine gewisse Emanzipation vom deutschen Vorbild gesorgt. In dieser Form ist das Koordinationsverfahren schließlich Teil der reformierten EuInsVO geworden. 159

International zuständig für die Eröffnung des Koordinationsverfahren ist nach Art. 61 Abs. 1 EuInsVO jedes Insolvenzgericht, das für die Eröffnung eines Insolvenzverfahrens über das Vermögen einer gruppenangehörigen Gesellschaft zuständig ist.[454] Die Vorschrift sagt nicht ausdrücklich, dass das angegangene Gericht ein Insolvenzverfahren über das Vermögen einer gruppenangehörigen Gesellschaft auch tatsächlich eröffnet haben muss; das Bestehen einer Zuständigkeit hierfür reicht nach dem Wortlaut aus. Dennoch ist sinnvollerweise zu verlangen, dass das Insolvenzverfahren über die gruppenangehörige Gesellschaft zumindest gleichzeitig mit dem Koordinationsverfahren eröffnet wird. Die Regelung der örtlichen und sachlichen Zuständigkeit bleibt den Mitgliedstaaten überlassen.[455] In Deutschland ist für die Eröffnung eines Koordinationsverfahrens deshalb das Gericht zuständig, in dessen Zuständigkeitsgebiet die gruppenangehörige Gesellschaft, über deren Vermögen zumindest gleichzeitig das Insolvenzverfahren eröffnet werden soll, den Mittelpunkt ihrer wirtschaftlichen Interessen hat. Werden Anträge auf Eröffnung eines Koordinationsverfahrens bei mehreren dafür zuständigen Gerichten gestellt, so gilt der (auf den Zeitpunkt des Eingangs des Antrags bei dem Gericht bezogene) **Prioritätsgrundsatz; Art. 62 EuInsVO** stellt dies ausdrücklich, letztlich aber nur deklaratorisch klar. Die EuInsVO enthält in ihrem **Art. 66 EuInsVO** für die Eröffnungszuständigkeit eine bemerkenswerte Regel: Nach dieser Vorschrift können die Insolvenzverwalter über das Vermögen gruppenangehöriger Gesellschaften mit Zweidrittelmehrheit das Gericht eines bestimmten Mitgliedstaats als ausschließlich zuständig für die Eröffnung eines Koordinationsverfahren bestimmen.[456] Die Vorschrift ist deshalb bemerkenswert, weil **Gerichtsstandsvereinbarungen** nicht nur dem nationalen, sondern auch dem Internationalen Insolvenzrecht bislang fremd waren (siehe oben Rz. 33). 160

Das angegangene Gericht muss die Verwalter der übrigen gruppenangehörigen Gesellschaften (die es nach Art. 61 Abs. 3 lit. c EuInsVO kennt) gemäß **Art. 63 EuInsVO** nach 161

---

453) Legislative Entscheidung des Europäischen Parlaments v. 5.2.2014, Dok. 5910/14, CODEC 241, JUSTCIV 19, PE 50 – 2012/0360 (COD), dort S. 35 ff., abrufbar unter www.parlament.gv.at/PAKT/EU/XXV/EU/01/26/EU_12662/imfname_10440145.pdf (Abrufdatum: 18.11.2023).

454) Ausführlich *Kolmann/Ch. Keller* in: Gottwald/Haas, InsR-Hdb., § 129 Rz. 116 ff.

455) ErwG 26 EuInsVO.

456) Die praktische Bedeutung dieser Vorschrift bezweifelnd *Thole*, KTS 2014, 351, 375.

einer Vorprüfung des Antrags auf Eröffnung eines Koordinationsverfahrens und den vorgeschlagenen Koordinator – per Einschreiben/Rückschein (Art. 63 Abs. 3 EuInsVO) – **informieren und anhören.** Damit ermöglicht das Gericht diesen Verwaltern nicht nur die Erhebung von Einwänden nach Art. 64 EuInsVO, sondern es ermöglicht ihnen auch, den Antrag durch die Vorlage einer Gerichtsstandsvereinbarung nach Art. 66 EuInsVO zu kontern. Eine solche Gerichtsstandsvereinbarung entfaltet ihre Wirkung nach Art. 66 Abs. 2 Satz 2 EuInsVO nur, wenn sie vor der Eröffnung des Koordinationsverfahrens geschlossen wurde.

162 **Antragsbefugt** ist nach Art. 61 Abs. 1 EuInsVO jeder **Insolvenzverwalter** i. S. des Art. 2 Nr. 5 EuInsVO, der zum Insolvenzverwalter über das Vermögen einer gruppenangehörigen Gesellschaft bestellt wurde. Antragsberechtigt ist über Art. 76 EuInsVO auch der **eigenverwaltende Schuldner.**[457] Das Koordinationsverfahren kann also weder von Amts wegen noch auf Antrag eines Gläubigers eröffnet werden. Die Voraussetzung, dass der antragstellende Verwalter bereits zum Insolvenzverwalter bestellt sein muss, erfasst für Deutschland per definitionem auch den Fall der Bestellung eines **vorläufigen Insolvenzverwalters (Art. 2 Nr. 5 mit Anhang B EuInsVO).**[458] Wird der Insolvenzantrag später abgewiesen, zurückgenommen oder für erledigt erklärt, wird der Antrag auf Eröffnung eines Koordinationsverfahrens unzulässig und muss, wird er nicht ebenfalls für erledigt erklärt, abgewiesen werden. Eine besondere Frage ist, ob auch der Insolvenzverwalter einer in einem Drittstaat ansässigen gruppenangehörigen Gesellschaft die Eröffnung eines Koordinationsverfahrens beantragen kann. Unseres Erachtens ist dies im Lichte des effet utile, der Tendenz in der Rechtsprechung des EuGH, die EuInsVO auch auf Drittstaatensachverhalte anzuwenden und aus praktischen Gründen zu bejahen.[459]

163 Jeder Verwalter einer Gruppengesellschaft hat gemäß **Art. 64 EuInsVO** das Recht, gegen die Unterstellung seines Verfahrens unter das Koordinationsverfahren oder gegen die Person des vorgeschlagenen Koordinators **Einwände zu erheben.** Der Einwand bedarf **keiner besonderen Form** (man kann auch anrufen), muss **keine Begründung** enthalten[460] und kann anhand eines Standardformulars erhoben werden (Art. 64 Abs. 2 Satz 2 mit Art. 88 EuInsVO). Jedenfalls muss der Einwand gemäß Art. 64 Abs. 2 Satz 1 EuInsVO innerhalb einer **Frist von dreißig Tagen** nach Erhalt der Information über den Eingang eines Antrags auf Eröffnung eines Koordinationsverfahrens erhoben werden. Er ist bei dem Gericht einzulegen, das mit dem Antrag auf Eröffnung des Verfahrens befasst ist. Der Verwalter muss gemäß Art. 64 Abs. 3 EuInsVO zuvor nach dem für sein Insolvenzverfahren geltenden, nationalen Recht **etwaig erforderliche Genehmigungen** einholen. Weil der Einwand ohne weiteres dazu führt, dass das betreffende Insolvenzverfahren gemäß **Art. 65 Abs. 1 EuInsVO** aus dem Kreis der zu koordinierenden Verfahren ausscheidet, und weil die Entscheidung darüber, ob dies geschehen soll, im Hinblick auf die Rechte des Koordinators von weitreichender Bedeutung ist, sollte der Insolvenzverwalter eines deutschen Verfahrens die Frage, ob widersprochen werden soll, schlicht zur Abstimmung in einer Gläubigerversammlung oder Gläubigerausschusssitzung stellen (vgl. **Art. 102c § 23 Abs. 2 EGInsO**). So wird nicht nur der Formalie des Art. 64 Abs. 3 EuInsVO ge-

457) Mankowski/Müller/J. Schmidt-*J. Schmidt*, EuInsVO, Art. 61 Rz. 18.

458) **Allg. M.**, Wimmer/Bornemann/Lienau-*Bornemann*, Neufassung EuInsVO, Rz. 598; Vallender-*Madaus*, EuInsVO, Art. 61 Rz. 8; *Prager/Ch. Keller*, WM 2015, 805, 810.

459) **A. A.** Vallender-*Madaus*, EuInsVO, Art. 61 Rz. 6; Mankowski/Müller/J. Schmidt-*J. Schmidt*, EuInsVO, Art. 61 Rz. 8 – 10 – Beteiligung ja, Antragsbefugnis nein.

460) Rat der EU v. 3.6.2014, Dok. 10284/14 ADD 1, JUSTCIV 134, EJUSTICE 54, CODEC 1366 – 2012/0360 (COD), S. 51 m. Fn. 68, abrufbar unter https://data.consilium.europa.eu/doc/document/ST-10284-2014-ADD-1/de/pdf (Abrufdatum: 18.11.2023).

nügt, sondern zugleich Akzeptanz geschaffen. Der ebenfalls mögliche Widerspruch gegen die Person des vorgeschlagenen Koordinators führt nicht zwingend zu dessen Ausschluss. Vielmehr kann das Gericht – es hat also Ermessen – gemäß **Art. 67 EuInsVO** davon absehen, ihn zu bestellen, muss dann aber – insofern dürfte dann kein Ermessen mehr bestehen – dem widersprechenden Verwalter Gelegenheit geben, einen anderen Vorschlag zu machen. Sinnvollerweise hat er das bereits in seinem Widerspruch getan. Mit dem Recht, einer Einbeziehung des Verfahrens in das Koordinationsverfahren zu widersprechen, korrespondiert das Recht des Verwalters einer gruppenangehörigen Gesellschaft, gemäß **Art. 69 EuInsVO** die Einbeziehung seines Verfahrens in das Koordinationsverfahren zu beantragen.

Eröffnet das Gericht das Koordinationsverfahren (was erst nach Ablauf der 30-tägigen Widerspruchsfrist möglich ist), so bestellt es gemäß **Art. 68 Abs. 1 Satz 2 lit. a EuInsVO** den **Koordinator**. Die Eröffnungsentscheidung ist gemäß Art. 68 Abs. 2 EuInsVO sowohl den beteiligten Verwaltern gruppenangehöriger Gesellschaften als auch dem Koordinator zuzustellen. Die Entscheidung soll mit dem nach dem Recht des Staats zur Verfügung stehenden Rechtsmittel angefochten werden können, in dem das Koordinationsverfahren eröffnet wird, in Deutschland also der sofortigen Beschwerde.[461] Der Koordinator hat eine Reihe von Aufgaben und Rechten, deren detaillierte Darstellung den hier zur Verfügung stehenden Raum sprengen würde (vgl. Art. 72 EuInsVO). Hervorzuheben ist, dass der Koordinator gemäß **Art. 72 Abs. 1 lit. b EuInsVO** das Recht haben soll, einen sog. **Koordinationsplan** vorzuschlagen. Der Inhalt dieses Plans ist für die Verwalter der gruppenangehörigen Gesellschaften zwar nicht bindend; sie müssen ihn gemäß **Art. 70 Abs. 1 EuInsVO** nur „berücksichtigen". In Art. 70 Abs. 2 Unterabs. 2 EuInsVO ist vorgesehen, dass, folgt ein Insolvenzverwalter den Empfehlungen oder dem Plan des Koordinators nicht, er die Personen oder Stellen zu informieren hat, denen er nach seinem nationalen Recht Bericht erstatten muss, und den Koordinator über die Gründe dafür. Einen Haftungstatbestand für eine Verletzung dieser Pflicht, wie sie noch in Art. 42dd Abs. 2 der Legislativen Entschließung des Parlaments vom 5.2.2014[462] vorgesehen war, enthält die EuInsVO nicht. Das bedeutet indes nicht, dass der Verstoß gegen Pflichten aus Kapitel V haftungsrechtlich unbedenklich wäre.[463] Sondern eine Haftung kann sich aus den Vorschriften des Insolvenzrechts des Staats ergeben, in dem das Koordinationsverfahren anhängig ist.[464] Hieraus resultierende Rechtsstreitigkeiten sind **Annexstreitigkeiten** des Koordinationsverfahrens.[465] 164

IV. Autonomes Internationales Insolvenzrecht

Auch das deutsche Insolvenzrecht enthielt lange **keine spezifisch konzerninsolvenzrechtlichen Vorschriften**. Das ist seit dem 21.4.2018 anders. Seither gelten die **§§ 3a–3e, § 56b und §§ 269a–269i InsO**, die Vorschriften über die Zuständigkeit, die Bestellung des Insolvenzverwalters und das deutsche Koordinationsverfahren enthalten. Für das Internationale Insolvenzrecht ist damit allerdings nichts gewonnen: Das damit zu schaffende 165

---

461) Rat der EU v. 3.6.2014, Dok. 10284/14 ADD 1, JUSTCIV 134, EJUSTICE 54, CODEC 1366 – 2012/0360 (COD), S. 53 m. Fn. 69; dem folgend *Prager/Ch. Keller*, WM 2015, 805, 810, und Mankowski/Müller/J. Schmidt-*J. Schmidt*, EuInsVO, Art. 68 Rz. 29; **a. A.** Vallender-*Madaus*, EuInsVO, Art. 68 Rz. 8, der angesichts des *opt out*-Verfahrens dafür kein Bedürfnis sieht.

462) Legislative Entscheidung des Europäischen Parlaments v. 5.2.2014, Dok. 5910/14, CODEC 241, JUSTCIV 19, PE 50 – 2012/0360 (COD), dort S. 35 ff., abrufbar unter www.parlament.gv.at/PAKT/EU/XXV/EU/01/26/EU_12662/imfname_10440145.pdf (Abrufdatum: 18.11.2023).

463) Zutreffend *Vallender*, ZInsO 2015, 57, 63.

464) *Vallender*, ZInsO 2015, 57, 63.

465) *Vallender*, ZInsO 2015, 57, 63; s. ferner *Thole*, KTS 2014, 351, 376 f.

Konzerninsolvenzrecht ist, wie aus der Definition der Unternehmensgruppe in § 3e InsO zu ersehen ist, auf **inländische Unternehmensgruppen** oder, so wird man zu ergänzen haben, den inländischen Teil einer internationalen Unternehmensgruppe, beschränkt,[466] d. h. die Gruppenunternehmen, die ihren COMI in Deutschland haben.[467] Im Anwendungsbereich des autonomen deutschen Internationalen Insolvenzrechts bleibt es deshalb erst einmal dabei, dass in Ermangelung von Regelungen mit internationalem Geltungsanspruch auf die in der Literatur dokumentierten Behelfskonstruktionen[468] ausgewichen werden muss. Da eine Unternehmensgruppe i. S. des Art. 2 Nr. 13 EuInsVO sich mit einer inländischen Unternehmensgruppe i. S. des § 3e InsO überschneiden kann, ist allerdings eine ungewollte Konkurrenz europäischer und deutscher konzerninsolvenzrechtlicher Vorschriften denkbar. Dieses Konkurrenzproblem löst **Art. 102c § 22 EGInsO**, in dem er den Anwendungsvorrang der jeweiligen europäischen Vorschrift anordnet.

H. Harmonisierung des Insolvenzrechts

I. Überblick

166 Mit dem Begriff der Harmonisierung wird, wird er in europarechtlichem Kontext verwendet, eine spezielle Regelungstechnik verstanden, nämlich die, den Gesetzgebern der Mitgliedstaaten (durch Empfehlung gemäß Art. 288 Abs. 5 AEUV) unverbindliche oder (durch Richtlinie gemäß Art. 288 Abs. 3 AEUV) verbindliche Vorgaben für die Gestaltung des nationalen Rechts zu machen. Im Vergleich zum Erlass von Verordnungen stellt die Harmonisierung den weniger schwerwiegenden Eingriff in die Kompetenz der nationalen Gesetzgeber dar, denn anders als eine Verordnung schaffen Empfehlung und Richtlinie kein unmittelbar in den Mitgliedstaaten geltendes Recht.[469] Unterschieden werden können **Vollharmonisierung, Mindestharmonisierung und Teilharmonisierung**. Von Vollharmonisierung spricht man, wenn die Richtlinie keinen Spielraum lässt, sondern den nationalen Gesetzgeber zwingt, den Standard der Richtlinie weder zu unter- noch zu überschreiten. In ihrer praktischen Wirkung unterscheidet sich die Vollharmonisierung nicht von einer Verordnung. Mindestharmonisierung liegt vor, wenn die Richtlinie Mindestanforderungen an den Inhalt des nationalen Rechtes stellt, es den Mitgliedstaaten aber überlässt, den Richtlinienstandard überschreitende Vorschriften zu erlassen oder beizubehalten. Bislang hatte die Kommission im Bereich des Insolvenzrechts im Wesentlichen (eine Ausnahme bildet der Teilbereich des Insolvenzrechts für Banken und Versicherungen) davon abgesehen, im Wege von Empfehlung oder Richtlinie vorzugehen, sondern gleich eine Verordnung, eben die EuInsVO, erlassen. Dies änderte sich im Jahr 2014.[470]

II. Richtlinie über Restrukturierung und Insolvenz

167 Am 12.3.2014 veröffentlichte die Kommission eine Empfehlung für einen neuen Ansatz im Umgang mit unternehmerischem Scheitern und Unternehmensinsolvenzen.[471] Anlass

466) Deshalb kritisch *Eidenmüller/Frobenius*, ZIP Beilage Heft 22/2013, S. 1, 17.

467) K. Schmidt-*Stephan*, InsO, § 3e Rz. 8.

468) S. hierzu die 1. Aufl. Kap. 18 Rz. 105 [*Prager/Ch. Keller*].

469) Eine Richtlinie kann allerdings dann ausnahmsweise unmittelbar anwendbar sein, wenn ein Mitgliedstaat der Umsetzungspflicht nicht oder zu spät nachkommt, s. *Langenbucher* in: Langenbucher, Europäisches Privat- und Wirtschaftsrecht, § 1 Rz. 59 ff.

470) Zuvor *Cherubini et al.*, IILR 2010, 87.

471) Empfehlung (EU) 2014/135 der Kommission v. 12.3.2014 für einen neuen Ansatz im Umgang mit unternehmerischem Scheitern und Unternehmensinsolvenzen, ABl. L 74/65 v. 14.3.2014; dazu *Commandeur/Hübler*, NZG 2016, 340; *Eidenmüller*, KTS 2014, 401; *Lürken*, NZI 2015, 3; allgemein zu den wünschenswerten Eckpunkten eines vorinsolvenzlichen Sanierungsverfahrens *Siemon*, NZI 2016, 57.

dieser Empfehlung war die Feststellung der Kommission, dass die Unterschiede der nationalen Rechte im Hinblick auf präventive Sanierungsverfahren und die Modalitäten der Restschuldbefreiung für redliche Unternehmer erhöhte Kosten und Unsicherheit bei der Bewertung von Investitionsrisiken in einem anderen Mitgliedstaat nach sich ziehen, die Bedingungen für den Zugang zu Krediten fragmentieren und zu unterschiedlichen Insolvenzquoten für die Gläubiger führen. Sie erschwerten grenzüberschreitende Sanierungsbemühungen, und ganz allgemein seien sie geeignet, Unternehmen davon abzuhalten, in anderen Mitgliedstaaten zu investieren.[472)] In ihrer Empfehlung riet die Kommission den Mitgliedstaaten deshalb, ihre nationalen Rechte im Bereich der präventiven Sanierungsverfahren und der Restschuldbefreiung für redliche Schuldner zu harmonisieren.

Achtzehn Monate nach Annahme der Empfehlung wollte die Kommission anhand der Jahresberichte der Mitgliedstaaten den Stand der Dinge prüfen und entscheiden, ob weitere Maßnahmen erforderlich sind. Sollte die Kommission dabei zu dem Schluss kommen, dass die Mitgliedstaaten der Empfehlung nicht gefolgt sind, wollte sie die Harmonisierung durch den Erlass einer Richtlinie vorantreiben. So kam es: Die Mitgliedstaaten zeigten sich nicht folgsam genug, und so legte die Kommission am 22.11.2016 den **Vorschlag für eine Richtlinie** des Europäischen Parlaments und des Rates über präventive Restrukturierungsrahmen, die zweite Chance und Maßnahmen zur Steigerung der Effizienz von Restrukturierungs-, Insolvenz- und Entschuldungsverfahren und zur Änderung der Richtlinie 2012/30/EU vor.[473)] Nach einer zweijährigen Diskussionsphase einigten sich das Europäische Parlament, der Rat der EU und die EU-Kommission in ihren sog. Trilog-Gesprächen auf eine Richtlinie.[474)] Diese wurde durch das Gesetz über den Stabilisierungs- und Restrukturierungsrahmen für Unternehmen (**StaRUG**) vom 22.12.2020 in deutsches Recht umgesetzt,[475)] womit dieses Kapitel europäischer Rechtsangleichung abgeschlossen wurde. 168

472) Empfehlung (EU) 2014/135 der Kommission v. 12.3.2014 für einen neuen Ansatz im Umgang mit unternehmerischem Scheitern und Unternehmensinsolvenzen, ABl. L 74/65 v. 14.3.2014, ErwG 4.

473) Vorschlag der Kommission v. 22.11.2016 für eine Richtlinie des Europäischen Parlaments und des Rates über präventive Restrukturierungsrahmen, die zweite Chance und Maßnahmen zur Steigerung der Effizienz von Restrukturierungs-, Insolvenz- und Entschuldungsverfahren und zur Änderung der Richtlinie 2012/30/EU, COM/2016/723 final – 2016/0359 (COD); dazu *Mock*, NZI 2016, 977, und *Madaus*, NZI 2017, 329.

474) Richtlinie (EU) 2019/1023 des Europäischen Parlaments und des Rates v. 20.6.2019 über präventive Restrukturierungsrahmen, über Entschuldung und über Tätigkeitsverbote sowie über Maßnahmen zur Steigerung der Effizienz von Restrukturierungs-, Insolvenz- und Entschuldungsverfahren und zur Änderung der Richtlinie (EU) 2017/1132, ABl. L 172, S. 18.

475) Gesetz über den Stabilisierungs- und Restrukturierungsrahmen für Unternehmen (Unternehmensstabilisierungs- und -restrukturierungsgesetz – StaRUG), v. 22.12.2020, BGBl. I 2020, 3256 (= Art. 1 des Gesetzes zur Fortentwicklung des Sanierungs- und Insolvenzrechts [Sanierungs- und Insolvenzrechtsfortentwicklungsgesetz – SanInsFoG], v. 22.12.2020, BGBl. I 2020, 3256).

III. Aktionsplan zum Ausbau der Kapitalmarktunion

169 Es wird dabei aber nicht bleiben: Schon am 24.9.2020 (noch vor Umsetzung der Restrukturierungsrichtlinie in deutsches Recht)[476] veröffentlichte die EU-Kommission einen Aktionsplan zum Ausbau der Kapitalmarktunion,[477] der u. a. darauf abzielt, die Harmonisierung der nationalen Insolvenzregeln voranzutreiben. Es soll sich um einen Fall der Mindestharmonisierung handeln, d. h. es wird den Mitgliedstaaten nachgelassen, über den in einer möglichen künftigen Richtlinie etablierten Standard hinauszugehen (was insbesondere im Bereich der Behandlung von Gesellschafterdarlehen eine Rolle spielt). Harmonisiert werden könnten nach dem Willen der Kommission

- die Definition des **Begriffs der Zahlungsunfähigkeit,**
- die **Voraussetzungen für die Eröffnung eines Insolvenzverfahrens,**
- die **Rangfolge der Forderungen,**
- die Gründe für eine **Insolvenzanfechtung**[478] und
- die Identifizierung und Nachverfolgung der zur Insolvenzmasse gehörenden Vermögenswerte.

170 Ratio dieser Initiative ist das Ziel, im Zuge der Schaffung einer Kapitalmarktunion die rechtlichen **Bedingungen für die grenzüberschreitende Kapitalanlage und -aufnahme EU-weit zu vereinheitlichen.** Dem liegt die Annahme zugrunde, dass uneinheitliche Insolvenzrechte es aus Sicht von Kapitalanlegern notwendig machten, länderspezifische Insolvenzrisiken zu bestimmen, und dass der damit verbundene Aufwand sich hemmend auf den Kapitalfluss auswirke. Der Aktionsplan wurde von der Wissenschaft wohlwollend, von der Praxis eher reserviert aufgenommen. In der Tat erscheint das Projekt überambitioniert: Neben dem Umstand, dass Harmonisierung ohnehin unterschiedlichste Rechtstraditionen, -dogmatiken und -techniken miteinander versöhnen muss, wird sich als problematisch erweisen, dass das Insolvenzrecht eine Querschnittsmaterie ist.[479] Als solche ist es mit einer Vielzahl von anderen Rechtsmaterien verschränkt, die ihrerseits nicht oder nur unzureichend harmonisiert sind.[480] Das gilt namentlich für das **Gesellschaftsrecht** und das **Bilanzrecht**. Hinzukommt endlich, dass die meisten Mitgliedstaaten über moderne, funktionale Insolvenzrechte verfügen und sich deshalb aus nationaler Sicht nicht unbedingt aufdrängt, zu welchen Verbesserungen eine Harmonisierung führen könnte.

---

476) COM/2020/590 final; abrufbar unter https://eur-lex.europa.eu/legal-content/EN/TXT/?uri=COM:2020:590:FIN; dazu *BRAK*, Stellungnahme Nr. 28: Zur Konsultation der Europäischen Kommission zur stärkeren Angleichung der nationalen Insolvenzvorschriften, v. 3/2021, abrufbar unter https://www.brak.de/fileadmin/05_zur_rechtspolitik/stellungnahmen-pdf/stellungnahmen-deutschland/2021/maerz/stellungnahme-der-brak-2021-28.pdf; *Bork*, ZRI 2021, 873 – zur Insolvenzanfechtung; *DAV*, Stellungnahme Nr. 32/2021: Zur öffentlichen EU-Konsultation „Insolvenzrecht – stärkere Konvergenz der nationalen Rechtsvorschriften zur Förderung grenzüberschreitender Investitionen, abrufbar unter https://arge-insolvenzrecht.de/de/newsroom/stellungnahme-des-deutschen-anwaltvereins-dav-nr-32-2021; *VID*, Stellungnahme zur Initiative der Europäischen Kommission „Insolvenzrecht – stärkere Konvergenz der nationalen Rechtsvorschriften zur Förderung grenzüberschreitender Investitionen", v. 9.12.2020, abrufbar unter https://www.vid.de/stellungnahmen/stellungnahme-des-verbandes-insolvenzverwalter-deutschlands-e-v-vid-zur-initiative-der-europaeischen-kommission-insolvenzrecht-staerkere-konvergenz-der-nationalen-rechtsvorschrif/ (Abrufdatum jew. 18.11.2023).

477) Deshalb **kritisch** *Lambrecht*, INDat-Report 2021/02, S. 30 (Interview).

478) Vorbereitend *Keay*, International and Comparative Law Quarterly, 66 (2017), 9.

479) *Bornemann*, NZI Beilage Heft 16–17/2019, S. 6.

480) *Bornemann*, NZI Beilage Heft 16–17/2019, S. 6.

Am 7.12.2022 legte die Kommission in Vollzug des Aktionsplans den **Vorschlag für eine Richtlinie zur Harmonisierung bestimmter Aspekte des Insolvenzrechts**[481)] vor. **Titel I** enthält allgemeine Bestimmungen über den Anwendungsbereich und die Definitionen. 171

Titel II über Anfechtungsklagen enthält Mindestharmonisierungsvorschriften, die die Insolvenzmasse vor der – so wörtlich – „unrechtmäßigen Entziehung von Vermögenswerten vor der Eröffnung des Insolvenzverfahrens" schützen sollen. Damit soll sichergestellt werden, dass die mitgliedstaatlichen Rechtsvorschriften über Insolvenzverfahren einen Mindestschutzstandard in Bezug auf die Nichtigkeit, Anfechtbarkeit oder Undurchsetzbarkeit von gläubigerbenachteiligenden Rechtshandlungen vorsehen. Zugleich können die Mitgliedstaaten Vorschriften einführen oder beibehalten, die ein höheres Maß an Gläubigerschutz sicherstellen, indem sie bspw. mehr Anfechtungsgründe als die Richtlinie vorsehen (was in Deutschland der Fall ist: die Richtlinie kennt keine den § 135 und § 136 InsO entsprechenden Vorschriften). 172

Titel III über das Aufspüren von zur Insolvenzmasse gehörenden Vermögenswerten ist im Zusammenhang mit Art. 21 Abs. 1 Satz 1 EuInsVO zu lesen, der vorsieht, dass Insolvenzverwalter die Befugnisse, die ihnen nach dem Recht des Mitgliedstaats übertragen wurden, in dem das Hauptinsolvenzverfahren eröffnet wurde, grundsätzlich auch in anderen Mitgliedstaaten ausüben können (siehe oben Rz. 84). Der Schwerpunkt der Vorschriften dieses Titels liegt auf dem Zugang der Insolvenzverwalter zu verschiedenen Registern, die Informationen über Vermögenswerte enthalten, die zur Insolvenzmasse gehören oder gehören sollten. Einige nationale elektronische Register sind öffentlich oder sogar über einzelne von der EU eingerichtete Vernetzungsplattformen wie das System zur Vernetzung der Insolvenzregister (IRI) zugänglich. Der Richtlinienvorschlag erweitert den Kreis der Register, auf die Insolvenzverwalter zugreifen können, um einige Register, die bislang nicht öffentlich zugänglich sind, wie z. B. die ursprünglich nach dem EU-Rahmen zur Bekämpfung von Geldwäsche eingerichteten Register (nationale zentrale Bankkontenregister) oder Register wirtschaftlicher Eigentümer (für Informationen über Trusts) der Mitgliedstaaten. Titel III enthält auch die Verpflichtung für die Mitgliedstaaten, ausländischen Insolvenzverwaltern direkten und raschen Zugang zu den im Anhang zum Vorschlag aufgeführten Registern zu gewähren (sofern sie bereits in dem Mitgliedstaat verfügbar sind). 173

Titel IV über Pre-Pack-Verfahren soll sicherstellen, dass diese Verfahren in den Insolvenzregelungen aller Mitgliedstaaten verfügbar sind. In einem Pre-Pack-Verfahren wird der Verkauf des Unternehmens (oder eines Teils davon) des Schuldners vor der förmlichen Eröffnung des Insolvenzverfahrens vorbereitet und ausgehandelt. So besteht die Möglichkeit, kurze Zeit nach Eröffnung des Insolvenzverfahrens zur Liquidation eines Unternehmens den Verkauf durchzuführen und den Erlös zu erzielen. Der Entwurf der Richtlinie enthält eine Reihe von Schutzmaßnahmen, um sicherzustellen, dass potenzielle Käufer erreicht werden und dass der bestmögliche Marktwert als Ergebnis eines von Wettbewerb bestimmten Verkaufsprozesses erzielt wird. Die Mitgliedstaaten haben die Wahl, entweder dafür zu sorgen, dass der in der (normalerweise vertraulichen) „Vorbereitungsphase" durchgeführte Verkaufsprozess von Wettbewerb bestimmt, transparent und fair ist, oder nach 174

481) Vorschlag der Kommission v. 8.12.2022 für eine Richtlinie des Europäischen Parlaments und des Rates zur Harmonisierung bestimmter Aspekte des Insolvenzrechts, COM(2022) 702 final. Das Folgende ist eine gekürzte und redaktionell überarbeitete Wiedergabe der Inhaltsangabe, die sich auf S. 14–24 der deutschen Fassung des Entwurfs findet. Zum Vorschlag *Berger*, ZRI 2023, 473 – Lizenzen und Pre-Pack-Verfahren; *Frind*, ZIP 2023, 449 – zum Gläubigerausschuss; *Schubert*, NZI 2023, 193 – zur Insolvenzanfechtung; *Smid*, ZInsO 2023, 1289 – kritisch zum Pre-Pack-Verfahren; *Smid/Wehdeking*, ZInsO 2023, 198; *Sämisch*, ZRI 2023, 93 (beide **kritisch** zum verwalterlosen Verfahren für Kleinstunternehmen); *Thole*, ZIP 2023, 389 – Überblick.

Eröffnung des förmlichen Verfahrens eine schnelle öffentliche Auktion in der „Liquidationsphase" durchzuführen.

175 **Titel V über die Pflichten der Unternehmensleitung** ist Teil der Maßnahmen zur Wertmaximierung der Insolvenzmasse. Die vorgeschlagene Richtlinie enthält zwar keine harmonisierte Definition des Begriffs „Unternehmensleitung", doch sollten die Mitgliedstaaten bei der Umsetzung der in diesem Titel enthaltenen Bestimmungen berücksichtigen, dass der Begriff „Mitglied der Unternehmensleitung" weit zu fassen ist. Die Mitglieder der Unternehmensleitung gehören in der Regel zu den Ersten, die erkennen, ob ein Unternehmen kurz vor der Insolvenz steht oder die Schwelle bereits überschritten hat. Sie sollten daher verpflichtet sein, rechtzeitig einen Antrag auf Eröffnung eines Insolvenzverfahrens zu stellen (was in Deutschland schon der Fall ist, siehe § 15a InsO). Die vorgeschlagene Richtlinie sieht eine Frist zur Erfüllung dieser Verpflichtung vor und verbindet dies mit einer zivilrechtlichen Haftung (vgl. § 15b InsO sowie die Haftung aus § 823 Abs. 2 BGB i. V. m. § 15a InsO). Bei den Bestimmungen dieses Titels handelt es sich um Mindestharmonisierungsvorschriften, sodass die Mitgliedstaaten strengere Verpflichtungen für die Unternehmensleitung von insolvenznahen Unternehmen beibehalten oder einführen können.

176 **Titel VI enthält Vorschriften für vereinfachte Liquidationsverfahren für Kleinstunternehmen.** Ziel des Richtlinienvorschlags ist es, eine geordnete Liquidation von Kleinstunternehmen, auch solchen ohne Vermögen, in einem zügigen und kostengünstigen Verfahren sicherzustellen. Das Hauptziel der Bestimmungen in Titel VI besteht mithin darin, das Verfahren zu vereinfachen und die damit verbundenen Verwaltungskosten zu senken.

177 **Titel VII enthält Bestimmungen über den Gläubigerausschuss.** Der Gläubigerausschuss ist ein wichtiges Instrument, um sicherzustellen, dass Insolvenzverfahren so durchgeführt werden, dass die Interessen der Gläubiger gewahrt werden und die Beteiligung einzelner Gläubiger sichergestellt wird, die andernfalls aufgrund begrenzter Ressourcen oder der geografischen Entfernung nicht an dem Verfahren teilnehmen könnten. Ziel der Bestimmungen dieses Titels ist es, die Stellung der Gläubiger im Verfahren zu stärken. Dies geschieht, indem sichergestellt wird, dass ein Gläubigerausschuss gebildet wird, wenn die Gläubigerversammlung zustimmt, und indem Mindestharmonisierungsvorschriften für zentrale Aspekte wie die Ernennung der Mitglieder und die Zusammensetzung des Ausschusses, die Arbeitsweise, die Funktion des Ausschusses sowie die persönliche Haftung seiner Mitglieder vorgesehen werden.

178 In **Titel VIII geht es um Maßnahmen zur Stärkung der Transparenz der nationalen Rechtsvorschriften über Insolvenzverfahren.** Er verpflichtet die Mitgliedstaaten, für Anleger ein klar definiertes einheitliches Merkblatt mit praktischen Informationen zu den wichtigsten Merkmalen ihrer innerstaatlichen Rechtsvorschriften zu Insolvenzverfahren zu erstellen und regelmäßig zu aktualisieren. Dieses Merkblatt muss auf dem E-Justiz-Portal verfügbar gemacht werden.

179 **Titel IX enthält die Schlussbestimmungen** der vorgeschlagenen Richtlinie.

IV. Ausblick

180 Das Gesetzgebungsverfahren wird als Trilog zwischen Kommission, Rat und Parlament fortgeführt. Beschlossen werden wird die Richtlinie dereinst vom Europäischen Parlament. Danach steht, soweit erforderlich, die Umsetzung in nationales Recht an.

I. Synopsen (Anhang 1 bis 3)

Anhang 1: Synopse Art. 102c EGInsO und EuInsVO

181

EGInsO	Regelungsgenstand		EuInsVO	Regelungsgegenstand
§ 1	Örtliche Zuständigkeit	ergänzt	Art. 3	Internationale Zuständigkeit
§ 2	Vermeidung von Kompetenzkonflikten	ergänzt	Art. 3	Internationale Zuständigkeit
§ 3	Einstellung des Insolvenzverfahrens	ergänzt	Art. 3	Internationale Zuständigkeit
§ 4	Rechtsmittel bei fehlender internationaler Zuständigkeit	ergänzt	Art. 5	Gerichtliche Nachprüfung der Eröffnungsentscheidung
§ 5	Zusätzliche Angaben im Eröffnungsantrag des Schuldners	ergänzt	Art. 3	Internationale Zuständigkeit
§ 6	Örtliche Zuständigkeit für Annexklagen	ergänzt	Art. 6	Internationale Zuständigkeit für Annexklagen
§ 7	Öffentliche Bekanntmachung	ergänzt	Art. 28	Öffentliche Bekanntmachung in einem anderen Mitgliedstaat
§ 8	Eintragung in öffentliche Bücher und Register	ergänzt	Art. 29	Eintragung in öffentliche Register eines anderen Mitgliedstaats
§ 9	Rechtsmittel gegen eine Entscheidung nach Art. 102c § 7 oder § 8 EGInsO	–	–	–
§ 10	Vollstreckung aus der Eröffnungsentscheidung	ergänzt	Art. 32	Anerkennung und Vollstreckbarkeit sonstiger Entscheidungen
§ 11	Voraussetzungen für die Abgabe der Zusicherung	ergänzt	Art. 36	Zusicherung zur Vermeidung eines Insolvenzverfahrens
§ 12	Öffentliche Bekanntmachung der Zusicherung	ergänzt	Art. 36	Zusicherung zur Vermeidung eines Insolvenzverfahrens
§ 13	Benachrichtigung über die Beabsichtigte Verteilung	ergänzt	Art. 36	Zusicherung zur Vermeidung eines Insolvenzverfahrens
§ 14	Haftung des Insolvenzverwalters bei einer Zusicherung	ergänzt	Art. 36	Zusicherung zur Vermeidung eines Insolvenzverfahrens
§ 15	Insolvenzplan (in einem Sekundärverfahren)	ergänzt	Art. 47	Recht des Verwalters, Sanierungspläne vorzuschlagen
§ 16	Aussetzung der Verwertung	ergänzt	Art. 46	Aussetzung der Verwertung der Masse
§ 17	Abstimmung über die Zusicherung	ergänzt	Art. 36	Zusicherung zur Vermeidung eines Insolvenzverfahrens
§ 18	Stimmrecht bei der Abstimmung über die Zusicherung	ergänzt	Art. 36	Zusicherung zur Vermeidung eines Insolvenzverfahrens
§ 19	Unterrichtung über das Ergebnis der Abstimmung	ergänzt	Art. 36	Zusicherung zur Vermeidung eines Insolvenzverfahrens
§ 20	Rechtsbehelfe gegen die Entscheidung über die Eröffnung eines Sekundärverfahrens	ergänzt	Art. 39	Gerichtliche Nachprüfung der Entscheidung zur Eröffnung eines Sekundärverfahrens
§ 21	Rechtsbehelfe und Anträge nach Art. 36	ergänzt	Art. 36	Zusicherung zur Vermeidung eines Insolvenzverfahrens
§ 22	Eingeschränkte Anwendbarkeit konzernrechtlicher Vorschriften der InsO	ergänzt	Art. 56 Art. 57	Kommunikations- und Kooperationspflichten von Gerichten und Verwaltern

EGInsO	Regelungsgenstand		EuInsVO	Regelungsgegenstand
§ 23	Beteiligung der Gläubiger	ergänzt	Art. 61 Art. 64 Art. 69	Koordinationsverfahren
§ 24	Aussetzung der Verwertung	ergänzt	Art. 60 Art. 72	Koordinationsverfahren
§ 25	Rechtsbehelf	ergänzt	Art. 69	Entscheidung des Koordinators über Opt In
§ 26	Rechtsbehelf	ergänzt	Art. 77	Kostenentscheidung im Koordinationsverfahren

Anhang 2: Synopse InsO und EuInsVO

182

InsO	Regelungsgenstand		EuInsVO	Regelungsgegenstand
§ 335	Grundsatz: Anwendbarkeit der lex fori concursus	entspricht	Art. 7	Anwendbares Recht
§ 336	Vertrag über einen unbeweglichen Gegenstand	entspricht	Art. 11 Abs. 1	Vertrag über einen unbeweglichen Gegenstand
§ 337	Arbeitsverhältnis	entspricht	Art. 13 Abs. 1	Arbeitsvertrag
§ 338	Aufrechnung	entspricht	Art. 9	Aufrechnung
§ 339	Insolvenzanfechtung	entspricht	Art. 16	Benachteiligende Handlungen
§ 340	Organisierte Märkte; Pensionsgeschäfte	entspricht	Art. 12	Zahlungssysteme und Finanzmärkte
§ 341	Ausübung von Gläubigerrechten	entspricht	Art. 45	Ausübung von Gläubigerrechten
§ 342	Herausgabepflicht; Anrechnung	entspricht	Art. 23	Herausgabepflicht; Anrechnung
§ 343	Anerkennung	entspricht	Art. 19, 32	Grundsatz; Anerkennung sonstiger Entscheidungen
§ 344	Sicherungsmaßnahmen	entspricht	Art. 52	Sicherungsmaßnahmen
§ 345	Öffentliche Bekanntmachung	entspricht	Art. 28	Öffentliche Bekanntmachung
§ 346	Grundbuch	entspricht	Art. 29	Eintragung in öffentliche Register
§ 347	Nachweis der Verwalterbestellung; Unterrichtung des Gerichts	entspricht	Art. 22	Nachweis der Verwalterstellung
§ 348	Zuständiges Insolvenzgericht; Zusammenarbeit der Insolvenzgerichte			Keine Entsprechung
§ 349	Verfügungen über unbewegliche Gegenstände	entspricht	Art. 17, Art. 8 Abs. 3	Schutz des Dritterwerbers; dingliche Rechte
§ 350	Leistung an den Schuldner	entspricht	Art. 31	Leistungen an den Schuldner
§ 351	Dingliche Rechte	entspricht	Art. 8	Dingliche Rechte
§ 352	Unterbrechung und Aufnahme eines Rechtsstreits	entspricht	Art. 18	Wirkungen des Insolvenzverfahrens auf anhängige Rechtsstreite

InsO	Regelungsgenstand		EuInsVO	Regelungsgegenstand
§ 353	Vollstreckbarkeit ausländischer Entscheidungen	entspricht	Art. 19, 32	Grundsatz; Vollstreckung sonstiger Entscheidungen
§ 354	Voraussetzungen des Partikularverfahrens	entspricht	Art. 3	Internationale Zuständigkeit
§ 355	Restschuldbefreiung; Insolvenzplan	entspricht	Art. 47	Verfahrensbeendende Maßnahmen
§ 356	Sekundärinsolvenzverfahren	entspricht	Art. 3; Art. 34 – 40[482)]	Internationale Zuständigkeit Sekundärinsolvenzverfahren
§ 357	Zusammenarbeit der Insolvenzverwalter	entspricht	Art. 41	Kooperations- und Unterrichtungspflicht
§ 358	Überschuss bei der Schlussverteilung	entspricht	Art. 49	Überschuss im Sekundärinsolvenzverfahren

Anhang 3: Synopse EuInsVO 2000 und EuInsVO 2015

183

Art. 1	Art. 1
Art. 2 Eingangsteil	Art. 2 Eingangsteil
Art. 2 lit. a	Art. 2 Nr. 4
Art. 2 lit. b	Art. 2 Nr. 5
Art. 2 lit. c	–
Art. 2 lit. d	Art. 2 Nr. 6
Art. 2 lit. e	Art. 2 Nr. 7
Art. 2 lit. f	Art. 2 Nr. 8
Art. 2 lit. g Eingangsteil	Art. 2 Nr. 9 Eingangsteil
Art. 2 lit. g erster Gedankenstrich	Art. 2 Nr. 9 Ziff. vii
Art. 2 lit. g zweiter Gedankenstrich	Art. 2 Nr. 9 Ziff. iv
Art. 2 lit. g dritter Gedankenstrich	Art. 2 Nr. 9 Ziff. viii
Art. 2 lit. h	Art. 2 Nr. 10
–	Art. 2 Nr. 1 bis 3 und 11 bis 13
–	Art. 2 Nr. 9 Ziff. i bis iii, v, vi
Art. 3	Art. 3
–	Art. 4
–	Art. 5
–	Art. 6
Art. 4	Art. 7
Art. 5	Art. 8
Art. 6	Art. 9
Art. 7	Art. 10
Art. 8	Art. 11 Abs. 1
–	Art. 11 Abs. 2

482) Exklusive der Vorschriften über die Zusicherung, die dem deutschen autonomen Internationalen Insolvenzrecht als Rechtsinstitut fremd ist. Zur Anwendbarkeit der Vorschriften der EuInsVO über die Zusicherung auf Drittstaatensachverhalte, s. Vallender-*Ch. Keller*, EuInsVO, Art. 36 Rz. 41 ff.

Art. 9	Art. 12
Art. 10	Art. 13 Abs. 1
–	Art. 13 Abs. 2
Art. 11	Art. 14
Art. 12	Art. 15
Art. 13 Abs. 1	Art. 16 lit. a
Art. 13 Abs. 2	Art. 16 lit. b
Art. 14 Gedankenstrich 1	Art. 17 lit. a
Art. 14 Gedankenstrich 2	Art. 17 lit. b
Art. 14 Gedankenstrich 3	Art. 17 lit. c
Art. 15	Art. 18
Art. 16	Art. 19
Art. 17	Art. 20
Art. 18	Art. 21
Art. 19	Art. 22
Art. 20	Art. 23
–	Art. 24
–	Art. 25
–	Art. 26
–	Art. 27
Art. 21 Abs. 1	Art. 28 Abs. 2
Art. 21 Abs. 2	Art. 28 Abs. 1
Art. 22	Art. 29
Art. 23	Art. 30
Art. 24	Art. 31
Art. 25	Art. 32
Art. 26	Art. 33
Art. 27	Art. 34
Art. 28	Art. 35
–	Art. 36
Art. 29	Art. 37 Abs. 1
–	Art. 37 Abs. 2
–	Art. 38
–	Art. 39
Art. 30	Art. 40
Art. 31	Art. 41
–	Art. 42
–	Art. 43
–	Art. 44
Art. 32	Art. 45
Art. 33	Art. 46
Art. 34 Abs. 1	Art. 47 Abs. 1

Art. 34 Abs. 2	Art. 47 Abs. 2
Art. 34 Abs. 3	–
–	Art. 48
Art. 35	Art. 49
Art. 36	Art. 50
Art. 37	Art. 51
Art. 38	Art. 52
Art. 39	Art. 53
Art. 40	Art. 54
Art. 41	Art. 55
Art. 42	–
–	Art. 56
–	Art. 57
–	Art. 58
–	Art. 59
–	Art. 60
–	Art. 61
–	Art. 62
–	Art. 63
–	Art. 64
–	Art. 65
–	Art. 66
–	Art. 67
–	Art. 68
–	Art. 69
–	Art. 70
–	Art. 71
–	Art. 72
–	Art. 73
–	Art. 74
–	Art. 75
–	Art. 76
–	Art. 77
–	Art. 78
–	Art. 79
–	Art. 80
–	Art. 81
–	Art. 82
–	Art. 83
Art. 43	Art. 84 Abs. 1
–	Art. 84 Abs. 2
Art. 44	Art. 85

–	Art. 86
Art. 45	–
–	Art. 87
–	Art. 88
–	Art. 89
Art. 46	Art. 90 Abs. 1
–	Art. 90 Abs. 2 bis 4
–	Art. 91
Art. 47	Art. 92
Anhang A	Anhang A
Anhang B	–
Anhang C	Anhang B
–	Anhang C
–	Anhang D

Teil V
Besondere Rechtsverhältnisse in der Insolvenz

Kapitel 21
Arbeitsverhältnisse in der Insolvenz

Übersicht

Literatur: *Abele*, Kein Rücktritt vom Aufhebungsvertrag nach Antragstellung auf Eröffnung des Insolvenzverfahrens, NZA 2012, 487; *Adam*, Abschied vom Unkündbaren?, NZA 1999, 846; *Ahlborn*, Europäisierung des Arbeitsrechts, ZfA 2005, 109; *v. Ahsen/Nölle*, Risiko Altersteilzeit? – Insolvenzschutz der Wertguthaben bei Altersteilzeit-Vereinbarungen, DB 2003, 1384; *Annuß*, Der Anstellungsvertrag des Fremdgeschäftsführers in Betriebsübergang und Insolvenz, ZInsO 2001, 344; *Annuß*, Die Betriebsänderung in der Insolvenz, NZI 1999, 344; *Ascheid*, Beschäftigungsförderung durch Einbeziehung kollektivvertraglicher Regelungen in das Kündigungsschutzgesetz, RdA 1997, 333; *Ascheid*, Die betriebsbedingte Kündigung – § 1 KSchG – § 54 AGB-DDR – § 613a IV 2 BGB, NZA 1991, 873; *Bader*, Das Gesetz zu Reformen am Arbeitsmarkt: Neues im Kündigungsschutzgesetz und im Befristungsrecht, NZA 2004, 65; *Bader*, Neuregelungen im Bereich des Kündigungsschutzgesetzes durch das Arbeitsrechtliche Beschäftigungsförderungsgesetz, NZA 1996, 1125; *Bauer*, Unternehmensveräußerung und Arbeitsrecht, 1983; *Bergwitz*, Betriebsübergang und Insolvenz nach der neuen EG-Richtlinie zur Änderung der Betriebsübergangsrichtlinie, DB 1999, 2005; *Berkowsky*, Das neue Insolvenz-Kündigungsrecht, NZI 1999, 129; *Berscheid*, Personalanpassung im eröffneten Insolvenzverfahren und im Insolvenzplanverfahren, in: Kölner Schrift zur Insolvenzordnung, 2. Aufl., 2000, S. 1395; *Berscheid*, Kaug-Anspruch für erarbeitetes Arbeitsentgelt und Zuordnung von Entgeltzahlungen im Insg-Zeitraum, ZInsO 2000, 134; *Berscheid*, Arbeitgeberstellung und -befugnis im Insolvenzeröffnungsverfahren und im eröffneten Insolvenzverfahren, in: Festschrift für Peter Hanau, 1999, S. 701; *Berscheid*, Die Kündigung von Arbeitsverhältnissen nach § 113 InsO, ZInsO 1998, 115 (Teil II) und ZInsO 1998, 159 (Teil II); *Berscheid*, Personalabbau vor und in der Insolvenz unter Berücksichtigung des Betriebsübergangs, AnwBl 1995, 8; *Betz*, Der Anspruch auf Urlaubsentgelt und Urlaubsabgeltung im Falle der Insolvenz des Arbeitgebers nach der geänderten Rechtsprechung zum Urlaubsrecht, BB 2015, 886; *Bichlmeier/Oberhofer*, Neues Arbeitsrecht im Konkurs, AiB 1997, 161; *Boemke/Kursawe*, Grenzen der vereinbarten Nachwirkung freiwilliger Betriebsvereinbarungen, DB 2000, 1405; *Boemke/Tietze*, Insolvenzarbeitsrecht und Sozialplan, DB 1999, 1389; *Bork*, Zur Passivlegitimation des Insolvenzverwalters im Kündigungsschutzprozeß, ZInsO 2001, 210; *Caspers*, Personalabbau und Betriebsänderung im Insolvenzverfahren, 1998; *Dewender*, Einbeziehung der fehlerhaft berechneten Kündigungsfrist in die Klagefrist nach § 4 Satz 1 KSchG?, DB 2005, 337; *Dollmann*, Wahrung der Anrufungsfrist des § 4 Satz 1 KSchG 2004 bei nicht fristgerechten Kündigungen?, BB 2004, 2073; *Düwell*, Schwerbehinderung im reformierten Kündigungsrecht, DB 2003, 1574; *Düwell*, Änderungs- und Beendigungskündigung nach dem neuen Insolvenzrecht, in: Kölner Schrift zur Insolvenzordnung, 2. Aufl., 2000, S. 1433; *Düwell/Pulz*, Urlaubsansprüche in der Insolvenz, NZA 2008, 786; *Ende*, Das Recht des Arbeitnehmers auf Beendigung seines Arbeitsverhältnisses bei Betriebsübergang im EG-Recht, NZA 1994, 494; *Ennemann*, Interessenausgleichsverhandlungen und arbeitsgerichtliche Beschlußverfahren in der Insolvenz, in: Kölner Schrift zur Insolvenzordnung, 2. Aufl., 2000, S. 1473; *Feudner*, Deutsches Arbeitsrecht und Standort Deutschland – Zum Schutzzweck des § 613a BGB, DB 1996, 830; *Fischer/Thoms-Meyer*, Privatrechtlicher Insolvenzschutz für Arbeitnehmeransprüche aus deferred compensation, DB 2000, 1861; *Fischermeier*, Die betriebsbedingte Kündigung nach den Änderungen durch das Arbeitsrechtliche Beschäftigungsförderungsgesetz, NZA 1997, 1089; *Fleddermann*, Konsequenzen der Geltung der Amtstheorie für die Passivlegitimation im Kündigungsschutzprozeß, ZInsO 2001, 359; *Franzen*, Die Richtlinie 98/50/EG zur Änderung der Betriebsübergangsrichtlinie 77/187/EWG und ihre Auswirkungen auf das deutsche Arbeitsrecht, RdA 1999, 361; *Friese*, Das Kollektive Kündigungsschutzverfahren in der Insolvenz nach § 126 InsO, ZInsO 2001, 350; *Gaul*, Wirtschaftliche Vertretbarkeit eines Sozialplans, DB 2004, 1498; *Giesen*, Die

Betriebsverfassung nach dem neuen Insolvenzrecht, ZIP 1998, 142; *Giesen*, Das neue Kündigungsschutzrecht in der Insolvenz, ZIP 1998, 46; *Giesen*, Die Sozialauswahl bei betriebsbedingter Kündigung nach neuem Recht, ZfA 1997, 145; *Groeger*, Probleme der außerordentlichen betriebsbedingten Kündigung ordentlich unkündbarer Arbeitnehmer, NZA 1999, 850; *Grunsky*, Probleme des Beschlußverfahrens nach § 126 InsO, in: Festschrift für Gerhard Lüke, 1997, S. 191; *Grunsky/Moll*, Arbeitsrecht und Insolvenz, 1997; *Günzel*, Der Wiedereinstellungsanspruch bei Fortführung des Betriebs nach Ablauf der Kündigungsfrist, DB 2000, 1227; *Hanau*, Die Rechtsprechung des BAG im Jahr 2002, ZfA 2003, 736; *Hanau*, Entgeltverzicht, Entgeltstundung, Arbeitszeitkonten und Altersteilzeit in der Insolvenz, ZIP 2002, 2028; *Hanau*, Arbeitsentgelte, Arbeitszeitkonten, Altersteilzeit und Vermögensbildung in der Insolvenz, in: AK-InsO, Aktuelle Probleme des neuen Insolvenzrechts, 2000, S. 117; *Hanau*, Perversion und Prävention bei § 613a BGB, ZIP 1998, 1817; *Hanau/Berscheid*, Übertragende Sanierung vor und in der Insolvenz, in: Kölner Schrift zur Insolvenzordnung, 2. Aufl., 2000, S. 1541; *Hess*, Die eingeschränkte Anwendbarkeit des § 613a BGB in der Insolvenz, in: Festschrift zum 50-jährigen Bestehen der Arbeitsgerichtsbarkeit Rheinland-Pfalz, 1999, S. 485; *Hillebrecht*, Dringende betriebliche Erfordernisse (§ 1 Abs. 2 KSchG) zur Kündigung von Arbeitsverhältnissen durch den Konkursverwalter, ZIP 1985, 257; *v. Hoyningen-Huene*, Die wirtschaftliche Vertretbarkeit von Sozialplänen, RdA 1986, 102; *v. Hoyningen-Huene/Linck*, Die Neuregelungen des Kündigungsschutzes und befristeter Arbeitsverhältnisse, DB 1997, 41; *Kania*, Arbeitsrecht in Konkurs und Insolvenz, DStR 1996, 832; *Kort*, Die Grenzen betrieblicher Mitbestimmung bei tarifvertraglicher Zulassung lediglich freiwilliger Betriebsvereinbarungen, NZA 2001, 477; *Kraft*, Betriebsübergang und Arbeitsverhältnis in der Rechtsprechung des BAG, in: Festschrift 25 Jahre BAG, 1979, S. 299; *Kreuzer/Rößner*, Die Betriebsänderung in der Insolvenz und die Darstellung der „wirtschaftlichen Lage des Unternehmens" nach § 122 InsO, NZI 2012, 699; *Lakies*, Die Vergütungsansprüche der Arbeitnehmer in der Insolvenz, NZA 2001, 521; *Lakies*, Der Anspruch auf Insolvenzgeld (§ 183 SGB III), NZA 2000, 565; *Lakies*, Insolvenz und Betriebsänderungen, BB 1999, 206; *Lakies*, Zu den seit 1.10.1996 geltenden arbeitsrechtlichen Vorschriften der Insolvenzordnung, RdA 1997, 145; *Langenbucher*, Der Wiedereinstellungsanspruch des Arbeitnehmers beim Betriebsübergang, ZfA 1999, 299; *Langohr-Plato/Morisse*, Insolvenzschutz von Wertguthaben aus Altersteilzeit, BB 2002, 2330; *Leisbrock*, Altersteilzeitarbeit, 2001; *Leithaus*, Zur „Nachkündigung" nach § 113 InsO und zur Anfechtungsproblematik bei Kündigungen im Vorfeld eines Insolvenzantrages, NZI 1999, 254; *Lindemann*, (Un)geklärte arbeitsrechtliche Fragen zur Freigabe der selbstständigen Tätigkeit des Schuldners nach § 35 Abs. 2 InsO, ZInsO 2014, 695; *Lindemann*, Arbeitsrechtliche Zusammenhänge der „Freigabe" des Geschäftsbetriebs des Schuldners in der Insolvenz, BB 2011, 2357; *Lohkemper*, Die Bedeutung des neuen Insolvenzrechts für das Arbeitsrecht, KTS 1996, 1; *Löwisch*, Neuregelung des Kündigungs- und Befristungsrechts durch das Gesetz zu Reformen am Arbeitsmarkt, BB 2004, 154; *Löwisch*, Neugestaltung des Interessenausgleichs durch das Arbeitsrechtliche Beschäftigungsförderungsgesetz, RdA 1997, 80; *Löwisch*, Das Arbeitsrechtliche Beschäftigungsförderungsgesetz, NZA 1996, 1009; *Lorenz*, Das Arbeitsrechtliche Beschäftigungsförderungsgesetz, DB 1996, 1973; *Loritz*, Aktuelle Rechtsprobleme des Betriebsübergangs nach § 613a BGB, RdA 1987, 65; *Matthes*, Neue Funktionen für Interessenausgleich und Sozialplan, RdA 1999, 178; *Meyer*, Abänderung von Sozialplanregelungen, NZA 1995, 974; *Moll*, Kündigungsbeschränkungen und § 113 InsO, in: Festschrift für Klaus Pannen, 2017, S. 533; *Moll*, Betriebsübergang in der Insolvenz, KTS 2002, 635; *Moll*, Massenentlassung, in: Henssler/Moll, Kölner Tage des Arbeitsrechts – Kündigung und Kündigungsschutz in der betrieblichen Praxis, 2000, S. 141; *Moll*, Die Rechtsstellung des Arbeitnehmers bei Betriebsübergang, NJW 1993, 2016; *Moll/Katerndahl*, Zum Verhältnis zwischen Interessenausgleichs- und Massenentlassungsanzeigeverfahren, RdA 2013, 159; *Moll/Müller*, Die Rechtsstellung der Bundesanstalt für Arbeit, KTS 2000, 587; *Müller*, Praktische Probleme der seit 1.10.1996 geltenden arbeitsrechtlichen Vorschriften der Insolvenzordnung, NZA 1998, 1315; *Nicolai/Noack*, Grundlagen und Grenzen des Wiedereinstellungsanspruchs nach wirksamer Kündigung des Arbeitsverhältnisses, ZfA 2000, 87; *Niesert*, Das Recht der Aus- und Absonderung nach der neuen Insolvenzordnung, InVo 1998, 85; *Nimscholz*, Altersteilzeit in der Insolvenz, ZIP 2002, 1936; *Oberhofer*, Ansprüche von Altersteilzeit-Beschäftigten in der Insolvenz, ZInsO 2003, 591; *Oberhofer*, Replik zur Anerkennung eines originären Freistellungsrechts des Insolvenzverwalters, ZInsO 2002, 21; *Pape*, Rückstufung übergegangener Insolvenzgeldansprüche auf Insolvenzforderungen durch Gerichtsentscheid, ZInsO 2000, 143; *Pauly*, Neue Streitfragen zur sozialen Auswahl bei betriebsbedingter Kündigung, MDR 1997, 513; *Pflüger*, Der Unterlassungsanspruch des Betriebsrats bei Betriebsänderungen, DB 1998, 2062; *Pietzko*, Rechtsgeschäftliche Gestaltungsmöglichkeiten der Arbeitnehmer beim Betriebsübergang, ZIP 1990, 1105; *Pirscher*, Anerkennung eines originären Freistellungsrechts des Insolvenzverwalters, ZInsO 2001, 698; *Preis*, Das arbeitsrechtliche Beschäftigungsförderungsgesetz 1996, NJW 1996, 3369; *Raab*, Der Wiedereinstellungsanspruch des Arbeitnehmers bei Wegfall des Kündigungsgrundes, RdA 2000, 147; *Richardi*, Individualrechtsschutz vor Betriebspartnerherrschaft, NZA 1999, 617; *Ries*, Freigabe (auch) von Dauerschuldverhältnissen des § 108 InsO aus dem Insolvenzbeschlag beruflich selbstständiger Schuldner, ZInsO 2009, 2030; *Röder/Baeck*, Sozialplan- und Ausgleichsansprüche im Konkurs- und Vergleichsverfahren, DStR 1995, 260; *Rummel*, Der Interessenausgleich im Konkurs, DB 1997, 774; *Schaub*, Arbeitsrecht in der Insolvenz, DB 1999, 217; *Rummel*, Der Interessenausgleich im Konkurs,

DB 1997, 774; *Schaub*, Die höchstrichterliche Rechtsprechung zum Arbeitsrecht im Konkurs, ZIP 1993, 969; *Schiefer*, Die Rechtsprechung zu den Neuregelungen durch das Arbeitsrechtliche Beschäftigungsförderungsgesetz, DB 1998, 925; *Schiefer/Worzalla*, Neues – altes – Kündigungsrecht, NZA 2004, 345; *Schmidt, J.*, § 4 S. 4 KSchG und Gesetz zu Reformen am Arbeitsmarkt, NZA 2004, 79; *Schrader*, Übergangsregelungen zum Konkursrecht, NZA 1997, 70; *Schwerdtner*, Der Sozialplan im Eröffnungsverfahren und nach der Verfahrenseröffnung, in: Kölner Schrift zur Insolvenzordnung, 2. Aufl., 2000, S. 1605; *Schwerdtner*, Individualarbeitsrechtliche Probleme des Betriebsübergangs, in: Festschrift für Gerhard Müller, 1981, S. 557; *Smid*, Der Erhalt von Arbeitsplätzen in der Insolvenz des Arbeitgebers nach neuem Recht, NZA 2000, 113; *Strathmann*, Wiedereinstellungsanspruch eines wirksam gekündigten Arbeitnehmers: Tendenzen der praktischen Ausgestaltung, DB 2003, 2438; *Tschöpe/Fleddermann*, Arbeitsvertraglich vereinbarte Kündigungsfristen in der Insolvenz, ZInsO 2001, 455; *Vallender*, Unternehmenskauf in der Insolvenz, GmbHR 2004, 543; *Warrikoff*, Die Stellung der Arbeitnehmer nach der neuen Insolvenzordnung, BB 1994, 2338; *Wendeling-Schröder/Welkoborski*, Beschäftigungssicherung und Transfersozialplan. Neue Handlungsfelder auf Grund BetrVG-Novelle und EG-Recht, NZA 2002, 1370; *Willemsen*, Aufhebung und Änderung von Versorgungszusagen aus Anlaß eines Betriebsübergangs, RdA 1987, 327; *Willemsen*, Die neuere Rechtsprechung des BAG zu § 613a BGB, ZIP 1986, 477; *Willemsen/Tiesler*, Interessenausgleich und Sozialplan in der Insolvenz, 1995; *Windel*, „Freigabe“ von Dauerschuldverhältnissen aus der insolvenzrechtlichen Haftung, RdA 2012, 366; *Ziemann*, Die Klage auf Wiedereinstellung oder Fortsetzung des Arbeitsverhältnisses, MDR 1999, 716; *Zwanziger*, Materiell-rechtliche und prozessuale Fragen in Zusammenhang mit Masseunzulänglichkeit, NZA 2015, 577; *Zwanziger*, Aktuelle Rechtsprechung des BAG in Insolvenzsachen, BB 2004, 824; *Zwanziger*, Durch Zahlung von Insolvenzgeld auf die BfA übergegangene Ansprüche als Insolvenzforderung, ZIP 2000, 595; *Zwanziger*, Insolvenzordnung und materielle Voraussetzungen betriebsbedingter Kündigungen, BB 1997, 626.

A. Arbeitsverhältnis nach Insolvenzeröffnung

I. Bestand und Inhalt

1 Die Insolvenzeröffnung ist auf Bestand und Inhalt des Arbeitsverhältnisses ohne Einfluss.[1] Dies gilt bei Insolvenz sowohl des Arbeitgebers als auch des Arbeitnehmers. Den Fall der Insolvenz des Arbeitgebers betrifft § 108 Abs. 1 Satz 1 InsO. Die Norm ordnet das **Fortbestehen von Arbeitsverhältnissen** mit „Wirkung für die Insolvenzmasse“ ausdrücklich an. Die Insolvenz des Arbeitnehmers lässt das Arbeitsverhältnis unberührt, weil Arbeitsleistungen des Arbeitnehmers nicht in die Insolvenzmasse fallen. Haupt- und Nebenpflichten im Arbeitsverhältnis gelten unverändert weiter. In der Insolvenz des Arbeitgebers besteht aber **kein Wiedereinstellungsanspruch** des Arbeitnehmers. Ein bereits vor Insolvenzeröffnung entstandener Wiedereinstellungsanspruch erlischt mit Insolvenzeröffnung.[2]

2 Der Insolvenzverwalter tritt als Arbeitgeber an die Stelle des Schuldners. Die **Verfügungs- und Verwaltungsrechte des Schuldners gehen auf den Insolvenzverwalter über** (§ 80 Abs. 1 InsO). Dies beinhaltet Abgabe und Annahme aller Erklärungen im Zusammenhang mit dem Arbeitsverhältnis ebenso wie das Auftreten als Arbeitgeber gegenüber dem Betriebsrat. Erklärt der Insolvenzverwalter unter den Voraussetzungen des § 35 Abs. 2 Satz 1 InsO hingegen die Freigabe des Geschäftsbetriebs des Insolvenzschuldners für dessen selbstständige Tätigkeit, werden hiervon auch die in dem Geschäftsbetrieb zum Zeitpunkt der Insolvenzeröffnung bestehenden Arbeitsverhältnisse erfasst und gehen mit Wirksamwerden der Freigabeerklärung wieder in die Verfügungsbefugnis des Insolvenzschuldner über, ohne dass es einer Kündigungserklärung bedarf.[3] Weder der Übergang der Verwal-

1) Vgl. BAG, Urt. v. 15.12.1987 – 3 AZR 420/87, AP Nr. 18 zu § 1 BetrAVG = ZIP 1988, 327, dazu EWiR 1988, 389 *(Schaub)*.

2) BAG, Urt. v. 25.5.2022 – 6 AZR 224/21, ZRI 2022, 684 = ZVI 2022, 380.

3) BAG, Urt. v. 21.11.2013 – 6 AZR 979/11, AP InsO § 35 Nr. 3 = ZIP 2014, 339, dazu EWiR 2014, 157 *(Hergenröder)*; BGH, Urt. v. 9.2.2012 – IX ZR 75/11, ZIP 2012, 533, dazu EWiR 2012, 287 *(Henkel)*; ArbG Berlin, Urt. v. 3.6.2010 – 53 Ca 2104/10, ZIP 2010, 1914, dazu EWiR 2010, 675 *(Priebe)*; ArbG Herne, Urt. v. 10.8.2010 – 2 Ca 350/10, ZIP 2011, 139; *Lindemann*, BB 2011, 2357, 2359; *Lindemann*, ZInsO, 2014, 695.

tungs- und Verfügungsbefugnis gemäß § 80 Abs. 1 InsO auf den Insolvenzverwalter noch deren Rückfall auf den Schuldner nach § 35 Abs. 2 InsO stellen einen Betriebsübergang i. S. des § 613a BGB dar.[4)]

Die Pflicht zur **Zeugnisausstellung** hängt davon ab, wann das Arbeitsverhältnis beendet wird. Endet es nach Eröffnung des Insolvenzverfahrens, so ist der Insolvenzverwalter zur Ausstellung verpflichtet.[5)] Dies gilt auch für einen nach § 22 Abs. 1 InsO oder § 22 Abs. 2 InsO befugten vorläufigen Insolvenzverwalter.[6)] Endet es vor Eröffnung bleibt der Schuldner verpflichtet.[7)] Die Zeugnispflicht trifft nicht einen vorläufigen Insolvenzverwalter, der weder nach § 22 Abs. 1 InsO noch nach § 22 Abs. 2 InsO befugt ist. Es kommt nicht darauf an, ob und wie lange der Insolvenzverwalter den Arbeitnehmer tatsächlich beschäftigt hat. Ein Zeugnisrechtsstreit wird nicht gemäß § 240 ZPO durch die Eröffnung des Insolvenzverfahrens unterbrochen und ist deshalb gegen den Schuldner fortzusetzen.[8)] Ein titulierter Anspruch auf Zeugniserteilung aus einem beendeten Arbeitsverhältnis ist (auch) nach Insolvenzeröffnung gegen den Schuldner vollstreckbar.[9)] 3

Ein „insolvenzspezifisches" Recht des Insolvenzverwalters zur Freistellung des Arbeitnehmers von der Arbeit gibt es nicht.[10)] Die Anwendung der allgemeinen arbeitsrechtlichen Grundsätze zum Beschäftigungsanspruch und zur Suspendierung ist angemessen und gewährt ausreichende Freistellungsmöglichkeiten.[11)] Die Freistellung ist nicht nach § 99 Abs. 1 BetrVG und nicht nach § 87 Abs. 1 Nr. 3 BetrVG beteiligungspflichtig.[12)] 4

II. Entgeltansprüche der Arbeitnehmer

Forderungen des Arbeitnehmers auf **rückständiges Entgelt für die Zeit vor Eröffnung** des Insolvenzverfahrens sind Insolvenzforderungen nach § 38 InsO (§ 108 Abs. 3 InsO) unabhängig davon, wann der Entgeltanspruch fällig wird. Sie sind im Insolvenzverfahren zu verfolgen (§§ 87, 89, 174 ff. InsO).[13)] Hierzu gehören auch Abfindungsansprüche aus 5

---

4) *Lindemann*, ZInsO 2014, 695, 696; *Moll* in: KPB, InsO, § 113 Rz. 52a; *Ries*, ZInsO 2009, 2030, 2035; a. A. *Windel*, RdA 2012, 366, 369.

5) Vgl. BAG, Urt. v. 30.1.1991 – 5 AZR 32/90, AP Nr. 18 zu § 630 BGB = ZIP 1991, 744, dazu EWiR 1991, 553 *(Hegmanns)*; BAG, Urt. v. 23.6.2004 – 10 AZR 495/03, ZIP 2004, 1974 = DB 2004, 2428, dazu EWiR 2004, 1185 *(Richter)*: Auskunftsanspruch gegen den Schuldner nach § 97 InsO); LAG Köln, Urt. v. 30.7.2001 – 2 Sa 1457/00, ZIP 2002, 181 = NZA-RR 2002, 181, dazu EWiR 2002, 471 *(Joost)*; LAG Nürnberg, Beschl. v. 5.12.2002 – 2 Ta 137/02, ZInsO, 2003, 194 = NZA-RR 2003, 463; LAG Hamm, Urt. v. 17.10.2007 – 2 SA 43/07, NZA-RR 2008, 294.

6) Vgl. BAG, Urt. v. 23.6.2004 – 10 AZR 495/03, ZIP 2004, 1974 = DB 2004, 2428, dazu EWiR 2004, 1185 *(Richter)*.

7) BAG, Urt. v. 23.6.2004 – 10 AZR 495/03, ZIP 2004, 1974 = DB 2004, 2428; s. dazu teilweise unterschiedlich *Berscheid* in: FS Hanau, S. 701, 710 ff.

8) LAG Nürnberg, Beschl. v. 5.12.2002 – 2 Ta 137/02, ZInsO, 2003, 194, 195 = NZA-RR 2003, 463.

9) LAG Düsseldorf, Urt. v. 7.11.2003 – 16 Ta 571/03, ZIP 2004, 631 = NZA-RR 2004, 206, dazu EWiR 2004, 863 *(Johlke/Schröder)*.

10) LAG Hessen, Urt. v. 10.4.2017 – 7 Sa 650/16, Rz. 41, ZIP 2018, 647 = NZI 2017, 902, dazu EWiR 2018, 213 *(Webel)*; *Oberhofer*, ZInsO 2002, 21; *Zwanziger*, NZA 2015, 577, 578; s. aber demgegenüber LAG Hamm, Urt. v. 27.9.2000 – 2 Sa 1178/00, ZIP 2001, 435 = LAGE § 55 InsO Nr. 3, dazu EWiR 2001, 487 *(Moll)*; LAG Hamm, Beschl. v. 12.2.2001 – 4 Ta 277/00, NZA-RR 2002, 157 = NZI 2001, 52; LAG Hamm, Urt. v. 6.9.2001 – 4 Sa 1276/01, ZInsO 2002, 45 = NZI 2002, 51; *Pirscher*, ZInsO 2001, 698.

11) *Moll*, EWiR 2001, 487, 488 (Urteilsanm.).

12) BAG, Urt. v. 11.12.2001 – 9 AZR 80/01, ZIP 2002, 126 = EzA § 60 Ko Nr. 8, dazu EWiR 2002, 771 *(Berscheid)*; LAG Hamm, Urt. v. 20.9.2002 – 10 TaBV 95/02, NZA-RR 2003, 422 = ZInsO 2003, 531.

13) BAG, Urt. v. 25.1.2018 – 6 AZR 8/17, ZIP 2018, 589; BAG, Urt. v. 27.7.2017 – 6 AZR 801/16, Rz. 28, ZIP 2017, 2113, dazu EWiR 2018, 23 *(Knof/Stütze)*; *Lakies*, NZA 2001, 521, 523 f.; s. zum Gegenstandswert bei der Geltendmachung LAG Berlin, Urt. v. 28.8.2001 – 17 Ta 6089/01, NZA-RR 2002, 157 = NJ 2001, 611 (Ls.).

Aufhebungsvereinbarungen[14] oder Sozialplänen[15] aus der Zeit vor Eröffnung des Insolvenzverfahrens. Ein Rücktritt vom Aufhebungsvertrag wegen Nichtzahlung der Abfindung infolge des Insolvenzantrags ist nicht möglich.[16] Ebenso sind Abfindungsansprüche gemäß § 10 KSchG als Insolvenzforderungen einzuordnen, wenn das Auflösungsurteil auf einem Auflösungsantrag der Insolvenzschuldnerin beruht, den der Insolvenzverwalter weiterverfolgt.[17] Ausschlussfristen, die zum Zeitpunkt der Insolvenzeröffnung noch nicht abgelaufen sind, finden keine Anwendung mehr.[18] Die Insolvenzfeststellungsklage nach § 179 Abs. 1 InsO ist nur dann statthaft, wenn die Forderung im Insolvenzverfahren angemeldet, geprüft und bestritten worden ist.[19]

6 Für Anfechtungsklagen des Insolvenzverwalters auf Rückgewähr geleisteter Vergütungen nach § 143 Abs. 1 InsO ist der Rechtsweg zu den ArbG eröffnet.[20] Der Rückforderungsanspruch unterfällt keinen arbeitsvertraglichen oder tariflichen Ausschlussfristen.[21]

7 Die Handlungen des sog. starken vorläufigen Insolvenzverwalters werden durch § 55 Abs. 2 InsO denjenigen des Insolvenzverwalters gleichgestellt. So gelten Verbindlichkeiten, die von einem vorläufigen Insolvenzverwalter begründet worden sind, auf den die Verfügungsbefugnis über das Vermögen des Schuldners übergegangen ist, nach der Eröffnung des Verfahrens als Masseverbindlichkeiten (§ 55 Abs. 2 Satz 1 InsO). Gleiches gilt gemäß § 55 Abs. 2 Satz 2 InsO für Verbindlichkeiten aus einem Dauerschuldverhältnis, soweit der vorläufige Insolvenzverwalter für das von ihm verwaltete Vermögen die Gegenleistung in Anspruch genommen hat. § 55 Abs. 2 Satz 2 InsO bezieht sich ebenso wie § 55 Abs. 1 InsO allein auf eine Leistung an den sog. starken vorläufigen Insolvenzverwalter mit Verfügungsbefugnis i. S. von § 21 Abs. 2 Satz 1 Nr. 2 Alt. 1 i. V. mit § 22 Abs. 1 Satz 1 InsO.[22] Hingegen kann ein sog. schwacher vorläufiger Insolvenzverwalter ohne Verfügungsbefugnis Masseverbindlichkeiten nur begründen, soweit ihm das Insolvenzgericht hierzu die Ermächtigung im Einzelnen erteilt hat.[23] Der im Schutzschirmverfahren zur Begründung von Masseverbindlichkeiten gemäß § 270c Abs. 4 InsO ermächtigte vorläufig eigenverwaltende Schuldner wird durch § 270c Abs. 4 Satz 3 InsO i. V. mit § 55 Abs. 2 Satz 2 InsO dem starken vorläufigen Insolvenzverwalter gleichgestellt.

8 Die Qualifizierung ändert sich, wenn die Arbeitsentgeltansprüche nach Stellung des Antrags auf Insolvenzgeld nach § 169 SGB III auf die Bundesanstalt für Arbeit übergehen; die übergegangenen Arbeitsentgeltansprüche sind nach § 55 Abs. 3 InsO Insolvenzforde-

---

14) BAG, Urt. v. 27.9.2007 – 6 AZR 975/06, ZIP 2008, 374, dazu EWiR 2008, 335 *(Holzer)*.

15) BAG, Urt. v. 31.7.2002 – 10 AZR 275/01, ZIP 2002, 2051, dazu EWiR 2003, 283 *(Moll/Langhoff)*.

16) BAG, Urt. v. 10.11.2011 – 6 AZR 357/10, ZIP 2012, 91, dazu EWiR 2012, 105 *(Greiner)*; *Abele*, NZA 2012, 487.

17) BAG, Urt. v. 14.3.2019 – 6 AZR 4/18, ZIP 2019, 777.

18) BAG, Urt. v. 18.12.1984 – 1 AZR 588/82, AP Nr. 88 zu § 4 TVG Ausschlussfristen = ZIP 1985, 754, dazu EWiR 1985, 247 *(Bauer)*; LAG Hamm, Urt. v. 20.3.1998 – 10 Sa 1737/97, NZA-RR 1999, 370, dazu EWiR 1999, 121 *(Diller)*.

19) BAG, Urt. v. 16.6.2004 – 5 AZR 521/03, ZIP 2004, 146 = NZA 2004, 1274, dazu EWiR 2005, 201 *(Joost)*; LAG Hamm, Urt. v. 26.11.2008 – 25 A 779/08, juris.

20) GmS-OGB, Beschl. v. 27.9.2010 – GmS-OGB 1/09, ZIP 2010, 2418 = NZA 2011, 534, dazu EWiR 2010, 765 *(Bork)*.

21) BAG, Urt. v. 3.7.2014 – 6 AZR 953/12, Rz. 19, AP InsO § 131 Nr. 9; BAG, Urt. v. 8.5.2014 – 6 AZR 465/12, AP InsO § 131 Nr. 6; BAG, Urt. v. 8.5.2014 – 6 AZR 722/12, ZIP 2014, 2208 = AP InsO § 131 Nr. 7; BAG, Urt. v. 27.2.2014 – 6 AZR 367/13, ZIP 2014, 1396 = AP InsO § 131 Nr. 5; BAG, Urt. v. 24.10.2013 – 6 AZR 466/12, ZIP 2014, 91 = NZI 2014, 129, dazu EWiR 2014, 359 *(Knof/Stütze)*.

22) BAG, Urt. v. 27.7.2017 – 6 AZR 801/16, Rz. 28, ZIP 2017, 2113; BAG, Urt. v. 25.6.2014 – 5 AZR 283/12, Rz. 12, BAGE 148, 290 = ZIP 2014, 2147, dazu EWiR 2014, 725 *(Blank)*.

23) BAG, Urt. v. 27.7.2017 – 6 AZR 801/16, Rz. 28, ZIP 2017, 2113.

rungen.[24] Für den Forderungsübergang genügt zunächst die nur entfernte Möglichkeit, dass Ansprüche auf Insolvenzgeld bestehen. Wird dem Antrag auf Insolvenzgeld ganz oder zum Teil nicht stattgegeben, fällt der Anspruch auf Arbeitsentgelt in dem Umfang wieder an den Arbeitnehmer zurück, wie kein Insolvenzgeld bewilligt wurde.[25]

Der Arbeitnehmer ist „nur" durch das Insolvenzgeld abgesichert (§§ 165 ff. SGB III).[26] 9
Als Arbeitnehmer in diesem Sinne ist nach Ansicht des BSG auch der Gesellschafter-Geschäftsführer einer GmbH zu qualifizieren, der weder über die Mehrheit der Geschäftsanteile noch über eine Sperrminorität verfügt.[27] Besondere Probleme eines privatrechtlichen Schutzes stellen sich für Arbeitnehmeransprüche aus „deferred compensation", Arbeitszeitkonten, Vermögensbeteiligungen.[28]

Die **Entgeltansprüche für die Zeit ab Eröffnung** des Insolvenzverfahrens sind Masseverbindlichkeiten (§ 55 Abs. 1 Nr. 2 Alt. 2 InsO).[29] Dies gilt unabhängig davon, ob der Insolvenzverwalter die Arbeitsleistung der Arbeitnehmer in Anspruch nimmt oder nicht. 10

Das BAG hat den Streit um die Behandlung der **Altersteilzeit** (Blockmodell – Freizeitphase) in der Insolvenz folgender Lösung zugeführt.[30] Die während der Freistellungsphase zu leistenden Zahlungen sind nach Ansicht des 9. Senats des BAG eine in der Fälligkeit hinausgeschobene Vergütung für die während der Arbeitsphase geleistete, über die hälftige Arbeitszeit hinausgehende Tätigkeit. Das hat in der Insolvenz zur Folge, dass Forderungen, die auf Zeiträume vor der Eröffnung entfallen, lediglich Insolvenz- und keine Masseforderungen sind (§ 108 Abs. 3, § 55 Abs. 1 Nr. 2 InsO). Wird das Insolvenzverfahren während der Freistellungsphase eröffnet, sind die nach der Eröffnung zu leistenden Zahlungen Insolvenzforderungen. Wird es während der Arbeitsphase eröffnet, ist die nach der Eröffnung verdiente Vergütung Masseforderung. Sie ist dann in der Freistellungsphase „spiegelbildlich" zu dem Zeitraum der in die Zeit nach Insolvenzeröffnung fallenden Arbeitsphase auszuzahlen, in dem sie verdient wurde. Wird ein Altersteilzeitverhältnis im Blockmodell vor dem vereinbarten Ende der Freistellungsphase aufgelöst (sog. Störfall), hat der Arbeitnehmer Anspruch auf Differenzvergütung. Soweit ein sog. starker vorläufiger Insolvenzverwalter die Arbeitsleistung vor dem Eintrittt des Störfalls in Anspruch genommen hat, sind die daraus resultierenden Ansprüche auf Differenzvergütung 11

24) BAG, Urt. v. 27.7.2017 – 6 AZR 801/16, Rz. 34, ZIP 2017, 2113; BAG, Urt. v. 3.4.2001 – 9 AZR 301/00, ZIP 2001, 1964, dazu EWiR 2001, 1063 *(Bork)*; LAG Hamm, Urt. v. 10.1.2000 – 19 Sa 1638/99, ZIP 2000, 590; LAG Köln, Urt. v. 25.2.2000 – 12 Sa 1512/99, ZIP 2000, 805, dazu EWiR 2000, 735 *(Jaffé)*; s. dazu *Berscheid*, ZInsO 2000, 134; *Lakies*, NZA 2001, 521, 523; *Moll/Müller*, KTS 2000, 587; *Niesert*, InVo 1998, 85, 88; *Pape*, ZInsO 2000, 143; *Smid*, NZA 2000, 113, 116; *Zwanziger*, ZIP 2000, 595.

25) BAG, Urt. v. 27.7.2017 – 6 AZR 801/16, Rz. 22, ZIP 2017, 2113; BAG, Urt. v. 12.1.2005 – 5 AZR 279/01, unter II., BeckRS 2005, 41228 = NZA 2005, 656 (LS).

26) S. dazu *Berscheid*, ZInsO 2000, 134; *Lakies*, NZA 2000, 565; *Smid*, NZA 2000, 113, 116.

27) BSG, Urt. v. 4.7.2007 – B 11a AL 5/06 R, ZIP 2007, 2185 = NZI 2008, 156.

28) *Fischer/Thoms-Meyer*, DB 2000, 1861; *Hanau* in: AK-InsO, Aktuelle Probleme des neuen Insolvenzrechts, S. 117 ff. S. zum Schutz von Wertguthaben bei Altersteilzeit *Langohr-Plato/Morisse*, BB 2002, 2330; *v. Ahsen/Nölle*, DB 2003, 1384.

29) BAG, Urt. v. 21.2.2013 – 6 AZR 406/11, ZIP 2013, 1033, 1035, dazu EWiR 2013, 517 *(Budnik)*.

30) BAG, Urt. v. 19.12.2006 – 9 AZR 230/06, DB 2007, 1707; BAG, Urt. v. 19.10.2004 – 9 AZR 647/03, ZIP 2005, 457, 459. Dagegen und für Masseschulden richtigerweise LAG Düsseldorf, Urt. v. 17.9.2003 – 4 (5) Sa 684/03, ZIP 2003, 2039 = ZVI 2003, 521, dazu EWiR 2004, 77 *(Moll/Henke)*; LAG Düsseldorf, Urt. v. 17.9.2003 – 4 (6) Sa 685/03, DZWIR 2004, 116; LAG Düsseldorf, Urt. v. 22.10.2003 – 12 Sa 1202/03, ZIP 2004, 272 = NZA-RR 2004, 288; ArbG Oberhausen, Urt. v. 6.3.2003 – 1 Ca 2791/02, ZInsO 2003, 626; ArbG Oberhausen, Urt. v. 6.3.2003 – 1 Ca 2931/02, n. v.; ArbG Würzburg, Urt. v. 24.4.2003 – 2 Ca 2383/02, DZWIR 2004, 119; *Hanau* in: AK-InsO, Aktuelle Probleme des neuen Insolvenzrechts, S. 117, 121; *Hanau*, ZIP 2002, 2028, 2032; *Leisbrock*, Altersteilzeitarbeit, S. 1936; *Moll/Henke*, EWiR 2004, 77 (Urteilsanm.); *Nimscholz*, ZIP 2002, 1936; *Oberhofer*, ZInsO 2003, 591.

als sonstige Masseverbindlichkeiten gemäß §§ 53, 55 Abs. 2 Satz 2 InsO aus der Insolvenzmasse zu berichtigen.[31)]

12 **Ausschlussfristen** sind auf Arbeitnehmeransprüche als Masseforderungen ohne weiteres anwendbar.[32)]

13 Leistungen für einen Bezugszeitraum werden auf das Datum der Insolvenzeröffnung abgegrenzt. **Sonderzahlungen**, die erbrachte Arbeitsleitung vergüten, sind dem Zeitraum vor oder nach Insolvenzeröffnung zuzuordnen, für den sie als Gegenleistung geschuldet sind. Soweit mit ihnen Arbeitsleistungen vergütet werden, die vor Eröffnung des Insolvenzverfahrens erbracht wurden, handelt es sich um Insolvenzforderungen. Soweit nach Verfahrenseröffnung erbrachte Arbeitsleistungen vergütet werden, liegen Masseverbindlichkeiten i. S. von § 55 Abs. 1 Nr. 2 InsO vor.[33)] Leistungen mit reinem Gratifikationscharakter, deren Stichtag nach Eröffnung des Insolvenzverfahrens liegt, sind Masseverbindlichkeiten i. S. von § 55 Abs. 1 Nr. 2 InsO.[34)] Eine Bleibeprämie, die dem Arbeitnehmer für den Fall zugesagt wird, das er bis zu einem bestimmten Stichtag, der nach Insolvenzeröffnung liegt, keine Eigenkündigung erklärt, ist ebenso eine Masseverbindlichkeit i. S. des § 55 Abs. 1 Nr. 2 InsO.[35)]

14 **Urlaub und Urlaubsentgelt** sind dem Zeitraum zuzuordnen, in dem der Anspruch auf Urlaub tatsächlich erfüllt wird.[36)] Entsprechendes gilt für den Urlaubsabgeltungsanspruch.[37)] Wenn das Arbeitsverhältnis **nach** Eröffnung des Insolvenzverfahrens beendet worden ist, ist der Urlaubsabgeltungsanspruch nach § 7 Abs. 4 BUrlG Masseverbindlichkeit i. S. von § 55 Abs. 1 Nr. 2 Alt. 2 InsO.[38)]

15 Eine Differenzierung ergibt sich in Fällen der **Masseunzulänglichkeit.**[39)] Voraussetzung ist die Anzeige der Masseunzulänglichkeit nach § 208 Abs. 1 InsO. Dem Gesetz liegt zugrunde, dass die Anzeige durch einen Insolvenzverwalter nach Eröffnung des Insolvenzverfahrens erfolgt. Die Rechtsprechung lässt es demgegenüber ausreichen, dass ein vorläufiger Insolvenzverwalter, der später zum Insolvenzverwalter bestellt wird, die Masselosigkeit im Bericht erwähnt.[40)] § 209 Abs. 1 InsO stellt eine dreistufige Rangfolge auf. Masseverbindlichkeiten, die nach der Anzeige der Masseunzulänglichkeit verursacht worden sind, ohne zu den Kosten des Verfahrens zu gehören, rangieren an zweiter Stelle (§ 209 Abs. 1 Nr. 2 InsO). Dem werden nach § 209 Abs. 2 InsO bestimmte Fälle gleichgestellt.

31) BAG, Urt. v. 27.7.2017 – 6 AZR 801/16, Rz. 30 ff., ZIP 2017, 2113.

32) LAG Hamm, Urt. v. 20.3.1998 – 10 Sa 1737/97, NZA-RR 1999, 370, dazu EWiR 1999, 121 *(Diller)*.

33) BAG, Urt. v. 23.3.2017 – 6 AZR 264/16, Rz. 21, NZA 2017, 779, 781 = ZIP 2017, 1031, dazu EWiR 2017, 473 *(Hess)*; BAG, Urt. v. 14.11.2012 – 10 AZR 793/11, Rz. 14, NZA 2013, 273, 274.

34) BAG, Urt. v. 23.3.2017 – 6 AZR 264/16, Rz. 20, NZA 2017, 779, 780 = ZIP 2017, 1031, dazu EWiR 2017, 473 *(Hess)*; BAG, Urt. v. 14.11.2012 – 10 AZR 793/11, Rz. 15, NZA 2013, 273, 274.

35) BAG, Urt. v. 12.9.2013 – 6 AZR 913/11 (Quimonda), Rz. 33, AP InsO § 134 Nr. 1 = ZIP 2014, 139.

36) BAG, Urt. v. 15.2.2005 – 9 AZR 78/04, ZIP 2005, 1653, 1655; BAG, Urt. v. 15.6.2004 – 9 AZR 431/03, ZIP 2004, 1660, 1661, dazu EWiR 2004, 1139 *(Schneider)*; *Lakies*, NZA 2001, 521, 522.

37) BAG, Urt. v. 15.2.2005 – 9 AZR 78/04, ZIP 2005, 1653, 1655; BAG, Urt. v. 25.3.2003 – 9 AZR 174/02, ZIP 2003, 1802; BAG, Urt. v. 21.5.1980 – 5 AZR 441/78, AP Nr. 10 zu § 59 KO = ZIP 1980, 784, 786; LAG Hamm, Urt. v. 18.10.2001 – 4 Sa 1197/01, BB 2002, 1600 = NZI 2002, 49; LAG Hamm, Urt. v. 27.6.2002 – 4 Sa 468/02, DB 2002, 1512 = NZA-RR 2002, 538.

38) BAG, Urt. v. 16.2.2021 – 9 AS 1/21, ZRI 2021, 381 = ZIP 2021, 811; BAG, Urt. v. 10.9.2020 – 6 AZR 94/19 (A), ZRI 2022, 171 = ZVI 2022, 196; BAG, Urt. v. 25.3.2003 – 9 AZR 174/02, ZIP 2003, 1802.

39) *Moll* in: KPB, InsO, Stand: 9/2017, § 113 Rz. 34; *Lakies*, NZA 2001, 521, 526.

40) BAG, Urt. v. 23.2.2005 – 10 AZR 602/03, ZIP 2005, 873, 875, dazu EWiR 2005, 473 *(Lindemann)*; LAG Düsseldorf, Urt. v. 17.9.2003 – 4 (5) Sa 684/03, ZIP 2003, 2039 = ZVI 2003, 521. Dagegen richtigerweise AG Hamburg, Beschl. v. 8.11.2002 – 67g IN 379/02, ZIP 2002, 2227; *Moll/Henke*, EWiR 2004, 77 (Urteilsanm.).

§ 209 Abs. 2 Nr. 2 InsO: Der Rang wird – nachdem die Anzeige der Masseunzulänglichkeit (§ 208 Abs. 1 InsO) erfolgt ist – von der Entscheidung bestimmt, ob der Insolvenzverwalter das Arbeitsverhältnis fortführt oder unverzüglich kündigt.[41] Neumasseverbindlichkeit i. S. von **§ 209 Abs. 1 Nr. 2 i. V. mit § 209 Abs. 2 Nr. 2 InsO** ist die Arbeitsvergütung für die Zeit nach dem ersten Termin, zu dem der Insolvenzverwalter nach Anzeige der Masseunzulänglichkeit kündigen kann. Dies gilt auch für freigestellte Arbeitnehmer.[42] Die Entscheidung des Insolvenzverwalters liegt darin, ob er den Arbeitnehmer zwecks Erhaltung oder Verwertung der Masse benötigt. Es kommt nicht darauf an, ob der Insolvenzverwalter die Kündigung für begründet i. S. von § 1 KSchG hält oder eine Kündigungsmöglichkeit nach § 1 KSchG überhaupt besteht.[43]; andernfalls könnte der Insolvenzverwalter die Kündigung erst betreiben, wenn er dies will; dies würde dem Zweck des § 209 Abs. 2 Nr. 2 InsO nicht entsprechen. Die Frage der frühestmöglichen Kündigungsmöglichkeit i. S. des § 209 Abs. 2 Nr. 2 InsO richtet sich nach der objektiven Lage zum jeweiligen Zeitpunkt. Die Kündigungsmöglichkeit ist gemäß dem rechtlichen Können zu beurteilen. Der maßgebliche Kündigungstermin bestimmt sich nach Einhaltung aller rechtlichen Verpflichtungen (Beispiele: §§ 111 ff. BetrVG, § 102 BetrVG, § 168 SGB IX).[44] Keine Kündigungsmöglichkeit besteht daher bspw., wenn es an einer Behörden- oder einer Betriebsratszustimmung fehlt oder wenn Interessenausgleichsverhandlungen nicht abgeschlossen sind.[45] Da es allein auf die objektive Rechtslage ankommt, ist der subjektive Kenntnisstand des Insolvenzverwalters, etwa die Annahme früherer Kündigungen, über die eine gerichtliche Entscheidung noch aussteht, seien wirksam, irrelevant.[46] Erweist sich eine Kündiung, die das Arbeitsverhältnis spätestens zum ersten Termin beenden würde, zu dem der Verwalter nach Anzeige der Masseunzulänglichkeit kündigen konnte, als unwirksam, gelten die Ansprüche aus Annahmeverzug für die Zeit nach diesem Termin auch als Neumasseverbindlichkeiten.[47] 16

§ 209 Abs. 2 Nr. 3 InsO: Neumasseverbindlichkeiten werden nach **§ 209 Abs. 1 Nr. 2 InsO i. V. mit § 209 Abs. 2 Nr. 3 InsO** insoweit begründet, wie der Insolvenzverwalter i. R. eines Dauerschuldverhältnisses nach Anzeige der Masseunzulänglichkeit die Gegenleistung für die Insolvenzmasse in Anspruch nimmt.[48] Die Entgeltansprüche freigestellter, nicht tätiger Arbeitnehmer werden demgegenüber – im Verhältnis zu § 209 Abs. 1 Nr. 2 InsO nachrangig – in § 209 Abs. 1 Nr. 3 InsO als die übrigen Masseverbindlichkeiten erfasst. Altmasseverbindlichkeiten können kein Zurückbehaltungsrecht nach § 273 Abs. 1 BGB begründen.[49] 17

Eine Neumasseverbindlichkeit liegt im Hinblick auf Urlaubsentgelt oder Urlaubsgeld nicht vor, wenn der Insolvenzverwalter die Arbeitnehmer unter Anrechnung auf Urlaub freistellt; der Masse fließt kein wirtschaftlicher Wert zu.[50] Wird ein Arbeitnehmer vom Insolvenzverwalter nach Anzeige der Masseunzulänglichkeit zur Arbeitsleistung herange- 18

41) BAG, Urt. v. 31.3.2004 – 10 AZR 253/03, ZIP 2004, 1323, dazu EWiR 2004, 815 *(Bork)*.
42) LAG Rheinland-Pfalz, Urt. v. 7.7.2016 – 6 Sa 23/16, ZInsO 2016, 2437.
43) BAG, Urt. v. 23.2.2005 – 10 AZR 602/03, ZIP 2005, 873, 875 f.
44) BAG, Urt. v. 31.3.2004 – 10 AZR 253/03, ZIP 2004, 1323.
45) BAG, Urt. v. 4.6.2003 – 10 AZR 586/02, ZIP 2003, 1850, dazu EWiR 2004, 243 *(Pape)*.
46) LAG Rheinland-Pfalz, Urt. v. 2.6.2016 – 5 Sa 492/15, ZInsO 2017, 1576 = NZI 2017, 882.
47) BAG, Urt. v. 22.2.2018 – 6 AZR 868/16, ZIP 2018, 988.
48) BAG, Urt. v. 8.5.2014 – 6 AZR 246/12, Rz. 23 ff., NZA 2014, 860, 862 = ZIP 2014, 1498, dazu EWiR 2014, 655 *(Zimmer)*.
49) BAG, Urt. v. 8.5.2014 – 6 AZR 246/12, Rz. 18 ff., NZA 2014, 860, 861 = ZIP 2014, 1498.
50) BAG, Urt. v. 4.6.2003 – 10 AZR 586/02, ZIP 2003, 1850; BAG, Urt. v. 15.6.2004 – 9 AZR 431/03, ZIP 2004, 1660, dazu EWiR 2004, 1139 *(Schneider)*.

zogen, so mindert das seinen urlaubsrechtlichen Anspruch auf Freistellung von der Arbeitspflicht nicht.[51] Ansprüche auf Urlaubsvergütung und auf Abgeltung des Urlaubs sind uneingeschränkt als Neumasseverbindlichkeiten gemäß § 209 Abs. 2 Nr. 3 InsO zu berichtigen, wenn der Urlaub innerhalb dieses Zeitraums gewährt wird bzw. das Arbeitsverhältnis endet.[52]

19 Alle Sonderzahlungen, d. h. nicht nur solche mit reinem Entgeltcharakter, sondern auch solche mit reinem Gratifikationscharakter oder Mischcharakter, unterliegen nach angezeigter Masseunzulänglichkeit § 209 InsO. Neumasseverbindlichkeiten nach § 209 Abs. 1 Nr. 2, Abs. 2 Nr. 3 InsO werden nur begründet, soweit sie auf die Zeit der Arbeitsleistung nach Anzeige der Masseunzulänglichkeit entfallen.[53]

20 Die Zuordnung von Nachteilsausgleichsansprüchen zu § 209 Abs. 1 Nr. 2 oder Nr. 3 InsO hängt davon ab, ob der Insolvenzverwalter die Betriebsänderung nach oder vor der Anzeige der Masseunzulänglichkeit begonnen hat.[54]

21 Eine Leistungsklage des Arbeitnehmers auf Entgelt i. S. von § 209 Abs. 1 Nr. 3 InsO („Altmasseverbindlichkeit") wird mit Anzeige der Masseunzulänglichkeit (§ 208 Abs. 1 InsO) unzulässig.[55] Dies ergibt sich aus dem Vollstreckungsverbot des § 210 InsO.

III. Stellung des vorläufigen Insolvenzverwalters

22 § 22 Abs. 1 Satz 1 InsO sieht vor, dass die **Verwaltungs- und Verfügungsbefugnisse** des Schuldners auf einen „starken" vorläufigen Insolvenzverwalter übertragen werden können. Dies bedeutet, dass auch die Arbeitgeberfunktion auf den starken vorläufigen Insolvenzverwalter wie auf den Insolvenzverwalter übergeht.[56] Dem vorläufigen Insolvenzverwalter kommen in diesem Falle die gleichen Befugnisse wie dem Insolvenzverwalter zu.

23 Eine entsprechende Stellung kann dem vorläufigen Insolvenzverwalter durch eine **Bestimmung des Insolvenzgerichts** nach § 22 Abs. 2 InsO eingeräumt werden.

24 Der vorläufige Insolvenzverwalter übt i. R. der ihm nach § 22 Abs. 1 Satz 1 InsO oder unter Umständen gemäß § 22 Abs. 2 InsO verliehenen Befugnisse die **Arbeitgeberbefugnisse** und insbesondere das Kündigungsrecht aus, ohne dass es der Zustimmung des Schuldners bedarf.[57]

25 Soweit nicht allgemein die Verwaltungs- und Verfügungsbefugnis auf den vorläufigen Insolvenzverwalter übertragen wird und auch keine Einzelanordnung des Insolvenzgerichts eine Arbeitgeberfunktion des vorläufigen Insolvenzverwalters begründet, **bleibt der Schuldner Arbeitgeber.** Die Befugnisse des vorläufigen Insolvenzverwalters bestimmt das Insolvenzgericht.[58] Ein bloßer Zustimmungsvorbehalt (§ 21 Abs. 2 Nr. 2 Alt. 2 InsO) besei-

51) *Düwell/Pulz*, NZA 2008, 786.

52) BAG, Urt. v. 16.2.2021 – 9 AS 1/21, ZRI 2021, 381 = ZIP 2021, 811; BAG, Urt. v. 10.9.2020 – 6 AZR 94/19 (A), ZRI 2022, 171 = ZVI 2022, 196; a. A. *Betz*, BB 2015, 886, 887 ff. – immer Altmasseverbindlichkeit.

53) BAG, Urt. v. 23.3.2017 – 6 AZR 264/16, Rz. 30 ff., NZA 2017, 779, 781 = ZIP 2017, 1031.

54) BAG, Urt. v. 30.5.2006 – 1 AZR 25/05, ZIP 2006, 1510.

55) BAG, Urt. v. 11.12.2001 – 9 AZR 459/00, AP Nr. 1 zu § 209 InsO = ZIP 2002, 628, dazu EWiR 2002, 815 *(Berscheid)*; BAG, Urt. v. 4.6.2003 – 10 AZR 586/02, ZIP 2003, 1850; BGH, Urt. v. 20.6.2005 – II ZR 18/03, ZIP 2005, 1365, 1366 = NJW 2005, 3069; LAG Köln, Urt. v. 15.10.2003 – 8 Sa 832/03, ZInsO 2004, 405; anders für die frühere Rechtslage unter Geltung des § 60 KO noch BAG, Urt. v. 11.12.2001 – 9 AZR 80/01, ZIP 2002, 1261.

56) BAG, Urt. v. 18.4.2002 – 8 AZR 364/01, ZIP 2002, 2003; *Berscheid* in: FS Hanau, S. 701, 719 ff.

57) BAG, Urt. v. 18.4.2002 – 8 AZR 364/01, ZIP 2002, 2003.

58) BGH, Urt. v. 11.1.2007 – IX ZB 271/04, ZIP 2007, 438 = DB 2007, 738, dazu EWiR 2007, 209 *(Flitsch)*.

tigt die Arbeitgeberstellung des Schuldners nicht. Ein vom Insolvenzgericht angeordneter Zustimmungsvorbehalt gilt auch für die Kündigung von Arbeitsverhältnissen. Eine Kündigung des Schuldners ohne Zustimmung des vorläufigen Insolvenzverwalters ist unwirksam. Der Arbeitnehmer kann eine Kündigung des Schuldners trotz sachlich vorliegender Zustimmung zurückweisen, wenn die Einwilligung nicht in schriftlicher Form vorgelegt worden ist (§ 182 Abs. 3 BGB i. V. mit § 111 Satz 2 und 3 BGB).[59] Eine Klage gegen einen vorläufigen Insolvenzverwalter ist nicht gegen den richtigen Beklagten gerichtet.[60] Die §§ 113, 120 ff. InsO gelten nicht für den (kündigungsbefugten) „starken" vorläufigen Insolvenzverwalter.[61]

IV. Kündigung

1. Grundsätzliches

Die kündigungsrechtliche Situation ist **außerhalb und innerhalb des Insolvenzverfahrens gleich**, soweit nicht durch §§ 113, 120 ff. InsO ausdrücklich besondere Regelungen getroffen sind, die das allgemeine Kündigungsrecht modifizieren. Die Eröffnung des Insolvenzverfahrens und die Insolvenz stellen weder einen außerordentlichen noch einen ordentlichen Kündigungsgrund dar.[62] 26

Die Kündigungsbefugnis des Insolvenzverwalters ist **von der Zustimmung der Gläubigerversammlung unabhängig.**[63] Der Insolvenzverwalter ist im Kündigungsschutzprozess Partei kraft Amtes. Die Klage ist gegen ihn zu richten. Wenn im Beklagtenrubrum der Schuldner als Arbeitgeber angegeben ist, wird die Klagefrist gewahrt, wenn sich die Beklagtenstellung des Insolvenzverwalters aus anderen Erklärungen und Umständen (z. B. Beifügen des Kündigungsschreibens des Insolvenzverwalters) ergibt.[64] Die Klagefrist ist allerdings dann versäumt, wenn es aufgrund Falschadressierung nicht zu einer Klagezustellung im Zeitrahmen des § 167 ZPO kommt (§ 85 Abs. 2 ZPO).[65] 27

Der Insolvenzverwalter hat den **allgemeinen und besonderen Kündigungsschutz zu beachten**, unabhängig davon, ob der Betrieb in der Insolvenz fortgeführt wird oder nicht. Ordentliche Kündigungen durch den Insolvenzverwalter müssen betriebsbedingt oder personenbedingt oder verhaltensbedingt sozial gerechtfertigt sein. Außerordentliche Kündigungen sind auch in der Insolvenz nur unter den Voraussetzungen des § 626 Abs. 1 und 2 BGB möglich.[66] 28

Die Regelungen über Massenentlassungen (§§ 17 ff. KSchG) gelten auch nach Eröffnung des Insolvenzverfahrens.[67] Die Eröffnung des Insolvenzverfahrens ändert nichts daran, 29

59) BAG, Urt. v. 10.10.2002 – 2 AZR 532/01, ZIP 2003, 1161 = DB 2003, 1523, dazu EWiR 2004, 709 *(Peters-Lange)*.

60) LAG Hamm, Beschl. v. 2.2.2002 – 4 (14) Ta 24/02, ZIP 2002, 579 = NZI 2002, 273; *Berscheid* in: FS Hanau, S. 701, 721 ff.

61) BAG, Urt. v. 20.1.2005 – 2 AZR 134/04, ZIP 2005, 1289, 1290, dazu EWiR 2005, 867 *(Thüsing/Grosse-Brockhoff)*.

62) BAG, Urt. v. 20.9.2006 – 6 AZR 249/05, ZIP 2007, 595, 599, dazu EWiR 2007, 363 *(Grimm/Michaelis)*; BAG, Urt. v. 25.10.1968 – 2 AZR 23/68, AP Nr. 1 zu § 22 KO; BAG, Urt. v. 16.9.1982 – 2 AZR 271/80, ZIP 1983, 205 = AP Nr. 4 zu § 22 KO; *Moll* in: KPB, InsO, § 113 Rz. 67; *Schaub*, ZIP 1993, 969 f., 973.

63) LAG Köln, Urt. v. 5.7.2002 – 4 (6) Sa 161/02, BB 2002, 2675.

64) BAG, Urt. v. 18.4.2002 – 8 AZR 346/01, ZIP 2002, 2003, 2007 = NZA 2002, 1207; BAG, Urt. v. 27.3.2003 – 2 AZR 272/02, NZA 2003, 1391.

65) BAG, Urt. v. 17.1.2002 – 2 AZR 57/01, ZIP 2002, 1412 – Verzögerung von mehr als zwei Wochen.

66) BAG, Urt. v. 24.1.2013 – 2 AZR 453/11, DB 2013, 1365 = NZA 2013, 959.

67) BAG, Urt. v. 16.6.2005 – 6 AZR 451/04, ZIP 2005, 1931 = NZA 2005, 1109; BSG, Urt. v. 5.12.1978 – 7 RAr 32/78, DB 1979, 1283.

dass etwaige Formvorschriften für die Kündigung einzuhalten sind. Der Insolvenzverwalter muss die allgemeinen Bevollmächtigungsregeln beachten.[68] Lässt sich ein Insolvenzverwalter beim Ausspruch einer Kündigung von einem anderen Rechtsanwalt der Sozietät vertreten, muss mit der Kündigung eine entsprechende Vollmacht vorgelegt werden, um der Zurückweisung gemäß § 174 Satz 1 BGB vorzubeugen.[69] Ein Aushang über die Bevollmächtigung für Kündigungen am schwarzen Brett ist nicht ohne weiteres ausreichend für ein in Kenntnissetzen von der Bevollmächtigung i. S. des § 174 Satz 2 BGB.[70]

2. Kündigungsfristen: § 113 Satz 1 und 2 InsO

a) Funktion und Stellung im System des Kündigungsrechts

30 Die Sätze 1 und 2 des § 113 InsO gewähren kein besonderes insolvenzbedingtes Kündigungsrecht.[71] Die Regelungen betreffen die Festlegung einer **Höchstkündigungsfrist** sowie die **Durchbrechung** der sich aus befristeten oder kraft Vereinbarung „unkündbaren“ Arbeitsverhältnissen ergebenden **Kündigungsbeschränkungen.** Die Vorschrift gilt für Dienstverhältnisse jeder Art (Beispiel: GmbH-Geschäftsführer).[72]

b) Beidseitigkeit

31 Die Kündigungsfrist wird für **beide** Seiten geregelt. Das Arbeitsverhältnis kann sowohl von dem **Arbeitnehmer** als auch von dem **Insolvenzverwalter** nach den Maßgaben des § 113 InsO gekündigt werden.

c) Höchstkündigungsfrist von drei Monaten

32 § 113 Satz 1 und 2 InsO erfasst drei unterschiedliche Sachverhalte:
- Dauerdienstverhältnisse,
- Fristverträge,
- Unkündbarkeitsregelungen.

33 Die Sätze 1 und 2 des § 113 InsO ordnen für alle drei Fälle an, dass das Dienstverhältnis ordentlich gekündigt werden kann, wobei – wenn nicht eine kürzere Frist maßgeblich ist – höchstens eine Kündigungsfrist von drei Monaten zum Monatsende gilt.[73] Kündigt der Insolvenzverwalter mit der Höchstfrist des § 113 Satz 2 InsO, unterliegt diese Wahl der Kündigungsfrist keiner Billigkeitskontrolle nach § 315 Abs. 3 BGB.

34 Das **Dauerarbeitsverhältnis** mit langer Kündigungsfrist wird zwar nicht mehr ausdrücklich im Gesetzeswortlaut hervorgehoben, ist jedoch als Anwendungsfall der Norm grundlegend und selbstverständlich. § 113 Satz 2 InsO kürzt lange Kündigungsfristen auf **höchstens drei Monate zum Monatsende** ab. Die Regelung bewirkt, dass längere Kündigungsfristen in der Insolvenz nicht zur Anwendung gelangen. Alle über eine Frist von drei Monaten zum Monatsende hinausgehenden Kündigungsfristen werden auf die Höchst-

---

68) BAG, Urt. v. 18.4.2002 – 8 AZR 364/01, ZIP 2002, 2003, 2006; LAG Köln, Urt. v. 31.8.2000 – 6 Sa 862/00, ZIP 2001, 433 = ZInsO 2001, 431, dazu EWiR 2001, 707 *(Westpfahl)*.

69) BAG, Urt. v. 18.4.2002 – 8 AZR 346/01, ZIP 2002, 2003, 2006 = NZA 2002, 1207.

70) LAG Berlin, Urt. v. 28.6.2006 – 15 Sa 632/06, NZA-RR 2007, 15.

71) BAG, Urt. v. 5.12.2002 – 2 AZR 571/01, ZIP 2003, 1169, 1171, dazu EWiR 2004, 119 *(Herbst)*; *Düwell* in: Kölner Schrift, S. 1433, Rz. 29; *Zwanziger*, BB 2004, 824, 825.

72) OLG Hamm, Urt. v. 29.3.2000 – 8 U 156/99, NZI 2000, 475 = GmbH-RR 2001, 392 – Geschäftsführer mit 50 % Beteiligung als Mitgesellschafter an der GmbH.

73) BAG, Urt. v. 3.12.1998 – 2 AZR 425/98, ZIP 1999, 370 = AP Nr. 1 zu § 113 InsO, dazu EWiR 1999, 267 *(Oetker)*.

frist des § 113 Satz 2 InsO gekappt. Die Kündigungsfrist des § 113 Satz 2 InsO verdrängt nicht nur längere gesetzliche und tarifvertragliche Kündigungsfristen, sondern auch längere einzelvertragliche Kündigungsfristen.[74] Kündigt der Insolvenzverwalter mit der Höchstfrist des § 113 Satz 2 InsO, unterliegt diese Wahl der Kündigungsfrist keiner Billigkeitskontrolle nach § 315 Abs. 3 BGB.[75] Dem Insolvenzverwalter ist es durch § 113 Satz 2 InsO nicht untersagt, mit einer längeren Frist als der danach vorgesehenen zu kündigen, etwa wenn der Arbeitnehmer noch benötigt wird oder um Schadenersatzansprüche gemäß § 113 Satz 3 InsO zu vermeiden.[76]

§ 113 Satz 1 InsO stellt klar, was bereits unter Geltung der Konkurs-, der Gesamtvollstreckungs- und der Vergleichsordnung allgemeiner Ansicht entsprochen hat, dass nämlich die Möglichkeit der ordentlichen Kündigung bei Arbeitsverhältnissen eingeräumt wird, **die befristet abgeschlossen sind**, auch wenn die Kündigungsmöglichkeit in dem Fristvertrag nicht vorgesehen ist. Ein Fristvertrag ist außerhalb der Insolvenz ordentlich während seiner Laufzeit nur dann kündbar, wenn die Kündigungsmöglichkeit vorbehalten worden ist. Er kann anderenfalls während seiner Laufzeit nur **aus wichtigem Grund** gekündigt werden. § 113 Satz 1 InsO durchbricht diese Festlegung für den Befristungszeitraum und ermöglicht die ordentliche Kündigung.[77] 35

Die ordentliche Kündigung wird nach § 113 Satz 1 InsO auch in den Fällen ermöglicht, in denen aufgrund Arbeitsvertrags oder Kollektivvereinbarung eine **„Unkündbarkeit“** von Arbeitsverhältnissen vereinbart worden ist. Das Gesetz beseitigt diese „Unkündbarkeit“ und lässt ebenso wie bei Fristverträgen die ordentliche Kündigung zu.[78] Der Insolvenzverwalter ist nicht auf die außerordentliche betriebsbedingte Kündigung zur Durchbrechung der Unkündbarkeit angewiesen. 36

Die Durchbrechung der „Unkündbarkeit“ und die aufgrund dessen ermöglichte, ordentliche Kündigung allein nach Maßgabe der gesetzlichen Regelung müsste auch im Hinblick auf anderweitige **Kündigungserschwerungen** angewendet werden.[79] 37

Beispiel 38

Ein Tarifvertrag sieht vor, dass die Kündigung der Zustimmung des Betriebsrats bedarf oder nur gegen Zahlung einer Abfindung möglich ist. Das BAG hat demgegenüber das tarifliche Erfordernis der Betriebsratszustimmung zu einer Kündigung nicht unter § 113 InsO subsumiert.[80]

Praxishinweis

Es handelt sich aber nicht um eine bloße Kündigungserschwerung, wenn keine Verfahrensregelungen dazu aufgestellt werden, wie die Zustimmung des Betriebsrats erlangt werden kann. In diesem Fall wirkt das Zustimmungserfordernis wie ein Kündigungsausschluss, der von § 113 InsO durchbrochen wird.[81]

---

74) LAG Kiel, Urt. v. 28.4.2004 – 3 Sa 551/03, NZI 2004, 638 = NZA-RR 2004, 546.

75) BAG, Urt. v. 27.2.2014 – 6 AZR 301/12, NZI 2014, 467, 468 = ZIP 2014, 1685.

76) BAG, Urt. v. 27.2.2014 – 6 AZR 301/12, NZI 2014, 467, 468 f. = ZIP 2014, 1685.

77) BAG, Urt. v. 6.7.2000 – 2 AZR 695/99, AP Nr. 6 zu § 113 InsO = ZIP 2000, 1941, dazu EWiR 2001, 27 *(Moll)*.

78) BAG, Urt. v. 19.1.2000 – 4 AZR 70/99, ZIP 2000, 985, dazu EWiR 2000, 685 *(Moll)*.

79) LAG Hamm, Urt. v. 26.11.1998 – 8 Sa 1576/98, BB 1999, 1333, dazu EWiR 1999, 467 *(Moll)*; *Moll* in: FS Pannen, S. 533; *Moll* in: KPB, InsO, § 113 Rz. 116; a. A. LAG Stuttgart, Urt. v. 9.11.1998 – 15 Sa 87/98, LAGE § 113 InsO Nr. 6.

80) BAG, Urt. v. 19.1.2000 – 4 AZR 910/98, ZInsO 2001, 144 = NZI 2001, 53; BAG, Urt. v. 19.1.2000 – 4 AZR 911/98, juris.

81) LAG Düsseldorf, Urt. v. 18.11.2015 – 4 Sa 478/15, NZI 2016, 368, 369 = ZIP 2016, 737.

39 Die Abkürzung der Kündigungsfristen bleibt bei einem ordentlich kündbaren Arbeitsverhältnis ohne Auswirkungen auf das Arbeitsverhältnis, wenn die anzuwendenden Kündigungsfristen ohnehin nicht länger als drei Monate zum Monatsende sind. § 622 Abs. 2 Nr. 3 BGB sieht nach **achtjährigem** Bestehen des Arbeitsverhältnisses eine **Kündigungsfrist von drei Monaten** zum Ende eines Kalendermonats vor. **Die Wahl zwischen mehreren in Betracht kommenden Kündigungsfristen erfolgt, solange die Höchstkündigungsfrist nicht überschritten wird, nach allgemeinen arbeitsrechtlichen Grundsätzen.** Ist bspw. arbeitsvertraglich eine zugunsten des Arbeitnehmers günstigere Kündigungsfrist als die gesetzliche vereinbart, so ist diese maßgeblich, solange die Höchstfrist des § 113 Satz 2 InsO nicht tangiert wird.[82)] Die maßgebliche Kündigungsfrist ist ggf. durch ergänzende Vertragsauslegung zu ermitteln.[83)]

40 Die Kündigungsfristen für den Arbeitnehmer und den Insolvenzverwalter sind nicht notwendigerweise gleich lang. Die **Kündigungsfristen können unterschiedlich sein,** weil § 622 Abs. 2 BGB (Staffelung längerer Kündigungsfristen) nur bei Kündigungen durch den Arbeitgeber gilt. Die – kurze – Grundkündigungsfrist des § 622 Abs. 1 BGB bleibt für den Arbeitnehmer maßgeblich, wenn nicht auch für Kündigungen durch den Arbeitnehmer kraft Arbeitsvertrags oder Kollektivvereinbarung Verlängerungen vorgesehen sind.

41 Die Kündigungsfrist bei Fristverträgen und „Unkündbarkeit" wird von der Rechtsprechung immer mit der Höchstkündigungsfrist von drei Monaten zum Ende eines Kalendermonats festgelegt.[84)]

42 *Beispiel*

Eine arbeitsvertraglich vereinbarte „Unkündbarkeit" wird, auch wenn das Arbeitsverhältnis nicht acht Jahre bestanden hat, in der Weise durchbrochen, dass die Kündigungsfrist drei Monate zum Ende des Kalendermonats beträgt; die Dauer des Arbeitsverhältnisses ist abweichend von § 622 Abs. 2 BGB unerheblich. Dies ist alles andere als unproblematisch;[85)] *es ist jedoch nicht zu verkennen, dass so Wertungswidersprüche zwischen Kündigungsfristenregelungen und Unkündbarkeitsregelungen vermieden werden.*

43 Sinn und Zweck des § 113 Satz 2 InsO sprechen dafür, die **Kündigungsfrist** in allen Fällen ab einer Kündigung (Kündigung vor Arbeitsantritt) laufen zu lassen, unabhängig davon, wann die Aufnahme der Tätigkeit vorgesehen ist.[86)]

44 Entsprechendes gilt, wenn für ein laufendes Arbeitsverhältnis Regelungen über Beginn oder Berechnung von Kündigungsfristen getroffen sind. Derartige Regelungen werden aufgrund § 113 Satz 1 und 2 InsO durch eine ab Zugang der Kündigung zu berechnende Frist von drei Monaten zum Monatsende begrenzt.

d) Vereinbarung

45 Die Sätze 1 und 2 des § 113 InsO durchbrechen nur **vereinbarte** Fristen, Befristungen und Unkündbarkeitsregelungen.

---

82) BAG, Urt. v. 3.12.1998 – 2 AZR 425/98, ZIP 1998, 1319 = AP Nr. 1 zu § 113 InsO; *Tschöpe/Fleddermann*, ZInsO 2001, 455, 457.

83) LAG Köln, Urt. v. 26.5.2000 – 4 Sa 462/00, juris.

84) BAG, Urt. v. 6.7.2000 – 2 AZR 695/99, AP Nr. 6 zu § 113 InsO = ZIP 2000, 1941; LAG Hamm, Urt. v. 8.12.1999 – 2 Sa 2506/98, ZInsO 2000, 407 = NZI 2001, 80; *Annuß*, ZInsO 2001, 344, 349; *Düwell* in: Kölner Schrift, S. 1433, Rz. 42 a. E.; a. A. LAG Hamm, Urt. v. 25.10.2000 – 4 Sa 363/00, ZInsO 2001, 282 = NZI 2001, 51; *Berscheid*, ZInsO 1998, 115, 122; *Giesen*, ZIP 1998, 46 f.; *Moll* in: KPB, InsO, § 113 Rz. 103 ff.

85) S. etwa die Kritik bei *Moll*, EWiR 2001, 27.

86) BAG, Urt. v. 23.2.2017 – 6 AZR 665/15, Rz. 50, ZIP 2017, 1083; *Moll* in: KPB, InsO, § 113 Rz. 112.

Der **gesetzliche Sonderkündigungsschutz** bleibt unberührt, weil es sich insoweit **nicht** darum handelt, dass eine Kündigungsfrist oder eine Vertragsdauer oder der Ausschluss des Rechts der ordentlichen Kündigung **vereinbart** ist (§ 15 KSchG, § 17 MuSchG, § 22 Abs. 2 Nr. 1 BBiG; § 18 BEEG, § 2 ArbPlSchG, § 78 Abs. 1 Nr. 1 ZivildienstG). – Jedweder gesetzliche Ausschluss der ordentlichen Beendbarkeit des Arbeitsverhältnisses muss sich allerdings am **Gesichtspunkt der Zumutbarkeit** messen lassen, so dass im Hinblick auf den gesetzlichen Sonderkündigungsschutz die Möglichkeit der außerordentlichen Kündigung aus betrieblichen Gründen besteht (Beispiel: Auszubildende; § 113 InsO ist für diese ohne Bedeutung). 46

§ 113 Satz 1 InsO betrifft nicht gesetzliche Regelungen zu Verfahrens- oder Zustimmungserfordernissen im Hinblick auf Kündigungen (Beispiele: Betriebsratsmitglieder, Schwerbehinderte). 47

e) Tarifregelungen

§ 113 Satz 1 InsO macht den Gesichtspunkt des **Vereinbarten** zum Kriterium. Die Norm bezieht in ihren Anwendungsbereich daher auch **Kollektivvereinbarungen** ein. Tarifregelungen sowohl zur Bestimmung der Länge der Kündigungsfristen als auch zum Ausschluss ordentlicher Kündbarkeit werden daher von § 113 Sätze 1 und 2 BGB erfasst.[87] Gegenüber der Begrenzung von tariflichen Kündigungsfristen, die über die Frist von drei Monaten zum Monatsende hinausgehen, und gegenüber der Durchbrechung tarifvertraglicher Vorschriften über „Unkündbarkeit" ist eingewandt worden, dass ein Verstoß gegen Art. 9 Abs. 3 GG vorliege.[88] Dem ist nicht zu folgen. § 113 InsO stellt im Interesse der Funktionsfähigkeit von Insolvenzverfahren eine angemessene Betätigung des Regelungsermessens des Gesetzgebers dar, der die Normsetzungsbefugnis der Tarifvertragsparteien verhältnismäßig unter Beachtung der Allgemeininteressen begrenzt hat.[89] 48

f) Nachkündigung

Der Insolvenzverwalter kann von der Möglichkeit der Sätze 1 und 2 des § 113 InsO auch dann Gebrauch machen, wenn der Schuldner oder der vorläufige Insolvenzverwalter (falls man annimmt, dass für diesen § 113 InsO nicht gilt) dem Arbeitnehmer vor Eröffnung des Insolvenzverfahrens gekündigt hat und aufgrund dessen bereits eine längere Kündi- 49

87) BAG, Urt. v. 16.5.2019 – 6 AZR 129/18, ZIP 2019, 1877; BAG, Urt. v. 20.9.2006 – 6 AZR 249/05, ZIP 2007, 595, 596; BAG, Urt. v. 19.1.2000 – 4 AZR 70/99, ZIP 2000, 985; BAG, Urt. v. 16.6.1999 – 4 AZR 191/98, ZIP 1999, 1933; ebenso LAG Hamm, Urt. v. 13.8.1997 – 14 Sa 566/97, ZIP 1998, 161 = LAGE § 113 InsO Nr. 1; LAG Düsseldorf, Urt. v. 9.1.1998 – 9 Sa 1639/97, LAGE § 113 InsO Nr. 2; *Berscheid*, AnwBl 1995, 8, 10; *Lakies*, RdA 1997, 145, 146; *Preis*, NJW 1996, 3369, 3377; *Tschöpe/Fleddermann*, ZInsO 2001, 455, 457.

88) ArbG München, Beschl. v. 23.9.1998 – 29b Ca 219/98, ZIP 1998, 2014, dazu EWiR 1999, 29 *(Dahlbender)*; ArbG Stuttgart, Beschl. v. 4.8.1997 – 18 Ca 1752-1758/97, ZIP 1998, 2013, dazu EWiR 1998, 69 *(Schaub)*; *Bichlmeier/Oberhofer*, AiB 1997, 161 f.; *Zwanziger*, Das Arbeitsrecht der InsO, § 113 InsO Rz. 26 ff. Die Vorlagebeschlüsse der ArbG München und Stuttgart sind vom BVerfG als unzulässig verworfen worden; s. BVerfG, Urt. v. 8.2.1999 – 1 BvL 25/97, ZIP 1999, 1221, dazu EWiR 1999, 1067 *(Moll/Reufels)*.

89) BAG, Urt. v. 16.6.1999 – 4 AZR 191/98, ZIP 1999, 1933; BAG, Urt. v. 19.1.2000 – 4 AZR 70/99, ZIP 2000, 985; LAG Hamm, Urt. v. 13.8.1997 – 14 Sa 566/97, ZIP 1998, 161 = LAGE § 113 InsO Nr. 1.

gungsfrist läuft.[90)] Der Ausspruch der Kündigung durch den Insolvenzverwalter bewirkt, dass die Kündigungsfrist nach § 113 Satz 2 InsO gilt und das Arbeitsverhältnis daher ggf. eher beendet wird als durch die zuvor ausgesprochene Kündigung. Für die Nachkündigung müssen die Betriebsratsanhörung gemäß § 102 BetrVG und eine Massenentlassungsanzeige nach § 17 KSchG sowie behördliche Zustimmungen ggf. erneut vorgenommen bzw. eingeholt werden.

g) Verhältnis zur außerordentlichen Kündigung

50 Die Sätze 1 und 2 des § 113 InsO berühren die Möglichkeit beider Parteien des Arbeitsverhältnisses zum Ausspruch einer außerordentlichen Kündigung nicht. Dies gilt aus der Sicht des Arbeitnehmers etwa dann, wenn Entgeltzahlungen nicht ausreichend oder nicht termingerecht erfolgen. Der Insolvenzverwalter ist auf die Möglichkeit einer außerordentlichen Kündigung insbesondere in den Fällen angewiesen, in denen eine ordentliche Kündigung aufgrund gesetzlicher Regelungen ausgeschlossen oder erschwert ist. Das **Entfallen von Beschäftigungsmöglichkeiten** kann die „Unkündbarkeit" durchbrechen, weil beschäftigungslose, gegenstandslose Arbeitsverhältnisse nicht dauerhaft in zumutbarer Weise aufrechterhalten werden können. Dies bedingt die außerordentliche Kündigung nach § 626 Abs. 1 BGB aus betriebsbedingten Gründen mit einer der ordentlichen Kündigungsfrist entsprechenden Auslauffrist.[91)] Das Arbeitsverhältnis kann daher auch bei „unkündbaren" Arbeitnehmern gekündigt werden, wenn trotz Ausschöpfung aller zumutbaren Bemühungen auf Dauer keine Beschäftigungsmöglichkeit vorhanden ist. Die Zwei-Wochen-Frist des § 626 Abs. 2 BGB ist auf diese Fälle nicht anzuwenden, weil es sich um Dauertatbestände handelt.

3. Schadensersatz nach § 113 Satz 3 InsO

51 Dem Arbeitnehmer steht nach § 113 Satz 3 InsO ein Schadensersatzanspruch gegen den Insolvenzverwalter zu, wenn dieser das Arbeitsverhältnis nach Maßgabe der Sätze 1 und 2 des § 113 InsO vorzeitig kündigt. Der von einer vorzeitigen Kündigung nach § 113 Satz 1 und Satz 2 InsO betroffene Arbeitnehmer soll dadurch so gestellt werden wie er bei Anwendung der für ihn ohne das Insolvenzverfahren maßgeblichen Regelung stehen würde.

a) Schadensersatzverpflichteter

52 Die Schadensersatzverpflichtung des § 113 Satz 3 InsO trifft nur den **Insolvenzverwalter.** Der Arbeitnehmer, der von der Möglichkeit der Sätze 1 und 2 des § 113 InsO Gebrauch

---

90) BAG, Urt. v. 13.5.2004 – 2 AZR 329/03, ZIP 2004, 1773 = NZA 2004, 1038, dazu EWiR 2004, 1011 *(Feichtinger)*; BAG, Urt. v. 22.5.2003 – 2 AZR 255/02, AP Nr. 1 zu § 21 InsO = ZIP 2003, 1670; LAG Hamm, Urt. v. 21.11.2001 – 2 Sa 1123/01, ZIP 2002, 1857; vgl. *Berscheid* in: FS Hanau, S. 701, 730; *Düwell* in: Kölner Schrift, S. 1433, Rz. 51; *Moll* in: KPB, InsO, § 113 Rz. 127 f.; *Leithaus*, NZI 1999, 254 – Anfechtungserwägungen ggü. Kündigung des Arbeitgebers; *Moll*, EWiR 2000, 685 (Urteilsanm.); *Zwanziger*, BB 2004, 824, 825; s. aber demgegenüber ArbG Köln, Urt. v. 8.12.1998 – 4 (15) Ca 5991/98, NZI 1999, 282 = NZA-RR 1999, 416 – ein Arbeitsverhältnis, das schon vor Konkurseröffnung wegen unstreitiger Betriebsstilllegung gekündigt wurde, endet trotz einer neuen Kündigung nach § 113 InsO mit der vertraglich bzw. tarifvertraglich geltenden Kündigungsfrist, wenn die vorkonkursliche Kündigung nach § 7 KSchG wirksam geworden ist. Das ArbG Köln verkennt, dass es einen Verbrauch von Kündigungsgründen in der von ihm begründungslos postulierten Weise nicht gibt. S. a. BAG, Urt. v. 19.1.2000 – 4 AZR 70/99, ZIP 2000, 985, dazu EWiR 2000, 685 *(Moll)* – zwei aufeinanderfolgende Kündigungen durch den Verwalter vor und nach dem 1.10.1996; diese Entscheidung spricht deutlich für die Möglichkeit der Nachkündigung.

91) BAG, Urt. v. 17.9.1998 – 2 AZR 419/97, NJW 1999, 1275 = ZIP 1999, 326; dazu etwa *Adam*, NZA 1999, 846; BAG, Urt. 5.2.1998 – 2 AZR 227/97, ZIP 1998, 1119, dazu EWiR 1998, 537 *(Wiedemann)*; BAG v. 18.9.1997 – 2 ABR 15/97, DB 1998, 210, dazu EWiR 1998, 245 *(Henssler/Schaffner)*; *Groeger*, NZA 1999, 850.

macht, schuldet keinen Schadensersatz. Der Arbeitnehmer kann, wenn er das Arbeitsverhältnis nach § 113 Satz 1 und 2 InsO vorzeitig beendet, allerdings auch nicht seinerseits Schadensersatz von dem Insolvenzverwalter verlangen. Ein derartiger Schadensersatzanspruch des Arbeitnehmers kommt nur in den Fällen des § 628 Abs. 2 BGB in Betracht.

b) Vorzeitigkeit der Beendigung

Eine vorzeitige Beendigung i. S. von § 113 Satz 3 InsO liegt in den folgenden Fällen vor: 53

- Dem Arbeitnehmer steht nach der für ihn maßgeblichen Regelung eine längere Kündigungsfrist zu als nach § 113 Satz 2 InsO.
- Die Befristung wird aufgrund der Kündigung des Insolvenzverwalters durchbrochen.
- Die „Unkündbarkeit" wird aufgrund der Kündigung des Insolvenzverwalters aufgehoben, obwohl ansonsten das Arbeitsverhältnis dauerhaft fortbestehen würde.

Bei vorzeitiger Beendigung des Arbeitsverhältnisses aufgrund eines Aufhebungsvertrags 54
kann § 113 Satz 3 InsO weder unmittelbar noch analog angewendet werden. Der Abschluss eines Aufhebungsvertrags begründet keinen Schadensersatzanspruch.[92] Dies gilt auch für den Abschluss eines Vergleichs, wonach das Arbeitsverhältnis nicht mit dem Ablauf der Höchstfrist des § 113 InsO, sondern erst zu einem späteren Zeitpunkt endet.[93]

c) Verfrühungsschaden

Die Schadensersatzpflicht betrifft den Verfrühungsschaden. Zu fragen ist, was dem Ar- 55
beitnehmer über den Kündigungsendtermin des § 113 Satz 2 InsO hinaus zugestanden hätte, wenn es bei der längeren Kündigungsfrist oder dem befristeten Arbeitsverhältnis oder der unkündbaren Fortdauer des Arbeitsverhältnisses geblieben wäre. Nach der für alle Fälle des Verdienstausfalls anwendbaren Bruttolohnmethode ist bei der Schadensberechnung vom entgangenen Bruttoverdienst auszugehen. Dabei sind alle Entgeltbestandteile, also auch etwaige Zulagen, Boni, Sonderzahlungen, Provisionen und das dem Arbeitnehmer gezahlte anteilige Urlaubsgeld einzubeziehen.[94] Die Zukunftsbetrachtung ist naturgemäß mit Unsicherheiten belastet: Beurteilung variabler Bezüge! Die Schadensersatzberechnung hat auch Betriebsrentenanwartschaften einzubeziehen, die aufgrund der vorzeitigen Beendigung des Arbeitsverhältnisses gekürzt worden sind oder nicht zur Unverfallbarkeit erstarkt sind.

Eine **Höchstgrenze** für den Schadensersatzanspruch wird von der Rechtsprechung aller- 56
dings nach Maßgabe der längsten Kündigungsfrist angenommen, so dass eine „lebenslange" Schadensersatzforderung ausscheidet.[95]

Der Arbeitnehmer muss sich auf den Schadensersatzanspruch das anrechnen lassen, was er 57
anderweitig erwirbt. Dies ergibt sich aus dem für das Schadensersatzrecht maßgeblichen Gedanken der Vorteilsausgleichung. Zum Beispiel sind Vorteile, die durch den Wegfall von Steuern, Sozialversicherungsbeiträgen oder Aufwendungen für die Fahrt zur Arbeit entstanden sind, im Wege des Vorteilsausgleichs zu berücksichtigen.[96] Die Anrechnung

92) BAG, Urt. v. 25.4.2007 – 6 AZR 622/06, ZIP 2007, 1875 = DB 2007, 2263.

93) BAG, Urt. v. 19.11.2015 – 6 AZR 558/14, NZI 2016, 181 = ZIP 2016, 288.

94) BAG, Urt. v. 19.11.2015 – 6 AZR 559/14, Rz. 44, NZI 2016, 314, 319 = ZIP 2016, 178, dazu EWiR 2016, 179 *(Klasen)*; *Berscheid*, ZInsO 1998, 159, 164; *Moll* in: KPB, InsO, Stand: 9/2017, § 113 Rz. 143.

95) BAG, Urt. v. 25.4.2007 – 6 AZR 622/06, ZIP 2007, 1875 = DB 2007, 2263; BAG, Urt. v. 16.5.2007 – 8 AZR 772/06, ZIP 2007, 1829, dazu EWiR 2007, 755 *(Brose)*.

96) BAG, Urt. v. 19.11.2015 – 6 AZR 559/14, Rz. 45, NZI 2016, 314, 319 = ZIP 2016, 178, dazu EWiR 2016, 179 *(Klasen)*.

gilt auch für Sozialleistungen und Versorgungsbezüge. Es gelten im Übrigen **§ 254 Abs. 1 und 2 BGB.**[97)]

d) Geltendmachung

58 Die Schadensersatzforderung steht dem Arbeitnehmer als „Insolvenzgläubiger" zu. Er ist verfahrensmäßig wie alle Ansprüche von Insolvenzgläubigern zu behandeln.[98)] Die Geltendmachung erfolgt im **Verfahren nach §§ 174 ff. InsO.** Seine Berücksichtigung erfolgt, soweit der Anspruch in die Zukunft gerichtet ist, nach §§ 191, 198 InsO.

4. Klagefrist (§ 4 KSchG)

59 Der Arbeitnehmer muss nach **§ 4 Satz 1 KSchG** innerhalb von drei Wochen Klage erheben, wenn er die Sozialwidrigkeit der Kündigung geltend machen will. Dies gilt für Änderungs- ebenso wie für Beendigungskündigungen.

60 Der Arbeitnehmer hat innerhalb von drei Wochen Klage beim ArbG zu erheben, **unabhängig davon, welche Unwirksamkeitsgründe** er geltend macht. Zum einen gilt dies im Hinblick auf die Frage der Sozialwidrigkeit und das Vorliegen eines wichtigen Grundes. Zum anderen gilt dies im Hinblick auf alle anderen Unwirksamkeitsgründe mit Ausnahme von § 623 BGB. Unwirksamkeitsgründe sind insbesondere § 613a Abs. 4 Satz 1 BGB, § 102 Abs. 1 Satz 3 BetrVG, § 103 Abs. 1 BetrVG, § 17 MuSchG, § 18 BEEG, § 168 SGB IX, §§ 17 ff. KSchG. Die **Sittenwidrigkeit** einer Kündigung, die nach § 13 Abs. 2 Satz 1 KSchG unabhängig vom KSchG geltend gemacht werden kann, wird ebenfalls erfasst.[99)]

61 Die Drei-Wochen-Frist gilt bei einem bloßen Streit über die anwendbare Kündigungsfrist nicht.[100)]

> **Praxishinweis**
>
> Eine Besonderheit ist bei Kündigungen zu beachten, für die der Arbeitgeber eine **Behördenzustimmung** benötigt. Die Drei-Wochen-Frist beginnt in diesem Falle nicht vor der Bekanntgabe der Behördenentscheidung an den Arbeitnehmer (§ 4 Satz 4 KSchG).[101)]

62 Die Klage ist in konsequenter Anwendung der „Amtstheorie" gegen den Insolvenzverwalter zu richten.[102)] Die Klage gegen den Schuldner wahrt die Klagefrist nicht. Es bleibt allerdings in jedem Falle die **Rubrumsberichtigung** zu prüfen.[103)] Ist im Rubrum der Klageschrift irrtümlich als Beklagter nicht der Insolvenzverwalter, sondern die Schuldnerin

---

97) BAG, Urt. v. 16.5.2007 – 8 AZR 772/06, ZIP 2007, 1829; LAG Frankfurt/M., Urt. v. 22.1.2013 – 14 Sa 1108/12, ZIP 2013, 1137, 1138, dazu EWiR 2013, 451 *(Mückl)*; *Lohkemper*, KTS 1996, 1, 6; *Moll* in: KPB, InsO, § 113 Rz. 150 ff.

98) LAG Thüringen, Urt. v. 28.3.2006 – 7 Sa 404/05, juris; *Giesen*, ZIP 1998, 46, 47.

99) *Moll* in: KPB, InsO, § 113 Rz. 166.

100) BAG, Urt. v. 9.9.2010 – 2 AZR 714/08, AP Nr. 66 zu § 622 BGB = ZIP 2011, 444, dazu EWiR 2011, 243 *(Oetker)*; BAG, Urt. v. 6.7.2006 – 2 AZR 215/05, AP Nr. 57 zu § 4 KSchG 1969; einschränkend BAG, Urt. v. 1.9.2010 – 5 AZR 700/09, NZA 2010, 1409 = ZIP 2011, 140, dazu EWiR 2011, 61 *(Fuhlrott)*; BAG, Urt. v. 15.5.2013 – 5 AZR 130/12, NZA 2013, 1076; zur Diskussion im Schrifttum s. a. *Bader*, NZA 2004, 65, 68; *Dollmann*, BB 2004, 2073; *Dewender*, DB 2005, 337; *Löwisch*, BB 2004, 154, 158.

101) BAG, Urt. v. 13.2.2008 – 2 AZR 864/06, DB 2008, 1920; BAG, Urt. v. 3.7.2003 – 2 AZR 487/02, ZIP 2003, 2129; *J. Schmidt*, NZA 2004, 79.

102) BAG, Urt. v. 27.3.2003 – 2 AZR 272/02, NZA 2003, 1391; BAG, Urt. v. 17.1.2002 – 2 AZR 57/01, ZIP 2002, 1412; LAG Düsseldorf, Urt. v. 20.11.1995 – 1 Ta 291/95, ZIP 1996, 191, dazu EWiR 1996, 81 *(Kreitner)*; *Bork*, ZInsO 2001, 210; s. a. zu den Folgen einer gegen den Gemeinschuldner gerichteten Klage LAG Hamm, Urt. v. 23.11.2000 – 4 Sa 1179/00, ZInsO 2001, 234 = NZI 2001, 51; *Fleddermann*, ZInsO 2001, 359.

103) LAG Berlin, Urt. v. 28.6.2006 – 12 Sa 632/06, NZA-RR 2007, 15 = NZI 2001, 51.

genannt, so ist das Klagerubrum entsprechend zu berichtigen, wenn sich aus der Klageschrift oder aus dem dieser beigefügten Kündigungsschreiben ergibt, dass sich die Klage gegen den Insolvenzverwalter als Partei kraft Amtes richten soll.[104)]

Die Klagefrist wird durch einen **Klageantrag** gewahrt, der die Feststellung des Fortbestehens des Arbeitsverhältnisses oder die Unwirksamkeit der Kündigung oder die Nichtauflösung des Arbeitsverhältnisses durch die Kündigung zum Inhalt hat. Entscheidend ist die **Klageerhebung** innerhalb von drei Wochen. Dass innerhalb von drei Wochen auch **alle Unwirksamkeitsgründe vorgetragen** werden, ist **nicht** erforderlich.[105)] 63

5. Unabdingbarkeit

§ 113 InsO ist gemäß § 119 InsO im Voraus nicht ausschließbar oder beschränkbar. Es handelt sich um zwingendes Recht. Eine Dispositionsmöglichkeit der Parteien entsteht i. R. allgemeiner arbeitsrechtlicher Grundsätze – erst – dann, **wenn die Kündigung von dem Insolvenzverwalter erklärt worden ist.** Eine nicht zulässige Abänderung „im Voraus“ wird man auch dann nicht anzunehmen haben, wenn der Insolvenzverwalter die Beendigung des Arbeitsverhältnisses mit einem Arbeitnehmer betreibt und mit diesem Arbeitnehmer, ohne dass eine Kündigung ausgesprochen wird, eine Vereinbarung über die Beendigung des Arbeitsverhältnisses trifft, so dass in einer derartigen Aufhebungsvereinbarung der Beendigungszeitpunkt und andere Beendigungsumstände vereinbart werden können. 64

B. Betriebsvereinbarungen in der Insolvenz

Betriebsvereinbarungen gelten für und gegen den Insolvenzverwalter ebenso, wie dies im Hinblick auf den Schuldner der Fall gewesen ist.[106)] Der Eintritt der Insolvenz und die Eröffnung des Insolvenzverfahrens sind auf Bestand und Inhalt von Betriebsvereinbarungen **ohne Einfluss.** Die Betriebsvereinbarung bleibt mit ihrem gesamten Inhalt ungeachtet der Eröffnung des Insolvenzverfahrens bestehen. Die Eröffnung des Insolvenzverfahrens über das Vermögen einer Tarifpartei (Arbeitgeber oder Arbeitgeberverband) lässt die Bindung an die und den Bestand der Tarifregelungen unberührt.[107)] 65

§ 120 InsO ermöglicht eine **Lösung von Betriebsvereinbarungen** entgegen den in den Betriebsvereinbarungen vorgesehenen Bindungen. § 120 InsO bezweckt, die Überlebenschancen eines insolvenzbefangenen Betriebs zu erhöhen. Es geht zum einen darum, eine Entlastung von Verpflichtungen kurzfristig zu ermöglichen, unabhängig davon, ob der Betrieb fortgeführt, stillgelegt oder veräußert wird. Es ist zum anderen bedeutsam, dass im 66

---

104) BAG, Urt. v. 21.9.2006 – 2 AZR 573/05, ZIP 2007, 1078 = NJW 2007, 458.

105) BAG, Urt. v. 8.11.2007 – 2 AZR 314/06, AP Nr. 63 zu § 4 KSchG 1969; LAG Hamm, Urt. v. 25.10.2000 – 4 Sa 821/00, ZInsO 2001, 335 = NZI 2001, 51; *Düwell* in: Kölner Schrift, S. 1433, Rz. 115; *Moll*, EWiR 2000, 685 (Urteilsanm.); s. aber auch ArbG Aachen, Urt. v. 6.8.1999 – 6 Ca 64/99, ZIP 2000, 202 = NZA-RR 2000, 420, dazu EWiR 2000, 131 *(Westphal)*; ArbG Wuppertal, Urt. v. 2.2.2000 – 5 Ca 2996/99, NZA-RR 2000, 243 = NZI 2000, 239; *Löwisch*, NZA 1996, 1009, 1017; *Müller*, NZA 1998, 1315, 1317; *Fischermeier*, NZA 1997, 1089, 1098; *Schaub*, DB 1999, 217, 224. Das BAG, Urt. v. 19.1.2000 – 4 AZR 70/99, ZIP 2000, 985 = AP Nr. 5 zu § 113 InsO, hat dies bereits früh als Frage der (direkten oder entsprechenden) Anwendung des § 6 KSchG angesehen, ohne dass Problem entscheiden zu müssen. In zwei weiteren Entscheidungen hat es die Frage nicht entscheiden müssen, weil es festgestellt hat, dass der in Rede stehende Unwirksamkeitsgrund bereits mit der Klageschrift in der Drei-Wochen-Frist geltend gemacht worden sei, BAG, Urt. 19.1.2000 – 4 AZR 910/98, ZInsO 2001, 144 = NZI 2001, 53, und BAG, Urt. v. 19.1.2000 – 4 AZR 911/98, juris.

106) *Moll* in: KPB, InsO, § 120 Rz. 8.

107) BAG, Urt. v. 27.6.2000 – 1 ABR 31/99, ZIP 2001, 129, dazu EWiR 2001, 443 *(Bezani)*.

Falle der Veräußerung die den Betrieb oder das Unternehmen betreffenden Verpflichtungen aus Betriebsvereinbarungen den Erwerberwünschen angepasst werden.

67 Die Insolvenz legt die Vermutung nahe, dass die wirtschaftlichen Grundlagen für belastende Betriebsvereinbarungen in Frage gestellt sind, so dass der Insolvenzverwalter im Interesse einer marktkonformen Insolvenzbewältigung die Möglichkeit haben muss, sich von derartigen Belastungen zu lösen. Dies gilt gleichrangig sowohl bei der Fortführung mithilfe einer Sanierung als auch bei der Liquidation. Es gilt nicht minder bei der Betriebsveräußerung wegen der Bindung des Erwerbers an die Betriebsvereinbarungen.

68 § 120 Abs. 1 InsO bezieht sich auf Betriebsvereinbarungen, die Leistungen vorsehen, welche **die Insolvenzmasse (§ 35 InsO) belasten.** Dies umfasst nicht ohne weiteres alle Betriebsvereinbarungen, die Belastungen für die Insolvenzmasse zur Folge haben. Erforderlich ist, dass in der Betriebsvereinbarung **erstens** Leistungen vorgesehen sind und dass **zweitens** diese Leistungen für die Insolvenzmasse belastend sind. Dies ist jedenfalls immer dann der Fall, wenn durch die Betriebsvereinbarung Zahlungspflichten des Arbeitgebers begründet werden, unabhängig davon, ob es sich um Entgelt im direkten Gegenseitigkeitsverhältnis handelt oder ob Neben- oder Sonderleistungen festgelegt werden.[108] Den Gesetzesmaterialien lassen sich als Beispiele ein Erholungsheim, eine Kantine und ein Kindergarten entnehmen.[109]

69 Beide Betriebsparteien trifft nach § 120 Abs. 1 Satz 1 InsO die Aufforderung, über eine einvernehmliche **Herabsetzung der Leistungen zu beraten.** Dies schließt Verhandlungen über einen völligen Wegfall der Leistungen ein.[110] Weder der Betriebsrat noch der Insolvenzverwalter haben einen Anspruch darauf, dass es zu Beratungen kommt. Erst recht gibt es keinen Anspruch einer Seite gegen die andere darauf, dass eine Einigung über eine Herabsetzung von Leistungen erzielt wird. Erzielen die Betriebspartner keine einvernehmliche Regelung, so bleibt die Betriebsvereinbarung bestehen.

70 § 120 Abs. 1 Satz 2 InsO führt eine **Höchstkündigungsfrist** für Betriebsvereinbarungen ein, wie sie § 113 Satz 1 und 2 InsO für Arbeitsverhältnisse regelt. Soweit die Betriebsvereinbarung keine eigene Kündigungsregelung enthält, hat es mit § 77 Abs. 5 BetrVG sein Bewenden. Soweit die Betriebsvereinbarung eine kürzere Frist als drei Monate vorsieht, bleibt diese anwendbar.

71 § 120 Abs. 1 Satz 2 InsO gilt nicht nur dann, wenn die Betriebsvereinbarung eine längere Kündigungsfrist als drei Monate vorsieht, sondern auch dann, wenn die ordentliche Kündigung der Betriebsvereinbarung für einen bestimmten Zeitraum oder auf Dauer ganz ausgeschlossen ist.

72 § 120 Abs. 1 Satz 2 ist darüber hinaus auf den Fall zu erstrecken, dass die Betriebspartner für die Kündigung bestimmte **inhaltliche Voraussetzungen** aufstellen. Die Einhaltung einer derartigen Regelung würde ebenfalls eine Bindung der Betriebspartner über das gesetzliche Maß hinaus bewirken. Die Kündigungsmöglichkeit nach § 120 Abs. 1 Satz 2 InsO besteht folgerichtig auch dann, wenn eine Betriebsvereinbarung deshalb nicht gekündigt werden kann, weil inhaltliche Anforderungen, die diese Betriebsvereinbarung aufstellt, nicht vorliegen.

73 Das Kündigungsrecht steht **beiden** Betriebspartnern zu, d. h. dem Betriebsrat ebenso wie dem Insolvenzverwalter. Bei einer Eigenverwaltung bedarf die Kündigung gemäß § 279 Satz 3 InsO der Zustimmung des Sachwalters. Der Ausspruch der Kündigung einer Be-

108) *Moll* in: KPB, InsO, § 120 Rz. 17.

109) Begr. RegE InsO z. § 138/§ 120, BT-Drucks. 12/2443, S. 153, abgedr. in: *Kübler/Prütting*, RWS-Dok. 18, S. 317 f.

110) *Moll* in: KPB, InsO, § 120 Rz. 21.

triebsvereinbarung unterliegt **keinen** besonderen weiteren Voraussetzungen.[111] Die Kündigung bedarf insbesondere keines rechtfertigenden sachlichen Grundes.[112]

Der Ausspruch der Kündigung einer Betriebsvereinbarung besagt nichts über die Rechtsfolgen der Kündigung. Die aufgrund der vorzeitigen Kündigungsmöglichkeit für die Insolvenzmasse entstehende Entlastungswirkung hängt letztlich von den **Nachwirkungsregelungen** ab. § 77 Abs. 6 BetrVG ordnet an, dass Betriebsvereinbarungen in mitbestimmungspflichtigen Angelegenheiten so lange weitergelten, bis sie durch eine andere Abmachung ersetzt werden (Nachwirkung). Dies gilt auch bei der Kündigung von Betriebsvereinbarungen im Falle des § 120 Abs. 1 Satz 2 InsO.[113] Ein Sonderregime hat die Rechtsprechung für Altersversorgungsregelungen entwickelt (Verhältnismäßigkeit und Vertragsschutz).[114] 74

Soweit es sich um Regelungsgegenstände handelt, die insgesamt der Mitbestimmung unterliegen, kann die **Nachwirkung** nur dadurch **beendet werden**, dass entweder eine neue Betriebsvereinbarung abgeschlossen wird oder die Einigungsstelle durch ihren Spruch eine Einigung der Betriebspartner ersetzt. Solange dies nicht der Fall ist, gelten die gekündigten Regelungen nach, zumal im Bereich der Mitbestimmung Abreden mit den Arbeitnehmern, ohne dass eine Regelung zwischen den Betriebsparteien getroffen wird, unwirksam sind.[115] 75

Soweit es sich um Regelungen über Leistungen handelt, auf die ansonsten außerhalb der Betriebsvereinbarung **kein Rechtsanspruch besteht, ist zu differenzieren.** Die Betriebsvereinbarungen über die Gewährung dieser („freiwilligen") Leistungen sind sog. **teilmitbestimmte** Betriebsvereinbarungen. Eine Nachwirkung scheidet in diesen Fällen aus, wenn der Arbeitgeber die Betriebsvereinbarung kündigt, um einen gänzlichen Wegfall der Leistungen herbeizuführen; die Regelungen der teilmitbestimmten Betriebsvereinbarung gelten in diesem Fall nicht kraft Nachwirkung weiter, so dass mit Ablauf der Kündigungsfrist die Rechtsgrundlage für die Gewährung von Leistungen entfällt.[116] Die Betriebsparteien können eine Nachwirkung vereinbaren.[117] Inhalt und Reichweite der vereinbarten Nachwirkung wird durch Auslegung festzustellen sein. Es spricht viel dafür, dass eine vereinbarte Nachwirkung i. R. von § 120 Abs. 1 InsO nicht zum Tragen kommt. Die Situation ist anders, wenn der Insolvenzverwalter zwar kündigt, jedoch mit der Kündigung bezweckt, letztlich eine gekürzte Fort- oder Neugewährung der Leistungen zu ermöglichen. Das BAG nimmt in diesen Fällen eine Nachwirkung an, wenn das zur Verfügung gestellte 76

---

111) *Lohkemper*, KTS 1996, 1, 38.

112) BAG, Beschl. v. 17.8.1999 – 3 ABR 55/98, ZIP 2000, 850, 852, m. Anm. *Strick*, ZIP 2000, 855, dazu EWiR 2000, 657 *(Griebeling)*; BAG, Urt. v. 11.5.1999 – 3 AZR 21/98, ZIP 2000, 421, 422, dazu EWiR 2000, 265 *(Reichold)*; BAG, Beschl. v. 10.3.1992 – 3 ABR 54/91, ZIP 1992, 1165, 1167, dazu EWiR 1992, 737 *(Reichold)*; BAG, Urt. v. 9.2.1989 – 8 AZR 310/87, DB 1989, 2339.

113) *Giesen*, ZIP 1998, 142; *Lakies*, RdA 1997, 145, 147; *Löwisch*, NZA 1996, 1009, 1017; *Schrader*, NZA 1997, 70 f.; *Warrikoff*, BB 1994, 2338 f.

114) BAG, Urt. v. 18.9.2001 – 3 AZR 728/00, ZIP 2002, 907, EWiR 2002, 693 *(Griebeling)*; BAG, Beschl. v. 17.8.1999 – 3 ABR 55/98, ZIP 2000, 850, m. Anm. *Strick*, ZIP 2000, 855, dazu EWiR 2000, 657 *(Griebeling)*; BAG, Urt. v. 11.5.1999 – 3 AZR 21/98, ZIP 2000, 421 dazu EWiR 2000, 265 *(Reichold)*; BAG, Beschl. v. 10.3.1992 – 3 ABR 54/91, ZIP 1992, 1165, dazu EWiR 1992, 737 *(Reichold)*.

115) *Richardi*, BetrVG, § 77 Rz. 180.

116) BAG, Urt. v. 26.10.1993 – 1 AZR 46/93, AP Nr. 6 zu § 77 BetrVG 1972 Nachwirkung; BAG, Beschl. v. 21.8.1990 – 1 ABR 73/89, AP Nr. 5 zu § 77 BetrVG 1972 Nachwirkung, dazu EWiR 1990, 1167 *(Schüren)*.

117) BAG, Urt. v. 28.4.1998 – 1 ABR 43/97, AP Nr. 1 zu § 77 BetrVG 1972 Nachwirkung, dazu EWiR 1999, 3 *(Sasse)*; s. dazu kritisch *Kort*, NZA 2001, 477; *Boemke/Kursawe*, DB 2000, 1405.

Mittelvolumen reduziert und der Verteilungsschlüssel bei der Fort- oder Neugewährung geändert wird.[118)]

77 § 120 Abs. 2 InsO bestätigt, was allgemeiner Rechtsansicht entspricht, dass nämlich Betriebsvereinbarungen **außerordentlich aus wichtigem Grund** ohne Einhaltung einer Kündigungsfrist gekündigt werden können und dass § 120 Abs. 1 InsO dieses Recht nicht berührt.[119)] Dies gilt ausweislich der Gesetzesmaterialien auch für die Grundsätze der Geschäftsgrundlagenlehre.[120)]

78 § 120 InsO gilt für **Sozialpläne** insoweit, wie nicht die Spezialregeln der §§ 123, 124 InsO eingreifen. Die Änderung von Sozialplänen ist unter bestimmten Umständen möglich. Die Betriebspartner können einen geltenden Sozialplan auch zum Nachteil der betroffenen Arbeitnehmer für die Zukunft ändern, wobei Verhältnismäßigkeit und Vertrauensschutz zu bachten sind.[121)]

C. Interessenausgleich in der Insolvenz

I. Betriebsänderung: Tatbestand und Verfahren nach §§ 111 ff. BetrVG

79 Der Arbeitgeber ist im Falle einer Betriebsänderung (§§ 111 ff. BetrVG) verpflichtet, den **Versuch** zu unternehmen, einen **Interessenausgleich** mit dem Betriebsrat herbeizuführen. Der Interessenausgleich regelt, ob, wann und wie die vorgesehene Betriebsänderung durchgeführt wird.[122)] Die Wahrung der Schriftform des § 112 Abs. 1 Satz 1 BetrVG ist Voraussetzung für die Wirksamkeit eines Interessenausgleichs.[123)] Der Interessenausgleich betrifft den Inhalt und die Umstände der unternehmerischen Maßnahme. Er setzt voraus, dass der Arbeitgeber konkret Maßnahmen plant, über die verhandelt werden kann, um das Ob und Wie zu regeln; abstrakte vorsorgliche Regelungen sind nicht möglich.[124)]

80 Die Rechtsprechung nimmt an, dass der Arbeitgeber seiner Pflicht, einen Versuch der Herbeiführung eines Interessenausgleichs zu unternehmen, nur gerecht wird, wenn er die Einigungsstelle anruft; die Einigungsstelle muss, falls nicht ein Interessenausgleich zustande kommt, das Scheitern des Versuchs zur Herbeiführung eines Interessenausgleichs feststellen.[125)]

81 Unterlässt der Arbeitgeber es, in der erforderlichen Weise den Versuch zu unternehmen, einen Interessenausgleich herbeizuführen, so sind insbesondere **zwei Rechtsfolgen** in Betracht zu ziehen.

82 – Zum einen ordnet § 113 und 3 BetrVG einen **Nachteilsausgleich** zugunsten derjenigen Arbeitnehmer an, die entlassen worden sind, ohne dass der Arbeitgeber die Herbeiführung eines Interessenausgleichs versucht hat. Die Höhe der Nachteilsausgleichszahlungen orientiert sich an § 10 KSchG. Die Insolvenzsituation ist für die Festsetzung der Höhe des Nachteilsausgleichs ohne Bedeutung.[126)] Der Anspruch auf Nachteils-

118) BAG, Beschl. v. 17.1.1995 – 1 ABR 29/94, AP Nr. 5 zu § 77 BetrVG 1972 Nachwirkung; BAG, Urt. v. 26.10.1993 – 1 AZR 46/93, AP Nr. 6 zu § 77 BetrVG 1972 Nachwirkung.

119) *Giesen*, ZIP 1998, 142; *Lakies*, RdA 1997, 145, 147; *Moll* in: KPB, InsO, § 120 Rz. 46.

120) Begr. RegE InsO z. § 138/§ 120, BT-Drucks. 12/2443, S. 153, abgedr. in: *Kübler/Prütting*, RWS-Dok. 18, S. 317 f.

121) BAG, Urt. v. 5.10.2000 – 1 AZR 48/00, ZIP 2001, 1384, 1386 ff., dazu EWiR 2001, 985 *(Moll/Langhoff)*.

122) BAG, Beschl. v. 27.10.1997 – 1 ABR 9/87, AP Nr. 41 zu § 112 BetrVG 1972.

123) BAG, Urt. v. 26.10.2004 – 1 AZR 493/03, ZIP 2005, 272, dazu EWiR 2005, 453 *(Plander)*.

124) BAG, Urt. v. 19.1.1999 – 1 AZR 342/98, ZIP 1999, 1411, dazu EWiR 1999, 727 *(Ehrich)*.

125) BAG, Urt. v. 18.12.1984 – 1 AZR 176/82, AP Nr. 11 zu § 113 BetrVG 1972 = ZIP 1985, 633, dazu EWiR 1985, 449 *(Stege)*.

126) BAG, Urt. v. 22.7.2003 – 1 AZR 541/02, ZIP 2003, 2216, dazu EWiR 2004, 239 *(Moll/Henke)*.

ausgleich ist (nur) als Insolvenzforderung anzusehen, wenn die Betriebsänderung vor Insolvenzeröffnung begonnen worden ist. Dies gilt auch dann, wenn der Unternehmer die Kündigungen in Absprache mit dem vorläufigen Insolvenzverwalter und mit dessen Zustimmung vor Insolvenzeröffnung ausspricht.[127)]

– Zum anderen ist angenommen worden, dass dem Arbeitgeber **untersagt werden** könne, die Betriebsänderung und damit etwaige Massenentlassungen durchzuführen, solange der Interessenausgleich entweder nicht zustande gekommen oder nicht ausreichend versucht worden sei, was freilich umstritten ist.[128)] 83

II. Gerichtliche Zustimmung zur Durchführung der Betriebsänderung (§ 122 InsO)

1. Normzweck

Die Einhaltung der Betriebsänderungsregelungen nach §§ 111 ff. BetrVG ist regelmäßig mit erheblichen Zeitaufwand verbunden. § 122 InsO räumt dem Insolvenzverwalter die Möglichkeit ein, eine Betriebsänderung in der Insolvenz ohne ein vorheriges Einigungsstellenverfahren zwecks Herbeiführung eines Interessenausgleichs (§ 112 Abs. 2 Satz 2 und Abs. 3 BetrVG) durchzuführen, ohne dass Ansprüche auf Nachteilsausgleich entstehen oder gar Unterlassungsverfahren drohen.[129)] Sinn des beschleunigten Verfahrens ist sowohl die schnellere Durchführung von Betriebsänderungen als auch die Befreiung der Insolvenzmasse von Ansprüchen auf Nachteilsausgleich. 84

Ob der gewünschte Beschleunigungseffekt erzielt werden kann, hängt maßgeblich von der Behandlung der aufgrund § 122 InsO gestellten Anträge durch die ArbGe ab. Der Insolvenzverwalter wird das Verfahren nach § 122 InsO regelmäßig parallel zu dem Versuch der Herbeiführung eines Interessenausgleichs gemäß §§ 112 Abs. 2 Satz 2, Abs. 3 BetrVG betreiben, um – auf welchem Weg auch immer – einen schnellstmöglichen Abschluss des Betriebsänderungsverfahrens zu erreichen. 85

2. Antragsvoraussetzungen (§ 122 Abs. 1 Satz 1 InsO)

Die Norm setzt voraus, dass **eine Betriebsänderung geplant** ist und zwischen dem Insolvenzverwalter und Betriebsrat ein **Interessenausgleich nicht innerhalb von drei Wochen** nach Verhandlungsbeginn oder schriftlicher Aufforderung zur Aufnahme von Verhandlungen zustande kommt. Der Insolvenzverwalter muss **den Betriebsrat rechtzeitig und umfassend unterrichtet** haben. Voraussetzung für eine positive Entscheidung über den Zustimmungsantrag ist, dass der Interessenausgleich nach §§ 112 Abs. 1 Satz 1, Abs. 2 Satz 2 und Abs. 3 BetrVG nicht innerhalb von drei Wochen nach Verhandlungsbeginn oder schriftlicher Aufforderung zur Aufnahme von Verhandlungen zustande gekommen ist. 86

3. Antragsinhalt

Der Insolvenzverwalter kann ausweislich § 122 Abs. 1 Satz 1 InsO die Zustimmung des ArbG dazu beantragen, dass die in dem Antrag **präzise zu bezeichnende Betriebsänderung** durchgeführt werden kann, ohne dass das Verfahren nach § 112 Abs. 2 BetrVG vorangegangen ist. 87

---

127) BAG, Urt. v. 4.12.2002 – 10 AZR 16/02, ZIP 2003, 311 = DB 2003, 618; BAG, Urt. v. 8.4.2003 – 2 AZR 15/02, EzA § 55 InsO Nr. 4 = ZIP 2003, 1260.

128) Vgl. z. B. die Nachweise bei *Kania* in: ErfK, § 111 BetrVG Rz. 27a; *Pflüger*, DB 1998, 2062.

129) BAG, Urt. v. 22.7.2003 – 1 AZR 541/02, ZIP 2003, 2216; *Ennemann* in: Kölner Schrift, S. 1473 Rz. 1.

4. Entscheidung des ArbG

a) Prozessentscheidung

88 Der Antrag ist als unzulässig abzuweisen, wenn es an den gesetzlichen Antragsvoraussetzungen oder einem richtigen Antragsinhalt fehlt.[130)] Die **Zulässigkeitsvoraussetzungen** müssen im Zeitpunkt des letzten Anhörungstermins vorliegen. Praktische Bedeutung kann dies haben, wenn der Insolvenzverwalter den Betriebsrat über die geplante Betriebsänderung nicht umfassend unterrichtet hat. Dieses Erfordernis kann durch Schriftsatzvortrag erfüllt werden, und es kommt dann darauf an, dass zwischen der Information aufgrund des Schriftsatzes und dem Anhörungstermin mindestens noch drei Wochen liegen.[131)] Dies spricht dafür, dass es auch möglich ist, dass der Insolvenzverwalter den Antrag an das ArbG bereits vor Ablauf von drei Wochen seit Beginn der Verhandlungen oder seit Aufforderung an den Betriebsrat zu Verhandlungen einreicht, da im Zeitpunkt des Anhörungstermins die Drei-Wochen-Frist jedenfalls abgelaufen sein wird. Für einen Antrag nach § 122 InsO fehlt das Rechtsschutzinteresse, wenn die Betriebsstilllegung schon durch unumkehrbare Maßnahmen begonnen und im Fall der Wirksamkeit von Entlassungen Nachteilsausgleichsansprüche nach § 113 Abs. 3 BetrVG verwirkt sind.[132)]

b) Sachentscheidung

89 Das ArbG erteilt nach § 122 Abs. 2 Satz 1 InsO die **Zustimmung zur Durchführung der Betriebsänderung ohne vorheriges Verfahren** nach § 112 Abs. 2 BetrVG, wenn die wirtschaftliche Lage des Unternehmens auch unter Berücksichtigung der sozialen Belange der Arbeitnehmer erfordert, dass die Betriebsänderung ohne das Interessenausgleichsverfahren durchgeführt wird. Die Entscheidung des ArbG ergeht nicht über die Frage des „Ob" der Betriebsänderung, sondern nur über die Frage des „Wann" (mit Durchführung des Einigungsstellenverfahrens oder ohne). Die Entscheidung des ArbG ist keine Zustimmung zu der geplanten Betriebsänderung. Es geht lediglich um das Verfahren und den Zeitpunkt der Betriebsänderung und damit um die Eilbedürftigkeit der Umsetzung der Entscheidung des Insolvenzverwalters.[133)] Das ArbG hat insbesondere nicht darüber zu befinden, ob die geplante Betriebsänderung sinnvoll oder wirtschaftlich zweckmäßig ist.

90 **Die Prüfung erfolgt in zwei Schritten:**

- In einem **ersten** Schritt hat das ArbG zu prüfen, ob die wirtschaftliche Lage des Unternehmens isoliert betrachtet die sofortige Durchführung der Betriebsänderung erforderlich macht.[134)]
- Das ArbG hat, sofern es diese erste Frage bejaht, in einem **zweiten** Schritt zu prüfen, ob die Berücksichtigung sozialer Belange der Arbeitnehmer die Durchführung des Verfahrens nach § 112 Abs. 2 BetrVG gleichwohl gebietet.

91 Beide Aspekte stehen in einer **Wechselbeziehung** zueinander. Die zügige Betriebsänderung ist für die Arbeitnehmer je nach Betroffenheit von unterschiedlicher Wirkung. Für den einen Teil der Arbeitnehmer kann die schleunige Betriebsänderung den früheren Arbeitsplatz-

---

130) *Moll* in: KPB, InsO, § 122 Rz. 34; *Ennemann* in: Kölner Schrift, S. 1473 Rz. 33.

131) ArbG Lingen, Beschl. v. 9.7.1999 – 2 BV 4/99, ZIP 1999, 1892, dazu EWiR 1999, 1131 *(Moll)*; *Moll* in: KPB, InsO, § 122 Rz. 35.

132) ArbG Berlin, Beschl. v. 21.12.2017 – 41 BV 13752/17, NZI 2018, 222.

133) ArbG Lingen, Beschl. v. 9.7.1999 – 2 BV 4/99, ZIP 1999, 1892; *Caspers*, Personalabbau und Betriebsänderung im Insolvenzverfahren, Rz. 402; *Giesen*, ZIP 1998, 142, 144; *Lakies*, RdA 1997, 145, 149; *Lohkemper*, KTS 1996, 1, 19; *Moll* in: KPB, InsO, § 122 Rz. 40; *Moll*, EWiR 1999, 1131 (Urteilsanm.); *Rummel*, DB 1997, 774 f.; *Schrader*, NZA 1997, 70, 73; *Warrikoff*, BB 1994, 2338, 2340.

134) Vgl. zur Darstellungsmethode *Kreuzer/Rößner*, NZI 2012, 699.

verlust bedeuten. Für einen anderen Teil der Arbeitnehmer kann dadurch der verbleibende Arbeitsplatz gesichert werden.

5. Inhalt und Wirkung der Entscheidung nach § 122 Abs. 2 Satz 1 InsO

Erhält der Insolvenzverwalter die beantragte Zustimmung des ArbG, so kann er die Be- 92
triebsänderung **ohne ein Einigungsstellenverfahren** durchführen. § 113 Abs. 3 BetrVG findet gemäß § 122 Abs. 1 Satz 2 InsO ebenfalls keine Anwendung. Die entlassenen Arbeitnehmer haben keinen Nachteilsausgleichsanspruch. Der Betriebsrat hat in diesen Fällen auch keinen Anspruch auf Unterlassung der Betriebsänderung.[135] Die Wirkungen des Beschlusses des ArbGs treten mit der Rechtskraft ein. Bei Nichtzulassung der Rechtsbeschwerde durch das ArbG tritt die Rechtskraft in diesem Sinne mit dem Erlass der Entscheidung des ArbG ein, bei Zulassung hingegen erst mit Ablauf der Beschwerdefrist oder Zurückweisung der Beschwerde durch das BAG.[136]

D. Interessenausgleich und Kündigungsschutz in der Insolvenz

I. Verhältnis zum Kündigungsschutz

§ 125 InsO enthält eine **Modifizierung des Kündigungsschutzes** des einzelnen Arbeit- 93
nehmers aufgrund kollektivvertraglicher Regelungen.[137] Die Möglichkeit des § 125 InsO besteht nur für den Insolvenzverwalter.[138] Der Insolvenzverwalter kann – muss aber nicht – von § 125 Abs. 1 Satz 1 InsO Gebrauch machen.[139] Fehlt es an dem kündigungsbezogenen Interessenausgleich, so bleibt es bei der unmodifizierten Anwendung von § 1 Abs. 2 und 3 KSchG.[140] § 125 InsO verdrängt § 1 Abs. 5 KSchG nicht. Die praktische Bedeutung von § 125 InsO ist durch die Schaffung von § 1 Abs. 5 KSchG relativiert.

II. Betriebsänderung

Erstes Tatbestandsmerkmal für die Anwendung der in § 125 Abs. 1 Nr. 1 angeordneten 94
Vermutung und der in Nr. 2 vorgesehenen Modifizierung der Sozialauswahl ist die **Planung einer Betriebsänderung i. S. von § 111 BetrVG**. Zugrunde zu legen sind dabei die von der Rechtsprechung zu § 111 Satz 1 und 2 BetrVG entwickelten Grundsätze. Ohne eine derartige Betriebsänderung steht der kündigungsbezogene Interessenausgleich nicht zur Verfügung.[141] Er gilt insbesondere nicht, wenn die Schwelle von 20 Beschäftigten nicht überschritten wird.[142]

Das Gesetz stellt darauf ab, dass eine Betriebsänderung „geplant" ist. Dies bedeutet, dass 95
das Instrumentarium des § 125 InsO (schon) dann zur Verfügung steht, wenn der **Plan** des Insolvenzverwalters eine Betriebsänderung beinhaltet. Dies entspricht den Grundsätzen zu § 111 BetrVG. Ob am Ende der Interessenausgleichsverhandlungen die betrieb-

---

135) *Grunsky/Moll*, Arbeitsrecht und Insolvenz, Rz. 315.

136) *Moll* in: KPB, InsO, § 122 Rz. 54.

137) S. dazu wegen des Eingriffs in den Individualschutz kritisch *Richardi*, NZA 1999, 617.

138) LAG Hamm, Urt. v. 22.5.2002 – 2 Sa 1560/01, NZA-RR 2003, 378.

139) LAG Hamm, Urt. v. 1.4.2004 – 4 Sa 1340/03, juris.

140) *Ascheid*, RdA 1997, 333, 343.

141) BAG, Urt. v. 28.8.2003 – 2 AZR 377/02, ZIP 2004, 525, dazu EWiR 2004, 419 *(Grimm/Brock)*; BAG, Urt. v. 16.5.2002 – 8 AZR 319/01, BAGE 107, 221–230 = NZA 2003, 93; LAG Düsseldorf, Urt. v. 23.1.2003 – 11 (12) Sa 1057/02, ZIP 2003, 817; *Moll* in: KPB, InsO, § 125 Rz. 11.

142) *Moll* in: KPB, InsO, § 125 Rz. 11.

lichen Maßnahmen („Massenentlassung") noch die Größenordnung einer Betriebsänderung haben oder nicht, ist demgegenüber nicht entscheidend.[143)]

III. Interessenausgleich mit Namensliste

96 Zweites Tatbestandsmerkmal nach dem Erfordernis, dass eine Betriebsänderung i. S. von § 111 BetrVG geplant ist, ist der Abschluss eines Interessenausgleichs mit namentlicher Bezeichnung der zu kündigenden Arbeitnehmer. Die Namensliste muss vor der Kündigungserklärung vereinbart werden.[144)]

1. Rechtscharakter

97 Der Interessenausgleich i. S. von § 125 InsO ist kein Interessenausgleich „sui generis".[145)] Es handelt sich um den **Interessenausgleich i. S. von § 112 Abs. 1 Satz 1 BetrVG.** Dieser ist um die Namensliste der zu kündigenden Arbeitnehmer zu ergänzen. Es gibt keine unterschiedlichen Begriffe oder Grundlagen eines Interessenausgleichs. Es gibt lediglich Interessenausgleiche i. S. des § 112 Abs. 1 Satz 1 BetrVG mit unterschiedlichen Regelungsinhalten.

2. Namensliste

98 Der Interessenausgleich muss eine namentliche Bezeichnung derjenigen Arbeitnehmer enthalten, die aufgrund der Betriebsänderung gekündigt werden. Das Gesetz verlangt, dass diese Arbeitnehmer „in dem Interessenausgleich namentlich bezeichnet" sind. Daraus folgt für den Inhalt des Interessenausgleichs mehreres:

a) Interessenausgleichsregelungen

99 Die Interessenausgleichsregelung muss die durchzuführende Betriebsänderung **ausreichend beschreiben**; anderenfalls liegt kein Interessenausgleich i. S. des Gesetzes vor. Eine lückenlos nachvollziehbare Ableitung des Stellenwegfalls aus der Betriebsänderung ist als Inhalt des Interessenausgleichs zwar empfehlenswert, jedoch für das Vorliegen eines Interessenausgleichs nicht zwingend.[146)]

100 Das Gesetz verlangt, dass ein Interessenausgleich vorhanden ist, in dem die Arbeitnehmer **namentlich bezeichnet** sind. Dies schließt es aus, dass eine Namensliste ohne Interessenausgleich zwischen den Betriebsparteien vereinbart wird.[147)] Es mag sein, dass ein Interesse daran bestehen kann, seitens des Betriebsrats einer Betriebsänderung nicht zuzustimmen und damit einen Interessenausgleich nicht abzuschließen, jedoch gleichwohl für den Fall der Betriebsänderung, d. h. wenn der Arbeitgeber die Betriebsänderung ohne eine erzielten Interessenausgleich durchführt, bei der Festlegung der Kündigungen mitzuwirken. Ein derartiges Interesse genügt jedoch nicht, um die klare gesetzliche Anordnung beiseite zu schieben, nach der ein Interessenausgleich zustande kommen muss.

b) Namentliche Individualisierung

101 Der für die Kündigung vorgesehene Arbeitnehmer muss hinreichend **individualisiert** sein. Die Benennung des Vor- und Nachnamens ist in jedem Falle erforderlich. Gibt es mehrere

143) ArbG Lübeck, Urt. v. 22.2.2005 – 3 Ca 3449/04, ZIP 2005, 591; *Moll* in: KPB, InsO, § 125 Rz. 13.
144) LAG Hamm, Urt. v. 4.6.2002 – 4 Sa 81/02, NZA-RR 2003, 293.
145) S. aber demgegenüber *Schrader*, NZA 1997, 70, 73; *Warrikoff*, BB 1994, 2338, 2341.
146) *Moll* in: KPB, InsO, § 125 Rz. 29.
147) S. aber demgegenüber *Matthes*, RdA 1999, 178.

Personen eines Namens, so kann und muss sich eine weitere Individualisierung aus dem weiteren Inhalt ergeben, etwa indem Anschriften, Berufe, Eintrittsdaten oder Geburtsdaten angegeben werden. Die Individualisierung kann sich auch aus der Bezugnahme auf einen Arbeitsplatzes ergeben, wenn der betreffende Arbeitsplatzinhaber bezeichnet wird. Eine **„Negativliste" genügt nicht.**

> **Praxishinweis**
>
> Es erscheint allerdings möglich, im Falle der Stilllegung eines ganzen Betriebs, die Namensliste darauf zu reduzieren, dass in dem Interessenausgleich festgelegt wird, dass sämtlichen Arbeitnehmern des Betriebs gekündigt wird. Eine Aufzählung dieser sämtlichen Arbeitnehmer müsste als kaum verständliche Förmelei angesehen werden.[148)]

c) Angabe der Kündigungsart

Die Benennung der zu kündigenden Arbeitnehmer ist um die Angabe zu ergänzen, ob es sich um eine **Änderungs- oder eine Beendigungskündigung** handelt, es sei denn, dass aus dem Gesamtinhalt des Interessenausgleichs klar wird, dass ohnehin nur Entlassungen vorgenommen werden. § 125 Abs. 1 Satz 1 InsO betrifft Änderungs- ebenso wie Beendigungskündigungen.[149)] Die Angaben zur Änderungskündigung müssen die zu ändernde Vertragsregelung und die angestrebte Vertragsbedingung angeben. 102

d) Nichtangabe von Sozialauswahlerwägungen

Die der Namensliste zugrunde liegenden Auswahlkriterien und Sozialauswahlerwägungen müssen in dem Interessenausgleich nicht niedergelegt werden. Eine derartige Rechtspflicht ist § 125 Abs. 1 Satz 1 InsO nicht zu entnehmen.[150)] Der Insolvenzverwalter hat allerdings im **Kündigungsrechtsstreit** seiner Darlegungs- und ggf. Nachweislast zur Sozialauswahl nachzukommen. Dies gilt unabhängig davon, ob in dem Interessenausgleich Sozialauswahlerwägungen niedergelegt sind oder nicht. Die Vereinbarung von Auswahlrichtlinien i. S. von § 95 Abs. 1 und 2 BetrVG i. V. mit § 1 Abs. 4 KSchG verbessert die Stellung des Insolvenzverwalters gegenüber § 125 Abs. 1 Satz 1 Nr. 2 InsO nicht.[151)] 103

e) Schriftform

Die Angabe der zur Kündigung vorgesehenen Arbeitnehmer unterliegt dem Schriftformerfordernis des § 112 Abs. 1 Satz 1 und Abs. 3 Satz 3 BetrVG. Es handelt sich um ein **gesetzliches** Formerfordernis i. S. von § 126 BGB. Die **Namensliste** muss mithin Bestandteil der von den Betriebsparteien unterzeichneten Urkunde sein. 104

Dem Schriftformerfordernis kann auf verschiedene Weise Rechnung getragen werden. Entscheidend ist in allen Fällen, dass es sich um eine **Gesamturkunde** handelt, die **insgesamt** dem **Schriftformerfordernis** gerecht wird, d. h. für die erkennbar ist, dass es sich um ein einheitliches, zusammenhängendes Schriftstück handelt, auch wenn es aus mehreren Seiten besteht.[152)] 105

---

148) *Moll* in: KPB, InsO, § 122 Rz. 26.

149) Vgl. *Ascheid*, RdA 1997, 333, 343; *Giesen*, ZfA 1997, 145, 173; *Kania*, DStR 1996, 832, 834; *Schiefer*, DB 1998, 925, 927; *Zwanziger*, Das Arbeitsrecht der InsO, § 125 InsO Rz. 48.

150) *Moll* in: KPB, InsO, § 125 Rz. 32; Nerlich/Römermann-*Hamacher*, InsO, § 125 Rz. 27; *Zwanziger*, Das Arbeitsrecht der InsO, § 125 InsO Rz. 14.

151) S. zu Auswahlrichtlinien ausführlich *Moll* in: Henssler/Moll, Kündigung und Kündigungsschutz, S. 141, 150 ff.

152) BAG, Urt. v. 7.5.1998 – 2 AZR 55/98, AP Nr. 1 zu § 1 KSchG 1969 Namensliste = ZIP 1998, 1885, dazu EWiR 1998, 1041 *(Plander)*; LAG Kiel, Urt. v. 22.4.1998 – 2 Sa 556/97, LAGE § 1 KSchG Interessenausgleich Nr. 5; *Schiefer/Worzalla*, NZA 2004, 345, 353.

106 Eine feste **körperliche Verbindung** der Einzelseiten der Urkunde ist entbehrlich, wenn sich deren **Einheit** aus fortlaufender Paginierung, fortlaufender Nummerierung der einzelnen Bestimmungen, einer einheitlichen graphischen Gestaltung, dem inhaltlichen Zusammenhang des Textes oder vergleichbaren Merkmalen zweifelsfrei ergibt.[153)] Das Schriftformerfordernis wird, wenn die Namensliste als Anlage zum Interessenausgleich genommen wird, nur gewahrt, wenn die – nicht unterschriebene – Anlage körperlich mit dem Interessenausgleich vor dessen Unterzeichnung verbunden wird.[154)] Interessenausgleich und Namensliste können auch getrennt erstellt werden; erforderlich ist dann aber, dass der Interessenausgleich auf die (noch zu erstellende) Namensliste verweist und auch in die (zeitnah) erstellte Namensliste ein textlicher Rückbezug auf den betreffenden Interessenausgleich aufgenommen wird und beide Dokumente unterschrieben sind.[155)]

107 Eine **Teil-Namensliste** ist von der Rechtsprechung bislang nur für den Fall zeitlich gestaffelter Entlassungen in mehreren Wellen aufgrund einer einheitlichen Betriebsänderung zugelassen worden.[156)] Ob Teil-Namenslisten auch zulässig sind, wenn sich die Betriebsparteien nicht über alle zu entlassenden Arbeitnehmer einigen können, hat das BAG zwar in einer Entscheidung im Ergebnis offengelassen, sich aber in Tendenz ablehnend geäußert.[157)]

3. Sachlicher und zeitlicher Zusammenhang

108 Die – betriebsbedingte – Kündigung muss aufgrund der Betriebsänderung erfolgen.[158)] Der Interessenausgleich muss der Kündigung vorausgehen.[159)] Eine Festlegung darüber, ob die Namensliste bereits vor Beginn der Betriebsänderung vorliegen muss, ist damit nicht getroffen.[160)] Der Interessenausgleich kann die Kündigung davon abhängig machen, dass der Arbeitnehmer dem Übergang seines Arbeitsverhältnisses auf einen Betriebsnachfolger widerspricht.[161)] Die in Nr. 1 und Nr. 2 angeordneten Rechtsfolgen greifen nicht ein, wenn das Arbeitsverhältnis in einem Betriebsteil besteht, der nicht von der im Interessenausgleich geregelten Betriebsänderung erfasst wird.[162)]

IV. Vermutung der Betriebsbedingtheit

109 § 125 Abs. 1 Satz 1 Nr. 1 InsO zieht als Rechtsfolge die Vermutung nach sich, dass die Kündigung der namentlich bezeichneten Arbeitnehmer durch dringende betriebliche Erfordernisse bedingt ist, die einer Weiterbeschäftigung in dem Betrieb oder einer Weiter-

153) BGH, Urt. v. 21.1.1999 – VII ZR 93/97, NJW 1999, 1104, dazu EWiR 1999, 347 *(Eckert)*; BGH, Urt. v. 24.9.1997 – XII ZR 234/95, ZIP 1997, 2085, dazu EWiR 1997, 1121 *(Eckert)*; LAG Hamm, Urt. v. 23.3.2000 – 4 Sa 910/99, ZInsO 2000, 570, dazu EWiR 2001, 439 *(Diller)*.

154) BAG, Urt. v. 6.7.2006 – 2 AZR 520/05, ZIP 2006, 2329 = NZA 2007, 266; LAG Hamm, Urt. v. 6.7.2000 – 4 Sa 233/00, ZInsO 2001, 336, dazu EWiR 2001, 125 *(Grimm)*.

155) BAG, Urt. v. 12.4.2010 – 2 AZR 551/08, ZIP 2011, 539 = DB 2010, 2454; wohingegen in früheren Entscheidungen eine lediglich einseitige Bezugnahme verlangt wurde: BAG, Urt. v. 26.3.2009 – 2 AZR 296/07, DB 2009, 1882; BAG, Urt. v. 22.1.2004 – 2 AZR 111/02, AP Nr. 1 zu § 112 BetrVG Namensliste; BAG, Urt. v. 21.2.2002 – 2 AZR 581/00, ZInsO 2002, 1103 = EzA § 1 KSchG Interessenausgleich Nr. 10.

156) BAG, Urt. v. 19.7.2012 – 2 AZR 352/11, AP Nr. 22 zu 1 KSchG 1969 = ZIP 2013, 234, dazu EWiR 2013, 219 *(Mehrens)*; BAG, Urt. v. 22.1.2004 – 2 AZR 111/02, AP Nr. 1 zu § 112 BetrVG 1972 Namensliste.

157) BAG, Urt. v. 26.3.2009 – 2 AZR 296/07, DB 2009, 1882.

158) BAG v. 22.1.2004 – 2 AZR 111/02, AP Nr. 1 zu § 112 BetrVG 1972 Namensliste.

159) *Matthes*, RdA 1999, 178, 178; *Moll* in: KPB, InsO, § 125 Rz. 40.

160) *Matthes*, RdA 1999, 178, 178.

161) BAG, Urt. v. 24.2.2000 – 8 AZR 180/99, DB 2000, 1286 = NZA 2000, 785.

162) ArbG Braunschweig, Urt. v. 23.11.2000 – 1 Ca 389/00, ZInsO 2001, 479 = NZI 2001, 53.

beschäftigung zu unveränderten Arbeitsbedingungen entgegenstehen. Die Vermutung betrifft sowohl den Wegfall der bisherigen als auch das Fehlen einer anderweitigen Beschäftigungsmöglichkeit.[163)] Die **Beweislast** ist gegenüber § 1 Abs. 2 Satz 4 KSchG **umgekehrt.** Es gilt § 292 Satz 1 ZPO (§ 46 Abs. 2 Satz 1 ArbGG). Der **Arbeitnehmer** hat den vollen **Beweis des Gegenteils** dahin gehend zu führen, dass entgegen der Vermutung keine Tatsachen vorliegen, aufgrund derer die Kündigung durch dringende betriebliche Erfordernisse bedingt ist. Die bloße Erschütterung eines Vortrags genügt nicht.[164)]

Die Beweis- und Darlegungslast aufgrund der **Vermutungswirkung** des Gesetzes ist im Kündigungsschutzprozess allein davon abhängig, dass der **Tatbestand des § 125 Abs. 1 Satz 1 Nr. 1 InsO** vorliegt, an den das Gesetz als Rechtsfolge die Vermutung anknüpft. Es ist nicht erforderlich, dass der Arbeitgeber die Betriebsbedingtheit der Kündigung darlegt oder substantiiert zur Betriebsbedingtheit der Kündigung vorträgt.[165)] § 125 Abs. 1 Satz 1 Nr. 1 stellt eine Beweislastregelung dar. 110

Wenn der Betriebsratsvorsitzende den Interessenausgleich mit Namensliste unterschrieben hat, spricht eine widerlegbare Vermutung dafür, dass der Betriebsrat auch einen entsprechenden Beschluss gefasst hat.[166)] 111

V. Sozialauswahl

§ 125 Abs. 1 Satz 1 Nr. 2 InsO statuiert **drei Einschränkungen des Kündigungsschutzes:** 112

- Beschränkung der Sozialauswahl auf drei Kriterien;
- Anerkennung eines berechtigten betrieblichen Belanges im Hinblick auf eine ausgewogene Personalstruktur;
- Beschränkung der Überprüfung der Sozialauswahl auf grobe Fehlerhaftigkeit.

1. Sozialauswahlkriterien

Die auf die vergleichbaren und in die Sozialauswahl einzubeziehenden Arbeitnehmer anzuwendenden Sozialauswahlkriterien werden kanalisiert. Das ArbG kann diesen Auswahlvorgang nur im Hinblick auf **Betriebszugehörigkeit, Lebensalter und Unterhaltspflichten** überprüfen. Keinem der drei Kriterien kommt dabei eine besondere Priorität zu, wie dies herkömmlich für die Betriebszugehörigkeit angenommen worden ist, so dass z. B. – auch – auf Unterhaltspflichten ein Schwergewicht gelegt werden kann.[167)] 113

Ein Teil des Schrifttums geht davon aus, dass es dem Insolvenzverwalter nicht (mehr) gestattet sei, **andere Kriterien** als die drei im Gesetz genannten heranzuziehen.[168)] Dies ist abzulehnen. Das Gesetz gibt einen Prüfungsmaßstab für das ArbG vor und verlangt, dass die Gesichtspunkte Betriebszugehörigkeit, Lebensalter und Unterhaltspflichten **ausreichend berücksichtigt** werden und dass das ArbG nur die Einhaltung dieser Gesichtspunkte überprüft. Dies schließt indes nicht aus, dass auch **andere** mit dem Arbeitsverhältnis in Zusammenhang stehende Gesichtspunkte in die Abwägung einbezogen werden, solange 114

163) *Moll* in: KPB, InsO, § 125 Rz. 47.

164) BAG, Urt. v. 27.9.2012 – 2 AZR 516/11, DB 2013, 880; BAG, Urt. v. 5.11.2009 – 2 AZR 676/08, ZIP 2010, 1309, dazu EWiR 2010, 433 *(Dahlbender)*; BAG, Urt. v. 7.5.1998 – 2 AZR 536/97, ZIP 1998, 1809; LAG Hamm, Urt. v. 6.7.2000 – 4 Sa 799/00, ZInsO 2000, 569 = NZI 2001, 83.

165) BAG, Urt. 27.9.2012 – 2 AZR 516/11, DB 2013, 880.

166) BAG, Urt. v. 21.2.2002 – 2 AZR 581/00, ZInsO 2002, 1103 = EzA § 1 KSchG Interessenausgleich Nr. 10.

167) BAG, Urt. v. 5.11.2009 – 2 AZR 676/08, ZIP 2010, 1309; BAG, Urt. v. 2.6.2005 –2 AZR 480/04, DB 2006, 110, 112; BAG, Urt. v. 2.12.1999 – 2 AZR 757/98, ZIP 2000, 676 = NZA 2000, 531.

168) *Lakies*, RdA 1997, 145, 150; *Pauly*, MDR 1997, 513, 523; *Gallner* in: ErfK, § 125 InsO Rz. 12.

und soweit **den drei genannten Kriterien angemessen Rechnung getragen** ist.[169] Dem Arbeitgeber ist daher die Einbeziehung anderer Gesichtspunkte nicht verwehrt. Ihn trifft dabei jedoch das Risiko, dass er die drei gesetzlich genannten Kriterien angemessen berücksichtigt. Eine Berücksichtigung anderweitiger Gesichtspunkte erscheint insbesondere im Hinblick auf die **Schwerbehinderteneigenschaft** und den damit zusammenhängenden Sonderkündigungsschutz nach §§ 168 ff. SGB IX erwägenswert;[170] dies gilt jedenfalls dann, wenn man dem Arbeitgeber nicht generell gestattet, die Arbeitnehmer mit Sonderkündigungsschutz aus der Sozialauswahl herauszunehmen,[171] auch wenn es sich nicht um „Unkündbarkeit" handelt, sondern lediglich wie bei Schwerbehinderten Verfahrensvoraussetzungen bzw. Zustimmungserfordernisse zu berücksichtigen sind.

115 Der Auswahlvorgang wird durch eine **Gesamtabwägung** beendet, die nach der Feststellung der Auswahlkriterien deren **Gewichtung** zum Gegenstand hat. Dabei steht dem Arbeitgeber ein erweiterter Bewertungsspielraum zu.[172]

2. Personalstruktur

116 Die **Erhaltung oder Schaffung einer ausgewogenen Personalstruktur** ist bei der Prüfung der Sozialauswahl anzuerkennen, d. h. die Sozialauswahl kann nicht deshalb als grob fehlerhaft angesehen werden, weil diesem Personalstrukturgesichtspunkt Rechnung getragen worden ist. Personalstruktur ist nicht auf Altersstruktur beschränkt, sondern es kommen als weitere Aspekte auch Ausbildung und die Qualifikation im Betrieb und damit die Bildung entsprechender Qualifikationsgruppen- und -bereiche in Betracht.[173] Die Anwendung der Regelung bedeutet aber regelmäßig, dass eine auf **Altersgruppen** bezogene Sozialauswahl stattfindet.[174] Der Gesetzgeber überlässt dem Arbeitgeber – bzw. ggf. den Betriebsparteien – das „Ob" und das „Wie" der Gruppenbildung. Er räumt dem Arbeitgeber bzw. den Betriebsparteien dabei einen Beurteilungs- und Gestaltungsspielraum ein. Inwieweit Kündigungen Auswirkungen auf die Altersstruktur des Betriebs haben und welche Nachteile sich daraus ergeben, hängt von den betrieblichen Verhältnissen ab und kann nicht abstrakt

---

169) *Bader*, NZA 1996, 1125, 1127; *Berkowsky*, NZI 1999, 129, 133; *Caspers*, Personalabbau und Betriebsänderung im Insolvenzverfahren, Rz. 183; *v. Hoyningen-Huene/Linck*, DB 1997, 41 f.; *Löwisch*, NZA 1996, 1009 f.; *Lorenz*, DB 1996, 1973; *Moll* in: KPB, InsO, § 125 Rz. 58; *Preis*, NJW 1996, 3369 f.

170) *Bader*, NZA 1996, 1125, 1127; *Düwell*, DB 2003, 1574; *v. Hoyningen-Huene/Linck*, DB 1997, 41 f.; *Löwisch*, NZA 1996, 1009 f.; offengelassen: BAG, Urt. v. 24.10.2013 – 6 AZR 854/11, Rz. 35, NZA 2014, 46, 48 = ZIP 2013, 2476, dazu EWiR 2014, 125 *(Dahlbender)*; BAG, Urt. v. 18.10.2012 – 6 AZR 289/11, Rz. 46, AP Nr. 195 zu § 1 KSchG 1969 = ZIP 2013, 184, dazu EWiR 2013, 179 *(Grimm/Linden)*.

171) LAG Hamm, Urt. v. 6.7.2000 – 4 Sa 233/00, ZInsO 2001, 336, dazu EWiR 2001, 125 *(Grimm)* – der Arbeitgeber sei **nicht** verpflichtet, zur Ermöglichung der Sozialauswahl eine Behördenzustimmung einzuholen.

172) BAG, Urt. v. 5.11.2009 – 2 AZR 676/08, ZIP 2010, 1309, dazu EWiR 2010, 433 *(Dahlbender)*; BAG, Urt. v. 2.6.2005 – 2 AZR 480/04, DB 2006, 110, 112; BAG, Urt. v. 2.12.1999 – 2 AZR 757/98, ZIP 2000, 676 = NZA 2000, 531.

173) BAG, Urt. v. 28.8.2003 – 2 AZR 368/02, ZIP 2004, 1271, dazu EWiR 2004, 1233 *(Moll/Henke)*.

174) BAG, Urt. v. 24.10.2013 – 6 AZR 854/11, Rz. 48, NZA 2014, 46, 50 = ZIP 2013, 2476; BAG, Urt. v. 12.3.2009 – 2 AZR 418/07, DB 2009, 1932 = NZA 2009, 1023; BAG, Urt. v. 23.11.2000 – 2 AZR 533/99, DB 2001, 1042; LAG Hamm, Urt. v. 5.6.2003 – 4 (16) Sa 1976/02, ZIP 2004, 1863, dazu EWiR 2004, 449 *(Thüsing)*; LAG Düsseldorf, Urt. v. 17.3.2000 – 9 (6) Sa 84/00, DB 2000, 1752 = NZA-RR 2000, 421; LAG Frankfurt/M., Urt. v. 24.6.1999 – 3 Sa 1278/98, DB 1999, 2575 = ZInsO 1999, 724; *Ascheid*, RdA 1997, 333, 338; *Berscheid*, AnwBl 1995, 8, 14; *Moll* in: KPB, InsO, § 125 Rz. 70.

für alle denkbaren Fälle beschrieben werden.[175)] Beispiele: Altersgruppen von jeweils fünf Jahren[176)]oder in jeweils zehn Jahresschritten.[177)]

Das in der Richtlinie 2000/78/EG des Rates enthaltene europarechtliche Verbot der Altersdiskriminierung steht der Verwendung einer Punktetabelle zur Sozialauswahl, die eine Bildung von Altersgruppen und auch die Zuteilung von Punkten für das Lebensalter vorsieht, nicht im Wege, wenn diese durch legitime Ziele gerechtfertigt ist.[178)] 117

Die **Erhaltung oder Schaffung** einer ausgewogenen Personalstruktur schließt auch die Verbesserung existierenden Personalstruktur ein.[179)] Die Gestaltungsmöglichkeiten i. R. von § 125 Abs. 1 Satz 1 Nr. 2 InsO gehen damit über die bloße **Sicherung** einer ausgewogenen Altersstruktur i. R. von § 1 Abs. 3 Satz 2 KSchG hinaus.[180)] 118

3. Maßstab der groben Fehlerhaftigkeit

Die Sozialauswahl ist ausweislich § 125 Abs. 1 Satz 1 Nr. 2 InsO nur auf **grobe** Fehlerhaftigkeit überprüfbar. Es geht darum festzustellen, ob ein ins Auge springender, schwerer Fehler vorliegt.[181)] Grobe Fehlerhaftigkeit liegt vor, wenn die Gewichtung der Sozialkriterien **jede Ausgewogenheit vermissen lässt.**[182)] Dies gilt etwa, wenn ein soziales Grunddatum überhaupt nicht beachtet oder in seinem Gewicht grob vernachlässigt worden ist.[183)] Eine grobe Fehlerhaftigkeit liegt auch vor, wenn der Gekündigte bei gleich zu gewichtenden Unterhaltspflichten gegenüber nicht gekündigten Arbeitnehmern aufgrund sowohl erheblich längerer Betriebszugehörigkeit als auch erheblich höheren Lebensalters schutzwürdiger ist.[184)] 119

Der **Bezugsgegenstand** des Maßstabs der groben Fehlerhaftigkeit ist umstritten. Der Maßstab der groben Fehlerhaftigkeit kann sich auf den an letzter Stelle stehenden Abwägungsvorgang im Hinblick auf die drei für die Sozialauswahl maßgebenden Kriterien beziehen, ohne die Bestimmung des Kreises der vergleichbaren Arbeitnehmer und den Gesichtspunkt der Weiterbeschäftigung der Arbeitnehmer im berechtigten betrieblichen Interessen zu berühren.[185)] Der Maßstab der groben Fehlerhaftigkeit kann sich, wovon überwiegend 120

---

175) BAG, Urt. v. 24.10.2013 – 6 AZR 854/11, Rz. 53, NZA 2014, 46, 50 = ZIP 2013, 2476, dazu EWiR 2014, 125 *(Dahlbender)*; *Lingemann/Pohlmann*, RdA 2014, 374 (Urteilsanm.).

176) BAG Urt. v. 19.12.2013 – 6 AZR 790/12, NZA-RR 2014, 185 = ZIP 2014, 536, dazu EWiR 2014, 295 *(Mückl)*; BAG, Beschl. v. 20.5.2005 – 2 AZR 201/04, ZIP 2005, 1803, dazu EWiR 2006, 377 *(Pomberg)*.

177) BAG, Urt. v. 24.10.2013 – 6 AZR 854/11, NZA 2014, 46, 47 = ZIP 2013, 2476; BAG, Urt. v. 28.6.2012 – 6 AZR 682/19, ZIP 2012, 1927; BAG, Urt. v. 5.12.2011 – 2 AZR 42/10, ZIP 2012, 1623, dazu EWiR 2012, 535 *(Wank)*; BAG, Urt. v. 6.11.2008 – 2 AZR 523/07, ZIP 2009, 1339.

178) BAG Urt. v. 19.12.2013 – 6 AZR 790/12, Rz. 24, NZA-RR 2014, 185 = ZIP 2014, 536, dazu EWiR 2014, 295 *(Mückl)*; BAG, Urt. v. 28.6.2012 – 6 AZR 682/19, ZIP 2012, 1927; BAG, Urt. v. 5.12.2011 – 2 AZR 42/10, ZIP 2012, 1623; BAG, Urt. v. 19.6.2007 – 2 AZR 304/06, NZA 2008, 103.

179) BAG, Urt. v. 28.8.2003 – 2 AZR 368/02, ZIP 2004, 1271.

180) BAG, Urt. v. 23.11.2000 – 2 AZR 533/99, DB 2001, 1042; LAG Düsseldorf, Urt. v. 17.3.2000 – 9 (6) Sa 84/00, DB 2000, 1572 = NZA-RR 2000, 421.

181) LAG Düsseldorf, Urt. v. 29.1.1998 – 5 (4) (3) Sa 1913/97, DB 1998, 1235; *Bader*, NZA 1996, 1125, 1133; *Berscheid* in: Kölner Schrift, S. 1395, Rz. 70.

182) BAG, Urt. v. 21.1.1999 – 2 AZR 624/98, ZIP 1999, 2111, dazu EWiR 2000, 245 *(Grimm)*; BAG, Urt. v. 2.12.1999 – 2 AZR 757/98, ZIP 2000, 676 = NZA 2000, 531.

183) LAG Frankfurt/M., v. 24.6.1999 – 3 Sa 1278/98, DB 1999, 2575 = ZInsO 1999, 724; LAG Hamm, Urt. v. 6.7.2000 – 4 Sa 799/00, ZInsO 2000, 569 = NZI 2001, 83.

184) LAG Düsseldorf, Urt. v. 25.2.1998 – 17 (4) Sa 1788/97, LAGE § 1 KSchG Interessenausgleich Nr. 9; LAG Frankfurt/M., v. 24.6.1999 – 3 Sa 1278/98, DB 1999, 2575 = ZInsO 1999, 724.

185) LAG Düsseldorf, Urt. v. 4.3.1998 – 12 (17) Sa 2125/97, LAGE § 1 KSchG Interessenausgleich Nr. 3; LAG Düsseldorf, Urt. v. 24.3.1998 – 3 Sa 1996/97, LAGE § 1 KSchG Interessenausgleich Nr. 6.

ausgegangen wird, allerdings auch auf den **gesamten** Sozialauswahlprozess mit allen drei Prüfungsschritten beziehen.[186)]

121 Beide Ansichten können gute Gründe für sich in Anspruch nehmen. Die Praxis wird die Rechtsprechung zugrunde gelegt haben, die – und dies ist unter Praktikabilitäts- und Vereinfachungsgründen positiv zu sehen – dahin geht, den Maßstab der groben Fehlerhaftigkeit **auf alle drei Prüfungsschritte der Sozialauswahl zu erstrecken.** Der Maßstab der groben Fehlerhaftigkeit gilt also auch für die Bildung von Vergleichsgruppen und für die Herausnahme von Arbeitnehmern (jedenfalls soweit die Personalstruktur betroffen ist).[187)] Auch die Verkennung des Betriebsbegriffs ist ein Unterfall einer Verkennung des auswahlrelevanten Personenkreises. Bei der Frage, ob Arbeitnehmer einer anderen Betriebsstätte in die Auswahl einzubeziehen sind, gilt deshalb der Maßstab der groben Fehlerhaftigkeit. Die Sozialauswahl ist dabei nur dann grob fehlerhaft, wenn im Interessenausgleich der Betriebsbegriff selbst grob verkannt worden ist, seine Fehlerhaftigkeit also „ins Auge springt". Sprechen dagegen gut nachvollziehbare und ersichtlich nicht auf Missbrauch zielende Überlegungen für die – ggf. fehlerhaft – getroffene Eingrenzung des auswahlrelevanten Personenkreises, ist die Grenze der groben Fehlerhaftigkeit unterschritten.[188)] Die Sanierung insolventer Unternehmen gebietet eine weite Anwendung des eingeschränkten Prüfungsmaßstabs.

4. Darlegungslast

122 **§ 125 Abs. 1 Satz 1 Nr. 2 InsO** enthält anders als Nr. 1 **keine Beweislastregelung.** Es bleibt bei der Beweislast des KSchG und den dazu entwickelten Grundsätzen der abgestuften Darlegungslast.[189)] Eine Beweislastumkehr im Hinblick auf Sozialauswahlaspekte gibt es nicht. Die Beschränkung der Prüfung auf den Maßstab der groben Fehlerhaftigkeit besagt über die Beweislast und die Darlegungslast nichts. Diese bleibt unverändert. § 1 Abs. 3 Satz 1 Halbs. 2 KSchG gilt auch in der Insolvenz und bei Zustandekommen eines Interessenausgleichs mit Namensliste. Wenn eine neue Personalstruktur gemäß § 125 Abs. 1 Satz 1 Nr. 2 Halbs. 2 InsO geschaffen werden soll, muss der Insolvenzverwalter vortragen, welche konkrete Altersstruktur die Betriebsparteien schaffen wollten und aus welchem Grund dies erforderlich war. Er ist insoweit darlegungs- und beweispflichtig. Aus dem Vortrag muss ersichtlich werden, dass die vereinbarte Altersgruppenbildung zur Erreichung des Ziels der sanierungsbedingten Schaffung einer ausgewogenen Altersstruktur angemessen und erforderlich ist. Die Vorlage des Interessenausgleichs kann nur dann ausreichen, wenn in diesem die erforderlichen Angaben bereits enthalten sind.[190)]

---

186) BAG, Urt. v. 5.11.2009 – 2 AZR 676/08, ZIP 2010, 1309; BAG, Urt. v. 28.8.2003 – 2 AZR 368/02, ZIP 2004, 1271; BAG, Urt. v. 7.5.1998 – 2 AZR 536/97, ZIP 1998, 1809; LAG Köln, Urt. v. 1.8.1997 – 11 Sa 355/97, DB 1997, 2181 = NZA-RR 1998, 160; LAG Hannover, Urt. v. 12.4.2002 – 3 Sa 1638/01, ZIP 2002, 2092 = DB 2002, 2056, dazu EWiR 2003, 285 *(Peters-Lange)*; ArbG Kiel, Urt. v. 5.9.1997 – 4 Ca 3376/96, NZA-RR 1998, 67; ArbG Siegburg, Urt. v. 17.7.1997 – 1 Ca 3510/96, MDR 1997, 1038; s. allerdings auch BAG, Urt. v. 12.4.2002 – 2 AZR 706/00, NJW 2002, 3797 = NZA 2003, 42, ob der Maßstab der groben Fehlerhaftigkeit nach § 1 Abs. 5 Satz 2 KSchG a. f. auch auf die Auswahl der Leistungsträger nach § 1 Abs. 3 Satz 2 KSchG a. f. anzuwenden ist, bleibt offen.

187) BAG, Urt. v. 28.8.2003 – 2 AZR 368/02, ZIP 2004, 1271; LAG Schleswig-Holstein, Urt. v. 10.6.2020 – 6 Sa 179/19, Rz. 77, juris; LAG Köln, Urt. v. 10.5.2005 – 1 Sa 1510/04, ZIP 2005, 1524.

188) BAG, Urt. v. 20.9.2012 – 6 AZR 483/11, Rz. 21, AP Nr. 11 zu § 125 InsO = ZIP 2013, 284.

189) BAG, Urt. v. 20.9.2006 – 6 AZR 249/05, ZIP 2007, 595, 600; BAG, Urt. v. 17.11.2005 – 6 AZR 107/05, ZIP 2006, 774, 777, dazu EWiR 2006, 499 *(Thüsing/v. Medem)*.

190) BAG Urt. v. 19.12.2013 – 6 AZR 790/12, Rz. 34, NZA-RR 2014, 185 = ZIP 2014, 536; BAG, Urt. v. 24.10.2013 – 6 AZR 854/11, Rz. 52, NZA 2014, 46, 50 = ZIP 2013, 2476.

5. Betriebsratsanhörung

Der Interessenausgleich mit Namensliste entbindet den Arbeitgeber nicht davon, den Betriebsrat nach § 102 Abs. 1 BetrVG anzuhören.[191] Es ist indes möglich, das Anhörungsverfahren mit dem Interessenausgleichsverfahren zu verbinden.[192] Erleichterte Voraussetzungen für die Ordnungsgemäßheit der Anhörung gelten dabei nicht. 123

VI. Änderung der Sachlage

Die Rechtswirkungen von § 125 Abs. 1 Satz 1 Nr. 1 und 2 InsO gelten nicht, wenn sich die Sachlage **nach Zustandekommen des Interessenausgleichs wesentlich geändert** hat (§ 125 Abs. 1 Satz 2 InsO) (Beispiel: Aufhebung der Insolvenz; Betriebsveräußerung oder Teilfortführung statt Betriebsschließung). Die Änderung muss zwischen Abschluss des Interessenausgleichs und Zugang der Kündigung eintreten.[193] Ob eine gegenüber dem Interessenausgleich mit Namensliste relevante wesentliche Änderung der Sachlage eingetreten ist, hat der Arbeitnehmer darzulegen. Er ist im Streitfall beweisbelastet. 124

VII. Anzeigepflichtige Massenentlassungen

Gemäß § 125 Abs. 2 InsO ersetzt der Interessenausgleich nach § 125 Abs. 1 InsO die Stellungnahme des Betriebsrats nach § 17 Abs. 3 Satz 2 KSchG. Wird bei einer betriebsübergreifenden Betriebsänderung mit dem zuständigen Gesamtbetriebsrat ein Interessenausgleich mit Namensliste vereinbart, ersetzt dieser auch die Stellungnahmen der örtlichen Betriebsräte.[194] Aufgrund der dem Interessenausgleich mit Namensliste zukommenden Richtigkeitsvermutung ersetzt er die Stellungnahme des Betriebsrats zu den Entlassungen auch dann, wenn er keine Erklärung des Betriebsrats zu den gemäß § 17 Abs. 2 KSchG vorgeschriebenen Beratungen mit dem Arbeitgeber enthält.[195] Es ist auch ausreichend, wenn der Interessenausgleich allein vom Betriebsrat unterzeichnet ist und insoweit mangels beiderseitiger Unterzeichnung dem Schriftformerfordernis des § 112 Abs. 1 BetrVG noch nicht genügt.[196] 125

E. Beschlussverfahren zum Kündigungsschutz

I. Normzweck

§ 126 InsO ergänzt § 125 InsO. Der Insolvenzverwalter erhält die Möglichkeit, mithilfe eines kollektiven Beschlussverfahrens vor dem ArbG ein quasi kollektives Kündigungsschutzverfahren durchzuführen und die Rechtmäßigkeit einer Mehrzahl von Kündigungen feststellen zu lassen. Die Regelung bezweckt in besonderer Weise eine Beschleunigung 126

---

191) BAG, Urt. v. 20.5.1999 – 2 AZR 148/99, ZIP 1999, 1647, dazu EWiR 1999, 1135 *(Schlachter)*; LAG Hamm, Urt. v 6.4.2011 – 6 Sa 2023/10, LAGE § 102 BetrVG 2001 Nr. 13.

192) BAG, Urt. v. 20.5.1999 – 2 AZR 532/98, ZIP 1999, 1610, dazu EWiR 1999, 1095 *(Haertlein)*; LAG Düsseldorf, Urt. v. 23.1.2003 – 11 (12) Sa 1057/02, ZIP 2003, 817; LAG Hamm, Urt. v. 7.2.2001 – 2 Sa 200/00, ZInsO 2001, 678.

193) BAG, Urt. v. 21.2.2002 – 2 AZR 581/00, ZInsO 2002, 1103 = EzA § 1 KSchG Interessenausgleich Nr. 10; LAG Frankfurt/M., Urt. v. 16.3.2000 – 14 Sa 1790/98, ZInsO 2000, 571 = NZI 2001, 91.

194) BAG, Urt. v. 20.9.2012 – 6 AZR 155/11, AP Nr. 41 zu § 17 KSchG 1969 = ZIP 2012, 2412, dazu EWiR 2013, 85 *(Wank)*; BAG, Urt. v. 7.7.2011 – 6 AZR 248/10, AP Nr. 165 zu § 102 BetrVG 1972 = ZIP 2011, 1786, dazu EWiR 2011, 677 *(Mückl)*; *Moll/Katerndahl*, RdA 2013, 159, 160.

195) BAG, Urt. 21.3.2012 – 6 AZR 596/10, AP Nr. 39 zu § 17 KSchG 1969 = ZIP 2012, 1259, dazu EWiR 2012, 429 *(Fuhlrott)*; *Moll/Katerndahl*, RdA 2013, 159, 163.

196) BAG, Urt. 18.1.2012 – 6 AZR 407/10, AP Nr. 6 zu § 6 KSchG 1969 = ZIP 2012, 1193, dazu EWiR 2012, 569 *(Moll/Krahforst)*.

und Vereinfachung der im Zusammenhang mit Kündigungen auftretenden Auseinandersetzungen.

127 Der **Beschleunigungs- und Vereinfachungsaspekt** tritt im Hinblick auf mehrere Gesichtspunkte zu Tage:

- Die Sozialauswahl wird auf drei Kriterien reduziert.
- Die auf Verfahrensbeschleunigung und Vereinfachung abzielenden Regelungen des § 122 Abs. 2 Satz 3 und Abs. 3 InsO werden durch § 126 Abs. 2 Satz 2 InsO in Bezug genommen.
- Die in dem kollektiven Verfahren getroffenen Entscheidung hat Bindungswirkung für das individuelle Kündigungsschutzverfahren (§ 127 Abs. 1 InsO).

II. Antragsvoraussetzungen

1. Nichtzustandekommen eines Interessenausgleichs nach § 125 Abs. 1 InsO

128 § 126 Abs. 1 Satz 1 InsO geht davon aus, dass ein Interessenausgleich nach § 125 Abs. 1 Satz 1 InsO nicht zustande kommt.[197] Dies kann auf zwei Gründen beruhen.

- Entweder fehlt es bereits an einem Betriebsrat oder aber
- aus anderen Gründen kommt ein Interessenausgleich mit Namensliste nicht zustande.

129 § 126 Abs. 1 Satz 1 InsO gilt nicht, wenn keine Betriebsänderung vorliegt, die interessensausgleichpflichtig ist; es gilt nichts anderes als zu § 125 Abs. 1 Inso.[198]

130 Das BAG hat jedoch entschieden, dass die Sperrwirkung auf den Gegenstand des Interessenausgleichs, d. h. die jeweilige Betriebsänderung beschränkt ist. Haben die Betriebspartner einen Interessenausgleich nach § 125 InsO geschlossen, ist demnach ein **späteres** Beschlussverfahren nach § 126 InsO zulässig, wenn eine neue, weitere Betriebsänderung erfolgt und diesbezüglich ein Interessenausgleich nach § 125 InsO nicht zustande kommt.[199]

2. Fristablauf

131 § 126 Abs. 1 Satz 1 InsO stellt darauf ab, dass ein Interessenausgleich mit Namensliste nicht zustande gekommen ist, wobei für die Zulässigkeit des Antrags an das ArbG zwischen zwei Situationen zu differenzieren ist:

- Ist kein Betriebsrat vorhanden, so ist der Antrag nach § 126 Abs. 1 Satz 1 InsO sofort zulässig.
- Ist ein Betriebsrat vorhanden, so ist der Antrag an das ArbG erst zulässig, wenn seit Beginn der Verhandlungen oder seit schriftlicher Aufforderung zur Aufnahme von Verhandlungen drei Wochen verstrichen sind, ohne dass der Interessenausgleich mit Namensliste zustande gekommen ist. Es gelten dabei insoweit die i. R. von § 122 InsO zu beachtenden Grundsätze.

132 Die Zulässigkeit des Antrags ist im Zeitpunkt des Anhörungstermins zu beurteilen. Ob die Antragsschrift vor Ablauf der Drei-Wochen-Frist beim ArbG eingereicht worden ist, ist unerheblich.

---

197) Vgl. *Friese*, ZInsO 2001, 350 f. m. w. N.

198) *Moll* in: KPB, InsO, § 126 Rz. 11 f.

199) BAG, Beschl. v. 20.1.2000 – 2 ABR 30/99, DB 2000, 1822.

3. Beschlussverfahren und Kündigungsausspruch

Das Beschlussverfahren nach **§ 126 InsO** ist auch dann zulässig, wenn die Kündigung der im Antrag bezeichneten Arbeitnehmer schon erfolgt ist.[200) 133

III. Antragsinhalt

Der Insolvenzverwalter kann beantragen **festzustellen**, dass die Kündigung bestimmter, bezeichneter Arbeitnehmer durch dringende betriebliche Erfordernisse bedingt und sozial gerechtfertigt ist. Der Insolvenzverwalter hat die einzelnen Arbeitnehmer zu bezeichnen, d. h. diese müssen **aufgrund der Angaben in der Antragsschrift hinreichend individualisierbar** sein. Der Antrag kann Änderungs- ebenso wie Beendigungskündigungen betreffen. Der Insolvenzverwalter kann sowohl **erfolgte** wie auch **geplante** Kündigungen in den Antrag einbeziehen.[201) 134

IV. Entscheidung des ArbG

1. Prozessentscheidung

Der Antrag ist als unzulässig abzuweisen, wenn es an den Antragsvoraussetzungen oder an einem richtigen Antragsinhalt fehlt. Die Abweisung des Antrags als unzulässig hat, abgesehen davon, dass der Insolvenzverwalter das Feststellungsziel nicht erreicht, keine weiteren Rechtsfolgen. 135

2. Sachentscheidung

Das ArbG entscheidet **materiell** darüber, ob **die Kündigungen der von dem Insolvenzverwalter benannten Arbeitnehmer sozial gerechtfertigt** sind. Diese Feststellung kann im Hinblick auf die von dem Insolvenzverwalter benannten Arbeitnehmer ganz oder gar nicht oder teilweise getroffen werden, so dass dem Antrag des Insolvenzverwalters ganz, gar nicht oder teilweise stattgegeben werden kann. Das ArbG prüft im Hinblick auf jeden einzelnen Arbeitnehmer nach, ob die Kündigung durch dringende betriebliche Erfordernisse bedingt ist und im Übrigen (Sozialauswahl) sozial gerechtfertigt ist. Das Beschlussverfahren kann für unterschiedliche Arbeitnehmer verschieden ausgehen. Das ArbG hat in jedem Falle auch die Kündigungsbefugnis des die Kündigung aussprechenden (vorläufigen) Insolvenzverwalters zu überprüfen.[202) 136

3. Rechtsmittel

Rechtsmittel gegen die Gerichtsentscheidung ergeben sich aus § 126 Abs. 2 Satz 2 i. V. mit § 122 Abs. 3 InsO. 137

V. Auswirkungen des Beschlussverfahrens zum Kündigungsschutz auf die Kündigungsschutzklage des Arbeitnehmers (§ 127 InsO)

§ 127 Abs. 1 Satz 1 InsO sieht eine **Bindung** der Entscheidung in dem Beschlussverfahren zum Kündigungsschutz vor für das Individualklageverfahren des Arbeitnehmers. § 127 Abs. 2 InsO berechtigt den Insolvenzverwalter, eine Aussetzung des Kündigungsschutz- 138

200) BAG, Urt. v. 29.6.2000 – 8 ABR 44/99, ZIP 2000, 1588, dazu EWiR 2000, 1165 *(Peters-Lange)* – Kündigung durch vorläufigen Insolvenzverwalter und Beschlussverfahren durch nach Verfahrenseröffnung bestellten Insolvenzverwalter.

201) BAG, Urt. v. 29.6.2000 – 8 ABR 44/99, ZIP 2000, 1588; *Moll* in: KPB, InsO, § 126 Rz. 19 ff.; *Lohkemper*, KTS 1996, 1, 15.

202) BAG, Urt. v. 29.6.2000 – 8 ABR 44/99, ZIP 2000, 1588, 1591.

verfahrens zu verlangen, bis über das Beschlussverfahren nach § 126 Abs. 1 Satz 1 InsO entschieden ist.

1. Tatbestandsvoraussetzungen für die Bindungswirkung

139 Das Gesetz erfasst, auch wenn dies nicht ausdrücklich erwähnt ist, nur **betriebsbedingte** Kündigungen.

140 Der **Zeitpunkt des Ausspruchs der Kündigungen** ist für § 127 Abs. 1 Satz 1 InsO unerheblich. Die Kündigung kann nach Abschluss oder während des Beschlussverfahrens ausgesprochen werden. Sie kann aber auch vor Beginn des Beschlussverfahrens erklärt werden. Die Zeitabfolge zwischen Beschlussverfahren und Kündigung ist unerheblich.[203] Es obliegt daher der Entscheidung des Insolvenzverwalters, wie er in Anbetracht der konkreten Umstände des Insolvenzverfahrens die zeitliche Reihenfolge gestaltet.

141 Die Bindungswirkung setzt voraus, dass der in Rede stehende Arbeitnehmer **in dem Antrag nach § 126 Abs. 1 Satz 1 InsO bezeichnet** ist. Die Benennung des Arbeitnehmers in dem Antrag nach § 126 Abs. 1 Satz 1 InsO muss unzweifelhaft sein.

142 Die Bindungswirkung wird relevant, wenn der im Antrag nach § 126 Abs. 1 Satz 1 InsO bezeichnete Arbeitnehmer **Kündigungsschutzklage erhoben** hat. Entgegen dem Gesetzeswortlaut in § 127 Abs. 1 Satz 1 InsO kommt es auf den Antragswortlaut in der Klage des Arbeitnehmers nicht an. Es genügt jeder Antrag und jede Klage, die nach §§ 4, 6 KSchG dazu führen, dass das ArbG aufgrund des Begehrens des Arbeitnehmers zu entscheiden hat, ob das Arbeitsverhältnis durch die Kündigung beendet wird, und in diesem Rahmen überprüfen muss, ob die Kündigung oder die Änderung der Arbeitsbedingungen sozial gerechtfertigt ist.

2. Bindungswirkung

143 § 127 Abs. 1 Satz 1 InsO ordnet eine Bindung der Entscheidung des ArbG im Beschlussverfahren für das Kündigungsschutzverfahren an. Der Gesichtspunkt der sozialen Rechtfertigung der Änderung oder Beendigung des Arbeitsverhältnisses ist **aufgrund des Beschlussverfahrens festgestellt** und wird vom ArbG im Kündigungsschutzverfahren nicht mehr neu geprüft. Dem **Beschlussverfahren** ist auf diese Weise **Vorrang** vor dem Individualkündigungsrechtsstreit eingeräumt.

144 **Die Bindungswirkung betrifft allein die Frage nach der sozialen Rechtfertigung.** Unwirksamkeitsgründe anderer Art hat das ArbG im Kündigungsschutzverfahren selbständig zu prüfen.[204] Es prüft insbesondere, ob die Betriebsratsanhörung ordnungsgemäß dem Ausspruch der Kündigung vorangegangen ist und ob aufgrund von Sonderkündigungsschutzregelungen gebotene Wirksamkeits- oder Zustimmungserfordernisse im Zeitpunkt des Ausspruchs der Kündigung gegeben sind.

145 Die Kündigungsschutzklage des Arbeitnehmers ist aufgrund der **Präjudizwirkung** des Beschlussverfahrens im Hinblick auf die Geltendmachung der Sozialwidrigkeit durch den Arbeitnehmer unbegründet. Die Bindungswirkung ist nicht davon abhängig, ob der Antrag nach § 126 Abs. 1 Satz 1 InsO ganz oder teilweise erfolgreich gewesen ist. Sie gilt insoweit,

203) BAG, Urt. v. 29.6.2000 – 8 ABR 44/99, ZIP 2000, 1588; *Lohkemper*, KTS 1996, 1, 15; *Löwisch*, RdA 1997, 80, 85; *Schrader*, NZA 1997, 70, 77; *Zwanziger*, BB 1997, 626, 628; a. A. *Lakies*, BB 1999, 206, 209.

204) *Moll* in: KPB, InsO, § 127 Rz. 15.

wie der Insolvenzverwalter mit seinem Antrag durchgedrungen ist, auch wenn er im Hinblick auf andere Arbeitnehmer erfolglos geblieben ist.[205)]

Die Erstreckung der Bindungswirkung des Beschlussverfahrens auf das Kündigungsschutzverfahren ist unproblematisch, soweit das ArbG i. R. von § 126 Abs. 1 Satz 1 InsO feststellt, dass die Kündigung bestimmter Arbeitnehmer oder die Änderung bestimmter Arbeitsbedingungen sozial gerechtfertigt ist. Ob dies auch dann gilt, wenn das ArbG im Beschlussverfahren den Antrag des Insolvenzverwalters **als unbegründet abweist**, d. h. die von dem Insolvenzverwalter begehrte Feststellung im Hinblick auf alle oder einzelne Arbeitnehmer nicht getroffen hat, ist umstritten. Mehrheitlich wird auch für diesen Fall eine Bindungswirkung mit der Folge angenommen, dass für das Kündigungsschutzverfahren feststeht, dass die Kündigung sozial ungerechtfertigt ist.[206)] Dies dürfte nach Sinn und Zweck des § 127 InsO „überschießend" sein. Es spricht viel dafür, **dass bei Abweisung des Antrags des Insolvenzverwalters als unbegründet lediglich die Privilegierung für den Insolvenzverwalter aufgrund des Beschlussverfahrens entfällt**, dass jedoch im Übrigen das Individualkündigungsschutzverfahren nach den allgemeinen Regeln ohne Rücksicht auf eine Bindungswirkung durch das Beschlussverfahren durchzuführen ist.[207)] 146

3. Änderung der Sachlage

Die Bindungswirkung entfällt („gilt nicht"), soweit sich die Sachlage nach dem Schluss der letzten mündlichen Verhandlung wesentlich geändert hat (§ 127 Abs. 1 Satz 2 InsO). Die Regelung entspricht § 125 Abs. 1 Satz 2 InsO. 147

4. Aussetzung

Dass das Beschlussverfahren aufgrund der Bindungswirkung nach § 127 Abs. 1 InsO Vorrang gegenüber Kündigungsschutzverfahren erhält, wird dadurch ermöglicht, dass das ArbG verpflichtet ist, den Rechtsstreit über die Kündigungsschutzklage auf Antrag des Insolvenzverwalters bis zur Rechtskraft der Entscheidung des Beschlussverfahrens auszusetzen (§ 127 Abs. 2 InsO). 148

Die Aussetzung ist von einem **Antrag des Insolvenzverwalters** abhängig, den dieser stellen kann, aber nicht muss. Ob der Insolvenzverwalter dies tut, steht in seinem Ermessen.[208)] Der Insolvenzverwalter kann durchaus die Möglichkeit sehen, ein Kündigungsschutzverfahren erfolgreich und schnell zu beenden, bevor er das Beschlussverfahren mit einer Vielzahl von Beteiligten abgeschlossen hat. Ob man im Übrigen sagen kann, dass der Beschluss nach § 126 Abs. 1 Satz 1 InsO die Rechtslage für den Insolvenzverwalter immer nur verbessern könne, hängt davon ab, wie man die Streitfrage zu den Auswirkungen einer abweisenden Entscheidung im Beschlussverfahren beurteilt. 149

Das ArbG ist, wenn der Insolvenzverwalter den Aussetzungsantrag stellt, **zur Aussetzung verpflichtet**. Ob das Gericht nach § 148 ZPO aussetzen kann, wenn der Insolvenzverwalter den Antrag nicht stellt, ist umstritten.[209)] 150

Das Verfahren ist auch dann auf Antrag des Insolvenzverwalters auszusetzen, wenn es sich um **Ansprüche aus dem Arbeitsverhältnis** handelt, die von dessen Bestehen abhängig 151

---

205) *Löwisch*, RdA 1997, 80, 85.

206) K. Schmidt-*Ahrens*, InsO, § 126 Rz. 28; *Lakies*, RdA 1997, 145, 154; *Lakies*, BB 1999, 206, 209; *Löwisch*, RdA 1997, 80, 85; Uhlenbruck-*Zobel*, InsO, § 126 Rz. 41 f.

207) *Grunsky* in: FS Lüke, 1997, S. 191, 195; *Moll* in: KPB, InsO, § 127 Rz. 22.

208) *Giesen*, ZIP 1998, 46, 54; *Grunsky/Moll*, Arbeitsrecht und Insolvenz, Rz. 390; a. A. *Schrader*, NZA 1997, 70, 77; *Warrikoff*, BB 1994, 2338, 2353.

209) *Moll* in: KPB, InsO, § 127 Rz. 37; *Zwanziger*, Das Arbeitsrecht der InsO, § 127 InsO Rz. 7.

sind. Die Wertung des § 127 Abs. 2 InsO ist insoweit i. R. des § 148 ZPO zu berücksichtigen.[210)]

F. Betriebsveräußerung in der Insolvenz

152 Der Erwerb eines Handelsunternehmens aus der Hand des Insolvenzverwalters schließt wegen der insolvenzspezifischen Regelungen die Anwendbarkeit des § 25 Abs. 1 HGB und damit die Haftung des Erwerbers gegenüber einem Insolvenzgläubiger aus.[211)]

I. Anwendbarkeit des § 613a BGB in der Insolvenz

153 § 613a BGB wird in ständiger Rechtsprechung auch dann angewandt, wenn die Betriebsveräußerung nach Eröffnung des Insolvenzverfahrens erfolgt.[212)] Dies wird in § 128 InsO vorausgesetzt. Die Auswirkungen des Betriebsübergangs sind allerdings **insolvenzspezifisch zu modifizieren.** Die Arbeitsverhältnisse werden zwar inhaltsgleich fortgesetzt. **Der Insolvenzsituation wird jedoch in haftungsrechtlicher Hinsicht Rechnung getragen.**[213)] Der Erwerber haftet nicht für Altverbindlichkeiten. Er wird nicht mit Rückständen oder Versorgungslasten der Vergangenheit belastet,[214)] so dass er insbesondere nicht für denjenigen Teil von Versorgungsansprüchen einzustehen hat, den der Arbeitnehmer vor der Betriebsübernahme erdient hat.[215)]

154 Dies könnte letztlich eine **Dreiteilung** im Hinblick auf die Pflichtensituation nahelegen (str.):[216)]

- Die Ansprüche bis Verfahrenseröffnung sind Insolvenzforderungen. Die bis zur Verfahrenseröffnung erdienten Versorgungsanwartschaften werden, soweit ihre Unverfallbarkeit vorliegt, vom Pensionssicherungsverein gedeckt.
- Die Masse trägt die zwischen Verfahrenseröffnung und Betriebsübergang angefallenen Ansprüche. Dies bedeutet, dass der Teil der Versorgungsanwartschaften, der zwischen Verfahrenseröffnung und Betriebsübergang erdient wird, von der Masse zu tragen ist.
- Dem Betriebserwerber fallen – erst – die in der Zeit ab Betriebsübergang begründeten Ansprüche und auch nur die von da ab erdienten Versorgungsteile zur Last.

155 Die BAG-Rechtsprechung folgt dem jedoch nicht und lässt lediglich eine Zweiteilung zu: Der Erwerber haftet für Ansprüche ab Insolvenzeröffnung.[217)]

---

210) *Moll* in: KPB, InsO, § 127 Rz. 38; *Zwanziger*, Das Arbeitsrecht der InsO, § 127 InsO Rz. 9.

211) BAG, Urt. v. 22.9.2006 – 6 AZR 215/06, ZIP 2007, 386, dazu EWiR 2007, 497 *(Joost)*.

212) BAG, Urt. v. 20.6.2002 – 8 AZR 459/01, ZIP 2003, 222 = NZA 2003, 318; BAG, Urt. v. 26.3.1996 – 3 AZR 965/94, ZIP 1996, 1914, dazu EWiR 1997, 153 *(Griebeling)*; BAG, Urt. v. 17.1.1980 – 3 AZR 160/79, ZIP 1980, 117.

213) BAG, Urt. v. 20.6.2002 – 8 AZR 459/01, ZIP 2003, 222 = NZA 2003, 318; BAG, Urt. v. 26.3.1996 – 3 AZR 965/94, ZIP 1996, 1941.

214) *Moll* in: KPB, InsO, § 128 Rz. 5.

215) BAG, Urt. v. 11.2.1992 – 3 AZR 117/91, AP Nr. 13 zu § 1 BetrAVG Betriebsveräußerung = ZIP 1992, 1247, dazu EWiR 1992, 859 *(Schaub)*; BAG, Urt. v. 13.11.1986 – 2 AZR 771/85, ZIP 1987, 525, dazu EWiR 1987, 357 *(Grunsky)*; BAG, Urt. v. 26.5.1983 – 2 AZR 477/81, ZIP 1983, 1377.

216) BAG, Urt. v. 11.2.1992 – 3 AZR 117/91, AP Nr. 13 zu § 1 BetrAVG Betriebsveräußerung = ZIP 1992, 1247; BAG, Urt. v. 15.12.1987 – 3 AZR 420/87, AP Nr. 18 zu § 1 BetrAVG = ZIP 1988, 327; BAG, Urt. v. 29.10.1985 – 3 AZR 485/83, ZIP 1986, 1001, dazu EWiR 1986, 773 *(Grunsky)*; BAG, Urt. v. 5.10.1982 – 3 AZR 403/80, ZIP 1983, 352 = DB 1983, 507; *Bergwitz*, DB 1999, 2005, 2008; *Hess* in: FS 50 Jahre Arbeitsgerichtsbarkeit Rheinland-Pfalz, S. 485, 491; *Moll*, KTS 2002, 635.

217) BAG, Urt. v. 26.1.2021 – 3 AZR 878/16, DB 2021, 1207; BAG, Urt. 22.12.2009 – 3 AZR 814/07, ZIP 2010, 897, dazu EWiR 2010, 311 *(Büdenbender)*; BAG, Urt. v. 19.5.2005 – 3 AZR 349/03, ZIP 2005, 1706.

Die Haftungsbesonderheiten für Betriebsübertragungen nach Eröffnung des Insolvenzverfahrens sind mit den Vorgaben der **Richtlinie 2001/23/EG** und der **Richtlinie 94/2008/EG** vereinbar.[218] 156

Die **Haftungsbesonderheiten** für den Betriebsübergang i. R. von Insolvenzverfahren hängen davon ab, ob der **Betriebsübergang vor oder nach Verfahrenseröffnung** stattfindet. Die Haftungsbeschränkung tritt nur ein, wenn der Betriebserwerber den Betrieb **nach** Eröffnung des Insolvenzverfahrens übernimmt. Die Haftungsmodifikationen gelten nicht im Eröffnungsverfahren und daher nicht bei Betriebsveräußerung durch einen nur vorläufigen Insolvenzverwalter.[219] Auch die Haftung bei Firmenfortführung im Fall einer übertragenden Sanierung nach Insolvenzeröffnung für Verbindlichkeiten des bisherigen Firmeninhabers scheidet aufgrund einer teleologischen Reduktion des § 25 HGB aus.[220] 157

§ 613a BGB bleibt uneingeschränkt anwendbar, wenn der Betriebserwerber die Leitungsmacht – und sei es auch nur ganz kurz – vor dem Zeitpunkt der Verfahrenseröffnung übernimmt.[221] Der **Zeitpunkt** des Betriebsübergangs ist danach zu bestimmen, **wann der Betriebserwerber in die Lage versetzt wird**, die **Leitungsmacht** in dem Betrieb mit dem Ziel der Betriebsfortführung auszuüben.[222] Entscheidend ist, wann der Betriebserwerber an der Ausübung der Leitungsmacht rechtlich nicht mehr gehindert ist. Entschließt er sich erst später, die Betriebsleitung zu übernehmen, so ändert dies an den Betriebsübergangsfolgen nichts. Der bisherige Inhaber muss seine wirtschaftliche Betätigung in dem Betrieb oder Betriebsteil vollständig einstellen.[223] Wechselt die Person des Inhabers und führt der neue Inhaber die Geschäftstätigkeit weiter oder nimmt sie wieder auf, bedarf es nach jüngster Rechtsprechung keiner besonderen Übertragung der Leitungsmacht mehr, da der Betrieb durch den neuen Inhaber bereits tatsächlich fortgeführt wird.[224] 158

Der Zeitpunkt des Betriebsübergangs kann rechtsgeschäftlich gestaltet werden. Derartige Gestaltungen und Verabredungen über die Einräumung der Leitungsmacht werden von der Rechtsprechung akzeptiert.[225] 159

II. Kündigungsschutz

1. Kündigung wegen Betriebsübergangs oder aus anderen Gründen

§ 613a Abs. 4 Satz 1 BGB schließt Kündigungen **wegen** des Betriebsübergangs aus. Eine Kündigung aus **anderen** Gründen bleibt unberührt (§ 613a Abs. 4 Satz 2 BGB). Dies gilt insbesondere für die Möglichkeit betriebsbedingter Kündigungen. Kernfrage ist, ob eine Kündigung **wegen** des Betriebsübergangs oder aus **anderen** Gründen (Beispiel: Rationalisierung) vorliegt.[226] 160

---

218) EuGH, Urt. v. 9.9.2020 – Rs. C-674/18 und Rs. C-675/18, ZIP 2020, 1930; BAG Urt. v. 26.1.2021 – 3 AZR 878/16, DB 2021, 1207; *Franzen*, RdA 1999, 361, 368; *Bergwitz*, DB 1999, 2005, 2007; *Hess* in: FS 50 Jahre Arbeitsgerichtsbarkeit Rheinland-Pfalz, S. 485, 490; *Moll*, KTS 2002, 635.

219) BAG, Urt. v. 20.6.2002 – 8 AZR 459/01, ZIP 2003, 222 = NZA 2003, 318; *Vallender*, GmbHR 2004, 543, 548; dagegen *Hanau*, ZfA 2003, 736, 801 – Haftungsprivilegierung auch im Eröffnungsverfahren.

220) LAG Hamm v. 6.4.2016 – 2 Sa 1395/15, ZIP 2016, 2167 = NZI 2016, 854, n. rkr.

221) BAG, Urt. v. 20.6.2002 – 8 AZR 459/01, ZIP 2003, 222 = NZA 2003, 318; BAG, Urt. v. 28.4.1987 – 3 AZR 75/86, ZIP 1988, 120, dazu EWiR 1988, 247 *(Seiter)*.

222) EuGH, Urt. v. 26.5.2005 – Rs. C-478/03, ZIP 2005 1377 = EuZW 2005, 404; LAG Mainz, Urt. v. 15.3.2005 – 2 Sa 952/04; BAG, Urt. v. 26.3.1996 – 3 AZR 965/94, ZIP 1996, 1914.

223) BAG, Urt. v. 25.10.2007 – 8 AZR 917/06, DB 2008, 989 = NZI 2008, 450.

224) BAG, Urt. v. 21.2.2008 – 8 AZR 77/07, ZIP 2008, 2132 = NZA 2008, 825.

225) BAG, Urt. v. 26.3.1996 – 3 AZR 965/94, ZIP 1996, 1914.

226) *Ascheid*, NZA 1991, 873; *Hillebrecht*, ZIP 1985, 257, 260; *Loritz*, RdA 1987, 65, 70 f.; *Willemsen*, ZIP 1986, 477, 482 ff.

161 Eine Kündigung wegen Betriebsübergangs liegt vor, wenn sie durch eine bevorstehende Betriebsübertragung **bestimmt** ist.[227] Der Betriebsübergang muss der **tragende** Grund und nicht nur der äußere Anlass der Kündigung sein.[228] Eine Kündigung wegen eines Betriebsübergangs i. S. von § 613a Abs. 4 Satz 1 BGB setzt voraus, dass der Betriebsübergang der **Beweggrund** für die Kündigung ist. Eine Kündigung ist gemäß § 613a Abs. 4 Satz 1 BGB insbesondere unwirksam, wenn sie damit begründet wird, dass der Erwerbsinteressent anderenfalls zu einer Übernahme des Betriebs nicht bereit sei.[229]

162 Ein bevorstehender Betriebsübergang kann nur dann zur Unwirksamkeit der Kündigung führen, wenn die den Betriebsübergang ausmachenden Tatsachen im Zeitpunkt des Kündigungszugangs bereits feststehen oder zumindest greifbare Formen angenommen haben.[230]

163 Eine Kündigung wegen Betriebsübergangs liegt nicht vor, wenn die **Kündigung wegen einer geplanten oder vollzogenen Betriebsstilllegung** erfolgt, weil es sich insoweit um ein dringendes betriebliches Erfordernis i. S. von § 1 Abs. 2 KSchG handelt.[231] Eine erfolgte ebenso wie eine geplante Betriebsstilllegung stellen einen Kündigungsgrund dar, der die Kündigung aus anderen Gründen als wegen des Betriebsübergangs begründet (§ 613a Abs. 4 Satz 2 BGB). Eine erfolgte oder geplante Betriebsstilllegung führt zum Wegfall von Beschäftigungsmöglichkeiten. Die betrieblichen Umstände im Hinblick auf das Entfallen der Beschäftigungsmöglichkeiten müssen greifbare und konkrete Formen angenommen haben, so dass der Eintritt des Kündigungsgrunds mit einiger Sicherheit zu erwarten ist.[232] Eine „alsbaldige" Wiederaufnahme bzw. Wiedereröffnung begründet eine tatsächliche Vermutung gegen eine ernsthafte Stilllegungsabsicht.[233] Eine Betriebsstilllegungsentscheidung wird nicht akzeptiert, wenn noch über einen Betriebsübergang verhandelt wird.[234] Von einem ernsthaften und endgültigen Entschluss zur Betriebstilllegung kann nicht ausgegangen werden, wenn wenige Tage vor Ausspruch der Kündigung eine Auffanggesellschaft gegründet wird, die später in den ursprünglichen Räumen und mit einem Teil des Personals die betrieblichen Arbeiten fortsetzt.[235]

164 Der Betriebsveräußerer kann betriebsbedingte Kündigungen aufgrund von Rationalisierungsmaßnahmen in die Wege leiten, welche letztlich auf **Plänen und Vorstellungen des Betriebserwerbers** beruhen. Eine Kündigung wegen Betriebsübergangs liegt in diesen Fällen nicht vor, wenn der Beginn der Rationalisierung oder Umstrukturierung durch den Betriebsveräußerer auf einer Absprache mit dem Betriebserwerber beruht, also begonnen

227) BAG, Urt. v. 31.1.1985 – 2 AZR 530/83, ZIP 1985, 1088, dazu EWiR 1985, 565 *(Plander)*.

228) BAG, Urt. v. 20.9.2006 – 6 AZR 249/05, ZIP 2007, 595; BAG, Urt. v. 20.3.2003 – 8 AZR 97/02, ZIP 2003, 1671, dazu EWiR 2003, 909 *(Schnitker/Grau)*.

229) BAG, Urt. v. 27.9.1984 – 2 AZR 309/83, ZIP 1985, 698, dazu EWiR 1985, 379 *(Bauer)*; BAG, Urt. v. 28.4.1988 – 2 AZR 623/87, ZIP 1989, 326, dazu EWiR 1989, 867 *(Schwerdtner)*.

230) BAG, Urt. v. 3.9.1998 – 8 AZR 306/97, NZA 1999, 147; BAG, Urt. v. 29.6.2000 – 8 ABR 44/99, ZIP 2000, 1588.

231) BAG 27.9.2007 – 8 AZR 941/06, ZIP 2008, 801, dazu EWiR 2008, 519 *(Lindemann)*; BAG, Urt. v. 10.10.1996 – 2 AZR 477/95, ZIP 1997, 122, dazu EWiR 1997, 273 *(Plander)*; BAG, Urt. v. 27.9.1984 – 2 AZR 309/83, ZIP 1985, 698.

232) BAG, Urt. v. 3.9.1998 – 8 AZR 306/97, NZA 1999, 147.

233) BAG, Urt. v. 16.2.2012 – 8 AZR 693/10, DB 2012, 1817 = NZA 2012, 999; BAG, Urt. v. 21.6.2001 – 2 AZR 137/00, DB 2002, 102 m. w. N. = NZA 2002, 212; LAG Hamm, Urt. v. 4.4.2000 – 4 Sa 1220/99, NZI 2001, 83 = ZInsO 2000, 292 – drei Monate.

234) BAG, Urt. v. 29.9.2005 – 8 AZR 647/04, NZA 2006, 720 = DB 2006, 846; LAG Köln, Urt. v. 17.8.2006 – 3 (8) Sa 486/05, AE 2007, 148.

235) LAG Köln, Urt. v. 30.1.2006 – 14 (13) Sa 1359/05, LAGE § 1 KSchG Betriebsbedingte Kündigung Nr. 76 = BeckRS 2006, 41860.

wird, ein Konzept des Betriebserwerbers umzusetzen, das auch der Betriebsveräußerer durchführen könnte.[236)]

Das BAG hat in mehreren Entscheidungen eine Kündigung aus betriebsbedingten Gründen und nicht eine solche wegen Betriebsübergangs dann akzeptiert, wenn der Betriebsinhaber im Zusammenhang mit der Veräußerung nach einem Erwerberkonzept **Rationalisierungen zur Verbesserung des Betriebs zwecks Vermeidung einer Betriebsstilllegung** durchführt und zu diesem Zweck betriebsbedingte Kündigungen ausspricht.[237)] Dies ist keine Kündigung wegen Betriebsübergangs, weil die Kündigungen dem KSchG entsprechen und nicht darauf beruhen, dass der Erwerber die Übernahme von der Nichtbeschäftigung einzelner Arbeitnehmer abhängig macht. Es ist in der Insolvenz jedenfalls nicht erforderlich, dass der Betriebserwerber das Konzept selbst hätte realisieren können. 165

2. Fortsetzungsanspruch

Die einer betriebsbedingten Kündigung zugrunde liegenden **Planungen können sich** nach Ausspruch der Kündigung **ändern**. Dies lässt die Wirksamkeit der Kündigung unberührt. Derartige Fälle sind insbesondere denkbar, wenn – ohne dass Übertragungsverhandlungen geführt worden sind – trotz eines Stilllegungsplans im Nachhinein überraschend von einer Übertragungsmöglichkeit Gebrauch gemacht werden kann. 166

Das BAG hat für derartige Fälle i. R. des allgemeinen Kündigungsschutzsystems einen **Wiedereinstellungsanspruch** entwickelt, wenn sich die der betriebsbedingten Kündigung zugrunde liegenden Umstände während des Laufs der Kündigungsfrist ändern (Änderung von Organisations- oder Stilllegungsvorhaben).[238)] Entscheidet sich der Arbeitgeber, eine Betriebsabteilung stillzulegen, und kündigt er den dort beschäftigten Arbeitnehmern, so kann er zur Wiedereinstellung entlassener Arbeitnehmer verpflichtet sein, wenn er sich noch während der Kündigungsfrist entschließt, die Betriebsabteilung mit einer geringen Anzahl von Arbeitnehmern doch fortzuführen. Ein derartiger Anspruch steht, wenn sich die geplante Stilllegung zu einer tatsächlichen Betriebsveräußerung wandelt, **in Form eines Fortsetzungsanspruchs** dem Arbeitnehmer auch gegen den **Erwerber** zu. Der Anspruch des Arbeitnehmers geht dahin, dass der Betriebserwerber mit ihm einen Arbeitsvertrag zu unveränderten Arbeitsbedingungen unter Wahrung des Besitzstands abschließt. 167

Der Fortsetzungsanspruch gegen den Erwerber ist vom BAG auch dann anerkannt worden, wenn dieser Sachverhalt **nach** Beendigung des Arbeitsverhältnisses (Ablauf der Kündigungsfrist) eintritt, der Betriebsübergang aber während des Laufs der Kündigungsfrist bereits beschlossen worden war.[239)] Dies ist mit einer richtlinienkonformen Auslegung des § 613a Abs. 1 BGB begründet worden. Diese Ableitung geht über die Begründung des Wiedereinstellungsanspruchs nach den Grundsätzen des Kündigungsrechts und des § 242 BGB hinaus. 168

Das BAG hat allerdings ausdrücklich darauf hingewiesen, dass der auf der richtlinienkonformen Auslegung des § 613a Abs. 1 BGB beruhende Fortsetzungsanspruch **nicht** im In- 169

---

236) Vgl. *Hanau/Berscheid* in: Kölner Schrift, S. 1541 Rz. 21 ff.; *Moll* in: KPB, InsO, § 128 Rz. 26.

237) BAG, Urt. v. 29.9.2006 – 6 AZR 249/05, ZIP 2007, 595; BAG, Urt. v. 20.3.2003 – 8 AZR 97/02, ZIP 2003, 1671; BAG, Urt. v. 18.7.1996 – 8 AZR 127/94, ZIP 1996, 2028, dazu EWiR 1996, 1115 *(Joost)*; BAG, Urt. v. 26.5.1983 – 2 AZR 477/81, ZIP 1983, 1377.

238) BAG, Urt. v. 27.2.1997 – 2 AZR 160/96, DB 1997, 1414, dazu EWiR 1997, 781 *(Junker/Schnelle)*; s. dazu eingehend *Günzel*, DB 2000, 1227; *Langenbucher*, ZfA 1999, 299; *Nicolai/Noack*, ZfA 2000, 87; *Raab*, RdA 2000, 147; *Strathmann*, DB 2003, 2438; *Ziemann*, MDR 1999, 716.

239) BAG, Urt. v. 15.12.2011 – 8 AZR 197/11, AP Nr. 423 zu § 613a, BGB; BAG, Urt. v. 25.9.2008 – 8 AZR 607/07, AP Nr. 355 zu § 613a BGB; BAG, Urt. v. 12.11.1998 – 8 AZR 265/97, ZIP 1999, 670, dazu EWiR 1999, 207 *(Junker)*; BAG, Urt. v. 13.11.1997 – 8 AZR 295/95, ZIP 1998, 167.

solvenzverfahren gelte. Es würde danach in der Insolvenz mit einem Anspruch auf Fortsetzung sein Bewenden haben, der (bislang) nur für eine Änderung der Verhältnisse bis zur Beendigung des Arbeitsverhältnisses (Ablauf der Kündigungsfrist) gilt.[240] Das BAG hat diese Frage in der Folgezeit allerdings ausdrücklich offengelassen.[241] Das BAG hat in der Entscheidung vom 13.5.2004 entschieden,[242] dass **ein Anspruch auf Fortsetzung gegen den Betriebserwerber im Insolvenzverfahren nicht besteht**, wenn der Betriebsübergang (erst) nach Ablauf der Kündigungsfrist bzw. nach Beendigung des Arbeitsverhältnisses stattfindet. Die gilt unabhängig von der Art des Betriebs und den den Betriebsübergang konstituierenden Umständen. Das BAG hat mit Urteil vom 28.10.2004 klargestellt, dass ein Fortsetzunganspruch in der Insolvenz nur anzuerkennen ist, wenn sich der Betriebsübergang bis zum Ablauf der Kündigungsfrist tatsächlich vollzieht.[243] Es kommt nicht darauf an, ob der Betriebsübergang „nahtlos" nach Ablauf der Kündigungsfrist erfolgt oder ob er sich bereits innerhalb der Kündigungsfrist abzeichnet. Ob ein Betriebsübergang während des Laufs der Kündigungsfrist nach dem jetzigen Stand der BAG-Rechtsprechung einen Fortsetzungsanspruch gegen den Betriebserwerber in der Insolvenz begründen kann oder nicht, erscheint offen.[244]

170 Das Fortsetzungsverlangen ist nach dem Zeitpunkt des Betriebsübergangs **unverzüglich** nach Kenntnis von dem Betriebsübergang geltend zu machen. Es muss in Anlehnung an § 613a Abs. 6 Satz 1 BGB innerhalb eines Monats ab Kenntniserlangung vom Betriebsübergang erklärt werden.[245] Bis zum Zeitpunkt des Betriebsübergangs kann es jederzeit ausgeübt werden. Das Fortsetzungsverlangen richtet sich gegen den Betriebsübernehmer.

171 Ein Fortsetzungsanspruch besteht nicht, wenn das Arbeitsverhältnis durch **Aufhebungsvereinbarung** beendet worden ist.[246] Etwas anderes gilt erst und nur dann, wenn der Arbeitnehmer berechtigterweise die Wirkungen des Aufhebungsvertrags beseitigt. Dies ist nach allgemeinen Grundsätzen zu beurteilen und etwa unter den Gesichtspunkten der Anfechtung oder des Wegfalls der Geschäftsgrundlage in Erwägung zu ziehen. Haben die Arbeitsvertragsparteien noch während der Kündigungsfrist durch einen gerichtlichen Vergleich das Arbeitsverhältnis gegen Zahlung einer Abfindung aufgehoben, so kann dieser Vergleich wegen Wegfalls der Geschäftsgrundlage an die geänderte betriebliche Situation anzupassen sein, unter Umständen mit dem Ergebnis, dass der Arbeitnehmer wieder einzustellen ist und die Abfindung zurückzuzahlen hat.[247] Die **Auslegung** von Abfindungsvereinbarungen wird allerdings regelmäßig dazu führen, dass – auch – das Problem der Wiedereinstellung erfasst und geregelt ist, so dass eine Anpassung nach Geschäftsgrundlagegrundsätzen nicht in Betracht kommt.[248] Bei vorformulierten Aufhebungsverträgen ist im Hinblick auf den Ausschluss eines Wiedereinstellungsanspruchs eine AGB-Kontrolle durchzuführen.[249]

---

240) BAG, Urt. v. 10.12.1998 – 8 AZR 324/97, ZIP 1999, 320, dazu EWiR 1999, 247 *(Joost)*.

241) BAG, Urt. v. 16.5.2002 – 8 AZR 320/01, DB 2002, 2601.

242) BAG, Urt. v. 13.5.2004 – 8 AZR 198/03, ZIP 2004, 1610.

243) BAG, Urt. v. 28.10.2004 – 8 AZR 199/04, NZA 2005, 405 = DZWir 2006, 110.

244) Bejahend: ArbG Düsseldorf, Urt. v. 3.12.2020 – 10 Ca 3223/20, NZI 2021, 332; zum Stand der Rspr. im Übrigen: *Ahlborn*, ZfA 2005, 109, 157 ff.

245) BAG, Urt. v. 21.8.2008 – 8 AZR 201/07, NJW 2009, 29 = NZA 2009, 29.

246) BAG, Urt. v. 10.12.1998 – 8 AZR 324/97, ZIP 1999, 320.

247) BAG, Urt. v. 4.12.1997 – 2 AZR 140/97, DB 1998, 1087.

248) BAG, Urt. v. 28.6.2000 – 7 AZR 904/98, ZIP 2000, 1781, dazu EWiR 2000, 1067 *(Blomeyer/Vienken)*.

249) LAG Düsseldorf, Urt. v. 29.6.2007 – 9 Sa 447/07, LAGE § 611 BGB 2002 Aufhebungsvertrag Nr. 4, nachgehend BAG, Urt. v. 8.5.2008 – 6 AZR 517/07, DB 2008, 1974 = NJW 2008, 3372.

3. Aufhebungs- und Änderungsvereinbarungen

Die Rechtsfolgen des § 613a Abs. 1 Satz 1 BGB (Fortsetzung des Arbeitsverhältnisses mit dem Betriebserwerber) können **nicht im Voraus abbedungen** werden. Die Rechtsprechung hat sogar Befristungsabreden mithilfe von § 613a Abs. 1 Satz 1 i. V. mit Abs. 4 Satz 1 BGB kontrolliert:[250] Die Befristung dürfe keine Umgehung von § 613a BGB darstellen. 172

Die Rechtsfolgen des § 613a BGB können anlässlich eines **konkreten** Betriebsübergangs einverständlich geändert werden. Die Arbeitsvertragsparteien können insbesondere die Beendigung des Arbeitsverhältnisses vereinbaren. Die **Aufhebungsvereinbarung** kann sowohl mit dem alten als auch mit dem neuen Arbeitgeber geschlossen werden. Die Rechtsfolgen des Betriebsübergangs können jedoch nicht durch Vereinbarung zwischen Betriebsveräußerer und Betriebserwerber abbedungen werden.[251] Die grundsätzliche Anerkennung von Aufhebungsverträgen im Zusammenhang mit Betriebsübergangssachverhalten ändert nichts daran, dass die Rechtsprechung derartige Dispositionen mit Skepsis betrachtet und Umgehungen des § 613a BGB nicht anerkennt. 173

Eine **Umgehung** des § 613a BGB ist etwa bei dem *„Lemgoer Modell"* angenommen worden.[252] Es geht bei dieser Konstellation darum, dass Arbeitnehmer mit Hinweis auf den Betriebsübergang und die Erhaltung der Arbeitsplätze veranlasst werden, eine Eigenkündigung auszusprechen oder in einen Aufhebungsvertrag einzuwilligen, um sogleich mit dem Betriebserwerber einen neuen Arbeitsvertrag abzuschließen. Das Modell besagt in abgewandelter Form, dass die Arbeitnehmer dem Übergang ihres Arbeitsverhältnisses widersprechen, das Arbeitsverhältnis danach mit dem Betriebsveräußerer beenden, um sodann ein – neues – Arbeitsverhältnis mit dem Betriebserwerber einzugehen. Den Betriebserwerber treffen zum einen keine Rückstände. Er kann zum anderen Arbeitsbedingungen auf einem geringeren Niveau vereinbaren. Das BAG hält derartige Gestaltungen wegen Umgehung von § 613a Abs. 4 Satz 1 BGB für unwirksam.[253] 174

Ein Umgehungsfall liegt ebenso vor, wenn Aufhebungsverträge abgeschlossen werden, die Beschäftigten in eine **Beschäftigungsgesellschaft** wechseln und **konkret** beabsichtigt ist, dass der Betriebserwerber bestimmte Arbeitnehmer später übernimmt. Er ist nur wirksam, wenn er tatsächlich **auf das endgültige Ausscheiden des Arbeitnehmers aus dem Arbeitsverhältnis gerichtet** ist.[254] Dementsprechend sind **dreiseitige Verträge** möglich, die zum Inhalt haben, dass ein Arbeitnehmer das Arbeitsverhältnis statt bei dem (insolventen) Arbeitgeber oder einem Betriebserwerber bei einer Beschäftigungsgesellschaft fortsetzt. Der Aufhebungsvertrag ist in diesem Falle nicht auf eine endgültige Beendigung des Arbeitsverhältnisses gerichtet, sondern bezweckt als Umgehung von § 613a BGB lediglich die Beseitigung der Kontinuität. Die Aufhebungsvereinbarung dient allerdings dann nicht (lediglich) der Unterbrechung der Kontinuität des Arbeitsverhältnisses, wenn eine Beschäftigung bei dem Betriebserwerber ungewiss ist, d. h. nicht mehr als eine mehr 175

---

250) BAG, Urt. v. 2.12.1998 – 7 AZR 579/97, ZIP 1999, 1321, dazu EWiR 1999, 877 *(Oetker)*.

251) BAG, Urt. v. 29.10.1975 – 5 AZR 444/74, AP Nr. 2 zu § 613a BGB.

252) *Ende*, NZA 1994, 494 f.; *Hanau/Berscheid* in: Kölner Schrift, S. 1541 Rz. 36.

253) BAG, Urt. v. 27.9.2012 – 8 AZR 826/11, ZIP 2013, 1186 = NZA 2013, 96; BAG, Urt. v. 25.10.2007 – 8 AZR 917/06, DB 2008, 989 = NZI 2008, 450; BAG, Urt. v. 11.2.1992 – 3 AZR 117/91, AP Nr. 13 zu § 1 BetrAVG Betriebsveräußerung = ZIP 1992, 1247; BAG, Urt. v. 28.4.1987 – 3 AZR 75/86, ZIP 1988, 120.

254) BAG, Urt. v. 18.8.2011 – 8 AZR 312/10, ZIP 2011, 2426, dazu EWiR 2012, 41 *(Joost)*; BAG, Urt. v. 23.11.2006 – 8 AZR 349/06, ZIP 2007, 643; BAG, Urt. v. 18.8.2005 – 8 AZR 523/04, ZIP 2006, 148 = DB 2006, 107, dazu EWiR 2006 197 *(Lindemann)*; BAG, Urt. v. 10.12.1998 – 8 AZR 324/97, ZIP 1999, 320; BAG, Urt. v. 11.12.1997 – 8 AZR 654/95, NZA 1999, 262 = ZInsO1998, 191; *Hanau/Berscheid* in: Kölner Schrift, S. 1541 Rz. 38.

oder weniger begründete Erwartung besteht, bei dem Betriebserwerber in ein Arbeitsverhältnis treten zu können („Risikogeschäft“). Voraussetzung ist allerdings, dass nicht bereits in Aussicht genommen ist, dass das Arbeitsverhältnis dann nach einer Kurzunterbrechung mit dem Betriebserwerber fortgesetzt wird.[255)]

176 Ist das Arbeitsverhältnis bereits außer Vollzug gesetzt, kann auch ein rückwirkender Aufhebungsvertrag vereinbart werden. Wird gleichzeitig ein rückwirkender Eintritt in eine Beschäftigungs- und Qualifizierungsgesellschaft vereinbart, so ist auch dies wirksam.[256)]

177 **Änderungsverträge aus Anlass des Betriebsübergangs werden einer strengen Inhaltskontrolle unterzogen.** Ein Teil der Entscheidungen betrifft Erlassvereinbarungen über gestundete oder rückständige Vergütung.[257)] Diese Problematik ist im Insolvenzverfahren unbedeutend, weil der Betriebserwerber ohnehin nicht für Rückstände haftet. Ein anderer Teil der Entscheidungen betrifft Vereinbarungen über eine künftige Nichterbringung oder Verringerung von Leistungen.[258)]

178 Das **BAG** verlangt für **Verschlechterungsvereinbarungen anlässlich eines Betriebsübergangs** einen sachlichen Grund. Ein solcher sachlicher Grund liegt typischerweise vor, wenn der Betrieb notleidend ist. Die Insolvenzsituation ist für sich allein jedoch nicht als sachlicher Grund angesehen worden: Der Betriebserwerber muss – darüber hinaus – darlegen, dass die Fortführung der ganz oder teilweise aufgehobenen Verpflichtung zu Schwierigkeiten für das Unternehmen führt. Das BAG hat betont, dass an das Vorliegen sachlicher Gründe ein strenger Maßstab anzulegen sei und dass die Verschlechterung der Arbeitsbedingungen nur unter engen Voraussetzungen möglich sei.[259)] § 613a BGB hindert allerdings Arbeitnehmer und Betriebsübernehmer nicht, nach einem Betriebsübergang die mit dem Betriebsveräußerer vereinbarte Vergütung einzelvertraglich abzusenken.[260)] Das LAG Bremen sieht arbeitsvertragliche Verschlechterungen angesichts § 613a Abs. 2 Satz 2 BGB nicht einmal bei sachlichen Gründen als sachlich gerechtfertigt an. Nur freiwilligen Leistungen des Arbeitsgebers könnten abgeändert werden.[261)]

179 Die Rechtsprechung ist in der Literatur zu Recht kritisiert worden.[262)] Etwaige Änderungsvereinbarungen sind allein nach denjenigen Kontrollinstrumenten und Rechtsinstituten zu beurteilen, die auch außerhalb des Betriebsübergangs zur Beurteilung von Änderungsvereinbarungen anwendbar sind. Der EuGH hat keinen Zweifel daran gelassen, dass die

---

255) BAG, Urt. v. 25.10.2012 – 8 AZR 572/11, ZInsO 2013, 946 = BeckRS 2013, 65736; BAG, Urt. v. 18.8.2011 – 8 AZR 312/10, ZIP 2011, 2426.

256) BAG, Urt. v. 25.4.2007 – 6 AZR 622/06, ZIP 2007, 1875 = DB 2007, 2263.

257) BAG, Urt. v. 18.8.1976 – 5 AZR 95/75, DB 1977, 95 = NJW 1977, 1168.

258) BAG, Urt. v. 22.4.2010 – 8 AZR 982/07, AP Nr. 18 zu § 613a BGB: Abschwächung von Steigerungsbeträgen für Betriebsrenten; BAG, Urt. v. 12.5.1992 – 3 AZR 247/91, ZIP 1992, 1408, dazu EWiR 1992, 957 *(Schaub)* – Aufhebung von Versorgungsversprechen; BAG, Urt. v. 27.4.1988 – 5 AZR 358/87, ZIP 1988, 989, dazu EWiR 1988, 767 *(v. Stebut)*; BAG, Urt. v. 29.10.1985 – 3 AZR 485/83, ZIP 1986, 1001 – Nichtfortführung von Versorgungsversprechen; BAG, Urt. v. 26.1.1977 – 5 AZR 302/75, DB 1977, 1192.

259) BAG, Urt. v. 12.5.1992 – 3 AZR 247/91, ZIP 1992, 1408 – Aufhebung von Versorgungsversprechen; BAG, Urt. v. 27.4.1988 – 5 AZR 358/87, ZIP 1989, 989.

260) BAG, Urt. v. 7.11.2007 – 5 AZR 1007/06, ZIP 2008, 286.

261) LAG Bremen, Urt. v. 30.3.2006 – 2 Sa 204/05, NZA-RR 2006, 458.

262) *Bauer*, Unternehmensveräußerung und Arbeitsrecht, S. 78; *Feudner*, DB 1996, 830, 832; *Kraft* in: FS 25 Jahre BAG, 1979, S. 299, 301; *Moll*, NJW 1993, 2016, 2022; *Pietzko*, ZIP 1990, 1105; *Schwerdtner* in: FS Müller, S. 557, 583; *Willemsen*, RdA 1987, 327.

Betriebsübergangsrichtlinie keinen Änderungen des Arbeitsverhältnisses entgegensteht, die ohne Betriebsübergang nach dem Recht eines Mitgliedstaats möglich sind.[263)]

4. Besonderheiten gemäß § 128 InsO

§ 128 Abs. 1 Satz 1 InsO privilegiert den Betriebserwerber in der Insolvenz. Die Vor- **180**
schrift ermöglicht, dass der **Insolvenzverwalter** mithilfe der §§ 125–127 InsO auch dann vorgehen kann und diese Vorschriften zur Anwendung gelangen, wenn eine **Betriebsänderung** erfolgt, die **nach** der Betriebsübernahme **von dem Erwerber durchgeführt** wird. Der Insolvenzverwalter kann mit dem Betriebsrat einen Interessenausgleich mit Namensliste im Hinblick auf Kündigungen vereinbaren, die (erst) ein Betriebsübernehmer durchführt. Der Insolvenzverwalter kann ebenso ein Beschlussverfahren im Hinblick auf eine Betriebsänderung beginnen, die ein Betriebsübernehmer für die Zeit nach dem Betriebsübergang im Auge hat. Ob der Insolvenzverwalter und ein Erwerber oder Erwerbsinteressent ein Vorgehen i. R. des § 128 Abs. 1 Satz 1 InsO wählen oder nicht, ist deren Entscheidung überlassen. Es wird in der Regel ohnehin so sein, dass der Insolvenzverwalter die gebotenen Kündigungen selber ausspricht.

Hat der Insolvenzverwalter einen Interessenausgleich mit Namensliste vereinbart, so gilt die **181**
Vermutung des Vorliegens dringender betrieblicher Erfordernisse auch dahin gehend, dass die Kündigung des Arbeitsverhältnisses nicht wegen Betriebsübergangs erfolgt, also kein Fall des § 613a Abs. 4 Satz 1 BGB vorliegt (§ 128 Abs. 2 InsO). Dies baut auf der Vermutung des Vorliegens betriebsbedingter Erfordernisse nach § 125 Abs. 1 Satz 1 Nr. 1 InsO auf. Diese Vermutungswirkung beinhaltet notwendigerweise, dass Umstände i. S. von § 613a Abs. 4 Satz 2 BGB vermutet werden. Dies schließt ein, dass die Kündigung nicht wegen Betriebsübergangs i. S. von § 613a Abs. 4 Satz 1 BGB erfolgt ist.[264)] Dies stellt § 128 Abs. 2 InsO klar. Dem Arbeitnehmer obliegt wie in § 125 Abs. 1 Satz 1 Nr. 1 InsO der Beweis des Gegenteils. Er müsste das Nichtvorliegen dringender betrieblicher Erfordernisse darlegen und nachweisen und damit (auch), dass die Kündigung wegen Betriebsübergangs erfolgt ist.[265)]

Die Rechtswirkung des Interessenausgleichs mit Namensliste zugunsten des Erwerbers **182**
gilt nur insoweit, wie der Interessenausgleich mit Namensliste **vor** dem Betriebsübergang und damit auch **vor** Ausspruch der vom Erwerber vorgenommen Kündigung abgeschlossen worden ist. Es gibt für den Insolvenzverwalter anderenfalls nichts mehr zu verhandeln, denn er ist nach dem Betriebsübergang nicht mehr Inhaber der Arbeitgeberstellung.

§ 128 Abs. 2 InsO erstreckt den Inhalt der vom ArbG nach § 126 Abs. 1 Satz 1 InsO ge- **183**
troffenen Feststellung auch darauf, dass die Kündigung durch den Betriebserwerber aufgrund der von diesem durchgeführten Betriebsänderung **nicht wegen des Betriebsübergangs erfolgt** ist. Die Feststellungswirkungen nach Maßgabe des § 127 Abs. 1 InsO sind mithin auch darauf zu beziehen, dass keine Kündigung wegen des Betriebsübergangs vorliegt. Die Feststellungswirkung besagt, dass für den Kündigungsrechtsstreit des Arbeitnehmers gegen den Betriebserwerber feststeht, dass die Kündigung nicht wegen Betriebsübergangs

263) EuGH, Urt. v. 10.2.1988 – Rs. C-324/86, Slg 1988, 739 = BeckRS 2004, 70807; EuGH, Urt. v. 12.11.1992 – Rs. C-209/91, Slg 1992, 5773 = IStR 1992, 115, dazu EWiR 1993, 147 *(Schroeder)*; die Richtlinie 2001/23/EG (Betriebsübergangsrichtlinie) spricht – darüber hinaus – in Art. 5 Abs. 2 lit. b und Abs. 3 die Änderung von Arbeitsbedingungen wegen einer Notlagensituation explizit an, ABl. (EG) L 82/16, 18 v. 22.3.2001; dazu näher *Bergwitz*, DB 1999, 2005, 2009.

264) *Giesen*, ZIP 1998, 46, 50; *Zwanziger*, Das Arbeitsrecht der InsO, § 128 InsO Rz. 1.

265) *Grunsky/Moll*, Arbeitsrecht und Insolvenz, Rz. 362; *Hanau*, ZIP 1998, 1817, 1819; *Lakies*, RdA 1997, 145, 155; *Warrikoff*, BB 1994, 2338, 2444.

erfolgt ist. Die Feststellung, dass eine Kündigung sozial gerechtfertigt ist, schließt ein, dass die Kündigung nicht wegen Betriebsübergangs erfolgt ist.[266)]

184 Die Anordnung der Rechtswirkung des § 128 Abs. 2 InsO ist durch die Geltungskraft des § 125 Abs. 1 und des § 127 Abs. 1 InsO begrenzt. Die Vermutungs- und die Feststellungswirkungen treten nicht ein, soweit sich die **Sachlage** nach dem Zustandekommen des Interessenausgleichs oder nach dem Anhörungstermin im Beschlussverfahren **wesentlich geändert** hat. Eine solche Änderung der Sachlage liegt vor, wenn anstelle einer Betriebsstilllegung eine Betriebsveräußerung stattfindet, ohne dass der Erwerber das Betriebsänderungskonzept übernimmt, und sich dies im Zeitpunkt zwischen dem Abschluss des Interessenausgleichs und der Kündigung oder dem Ende des Beschlussverfahrens und der Kündigung herausstellt. Eine Änderung der Sachlage liegt auch vor, wenn es zu einer beabsichtigten Betriebsveräußerung gar nicht kommt oder wenn ein anderer Erwerber mit einem anderen Konzept den Betrieb übernimmt.[267)] Keine Änderung der Sachlage stellt es dagegen dar, wenn eine in Aussicht genommene Betriebsveräußerung erfolgt, für die der Betrieb „verkaufsfähig" gemacht worden ist.

5. Kein Übergang des Kündigungsschutzes

185 „Kündigungsschutz" selbst geht nicht über, wenn der Schwellenwert des § 23 Abs. 1 KSchG nur beim Veräußerer erreicht worden war.[268)]

G. Sozialplan in der Insolvenz: §§ 123, 124 InsO

I. Normzweck

186 Die §§ 123, 124 InsO gehören zu den Regelungen, die ausweislich der Begründung zum Regierungsentwurf „eine bessere Abstimmung der Betriebsverfassung mit den Bedürfnissen des Insolvenzverfahrens gewährleisten."[269)] Dem Gesetzgeber geht es darum, den Arbeitnehmerschutz in einen **sachgerechten Ausgleich** mit Sinn und Zweck des Insolvenzverfahrens zu bringen. Das Insolvenzverfahren soll nicht aufgrund von Belastungen aus Sozialplänen leerlaufen.

II. Betriebsänderung außerhalb und innerhalb der Insolvenz

187 Die §§ 111 ff. BetrVG sind unabhängig davon anwendbar, ob die wirtschaftliche Situation des Unternehmens gut oder schlecht ist. Weder die Krise noch die Insolvenz schränken die Anwendbarkeit der §§ 111 ff. BetrVG ein. Die **Geltung der §§ 111 ff. BetrVG** einschließlich der **Sozialplanpflicht** in der **Insolvenz** ist allgemein anerkannt.[270)] Die InsO lässt, soweit sie nicht ausdrücklich Sonderregelungen aufstellt, die Mechanismen des BetrVG bei Betriebsänderungen unberührt. Der Insolvenzverwalter hat auch nach Eröffnung des Insolvenzverfahrens bei einer Betriebsänderung i. S. der §§ 111 ff. BetrVG die Beteiligungsrechte des Betriebsrats zu beachten, und er unterliegt insbesondere der Sozial-

---

266) BAG, Urt. v. 29.5.2005 – 8 AZR 647/04, NZA 2006, 720, 722 = DB 2006, 846; *Moll* in: KPB, InsO, § 128 Rz. 99.

267) *Friese*, ZInsO 2001, 350, 359 m. w. N.

268) BAG, Urt. v. 15.2.2007 – 8 AZR 397/06, ZIP 2007, 1227, dazu EWiR 2007, 549 *(Laskawy/Lomb)*.

269) Begr. RegE InsO z. § 141/§ 123, BT-Drucks. 12/2443, S. 98 und Begr. RegE InsO z. § 142/§ 124, BT-Drucks. 12/2443, S. 98 f.

270) BAG, Urt. v. 22.7.2003 – 1 AZR 541/02, ZIP 2003, 2216 = DB 2003, 2708; BAG, Beschl. v. 13.12.1978 – GS 1/77, DB 1979, 261 = AP Nr. 6 zu § 112 BetrVG 1972; BAG, Urt. v. 17.9.1974 – 1 AZR 16/74, AP Nr. 1 zu § 113 BetrVG 1972; *Boemke/Tietze*, DB 1999, 1389 f.; s. zu Beschäftigungssicherung und Transfersozialplänen etwa *Wendeling-Schröder/Welkoborski*, NZA 2002, 1370.

planpflicht (§ 112 Abs. 1 Satz 2–4, Abs. 4, Abs. 5 BetrVG, § 112a BetrVG). Dies gilt auch dann, wenn der Betriebsrat erst nach Insolvenzeröffnung gewählt wird.[271)]

Das Regelungskonzept der §§ 123, 124 InsO führt zu einer **Dreiteilung von Sozialplänen** im Zusammenhang mit Insolvenzverfahren: 188

- § 123 InsO führt Sonderregelungen für solche Sozialpläne ein, die **nach** der Eröffnung des Insolvenzverfahrens aufgestellt werden.
- § 124 InsO betrifft Sozialpläne, die zwar **vor** Eröffnung des Insolvenzverfahrens, jedoch **nicht früher als** drei Monate vor dem Eröffnungsantrag aufgestellt worden sind, und unterwirft diese Sozialpläne Sonderregelungen.
- Keine Sonderregelungen bestehen für Sozialpläne, deren **Aufstellung länger als drei Monate vor dem Eröffnungsantrag** erfolgt ist. Die aus diesen Sozialplänen resultierenden Forderungen bleiben als Insolvenzforderungen bestehen. Es ist insoweit lediglich zu fragen, inwieweit eine Anpassung wegen Wegfalls der Geschäftsgrundlage oder Kündigungsmöglichkeiten – insoweit ist insbesondere § 120 Abs. 1 InsO in Erwägung zu ziehen – in Betracht kommen.[272)]

III. Sozialplaninhalt

Der Wortlaut sowohl von § 123 Abs. 1 InsO als auch von § 124 Abs. 1 InsO bezieht sich auf einen Sozialplan **ohne eine inhaltliche Qualifizierung.** Dies wirft die Frage auf, ob Sozialpläne mit beliebigem, jedwedem Inhalt erfasst werden oder ob lediglich solche Sozialpläne gemeint sind, die Sozialplanleistungen für entlassene Arbeitnehmer regeln. Der Begriff des Sozialplans wird zwar in beiden Regelungen einschränkungslos gebraucht und der Aspekt der Entlassung kommt erst bei der Statuierung der absoluten Obergrenze zur Sprache. Entstehungsgeschichte sowie Sinn und Zweck der Regelung sprechen jedoch dafür, dass sowohl § 123 InsO als auch § 124 InsO nur für Sozialpläne gilt, die **für entlassene Arbeitnehmer aufgestellt** werden.[273)] Andere Sozialpläne, d. h. Sozialplanleistungen für nicht entlassene Arbeitnehmer unterliegen den §§ 123, 124 InsO nicht. Diesbezüglich wird die Anwendung des § 120 Abs. 1 InsO zu erwägen sein. 189

Dass die §§ 123, 124 InsO Sozialplanleistungen für entlassene Arbeitnehmer betreffen, ändert nichts daran, dass **alle Leistungen und Regelungen** im Hinblick auf entlassene Arbeitnehmer zu berücksichtigen sind. Es kommt nicht darauf an, ob diese Leistungen als Abfindung bezeichnet sind oder ob es sich um Ergänzungs- oder Zusatzleistungen oder etwa die Aufrechterhaltung von Jubiläumsgeldern, Bezahlung ansonsten geschuldeter Weihnachtsgelder usw. handelt. 190

Abfindungen aufgrund eines Sozialplans setzen voraus, dass der Arbeitgeber/Insolvenzverwalter die Ursache für den Arbeitsplatzverlust setzt. Eigenkündigungen lösen Abfindungsansprüche daher nur aus, wenn sie der Arbeitgeber/Insolvenzverwalter veranlasst hat, d. h. insbesondere dann, wenn die Entlassungsentscheidung im Hinblick auf den Arbeitnehmer feststeht.[274)] 191

271) BAG, Urt. v. 18.11.2003 – 1 AZR 30/03, ZIP 2004, 235.

272) *Annuß*, NZI 1999, 344, 350; *Boemke/Tietze*, DB 1999, 1389, 1395; *Moll* in: KPB, InsO, § 120 Rz. 16.

273) *Moll* in: KPB, InsO, §§ 123, 124 Rz. 34 ff.; *Schwerdtner* in: Kölner Schrift, S. 1605 Rz. 45; s. a. *Boemke/Tietze*, DB 1999, 1389, 1391 f. – Entlassungssozialpläne in § 123 Abs. 1 InsO, und DB 1999, 1389, 1394 – Sozialpläne jeder Art in § 124 Abs. 1 InsO.

274) LAG Frankfurt/M., Urt. v. 21.3.2000 – 4 Sa 730/99, NZA-RR 2001, 252; LAG Köln, Urt. v. 12.1.2001 – 11 (10) Sa 866/00, NZA-RR 2001, 372.

IV. Sozialplan im Insolvenzverfahren

1. Absolute Obergrenze

192 Der nach Eröffnung des Insolvenzverfahrens aufgestellte Sozialplan ist in seinem **Gesamtvolumen** auf **2½ Monatsverdienste** der von der Entlassung betroffenen Arbeitnehmer begrenzt. Die Höchstgrenze ist auf den **Gesamtbetrag der Leistungen an entlassene Arbeitnehmer** bezogen. Der Gesamtbetrag der 2 ½ Monatsverdienste der von der Entlassung betroffenen Arbeitnehmer stellt eine **Höchstgrenze** für die Sozialplandotierung dar.

193 Der Gesamtbetrag des § 123 Abs. 1 InsO ermittelt sich aus zwei Faktoren.[275] Erstens sind die von der Entlassung betroffenen **Arbeitnehmer** zu bestimmen. Zweitens sind deren **Monatsverdienste** zu ermitteln, die mit dem Faktor 2½ multipliziert die absolute Obergrenze des § 123 Abs. 1 InsO ergeben.

194 Die **Dotierung** des Sozialplans kann, aber muss die Höchstgrenze nicht erreichen. Sie kann **auch geringer** sein. Das BAG hat darauf hingewiesen, es sei denkbar, dass eine Sozialplanabfindung in der Insolvenz gar nicht oder nur in einem geringen Umfang gerechtfertigt sei, weil die Rücksicht auf Dritte dies gebiete.[276]

195 Ob und inwieweit Bestimmungen des Betriebsverfassungsrechts anwendbar sind, die zu einer Bemessung des Sozialplanvolumens unterhalb der Höchstgrenze im Einzelfall führen können oder müssen, ist unklar. Dies gilt insbesondere im Hinblick auf **§ 112 Abs. 5 Satz 1 BetrVG** („auf die wirtschaftliche Vertretbarkeit ihrer Entscheidung für das Unternehmen zu achten") und **§ 112 Abs. 5 Satz 2 Nr. 3 BetrVG** („dass der Fortbestand des Unternehmens und die nach Durchführung der Betriebsänderung verbleibenden Arbeitsplätze nicht gefährdet werden").[277] Es handelt sich dabei zwar nur um **Ermessenvorgaben** für die Einigungsstelle. Der Insolvenzverwalter wird diese Gesichtspunkte indes ebenfalls zugrunde legen, weil er keinen Anlass hat, einer freiwilligen Sozialplandotierung zuzustimmen, die über das hinausgeht, was er im Falle eines Einigungsstellenverfahrens „befürchten" müsste. Das Verhältnis der §§ 123, 124 InsO zu § 112 Abs. 5 BetrVG ist umstritten.[278]

196 Richtigerweise gilt Folgendes:[279] Der Gesetzgeber hat mit den §§ 123, 124 InsO den von ihm als angemessen angesehenen Ausgleich zwischen den Interessen der Arbeitnehmer an Sozialplanleistungen und der Gläubiger an der Funktionswürdigkeit des Insolvenzverfahrens und einer Anreicherung der Masse herbeigeführt. Der Konflikt ist legislatorisch entschieden. Es ist im Falle der Liquidation des Unternehmensträgers nicht erforderlich, den Betriebspartnern und der Einigungsstelle darüber hinaus Rücksichtnahmepflichten auf die Interessen der Insolvenzgläubiger aufzuerlegen, so dass **§ 112 Abs. 5 BetrVG** in diesem Falle neben den §§ 123, 124 InsO **nicht gilt**; insbesondere ist zu berücksichtigen, dass § 112 Abs. 5 BetrVG nach dem Gesetzeswortlaut nicht die Insolvenzgläubiger im Blick hat, sondern den Fortbestand des Unternehmens. Dieser Gesichtspunkt kann nicht durch Interessen der Insolvenzgläubiger substituiert werden.

197 Es bleibt allerdings bei der Beachtung des Kriteriums der wirtschaftlichen Vertretbarkeit für das Unternehmen i. S. von § 112 Abs. 5 Satz 1 BetrVG und der Maßgaben des § 112 Abs. 5 Satz 2 Nr. 3 BetrVG dann, wenn das Unternehmen weder liquidiert noch über-

---

275) *Boemke/Tietze*, DB 1999, 1389, 1391.

276) BAG, Beschl. v. 13.12.1978 – GS 1/77, DB 1979, 261 = AP Nr. 6 zu § 112 BetrVG 1972.

277) S. zur wirtschaftlichen Vertretbarkeit von Sozialplänen allgemein *Gaul*, DB 2004, 1498.

278) S. zur Diskussion etwa BAG, Urt. v. 6.5.1986 – 1 AZR 553/84, ZIP 1986, 1202, dazu EWiR 1986, 859 *(Balz)*; *Däubler/Klebe/Wedde*, BetrVG, Anh. §§ 111–113, § 123 InsO Rz. 20 f.; *Fitting*, BetrVG, §§ 112, 112a Rz. 294; *Schwerdtner* in: Kölner Schrift, S. 1605, Rz. 108; *v. Hoyningen-Huene*, RdA 1986, 102, 114; *Willemsen/Tiesler*, Interessenausgleich und Sozialplan, Rz. 143.

279) S. zur Begründung und m. w. N. im einzelnen *Moll* in: KPB, InsO, §§ 123, 124 Rz. 69.

tragen, sondern von dem in Insolvenz gefallenen Unternehmensträger **fortgeführt** wird. Eine derartige Situation kann erfordern, dass das **Gesamtvolumen des Sozialplans unter der absoluten Obergrenze** des § 123 Abs. 1 InsO bleibt. Die Höchstgrenze kann in den anderen Fällen (Liquidation oder Übertragung) nur dann unterschritten werden, wenn die Nachteile der Arbeitnehmer aus Anlass der Betriebsänderung insgesamt keinen so hohen Ausgleich oder keine so hohe Milderung erfordern, während es in diesen Fällen nicht gerechtfertigt ist, von einem Ausgleich oder einer Milderung wirtschaftlicher Nachteile der betroffenen Arbeitnehmern mit Rücksicht auf die Insolvenzgläubiger abzusehen.

2. Auswirkungen der Grenzüberschreitung

Die Vereinbarung eines die absolute Obergrenze überschreitenden Sozialplanvolumens ist unwirksam (§ 134 BGB). Die Unwirksamkeit gilt absolut, d. h. gegenüber jedermann und damit gegenüber dem Insolvenzverwalter, den Gläubigern und dem Schuldner.[280)] Die Rechtsfolge des Überschreitens der absoluten Obergrenze wird allgemein dahin gehend beschrieben, dass grundsätzlich eine Gesamtnichtigkeit der Sozialplanregelung eintritt und dass aufgrund dessen neue Verhandlungen durchzuführen seien und die Einigungsstelle einen neuen Spruch zu erlassen habe.[281)] Eine Aufrechterhaltung des als gesamtnichtig angesehenen Sozialplans sei lediglich in Erwägung zu ziehen, wenn die Verteilungsmaßstäbe eindeutig erkennbar seien und durch eine anteilige Kürzung nicht berührt werden.[282)] 198

Der Zweck des § 123 Abs. 1 InsO gebietet indes eine Annahme der **Nichtigkeit** nur im Hinblick darauf, dass **das Höchstvolumen überschritten** wird. Die Verteilungsregelungen werden durch eine Aufrechterhaltung mit geringerem Volumen nicht berührt. Eine Verteilungsregelung wird nicht dadurch ungerecht, dass weniger Mittel zur Verteilung zur Verfügung stehen. Der Sozialplan gilt daher mit dem rechtlich zulässigen Volumen unter Beibehaltung der sich aus ihm ergebenden Verteilungsregelungen.[283)] 199

Praxishinweis

Die auf der Grundlage des jetzigen Diskussionsstands im Schrifttum und angesichts der bislang **fehlenden höchstrichterlichen Rechtsprechung** nicht auszuschließenden Unsicherheiten lassen es praktisch geboten erscheinen, durch entsprechende Sozialplanregelungen ausdrücklich **Vorsorge für den Fall zu treffen**, dass die absolute Obergrenze des § 123 Abs. 1 InsO überschritten wird. Es empfiehlt sich die Verwendung von **Punktesystemen** die die Verteilung eines noch unbestimmten Sozialplanvolumens regeln. Aber auch bei einer Verwendung anderer Abfindungsformeln kann der Sozialplan klarstellen, dass der Verteilungsmaßstab auch bei einem geringeren Volumen gelten soll. Schließlich kann durch Aufnahme einer entsprechenden salvatorischen Klausel eine Anpassung für den Fall der Teilnichtigkeit geregelt werden.

3. Masseverbindlichkeiten

Die Ansprüche der Arbeitnehmer aus Entlassungssozialplänen nach Eröffnung des Insolvenzverfahrens i. S. des § 123 Abs. 1 InsO sind Masseforderungen (§ 123 Abs. 2 Satz 1 InsO). Die Qualifizierung als Masseschulden bedeutet, dass eine Anmeldung und Feststellung der Sozialplanforderungen entfällt. 200

Die Einordnung der nachkonkurslichen Sozialplanverpflichtungen als Masseverbindlichkeiten wird allerdings durch die Aufstellung der **relativen** Obergrenze (§ 123 Abs. 2 Satz 2 201

280) *Annuß*, NZI 1999, 344, 350; Nerlich/Römermann-*Hamacher*, InsO, § 123 Rz. 24.

281) *Fitting*, BetrVG, §§ 112, 112a Rz. 304 ff.

282) Vgl. *Annuß*, NZI 1999, 344, 350; *Boemke/Tietze*, DB 1999, 1389, 1392; *Fitting*, BetrVG, §§ 112, 112a Rz. 306; *Röder/Baeck*, DStR 1995, 260, 263; *Willemsen/Tiesler*, Interessenausgleich und Sozialplan, Rz. 183 ff.

283) *Moll* in: KPB, InsO, §§ 123, 124 Rz. 90 ff.; *Schwerdtner* in: Kölner Schrift, S. 1605 Rz. 68.

und 3 InsO) modifiziert, weil diese im Ergebnis bewirkt, dass die Sozialplanforderungen gegenüber den Masseverbindlichkeiten **letztlich nachrangig** sind.[284] Die Sozialplangläubiger werden grundsätzlich nur befriedigt, wenn die Masseverbindlichkeiten im Übrigen voll erfüllt werden können. Die Gläubiger von Sozialplänen nach Eröffnung des Insolvenzverfahrens bleiben aber gegenüber Insolvenzgläubigern privilegiert.

4. Relative Obergrenze

202 Die Belastung der Masse mit Sozialplanverbindlichkeiten wird durch eine relative Obergrenze in Grenzen gehalten (§ 123 Abs. 2 Satz 2 und 3 InsO). Für die Berichtigung von Sozialplanforderungen i. S. des § 123 Abs. 1 InsO darf **nicht mehr als ein Drittel der Masse verwendet** werden, die ohne Sozialplan für die Verteilung an die Insolvenzgläubiger zur Verfügung stünde, und bei Überschreiten dieser Relation sind die einzelnen Sozialplanforderungen anteilig zu kürzen. Die Belastung mit Sozialplanverbindlichkeiten wird so variabel der jeweiligen konkreten Insolvenzsituation unter Berücksichtigung der Gläubigerinteressen angepasst.

203 Die **Ermittlung der relativen Obergrenze** hat gemäß § 123 Abs. 1 Satz 2 InsO auf der Grundlage dessen zu erfolgen, was ohne einen Sozialplan für die Verteilung an die Insolvenzgläubiger zur Verfügung stünde. Dies bedeutet, dass zwecks Bestimmung der Teilungsmasse **die Kosten des Insolvenzverfahrens und die sonstigen Masseverbindlichkeiten vorweg zu berücksichtigen** sind, bevor die für die Insolvenzgläubiger zur Verfügung stehende Teilungsmasse als Maßstab der relativen Obergrenze feststeht. Als Erstes sind somit die Kosten des Insolvenzverfahrens i. S. von § 54 InsO abzusichern. Als Zweites sind die sonstigen Masseverbindlichkeiten i. S. von § 55 InsO zu berücksichtigen. Es bleibt hiernach die für eine Verteilung an die Insolvenzgläubiger zur Verfügung stehende Teilungsmasse. Sozialplanforderungen dürfen insgesamt nicht mit einem größeren Volumen als mit einem Drittel dieser (fiktiven) Teilungsmasse befriedigt werden.

204 Die relative Obergrenze bedeutet, dass in Fällen der Masseunzulänglichkeit (§§ 207 ff. InsO) Sozialplanforderungen nicht befriedigt werden, weil die Masse schon nicht für alle Kosten und Verbindlichkeiten ausreicht.

5. Abschlagszahlungen

205 Der Insolvenzverwalter soll nach § 123 Abs. 3 Satz 1 InsO Abschlagszahlungen auf Sozialplanforderungen leisten, soweit **hinreichende Barmittel** vorhanden sind. Dies trägt der Überbrückungsfunktion des Sozialplans Rechnung. Die Abschlagszahlung bedarf der Zustimmung des Insolvenzgerichts. Zweck des **Zustimmungsvorbehalts** ist, die Befriedigung anderer Gläubiger nicht durch die Abschlagszahlung an die Sozialplanberechtigten zu gefährden.[285]

6. Vollstreckungsverbot

206 Die Sozialplangläubiger können wegen Ihrer Ansprüche nicht in die Insolvenzmasse vollstrecken (§ 123 Abs. 3 Satz 2 InsO). Das Vollstreckungsverbot nach § 123 Abs. 3 Satz 2 InsO ist notwendig, um die Einhaltung der relativen Obergrenze zu gewährleisten, weil die allgemeinen Vollstreckungsverbote der §§ 89, 90 InsO im Fall der Zwangsvollstreckung wegen Sozialplanansprüchen nicht greifen. Eine Leistungsklage hinsichtlich Forderungen, die sich aus einem vom Insolvenzverwalter abgeschlossenen Sozialplan ergeben,

284) LAG Hamm, Urt. v. 27.10.2005 – 4 Sa 1709/04, juris; Begr. RegE InsO z. § 141/§ 123, BT-Drucks. 12/2443, S. 154.

285) Begr. RegE InsO z. § 141/§ 123, BT-Drucks. 12/2443, S. 154 f.

ist unzulässig.[286] Eine Sozialplanforderung kann nur im Wege der Feststellungsklage verfolgt werden, ein Übergang von einer Leistungs- zur Feststellungsklage ist nur ausnahmsweise aus prozessökonomischen Gründen möglich.[287]

V. Sozialplan innerhalb der „Rückgriffszeit"

1. Widerrufsmöglichkeit

§ 124 Abs. 1 InsO gewährt bei einem Entlassungssozialplan, der vor Eröffnung des Insolvenzverfahrens und nicht früher als drei Monate vor dem Antrag auf Eröffnung des Insolvenzverfahrens aufgestellt worden ist, sowohl dem Betriebsrat als auch dem Insolvenzverwalter ein Widerrufsrecht. Das Widerrufsrecht ist an **keinen Widerrufsgrund** gebunden. 207

Der **Betriebsrat** mag erwägen, den Sozialplan zu widerrufen, wenn er im Wesentlichen nicht erfüllt worden ist.[288] Der Betriebsrat kann ein derartiges Interesse wegen der Einordnung der Forderungen aus Sozialplänen vor Insolvenzeröffnung als bloße Insolvenzforderung haben, da im Einzelfall die Befriedigung eines geringeren Sozialplananspruchs aus der Masse günstiger sein kann als ein nominal weitergehender Anspruch als Insolvenzforderung.[289] Dies schließt jedoch nicht aus, dass der Betriebsrat aus den verschiedensten Gründen von dem Widerruf keinen Gebrauch macht. Der Betriebsrat kann jedenfalls nach Insolvenzeintritt auf das Widerrufsrecht verzichten.[290] 208

Der **Insolvenzverwalter** wird überlegen, wie die Insolvenzmasse mehr oder weniger belastet wird. Er wird bedenken, dass er die Möglichkeit hat, die absolute und relative Obergrenze des § 123 Abs. 1 und Abs. 2 Satz 2 InsO auch auf die Arbeitnehmer zu erstrecken, die von der früheren Betriebsänderung und dem früheren Sozialplan betroffen sind. Es kann im Einzelfall so liegen, dass der Insolvenzverwalter durch den Widerruf und die dadurch erfolgende Einbeziehung aller in Betracht kommender Sozialpläne in die Grenzen des § 123 Abs. 1 und 2 InsO eine geringere Belastung erreicht als bei Erfüllung der Insolvenzforderungen. Dies ist im jeweiligen Einzelfall zu „kalkulieren". 209

Beispiel[291] 210

Insolvenzmasse	*101.000 €*
Absonderungsrechte	*50.000 €*
Masseverbindlichkeiten	*30.000 €*
Sozialplanforderung aus Sozialplan:	
Im Rückgriffszeitraum	*200.000 €*
Sonstige Insolvenzforderungen	*500.000 €*

*Der Abzug der Masseverbindlichkeiten und die Befriedung der Absonderungsrechte lassen noch **21.000 € für Zahlungen an die Insolvenzgläubiger** übrig. Dem stehen 700.000 € Insolvenzforderungen gegenüber. 2/7 entfallen auf die Sozialplanforderungen und 5/7 auf die übrigen Insolvenzforderungen, d. h. **6.000 €** sind für die **Sozialplanforderungen** aufzubringen und 15.000 € für die übrigen Insolvenzforderungen. Ein **Widerruf** des Sozialplans durch den Insolvenzverwalter führt dazu, dass eine relative Obergrenze von einem Drittel der zur Verteilung stehenden Masse gelten würde (1/3 von 21.000 € = 7.000 €). Der Insolvenzverwalter*

286) BAG, Urt. v. 21.10.2010 – 6 AZR 785/08, ZIP 2010, 546, dazu EWiR 2010, 301 *(Moll/Krahforst)*.

287) BAG, Urt. v. 22.11.2005 – 1 AZR 458/04, ZIP 2006, 220, dazu EWiR 2006, 327 *(Grimm/Brock)*.

288) *Schwerdtner* in: Kölner Schrift, S. 1605 Rz. 125.

289) *Boemke/Tietze*, DB 1999, 1389, 1395.

290) LAG Köln, Beschl. v. 17.10.2002 – 5 (4) TaBV 44/02, LAGE § 124 InsO Nr. 2 = NZI 2003, 335.

291) S. dazu die Berechnungen von *Boemke/Tietze*, DB 1999, 1389, 1395.

wird daher den Widerruf unterlassen, weil durch den Widerruf verteilungsfähige Masse entzogen wird und die effektiv an die Sozialplangläubiger gezahlte Abfindung ansteigt.

211 Die Situation stellt sich anders dar, wenn i. R. von Entlassungsmaßnahmen nach Eröffnung des Insolvenzverfahrens erhebliche weitere Sozialplanforderungen begründet werden. Die **Einbeziehung sämtlicher Sozialplanforderungen in die Obergrenzenregelungen** kann sich dann zugunsten der Insolvenzmasse auswirken.

2. Situation nach Ausübung des Widerrufs

212 Der Widerruf bewirkt, dass der Sozialplan beseitigt wird, d. h. seine Rechtswirkungen verliert. Die Ansprüche der durch den Sozialplan begünstigten Arbeitnehmer **entfallen ersatzlos**. Dies ergibt sich im Rückschluss sowohl aus § 124 Abs. 2 InsO als auch aus § 124 Abs. 3 Satz 1 InsO. Das ersatzlose Entfallen der Sozialplanforderungen aufgrund des Widerrufs stellt einen wesentlichen Unterschied zur Kündigung einer Betriebsvereinbarung dar. Diese würde lediglich das Nachwirkungsstadium eintreten lassen (§ 77 Abs. 6 BetrVG) und eine Neufestsetzung ermöglichen, aber auch erforderlich machen.

213 Die Arbeitnehmer, denen aufgrund des Widerrufs Sozialplanansprüche entzogen worden sind, werden nach Maßgabe von § 124 Abs. 2 InsO bei der **Aufstellung eines Sozialplans im Insolvenzverfahren** berücksichtigt. Das Gesetz formuliert zwar, dass die Arbeitnehmer bei der Aufstellung eines Sozialplans im Insolvenzverfahren berücksichtigt werden „können". Dies bedeutet jedoch nicht, dass es im Belieben des Insolvenzverwalters steht, ob er im Hinblick auf die in Rede stehende Betriebsänderung vor Eröffnung des Insolvenzverfahrens einen Sozialplan aufstellt oder nicht. § 124 Abs. 2 InsO dispensiert nicht von einer Sozialplanpflicht. Es geht vielmehr darum, zum einen die Höhe der Sozialplanmittel den Vorgaben für die Sozialpläne in der Insolvenz anzupassen und zum anderen unter den gegebenen Umständen eine Neuverteilung zu ermöglichen.[292] Dies bedeutet, dass nach den neuen Erwägungen Arbeitnehmer möglicherweise entweder gar nicht mehr oder nur in geringerem Umfang berücksichtigt werden.

> **Praxishinweis**
>
> Bei der Bestimmung des Volumens eines Sozialplans im Insolvenzverfahren nach § 124 Abs. 2 InsO i. V. mit § 123 Abs. 1 InsO ist die **absolute und relative Obergrenze** zu beachten. Die Tatsache, dass ursprünglich einmal ein Sozialplan aus der Zeit vor Eröffnung des Insolvenzverfahrens bestanden hat, der widerrufen worden ist, hat keinen Einfluss auf den nach Eröffnung neu zustande gekommenen; der frühere Sozialplan ist in keiner Weise mehr existent.

3. Situation bei Unterbleiben des Widerrufs

214 Wird das Widerrufsrecht des § 124 Abs. 1 InsO nicht ausgeübt, so **bleibt der Sozialplan in Kraft**. Sozialplanforderungen der von dem Sozialplan berücksichtigten Arbeitnehmer bleiben bestehen. Eine Höchstgrenze gibt es weder absolut noch relativ.[293]

215 Ansprüche aus einem (nicht widerrufenen) Sozialplan i. S. von § 124 Abs. 1 InsO sind Insolvenzforderungen (§ 38 InsO).[294] Das Nichtgebrauchmachen von dem Widerrufsrecht steht einer Handlung i. S. von § 55 Abs. 1 Nr. 1 InsO nicht gleich.[295] Unabhängig von den klaren rechtssystematischen Vorgaben der §§ 123, 124 InsO würden auch die Anwen-

292) Begr. RegE InsO z. § 142/§ 124, BT-Drucks. 12/2443, S. 155.

293) *Moll* in: KPB, InsO, §§ 123, 124 Rz. 146.

294) BAG, Urt. v. 31.7.2002 – 10 AZR 275/01, ZIP 2002, 2051, dazu EWiR 2003, 283 *(Moll/Langhoff)*.

295) BAG, Urt. v. 31.7.2002 – 10 AZR 275/01, ZIP 2002, 2051; LAG Köln, Urt. v. 2.3.2001 – 12 Sa 1467/00, ZIP 2001, 1070, dazu EWiR 2001, 771 *(Moll/Langhoff)*; *Annuß*, NZI 1999, 344, 351; *Moll* in: KPB, InsO, §§ 123, 124 Rz. 149.

dungsprobleme bei Annahme einer Masseschuld zu erheblichen und mannigfachen Ungereimtheiten und Unklarheiten führen.

VI. Sozialplan außerhalb der Rückgriffszeit

Sozialpläne außerhalb der Zeiträume in den §§ 123, 124 InsO bestehen rechtlich durch die Insolvenz unberührt fort. Ansprüche aus diesen Sozialplänen sind Insolvenzforderungen.[296] Sie werden **nach den §§ 174 ff. InsO abgewickelt.**[297] Das gilt unabhängig davon, wann das von dem Sozialplan betroffene Arbeitsverhältnis endet. Die Forderung aus einem vor Eröffnung des Insolvenzverfahrens abgeschlossenen Sozialplan ist auch dann Insolvenzforderung und nicht Masseschuld, wenn er aufgrund der Beendigung des Arbeitsverhältnisses erst nach der Eröffnung des Insolvenzverfahrens entsteht.[298] Der Sozialplan kann (auch) für die Zukunft zulasten der betroffenen Arbeitnehmer geändert werden.[299] 216

Ob und wie gegenüber derartigen Sozialplänen nach den Grundsätzen über den Wegfall der Geschäftsgrundlage verfahren werden kann, ist umstritten.[300] Der Anwendung der **Geschäftsgrundlagenlehre** ist im Ausgangspunkt entgegenzuhalten, dass das Risiko der ordnungsgemäßen Erfüllung von Ansprüchen und auch von Sozialplanansprüchen den Gläubiger trifft, ohne dass Erwartungen insoweit, wie sie enttäuscht werden, die Geschäftsgrundlage berühren.[301] Eine etwaige Anwendung von Geschäftsgrundlagengrundsätzen wird angesichts der Insolvenzsituation jedenfalls nicht dazu führen können, dass Leistungen begründet oder verbessert werden.[302] 217

Jeder der beiden Betriebspartner mag von dem **Kündigungsrecht des § 120 Abs. 1 InsO** Gebrauch machen, soweit Sozialpläne nach den allgemeinen Grundsätzen als kündbar angesehen werden.[303] Eine ordentliche Kündigung bei Einmalleistungen kommt danach grundsätzlich nicht in Betracht. Sie ist allerdings bei Dauerregelungen möglich. Die Kündigung führt zur Nachwirkung. Betriebsrat und Insolvenzverwalter haben ggf. mithilfe der Einigungsstelle neue Regelungen zu treffen. 218

---

296) BAG, Urt. v. 31.7.2002 – 10 AZR 275/01, ZIP 2002, 2051; BAG, Urt. v. 27.10.1998 – 1 AZR 94/98, ZIP 1999, 540, dazu EWiR 1999, 659 *(Diller)*; Begr. RegE InsO z. § 142/§ 124, BT-Drucks. 12/2443, S. 155; *Moll* in: KPB, InsO, §§ 123, 124 Rz. 151.

297) *Boemke/Tietze*, DB 1999, 1389, 1395.

298) BAG, Urt. v. 27.10.1998 – 1 AZR 94/98, ZIP 1999, 540, dazu EWiR 1999, 659 *(Diller)*.

299) BAG, Urt. v. 5.10.2000 – 1 AZR 48/00, ZIP 2001, 1384.

300) S. dazu *Boemke/Tietze*, DB 1999, 1389, 1395; *Schwerdtner* in: Kölner Schrift, S. 1605, Rz. 130.

301) *Boemke/Tietze*, DB 1999, 1389, 1395.

302) LAG Niedersachsen, Beschl. v. 24.9.2009 – 4 TaBV 44/08, ZIP 2010, 442, EWiR 2010, 335 *(Moll/Krahforst)*.

303) S. dazu BAG, Beschl. v. 10.8.1994 – 10 ABR 61/93, ZIP 1995, 1037, dazu EWiR 1995, 331 *(Plander)*; *Meyer*, NZA 1995, 974, 977.

Kapitel 22
Sozialrecht in der Insolvenz

Übersicht

Literatur: *Bell*, Der Transfersozialplan, AiB 2013, 117; *Berkowsky*, Aktuelle arbeitsrechtliche Fragen in Krise und Insolvenz – Februar/März 2011, NZI 2011, 360; *Brand*, „Weißt du wie das wird?": Zum Verhältnis von § 266a StGB und § 64 GmbHG, GmbHR 2010, 237; *Eichenhofer*, Verrechnungsakte der Sozialleistungsträger im Insolvenzverfahren des Berechtigten, SGb 2013, 253; *Gaede/Leydecker*, Subventionsbetrug mit Hilfe der Kurzarbeit im Schatten der globalen Finanzmarktkrise, NJW 2009, 3542; *Gagel*, Sanierungsvereinbarungen mit Zugeständnissen der Arbeitnehmer – sozialrechtliche Vorgaben und Möglichkeiten, erläutert am Beispiel Holzmann, BB 2000, 718; *Gerlach*, Das Arbeit-von-morgen-Gesetz I – Krisen-Vorsorge, ArbRAktuell 2020, 135; *Hübler*, Aktuelles internationales und ausländisches Insolvenzrecht, NZI 2013, 337; *Klocke*, Die Zulässigkeit von Kurzarbeitsklauseln im Arbeitsvertrag – Die Grundlagen der Kontrolle nach §§ 305 ff. BGB, RdA 2020, 331; *Knospe*, Die Insolvenzanfechtung von Sozialversicherungsbeiträgen, 2014; *Küttner*, Personalbuch 2023, 30. Aufl. 2023; *Laroche/Wollenweber*, Strafbarkeit von Geschäftsführer und vorläufigem Insolvenzverwalter nach § 266a StGB im Eröffnungsverfahren und ihre Vermeidung, ZInsO 2016, 2225; *Loose*, Das Vorenthalten von Arbeitgeberbeiträgen zur Sozialversicherung gemäß § 266a Abs. 2 StGB, 2015 (Diss.); *Mengel/Ullrich*, Erste praktische Erfahrungen mit dem neuen Recht der Beschäftigungs- und Qualifizierungsgesellschaften, BB 2005, 1109; *Mückl/Götte*, Kurzarbeitergeld als insolvenzgeeignetes Sanierungsinstrument, NZI 2020, 874; *Muschiol*, Insolvenzgeldvorfinanzierung unter besonderer Würdigung der Eigenverwaltung (§ 270a InsO) und des Schutzschirmverfahrens (§ 270b InsO), ZInsO 2016, 248; *Plagemann/Radtke-Schwenzer*, Arbeitnehmer-Anteil zur Sozialversicherung insolvenzfest, ZIP 2009, 899; *Richter*, Weiche Landung auf Kosten Dritter bei der Vorfinanzierung des Insolvenzgelds, NJW 2018, 982; *Richter*, Flexibilisierung der Arbeitszeit durch Arbeitszeitkonten – Möglichkeiten und Grenzen, ArbRAktuell 2018, 241; *Ricken*, Sperrzeit bei mehreren Vermittlungsvorschlägen, NZA 2019, 520; *Röder/Nemetz*, Kurzarbeit und Kurzarbeitergeld, DB 2019, 2633; *Schmahl*, Zur Darstellung und Glaubhaftmachung der Forderung eines öffentlich-rechtlichen Gläubigers im Insolvenzeröffnungsantrag – Ein Vorschlag zur Vereinfachung: Die substanziierte Vollstreckbarkeitsbestätigung, NZI 2007, 20; *Schmidt, A.*, Arbeitnehmerbeiträge zur Sozialversicherung im Insolvenzeröffnungsverfahren, ZIP 2017, 1359; *Schmidt, B.*, Erste Hilfe bei Kurzarbeit in Zeiten von Corona, 2020; *Schneider*, Die Pflichten des Geschäftsführers in der Krise der GmbH, Zwölf Handlungsanweisungen an den Geschäftsführer zur Haftungsvermeidung, GmbHR 2010, 57; *Schütte*, Transfergesellschaft und Einigungsstelle, NZA 2013, 249; *Schweiger*, Die Ausschlussfrist beim Antrag auf Insolvenzgeld, NZS 2016, 774; *Sigle*, Rechtssichere Gestaltung von Transfersozialplänen, FA 2013, 73; *Soltész/Wagner*, Darf der Staat bei Schuldnern Nachsicht zeigen? EU-beihilferechtliche Grenzen für Umschuldungsvereinbarungen mit der öffentlichen Hand, ZIP 2013, 2093; *Soltész/Winzer*, Transfergesellschaften und Europäisches Beihilferecht, DB 2013, 105; *Stascheit*, Leitfaden für Arbeitslose, 2018; *Ziegler*, Aktuelle Rechtsfragen der Insolvenz von Ärzten, Medizinischen Versorgungszentren, Krankenhäusern und Pflegeheimen, ZInsO 2014, 1577; *Zieglmeier*, Corona Schutzschirm: Kurzarbeit und Kurzarbeitergeld, DStR 2020, 729; *Zieglmeier*, Arbeitgeber-, Organ- und Beraterhaftung für Sozialversicherungsbeiträge auf Grund Beschäftigung, DStR 2020, 230.

A. Sanieren statt liquidieren

1 Es gilt der Grundsatz Sanierung vor Liquidation. Erst wenn alle Möglichkeiten einer Sanierung scheitern, kommt es zur Liquidation eines Unternehmens, sei es gerichtlich oder außergerichtlich.

2 Das Sozialrecht bietet im III. und IV. Buch einige Instrumente, die mehr oder weniger tauglich sind und es u. U. ermöglichen einen Insolvenzantrag wegen Zahlungsunfähigkeit zu vermeiden und Liquidität im Unternehmen zu schaffen. Diese Instrumente werden nachfolgend dargestellt:

I. Zeit- und Wertguthaben

3 In Krisenzeiten kann es für ein Unternehmen Sinn machen, qualifiziertes Personal dadurch im Unternehmen zu halten, dass die aktuelle Arbeitszeit – wegen Auftragsmangels – reduziert, das Arbeitsentgelt entweder in bisheriger Höhe oder aber vermindert um einen Abschlag gezahlt wird mit der Folge, dass der Arbeitgeber **„Zeitguthaben"** anspart. Auch wenn die Parteien für den Fall der Insolvenz vereinbaren, dass der zunächst „überzahlte" Lohn zu erstatten ist, berührt dies die für die Sozialleistungen (insbesondere Alg I und Insolvenzgeld) maßgeblichen Bemessungsgrundlagen nicht.

4 Um die Liquidität des Unternehmens aktuell zu verbessern, kommen auch Vereinbarungen (schriftlich) über **Wertguthaben** in Betracht: Bei aktuell gleicher Arbeitszeit wird der Lohn abgesenkt, verbunden mit dem Versprechen einer Lohnzahlung während Freistellung zu einem späteren Zeitpunkt. Zielt die Vereinbarung nicht nur kurzfristig auf den Ausgleich „betrieblicher Produktions- und Arbeitszeitzyklen" i. S. des § 7b Nr. 2 SGB IV, muss der Arbeitgeber das Wertguthaben gegen den Verlust durch Insolvenz absichern, sprich: bei einem Treuhänder hinterlegen (§§ 7d und 7e SGB IV) – eine **Pflicht, die** in der Regel das **in der Krise befindliche Unternehmen überfordert und die mit der Flexibilisierung**

erwünschte Entlastung konterkariert.[1] Das Alg I lässt Wertguthaben aufgrund einer Vereinbarung nach § 7b SGB IV außer Betracht (§ 151 Abs. 2 Nr. 2 SGB III), so dass sich das Alg I nach dem Entgelt errechnet, was dem Versicherten ohne Wertguthaben-Vereinbarung[2] im Bemessungszeitraum zugestanden hätte. Soweit es sich also um eine Vereinbarung handelt, die dem Ausgleich „betrieblicher Produktions- und Arbeitszeitzyklen" dient, gilt der Ausschluss nach § 151 Abs. 2 Nr. 2 SGB III nicht, da diese Vereinbarungen nach § 7b Nr. 2 SGB IV ausgenommen sind.

Eine Wertguthabenvereinbarung gemäß § 7b SGB IV hat zur Folge, dass der Arbeitgeber nur **Beiträge** in der Höhe abzuführen hat, in der tatsächlich Arbeitsentgelt gezahlt wurde. Liegt eine Vereinbarung nach § 7b Nr. 2 SGB IV vor, werden nicht Wertguthaben im eigentlichen Sinne gebildet, sondern es erfolgt eine verstetigte Lohnzahlung für wechselnde Arbeitszeiten. Dann sind Beiträge nach den tatsächlich gezahlten Löhnen abzuführen. 5

In § 7e SGB IV sind Regelungen zum Insolvenzschutz von Wertguthaben und zu einer evtl. **Haftung** der Verantwortlichen ausgeführt. Allerdings wird eine persönliche Haftung von organschaftlichen Vertretern in der Rechtsprechung abgelehnt.[3] 6

II. Lohnverzicht

Denkbar ist auch die Vereinbarung unentgeltlicher Arbeitsstunden, d. h. ein ggf. vorübergehender **„Lohnverzicht"** verbunden mit der Zusage, dass bei besserer Auftragslage Lohn nachgezahlt wird. Voraussetzungen für einen wirksamen Lohnverzicht sind: 7

- nur für die Zukunft,
- ggf. tarifliche Öffnungsklausel,
- Schriftform (u. U. abbedungen).[4]

Ein rückwirkender Lohnverzicht beseitigt regelmäßig die gemäß § 22 SGB IV bereits eingetretene Pflicht zur Zahlung von Sozialversicherungsbeiträgen nicht.[5] 8

Nach § 166 Abs. 1 Nr. 1 SGB III wird **Insolvenzgeld** nur für das Arbeitsentgelt gezahlt, welches vom Arbeitgeber im Zeitraum geschuldet und tatsächlich nicht gezahlt wurde. Dabei ist nur das Arbeitsentgelt zu berücksichtigen, das für die letzten drei Monate vor dem Insolvenzereignis vom Arbeitgeber zu zahlen gewesen wäre. Ausschlaggebend sind der arbeitsrechtliche Entstehungsgrund und die Zweckbestimmung der Leistung. Bloße Fälligkeitsvereinbarungen ohne Änderungen des Rechtsgrunds vermögen deshalb eine Änderung der zeitlichen Zuordnung nicht zu bewirken.[6] Soweit also ein Lohnverzicht in der Krise wirksam vereinbart wurde, bei Eintritt der Insolvenz diese Vereinbarung gekündigt wurde, kann dies den Anspruch auf Insolvenzgeld nur dann erhöhen, soweit dadurch Lohnanteile im maßgeblichen Drei-Monats-Zeitraum vor der Insolvenzeröffnung) zu 9

---

1) Nach BAG, Urt. v. 15.1.2013 – 9 AZR 448/11, NZI 2013, 406 = ZIP 2013, 900 – haben Arbeitnehmer keinen Anspruch auf Sicherheitsleistung für das aufgebaute Wertguthaben gegen den Insolvenzverwalter aus § 8a Abs. 4 AltTZG. Es gilt der Grundsatz der Gläubigergleichbehandlung gemäß § 1 InsO.

2) Eine Musterformulierung für Wertguthaben findet sich bei *Richter*, ArbRAktuell 2018, 241, 243.

3) Nach BAG, Urt. v. 21.11.2006 – 9 AZR 206/06, NZA 2006, 729 = ZIP 2007, 692, und BAG Urt. v. 23.2.2016 – 9 AZR 293/15, ZIP 2016, 885 = NJW 2016, 2204, besteht keine persönliche Haftung des Geschäftsführers einer GmbH wegen unterbliebener Insolvenzsicherung eines Wertguthabens, somit keine Haftung der organschaftlichen Vertreter nach § 7e Abs. 7 Satz 2 SGB IV.

4) BSG, Urt. v. 2.3.2010 – B 12 R 5/09 R, NZS 2011, 267; nach BAG, Urt. v. 14.5.2013 – 9 AZR 844/11, BAGE 145, 107 = NJW 2013, 3261 – ist der nachträgliche Verzicht auf Urlaubsabgeltung einzelvertraglich zulässig und verstößt auch nicht gegen EU-Recht.

5) LSG Bayern, Urt. v. 14.9.2017 – L 14 R 586/14, NZS 2018, 333.

6) BSG, Urt. v. 11.3.2014 – B 11 AL 21/12 R, BSGE 115, 190 = ZIP 2014, 1188, dazu EWiR 2014, 461 *(Plagemann)*.

zahlen gewesen wären. Maßgeblich ist also einerseits die vertragliche Vereinbarung und andererseits die Zweckbestimmung des Entgeltes. Derartige Sanierungsregelungen sind nicht sittenwidrig.[7)]

10 Das **Alg I** errechnet sich gemäß §§ 149 ff. SGB III nach den Entgelten im Bemessungszeitraum. Der **Bemessungsrahmen** umfasst ein Jahr, wobei Teilzeitbeschäftigungen gemäß § 150 Abs. 2 Nr. 5 SGB III außer Ansatz bleiben. Der Lohnverzicht vermindert also das für die Ermittlung von Alg I maßgebliche Bemessungsentgelt; anders verhält es sich in Fällen, in denen der Zweck des Verzichts verfehlt wird und eine Nachzahlung erfolgt.[8)] Ein Lohnverzicht stellt sich demnach nachteilig dar aus Sicht der Arbeitnehmer, weil sich dadurch das Insolvenzgeld vermindert.

III. Lohnstundung

11 Vereinbarungen mit den Arbeitnehmern über die Stundung eines Teils des Arbeitsentgelts schaffen zunächst einmal etwas mehr Liquidität. Sie sind in Form einer schlichten Stundungsvereinbarung denkbar oder auch verbunden mit einer Verfallklausel, nach der dann, wenn seit dem Ende des Monats, in dem das Entgelt erarbeitet wurde, ein Jahr verstrichen ist, der gestundete Anspruch verfällt. Dies sind mögliche Zugeständnisse zum Erhalt des Arbeitsplatzes. Für den Fall einer Beendigung des Arbeitsverhältnisses durch **Kündigung oder Tod** während des Laufs der Stundungsvereinbarung könnte eine sofortige Nachzahlungspflicht vorgesehen werden.

12 Bei der **Berechnung** von Alg I wird das Entgelt berücksichtigt, von dem Beiträge zu erheben waren (§ 151 Abs. 1 SGB III). Es besteht also eine enge Bindung an die Beitragspflicht, so dass regelmäßig gestundetes Entgelt **in der Zeit** zu berücksichtigen ist, **in der es beitragspflichtig** war.[9)] Nach § 151 Abs. 1 Satz 1 SGB III ist außerdem erforderlich, dass das Arbeitsentgelt **„erzielt"** wurde. Gemäß § 151 Abs. 1 Satz 2 SGB III gelten Arbeitsentgelte, auf die beim Ausscheiden aus dem Beschäftigungsverhältnis ein Anspruch bestand, als erzielt, **wenn sie zugeflossen** oder nur wegen der Zahlungsunfähigkeit des Arbeitgebers nicht zugeflossen **sind.**

IV. Kurzarbeitergeld[10)]

13 Im Zusammenhang mit der **COVID-19-Pandemie** seit Anfang 2020 kam es zu neuen gesetzlichen Regelungen, die ab 1.3.2020 zur Anwendung kamen (Kurzarbeitergeld-Verordnung – KugV). Mit dem Gesetz zur Verlängerung der Sonderregelungen im Zusammenhang mit der COVID-19-Pandemie beim Kurzarbeitergeld und anderer Leistungen vom 23.3.2022[11)] sowie dem Gesetz zur Änderung des Infektionsschutzgesetzes und anderer Vorschriften vom 18.3.2022[12)] wurden die Erleichterungen beim Zugang zum Kurzarbei-

---

7) BSG, Urt. v. 4.3.2009 – B 11 AL 8/08 R, BSGE 102, 303 = NJW 2009, 3740.

8) BSG, Urt. v. 24.8.2017 – B 11 AL 16/16 R, BSGE 124, 75 = NZS 2018, 405, dazu auch BAG v. 19.1.2006 – 6 AZR 529/04, BAGE 117, 1 = ZIP 2006, 1366.

9) Zur Freistellung vgl. nun BSG, Urt. v. 30.8.2018 – B 11 AL 15/17 R, BSGE 126, 217 = NZA-RR 2019, 217.

10) Ausführliche Information enthalten die Merkblätter Kurzarbeitergeld – Informationen für Arbeitgeber und Informationen für Arbeitnehmerinnen und Arbeitnehmer unter www.arbeitsagentur.de. bzw. www.bmas.de/DE/Corona/erleichtertes-kurzarbeitergeld.html (Abrufdatum: 16.7.2023) mit detaillierten Erläuterungen der aktuellen Besonderheiten und Vordrucken für die Anzeige von Kurzarbeitergeld und Vordrucken für den Antrag.

11) Gesetz zur Verlängerung der Sonderregelungen im Zusammenhang mit der COVID-19-Pandemie beim Kurzarbeitergeld und anderer Leistungen, v. 23.3.2022, BGBl. I 2022, 482.

12) Gesetz zur Änderung des Infektionsschutzgesetzes und anderer Vorschriften, v. 18.3.2022, BGBl. I 2022, 466.

tergeld und weitere Sonderregelungen bis zum 30.6.2023 verlängert. Die Erstattung der von den Arbeitgebern während der Kurzarbeit zu tragenden Sozialversicherungsbeiträge lief allerdings bereits zum 31.3.2022 aus.

Kurzarbeitergeld (KUG) soll schnell und gezielt helfen, wenn Unternehmen mit ihren Beschäftigten durch die Auswirkungen der COVID-19-Pandemie und anderen unvorhersehbaren Ereignissen (z. B. der Krieg in der Ukraine) Arbeitsausfälle haben. Dadurch dass die Regierung die Zulassung von Kurzarbeitergeld unter erleichterten Bedingungen für verlängerte Zeiträume zulässt, können Unternehmen entlastet und Entlassungen vermieden werden.[13] 14

Die **Bezugsdauer** des Kurzarbeitergeldes von ursprünglich zwölf Monaten war für Betriebe (das gilt inzwischen auch für Zeitarbeitsunternehmen) bis auf 28 Monate längstens **bis zum 30.6.2022** verlängert (zuletzt wegen der Energiekrise). Seit 1.7.2022 gilt wieder die Bezugshöchstgrenze mit zwölf Monaten. Die Anträge können elektronisch gestellt werden, vgl. www.arbeitsagentur.de. 15

KuG zielt auf eine **finanzielle Entlastung des Arbeitgebers** durch Reduktion der Personalkosten (§ 95 ff. SGB III). Ziel ist der Ausgleich bei einem erheblichen Arbeitsausfall für einen **vorübergehenden** Zeitraum. Es gilt die Entlassung von Mitarbeitern zu vermeiden. Davon zu unterscheiden sind die **Transferleistungen** gemäß §§ 110 und 111 SGB III (siehe dazu Rz. 35 ff.). Voraussetzung für den Anspruch auf KUG ist die individualrechtliche oder kollektivrechtliche Vereinbarung über die Einführung von KUG. Der Arbeitgeber kann also nicht per **Direktionsrecht** Kurzarbeit „festsetzen". Voraussetzung ist eine Rechtsgrundlage für die Anordnung der Kurzarbeit, z. B. in Form einer Betriebsvereinbarung (§ 77 Abs. 2 BetrVG) oder einer gesonderten Vereinbarung, aus der sich der Entgeltausfall i. S. des § 96 Abs. 1 Nr. 4 SGB III ergibt und damit der Bedarf für die Zahlung von KUG.[14] Die Einführung von Kurzarbeit unterliegt der Mitbestimmung des Betriebsrates (§ 87 Abs. 1 Nr. 3 BetrVG). Das gilt auch im Insolvenzverfahren. Können sich Arbeitgeber und Betriebsrat nicht einigen, können beide Parteien die Einigungsstelle anrufen § 87 Abs. BetrVG. Von der Kurzarbeit muss **mindestens** 10 % (zuvor 30 %) der im Betrieb beschäftigten Arbeitnehmer betroffen sein. 16

In der **Insolvenz** wird die Beantragung von KUG z. B. in Betracht kommen, wenn der Betrieb des Insolvenzschuldners eine an sich gesicherte Beschäftigung des jeweiligen Arbeitnehmers zulässt und mit einer schnellen Sanierung gerechnet werden kann. Relevant werden kann die Beantragung von Kurzarbeitergeld im eröffneten Verfahren vor allem, wenn eine Unternehmensfortführung durch Insolvenzplan beabsichtigt ist. Wichtig ist allerdings immer, den Kurzarbeitszeitraum und den voraussichtlichen Insolvenzgeldzeitraum abzustimmen, um sanierungsschädliche Wechselwirkungen auszuschließen.[15] 17

1. Arbeitsausfall

Der **Arbeitsausfall** muss **unvermeidbar und vorübergehend** sein. Er muss durch wirtschaftliche Gründe oder durch ein unvorhersehbares Ereignis (z. B. COVID 19-Pandemie, Kriegsereignisse, Energiekrise etc.) verursacht sein. Wirtschaftlich bedingt ist der Arbeitsausfall nur dann, wenn er durch außerbetriebliche – in Zusammenhang mit dem all- 18

13) *Schmidt*, Erste Hilfe bei Kurzarbeit in Zeiten von Corona, S. 21 f.

14) Ein Muster für eine Betriebsvereinbarung ist abgedr. bei: *Bader* in: MünchAHB-SozR, § 14 Rz. 114, und bei Schaub/Schrader/Straube/Vogelsang, Arbeitsrechtliches Formular- und Verfahrenshdb., Rz. 184; BAG, Urt. v. 16.12.2008 – 9 AZR 164/08, BAGE 129, 46 = NZA 2009, 689; *Röder/Nemetz*, DB 2019, 2633; *Gerlach*, ArbRAktuell 2020, 135; *Zieglmeier*, DStR 2020, 729; vgl. auch *Klocke*, RdA 2020, 331 ff.

15) *Mückl/Götte*, NZI 2020, 874; Uhlenbruck-*Mock*, InsO, § 80 Rz. 159.

gemeinen Wirtschaftsprozess stehende – Ursachen hervorgerufen worden ist. Dies kann auch für betriebsinterne Veränderungen gelten, die Ausfälle z. B. durch Umstrukturierung herbeigeführt haben.[16] Konjunkturelle und strukturelle Störungen der Gesamtwirtschaftslage, durch die Energiekrise ebenso wie Auswirkungen von Arbeitskämpfen und dadurch bedingte Auftragsrückgänge, Absatzschwierigkeiten, Rohstoffmangel, Kapitalmangel, veränderte Import- und Exportbedingungen, währungspolitische Maßnahmen und Folgen der Globalisierung gehören dazu. **Nicht** zu den wirtschaftlichen Gründen gehören Folgen von Managementfehlern, wirtschaftliche Fehleinschätzungen und eine veränderte Marktsituation, die sich z. B. daraus ergibt, dass die Produkte von den Verbrauchern nicht mehr nachgefragt werden.[17]

19 Ein **Arbeitsausfall** gilt als **vermeidbar**, wenn

- im Betrieb nicht alle zumutbaren Maßnahmen ergriffen wurden, um den Arbeitsausfall zu verhindern,[18]
- der Arbeitsausfall überwiegend branchenüblich,[19] betriebsüblich oder saisonbedingt ist und auf betriebsorganisatorischen Gründen beruht oder
- bei Gewährung von bezahltem Erholungsurlaub der Arbeitsausfall ganz oder teilweise verhindert werden kann, wenn nicht vorrangige Urlaubswünsche der Arbeitnehmer entgegenstehen oder
- er bei Nutzung von im Betrieb zulässigen Arbeitsschwankungen verhindert werden kann (vgl. § 96 Abs. 4 SGB III).

20 Die Auflösung eines Arbeitszeitguthabens kann vom Arbeitnehmer unter den Voraussetzungen des § 96 Abs. 4 Satz 3 SGB III (insbesondere bei Altersteilzeit im Blockmodell) nicht verlangt werden. Betriebliche Möglichkeiten der Arbeitszeitflexibilisierung müssen zur Vermeidung des Arbeitsausfalles ausgeschöpft werden, wenn sie mindestens 10 % der Jahresarbeitsleistung erreichen.

21 Nach § 97 SGB III sind die **betrieblichen Voraussetzungen** erfüllt, wenn in dem Betrieb mindestens ein Arbeitnehmer beschäftigt ist. Betriebe, bei denen nicht allein arbeitstechnische Zwecke, sondern darüber hinaus auch soziale, kulturelle oder karitative Zwecke verfolgt werden, sind damit auch vom Gesetz umfasst. Ausreichend ist auch eine **Betriebsabteilung**, die hinsichtlich der zahlenmäßigen und quantitativen Erheblichkeit des Arbeitsausfalles dem Betrieb gleichgesetzt ist. Dazu bedarf es einer personalpolitischen Eigenständigkeit, nicht aber eines eigenständigen arbeitstechnischen Zwecks. Betriebsabteilungen sind z. B. Verwaltungsabteilungen von Produktions- oder Dienstleistungsbetrieben, Filialen, einzelne Fertigungsstränge i. R. der Fließbandproduktion, einzelne Werkstätten bei Werkstattfertigung. Auch eine Arbeitsgemeinschaft kann den Tatbestand des Betriebs i. S. des § 97 SGB III erfüllen. Durch einen Inhaberwechsel wird die Einheit des Betriebs nicht berührt.

---

16) Dazu BSG, Urt. v. 29.4.1998 – B 7 AL 102/97 R, SozR3-4100 § 64 Nr. 4.

17) Vgl. dazu BSG, Urt. v. 15.12.2005 – B 7a AL 10/05 R, BSGE 96, 14; BSG, Urt. v. 21.6.2018 – B 11 AL 4/17 R, NZS 2018, 877 – Banken-Boykott.

18) Z. B. BSG, Urt. v. 11.12.2014 – B 11 AL 3/14 R, NZS 2015, 355 = NZA 2015, 472 – kein Anspruch auf Kurzarbeitergeld, weil Betriebsinhaber wegen Krankheit Tätigkeit unterbrechen muss.

19) Arbeitsausfall in Betrieb der Arbeitnehmerüberlassung ist in der Regel „branchenüblich“: BSG, Urt. v. 21.7.2009 – B 7 AL 3/08 R, BSGE 104, 83 = NZA 2009, 1406; LSG Hessen, Urt. v. 18.3.2011 – L 7 AL 21/08, NZS 2011, 678 – kein KUG für Leiharbeitnehmer, die für einen Teil der Produktion die Stammbelegschaft, ersetzen.

2. Persönliche Voraussetzungen

Als **persönliche Voraussetzungen** definiert § 98 SGB III folgende Anforderungen: 22

- Ausübung einer versicherungspflichtigen Beschäftigung oder deren Aufnahme aus zwingendem Grund (z. B. nach Ende des Wehr- oder Zivildienstes oder Elternzeit),
- ein ungekündigtes und auch nicht durch Aufhebungsvertrag gelöstes Arbeitsverhältnis und
- Verfügbarkeit und Mitwirkung an Vermittlungsbemühungen der Agentur für Arbeit;
- bei Arbeitsunfähigkeit[20] des Arbeitnehmers: KUG bis zum Ablauf des Entgeltfortzahlungszeitraums von sechs Wochen;
- grundsätzlich kann der Arbeitgeber KUG nur für die Arbeitnehmer beantragen die versicherungspflichtig in der Arbeitslosenversicherung sind. Geringfügig Beschäftigte gemäß § 8 Abs. 1 Nr. 1 SGB IV (520 €-**Minijobber**) sind versicherungsfrei in der Arbeitslosenversicherung. Für sie kann deshalb kein Kurzarbeitergeld beantragt werden.[21]

Mit dem Beschäftigungssicherungsgesetz soll nicht nur die Beschäftigung gesichert werden, sondern es sollen auch Perspektiven für die Zeit nach der Kurzarbeit eröffnet werden. Arbeitgebern werden die Kosten z. B. für Weiterbildungsmaßnahmen für die Arbeitnehmer nach dem SGB III mit zwischen 15 und 100 % erstattet. 23

Unter den Voraussetzungen des § 100 SGB III ist bei **Arbeitskämpfen** der Anspruch auf KUG ausgeschlossen. 24

Nach § 3 KugV kann nun auch im Gegensatz zur früheren Rechtslage mit extern eingesetzten **Leiharbeitnehmern** Kurzarbeit vereinbart werden. Die Neuerungen gelten seit dem 1.3.2020 (§ 4 KugV). In einem neuen § 421c SBG III hat der Gesetzgeber einen vorübergehenden Verzicht auf die vollständige Anrechnung des Entgelts aus einer während Kurzarbeit aufgenommenen Beschäftigung auf das Kurzarbeitergeld normiert.[22] 25

Der Arbeitsausfall ist der zuständigen **Agentur für Arbeit anzuzeigen** (§ 95 Satz 1 Nr. 4 SGB III). Dies soll elektronisch erfolgen. Dies muss durch den Arbeitgeber oder den Betriebsrat geschehen, nicht durch den Arbeitnehmer. Mit der Anzeige sind das Vorliegen eines erheblichen Arbeitsausfalls (mindestens 10 %) und die betrieblichen Voraussetzungen glaubhaft zu machen (§§ 99, 323 Abs. 2 SGB III). Auf die Anzeige hin ergeht ein Bescheid über das Vorliegen oder Nichtvorliegen der allgemeinen und der betrieblichen Voraussetzungen. Die Anzeige setzt die Frist gemäß § 99 Abs. 2 SGB III in Gang und bestimmt den Anspruchsbeginn. Sie ist materiell-rechtliche Anspruchsvoraussetzung. Gegen die Ablehnung kann sowohl der Arbeitgeber als auch der Betriebsrat Widerspruch und später Klage zum SG erheben.[23] Wird der Antrag vom Steuerberater gestellt, muss dieser eine Vollmacht vorlegen. Wenn Fehler bei der Antragstellung erfolgt sind, kann ein Korrekturantrag gestellt werden. 26

---

20) Dazu BSG, Urt. v. 17.12.2013 – B 11 AL 11/12 R, NZA 2014, 650 = DB 2014, 16.

21) Für diese können im Fall einer Erkrankung aber Anträge auf Erstattung im U1-Verfahren oder bei Vorliegen der Voraussetzungen auf Erstattung nach dem Infektionsschutzgesetz gestellt werden.

22) Bis 30.6.2022 Bezugszeit 28 Monate, seit Juli 2022 zwölf Monate (vgl. Bundesagentur für Arbeit).

23) Nicht aber der Arbeitnehmer selbst: BSG, Urt. v. 25.5.2005 – B 11a/11 AL 15/04 R, NZA-RR 2006, 102 = NZS 2006, 378.

Praxishinweis

Bei Nachweis der Eilbedürftigkeit kommt auch einstweiliger Rechtsschutz gemäß § 86b SGG in Betracht. Es handelt sich um ein zweistufiges Verfahren: Im Anschluss an den Anerkennungsbescheid verlangt das Gesetz für jeden einzelnen Arbeitnehmer einen erneuten Antrag, woraufhin ein weiterer Bescheid über die persönlichen Voraussetzungen ergeht.

3. Leistungsumfang

27 Der Leistungsumfang ergibt sich aus §§ 104 ff. SGB III. Die **Bezugsfrist** beginnt für alle Arbeitnehmer mit dem ersten Monat, für den KUG geleistet wird und dauert bis zu zwölf Monaten. Unterbrechungen von mindestens einem Monat zählen bei der Bezugsfrist nicht mit. Bei einer Unterbrechung von mindestens drei Monaten beginnen die Bezugsfristen neu zu laufen. Möglich ist ein übergangsloser Wechsel aus der Gewährung des konjunkturellen KUG zum Transferkurzarbeitergeld nach § 111 SGB III, wenn die Betriebs(teil)stilllegung unausweichlich wird. Im Übrigen endet der KUG-Anspruch mit der Kündigung des Arbeitsverhältnisses bzw. dessen Aufhebung.[24)]

28 Die **Höhe des KUG** errechnet sich entsprechend den Regelungen über das Arbeitslosengeld. Danach erhalten Arbeitnehmer mit mindestens einem Kind i. S. des § 149 Nr. 1 SGB III i. V. mit § 32 EStG 67 % der sog. Nettoentgeltdifferenz und die übrigen Arbeitnehmer 60 %. Die Nettoentgeltdifferenz errechnet sich aus dem beitragspflichtigen Arbeitsentgelt mit Ausnahme des einmaligen Arbeitsentgelts und des Arbeitsentgelts für Mehrarbeit. Maßgeblich sind die gemäß Verordnung[25)] veröffentlichten pauschalierten Nettoentgelte. Außer Ansatz bleiben Entgeltanteile, die der Arbeitnehmer aus anderen als wirtschaftlichen Gründen oder wegen eines Feiertags nicht erzielt hat. Einkünfte aus einer Beschäftigung während der Kurzarbeit werden dem sog. „Ist-entgelt" gemäß § 106 Abs. 1 Satz 3 SGB III hinzugerechnet. Nur für die Zeit bis zum 30.6.2022 wurde eine Ausnahme gemacht durch den eingefügten § 421c SGB III. Danach werden Einkünfte aus einer geringfügigen Beschäftigung, die während des Bezugs von Kurzarbeitergeld ausgeübt wird nicht dem Ist-Entgelt hinzugerechnet. Die während des Bezugs von Kurzarbeitergeld aufgenommenen Beschäftigungen sind versicherungsfrei zur Arbeitsförderung (§ 421c Satz 2 SGB III).

29 Die Agentur für Arbeit zahlt nicht für **Tage, an denen die Arbeit auch aus anderen Gründen ausfällt**. Ausgenommen ist nur die Entgeltfortzahlung im Krankheitsfall (§ 98 Abs. 2 SGB III).

Praxishinweis

Das bedeutet, dass auch in Fällen sog. Null-Kurzarbeit die Feiertagsentlohnung und das Urlaubsentgelt vom Arbeitgeber zu erbringen sind. Diese Kosten müssen einkalkuliert werden.

30 Kurzarbeiter sind auch in Zeiten des Arbeitsausfalls kranken-, renten- und pflegeversichert. Die Versicherungspflicht besteht auch in der Arbeitslosenversicherung fort (§ 24 Abs. 3 SGB III). Es sind Beiträge zur Krankenversicherung, zur Pflegeversicherung aber nicht zur Rentenversicherung zu zahlen, die sich nach 80 % der jeweiligen Nettodifferenz richten (§ 232a Abs. 2 SGB V, § 57 Abs. 1 SGB XI, § 163 Abs. 6 SGB VI). Diese Beiträge

24) Dazu BAG, v. 22.4.2009 – 5 AZR 310/08, BAGE 130, 331 = NZA 2009, 913.

25) Verordnung über die pauschalierten Nettoentgelte für das Kurzarbeitergeld, Beitragsbemessungsgrenze 2023 = 7.100,00 €/Monat. Zu den aktuellen Vorgaben vgl. Bundesagentur für Arbeit mit aktuellen Tabellen zur Berechnung des KUG; s. a. BDA Kurzarbeit, Stand: 26.6.2023: zum 30.6.2023 sind einige Sonderregelungen ausgelaufen und ab Juli 2023 gelten wieder folgende Regelungen: Drittelerfordernis der vom Arbeitsausfall betroffenen Beschäftigten, grundsätzliche Pflicht zur Erbringung von Minusstunden zur Vermeidung von Kurzarbeit, keine Gewährung von KUG an Zeitarbeitnehmer*innen.

sind **vom Arbeitgeber allein zu zahlen und zu tragen** (§ 249 Abs. 2 SGB V, § 58 Abs. 1 Satz 2 SGB XI, § 168 Abs. 1 Nr. 1a SGB VI).

Beiträge zur **Arbeitslosenversicherung** fallen für die ausgefallenen Arbeitszeiten nicht an. 31
Beitragspflichtig ist nur das in Zeiten der Kurzarbeit erarbeitete Arbeitsentgelt. Die Zeiten der Kurzarbeit werden leistungsrechtlich dennoch so behandelt, als wären Beiträge vom vollen regelmäßigen Arbeitsentgelt gezahlt worden (§ 151 Abs. 3 Nr. 1 SGB III).

KUG ist gemäß § 3 Nr. 2 EStG **steuerfrei**, unterliegt jedoch nach § 32b Abs. 1 Nr. 1a 32
EStG dem **Progressionsvorbehalt**. Die sonstigen steuerpflichtigen Einnahmen des Arbeitnehmers werden also dem Steuersatz unterworfen, der sich ergäbe, wenn das Kurzarbeitergeld den sonstigen Einnahmen hinzugerechnet würde. Aufstockungsleistungen des Arbeitgebers sind steuerlich wie normaler Arbeitslohn zu behandeln.

4. Checkliste: konjunkturelles Kurzarbeitergeld

- Erheblicher Arbeitsausfall, § 96 SGB III: 33
  - auf wirtschaftlichen Gründen beruhend, z. B. Rohstoffmangel, vorübergehender Auftragsrückgang, Absatzschwierigkeiten oder
  - infolge eines unabwendbaren Ereignisses, z. B. Brände, Explosion, Tierseuchen, Pandemie, Krieg, Energiekrise,
  - durch behördliche oder behördlich anerkannte Maßnahmen verursacht,
  - mindestens 10 % der im Betrieb beschäftigten Arbeitnehmer betroffen, Ausfall von mindestens 10 % des monatlichen Entgelts.
- Vorübergehender Arbeitsausfall:
  - Rückkehr zur Vollarbeit binnen absehbarer Zeit wahrscheinlich.
- Unvermeidbarer Arbeitsausfall:
  - Keine zumutbaren Maßnahmen zur Vermeidung des Arbeitsausfalls möglich,
  - vorrangig Urlaub, Ausnutzung zulässiger Arbeitszeitflexibilisierung.
- Betriebliche Voraussetzungen (mindestens einen Arbeitnehmer, Betriebsabteilung).
- Persönliche Voraussetzungen:
  - Fortsetzung der versicherungspflichtigen Beschäftigung,
  - Mitwirkung an Vermittlungsbemühungen der Agentur für Arbeit.

5. Achtung: Subventionsbetrug

Gemäß §§ 263, 264 StGB macht sich der Arbeitgeber strafbar, der zwar die Meldung der 34
Kurzarbeit erstattet, tatsächlich aber die Arbeitnehmer weiterarbeiten lässt, z. B. Ausstechen und Weiterarbeiten. Ähnliches gilt, soweit Kurzarbeit für Zeiten in Anspruch genommen wird, in denen der Arbeitnehmer Urlaub hat oder wegen Krankheit der Arbeit fernbleibt.[26)]

V. Transfermaßnahmen (§ 110 SGB III)[27)]

Die Förderung der Teilnahme an Transfermaßnahmen dient dazu, die Betriebspartner zu 35
veranlassen, möglichst weitgehend die Auszahlung von Geldleistungen durch die Finanzierung von Eingliederungsmaßnahmen zu ersetzen. § 2 Abs. 2 und 3 SGB III **bekräftigt**

26) Dazu im Einzelnen: *Gaede/Leydecker*, NJW 2009, 3542; LG Aurich, Urt. v. 25.4.2017 – 15 KLs 1000 Js 17239/10 (3/14), wistra 2018, 140.

27) Ausführlich: *Rolfs* in: ErfK, § 110 SGB III; *Schütte*, NZA 2013, 249; *Mengel/Ullrich*, BB 2005, 1109.

die Verantwortung von Arbeitgebern für die Beschäftigung der Arbeitnehmer, sei es durch Erhaltung des Arbeitsplatzes, sei es durch die Förderung des Übergangs in eine andere Beschäftigung. Die Transfermaßnahmen zielen nach dem Sinn des Gesetzes darauf ab, von Arbeitslosigkeit bedrohten Arbeitnehmern statt Abfindung zukünftig beschäftigungswirksame Maßnahmen anzubieten, die einen direkten Übergang aus dem alten in ein neues Beschäftigungsverhältnis ermöglichen, oder auch in die Rente. Leistungen der Arbeitgeber einerseits und der Bundesagentur für Arbeit (BA) andererseits sollen „gebündelt werden".

36 Auf die **Leistungen gemäß § 110 SGB III besteht ein Anspruch**, wenn die von Arbeitslosigkeit bedrohten Arbeitnehmer an einer Transfermaßnahme teilnehmen und

- sich die Betriebsparteien im Vorfeld der Entscheidung über die Einführung von Transfermaßnahmen haben beraten lassen, insbesondere i. R. ihrer Verhandlungen über einen die Integration der Arbeitnehmerinnen und Arbeitnehmer fördernden Interessenausgleich oder Sozialplan nach § 112 BetrVG;
- die Maßnahme von einem Dritten durchgeführt wird;
- die Maßnahme der Eingliederung der Arbeitnehmerinnen und Arbeitnehmer in den Arbeitsmarkt dienen soll und
- die Durchführung der Maßnahmen gesichert ist (§ 110 Abs. 1 SGB III).

37 Ob die Einschaltung einer Transfergesellschaft nur in freien Verhandlungen oder auch durch Spruch einer Einigungsstelle erstritten werden kann, ist streitig und wird von *Schütte*[28] entgegen einer weit verbreiteten Auffassung bejaht. Lehnt die Einigungsstelle die Installation einer Transfergesellschaft ab, bedarf es einer genauen Prüfung, warum von der Sollvorschrift des § 112 Abs. 5 Nr. 2a BetrVG abzuweichen war. Im Übrigen ist auf die Mitwirkung des Betriebsrats bei Betriebsänderungen gemäß § 111 BetrVG hinzuweisen.[29]

38 Es handelt sich um einen Zuschuss zu den tatsächlich anfallenden Maßnahmekosten, nicht um Leistungen für den laufenden Lebensunterhalt der Teilnehmer (hier kommt u. U. Transferkurzarbeitergeld gemäß § 111 SGB III in Betracht). Das Interesse der Arbeitnehmer an der Teilnahme an Transfermaßnahmen dürfte durch den Wegfall der Steuerbegünstigung von Abfindungen mit Wirkung zum 1.1.2006 einerseits und die begrenzte Bezugsdauer von Alg I andererseits von erhöhtem Interesse sein. Auch wenn die Belegschaft eines Betriebs (fast) vollständig in die Transfergesellschaft wechselt, liegt wegen der regelmäßigen Änderung des Betriebszwecks kein Betriebsübergang nach § 613a BGB vor, wenn die Vereinbarung auf das endgültige Ausscheiden des Arbeitnehmers aus dem Betrieb gerichtet ist.[30] Das BAG betont jedoch, dass § 613a BGB umgangen wird, wenn der Aufhebungsvertrag die Beseitigung der Kontinuität des Arbeitsverhältnisses bei gleichzeitigem Erhalt des Arbeitsplatzes bezweckt.

39 § 110 SGB III knüpft an die **Betriebsänderung** an, wie sie auch in §§ 111 ff. BetrVG geregelt ist. Dazu gehören

- Einschränkung oder Stilllegung des ganzen Betriebs oder von wesentlichen Betriebsteilen (d. h. 5 % der Belegschaft);

28) *Schütte*, NZA 2013, 249. Zum Spruch einer Einigungsstelle über Transfersozialplan: LAG Berlin-Brandenburg, Beschl. v. 1.3.2016 – 9 TaBV 1519/15, ZIP 2016, 1500, dazu EWiR 2016, 643 *(Lelley/Kramer)*.

29) Dazu ausführlich: Gagel-*Bieback/Deinert*, SGB III, § 111 Rz. 146 ff.

30) BAG, Urt. v. 25.10.2012 – 8 AZR 572/11, MDR 2012, 13 = NZA 2012, 11.

- Verlegung des ganzen Betriebs oder von wesentlichen Betriebsteilen;
- Zusammenschluss mit anderen Betrieben oder Spaltung von Betrieben;
- grundlegende Änderungen der Betriebsorganisation, des Betriebszwecks oder
- der Betriebsanlagen;
- Einführung grundlegend neuer Arbeitsmethoden und Fertigungsverfahren;
- Personalabbau, wenn Entlassungen im Umfang des § 17 KSchG (ohne die zeitlichen Vorgaben dieser Norm) geplant sind, so dass auch schrittweise Personalanpassungen dazugehören.

Obwohl der Sozialplan die wichtigste Basis für Transfermaßnahmen darstellt,[31] weil dort zwischen Förderung und Abfindung entschieden wird, werden nunmehr alle Transfermaßnahmen gefördert, an denen sich der Arbeitgeber beteiligt, unabhängig davon wer sie eingeleitet hat. Ausgeschlossen sind lediglich Arbeitnehmer des **öffentlichen Dienstes**, es sei denn, sie sind in Unternehmen beschäftigt, die in selbständiger Rechtsform erwerbswirtschaftlich betrieben werden. 40

„Von Arbeitslosigkeit bedroht" sind auch solche Arbeitnehmer, die noch keine Kündigung erhalten haben, aber alsbald mit der Beendigung ihres Arbeitsverhältnisses rechnen müssen. Der einzelne Arbeitnehmer muss selbst und unmittelbar von Arbeitslosigkeit bedroht sein; nicht ausreichend ist es, dass der Arbeitnehmer zu einer Gruppe gehört, die in einer betriebsorganisatorisch eigenständigen Einheit zusammengefasst wurde, um Massenentlassungen zu vermeiden. Von Arbeitslosigkeit bedroht sind auch Arbeitnehmer eines Unternehmens, für das die Eröffnung des Insolvenzverfahrens beantragt wurde.[32] Schließlich sind anspruchsberechtigt auch Personen, die im Anschluss an die Beendigung eines **Berufsausbildungsverhältnisses** von Arbeitslosigkeit bedroht sind. Zweck dieser Erweiterung ist es, Ausbildungskapazitäten trotz fehlender Übernahmemöglichkeiten auch bei Umstrukturierungsprozessen zu erhalten. Die Bedrohung durch Arbeitslosigkeit muss für den geförderten Arbeitnehmer während der gesamten Dauer der Förderung vorliegen. 41

Als **förderbare Maßnahmen** kommen in Betracht: 42

- Maßnahmen zur Feststellung der Leistungsfähigkeit, der Arbeitsmarktchancen und des Qualifikationsbedarfs der Arbeitnehmer (Profiling, dazu auch § 320 Abs. 4a SGB III);
- Maßnahmen, um eine bereits begonnene Berufsausbildung fortzuführen;
- Outplacementberatung;
- Kurzqualifizierungsmaßnahmen;
- Maßnahmen zur Förderung der Aufnahme einer Beschäftigung;
- Maßnahmen zur Vorbereitung der Gründung und Begleitung einer selbstständigen Existenz.

Der **Arbeitgeber darf** durch die Förderung **nicht von bestehenden Verpflichtungen entlastet** werden. Dies ist mittels einer Anrechnungsklausel oder einer aufschiebenden Bedingung in der zwischen den Betriebspartnern bzw. den Partnern einer beiderseitigen Verpflichtung über die Durchführung einer förderungsfähigen Transfermaßnahme sicherzustellen. Der Ausschluss der Förderung, wenn ein Arbeitgeber ohnehin zur Durchführung von Transfermaßnahmen verpflichtet ist, soll sog. **Mitnahmeeffekte** verhindern. Ein Mitnahmeeffekt besteht auch darin, dass Unternehmen die Förderung für im eigenen Interesse stehende besondere Fortbildungs- oder Umschulungsmaßnahmen einsetzen. Wäh- 43

31) Zur Gestaltung des Transfersozialplans: *Sigle*, FA 2013, 73; *Bell*, AiB 2013, 117.
32) Ausführlich: Gagel-*Klein*, SGB III, § 110 Rz. 32 ff.

rend der Transfermaßnahme ist die gleichzeitige Weiterbeschäftigung im alten Betrieb (z. B. bis zum Ablauf der Kündigungsfrist) möglich, solange der geförderte Arbeitnehmer tatsächlich „von Arbeitslosigkeit bedroht" ist. In Insolvenzfällen gilt die verkürzte Kündigungsfrist nach § 113 InsO.

44 Die **Höhe des Zuschusses** beträgt 50 % der Maßnahmekosten, maximal 2.500 € je gefördertem Arbeitnehmer. Dieser Betrag orientiert sich an den durchschnittlich aufgewendeten Kosten je Teilnehmer in der Vergangenheit. Es handelt sich nicht um eine Beihilfe, die gegen EU-Recht verstößt, weil sie die Wettbewerbsfähigkeit beeinflusst. Dies folgt auch aus den Leitlinien der Europäischen Union für staatliche Beihilfen zur Rettung und Umstrukturierung von Unternehmen in wirtschaftlichen Schwierigkeiten.[33] Ausgeschlossen sind allerdings Maßnahmen, die den Zielen der Arbeitsförderung zuwiderlaufen. Gedacht ist vor allem an Früh- und Teilverrentungsprogramme.

45 Die Förderung der Teilnahme an Transfermaßnahmen ist bei der Agentur für Arbeit zu **beantragen**, in deren Bezirk der Betrieb des Arbeitgebers liegt. Dem Antrag sind folgende Unterlagen beizufügen:

- Interessenausgleich (soweit vorhanden), Sozialplan,
- Personalanpassungskonzept, Maßnahmenkonzept,
- Aufstellung der zu erwartenden Kosten,
- Teilnehmerliste,
- Stellungnahme des Betriebsrates,
- Erklärung der gesicherten Durchführung und zur Anwendung des Systems zur Qualitätssicherung bei Maßnahmeträgern.

46 Die Leistungen zur Teilnahme sind innerhalb einer **Ausschlussfrist** von drei Monaten nach Ablauf des Monats, in dem die Maßnahme beginnt, zu beantragen (§ 325 Abs. 5 SGB III). Im Vorfeld der Einleitung von Maßnahmen berät die Agentur für Arbeit die Betriebsparteien über die Förderungsmöglichkeiten.

47 Während des **Insolvenzverfahrens** darf die Masse nicht zusätzlich mit (vermeidbaren) Verbindlichkeiten belastet werden, andernfalls kommt es zur Haftung des Insolvenzverwalters nach § 61 InsO. Die im Falle der Kurzarbeit vom Arbeitgeber zu tragenden sog. **Remanenzkosten** (insbesondere Arbeitgeber- und Arbeitnehmeranteil zur Sozialversicherung sowie Entgeltfortzahlung), die durchaus 35 % der bisherigen Lohnkosten erreichen können, lassen sich ebenso wie die anteiligen Kosten von Transfermaßnahmen nur rechtfertigen, wenn z. B. noch offen ist, ob i. R. einer **übertragenden Sanierung** ein Teil der Arbeitsplätze erhalten werden kann. Tritt die Rückkehr in das alte Unternehmen offen zutage, hat dies den Ausschluss von Transfermaßnahmen gemäß § 110 Abs. 3 SGB III zur Folge. Steht dagegen nicht fest, welche der Arbeitnehmer später übernommen werden, kann ihre zeitweise Überführung in die Transfergesellschaft sinnvoll sein. Personen, die nicht in die Transfergesellschaft möchten, werden betriebsbedingt gekündigt.

48 Die Transfermaßnahme muss von einem **Dritten** durchgeführt werden. Dabei muss es sich um einen vom Arbeitgeber verschiedenen Rechtsträger handeln. Handelt es sich um eine andere Konzerngesellschaft, muss beachtet werden, dass ein Transfer innerhalb desselben Betriebes, desselben Unternehmens oder desselben Konzerns nach § 110 Abs. 3 SGB III nicht förderfähig ist. Das Transferunternehmen muss der Agentur für Arbeit eine Erklä-

---

33) Mitteilung der Kommission, Leitlinien für staatliche Beihilfen zur Rettung und Umstrukturierung nichtfinanzieller Unternehmen in Schwierigkeiten, ABl. (EU) C 249/1 v. 31.7.2014; dazu und zu den Vorgaben des Art. 107 AEUV: Grabitz/Hilf/Nettesheim-*v. Wadenberg/Schütte*, Recht der EU, Art. 107 Rz. 231; *Soltész/Winzer*, DB 2013, 105.

rung vorlegen, dass die für die Durchführung notwendigen Voraussetzungen in räumlicher und personeller Hinsicht vorliegen. Außerdem muss der Arbeitgeber ein **Qualitätssicherungssystem** in Bezug auf den Maßnahmeträger nachweisen.

Praxishinweise[34)]
- Abstimmung mit Agentur für Arbeit vor Abschluss der Verhandlung mit Betriebsrat und Transfergesellschaft, einschließlich Beratung gemäß § 110 Abs. 1 Nr. 1 SGB III;
- Mindeststandard für die Anerkennung eines Profiling beachten;
- Entscheidung über Eignung hinsichtlich der Teilnahme an Transfermaßnahmen durch Transfergesellschaft;
- Angebot zum Wechsel in eine Beschäftigungsgesellschaft unter dem Vorbehalt der Bewilligung von Fördermitteln durch Agentur für Arbeit;
- Festlegung einer Höchstzahl von Arbeitnehmern, die an Transfermaßnahmen teilnehmen, im Sozialplan;
- Freistellung von der Arbeit nur für Dauer der Transfermaßnahmen und deren Befristung;
- Frist für Massenentlassungsanzeige bei Übergang in „betriebsorganisatorische eigenständige Einheit" beachten;
- Finanzierung der Transferleistung ggf. auch durch Vereinbarung verkürzter Kündigungsfristen.

VI. Transferkurzarbeitergeld (T-KUG) (§ 111 SGB III)

1. Voraussetzungen und Dauer

Transferkurzarbeitergeld wird gezahlt, wenn und solange der Arbeitnehmer von einem **nicht nur vorübergehenden Arbeitsausfall** mit Entgeltausfall betroffen ist. Betriebliche Voraussetzungen sind: 49

- Durchführung von Personalanpassungsmaßnahmen aufgrund einer **Betriebsänderung**
- Betriebsänderung i. S. von § 111 BetrVG, hier aber unabhängig von der Betriebsgröße, so dass **auch Kleinbetriebe** einbezogen werden
- Zusammenfassung der vom Arbeitsausfall betroffenen Arbeitnehmer in einer **betriebsorganisatorisch eigenständigen Einheit** mit dem Ziel, Entlassungen zu vermeiden und Wiedereingliederungschancen zu verbessern

Dem **Arbeitgeber** wird aufgegeben, die Zeit des Bezugs von Transferkurzarbeitergeld zu nutzen. Er hat **Vermittlungsvorschläge** zu unterbreiten und soll – wo erforderlich – **Maßnahmen zur Verbesserung der Eingliederungsaussichten** anbieten (§ 111 Abs. 7 SGB III). 50

Der Anspruch auf Transferkurzarbeitergeld setzt voraus: 51

- Der Arbeitnehmer muss durch die Umstrukturierung **von Arbeitslosigkeit bedroht** sein.[35)]
- Er muss bei Beginn des Arbeitsausfalles **noch in einem Arbeits- oder Ausbildungsverhältnis** stehen.
- Transferkurzarbeitergeld kommt **nicht mehr in Betracht**, wenn das **Arbeitsverhältnis beendet** ist. Eine Kündigung darf noch nicht vorliegen.

---

34) Nach *Mengel/Ullrich*, BB 2005, 1109, 1114 ff; *Gerlach*, ArbR aktuell 2020, 135.

35) Die ernste Absicht des Arbeitsgebers, den Arbeitnehmer zu entlassen, reicht aus: LSG Baden-Württemberg, Urt. v. 29.2.2013 – L 13 AL 5131/11, juris; zur Änderungskündigung, die wegen nicht ordnungsgemäßer Anhörung des Betriebsrats unwirksam ist, vgl. LSG Nordrhein-Westfalen, Urt. v. 23.2.2017 – L 9 AR 88/15.

- Das KUG darf nicht i. S. von § 98 Abs. 3 SGB III ausgeschlossen sein.
- Der Arbeitnehmer muss vor Eingliederung in die betriebsorganisatorisch eigenständige Einheit (u. U. auch danach) eine **Maßnahme zur Feststellung der Eingliederungsaussichten** (Profiling) durchlaufen.

52 Die **Bezugsdauer** beträgt **zwölf Monate** (§ 111 Abs. 1 Satz 2 SGB III). Mit dieser Begrenzung soll verhindert werden, dass Arbeitgeber das Transferkurzarbeitergeld zur Frühverrentung nutzen. Das LSG Bayern sprach mit Urteil vom 1.7.2020 einem Kläger, der als Betroffener einer Personalabbaumaßnahme bei einer insolventen Arbeitgeberin zunächst in eine Transfergesellschaft eintrat und im Anschluss arbeitslos gemeldet bzw. arbeitsunfähig erkrankt mit versicherungspflichtigen Leistungsbezug war, eine Altersrente für besonders langjährig Versicherte zu.[36)]

53 Eingefügt wurde **§ 111a SGB III.** Danach können Mitarbeiter, die einen Anspruch auf Transferkurzarbeitergeld haben, an einer beruflichen **Weiterbildung** teilnehmen, wenn der Arbeitgeber 50 % der Ausbildungskosten trägt (§ 111a Abs. 1 Nr. 3 SGB III).

2. Höhe

54 Das KUG beträgt **60 %**, bei Arbeitnehmern mit Kind (§ 105, 149 SGB III) **67 %** der **Differenz** zwischen einem pauschalierten Nettoentgelt aus dem Brutto-Soll-Entgelt und dem pauschalierten Nettoentgelt aus dem Brutto-Ist-Entgelt (§ 106 SGB III).

3. Verfahren

55 Zunächst ist der **dauerhafte Arbeitsausfall schriftlich anzuzeigen** (§ 111 Abs. 6 i. V. mit § 99 SGB III). Daraufhin ergeht ein **Bescheid** über die betrieblichen Voraussetzungen sowie die Dauer. **Zuständig** ist die Agentur für Arbeit, in deren Bezirk der Betrieb liegt.

56 Der **Antrag** ist nachträglich zu stellen. Er ist **fristgebunden** – drei Kalendermonate nach dem Ende des Anspruchszeitraums (§ 325 Abs. 5 SGB III). Die Frist beginnt mit dem Ende des Anspruchszeitraums, für den KUG beantragt wird. Die **Bezugsdauer** ergibt sich aus dem angezeigten Zeitraum und der maximalen Dauer. Der Antrag ist schriftlich mit einer Stellungnahme der Betriebsvertretung einzureichen. Die **Betriebsvertretung** kann den **Antrag** auch selbst stellen.

4. Die betriebsorganisatorisch eigenständige Einheit

57 Die betriebliche Voraussetzung für die Gewährung von Transferkurzarbeitergeld ist gemäß § 111 Abs. 3 Nr. 2 SGB III die notwendige **Zusammenfassung** der vom Arbeitsausfall betroffenen Arbeitnehmer in einer **„betriebsorganisatorisch eigenständigen Einheit"**.[37)]

58 Hier kommt es nur auf die Herauslösung aus anderen Arbeitsvorgängen an, nicht auf die Bildung einer Abteilung und auch nicht auf die Verfolgung eines eigenen arbeitstechnischen Zwecks. Es kann also eine Einheit mit dem arbeitstechnischen Zweck „Aufräumarbeiten" oder nur „zur besonderen Verfügung" gebildet werden, oder auch einfach eine Gruppe „Transferkurzarbeiter". Entscheidend ist eine **gesonderte Organisation und Leitung.** Dadurch wird die Übersichtlichkeit und Planung von Maßnahmen erleichtert und sichergestellt, dass die Förderung und Beschäftigung dieser Arbeitnehmer zielgerichtet erfolgt.

36) LSG Bayern, Urt. v. 1.7.2020 – L 1 R 457/18, NZS 2020, 864 = BeckRS 2020, 15467.
37) Dazu BAG, Urt. v. 16.12.2015 – 5 AZR 567/14, BAGE 154, 8 = NZA 2016, 438.

Eine besondere Form der Zusammenfassung ist die Bildung von eigenständigen **Weiterbildungs- oder Beschäftigungsgesellschaften**, an der auch mehrere Arbeitgeber beteiligt sein können. In Betracht kommen auch Beschäftigungen zur Qualifikation in anderen Betrieben des Arbeitgebers. 59

Dem dahinterstehenden Ordnungsgedanken widerspricht auch ein **Wechsel zurück auf den alten Arbeitsplatz** (§ 111 Abs. 8 SGB III). Damit soll die **missbräuchliche Nutzung** von KUG zur Qualifizierung benötigter Arbeitskräfte auf Kosten der BA vermieden werden.[38] Ein vorübergehender Einsatz im Betrieb oder einem anderen Betrieb des Arbeitgebers, etwa als Krankheitsvertretung, ist indes unschädlich. Dasselbe gilt bei erfolgloser Teilnahme an einer Qualifizierungsmaßnahme und anschließender Rückkehr in die betriebsorganisatorisch eigenständige Einheit (§ 111 Abs. 7 Satz 5 SGB III). 60

VII. Arbeitslosengeld I[39]

1. Anspruchsvoraussetzungen

Arbeitslosengeld erhält nach § 137 SGB III, wer 61

- „arbeitslos" ist. Das ist nach § 138 SGB III ein Arbeitnehmer, der vorübergehend nicht in einem Beschäftigungsverhältnis steht und eine versicherungspflichtige, mindestens 15 Stunden wöchentlich umfassende Beschäftigung sucht. Beschäftigungslos ist auch, wer z. B. aufgrund gesundheitlicher Einschränkungen nicht mehr die vertraglich vereinbarte Tätigkeit verrichten kann, auch wenn der Arbeitsvertrag nicht gekündigt ist, sondern ruht.[40] Arbeitslos ist auch, wer von der Arbeit freigestellt wurde und wegen Zahlungsunfähigkeit oder Insolvenz keinen Lohn erhält oder wer zeitlich begrenzt als Selbständiger tätig ist;[41]
- sich bei der Agentur für Arbeit **persönlich** oder inzwischen auch elektronisch durch Anmeldung im Fachportal der Bundesagentur für Arbeit bei der zuständigen Agentur für Arbeit arbeitslos meldet (§ 141 Abs. 1 SGB III).[42] Die Meldung ist auch möglich, wenn die Arbeitslosigkeit noch nicht eingetreten ist, der Eintritt aber innerhalb der nächsten drei Monate zu erwarten ist. Die Wirkung der Meldung erlischt bei einer mehr als sechswöchigen Unterbrechung der Arbeitslosigkeit sowie mit der Aufnahme einer Beschäftigung als mithelfender Angehöriger, wenn der Arbeitslose diese der Agentur für Arbeit nicht unverzüglich mitgeteilt hat (§ 141 Abs. 3 Nr. 2 SGB III);
- eine Beschäftigung sucht. Dem steht nicht entgegen, wenn der Arbeitslose wegen der Betreuung und Erziehung eines aufsichtsbedürftigen Kindes oder Pflege eines pflegebedürftigen Angehörigen nur eingeschränkt arbeiten kann (mindestens 15 Stunden wöchentlich).
- Dem Arbeitslosen sind **alle seiner** Arbeitsfähigkeit entsprechenden **Beschäftigungen zumutbar**, soweit allgemeine oder personenbezogene Gründe der Zumutbarkeit nicht entgegenstehen. Solche Gründe definiert § 140 Abs. 2–5 SGB III. Das Gesetz verlangt von dem Arbeitslosen „Eigenbemühungen", d. h. dass er „alle Möglichkeiten nutzt und nutzen will, um seine Beschäftigungslosigkeit zu beenden". Wer die Anwartschaft auf

---

38) Begr. RegE Arbeitsförderungs-Reformgesetz – AFRG z. § 175 Abs. 2 SGB III, BT-Drucks. 13/4941, S. 186.

39) *Stascheit*, Leitfaden für Arbeitslose, 2018.

40) Zur Arbeitsunterbrechung ohne Entgeltzahlung und den Auswirkungen auf das Beschäftigungsverhältnis i. S. des § 7 SGB IV vgl. Verlautbarung der Spitzenverbände v. 13.3.2013, abrufbar unter: www.drv.de.

41) BSG, Urt. v. 3.12.2009 – B 11 AL 28/08 R, NZA 2010, 934.

42) LSG Bayern, Beschl. v. 7.11.2017 – L 10 AL 40/17, juris.

Arbeitslosengeld durch eine Teilzeitbeschäftigung erworben hat, kann die Suche auf eine Teilzeitarbeit beschränken (§ 139 Abs. 4 SGB III);

- für die Arbeitsagentur persönlich erreichbar ist. Die arbeitslose Person muss sicherstellen, dass sie an jedem Werktag unter der angegebenen Anschrift durch Briefpost erreichbar ist;
- die Anwartschaftszeit (zwölf Monate innerhalb der „Rahmenfrist" von 30 Monaten gemäß § 143 SGB III) erfüllt hat, d. h. versicherungspflichtig tätig war (ggf. auch als Selbständiger auf Antrag, § 28a Abs. 1 Nr. 2 SGB III). Gemeint ist ein versicherungspflichtiges Beschäftigungsverhältnis.
- Bei Arbeitslosen, die Schüler oder Studenten sind, wird widerlegbar vermutet, dass sie nur versicherungsfreie Beschäftigungen ausüben können. Die Vermutung ist widerlegt, wenn der Arbeitslose nachweist, dass sein Ausbildungsgang auch bei ordnungsgemäßer Erfüllung der Ausbildungs- und Prüfungsbestimmungen die Ausübung einer versicherungspflichtigen, mindestens 15 Stunden wöchentlich umfassenden Beschäftigung zulässt (§ 139 Abs. 2 Satz 2 SGB III).

2. Dauer und Höhe des Anspruchs

62 Die Dauer des Anspruchs richtet sich nach dem Lebensalter und der Dauer des versicherungspflichtigen Beschäftigungsverhältnisses, § 147 SGB III.

63 **Übersicht: Leistungszeitraum**

Nach Versicherungspflichtverhältnissen mit einer Dauer von insgesamt mindestens […] Monaten	und nach Vollendung des […] Lebensjahres	[…] Monate
12		6
16		8
20		10
24		12
30	50.	15
36	55.	18
48	58.	24

64 Die **Höhe** des Arbeitslosengeldes (67 % bzw. 60 % des pauschalierten Netto) richtet sich nach dem Entgelt, das der Arbeitslose in den Abrechnungszeiträumen der letzten zwölf Monate vor der Entstehung des Anspruchs auf Arbeitslosengeld durchschnittlich in der Woche erzielt hat („Bemessungsentgelt") und der Beitragserhebung nach dem SGB III zugrunde lag (§ 151 SGB III). Die Pflicht des Arbeitgebers, in der Form der sog. Arbeitsbescheinigung Auskunft über das letzte Bruttogehalt zu geben, folgt aus § 312 SGB III. Hier ergeben sich ab dem 1.1.2023 Änderungen. Danach gilt das Bescheinigungsverfahren gemäß § 313a Abs. 2 SGB III. Im Wesentlichen geht es hier um die elektronische Übermittlung an die Bundesagentur. Außer Betracht bleiben Arbeitsentgelte, das nur wegen der Beendigung des Arbeitsverhältnisses gezahlt wird, sowie Wertguthaben außerhalb einer Vereinbarung gemäß § 7b SGB IV. Ebenso bleibt Arbeitsentgelt außer Acht, auf das der Arbeitnehmer i. R. eines Sanierungstarifvertrags verzichtet hat.[43]

43) BSG, Urt. v. 11.6.2015 – B 11 AL 13/14 R, BSGE 119, 119 = ZIP 2015, 1800, dazu EWiR 2015, 683 *(Mückl)*.

Übt der **Arbeitslose** während einer Zeit, für die ihm Arbeitslosengeld zusteht, eine weniger als fünfzehn Stunden[44)] wöchentlich umfassende **Beschäftigung** aus, ist das Arbeitsentgelt aus der Beschäftigung nach Abzug der Steuern, der Sozialversicherungsbeiträge und der Werbungskosten sowie eines Freibetrags i. H. von 165 € nach § 155 SGB III anzurechnen. 65

3. § 157 SGB III: Ruhen des Anspruchs bei Arbeitsentgelt und Urlaubsabgeltung

Was zum **Arbeitsentgelt** i. S. dieser Vorschrift gehört, bestimmt sich nach den Regeln des Arbeitsrechtes, nicht nach den §§ 14 ff. SGB IV. **Kein Arbeitsentgelt** sind: Schadensersatzansprüche nach § 628 Abs. 2 BGB oder nach § 113 Satz 3 InsO – „Verfrühungsschaden". Ebenso gehören wiederkehrende Sonderleistungen, einmalige Zuwendungen (Weihnachtsgeld, 13. Monatsgehalt, Jubiläumszuwendungen, zusätzliches Urlaubsgeld sowie Aufwandsentschädigungen oder Spesen, Abfindungen aus einer betrieblichen Altersversorgung) sowie Gehaltsansprüche für Zeiten, für die kein Arbeitslosengeld gezahlt wird, **nicht** zum Arbeitsentgelt. Stellt der Arbeitgeber den Arbeitnehmer wegen Zahlungsunfähigkeit **unwiderruflich frei**, ändert dies an dem Anspruch auf Arbeitsentgelt nichts. Der Anspruch auf Arbeitsentgelt entfällt erst ab dem Moment, ab dem der Freigestellte eine neue Beschäftigung aufgenommen hat. 66

Arbeitsentgelt i. S. des § 157 Abs. 1 SGB III „erhält" u. U. auch der Arbeitnehmer, der sich mit seinem Arbeitgeber i. R. einer Aufhebungsvereinbarung gegen Zahlung einer Abfindung einigt und **auf Arbeitsentgelt** für die Vergangenheit **verzichtet**. Für die **Vergangenheit**, während derer der Arbeitslose bereits Arbeitslosengeld erhalten hat, ist der Verzicht unwirksam, da es dem Arbeitslosen wegen des Anspruchsübergangs auf die BA für Arbeit nach § 115 SGB X an der Verfügungsbefugnis fehlt. Für die **Zukunft** kann der Verzicht gemäß § 32 SGB I unwirksam sein, soweit es sich bei dem Verzichtsvertrag zwischen Arbeitnehmer und Arbeitgeber um einen Vertrag zulasten Dritter, nämlich der BA für Arbeit handelt. Eine ausdrücklich als Abfindung vereinbarte Zahlung kann als Arbeitsentgelt zu bewerten sein, wenn die Höhe der Zahlung Indiz dafür ist, dass Arbeitsentgelt einbezogen wurde. Fehlt es sowohl an einem verständigen Grund für die Gewährung einer Abfindung als auch an einem nachvollziehbaren Grund für einen Verzicht auf die Vergütung, ist der Vergleich dahingehend zu interpretieren, dass die Abfindung ganz oder teilweise Arbeitsentgelt darstellt. 67

Urlaubsabgeltungen i. S. des § 157 Abs. 2 SGB III sind solche i. S. des § 7 Abs. 4 BUrlG. Voraussetzung ist der arbeitsrechtliche Anspruch, so dass eine Abgeltung für verfallenen und für Urlaub, der wegen einer lang andauernden Arbeitsunfähigkeit bis zum Verfalldatum nicht genommen wurde, nicht in Betracht kommt. Wird tatsächlich die Urlaubsabgeltung gezahlt, führt dies auch zum Ruhen („[…] erhalten").[45)] Zwischen Urlaubsabgeltung und der Beendigung des Arbeitsverhältnisses muss ein ursächlicher Zusammenhang bestehen.[46)] Auf die Urlaubsabgeltung kann nicht wirksam zuungunsten des Arbeitnehmers verzichtet werden (§ 13 Abs. 1 Satz 3 BUrlG). 68

Soweit der Arbeitslose das ihm zustehende Arbeitsentgelt oder die Urlaubsabgeltung tatsächlich nicht erhält, gewährt die Agentur für Arbeit gemäß § 157 Abs. 3 SGB III Arbeitslosengeld in der Form der **„Gleichwohlgewährung"**. Mit der Gewährung von Arbeitslosengeld geht auf die Agentur für Arbeit der Anspruch auf Arbeitsentgelt bzw. Ur- 69

44) Dazu BSG, Urt. v. 29.10.2008 – B 11 AL 52/07 R, NZA-RR 2009, 446.

45) Zahlungen aus einer ausländischen Urlaubskasse werden der Urlaubsabgeltung gleichgestellt, BSG, Urt. v. 17.3.2016 – B 11 AL 4/15 R, NZS 2016, 670.

46) LSG Bayern, Urt. v. 25.10.2017 – L 10 AL 93/17, juris.

laubsabgeltung gemäß § 115 SGB X über. Auf die Gleichwohlgewährung besteht seitens des Arbeitslosen ein Rechtsanspruch. Erhält der Arbeitslose später die Leistung gemäß Absatz 1 oder 2 vom Arbeitgeber, bleibt die ursprüngliche Bewilligung rechtmäßig. Der Erstattungsanspruch richtet sich entweder gegen den Arbeitgeber gemäß § 115 SGB X oder gegen den Arbeitslosen, sofern der Arbeitgeber die Leistungen mit befreiender Wirkung an den Arbeitslosen gezahlt hat. Mit befreiender Wirkung zahlt, wer bei der Zahlung von dem gesetzlichen Forderungsübergang keine Kenntnis hatte (§§ 412, 407 BGB). Kenntnis hat der Arbeitgeber bereits dann, wenn er um die Umstände weiß, aus denen sich der Forderungsübergang ergibt, d. h., wenn ihm bekannt ist, dass der Arbeitnehmer Arbeitslosengeld in Anspruch nimmt oder genommen hat.

4. § 158 SGB III: Ruhen des Anspruchs bei Entlassungsentschädigung

70 Zu den **„Entlassungsentschädigungen"** gehört auch der Erlass von Darlehen[47)], die Gewährung von Betriebsrenten sowie Zahlungen aufgrund eines Sozialplans[48)], sofern dies aus Anlass der Beendigung des Beschäftigungsverhältnisses erfolgt. **Nicht** zu den Entlassungsentschädigungen gehört der „Verfrühungsschaden" gemäß § 113 Satz 3 InsO. Dieser Schadensersatz wird dafür gezahlt, dass das Beschäftigungsverhältnis innerhalb der gesetzlichen Frist des § 113 InsO gekündigt wird. Keine Entlassungsentschädigung sind **Beiträge** an die **gesetzliche Rentenversicherung**, die der Arbeitgeber zum Ausgleich von Rentenminderungen bei vorzeitiger Inanspruchnahme einer Rente wegen Alters gemäß § 187a SGB VI zahlt. Die Kürzung des Altersruhegeldes kann bei vorgezogener Inanspruchnahme bis zu 18 % betragen, § 77 Abs. 2 Nr. 1 SGB VI. Da die Rentenkürzung lebenslang andauert, kann die Aufstockung nach § 187a SGB VI sinnvoll sein. Keine Entlassungsentschädigung sind **Betriebsrenten** i. S. des BetrAVG. Voraussetzung ist, dass diese Betriebsrentenanwartschaften während der Erwerbstätigkeit erworben wurden. Die Abfindung gemäß § 1a KSchG ist keine Entlassungsentschädigung, wenn der Arbeitgeber im Übrigen die Frist für eine ordentliche Kündigung eingehalten hat.[49)]

71 Die **„ordentliche Kündigungsfrist"** ergibt sich aus dem Tarifvertrag oder § 622 BGB. Nach Insolvenzeröffnung gilt als ordentliche Kündigungsfrist auch die Frist des § 113 InsO (Kündigungsfrist drei Monate zum Monatsende, wenn nicht eine kürzere Frist maßgeblich ist).

72 Der Kündigungsschutz gemäß dem SGB IX ist ebenso wie der Kündigungsschutz für Schwangere und Betriebsräte § 158 Abs. 1 Satz 3 Nr. 2 SGB III zuzuordnen. § 158 Abs. 1 Satz 4 SGB III gilt auch in den Fällen, in denen die tarifvertraglich eigentlich ausgeschlossene Kündigung mit Zustimmung der Tarifvertragsparteien gegen Zahlung einer Abfindung erfolgen kann und in den Fällen in denen tarifvertraglich die Wiedereröffnung der ordentlichen Kündbarkeit bei Vorliegen einer Betriebsänderung vereinbart wird.[50)]

73 Zeitlich begrenzt ausgeschlossen ist auch die ordentliche Kündigung während eines befristeten Arbeitsvertrages. Bei einer Betriebsstilllegung kann Personen, die aufgrund eines Tarifvertrags unkündbar sind, außerordentlich, jedoch fristgebunden gekündigt werden, wenn die Weiterbeschäftigung des Arbeitnehmers zu einer unzumutbaren Belastung des Arbeitgebers führen würde. Dies ist etwa der Fall, wenn der Arbeitnehmer nicht bereit ist, sich in einen anderen Betrieb versetzen zu lassen.

47) Knickrehm/Kreikebohm/Waltermann-*Mutschler*, Sozialrecht, § 158 SGB III Rz. 5.

48) LSG Hamburg, Urt. v. 28.1.2015 – L 2 AL 41/14, juris.

49) BSG, Urt. v. 8.12.2015 – B 11 AL 5/15 R, BSGE 122, 148 = NZA 2017, 14.

50) BSG, Urt. v. 9.2.2006 – B 7a AL 44/05 R, BSGE 96, 64 = NZS 2006, 662.

Der **Ruhenszeitraum** errechnet sich einerseits anhand der Kündigungsfrist, entweder ordentliche oder fiktive Kündigungsfrist, berechnet ab der Kündigung bzw. dem Tag der Vereinbarung über die Beendigung des Arbeitsverhältnisses und andererseits danach, wann die Abfindung von Gesetzes wegen als verbraucht gilt.[51)] Letzteres richtet sich nach dem Lebensalter des Arbeitnehmers zum Zeitpunkt der Beendigung des Arbeitsverhältnisses (maßgeblich ist die Zahl der vollen Lebensjahre am Tag nach dem letzten Tag des Arbeitsverhältnisses) und nach der Dauer der Betriebs- oder Unternehmenszugehörigkeit. Als Betrag der Abfindung ist der Bruttozahlbetrag, unabhängig von seiner Fälligkeit und unabhängig von den steuerlichen Abzügen anzusetzen. Der anrechenbare Teil der Abfindung ist dem der Berechnung des Arbeitslosengelds zugrunde liegenden Bemessungsentgelt gemäß § 151 SGB III gegenüberzustellen. Arbeitsentgeltkürzungen infolge von Krankheit, Kurzarbeit, Arbeitsausfall oder Arbeitsversäumnis sowie einmalig gezahlte Arbeitsentgelte bleiben außer Betracht. 74

Der **anzurechnende Teil der Abfindung** ergibt sich (in Prozent) aus der folgenden Tabelle: 75

Betriebszugehörigkeit in Jahren	Lebensalter zum Zeitpunkt der Beendigung des Arbeitsverhältnisses					
	ab 35	ab 40	ab 45	ab 50	ab 55	ab 60
5 und mehr Jahre	55	50	45	40	35	30
10 und mehr Jahre	50	45	40	35	30	25
15 und mehr Jahre	45	40	35	30	25	25
20 und mehr Jahre	40	35	30	25	25	25
30 und mehr Jahre			25	25	25	25
35 und mehr Jahre				25	25	25

Soweit der Arbeitslose die Entlassungsentschädigung tatsächlich nicht erhält, zahlt die Agentur für Arbeit Arbeitslosengeld in der Form der **„Gleichwohlgewährung"** (§ 158 Abs. 4 SGB III). Im Zeitpunkt der Leistungsgewährung geht der Anspruch nach § 115 SGB X auf die Agentur für Arbeit über, es sei denn, der Arbeitgeber hat mit befreiender Wirkung (§ 412, 407 BGB) an den Arbeitslosen die Abfindung ausgezahlt. 76

Erhält die Bundesagentur (BA), die wegen der Nichtzahlung einer zum Ruhen des Arbeitslosengeldanspruchs führenden Entlassungsentschädigung des Arbeitgebers an den Arbeitslosen Arbeitslosengeld zahlt (Gleichwohlgewährung), Ersatz vom Arbeitgeber, indem dieser den auf die BA übergegangenen Anspruch auf Entlassungsentschädigung erfüllt, entfällt die Minderung der Anspruchsdauer des Arbeitslosengelds für die entsprechende Anzahl von Tagen. Dabei ist nicht zulasten des Arbeitslosen zu berücksichtigen, dass der BA die Sozialversicherungsbeiträge aus dem Arbeitslosengeld vom Arbeitgeber nicht erstattet werden.[52)] 77

5. Sperrzeit gemäß § 159 SGB III

Hat der Arbeitslose selbst die Beendigung des Arbeitsverhältnisses verursacht und fehlt es dafür an einem „wichtigen Grund", ruht der Anspruch auf Arbeitslosengeld für die Dauer von zwölf Wochen (§ 159 SGB III). In Härtefällen kann die Sperre auf sechs Wo- 78

51) Der Anspruch ruht bei einer Entlassungsentschädigung nicht, wenn das Arbeitsverhältnis zur ordentlichen Kündigungsfrist beendet wurde und der Arbeitgeber zur außerordentlichen Kündigung mit Auslauffrist berechtigt ist, LSG Bayern, Urt. v. 21.9.2016 – L 10 AL 75/16, juris.

52) BSG, Urt. v. 29.1.2008 – B 7/7a AL 58/06 R, NZS 2009, 239 (LS).

chen reduziert werden, § 159 Abs. 3 SGB III, was nur ausnahmsweise geschieht, z. B. bei einem unverschuldeten Rechtsirrtum über die Rechtsfolgen.[53] Bei unzureichenden Eigenbemühungen dauert die Sperrzeit zwei Wochen, bei Meldeversäumnis eine Woche. Während der Sperrzeit entfällt auch der Anspruch auf Krankengeld (§ 49 Abs. 1 Nr. 3a SGB V), es sei denn, die Arbeitsunfähigkeit trat bereits vor Beendigung des Arbeitsverhältnisses ein. Der Anspruch auf Sachleistungen gegenüber der Kasse bleibt dagegen erhalten (§ 5 Abs. 1 Nr. 2 SGB V). Die Arbeitslosigkeit während einer Sperrzeit wird nicht als Anrechnungszeit gemäß § 58 SGB VI bei der Rente berücksichtigt.

79 **Sperrzeittatbestände:**

- Arbeitgeberseitige Kündigung, wenn der Arbeitnehmer durch sein **vertragswidriges Verhalten** Anlass für die Kündigung gegeben hat, dieses Verhalten für die entstandene Arbeitslosigkeit **ursächlich** war und der Arbeitslose durch sein vertragswidriges Verhalten den Eintritt der Arbeitslosigkeit vorsätzlich oder grob fahrlässig herbeigeführt hat.[54] Betriebs- und personenbedingte Kündigungen führen in der Regel also nicht zur Sperrfrist (z. B. Krankheit, Leistungsminderung, Rationalisierung). Vertragswidriges Verhalten ist nur dann ursächlich für die Arbeitslosigkeit, wenn die Kündigung nicht aus anderen Gründen unwirksam war, z. B. fehlende Abmahnung, Nichtbeteiligung des Betriebsrats (§ 102 BetrVG), fehlende Zustimmung des Integrationsamts gemäß § 168 SGB IX (oder des Regierungspräsidenten nach § 17 Abs. 2 MuSchG).
- Schließen die Parteien im Kündigungsschutzprozess einen **Abfindungsvergleich**, kommt es darauf an, ob Einverständnis darüber besteht, dass das Arbeitsverhältnis aus betrieblichen Gründen endete oder zumindest auch betriebliche oder personenbedingte Gründe für die Beendigung maßgeblich sind.[55]
- **Eigenkündigung** des Arbeitnehmers (soweit sie wirksam erklärt wurde). Keine Ursächlichkeit, wenn die Eigenkündigung einer bevorstehenden personen- bzw. betriebsbedingten Kündigung zuvorkommt.[56] Keine grobe Fahrlässigkeit, wenn der Arbeitslose konkrete Aussichten hatte, einen Anschlussarbeitsplatz zu erhalten oder wenn er einen **wichtigen Grund** für die Kündigung hatte, z. B. unzumutbare Arbeitsverhältnisse, Überstunden, Gesundheitsstörungen, erheblicher Rückstand der Lohnzahlungen, Konflikte am Arbeitsplatz, die nicht mehr behoben werden können.
- **Arbeitsablehnung** oder Nichtantritt einer Arbeit. Voraussetzung: Ablehnung eines Arbeitsangebotes, welches die Agentur für Arbeit unterbreitet hat und das zumutbar (§ 140 SGB III) war.[57] Auf die Rechtsfolgen einer unberechtigten Ablehnung muss der Arbeitslose vorher hingewiesen worden sein. Außerdem muss die Ablehnung die Arbeitslosigkeit verlängert haben.

---

53) Z. B. BSG, Urt. v. 2.5.2012 – B 11 AL 18/11 R, NZA 2013, 82.

54) Rotlichtverstoß und Verlust des Führerscheins: LSG Baden-Württemberg, Urt. v. 1.8.2012 – L 3 AL 5066/11, NZS 2012, 878 (LS); Abschluss eines Aufhebungsvertrages: LSG Berlin-Brandenburg, Beschl. v. 4.4.2017 – L 18 AL 128/16, juris; Abschluss eines Änderungsvertrags für befristete Altersteilzeit: LSG Baden-Württemberg, Urt. v. 24.2.2017 – L 8 AL 3805/16, NZA-RR 2017, 318 = FD-SozVR 2017, 388455, m. Anm. *Plagemann*, LSG Berlin-Brandenburg, Beschl. v. 1.11.2016 – L 18 AL 96/16, juris.

55) Z. B. BSG, Urt. v. 2.5.2012 – B 11 AL 6/11 R, BSGE 111, 1 = SGb 2013, 423, m. Anm. *Weinreich* – Abfindung nach § 1a KSchG schadet nicht; vgl. aber auch LSG Sachsen, Urt. v. 24.1.2013 – L 3 AL 112/11, juris – Aufhebungsvertrag ohne Anschlussarbeitsverhältnis „versicherungswidrig".

56) BSG, Urt. v. 25.4.2002 – B 11 AL 65/01 R, BSGE 89, 243 = NZS 2003, 330.

57) BSG, Urt. v. 3.5.2018 – B 11 AL 2/17 R, BSGE 126, 25 = NZS 2019, 219; dann auch *Ricken*, NZA 2019, 520.

Die Insolvenz des Arbeitgebers gilt als **wichtiger Grund** für die Mitwirkung des Arbeitnehmers an der Auflösung seines Beschäftigungsverhältnisses. Ein Arbeitnehmer, dessen Arbeitgeber insolvent ist, hat keine Sperrzeit gemäß § 159 SGB III zu befürchten, wenn er selbst kündigt, um der Kündigung durch den Insolvenzverwalter zuvorzukommen oder einen Aufhebungsvertrag abschließt. Hinsichtlich der vereinbarten Abfindung gilt § 1a KSchG entsprechend.[58] Die für die Beurteilung eines wichtigen Grunds maßgebenden Tatsachen hat der Arbeitnehmer darzulegen und **nachzuweisen,** wenn diese in seiner Sphäre oder in seinem Verantwortungsbereich liegen. 80

B. Sozialversicherungsbeiträge in der Insolvenz

I. Fälligkeit und Insolvenz

Nach § 23 SGB IV werden Sozialversicherungsbeiträge fällig spätestens am drittletzten Bankarbeitstag des Monats der Entgeltzahlung. Dies gilt unabhängig davon, ob die endgültige Höhe des Arbeitsentgelts bereits bekannt ist. Ist sie noch nicht bekannt, so sind die Beiträge in voraussichtlicher Höhe an die Einzugsstelle zu entrichten. Ein verbleibender Restbeitrag wird **zum drittletzten Bankarbeitstag des Folgemonats** fällig. Die Beitragsansprüche entstehen i. S. des § 38 InsO ebenso wie i. S. § 22 SGB IV, also im Zeitpunkt der Beschäftigung.[59] 81

Auch Beiträge auf **Einmalzahlungen** i. S. des § 23a SGB IV sind fällig am drittletzten Bankarbeitstag des Monats, in dem die Einmalzahlungen zu leisten sind. Die Fälligkeit von Beiträgen auf Arbeitsentgelt, das dem Arbeitnehmer als Wert- oder Zeitguthaben auf **Arbeitszeitkonten** gutgeschrieben wird, ist in Anlehnung an das jeweils zur Auszahlung fällige Arbeitsentgelt geregelt. Das Gesetz erfasst qualifizierte Wert-/Zeitguthaben, die aufgrund vorheriger schriftlicher Vereinbarung in Zeiten der Arbeitsfreistellung zur Auszahlung gelangen und nicht unangemessen von dem in der vorangegangenen Arbeitsphase gezahlten Arbeitsentgelt abweichen.[60] 82

Arbeitsentgelte für **Zeit- oder Wertguthaben**, die nicht dem Insolvenzschutz gemäß §§ 7c ff. SGB IV unterliegen, werden grundsätzlich mit der Erbringung der Arbeitsleistung beitragspflichtig und dann gemäß § 23 SGB IV fällig. Wertguthaben, die nicht mehr vereinbarungsgemäß verwendet werden können, z. B., weil der Arbeitnehmer vorzeitig ausscheidet, werden nach § 23b SGB IV „im Krebsgang" insoweit berücksichtigt, als die Beitragsbemessungsgrenze noch nicht ausgeschöpft ist (sog. „Störfall"). 83

Ebenso wie das Arbeitsentgelt sind die Gesamtsozialversicherungsbeiträge Insolvenzforderungen gemäß § 38 InsO. Auf Antrag der zuständigen Einzugsstelle zahlt die Agentur für Arbeit den Gesamtsozialversicherungsbeitrag an diese, der auf die Arbeitsentgelte für die letzten dem Insolvenzereignis vorausgegangenen drei Monate des Arbeitsverhältnisses entfällt (§ 175 SGB III). Die Drei-Monats-Frist errechnet sich analog § 165 Abs. 1 SGB III, also rückwärts von der Eröffnung des Insolvenzverfahrens bzw. Abweisung des Antrags auf Eröffnung oder auch ab vollständiger Beendigung der Betriebstätigkeit. Maßgebend für die Berechnung der Drei-Monats-Frist ist das rechtliche Ende des Arbeitsverhältnisses und nicht das ggf. frühere Ende des Beschäftigungsverhältnisses. Der Anspruch besteht nur auf den Gesamtsozialversicherungsbeitrag, nicht aber auf Umlagen. Durch die Zahlung seitens der Agentur für Arbeit bleiben die Ansprüche gegenüber dem Arbeitgeber bestehen (§ 175 Abs. 2 SGB I). 84

---

58) Vgl. dazu BSG, Urt. v. 2.5.2012 – B 11 AL 6/11 R, BSGE 111, 1 = SGb 2013, 423, m. Anm. *Weinreich*; LSG Baden-Württemberg, Urt. v. 21.8.2012 – L 13 AL 1434/11, juris.

59) BGH, Beschl. v. 22.9.2011 – IX ZB 121/11, NZS 2012, 301 = NZI 2011, 953.

60) BSG, Urt. v. 20.3.2013 – B 12 KR 7/11 R, BSGE 113, 144.

85 Soweit das Insolvenzgericht einen vorläufigen (starken)Verwalter (was selten der Fall ist) bestellt und dieser den Arbeitnehmer beschäftigt, handelt es sich bei den Entgeltansprüchen um Masseverbindlichkeiten gemäß § 55 Abs. 2 Satz 2 InsO. Dies gilt dann auch für den Gesamtsozialversicherungsbeitrag. Dies gilt nicht für den üblichen sog. schwachen Verwalter. Hier verbleibt die Arbeitgeberfunktion noch bei dem schuldnerischen Unternehmen. Auch die Verwaltungs- und Verfügungsbefugnis geht dann erst mit der Insolvenzeröffnung auf den Insolvenzverwalter über.

86 Stellt der Insolvenzverwalter den Arbeitnehmer **von der Arbeit frei**, so bleibt das sozialversicherungspflichtige Beschäftigungsverhältnis bis zum Ablauf der Kündigungsfrist oder bis zur Aufnahme einer anderweitigen Beschäftigung bestehen. An dem Fortbestand des Beschäftigungsverhältnisses ändert sich auch dann nichts, wenn die Freistellung unwiderruflich erfolgte.[61)]

87 Im Falle der **Verlängerung** des ursprünglich beendeten Beschäftigungsverhältnisses durch **Vergleich** mit dem Insolvenzverwalter ist bis zum festgestellten Termin von einem Fortbestehen des Beschäftigungsverhältnisses auszugehen.

II. Beitragsrückstände

88 Nach den Richtlinien zu § 28p SGB IV erfolgt im Falle eines Insolvenzantrags von Amts wegen regelmäßig eine Betriebsprüfung. Kommt diese zu dem Ergebnis, dass Beitragsrückstände bestehen, ergeht an den Insolvenzverwalter eine Prüfmitteilung. Diese hat deklaratorische Bedeutung. Die Feststellungen werden dann von den zuständigen Einzugsstellen (Krankenkassen gemäß § 28h SGB IV) zur Tabelle angemeldet. Ist zuvor ein Bescheid an den Schuldner ergangen, tritt nach § 87 InsO i. V. mit § 240 ZPO ein Ruhen des anhängigen Widerspruchsverfahrens ein. Diese Unterbrechung dauert fort bis das Verfahren nach den für das Insolvenzverfahren geltenden Vorschriften vom Insolvenzverwalter aufgenommen wird. Werden die dann angemeldeten Forderungen im gerichtlichen Prüftermin bestritten, lebt das Widerspruchsverfahren in analoger Anwendung von § 240 ZPO i. V. mit § 179 InsO wieder auf. Die Feststellung der Forderung obliegt gemäß § 185 InsO auch in der Insolvenz des Beitragsschuldners der zuständigen Verwaltungsbehörde, d. h. den Einzugsstellen und den Betriebsprüfungsbehörden, also der Deutschen Rentenversicherung. Ihre Befugnis an Stelle der Einzugsstellen Verwaltungsakte über das Ergebnis einer Betriebsprüfung zu erlassen, bleibt auch bei der Insolvenz unberührt.[62)] Der Bescheid wird dann gegenüber dem Insolvenzverwalter erlassen. Allerdings kann dieser Bescheid nicht vollstreckt werden, da während des Insolvenzverfahrens ein Vollstreckungsverbot besteht, § 89 InsO.[63)]

III. Insolvenzantrag

89 Wegen rückständiger Beiträge sind Einzugsstelle und Unfallversicherungsträger befugt, einen Insolvenzantrag gemäß § 14 InsO zu stellen. Die Einzugsstelle wird dies zeitnah tun, um die Ausfallhaftung der Agentur für Arbeit gemäß § 175 SGB III für die letzten dem Insolvenzereignis vorausgehenden drei Monate des Arbeitsverhältnisses auszulösen. Der

61) BSG, Urt. v. 24.9.2008 – B 12 KR 22/07 R, BB 2009, 782 = NJW 2009, 1775; BSG, Urt. v. 30.8.2018 – B 11 AL 15/17 R, BSGE 126, 217 = NZA-RR 2019, 217.

62) BSG, Urt. v. 28.5.2015 – B 12 R 16/13 R, ZIP 2016, 128 = NZI 2016, 27, m. Anm. *Plagemann*, dazu EWiR 2016, 55 *(Hess)*; LSG Baden-Württemberg, Urt. v. 27.4.2016 – L 5 R 2004/14, NZI 2016, 819 = NZS 2016, 507.

63) BSG, Urt. v. 15.9.2016 – B 12 R 2/15 R, NZI 2017, 343 = NZS 2017, 275, m. Anm. *Wagner*. LSG Nordrhein-Westfalen, Beschl. v. 2.11.2015 – L 3 R 675/15 B ER, NZI 2016, 296 = NZS 2016, 72 – zum Rechtsschutzbedürfnis.

Antrag muss **Angaben über den Insolvenzgrund** sowie die **Zahlungsunfähigkeit** bzw. die **Überschuldung** enthalten. Eine **nicht titulierte Forderung** ist nach Grund und Höhe schlüssig darzulegen.

Hinsichtlich des Insolvenzgrunds muss der Gläubiger, wenn er keine aktuelle Unpfändbarkeitsbescheinigung vorlegen kann, **Tatsachen darlegen und glaubhaft machen**, die den Schluss auf die Zahlungsunfähigkeit des Schuldners zulassen. 90

Praxishinweis

Von Bedeutung kann insbesondere sein, ob der Schuldner die Forderung aus tatsächlichen Gründen oder aus Rechtsgründen bestreitet und deshalb nicht zahlt oder ob er die Berechtigung der Forderung nicht in Zweifel zieht, aber gleichwohl keine Zahlung leistet.[64] Da Beitragsbescheide gemäß § 86a Abs. 2 Nr. 1 SGG sofort vollstreckbar sind, führt der Widerspruch des Schuldners nicht eo ipso zur Unzulässigkeit des Insolvenzantrages, es sei denn, nach § 86a Abs. 3 SGG wurde die aufschiebende Wirkung des Widerspruchs gegen den Beitragsbescheid angeordnet. Dann sind diese Forderungen bei der „Zahlungsunfähigkeit" nicht zu berücksichtigen.[65]

Im Übrigen genügen zur Substantiierung in der Regel der **vollstreckbare Leistungsbescheid** oder die **Beitragsnachweise.**[66] Sie sind im Antrag unter Angabe des Datums zu bezeichnen. **Zur Glaubhaftmachung genügt** der Kontoauszug der Krankenkasse, aus dem sich im Einzelnen die Höhe der Beiträge, deren Fälligkeit, Mahnkosten und ggf. Säumniszuschläge ergeben, allein nicht.[67] Hat der Schuldner für die Dauer von sechs Monaten die Beiträge ganz oder teilweise nicht abgeführt, ist die Zahlungsunfähigkeit glaubhaft gemacht, auch ohne dass ein fruchtloser Vollstreckungsversuch nachgewiesen werden muss.[68] Der Gläubiger muss das Vorliegen eines Eröffnungsgrunds auch im Falle der Fortführung des Verfahrens gemäß § 14 Abs. 1 Satz 1 InsO glaubhaft machen.[69] Im Falle der **elektronischen Datenübermittlung** bedarf es einer Vollstreckbarkeitsbestätigung, die die Beiträge aufschlüsselt und den vollsteckbaren Bescheid bezeichnet.[70] 91

Zur Vermeidung unzulässiger **„Druckanträge"** der Kassen kann nach Ansicht des LG Hamburg[71] ein mehrmonatiger Beitragsrückstand allein kein hinreichendes Indiz für die Zahlungsunfähigkeit sein. Insbesondere bei vorangegangenen Teilzahlungen ist regelmäßig ein fruchtloser Vollstreckungsversuch nachzuweisen. Unzulässig wird der Insolvenzantrag, wenn die dem Antrag zugrunde liegende Forderung noch vor der Entscheidung über die Verfahrenseröffnung beglichen wird und die Zahlungsunfähigkeit im Antragszeitpunkt nicht glaubhaft gemacht wurde.[72] 92

Eine vor der Insolvenz gemäß § 52 SGB I angeordnete **Verrechnungsbefugnis** steht der **Aufrechnung** i. S. von § 94 InsO gleich, so dass der ermächtigte Versicherungsträger daraus 93

64) BGH, Beschl. v. 22.9.2005 – IX ZB 205/04, NZI 2006, 34.
65) Dazu OLG Brandenburg, Urt. v. 6.3.2013 – 7 U 23/11, ZIP 2013, 941, dazu EWiR 2013, 415 *(Schröder)*.
66) BGH, Beschl. v. 5.2.2004 – IX ZB 29/03, ZIP 2004, 1466 = NZI 2004, 587, m. Anm. *Gundlach/Frenzel*.
67) BGH, Beschl. v. 5.2.2004 – IX ZB 29/03, ZIP 2004, 1466 = NZI 2004, 587, m. Anm. *Gundlach/Frenzel*.
68) BGH, Beschl. v. 13.6.2006 – IX ZB 238/05, NZI 2006, 590 = ZIP 2006, 1457.
69) Dazu BGH, Beschl. v. 11.4.2013 – IX ZB 256/11, ZIP 2013, 1086 = NZI 2013, 594, dazu EWiR 2013, 515 *(Kexel)*.
70) *Schmahl*, NZI 2007, 20, 22.
71) LG Hamburg, Beschl. v. 21.11.2001 – 326 T 171/01, ZIP 2002, 447, dazu EWiR 2002, 349 *(Hess)*.
72) LG Düsseldorf, Beschl. v. 25.9.2012 – 25 T 490/12, NZI 2013, 94, m. Anm. *Meier;* vgl. auch LG Köln, Beschl. v. 5.3.2018 – 1 T 5/18, ZIP 2018, 1610 = NZI 2018, 355 – Indizien für unzulässigen Druckantrag.

auch Rechte im Verfahren der Schuldenbereinigung gemäß § 309 InsO herleiten kann.[73] Das gesetzgeberische Ziel der Gläubigergleichbehandlung gemäß § 1 InsO wird auch insofern durch die Aufrechnungsregelungen hintangestellt.

IV. Insolvenzanfechtung abgeführter Sozialversicherungsbeiträge

94 Gemäß § 129 ff. InsO kann der Insolvenzverwalter Rechtshandlungen, die vor Eröffnung des Insolvenzverfahrens vorgenommen worden sind und die **Insolvenzgläubiger benachteiligen**, nach Maßgabe der §§ 130–146 InsO **anfechten**. Sieht man einmal von den Fällen der vorsätzlichen Benachteiligung gemäß § 133 InsO ab, in denen der Schuldner in den letzten zehn Jahren vor dem Antrag auf Eröffnung des Insolvenzverfahrens mit dem Vorsatz, seine Gläubiger zu benachteiligen, Rechtshandlungen vorgenommen hat, ist zwischen den Rechtshandlungen zu unterscheiden, die in den letzten drei Monaten vor dem Antrag auf Eröffnung des Insolvenzverfahrens vorgenommen wurden (§ 130 Abs. 1 Nr. 1 InsO: „kongruente Deckung")[74], und den Rechtshandlungen, die im gleichen Zeitraum vorgenommen wurden, einem Insolvenzgläubiger aber Sicherung oder Befriedigung gewährten, die dieser nicht oder nicht in der Art oder nicht zu der Zeit zu beanspruchen hatte („inkongruente Deckung" gemäß § 131 InsO). Dazu gehören auch die Zahlungen, die der Schuldner aufgrund eines früheren Insolvenzantrags erbracht hat.[75]

95 Zur Rückgewähr verpflichtet wird der Zahlungsempfänger auch dann, wenn der Schuldner **Dritte zur Zahlung veranlasst** hatte. Vereinbart ein Schuldner mit einer Zwischenperson, diese solle für ihn fällige Beiträge an einen Sozialversicherungsträger entrichten, bewirkt allein die Mittelbarkeit dieser Zahlung in der Regel eine **inkongruente Deckung** gemäß § 131 InsO.[76]

96 Die der Einzugsstelle auf Anweisung des Schuldners gewährte Befriedigung stellt auch nicht deshalb eine kongruente Deckung dar, weil die Einzugsstelle nach § 76 Abs. 1 SGB IV verpflichtet ist, Sozialversicherungsbeiträge rechtzeitig und vollständig zu erheben und diese Beiträge nach § 30 Abs. 1 SGB IV zweckgebunden verwendet werden müssen.

97 Die Sozialversicherungsbeiträge sind **kein „zugunsten der Sozialversicherungsträger aussonderungsfähiges Treugut"**. Sie werden in vollem Umfang aus dem Vermögen des Arbeitgebers geleistet – auch soweit es sich um die Arbeitnehmeranteile handelt. § 28e Abs. 1 Satz 2 SGB IV bestimmt, dass die Arbeitnehmeranteile „als aus dem Vermögen des Beschäftigten erbracht" gelten. Der BGH[77] bescheinigt dem Gesetzgeber einen „Rechtsirrtum": Die Zielsetzung – Schutz der Sozialversicherungsträger vor Beitragsrückgewähr – sei in der Norm nicht zum Ausdruck gebracht worden. Eine Fiktion mit der wohl gewünschten Rechtsfolge sei nicht möglich. Gegen diese Art von Missdeutung eines Parlamentsgesetzes sind grundsätzliche Einwände zu erheben.[78]

---

73) BSG, Urt. v. 10.12.2003 – B 5 RJ 18/03 R, BSGE 92, 1 = ZIP 2004, 1327, dazu EWiR 2004, 927 *(Gagel)*; BGH, Beschl. v. 29.5.2008 – IX ZB 51/07, BGHZ 177, 1 = NZI 2008, 479, m. Anm. *Wegener*; zustimmend *Eichenhofer*, SGb 2013, 253; SG Stade, Urt. v. 27.8.2008 – S 9 R 226/05, jurisPR-SozR 10/2009 Anm. 3 *(Bigge)*.

74) BGH, Urt. v. 7.11.2013 – IX ZR 49/13, ZIP 2013, 2318, dazu EWiR 2014, 51 *(Laroche)*.

75) BGH, Urt. v. 25.10.2012 – IX ZR 117/11, ZIP 2012, 2355 = NZI 2012, 963, m. Anm. *Thole*.

76) BGH, Urt. v. 9.1.2003 – IX ZR 85/02, ZIP 2003, 356, 358, dazu EWiR 2003, 281 *(Pape)*; BGH, Urt. v. 8.12.2005 – IX ZR 182/01, ZIP 2006, 290 = NZI 2006, 159, m. Anm. *Huber*.

77) BGH, Urt. v. 5.11.2009 – IX ZR 233/08, BGHZ 183, 86 = ZIP 2009, 2301, dazu EWiR 2010, 67 *(Henkel)*.

78) LG Köln, Urt. v. 9.12.2009 – 13 S 230/09, ZIP 2010, 41, dazu EWiR 2010, 93 *(Looff)*; anders: BGH, Urt. v. 30.9.2010 – IX ZR 237/09, ZIP 2010, 2209; vgl. auch *Plagemann/Radtke-Schwenzer*, ZIP 2009, 899; ausführlich *Knospe*, Die Insolvenzanfechtung von Sozialversicherungsbeiträgen, 2014.

Voraussetzung für die Anfechtung nach § 133 Abs. 1 InsO (**vorsätzliche Benachteiligung**) 98
ist, dass der Schuldner die Rechtshandlung mit Benachteiligungsvorsatz vorgenommen hat.[79] Es reicht sowohl bei inkongruenten als auch bei kongruenten Deckungsgeschäften aus, dass der Schuldner sich die **Benachteiligung nur als möglich vorgestellt**, sie aber in Kauf genommen hat, ohne sich durch die Vorstellung dieser Möglichkeit von seinem Handeln abhalten zu lassen.[80] Zur Feststellung des Benachteiligungsvorsatzes nimmt die Rechtsprechung Bezug auf die Lebenserfahrung: Hat der Schuldner einem Gläubiger eine inkongruente Deckung gewährt, auf die der Begünstigte keinen Anspruch hat, so liegt darin regelmäßig ein starkes Beweisanzeichen für einen Benachteiligungsvorsatz. Inkongruent ist stets die von einem Gläubiger aufgrund seines Insolvenzantrags erzielte Deckung. Der Insolvenzantrag dient im Gegensatz zur Einzelzwangsvollstreckung nach seinem gesetzlichen Zweck nicht dazu, dem einzelnen Gläubiger zur vollen Durchsetzung seiner Ansprüche zu verhelfen. Der antragstellende Gläubiger hat daher regelmäßig kein rechtlich geschütztes Interesse daran, mit dem Ziel der Antragsrücknahme erbrachte Zahlungen des Schuldners als Erfüllung anzunehmen. Das Insolvenzverfahren dient grundsätzlich der gleichmäßigen Befriedigung der Gläubiger.

Praxishinweis

Soweit der Insolvenzverwalter von der Kasse Auskunft über die vom Schuldner gezahlten Sozialversicherungsbeiträge verlangt und dieses Ersuchen auf das Informationsfreiheitsgesetz stützt, ist der Verwaltungsrechtsweg gemäß § 40 VwGO gegeben.[81] Anders könnte es sich verhalten, wenn der Auskunftsanspruch als Akteneinsicht gemäß § 25 SGB X geltend gemacht wird.[82] Üblicherweise verlangen die Krankenkassen vom Insolvenzverwalter die Vorlage der Kontoauszüge und den Nachweis der tatsächlich erfolgten Zahlung der Sozialversicherungsbeiträge.

V. Säumniszuschläge im Insolvenzverfahren

Gemäß § 24 SGB IV muss der Versicherungsträger Säumniszuschläge i. H. von 1 % der 99
rückständigen Beiträge oder Beitragsvorschüsse erheben. Die Einzugsstelle hat dabei kein Ermessen. Säumniszuschläge für Zeiten nach Eröffnung des Insolvenzverfahrens sind lediglich **nachrangige Insolvenzforderungen** i. S. des § 39 Abs. 1 Nr. 1 InsO.[83] Das bedeutet, dass Säumniszuschläge nur nach Aufforderung durch das Insolvenzgericht angemeldet werden dürfen (§ 174 Abs. 3 Satz 1 InsO). Insolvenzgläubiger sollten anhand des Insolvenztabellenauszugs überprüfen, ob diese Vorschrift auch vom Insolvenzverwalter umgesetzt wurde. Da die Säumniszuschläge nur nachrangige Insolvenzforderungen darstellen, erhöht sich die Quotenzahlung für die übrigen Insolvenzgläubiger. Allerdings prüft der Insolvenzverwalter i. R. der Forderungsprüfung ob die Säumniszuschläge und deren Anmeldung nur bis zum Tag der Insolvenzeröffnung geltend gemacht werden. Auch ist es üblich, dass auf Antrag 50 % der Säumniszuschläge **erlassen** werden.

---

79) BGH, Urt. v. 7.5.2015 – IX ZR 95/14, ZIP 2015, 1234, dazu EWiR 2015, 649 (*Pluskat*).

80) Nach BAG, Urt. v. 29.1.2014 – 6 AZR 345/12, ZIP 2014, 628, dazu EWiR 2014, 291 (*Huber*), reicht die Kenntnis von der Zahlungsunfähigkeit des Arbeitgebers als solche für die Vorsatzanfechtung nicht aus.

81) BSG, Beschl. v. 4.4.2012 – B 12 SF 1/10 R, ZIP 2012, 2321 = NZI 2013, 197; zur Auskunftspflicht vgl. auch VG Freiburg, Urt. v. 21.9.2011 – 1 K 734/10, NZS 2011, 825, m. Anm. *Schnittmann*.

82) Dazu LSG Nordrhein-Westfalen, Beschl. v. 26.4.2010 – L 16 B 9/09, juris; vgl. auch VG Berlin, Urt. v. 30.8.2012 – VG 2 K 147/11, NVwZ-RR 2013, 209 = NZI 2013, 413, zum Anspruch auf Einsicht in die beim Finanzamt geführten Steuerunterlagen.

83) LSG Baden-Württemberg, Urt. v. 16.12.2014 – L 11 R 157/14, ZIP 2015, 396 – keine Säumniszuschläge für Altmasse-Verbindlichkeiten; BSG, Urt. v. 12.12.2018 – B 12 R 15/18 R, BSGE 127, 125 = NZS 2019, 199.

VI. Stundung, Niederschlagung, Erlass (§ 76 SGB IV)[84)]

100 Die Sozialversicherungsträger haben Einnahmen und vollständig zu erheben (§ 76 Abs. 1 SGB IV). Auf **Antrag** haben die Sozialversicherungsträger (regelmäßig Einzugsstelle gemäß § 28h SGB IV) darüber zu entscheiden, ob Beitragsansprüche gestundet, niedergeschlagen oder erlassen werden können. Im Streit entscheiden die SG. Verzögert der Sozialversicherungsträger die Entscheidung über Stundung oder Erlass und vollstreckt er trotzdem, so verstößt er gegen Treu und Glauben.[85)]

101 Zu § 76 Abs. 2 SGB IV hat der GKV-Spitzenverband sog. „Beitragserhebungsgrundsätze"[86)] erlassen und angepasst.

> „§ 3 Stundung
>
> (1) [1]Beitragsansprüche dürfen nur gestundet werden, wenn die sofortige Einziehung mit erheblichen Härten für den Anspruchsgegner verbunden wäre und der Anspruch durch die Stundung nicht gefährdet wird. [2]Die Gründe, die zur Entscheidung der Krankenkassen geführt haben, sind zu dokumentieren.
>
> (2) Eine erhebliche Härte i. S. des Absatzes 1 ist anzunehmen, wenn der Anspruchsgegner sich aufgrund ungünstiger wirtschaftlicher Verhältnisse vorübergehend in ernsthaften Zahlungsschwierigkeiten befindet oder im Falle der sofortigen Einziehung in diese geraten würde.
>
> (3) Die Realisierung des Beitragsanspruchs ist gefährdet, wenn sich der Anspruchsgegner in nicht nur vorübergehenden Zahlungsschwierigkeiten befindet oder eine Überschuldung in absehbarer Zeit offensichtlich nicht abgebaut werden kann.
>
> (4) [1]Die Stundung soll gegen eine angemessene Verzinsung (§ 4) und in der Regel nur gegen Sicherheitsleistung (§ 5) gewährt werden. [2]Eine Stundung ohne Teilzahlung ist in der Regel maximal für die Dauer eines Jahres zulässig.
>
> (5) [1]Die Stundung setzt einen Antrag des Anspruchsgegners voraus. [2]Der Anspruchsgegner hat das Vorliegen der Voraussetzungen der Stundung i. R. seiner Möglichkeiten zu belegen und dadurch glaubhaft zu machen.
>
> (6) [1]Über den Stundungsantrag ist nach pflichtgemäßem Ermessen zu entscheiden. Die Entscheidung ist durch Verwaltungsakt bekanntzugeben. [2]Wird dem Stundungsantrag entsprochen, sind der Stundungszeitraum, die Stundungszinsen, deren Fälligkeit und die zu erbringenden Sicherheitsleistungen zu benennen. [3]Wird die Stundung durch Einräumung von Teilzahlungen gewährt, ist über die Zahlung der Beiträge ein Ratenplan aufzustellen.
>
> (7) [1]Der Stundungszeitraum beginnt mit dem nächsten Fälligkeitstag für laufende Beiträge nach Eingang des Stundungsantrags. [2]Bei Eingang des Stundungsantrags an einem Fälligkeitstag beginnt der Stundungszeitraum mit diesem Tag. [3]Satz 1 gilt auch bei Stundungen, bei denen die Fälligkeit des der Stundung zugrundeliegenden Beitragsanspruchs bereits eingetreten ist.
>
> (8) [1]Bei einer Stundung von Gesamtsozialversicherungsbeiträgen für länger als zwei Monate, deren Höhe die Bezugsgröße übersteigt, sind bei der nächsten Monatsabrechnung die zuständigen Träger der Rentenversicherung und die Bundesagentur für Arbeit über die Höhe der auf sie entfallenden Beitragsansprüche und über den Zeitraum, für den die Beitragsansprüche gestundet sind, zu unterrichten. [2]Eine weitere Stundung der Beitragsansprüche darf nur im Einvernehmen mit den beteiligten Trägern der Rentenversicherung und der Bundesagentur für Arbeit vorgenommen werden."

---

84) Ausführlich *Plagemann* in: MünchAHB-SozR, § 11.

85) BSG, Urt. v. 29.10.1991 – 13/5 RJ 36/90, SozR3-2400 § 76 Nr. 1.

86) Beitragserhebungsgrundsätze ursprünglich v. 17.2.2010. Änderungen vom 26.9.2022 des „Spitzenverband Bund der Krankenkassen", abrufbar unter https://www.tk.de/resource/blob/2137084/41be929316-80962cde433a928d40e8d0/rs-2022-615-v--11-10-2022---aenderung-beginn-stundungszeitraum-data.pdf (Abrufdatum. 16.7.2023). Danach soll bei Stundungen der Stundungszeitraum künftig mit dem nächsten Fälligkeitstag für laufende Beiträge nach Eingang des Stundungsantrags beginnen und nicht mehr nach Bekanntgabe der Stundungsvereinbarung.

„§ 9 Erlass

(1) [1]Beitragsansprüche dürfen nur erlassen werden, wenn deren Einziehung nach Lage des einzelnen Falles unbillig wäre. [2]Der Erlass ist nur zulässig, wenn eine Stundung oder ein Vergleich nicht in Betracht kommt.

(2) [1]Grundlage für den Erlass können persönliche oder sachliche Billigkeitsgründe sein. [2]Gründe für den Erlass sind insbesondere dann gegeben, wenn eine Gefährdung des wirtschaftlichen Fortbestandes oder des notwendigen Lebensunterhalts des Anspruchsgegners besteht.

(3) Der Anspruchsgegner hat das Vorliegen der Voraussetzungen zu belegen und dadurch glaubhaft zu machen.

(4) [1]Über den Erlassantrag ist nach pflichtgemäßem Ermessen zu entscheiden. [2]Die Entscheidung ist durch Verwaltungsakt bekanntzugeben.

(5) Ein Erlass von Ansprüchen auf Gesamtsozialversicherungsbeiträge, deren Höhe insgesamt den Betrag von einem Sechstel der Bezugsgröße übersteigt, darf nur im Einvernehmen mit den beteiligten Trägern der Rentenversicherung und der Bundesagentur für Arbeit vorgenommen werden."

Die im Vergleich vereinbarte Zahlungserleichterung – sei es in der Form der Stundung 102 oder auch des (Teil-)Erlasses – stellt eine staatliche **Beihilfe** i. S. des Art. 107 AEUV dar, wenn das Unternehmen in Anbetracht der Bedeutung des hiermit gewährten wirtschaftlichen Vorteils derartige Erleichterungen offenkundig nicht von einem privaten Gläubiger erhalten hätte, der sich ihm gegenüber in derselben Situation befindet wie die mit der Einziehung betraute Einrichtung.[87)] Im Jahre 2014 hat die Kommission neue Leitlinien zu Rettungs- und Umstrukturierungsbeihilfen für die Unternehmen in Schwierigkeiten verabschiedet.[88)] Daraufhin hatte das Bundesministerium für Wirtschaft und Energie hatte am 31.12.2021 eine „Bundesrahmenregelung für staatliche Beihilfen zur Rettung und Umstrukturierung kleiner und mittlerer Unternehmen in Schwierigkeiten" erlassen.[89)] Diese sind bis zum 31.12.2025 gültig. Diese wurde von der europäischen Kommission genehmigt.

Der den Vergleich rechtfertigende **„ernsthafte Sanierungsversuch"** setzt einen im We- 103 sentlichen gleichwertigen Sanierungsbeitrag aller Gläubiger voraus – nur dann kann man davon ausgehen, dass ein „privater Investor" in vergleichbarer Position ebenso nachgegeben hätte. Die vom EuGH[90)] befürchtete Wettbewerbsverfälschung entfällt, wenn ein privater Geldgeber bei entsprechender Analyse dem Unternehmen eine positive Sanierungsprognose ausstellt bzw. ausgestellt hätte. Dabei kann ein Teil-Erlass auch darin seine Rechtfertigung finden, dass wegen der Dauer des Insolvenzverfahrens noch größere Verluste drohen.[91)]

VII. Die (persönliche) Haftung des Arbeitgebers für Beitragsrückstände

1. „Arbeitgeber" i. S. des § 266a StGB

Der Arbeitgeber ist im Verhältnis zur Einzugsstelle **alleiniger Schuldner** des Gesamtsozial- 104 versicherungsbeitrages (§ 28e Abs. 1 Satz 1 SGB IV).

87) EuGH, Urt. v. 29.6.1999 – Rs. C-256/97, ZIP 1999, 1278, dazu EWiR 1999, 1115 *(Wessely)*; vgl. ausführlich zum Einfluss des EU-Beihilferechts auf die Sozialversicherung *Schulz-Weidner* in: Deutsche Rentenversicherung, 2004, 592; *Soltész/Wagner*, ZIP 2013, 2093.

88) Dazu: Grabitz/Hilf/Nettesheim-*v. Wadenberg/Schütte*, Recht der EU, Art. 107 Rz. 231 ff.

89) Nachzulesen unter: www.bmwk.de/Redaktion/DE/Downloads/B/beihilfenkontrollpolitik-bundesrahmenregelung-staatliche-beihilfen-rettung-umstrukturierung-unternehmen.pdf (Abrufdatum: 16.7.2023).

90) EuGH, Urt. v. 29.6.1999 – Rs. C-256/97, ZIP 1999, 1278.

91) EuGH, Urt. v. 24.1.2013 – Rs. C-73/11 P; dazu *Hübler*, NZI 2013, 337; *Laroche/Wollenweber*, ZInsO 2016, 2225.

105 Die Strafbarkeit der Arbeitgeber gemäß § 266a StGB führt i. V. mit § 14 StGB und § 823 Abs. 2 BGB zugleich zur **persönlichen Haftung von Organen**[92] für Beitragsrückstände des Unternehmens. Betroffen sind z. B. Geschäftsführer einer GmbH, Vorstände einer AG oder eines Vereines. Dazu gehören auch **faktische Geschäftsführer.**[93] Voraussetzung ist, dass der Betreffende nach dem Gesamterscheinungsbild seines Auftretens die Geschicke der Gesellschaft – über die interne Einwirkung auf die satzungsmäßige Geschäftsführung hinaus – durch eigenes Handeln maßgeblich in die Hand genommen hat.[94] Im Übrigen wird der Geschäftsführer einer GmbH erst mit seiner Bestellung für die Abführung von Sozialversicherungsbeiträgen verantwortlich. Das pflichtwidrige Verhalten früherer Geschäftsführer kann ihm grundsätzlich nicht zugerechnet werden. Sind allerdings bei seinem Amtsantritt noch Sozialversicherungsbeiträge zu zahlen, muss er diese Zahlung vornehmen, da er sonst haftet.[95] Versäumnisse des Vorgängers sind somit zu korrigieren.

106 Auch wenn bei der **mehrgliedrigen Geschäftsführung** ein Geschäftsführer ausschließlich mit technisch-wissenschaftlichen Fragen befasst ist, verbleiben diesem „Kraft seiner All-Zuständigkeit“ Überwachungspflichten, die ihn zum Eingreifen veranlassen müssen, wenn „Anhaltspunkte dafür bestehen, dass die Erfüllung der der Gesellschaft obliegenden Aufgaben durch den zuständigen Geschäftsführer nicht mehr gewährleistet ist.“[96] Anlass zum Tätigwerden ist spätestens dann gegeben, wenn dem technischen Geschäftsführer bekannt wird, dass die liquiden Mittel nicht mehr hinreichen, sämtliche fälligen Verbindlichkeiten sofort zu erfüllen.[97] Interne Zuständigkeitsregelungen lassen ebenso wie eine Delegation der Aufgaben die Eigenverantwortlichkeit jedes Geschäftsführers nicht erlöschen.[98] Der Geschäftsführer darf sich in der Krise des Unternehmens nicht auf telefonische Informationen des Mitgesellschafters verlassen.

107 Die Verantwortung für die fristgerechte Beitragszahlung endet mit der **Abberufung** des Geschäftsführers bzw. seiner endgültigen Amtsniederlegung. Der Abberufung des Geschäftsführers durch die Gesellschafterversammlung steht die Niederlegung des Amts durch den Geschäftsführer gleich. Dies kann durch einseitige Erklärung geschehen, und zwar ohne Eintragung in das Handelsregister. Die Amtsniederlegung macht stillschweigend rückgängig, wer als „Nothelfer“ weiterhin tatsächlich Geschäftsführerfunktionen ausübt.

108 Auch **Beauftragte** des Betriebsinhabers, wie Steuerberater oder Steuerbevollmächtigte, die nicht nur die Beitragsabrechnungen erstellen, sondern auch die Zahlungen der Beiträge vornehmen sollen, können sich der Betragsvorenthaltung strafbar machen.[99]

109 In den Fällen des **Betriebsübergangs** (§ 613a BGB) trifft für die Zeit ab dem Betriebsübergang die Verpflichtung zur Zahlung des Gesamtsozialversicherungsbeitrages allein

92) Vgl. BGH, Urt. v. 3.5.2016 – II ZR 311/14, NJW 2017, 886 = DStR 2016, 1938 = ZIP 2016, 1283, dazu EWiR 2016, 523 *(Kuhn)*. Die Einzugsstellen der Krankenkassen können den Klageweg zu den Zivilgerichten beschreiten.

93) BGH, Beschl. v. 13.10.2016 – 3 StR 352/16, ZIP 2017, 224 = NStZ 2017, 149; BGH, Urt. v. 24.1.2018 – 1 StR 331/17, NStZ 2019, 146 – Fehlvorstellung über Arbeitgebereigenschaft kann Tatbestandsirrtum sein. Hier gibt es neuere Rspr.: BGH, Beschl. v. 24.9.2019 – 1 StR 346/18, BGHSt 64, 195 = NStZ 2020, 89, der BGH hält an seiner früheren von einem Verbotsirrtum ausgehenden Rspr. nicht fest.

94) Vgl. auch BGH, Urt. v. 11.6.2013 – II ZR 389/12, ZIP 2013, 1519 = NJW 2013, 3303, zur Haftung des Beauftragten einer ausländischen Gesellschaft.

95) *Fleischer* in: MünchKomm-GmbHG, § 43 Rz. 356.

96) BGH, Urt. v. 2.6.2008 – II ZR 27/07, ZIP 2008, 1275, dazu EWiR 2008, 719 *(Schreiber)*.

97) OLG Frankfurt/M., Urt. v. 23.1.2004 – 24 U 135/03, OLG-Report 2004, 219 = NZG 2004, 388.

98) Zur Ressortaufteilung zwischen Geschäftsführern einer GmbH: BGH, Urt. v. 6.11.2018 – II ZR 11/17, BGHZ 220, 162 = ZIP 2019, 261.

99) *Merz* in: Graf/Jäger/Wittig, Wirtschafts- und Steuerstrafrecht, § 14 Rz. 47, wonach eine beratende Funktion nicht ausreicht.

den neuen Arbeitgeber. Die Haftung wegen Rückständen auf der Zeit zuvor trifft allein den früheren Arbeitgeber (vgl. § 613a BGB, § 75 AO bzw. § 25 HGB).

2. Arbeitnehmer- und Arbeitgeberanteile

Die Haftung nach § 823 Abs. 2 BGB i. V. mit § 266a StGB beschränkt sich nach h. M. auf 110
den Arbeitnehmeranteil zur Sozialversicherung.[100)]

Schutzgut des § 266a StGB sind nicht nur die Arbeitnehmeranteile zur Sozialversicherung, 111
sondern seit dem 1.8.2004 auch die Arbeitgeberanteile[101)] einschließlich der Beiträge zur gesetzlichen Unfallversicherung (§ 150 SGB VII). Zweifelhaft ist, ob zu den „Beiträgen zur Sozialversicherung" auch die Umlagen zur Insolvenzsicherung gemäß § 358 SGB III gehören. Ausdrücklich ausgenommen ist die Vorenthaltung von Beiträgen für geringfügig Beschäftigte in **Privathaushalten** (§ 8a SGB IV). Dies folgt aus § 111 Abs. 1 Satz 2 SGB IV. Nicht zu den Beiträgen zur Sozialversicherung i. S. dieser Vorschrift gehören die Beiträge an die Urlaubs- und Lohnausgleichskasse der Bauwirtschaft[102)] und die Pauschalbeiträge für geringfügig Beschäftigte zur Kranken- und Rentenversicherung sowie die Säumniszuschläge.[103)] Die Aktivlegitimation der zuständigen Einzugsstelle besteht unabhängig davon, ob die Agentur für Arbeit „kongruente" Insolvenzgeldzahlungen geleistet hat oder leisten wird.[104)]

Vorenthalten werden Beiträge zur Sozialversicherung, wenn dem Arbeitgeber im Fälligkeits- 112
zeitpunkt die Abführung der Beiträge möglich ist, er dies aber nicht tut. Beiträge, die dem Arbeitgeber von der Einzugsstelle rechtswirksam gestundet wurden (nach § 76 SGB IV), enthält er nicht vor. Hält der Arbeitgeber jedoch die Ratenzahlungsvereinbarung nicht ein, erfüllt dies den Tatbestand des Vorenthaltens. Die strafbefreiende tatsächliche Unmöglichkeit liegt erst dann vor, wenn dem Geschäftsführer am Fälligkeitstag (und danach) keinerlei finanzielle Mittel zur Verfügung stehen, auch nicht solche aus einem Überziehungskredit. Verfügt das Unternehmen über mehrere Bankkonten, liegt strafbefreiende Unmöglichkeit erst dann vor, wenn alle Kreditlinien ausgeschöpft sind. Weigert sich die Bank, einen Überweisungsauftrag auszuführen, liegt Unmöglichkeit vor, wenn der Geschäftsführer intensiv auf die Dringlichkeit der Überweisung hingewiesen und auf ihre Ausführung gedrängt hat. Der Umstand, dass noch andere Verbindlichkeiten bestehen und dass der Arbeitgeber auf diese geleistet hat, so dass er am Fälligkeitstag bezüglich der Sozialversicherungsbeiträge zahlungsunfähig war, begründet keine Unmöglichkeit und hindert die Verwirklichung des Tatbestands des § 266a StGB nicht.[105)]

Der in Anspruch genommene Geschäftsführer ist **darlegungspflichtig** dafür, dass die GmbH 113
bei Fälligkeit aufgrund der Zahlungsunfähigkeit an der Abführung der Beiträge gehindert war. Es ist der Geschäftsführer, der die finanzielle Situation der GmbH im Fälligkeitszeitpunkt im Einzelnen nachvollziehbar darlegen muss.[106)] Strafbar macht sich der Arbeitgeber, der es bei Anzeichen von Liquidationsproblemen unterlässt, Sicherungsvorkehrungen

---

100) BGH, Beschl. v. 12.6.2012 – II ZR 105/10, DStR 2021, 2451.

101) Dazu OLG Saarbrücken, Urt. v. 27.5.2015 – 1 U 89/14, NZA 2016, 1283.

102) BAG, Urt. v. 18.8.2005 – 8 AZR 542/04, ZIP 2005, 2028.

103) BGH, Hinweisbeschl. v. 14.7.2008 – II ZR 238/07, ZIP 2008, 2075 = NJW 2008, 3557.

104) OLG Dresden, Beschl. v. 29.7.1999 – 8 W 1495/98, NJW-RR 2000, 1199.

105) BGH, Beschl. v. 18.1.2010 – II ZA 4/09, ZIP 2010, 368 = NZI 2010, 235, dazu EWiR 2010, 223 *(Klöhn)*.

106) OLG Düsseldorf, Urt. v. 30.6.2000 – 22 U 9/00, NJW-RR 2001, 246 = NZI 2001, 324; OLG Köln, Beschl. v. 3.12.2015 – 19 U 118/15, juris.

für die Zahlung der Beiträge zu treffen, und dabei billigend in Kauf nimmt, dass diese später nicht mehr erbracht werden können.[107)]

114 Die Einzugsstelle trägt im Falle des non liquet die **Beweislast** für die Zahlungsfähigkeit der GmbH bei Fälligkeit der Sozialversicherungsbeiträge.[108)] Nach Auffassung des BGH ist es dem Sozialversicherungsträger weder unzumutbar noch von vornherein unmöglich, den Beweis der Zahlungsfähigkeit des Arbeitgebers zu erbringen. Hierfür genügt bereits der Nachweis irgendeiner Zahlung in nicht nur unwesentlicher Höhe an einen Dritten.

115 Frühester Termin für die **Pflicht zur Bildung von Rücklagen** ist der Zeitpunkt der Lohnzahlung selbst. Der Geschäftsführer haftet auch für die vor seiner Berufung in das Amt fällig gewordenen Beitragsschulden, wenn er sie nach seiner Berufung nicht erfüllt und damit weiter vorenthält.[109)]

116 Während des Laufs der **Drei-Wochen-Frist** des § 15a Abs. 1 InsO ist die verteilungsfähige Vermögensmasse einer insolvenzreifen GmbH bzw. AG im Interesse der Gesamtheit der Gläubiger zu erhalten. Die Sicherung der Masse hat Vorrang, so dass während dieser Frist eine Strafbarkeit gemäß § 266a StGB nicht in Betracht kommt.[110)] Lässt der Geschäftsführer diese verstreichen, macht er sich nach § 266a StGB strafbar, wenn er die fälligen Beiträge nicht abführt.[111)] Sanierungsversuche nach Ablauf der Drei-Wochen-Frist entlasten den Geschäftsführer regelmäßig nur dann, wenn er gemäß § 266a Abs. 6 StGB auch die Sozialversicherungsträger in die Verhandlungen einbezogen hat.

117 Wer in der Krise des Unternehmens **vorrangig die Arbeitnehmerbeiträge abführt**, verstößt nicht gegen die Pflichten eines ordentlichen Kaufmanns i. S. von § 15a InsO, § 64 GmbHG a. F., um der Strafbarkeit nach § 266a StGB zu entgehen.[112)] Zahlt der Geschäftsführer allerdings in der Drei-Wochen-Frist des § 15a Abs. 1 InsO die Nettolöhne aus, nicht aber die Arbeitnehmeranteile zur Sozialversicherung, ist dies mit seinen Pflichten gemäß § 15a GmbHG unvereinbar, so dass er der Kasse gegenüber gemäß §§ 823 Abs. 2 BGB, 266a StGB haftet.[113)] Die **Zahlung der Arbeitgeberanteile** an die Sozialkasse ist in der Krise mit den Pflichten eines ordentlichen Kaufmanns nicht vereinbar, so dass er dem Insolvenzverwalter gemäß § 15a GmbHG Ersatz schuldet.[114)]

118 **Rechtlich unmöglich** ist die Zahlung von Beiträgen, wenn der Geschäftsführer in der Krise des Unternehmens ein **nachvollziehbares und erfolgversprechendes Sanierungskonzept** entwickelt, auch wenn es schlussendlich nicht zum Erfolg führt. Dabei sind nach Möglichkeit alle Gläubiger gleich zu behandeln. Der dafür erforderliche „ernsthafte Sanierungsversuch" setzt ein schlüssiges Konzept voraus, das von den erkannten und erkennbaren

---

107) BGH, Beschl. v. 28.5.2002 – 5 StR 16/02, BGHSt 47, 318 = NJW 2002, 2489.

108) BGH, Urt. v. 3.5.2016 – II ZR 311/14, ZIP 2016, 1283, dazu EWiR 2016, 523 *(Kuhn)*.

109) BGH, Urt. v. 11.12.2001 – VI ZR 350/00, ZIP 2002, 524 = NJW 2002, 1122.

110) BGH, Beschl. v. 30.7.2003 – 5 StR 221/03, NJW 2003, 3787 = BB 2004, 348, m. Anm. *Flitsch*; dazu auch *Schneider*, GmbHR 2010, 57, 62; *Brand*, GmbHR 2010, 237.

111) BGH, Urt. v. 9.8.2005 – 5 StR 67/05, ZIP 2005, 1678 = NJW 2005, 3650, m. Anm. *Schröder*, GmbHR 2005, 1422 und Anm. *Kutzner*, NJW 2006, 413; BFH, Urt. v. 27.2.2007 – VII R 67/05, BFHE 216, 491 = wistra 2007, 31.

112) BGH, Urt. v. 14.5.2007 – II ZR 48/06, ZIP 2007, 1265 = NJW 2007, 2118, m. Anm. *Altmeppen*, dazu EWiR 2007, 495 *(Henkel/Mock)*.

113) BGH, Beschl. v. 18.1.2010 – II ZA 4/09, ZIP 2010, 368 = NZI 2010, 235; BGH, Urt. v. 29.9.2008 – II ZR 162/07, ZIP 2008, 2220 = NJW 2009, 295, dazu EWiR 2009, 201 *(Wilkens)*.

114) BGH, Urt. v. 8.6.2009 – II ZR 147/08, ZIP2009, 1468 = NZI 2009, 568, m. Anm. *Gundlach*, dazu EWiR 2009, 675 *(Vortmann)*.

tatsächlichen Gegebenheiten ausgeht und nicht offensichtlich undurchführbar ist.[115)] Zu einem die Unmöglichkeit der Zahlung rechtfertigenden Sanierungsversuch gehört regelmäßig auch die **Abstimmung** mit den Sozialversicherungsträgern i. S. des § 266a Abs. 6 StGB.

3. Verstoß gegen Meldepflichten/Vorsatz

Nach § 266a Abs. 2 StGB strafbewehrt ist auch das **Verschweigen** „sozialversicherungsrechtlich erheblicher Tatsachen".[116)] Dabei geht es um die Meldepflichten gegenüber der Einzugsstelle, der Bundesknappschaft sowie den Unfallversicherungsträgern. Als erhebliche Tatsachen sind solche anzusehen, die Grund oder Höhe des Beitrags beeinflussen können, z. B. Zahl und/oder Lohnhöhe der Arbeitnehmer. Strafbewehrt sind die Meldepflichten gemäß § 28a SGB IV i. V. mit der Datenerfassungs- und Übermittlungsverordnung.[117)] Diese sieht in § 14 ausdrücklich die Möglichkeit von Korrekturen vor. Wer frühere Angaben korrigiert, erfüllt damit seine Mitteilungspflicht. 119

Für den **Vorsatz** sind das Bewusstsein und der Wille erforderlich, die Abführung der Beiträge bei Fälligkeit zu unterlassen. Ausreichend ist der bedingte Vorsatz, der dann vorliegt, wenn der Arbeitgeber trotz Vorstellung von der Möglichkeit der Beitragsvorenthaltung diese gebilligt und nicht auf Erfüllung der Ansprüche des Sozialversicherungsträgers auf Abführung der Beiträge hingewirkt hat.[118)] Pflichtwidrig und schuldhaft handelt, wer das Risiko der Zahlungsunfähigkeit am Fälligkeitstag „einkalkuliert". Bloße Zweifel an der späteren Zahlungsfähigkeit zum Fälligkeitstage reichen zur Begründung des Vorsatzes jedoch nicht aus. Vorsatz setzt die Kenntnis voraus, dass die Kasse eine Ratenzahlungsvereinbarung gekündigt hat.[119)] Der Geschäftsführer kann sich nicht mit dem Vortrag entlasten, er habe über den Umfang der Tätigkeit des Betriebs oder die Beitragspflicht nichts gewusst. Der Irrtum über die Arbeitgeberstellung als solche oder die daraus resultierende Pflicht zum Abführen von Sozialversicherungsbeiträgen bzw. den Umfang der Überwachungspflicht stellt keinen Verbots- sondern einen Tatbestandsirrtum gemäß § 16 Abs. 1 StGB dar.[120)] 120

Praxishinweis

Nach AG Hamburg[121)] kann die Abführung von Sozialversicherungsbeiträgen durch die Schuldnerin unter einen Zustimmungsvorbehalt des vorläufigen Sachverwalters gestellt werden. Diese Möglichkeit wird in der Literatur sehr kontrovers diskutiert.[122)]

---

115) BGH, Urt. v. 4.12.1997 – IX ZR 47/97, ZIP 1998, 248 = BB 1998, 1023, m. Anm. *Wiester*; nach BGH, Urt. v. 23.2.2004 – II ZR 207/01, ZIP 2004, 1049 = NZI 2005, 284, besteht bei Verweigerung der für das Sanierungskonzept notwendigen Zustimmung eines Gläubigers keine positive Fortbestehensprognose, so dass Überschuldung vorliegt.

116) *Loose,* Das Vorenthalten von Arbeitgeberbeiträgen zur Sozialversicherung gemäß § 266a Abs. 2 StGB, 2015.

117) Datenerfassungs- und Übermittlungsverordnung i. d. F. der Bekanntmachung v. 23.1.2006, BGBl. I 2006, 152; zuletzt geändert durch Art. 28 des 8. SGB IV-Änderungsgesetzes, v. 20.12.2022, BGBl. I 2022, 2759. Ab 1.1.2024: Gemeinsame Grundsätze für die Datenerfassung nach § 28b Abs. 1 Satz 1 Nr. 1 – 3 SGB IV.

118) BGH, Beschl. v. 13.12.2018 – 5 StR 275/18, GmbHR 2019, 278, m. Anm. *Chr. Brand*; OLG Sachsen-Anhalt, Urt. v. 9.9.2016 – 10 U 19/15, juris – kein Vorsatz, da Rechtslage unklar.

119) BGH, Urt. v. 11.12.2001 – VI ZR 123/00, ZIP 2002, 261 = NJW 2002, 1122, m. Anm. *Flitsch*, dazu EWiR 2002, 263 *(Plagemann)*.

120) Die vom Verbotsirrtum ausgehende Rspr. wurde vom BGH mit Beschl. v. 24.9.2019 – 1 StR 346/18, BGHSt 64, 195 = NStZ 2020, 89 aufgegeben. Der Sachverhalt betrifft den Pflegesektor, dort die häusliche Alten- und Krankenpflege.

121) AG Hamburg, Beschl. v. 19.6.2017 – 67g IN 173/17, ZIP 2017, 1383 = NZI 2018, 93 m. krit. Anm. *Köllner*, dazu EWiR 2017, 537 *(Hofmann)*.

122) Vgl. krit. Anm. *A. Schmidt,* ZIP 2017, 1359; anders: *Laroche/Wollenweber,* ZinsO 2016, 2225.

4. Verjährung

121 Im Organhaftungsprozess greift die dreijährige kenntnisabhängige Verjährung nach §§ 195, 199 ff. BGB und nicht die verlängerte dreißigjährige Frist des § 25 Abs. 1 Satz 2 SGB IV.

122 Der zivilrechtliche Ersatzanspruch gemäß § 823 Abs. 2 i. V. mit 266a StGB **nach drei Jahren.**[123] Maßgeblich für den Beginn der Verjährung sind Kenntnis von Schaden und Schädiger.[124] Diese „Kenntnis von dem Schaden" erlangt die Einzugsstelle schon in dem Zeitpunkt, in dem die Beiträge trotz Fälligkeit bei ihr nicht eingegangen sind. Kenntnis vom Schädiger dagegen hat sie erst in dem Augenblick in dem erkennbar wird, dass nicht nur Verzug, sondern ein „Vorenthalten" der Beiträge vorliegt. Der Lauf der dreijährigen Verjährungsfrist wird durch einen entsprechenden Haftungsbescheid des Sozialversicherungsträgers nicht unterbrochen. § 25 Abs. 1 SGB IV ist ausschließlich auf Ansprüche auf Beiträge, nicht aber auf einen Schadensersatzanspruch anwendbar.[125]

123 **Ansprüche auf Beiträge** verjähren in vier Jahren nach Ablauf des Kalenderjahres, in dem sie fällig geworden sind. Ansprüche auf **vorsätzlich vorenthaltene Sozialversicherungsansprüche** verjähren erst 30 Jahre nach Ablauf des Kalenderjahres, in dem sie fällig geworden sind (§ 25 Abs. 1 Satz 2 SGB IV).

C. Insolvenzgeld

124 Das Insolvenzgeld dient einerseits dem **Schutz der Arbeitnehmer**, andererseits schafft es **Liquidität**, die es ermöglicht, kurzfristige Schwierigkeiten zu überbrücken. Das ist ebenso wie der Schutz der Arbeitnehmer erklärter Sinn der Regelung. Der Insolvenzverwalter hat im eigenen Interesse und auch aus Gründen der Fürsorgepflicht für Aufklärung zu sorgen und die Arbeitnehmer zu unterstützen, kann aber nicht fristwahrend für „seine" Arbeitnehmer Insolvenzgeld beantragen.[126]

125 Nach § 11 Abs. 2 SGB II wird **auf das Alg II** auch Insolvenzgeld **als Einkommen angerechnet.** Es handelt sich dabei nicht um eine „zweckbestimmte Einnahme" i. S. der Ausnahmeregel des § 11a Abs. 3 Nr. 1a SGB II.[127] Es fehlt an der „anderweitigen Zweckbestimmung".

I. Persönliche Anspruchsvoraussetzungen

126 Der anspruchsberechtigte **Arbeitnehmerkreis** richtet sich nach dem dem Arbeitsförderungsrecht zugrunde liegenden Arbeitnehmerbegriff des Sozialrechts und nicht des Arbeitsrechts.[128] Anzuwenden sind die zu § 7 SGB IV entwickelten „typusbildenden Merkmale".[129]

127 Die BA ist befugt im Leistungsfall zu prüfen, ob der Antragsteller zu dem gemäß § 165 Abs. 1 SGB III geschützten Personenkreis gehört. Dazu gehören auch Personen, die beabsichtigen eine Beschäftigung aufzunehmen.

---

123) Dazu BGH, Urt. v. 2.12.2010 – IX ZR 247/09, ZIP 2001, 37 = NJW 2011, 1133, dazu EWiR 2011, 261 *(Riedemann)*; BGH, Beschl. v. 1.9.2020 – 1 StR 58/19, NZWiSt 2021, 16 = NZS 2020, 196, kritisch zur strafrechtlichen Verjährung in 30 Jahren bei Vorsatz. Sonst fünf Jahre ab Tatvollendung. Hier zeigt sich mögliches Potenzial für den Strafverteidiger.

124) Maßgeblich Kenntnis in der Person des zuständigen Sachbearbeiters: BGH, Urt. v. 12.5.2009 – VI ZR 294/08, MDR 2009, 926 = DB 2009, 1459, betreffend die Folgen einer Betriebsprüfung gemäß § 28p SGB IV.

125) OLG Frankfurt/M., Beschl. v. 18.4.2005 – 19 W 9/05, ZInsO 2005, 714.

126) BSG, Beschl. v. 4.4.2017 – B 11 AL 93/16 B, NZI 2017, 794.

127) BSG, Urt. v. 13.5.2009 – B 4 AS 29/08 R, NZS 2010, 348 = NZA 2009, 1252.

128) BSG, Urt. v. 4.7.2007 – B 11a AL 5/06 R, ZIP 2007, 2185 = NZI 2008, 156.

129) Dazu ausführlich *Seifert* in: MünchAHB-SozR, § 5.

Stirbt der Arbeitnehmer vor Eröffnung des Insolvenzverfahrens, hat dies keine Auswirkungen auf den Anspruch auf Insolvenzgeld. In diesem Fall kann sein Erbe ihn gemäß § 165 Abs. 4 SGB III als eigenen Anspruch geltend machen. Es muss sich jedoch um Ansprüche des Arbeitnehmers handeln, die ihm schon zu Lebzeiten zustanden und nicht erst durch seinen Tod entstehen. Stirbt der Arbeitnehmer nach einem Insolvenzereignis, werden Ansprüche auf Insolvenzgeld nur vererbt, sofern sie im Zeitpunkt des Todes fällig waren, § 58 SGB I. 128

Ein inländischer Wohnsitz des Arbeitnehmers ist abweichend vom Grundsatz des § 30 Abs. 1 SGB I nicht erforderlich.[130)] 129

Abweichend vom Arbeitsrecht können damit grundsätzlich auch **Organe** oder **Mitglieder juristischer Personen** (z. B. Geschäftsführer), soweit sie nach ihrer Tätigkeit zu dem Kreis der Beschäftigten i. S. von § 7 SGB IV zu zählen sind, anspruchsberechtigt sein. Bei mitarbeitenden Gesellschaftern einer GmbH und auch bei Gesellschafter-Geschäftsführern kommt es maßgeblich darauf an, ob sie in einem abhängigen Beschäftigungsverhältnis zur Gesellschaft stehen oder ob sie wie ein Unternehmer entscheidenden Einfluss auf Abschluss, Verlängerung und Gestaltung ihres Dienstvertrags haben und ihnen nicht genehme Weisungen verhindern können. Das ist regelmäßig der Fall bei Anteilen von über 50 % oder einer Sperrminorität.[131)] 130

Nur wenn der Geschäftsführer „beschäftigt" war, kommt ein Anspruch auf Insolvenzgeld in Betracht. Anderes gilt jedoch für die nach § 27 Abs. 1 Nr. 5 SGB III von der Versicherungspflicht in der Arbeitslosenversicherung ausgeschlossenen Mitglieder des Vorstands einer AG. 131

Seit 1.1.2005 **muss** die Einzugsstelle einen Antrag auf **Statusfeststellung** nach § 7a Abs. 1 Satz 2 SGB IV stellen, wenn sich aus der Meldung des Arbeitgebers gemäß § 28a SGB IV ergibt, dass der Beschäftigte geschäftsführender Gesellschafter einer GmbH ist. Über diesen Antrag entscheidet dann die Deutsche Rentenversicherung Bund. Der Arbeitgeber muss nach § 28a Abs. 3 Satz 2 Nr. 1 lit. e SGB IV entsprechende Hinweise in den Meldungen vornehmen. An das Ergebnis der Statusprüfung ist die Bundesagentur für Arbeit leistungsrechtlich gemäß § 336 SGB III gebunden. 132

Zu den anspruchsberechtigten Arbeitnehmern gehören auch sog. **Scheinselbständige**. Gemeint sind Personen, die vom Auftraggeber nicht zur Sozialversicherung angemeldet worden sind, insbesondere als „freie Mitarbeiter" oder als Freelancer wie Selbständige behandelt wurden, nach den Kriterien des § 7 SGB IV aber tatsächlich weisungsunterworfen sind bzw. in einem fremden Betrieb derart eingegliedert sind, dass von einer Beschäftigung i. S. des Gesetzes auszugehen ist. Dies zu klären ist Aufgabe der Einzugsstelle, die nach § 12 SGB X den Auftraggeber beizuladen hat. Im Insolvenzverfahren kann es sein, dass der Insolvenzverwalter ein eigenes Interesse daran hat, Beiträge zurückzufordern, so dass er die Tatsachen hervorhebt, die für eine Selbständigkeit sprechen. Dass zuvor Umlagen zur Insolvenzsicherung nicht gezahlt wurden (in der irrtümlichen Annahme der Selbständigkeit), berührt den Anspruch auf Insolvenzgeld nicht.[132)] 133

Wer **Arbeitgeber** i. S. der Vorschriften über Insolvenzgeld ist, richtet sich grundsätzlich nach dem Arbeitsrecht. Die **Gesellschaft bürgerlichen Rechts** (§§ 705 ff. BGB) ist Arbeitgeber und als solche auch insolvenzfähig. Die Eröffnung des Insolvenzverfahrens betreffend einen Gesellschafter hat nach § 728 Abs. 2 BGB die Auflösung der Gesellschaft zur Folge. 134

---

130) Gagel-*Peters-Lange*, SGB III, § 165 Rz. 61.

131) BSG, Urt. v. 29.8.2012 – B 12 KR 25/10R, BSGE 111, 257 = BB 2013, 894, m. Anm. *Bischopinte*; BSG, Urt. v. 29.7.2015 – B 12 R 1/15 R, juris; BSG, Beschl. v. 17.3.2017 – B 12 R 44/16 B, juris.

132) BSG, Urt. v. 4.7.2007 – B 11a AL 5/06 R, ZIP 2007, 2185, 2187 = NZI 2008, 156.

135 Im Falle des **Betriebsinhaberwechsels** (§ 613a BGB) ist sowohl die Insolvenz des Betriebsveräußerers als auch die des Erwerbers geeignet, einen Anspruch auf Insolvenzgeld zu begründen. Die Zeiträume des Arbeitsverhältnisses zum Veräußerer sind während dessen Insolvenz insolvenzgeldgeschützt. Die Zeiträume ab Betriebsübergang sind nur im Falle der Insolvenz des Erwerbers insolvenzgeldgeschützt.[133)]

II. Insolvenz

136 **Insolvenzereignisse** sind gemäß § 165 Abs. 1 Satz 2 Nr. 1–3 SGB III:

- die Eröffnung des Insolvenzverfahrens über das Vermögen des Arbeitgebers,
- die Abweisung des Antrags auf Eröffnung des Insolvenzverfahrens mangels Masse oder
- die vollständige Beendigung der Betriebstätigkeit im Inland, wenn ein Antrag auf Eröffnung des Insolvenzverfahrens nicht gestellt worden ist und ein Insolvenzverfahren offensichtlich mangels Masse nicht in Betracht kommt.

137 Die **Abweisung des Antrags auf Eröffnung des Insolvenzverfahrens mangels Masse** erfolgt immer dann, wenn das Vermögen des Schuldners voraussichtlich nicht ausreichen wird, um die Kosten des Verfahrens zu decken (§ 26 Abs. 1 InsO). Zu beachten ist hier die Vorschrift des § 165 Abs. 5 SGB III, wonach die Abweisung des Antrags vom Arbeitgeber unverzüglich bekannt zu geben ist. Der Arbeitgeber muss dafür sorgen, dass der Betriebsrat oder für den Fall, dass kein Betriebsrat besteht, die Arbeitnehmer positiv Kenntnis von dem Abweisungsbeschluss erhalten. Die Verletzung dieser Mitteilungspflicht stellt eine Ordnungswidrigkeit gemäß § 404 Abs. 2 Nr. 2 SGB III dar, die mit einer Geldbuße von bis zu 5.000 € geahndet werden kann.

138 Der Tatbestand der **vollständigen Beendigung der Betriebstätigkeit** kommt in Betracht, wenn zuvor kein Antrag auf Eröffnung des Insolvenzverfahrens gestellt worden ist oder ein solcher mangels Masse offensichtlich nicht in Frage kommt. Wurde ein Insolvenzantrag gestellt (z. B. Krankenkasse), gilt § 165 Abs. 1 Nr. 3 SGB III auch dann nicht, wenn die Schuldnerin schon bei Betriebsaufnahme zahlungsunfähig war.[134)]

139 Eine vollständige Beendigung der Betriebstätigkeit liegt vor, wenn keine dem Betriebszweck dienende Arbeiten mehr verrichtet werden. Abwicklungs- oder Liquidationsarbeiten sind dabei unschädlich. Ebenso ist eine Gewerbeabmeldung oder die Löschung der Firma im Handelsregister nicht erforderlich. Als Indiz für die Zahlungsunfähigkeit des Arbeitgebers sieht der Gesetzgeber nur die vollständige Beendigung der unternehmerischen Tätigkeit des Arbeitgebers im Inland an.

140 Die **offensichtliche Masselosigkeit** muss im Zeitpunkt der Betriebseinstellung vorliegen. Dass die noch vorhandene Masse endgültig der Höhe nach bestimmt sein muss, ist nicht erforderlich.[135)] Vielmehr kommt es hierfür auf die Sicht eines unvoreingenommenen Betrachters an: Es genügt, wenn alle äußeren Tatsachen für die Masselosigkeit sprechen, bspw., wenn die Arbeitsentgeltzahlungen aus dem Grund eingestellt wurden, dass kein Geld mehr vorhanden ist. Dem muss nicht entgegenstehen, dass die Geschäftsführer der insolventen GmbH verschwunden sind.[136)] Die Betriebstätigkeit muss mit der Absicht der dauernden Beendigung eingestellt worden sein.

---

133) BSG, Urt. v. 26.2.2019 – B 11 AL 3/18 R, NZS 2019, 595 – bei Betriebsübergang vor Insolvenzereignis endet Insolvenzgeldzeitraum trotz fortbestehendem Arbeitsverhältnis mit der Betriebsübernahme.

134) LSG Baden-Württemberg, Urt. v. 20.10.2017 – L 8 AL 1845/16, NZI 2018, 350.

135) Dazu LSG Bayern, Urt. v. 25.10.2017 – L 10 AL 36/17, NZI 2018, 790 – sich abzeichnende Überschuldung reicht nicht aus.

136) LSG Halle, Urt. v. 15.12.2004 – L 2 AL 133/03, info also 2005, 112.

Liegt eine Inlandsbeschäftigung des Arbeitnehmers vor, löst auch ein **ausländisches Insolvenzereignis,** welches dem Insolvenzereignis gemäß § 165 Abs. 2 Satz 1 Nr. 1 oder 2 SGB III entspricht, einen Anspruch auf Insolvenzgeld aus (so ausdrücklich § 165 Abs. 1 Satz 3 SGB III). Auch Arbeitnehmer, die vorübergehend im Ausland tätig waren und für die weiterhin deutsches Sozialversicherungsrecht gilt, sind in diesem Sinne im Inland beschäftigt (vgl. § 4 SGB IV – Ausstrahlung).[137] 141

Bei **mehreren aufeinander folgenden Insolvenzereignissen** ist immer das zeitlich früheste Insolvenzereignis für den Anspruch auf Insolvenzgeld maßgeblich, es sei denn, der Schuldner hat zwischenzeitlich seine Zahlungsfähigkeit wiedererlangt.[138] Bei andauernder Planerfüllung durch den Insolvenzverwalter rechtfertigt das **Insolvenzplanverfahren** nicht die Annahme, die Zahlungsunfähigkeit des Arbeitgebers sei beendet und ein neues Insolvenzereignis begründe neue Ansprüche der Arbeitnehmer auf Insolvenzgeld.[139] 142

Die **Aufhebung eines Insolvenzverfahrens** nach Bestätigung eines Insolvenzplans und Anordnung der Überwachung reicht nicht; denn daraus ist noch nicht die Wiedererlangung der Zahlungsfähigkeit zu folgern.[140] Gleiches gilt, wenn das anschließende Insolvenzplanverfahren nicht durch einen Insolvenzverwalter überwacht wird.[141] 143

III. Geschützter Zeitraum

Nach § 165 Abs. 1 SGB III sind Ansprüche auf Arbeitsentgelt **für die letzten drei Monate des Arbeitsverhältnisses** – nicht die des sozialversicherungsrechtlichen Beschäftigungsverhältnisses – **vor dem Insolvenzereignis,** d. h. Eröffnung des Insolvenzverfahrens oder dem diesem gleichstehenden Insolvenzereignis der Abweisung mangels Masse bzw. Betriebseinstellung im Inland, geschützt. Der Insolvenzgeldzeitraum wird also im Regelfall durch Zurückrechnung eines Zeitraums vom Eintritt des Insolvenzereignisses, das den Endzeitpunkt der Drei-Monats-Frist markiert, ermittelt. Für die **Berechnung** der Frist verweist § 26 SGB X auf die §§ 187 ff. BGB, so dass der **Tag des Insolvenzereignisses** selbst nicht mitzählt.[142] 144

Ist das **Arbeitsverhältnis** vor dem maßgeblichen Insolvenzereignis **beendet** worden, wird vom Zeitpunkt des rechtlichen Endes des Arbeitsverhältnisses an zurückgerechnet, wobei hier der letzte Tag des Arbeitsverhältnisses bei der Berechnung mitzählt. Dies ergibt sich aus der gesetzlichen Formulierung in § 165 Abs. 1 Satz 1 SGB III: „[…] vorausgegangenen drei Monate des Arbeitsverhältnisses […]". So können sich für die einzelnen Arbeitnehmer unterschiedliche Insolvenzgeldzeiträume ergeben. 145

Haben Arbeitnehmer **in Unkenntnis des Insolvenzereignisses weitergearbeitet oder die Arbeit aufgenommen,** kann sich der Insolvenzgeldzeitraum um die Zeit, bis zu der sie vom Insolvenzereignis (positive) Kenntnis erlangen, hinausschieben (§ 165 Abs. 3 SGB III).[143] Zur „Weiterarbeit" zählt auch die Aufrechterhaltung des Arbeitsverhältnisses während des **Urlaubs oder einer Erkrankung,** nicht aber die erneute Aufnahme eines vorher beendeten Arbeitsverhältnisses. 146

---

137) Dazu SG Darmstadt, Urt. v. 21.9.2017 – S 32 AL 6/14, juris.

138) BSG, Urt. v. 9.6.2017 – B 11 AL 14/16 R, BSGE 123, 230 = NZI 2017, 862, m. Anm. *Ahrens*.

139) BSG, Urt. v. 29.5.2008 – B 11a AL 57/06 R, BSGE 100, 282 = SGb 2009, 435, m. Anm. *Braun*.

140) LSG Nordrhein-Westfalen, Urt. v. 10.4.2014 – L 16 AL 171/11, ZIP 2014, 1602.

141) BSG, Urt. v. 6.12.2012 – B 11 AL 11/11 R, BSGE 112, 235 = ZIP 2013, 795.

142) BSG, Urt. v. 22.3.1995 – 10 RAr 1/94, SozR3-4100 § 141k Nr. 2 = ZIP 1995, 935.

143) Dazu BSG, Urt. v. 22.9.1993 – 10 RAr 11/91, SozR3-4100 § 141b Nr. 8 = ZIP 1993, 1719, dazu EWiR 1994, 3 *(Plagemann)*.

IV. Das ausfallgeschützte Arbeitsentgelt

147 Die Höhe des Insolvenzgeldanspruchs ist in § 167 Abs. 1 SGB III geregelt. Hiernach wird Insolvenzgeld i. H. des **Nettoarbeitsentgelts** gezahlt, das sich ergibt, wenn das auf die monatliche **Beitragsbemessungsgrenze**[144)] begrenzte Bruttoarbeitsentgelt um die gesetzlichen Abzüge vermindert wird.[145)]Bis zur Beitragsbemessungsgrenze ist das Einkommen eines Beschäftigten beitragspflichtig, alles darüber hinaus ist beitragsfrei. Bis zur Versicherungspflichtgrenze müssen Beschäftigte gesetzlich krankenversichert sein. Wer über diesen Betrag hinaus verdient kann sich privat versichern lassen. Seit 1.1.2023 liegen die Grenzen bundeseinheitlich bei monatlich 4.987,50 € (jährlich 59.850 €) und die Versicherungspflichtgrenze bei monatlich 5.500 € (jährlich 66.000 €). In der allgemeinen Rentenversicherung liegt die Beitragsbemessungsgrenze in den neuen Bundesländern bei 7.100 € und in den alten Bundesländern bei 7.300 € monatlich. Gemäß § 167 Abs. 2 SGB III sind für Arbeitnehmer, deren Arbeitsentgelt durch keinerlei Abzüge verringert wird, diejenigen Steuern abzuziehen, die bei einer Einkommenssteuerpflicht im Inland erhoben würden. Zu berücksichtigen sind auch Einmalzahlungen i. S. des § 23a SGB IV, wenn sie im Insolvenzzeitraum erarbeitet wurden. Soweit der Arbeitgeber Kosten der Zwangsvollstreckung erstattet hat, können diese nicht vom maßgeblichen Bemessungsentgelt abgesetzt werden.[146)] **Abschlagszahlungen** sind vom insgesamt rückständigen und nicht von dem unter Beachtung der Kappungsgrenze verminderten Bruttoentgelt in Abzug zu bringen.[147)]

148 Die Zahlung von Insolvenzgeld knüpft **nicht an die Fälligkeit des Arbeitsentgeltanspruchs im Insolvenzgeldzeitraum** an, sondern daran, wann der Anspruch vom Arbeitnehmer **erarbeitet** worden ist.[148)] Maßgeblich ist also, wann der Arbeitnehmer die Gegenleistung erbracht hat bzw. zur Erbringung der Gegenleistung verpflichtet war (Annahmeverzug). Hat der Arbeitnehmer in der Krise auf Lohn verzichtet, führt der Widerruf des Verzichts nur dann zu höherem Insolvenzgeld, wenn der Lohn im Insolvenzgeldzeitraum auch erarbeitet wurde.[149)] Auch während der Arbeitsphase richtet sich die Höhe des Insolvenzgelds nach dem in Altersteilzeitvertrag vereinbarten reduzierten Lohn.[150)]

149 Grundsätzlich werden alle Formen des Arbeitsentgelts erfasst. Kraft Gesetzes **ausgeschlossen sind jedoch Ansprüche** des Arbeitnehmers

- wegen der Beendigung des Arbeitsverhältnisses oder für die Zeit danach (§ 166 Abs. 1 Nr. 1 SGB III); hier ist entscheidend, dass ein ursächlicher Zusammenhang zu der Beendigung des Arbeitsverhältnisses besteht. Ist das Ende hingegen bloßer Anlass, eine Geldleistung zu beanspruchen, schließt das den Anspruch auf Insolvenzgeld nicht aus.
- die er durch eine nach der Insolvenzordnung angefochtene Rechtshandlung oder eine Rechtshandlung, die im Fall der Eröffnung anfechtbar wäre, erworben hat (§ 166 Abs. 1 Nr. 2 SGB III).
- die der Insolvenzverwalter wegen eines Rechts zur Leistungsverweigerung nicht erfüllt (§ 166 Abs. 1 Nr. 3 SGB III).

144) Zur Auslegung des Begriffs „monatliche Beitragsbemessungsgrenze" in § 167 Abs. 1 SGB III: BSG, Urt. v. 11.3.2014 – B 11 AL 21/12 R, BSGE 115, 190 = ZIP 2014, 1188.

145) U. U. Abzug von fiktiver Lohnsteuer im Falle eines Grenzgängers gemäß Art. 45 AEUV: EuGH, Urt. v. 2.3.2017 – C-496/15, ZIP 2017, 628 = NZI 2017, 587, dazu EWiR 2017, 315 *(Leder/Seidler)*.

146) Dazu BSG, Urt. v. 7.10.2009 – B 11 AL 18/08 R, BSGE 104, 278 = ZIP 2010, 1257.

147) EuGH, Urt. v. 4.3.2004 – Rs. C-19/01, ZIP 2004, 867 = EuZW 2004, 306.

148) BSG, Urt. v. 4.3.2009 – B 11 AL 8/08 R, BSGE 102, 303 = NJW 2009, 3740.

149) BSG, Urt. v. 4.3.2009 – B 11 AL 8/08 R, BSGE 102, 303 = NJW 2009, 3740.

150) BSG, Urt. v. 12.12.2017 – B 11 AL 28/16 R, juris.

Soweit Insolvenzgeld ausgezahlt wurde, obgleich ein Ausschlussgrund des § 166 Abs. 1 SGB III vorlag, besteht gemäß § 166 Abs. 2 SGB III ein Erstattungsanspruch. 150

Nach Auffassung des BSG kann Insolvenzgeld nicht verlangt werden, wenn der **Lohnanspruch nicht mehr durchsetzbar** ist, etwa wegen einer Ausschlussklausel[151] oder rechtskräftiger Abweisung durch Urteil.[152] Anders verhält es sich, wenn die Bundesagentur für Arbeit ihrerseits die Frist zur Geltendmachung rückständigen Lohns nach dem gesetzlichen Übergang nicht gewahrt hat.[153] 151

Nach Auffassung des BSG beeinträchtigt der Anspruch gegen **den Dritten** – z. B. bei rechtswidriger Arbeitnehmerüberlassung – nicht die Absicherung durch Insolvenzgeld.[154] Hingegen begründet die Übernahme der Schuld anstelle eines Dritten keinen Insolvenzgeldanspruch, da Insolvenzgeld nur für Ansprüche gedacht ist, die eine Gegenleistung für die beim insolventen Arbeitgeber geleistete Arbeit darstellen.[155] 152

V. Jahressonderzahlungen

Bei **Jahressonderzahlungen** (z. B. Weihnachtsgeld) ist entscheidend, ob sie als Gegenleistung für erbrachte Arbeitsleistung oder als Prämie für die Betriebstreue des Arbeitnehmers gewertet werden. Jahressonderzahlungen mit Entgeltcharakter erkennt man daran, dass sie auch **anteilig bei vorzeitigem Ausscheiden gewährt** werden und ggf. bei Fehlzeiten des Arbeitnehmers auch gekürzt werden. Sie werden dem gesamten Jahreszeitraum zugeordnet und demnach nur zu 3/12 durch Insolvenzgeld geschützt. Etwas anderes gilt, wenn vertraglich ein Freiwilligkeitsvorbehalt gilt.[156] 153

Jahressonderzahlungen als Belohnung für Betriebstreue erkennt man an der sog. **Stichtagsregelung**, zu der das Arbeitsverhältnis ungekündigt fortbestehen muss. Sie weisen in der Regel keine Proportionalität zwischen vorausgegangener Arbeitsleistung und Höhe der Jahressonderzahlung auf. 154

VI. Urlaubsgeld und -abgeltung

Ein zusätzliches Urlaubsgeld wird wie **eine Jahressonderzahlung** behandelt, wenn es zu einem festen Stichtag gewährt wird. Das bedeutet, dass es nur zu 3/12 insolvenzgeldgeschützt ist. Wird es für tatsächlich genommenen Urlaub gewährt, so hat es einen festen zeitlichen Bezugszeitraum, auch wenn es letztlich durch die Arbeit des ganzen Jahrs verdient wurde; es wird wie Urlaubsentgelt der Zeit des Urlaubs (anteilig) zugeordnet, der in den Insolvenzgeldzeitraum fällt.[157] 155

Ansprüche auf **Urlaubsabgeltung**, die **nach § 7 Abs. 4 BurlG** begründet werden, wenn wegen der Beendigung des Arbeitsverhältnisses der Urlaub nicht mehr genommen werden kann, begründen gemäß **§ 166 Abs. 1 Nr. 1 Var. 1 SGB III** keinen Anspruch auf Insolvenzgeld. Gleiches gilt für den Schadensersatzanspruch wegen nicht gewährten Ersatzurlaubs.[158] 156

151) Nach LSG Hessen, Urt. v. 27.6.2008 – L 7 AL 66/05, info also 2008, 270, keine Berufung auf Ausschlussfrist, die nicht wirksam vereinbart wurde.

152) BSG, Urt. v. 9.5.1995 – 10 RAr 5/94, NZA-RR 1996, 151 = SozR3-4100 § 141b Nr. 15.

153) LSG Schleswig, Urt. v. 5.12.2008 – L 3 AL 96/07, ZIP 2009, 733.

154) BSG, Urt. v. 2.11.2000 – B 11 AL 23/00 R, NZI 2001, 440 = SozR3-4100 § 141b Nr. 22.

155) BSG, Urt. v. 2.11.2000 – B 11 AL 23/00 R, NZI 2001, 440 = SozR3-4100 § 141b Nr. 22, S. 101.

156) LSG Baden-Württemberg, Urt. v. 20.3.2017 – L 3 AL 3482/16, NZI 2017, 795.

157) BSG, Urt. v. 4.3.2009 – B 11 AL 8/08 R, BSGE 102, 303 = NJW 2009, 3740.

158) BSG, Urt. v. 6.5.2009 – B 11 AL 12/08 R, BSGE 103, 142 = NZA 2010, 14.

VII. Provisionen

157 Auch für Provisionen gilt der **Grundsatz des Erarbeitens**. Der Provisionsanspruch ist selbst dann durch Insolvenzgeld gesichert, wenn die spätere Ausführung des Geschäfts wegen der Insolvenz des Arbeitgebers unterbleibt. Maßgeblich ist, dass der Arbeitnehmer die von ihm für den Abschluss des Geschäfts geschuldete Leistung im Insolvenzgeldzeitraum erbracht hat (den Auftrag „herangeschafft" hat).[159)]

158 Für sog. **Erfolgsprovisionen** ist allerdings in der Regel der **Vertragsschluss** zwischen Kunde und Arbeitgeber auch für die Entstehung des Anspruchs des Arbeitnehmers auf die Provision entscheidend. Im Einzelfall muss die konkrete individualvertragliche Provisionsabrede ausgelegt werden, um den Entstehungszeitpunkt für den Provisionsanspruch zu ermitteln.[160)]

VIII. Abfindungen

159 Sie werden grundsätzlich **nicht** vom Anspruch auf **Insolvenzgeld** erfasst, weil sie wegen der Beendigung des Arbeitsverhältnisses erbracht werden (§ 166 Abs. 1 Nr. 1 SGB III). Etwas anderes gilt nur, soweit sie „verstecktes" Arbeitsentgelt enthalten oder eine nachträgliche Tariflohnerhöhung für den Insolvenzgeldzeitraum abgelten.[161)]

160 Nach **§ 1a KSchG** hat der Arbeitnehmer im Falle einer betriebsbedingten Kündigung durch den Arbeitgeber, wenn die Kündigung den Hinweis auf den Anspruch des § 1a KSchG enthält, **Anspruch auf eine Abfindung** i. H. von 0,5 Monatsverdiensten je Beschäftigungsjahr mit Verstreichen der Kündigungsfrist und der Klagefrist. Diese Vorschrift dient vor allem der Entlastung der Arbeitsgerichtsbarkeit. Unter Berücksichtigung der Richtlinie 2002/74/EG[162)] plädiert *Peters-Lange*[163)] dafür, diese Art der „Abfindung" unter Insolvenzschutz zu stellen soweit der Anspruch für einen Zeitraum von drei Monaten vor Eröffnung oder einem gleichgestellten Ereignis rückständig ist. Der durch den Wortlaut der Richtlinie intendierte Schutz für Abfindungsansprüche, die nach dem innerstaatlichen Recht vorgesehen sind, liefe andernfalls leer.

IX. Wertguthaben

161 Wertguthaben sind Ansprüche aus **Verträgen mit flexibler Arbeitszeitgestaltung**. Diese Verträge sind dadurch gekennzeichnet, dass der Arbeitnehmer für die vereinbarte Arbeitstätigkeit nicht sofort das volle Entgelt erhält, sondern Wertguthaben aufbaut, die in einem späteren Zeitpunkt (z. B. während Freistellung) zur Auszahlung kommen. In der Insolvenz teilen die Wertguthaben das Schicksal aller anderen offenen Forderungen. Sie müssen zur Tabelle angemeldet werden und werden schlussendlich mit der gleichen Quote wie alle anderen Forderungen bedient.[164)] Der (Sozial)Gesetzgeber hat Maßnahmen ergriffen, um den Arbeitnehmer vor diesem Verlust an erarbeitetem Lohn zu schützen. Dies geschieht zum einen durch das Insolvenzgeld und zum anderen durch arbeitgeberseitig zu verantwortende Maßnahmen des Insolvenzschutzes. Auch diese Maßnahmen zielen einerseits

159) LSG Bayern, Urt. v. 26.3.2009 – L 9 AL 425/03, juris.

160) BSG, Urt. v. 23.3.2006 – B 11a AL 29/05 R, ZIP 2006, 1414 = SozR4-4300 § 183 Nr. 6 – variable Vergütung aufgrund Zielvereinbarung; dazu Anm. *Schmiedl*, BB 2006, 2417.

161) BSG, Urt. v. 11.3.2014 – B 11 AL 21/12 R, BSGE 115, 190 = ZIP 2014, 1188.

162) Änderungsrichtlinie 2002/74/EG des Europäischen Parlaments und des Rates v. 23.9.2002 zur Änderung der Richtlinie 80/987/EWG des Rates zur Angleichung der Rechtsvorschriften der Mitgliedstaaten über den Schutz der Arbeitnehmer bei Zahlungsunfähigkeit des Arbeitgebers, ABl. (EG) L 270/10 v. 8.10.2002.

163) Gagel-*Peters-Lange*, SGB III, Stand: 12/2017, § 166 Rz. 5b–5e.

164) BAG, Urt. v. 23.2.2005 – 10 AZR 672/03, DB 2005, 1227.

auf den Erhalt dessen, was der Arbeitnehmer zum eigenen Unterhalt und dem seiner Familie benötigt und andererseits darauf, dass der Arbeitnehmer seine Leistung im Vertrauen darauf erbringt, dass sie – wenn auch erst zu einem späteren Zeitpunkt – vereinbarungsgemäß vergütet wird.

Zu **unterscheiden** sind **mindestens zwei Formen** von Wertguthaben: 162

- Vereinbarung gemäß § 7b SGB IV (schriftlich!), aufgrund derer Arbeitsentgelt in das Wertguthaben eingebracht wird, um es für Zeiten der Freistellung von der Arbeitsleistung oder der Verringerung der vertraglich vereinbarten Arbeitszeit zu entnehmen.
- „Verstetigungs-"Modell gemäß § 7b Nr. 2 SGB IV, d. h. Kurzzeitkonten und andere Formen der Flexibilisierung von Arbeitszeit in Form des Ansparens von bereits erfüllter Arbeitszeit als Abweichung von vertraglich geschuldeter Arbeitszeit (z. B. Gleitzeitkonten oder Jahresarbeitszeitvereinbarungen). Hier geht es primär nicht um Freistellung, sondern um die Flexibilisierung von Beginn und Ende der vertraglich geschuldeten werktäglichen oder wöchentlichen Arbeitszeit. Im Unterschied zum Wertguthaben erfolgt keine Auszahlung als Arbeitsentgelt, sondern Ausgleich im Zeitkonto.

1. Wertguthaben gemäß § 7b SGB IV

Die Wertguthaben müssen gemäß § 7e SGB IV **gegen Insolvenz geschützt werden.** Da der Arbeitgeber das Insolvenzgeld durch eigene Umlagen finanziert, wird der Insolvenzgeldzeitraum vom Insolvenzschutz gemäß § 7e Abs. 1 Nr. 1 SGB IV ausgespart, so dass der Arbeitnehmer einen Anspruch auf Insolvenzgeld hat. Der Höhe nach richtet es sich nach dem Entgelt, welches der Arbeitnehmer im maßgeblichen Drei-Monats-Zeitraum vom Arbeitgeber zu beanspruchen hat.[165] Zwar wird die Insolvenz regelmäßig als sog. „Störfall" gemäß § 23b Abs. 2 SGB IV angesehen, insbesondere wenn der Insolvenzverwalter von seinem Kündigungsrecht Gebrauch macht, was zur Folge hat, dass das ersparte Wertguthaben eigentlich an den Arbeitnehmer auszuzahlen ist bzw. die SV-Beiträge sofort voll fällig werden. Dennoch errechnet sich das Insolvenzgeld nach den während der Arbeits- bzw. Freistellungsphase gültigen Vereinbarungen (§ 165 Abs. 2 Satz 2 SGB III). Fällt der Insolvenzgeldzeitraum in die Ansparphase (Zeit der tatsächlichen Arbeitsleistung) errechnet sich das Insolvenzgeld also nach dem vereinbarten abgesenkten Lohn unter Außerachtlassung des mit dieser Arbeit zugleich erarbeiteten „Guthabens". Dies folgt auch aus dem systematischen Zusammenhang mit der obligatorischen Insolvenzsicherung gemäß § 7e SGB IV, die das vom Arbeitnehmer erarbeitete Wertguthaben auf andere Weise absichert. Das Insolvenzgeld zielt auf die Sicherung des Unterhalts in einem begrenzten Zeitraum. 163

2. „Verstetigungs-"Modell gemäß § 7b Nr. 2 SGB IV

Soweit die Vereinbarung auf die flexible Gestaltung der werktäglichen oder wöchentlichen Arbeitszeit oder den Ausgleich betrieblicher Produktions- und Arbeitszeitzyklen abzielt (§ 7b Nr. 2 SGB IV), kommt es für das Insolvenzgeld auf das beitragspflichtige Entgelt während des maßgeblichen Drei-Monats-Zeitraums an. Dieses kann etwas oberhalb und auch etwas unterhalb dessen liegen, was aufgrund der tatsächlich erbrachten Arbeitszeit sich errechnen würde. Wegen des Prinzips der Unterhaltssicherung ist auf das beitragspflichtige Entgelt abzustellen, zumal eventuelle Guthaben nicht insolvenzgeschützt sind. 164

165) BSG, Urt. v. 25.6.2002 – B 11 AL 80/01 R, SozR3-4100 § 141b Nr. 24.

3. Altersteilzeit gemäß AltTZG

165 Für den Fall der **Altersteilzeit** schreibt § 8a AltTZG ebenfalls einen wirksamen Insolvenzschutz vor, so dass sich der Anspruch auf Insolvenzgeld auch in diesem Fall nach dem Entgelt richtet, welches die Vertragsparteien für den maßgeblichen Drei-Monats-Zeitraum vereinbart haben – unabhängig davon, ob das Altersteilzeitverhältnis vom Insolvenzverwalter gekündigt wird oder nicht.

X. Verfahren

1. Antrag

166 Insolvenzgeld wird nur auf Antrag gewährt. Die Regelung hierzu findet sich in § 324 Abs. 3 SGB III. Die maßgebliche **Zwei-Monats-Frist** ist eine materiell-rechtliche Ausschlussfrist,[166] so dass der Anspruch nach Fristablauf erlischt. Berechnungsgrundlage ist § 26 SGB X i. V. mit §§ 187 Abs. 1, 188 BGB. Sie beginnt daher grundsätzlich erst am Tag nach dem Insolvenzereignis i. S. des § 165 Abs. 1 Satz 2 SGB III zu laufen. Im Falle der nicht zu vertretenden Fristversäumnis eröffnet § 324 Abs. 3 Satz 2 SGB III dem Arbeitnehmer eine **Nachfrist von zwei Monaten** vom Zeitpunkt des Wegfalls des Hinderungsgrunds an.[167] Die Unkenntnis vom Anspruch auf Insolvenzgeld reicht für die Wiedereinsetzung nicht aus.[168]

167 Eine **Nachfrist** gilt insbesondere dann, wenn der Arbeitnehmer von dem Insolvenzereignis keine Kenntnis erlangt hat und deswegen die Antragsfrist versäumte. Es kommt darauf an, ob er die Unkenntnis zu vertreten hat, eine auf Fahrlässigkeit beruhende Unkenntnis der rechtserheblichen Umstände gewährt dem Arbeitnehmer dieses Privileg nicht. Erlangt der Arbeitnehmer noch innerhalb der zweimonatigen Antragsfrist Kenntnis von dem Insolvenzereignis, muss er den Antrag sofort stellen. Er kommt dann nicht in den Genuss einer Nachfrist. Das gilt z. B., wenn dem Arbeitnehmer nach Einstellung aller Arbeiten während der Zwei-Monats-Frist eine Insolvenzgeld-Bescheinigung zugesandt wird.[169]

168 Für das Verschulden an der Versäumung der Antragsfrist gilt § 85 Abs. 2 ZPO analog, so dass das **Verschulden des Prozessbevollmächtigten** dem Arbeitnehmer zugerechnet wird. Allerdings entscheidet der Umfang der Prozessvollmacht darüber, ob der beauftrage Vertreter auch zur Stellung des Insolvenzgeldantrags bevollmächtigt war.

169 Ist der Anspruch auf Insolvenzgeld infolge **Abtretung** des zugrundeliegenden Arbeitsentgeltanspruchs auf einen Dritten übergegangen, ist dieser antragsberechtigt (vgl. § 170 Abs. 1 SGB III). Gleiches gilt, wenn infolge (Ver-)Pfändung des Anspruchs auf Arbeitsentgelt das Einziehungsrecht einem Dritten zusteht.

2. Vorschuss und vorläufige Regelungen

170 § 168 SGB III begründet die Möglichkeit, einen Vorschuss auf das Insolvenzgeld zu erhalten, sobald der **Antrag auf Eröffnung** des Insolvenzverfahrens gestellt ist. Wird der Antrag auf Eröffnung zurückgenommen, entfällt die Möglichkeit der Leistung ebenso wie in den Fällen der bevorstehenden Betriebsstilllegung i. S. des § 165 Abs. 1 Satz 2 Nr. 3 SGB III. Allerdings begünstigt diese Vorschrift nur diejenigen Arbeitnehmer, deren Arbeitsverhältnisse bereits beendet sind. Die noch weiterarbeitenden Arbeitnehmer können

166) Diese ist europarechtskonform: LSG Bayern, Urt. v. 28.10.2013 – L 10 AL 183/12; zur Frist ausführlich *Schweiger*, NZS 2016, 774.

167) LSG Nordrhein-Westfalen, Urt. v. 12.1.2012 – L 16 AL 264/10, NZI 2013, 174 = NZS 2012, 635; EuGH, Urt. v. 18.9.2003 – Rs. C-125/01, ZIP 2003, 2173 = EuZW 2003, 664.

168) LSG Bayern, Beschl. v. 18.1.2018 – L 10 AL 254/17 B PKH, juris.

169) LSG Hessen, Urt. v. 24.4.2006 – L 9 AL 118/04, info also 2006, 209.

keine Vorschussleistung nach dieser Vorschrift zur Bestreitung ihres Lebensunterhalts erlangen. An der Formulierung „kann" wird deutlich, dass der Arbeitnehmer keinen Anspruch auf die Gewährung einer Vorschussleistung hat, sie ist vielmehr vom pflichtgemäßen Ermessen der Agentur für Arbeit abhängig und das nicht nur dem Grunde, sondern auch der Höhe nach. Ein gezahlter Vorschuss wird gemäß § 168 Satz 3 SGB III auf das Insolvenzgeld angerechnet. Falls die Vorschussleistung den später bewilligten Betrag übersteigt, ist dieser gemäß § 168 Satz 4 SGB III zu erstatten.

Der Vorschuss wird nur auf Antrag gewährt, welcher formlos möglich und an keine Frist gebunden ist. Ihm beizufügen sind die letzte Arbeitsentgeltabrechnung und eine schriftliche Erklärung des Insolvenzverwalters, des Arbeitgebers oder einer anderen für die Lohnabrechnung zuständigen Person oder des Betriebsrates, für welchen Zeitraum und in welchem Umfang die Ansprüche des Arbeitnehmers auf Arbeitsentgelt noch nicht erfüllt wurden. 171

3. Anspruchsübergang (§ 169 SGB III)

Bereits mit der Stellung des Antrags auf Insolvenzgeld und nicht erst mit dessen Auszahlung geht der **Anspruch auf Arbeitsentgelt** auf die Bundesagentur für Arbeit (BA) über (§ 169 SGB III). Damit ist sie von diesem Zeitpunkt an verpflichtet, alles zur Durchsetzung der Arbeitsentgeltansprüche Erforderliche zu tun. Sie muss vor allem darauf achten, dass tarifliche und sonstige Ausschlussfristen nicht versäumt werden. Auch bei Grenzgängern kommt es zum Anspruchsübergang i. H. des Nettoentgeltes.[170)] 172

Als **Rechtsnachfolgerin** ist die BA an vorherige Abbedingungen des Anspruchs (durch Erlass, Verzicht, Vergleich, tarifliche Ausschlussfristen) gebunden. Der Generalunternehmer haftet der BA nicht für Lohnansprüche gegen den Nachunternehmer nach dem Arbeitnehmer-Entsendegesetz, die mit Beantragung von Insolvenzgeld auf die Bundesagentur übergegangen sind.[171)] Die auf die BA übergegangenen Arbeitsentgeltansprüche können nach § 55 Abs. 4 InsO nur noch als Insolvenzforderungen zur Tabelle angemeldet werden. 173

Zahlt die BA das Insolvenzgeld für die auf sie übergegangenen Arbeitsentgeltansprüche an den Arbeitnehmer aus, **erlöschen** gemäß § 170 Abs. 3 SGB III die am Arbeitsentgelt bestehenden **Pfandrechte**. 174

Soweit der Anspruch der **Insolvenzanfechtung** nach §§ 129 ff. InsO unterliegt, findet diese nunmehr gegenüber der BA statt (§ 169 Satz 3 SGB III)[172)]. Da in einem solchen Fall auch kein Anspruch auf Insolvenzgeld besteht (§ 166 Abs. 1 Nr. 2 SGB III), ist es insoweit vom Arbeitnehmer zu erstatten (§ 166 Abs. 2 SGB III). Sofern die BA für denselben Zeitraum, für den Insolvenzgeldansprüche bestehen, Arbeitslosengeld erbracht hat, findet eine interne Umbuchung zulasten der Insolvenzgeldversicherung statt. 175

4. Pflichten von Arbeitgeber und Insolvenzverwalter

Aus § 314 SGB III ergibt sich die **Pflicht** des Arbeitgebers bzw. des Insolvenzverwalters zur **Ausstellung der Insolvenzgeldbescheinigung**. Die Bescheinigung wird für die Bearbeitung des Insolvenzgeldantrags benötigt und soll die Durchführung des Leistungsverfahrens sichern. Hierfür hat der Insolvenzverwalter nach § 316 Abs. 2 SGB III einen Auskunftsanspruch gegenüber dem Arbeitgeber, den Arbeitnehmern sowie sonstigen Personen, die Einblick in die Arbeitsentgeltunterlagen hatten (Steuerberater). Im Falle einer schuld- 176

---

170) LSG Saarbrücken, Urt. v. 1.2.2012 – 2 Sa 96/11, ZInsO 2012, 1838 = NZI 2012, 504.

171) BAG, Urt. v. 8.12.2010 – 5 AZR 95/10, BAGE 136, 263 = ZIP 2011, 785; dazu *Berkowsky*, NZI 2011, 360.

172) Zu den engen Voraussetzungen der Insolvenzanfechtung von Lohnzahlungen vgl. BAG, Urt. v. 29.1.2014 – 6 AZR 345/12, ZIP 2014, 628 – Bargeschäft i. S. von § 142 InsO.

haften Verletzung dieser Pflichten haften Arbeitgeber, Insolvenzverwalter und die übrigen Personen nach § 321 Nr. 1 bzw. Nr. 2 SGB III. Gleiches gilt, wenn der Insolvenzverwalter nach § 320 Abs. 2 SGB III zur Errechnung und Auszahlung des Insolvenzgeldes verpflichtet wird. Die Insolvenzgeldbescheinigung ist nach bestem Wissen und Gewissen zu erstellen. Den Anspruch auf einen bestimmten Inhalt hat der Arbeitnehmer nicht. Der pfändbare Teil des Arbeitsentgelts ist jedoch gesondert in der Insolvenzbescheinigung aufzuführen. Im Gegensatz zu einfachen Arbeitsentgeltabrechnungen hat die Insolvenzgeldbescheinigung die Wirkung eines Schuldanerkenntnisses.[173)]

177 **Die Auskunftspflichten** gegenüber der Agentur für Arbeit sind gleichfalls schadensersatz- und bußgeldbewehrt. Bußgeldvorschriften finden sich in § 404 Abs. 2 Nr. 22 und 23 SGB III. Nach § 404 Abs. 3 SGB III kann eine Geldbuße von bis zu 2.000 € festgesetzt werden.

178 Der Arbeitgeber hat im Falle der Abweisung des Antrags auf Eröffnung des Insolvenzverfahrens mangels Masse die Pflicht zur **Information des Betriebsrats** oder, wenn dieser nicht besteht, der Arbeitnehmer (§ 165 Abs. 5 SGB III). Auch diese Verpflichtung wird durch die Bußgeldvorschriften des § 404 Abs. 2 Nr. 2 SGB III sanktioniert. Im Falle der Bestellung eines vorläufigen Insolvenzverwalters nach § 22 Abs. 1 Satz 1 InsO mit umfassender Verfügungsbefugnis rückt dieser in die Stellung des Arbeitgebers.

XI. Die Vorfinanzierung von Insolvenzgeld[174)]

179 Nach § 170 Abs. 4 SGB III kommt eine kollektive Vorfinanzierung vor dem Insolvenzereignis in Betracht, wenn die Agentur für Arbeit der Übertragung oder Verpfändung der Entgeltansprüche **ausdrücklich zugestimmt** hat. Die Möglichkeit unterstützt den Insolvenzverwalter in seiner gesetzlichen Pflicht, den Betrieb des Schuldners fortzuführen. Die Zustimmung ist **formlos** zu beantragen und darf nach § 170 Abs. 4 Satz 2 SGB III nur erteilt werden, wenn Tatsachen die Annahme rechtfertigen, dass durch die Vorfinanzierung der Arbeitsentgelte ein erheblicher Teil der Arbeitsplätze erhalten bleibt. Um eine Prognoseentscheidung i. S. dieser Bestimmung treffen zu können, müssen der Agentur für Arbeit entsprechende Tatsachen mitgeteilt werden. Beurteilungsgrundlage sind die wirtschaftliche Lage des Schuldners und die Verhältnisse seines Unternehmens, wie sie sich im Zeitpunkt der Entscheidung über die Zustimmung darstellen bzw. künftig abzeichnen. Vorzulegen sind Konzepte zur Rationalisierung, Umstrukturierung und Verminderung der Produktionskosten, Gutachten des vorläufigen Insolvenzverwalters.

180 § 170 SGB III erlaubt die **Vorfinanzierung durch Gläubigerbanken** oder **Unternehmensbeteiligte**. Ist die Abtretung oder Verpfändung jedoch vor dem Insolvenzereignis erfolgt, gehen die Ansprüche auf Insolvenzgeld nur dann auf den vorfinanzierenden Dritten über, wenn die Agentur für Arbeit der Vorfinanzierung zustimmt.

Praxishinweis

Anders als beim Vorschuss auf das Insolvenzgeld handelt es sich hierbei nicht um eine Ermessensentscheidung der BA. Liegen die Voraussetzungen vor und kann der Antragsteller anhand von Tatsachen darlegen, dass ein erheblicher Teil der Arbeitsplätze erhalten bleibt, hat dieser einen Anspruch auf die Erteilung der Zustimmung.[175)]

---

173) LSG Berlin-Brandenburg, Urt. v. 27.3.2007 – L 30 AL 34/04, juris; Gagel-*Peters-Lange*, SGB III, § 314 Rz. 11.

174) Vgl. *Muschiol*, ZInsO 2016, 248; *Richter*, NJW 2018, 982.

175) Gagel-*Peters-Lange*, SGB III, § 170 Rz. 74.

Die Anforderungen an den Überzeugungsgrad des die **Prognose** rechtfertigenden Tatsachenmaterials ist durch den Begriff der „Annahme" gemäß § 170 Abs. 4 Satz 2 SGB III deutlich herabgesetzt. Es reicht aus, dass aufgrund der feststellbaren Tatsachen mehr Umstände für den behaupteten Erfolg sprechen als dagegen. Die Arbeitsplätze gelten als „erhalten", wenn sie auf Dauer gesichert erscheinen. Dabei kann auch auf eine im Gutachten des vorläufigen Insolvenzverwalters nach § 22 InsO enthaltene günstige Prognose über die Unternehmensfortführung Bezug genommen werden. Für Zeiten vor Bestellung eines vorläufigen Insolvenzverwalters reicht es aus, dass während der vorläufigen Geschäftsfortführung keine erhebliche Verminderung des Schuldnervermögens droht und noch ein erheblicher Teil der Arbeitsplätze ungekündigt fortbesteht. Hinsichtlich der Zahl zu erhaltender Arbeitsplätze übernimmt die InsgDA die Quotierung aus § 112a BetrVG. 181

So genannte **individuelle Vorfinanzierungen** auf Betreiben des Arbeitnehmers selbst, indem er seine Lohnforderungen gegen Zahlung des Nettobetrags an sein kontoführendes oder ein anderes Kreditinstitut abtritt, sollen nach wie vor nicht der Einschränkung für Vorfinanzierungen nach § 170 Abs. 4 SGB III unterliegen, sondern nach § 170 Abs. 1 SGB III zu beurteilen sein. Dies rechtfertigt sich aus dem Schutzzweck der Insolvenzgeldausfallversicherung, dem Arbeitnehmer durch die Sicherung seines Arbeitsentgelts für begrenzte Zeit die materielle Lebensgrundlage zu erhalten. Dabei kann die Vorfinanzierung auch auf eine Empfehlung des vorläufigen Insolvenzverwalters zurückgehen. 182

Werden solche individuellen **Vorfinanzierungen im Auftrag der Gesamtheit der Arbeitnehmer** auf **Initiative des Betriebsrats** von diesem ausgehandelt und durchgeführt, liegt zwar bei Einschaltung nur eines oder weniger Kreditinstitute eine Bündelung und damit kollektive Vorfinanzierung vor. Es erscheint aber durchaus vertretbar, auch eine solche Fallgestaltung, bei der der Betriebsrat als Vertreter der Belegschaft auftritt, rechtlich dem Anwendungsbereich des § 170 Abs. 1 SGB III zuzuordnen, da sie nur die individuelle Vorfinanzierung durch einzelne Arbeitnehmer zusammenfasst und keine darüberhinausgehenden Interessen von Gläubigern/Unternehmensbeteiligungen im Spiel sind.[176] 183

XII. Finanzierung des Insolvenzgelds durch Umlage

Gemäß § 359 Abs. 1 Satz 1 SGB III werden die Mittel für die Zahlung des Insolvenzgelds durch eine **monatliche Umlage** (Umlage U3) von den Arbeitgebern finanziert. Berechnungsgrundlage ist das rentenversicherungspflichtige Arbeitsentgelt bis hin zur Beitragsbemessungsgrenze. Besteht keine Versicherungspflicht, ist gemäß § 358 Abs. 2 Satz 2 Alt. 2 SGB III der Betrag maßgeblich, der bei einer fiktiven Versicherungspflicht bestehen würde. 184

Von der **Umlagepflicht befreit** sind der Bund, die Länder, Gemeinden, Körperschaften und Anstalten des öffentlichen Rechts, über deren Vermögen ein Insolvenzverfahren unzulässig ist. Dazu gehören auch die Kirchen sowie öffentliche Rundfunkanstalten, nicht aber die Krankenkassen (arg. § 171b SGB V). Umlagepflichtig ist auch das Unternehmen, welches selbst im Insolvenzverfahren ist, soweit es Löhne und SV-Beiträge zahlt. Die Umlage ist nach einem Prozentsatz des Arbeitsentgelts (Umlagesatz) zu erheben und nach § 359 Abs. 1 SGB III mit dem Gesamtsozialversicherungsbeitrag an die Einzugsstelle (Krankenkasse) zu zahlen. Die Umlagepflicht ist verfassungsgemäß.[177] Seit dem 1.1.2013 ist der Umlagesatz nach § 360 SGB III auf 0,15 % festgeschrieben. Die Umlage gehört als Arbeit- 185

176) Dazu auch Gagel-*Peters-Lange*, SGB III, § 170 Rz. 71; *Schneider*, jurisPK-SGB III § 170 SGB III, Rz. 31.

177) BSG, Urt. v. 29.5.2008 – B 11a AL 61/06 R, BSGE 100, 286 = NZS 2009, 149; BVerfG, Beschl. v. 2.2.2009 – 1 BvR 2553/08, ZIP 2009, 680 = NZS 2009, 565.

geberversicherung nicht zu den erstattungsfähigen Aufwendungen i. S. des § 1 AAG und wird auch nicht von § 175 SGB III erfasst.

Praxishinweis

Gemäß § 28p SGB IV obliegt der Rentenversicherung die Prüfung, ob die Arbeitgeber ihren Melde- und Zahlungspflichten auch insoweit ordnungsgemäß nachgekommen sind.

XIII. Geschäftsführer-Haftung

186 Der Geschäftsführer einer insolvent gewordenen GmbH kann der Bundesagentur für Arbeit (BA) aus **unerlaubter Handlung gemäß § 826 BGB** wegen verspäteter Insolvenzantragstellung haften. In Fällen der Insolvenzverschleppung muss er für das von der BA geleistete Insolvenzgeld Ersatz leisten.[178] Voraussetzung ist der Nachweis, dass der BA durch die verzögerte Insolvenzantragstellung ein Schaden entstanden ist. Ein wegen verspäteter Insolvenzantragstellung verursachter Schaden lässt sich nicht schon daraus herleiten, dass die BA den Arbeitnehmern der GmbH Insolvenzgeld gezahlt hat. Ein Schaden ist der BA nur dann entstanden, wenn eine rechtzeitige Antragstellung dazu geführt hätte, dass Insolvenzgeld nicht oder in geringerem Umfang hätte gezahlt werden müssen. Auf den Einwand des Geschäftsführers, Insolvenzgeld hätte auch bei rechtzeitiger Antragstellung gezahlt werden müssen, ist die BA darlegungs- und beweispflichtig für ihre Behauptung, bei rechtzeitiger Antragstellung sei der Schaden nicht entstanden.[179]

D. Die Insolvenz des Vertragsarztes

I. Zulassung

187 Die Insolvenz des Vertragsarztes berührt seine Zulassung gemäß § 95 SGB V nicht. Die Zulassung ist ein höchstpersönliches Recht, so dass der Vertragsarzt trotz Insolvenz seine Praxis weiterbetreiben kann.[180] Unter den Voraussetzungen des § 24 Abs. 7 Ärzte-ZV kann der Vertragsarzt seinen Praxissitz auch verlegen, allerdings nur innerhalb des jeweiligen Planungsbereichs, für den seine Zulassung gilt (vgl. §§ 101, 103 SGB V). Der Insolvenzverwalter darf dem Vertragsarzt, was die Berufsausübung anlangt, keine Weisungen erteilen (§§ 2 Abs. 1 BÄO, 2 Abs. 4 MBO). Der Insolvenzverwalter kann das von dem zugelassenen Arzt (oder MVZ) eingeleitete Verfassungsbeschwerdeverfahren gegen die Entziehung der Zulassung nicht fortführen.[181] Die Zulassung eines Medizinischen **Versorgungszentrums** fällt nicht in die Insolvenzmasse. Gleiches gilt für die Genehmigung einer Arztanstellung gemäß § 95 Abs. 9 SGB V.[182]

II. Honorar

188 Das dem Vertragsarzt zustehende Honorar zahlt die **Kassenärztliche Vereinigung** (KV) an den Vertragsarzt bzw. den Insolvenzverwalter. Die KV ist auch während des laufenden Insolvenzverfahrens verpflichtet, die Regelungen über die aufschiebende Wirkung des Widerspruchs (gemäß § 106c Abs. 3 SGB V betreffend einen Bescheid der Prüfungsstelle) zu beachten. Dem Vertragsarzt persönlich müssen die Mittel, die er für die Fortführung

178) BGH, Beschl. v. 20.6.2017 – VI ZR 629/16, JR 2018, 458; BGH, Beschl. v. 21.2.2014 – VI ZR 560/12, juris; OLG Frankfurt/M., Urt. v. 26.10.2017 – 1 U 20/16, juris.

179) BGH, Urt. v. 13.10.2009 – VI ZR 288/08, ZIP 2009, 2439 = NZI 2010, 74, m. Anm. *Poertzgen*, dazu EWiR 2010, 389 *(Barnert)*.

180) BSG, Urt. v. 10.5.2000 – B 6 KA 67/98 R, BSGE 86, 121 = NZS 2001, 160; *Ziegler*, ZInsO 2014, 1577.

181) BVerfG, Beschl. v. 22.3.2013 – 1 BvR 791/12, ZIP 2013, 986.

182) BSG, Urt. v. 11.10.2017 – B 6 KA 27/16 R, BSGE 124, 205 = NZI 2018, 616.

der Praxis benötigt, zur Verfügung gestellt werden sowie der pfändungsfreie Betrag für seinen eigenen Unterhalt und den seiner Angehörigen. Den Rest des Honorars zieht der Insolvenzverwalter zur Masse ein, um daraus die Gläubiger zu befriedigen. Hat die KV nach der Insolvenz zu hohe Abschlagszahlungen erbracht, gehört die Rückforderung zu den Masseverbindlichkeiten.[183] Wenn der Praxisbetrieb keine ausreichenden finanziellen Überschüsse abwirft oder ein Haftungsrisiko besteht, kann der Insolvenzverwalter von seinem Recht zur Freigabe des Geschäftsbetriebes gemäß § 35 Abs. 3 InsO Gebrauch machen. Das Honorar steht dem Arzt nach der Freigabe wieder in voller Höhe zu.

Die Verpflichtung, dem Insolvenzverwalter die für die Durchsetzung privatärztlicher Ho- **189**
norarforderungen **erforderlichen Daten** über die Person des Drittschuldners und die Forderungshöhe mitzuteilen, besteht auch bei der Insolvenz eines Psychiaters.[184] Soweit der Vertrags-(zahn-)arzt nach der Freigabe gemäß § 35 InsO Honorar erarbeitet, steht es ihm und nicht dem Insolvenzverwalter zu. Die Kassen-(zahn-)ärztliche Vereinigung kann das Honorar also nicht mit befreiender Wirkung an den Insolvenzverwalter auszahlen.[185] Hat der Vertragsarzt seine Honoraransprüche gegen die KV an eine Bank abgetreten oder verpfändet, ist diese Verfügung unwirksam, soweit sie sich auf Ansprüche bezieht, die auf nach Eröffnung des Insolvenzverfahrens erbrachten ärztlichen Leistungen beruhen.[186] Der Honoraranspruch eines Vertragsarztes gehört mit Abschluss des Quartals, in dem die Leistung erbracht wurde und der Vorlage der entsprechenden Abrechnung, zum Vermögen des Schuldners.[187] Das hat Bedeutung für die Abgrenzung der Haftungsmassen.

Regressbescheide, die an einen Vertragsarzt, der zugleich Insolvenzschuldner ist, wäh- **190**
rend eines laufenden Insolvenzverfahrens wegen unwirtschaftlicher Verordnungsweise in vor Eröffnung des Insolvenzverfahrens liegenden Quartalen ergehen, sind nichtig.[188] Sie sind an den Insolvenzverwalter zu richten. Die Offenbarungspflicht des § 27 InsO berechtigt und verpflichtet einen Arzt als Schuldner eines Insolvenzverfahrens, dem Insolvenzverwalter Name und Anschrift der Leistungsempfänger zu offenbaren.

III. Aufrechnung durch die KV

Soweit der Arzt von der KV z. B. wegen unwirtschaftlicher Behandlung oder Verordnung **191**
von Arznei- oder Heilmitteln in Anspruch genommen wird, kann die KV aufrechnen. Das BSG bestreitet das Recht der KV, mit Rückforderungsansprüchen aus überhöhten Abschlagszahlungen aufzurechnen, soweit es um Honorare geht, die erst nach der Insolvenzeröffnung erarbeitet wurden.[189] Der Insolvenzverwalter kann von der KV einbehaltene Beträge aus Wirtschaftlichkeitsprüfungen für Quartale vor Eröffnung des Insolvenzverfahrens herausverlangen.[190]

183) SG München, Urt. v. 23.11.2017 – S 38 KA 1487/14, juris.

184) BGH, Beschl. v. 5.2.2009 – IX ZB 85/08, ZIP 2009, 976 = NJW 2009, 1603, dazu EWiR 2009, 391 *(Deckenbrock/Fleckner)*.

185) BSG, Urt. v. 10.12.2014 – B 6 KA 46/13 R, ZIP 2015, 1079 = SGb 2016, 217, m. Anm. *Ziegler*.

186) BGH, Urt. v. 11.5.2006 – IX ZR 247/03, ZIP 2006, 1254 = NJW 2006, 2485; SG Stuttgart, Beschl. v. 12.12.2008 – S 10 KA 7601/08 ER, dazu *Tetzlaff*, jurisPR-InsR 9/2009 Anm. 6.

187) BGH, Urt. v. 21.2.2019 – IX ZR 246/17, BGHZ 221, 212 = ZIP 2019, 577.

188) SG Düsseldorf, Urt. v. 13.6.2012 – S 2 KA 38/09, ZInsO 2012, 1731.

189) BSG, Urt. v. 17.8.2011 – B 6 KA 24/10 R, ZIP 2011, 1972.

190) BSG, Urt. v. 23.3.2011 – B 6 KA 14/10 R, BSGE 108, 56; zum Zeitpunkt der „Aufrechnungslage" vgl. auch BGH, Urt. v. 11.2.2010 – IX ZR 104/07, ZIP 2010, 682, dazu EWiR 2010, 497 *(Siepmann/Knapp)*.

Kapitel 23
Steuerrecht in der Insolvenz

Übersicht

Literatur: *Beck*, Verpflichtung zur Abgabe einer Einkommensteuererklärung in Insolvenzverfahren, insbesondere bei der Antragsveranlagung, NZI 2012, 991; *Beck*, Ertragsteuerliches Fiskusprivileg im vorläufigen Insolvenzverfahren – mögliche Auswirkungen des neuen § 55 Abs. 4 InsO, ZIP 2011, 551; *Born*, Aktuelle Steuerfragen im Zusammenhang mit Debt-Equity-Swap-Transaktionen, BB 2009, 1730; *Busch/Winkens*, Insolvenzrecht und Steuern visuell, 2007; *Ehrmann*, Beihilferechtliche Zulässigkeit des § 8c Abs. 1a KStG – Zur voraussichtlichen Europarechtswidrigkeit der Sanierungsklausel, DStR 2011, 5; *Hierstetter*, Steuerliche Risiken der Entschuldung einer Kapitalgesellschaft in der Krise, DStR 2010, 882; *Hölzle*, Konkurrenz von Steuerrecht und Insolvenzrecht, BB 2012, 1571; *Hölzle*, Umsatzsteuer und umsatzsteuerliche Organschaft in der Insolvenz, DStR 2006, 1210; *Hölzle*, Besteuerung der Unternehmenssanierung – Die steuerlichen Folgen gängiger Sanierungsinstrumente, FR 2004, 1193; *Jasse*, Umsatzsteuer in der Insolvenz, 2007; *Kahlert*, Erste und zweite Berichtigung von Umsatzeuer und Vorsteuer im (vorläufigen) Insolvenzverfahren nach dem SanInsFoG, DStR 2021, 1505; *Kahlert*, Umsatzsteuerliche Organschaft und (vorläufige) Eigenverwaltung, ZIP 2013, 2348; *Kahlert*, Insolvenzrechtliche Aufrechnungsverbote im Umsatzsteuerrecht – Aktuelle Entwicklungen und Auswirkungen auf die Insolvenzpraxis, ZIP 2013, 500; *Kahlert*, Steuerzahlungspflicht im Eröffnungsverfahren der Eigenverwaltung?, ZIP 2012, 2089; *Kahlert*, Der V. Senat des BFH als Schöpfer von Fiskusvorrechten im Umsatzsteuerrecht, DStR 2011, 921; *Kontny*, § 55 Abs. 4 InsO i. d. F. des SanInsFoG – Die Doppelberichtigungsrechtsprechung des BFH, NWB 8/2021, 247; *Onusseit*, Neues zum Insolvenzsteuerrecht vom Bundesfinanzhof, ZInsO 2014, 59; *Onusseit*, Die umsatzsteuerlichen Folgen des in der Insolvenz steckengebliebenen Bauvorhabens, ZIP 2009, 1677; *Rickert/Tielmann/Trostheide*, Besteuerung in der vorläufigen Eigenverwaltung – Ausgewählte Folge der Neufassung des § 55 IV InsO, NZI 2022, 463; *Roth*, Umsatzsteuer und Insolvenz, ZInsO 2014, 309; *Roth*, Steuerrecht in der Insolvenz, 2011; *Scheunemann/Hoffmann*, Debt-Equity-Swap, DB 2009, 983; *Uhländer*, Rückwirkender Ansatz des Sanierungsertrags aufgrund einer Restschuldbefreiung auf den Zeitpunkt der Betriebsaufgabe – Vertrauensschutz nach Maßgabe des BMF-Schreibens vom 8.4.2022, DB 2022, 1923; *Uhländer*, Markante Rechtsänderungen im Sanierungs- und Insolvenzsteuerrecht, DB 2021, 16; *Uhländer*, Sanierungsgewinne: „Steuerbefreiung" für Neufälle und auf Antrag für Altfälle – Rechtssicherheit durch Beschluss des Bundestages vom 8.11.2018, DB 2018, 2788; *Wäger*, Umsatzsteuer bei der Verwertung von Kreditsicherheiten und Krediten, WM 2012, 769; *Waza*, Umsatzsteuerliche Anwendungsfragen zu § 55 Abs. 4 InsO bei der vorläufigen Eigenverwaltung, USt direkt digital 4/2022, 15; *Witfeld*, Die Neufassung von § 55 Abs. 4 InsO durch das SanInsFoG, ZRI 2021, 173.

A. Auswirkungen der Insolvenz auf das Steuerrecht

I. Verhältnis von Steuerrecht und Insolvenzrecht

1 Bis heute gilt ausgehend von einem Urteil des RFH der Grundsatz, dass Insolvenzrecht vor Steuerrecht geht.[1] Dieser Grundsatz betrifft jedoch lediglich die Durchsetzung von Steuerforderungen, die im Insolvenzverfahren allein nach den Regelungen der InsO zu erfolgen hat.[2] Eine weitergehende Aussage folgt aus dem Urteil des RFH nicht. Auch nach Intention des Gesetzgebers können im Insolvenzverfahren Insolvenzforderungen allein nach den Vorschriften der InsO, § 87 InsO, geltend gemacht werden; entsprechend regelt § 251 Abs. 2 AO, dass die Vorschriften der InsO unberührt bleiben.[3] Die Entstehung des materiellen Steueranspruchs wird durch die Eröffnung des Insolvenzverfahrens nicht beeinflusst, diese richtet sich allein nach den einzelnen Steuergesetzen. Mithin bestimmt das Steuerrecht das „Ob", den Zeitpunkt des Entstehens der Steuerforderung sowie deren Höhe. Das Insolvenzrecht bestimmt die Durchsetzbarkeit der Steuerforderung im Insolvenzverfahren, also das „Wie".

2 Eine Besonderheit zu dieser klaren Regelung ergibt sich aus § 178 Abs. 3 InsO. Danach wirkt die **Feststellung einer Forderung** zur Insolvenztabelle **wie ein rechtskräftiges Urteil.** Folge ist, dass die Änderungsvorschriften der Abgabenordnung (AO) für Steuerbescheide, §§ 155 bis 178 AO, die eine Durchbrechung der materiellen Bestandskraft vorsehen, damit

1) RFH, Urt. 25.10.1926 – Gr.S. 1/26, RFHE 19, 355; BFH, Urt. v. 14.2.1978 – VIII R 28/73, BFHE 124, 411 = BStBl. II 1978, 356; *Uhländer* in: Waza/Uhländer/Schmittmann, Insolvenzen und Steuern, Rz. 463.

2) *Farr*, Die Besteuerung in der Insolvenz, Rz. 20; *Sonnleitner* in: Sonnleitner/Witfeld, Insolvenz- und Sanierungssteuerrecht, Kap. 1 Rz. 10 ff.

3) Tipke/Kruse-*Loose*, AO/FGO, § 251 AO Rz. 5.

keine Anwendung finden. Lediglich **unter den Voraussetzungen der §§ 130, 131 AO** kann noch eine **Änderung** erfolgen.[4] Dies hat zur Konsequenz, dass bereits festgestellte Steuerforderungen auch bei tatsächlich nicht bestehendem, materiellen Steueranspruch nicht ohne weiteres gemindert werden, sich folglich eine insolvenzrechtliche Norm entgegen der oben genannten Grundsätze auf den materiellen Steueranspruch auswirken kann (siehe Rz. 210 f.).

II. Steuerrechtliche Stellung der Beteiligten

1. Insolvenzverwalter

a) Steuererklärungspflichten des Insolvenzverwalters

3 Der Insolvenzverwalter ist zur Abgabe der Steuererklärungen für die Insolvenzmasse auch für vor Insolvenzeröffnung liegende Veranlagungszeiträume verpflichtet.[5] Diese Verpflichtung trifft ihn auch dann, wenn die dadurch entstehenden Kosten nicht aus der Masse beglichen werden können.[6] Es kommt dann in Betracht, entsprechende Kosten als Auslagen gegenüber der Staatskasse geltend zu machen.[7] Zur Durchsetzung der steuerlichen Erklärungspflichten des Insolvenzverwalters ist die Festsetzung von Zwangsgeld weder unverhältnismäßig noch ermessensfehlerhaft, auch wenn voraussichtlich nicht mit steuerlichen Auswirkungen zu rechnen ist.[8] Keine Verpflichtung besteht hingegen zur Abgabe der einheitlichen und gesonderten Gewinnfeststellungserklärung,[9] gleiches gilt im Hinblick auf allein insolvenzfreie Einkünfte des Insolvenzschuldners aus nichtselbstständiger Tätigkeit.[10]

b) Steuertragungspflicht

4 Mit Eröffnung des Insolvenzverfahrens geht nach § 80 Abs. 1 InsO die Verfügungsbefugnis über das zur Insolvenzmasse gehörende Vermögen auf den Verwalter über. Soweit die Verwaltung reicht, § 34 Abs. 3 AO, hat der Insolvenzverwalter sämtliche steuerlichen Pflichten zu erfüllen. Damit korrespondierend verpflichtet § 155 InsO den Insolvenzverwalter, die **handels- und steuerrechtlichen Buchführungspflichten** in Bezug auf die Insolvenzmasse wahrzunehmen. Nach dem Wortlaut ist der Verwalter indes nicht verpflichtet hinsichtlich der nicht insolvenzbefangenen Vermögensteile (Freigabe/Unpfändbarkeit) die steuerlichen Pflichten zu erfüllen.

5 Aus der Insolvenzmasse muss der Insolvenzverwalter, die aus der Verwertung der Masse resultierenden **Steuern abführen**, soweit diese zu Masseverbindlichkeiten nach § 55 InsO führen. Dies ist bspw. bei mit Absonderungsrechten belasteten Wirtschaftsgütern des Betriebsvermögens, auch wenn keine Massezuflüsse generiert werden, der Fall.[11] Steuerforderungen auf den **Neuerwerb** aufgrund nichtselbstständiger Tätigkeit des Insolvenzschuld-

---

4) BFH, Urt. v. 24.11.2011 – V R 13/11, BStBl. II 2012, 298 = ZIP 2011, 2481, dazu EWiR 2012, 127 *(de Weerth)*; *Waza* in: Waza/Uhländer/Schmittmann, Insolvenzen und Steuern, Rz. 741; BFH, Beschl. v. 5.7.2018 – XI B 17/18, ZIP 2018, 1938 = NZI 2018, 855.

5) BFH, Urt. v. 10.10.1951 – IV 144/51 U, BFHE 55, 522; *Schmittmann* in: Schmittmann/Theurich/Brune, Das insolvenzrechtliche Mandat, § 9 Rz. 5.

6) BFH, Urt. v. 23.8.1994 – VII R 143/92, BStBl. II 1995, 194 = ZIP 1994, 1969.

7) BGH, Urt. v. 22.7.2004 – IX ZB 161/03, BGHZ 160, 176–186 = ZIP 2004, 1717, dazu EWiR 2004, 1037 *(Schäferhoff)*.

8) BFH, Urt. v. 6.11.2012 – VII R 72/11, BStBl. II 2013, 141 = ZIP 2013, 83.

9) BFH, Beschl. v. 12.11.1992 – IV B 83/91, BStBl. I 1993, 265 = ZIP 1993, 374; BFH, Urt. v. 23.8.1994 – VII R 143/92, BStBl. II 1995, 194 = ZIP 1994, 1969.

10) *Beck*, NZI 2012, 991; AG Bochum, Beschl. v. 9.9.2013 – 88 IK 913/11, BeckRS 2013, 16651.

11) BFH, Urt. v. 16.5.2013 – IV R 23/11, BStBl. II 2013, 759 = ZIP 2013, 1481, dazu EWiR 2013, 621 *(Schmittmann)*.

ners, auch wenn pfändbare Beträge zur Masse gelangen, sind grundsätzlich keine Masseverbindlichkeiten.[12] Entsprechende Nachzahlungen sind vielmehr seitens des Insolvenzschuldners aus dem insolvenzfreien Vermögen zu begleichen, da die mit dem Neuerwerb zusammenhängenden Verbindlichkeiten anderenfalls ohne Zutun des Insolvenzverwalters zu Masseverbindlichkeiten werden könnten, so dass es der Schuldner in der Hand hätte, die Masse durch Eingehen von Verbindlichkeiten zu schmälern.[13] Vor diesem Hintergrund sei, so der BFH,[14] die allgemeine Wertung des Gesetzgebers, dass der Steuergläubiger – ebenso wie andere unfreiwillige Neugläubiger – nicht bevorzugt werden soll, zu akzeptieren und nicht durch eine weite Auslegung des § 55 InsO zu umgehen. Kann der Insolvenzverwalter den Erlös aus den Geschäften des Schuldners nicht zur Masse ziehen, sind die hieraus resultierenden Steuerforderungen allein **gegen den Insolvenzschuldner** in seiner insolvenzfreien Vermögenssphäre zu richten.[15]

Steuerinsolvenzforderungen nach § 38 InsO sind nur nach den §§ 174 ff. InsO zu befriedigen. 6

c) Insolvenzverwalter als Bekanntgabeadressat

Nach § 34 Abs. 3 i. V. mit Abs. 1 AO ist der Insolvenzverwalter nicht nur verpflichtet 7
soweit seine Verwaltung reicht, sondern auch Bekanntgabeadressat. Steuerbescheide, die die Insolvenzmasse betreffen sind daher gegenüber dem Insolvenzverwalter bekanntzugeben.[16]

Praxishinweis

Hierbei ist die präzise Formulierung „[...] als Insolvenzverwalter“ erforderlich.[17]

Diesen Grundsatz hat der BFH bei Fehlen des Hinweises darauf, dass der Empfänger die 8
Bescheide „als Insolvenzverwalter“ erhält, allerdings dahingehend abgeschwächt, dass diese Funktion auch aus den Umständen des Einzelfalls im Wege der **Auslegung** ermittelt werden kann. Sofern aus der Sicht des Empfängers zweifelsfrei erkennbar ist, dass der Bescheid nach seinem objektiven Erklärungsgehalt an den Empfänger in seiner Funktion als Insolvenzverwalter über das Vermögen des Insolvenzschuldners ergeht, hat dies nicht (mehr) die Nichtigkeit des Bescheides nach § 125 Abs. 1 AO zur Folge.[18] Hierbei sind nicht nur die dem Bescheid innewohnenden Erklärungen, sondern darüber hinaus auch die dem Betroffenen bekannten Umstände maßgeblich. Notwendig ist aber, dass diese Umstände einen eindeutigen Rückschluss erlauben. Das Risiko, dass dem nicht so ist, trägt die Finanzverwaltung, deren Aufgabe es ist, den Bescheid ordnungsgemäß zu adressieren.

d) Insolvenzverwalter als Rechnungsaussteller

Der Insolvenzverwalter hat ab Insolvenzeröffnung Rechnungen für die der Insolvenzmasse 9
zuzurechnenden Umsätze gemäß § 14 UStG i. V. mit § 34 Abs. 1 und 3 AO zu erteilen. Hierzu ist er auch für noch vor Insolvenzeröffnung vom Schuldner ausgeführte Umsätze

12) BFH, Urt. v. 27.7.2011 – VI R 9/11, ZIP 2011, 2118.
13) BFH, Urt. v. 24.2.2011 – VI R 21/10, BStBl. II 2011, 520 = ZIP 2011, 873, dazu EWiR 2011, 427 *(Onusseit)*.
14) BFH, Urt. v. 24.2.2011 – VI R 21/10, BStBl. II 2011, 520 = ZIP 2011, 873.
15) BFH, Urt. v. 18.5.2010 – X R 11/09, ZIP 2010, 2014–2016, dazu EWiR 2010, 751 *(Kahlert)*; BFH, Urt. v. 18.9.2012 – VIII R 47/09, BFH/NV 2013, 411.
16) Tipke/Kruse-*Loose*, AO/FGO, § 251 AO Rz. 40.
17) BFH, Urt. v. 15.3.1994 – XI R 45/93, BFHE 174, 290 = ZIP 1994, 1371.
18) BFH, Urt. v. 11.4.2018 – X R 39/16, ZIP 2018, 1833 = NZI 2018, 817.

verpflichtet.[19] Entsprechend kann der Verwalter auch mittels Gutschrift gemäß § 14 Abs. 2 Satz 3 UStG abrechnen.

e) Haftung des Insolvenzverwalters

10 Der Insolvenzverwalter haftet nach § 69 AO soweit seine Verwaltung gemäß § 34 Abs. 3 AO reicht und infolge vorsätzlicher oder grob fahrlässiger Verletzung seiner Pflichten Ansprüche aus dem Steuerschuldverhältnis nicht oder nicht rechtzeitig festgesetzt oder erfüllt werden oder Steuervergütungen oder -erstattungen ohne rechtlichen Grund gezahlt werden. Eine Haftung kommt immer dann in Betracht, wenn der Verwalter aus der Masse, die er verwaltet, **Massesteuerverbindlichkeiten** nicht ordnungsgemäß befriedigt. Die Haftung nach § 69 AO erfordert eine Kausalität zwischen Pflichtverletzung und Steuerausfall.[20] Eine Haftung kommt deshalb nur dann in Betracht, soweit aus den zur Verfügung stehenden Mitteln die Steuerschulden ebenso wie die übrigen Schulden hätten getilgt werden können (Grundsatz der anteiligen Tilgung). Der haftungsbegrenzende Grundsatz der anteileigen Tilgung greift allerdings nicht, wenn der Insolvenzverwalter schuldhaft unnötige Umsatzsteuerschulden begründet und über den erzielten Bruttoerlös in einer Weise verfügt, dass die Umsatzsteuer nicht mehr aus der der Masse bezahlt werden kann.[21] Ein **Haftungsbescheid** nach der AO kann jedoch nicht ergehen, weil der Umsatzsteueranteil am Veräußerungserlös wegen des Vorrangs der Verfahrenskosten und fehlender sonstiger ausreichender Masse nicht zur Befriedigung des Finanzamts zur Verfügung stand.[22] Die Nichterfüllung der Umsatzsteuerschuld ist unter diesen Umständen bereits nicht pflichtwidrig.[23] Die Haftung nach § 69 AO ist durch Haftungsbescheid nach § 191 AO geltend zu machen, mithin ist der Finanzrechtsweg gegeben.

11 Außerdem kommt nach § 61 InsO eine Haftung des Verwalters in Betracht, soweit er durch Rechtshandlungen **Masseverbindlichkeiten begründet**, die aus der Insolvenzmasse nicht voll erfüllt werden können. § 61 InsO dient jedoch nur dem Schutz von Gläubigern, die für oder im Zusammenhang mit ihrem Anspruch gegen die Masse eine Gegenleistung erbringen.[24] Dies ist beim Gläubiger einer Steuerforderung nicht der Fall. Zudem beruhen Steuerforderungen auf Gesetz und sind daher nicht durch eine Rechtshandlung begründet worden.[25]

12 Darüber hinaus haftet der Verwalter nach § 60 InsO **gegenüber den Gläubigern**, wenn er schuldhaft Pflichten verletzt, die ihm nach der InsO obliegen; die Haftung betrifft mithin Insolvenzforderungen. Hiernach käme bspw. eine Haftung in Betracht, wenn der Insolvenzverwalter bei der Verteilung der Masse gegen den Grundsatz der par conditio creditorum verstößt oder aber die Aktivmasse nicht ordnungsgemäß verwertet. Eine Haftung bei Nichtabführung der Umsatzsteuer aus der Verwertung der Insolvenzmasse und anschließender Anzeige der Masseunzulänglichkeit kommt nicht in Betracht, da der Verwalter mit der insolvenzrechtlich vorgeschriebenen vorrangigen Befriedigung der Verfahrenskosten keine insolvenzspezifischen Pflichten verletzt.[26]

---

19) BGH, Urt. v. 6.5.1981 – VIII ZR 45/80, ZIP 1981, 746.

20) BFH, Urt. v. 5.3.1991 – VII R 93/88, ZIP 1991, 1008.

21) BFH, Urt. v. 28.11.2002 – VII R 41/01, BStBl. II 2003, 337 = ZIP 2003, 582, dazu EWiR 2003, 303 *(Onusseit)*.

22) BFH, Urt. v. 19.12.1995 – VII R 53/95, ZIP 1996, 429.

23) BGH, Beschl. v. 14.10.2010 – IX ZB 224/08, ZIP 2010, 2252, dazu EWiR 2011, 59 *(Ries)*.

24) BGH, Urt. v. 2.12.2004 – IX ZR 142/03, BGHZ 161, 236, 240 = ZIP 2005, 131.

25) *Frotscher*, Besteuerung bei Insolvenz, S. 44.

26) BGH, Beschl. v. 14.10.2010 – IX ZB 224/08, ZIP 2010, 2252.

> **Praxishinweis**
>
> Haftungsansprüche nach Normen der InsO sind vor den Zivilgerichten zu verfolgen.

f) Auskunftspflichten in der Insolvenz gegenüber dem Verwalter

aa) Steuerberater

Einem Steuerberater steht wegen seiner rückständigen Honoraransprüche in der Insolvenz des Klienten an den Buchhaltungsunterlagen oder Computerlisten, die er mittels EDV erstellt hat, kein Zurückbehaltungsrecht zu.[27] Der Insolvenzverwalter hat gegen den Steuerberater ferner einen Anspruch auf Einwilligung in die Übertragung der bei der DATEV gespeicherten **Stammdaten des Schuldners** auf Basis der §§ 675, 666, 667 BGB.[28] 13

Zu den herauszugebenden Daten und Unterlagen gehöre nach Auffassung des BGH nicht das vertraglich geschuldete Arbeitsergebnis, also der **Jahresabschluss** nebst entsprechenden Jahresabschlussbuchungen, wohl aber vom Geschäftsbesorger selbst gefertigte vorbereitete Unterlagen und Akten.[29] 14

Ein **Anspruch auf Herausgabe** des Jahresabschlusses bzw. weiteren Unterlagen der steuerlichen Handakte kann sich ggf. wegen nachvertraglicher Schutzpflichten gemäß § 241 Abs. 2 BGB ergeben. 15

Der **Anspruch auf Einsichtnahme** erstreckt sich auch auf Unterlagen, die der Mandant bereits erhalten hat.[30] 16

bb) Finanzamt

Der Insolvenzverwalter muss nach § 34 Abs. 1 AO die steuerlichen Pflichten des Insolvenzschuldners erfüllen und tritt hinsichtlich der Rechte und Pflichten an die Stelle des Schuldners. Ihm stehen die **Auskunftsansprüche** des Schuldners zu, die dieser ohne Eröffnung des Insolvenzverfahrens hätte.[31] Daher hat er Anspruch darauf, dass das **Finanzamt** i. R. seines pflichtgemäßen Ermessens das **Interesse des Insolvenzverwalters** an der Auskunft und den unmittelbaren steuerrechtlichen Charakter dieser Auskunft **berücksichtigt.**[32] Das Steuergeheimnis nach § 30 AO steht dem nicht entgegen, denn § 30 Abs. 4 AO rechtfertigt die Weitergabe von Informationen, wenn diese zur Durchführung eines Verwaltungsverfahrens dienen. Voraussetzung dafür ist aber, dass der Insolvenzverwalter **substantiiert darlegt**, aus welchen Gründen er die Auskunft begehrt und dass die Auskunft auf dem Steuerrechtsverhältnis beruht und mit der Erfüllung der ihn treffenden steuerlichen Pflichten oder der Prüfung der angemeldeten Insolvenzforderungen zusammenhängt, denn allein wegen des Verdachts anfechtbarer Zahlungen auf Steuerschulden besteht kein Auskunftsanspruch gegenüber dem Finanzamt.[33] 17

---

27) Uhlenbruck-*Brinkmann*, InsO, § 51 Rz. 52 m. w. N.

28) LG Duisburg, Urt. v. 1.4.1982 – 9 O 26/82, ZIP 1982, 603; *Lüdtke* in: HambKomm-InsO, § 36 Rz. 57.

29) BGH, Urt. v. 11.3.2004 – IX ZR 178/03, ZIP 2004, 1267, dazu EWiR 2004, 1121 *(Gräfe)*; OLG Hamburg, Beschl. v. 18.2.2005 – 12 W 3/04, ZInsO 2005, 550.

30) LG Stuttgart, Urt. v. 16.1.2019 – 27 O 272/18, BB 2019, 1426.

31) *Frotscher*, Besteuerung bei Insolvenz, S. 35.

32) BFH, Urt. v. 6.8.1965 – VI 349/63 U, BStBl. III 1965, 675; BFH, Urt. v. 7.5.1985 – VII R 25/82, BStBl. II 1985, 571 sowie BFH, Beschl. v. 6.10.1993 – VIII B 121/92, BFH/NV 1994, 311; BFH, Urt. v. 26.5.1995 – VI B 91/94, BFH/NV 1995, 1004; BFH, Urt. v. 8.6.1995, IX B 168/94, BFH/NV 1996, 64.

33) BFH, Urt. v. 19.3.2013 – II R 17/11, BStBl. II 2013, 639 = ZIP 2013, 1133, dazu EWiR 2013, 487 *(v. Spiessen)*; BGH, Urt. v. 13.8.2009 – IX ZR 58/06, ZIP 2009, 1823 = NZI 2013, 709, dazu EWiR 2010, 27 *(M. J. W. Blank)*; *Schmittmann*.

18 Bei Streitigkeiten, in denen der Insolvenzverwalter, ohne sein Anliegen näher zu konkretisieren, allgemein Einsicht in die beim Finanzamt geführten Vollstreckungsakten begehrt, ist der **Finanzrechtsweg** nach § 33 Abs. 1 FGO eröffnet.[34)]

19 Sofern der Insolvenzverwalter Informationen zu einem Anfechtungsanspruch benötigt, muss er sich an den Schuldner halten oder aber auf dem **Zivilrechtsweg** Auskunftsansprüche verfolgen.[35)]

20 Weitergehende Auskunftsansprüche ließen sich zunächst aus den **Informationsfreiheitsgesetzen** (IFG) des Bundes und einzelner Bundesländer herleiten. Danach hat jeder Anspruch gegenüber den Behörden des Bundes und des Landes auf Zugang zu amtlichen Informationen. Bei gespeicherten Steuerdaten handelt es sich um solche amtlichen Informationen. Voraussetzung für diesen Anspruch ist allerdings, dass die Informationen nicht anderweitig beschafft werden können. Ein Insolvenzverwalter kann daher nach § 4 Abs. 1 IFG NRW von der Finanzverwaltung **Auskünfte** über Jahreskontenauszüge des Insolvenzschuldners verlangen.[36)] Hierfür ist der **Verwaltungsrechtsweg** gegeben, wie auch für einen auf § 4 HmbIFG gestützten Anspruch des Insolvenzverwalters gegen das Finanzamt auf Einsicht in die den Schuldner betreffenden Vollstreckungsakten.[37)] Gemäß § 3 Abs. 1 IFG Bln umfasst der Auskunftsanspruchs des Insolvenzverwalters gegen das Finanzamt auch Fragen zur erstmaligen **Einleitung von Vollstreckungsmaßnahmen** gegen den Schuldner, die nicht zur sofortigen Befriedigung in voller Höhe geführt haben, sowie zu etwaigen Bitten des Schuldners um Stundung, Aussetzung der Vollstreckung oder Abschluss einer Ratenzahlungsvereinbarung.[38)] Dagegen wurde indes eingewandt, dass dem Insolvenzverwalter nicht weitergehende Rechte als dem Schuldner selbst zustehen könnten, da diesem nach der AO keine Auskunftsansprüche eingeräumt werden.

21 Diese Rechtsprechung betrifft allerdings die Rechtslage vor dem **Inkrafttreten der §§ 32a Abs. 1 Nr. 3, 32c Abs. 1 Nr. 2 AO**[39)]. Danach ist die Finanzbehörde dem Insolvenzverwalter gegenüber **nicht zur Auskunft verpflichtet**, wenn dieser Anfechtungsansprüche nach den §§ 129 ff. InsO gegenüber der Finanzverwaltung prüft.[40)] Das BVerwG hat vor diesem Hintergrund nunmehr entschieden, dass der Insolvenzverwalter keinen Anspruch auf Informationszugang zu steuerlichen Daten der Finanzbehörden hat, da die §§ 32e, 32c Abs. 1 Nr. 2 AO solche Auskunftsansprüche im Zusammenhang mit der Geltendmachung von Insolvenzanfechtungsansprüchen, mithin von zivilrechtlichen Ansprüchen in Übereinstimmung mit Art. 23 Abs. 1 lit. e und lit j DSGVO ausschließen.[41)]

2. Schuldner

a) Verfahren

22 Durch die Eröffnung des Insolvenzverfahrens wird die Stellung des Schuldners als **Steuerpflichtiger** nach § 33 Abs. 1 AO nicht berührt. Nach den Normen des Ertragsteuerrechts

34) BFH, Beschl. v. 10.2.2011 – VII B 183/10, BFH/NV 2011, 992 = ZIP 2011, 883.

35) BFH, Beschl. v. 10.2.2011 – VII B 183/10, BFH/NV 2011, 992 = ZIP 2011, 883, dazu EWiR 2011, 461 *(M. J. W. Blank/M. Blank)*.

36) OVG NRW, Urt. v. 15.6.2011 – 8 A 1150/10, ZIP 2011, 1426, dazu EWiR 2011, 505 *(M. J. W. Blank)*; BVerwG, Beschl. v. 14.5.2012 – 7 B 53/11, ZIP 2012, 1258 = NZI 2012, 684.

37) BFH, Beschl. v. 8.1.2013 – VII ER-S 1/12, ZInsO 2013, 663 = ZIP 2013, 1252.

38) VG Berlin, Urt. v. 1.2.2018 – 2 K 614.15, ZIP 2018, 1508.

39) Fassung aufgrund des Zweiten Gesetzes zur Anpassung des Datenschutzrechts an die Verordnung (EU) 2016/679 und zur Umsetzung der Richtlinie (EU) 2016/680 (Zweites Datenschutz-Anpassungs- und Umsetzungsgesetz EU), v. 20.11.2019, BGBl. I 2019, 1626, in Kraft getreten am 26.11.2019.

40) Klein-*Rätke*, AO, § 91 Rz. 30.

41) BVerwG, Urt. v. 25.2.2022 – 10 C 4.20, Rz. 34, ZIP 2022, 1551 = NZI 2022, 756.

bleibt er Steuerpflichtiger bzw. Gewerbetreibender, § 1 EStG, § 1 KStG, § 5 GewStG i. V. mit § 4 Abs. 2 GewStDV. Nach § 2 UStG bleibt der Schuldner Unternehmer bis zur Vollabwicklung des Unternehmens, die Eröffnung des Insolvenzverfahrens hat darauf keinen Einfluss.[42] Zu keinem Zeitpunkt wird die Insolvenzmasse selbstständig zu besteuerndes Steuersubjekt, dies gilt auch im Nachlassinsolvenzverfahren.[43] Die vom Verwalter aufgrund seiner Verwaltungs- und Verfügungsbefugnis verwirklichten Geschäftsvorfälle sind dem Schuldner weiterhin zuzurechnen. Dieser bleibt Schuldner der daraus resultierenden Steuern. Es erfolgt dann jedoch eine Aufteilung der einheitlich festgestellten Steuerschuld in Masseverbindlichkeit, Insolvenzforderung oder Forderung gegen die insolvenzfreie Vermögenssphäre. Für die Umsatzsteuer werden, obwohl es sich um ein Unternehmen handelt, hierfür unterschiedliche Steuernummern erteilt. Der Insolvenzverwalter muss unter der Massesteuernummer **Umsätze der Masse** voranmelden bzw. erklären. Bei den sich daraus ergebenden Umsatzsteuerverbindlichkeiten handelt es sich dann um Masseverbindlichkeiten. Die Erteilung einer weiteren **Steuernummer** erfolgt lediglich zur Verfahrensvereinfachung zur Trennung eines ansonsten einheitlichen Unternehmens, um die Masseansprüche von den Insolvenzforderungen abzugrenzen.[44] Bei der Einkommensteuer, als Jahressteuer, ist dies wegen der Progression nicht möglich mit der Folge, dass die einheitlich ermittelte Steuerschuld aufgeteilt wird.

Das Recht zur Wahl der **Lohnsteuerklasse** geht auch im Insolvenzverfahren nicht auf den Insolvenzverwalter über, sondern verbleibt beim Insolvenzschuldner.[45] 23

b) Erklärungspflichten für insolvenzfreies Vermögen

Der Insolvenzschuldner hat für sein insolvenzfreies Vermögen, also Vermögen, das von vornherein **unpfändbar** ist oder aber **aus dem Insolvenzbeschlag freigegeben** wurde, sämtliche steuerlichen Pflichten zu erfüllen, mithin entsprechende Steueranmeldungen und – Erklärungen abzugeben und die daraus resultierende Steuer abzuführen. Für die **Umsatzsteuer** kann insoweit eine dritte **Steuernummer** vergeben werden. Hinsichtlich der **Einkommensteuer** besteht die Möglichkeit **Teilsteuererklärungen** abzugeben, die dann durch die Finanzverwaltung zu einer einheitlichen Veranlagung zusammengeführt werden.[46] Die einheitlich ermittelte Jahressteuer wird anschließend zwischen insolvenzfreiem Vermögen und Insolvenzmasse sowie im Jahr der Insolvenzeröffnung in Insolvenzforderungen aufgeteilt.[47] Vorauszahlungen werden entsprechend der jeweils geleisteten Zahlungen angerechnet. 24

c) Pflicht zur Abgabe von Steuererklärungen bei Eigenverwaltung

Bei Anordnung der Insolvenz in Eigenverwaltung ist der Schuldner zur Abgabe von Steuererklärungen verpflichtet. Diese Pflicht entfällt, wie auch in der Regelinsolvenz (siehe Rz. 3), nicht durch die Anzeige der Masseunzulänglichkeit.[48] 25

42) BFH, Urt. v. 20.2.1986 – V R 16/81, BStBl. II 1986, 579 = ZIP 1986, 517; vgl. auch Rau/Dürrwächter-*Stadie*, UStG, § 2 Rz. 666.

43) BFH, Urt. v. 11.8.1998 – VII R 118/95, BFHE 186, 328 = BStBl. II 1998, 705.

44) *Jasse*, Umsatzsteuer, S. 14 – 17.

45) BFH, Urt. v. 27.7.2011 – VI R 9/11, ZIP 2011, 2118; BFH, Beschl. v. 22.3.2011 – III B 114/09, ZIP 2011, 1162.

46) *Uhländer* in: Waza/Uhländer/Schmittmann, Insolvenzen und Steuern, Rz. 498; *Frotscher*, Besteuerung bei Insolvenz, S. 39.

47) *Frotscher*, Besteuerung bei Insolvenz, S. 145 f.

48) FG Düsseldorf, Urt. v. 17.12.2019 – 13 K 3467/18 E, ZVI 2020, 315 = NZI 2020, 484 ff.

3. Vorläufiger Insolvenzverwalter

a) Sog. schwacher vorläufiger Insolvenzverwalter

26 Das Insolvenzgericht kann gemäß § 21 Abs. 2 Nr. 1 InsO einen vorläufigen Insolvenzverwalter bestellen. Soweit das Gericht dem Schuldner kein allgemeines Verfügungsverbot auferlegt (sog. schwacher vorläufiger Verwalter), besteht keine Verpflichtung, Steuererklärungen für den Schuldner abzugeben, da der vorläufige Verwalter nicht zum Vermögensverwalter des Schuldners i. S. von § 34 Abs. 3 AO wird.[49] Er tritt deshalb nicht in die steuerlichen Pflichten des Schuldners ein, weshalb ihn auch **keine Steuererklärungspflichten** treffen.

27 Dies ist auch bei Anordnung eines Zustimmungsvorbehalts, § 21 Abs. 2 Nr. 2 Alt. 2 InsO, der Fall. Nach **§ 55 Abs. 4 InsO**[50] gelten dann jedoch Umsatzsteuerverbindlichkeiten des Insolvenzschuldners, die vom Schuldner mit Zustimmung eines vorläufigen Insolvenzverwalters begründet wurden, nach Eröffnung des Insolvenzverfahrens als Masseverbindlichkeit. Nach der **Neuregelung des § 55 Abs. 4 InsO n. F.** werden darüber hinaus entsprechend begründete

- sonstige Ein- und Ausfuhrabgaben,
- bundesgesetzlich geregelte Verbrauchsteuern,
- die Luftverkehr- und die Kraftfahrzeugsteuer und
- die Lohnsteuer

erfasst. Diese gelten mithin nach Insolvenzeröffnung als Masseverbindlichkeit und müssen entsprechend abgeführt werden.

28 Nach § 55 Abs. 4 InsO a. F. galten sämtliche Verbindlichkeiten aus dem Steuerschuldverhältnis, die durch den sog. schwachen vorläufigen Insolvenzverwalter oder durch den Insolvenzschuldner mit Zustimmung des schwachen vorläufigen Insolvenzverwalters begründet wurden, nach Eröffnung des Insolvenzverfahrens als Masseverbindlichkeiten. Bei Ertragsteuern erwies sich dies jedoch als unpraktikabel, da zur Ermittlung des Steueranspruchs der Gewinn für den Zeitraum der vorläufigen Verwaltung gesondert ermittelt und dafür ein Rumpfwirtschaftsjahr hätte gebildet werden müssen.[51] Insoweit hätte der Zeitpunkt zur Aufteilung des einheitlichen Jahresergebnisses in Insolvenzforderungen oder Masseverbindlichkeiten auf den Zeitpunkt der Bestellung des schwachen vorläufigen Insolvenzverwalters vorverlagert werden müssen.[52] Problematisch erwies sich insbesondere die Berechnung der einzelnen Teileinkünfte, da sich eine Pflicht des vorläufigen Insolvenzverwalters zur Bilanzierung nach Anordnung der vorläufigen Insolvenzverwaltung bis zur Insolvenzeröffnung, mit der nach § 155 Abs. 2 InsO ein neues Geschäftsjahr beginnt, nicht aus den §§ 55 Abs. 4, 155 InsO herleiten lässt und ebenso wenig aus dem Handelsrecht, dem Gesellschaftsrecht oder dem Steuerrecht.[53]

b) Sog. halbstarker vorläufiger Insolvenzverwalter

29 Werden dem vorläufigen Insolvenzverwalter einzelne Verwaltungs- und Verfügungsrechte punktuell übertragen (sog. halbstarker vorläufiger Insolvenzverwalter), können die i. R. von Einzelermächtigungen genau festgelegten Verpflichtungen nach Insolvenzeröffnung zu

---

49) *Uhländer* in: Waza/Uhländer/Schmittmann, Insolvenzen und Steuern, Rz. 484; so auch BMF-Schreiben v. 20.5.2015 – IV A 3 – S 0550/10/10020-05, Rz. 4, BStBl. I 2015, 476.

50) I. d. F. des SanInsFoG, v. 22.12.2020, BGBl. I 2020, 3256, in Kraft getreten am 1.1.2021.

51) *Beck*, ZIP 2011, 551–552 f.

52) BMF-Schreiben v. 20.5.2015 – IV A 3 – S 0550/10/10020-05, Rz. 24 f., BStBl. I 2015, 476.

53) *Beck*, ZIP 2011, 551.

Masseverbindlichkeiten gemäß § 55 Abs. 2 InsO führen. Indes ergibt sich daraus nicht, dass der vorläufige Verwalter zum Vermögensverwalter i. S. von § 34 Abs. 3 AO wird.[54] Folglich ist er nicht verpflichtet, Bücher zu führen und Steuererklärungen abzugeben.

c) Sog. starker vorläufiger Insolvenzverwalter

Wird dem Schuldner dagegen ein **allgemeines Verfügungsgebot** auferlegt, geht gemäß § 22 Abs. 1 Satz 1 InsO die Verwaltungs- und Verwertungsbefugnis auf den vorläufigen Verwalter über. Damit wird der sog. starke vorläufige Verwalter zum Vermögensverwalter nach § 34 Abs. 3 AO, so dass auch die steuerlichen Erklärungspflichten aus § 149 AO auf ihn übergehen.[55] Danach müssen Personen, die fremdes Vermögen verwalten, die steuerlichen Pflichten (also auch die Erklärungspflichten) erfüllen. Da das Verwaltungs- und Verfügungsrecht auf den starken vorläufigen Insolvenzverwalter übergeht, ist er auch Verfügungsberechtigter i. S. des § 35 AO. Er begründet aus seiner Tätigkeit heraus Masseverbindlichkeiten (§ 55 Abs. 2 InsO), für die er im Falle der Nichterfüllung persönlich haften kann (§§ 60, 61 InsO). 30

4. Vorläufiger Sachwalter/Sachwalter

Im vorläufigen **Eigenverwaltungsverfahren** steht dem Schuldner die Verwaltungs- und Verfügungsbefugnis über sein Vermögen aus eigenem Recht zu, soweit das Insolvenzgericht keine beschränkenden Anordnungen erlässt. Dem Schuldner werden durch die Bestellung eines vorläufigen Sachwalters also keine insolvenzspezifischen Rechte zugewiesen, er behält grundsätzlich seine privatautonome Verfügungsmacht – ggf. determiniert durch einzelne Beschränkungen oder Ermächtigungen des Insolvenzgerichts nach § 270c Abs. 3 und Abs. 4 InsO.[56] Der Schuldner kann seine Befugnisse jedoch nicht schrankenlos ausüben, denn ihm wird gemäß § 270b Abs. 1 InsO ein vorläufiger Sachwalter mit Unterstützungs- und Kontrollfunktion zur Seite gestellt. Dieser hat eine **Überwachungsfunktion** (§ 274 Abs. 2 InsO) und einen **Zustimmungsvorbehalt**, soweit der Schuldner Verbindlichkeiten eingeht, die nicht zum gewöhnlichen Geschäftsbetrieb gehören (§ 275 Abs. 1 Satz 1 InsO).[57] Verbindlichkeiten, die im Verfahren der vorläufigen Eigenverwaltung nach § 270c InsO vom Schuldner oder von einem vorläufigen Sachwalter begründet werden, sind ebenso wie Verbindlichkeiten, die im Schutzschirmverfahren nach § 270d InsO begründet worden sind, nur dann **Masseverbindlichkeiten**, die aus der Insolvenzmasse vorweg zu berichtigen sind, wenn sie auf der Grundlage einer vom Insolvenzgericht erteilten **Ermächtigung gemäß § 270c Abs. 4 InsO** begründet wurden.[58] 31

Die §§ 55 Abs. 2 und 55 Abs. 4 a. F. InsO ließen sich insoweit weder direkt noch analog – mangels planwidriger Regelungslücke – anwenden.[59] Nach der Neuregelung des **§ 55 Abs. 4 InsO** (siehe Rz. 27) gelten jedoch nunmehr Umsatzsteuerverbindlichkeiten sowie sonstige Ein- und Ausfuhrabgaben, bundesgesetzlich geregelte Verbrauchsteuern, die Luftverkehr- und die Kraftfahrzeugsteuer und die Lohnsteuer, die vom Schuldner nach Bestellung eines vorläufigen Sachwalters begründet worden sind, nach Eröffnung des Insolvenzverfahrens als **Masseverbindlichkeit**.[60] Die Vorschrift ist auf alle Verfahren anzuwenden, 32

---

54) *Roth*, Insolvenzsteuerrecht, Rz. 2.51.
55) *Frotscher*, Besteuerung bei Insolvenz, S. 48.
56) Graf-Schlicker-*Graf-Schlicker*, InsO, § 270c Rz. 32.
57) *Kern* in: MünchKomm-InsO, § 275 Rz. 9 ff.
58) BGH, Urt. v. 22.11.2018 – IX ZR 167/16, ZIP 2018, 2488 = WM 2018, 2373, dazu EWiR 2019, 49 *(Thole)*; BGH, Beschl. v. 24.3.2016 – IX ZR 157/14, ZIP 2016, 831, dazu EWiR 2016, 307 *(Dimassi)*.
59) BGH, Urt. v. 22.11.2018 – IX ZR 167/16, ZIP 2018, 2488 = WM 2018, 2373; FG Münster, Urt. v. 12.3.2019 – 15 K 1535/18 U, NZI 2019, 547.
60) Graf-Schlicker-*Graf-Schlicker*, InsO, § 270c Rz. 26.

deren Eröffnung **nach dem 31.12.2020** beantragt wird.[61] Hierdurch wurde insoweit ein Gleichlauf zwischen vorläufiger Insolvenzverwaltung und vorläufiger Eigenverwaltung geschaffen.

33 Bei Eröffnung des Insolvenzverfahrens in Eigenverwaltung nach §§ 270 ff. InsO liegt die Verwaltungs- und Verfügungsbefugnis beim Insolvenzschuldner. Der Sachwalter hat lediglich die Aufgabe, Aufsicht zu führen. Er wird damit **nicht Vermögensverwalter** i. S. des § 34 Abs. 3 AO, so dass ihm in dieser Funktion nicht die Erfüllung der steuerlichen Pflichten obliegt.[62]

5. Restrukturierungsbeauftragter/Sanierungsmoderator

34 Weder der „Restrukturierungsbeauftragte" gemäß §§ 73 ff. StaRUG[63] noch der „Sanierungsmoderator" gemäß §§ 94 ff. StaRUG sind steuerrechtliche Vermögensverwalter i. S. des § 34 Abs. 3 AO, da sie **keine entsprechenden Verwaltungs- und Verfügungsbefugnisse** haben.[64] Die Aufgaben des Restrukturierungsbeauftragten, der nach § 75 Abs. 1 StaRUG unter der Aufsicht des Restrukturierungsgerichts steht, normiert § 76 StaRUG. Gemäß § 96 Abs. 1 StaRUG vermittelt der Sanierungsmoderator zwischen dem Schuldner und seinen Gläubigern bei der Herbeiführung einer Lösung zur Überwindung der wirtschaftlichen oder finanziellen Schwierigkeiten. Hierfür gewährt der Schuldner dem Moderator Einblick in seine Bücher und Geschäftsunterlagen und erteilt ihm die angeforderten zweckmäßigen Auskünfte (§ 96 Abs. 2 StaRUG), der dann dem Gericht über den Fortgang der Sanierungsmoderation monatlich (§ 96 Abs. 3 Satz 1 StaRUG) berichtet.[65] Hieraus resultiert indes **keine steuerrechtliche Pflichtenstellung.**[66] Vor diesem Hintergrund kommt auch dann eine Haftungsinanspruchnahme des Restrukturierungsbeauftragten gemäß § 69 AO nicht in Betracht, wenn ihm durch das Gericht nach § 76 Abs. 2 Nr. 2 lit. b StaRUG die Befugnis übertragen wurde, eingehende Gelder entgegenzunehmen und Zahlungen zu leisten, da der Kassenführungsbefugnis im Außenverhältnis keine rechtliche Wirkung zukommt.[67]

III. Abgrenzung von Insolvenzforderung und Masseverbindlichkeit

35 Abzugrenzen ist zwischen Insolvenzforderungen nach § 38 InsO, Masseverbindlichkeiten gemäß § 55 InsO und Forderungen gegenüber der insolvenzfreien Vermögenssphäre des Insolvenzschuldners. Da Insolvenzgläubiger gemäß § 87 InsO nach Eröffnung des Insolvenzverfahrens ihre Insolvenzforderungen nur nach den Vorschriften der InsO verfolgen können, sind Insolvenzforderungen nach § 174 InsO i. V. mit § 251 Abs. 3 AO zur Insolvenztabelle anzumelden und werden anschließend nach den Vorschriften der §§ 187 ff. InsO befriedigt. Masseverbindlichkeiten sind gemäß § 53 InsO unter Berücksichtigung des § 209 InsO vorweg aus der Insolvenzmasse zu begleichen. Forderungen gegen die in-

61) Gesetz zur Fortentwicklung des Sanierungs- und Insolvenzrechts (Sanierungs- und Insolvenzrechtsfortentwicklungsgesetz – SanInsFoG), v. 22.12.2020, BGBl. I 2020, 3256, in Kraft getreten am 1.1.2021; BMF-Schreiben v. 11.1.2022 – IV A 3 – S 0550/21/10001 :001, Rz. 1, BStBl. I 2022, 116.

62) *Uhländer* in: Waza/Uhländer/Schmittmann, Insolvenzen und Steuern, Rz. 484.

63) Gesetz über den Stabilisierungs- und Restrukturierungsrahmen für Unternehmen (Unternehmensstabilisierungs- und -restrukturierungsgesetz – StaRUG), v. 22.12.2020, BGBl. I 2020, 3256 (= Art. 1 des Gesetzes zur Fortentwicklung des Sanierungs- und Insolvenzrechts [Sanierungs- und Insolvenzrechtsfortentwicklungsgesetz – SanInsFoG], v. 22.12.2020, BGBl. I 2020, 3256).

64) *Sonnleiter/Witfeld* in: Sonnleitner/Witfeld, Insolvenz- und Sanierungssteuerrecht, Kap. 9 Rz. 81 f., Rz. 94; *Uhländer* in: Waza/Uhländer/Schmittmann, Insolvenzen und Steuern, Rz. 484.

65) *Uhländer*, DB 2021, 16, 20.

66) *Sonnleiter/Witfeld* in: Sonnleitner/Witfeld, Insolvenz- und Sanierungssteuerrecht, Kap. 9 Rz. 81.

67) *Sonnleiter/Witfeld* in: Sonnleitner/Witfeld, Insolvenz- und Sanierungssteuerrecht, Kap. 9 Rz. 82, 91.

solvenzfreie Vermögenssphäre nehmen am Insolvenzverfahren nicht teil und sind direkt gegenüber dem Insolvenzschuldner geltend zu machen.

Nach § 38 InsO ist **Insolvenzgläubiger**, wer einen bei Eröffnung des Insolvenzverfahrens begründeten Anspruch gegen den Schuldner hat. Als Abgrenzungskriterium wird mithin auf den Zeitpunkt abgestellt, in dem der Rechtsgrund des Steueranspruchs gelegt wird, also der Schuldner den einzelnen Besteuerungstatbestand verwirklicht hat. Hierbei ist die steuerrechtliche Entstehung nicht mit der Begründetheit i. S. der InsO gleichzusetzen. 36

Um **Masseverbindlichkeiten** handelt es sich bei Verbindlichkeiten, die durch Handlungen des Insolvenzverwalters oder in anderer Weise durch die Verwaltung, Verwertung und Verteilung der Insolvenzmasse begründet werden. Steuerschulden, die durch einen vorläufigen Verwalter, auf den die Verwaltungs- und Verfügungsbefugnis übergegangen ist (§ 22 Abs. 1 InsO), begründet werden, gelten nach § 55 Abs. 2 InsO mit Insolvenzeröffnung als Masseverbindlichkeiten. Mit der Einführung des § 55 Abs. 4 InsO zum 1.1.2011 galten zunächst auch Steuerverbindlichkeiten, die vom Schuldner mit Zustimmung eines vorläufigen Verwalters gemäß § 55 Abs. 4 InsO begründet wurden, als Masseverbindlichkeiten.[68] Die alte Fassung des § 55 Abs. 4 InsO war im vorläufigen Eigenverwaltungsverfahren, §§ 270 ff. InsO, der § 55 Abs. 4 InsO nicht entsprechend anwendbar.[69] Nur sofern der Insolvenzschuldner vom Insolvenzgericht ermächtigt wurde, Masseverbindlichkeiten zu begründen, handelt es sich insoweit um Masseverbindlichkeiten. 37

Mit dem **SanInsFoG vom 22.12.2020**[70] wurde der § 55 Abs. 4 InsO auch auf das vorläufige Eigenverwaltungsverfahren erstreckt, jedoch auf Umsatzsteuerverbindlichkeiten sowie sonstige Ein- und Ausfuhrabgaben, bundesgesetzlich geregelte Verbrauchsteuern, die Luftverkehr- und die Kraftfahrzeugsteuer und die Lohnsteuer beschränkt. 38

B. Einzelne Steuerarten in der Insolvenz

I. Einkommensteuer

1. Allgemeines

Durch die Eröffnung des Insolvenzverfahrens wird die Stellung des Schuldners als Steuerpflichtiger nach § 33 Abs. 1 AO nicht berührt; er bleibt Steuerpflichtiger i. S. des § 1 EStG. Auch bei Insolvenz bemisst sich die Einkommensteuer gemäß § 2 Abs. 5 EStG nach dem im Kalenderjahr erzielten zu versteuernden Einkommen des Steuerpflichtigen. Nach § 2 Abs. 7 Satz 1 EStG ist die Einkommensteuer eine Jahressteuer. **Veranlagungszeitraum** ist nach § 25 Abs. 1 EStG das Kalenderjahr. Für diesen Zeitraum werden die Einkünfte bzw. Verluste der sieben Einkunftsarten summiert und bilden nach Abzug der in § 2 Abs. 3 EStG genannten Beträge das zu versteuernden Einkommen. Dieses wiederum vermindert um Sonderausgaben und außergewöhnliche Belastungen ist das Einkommen, wiederum vermindert um die Freibeträge nach § 32 Abs. 6 EStG und um die sonstigen vom Einkommen abzuziehenden Beträge das zu versteuernde Einkommen; dieses bildet gemäß § 2 Abs. 5 Satz 1 EStG die Bemessungsgrundlage für die tarifliche Einkommensteuer. 39

Der **Einkommensteuertarif** wird nach § 32a EStG berechnet. Er unterliegt einer Progression, der Steuersatz steigt mithin in Abhängigkeit vom zu versteuernden Einkommen an. Aus diesem Grund wird für steuerliche Zwecke nur eine Steuernummer vergeben und eine einheitliche Veranlagung durchgeführt. Die Einkommensteuer entsteht mit Ablauf des Veranlagungszeitraums (§ 36 Abs. 1 EStG). 40

---

68) BMF-Schreiben v. 20.5.2015 – IV A 3 – S 0550/10/10020-05, Rz. 1, BStBl. I 2015, 476.

69) BGH, Urt. v. 22.11.2018 – IX ZR 167/16, ZIP 2018, 2488 = WM 2018, 2373; FG Münster, Urt. v. 12.3.2019 – 15 K 1535/18 U, NZI 2019, 547.

70) Gesetz zur Fortentwicklung des Sanierungs- und Insolvenzrechts (Sanierungs- und Insolvenzrechtsfortentwicklungsgesetz – SanInsFoG), v. 22.12.2020, BGBl. I 2020, 3256, in Kraft getreten am 1.1.2021.

41 Ebenfalls wird das **Unternehmen** des Insolvenzschuldners nicht schon mit Insolvenzeröffnung über das Gesellschaftsvermögen, auch nicht bei Einstellung der werbenden Tätigkeit, aufgegeben.[71)]

2. Einordnung der Einkommensteuerschuld bei Insolvenz

a) Auswirkung der Insolvenzeröffnung auf den Steueranspruch

42 Die mit Ablauf des Jahrs entstehende Einkommensteuer ist wegen der progressiven Einkommensteuerbelastung für das Jahr der Insolvenzeröffnung einheitlich zu ermitteln und **anschließend** in Insolvenzforderung, Masseverbindlichkeit oder Forderung gegen das insolvenzfreie Vermögen des Schuldners **aufzuteilen.**[72)] Ausschlaggebend ist, wann, durch welche Vorgänge und in welchem Umfang die Steuerschuld im Laufe des Veranlagungszeitraums begründet wurde. Hierfür sind die in den einzelnen Abschnitten erzielten Teileinkünfte sowie die darauf entfallenden Anteile der einheitlich berechneten Jahressteuer zu ermitteln. Maßgebend für die **Einordnung der Einkommensteuerschuld** ist allein, ob die einzelnen Teileinkünfte vor oder nach Eröffnung des Insolvenzverfahrens begründet bzw. durch den Insolvenzverwalter oder den Schuldner in seiner insolvenzfreien Vermögenssphäre verwirklicht wurden.[73)] Diesen anteiligen Steuerforderungen sind die entsprechend geleisteten Vorauszahlungen bzw. Steuerabzugsbeträge gegenüberzustellen.

43 Nach § 55 Abs. 4 InsO a. F. galten Steuerverbindlichkeiten, die durch den sog. **schwachen vorläufigen Insolvenzverwalter** oder durch den Insolvenzschuldner mit Zustimmung des schwachen vorläufigen Insolvenzverwalters begründetet wurden, nach Eröffnung des Insolvenzverfahrens als Masseverbindlichkeiten. Insoweit hätte der Zeitpunkt zur Aufteilung des einheitlichen Jahresergebnisses in Insolvenzforderungen oder Masseverbindlichkeiten auf den Zeitpunkt der Bestellung des schwachen vorläufigen Insolvenzverwalters vorverlagert werden müssen. Problematisch war indes die Berechnung der einzelnen Teileinkünfte, da sich eine Pflicht des vorläufigen Insolvenzverwalters zur Bilanzierung nach Anordnung der vorläufigen Insolvenzverwaltung bis zur Insolvenzeröffnung, mit der nach § 155 Abs. 2 InsO ein neues Geschäftsjahr beginnt, nicht aus den §§ 55 Abs. 4 a. F., 155 InsO herleiten ließ und ebenso wenig aus dem Handelsrecht, dem Gesellschaftsrecht oder dem Steuerrecht. Der Insolvenzverwalter hätte für den Zeitraum der vorläufigen Verwaltung freiwillig einen Zwischenabschluss erstellen müssen; anderenfalls hätte das Finanzamt die Besteuerungsgrundlage auch nach § 162 Abs. 1 AO schätzen können.

44 Nach der Neuregelung des § 55 Abs. 4 InsO (siehe Rz. 27) gilt jedoch die Einkommensteuer, die anteilig auf den Zeitraum der vorläufigen Verwaltung/Sachwaltung entfällt, nicht nach Eröffnung des Insolvenzverfahrens als Masseverbindlichkeit. Die auf den Zeitraum vor Insolvenzeröffnung entfallende Zahllast ist Insolvenzforderung (§ 38 InsO) und nach §§ 87, 174 ff. InsO zur **Insolvenztabelle** anzumelden.[74)]

b) Steuern als Masseverbindlichkeiten

aa) Verwaltung und Verwertung der Masse

45 Um eine Masseverbindlichkeit nach § 55 InsO handelt es sich hinsichtlich der auf den Zeitraum nach Insolvenzeröffnung entfallenen Steuer, wenn der Insolvenzverwalter lau-

71) BFH, Urt. v. 19.1.1993 – VIII R 128/84, BFHE 170, 511 = BStBl. II 1993, 594.

72) BFH, Urt. v. 11.11.1993 – XI R 73/92, BFH/NV 1994, 477 = ZIP 1994, 1286; BFH, Urt. v. 19.1.2023 – III R 44/20, ZRI 2023, 487 ff. = ZVI 2023, 291.

73) BFH, Urt. v. 16.5.2013 – IV R 23/11, BStBl. II 2013, 759 = ZIP 2013, 1481; vgl. BFH, Urt. v. 29.3.1984 – IV R 271/83, BStBl. II 1984, 602 = ZIP 1984, 1127.

74) *Uhländer*, DB 2022, 1923, 1925.

fende Gewinne durch **Betriebsfortführung** erwirtschaftet bzw. im Zuge der Verwertung der Insolvenzmasse (§ 159 InsO) Einkünfte (Verwertungserlöse, Aufdeckung stiller Reserven etc.) erzielt, da der Besteuerungstatbestand dann nach Insolvenzeröffnung verwirklicht wird. Erzielt der Insolvenzverwalter **Kapitalerträge**, maßgebend ist der Zuflusszeitpunkt, so gehört die davon zu erhebende Zinsabschlagsteuer folglich zu den Masseverbindlichkeiten.[75] Auch die Anfechtung nach Maßgabe der §§ 129 ff. InsO führt bei der Gewinnermittlung durch Einnahmen-Überschussrechnung gemäß § 4 Abs. 3 EStG erst mit der tatsächlicher Vereinnahmung nach Insolvenzeröffnung zu einem Zufluss. Die darauf entfallende Einkommensteuer stellt somit eine Masseverbindlichkeit dar.[76]

Soweit der Insolvenzverwalter einen Gewinn im Zuge der **Betriebsveräußerung** (§ 16 Abs. 1 EStG) oder -aufgabe (§ 16 Abs. 3 EStG) erzielt, kann im Insolvenzverfahren unter den Voraussetzungen des § 16 Abs. 4 EStG ein Freibetrag beansprucht sowie die Steuer nach dem ermäßigten Steuersatz nach § 34 EStG berechnet werden. 46

bb) Aus- und Absonderung – Aufdeckung stiller Reserven

Lange Zeit war unklar, ob die Aufdeckung stiller Reserven eines wertausschöpfend belasteten Objekts im Zuge der dem Verwalter obliegenden Verwertung der Insolvenzmasse nach § 159 InsO zu Masseverbindlichkeiten oder aber zu Insolvenzforderungen führen. Die zumindest anteilige Entstehung von Insolvenzforderungen ließe sich vor dem Hintergrund vertreten, dass die stillen Reserven bereits vor Insolvenzeröffnung durch Nutzung von Abschreibungsmöglichkeiten (§ 7 EStG) oder ggf. langzeitige Wertzuwächse gebildet wurden.[77] Da die Eröffnung des Insolvenzverfahrens indes nicht zu einer Gewinnrealisierung führt und deswegen eine ausnahmslose Einordnung als Insolvenzforderung nicht in Betracht kommt, ließe sich derart eine Belastung der Masse mit Einkommensteuer, insbesondere vor dem Hintergrund, dass die Masse von der Verwertung schlechtesten Falls nicht oder nur i. H. eines Verwertungskostenbeitrags profitiert, vermeiden. 47

Dieser in der Literatur vertretenen Auffassung ist der **BFH** jedoch nicht gefolgt.[78] Stattdessen wurde höchstrichterlich entschieden, dass die Einkommensteuerschuld, die aus der Verwertung der zur Insolvenzmasse (und zum Betriebsvermögen) gehörenden Wirtschaftsgüter resultiert, als **sonstige Masseverbindlichkeit i. S. des § 55 Abs. 1 Nr. 1 InsO** zu qualifizieren ist und zwar auch dann in voller Höhe, wenn das verwertete Wirtschaftsgut mit Absonderungsrechten belastet war und nach Vorwegbefriedigung der absonderungsberechtigten Gläubiger aus dem Verwertungserlös der (tatsächlich) zur Masse gelangte Erlös nicht ausreicht, um die aus der Verwertungshandlung resultierende Einkommensteuerforderung zu befriedigen.[79] 48

Damit wird allein auf die Verwertung nach Insolvenzeröffnung angeknüpft, in dem darauf abgestellt wird, dass der **Wertzuwachs** erst dann der Besteuerung unterliegt, wenn es durch einen steuerauslösenden Tatbestand zur Gewinnrealisierung kommt.[80] 49

---

75) BFH, Urt. v. 9.11.1994 – I R 5/94, BStBl. II 1995, 255 = ZIP 1995, 661.

76) BFH, Beschl. v. 31.10.2018 – III B 77/18, ZVI 2019, 99 = ZIP 2019, 133; BFH, Urt. v. 9.12.2014 – X R 12/12, BStBl. II 2016, 852 = ZIP 2015, 1035.

77) BFH, Urt. v. 29.3.1984 – IV R 271/83, BStBl. II 1984, 602 = ZIP 1984, 1127; *Frotscher*, Besteuerung bei Insolvenz, S. 156 ff.

78) Vgl. *Uhländer* in: Waza/Uhländer/Schmittmann, Insolvenzen und Steuern, Rz. 1472; *Frotscher*, Besteuerung bei Insolvenz, S. 156 ff.

79) BFH, Urt. v. 16.5.2013 – IV R 23/11, BStBl. II 2013, 759 = ZIP 2013, 1481.

80) BFH, Urt. v. 16.5.2013 – IV R 23/11, BStBl. II 2013, 759 = ZIP 2013, 1481.

Praxishinweis

Der Insolvenzverwalter hat somit im Vorfeld einer Verwertung, insbesondere bei Immobilien, den Buchwert zu ermitteln und zu überprüfen, ob die durch die Hebung der stillen Reserven entstehenden Gewinne durch Verlustvorträge gedeckt sind bzw. die Steuer ggf. aus der Masse gezahlt werden kann. Soweit die steuerliche Belastung den Massezufluss übersteigt, empfiehlt es sich von einer freihändigen Verwertung abzusehen und das Objekt freizugeben.

50 **Unterbleibt die Freigabe** und überlässt der Verwalter dem absonderungsberechtigten Gläubiger die der Masse zugehörigen sicherungsübereigneten Wirtschaftsgüter des Betriebsvermögens zur Verwertung und entsteht nachfolgend durch deren Verkauf – infolge Aufdeckung von stillen Reserven – ein einkommensteuerpflichtiger Gewinn, ist die darauf entfallende Einkommensteuer eine „in anderer Weise" durch die Verwertung der Insolvenzmasse begründete Masseverbindlichkeit, da durch die Überlassung zur Verwertung keine echte Freigabe und damit auch keine Entlassung des Gegenstandes aus dem Insolvenzbeschlag erfolgt.[81)]

51 Auch wenn ein belastetes Betriebsgrundstück nach Insolvenzeröffnung auf Betreiben eines Grundpfandgläubigers ohne Zutun des Insolvenzverwalters **versteigert** und hierdurch – infolge Aufdeckung stiller Reserven – ein steuerpflichtiger Veräußerungsgewinn entsteht, ist die auf den Gewinn entfallende Einkommensteuer eine „in anderer Weise" durch die Verwaltung bzw. Verwertung der Insolvenzmasse begründete Masseverbindlichkeit. Als entscheidende Wertungsmomente für die Annahme von Masseverbindlichkeiten knüpft der BFH auch insoweit an die Massezugehörigkeit des Vermögensgegenstandes sowie dessen fehlende Freigabe durch den Insolvenzverwalter an.[82)]

52 Die Freigabe hat dann aber zur Folge, dass bei Verwertung durch den Schuldner **Steuerverbindlichkeiten in der insolvenzfreien Sphäre des Schuldners** entstehen. Für diese Ansprüche kann der Schuldner keine Rücklagen bilden, denn die gesicherten Gläubiger werden nur dann Löschungsbewilligung erteilen, wenn ihnen der Erlös vollständig zufließt. Unterlässt der Schuldner eine Verwertung und erfolgt die Verwertung auf Betreiben der zur abgesonderten Befriedigung berechtigten Gläubiger im Wege der Zwangsversteigerung, so ist nach Auffassung des FG Sachsen die auf den Veräußerungsgewinn entfallende Einkommensteuer nicht durch die Insolvenzmasse als Masseverbindlichkeit, sondern ebenfalls aus dem insolvenzfreien Vermögen des Steuerpflichtigen zu tragen.[83)] Hieran zeigt sich, dass die **Rechtsprechung des BFH** zu einerseits **nicht praktikablen Ergebnissen** führt, da der Insolvenzverwalter die ihm obliegende Verwertung der Insolvenzmasse nach § 159 InsO nicht durchführen kann und stattdessen zur Freigabe greifen muss, und andererseits der Schuldner mit Steuerforderungen belastet wird, die sich gegen sein Neuvermögen richten und die nicht von der Restschuldbefreiung erfasst werden, wodurch die Regelungen zur Restschuldbefreiung und die Möglichkeit eines finanziellen Neustarts ad absurdum geführt und entwertet werden. Darüber hinaus führt dies beim Schuldner auch zu einer Verletzung des Grundprinzips der Einkommensteuer, nämlich der Besteuerung nach der Leistungsfähigkeit (= Verbot existenzgefährdender Besteuerung), da der Schuldner einen Gewinn (resultierend aus vorinsolvenzlichen Abschreibungen und/oder Wertzuwächsen) zu versteuern hat, der allein den Insolvenzgläubigern durch unmittelbare Tilgung der Insolvenzforderungen (der absonderungsberechtigten Gläubiger) bzw. durch eine Quotenerhöhung der übrigen Gläubiger durch Verringerung der Passivmasse zugutekommt.

---

81) BFH, Urt. v. 14.12.2022 – X R 9/20, BFHE 279, 491 = ZRI 2023, 595 = ZIP 2023, 1541.

82) BFH, Urt. v. 7.7.2020 – X R 13/19, BStBl. II 2021, 174 = ZRI 2021, 38 = ZIP, 2020, 2465.

83) BFH, Urt. v. 14.2.1978 – VIII R 28/73, BFHE 124, 411 = BStBl. II 1978, 356; FG Sachsen, Urt. v. 18.10.2013 – 4 K 579/13, juris; *Onusseit*, ZInsO 2014, 59.

> **Praxishinweis**
>
> Der Schuldner sollte bei Veräußerung der freigegebenen Immobilie die Zehn-Jahres-Frist des § 23 Abs. 1 Satz 1 Nr. 1 EStG beachten und ggf. mit den Grundpfandgläubigern eine Vereinbarung treffen, dass er die auf den Veräußerungsgewinn entfallende Einkommensteuer zurückbehalten kann.

c) Steuer auf den Neuerwerb

aa) Nicht selbstständige Tätigkeit

Die Einkommensteuer, die der nichtselbstständig tätige Insolvenzschuldner im Wege des Lohnsteuerabzugs und der Einkommensteuernachzahlung zu leisten hat, ist grundsätzlich auch dann keine Masseverbindlichkeit, wenn pfändbarer Arbeitslohn zur Masse gelangt.[84] Die Steuerschuld ist nämlich nicht auf Verwaltungshandlungen des Insolvenzverwalters zurückzuführen. Weder liegt ein Handeln des Insolvenzverwalters vor noch ist die Einkommensteuer in anderer Weise durch die Verwaltung, Verwertung und Verteilung der Insolvenzmasse entstanden. Schließlich gehört die Arbeitskraft des Schuldners nicht zur Insolvenzmasse.[85] 53

bb) Freigegebene Tätigkeit

Bereits vor Einführung des § 35 Abs. 2 InsO war anerkannt, dass der Insolvenzverwalter unter Berücksichtigung von Art. 12 GG eine selbstständige Tätigkeit des Schuldners nicht unterbinden, der Schuldner dem Verwalter den lästigen Neuerwerb aber auch nicht aufdrängen kann.[86] Nach dem bis dahin geltenden Recht konnte ein Insolvenzverwalter aufgrund seiner Verwaltungs- und Verfügungsbefugnis (§ 80 InsO) nach pflichtgemäßem Ermessen (§ 60 InsO) Vermögensbestandteile aus dem Insolvenzbeschlag zugunsten des Schuldners freigeben. Bei Aufnahme einer neuen Erwerbstätigkeit ohne Verwendung von Gegenständen, die zur Insolvenzmasse gehörten, entstanden keine Masseverbindlichkeiten.[87] Auch die bloße Duldung einer Geschäftsführertätigkeit durch den Insolvenzverwalter erfüllte nicht das Tatbestandsmerkmal des Verwaltens der Insolvenzmasse i. S. des § 55 Abs. 1 Nr. 1 Halbs. 2 InsO.[88] 54

Die gesetzliche Neuregelung des § 35 Abs. 2 InsO wurde daher nur klarstellend im Hinblick auf die auch schon vorher vorhandene **Möglichkeit der Freigabe** eingefügt.[89] Der Insolvenzverwalter hat insoweit abzuwägen, ob der Behalt des Neuerwerbs in der Masse für diese vorteilhaft ist. Ist die Fortführung der selbstständigen Tätigkeit für die Masse nachteilig, dann muss der Verwalter den Neuerwerb aus der Masse an den Insolvenzschuldner freigeben können. Dem Schuldner obliegt es sodann nach § 295a Abs. 1 InsO (bzw. § 295 Abs. 2 a. F. in Altfällen)[90], die Masse so zu stellen, wie wenn er ein angemessenes Dienst- 55

84) BFH, Urt. v. 27.7.2011 – VI R 9/11, ZIP 2011, 2118; BFH, Urt. v. 24.2.2011 – VI R 21/10, BStBl. II 2011, 520 = ZIP 2011, 873.

85) BGH, Beschl. v. 18.12.2008 – IX ZB 249/07, ZInsO 2009, 299 = NZI 2009, 191.

86) Jaeger-*Henckel*, InsO, § 35 Rz. 118; *Lüdtke* in: HambKomm-InsO, § 35 Rz. 270.

87) BFH, Urt. v. 7.4.2005 – V R 5/04, BStBl. II 2005, 848 = ZIP 2005, 1376.

88) BFH, Urt. v. 21.7.2009 – VII R 49/08, BStBl. II 2010, 13 = ZIP 2009, 2208, dazu EWiR 2010, 23 *(Onusseit)*.

89) Vgl. Begr. RegE Gesetz zur Änderung der Insolvenzordnung, des Kreditwesengesetzes und anderer Gesetze, v. 26.10.2001, BGBl. I 2001, 2710 = NZI 2004, 549, 562.

90) § 295a InsO eingefügt durch das Gesetz zur weiteren Verkürzung des Restschuldbefreiungsverfahrens und zur Anpassung pandemiebedingter Vorschriften im Gesellschafts-, Genossenschafts-, Vereins- und Stiftungsrecht sowie im Miet- und Pachtrecht, v. 22.12.2020, BGBl. I 2020, 3328, in Kraft getreten am 31.12.2020 (früher § 295 Abs. 2 InsO).

verhältnis eingegangen wäre, um eine ungerechtfertigte Bevorzugung des Selbstständigen im Vergleich zu einem in abhängiger Tätigkeit beschäftigten Arbeitnehmer zu vermeiden. Nach dem Wortlaut des § 295a Abs. 1 InsO wird zur Berechnung des Massebeitrags mithin ein **fiktiver Verdienst** zugrunde gelegt; eine Orientierung am tatsächlichen Erfolg findet also gerade nicht statt.[91] Folglich profitiert die Masse nicht von einem wirtschaftlichen Erfolg des Schuldners, so dass sie auch nicht an dem Risiko des Entstehens von Masseverbindlichkeiten teilnimmt.[92]

56 Durch die bloße Vereinnahmung des Anspruchs nach § 295a Abs. 1 InsO werden mithin keine Einkünfte erzielt, so dass auch keine Masseverbindlichkeiten i. S. des § 55 Abs. 1 Nr. 1 InsO durch eine Handlung oder aber in anderer Weise durch die Verwaltung, Verwertung und Verteilung der Insolvenzmasse begründet sind.

57 Vielmehr hat der Insolvenzschuldner insoweit im Hinblick auf seine Einkünfte eine **Teilsteuererklärung** abzugeben. Die einheitlich zu ermittelnde Jahressteuer ist anschließend entsprechend der erzielten Einkünfte aufzuteilen.[93] Die Einkommensteuer die auf den freigegebenen Bereich des Insolvenzschuldners entfällt ist von diesem zu tragen, um eine Masseverbindlichkeit handelt es sich nicht.[94] Sind im Veranlagungsjahr durch eine insolvenzfreie Tätigkeit des Insolvenzschuldners Einkommensteuerverbindlichkeiten entstanden, so sind diese durch Leistungsbescheid unmittelbar gegenüber dem Insolvenzschuldner festzusetzen.[95]

cc) Unbekannte Tätigkeit

58 Eine Masseverbindlichkeit wird nicht in anderer Weise nach § 55 Abs. 1 Nr. 1 InsO begründet, wenn der Schuldner eine Tätigkeit **ohne Wissen und Billigung durch den Insolvenzverwalter** ausübt und wenn die entsprechenden Erträge tatsächlich nicht zur Masse gelangen.[96] Die hieraus resultierende Steuerforderung ist allein gegen den Insolvenzschuldner in seiner insolvenzfreien Vermögenssphäre zu richten.

3. Veranlagung von Ehegatten

59 Ehegatten wird nach §§ 26 bis 26b EStG bis zum Ablauf der Festsetzungsfrist bzw. Eintritts der Bestandskraft des Bescheides eingeräumt zwischen Zusammen- und Getrenntveranlagung zu wählen.[97] Für das Jahr der Insolvenzeröffnung kann das Wahlrecht nur einheitlich ausgeübt werden, da Veranlagungszeitraum das Kalenderjahr ist. Das **Wahlrecht** der Ehegatten für eine **Getrennt- oder Zusammenveranlagung** zur Einkommensteuer wird in der Insolvenz eines Ehegatten durch den Insolvenzverwalter ausgeübt.[98] Es kommt daher nur dann zu einer Zusammenveranlagung, wenn Insolvenzverwalter, Schuldner und Ehegatte die Zusammenveranlagung wählen. Widerspricht einer von ihnen der Zusammenveranlagung, kommt es zur getrennten Veranlagung.[99]

91) *Streck* in: HambKomm-InsO, § 295a Rz. 2; vgl. aber BGH, Urt. v. 13.3.2014 – IX ZR 43/12, ZVI 2014, 268 = ZInsO 2014, 824.

92) *Lüdtke* in: HambKomm-InsO, § 35 Rz. 296.

93) BFH, Urt. v. 27.10.2020 – VIII R 19/18, ZIP 2021, 646, dazu EWiR 2021, 243 (*Onusseit.*).

94) BFH, Urt. v. 18.9.2012 – VIII R 47/09, BFH/NV 2013, 411.

95) *Uhländer* in: Waza/Uhländer/Schmittmann, Insolvenzen und Steuern, Rz. 1455.

96) BFH, Urt. v. 18.5.2010 – X R 11/09, ZIP 2010, 2014.

97) BFH, Beschl. v. 8.3.2010 – VIII B 15/09, BFH/NV 2010, 1080; BFH, Urt. v. 28.8.1981 – VI R 139/78, BFHE 134, 412 = BStBl. II 1982, 156.

98) BGH, Urt. v. 24.5.2007 – IX ZR 8/06, ZIP 2007, 1917 = ZInsO 2007, 656.

99) BFH, Beschl. v. 22.3.2011 – III B 114/09, ZIP 2011, 1162; *Frotscher*, Besteuerung bei Insolvenz, S. 136.

Zu beachten ist allerdings, dass die Wahl der Veranlagungsart sachlich gerechtfertigt sein muss, sich also im Hinblick auf die Wahl des Insolvenzverwalters eine **Auswirkung auf die Insolvenzmasse** ergeben muss.[100)] Ergibt sich keine steuerliche oder wirtschaftliche Auswirkung, ist der Antrag wirkungslos.[101)] Zudem kann die Zustimmung vor einem Zivilgericht eingeklagt werden.[102)] Der Insolvenzverwalter muss die Wahl daher von einer vorherigen Prüfung abhängig machen, ob die Getrennt- oder die Zusammenveranlagung für die Insolvenzmasse günstiger ist. Schließlich ist der vom Veranlagungsergebnis abhängige Lohn- oder Einkommensteuererstattungsanspruch nach § 46 Abs. 1 AO pfändbar und gehört damit zur Insolvenzmasse gemäß § 35 Abs. 1 InsO.[103)] Ferner ist zu beachten, dass die Ausübung des Veranlagungswahlrechts durch den Insolvenzverwalter eine **Handlung i. S. des § 55 Abs. 1 Nr. 1 InsO** darstellt, die zur Folge hat, dass auch die auf der Zusammenveranlagung beruhende Einkommensteuerschuld als Masseverbindlichkeit anzusehen ist.[104)] Die Interessen der Insolvenzmasse bleiben durch die Möglichkeit, einen Antrag auf Aufteilung der Gesamtschuld gemäß §§ 268 ff. AO zu stellen, dennoch gewahrt. 60

Praxishinweis

Vor dem Hintergrund, dass allein den Ehegatten die Wahl der Steuerklasse zusteht,[105)] kann der Verwalter seine Zustimmung auch von dem Ausgleich etwaiger Nachteile der Insolvenzmasse durch die Veranlagung abhängig machen, um auf diese Weise Schäden von der Masse abzuwenden.[106)]

4. Besteuerung eines Sanierungsgewinns

Ein Sanierungsgewinn entsteht dadurch, dass Schulden durch eine vertragliche Vereinbarung zum Zweck der Sanierung ganz oder teilweise erlassen werden. Dabei muss die Sanierung darauf gerichtet sein, ein Unternehmen vor dem finanziellen Zusammenbruch zu bewahren und wieder ertragsfähig zu machen. 61

a) Gewinnrealisierung durch Restschuldbefreiung und Insolvenzplan

aa) Historische Entwicklung

Bis zum 31.12.1997 war ein Sanierungsgewinn nach § 3 Nr. 66 EStG steuerfrei. Diese Norm wurde ersatzlos aufgehoben. Dieser Zustand wurde indes als nicht praxistauglich angesehen, da die zusätzliche Steuerbelastung auf einen nach Ausschöpfen der ertragsteuerrechtlichen Verlustverrechnungsmöglichkeiten verbleibenden Sanierungsgewinn das Unternehmen schwächt und das Sanierungsziel gefährdet, also derart eine erhebliche Härte bedeutet. Da die Besteuerung von Sanierungsgewinne zudem mit den Zielen der InsO in einem Zielkonflikt steht, kam daher durch BMF-Schreiben vom 27.3.2003 (sog. Sanierungserlass) in Betracht, die entsprechende Steuer auf Antrag des Steuerpflichtigen nach § 163 AO abweichend festzusetzen und nach § 222 AO mit dem Ziel des späteren Erlasses (§ 227 AO) zunächst unter Widerrufsvorbehalt ab Fälligkeit (AEAO zu § 240 Nr. 6a AO) zu stun- 62

100) *Uhländer* in: Waza/Uhländer/Schmittmann, Insolvenzen und Steuern, Rz. 1401 ff.; BFH, Urt. v. 15.3.2017 – III R 12/16, BFHE 259, 229 = ZIP 2018, 187.

101) BFH, Urt. v. 12.8.1977 – VI R 61/75, BFHE 123, 172 = BStBl. II 1977, 870.

102) BFH, Beschl. v. 7.2.2005 – III B 101/04, BFH/NV 2005, 1083; L. Schmidt-*Seeger*, EStG, § 26 Rz. 22.

103) BFH, Urt. v. 18.8.1998 – VII R 114/97, BFHE 187, 1 = BStBl. II 1999, 84, dazu EWiR 1999, 527 *(Hintzen)*.

104) BFH, Urt. v. 27.10.2020 – VIII R 19/18, ZIP 2021, 646, dazu EWiR 2021, 243 (*Onusseit.*).

105) BFH, Urt. v. 27.7.2011 – VI R 9/11, ZIP 2011, 2118.

106) BGH, Beschl. v. 3.7.2008 – IX ZB 65/07, ZIP 2008, 2132 = NZI 2008, 624.

den.[107] Nach abschließender Prüfung und nach Feststellung der endgültigen auf den verbleibenden zu versteuernden Sanierungsgewinn entfallenden Steuer sollte die Steuer nach § 227 AO erlassen werden.

63 Hierunter fielen auch Sanierungen mittels Insolvenzplanverfahrens (§§ 217 ff. InsO).[108]

64 Auch bei einer **Restschuldbefreiung** dürfen Verbindlichkeiten, durch die der bilanzierende Schuldner nicht mehr wirtschaftlich belastet ist, da er mit an Sicherheit grenzender Wahrscheinlichkeit nicht mehr mit einer Inanspruchnahme zu rechnen braucht, nicht mehr passiviert werden.[109] Sie sind folglich gewinnerhöhend aufzulösen. Die Restschuldbefreiung entsprach allerdings nicht den Vorgaben des Sanierungserlasses, da die gerichtliche Erteilung der Restschuldbefreiung keinen freiwilligen Schulderlass der Gläubiger mit Sanierungsabsicht darstellt. Auch die Sanierungseignung dieser Maßnahme galt mit Blick auf den Zweck einer Sanierungshandlung, das Unternehmen vor dem Zusammenbruch zu bewahren und wieder ertragsfähig zu machen, als zweifelhaft.[110] Denn die Erteilung der Restschuldbefreiung soll dem Betroffenen vielmehr einen schuldenfreien Übergang in sein Privatleben bzw. einen lastenfreien beruflichen Neuanfang ermöglichen.[111] Eben diese Absicht wollte der Sanierungserlass jedoch gerade nicht begünstigt wissen.[112] Um diesen Widerspruch zur InsO zur beseitigen, war der Sanierungssteuererlass daher gemäß BMF-Schreiben vom 22.12.2009 auch auf Gewinne aus einer Restschuldbefreiung (§§ 286 ff. InsO) und aus einer Verbraucherinsolvenz (§§ 304 ff. InsO) entsprechend anzuwenden.[113]

65 Außerhalb des Insolvenzverfahrens war es für die Anwendbarkeit des Sanierungserlasses erforderlich, substantiiert darzulegen, dass der Forderungsverzicht der Wiederherstellung der Ertragsfähigkeit des Unternehmens diente. Überdies muss eine Sanierungsbedürftigkeit gegeben sein. Dies war aber nur dann der Fall, wenn vorhandenes Privatvermögen zur Lösung der Unternehmenskrise vorrangig eingesetzt wurde.[114]

bb) Weitere Entwicklung

66 Nach der Entscheidung des Großen Senats des BFH[115] vom 28.11.2016, veröffentlicht am 8.2.2017, verstößt das BMF mit dem Sanierungserlass gegen den Grundsatz der Gesetzmäßigkeit der Verwaltung, da auch der Verzicht auf einen Steuereingriff einer gesetzlichen Grundlage bedürfe.[116]

67 Einer im Anschluss daran auf den Weg gebrachten gesetzlichen Regelung[117] (§ 3a EStG) fehlte zunächst noch die erforderliche Zustimmung der EU-Kommission, die durch Be-

---

107) BMF-Schreiben v. 27.3.2003 – IV A 6 – S 2140 – 8/03, BStBl. I 2003, 240; *Maus*, Steuern im Insolvenzverfahren, Rz. 411.

108) BMF-Schreiben v. 22.12.2009 – IV C 6 – S 2140/07/10001, BStBl. I 2010, 18.

109) BFH, Urt. v. 22.11.1988 – VIII R 62/85, BFHE 155, 322 = BStBl. II 1989, 359.

110) BFH, Urt. v. 22.1.1985 – VIII R 37/84, BFHE 143, 420 = BStBl. II 1985, 501.

111) Braun-*Pehl*, InsO, § 286 Rz. 3.

112) Explizit BMF-Schreiben v. 27.3.2003 – IV A 6 – S 2140 – 8/03, Rz. 2, BStBl. I 2003, 240.

113) BMF-Schreiben v. 22.12.2009 – IV C 6 – S 2140/07/10001, BStBl. I 2010, 18; vgl. FG Münster, Urt. v. 27.5.2004 – 2 K 1307/02 AO, ZInsO 2004, 1322.

114) BFH, Urt. v. 12.12.2013 – X R 39/10, BFHE 244, 485 = ZIP 2014, 638, dazu EWiR 2014, 255 *(Schmittmann)*.

115) BFH (Großer Senat), Beschl. v. 28.11.2016 – GrS 1/15, BStBl. II 2017, 393 = ZIP 2017, 338, dazu EWiR 2017, 149 *(Möhlenkamp)*.

116) *Sonnleiter/Witfeld* in: Sonnleitner/Witfeld, Insolvenz- und Sanierungssteuerrecht, Kap. 10 Rz. 19.

117) Gesetz gegen schädliche Steuerpraktiken im Zusammenhang mit Rechtsüberlassungen, v. 27.6.2017, BGBl. I 2017, 2074.

schluss erfolgen sollte. Zwar hatte das BMF die Finanzämter mit Schreiben vom 27.4.2017[118)] angewiesen, **Billigkeitsmaßnahmen** in Form von abweichenden Steuerfestsetzungen nach § 163 Abs. 1 Satz 2 AO und Stundungen nach § 222 AO unter Widerrufsvorbehalt vorzunehmen, der BFH hat diesbezüglich jedoch mit Urteilen vom 23.8.2017[119)] entschieden, dass diese Anordnung des BMF in gleicher Weise gegen den Grundsatz der Gesetzmäßigkeit der Verwaltung verstoße, wie der Sanierungserlass selbst. Auf diese beiden Urteile vom 23.8.2017 hatte das BMF mit einem **Nichtanwendungserlass** reagiert.[120)] Mit Beschlüssen vom 16.4.2018 und 8.5.2018 hat der BFH jedoch auch dieses Schreiben verworfen und als ebenfalls nicht mit dem Grundsatz der Gesetzmäßigkeit der Verwaltung vereinbar erklärt.[121)]

cc) Einführung von § 3a EStG

Mittlerweile ist in **§ 3a EStG** die Steuerbefreiung von Sanierungserträgen normiert. Hierzu liegt die **Zustimmung der EU-Kommission** vor. Diese sieht bei der Steuerbefreiung von Sanierungserträgen keinen Verstoß aus beihilferechtlicher Sicht. Da die Zustimmung nicht durch förmlichen Beschluss erteilt, sondern der Bundesregierung mittels einem sog. Comfort Letter mitgeteilt wurde, bedurfte es noch einer Gesetzesänderung. Diese ist erfolgt, so dass das Gesetz in Kraft gesetzt wurde.[122)] Nach § 52 Abs. 4a Satz 3 EStG ist die Steuerbefreiung für Sanierungserträge **auf Antrag** des Steuerpflichtigen auch in den Fällen anzuwenden, in denen der Schuldenerlass vor dem 9.2.2017 stattgefunden hat. Damit ist für die betroffenen Steuerpflichtigen auch in Altfällen ausreichende Rechtssicherheit und die Eröffnung des Rechtswegs bei Ablehnung der Annahme eines begünstigten Sanierungsertrags durch die Finanzverwaltung gegeben. 68

Der neugefasste § 3a Abs. EStG sieht jedoch ausdrücklich nur dann eine **Steuerbefreiung des Sanierungsgewinns** zum Zwecke einer unternehmensbezogenen Sanierung i. S. des Absatzes 2 vor, wenn der Steuerpflichtige für den Zeitpunkt des Schuldenerlasses 69

- die Sanierungsbedürftigkeit und
- die Sanierungsfähigkeit des Unternehmens,
- die Sanierungseignung des betrieblich begründeten Schuldenerlasses und
- die Sanierungsabsicht der Gläubiger nachweist.

Damit sind Sanierungsgewinne bei bereits **eingestelltem Geschäftsbetrieb**, die durch einen Schuldenerlass i. R. eines Insolvenzplanverfahrens entstehen, nicht begünstigt, da insoweit lediglich eine unternehmerbezogene Sanierung und nicht eine unternehmensbezogene Sanierung vorliegt. Hingegen sind nach § 3a Abs. 5 EStG Erträge aus einer nach den §§ 286 ff. InsO erteilten **Restschuldbefreiung**, einem Schuldenerlass aufgrund eines außergerichtlichen **Schuldenbereinigungsplans** zur Vermeidung eines Verbraucherinsolvenzverfahrens nach den §§ 304 ff. InsO oder aufgrund eines Schuldenbereinigungsplans, dem in einem Verbraucherinsolvenzverfahren zugestimmt wurde oder wenn diese Zustimmung durch 70

118) BMF-Schreiben v. 27.4.2017 – IV C 6 – S 2140/13/10003, DStR 2017, 986.

119) BFH, Urt. v. 23.8.2017 – I R 52/14, BStBl. II 2018, 232 = ZIP 2017, 2158, dazu EWiR 2017, 761 *(Anzinger)*; BFH, Urt. v. 23.8.2017 – X R 38/15, BStBl. II 2018, 236 = ZIP 2017, 2161, dazu EWiR 2017, 763 *(v. Spiessen)*.

120) BMF-Schreiben v. 29.3.2018 – IV C 6 – S 2140/13/10003, DStR 2017, 986.

121) BFH, Beschl. v. 16.4.2018 – X B 13/18, ZIP 2018, 1360 = NZI 2018, 570; BFH, Beschl. v. 8.5.2018 – VIII B 124/17, ZInsO 2018, 1511.

122) § 3a EStG ist gemäß Art. 19 des Gesetzes zur Vermeidung von Umsatzsteuerausfällen beim Handel mit Waren im Internet und zur Änderung weiterer steuerlicher Vorschriften, v. 11.12.2018, BGBl. I 2018, 2338, rückwirkend zum 5.7.2017 in Kraft getreten.

das Gericht ersetzt wurde, steuerfrei, auch wenn die Voraussetzungen einer unternehmensbezogenen Sanierung i. S. des Absatzes 2 nicht vorliegen.[123)]

71 Die Erteilung der **Restschuldbefreiung** stellt ein auf den Zeitpunkt der Betriebsaufgabe **rückwirkendes Ereignis** dar.[124)] Dies gilt unabhängig davon, ob der Betrieb vor oder nach Eröffnung des Insolvenzverfahrens eingestellt wurde.[125)] Soweit der Betrieb vor der Eröffnung des Insolvenzverfahrens i. S. des § 16 Abs. 3 EStG aufgegeben worden ist, hat dies der BFH bereits in der Vergangenheit vertreten.[126)]

72 Konsequenz der Erteilung der Restschuldbefreiung bei Bilanzierung ist, dass die passivierten Verbindlichkeiten gegen Ertrag in der Betriebsaufgabebilanz auszubuchen sind, wodurch ein **Buchgewinn** entsteht, der das Betriebsergebnis erhöht. Vorrangig mit diesem Gewinn sind bestehende Verluste zu verrechnen.

73 Die daraus resultierende **Zahllast ist Insolvenzforderung** (= Einstellung vor Insolvenzeröffnung) **oder Masseverbindlichkeit** (= Einstellung nach Insolvenzeröffnung).[127)] Sofern der Insolvenzverwalter die Freigabe nach § 35 Abs. 2 InsO erklärt und die Betriebseinstellung danach erfolgt, entsteht der Gewinn in der insolvenzfreien Sphäre des Schuldners. Etwaige Steuerverbindlichkeiten sind dann Neuverbindlichkeiten des Schuldners, die nicht an der Restschuldbefreiung teilnehmen.

74 Das Entstehen von Masseverbindlichkeiten begründet der **BFH** damit, dass Anknüpfungspunkt nicht der Antrag auf Restschuldbefreiung, der vom Schuldner gestellt und dem später durch das Insolvenzgericht zugestimmt wird, sondern die nach Insolvenzeröffnung vorgenommene Betriebsaufgabe ist, die zu der Entstehung des Aufgabegewinns führt.[128)] Die gewinnerhöhende Wirkung der Restschuldbefreiung tritt damit zu einem Zeitpunkt ein, in dem die Verwaltung der Masse dem Insolvenzverwalter obliegt.[129)]

Praxishinweis

Der Insolvenzverwalter muss prüfen, ob sich bei Betriebseinstellung und ertragserhöhender Ausbuchung der Verbindlichkeiten aufgrund der Erteilung der Restschuldbefreiung nach Verrechnung mit dem möglicherweise bestehenden Verlustvortrag eine Steuerzahllast im Rang einer Masseverbindlichkeit ergibt und dieses Ergebnis in seine Entscheidung über eine Freigabe nach **§ 35 Abs. 2 InsO** einbeziehen. Ob am Ende allerdings wirklich die Restschuldbefreiung erteilt wird, steht zu diesem Zeitpunkt nicht fest.

Ferner hat der Insolvenzverwalter Steuererstattungen, die aufgrund bestehender Verlustvorträge des nach Einstellung der selbstständig ausgeübten Tätigkeit abhängig beschäftigten Schuldners entstehen, zu **separieren**, da die Erteilung der Restschuldbefreiung ein auf den Zeitpunkt der Betriebsaufgabe rückwirkendes Ereignis darstellt mit der Folge, dass bestehende Verlustvorträge vorrangig mit dem durch den Wegfall der Passiva entstehenden Ertrag zu verrechnen sind; denn für die sich anschließenden Veranlagungszeiträume sind die Verlustvorträge möglicherweise bereits verbraucht, so dass nachinsolvenzliche Steuererstattungen zurückgefordert werden könnten.

123) *Sonnleiter/Witfeld* in: Sonnleitner/Witfeld, Insolvenz- und Sanierungssteuerrecht, Kap. 10 Rz. 31.
124) BMF-Schreiben v. 8.4.2022 – IV C 6 – S 2242/20/10002 :001, DB 2022, 1039.
125) BFH, Urt. v. 6.4.2022 – X R 28/19, juris Rz. 36 = ZRI 2023, 21.
126) BFH, Urt. v. 13.12.2016 – X R 4/15, BStBl. II 2017, 786 = ZIP 2017, 1767.
127) BFH, Urt. v. 6.4.2022 – X R 28/19, juris Rz. 67 = ZRI 2023, 21.
128) BFH, Urt. v. 6.4.2022 – X R 28/19, juris Rz. 70 = ZRI 2023, 21; *Uhländer*, DB 2022, 1923, 1925.
129) BFH, Urt. v. 6.4.2022 – X R 28/19, juris Rz. 70, 71 = ZRI 2023, 21.

b) Sanierungserträge nach StaRUG

Auch betriebliche **Sanierungserträge in einem vorinsolvenzlichen Sanierungsverfahren** nach StaRUG sind unter den Voraussetzungen des § 3a EStG steuerfrei. Diese Rahmenbedingungen werden in einem vorinsolvenzlichen Restrukturierungsverfahren regelmäßig vorliegen.[130] Vor der Umsetzung der Sanierungsmaßnahmen sollte indes sicherheitshalber eine verbindliche Auskunft nach § 89 Abs. 2 AO eingeholt werden.[131] 75

c) Steuerliche Folgen des Debt Equity Swap

Der dem Debt Equity Swap (Umwandlung von bestehendem Fremdkapital in bilanzielles und rechtliches Eigenkapital) regelmäßig vorausgehende Kapitalschnitt führt zwar grundsätzlich buchhalterisch zu einem außerordentlichen Ertrag.[132] Dieser ist aber nach § 8 Abs. 1 KStG i. V. mit § 4 Abs. 1 EStG als Vorgang ausschließlich im Vermögensbereich außerbilanziell wieder zu korrigieren, so dass es insoweit nicht zur Besteuerung kommt.[133] 76

Anders bei der anschließenden Kapitalerhöhung durch Einbringung der Forderung als Sacheinlage gegen Ausgabe neuer Gesellschaftsanteile. Hierdurch erlischt die Forderung entweder durch Konfusion oder Verzicht.[134] Eine steuerneutrale Einlage ist daher nur insoweit anzunehmen, als die in Eigenkapital umgewandelten Forderungen werthaltig sind, also nur i. H. des Teilwerts.[135] Im Übrigen entsteht ein grundsätzlicher steuerpflichtiger außerordentlicher Ertrag.[136] 77

Voraussetzung für das Vorliegen eines begünstigten Sanierungsgewinns ist, dass dieser insbesondere auf einem Erlassvertrag (§ 397 Abs. 1 BGB) oder einem Anerkenntnis über das Nichtbestehen (§ 397 Abs. 2 BGB) der Schuld beruht.[137] Der im Wege der Einbringung zivilrechtlich auf seine Forderung verzichtende Gläubiger erhält aber als Gegenleistung Gesellschaftsrechte. Es liegt mithin ein **Tausch** vor. In der Vergangenheit war daher fraglich, ob hierauf der **Sanierungserlass** des BMF[138] Anwendung findet,[139] da dieser diesen Fall nicht ausdrücklich regelte, so dass der konkrete Fall vor Bestätigung des Insolvenzplans durch eine verbindliche Auskunft abgesichert werden sollte.[140] 78

In **§ 225a Abs. 2 Satz 1 InsO** ist ausdrücklich geregelt, dass ein Gläubiger i. R. eines Debt Equity Swaps für seine Forderungen Gesellschaftsrechte erhält. Damit kann aufgrund des Insolvenzplans davon ausgegangen werden, dass ein **begünstigter Sanierungsgewinn** vorliegt.[141] 79

5. Verlustnutzung

Die im Vorfeld der Insolvenz entstanden Verluste können nach Maßgabe des § 10d EStG auch nach Insolvenzeröffnung zur Verrechnung mit Gewinnen genutzt werden. Durch die 80

130) *Uhländer*, DB 2021, 16, 19.

131) *Sonnleiter/Witfeld* in: Sonnleitner/Witfeld, Insolvenz- und Sanierungssteuerrecht, Kap. 9 Rz. 111.

132) *Kahlert* in: Kübler/Bork/Prütting, HRI II, § 47 Rz. 269.

133) BFH, Urt. v. 10.8.2005 – VIII R 26/03, BFHE 210, 402 = DStR 2005, 1807; BFH, Urt. v. 29.7.1992 – I R 31/91, BFHE 169, 407 = GmbHR 1993, 380.

134) *Born*, BB 2009, 1730.

135) BFH, Beschl. v. 9.6.1997 – GrS 1/94, BStBl. II 1998, 307 = ZIP 1998, 471; *Hölzle*, FR 2004, 1193.

136) BFH, Beschl. v. 9.6.1997 – GrS 1/94, BStBl. II 1998, 307 = ZIP 1998, 471.

137) BMF-Schreiben v. 27.3.2003 – IV A 6 – S 2140 – 8/03, Rz. 3, BStBl. I 2003, 240.

138) BMF-Schreiben v. 27.3.2003 – IV A 6 – S 2140 – 8/03, BStBl. I 2003, 240.

139) *Scheunemann/Hoffmann*, DB 2009, 983.

140) *Kahlert* in: Kübler/Bork/Prütting, HRI II, § 47 Rz. 270.

141) *Uhländer* in: Waza/Uhländer/Schmittmann, Insolvenzen und Steuern, Rz. 1685.

Insolvenz wird auch der Verlustrücktrag bzw. -vortrag nach § 10d EStG nicht beeinflusst. Auch bei Zusammenveranlagung des Insolvenzschuldners und des Ehegatten kommt die Verlustnutzung in Betracht. Hierbei ist zu beachten, dass der Insolvenzverwalter die Zustimmung zur Zusammenveranlagung nicht davon abhängig machen kann, dass sich der Ehegatte zur Auszahlung des Werts des durch die Zusammenveranlagung erzielten Steuervorteils an die Insolvenzmasse verpflichtet.[142)]

81 Zu beachten ist allerdings, dass die Erteilung der Restschuldbefreiung und der damit verbundene Wegfall betrieblicher Verbindlichkeiten zu einem Sanierungsgewinn führen kann. Dieser ist jedoch nach § 3a Abs. 5 EStG steuerfrei. Im Rahmen dessen wird jedoch die **Verlustnutzung durch § 3a Abs. 3 EStG eingeschränkt**. In **Altfällen** kommt zwar ein Steuererlass aus sachlichen Billigkeitsgründen in Betracht, hierfür sind jedoch die bestehenden Verlustvorträge vorrangig mit dem durch die Restschuldbefreiung entstehenden Sanierungsgewinn zu verrechnen.[143)] Die uneingeschränkte Verlustnutzung des Insolvenzschuldners und seines Ehegatten konnte also dazu führen, dass die Billigkeitsmaßnahme Erlass nicht gewährt wurde, da durch die ggf. vollständige Ausnutzung aller Verlustverrechnungsmöglichkeiten, die Gefahr einer steuerlichen Doppelbegünstigung bestand, so dass nach den Wertungen des Gesetzgebers eine Begünstigung des verbleibenden Sanierungsgewinns nicht mehr erfolgen kann.[144)]

6. Steuererklärungspflicht

82 Nach § 80 Abs. 1 InsO geht durch die Eröffnung des Insolvenzverfahrens das Recht des Schuldners, das zur Insolvenzmasse gehörende Vermögen zu verwalten, auf den Insolvenzverwalter über. Der **Insolvenzverwalter** hat **die steuerlichen Pflichten** des Schuldners in Bezug auf das verwaltete Vermögen zu erfüllen. § 34 Abs. 3 AO regelt jedoch einschränkend, dass der Vermögensverwalter die steuerlichen Pflichten nur zu erfüllen hat, **soweit seine Verwaltung** reicht (siehe Rz. 3 ff.).

83 Indes gehört die Arbeitskraft des Schuldners nicht zur Insolvenzmasse.[145)] Hieran ändert sich auch dann nichts, wenn pfändbarer Arbeitslohn zur Masse gelangt ist.[146)] Insoweit besteht kein Bezug der Tätigkeit zur Insolvenzmasse und somit auch keine Verpflichtung zur Erfüllung der steuerlichen Pflichten nach § 34 Abs. 3 AO. Der Insolvenzverwalter hat nämlich keine Möglichkeit, die Tätigkeit zu unterbinden. Überdies ist der Schuldner auch für das Entstehen von Werbungskosten selbst verantwortlich und hat diese aus seinem insolvenzfreien Vermögen zu leisten.[147)] Hat der Schuldner außerhalb des Insolvenzverfahrens Ausgaben geleistet, die steuerlich zu berücksichtigen sind (Sonderausgaben, außergewöhnliche Belastungen), ist der Insolvenzverwalter nicht verpflichtet, diese Besteuerungsgrundlagen in die von ihm abzugebenden Steuererklärungen einzubeziehen, da diese Ausgaben nicht seiner Verwaltung unterliegen. Hierüber hat der Schuldner selbst eine Steuererklärung abzugeben. Gleiches gilt für Besteuerungsgrundlagen (Einkünfte, Ausgaben) des Schuldners, soweit diese nicht zur Insolvenzmasse gehören (z. B. pfändungsfreies Arbeitseinkommen) und für Besteuerungsgrundlagen des nicht in Insolvenz befindlichen Ehegatten des Schuldners im Fall der Zusammenveranlagung.[148)] Der Insolvenzverwalter ist also nur

142) BGH, Urt. v. 18.11.2010 – IX ZR 240/07, ZIP 2010, 2515, dazu EWiR 2011, 51 *(Onusseit)*.

143) BMF v. 27.3.2003 – IV A 6 – S 2140 – 8/03, Rz. 7, BStBl. I 2003, 240.

144) FG Münster, Urt. v. 27.5.2004 – 2 K 1307/02 AO, ZInsO 2004, 1322.

145) BGH, Beschl. v. 18.12.2008 – IX ZB 249/07, ZInsO 2009, 299 = NZI 2009, 191.

146) BFH, Urt. v. 27.7.2011 – VI R 9/11, ZIP 2011, 2118.

147) BFH, Urt. v. 24.2.2011 – VI R 21/10, BStBl. II 2011, 520 = ZIP 2011, 873.

148) OFD Hannover, Vfg. v. 27.1.2003 – S-0550 – 2744 – StH 462/S-0151 – 2 – StO 321; OFD Magdeburg Vfg. v. 26.8.2004 – S-0321-3 St 251, Rz. 3.3.2.

dazu verpflichtet, im Wege einer **Teilsteuererklärungspflicht** dem Finanzamt die Besteuerungsgrundlagen mitzuteilen, die zu Masseverbindlichkeiten führen, denn nur soweit reicht seine Verwaltung i. S. des § 34 Abs. 3 AO.[149] Gleiches gilt für den Treuhänder im Verfahren zur Restschuldbefreiung.

Die i. Ü. bestehende Pflicht zur Abgabe von Steuererklärungen entfällt auch nicht etwa durch die Anzeige der Masseunzulänglichkeit, da die sich aus § 34 Abs. 3 AO ergebenen Pflichten aus übergeordnetem öffentlichen Interesse zu erfüllen sind und es dem Verwalter in der Regel zumutbar ist, die Steuererklärungen i. R. der ihm obliegenden Verwaltertätigkeit zu erstellen.[150] **84**

> **Praxishinweis**
>
> Besteht das Finanzamt auf Erfüllung der steuerlichen Pflichten und Einreichung der Erklärungen, kann der Verwalter das Honorar eines Steuerberaters als Auslagen nach § 4 Abs. 2 InsVV erstattet verlangen.[151]

7. Personengesellschaften in der Insolvenz

Der Insolvenzverwalter einer Personengesellschaft ist nur zur Geschäftsführung und Vertretung hinsichtlich des die Insolvenzmasse gehörenden Vermögens berufen. Eine Geschäftsführungs- und Vertretungsberechtigung oder gar Verpflichtung auch hinsichtlich des insolvenzfreien Bereichs besteht dagegen nicht. Daher besteht **keine Verpflichtung** zur Abgabe einer Erklärung zur **einheitlichen und gesonderten Gewinnfeststellung** nach § 180 AO.[152] Es handelt sich um eine insolvenzfreie Angelegenheit, die die Gesellschafter selbst trifft.[153] Nur für die Umsatz- und Gewerbesteuer sowie sonstige betriebliche Steuern ist die Gesellschaft Steuersubjekt, insoweit treffen den Insolvenzverwalter die entsprechenden Erklärungspflichten. **85**

Da Personengesellschaften weder einkommen- (§ 1 Abs. 1 EStG) noch körperschaftsteuerpflichtig (§ 1 Abs. 1 KStG) sind, werden die gesondert festgestellten Gewinne den Gesellschaftern zugerechnet. Die Insolvenzmasse einer Personengesellschaft ist **kein selbstständiges Steuerrechtssubjekt**[154] und allein auf das gesamthänderisch gebundene Gesellschaftsvermögen beschränkt. Daher kann das Finanzamt die Einkommensteuer eines Gesellschafters (Mitunternehmers) auch nicht gegenüber dem Insolvenzverwalter der Insolvenzmasse der Mitunternehmerschaft als Masseverbindlichkeit (§ 55 InsO) geltend machen.[155] Der Gesellschafter hat die auf seinen Gewinnanteil entfallende Einkommensteuer – auch für Zeiträume nach Insolvenzeröffnung und Einkünfte die aus der Verwertung der Insolvenzmasse resultieren – selbst zu zahlen, die steuerliche Zuordnung und Erfassung von Einkünften wird nämlich durch das Insolvenzverfahren nicht verändert. **86**

---

149) *Beck*, NZI 2012, 991; *Frotscher*, Besteuerung bei Insolvenz, S. 39 und 184; *Uhländer* in: Waza/Uhländer/Schmittmann, Insolvenzen und Steuern, Rz. 498; AG Bochum, Beschl. v. 9.9.2013 – 88 IK 913/11, BeckRS 2013, 16651.

150) BFH, Urt. v. 23.8.1994 – VII R 143/92, BStBl. II 1995, 194 = ZIP 1994, 1969; Anm.: Nach FG Düsseldorf, Urt. v. 17.12.2019 – 13 K 3467/18 E, ZVI 2020, 315 = NZI 2020, 484 ff., entfällt auch bei Anordnung der Insolvenz in Eigenverwaltung die Pflicht zur Abgabe von Steuererklärungen nicht durch die Anzeige der Masseunzulänglichkeit.

151) BGH, Beschl. v. 22.7.2004 – IX ZB 161/03, BGHZ 160, 176–186 = ZIP 2004, 1717.

152) BFH, Beschl. v. 12.11.1992 – IV B 83/91, BStBl. I 1993, 265 = ZIP 1993, 374; BFH, Beschl. v. 30.9.1987 – VIII B 60/87, BFH/NV 1989, 441; a. A. *Uhländer* in: Waza/Uhländer/Schmittmann, Insolvenzen und Steuern, Rz. 500.

153) Tipke/Kruse-*Brandis*, AO/FGO, § 180 AO Rz. 30a.

154) BFH, Urt. v. 15.3.1995 – I R 82/95, BFHE 177, 257 = ZIP 1995, 1275.

155) BFH, Urt. v. 5.3.2008 – X R 60/04, BStBl. II 2008, 787 = ZIP 2008, 1643.

87 Im Insolvenzverfahren über das Vermögen eines Gesellschafters einer Personengesellschaft sind Einkommensteuerschulden, die aus der Verwaltung des zur Masse gehörenden Gesellschaftsanteils entstehen, der entweder nach der Insolvenzeröffnung fortgeführt oder durch den Insolvenzverwalter neu begründet und nicht freigegeben worden ist, Masseverbindlichkeiten i. S. des § 55 Abs. 1 Nr. 1 Halbs. 2 InsO, die gegenüber dem Insolvenzverwalter durch Steuerbescheid festzusetzen sind.[156] Zu beachten ist zudem, dass bei **Ausscheiden eines Gesellschafters** einer Personengesellschaft aufgrund der Eröffnung des Insolvenzverfahrens aus der Gesellschaft, die Einkommensteuern, die sich aufgrund des Auseinandersetzungsguthabens ergeben, Masseverbindlichkeiten nach § 55 Abs. 1 Nr. 1 Halbs. 2 InsO darstellen, da nach Auffassung des **BFH** die vollständige **Tatbestandsverwirklichung** gemäß § 2 Abs. 1 EStG i. V. mit §§ 15 Abs. 1 Satz 1 Nr. 2, 16 Abs. 1 EStG erst in einer logischen Sekunde nach der Insolvenzeröffnung erfolgt.[157] Erst in diesem Zeitpunkt ist der Anspruch insolvenzrechtlich begründet und somit Masseverbindlichkeit, auch wenn der Insolvenzverwalter den dem Insolvenzschuldner zugerechneten Erlös nicht zur Masse ziehen konnte. **Kritisch** an dem Urteil ist zu sehen, dass laut dem der Auseinandersetzung zugrunde liegenden Gesellschaftsvertrag der Gesellschafter „mit Insolvenzeröffnung" ausscheidet und nicht ein logische Sekunde danach und ferner, dass der BFH nicht darauf eingeht, worin in einem solchen Fall die Handlung des Insolvenzverwalters liegen soll.[158] Schließlich beruht das Auseinandersetzungsguthaben – sofern es sich denn zur Masse ziehen lässt – allein aufgrund der Regelungen des Gesellschaftsvertrags auf der Beteiligung des Schuldners an der Personengesellschaft bis zu seinem Ausscheiden mit Insolvenzeröffnung.

II. Lohnsteuer

88 Besonderheiten hinsichtlich der Lohnsteuer ergeben sich im Hinblick auf das Insolvenzgeld. Dieses ist nach § 3 Nr. 2 EStG als Lohnersatzleistung steuerfrei. Auch bei einer Insolvenzgeldvorfinanzierung ist der über eine Bank vorfinanzierte Betrag steuerfrei, da dieser nach der arbeitsförderungsrechtlichen Systematik und den wirtschaftlichen Interessen der Beteiligten derart mit dem Insolvenzgeldanspruch verknüpft ist, dass es auch einkommensteuerrechtlich als Äquivalent zum eigentlichen Insolvenzgeldanspruch anzusehen ist.[159] Das Insolvenzgeld unterliegt dem Progressionsvorbehalt nach § 32b Abs. 1 Satz 1 Nr. 1 EStG. Werden jedoch Löhne während des vorläufigen Insolvenzverfahrens an die Arbeitnehmer ausgezahlt, stellt die hierbei entstandene Lohnsteuer mit Verfahrenseröffnung nach § 55 Abs. 4 InsO eine Masseverbindlichkeit dar.[160] Dies ist auch nach dem Wortlaut der Neuregelung des § 55 Abs. 4 InsO n. F. der Fall.

89 Da es sich bei der Lohnsteuer nach § 38 EStG lediglich um eine besondere Erhebungsform der Einkommensteuer handelt, wird bei einem Insolvenzverfahren über das Vermögen eines Arbeitnehmers auf oben verwiesen (siehe Rz. 53).

90 Ein **Lohnsteuererstattungsanspruch** ist gemäß § 46 Abs. 1 der AO grundsätzlich pfändbar und gehört, auch wenn er durch eine steuerpflichtige Tätigkeit des Schuldners während des Insolvenzverfahrens infolge beruflicher Werbungskosten (Fahrtkosten) begründet worden ist, zur Insolvenzmasse.[161] Denn Lohnsteuererstattungsansprüche sind kein „Ar-

156) BFH, Urt. v. 1.6.2016 – X R 26/14, BStBl. II 2016, 848 = ZIP 2016, 784, dazu EWiR 2016, 569 *(Kahlert)*.

157) BFH, Urt. v. 3.8.2016 – X R 25/14, NZI 2017, 218.

158) Vgl. *Arne Schmidt*, NZI 2017, 218 (Urteilsanm.).

159) BFH, Urt. v. 1.3.2012 – VI R 4/11, BStBl. II 2012, 596 = ZIP 2012, 1309.

160) BMF-Schreiben v. 20.5.2015 – IV A 3 – S 0550/10/10020-05, Rz. 27, BStBl. I 2015, 476.

161) BFH, Beschl. v. 29.1.2010 – VII B 188/09, BFH/NV 2010, 1243 = ZInsO 2010, 768; AG Dortmund, Beschl. v. 21.3.2002 – 257 IK 17/00, NZI 2002, 448.

beitseinkommen" i. S. der §§ 850 ff. ZPO, das dem Schuldner aufgrund einer Arbeits- oder Dienstleistung zusteht und unterliegen somit nicht den Pfändungsschutzvorschriften mit der Folge, dass § 36 Abs. 1 InsO nicht einschlägig ist.[162)]

Bei Zahlungen aus der Insolvenzmasse an den Schuldner handelt es sich nicht um Lohnzahlungen, da es sich um eine nicht zu berücksichtigende Einkommensverwendung (vgl. § 12 EStG) handelt.[163)] Schließlich ist der Schuldner Steuerpflichtiger nach § 33 Abs. 1 AO. Dies hat zur Folge, dass der Insolvenzverwalter keine Lohnsteuer einbehalten muss. Dies gilt auch bei Zahlungen an den Gesellschafter.[164)] 91

III. Körperschaftsteuer

Die Körperschaftsteuer bemisst sich gemäß § 7 Abs. 1 KStG nach dem zu versteuernden Einkommen. Es handelt sich um eine Jahressteuer (§ 7 Abs. 3 Satz 1 KStG). Die Ermittlung des Einkommens bestimmt sich nach den Regelungen des Einkommen- und des Körperschaftsteuergesetzes (§ 8 Abs. 1 Satz 1 KStG). Insoweit kann auf die Ausführungen oben (siehe Rz. 42 ff.), zu der Frage der Aufteilung der im Jahr der Insolvenzeröffnung angefallenen Steuerschuld in Insolvenzforderung oder Masseverbindlichkeit verwiesen werden. Der Insolvenzverwalter ist nach § 34 Abs. 3 AO verpflichtet, die steuerlichen Pflichten, zu erfüllen. 92

Zu beachten ist allerdings, dass im Falle der Einstellung des Geschäftsbetriebs die Besonderheiten der **Liquidationsbesteuerung**, § 11 KStG, beachtet werden müssen. Besteuert wird der im Zeitraum der Abwicklung erzielte Gewinn als Unterschiedsbetrag zwischen dem Abwicklungs-Anfangs- und dem Abwicklungs-Endvermögen. Der Besteuerungszeitraum soll allerdings drei Jahre nicht übersteigen. In der Praxis wird, insbesondere im Fall hoher Verlustvorträge (§ 10d EStG), hiervon allerdings nur in geringem Umfang gebrauch gemacht. 93

Eine körperschaftsteuerliche Organschaft endet mit Eröffnung des Insolvenzverfahrens bzw. mit Bestellung eines starken vorläufigen Insolvenzverwalters, da der Organträger ab diesem Zeitpunkt wegen des Verwaltungs- und Verfügungsrechts des Insolvenzverwalters seinen Willen nicht mehr in der Organgesellschaft durchsetzen kann.[165)] In der Insolvenz des Organträgers bleibt die Organschaft bestehen, solange der Zweck des Verfahrens auf den Erhalt des Unternehmens abzielt.[166)] 94

Bei einer Sanierung der Körperschaft ist § 8c KStG zu beachten. § 8c KStG weist in seiner neuen Fassung nur noch **einen Grundtatbestand** auf, nämlich den vollständigen Verlustuntergang bei Übertragung von mehr als 50 % der Anteile an einer Körperschaft innerhalb von fünf Jahren. Nach der bisherigen Rechtslage führte bereits ein Anteilseignerwechsel i. S. des § 8c KStG von mehr als 25 % zu einem anteiligen und von mehr als 50 % zu einem vollständigen Untergang der bestehenden Verlustvorträge. Im Rahmen des **JStG 2018**[167)] wurde § 8c Abs. 1 KStG völlig neu gefasst und der quotale Verlustuntergang in § 8c Abs. 1 Satz 1 KStG ersatzlos aufgehoben, da das BVerfG die Vorschrift für den Zeitraum vom 1.1.2008 bis zum 31.12.2015 für verfassungswidrig eingestuft und den Gesetzgeber verpflichtet hat, spätestens bis zum 31.12.2018 eine Neufassung zu verabschie- 95

162) BGH, Urt. v. 21.7.2005 – IX ZR 115/04, BGHZ 163, 391 = NJW 2005, 2988.

163) *Frotscher*, Besteuerung bei Insolvenz, S. 194.

164) *Uhländer* in: Waza/Uhländer/Schmittmann, Insolvenzen und Steuern, Rz. 1592.

165) *Frotscher*, Besteuerung bei Insolvenz, S. 185.

166) *Uhländer* in: Waza/Uhländer/Schmittmann, Insolvenzen und Steuern, Rz. 1656.

167) Gesetz zur Vermeidung von Umsatzsteuerausfällen beim Handel mit Waren im Internet und zur Änderung weiterer steuerlicher Vorschriften (vormals JStG 2018), v. 11.12.2018, BGBl. I 2018, 2338.

den.[168] Diese Neufassung kommt erstmals für den Veranlagungszeitraum 2008 und für Anteilsübertragungen nach dem 31.12.2007 zur Anwendung. Hingegen sieht der Gesetzgeber keine Änderungsnotwendigkeit derzeit bei den Regelungen zum vollständigen Verlustuntergang bei einem schädlichen Anteilserwerb von mehr als 50 %. Zu dieser Rechtsfrage ist beim BVerfG ein weiteres Verfahren anhängig.[169]

96 Nachdem das Sanierungsprivileg des § 8c Abs. 1a KStG nach einer Entscheidung der EU-Kommission vom 26.1.2011[170] als unzulässige staatliche Beihilfe gewertet und zunächst durch BMF-Schreiben und später auch gesetzlich suspendiert wurde, hat nunmehr jedoch der EuGH entschieden, dass **kein beihilferechtlicher Verstoß** vorliege.[171] Erfüllt danach ein nach dem 31.12.2007 erfolgter Beteiligungserwerb die Voraussetzungen des § 8c Abs. 1a KStG, bleibt er bei der Anwendung des § 8c Abs. 1 Satz 1 unberücksichtigt.[172]

97 Somit ist auch eine sanierungsrechtliche Privilegierung für einen Debt Equity Swap im Insolvenzplanverfahren gegeben. Bislang konnten Gewinne, die im Jahr (Veranlagungszeitraum) einer Planbestätigung entstanden, unabhängig davon, ob sie vor oder nach dem Anteilseignerwechsel realisiert wurden,[173] nicht mehr mit früheren Verlusten verrechnet werden.[174] Dieses bisherige reale Sanierungshindernis ist nunmehr beseitigt.

98 Auch Sanierungserträge, die i. R. eines vorinsolvenzlichen Sanierungsverfahrens (**StaRUG**) entstehen, sind über § 8 Abs. 1 KStG unter den Voraussetzungen des § 3a EStG steuerfrei.

IV. Gewerbesteuer

99 Die Ermittlung der Gewerbesteuer richtet sich auch im Insolvenzverfahren nach den §§ 7 ff. GewStG. Der Gewerbesteuer unterliegt gemäß § 2 Abs. 1 GewStG jeder stehende Gewerbebetrieb. Steuerschuldner ist der Unternehmer. Die Gewerbesteuerpflicht bei einer Kapitalgesellschaft, die nach § 2 Abs. 2 GewStG stets und in vollem Umfang Gewerbebetrieb ist, endet, wenn die Kapitalgesellschaft jegliche Tätigkeit einstellt, also nicht nur die eigentliche (werbende) Tätigkeit, vielmehr auch die Verwertungstätigkeit i. R. der Abwicklung.[175] Die **Gewerbesteuerpflicht** im Insolvenzverfahren endet somit erst nach Beendigung der Abwicklung. Der Gewerbeertrag ist nach § 16 Abs. 1 GewStDV auf den Abwicklungszeitraum zu verteilen. Einzelunternehmen und Personengesellschaften (auch GmbH & Co. KG) sind sachlich nur solange gewerbesteuerpflichtig, wie sie einen Gewerbebetrieb i. S. des Gewerbesteuerrechts unterhalten. Die sachliche Gewerbesteuerpflicht endet mit der dauerhaften Einstellung der werbenden Tätigkeit.[176] Sich daran anschließende Gewinne aus der Verwertung der Insolvenzmasse während der Liquidation unterliegen folglich nicht der Gewerbesteuer.

168) BVerfG, Beschl. v. 29.3.2017 – 2 BvL 6/11, BVerfGE 145, 106 = ZIP 2017, 1009, dazu EWiR 2017, 521 *(Seidel)*.

169) BVerfG, Az.: 2 BvL 19/17; vorgehend FG Hamburg, Beschl. v. 29.8.2017 – 2 K 245/17, EFG 2017, 1906.

170) *Ehrmann*, DStR 2011, 5.

171) EuGH, 28.6.2018 – Rs. C-203/16 P, Rs. C-208/16 P, Rs. C-219/16 P, ZIP 2018, 1345 und ZIP 2018, 2124; *de Weerth*, ZInsO 2018, 1788 (Urteilsanm.).

172) *Uhländer*, DB 2018, 2788.

173) BMF-Schreiben v. 4.7.2008 – IV C 7 – S 2745 a/08/10001, Rz. 31, BStBl. I 2008, 736.

174) *Hierstetter*, DStR 2010, 882, 884.

175) BFH, Beschl. v. 25.9.2012 – I B 29/12, BFH/NV 2013, 84.

176) BFH, Urt. v. 20.9.2012 – IV R 60/11, BFH/NV 2013, 410; BFH, Urt. v. 24.4.1980 – IV R 68/77, BStBl. II 1980, 658–660 = ZIP 1980, 795.

Erhebungszeitraum der Gewerbesteuer, der durch die Eröffnung des Insolvenzverfahrens nicht unterbrochen wird, ist nach § 14 Satz 2 GewStG das Kalenderjahr. Die einheitlich zu ermittelnde Gewerbesteuer ist somit nach den anteiligen Gewerbeerträgen aufzuteilen. Der Anteil vor Eröffnung ist zur Insolvenztabelle anzumelden, der erst nach Insolvenzeröffnung begründete Teil stellt eine Masseverbindlichkeit dar. Nach § 55 Abs. 4 InsO a. F. war der Zeitpunkt der Aufteilung des einheitlichen Jahresergebnisses in Insolvenzforderungen und Masseverbindlichkeiten zeitlich auf den Zeitpunkt der Bestellung des „schwachen" vorläufigen Insolvenzverwalters vorzuverlagern.[177)] Nach der Neuregelung des § 55 Abs. 4 InsO (siehe Rz. 27) gilt jedoch die Gewerbesteuer, die anteilig auf den Zeitraum der vorläufigen Verwaltung/Sachwaltung entfällt, nicht nach Eröffnung des Insolvenzverfahrens als Masseverbindlichkeit (siehe Rz. 44 ff.). 100

Über **§ 7b Abs. 1 GewStG**[178)] sind Sanierungserträge nach **§ 3a EStG** (siehe Rz. 66 f.) auch bei der Ermittlung des Gewerbeertrags bei unternehmensbezogener Sanierung steuerfrei. Erfreulich ist, dass die Steuerbefreiung nunmehr auch im Bereich der Gewerbesteuer gesetzlich geregelt wird. Das zu sanierende Unternehmen hat somit auch im Bereich der Gewerbesteuer künftig einen Anspruch auf Steuerbefreiung des Sanierungsgewinns. Bei Altfällen ist weiterhin zu beachten, dass der Sanierungserlass[179)] weder eine allgemeine Verwaltungsvorschrift der Bundesregierung noch eine allgemeine Verwaltungsvorschrift einer obersten Landesfinanzbehörde i. S. des § 184 Abs. 2 AO war,[180)] so dass die Gemeinden bei der Erhebung der Gewerbesteuer hieran nicht gebunden sind mit der Folge, dass bei einer Sanierung hinsichtlich des hierdurch entstehenden Gewinns mit jeder Gemeinde eine Einzelfallregelung getroffen werden muss. 101

Bei einer Sanierung ist zu beachten, dass nach § 10a Satz 10 GewStG der § 8c KStG n. F. anzuwenden ist (siehe Rz. 99 ff.) Die Aufhebung des quotalen Verlustuntergangs gilt durch den Verweis in § 10a Satz 10 GewStG mithin auch für die Gewerbesteuer (siehe Rz. 96 f.). 102

Betriebliche Sanierungserträge i. R. eines vorinsolvenzlichen Sanierungsverfahrens (**StaRUG**) sind über den Verweis in § 7b GewStG unter den Voraussetzungen des § 3a EStG von der **Gewerbesteuer befreit** (siehe Rz. 89). 103

V. Umsatzsteuer

1. Unternehmer (§ 2 UStG)

a) Allgemeines

Die Insolvenzmasse wird nicht zum selbstständig zu besteuernden Steuersubjekt, sondern sämtliche Umsätze, die der (vorläufige) Insolvenzverwalter i. R. seiner Tätigkeit ausführt, werden weiterhin dem insolventen Unternehmen zugerechnet.[181)] 104

Allein durch die Verwertung des privaten Vermögens eines bisher nicht als Unternehmer i. S. des § 2 UStG tätigen Schuldners i. R. eines Insolvenzverfahrens, wird dieser also nicht zum Unternehmer. Eine Person, die private Gegenstände veräußert, ist nur dann als Unternehmer i. S. des § 2 UStG anzusehen, wenn sie sich „wie ein Händler" verhält, nämlich insbesondere An- und Verkäufe planmäßig mit auf Güterumschlag gerichteter Absicht tä- 105

177) BMF-Schreiben v. 20.5.2015 – IV A 3 – S 0550/10/10020-05, Rz. 24 f., BStBl. I 2015, 476.

178) Vorschrift eingefügt durch das Gesetz zur Vermeidung von Umsatzsteuerausfällen beim Handel mit Waren im Internet und zur Änderung weiterer steuerlicher Vorschriften (vormals JStG 2018), v. 11.12.2018, BGBl. I 2018, 2338, in Kraft getreten am 5.7.2017.

179) BMF-Schreiben v. 27.3.2003 – IV A 6 – S 2140 – 8/03, BStBl. I 2003, 240.

180) BFH, Urt. v. 25.4.2012 – I R 24/11, BFHE 237, 403 = ZIP 2012, 1571.

181) BFH, Urt. v. 20.2.1986 – V R 16/81, BStBl. II 1986, 579 = ZIP 1986, 517.

tigt.[182] Daher wird der Schuldner auch dann nicht zum Unternehmer, wenn ein (vorläufiger) Insolvenzverwalter die pfändbaren Vermögensgegenstände des Schuldners veräußert.[183]

b) Fortdauer des Unternehmens, Unternehmenseinheit bei Freigabe

106 Die Unternehmereigenschaft eines Schuldners i. S. des § 2 Abs. 1 UStG endet nicht mit der Eröffnung des Insolvenzverfahrens, vielmehr bleibt der Schuldner **Unternehmer bis zur Vollabwicklung**, also der Abwicklung sämtlicher Rechtsbeziehungen, seines unternehmerischen Geschäftsbetriebs.[184] Regelmäßig ist dies der Zeitpunkt der Aufhebung des Insolvenzverfahrens. Bis dahin sind dem Schuldner die vom Insolvenzverwalter getätigten Umsätze zuzurechnen. Dies gilt auch dann, wenn bereits mit Insolvenzeröffnung eine Einstellung und Abmeldung des Gewerbebetriebs erfolgt und nur noch das Vermögen liquidiert wird. Die Eröffnung des Insolvenzverfahrens hat auf die Besteuerungsart und den umsatzsteuerlichen Besteuerungszeitraum keinen Einfluss.[185]

107 Unabhängig von der Eröffnung des Insolvenzverfahrens gilt der **Grundsatz der Unternehmereinheit.**[186] Wird also die unternehmerische Tätigkeit oder Teile davon aus dem Insolvenzbeschlag freigegeben, besteht gleichwohl nur ein Unternehmen. Zur Vereinfachung der Erhebung der Umsatzsteuer können in derartigen Fällen mehrere Steuernummern vergeben werden, so dass im Ergebnis bis zu drei Steuernummern für ein Unternehmen vorliegen können.[187] Für den Zeitraum vor Insolvenzeröffnung, für die Insolvenzmasse und für das insolvenzfreie Vermögen.

108 Führt der Insolvenzschuldner seine bisherige Tätigkeit fort bzw. beginnt er eine neue Tätigkeit ausschließlich mit unpfändbaren Gegenständen i. S. des § 811 Abs. 1 Nr. 1 lit. b ZPO (a. F.: § 811 Nr. 5 ZPO) durch vorrangigen Arbeitseinsatz, führt die daraus resultierende Umsatzsteuer nicht zu einer Masseverbindlichkeit nach § 55 Abs. 1 Nr. 1 InsO.[188] Dies gilt auch bei Freigabe der selbstständigen Tätigkeit gemäß § 35 Abs. 2 InsO. Auch wenn der Insolvenzschuldner unberechtigt einen zur Masse gehörenden Gegenstand für seine nach Insolvenzeröffnung aufgenommene Erwerbstätigkeit nutzt, ist die durch die Umsätze des Insolvenzschuldners begründete Umsatzsteuer jedenfalls dann keine Masseverbindlichkeit, wenn die Umsätze im Wesentlichen auf dem Einsatz seiner persönlichen Arbeitskraft und nicht auf der Nutzung des Massegegenstandes beruhen.[189]

109 Der Insolvenzschuldner kann überdies hinsichtlich des freigegebenen Betriebsteils nicht zur Kleinunternehmerregelung, § 19 Abs. 2 UStG, optieren. Dieses Recht steht dem Insolvenzverwalter zu. Er übt dieses Recht für das gesamte Unternehmen des Insolvenzschuldners aus. Verzichtet der Insolvenzverwalter nach Eröffnung des Insolvenzverfahrens auf die Kleinunternehmerregelung, erstreckt sich dieser Verzicht auch auf den Unternehmensteil, dessen Umsätze der Insolvenzschuldner nach Insolvenzeröffnung selbst zu versteuern hat.[190]

---

182) BFH, Urt. v. 29.6.1987 – X R 23/82, BFHE 150, 218 = BStBl. II 1987, 521; BFH, Urt. v. 26.4.2012 – V R 2/11, BFHE 237, 286 = BStBl. II 2012, 634.

183) Rau/Dürrwächter-*Stadie*, UStG, § 2 Rz. 371 ff., 578.

184) BFH, Urt. v. 21.4.1993 – XI R 50/90, BFHE 171, 129 = BStBl. II 1993, 696; BFH, Urt. v. 19.11.2009 – V R 16/08, BFHE 227, 275 = BStBl. II 2010, 319.

185) *Hölzle*, EWiR 2003, 245 (Urteilsanm.).

186) BFH, Urt. v. 9.12.2010 – V R 22/10, BStBl. II 2011, 996 = ZIP 2011, 782, dazu EWiR 2011, 323 (*Mitlehner*).

187) *Kahlert/Rühland*, Sanierungs- und Insolvenzsteuerrecht, Rz. 9.11.

188) BFH, Urt. v. 7.4.2005 – V R 5/04, BStBl. II 2005, 848 = ZIP 2005, 1376.

189) BFH, Urt. v. 8.9.2011 – V R 38/10, BStBl. II 2012, 270 = ZIP 2012, 88, dazu EWiR 2012, 209 (*Berger*).

190) BFH, Urt. v. 20.12.2012 – V R 23/11, BFHE 240, 377 = BStBl. II 2013, 334.

Da der Schuldner Unternehmer bleibt, müssen die die Masse zum Vorsteuerabzug berechtigenden Rechnungen i. S. des § 14 Abs. 1 UStG grundsätzlich den Schuldner als Leistungsempfänger erkennen lassen. Die Bezeichnung des Insolvenzverwalters ohne jeden Zusatz ist unzureichend, da zwischen dem schuldnerischen Unternehmen und dem eigenen des Verwalters zu trennen ist. 110

c) Organschaft

aa) Allgemeines

Nach § 2 Abs. 2 Nr. 2 UStG wird die gewerbliche oder berufliche Tätigkeit nicht selbstständig ausgeübt, wenn eine juristische Person nach dem Gesamtbild der tatsächlichen Verhältnisse **finanziell, wirtschaftlich und organisatorisch** in das Unternehmen des Organträgers eingegliedert ist (Organschaft). Bislang endete nach Auffassung der herrschenden Rechtsprechung[191] ein umsatzsteuerliches Organschaftsverhältnis bei Antrag auf Eröffnung des Insolvenzverfahrens über das Vermögen der Organgesellschaft, soweit kein allgemeines Verfügungsverbot auferlegt wird, erst **mit der Eröffnung des Insolvenzverfahrens.** Dies galt selbst dann, wenn das Insolvenzgericht gemäß § 21 Abs. 2 Alt. 2 InsO anordnet, dass Verfügungen des Schuldners nur mit Zustimmung des vorläufigen Insolvenzverwalters wirksam sind.[192] Begründet wurde dies damit, dass die organisatorische Eingliederung bei nur „schwacher" vorläufiger Verwaltung weiterhin gegeben sei, da dem vorläufig „schwachen" Insolvenzverwalter eine vom Willen des Organträgers abweichende Willensbildung in der Organgesellschaft nicht möglich sei. Überdies sei zur Annahme einer Organschaft nicht erforderlich, dass alle drei Eingliederungsmerkmale (die finanzielle, die wirtschaftliche und die organisatorische Eingliederung) in gleicher Weise stark ausgebildet seien. Tritt auf einem der drei Gebiete die Eingliederung weniger stark in Erscheinung, so hindere dies nicht, trotzdem Organschaft anzunehmen, wenn sich die Eingliederung deutlich auf den beiden anderen Gebieten zeige.[193] 111

Auch bei Eröffnung des Insolvenzverfahrens in **Eigenverwaltung** nach §§ 270 ff. InsO **endet die Organschaft** durch den Entfall der finanziellen Eingliederung mangels Durchgriffsmöglichkeit des Organträgers auf die Organgesellschaft infolge der Anwendung der Regelung in § 276a InsO a. F. (Neuregelung: § 276a Abs. 1 InsO).[194] 112

bb) Vorläufiges Insolvenzverfahren

Mit Urteil vom 8.8.2013 hat der BFH seine Rechtsprechung an die bereits langjährige Literaturmeinung[195] angepasst und entschieden, dass die **organisatorische Eingliederung** einer Organgesellschaft **endet,** sofern das Insolvenzgericht für die Organgesellschaft einen sog. vorläufigen schwachen Insolvenzverwalter mit Zustimmungsvorbehalt (§ 21 Abs. 2 Nr. 2 Alt. 2 InsO) bestellt.[196] Erforderlich sei nämlich, dass zwischen Organträger und Organgesellschaft ein Über- und Unterordnungsverhältnis bestehe, durch das der Organträger die mit der finanziellen Eingliederung verbundene Möglichkeit der Beherrschung der Tochtergesellschaft in der laufenden Geschäftsführung auch rechtlich wahrnehmen 113

---

191) BFH, Urt. v. 1.4.2004 – V R 24/03, BStBl. II 2004, 905 = ZIP 2004, 1269, dazu EWiR 2004, 1095 *(M. J. Blank)*; BFH, Urt. v. 14.3.2012 – XI R 28/09, BFH/NV 2012, 1493.

192) BFH, Urt. v. 1.4.2004 – V R 24/03, BStBl. II 2004, 905 = ZIP 2004, 1269.

193) BFH, Urt. v. 1.4.2004 – V R 24/03, BStBl. II 2004, 905 = ZIP 2004, 1269; BFH, Urt. v. 22.6.1967 – V R 89/66, BFHE 89, 402 = BStBl. III 1967, 715; BFH, Urt. v 16.8.2001 – V R 34/01, BFH/NV 2002, 223.

194) BFH, Urt. v. 15.12.2016 – V R 14/16, BFHE 256, 562 = BStBl. II 2017, 600, dazu EWiR 2017, 311 (*Onusseit*).

195) *Hölzle*, DStR 2006, 1210.

196) BFH, Urt. v. 8.8.2013 – V R 18/13, BFHE 242, 433 = ZIP 2013, 1773, dazu EWiR 2013, 619 *(Onusseit)*.

könne. Nicht ausreichend sei es daher, dass der Organträger bei der Organgesellschaft lediglich eine von seinem Willen abweichende Willensbildung ausschließen könne, da ein derartiges Vetorecht es dem Organträger nicht ermögliche, die Aufgabe des „Steuereinnehmers" für die Organgesellschaft zu erfüllen.[197] Der vorläufige schwache Insolvenzverwalter sei nämlich nicht nur nicht befugt Zahlungen der Organgesellschaft an den Organträger vorzunehmen, sondern insolvenzrechtlich sogar verpflichtet diese zu verhindern, so dass für den Organträger die Möglichkeit, die Organgesellschaft zu beherrschen und die Steuer für Umsätze aus der Tätigkeit als „Steuereinnehmer" zu entrichten, entfalle.[198] Dies hat zur Konsequenz, dass der Organträger nicht mehr zur Abführung der Umsatzsteuer für laufende Umsätze bei vorläufiger Insolvenzverwaltung ohne Übergang der Verfügungsbefugnis verpflichtet ist. Zu beachten ist jedoch, dass bereits mit Bestellung des vorläufigen Insolvenzverwalters mit Zustimmungsvorbehalt der Vorsteuerberichtigungsanspruch nach § 17 Abs. 2 Nr. 1, Abs. 1 Satz 1 Nr. 2 UStG entsteht und daher vom Organträger zu entrichten ist.[199]

114 Bisher war fraglich, ob die Haftungsschuld der Organgesellschaft nach § 73 AO von § 55 Abs. 4 InsO erfasst wird. Ist die Organschaft aber bereits mit Anordnung der vorläufigen (schwachen) Verwaltung beendet, so kommt eine Haftung des Organträgers nicht in Betracht. Vielmehr sind Organträger und Organgesellschaft ab Anordnung der vorläufigen Verwaltung mit Zustimmungsvorbehalt aus umsatzsteuerlicher Sicht wieder selbstständiger Unternehmer, so dass die Umsätze der insolventen Organgesellschaft unter den Voraussetzungen des § 55 Abs. 4 InsO nach Eröffnung als Masseverbindlichkeiten gelten.

cc) Vorläufige Eigenverwaltung

115 Nach Ansicht des BFH wird die umsatzsteuerliche Organschaft mit Anordnung der vorläufigen Eigenverwaltung **nicht beendet.**[200] In der Vorinstanz hatte das FG Münster[201] noch geurteilt, dass eine umsatzsteuerliche **Organschaft** bereits durch Anordnung der vorläufigen Eigenverwaltung mit Bestellung eines vorläufigen Sachwalters **endet**, wenn das Gericht neben der vorläufigen Eigenverwaltung zugleich einen Vollstreckungsschutz gemäß § 21 Abs. 2 Nr. 3 InsO angeordnet hat, da die organisatorische Eingliederung wegen der die insolvente Organgesellschaft treffenden Massesicherungspflicht, die die Ansprüche der Organträgerin nicht erfüllen kann und darf, und die zudem aufgrund des angeordneten Vollstreckungsverbots auch nicht durchsetzbar wären, entfällt. Auch *Kahlert* ist der Auffassung, dass die umsatzsteuerliche Organschaft auch bei Anordnung der vorläufigen Eigenverwaltung bei der Organgesellschaft oder dem Organträger endet, weil die Beherrschung der Organgesellschaft durch den Organträger nach Anordnung der vorläufigen Eigenverwaltung durch ein **verändertes Pflichtenprogramm**, nämlich Sicherung der künftigen Insolvenzmasse, begrenzt wird,[202] mit der Folge, dass Zahlungen auf Forderungen, die im Insolvenzverfahren lediglich einfache Insolvenzforderungen darstellen, nicht erfolgen dürfen. Deshalb sei die Organgesellschaft auch berechtigt, gegenüber Weisungen des Organträgers ein **Leistungsverweigerungsrecht** geltend zu machen. Hierdurch entfalle die erforderliche Beherrschung der Organgesellschaft durch den Organträger.

197) BFH, Urt. v. 8.8.2013 – V R 18/13, BFHE 242, 433 = ZIP 2013, 1773.

198) BFH, Urt. v. 8.8.2013 – V R 18/13, BFHE 242, 433 = ZIP 2013, 1773; vgl. *Onusseit*, ZInsO 2014, 59.

199) BFH, Urt. v. 8.8.2013 – V R 18/13, BFHE 242, 433 = ZIP 2013, 1773.

200) BFH, Urt. v. 27.11.2019 – XI R 35/17, BStBl. II 2021, 252 = ZRI 2020, 489.

201) FG Münster, Urt. v. 7.9.2017 – 5 K 3123/15 U, NZI 2017, 939 = ZIP 2017, 2217; *Witfeld*, NZI 2017, 942 (Urteilsanm.).

202) *Kahlert*, ZIP 2013, 2348.

Der BFH ist hingegen der Auffassung, dass dem Schuldner in der vorläufigen Eigenverwaltung die Verwaltungs- und Verfügungsbefugnis über sein Vermögen aus eigenem Recht zusteht, soweit das Insolvenzgericht keine beschränkenden Anordnungen erlässt. Insolvenzspezifische Befugnisse sind dem Schuldner – anders als einem starken vorläufigen Insolvenzverwalter – im Eröffnungsverfahren nicht zugewiesen.[203)] Auch findet unter dem Regime der vorläufigen Eigenverwaltung keine insolvenzrechtlich geprägte Überlagerung der Pflichtenstellung der handelnden Gesellschaftsorgane statt.[204)] Zudem handelt der Schuldner nach Auffassung des BFH während der vorläufigen Eigenverwaltung – anders als im vorläufigen Insolvenzverfahren – völlig autonom. Forderungen werden während der vorläufigen Eigenverwaltung – anders als im vorläufigen Insolvenzverfahren – allein vom Schuldner begründet und stehen nicht im Zusammenhang mit einer Tätigkeit eines vorläufigen Verwalters.[205)] Weder die Anordnung der vorläufigen Eigenverwaltung beim Organträger noch die Anordnung der vorläufigen Eigenverwaltung bei der Organgesellschaft beendet demnach eine umsatzsteuerrechtliche Organschaft i. S. d. § 2 Abs. 2 Nr. 2 UStG, wenn das Insolvenzgericht lediglich bestimmt, dass ein vorläufiger Sachwalter bestellt wird, sowie eine Anordnung gemäß § 21 Abs. 2 Satz 1 Nr. 3 InsO erlässt.[206)] 116

Zutreffend führt *Witfeld* hiergegen ins Feld, dass die Organschaft bereits bei Anordnung der vorläufigen Verwaltung enden müsse, da der Organträger nicht mehr als Steuereinnehmer fungieren könne, da der bürgerlich-rechtliche Ausgleichsanspruch des Organträgers gegen die Organgesellschaft nicht im Range einer Masseverbindlichkeit bestehe und damit nicht durchgesetzt werden könne, so dass es an einer finanziellen und organisatorischen Eingliederung mangele.[207)] 117

Durch die Einführung des § 276a Abs. 3 InsO i. R. des SanInsFoG[208)] ist allerdings für Neufälle von einer **Beendigung der umsatzsteuerlichen Organschaft mit Anordnung der vorläufigen Eigenverwaltung** auszugehen. Der § 276a Abs. 3 InsO n. F. stellt nunmehr klar, dass der § 276a Abs. 1 InsO auch im Eröffnungsverfahren Anwendung findet, anders als dies noch zum Zeitpunkt der Entscheidung des BFH v. 27.11.2019 der Fall war.[209)] Dies hat zur Folge, dass die gesellschaftsrechtlichen Überwachungsorgane (Aufsichtsrat, Gesellschafterversammlung) auch schon im Eröffnungsverfahren keinen Einfluss auf die Geschäftsführung mehr haben und damit die finanzielle Eingliederung entgegen der bisherigen Rechtsprechung des BFH zum § 276a InsO a. F. wegfällt.[210)] Das **Eigenverwaltungsverfahren wird insoweit dem Regelinsolvenzverfahren gleichgestellt,** so dass wegen der fehlenden Möglichkeit zum Innenausgleich die finanzielle Eingliederung entfällt. 118

---

203) BFH, Urt. v. 27.11.2019 – XI R 35/17, Rz. 50, BStBl. II 2021, 252 = ZRI 2020, 489, dazu EWiR 2020, 241 *(Vortmann)*.

204) BFH, Urt. v. 27.11.2019 – XI R 35/17, Rz. 50, BStBl. II 2021, 252 = ZRI 2020, 489.

205) BFH, Urt. v. 27.11.2019 – XI R 35/17, Rz. 50, BStBl. II 2021, 252 = ZRI 2020, 489.

206) BMF v. 4.3.2021 – III C 2 – S 7105/20/10001 :001, BStBl. I 2021, 316 = DB 2021, 593; *Uhländer*, DB 2021, 16, 22.

207) *Witfeld* in: Sonnleitner/Witfeld, Insolvenz- und Sanierungssteuerrecht, S. 372, Rz. 433.

208) SanInsFoG, v. 22.12.2020, BGBl. I 2020, 3256, in Kraft getreten zum 1.1.2021; Anwendung gemäß Art. 103m EGInsO für alle Verfahren, die ab dem 1.1.2021 beantragt werden (Einschränkung gemäß § 5 Abs. 1 COVID-19-Insolvenzaussetzungsgesetz [COVInsAG]). Danach ist § 276a InsO auf Eigenverwaltungsverfahren, die zwischen dem 1.1.2021 und dem 31.12.2021 beantragt werden, grundsätzlich in der bis zum 31.12.2020 geltenden Fassung weiter anzuwenden, wenn die Zahlungsunfähigkeit oder Überschuldung des Schuldners auf die COVID-19-Pandemie zurückzuführen ist.

209) BFH, Urt. v. 15.12.2016 – V R 14/16, BFHE 256, 562 = BStBl. II 2017, 600, dazu EWiR 2017, 311 *(Onusseit)*.

210) BMF v. 22.6.2021 – III C 2 – S 7105/20/10001 :001, BStBl. I 2021, 856; *Rickert/Tielmann/Trostheide*, NZI 2022, 463, 466; *Kontny*, NWB 8/2021, 247; *Witfeld* in: Sonnleitner/Witfeld, Insolvenz- und Sanierungssteuerrecht, S. 372, Rz. 434.

dd) **Zwangsverwaltung**

119 Eine Organschaft endet ferner, wenn die wirtschaftliche Eingliederung aufgrund der Vermietung eines Grundstücks, das die räumliche und funktionale Grundlage der Geschäftstätigkeit der Organgesellschaft bildet, entfällt, wenn für das Grundstück Zwangsverwaltung und Zwangsversteigerung angeordnet wird.[211)]

2. Abgrenzung zwischen Masseverbindlichkeiten und Insolvenzforderungen

a) Begründetsein gemäß § 38 InsO

120 Für die Entstehung der Umsatzsteuer als Masseverbindlichkeit oder Insolvenzforderung wurde ursprünglich angenommen, dass danach zu unterscheiden ist, ob die Umsatzsteuerschuld bereits i. S. des § 38 InsO im **Zeitpunkt der Verfahrenseröffnung begründet** war. Es sollte also darauf ankommen, wann der dem jeweiligen Umsatztatbestand zugrunde liegende Lebenssachverhalt verwirklicht ist.[212)] Danach war der Tatbestand des § 1 Abs. 1 Nr. 1 UStG erfüllt, wenn die Lieferung oder sonstige Leistung ausgeführt worden ist. Die Einordnung erfolgte allein nach insolvenzrechtlichen Kriterien, es sollte nicht auf den Zeitpunkt des steuerrechtlichen Entstehens der Forderung abzustellen sein.[213)] Die Zusammenfassung in Voranmeldungszeiträumen war somit unerheblich. Die Vereinnahmung des Entgelts (genauer: der Gegenleistung) war folglich nicht Voraussetzung der Tatbestandsverwirklichung und löste keine Masseverbindlichkeit i. S. des § 55 Abs. 1 Satz 1 InsO aus. Vielmehr war die Umsatzsteuer zur Insolvenztabelle anzumelden. Dies galt nach wohl h. M. sowohl in den Fällen der Besteuerung nach vereinbarten Entgelten, § 16 Abs. 1 UStG als auch im Falle der Besteuerung nach vereinnahmten Entgelten i. S. des § 20 UStG (Istbesteuerung), denn für das Begründetsein muss die Leistung nach § 1 Abs. 1 Nr. 1 UStG nur gegen Entgelt erfolgen. Hatte der Schuldner vor Eröffnung des Insolvenzverfahrens eine Lieferung oder sonstige Leistung ausgeführt, so wurde angenommen, dass damit der Tatbestand noch vor Eröffnung des Verfahrens verwirklicht wurde, auch wenn das Entgelt (Gegenleistung) erst danach zur Masse fließt.[214)] Durch die Regelung des § 55 Abs. 4 InsO sowie die Rechtsprechung des BFH gilt dies jedoch nicht mehr.

b) Regelung des § 55 Abs. 4 InsO

121 Für Insolvenzverfahren, deren Eröffnung ab dem 1.1.2011 beantragt wird, gelten Verbindlichkeiten aus dem Steuerschuldverhältnis nach § 55 Abs. 4 InsO, die von einem vorläufigen „schwachen" Verwalter bzw. durch dessen Zustimmung begründet wurden, nach Insolvenzeröffnung als **Masseverbindlichkeiten**.

122 Für Fälle der Istbesteuerung bedeutet dies, dass die Umsatzsteuer aus sämtlichen Umsätzen i. S. des § 1 Abs. 1 UStG, die nach Einsetzung eines vorläufigen Verwalters mit dessen Zustimmung getätigt werden, mit Eröffnung als Masseverbindlichkeiten gelten. Gleiches gilt beim Einzug von Forderungen, die im Vorfeld der Anordnung des vorläufigen Verfahrens durch den Schuldner ausgeführt wurden, aber durch den vorläufigen Verwalter eingezogen werden.[215)] Bei der Sollbesteuerung führt die **Doppelberichtigungsrechtspre-**

---

211) BFH, Urt. v. 29.1.2009 – V R 67/07, BFHE 225, 172 = BStBl. II 2009, 1029.

212) BFH, Urt. v. 21.12.1988 – V R 29/86, BFHE 155, 475 = ZIP 1989, 384, dazu EWiR 1989, 385 *(Frotscher)*; BFH, Urt. 21.9.1993 – VII R 119/91, BStBl. II 1994, 83 = ZIP 1994, 50; BFH, Urt. v. 17.12.1998 – VII R 47/98, BFHE 188, 149 = ZIP 1999, 714, dazu EWiR 2000, 37 *(Gerhardt)*.

213) *Frotscher*, Besteuerung bei Insolvenz, S. 63.

214) BFH, Urt. v. 5.10.2004 – VII R 69/03, BStBl. II 2005, 195 = ZIP 2005, 266, dazu EWiR 2005, 475 *(Onusseit)*; BFH, Urt. 16.11.2004 – VII R 75/03, BStBl. II 2006, 193 = ZIP 2005, 628, dazu EWiR 2005, 477 *(Onusseit)*; *Frotscher*, Besteuerung bei Insolvenz, S. 212.

215) BMF-Schreiben v. 20.5.2015 – IV A 3 – S 0550/10/10020-05, Rz. 19, BStBl. I 2015, 476.

chung des BFH dazu, dass sowohl beim Einzug von Forderungen aus dem Zeitraum vor Bestellung des vorläufigen Insolvenzverwalters als auch hinsichtlich der mit Zustimmung des vorläufigen Verwalters ausgeführten Umsätze bei Entgeltvereinnahmung eine erneute Berichtigung vorzunehmen ist.[216] Erfolgt der Einzug vor Insolvenzeröffnung gilt die Umsatzsteuer als Masseverbindlichkeit nach § 55 Abs. 4 InsO. Auf den Einzug vor oder nach Insolvenzeröffnung kommt es somit nicht mehr an.

Werden i. R. der vorläufigen Verwaltung mit Zustimmung des „schwachen" vorläufigen Insolvenzverwalters Lieferungen und sonstige Leistungen bezogen, so fallen die Vorsteuerbeträge in den Anwendungsbereich des § 55 Abs. 4 InsO. Zwischen Umsatzsteuer und Vorsteuer findet dann i. R. des § 16 Abs. 2 Satz 1 UStG eine Saldierung statt. Dabei lässt es die Finanzverwaltung zu, dass über die **Voranmeldungszeiträume des vorläufigen Insolvenzverfahrens** eine Saldierung vorgenommen wird, mithin nur dann eine Masseverbindlichkeit i. S. des § 55 Abs. 4 InsO vorliegt, soweit sich bei Summierung aller Ergebnisse der Voranmeldungszeiträume des vorläufigen Insolvenzverfahrens eine Zahllast ergibt.[217] Sollte sich allerdings nach **Saldierung ein Vorsteuerüberhang** ergeben, kann das Finanzamt mit Insolvenzforderungen aufrechnen, soweit kein Aufrechnungsverbot (§ 96 InsO) greift.[218] **123**

Bis zur **Neufassung des § 55 Abs. 4 InsO** durch das SanInsFoG[219] kam eine Anwendung des § 55 Abs. 4 InsO nach h. M. und Rechtsprechung auf das Eröffnungsverfahren der Eigenverwaltung nicht in Betracht, denn in § 270b Abs. 3 InsO wird allein auf § 55 Abs. 2 InsO nicht jedoch auf § 55 Abs. 4 InsO verwiesen, so dass es keine Grundlage für die Anwendung des § 55 Abs. 4 InsO bei Eigenverwaltung gab.[220] Mit der Neufassung ist die kontroverse Diskussion beendet. Sofern Umsatzsteuerverbindlichkeiten vom Schuldner nach Bestellung eines **vorläufigen Sachwalters** begründet worden sind, gelten diese nach Eröffnung des Insolvenzverfahrens als **Masseverbindlichkeit.** **124**

c) Spezifizierung durch den BFH (Doppelberichtigungsrechtsprechung)

aa) Zugrunde liegende Systematik

Der BFH verlangt, dass der die Umsatzsteuerforderung begründende **Tatbestand** im Zeitpunkt der Verfahrenseröffnung **vollständig verwirklicht**, also abgeschlossen ist.[221] Diese fiskalfreundlichere Linie, die den § 38 InsO aushebelt, hat der V. Senat des BFH zunächst auf die Versteuerung nach **vereinnahmten** Entgelten (Istbesteuerung § 20 Abs. 1 UStG) und dann auch auf die Versteuerung nach **vereinbarten** Entgelten, § 16 Abs. 1 UStG, in viel diskutierten Entscheidungen vom 29.1.2009 und vom 9.12.2010 unter Ausschaltung des § 91 InsO übertragen.[222] **125**

Im Urteil vom 29.1.2009 entschied der BFH, dass es sich bei der Vereinnahmung von Entgelten durch den Insolvenzverwalter für Leistungen, die bereits vor Verfahrenseröff- **126**

---

216) BFH, Urt. v. 24.9.2014 – V R 48/13, BStBl. II 2015, 506 = ZIP 2014, 2451; BMF-Schreiben v. 20.5.2015 – IV A 3 – S 0550/10/10020-05, Rz. 17, BStBl. I 2015, 476.

217) BMF-Schreiben v. 20.5.2015 – IV A 3 – S 0550/10/10020-05, Rz. 33, BStBl. I 2015, 476.

218) *Waza* in: Waza/Uhländer/Schmittmann, Insolvenzen und Steuern, Rz. 2110 f.; FG Baden-Württemberg, Urt. v. 29.5.2015 – 9 K 76/14, ZIP 2015, 1452 = NZI 2015, 867.

219) SanInsFoG, v. 22.12.2020, BGBl. I 2020, 3256, in Kraft getreten am 1.1.2021, Anwendbarkeit für alle nach dem 31.12.2020 gestellten Insolvenzanträge.

220) *Kahlert*, ZIP 2012, 2089; BGH, Urt. v. 22.11.2018 – IX ZR 167/16, ZIP 2018, 2488 = WM 2018, 2373; FG Münster, Urt. v. 12.3.2019 – 15 K 1535/18 U, NZI 2019, 547.

221) Vgl. *Onusseit* in: KPB, InsO, Steuerrecht, Abschn. F Umsatzsteuer Rz. 181.

222) BFH, Urt. v. 29.1.2009 – V R 64/07, BStBl. II 2009, 682 = ZIP 2009, 977, dazu EWiR 2009, 315 *(G. Berger)*; BFH, Urt. v. 9.12.2010 – V R 22/10, BStBl. II 2011, 996 = ZIP 2011, 782.

nung erbracht wurden, bei der für die Leistung entstehenden Umsatzsteuer um eine Masseverbindlichkeit nach § 55 InsO handelt. Begründet wurde dies damit, dass der Steueranspruch i. R. der **Istbesteuerung** erst mit Ablauf des Voranmeldezeitraums entsteht, in dem das Entgelt vereinnahmt wird, da erst zu diesem Zeitpunkt der den Umsatzsteueranspruch begründende Tatbestand vollständig verwirklicht und damit abgeschlossen ist. Welche Anforderungen im Ergebnis an die somit erforderliche vollständige Tatbestandsverwirklichung im Zeitpunkt der Insolvenzeröffnung zu stellen sind, richtet sich nach den jeweiligen Vorschriften des Steuerrechts, nicht aber nach dem Insolvenzrecht, so der BFH.[223)]

127 In seinem Urteil zur **Sollbesteuerung** vom 9.12.2010 führt der BFH aus:

> „Hat der Unternehmer, über dessen Vermögen das Insolvenzverfahren eröffnet wird, eine Leistung vor Verfahrenseröffnung bezogen und das hierfür geschuldete Entgelt bis zu diesem Zeitpunkt nicht entrichtet, wird die der Umsatzsteuer unterliegende Entgeltforderung gegen ihn als Leistungsempfänger spätestens mit Verfahrenseröffnung unbeschadet einer möglichen Insolvenzquote in voller Höhe uneinbringlich; bei einer nachträglichen Zahlung auf das uneinbringlich gewordene Entgelt ist der Umsatzsteuerbetrag nach § 17 Abs. 2 Nr. 1 Satz 2 UStG erneut zu berichtigen."
>
> „Erbringt der Unternehmer, über dessen Vermögen das Insolvenzverfahren eröffnet wird, eine Leistung vor Verfahrenseröffnung, ohne das hierfür geschuldete Entgelt bis zu diesem Zeitpunkt zu vereinbaren, tritt gleichfalls mit Eröffnung des Insolvenzverfahrens Uneinbringlichkeit ein."

128 Nach Auffassung des BFH, sei der Rechtsträger in zwei Unternehmen aufzuspalten, einen **vor- und einen nachinsolvenzlichen Teil**. Im ersteren könne keine Vereinnahmung der Forderung mehr erfolgen, die Umsatzsteuerforderung sei mithin als **uneinbringlich auszubuchen** und nach § 17 Abs. 2 Nr. 1 Satz 1 UStG zu berichtigen. Erfolgt eine Vereinnahmung der Forderung im nachinsolvenzlichen Teil, ist eine **erneute Berichtigung** nach § 17 Abs. 2 Nr. 1 Satz 2 UStG durchzuführen mit der Folge, dass die Umsatzsteuer abzuführen ist. Da der Steueranspruch erst durch die Vereinnahmung seitens des Insolvenzverwalters verwirklicht ist, wird eine Masseverbindlichkeit nach § 55 Abs. 1 Nr. 1 InsO begründet.

129 Dies hat zur Folge, dass in Insolvenzverfahren, die nach dem 31.12.2011 eröffnet wurden, die Umsatzsteuer aus der vereinnahmten Forderung für eine vor der Eröffnung des Insolvenzverfahrens ausgeführte Leistung, auch bei Sollversteuerung als **Masseverbindlichkeit** abzuführen ist.[224)]

130 Diese Entscheidung des V. Senats des BFH setzte sich zu der Rechtsprechung des für Fragen der Aufrechnung zuständigen VII. Senats in Widerspruch.[225)] Dieser vertrat in ständiger Rechtsprechung die Ansicht, dass es hinsichtlich der Aufrechenbarkeit von Forderungen im Insolvenzverfahren nicht darauf ankommt, ob der Anspruch im Zeitpunkt der Eröffnung des Insolvenzverfahrens im steuerrechtlichen Sinne entstanden war, sondern allein darauf, ob in diesem Zeitpunkt nach insolvenzrechtlichen Grundsätzen der Rechtsgrund für den Anspruch bereits gelegt war. Mittlerweile hat der VII. Senat des BFH seine Rechtsprechung geändert. Er stellt jetzt ebenfalls auf die Entstehung des **materiell-recht-**

223) BFH, Urt. v. 29.1.2009 – V R 64/07, BStBl. II 2009, 682 = ZIP 2009, 977.

224) BMF-Schreiben v. 9.12.2011 – IV D 2 – S 7330/09/10001 :001, BStBl. I 2011, 1273; BMF v. 12.4.2013 – IV D 2 – S 7330/09/10001 :001, BStBl. I 2013, 518; BMF-Schreiben v. 18.5.2016 – III C 2 – S 7330/09/10001 :002, BStBl. I 2016, 506.

225) BFH, Urt. v. 5.10.2004 – VII R 69/03, BStBl. II 2005, 195 = ZIP 2005, 266; BFH, Urt. v. 16.11.2004 – VII R 75/03, BStBl. II 2006, 193 = ZIP 2005, 628.

lichen Berichtigungstatbestandes des § 17 Abs. 2 UStG und nicht mehr darauf ab, wann die zu berichtigende Steuerforderung begründet worden ist.[226)]

bb) Stellungnahme

Für Irritation bei dieser Änderung der Rechtsprechung sorgt insbesondere, dass die in § 38 InsO insolvenzrechtlich normierte Einordnung damit unterminiert wird. Die Eigenständigkeit des insolvenzrechtlichen Begriffs „begründete Forderung" sollte für die Einordnung als Insolvenzforderung oder Masseverbindlichkeit bedeuten, dass es nicht auf den Zeitpunkt des Zuflusses des Entgelts ankommt, sondern nur auf den Zeitpunkt der Ausführung der steuerbaren Leistung, zumal gemäß § 91 InsO nach Eröffnung des Insolvenzverfahrens an Gegenständen der Insolvenzmasse keine Rechte mehr erworben werden können. Vor diesem Hintergrund liegt ein Verstoß gegen Art. 3 GG vor, weil der Fiskus sich hier Vorrechte verschafft, die mit dem die InsO tragenden Grundsatz der par conditio creditorum nicht vereinbar sind und die eine nicht gerechtfertigte Bevorzugung gegenüber anderen, auf die ordentliche Gerichtsbarkeit angewiesenen Gläubigern darstellt.[227)] Dies muss umso mehr gelten, da die Aufteilung des einheitlichen Unternehmens in einen vor- und einen nachinsolvenzlichen Teil als Voraussetzung für die zweimalige Berichtigung nach § 17 UStG **konstruiert** wirkt und nicht ohne weiteres dogmatisch hergeleitet werden kann. 131

cc) Konsequenzen des BFH-Urteils vom 9.12.2010 für § 55 Abs. 4 InsO

Wurden steuerbare Umsätze i. S. des § 1 Abs. 1 UStG im Zuge der vorläufigen Verwaltung begründet, die zu Umsatzsteuerverbindlichkeiten nach § 55 Abs. 4 InsO führen, und wurde das Entgelt im Falle der Sollversteuerung zum Zeitpunkt der Insolvenzeröffnung noch nicht vereinnahmt, sind diese ebenfalls nach § 17 Abs. 2 Nr. 1 Satz 1 i. V. mit Abs. 1 Satz 1 UStG zu berichtigen, da nach Auffassung des BFH entsprechend § 80 Abs. 1 InsO die Empfangszuständigkeit für alle Leistungen, die auf die zur Insolvenzmasse gehörenden Forderungen erbracht werden, auf den schwachen vorläufigen Insolvenzverwalter mit Recht zum Forderungseinzug übergeht, also nicht mehr in dem vorinsolvenzrechtlichen Unternehmensteil liegt, da sie i. R. der Masseverwaltung und Masseverwertung zu vereinnahmen sind und somit zum Bereich der Masseverbindlichkeiten gehören.[228)] 132

d) Forderungseinzug im vorläufigen Insolvenzverfahren

aa) Vorläufiger Verwalter ohne Verwaltungs- und Verfügungsbefugnis

Zieht der sog. vorläufige schwache Insolvenzverwalter mit Berechtigung zum Forderungseinzug eine Forderung ein, die vorinsolvenzlich begründet wurde, so begründet die Vereinnahmung der Entgelte im Falle der Istversteuerung im vorläufigen Insolvenzverfahren mit der Eröffnung des Insolvenzverfahrens eine **Masseverbindlichkeit** i. S. des § 55 Abs. 4 InsO.[229)] Gleiches gilt bei der Sollbesteuerung. Die Vereinnahmung der Entgelte durch den vorläufigen Verwalter aus Umsätzen, die vor dem Insolvenzeröffnungsverfahren getätigt wurden, führt zu Masseverbindlichkeiten i. S. des § 55 Abs. 4 InsO. Nach Auffassung des 133

---

226) BFH, Urt. v. 25.7.2012 – VII R 29/11, BStBl. II 2013, 36 = ZIP 2012, 2217, dazu EWiR 2013, 17 *(Ries)*.

227) *Hölzle*, BB 2012, 1571; *Onusseit*, DZWIR 2011, 239, 353–358 (Urteilsanm.); *Kahlert*, DStR 2011, 921; *Roth*, ZInsO 2014, 309; *Witfeld* in: Sonnleitner/Witfeld, Insolvenz- und Sanierungssteuerrecht, Kap. 5, Rz. 35 f. m. w. N.

228) BMF-Schreiben v. 20.5.2015 – IV A 3 – S 0550/10/10020-05, Rz. 14, BStBl. I 2015, 476; BFH, Urt. v. 29.1.2009 – V R 64/07, BStBl. II 2009, 682 = ZIP 2009, 977.

229) BMF-Schreiben v. 20.5.2015 – IV A 3 – S 0550/10/10020-05, Rz. 19, BStBl. I 2015, 476.

BFH ist die Umsatzsteuer nämlich bereits **bei Anordnung der vorläufigen Verwaltung** für die Leistungen, die der Unternehmer bis zur Verwalterbestellung erbracht und bezogen hat, nach § 17 Abs. 2 Nr. 1 UStG zu berichtigen, da es dem Schuldner aufgrund der auf den vorläufigen Insolvenzverwalter übergegangenen Einziehungsbefugnis nicht mehr möglich ist, das Entgelt für die zuvor entstandene Steuerschuld zu erlangen.[230] Der **Einzug führt dann zu einer neuerlichen Berichtigung** gemäß § 17 Abs. 2 Nr. 1 Satz 2 UStG mit der Folge, dass zu diesem Zeitpunkt von der Entstehung des Steueranspruchs auszugehen ist. Dem steht nicht entgegen, dass die erste Berichtigung aufgrund Uneinbringlichkeit und die zweite Berichtigung aufgrund nachfolgender Vereinnahmung ggf. im selben Voranmeldungs- oder Besteuerungszeitraum zusammentreffen.[231]

bb) Vorläufiger Verwalter mit Verwaltungs- und Verfügungsbefugnis

134 Wird ein vorläufiger Insolvenzverwalter, auf den die Verwaltungs- und Verfügungsbefugnis gemäß § 22 Abs. 1 Satz 1 InsO übergegangen ist, bestellt und vereinnahmt dieser Forderungen, die bereits vor seiner Bestellung zum vorläufigen Insolvenzverwalter vom Insolvenzschuldner, der seine Umsätze nach vereinbarten Entgelten berechnete, ausgeführt wurden, handelt es sich im Hinblick auf die Umsatzsteuer mit Verfahrenseröffnung um eine Masseverbindlichkeit nach § 55 Abs. 2 Satz 1 InsO.[232]

e) Folgen bei Eigenverwaltung nach § 270 InsO

aa) Vorläufige Eigenverwaltung

135 Die §§ 55 Abs. 2 und 55 Abs. 4 InsO a. F. können nach h. M. weder direkt noch analog – **mangels planwidriger Regelungslücke** – angewandt werden.[233] Es galt, dass Verbindlichkeiten, die im Verfahren der vorläufigen Eigenverwaltung nach § 270a InsO vom Schuldner oder von einem vorläufigen Sachwalter begründet werden, ebenso wie Verbindlichkeiten, die im Schutzschirmverfahren nach § 270b InsO begründet worden sind, nur dann Masseverbindlichkeiten, die aus der Insolvenzmasse vorweg zu berichtigen sind, wenn sie auf der Grundlage einer vom **Insolvenzgericht erteilten Ermächtigung** begründet wurden.[234] Mit der Neufassung des § 55 Abs. 4 InsO[235] ist die kontroverse Diskussion beendet. Sofern Umsatzsteuerverbindlichkeiten vom Schuldner nach Bestellung eines **vorläufigen Sachwalters** begründet worden sind, gelten diese nach Eröffnung des Insolvenzverfahrens als **Masseverbindlichkeit.**[236]

136 Unklar ist gegenwärtig, ob die sog. **Doppelberichtigungsrechtsprechung** auch i. R. der vorläufigen Eigenverwaltung Anwendung finden wird, also bei Fällen der Leistungserbringung vor Anordnung der vorläufigen Eigenverwaltung und Entgeltvereinnahmung nach Anordnung der vorläufigen Eigenverwaltung. Bei Bestellung eines vorläufigen Insolvenz-

230) BFH, Urt. v. 24.9.2014 – V R 48/13, BStBl. II 2015, 506 = ZIP 2014, 2451, dazu EWiR 2015, 19 (*Schmittmann*).

231) BFH, Urt. v. 24.9.2014 – V R 48/13, BStBl. II 2015, 506 = ZIP 2014, 2451; BMF-Schreiben v. 20.5.2015 – IV A 3 – S 0550/10/10020-05, Rz. 17, BStBl. I 2015, 476.

232) BFH, Beschl. v. 11.7.2013 – XI B 41/13, BFH/NV 2013, 1647 = ZIP 2013, 1680; *Onusseit*, ZInsO 2014, 59.

233) BFH, Beschl. v. 7.5.2020 – V R 14/19, BFHE 268, 512 = ZRI 2020, 477; BGH, Urt. v. 22.11.2018 – IX ZR 167/16, ZIP 2018, 2488 = WM 2018, 2373; *Kahlert*, ZIP 2012, 2089; FG Münster, Urt. v. 12.3.2019 – 15 K 1535/18 U, NZI 2019, 547.

234) BGH, Urt. v. 22.11.2018 – IX ZR 167/16, ZIP 2018, 2488 = WM 2018, 2373; BGH, Beschl. v. 24.3.2016 – IX ZR 157/14, ZIP 2016, 831.

235) SanInsFoG, v. 22.12.2020, BGBl. I 2020, 3256, in Kraft getreten am 1.1.2021, Anwendbarkeit für alle nach dem 31.12.2020 gestellten Insolvenzanträge.

236) *Waza*, USt direkt digital 4/2022, 15 = NWB YAAAI-04453.

verwalters mit der Befugnis zum Forderungseinzug hatte der BFH argumentiert, dass es dem Schuldner aufgrund der auf den vorläufigen Insolvenzverwalter übergegangenen Einziehungsbefugnis nicht mehr möglich ist, das Entgelt für die zuvor entstandene Steuerschuld zu erlangen, so dass eine Berichtigung der Umsatzsteuer bereits bei Anordnung der vorläufigen Verwaltung zu erfolgen habe.[237)] Dieser Grundsatz lässt sich allerdings selbst bei Übernahme der Kassenführung durch den vorläufigen Sachwalter nach §§ 270a Abs. 1, 275 Abs. 2 InsO nicht übertragen, da der vorläufige Sachwalter selbst dann nur als gesetzlicher Vertreter tätig wird und die Verwaltungs- und Verfügungsbefugnis des Schuldners nicht verdrängt.[238)] Es mangelt insoweit an einer Einziehungsbefugnis des vorläufigen Sachwalters.

Es ist indes nicht auszuschließen, dass der **BFH** diese aus seiner Sicht verbliebene Lücke durch Anwendung der im Urteil vom 27.9.2018 geäußerten Grundsätze wird schließen wollen, also mit dem Argument, dass dem Insolvenzschuldner die Verwaltungs- und Verfügungsbefugnis nämlich in seiner **Funktion als Amtswalter** übertragen worden sei, in der er wie ein (vorläufiger) Verwalter tätig werde.[239)] Allerdings hat der BGH in seinem Urteil vom 22.11.2018 die Auffassung vertreten, dass dem vorläufig eigenverwaltenden Schuldner die Verwaltungs- und Verfügungsbefugnis aus eigenem Recht und damit gerade nicht als Amtswalter zustehe, wie *Witfeld* hervorhebt.[240)] **137**

Die **Finanzverwaltung** vertritt dennoch bereits die Auffassung, dass der Schuldner bei Bestellung eines vorläufigen Sachwalters in der vorläufigen Eigenverwaltung aufgrund der weiter bestehenden Verwaltungs- und Verfügungsbefugnis bereits im Eröffnungsverfahren für die spätere Insolvenzmasse vereinnahmt und die ihm verbliebenen Befugnisse innerhalb der in §§ 270 ff. InsO geregelten Rechte und Pflichten ausübt und wie ein „Amtswalter" Aufgaben für den Unternehmensteil der späteren Insolvenzmasse wahrnimmt.[241)] **138**

Zu befürchten ist, dass der BFH diese Auffassung unter Ausdehnung seiner Doppelberichtigungsrechtsprechung über kurz oder lang mit dem Argument bestätigen wird, dass der Schuldner bei Anordnung der vorläufigen Eigenverwaltung die Verfügungsbefugnis im Interesse der Gläubiger auszuüben habe und sich seine Pflichtenstellung nach den Gläubigerinteressen richte, zumal er sich auch dem Haftungsregime des §§ 60, 61 InsO zu unterwerfen habe.[242)] **139**

bb) Eröffnung in Eigenverwaltung

Bei Eröffnung des Insolvenzverfahrens in Eigenverwaltung nach §§ 270 ff. InsO liegt die Verwaltungs- und Verfügungsbefugnis beim Insolvenzschuldner. Der **Sachwalter** hat lediglich die Aufgabe, Aufsicht zu führen. Er wird damit **nicht Vermögensverwalter** i. S. des § 34 Abs. 3 AO, so dass ihm in dieser Funktion nicht die Erfüllung der steuerlichen Pflichten obliegt.[243)] Es wäre daher davon auszugehen, dass kein Wechsel des leistenden „Unternehmensteils" stattfindet mit der Folge, dass es bei Insolvenzeröffnung an einer **140**

---

237) BFH, Urt. v. 24.9.2014 – V R 48/13, BStBl. II 2015, 506 = ZIP 2014, 2451.

238) *Kern* in: MünchKomm-InsO, § 275 Rz. 26; Braun-*Riggert*, InsO, § 275 Rz. 11.

239) BFH, Urt. v. 27.9.2018 – V R 45/16, BFHE 262, 214 = ZIP 2018, 2232.

240) *Witfeld*, ZRI 2021, 173; BGH, Urt. v. 22.11.2018 – IX ZR 167/16, ZIP 2018, 2488 = WM 2018, 2373.

241) BMF-Schreiben v. 11.1.2022 – IV A 3 – S 0550/21/10001 :001, Rz. 17, BStBl. I 2022, 116.

242) Zutreffend kritisch zu einer Fortentwicklung der Doppelberichtigungsrechtsprechung: *Witfeld*, ZRI 2021, 173; *Waza*, USt direkt digital 4/2022, 15 = NWB YAAAI-04453; *Kahlert*, DStR 2021, 1505, 1511: *Kahlert* bejaht bei Vorliegen von Zahlungsunfähigkeit oder Überschuldung eine Massesicherungspflicht und infolgedessen eine Doppelberichtigung beim Einzug von Altforderungen; *Kontny*, NWB 8/2021, 247, 250.

243) *Uhländer* in: Waza/Uhländer/Schmittmann, Insolvenzen und Steuern, Rz. 484.

Uneinbringlichkeit i. S. der vorgenannten BFH-Rechtsprechung fehlen würde, so dass die Vereinnahmung der Forderung nicht zu einer Masseverbindlichkeit nach § 55 Abs. 1 Nr. 1 InsO führt.

141 Hingegen vertritt der **BFH** nunmehr jedoch die Auffassung, dass die Vereinnahmung des Entgelts durch den Insolvenzschuldner i. R. der Eigenverwaltung für eine vor der Eröffnung des Insolvenzverfahrens ausgeführte Leistung, eine Masseverbindlichkeit i. S. von § 55 Abs. 1 Nr. 1 InsO begründet.[244] Bei der Eigenverwaltung werde dem Insolvenzschuldner die Verwaltungsbefugnis und Verfügungsbefugnis nämlich in seiner **Funktion als Amtswalter** übertragen. Als solcher werde er wie ein Insolvenzverwalter tätig. Er sei dabei nicht mehr kraft eigener Privatautonomie tätig, sondern übe die ihm verbliebenen Befugnisse im Insolvenzverfahren als Amtswalter innerhalb der in §§ 270 ff. InsO geregelten Rechte und Pflichten aus.[245] Zudem komme es nach dem ausdrücklichen Wortlaut von § 270 Abs. 1 Satz 1 InsO auch im eigenverwalteten Insolvenzverfahren zur Bildung einer Insolvenzmasse und damit zu einer haftungsrechtlichen Vermögensabsonderung, so der BFH. Dies hat zur Folge, dass mit Insolvenzeröffnung in Eigenverwaltung sämtliche vorinsolvenzlich begründeten Forderungen als uneinbringlich auszubuchen sind. Bei Vereinnahmung des Entgelts nach Eröffnung ist sodann eine erneute Berichtigung nach § 17 Abs. 2 Nr. 1 Satz 2 UStG durchzuführen. Der BFH setzt mit dieser Entscheidung, trotz der vielfach geäußerten Kritik, seine Linie fort.

f) Abgrenzung bei Anzahlungen und Teilleistungen

142 Bei der Ist-Versteuerung von Anzahlungen wird die Steuerentstehung nach § 13 Abs. 1 Nr. 1 lit. a Satz 4 UStG auf den **Zeitpunkt des Erhalts der Anzahlung** vorverlegt.[246] Hierbei handelt es sich um einen selbstständigen und abschließenden Steuerentstehungstatbestand.[247] Dementsprechend ist die Steuerschuld bereits mit Leistung der An- oder Vorauszahlung begründet und führt hinsichtlich der bereits vor Verfahrenseröffnung geleisteten An- oder Vorauszahlung zu einer Insolvenzforderung. Auf die Leistungserbringung kommt es dann nicht mehr an.[248]

143 **Wirtschaftlich teilbare Leistungen**, für die ein gesondertes Entgelt vereinbart wird, werden nach § 13 Abs. 1 Nr. 1 lit. a Satz 2 und Satz 3 UStG wie ausgeführte Leistungen behandelt. Dies führt dazu, dass die auf die vorinsolvenzlich erbrachten Teile entfallende Umsatzsteuer Insolvenzforderung und die auf nachinsolvenzlich erbrachte Teile Masseverbindlichkeit ist.[249]

3. Umsatzsteuerberichtigung und Erfüllungswahl

a) Umsatzsteuerberichtigung nach § 17 UStG

144 Hat der Insolvenzschuldner bei Sollversteuerung offene Forderungen aus erbrachten und versteuerten Lieferungen und Leistungen, so ist eine Berichtigung der Umsatzsteuer nach § 17 Abs. 1 i. V. mit § 17 Abs. 2 Nr. 1 Satz 1 UStG vorzunehmen, wenn diese Forderungen uneinbringlich werden. Wurden die Forderungen erst nach Insolvenzeröffnung un-

244) BFH, Urt. v. 27.9.2018 – V R 45/16, BFHE 262, 214 = ZIP 2018, 2232, dazu EWiR 2018, 721 (*Schmittmann*).

245) *Kahlert*, DStR 2021, 1505, 1507.

246) BFH, Urt. v. 29.1.2009 – V R 64/07, BStBl. II 2009, 682 = ZIP 2009, 977; *Waza* in: Waza/Uhländer/Schmittmann, Insolvenzen und Steuern, Rz. 1987.

247) BFH, Urt. v. 21.6.2001 – V R 68/00, BFHE 195, 446 = BStBl. II 2002, 255.

248) A. A. Rau/Dürrwächter-*Stadie*, UStG, § 18 Anh. 2 Rz. 76 ff.

249) *Waza* in: Waza/Uhländer/Schmittmann, Insolvenzen und Steuern, Rz. 1989.

einbringlich, bspw. wegen Insolvenz des Drittschuldners, so vertrat der VII. Senat des BFH hierzu die Auffassung, dass der sich daraus ergebende Erstattungsanspruch, da auf einer vorinsolvenzlich begründeten Forderung beruhend, mit Insolvenzforderungen des Finanzamts aufgerechnet werden könne, ohne das dem der § 96 Abs. 1 Nr. 1 InsO entgegenstehe.[250] Nachdem inzwischen aber der V. Senat des BFH die Auffassung vertritt, dass durch die Insolvenzeröffnung eine Uneinbringlichkeit nach § 17 Abs. 2 Nr. 1 Satz 1 UStG eintritt, da die Forderung nicht mehr in dem vorinsolvenzlichen Unternehmensteil vereinnahmt werden kann, sind sämtliche erbrachten und versteuerten offenen Forderungen des schuldnerischen Unternehmens **mit Insolvenzeröffnung uneinbringlich.**[251] Somit ist bereits vorinsolvenzlich die Steuer nach § 17 Abs. 1 Satz 1 UStG zu berichtigen.[252] Auf eine Uneinbringlichkeit wegen Insolvenz des Drittschuldners kommt es dann nicht mehr an. Folge ist, dass die sich daraus ergebene Umsatzsteuererstattung mit Insolvenzforderungen des Finanzamts aufgerechnet werden kann. Wird die Forderung eingezogen, ist eine erneute Berichtigung durchzuführen und die Umsatzsteuer an den Fiskus abzuführen (siehe Rz. 125 ff.).

Entsprechend hat der VII. Senat eine Änderung seiner Rechtsprechung vollzogen und hält nicht länger an seiner Rechtsansicht fest, dass die durch Berichtigung nach § 17 Abs. 2 UStG entstehende steuerliche Forderung bereits mit Begründung der zu berichtigenden Steuerforderung im insolvenzrechtlichen Sinne des § 96 Abs. 1 Nr. 1 InsO begründet ist.[253] Eine vom Finanzamt erklärte Aufrechnung nach § 96 Abs. 1 Nr. 1 InsO ist somit unzulässig. 145

b) Umsatzsteuerliche Auswirkungen des § 103 InsO

Der Insolvenzverwalter hat nach § 103 InsO ein Wahlrecht, ob er einen gegenseitigen noch nicht oder nicht vollständig erfüllten Vertrag (Werkvertrag) erfüllt oder die Erfüllung ablehnt. 146

Wählt der Verwalter Erfüllung, hat dies zur Folge, dass der Vertragspartner die geschuldete Leistung zur Masse und der Insolvenzverwalter die vereinbarte Gegenleistung aus der Masse nach § 55 Abs. 1 Nr. 1 InsO erbringen muss. Die Leistung (Werklieferung) wird also, soweit keine Teilleistungen i. S. des § 13 Abs. 1 Nr. 1 lit. a Satz 2 und 3 UStG gesondert vereinbart worden sind, erst mit der Leistungserbringung nach Verfahrenseröffnung ausgeführt.[254] Konsequenz daraus ist, dass es sich bei der hierauf entfallenden Umsatzsteuer um eine **Masseverbindlichkeit** handelt und zwar auch für die bereits vor Insolvenzeröffnung erbrachten Leistungen, soweit das vereinbarte Entgelt nicht bereits vor Verfahrenseröffnung vereinnahmt wurde.[255] 147

Lehnt der Insolvenzverwalter die Vertragserfüllung nach § 103 InsO ab, werden die ursprünglichen Erfüllungsansprüche undurchsetzbar.[256] Der Vertrag wandelt sich in ein Abrechnungsverhältnis; neu bestimmter Vertragsgegenstand ist die bereits erbrachte Leis- 148

250) BFH, Beschl. v. 6.10.2005 – VII B 309/04, BFH/NV 2006, 369–370; vgl. *Busch/Winkens*, Insolvenzrecht und Steuern visuell, S. 204.

251) BFH, Urt. v. 9.12.2010 – V R 22/10, BStBl. II 2011, 996 = ZIP 2011, 782.

252) *Kahlert*, ZIP 2013, 500.

253) BFH, Urt. v. 25.7.2012 – VII R 29/11, BStBl. II 2013, 36 = ZIP 2012, 2217; *Kahlert*, ZIP 2013, 500.

254) BFH, Urt. v. 30.4.2009 – V R 1/06, BFHE 226, 130 = BStBl. II 2010, 138 = ZIP 2009, 1677; *Onusseit*, ZIP 2009, 1677.

255) BFH, Urt. v. 30.4.2009 – V R 1/06, BFHE 226, 130 = BStBl. II 2010, 138 = ZIP 2009, 1677; BFH, Urt. v. 2.2.1978 – V R 128/76, BFHE 125, 314 = BStBl. II 1978, 483.

256) *Ahrendt* in: HambKomm-InsO, § 103 Rz. 38.

tung, also in der Bauunternehmerinsolvenz, das nicht fertiggestellte Bauwerk.[257] Vor Eröffnung bereits erbrachte Leistungen verbleiben beim Empfänger, § 105 InsO. Bemessungsgrundlage nach § 10 Abs. 1 Satz 1 UStG ist der dem Abrechnungsverhältnis zugrunde liegende objektive Wert der Lieferungen, wie er sich im Zeitpunkt der Insolvenzeröffnung ergibt. Bei der Umsatzsteuer handelt es sich um eine **Insolvenzforderung.**[258]

> **Praxishinweis**
>
> Für die Insolvenzmasse kann es vor diesem Hintergrund günstiger sein, die Vertragserfüllung gemäß § 103 InsO abzulehnen und dann einen neuen Vertrag abzuschließen. Damit werden alle bisherigen Ansprüche einfache Insolvenzforderungen und nicht etwa Masseverbindlichkeiten, mithin auch Gewährleistungsansprüche. Ein Missbrauch von Gestaltungsmöglichkeiten i. S. von § 42 AO liegt nicht vor, da die Vermeidung von Masseverbindlichkeiten (auch steuerlichen) zu den Pflichten des Insolvenzverwalters gehört.[259]

4. Verwertung von Sicherungsgut

a) Allgemeines

149 Die Einräumung von Sicherungseigentum durch den späteren Schuldner (Sicherungsgeber) zugunsten des Kreditgebers (Sicherungsnehmers) stellt keine Lieferung im umsatzsteuerrechtlichen Sinne (§ 3 Abs. 1 UStG) dar, da noch keine Verfügungsmacht verschafft wird. Aufgrund der Sicherungsabrede ist der Sicherungsnehmer nicht berechtigt, vor Eintritt des Sicherungsfalles die Eigentümerfunktion auszuüben[260] (vgl. auch § 39 Abs. 2 Nr. 1 Satz 2 AO). In der Insolvenz begründet Sicherungseigentum ein Absonderungsrecht (§ 51 Nr. 1 InsO); gleichwohl gehört der Gegenstand zur Insolvenzmasse.

b) Verwertung im vorläufigen Insolvenzverfahren

aa) Verwertung mit Zustimmung durch den sog. schwachen vorläufigen Verwalter

150 Erfolgt die Verwertung durch den Schuldner mit Zustimmung des (schwachen) vorläufigen Insolvenzverwalters, werden hierdurch keine Umsatzsteuerverbindlichkeiten nach § 55 Abs. 4 InsO begründet. Derartige Umsätze unterliegen weiterhin der Steuerschuldnerschaft des Leistungsempfängers nach **§ 13b Abs. 2 Nr. 2 UStG.** Durch die Fiktion in § 55 Abs. 4 InsO werden diese Umsätze nicht zu Umsätzen „innerhalb" des Insolvenzverfahrens.[261]

bb) Verwertung durch den sog. starken vorläufigen Verwalter

151 Die aus der Verwertung durch den sog. starken vorläufigen Insolvenzverwalter resultierende Umsatzsteuer führt nach § 55 Abs. 2 InsO zur Entstehung von Masseverbindlichkeiten. Der „starke" vorläufige Insolvenzverwalter verwertet aus eigenem Recht kraft der Befugnis, die ihm durch das Insolvenzgericht mittels Anordnung der Verfügungsbefugnis (§ 21 Abs. 2 Nr. 2, § 22 Abs. 1 Satz 1 InsO) verliehen wurde. Damit wird er zum Vermögensverwalter i. S. des § 34 Abs. 3 AO. Dies hat zur Folge, dass nur ein Umsatz vorliegt,

257) BFH, Urt. v. 2.2.1978 – V R 128/76, BFHE 125, 314 = BStBl. II 1978, 483; Abschn. 3.9 Abs. 1 UStAE.

258) BFH, Urt. v. 2.2.1978 – V R 128/76, BFHE 125, 314 = BStBl. II 1978, 483; a. A. Rau/Dürrwächter-*Stadie*, UStG, § 18 Anh. 2 Rz. 128.

259) *Frotscher*, Besteuerung bei Insolvenz, S. 245; FG Köln, Urt. v. 9.9.1997 – 7 K 1402/89, EFG 1998, 155; FG Niedersachsen, Urt. v. 5.9.2002 – 5 K 424/98, EFG 2003, 198.

260) BFH, Urt. v. 20.7.1978 – V R 2/75, BFHE 126, 84 = BStBl. II 1978, 684; BFH, Urt. v. 21.7.1994 – V R 114/91, BStBl. II 1994, 878, 880 = ZIP 1994, 1705.

261) BMF-Schreiben v. 20.5.2015 – IV A 3 – S 0550/10/10020-05, Rz. 23, BStBl. I 2015, 476.

nämlich die Lieferung durch ihn an den Erwerber (Einfachumsatz, kein Doppel- oder Dreifachumsatz). Aus diesem Grund ist der Sicherungsnehmer nicht nach § 13b Abs. 2 Nr. 2 UStG Steuerschuldner.[262)]

cc) Verwertung durch den Sicherungsnehmer

Hat der sog. schwache vorläufige Insolvenzverwalter die Zustimmung erteilt, das Sicherungsgut an den Sicherungsnehmer freizugeben und verwertet dieser, dann erfolgt die Verwertung außerhalb des Insolvenzverfahrens (siehe § 13b Abs. 2 Nr. 2 UStG). Es findet ein **Doppelumsatz** statt. Der Insolvenzschuldner liefert an den Sicherungsnehmer und dieser an den Erwerber. Der Sicherungsnehmer schuldet die Umsatzsteuer nach § 13b Abs. 1 Nr. 2 i. V. mit Abs. 2 UStG. Gleichzeitig hat er jedoch einen Vorsteuererstattungsanspruch aus der Lieferung des Insolvenzschuldners an ihn. Außerdem schuldet der Sicherungsnehmer aber die Umsatzsteuer aus der weiteren Lieferung an den Erwerber nach § 13a UStG. Im Ergebnis schuldet der Sicherungsnehmer die Umsatzsteuer nur einmal. 152

Auch wenn der Sicherungsnehmer das Sicherungsgut bereits vor Anordnung der schwachen vorläufigen Insolvenzverwaltung abgeholt und nach Anordnung verwertet hat, erfolgt die Verwertungshandlung außerhalb des Insolvenzverfahrens; sie löst keine Masseverbindlichkeiten aus. 153

c) Verwertung im Insolvenzverfahren

Verwertet der Verwalter den Gegenstand (§ 166 Abs. 1 InsO), so führt die Umsatzsteuer aus der (regelmäßig steuerpflichtigen) Lieferung zu einer Masseschuld (§ 55 Abs. 1 Nr. 1 InsO).[263)] Diesem Fall steht die „Übernahme" durch den Gläubiger (vgl. § 168 Abs. 3 InsO) gleich. 154

Der Verwalter behält vom Verwertungserlös die Umsatzsteuer als Kosten der Verwertung nach § 171 Abs. 2 Satz 3 InsO ein und kehrt gemäß § 170 Abs. 1 InsO den verbleibenden Betrag an den absonderungsberechtigten Gläubiger aus. Damit ist sichergestellt, dass der Gläubiger nur mit dem Nettoerlös, also dem wirklichen Wert des Gegenstands befriedigt wird und die Umsatzsteuer nicht zulasten der ungesicherten Gläubiger geht. Entsprechendes gilt bei Übernahme durch den Gläubiger; in diesem Fall ist nur der Nettobetrag mit der Forderung des Gläubigers zu verrechnen. 155

Die vom Insolvenzverwalter ferner vom Verwertungserlös zugunsten der Masse einzubehaltenden Kosten der Feststellung und die (übrigen) Kosten der Verwertung sind pauschal mit vier bzw. fünf vom Hundert des Verwertungserlöses anzusetzen (§ 171 Abs. 1 Satz 2 und Abs. 2 Satz 1 InsO). Nach h. M. ist für die Berechnung entsprechend dem Regierungsentwurf jeweils der **Bruttoerlös maßgebend.**[264)] 156

Bei der Verwertung erbringt der Insolvenzverwalter ebenso wie bei der freihändigen Veräußerung grundpfandrechtsbelasteter Grundstücke im Interesse des Gläubigers eine entgeltliche **sonstige Leistung** i. S. des § 1 Abs. 1 Nr. 1 UStG, § 3 Abs. 9 Satz 1 UStG an den gesicherten Gläubiger, da er in dessen Interesse und Auftrag die Verwertung betreibt und daher für diesen ein Geschäft besorgt.[265)] Maßgeblich ist insoweit, dass der Insolvenzverwalter zur Verwertung beweglicher Gegenstände, an denen ein Absonderungsrecht gemäß 157

262) OFD Frankfurt/M., Vfg. v. 25.5.2007 – S 7100 A – 2/85 – St 11, Rz. 2.1.1, UR 2007, 948–951.

263) BFH, Urt. v. 4.6.1987 – V R 57/79, BStBl. II 1987, 741, 743 = ZIP 1987, 1134; *Frotscher*, Besteuerung bei Insolvenz, S. 255.

264) Vgl. *Scholz* in: HambKomm-InsO, § 170 Rz. 3 m. w. N.; Begr. RegE InsO z. § 196 RegE/§ 171 InsO, BT-Drucks. 12/2443, S. 181.

265) BFH, Urt. v. 28.7.2011 – V R 28/09, BFHE 235, 22 = ZIP 2011, 1923, dazu EWiR 2011, 673 (*Mitlehner*).

§ 51 Nr. 1 InsO besteht, gemäß § 166 Abs. 1 InsO zwar berechtigt, jedoch nicht verpflichtet ist, da er gemäß § 170 Abs. 2 InsO Gegenstände auch dem Gläubiger und damit dem Sicherungsnehmer zur Verwertung überlassen kann. Entgelt für die im Interesse der absonderungsberechtigten Gläubiger durchgeführte Veräußerung ist die der Insolvenzmasse verbleibende Verwertungskostenpauschale (§ 171 Abs. 2 i. V. mit § 170 Abs. 1 InsO). Liegen die tatsächlich entstandenen, für die Verwertung erforderlichen Kosten erheblich niedriger oder erheblich höher, ist nicht die Pauschale, sondern sind nach § 171 Abs. 2 Satz 2 InsO diese Kosten anzusetzen.

158 Nach Auffassung der Finanzverwaltung findet bei der Verwertung beweglicher Gegenstände indes ein **Dreifachumsatz** statt, in dem die Geschäftsbesorgungsleistung aufgeht.[266] Danach trete der Insolvenzverwalter bei der eigentlichen Lieferung des Sicherungsguts an den Erwerber im Namen der Masse auf. Daher sei diese Lieferung der Masse zuzurechnen. Der Insolvenzverwalter erbringe diesen Umsatz jedoch wie ein Kommissionär für Rechnung des Sicherungsnehmers/Gläubigers, weil durch die Eröffnung des Insolvenzverfahrens Verwertungsreife eingetreten sei.[267] Der Lieferung an den Erwerber sei deshalb über § 3 Abs. 3 UStG eine fiktive Lieferung des Sicherungsnehmers/Gläubigers als Kommittent an die Masse vorgeschaltet, in welcher die an sich vorliegende Geschäftsbesorgungsleistung aufgehe. Im Rahmen dieses Kommissionsgeschäfts sind die Kosten der Feststellung und Verwertung nach § 170 Abs. 1 i. V. mit § 171 InsO umsatzsteuerlich genauso zu behandeln wie die Provisionen des Kommissionärs bei einem üblichen Verkaufskommissionsgeschäft.

> **Praxishinweis**
>
> In der Praxis ist daher bei der Verwertung beweglicher Gegenstände auf die Verwertungskosten für diese sonstige Leistung des Insolvenzverwalters keine Umsatzsteuer einzubehalten, da es sich um einen Dreifachumsatz handelt, in dem die Geschäftsbesorgungsleistung aufgeht.

d) Verwertung durch den Sicherungsnehmer

aa) Doppelumsatz

159 Verwertet der Gläubiger den ihm vom Verwalter überlassenen Gegenstand (§ 170 Abs. 2 InsO), so liegen nach ständiger Rechtsprechung des BFH zwei Lieferungen vor (Theorie des Doppelumsatzes).[268] Danach liefert der Sicherungsgeber (Schuldner) an den Sicherungsnehmer (Gläubiger), und dieser liefert an den Erwerber. Die Weiterlieferung ist auch bei Kreditinstituten steuerpflichtig, da die Steuerbefreiungen des § 4 Nr. 8 lit. a bis lit. i UStG nur für die dort aufgezählten banktypischen Umsätze gelten.

160 Die Lieferung des Sicherungsgebers (Schuldners/Verwalters) an den Gläubiger (Sicherungsnehmer) erfolgt nach Auffassung des BFH nicht schon mit Eintritt des Sicherungsfalles oder mit Eröffnung des Insolvenzverfahrens, sondern erst im **Zeitpunkt der Veräußerung**

266) BMF-Schreiben v. 30.4.2014 – IV D 2 – S 7100/07/10037, BStBl. I 2014, 816; *Waza* in: Waza/Uhländer/Schmittmann, Insolvenzen und Steuern, Rz. 2206 f.

267) Vgl. zum Dreifachumsatz: BFH, Urt. v. 6.10.2005 – V R 20/04, BStBl. II 2006, 931 = BFH/NV 2006, 222; BFH, Urt. v. 28.7.2011 – V R 28/09, BFHE 235, 22 = ZIP 2011, 1923; Abschn. 1.2 Abs. 1a Satz 1 UstAE.

268) BFH, Urt. v. 31.5.1972 – V R 121/71, BFHE 106, 383 = BStBl. II 1972, 809; BFH, Urt. v. 9.3.1995 – V R 102/89, BStBl. II 1995, 564 = ZIP 1995, 1429 m. w. N., dazu EWiR 1995, 1125 *(Fahnster)*; BFH, Urt. v. 16.4.1997 – XI R 87/96, BFHE 182, 444 = BStBl. II 1997, 585; BFH, Beschl. v. 29.10.1998 – V B 38/98, BFH/NV 1999, 680; BFH, Beschl. v. 19.7.2007 – V B 222/06, BStBl. II 2008, 163 = ZIP 2007, 1998; vgl. Abschn. 1.2 Abs. 1 Satz 2 UStAE; BFH, Urt. v. 28.7.2011 – V R 28/09, BFHE 235, 22 = ZIP 2011, 1923.

durch den Gläubiger,[269] so dass die daraus resultierende Umsatzsteuer „durch die Verwertung der Insolvenzmasse begründet" (§ 55 Abs. 1 Nr. 1 InsO) wird und folglich zu einer Masseverbindlichkeit führt.[270]

Der Doppelumsatz kann nach Auffassung des BFH nicht dadurch vermieden werden, dass der Sicherungsgeber im Namen des Gläubigers veräußert oder die Veräußerung durch den Gläubiger „im Auftrag und für Rechnung des Darlehensnehmers (Sicherungsgebers)" erfolgt.[271] Kein Doppelumsatz liegt hingegen vor, wenn der Sicherungsgeber (mit oder ohne Zustimmung des Gläubigers) den Gegenstand an einen Dritten veräußert, z. B. zur Auswechselung des Sicherungsnehmers.[272] **161**

Gemäß § 170 Abs. 2 i. V. mit § 171 Abs. 2 Satz 3 InsO hat der Sicherungsnehmer die Umsatzsteuer an die Masse abzuführen. Für den Sicherungsnehmer ist der Vorgang umsatzsteuerlich neutral, da er einerseits aus der Lieferung an den Erwerber die Umsatzsteuer schuldet, andererseits aus der Lieferung des Sicherungsgebers an ihn die Vorsteuer in Abzug bringen kann. Die vom Erwerber erhaltene Umsatzsteuer hat er an den Insolvenzverwalter abzuführen. **162**

bb) Inbesitznahme vor Insolvenzeröffnung, Verwertung nach Insolvenzeröffnung

Bei Inbesitznahme durch den Sicherungsnehmer vor Eröffnung des Insolvenzverfahrens und einer Verwertung des Sicherungsguts nach § 173 InsO liegt erst nach Eröffnung ein **Doppelumsatz** vor, nämlich eine Lieferung des Sicherungsnehmers an den Erwerber und zugleich eine Lieferung des Sicherungsgebers an den Sicherungsnehmer. Dieser Doppelumsatz wird mit der Veräußerung durch den Sicherungsnehmer an den Dritten bewirkt und nicht bereits mit der vor Eröffnung des Insolvenzverfahrens vom vorläufigen Insolvenzverwalter erklärten Zustimmung zur Verwertung der im Besitz des absonderungsberechtigten Sicherungsnehmers befindlichen Gegenstände durch diesen. Es handelt sich insoweit nicht um eine „Lieferung eines sicherungsübereigneten Gegenstands durch den Sicherungsgeber an den Sicherungsnehmer außerhalb des Insolvenzverfahrens" i. S. des § 13b Abs. 1 Satz 1 Nr. 2 UStG. Folglich hat die Insolvenzmasse die Umsatzsteuer als Masseverbindlichkeit zu tragen.[273] Allerdings hat der zur abgesonderten Befriedigung berechtigte Gläubiger in diesem Fall i. H. der wegen der Lieferung des Sicherungsguts an ihn angefallenen Umsatzsteuerschuld aus dem Verwertungserlös einen Betrag in dieser Höhe in analoger Anwendung von § 13b Abs. 1 Nr. 2 UStG, § 170 Abs. 2, § 171 Abs. 2 Satz 3 InsO an die Masse abzuführen.[274] **163**

cc) Bemessungsgrundlage

Die Bemessungsgrundlage für die Lieferung des Sicherungsgebers (Schuldners) an den Sicherungsnehmer (Gläubiger) ist gemäß § 10 Abs. 1 Satz 2 UStG die Gegenleistung abzüglich Umsatzsteuer. Gegenleistung des Sicherungsnehmers (Gläubigers) ist der Betrag, um den die Darlehensschuld des Schuldners getilgt wird, also der **Veräußerungserlös** aus der Weiterlieferung des Gläubigers **abzüglich** der dafür geschuldeten **Umsatzsteuer**. Die **164**

---

269) BFH, Urt. v. 9.12.1993 – V R 108/91, BFHE 173, 458 = BStBl. II 1994, 483; BFH, Urt. v. 6.10.2005 – V R 20/04, BStBl. II 2006, 931 = BFH/NV 2006, 222.

270) BFH, Urt. 21.7.1994 – V R 114/91, BStBl. II 1994, 878, 880 = ZIP 1994, 1705; BFH, Urt. v. 18.4.1996 – V R 55/95, BStBl. II 1996, 561 = ZIP 1996, 1876.

271) BFH, Urt. v. 17.7.1980 – V R 124/75, BStBl. II 1980, 673 = ZIP 1980, 971.

272) BFH, Urt. v. 9.3.1995 – V R 102/89, BStBl. II 1995, 564 = ZIP 1995, 1429.

273) BFH, Urt. v. 19.7.2007 – V B 222/06, BStBl. II 2008, 163 = ZIP 2007, 1998; *Waza* in: Waza/Uhländer/Schmittmann, Insolvenzen und Steuern, Rz. 2236.

274) BGH, Urt. v. 29.3.2007 – IX ZR 27/06, ZIP 2007, 1126, dazu EWiR 2007, 537 *(Flitsch)*.

Gegenleistung ist vorweg um die tatsächlichen Verwertungskosten des Gläubigers zu mindern, die mit dem Nettobetrag anzusetzen sind, da der Gläubiger insoweit vorsteuerabzugsberechtigt ist.[275] Vorweg zu begleichende Kosten der Feststellung (§ 170 Abs. 2 i. V. mit § 171 Abs. 2 Satz 3 InsO) gehören nicht zum Entgelt.[276] Die auf diese Bemessungsgrundlage entfallene Umsatzsteuer hat der Gläubiger nach § 170 Abs. 2 InsO vorweg an die Masse abzuführen. Soweit der Gläubiger dem Insolvenzverwalter hierüber keine Gutschrift, § 14 Abs. 2 Satz 2 UStG, die als Rechnung gilt, erteilt, hat dieser dem Gläubiger eine Rechnung auszustellen. Der Gläubiger ist zum Vorsteuerabzug hieraus berechtigt.

dd) Freigabe an den Schuldner

165 Der Insolvenzverwalter ist grundsätzlich berechtigt, Gegenstände aus der Insolvenzmasse freizugeben,[277] wodurch die Verwaltungs- und Verfügungsbefugnis gemäß § 80 InsO wieder auf den Schuldner zurückfällt. Die Freigabe des Sicherungsguts durch den Insolvenzverwalter an den Insolvenzschuldner stellt **keine Lieferung** dar.[278]

166 Handelt es sich um eine sog. **echte Freigabe**, bei der ein Verwertungserlös der Masse nicht zugutekommt, erfolgt bei Verwertung in der insolvenzfreien Vermögenssphäre des Insolvenzschuldners eine Lieferung des Sicherungsgebers an den Sicherungsnehmer. Diese Lieferung erfolgt außerhalb des Insolvenzverfahrens, so dass der Sicherungsnehmer nach § 13b Abs. 2 Nr. 2 UStG die Umsatzsteuer schuldet.[279]

167 Der BFH geht allerdings davon aus, dass auch in diesem Fall die Verwertung der Insolvenzmasse, wie auch bei der sog. modifizierten Freigabe, zugutekommt, da die besicherte Forderung des Gläubigers insoweit nicht mehr an der Verwertung teilnimmt, mit der Folge, dass die Umsatzsteuer zu den Masseverbindlichkeiten, § 55 Abs. 1 Nr. 1 InsO gehört.[280]

> **Praxishinweis**
>
> Die Masse trägt mithin das Risiko mit Umsatzsteuer aus der Verwertung belastet zu werden, auch wenn der Erlös nicht bzw. nicht einmal anteilig zur Masse fließt, da die Verwertung unter Anrechnung auf das Sicherungsrecht immer auch Masseauswirkung hat und die Insolvenzmasse daher entlastet.

e) Einzug von Forderungen

168 Werden durch den Insolvenzverwalter gemäß § 166 Abs. 2 InsO vor Insolvenzeröffnung abgetretene Forderungen (§ 51 Nr. 1 InsO) eingezogen, so ist die Forderung nach Abzug der Umsatzsteuer sowie der Feststellungs- und Verwertungskostenpauschale an den gesicherten Gläubiger nach § 170 Abs. 1 InsO auszukehren, da die Masse gemäß § 55 Abs. 1 Nr. 1 InsO durch den Forderungseinzug entsprechend § 171 Abs. 2 Satz 3 InsO mit Umsatzsteuer belastet wird.[281] Nach der Rechtsprechung des BFH (siehe Rz. 129) gelten nämlich die dort geschilderten Grundsätze auch für den Einzug sicherungszedierter Forderungen, da sich aus § 166 Abs. 2 InsO die Uneinbringlichkeit aus Rechtsgründen er-

275) Rau/Dürrwächter-*Stadie*, UStG, § 18 Anh. 2 Rz. 111.

276) BFH, Urt. v. 28.7.2011 – V R 28/09, BFHE 235, 22 = ZIP 2011, 1923; *Roth*, Insolvenzsteuerrecht, Rz. 4.463; a. A. Rau/Dürrwächter-*Stadie*, UStG, § 18 Anh. 2 Rz. 112.

277) *Peters* in: MünchKomm-InsO, § 35 Rz. 98.

278) Bunjes-*Brandl*, UStG, § 3 Rz. 110.

279) *Roth*, Insolvenzsteuerrecht, Rz. 4.479; Rau/Dürrwächter-*Stadie*, UStG, § 18 Anh. 2 Rz. 120.

280) BFH, Urt. v. 16.8.2001 – V R 59/99, BStBl. II 2003, 208 = ZIP 2002, 230, dazu EWiR 2002, 301 (*Büteröwe*); BFH, Urt. v. 24.9.1987 – V R 196/83, BStBl. II 1987, 873 = ZIP 1988, 42.

281) Rau/Dürrwächter-*Stadie*, UStG, § 18 Anh. 2 Rz. 126; *Wäger*, WM 2012, 769.

gibt.[282] Der Absonderungsgläubiger kann folglich nicht mehr Weiterleitung des den Umsatzsteueranteil umfassenden gesamten Forderungsbetrags nach Abzug der Feststellungs- und Verwertungskosten verlangen, sondern gemäß § 171 Abs. 2 Satz 3 InsO nur gekürzt um die Umsatzsteuer.[283] Die Auffassung der Finanzverwaltung in Abschn. 13c.1. Abs. 28 UStAE,[284] die davon ausgeht, dass § 13c UStG auch dann anwendbar ist, wenn der Insolvenzverwalter die Forderung gemäß § 166 Abs. 2 InsO einzieht und der Abtretungsempfänger nur das Entgelt ohne Umsatzsteuer erhält, dürfte überholt sein,[285] da die Haftung nach § 13c UStG gerade voraussetzt, dass der Abtretungsempfänger den Umsatzsteuerbetrag auch tatsächlich erhalten hat.[286]

Da der Insolvenzverwalter bei dem Einzug der Forderung i. R. einer Geschäftsbesorgung eine steuerbare **sonstige Leistung** gegenüber dem absonderungsberechtigten Gläubiger erbringt (siehe Rz. 156 f.), ist auf die Verwertungskostenpauschale zusätzlich Umsatzsteuer einzubehalten.[287] 169

Der Forderungseinzug von Altforderungen bei Sollbesteuerung durch den **vorläufigen Insolvenzverwalter** führt durch die Doppelberichtigung bei Anordnung der vorläufigen Verwaltung und Einziehung der Forderung zu einer Masseverbindlichkeit nach § 55 Abs. 4 InsO. Dies muss zur Folge haben, dass eine Haftung nach § 13c UStG ausscheidet.[288] 170

Wird durch den Insolvenzschuldner i. R. des eröffneten **Eigenverwaltungsverfahrens** eine Forderung für vorinsolvenzlich ausgeführte Leistungen eingezogen, begründet dies eine Masseverbindlichkeit i. S. von § 55 Abs. 1 Nr. 1 InsO.[289] Im Falle der Zession führt dies dazu, dass an den Gläubiger unter Berücksichtigung des § 282 Abs. 1 InsO nur der Nettoerlös auszukehren ist. 171

Nach Auffassung Finanzverwaltung (siehe Rz. 135) nimmt der Schuldner bei Bestellung eines vorläufigen Sachwalters in der **vorläufigen Eigenverwaltung** die ihm verbliebenen Befugnisse innerhalb der in §§ 270 ff. InsO geregelten Rechte und Pflichten wie ein „Amtswalter" für den Unternehmensteil der späteren Insolvenzmasse wahr,[290] so dass beim Einzug von Altforderungen bei Sollbesteuerung durch den Schuldner die Doppelberichtigung zu einer Masseverbindlichkeit nach § 55 Abs. 4 InsO n. F. führt. 172

5. Immobiliarverwertung

Bei der Verwertung von Grundstücken ist in einem ersten Schritt stets zu prüfen, ob es sich um eine nach § 1 Abs. 1a UStG nicht steuerbare **Geschäftsveräußerung im Ganzen** handelt. Ein vermietetes Gebäude kann nämlich als gesondert geführter Betrieb i. S. des § 1 Abs. 1a UStG anzusehen sein, selbst wenn dieses nur teilweise vermietet oder verpachtet ist, die nicht genutzten Flächen aber zur Vermietung oder Verpachtung bereitstehen. Dabei kommt es auf die Fortsetzung der bisherigen Vermietungsabsicht und darauf, 173

282) BFH, Beschl. v. 2.12.2013 – XI B 5/13, BFH/NV 2014, 588.

283) Uhlenbruck-*Brinkmann*, InsO, § 171 Rz. 37; *Witfeld* in: Sonnleitner/Witfeld, Insolvenz- und Sanierungssteuerrecht, Kap. 5 Rz. 304.

284) Abschn. 13c.1 Abs. 28 UStAE.

285) *Wäger*, WM 2012, 769.

286) BFH, Urt. v. 20.3.2013 – XI R 11/12, BStBl. II 2016, 107 = ZIP 2013, 1289, dazu EWiR 2013, 495 *(Schmittmann)*.

287) *Waza* in: Waza/Uhländer/Schmittmann, Insolvenzen und Steuern, Rz. 2322; *Witfeld* in: Sonnleitner/Witfeld, Insolvenz- und Sanierungssteuerrecht, Kap. 5 Rz. 305.

288) *Witfeld* in: Sonnleitner/Witfeld, Insolvenz- und Sanierungssteuerrecht, Kap. 5 Rz. 300.

289) BFH, Urt. v. 27.9.2018 – V R 45/16, BFHE 262, 214 = ZIP 2018, 2232.

290) BMF-Schreiben v. 11.1.2022 – IV A 3 – S 0550/21/10001 :001, Rz. 17, BStBl. I 2022, 116.

dass es sich bei dem übernommenen Mietverhältnis nicht bloß um eine unwesentliche Fläche der Gesamtnutzfläche handelt, an.[291)]

a) Freihändige Verwertung

174 Handelt es sich bei der Veräußerung eines zum Unternehmen des Schuldners gehörenden Grundstücks nicht um eine Geschäftsveräußerung im Ganzen gemäß § 1 Abs. 1a UStG, führt die Veräußerung regelmäßig zu einer steuerbaren Lieferung (§ 1 Abs. 1 Nr. 1 UStG), die grundsätzlich steuerfrei ist (§ 4 Nr. 9 lit. a UStG), da die Lieferung unter das Grunderwerbsteuergesetz fällt (§ 1 Abs. 1 Nr. 1 GrEStG). Der Insolvenzverwalter kann aber nach § 9 Abs. 1 und Abs. 3 UStG zur Steuerpflicht dieses Umsatzes **optieren**, wenn er an einen anderen Unternehmer ausgeführt wird. Der Erwerber hat die Umsatzsteuer nicht an die Masse, sondern nach § 13b Abs. 2 Nr. 3 UStG direkt an den Fiskus zu entrichten (Reverse Charge). Gleichzeitig kann dieser die Umsatzsteuer als Vorsteuer, soweit die Voraussetzungen des § 15 UStG erfüllt sind, geltend machen. Mit dem Verzicht auf die Steuerfreiheit nach § 9 Abs. 1 und Abs. 3 UStG kann der Verwalter bei Grundstücken, die nicht älter als zehn Jahre sind, vermeiden, dass der Vorsteuerberichtigungsanspruch nach § 15a UStG (siehe Rz. 179) zu Masseverbindlichkeiten gemäß § 55 Abs. 1 Nr. 1 InsO führt.

175 Bei der freihändigen Verwertung eines Grundstücks erbringt der Insolvenzverwalter neben der Lieferung des Grundstücks durch die Masse an den Erwerber auch eine entgeltliche Geschäftsbesorgungsleistung an den Grundpfandgläubiger, also eine steuerbare und steuerpflichtige **sonstige Leistung**, § 1 Abs. 1 Nr. 1 i. V. mit § 3 Abs. 9 Satz 1 UStG.[292)] Er ist nämlich nicht dazu verpflichtet die Verwertung als Insolvenzverwalter für den Sicherungsnehmer durchzuführen. Vereinbart er also eine Massebeteiligung, so hat er hierauf Umsatzsteuer in Rechnung zu stellen und als Masseverbindlichkeit nach § 55 Abs. 1 Nr. 1 InsO abzuführen.[293)]

b) Zwangsversteigerung

176 Die Lieferung eines Grundstücks im Wege der Zwangsversteigerung ist steuerbar, aber nach § 4 Nr. 9 lit. a UStG steuerfrei. Die Lieferung erfolgt zwischen Schuldner (Verwalter) und dem Erwerber mit dem Zuschlag, § 1 Abs. 1 Nr. 1 Satz 2 UStG.[294)] Der Insolvenzverwalter kann auch hier gemäß § 9 Abs. 1 und Abs. 3 UStG auf die **Steuerbefreiung verzichten**, allerdings ist dies nur bis zur Aufforderung zur Abgabe von Geboten im Versteigerungstermin zulässig. Da es sich bei dem Meistgebot in der Zwangsversteigerung von Grundstücken (nebst Zubehör) um einen Nettobetrag handelt,[295)] dient dieser dann nach § 10 UStG als Bemessungsgrundlage. Die Umsatzsteuer ist von dem Erwerber, soweit er Unternehmer i. S. des § 2 UStG ist, nach § 13b Abs. 2 Nr. 3 UStG an das Finanzamt zu entrichten. Ist der Erwerber kein Unternehmer hat der Insolvenzverwalter die Umsatzsteuer an das Finanzamt abzuführen, da es sich hierbei um eine Masseverbindlichkeit nach § 55 Abs. 1 Nr. 1 InsO handelt. Da der Grundpfandgläubiger aber den Bruttoerlös erhält, ist die Masse mit der Umsatzsteuer belastet. Von der Option ist somit in der Regel abzusehen.[296)]

291) BFH, Urt. v. 30.4.2009 – V R 4/07, BFHE 226, 138 = BStBl. II 2009, 863.

292) BFH, Urt. v. 18.8.2005 – V R 31/04, BStBl. II 2007, 183 = ZIP 2005, 2119, dazu EWiR 2005, 841 *(Spliedt/Schacht)*.

293) BFH, Urt. v. 28.7.2011 – V R 28/09, BFHE 235, 22 = ZIP 2011, 1923.

294) BFH, Urt. v. 19.12.1985 – V R 139/76, BStBl. II 1986, 500 = ZIP 1986, 991.

295) BGH, Urt. v. 3.4.2003 – IX ZR 93/02, BGHZ 154, 327 = ZIP 2003, 1109.

296) Vgl. aber Lösungsvorschlag von *Roth*, Steuerrecht, Rz. 4.484.

Bei der Zwangsversteigerung bildet das Grundstück zusammen mit dem Zubehör einen **Haftungsverband** (§ 20 Abs. 2, §§ 55, 90 Abs. 2 ZVG i. V. mit § 1120 BGB). Da es sich um bewegliche Sachen handelt, ist deren Lieferung steuerpflichtig, auch wenn die Lieferung des Grundstücks steuerfrei ist, denn die Steuerbefreiung des § 4 Nr. 9 lit. a UStG erfasst nur das Grundstück im zivilrechtlichen Sinne nach § 2 Abs. 1 Satz 1 GrEStG.[297] 177

c) Zwangsverwaltung

Bei der **kalten Zwangsverwaltung** beauftragt der Grundpfandgläubiger den Insolvenzverwalter mit der Verwaltung, einschließlich des Einzugs der Mieten der Immobilie gegen Entgelt, anstatt die Zwangsverwaltung zu beantragen. Der Insolvenzverwalter ist hierzu nach der InsO nicht verpflichtet, da er sich nach § 165 InsO darauf beschränken könnte, die Zwangsverwaltung zu dulden. Die kalte Zwangsverwaltung stellt daher eine gemäß § 1 Abs. 1 Nr. 1 i. V. mit § 3 Abs. 9 Satz 1 UStG steuerbare und steuerpflichtige Geschäftsbesorgungsleistung des Insolvenzverwalters an den Grundpfandgläubiger gegen Entgelt dar.[298] Entgelt ist der Massebeitrag, so dass dem Grundpfandgläubiger hierauf Umsatzsteuer in Rechnung zu stellen ist. 178

6. Vorsteuerberichtigung

a) Vorsteuerberichtigung nach § 15a UStG

Ändern sich die für den ursprünglichen Vorsteuerabzug maßgeblichen Verhältnisse innerhalb des Berichtigungszeitraums, ist nach § 15a UStG eine Berichtigung der geltend gemachten Vorsteuer vorzunehmen. Eine Änderung der Verhältnisse tritt ein, wenn das Wirtschaftsgut ursprünglich zur Erzielung steuerpflichtiger Umsätze verwendet wird, so dass eine Berechtigung zum Vorsteuerabzug besteht, dann jedoch mit dem Wirtschaftsgut nur noch steuerfreie Umsätze getätigt werden, für die der Vorsteuerabzug nach § 15 Abs. 2 Satz 1 Nr. 1 UStG ausgeschlossen ist. Auch durch die **steuerfreie Veräußerung eines bebauten Grundstücks**, das zunächst zur Erzielung steuerpflichtiger Umsätze unter Geltendmachung von Vorsteuerabzug angeschafft wurde, ist für den verbleibenden Berichtigungszeitraum eine Vorsteuerberichtigung nach § 15a UStG vorzunehmen. Beruht die Berichtigung nach § 15a UStG auf einer Handlung des Insolvenzverwalters i. R. der Verwaltung und Verwertung der Masse, ist der Berichtigungsanspruch eine **Masseverbindlichkeit** i. S. von § 55 Abs. 1 Nr. 1 InsO (siehe Rz. 173 ff.).[299] Letzteres gilt nach § 55 Abs. 4 InsO auch dann, wenn eine i. R. der Befugnisse des vorläufigen Insolvenzverwalters eingetretene Änderung der Verhältnisse, die zu einer Vorsteuerberichtigung nach § 15a UStG führt, veranlasst wurde.[300] 179

297) Rau/Dürrwächter-*Stadie*, UStG, § 18 Anh. 2 Rz. 143; BFH, Urt. v. 24.6.1992 – VR 130/89, BFH/NV 1993, 201.

298) BFH, Urt. v. 28.7.2011 – V R 28/09, BFHE 235, 22 = ZIP 2011, 1923.

299) BFH, Urt. v. 8.3.2012 – V R 24/11, BStBl. II 2012, 466 = ZIP 2012, 684, dazu EWiR 2012, 289 *(Schmittmann)*; BFH, Urt. v. 9.2.2011 – XI R 35/09, BStBl. II 2011, 1000 = ZIP 2011, 1222, dazu EWiR 2011, 471 *(de Weerth)*.

300) BMF-Schreiben v. 20.5.2015 – IV A 3 – S 0550/10/10020-05, Rz. 22, BStBl. I 2015, 476; *Waza* in: Waza/Uhländer/Schmittmann, Insolvenzen und Steuern, Rz. 2154 f.

Praxishinweis

Insbesondere vor einer freihändigen Verwertung von Grundstücken und Gebäuden muss der Insolvenzverwalter prüfen, ob beim Erwerb oder der Herstellung Vorsteuer beansprucht wurde. Hinzuweisen ist zudem darauf, dass im entgegengesetzten Fall einer steuerpflichtigen Veräußerung eines Wirtschaftsguts durch den Insolvenzverwalter, das aufgrund der beabsichtigten Verwendung für überwiegend steuerfreie Umsätze nur teilweise mit Recht auf Vorsteuerabzug erworben wurde, sich für die Masse aus dem Berichtigungsanspruch nach § 15a UStG ein Steuervergütungsanspruch ergibt.301)

b) Vorsteuerberichtigung nach § 17 UStG

aa) Berichtigung bei Uneinbringlichkeit

180 Der Insolvenzschuldner als Unternehmer i. S. des § 2 UStG ist – soweit die Voraussetzungen des § 15 UStG vorliegen – grundsätzlich dazu berechtigt, Umsatzsteuer, die ihm in Rechnung gestellt wurde, als Vorsteuer in Abzug zu bringen, § 16 Abs. 2 UStG. Hierfür kommt es allein darauf an, dass die Leistung ausgeführt und eine ordnungsgemäße Rechnung nach §§ 14, 14a UStG erteilt wurde. Nicht erforderlich ist für den Vorsteuerabzug, dass der Rechnungsbetrag bereits entrichtet wurde. Wird das für die steuerpflichtige Leistung vereinbarte Entgelt uneinbringlich, hat der leistende Unternehmer den geschuldeten Steuerbetrag nach § 17 Abs. 2 Nr. 1 i. V. mit § 17 Abs. 1 Satz 1 UStG und der Leistungsempfänger den Vorsteuerabzug zu berichtigen.

181 Der Umsatzsteuer unterliegende Entgeltforderungen aus Lieferungen und sonstigen Leistungen werden uneinbringlich i. S. des § 17 Abs. 2 Nr. 1 UStG, wenn der Schuldner zahlungsunfähig ist302) oder aber die vorläufige Verwaltung angeordnet wird.303) Spätestens ist Uneinbringlichkeit aber dann gegeben, wenn über das Vermögen des Unternehmers das Insolvenzverfahren eröffnet wird.304) Die **Uneinbringlichkeit tritt stets in voller Höhe** ein, eine mögliche Insolvenzquote bleibt hierfür unbeachtlich. Dies hat zur Folge, dass der Rückforderungsanspruch des Finanzamts auf Erstattung der Vorsteuer in dem Voranmeldungszeitraum der Verfahrenseröffnung zu vollziehen ist (§ 17 Abs. 1 Satz 3 i. V. mit § 18 Abs. 1 Satz 3 UStG) und somit bereits bei Eröffnung des Verfahrens i. S. des § 38 InsO begründet ist. Folglich handelt es sich bei dem Vorsteuerberichtigungsanspruch um eine Insolvenzforderung, die nach §§ 87, 174 ff. InsO zur Insolvenztabelle anzumelden ist.305) Davon unabhängig ist der Gläubiger der Forderung berechtigt, die Umsatzsteuer nach § 17 Abs. 1 Satz 1 UStG zu berichtigen.

182 Seitens der Finanzämter wird der Anspruch auf Vorsteuerberichtigung im Wege der Schätzung ermittelt, da regelmäßig mangels Aufzeichnungen nach § 22 UStG der Anspruch nur schwer zu ermitteln ist. Nach Auffassung der OFD Frankfurt a. M. ist bis zu einer Ermittlung der uneinbringlichen Lieferantenforderungen anhand der Anmeldungen der Insolvenzgläubiger zur **Insolvenztabelle** der Vorsteuerrückforderungsbetrag nach § 17 Abs. 2 UStG vorläufig anhand der in den letzten zwölf Monaten vor Eröffnung des Insolvenzverfahrens geltend gemachten Vorsteuerbeträge zu ermitteln und zur Insolvenztabelle anzumelden, wobei darauf hinzuweisen ist, dass der Vorsteuerrückforderungsbetrag nach

301) BFH, Urt. v. 8.3.2012 – V R 24/11, BStBl. II 2012, 466 = ZIP 2012, 684.

302) BFH, Beschl. v. 10.3.1983 – V B 46/80, BFHE 138, 107 = ZIP 1983, 616.

303) BFH, Urt. v. 16.12.1993 – V R 102/91, BFH/NV 1995, 448.

304) BFH, Urt. v. 28.6.2000 – V R 45/99, BStBl. II 2000, 703 = ZIP 2000, 2120, dazu EWiR 2001, 37 *(Drescher)*; BFH, Urt. v. 22.10.2009 – V R 14/08, BStBl. II 2011, 988 = ZIP 2010, 383, dazu EWiR 2010, 227 *(Kahlert)*.

305) BFH, Urt. v. 13.11.1986 – V R 59/79, BStBl. II 1987, 226 = ZIP 1987, 119.

§ 17 Abs. 2 UStG geschätzt worden ist.[306)] Laut *Waza*[307)] sind aus Vereinfachungsgründen lediglich die in den letzten (max. sechs) Monaten vor Eröffnung des Insolvenzverfahrens geltend gemachten Vorsteuerbeträge der Schätzung des Rückforderungsbetrags zugrunde zu legen und zur Insolvenztabelle anzumelden.

bb) Auswirkung der Erfüllungswahl

183 Die Vorsteuerberichtigung ist unabhängig von einer möglichen Erfüllungswahl des Insolvenzverwalters nach § 103 InsO durchzuführen.[308)]

(1) Ablehnung der Erfüllung bei Eigentumsvorbehalt

184 Bei Waren, die unter Vereinbarung eines Eigentumsvorbehalts geliefert werden, verbleibt das zivilrechtliche Eigentum hieran beim Lieferanten, solange die Waren nicht vollständig bezahlt sind. Dem Empfänger der Ware ist diese nach § 39 Abs. 2 Nr. 1 AO zuzurechnen, da er den Eigentümer bei Erfüllung seiner vertraglichen Pflichten von der Einwirkung auf den Gegenstand ausschließen kann,[309)] ihm somit die wirtschaftliche Substanz zusteht. Umsatzsteuerlich hat bereits eine Lieferung bei Übergabe der Ware gemäß § 3 Abs. 1 UStG (Verschaffung der Verfügungsmacht) stattgefunden. Daher kann der Empfänger der Ware bei erteilter Rechnung bereits die Vorsteuer geltend machen. In der Insolvenz hat der Vorbehaltslieferant bei Vereinbarung eines einfachen Eigentumsvorbehalts einen Aussonderungsanspruch (§ 47 InsO). Macht er diesen geltend und wählt der Insolvenzverwalter nicht die Vertragserfüllung nach § 103 InsO, so erhält der Lieferant seine Ware zurück.

185 Obwohl die Erklärung des Insolvenzverwalters – zwangsläufig – nach Insolvenzeröffnung erfolgt, ist der **Vorsteuerberichtigungsanspruch** des Finanzamts eine Insolvenz- und keine Masseforderung, da der Vorsteuerrückforderungsanspruch mit der Uneinbringlichkeit der Entgelte, mithin bereits vor Insolvenzeröffnung, entsteht und aus Gründen der Rechtssicherheit und Rechtsklarheit bereits für den Voranmeldungszeitraum der Verfahrenseröffnung zu vollziehen ist, da dies nicht von erst später eintretenden Umständen wie einer Erfüllungswahl durch den Insolvenzverwalter nach § 103 InsO abhängen kann.[310)] Darüber hinaus liegt die Rückgängigmachung einer Lieferung nach § 17 Abs. 2 Nr. 3 UStG vor, da der Lieferant die Verfügungsmacht an dem gelieferten Gegenstand zurückerhält.[311)]

(2) Wahl der Erfüllung durch den Insolvenzverwalter

186 Erfüllt der Insolvenzverwalter die durch die Insolvenzeröffnung uneinbringlich gewordene Forderung nachdem er Erfüllung nach § 103 InsO gewählt hat, sind der Umsatzsteuerbetrag und der Vorsteuerabzug erneut zu berichtigen.[312)] Konsequenz daraus ist, dass der Insolvenzmasse nach erneuter Berichtigung ein Anspruch auf Vorsteuererstattung zusteht.[313)]

---

306) OFD Frankfurt/M., Vfg. v. 25.5.2007 – S 7340 A – 85 – St 11, Rz. 41, UR 2008, 354.

307) *Waza* in: Waza/Uhländer/Schmittmann, Insolvenzen und Steuern, Rz. 2123.

308) BFH, Urt. v. 22.10.2009 – V R 14/08, BStBl. II 2011, 988 = ZIP 2010, 383.

309) Tipke/Kruse-*Drüen*, AO/FGO, § 39 AO Rz. 72.

310) BFH, Urt. v. 22.10.2009 – V R 14/08, BStBl. II 2011, 988 = ZIP 2010, 383; BFH, Urt. v. 13.11.1986 – V R 59/79, BStBl. II 1987, 226 = ZIP 1987, 119; Rau/Dürrwächter-*Stadie*, UStG, § 18 Anh. 2 Rz. 165.

311) BFH, Urt. v. 8.5.2003 – V R 20/02, BFHE 203, 181 = BStBl. II 2003, 953.

312) BFH, Urt. v. 22.10.2009 – V R 14/08, BStBl. II 2011, 988 = ZIP 2010, 383.

313) *Kahlert*, EWiR 2010, 227 (Urteilsanm.); *Waza* in: Waza/Uhländer/Schmittmann, Insolvenzen und Steuern, Rz. 2143.

cc) Berichtigung bei Voraus- und Anzahlungen

187 Hat der Schuldner Anzahlungen geleistet und daraus Vorsteuer geltend gemacht und lehnt der Insolvenzverwalter die Vertragserfüllung ab (§ 103 InsO), so ist die Vorsteuer, soweit die Leistung noch nicht ausgeführt wurde, nach § 17 Abs. 2 Nr. 2 UStG zu berichtigen. Bei diesem Berichtigungsanspruch handelt es sich um eine Masseverbindlichkeit nach § 55 Abs. 1 Nr. 1 InsO, da der Vorsteuerberichtigungsanspruch durch die Handlung des Verwalters ausgelöst wurde.[314)]

dd) Auswirkung der Berichtigung bei Organschaft

188 Der Vorsteuerberichtigungsanspruch nach § 17 Abs. 2 Nr. 1, Abs. 1 Satz 1 Nr. 2 UStG entsteht mit der Bestellung des vorläufigen Insolvenzverwalters mit Zustimmungsvorbehalt. Endet zugleich die Organschaft, richtet sich der Vorsteuerberichtigungsanspruch für Leistungsbezüge der Organgesellschaft, die unbezahlt geblieben sind, gegen den bisherigen Organträger.[315)] Im Zeitpunkt des Eintritts der Uneinbringlichkeit bestand nämlich die Organschaft noch.

ee) Auswirkung der Quotenausschüttung

189 Wird im Zuge einer Abschlags- oder aber der Schlussverteilung eine Quotenausschüttung an die Gläubiger gezahlt, ist eine erneute Berichtigung durchzuführen. Soweit die Voraussetzungen für den Vorsteuerabzug nach § 15 UStG vorliegen hat die Masse in entsprechender Höhe somit einen **Vorsteuererstattungsanspruch.**[316)] Nach § 17 Abs. 2 Nr. 1 Satz 2 UStG ist die Berichtigung in dem Besteuerungszeitraum der Ausschüttung vorzunehmen, da in diesem die Änderung der Bemessungsgrundlage eingetreten ist. Der Vorsteuererstattungsanspruch ist nach § 16 Abs. 2 UStG zur Masse zu vereinnahmen. Eine Aufrechnung kommt nach § 96 Abs. 1 Nr. 1 InsO nicht in Betracht, da es nicht auf die Verwirklichung des zivilrechtlichen Sachverhalts ankommt, sondern auf die umsatzsteuerliche Entstehung nach erneuter Berichtigung nach Insolvenzeröffnung (siehe Rz. 120 ff.).[317)]

ff) Auswirkung einer Anfechtung nach §§ 129 ff. InsO

190 Die erfolgreiche Anfechtung von Zahlungen des Insolvenzschuldners an seine Gläubiger und Rückgewähr dieser Zahlungen an die Insolvenzmasse führt dazu, dass nach § 144 Abs. 1 InsO die Forderung des Gläubigers wieder auflebt. Soweit vor Eröffnung des Insolvenzverfahrens hieraus Vorsteuer beansprucht wurde, hat eine **Berichtigung der Vorsteuer** nach § 17 Abs. 1 Satz 2 i. V. mit § 17 Abs. 2 Nr. 1 Satz 2 UStG zu erfolgen.[318)]

191 Die Berichtigung der Vorsteuer nach § 17 Abs. 2 Nr. 1 Satz 1 i. V. mit Abs. 1 Satz 2 UStG hat im Voranmeldungszeitraum der Vereinnahmung der Rückzahlung der Gläubiger unter der Massesteuernummer zu erfolgen. Soweit hierdurch Forderungen gegen die Insolvenzmasse entstehen, handelt es sich um **Masseverbindlichkeiten** nach § 55 Abs. 1 Nr. 1 InsO.

---

314) BFH, Urt. v. 24.8.1995 – V R 55/94, BStBl. II 1995, 808 = ZIP 1996, 465; *Waza* in: Waza/Uhländer/Schmittmann, Insolvenzen und Steuern, Rz. 2133 f.

315) BFH, Urt. v. 8.8.2013 – V R 18/13, BFHE 242, 433 = ZIP 2013, 1773.

316) BFH, Urt. v. 25.7.2012 – VII R 29/11, BStBl. II 2013, 36 = ZIP 2012, 2217; FG Münster, Urt. v. 20.2.2018 – 15 K 1514/15, ZIP 2018, 845.

317) *Kahlert*, ZIP 2013, 500.

318) OFD Koblenz, Vfg. v. 23.8.2013 – S 0550 A – St 34 1, FMNR425460013; so jetzt auch: BFH, Urt. v. 29.3.2017 – XI R 5/16, BStBl. II 2017, 738 = ZIP 2017, 1121, dazu EWiR 2017, 407 *(Mitlehner)*.

7. Vorsteuer aus der Verwaltervergütung

Der (vorläufige) Insolvenzverwalter erbringt eine sonstige Leistung (§§ 1 Abs. 1 Nr. 1, 3 Abs. 9 Satz 1 UStG) i. R. seines Unternehmens an den Insolvenzschuldner. Nach entsprechendem Beschluss des Insolvenzgerichts stellt er diese Leistung der Insolvenzmasse gesondert in Rechnung, § 14 UStG.[319] Die vom Insolvenzverwalter für seine Tätigkeit in Rechnung gestellte Vorsteuer kann bei den Umsatzsteuerschulden der Insolvenzmasse abgezogen werden, denn beim Anspruch des Insolvenzverwalters handelt es sich um eine Masseverbindlichkeit, § 53 InsO i. V. mit § 54 Nr. 2 InsO. Die Berechtigung zum Vorsteuerabzug richtet sich nach § 15 UStG und setzt insbesondere voraus, dass der Schuldner Unternehmer ist und keine Umsätze tätigt, die den Vorsteuerabzug ausschließen. Hat der Verwalter auch Privatvermögen des Schuldners verwertet, so ist seine Leistung nur zum Teil für das Unternehmen erfolgt, so dass der Vorsteuerabzug nur anteilig in Betracht kommt.[320] Aufteilungsmaßstab sind die im Insolvenzverfahren **angemeldeten Insolvenzforderungen**; insoweit ist einzeln zu entscheiden, ob diese dem unternehmerischen oder privaten Bereich zuzuordnen sind.[321] Auf eine tatsächliche Feststellung der Forderung zur Insolvenztabelle kommt es hingegen nicht an. 192

Der Vorsteueranspruch der Masse wegen der Vergütung für den vorläufigen Insolvenzverwalter ist ein Anspruch, der bereits vor Eröffnung des Verfahrens begründet (§ 38 InsO) ist; daher wurde vertreten, dass das Finanzamt gegen diesen Anspruch mit Steuerforderungen aus der Zeit vor Eröffnung des Verfahrens aufrechnen könne. Allerdings konnte die Aufrechnung von Insolvenzforderungen des Finanzamts mit einem aus der Honorarzahlung an einen vorläufigen Insolvenzverwalter resultierenden Vorsteuervergütungsanspruch des Insolvenzschuldners, sofern bei Erbringung der Leistungen des vorläufigen Insolvenzverwalters die Voraussetzungen des § 130 InsO oder des § 131 InsO vorgelegen haben, unzulässig sein.[322] 193

Inzwischen stellt der VII. Senat des BFH[323] für die Bestimmung der Begründetheit i. S. des § 38 InsO und für die Bestimmung des Schuldigwerdens i. S. des § 96 Abs. 1 Nr. 1 InsO jeweils auf die vollständige Verwirklichung des steuerlichen Tatbestands ab. Dies hat zur Folge, dass eine Aufrechnung nach § 96 Abs. 1 Nr. 1 InsO unzulässig ist, da der steuerliche Entstehungstatbestand erst mit **Erteilung der Rechnung nach Insolvenzeröffnung** abgeschlossen und das Finanzamt den Vorsteuervergütungsanspruch nach Insolvenzeröffnung schuldig geworden ist.[324] Die Vorsteuer aus der Vergütung des vorläufigen Insolvenzverwalters ist somit in dem Voranmeldungszeitraum nach Insolvenz in Abzug zu bringen, in dem der (vorläufige) Insolvenzverwalter eine ordnungsgemäße Rechnung erteilt und durch den Fiskus an die Masse i. R. des § 16 Abs. 2 UStG auszukehren; einer Anfechtung bedarf es nicht, und auch eine Aufrechnung mit Insolvenzforderungen, die an § 96 Abs. 1 Nr. 1 InsO scheitert, kommt nicht in Betracht. 194

VI. Kfz-Steuer als Masseverbindlichkeit

Nach § 1 Abs. 1 KraftStG unterliegt das Halten von inländischen Fahrzeugen der Kraftfahrzeugsteuer. Mit Eröffnung des Insolvenzverfahrens ist die nach § 6 KraftStG entste- 195

---

319) BFH, Urt. v. 26.9.2012 – V R 9/11, BStBl. II 2013, 346 = ZIP 2013, 325, dazu EWiR 2013, 213 *(Schmittmann)*; BFH, Urt. v. 20.2.1986 – V R 16/81, BStBl. II 1986, 579 = ZIP 1986, 517.

320) A. A. FG Nürnberg, Urt. v. 11.5.2010 – 2 K 1513/2008, EFG 2010, 1843.

321) BFH, Urt. v. 15.4.2015 – V R 44/14, BStBl. II 2015, 679 = ZIP 2015, 1237, dazu EWiR 2015, 489 *(Schmittmann)*.

322) BFH, Urt. v. 2.11.2010 – VII R 6/10, BStBl. II 2011, 374 = ZIP 2011, 181, m. Anm. *Kahlert*.

323) BFH, Urt. v. 25.7.2012 – VII R 29/11, BStBl. II 2013, 36 = ZIP 2012, 2217.

324) *Kahlert*, ZIP 2013, 500.

hende Kraftfahrzeugsteuer für Kraftfahrzeuge, die zur Insolvenzmasse (§ 35 InsO) gehören, in einen **vor- und den nachinsolvenzlichen Teil aufzuteilen.** Der auf den Zeitraum nach Insolvenzeröffnung entfallene Teil ist Masseverbindlichkeit nach § 55 Abs. 1 Nr. 1 InsO.[325] Soweit die Kraftfahrzeugsteuer im Voraus entrichtet wurde, ist die entrichtete auf den Zeitraum nach Eröffnung des Insolvenzverfahrens entfallende Steuer der Insolvenzmasse zu erstatten. Gegen den Erstattungsanspruch kann das Hauptzollamt mit Insolvenzforderungen aufrechnen, sofern keine insolvenzrechtlichen Aufrechnungsverbote bestehen.[326] Eine Aufrechnung ist aber auch mit Forderungen aufgrund der nach Insolvenzeröffnung entstehenden Kfz-Steuer möglich.

196 Im Zuge der Neuregelung des § 55 Abs. 4 Satz 2 Nr. 3 InsO durch das SanInsFoG[327] gilt Kraftfahrzeugsteuer, die durch bzw. mit Zustimmung eines vorläufigen Insolvenzverwalters oder aber vom Schuldner nach Bestellung eines vorläufigen Sachwalters begründet wurde, nach Insolvenzeröffnung als Masseverbindlichkeit. Im BMF-Schreiben vom 11.1.2022 zu Anwendungsfragen zu § 55 Abs. 4 InsO n. F. erfolgen keine Hinweise zur Kraftfahrzeugsteuer.[328] Insoweit dürfte nach Maßgabe des alten BMF-Schreibens vom 17.1.2012 zu Anwendungsfragen des § 55 Abs. 4 InsO a. F. das bloße (Weiter-)Halten eines bereits vor Bestellung des schwachen vorläufigen Insolvenzverwalters (oder aber Sachwalters) auf den Insolvenzschuldner zugelassenen Fahrzeuges nicht in den Anwendungsbereich des § 55 Abs. 4 InsO fallen.[329] Nur wenn der Insolvenzschuldner mit Zustimmung des schwachen vorläufigen Insolvenzverwalters (oder nach Bestellung eines vorläufigen Sachwalters) ein Fahrzeug **neu zulässt,** fällt die entstehende Kraftfahrzeugsteuer in den Anwendungsbereich des § 55 Abs. 4 InsO und stellt eine Masseverbindlichkeit dar, wenn das Fahrzeug zur späteren Insolvenzmasse gehört.[330]

197 Zunächst hatte der BFH entschieden, dass die nach Insolvenzeröffnung entstandene Kfz-Steuer Masseverbindlichkeit i. S. von § 55 Abs. 1 Nr. 1 InsO sei, solange die Steuerpflicht wegen der verkehrsrechtlichen Zulassung des Fahrzeugs auf den Schuldner i. S. des § 5 Abs. 1 KraftStG noch andauere; auf die Rückgabe des Fahrzeug schon vor Insolvenzeröffnung an den Leasinggeber komme es nicht an.[331] Auch die Freigabe des Fahrzeugs durch den Insolvenzverwalter ändere hieran nichts.[332] Hieraus ergaben sich erhebliche, auch haftungsträchtige, Auswirkungen auf die Insolvenzabwicklung.

198 Inzwischen entsteht nach Auffassung des BFH eine Masseverbindlichkeit nur dann noch, wenn das Fahrzeug, für dessen Halten die Kfz-Steuer geschuldet wird, **Teil der Insolvenzmasse** ist.[333] Dabei kommt es nicht auf die Nutzung des Kraftfahrzeugs für die Insolvenzmasse an. Allerdings wurde klargestellt, dass die Rechtsposition als Halter eines Kraftfahrzeugs kein Vermögen i. S. des § 35 InsO ist und nicht zur Insolvenzmasse gehört. Es fehlt bei der Halterposition nämlich an einem verwertbaren Geldwert.

---

325) BFH, Urt. v. 16.11.2004 – VII R 62/03, BStBl. II 2005, 309 = ZIP 2005, 264.

326) BFH, Beschl. v. 26.11.2013 – VII B 243/12, ZIP 2014, 979.

327) SanInsFoG, v. 22.12.2020, BGBl. I 2020, 3256, in Kraft getreten am 1.1.2021, Anwendbarkeit für alle nach dem 31.12.2020 gestellten Insolvenzanträge.

328) BMF-Schreiben v. 11.1.2022 – IV A 3 – S 0550/21/10001 :001, BStBl. I 2022, 116.

329) BMF-Schreiben v. 17.1.2012 – IV A 3 – S 0550/10/10020-05, Rz. 23, BStBl. I 2012, 120.

330) BMF-Schreiben v. 17.1.2012 – IV A 3 – S 0550/10/10020-05, Rz. 24, BStBl. I 2012, 120.

331) BFH, Urt. v. 29.8.2007 – IX R 21/07, BFH/NV 2008, 112.

332) BFH, Urt. v. 16.10.2007 – IX R 25/07, BFH/NV 2008, 250.

333) BFH, Urt. v. 13.4.2011 – II R 49/09, ZVI 2011, 420 = ZIP 2011, 1728, dazu EWiR 2011, 573 *(Sinz/Hiebert)*.

> **Praxishinweis**
>
> Zur Vermeidung von Masseverbindlichkeiten ist das Kraftfahrzeug mit Eröffnung, wenn möglich, abzumelden bzw. zu veräußern und dem Hauptzollamt die Veräußerung anzuzeigen.

Soweit das Fahrzeug **unpfändbar** (§ 811 Abs. 1 Nr. 1 lit. b ZPO) ist, ist es nach § 36 Abs. 1 InsO nicht Teil der Insolvenzmasse. Gegenstände, die nicht zur Insolvenzmasse gehören, unterliegen auch nicht der Verwaltungs- und Verfügungsbefugnis des Insolvenzverwalters gemäß § 80 InsO. Somit hat der Insolvenzverwalter auch nicht die steuerlichen Pflichten nach § 34 Abs. 3 AO zu erfüllen, da die bloße Haltereigenschaft ebenfalls nicht zur Entstehung von Masseverbindlichkeiten führt. 199

> **Praxishinweis**
>
> Die Unpfändbarkeit ist dem Hauptzollamt mitzuteilen, damit der Insolvenzschuldner in seiner privaten Vermögenssphäre als Steuerschuldner in Anspruch genommen wird.

Die **Freigabe der selbstständigen Tätigkeit** des Insolvenzschuldners nach § 35 Abs. 2 InsO durch den Insolvenzverwalter ist für die Beurteilung der Kraftfahrzeugsteuer als Masseverbindlichkeit oder insolvenzfreie Verbindlichkeit ohne Bedeutung.[334] Es ist somit seitens des Verwalters gesondert zu prüfen, ob die Freigabe des Geschäftsbetriebs dazu führt, dass das Fahrzeug nach § 811 Abs. 1 Nr. 1 lit. b ZPO unpfändbar ist. Sollte dies nicht der Fall aber bezweckt sein, dass das Fahrzeug nicht mehr Teil der Insolvenzmasse ist, muss der Verwalter die sog. **echte Freigabe des Fahrzeugs** erklären. Dann entfällt der Bezug zur Insolvenzmasse, denn durch die Freigabeerklärung wird das Fahrzeug aus der Insolvenzmasse entlassen und fällt in das insolvenzfreie Schuldnervermögen zurück.[335] 200

> **Praxishinweis**
>
> Darüber hinaus sollte der Insolvenzverwalter dem Straßenverkehrsamt die Freigabe durch Veräußerungsanzeige nach §§ 13, 14 Fahrzeug-Zulassungsverordnung anzeigen, damit eine Änderung der Halterzuordnung eintritt.[336]

Die nach Insolvenzeröffnung entstandene Kraftfahrzeugsteuer für ein Fahrzeug, das als Zubehör bereits vor Insolvenzeröffnung durch Anordnung der Zwangsverwaltung über ein Grundstück beschlagnahmt worden war, ist keine Masseverbindlichkeit i. S. von § 55 Abs. 1 Nr. 1 InsO und daher nicht gegenüber dem Insolvenzverwalter, sondern gegenüber dem Zwangsverwalter festzusetzen.[337] 201

VII. Grunderwerbsteuer

Werden die in § 1 GrEStG aufgezählten **Erwerbsvorgänge vor Insolvenzeröffnung** abgeschlossen, so handelt es sich bei der Grunderwerbsteuer um eine Insolvenzforderung nach § 38 InsO, denn die Grunderwerbsteuer ist mit Abschluss des rechtswirksamen Grundstückskaufvertrags begründet.[338] Gleiches gilt dann, wenn der vom Insolvenzschuldner vor Insolvenzeröffnung abgeschlossene Vertrag bei Insolvenzeröffnung noch nicht vollständig erfüllt ist oder noch von einer Bedingung oder Genehmigung i. S. des § 14 GrEStG abhängt, und der Insolvenzverwalter nach § 103 Abs. 1 InsO Erfüllung wählt, da maßgeb- 202

334) BFH, Urt. v. 8.9.2011 – II R 54/10, BStBl. II 2012, 149 = ZIP 2012, 42, dazu EWiR 2012, 279 (*Junghans*).

335) BFH, Urt. v. 8.9.2011 – II R 54/10, BStBl. II 2012, 149 = ZIP 2012, 42.

336) BFH, Beschl. v. 10.3.2010 – II B 172/09, ZIP 2010, 1302 = NZI 2010, 497.

337) BFH, Urt. v. 1.8.2012 – II R 28/11, BStBl. II 2013, 131 = ZIP 2012, 2306.

338) Tipke/Kruse-*Loose*, AO/FGO, § 251 AO Rz. 74.

lich ist, dass der Entstehungsgrund bereits vor Insolvenzeröffnung gesetzt wurde und der Anspruch bereits vor Insolvenzeröffnung begründet war (§ 38 InsO).[339] Lehnt der Insolvenzverwalter die Erfüllung ab, so ist die bereits gezahlte Grunderwerbsteuer an die Insolvenzmasse zu erstatten.[340]

203 Verwertet der Insolvenzverwalter nach Insolvenzeröffnung ein zur Insolvenzmasse gehörendes Grundstück, so wird regelmäßig vereinbart, dass die Grunderwerbsteuer vom Käufer zu tragen ist. Zu beachten ist jedoch, dass der Verkäufer neben dem Käufer nach § 13 GrEStG für die Abführung der Grunderwerbsteuer **haftet**. Sollte der Erwerber nicht zahlen, so wird das Finanzamt Zahlung aus der Insolvenzmasse verlangen, da es sich um eine Masseverbindlichkeit handelt (§ 55 Abs. 1 Nr. 1 InsO).[341]

204 Ficht der Insolvenzverwalter einen Grundstücksübertragungsvertrag nach den §§ 129 ff. InsO nach Insolvenzeröffnung an, so entsteht nach § 143 InsO ein Rückgewährschuldverhältnis. Dies hat zur Folge, dass die bereits entrichtete Grunderwerbsteuer nach § 16 Abs. 2 GrEStG an die Insolvenzmasse zu erstatten ist.[342]

VIII. Grundsteuer

205 Die Grundsteuer entsteht gemäß § 9 Abs. 2 GrStG **mit Beginn des Kalenderjahrs** und wird nach § 9 Abs. 1 GrStG zu den am Beginn des Kalenderjahrs bestehenden Verhältnissen festgesetzt. Die Grundsteuer ist nach § 27 Abs. 1 Satz 1 GrStG eine Jahressteuer. Steuerschuldner ist nach § 10 Abs. 1 GrStG derjenige, dem das Steuerobjekt bei der Feststellung des Einheitswerts zugerechnet ist. Der Steuertatbestand ist bei unterjähriger Insolvenzeröffnung somit bereits vollständig erfüllt, so dass die Grundsteuer im Jahr der Insolvenzeröffnung nur als Insolvenzforderung geltend gemacht werden kann.[343]

206 Im Übrigen gehört die Grundsteuer für ein zur Insolvenzmasse gehörendes Grundstück hinsichtlich der auf die Insolvenzeröffnung folgenden Jahre zu den Masseverbindlichkeiten nach § 55 Abs. 1 Nr. InsO.

Praxishinweis

Veräußert der Insolvenzverwalter das Grundstück im Laufe des Insolvenzverfahrens, schuldet die Masse dennoch für das Jahr der Veräußerung den Jahressteuerbetrag, da das Grundstück am Bewertungsstichtag noch der Masse zugerechnet worden war. Es ist daher seitens des Verwalters mit dem Erwerber vertraglich zu vereinbaren, dass die Grundsteuer der Masse anteilig erstattet wird.

C. Steuererhebung in der Insolvenz

207 Nachdem anhand der in Abschnitt B. (siehe Rz. 39 ff.) geschilderten Kriterien eine Abgrenzung von Insolvenzforderung, Masseverbindlichkeit und Forderung gegen die insolvenzfreie Vermögenssphäre getroffen wurde, ist der jeweilige Steueranspruch entsprechend geltend zu machen.

339) FG Brandenburg, Urt. v. 11.4.2000 – 3 K 885/98 GE, EFG 2000, 1198; *Schmittmann* in: Waza/Uhländer/Schmittmann, Insolvenzen und Steuern, Rz. 2413; *Frotscher*, Besteuerung bei Insolvenz, S. 272; *Maus*, Steuern im Insolvenzverfahren, Rz. 462.

340) Tipke/Kruse-*Loose*, AO/FGO, § 251 AO Rz. 74; *Frotscher*, Besteuerung bei Insolvenz, S. 272; so auch BFH, Urt. v. 15.1.2019 – VII R 23/17, BStBl. II 2019, 329 = ZIP 2019, 627.

341) *Frotscher*, Besteuerung bei Insolvenz, S. 272.

342) *Schmittmann* in: Waza/Uhländer/Schmittmann, Insolvenzen und Steuern, Rz. 2418.

343) *Schmittmann* in: Waza/Uhländer/Schmittmann, Insolvenzen und Steuern, Rz. 2442; *Kahlert/Rühland*, Sanierungs- und Insolvenzsteuerrecht, Rz. 9.1042; a. A. *Frotscher*, Besteuerung bei Insolvenz, S. 276.

I. Steueransprüche als Insolvenzforderungen

1. Geltendmachung von Insolvenzforderungen

Ansprüche aus dem Steuerschuldverhältnis können mit Eröffnung des Insolvenzverfahrens, soweit sie zu diesem Zeitpunkt bereits begründet sind (§ 38 InsO), auch wenn sie durch Steuerbescheid nach § 155 Abs. 1 Satz 1 AO festgesetzt sind oder aufgrund einer Steueranmeldung nach § 168 Satz 1 AO als festgesetzt gelten, nur noch als Insolvenzforderungen gemäß § 251 Abs. 2 AO i. V. m § 87 InsO nach den Vorschriften über das Insolvenzverfahren verfolgt werden. Nach § 89 InsO ist eine Vollstreckung nach Eröffnung des Insolvenzverfahrens wegen Steuerinsolvenzforderungen in die Insolvenzmasse oder das sonstige Vermögen des Schuldners nicht zulässig. Sie sind vielmehr nach den **§§ 174 ff. InsO zur Insolvenztabelle** anzumelden. Hieraus wird abgeleitet, dass Steuerinsolvenzforderungen nicht seitens des Finanzamts durch Steuerbescheid gegenüber dem Insolvenzverwalter geltend gemacht werden dürfen.[344] Der Erlass von Steuerbescheiden nach Eröffnung des Insolvenzverfahrens ist, soweit er nicht begünstigend ist, daher unzulässig.[345] Ein gleichwohl erlassener Steuerbescheid ist nichtig.[346] Gleiches gilt hinsichtlich einer Steueranmeldung nach § 168 Satz 1 AO, die zu einer Insolvenzforderung führt. Diese steht nicht einer Steuerfestsetzung gleich.[347] 208

Das Finanzamt hat als Grundlage der Forderungsanmeldung gemäß § 174 Abs. 2 InsO eine **Steuerberechnung** beizufügen. In der Praxis wird hierfür ein Steuerbescheid erstellt, jedoch das Wort „Bescheid“ durchgestrichen und stattdessen informatorisch „Berechnung“ notiert. Gleichzeitig werden das Leistungsgebot sowie die Rechtsbehelfsbelehrung gestrichen. Auch der Erlass von Grundlagenbescheiden (Feststellungsbescheid, Steuermessbescheid) im Hinblick auf vorinsolvenzlich begründete Forderungen ist nach Insolvenzeröffnung unzulässig.[348] 209

2. Wirkung der Forderungsanmeldung

Wird die zur Insolvenztabelle angemeldete Forderung seitens des Insolvenzverwalters festgestellt, so wirkt dies nach § 178 Abs. 3 InsO wie ein **rechtskräftiges Urteil**. Entsprechend ist die Forderung bei der Verteilung der Insolvenzmasse (§§ 187 ff. InsO) zu berücksichtigen. Wird eine Steuerinsolvenzforderung nicht festgestellt, also bestritten, so kann die Finanzbehörde die Insolvenzforderungen durch Verwaltungsakt nach § 179 Abs. 1 InsO i.V. mit § 251 Abs. 3 AO feststellen.[349] Adressat dieses Feststellungsbescheids ist der Bestreitende. 210

Hiergegen kann nach **§§ 347 ff. AO Einspruch** eingelegt und ggf. auch im finanzgerichtlichen Verfahren eine Klärung der Berechtigung der Insolvenzforderung herbeigeführt werden.[350] Wird die Forderung durch eine rechtskräftige Entscheidung festgestellt, so kann das Finanzamt nach § 183 Abs. 2 InsO Berichtigung der Insolvenztabelle beantragen. Ist die Forderung indes bereits tituliert, so liegt es an dem Bestreitenden, den Widerspruch zu verfolgen (§ 179 Abs. 2 InsO). 211

344) BFH, Urt. v. 24.8.2011 – V R 53/09, BStBl. II 2012, 256 = ZIP 2011, 2421, dazu EWiR 2012, 69 *(Onusseit)*; BFH, Urt. v. 10.12.2008 – I R 41/07, BFH/NV 2009, 719.

345) BFH, Urt. v. 2.7.1997 – I R 11/97, BStBl. II 1998, 428 = ZIP 1997, 2160; BFH, Urt. v. 11.12.2013 – XI R 22/11, BStBl. II 2014, 332 = ZIP 2014, 427; BFH, Urt. v. 10.12.2008 – I R 41/07, BFH/NV 2009, 719.

346) Rau/Dürrwächter-*Stadie*, UStG, § 18 Anh. 2 Rz. 226.

347) BFH, Urt. v. 24.11.2011 – V R 13/11, BStBl. II 2012, 298 = ZIP 2011, 2481.

348) BFH, Urt. v. 18.12.2002 – I R 33/01, BStBl. II 2003, 630 = ZIP 2003, 1212.

349) BFH, Urt. v. 24.8.2011 – V R 53/09, BStBl. II 2012, 256 = ZIP 2011, 2421.

350) *Waza* in: Waza/Uhländer/Schmittmann, Insolvenzen und Steuern, Rz. 754.

3. Wirkung der Feststellung zur Insolvenztabelle

212 Aus § 178 Abs. 3 InsO ergibt sich, dass die Feststellung einer Forderung zur Insolvenztabelle wie ein rechtskräftiges Urteil wirkt. Auch festgestellte Steueransprüche werden von der rechtskraftähnlichen Wirkung des Tabelleneintrags i. S. von § 178 Abs. 3 InsO erfasst, so dass sie ohne Steuerbescheid durchgesetzt werden können.[351] Folge ist, dass die **Änderungsvorschriften der Abgabenordnung** für Steuerbescheide, §§ 155 bis 178 AO, die eine Durchbrechung der materiellen Bestandskraft vorsehen, damit keine Anwendung finden. Lediglich unter den Voraussetzungen der §§ 130, 131 AO kann noch eine Änderung erfolgen.[352] Folge ist, dass bereits festgestellte Steuerforderungen nur dann geändert werden können, wenn die Ermessensentscheidung des Finanzamts fehlerhaft war.[353]

> **Praxishinweis**
>
> Solange der materielle Steueranspruch noch nicht abschließend ermittelt werden konnte, muss der Insolvenzverwalter davon absehen, die zur Insolvenztabelle angemeldete Forderung festzustellen. Sollte das Finanzamt daher einen Feststellungsbescheid erlassen, so kann der Verwalter hiergegen Einspruch einlegen und noch i. R. des Rechtsbehelfsverfahrens den zutreffenden materiellen Steueranspruch ermitteln und darlegen.

4. Aufhebung des Insolvenzverfahrens nach Schlussverteilung

213 Nach Aufhebung des Insolvenzverfahrens können die Steuerforderungen wieder durchgesetzt werden (**§ 201 InsO**), denn die Feststellung zu Tabelle wirkt wie ein Titel (§ 178 Abs. 3 InsO). Zu beachten ist allerdings, dass der Schuldner, auch wenn der Insolvenzverwalter die Forderung festgestellt hat und diese an der Schlussverteilung teilgenommen hat, der Forderungen widersprechen kann (§ 178 Abs. 1 Satz 2 InsO). Ist dieser Widerspruch nicht durch den Gläubiger beseitigt worden, so kommt eine Vollstreckung gegen den Insolvenzschuldner nach Aufhebung des Insolvenzverfahrens nach § 201 Abs. 2 InsO nicht in Betracht.

5. Restschuldbefreiung

214 Nach Abschluss der Wohlverhaltensperiode ist dem Insolvenzschuldner nach Maßgabe der §§ 286 ff. InsO Restschuldbefreiung zu erteilen. Die Restschuldbefreiung wirkt gegen alle Insolvenzgläubiger (§ 301 InsO). Diese können ihre Forderungen **nicht mehr zwangsweise** durchsetzen.[354] Ausgenommen hiervon sind Verbindlichkeiten aus einer vorsätzlich begangenen unerlaubten Handlung (§ 302 InsO). Eine Steuerhinterziehung (§ 370 AO) ist allerdings keine vorsätzlich begangene unerlaubte Handlung i. S. des § 302 Nr. 1 InsO, auch ist § 370 AO kein Schutzgesetz i. S. des § 823 Abs. 2 BGB.[355] Steueransprüche und Haftungsansprüche sind nämlich eigenständige, dem öffentlichen Recht zugehörige Ansprüche aus dem Steuerschuldverhältnis (§ 37 Abs. 1 AO), die sowohl nach ihrer Entstehung als auch nach ihrem Inhalt und ihrer Durchsetzung eigenen, von den zivilrechtlichen Deliktsansprüchen unterschiedlichen Regeln unterliegen und deshalb keine Schadensersatzansprüche aus unerlaubter Handlung darstellen. Auch Hinterziehungszinsen

---

351) Braun-*Specovius*, InsO, § 178 Rz. 22; BFH, Urt. v. 11.12.2013 – XI R 22/11, BFHE 244, 209 = ZIP 2014, 427.

352) BFH, Urt. v. 24.11.2011 – V R 13/11, BStBl. II 2012, 298 = ZIP 2011, 2481; BFH, Beschl. v. 5.7.2018 – XI B 17/18, ZIP 2018, 1938 = NZI 2018, 855; *Waza* in: Waza/Uhländer/Schmittmann, Insolvenzen und Steuern, Rz. 741.

353) BFH, Urt. v. 11.12.2013 – XI R 22/11, BFHE 244, 209 = ZIP 2014, 427.

354) *Streck* in: HambKomm-InsO, § 301 Rz. 1.

355) BFH, Urt. v. 19.8.2008 – VII R 6/07, BStBl. II 2008, 947 = NZI 2008, 764.

sind keine Verbindlichkeiten aus einer vorsätzlich begangenen unerlaubten Handlung i. S. des § 302 Nr. 1 InsO. Sie sind deshalb nicht von der Restschuldbefreiung ausgeschlossen.[356)]

Mit dem Gesetz zur Verkürzung des Restschuldbefreiungsverfahrens und zur Stärkung der Gläubigerrechte vom 15.7.2013,[357)] das am 1.7.2014 in Kraft getreten ist, wurde § 302 Nr. 1 InsO ergänzt. Danach nehmen Verbindlichkeiten aus dem Steuerschuldverhältnis nicht an der Erteilung der Rechtschuldbefreiung teil, sofern der Schuldner im Zusammenhang damit wegen einer **Steuerstraftat nach den §§ 370, 373 oder 374 AO rechtskräftig** verurteilt wurde. 215

II. Steueransprüche als Masseverbindlichkeiten

Die Insolvenzmasse setzt sich nach §§ 35, 36 InsO aus dem gesamten Vermögen, das dem Schuldner zur Zeit der Eröffnung des Verfahrens gehört und das er während des Verfahrens erlangt, zusammen. Nach §§ 53 ff. InsO sind aus der Insolvenzmasse die Kosten des Insolvenzverfahrens und die sonstigen Masseverbindlichkeiten vorweg, also vorrangig vor Insolvenzforderungen, zu berichtigen. Steuer-Masseverbindlichkeiten nach § 55 InsO sind gegenüber dem Insolvenzverwalter durch Steuerbescheid (§ 155 Abs. 1 Satz 1 AO) geltend zu machen.[358)] Bei Verpflichtung des Verwalters zur Anmeldung von Steuer-Masseverbindlichkeiten (bspw. § 18 Abs. 1 UStG) gilt diese als Steuerfestsetzung unter dem Vorbehalt der Nachprüfung (§ 168 Satz 1 AO). Hierzu zählen nach Insolvenzeröffnung gemäß § 55 Abs. 2 und Abs. 4 InsO auch Verbindlichkeiten, die von einem vorläufigen Insolvenzverwalter oder vom Schuldner nach Bestellung eines vorläufigen Sachwalters in dem Zeitraum bis zur Entscheidung über die Eröffnung des Insolvenzverfahrens begründet worden sind.[359)] Der Insolvenzverwalter ist als Vermögensverwalter nach § 34 Abs. 3 i. V. mit Abs. 1 AO verpflichtet, diese Beträge aus der Insolvenzmasse zu zahlen. Entsprechende Bescheide sind dem Insolvenzverwalter ordnungsgemäß nach **§ 122 AO bekannt** zu geben („[…] als Insolvenzverwalter über das Vermögen des […]“). Keine ordnungsgemäße Bekanntgabe liegt vor, wenn der eine Masseverbindlichkeit betreffende Bescheid an den Schuldner „zu Händen Herr […]“ ohne Bezeichnung als Insolvenzverwalter adressiert ist.[360)] Ohne ordnungsgemäße Bekanntgabe wird der Bescheid aber nicht wirksam (§ 124 Abs. 1 InsO). Zu beachten ist insoweit jedoch, dass nach Auffassung des BFH bei Fehlen der Angabe „als Insolvenzverwalter“ diese Funktion auch aus den Umständen des Einzelfalls im Wege der **Auslegung** ermittelt werden kann. Sofern aus der Sicht des Empfängers zweifelsfrei erkennbar ist, dass der Bescheid nach seinem objektiven Erklärungsgehalt an den Empfänger in seiner Funktion als Insolvenzverwalter über das Vermögen des Insolvenzschuldners ergeht, hat dies nicht die Nichtigkeit des Bescheids nach § 125 Abs. 1 AO zur Folge.[361)] 216

Soweit die Kosten des Insolvenzverfahrens gedeckt sind, jedoch die Insolvenzmasse nicht ausreicht, um die fälligen sonstigen Masseverbindlichkeiten zu erfüllen, so hat der Insolvenzverwalter dem Insolvenzgericht Masseunzulänglichkeit nach § 208 Abs. 1 InsO anzuzeigen. Folge hieraus ist, dass der Insolvenzverwalter die besondere **Befriedigungsreihen-** 217

---

356) BFH, Urt. v. 20.3.2012 – VII R 12/11, BStBl. II 2012, 491 = ZInsO 2012, 1228.

357) Gesetz zur Verkürzung des Restschuldbefreiungsverfahrens und zur Stärkung der Gläubigerrechte, v. 15.7.2013, BGBl. I 2013, 2379.

358) BFH, Urt. v. 24.8.2011 – V R 53/09, BStBl. II 2012, 256 = ZIP 2011, 2421; BFH, Urt. v. 29.8.2007 – IX R 4/07, BFH/NV 2007, 2429 = ZIP 2007, 2081, dazu EWiR 2007, 723 (*v. Spiessen*).

359) BFH, Urt. v. 24.8.2011 – V R 53/09, BStBl. II 2012, 256 = ZIP 2011, 2421.

360) Tipke/Kruse-*Seer*, AO/FGO, § 122 AO Rz. 37.

361) BFH, Urt. v. 11.4.2018 – X R 39/16, ZIP 2018, 1833 = NZI 2018, 817.

folge des § 209 InsO zu beachten hat und Vollstreckungen in die Insolvenzmasse wegen einer Masseverbindlichkeit, die bereits bei Anzeige der Masseunzulänglichkeit begründet war, unzulässig sind (§ 210 InsO). Neumasseverbindlichkeiten, also Masseverbindlichkeiten die erst nach Anzeige der Masseunzulänglichkeit begründet werden (§ 209 Abs. 1 Nr. 2 InsO) sind vorrangig vor den Altmasseverbindlichkeiten zu befriedigen.

III. Aufrechnung

1. Allgemeines

218 Grundsätzlich besteht für das Finanzamt nach § 94 InsO in der Insolvenz die Möglichkeit der Aufrechnung nach § 226 AO i. V. mit §§ 387 ff. BGB, da eine vorinsolvenzlich bestehende Aufrechnungslage durch die Insolvenzeröffnung nicht berührt wird. Voraussetzung für eine Aufrechnung ist gemäß § 387 BGB, dass sich zwei Personen einander Leistungen schulden, die ihrem Gegenstand nach gleichartig sind.[362] Die Gegenforderung muss fällig, die Hauptforderung muss lediglich erfüllbar sein. Nach § 95 Abs. 1 Satz 1 InsO müssen sich die Forderungen überdies unbedingt gegenüberstehen (§ 41 InsO ist nicht anzuwenden), anderenfalls ist die Aufrechnung bis zum Bedingungseintritt ausgeschlossen.

219 Die Aufrechnungserklärung kann auch durch maschinelle **Umbuchungsmitteilung** des Finanzamts erfolgen, da diese eine willensgetragene Erklärung zum Inhalt hat.[363] Die Aufrechnungserklärung des Finanzamts mit Ansprüchen aus dem Steuerschuldverhältnis (§ 37 AO) ist für sich kein Verwaltungsakt, sondern eine öffentlich-rechtliche Willenserklärung, so dass hiergegen kein Rechtbehelf gegeben ist.[364] Ist zwischen dem Insolvenzverwalter und dem Finanzamt streitig, ob die Aufrechnung rechtmäßig ist, so kann der Insolvenzverwalter jedoch nach § 218 Abs. 2 AO einen **Abrechnungsbescheid** beantragen.[365] Gegen den Abrechnungsbescheid sind Einspruch und Klage gegeben.

2. Unzulässigkeit der Aufrechnung

a) Unzulässigkeit nach § 95 Abs. 1 Satz 3 InsO

220 Die Aufrechnung ist gemäß § 95 Abs. 1 Satz 3 InsO ausgeschlossen, wenn die Forderung des Schuldners, gegen die aufgerechnet werden soll, fällig wird, bevor die Aufrechnung erfolgen kann. Der Gläubiger ist insoweit nicht schutzwürdig, da er davon ausgehen musste, die Forderung des Schuldners befriedigen zu müssen, da seine eigene Forderung im Zeitpunkt, in dem der Schuldner Zahlung verlangen kann, noch nicht fällig ist.[366]

b) Unzulässigkeit nach § 96 Abs. 1 Nr. 1 InsO

221 Nach § 96 Abs. 1 Nr. 1 InsO ist die Aufrechnung unzulässig, wenn die Forderung, gegen die das Finanzamt aufrechnen will, erst **nach Insolvenzeröffnung** entstanden ist. Ein Steuererstattungsanspruch der Masse kann mithin nicht mit einer Steuerinsolvenzforderung aufgerechnet werden. Im Hinblick auf die Anwendung des § 96 Abs. 1 Nr. 1 InsO ist somit entscheidend, wann der jeweilige materiell-rechtliche Steuerentstehungstatbestand verwirklicht wird. Nicht entscheidend ist, wann die zu berichtigende Steuerforderung be-

362) Vgl. Rau/Dürrwächter-*Stadie*, UStG, § 18 Anh. 2 Rz. 257 ff.; Tipke/Kruse-*Loose*, AO/FGO, § 226 AO Rz. 43a ff.

363) BFH, Urt. v. 26.7.2005 – VII R 72/04, BFHE 210, 8 = BStBl. II 2006, 350.

364) Tipke/Kruse-*Loose*, AO/FGO, § 226 AO Rz. 50.

365) Tipke/Kruse-*Loose*, AO/FGO, § 226 AO Rz. 60.

366) *Frotscher*, Besteuerung bei Insolvenz, S. 105.

gründet worden ist. Ohne Bedeutung hierfür ist überdies der Zeitpunkt der Abgabe einer Steueranmeldung oder des Erlasses eines Steuerbescheids.[367)]

c) Unzulässigkeit nach § 96 Abs. 1 Nr. 2 InsO

Die Unzulässigkeit der Aufrechnung nach § 96 Abs. 1 Nr. 2 InsO ist gegeben, wenn der Insolvenzgläubiger die Forderung erst nach Insolvenzeröffnung **von einem anderen Gläubiger erworben** hat. Das Finanzamt ist mithin unter bestimmten Voraussetzungen nicht zur Aufrechnung befugt, wenn es sich von einem anderen Finanzamt eine Forderung abtreten lässt und anschließend die Aufrechnung erklärt.[368)] 222

d) Unzulässigkeit nach § 96 Abs. 1 Nr. 3 InsO

Des Weiteren schließt § 96 Abs. 1 Nr. 3 InsO die Aufrechnung aus, wenn der Insolvenzgläubiger die Möglichkeit der Aufrechnung **durch eine anfechtbare Rechtshandlung erlangt** hat.[369)] Liegen somit die Anfechtungsvoraussetzungen nach den §§ 129 ff. InsO vor, so ist bspw. die Verrechnung von Insolvenzforderungen des Finanzamts mit einem Vorsteuervergütungsanspruch des Insolvenzschuldners unzulässig. Dies kann dann der Fall sein, wenn das Finanzamt von dem Insolvenzantrag Kenntnis hatte bzw. ihn selbst gestellt hatte und sich im Anschluss hieran ein Vorsteuerüberhang zugunsten des Schuldners ergibt, sofern bei Entstehung des Vorsteuervergütungsanspruchs die Voraussetzungen der §§ 129 ff. InsO vorgelegen haben.[370)] **Rechtshandlung** i. S. der §§ 129 ff. InsO ist insoweit die Erbringung der Lieferungen und sonstigen Leistungen des Unternehmers an den Schuldner sowie die Stellung der Rechnung mit Vorsteuerausweis.[371)] 223

Hinsichtlich des **Vorsteuerberichtigungsanspruchs**, der dadurch entsteht, dass das Insolvenzgericht einen vorläufigen Insolvenzverwalter mit allgemeinem Zustimmungsvorbehalt bestellt bzw. das Insolvenzverfahren eröffnet wird (siehe Rz. 181), liegt **keine anfechtbare Rechtshandlung** vor, da es sich bei der insolvenzgerichtlichen Maßnahme (Bestellung eines vorläufigen Verwalters/Insolvenzeröffnung) nicht um eine Rechtshandlung i. S. der §§ 129 ff. InsO handelt und die insolvenzbedingte Vorsteuerberichtigung darauf beruht, dass Ansprüche des Leistenden gegen den Leistungsempfänger nicht mehr durchsetzbar sind, nicht aber auf etwaigen Rechtshandlungen.[372)] 224

e) Unzulässigkeit nach § 96 Abs. 1 Nr. 4 InsO

Eine Aufrechnung eines Anspruches der Insolvenzmasse mit Forderungen des Finanzamts gegen das **insolvenzfreie Vermögen** des Insolvenzschuldners ist nach § 96 Abs. 1 Nr. 4 InsO ausgeschlossen. Dies kann insbesondere in Fällen der Freigabe oder aber in Fällen, in denen der Insolvenzschuldner Einkünfte aus nichtselbstständiger Tätigkeit erzielt, zum Tragen kommen. Ist der Insolvenzschuldner nach Insolvenzeröffnung gewerblich tätig und gibt der Verwalter diese Tätigkeit nach pflichtgemäßem Ermessen aus der Insolvenzmasse frei, wozu er grundsätzlich berechtigt ist,[373)] und begründet der Insolvenzschuldner sodann Umsatzsteuerverbindlichkeiten, so kommt eine Aufrechnung mit Vor- 225

---

367) BFH, Urt. v. 25.7.2012 – VII R 29/11, BStBl. II 2013, 36 = ZIP 2012, 2217.

368) Vgl. *Waza* in: Waza/Uhländer/Schmittmann, Insolvenzen und Steuern, Rz. 830.

369) BFH, Urt. v. 3.8.2022 – XI R 44/20, ZRI 2023, 111 = ZIP 2023, 197.

370) BFH, Beschl. v. 2.8.2012 – VII R 57/10, ZIP 2013, 379.

371) *Frotscher*, Besteuerung bei Insolvenz, S. 120; BFH, Urt. v. 2.11.2010 – VII R 6/10, BStBl. II 2011, 374 = ZIP 2011, 181, m. Anm. *Kahlert*.

372) BFH, Urt. v. 3.8.2022 – XI R 44/20, ZRI 2023, 111 = ZIP 2023, 197.

373) *Peters* in: MünchKomm-InsO, § 35 Rz. 49.

steuererstattungsansprüchen der Insolvenzmasse, bspw. aus der Vergütung des Insolvenzverwalters, nicht in Betracht, da diese Steuerverbindlichkeiten in der privaten Vermögenssphäre des Schuldners angefallen sind (siehe Rz. 106 ff.). Dementsprechend ist auch eine Aufrechnung mit Lohnsteuernachzahlungen des Insolvenzschuldners, die dieser in seiner privaten Vermögenssphäre zu tragen hat, unzulässig (siehe Rz. 45 f.).[374)]

3. Aufrechnung bei Masseunzulänglichkeit

226 Bei Masseunzulänglichkeit ist die Aufrechnung von nach der Anzeige begründeten Ansprüchen der Masse mit **Altmasseverbindlichkeiten,** in Analogie zu § 96 Abs. 1 Nr. 1 InsO, unzulässig.[375)] Eine Aufrechnung des Finanzamts mit Umsatzsteuerforderungen aus dem Zeitraum vor Anzeige der Masseunzulänglichkeit mit dem aus der Insolvenzverwaltervergütung resultierenden Vorsteuervergütungsanspruch der Masse kann somit nicht erfolgen.[376)]

4. Aufrechnung nach Aufhebung des Verfahrens

227 Wird das Insolvenzverfahren aufgehoben und schließt sich hieran das Verfahren zur Erlangung der Restschuldbefreiung (§§ 286 ff. InsO) an, so kann das Finanzamt in diesem Zeitraum bis zur Erteilung der Restschuldbefreiung nach §§ 300, 301 InsO Steuererstattungsansprüche mit Insolvenzforderungen aufrechnen.[377)] Steuererstattungsansprüche gehören nämlich nicht zu den abtretbaren Bezügen i. S. des § 287 InsO und können daher mit Insolvenzforderungen aufgerechnet werden.[378)] Eine Aufrechnung kommt allerdings dann nicht in Betracht, wenn sich der Insolvenzverwalter die **Nachtragsverteilung** für diese Steuererstattungsansprüche vorbehalten hat.[379)] Eine trotz Vorbehalt der Nachtragsverteilung vom Finanzamt erklärte Aufrechnung mit Insolvenzforderungen gegen die nachinsolvenzlichen Erstattungsansprüche scheitert an dem Aufrechnungsverbot des § 96 Abs. 1 Nr. 1 InsO.

5. Verrechnung nach § 16 UStG

228 Bei der Zwangsverrechnung von Umsatzsteuerschuld und Vorsteuererstattungsanspruch nach § 16 UStG handelt es **nicht** um eine **Aufrechnung.**[380)] Daher unterliegt sie nicht den Beschränkungen der §§ 94 ff. InsO.[381)] Nach § 16 Abs. 1 Satz 1 UStG ist die Steuer, soweit nicht § 20 UStG gilt, nach vereinbarten Entgelten zu berechnen. Bei der Berechnung der Steuer ist von der Summe der Umsätze nach § 1 Abs. 1 UStG auszugehen, soweit für sie die Steuer in dem Besteuerungszeitraum entstanden und die Steuerschuldnerschaft gegeben ist (§ 16 Abs. 1 Satz 3 UStG). Von der derart berechneten Steuer sind die in den Besteuerungszeitraum fallenden, nach § 15 UStG abziehbaren Vorsteuerbeträge abzusetzen

---

374) BFH, Urt. v. 27.7.2011 – VI R 9/11, ZIP 2011, 2118; BFH, Urt. v. 24.2.2011 – VI R 21/10, BStBl. II 2011, 520 = ZIP 2011, 873.

375) BFH, Urt. v. 4.3.2008 – VII R 10/06, BStBl. II 2008, 506 = ZIP 2008, 886, dazu EWiR 2008, 661 *(v. Spiessen)*; BFH, Urt. v. 1.8.2000 – VII R 31/99, BStBl. II 2002, 323 = ZIP 2001, 428, dazu EWiR 2001, 777 *(Onusseit)*.

376) *Onusseit* in: KPB, InsO, Steuerrecht, Abschn. F Umsatzsteuer Rz. 413.

377) BFH, Beschl. v. 4.9.2008 – VII B 239/07, BFH/NV 2009, 6; BFH, Urt. v. 21.11.2006 – VII R 1/06, BStBl. II 2008, 272 = ZIP 2007, 347; BFH, Urt. v. 21.11.2006 – VII R 66/05, BFH/NV 2007, 1066.

378) BGH, Urt. v. 21.7.2005 – IX ZR 115/04, BGHZ 163, 391 = NJW 2005, 2988.

379) BFH, Urt. v. 28.2.2012 – VII R 36/11, BStBl. II 2012, 451 = ZIP 2012, 933, dazu EWIR 2012, 463 *(Sinz/Hiebert)*.

380) BFH, Urt. v. 24.11.2011 – V R 13/11, BStBl. II 2012, 298 = ZIP 2011, 2481.

381) A. A. Rau/Dürrwächter-*Stadie*, UStG, § 18 Anh. 2 Rz. 267 f.

und die Berichtigungen gemäß §§ 15a, 17 UStG zu berücksichtigen (§ 16 Abs. 2 Satz 1 und 2 UStG, § 18 Abs. 3 Satz 1 UStG).[382]

Bei der Steuerberechnung für den vorinsolvenzrechtlichen Unternehmensteil sind die sich für die einzelnen Umsätze ergebenden Steueransprüche und die damit zusammenhängenden Vorsteuerbeträge und Berichtigungen nur insoweit zu berücksichtigen, als es sich bei diesen jeweils um „einen zur Zeit der Eröffnung des Insolvenzverfahrens begründeten Vermögensanspruch gegen den Schuldner" i. S. von § 38 InsO handelt und insoweit keine Masseverbindlichkeit nach § 55 Abs. 2 oder Abs. 4 InsO vorliegt. 229

Für die Begründetheit des sich für den Besteuerungszeitraum ergebenden Umsatzsteueranspruchs kommt es dabei nicht auf den Zeitpunkt der Entstehung der Steuer für diesen Besteuerungszeitraum an. Maßgeblich ist vielmehr, ob bei Insolvenzeröffnung der Tatbestand für die in diesem Besteuerungszeitraum vorliegenden Steueransprüche, Vorsteuerbeträge und Berichtigungen bereits vollständig verwirklicht und damit abgeschlossen ist.[383] 230

IV. Kein Abrechnungsbescheid über Anfechtungsansprüche

Der gegen das Finanzamt gerichtete Anspruch des Insolvenzverwalters auf Rückgewähr insolvenzrechtlich angefochtener Leistungen nach den §§ 129 ff., 143 InsO ist kein Anspruch aus dem Steuerschuldverhältnis, über dessen Bestehen dem Grund oder der Höhe nach durch Abrechnungsbescheid entschieden werden kann.[384] Erklärt der Insolvenzverwalter mithin gegenüber dem Finanzamt die Anfechtung, dann ist hierfür die **ordentliche Gerichtsbarkeit** für die insolvenzrechtliche Rückabwicklung der Anfechtung von Steuerzahlungen zuständig. Die Finanzbehörde hat nicht mehr die Möglichkeit, einen Rückforderungsbescheid zu erlassen.[385] 231

382) BFH, Urt. v. 24.11.2011 – V R 13/11, BStBl. II 2012, 298 = ZIP 2011, 2481.

383) BFH, Urt. v. 24.11.2011 – V R 13/11, BStBl. II 2012, 298 = ZIP 2011, 2481.

384) BFH, Beschl. v. 5.9.2012 – VII B 95/12, BStBl. II 2012, 854 = ZIP 2012, 2073, dazu EWiR 2012, 701 *(Schmittmann)*.

385) *Uhländer*, EWiR 2013, 249 (Urteilsanm.).

Kapitel 24
Gesellschaftsrecht sowie Darlehen und sonstige Leistungen der Gesellschafter in der Insolvenz

Übersicht

Literatur: *Albertus/Fischer*, Gesellschaftsrechtliche Folgen der Eröffnung eines Insolvenzverfahrens über das Vermögen eines Gesellschafters in der zweigliedrigen GmbH & Co KG im Fall der „Simultaninsolvenz" mit der KG, ZInsO 2005, 246; *Barnert*, Die Personalfirma in der Insolvenz, KTS 2003, 523; *Bergmann*, Die Verwertungsbefugnis des Insolvenzverwalters über einen zur Insolvenzmasse gehörenden GmbH-Geschäftsanteil, ZInsO 2004, 225; *Bitter*, Teufelskreis – Ist das Sanierungsprivileg des § 39 Abs. 4 Satz 2 InsO zu sanieren?, ZIP 2013, 398; *Bitter*, Haftung von Gesellschaftern und Geschäftsführern in der Insolvenz ihrer GmbH, ZInsO 2010, 1505 (Teil 1) und ZInsO 2010, 1561 (Teil 2); *Brinkmann*, Haftungsrisiken im Schutzschirmverfahren und in der Eigenverwaltung, DB 2012, 1313 (Teil 1) und DB 2012, 1369 (Teil 2); *Brünkmanns/Uebele*, Rechtsschutz gegen missbräuchliche Insolvenzanträge und insolvenzzweckwidrige Insolvenzpläne?, ZInsO 2014, 265; *Fichtelmann*, Die Rechtsstellung des Geschäftsführers der GmbH in der Insolvenz der Gesellschaft, GmbHR 2008, 76; *Freudenberg*, Der Fortbestand des Beherrschungs- und Gewinnabführungsvertrages in der Insolvenz der Konzernobergesellschaft, ZIP 2009, 2037; *Fritz*, Die Aussetzung der Insolvenzantragspflicht nach dem COVInsAG und ihre Folgen in der Praxis, ZRI 2020, 217; *Gehrlein*, Auszahlung stehen gelassener Gewinne als Tilgung einer darlehensgleichen Forderung, NZI 2021, 165; *Gehrlein*, Neuregelung und Konzentration der Zahlungsverbote in § 15b InsO-E, DB 2020, 2393; *Gehrlein*, Höchstrichterliche Rechtsprechung zur Haftung des Steuerberaters wegen fehlerhafter Insolvenzprüfung, NZG 2013, 961; *Gelbrich*, Die nicht mehr vorhandene Ein-Personen-Limited im Insolvenzeröffnungsverfahren, NZI 2021, 256; *Haas/Ulrich*, Die örtliche und internationale Zuständigkeit für Ansprüche des Insolvenzverwalters nach § 128 HGB i. V. m. § 93 InsO, ZInsO 2013, 706; *Habersack*, Die Erstreckung des Rechts der Gesellschafterdarlehen auf Dritte, insbesondere im Unternehmensverbund, ZIP 2008, 2385; *Habersack*, Gesellschafterdarlehen nach dem MoMiG – Anwendungsbereich, Tatbestand und Rechtsfolgen der Neuregelung, ZIP 2007, 2145; *Hacker/v. Lilien-Waldau*, Kompetenz des Insolvenzverwalters zur Umfirmierung der insolventen Gesellschaft, NZI 2017, 787; *Haußer/Heeg*, Überschuldungsprüfung und Patronatserklärung, ZIP 2010, 1427; *Heckschen/Heidinger*, Die GmbH in der Gestaltungs- und Beratungspraxis, 4. Aufl., 2018; *Heckschen*, Einziehung, Zwangsabtretung und Ausschluss in der Insolvenz einer GmbH – Gesellschafters, NZG 2010, 521; *Heidenhain*, Katastrophale Rechtsfolgen verdeckter Sacheinlagen, GmbHR 2006, 455; *Henssler*, Die verfahrensrechtlichen Pflichten des Geschäftsführers im Insolvenzverfahren über das Vermögen der GmbH und der GmbH & Co. KG, in: Kölner Schrift zur Insolvenzordnung, 2. Aufl., 2000, S. 1283; *Hölzle*, Gesellschaftsrechtliche Veränderungssperre im Schutzschirmverfahren, ZIP 2012, 2427; *Huber*, Finanzierungsfolgenverantwortung de lege lata und de lege ferenda, in Festschrift für Hans-Joachim Priester, 2007, S. 259; *Huber/Habersack*, GmbH-Reform: Zwölf Thesen zu einer möglichen Reform des Rechts der kapitalersetzenden Gesellschafterdarlehen, BB 2006, 1; *Kahlert/Gehrke*, ESUG macht es möglich: Ausgliederung statt Asset Deal im Insolvenzplanverfahren, DStR 2013, 975; *Kampshoff*, Behandlung von Bankdarlehen in der Krise der GmbH, GmbHR 2010, 897; *Kiethe*, Haftungs- und Ausfallrisiken bei Patronatserklärungen, ZIP 2005, 646; *Klöhn*, Kann die Hauptversammlung in der Eigenverwaltung der Aktiengesellschaft nicht den Aufsichtsrat wählen?, DB 2013, 41; *Kreymborg/Land/Undritz*, Delisting von Aktien in der Insolvenz, ZInsO 2011, 71; *Lange*, Schadensersatzpflicht des Steuerberaters wegen Beihilfe zur Insolvenzverschleppung einer GmbH – Geschäftsführers, DStR 2007, 954; *Madaus*, Schutzschirme für streitende Gesellschafter? Die Lehren aus dem Suhrkamp-Verfahren für die Auslegung des neuen Insolvenzrechts, ZIP 2014, 500; *Madaus*, Umwandlungen als Gegenstand eines Insolvenzplans nach dem ESUG, ZIP 2012, 2133; *Marotzke*, Gesellschaftsinterne Nutzungsverhältnisse nach Abschaffung des Eigenkapitalersatzrechts, ZInsO 2008, 1281; *Mock*, Gesellschafterdarlehen in Zeiten von Corona, NZG 2020, 505; *Morgen/Arends*, Die Aussetzung der Insolvenzantragspflicht und das Eigenverwaltungsverfahren nach SanInsFoG und COVInsAG, ZIP 2021, 447; *Müller, H.-F.*, Gesellschaftsrechtliche Maßnahmen im Insolvenzplan, KTS 2012, 419; *Mylich*, Zur Abgrenzung von Zahlungsstockung und Zahlungsunfähigkeit, ZIP 2018, 514; *Niesert*, Die Zahlungsunfähigkeit gemäß § 17 InsO. Plädoyer für eine Neuorientierung, ZInsO 2001, 735; *Poertzgen*, Uneingeschränkte Haftung aus § 64 GmbHG bei unterlassener Insolvenzanfechtung?, ZInsO 2018, 1357; *Priester*, GmbH-Ersatzfirma durch Insolvenzverwalter, DNotZ 2016, 892; *Reiff/Arnold*, Unbeschränkte Konkursverschleppungshaftung des Geschäftsführers einer GmbH auch gegenüber gesetzlichen Neugläubigern?, ZIP 1998, 1893; *Schmidt, K.*, Normzwecke und Zurechnungsfragen im Recht der Gesellschafter-Fremdfinanzierung, GmbHR 2009, 1009; *Schmidt, K.*, Überschuldung und Insolvenzantragspflicht nach dem Finanzmarktstabilisierungsgesetz, DB 2008, 2467; *Schmidt, K.*, Gesellschafterbesicherte Drittkredite nach neuem Recht, BB 2008, 1966; *Schmidt, K.*, Nutzungsüberlassung nach der GmbH-Reform, DB 2008, 1727; *Schmidt, K.*, Insolvenz und Insolvenzabwicklung bei der typischen GmbH & Co. KG, GmbHR 2002, 1209; *Schmidt, K.*, Insolvenzordnung und Unternehmensrecht – Was bringt die Reform?, in: Kölner Schrift zur Insolvenzordnung, 2. Aufl., 2000, S. 1199; *Spliedt*, MoMiG in der Insolvenz – ein Sanierungsversuch, ZIP 2008, 149; *Thole/Brünkmanns*,

Die Haftung des Eigenverwalters und seiner Organe, ZIP 2013, 1097; *Tillmann*, Der Entwurf des MoMiG und die Auswirkungen auf die Gesellschafterfremdfinanzierung – Verstrickte und privilegierte Darlehen, GmbHR 2006, 1289.

A. Überblick

Gesellschaftsrecht und Insolvenzrecht sind Rechtsgebiete mit unterschiedlichen Regelungsgegenständen und Zielsetzungen. Jedoch spielen gesellschaftsrechtliche Aspekte in jedem Insolvenzverfahren eine Rolle, in dem eine juristische Person oder eine Personenhandelsgesellschaft Schuldnerin ist. Dabei wird das Gesellschaftsrecht bei der Eröffnung eines Insolvenzverfahrens durch das Insolvenzrecht grundsätzlich nicht verdrängt, sondern enthält für diesen Fall eigene Regelungen oder wird durch das Insolvenzrecht entsprechend modifiziert.[1] 1

Im Schnittpunkt von Gesellschafts- und Insolvenzrecht sind mehrere Bereiche von besonderer Bedeutung: 2

- Die Voraussetzungen unter denen ein Eröffnungsantrag (Insolvenzantrag) zu stellen ist, die sich daraus ergebenden Handlungspflichten des Vertretungsorgans und welche Haftungskonsequenzen sich ergeben, wenn dieser Verpflichtung nicht entsprochen wird;
- die Auswirkungen in gesellschafts- bzw. organisationsrechtlicher Hinsicht für die betroffene Gesellschaft selbst und die Kompetenzverteilung (Geschäftsführung, Gesellschafterversammlung und Insolvenzverwalter);
- gesellschaftsrechtliche Regelungen in einem Insolvenzplan haben mit dem Gesetz zur weiteren Erleichterung der Sanierung von Unternehmen (ESUG) größere Bedeutung erlangt;[2]
- die Behandlung von Darlehen und anderen Leistungen der Gesellschafter. Hier hat gerade das Gesetz zur Modernisierung und zur Bekämpfung von Missbräuchen vom 23.10.2008 (MoMiG) wichtige Änderungen mit sich gebracht;[3]
- gesellschaftsrechtliche Ansprüche, die typischer Weise von dem Insolvenzverwalter geltend gemacht werden (z. B. aus Kapitalaufbringung und -erhaltung; Haftung der Organe);
- Insolvenzen von Konzerngesellschaften mit den neu eingeführten Regelungen des **Gesetzes zur Erleichterung und der Bewältigung von Konzerninsolvenzen** vom 13.4.2017, das am 21.4.2018 in Kraft getreten ist (siehe dazu Kap. 19 [*Naraschewski*]).

Während der Corona-Pandemie gab es zahlreiche zeitlich begrenzte Sonderregelungen für das Insolvenzrecht (u. a. Aussetzung der Insolvenzantragspflicht, Verlängerung von Fristen), die durch das **COVInsAG**[4] angeordnet und später durch Fortsetzung unter Umbenennung in das **SanInsKG**[5] teilweise verlängert worden sind.[6] 3

1) Allgemein dazu Kübler/Prütting-*Noack*, InsO, GesR Rz. 1 ff.

2) Gesetz zur weiteren Erleichterung der Sanierung von Unternehmen (ESUG), v. 7.12.2011, BGBl. I 2011, 2582.

3) Gesetz zur Modernisierung des GmbH-Rechts und zur Bekämpfung von Missbräuchen (MoMiG), v. 23.10.2008, BGBl. I 2008, 2026.

4) Gesetz zur vorübergehenden Aussetzung der Insolvenzantragspflicht und zur Begrenzung der Organhaftung bei einer durch die COVID-19-Pandemie bedingten Insolvenz (COVInsAG), v. 27.3.2020, BGBl. I 2020, 569.

5) Gesetz zur vorübergehenden Anpassung sanierungs- und insolvenzrechtlicher Vorschriften zur Abmilderung von Krisenfolgen (SanInsKG), v. 31.10.2022, BGBl. I 2022, 1966.

6) Zu diesen Regelungen ausführlich: Kommentierung in: HambKomm-InsO, Anh. I.; *Prütting* in: KPB, COVInsAG; dazu auch: *Fritz*, ZRI 2020, 217; *Morgen/Arends*, ZIP 2021, 447.

B. Insolvenzantragspflichten (insbesondere bei der GmbH)

I. Überblick

4 Das Vertretungsorgan einer juristischen Person sowie der persönlich haftende Gesellschafter einer Personenhandelsgesellschaft, bei der keine natürliche Person persönlich haftender Gesellschafter ist, sind gemäß § 15a Abs. 1 InsO[7)] verpflichtet, bei Zahlungsunfähigkeit (§ 17 InsO) oder Überschuldung (§ 19 InsO) der Gesellschaft die Eröffnung des Insolvenzverfahrens zu beantragen **(Insolvenzantragspflicht)**.[8)] Das ESUG hat eine sprachliche Änderung in § 15a Abs. 1 Satz 1 InsO mit sich gebracht, indem es anstelle des Begriffs Insolvenzantrag nunmehr vom Eröffnungsabtrag spricht. Diese Vorschriften bezwecken, dass insolvenzreife Gesellschaften mit einem beschränkten Haftungsfonds nicht länger am Wirtschaftsleben teilnehmen und hierdurch Gläubiger geschädigt werden.[9)] Die Haftungsmasse soll für die Gläubiger zusammengehalten und nicht durch eine fortgesetzte Unternehmenstätigkeit weiter aufgezehrt werden.[10)] Es soll hierdurch eine **möglichst rechtzeitige Eröffnung des Insolvenzverfahrens** erreicht werden.[11)] Kurz zusammengefasst dient die Regelung dem Gläubigerschutz. Als **öffentlich-rechtliche Verpflichtung** steht die Insolvenzantragspflicht nicht zur Disposition der Gläubiger, da der gesamte Rechtsverkehr vor insolventen Gesellschaften geschützt werden soll.[12)]

5 Die Vorschriften, aus denen sich die Insolvenzantragspflichten ergeben, sind nach allgemeiner Ansicht Schutzgesetze i. S. von § 823 Abs. 2 BGB,[13)] so dass deren Verletzung Schadensersatzansprüche der betroffenen Gläubiger auslösen kann. Darüber hinaus kann eine Haftung des Vertretungsorgans für Zahlungen bestehen, die nach Insolvenzreife der Gesellschaft erbracht worden sind (§ 15b Abs. 4 Satz 1 InsO).

6 Die folgende Darstellung konzentriert sich auf die Rechtslage bei der GmbH, da diese in der Praxis den häufigsten Anwendungsfall darstellt.

II. Erfasste Gesellschaftsformen und Antragsrecht

7 Berechtigt zur Stellung eines Eröffnungsantrags sind juristische Personen (§ 15 Abs. 1 Satz 1 InsO; also die AG, Genossenschaft, GmbH einschließlich der UG, KGaA) sowie Gesellschaften ohne Rechtspersönlichkeit, bei denen kein persönlich haftender Gesellschafter eine natürliche Person ist (§ 15 Abs. 1 Satz 1, Abs. 2 InsO; also typischerweise die GmbH & Co. KG).[14)]

8 Der Eröffnungsantrag wird bei juristischen Personen nach § 15 Abs. 1 Satz 1 InsO durch die jeweiligen Vertretungsorgane und im Fall des § 15 Abs. 1 Satz 2, Abs. 2 InsO der zur Vertretung ermächtigte Gesellschafter. Ausnahmsweise kann bei führungslosen Gesellschaften auch der Gesellschafter einer GmbH bzw. der Aufsichtsrat bei einer AG den Antrag stellen.

---

7) Die Vorschrift ist im Zuge des MoMiG (BGBl. I 2008, 2026) eingefügt worden und fasst die im AktG, GmbHG und HGB jeweils geregelten Insolvenzantragspflichten zusammen. Sie ist nunmehr rechtsformneutral ausgestaltet.

8) Zum Meinungsstand ob die Pflicht insolvenz- oder gesellschaftsrechtlich ist: s. *Klöhn* in: MünchKomm-InsO, § 15a Rz. 53 ff.

9) BGH, Urt. v. 6.6.1994 – II ZR 292/91, BGHZ 126, 181, 194 = ZIP 1994, 1103, 1108, dazu EWiR 1994, 791 *(Wilhelm)* – zu § 64 Abs. 1 GmbHG.

10) *Steffek* in: KPB, InsO, § 15b Rz. 3.

11) *Klöhn* in: MünchKomm-InsO, § 15a Rz. 7.

12) *Klöhn* in: MünchKomm-InsO, § 15a Rz. 8.

13) BGH, Urt. v. 6.6.1994 – II ZR 292/91, BGHZ 126, 181, 190 f. = ZIP 1994, 1103, 1106 m. w. N.

14) Es gibt darüber hinaus noch auch spezialgesetzliche Antragspflichten für verschiedene Rechtsformen, s. hierzu *Linker* in: HambKomm-InsO, § 15a Rz. 2.

III. Voraussetzung der Insolvenzantragspflicht bei der GmbH

1. Antragsverpflichteter

Antragsverpflichtet ist **jeder Geschäftsführer.** Dies korrespondiert mit der Antragsberechtigung jedes einzelnen Geschäftsführers (§ 15 Abs. 1 Satz 1 InsO). Es kommt damit nicht auf die durch den Gesellschaftsvertrag oder durch Gesellschafterbeschlüsse festgelegte Vertretungsbefugnis des Geschäftsführers an.[15] 9

Jeder Geschäftsführer hat geeignete Vorkehrungen zu treffen, damit er sich jederzeit einen Überblick über die wirtschaftliche Situation der Gesellschaft verschaffen kann.[16] Ein Geschäftsführer kann sich auch nicht dadurch entlasten, dass er aufgrund der internen Aufgaben- und Zuständigkeitsverteilung nicht für die Buchführung verantwortlich war.[17] Diesen trifft zumindest eine **Überwachungspflicht** des dafür zuständigen Geschäftsführers.[18] 10

Scheidet ein Geschäftsführer nach Eintritt der Insolvenzreife aus dem Amt aus, ist er nicht mehr antragsberechtigt. Er muss dann noch vor seinem Ausscheiden den Antrag stellen oder aber seinen Nachfolger dazu veranlassen. Im Einzelfall kann eine **Amtsniederlegung** missbräuchlich und damit unwirksam sein, wenn sie zur Unzeit erfolgt, insbesondere um der Antragstellung zu entgehen.[19] Gleiches muss auch gelten, wenn ein Geschäftsführer, der zugleich alleiniger Gesellschafter ist, das Amt niederlegt, ohne einen neuen Geschäftsführer zu bestellen.[20] 11

Zur Antragstellung verpflichtet ist auch ein **faktischer Geschäftsführer.** Es handelt sich hierbei um eine Person, die die Gesellschaft wie ein Geschäftsführer führt, ohne dazu bestellt zu sein. Dies kann z. B. der Fall sein, wenn die Bestellung des Geschäftsführers unwirksam oder jemand tatsächlich Geschäftsführungsfunktionen (z. B. aufgrund einer rechtsgeschäftlichen Vollmacht) übernommen hat.[21] 12

Neu eingefügt durch das MoMiG ist die Antragspflicht der Gesellschafter bei führungslosen Gesellschaften (§ 15a Abs. 3 InsO). Während der **Führungslosigkeit der Gesellschaft**[22] können auch diese zur Stellung eines Insolvenzantrags verpflichtet sein. Die bloße Unerreichbarkeit des Geschäftsführers reicht als solche nicht aus.[23] Diese Pflicht gilt grundsätzlich unabhängig von der Höhe der Beteiligung des Gesellschafters, es sei denn, dass dieser von der Zahlungsunfähigkeit bzw. der Überschuldung und der Führungslosigkeit keine Kenntnis hat.[24] Hat der Gesellschafter Kenntnis von der Insolvenzreife oder Führungslosigkeit, treffen ihn gesteigerte Nachforschungspflichten hinsichtlich der je- 13

---

15) *Steffek* in: KPB, InsO, § 15a Rz. 27; K. Schmidt-*K. Schmidt/Herchen*, InsO, § 15a Rz. 14; Scholz-*Bitter*, GmbHG, Vor § 64 Rz. 132.

16) BGH, Vers.-Urt. v. 15.6.2012 – II ZR 243/11, ZIP 2012, 1557, dazu EWiR 2012, 559 *(Schodder)*; BGH, Urt. v. 20.2.1995 – II ZR 9/94, ZIP 1995, 560, 561, dazu EWiR 1995 *(Wittkowski)*.

17) BGH, Urt. v. 1.3.1993 – II ZR 81/94, ZIP 1994, 891 – zu § 64 GmbHG, dazu EWiR 1994, 789 *(U. H. Schneider)*.

18) BGH, Urt. v. 8.7.1985 – II ZR 198/84, ZIP 1985, 1135, 1136, dazu EWiR 1985, 787 *(Fleck)*.

19) *Steffek* in: KPB, InsO, § 15a Rz. 30; streitig.

20) Hierzu: OLG München, Beschl. v. 29.5.2012 – 31 Wx 188/12, ZIP 2012, 1559, dazu EWiR 2012, 625 *(Hangebrauck)*.

21) BGH, Urt. v. 21.3.1988 – II ZR 194/87, BGHZ 104, 44, 46 = ZIP 1988, 771, 772, dazu EWiR 1988, 905 *(K. Schmidt)*; BGH, Urt. v. 11.7.2005 – II ZR 235/03, ZIP 2005, 1550, dazu EWiR 2005, 731 *(Bork)*; Kübler/Prütting-*Noack*, InsO, GesR Rz. 262.

22) Zum Begriff s. § 10 Abs. 2 Satz 2 InsO.

23) AG Potsdam, Beschl. v. 24.1.2013 – 35 IN 978/12, ZInsO 2013, 515 = NZI 2013, 602; Uhlenbruck-*Hirte*, InsO, § 15a Rz. 62.

24) Allerdings soll ein Gesellschafter, der nur eine geringe Beteiligung an der Gesellschaft hält (Grenze: 10 %), nur einen geringen Anlass zur Überprüfung haben; vgl. *Klöhn* in: MünchKomm-InsO, § 15a Rz. 91.

weiligen anderen Voraussetzungen.[25] Fahrlässige Unkenntnis reicht zur Auslösung der Pflicht nicht aus. Allerdings steht es der positiven Kenntnis gleich, wenn sich der Gesellschafter bewusst den Tatsachen verschließt.[26]

14 Auch der **Liquidator** einer aufgelösten Gesellschaft ist gemäß § 15a Abs. 1 Satz 1 InsO zur Antragstellung verpflichtet.

15 Die Insolvenzantragspflicht gilt auch für vergleichbare ausländische Gesellschaften, die dem deutschen Insolvenzrecht unterliegen.[27]

2. Zahlungsunfähigkeit

16 Eine Gesellschaft ist zahlungsunfähig, wenn sie **nicht in der Lage ist, ihre fälligen Zahlungspflichten zu erfüllen** (§ 17 Abs. 2 Satz 1 InsO).[28] Unter der Geltung der Konkursordnung wurde der Begriff „Zahlungsunfähigkeit" noch als Zustand bezeichnet, in dem die Gesellschaft voraussichtlich auf Dauer nicht in der Lage sein wird, die fälligen Verbindlichkeiten aus bereiten Mitteln zu tilgen.[29] Die neue Vorschrift verzichtet zwar nach dem Wortlaut auf ein Zeitmoment. Nach überwiegender Auffassung wird aber weiterhin als Maßstab der Begriff **Zeitraumgeldilliquidität** verwendet. Ob Zahlungsunfähigkeit besteht, ist damit für einen eng begrenzten Zeitraum festzustellen. Es ist hierbei zu prüfen, ob die Gesellschaft in der Lage ist, sich die erforderlichen flüssigen Mittel innerhalb von zwei bis drei Wochen zu beschaffen, um die Verbindlichkeiten zu tilgen.[30] Dabei sind die vorhandenen liquiden Mittel (sog. Aktiva I) und die während eines Zeitraums von drei Wochen zur Verfügung stehenden liquiden Mittel (sog. Aktiva II) zu berücksichtigen. In die Berechnung sind nicht nur die bestehenden fälligen und ernsthaft eingeforderten Verbindlichkeiten (sog. Passiva I), sondern auch die Verbindlichkeiten einzubeziehen, die innerhalb dieses Zeitraums fällig und eingefordert werden (sog. Passiva II).[31] Unabhängig von der vorgenannten Frist liegt Zahlungsunfähigkeit bereits dann vor, wenn die Beschaffung der erforderlichen Liquidität von vornherein objektiv unmöglich ist.[32]

17 Die Vorschrift bezieht sich nur auf Geldschulden.[33] Diese müssen nach Auffassung des BGH vom Gläubiger auch **ernsthaft eingefordert** werden.[34] In einer späteren Entscheidung hat der BGH kein Einfordern mehr als solches verlangt. Hier reichte es aus, dass die

---

25) *Klöhn* in: MünchKomm-InsO, § 15a Rz. 91.

26) *Steffek* in: KPB, InsO, § 15a Rz. 46.

27) Insbesondere galt dies vor dem Brexit für die englische Limited, wenn der tatsächliche Mittelpunkt ihrer hauptsächlichen Interessen in Deutschland liegt und somit gemäß Art. 3, 4 EuInsVO das deutsche Insolvenzrecht anzuwenden ist; OLG Jena, Urt. v. 17.7.2013 – 2 U 815/12, ZInsO 2013, 1638; s. hierzu auch Noack/Servatius/Haas-*Haas*, GmbHG, § 64 Rz. 275; *Steffek* in: KPB, InsO, § 15a Rz. 6, 24; *Linker* in: HambKomm-InsO, § 15a Rz. 4. Nach dem Auslaufen der in dem Austrittsübereinkommen zwischen der EU und Großbritannien vorgesehenen Übergangsfrist (31.12.2020) ist davon auszugehen, dass ein Eröffnungsantrag über das Vermögen einer englischen Limited nunmehr unzulässig ist, da der Rechtsträger als solcher nicht mehr anzuerkennen ist. Dazu und zu den Konsequenzen: *Gelbrich*, NZI 2021, 256 ff.

28) S. dazu *Beck/Hölzle*, Kap. 2, Rz. 24 ff.

29) *Eilenberger* in: MünchKomm-InsO, § 17 Rz. 2.

30) BGH, Urt. v. 24.5.2005 – IX ZR 123/04, ZVI 2005, 408 = ZIP 2005, 1426, dazu EWiR 2005, 767 *(Bruns)*; *Niesert*, ZInsO 2001, 735, 738; *Steffek* in: KPB, InsO, § 17 Rz. 10.

31) BGH, Urt. v. 17.12.2017 – II ZR 88/16, Rz. 34 ff., BGHZ 217, 130 = ZIP 2018, 283, dazu EWiR 2018, 179 *(K. Schmidt)*.

32) Scholz-*K. Schmidt/Bitter*, GmbHG, Vor § 64 Rz. 30.

33) *Schröder* in: HambKomm-InsO, § 17 Rz. 5.

34) BGH, Beschl. v. 19.7.2007 – IX ZB 36/07, BGHZ 173, 286 = ZIP 2007, 1666, dazu EWiR 2007, 665 *(Schröder)*.

Forderung fällig war.[35] Das ist richtig: An das Einfordern sind nur sehr geringe Anforderungen zu stellen. Bereits die Übersendung einer Rechnung reicht hierfür aus.[36] Bei kalendermäßiger Fälligkeit ist ein Zahlungsverlangen entbehrlich.[37]

Die **Abgrenzung** zwischen Zahlungsstockung und Zahlungsunfähigkeit ist im Einzelfall nicht immer einfach. Eine bloße Zahlungsstockung bedeutet keine Zahlungsunfähigkeit.[38] Die Frage, ob bereits dann Zahlungsunfähigkeit vorliegt, wenn die Gesellschaft auch nur einen geringen Teil ihrer Verbindlichkeiten nicht begleichen kann, hat der BGH nunmehr dahingehend beantwortet, dass die **Zahlungsunfähigkeit widerleglich vermutet** wird, wenn die Gesellschaft **10 % ihrer Verbindlichkeiten** voraussichtlich innerhalb von **drei Wochen** nicht begleichen kann. Eine solche Liquiditätslücke ist im Allgemeinen noch als zu gering einzustufen, um die Insolvenzantragspflicht auszulösen. Hier ist zu ermitteln, welche flüssigen Mittel der Gesellschaft in dem betreffenden Zeitraum zur Verfügung stehen, also Bargeld und Kontoguthaben bzw. etwaige freie Beträge aus einer Kontokorrentlinie. Hierzu gehören auch Forderungen, wenn mit einem Geldeingang innerhalb des maßgeblichen Zeitraums mit Sicherheit gerechnet werden kann. 18

Es handelt sich bei der 10 %-Grenze nur um einen **Richtwert**, wobei jeweils die Besonderheiten des Einzelfalls zu berücksichtigen sind. Beträgt die Unterdeckung weniger als 10 %, kann die Gesellschaft aber gleichwohl zahlungsunfähig sein, wenn z. B. begründete Tatsachen es als wahrscheinlich erscheinen lassen, dass sich der Niedergang fortsetzen wird. Bei einer Unterdeckung von mehr als 10 % müssen konkrete Umstände vorliegen, die es mit an Sicherheit grenzender Wahrscheinlichkeit erwarten lassen, dass die Zahlungsfähigkeit wieder innerhalb von drei Wochen hergestellt wird.[39] Eine liquide Unterdeckung kann durch eine harte Patronatserklärung (siehe auch Rz. 332 f.) ausgeglichen werden, wenn diese eine Liquiditätsausstattungsverpflichtung enthält.[40] 19

Bei **Zahlungseinstellung** wird die Zahlungsunfähigkeit widerleglich vermutet (§ 17 Abs. 2 Satz 2 InsO). Dies ist der Fall, wenn die Gesellschaft nicht in der Lage ist, ihre fälligen Zahlungspflichten zu erfüllen und dieser Zustand in der Weise nach außen in Erscheinung tritt, dass er für die beteiligten Verkehrskreise erkennbar wird.[41] Auch aus konkludenten Handlungen kann auf eine Einstellung der Zahlungen geschlossen werden.[42] 20

Bei **drohender Zahlungsunfähigkeit** ist die Geschäftsführung nicht verpflichtet, einen Eröffnungsantrag zu stellen. Dennoch kann dies Grund für die Eröffnung eines Insolvenzverfahrens sein (§ 18 Abs. 1 InsO). Entscheidet sie sich zur Antragsstellung, ist sie verpflichtet, zuvor einen entsprechenden Beschluss der Gesellschafter einzuholen.[43] 21

Drohend ist eine Zahlungsunfähigkeit, wenn die Gesellschaft voraussichtlich nicht in der Lage sein wird, die bestehenden Verbindlichkeiten im Zeitpunkt der Fälligkeit zu erfüllen (§ 18 Abs. 2 Satz 1 InsO). Die Zahlungsunfähigkeit ist „voraussichtlich" gegeben, wenn 22

35) BGH, Urt. v. 22.11.2012 – IX ZR 62/10, ZIP 2013, 79, dazu EWiR 2013, 183 *(Knof)*.

36) Vgl. zu den Einzelheiten: *Schröder* in: HambKomm-InsO, § 17 Rz. 15 ff.

37) BGH, Urt. v. 17.12.2017 – II ZR 88/16, Rz. 58, BGHZ 217, 130 = ZIP 2018, 283, dazu EWiR 2018, 179 *(K. Schmidt)*; *Schröder* in: HambKomm-InsO, § 17 Rz. 16.

38) Noack/Servatius/Haas-*Haas*, GmbHG, Vor § 64 Rz. 14; zur Abgrenzung zwischen Zahlungsunfähigkeit und Zahlungsstockung: *Mylich*, ZIP 2018, 514.

39) BGH, Urt. v. 24.5.2005 – IX ZR 123/04, ZVI 2005, 408 = ZIP 2005, 1426.

40) K. Schmidt-*K. Schmidt/Herchen*, InsO, § 17 Rz. 14.

41) BGH, Urt. v. 20.11.2001 – IX ZR 48/01, ZIP 2002, 87, dazu EWiR 2002, 219 *(Wagner)*; Uhlenbruck-*Mock*, InsO, § 17 Rz. 28 ff. m. w. N.

42) *Eilenberger* in: MünchKomm-InsO, § 17 Rz. 29 ff.

43) OLG München, Urt. v. 21.3.2013 – 23 U 3344/12, ZIP 2013, 1121, dazu EWiR 2013, 483 *(Jakobs/Hoffmann)*.

deren Eintritt überwiegend wahrscheinlich ist (h. M.: **Eintrittswahrscheinlichkeit über 50 %**).[44] Durch § 18 Abs. 2 Satz 2 InsO[45] ist der maßgebliche Beurteilungszeitraum mit 24 Monaten festgelegt worden.

23 Eine genaue Vorgehensweise für die Prüfung der (drohenden) Zahlungsunfähigkeit wird von der Rechtsprechung nicht vorgegeben. Allerdings ist folgende **Prüfungsreihenfolge** zu empfehlen:[46]

– In der **ersten Stufe** sind die auf den Ermittlungsstichtag fälligen Zahlungspflichten und solche zu ermitteln, die innerhalb eines Zeitraums von drei Wochen ab dem Stichtag fällig werden.
– In der **zweiten Stufe** sind die liquiden Zahlungsmittel festzustellen, die dem Schuldner zur Verfügung stehen und innerhalb eines Zeitraums von drei Wochen ab dem Stichtag zur Verfügung stehen werden.
– In der **dritten Stufe** sind die in der ersten Stufe ermittelten Zahlungspflichten den in der zweiten Stufe ermittelten liquiden Zahlungsmitteln gegenüberzustellen. Sind die Zahlungspflichten nicht vollständig durch die liquiden Zahlungsmittel gedeckt, liegt eine Liquiditätslücke (Unterdeckung) vor, so dass die Prüfung fortzusetzen ist. Kann der Schuldner die Forderungen vollständig bedienen, liegt keine Zahlungsunfähigkeit vor, allenfalls eine Zahlungsstockung.
– Ergibt sich eine Liquiditätslücke, ist in der **vierten Stufe** deren Umfang zu prüfen und mittels einer Prognoseentscheidung zu ermitteln, wie sich eine geringfügige Liquiditätslücke weiter entwickeln wird. Eine erhebliche Liquiditätslücke und damit eine Zahlungsunfähigkeit i. S. des § 17 Abs. 2 Satz 1 InsO liegt vor, denn diese 10 % übersteigt. Beläuft sich diese auf weniger als 10 % ist ein Liquiditätsplan zu erstellen, wie sich die Unterdeckung weiterentwickelt.
– Wird eine erhebliche Deckungslücke festgestellt, die innerhalb von drei Wochen nicht beseitigt werden kann, ist i. R. einer **fünften Stufe** eine zweite Prognoserechnung zu erstellen und dabei zu untersuchen, ob die Deckungslücke mit einer an Sicherheit grenzenden Wahrscheinlichkeit innerhalb eines überschaubaren, für die Gläubiger zumutbaren Zeitraums, der drei Monate nicht überschreiten sollte, beseitigt werden kann.[47]

3. Überschuldung

a) Begriff

24 Im Falle der Überschuldung (§ 19 InsO) ist die Geschäftsführung verpflichtet, einen Eröffnungsantrag zu stellen. Der Begriff „Überschuldung" hat sich in der Vergangenheit **grundlegenden Änderungen** unterzogen.[48] Mit Inkrafttreten der InsO ab dem 1.1.1999 hatte der Gesetzgeber zunächst den bis dahin nach h. M. geltenden modifizierten zwei-

44) *Schröder* in: HambKomm-InsO, § 18 InsO Rz. 15.

45) Eingefügt durch das Gesetz zur Fortentwicklung des Sanierungs- und Insolvenzrechts (SanInsFoG), v. 22.12.2020, BGBl. I 2020, 3256.

46) Uhlenbruck-*Mock*, InsO, § 17 Rz. 28; s. a. *Schröder* in: HambKomm-InsO, § 18 Rz. 24 mit Verweis auf § 17 Rz. 48 ff., mit Muster-Finanzplan zur Zahlungsunfähigkeitsprüfung.

47) Dieser Zeitraum ist nicht mit dem Prognosezeitraum bei der Prüfung der drohenden Zahlungsunfähigkeit (§ 18 Abs. 2 Satz 2 InsO) zu verwechseln.

48) S. zur Gesetzgebungsgeschichte: Noack/Servatius/Haas-*Haas*, GmbHG, Vor § 64 Rz. 29 f.; *K. Schmidt*, DB 2008, 2467.

stufigen Überschuldungsbegriff[49] ausdrücklich aufgegeben und eine Überschuldung dann angenommen, wenn das Vermögen der Gesellschaft die bestehenden Verbindlichkeiten nicht mehr deckt. In diesem Zusammenhang kam es allein auf die rechnerische Überschuldung an. Die positive Fortführungsprognose war hier kein eigener Prüfungspunkt, sondern hatte allein Bedeutung für den Wertansatz gehabt.[50] Zur Vermeidung von Missverständnissen sind jedoch zwei Aspekte streng zu unterscheiden: die tatbestandlichen Voraussetzungen für die Überschuldung (rechnerische Überschuldung) und die Methode zur Ermittlung der Überschuldung. Mit Blick auf die Ermittlungsmethode wird deutlich, dass die Fortführungsprognose keineswegs überflüssig geworden war, sondern bei der Bewertung der Vermögensgegenstände (§ 19 Abs. 2 Satz 2 InsO a. F.) eine entscheidende Rolle spielte (siehe unten Rz. 42). Der wesentliche Unterschied zwischen dem modifizierten zweistufigen Überschuldungsbegriff und der Rechtslage bei Einführung der InsO bestand darin, dass die Fortführungsprognose nicht mehr Tatbestandsvoraussetzung war, sondern inzidenter bei der Frage der Vermögensbewertung Bedeutung erlangte.

Infolge der Finanzmarktkrise ist der Gesetzgeber ab **dem 18.10.2008 wieder zum modifizierten zweistufigen Überschuldungsbegriff zurückgekehrt.**[51] Es gilt damit im Ergebnis wieder die dieselbe Rechtslage wie vor dem Inkrafttreten der InsO. Ursprünglich sollte diese Regelung befristet bis zum 31.12.2010 gelten. Sie ist dann aber bis zum 31.12.2013 verlängert worden.[52] Schließlich ist die **Frist ganz aufgegeben** worden, so dass der Gesetzgeber endgültig zum zweistufigen Überschuldungsbegriff zurückgekehrt ist.[53] Nach § 19 Abs. 2 Satz 1 InsO liegt eine Überschuldung dann vor, wenn das Vermögen die bestehenden Verbindlichkeiten nicht mehr deckt und die Fortführung des Unternehmens nach den Umständen überwiegend wahrscheinlich ist. Beide Voraussetzungen müssen kumulativ gegeben sein. 25

Die InsO sieht keine feste Reihenfolge für die Prüfung der Überschuldung vor. Die Änderung des Überschuldungsbegriffs (siehe Rz. 25) hat auch auf die Prüfung Auswirkungen, da die Fortführungsprognose von einem Bewertungskorrektiv zu einem Tatbestandsmerkmal aufgewertet worden ist.[54] Grundsätzlich ist die Prüfungsreihenfolge beliebig und sollte unter Zweckmäßigkeitsgesichtspunkten gewählt werden.[55] Steht bei einer Gesellschaft die Fortführung außer Frage, ist eine bilanzielle Überschuldungsprüfung nutzlos und damit überflüssig.[56] Daher soll nachfolgend zuerst auch auf die Fortführungsprognose (siehe Rz. 28 ff.) und anschließend auf die Überschuldungsbilanz eingegangen werden (siehe Rz. 32 ff.). 26

b) Zeitpunkt der Prüfung (Entstehen der Prüfungspflicht)

Einen Zeitpunkt für die Prüfung nennt § 19 Abs. 2 InsO nicht. Die Prüfungspflicht ergibt sich vielmehr aus den allgemeinen Pflichten der Geschäftsführung.[57] Sobald sich eine 27

---

49) BGH, Urt. v. 13.7.1992 – II ZR 269/91, BGHZ 119, 201, 213 = ZIP 1992, 1382, 1386, dazu EWiR 1992, 1093 *(Hunecke)*.

50) Vgl. auch *Steffek* in: KPB, InsO, § 19 Rz. 14.

51) Gesetz zur Umsetzung eines Maßnahmenpakets zur Stabilisierung des Finanzmarktes (Finanzmarktstabilisierungsgesetz – FMStG), v. 17.10.2008, BGBl. I 2008, 1982; dazu ausführlich: *Steffek* in: KPB, InsO, § 19 Rz. 10 ff.

52) Gesetz zur Erleichterung der Sanierung von Unternehmen (ESUG), v. 24.9.2009, BGBl. I 2009, 3151.

53) Gesetz zur Einführung einer Rechtsbehelfsbelehrung im Zivilprozess und zur Änderung anderer Vorschriften, BGBl. I 2012, 2418.

54) Uhlenbruck-*Uhlenbruck*, InsO, 14. Aufl., § 19 Rz. 43.

55) *Steffek* in: KPB, InsO, § 19 Rz. 44; K. Schmidt-*K. Schmidt/Herchen*, InsO, § 19 Rz. 14.

56) Uhlenbruck-*Mock*, InsO, § 19 Rz. 41; K. Schmidt-*K. Schmidt/Herchen*, InsO, § 19 Rz. 14.

57) Uhlenbruck-*Mock*, InsO, § 19 Rz. 47.

Krise der Gesellschaft abzeichnet, etwa weil die Hälfte des Stammkapitals verloren und eine Gesellschafterversammlung nach § 49 Abs. 3 GmbHG einzuberufen ist oder ein Verlustausweis nach § 268 Abs. 3 HGB besteht, haben die Geschäftsführer unabhängig voneinander eine Überschuldungsprüfung vorzunehmen. Ferner besteht während der Krise die Verpflichtung, diese Bilanz fortzuschreiben und die Entwicklung zu beobachten.[58)]

c) **Fortführungsprognose**

28 Voraussetzung für eine positive Fortführungsprognose ist zunächst, dass der Unternehmensträger bzw. die Gesellschafter die Fortführung überhaupt anstreben **(Fortführungswille)**.[59)] Als Fortführung kann auch die Übertragung i. R. einer übertragenden Sanierung gezählt werden. Insbesondere aber muss die Gesellschaft wirtschaftlich überlebensfähig sein. Dies setzt voraus, dass die Gesellschaft während des Prognosezeitraums **zahlungsfähig bleibt**. Mögliche Sanierungsbeiträge von Gläubigern und Gesellschaftern sind hierbei zu berücksichtigen.[60)]

29 Die Prognose setzt im Regelfall eine nach betriebswirtschaftlichen Grundsätzen durchzuführende **Ertrags- und Finanzplanung** voraus.[61)] Diese muss nach sachgerechten Kriterien und für sachverständige Dritte nachvollziehbar aufgestellt sein.[62)] Im Einzelnen soll die Prognose stufenförmig durchgeführt werden:[63)]

– Zunächst muss ein aussagekräftiges und plausibles **Unternehmenskonzept** vorliegen. Das Konzept muss sich mit der Situation auseinandersetzen und die Ursachen hierfür im Einzelnen untersuchen. Anschließend ist zu erörtern, welche Gestalt das Unternehmen nach einer erfolgreichen Sanierung haben soll. Auf dieser Grundlage müssen geeignete und schlüssige Maßnahmen aufgezeigt werden, die erwarten lassen, dass hierdurch die Krise überwunden werden kann.

– Als nächster Schritt ist ein **Finanzplan** unter Berücksichtigung der nach dem Unternehmenskonzept erforderlichen Sanierungsmaßnahmen aufzustellen, in dem im Einzelnen die zu erwartende finanzielle Entwicklung (Einnahmen und Ausgaben) des Unternehmens dargestellt wird. Regelmäßig wird sich dieser Plan aus verschiedenen Teilplänen zusammensetzen, die aufeinander aufbauen: Ausgehend von Einkaufs-, Produktions- und Absatzplänen kann z. B. die notwendige Ertragsvorschau und Liquiditätsplanung entwickelt werden.

– Aus dem Ergebnis des Finanzplans kann schließlich die **Fortbestehensprognose** abgeleitet werden. Im Einzelfall kann auch das Verhalten der Gläubiger und Gesellschafter ein Faktor für die Fortführungsprognose sein.[64)] Ergibt der Finanzplan, dass die Gesellschaft ihre Verbindlichkeiten aller Voraussicht nach bezahlen kann, ist die Prognose positiv.

---

58) S. a. BGH, Urt. v. 6.6.1994 – II ZR 292/91, BGHZ 126, 181, 199 = ZIP 1994, 1103, 1109.

59) *Steffek* in: KPB, InsO, § 19 Rz. 90.

60) Diese dürfen berücksichtigt werden, wenn deren Erbringung „überwiegend wahrscheinlich" ist; BGH, Urt. v. 13.7.2021 – II ZR 84/20, Rz. 79, ZRI 2021, 712 = ZIP 2021, 1643, dazu EWiR 549 *(Prütting)*.

61) OLG Naumburg, Urt. v. 20.8.2002 – 5 U 67/03, ZInsO 2004, 512, 513 f.

62) S. zum Ganzen *Bork*, ZIP 2000, 1709, 1710 f.; Uhlenbruck-*Mock*, InsO, § 19 Rz. 211.

63) S. hierzu im Einzelnen Fachausschuss Recht des IDW, Empfehlungen zur Überschuldungsprüfung bei Unternehmen, WPg 1997, 22, 23 f.; dazu auch *Bork*, ZIP 2000, 1709, 1710; Uhlenbruck-*Mock*, InsO, § 19 Rz. 219.

64) *Bork*, ZIP 2000, 1709, 1712 f. mit Beispielen aus der Rspr.

Die Frage, auf welchen **Zeitraum** sich die Prognose zu beziehen hat, hat der Gesetzgeber mit einer Änderung in § 19 Abs. 2 Satz 1 InsO[65] festgelegt und zwar mit zwölf Monaten.[66] Dies gilt für Insolvenzverfahren, die ab dem 1.1.2021 beantragt werden (Art. 103m EGInsO). 30

Ferner muss eine **„überwiegende Wahrscheinlichkeit"** bestehen, dass die Gesellschaft fortgeführt werden wird. Die Wahrscheinlichkeit muss mehr als 50 % betragen. Welche Kriterien (objektive und/oder subjektive) hier zugrunde zu legen sind, ist im Einzelnen noch nicht geklärt.[67] In der Gesetzesbegründung findet sich nur der Hinweis, dass die überwiegende Wahrscheinlichkeit bestehen müsse, dass die Gesellschaft weiter erfolgreich am Markt operieren könne und die Finanzkraft der Gesellschaft mittelfristig zur Fortführung ausreiche.[68] 31

> **Praxishinweis**
>
> Letztlich handelt es sich um eine **Prognoseentscheidung**, in die subjektive Elemente zwangsläufig einfließen. Diese müssen jedoch durch objektive Kriterien unterlegt sein. Hierbei sind auch die bisher ergriffenen Sanierungsmaßnahmen und deren Auswirkungen heranziehen. Eine **schriftliche Dokumentation** ist gesetzlich nicht vorgeschrieben, aber zur Haftungsvermeidung und aus Beweisgründen dringend zu empfehlen.[69]

d) Aufstellung einer Überschuldungsbilanz

Zweck der Überschuldungsbilanz ist die Feststellung, ob Überschuldung vorliegt.[70] Dabei handelt es sich um einen **Vermögensstatus**, durch dessen Aufstellung geklärt werden soll, ob die Verbindlichkeiten durch das vorhandene Vermögen gedeckt sind und somit bei einer Verwertung des Vermögens sämtliche Verbindlichkeiten bedient werden könnten. Es handelt sich um eine reine **Schuldendeckungsprüfung**[71] Die Handelsbilanz der Gesellschaft ist für diese Zwecke ungeeignet, da diese auf Buchwerten beruht und stille Reserven nicht ausgewiesen werden.[72] Allerdings kann eine in der Handelsbilanz ausgewiesene Überschuldung indizielle Bedeutung haben und Ausgangspunkt für die weitere Ermittlung des tatsächlichen Werts des Gesellschaftsvermögens sein.[73] 32

Bei der Aufstellung der Überschuldungsbilanz sind Fragen über den Ansatz von Aktiv- und Passivposten einerseits (siehe unten Rz. 34 ff.) und Fragen über deren Bewertung andererseits (siehe unten Rz. 39 ff.) zu unterscheiden. 33

---

65) Geändert durch das Gesetz zur Fortentwicklung des Sanierungs- und Insolvenzrechts (SanInsFoG), v. 22.12.2020, BGBl. I 2020, 3256.

66) Für den Zeitraum vom 9.11.2022 bis zum 31.12.2023 gilt hier jedoch ein Zeitraum von vier Monaten (§ 4 Abs. 2 Nr. 1 SanInsKG).

67) S. dazu Uhlenbruck-*Mock*, InsO, § 19 Rz. 221.

68) Begr. RegE FMStG, BT-Drucks. 12/10600, S. 12 f.

69) Uhlenbruck-*Mock*, InsO, § 19 Rz. 45; *Schröder* in: HambKomm-InsO, § 19 Rz. 37.

70) Noack/Servatius/Haas-*Haas*, GmbHG, Vor § 64 Rz. 43; Lutter/Hommelhoff-*Kleindiek*, GmbHG, Anh. § 64 Rz. 38.

71) K. Schmidt-*K. Schmidt/Herchen*, InsO, § 19 Rz. 20¸ s. a. *Schröder* in: HambKomm-InsO, § 19 Rz. 79 ff. – mit Muster-Überschuldungsstatus.

72) BGH, Urt. v. 21.2.1994 – II ZR 60/93, BGHZ 125, 141, 148 = ZIP 1994, 701, 702 f., dazu EWiR 1994, 467 *(v. Gerkan)*.

73) BGH, Urt. v. 2.4.2001 – II ZR 261/99, ZIP 2001, 839; BGH, Urt. v. 18.12.2000 – II ZR 191/99, ZIP 2001, 242; Noack/Servatius/Haas-*Haas*, GmbHG, Vor § 64 Rz. 58.

aa) Ansätze in der Überschuldungsbilanz

(1) Aktivseite

34 Zunächst stellt sich die Frage, welche Posten in der Überschuldungsbilanz in Ansatz zu bringen sind (zur Bewertung siehe unter Rz. 39 ff.). Auf der Aktivseite sind **alle Vermögensgegenstände**, also sämtliche Sachen und Rechte des Anlage- und Umlaufvermögens, anzusetzen, die im Falle der Eröffnung des Insolvenzverfahrens nach § 35 InsO zu den **verwertbaren Bestandteilen der Masse** gehören und somit zur Gläubigerbefriedigung eingesetzt werden können (zur Überschuldungsbilanz siehe auch Kap. 3 Rz. 169 ff. [*Hölzle*]).[74] Im Insolvenzfall etwa bestehende Absonderungsrechte sind dabei jedoch nicht zu berücksichtigen.[75] Absonderungsrechte ermöglichen lediglich eine vorzugsweise Befriedung der jeweiligen Berechtigten. Es geht hier dabei um die Verteilung des Erlöses, nicht um den Gegenstand als Wertansatz in der Bilanz als solchen. Das hat auch dann zu gelten, wenn z. B. ein Gegenstand sicherungsübereignet ist (§ 51 Nr. 1 InsO). Gegenstände, an denen ein Aussonderungsrecht besteht, gehören nicht zum Vermögen des Schuldners und sind daher auch nicht zu berücksichtigen.[76] Ebenso außer Betracht bleiben alle Vermögenspositionen, die erst mit der Eröffnung des Insolvenzverfahrens entstehen, z. B. Anfechtungsansprüche nach §§ 129 ff. InsO.[77]

35 Einzelfragen:

- **Immaterielle Werte**, z. B. Patente, Lizenzen usw., sind anzusetzen, soweit diese selbständig veräußerlich sind.[78] Ob auch ein etwa vorhandener **Firmenwert** in Ansatz gebracht werden kann, hängt davon ab, ob begründete Aussichten bestehen, das Unternehmen oder Teile davon zu veräußern und dabei einen über dem Substanzwert liegenden Mehrerlös zu erzielen.[79]
- **Eigene Geschäftsanteile** sind nicht anzusetzen.[80]
- **Ansprüche gegen Gesellschafter** sind zu aktivieren. Hierzu zählen insbesondere noch ausstehende Einlageforderungen sowie Ausgleichsansprüche aus Unternehmensverträgen.[81]
- Ansprüche aus **harten Patronatserklärungen** (siehe dazu Rz. 332 f.) können ebenfalls aktiviert werden, wenn die Gesellschaft daraus ein eigener und realisierbarer Ausstattungsanspruch zusteht.[82] Harte Patronatserklärungen gegenüber dem Gläubiger sind nur dann ausreichend, wenn die Ausstattungsverpflichtung tatsächlich erfüllt wird.[83]
- Anzusetzen sind auch **Schadensersatzansprüche** gegen die Geschäftsführung (z. B. aus § 43 Abs. 2 GmbHG) und **Erstattungsansprüche** gegen Gesellschafter (§§ 30 f.

74) BGH, Urt. v. 13.7.1992 – II ZR 269/91, BGHZ 119, 201, 213 = ZIP 1992, 1382, 1386; *Steffek* in: KPB, InsO, § 19 Rz. 49; Noack/Servatius/Haas-*Haas*, GmbHG, Vor § 64 Rz. 46; Uhlenbruck-*Mock*, InsO, § 19 Rz. 63.

75) Vgl. auch Uhlenbruck-*Mock*, InsO, § 19 Rz. 74; Scholz-*K. Schmidt/Bitter*, GmbHG, Vor § 64 Rz. 35; *Steffek* in: KPB, InsO, § 19 Rz. 49.

76) *Schröder* in: HambKomm-InsO, § 19 Rz. 57.

77) *Schröder* in: HambKomm-InsO, § 19 Rz. 55.

78) *Steffek* in: KPB, InsO, § 19 Rz. 52.

79) Uhlenbruck-*Mock*, InsO, § 19 Rz. 82 f.

80) Scholz-*Bitter*, GmbHG, Vor § 64 Rz. 74; streitig, s. i. Ü. Nachweise bei Uhlenbruck-*Mock*, InsO, § 19 Rz. 118. Die eigenen Anteile dürften ohnehin wertlos sein.

81) Uhlenbruck-*Mock*, InsO, § 19 Rz. 87 ff.

82) *Haußer/Heeg*, ZIP 2010, 1427, 1430; K. Schmidt-*K. Schmidt*, InsO, § 19 Rz. 42; *Schröder* in: HambKomm-InsO, § 19 Rz. 45.

83) BGH, Urt. v. 19.5.2011 – IX ZR 9/10, ZIP 2011, 1111, dazu EWiR 2011, 575 *(Hirte/Ede)*; K. Schmidt-*K. Schmidt/Herchen*, InsO, § 19 Rz. 42.

GmbHG).[84] Dagegen sind Schadensersatzansprüche nach § 15b InsO nicht anzusetzen, da andernfalls der mit dieser Regelung bezweckte Gläubigerschutz in sein Gegenteil verkehrt würde.[85]

(2) Passivseite

Auf der Passivseite sind **alle Verbindlichkeiten** auszuweisen, die im Insolvenzfall aus der Masse bedient werden müssen (zur Überschuldungsbilanz siehe auch Kap. 3 Rz. 169 ff. [*Hölzle*]). Dabei kommt es nicht darauf an, ob die Verbindlichkeiten dinglich gesichert sind.[86] Streitige oder zweifelhafte Forderungen sind je nach Wahrscheinlichkeit ihres Bestehens mit einem Schätzbetrag aufzunehmen.[87] Die Kosten eines Insolvenzverfahrens (Gerichtskosten, Vergütungen und Auslagen des vorläufigen Insolvenzverwalters, Insolvenzverwalters und Gläubigerausschusses) sowie Abwicklungskosten bleiben außer Betracht.[88] Auch etwa erforderliche **Rückstellungen** sind einzubeziehen. 36

Auch **Gesellschafterdarlehen und diesen gleichgestellte Forderungen** sind zu passivieren. Diese Verpflichtung entfällt nur dann, wenn die Gesellschafter einen wirksamen **Rangrücktritt** erklären. Dies folgt nunmehr aus § 19 Abs. 2 Satz 2 InsO der durch das MoMiG[89] mit Wirkung ab 1.11.2008 eingefügt worden ist.[90] Die Abgabe des Rangrücktritts hat zudem auch eine **Warnfunktion.** Die Vorschrift ist aber nicht ganz eindeutig formuliert, da sie lediglich den Nachrang im Insolvenzverfahren erfordert. Dieser muss sich natürlich auch auf den Zeitraum davor beziehen, um eine Passivierungspflicht zu vermeiden. Hier handelt es sich offenbar um ein Redaktionsversehen des Gesetzgebers.[91] 37

Inhaltlich sind für einen wirksamen Rangrücktritt nach der Rechtsprechung des BGH **vier Anforderungen** zu erfüllen:[92] 38

- Für die Forderung (Hauptforderung sowie nach § 39 Abs. 3 InsO auch die Zinsen und sonstigen Nebenforderungen) ist eine **Durchsetzungssperre** zu vereinbaren und zwar schon für die Zeit vor der Eröffnung des Insolvenzverfahrens.
- Der Rangrücktritt muss eine **Rangtiefe** derart haben, dass die betreffenden Forderungen nach den in § 39 Abs. 1 Nr. 1–5 InsO aufgeführten Forderungen befriedigt werden dürfen.
- Der Rangrücktritt darf **nicht befristet** sein.
- Er muss sich auch auf **alle nicht-akzessorische Sicherheiten erstrecken,** soweit diese aus dem Gesellschaftsvermögen gestellt worden sind.

---

84) Noack/Servatius/Haas-*Haas*, GmbHG, Vor § 64 Rz. 47a; Uhlenbruck-*Mock*, InsO, § 19 Rz. 95 ff.

85) K. Schmidt-*K. Schmidt/Herchen*, InsO, § 19 Rz. 33; *Steffek* in: KPB, InsO, § 19 Rz. 59; nach Uhlenbruck-*Mock*, InsO, § 19 Rz. 116, 190, sollen diese angesetzt werden können; allerdings sei dann ein entsprechender Ausgleichsanspruch des Geschäftsführers zu passivieren.

86) Scholz-*Bitter*, GmbHG, Vor § 64 Rz. 86; *Steffek* in: KPB, InsO, § 19 Rz. 67.

87) Uhlenbruck-*Mock*, InsO, § 19 Rz. 159.

88) Uhlenbruck-*Mock*, InsO, § 19 Rz. 199; *Steffek* in: KPB, InsO, § 19 Rz. 65.

89) Gesetz zur Modernisierung des GmbH-Rechts und zur Bekämpfung von Missbräuchen – MoMiG, v. 23.10.2008, BGBl. I 2008, 2026.

90) § 19 Abs. 2 Satz 2 InsO hat damit die die Rspr. des BGH abgelöst, der einen sog. qualifizierten Rangrücktritt verlangt hatte (BGH, Urt. v. 2.7.2001 – II ZR 264/99, ZIP 2001, 1366, 1367, dazu EWiR 2001, 815 *(Geilen)*. Bis zu der Entscheidung BGH, Urt. v. 8.1.2001 – II ZR 88/99, BGHZ 146, 246 = ZIP 2001, 235 waren die Voraussetzungen für einen Rangrücktritt nicht so streng; vgl. dazu OLG Frankfurt/M., Urt. v. 20.2.2003 – 3 U 37/99, GmbHR 2004, 53).

91) Noack/Servatius/Haas-*Haas*, GmbHG, Vor § 64 Rz. 68 f.

92) BGH, Urt. v. 15.3.2015 – IX ZR 133/14, BGHZ 204, 231 = ZIP 2015, 638, dazu EWiR 2015, 219 *(Bork)*; s. zu den Voraussetzungen im Einzelnen auch: Uhlenbruck-*Mock*, InsO, § 19 Rz. 227 ff. m. w. N.

39 Einzelfragen zum Ausweis von Verbindlichkeiten in der Überschuldungsbilanz:

- **Verbindlichkeiten aus unerfüllten Verträgen** sind anzusetzen, da nicht auszuschließen ist, dass sich der Insolvenzverwalter für die Erfüllung des Vertrags entscheidet (§ 103 Abs. 1 InsO).[93)]
- **Eigenkapitalpositionen** i. S. von § 266 Abs. 3 A HGB, insbesondere also **Stammeinlagen und Rücklagen**, begründen keine Verbindlichkeiten und sind deshalb in der Überschuldungsbilanz nicht zu berücksichtigen.[94)] Durch die Gegenüberstellung von Aktiv- und Passivvermögen soll gerade ermittelt werden, ob ein positives Eigenkapital vorhanden ist oder die Gesellschaft überschuldet ist,[95)]
- **Stille Einlagen** sind zu passivieren, wenn diese Insolvenzforderungen nach § 236 HGB begründen. Bei der atypischen stillen Gesellschaft ist dagegen die Einlage nicht zu passivieren, wenn die stille Gesellschaft im Innenverhältnis als mitunternehmerische Beteiligung gestaltet ist.[96)]
- **Rückstellungen** sind nur insoweit anzusetzen, als sie auch Risiken unter der Annahme der Insolvenz betroffen (z. B. für ungewisse Verbindlichkeiten, insbesondere Rückstellungen für etwaige Gewährleistungen).[97)] Hier sind dieselben Grundsätze wie bei § 249 HGB anzuwenden.
- Die **Kosten des Insolvenzverfahren** bzw. der Abwicklung, soweit sie als Masseverbindlichkeiten i. S. von § 55 InsO ausgelöst werden, sind nicht zu passivieren.[98)]

bb) Bewertung in der Überschuldungsbilanz

40 In der Überschuldungsbilanz sind die Vermögensgegenstände mit den **Liquidationswerten** zu bewerten, also mit den Werten, die bei einer Einzelverwertung erzielt werden würden (Zerschlagungswerte).[99)] Dies folgt aus dem Zweck der Überschuldungsbilanz, da sich nur hierdurch ermitteln lässt, welche Beträge bei einer Abwicklung außerhalb eines Insolvenzverfahrens zum Zwecke der Befriedigung der Gläubiger eingesetzt werden können. Die handelsrechtlichen Bewertungsvorschriften gelten dabei nicht. Es kommt hier allein auf die Verwertbarkeit des Vermögensgegenstands an. Stille Reserven sind daher mit einzubeziehen.[100)] Im Einzelfall ist auch eine Bewertung mit Fortführungswerten denkbar. Das kann z. B. der Fall sein, wenn i. R. der Abwicklung Unternehmensteile als Gesamtheit verwertet werden können.[101)] Hierfür müssen dann jedoch gewichtige Anhaltspunkte gegeben sein.

41 Nicht zu verwechseln ist die Überschuldungsbilanz mit der Liquidationseröffnungsbilanz nach § 71 Abs. 1 GmbHG. Diese verfolgen andere Zwecke.

42 Die **Rückkehr zur modifizierten zweistufigen Überschuldungsprüfung** hat auch in diesem Zusammenhang Änderungen mit sich gebracht: Bei dem ursprünglichen **Überschuldungsbegriff der InsO 1999** war die Fortführungsprognose für die Ermittlung des **Be-**

---

93) Noack/Servatius/Haas-*Haas*, GmbHG, Vor § 64 Rz. 49; Scholz-*Bitter*, GmbHG, Vor § 64 Rz. 87.
94) Lutter/Hommelhoff-*Kleindiek*, GmbHG, Anh. § 64 Rz. 41; Scholz-*Bitter*, GmbHG, Vor § 64 Rz. 85.
95) *Schröder* in: HambKomm-InsO, § 19 Rz. 59.
96) Noack/Servatius/Haas-*Haas*, GmbHG, Vor § 64 Rz. 49.
97) Scholz-*Bitter*, GmbHG, Vor § 64 Rz. 89.
98) Uhlenbruck-*Mock*, InsO, § 19 Rz. 199.
99) S. zur Bewertung einzelner Vermögensgegenstände: *Schröder* in: HambKomm-InsO, § 19 Rz. 39 ff.
100) *Steffek* in: KPB, InsO, § 19 Rz. 51.
101) K. Schmidt-*K. Schmidt/Herchen*, InsO, § 19 Rz. 25.

wertungsmaßstabs entscheidend.[102] Wenn die Fortführung des Unternehmens überwiegend wahrscheinlich, also die **Fortbestehensprognose positiv** ist, konnten auch die **Fortführungswerte** angesetzt werden. In der Überschuldungsbilanz kam daher § 252 Abs. 1 Nr. 2 HGB (Going Concern) zur Anwendung mit der Folge, dass die Vermögensgegenstände nach den allgemeinen Vorschriften und Grundsätzen zu bewerten waren.[103] In erster Linie war hier bedeutsam, dass anstelle der Liquidationswerte die historischen Anschaffungs- bzw. Herstellungskosten angesetzt werden konnten. Diese bildeten eine Untergrenze. Sind stille Reserven vorhanden, sind die tatsächlichen Werte anzusetzen.[104] Die Fortbestehensprognose nach der heutigen Fassung des § 19 Abs. 2 InsO spielt bereits auf der Tatbestandsebene und nicht erst bei der Bewertung eine Rolle (siehe dazu oben Rz. 28 ff.).

4. Entstehung der Pflicht

Die Pflicht zur Stellung des Eröffnungsantrags entsteht mit dem **Eintritt der Zahlungsunfähigkeit** (§ 17 InsO) **oder Überschuldung** (§ 19 InsO). Umstritten ist, ob diese erst mit der positiven Kenntnis von der Überschuldung beginnt.[105] Begründet wird dieser Ansatz damit, dass dem Geschäftsführer genügend Zeit gegeben werden soll, Sanierungsversuche zu unternehmen. Nach a. A. reicht es bereits aus, dass Fakten oder Merkmale vorliegen, aus denen die Überschuldung zu Tage tritt.[106] Der letzteren Auffassung ist zuzustimmen. Die Insolvenzantragspflicht muss schon dann bestehen, wenn sich für den Geschäftsführer Anhaltspunkte (**offensichtliche Erkennbarkeit**) ergeben (siehe hierzu auch Rz. 27), dass die Gesellschaft zahlungsunfähig oder überschuldet ist, und ein pflichtgemäß handelnder Geschäftsführer diese Umstände erkannt hätte. Ein Geschäftsführer ist nämlich zur ständigen Beobachtung der Situation verpflichtet. Ferner hat die Stellung des Eröffnungsantrags aus öffentlichem Interesse so schnell wie möglich zu erfolgen.[107] Letztlich korrespondiert dies mit dem Verschuldensmaßstab, da hier als Maßstab die Sorgfalt eines ordentlichen Geschäftsführers anzulegen ist (siehe auch Rz. 74 f.).[108] Verfügt der Geschäftsführer einer GmbH nicht über ausreichende persönliche Kenntnisse, die er für die Prüfung benötigt, ob er pflichtgemäß einen Eröffnungsantrag zu stellen hat, hat er sich bei Anzeichen einer Unternehmenskrise unverzüglich unter umfassender Darstellung der Verhältnisse der Gesellschaft und Offenlegung der erforderlichen Unterlagen von einer unabhängigen, für die zu klärenden Fragestellungen fachlich qualifizierten Person beraten zu lassen.[109] Dabei muss er auf eine unverzügliche Vorlage der Prüfungsergebnisse hinwirken und hat diese einer Plausibilitätsprüfung zu unterziehen.[110] 43

Die in § 15a Abs. 1 Satz 1 InsO genannte Frist von drei bzw. sechs Wochen bedeutet nicht, dass erst nach deren Ablauf die Antragspflicht beginnt. Hierbei handelt es sich vielmehr um einen Maßstab für die Prüfung, ob der Geschäftsführer seine Antragspflicht verletzt hat (siehe auch unter Rz. 46).[111] 44

---

102) Uhlenbruck-*Uhlenbruck*, InsO, 14. Aufl., § 19 Rz. 19 ff.

103) *Schröder* in: HambKomm-InsO, § 19 Rz. 42.

104) Scholz-*Bitter*, GmbHG, Vor § 64 Rz. 68.

105) BGH, Urt. v. 9.7.1979 – II ZR 118/77, BGHZ 75, 96, 111 = NJW 1979, 1823, 1827; zum Streitstand: Lutter/Hommelhoff-*Kleindiek*, GmbHG, § 15a InsO Rz. 76 ff.

106) Lutter/Hommelhoff-*Kleindiek*, GmbHG, § 15a InsO Rz. 77.

107) Vgl. auch BGH, Urt. v. 6.6.1994 – II ZR 292/91, BGHZ 126, 181, 199 = ZIP 1994, 1103, 1109; Lutter/Hommelhoff-*Kleindiek*, GmbHG, § 15a InsO Rz. 77.

108) S. BGH, Urt. v. 6.6.1994 – II ZR 292/91, BGHZ 126, 181, 199 = ZIP 1994, 1103, 1109.

109) BGH, Urt. 27.3.2012 – II ZR 171/10, Rz. 15, ZIP 2012, 1174, dazu EWiR 2012, 457 *(Wackerbarth)*.

110) BGH, Urt. 27.3.2012 – II ZR 171/10, Rz. 16, 19, ZIP 2012, 1174, dazu EWiR 2012, 457 *(Wackerbarth)*.

111) K. Schmidt-*K. Schmidt/Herchen*, InsO, § 15a Rz. 31.

45 Auch das Fehlen einer für die Eröffnung des Insolvenzverfahrens ausreichenden Masse entbindet nicht von der Antragspflicht.[112]

IV. Inhalt der Pflicht

46 Der Geschäftsführer hat den Insolvenzantrag **ohne schuldhaftes Zögern** (§ 15a Abs. 1 Satz 1 InsO), also unverzüglich, aber **spätestens drei Wochen nach Eintritt der Zahlungsunfähigkeit und sechs Wochen**[113] **nach Eintritt der Überschuldung** (§ 15a Abs. 1 Satz 2 InsO) zu stellen. Im Falle der Überschuldung beginnt die Frist nach der hier vertretenen Auffassung mit deren Erkennbarkeit und bei Zahlungsunfähigkeit mit deren Kenntnisnahme (siehe oben Rz. 43). Durch diese Frist wird keine Antragsfrist im verfahrensrechtlichen Sinne aufgestellt, sondern vielmehr ein Fahrlässigkeitsmaßstab konkretisiert. Die Frist ist daher **keine Aufschubfrist.**[114] Die Frist soll dazu dienen, der Geschäftsführung noch Sanierungsbemühungen zu ermöglichen.[115] § 15a Abs. 1 Satz 2 InsO zieht dabei eine zeitliche Grenze, wie lange ein Geschäftsführer eine insolvenzreife Gesellschaft höchstens noch fortführen darf (**Höchstfrist**).[116]

Praxishinweis

Inwieweit der Geschäftsführer die Frist allerdings ausschöpfen darf, ist Frage des Einzelfalls. Die Antragstellung muss „ohne schuldhaftes Zögern" erfolgen, so dass die dreiwöchige Frist nicht ohne triftigen Grund ausgenutzt werden darf. Dabei kann sich der Geschäftsführer auch nicht auf die Business Judgement Rule (§ 93 Abs. 1 Satz 2 AktG analog) berufen, da es bei der Insolvenzantragspflicht um die Frage geht, ob die Fortführung der Gesellschaft im Interesse der Gläubiger geboten ist.[117] Ein längeres Zuwarten als drei bzw. sechs Wochen ist in jedem Fall, auch bei laufenden Sanierungsbemühungen, pflichtwidrig. Bloße Hoffnungen und Erwartungen für eine Rettung der Gesellschaft sind nicht ausreichend.[118] Der Geschäftsführer ist zur sofortigen Antragstellung verpflichtet, wenn Rettungsversuche erkennbar zwecklos sind, weil z. B. Sanierungsversuche bereits gescheitert sind.[119]

V. Erfüllung und Erlöschen der Pflicht

47 Der Geschäftsführer kann seine Pflicht nur durch **Stellung des Eröffnungsantrags** erfüllen. Hat ein Geschäftsführer den Antrag gestellt, sind die anderen Geschäftsführer von der Antragspflicht entbunden. Nicht ausreichend ist die Antragstellung durch einen Gesellschaftsgläubiger, solange das Insolvenzverfahren nicht eröffnet oder mangels Masse abgelehnt worden ist.[120] Bei einem mangels Masse nicht eröffneten Insolvenzverfahren lebt die Antragspflicht wieder auf, wenn in der Folgezeit eine kostendeckende Masse vorhanden ist.[121] Auf die Einhaltung der Fristen kann auch seitens der Gläubiger nicht verzichtet werden, da es sich um eine öffentliche Pflicht handelt.[122] Im Übrigen entfällt die

---

112) *Steffek* in: KPB, InsO, § 15a Rz. 56.

113) Für den Zeitraum vom 9.11.2022 bis zum 31.12.2023 gilt eine Frist von acht Wochen (§ 4a SanInsKG).

114) K. Schmidt-*K. Schmidt/Herchen*, InsO, § 15a Rz. 31.

115) BGH, Urt. v. 9.7.1979 – II ZR 118/77, BGHZ 75, 96, 111 = NJW 1979, 1823, 1827; Lutter/Hommelhoff-*Kleindiek*, GmbHG, § 15a InsO Rz. 76.

116) Lutter/Hommelhoff-*Kleindiek*, GmbHG, § 15a InsO Rz. 83; *Steffek* in: KPB, InsO, § 15a Rz. 59.

117) *Klöhn* in: MünchKomm-InsO, § 15a Rz. 126.

118) *Schmahl* in: MünchKomm-InsO, 1. Aufl., § 15 Rz. 78.

119) BGH, Urt. v. 9.7.1979 – II ZR 118/77, BGHZ 75, 96, 111 = NJW 1979, 1823, 1827; Lutter/Hommelhoff-*Kleindiek*, § 15a InsO Rz. 83.

120) BGH, Beschl. v. 28.10.2008 – 5 StR 166/08, BGHSt 53, 24 = ZIP 2008, 2308, dazu EWiR 2009, 235 *(Schork)*; *Klöhn* in: MünchKomm-InsO, § 15a Rz. 137.

121) *Schmahl* in: MünchKomm-InsO, 2. Aufl., § 15 Rz. 117.

122) Scholz-*K. Schmidt*, GmbHG, 11. Aufl., § 64 Rz. 168.

Antragspflicht, wenn der Insolvenzgrund nachhaltig beseitigt ist.[123] Dabei ist zu berücksichtigen, dass neue Darlehen lediglich die Zahlungsunfähigkeit, nicht aber eine etwaige Überschuldung beseitigen können, sofern nicht gleichzeitig die Voraussetzungen für eine positive Fortbestehensprognose geschaffen werden.[124]

VI. Zivilrechtliche Haftung für Verstöße gegen § 15a Abs. 1 InsO

1. Voraussetzungen (objektive und subjektive Tatbestandsmerkmale)

Die Insolvenzantragspflicht ist nach Inkrafttreten des MoMiG nicht mehr in § 64 Abs. 1 GmbHG a. F. und für andere Gesellschaften in den jeweiligen Gesetzen, sondern nunmehr rechtsformübergreifend in § 15a Abs. 1 und 2 InsO geregelt.[125] § 64 Abs. 1 GmbHG a. F. ist nach allgemeiner Ansicht ein **Schutzgesetz** i. S. von § 823 Abs. 2 BGB zugunsten aller Gläubiger der Gesellschaft gewesen. Dies gilt ohne weiteres auch für § 15a InsO.[126] Dabei werden sowohl Gläubiger, die bereits Forderungen vor dem Eintritt der Insolvenzreife gegen die Gesellschaft hatten **(Altgläubiger)**, als auch diejenigen, deren Forderungen erst nach Eintritt der Insolvenzreife begründet worden sind (**Neugläubiger**), in den Schutzbereich einbezogen.[127] Nicht geschützt sind allerdings Gläubiger, die ihre Ansprüche erst nach Eröffnung des Insolvenzverfahrens erwerben.[128] Diese werden regelmäßig aber Massegläubiger sein. 48

Voraussetzung für eine Haftung ist ferner eine **schuldhafte Verletzung** der Insolvenzantragspflicht durch den Geschäftsführer oder eine andere zur Stellung des Antrags verpflichtete Person. Der Geschäftsführer muss die erforderlichen Entscheidungen mit der Sorgfalt eines ordentlichen Geschäftsführers treffen. Bereits fahrlässiges Verhalten ist ausreichend.[129] Sein Verschulden wird bei Erkennbarkeit des Insolvenzgrunds vermutet (zur Beweislast siehe unter Rz. 58).[130] 49

2. Umfang des Schadensersatzanspruchs

a) Entwicklung der Rechtsprechung

Bis zum Urteil des BGH vom 6.6.1994 war es h. M., dass § 64 Abs. 1 GmbHG a. F. die Gesellschaftsgläubiger nicht individuell, sondern nur in ihrer Gesamtheit schütze. Danach konnten sowohl Alt- als auch Neugläubiger nur den sog. **Quotenschaden** geltend machen.[131] Als Schaden konnte nur der Betrag verlangt werden, um den sich die Insolvenzquote aufgrund der verspäteten Antragstellung und der während dieser Zeit begründeten neuen Verbindlichkeiten sowie weiterer Verluste verschlechtert hatte.[132] 50

123) Lutter/Hommelhoff-*Kleindiek*, § 15a InsO Rz. 82.

124) Lutter/Hommelhoff-*Kleindiek*, § 15a InsO Rz. 81.

125) Zu den Ausnahmen (spezialgesetzliche Regelungen): *Linker* in: HambKomm-InsO, § 15a Rz. 2.

126) BGH, Urt. v. 14.5.2012 – II ZR 130/10, ZIP 2012, 1455, dazu EWiR 2012, 525 *(Schodder)*; Lutter/Hommelhoff-*Kleindiek*, GmbHG, § 15a InsO Rz. 89.

127) BGH, Urt. v. 6.6.1994 – II ZR 292/91, BGHZ 126, 181, 190 ff. = ZIP 1994, 1103, 1106 m. w. N. – zu § 64 Abs. 1 GmbHG a. F.

128) BGH, Urt. v. 19.2.1990 – II ZR 268/88, BGHZ 110, 342, 361 = ZIP 1990, 578, 583 f., dazu EWiR 1990, 479 *(Bergmann)* – zu § 64 Abs. 1 GmbHG a. F.

129) BGH, Urt. v. 6.6.1994 – II ZR 292/91, BGHZ 126, 181, 190 = ZIP 1994, 1103, 1109; Lutter/Hommelhoff-*Kleindiek*, GmbHG, § 15a InsO Rz. 97.

130) BGH, Urt. v. 14.5.2012 – II ZR 130/10, ZIP 2012, 1455, dazu EWiR 2012, 525 *(Schodder)*; OLG München, Urt. v. 13.5.2013 – 7 U 457/13, juris.

131) S. dazu Lutter/Hommelhoff-*Kleindiek*, GmbHG, § 15a InsO Rz. 109.

132) BGH, Urt. v. 16.12.1958 – VI ZR 245/57, BGHZ 29, 100, 102 f. = NJW 1959, 623, 624.

51 Nunmehr **differenziert** die Rechtsprechung zwischen **Alt- und Neugläubigern.** Der Ersatzanspruch der Neugläubiger ist danach nicht mehr auf den Quotenschaden beschränkt, sondern diese können Ersatz ihres vollen Schadens verlangen, der dadurch entstanden ist, dass diese mit einer insolvenzreifen Gesellschaft kontrahiert haben. Begründet wird dies insbesondere damit, dass Zweck der Vorschrift sei, insolvenzreife Gesellschaften mit beschränktem Haftungsfonds vom Geschäftsverkehr fernzuhalten. Wären die Geschäftsführer fristgerecht ihrer Pflicht nachgekommen und hätten einen Insolvenzantrag gestellt, hätten die Neugläubiger keine Verträge mehr mit der insolvenzreifen Gesellschaft geschlossen.[133)] Unter diesen Umständen muss der Schutzzweck hinsichtlich der Neugläubiger weiter gefasst werden als für Altgläubiger, deren Forderungen bereits bei Insolvenzreife begründet waren. Diese Rechtsprechung ist ohne weiteres auf § 15a Abs. 1 InsO zu übertragen.

b) Altgläubiger

52 Die Altgläubiger können weiterhin nur den sog. **Quotenschaden** geltend machen (siehe oben Rz. 52). Dieser berechnet sich wie folgt: Zunächst ist eine fiktive Quote aus dem Verhältnis der den Altgläubigern bei Insolvenzreife zur Verfügung stehenden freien Masse (Gegenstände, die mit Ab- bzw. Aussonderungsrechten belastet sind, werden nicht mit einbezogen) und deren Forderungen zu bilden. Die ermittelte Quote ist mit der Insolvenzforderung des Altgläubigers zu multiplizieren. Von dem so errechneten Betrag ist der auf den Altgläubiger entfallende Masseanteil abzuziehen. Der jeweilige Masseanteil errechnet sich aus dem Verhältnis der Forderung des Altgläubigers zu den gesamten Forderungen aller Insolvenzgläubiger.[134)]

53 Bei Unwägbarkeiten hinsichtlich der Berechnung der hypothetischen Quote, etwa bei der Feststellung des Zeitpunkts der Überschuldung, ist erforderlichenfalls auf § 287 ZPO zurückzugreifen.[135)]

c) Neugläubiger

54 Angesichts des Umstands, dass sich die Neugläubiger überhaupt nicht mit der insolvenzreifen Gesellschaft eingelassen hätten, haben sie Anspruch auf Ersatz des **Vertrauensschadens** (negatives Interesse) und sind so zu stellen, als ob sie nicht mit der Gesellschaft kontrahiert hätten. Sie können damit den ihnen entstandenen Individualschaden geltend machen. Dabei kann der Neugläubiger seinen Schaden unbeschränkt Zug um Zug gegen Abtretung seiner Insolvenzforderung geltend machen, d. h. die auf ihn entfallende Insolvenzquote nicht abzuziehen.[136)] Ein Gläubiger kann daher z. B. bei Warenlieferungen die Anschaffungs- und Herstellungskosten zuzüglich der Vertriebskosten verlangen.[137)] Ein Gewinnaufschlag kann nur dann angesetzt werden, wenn der Gläubiger seine betrieblichen Kapazitäten anders hätte einsetzen können, wenn er nicht mit der Gesellschaft kontrahiert hätte.[138)] Auch die Kosten der Rechtsverfolgung sind vom Schadensersatzanspruch

---

133) BGH, Urt. v. 6.6.1994 – II ZR 292/91, BGHZ 126, 181, 192 f. = ZIP 1994, 1103, 1107 f. – zu § 64 Abs. 1 GmbHG a. F.

134) BGH, Urt. v. 30.3.1998 – II ZR 146/96, BGHZ 138, 211, 221 = ZIP 1998, 776, 779 f. – zu § 64 Abs. 1 GmbHG a. F.

135) *K. Schmidt*, GesR, § 36 II. 6.

136) BGH, Urt. v. 5.2.2007 – II ZR 234/05, BGHZ 171, 46 = ZIP 2007, 676, dazu EWiR 2007, 305 *(Haas/Reiche)*; anders noch in BGH, Urt. v. 6.6.1994 – II ZR 292/91, BGHZ 126, 181, 201 = ZIP 1994, 1103, 1110 f.

137) BGH, Urt. v. 27.4.2009 – II ZR 253/07, ZIP 2009, 1220, dazu EWiR 2009, 575 *(Podewils)*; OLG Naumburg, Urt. v. 6.2.1997 – 7 U 105/96, GmbHR 1998, 183, 184.

138) OLG Koblenz, Urt. v. 3.8.1999 – 3 U 1806/98, GmbHR 2000, 31, 33 f. = NZI 2001, 72.

umfasst.[139] Ferner fallen in diese Fallgruppe auch Schäden aus Vertragsverhältnissen, die die Gesellschaft nach Insolvenzreife abgeschlossen hat. Diese können sich z. B. aus einer Schlechtleitung ergeben, etwa wenn durch eine fehlerhafte Bauleistung der insolvenzreifen Gesellschaft Schäden an einem Bauwerk verursacht wurden und von dieser wegen fehlender Mittel nicht mehr beseitigt werden konnten.[140]

Noch nicht endgültig geklärt ist die Frage, ob diese Grundsätze auch für Neugläubiger gelten, die **gesetzliche Ansprüche** nach der Insolvenzreife erworben haben. Teilweise wird dies in der Literatur bejaht, da bei rechtzeitiger Stellung des Insolvenzantrags der betroffene Gläubiger keine Forderung mehr gegen den Schuldner erworben hätte.[141] Bei Beiträgen zur Sozialversicherung hat der BGH dies abgelehnt.[142] Ob dies auch bei Ansprüchen aus Delikt gilt, ist noch nicht geklärt und streitig.[143] 55

3. Mitverschulden

Der Schadensersatzanspruch kann gemäß § 254 BGB durch ein Mitverschulden des Vertragspartners (Gläubigers) gemindert sein. Dies kann gegeben sein, wenn für diesen bei Abschluss des Vertrags erkennbare Umstände vorlagen, die die hierdurch begründete Forderung gegen die Gesellschaft als gefährdet erscheinen lassen mussten.[144] 56

4. Geltendmachung des Anspruchs

Anspruchsberechtigt sind die Altgläubiger, deren Quote infolge der Insolvenzverschleppung gemindert worden ist. Bei diesem Quotenschaden handelt es sich jedoch um einen einheitlichen Schaden, der während des Insolvenzverfahrens nach § 92 InsO von dem **Insolvenzverwalter** als Gesamtgläubigerschaden geltend zu machen ist.[145] Außerhalb des Insolvenzverfahrens oder wenn ein solches mangels Masse nicht eröffnet wird, müssen die betroffenen Gläubiger selbst gegen den Geschäftsführer vorgehen.[146] Die Individualschäden der **Neugläubiger** können in jedem Fall nur durch die betreffenden Gläubiger selbst geltend gemacht werden.[147] 57

139) BGH, Urt. v. 27.4.2009 – II ZR 253/07, ZIP 2009, 1220.

140) BGH, Urt. v. 14.5.2012 – II ZR 130/10, ZIP 2012, 1455, dazu EWiR 2012, 525 *(Schodder)*.

141) *Reiff/Arnold*, ZIP 1998, 1893.

142) BGH, Urt. v. 7.7.2003 – II ZR 241/02, ZIP 2003, 1713, 1714 f., m. Anm. *K. Schmidt*: Jedenfalls kann ein Sozialversicherungsträger bei einer Insolvenzverschleppung von dem Geschäftsführer nicht den Ersatz der nicht abgeführten Sozialversicherungsbeiträge verlangen, da dies auf den Ersatz des positiven Interesses hinauslaufen würde. Es kann auch nicht auf § 252 BGB zurückgegriffen und unterstellt werden, dass ein Arbeitnehmer bei einem in Insolvenz geratenen Unternehmer gekündigt, unmittelbar darauf einen neuen Arbeitsplatz gefunden und daraufhin Beiträge zur Sozialversicherung gezahlt hätte. Ebenso hat der BGH die Frage für Ansprüche nach § 3 EFZG entschieden: BGH, Beschl. v. 20.10.2008 – II ZR 211/07, ZIP 2009, 366.

143) Vgl. zum Diskussionsstand: Lutter/Hommelhoff-*Kleindiek*, GmbHG, § 15a InsO Rz. 114 f. – zustimmend.

144) BGH, Urt. v. 6.6.1994 – II ZR 292/91, BGHZ 126, 181, 200 f. = ZIP 1994, 1103, 1110.

145) BGH, Urt. v. 5.2.2007 – II ZR 234/05, BGHZ 171, 46 = ZIP 2007, 676; BGH, Urt. v. 30.3.1998 – II ZR 146/96, BGHZ 138, 211, 214 f. = ZIP 1998, 776; Lutter/Hommelhoff-*Kleindiek*, GmbHG, § 5a InsO Rz. 117; Noack/Servatius/Haas-*Haas*, GmbHG, § 64 Rz. 263.

146) Noack/Servatius/Haas-*Haas*, GmbHG, § 64 Rz. 264.

147) BGH, Urt. v. 30.3.1998 – II ZR 146/96, BGHZ 138, 211, 214 f. = ZIP 1998, 776, 777; Lutter/Hommelhoff-*Kleindiek*, GmbHG, § 15a InsO Rz. 160 ff. – auch zu den abweichenden Auffassungen in der Literatur.

5. Beweislast

58 Im Prozess müssen die objektiven Voraussetzungen eines Verstoßes gegen § 15a Abs. 1 InsO durch den **Anspruchsteller** (Insolvenzverwalter bzw. Gesellschaftsgläubiger), die Kausalität sowie der Schaden dargelegt und auch bewiesen werden. Hierzu gehört auch die rechnerische Überschuldung der Gesellschaft.[148)] Jedoch bestehen verschiedene **Beweiserleichterungen**: Steht die Überschuldung fest, muss sich der Geschäftsführer von deren Erkennbarkeit entlasten.[149)] Ferner gilt die Insolvenzreife nach den Grundsätzen der Beweisvereitelung als bewiesen, wenn der Geschäftsführer die ihm obliegende Pflicht zur Führung und Aufbewahrung von Büchern und Belegen nach §§ 238, 257 HGB, § 41 GmbHG verletzt hat und dem Gläubiger deshalb die Darlegung näherer Einzelheiten nicht möglich ist.[150)] Beruft sich der Geschäftsführer bei Vorliegen einer rechnerischen Überschuldung auf eine günstige Fortführungsprognose (siehe oben Rz. 28 ff.), so hat dieser die Voraussetzungen dafür darzulegen und erforderlichenfalls zu beweisen.[151)] Legt der Insolvenzverwalter eine Handelsbilanz vor, aus der sich eine Überschuldung ergibt, hat diese lediglich indizielle Bedeutung. Er muss dann überprüfen und erläutern, ob und ggf. in welchem Umfang stille Reserven oder sonstige aus ihr nicht ersichtliche Vermögenswerte vorhanden sind.[152)] Bei der Zahlungsunfähigkeit hat der Insolvenzverwalter diese regelmäßig durch Vorlage einer Gegenüberstellung von einsetzbaren Mitteln (siehe dazu Rz. 16) und fälligen Verbindlichkeiten darzulegen und zu beweisen. Sofern jedoch eine Zahlungseinstellung gemäß § 17 Abs. 2 Satz 2 InsO die gesetzliche Vermutung der Zahlungsunfähigkeit begründet, ist die Darlegung der Zahlungsunfähigkeit anhand einer solchen Liquiditätsbilanz entbehrlich. Der Geschäftsführer kann die Zahlungsunfähigkeit dann jedoch dadurch widerlegen, dass er konkret darlegt und ggf. beweist, dass eine Liquiditätsbilanz im maßgeblichen Zeitraum für den Schuldner eine Deckungslücke von weniger als 10 % ausgewiesen hat.[153)] Liegt ein Insolvenzgrund vor, wird das Verschulden des Geschäftsführers vermutet (siehe auch unter Rz. 49). Der Geschäftsführer muss sich dann von der Vermutung der Erkennbarkeit entlasten.[154)]

6. Verjährung

59 Es gilt für den Anspruch die regelmäßige Verjährungsfrist von **drei Jahren** (§ 195 BGB), nicht eine fünfjährige Frist (§ 43 Abs. 4 GmbHG analog).[155)]

148) BGH, Urt. v. 6.6.1994 – II ZR 292/91, BGHZ 126, 181, 200 = ZIP 1994, 1103, 1110; Scholz-*K. Schmidt*, GmbHG, Anh. § 64 Rz. 72 f. Nach OLG Brandenburg, Urt. v. 31.3.2005 – 11 U 103/04, ZIP 2005, 1073, gilt dies selbst dann, wenn der Geschäftsführer seine Buchführungspflicht verletzt und damit gegen § 283b StGB verstoßen hat. Einschränkend *Altmeppen*, ZIP 2001, 2201, 2209: Zu Beginn der Krise sei der Geschäftsführer verpflichtet, einen Vermögensstatus aufzustellen, um erforderlichenfalls seiner Antragspflicht nachzukommen, und sei hierüber rechenschaftspflichtig (§ 666 BGB). Gelingt ihm diese Darlegung nicht, sei zulasten des Geschäftsführers zu vermuten, das mit dem erkennbaren Beginn der Krise die Gesellschaft überschuldet war.

149) BGH, Urt. v. 29.11.1999 – II ZR 273/98, BGHZ 143, 184, 185 = ZIP 2000, 184, 185 – zu § 64 Abs. 2 GmbHG, dazu EWiR 2000, 295 *(Noack)*.

150) BGH, Vers.-Urt. v. 24.1.2012 – II ZR 119/10, ZIP 2012, 723, dazu EWiR 2012, 523 *(Podewils)*.

151) BGH, Beschl. v. 9.10.2006 – II ZR 303/05, ZIP 2006, 2171; OLG Koblenz, Urt. v. 27.2.2003 – 5 U 917/02, ZIP 2003, 571, 572 f. = NZI 2003, 463; *Bork*, ZIP 2001, 1709, 1712; Kübler/Prütting-*Noack*, InsO, GesR Rz. 327.

152) BGH, Urt. v. 19.11.2013 – II ZR 229/11, ZIP 2014, 168.

153) BGH, Beschl. v. 26.2.2013 – II ZR 54/12, GmbHR 2013, 482.

154) BGH, Urt. v. 1.3.1993 – II ZR 81/94, ZIP 1994, 891, 892.

155) BGH, Urt. v. 15.3.2011 – II ZR 204/09, ZIP 2011, 1007, dazu EWiR 2011, 503 *(Kort)*; OLG Naumburg, Urt. v. 21.8.2003 – 7 U 23/03, GmbHR 2004, 364 = NZG 2004, 189; OLG Saarbrücken, Urt. 6.5.2008 – 4 U 484/07, ZIP 2009, 565; a. A. noch OLG Saarbrücken, Urt. v. 23.9.1999 – 1 U 2/99, GmbHR 1999, 1925, 1926. Die Anwendbarkeit der fünfjährigen Frist wird insbesondere bei der Haftung gegenüber Altgläubigern diskutiert; dazu K. Schmidt-*K. Schmidt/Herchen*, InsO, § 15a Rz. 47.

VII. Sonstige Anspruchsgrundlagen im Zusammenhang mit der Insolvenzverschleppung

Im Falle der Insolvenzverschleppung können Ansprüche aus Verschulden bei Vertrags- 60
verhandlungen (culpa in contrahendo) gemäß §§ 280, 311, 241 Abs. 2 BGB gegeben sein. Aufgrund der geänderten Rechtsprechung zu dem Umfang des Schadensersatzanspruchs der Neugläubiger kommt dem praktisch aber keine Rolle mehr zu.[156)] Im Übrigen können auch deliktische Ansprüche gegeben sein. Hier kommen insbesondere Ansprüche aus § 823 Abs. 2 BGB i. V. mit §§ 263, § 265b StGB, § 41 GmbHG oder § 82 Abs. 2 Nr. 2 GmbHG sowie § 826 BGB in Betracht.[157)] Zu den strafrechtlichen Konsequenzen siehe Kap. 26 Rz. 22 ff. [*Bittmann*].

VIII. Haftung Dritter für Insolvenzverschleppung (insbesondere Gesellschafter)

Eine Haftung kann sich bereits daraus ergeben, dass der Gesellschafter die Geschäfte der 61
Gesellschaft wie ein Geschäftsführer geführt hat, ohne aber als Geschäftsführer bestellt zu sein (faktischer Geschäftsführer, siehe oben Rz. 12). Im Übrigen gelten für den Anspruch nach § 823 Abs. 2 BGB i. V. mit § 15a Abs. 1 InsO die allgemeinen Vorschriften, so dass ein Gesellschafter unter den Voraussetzungen des § 830 Abs. 2 BGB haften kann.[158)]

Eine unmittelbare Haftung von Gesellschaftern kann sich bei führungslosen Gesellschaf- 62
ten ergeben, da diesen die Insolvenzantragspflicht obliegt (§ 15a Abs. 3 InsO; siehe auch Rz. 13).[159)]

Darüber hinaus wird eine Haftung des Gesellschafters aus dem Gesichtspunkt der mit- 63
gliedschaftlichen Haftung wegen der Verletzung einer Sonderrechtsbeziehung oder die „Insolvenzverursachungshaftung" diskutiert. Eine solche Haftung wird jedoch nur bei existenzvernichtenden Eingriffen in Frage kommen (siehe dazu Rz. 312 ff.).

Unter deliktsrechtlichen Vorschriften kann auch eine Haftung von **weiteren Dritten**, 64
insbesondere Aufsichtsrats- bzw. Beiratsmitgliedern, Gläubigerbanken, gegeben sein.[160)] Die Haftung eines Teilnehmers für Schäden eines Neugläubigers setzt voraus, dass der objektive und subjektive Tatbestand der Insolvenzverschleppung als Dauerdelikt ununterbrochen bis zum Zeitpunkt des schädigenden Vertragsabschlusses mit der insolventen Gesellschaft vorliegt.[161)]

Bei **Beratern** wird sich eher die Frage stellen, ob diese im Zusammenhang mit der insol- 65
venznahen Beratung **vertragliche Pflichten** verletzt und sich dadurch schadensersatzpflichtig gemacht haben. Grundsätzlich gilt hier, dass z. B. ein Steuerberater jedenfalls nicht i. R. seines gewöhnlichen Mandats (Erstellung der Buchhaltung und der Steuererklärungen) keine Hinweis- oder Warnpflichten hat.[162)] Vielmehr erfordert dies einen ausdrücklichen Auftrag. Gibt es jedoch Erklärungen zu einem Insolvenzgrund ab[163)] oder nimmt er an Besprechungen im Zusammenhang mit einer Sanierung teil, muss seine Bera-

156) Dazu *Klöhn* in: MünchKomm-InsO, § 15a Rz. 284 ff.

157) Dazu *Klöhn* in: MünchKomm-InsO, § 15a Rz. 290 ff., 295 ff.

158) BGH, Urt. v. 7.11.1994 – II ZR 8/93, ZIP 1995, 124, dazu EWiR 1995, 371 *(Wilhelm)*; BGH, Urt. v. 25.7.2005 – II ZR 390/03, BGHZ 164, 50 = ZIP 2005, 1734.

159) Dazu Noack/Servatius/Haas-*Haas*, GmbHG, § 64 Rz. 300 ff.

160) K. Schmidt-*K. Schmidt/Herchen*, InsO, § 15a Rz. 15 f., 52; vgl. dazu auch *Lange*, DStR 2007, 954.

161) BGH, Urt. v. 25.7.2005 – II ZR 390/03, BGHZ 164, 50 = ZIP 2005, 1734.

162) BGH, Urt. v. 7.3.2013 – IX ZR 64/12, ZIP 2013, 829, dazu EWiR 2013, 477 *(Baumert)*; ausführlich zur Haftung von Steuerberatern: *Gehrlein*, NZG 2013, 961 ff.

163) BGH, Urt. v. 6.6.2013 – IX ZR 204/12, ZIP 2013, 1332, dazu EWiR 2013, 573 *(Gräfe)*.

tung zutreffend sein.[164] Tritt der Steuerberater bei einem rein steuerrechtlichen Mandat in konkrete Erörterungen über eine etwaige Insolvenzreife der von ihm beratenen Gesellschaft ein, ohne die Frage nach dem Insolvenzgrund zu beantworten, hat er das Vertretungsorgan darauf hinzuweisen, dass eine verbindliche Klärung nur erreicht werden kann, indem ihm oder einem fachlich geeigneten Dritten ein entsprechender Prüfauftrag erteilt wird.[165] Allerdings hat ein Steuerberater auf einen möglichen Insolvenzgrund und die daran anknüpfende Prüfungspflicht ihres Geschäftsführers hinzuweisen, wenn entsprechende Anhaltspunkte offenkundig sind und er annehmen muss, dass die mögliche Insolvenzreife der Mandantin nicht bewusst ist.[166] Letztendlich kommt es hier auf den Einzelfall an. Eine Hinweispflicht auf einen möglichen Insolvenzgrund kann auch für einen **Rechtsanwalt** bestehen, wenn er mit der Beurteilung oder Bearbeitung einer Krisensituation betraut ist.[167] Weiterhin muss die Pflichtverletzung kausal und schuldhaft gewesen sein.[168]

Praxishinweis

Es ist absehbar, dass dieses Thema zukünftig verstärkt Beachtung finden wird. Berater in insolvenznahen Situationen sollten daher Vorsicht walten lassen und für klare Verhältnisse hinsichtlich des Umfangs ihrer Beauftragung sorgen und dieses dokumentieren.

IX. Haftung für Masseschmälerung (§ 15b InsO)

1. Überblick

66 Durch das **SanInsFoG**[169] ist mit der Einführung des ab dem 1.1.2021 geltenden § 15b InsO die Haftung für Masseschmälerungen auf eine neue Grundlage gestellt worden.[170] Damit ist § 15b InsO an die Stelle der § 64 GmbHG a. F., §§ 130a, 177 HGB a. F., §§ 92 Abs. 2, 93 Abs. 3 Nr. 6 AktG a. F. und § 99 GenG a. F. getreten. Grundsätzlich können insbesondere die zu § 64 GmbHG a. F. ergangenen Entscheidungen bzw. die Kommentierungen dazu auf § 15b InsO übertragen werden.

67 Nach § 15b Abs. 1 Satz 1 InsO darf ein nach § 15a Abs. 1 Satz 1 InsO antragsverpflichtetes Mitglied eines **Vertretungsorgans** oder ein Abwickler einer juristischen Person nach Eintritt der Zahlungsunfähigkeit oder Überschuldung keine Zahlungen mehr leisten. Über die Verweisung in § 15b Abs. 6 InsO gilt dies auch für die nach § 15a Abs. 1 Satz 3 und Abs. 2 InsO zur Stellung eines Insolvenzantrags verpflichteten organschaftlichen Vertreter der zur Vertretung der Gesellschaft ermächtigten Gesellschafter, also insbesondere auch für die GmbH & Co. KG. Den Grundsatz des Zahlungsverbots schränkt § 15b Abs. 1 Satz 2 InsO dahingehend ein, dass dies nicht für Zahlungen gilt, die mit der Sorgfalt eines ordentlichen und gewissenhaften Geschäftsleiters vereinbar sind. Welche Zahlungen dies sind, konkretisiert § 15b Abs. 2 und 3 InsO. Zahlungen, die unter Verstoß gegen § 15b Abs. 1 InsO geleistet werden, lösen eine Erstattungspflicht aus (§ 15b Abs. 4 InsO).

---

164) OLG Celle, Urt. 6.4.2011 – 3 U 190/10, ZInsO 2011, 1004; s. a. OLG Köln, Urt. 23.2.2012 – 8 U 45/11, DStR 2012, 923, dazu EWiR 2012, 373 *(Goetsch)*.

165) BGH, Beschl. v. 6.2.2014 – IX ZR 53/13, ZIP 2014, 583, dazu EWiR 2014, 385 *(Zilkens)*.

166) BGH, Urt. v. 26.1.2017 – IX ZR 285/14, BGHZ 213, 374 = ZIP 2017, 427, dazu EWiR 2017, 173 *(Wagner)*. Unabhängig von Beratungs- und Hinweispflichten kann der Steuerberater haften, wenn er einen Jahresabschluss aufstellt, der zu Unrecht von Fortführungswerten ausgeht.

167) BGH, Urt. v. 29.6.2023 – IX ZR 56/22, ZRI 2023, 902 = ZIP 2023, 1740.

168) S. hierzu: *Kuleisa* in: HambKomm-InsO, Anh. II K. Rz. 4 ff.

169) Gesetz zur Fortentwicklung des Sanierungs- und Insolvenzrechts (SanInsFoG), v. 22.12.2020, BGBl. I 2020, 3256.

170) Dazu allgemein: *Gehrlein*, DB 2020, 2393.

Der **Zweck** der Vorschrift zielt auf den **Schutz der Gläubiger.** Sie will darauf hinwirken, dass das bei Eintritt der Insolvenzreife vorhandene Gesellschaftsvermögen (und damit die künftige Insolvenzmasse) zur gleichmäßigen Befriedigung der Insolvenzgläubiger zu erhalten. Die statuierte Haftung soll einerseits die Geschäftsleiter bereits von der Vornahme weiterer masseschmälernder Zahlungen abhalten und auf die Wahrung der Gläubigerinteressen ausrichten, andererseits eingetretene, vorwerfbare Masseschmälerungen durch Inanspruchnahme der verantwortlichen Organmitglieder ausgleichen.[171] 68

Es handelt sich wie schon bei § 64 GmbHG a. F. um einen **Ersatzanspruch eigener Art,** der darauf gerichtet ist, Masseverkürzungen zu verhindern und das Gesellschaftsvermögen aufzufüllen, damit dieses im Insolvenzverfahren zur ranggleichen und gleichmäßigen Befriedigung der Gläubiger zur Verfügung steht.[172] Der Versicherungsschutz einer D&O-Versicherung umfasst nicht den Anspruch einer insolvent gewordenen Gesellschaft gegen ihren versicherten Geschäftsführer auf Ersatz insolvenzrechtswidrig geleisteter Zahlungen der Gesellschaft.[173] 69

2. Grundsätzliches Zahlungsverbot

§ 15b Abs. 1 Satz 1 InsO verbietet den Verpflichteten nach **Eintritt der Zahlungsunfähigkeit** (siehe dazu Rz. 16 ff.) oder nach **Feststellung der Überschuldung** (siehe Rz. 43) Zahlungen. Entgegen dem Wortlaut greift die Vorschrift bereits bei Erkennbarkeit der Überschuldung ein, was regelmäßig vermutet wird.[174] Gleiches gilt grundsätzlich auch für die Erkennbarkeit einer Zahlungsfähigkeit. Angesichts der mitunter schwierigen Abgrenzung zur Zahlungsstockung (siehe oben Rz. 18) ist dem Geschäftsführer ein Prüfungszeitraum von drei Wochen zuzubilligen. 70

a) Verpflichtete

Adressaten des Verbots sind die nach § 15a Abs. 1 Satz 1 InsO zur Stellung eines Eröffnungsantrags verpflichteten Mitglieder des Vertretungsorgans bzw. Abwickler. Weiterhin gilt das Verbot auch für antragsverpflichtete Organe ausländischer Kapitalgesellschaften, über deren Vermögen das Insolvenzverfahren in Deutschland eröffnet werden kann.[175] 71

b) Verbotene Zahlungen

Der Begriff **Zahlung** ist bei § 15b Abs. 1 Satz 1 InsO wie schon bei § 64 Satz 1 GmbHG **weit auszulegen.** Er umfasst den **masseschmälernden Abfluss von Vermögensgegenständen aus dem Gesellschaftsvermögen im weitesten Sinne.**[176] Klassische Beispiele für masseschmälernde Abflüsse sind Zahlungen an Dritte von einem kreditorischen Bankkonto, unabhängig davon ob der Zahlungsvorgang durch Überweisung, Lastschrifteinzug 72

171) *Bork/Kekebus* in: KPB, InsO, § 15b Rz. 4.

172) BGH, Urt. v. 31.3.2003 – II ZR 150/02, ZIP 2003, 1005, dazu EWiR 2003, 635 *(Blöse)*; BGH, Urt. v. 8.1.2001 – II ZR 88/99, BGHZ 146, 264, 275 = ZIP 2001, 235, 239, dazu EWiR 2001, 329 *(Priester)*; BGH, Urt. v. 29.11.1999 – II ZR 273/98, BGHZ 143, 184, 186 = ZIP 2000, 184, 185 – alle zu § 64 Abs. 2 GmbHG a. F.; Noack/Servatius/Haas-*Haas*, GmbHG, § 64 Rz. 17 ff.

173) OLG Düsseldorf, Urt. v. 20.7.2018 – 4 U 93/16, Rz. 82 ff., ZIP 2018, 1542, dazu EWiR 2018, 553 *(Schneider/Hardung)*.

174) BGH, Urt. v. 29.11.1999 – II ZR 273/98, BGHZ 143, 184 = ZIP 2000, 184, 185 – zu § 64 Abs. 2 GmbHG a. F.

175) BGH, Urt. v. 15.3.2016 – II ZR 119/14, ZIP 2016, 821, dazu EWiR 2016, 329 *(Seidel)*; OLG Jena, Urt. v. 17.7.2013 – 2 U 815/12, ZInsO 2013, 1638. Dies korrespondiert mit der Insolvenzantragspflicht für ausländische Gesellschaften (s. oben Rz. 7).

176) Noack/Servatius/Haas-*Haas*, GmbHG, § 64 Rz. 87; Lutter/Hommelhoff-*Kleindiek*, GmbHG, § 15b InsO Rz. 8.

oder Scheck erfolgt, oder Barzahlungen.[177] Zahlungen an Dritte von einem debitorischen Bankkonto wirken sich nicht gläubigerbenachteiligend aus, wenn die Bank über keine Sicherheiten verfügt. Dann handelt es sich lediglich um einen masseneutralen Tausch der Gläubiger.[178] Einreichung von Kundenschecks bzw. die Veranlassung von Kunden zur Zahlung auf ein debitorisches Bankkonto mit Verrechnungsmöglichkeit der Bank sind dagegen als Zahlung anzusehen, da sie den Saldo bei der Bank zurückführen und insoweit zu deren Befriedigung führen.[179] Das gilt jedoch nicht, wenn vor Insolvenzreife mit der Bank eine Sicherungsabtretung vereinbart und die Forderung der Gesellschaft entstanden und werthaltig geworden ist.[180] Wenn die Forderung erst nach der Insolvenzreife werthaltig geworden ist, fehlt es an einer masseschmälernden Zahlung dann, wenn die als Gegenleistung an den Forderungsschuldner gelieferte Ware im Sicherungseigentum der Bank stand.[181] Auch die Lieferung von Waren kann als haftungsschädliche Zahlung anzusehen sein, wenn der Gesellschaft keine wertgleiche Gegenleistung zugeflossen ist.[182] Keine Zahlung ist die Begründung neuer Verbindlichkeiten, da dies nicht zu einer Schmälerung der tatsächlich vorhandenen Masse, sondern lediglich zu einer Verringerung der Quote der Gläubiger führt.[183]

73 Eine Masseschmälerung ist dann zu verneinen sein, wenn diese in einem unmittelbaren Zusammenhang **kompensiert** wird.[184] Dies begründet der BGH damit, dass, soweit und sobald eine solche Masseschmälerung mit oder ohne Zutun des Geschäftsführers ausgeglichen wird, der Zweck von § 15b Abs. 1 InsO, im Interesse der Gläubiger die Masse zu erhalten, erreicht sei. Eine nochmalige Erstattung durch den Geschäftsführer würde die Masse über ihre bloße Erhaltung hinaus anreichern und über den mit dem sog. Zahlungsverbot verbundenen Zweck hinausgehen.[185] Das gilt z. B. für Zahlungen, wenn in diesem Zusammenhang eine vollwertige Gegenleistung in das Gesellschaftsvermögen erfolgt, so dass praktisch nur ein **Tausch** von Aktivposten vorliegt.[186] Bei einem **Geldeingang auf einem debitorischen Bankkonto** soll eine Kompensation dann vorliegen, wenn die Gesellschaft in einem unmittelbaren wirtschaftlichen Zusammenhang ein werthaltiger Gegenstand in das Gesellschaftsvermögen gelangt. Hier soll ein Ersatzanspruch wegen eines Aktivtauschs entfallen.[187] Die in die Masse gelangende Gegenleistung muss für eine Verwertung durch die Gläubiger geeignet sein, was z. B. bei Arbeits- und Dienstleistungen regelmäßig nicht der Fall ist.[188] Wann das Erfordernis der **„Unmittelbarkeit"** erfüllt ist,

---

177) Lutter/Hommelhoff-*Kleindiek*, GmbHG, § 15b InsO Rz. 13.

178) BGH, Urt. v. 25.1.2010 – II ZR 258/08, ZIP 2010, 470 m. w. N.

179) BGH, Urt. v. 29.11.1999 – II ZR 273/98, BGHZ 143, 184 = ZIP 2000, 184; OLG Oldenburg, Beschl. v. 10.3.2004 – 1 W 2/04, ZIP 2004, 1315, dazu EWiR 2004, 759 *(Keil)* – jeweils zu § 64 Abs. 2 GmbHG a. F.; Lutter/Hommelhoff-*Kleindiek*, GmbHG, § 15b InsO Rz. 12.

180) BGH, Urt. v. 23.6.2015 – II ZR 366/13, Rz. 12 ff., BGHZ 206, 52 = ZIP 2015, 1480, dazu EWiR 2015, 565 *(Kleindiek)*.

181) BGH, Urt. v. 8.12.2015 – II ZR 68/14, ZIP 2016, 364, dazu EWiR 2016, 263 *(Wackerbarth)*.

182) Lutter/Hommelhoff-*Kleindiek*, GmbHG, § 15b InsO Rz. 9 f.; Scholz-*K. Schmidt*, GmbHG, § 64 Rz. 31.

183) BGH, Urt. v. 4.7.2017 – II ZR 319/15, ZIP 2017, 1619; Lutter/Hommelhoff-*Kleindiek*, GmbHG, § 15b InsO Rz. 14.

184) *Bork/Kekebus* in: KPB, InsO, § 15b Rz. 38; BGH, Urt. v. 18.11.2014 – II ZR 231/13, Rz. 9, BGHZ 203, 218 = ZIP 2015, 71, dazu EWiR 2015, 69 *(Spliedt)*.

185) BGH, Urt. v. 4.7.2017 – II ZR 319/15, Rz. 10, ZIP 2017, 1619.

186) BGH, Urt. v. 31.3.2003 – II ZR 150/02, ZIP 2003, 1005, 1006; BGH, Urt. v. 18.3.1974 – II ZR 2/72, NJW 1974, 1088, 1089 – zu § 64 Abs. 2 GmbHG a. F.

187) BGH, Urt. v. 23.6.2015 – II ZR 366/13, Rz. 33, BGHZ 206, 52 = ZIP 2015, 1480.

188) BGH, Urt. v. 4.7.2017 – II ZR 319/15, Rz. 18, ZIP 2017, 1619; OLG München, Urt. v. 22.6.2017 – 23 U 3769/16, Rz. 52, ZIP 2017, 1368, dazu EWiR 2017, 753 *(Kleindiek)*.

ist noch nicht abschließend geklärt.[189] Die Wertungen des § 142 InsO sollen hierbei jedoch nicht zu berücksichtigen sein.[190]

c) Erlaubte Zahlungen (§ 15b Abs. 1 Satz 2, Abs. 2, 3 und 8 InsO)

Nach § 15b Abs. 2 Satz 1 InsO sind Zahlungen, die im Zeitpunkt der Zahlungsunfähigkeit 74 oder Überschuldung vorgenommen werden, aber mit der **Sorgfalt eines ordentlichen und gewissenhaften Geschäftsleiters** vereinbar sind, von dem Zahlungsverbot in § 15b Abs. 1 Satz 1 InsO ausgenommen. Es handelt sich bei dieser Vorschrift nicht um einen auf das Verschulden begrenzten und mit einer Beweislastregel verknüpften Exkulpationstatbestand. Die mit der erforderlichen Sorgfalt vorgenommene Zahlung fällt schon tatbestandlich nicht unter § 15b Abs. 1 Satz 1 InsO.[191] Die Darlegungs- und Beweislast trägt dabei der Adressat des Zahlungsverbots (siehe Rz. 82).[192]

Konkretisiert wird der Sorgfaltsmaßstab durch § 15b Abs. 2, 3 und 8 InsO. Zahlungen, 75 die im ordnungsgemäßen Geschäftsgang erfolgen, gelten nach § 15b Abs. 2 Satz 1 InsO vorbehaltlich § 15b Abs. 3 InsO als mit der Sorgfalt eines ordentlichen und gewissenhaften Geschäftsleiters vereinbart. Hierzu zählen insbesondere Zahlungen, die der Aufrechterhaltung des Geschäftsbetriebes dienen. Dies ist bei der Zahlung von Löhnen und Gehältern, Sozialabgaben und Mieten regelmäßig gegeben.[193] Abgelehnt wird dies für die Begleichung von Bankverbindlichkeiten.[194] Dabei soll der i. R. von § 64 GmbHG a. F. angewendete strenge Maßstab gelockert werden.[195] Während des maßgeblichen Zeitraums für die Stellung eines Eröffnungsantrags (§ 15a Abs. 1 Satz 2 InsO) gilt dies jedoch nur, solange die Antragsverpflichteten **Maßnahmen zur nachhaltigen Beseitigung der Insolvenzreife** oder zur Vorbereitung eines Eröffnungsantrags mit der Sorgfalt eines ordentlichen und gewissenhaften Geschäftsleiters betreiben (§ 15b Abs. 2 Satz 2 InsO). Dazu sollten auch Zahlungen im Zusammenhang mit Aufwendungen zählen, die dazu dienen, von der zukünftigen Insolvenzmasse **größere Nachteile abzuwehren**. Ist der Zeitpunkt für eine rechtzeitige Antragstellung verstrichen und kein Eröffnungsantrag gestellt worden, sind nach § 15b Abs. 3 InsO Zahlungen in der Regel ohne die maßgebliche Sorgfalt vorgenommen. Die Geschäftsleiter verdienen im Stadium der **Insolvenzverschleppung** keinen gesetzlichen Schutz mehr, weil sie sich durch rechtzeitige Antragstellung selbst hätten schützen können, wobei aufgrund der Formulierung im Gesetz „in der Regel" durchaus Ausnahmen zu diskutieren sind.[196] Während des Insolvenzeröffnungsverfahrens gilt das Zahlungsverbot weiter.[197] Wenn diese jedoch mit der Zustimmung eines vorläufigen Insolvenzverwalters geleistet werden, gelten diese als mit der Sorgfalt eines ordentlichen und gewissenhaften Geschäftsleiters vereinbar (§ 15b Abs. 2 Satz 3 InsO).

---

189) S. Überblick zum Meinungsstand bei *A. Schmidt* in: HambKomm-InsO, Anh. I H. Rz. 23 f.

190) BGH, Urt. v. 4.7.2017 – II ZR 319/15, Rz. 12 ff., ZIP 2017, 1619.

191) Ein wenig ungenau *Bork/Kekebus* in: KPB, InsO, § 15b Rz. 37, da es nicht nur um den Verschuldensmaßstab geht.

192) Lutter/Hommelhoff-*Kleindiek*, GmbHG, § 15b InsO Rz. 15.

193) *Bork/Kekebus* in: KPB, InsO, § 15b Rz. 40; OLG Hamburg, Beschl. v. 29.12.2003 – 11 W 90/03, GmbHR 2004, 797 – zu § 64 Abs. 2 GmbHG a. F.; Noack/Servatius/Haas-*Haas*, GmbHG, § 64 Rz. 116 f.

194) BGH, Urt. v. 8.1.2001 – II ZR 88/99, BGHZ 146, 264 = ZIP 2001, 235; BGH, Urt. v. 29.11.1999 – II ZR 273/98, BGHZ 143, 184 = ZIP 2000, 184 – zu § 64 Abs. 2 GmbHG a. F.

195) *Bork/Kekebus* in: KPB, InsO, § 15b Rz. 42.

196) *Bork/Kekebus* in: KPB, InsO, § 15b Rz. 51 f.

197) *Bork/Kekebus* in: KPB, InsO, § 15b Rz. 53.

76 Nach § 15b Abs. 8 Satz 1 InsO liegt eine **Verletzung steuerrechtlicher Zahlungspflichten** nicht vor, wenn zwischen dem Eintritt der Zahlungsunfähigkeit nach § 17 InsO oder der Überschuldung nach § 19 InsO und der Entscheidung des Insolvenzgerichts über den Insolvenzantrag Ansprüche aus dem Steuerschuldverhältnis nicht oder nicht rechtzeitig erfüllt werden, sofern die Antragspflichtigen ihren Verpflichtungen nach § 15a InsO nachkommen. Diese Regelung normiert den **Vorrang der Massesicherungspflicht vor der steuerlichen Abführungspflicht.** Sehr überraschend ist, dass das Gesetz nicht auf die **Pflicht zur Abführung der Arbeitsnehmerbeiträge zur Sozialversicherung** eingeht, deren Verletzung durch § 266a StGB strafbewährt ist.[198] Hier ist aus Gründen der Rechtsklarheit dringender Handlungsbedarf seitens des Gesetzgebers.[199].

3. Rechtsfolgen eines Verstoßes

77 Ein schuldhafter Verstoß gegen das Zahlungsverbot löst die **Erstattungspflicht** des Geschäftsleiters aus (§ 15b Abs. 4 Satz 1 InsO). Das Verschulden ist gegeben, wenn die Zahlung und die auf diesem Wege verursachte Schmälerung des Gesellschaftsvermögens zulasten der Gläubiger durch den Geschäftsleiter veranlasst worden ist. Fahrlässiges Handeln reicht dafür aus.[200] Zulasten des Geschäftsleiters, der die gegen die Massesicherungspflicht verstoßene Zahlung aus dem Vermögen der Gesellschaft leistet, vermutet, dass er nicht mit der Sorgfalt eines ordentlichen Geschäftsmanns gehandelt hat.[201]

78 Die Haftung des Geschäftsleiters entfällt auch nicht dadurch, dass dieser aufgrund eines Beschlusses eines Organs gehandelt hat (§ 15b Abs. 4 Satz 3 InsO).

4. Umfang der Erstattungspflicht

79 Der Geschäftsleiter hat nach § 15b Abs. 4 Satz 1 InsO den gegen das Verbot ausgezahlten Betrag grundsätzlich **ungekürzt an die Gesellschaft zu erstatten** und zwar für **jede einzelne Zahlung.**[202] Begrenzt wird die Haftung des Geschäftsleiters aber durch die **Kappungsgrenze auf den Gesamtgläubigerschaden** gemäß § 15b Abs. 4 Satz 2 InsO. Allerdings bleibt es ihm nach Zahlung in entsprechender Anwendung von § 255 BGB vorbehalten, einen Gegenanspruch gegen den Insolvenzverwalter zu verfolgen, der sich mit Rang und Höhe nach dem Betrag richtet, den der mit der Zahlung begünstigte Gläubiger erhalten hätte. Dadurch soll ausgeschlossen werden, dass es zu einer Bereicherung der Masse kommt.[203]

---

198) Vor Einführung von § 15b Abs. 8 InsO war die Behandlung von Zahlungen, die kraft Gesetzes vom Geschäftsführer geleistet werden müssen, lange umstritten, Dies hat insbesondere Sachverhalte betroffen, in denen der Geschäftsführer im Falle der Nichtzahlung gegen § 266a StGB oder § 69 AO verstoßen und sich somit in einer Pflichtenkollision befinden würde. Der BGH hatte seine bisherige Rspr. aufgegeben und betrachtete solche Zahlungen nicht mehr als haftungsschädlich (BGH, Urt. v. 14.5.2007 – II ZR 48/06, ZIP 2007, 1265, dazu EWiR 2007, 523 *(Beck)*; BGH, Urt. v. 2.6.2008 – II ZR 27/07, ZIP 2008, 1275, dazu EWiR 2008, 719 *(Schreiber)*). Daher wird zu Recht dafür plädiert, die zu § 266a StGB ergangene Rspr. weiter anzuwenden (K. Schmidt-*K. Schmidt/Herchen*, InsO, § 15b Rz. 28: offenbar a. A. *Bork/Kekebus* in: KPB, InsO, § 15b Rz. 56).

199) *A. Schmidt* in: HambKomm-InsO, § 15b Rz. 118.

200) BGH, Beschl. v. 24.9.2019 – II ZR 248/17, ZIP 2019, 1239, Rz. 16.

201) BGH, Urt. v. 18.7.2013 – IX ZR 143/12, ZIP 2012, 1557, dazu EWiR 2012, 559 *(Schröder)*; OLG Hamburg, Beschl. v. 29.12.2003 – 11 W 90/03, GmbHR 2004, 797 – zu § 64 Abs. 2 GmbHG a. F.

202) *Bork/Kekebus* in: KPB, InsO, § 15b Rz. 66; K. Schmidt-*K. Schmidt/Herchen*, InsO, § 15b InsO Rz. 29.

203) BGH, Urt. v. 8.1.2001 – II ZR 88/99, BGHZ 146, 264, 279 = ZIP 2001, 235, 239, m. zust. Anm. *Altmeppen*; BGH, Urt. v. 11.7.2005 – II ZR 235/03, ZIP 2005, 1550, dazu EWiR 2005, 731 *(Bork)*; BGH, Urt. v. 5.2.2007 – II ZR 234/05, BGHZ 171, 46 = ZIP 2007, 676; OLG Schleswig, Urt. v. 10.4.2003 – 5 U 62/02, ZIP 2003, 856 – alle zu § 62 Abs. 2 GmbHG a. F.; Noack/Servatius/Haas-*Haas*, GmbHG, § 64 Rz. 175; *A. Schmidt* in: HambKomm-InsO, § 15b Rz. 76 f.; a. A. Scholz-*K. Schmidt*, GmbHG, § 64 Rz. 51 ff.

80 Der Geschäftsleiter kann sich nicht darauf berufen, dass der Insolvenzverwalter es unterlassen habe, aussichtsreiche Insolvenzanfechtungsrechte gegenüber dem Zahlungsempfänger geltend zu machen.[204] Vielmehr hat der Insolvenzverwalter ein Wahlrecht, ob er gegen den Geschäftsführer Erstattungsansprüche nach § 15b Abs. 4 Satz 1 InsO geltend macht oder den Anfechtungsanspruch gegen den Leistungsempfänger verfolgt.[205]

5. Geltendmachung des Anspruchs

81 Während des Insolvenzverfahrens macht der **Insolvenzverwalter** den Anspruch geltend. Außerhalb des Insolvenzverfahrens, insbesondere wenn ein solches mangels Masse abgewiesen worden ist, kann der Anspruch der Gesellschaft gepfändet und durch den jeweiligen Gläubiger geltend gemacht werden.[206]

6. Beweislast

82 Hier gelten dieselben Beweislastregeln wie bei dem Schadensersatzanspruch bei einer Verletzung von § 15a Abs. 1 InsO (siehe oben Rz. 58), so dass die Voraussetzungen grundsätzlich durch den Insolvenzverwalter ggf. mit Hilfe der Beweiserleichterungen dargelegt und bewiesen werden müssen. Soweit sich der Geschäftsführer darauf beruft, dass die Zahlung mit der erforderlichen Sorgfalt geleistet worden ist, trägt er die Darlegungs- und Beweislast (siehe oben Rz. 58).

7. Verjährung und Verzicht/Vergleich

83 Der Ersatzanspruch verjährt gemäß § 15b Abs. 7 Satz 1 InsO nach fünf Jahren. Da es nach der hier vertretenen Auffassung auf den Umfang der Masseverkürzung im Zeitraum zwischen Insolvenzreife und Insolvenzantragstellung ankommt, kann die Verjährung erst mit dem Zeitpunkt der Antragstellung beginnen.

84 Ein Verzicht oder Vergleich über den Ersatzanspruch ist nach § 15b Abs. 4 Satz 4 InsO unwirksam, soweit dieser zur Befriedigung der Gläubiger erforderlich ist, was im Insolvenzfall regelmäßig gegeben ist. Ausnahmen davon sind aber unter den Voraussetzungen des § 15b Abs. 4 Satz 5 InsO zulässig.

8. Übergangsrecht

85 § 15b InsO in der jetzt geltenden Fassung auf Zahlungen anzuwenden, die nach dem 31.12.2020 vorgenommen worden sind. Auf Zahlungen, die vor dem 1.1.2021 vorgenommen worden sind, sind die bis zum 31.12.2020 geltenden gesetzlichen Vorschriften weiterhin anzuwenden (Art. 103m Satz 2, 3 EGInsO).[207]

---

204) BGH, Urt. v. 18.12.1995 – II ZR 277/94, BGHZ 131, 325 = ZIP 1996, 420, dazu EWiR 1996, 459 *(Schulze-Osterloh)* – zu § 64 Abs. 2 GmbHG; kritisch dazu *Poertzgen*, ZInsO 2018, 1357.

205) *A. Schmidt* in: HambKomm-InsO, § 15b Rz. 78 ff. Zweifelhaft ist aber, ob der Geschäftsführer die Abtretung des Anfechtungsanspruchs gemäß § 255 BGB verlangen kann (so OLG Brandenburg, Urt. v. 26.2.2013 – 6 U 32/11, Rz. 90, juris). Eine dem Urteil des BGH, Urt. v. 5.2.2007 – II ZR 234/05, BGHZ 171, 46 = ZIP 2007, 676, vergleichbare Situation liegt nicht vor. Letztendlich würde das Risiko des Geschäftsführers für Zahlungen der Gesellschaft bei Insolvenzreife auf den Anfechtungsgegner abgewälzt.

206) BGH, Urt. v. 11.9.2000 – II ZR 370/99, ZIP 2000, 1896, 1898, dazu EWiR 2000, 1159 *(Keil)* – zu § 64 Abs. 2 GmbHG.

207) *A. Schmidt* in: HambKomm-InsO, § 15b Rz. 5 ff.

X. Haftung des Geschäftsführers nach § 15b Abs. 5 Satz 1 InsO für Zahlungen an Gesellschafter

1. Überblick

86 § 15b Abs. 5 Satz 1 InsO entspricht im Wesentlichen § 64 Satz 3 GmbHG a. F., der durch das MoMiG eingefügt war. Die Vorschrift dient dem **Gläubigerschutz**, indem sie Auszahlungen an Gesellschafter verbietet und sanktioniert. Sie geht weiter als das Auszahlungsverbot des § 30 GmbHG (mit der Haftung des Geschäftsführers für Verstöße dagegen gemäß § 43 Abs. 3 Satz 1 GmbHG), da sie sich nicht nur auf das zur Erhaltung des Stammkapitals erforderliche Vermögen beschränkt. Zusätzlich ergänzt sie die Anfechtungsvorschriften der §§ 129 ff. InsO (insbesondere im Hinblick auf die Anfechtung von Leistungen an die Gesellschafter gemäß § 135 InsO).[208] Dadurch soll sie einen zusätzlichen **Schutz der Gesellschaft gegen Schmälerungen des Vermögens** bieten.[209] Der Anspruch ist ein **Ersatzanspruch eigener Art** dar.[210] Der Anwendungsbereich der Vorschrift ist jedoch eng und dient nur der **Schließung von Schutzlücken**.[211]

2. Tatbestand

87 **Adressat** des Verbots ist der Geschäftsführer. Er darf keine Zahlungen an Gesellschafter leisten, die zur Zahlungsunfähigkeit der Gesellschaft führen. Der **Begriff Zahlung** entspricht dem in § 15b Abs. 1 Satz 1 InsO und ist daher im weiten Sinne zu verstehen (siehe dazu Rz. 72).[212] Gegenleistungen des Gesellschafters sind dabei anzusetzen, soweit sie liquiditätswirksam sind.[213] Hier besteht ein Unterschied zu § 64 Satz 1 GmbHG, da es in diesem Zusammenhang ausreichend ist, dass der Gesellschaft eine wertmäßige Gegenleistung zufließt. Der Geschäftsführer kann sich hier auch auf § 64 Satz 2 GmbHG berufen, wenn die Zahlung mit der erforderlichen Sorgfalt vorgenommen worden ist (siehe Rz. 74 f.). **Zahlungsempfänger** muss ein Gesellschafter sein, wobei die Beteiligungshöhe unbedeutend ist.[214] Umfasst von dem Zahlungsverbot werden jedoch auch Dritte, die einem Gesellschafter gleichstehen (§ 39 Abs. 1 Nr. 5 InsO).[215] Der Rechtsgrund für die Zahlung ist ohne Belang.[216]

88 Durch die **verbotene Auszahlung** muss die Zahlungsunfähigkeit (§ 17 InsO, siehe Rz. 16 ff.) herbeigeführt worden sein.[217] Hier hat der BGH entschieden, dass durch eine Zahlung die Zahlungsunfähigkeit nicht verursacht wird, wenn die Gesellschaft zu diesem Zeitpunkt bereits zahlungsunfähig ist.[218] Dieses Ergebnis mag überraschend sein. Der BGH begründet dies jedoch damit, dass hierdurch keine Schutzlücke entstehe, da bei einer Zahlung während Insolvenzreife der Geschäftsführer bereits nach § 64 Satz 1 GmbHG

---

208) Lutter/Hommelhoff-*Kleindiek*, GmbHG, § 15b InsO Rz. 5.

209) Lutter/Hommelhoff-*Kleindiek*, GmbHG, § 15b InsO Rz. 5.

210) *A. Schmidt* in: HambKomm-InsO, § 15b Rz. 3; K. Schmidt-*K. Schmidt/Herchen*, InsO, § 15b InsO Rz. 42.

211) Vgl. dazu BGH, Urt. v. 9.10.2012 – II ZR 298/11, Rz. 12 f., BGHZ 195, 42 = ZIP 2012, 2391, dazu EWiR 2013, 75 *(Bork)*.

212) An der zu § 64 Satz 1 GmbHG a. F. ergangenen Rspr. ist festzuhalten; *A. Schmidt* in: HambKomm-InsO, § 15b Rz. 18.

213) K. Schmidt-*K. Schmidt/Herchen*, InsO, § 15b InsO Rz. 40.

214) K. Schmidt-*K. Schmidt/Herchen*, InsO, § 15b InsO Rz. 39.

215) K. Schmidt-*K. Schmidt/Herchen*, InsO, § 15b InsO Rz. 39.

216) K. Schmidt-*K. Schmidt/Herchen*, InsO, § 15b InsO Rz. 39.

217) Dazu und zur erforderlichen Kausalität: *A. Schmidt* in: HambKomm-InsO, § 15b Rz. 87.

218) BGH, Urt. v. 9.10.2012 – II ZR 298/11, Rz. 7, BGHZ 195, 42 = ZIP 2012, 2391, dazu EWiR 2013, 75 *(Bork)*.

a. F. hafte.[219] Ferner sind bei der Feststellung der Zahlungsunfähigkeit auch fällige und durchsetzbare Ansprüche des Gesellschafters anzusetzen.[220]

3. Rechtsfolgen

Gegenüber den Gesellschaftern begründet § 15b Abs. 6 Satz 1 InsO eine **Leistungsverweigerungspflicht**. Die Gesellschafter sind auch nicht berechtigt andere Anweisungen zu erteilen.[221] 89

Der Geschäftsführer hat die unter Verstoß gegen § 15b Abs. 6 Satz 1 InsO geleisteten Zahlungen an die Gesellschaft **zurückzuerstatten**. Hier kommen dieselben Grundsätze wie bei § 15b Abs. 1 Satz 1 InsO (siehe Rz. 79) zur Anwendung. Gleiches gilt auch für die Geltendmachung des Anspruchs (siehe Rz. 81), die Beweislast (siehe Rz. 82) sie Verjährung, Verzicht und Vergleich (siehe dazu Rz. 83 f.). 90

C. Auswirkungen des Insolvenzverfahrens auf die Struktur der Gesellschaft

Liegt bei einer Gesellschaft ein Eröffnungsgrund (§§ 16 ff. InsO) vor und stellt ein Gläubiger oder Mitglied des Vertretungsorgans (bei juristischen Personen) bzw. ein persönlich haftender Gesellschafter (bei Gesellschaften ohne Rechtspersönlichkeit) einen Eröffnungsantrag, hängen die Auswirkungen auf die Gesellschaft in gesellschaftsrechtlicher Hinsicht zunächst davon ab, ob das Insolvenzgericht das Verfahren eröffnet, den Antrag mangels Masse abweist (§ 26 InsO) oder diesen aus anderen Gründen zurückweist. Bei der Beendigung des Insolvenzverfahrens sind die Auswirkungen auf die Gesellschaft danach zu unterscheiden, auf welche Weise dies erfolgt. 91

Die **Insolvenz eines Gesellschafters** hat dagegen auf Kapitalgesellschaften grundsätzlich keine Auswirkungen.[222] Anders ist dies aber bei der oHG: Wird über das Vermögen des Gesellschafters das Insolvenzverfahren eröffnet, scheidet er aus der Gesellschaft aus, sofern im Gesellschaftsvertrag nicht anderes geregelt ist (§ 131 Abs. 3 Satz 1 Nr. 2 HGB). Über den in Verweis in § 161 Abs. 2 HGB gilt dies auch entsprechend für die KG. Besonderheiten sind bei der sog. zweigliedrigen Personenhandelsgesellschaft zu beachten, wobei es sich typischerweise um eine GmbH & Co. KG handelt. Wird über das Vermögen der Komplementär-GmbH das Insolvenzverfahren eröffnet, scheidet diese gemäß den vorstehenden Vorschriften vorbehaltlich anderer Bestimmungen im Gesellschaftsvertrag aus der Gesellschaft aus. Dem Kommanditisten wächst der Anteil der Komplementärin an (§ 161 Abs. 2, § 105 Abs. 3 HGB, § 738 Abs. 1 Satz 1 BGB). Die Gesellschaft erlischt liquidationslos. Das Vermögen und die Verbindlichkeiten der Gesellschaft gehen im Wege der Gesamtrechtsnachfolge auf den einzig verbleibenden Kommanditisten über. Die Haftungsfolgen werden allerdings dadurch begrenzt, dass der Kommanditist für die übergegangenen Verbindlichkeiten nur mit dem ihm zugefallenen Gesellschaftsvermögen haftet.[223] 92

---

219) BGH, Urt. v. 9.10.2012 – II ZR 298/11, Rz. 12 f., BGHZ 195, 42 = ZIP 2012, 2391, dazu EWiR 2013, 75 *(Bork)*.

220) BGH, Urt. v. 9.10.2012 – II ZR 298/11, Rz. 9, BGHZ 195, 42 = ZIP 2012, 2391, dazu EWiR 2013, 75 *(Bork)*.

221) BGH, Urt. v. 9.10.2012 – II ZR 298/11, Rz. 18, BGHZ 195, 42 = ZIP 2012, 2391, dazu EWiR 2013, 75 *(Bork)*.

222) Zur Verwertungsbefugnis des Insolvenzverwalters über einen zur Insolvenzmasse gehörenden GmbH-Geschäftsanteil s. *Bergmann*, ZInsO 2004, 225. Allerdings sehen die Gesellschaftsverträge einer GmbH nicht selten eine Einzugsmöglichkeit (§ 34 GmbHG) für den Fall der Eröffnung des Insolvenzeröffnung über das Vermögen des Gesellschafters vor; s. hierzu *Heckschen*, NZG 2010, 521.

223) BGH, Urt. v. 15.3.2004 – II ZR 247/01, ZIP 2004, 1047; zu den Problemen bei der Simultan-Insolvenz einer GmbH & Co. KG und ihrer Komplementär-GmbH s. *Albertus/Fischer*, ZInsO 2005, 246; *K. Schmidt*, GmbHR 2002, 1209.

I. Insolvenzantragsverfahren

93 Das Insolvenzantragsverfahren hat als solches grundsätzlich **keine Auswirkungen** auf die gesellschaftsrechtliche Struktur der Gesellschaft. Einschränkungen der Handlungsmöglichkeiten der Gesellschaftsorgane ergeben sich faktisch aber dann, wenn das Insolvenzgericht Sicherungsmaßnahmen anordnet, insbesondere einen vorläufigen Insolvenzverwalter bestellt und ggf. ein allgemeines Verfügungsverbot erlässt (§ 21 Abs. 2 Satz 1 Nr. 2 InsO). Da hierdurch die Handlungsmöglichkeiten der Geschäftsführung eingeschränkt werden, laufen insbesondere die Weisungsrechte der Gesellschafter (§ 37 Abs. 1 GmbHG) ins Leere.

II. Schutzschirmverfahren

94 Ein Schutzschirmverfahren (§ 270b InsO) hat ebenfalls **keine Auswirkungen** auf die gesellschaftsrechtliche Struktur. Das gilt insbesondere auch dann, wenn das Insolvenzgericht einen vorläufigen Sachwalter bestellt. Allerdings wird in diesem Zusammenhang die Auffassung vertreten, dass bereits zu diesem Zeitpunkt eine gesellschaftsrechtliche Veränderungssperre eintrete, da mit dem Schutzschirmverfahren ein Insolvenzplanverfahren vorbereitet werde.[224] Dies wird jedoch zu Recht abgelehnt, da es hier insbesondere an der erforderlichen Legitimation fehlt.[225]

Praxishinweis

Zu überlegen ist jedoch, ob und in welchem Umfang das Schutzschirmverfahren bereits auf die Pflichten ausstrahlt und welche haftungsrechtlichen Konsequenzen dies für die Geschäftsführung hat.[226]

III. Eröffnung des Insolvenzverfahrens

95 Mit der Eröffnung des Insolvenzverfahrens ist die betreffende Gesellschaft (§ 60 Abs. 1 Nr. 4 GmbHG; § 262 Abs. 1 Nr. 3 AktG) bzw. die oHG oder KG (§ 131 Abs. 1 Nr. 3, ggf. i. V. mit § 161 Abs. 2 HGB) **aufgelöst**. Die nun aufgelöste Gesellschaft bleibt bis zur vollständigen Beendigung der Abwicklung bestehen und ist auch weiterhin rechts- und handlungsfähig. Ein Liquidationsverfahren nach §§ 65 ff. GmbHG, §§ 264 ff. AktG, §§ 145 ff. HGB findet jedoch nicht statt. An die Stelle der gesellschaftsrechtlichen Liquidation tritt das Insolvenzverfahren.

1. Juristische Personen (GmbH/AG)

96 Die Organe der Gesellschaft sowie deren Funktionen und Kompetenzen bleiben auch im Insolvenzverfahren grundsätzlich erhalten. Allerdings werden diese nunmehr durch die Ziele des Insolvenzverfahrens (§ 1 InsO) und den Übergang des Verwaltungs- und Verfügungsrechts auf den Insolvenzverwalter (§ 80 Abs. 1 InsO) **überlagert**. Hierdurch wird der Insolvenzverwalter selbst jedoch kein Organ der Gesellschaft;[227] die jeweiligen Kompetenzen bleiben erhalten. Der Insolvenzverwalter ist den Gesellschaftern nicht nach

224) *Brinkmann*, DB 2012, 1369 Fn. 50; *Hölzle*, ZIP 2012, 2427.

225) *Bierbach* in: Kübler/Bork/Prütting, HRI II, § 8 Rz. 179 ff.; *Hofmann* in: Kübler/Bork/Prütting, HRI II, § 4 Rz. 52 ff.; K. Schmidt-*Undritz*, InsO, § 276a Rz. 2; zu den Legitimationsproblemen beim Eingriff in Gesellschafterrechte bei einem Insolvenzplan: *Müller*, KTS 2012, 419, 424.

226) Vgl. dazu *Thole/Brünkmanns*, ZIP 2013, 1097.

227) BGH, Urt. v. 26.1.2006 – IX ZR 282/03, ZInsO 2006, 260; Noack/Servatius/Haas-*Haas*, GmbHG, § 60 Rz. 43; Uhlenbruck-*Hirte*, InsO, § 11 Rz. 118; a. A. in Bezug auf die Stellung des Insolvenzverwalters: Scholz-*Bitter*, GmbHG, Vor § 64 Rz. 175, nach denen der Insolvenzverwalter als obligatorischer Drittliquidator Organ der Gesellschaft sei.

§ 51a GmbHG zur Auskunft über Angelegenheiten der Insolvenzmasse verpflichtet. Ihm obliegen lediglich die insolvenzrechtlichen Informationspflichten.[228)]

a) Gesellschafter- bzw. Hauptversammlung

Die Gesellschafter- bzw. Hauptversammlung ist weiterhin das **oberste Organ der Gesellschaft.** Damit bleiben die den Anteilsinhabern nach § 46 GmbHG, § 119 AktG zugewiesenen Aufgaben grundsätzlich bestehen, so dass diese entsprechende Beschlüsse fassen können. In den Aufgaben- und Verantwortungsbereich des Insolvenzverwalters können diese aber nicht eingreifen. Beurteilungsmaßstab ist, ob die Maßnahme **insolvenzzweckwidrig** ist. **Ausgeschlossen** ist jede **Einflussnahme auf die Handlungen des Insolvenzverwalters**, insbesondere hinsichtlich der Verwertung der Masse. Es ist daher z. B. kein Zustimmungsbeschluss der Gesellschafterversammlung erforderlich, wenn der Insolvenzverwalter das Unternehmen veräußert.[229)] Das gilt aber **nicht für eine Änderung des Gesellschaftsvertrages bzw. der Satzung**, wenn der Insolvenzverwalter die Firma veräußern will.[230)] Der BGH hat der Auffassung, dass der Insolvenzverwalter auch berechtigt sein soll, ohne Zustimmung der Gesellschafterversammlung die Firma der Gesellschaft zu ändern und die Anmeldung ohne Mitwirkung des Vertretungsorgans beim Handelsregister anzumelden, wenn dies für die Verwertung des Unternehmens erforderlich ist, eine Absage erteilt.[231)] Allerdings verstößt eine „Doppelfirmierung" der Schuldnerin und der Firmenerwerberin nicht in jedem Fall gegen §§ 23, 30 HGB.[232)] 97

Ebenso wenig können die Gesellschafter bzw. Aktionäre auf das Insolvenzgeschäftsjahr (§ 155 Abs. 2 Satz 1 InsO) Einfluss nehmen.[233)] Vielmehr ist der Insolvenzverwalter befugt, den mit der Eröffnung des Insolvenzverfahrens neu beginnenden **Geschäftsjahresrhythmus** zu ändern, was aber keine Änderung des Gesellschaftsvertrags bzw. der Satzung darstellt.[234)] Das kann durch eine Anmeldung zur Eintragung im Handelsregister, aber auch durch eine sonstige Mitteilung an das Registergericht geschehen.[235)] Auch ein **Delisting** (Beendigung der Notierung der Aktien an einer Wertpapierbörse) fällt in den Zuständigkeitsbereich des Insolvenzverwalters.[236)] 98

Zulässig bleiben aber folgende Maßnahmen der Gesellschafter- bzw. Hauptversammlung, auch wenn diese aufgrund der übergeordneten Stellung des Insolvenzverwalters praktisch kaum Bedeutung haben: 99

– **Bestellung und Abberufung** der Geschäftsführer bei der GmbH;[237)]

---

228) BayObLG, Beschl. v. 8.4.2005 – 3Z BR 246/04, ZIP 2005, 1087, 1088 = NZI 2005, 631; LG Berlin, Beschl. v. 7.6.2022 – 103 O 126/21, ZInsO 2022, 1916; Scholz-*Bitter*, GmbHG, Vor § 64 Rz. 198.

229) Kübler/Prütting-*Noack*, InsO, GesR Rz. 336.

230) BGH, Beschl. v. 26.11.2019 – II ZB 21/17, BGHZ 224, 72 = ZRI 2020, 134, dazu EWiR 2020, 103 *(Priester)*. Die Entscheidung ist in der kritisch aufgenommen worden; dazu *Lüdtke* in: HambKomm-InsO, § 35 Rz. 109.

231) Vertreten von OLG München, Beschl. v. 30.5.2016 – 31 Wx 38/16, ZIP 2016, 1222, dazu EWiR 2016, 553 *(Schultze)*; KG Berlin, Beschl. v. 10.7.2017 – 22 W 47/17, ZIP 2017, 1564, dazu EWiR 2017, 751 *(Illert/Hennen)*; s. dazu auch *Hacker/v. Lilien-Waldau*, NZI 2017, 787 ff.; OLG Hamm, Beschl. v. 22.12.2107 – 27 W 144/17, ZIP 2018, 596; allgemein dazu auch *Priester*, DNotZ 2016, 892.

232) BGH, Beschl. v. 26.11.2019 – II ZB 21/17, Rz. 19 ff., BGHZ 224, 72 = ZRI 2020, 134.

233) OLG Frankfurt/M., Beschl. v. 21.5.2012 – 20 W 65/12, ZIP 2012, 1617, dazu EWiR 2012, 675 *(Schmittmann)*.

234) BGH, Beschl. v. 26.11.2019 – II ZB 21/17, Rz. 36, BGHZ 224, 72 = ZRI 2020, 134; kritisch Scholz-*Bitter*, GmbHG, Vor § 64 Rz. 185a f.

235) BGH, Beschl. v. 14.10.2014 – II ZB 20/13, ZIP 2015, 88, dazu EWiR 2015, 223 *(Wächter)*.

236) *Kreymborg/Land/Undritz*, ZInsO 2011, 71 ff.

237) Noack/Servatius/Haas-*Haas*, GmbHG, § 60 Rz. 53; Scholz-*Bitter*, GmbHG, Vor § 64 Rz. 192.

- **Bestellung und Abberufung** von Mitgliedern des Aufsichtsrats bei der AG;[238)]
- die Anteilsinhaber können **Änderungen des Gesellschaftsvertrags** (§ 53 GmbHG) bzw. der **Satzung** (§ 179 AktG) beschließen, sofern diese nicht dem Insolvenzzweck entgegenstehen.[239)] Die **Änderung der Firma** kann nur mit Zustimmung des Insolvenzverwalters erfolgen, da diese einen immateriellen Vermögenswert der Masse darstellt und damit der Verfügungsbefugnis des Insolvenzverwalters unterliegt (eine Änderung der Firma durch den Insolvenzverwalter ist nicht möglich; siehe Rz. 97).[240)] Mit Zustimmung des Insolvenzverwalters kann auch eine **Sitzverlegung** beschlossen werden;[241)]
- **Kapitalerhöhungen;**[242)]
- **Kapitalherabsetzungen**, wobei lediglich die sanierende Kapitalherabsetzung (§§ 58a ff. GmbHG; §§ 229 ff. GmbHG) in Frage kommt. Die Durchführung einer effektiven Kapitalherabsetzung (§ 58 GmbHG; §§ 222 ff. AktG) wird scheitern, da die Sperrfrist abgewartet werden muss und die Gläubiger nicht befriedigt bzw. für sie Sicherheiten gestellt werden können.[243)]
- **Beschlussfassung über Sonderprüfungen** (§ 142 AktG);[244)]
- unberührt bleibt auch eine Zustimmung der Gesellschafterversammlung zur **Anteilsübertragung**, wenn der Gesellschaftsvertrag eine Vinkulierungsklausel vorsieht.

100 Die entsprechenden Beschlüsse sind weiterhin von den Geschäftsführern zum **Handelsregister** (siehe auch Rz. 103) anzumelden.

b) Vertretungsorgan

101 Der Geschäftsführer bzw. Vorstand bleibt auch nach der Eröffnung des Insolvenzverfahrens **im Amt.**[245)] Diesem steht es jedoch frei, das Amt niederzulegen. Rechtsmissbräuchlich kann es jedoch sein, wenn ein Gesellschafter-Geschäftsführer einer Einpersonen-GmbH sein Amt niederlegt und keinen neuen Geschäftsführer bestellt.[246)] Der Insolvenzverwalter ist nicht berechtigt, die organschaftliche Stellung der Mitglieder zu ändern, d. h. Organmitglieder abzuberufen oder neue zu bestellen.[247)] Dies bleibt auch nach Verfahrenseröffnung allein der Gesellschafter- bzw. Hauptversammlung vorbehalten.

---

238) OLG Düsseldorf, Beschl. v. 11.4.2013 – 3 Wx 36/13, ZIP 2013, 1022; Kübler/Prütting-*Noack*, InsO, GesR Rz. 383. Auch die gerichtliche Bestellung von fehlenden Aufsichtsratsmitgliedern gemäß § 104 AktG ist im Insolvenzverfahren zulässig, KG Berlin, Beschl. v. 4.8.2005 – 1 W 397/03, ZIP 2005, 1553 = DB 2005, 2346.

239) Scholz-*Bitter*, GmbHG, Vor § 64 Rz. 195.

240) OLG Karlsruhe, Beschl. v. 8.1.1993 – 4 W 28/92, ZIP 1993, 133, dazu EWiR 1993, 385 *(Kirberger)*; umfassend zur Behandlung der Firma in der Insolvenz *Barnert*, KTS 2003, 523.

241) LG Berlin, Beschl. v. 23.4.1999 – 98 T 9/99, ZIP 1999, 1050 – für Abwicklung einer masselosen GmbH, wenn Gläubigerbelange nicht beeinträchtigt werden.

242) Uhlenbruck-*Hirte*, InsO, § 11 Rz. 193; Scholz-*Bitter*, GmbHG, Vor § 64 Rz. 195.

243) AG Dresden, Vfg. v. 19.1.1995 – HRB 3102, ZIP 1995, 285, 286.

244) OLG München, Beschl. v. 14.5.2018 – 31 Wx 122/18, ZIP 2018, 1038, dazu EWiR 2018, 501 *(Klöhn)*.

245) Zu diesem Themenkreis s. a. *Fichtelmann*, GmbHR 2008, 76; Eine erteilte Prokura erlischt jedoch mit der Insolvenzeröffnung (§ 117 InsO), da es sich hier lediglich um eine rechtsgeschäftliche Vollmacht handelt. Der Insolvenzverwalter ist jedoch nicht zur entsprechenden Anmeldung zum Handelsregister verpflichtet, LG Halle, Beschl. v. 1.9.2004 – 11 T 8/04, ZIP 2004, 2294, dazu EWiR 2005, 543 *(Vogel/Beutner)*.

246) BayObLG, Beschl. v. 15.6.1999 – 3Z BR 35/99, ZIP 1999, 1599, 1600 = BB 1999, 1782.

247) OLG Nürnberg, Urt. v. 20.3.1990 – 1 U 2275/89, ZIP 1991, 1020, dazu EWiR 1991, 1007 *(K. Müller)*.

Die schuldrechtlichen **Anstellungsverträge** der Organmitglieder erlöschen ebenfalls nicht. Jedoch können diese unter den Voraussetzungen des § 113 InsO durch den Insolvenzverwalter gekündigt werden. 102

Infolge des Übergangs des Verwaltungs- und Verfügungsrechts auf den Insolvenzverwalter (§ 80 Abs. 1 InsO) ist die **Vertretungsbefugnis** des Geschäftsführers (§ 35 Abs. 1 GmbHG) bzw. des Vorstands (§ 78 AktG) **eingeschränkt.** Dieser kann für die Masse keinerlei Erklärungen abgeben. Anders ist dies für Vermögensgegenstände, die der Insolvenzverwalter aus der Insolvenzmasse freigegeben hat.[248] Weiterhin zuständig bleibt das Vertretungsorgan auch für die innergesellschaftliche Organisation (z. B. für die Einberufung der Gesellschafter- bzw. Hauptversammlung oder Anmeldungen zum Handelsregister).[249] Erfolgen Änderungen bei der Vertretungsbefugnis, sind diese von dem Vertretungsorgan zum Handelsregister anzumelden.[250] Dies gilt ebenso für die Anmeldung der Geschäftsanschrift, wenn sich diese vor der Eröffnung des Insolvenzverfahrens geändert hatte.[251] Ausgenommen aus dem Zuständigkeitsbereich der Geschäftsführung sind allerdings die handels- und steuerrechtlichen Buchführungs- und Bilanzierungspflichten. Diese obliegen fortan dem Insolvenzverwalter.[252] 103

Praktisch von Bedeutung ist, dass den Geschäftsführer als Vertretungsorgan die **Schuldneraufgaben der Gesellschaft** (Auskunfts- und Mitwirkungspflichten nach §§ 97, 101 Abs. 1 Satz 1 InsO)[253] treffen und er die **Verfahrensrechte der Gesellschaft** ausübt.[254] Zu Letzteren gehören insbesondere: 104

– Anhörungsrecht (§§ 10, 14 Abs. 2 InsO),
– Beschwerderecht (§ 34 InsO),
– Antragsrecht auf vorläufige Untersagung bestimmter Rechtshandlungen des Insolvenzverwalters (§§ 58, 161 InsO),
– Antrag auf Einstellung des Verfahrens (§ 213 InsO),
– Vorschlagsrecht für einen Insolvenzplan (§ 218 InsO).

c) Aufsichtsrat

Auch der für die AG zu bildende Aufsichtsrat (bzw. ein freiwilliger Aufsichtsrat bei der GmbH) bleibt weiter bestehen. Der Aufsichtsrat ist weiterhin allein für die Bestellung und Berufung der Mitglieder des Vorstands zuständig.[255] Unternehmerische Entscheidungen kann der Aufsichtsrat im Hinblick auf § 80 Abs. 1 InsO nicht mehr treffen. 105

---

248) K. Schmidt-*Büteröwe*, InsO, § 35 Rz. 38.

249) BayObLG, Beschl. v. 17.3.2004 – 3Z BR 46/04, GmbHR 2004, 669; OLG Rostock, Beschl. v. 17.12.2002 – 6 W 52/02, Rpfleger 2003, 444; Kübler/Prütting-*Noack*, InsO, GesR Rz. 291. Der Vorstand einer börsennotierten AG bleibt für die Einhaltung der Pflichten nach dem WpHG verantwortlich. Der Insolvenzverwalter kann nicht zur Erfüllung der WpHG-Veröffentlichungspflichten herangezogen werden, BVerwG, Urt. v. 13.4.2005 – BVerwG 6 C 4.04, BVerwGE 123, 203 = ZIP 2005, 1145, dazu EWiR 2005, 747 *(H. Herchen/A. Herchen)*; a. A. noch die Vorinstanz VG Frankfurt/M., Urt. v. 29.1.2004 – 9 E 4228/03(v), ZIP 2004, 469, dazu EWiR 2004, 458 *(Streit/Schiermeyer)*.

250) OLG Hamm, Beschl. v. 9.3.2017 – I-27 W 175/16, ZIP 2017, 820 = NZI 2017, 403.

251) OLG Hamburg, Beschl. v. 27.1.2011 – 11 W 4/11, GmbHR 2011, 828; OLG Hamm, Beschl. v. 9.3.2017 – I-27 W 175/16, ZIP 2017, 820 = NZI 2017, 403.

252) KG Berlin, Beschl. v. 3.6.1997 – 1 W 8260/95, ZIP 1997, 1511, dazu EWiR 1997, 755 *(Pink)*.

253) Zu dem Umfang dieser Pflichten bei der Realisierung von Ansprüchen durch den Insolvenzverwalter: BGH, Beschl. v. 5.3.2015 – IX ZB 62/14, ZIP 2015, 791, dazu EWiR 2015, 321 *(Neußner)*.

254) S. dazu *Henssler* in: Kölner Schrift, S. 1283 Rz. 43 ff.; Scholz-*Bitter*, GmbHG, Vor § 64 Rz. 201.

255) Kübler/Prütting-*Noack*, InsO, GesR Rz. 362.

2. Personenhandelsgesellschaften

106 Im Insolvenzverfahren über das Vermögen von Personenhandelsgesellschaften (oHG, KG) können die Gesellschafter keine Handlungen mehr vornehmen, die das Verwaltungs- und Verfügungsrecht des Insolvenzverwalters beeinträchtigen können.

3. Besonderheiten bei der Eigenverwaltung

107 Eine ausdrückliche Regelung zum Verhältnis zwischen insolvenz- und gesellschaftsrechtlichen Regelungen findet sich in § 276a InsO, der durch das ESUG neu eingefügt worden ist. Bereits vor dem Inkrafttreten der Regelung war anerkannt, dass die Anordnung der Eigenverwaltung im eröffneten Insolvenzverfahren (§§ 270 ff. InsO) **keine strukturellen Auswirkungen** auf die Gesellschaft sowie die gesellschaftsrechtlichen Rechte und Pflichten der Gesellschaftsorgane hat. Allerdings war bei der GmbH streitig, was dies etwa für das Weisungsrecht der Gesellschafterversammlung einer GmbH gegenüber der Geschäftsführung (§ 37 Abs. 1 GmbHG) sowie die Prüfungs- und Überwachungsbefugnis (§ 46 Nr. 6 GmbHG) bedeutet.[256)] Hier stellt die neue Regelung des § 276a Satz 1 InsO nunmehr klar, dass bei einer juristischen Person oder einer Gesellschaft ohne Rechtspersönlichkeit der Aufsichtsrat, die Gesellschafterversammlung oder entsprechende Organe **keinen Einfluss auf die Geschäftsführung** mehr nehmen können.[257)] Ziel der Vorschrift ist, dass die Geschäftsführung während der Eigenverwaltung ihr Handeln allein an den Interessen der Gläubiger auszurichten hat.[258)] Die Kontrolle der wirtschaftlichen Entscheidungen findet hier durch den Sachwalter, den Gläubigerausschuss und die Gläubigerversammlung statt. Eine weitere Überwachung durch die Gesellschaftsorgane ist daher nicht notwendig. Gleichzeitig sollen aber deren Einwirkungsmöglichkeiten begrenzt werden, um etwaige „Störungen“ zu verhindern.[259)] Darüber hinaus werden auch die allgemeinen Prüfungs- und Auskunftsrechte der Gesellschaftsorgane ausgeschlossen.[260)] Dies ist letztlich Ausdruck dessen, dass sich im Insolvenzverfahren die Interessen zugunsten der Gläubiger verschieben und diese insoweit den Gesellschaftszweck überlagern.[261)]

108 § 276a Satz 1 InsO darf jedoch nicht dahingehend verstanden werden, dass sämtliche Befugnisse des Aufsichtsrats, der Gesellschafterversammlung oder entsprechende Organe gegenüber der Geschäftsführung ausgeschlossen sind. Soweit noch insolvenzfreie Restbereiche (siehe hierzu unter Rz. 99) vorhanden sind, bleibt es bei der bisherigen Kompetenzverteilung.[262)] Ein Aktionär hat daher auch noch das Recht, eine Hauptversammlung einzuberufen, um Mitglieder des Aufsichtsrats zu wählen.[263)]

109 Ebenso wenig will die neue Regelung den Gesellschaftsorganen die Befugnis nehmen, Mitglieder des Vorstands oder der Geschäftsführung zu bestellen und abzuberufen.[264)]

256) Streitig; AG Duisburg, Beschl. v. 1.9.2002 – 62 IN 167/02, ZIP 2002, 1636, 1640; Meinungsstand bei *Wittig/Tetzlaff* in: MünchKomm-InsO, Vor §§ 270–285 Rz. 74a ff.

257) Zur Kompetenzverteilung bei der AG s. *Fiebig* in: HambKomm-InsO, § 276a Rz. 5.

258) Begr. RegE ESUG z. § 276a, BT-Drucks. 17/5712, S. 42.

259) Begr. RegE ESUG z. § 276a, BT-Drucks. 17/5712, S. 42.

260) *Fiebig* in: HambKomm-InsO, § 276a Rz. 5; *Klöhn*, DB 2013, 41, 44; K. Schmidt-*Undritz*, InsO, § 276a Rz. 2.

261) *Bierbach* in: Kübler/Bork/Prütting, HRI II, § 8 Rz. 172 ff.

262) OLG München, Beschl. v. 14.5.2018 – 31 Wx 122/18, Rz. 36, ZIP 2018, 1038, dazu EWiR 2018, 501 *(Klöhn)*; OLG München, Urt. v. 9.8.2018 – 7 U 2697/18, ZIP 2018, 1796, Rz. 5; K. Schmidt-*Undritz*, InsO, § 276a Rz. 3.

263) OLG München, Beschl. v. 14.5.2018 – 31 Wx 122/18, Rz. 36, ZIP 2018, 1038, dazu EWiR 2018, 501 *(Klöhn)*; *Klöhn*, DB 2013, 41; K. Schmidt-*Undritz*, InsO, § 276a InsO Rz. 3; a. A. AG Montabaur, Beschl. v. 19.6.2012 – HRB 20744, ZIP 2012, 1307.

264) Begr. RegE ESUG z. § 276a, BT-Drucks. 17/5712, S. 42.

§ 276a Satz 2 InsO macht dies allerdings von der Zustimmung des Sachwalters abhängig. Diese ist jedoch zu erteilen, wenn die Maßnahme nicht zu Nachteilen für die Gläubiger führt (§ 276a InsO). Nachteilig kann die Maßnahme dann sein, wenn zeitliche Verzögerungen oder der Verlust erforderlichen Unternehmenswissen ist erwarten ist.[265] Hierdurch soll ein missbräuchlicher Austausch der Geschäftsführung vermieden werden.[266] Dies unterstreicht die Ausrichtung der Eigenverwaltung an die Interessen der Gläubiger. Vor folgendem Hintergrund ist jedoch über eine Einschränkung nachzudenken: Bei der GmbH können die Gesellschafter über die Befugnisse nach § 37 Abs. 1 GmbH und § 46 Nr. 6 GmbHG auch auf die Ausübung der Verfahrensrechte der Schuldnerin (siehe dazu Rz. 104) Einfluss nehmen. Diese Rechte können jedoch beeinträchtigt werden, weil deren Einflussmöglichkeit abgeschnitten ist. Dadurch würden die Gesellschafter aber schlechter als in einem Insolvenzverfahren ohne Eigenverwaltung stehen.

4. Besonderheiten beim Insolvenzplan

Vor dem Inkrafttreten des ESUG konnten in einem Insolvenzplan keine gesellschaftsrechtlichen Maßnahmen ohne die entsprechende Zustimmung der betroffenen Gesellschafter geregelt werden. Dies hat sich durch § 217 Satz 2 und § 225a InsO entscheidend geändert.[267] Zunächst eröffnet § 217 Satz 2 InsO die Möglichkeit, **Anteils- oder Mitgliedschaftsrechte in den Insolvenzplan** einzubeziehen, wenn der Schuldner keine natürliche Person ist. § 225a Satz 1 InsO stellt flankierend zunächst klar, dass die Anteils- oder Mitgliedschaftsrechte zwar grundsätzlich unberührt bleiben, der Insolvenzplan kann hier aber auch etwas anderes bestimmen. Damit kann der Insolvenzplan nicht nur den Eingriff in Gläubiger-, sondern auch Anteils- oder Mitgliedschaftsrechte vorsehen.[268] Wesentlicher Zweck der neuen Vorschriften ist es, die Zufuhr von neuem Eigenkapital („frisches Geld") zu erleichtern und in diesem Zusammenhang ggf. die Gesellschafterstruktur neu zu gestalten, um einen Rechtsträger sanieren zu können.[269] Solche Maßnahmen konnten zwar schon vor der neuen Gesetzlage in einem Insolvenzplan geregelt werden. Hierfür war jedoch die Zustimmung der Gesellschafter erforderlich, was sich in entsprechenden Bedingungen (§ 249 InsO) im Insolvenzplan äußerte.[270] 110

Den neuen Regelungen liegt ein geändertes Verständnis des Gesetzgebers zugrunde: Zwar handelt es sich bei den Anteils- und Mitgliedschaftsrechten um von Art. 14 GG geschützte Rechtspositionen. Diese sind angesichts der Insolvenzsituation allerdings wirtschaftlich wertlos. Die Gesellschafter haben allenfalls einen Anspruch auf einen etwaigen Überschuss, wenn alle Insolvenzgläubiger befriedigt sind (§ 199 Satz 2 InsO). Sie sind daher doppelt nachrangig.[271] 111

Als wesentliches Instrument stellt § 225a Abs. 2 InsO die **Umwandlung von Fremd- in Eigenkapital** (Debt Equity Swap) zur Verfügung, was jedoch die Zustimmung der betreffenden Gläubiger erfordert. Dies wird im Regelfall dadurch vollzogen, dass Kapital der Gesellschaft im Wege einer Kapitalherabsetzung auf null reduziert und anschließend die 112

265) K. Schmidt-*Undritz*, InsO, § 276a InsO Rz. 3.

266) Begr. RegE ESUG z. § 276a, BT-Drucks. 17/5712, S. 42.

267) Gesetz zur weiteren Erleichterung der Sanierung von Unternehmen (ESUG), v. 7.12.2011, BGBl. I 2011, 2582.

268) Begr. RegE ESUG z. § 217, BT-Drucks. 17/5712, S. 30.

269) Begr. RegE ESUG z. § 225a, BT-Drucks. 17/5712, S. 31 f.

270) Begr. RegE ESUG z. § 217, BT-Drucks. 17/5712, S. 30.

271) *Hölzle* in: Kübler/Bork/Prütting, HRI II, § 26 Rz. 6 ff.; *Müller*, KTS 2011, 419, 424 ff.; K. Schmidt-*Spliedt*, InsO, § 225a Rz. 4, 7 ff.

Forderungen im Wege einer Kapitalerhöhung eingebracht werden.[272] Wesentlicher Diskussionspunkt ist hier die Bewertung der einzubringenden Forderung, nämlich zum tatsächlichen Wert der Forderung (in der Regel mit der zu erwartenden Quote) oder zum Nominalwert.[273]

113 Eine viel weitergehende Eingriffsmöglichkeit eröffnet § 225a Abs. 3 InsO: Danach kann jede Regelung im Insolvenzplan getroffen werden, die gesellschaftsrechtlich zulässig ist. Diese Regelung soll die grundlegende Änderung der gesellschaftsrechtlichen Strukturen des Schuldners ermöglichen. Mit ihrer Hilfe sollen diese **grundlegend umgestaltet und den Bedürfnissen des Insolvenzplanverfahrens angepasst werden können.**[274] Die Palette der hierunter fallenden Maßnahmen ist groß: etwa die Fassung eines Fortsetzungsbeschlusses des durch die Insolvenzeröffnung aufgelösten Rechtsträgers (siehe auch Rz. 122), Bestellung von Organmitgliedern (wobei bei der Eigenverwaltung jedoch § 276a InsO zu beachten ist) und Maßnahmen nach dem Umwandlungsgesetz.[275] Dabei kann der Insolvenzplan sogar auch die Übertragung der Anteile der bisherigen Anteilsinhaber vorsehen. Allerdings sind die Anteilsinhaber hier zu entschädigen, falls die Anteile noch werthaltig sind. Dies dürfte im Insolvenzverfahren jedoch kaum der Fall sein.[276]

Praxishinweis

In die Diskussion gekommen ist § 225a InsO insbesondere durch den *Suhrkamp*-Fall.[277] Hier ging es um die interessante Frage im Schnittpunkt zwischen Gesellschafts- und Insolvenzrecht, ob und inwieweit ein Insolvenzverfahren (Schutzschirmverfahren) auch zur Lösung von Konflikten im Gesellschafterkreis eingesetzt werden kann.[278]

5. Auswirkungen auf den Konzern

114 Bei einem Konzern handelt sich um mindestens zwei rechtlich selbständige Unternehmen, die in einem bestimmten gesellschaftsrechtlichen Verhältnis i. S. der §§ 15 ff. AktG stehen. Dieses z. B. dadurch begründet, dass zwischen den Unternehmen ein Beteiligungsverhältnis oder ein Unternehmensvertrag i. S. der §§ 291 f. AktG besteht.

115 Der Konzern ist als solcher **nicht insolvenzfähig.**[279] Die Insolvenz eines Konzernunternehmens bedeutet nicht zwingend auch die Insolvenz eines anderen Konzernunternehmens. In der Praxis aber führt die Insolvenz eines Konzernunternehmens oftmals auch zur Insolvenz der anderen Konzernunternehmen, etwa wenn gegen diese Gesellschaft Forderungen der anderen Konzerngesellschaften bestehen, die nun nicht mehr werthaltig sind und wertberichtigt werden müssen, oder die anderen Konzerngesellschaften ggf. Ver-

272) *Hölzle* in: Kübler/Bork/Prütting, HRI II, § 26 Rz. 43, 62 ff.; *Spahlinger* in: KPB, InsO, § 225a Rz. 14 ff.; *Thies* in: HambKomm-InsO, § 225a Rz. 16 ff.

273) S. zur Diskussion: K. Schmidt-*Spliedt*, InsO, § 225a Rz. 23 ff.; *Spahlinger* in: KPB, InsO, § 225a Rz. 18 ff.; *Thies* in: HambKomm-InsO, § 225a Rz. 23 ff. Nach der h. M. kann die Forderung nur in dem Umfang angerechnet werden, soweit sie vollwertig, fällig und liquide ist, wobei sich hier die Frage stellt, ob die Bewertung der Vermögensgegenstände mit Liquidations- oder Fortführungswerten zu erfolgen hat.

274) Begr. RegE ESUG z. § 225a, BT-Drucks. 17/5712, S. 32.

275) S. hierzu: K. Schmidt-*Spliedt*, InsO, § 225a Rz. 35 ff.; *Thies* in: HambKomm-InsO, § 225a Rz. 48 ff.; ausführlich zu Maßnahmen nach dem UmwG: *Kahlert/Gehrke*, DStR 2013, 975; *Madaus*, ZIP 2012, 2133 ff.

276) Begr. RegE ESUG z. § 225a, BT-Drucks. 17/5712, S. 32.

277) S. zur Darstellung des Sachverhalts und den diversen Entscheidungen, die in diesem Verfahren ergangen sind: *Brünkmanns/Uebele*, ZInsO 2014, 265 f.

278) S. hierzu und zu dem inzwischen umfangreichen Schrifttum: *Brünkmanns/Uebele*, ZInsO 2014, 265, *Madaus*, ZIP 2014, 500.

279) K. Schmidt-*K. Schmidt*, InsO, § 11 Rz. 22.

lustübernahmepflichten aus § 302 AktG treffen, diese Haftungserklärungen bzw. Bürgschaften abgegeben oder sich in gleicher Weise gegenüber einem Gläubiger verpflichtet haben. Aufgrund der rechtlichen und insbesondere wirtschaftlichen Zusammenhänge besteht ein Bedürfnis, Insolvenzverfahren über das Vermögen von Konzerngesellschaften zu koordinieren. Zu diesem Zweck hat der Gesetzgeber durch das am **21.4.2018** in Kraft getretene **Gesetz zur Erleichterung der Bewältigung von Konzerninsolvenzen** vom 13.4.2017 Regelungen in die InsO aufgenommen (siehe dazu Kap. 19 [*Naraschewski*]).

Besteht zwischen zwei Unternehmen ein **Unternehmensvertrag** (Beherrschungs- und/oder Gewinnabführungsvertrag), so stellt sich die Frage, welche Auswirkungen die Eröffnung des Insolvenzverfahrens auf diesen hat. Unter Geltung der Konkursordnung hat man angenommen, dass der Vertrag automatisch ende, sobald das Verfahren über das Vermögen einer Vertragspartei eröffnet werde.[280] Dagegen ist unter Geltung der InsO davon auszugehen, dass der Unternehmensvertrag für die Dauer des Insolvenzverfahrens lediglich **suspendiert** wird, da Ziel der InsO nicht die zwangsweise Abwicklung der betreffenden Gesellschaft ist, sondern dieser die Möglichkeit gegeben werden soll, nach erfolgreicher Bestätigung eines Insolvenzplans fortbestehen zu können. Erst wenn das Insolvenzverfahren zur endgültigen Abwicklung und Beendigung des Rechtsträgers führt, endet auch der Unternehmensvertrag. Unabhängig davon ist der Unternehmensvertrag für beide Vertragsparteien gemäß § 297 Abs. 1 AktG aus wichtigem Grund kündbar.[281] 116

IV. Abweisung mangels Masse

Wird der Eröffnungsantrag einer GmbH oder einer AG mangels Masse abgewiesen, so ist die Gesellschaft **aufgelöst** (§ 60 Abs. 1 Nr. 5 GmbHG; § 262 Abs. 1 Nr. 4 AktG). Das anschließende Liquidationsverfahren richtet sich nicht nach den Vorschriften der InsO, sondern nach den allgemeinen Regeln für die Liquidation (§§ 66 ff. GmbHG; §§ 264 ff. AktG).[282] Nach h. M. kann eine Gesellschaft, deren Insolvenzantrag mangels Masse abgewiesen wurde, nicht fortgesetzt werden, sondern ist zwingend abzuwickeln. Das gilt auch dann, wenn die Gesellschaft wieder über ein das gesellschaftsvertragliche Stammkapital übersteigendes Vermögen verfügt und die Insolvenzgründe beseitigt worden sind.[283] 117

Die Abweisung eines Eröffnungsantrags führt nicht bereits zur Vollbeendigung und zum Erlöschen der Gesellschaft. Die Vollbeendigung tritt erst dann ein, wenn die Gesellschaft vermögenslos (nicht zu verwechseln mit masselos) und aus dem Handelsregister gelöscht wird **(Lehre vom Doppeltatbestand)**.[284] Solange die Gesellschaft nicht vermögenslos ist, können auch nach Abweisung eines Insolvenzantrags Forderungen geltend gemacht und entsprechende Vollstreckungsmaßnahmen gegen die Gesellschaft unternommen werden. Bei Vermögenslosigkeit kann die Gesellschaft jedoch gemäß § 394 FamFG von Amts wegen aus dem Handelsregister gelöscht werden.[285] 118

---

280) BGH, Urt. v. 14.12.1987 – II ZR 170/87, BGHZ 103, 1, 6 ff. = ZIP 1988, 229, 231, dazu EWiR 1987, 1149 *(Koch)*.

281) Uhlenbruck-*Hirte*, InsO, § 11 Rz. 398; Kübler/Prütting-*Noack*, InsO, GesR Rz. 723 ff.; *K. Schmidt*, GesR, § 31 III 5; a. A. Noack/Servatius/Haas-*Beurskens*, GmbHG, Anh. KonzernR Rz. 131; *Freudenberg*, ZIP 2009, 2037.

282) K. Schmidt/Uhlenbruck-*K. Schmidt*, Die GmbH, Rz. 6.15, der zugleich aber die Abwicklung in einem „Quasi-Insolvenzverfahren" befürwortet.

283) BGH, Beschl. v. 25.1.2022 – II ZB 8/21, ZRI 2022, 366, dazu EWiR 2022, 293 *(Kaspras)*; BayObLG, Beschl. v. 12.1.1995 – 3Z BR 314/94, DB 1995, 667 = DNotZ 1995, 975; Noack/Servatius/Haas-*Haas*, GmbHG, § 60 Rz. 96; Scholz-*Scheller*, GmbHG, § 60 Rz. 116 f.

284) OLG Stuttgart, Urt. v. 30.9.1998 – 20 U 21/98, ZIP 1998, 1880, 1882, dazu EWiR 1998, 987 *(Eckardt)*; Lutter/Hommelhoff-*Kleindiek*, GmbHG, § 74 Rz. 7; Scholz-*K. Schmidt/Scheller*, GmbHG, § 74 Rz. 14 f.

285) Dazu näher Scholz-*Scheller*, GmbHG, § 60 Rz. 52 ff.

V. Zurückweisung des Antrags aus anderen Gründen

119 Die Abweisung des Eröffnungsantrags aus anderen Gründen als mangels Masse hat auf die Gesellschaft keine Auswirkungen. Sie wird hierdurch auch nicht aufgelöst, sondern besteht in ihrer bisherigen Form weiter.

VI. Schicksal der Gesellschaft nach Beendigung des Insolvenzverfahrens

1. Vollständige Abwicklung

120 Unter der InsO gilt, dass der Insolvenzverwalter die Gesellschaft **vollständig abzuwickeln** hat (Schluss aus § 199 Satz 2 InsO), soweit nicht das Verfahren eingestellt oder aufgehoben wird.[286] Damit ist klargestellt, dass es nach der Schlussverteilung und der Aufhebung des Insolvenzverfahrens (§ 200 Abs. 1 InsO) keine gesellschaftsrechtliche Liquidation mehr anschließt.[287] Auch können die Gesellschafter danach keine Fortsetzung der Gesellschaft mehr beschließen.[288] Mit der vollständigen Abwicklung ist die Gesellschaft vermögenslos. Nach der Lehre vom Doppeltatbestand (siehe oben Rz. 118) erlischt die Gesellschaft jedoch erst dann, wenn zusätzlich auch die Löschung aus dem Handelsregister erfolgt. Diese ist von Amts wegen unter den Voraussetzungen des § 394 FamFG zu veranlassen. Sollte sich nach der Löschung herausstellen, dass noch Vermögen vorhanden ist, ist die Gesellschaft trotz ihrer Löschung nicht beendet und bleibt für eine Nachtragsliquidation parteifähig.[289]

2. Einstellung des Verfahrens

121 Auch wenn das Insolvenzverfahren mangels Masse (§§ 207 ff. InsO), wegen Wegfalls des Eröffnungsgrundes (§ 212 InsO) oder nach Zustimmung aller Insolvenzgläubiger (§ 213 InsO) eingestellt wird, **bleibt die Gesellschaft aufgelöst** (§ 60 Abs. 1 Nr. 4 GmbHG; § 262 Abs. 1 Nr. 4 AktG; § 131 Abs. 1 Nr. 3 ggf. i. V. mit § 161 Abs. 2 HGB). Die Liquidation richtet sich nach den gesellschaftsrechtlichen Vorschriften (§§ 66 ff. GmbHG; §§ 264 ff. AktG; §§ 145 ff. HGB), wobei nicht der Insolvenzverwalter, sondern Liquidatoren die Abwicklung vornehmen.[290] Die Auflösung der Gesellschaft lässt auch die Prozessfähigkeit nicht entfallen.[291]

122 Bei der GmbH können nach § 60 Abs. 1 Nr. 4 Halbs. 2 GmbHG die Gesellschafter jedoch die **Fortsetzung** beschließen, wenn das Insolvenzverfahren auf Antrag der Gesellschaft beendet wird, was nur in den Fällen der §§ 212, 213 InsO möglich ist. Entsprechendes gilt auch für die AG (§ 274 Abs. 2 Nr. 1 AktG). Wird das Verfahren mangels Masse eingestellt, ist die Fortsetzung einer GmbH oder AG ausgeschlossen und die Gesellschaft ist zwingend abzuwickeln (siehe oben Rz. 117).

3. Aufhebung des Verfahrens

123 Wird das Insolvenzverfahren mit rechtskräftiger Bestätigung eines Insolvenzplans aufgehoben, wird die Gesellschaft fortgesetzt, wenn dies in dem Plan vorgesehen ist[292] und die

---

286) Kübler/Prütting-*Noack*, InsO, GesR Rz. 84 ff.; Scholz-*Scheller*, GmbHG, § 60 Rz. 32. Anders war dies unter der Geltung der KO, s. OLG Stuttgart, Urt. v. 30.9.1998 – 20 U 21/98, ZIP 1998, 1880, 1882.

287) Kübler/Prütting-*Noack*, InsO, GesR Rz. 88; *K. Schmidt* in: Kölner Schrift, S. 1199, Rz. 22; anders noch unter Geltung der KO: OLG Stuttgart, Urt. v. 30.9.1998 – 20 U 21/98, ZIP 1998, 1880, 1882.

288) OLG Celle, Beschl. v. 29.12.2010 – 9 W 136/10, ZIP 2011, 278 = NZI 2011, 151.

289) BGH. Beschl. v. 16.1.2014 – IX ZB 122/12, ZIP 2014, 437 (LS) = ZInsO 2013, 340.

290) OLG Zweibrücken, Urt. v. 5.12.2002 – 4 U 231/96, ZIP 2003, 1954 = NZI 2003, 343; Noack/Servatius/Haas-*Haas*, GmbHG, § 60 Rz. 59.

291) OLG Zweibrücken, Urt. v. 5.12.2002 – 4 U 231/96, ZIP 2003, 1954 = NZI 2003, 343.

292) Hierfür reicht bereits aus, dass der Insolvenzplan die Möglichkeit der Fortführung zulässt: BGH, Beschl. v. 8.4.2020 – II ZB 3/19, ZRI 2020, 297, dazu EWiR 2020, 451 *(Bayer/Goffin)*.

Gesellschafter bzw. Aktionäre die **Fortsetzung** beschließen (§ 60 Abs. 1 Nr. 4 Halbs. 2 GmbHG; § 274 Abs. 2 Nr. 1 AktG).[293] Es ist also ein gesonderter Beschluss der Anteilsinhaber erforderlich. Mit dem Fortsetzungsbeschluss wandelt sich die Gesellschaft wieder in eine werbende Gesellschaft und kann weiter am Wirtschaftsleben teilnehmen.[294]

D. Gesellschafterdarlehen und andere Leistungen der Gesellschafter und Dritter in der Insolvenz

I. Allgemeines

Die Regelungen der § 39 Abs. 1 Nr. 5, Abs. 4 und 5, § 44a sowie § 135 InsO behandeln Gesellschafterdarlehen und andere Leistungen der Gesellschafter im Insolvenzverfahren. Diese Vorschriften sind durch das MoMiG[295] neu eingefügt worden. Gleichzeitig ist das bis dahin geltende Eigenkapitalersatzrecht aufgehoben und die daneben angewendeten sog. Rechtsprechungsregelungen durch § 30 Abs. 1 Satz 3 GmbHG außer Kraft gesetzt worden.[296] Die Darlehen der Gesellschafter an die Gesellschaft und gleichgestellte Leistungen sollen nur noch den insolvenzrechtlichen Regelungen unterworfen und zwar unter den Voraussetzungen der in der InsO neu eingefügten. Die neuen Vorschriften sehen eine **insolvenzrechtliche Rückstufung** bzw. **Anfechtungsmöglichkeit** vor. Eine Eigenkapitalersatzfunktion kennt das Gesetz nun nicht mehr, so dass es auch nicht mehr darauf ankommt, ob die Leistungen des Gesellschafters in der Krise gewährt oder stehengelassen worden sind.[297] Es findet also keine Umfunktionierung von Gesellschafterdarlehen in Eigenkapital mehr statt. 124

Ziel des Gesetzgebers mit der Neuregelung ist im Wesentlichen die Rechtsvereinheitlichung. Diese wird durch die Beseitigung des Nebeneinanders von Novellen- und Rechtsprechungsregelungen, durch die Neuregelung der Nutzungsüberlassung (§ 135 Abs. 3 InsO) und die Erfassung aller Gesellschafterdarlehen ohne Voraussetzung einer Krisenfinanzierung erreicht.[298] Der Praxis soll ein möglichst leicht handhabbarer, ebenso klarer und übersichtlicher Rechtsrahmen gegeben werden. Hintergrund ist die verbreitete Klage über die Unübersichtlichkeit des bisherigen Rechts gewesen.[299] Auch wenn sich die Grundstrukturen geändert haben, knüpft das neue Recht gleichwohl an viele Wertungen des bisherigen Rechts an. 125

Die **Vereinheitlichung** nach dem neuen Recht hat aber nicht nur Vorteile für die Gesellschafter. Durch den Fortfall der „Krisenfinanzierung“ als Voraussetzung,[300] werden alle Gesellschafterdarlehen und gleichgestellten Leistungen den neuen Regelungen unabhängig von den Begleitumständen, unter denen sie gewährt worden sind, unterworfen. Der Unterschied zum bisherigen Recht zeigt sich bei überraschenden Insolvenzen (z. B. wegen unvorhergesehener Forderungsausfälle, Insolvenz eines Großkunden, höherer Gewalt 126

---

293) Zum Fortsetzungsbeschluss: Scholz-*K. Schmidt/Bitter*, GmbHG, § 60 Rz. 87 f.; zum Inhalt des Insolvenzplans in gesellschaftsrechtlicher Hinsicht *Müller*, KTS 2012, 209.

294) Lutter/Hommelhoff-*Kleindiek*, GmbHG, § 60 Rz. 28.

295) Gesetz zur Modernisierung des GmbH-Rechts und zur Bekämpfung von Missbräuchen (MoMiG), v. 23.10.2008, BGBl. I 2008, 2026.

296) Zur früheren Rechtslage s. sie 1. Aufl., Kap. 22 Rz. 121 ff.

297) *Könen* in: KPB, InsO, § 39 Rz. 38.

298) *Ehricke/Behme* in: MünchKomm-InsO, § 39 Rz. 39; Scholz-*Bitter*, GmbHG, Anh. § 64 Rz. 10.

299) Lutter/Hommelhoff-*Kleindiek*, GmbHG, 19. Aufl., Anh. § 64 Rz. 116.

300) BGH, Urt. v. 17.2.2011 – IX ZR 131/10, Rz. 25, BGHZ 188, 363 = ZIP 2011, 575, dazu EWiR 2012, 285 *(Spliedt)*.

etc.).[301] Die Finanzierungsrisiken im Verhältnis Gesellschafter/Gesellschaft – auch und gerade in Konzernverbünden – haben sich damit zulasten der finanzierungsbereiten Gesellschafter verändert.[302]

127 Die **dogmatische Grundlage** der neuen Regelungen nach wie vor unklar und umstritten. Teils wird darauf hingewiesen, dass der Gesetzgeber nicht mehr auf die Finanzierungsfolgenverantwortung des bisherigen Rechts abstelle.[303] Die Rückstufung sei Ausgleich für die Haftungsbeschränkung, die die Gesellschafter in Anspruch nehmen.[304] Teils werden diese Regelungen auch als Ausdruck der Doppelstellung der Normadressaten als Gesellschafter und Kreditgeber eingeordnet.[305] Andere Autoren wollen auf den die größere Nähe der Gesellschafter zum Rechtsträger, woraus sich ein Informationsvorsprung ergibt, und die größeren Einwirkungsmöglichkeiten abstellen.[306] Die offenbar überwiegenden Literaturstimmen sehen die Grundlage weiterhin in der **Finanzierungsfolgenverantwortung** der Gesellschafter.[307] Dies war bereits der Begründungsansatz für das frühere Eigenkapitalersatzrecht. Hier geht es um das **Spannungsfeld zwischen Finanzierung der Gesellschaft mit Eigen- und Fremdkapital**, da Eigen- und Fremdkapital im Insolvenzverfahren unterschiedlich behandelt werden. Zum **Eigenkapital** gehört das Stammkapital, weitere Einlagen der Gesellschafter und Rücklagen sowie die stillen Reserven, wobei Letztere bilanziell nicht ausgewiesen werden. In der Finanzverfassung der GmbH unterliegt das Stammkapital der Ausschüttungssperre der §§ 30 f. GmbHG. Nur unter Beachtung dieser Vorschriften können die Gesellschafter der Gesellschaft Eigenkapital entziehen. Stammkapital kann der Gesellschaft nur bei Durchführung einer Kapitalherabsetzung (§ 58 GmbHG) entzogen werden. Im Insolvenzverfahren begründen die als Eigenkapital in die Gesellschaft eingebrachten oder stehen gelassenen Beträge keine Insolvenzforderung und nehmen insoweit nur bedingt an dem Verfahren teil (§ 199 Satz 2 InsO). Im Gegensatz dazu steht das **Fremdkapital**: Die Gläubiger sind im Falle der Insolvenz Insolvenzgläubiger und haben eine Insolvenzforderung (§ 38 InsO). Fremd- und Eigenkapital nehmen somit in unterschiedlicher Weise am unternehmerischen Risiko teil.[308]

128 Grundsätzlich steht es den Gesellschaftern frei, die Gesellschaft über die erbrachte Mindesteinlage hinaus mit Fremd- und/oder Eigenkapital zu finanzieren (**Finanzierungsfreiheit**).[309] Ein wesentlicher Vorteil der Verwendung von Fremdkapital ist, dass dieses äußerst flexibel steuerbar ist, da die der Gewährung zugrunde liegenden schuldrechtlichen

301) *Heckschen/Heidinger*, Die GmbH in der Gestaltungs- und Beratungspraxis, § 18 Rz. 146 ff. mit Beispielsfall; Lutter/Hommelhoff-*Kleindiek*, GmbHG, 19. Aufl., Anh. § 64 Rz. 135.

302) Lutter/Hommelhoff-*Kleindiek*, GmbHG, 19. Aufl., Anh. § 64 Rz. 135.

303) Lutter/Hommelhoff-*Kleindiek*, GmbHG, 19. Aufl., Anh. § 64 Rz. 136.

304) *Huber/Habersack*, BB 2006, 1; *Huber* in: FS Priester, S. 259, 271 ff.

305) Dazu: Lutter/Hommelhoff-*Kleindiek*, GmbHG, 19. Aufl., Anh. § 64 Rz. 139 f.

306) *Kampshoff*, GmbHR 2010, 897, 899; *K. Schmidt*, GmbHR 2009, 1009, 1016; ablehnend jedoch BGH, Urt. v. 17.2.2011 – IX ZR 131/10, Rz. 16 f., BGHZ 188, 363 = ZIP 2011, 575, dazu EWiR 2012, 285 *(Spliedt)*.

307) Scholz-*K. Schmidt*, GmbHG, 10. Aufl., Nachtrag MoMiG, §§ 32a/b Rz. 7 f., nach dem man das neue Recht auch als Verallgemeinerung des Konzepts der Finanzierungsverantwortung verstehen könne und von einem „näher dran" des Gesellschafters als Zurechnungsgrund spricht; zustimmend ebenfalls *Schröder* in: HambKomm-InsO, § 135 Rz. 8 ff. m. w. N. Auch der BGH folgt nunmehr in seinem Urt. v. 21.2.2013 – IX ZR 32/12, Rz. 18, BGHZ 196, 220 = ZIP 2013, 582, dazu EWiR 2013, 217 *(Bork)*. Dies hatte er in seinem Urt. v. 17.2.2011 – IX ZR 131/10, Rz. 16 f., BGHZ 188, 363 = ZIP 2011, 575, dazu EWiR 2012, 285 *(Spliedt)*, noch offengelassen. In BGH, Urt. v. 26.1.2023 – IX ZR 85/21, Rz. 28, ZRI 2023, 292 = ZIP 2023, 705, dazu EWiR 2023, 305 *(Görner)*, stellt der BGH auf die „unternehmerische Verantwortung" ab.

308) Scholz-*K. Schmidt*, GmbHG, 10. Aufl., §§ 32a, 32b Rz. 2.

309) OLG Celle, Urt. v. 30.1.1996 – 18 U 16/95, ZIP 1996, 1994, 1995, dazu EWiR 1997, 225 *(Wissmann)*.

Regelungen an die jeweiligen Bedürfnisse (Rückzahlungsmodalitäten, Kündigung) der Gesellschaft angepasst werden können. Angesichts dieses Umstands sowie auch aus steuerlichen Gründen werden Gesellschaften im weitaus höheren Maße mit Fremd- als mit Eigenkapital finanziert. Wirtschaftlich gesehen hat das Fremdkapital damit Funktionen des Eigenkapitals übernommen.

Auf der anderen Seite besteht ein **Bedürfnis nach Gläubigerschutz**: Ein Gesellschafter 129
darf keinen Vorteil zum Nachteil der Gläubiger der Gesellschaft dadurch erzielen, dass er anstelle einer gebotenen Bereitstellung von Eigenkapital der Gesellschaft Fremdkapital zuführt, um den Betrieb der Gesellschaft zu finanzieren. Im Insolvenzfall würde dieses mit den Gesellschaftsgläubigern konkurrieren und auf diese Weise zumindest einen Teil des Unternehmensrisikos auf die Gläubiger abgewälzt werden.[310] Um dieses zu verhindern, trifft den Gesellschafter eine **Verantwortung für eine ordnungsgemäße Finanzierung** der Gesellschaft.[311] Aus dieser Verantwortung des Gesellschafters darf aber nicht hergeleitet werden, dass eine Pflicht besteht, der Gesellschaft weitere Mittel zur Verfügung zu stellen, wenn sich diese in der Krise befindet. Es steht dem Gesellschafter vielmehr frei, der Gesellschaft kein weiteres Eigenkapital mehr zur Verfügung zu stellen. Dabei kommt es jedoch nach den neuen Regeln nicht mehr darauf an, ob die Leistung des Gesellschafters während einer Krise erbracht worden ist. Dieses Merkmal hat der Gesetzgeber mit den Änderungen durch das MoMiG fallen gelassen.[312] Ebenso kommt es grundsätzlich nicht auf die mit der Gesellschafterstellung verbundenen Informations- und Einsichtsrechte an.[313]

Nach den §§ 32a f. GmbHG a. F. galt, dass der Gesellschafter im Krisenfall die **Liquidation** einleiten oder die Beantragung der **Eröffnung eines Insolvenzverfahrens** veranlassen muss, um auf diese Weise die Teilnahme der Gesellschaft am Wirtschaftsleben zu beenden, wenn er dieser keine neuen Mittel zur Verfügung stellt. Entscheidet er sich für die Fortführung und stellt weitere Mittel zur Verfügung (**Finanzierungsentscheidung**), so muss er der Gesellschaft anstelle von Fremdkapital neues Eigenkapital zuführen. Im Interesse des Gläubigerschutzes darf sich der Gesellschafter nicht seiner Verantwortung entziehen können, wenn er die Gesellschaft mit Hilfe der von ihm als Fremdkapital gestellten Mittel fortbestehen lässt und die Gesellschaft später doch insolvent wird und liquidiert werden muss. Aus diesem Grund wurde unter den Voraussetzungen der §§ 32a f. GmbHG a. F. funktionales Eigenkapital, das der Gesellschafter im Gewande von Fremdkapital zur Verfügung stellt, ipso iure in Eigenkapital umqualifiziert.[314] Dies ist Ausdruck der **Finanzierungsfolgenverantwortung**, die den Gesellschafter als Folge seiner Entscheidung, die Gesellschaft weiter zu finanzieren, trifft.[315] Dieser Ansatz passt nach den Änderungen nur noch bedingt, da der Gesetzgeber auf das Merkmal der Krisenfinanzierung verzichtet hat (siehe oben Rz. 125 f.). 130

Ob sich der Streit um die Grundlage im Ergebnis tatsächlich auswirken wird, bleibt erst 131
einmal abzuwarten. Denkbar ist dies jedoch im Bereich der sog. Financial Covenants (siehe dazu Rz. 147 f.) und der verbundenen Unternehmen (siehe Rz. 152 ff.).

---

310) Der Normzweck der §§ 32a f. GmbHG wird unter vielen Aspekten diskutiert; vgl. dazu Scholz-*K. Schmidt*, GmbHG, 10. Aufl., §§ 32a, 32b Rz. 2 ff.

311) BGH, Urt. v. 26.3.1984 – II ZR 171/83, BGHZ 90, 381, 389 = ZIP 1984, 572, 575; Hachenburg-*Ulmer*, GmbHG, §§ 32a, b Rz. 8.

312) BGH, Urt. v. 17.2.2011 – IX ZR 131/10, Rz. 25, BGHZ 188, 363 = ZIP 2011, 575, dazu EWiR 2012, 285 *(Spliedt)*.

313) Dazu *Behme* in: MünchKomm-InsO, § 39 Rz. 46 f.

314) Lutter/Hommelhoff-*Lutter/Hommelhoff*, GmbHG, 16. Aufl., §§ 32a/b Rz. 2.

315) v. Gerkan/Hommelhoff-*Hommelhoff*, Kapitalersatzrecht, Rz. 2.21 f.

II. Die Behandlung von Darlehen und sonstigen Leistungen der Gesellschafter in der Insolvenz

1. Gesellschafter als nachrangige Insolvenzgläubiger (§ 39 Abs. 1 Nr. 5 InsO)

a) Überblick

132 Mit dem Inkrafttreten des MoMiG ist auch eine Änderung des § 39 Abs. 1 Nr. 5 InsO verbunden gewesen. Nach der bis dahin geltenden Fassung sind lediglich Forderungen der Gesellschafter auf Rückgewähr kapitalersetzender Darlehen und gleichgestellter Forderungen in einem Insolvenzverfahren in den **Nachrang** verwiesen worden. § 39 Abs. 1 Nr. 5 InsO umfasst nunmehr Gesellschafterdarlehen und Forderungen aus Rechtshandlungen, die einem solchen Darlehen wirtschaftlich entsprechen.

> **Praxishinweis**
>
> Die neue Fassung ist daher weiter gefasst als die alte, da sie auf das Merkmal der Eigenkapitalfunktion verzichtet (siehe dazu auch Rz. 126). Der Zweck der geänderten Vorschrift ist umstritten (siehe näher bei Rz. 127). Bei der Auslegung ist auf die zum Eigenkapitalersatzrecht entwickelten Auslegungs- und Anwendungsregelungen zurückzugreifen.[316)]

133 Auch für diese Vorschrift gilt die Übergangsregelung in Art. 103d EGInsO, so dass sie auf Verfahren Anwendung findet, die nach dem 1.11.2008 eröffnet worden sind.

134 § 39 Abs. 1 Nr. 5 InsO weist folgende Voraussetzungen auf:

- Erfasste Gesellschaftsformen (sachlicher Anwendungsbereich),
- Gesellschafterposition (persönlicher Anwendungsbereich),
- Gewährung eines Darlehens oder Bestehen wirtschaftlich gleichgestellter Forderungen des Gesellschafters.

135 Zur Abmilderung der Folgenden der COVID-19-Pandemie sieht § 2 Abs. 1 Nr. 2 Halbs. 3 SanInsKG einen bis zum 30.9.2023 geltenden **Privilegierungszeitraum** vor.[317)] Danach findet § 39 Abs. 1 Nr. 5 InsO in diesem Zeitraum keine Anwendung. Dadurch soll ein Anreiz gesetzt werden, dass die Anteilsinhaber der Gesellschaft weitere Mittel zur Verfügung stellen, um den Erhalt zu sichern.

b) Erfasste Gesellschaftsformen (sachlicher Anwendungsbereich)

136 Der Anwendungsbereich des § 39 Abs. 1 Nr. 5 InsO ist **rechtsformneutral** ausgestaltet und bezieht sich gemäß § 39 Abs. 4 Satz 1 InsO auf Gesellschaften, die weder eine natürliche Person noch eine Gesellschaft als persönlich haftenden Gesellschafter haben, bei der ein persönlich haftender Gesellschafter eine natürliche Person ist. Die Formulierung ist ungenau, da die Existenz eines persönlich haftenden Gesellschafters vorausgesetzt wird. Dies ist vom Gesetzgeber jedoch nicht gewollt. Gemeint ist, dass Gesellschaften erfasst werden sollen, die weder auf der ersten noch der zweiten Gesellschafterebene eine natürliche Person mit einer unbeschränkten Außenhaftung haben.[318)] Einbezogen werden alle Kapitalgesellschaften (GmbH, Unternehmergesellschaft (haftungsbeschränkt), AG, SE), Kapitalgesellschaften & Co. KG, KGaA ohne persönlich haftenden Gesellschafter und die Genossenschaft; nicht jedoch der Verein und die Stiftung.[319)] Auch (Schein-)Auslands-

316) BGH, Urt. v. 21.2.2013 – IX ZR 32/12, Rz. 18, BGHZ 196, 220 = ZIP 2013, 582, dazu EWiR 2013, 217 *(Bork)*.

317) Dazu ausführlich: *Mock*, NZG 2020, 505; *Schröder* in: HambKomm-InsO, Anh. I § 2 COVInsAG Rz. 41 ff.

318) *Lüdtke* in: HambKomm-InsO, § 39 Rz. 25 m. w. N.

319) *Könen* in: KPB, InsO, § 39 Rz. 61 f.; *Lüdtke* in: HambKomm-InsO, § 39 Rz. 26 ff.

gesellschaften, die gemäß der EuInsVO unter Anwendung des deutschen Insolvenzrechts abgewickelt werden, fallen unter die Vorschrift.[320)]

c) Persönlicher Anwendungsbereich

aa) Gesellschafter

Das Darlehen oder die gleichgestellte Forderung muss ein **Gesellschafter** zur Verfügung gestellt haben. An diesem Merkmal hat sich im Vergleich zu § 32a GmbHG a. F. nichts verändert. Hierbei kommt es auf die **formale Rechtsstellung**, d. h. auf die Inhaberschaft an. Daher unterliegt auch ein Treuhänder den Regelungen über Gesellschafterdarlehen.[321)] Umgekehrt bedeutet dies aber nicht, dass der Treugeber nicht erfasst wird. Dieser ist einem Gesellschafter gleichgestellt (siehe dazu Rz. 143). 137

Maßgeblicher **Zeitpunkt** ist die Eröffnung des Insolvenzverfahrens.[322)] Scheidet ein Gesellschafter aus, muss der die Tatbestände gegen sich gelten lassen, die zum Zeitpunkt seines Ausscheidens abgeschlossen waren. Hier bleibt sein Darlehen bis zum Ablauf der Jahresfrist des § 135 Abs. 1 Nr. 2 InsO verstrickt.[323)] 138

Ohne Bedeutung ist, wenn ein Darlehensgeber erst in der Folgezeit Gesellschafter wird.[324)] Die Reihenfolge der Begründung der Rechtsverhältnisse ist daher unerheblich. 139

Ausnahmen können sich jedoch aus dem Sanierungsprivileg (§ 39 Abs. 4 Satz 2 InsO; siehe dazu Rz. 165 ff.) und dem Kleinbeteiligungsprivileg (§ 39 Abs. 5 InsO; siehe Rz. 172 f.) ergeben. 140

bb) Gesellschaftergleiche Dritte

Von § 39 Abs. 1 Nr. 5 InsO werden jedoch auch Darlehen und Forderungen eines Dritten erfasst, wenn diese wirtschaftlich einer entsprechenden Leistung eines Gesellschafters gleichstehen. Dies ist zwar nicht mehr ausdrücklich gesetzlich geregelt. Nach der Regierungsbegründung zum MoMiG soll durch die Formulierung „Forderungen aus Rechtshandlungen, die einem solchen Darlehen wirtschaftlich entsprechen" nicht nur eine sachliche, sondern auch eine Erweiterung in personeller Hinsicht erfolgen. Dabei ist auf die zu § 32 Abs. 3 Satz 1 GmbHG a. F. entwickelten Grundsätze zurückzugreifen.[325)] 141

Dritter ist allgemein derjenige, der der Gesellschaft formal als Außenstehender ein Darlehen gewährt oder wirtschaftlich eine gleichwertige Leistung erbringt, welche aber faktisch (ebenfalls unter einer wirtschaftlichen Betrachtungsweise) wie die eines Gesellschafters erscheint. Erforderlich ist ein Zurechnungszusammenhang.[326)] Ein Rückgriff auf § 138 InsO 142

320) BGH, Urt. v. 21.7.2011 – IX ZR 185/10, BGHZ 190, 384 = ZIP 2011, 1775, dazu EWiR 2011, 43 *(Bork)*; AG Hamburg, Beschl. v. 26.11.2008 – 67g IN 352/08; ZIP 2009, 532; *Könen* in: KPB, InsO, § 39 Rz. 64; *Lüdtke* in: HambKomm-InsO, § 39 Rz. 32. Dies galt vor Auslaufen der Übergangsfrist i. R. des Brexits auch für die englische Limited.

321) BGH, Urt. v. 19.9.1988 – II ZR 255/87, BGHZ 105, 168 = ZIP 1988, 1248, dazu EWiR 1988, 1095 *(Fleck)*; *Lüdtke* in: HambKomm-InsO, § 39 Rz. 34.

322) BGH, Urt. v. 13.7.1981 – II ZR 256/79, BGHZ 81, 252, 258 f = ZIP 1981, 974, 976; K. Schmidt-*K. Schmidt/Herchen*, InsO, § 39 Rz. 38.

323) BGH, Urt. v. 15.11.2011 – II ZR 6/11, ZIP 2012, 86, dazu EWiR 2012, 91 *(Rendels)*, K. Schmidt-*K. Schmidt/Herchen*, InsO, § 39 Rz. 38 m. w. N.

324) *Lüdtke* in: HambKomm-InsO, § 39 Rz. 34.

325) *Ehricke* in: MünchKomm-InsO, § 39 Rz. 48 f.; *Lüdtke* in: HambKomm-InsO, § 39 Rz. 38.

326) *Ehricke* in: MünchKomm-InsO, § 39 Rz. 77 f.

zur Begründung der gesellschaftergleichen Stellung ist dabei nicht zulässig, da diese Regelung nicht auf § 39 Abs. 1 Nr. 5 InsO zugeschnitten ist.[327)]

(1) Mittelbar an der Gesellschaft Beteiligter

143 Auch Dritte, die rechtlich gesehen keine Gesellschafter sind, können in den Anwendungsbereich des § 39 Abs. 1 Nr. 5 InsO fallen, wenn ihnen die Beteiligung **wirtschaftlich zuzurechnen** ist. Dies ist etwa bei einer mittelbaren Beteiligung oder der Treuhand der Fall: Hier ist der mittelbar Beteiligte bzw. der Treugeber einem Gesellschafter gleichzustellen.[328)] Entsprechendes gilt für den mittelbaren Stellvertreter, der für einen anderen eine Beteiligung hält.[329)] Eine Zurechnung aus wirtschaftlichen Gesichtspunkten findet darüber hinaus statt, wenn ein Mitglied einer nicht auseinander gesetzten Erbengemeinschaft, die an der GmbH beteiligt ist, der Gesellschaft ein Darlehen gewährt.[330)]

144 Der Fall der **Unterbeteiligung** kann in gleicher Weise zu beurteilen sein. Dabei handelt es sich um eine stille Beteiligung an einem Geschäftsanteil.[331)] Eine Einbeziehung des Unterbeteiligten ist zumindest dann gerechtfertigt, wenn der Unterbeteiligte wirtschaftlich wie ein Gesellschafter gestellt ist und er entsprechende Einwirkungsmöglichkeiten auf die Geschäftsführung hat.[332)] Hier können die Kriterien zum atypischen stillen Gesellschafter entsprechend herangezogen werden.

145 Auch ein Nießbraucher kann einem Gesellschafter gleichstehen. Die ist der Fall, wenn er Einfluss auf die Gesellschaft ausüben kann.[333)]

(2) Pfandgläubiger

146 Pfandgläubiger sind grundsätzlich nicht wie Gesellschafter zu behandeln, da diese keine unternehmerischen Ziele, sondern lediglich Sicherungsinteressen verfolgen. Anders ist dies aber dann, wenn sich ein Darlehensgeber Befugnisse einräumen lässt, die es ihm ermöglichen, die Geschicke der Gesellschaft ähnlich wie ein Gesellschafter mitzubestimmen.[334)] Allein der Umstand, dass die Gesellschafter nicht mehr eigenverantwortlich entscheiden können, reicht für sich aber nicht aus.[335)]

(3) Financial Covenants

147 Ob Gläubiger, denen aufgrund sog. *Financial Covenants* im schuldrechtlichen Rechtsverhältnis mit der Gesellschaft besondere Rechte eingeräumt worden sind, ist schwierig und pauschal nicht zu beantworten. Die Ausgestaltung der Financial Covenants kann recht unterschiedlich sein: sie kann z. B. aus Auskunfts- oder Informationspflichten über die

327) BGH, Urt. v. 17.2.2011 – IX ZR 131/10, BGHZ 188, 363 = ZIP 2011, 575, dazu EWiR 2011, 235 *(Spliedt)*.

328) BGH, Urt. v. 14.12.1959 – II ZR 187/57, BGHZ 31, 258, 263 ff. = NJW 1960, 285, 286 f.; BGH, Urt. v. 15.11.2018 – IX ZR 39/18, ZIP 2019, 182, dazu EWiR 2019, 81 *(Bork)*; *Behme* in: MünchKomm-InsO, § 39 Rz. 80.

329) *Lüdtke* in: HambKomm-InsO, § 39 Rz. 39; *Behme* in: MünchKomm-InsO, § 39 Rz. 79; K. Schmidt-*K. Schmidt/Herchen*, InsO, § 39 Rz. 47 f.

330) OLG Düsseldorf, Urt. v. 3.7.2003 – I-12 U 6/03, GmbHR 2004, 305 = NZG 2003, 1073.

331) Dazu *K. Schmidt*, GesR, § 63 I. 1.

332) Altmeppen-*Altmeppen*, GmbHG, Anh. § 30 Rz. 65.

333) BGH, Beschl. v. 5.4.2011 – II ZR 173/10, ZIP 2011, 1411.

334) BGH, Urt. v. 13.7.1992 – II ZR 251/91, BGHZ 119, 191 = ZIP 1992, 1300, dazu EWiR 1992, 999 *(v. Gerkan)*; *Behme* in: MünchKomm-InsO, § 39 Rz. 81; K. Schmidt-*K. Schmidt/Herchen*, InsO, § 39 Rz. 49.

335) BGH, Urt. v. 25.6.2020 – IX ZR 243/18, Rz. 58, ZRI 2020, 407 = ZIP 2020, 1468.

wirtschaftliche Entwicklung oder eine etwa drohende Krise bestehen, damit der Gläubiger Maßnahmen zur Sicherung der Forderung einleiten kann. Weiterhin können Verfügungsbeschränkungen über wesentliche Vermögenswerte der Gesellschaft vorgesehen werden. Denkbar sind auch Regelungen im gesellschaftsrechtlichen Bereich: z. B. Regelungen über Gewinnausschüttungen oder der Zusicherung der Konstanz in den Gesellschafterverhältnissen.[336)]

Grundsätzlich wird man davon ausgehen müssen, dass durch solche schuldrechtlichen Vereinbarungen, insbesondere in Darlehensverträgen mit Kreditinstituten, der Anwendungsbereich des § 39 Abs. 1 Nr. 5 InsO nicht eröffnet ist.[337)] Hierfür spricht, dass Kreditinstitute keine Gewinnbeteiligung wie ein Gesellschafter haben[338)] und sich auch nicht die Haftungsbeschränkung zu Nutzen machen.[339)] Selbstverständlich ist dieses jedoch nicht. Hier zeigt sich insbesondere, dass es offenbar auf den Normzweck ankommen kann (siehe dazu Rz. 127 ff.). Stellt man etwa auch das Merkmal eines Informationsvorsprungs ab, müsste die Anwendung des § 39 Abs. 1 Nr. 5 InsO bejaht werden.[340)] Bei der Beantwortung der Frage wird man im Ergebnis zu berücksichtigen haben, ob die Rechtsposition des Gläubigers eine solche Intensität erreicht wie diese typischerweise nur in einem Gesellschaftsverhältnis zu erwarten ist.[341)] **148**

(4) Stille Gesellschafter

Der typische stille Gesellschafter beteiligt sich mit einer Einlage an dem Unternehmen der Gesellschaft und erhält eine Gewinnbeteiligung. Es handelt sich dabei um eine Innengesellschaft, so dass der stille Gesellschafter nach außen nicht in Erscheinung tritt.[342)] Die Einlage des stillen Gesellschafters kann im Insolvenzverfahren zur Tabelle angemeldet werden (§ 236 HGB). Nichts anderes kann daher auch für ein Darlehen des stillen Gesellschafters an die Gesellschaft gelten.[343)] Allerdings unterliegen Rückzahlungen an den stillen Gesellschafter der besonderen Anfechtung (§ 136 InsO). **149**

Stille Gesellschaftsverhältnisse können **vielfältig ausgestaltet** sein: Einem stillen Gesellschafter können zusätzliche Rechte eingeräumt werden, die der Rechtsstellung eines Gesellschafters vergleichbar sein können.[344)] In diesem Fall handelt es sich um eine atypische stille Gesellschaft. **Atypische Gesellschafter** werden einem Gesellschafter zumindest dann gleichgestellt, wenn diesen Kontroll- und Mitwirkungsrechte eingeräumt werden und sie am Vermögen und Ertrag der Gesellschaft beteiligt sind.[345)] **150**

---

336) S. hierzu auch die Darstellung bei *Behme* in: MünchKomm-InsO, § 39 Rz. 81.

337) *Huber* in: FS Priester, S. 259, 280; *Lüdtke* in: HambKomm-InsO, § 39 Rz. 42; *Behme* in: MünchKomm-InsO, § 39 Rz. 81; K. Schmidt-*K. Schmidt/Herchen*, InsO, § 39 Rz. 48.

338) *Tillmann*, GmbHR 2006, 1289, 1292; zustimmend *Lüdtke* in: HambKomm-InsO, § 39 Rz. 41.

339) *Habersack*, ZIP 2007, 2145, 2149.

340) S. a. *Behme* in: MünchKomm-InsO, § 39 Rz. 46 – im Ergebnis aber ablehnend.

341) Das OLG Frankfurt/M., Urt. v. 8.8.2018 – 4 U 69/17, Rz. 43, ZInsO 2018, 2191, verlangt hier die vertragliche Einräumung einer Stellung wie oder vergleichbar einem Gesellschafter.

342) *K. Schmidt*, GesR, § 62 II. 1.

343) v. Gerkan/Hommelhoff-*Johlke/Schröder*, Kapitalersatzrecht, Rz. 5.16.

344) Zur Abgrenzung zwischen typischer und atypischer stiller Gesellschaft *K. Schmidt*, GesR, § 62 II. 2.

345) BGH, Urt. v. 28.6.2012 – IX ZR 191/11, BGHZ 193, 378 = ZIP 2012, 860, dazu EWiR 2012, 669 *(Spliedt)*; BGH, Urt. v. 7.11.1988 – II ZR 46/88, BGHZ 106, 7 = ZIP 1989, 95, dazu EWiR 1989, 587 *(Koch)*.

151 Ist ein Gesellschafter zugleich auch stiller Gesellschafter, dann ist die stille Einlage als darlehensähnliches Finanzierungsmittel anzusehen und daher § 39 Abs. 1 Nr. 5 InsO zu unterstellen.[346)]

(5) Verbundene Unternehmen

152 Unter verbundenen Unternehmen (§ 15 AktG) versteht man rechtlich selbständige Unternehmen, zwischen denen eine Unternehmensverbindung i. S. der §§ 16–19, 291, 292 AktG besteht. Den typischen Fall bildet hierbei die 100 %ige Beteiligung einer Gesellschaft an einer anderen Gesellschaft (§ 17 AktG). Diese Konstellation weist keine Besonderheiten auf, wenn die Muttergesellschaft ihrer Tochtergesellschaft ein eigenkapitalersetzendes Darlehen gewährt. Es handelt sich hier um einen unmittelbar von § 39 Abs. 1 Nr. 5 InsO erfassten Fall.

153 An dieser Stelle sind Gestaltungen zu diskutieren, bei denen ein Gesellschafter der Muttergesellschaft der Tochtergesellschaft ein Darlehen zur Verfügung stellt (vertikales Darlehen; ***Beispiel** 1*) oder ein Gesellschafter an zwei Gesellschaften beteiligt ist und die eine Gesellschaft veranlasst, der anderen ein Darlehen zu gewähren (Darlehensvergabe unter Schwestergesellschaften, horizontales Darlehen; ***Beispiel** 2*).

Beispiel 1:

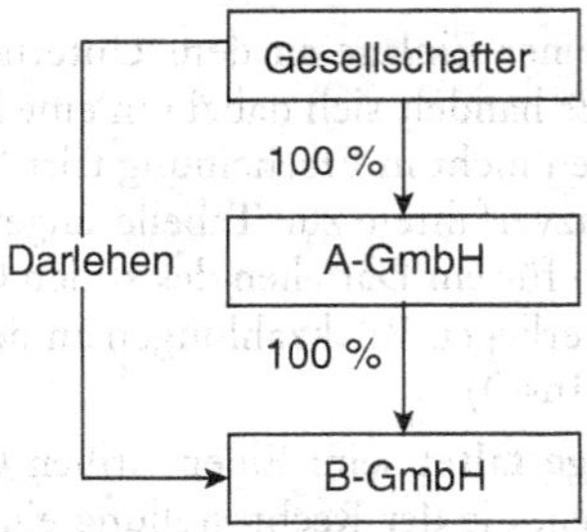

Beispiel 2:

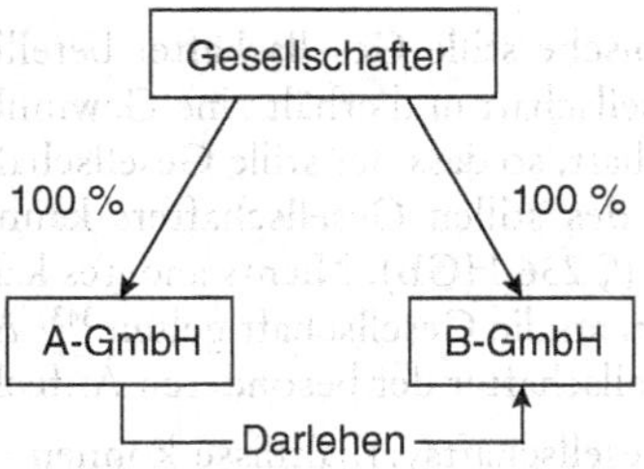

154 Der BGH wendet die dabei zu § 32a GmbHG a. F. entwickelten Grundsätze auch i. R. von § 39 Abs. 1 Nr. 5 InsO an.[347)] Die Behandlung dieser Fälle ist jedoch nach wie vor streitig. In der Literatur wird zudem diskutiert, ob sich durch das MoMiG die Begründungsansätze geändert haben im Bereich der verbundenen Unternehmen geändert haben. Teilweise wird darauf abgestellt, dass es auf die Möglichkeit einer Einflussnahme des Gesellschafters nicht mehr ankomme und zwar sowohl bei der Darlehensgeberin als auch der Darlehensnehmerin. In diesem Zusammenhang wird darauf hingewiesen, dass sich die Einbeziehung in den Nachrang aus dem Prinzip der Haftungsbeschränkung herleite und man darauf abstellen müsse, ob die Gesellschaft und der nicht unmittelbar beteiligte Darlehensgeber innerhalb oder außerhalb eines Haftungsverbundes stünden. Dies solle nur der Fall sein, wenn, wie in einem Vertragskonzern, die vermögensrechtliche Trennung zwischen den betreffenden Unternehmen aufgehoben ist und eine wirtschaftliche Einheit bestehe, oder wenn die Finanzierung durch ein verbundenes Unternehmen mit Mitteln oder für Rechnung des Gesellschafters erfolge.[348)] Dagegen wird eingewandt, dass es vielmehr

346) BGH, Beschl. v. 23.11.2017 – IX ZR 218/16, ZIP 2017, 2481, dazu EWiR 2018, 181 *(Ch. Keller)*.

347) BGH, Urt. v. 17.2.2011 – IX ZR 131/10, Rz. 10, BGHZ 188, 363 = ZIP 2011, 575, dazu EWiR 2012, 285 *(Spliedt)*; BGH, Urt. v. 21.2.2013 – IX ZR 32/12, Rz. 15, BGHZ 196, 220 = ZIP 2013, 582, dazu EWiR 2013, 217 *(Bork)*.

348) *Habersack*, ZIP 2007, 2145 ff.; *Habersack*, ZIP 2008, 2385; s. a. *Könen* in: KPB, InsO, § 39 Rz. 100 ff.; ablehnend BGH, Urt. v. 21.2.2013 – IX ZR 32/12, Rz. 19, BGHZ 196, 220 = ZIP 2013, 582, dazu EWiR 2013, 217 *(Bork)*.

darauf ankomme, ob das Darlehen in Ausübung der gesellschaftertypischen Finanzierungszuständigkeit gegeben worden ist.[349] Angesichts der im Bereich der verbundenen Unternehmen anzutreffenden Gestaltungsvarianten bleibt abzuwarten, ob sich ein etwa geänderter Normzweck (siehe dazu Rz. 127 ff.) doch auf die Beurteilung auswirkt.

Das Bestehen einer Unternehmensverbindung i. S. des § 15 AktG führt nicht zwangsläufig zur Gleichstellung eines Darlehensgebers mit einem Gesellschafter. In dem Regierungsentwurf 1977[350] war dieses noch vorgesehen. Danach sollten Forderungen eines mit der Gesellschaft oder einem Gesellschafter verbundenen Unternehmens i. S. des § 15 AktG den Forderungen eines Gesellschafters stets gleichstehen.[351] Die Vorschrift ist jedoch nicht in das GmbH-Gesetz aufgenommen worden. Vielmehr sollten solche Rechtshandlungen mit der Generalklausel des § 32a Abs. 3 Satz 1 GmbHG a. F. erfasst werden.[352] Der BGH hat mit dieser Begründung die Darlehensgewährung einer Bank an eine Gesellschaft, an der diese über eine andere Tochtergesellschaft maßgeblich beteiligt war, wegen dieser Verbindung der Generalklausel unterstellt.[353] 155

In einer späteren Entscheidung hat der BGH diese strenge Betrachtungsweise dahin gehend relativiert, dass die Eigenkapitalersatzregeln auf Rechtshandlungen Dritter Anwendung finden, die mit dem Gesellschafter eine wirtschaftliche Einheit bilden.[354] Eine solche **wirtschaftliche Einheit** *kann* bei verbundenen Unternehmen i. S. der §§ 15 ff. AktG gegeben sein. Im Wesentlichen kommt es hier darauf an, ob der Gesellschafter gesellschaftsrechtlichen Einfluss ausüben kann oder die Einzelunternehmen einem übergeordneten gesamtunternehmerischen Interesse unterliegen.[355] Bei einer Darlehensvergabe des Gesellschafters der Muttergesellschaft an deren 100 %ige Tochtergesellschaft (vgl. *Beispiel 1*, Rz. 153), reicht es aus, wenn der Darlehensgeber eine 75 %ige Beteiligung an der Muttergesellschaft hält. In diesem Fall sind beide Gesellschaften von dem Darlehensgeber abhängig (§ 17 i. V. mit § 16 Abs. 4 AktG).[356] Auch Darlehen an „Enkelgesellschaften" werden erfasst.[357] 156

Inwieweit sich diese Rechtsprechung auf andere Konzern- und Beteiligungskonstellationen ausweiten lässt, ist noch nicht abschließend geklärt. Rechtliche Zusammenhänge zwischen den beteiligten Gesellschaften, insbesondere gesellschaftsrechtlicher Einfluss, sind nicht ausschließlich entscheidend, da § 32a Abs. 3 Satz 1 GmbHG a. F. eine **wirtschaftliche Betrachtungsweise** vorsieht. Der Grundgedanke der Finanzierungsfolgenverantwortung folgt nämlich daraus, dass es die Gesellschafter in der Hand haben, durch Darlehensgewährung die Fortsetzung der Teilnahme der Gesellschaft am Wirtschaftsleben zuzulassen oder aber diese durch Liquidation oder Eröffnung eines Insolvenzverfahrens zu beenden.[358] Da § 32a Abs. 3 Satz 1 GmbHG a. F. diesen Gedanken zumindest aber auch als Wertung enthält und auf Dritte zur Vermeidung von Umgehungen erweitert, muss es darauf ankommen, ob der Dritte, der ein Darlehen gibt, in wirtschaftlich gesehen vergleichbarer 157

349) *K. Schmidt*, GmbHR 2009, 1009, 1018 f.

350) RegE Gesetz zur Änderung des GmbH-Gesetzes, BT-Drucks. 8/1347.

351) Beschlussempfehlung und Bericht d. RA z. RegE Gesetz zur Änderung des GmbH-Gesetzes, BT-Drucks. 8/3908, S. 16 f., 74.

352) v. Gerkan/Hommelhoff-*Johlke/Schröder*, Kapitalersatzrecht, Rz. 5.38 f.

353) BGH, Urt. v. 21.9.1981 – II ZR 104/80, BGHZ 81, 311, 315 f. = ZIP 1981, 1200, 1202.

354) BGH, Urt. v. 19.9.1988 – II ZR 255/87, BGHZ 105, 168, 176 f. = ZIP 1988, 1248, 1250 f.

355) BGH, Urt. v. 16.12.1991 – II ZR 294/90, ZIP 1992, 242, 244, dazu EWiR 1990, 279 *(Joost)*; einschränkend offenbar *Lüdtke* in: HambKomm-InsO, § 39 Rz. 43.

356) BGH, Urt. v. 24.9.1990 – II ZR 174/89, ZIP 1990, 1467, 1468 f.

357) OLG Hamm, Urt. v. 28.9.1989 – 27 U 81/88, ZIP 1989, 1398, dazu EWiR 1989, 1207 *(Fleck)*.

358) Ähnlich: Roth/Altmeppen-*Altmeppen*, GmbHG, 7. Aufl., § 32a a. F. Rz. 162.

Weise wie ein Gesellschafter für die ordnungsgemäße Finanzierung der Gesellschaft, die das Darlehen erhält, verantwortlich ist.[359] Diese Verantwortung besteht, wenn der Dritte mittelbar an der Gesellschaft beteiligt ist und dieser in wirtschaftlich zurechenbarer Weise Darlehensmittel zur Verfügung stellt, um den Fortbestand der Gesellschaft zu unterstützen.

158 Grundsätzlich kann es deshalb nicht auf die Höhe der Beteiligung des Dritten ankommen. Begrenzt wird dies aber in entsprechender Anwendung des § 39 Abs. 5 InsO. Dahingehend, dass der Gesellschafter mit wenigstens 10 % mittelbar an der darlehensgewährenden Gesellschaft beteiligt ist.[360]

159 *Beispiel 3*

Gesellschafter G ist mit 15 % an der A-GmbH beteiligt, die wiederum 100 % an der B-GmbH hält. G gibt der B-GmbH, an der er mittelbar mit 15 % beteiligt ist, ein Darlehen. Dieses Darlehen unterliegt dem Nachrang.

160 *Beispiel 4*

Gesellschafter G ist mit 15 % an der A-GmbH beteiligt, die 50 % an der B-GmbH hält. G gibt der B-GmbH, an der er mittelbar mit 7,5 % beteiligt ist, ein Darlehen. Angesichts einer mittelbaren Beteiligung von unter 10 % kann nicht von einer unternehmerischen Beteiligung gesprochen werden (§ 39 Abs. 5 InsO), so dass das Darlehen nicht nachrangig ist.

161 Bei einer Darlehensvergabe unter **Schwestergesellschaften** (siehe *Beispiel 2*, Rz. 153) kommt es darauf an, dass der Gesellschafter an der Gesellschaft, die das Darlehen gewährt, **maßgeblich beteiligt** ist.[361] Eine solche Beteiligung liegt vor, wenn der Gesellschafter typische, gesellschaftsrechtlich fundierte Einflussmöglichkeiten hat. Hierfür ist es erforderlich aber auch ausreichend, dass der Gesellschafter durch entsprechende Beschlussfassungen in der Lage ist, der Geschäftsführung Weisungen zu erteilen (§ 46 Nr. 6 GmbHG) und dadurch die Darlehensgewährung zu veranlassen. Hierfür reicht vorbehaltlich einer anderen Regelung im Gesellschaftsvertrag die einfache Mehrheit der Stimmen (§ 47 Abs. 1 GmbHG), d. h. eine Beteiligung von mehr als 50 % aus.[362] Die darlehensgewährende Gesellschaft ist daher einem Gesellschafter gleichgestellt, da ihre Leistung aufgrund der Einflussmöglichkeiten ihres Gesellschafters nicht als solche eines außenstehenden Dritten erscheint.[363]

Praxishinweis

Maßgeblich für die Beurteilung, ob mit der angefochtenen Zahlung das Darlehen eines Gesellschafters oder eines gleichzustellenden Dritten zurückgeführt wurde, sind allerdings die Verhältnisse im Zeitraum der Anfechtungsfrist von einem Jahr vor dem Eröffnungsantrag bis zum Zeitpunkt der angefochtenen Handlung.[364]

359) Vgl. auch v. Gerkan/Hommelhoff-*Johlke/Schröder*, Kapitalersatzrecht, Rz. 5.44.

360) OLG Hamm, Urt. v. 16.2.2017 – 27 U 83/16, Rz. 30 ff., ZIP 2017, 2162, dazu EWiR 2018, 83 (*Berjasevic/Dölves*).

361) BGH, Urt. v. 15.11.2018 – IX ZR 39/18, Rz. 7, ZIP 2019, 182, dazu EWiR 2019, 81 (*Bork*).

362) BGH, Urt. v. 21.2.2013 – IX ZR 32/12, Rz. 21 ff., BGHZ 196, 220 = ZIP 2013, 582, dazu EWiR 2013, 217 (*Bork*); BGH, Vers.-Urt. v. 28.2.2012 – II ZR 115/11, ZIP 2012, 865, dazu EWiR 2012, 417 (*Ch. Keller*); BGH, Urt. v. 27.11.2000 – II ZR 179/99, ZIP 2001, 115, dazu EWiR 2001, 379 (*v. Gerkan*); BGH, Urt. v. 21.6.1999 – II ZR 70/98, ZIP 1999, 1314, 1315; in der Entscheidung BGH, Urt. v. 18.7.2013 – IX ZR 219/11, Rz. 24, BGHZ 198, 64 = ZIP 2013, 1579, hat der BGH eine Beteiligung von 50 % und die Stellung als alleinvertretungsberechtigter Geschäftsführer ausreichen lassen.

363) BGH, Urt. v. 27.11.2000 – II ZR 179/99, ZIP 2001, 115.

364) BGH, Urt. v. 15.11.2018 – IX ZR 39/18, Rz. 12, ZIP 2019, 182.

(6) Nahe Angehörige

Die Gewährung eines Darlehens an die Gesellschaft durch einen nahen Angehörigen eines Gesellschafters fällt grundsätzlich nicht in den Anwendungsbereich des § 39 Abs. 1 Nr. 5 InsO. Dieses wird per se auch nicht durch ein Näheverhältnis nach § 138 InsO begründet.[365] Etwas anderes gilt dann, wenn die Darlehensmittel durch den Gesellschafter aufgebracht werden und der Angehörige als Zahlungsvermittler tätig wird oder der Gesellschafter den Gesellschaftsanteil treuhänderisch für den Darlehensgeber hält.[366] Ein Angehöriger wird ferner dann einem Gesellschafter gleichgesetzt, wenn dieser gegenüber dem Gesellschafter einen Freistellungs- bzw. Erstattungsanspruch hat.[367] 162

Eine Umkehr der **Beweislast** für die Herkunft der Mittel gibt es nicht.[368] Demgemäß hat der Insolvenzverwalter die Voraussetzungen darzulegen und zu beweisen. Eine Beweiserleichterung (Beweis des ersten Anscheins) ist jedoch dann im Einzelfall in Betracht zu ziehen, wenn es Hinweise gibt, dass der Geschäftsanteil treuhänderisch für den Darlehensgeber gehalten wird oder die Mittel von dem Gesellschafter stammen.[369] Dies ist z. B. der Fall, wenn Darlehensgeber ein minderjähriges Kind des Gesellschafters ohne nennenswerte eigene Einkünfte ist.[370] 163

(7) Zessionar

Es spielt keine Rolle, wenn ein Gesellschafter eine Forderung gegen die Gesellschaft innerhalb eines Jahrs vor dem Eröffnungsantrag an einen Dritten abtritt. Hier muss sich auch der Zessionar nach Nachrang entgegenhalten lassen (§ 404 BGB).[371] 164

cc) Ausnahme: Sanierung (§ 39 Abs. 4 Satz 2 InsO)

(1) Überblick

§ 39 Abs. 4 Satz 2 InsO führt das durch § 32a Abs. 3 Satz 3 GmbHG a. F. eingefügte **Sanierungsprivileg** fort. Danach fällt auch der Gläubiger mit seiner Forderung nicht in den Nachrang des § 39 Abs. 1 Nr. 5 InsO, wenn er bei drohender bzw. eingetretener Zahlungsunfähigkeit oder bei Überschuldung Anteile zum Zweck ihrer Sanierung erwirbt. Dies gilt aber nur bis zur nachhaltigen Sanierung der Gesellschaft. Mit dieser Regelung soll ein Anreiz geschaffen werden, in der Krise Geschäftsanteile und unternehmerische Kontrolle zu übernehmen, um mit damit einhergehenden Sanierungsmaßnahmen, wozu regelmäßig auch die Zuführung neuer Mittel gehört, die Gesellschaft zu erhalten. Der Sanierungsgesellschafter soll hier nicht schlechtergestellt werden, als er stünde, wenn er die Geschäftsanteile in der Krise nicht übernommen hätte. Ohnehin können solche Darlehen meist nicht ausreichend besichert werden und sind daher risikobehaftet.[372] § 39 Abs. 4 165

---

365) BGH, Urt. v. 17.2.2011 – IX ZR 131/10, BGHZ 188, 363 = ZIP 2011, 575, dazu EWiR 2012, 285 *(Spliedt)*.

366) BGH, Urt. v. 18.2.1991 – II ZR 259/89, ZIP 1991, 366, dazu EWiR 1991, 681 *(Frey)*.

367) BGH, Urt. v. 26.6.2000 – II ZR 21/99, ZIP 2000, 1489, dazu EWiR 2001, 19 *(v. Gerkan)*.

368) *Können* in: KPB, InsO, § 39 Rz. 99.

369) BGH, Urt. v. 18.2.1991 – II ZR 259/89, ZIP 1991, 366, 367.

370) v. Gerkan/Hommelhoff-*Johlke/Schröder*, Kapitalersatzrecht, Rz. 5.37.

371) BGH, Urt. v. 21.2.2013 – IX ZR 32/12, Rz. 24, BGHZ 196, 220 = ZIP 2013, 582, dazu EWiR 2013, 217 *(Bork)*.

372) Beschlussempfehlung und Bericht d. RA z. KonTraG, BT-Drucks. 13/10038, S. 28, abgedr. in ZIP 1998, 487, 491.

Satz 2 InsO gilt auch für Gesellschaftsanteile, die durch Umwandlung von Fremd- in Eigenkapital i. R. eines Insolvenzplans (§ 225a InsO) entstanden sind.[373)]

(2) Voraussetzungen

166 Das Sanierungsprivileg besteht grundsätzlich nur für den in den Kreis der Gesellschafter hinzutretenden **Sanierungsgesellschafter**. Dabei ist es ohne Bedeutung, ob er neue Anteile i. R. einer Kapitalerhöhung oder bereits bestehende Anteile von einem Gesellschafter erwirbt.[374)] Ebenso ist die Höhe der Beteiligung ohne Belang.[375)] Ausnahmsweise soll das Sanierungsprivileg auch für Altgesellschafter gelten, die vor der Krise dem Kleinbeteiligungsprivileg des § 39 Abs. 5 InsO (siehe Rz. 172 f.) unterlagen.[376)]

167 Der Anteilserwerb muss sich während der materiellen Insolvenzreife (§§ 17, 19 InsO) oder bei drohender Zahlungsunfähigkeit (§ 18 InsO) vollzogen haben.[377)] Damit ist das früher in § 32a Abs. 3 Satz 3 GmbHG a. F. vorgesehene Kriterium des Erwerbs „in der Krise" aufgegeben und an klare fassbare Begriffe angeknüpft worden. Bei dem Begriff der drohenden Zahlungsunfähigkeit können jedoch Zweifel bestehen.[378)]

168 Tatbestandlich setzt § 39 Abs. 4 Satz 2 InsO wie § 32a Abs. 3 Satz 3 GmbHG a. F. voraus, dass Zweck des Anteilserwerbs die **Überwindung der Krise** (Sanierungszweck) sein muss. Unerheblich ist, ob der Sanierungserfolg tatsächlich eintritt. Hierfür ist neben dem als selbstverständlich anzunehmenden Sanierungswillen des Erwerbs erforderlich, dass nach der pflichtgemäßen Einschätzung eines objektiven Dritten im Augenblick des Anteilserwerbs die Gesellschaft objektiv sanierungsfähig ist und die für ihre Sanierung konkret in Angriff genommenen Maßnahmen zusammen objektiv geeignet sind, die Gesellschaft in überschaubarer Zeit durchgreifend zu sanieren. Dies kann regelmäßig i. R. der vorzunehmenden „ex ante"-Prognose nur auf der Grundlage eines dokumentierten Sanierungskonzepts geprüft werden, das zugleich den Nachweis für den subjektiven Sanierungszweck des Anteilserwerbs liefert. Aus dem späteren Eintritt der Insolvenz kann nicht bereits auf die mangelnde Sanierungsfähigkeit der Gesellschaft geschlossen werden.[379)]

(3) Umfang und Dauer der Privilegierung

169 Die Privilegierung gilt für die **zum Zeitpunkt des Anteilserwerbs bereits gegebenen Darlehen** und für solche, die zum Zwecke der Überwindung der Krise gegeben worden sind. Dies bezieht sich auch auf zeitlich später gegebene Kredite, vorausgesetzt, dass diese im Zusammenhang mit dem bei Anteilserwerb verfolgten Sanierungsversuch stehen.[380)]

170 Die Privilegierung gilt lediglich während der Sanierungsphase. Diese endet mit dem **Eintritt der nachhaltigen Sanierung**, also mit der endgültigen Beseitigung des Insolvenzgrunds.[381)] Teilweise wird die Auffassung vertreten, bei dem Begriff der nachhaltigen Sanierung an die Kriterien des früheren Eigenkapitalersatzrechts angeknüpft werden solle.

---

373) *Könen* in: KPB, InsO, § 39 Rz. 80; *Lüdtke* in: HambKomm-InsO, § 39 Rz. 62.

374) *Könen* in: KPB, InsO, § 39 Rz. 77; *Lüdtke* in: HambKomm-InsO, § 39 Rz. 57; K. Schmidt-*K. Schmidt/Herchen*, InsO, § 39 InsO Rz. 45.

375) *Könen* in: KPB, InsO, § 39 Rz. 77.

376) *Könen* in: KPB, InsO, § 39 Rz. 77; *Lüdtke* in: HambKomm-InsO, § 39 Rz. 57.

377) Kritisch zu diesen Tatbestandsmerkmalen: *Bitter*, ZIP 2013, 398.

378) *Lüdtke* in: HambKomm-InsO, § 39 Rz. 58.

379) BGH, Urt. v. 21.11.2005 – II ZR 277/03, BGHZ 165, 206 = ZIP 2006, 279, dazu EWiR 2006, 525 *(Westphal/Janjuah)*; s. a. *Könen* in: KPB, InsO, § 39 Rz. 80.

380) OLG Düsseldorf, Urt. v. 19.12.2003 – I-17 U 77/03, ZIP 2004, 508; K. Schmidt-*K. Schmidt/Herchen*, InsO, § 39 InsO Rz. 44.

381) *Könen* in: KPB, InsO, § 39 Rz. 81; *Lüdtke* in: HambKomm-InsO, § 39 Rz. 57.

Dies ist auf den ersten Blick problematisch, da der Gesetzgeber die Eigenkapitalersatzfunktion aufgegeben hat. Allerdings spielen diese Gesichtspunkte nunmehr bei der Prüfung der Nachhaltigkeit eine Rolle.[382] Ab der nachhaltigen Sanierung handelt es sich wieder um gewöhnliche Gesellschafterdarlehen, die bei einer späteren erneuten Krise in den Nachrang fallen.

Bei **Fehlschlagen** des Sanierungsversuchs, müssen die Gesellschafter dafür sorgen, dass 171 entweder weitere Mittel bereitgestellt werden, die Liquidation betrieben oder die Eröffnung des Insolvenzverfahrens beantragt wird. In diesem Fall nehmen die betroffenen Gläubiger als gewöhnliche Insolvenzgläubiger (§ 38 InsO) ohne Nachrang an dem Insolvenzverfahren teil.[383] Kommen die Gesellschafter dem *nicht* nach und lassen die gegebenen Mittel stehen, so trifft diese nunmehr die Verantwortung ihrer Finanzierungsentscheidung (siehe oben Rz. 130). Dies lässt sich damit rechtfertigen, dass das Ziel des Gesetzgebers ist, Sanierungsversuche zu unterstützen.[384] Ist absehbar, dass die Sanierung scheitert, darf die Abwicklung der Gesellschaft i. R. eines Insolvenzverfahrens oder durch eine Liquidation nicht verzögert werden.

dd) Ausnahme: Kleinbeteiligung (§ 39 Abs. 5 InsO)

§ 39 Abs. 5 InsO sieht wie § 32a Abs. 3 Satz 2 GmbHG a. F. eine Ausnahme für nicht ge- 172 schäftsführende Gesellschafter vor, die mit **höchstens 10 %**[385] an der Gesellschaft beteiligt sind (**Kleinbeteiligungsprivileg**). Diese fallen mit ihrer Forderung nicht in den Nachrang. **Zweck** des § 32a Abs. 3 Satz 2 GmbHG a. F. war, dass die Finanzierungsfolgenverantwortung grundsätzlich nur diejenigen Gesellschafter treffen soll, die unternehmerisch an der Gesellschaft beteiligt sind. Für die AG galt früher, dass eine unternehmerische Beteiligung erst mit einer Beteiligung von über 25 % einsetzt, da dann der betreffende Aktionär eine Sperrminorität hat.[386] Der Gesetzgeber hatte die Schwelle bei der GmbH niedriger angesetzt, da ein GmbH-Gesellschafter aufgrund der Kompetenzverteilung in der Gesellschaft eine deutlich stärkere Stellung hat.[387] Nunmehr gilt das Kleinbeteiligungsprivileg einheitlich für alle von § 39 Abs. 1 Nr. 5 erfassten Rechtsformen bis zu der strikten Beteiligungsgrenze von 10 %. Da die Vorschrift für alle einbezogenen Gesellschaftsformen gilt, ist der neutrale Begriff „Haftkapital" gewählt worden. Die 10 %-Grenze bietet auf den ersten Blick ein klares Abgrenzungskriterium. Ungelöst bleibt allerdings eine Vielzahl von Zuordnungsproblemen.[388]

Das Kleinbeteiligungsprivileg schließt es aber nicht aus, dass einem Anteilsinhaber, der 173 mit lediglich 10 % an der Schuldnerin beteiligt ist, die Beteiligung anderer Anteilsinhaber zugerechnet wird, wenn er mit diesen z. B. eine Vereinbarung über eine koordinierte Finanzierung schließt. Eine solche Vereinbarung lasse auf die Übernahme einer **unternehmerischen Verantwortung** schließen, die das Eingreifen des Kleinbeteiligungsprivilegs ausschließe.[389] Die bloße Zustimmung bei einer Beschlussfassung in der Gesellschafter-

382) S. Darstellung bei *Könen* in: KPB, InsO, § 39 Rz. 81.

383) Lutter/Hommelhoff-*Lutter/Hommelhoff*, GmbHG, 16. Aufl., §§ 32a/b Rz. 88.

384) v. Gerkan/Hommelhoff-*Dauner-Lieb*, Kapitalersatzrecht, Rz. 4.61.

385) Der BGH hat mit Urt. v. 26.1.2023 – IX ZR 85/21, ZIP 2023, 705, dazu EWiR 2023, 305 *(Görner)*, dass die Grenz bei 10 % liegt und nicht darunter (weniger als 10 %).

386) BGH, Urt. v. 26.3.1984 – II ZR 171/83, BGHZ 90, 381 = ZIP 1984, 572.

387) Begr. RegE KapAEG, BT-Drucks. 13/7141, S. 12, abgedr. in ZIP 1997, 706, 709 f.

388) Dazu *Könen* in: KPB, InsO, § 39 Rz. 71 f.; Scholz-*K. Schmidt*, GmbHG, 10. Aufl., §§ 32a, 32b Rz. 203 ff.

389) BGH, Urt. v. 26.1.2023 – IX ZR 85/21, Rz. 28, ZIP 2023, 705, dazu EWiR 2023, 305 *(Görner)*.

versammlung ohne damit zugleich eine über seine Rolle hinausgehende unternehmerische Verantwortung zu übernehmen, reicht dafür nicht aus.[390)]

Praxishinweis

Es ist davon auszugehen, dass nur der Anteilsinhaber in den Genuss des Kleinbeteiligungsprivilegs kommt, der **rein kapitalistisch** an dem Rechtsträger beteiligt ist, also keine weiteren koordinierten Vereinbarungen mit anderen Gesellschaftern trifft. Das würde den Anwendungsbereich dieser Vorschrift erheblich einengen – was angesichts des Wortlauts der Vorschrift kritisch zu sehen ist –, so dass bei der Abfassung solcher Vereinbarungen **Vorsicht** geboten ist.

174 Der für die Beurteilung maßgebliche Zeitpunkt ist in § 39 Abs. 5 InsO nicht geregelt. Hier hat man darauf abzustellen, ob die Voraussetzungen in dem **Zeitraum von einem Jahr vor Beantragung des Insolvenzverfahrens** vorlagen. Auf die Verhältnisse in der Zeit davor, insbesondere zum Zeitpunkt der Finanzierungsentscheidung des Gesellschafters, kommt es grundsätzlich nicht an.[391)]

d) Gewährung eines Darlehens oder Bestehen gleichgestellter wirtschaftlicher Forderungen des Gesellschafters

175 Grundfall ist die Gewährung eines **Darlehens** (§ 488 BGB) durch einen Gesellschafter oder einen gleichgestellten Dritten. Auch Darlehen i. R eines Cashpools[392)] und kurzfristige Überbrückungsdarlehen fallen hierunter.[393)]

176 Zusätzlich erfasst werden zudem Forderungen, die einem **Gesellschafterdarlehen wirtschaftlich entsprechen.** Damit knüpft die Vorschrift an die Regelungen an, die für das alte Eigenkapitalersatzrecht entwickelt worden sind. Gesellschafterforderungen aus einem anderen Rechtsgrund fallen grundsätzlich nicht in den Anwendungsbereich von § 39 Abs. 1 Nr. 5 InsO. Allerdings gilt dies nicht im Zusammenhang mit der Ausschüttung eines zuvor auf neue Rechnung vorgetragenen Gewinns: Der BGH entschieden, dass der aus dem Gewinnverwendungsbeschluss resultierende Zahlungsanspruch wirtschaftlich einem Darlehen gleichstehen kann.[394)] Hier stellt sich die Frage der Abgrenzung zu den Kapitalerhaltungsvorschriften, etwa § 30 GmbHG.[395)]

aa) Stundung von Forderungen

177 Zu den Rechtshandlungen, die einer Darlehensgewährung entsprechen können, zählt insbesondere die Stundung von Forderungen aus Rechtsgeschäften, die nicht aus einem Darlehen resultieren. Grundsätzlich können dies Zahlungsansprüche aus allen denkbaren Vertragsverhältnissen sein (regelmäßig z. B. Kauf- und Werkverträge; dagegen nicht mehr

390) BGH, Urt. v. 20.4.2023 – IX ZR 44/22, ZIP 2023, 1378, dazu EWiR 2023, 400 *(Bork)*.

391) BGH, Urt. v. 20.4.2023 – IX ZR 44/22, ZRI 2023, 483 = ZIP 2023, 1378, dazu EWiR 2023, 400 *(Bork)*.

392) *Behme* in: MünchKomm-InsO, § 39 Rz. 50.

393) OLG Naumburg, Urt. v. 6.10.2010 – 5 U 73/10, ZIP 2011, 677, dazu EWiR 2011, 709 *(Knof)*. Unter dem früheren Eigenkaptalersatzrecht gab es hiervon jedoch Ausnahmen: BGH, Urt. v. 17.7.2006 – II ZR 106/05, ZIP 2006, 2130, dazu EWiR 2007, 107 *(Thonfeld)*; BGH, Urt. v. 28.11 1994 – II ZR 77/93, ZIP 1995, 23, 24, m. Anm. *Altmeppen*. Nach Inkrafttreten des MoMiG ist davon auszugehen, dass solche Ausnahmen nicht mehr in Betracht kommen.

394) BGH, Urt. v. 22.7.2021 – IX ZR 195/20, Rz. 8 ff., BGHZ 230, 335 = ZRI 2021, 775, dazu EWiR 2021, 624 *(Berjasevic)*; ebenso für Entnahme von Guthaben aus einem Kapitalkonto bei einer KG, wenn dieses als solche keine Beteiligung darstellt: BGH, Urt. v. 17.12.2020 – IX ZR 122/19, ZRI 2021, 85 = ZIP 2021, 93; dazu *Gehrlein*, NZI 2021, 165.

395) BGH, Urt. v. 22.7.2021 – IX ZR 195/20, Rz. 21 ff., BGHZ 230, 335 = ZRI 2021, 775, dazu EWiR 2021, 624 *(Berjasevic)*.

(nach dem Inkrafttreten des MoMiG) Ansprüche aus Miet- oder anderen Nutzungsverhältnissen.[396] Auch wenn die Forderungen zunächst nicht als Darlehen begründet worden sind, können diese insbesondere infolge von Stundungs- und Fälligkeitsvereinbarungen wirtschaftlich einem solchen gleichgestellt werden und fallen dann in den Anwendungsbereich der Vorschrift.[397] Hier kommt es insbesondere darauf an, ob ein außenstehender Gläubiger eine Stundung gewährt hätte.[398] Nicht bereits jede geringfügige Überschreitung der Zahlungsfristen führt zur Rechtsfolge des Nachrangs. Als einem Darlehen entsprechend ist die Stundung aber dann anzusehen, wenn ein Gesellschafter es zulässt, dass von ihm gelieferte Ware erst mehrere Monate später beglichen wird und er praktisch dadurch der Gesellschaft einen Lieferantenkredit bewilligt.[399] Dies gilt auch in dem Fall, wenn die Fälligkeit eines Zahlungsanspruchs eines vorleistenden Gesellschafters ungewöhnlich lange hinausgeschoben wird.[400] Zur Abgrenzung von einem verkehrsüblichen Umsatzgeschäft und einer einem vergleichbaren Finanzierungshilfe kann auf die Grundsätze des Bargeschäfts (§ 142 InsO), die Dreißig-Tage-Frist des § 286 Abs. 3 BGB oder die sechzig-Tage-Frist des § 271a Abs. 1 BGB abgestellt werden.[401]

bb) Erwerb gestundeter Forderungen

Der Erwerb von gestundeten Forderungen gegen die Gesellschaft durch einen Gesellschafter ist ebenfalls einer Darlehensgewährung gleichzusetzen. Hier leistet der Gesellschafter dadurch finanzielle Hilfe, dass er die Gesellschaft von der Verbindlichkeit gegenüber einem Dritten entbindet. Dabei kommt es nicht darauf an, ob eine besondere Stundungsvereinbarung zwischen dem Gesellschafter und der Gesellschaft getroffen worden ist. Erforderlich ist aber, dass der Gesellschafter die Stundung der erworbenen Forderung kennt, da er nur dann eine ihm vorwerfbare Finanzierungsentscheidung trifft.[402] 178

dd) Leasinggeschäfte

Auch Geschäfte, bei denen ein Gesellschafter ein Wirtschaftsgut erwirbt und anschließend der Gesellschaft zur Verfügung stellt (Finanzierungsleasinggeschäfte), sind mit einer durch Sachübereignung gesicherten Darlehensgewährung vergleichbar, da hier die Finanzierung des betreffenden Wirtschaftsgut im Vordergrund steht.[403] Wenn das Leasinggeschäft einem Darlehen wirtschaftlich entspricht, sind keine Leasingraten zu zahlen und der Insolvenzverwalter kann im Wege der Anfechtung die Übereignung des Leasingguts verlangen und dieses für die Masse verwerten.[404] In gleicher Weise sind Fälle zu beurteilen, in denen der Gesellschafter von der Gesellschaft erwirbt und anschließend der Gesellschaft i. R. eines Leasingvertrags wieder zur Verfügung stellt („Sale and Lease Back").[405] 179

396) OLG Schleswig, Urt. v. 13.1.2012 – 4 U 57/11, ZIP 2012, 885, dazu EWiR 2012, 321 *(Lutz)*.

397) Dazu: Uhlenbruck-*Hirte*, InsO, § 39 Rz. 38; *Könen* in: KPB, InsO, § 39 Rz. 110, 116 ff.; *Lüdtke* in: HambKomm-InsO, § 39 Rz. 48; K. Schmidt-*K. Schmidt/Herchen*, InsO, § 39 Rz. 52.

398) OLG Düsseldorf, Urt. v. 15.9.1994 – 12 U 98/93, ZIP 1995, 1907, 1911, dazu EWiR 1996, 27 *(v. Gerkan)*.

399) BGH, Urt. v. 28.11 1994 – II ZR 77/93, ZIP 1995, 23, 24, m. Anm. *Altmeppen*; Urt. v. 11.7.2019 – IX ZR 210/18, Rz. 18, ZIP 2019, 1675, dazu EWiR 2019, 593 *(Neußner)*.

400) OLG Bamberg, Urt. v. 20.2.2003 – 1 U 26/02, GmbHR 2003, 1130; *Könen* in: KPB, InsO, § 39 Rz. 110, 119.

401) BGH, Urt. v. 11.7.2019 – IX ZR 210/18, Rz. 18, ZIP 2019, 1675; *Könen* in: KPB, InsO, § 39 Rz. 119.

402) K. Schmidt-*K. Schmidt/Herchen*, InsO, § 39 Rz. 53.

403) v. Gerkan/Hommelhoff-*Johlke/Schröder*, Kapitalersatzrecht, Rz. 5.71 f.; Scholz-*K. Schmidt*, GmbHG, 10. Aufl., 32a, 32b Rz. 130; a. A. Roth/Altmeppen-*Altmeppen*, GmbHG, 5. Aufl., § 32a a. F. Rz. 214.

404) Michalski-*Heidinger*, GmbHG, 1. Aufl., §§ 32a, 32b Rz. 360.

405) OLG Düsseldorf, Urt. v. 12.12.1996 – 10 U 33/95, DB 1997, 521 = BB 1997, 958; Michalski-*Heidinger*, GmbHG, 1. Aufl., §§ 32a, 32b Rz. 161; *Johlke/Schröder* in: v. Gerkan/Hommelhoff, Rz. 5.72 f.; a. A. Roth/Altmeppen-*Altmeppen*, GmbHG, 5. Aufl., § 32a a. F. Rz. 215.

Praxishinweis

Nicht mit dem Finanzierungsleasing vergleichbar ist das **Operatingleasing.** Hierbei handelt es sich um ein Rechtsgeschäft, das Ähnlichkeit mit einem Mietvertrag hat. Hier kann aber § 135 Abs. 3 InsO Anwendung finden.[406)]

ee) Factoring

180 Auch das sog. unechte Factoring ist einer Darlehensgewährung gleichzustellen.[407)] Obwohl es sich rechtlich um einen Forderungskauf handelt, steht dem Käufer im Gegensatz zum echten Factoring eine Rückbelastungsbefugnis gegenüber dem Verkäufer zu, wenn sich die Forderung als uneinbringbar erweist. Das Risiko bleibt somit beim Forderungsverkäufer, so dass es sich wirtschaftlich gesehen um eine Darlehensgewährung handelt.[408)] Das echte Factoring fällt dagegen nicht in den Anwendungsbereich des § 39 Abs. 1 Nr. 5 InsO.

ff) Bestellung von Sicherheiten

181 Stellt ein Gesellschafter nicht einem Dritten, sondern der Gesellschaft eine Sicherheit zur Verfügung, damit diese für eine Darlehensaufnahme genutzt werden kann, so entspricht dies wirtschaftlich der Stellung einer Sicherheit i. S. von § 44a InsO (früher: § 32a Abs. 2 GmbHG a. F.).[409)] Der Darlehensgeber muss in entsprechender Anwendung des § 44a InsO zunächst versuchen, die von dem Gesellschafter zur Verfügung gestellte Sicherheit zu verwerten, was er auch regelmäßig tun wird, um Befriedigung zu erlangen (siehe dazu unten Rz. 192). Hat die Gesellschaft aus eigenen Mittel das Darlehen zurückgeführt, kann der Insolvenzverwalter unter den Voraussetzungen des § 135 Abs. 2 InsO gegen den Gesellschafter vorgehen (siehe unten Rz. 211 ff.).

gg) Forderungen aus Nutzungsüberlassung

182 Nicht in den Anwendungsbereich des § 39 Abs. 1 Nr. 5 InsO fallen nach dem Inkrafttreten des MoMiG Forderungen aus Nutzungsüberlassung und vergleichbaren Rechtsgeschäften. Der Gesetzgeber hat mit dem MoMiG das Recht der Nutzungsüberlassung aus dem Bereich der Gesellschafterdarlehen herausgenommen.[410)]

e) Rechtsfolgen

183 Gläubiger, deren Forderungen nachrangig sind, sind zwar Insolvenzgläubiger i. S. von § 38 InsO. Allerdings ergeben sich hier im Zusammenhang mit dem **Nachrang** Besonderheiten:[411)] Zunächst darf eine nachrangige Forderung nur dann zur Insolvenztabelle angemeldet werden, wenn hierzu eine besondere Aufforderung des Insolvenzgerichts nach § 174 Abs. 3 Satz 1 InsO erfolgt. Können nachrangige Forderungen angemeldet werden, werden diese in der in § 39 Abs. 1 InsO genannten Reihenfolge befriedigt. Allerdings

406) *Johlke/Schröder* in: v. Gerkan/Hommelhoff, Rz. 5.70 f.

407) OLG Köln, Urt. v. 25.7.1986 – 22 U 311/85, ZIP 1986, 1585, dazu EWiR 1986, 1213 *(Roth)*; K. Schmidt-*K. Schmidt/Herchen*, InsO, § 39 Rz. 53.

408) BGH, Urt. v. 14.10.1981 – VIII ZR 149/80, BGHZ 82, 50, 61 = ZIP 1981, 1313, 1316 f.

409) OLG Hamburg, Urt. v. 18.7.1986 – 11 U 77/84, ZIP 1986, 1113, 1115 ff., dazu EWiR 1986, 901 *(Priester)*.

410) OLG Hamm, Urt. v. 21.11.2013 – 18 U 145/12, ZIP 2014, 186, dazu EWiR 2014, 223 *(Henkel)*; OLG Schleswig, Urt. v. 13.1.2012 – 4 U 57/11, ZIP 2012, 885, dazu EWiR 2012, 321 *(Lutz)*; K. Schmidt-*K. Schmidt/Herchen*, InsO, § 39 Rz. 54.

411) S. hierzu: *Könen* in: KPB, InsO, § 39 Rz. 6 ff.; *Lüdtke* in: HambKomm-InsO, § 39 Rz. 75 ff.

können nachrangige Gläubiger einen Eröffnungsantrag stellen, selbst wenn sie im Insolvenzverfahren keine Befriedigung erwarten können.[412)]

2. Gesellschafterbesicherte Drittdarlehen (§ 44a InsO)

Hat ein **Dritter** einer Gesellschaft ein Darlehen oder eine gleichgestellte Leistung gewährt und hierfür von einem Gesellschafter eine Sicherheit oder eine Bürgschaft erhalten, muss er nach § 44a InsO zunächst **die Sicherheit bzw. Bürgschaft in Anspruch nehmen**, bevor er einen etwaigen Ausfallbetrag aus der Insolvenzmasse verlangen kann. § 44a InsO ist durch das MoMiG eingefügt worden und beruht auf § 32a Abs. 2 GmbHG a. F. Er führt dessen Regelungsgegenstand über gesellschafterbesicherte Drittdarlehen fort. Wie die früher geltende Vorschrift soll § 44a InsO die Inanspruchnahme der von dem Gesellschafter gestellten Sicherheit und damit die insolvenzrechtliche Verstrickung dieser Finanzierungsleistung des Gesellschafters gewährleisten. Dabei soll sich der Gläubiger vorrangig aus der von dem Gesellschafter gestellten Sicherheit befriedigen. Dem Gläubiger wird damit ein abwicklungstechnischer Beitrag auferlegt, um die primäre Inanspruchnahme des Gesellschafters zu sichern.[413)] 184

Die hier vorgesehene Abwicklung ähnelt der bei der abgesonderten Befriedigung. Im Unterschied dazu erfolgt die Verwertung der Sicherung nicht wie bei §§ 165 ff. InsO durch den Insolvenzverwalter, sondern durch den gesicherten Gläubiger. Der Insolvenzverwalter hat nämlich keine Zugriffsmöglichkeit auf diese Sicherheit. In dem Sinne ergänzt § 44a InsO die Regelungen der § 39 Abs. 1 Nr. 5 und § 135 InsO, wenn der Gesellschafter der Gesellschaft zwar unmittelbar kein Darlehen zur Verfügung stellt, aber eine wirtschaftlich vergleichbare Handlung der Gesellschaft die Zuführung von Mitteln durch Dritte ermöglicht.[414)] 185

Hatte die Gesellschaft den Gläubiger vor der Insolvenzeröffnung unmittelbar befriedigt, so ist die unter den Voraussetzungen des § 135 Abs. 2 InsO anfechtbar (siehe Rz. 211 ff.).[415)] 186

Aufgrund der gläubigerschützenden Wirkung des § 44a InsO handelt es sich um zwingendes Recht, das somit nicht zur Disposition der Beteiligten steht.[416)] § 44a InsO weist folgende Voraussetzungen auf: 187

- Insolvenzverfahren über das Vermögen einer Gesellschaft i. S. von § 39 Abs. 4 Satz 1 InsO;
- Gewährung eines Darlehens oder einer gleichgestellten Forderung durch einen Dritten;
- Besicherung durch einen Gesellschafter.

Hier gilt wie bei § 39 Abs. 1 Nr. 5 InsO ein **Privilegierungszeitraum** bis zum 30.9.2023, in dem § 44a InsO nicht zur Anwendung kommt (siehe dazu Rz. 135). 188

a) Insolvenzverfahren über das Vermögen einer Gesellschaft i. S. von § 39 Abs. 4 Satz 1 InsO

Die Regelung gilt nur im Insolvenzverfahren über das Vermögen einer Gesellschaft, die von § 39 Abs. 1 Nr. 5 InsO erfasst ist (siehe Rz. 136).[417)] 189

412) BGH, Beschl. v. 23.9.2010 – IX ZB 282/09, ZIP 2010, 2055, dazu EWiR 2010, 819 *(Gundlach/Müller)*.
413) Dazu auch *Könen* in: KPB, InsO, § 44a Rz. 4.
414) S. a. *Könen* in: KPB, InsO, § 44a Rz. 2.
415) *Könen* in: KPB, InsO, § 44a Rz. 5.
416) *Bitter* in: MünchKomm-InsO, § 44a Rz. 33.
417) *Lüdtke* in: HambKomm-InsO, § 44a Rz. 7.

b) Gewährung eines Darlehens oder einer gleichgestellten Forderung durch einen Dritten

190 Die Merkmale Darlehen und diesem gleichgestellte Forderung ist genauso wie in § 39 Abs. 1 Nr. 5 InsO zu verstehen (siehe Rz. 175 ff.).[418] Gläubiger und Sicherungsnehmer muss ein **ausstehender Dritter** sein, also kein Gesellschafter oder eine diesem gleichgestellte Person sein.[419] Etwas unmissverständlich ist dabei die Formulierung „ein Gläubiger nach Maßgabe des § 39 Abs. 1 Nr. 5 InsO". Hieraus könnte man schließen, dass die durch einen Gesellschafter besicherte Forderung ebenfalls dem Nachrang des § 39 Abs. 1 Nr. 5 InsO unterliegen solle. Das ist aber nicht so. Hintergrund ist vielmehr, dass der Gesetzgeber § 32a Abs. 2 GmbHG a. F. in angepasster Form übernehmen und über einen Verweis auf § 39 Abs. 1 Nr. 5 InsO zum Ausdruck bringen wollte, welche Gesellschaften von der Vorschrift erfasst sind.[420] § 44a InsO findet auch keine Anwendung, wenn ein Darlehen eines Gesellschafters durch eine Sicherheit eines Mitgesellschafters gesichert wird. Diese Konstellation fällt vielmehr unter § 39 Abs. 1 Nr. 5 InsO, soweit nicht die Ausnahmen nach § 39 Abs. 4 Satz 2, Abs. 5 InsO erfüllt sind.[421] Eine Übertragung der Gesellschafterstellung bzw. eine Veränderung der Beteiligungshöhe ist unbeachtlich, wenn sie innerhalb von einem Jahr vor dem Eröffnungsantrag erfolgt.[422]

c) Besicherung durch einen Gesellschafter

191 Das Darlehen des Dritten muss durch einen Gesellschafter oder einer gleichgestellten Person gesichert werden.[423] Ausdrücklich erwähnt im Gesetz ist die Bürgschaft. Aber wie auch nach der bisherigen Rechtslagen ist der Begriff „Sicherheit" weit zu verstehen und umfasst alle Formen von Personalsicherheiten (z. B. Schuldbeitritt oder Schuldversprechen) und Realsicherheiten (z. B. Bestellung von Grundpfandrechten oder Sicherungsübereignungen).[424]

d) Rechtsfolgen

aa) Verweisung des Gläubigers auf die Sicherheit

192 Wie die Vorgängerregelung verweist § 44a InsO den Gläubiger und Sicherungsnehmer auf die **vorrangige Inanspruchnahme der Sicherheit**. Nicht selten wird ein Darlehensgeber Sicherheiten sowohl von der Gesellschaft als auch von einem Gesellschafter erhalten (Doppelbesicherung). In diesem Fall stellt sich die Frage wie bei § 32a Abs. 2 GmbHG a. F. die Frage, ob der Darlehensnehmer aufgrund des zunächst die von dem Gesellschafter gestellte Sicherheit verwerten muss, bevor er auf die Sicherheiten der Gesellschaft zurückgreifen darf.[425] Die Rechtsprechung lässt dem Darlehensgeber hier jedoch die Wahl, ob dieser primär die Sicherheit des Gesellschafters oder der Gesellschaft in Anspruch nimmt.[426] Er muss also nicht vorrangig auf die von dem Gesellschafter gestellte Sicherheit zurückgreifen.[427] In der Praxis stellt sich die Frage in der Regel erst dann, wenn die

418) *Könen* in: KPB, InsO, § 44a Rz. 6.
419) *Könen* in: KPB, InsO, § 44a Rz. 7; K. Schmidt-*K. Schmidt/Herchen*, InsO, § 44a Rz. 9.
420) *Lüdtke* in: HambKomm-InsO, § 44a Rz. 18.
421) *Bitter* in: MünchKomm-InsO, § 44a Rz. 12, 18; *Könen* in: KPB, InsO, § 44a Rz. 9; *Lüdtke* in: HambKomm-InsO, § 44a Rz. 8, 13.
422) *Bitter* in: MünchKomm-InsO, § 44a Rz. 19.
423) *Lüdtke* in: HambKomm-InsO, § 44a Rz. 12; K. Schmidt-*K. Schmidt/Herchen*, InsO, § 44a Rz. 8.
424) K. Schmidt-*K. Schmidt/Herchen*, InsO, § 44a Rz. 9.
425) So K. Schmidt-*K. Schmidt/Herchen*, InsO, § 44a Rz. 12.
426) BGH, Urt. v. 1.12.2011 – IX ZR 11/11, BGHZ 192, 9 = ZIP 2011, 2417, dazu EWiR 2012, 57 *(Henkel)*; BGH, Urt. v. 19.11.1984 – II ZR 84/84, ZIP 1985, 158, dazu EWiR 1985, 105 *(Kübler)*.
427) *Könen* in: KPB, InsO, § 44a Rz. 18; a. A. K. Schmidt-*K. Schmidt/Herchen*, InsO, § 44a Rz. 12.

Summe der Sicherheiten den gesicherten Darlehensbetrag übersteigt. Der Gegenmeinung ist in diesem Zusammenhang jedoch zuzustehen, dass sie den Grundsatz der vorrangigen Inanspruchnahme des Gesellschafters konsequent durchhält und dies auch eher der dogmatischen Grundlage der Regelungen über die Gesellschafterfinanzierung (siehe Rz. 127 ff.) entspricht. Nimmt der Darlehensgeber die Sicherheit der Gesellschaft in Anspruch, kann der Insolvenzverwalter allerdings gemäß § 135 Abs. 2 InsO die Befriedigung anfechten und Erstattung des Betrags von dem betreffenden Gesellschafter verlangen.[428] Dabei liegt hier die Gläubigerbenachteiligung in dem Abfluss der Mittel aus dem Gesellschaftsvermögen, weil der Gesellschafter im **Verhältnis zur Gesellschaft zur vorrangigen Befriedigung** der von ihm besicherten Verbindlichkeiten verpflichtet ist.[429]

Ein **Verzicht** des Darlehensgebers auf eine Inanspruchnahme der von dem Gesellschafter gestellten Sicherheit ist zwar möglich, sie ist aber im Verhältnis zwischen der Gesellschaft und dem Darlehensgeber unbeachtlich. § 44a InsO hat wie § 32a Abs. 2 GmbHG a. F. zwingenden Charakter. Die anteilige Befriedigung des Gläubigers reduziert sich um den Wert der Sicherheit, auf die er verzichtet hat.[430] **193**

bb) Anmeldung der Forderung des Gläubigers im Insolvenzverfahren

Der Gläubiger hat eine gewöhnliche (vollrangige) Insolvenzforderung, die allerdings den vorgenannten Beschränkungen unterliegt.[431] Dabei ist aber zu beachten, dass § 44a InsO den Gläubiger nicht daran hindert, seine Forderung in voller Höhe (nicht etwa mit dem zu erwartenden Ausfall) zur Insolvenztabelle anzumelden.[432] Die Beschränkung in § 44a InsO bezieht sich nämlich nur auf das **Verteilungsverfahren**, nicht aber auf das Anmeldeverfahren. Um an der Schlussverteilung teilnehmen zu können, muss der Gläubiger in entsprechender Anwendung des § 190 InsO nachweisen, dass er die Verwertung der Gesellschaftersicherheit betrieben hat und in welcher Höhe er dabei ausgefallen ist.[433] **194**

Praxishinweis

Umstritten ist jedoch, mit welchem Betrag er bei der Verteilung zu berücksichtigen ist: mit seiner Forderung in voller Höhe oder lediglich mit dem Ausfall. Die h. M. spricht sich für Ersteres aus.[434] Dies ist auch zutreffend, da sich die Vorschrift letztlich gegen den Gesellschafter und nicht den Gläubiger richtet. Sie will nämlich sicherstellen, dass die Gesellschaftersicherheit auch tatsächlich verwertet wird.[435]

cc) Rückgriffsanspruch des Gesellschafters gegen die Gesellschaft

Soweit die vom Gesellschafter gestellte Sicherheit in Anspruch genommen wird, hat er gegen die Gesellschaft einen **Erstattungsanspruch aus § 670 BGB** gegen die Gesellschaft. Dieser fällt jedoch wie ein Gesellschafterdarlehen in den Nachrang gemäß § 39 Abs. 1 Nr. 5 InsO.[436] Soweit die Gesellschaft den Gläubiger bereits vor der Insolvenzeröffnung **195**

428) BGH, Urt. v. 1.12.2011 – IX ZR 11/11, BGHZ 192, 9 = ZIP 2011, 2417, dazu EWiR 2012, 57 *(Henkel)*; *Schröder* in: HambKomm-InsO, § 135 Rz. 60; a. A. *Lüdtke* in: HambKomm-InsO, § 44a Rz. 17.

429) BGH, Urt. v. 13.7.2017 – IX ZR 173/16, Rz. 16 ff., BGHZ 215, 262 = ZIP 2017, 1632, dazu EWiR 2017, 565 *(K. Schmidt)*.

430) K. Schmidt-*K. Schmidt/Herchen*, InsO, § 44a Rz. 15.

431) *Lüdtke* in: HambKomm-InsO, § 44a Rz. 18.

432) Streitig; s. Darstellung bei *Bitter* in: MünchKomm-InsO, § 44a Rz. 21 ff.

433) *Lüdtke* in: HambKomm-InsO, § 44a Rz. 19.

434) *Bitter* in: MünchKomm-InsO, § 44a Rz. 21 ff.; *Könen* in: KPB, InsO, § 44a Rz. 15 f.; *Lüdtke* in: HambKomm-InsO, § 44a Rz. 19 f.; zur Berechnung der Quote bei Doppelsicherungen: *Bitter* in: MünchKomm-InsO, § 44a Rz. 31 f.

435) *Lüdtke* in: HambKomm-InsO, § 44a Rz. 20.

436) BGH, Vers.-Urt. v. 4.7.2013 – IX ZR 229/12, Rz. 21, BGHZ 198, 77 = ZIP 2013, 1629; *Lüdtke* in: HambKomm-InsO, § 44a Rz. 16.

befriedigt hat und die Sicherheit des Gesellschafters wieder frei wird, kann diese Befreiung gemäß § 135 Abs. 2 InsO angefochten werden mit der Folge, dass der Gesellschafter den Betrag in entsprechender Anwendung des § 143 Abs. 3 InsO an die Insolvenzmasse zu erstatten hat (siehe Rz. 218).[437)]

3. Insolvenzanfechtung bei Gesellschafterdarlehen und gleichgestellten Rechtshandlungen (§ 135 Abs. 1 InsO)

a) Zweck

196 Der durch das MoMiG geänderte § 135 InsO regelt in Absatz 1 die Anfechtung von Rechtshandlungen, die zu einer Sicherung oder Befriedigung eines Gesellschafters oder einem gleichgestellten Dritten für Darlehen oder gleichgestellte Forderungen geführt haben. Mit dem sich aus § 39 Abs. 1 Nr. 5 InsO ergebenden Nachrang ist die Anfechtung verbunden.[438)] Ergänzend dazu unterwirft § 135 Abs. 2 InsO die Befriedigung von Darlehen oder gleichgestellten Forderungen eines Gläubigers, für die ein Gesellschafter oder ein gleichgestellter Dritter eine Sicherheit bestellt hat, der Anfechtung. In diesem Zusammenhang kann man jedoch noch einen Schritt weitergehen, weil die Vorschriften gerade auch den Zweck haben, die Verantwortung der Gesellschafter für die Gesellschaft zu verwirklichen. Das Normverständnis hängt letztlich aber davon ab, welche dogmatische Grundlage man dem neuen Recht zugrunde legt (siehe dazu Rz. 127 ff.).

197 § 135 Abs. 1 Nr. 1 und 2 InsO stehen nicht in einem Konkurrenzverhältnis zueinander, sondern haben eigenständige Anwendungsbereiche und ergänzen sich entsprechend. Insbesondere hat Nr. 2 nicht Vorrang vor Nr. 1.[439)]

198 Wie allgemein bei sämtlichen Anfechtungsvorschriften geht es bei § 135 Abs. 1 und 2 InsO darum, Vermögensverschiebungen, die im Vorfeld der Insolvenz stattgefunden haben, zum Zwecke der gleichmäßigen Gläubigerbefriedigung rückabzuwickeln.[440)] Die Anfechtungsvorschriften kommen nur so weit zur Anwendung, als dass eine Gläubigerbenachteiligung gegeben ist. Zahlt etwa ein Gesellschafter die in dem maßgeblichen Zeitraum erhaltenen Beträge an die Gesellschaft zurück, entfällt die Gläubigerbenachteiligung.[441)]

b) Sachlicher Anwendungsbereich

199 § 135 InsO ist rechtsformneutral ausgestaltet und gilt aufgrund des Verweises auf § 39 Abs. 1 Nr. 5 InsO für alle Gesellschaften, die von § 39 Abs. 4 Satz 1 InsO erfasst werden (siehe im Einzelnen unter Rz. 136).

200 Die Regelung gilt nur im Insolvenzverfahren. Außerhalb des Insolvenzverfahrens greift § 6 AnfG ein.

c) Tatbestandsvoraussetzungen

201 § 135 Abs. 1 InsO hat folgende Voraussetzungen:

- Gewährung eines Darlehens oder einer gleichgestellten Forderung durch einen Gesellschafter oder einen gleichgestellten Dritten;

---

437) *Könen* in: KPB, InsO, § 44a Rz. 19.

438) BGH, Urt. v. 21.2.2013 – IX ZR 32/12, Rz. 27, BGHZ 196, 220 = ZIP 2013, 582, dazu EWiR 2013, 217 *(Bork)*.

439) BGH, Urt. v. 18.7.2013 – IX ZR 219/11, Rz. 11 f., 17 f., BGHZ 198, 64 = ZIP 2013, 1579.

440) Dazu allgemein: *Kirchhof/Freudenberg* in: MünchKomm-InsO, Vor §§ 129–147 Rz. 1 ff.

441) BGH, Vers.-Urt. v. 4.7.2013 – IX ZR 229/12, Rz. 17, BGHZ 198, 77 = ZIP 2013, 1629. Diesem Fall war die Rückzahlung gleichwohl anfechtbar, da der Gesellschafter auf ein im Soll geführtes Konto zahlte und für diese Verbindlichkeit eine Bürgschaft gegeben hatte (§ 135 Abs. 2 InsO).

- Rechtshandlung (Sicherung oder Befriedigung);
- Gläubigerbenachteiligung.

Hier gilt wie bei § 39 Abs. 1 Nr. 5 InsO ein **Privilegierungszeitraum** bis zum 30.9.2023, in dem § 135 Abs. 1 InsO nicht zur Anwendung kommt (siehe dazu Rz. 135). 202

aa) Gewährung eines Darlehens oder einer gleichgestellten Forderung durch einen Gesellschafter oder einen gleichgestellten Dritten

Diese Voraussetzungen entsprechen denen in § 39 Abs. 1 Nr. 5 InsO. Das Darlehen oder eine gleichgestellte Forderung müssen von einem Gesellschafter oder einem gleichgestellten Dritten gewährt bzw. bestanden haben. Insoweit ist auf die Ausführungen bei Rz. 137 ff. zu verweisen. Ausdrücklich angeordnet ist in § 135 Abs. 4 InsO, dass das Sanierungsprivileg (§ 39 Abs. 4 Satz 2 InsO, siehe dazu Rz. 165 ff.) und das Kleinbeteiligungsprivileg (§ 39 Abs. 5 InsO, siehe Rz. 172 ff.) zur Anwendung kommen. In diesen Fällen ist eine Anfechtung ausgeschlossen. 203

bb) Rechtshandlung

Von § 135 Abs. 1 InsO sind Rechtshandlungen erfasst, die dem Gesellschafter oder gleichstellten Dritten Sicherung innerhalb der letzten zehn Jahre vor dem Insolvenzantrag bzw. danach (Nr. 1) oder Befriedigung im letzten Jahr vor dem Insolvenzantrag bzw. danach (Nr. 2) gewähren. Unabhängig davon muss wie bei allen Anfechtungsvorschriften die Rechtshandlung **gläubigerbenachteiligend** sein. Die Insolvenzgläubiger müssen also durch die Rechtshandlung objektiv benachteiligt worden sein. Das ist nicht der Fall, wenn die Insolvenzmasse auch ohne Anfechtung ausreicht, um sämtliche Insolvenzgläubiger (auch der bestrittenen Forderungen) zu befriedigen.[442] 204

Unter den Begriff **Sicherung** fallen alle Arten von **Sicherheiten**; dieser ist identisch mit dem Begriff nach §§ 130, 131 InsO.[443] Insbesondere gehören hierzu dingliche Sicherungen (z. B. Grundschulden) und Sicherungsübereignungen bzw. -abtretungen. Über die insolvenzrechtliche Anfechtung hinaus, kann auch ein Anspruch des Insolvenzverwalters gegen den Gesellschafter auf Freigabe der Sicherheit bestehen, wenn feststeht, dass der Gesellschafter auf seine gesicherte, aber gemäß § 39 Abs. 1 Nr. 5 InsO nachrangige Forderung keine Zahlung zu erwarten hat. In seinem solchen Fall erledigt sich der Sicherungszweck, so dass der Sicherheit die vertragliche Grundlage entzogen wird.[444] 205

Befriedigung ist nicht nur die Rückzahlung des Darlehens, sondern jede Form von Erfüllungssurrogaten, insbesondere Leistungen an Erfüllungs Statt, erfüllungshalber oder Aufrechnungen.[445] Ob sich die Anfechtung auch auf die **gezahlten Darlehenszinsen** erstreckt, ist streitig,[446] allerdings zu bejahen.[447] 206

Auch Darlehenstilgungen in einem **Cashpool** fallen unter § 135 Abs. 1 Nr. 2 InsO. Bei einem Cashpool werden innerhalb eines Konzerns die vorhandenen Zahlungsmittel ge- 207

442) BGH, Urt. v. 20.2.2014 – IX ZR 164/13, BGHZ 200, 210 = ZIP 2014, 584, dazu EWiR 2014, 215 *(Spliedt)*; *Könen* in: KPB, InsO, § 135 Rz. 27, *Schröder* in: HambKomm-InsO, § 135 Rz. 45; zu diesem Tatbestandsmerkmal im Übrigen: *Rogge* in: HambKomm-InsO, § 129 Rz. 37 ff.

443) Uhlenbruck-*Hirte*, InsO, § 135 Rz. 13; *Könen* in: KPB, InsO, § 135 Rz. 28.

444) BGH, Urt. v. 26.1.2009 – II ZR 231/07, Rz. 17, BGHZ 179, 278 = ZIP 2009, 471, dazu EWiR 2009, 241 *(Schodder)*; *Schröder* in: HambKomm-InsO, § 135 Rz. 37.

445) *Uhlenbruck/Hirte*, InsO, § 135 Rz. 11; *Könen* in: KPB, InsO, § 135 Rz. 35.

446) *Könen* in: KPB, InsO, § 135 Rz. 37.

447) BGH, Urt. 27.6.2019 – IX ZR 167/18, Rz. 42 ff., BGHZ 222, 283 = ZIP 2019, 1577, dazu EWiR 2019, 595 *(Swierczok/Schubert)*; OLG München, Urt. v. 19.3.2013 – 5 U 4332/12, Rz. 37, ZInsO 2014, 897; *Schröder* in: HambKomm-InsO, § 135 Rz. 22.

bündelt, indem bei den einzelnen Konzerngesellschaften Liquiditätsüberschüsse abgezogen und Liquiditätsunterdeckungen ausgeglichen werden.[448] Cashpools spielen anfechtungsrechtlich eine Rolle, wenn während des maßgeblichen Zeitraums Darlehensgewährungen von der Gesellschaft zurückgeführt werden. Hierbei ist jedoch zu beachten, dass sich der Saldo auf dem i. R. des Cashpools geführten Verrechnungskonto regelmäßig täglich ändert. In diesem Zusammenhang sind jedoch Rückzahlungen nicht einzeln zu bewerten. Vielmehr kommt es nach der wohl h. A. auf die Veränderung des maßgeblichen Saldos auf dem Verrechnungskonto an. Dabei wird zu Recht eine Parallele zu der Rechtsprechung des BGH zu Kontokorrentkrediten[449] gezogen.[450]

208 Ob **Bargeschäfte (§ 142 InsO)** in diesem Zusammenhang eine Anfechtung ausschließen, ist streitig,[451] Der BGH lehnt dies jedenfalls bei einer Anfechtung nach § 135 Abs. 1 Nr. 1 InsO ab.[452] Abgesehen davon stellt die Rückzahlung eines Darlehens keine unmittelbare Gegenleistung für dessen Gewährung dar, da hier die Zahlung des Zinses und nicht die Rückzahlung im Gegenseitigkeitsverhältnis steht.[453] Andere typische Bargeschäfte (z. B. Zahlungen für die Entgegennahme von Waren, Leistungen etc.) fallen ohnehin nicht in den Anwendungsbereich von § 39 Abs. 1 Nr. 5 InsO (siehe auch Rz. 177).

209 Die Fristen berechnen sich nach § 139 InsO. Der Zeitpunkt der Vornahme der Rechtshandlung richtet sich nach § 140 InsO.

d) Rechtsfolgen

210 Infolge einer Anfechtung hat der Gesellschafter bzw. der gleichgestellte Dritte die erhaltene Sicherung bzw. Befriedigung an die Masse in Natur **zurückzugewähren** (§ 143 Abs. 1 InsO). Ist der Anspruch auf die Rückzahlung von Geld gerichtet, stehen der Insolvenzmasse unter den Voraussetzungen des § 143 Abs. 1 Satz 3 InsO Zinsen zu.[454] Der Anspruch auf Rückgewähr einer gewährten Sicherung ist auf deren **Aufhebung** gerichtet.[455] Nach Erfüllung dieser Verpflichtung lebt dessen Forderung gemäß § 144 Abs. 1 InsO wieder auf, allerdings unterliegt diese dann dem Nachrang (§ 39 Abs. 1 Nr. 5 InsO).

4. Insolvenzanfechtung bei Befriedigung eines durch den Gesellschafter besicherten Darlehens (§ 135 Abs. 2 InsO)

a) Zweck

211 § 135 Abs. 2 InsO hat § 32b GmbHG a. F. (siehe auch Rz. 124) ersetzt. Danach ist eine Rechtshandlung anfechtbar, mit der die Gesellschaft die Darlehensforderung eines Dritten im letzten Jahr vor dem Insolvenzantrag oder danach befriedigt hat, wenn ein Gesellschafter für die Forderung eine Sicherheit gestellt oder als Bürge gehaftet hatte (siehe hierzu und zum Anwendungsbereich unter Rz. 191). Die Inanspruchnahme des Gesellschafters ist damit zu begründen, dass die Stellung von Sicherheiten haftungsrechtlich einer

---

448) Dazu *Pleister/Theusinger* in: Kübler/Bork/Prütting, HRI II, § 43 Rz. 85 ff.; Scholz-*Veil*, GmbHG, § 19 Rz. 164.

449) Die frühere Rspr. – BGH, Urt. v. 7.3.2013 – IX ZR 7/12, ZIP 2013, 714, dazu EWiR 2013, 393 *(Delaveaux)* – ist damit nicht mehr maßgeblich.

450) *Brinkmann* in: KPB, InsO, Anh. § 135 Rz. 42.

451) S. zum Streitstand: *Schröder* in: HambKomm-InsO, § 135 Rz. 46 m. w. N.

452) BGH, Urt. v. 14.2.2019 – IX ZR 149/16, Rz. 40 ff., BGHZ 221, 100 = ZIP 2019, 666, dazu EWiR 2019, 241 *(Bork)*.

453) OLG Celle, Beschl. v. 8.10.2012 – 13 U 95/12, ZIP 2012, 2114.

454) BGH, Urt. v. 1.2.2007 – IX ZR 96/04, BGHZ 171, 38 = ZIP 2007, 488, dazu EWiR 2007, 313 *(Gundlach/Frenzel)*.

455) *Schröder* in: HambKomm-InsO, § 135 Rz. 47.

Fremdfinanzierung durch diesen gleichkommt.[456)] Dabei wird die Sicherheit jedoch nicht selbst verstrickt, sondern gemäß § 143 Abs. 3 InsO ist der Wert an die Insolvenzmasse zu erstatten.

Der Wortlaut der Vorschrift ist missverständlich. Es geht hier nicht darum, die Tilgung des Darlehens gegenüber dem Gläubiger anzufechten, sondern den Anspruch der Insolvenzmasse gegen den Gesellschafter auf Erstattung dessen, was diese an den Gläubiger geleistet hat.[457)] Die Sicherheit des Gesellschafters ist nämlich insoweit wieder frei geworden bzw. er ist von einer Bürgschaftsverpflichtung befreit worden. Dieses Verständnis der Norm ergibt sich insbesondere aus § 143 Abs. 3 InsO. 212

Außerhalb eines Insolvenzverfahren ist die Anfechtung über §§ 6a, 11 Abs. 3 AnfG eröffnet. 213

b) Tatbestandsvoraussetzungen

§ 135 Abs. 2 InsO hat folgende Voraussetzungen: 214

- Gewährung eines Darlehens durch einen Dritten und Besicherung durch einen Gesellschafter;
- Rechtshandlung (Befriedigung des Dritten);
- Gläubigerbenachteiligung (siehe Rz. 204).

Hier gilt wie bei § 39 Abs. 1 Nr. 5 InsO ein Privilegierungszeitraum bis zum 30.9.2023, in dem § 135 Abs. 2 InsO nicht zur Anwendung kommt (siehe dazu Rz. 135). 215

aa) Gewährung eines Darlehens durch einen Dritten und Besicherung durch einen Gesellschafter

Diese Voraussetzungen entsprechen denen in § 39 Abs. 1 Nr. 5, § 44a InsO (siehe dazu Rz. 175 ff., 190). Ausdrücklich angeordnet ist in § 135 Abs. 4 InsO, dass das Sanierungsprivileg (§ 39 Abs. 4 Satz 2 InsO, siehe dazu Rz. 165 ff.) und das Kleinbeteiligungsprivileg (§ 39 Abs. 5 InsO, dazu Rz. 172 f.) zur Anwendung kommen. In diesem Fall ist eine Anfechtung ausgeschlossen. 216

bb) Rechtshandlung (Befriedigung des Dritten)

Ebenso wie bei § 135 Abs. 1 InsO ist der Begriff Befriedigung im weitesten Sinne zu verstehen (siehe Rz. 206). Erforderlich ist dabei eine Rechtshandlung der Gesellschaft. Allerdings zählt auch ein durch den vorläufigen Insolvenzverwalter erklärter Widerruf von Lastschrifteinzügen hierzu, da die Rückführung auf dem Boden der mit der Gesellschaft abgeschlossenen Kontokorrentvereinbarung geschieht.[458)] Vom Wortlaut her umfasst § 135 Abs. 2 InsO nur Befriedigungen vor der Eröffnung des Insolvenzverfahrens. Nimmt der Darlehensgeber die Sicherheit nach der Eröffnung des **Insolvenzverfahrens** in Anspruch, finden die §§ 135 Abs. 2, 143 Abs. 3 InsO entsprechende Anwendung.[459)] Hat der Gläubiger sowohl eine Sicherheit sowohl seitens der Gesellschaft als auch des 217

456) *Könen* in: KPB, InsO, § 135 Rz. 49.

457) *Könen* in: KPB, InsO, § 135 Rz. 52; *K. Schmidt*, BB 2008, 1966, 1969.

458) BGH, Urt. v. 20.2.2014 – IX ZR 164/13, BGHZ 200, 210 = ZIP 2014, 584.

459) BGH, Urt. v. 1.12.2011 – IX ZR 11/11, BGHZ 192, 9 = ZIP 2011, 2417, dazu EWiR 2012, 57 *(Henkel)*; K. Schmidt-*Büteröwe*, InsO, § 143 Rz. 35.

Gesellschafters erhalten, ist der Gesellschafter im **Verhältnis zur Gesellschaft zur vorrangigen Befriedigung** der von ihm besicherten Verbindlichkeiten verpflichtet.[460)]

c) Rechtsfolgen

218 Nach § 143 Abs. 3 Satz 1 InsO ist der Gesellschafter verpflichtet, die von der Gesellschaft zum Zwecke der Tilgung des Darlehens erhaltene Leistung zu erstatten. Die Erstattungspflicht ist aber auf den Betrag des Werts der Sicherheit im Zeitpunkt der Tilgung des Darlehens bzw. der Höhe der Bürgschaft beschränkt. § 143 Abs. 3 Satz 3 InsO eröffnet dem Gesellschafter eine Ersetzungsbefugnis: Anstelle der Zahlung des Werts der Sicherheit, kann er die Sicherheit der Insolvenzmasse zur Verfügung stellen.

5. Verhältnis zu anderen Anfechtungstatbeständen

219 Eine Anfechtung nach § 133 InsO ist durch § 135 InsO nicht ausgeschlossen. Diese bietet eine zeitlich ausgedehntere Anfechtungsmöglichkeit.[461)]

6. Darlegungs- und Beweislast bei Anfechtungsansprüchen

220 Die Darlegungs- und Beweislast richtet sich nach den allgemeinen Grundsätzen, so dass der Insolvenzverwalter alle Voraussetzungen darzulegen und zu beweisen hat.[462)] Beruft sich der Gesellschafter auf eine Privilegierung nach § 39 Abs. 4 Satz 2, Abs. 5 InsO, trägt er hierfür die Darlegungs- und Beweislast.[463)]

7. Behandlung der Nutzungsüberlassung

a) Übersicht

221 Der durch das MoMiG neu eingefügte § 135 Abs. 3 InsO ersetzt die durch die Rechtsprechung entwickelten Grundsätze zur eigenkapitalersetzenden Nutzungsüberlassung. Die Rechtsprechung hatte die Nutzungsüberlassung dem eigenkapitalersetzenden Gesellschafterdarlehen gleichgestellt.[464)] Kernaussage der neuen Vorschrift ist, dass die Überlassung von Gegenständen vor bzw. in der Insolvenz nicht mehr als Eigenkapitalersatz mit den sich daraus ergebenen besonderen Rechtsfolgen anzusehen ist. Als solches hat die Vorschrift nichts mit der Anfechtung zu tun, sondern gehört systematisch zur Aussonderung nach § 47 InsO (Herausgabe des überlassenen Gegenstands) und den §§ 103 ff. InsO (Abwicklung des Nutzungsverhältnisses).[465)] Dabei ordnet § 135 Abs. 3 Satz 1 eine **Herausgabesperre** an. § 135 Abs. 3 Satz 2 InsO regelt den **Ausgleichsanspruch** des Gesellschafters für die Überlassung des Gegenstands. In diesem Zusammenhang ist streitig, ob hierdurch die §§ 103 ff. InsO vollständig verdrängt oder lediglich modifiziert werden und im Übrigen zur Anwendung kommen.[466)] Die wohl h. M. schließt sich zu Recht der letzteren Auffassung an.[467)] Seine dogmatischen Grundlagen findet § 135 Abs. 3 InsO in der gesellschaftsrechtlichen Treuepflicht, nach der die Gesellschafter alles zu unterlassen haben, was der Gesellschaft nachhaltig schädigt.[468)]

---

460) BGH, Urt. v. 13.7.2017 – IX ZR 173/16, Rz. 16 ff., BGHZ 215, 262 = ZIP 2017, 1632, dazu EWiR 2017, 565 *(K. Schmidt)*.

461) Uhlenbruck-*Hirte*, InsO, § 135 Rz. 6; *Schröder* in: HambKomm-InsO, § 135 Rz. 96 f.

462) *Schröder* in: HambKomm-InsO, § 135 Rz. 90 ff.

463) *Schröder* in: HambKomm-InsO, § 135 Rz. 93.

464) Dazu K. Schmidt-*Büteröwe*, InsO, § 135 Rz. 30 f.

465) *Könen* in: KPB, InsO, § 135 Rz. 60.

466) Zum Streitstand: *Könen* in: KPB, InsO, § 135 Rz. 61.

467) Noack/Servatius/Haas-*Haas*, GmbHG, Anh. § 64 Rz. 142; *Könen* in: KPB, InsO, § 135 Rz. 61.

468) *Schröder* in: HambKomm-InsO, § 135 Rz. 68.

Bei § 135 Abs. 3 InsO handelt es sich um zwingendes Recht. Die Regelungen können daher nicht vertraglich ausgeschlossen werden. Ebenso kann sich der Gesellschafter nicht durch insolvenzbezogene Lösungsklauseln vor der Anwendung des § 135 Abs. 3 InsO schützen.[469)] 222

b) Voraussetzungen

§ 135 Abs. 3 InsO kommt zur Anwendung, wenn folgende Voraussetzungen erfüllt sind: 223

- Überlassung eines Gegenstands an die Gesellschaft zur Nutzung;
- Überlassung durch Gesellschafter;
- Gegenstand hat für die Fortführung des Unternehmens erhebliche Bedeutung.

Hier gilt wie bei § 39 Abs. 1 Nr. 5 InsO ein **Privilegierungszeitraum** bis zum 30.9.2023, in dem § 135 Abs. 3 InsO nicht zur Anwendung kommt (siehe dazu Rz. 135). 224

aa) Überlassung eines Gegenstands an die Gesellschaft zum Gebrauch oder zur Nutzung

Bei dem Gegenstand, den der Gesellschafter zur Nutzung überlassen haben muss, kann es sich um **bewegliche oder unbewegliche Sachen oder Rechte** handeln.[470)] Dabei ist der **Rechtsgrund für die Überlassung unerheblich**. Die Regelung umfasst alle hierauf gerichtete Vertragsverhältnisse, also Miet-, Leasing- und Lizenzverträge, Leihe und ähnliche Überlassungsverträge.[471)] Es kommt noch nicht einmal darauf an, ob eine schuldrechtliche Überlassungsverpflichtung besteht oder der Gegenstand rein tatsächlich der Gesellschaft überlassen worden ist.[472)] In diesem Zusammenhang stellt sich die Frage, ob ein gekündigtes Vertragsverhältnis ebenfalls ausreichend ist, insbesondere wenn der Gesellschafter die Herausgabe verlangt hat. Daran anknüpfend ergibt sich das Folgeproblem, ob der Gesellschafter zur Rückgabe verpflichtet ist, wenn er den Gegenstand bereits zurückerhalten hat. Hier wird die Auffassung vertreten, dass dem Gesellschafter das Herausgabeverlangen unter Hinweis auf die ihm obliegende Treupflicht verwehrt sei.[473)] Ist dem Gesellschafter der Gegenstand bereits wieder ausgehändigt worden, soll der Insolvenzverwalter in analoger Anwendung des § 135 Abs. 1 Nr. 2 InsO zur Anfechtung berechtigt sein.[474)] Das Anliegen dieser Auffassung ist durchaus verständlich, um der Gesellschaft den für die Fortführung des Unternehmens erforderlichen Gegenstand zu erhalten. Auf der anderen Seite überzeugen die Begründungsansätze nicht vollends. Wenn § 135 Abs. 3 InsO eine Ergänzung zu den §§ 103 ff. InsO ist (siehe dazu Rz. 216), würde dies mindestens stillschweigend einen bestehenden Vertrag voraussetzen. Wenn etwa ein Mietverhältnis vor der Eröffnung beendet worden ist, hat der Insolvenzverwalter den Mietvertrag grundsätzlich abzuwickeln.[475)] Diese Frage zeigt beispielhaft, dass bei dem neuen Recht noch einige Problemstellungen verbleiben.[476)] 225

469) K. Schmidt-*K. Schmidt*, InsO, § 135 Rz. 33.

470) *Schröder* in: HambKomm-InsO, § 135 Rz. 71.

471) K. Schmidt-*K. Schmidt*, InsO, § 135 Rz. 35.

472) *Könen* in: KPB, InsO, § 135 Rz. 65.

473) *K. Schmidt*, DB 2008, 1727.

474) *Marotzke*, ZInsO 2008, 1281, 1284 f.; s. dazu auch *K. Schmidt*, DB 2008, 1727, 1734.

475) *Pohlmann-Weide* in: HambKomm-InsO, § 108 Rz. 23.

476) Kritisch auch *Spliedt*, ZIP 2008, 149, 158 f.

bb) Überlassung durch Gesellschafter

226 Nach dem Wortlaut des § 135 Abs. 3 Satz 1 InsO hat die Überlassung durch den Gesellschafter zu erfolgen. Die Vorschrift gilt aber auch für einem dem Gesellschafter gleichgestellten Dritten (siehe dazu Rz. 141 ff.).[477] Dies soll auch gegenüber einem Zwangsverwalter oder im Falle der Doppelinsolvenz von Gesellschaft und Gesellschafter gelten.[478] Dagegen ist in § 135 Abs. 4 InsO ausdrücklich angeordnet, dass das Sanierungsprivileg (§ 39 Abs. 4 Satz 2 InsO, siehe dazu Rz. 165 ff.) und das Kleinbeteiligungsprivileg (§ 39 Abs. 5 InsO, siehe Rz. 172 f.) zur Anwendung kommen.

cc) Gegenstand hat für die Fortführung des Unternehmens erhebliche Bedeutung

227 Der Gegenstand muss für die Unternehmensfortführung von „erheblicher Bedeutung" sein. Die Vorschrift greift hierbei die Formulierung in § 21 Abs. 2 Satz Nr. 5 InsO auf. Eine solche erhebliche Bedeutung ist gegeben, wenn der Betrieb ohne die Nutzung tatsächlich oder wirtschaftlich erheblich beeinträchtigt oder sogar unmöglich gemacht würde. Hierzu reicht es schon aus, wenn der Betriebsablauf ohne die Nutzungsmöglichkeit der Sache nicht nur geringfügig gestört würde.[479] Auch der Begriff Unternehmensfortführung ist weit zu verstehen. Insbesondere ist der Insolvenzmasse auch dann der Gegenstand weiter zu belassen, wenn das Unternehmen etwa i. R. einer „übertragenden Sanierung" fortgeführt und saniert werden soll. Dies ergibt sich bereits aus der Auslegung des Wortlauts, da die Vorschrift an das Unternehmen und nicht den Schuldner als Rechtsträger anknüpft.[480] Im Übrigen ist zu berücksichtigen, dass der Gesellschafter einen Ausgleich für die Überlassung erhält.

c) Rechtsfolgen

aa) Aussonderungssperre

228 Nach § 135 Abs. 3 Satz 1 InsO kann der Gesellschafter seinen Aussonderungsanspruch für ein Jahr ab der Eröffnung des Insolvenzverfahrens nicht geltend machen. Der Insolvenzverwalter hat in dieser Zeit die **Option**, ob er einerseits den Gegenstand nutzen und die Herausgabe verweigern oder andererseits von dem Gegenstand keinen Gebrauch machen möchte.[481] Wenn der Insolvenzverwalter den Gegenstand nutzen möchte, ist er jedoch nicht verpflichtet, dies für den ganzen Jahreszeitraum zu tun und den Ausgleich zu bezahlen. Die Nutzungsdauer als solche ist gesetzlich nicht festgeschrieben. Der Insolvenzverwalter muss also nicht den vollen Zeitraum ausschöpfen.[482] Eine Erklärungspflicht des Insolvenzverwalters besteht ebenfalls nicht. Allerdings hat er sich in entsprechender Anwendung von § 103 Abs. 1 Satz 2 und 3 InsO dazu zu erklären.[483] Unabhängig von der Option hat der Insolvenzverwalter auch die Möglichkeit, seine Rechte nach den §§ 103 ff. InsO auszuüben.[484]

---

477) Uhlenbruck-*Hirte*, InsO, § 135 Rz. 21; K. Schmidt-*K. Schmidt*, InsO, § 135 Rz. 36; *Schröder* in: HambKomm-InsO, § 135 Rz. 75; a. A. *Könen* in: KPB, InsO, § 135 Rz. 64; *Spliedt*, ZIP 2008, 149, 156.

478) Uhlenbruck-*Hirte*, InsO, § 135 Rz. 22; *Schröder* in: HambKomm-InsO, § 135 Rz. 76.

479) *Könen* in: KPB, InsO, § 135 Rz. 67 f.; *Schröder* in: HambKomm-InsO, § 135 Rz. 77 f.

480) Streitig; s. a.: *Könen* in: KPB, InsO, § 135 Rz. 48.

481) *Könen* in: KPB, InsO, § 135 Rz. 70: Scholz-*K. Schmidt*, GmbHG, Nachtrag MoMiG, 10. Aufl., §§ 32a/32b a. F. Rz. 81; *Schröder* in: HambKomm-InsO, § 135 Rz. 79.

482) *Könen* in: KPB, InsO, § 135 Rz. 70; *Schröder* in: HambKomm-InsO, § 135 Rz. 80; *K. Schmidt*, DB 2008, 1727, 1733 f.

483) K. Schmidt-*K. Schmidt*, InsO, § 135 Rz. 45; Scholz-*K. Schmidt*, GmbHG, Nachtrag MoMiG, 10. Aufl., §§ 32a/32b a. F. Rz. 82.

484) *K. Schmidt*, DB 2008, 1727, 1732 f.

bb) Ausgleichsanspruch

Entscheidet sich der Insolvenzverwalter für die Nutzung des Gegenstands hat er dafür einen **Ausgleich** an den Gesellschafter zu zahlen (§ 135 Abs. 3 Satz 2 Halbs. 1 InsO). Bei diesem Anspruch handelt es sich um eine **Masseforderung** (§ 55 Abs. 1 Nr. 2 InsO).[485] Die Höhe des Ausgleichsanspruch richtet sich nach der **tatsächlich geleisteten Vergütung** während des letzten Jahrs vor der Eröffnung des Insolvenzverfahrens bzw. bei einer kürzeren Überlassung auf den entsprechenden Zeitraum (§ 135 Abs. 3 Satz 2 Halbs. 2 InsO). Tatsächlich sollte der Ausgleich auf Grundlage des letzten Jahrs vor der Beantragung des Insolvenzverfahrens berechnet werden, da nur so die Besonderheiten während des Insolvenzeröffnungsverfahrens ausgeblendet werden können, und es so zu einer korrekten Ermittlung kommt.[486] 229

E. Gesellschaftsrechtliche Ansprüche mit insolvenzrechtlichem Bezug

I. Überblick

In die Insolvenzmasse fällt das gesamte Vermögen des Schuldners, das diesem zum Zeitpunkt der Insolvenzeröffnung gehört (§ 35 Abs. 1 InsO). Damit fallen in die Insolvenzmasse auch Ansprüche, die der Schuldner gegen einen Gesellschafter hat. Diese Ansprüche haben ihre Grundlage originär nicht im Insolvenz-, sondern im Gesellschaftsrecht. Gleichwohl sollen sie an dieser Stelle behandelt werden, da typischerweise erst der Insolvenzverwalter diese Ansprüche prüft und geltend macht, da auf ihn mit der Eröffnung des Insolvenzverfahrens die Verwaltungs- und Verfügungsbefugnis (§ 80 InsO) übergegangen ist. Die Ansprüche kann man grob in drei Bereiche einteilen: Ansprüche im Zusammenhang mit der Kapitalaufbringung und der Kapitalerhaltung sowie sonstige Haftungsansprüche gegen die Gesellschafter und gegen die Geschäftsführung. 230

Nachfolgend werden die wesentlichen Anspruchsgrundlagen bei der GmbH und den Personenhandelsgesellschaften dargestellt. 231

II. Kapitalaufbringung sowie Gründer- und Handelndenhaftung bei der GmbH

Bei der GmbH haftet den Gläubigern gegenüber nur die Gesellschaft mit ihrem Vermögen, nicht aber die Gesellschafter selbst (§ 13 Abs. 2 GmbHG). Vor diesem Hintergrund legt das GmbHG besonderen Wert auf die korrekte Aufbringung der Stammeinlagen. Der Insolvenzverwalter ist verpflichtet, die ordnungsgemäße Aufbringung der Einlagen durch die Gesellschafter zu prüfen und etwaige Ansprüche geltend zu machen.[487] Den Nachweis hierfür haben die Gesellschafter zu erbringen (siehe dazu auch Rz. 246).[488] Die einzelnen Ansprüche sind eng an den Ablauf der Gründung gekoppelt (siehe Rz. 233 ff.). 232

1. Gründungsphasen bei der GmbH

Die GmbH entsteht als solche erst mit der Eintragung in das Handelsregister (§ 11 Abs. 1 GmbHG). Naturgemäß setzt der Gründungsvorgang früher aber ein. 233

---

485) Noack/Servatius/Haas-*Haas*, GmbHG, Anh. § 64 Rz. 142; *Könen* in: KPB, InsO, § 135 Rz. 71; *Schröder* in: HambKomm-InsO, § 135 Rz. 83.

486) BGH, Urt. v. 29.1.2015 – IX ZR 279/13, BGHZ 204, 83 = ZIP 2015, 589; dazu EWiR 2015, 453 *(Spliedt)*.

487) OLG Hamm, Urt. v. 17.6.2004 – 27 U 44/03, NZG 2005, 438.

488) Lutter/Hommelhoff-*Bayer*, GmbHG, § 19 Rz. 15.

a) Vorgründungsgesellschaft

234 Entschließen sich mehrere Personen, eine GmbH zu gründen, entsteht eine Vorgründungsgesellschaft. Bei dieser handelt es sich regelmäßig um eine GbR als Innengesellschaft. Betreibt diese bereits ein Handelsgewerbe, hat sie die Rechtsform einer oHG.[489] Soweit es sich um eine Innengesellschaft ohne eigenes Vermögen handelt, ist sie nicht insolvenzfähig. Sind dagegen Vermögensgegenstände vorhanden kann deren Vermögen ein Insolvenzverfahren eröffnet werden.[490] Für die Verbindlichkeiten der Vorgründungsgesellschaft haften die Gesellschafter also unbeschränkt gesamtschuldnerisch wie bei der GbR bzw. oHG.

235 Bereits vor der Errichtung einer GmbH unternehmerisch handelnde Vorgründungsgesellschaften sind in der Praxis selten. Sollte dies jedoch einmal der Fall sein, hat der Insolvenzverwalter genau zu prüfen, zu welchem Zeitpunkt die Verbindlichkeiten begründet worden sind und wer für diese haftet. Dies ist deshalb von Bedeutung, da die Verbindlichkeiten der Vorgründungsgesellschaft nicht ohne weiteres auf die Vor-GmbH (bzw. der späteren GmbH) übergehen. Hier muss darauf geachtet werden, dass nicht ggf. von den Gesellschaftern der Vorgründungsgesellschaft zu tragende Verbindlichkeiten der Vor-GmbH zugeordnet werden. Aufgrund der rechtlichen Trennung zwischen Vorgründungsgesellschaft und Vor-GmbH (bzw. der späteren GmbH) hat die Eröffnung des Insolvenzverfahrens bei der späteren GmbH auch keine Auswirkungen auf die Haftungsverhältnisse in der Vorgründungsgesellschaft.

236 Die Vorgründungsgesellschaft ist mit der durch die Errichtung entstehenden Vorgesellschaft und mit der durch die Eintragung in das Handelsregister entstehenden GmbH nicht identisch.[491] Zur Übertragung etwa in der Vorgründungsgesellschaft bestehender Vermögenswerte ist somit eine (ggf. auch konkludente) Übertragung erforderlich.[492] Für den Übergang von vertraglichen Ansprüchen bzw. Verbindlichkeiten ist eine Zustimmung des Vertragspartners (§§ 414, 415 BGB) notwendig.[493] Wird später die GmbH errichtet und entsteht damit die Vor-GmbH, ist das Vorgründungsstadium beendet.[494]

b) Vor-GmbH

237 Mit dem formwirksamen Abschluss des Gesellschaftsvertrags entsteht die Vor-GmbH (Vorgesellschaft). Sie ist Vorstufe und (im Gegensatz zur Vorgründungsgesellschaft) notwendiges Durchgangsstadium der mit der Eintragung in das Handelsregister entstehenden GmbH.[495] Nach außen tritt die als „GmbH i. G." (= in Gründung) in Erscheinung.[496] Die Vor-GmbH ist ein Rechtsträger sui generis und als solcher bereits rechtsfähig.[497] Daher ist sie auch schon insolvenzfähig.[498] Wird die Gesellschaft schließlich in das Handelsregister eingetragen, berechtigen bzw. verpflichten bereits bei der Vor-GmbH

489) Lutter/Hommelhoff-*Bayer*, GmbHG, § 11 Rz. 2; Scholz-*K. Schmidt*, GmbHG, § 11 Rz. 15.

490) *Vuia* in: MünchKomm-InsO, § 11 Rz. 15 m. w. N.

491) Lutter/Hommelhoff-*Bayer*, GmbHG, § 11 Rz. 2; Scholz-*K. Schmidt*, GmbHG, § 11 Rz. 26.

492) *Kuleisa* in: HambKomm-InsO, Anh. II A. Rz. 1; Lutter/Hommelhoff-*Bayer*, GmbHG, § 11 Rz. 2.

493) Lutter/Hommelhoff-*Bayer*, GmbHG, § 11 Rz. 2.

494) Scholz-*K. Schmidt*, GmbHG, § 11 Rz. 25.

495) BGH, Beschl. v. 9.10.2003 – IX ZB 34/03, ZIP 2003, 2123; Lutter/Hommelhoff-*Bayer*, GmbHG, § 11 Rz. 5; Scholz-*K. Schmidt*, GmbHG, § 11 Rz. 30.

496) Zu den Haftungskonsequenzen, wenn dies nicht geschieht: Lutter/Hommelhoff-*Bayer*, GmbHG, § 11 Rz. 10.

497) Lutter/Hommelhoff-*Bayer*, GmbHG, § 11 Rz. 5; Scholz-*K. Schmidt*, GmbHG, § 11 Rz. 34 ff.

498) BGH, Beschl. v. 9.10.2003 – IX ZB 34/03, ZIP 2003, 2123; *Vuia* in: MünchKomm-InsO, § 11 Rz. 14; K. Schmidt-*K. Schmidt*, InsO, § 11 Rz. 12.

begründete Rechte bzw. Pflichten die dann „fertige" GmbH. Vor-GmbH und GmbH sind identisch.[499)]

Im Insolvenzverfahren über das Vermögen einer Vor-GmbH sind in gesellschaftsrechtlicher Hinsicht insbesondere etwaige Ansprüche gegen die Gründer für den Insolvenzverwalter von Bedeutung (siehe dazu Rz. 265 ff.). 238

c) Vorrats- und Mantelgesellschaften

Bei einer **Vorratsgesellschaft** handelt es sich um eine GmbH, bei der die Gründer zunächst nicht die Absicht haben, diese aktiv am Wirtschaftsleben teilnehmen zu lassen. Der Unternehmensgegenstand beschränkt sich auf die Verwaltung eigenen Vermögens. Der BGH hat die Vorratsgründung als zulässig angesehen.[500)] Zweck der Vorratsgründung ist meist, das Eintragungsverfahren bei der späteren Verwendung abzukürzen oder eine Unterbilanz- sowie Handelndenhaftung zu vermeiden.[501)] Bei Bedarf wird die Vorratsgesellschaft „aktiviert" und nimmt erstmalig eine Geschäftstätigkeit auf. Dies ist regelmäßig mit einer Änderung der Firma, des Unternehmensgegenstands und ggf. des Sitzes verbunden. Nicht selten werden die alten Geschäftsführer abberufen und neue bestellt. Gegebenenfalls geht dies auch mit einem Verkauf der Geschäftsanteile einher. In diesem Fall liegt zwar keine rechtliche Neugründung vor, da die Gesellschaft bereits existent ist. Allerdings handelt es sich um eine **„wirtschaftliche Neugründung"**.[502)] Diese ist gegenüber dem Register spätestens bei **Aufnahme der neuen Tätigkeit offenzulegen.** Dabei sind die entsprechend **Gründungsvorschriften** anzuwenden. Insbesondere haben die Geschäftsführer zu versichern, dass das Stammkapital in der Mindesthöhe aufgebracht, noch wertmäßig vorhanden ist sowie zu deren endgültig freien Verfügung steht[503)] Legen die Geschäftsführer die wirtschaftliche Neugründung nicht oder zu spät offen, kann dies sowohl für die Geschäftsführer als auch Gesellschafter Haftungskonsequenzen haben (siehe dazu Rz. 265 ff.). 239

Im Gegensatz zur Vorratsgesellschaft hat die **Mantelgesellschaft** bereits ein Unternehmen betrieben und die Geschäftstätigkeit wieder eingestellt. Regelmäßig sind keine oder allenfalls geringe Vermögensgegenstände vorhanden, weshalb man letztlich nur noch von „Mantel" oder einer leeren Hülle spricht.[504)] Die Mantelverwendung geschieht dadurch, dass die Gesellschaft wieder eine neue Geschäftstätigkeit aufnimmt.[505)] Die ist regelmäßig mit den bereits vorstehend genannten Strukturänderungen (Änderung des Gesellschaftsvertrags, Austausch der Geschäftsführung etc.) verbunden. Hintergrund der Verwendung eines Mantels war die Nutzung von Verlustvorträgen. Dem hat der Gesetzgeber jedoch mit § 8c KStG einen Riegel vorgeschoben.[506)] Auch die Verwendung einer Mantelgesell- 240

499) Lutter/Hommelhoff-*Bayer*, GmbHG, § 11 Rz. 5; Scholz-*K. Schmidt*, GmbHG, § 11 Rz. 31.

500) BGH, Beschl. v. 9.12.2002 – II ZB 12/02, BGHZ 153, 158 = ZIP 2003, 251, dazu EWiR 2003, 327 *(Keil)*; s. a. Scholz-*Scheller*, GmbHG, § 3 Rz. 37 ff.

501) Lutter/Hommelhoff-*Bayer*, GmbHG, § 3 Rz. 82.

502) Hier können jedoch schwierige Abgrenzungsfragen bestehen; vgl. dazu: Scholz-*Scheller*, GmbHG, § 3 Rz. 184 ff.

503) BGH, Beschl. v. 9.12.2002 – II ZB 12/02, BGHZ 153, 158 = ZIP 2003, 251, dazu EWiR 2003, 327 *(Keil)*; Scholz-*Scheller*, GmbHG, § 3 Rz. 182.

504) Vgl. dazu auch Lutter/Hommelhoff-*Bayer*, GmbHG, § 3 Rz. 99; Scholz-*Scheller*, GmbHG, § 3 Rz. 183.

505) Zur Frage wann dies der Fall ist: BGH, Beschl. v. 18.1.2010 – II ZR 61/09, ZIP 2010, 621, dazu EWiR 2010, 611 *(Schmitz-DuMont)*; KG Berlin, Urt. v. 26.4.2012 – 23 U 197/11, ZIP 2012, 1863, dazu EWiR 2012, 623 *(Priester)*.

506) Die Verwendung einer Mantelgesellschaft ist insbesondere auch deshalb problematisch, da nie mit Sicherheit festgestellt werden kann, ob bei der Gesellschaft unbekannte Verbindlichkeiten oder Haftungsgefahren bestehen.

schaft sieht der BGH als zulässig an. Jedoch verlangt er auch hier wie bei der Vorratsgesellschaft die **Offenlegung und Einhaltung der Gründungsvorschriften.**[507] Hier stellen sich dieselben Haftungsfragen wie bei der Vorratsgründung.

2. Kapitalaufbringung bei der GmbH

241 Das Stammkapital einer GmbH beträgt mindestens 25.000 € (§ 5 Abs. 1 GmbHG). Die Einlageverpflichtung entsteht mit Abschluss des Gesellschaftsvertrags, in dem auch die von den Gesellschaftern übernommenen Geschäftsanteile mit ihrem jeweiligen Nennbetrag anzugeben sind (§ 3 Abs. 1 Nr. 4 GmbHG). Die Gesellschafter können ihre Stammeinlage auf verschiedene Weise erbringen: als Geld- oder Sacheinlage bzw. einer Kombination aus beiden Einlageformen (sog. Mischeinlage). Die Unternehmergesellschaft (UG) (§ 5a Abs. 1 GmbHG) kann mit einem niedrigeren Stammkapital gegründet werden. Allerdings bestehen hier bei der Kapitalaufbringung Einschränkungen (dazu unten bei den einzelnen Einlageformen).

242 Das GmbHG stellt an die Aufbringung des Kapitals aus Gründen des Gläubigerschutzes besondere Anforderungen. Die Kapitalaufbringungsvorschriften sind daher mit das Herzstück des GmbH-Rechts. Werden Sie nicht eingehalten bzw. ist die Einlage fehlerhaft erbracht, ist die Stammeinlageforderung der Gesellschaft nicht erfüllt, so dass der Gesellschafter den Betrag noch einzuzahlen hat. Vor diesem Hintergrund hat auch der Insolvenzverwalter besonderen Wert auf die Prüfung der ordnungsgemäßen Aufbringung des Stammkapitals zu legen. Die Fehlerquellen bei der Aufbringung sind vielfältig. Diese Fragen stellen sich in entsprechender Weise, wenn das Kapital der Gesellschaft später erhöht worden sein sollte, da in diesem Fall durch die §§ 55 ff. GmbHG im Wesentlichen auf die Gründungsvorschriften verweisen wird.

a) Geldeinlagen

243 Geldeinlagen hat der Gesellschafter durch Barzahlung oder Überweisung auf das Konto der Gesellschaft bzw. andere vergleichbare Erfüllungstatbestände zu leisten (Bar- oder Buchgeld).[508] Es gilt dabei der **Grundsatz der realen Kapitalaufbringung**. Das bedeutet, dass jede rechtsgeschäftliche Beeinträchtigung der Pflicht zur Leistung der Einlage unzulässig ist, insbesondere der Erlass der Einlageleistung (§ 19 Abs. 2 GmbHG).[509] Der Gesellschafter kann gegen den Einlageanspruch überhaupt nicht aufrechnen und die Gesellschaft nur eingeschränkt.[510] Soweit nicht in der Gründungsurkunde oder dem Gesellschaftsvertrag vereinbart, wird die Einlage aufgrund eines Beschlusses der Gesellschafterversammlung fällig gestellt (§ 46 Nr. 2 GmbHG).[511] Ein solcher Beschluss ist im Insolvenzverfahren jedoch nicht erforderlich. Auch an etwa vereinbarte Fälligkeitstermine ist der Insolvenzverwalter nicht gebunden.[512] Die Leistung auf die Einlageschuld muss zweifelsfrei erkennbar sein. Allerdings genügt es hier, wenn die Leistung der Einlageforderung ggf. durch Auslegung zugeordnet werden kann.[513]

---

507) BGH, Beschl. v. 7.7.2003 – II ZB 4/02, BGHZ 155, 318 = ZIP 2003, 1698, dazu EWiR 2003, 967 *(Keil)*.

508) Lutter/Hommelhoff-*Bayer*, GmbHG, § 7 Rz. 10 ff.; Scholz-*Veil*, GmbHG, § 19 Rz. 32 f.

509) Scholz-*Veil*, GmbHG, § 19 Rz. 44.

510) Lutter/Hommelhoff-*Bayer*, GmbHG, § 19 Rz. 24 ff.

511) OLG Jena, Beschl. v. 8.6.2007 – 6 U 311/07, ZIP 2007, 1571, dazu EWiR 2008, 15 *(Höpfner)*; Noack/Servatius/Haas-*Servatius*, GmbHG, § 19 Rz. 6.

512) BGH, Urt. v. 15.10.2007 – II ZR 216/06, ZIP 2007, 2416; Scholz-*Veil*, GmbHG, § 19 Rz. 29.

513) Noack/Servatius/Haas-*Servatius*, GmbHG, § 19 Rz. 12.

Zur Absicherung des Aufbringungsvorgangs darf die Anmeldung der Gesellschaft gemäß § 7 Abs. 2 GmbHG erst dann erfolgen, wenn auf jede einzelne Einlage mindestens ein Viertel und auf das Mindeststammkapital (§ 5 Abs. 1 GmbHG) mindestens die Hälfte eingezahlt worden ist. Davon abweichend müssen bei der UG die Einlagen in voller Höhe geleistet worden sein (§ 5a Abs. 2 Satz 1 GmbHG). Darüber hinaus stellt § 7 Abs. 3 GmbHG eine weitere strenge Voraussetzung auf: Die Einlagen sind so zu bewirken, dass sie zur endgültig freien Verfügung der Geschäftsführer stehen. Dies haben die Geschäftsführer bei der Anmeldung der Gesellschaft zum Handelsregister zu versichern (§ 7 Abs. 2 Satz 1 GmbHG). „Endgültig freie Verfügbarkeit" bedeutet, dass die Geschäftsführer tatsächlich und rechtlich in der Lage sind, die eingezahlten Mittel uneingeschränkt für die Gesellschaft verwenden zu können.[514)] Die Mittel dürfen also nicht absprachegemäß unmittelbar oder mittelbar an den leistenden Gesellschafter zurückfließen („Hin- und Herzahlen"), sofern nicht ausnahmsweise die Voraussetzungen des § 19 Abs. 5 GmbHG erfüllt sind (siehe hierzu Rz. 257 ff.).[515)] 244

Der Einlageanspruch **verjährt** nach zehn Jahren ab dessen Entstehung (§ 19 Abs. 6 Satz 1 GmbHG).[516)] Dies setzt jedoch die Fälligkeit des Anspruchs voraus.[517)] Wird über das Vermögen der Gesellschaft das Insolvenzverfahren eröffnet, ist der Lauf der Verjährungsfrist für sechs Monate ab dem Zeitpunkt der Eröffnung gehemmt. 245

Die **Beweislast** für die Erbringung der Einlage trägt der Gesellschafter.[518)] Hier kann es für den Gesellschafter zu Problemen führen, wenn der Nachweis der Einzahlung nicht mehr in ausreichender Form geführt werden kann. Beweiserleichterungen kann er hier nicht unbedingt erwarten.[519)] 246

b) Sacheinlagen

Bei einer Sacheinlage muss Einlagegegenstand und der betreffende Betrag der Stammeinlage im Gesellschaftsvertrag festgesetzt werden (§ 5 Abs. 4 Satz 1 GmbHG). Verstöße hiergegen machen die Sacheinlagevereinbarung unwirksam.[520)] Als Sacheinlage können in entsprechender Anwendung des § 27 Abs. 2 Halbs. 1 AktG alle Vermögensgegenstände sein, denen ein wirtschaftlicher Wert beigemessen werden kann.[521)] Die Werthaltigkeit der Sacheinlage ist dabei in einem Sachgrünungsbericht zu erläutern (§ 5 Abs. 4 Satz 1 GmbHG). Dabei soll der Bericht alle Umstände anführen, die für eine sachgemäße Beurteilung der Werthaltigkeit erforderlich sind, insbesondere, ob die Einlage durch den Zeitwert des eingebrachten Gegenstands gedeckt ist.[522)] Weiterhin sind Sacheinlagen vor Anmeldung der Gesellschaft zum Handelsregister zu erbringen und zwar in der Weise, dass sie zur endgültig freien Verfügung der Geschäftsführung stehen (§ 7 Abs. 3 GmbHG). 247

514) Lutter/Hommelhoff-*Bayer*, GmbHG, § 7 Rz. 21; Scholz-*Veil*, GmbHG, § 19 Rz. 34.

515) Lutter/Hommelhoff-*Bayer*, GmbHG, § 7 Rz. 24.

516) Zu den früheren geltenden Verjährungsfristen vor und nach dem Schuldrechtsmodernisierungsgesetz sowie dem Übergangsrecht s. Scholz-*Veil*, GmbHG, § 19 Rz. 194 f.

517) Lutter/Hommelhoff-*Bayer*, GmbHG, § 19 Rz. 16.

518) BGH, Urt. v. 9.7.2007 – II ZR 222/06, ZIP 2007, 1755, dazu EWiR 2007, 687 *(Wagner)* – st. Rspr.

519) BGH, Urt. v. 9.7.2007 – II ZR 222/06, ZIP 2007, 1755, dazu EWiR 2007, 687 (*Wagner*); OLG Brandenburg, Urt. v. 8.6.2005 – 7 U 200/04, ZInsO 2005, 1217, dazu EWiR 2005, 729 *(Naraschewski)*; OLG Frankfurt/M., Beschl. v. 10.7.2005 – 1 U 109/05, NZG 2005, 898; OLG Jena, Urt. v. 14.8.2009 – 6 U 833/08, ZIP 2009, 1759, dazu EWiR 2009, 771 (*Möller*); s. im Übrigen die Zusammenfassung über die Rspr. bei *Kuleisa* in: HambKomm-InsO, Anh. II B. Rz. 8.

520) Lutter/Hommelhoff-*Bayer*, GmbHG, § 5 Rz. 32; Scholz-*Veil*, GmbHG, § 5 Rz. 93.

521) Lutter/Hommelhoff-*Bayer*, GmbHG, § 5 Rz. 14 ff. – dort auch näher zu den einzelnen einlagefähigen Vermögensgegenständen.

522) Scholz-*Veil*, GmbHG, § 5 Rz. 104.

Bei der Anmeldung zum Handelsregister ist dies von der Geschäftsführung zu versichern (§ 8 Abs. 2 Satz 1 GmbHG). Als Anlagen zur Registeranmeldung sind gemäß § 8 Abs. 1 Nr. 4 und 5 GmbHG sämtliche Vereinbarungen über die Sacheinlage, der Sachgründungsbericht und sowie Nachweise über die Werthaltigkeit der Einlage beizufügen. Bei der UG sind Sacheinlage ausgeschlossen (§ 5a Abs. 2 Satz 2 GmbHG).

248 Das Registergericht hat insbesondere die Werthaltigkeit der Sacheinlagen zu prüfen (§ 9 Abs. 1 GmbHG). Sind die Vorschriften über die Sacheinlage nicht eingehalten worden oder erreicht der eingelegte Vermögensgegenstand wertmäßig nicht den Betrag der Stammeinlage, hat das Gericht die Eintragung abzulehnen. Trägt das Gericht die Gesellschaft dennoch ein, sind Ansprüche der Gesellschaft nicht ausgeschlossen. In diesem Fall hat der Gesellschafter die Wertdifferenz in bar zu leisten (§ 9 Abs. 1 Satz 2 GmbHG). Im Falle der Eröffnung des Insolvenzverfahrens ist dieser Anspruch vom Insolvenzverwalter geltend zu machen.

249 Für die Sacheinlage gilt ebenfalls die **zehnjährige Verjährungsfrist** nach § 19 Abs. 6 Satz 1 GmbHG (siehe dazu auch Rz. 245).

3. Fehler bei der Kapitalaufbringung

250 Die Fehlerquellen im Zusammenhang mit der Aufbringung des Stammkapitals sind vielfältig. Aus diesen kann sich ergeben, dass der Gesellschafter seine Einlage nicht ordnungsgemäß erbracht (erfüllt) hat und nach wie vor der Einlageanspruch besteht. Neben diesen Anspruch können weitere Ansprüche gegen die Geschäftsführer und die Gesellschafter treten. Diese sind dann bei einer Eröffnung des Insolvenzverfahrens vom Insolvenzverwalter geltend zu machen (§ 80 InsO).

a) Geldeinlagen

aa) Vorleistungen

251 Im Bereich der Voreinzahlungen hat man zwei unterschiedliche Bereich zu unterscheiden: Voreinzahlungen bei der Vorgründungsgesellschaft und bei Kapitalerhöhungen.

252 Die Einzahlung der Stammeinlage an die **Vorgründungsgesellschaft** (siehe Rz. 234 ff.) erfüllt die Bareinlageverpflichtung nicht. Hier fehlt es nämlich an einer Identität zwischen der Vorgründungsgesellschaft und der späteren GmbH. Hier liegt vielmehr eine verdeckte Sacheinlage vor (siehe Rz. 260 ff.), da bei wirtschaftlicher Betrachtung eine Forderung eingebracht wird.[523)]

253 **Voreinzahlungen auf künftige Einlageverbindlichkeiten** sind nach der Rechtsprechung des BGH grundsätzlich nur dann zulässig, wenn diese bei Beschlussfassung über die Kapitalerhöhung wertmäßig noch im Vermögen der Gesellschaft vorhanden sind.[524)] Da die Einlageverpflichtung erst mit der Beschlussfassung begründet wird, bildet der Erhöhungsbeschluss hier eine zeitliche Zäsur.[525)] Ist die Stammeinlage zu diesem Zeitpunkt bereits verbraucht, ist die Stammeinlage nicht wirksam erbracht.[526)]

254 Eine **Ausnahme** wird **bei finanziellen Notlagen** angenommen, wenn die Gesellschafter zur Überwindung der Krisensituation der Gesellschaft weiteres Eigenkapital zuführen

523) Dazu: *Kuleisa* in: HambKomm-InsO, Anh. II B. Rz. 10.

524) BGH, Urt. v. 15.3.2004 – II ZR 210/01, BGHZ 158, 283 = ZIP 2004, 849, dazu EWiR 2004, 851 *(Priester)*; Lutter/Hommelhoff-*Bayer*, GmbHG, § 56 Rz. 19.

525) BGH, Urt. v. 15.3.2004 – II ZR 210/01, BGHZ 158, 283 = ZIP 2004, 849, dazu EWiR 2004, 851 *(Priester)*; *Kuleisa* in: HambKomm-InsO, Anh. II B. Rz. 12.

526) BGH, Urt. v. 15.3.2004 – II ZR 210/01, BGHZ 158, 283 = ZIP 2004, 849, dazu EWiR 2004, 851 *(Priester)*.

wollen. Hier werden Vorauszahlungen auf eine zukünftige Einlageverpflichtung anerkannt, wenn die Beschlussfassung über die Kapitalerhöhung im Anschluss an die Voreinzahlung mit aller gebotenen Beschleunigung nachgeholt wird, ein akuter Sanierungsfall vorliegt, andere Maßnahmen nicht in Betracht kommen und die Rettung der sanierungsfähigen Gesellschaft scheitern würde, falls die übliche Reihenfolge der Durchführung der Kapitalerhöhungsmaßnahme beachtet werden müsste.[527)]

bb) Zahlung auf ein debitorisches Bankkonto

Bei der Anmeldung der Gesellschaft haben die Geschäftsführer zu versichern, dass die Einlage zu ihrer endgültig freien Verfügung steht (§ 8 Abs. 2 Satz 1 GmbHG). Eine freie Verfügbarkeit kann bei einer Zahlung auf ein debitorisches Bankkonto fehlen, da das Kreditinstitut den Geldeingang in den Kontosaldo einstellt. Die Zahlung hat in diesem Fall nur dann Erfüllungswirkung, wenn die Kontokorrentlinie noch nicht ausgeschöpft ist oder das Kreditinstitut die freie Verwendungsmöglichkeit der eingezahlten Einlage zugesagt hat.[528)] 255

cc) Zahlungen an Dritte

Da die Leistung der Einlagen zur Endgültig freien Verfügung der Geschäftsführung zu erfolgen hat (§ 8 Abs. 2 GmbHG), hat die Zahlung an Gesellschaftsgläubiger grundsätzlich keine Erfüllungswirkung (zur Zahlung auf ein debitorisches Bankkonto siehe aber Rz. 255).[529)] Zahlungen an einen Dritten sind jedoch dann als Einlageleistung anzuerkennen, wenn dies auf Veranlassung der Gesellschaft geschieht und die Forderung des Gläubigers vollwertig, liquide und fällig ist.[530)] 256

dd) Hin- und Herzahlungen

Nach den zur Rechtlage vor dem Inkrafttreten des MoMiG ergangenen Entscheidungen des BGH hatte eine Bareinlage keine Erfüllungswirkung, wenn die Einlage in einem engen zeitlichen und sachlichen Zusammenhang[531)] wieder an den Gesellschafter zurückgezahlt wurde („Hin- und Herzahlungen"). Klassisches Beispiel war die Rückzahlung der unmittelbar eingezahlten Einlage an den Gesellschafter als Darlehen. In diesem Fall hatte der Gesellschafter nichts geleistet.[532)] Ferner waren alle in diesem Zusammenhang geschlossenen Vereinbarungen unwirksam.[533)] Allerdings hatte der BGH der späteren Zahlung auf 257

527) BGH, Urt. v. 26.6.2006 – II ZR 43/05, BGHZ 168, 201 = ZIP 2006, 2214; zu den Voraussetzungen im Einzelnen: *Kuleisa* in: HambKomm-InsO, Anh. II B. Rz. 16 ff.; Lutter/Hommelhoff-*Bayer*, GmbHG, § 56 Rz. 20 ff.

528) Lutter/Hommelhoff-*Bayer*, GmbHG, § 19 Rz. 48.

529) Noack/Servatius/Haas-*Servatius*, GmbHG, § 7 Rz. 11.

530) Scholz-*Veil*, GmbHG, § 19 Rz. 41; Lutter/Hommelhoff-*Bayer*, GmbHG, § 19 Rz. 45.

531) Der zeitliche Zusammenhang dient hier der Abgrenzung zu den Kapitalerhaltungsvorschriften (§§ 30 f. GmbHG).

532) BGH, Vers.-Urt. v. 12.6.2006 – II ZR 334/04, ZIP 2006, 1633; BGH, Urt. v. 9.1.2006 – II ZR 72/05, BGHZ 165, 352 = ZIP 2006, 331, dazu EWiR 2006, 307 *(Naraschewski)*; BGH, Urt. v. 21.11.2005 – II ZR 140/04, BGHZ 165, 113 = ZIP 2005, 2203, dazu EWiR 2006, 33 *(Tillmann)*.

533) BGH, Urt. v. 9.1.2006 – II ZR 72/05, BGHZ 165, 352 = ZIP 2006, 331, dazu EWiR 2006, 307 *(Naraschewski)*; BGH, Urt. v. 21.11.2005 – II ZR 140/04, BGHZ 165, 113 = ZIP 2005, 2203, dazu EWiR 2006, 33 *(Tillmann)*.

die vermeintliche Darlehensschuld des Gesellschafters Erfüllungswirkung für die noch offene Einlageverpflichtung beigemessen.[534)]

258 Mit dem durch das MoMiG eingefügten § 19 Abs. 5 GmbHG hat sich diese Rechtslage entscheidend verändert: Handelt es sich wirtschaftlich um eine Rückzahlung der Einlage an den Gesellschafter und ist auch keine Sacheinlage i. S. von § 19 Abs. 4 GmbHG gegeben, ist der Gesellschafter von seiner Einlageverpflichtung befreit, wenn gegen diesen ein fälliger und vollwertiger Rückgewähranspruch besteht.[535)] Die strenge Auffassung des BGH ist damit durch die neue Regelung abgemildert worden. Sind die Voraussetzungen des § 19 Abs. 5 GmbHG nicht erfüllt, hat die Leistung des Gesellschafters keine Erfüllungswirkung.[536)] Die Formulierung in § 19 Abs. 5 Satz 1 GmbHG belegt, dass dieser gegenüber § 19 Abs. 4 GmbHG subsidiär ist.[537)] Die **Abgrenzung zwischen einem Hin- und Herzahlen und einer verdeckten Sacheinlage** ist nicht immer einfach. Sie ist jedoch wichtig, da § 19 Abs. 4 und 5 GmbH unterschiedliche Rechtsfolgen vorsehen.[538)] Eine solche Abgrenzung hat der BGH zum Cashpool vorgenommen: Besteht zwischen Gesellschafter und der Gesellschaft eine Vereinbarung über einen Cashpool und fließt die Einlage aufgrund dessen wieder an die Gesellschafterin zurück, kommt es auf den Stand des maßgeblichen Verrechnungskontos an. Ist der Saldo negativ (die Gesellschafterin hat also eine Forderung gegen die Gesellschaft), liegt eine verdeckte Sacheinlage vor, da wirtschaftlich nur eine Forderung seitens der Gesellschafterin eingebracht wird. Ist das Konto dagegen ausgeglichen oder besteht ein Guthaben, handelt es sich um ein „Hin-und-Herzahlen“.[539)] Abgesehen davon kann bei einem Cashpool im Fall der Insolvenz auch eine Anfechtung nach § 135 InsO in Betracht kommen (siehe dazu Rz. 207).[540)]

259 Beruft sich die Gesellschaft auf eine Rückzahlung, trägt sie die **Beweislast** hierfür. Anders als in § 19 Abs. 4 Satz 5 GmbHG ist nicht geregelt, wer die Beweislast für die Vollwertigkeit des Rückgewähranspruchs trägt. Eine Analogie zu § 19 Abs. 4 Satz 5 GmbHG ist abzulehnen, da keine verdeckte Sacheinlage vorliegt. Zutreffend ist, dass auch hier die Beweislast beim Gesellschafter liegt, da er sich nach den allgemein geltenden Beweislastregeln auf eine für ihn günstige Tatsache beruft.[541)]

b) Verdeckte Sacheinlage

260 Mit dem MoMiG hat der Gesetzgeber in § 19 Abs. 4 Satz 1 GmbHG die sog. „verdeckte Sacheinlage“ **gesetzlich definiert**. Eine solche ist gegeben, wenn die Geldeinlage eines Gesellschafters bei wirtschaftlicher Betrachtung und aufgrund einer im Zusammenhang mit der Übernahme der Geldeinlage getroffenen Abrede vollständig oder teilweise als Sacheinlage zu bewerten ist. Der Gesetzgeber knüpft damit an die bisherige Definition der Rechtsprechung an.[542)] Von der Regelung werden Umgehungen der Vorschriften über

534) BGH, Urt. v. 9.1.2006 – II ZR 72/05, BGHZ 165, 352 = ZIP 2006, 331, dazu EWiR 2006, 307 *(Naraschewski)*; BGH, Urt. v. 21.11.2005 – II ZR 140/04, BGHZ 165, 113 = ZIP 2005, 2203, dazu EWiR 2006, 33 *(Tillmann)*.

535) Zu den Voraussetzungen im Einzelnen: *Kuleisa* in: HambKomm-InsO, Anh. II D. Rz. 10 f.; Lutter/Hommelhoff-*Bayer*, GmbHG, § 19 Rz. 106 ff.

536) Scholz-*Veil*, GmbHG, § 19 Rz. 190.

537) Lutter/Hommelhoff-*Bayer*, GmbHG, § 19 Rz. 105; Scholz-*Veil*, GmbHG, § 19 Rz. 117.

538) S. dazu *Blaschke*, GmbHR 2010, 288 ff.

539) BGH, Urt. v. 20.7.2009 – II ZR 273/07, Rz. 12 ff., BGHZ 182, 103 = ZIP 2009, 1561, dazu EWiR 2009, 537 *(Maier-Reimer)*; s. dazu auch Lutter/Hommelhoff-*Bayer*, GmbHG, § 19 Rz. 129 ff.

540) Lutter/Hommelhoff-*Bayer*, GmbHG, § 19 Rz. 135.

541) Noack/Servatius/Haas-*Servatius*, GmbHG, § 19 Rz. 81; *Heinze*, GmbHR 2008, 1065, 1071; *Kuleisa* in: HambKomm-InsO, Anh. II D. Rz. 21.

542) Scholz-*Veil*, GmbHG, § 19 Rz. 120.

die Sacheinlagen, die strengere Anforderungen haben als diejenigen über Geldeinlagen, umfasst.[543)]

> **Praxishinweis**
>
> Eine wesentliche Fallgruppe sind hier z. B. Geschäfte mit Gesellschaftern (Abschluss eines Kaufvertrags). Die eingezahlte Einlage wird zur Kaufpreistilgung oder es erfolgt eine Verrechnung.[544)] Eine weitere Fallgruppe bildet die Verrechnung von Gesellschafterforderungen. Hier liegt eine verdeckte Sacheinlage einer Altforderung des Gesellschafters sowohl dann vor, wenn erst die geschuldete Bareinlage eingezahlt und sodann zur Tilgung der Gesellschafterforderung zurückgezahlt wird, als auch dann, wenn in umgekehrter Reihenfolge erst die Gesellschafterforderung getilgt und der erhaltene Betrag sodann ganz oder teilweise als Bareinlage zurückgezahlt wird.[545)]

Vor der Gesetzesänderung hatte die Einlageleistung keine Erfüllungswirkung. Darüber hinaus sah die Rechtsprechung auch alle im Zusammenhang abgeschlossenen schuldrechtlichen und dinglichen Rechtsgeschäfte in entsprechender Anwendung des § 27 Abs. 3 Satz 1 AktG als nichtig an.[546)] Dies hatte einschneidende Rechtsfolgen für die Beteiligten, da sich nun entsprechende Bereicherungs- und Herausgabeansprüche der Gesellschaft und der Gesellschafter gegenüberstanden.[547)] Allerdings hat die Rechtsprechung auch einen Weg zur Heilung der verdeckten Sacheinlage aufgezeigt: Hierzu muss die Geldeinlage durch einen Gesellschafterbeschluss in eine Sacheinlage umgewandelt und dies zum Handelsregister angemeldet werden.[548)] Ferner sind dabei die Vorschriften über die Sacheinlage zu beachten. 261

Das MoMiG hat einen anderen Ansatz gewählt: Grundsätzlich bleibt es dabei, dass die Leistung des Gesellschafters seine Einlageverpflichtung **nicht erfüllt** (§ 19 Abs. 4 Satz 1 GmbHG). Ausdrücklich ist jedoch in § 19 Abs. 4 Satz 2 GmbHG angeordnet, dass die im Zusammenhang mit der verdeckten Sacheinlage abgeschlossenen Verträge und die zu ihrer Ausführung vorgenommenen **Rechtshandlungen nicht unwirksam** sind. Damit können die vorstehend geschilderten verheerenden Folgen nicht mehr eintreten. Ferner ist in § 19 Abs. 4 Satz 3 GmbHG die Möglichkeit eröffnet, dass der Wert des eingebrachten Gegenstands auf die Einlageverpflichtung angerechnet wird (**„Anrechnungslösung"**). Maßgeblich ist dabei der Zeitwert des Gegenstands bei Eintragung der Gesellschaft in das Handelsregister. Die Beweislast für die Werthaltigkeit hat dabei der Gesellschafter (§ 19 Abs. 4 Satz 5 GmbHG).[549)] Dem Gesellschafter bleibt es hier aber unbenommen, die verdeckte Sacheinlage nach den von der Rechtsprechung entwickelten Regelungen zu heilen.[550)] 262

Die **Beweislast** für das Vorliegen einer verdeckten Sacheinlage trägt die Gesellschaft bzw. der Insolvenzverwalter. Dagegen muss der Gesellschafter die Werthaltigkeit des eingelegten Vermögensgegenstands beweisen, wenn er sich auf die Anrechnung beruft (§ 19 Abs. 4 Satz 5 GmbHG).[551)] 263

---

543) Scholz-*Veil*, GmbHG, § 19 Rz. 116.

544) *Kuleisa* in: HambKomm-InsO, Anh. II C. Rz. 7 f. Ob gewöhnliche Umsatzgeschäfte hierunter fallen, ist streitig.

545) BGH, Urt. v. 19.1.2016 – II ZR 61/15, ZIP 2016, 615, dazu EWiR 2016, 427 *(Wenzel)*.

546) Lutter/Hommelhoff-*Bayer*, GmbHG, § 19 Rz. 54; Scholz-*Veil*, GmbHG, § 19 Rz. 116.

547) S. dazu *Heidenhain*, GmbHR 2006, 455 ff.

548) Grundlegend: BGH, Beschl. v. 4.3.1996 – II ZB 8/95, BGHZ 132, 141 = ZIP 1996, 668, dazu EWiR 1996, 509 *(Weipert)*.

549) Dazu im Einzelnen: Scholz-*Veil*, GmbHG, § 19 Rz. 134 ff.

550) Scholz-*Veil*, GmbHG, § 19 Rz. 162.

551) Zu den Anforderungen an den von dem Gesellschafter zu führenden Beweis: *Kuleisa* in: HambKomm-InsO, Anh. II C. Rz. 32.

4. Weitere Haftungstatbestände im Zusammenhang mit der Gründung

264 Neben den vorstehend dargelegten Ansprüchen auf Einzahlung der Stammeinlage können weitere Haftungsansprüche gegen die Gesellschafter und Geschäftsführer treten.

a) Vorbelastungshaftung

265 Da den Gläubigern einer GmbH nur deren Vermögen als Haftungsmasse zur Verfügung steht und die Gesellschaft erst mit der Eintragung in das Handelsregister entsteht, soll gewährleistet sein, dass wenigstens in dieser Zeit das Stammkapital wertmäßig in voller Höhe vorhanden ist, wenn die Gesellschaft (als Vor-GmbH) bereits ihre Geschäftstätigkeit aufgenommen hatte. Bis zu der Grundsatzentscheidung des BGH im Jahr 1981[552] galt das sog. Vorbelastungsverbot, das die Handlungsfähigkeit der Geschäftsführer einschränkte. Dieses ist mit der vorstehenden Entscheidung aufgehoben und an dessen Stelle der **Unversehrtheitsgrundsatz** getreten. Zur Absicherung hat der BGH die Vorbelastungshaftung (auch als Differenz- oder Unterbilanzhaftung bezeichnet) gesetzt. Bleibt das bei Eintragung der Gesellschaft vorhandene Netto-Vermögen zum Zeitpunkt der Eintragung hinter der Stammkapitalziffer zurück, haften die Gesellschafter für die Differenz.[553] Der Anspruch geht inhaltlich auf die Leistung der fehlenden Einlage. Für ihn gelten daher die Regelungen über die Kapitalaufbringung.[554] Diese Grundsätze gelten auch im Wesentlichen für die Vorratsgründung (siehe Rz. 239) und bei der Verwendung einer Mantelgesellschaft (siehe dazu Rz. 240). Wird hier die wirtschaftliche Neugründung nicht offengelegt, ist die Haftung der Gesellschafter auf eine Unterbilanz begrenzt, die in dem Zeitpunkt besteht, zu dem die wirtschaftliche Neugründung entweder durch die Anmeldung der Satzungsänderungen oder durch die Aufnahme der wirtschaftlichen Tätigkeit erstmals nach außen in Erscheinung getreten ist. Dies wird damit begründet, dass keine Veranlassung bestehe, die Haftung der Gesellschafter auch auf den Ausgleich von Verlusten zu erstrecken, die das Gesellschaftsvermögen nach dem Zeitpunkt der wirtschaftlichen Neugründung vermindert haben. Die spezifischen, aus der Verwendung eines bereits bestehenden Rechtsträgers folgenden Gefahren für die Gesellschaftsgläubiger entsprächen nicht denjenigen, denen mit den Gründungsvorschriften im Verfahren der Gesellschaftsgründung entgegengetreten werden soll.[555]

266 Bei der Vorbelastungshaftung handelt es sich um eine **Innenhaftung.** Dies gilt auch für den Fall der Vermögenslosigkeit und damit auch für die Insolvenzeröffnung.[556] Sie ist daher ggf. vom Insolvenzverwalter geltend zu machen. Der **Umfang der Haftung** ist anhand einer Bilanz zu ermitteln. Dabei handelt es sich nicht um die handelsrechtliche Bilanz, sondern um eine Vermögensbilanz (Unterbilanzstatus).[557] Dabei sind die Vermögenswerte der Gesellschaft mit den Fortführungswerten nach dem Ertragswertverfahren zu bewerten, sofern nicht die Fortführungsprognose negativ ist.[558] Auf der Passivseite

---

552) BGH, Urt. v. 9.3.1981 – II ZR 54/80, BGHZ 80, 129 = ZIP 1981, 394.

553) S. hierzu allgemein auch: Noack/Servatius/Haas-*Servatius*, GmbHG, § 11 Rz. 61 f.; Lutter/Hommelhoff-*Bayer*, GmbHG, § 11 Rz. 41.

554) BGH, Urt. v. 16.1.2006 – II ZR 65/04, BGHZ 165, 391 = ZIP 2006, 668, dazu EWiR 2006, 565 *(Naraschewski)*; Lutter/Hommelhoff-*Bayer*, GmbHG, § 11 Rz. 47. Daher gelten hier z. B. auch die §§ 16 Abs. 2, 19, 20 und 24 GmbHG entsprechend (s. Lutter/Hommelhoff-*Bayer*, GmbHG, § 3 Rz. 95).

555) BGH, Urt. v. 6.3.2012 – II ZR 56/10, BGHZ 192, 341 = ZIP 2012, 630, dazu EWiR 2012, 347 *(Bayer)*; kritisch: Lutter/Hommelhoff-*Bayer*, GmbHG, § 3 Rz. 91 f.

556) BGH, Urt. v. 24.10.2005 – II ZR 129/04, ZIP 2005, 2257, dazu EWiR 2006, 143 *(Wilhelm)*; Scholz-*K. Schmidt*, GmbHG, § 11 Rz. 142.

557) BGH, Urt. v. 6.12.1993 – II ZR 102/93, BGHZ 124, 282 = ZIP 1994, 295, dazu EWiR 1994, 275 *(v. Gerkan)*; Scholz-*K. Schmidt*, GmbHG, § 11 Rz. 144.

558) BGH, Urt. v. 9.11.1998 – II ZR 190/97, BGHZ 140, 35 = ZIP 1998, 2151.

sind sämtliche Verbindlichkeiten, auch Darlehen der Gesellschafter, zu berücksichtigen.[559] Betragsmäßig ist die Haftung nicht etwa auf den Betrag des Stammkapitals bzw. der Einlage beschränkt. Vielmehr besteht diese i. H. der Deckungslücke und kann somit die Stammkapitalziffer übersteigen. Die Gesellschafter haben die Deckungslücke entsprechend dem Verhältnis ihrer Stammeinlagen (pro rata) auszugleichen.[560] Dabei spielt es auch keine Rolle, dass die Unterdeckung später auf andere Weise wiederhergestellt worden ist.[561] Im Übrigen finden auch § 22 GmbHG[562] und § 24 GmbHG[563] Anwendung, wenn sich die Haftungsbeträge nicht bei den anderen Gesellschaftern realisieren lassen.

Der Anspruch aus einer Vorbelastungshaftung **verjährt** in entsprechender Anwendung **267** des § 9 Abs. 2 GmbHG in zehn Jahren.[564]

Die **Beweislast** trägt grundsätzlich die Gesellschaft bzw. der Insolvenzverwalter.[565] Al- **268** lerdings trifft den Gesellschafter die sekundäre Beweislast, wenn die Gesellschaft auf den Eintragungsstichtag keine Vorbelastungsbilanz erstellt hat oder keine geordneten Geschäftsunterlagen vorhanden sind, auf deren Grundlage der Insolvenzverwalter seiner Darlegungspflicht nachkommen kann. In diesem Fall ergeben sich hieraus hinreichende Anhaltspunkte, dass das Stammkapital zu diesem Zeitpunkt bereits angegriffen oder verbraucht ist bzw. darüber hinaus gehende Verluste vorhanden gewesen sind.[566]

b) Handelndenhaftung (§ 11 Abs. 2 GmbHG)

§ 11 Abs. 2 GmbHG ordnet die persönliche und solidarische Haftung der Handelnden **269** an, wenn diese vor der Eintragung der Gesellschaft für diese tätig werden. Das Normverständnis hat sich insbesondere in Folge des Übergangs der Verbindlichkeiten von der Vor-GmbH auf die eingetragene Gesellschaft sowie der Anerkennung der Haftung der Gesellschafter für Unterdeckungen im Zeitpunkt der Eintragung in das Handelsregister (siehe dazu Rz. 233) geändert. Früher sollte die Vorschrift eine Straf- und Druckfunktion erfüllen, um auf eine unverzügliche Anmeldung der errichteten Gesellschaft hinzuwirken und gleichzeitig den Gläubigern der Vor-GmbH ein Maß an Sicherheit zu geben. Heute hat die Vorschrift allenfalls ergänzende Funktion.[567] Das kann dann der Fall sein, wenn eine Haftung der Gesellschaft und ihrer Gesellschafter nicht gegeben ist, wenn z. B. der Handelnde seine Vertretungsmacht überschritten oder Geschäfte abgeschlossen hat, zu denen die Gründungsgesellschafter keine Zustimmung erteilt haben.[568] Die Vorschrift wird auch bei der wirtschaftlichen Neugründung entsprechend angewendet, wenn die

---

559) S. zu den Bilanzpositionen und den Wertansätzen: Noack/Servatius/Haas-*Servatius*, GmbHG, § 11 Rz. 64; *Kuleisa* in: HambKomm-InsO, Anh. II A. Rz. 16 f.; Scholz-*K. Schmidt*, GmbHG, § 11 Rz. 144.

560) Lutter/Hommelhoff-*Bayer*, GmbHG, § 11 Rz. 42.

561) BGH, Urt. v. 16.1.2006 – II ZR 65/04, BGHZ 165, 391 = ZIP 2006, 668, dazu EWiR 2006, 565 *(Naraschewski)*.

562) OLG Düsseldorf, Urt. v. 30.7.2012 – 16 U 55/11, ZIP 2012, 2011, dazu EWiR 2013, 11 *(Bode)*.

563) Lutter/Hommelhoff-*Bayer*, GmbHG, § 24 Rz. 6.

564) Noack/Servatius/Haas-*Servatius*, GmbHG, § 11 Rz. 64a m. w. N.

565) BGH, Urt. v. 17.2.2003 – II ZR 281/00, ZIP 2003, 625, m. Anm. *Blöse*, ZIP 2003, 1687; BGH, Urt. v. 29.9.1997 – II ZR 245/96, ZIP 1997, 2008, dazu EWiR 1998, 33 *(Wilken)*; Noack/Servatius/Haas-*Servatius*, GmbHG, § 11 Rz. 65; Lutter/Hommelhoff-*Bayer*, GmbHG, § 11 Rz. 50.

566) BGH, Urt. v. 16.1.2006 – II ZR 65/04, BGHZ 165, 391 = ZIP 2006, 668 Rz. 18, dazu EWiR 2006, 565 *(Naraschewski)*; BGH, Urt. v. 17.2.2003 – II ZR 281/00, ZIP 2003, 625, m. Anm. *Blöse*, ZIP 2003, 1687.

567) Lutter/Hommelhoff-*Bayer*, GmbHG, § 11 Rz. 28; Scholz-*K. Schmidt*, GmbHG, § 11 Rz. 103.

568) Lutter/Hommelhoff-*Bayer*, GmbHG, § 11 Rz. 28.

Handelnden ohne Zustimmung der Gesellschafter vor deren Offenlegung die Geschäfte aufgenommen haben.[569)]

270 Handelnder ist nur derjenige, der wie ein Geschäftsführer oder auch als faktischer Geschäftsführer für die künftige GmbH unmittelbar oder mittelbar über einen Vertreter tätig wird. Andere Personen, insbesondere Bevollmächtigte, fallen nicht unter diesen Begriff, da es sich um eine Organhaftung handelt.[570)] Weiterhin ist ein rechtsgeschäftliches Handeln gegenüber einem Außenstehenden erforderlich.[571)]

271 Die Handelndenhaftung ist eine akzessorische Haftung. Dabei haftet der Handelnde im Außenverhältnis nicht bloß subsidiär, sondern inhaltsgleich wie die Gesellschaft.[572)] Der Gläubiger soll dadurch nicht schlechter, aber auch nicht bessergestellt werden, als ob die Gesellschaft zum Zeitpunkt der Handlung bereits im Handelsregister eingetragen gewesen wäre.[573)] Da es sich um eine Außenhaftung handelt, also vom Gläubiger selbst geltend zu machen ist, spielt die Handelndenhaftung im Insolvenzverfahren keine Rolle.

272 Die Haftung erlischt mit der Eintragung der Gesellschaft im Handelsregister, da sich dadurch der Haftungszweck erledigt hat. Allerdings bleibt die Haftung bestehen, soweit die Handelnden ihre Vertretungsmacht überschritten oder ohne Vertretungsmacht gehandelt haben.[574)] Diese geht dann aber inhaltlich in der Vorbelastungshaftung (siehe Rz. 265 ff.) auf.[575)]

c) Gründungshaftung (§ 9a GmbHG)

273 Eine weitere Anspruchsgrundlage zur Sicherung der Aufbringung des Stammkapitals bildet § 9a GmbHG. Die Vorschrift begründet eine verschuldensabhängige Schadensersatzpflicht der Gesellschafter und Geschäftsführer für falsche Angaben bei der Errichtung der Gesellschaft (§ 9a Abs. 1 GmbHG) und für den Fall, dass die Gesellschafter die Gesellschaft durch die Einlagen oder den Gründungsaufwand (§ 9a Abs. 2 GmbHG) schädigen. Der Anspruch steht der Gesellschaft zu, so dass dieser im Insolvenzfall vom Insolvenzverwalter geltend zu machen ist.[576)] In der Praxis spielt diese Haftungsnorm jedoch nur eine untergeordnete Rolle.

5. Haftung der Gesellschafter bzw. deren Rechtsvorgänger für Fehlbeträge

274 Kann die Stammeinlage von einem Gesellschafter nicht oder nicht vollständig aufgebracht werden, hat die Gesellschaft bzw. der Insolvenzverwalter ggf. auf dessen Rechtsvorgänger bzw. die anderen Gesellschafter zurückzugreifen.

a) Haftung der Rechtsvorgänger (§ 16 Abs. 2 GmbHG)

275 Nach § 16 Abs. 2 GmbHG haften sowohl der Veräußerer als auch der Erwerber eines Geschäftsanteils für rückständige Einlagen als Gesamtschuldner. Von der Vorschrift werden

569) BGH, Urt. v. 12.7.2011 – II ZR 71/11, ZIP 2011, 1761, dazu EWiR 2011, 639 *(Nolting)*; BGH, Beschl. v. 7.7.2003 – II ZB 4/02, BGHZ 155, 318 = ZIP 2003, 1698, dazu EWiR 2003, 967 *(Keil)*; ablehnend: Scholz-*K. Schmidt*, GmbHG, § 11 Rz. 109.

570) Lutter/Hommelhoff-*Bayer*, GmbHG, § 11 Rz. 30; Scholz-*K. Schmidt*, GmbHG, § 11 Rz. 112 ff.

571) Lutter/Hommelhoff-*Bayer*, GmbHG, § 11 Rz. 31; Scholz-*K. Schmidt*, GmbHG, § 11 Rz. 117.

572) Scholz-*K. Schmidt*, GmbHG, § 11 Rz. 123.

573) Lutter/Hommelhoff-*Bayer*, GmbHG, § 11 Rz. 37.

574) Noack/Servatius/Haas-*Servatius*, GmbHG, § 11 Rz. 53.

575) *Kuleisa* in: HambKomm-InsO, Anh. II A. Rz. 11.

576) Scholz-*Veil*, GmbHG, § 9a Rz. 5.

auch alle einlageähnliche Ansprüche (z. B. Differenz- und Vorbelastungshaftung) erfasst.[577] Rückständig ist eine Einlage, wenn sie zum Zeitpunkt der Aufnahme des Gesellschafters in die Gesellschafterliste fällig gewesen ist.

b) Haftung der Rechtsvorgänger gemäß § 22 Abs. 1 GmbHG

§ 22 Abs. 1 GmbHG sieht die Haftung des Rechtsvorgängers eines Gesellschafters für nicht aufgebrachte Einlagen vor, wenn dieser mit seinem Geschäftsanteil ausgeschlossen worden ist. 276

Zahlt ein Gesellschafter seine nach § 46 Nr. 2 GmbHG eingeforderte und fällige noch offene Einlage nicht ein, sehen die §§ 21 ff. GmbHG die Möglichkeit vor, diesen aus der Gesellschaft zwangsweise auszuschließen **(Kaduzierung)**. Die Kaduzierung ist nicht verpflichtend. Sie hat jedoch nach pflichtgemäßem Ermessen zu erfolgen.[578] Der Ablauf des Verfahrens ist im Gesetz genau vorgegeben: Zahlt ein Gesellschafter seine fällige Einlage nicht ein, ist ihm hierfür eine Nachfrist unter Androhung des Ausschlusses mit dem Geschäftsanteil, auf welchen die Zahlung zu erfolgen hat, zu setzen (§ 21 Abs. 1 Satz 1 GmbHG). Die Aufforderung ist per Einschreiben zuzusenden (§ 21 Abs. 1 Satz 2 GmbHG), wobei die Nachfrist nach § 21 Abs. 1 Satz 3 GmbHG mindestens einen Monat zu betragen hat. Gesellschafter i. S. dieser Vorschrift ist nur der gemäß § 16 Abs. 1 GmbHG in der Gesellschafterliste eingetragene Gesellschafter.[579] Der **Anwendungsbereich** der Vorschrift bezieht sich nicht nur auf die Einlagen, sondern auch einlageähnliche Ansprüche wie die Vorbelastungshaftung (siehe dazu Rz. 265 ff.) und die Differenzhaftung (siehe Rz. 248).[580] In einem Insolvenzverfahren steht das Kaduzierungsrecht dem Insolvenzverwalter zu.[581] Er benötigt zur Geltendmachung der offenen Einlage auch keinen Einforderungsbeschluss der Gesellschafter.[582] 277

Zahlt der Gesellschafter den eingeforderten Betrag nicht fristgemäß ein, ist er seines Geschäftsanteils und etwaiger Teilzahlungen zugunsten der Gesellschaft für **verlustig** zu erklären. Mit dem Zugang der Ausschlusserklärung verliert der Gesellschafter seinen Anteil. Inhaberin wird die Gesellschaft selbst.[583] 278

Für den Ausfall der Gesellschaft an der rückständigen Einlage und etwaiger sonstiger Forderungen im Zusammenhang damit (z. B. Kosten der Rechtsverfolgung, Verzugszinsen usw.) haftet der ausgeschlossene Gesellschafter nach § 21 Abs. 3 GmbHG.[584] Die Haftung ist jedoch subsidiär und greift nur insoweit ein, als die Einlage weder durch die Inanspruchnahme der Rechtsvorgänger (§ 22 GmbHG) noch durch Verwertung des Geschäftsanteils (§ 23 GmbHG) gedeckt ist. Eine Geltendmachung der Haftung nach § 24 GmbHG gegenüber den anderen Gesellschaftern ist hierfür nicht erforderlich.[585] 279

Die Haftung nach § 22 Abs. 1 GmbHG trifft **jeden Rechtsvorgänger des ausgeschlossenen Gesellschafters.** Geltend zu machen ist die Haftung zunächst beim letzten Rechtsvorgänger. Dies ist derjenige, der vor dem ausgeschlossenen Gesellschafter in der Gesell- 280

---

577) Noack/Servatius/Haas-*Servatius*, GmbHG, § 16 Rz. 23; Lutter/Hommelhoff-*Bayer*, GmbHG, § 16 Rz. 55.

578) Lutter/Hommelhoff-*Bayer*, GmbHG, § 21 Rz. 6.

579) Lutter/Hommelhoff-*Bayer*, GmbHG, § 21 Rz. 2.

580) Noack/Servatius/Haas-*Servatius/Kersting*, GmbHG, § 21 Rz. 3; Scholz-*Emmerich*, GmbHG, § 21 Rz. 5a.

581) Scholz-*Emmerich*, GmbHG, § 21 Rz. 23.

582) Scholz-*Emmerich*, GmbHG, § 21 Rz. 15.

583) Noack/Servatius/Haas-*Servatius/Kersting*, GmbHG, § 21 Rz. 12; Lutter/Hommelhoff-*Bayer*, GmbHG, § 21 Rz. 14; Scholz-*Emmerich*, GmbHG, § 21 Rz. 25.

584) Scholz-*Emmerich*, GmbHG, § 21 Rz. 75 f.

585) Lutter/Hommelhoff-*Bayer*, GmbHG, § 21 Rz. 17.

schafterliste eingetragen war.[586] Nur wenn dieser zahlungsunfähig ist, haftet dessen Vorgänger (§ 22 Abs. 2 Halbs. 1 GmbHG). § 22 Abs. 1 Halbs. 2 GmbHG enthält eine Vermutung, wann dies der Fall ist. Bei jeweils früheren Rechtsvorgängern verhält es sich entsprechend, wobei diese in der Reihenfolge vom jeweils nächsten zum entfernteren in Anspruch zu nehmen sind (Staffelregress).[587]

281 Die Haftung eines Rechtsvorgängers ist auf den **Betrag der eingeforderten Einlageforderung beschränkt**. Sie ist dabei zeitlich auf fünf Jahre, gerechnet ab Eintragung in die Gesellschafterlist, beschränkt (§ 22 Abs. 3 GmbHG).

c) Aufbringung von Fehlbeträgen durch die Gesellschafter (§ 24 Abs. 1 GmbHG)

282 Kann die Stammeinlage nicht von dem eigentlich verpflichteten Gesellschafter oder einem Verkauf des Geschäftsanteils gedeckt werden, greift eine **Haftung der übrigen Gesellschafter** für den Ausfall ein und zwar im **Verhältnis der Nennbeträge der Geschäftsanteile** (§ 24 Abs. 1 GmbHG). Die Haftung besteht wie bei § 22 Abs. 1 GmbHG für die Einlage und alle einlageähnlichen Ansprüche (siehe Rz. 277).[588] Die Haftung trifft die „übrigen" Gesellschafter. Umstritten ist jedoch, ob hier eine Begrenzung auf den Betrag der Stammeinlage des ausgeschlossenen Gesellschafters oder die Höhe des Stammkapitals bei der Differenz- oder Vorbelastungshaftung eingreift. Das ist jedoch abzulehnen, da die Gesellschafter eine Gesamtverantwortung für die Aufbringung der Stammeinlage haben.[589] Selbst ein Gesellschafter, der nur mit einem geringen Betrag an der Gesellschaft beteiligt ist, haftet demnach.[590] Für die erforderliche Gesellschafterstellung kommt es nicht darauf an, ob der in Anspruch genommene Gesellschafter zum Zeitpunkt der Fälligkeit der betreffenden Einlageforderung bereits Gesellschafter war. Auch derjenige, der seine Gesellschafterstellung nach Fälligkeit der Einlageforderung erlangt, haftet.[591]

283 Die **Beweislast** für die Voraussetzungen trägt allein die Gesellschaft.[592]

d) Nachschusspflicht (§ 26 GmbHG)

284 Der Gesellschaftsvertrag kann vorsehen, dass die Gesellschafter über ihre Einlagen hinaus Nachschüsse zu leisten haben (§ 26 Abs. 1 GmbHG). Auch hieraus kann sich somit eine Haftung für die Gesellschafter ergeben.

6. Ansprüche wegen Kapitalerhaltung (§§ 30 f. GmbHG)

a) Normzweck

285 Das zweite wesentliche Standbein des Gläubigerschutzes bei der GmbH sind neben den Vorschriften über die Kapitalaufbringung (siehe dazu Rz. 232 ff.) die Regelungen über die Kapitalerhaltung (§§ 30 f. GmbHG). Diese Vorschriften sollen verhindern, dass das einmal aufgebrachte Stammkapital der Gesellschaft wieder entzogen wird und somit den

---

586) Lutter/Hommelhoff-*Bayer*, GmbHG, § 22 Rz. 4 f.

587) Noack/Servatius/Haas-*Servatius/Kersting*, GmbHG, § 22 Rz. 5; Scholz-*Emmerich*, GmbHG, § 22 Rz. 8 ff.

588) Scholz-*Emmerich*, GmbHG, § 24 Rz. 3a.

589) Lutter/Hommelhoff-*Bayer*, GmbHG, § 24 Rz. 8 m. w. N. zum Streitstand.

590) OLG Köln, Urt. v. 26.1.2011 – 8 U 142/10, GmbHR 2011, 588.

591) BGH, Urt. v. 13.5.1996 – II ZR 275/84, BGHZ 132, 390 = ZIP 1996, 1248, dazu EWiR 1996, 743 *(v. Gerkan)*; BGH, Urt. v. 18.9.2018 – II ZR 312/16, BGHZ 219, 327 = ZIP 2018, 2018, dazu EWiR 2018, 681 *(Westermann)*; Noack/Servatius/Haas-*Kersting*, GmbHG, § 24 Rz. 6; Lutter/Hommelhoff-*Bayer*, GmbHG, § 24 Rz. 9.

592) OLG Köln, Urt. v. 26.1.2011 – 8 U 142/10, GmbHR 2011, 588; OLG Köln, Urt. v. 29.1.2009 – 18 U 19/08, GmbHR 2009, 1209; s. dazu auch Scholz-*Emmerich*, GmbHG, § 24 Rz. 7.

Gläubiger nicht mehr als Haftungsmasse zur Verfügung steht.[593)] § 30 GmbHG verbietet es daher den Geschäftsführern grundsätzlich, Aktivvermögen wegzugeben, wenn und soweit dadurch eine Unterdeckung beim Stammkapital herbeigeführt, vertieft oder gar eine Überschuldung herbeigeführt wird.[594)] Sie dient damit der Vermögensbindung in der Gesellschaft. Im Vergleich zur AG (§ 57 AktG) ist der Schutz des Stammkapitals deutlich schwächer ausgestaltet.[595)] Dabei stellt § 30 GmbHG eine bilanzielle Ausschüttungssperre auf.[596)] Es schützt das Gesellschaftsvermögen nicht in seiner tatsächlichen Zusammensetzung, sondern nur in seinem rechnerischen Wert. Dies ist durch das MoMiG, das den Anwendungsbereich der Vorschrift erheblich geändert hat, hervorgehoben worden.[597)] Die Rechtsprechung hatte nämlich zuvor auf Grundlage des § 30 GmbHG das Kapitalbindungssystem in mehrfacher Hinsicht über die rein bilanzielle Betrachtungsweise ausgedehnt.[598)] Dies hatte insbesondere im Bereich des Cashpools für Probleme gesorgt.[599)]

b) Voraussetzungen des Auszahlungsverbots (§ 30 Abs. 1 GmbHG)

aa) Grundsatz

§ 30 Abs. 1 Satz 1 GmbHG verbietet Auszahlungen an die Gesellschafter aus dem Gesell- 286
schaftsvermögen, das zur Erhaltung des Stammkapitals erforderlich ist. Der **Begriff „Auszahlungen" ist weit** zu verstehen. Hierunter fallen nicht nur Geldzahlungen, sondern auch Leistungen aller Art, denen keine gleichgewichtige Gegenleistung gegenübersteht.[600)] Erfasst werden alle Vermögensdispositionen, die eine Auswirkung auf die Bilanz in der Weise haben, dass sich das **Vermögen vermindert.** Dies kann etwa der Verkauf von Vermögensgegenständen unter Wert bzw. deren unentgeltliche Übertragung sein, die Erfüllung einer Verbindlichkeit des Gesellschafters gegenüber Dritten durch die Gesellschaft oder der Verzicht auf die Forderung gegen einen Gesellschafter.[601)] Die Leistung muss an den Gesellschafter oder aber an einen Dritten erbracht werden. Bei Leistungen an Dritte müssen diese entweder für Rechnung des Gesellschafters erfolgen oder zu dem Ditten muss ein persönliches oder wirtschaftliches Näheverhältnis bestehen.[602)] Auch als Einlagenrückgewähr ist die **Besicherung von Gesellschafterdarlehen** anzusehen, wenn dem Gesellschafter die erforderliche Bonität fehlte und er bei der Bestellung der Sicherheit voraussichtlich nicht in der Lage war, die Darlehensrückzahlungsansprüche zu bedienen. Dem steht auch nicht entgegen, dass sich dieser Vorgang nicht gleich in der Bilanz auswirkt. Entscheidend ist, dass die übrigen Gläubiger im Umfang der Sicherheit keinen Zugriff mehr auf das Vermögen der Gesellschaft haben, die die Verwertung zugunsten des Sicherungsnehmers bei Fälligkeit auch nicht verhindern können.[603)]

---

593) Noack/Servatius/Haas-*Servatius*, GmbHG, § 30 Rz. 5; Lutter/Hommelhoff-*Hommelhoff*, GmbHG, § 30 Rz. 1; Scholz-*Verse*, GmbHG, § 30 Rz. 2.

594) Lutter/Hommelhoff-*Hommelhoff*, GmbHG, § 30 Rz. 2.

595) Dazu: Scholz-*Verse*, GmbHG, § 30 Rz. 7.

596) Scholz-*Verse*, GmbHG, § 30 Rz. 1.

597) Lutter/Hommelhoff-*Hommelhoff*, GmbHG, § 30 Rz. 3.

598) BGH, Urt. v. 24.11.2003 – II ZR 171/01, BGHZ 157, 72 = ZIP 2004, 263, dazu EWiR 2004, 921 *(Schöne/Stolze)*. Diese Rspr. hat der BGH in seinen Urt. v. 1.12.2008 – II ZR 102/07, BGHZ 179, 71 = ZIP 2009, 70, dazu EWiR 2009, 129 *(Blaschke)* wieder aufgegeben.

599) Noack/Servatius/Haas-*Servatius*, GmbHG, § 30 Rz. 7 f.

600) Lutter/Hommelhoff-*Hommelhoff*, GmbHG, § 30 Rz. 8; Scholz-*Verse*, GmbHG, § 30 Rz. 18.

601) S. Beispiele bei Lutter/Hommelhoff-*Hommelhoff*, GmbHG, § 30 Rz. 8; Scholz-*Verse*, GmbHG, § 30 Rz. 21 f.

602) Noack/Servatius/Haas-*Servatius*, GmbHG, § 30 Rz. 24 ff.; Scholz-*Verse*, GmbHG, § 30 Rz. 35 ff.

603) BGH, Urt. v. 10.1.2017 – II ZR 94/15, Rz. 13 ff., BGHZ 213, 224 = ZIP 2017, 472, dazu EWiR 2017, 229 *(Seibt)* – für die AG.

287 Bei der Prüfung, ob das Gesellschaftsvermögen zur Erhaltung des Stammkapitals erforderlich ist, kommt es darauf an, ob durch die Auszahlung eine **Unterbilanz** entsteht oder vertieft wird. Eine Unterbilanz liegt dann vor, wenn das Nettoaktivvermögen die Stammkapitalziffer nicht mehr erreicht. Ganz offensichtlich ist die Unterbilanz, wenn die Gesellschaft bereits bilanziell überschuldet ist.604) Dies ist schon dadurch zu erkennen, dass die Bilanz den Posten „Nicht durch Eigenkapital gedeckten Fehlbetrag" nach § 268 Abs. 3 HGB ausweist. Die **Ermittlung der Unterbilanz** erfolgt durch Aufstellung einer Unterbilanzrechnung und zwar auf den Zeitpunkt der Auszahlung. Diese erfolgt in zwei Schritten: Zunächst werden das maßgebliche Stammkapital (§ 3 Abs. 1 Nr. 3 GmbHG) und etwaige dem Stammkapital hinzuzurechnende Beträge ermittelt. Dabei spielt es keine Rolle, dass das Stammkapital ggf. noch nicht vollständig eingezahlt worden ist.605) Im zweiten Schritt sind das Aktiv- und Passivvermögen gegenüberzustellen und die Differenz zwischen beiden zu berechnen. Der Ansatz der Bilanzpositionen und ihre Bewertung sind nach den handelsbilanziellen Vorschriften vorzunehmen. Dabei hat die Gesellschaft dieselben Ansatz- und Bewertungsmethoden wie bei ihren bisherigen Jahresabschlüssen anzuwenden.606) Zu betonen ist, dass bei der Bewertung des Aktivvermögens die Buchwerte maßgeblich sind. **Etwaige stille Reserven sind nicht aufzulösen.**607) Erreicht das Nettovermögen (nach der Auszahlung) mindestens die Stammkapitalziffer ist die Auszahlung nicht zu beanstanden. Ist dies nicht der Fall, greift die Ausschüttungssperre ein. Hieraus wird noch einmal deutlich, dass das Stammkapital nur betragsmäßig durch § 30 Abs. 1 GmbHG geschützt wird.

288 Nicht zu verwechseln ist die Unterbilanzrechnung mit der Überschuldungsbilanz (siehe dazu Rz. 32 ff.). Beide Berechnungen haben unterschiedliche Zwecke und Zielrichtungen. Dies wird schon durch die unterschiedlichen Bewertungsmethoden (handelsbilanzielle Buchwerte einerseits und Zeitwerte andererseits) deutlich. Weiterhin begründet eine handelsbilanzielle Überschuldung noch keine insolvenzrechtliche Überschuldung.608)

bb) Ausnahmen

289 Der § 30 Abs. 1 Satz 2 und 3 GmbHG enthält Ausnahmen. Diese sind durch das MoMiG in das Gesetz aufgenommen worden. Diese Ausnahmen sind die Reaktion des Gesetzgebers auf die von der Rechtsprechung über den Wortlaut des § 30 GmbHG ausgedehnten Anwendungsbereich.609) Liegt eine dieser Ausnahmetatbestände vor, kann die Leistung selbst bei Vorliegen einer Unterbilanz erfolgen.

(1) Gewinn- und Beherrschungsvertrag

290 Besteht ein Beherrschungs- oder Gewinnabführungsvertrag (§ 291 Abs. 1 AktG) mit der Gesellschaft als beherrschtem bzw. zur Gewinnabführung verpflichtetem Unternehmen, wird die durch § 30 Abs. 1 Satz 1 GmbHG bezweckte Kapitalbindung suspendiert (§ 30 Abs. 1 Satz 2 Alt. 1 GmbHG). Dies rechtfertigt sich daraus, dass der andere Vertragsteil in entsprechender Anwendung des § 302 AktG zum Verlustausgleich verpflichtet ist.610)

604) Scholz-*Verse*, GmbHG, § 30 Rz. 52 ff.

605) Scholz-*Verse*, GmbHG, § 30 Rz. 55 ff.

606) Dazu ausführlich: Lutter/Hommelhoff-*Hommelhoff*, GmbHG, § 30 Rz. 11 ff.; Scholz-*Verse*, GmbHG, § 30 Rz. 58 ff.

607) Noack/Servatius/Haas-*Servatius*, GmbHG, § 30 Rz. 18; Lutter/Hommelhoff-*Hommelhoff*, GmbHG, § 30 Rz. 12.

608) Scholz-*Verse*, GmbHG, § 30 Rz. 54.

609) Noack/Servatius/Haas-*Servatius*, GmbHG, § 30 Rz. 36.

610) Noack/Servatius/Haas-*Servatius*, GmbHG, § 30 Rz. 44; Scholz-*Verse*, GmbHG, § 30 Rz. 72.

Ist der andere Vertragsteil aber voraussichtlich nicht in der Lage, seiner Verpflichtung auf den Verlustausgleich vollständig nachzukommen, sind weitere Auszahlungen an diesen nicht nur konzernrechtlich, sondern auch bei Bestehen einer Unterbilanz nach § 30 Abs. 1 Satz 1 GmbHG unzulässig.[611)]

(2) Vollwertiger Gegenanspruch

291 Eine weitere Ausnahme lässt § 30 Abs. 1 Satz 2 Alt. 2 GmbHG zu, wenn der Gegenleistungs- oder Rückgewähranspruch gegen den Gesellschafter **vollwertig** ist. In diesem Fall steht der Leistung an den Gesellschafter ein gleichwertiger Anspruch gegenüber, so dass sich die Geschäfte wertmäßig ausgleichen. Bilanziell liegt nur ein Tausch von Aktivpositionen in der Bilanz vor.[612)] Gerade an dieser Vorschrift zeigt sich das Verständnis des Gesetzgebers, dass es bei § 30 GmbHG um eine rein bilanzielle Prüfung geht. Vollwertig ist der Anspruch dann, wenn er bei vernünftiger kaufmännischer Bewertung als einbringlich anzusehen ist. Die Forderung ist in derselben Weise wie Forderungen aus Drittgeschäften i. R. der Bilanzierung (§ 253 HGB) zu bewerten. Dabei kommt es auf die Sichtweise eines objektiven, über die Vermögenssituation des Gesellschafters unterrichteten Dritten an. Eine an Sicherheit grenzende Wahrscheinlichkeit der Darlehensrückzahlung ist jedoch nicht erforderlich.[613)] Ob der Anspruch gegen den Gesellschafter zu besichern ist, hängt nicht von der Verkehrsüblichkeit ab, sondern davon, ob ein Dritter den Anspruch dann nur mit einem Abschlag bewerten würde.[614)] Die Frage, ob die Gewährung eines Darlehens einem Drittvergleich standhalten muss, ist umstritten.[615)]

292 Die Bewertung ist auf den **Zeitpunkt der Leistung** vorzunehmen.[616)] Spätere Veränderungen bei den Vermögensverhältnissen des Gesellschafters sind unbeachtlich. Sie führen nicht dazu, dass die Leistung unzulässig wird. Allerdings hat der Geschäftsführer die Werthaltigkeit bei der Verlängerung eines Darlehens bzw. Stundung nochmals zu prüfen.[617)] Dies wird man auch für ein bloßes Stehenlassen der Forderung gelten lassen müssen.[618)] Unabhängig davon hat der Geschäftsführer die Verpflichtung, den Fortbestand der Solvenz des Gesellschafters zu prüfen. Hat er Anhaltspunkte, dass die Bonität nicht mehr gegeben ist, hat er die erforderlichen Maßnahmen einzuleiten, insbesondere maßgeblichen Vertrag zu kündigen und den Betrag geltend zu machen. Unterlässt er dies, macht er sich schadensersatzpflichtig.[619)]

611) *Altmeppen*, ZIP 2009, 49, 55; Noack/Servatius/Haas-*Servatius*, GmbHG, § 30 Rz. 45. Anders Lutter/Hommelhoff-*Hommelhoff*, GmbHG, § 30 Rz. 48 f.: Danach bestehe eine immanente Grenze bei existenzgefährdenden Weisungen des herrschenden Unternehmens. Dessen bloße Unfähigkeit, den Verlust auszugleichen, führe noch nicht zu einem Zahlungsverbot. Vielmehr müssten die Geschäftsführer der beherrschten Gesellschaften prüfen, ob die Voraussetzungen für eine Kündigung des Unternehmensvertrags nach § 297 Abs. 1 AktG erfüllt seien.

612) Noack/Servatius/Haas-*Servatius*, GmbHG, § 30 Rz. 36; Scholz-*Verse*, GmbHG, § 30 Rz. 77 f.

613) BGH, Urt. v. 1.12.2008 – II ZR 102/07, BGHZ 179, 71 = ZIP 2009, 70, dazu EWiR 2009, 129 *(Blaschke)*; Noack/Servatius/Haas-*Servatius*, GmbHG, § 30 Rz. 42; Scholz-*Verse*, GmbHG, § 30 Rz. 85.

614) Lutter/Hommelhoff-*Hommelhoff*, GmbHG, § 30 Rz. 29.

615) Zum Streitstand s.: *Kuleisa* in: HambKomm-InsO, Anh. II E. Rz. 22.

616) BGH, Urt. v. 10.1.2017 – II ZR 94/15, Rz. 19, BGHZ 213, 224 = ZIP 2017, 472, dazu EWiR 2017, 229 *(Seibt)* – für die AG; Noack/Servatius/Haas-*Servatius*, GmbHG, § 30 Rz. 43.

617) Scholz-*Verse*, GmbHG, § 30 Rz. 88.

618) Scholz-*Verse*, GmbHG, § 30 Rz. 88; a. A. Noack/Servatius/Haas-*Servatius*, GmbHG, § 30 Rz. 43.

619) Noack/Servatius/Haas-*Servatius*, GmbHG, § 30 Rz. 43; Lutter/Hommelhoff-*Hommelhoff*, GmbHG, § 30 Rz. 31; Scholz-*Verse*, GmbHG, § 30 Rz. 89 f.

293 Im Rahmen des § 30 Abs. 1 GmbHG gelten insgesamt dieselben Grundsätze wie bei der Prüfung der Vollwertigkeit bei § 19 Abs. 5 Satz 1 GmbHG. Allerdings muss bei § 30 Abs. 1 GmbHG der Anspruch nicht fällig sein.

294 Eine Darlehensgewährung an Geschäftsführer ist nach § 43a GmbHG untersagt. Das gilt selbst dann, wenn der Rückzahlungsanspruch voll werthaltig ist. Dies ist dadurch gerechtfertigt, dass der Geschäftsführer seine eigene Kreditwürdigkeit prüfen müsste.[620] Die Regelung erfasst nur die Ausreichung des Darlehens. Auf eine spätere Unterbilanz der Gesellschaft ist sie nicht anzuwenden.[621]

(3) Rückgewähr von Gesellschafterdarlehen

295 Nicht in den Anwendungsbereich des § 30 Abs. 1 GmbHG fällt auch die Rückgewähr von Gesellschafterdarlehen und Leistungen, die einem Gesellschafterdarlehen wirtschaftlich entsprechen (§ 30 Abs. 1 Satz 3 GmbHG). Mit dieser Vorschrift sollen die früheren Rechtsprechungsregeln zum eigenkapitalersetzenden Gesellschafterdarlehen aufgegeben werden.[622]

296 Im Falle der Insolvenz der Gesellschaft ist die Rückzahlung nunmehr allein nach den Anfechtungsvorschriften (§ 135 InsO) zu beurteilen. Wird durch die Rückzahlung die Zahlungsunfähigkeit der Gesellschaft herbeigeführt, kann eine Haftung nach § 64 Satz 3 GmbHG bestehen (siehe Rz. 86 ff.).

(4) Übergangsrecht

297 Hinsichtlich des neu eingefügten § 30 Abs. 1 Satz 2 und 3 GmbHG enthält das EGGmbHG keine Übergangsregelung. Nachdem der BGH wieder zu der bilanziellen Betrachtungsweise zurückgekehrt ist,[623] spielt diese Frage bei § 30 Abs. 1 Satz 2 GmbHG keine Rolle mehr.[624] Allerdings hat dies Bedeutung für die Anwendung der Rechtsprechungsregelungen, die nach Inkrafttreten des § 30 Abs. 1 Satz 3 (1.11.2008) nicht mehr gelten. Sind die Rückzahlung und die Eröffnung des Insolvenzverfahrens davor erfolgt, gelten die bisherigen Rechtsprechungsregeln weiter.[625] Streitig ist aber die Rechtslage bei Fällen, in denen die Rückzahlung vor dem 1.11.2008 erfolgt, das Insolvenzverfahren aber erst nach diesem Tag eröffnet worden ist. Die Frage ist hier, ob hier die Übergangsvorschrift für die Novellenregelungen (Art. 103d Satz 2 EGInsO) entsprechende Anwendung findet oder das Übergangsrecht diese Frage offengelassen hat, weshalb an die allgemeinen Grundsätze des intertemporalen Schuldrechts gelten. Wenn man berücksichtigt, dass der BGH auf das Recht abstellt, was zum Zeitpunkt seiner Entstehung gilt, müssten auf diese Fälle noch die bisherigen Rechtsprechungsregeln angewendet werden.[626] Allerdings hat der BGH anschließend die §§ 32a f. GmbHG als Vorschriften der InsO i. S. der Überleitungsvorschrift

620) Noack/Servatius/Haas-*Beurskens*, GmbHG, § 43a Rz. 13.

621) BGH, Urt. v. 23.4.2012 – II ZR 252/10, BHGZ 193, 96 = ZIP 2012, 1071, dazu EWiR 2012, 415 *(Paefgen/Dettke)*.

622) Scholz-*Verse*, GmbHG, § 30 Rz. 107.

623) BGH, Urt. v. 1.12.2008 – II ZR 102/07, BGHZ 179, 71 = ZIP 2009, 70, dazu EWiR 2009, 129 *(Blaschke)*.

624) *Kuleisa* in: HambKomm-InsO, Anh. II E. Rz. 47.

625) BGH, Urt. v. 26.1.2009 – II ZR 260/07, BGHZ 179, 249 = ZIP 2009, 615, dazu EWiR 2009, 303 *(Habighorst)*; Scholz-*Verse*, GmbHG, § 30 Rz. 111.

626) *Kuleisa* in: HambKomm-InsO, Anh. II Rz. 47 m. w. N.; a. A. OLG München, Urt. v. 22.12.2010 – 7 U 4960/07, ZIP 2011, 225. Scholz-*Verse*, GmbHG, § 30 Rz. 112 f., unterscheidet danach, ob die Rückzahlung des Darlehens vor dem 1.11.2008 erfolgt ist. Ist dies der Fall, gelten die bisherigen Rspr.-Regeln. Anderenfalls findet § 30 Abs. 1 Satz 3 GmbHG Anwendung.

zum MoMiG angesehen.[627] Daraus kann man den Schluss ziehen, dass die Überleitungsvorschrift auch für die Rechtsprechungsregelungen gelten soll, da diese ebenfalls ihre Grundlage im GmbHG finden.

cc) Rechtsfolgen

298 Liegt ein Verstoß gegen § 30 Abs. 1 Satz 1 GmbHG vor und greift auch kein Ausnahmetatbestand ein, muss der betreffende Gesellschafter die **Zahlung wieder an die Gesellschaft erstatten** (§ 31 Abs. 1 GmbHG). Die Erstattungspflicht entfällt auch nicht deshalb, weil die Unterbilanz auf andere Weise wieder ausgeglichen worden ist.[628] Ausnahmsweise kann die Erstattungspflicht auch einen dritten Zahlungsempfänger treffen, wenn ein persönliches oder wirtschaftliches Näheverhältnis zum Gesellschafter besteht (siehe Rz. 151 ff.).[629] Gutgläubige Zahlungsempfänger können sich auf die Haftungsbeschränkung in § 31 Abs. 2 GmbHG berufen. Kann der zur Rückzahlung verpflichtete Gesellschafter nicht zahlen, besteht eine Ausfallhaftung der anderen Gesellschafter nach Maßgabe des § 31 Abs. 3 GmbHG, die allerdings subsidiär ist.

299 Unabhängig davon verstößt ein Geschäftsführer, der nach § 30 Abs. 1 GmbHG verbotene Auszahlungen veranlasst, gegen seine Pflichten und macht sich gemäß § 43 Abs. 1 GmbHG ersatzpflichtig. Werden Gesellschafter nach § 31 Abs. 3 GmbHG in Anspruch genommen, können sie gemäß § 31 Abs. 6 GmbHG Rückgriff beim Geschäftsführer nehmen.

dd) Verjährung

300 Gemäß § 31 Abs. 5 Satz 1 GmbHG verjähren die Ansprüche der Gesellschaft gegenüber dem Gesellschafter (§ 31 Abs. 1 GmbHG) nach zehn Jahren und gegen die anderen Gesellschafter aus der Ausfallhaftung nach fünf Jahren. Den Beginn der Verjährungsfrist regelt § 31 Abs. 5 Satz 2 und 3 GmbHG.

ee) Darlegungs- und Beweislast

301 Die Darlegungs- und Beweislast für das Vorliegen der Voraussetzungen des § 30 Abs. 1 Satz 1 GmbHG trifft die Gesellschaft bzw. den Insolvenzverwalter.[630] Diese können sich aber auf eine Beweislastumkehr im Falle einer undurchsichtigen Buchführung berufen. Weiterhin kommt diesen der Beweis des ersten Anscheins im Zusammenhang mit der Unterbilanz zugute, wenn die Unterbilanz bereits zu Beginn und zum Ende eines Geschäftsjahrs bestanden hat.[631] Für den Ausnahmetatbestand des § 30 Abs. 1 Satz 2 GmbHG trifft die Darlegungs- und Beweislast den Gesellschafter.[632]

7. Sonstige Anspruchsgrundlagen

302 Darüber hinaus bestehen verschiedene andere Anspruchsgrundlagen, die vom Insolvenzverwalter zu prüfen sind.[633]

---

627) BGH, Vers.-Urt. v. 4.7.2013 – IX ZR 229/12, BGHZ 198, 77 = ZIP 2013, 1629.

628) BGH, Urt. v. 29.5.2000 – II ZR 118/98, BHGZ 144, 336 = ZIP 2000, 1251.

629) Lutter/Hommelhoff-*Hommelhoff*, GmbHG, § 31 Rz. 6.

630) Noack/Servatius/Haas-*Servatius*, GmbHG, § 30 Rz. 65; Scholz-*Verse*, GmbHG, § 30 Rz. 115.

631) *Kuleisa* in: HambKomm-InsO, Anh. II E. Rz. 44; Scholz-*Verse*, GmbHG, § 30 Rz. 116.

632) Noack/Servatius/Haas-*Servatius*, GmbHG, § 30 Rz. 65; Scholz-*Verse*, GmbHG, § 30 Rz. 116.

633) Daneben können verschiedene Ansprüche Dritter gegen die Geschäftsführer gegeben sein, die jedoch nicht vom Insolvenzverwalter geltend zu machen sind, so dass auf diese hier nicht näher eingegangen werden soll. S. zu diesen Ansprüchen die Darstellung bei *Bitter*, ZInsO 2010, 1561 ff.

a) Haftung des Geschäftsführers (§ 43 GmbHG)

aa) Voraussetzungen

303 Nach § 43 Abs. 2 GmbHG haften Geschäftsführer gesamtschuldnerisch für Schäden, wenn sie ihre Obliegenheiten verletzt haben. Den allgemeinen Maßstab hierfür stellt § 43 Abs. 1 GmbHG auf: Danach haben die Geschäftsführer die Geschäfte mit der **Sorgfalt eines ordentlichen Geschäftsmanns** zu führen. Dies ist als die Sorgfalt eines selbständigen, treuhänderischen Verwalters fremder Vermögensinteressen in verantwortlich leitender Position zu verstehen.[634)] Davon umfasst ist insbesondere die Pflicht zur ordnungsgemäßen Unternehmensleitung. Deren Ziel ist die bestmögliche Förderung des Gesellschaftszwecks in allen unternehmerischen Funktionsbereichen unter Einhaltung des durch Gesetz, Gesellschaftsvertrag und ggf. Anstellungsvertrag gesetzten Rahmen.[635)] Einen **besonderen Haftungstatbestand** stellt § 43 Abs. 3 GmbHG auf, indem die Vorschrift ausdrücklich auf Verstöße gegen die Kapitalaufbringung nach § 30 GmbHG (siehe dazu Rz. 300 ff.) und im Zusammenhang mit dem Erwerb eigener Anteile (§ 33 GmbHG) verweist. Bei einem Schutzschirmverfahren und einer Eigenverwaltung bestehen zudem besondere (gläubigerschützende) Pflichten.[636)] Im Falle deren Verletzung kann der Geschäftsführer analog §§ 60, 61 InsO haften.[637)]

304 In derselben Weise haftet ein **faktischer Geschäftsführer**, der anstelle des tatsächlichen Geschäftsführers, mit Einverständnis der Gesellschafter tatsächlich das Sagen und gegenüber dem tatsächlichen Geschäftsführer eine überragende Stellung hat.[638)]

305 Die Haftung gegenüber der Gesellschaft wird ergänzt durch verschiedene Sonderregelungen, insbesondere § 9a Abs. 1 GmbHG (siehe Rz. 273) und § 64 GmbHG (siehe Rz. 70 ff., 86 ff.). Weitere Haftungstatbestände, die auch zu einer Haftung gegenüber den Gesellschaftern und Dritten führen, können sich aus der allgemeinen deliktrechtlichen Haftung ergeben.[639)] In der Insolvenz spielt hier die Haftung für Insolvenzverschleppung (§ 823 Abs. 2 BGB i. V. mit § 15a InsO; dazu Rz. 50 ff.) und gegenüber Sozialversicherungsträgern (§ 823 Abs. 2 BGB i. V. mit § 266a StGB) die größte Rolle.

306 Die Pflichtverletzung muss für den eingetretenen Schaden **ursächlich** sein.[640)] Darüber hinaus muss diese schuldhaft, also vorsätzlich oder fahrlässig herbeigeführt worden sein.[641)] Dabei ist ein objektiver Sorgfaltsmaßstab anzulegen. Der Geschäftsführer kann also nicht Unerfahrenheit, sein Alter, mangelnde Sachkenntnis etc. einwenden.[642)]

bb) Anspruchsberechtigter

307 Der Anspruch ist durch die Gesellschaft geltend zu machen. Dies setzt einen Beschluss nach **§ 46 Nr. 8 GmbHG** voraus. Fehlt der Beschluss, ist eine Klage gegen den Geschäftsführer unbegründet.[643)] Macht ein Insolvenzverwalter den Anspruch geltend, ist ein Beschluss der Gesellschafter dagegen nicht erforderlich.[644)]

---

634) Lutter/Hommelhoff-*Kleindiek*, GmbHG, § 43 Rz. 10.

635) Dazu ausführlich: Lutter/Hommelhoff-*Kleindiek*, GmbHG, § 43 Rz. 12 ff.; Scholz-*U. H. Schneider*, GmbHG, 10. Aufl., § 43 Rz. 46 ff.

636) *Thole/Brünkmanns*, ZIP 2013, 1097.

637) BGH, Urt. 26.4.2018 – IX ZR 238/17, BGHZ 218, 290 = ZIP 2018, 977, dazu EWiR 2018, 339 *(Thole)*.

638) *Bitter*, ZInsO 2010, 1505, 1511.

639) S. hierzu Noack/Servatius/Haas-*Servatius/Beurskens*, GmbHG, § 43 Rz. 130 ff.

640) Scholz-*U. H. Schneider*, GmbHG, 10. Aufl., § 43 Rz. 221.

641) Scholz-*U. H. Schneider*, GmbHG, 10. Aufl., § 43 Rz. 231 f.

642) *Bitter*, ZInsO 2010, 1505, 1511.

643) Lutter/Hommelhoff-*Bayer*, GmbHG, § 46 Rz. 40; Scholz-*K. Schmidt*, GmbHG, 10. Aufl., § 46 Rz. 142.

644) BGH, Urt. v. 14.7.2004 – VIII ZR 224/02, ZIP 2004, 1708; Lutter/Hommelhoff-*Bayer*, GmbHG, § 46 Rz. 38.

cc) Umfang der Schadenersatzpflicht

Vom **Umfang** her hat der Geschäftsführer den Betrag an die Gesellschaft zu zahlen, um den das geldwerte Gesellschaftsvermögens gemindert worden ist. Hier finden die §§ 249 ff. BGB Anwendung.[645] Hat der Geschäftsführer aufgrund eines Beschlusses der Gesellschafter gehandelt, wird seine Verpflichtung dadurch insoweit nicht aufgehoben, als der Ersatzanspruch zur Befriedigung der Gläubiger erforderlich ist (§ 43 Abs. 2 Satz 3 GmbHG). 308

Sofern mehrere Geschäftsführer für einen Schaden verantwortlich sind, haften sie als **Gesamtschuldner**. Bei einer Ressortaufteilung ist in erster Linie der für den betreffenden Bereich zuständige Geschäftsführer verantwortlich. Ein anderer Geschäftsführer haftet nur dann, wenn er in diesem Zusammenhang Überwachungspflichten verletzt oder Organisationspflichten versäumt hat.[646] 309

dd) Verjährung

Der Haftungsanspruch verjährt gemäß § 43 Abs. 3 GmbHG in fünf Jahren. Die Verjährung beginnt mit der Entstehung des Anspruchs. Dabei kommt es auf die Kenntnis oder grob fahrlässige Unkenntnis der Gesellschafter von der Pflichtverletzung nicht an.[647] 310

ee) Darlegungs- und Beweislast

Die Gesellschaft bzw. der Insolvenzverwalter hat i. R. der Darlegungs- und Beweislast in entsprechender Anwendung des § 93 Abs. 2 Satz 2 AktG das schädigende Verhalten des Geschäftsführers, den Schaden und die Kausalität zwischen beidem vorzutragen. Dagegen hat der Geschäftsführer die mangelnde Sorgfaltspflichtverletzung sowie den Umstand, dass der Schaden auch bei einem rechtmäßigen Alternativverhalten eingetreten wäre, dazulegen und zu beweisen.[648] 311

b) Existenzvernichtungshaftung

aa) Überblick

Die Notwendigkeit einer Haftung für Existenzvernichtung ist damit zu erklären, dass das System der Kapitalerhaltung (§§ 30 f. GmbHG; siehe Rz. 285 ff.) lediglich einen über die Bilanz der Gesellschaft vermittelten Schutz bietet. Probleme bereiten daher Fallgestaltungen, bei denen sich der Entzug von Vermögensgegenständen nicht in der Bilanz der Gesellschaft abbildet. Hier sollen Gesellschafter zur Verantwortung gezogen werden, die den in den im Gläubigerinteresse zweckgebundenen Haftungsfonds kompensationslos eingreifen, wodurch die Solvenz der Gesellschaft beeinträchtigt wird. Dabei handelt es sich namentlich um offene oder verdeckte Eingriffe des Gesellschafters, die als solche oder deren Folgen in der für § 30 GmbHG maßgeblichen Stichtagsbilanz zu fortgeführten Buchwerten nicht oder nur ungenügend abgebildet werden. Dadurch versagt von vornherein die Schutzfunktion der Kapitalerhaltungsvorschriften (§§ 30 f. GmbHG).[649] Die 312

645) OLG Frankfurt/M., Urt. v. 25.10.2011 – 5 U 27/10, Der Konzern 2012, 61 = GmbHR 2012, 394 (LS); *A. Schmidt* in: HambKomm-InsO, Anh. II H. Rz. 86.

646) Hierzu Noack/Servatius/Haas-*Servatius/Beurskens*, GmbHG, § 43 Rz. 59.

647) Noack/Servatius/Haas-*Beurskens*, GmbHG, § 43 Rz. 103.

648) Noack/Servatius/Haas-*Beurskens*, GmbHG, § 43 Rz. 81 ff. m. w. N.

649) BGH, Urt. v. 16.7.2007 – II ZR 3/04, Rz. 21, 24 f., BGHZ 173, 246 = ZIP 2007, 1552, dazu EWiR 2007, 557 *(Wilhelm)*.

rechtsdogmatische Grundlage hat sich im Laufe der Zeit mehrfach geändert.[650] Nunmehr wird die Existenzvernichtungshaftung deliktsrechtlich begründet und als **Fallgruppe der vorsätzlichen sittenwidrigen Schädigung (§ 826 BGB)** angesehen.[651] Dabei handelt es sich um eine **Innenhaftung**, also einer Haftung des Gesellschafters gegenüber der Gesellschaft.[652]

313 Hat der Gesellschafter zugleich die §§ 30 f. GmbHG verletzt, schließt dies eine Haftung nach § 826 BGB nicht aus. Ebenfalls können Ansprüche nach § 43 Abs. 2 und 3 GmbHG sowie § 64 Satz 2 GmbHG bestehen. Diese Ansprüche stehen dann nebeneinander.[653]

bb) Tatbestandsvoraussetzungen

314 Vom Tatbestand her liegt ein existenzvernichtender Eingriff vor, wenn der Gesellschafter einen kompensationslosen, zur Insolvenz führenden oder die Insolvenzreife vertiefende Eingriff in das für die Gläubiger dienende Gesellschaftsvermögen vornimmt.[654]

315 Der **Vermögensbegriff** beim existenzvernichtenden Eingriff ist weit zu verstehen, Er umfasst nicht nur die in der Bilanz der Gesellschaft aufgeführten Vermögensgegenstände oder Rechtspositionen, denen bei wirtschaftlicher Betrachtung ein Wert beigemessen werden kann. Der Begriff ist damit wesentlich weiter gefasst als das nach §§ 30 f. GmbHG geschützte Gesellschaftsvermögen. Darunter fallen z. B. der Kundenstamm sowie Geschäftschancen und -ressourcen[655] oder der Verkauf von Vermögensgegenständen unter Wert.[656]

316 Der **Eingriff** kann einmal in einem Entzug von Vermögensgegenständen aus der Gesellschaft bestehen. Dabei ist es unerheblich, ob diese an den Gesellschafter selbst, eine Schwestergesellschaft oder einen Dritten gelangen.[657] Nicht der Entzug von Vermögensgegenständen, sondern auch die Eingehung ganz unverhältnismäßiger Schulden und Risiken kann als Eingriff angesehen werden, wobei letztere nur dann haftungsauslösend sein können, wenn sie in keinem spezifischen Bezug zur Unternehmensführung stehen, also betriebsfremden Zwecken dienen.[658] Dies kann auch die Verschmelzung einer insolventen Gesellschaft auf eine andere Gesellschaft sein, wenn diese infolge dessen selbst insolvenzreif wird.[659] Der BGH sieht die Unterkapitalisierung einer Gesellschaft jedoch nicht als Eingriff an. Er begründet dies damit, dass die Existenzvernichtungshaftung als eine das gesetzliche Kapitalerhaltungssystem ergänzende, aber deutlich darüber hinausgehende Ent-

---

650) Vgl. dazu die ausführliche Darstellung bei Lutter/Hommelhoff-*Bayer*, GmbHG, § 13 Rz. 25 ff. zu der Entwicklung und den Auffassungen in der Literatur.

651) BGH, Urt. v. 16.7.2007 – II ZR 3/04, Rz. 17 ff., BGHZ 173, 246 = ZIP 2007, 1552, dazu EWiR 2007, 557 *(Wilhelm)*; BGH, Urt. v. 28.4.2008 – II ZR 264/06, BGHZ 176, 204 = ZIP 2008, 1232, dazu EWiR 2008, 423 *(Bruns)*; BGH, Urt. v. 9.2.2009 – II ZR 292/07, BGHZ 179, 344 = ZIP 2009, 802.

652) BGH, Urt. v. 16.7.2007 – II ZR 3/04, Rz. 15 ff., BGHZ 173, 246 = ZIP 2007, 1552, dazu EWiR 2007, 557 *(Wilhelm)*; Noack/Servatius/Haas-*Fastrich*, GmbHG, § 13 Rz. 59.

653) *Bitter*, ZInsO 2010, 1505, 1524.

654) BGH, Urt. v. 16.7.2007 – II ZR 3/04, Rz. 24, BGHZ 173, 246 = ZIP 2007, 1552, dazu EWiR 2007, 557 *(Wilhelm)*.

655) BGH, Urt. v. 13.12.2004 – II ZR 206/02, ZIP 2005, 117, dazu EWiR 2005, 221 *(Wilhelmi)*.

656) BGH, Urt. v. 23.4.2012 – II ZR 252/10, BHGZ 193, 96 = ZIP 2012, 1071, dazu EWiR 2012, 415 *(Paefgen/Dettke)*: s. im Übrigen die Beispiele bzw. Fallgruppen bei *Bitter*, ZInsO 2010, 1505, 1523; Noack/Servatius/Haas-*Fastrich*, GmbHG, § 13 Rz. 72; Scholz-*Bitter*, GmbHG, § 13 Rz. 166; *A. Schmidt* in: HambKomm-InsO, Anh. I H. Rz. 63.

657) BGH, Urt. v. 20.9.2004 – II ZR 392/02, ZIP 2004, 2138, dazu EWiR 2005, 169 *(Wiesbrock)*; *Bitter*, ZInsO 2010, 1505, 1522.

658) BGH, Urt. v. 16.7.2007 – II ZR 3/04, Rz. 31, BGHZ 173, 246 = ZIP 2007, 1552, dazu EWiR 2007, 557 *(Wilhelm)*; Lutter/Hommelhoff-*Bayer*, GmbHG, § 13 Rz. 35.

659) BGH, Urt. v. 6.11.2018 – II ZR 199/17, BGHZ 220, 179 = ZIP 2019, 114, dazu EWiR 2019, 101 *(Heckschen)*.

nahmesperre wirken soll, indem sie die sittenwidrige, weil insolvenzverursachende oder -vertiefende „Selbstbedienung“ des Gesellschafters vor den Gläubigern der Gesellschaft durch die repressive Anordnung der Schadensersatzpflicht in Bezug auf das beeinträchtigte Gesellschaftsvermögen ausgleicht.[660] Der BGH grenzt damit Fälle der materiellen Unterkapitalisierung ab und sieht diese nicht als existenzvernichtenden Eingriff an. Allerdings wird auch gefordert, die „einseitige Spekulation auf Kosten der Gläubiger“ als solchen anzusehen.[661]

Praxishinweis

Die Frage ist in diesem Zusammenhang, ob die Haftung als Fallgruppe der Existenzvernichtungshaftung oder als Durchgriffshaftung wegen materieller Unterkapitalisierung erfolgt. Der Unterschied zwischen beiden ist, dass die Durchgriffshaftung grundsätzlich eine Außenhaftung ist. Wie sich das Verhältnis zwischen beiden Haftungstatbeständen entwickelt ist noch offen. **Dagegen** stellen bloße Managementfehler bzw. unternehmerische Fehlentscheidungen keinen Eingriff dar.[662]

Der Eingriff muss **sittenwidrig** sein. Dies ist der Fall, wenn die Gesellschaft um Vermögen gebracht wird, das sie zur vorrangigen Befriedigung ihrer Gläubiger benötigt.[663] Dies ist etwa bei einer **„Firmenbestattung“** der Fall. Hier handelt es sich um ein Verhalten, bei dem sich die Verantwortlichen dazu entschließen, eine Gesellschaft verdeckt zu liquidieren, um ein Insolvenzverfahren zu vermeiden oder solange wie möglich hinauszuzögern.[664] Die Sittenwidrigkeit wird regelmäßig bereits durch den Eingriff als solchen indiziert.[665] **317**

Weiterhin ist als subjektives Element **mindestens bedingter Vorsatz** erforderlich. Hier lässt es der BGH genügen, dass dem handelnden Gesellschafter bewusst ist, dass durch die von ihm selbst oder mit seiner Zustimmung veranlasste Maßnahmen das Gesellschaftsvermögen sittenwidrig geschädigt wird. Dafür reicht es aus, dass ihm die Tatsachen bewusst sind, die den Eingriff sittenwidrig machen. Ein konkretes Bewusstsein der Sittenwidrigkeit ist hier nicht erforderlich.[666] **318**

Ursächliche Folge des Eingriffs muss die **Herbeiführung der Insolvenzreife**[667] oder deren **Vertiefung**[668] sein. Die Haftung tritt nicht ein, wenn die Finanzlage der Gesellschaft wieder so hergestellt ist, dass sie ihre Verbindlichkeiten erfüllen kann.[669] **319**

660) BGH, Urt. v. 28.4.2008 – II ZR 264/06, Rz. 12 ff., BGHZ 176, 204 = ZIP 2008, 1232, dazu EWiR 2008, 423 *(Bruns)*.

661) *Bitter*, ZInsO 2010, 1505, 1522, der dies ebenfalls als existenzvernichtenden Eingriff einstuft und auf die frühere Rspr. des BGH zur Unterkapitalisierung verweist; s. a. Scholz-*Bitter*, GmbHG, § 13 Rz. 165.

662) BGH, Urt. v. 13.12.2004 – II ZR 256/02, ZIP 2005, 250; Lutter/Hommelhoff-*Bayer*, GmbHG, § 13 Rz. 37; Noack/Servatius/Haas-*Fastrich*, GmbHG, § 13 Rz. 64.

663) BGH, Urt. v. 21.2.2013 – IX ZR 52/10, ZIP 2013, 894.

664) BGH, Urt. v. 8.2.2018 – IX ZR 103/17, Rz. 58, BGHZ 217, 300 = ZIP 2018, 1299, dazu EWiR 2018, 497 *(Brinkmann)*.

665) BGH, Urt. v. 16.7.2007 – II ZR 3/04, Rz. 30, BGHZ 173, 246 = ZIP 2007, 1552, dazu EWiR 2007, 557 *(Wilhelm)*; BGH, Urt. v. 12.12.2007 – IX ZR 116/06, Rz. 12, ZIP 2008, 455, dazu EWiR 2008, 433 *(Wilhelmi)*; Lutter/Hommelhoff-*Bayer*, GmbHG, § 13 Rz. 39.

666) BGH, Urt. v. 16.7.2007 – II ZR 3/04, Rz. 30, BGHZ 173, 246 = ZIP 2007, 1552, dazu EWiR 2007, 557 *(Wilhelm)*; *Bitter*, ZInsO 2010, 1505, 1522; Lutter/Hommelhoff-*Bayer*, GmbHG, § 13 Rz. 40.

667) BGH, Urt. v. 16.7.2007 – II ZR 3/04, Rz. 17, BGHZ 173, 246 = ZIP 2007, 1552, dazu EWiR 2009, 1552 *(Wilhelm)*.

668) BGH, Urt. v. 20.9.2004 – II ZR 392/02, ZIP 2004, 2138, dazu EWiR 2005, 169 *(Wiesbrock)*.

669) Lutter/Hommelhoff-*Bayer*, GmbHG, § 13 Rz. 38.

cc) Umfang der Schadensersatzpflicht

320 Der **Umfang der Haftung** richtet sich nach den §§ 249 ff. BGB.[670] Dabei hat der Gesellschafter den Betrag an die Insolvenzmasse zu zahlen, der zur Deckung der Verbindlichkeiten erforderlich ist. Ist eine bestehende Insolvenzreife lediglich vertieft worden, haftet der Gesellschafter nur für den Quotenschaden, also den Betrag, der der Insolvenzmasse durch den Eingriff tatsächlich entzogen worden ist.[671] Zu ersetzen sind auch die Kosten des Insolvenzverfahrens (einschließlich der vorläufigen Verwaltung), da die Gesellschaft ohne den Eingriff nicht insolvenzreif geworden wäre.[672] Der Schadensbetrag ist zusätzlich ab dem Zeitpunkt des Eingriffs zu verzinsen.[673] Die bereits vorhandene Insolvenzmasse ist von dem Haftungsbetrag jedoch abzuziehen.[674]

dd) Verjährung

321 Für den Anspruch gilt die **Regelverjährung** (§ 195 BGB), also eine Frist von drei Jahren. Diese beginnt jedoch erst zu laufen, wenn dem Gläubiger sowohl die anspruchsbegründenden Umstände bekannt oder infolge grober Fahrlässigkeit unbekannt sind.[675]

ee) Darlegungs- und Beweislast

322 Die Gesellschaft bzw. der Insolvenzverwalter hat die Darlegungs- und Beweislast für alle objektiven und subjektiven Tatbestandsmerkmale. Das gilt auch für den Nachweis der Kausalität.[676] Hinsichtlich des subjektiven Tatbestands kommt dem Anspruchsteller eine Erleichterung zugute (siehe Rz. 311).

c) Durchgriffshaftung

aa) Überblick

323 Hinter der (echten)[677] Durchgriffshaftung verbergen sich verschiedene Fallgruppen, bei denen die Rechtsprechung den Gesellschaftern nicht die in § 13 Abs. 2 GmbHG enthaltene Haftungstrennung zubilligt, sondern diese durchbricht und die Gesellschafter in entsprechender Anwendung des § 128 HGB persönlich für Verbindlichkeiten der Gesellschaft haften lässt. Hier geht es um Missbrauch der Rechtsform.[678] Die dogmatische Grundlage und die Voraussetzungen im Einzelfall sind nicht endgültig geklärt. Diskutiert werden verschiedene Theorieansätze. In der Rechtsprechung ist zuletzt auf teleologische Reduktion des § 13 Abs. 2 GmbHG abgestellt worden.[679] Dabei haben sich auch die Fallgruppen im Laufe der Zeit geändert. Zu dem Bereich der Durchgriffshaftung wurden früher auch der sog. qualifiziert faktische Konzern (Beherrschung der Gesellschaft) und der existenzvernichtende Eingriff gezählt bis der BGH die Haftung weiterentwickelt und auf § 826

---

670) *A. Schmidt* in: HambKomm-InsO, Anh. II F. Rz. 24 f.

671) *A. Schmidt* in: HambKomm-InsO, Anh. II F. Rz. 26.

672) BGH, Urt. v. 16.7.2007 – II ZR 3/04, Rz. 57, BGHZ 173, 246 = ZIP 2007, 1552, dazu EWiR 2007, 557 *(Wilhelm)*.

673) BGH, Urt. v. 13.12.2007 – IX ZR 116/06, ZIP 2008, 455, dazu EWiR 2008, 433 *(Wilhelmi)*.

674) BGH, Vers.-Urt. v. 14.11.2005 – II ZR 178/03, Rz. 24, BGHZ 165, 85 = ZIP 2006, 467.

675) BGH, Urt. v. 24.7.2012 – II ZR 177/11, ZIP 2012, 1804, dazu EWiR 2012, 757.

676) BGH, Urt. v. 16.7.2007 – II ZR 3/04, Rz. 41, BGHZ 173, 246 = ZIP 2007, 1552, dazu EWiR 2007, 557 *(Wilhelm)*.

677) Beim „unechten" Durchgriff handelt es sich um verschiedene Haftungsgrundlagen aus Vertrag oder Gesetz, insbesondere aus unerlaubter Handlung, bei denen Gesellschafter oder Geschäftsführer persönlich für Verbindlichkeiten der Gesellschaft haften; vgl. dazu Überblick bei *Bitter*, ZInsO 2010, 1561 ff.

678) Dazu: *Bitter*, ZInsO 2010, 1561, 1578; Noack/Servatius/Haas-*Fastrich*, GmbHG, § 13 Rz. 43 ff.

679) S. zur ganzen Diskussion: Scholz-*Bitter*, GmbHG, § 13 Rz. 110 ff.

BGB gestützt hat (siehe Rz. 312).[680] Zu betonen ist, dass die Rechtsprechung die Durchgriffshaftung recht restriktiv anwendet.

bb) Fallgruppen

(1) Vermögensvermischung

Zu dieser Fallgruppe zählen Sachverhalte, bei denen **keine klare Trennung zwischen dem Vermögen der Gesellschaft und des Gesellschafters** vorhanden ist. Dies äußert sich in der Regel dadurch, dass die Grenzen zwischen beiden Vermögen durch eine undurchsichtige Buchhaltung so verwischt oder verschleiert sind, dass zwischen beiden nicht mehr unterschieden werden kann. Aufgrund dessen können die Kapitalerhaltungsvorschriften, deren Einhaltung aber unverzichtbarer Ausgleich für die Haftungsbeschränkung auf das Gesellschaftsvermögen ist, nicht eingehalten werden.[681] Dafür reicht das bloße Fehlen einer doppelten Buchführung jedoch nicht aus, solange sich die Vermögenszuflüsse und -abflüsse sowie die Trennung von Gesellschafts- und Privatvermögen der Gesellschafter aufgrund sonstiger vorhandener Unterlagen noch nachvollziehen lassen.[682] Die persönliche Haftung kann unter diesem Gesichtspunkt nur diejenigen Gesellschafter treffen, die aufgrund des ihnen in dieser Stellung gegebenen Einflusses in der Gesellschaft für den Vermögensvermischungstatbestand verantwortlich sind.[683] Dies ist somit eine Handelndenhaftung.[684] 324

Von der Vermögensvermischung ist die Sphärenvermischung zu unterscheiden. Hierunter versteht man, dass die Vermögensgegenstände der Gesellschaft und des Gesellschafters nicht voneinander unterschieden werden können. Dies führt nicht zu einer Durchgriffshaftung, sondern hat lediglich im Bereich der Zwangsvollstreckung Auswirkungen.[685] Ebenfalls keine Haftung lösen Sachverhalte aus, wenn rechtlich nicht zwischen der Gesellschaft und dem Gesellschafter bzw. anderen Gesellschaften unterschieden werden kann, weil diese z. B. ähnliche Firmennamen, dieselbe Firmenanschrift und Telefonnummer oder dieselben Mitarbeiter haben. Hier handelt es sich vielmehr um Fragen der Rechtsscheinhaftung.[686] 325

(2) Unterkapitalisierung

Bei der Unterkapitalisierung geht es um die Frage, in welchem Umfang eine Gesellschaft von Gesellschaftern mit Eigenkapital auszustatten ist, damit es in einem angemessenen Verhältnis zu der angestrebten oder tatsächlichen Geschäftstätigkeit der Gesellschaft steht. Hierüber enthält das Gesetz keine Regelung.[687] Dabei ist zwischen der formellen und materiellen Unterkapitalisierung zu unterscheiden. Bei der nominellen Unterkapitalisierung ist das erforderliche Kapital bei der Gesellschaft zwar vorhanden, es ist jedoch nicht als Eigen-, sondern Fremdkapital zur Verfügung gestellt worden. Dagegen fehlt das erforderliche Kapital über der materiellen Unterkapitalisierung überhaupt. In den An- 326

680) Dazu: Noack/Servatius/Haas-*Fastrich*, GmbHG, § 13 Rz. 48 f.

681) BGH, Urt. v. 13.4.1994 – II ZR 16/93, BGHZ 125, 366 = ZIP 1994, 867, dazu EWiR 1994, 681 *(v. Gerkan)*; BGH, Vers.-Urt. v. 14.11.2005 – II ZR 178/03, BGHZ 165, 85 = ZIP 2006, 467; Noack/Servatius/Haas-*Fastrich*, GmbHG, § 13 Rz. 45; Scholz-*Bitter*, GmbHG, § 13 Rz. 131 ff.

682) BGH, Vers.-Urt. v. 14.11.2005 – II ZR 178/03, Rz. 15, BGHZ 165, 85 = ZIP 2006, 467.

683) BGH, Urt. v. 13.4.1994 – II ZR 16/93, BGHZ 125, 366 = ZIP 1994, 867, dazu EWiR 1994, 681 *(v. Gerkan)*.

684) BGH, Vers.-Urt. v. 14.11.2005 – II ZR 178/03, Rz. 17, BGHZ 165, 85 = ZIP 2006, 467.

685) Noack/Servatius/Haas-*Fastrich*, GmbHG, § 13 Rz. 46; Scholz-*Bitter*, GmbHG, § 13 Rz. 135.

686) Lutter/Hommelhoff-*Bayer*, GmbHG, § 13 Rz. 24; Scholz-*Bitter*, GmbHG, § 13 Rz. 136 f.

687) Scholz-*Bitter*, GmbHG, § 13 Rz. 138 f.; Lutter/Hommelhoff-*Bayer*, GmbHG, § 13 Rz. 20.

wendungsbereich der Durchgriffshaftung fällt allein nur die **materielle Unterkapitalisierung.**[688]

327 In der Literatur ist die Frage recht umstritten, ob bei einer materiellen Unterkapitalisierung die Durchgriffshaftung eingreift.[689] Der BGH steht einer eigenständigen Durchgriffshaftung ablehnend gegenüber und will diese Fälle unter dem Gesichtspunkt des § 826 BGB behandeln.[690] Möglicherweise mag diese Haftungsgrundlage in Zukunft aber an Bedeutung gewinnen, weil mit der Einführung der UG die Ausstattung mit einem Mindeststammkapital praktisch aufgehoben ist.[691]

cc) Umfang und Geltendmachung des Anspruchs

328 Hinsichtlich des Umfangs des Schadensersatzanspruchs gilt dasselbe wie beim existenzvernichtenden Eingriff (siehe Rz. 312 ff.). Im Insolvenzverfahren über das Vermögen der Gesellschaft ist der Insolvenzverwalter in entsprechender Anwendung des § 93 InsO berechtigt, den Anspruch geltend zu machen.[692]

dd) Darlegungs- und Beweislast

329 Darlegungs- und beweispflichtig ist der Insolvenzverwalter. Ihm können allerdings die Grundsätze über die sekundäre Behauptungslast zugutekommen, weil sich der Gesellschafter als derjenige, der die Verhältnisse der Gesellschaft kennen muss, nicht auf ein pauschales Bestreiten zurückziehen darf.[693]

d) Haftung bei Unternehmensverträgen

330 Eine GmbH kann durch Abschluss eines Unternehmensvertrags konzernrechtlich abhängige Gesellschaft werden. Typischerweise wird ein Gewinnabführungsvertrag abgeschlossen (seltener Beherrschungsverträge, da die Geschäftsführer ohnehin weisungsabhängig sind).[694] Beim Gewinnabführungsvertrag verpflichtet sich die Gesellschaft, ihren gesamten Gewinn an den anderen Vertragsteil abzuführen.[695] Beim Beherrschungsvertrag unterstellt sich die anhängige Gesellschaft der Leitung des herrschenden Unternehmens.[696] Als Ausgleich verpflichtet sich das herrschende Unternehmen in entsprechender Anwendung des § 302 AktG, einen Jahresfehlbetrag bei der abhängigen Gesellschaft auszugleichen.

331 Mit der Eröffnung des Insolvenzverfahrens wird der Unternehmensvertrag suspendiert (siehe Rz. 116). Allerdings hat der Insolvenzverwalter der abhängigen Gesellschaften einen bis dahin entstanden Ausgleichsanspruch geltend zu machen.

---

688) Noack/Servatius/Haas-*Fastrich*, GmbHG, § 13 Rz. 47; Lutter/Hommelhoff-*Bayer*, GmbHG, § 13 Rz. 20; Scholz-*Bitter*, GmbHG, § 13 Rz. 140 ff.

689) Vgl. umfangreiche Nachweise bei Scholz-*Bitter*, GmbHG, § 13 Rz. 143.

690) BGH, Urt. v. 28.4.2008 – II ZR 264/06, BGHZ 176, 204 = ZIP 2008, 1232, dazu EWiR 2008, 423 *(Bruns)*; vgl. auch zur Entwicklung der Rspr.: Lutter/Hommelhoff-*Bayer*, GmbHG, § 13 Rz. 22; Scholz-*Bitter*, GmbHG, § 13 Rz. 144.

691) Lutter/Hommelhoff-*Bayer*, GmbHG, § 13 Rz. 23.

692) BGH, Vers.-Urt. v. 14.11.2005 – II ZR 178/03, BGHZ 165, 85 = ZIP 2006, 467.

693) BGH, Vers.-Urt. v. 14.11.2005 – II ZR 178/03, BGHZ 165, 85 = ZIP 2006, 467.

694) Zum Abschluss des Vertrags und den einzuhaltenden Formalien s.: Lutter/Hommelhoff-*Hommelhoff*, GmbHG, Anh. § 13 Rz. 73 ff.

695) Lutter/Hommelhoff-*Hommelhoff*, GmbHG, Anh. § 13 Rz. 67.

696) Lutter/Hommelhoff-*Hommelhoff*, GmbHG, Anh. § 13 Rz. 70.

e) Patronatserklärung

Ansprüche aus Patronatserklärungen sind zwar als solche keine gesellschaftsrechtlichen Ansprüche, sie werden aber regelmäßig aufgrund eines gesellschaftsrechtlichen Verhältnisses von dem Gesellschafter (oftmals von einer Konzernmutter) abgegeben. In gesellschaftsrechtlichen Verhältnissen geschieht dies meist, um eine Überschuldung oder Zahlungsunfähigkeit abzuwenden (siehe Rz. 19 und 35). Bei der Patronatserklärung verpflichtet sich der Erklärende (Patron) zu einem bestimmten Verhalten. Die Ausgestaltung kann dabei vielfältig sein: die Patronatserklärung kann gegenüber Dritten (externe Erklärung) oder der Gesellschaft selbst (interne Erklärung) abgeben werden. Es kann sich um „harte" oder „weiche" Patronatserklärungen handeln. Als „harte" Erklärungen werden solche bezeichnet, die eine rechtlich verbindliche Einstandspflicht begründen.[697] Im Gegensatz dazu stellen „weiche" Erklärungen nur eine rechtlich unverbindliche Absichtserklärung dar, die keinen durchsetzbaren Anspruch schaffen.[698] Zur Abwendung einer Insolvenzreife sind damit zunächst einmal nur harte Patronatserklärungen gegenüber der Gesellschaft mit einer entsprechenden finanziellen Ausstattungspflicht ausreichend.[699] Allerdings hat der BGH auch kündbare Erklärungen für zulässig erachtet, wenn dies entsprechend vereinbart worden ist. Hier bleibt der Patron aber für die bis zum Wirksamkeitszeitpunkt der Kündigung begründeten Verbindlichkeiten verpflichtet.[700] 332

Im Insolvenzverfahren fällt der Ausstattungsanspruch aus einer „harten" Patronatserklärung in die Insolvenzmasse, wenn diese gegenüber dem Schuldner abgegeben worden ist.[701] Bei einer gegenüber einem Dritten abgegebenen Erklärung hat dagegen dieser nur einen Zahlungsanspruch gegen den Patron, nicht aber die Schuldnerin. Hier findet auch § 92 InsO keine entsprechende Anwendung.[702] 333

f) Haftung des Aufsichtsrats (bei der GmbH)

aa) Überblick

Nach dem GmbHG ist die Einrichtung eines Aufsichtsrats nicht zwingend vorgeschrieben. Ist im Gesellschaftsvertrag ein (fakultativer) Aufsichtsrat vorgesehen, richten sich dessen Zusammensetzung und Kompetenzen nach den dort enthaltenen Regelungen. Soweit hier solche nicht getroffen sind, findet § 52 Abs. 1 GmbHG Anwendung, der auf verschiedene Vorschriften des AktG verweist.[703] 334

An verschiedener Stelle ist gesetzlich auch bei der GmbH ein obligatorischer Aufsichtsrat vorgesehen (insbesondere im DrittelbG und MitbestG). § 1 Abs. 1 Nr. 3 DrittelbG und § 25 Abs. 1 Nr. 2 MitbestG verweisen ebenfalls auf die Regelungen des AktG. Der Verweis ist jedoch umfangreicher als beim fakultativen Aufsichtsrat. 335

Eine Haftung eines Mitglieds des Aufsichtsrats ist nach §§ 116, 93 Abs. 1 und 2 AktG i. V. mit § 52 Abs. 1 GmbHG gegeben, wenn dieses erstens seine Pflichten verletzt hat, 336

---

697) BGH, Urt. v. 30.1.1992 – IX ZR 112/91, BGHZ 117, 127 = ZIP 1992, 338, dazu EWiR 1992, 335 *(Rümker)*.

698) S. zu den unterschiedlichen Formen: *Kiethe*, ZIP 2005, 646 ff.

699) Zu den Anforderungen zur Beseitigung einer Überschuldung: *Haußer/Haag*, ZIP 2010, 1427 ff.

700) BGH, Urt. v. 20.9.2010 – II ZR 296/08, BGHZ 187, 69 = ZIP 2010, 2092, dazu EWiR 2010, 757 *(Guski)*.

701) BGH, Urt. v. 19.5.2011 – IX ZR 9/10, Rz. 19, ZIP 2011, 1111, dazu EWiR 2011, 575 *(Hirte/Ede)*; *Holzer* in: KPB, InsO, § 35 Rz. 87; *Peters* in: MünchKomm-InsO, § 35 Rz. 435.

702) BGH, Urt. v. 30.1.1992 – IX ZR 112/91, BGHZ 117, 127 = ZIP 1992, 338, dazu EWiR 1992, 335 *(Rümker)*; BGH, Urt. v. 19.5.2011 – IX ZR 9/10, Rz. 20, ZIP 2011, 1111, dazu EWiR 2011, 575 *(Hirte/Ede)*; *Lüdtke* in: HambKomm-InsO, § 35 Rz. 166.

703) Lutter/Hommelhoff-*Hommelhoff/Bayer*, GmbHG, § 52 Rz. 1.

zweitens die Pflichtverletzung schuldhaft war, drittens ein Schaden bei der Gesellschaft eingetreten ist und viertens die Pflichtverletzung für den eingetretenen Schaden kausal war.[704)]

bb) Pflichten, insbesondere in der Krise

337 Wesentliche Verpflichtung des Aufsichtsrats ist die Überwachung der Geschäftsführung und zwar hinsichtlich der Legalität, der Ordnungsmäßigkeit und der Wirtschaftlichkeit.[705)] Sie umfasst auch die Leitung und Überwachung von Konzernunternehmen.[706)] Daneben trifft das Aufsichtsratsmitglied eine Verschwiegenheits- und Treuepflicht.[707)] Der Aufsichtsrat hat zwar keine Insolvenzantragspflicht, seine Pflichten intensivieren sich aber während einer Krise der Gesellschaft.[708)] Er muss sich insbesondere in einer Krisensituation ein genaues Bild von der wirtschaftlichen Situation der Gesellschaft verschaffen und alle ihm zur Verfügung stehenden Erkenntnisquellen ausschöpfen.[709)] Hier gelten dieselben Maßstäbe wie für einen Geschäftsführer (siehe dazu Rz. 43).[710)] Gegebenenfalls hat er darauf hinzuwirken, dass eine Gesellschafterversammlung nach § 49 Abs. 3 GmbHG einberufen wird. Stellt er dabei fest, dass die Gesellschaft insolvenzreif ist, hat er darauf hinzuwirken, dass die Geschäftsführung rechtzeitig einen Insolvenzantrag stellt und keine Zahlungen leistet, die mit der Sorgfalt eines ordentlichen und gewissenhaften Geschäftsleiters nicht vereinbar sind (§ 64 Satz 1 GmbHG). Erforderlichenfalls muss er ein unzuverlässiges Mitglied der Geschäftsführung abberufen.[711)] In der Krisensituation einer Gesellschaft sollten sich Aufsichtsrat und Gesellschafter gegenseitig unterrichten und abstimmen.

cc) Verschulden, Sorgfaltsmaßstab

338 Eine Schadensersatzpflicht der Mitglieder des Aufsichtsrats besteht nur, wenn diese vorsätzlich oder fahrlässig ihre Pflichten verletzt haben. Sie haben ihren Pflichten mit der Sorgfalt eines ordentlichen und gewissenhaften Überwachers und Beraters nachzukommen (§ 93 Abs. 1 AktG). Dabei ist ein objektiver Maßstab anzulegen.[712)] Darüber hinaus schuldet das einzelne Aufsichtsratsmitglied hinaus die Sorgfalt, zu der es aufgrund einer Vorbildung, Kenntnisse und Fähigkeiten in der Lage ist (subjektiver Maßstab).[713)]

dd) Anspruchsberechtigter

339 Anspruchsberechtigt ist die Gesellschaft bzw. der Insolvenzverwalter. Einen Beschluss nach § 46 Nr. 8 GmbHG benötigt der Insolvenzverwalter nicht (siehe Rz. 307).

---

704) Scholz-*U. H. Schneider/Seyfarth*, GmbHG, § 52 Rz. 614.

705) Lutter/Hommelhoff-*Hommelhoff/Bayer*, GmbHG, § 52 Rz. 16; zu den Maßstäben der Tätigkeit: Scholz-*U. H. Schneider/Seyfarth*, GmbHG, § 52 Rz. 274 ff.; s. a. die Darstellung von Einzelfällen bei *Kuleisa* in: HambKomm-InsO, Anh. I I. Rz. 27 ff.

706) Lutter/Hommelhoff-*Hommelhoff/Bayer*, GmbHG, § 52 Rz. 35.

707) *Kuleisa* in: HambKomm-InsO, Anh. I I. Rz. 20.

708) Lutter/Hommelhoff-*Hommelhoff/Bayer*, GmbHG, § 52 Rz. 38.

709) BGH, Urt. v. 16.3.2009 – II ZR 280/07, Rz. 15, ZIP 2009, 860, dazu EWiR 2009, 493 *(Kiem/Giershausen)*.

710) Lutter/Hommelhoff-*Hommelhoff/Bayer*, GmbHG, § 52 Rz. 38.

711) BGH, Urt. v. 16.3.2009 – II ZR 280/07, Rz. 15, ZIP 2009, 860, dazu EWiR 2009, 493 *(Kiem/Giershausen)*; BGH, Urt. v. 20.9.2010 – II ZR 78/09, BGHZ 187, 60 = ZIP 2010, 1988, dazu EWiR 2010, 713 *(Vetter)*; OLG Düsseldorf, Urt. v. 31.5.2012 – 16 U 176/10, ZIP 2012, 2299, dazu EWiR 2013, 65 *(v. d. Linden)*.

712) Scholz-*U. H. Schneider/Seyfarth*, GmbHG, § 52 Rz. 637; Noack/Servatius/Haas-*Noack*, GmbHG, § 52 Rz. 72.

713) Scholz-*U. H. Schneider/Seyfarth*, GmbHG, § 52 Rz. 638.

ee) Kausalität und Umfang der Schadensersatzpflicht

Die Pflichtverletzung muss für den eingetretenen Schaden ursächlich gewesen sein.[714] 340
Der Umfang entspricht derjenigen wie beim Geschäftsführer (siehe dazu Rz. 308 f.). Im Rahmen der Insolvenzverschleppung besteht bei einem fakultativen Aufsichtsrat jedoch im Zusammenhang mit § 64 Satz 1 GmbHG die **Einschränkung**, dass eine Ersatzpflicht nur insoweit besteht als die Gesellschaft durch den Pflichtverstoß selbst geschädigt worden ist. Die Aufsichtsratsmitglieder haften dagegen nicht, wenn die Zahlung – wie im Regelfall – nur zu einer Verminderung der Insolvenzmasse und damit zu einem Schaden allein der Insolvenzgläubiger geführt hat. Begründet wird dies mit der unterschiedlichen Funktion eines fakultativen Aufsichtsrats gegenüber einem obligatorischen Aufsichtsrat. Im Gegensatz zu § 1 Abs. 1 Nr. 3 DrittelbG und § 25 Abs. 1 Nr. 2 MitbestG verweist § 52 GmbHG gerade nicht auf § 93 Abs. 3 Nr. 6 AktG.[715] Für die Praxis bedeutet dies, dass Mitglieder eines obligatorischen Aufsichtsrats bei Verletzung des § 64 Satz 1 GmbHG nur im Ausnahmefall haften.

ff) Verjährung

Die Verjährung richtet sich nach der fünfjährigen Frist des § 52 Abs. 3 GmbHG. 341

gg) Darlegungs- und Beweislast

Aus § 93 Abs. 2 Satz 2 AktG folgt, dass die Gesellschaft im Streitfall (ggf. mit der Er- 342
leichterung des § 287 ZPO) lediglich darzulegen und zu beweisen hat, dass ihr durch ein möglicherweise pflichtwidriges Verhalten – ggf. durch ein Unterlassen – des Organmitglieds ein Schaden entstanden ist. Das Aufsichtsratsmitglied muss seinerseits darlegen und beweisen, dass es diese Pflichten erfüllt hat oder dass ihn jedenfalls an der Nichterfüllung kein Verschulden trifft.[716]

III. Haftung bei Personenhandelsgesellschaften

1. Persönlich haftende Gesellschafter

Bei der oHG und der KG haften die persönlich haftenden Gesellschafter gemäß § 128 343
HGB (ggf. i. V. mit § 162 Abs. 2 HGB) gegenüber den Gläubigern. Es handelt sich um eine **unbeschränkte akzessorische Außenhaftung.**[717] Neu in die Gesellschaft eingetretene Gesellschafter haften gemäß § 130 Abs. 1 HGB auch für deren vor diesem Zeitpunkt begründeten Verbindlichkeiten. In diesem Zusammenhang können nach § 130 Abs. 2 HGB keine hiervon abweichenden Regelungen getroffen werden. Ausgeschiedene Gesellschafter haften nach Maßgabe des § 160 Abs. 1 HGB für bis zum Zeitpunkt des Ausscheidens begründete Verbindlichkeiten der Gesellschaft, die vor Ablauf von fünf Jahren nach dem Ausscheiden fällig werden. Wechselt ein persönlich haftender Gesellschafter in die Stellung des Kommanditisten gilt dies entsprechend (§ 160 Abs. 3 HGB).

2. Kommanditist

Nach § 171 Abs. 1 Halbs. 1 HGB haftet ein Kommanditist nur mit seiner Einlage unmit- 344
telbar gegenüber den Gläubigern. Mit Einlage ist hier die im Handelsregister eingetragene

714) Scholz-*U. H. Schneider/Seyfarth*, GmbHG, § 52 Rz. 639.

715) BGH, Urt. v. 20.9.2010 – II ZR 78/09, BGHZ 187, 60 = ZIP 2010, 1988, dazu EWiR 2010, 713 *(Vetter)*.

716) BGH, Urt. v. 14.5.2013 – II ZR 76/12, Rz. 12, ZIP 2013, 1013; OLG Düsseldorf, Urt. v. 31.5.2012 – 16 U 176/10, ZIP 2012, 2299, dazu EWiR 2013, 65 *(v. d. Linden)*.

717) BGH, Urt. v. 4.7.2002 – IX ZR 265/01, BGHZ 151, 245 = ZIP 2002, 1492, dazu EWiR 2003, 335 *(Welzel)*; K. Schmidt-*K. Schmidt*, InsO, § 93 Rz. 23.

und für die Außenhaftung maßgebliche **Hafteinlage** (Haftsumme) gemeint (§ 172 Abs. 1 HGB). Zu unterscheiden ist diese von der Pflichteinlage. Diese betrifft die im Verhältnis zu den anderen Gesellschaftern (Innenverhältnis) zu leistende Einlage. Pflicht- und Hafteinlage können voneinander abweichen.[718] Die Unterscheidung zwischen beiden Einlagearten spielt insbesondere i. R. von § 93 InsO eine Rolle (siehe dazu Rz. 347 ff.). Das Verhältnis zwischen den Einlagen und auch etwaige Entnahmen kann dabei im Innenverhältnis frei gestaltet werden. Das Außenverhältnis bleibt davon selbstverständlich unberührt.[719]

345 Soweit der Kommanditist sein Hafteinlage erbringt, erlischt seine (Außen-)Haftung (§ 171 Abs. 1 Halbs. 2 HGB. Er kann seine Einlage entweder durch Zahlung des entsprechenden Geldbetrags oder durch eine Sacheinlage leisten. Im letzteren Fall muss die Sacheinlage jedoch objektiv werthaltig sein.[720]

346 Wird dem Kommanditisten seine Hafteinlage zurückgezahlt, lebt seine Haftung in entsprechender Höhe gemäß § 172 Abs. 4 Satz 1 HGB. Dasselbe gilt, soweit ein Kommanditist Gewinnabteile entnimmt, wenn sein Kapitalanteil durch Verluste oder durch die Entnahmen unter den Betrag der geleisteten Einlage sinkt. Dies ist durch eine Bilanz mit Ansatz von Buchwerten zu ermitteln. Insoweit gelten dieselben Grundsätze wie bei der Feststellung einer Unterbilanz nach § 30 GmbHG (siehe dazu Rz. 287).[721] Diese Grundsätze wirken jedoch nur im Außenverhältnis. Im Innenverhältnis können die Gesellschafter davon abweichende Regelungen treffen. Insbesondere begründet eine Entnahme keine Rückzahlungspflicht, soweit nichts anderes vereinbart ist.[722]

3. Durchsetzung der Haftungsansprüche in der Insolvenz der Gesellschaft

a) Zweck und Anwendungsbereich

347 Wird das Insolvenzverfahren über das Vermögen einer oHG oder KG eröffnet, kann die persönliche Haftung der Gesellschafter für Verbindlichkeiten der Gesellschaft während der Dauer des Verfahrens nur vom Insolvenzverwalter geltend gemacht werden (§ 93 InsO). **Zweck der Regelung** ist es, die an sich bestehende Außenhaftung der Gesellschafter allein im Innenverhältnis, also zwischen dem Insolvenzverwalter und dem Gesellschafter abzuwickeln.[723] Hierdurch soll verhindert werden, dass einzelne Gläubiger durch schnelleren Zugriff auf das Gesellschaftervermögen sich Sondervorteile verschaffen. Hierdurch soll auf der Ebene der Gesellschafter im Interesse der gleichmäßigen Befriedigung aller Gesellschaftsgläubiger ein „Wettlauf" vermieden werden.[724] Allerdings ist dem Insolvenzverwalter dennoch eine möglichst zeitnahe Durchsetzung der Forderung zu empfehlen, da er ggf. noch mit den persönlichen Gläubigern des Gesellschafters konkurriert.[725] Gleichzeitig will die Vorschrift auch einer Massearmut im Insolvenzverfahren über das Vermögen der Gesellschaft vorbeugen, wenn seitens der Gesellschafter ausreichend Vermögen vorhanden ist.[726]

---

718) Hopt-*Roth*, HGB, § 171 Rz. 1; Kübler/Prütting-*Noack*, InsO, GesR Rz. 521; *K. Schmidt*, GesR, § 54 I 2.

719) Vgl. dazu BGH, Urt. v. 12.3.2013 – II ZR 73/11, ZIP 2013, 1222 – zur Rückzahlung gewinnunabhängiger Ausschüttungen in einer Publikumsgesellschaft.

720) S. zum Ganzen: Hopt-*Roth*, HGB, § 171 Rz. 6 f.; *K. Schmidt*, GesR, § 54 II.

721) Hopt-*Roth*, HGB, § 172 Rz. 8.

722) BGH, Urt. v. 12.3.2013 – II ZR 73/11, Rz. 11 f., ZIP 2013, 1222.

723) K. Schmidt-*K. Schmidt*, InsO, § 93 Rz. 1.

724) BGH, Urt. v. 4.7.2002 – IX ZR 265/01, BGHZ 151, 245 = ZIP 2002, 1492, dazu EWiR 2003, 335 *(Welzel)*; *Lüke* in: KPB, InsO, § 93 Rz. 3.

725) *Pohlmann* in: HambKomm-InsO, § 93 Rz. 63.

726) *Lüke* in: KPB, InsO, § 93 Rz. 4.

§ 93 InsO betrifft nur die **akzessorische Außenhaftung der persönlich haftenden Gesellschafter** (§ 128 HGB) für die Verbindlichkeiten der Gesellschaft.[727] Die Regelung gilt auch für ausgeschiedene Gesellschafter.[728] Keine Haftung trifft die Gesellschafter für Kosten des Insolvenzverfahrens und die vom Insolvenzverwalter begründeten sonstigen Masseverbindlichkeiten.[729] Nicht in den Anwendungsbereich der Vorschrift fällt auch die Geltendmachung einer Innenhaftung, z. B. wegen noch zu erbringender Pflichteinlagen. Hier steht dem Insolvenzverwalter das Einzugsrecht aufgrund von § 80 InsO zu.[730] Gleiches gilt für individuell begründete (private) Verbindlichkeiten, die der Gesellschafter im Zusammenhang mit der Gesellschaft begründet hatte[731] oder aufgrund besonderer gesetzlicher Vorschriften (§§ 69, 34 AO) haftet.[732] 348

Für die Haftung von Kommanditisten greift § 171 Abs. 2 HGB als speziellere Norm ein.[733] Sie gilt nur für die Geltendmachung der Hafteinlage.[734] In der Handhabung unterscheidet sie sich jedoch nicht von § 93 InsO. Soweit Kommanditisten nach § 176 HGB unbeschränkt haften, findet wiederum § 93 InsO Anwendung.[735] 349

Die Vorschrift ist aufgrund seines allgemeinen Rechtsgedankens auch entsprechend im Insolvenzverfahren über das Vermögen einer Außen-BGB-Gesellschaft anzuwenden.[736] Gleiches gilt auch für die Durchgriffshaftung bei der GmbH (siehe Rz. 323 ff.).[737] 350

b) Rechtsfolgen

aa) Einzugsermächtigung für den Insolvenzverwalter

Aus § 93 InsO folgt für die Dauer des Insolvenzverfahrens eine Sperr- und Ermächtigungsfunktion. Die **Sperrfunktion** nimmt dem betreffenden Gläubiger die Befugnis, die Haftung geltend zu machen.[738] Der Gläubiger kann über die Haftungsforderung auch weiterhin verfügen.[739] Als prozessuale Konsequenz ist eine vom Gesellschaftsgläubiger 351

727) BGH, Urt. v. 4.7.2002 – IX ZR 265/01, BGHZ 151, 245 = ZIP 2002, 1492, dazu EWiR2003, 335 *(Welzel)*; *Lüke* in: KPB, InsO, § 93 Rz. 10; K. Schmidt-*K. Schmidt*, InsO, § 93 Rz. 15.

728) *Pohlmann* in: HambKomm-InsO, § 93 Rz. 25; K. Schmidt-*K. Schmidt*, InsO, § 93 Rz. 17. Ausgeschiedene Gesellschafter müssen nicht gegenüber allen Gläubigern haften, da sie nur nach Maßgabe des § 160 Abs. 1 HGB haften. Insoweit muss ggf. eine Sondermasse gebildet werden, wenn der Gesellschafter nicht allen Gläubigern gegenüber haftet; s. BGH, Beschl. v. 20.11.2008 – IX ZR 199/05, ZIP 2009, 47, dazu EWiR 2009, 131 *(Stahlschmidt)*; *Pohlmann* in: HambKomm-InsO, § 93 Rz. 26, 87 ff.

729) BGH, Urt. v. 24.9.2009 – IX ZR 234/07, ZIP 2009, 2204, dazu EWiR 2009, 775 *(Berger)*; K. Schmidt-*K. Schmidt*, InsO, § 93 Rz. 16; s. a. *Pohlmann* in: HambKomm-InsO, § 93 Rz. 16 ff. mit einer Übersicht über Gesellschaftsverbindlichkeiten, die auch Masseverbindlichkeiten sind, für die der Gesellschafter haftet; a. A. für vom Insolvenzverwalter begründete Masseverbindlichkeiten: *Lüke* in: KPB, InsO, § 93 Rz. 80 ff.

730) K. Schmidt-*K. Schmidt*, InsO, § 93 Rz. 19.

731) *Lüke* in: KPB, InsO, § 93 Rz. 10; K. Schmidt-*K. Schmidt*, InsO, § 93 Rz. 20.

732) BGH, Urt. v. 4.7.2002 – IX ZR 265/01, BGHZ 151, 245 = ZIP 2002, 1492, dazu EWiR 2003, 335 *(Welzel)*; BFH, Beschl. v. 2.11.2001 – VII B 155/01, BFHE 197, 1 = ZIP 2002, 179, dazu EWiR 2002, 217 *(Wessel)*.

733) Zum Verhältnis zwischen § 171 Abs. 2 HGB und § 93 InsO s. a. *Lüke* in: KPB, InsO, § 93 Rz. 118 f.

734) *Lüke* in: KPB, InsO, § 93 Rz. 120.

735) *Lüke* in: KPB, InsO, § 93 Rz. 120; K. Schmidt-*K. Schmidt*, InsO, § 93 Rz. 18; ggf. sind auch hier Sondermassen zu bilden, dazu: *Pohlmann* in: HambKomm-InsO, § 93 Rz. 87 ff.

736) *Lüke* in: KPB, InsO, § 93 Rz. 130.

737) K. Schmidt-*K. Schmidt*, InsO, § 93 Rz. 9.

738) *Brandes* in: MünchKomm-InsO, § 93 Rz. 13; *Lüke* in: KPB, InsO, § 93 Rz. 39; *Pohlmann* in: HambKomm-InsO, § 93 Rz. 30; K. Schmidt-*K. Schmidt*, InsO, § 93 Rz. 23. Ob auch eine Aufrechnung ausgeschlossen ist, ist streitig; s. dazu K. Schmidt-*K. Schmidt*, InsO, § 93 Rz. 26 m. w. N.

739) *Pohlmann* in: HambKomm-InsO, § 93 Rz. 30 m. w. N.; a. A. *Lüke* in: KPB, InsO, § 93 Rz. 46 ff.; K. Schmidt-*K. Schmidt*, InsO, § 93 Rz. 23, 27.

gegen den Gesellschafter erhobene Klage unzulässig.[740] Ein bereits laufender Haftungsprozess wird unterbrochen.[741] Der Insolvenzverwalter hat dann über dessen Aufnahme zu entscheiden.[742] Die **Ermächtigungsfunktion** berechtigt den Insolvenzverwalter die Forderung kraft eigenen Rechts im eigenen Namen treuhänderisch für den Gesellschaftsgläubiger einzuziehen. Damit steht ihm auch die Prozessführungsbefugnis zu. Die materielle Rechtsinhaberschaft bleibt jedoch beim Gläubiger.[743]

352 Aufgrund der Einzugsermächtigung ist der Insolvenzverwalter auch berechtigt, **Vergleiche** mit dem Gesellschafter zu schließen.[744] Das hat auch für den betreffenden Gesellschafter Vorteile, da er sich nur dem Insolvenzverwalter gegenübersieht und eine einheitliche, alle Haftungsansprüche der Gesellschaftsgläubiger erledigende Vereinbarung treffen kann. Allerdings muss ein Insolvenzverwalter aufpassen, wenn bestrittene Forderungen vorhanden oder solche, die nicht zur Insolvenztabelle angemeldet worden sind. Hier würde er sich widersprüchlich verhalten, wenn er sich über Haftungsforderungen gegen die Gesellschafter vergleicht, die Forderungen der Gläubiger gegen die Gesellschaft, die Grundlage des nämlichen Haftungsanspruchs sind, aber bestreitet. In einem solchen Fall würde er nämlich die Haftungsforderung i. H. des Vergleichsbetrags zugunsten der beteiligten Gläubiger zur (Sonder-)Masse ziehen, den Gläubiger an den Ausschüttungen aber nicht beteiligen (§ 189 InsO). Dieser müsste gleichwohl die Verfügung des Insolvenzverwalters über die Haftungsforderung durch Teileinziehung und Teilerlass auch außerhalb des Insolvenzverfahrens gegen sich gelten lassen. Ein solches Verhalten kann gegen Treu und Glauben (§ 242 BGB) verstoßen und den Insolvenzverwalter möglicherweise einer Haftung nach § 60 InsO aussetzen. Daher sollte der Insolvenzverwalter den betreffenden Gläubigern entsprechende Hinweise erteilen, um das eigene Haftungsrisiko auszuschließen[745]

353 Sollte über das Vermögen des Gesellschafters ebenfalls das Insolvenzverfahren eröffnet worden sein, hat der Insolvenzverwalter diese Ansprüche zur Insolvenztabelle anzumelden. Eine „Sammelanmeldung", bei der der Gesamtbetrag aller einzelnen Haftungsansprüche angemeldet wird, ist grundsätzlich abzulehnen, da es sich um eigenständige Forderungen handelt. Dies hat aber auch praktische Gründe, da der Gesellschafter oder dessen Insolvenzverwalter einzelne Forderungen bestreiten könnte.[746] Hinzu kommt, dass sich die Gläubiger nach Aufhebung des Insolvenzverfahrens über das Vermögen der Gesellschaft möglicherweise einmal einen vollstreckbaren Tabellenauszug erteilen lassen wollen. Hier wäre es in der praktischen Umsetzung sehr umständlich, aus dem Gesamtbetrag den dem einzelnen Gläubiger zustehenden Betrag zu ermitteln. Unter diesem Blickwinkel könnte man eine Sammelanmeldung allenfalls nur dann zulassen, wenn in dem Tabellenauszug jede Forderung mit dem Gläubiger einzeln ausgewiesen ist. Dann könnte wegen eines Teilbetrags ein vollstreckbarer Tabellenauszug erteilt werden.

---

740) BGH, Beschl. v. 12.7.2012 – IX ZR 217/11, Rz. 11, ZIP 2012, 1683, dazu EWiR 2013, 121 *(Jens M. Schmidt)*; K. Schmidt-*K. Schmidt*, InsO, § 93 Rz. 24.

741) BGH, Beschl. v. 20.11.2008 – IX ZB 199/05, ZIP 2009, 47, dazu EWiR 2009, 131 *(Stahlschmidt)*; K. Schmidt-*K. Schmidt*, InsO, § 93 Rz. 24.

742) *Lüke* in: KPB, InsO, § 93 Rz. 101 f.

743) BGH, Urt. v. 9.10.2006 – II ZR 193/05, ZIP 2007, 79, dazu EWiR 2007, 115 *(Jens M. Schmidt)*; *Brandes* in: MünchKomm-InsO, § 93 Rz. 14; *Pohlmann* in: HambKomm-InsO, § 93 Rz. 35; K. Schmidt-*K. Schmidt*, InsO, § 93 Rz. 28.

744) BGH, Urt. v. 17.12.2015 – IX ZR 143/13, Rz. 22 ff., BGHZ 208, 287 = ZIP 2016, 274, EWiR 2016, 211 *(Lüke)*, *Pohlmann* in: HambKomm-InsO, § 93 Rz. 39; K. Schmidt-*K. Schmidt*, InsO, § 93 Rz. 30; a. A. Uhlenbruck-*Hirte*, InsO, § 93 Rz. 6.

745) BGH, Urt. v. 17.12.2015 – IX ZR 143/13, Rz. 27 f., BGHZ 208, 287 = ZIP 2016, 274, EWiR 2016, 211 *(Lüke)*; kritisch zu dieser Handlungsempfehlung; *Pohlmann* in: HambKomm-InsO, § 93 Rz. 41.

746) *Pohlmann* in: HambKomm-InsO, § 93 Rz. 75 f.

bb) Umfang des Anspruchs

Wegen der hier zu berücksichtigenden Forderungen (dem Grunde nach) siehe unter Rz. 348 ff. **354**

Bei der Berechnung des Umfangs der Inanspruchnahme ist zu unterscheiden, ob sich der Gesellschafter im Insolvenzverfahren befindet oder nicht. Ist er es nicht, richtet sich der Umfang nach dem Betrag, der zur vollständigen Befriedigung der Gläubiger notwendig ist.[747] Probleme ergeben sich daraus, dass der Insolvenzverwalter die Haftung einerseits frühzeitig geltend machen soll (siehe Rz. 347), andererseits der geltend zumachende Haftungsbetrag noch nicht feststeht, wenn die Verwertung der übrigen Insolvenzmasse noch nicht abgeschlossen ist. Grundsätzlich hat der Insolvenzverwalter den Anspruch in voller Höhe zu verfolgen. Sofern hier jedoch bei Abwicklung des Insolvenzverfahrens ein Überschuss zu erwarten ist, wäre dieser gemäß § 199 Satz 2 InsO wieder an den Gesellschafter auszukehren. Insoweit könnte sich der Gesellschafter auf die „dolo agit"-Einrede nach § 242 BGB berufen. Der Insolvenzverwalter handelt demnach rechtsmissbräuchlich, wenn er nicht den Liquidationswert der vorhandenen Insolvenzmasse vom Haftungsbetrag in Abzug bringt.[748] **355**

Befindet sich der Gesellschafter im Insolvenzverfahren, ist streitig, in welcher Höhe der Insolvenzverwalter die Forderung zur Insolvenztabelle anmelden kann. Teilweise wird mit Blick auf das früher in § 212 KO enthaltene Ausfallprinzip die Auffassung vertreten, der Gesellschaftergläubiger könne lediglich die quotale Befriedigung auf seinen Ausfall im Insolvenzverfahren der Gesellschaft verlangen.[749] Die h. M. wendet jedoch das Prinzip der Doppelberücksichtigung (§ 43 InsO) an, so dass der Insolvenzverwalter den Haftungsbetrag in voller Höhe anmelden kann. Dies folgt nicht zuletzt schon aus der Aufhebung des § 212 KO.[750] **356**

Können nicht alle Insolvenzgläubiger der Gesellschaft den Gesellschafter in Anspruch nehmen, ist eine Sondermasse zu bilden.[751] **357**

F. Prozessuale Hinweise zur örtlichen Zuständigkeit

Im Zusammenhang mit der gerichtlichen Geltendmachung von Ansprüchen gegen Gesellschafter, Geschäftsführer und andere Personen bzw. gegen die Insolvenzmasse (§ 19a ZPO) gerichtete Klagen ist auf verschiedene besondere Gerichtsstände hinzuweisen. Neben dem allgemeinen Gerichtsstand nach den §§ 12, 17 ZPO, ist für einen von der Gesellschaft bzw. Insolvenzverwalter sich aus dem Gesellschaftsverhältnis ergebenen Anspruch der **besondere Gerichtssand des Sitzes der Gesellschaft** begründet (§ 22 ZPO). Hierzu zählen z. B. die Geltendmachung des Anspruchs auf Zahlung der Stammeinlage, eines Rückerstattungsanspruchs nach § 31 GmbHG und einer Anspruchs auf Verlustausgleich analog § 302 AktG.[752] Dies gilt auch für Rückerstattungsansprüche, die sich aus einer Anfechtung nach § 135 InsO,[753] und Zahlungsansprüche aus einer aufgrund der Gesellschafterstellung abgegebenen Patronatserklärung ergeben.[754] Schadensersatzklagen gegen **358**

747) *Lüke* in: KPB, InsO, § 93 Rz. 71; *Pohlmann* in: HambKomm-InsO, § 93 Rz. 65.

748) *Lüke* in: KPB, InsO, § 93 Rz. 72 ff.; *Pohlmann* in: HambKomm-InsO, § 93 Rz. 65 ff.

749) *Brandes* in: MünchKomm-InsO, § 93 Rz. 26 f.; K. Schmidt-*K. Schmidt*, InsO, § 93 Rz. 35.

750) *Lüke* in: KPB, InsO, § 93 Rz. 135; *Pohlmann* in: HambKomm-InsO, § 93 Rz. 78 m. w. N.

751) Dazu: *Pohlmann* in: HambKomm-InsO, § 93 Rz. 87 ff.

752) Musielak/Voit-*Heinrich*, ZPO, § 22 Rz. 5; Zöller-*Vollkommer*, ZPO, § 22 Rz. 6.

753) OLG München, Beschl. v. 6.6.2006 – 7 U 2287/06, ZIP 2006, 2402; Zöller-*Vollkommer*, ZPO, § 29 Rz. 6a.

754) LG Oldenburg, Zwischenurt. v. 6.10.2010 – 12 O 1374/09 (n. v.); a. A. offenbar BGH, Beschl. v. 6.7.2021 – II ZR 206/20, ZRI 2021, 943 = ZInsO 2021, 2606.

die Geschäftsführer (§ 43 Abs. 2 GmbHG) und Mitglieder des Aufsichtsrats fallen nicht unter § 22 ZPO, sondern unter § 29 ZPO. Hier ist der Erfüllungsort maßgeblich, also wiederum der Sitz der Gesellschaft.[755)] Bei Ansprüchen aus § 64 GmbHG ist § 32 ZPO analog anzuwenden, da diese wie eine unerlaubte Handlung zu bewerten sind, was auch zur örtliches Zuständigkeit der Gerichte des Sitzes der Gesellschaft führt.[756)] Dies gilt auch für Ansprüche wegen eines existenzvernichtenden Eingriffs.[757)] Macht ein Insolvenzverwalter die Haftungsansprüche gemäß § 171 Abs. 2 HGB geltend, gilt § 22 ZPO jedoch nicht, da es sich um einen gesetzlichen Anspruch der Gläubiger handelt.[758)]

359 Aus der örtlichen Zuständigkeit nach § 22 ZPO ist grundsätzlich auch die **internationale Zuständigkeit** herzuleiten, soweit nicht die Zuständigkeitsregeln eines internationalen Übereinkommens diese verdrängen.[759)] Hier ist zu klären, ob die EuGVVO oder das LGVÜ vorrangig zu beachten sind. Dabei ist zu berücksichtigen, dass weder die EuGVVO noch das LGVÜ einen § 22 ZPO entsprechenden Gerichtsstand kennen. Grundsätzlich sind Personen vor den Gerichten ihres Wohnorts in dem entsprechenden Mitgliedstaat zu verklagen (Art. 4 Abs. 1 EuGVVO; Art. 2 Abs. 1 LGVÜ). Hat der Anspruchsgegner seinen Wohnsitz außerhalb des Geltungsbereichs der EuGVVO bzw. der LGVÜ, ergibt sich die internationale Zuständigkeit nach den Vorschriften des deutschen Rechts (Art. 6 Abs. 1 EuGVVO; Art. 4 Abs. 1 LGVÜ).

360 Einlageansprüche haben ihre Grundlage in einem Vertragsverhältnis, so dass sich die internationale Zuständigkeit nach dem Erfüllungsort, also dem Sitz der Gesellschaft richtet (Art. 7 Abs. 1 lit. a EuGVVO, Art. 5 Nr. 1 LGVÜ). Dies gilt z. B. für die Geltendmachung von Ansprüchen im Zusammenhang mit § 32a GmbHG a. F. bzw. den Rechtsprechungsregelungen zum früheren Eigenkapitalersatzrecht. Hier gilt auch nicht der Ausschlusstatbestand der Art. 1 Abs. 2 lit. b EuGVVO bzw. Art. 1 Abs. 2 lit. b LGVÜ.[760)] Ansprüche nach § 128 HGB i. V. mit § 93 InsO unterfallen ebenfalls Art. 7 Nr. 1 lit. a EuGVVO, Art. 5 Nr. 1 LGVÜ.[761)] Bei Insolvenzanfechtungsklagen (§ 135 InsO) sind die deutschen Gerichte international zuständig, wenn in Deutschland das Insolvenzverfahren eröffnet worden ist. Dies folgt aus einer erweiternden Auslegung des Art. 3 EuInsVO. Hier ist die Zuständigkeit in entsprechender Anwendung des § 19a ZPO i. V. mit § 3 InsO, Art. 102 § 1 EGInsO begründet.[762)] Bei Ansprüchen aus § 64 GmbHG bzw. im Zusammenhang mit der Durchgriffshaftung handelt es sich um deliktsähnliche Ansprüche (siehe auch Rz. 323), die somit unter Art. 7 Nr. 2 EuGVVO, Art. 5 Nr. 3 LGVÜ fallen.[763)]

755) BGH, Urt. v. 10.2.1992 – II ZR 23/91, GmbHR 1992, 303.

756) OLG Karlsruhe, Urt. v. 29.12.2009 – 13 U 102/09, ZIP 2010, 2123.

757) *Kuleisa* in: HambKomm-InsO, Anh. II F. Rz. 29; Zöller-*Vollkommer*, ZPO, § 32 Rz. 11a.

758) OLG Schleswig, Urt. v. 27.3.1980 – 2 U 60/79, ZIP 1980, 256; OLG Naumburg, Urt. v. 24.8.2000 – 7 U (Hs) 3/00, NZG 2000, 1219.

759) OLG Köln, Beschl. v. 14.5.2004 – 16 W 11/04, ZIP 2005, 322, dazu EWiR 2005, 389 *(Rosse)*.

760) OLG Bremen, Urt. v. 25.9.1997 – 2 U 83/97, RIW 1998, 63, dazu EWiR 1998, 125 *(Brödermann)*; OLG Köln, Beschl. v. 14.5.2004 – 16 W 11/04, ZIP 2005, 322, dazu EWiR 2005, 389 *(Rosse)*; OLG München, Beschl. v. 6.6.2006 – 7 U 2287/06, ZIP 2006, 2404; LG München I, Urt. v. 12.2.2010 – 3 HK O 1429/09, IPRspr 2010, 837.

761) LG Saarbrücken, Vers.-Urt. v. 22.1.2013 – 4 O 275/12, ZInsO 2013, 741, m. krit. Anm. *Haas/Blank*, ZInsO 2013, 706, die den Ausschlusstatbestand des Art. 1 Abs. 2 lit. b LGVÜ für einschlägig halten.

762) BGH, Urt. v. 19.5.2009 – IX ZR 39/06, ZIP 2009, 1287, dazu EWiR 2009, 585 *(Riedemann)*. Das LG Krefeld, Zwischenurt. v. 11.12.2013 – 2 O 225/12, ZInsO 2014, 360, stellt dagegen auf § 22 ZPO ab und begründet mit dieser Vorschrift die internationale Zuständigkeit.

763) OLG Karlsruhe, Urt. v. 29.12.2009 – 13 U 102/09, ZIP 2010, 2123; OLG Köln, Beschl. v. 14.5.2004 – 16 W 11/04, ZIP 2005, 322, dazu EWiR 2005, 389 *(Rosse)*; a. A. OLG Düsseldorf, Urt. v. 18.12.2009 – 17 U 152/08, GmbHR 2010, 591, das Art. 5 Nr. 1 LGVÜ anwendet; offengelassen: OLG Köln, Beschl. v. 9.6.2011 – 18 W 34/11, ZIP 2012, 1000 = NZI 2012, 52.

Praxishinweis

Angesichts der neueren Rechtsprechung des BGH[764] ist zu überlegen, ob nicht dieser Ansatz zu verallgemeinern und alle im Zusammenhang mit einem Insolvenzverfahren in Verbindung stehenden Ansprüche als „Annexverfahren" i. S. von Art. 3 EuInsVO zu gelten haben,[765] so dass die Zuständigkeit ggf. nach in entsprechender Anwendung des § 19a ZPO i. V. mit § 3 InsO, Art. 102 § 1 EGInsO gegeben ist.

Ansprüche aus einer harten Patronatserklärung sind mangels abweichender Vereinbarung **361**
gemäß Art. 4 Abs. 2 Rom I-VO am Sitz des (ausländischen) Patrons geltend zu machen.[766]

764) BGH, Urt. v. 19.5.2009 – IX ZR 39/06, ZIP 2009, 1287, dazu EWiR 2009, 585 *(Riedemann)*.

765) So *Riedemann*, EWiR 2009, 585 (Urteilsanm.); offenbar auch *Haas/Blank*, ZInsO 2013, 706.

766) BGH, Beschl. v. 6.7.2021 – II ZR 206/20, ZRI 2021, 943 = ZInsO 2021, 2606. Dies kann man aber durchaus kritisch sehen, da die Patronatserklärung gerade regelmäßig im Zusammenhang mit dem Gesellschaftsverhältnis zur Abwendung einer Insolvenzantragspflicht abgegeben wird, so dass ein Bezug zu dem Mitgliedschaftsrecht besteht.

Kapitel 25
Anleihen in der Insolvenz

Übersicht

Literatur: *Ampferl*, Das Stimmrecht des gemeinsamen Vertreters der Anleihegläubiger im Insolvenzverfahren, in: Festschrift für Bruno M. Kübler, 2015, S. 11; *Antoniadis*, Kosten und Auslagen des gemeinsamen Vertreters von Anleihegläubigern im Insolvenzverfahren über das Vermögen des Emittenten – Nachrangige Insolvenzforderungen oder gar Masseverbindlichkeiten?, NZI 2014, 785; *Bertus*, Sicherung der Gläubigerrechte bei Umwandlung von (notleidenden) Anleiheemittenten, BB 2016,

2755; *Bitter*, Wirksamkeit von Rangrücktritten und vorinsolvenzlichen Durchsetzungssperren – AGB-rechtliche Grenzen der Hybridisierung von Fremdkapitalinstrumenten, ZIP 2015, 345; *Brenner*, Die Vergütung des gemeinsamen Vertreters nach § 7 VI SchVG außerhalb und in der Insolvenz des Emittenten, NZI 2014, 789; *Brückner*, „Auf gute Zusammenarbeit", ZInsO 2017, 2498; *Cranshaw*, Internationalisierung und Modernisierung – Bermerkungen zum geltenden und zum Referentenentwurf eines neuen Schuldverschreibungsgesetzes (SchVG), BKR 2008, 504; *De Bruyn/Ehmke*, StaRUG & InsO: Sanierungswerkzeuge des Restrukturierungs- und Insolvenzverfahrens NZG 2021, 661; *Fischer*, Fortbestehensprognose und Sanierung, NZI 2016, 665; *Frind/Pollmächer*, Anmerkungen zu den „Thesen des Gravenbrucher Kreises zum vorinsolvenzlichen Sanierungsverfahren in Deutschland" – think twice, before it's all right, ZInsO 2016, 1290; *Gloeckner/Bankel*, Etablierung und Aufgaben des Gemeinsamen Vertreters nach dem Schuldverschreibungsgesetz, ZIP 2015, 2393; *Haas*, Mehr Gesellschaftsrecht im Insolvenzplanverfahren – Die Einbeziehung der Anteilsrechte in das Insolvenzverfahren, NZG 2012, 961; *Horn*, Der gemeinsame Vertreter der Anleihegläubiger in der Insolvenz, BKR 2014, 449; *Höver*, Zur Rechtserneuerung im Konkursrecht, DJ 1935, 513; *Höver*, Unterbringung von Riesen-Gläubigerversammlungen und Abstimmung, KuT 1932, 5; *Kessler/Rühle*, Die Restrukturierung von Anleihen in Zeiten des SchVG 2009, BB 2014, 907; *Kuder/Obermüller*, Insolvenzrechtliche Aspekte des neuen Schuldverschreibungsgesetzes, ZInsO 2009, 2025; *Martini*, Die Fitnessstudiokette, InsbürO 2017, 21; *Müller*, Gesellschaftsrechtliche Maßnahmen im Insolvenzplan, KTS 2012, 419; *Oberle*, Fragestellungen im Zusammenhang mit der Ausschüttung von Insolvenzquoten an Anleihegläubiger, in: Festschrift für Klaus Pannen, 2017, S. 547; *Pape*, Zur Problematik der Unanfechtbarkeit von Stimmrechtsfestsetzungen in der Gläubigerversammlung, ZIP 1991, 837; *Penzlin/Klerx*, Das Schuldverschreibungsgesetz – Insolvenzrechtliche Sonderregeln für Anleihegläubiger, ZInsO 2004, 311; *Primozic/Schaaf*, AGB-Kontrolle von Rangrücktrittsvereinbarungen, ZInsO 2014, 1831; *Schulz*, Verdacht auf nachrangige Anleihegläubiger – Nachforschungspflichten des Insolvenzverwalters, ZIP 2021, 2110; *Seibt*, Praxisfragen der außerinsolvenzlichen Anleihenrestrukturierung nach dem SchVG, ZIP 2016, 997; *Siegelmann*, Das Stimmrecht im Konkursverfahren, KTS 1960, 136; *Smid*, Verfahrensteilnahme und Stimmrecht fehlerhaft im Insolvenzverfahren vertretener Gläubiger, InVO 2007, 3; *Thole*, Der Debt Equity Swap bei der Restrukturierung von Anleihen, ZIP 2014, 2365; *Thole*, Die Restrukturierung von Schuldverschreibungen im Insolvenzverfahren, ZIP 2014, 293; *Thole*, Aktuelle Rechtsfragen der Restrukturierung von Anleihen, insbesondere im Insolvenzverfahren und unter dem StaRUG, ZHR 186 (2022), 213; *Vogelmann/Käppler*, Beschlüsse der Anleihegläubiger nach Eröffnung des Insolvenzverfahrens, ZInsO 2018, 2169; *Wegener*, Die Mittelstandsanleihe in der Insolvenz – Rechte und Gestaltungsmöglichkeiten am Beispiel der Insolvenzverfahren KTG Agrar SE und German Pellets GmbH, NZI 2017, 54; *Wenzel*, Die streitige Stimmrechtsfestsetzung in der Gläubigerversammlung durch das Insolvenzgericht, ZInsO 2007, 751.

A. Einführung

1 Die Anleihe (oder Schuldverschreibung, englisch „bond") dient der Aufnahme von Fremdkapital am Kapitalmarkt durch eine **Forderungsverbriefung in einem Wertpapier**. Sie hat in der Bundesrepublik Deutschland in den letzten Jahrzehnten, insbesondere in Form der Mittelstandsanleihe, kontinuierlich an Bedeutung gewonnen. Seinen Grund in jüngerer Zeit hat dies auch in dem in Folge der Finanzkrise stark **verschärften regulatorischen Rahmen** für bankseitige Kreditvergaben und in der zwischenzeitlich lange anhaltenden Niedrigzinsphase, die die Nachfrage potentieller Investoren für alternative und höherverzinsliche Anlageformen gefördert hat.

2 In der Sache stellt die Anleihe einen **klassischen Kredit** mit Besonderheiten dar, die sich aus der Finanzierung über den Kapitalmarkt ergeben. Der Anleiheemittent sucht auf dem Kapitalmarkt um einen Kredit nach. Er definiert das Volumen der Anleihe, den Zins und die Tilgungsmodalitäten. Der Zeichner der Anleihe entscheidet sich für einen prozentualen Anteil des Volumens der Anleihe und wird damit Darlehensgeber des Emittenten.

3 Die „klassische" Anleihe ist die Unternehmensanleihe und hat eine Laufzeit von zwei bis sieben Jahren, an deren Ende die Rückzahlung des Nennwerts der Anleihe erfolgt. In der Regel wird ein **jährlicher Zinscoupon** gewährt, der einen Zinsanspruch bis zum Ende der Laufzeit einräumt. Unterschiede ergeben sich neben Laufzeit und Zinshöhe in der Regel in Art und Umfang der Besicherung, der Frage des Nachrangs im Insolvenzfall, der Anwendbarkeit des (hier sog.) **Schuldverschreibungsgesetzes – SchVG**, der Regelung von Kündigungsrechten usf.

Eine zunehmende wirtschaftliche Bedeutung erlangte die Anleihe in Form der Mittelstandsanleihe insbesondere nach der **Insolvenz der *Lehmann Brothers Holding* im September 2008**. Die in der Folge einsetzenden drastischen Zinseinbußen bei unverändertem Investitions- und Fremdkapitalbedarf am Markt ließen die Mittelstandsanleihe mit ihrer wegen des erhöhten Ausfallrisikos verhältnismäßig hohen Verzinsung als **besonders attraktiv** erscheinen.[1] Es ist aber auf der anderen Seite gerade die Mittelstandsanleihe, die in erheblichem Maße ausfallgefährdet ist, wie Insolvenzen im Bereich der Emittenten in jüngster Zeit zeigen.[2] 4

Die Geschichte der Anleihe geht Jahrhunderte zurück: Durch die zunehmende Industrialisierung im 19. Jahrhundert stiegen Kapitalbedarf und damit die wirtschaftliche Bedeutung der Finanzierung über Anleihen. Historisch machte dies im Inland die Entwicklung eines legislatorischen Rahmens erforderlich, der zwar in einigen deutschen Staaten bestand, aber reichsweit fehlte. Beinahe gleichzeitig mit Inkrafttreten des BGB zum 1.1.1900 erfolgte daher eine **Kodifikation durch das Gesetz betreffend die gemeinsamen Rechte der Besitzer von Schuldverschreibungen (SchVG 1899)**, das am 4.12.1899 in Kraft trat[3] und das sodann über 110 Jahre weitestgehend unverändert blieb. 5

Dieses hatte aber nur eine **sehr geringe praktische Bedeutung**. Es erfasste nur Anleihen inländischer Emittenten und im Inland ausgestellte Schuldverschreibungen, unterwarf Gläubigerbeschlüsse zur Aufgabe oder Beschränkung von Rechten der Gläubiger engen Bindungen und enthielt die Praxis erschwerende Verfahrensbestimmungen. Herabsetzungen von Kapitalforderungen oder deren Umwandlung in Eigenkapital resp. Genussrechte waren ebenso wenig möglich wie langfristige Stundungen von Zinsforderungen oder Rangrücktritte. Das deutsche Recht war damit **international nicht wettbewerbsfähig**. Diesen Umstand erkannte auch der deutsche Gesetzgeber, der daraufhin tätig wurde. An die Stelle des SchVG 1899 trat mit Wirkung zum 5.8.2009 das **Schuldverschreibungsgesetz vom 31.7.2009** (SchVG).[4] 6

Das neue Recht soll nach der Vorstellung des Gesetzgebers die Möglichkeiten **vorinsolvenzlicher Sanierungen, u. a. durch die Einführung alle Gläubiger bindender Mehrheitsentscheidungen erleichtern.** Es sieht nunmehr auch die Änderung der Anleihebedingungen durch Mehrheitsbeschluss vor, um kollektive Stundungen, Forderungsverzichte, Debt to Equity Swaps und andere Kapitalmaßnahmen zu ermöglichen. 7

Im Gegensatz zum alten Recht ist es nicht erst dann anwendbar, wenn Restrukturierungsmaßnahmen zur Abwendung einer Zahlungseinstellung oder Insolvenz ergriffen werden. Gemeinsam mit dem am 1.3.2012 in Kraft getretenen ESUG[5] hat der Gesetzgeber einen gemeinsamen Rechtsrahmen für die Restrukturierung von Anleihen geschaffen. Die wirtschaftliche Bedeutung der neuen Kodifikation zeigte sich bald nach Inkrafttreten. Zahlreiche Anleiherestrukturierungen sind seitdem erfolgt. Eine weitere Welle von Anleiherestrukturierungen war wegen Endfälligkeiten 2018 erwartet worden und trat auch ein (z. B. *Gerry Weber*). Das neue Recht ist gleichwohl nur anwendbar, wenn deutsches Recht 8

---

1) Einen Überblick über rechtliche und wirtschaftliche Grundlagen und aktuelle Entwicklungen notierter Anleihen bietet die von der *BondGuide Media GmbH* unterhaltene Webseite www.bondguide.de.

2) Nur beispielhaft seien genannt die Insolvenzen *Centrosolar AG*, *Rena Lange Holding GmbH*, *Solarwatt AG*, *Strenesse AG*, jüngst in 2019 *Gerry Weber*.

3) Gesetz betreffend die gemeinsamen Rechte der Besitzer von Schuldverschreibungen (SchVG 1899), v. 4.12.1899, RGBl. 1899, Nr. 47, 697 f.

4) Gesetz über Schuldverschreibungen aus Gesamtemissionen (Schuldverschreibungsgesetz – SchVG) v. 31.7.2009, BGBl. I 2009, 2512.

5) Gesetz zur weiteren Erleichterung der Sanierung von Unternehmen (ESUG), v. 7.12.2011, BGBl. I 2011, 2582, ber. BGBl. I 2011, 2800.

anwendbar ist, was im Bereich der Mittelstandsanleihe die Regel ist, während i. Ü. häufig New Yorker Recht angewandt wird.

B. Grundlegende Überlegungen

9 Nicht nur die negative Entwicklung auf dem Markt der Mittelstandsanleihen[6)] bis hin zur Insolvenz namhafter Unternehmen hat diese Finanzierungsart zunehmend in den Fokus der Öffentlichkeit gerückt. Schon die aufgrund gesetzlicher Publikationspflichten notwendigerweise unter Beobachtung der Öffentlichkeit geführte Restrukturierung von Anleihen (auch dies unterscheidet sie vom klassischen Bankkredit) führen nicht selten zur Nervosität unter den Shareholdern: Anleger kündigen die Anleihe, Kunden und Lieferanten kappen Geschäftsbeziehungen. **Die Sanierung unter den Argusaugen der Öffentlichkeit mündet daher bisweilen in der Insolvenz.** Es stellt sich dann die Frage, ob und ggf. unter welchen Voraussetzungen eine Restrukturierung unter Insolvenzbedingungen noch gelingt.

10 Die nachfolgenden Ausführungen befassen sich daher ausschließlich mit der **Anleiherestrukturierung im Insolvenzverfahren** (in court), nicht aber mit der Anleiherestrukturierung vor oder außerhalb des Insolvenzverfahrens (out of court). Sie beschränken sich darüber hinaus, weil nur hierauf das SchVG anwendbar ist, auf solche **Anleihen, die deutschem Recht unterliegen.**[7)]

11 In der Insolvenz jedes Emittenten stellen sich, sofern deutsches Recht anwendbar ist, **Fragen des Verhältnisses der vertraglichen Regelungen der Anleihe zu den gesamtvollstreckungsrechtlichen Vorschriften der InsO und darüber hinaus, soweit das SchVG anwendbar ist, Fragen des Verhältnisses des SchVG zur InsO.** Deren Verhältnis ist im SchVG, wenngleich nicht abschließend und in der Abgrenzung seiner Anwendungsbereiche nicht immer eindeutig, geregelt. Das SchVG lässt, obwohl neu kodiziert, **zahlreiche Streitfragen offen**, auf die nachstehend eingegangen wird, soweit sie nicht zwischenzeitlich durch den BGH entschieden wurden.

12 Bereits das SchVG 1899 enthielt ursprünglich in §§ 18 und 19 Sonderregelungen für den Fall des Konkurses des Emittenten und zwar im Hinblick auf die Einberufung und Durchführung von Gläubigerversammlungen, die Bestellung eines gemeinsamen Vertreters sowie die Teilnahme der Schuldverschreibungsgläubiger am Konkursverfahren.[8)] Unverzüglich nach Eröffnung des Insolvenzverfahrens war eine Versammlung der Gläubiger vor dem Insolvenzgericht einzuberufen und durch dieses zu leiten.

13 Das Inkrafttreten der InsO zum 1.1.1999 und die dadurch erstmalig gegebene Möglichkeit eines Insolvenzplans nahm der Gesetzgeber damals um Anlass, in dem seinerzeit neu eingeführten **§ 19a SchVG 1999 Sonderbestimmungen für die Rechte der Anleihegläubiger in einem Insolvenzplan** zu kodifizieren.

I. Verhältnis von SchVG und InsO

14 Während die alte Rechtslage von einer Fortgeltung der gesetzlichen Regelungen des SchVG 1899 nach Insolvenzeröffnung ausging, geht das neue Recht in § 19 SchVG nunmehr von einem grundsätzlichen **Vorrang der InsO gegenüber dem SchVG** aus, soweit

6) Um nur einige zu nennen: *Strenesse*, *Steilmann*, *Rudolf Wöhrl*, *Laurèl*, sämtlich aus dem Modebereich. Prominente andere Namen waren ohne Anspruch auf Vollständigkeit *Solen*, *Solarwatt*, *Pfleiderer*.

7) Zur außergerichtlichen Anleiherestrukturierung statt aller: *Seibt*, ZIP 2016, 997 ff.; *Fischer*, NZI 2016, 665; *Frind/Pollmächer*, ZInsO 2016, 1290.

8) Zur Rechtslage nach SchVG 1899: *Penzlin/Klerx*, ZInsO 2004, 311.

sich aus § 19 Abs. 2 bis 5 nichts Abweichendes ergibt.[9] § 19 SchVG regelt also das Verhältnis der beiden Gesetze zueinander. Dabei ist der Wortlaut des § 19 Abs. 1 SchVG zu eng: Obwohl dort nur davon die Rede ist, dass Beschlüsse der Anleihegläubiger den Bestimmungen der InsO unterliegen, wollte der Gesetzgeber einen grundsätzlichen Vorrang der Bestimmungen der InsO erreichen, soweit die InsO reicht und das SchVG ihren Regelungen widerspricht.[10]

Nur in den Bereichen, die die InsO nicht regelt und es auch sonst an einem Wertungswiderspruch zwischen SchVG und InsO fehlt, bleibt das SchVG anwendbar.[11] Die **Abgrenzung der Anwendungsbereiche beider Gesetze** ist **trotz** dieser **scheinbar eindeutigen Regelung** jedoch **nur fragmentarisch geregelt** und führt in praxi zu zahlreichen **Unklarheiten**, auf die im Laufe der späteren Ausführungen noch einzugehen sein wird.[12] 15

Eine wesentliche Neuerung gegenüber dem alten Schuldverschreibungsrecht besteht in der **Disponibilität der Wahl eines gemeinsamen Vertreters** der Anleihegläubiger: Nach § 19 Abs. 2 SchVG *können* die Gläubiger durch Mehrheitsbeschluss zur Wahrnehmung ihrer Rechte im Insolvenzverfahren einen gemeinsamen Vertreter für alle Gläubiger bestellen. Zu diesem Zweck *muss* das Insolvenzgericht eine Gläubigerversammlung nach den Vorschriften des SchVG einberufen, soweit zuvor noch kein gemeinsamer Vertreter bestellt wurde. Allein dieser ist für die Wahrnehmung der Rechte der Gläubiger im Insolvenzverfahren zuständig, § 19 Abs. 3 Satz 1 Halbs. 1 SchVG. Wird später im Insolvenzverfahren ein Insolvenzplan vorgelegt, hat dieser gleiche Rechte für alle Anleihegläubiger derselben Emission vorzusehen. Insoweit konkretisiert die Vorschrift den Gleichbehandlungsgrundsatz des § 226 Abs. 1 InsO. § 19 Abs. 5 SchVG normiert eine Verpflichtung des Insolvenzgerichts, die nach SchVG vorgesehenen Bekanntmachungen im Internet nach den für das Insolvenzverfahren geltenden Vorschriften[13] zu veröffentlichen. 16

Im Insolvenzverfahren des Emittenten nehmen die Inhaber vorinsolvenzlich begebener Schuldverschreibungen als Insolvenzgläubiger teil, sofern ihre Forderungen nicht ausnahmsweise nachrangig (§ 39 InsO) sind. Sehen die Anleihebedingungen keine automatische Kündigung der Schuldverschreibung im Insolvenzfall vor und fehlt es auch an der Ausübung eines dem Anleihegläubiger zustehenden Kündigungsrechts, gelten deren Forderungen dennoch mit Eröffnung des Insolvenzverfahrens als fällig (§ 41 InsO). 17

Die Forderungen aus den Schuldverschreibungen sind in der Regel gewöhnliche Insolvenzforderungen (§ 38 InsO). Aber auch hier gelten die allgemeinen Regelungen der InsO: Zinsen und Kosten können nur als nachrangige Forderungen geltend gemacht werden, § 39 Abs. 1 Nr. 1 und 2 InsO. Unter den Voraussetzungen des § 39 Abs. 1 Nr. 5 InsO begründen von Gesellschaftern gehaltene Anleihen nur nachrangige Insolvenzfor- 18

9) Veranneman-*Rattunde*, SchVG, § 19 Rz. 6; *Thole*, ZIP 2014, 293; *Wilken/Schaumann/Zenker*, Anleihen in Restrukturierung und Insolvenz, Rz. 487.

10) Begr. RegE Gesetz zur Neuregelung der Rechtsverhältnisse bei Schuldverschreibungen aus Gesamtemissionen und zur verbesserten Durchsetzbarkeit von Ansprüchen von Anlegern aus Falschberatung, BT-Drucks. 16/12814, S. 25; *Friedl* in: FK-SchVG, § 19 Rz. 8; *Knapp* in: Hopt/Seibt, SchuldverschreibungsR, § 19 SchVG Rz. 5; Preuße-*Scherber*, SchVG, § 19 Rz. 5.

11) *Kessler/Rühle*, BB 2014, 907, 911; *Knapp* in: Hopt/Seibt, SchuldverschreibungsR, § 19 SchVG Rz. 5; A. Schmidt-*Westpfahl/Seibt*, SanierungsR, Anh. § 39 InsO Rz. 11; *Wilken/Schaumann/Zenker*, Anleihen in Restrukturierung und Insolvenz, Rz. 498; *Knapp* in: Hopt/Seibt, SchuldverschreibungsR, § 19 SchVG, Rz. 5.

12) Näher *Knapp* in: Hopt/Seibt, SchuldverschreibungsR, § 19 SchVG Rz. 5.

13) § 9 Abs. 1 Satz 2 InsO. Die Veröffentlichungen haben unter www.insolvenzbekanntmachungen.de zu erfolgen.

derungen.[14] Gläubiger nachrangiger Forderungen können diese nur nach besonderer Aufforderung durch das Insolvenzgericht anmelden (§ 174 Abs. 3 Satz 1 InsO). Sie sind i. R. von Gläubigerversammlungen nach InsO in der Regel nicht stimmberechtigt (§ 77 Abs. 1 Satz 2 InsO).

19 Ob unter den Anleihegläubigern auch Gesellschafter sind und inwiefern dies über einen gemeinsamen Vertreter geltend gemachte Forderungen und deren Gewichtung bei Abstimmungen oder Ausschüttungen betrifft, kann bei **konkreten Anhaltspunkten** im Einzelfall zu ermitteln sein. Das Einholen ergänzender Informationen erfolgt dann praktischerweise bei dem gemeinsamen Vertreter, bei der Clearstream AG oder durch Befragung der Gesellschafter.[15] Wobei zu Recht angemerkt wird, dass bei börsennotierten Anleihen, die anonym gehandelt werden, die Nachforschungen wohl ins Leere laufen.[16]

II. Der Aufbau des SchVG

20 Das SchVG gliedert sich in drei Abschnitte:

- Der 1. **Abschnitt** (§§ 1–4 SchVG) beinhaltet **allgemeine Vorschriften**, regelt u. a. die Anwendbarkeit des Gesetzes, enthält Anforderungen für die Anleihebedingungen, regelt in § 3 das Transparenzgebot und normiert in § 4 die kollektive Gläubigerbindung und den Gleichbehandlungsgrundsatz, die wohl wichtigste Vorschrift im 1. Abschnitt.
- Die §§ 5 bis 22 SchVG bilden den **2. Abschnitt** und beinhalten das **materielle Gläubigerorganisationsrecht**, Regelungen über Stimmrechte, den gemeinsamen Vertreter sowie die Durchführung der Gläubigerversammlung. Er stellt das **Kernstück der Neukodifikation dar**. Seine zentrale Norm ist § 5, der u. a. die zulässigen Beschlussgegenstände konkretisiert. § 6 SchVG regelt das Stimmrecht der Anleihegläubiger, §§ 7 und 8 das Institut des gemeinsamen Vertreters, auf den später noch näher einzugehen sein wird. Die §§ 9 bis 17 regeln die Durchführung der Gläubigerversammlung und deren Beschlussfassung. Der bereits angesprochene § 19 enthält Sonderregelungen für den Fall der Insolvenzeröffnung, § 20 Rechtsschutzmöglichkeiten und § 22 schließlich die Einbeziehung Dritter in die Anleihebedingungen.
- Der 3. **Abschnitt** schließlich (§§ 23, 24 SchVG) enthält **Bußgeldvorschriften und Übergangsbestimmungen**.

C. Inhalt, Bedeutung und Reichweite des SchVG in der Emittenteninsolvenz

21 Die **Komplexität der außergerichtlichen Anleiherestrukturierung**, die Begleitung des Sanierungsprozesses durch die interessierte Öffentlichkeit infolge der den Emittenten im Gegensatz zum klassischen Bankkredit treffenden Publizitätspflichten und insbesondere das nach wie vor rigide straf- und zivilrechtliche Haftungsregime im Falle der **Insolvenzverschleppung führt nicht selten** letztlich **zur** Insolvenz des sich in der Krise befindlichen Anleiheemittenten. Es stellt sich sodann die Frage, ob und ggf. wie ein vorinsolvenzlich begonnener Restrukturierungsversuch unter Insolvenzbedingungen fortgesetzt werden kann oder aber ob im worst case nur die Abwicklung des Emittenten durch den Insolvenzverwalter als einzig gangbare Option verbleibt. Erfolgsversprechende Restrukturierungsversuche bedürfen einer eingehenden zeitlichen Planung und der genauen Abstimmung der zu ergreifenden Schritte. Diese Anforderungen erhöhen sich noch, wenn Bestandteil der Restrukturierung eine Anleihe ist. Zu klären sind in diesem Zusammen-

14) BGH, Urt. v. 14.2.2019 – IX ZR 149/16, Rz. 58, NZI 2019, 460, 466; BGH, Urt. v. 26.4.2010 – II ZR 60/09, Rz. 3, NZG 2010, 405, 406 = ZIP 2009, 808.

15) *Schulz*, ZIP 2021, 2110.

16) *Thole*, ZHR 186 (2022), 213, 226.

hang Fragen nach der Anwendbarkeit des SchVG, dem Ablauf der Gläubigerversammlung nach SchVG und der Stellung und den Aufgaben des gemeinsamen Vertreters. Auf all dies wird nachstehend einzugehen sein.

Die bereits in der Insolvenz ohne Anleihebezug insbesondere seit Inkrafttreten des ESUG bisweilen leidenschaftlich geführte Diskussion über die Zielsetzung des unternehmerischen Insolvenzverfahrens hat bisweilen Züge eines Glaubenskriegs angenommen. Gemeint ist das **Verhältnis von Gläubigerbefriedigung durch Gesamtvollstreckung einerseits und der Sanierungsgedanke des ESUG andererseits,** also Fragen des grundlegenden Verständnisses von § 1 InsO, einer vor dem Hintergrund des eindeutigen Wortlauts des § 1 InsO im Übrigen bemerkenswerten Diskussion. Dies sei hier nicht weiter thematisiert, aber natürlich setzt sich diese Auseinandersetzung auch in Fällen von Insolvenzen anleiheemittierender Schuldner fort[17] und es sind gerade die prominenten Insolvenzfälle anleiheemittierender Emittenten, die in der interessierten Öffentlichkeit bisweilen leidenschaftlich diskutiert werden. Nur eines sei hier bemerkt: Auch nach **Änderung der InsO durch das ESUG bleibt Insolvenzrecht Gesamtvollstreckungsrecht.** Die **Sanierung** des Unternehmens ist dabei ein **probates Mittel der Gläubigerbefriedigung.** Aber sie ist, so wünschenswert dies auch sein mag, kein Selbstzweck, jedenfalls so lange nicht wie die von der Insolvenz Betroffenen dies nicht, ggf. unter Verzicht auf vordergründige Interessen wie die Zahlung einer Insolvenzquote, wünschen. An dieser Gemengelage und der geführten Diskussion hat sich auch durch das Inkrafttreten des StaRUG, also des Unternehmensstabilisierungs- und -restrukturierungsgesetzes[18] zum 1.1.2021 nichts geändert. 22

I. Anwendbarkeit des SchVG

Im Falle der Insolvenz des Emittenten stellt sich zunächst die Frage nach der sachlichen, örtlichen und zeitlichen Anwendbarkeit des SchVG.[19] 23

1. Sachlicher Anwendungsbereich

Das SchVG findet Anwendung auf inhaltsgleiche Schuldverschreibungen aus Gesamtemissionen, die **nach deutschem Recht begeben** worden sind (§ 1 Abs. 1 SchVG).[20] Der Sitz des Emittenten ist also für die Anwendbarkeit nicht von Belang. Welcher Art die Schuldverschreibung ist, ist unerheblich. Es kann sich also um Inhaber-, Order- oder Namensschuldverschreibungen handeln, aber auch Wandel-, Umtausch- oder Optionsanleihen sowie Derivate i. S. von § 1 Abs. 11 Satz 4 KWG, § 2 Abs. 2 WpHG,[21] wobei die Inhaberschuldverschreibung als Versprechen des Ausstellers, dem jeweiligen Inhaber des Papiers die Leistung zu erbringen (§ 793 Abs. 1 Satz 1 BGB), die Regel ist. Die Art der Verbriefung (Sammel-, Global- oder Einzelurkunde) ist ebenso unerheblich wie die Art der Verwahrung oder die Frage der Börsennotierung. 24

---

17) Zum Verhältnis von Gesamtvollstreckung, quotaler Gläubigerbefriedigung und Sanierung statt aller: *Ganter/Bruns* in: MünchKomm-InsO, § 1 Rz. 85.

18) Gesetz über den Stabilisierungs- und Restrukturierungsrahmen für Unternehmen (Unternehmensstabilisierungs- und -restrukturierungsgesetz – StaRUG), v. 22.12.2020, BGBl. I 2020, 3256 (= Art. 1 des Gesetzes zur Fortentwicklung des Sanierungs- und Insolvenzrechts [Sanierungs- und Insolvenzrechtsfortentwicklungsgesetz – SanInsFoG], v. 22.12.2020, BGBl. I 2020, 3256).

19) Näher statt aller: *Friedl* in: FK-SchVG, § 1 Rz. 8 ff.

20) § 1 Abs. 2 enthält Rückausnahmen. Zu diesen: Veranneman-*Oulds*, SchVG, § 1 Rz. 39 ff.

21) BGH, Urt. v. 1.7.2014 – II ZR 381/13, ZIP 2014, 1876, 1879; *Artzinger-Bolten/Wöckinger* in: Hopt/Seibt, SchuldverschreibungsR, § 1 SchVG Rz. 27; weitere Nachweise bei *Wilken/Schaumann/Zenker*, Anleihen in Restrukturierung und Insolvenz, Rz. 96.

25 Die Art des Schuldners ist vorbehaltlich der Regelungen in § 1 Abs. 2 SchVG ebenso irrelevant. Nicht erfasst sind mithin gemäß § 1 Abs. 2 SchVG gedeckte Schuldverschreibungen i. S des Pfandbriefgesetzes und von der öffentlichen Hand emittierte oder garantierte Schuldverschreibungen. Entscheidend ist im Übrigen allerdings, dass die Schuldverschreibung aus einer Gesamtemission stammt.

26 Eine gesetzliche Definition der Gesamtemission fehlt. Allgemein versteht man darunter die Ausgabe einer größeren Anzahl von im Wesentlichen gleichartigen Schuldverschreibungen, bei denen die Möglichkeit, diese am Kapitalmarkt zu platzieren, nicht ausgeschlossen ist.[22] Einzeln verbriefte Forderungen nach §§ 793 ff. BGB unterfallen daher nicht der Anwendbarkeit des SchVG.[23]

27 „Inhaltsgleich" sind Schuldverschreibungen aus einer Gesamtemission, wenn sie auf denselben Bedingungen beruhen und gleiche Rechte für die Inhaber aller Schuldverschreibungen vorsehen.[24] **Eine inhaltliche Kongruenz ist nicht erforderlich, ausreichend ist die Austauschbarkeit.** Eine i. R. einer Aufstockung des Emissionsvolumens ausgegebene neue Tranche hat ggf. einen abweichenden Emissionspreis und einen abweichenden Verzinsungsbeginn. Diese neue Tranche ist nicht kongruent zur alten, sie bleibt aber inhaltsgleich.[25]

2. Örtlicher Anwendungsbereich

28 Im Gegensatz zum SchVG 1899 enthält das neue Recht **keinen räumlichen Geltungsbereich** mehr. Entscheidend ist in örtlicher Hinsicht nur, dass die Anleihe nach deutschem Recht begeben wurde. Die in praxi nach wie vor insbesondere außerhalb der Mittelstandsanleihe nach ausländischem – insbesondere nach New Yorker – Recht begebene Anleihe fällt daher nicht in den Anwendungsbereich des SchVG.

3. Zeitlicher Anwendungsbereich

29 Das SchVG gilt in zeitlicher Hinsicht für alle dem Gesetz unterliegenden Schuldverschreibungen, wenn sie **ab dem Tag des Inkrafttretens, also dem 5.8.2009 begeben** worden sind (§ 24 Abs. 1 SchVG). Auf die bis dahin begebenen Schuldverschreibungen findet das alte Recht Anwendung.

30 Unberührt bleibt die Möglichkeit der Gläubiger, gemeinsam mit dem Schuldner der Altanleihe durch einen sog. **Opt-In-Beschluss** die Regelungen des neuen Rechts zur Anwendbarkeit zu bringen (§ 24 Abs. 2 SchVG).[26]

II. Die Gläubigerversammlung nach SchVG

31 § 19 Abs. 1 Satz 1 SchVG normiert den Vorrang der Regelungen der InsO gegenüber denjenigen des SchVG im Insolvenzverfahren des Emittenten. § 19 Abs. 2 bis 6 SchVG bestimmen Ausnahmen von diesem Grundsatz, insbesondere hinsichtlich des gemeinsa-

22) Preuße-*Preuße*, SchVG, § 1 Rz. 3.

23) Preuße-*Preuße*, SchVG, § 1 Rz. 4; *Wilken/Schaumann/Zenker*, Anleihen in Restrukturierung und Insolvenz, Rz. 107.

24) Begr. RegE Gesetz zur Neuregelung der Rechtsverhältnisse bei Schuldverschreibungen aus Gesamtemissionen und zur verbesserten Durchsetzbarkeit von Ansprüchen von Anlegern aus Falschberatung, BT-Drucks. 16/12814, S. 16; Veranneman-*Oulds*, SchVG, § 1 Rz. 30; Preuße-*Preuße*, SchVG, § 1 Rz. 7; *Wilken/Schaumann/Zenker*, Anleihen in Restrukturierung und Insolvenz, Rz. 108.

25) Preuße-*Preuße*, SchVG, § 1 Rz. 9.

26) BGH, Urt. v. 16.11.2017 – IX ZR 260/15, ZIP 2017, 2312 = ZInsO 2018, 22, dazu EWiR 2017, 757 *(Lürken)*.

men Vertreters. Aus dem grundsätzlichen Vorrang der Regelungen der InsO ergibt sich u. a., dass die Anleihegläubiger ihre Forderungen nur nach den Regelungen der InsO (§§ 87, 174 ff.) geltend machen können. Zu den Einzelheiten siehe Rz. 157 ff. Naturgemäß gilt die InsO allerdings nur in ihrem Anwendungsbereich. So regelt sie z. B. nicht die Beschlussfassung von Anleihegläubigern außerhalb der insolvenzrechtlichen Gläubigerversammlung, mag auch die Krise bereits eingetreten sein.

Nach allgemeiner Meinung stellt § 19 SchVG eine **insolvenzrechtliche Regelung** dar.[27)] 32
Bedeutung hat dies für die Eröffnung des Insolvenzverfahrens über das Vermögen eines ausländischen Emittenten im Inland als Haupt-, Sekundär- oder Partikularinsolvenzverfahren. Nach Art. 4 EuInsVO (im Geltungsbereich der EuInsVO, aktuell also der Mitgliedstaaten der EU ohne Dänemark) bzw. § 335 InsO (im Falle der Auslandsberührung zu allen übrigen Staaten) ist in einem solchen Fall deutsches Insolvenzrecht anwendbar (lex fori concursus) und damit aufgrund seiner Eigenschaft als insolvenzrechtlicher Vorschrift eben auch § 19 SchVG.

Davon unberührt bleibt die Regelung in § 340 InsO (§ 19 Abs. 1 Satz 2 SchVG). Diese 33
kollisionsrechtliche Regelung beinhaltet die Fortgeltung des § 340 InsO und damit die Anwendung desjenigen Sachrechts auf den Emittenten, das für diesen organisierten Markt gilt. Der Begriff des „organisierten Marktes" wird in § 2 Abs. 11 WpHG definiert.[28)]

1. Auswirkungen der Eröffnung des Insolvenzverfahrens

Die Eröffnung des Insolvenzverfahrens hat zunächst keine Auswirkungen auf durch den 34
Schuldner emittierte Schuldverschreibungen.

2. Bestellung eines gemeinsamen Vertreters

Allerdings haben die Gläubiger nunmehr die Möglichkeit, durch **Mehrheitsbeschluss** zur 35
Wahrnehmung ihrer Rechte im Insolvenzverfahren einen **gemeinsamen Vertreter** zu bestellen (§ 19 Abs. 2 Satz 1 SchVG). Zu diesem Zweck hat das Insolvenzgericht eine Gläubigerversammlung i. S. des SchVG einzuberufen, wenn ein gemeinsamer Vertreter für alle Gläubiger vorinsolvenzlich noch nicht bestellt wurde oder nicht mehr im Amt ist.

Die Verpflichtung des Gerichts zur Einberufung einer Gläubigerversammlung in diesen 36
Fällen besteht jedoch **erst im eröffneten Insolvenzverfahren**, nicht bereits im Eröffnungsverfahren. Dies gilt selbst dann nicht, wenn ein vorläufiger Insolvenzverwalter bestellt ist, auf den die Verwaltungs- und Verfügungsbefugnis übergegangen ist.[29)]

Diese Gläubigerversammlung ist eine solche für die Anleihegläubiger und zu unterschei- 37
den von der insolvenzrechtlichen Gläubigerversammlung i. S. des § 29 Abs. 1 InsO.

a) Einberufung bei Fehlen einer Ermächtigung nach § 5 Abs. 1 Satz 1 SchVG

§ 5 Abs. 1 Satz 1 SchVG regelt, dass die Anleihebedingungen vorsehen *können*, dass die 38
Gläubiger durch Mehrheitsbeschluss einen gemeinsamen Vertreter bestellen *können*. An-

---

27) Begr. RegE Gesetz zur Neuregelung der Rechtsverhältnisse bei Schuldverschreibungen aus Gesamtemissionen und zur verbesserten Durchsetzbarkeit von Ansprüchen von Anlegern aus Falschberatung, BT-Drucks. 16/12814, S. 25 „§ 19 ist als insolvenzrechtliche Regelung zu verstehen"; *Friedl* in: FK-SchVG, § 19 Rz. 11.

28) Näher zu § 19 Abs. 1 Satz 2 SchVG und § 340 InsO: *Friedl* in: FK-SchVG, § 19 Rz. 1; Veranneman-*Fürmaier*, SchVG, § 19 Rz. 4; Preuße-*Scherber*, SchVG, § 19 Rz. 18 ff.; A. Schmidt-*Westpfahl/Seibt*, SanierungsR, Anh. § 39 InsO Rz. 17 m. w. N.

29) *Thole*, ZIP 2014, 293, 295; *Friedl* in FK-SchVG, § 19 Rz. 13; *Wilken/Schaumann/Zenker*, Anleihen in Restrukturierung und Insolvenz, Rz. 497.

ders als noch im SchVG 1899 arbeitet der Gesetzgeber nunmehr also mit einer **Ermächtigungslösung (sog. Opt-in-Modell)**. Hat der Emittent von dieser Ermächtigungslösung nicht Gebrauch gemacht, scheidet die Bestellung eines gemeinsamen Vertreters (zunächst) aus.

39 In der Vergangenheit war für den Fall der Insolvenz des Emittenten in der Praxis umstritten, ob eine Gläubigerversammlung nach § 19 Abs. 2 Satz 2 SchVG auch dann einzuberufen ist, wenn die Anleihebedingungen die Möglichkeit eines Mehrheitsbeschlusses der Anleihegläubiger nicht vorsehen.

40 Während die Literatur überwiegend dahingehend argumentierte, dass die Verortung des § 19 SchVG in den §§ 5 bis 21 SchVG ein legislatorisches Redaktionsversehen darstelle, die Möglichkeit der Bestellung eines gemeinsamen Vertreters im Insolvenzverfahren also immer bestehe,[30)] wurde dies in der instanzlichen Rechtsprechung teilweise abgelehnt.[31)] **Den Streit hat der BGH mit Urteil vom 16.11.2017 für nicht unter das SchVG 2009 fallende Schuldverschreibungen entschieden:** Danach kann ein Mehrheitsbeschluss über die Bestellung eines gemeinsamen Vertreters mit Zustimmung des Emittenten auch in den Fällen gefasst werden, in denen die Anleihebedingungen die Möglichkeit von Mehrheitsbeschlüssen nicht vorsehen.[32)] Bei Anleihebedingungen von Schuldverschreibungen, die grundsätzlich unter das SchVG 2009 fallen, aber eine Anwendbarkeit der §§ 5 ff. SchVG nicht vorsehen, ist noch nicht höchstrichterlich geklärt, ob ein Opt-in der Zustimmung aller Anleihegläubiger und des Emittenten, d. h. des Insolvenzverwalters, bedarf[33)] oder der gesetzgeberischen Intention, eigentlich das Prinzip des SchVG 1899 fortführen zu wollen, Ausdruck zu verleihen ist.[34)]

b) Einberufungspflicht des Insolvenzgerichts

aa) Allgemeines

41 Sofern vor Eröffnung des Insolvenzverfahrens noch kein gemeinsamer Vertreter bestellt wurde bzw. ein solcher nicht mehr im Amt ist, ist die Einberufung durch das Insolvenzgericht zwingend. **Ein Ermessen besteht nicht**, das Gericht hat eine erste Gläubigerversammlung einzuberufen (§ 19 Abs. 2 Satz 2 SchVG). Ein Antrag ist nicht erforderlich.[35)] Ein Absehen von der Einberufung aus Kosten-, Zeit- oder Praktikabilitätsgründen ist **unzulässig**.[36)]

42 Etwas anderes gilt nur dann, wenn ein gemeinsamer Vertreter bereits vorhanden ist, weil er vorinsolvenzlich bestellt wurde und er noch im Amt ist. Dabei ist die Grundlage seiner Bestellung unerheblich: sie kann also infolge der Regelungen in den Anleihebedingungen,

30) *Brenner*, NZI 2014, 789, 790, *Knapp* in: Hopt/Seibt, SchuldverschreibungsR, § 19 SchVG Rz. 20; *Wegener*, NZI 2017, 54, 56; Veranneman-*Rattunde*, SchVG, § 5 Rz. 49; *Wilken/Schaumann/Zenker*, Anleihen in Restrukturierung und Insolvenz, Rz. 497. Aus der Rechtsprechung unlängst OLG Dresden, Urt. v. 12.4.2017 – 13 U 917/16, ZIP 2017, 1819, dazu EWiR 2017, 605 *(Wilken/Bertus)*.

31) AG Hamburg, Beschl. v. 1.9.2016 – 67g IN 266/16 (KTG Agrar SE), ZIP 2016, 2030, dazu EWiR 2017, 55 *(Lürken)*; AG Neuruppin, Beschl. v. 8.12.2016 – 15 IN 260/16 (KTG Energie AG), ZIP 2017, 627.

32) BGH, Urt. v. 16.11.2017 – IX ZR 260/15, ZIP 2017, 2312 = ZInsO 2018, 22, dazu EWiR 2017, 757 *(Lürken)*.

33) So A. Schmidt-*Westpfahl/Seibt*, SanierungsR, Anh. § 39 InsO Rz. 14a.

34) So *Thole*, ZHR 186 (2022), 213, 221 – mit Verweis auf BT-Drucks. 16/12814, S. 25.

35) *Friedl* in: FK-SchVG, § 19 Rz. 22; Veranneman-*Rattunde*, SchVG, § 19 Rz. 50.

36) *Thole*, ZIP 2014, 293, 296; A. Schmidt-*Westpfahl/Seibt*, SanierungsR, Anh. § 39 InsO Rz. 21.

auf Initiative des Emittenten oder auf Betreiben des erforderlichen Quorums der Anleihegläubiger erfolgt sein.[37)]

bb) Einberufungszeitpunkt und Einberufungsfrist

Während § 18 Abs. 3 SchVG 1899 noch vorsah, dass die Einberufung unverzüglich zu erfolgen hat, fehlt eine Regelung hierzu in § 19 Abs. 2 Satz 2 SchVG. Es entspricht dennoch allgemeiner Meinung, dass die Einberufung **unverzüglich** nach Eröffnung des Insolvenzverfahrens erfolgen sollte.[38)] Nur so lässt sich sicherstellen, dass die vom Gesetzgeber beabsichtigte rechtzeitige und kollektive Einbringung der Interessen der Schuldverschreibungsgläubiger sichergestellt ist.[39)] 43

Auch die Frage, innerhalb welcher Frist die Gläubigerversammlung **stattzufinden** hat, ist nicht ausdrücklich geregelt. Denkbar ist die Anwendung des § 10 Abs. 1 SchVG (Einberufung spätestens vierzehn Tage vor dem Tage der Versammlung)[40)] oder § 75 Abs. 2 InsO (Soll-Frist von drei Wochen).[41)] Für die Anwendung des § 10 Abs. 1 SchVG spricht bereits der Wortlaut des § 19 Abs. 2 Satz 2 SchVG („nach den Vorschriften dieses Gesetzes einzuberufen"). Außerhalb der Insolvenz dient die Zwei-Wochen-Frist dazu, einerseits den Gläubigern ausreichend Zeit zur Vorbereitung zu lassen, andererseits die Möglichkeit zu haben, auch in der akuten Krise noch eine Gläubigerversammlung durchzuführen, bevor die Drei-Wochen-Frist des § 15a InsO verstrichen ist.[42)] 44

Die Gefahr der rechtzeitigen Insolvenzantragstellung ist naturgemäß nach Eröffnung nicht mehr von Bedeutung. Es spricht jedoch bereits der Wortlaut des § 19 Abs. 2 Satz 2 SchVG dafür, **§ 10 Abs. 1 SchVG anzuwenden**, also **die Gläubigerversammlung spätestens vierzehn Tage vor dem Tag der Versammlung einzuberufen.** Dass der einberufende Rechtspfleger im Insolvenzverfahren mit anderen Vorschriften und Fristen vertraut ist,[43)] überzeugt als Argument gegen die Anwendung des § 10 Abs. 1 SchVG jedenfalls nicht.[44)] 45

Die Zuständigkeit innerhalb des Gerichts für das Insolvenzverfahren richtet sich nach § 18 RPflG. Danach ist der Richter u. a. zuständig für das Eröffnungsverfahren, die Bestellung des Insolvenzverwalters, das Verfahren über einen Schuldenbereinigungsplan nach §§ 305 bis 310 InsO, das Verfahren über einen Insolvenzplan nach §§ 217 ff. InsO und Entscheidungen über die Versagung der Restschuldbefreiung. Im Übrigen ist grundsätzlich der Rechtspfleger zuständig. Damit beruft dieser auch die Gläubigerversammlung ein und leitet diese. Jedoch kann sich der Richter das Insolvenzverfahren ganz oder teilweise **vorbehalten**, soweit und solange er dies für geboten behält (§ 18 Abs. 2 Satz 1 RPflG) oder es nach Übertragung unter den gleichen Voraussetzungen an sich ziehen (§ 18 Abs. 2 46

37) *Friedl* in: FK-SchVG, § 19 Rz. 21; Veranneman-*Fürmaier*, SchVG, § 19 Rz. 9; *Penzlin/Klerx*, ZInsO 2004, 311, 312; Preuße-*Scherber*, SchVG, § 19 Rz. 27; *Thole*, ZIP 2014, 293, 296; A. Schmidt-*Westpfahl/Seibt*, SanierungsR, Anh. § 39 InsO Rz. 21.

38) *Kuder/Obermüller*, ZInsO 2009, 2025, 2027; Veranneman-*Rattunde*, SchVG, § 19 Rz. 51; Preuße-*Scherber*, SchVG, § 19 Rz. 26, *Thole*, ZIP 2014, 293, 296.

39) Begr. RegE Gesetz zur Neuregelung der Rechtsverhältnisse bei Schuldverschreibungen aus Gesamtemissionen und zur verbesserten Durchsetzbarkeit von Ansprüchen von Anlegern aus Falschberatung, BT-Drucks. 16/12814, S. 25.

40) So *Friedl* in: FK-SchVG, § 19 Rz. 26; *Wilken/Schaumann/Zenker*, Anleihen in Restrukturierung und Insolvenz, Rz. 516.

41) So Veranneman-*Rattunde*, SchVG, § 19 Rz. 51 f.

42) Veranneman-*Wasmann/Steber*, SchVG, § 19 Rz. 1.

43) Hierauf weist Veranneman-*Rattunde*, SchVG, § 19 Rz. 52 hin.

44) *Wilken/Schaumann/Zenker*, Anleihen in Restrukturierung und Insolvenz, Rz. 520.

Satz 3 RPflG). Davon macht die Praxis bisweilen in komplexen und Großverfahren Gebrauch.[45)]

47 Die Gläubigerversammlung hat, soll sie ihren Sinn nicht verlieren, zwingend vor Ablauf der Forderungsanmeldefrist und dem Berichtstermin zu erfolgen.[46)] Nur in diesem Fall kann der gemeinsame Vertreter die Interessen der Anleihegläubiger bereits im Berichtstermin sinnvoll wahrnehmen.[47)] Eine **Zusammenlegung** der Gläubigerversammlung nach SchVG mit der Gläubigerversammlung nach der InsO ist **nicht möglich.**[48)] Eine solche Zusammenlegung mag Zeit und Kosten sparen und dazu beitragen, dass sich der Insolvenzrechtspfleger in sicherem Fahrwasser bewegt. Die Gegenstände der beiden Gläubigerversammlungen sind aber völlig unterschiedlich. Eine **Zusammenlegung birgt die Gefahr der Vermischung der völlig unterschiedlichen Stoßrichtungen der Gläubigerversammlungen.** Die von *Rattunde*[49)] vertretene Ansicht überzeugt daher aus Praktikabilitätsgründen nur scheinbar.

48 Sehen die Anleihebedingungen eine längere Frist vor oder ein Anmelderfordernis zur Teilnahme, ist dies auch bei der Versammlung nach § 19 SchVG zu beachten (§ 10 Abs. 2 SchVG).

cc) Einberufungsverfahren

49 In der Einberufung sind Firma und Sitz des Schuldners, Zeit und Ort der Gläubigerversammlung sowie die Bedingungen anzugeben, von denen die Teilnahme an der Gläubigerversammlung und die Ausübung des Stimmrechts abhängen (§ 12 Abs. 1 SchVG). Ihr ist eine Tagesordnung beizufügen (§ 13 SchVG). Auf etwaige Legitimationsnachweise nach § 10 Abs. 2, 3 SchVG ist hinzuweisen.[50)] Da es dem Anleihegläubiger unbenommen ist, sich auch in der Gläubigerversammlung vertreten zu lassen, ist auf die Vertretungsregelung des § 14 Abs. 1 SchVG hinzuweisen. Aus Klarstellungsgründen sollte außerdem auf die **Stimmrechtsregelung in § 6 SchVG** hingewiesen werden. Denn das Stimmrecht in der Gläubigerversammlung nach SchVG bestimmt sich nach dem Nennwert der gehaltenen Schuldverschreibung.

50 Wie in der Literatur zu Recht angemerkt, kann so einer möglichen Fehlvorstellung vorgebeugt werden, dass es auf eine vorherige Forderungsanmeldung zur Tabelle ankommt.[51)]

51 Die Veröffentlichungen erfolgen unter Beachtung der §§ 12 Abs. 2 Satz 1 und 3 und 13 Abs. 2 SchVG.[52)] Regelungen in den Anleihebedingungen sind allerdings für das Insol-

---

45) Aus jüngster Zeit sei als Beispiel nur genannt das Sekundärinsolvenzverfahren über das im Inland belegene Vermögen der Niki Luftfahrt GmbH. Hier behielt sich der Richter das Verfahren bis zum Ende der ersten Gläubigerversammlung vor.

46) *Gloeckner/Bankel*, ZIP 2015, 2393; *Wilken/Schaumann/Zenker*, Anleihen in Restrukturierung und Insolvenz, Rz. 501 Fn. 452.

47) A. Schmidt-*Westpfahl/Seibt*, SanierungsR, Anh. § 39 InsO Rz. 26.

48) *Gloeckner/Bankel*, ZIP 2015, 2393, 2397; a. A. Veranneman-*Rattunde*, SchVG, § 19 Rz. 53.

49) Veranneman-*Rattunde*, SchVG, § 19 Rz. 53.

50) Einzelheiten bei *Thole*, ZIP 2014, 293, 296.

51) So der berechtigte Hinweis von *Wilken/Schaumann/Zenker*, Anleihen in Restrukturierung und Insolvenz, Rz. 523.

52) Diese Mindestanforderungen sollten auch beachtet werden: In einem Verfahren in Rostock (LG Rostock, Beschl. v. 25.1.2021 – 4 T 13/21, ZInsO 2021, 458) wurden für mehrere Anleihen Gläubigerversammlungen nur auf insolvenzbekanntmachungen.de veröffentlicht. Nicht anwesenden Gläubigern, die sich nach Veröffentlichung der dort weiter gefassten (also nicht vorab auf insolvenzbekanntmachungen.de veröffentlichten) Beschlüsse unmittelbar bei Gericht um Aufhebung bemühten, stand das Recht zur sofortigen Beschwerde nicht zu. Mangels Anwesenheit und Antrag nach § 78 InsO im Termin war die sofortige Beschwerde nicht statthaft und die Anleihegläubiger vom Gericht auf den Einwand der Nichtigkeit verwiesen (BGH, Urt. v. 21.7.2011 – IX ZB 128/10, NZI 2011, 713 = ZIP 2011, 1626). Um solche Situation der Unsicherheit für alle Beteiligten zu vermeiden, gilt es o. g. Mindestveröffentlichungen einzuhalten.

venzgericht nicht maßgeblich. Die Einladung zur Gläubigerversammlung hat demgemäß zu erfolgen

– im Bundesanzeiger (§ 12 Abs. 2 Satz 1 SchVG)
– an der in § 12 Abs. 3 SchVG vorgesehenen Stelle im Internet
– und zusätzlich im Internet unter www.insolvenzbekanntmachungen.de (§ 19 Abs. 5 SchVG).

dd) Einberufungsort

Nach § 11 SchVG findet die Gläubigerversammlung am **Sitz des Emittenten** statt. Dies ist wegen der gesetzlichen Zuständigkeitsregeln der InsO (§§ 2, 3 InsO) **nicht zwingend der Sitz des Insolvenzgerichts.** 52

Hier zeigt sich sinnbildlich die nur fragmentarische Regelung des § 19 Abs. 2 SchVG, wonach die Modalitäten der Einberufung den Vorschriften des SchVG folgen soll. Folgt man dem Wortlaut, hätte bei einer vom Sitz des Emittenten abweichenden örtlichen Zuständigkeit des Insolvenzgerichts das Gericht die Gläubigerversammlung an einem anderen Ort durchzuführen. Dies wäre abgesehen von dem dabei entstehenden Aufwand an Zeit und Kosten unpraktikabel. In der Literatur wird daher zu Recht, wenngleich bisweilen vorsichtig, darauf hingewiesen, dass der Ort der Versammlung auch der des Insolvenzgerichts sein kann.[53] 53

ee) Einberufungspflicht bei Nachrangigkeit?

Nach überwiegender Ansicht entfällt die Einberufungspflicht, wenn die Forderungen der Anleihegläubiger **unstreitig nachrangig**[54] gemäß § 39 Abs. 2 InsO sind.[55] Zutreffend ist, dass in einem solchen Fall, in dem die Masse nicht für die Vollbefriedigung der Insolvenzgläubiger gemäß § 38 InsO reicht (was in Insolvenzverfahren die Regel ist), die nachrangigen Insolvenzgläubiger (§ 39 InsO) von Seiten des Gerichts überhaupt nicht aufgefordert werden, ihre Forderungen zur Insolvenztabelle anzumelden (§ 174 Abs. 3 InsO). Damit nehmen sie am Insolvenzverfahren nicht teil und sind auch nicht gemäß § 77 Abs. 1 InsO stimmberechtigt.[56] Dies spricht in der Tat dafür, § 19 Abs. 2 Satz 2 SchVG im Wege der **teleologischen Reduktion**[57] **dahingehend auszulegen**, dass eine Einberufungspflicht des Gerichts in einem solchen Fall nicht besteht. 54

Allerdings sind Fälle denkbar, in denen die Frage der Nachrangigkeit durch Anleihegläubiger in Zweifel gezogen wird oder nicht auf der Hand liegt. Da das Gericht die Gläubigerversammlung nach SchVG sogleich nach Eröffnung des Insolvenzverfahrens einzuberufen hat, muss es ad hoc zweifelsfrei ausschließen, dass die Anleiheforderungen nicht ausnahmsweise doch nicht nachrangig sind. Entscheidet es hier falsch und beruft eine Gläubigerversammlung nicht ein, verlagert sich die Problematik u. U. auf die sekundäre Haftungsebene, nämlich auf die Frage der Amtshaftung des über die Nichteinberufung 55

53) *Thole*, ZIP 2014, 293, 296; Blersch/Goetsch/Haas-*Paul*, InsO, § 19 SchVG Rz 5; *Friedl* in: FK-SchVG, § 19 Rz. 10; *Wilken/Schaumann/Zenker*, Anleihen in Restrukturierung und Insolvenz, Rz. 525.

54) So wörtlich Veranneman-*Rattunde*, SchVG, § 19 Rz. 50; mit ausführlicher Argumentation dezidiert a. A. *Kübler* in: KPB, InsO, § 77 Rz. 38.

55) *Thole*, ZIP 2014, 293, 296; *Penzlin/Klerx*, ZInsO 2004, 311, 312; A. Schmidt-*Westpfahl/Seibt*, SanierungsR, Anh. § 39 InsO Rz. 23.

56) Daher eine Einladungspflicht ablehnend: LG Bonn, Beschl. v. 30.1.2014 – 6 T 22/14, ZIP 2014, 983, dazu EWiR 2014, 395 *(Friedl)*; *Kessler/Rühle*, BB 2014, 907, 912; *Thole*, ZIP 2014, 293, 296; Veranneman-*Rattunde*, SchVG, § 19 Rz. 50, a. A. *Friedl* in: FK-SchVG, § 19 Rz. 22.

57) So auch *Wilken/Schaumann/Zenker*, Anleihen in Restrukturierung und Insolvenz, Rz. 504.

entscheidenden Rechtspflegers bzw. Richters, wenn ein entsprechender Vorbehalt erfolgt ist.[58)]

56 Die Nachrangigkeit beruht auf Gesetz oder auf Vertrag. Sofern bereits die Finanzierung zur Vermeidung einer insolvenzrechtlichen Überschuldung als Nachrangdarlehen angelegt ist, beruht sie auf Vertrag. Das Mittel hierzu ist die Rangrücktrittsvereinbarung zwischen Gläubiger und Schuldner, in praxi bisweilen fälschlich als Rangrücktrittserklärung tituliert.[59)] Üblicher- und zweckmäßigerweise wird der Rangrücktritt ausdrücklich und schriftlich vereinbart. Die Vereinbarung des Rangrücktritts in AGB ist grundsätzlich zulässig.[60)] Dann allerdings unterliegt sie der Inhaltskontrolle nach den §§ 305 ff. BGB und zwar nicht nur hinsichtlich der Überprüfung auf überraschende Inhalte und Einhaltung des Transparenzgebots, sondern auch der Inhaltskontrolle nach § 307 Abs. 2 BGB.[61)] Nach der Rechtsprechung des BGH ist eine solche Klausel für die Gewährung eines Privatdarlehens gegenüber Verbrauchern ungewöhnlich, kann aber im Einzelfall mangels Überraschungseffekt wirksam sein.[62)] Daran zeigt sich, dass die **Frage der Nachrangigkeit durchaus nicht immer zweifelsfrei zu beantworten** ist. Anschaulich hat der BGH hingegen zuletzt am Beispiel eines Genussrechts dargestellt, wann eine Nachrangvereinbarung der AGB-Prüfung standhalten kann.[63)]

57 Insgesamt dürfte dies jedoch dafürsprechen, die Anleihegläubigerversammlung ungeachtet der damit verbundenen Kosten **im Zweifel einzuberufen**, wenn es im Einzelfall schlüssige Argumente gegen die Nachrangigkeit der Anleihegläubigerforderungen gibt.[64)]

c) Einberufung weiterer Gläubigerversammlungen

58 Die Regelung in § 19 Abs. 2 SchVG über die Verpflichtung des Gerichts zur Einberufung einer Gläubigerversammlung gilt alleine für die **erste Gläubigerversammlung**. Hier sollen die Schuldverschreibungsgläubiger die Möglichkeit erhalten, darüber zu entscheiden, ob sie einen gemeinsamen Vertreter bestellen, um ihre Interessen im Insolvenzverfahren gebündelt weiterzuverfolgen. **Weitere Gläubigerversammlungen sieht § 19 SchVG nicht vor.** Das lässt allerdings das Recht der Anleihegläubiger unberührt, weitere Gläubigerversammlungen durchzuführen. Für diese gelten dann allerdings einschränkungslos die Regelungen des SchVG.[65)]

d) Die Durchführung der ersten Gläubigerversammlung

59 Die Durchführung der ersten Gläubigerversammlung, die zu fassenden Beschlüsse und die mit dieser Gläubigerversammlung verbundenen Kosten sollen nachstehend beleuchtet werden.

58) In Insolvenzsachen gilt, darauf sei ergänzend hingewiesen, das Spruchrichterprivileg nicht, was jeglicher Haftung des Gerichts in Insolvenzsachen eine Bedeutung anderer Dimension beimisst: BGH, Urt. v. 2.4.1959 – III ZR 25/58, NJW 1959, 1085 = MDR 1959, 557; näher *Papier/Shirvani* in: MünchKomm-BGB, § 839 Rz. 385.

59) Näher hierzu *Bitter*, ZIP 2015, 345 ff.

60) BGH, Urt. v. 20.2.2014 – IX ZR 137/13, ZIP 2014, 1087 = ZInsO 2014, 952, dazu EWiR 2014, 432 *(Dörner)*.

61) Kritisch hierzu: *Primozic/Schaaf*, ZInsO 2014, 1831.

62) S. hierzu auch VG Frankfurt/M., Beschl. v. 26.11.2013 – 9 L 2958/13.F, ZIP 2015, 367; LG Hamburg, Urt. v. 16.1.2013 – 332 O 72/12, ZIP 2015, 368; BGH, Urt. v. 20.2.2014 – IX ZR 137/13, Rz. 14, ZIP 2014, 1087 = ZInsO 2014, 952; *Bitter*, ZIP 2015, 345 ff.; K. Schmidt-*Herchen*, InsO, § 39 Rz. 21.

63) BGH, Urt. v. 3.5.2018 – IX ZR 93/17, Rz. 17 ff., BeckRS 2018, 17431.

64) A. A. aber weiterhin A. Schmidt-*Westpfahl/Seibt*, SanierungsR, Anh. § 39 InsO Rz. 22 f., die darauf hinweisen, dass die Anleihegläubiger im Falle des Unterlassens der Einberufung nicht rechtlos gestellt würden. Sie könnten ihre Forderungen individuell anmelden.

65) Näher: *Thole*, ZIP 2014, 293, 298.

aa) Allgemeines

Auch die Durchführung der Gläubigerversammlung erfolgt, soweit in § 19 Abs. 2 Satz 2 SchVG nichts anderes bestimmt, nach den Regelungen des SchVG. Nach dem gesetzlichen Wortlaut bildet die Entscheidung der Anleihegläubiger über die Bestellung eines gemeinsamen Vertreters zur Wahrnehmung ihrer Rechte im Insolvenzverfahren den **einzigen Tagesordnungspunkt.**[66] 60

Sonstige Beschlussgegenstände hat diese Gläubigerversammlung nach zutreffender Meinung nicht, denn sie wird einberufen zum Zweck der Wahl eines gemeinsamen Vertreters. Wenn also über die Bestellung des gemeinsamen Vertreters hinausgehende Beschlüsse gefasst werden sollen, bleibt es den Gläubigern unbenommen, weitere Versammlungen der Anleihegläubiger durchzuführen.[67] 61

In der Literatur umstritten ist allerdings, ob es eine **Annexkompetenz** der ersten Gläubigerversammlung für Beschlüsse über Weisungen an den gemeinsamen Vertreter gibt.[68] Hierfür sprechen in der Tat Gründe der **Verfahrensökonomie**, denn der gemeinsame Vertreter ist zumindest im Innenverhältnis zu den Anleihegläubigern an deren Weisungen gebunden und es ist nicht ökonomisch, die Anleihegläubiger insoweit auf eine fakultative weitere Gläubigerversammlung zu verweisen. Bejaht man eine solche Annexkompetenz, ist die Tagesordnung entsprechend zu erweitern. 62

Die Durchführung obliegt dem Rechtspfleger (§§ 3 Nr. 2 lit. e, 18 RPflG), soweit sich der Richter die Leitung nicht vorbehält (siehe dazu Rz. 46). 63

bb) Beschlussfassung

§ 19 Abs. 1 SchVG bestimmt, dass Beschlüsse der Gläubiger nach Insolvenzeröffnung den Vorschriften der InsO unterliegen, soweit in § 19 SchVG nichts anderes geregelt ist. Der Gesetzgeber will verhindern, dass Anleihegläubiger wegen der Regelungen in Anleihebedingungen oder aufgrund der Regelungen des SchVG in anderer Art und Weise an dem Insolvenzverfahren teilnehmen als die übrigen Gläubiger. Dies widerspräche grundlegenden Prinzipien der InsO, die abgesehen von Sonderrechten besonderer Beteiligtengruppen (wie Absonderungsgläubiger) vom Grundsatz der par conditio creditorum geprägt ist. **Für die Beschlussfassungen gelten damit §§ 74 ff. InsO.** 64

Die erste Gläubigerversammlung entscheidet mit **einfacher Mehrheit**, ob ein gemeinsamer Vertreter bestellt wird (§ 19 Abs. 2 Satz 1 SchVG). Dabei kommt es wegen § 19 Abs. 1 SchVG, § 76 Abs. 2 InsO auf die Summe der Forderungsbeträge der abstimmenden Gläubiger an. Für Fragen der Stimmberechtigung und der Beschlussfähigkeit gelten dabei die insolvenzrechtlichen Vorschriften. Dabei ist die Frage, ob diese direkt oder nur analog anwendbar sind, rein akademischer Natur. 65

Schwierigkeiten bereitet insoweit die Regelung in **§ 77 InsO**: Danach sind nur solche Gläubiger stimmberechtigt, die ihre Forderungen zur Insolvenztabelle angemeldet haben und deren Forderungen nicht wirksam bestritten wurden, es sei denn, es ist eine Einigung über oder Festsetzung des Stimmrechts erfolgt (näher siehe Rz. 124). Im Zeitpunkt der ersten Gläubigerversammlung der Anleihegläubiger ist aber – ebenso wie typischerweise 66

---

66) Ob demgegenüber weitere Tagesordnungspunkte möglich sind, ist zweifelhaft. Hierzu *Wilken/Schaumann/Zenker*, Anleihen in Restrukturierung und Insolvenz, Rz. 527.

67) Hierzu: Veranneman-*Rattunde*, SchVG, § 19 Rz. 67 f.; *Friedl* in: FK-SchVG, § 19 Rz. 30 ff.; *Wilken/Schaumann/Zenker*, Anleihen in Restrukturierung und Insolvenz, Rz. 531.

68) Bejahend: *Friedl* in: FK-SchVG, § 19 Rz. 37; *Wilken/Schaumann/Zenker*, Anleihen in Restrukturierung und Insolvenz, Rz. 531; A. Schmidt-*Westpfahl/Seibt*, SanierungsR, Anh. § 39 InsO Rz. 40; **a. A.** Veranneman-*Rattunde*, SchVG, § 19 Rz. 14; offenlassend: Preuße-*Scherber*, SchVG, § 19 Rz. 10.

im Zeitpunkt der ersten insolvenzrechtlichen Gläubigerversammlung – die Frist zur Anmeldung der Forderungen noch nicht abgelaufen. **Die Anleihegläubiger haben daher ihre Legitimation i. S. von § 10 Abs. 3 Satz 1 SchVG nachzuweisen.** Da im Übrigen aber die insolvenzverfahrensrechtlichen Vorschriften gelten, ist die Anleihegläubigerversammlung bereits dann beschlussfähig, wenn nur ein Gläubiger anwesend ist. Denn § 15 Abs. 3 SchVG ist gerade nicht anwendbar.[69)]

67 Auch für weitere Gläubigerversammlungen gelten die oben genannten Ausführungen dann, wenn es um Weisungen an den gemeinsamen Vertreter bezüglich der Wahrnehmung der Rechte der Anleihegläubiger im Insolvenzverfahren geht.[70)]

68 Etwas anderes gilt allerdings dann, wenn über die Weisung zur Zustimmung zu einem Debt Equity Swap i. R. eines Insolvenzplans entschieden werden soll: In diesem Fall richten sich die Anforderungen an Quorum und Mehrheitserfordernis nach §§ 5, 15 SchVG. Erforderlich ist trotz der grundsätzlichen Möglichkeit eines Debt Equity Swap im Insolvenzplanverfahren das Erreichen einer **qualifizierten Mehrheit**.

cc) Die Änderungen der Anleihebedingungen nach Insolvenzeröffnung

69 In der Vergangenheit war umstritten, ob auch nach Eröffnung des Insolvenzverfahrens ein sog. **Opt-in-Beschluss** über die Anwendung des SchVG möglich ist. Den Streit hat der BGH am 16.11.2017[71)] entschieden. Dieser Entscheidung lag im Wesentlichen folgender Sachverhalt zugrunde:

70 Die streitgegenständliche Anleihe war noch unter alter Rechtslage begeben worden. Über das Vermögen der Schuldnerin wurde 2014 das Insolvenzverfahren eröffnet. Das Gericht berief eine Versammlung der Anleihegläubiger ein. In dieser Versammlung beschlossen die Gläubiger zunächst, für die Anwendung des SchV 2009 zu optieren. Sodann wurde ein gemeinsamer Vertreter bestellt. Der klagende Anleihegläubiger beantragte im Wege der Anfechtungsklage, den Beschluss über die Bestellung des gemeinsamen Vertreters für nichtig zu erklären. Das LG wies die Klage als unzulässig zurück, das Berufungsgericht stellte unter Zurückweisung der weitergehenden Berufung fest, dass der Bestellungsbeschluss nichtig ist und ließ die Revision zu. Diese führte unter Zurückweisung der Anschlussrevision des Klägers zur Wiederherstellung des Urteils des LG.

71 Der BGH stellte in seinem Urteil nicht nur fest, dass der Beschluss der Gläubigerversammlung über die Bestellung eines gemeinsamen Vertreters der Beschlusskontrolle nach § 78 InsO unterliegt, mit anderen Worten nach Eröffnung des Insolvenzverfahrens Beschlüsse der Gläubiger einer Schuldverschreibung nur durch das Insolvenzgericht aufgehoben werden können. Er wies insbesondere auf die Regelung des § 24 Abs. 2 SchVG hin, die es den Gläubigern vor dem 5.8.2009 ausgegebener Schuldverschreibungen ermögliche, mit Zustimmung des Schuldners durch Mehrheitsbeschluss für die Anwendung des neuen Rechts zu optieren. Für diesen Beschluss gelten die Vorschriften des neuen Rechts (§ 24 Abs. 2 Satz 2 SchVG). Diese Möglichkeit hätten sie auch nach Eröffnung des Insolvenzverfahrens, in diesem Falle mit Zustimmung des Insolvenzverwalters.

dd) Beschlusskontrolle

72 Während sich der Rechtsschutz gegen Beschlüsse der insolvenzrechtlichen Gläubigerversammlung von vornherein nur nach den Vorschriften der InsO richten kann (§ 78 InsO),

---

69) A. A. *Vogelmann/Käppler*, ZInsO 2018, 2169, 2172.

70) A. Schmidt-*Westpfahl/Seibt*, SanierungsR, Anh. § 39 InsO Rz. 51; *Kuder/Obermüller*, ZInsO 2009, 2025, 2028.

71) BGH, Urt. v. 16.11.2017 – IX ZR 260/15, ZIP 2017, 2312 = ZInsO 2018, 22.

stellte sich in der Vergangenheit die Frage, welche Vorschriften auf die Beschlusskontrolle der Anleihegläubigerversammlung anwendbar sind.

Denkbar wäre die Anwendung des § 20 SchVG, wofür spricht, dass in § 78 InsO auch solche Personen als antragsberechtigt genannt sind, die an der Anleihegläubigerversammlung überhaupt nicht teilnehmen.[72] Die Gegenauffassung wendete § 78 InsO analog an.[73] Dafür spräche der Verweis in § 19 Abs. 1 Satz 1 SchVG auf die InsO, der die Kontrolle etwaiger Beschlüsse nicht ausnimmt. Die nach § 20 SchVG gegebene aufschiebende Wirkung der Anfechtungsklage könnte die gemeinsame Wahrnehmung der Rechte durch den gemeinsamen Vertreter auch vereiteln, hätte es einzelne Anleihegläubiger in der Hand, durch eine Anfechtungsklage die Bestellung eines gemeinsamen Vertreters zu blockieren. 73

Der 9. Zivilsenat des **BGH hat den Streit Ende 2017 entschieden:** Danach richtet sich die Beschlusskontrolle ausschließlich nach den insolvenzrechtlichen Vorschriften, also § 78 InsO.[74] 74

ee) Kosten der Gläubigerversammlung (§ 19 Abs. 2 Satz 2 SchVG)

Gläubigerversammlungen verursachen Kosten. Dies gilt nicht für die durch die Inanspruchnahme von Leistungen der Justiz per se entstehenden und außerhalb der gesetzlichen Regelungen (z. B. über Gerichtskosten) anfallenden Kosten. Insolvenzen, bei denen der Insolvenzschuldner Emittent war, gehören typischerweise zu den größeren Insolvenzverfahren. Kosten für die Buchung geeigneter Veranstaltungsorte (der typische deutsche Gerichtssaal ist üblicherweise zu klein), Kosten für Sicherheitskontrollen, Zugangskontrollen (Insolvenzverfahren sind nicht öffentlich), ggf. für die entsprechende Soft- und Hardware eines externen Dienstleisters[75] usw. können erheblich sein. Grundsätzlich sind die **Kosten einer Gläubigerversammlung vom Emittenten zu tragen,** § 9 Abs 4 SchVG. Dementsprechend hat dieser auch die Kosten für die Versammlung nach § 19 Abs. 2 Satz 2 SchVG zu tragen. 75

Diese Kosten sind, wenn es sich um die erste Gläubigerversammlung handelt, Kosten, die auf Seiten des Gerichts durch die Abwicklung des Insolvenzverfahrens entstehen. Sie sind damit **Verfahrenskosten i. S. des § 54 InsO** und demgemäß aus der Insolvenzmasse zu tragen.[76] Für weitere Gläubigerversammlungen gilt dies allerdings nicht. Diese Kosten hat der Emittent zu tragen. Der damit korrespondierende Erstattungsanspruch der Anleihegläubiger ist gemäß § 39 Abs. 1 Nr. 2 InsO nachrangig.[77] 76

---

72) Daher für die Anwendbarkeit des § 20 SchVG: *Friedl* in: FK-SchVG, § 19 Rz. 43; *Horn*, BKR 2014, 449, 451; *Kuder/Obermüller*, ZInsO 2009, 2025, 2028.

73) LG Leipzig, Urt. v. 16.1.2015 – 02 HK O 2542/14, ZIP 2015, 285, dazu EWiR 2015, 225 *(Schaumann/Zenker)*; Preuße-*Scherber*, SchVG, § 19 Rz. 31; *Thole*, ZIP 2014, 293, 297; *Wilken/Schaumann/Zenker*, Anleihen in Restrukturierung und Insolvenz, Rz. 557.

74) BGH, Urt. v. 16.11.2017 – IX ZR 260/15, ZIP 2017, 2312 = ZInsO 2018, 22.

75) Mit der Organisation großer Gläubigerversammlungen beschäftigt sich aus der gerichtlichen Praxis unlängst *Brückner*, ZInsO 2017, 2498.

76) Veranneman-*Rattunde*, SchVG, § 19 Rz. 55; Preuße-*Scherber*, SchVG, § 19 Rz. 27; *Friedl* in: FK-SchVG, § 19 Rz. 34; *Wilken/Schaumann/Zenker*, Anleihen in Restrukturierung und Insolvenz, Rz. 539. Daran ändert sich auch durch das Urteil des BGH v. 12.1.2017 – IX ZR 87/16, ZIP 2017, 383, dazu EWiR 2017, 181 *(Schaumann/Zenker)*, nichts, da sich diese Entsch. auf die Vergütung des gemeinsamen Vertreters bezieht.

77) *Friedl* in: FK-SchVG, § 19 Rz. 35; *Thole*, ZIP 2014, 293, 299; A. Schmidt-*Westpfahl/Seibt*, SanierungsR, Anh. § 39 InsO Rz. 61.

ff) Die Vergütung des gemeinsamen Vertreters

77 Die Kosten des gemeinsamen Vertreters sind keine Kosten des Insolvenzverfahrens. § 7 Abs. 6 SchVG normiert zwar einen Anspruch des gemeinsamen Vertreters auf eine angemessene Vergütung und zwar in Form eines gesetzlichen Aufwendungsersatzanspruchs gegen den Emittenten.[78)] Ein solcher steht dem Grunde nach auch dem gemeinsamen Vertreter der Anleihegläubiger im Insolvenzverfahren zu, da § 19 keine abweichende Regelung vorsieht.[79)] Das sagt allerdings noch nichts zu der **Qualität, die ein solcher Anspruch im Insolvenzverfahren hat.**

78 Das Insolvenzverfahren wird bei Vorliegen eines rechtsformspezifischen Eröffnungsgrunds eröffnet, wenn die Kosten des Insolvenzverfahrens (§ 54 InsO) gedeckt sind. Keine Voraussetzung der Eröffnung des Insolvenzverfahrens ist die Deckung auch der sonstigen Masseverbindlichkeiten nach § 55 InsO. Nur und erst wenn diese in Gänze gezahlt werden können, kommt eine (anteilige) Befriedigung der Insolvenzgläubiger (§ 38 InsO) in Betracht. Sofern auch diese ausnahmsweise vollständig bedient werden können, kommt eine Befriedigung nachrangiger Insolvenzgläubiger (§ 39 InsO) in Betracht (näher siehe Kap. 2 Rz. 19, 50 ff. [*Bork*]). Denkbar ist eine anteilige Befriedigung der nicht am Verfahren teilnehmenden Gläubiger aus solchem Vermögen, das nicht dem Insolvenzbeschlag (§ 35 InsO) unterliegt, sei es originär oder weil der Insolvenzverwalter Vermögensgegenstände aus der Insolvenzmasse freigegeben hat.

79 **In der Vergangenheit war umstritten,** ob dieser Vergütungsanspruch des gemeinsamen Vertreters als Masseverbindlichkeit, als einfache oder als nachrangige Insolvenzforderung im Insolvenzverfahren geltend zu machen ist oder gar aus dem insolvenzfreien Vermögen (§ 89 Abs. 1 Alt. 2 InsO) außerhalb des Insolvenzverfahrens zu befriedigen ist. Weitgehende Einigkeit bestand in der Diskussion der letzten Jahre noch dahingehend, dass der Vergütungsanspruch des gemeinsamen Vertreters für seine Tätigkeit insoweit eine Insolvenzforderung darstellt, als dieser vorinsolvenzlich bestellt und tätig war,[80)] einmal von dem Sonderfall der Tätigkeit im Verfahren oder während der vorläufigen Insolvenzverwaltung, sofern die Verwaltungs- und Verfügungsbefugnis auf den vorläufigen Verwalter übergegangen ist, abgesehen.[81)]

80 Für die Tätigkeit nach Eröffnung des Insolvenzverfahrens fehlt eine gesetzliche Regelung. Die Literatur argumentierte daher in der Vergangenheit überwiegend dahingehend, dass die Bestellung eines gemeinsamen Vertreters im Insolvenzverfahren aus Gründen der Effektivität wünschenswert sei.[82)] **Der BGH hat diesen Streit 2017 entschieden:**[83)] Es handele sich weder um eine Masseverbindlichkeit noch eine Insolvenzforderung. Vielmehr

---

78) *Antoniadis*, NZI 2014, 785, 787; Veranneman-*Veranneman*, SchVG, §§ 7, 8 Rz. 79 ff.

79) Preuße-*Scherber*, SchVG, § 19 Rz. 27.

80) LG Saarbrücken, Urt. v. 3.9.2015 – 4 O 221/14, ZIP 2016, 1038 = NZI 2016, 233, m. Anm. *Brenner/Moser*; *Antoniadis*, NZI 2014, 785, 787; *Horn*, BKR 2014, 449, 452; Preuße-*Scherber*, SchVG, § 19 Rz. 35.

81) Eine abweichende Qualifizierung als Masseverbindlichkeit wäre nur denkbar, wenn ein sog. starker vorläufiger Insolvenzverwalter (also ein solcher, auf den die Verwaltungs- und Verfügungsbefugnis übergegangen ist) oder ein im Wege der Einzelermächtigung hierzu ermächtigter sog. schwacher vorläufiger Insolvenzverwalter tätig geworden ist. Zur Vermeidung seines Ausfalls wird der gemeinsame Vertreter in solchen Fällen seine Leistungen zeitnah (unter Beachtung der Anforderungen des Bargeschäftsprivilegs (§ 142 InsO) abrechnen, hierzu: *Brenner/Moser*, NZI 2016, 233, 237 (Urteilsanm.); s. auch LG Düsseldorf, Urt. v. 11.5.2016 – 23 O 97/15, ZIP 2016, 1036.

82) Veranneman-*Rattunde*, SchVG, § 19 Rz. 86 ff.; Blersch/Goetsch/Haas-*Paul*, InsO, § 19 SchVG Rz. 41; Preuße-*Scherber*, SchVG, § 19 Rz. 35; *Thole*, ZIP 2014, 293, 299, a. A. *Cranshaw*, BKR 2008, 504, 510; *Friedl* in: FK-SchVG, § 19 Rz. 49; *Antoniadis*, NZI 2014, 785, 788 f.

83) BGH, Urt. v. 12.1.2017 – IX ZR 87/16, ZIP 2017, 383. Die Gedankenführung en detail stellen *Wilken/Schaumann/Zenker*, Anleihen in Restrukturierung und Insolvenz, Rz. 595, dar.

müsse die Vergütung aus dem insolvenzfreien Vermögen (§ 89 Abs. 1 Alt. 2 InsO) bedient werden. Eine Qualität als (allerdings nur nachrangige) Insolvenzforderung sei nur denkbar, wenn der Zeichner seinen gegen den Emittenten gerichteten Freistellungsanspruch an den gemeinsamen Vertreter abtrete. Dann handele es sich um eine Forderung nach § 39 Abs. 1 Nr. 2 InsO.

Da eine nachrangige Insolvenzforderung im Insolvenzverfahren typischerweise wertlos ist 81
und die Zahlung aus dem insolvenzfreien Vermögen in der Regel daran scheitert, dass es ein liquidierbares freies Vermögen in der Regel nicht gibt, bleibt dem gemeinsamen Vertreter als Möglichkeit nur der Abschluss einer Vergütungsvereinbarung mit dem Insolvenzverwalter mit der Folge, dass der Vergütungsanspruch in den Rang einer sonstigen Masseverbindlichkeit aufgewertet wird (§ 55 Abs. 1 Nr. 1 Alt. 1 InsO).

Davon zu trennen ist die Frage, in welchen Fällen der Insolvenzverwalter entsprechende 82
Vereinbarungen schließen wird. Zur **Vermeidung der eigenen Haftung** (§ 60 InsO) darf er es nur, wenn ein solches Vorgehen **nicht insolvenzzweckwidrig** und also geboten ist (näher zur Haftung des Insolvenzverwalters siehe Kap. 6 Rz. 268 ff. [*Zimmer*]). Im Ergebnis müssen die der Masse entstehenden Kosten durch die durch die Tätigkeit des gemeinsamen Vertreters entstehenden Vorteile (Erleichterung der Forderungsanmeldung, der Forderungsprüfung, ggf. der Ausschüttung) aufgewogen werden. Die Vorteile, die ggf. in der Verwaltungstätigkeit des Insolvenzverwalters entstehen, sind ggf. durch einen Abschlag von der Verwaltervergütung zu kompensieren.

Von der Frage der insolvenzrechtlichen Qualifikation der Vergütungsforderung zu unter- 83
scheiden ist die Frage nach dem **Umfang** der Vergütung des gemeinsamen Vertreters. Dass dem gemeinsamen Vertreter eine angemessene Vergütung zusteht, ist gesetzlich geregelt (§ 7 Abs. 6 SchVG), hingegen nicht, wie hoch eine angemessene Vergütung ist. Diese sollte abhängig sein von seiner Qualifikation, dem Aufwand, dem Haftungsrisiko und seinen individuellen Fähigkeiten. Nach Abzug der entstehenden Kosten muss ein Honorar verbleiben, dass diesen Umständen Rechnung trägt.[84)]

In der Literatur wird auf die Möglichkeit von Pauschalvereinbarungen ebenso hingewie- 84
sen[85)] wie eine Vergütung nach marktüblichen Stundensätzen.[86)] Beide Modelle beinhalten die auch im Bereich der rechtsanwaltlichen Vergütung diskutierten Vor- und Nachteile. Pauschalvergütungen geben Planungssicherheit, sind aber häufig in ihrer Angemessenheit kaum planbar. Stundensätze scheinen einzelfallgerecht zu sein, bergen jedoch das Risiko fehlender Planbarkeit und im Streitfall schlechtere Beweisbarkeit des sein Honorar einklagenden Anspruchstellers.[87)] Tendiert man zu Stundensätzen, sollte man sich an marktüblichen Stundensätzen sachkundiger Interessenvertreter – wie eben Rechtsanwälten oder Steuerberatern – orientieren. Soweit in der Literatur auch eine Abrechnung nach RVG diskutiert wird,[88)] dürfte diese Alternative aufgrund des Streitwertbezugs des RVG nicht „angemessen" sein.[89)]

Neben der Möglichkeit der Vergütungsvereinbarung zwischen Insolvenzverwalter und 85
gemeinsamen Vertreter besteht nach **neuester Rechtsprechung** des BGH auch die Option

---

84) Ähnlich *Wilken/Schaumann/Zenker*, Anleihen in Restrukturierung und Insolvenz, Rz. 604.

85) *Brenner*, NZI 2014, 789, 791.

86) Veranneman-*Veranneman*, SchVG, §§ 7, 8 Rz. 83; Preuße-*Nesseloth*, SchVG, § 7 Rz. 91; *Wilken/Schaumann/Zenker*, Anleihen in Restrukturierung und Insolvenz, Rz. 604.

87) Zur entsprechenden Diskussion bei anwaltlicher Vergütung, soweit abweichend von RVG abgerechnet wird, s. nur Mayer/Kroiß-*Teubel*, RVG, § 3a Rz. 158.

88) *Brenner*, NZI 2014, 789, 791, *Glöckner/Bankel*, ZIP 2015, 2393, 2400.

89) Näher, auch zu Regressfragen in diesem Fall: *Wilken/Schaumann/Zenker*, Anleihen in Restrukturierung und Insolvenz, Rz. 605.

der **Quotenentnahme** zulasten der Anleihegläubiger, dies auch zulasten derjenigen, die sich gegen die Wahl eines gemeinsamen Vertreters entschieden hatten.[90] Der BGH hatte zwar zuletzt seine Rechtsprechung aus 2017 bestätigt, dass der Vergütungsanspruch nicht zu den Kosten des Insolvenzverfahrens gehört, keine Masseverbindlichkeit und auch keine Insolvenzforderung darstellt und sich der Vergütungsanspruch nach § 7 Abs. 6 SchVG, „klar und eindeutig", gegen den Emittenten richtet, nicht gegen einzelne Anleihegläubiger.[91] Dessen ungeachtet bestätigte der **BGH** jedoch das Vorgehen eines gemeinsamen Vertreters, der aus einer Abschlagszahlung auf die Quote einen bestimmten Betrag als Abschlag auf seine Vergütung sowie auf seinen Anspruch auf Ersatz von Kosten und Auslagen einbehielt, wobei dem gemeinsamen Vertreter auch weiterhin kein selbständig durchsetzbarer Anspruch auf Zahlung einer angemessenen Vergütung gegen den einzelnen Gläubiger zustehe. Materiell-rechtlich lässt der BGH offen, worauf sich der Anspruch des gemeinsamen Vertreters gegen den Anleihegläubiger begründet. Sinngemäß aber argumentiert BGH, dass jeder Schuldverschreibungsgläubiger, der eine dem SchVG unterfallende Schuldverschreibung erwirbt, mit Mehrheitsbeschlüssen auch gegen seinen Willen rechnen muss. Das SchVG regelt, wie die Anleihegläubiger zur Sanierung oder durch Mehrheitsentscheidung auf die Schuldverschreibung einwirken können und gerade dieses Mehrheitsprinzip war aus Sicht des Gesetzgebers unverzichtbar, damit die Gläubiger in der Krise des Schuldners einen Beitrag zur Sanierung leisten können.[92] Nach § 5 Abs. 3 Satz 1 Nr. 3 SchVG können die Gläubiger per Mehrheitsbeschluss bspw. auch teilweise auf die Hauptforderung verzichten, was unter dem alten Recht nicht zulässig war.[93] Soweit jeder Gläubiger einer Schuldverschreibung, die dem SchVG unterfällt, mit Beschlüssen rechnen muss, die seine Forderung verringern kann, und ein gemeinsamer Vertreter gegen seinen Willen bestellt werden kann, der dann auch für diesen Gläubiger tätig wird, kann er im Übrigen nicht erwarten, „dass dieser unentgeltlich für sie tätig werden würde.[94] Der Wunsch von Einzelpersonen, sich durch eigene Anwälte vertreten zu lassen oder nicht am Verfahren teilzunehmen, habe im Kontext des SchVG und der danach zulässigen Mehrheitsbeschlüsse schlicht zurückzutreten.[95]

86 Angesichts dieser Rechtsprechung sollten die an der Restrukturierung einer Anleihe Beteiligten frühzeitig Vor- und Nachteile der **Bestellung eines gemeinsamen Vertreters**

90) BGH, Urt. v. 10.3.2022 – IX ZR 178/20, NZI 2022, 452 = ZRI 2022, 331; BGH, Urt. v. 10.3.2022 – IX ZR 196/20, ZInsO 2022, 821 = BeckRS 2022, 5073.

91) BGH, Urt. v. 21.1.2021 – IX ZR 89/20, ZRI 2021, 374 = NZI 2021, 1037; BGH, Urt. v. 21.1.2021 – IX ZR 77/20, ZRI 2021, 249 = NZI 2021, 1039.

92) BGH, Urt. v. 10.3.2022 – IX ZR 178/20, Rz. 14, NZI 2022, 452, 453 = ZRI 2022, 331; Begr. RegE Gesetz zur Neuregelung der Rechtsverhältnisse bei Schuldverschreibungen aus Gesamtemissionen und zur verbesserten Durchsetzbarkeit von Ansprüchen von Anlegern aus Falschberatung, BT-Drucks. 16/12814, S. 13, 18.

93) Begr. RegE Gesetz zur Neuregelung der Rechtsverhältnisse bei Schuldverschreibungen aus Gesamtemissionen und zur verbesserten Durchsetzbarkeit von Ansprüchen von Anlegern aus Falschberatung, BT-Drucks. 16/12814, S. 18.

94) Im konkreten Fall hatte der Insolvenzverwalter vor der Anleihegläubigerversammlung, auf der der gemeinsame Vertreter gewählt wurde, die Insolvenzgläubiger entgegen BGH, Urt. v. 12.1.2017 – IX ZR 87/16, ZIP 2017, 383, dazu EWiR 2017, 181 (*Schaumann/Zenker*), dahingehend informiert, dass durch die Beauftragung keine Kosten entstünden, da diese von der Insolvenzmasse zu tragen seien. In diesem Zusammenhang stellt der BGH in seiner aktuellen Entscheidung klar „Auch eine aus der Masse zu zahlende Vergütung hätte ihre Quote gemindert." BGH, Urt. v. 10.3.2022 – IX ZR 178/20, Rz. 19, NZI 2022, 452, 454 = ZRI 2022, 331. Es stellt sich daher die Frage, ob sich der BGH mit der Aussage „Sie konnten nicht erwarten, dass dieser unentgeltlich für sie tätig werde" darauf bezog, dass sie annehmen mussten, dass die Bedienung der Kosten aus der Masse ebenso die Masse, ergo ihre Quote, mindern würde, oder i. S. des § 632 BGB, dass sie nicht erwarten konnten, ein Vertreter würde grundsätzlich unentgeltlich tätig werden.

95) BGH, Urt. v. 10.3.2022 – IX ZR 178/20, Rz. 19, NZI 2022, 452, 454 = ZRI 2022, 331.

abwägen. Angesichts der Möglichkeit der Quotenentnahme allein zu ihren Lasten könnten aktive Anleihegläubiger abgeneigt sein, einen gemeinsamen Vertreter zu bestellen. Dieser könnte im Ergebnis hingegen u. U. eine masseschonende Kooperation aller Beteiligten ermöglichen und damit allen Gläubigern einen Vorteil bieten, so dass die Kostenverteilung zulasten allein der Anleihegläubiger ungerecht erscheinen könnte und eine interessenausgleichende Vereinbarung unter den Beteiligten gefunden werden sollte.

III. Der gemeinsame Vertreter im Insolvenzverfahren

§ 19 Abs. 3 SchVG regelt in apodiktischer Kürze die Rechte des gemeinsamen Vertreters im Insolvenzverfahren: 87

> „Ein gemeinsamer Vertreter für alle Gläubiger ist allein berechtigt und verpflichtet, die Rechte der Gläubiger im Insolvenzverfahren geltend zu machen; dabei braucht er die Schuldurkunde nicht vorzulegen".

1. Grundlagen

Durch die Eröffnung des Insolvenzverfahrens und vorbehaltlich der Entlassung des gemeinsamen Vertreters als actus contrarius zur Bestellung[96] oder seines Amtsverzichts[97] erfährt der vorinsolvenzlich gewählte gemeinsame Vertreter ipso jure einen Bedeutungszuwachs. Seine Tätigkeit hindert die Anleihegläubiger nunmehr an der individuellen Verfolgung ihrer Rechte im Insolvenzverfahren **(Sperrwirkung)**. Dies unterscheidet seine Rolle damit von seiner vorinsolvenzlichen Tätigkeit, die die Möglichkeit der individuellen Rechtedurchsetzung der Anleihegläubiger unberührt lässt (§ 7 Abs. 2 Satz 3 SchVG). 88

Die gleiche Rechtsmacht im Insolvenzverfahren hat der durch die Gläubigerversammlung nach § 19 SchVG erstmalig gewählte gemeinsame Vertreter. 89

2. Rechtsstellung

Auf den gemeinsamen Vertreter finden grundsätzlich die Regelungen des § 7 SchVG Anwendung. In Bezug auf seine Rechte und Pflichten ist zwischen dem Außen- und dem Innenverhältnis zu unterscheiden. 90

Der gemeinsame Vertreter ist im Außenverhältnis allein und ausschließlich berechtigt und verpflichtet, die Rechte der Anleihegläubiger im Insolvenzverfahren geltend zu machen. Der einzelne Anleihegläubiger verliert dieses Recht. Dies dient der zügigen und effektiven Durchführung des Insolvenzverfahrens.[98] Die Rechte des gemeinsamen Vertreters sind **im Außenverhältnis auch nicht beschränkbar.** Nur im Innenverhältnis sind Beschränkungen möglich. 91

Bestandteil der Rechte der Anleihegläubiger, die der gemeinsame Vertreter geltend zu machen hat, ist insbesondere das Recht, deren Forderungen zur Insolvenztabelle anzumelden und Quotenzahlungen in Empfang zu nehmen (näher hierzu siehe Rz. 164). Darüber hinaus nimmt er am Berichtstermin teil und, wenn es zur Abstimmung über einen Insolvenzplan kommt, am Erörterungs- und Abstimmungstermin. 92

Im Innenverhältnis ist der gemeinsame Vertreter an das Gesetz und etwaige Beschlüsse der Gläubiger gebunden. Etwaige **Weisungen muss er beachten** (§ 7 Abs. 2 Satz 2 SchVG). Zur Vermeidung der eigenen Haftung (§ 7 Abs. 3 SchVG) bleibt es ihm unbenommen, 93

---

96) Hierzu: *Wilken/Schaumann/Zenker*, Anleihen in Restrukturierung und Insolvenz, Rz. 610.

97) S. nur Veranneman-*Veranneman*, SchVG, §§ 7, 8 Rz. 77 f.

98) Begr. RegE Gesetz zur Neuregelung der Rechtsverhältnisse bei Schuldverschreibungen aus Gesamtemissionen und zur verbesserten Durchsetzbarkeit von Ansprüchen von Anlegern aus Falschberatung, BT-Drucks. 16/12814, S. 25; A. Schmidt-*Westpfahl/Seibt*, SanierungsR, Anh. § 39 InsO Rz. 67.

sich vor etwaigen Entscheidungen mit einiger Tragweite von den Anleihegläubigern anweisen zu lassen.

3. Reichweite der Sperrwirkung

94 § 19 Abs. 3 Halbs. 1 SchVG regelt, dass es Sache des gemeinsamen Vertreters ist, die Rechte der Gläubiger im Insolvenzverfahren geltend zu machen. Nun mögen Gläubiger neben den Rechten gegen den Emittenten **auch etwaige der Sicherung ihrer Rechte gegen Dritte gerichtete Ansprüche** haben (z. B. aus Bürgschaft oder Mithaft). Nach dem Wortlaut bliebe den Gläubigern das Recht unbenommen, diese Rechte selbst gegenüber dem Dritten geltend zu machen.

95 Aus diesem Grund wird in der Literatur, ausgehend vom Wortlaut vertreten, dass eine Sperrwirkung insoweit nicht eintritt,[99] während andere dies für unpraktikabel halten und daher § 19 Abs. 3 SchVG weit auslegen: auch etwaige i. R. der Emission bestellte Sicherheiten sollen daher der Sperrwirkung zugunsten des gemeinsamen Vertreters unterfallen, gesetzliche Ansprüche dagegen nicht.[100]

96 In der Tat erscheint es überzeugend, **allein akzessorische Sicherheiten**, die i. R. der Emission der Anleihe bestellt worden sind, in die Rechtsmacht des gemeinsamen Vertreters mit **einzubeziehen**, angesichts des gesetzlichen Wortlauts und der Grenzen der Auslegung aber nicht akzessorische Sicherheiten und gesetzliche Ansprüche aus der Sperrwirkung auszunehmen, so dass hier der einzelne Gläubiger weiterhin aktivlegitimiert bleibt.

97 Auch im Übrigen beschränkt sich die Rechtsmacht des gemeinsamen Vertreters auf die **vertraglichen Ansprüche** der Anleihegläubiger aus der Anleihe. Nicht umfasst sind etwaige korrespondierende gesetzliche Ansprüche der Anleihegläubiger, zu denen auch deliktische Ansprüche zählen. § 19 Abs. 3 SchVG ist nicht nur eine die Privatautonomie einschränkende Vorschrift mit Ausnahmecharakter. Dieses formelle Argument alleine überzeugt nicht. Aber gesetzliche Ansprüche können vom Einzelfall abhängen und nicht alle Anleihegläubiger betreffen. Für die Verfolgung korrespondierender gesetzlicher Ansprüche ist demgemäß allein der individuelle Anleihegläubiger zuständig.

98 *Beispiel*

Der Anleihegläubiger bringt vor, er sei durch Täuschung eines Anlagevermittlers, dessen Tätigkeit dem Emittenten zuzurechnen sei, dazu bewogen worden, die notleidende Anleihe zu zeichnen. Im Falle des Vorhandenseins eines gewählten Vertreters ist dieser zuständig für die Rechtsverfolgung der Ansprüche des Anlegers aus der Anleihe (Kapital und Zinsen), der Anleihegläubiger selbst für die Verfolgung etwaiger korrespondierender Schadensersatzansprüche.

4. Die Beendigung des Amtes

99 Ebenso wie die Gläubiger den gemeinsamen Vertreter bestellen, können sie ihn auch wieder abberufen.[101] Nicht zuletzt kann er das Amt auch niederlegen.[102]

99) *Bertus*, BB 2016, 2755, 2760.

100) In diese Richtung, aber vorsichtig und insbesondere auf akzessorische Sicherungsrechte abstellend: *Wilken/Schaumann/Zenker*, Anleihen in Restrukturierung und Insolvenz, Rz. 575.

101) *Wilken/Schaumann/Zenker*, Anleihen in Restrukturierung und Insolvenz, Rz. 610.

102) Veranneman-*Veranneman*, SchVG, §§ 7, 8 Rz. 77 f.; *Wilken/Schaumann/Zenker*, Anleihen in Restrukturierung und Insolvenz, Rz. 610.

D. Restrukturierung von Schuldverschreibungen

Fragen der Restrukturierungsmöglichkeiten von Anleihen im Insolvenzverfahren stellen sich, wenn eine außergerichtliche Sanierung nicht oder nicht mehr in Betracht kommt, sei es aus rechtlichen (Stichwort: Insolvenzantragspflicht, z. B. § 15a InsO) oder faktischen Gründen. **Außerhalb der Insolvenz stehen die in § 5 Abs. 3 SchVG genannten Möglichkeiten im Vordergrund.** Dies sind insbesondere die Neuregelung vereinbarter Fälligkeiten, die Reduzierung von Zinsen, Forderungsverzichte gegen Besserungsschein, Rangrücktritte oder die Umwandlung des Fremdkapitals in Eigenkapital (Debt to Equity Swap) bzw. des Fremdkapitals in eine andere Art des Fremdkapitels oder Hybridkapitals (sog. Debt to Debt Swap). 100

Seit Anfang 2021 steht in der Sanierung neben den Sanierungswerkzeugen der InsO als „Restrukturierungssache" das Verfahren des Restrukturierungsplans nach dem Unternehmensstabilisierungs- und Restrukturierungsgesetz (StaRUG)[103] zur Verfügung. In beiden Gestaltungsmöglichkeiten, dem Insolvenzplan wie dem Restrukturierungsplan können vorgenannte Zahlungsbedingungen verändern werden. Mit § 2 Abs. 2 i. V. mit § 7 Abs. 3 StaRUG ist ferner die neue Möglichkeit eröffnet auch Nebenbedingungen (Covenants) zu gestalten.[104] 101

Innerhalb des Insolvenzverfahrens stehen für die Restrukturierung der Anleihe dann, wenn eine solche in Betracht kommt, die gewöhnlichen Mittel der InsO zur Verfügung: also die übertragende Sanierung (dazu siehe Kap. 14, passim [*König/Curtze*]), die Sanierung des Rechtsträgers mittels Insolvenzplan (dazu siehe umfassend Kap. 13, passim [*Dellit/Titze*]), in seltenen Fällen der Share Deal (zumeist in Kombination mit leistungswirtschaftlichen Sanierungsmaßnahmen) oder Kombinationen verschiedener Instrumente. 102

Praxishinweis

Über die Frage, welches Sanierungsinstrument gewählt wird, entscheidet in praxi allein § 1 InsO, also, welches Instrument am ehesten eine möglichst optimale Gläubigerbefriedigung erwarten lässt.

Wird im Insolvenzverfahren zum Instrument der übertragenden Sanierung gegriffen, also der Übertragung des sanierten oder zu sanierenden Unternehmens auf einen anderen Rechtsträger mit typischerweise gleichzeitiger Abwicklung des insolventen Rechtsträgers, unterscheidet sich die Behandlung der Anleihe nicht von der Stellung anderer Insolvenzforderungen im Insolvenzverfahren. **Cum grano salis partizipieren die Gläubiger im Falle des Asset Deal durch die Erhöhung der Masse** (entweder allein durch den Kaufpreis oder eine Partizipation am wirtschaftlichen Erfolg des sanierten Unternehmens) und damit durch eine Verbesserung ihrer Quotenaussichten (siehe dazu Kap. 14, passim [*König/Curtze*]). 103

Besonderheiten unterliegt die Anleihe im Insolvenzverfahren, wenn es zu dem in der Praxis bedeutenden **Debt to Equity Swap i. R. eines Insolvenzplans** kommt. In diesem Zusammenhang stellt sich u. a. die Frage, ob und ggf. unter welchen zusätzlichen Voraussetzungen Schuldverschreibungsgläubiger zu einem solchen Swap gezwungen werden können. Diese Fragen sind für die Anleihe vor allem auch aufgrund ihrer typischerweise erheblichen wirtschaftlichen Bedeutung von Interesse. Denn regelmäßig machen Verbindlichkeiten 104

103) Gesetz über den Stabilisierungs- und Restrukturierungsrahmen für Unternehmen (Unternehmensstabilisierungs- und -restrukturierungsgesetz – StaRUG), v. 22.12.2020, BGBl. I 2020, 3256 (= Art. 1 des Gesetzes zur Fortentwicklung des Sanierungs- und Insolvenzrechts [Sanierungs- und Insolvenzrechtsfortentwicklungsgesetz – SanInsFoG], v. 22.12.2020, BGBl. I 2020, 3256).

104) *De Bruyn/Ehmke*, NZG 2021, 661, 668.

aus der Anleihe einen erheblichen Teil der Passivseite der Bilanz des insolventen Unternehmens aus. Sie sind daher nicht für die Frage der Überschuldung von Belang (§ 19 InsO), sondern wegen der mit liquiditätsfordernden Verpflichtungen aus der Anleihe auch für Fragen der Zahlungsunfähigkeit (§ 17 InsO). Zur Behandlung der Anleihe im Insolvenzplan und zu Fragen des Debt Equity Swap näher Kap. 13 Rz. 166 ff. [*Dellit*/*Titze*].

E. Die Anleihe im Insolvenzplanverfahren[105]

105 Aufgrund der häufigen Finanzierungsfunktion für mittelständische und Großunternehmen begegnen sich **Anleihen und Insolvenzplanverfahren überproportional häufig.**[106] Denkbar ist, dass der Insolvenzplan für die Anleihegläubiger Änderungen der Verzinsung oder der Laufzeit vorsieht, die grundsätzlichen Rechte der Anleiherechte der Gläubiger als Finanzierer des Emittenten jedoch unberührt lässt. Häufiger kommt jedoch eine Umwandlung der Anleiheforderungen in Anteile am Unternehmen im Wege des Debt Equity Swaps in Betracht.[107]

106 Dabei weist das insolvente anleiheemittierende Unternehmen, das durch Insolvenzplan restrukturiert werden soll,[108] einige nachfolgend zu thematisierende **Besonderheiten** gegenüber der Sanierung durch Insolvenzplan eines nicht anleiheemittierenden Rechtsträgers auf.

I. Gruppenbildung

107 Im Insolvenzplan werden die Gläubiger in Gruppen fraktioniert: Es *sind* Gruppen zu bilden, soweit Gläubiger mit unterschiedlicher Rechtsstellung betroffen sind (§ 222 Abs. 1 Satz 1 InsO). Aus den Beteiligten mit gleicher Rechtsstellung *können* Gruppen gebildet werden, in denen Beteiligte mit gleichartigen wirtschaftlichen Interessen zusammengefasst werden (§ 222 Abs. 2 Satz 1 InsO). Insbesondere im Bereich der Gruppenbildung ist trotz der zwischenzeitlichen weitgehenden Durchdringung des Insolvenzplanrechts durch Rechtsprechung und Literatur vieles noch dunkel, trotz oder gerade wegen der Änderungen, die insbesondere der Insolvenzplan durch das ESUG erfahren hat (näher zu Gruppenbildungsfragen siehe Kap. 13 Rz. 90 ff. [*Dellit*/*Titze*]).[109]

108 Forderungen der Anleihegläubiger gehören daher grundsätzlich zunächst **einer Gruppe** an. Dies gilt auch für Anleihegläubiger einer anderen Emission. Hierbei handelt es sich um den Fall des § 222 Abs. 1 Satz 1 InsO. Davon zu unterscheiden ist die Frage, ob innerhalb dieser Gruppe aufgrund unterschiedlicher wirtschaftlicher Interessen weiter fraktioniert wird. Dies ist ein Fall des § 222 Abs. 2 Satz 1 InsO. Denkbar ist z. B. eine Fraktionierung verschiedener Anleihen. Erforderlich ist dann aber eine **sachgerechte Abgrenzung und Erläuterung im Plan** (§ 222 Abs. 2 Satz 2 und 3 InsO).[110]

II. Gleichbehandlung

109 Der Insolvenzplan muss die Beteiligten innerhalb einer Gruppe stets gleichbehandeln (§ 226 Abs. 1 InsO). Fehlt es an einer solchen Gleichbehandlung, ist eine Erreichung

105) Zum Insolvenzplan ausführlich Kap. 13, passim [*Dellit*/*Titze*].

106) S. nur unlängst die Insolvenz der Holding der *Beate Uhse AG*.

107) So bei der (ersten) Insolvenz der *SolarWorld AG* oder der *IVG Immobilien AG*.

108) Der Insolvenzplan dient typischerweise, aber nicht zwingend, der Unternehmensrestrukturierung. Ebenso sind Insolvenzpläne zwecks anschließender übertragender Sanierung oder Liquidation, aber auch zur von den regulären Vorschriften abweichenden Abwicklung des Rechtsträgers ohne Sanierungsabsicht denkbar (§ 217 Satz 1 InsO).

109) A. Schmidt-*Martini*, SanierungsR, § 222 InsO passim.

110) Näher zur Fraktionierung innerhalb einer Pflichtgruppe: A. Schmidt-*Martini*, SanierungsR, § 222 InsO Rz. 19.

notwendiger Mehrheiten im Wege des Obstruktionsverbots (§ 245 InsO) nicht möglich (§ 245 Abs. 2 Nr. 3 InsO).

Eine Gleichbehandlung der **Gläubiger einer Anleihe** sieht bereits § 19 Abs. 4 SchVG vor. 110
Faktisch heißt dies, dass bei einer Fraktionierung der Anleihegläubiger in zwei Gruppen diesen zwingend gleiche Rechte angeboten werden müssen.[111)]

III. Besonderheiten des Debt to Equity Swaps bei Anleiheberührung

Die InsO sieht, das war die große Errungenschaft der Änderungen durch das ESUG, Ein- 111
griffe in die Rechte der Shareholder und in diesem Zusammenhang u. a. auch die Umwandlung von Gläubigerforderungen in Anteils- oder Mitgliedschaftsrechte am Schuldner vor (§ 225 Abs. 2 InsO). **Dabei ist eine solche Umwandlung gegen den Willen der betroffenen Gläubiger ausgeschlossen** (§ 225 Abs. 2 Satz 2 InsO). Ein Gläubiger kann also nicht gegen seinen Willen zum Anteilsinhaber werden. Der in § 244 InsO geregelte Mehrheitsgrundsatz wird wegen des Individualrechts des Gläubigers, das auch das Recht beinhaltet, ohne die Übernahme einer persönlichen Haftung nicht zwangsweise an einem Unternehmen beteiligt zu werden (negative Koalitionsfreiheit), durchbrochen.[112)] Dem Plan ist die Zustimmung jedes einzelnen von einer solchen Umwandlung betroffenen Gläubigers beizufügen (§ 230 Abs. 2 InsO).

1. Zwangsweise Umwandlung gegen den Willen des Anleihegläubigers

Zu klären ist, ob dies auch für die Anleihe gilt oder **ob die Anleihegläubiger auch gegen** 112
ihren Willen am Unternehmen beteiligt werden können.

Außerhalb der Insolvenz ist dies ohne weiteres möglich (§ 5 Abs. 3 Nr. 5 SchVG), was 113
dafürspricht, dass dies auch in der Insolvenz gelten muss. **Allerdings untersagt § 225a Abs. 2 Satz 2 die Zwangsumwandlung gegen den Willen des Gläubigers** und auch aus § 19 Abs. 1 SchVG ergibt sich zunächst nichts anderes, denn dieser verweist auf Vorschriften der InsO, soweit § 19 Abs. 2 bis 5 SchVG nicht etwas anderes anordnet, was aber gerade nicht der Fall ist.

Der Gesetzgeber des ESUG hat allerdings den **Widerspruch** zwischen § 5 Abs. 2 Satz 1 114
Nr. 5 SchVG und § 225a Abs. 2 Satz 2 InsO **gesehen** und ihn zugunsten der Zwangsumwandlung lösen wollen. Das heißt, dass die **Zwangsumwandlung gegen den Willen des einzelnen Anleihegläubigers möglich** ist. Die dagegen vorgebrachten verfassungsrechtlichen Bedenken **überzeugen nicht**: Wer eine Anleihe zeichnet, unterwirft sich den Regelungen des SchVG und den Anleihebedingungen. Er wird daher, wenn es zu einem entsprechenden Beschluss kommt, nicht gegen seinen Willen in eine Gesellschafterposition gedrängt, er hat einer solchen Entwicklung vielmehr **antizipiert bereits zugestimmt**.[113)] Aus diesem Umstand rechtfertigt sich auch die **Verkürzung des Schutzes** der Anleihegläubiger gegenüber den sonstigen Gläubigern in einem solchen Fall. Dass ein Anleihegläubiger so durch Mehrheitsbeschluss (und damit u. U. gegen seinen Willen im Einzelfall) dazu gezwungen werden kann, sich an einem insolventen Unternehmen zu beteiligen, spricht ebenfalls nicht gegen die Zulässigkeit, da der Insolvenzplan ja in der Regel gerade der Sanierung des Rechtsträgers dienen soll.

Seine Grenzen dürfte die Zulässigkeit jedoch wegen der **negativen Koalitionsfreiheit,** 115
Art. 9 Abs. 1 GG, dort haben, wo persönliche Elemente der Beteiligung in den Fokus rü-

111) *Wilken/Schaumann/Zenker*, Anleihen in Restrukturierung und Insolvenz, Rz. 626.

112) Näher: Uhlenbruck-*Hirte*, InsO, § 225a Rz. 27; *Haas*, NZG 2012, 961, 965; *Müller*, KTS 2012, 419, 445 f.; K. Schmidt-*Spliedt*, InsO, § 225a Rz. 28.

113) *Eidenmülller* in: MünchKomm-InsO, § 225a Rz. 34.

cken. Dies ist insbesondere bei Personengesellschaften der Fall. Im Gegensatz zur Kapitalgesellschaft steht hier nicht nur das bloße Vermögensrecht im Vordergrund. Die Umwandlung in Anteile gegen den Willen Einzelner ist jedenfalls bei der Kapitalgesellschaft zulässig.[114)]

> **Praxishinweis**
>
> Entschließt sich der Planverfasser zu einem solchen Vorgehen, muss er den außerhalb des Insolvenzverfahrens zu fassenden Beschluss der Schuldverschreibungsgläubiger allerdings mit dem Insolvenzverfahren verzahnen (siehe hierzu Rz. 119).

2. Ausschluss des Anleihegläubigers von der Umwandlung

116 Aber auch das Gegenteil ist denkbar: Also nicht die zwangsweise Umwandlung der Forderungen der Anleihegläubiger in Unternehmensanteile, sondern der **Ausschluss einer solchen Umwandlung** eines Einzelnen. Denn es kann bisweilen im Interesse des Emittenten liegen, den Kreis der Wandlungsberechtigten zu begrenzen. Denkbar ist dies insbesondere dann, wenn Neu- oder Bestandsinvestoren ihr (weiteres) Engagement von einer künftigen bestimmten Zusammensetzung der Shareholder abhängig machen.

117 Die Grenze des Ausschlusses einzelner Anleihegläubiger vom Umtauschrecht bilden § 226 InsO und § 19 Abs. 4 SchVG. Nach § 226 InsO sind Beteiligten einer Gruppe gleiche Rechte anzubieten, soweit nicht alle betroffenen Beteiligten einer unterschiedlichen Behandlung zustimmen. Ein Eingriff in die Rechte von Beteiligten mit gleicher Rechtstellung in unterschiedlicher Art oder Reichweite kommt also nur in Betracht, wenn nach Maßgabe des § 222 Abs. 2 InsO weiter fraktioniert werden würde. Dass dessen Voraussetzungen bei Schuldverschreibungsgläubigern vorliegen, ist kaum denkbar. Aber auch wenn es möglich wäre: § 19 Abs. 4 SchVG schreibt die **Gleichbehandlung von Gläubigern ein und derselben Anleihe auch über Gruppengrenzen** hinaus vor.[115)]

3. Verknüpfung des Insolvenzplans mit dem Beschluss nach SchVG

118 Praktisch dürfte die Kombination eines Insolvenzplans mit einer Beschlussfassung der Schuldverschreibungsgläubiger über den zwangsweisen Debt to Equity Swap die Ausnahme sein. In der Regel wird ein **freiwilliges Erwerbsrechtemodell** praktiziert, das wandlungsunwillige Anleihegläubiger nicht in diese Shareholderstellung zwingt. Ausnahmsweise kann das Kombinationsmodell z. B. angezeigt sein, wenn nicht sicher ist, dass die auf wandlungsunwillige Schuldverschreibungsgläubiger entfallenden Gesellschaftsanteile tatsächlich von Dritten übernommen werden.

119 Im Kombinationsfall müssen Insolvenzplan und Beschluss der Schuldverschreibungsgläubiger verknüpft werden. Verschiedene Wege sind denkbar: die Schuldverschreibungsgläubiger können in einer hierfür einberufenen Versammlung den für das Zustandekommen des Plans notwendigen Beschluss fassen, ggf. einen gemeinsamen Vertreter bestellen, sofern ein solcher noch nicht vorhanden ist und diesen anweisen, im Abstimmungstermin über den Insolvenzplan für die Gesamtheit der Schuldverschreibungsgläubiger zuzustimmen. Das beinhaltet häufig **zeitliche Probleme**: in der ersten Versammlung der Anleihegläubiger liegt ein Insolvenzplan, über den abgestimmt werden kann, regelmäßig noch nicht vor. In einer weiteren Anleihegläubigerversammlung richtet sich der Rechtsschutz gegen einen Beschluss dann allerdings nach § 20 SchVG; im Falle der Beschlussanfech-

---

114) Ebenso *Knof* in: HambKomm-InsO, Anh. § 38 Rz. 103 ff.; A. Schmidt-*Westpfahl*/*Seibt*, SanierungsR, Anh. § 39 InsO Rz. 121 f.; *Thole*, ZIP 2014, 2365, 2368.

115) Näher hierzu: A. Schmidt-*Westpfahl*/*Seibt*, SanierungsR, Anh. § 39 InsO Rz. 127 f.

tung könnte der gemeinsamen Vertreter im Zweifel erst nach Vorliegen eines Freigabebeschlusses (§ 20 SchVG, § 246a AktG) tätig werden. Ob es das Insolvenzverfahren zulässt, solange mit dem Abstimmungstermin über den Insolvenzplan abzuwarten, ist zweifelhaft.

Diskutiert wird daher eine Verknüpfung, indem der zustimmende Beschluss der Schuldverschreibungsgläubiger zur **Planbedingung** i. S. des § 249 InsO gemacht wird (siehe hierzu Kap. 13 Rz. 131 f. [*Dellit/Titze*]). Zwar ist auch in einem solchen Fall eine Anfechtung des Beschlusses der Anleihegläubigerversammlung möglich und damit auch ein Freigabeverfahren nötig, allerdings hat ein solches Vorgehen vor allem einen zeitlichen Vorteil: denn zwischen der Annahme des Plans und dem zur Bestätigung notwendigen Bedingungseintritt liegt häufig ohnehin ein gewisser Zeitraum.[116] 120

IV. Abstimmung über den Insolvenzplan

Über den Insolvenzplan (siehe dazu Kap. 13 Rz. 276 ff. [*Dellit/Titze*]) wird – das ist einer der grundlegenden Prinzipien des Insolvenzplanrechts – **in Gruppen** abgestimmt (§ 243 InsO). Der Insolvenzplan ist angenommen, wenn in jeder Gruppe die Mehrheit der abstimmenden Gläubiger dem Plan zustimmt und die Summe der Ansprüche der zustimmenden Gläubiger mehr als die Hälfte der Summe der Ansprüche der abstimmenden Gläubiger beträgt (§ 244 Abs. 1 InsO). Für die am Schuldner beteiligten Personen kommt es auf die Summe der Beteiligungen an (§ 244 Abs. 3 InsO). 121

Die Regelungen des SchVG (§ 5 Abs. 4 Satz 2 SchVG) gelten also bei der Abstimmung über den Insolvenzplan **nicht.** 122

Regelungen über die Stimmrechte sind in § 237 InsO normiert. § 77 Abs. 1 Satz 1, Abs. 2 und 3 Nr. 1 gelten entsprechend. Durch den Plan nicht betroffene Gläubiger haben kein Stimmrecht. Absonderungsberechtigte Gläubiger erfahren eine Sonderregelung (§ 237 Abs. 1 Satz 2 InsO). 123

Die Inbezugnahme auf § 77 InsO bedeutet im Einzelnen: Nur solche Gläubiger haben ein Stimmrecht, die ihre Forderungen gemäß §§ 174 ff. InsO **angemeldet** haben (näher zum Bedürfnis der Anmeldung siehe Rz. 157 ff.). Ein Widerspruch eines Berechtigten darf nicht vorliegen, wobei ein Widerspruch des Schuldners außerhalb der Eigenverwaltung nicht von Belang ist. Hat ein Berechtigter eine Forderung bestritten, müssen sich die Beteiligten einigen. **Im Falle der fehlenden Einigung entscheidet das Gericht.** Nachrangige Gläubiger verfügen über ein Stimmrecht, wenn eine Gruppe für nachrangige Gläubiger gebildet wurde[117] (zu Vorstehendem siehe Rz. 157 ff.). 124

In Bezug auf die Summenmehrheit werden die Forderungen der Anleihegläubiger addiert und, da der gemeinsame Vertreter diese insgesamt vertritt, entspricht sie dem Gesamtvolumen der Emission. Von der Summenmehrheit zu unterscheiden ist die **Kopfmehrheit,** denn § 244 Abs. 1 InsO fordert für die Annahme des Plans die Summe beider Mehrheiten in jeder Gruppe. Nach überwiegender Ansicht ist für die Bestimmung der Köpfe auf die Zahl der Anteilsinhaber abzustellen.[118] 125

---

116) Näher zu praktischen Problemen der Verknüpfung: A. Schmidt-*Westpfahl/Seibt*, SanierungsR, Anh. § 39 InsO Rz. 141 ff.

117) A. Schmidt-*Kaldenbach*, SanierungsR, §§ 235–242 InsO Rz. 24 ff.

118) So *Wilken/Schaumann/Zenker*, Anleihen in Restrukturierung und Insolvenz, Rz. 626; K. Schmidt-*Jungmann*, InsO, § 74 Rz. 35; Nerlich/Römermann-*Weiß*, InsO; § 77 Rz. 7 (erster ohne weitere Begründung); *Geiwitz/Danckelmann* in: BeckOK-InsO, § 237 Rz. 10. S. hierzu auch: Langenbucher/Bliesener/Spindler-*Bliesener/Schneider*, Bankrecht, Kap. 17, § 19 SchVG Rz. 20; *Friedl* in: FK-SchVG, § 19 Rz. 61; Veranneman-*Rattunde*, SchVG, § 19 Rz. 79; *Kuder/Obermüller*, ZInsO 2009, 2025, 2027.

126 Dabei stellt sich schon faktisch das Problem, dass der gemeinsame Vertreter nur einen Gesamtbetrag der Anleihe anmeldet. **Unklar ist daher, wie vielen Anleiheinhabern die Gesamtforderung zusteht.** Der gemeinsame Vertreter kann die Anzahl aber nicht benennen und er muss es auch nicht. Es wäre daher notwendig, die Anzahl durch eine Auskunft bei der *Clearstream Banking AG* einzuholen.[119)]

127 Im Rahmen der Abstimmung auf das Gesamtvolumen der Anleihe abzustellen, was das Summenstimmrecht des gemeinsamen Vertreters angeht, stößt zu Recht auf **Kritik**: Der gemeinsame Vertreter bündelt damit die gesamte Anleihe. Würden alle Anleihegläubiger gesondert abstimmen, wäre beinahe auszuschließen, dass die gesamte Anleihe vertreten wird. Die gesetzliche Regelung verfälscht also Mehrheiten.[120)] Erstaunlicherweise beschränkt sich diese Diskussion zumeist auf die Frage der Summen-, nicht aber die der Kopfmehrheit. Es ist jedoch folgendes zu bedenken:

128 Der gemeinsame Vertreter kann **nur einheitlich abstimmen.** Er stimmt dabei auch für Anleiheinhaber ab, die sich im Verfahren völlig passiv verhalten. Auch die Zumessung mehrerer Köpfe führt daher zu einer **bedenklichen Mehrheitsverfälschung**. Der gemeinsame Vertreter ist nach zutreffender Ansicht rechtsgeschäftlicher Vertreter der Anleihegläubiger, denn er wird durch die Anleihegläubiger privatautonom, nämlich durch Beschluss, bestellt.[121)] Ungeachtet dessen wird das Verhältnis zwischen ihm und den Anleihegläubigern durch die gesetzlichen Vorschriften des SchVG weitestgehend überlagert. So kann der einzelne Gläubiger weder Weisungen erteilen noch die Bevollmächtigung widerrufen.[122)] Er nimmt das Stimmrecht einheitlich für die Gläubiger wahr, eine Stimmrechtsaufspaltung ist nicht möglich.[123)] Dabei hat er in der Gläubigerversammlung jede Forderung anzumelden. Auch wenn er dies aus Gründen der Praktikabilität als „Sammelanmeldung" tut, so verlieren die einzelnen Forderungen nicht ihre Selbständigkeit. Denn er könnte auch jede Forderung einzeln anmelden. Dadurch ist der einzelne Anleihegläubiger an eine durch Mehrheitsbeschluss getroffene Weisung durch die übrigen Anleihegläubiger an den gemeinsamen Vertreter gebunden.

129 Das Gesetz verlangt **zusätzlich** zur Summenmehrheit immer dann eine **Kopfmehrheit**, wenn es um Fragen zentraler Bedeutung für das Insolvenzverfahren geht, wie bei der Abwahl des Insolvenzverwalters (§ 57 Satz 2 InsO), im Insolvenzplanverfahren bei der Stimmabgabe innerhalb einer Gruppe (§ 244 InsO) und bei der Aufhebung der Eigenverwaltung (§ 272 Abs. 1 Nr. 1 InsO). Der Gesetzgeber will Instabilität und die Dominanz zentraler Entscheidungen durch einseitige Interessen vermeiden.[124)]

119) Zutreffend, aber das faktische Prozedere nicht weiter problematisierend: *Geiwitz/Danckelmann* in: BeckOK-InsO, § 237 Rz. 10.

120) Näher zu diesem Problem: K. Schmidt-*Jungmann*, InsO, § 74 Rz. 34. Allgemein und grundlegend zu Stimmrechtsfragen: *Siegelmann*, KTS 1960, 136 f. (naturgemäß noch zum Konkursrecht).

121) BGH, Urt. v. 14.7.2016 – IX ZA 9/16, Rz. 12, NZI 2016, 1014 = ZIP 2016, 1684; BGH, Urt. v. 22.3.2018 – IX ZR 99/17, BGHZ 218, 183 = NJW 2018, 2193; *Wöckner* in: FK-SchVG, § 7 Rz. 26.

122) *Wöckener* in: FK-SchVG § 7 Rz. 29; Langenbucher/Bliesener/Spindler-*Bliesener/Schneider*, Bankrecht, Kap. 17, § 19 SchVG Rz. 25.

123) *Ampferl* in: FS Kübler, 2015, S. 11, 16.

124) S. hierzu auch Nerlich/Römermann-*Römermann*, InsO, § 57 Rz. 4: „Hintergrund der Einführung dieses Erfordernisses der doppelten Mehrheit ist, dass der Gesetzgeber bei der oftmals als Schicksalsfrage des Verfahrens bezeichneten Wahl des Insolvenzverwalters vermeiden wollte, dass eine Besorgnis an der Unparteilichkeit von Insolvenzverwaltern aufkommt. Einzelne Großgläubiger sollten so nicht allein über die Beibehaltung/Abwahl ihnen genehmer Verwalter entscheiden können". Es geht also darum, zu verhindern, dass der Insolvenzverwalter von einzelnen Gläubigergruppen unter Druck gesetzt werden kann und damit zum Handlanger von Partikularinteressen wird.

In bestimmten anerkannten Fällen hat ein Gläubiger, der mehrere Forderungen hat, dennoch **nur eine Stimme.** Dies gilt auch bei § 244 InsO innerhalb derselben Gruppe und ist nur anders, wenn die Forderungen in verschiedenen Gruppen zur Stimmberechtigung führen. Im Übrigen kann der Gläubiger seine Forderungen nicht durch mehrere Anmeldungen aufspalten, um so mit mehreren Köpfen abzustimmen.[125] Im Falle der Stimmabgabe durch einen Bevollmächtigten – z. B. einen Rechtsanwalt –, der mehrere Gläubiger vertritt, zählt die abgegebene Stimme allerdings auch bei der Kopfmehrheit mit der Anzahl der Vertretenen.[126] Der Unterschied ist allerdings, dass es sich hierbei um einen gewöhnlichen, von einem einzelnen Gläubiger beauftragten, Bevollmächtigten handelt. Dieser ist den Weisungen des Gläubigers unterworfen. Dies unterscheidet ihn vom gemeinsamen Vertreter. 130

Es sprechen also gute Gründe dafür, dass der gemeinsame Vertreter nur „als ein Kopf“ zählt. Auch in anderen gesetzlich geregelten Fällen erfolgt eine Zusammenfassung von Stimmanteilen bei der Berechnung der Kopfmehrheit, früher in § 72 Abs. 2 VglO, nunmehr in § 244 Abs. 2 InsO. Das Prinzip des „einen Kopfes“ gilt auch beim PSVaG für gemäß § 9 Abs. 2 BetrAVG auf ihn übergegangene Ansprüche. Es gilt weiterhin für die Bundesagentur für Arbeit wegen der gemäß § 169 Satz 1 SGB III auf sie übergegangenen Ansprüche. Anerkannt sind aber nicht nur Fälle der echten Zession. Auch Lieferanten oder Sicherheitengeber, die sich zu einem Pool zusammenschließen, haben in diesem Fall nur eine Stimme.[127] 131

Für die Begrenzung auf einen Kopf spricht auch die Notwendigkeit der nur einheitlichen Stimmabgabe. Das unterscheidet den gemeinsamen Vertreter vom Rechtsanwalt oder vom sonstigen rechtsgeschäftlichen Vertreter. Die Gruppe der Anleihegläubiger wird im Falle des Vorhandenseins eines gemeinsamen Vertreters schon dadurch bevorzugt, dass der gemeinsame Vertreter in Summenhinsicht der Forderungen auch für sie abstimmt. Dass sie außerdem durch die Anzahl der Köpfe bevorzugt werden sollen, ist erst recht nicht einzusehen. Im Ergebnis spricht daher entgegen der h. M. viel dafür, dass der gemeinsame Vertreter nur mit einem Kopf abstimmt.[128] 132

F. Die Anleihe im Restrukturierungsplan[129]

Seit Anfang 2021 steht in der Sanierung neben den Sanierungswerkzeugen der InsO das Verfahren des Restrukturierungsplans als „Restrukturierungssache“ nach StaRUG zur Verfügung. 133

Außerhalb von InsO und StaRUG gestaltet sich die Restrukturierung in der Praxis bisweilen schwierig, weil das SchVG bestimmte **Quoren für die Beschlussfähigkeit** der Anleihegläubigerversammlung festlegt. Nach § 15 Abs. 3 Satz 1 SchVG müssen bei der ersten Versammlung die Anwesenden wertmäßig mindestens die Hälfte der ausstehenden Schuldverschreibungen vertreten. Wird dieses Quorum nicht erreicht, kann der Vorsitzende eine zweite Anleihegläubigerversammlung nach § 15 Abs. 3 Satz 2 SchVG einberufen, dann 134

---

125) Statt aller: Uhlenbruck-*Lüer/Streit*, InsO, § 244 Rz. 4; K. Schmidt-*Spliedt*, InsO, § 244 Rz. 5.
126) *Hintzen* in: MünchKomm-InsO, § 244 Rz. 20.
127) *Haas* in: HK-InsO, § 244 Rz. 8.
128) Mit, u. a., diesen Argumenten bestätigte zuletzt das AG Düsseldorf die Stimmrechtsfestsetzung auf eine Kopfstimme, AG Düsseldorf, Beschl. v. 20.3.2020 – 502 IN 155/19, ZRI 2020, 327 = NZI 2020, 517.
129) Zum Restrukturierungsplan s. a. Kap. 13 Rz. 18 ff. [*Dellit/Titze*].

bedarf es eines abgesenkten Quorums und die Anwesenden müssen lediglich, aber immer noch, 25 % der ausstehenden Schuldverschreibung vertreten, § 15 Abs. 3 Satz 3 SchVG.[130)]

135 Das junge und bis dato noch nicht häufig genutzte Sanierungsrecht des StaRUG könnte indes gerade für die **Restrukturierung von Schuldverschreibungen** interessant werden.[131)] § 19 Abs. 6 SchVG soll das Verhältnis zwischen SchVG und StaRUG regeln, vergleichbar mit § 19 Abs. 2 im Verhältnis zur InsO, womit der Gesetzgeber dem StaRUG grundsätzlichen Vorrang vor dem SchVG einräumt.[132)]

136 Besonders interessant ist die Frage, mit welcher Mehrheit und welchen Befugnissen ein **gemeinsamer Vertreter** in einem solchen Fall einzusetzen ist. Anleihegläubigern steht bei Einbeziehung des SchVG grundsätzlich die Möglichkeit offen, mit Mehrheitsbeschluss auf Teile ihrer Forderungen oder Zinsen u. ä. zu verzichten. Außerhalb der Restrukturierung ist hierfür eine Dreiviertel-Mehrheit erforderlich. Zwar wird der gemeinsame Vertreter nach § 5 Abs. 4 Satz 1 SchVG mit einfacher Mehrheit gewählt, soll er jedoch ermächtigt werden, Maßnahmen nach § 5 Abs. 3 Nr. 1–9 SchVG zuzustimmen, ist die in § 5 Abs. 4 Satz 2 SchVG normierte Mehrheit notwendig.[133)]

137 Nach Eröffnung des Insolvenzverfahrens gelten nach § 19 Abs. 2 InsO für die Wahl des gemeinsamen Vertreters die Regeln der InsO. Die Wahl des gemeinsamen Vertreters erfolgt mit einfacher Summenmehrheit der abstimmenden Gläubiger, eines Quorums bedarf es nicht.

138 Soweit § 19 Abs. 6 SchVG nun auf die Regelungen des StaRUG verweist, stellt sich die Frage, was dies für die **Abstimmungserfordernisse** bedeutet. § 25 Abs. 1 StaRUG fordert für die Abstimmung über den Restrukturierungsplan eine Summenmehrheit von 75 % der Stimmrechte, was de facto bei Publikumsanleihen fast nie erreichbar sein dürfte. Soll nun eine effektive Sanierung möglich sein, könnte der Verweis des § 19 Abs. 6 SchVG dahingehend verstanden werden, dass insoweit, wie in der Insolvenz, die §§ 76 ff. InsO entsprechend Anwendung finden. Schließlich sieht auch der Gesetzgeber die Eigenverwaltung und Reststrukturierungssache als funktionale Äquivalente an.[134)] Der alternative, naheliegende Verweis auf die einfache Mehrheit des § 5 Abs. 4 Satz 1 SchVG entwertet faktisch § 5 Abs. 4 Satz 2 SchVG, der für solche Entscheidungen ausdrückliche Mehrheiten anordnet. Letzteres wird hingegen mit Hinblick auf den Wortlaut des § 19 Abs. 2 SchVG, der keinen qualifizierten Mehrheitsbeschluss vorsieht, und angesichts der gesetzlich an-

---

130) Der in BGH v. 21.12.2014 – II ZB 2/14, ZIP 2014, 221, zu entscheidende Sachverhalt, wie eine einberufende Gläubigerminderheit (§ 9 Abs. 1 Satz 2, Abs. 2 SchVG) eine zweite Gläubigerversammlung nach § 15 Abs. 3 SchVG erwirken kann, wäre ggf. anders entschieden worden, wenn die Gläubigerminderheit bereits bei der Einberufung bei Gericht darauf gedrungen hätte, auch den Vorsitz der Gläubigerversammlung zu leiten. Die Entscheidung, ob eine zweite Versammlung mit abgesenktem Quorum einberufen wird, liegt im Ermessen des Vorsitzenden und den Vorsitzenden stellt in der Regel, der, der einberuft.

131) Ausführlich *Thole*, ZHR 186 (2022), 213 ff.

132) *Thole*, ZHR 186 (2022), 213, 238.

133) Begr. RegE Gesetz zur Neuregelung der Rechtsverhältnisse bei Schuldverschreibungen aus Gesamtemissionen und zur verbesserten Durchsetzbarkeit von Ansprüchen von Anlegern aus Falschberatung, BT-Drucks. 16/12814, S. 20: „Grundsätzlich genügt für die Bestellung eines gemeinsamen Vertreters die einfache Mehrheit (§ 5 Absatz 4 Satz 1). Soll der gemeinsame Vertreter aber zugleich berechtigt sein, im Namen aller Gläubiger einer wesentlichen Änderung der Anleihebedingungen zuzustimmen, bedarf es zu seiner Bestellung der für die Zustimmung der Gläubiger zu der entsprechenden Änderung der Anleihebedingungen erforderlichen Mehrheit."

134) Begr. RegE SanInsFoG, BR-Drucks. 619/20, S. 122 „Der Restrukturierungsplan ist damit, nicht anders als der Insolvenzplan, ein Instrument zur kollektiv-privatautonomen Bewältigung der schuldnerischen Krise. Angesichts dieser funktionalen Übereinstimmungen und mit Blick darauf, dass sich das Insolvenzplanrecht in der Praxis bewährt hat, orientieren sich die Bestimmungen zum Restrukturierungsplan über weite Strecken eng an den bestehenden insolvenzplanrechtlichen Regelungen; *Thole*, ZHR 186 (2022), 213, 242.

geordneten Exklusivmacht des § 19 Abs. 3 SchVG auch ohne weitere Ermächtigungsbeschlüsse an den gemeinsamen Vertreter für vertretbar erachtet.[135)]

Angesichts der Teilkollektivität des Restrukturierungsrahmens[136)] (§ 8 StaRUG), bietet sich so die Möglichkeit, ohne die Mehrheitserfordernisse des SchVG **ausschließlich die Anleihe zu restrukturieren.** In einem Restrukturierungsfall in München bestätigte das Gericht einen außergerichtlich angenommenen Restrukturierungsfall einer Kapitalgesellschaft mit folgendem Sachverhalt: Nachdem die Restrukturierung nach dem SchVG wegen des Nichterreichens der notwendigen Mehrheit gescheitert war, wurde ein gemeinsamer Vertreter bestellt, der in der Folge die Anleihegläubiger in Gänze vertrat und die notwendige Mehrheit nach § 25 StaRUG mit einer Stimme ausüben konnte.[137)] 139

G. Die Forderungsverfolgung in der Insolvenz

Anleihegläubiger nehmen wie andere Gläubiger am Insolvenzverfahren teil. Sie haben die gleichen verfahrensbezogenen Rechte, also das Recht der Teilnahme und Abstimmung, das Fragerecht im Berichtstermin und das Recht, ihre Forderungen zur Insolvenztabelle anzumelden. 140

Allerdings können ihre Rechte durch § 19 SchVG beschränkt sein. Denn es ist originäre Aufgabe des gemeinsamen Vertreters, sofern ein solcher bestellt ist, die Forderungen der Anleihegläubiger aus der Anleihe nach Eröffnung des Insolvenzverfahrens zur Insolvenztabelle anzumelden (zur Reichweite der Sperrwirkung siehe Rz. 94 ff.). Anderenfalls obliegt es den Anleihegläubigern selbst, ihre Forderungen unter Insolvenzbedingungen zu realisieren. Eine solche Forderungsrealisierung in der Insolvenz durch die Anleihegläubiger selbst führt in der Praxis jedoch zu erheblichen Abwicklungsschwierigkeiten. 141

Nachstehend soll für beide Fallgruppen – also Vorhandensein und Fehlen eines gemeinsamen Vertreters – auf die wesentlichen Mitwirkungsrechte im Insolvenzverfahren eingegangen werden, nämlich die Teilnahme an der Gläubigerversammlung sowie die Teilnahme an etwaigen Abstimmungen bei dieser, die Anmeldung von Forderungen zur Insolvenztabelle, Fragen der Forderungsfeststellung zur Tabelle und schließlich die mit besonderen Schwierigkeiten verbundene Quotenausschüttung in Fällen, in denen ein gemeinsamer Vertreter nicht bestellt ist. 142

I. Teilnahme an der Gläubigerversammlung

Als Organ der Zwangsgemeinschaft der Gläubiger im Insolvenzverfahren hat die Gläubigerversammlung (§ 74 InsO) eine zentrale Bedeutung im Insolvenzverfahren (näher hierzu siehe Kap. 6 Rz. 522 ff. [*Zimmer*]). Ihre Aufgaben ergeben sich aus verschiedenen Vorschriften der InsO. Die Gläubigerversammlung ist u. a. zuständig für die Wahl des Verwalters (§ 57 InsO), für die Entscheidung, ob das Unternehmen des Schuldners stillgelegt oder vorläufig fortgeführt werden soll (§ 157 Satz 1 InsO) und für die Mitwirkung bei besonders bedeutsamen Rechtshandlungen (§ 160 InsO). 143

1. Teilnahmerecht und Stimmrecht

Die **Teilnahmeberechtigung ergibt sich aus § 74 Satz 2 InsO.** Teilnahmeberechtigt sind die absonderungsberechtigten Gläubiger, die Insolvenzgläubiger, der Insolvenzverwalter, 144

135) *Thole*, ZHR 186 (2022), 213, 243; *Skauradszun/Blum*, NZI 2022, 31, 33 (Urteilsanm.).

136) Begr. RegE SanInsFoG, BR-Drucks. 619/20, S. 132.

137) AG München, Urt. v 21.10.2021 – 1542 RES 2180/21, NZI 2022, 31, m. zust. Anm. *Skauradszun/Blum*, NZI 2022, 32 ff.

etwaige Mitglieder des Gläubigerausschusses, soweit ein solcher bestellt ist und der Schuldner selbst. Daneben etwaige Vertreter, die zur Vertretung befugt sind (§ 4 InsO, § 79 ZPO). Damit sind auch Anleihegläubiger, soweit ihre Forderungen nicht ausnahmsweise nachrangig sind, teilnahmeberechtigt.

145 Davon zu trennen ist die Frage des Stimmrechts hinsichtlich der Abstimmung über Fragen, deren Entscheidung der Gläubigerversammlung obliegt.[138)] Ein Stimmrecht in der Gläubigerversammlung gewähren die Forderungen, die angemeldet und weder vom Insolvenzverwalter noch von einem stimmberechtigten Gläubiger bestritten worden sind (§ 77 Abs. 1 Satz 1 InsO bzw. § 283 Abs. 1 Satz 2 InsO für den eigenverwaltenden Schuldner). Eine weitere gleichberechtigte Stimmrechtsgruppe sind die absonderungsberechtigten Gläubiger (§§ 49 ff. InsO). Die hieraus resultierende Stimmberechtigung ist nicht notwendig identisch mit der in § 178 Abs. 1 InsO geregelten Feststellung.

146 Ein Stimmrecht setzt dem Wortlaut des Gesetzes zunächst die Anmeldung der Forderung voraus. Unter der Geltung der KO war die Anmeldung der Forderung notwendige aber ebenfalls nicht hinreichende Voraussetzung eines Stimmrechts.[139)] Zum überkommenen Recht wurde die Notwendigkeit dieser Voraussetzung damit begründet, dass nur derjenige Gläubiger, der seine Forderung zur Konkurstabelle anmeldet, die Absicht der Teilnahme am Verfahren wirksam bekunde und diese jederzeit, auch noch nach Beginn der Gläubigerversammlung erfolgen könne.[140)]

147 Die Stichhaltigkeit dieser Argumentation hat sich durch das Inkrafttreten der InsO, das nunmehr eine förmliche Anmeldung beim Verwalter vorsieht (§ 174 InsO), jedoch überholt. Es ist die Regel, dass das Ende der Anmeldefrist (§ 28 Abs. 1 Satz 2) gerichtlicherseits auf einen Zeitpunkt gelegt wird, der nach dem Berichtstermin liegt. Vulgo: im Zeitpunkt des Berichtstermins liegen noch nicht alle Forderungsanmeldungen vor und sie müssen es von Gesetzes wegen auch nicht.[141)] Daraus wird bisweilen der Schluss gezogen, dass es nicht sachgerecht sei, wenn wegen des Wortlauts des § 77 Abs. 1 Satz 1 InsO Gläubiger, die ihre Forderungen noch nicht formell angemeldet hätten (und dies, weil die Anmeldefrist noch nicht abgelaufen ist, auch nicht mussten), von der Abstimmung ausgeschlossen werden müssten.[142)] Daher sei nicht auf die förmliche Anmeldung abzustellen. Es reiche vielmehr aus, wenn sich der Gläubiger in der Versammlung ad hoc **einer Forderung „berühme"**.[143)]

148 Diese Auffassung dürfte jedoch nicht nur wegen des **entgegenstehenden Wortlauts des § 77 Abs. 1 Satz 1 InsO zu weit** gehen. Wer einmal in praxi eine streitige Gläubigerversammlung erlebt hat, weiß, welche Unruhe Gläubiger, die sich ad hoc einer (möglicherweise unberechtigten) Forderung berühmen, in den Gang der Versammlung und etwaige Abstimmungen bringen können. Daher und wegen des Wortlauts der Vorschrift wird man fordern müssen, dass der Gläubiger sich der Forderung nicht nur berühmt, sondern sie **ad hoc anmeldet**. Cum grano salis ist dies nicht mehr als das Ausfüllen eines Blatt Pa-

---

138) Unzutreffend daher *Wilken/Schaumann/Zenker*, Anleihen in Restrukturierung und Insolvenz, Rz. 655, die das Vorhandensein eines Stimmrechts als Teilnahmevoraussetzung an der Gläubigerversammlung postulieren.

139) *Pape*, ZIP 1991, 837, 839; Jaeger-*Weber*, KO, § 95 Rz. 1, 5; a. A. *Höver*, KuT 1932, 5, 6; *Höver*, DJ 1935, 513, 516.

140) Jaeger-*Weber*, KO, § 95 Rz. 5.

141) S. hierzu auch: Uhlenbruck-*Knof*, InsO, § 77 Rz. 3.

142) S. hierzu auch *Riedel* in: HK-InsO, § 77 Rz. 3; *Plathner* in: KölnKomm-InsO, § 77 Rz. 3; *Ehricke/Ahrens* in: MünchKomm-InsO, § 77 Rz. 6; Uhlenbruck-*Knof*, InsO, § 77 Rz. 13.

143) Braun-*Herzig*, InsO, § 77 Rz. 13; Jaeger-*Gerhardt*, InsO, § 77 Rz. 23; Uhlenbruck-*Knof*, InsO, § 77 Rz. 15; *Kübler* in: KPB, InsO, § 77 Rz. 31 f.; a. A. *Preß* in: HambKomm-InsO, § 77 Rz. 8 f.; *Smid*, InVO 2007, 3, 7 f.

piers unmittelbar vor oder im Termin. Dies ist auch in größeren Verfahren möglich und angesichts der Dienstleister, der sich die Insolvenzgerichte in größeren Verfahren üblicherweise bedienen, um Zugang, Anwesenheit und Stimmrechte festzustellen, ohne weiteres möglich.[144)]

149 Gläubiger nachrangiger Forderungen sind nach dem eindeutigen Gesetzeswortlaut nicht stimmberechtigt (§ 77 Abs. 1 Satz 2 InsO). Seinen Grund hat dies in der in der Regel gegebenen **wirtschaftlichen Wertlosigkeit** dieser Forderungen im Insolvenzverfahren,[145)] ein Grundsatz, der in dieser Allgemeinheit spätestens seit Inkrafttreten des ESUG und der damit verbundenen Möglichkeit, in Gesellschafterrechte (ggf. auch nur teilweise) einzugreifen, nicht mehr gilt. Daher ist den nachrangigen Gläubigern ein Stimmrecht zuzubilligen, wenn ausnahmsweise mit ihrer teilweisen Befriedigung zu rechnen ist. In einem solchen Fall trifft das Gericht auch die Verpflichtung, die nachrangigen Insolvenzgläubiger zur Forderungsanmeldung aufzufordern.[146)]

150 Die Gläubiger, deren Forderungen bestritten werden, sind stimmberechtigt, soweit sie sich in der Gläubigerversammlung der Verwalter und die erschienenen stimmberechtigten Gläubiger über das Stimmrecht geeinigt haben (§ 77 Abs. 2 Satz 1 InsO). Praktisch kommt dies kaum vor. Für einen solchen Fall regelt § 77 Abs. 2 Satz 2 InsO, dass das Insolvenzgericht über das Stimmrecht entscheidet. Eine solche Festsetzung ist gleichwohl gegenüber einer Einigung subsidiär,[147)] d. h. im Falle einer Einigung ist dem Gericht eine Entscheidung oder Neufestsetzung verboten.[148)] Seine Entscheidung kann es auf Antrag des Verwalters oder eines in der Gläubigerversammlung erschienenen Gläubigers ändern.

151 Insbesondere in größeren oder komplexen Fällen spielt die Stimmrechtsfestsetzung durch das Gericht eine bedeutende Rolle. Üblicherweise wird der Verwalter Forderungsanmeldungen bis zur ersten Gläubigerversammlung noch nicht abschließend geprüft haben, insbesondere dann, wenn der Prüfungstermin nach der Gläubigerversammlung liegt. Die angemeldete Forderung ist entweder ungeprüft oder, wenn ein Prüfungstermin bereits stattgefunden hat, hat der Verwalter sie häufig **„bis zur weiteren Klärung"** bestritten. Das heißt nur, dass ihm zur Prüfung der Berechtigung der Forderung noch nicht alle notwendigen Nachweise vorlagen oder er diese Nachweise noch nicht abschließend bearbeiten konnte. In einem solchen Fall verfährt die Praxis häufig so, dass das Gericht Stimmrechtsvorschläge macht und die Gläubigerversammlung befragt, ob gegen ein solches Vorgehen Einwände bestehen. Formell gesehen ist dies eine Einigung i. S. des § 77 Abs. 2 Satz 1 InsO. Erheben Verwalter oder stimmberechtigter Gläubiger Widerspruch, setzt das Gericht typischerweise auf den vorgeschlagenen Betrag fest, und zwar durch zu begründenden Beschluss.

152 Die gerichtliche Entscheidung über das Stimmrecht beinhaltet eine Ermessensentscheidung[149)] und zwar hinsichtlich des Ob des Stimmrechts wie auch des Umfangs.[150)] Die Entscheidung ist mit Augenmaß zu treffen, sie hat für das weitere Verfahren elementare

144) So auch die Erfahrungen in dem Insolvenzverfahren der *Jopp AG*, einem Unternehmen, das eine Mittelstandsanleihe emittiert hatte. Über die Erfahrungen der dortigen Gläubigerversammlung berichtete *Brückner*, ZInsO 2017, 2498. Hierzu auch *Martini*, InsBürO 2017, 21 ff.

145) Begr. RegE InsO, BT-Drucks. 12/2443, S. 133.

146) Statt aller: *Kübler* in: KPB, InsO, § 77 Rz. 6.

147) BGH, Beschl. v. 14.10.2004 – IX ZB 114/04, ZIP 2004, 2339, dazu EWiR 2005, 359 *(Gundlach/Schirrmeister)*; *Plathner* in: KölnKomm-InsO, § 77 Rz. 11.

148) BGH, Beschl. v. 14.10.2004 – IX ZB 114/04, ZIP 2004, 2339; *Wenzel*, ZInsO 2007, 751.

149) *Ehricke* in: MünchKomm-InsO, § 77 Rz. 15; Uhlenbruck-*Knof*, InsO, § 77 Rz. 20 f.

150) *Kübler* in: KPB, InsO, § 77 Rz. 18.

Bedeutung.[151] Das Gericht entscheidet analog § 77 InsO durch Beschluss. Der Gläubiger kann eine richterliche Entscheidung über die Zulassung oder Nichtzulassung eines Gläubigers zur Abstimmung durch den Rechtspfleger beantragen (§ 18 Abs. 3 RPflG). **Eine sofortige Beschwerde gegen die Stimmrechtsfestsetzung durch das Gericht ist nicht vorgesehen.**[152]

2. Vorhandensein eines gemeinsamen Vertreters

153 Ist ein gemeinsamer Vertreter bestellt, übt dieser ein einheitliches Stimmrecht für sämtliche Forderungen aus der Anleihe – also das Gesamtemissionsvolumen – aus, sofern diese angemeldet und festgestellt sind. Sofern sie nicht festgestellt sind, was in Praxis wie ausgeführt die Regel sein dürfte, muss die genannte Einigung erfolgen; falls diese nicht erfolgt, ist eine Stimmrechtsentscheidung durch das Gericht unumgänglich. Nach h. M. kommt es, wenn es auch auf die Köpfe kommt, auf die Anzahl der Anleihezeichner an. Dass diese h. M. dogmatischen Bedenken unterliegt und zu einer bedenklichen Mehrheitsverschiebung führt, wurde bereits dargelegt (näher zu Vorstehendem siehe Rz. 125 ff.).

154 Die Anleihezeichner sind auch bei Vorhandensein eines gemeinsamen Vertreters nicht völlig außen vor: Die **Sperrwirkung** zugunsten des gemeinsamen Vertreters in der Insolvenz lässt das Recht der Anleihegläubiger unberührt, teilzunehmen und Fragen zu stellen, wenn das Gericht i. R. der ihm obliegenden Sitzungshoheit Fragen zulässt.[153] **Denn durch die Regelungen des SchVG verliert der Anleihegläubiger nicht seine Stellung als Insolvenzgläubiger.** Der einzelne Anleihegläubiger hat ein schützenswertes Interesse daran, Informationen über das Insolvenzverfahren zu erlangen. Nur so wird er in die Lage versetzt, auf gesicherter Datenbasis i. R. einer Anleihegläubigerversammlung Weisungen zu erteilen. § 19 Abs. 3 SchVG steht dem nicht entgegen, denn dort ist nur von der Geltendmachung von Rechten die Rede, worunter Teilnahme- und Fragerechte nach zutreffender Ansicht nicht zu subsumieren sind.[154]

3. Fehlen eines gemeinsamen Vertreters

155 Fehlt ein gemeinsamer Vertreter, richten sich die Rechte der Anleihegläubiger nach den allgemeinen insolvenzrechtlichen Regelungen (§§ 74 ff. InsO). Der einzelne Anleihegläubiger nimmt seine Rechte nunmehr individuell wahr. In diesem Fall hat der Gläubiger seine Forderung unmittelbar selbst darzulegen. Die **Schwierigkeit liegt im Nachweis der Forderung zum Zeitpunkt etwaiger Abstimmungen** in der Gläubigerversammlung. Denn es muss sichergestellt werden, dass die Forderung dem Anleihegläubiger im Zeitpunkt der Gläubigerversammlung noch zusteht und nicht zwischenzeitlich auf einen Dritten übertragen wurde, jedenfalls muss die fortbestehende Inhaberschaft schlüssig dargelegt werden.[155] Notwendig ist daher jedenfalls die Vorlage eines **aktuellen Depotauszugs oder Depotnachweises** und darüber hinaus zum **Nachweis der Inhaberschaft die Vorlage eines sog. Sperrvermerks.**

151) Wenn in der Literatur bisweilen postuliert wird, im Zweifel sei ein Stimmrecht zuzubilligen (in dubio pro creditore), so *Ehricke* in: MünchKomm-InsO, § 77 Rz. 14; *Schmitt* in: FK-InsO, § 77 Rz. 13; *Kübler* in: KPB, InsO, § 77 Rz. 20, jedoch differenzierend in Fn. 53, dürfte in dieser Allgemeinheit zu weit führen. S. hierzu auch *Wenzel*, ZInsO 2007, 751, 752 f.

152) Näher hierzu, auch zu den Motiven des Gesetzgebers für einen Ausschluss eines Rechtsbehelfs: *Kübler* in: KPB, InsO, § 77 Rz. 2.

153) Zu den verbleibenden Anwesenheits- und Fragerechten der Anleihegläubiger: *Knapp* in: Hopt/Seibt, SchuldverschreibungsR, § 19 SchVG Rz. 108.

154) Ebenso mit überzeugender Begründung: A. Schmidt-*Westpfahl/Seibt*, SanierungsR, Anh. § 39 InsO Rz. 82.

155) Das Gericht muss, wenn es ein Stimmrecht zubilligen will, davon überzeugt sein, dass die Forderung dem Gläubiger zusteht. Er muss sie schlüssig darlegen.

Hierbei handelt sich um eine Erklärung der Depotbank, dass die von dem Anleihegläubiger gehaltenen Wertpapiere für den Zeitraum ab Ausstellung bis zu einem bestimmten künftigen Zeitpunkt bei der Depotbank gesperrt gehalten und nicht übertragen werden können. Dabei muss der Sperrvermerk zwar in Textform vorgelegt werden. Ein Original, das bisweilen für die Anleiheinhaber von ihrer Depotbank ohnehin nur mit Mühe erlangt werden kann, ist aber nicht erforderlich, wie sich aus dem Rechtsgedanken der § 10 Abs. 3 Satz 2 SchVG i. V. mit § 126b BGB ergibt. **156**

II. Anmeldung von Forderungen zur Insolvenztabelle

Nach Eröffnung des Insolvenzverfahrens können die Insolvenzgläubiger ihre Forderungen beim Insolvenzverwalter zur Insolvenztabelle anmelden (§ 174 Abs. 1 Satz 1 InsO). Der Anmeldung sollen Urkunden, aus denen sich die Forderung ergibt, in Abdruck beigefügt werden. In einem anschließenden Prüfungstermin werden die Forderungen geprüft. Insolvenzverwalter, Schuldner oder Gläubiger können bestreiten (§ 176 InsO), wobei der Widerspruch durch den Schuldner außerhalb des eigenverwalteten Verfahrens der Feststellung nicht entgegensteht. Fragen der Anmeldungen zur Insolvenztabelle, der Feststellung dieser Forderungen und insbesondere Fragen der Quotenausschüttungen gehören in Fällen, in denen der Schuldner eine Anleihe emittiert hat, die noch nicht zurückgezahlt ist, zu den wichtigsten praktischen Herausforderungen, denen sich der Insolvenzverwalter ausgesetzt sieht.[156] Das Problem ist die fehlende Identifizierbarkeit der Anleihegläubiger wegen der Börsennotierung der Anleihe und der damit verbundenen grundsätzlichen freien Handelbarkeit. **157**

1. Anmeldung durch einen gemeinsamen Vertreter

Ist ein gemeinsamer Vertreter bestellt, so hat **allein dieser** die Forderungen sämtlicher Anleihegläubiger im Insolvenzverfahren anzumelden (§ 19 Abs. 3 SchVG). Die Forderungen der einzelnen Gläubiger bleiben rechtlich selbstständig, werden also nicht addiert.[157] Eine (hier sog.) Sammelanmeldung gibt es nicht. Diese Rechtsmacht des gemeinsamen Vertreters begründet eine Sperrwirkung zulasten der einzelnen Anleihegläubiger, die nunmehr nicht mehr berechtigt sind, ihre Forderungen zur Insolvenztabelle anzumelden. Abweichend von der gesetzlichen Regelung (§ 174 Abs. 1 Satz 1 InsO) ist eine Vorlage der Schuldurkunde durch den gemeinsamen Vertreter nicht erforderlich (§ 19 Abs. 3 Halbs. 2 SchVG). Individuelle Nebenforderungen (also solcher, die nicht nur unmittelbare aus der Anleihezeichnung resultieren, z. B. aus Delikt) der einzelnen Anleihegläubiger sind von dieser Sperrwirkung nach h. M. nicht umfasst: diese Forderungen hat nach wie vor der einzelne Gläubiger zur Insolvenztabelle anzumelden.[158] Die Bestellung des gemeinsamen Vertreters bündelt nur die Anmeldung in dem Insolvenzverfahren über das Vermögen des Emittenten. Der gemeinsame Vertreter ist nicht ohne weiteres dafür zuständig, etwaige andere Ansprüche der Anleihegläubiger in weiteren Insolvenzverfahren anzumelden.[159] **158**

156) Dies stellt *Oberle* in: FS Pannen, 2017, S. 548, völlig zu Recht fest.

157) *Kuder/Obermüller*, ZInsO 2009, 2025, 2027; *Gloeckner/Bankel*, ZIP 2015, 2393, 2397; *Wilken/Schaumann/Zenker*, Anleihen in Restrukturierung und Insolvenz, Rz. 644, a. A. Schmidt-*Westpfahl/Seibt*, SanierungsR, Anh. § 39 InsO Rz. 89.

158) *Knapp* in: Hopt/Seibt, SchuldverschreibungsR, § 19 SchVG Rz. 103; *Wilken/Schaumann/Zenker*, Anleihen in Restrukturierung und Insolvenz, Rz. 644.

159) So entschied das LG Dortmund, dass der gemeinsame Vertreter nicht zur Geltendmachung der Ansprüche aus § 133 UmwG im Insolvenzverfahren einer ausgegliederten Rechtsvorgängerin zuständig ist, die Geltendmachung obliegt weiterhin den Anleihegläubigern, LG Dortmund, Urt. v. 31.1.2019 – 2 O 154/17, NZI 2019, 517 = ZIP 2019, 1487.

2. Anmeldung ohne gemeinsamen Vertreter

159 Fehlt es an einem gemeinsamen Vertreter, wird die individuelle Forderungsanmeldung ungleich anspruchsvoller. In diesem Fall muss der Anleihegläubiger seine Forderung nicht nur selbst anmelden, sondern ihr Bestehen und seine Rechtsinhaberschaft später auch beweisen, wenn er eine Feststellung erreichen will.

160 Nach der gesetzlichen Regelung muss der Gläubiger seiner Forderungsanmeldung einen Abdruck der Urkunde beifügen, aus der sich aus seiner Sicht die von ihm behauptete Forderung ergibt. Da der Anleihegläubiger wegen der typischen Verwahrung der Globalurkunde in Sammelverwahrung nicht ohne weiteres Zugriff auf die Schuldurkunde hat, wird er in der Regel einen aktuellen Depotauszug zum Nachweis seiner Forderung beifügen. Aus der Sonderregelung für den gemeinsamen Vertreter in § 19 Abs. 3 Halbs. 2 darf nicht der Umkehrschluss gezogen werden, dass der individuelle Gläubiger zur Vorlage dieser Schuldurkunde verpflichtet wäre.[160)] Entscheidend ist die gesetzliche Regelung in § 174 InsO: unter den Begriff der Urkunde fällt jede Unterlage, die geeignet ist, das Bestehen der angemeldeten Forderung zu beweisen.[161)] Eine Vorlage des Originals ist gerade nicht erforderlich. Es reicht aus, wenn ein aktueller Depotauszug der jeweiligen verwahrenden Bank als Nachweis der Inhaberschaft einer in einer Globalurkunde verbrieften Teilschuldverschreibung vorgelegt wird, sofern diese den Anleihegläubiger als Inhaber bezeichnet, die Anleihe eindeutig identifiziert und den Gesamtnennwert der vom Gläubiger gehaltenen Anteile bezeichnet.[162)]

III. Fragen der Forderungsfeststellung zur Tabelle und Ausschüttung der Quote

161 Von der Einigung über oder der Festsetzung des Stimmrechts und der Anmeldung der Forderung zur Insolvenztabelle ist die Frage der **materiellen Berechtigung der Forderung und damit deren Feststellung zur Insolvenztabelle** zu unterscheiden.

162 Eine Forderung gilt als festgestellt, soweit gegen sie im Prüfungstermin oder im schriftlichen Verfahren ein Widerspruch weder vom Insolvenzverwalter noch von einem Insolvenzgläubiger erhoben wird oder soweit ein erhobener Widerspruch beseitigt ist (§ 178 Abs. 1 Satz 1 InsO) und die Forderung in die Tabelle eingetragen ist (§ 177 Abs. 2 Satz 1 InsO). Die Eintragung in die Tabelle wirkt für die festgestellten Forderungen ihrem Betrag und ihrem Rang nach wie ein rechtskräftiges Urteil (§ 178 Abs. 3 InsO).

> **Praxishinweis**
>
> Entgegen einer landläufigen Meinung ist es also nicht der Insolvenzverwalter, der eine Forderung feststellt. Sondern die Feststellung erfolgt durch die Anmeldung, das Unterlassen eines Widerspruchs durch einen Berechtigten und die Eintragung in die Tabelle.

1. Vorhandensein eines gemeinsamen Vertreters

163 Wurde ein gemeinsamer Vertreter bestellt, so gestaltet sich die Feststellung der Insolvenzforderungen **wesentlich einfacher** als im Falle seines Fehlens. Da der gemeinsame Vertreter kraft seiner Rechtsmacht das gesamte Emissionsvolumen anmeldet, spricht nichts gegen die Feststellung der Forderungen, soweit nicht ausnahmsweise verrechenbare Gegenansprüche bestehen[163)] oder die Anleiheforderungen ausnahmsweise nachrangig sind.

---

160) *Wilken/Schaumann/Zenker*, Anleihen in Restrukturierung und Insolvenz, Rz. 646; s. aber auch *Kuder/Obermüller*, ZInsO 2009, 2025, 2029.

161) K. Schmidt-*Jungmann*, InsO, § 174 Rz. 22.

162) *Wilken/Schaumann/Zenker*, Anleihen in Restrukturierung und Insolvenz, Rz. 648.

163) *Penzlin/Klerx*, ZInsO 2004, 311, 313.

Da die einheitliche Anmeldung der Forderungen durch den gemeinsamen Vertreter die Individualität der einzelnen Forderungen unberührt lässt, erfolgt in praxi später die Ausschüttung der Insolvenzquote über die *Clearstream Banking AG*, die über die Depotbank der Gläubiger die Ausschüttung an diejenigen Gläubiger vornimmt, die im Zeitpunkt der Ausschüttung materielle Inhaber der Forderungen sind.

> **Praxishinweis**
>
> Die *Clearstream Banking AG* ist eine Wertpapiersammelbank und verteilt die auszuschüttenden Beträge an die jeweiligen Depotbanken, die die Beträge wiederum ihren Kunden als materiellen Forderungsinhabern auszahlen.[164)]

Für die Entgegennahme der Quotenzahlungen ist in diesem Fall allein der gemeinsame Vertreter zuständig, d. h. die Frage der Berechtigung des einzelnen Anleihegläubigers an der Quotenzahlung verlagert sich auf das Innenverhältnis zwischen dem gemeinsamen Vertreter und der Gesamtheit der Anleihegläubiger. **164**

2. Fehlen eines gemeinsamen Vertreters

Ungleich schwieriger gestalten sich Forderungsfeststellung und die Ausschüttung der Insolvenzquote, wenn ein gemeinsamer Vertreter fehlt. Denn in diesem Fall muss der Insolvenzverwalter, bereits zur **Vermeidung einer eigenen Haftung (§ 60 InsO)**, sicherstellen, dass nur berechtigte Forderungen festgestellt werden und er die Quote nur an die im Zeitpunkt der Ausschüttung Berechtigten auskehrt, sofern nicht eine Hinterlegung in Betracht kommt. **165**

Die Haftungsvermeidung beginnt optimalerweise bereits auf der ersten Stufe, also auf der Ebene der Forderungsfeststellung. In der Regel wird der Insolvenzverwalter, um unberechtigte Feststellungen zu vermeiden, die Forderung des einzelnen Anleihegläubigers zunächst bestreiten. Festgestellt wird dann durch Rücknahme des Bestreitens erst in dem Moment, in dem feststeht, dass die Forderung dem Anmelder auch materiell zusteht. **166**

Das Problem ist die **freie Handelbarkeit der Anleihe**, die weder durch den Insolvenzantrag des Emittenten noch durch die Eröffnung des Insolvenzverfahrens endet. Eine frühzeitige Feststellung durch einen unterlassenen Widerspruch des Insolvenzverwalters birgt daher erhebliche Haftungsgefahren für den handelnden Insolvenzverwalter. **167**

Der Verwalter sieht sich einem Haftungsproblem gegenüber und hat kaum noch Möglichkeiten, die Ausschüttung auf die festgestellte Forderung zu vermeiden, obwohl er nicht wissen kann, ob die materielle Berechtigung zwischenzeitlich gewechselt hat. Die Möglichkeit der Erhebung einer Vollstreckungsabwehrklage nach § 767 ZPO ist nur eine theoretische, da der Insolvenzverwalter in diesem Zusammenhang substantiieren und beweisen müsste, wann die Anleihe durch den Gläubiger der festgestellten Forderung übertragen wurde. Dies ist aber wegen des anonymen Handels nicht möglich. **168**

Alternativ könnte sich der Insolvenzverwalter zur Vermeidung einer Doppelausschüttung darauf berufen, dass er nur gegen Aushändigung der Urkunde leisten muss. Gemäß § 797 BGB ist der Aussteller einer Schuldverschreibung nur gegen Aushändigung dieser Urkunde zur Leistung verpflichtet. Die Vorschrift findet auch auf in Globalurkunden verbriefte Schuldverschreibungen Anwendung. Während aber im Falle eines zivilgerichtlichen Urteils dieses nur dahingehend lauten würde, dass die Leistungspflicht nur Zug um Zug gegen Aushändigung der Schuldverschreibung besteht, sieht das insolvenzrechtliche Feststellungsverfahren eine Zug-um-Zug-Feststellung nicht vor. **169**

164) Hierzu: *Kuder/Obermüller*, ZInsO 2009, 2025, 2029; *Friedl* in: FK-SchVG, § 19 Rz. 57.

170 Ist eine Forderung also einmal bereits festgestellt, hat der Insolvenzverwalter kaum noch opportune Handlungsmöglichkeiten zur Vermeidung der eigenen Haftung. Er hat mithin, wie zuvor dargestellt, bereits Doppelfeststellungen zu vermeiden. Möglich wäre dies durch ein Hinwirken auf das **Delisting der Anleihe.** In diesem Fall ist fortan ein anonymer Handel der Anleihe über die Börse nicht mehr möglich. Ein Delisting verbietet sich allerdings, wenn das Unternehmen im Insolvenzverfahren unter Erhalt des Rechtsträgers saniert und die Anleihe künftig noch gehandelt werden soll.

171 In der Literatur wird daher die Möglichkeit vertreten, dass der Inhaber der Anleihe diese an den Insolvenzverwalter überträgt und diese Übertragung Voraussetzung der Feststellung ist.[165] Da eine wirksame Übertragung nur möglich ist, wenn der Übertragende materieller Inhaber war, spräche anschließend nichts mehr gegen die Ausschüttung. Der Insolvenzverwalter würde dann direkt an den Anleihegläubiger zahlen. Da allerdings anschließend die materielle Berechtigung nicht mehr beim Anleihenmarkt liegt, ist ein solcher Weg nicht gangbar, wenn die Gesellschaft saniert werden soll. Abgesehen davon dürften Bedenken gegen die Übertragung einer Unternehmensbeteiligung an den Insolvenzverwalter bestehen. Zu bevorzugen wäre in diesem Fall die Übertragung an einen Treuhänder qua Vereinbarung zwischen diesem und dem Insolvenzverwalter.

172 Die Praxis behilft sich bisweilen mit der **Umbuchung der Teilschuldverschreibungen in eine neue Wertpapierkennnummer.** In einem solchen mit der *Clearstream Banking AG* und der Zahlstelle abzustimmenden Verfahren werden eine Feststellung der angemeldeten Forderung sowie eine Ausschüttung nur vorgenommen, wenn die einzelne Teilschuldverschreibung vorher durch den Inhaber in eine Sonder-ISIN oder Sonder-WKN umgebucht wurde. Der Gläubiger muss seine Depotbank anweisen, die Teilschuldverschreibung entsprechend umzubuchen und dort bis zu einem bestimmten Zeitpunkt gesperrt zu halten. Eine Handelbarkeit der Teilschuldverschreibungen unter dieser Wertpapierkennnummer darf nicht erfolgen, da nur so sichergestellt ist, dass der anmeldende Gläubiger Inhaber der Forderung ist und bleibt. Ein solches Vorgehen ist möglich, aber aufwendig und insbesondere wegen der Einbindung der Dienste der *Clearstream Banking AG* kostenintensiv.[166]

---

165) *Penzlin/Klerx*, ZInsO 2004, 311, 313, hiergegen Veranneman-*Rattunde*, SchVG, § 19 Rz. 8.

166) Näher zur Problematik: *Wilken/Schaumann/Zenker*, Anleihen in Restrukturierung und Insolvenz, Rz. 670 ff. Eingehend auch *Oberle* in: FS Pannen, 2017, S. 552 ff.

Kapitel 26
Insolvenzstrafrecht

Übersicht

Literatur (Auszug): *Adam*, Die abgabenrechtliche Haftung des Geschäftsführers, schwachen vorläufigen Insolvenzverwalters und vorläufigen Sachwalters, ZInsO 2017, 2289; *Albrecht*, Vorspiegeln von Bonität und Schadensbestimmung beim Betrug, NStZ 2014, 17; *Altmeppen*, Aufsteigende Sicherheiten im Konzern, ZIP 2017, 1977; *Altmeppen*, Verwertung von Ansprüchen der gelöschten GmbH gegen Gesellschafter und Geschäftsführer im Einvernehmen zwischen Nachtragsliquidator und Gläubiger, ZIP 2017, 497; *Anders*, Zur Bestimmung der Grenze des Gesellschaftereinverständnisses bei der GmbH-Untreue, NZWiSt 2017, 13; *Ast/Klocke*, Die Sanktionierung der Mindestlohnunterschreibung durch § 23 Abs. 1 Nr. 1 AEntG und § 266a StGB, wistra 2014, 206; *d'Avoine/Michels*, Darlehen mittelbarer Gesellschafter in der Insolvenz, ZIP 2018, 60; *Bales*, Zur Bedeutung von Patronatserklärungen in Krisensituationen, ZInsO 2023, 1457; *Bales*, Poolverträge als sinnvolle Sanierungsinstrumente, ZInsO 2023, 701; *Baumert*, Feststellung der Zahlungsunfähigkeit: Wenn Strafrecht und Insolvenzrecht aufeinandertreffen, NJW 2019, 1486; *Baumert*, Going Concern-Prüfung als Einfallstor für Hinweispflichten des Steuerberaters, ZInsO 2017, 486; *Beck, L.*, Haftung der Gesellschafter für Zahlungen nach Eintritt der Insolvenzreife bei Führungslosigkeit der GmbH, GmbHR 2017, 181; *Becker*, Totgesagte leben länger – Limitation Languages bei Upstream-Besicherungen nach dem Urteil des II. Zivilsenats des BGH vom 21.3.2017, ZIP 2017, 1599; *Begemeier/Wölfel*, Sale-and-Steal-Back: Betrug?, NStZ 2016, 129; *Berger*, Massebezogene Verwalterpflichten: Von der Massewahrung zu einem „allgemeinen Wertmehrungsgebot"?, ZInsO 2017, 2100; *Bernsau*, Angaben des Sanierungsberaters zum Sanierungskonzept, BB 2022 2315; *Bieder*, Grund und Grenzen der Verfolgungspflicht des Aufsichtsrats bei pflichtwidrigem Vorstandshandeln, NZG 2015, 1178; *Bitter/Baschnagel*, Haftung von Geschäftsführern und Gesellschaftern in der Insolvenz ihrer GmbH, ZInsO 2018, 557 und ZInsO 2018, 625; *Bittmann*, Irrwege und Pfade im Dschungel des Abschöpfungsrechts nach Bankrott, Zugleich Anmerkung von BGH, Beschl. v. 14.6.2023 – 1 StR 327/22 (ZWH 2023, 282), ZWH 2023, 245; *Bittmann*, Forderung und Betrugstatbestand, in: Gedächtnisschrift für Wolfgang Joecks, 2018, S. 203; *Bittmann*, Das LG Aurich, die Abrechnung des (vorläufigen) Insolvenzverwalters und das Vermögensstrafrecht, ZInsO 2017, 1874; *Bittmann*, Untreue: Erkennbarkeit und Praktikabilität = mehr Rechtssicherheit, wistra 2017, 121; *Bittmann*, Von der Strafbarkeit des „nicht richtigen" zur Pönalisierung des „nicht vollständigen" Insolvenzantrags?, wistra 2017, 88; *Bittmann*, Wider ein Strafrecht als alltäglicher Begleiter, NStZ 2016, 249; *Bittmann*, Brennpunkte des (nicht nur: Wirtschafts-)Strafrechts, Schwerpunkt: Schaden, HRRS 2016, 38; *Bittmann*, Der Staatsanwalt in modernen Ermittlungsverfahren, in: Barton/Kölbel/Lindemann, Wider die wildwüchsige Entwicklung des Ermittlungsverfahrens, 2015, S. 389; *Bittmann*, Quantifizierung des Betrugsschadens und Untreuenachteils im Wege korrigierter ex-post-Betrachtung, NStZ 2013, 72; *Bittmann*, Verschleifungsverbot, Quantifizierungsgebot (§§ 263, 266 StGB) und Pflichtwidrigkeit (§ 266 StGB), wistra 2013, 1; *Bittmann*, Betrug und Untreue in der jüngsten Rechtsprechung des BGH, ZWH 2012, 446; *Bittmann*, Anspruch auf Ersatz betrügerisch angerichteten Schadens ohne Strafrechtsschutz?, NStZ 2012, 289; *Bittmann*, Erfüllung fälliger Verbindlichkeiten – strafbar?, ZWH 2012, 100; *Bittmann*, Dogmatik der Untreue, – insbesondere des Vermögensnachteils, NStZ 2012, 57; *Bittmann*, Strafrechtliche Folgen des MoMiG, NStZ 2009, 113; *Bittmann*, Kapitalersatz, der 5. Strafsenat des BGH und das MoMiG, wistra 2009, 102; *Bittmann/Cramer*, Insolvenzantrags- und Ersatzpflichten sowie Zahlungsverbote – Neuerungen durch CoVInSAG und SanInsFoG nebst StaRUG, wistra 2022, 93 (Teil I) und wistra 2022, 149 (Teil II); *Bittmann/Tschakert*, Strafrechtliche Vermögensabschöpfung und Insolvenzrecht, ZInsO 2017, 2657; *Bittmann/Volkmer*, Zahlungsunfähigkeit bei (mindestens) 3-monatigem Rückstand auf Sozialversicherungsbeiträge, wistra 2005, 167; *Blassl*, Bilanzierung von Vermögensnachteilen – Gefährdungsschaden, Vorsichtsprinzip und in dubio pro reo, wistra 2016, 425; *Böhme*, Wertmehrungsgebot: Spekulationspflicht für Insolvenzverwalter?, ZInsO 2017, 827, ZInsO 2017, 1468; *Borchardt/Bograkos/Arm*, Die Behandlung einer Ratenzahlungsvereinbarung zur Feststellung der Zahlungsunfähigkeit bei Stundung, ZInsO 2019, 486; *Brand, C.*, Konzerninsolvenzstrafrecht – Terra incognita?, ZInsO 2019, 2091; *Brand, C.*, Neue Anwendungsprobleme der gesellschaftsrechtlichen Inhabilitätsvorschriften, ZInsO 2019, 865; *Brand, C.*, Die Aufgabe der „Bugwellentheorie" und die Auswirkungen auf das Insolvenzstrafrecht, ZInsO 2018, 689; *Brand, C.*, Kommunale Spekulationen unter Untreueverdacht, NZG 2018, 293; *Brand, C.*, Die insolvenzstrafrechtlichen Risiken der Rückzahlung von Gesellschafterdarlehen in der Krise, NZI 2017, 518; *Brand, C.*, Der Missbrauch des Schutzschirmverfahrens und die (insolvenz-)strafrechtliche Antwort darauf, KTS 2014, 1; *Brand, C.*,

Legitimität des Insolvenzstrafrechts – Zur Strafwürdigkeit der Insolvenzdelikte angesichts der Finanzkrise, KTS 2012, 195; *Brand, C./Kanzler*, Die Sanierungsbescheinigung des § 270b Abs. 1 S. 3 InsO: tauglicher Gegenstand staatsanwaltschaftlicher Ermittlungen?, wistra 2014, 334; *Brand, C./Kanzler*, Neues zu Untreue und Bankrott in der GmbH, ZWH 2012, 1; *Brete*, Haftung des Steuerberaters für Insolvenzverschleppungsschäden aus Vertrag mit Schutzwirkung zugunsten Dritter, ZWH 2014, 216; *Briese*, Triplik auf Oser, DStR 2017, 2835, DStR 2017, 2836; *Briese*, Zur Auflösung von Verbindlichkeiten bei Überschuldung – Ergänzende Anmerkungen zu Oser, DStR 2017, 1889, DStR 2017, 2832; *Brinkmann*, Die Antragspflicht bei Überschuldung – ein notwendiges Korrelat der beschränkten Haftung, NZI 2019, 921; *Bruder*, Ausschluss der Vorsatzanfechtung wegen eines schlüssigen Sanierungskonzepts, DB 2022, 2070; *Brünkmans/Clev*, Grundsätze für die Ermittlung der Zahlungsunfähigkeit und Besonderheiten bei konzernverbundenen Unternehmen – zugleich Anmerkung zu BGH, Urt. v. 28.6.2022 – II ZR 112/21, ZInsO 2022, 2272; *Buchalik/Schröder/Rekers*, Finanzgericht bestätigt insolvenzrechtliche Beachtlichkeit der sog. „Zustimmungslösung", ZInsO 2017, 862; *Buchalik/Schröder/Rekers*, Rechte und Haftungsrisiken des Geschäftsführers und des vorläufigen Sachwalters für Umsatzsteuerverbindlichkeiten im vorläufigen Eigenverwaltungsverfahren, ZInsO 2017, 905; *Bülte*, Ne bis in idem bei Schwarzarbeit und Nettolohnbarauszahlungen: Zum Strafklageverbrauch bei Nichtabführen von Sozialversicherungsabgaben nach Einstellung des Steuerstrafverfahrens, NZWiSt 2017, 49; *Bülte*, Weitreichende Sanktionslücken im Wirtschaftsstrafrecht durch die Entscheidung des BVerfG zu § 10 RiFlEtikettG?, BB 2016, 3075; *Ceffinato*, Unternehmerische Handlungsspielräume im Insolvenzstrafrecht – Zu den „Anforderungen einer ordnungsgemäßen Wirtschaft", ZIP 2018, 453; *Ceffinato*, Besiegeltes Schicksal oder Renaissance der personalen Schadenslehre?, NZWiSt 2015, 90; *Comtesse*, Vereinfachter Nachweis der Zahlungsunfähigkeit nach dem Urteil des BGH vom 28.6.2022 (II ZR 112/21) – Kritische Auseinandersetzung aus sachverständiger Sicht, ZInsO 2022, 2329; *Cranshaw*, Bemerkungen zu der Leistung der Insolvenzverwaltervergütung und zu der Erstattung von „Überzahlungen", ZInsO 2017, 989; *Dachner*, Die Haftung eines GmbH-Geschäftsführers für „Non-Compliance" – zugleich Besprechung von OLG Nürnberg, Urt. v. 30.3.2022 – 12 U 1520/19, ZWH 2022, 161; *Dannecker*, Die Bestimmung des Betrugsschadens in der Rechtsprechung des BGH, NStZ 2016, 318; *Dannecker*, Vermögensschaden zwischen Verkehrswert, intersubjektiver Wertsetzung und Einbeziehung von Liquiditätsvorteilen, NZWiSt 2015, 173; *Denkhaus/Harbeck*, Reformierte EuInsVO – Juristisches Grounding statt Takeoff im Konzerninsolvenzrecht?, ZInsO 2018, 949; *Deyda*, Der Fall NIKI Luftfahrt – Bruchlandung des neuen europäischen internationalen Insolvenzrechts?, ZInsO 2018, 221; *Drukarczyk*, Überschuldung, Festschrift für Theodor Baums, 2017, S. 339; *Ekkenga*, Insolvenzvorbeugung durch Rangrücktritt, ZIP 2017, 1493; *Eufinger*, Das Judikat des BGH zur Compliance und seine Bedeutung für die kartellrechtliche Verbandsgeldbuße, NZG 2018, 327; *Fischer*, Fortbestehensprognose und Sanierung, NZI 2016, 665; *Florstedt*, Der neue aktienrechtliche Schutz vor Vermögensentzug durch nahestehende Personen – eine erste Wirkungsanalyse, NZG 2023, 395; *Freitag*, Die neue BGH-Rechtsprechung zur kapitalerhaltungsrechtlichen Zulässigkeit der Stellung von Upstream-Sicherheiten und ihre Auswirkungen auf die Finanzierungspraxis, WM 2017, 1633; *Freitag*, Zur Geltung der Gründungstheorie im Verhältnis der EU-Mitgliedsstaaten zu Kanada nach dem CETA-Abkommen, NZG 2017, 615; *Freund*, Organhaftung: Das haftungsausschließende Einverständnis der Gesellschafter ohne förmlichen Beschluss der Gesellschafterversammlung, NZG 2022, 1611; *Freund*, Risikomanagement für Geschäftsführer und Vorstände, NZG 2021, 579; *Frieden*, Abschlussprüferwechsel und Insolvenzkennzahlen, WPg 2018, 340; *Frind*, Gefährdung des Eröffnungsverfahrens durch unnötige Regelungen der Nachbesserungsauflagen beim unzulässigen Antrag?, ZInsO 2016, 2376; *Frisch*, Voraussetzungen und Grenzen staatlichen Strafens, NStZ 2016, 16; *Frystatzki*, Der BGH erteilt der Bugwellentheorie eine Absage, ZInsO 2018, 601; *Frystatzki*, Going-Concern-Bilanzierung bei Vorliegen von Insolvenzgründen, DStR 2017, 1494; *Gehrlein*, Das Ärgernis der Insolvenzverschleppung, ZInsO 2022, 1481; *Gehrlein*, 10 Jahre neues Gesellschafterdarlehensrecht – Meilensteine der Rechtsprechung, ZInsO 2019, 2133; *Gehrlein*, Der Begriff der Zahlungsunfähigkeit, ZInsO 2018, 354; *Gehrlein*, Insolvenzrechtliche Überschuldung trotz Bilanzierung zu Fortführungswerten? – Zur Unterscheidung von Fortführungsprognose und Fortbestehensprognose, WM 2018, 1; *Ginou*, Systematik der Bezifferungsmethoden zur Ermittlung des Vermögensschadens, NZWiSt 2017, 138; *Glöckler/Lemmermann*, Positive Fortführungsprognose bei § 19 InsO, ZInsO 2023, 2245; *Göcke/Rittscher*, Cash-Pooling in Krise und Insolvenz, DZWIR 2012, 355; *Goeckenjan*, Die neuen Strafvorschriften nach dem sog. Trennbankengesetz (§ 54c KWG und § 142 VAG), wistra 2014, 201; *Grosse-Wilde*, Strafklageverbrauch nach rechtskräftiger Verurteilung wegen Insolvenzverschleppung, wistra 2014, 130; *Gutfleisch*, Strafzumessungskriterien bei der Insolvenzverschleppung, NZWiSt 2016, 309; *Haarmeyer*, Eigenverwaltung mit Selbstbelastungszwang und die insolvenzstrafrechtlichen Folgen, ZInsO 2016, 545; *Habetha/Klatt*, Die bankrottstrafrechtliche Organhaftung nach Aufgabe der Interessenformel – Zurechnungstheorie oder funktionale Zurechnung?, NStZ 2015, 671; *Hackenberg*, (Kaum) harte Sanktionsmöglichkeiten – Narrenfreiheit für Insolvenzschuldner?, NZI 2022, 545; *Harnos*, Harte externe Patronatserklärung in der Insolvenz, ZIP 2017, 1149; *Harz/Bauer/Brandmeier/Hauser*, BilMan – ein Werkzeug zur Identifikation von Auffälligkeiten in Jahresabschlüssen, ZInsO 2017, 314; *Heeg*, Insolvenzrechtlicher Fälligkeitsbegriff und Geschäftsleiterhaftung – Unschärfen in den Randbereichen, DStR 2017, 109; *Heerma/Bergmann, R.*,

Sicherheitenbestellung an Dritte für Verbindlichkeiten des Gesellschafters als verbotene Auszahlung i. S. d. § 30 Abs. 1 GmbHG, ZIP 2017, 1261; *Heerma/Bergmann, R.*, Die Fortgeltung der Limitation Language in der Insolvenz, ZIP 2017, 803; *Heinrich*, Insolvenzstrafrecht im Überblick – Ein „Starterkit" für die Praxis, NZWiSt 2020, 346; *Hermanns/Blome*, Fortbestehensprognosen (FBP) – Eine unterschätzte Aufgabenstellung und gleichzeitig eine Abgrenzung zu anderen Prognoserechnungen bzw. Unternehmensplanungen in der Krise, ZInsO 2018, 362; *Hillebrand*, Going Concern versus Break Up – Die Konsequenzen der geänderten Rechtsprechung für die Erstellung von Bilanzen, ZInsO 2017, 733; *Horstkotte*, „NIKI" – Die Chronologie des Verfahrens aus der gerichtlichen Perspektive, ZInsO 2018, 310; *Huber, H.*, Der sanierungsbedürftige Unternehmenskunde: Wesentliche Fallstricke für ein finanzierendes Kreditinstitut, NZI 2023, 910; *Jahn/Ziemann*, „Untreuestrafrecht 2.0" Theoretische und systematische Grundlagen der Dogmatik des § 266 StGB im Rechtstaat – Zum Gedenken an Klaus Lüderssen, ZIS 2016, 552; *Janca/Schroeder/Baron*, Strafrecht und Insolvenzrecht – Stationen, Friktionen, Lösungsansätze, wistra 2015, 409; *Janssen*, Insolvenzverschleppungshaftung gem. § 64 GmbHG und an den Insolvenzverwalter abgetretener Steuerberaterhaftungsanspruch aus Vertrag mit Schutzwirkung für Dritte (unter ergänzender Betrachtung der Anspruchsverjährung), ZInsO 2017, 1299; *Kahlert*, Rangrücktritt nach dem IX. Zivilsenat des BGH – Nach der aktuellen und präzisierten Rechtsprechung des BGH ist die Verbindlichkeit in der Handels- und Steuerbilanz zu passivieren, WPg 2017, 602; *Kamm/Kropf*, Insolvenzanfechtung im Cash-Pool, ZInsO 2014, 689; *Kasiske*, Der Vermögensschaden bei Risikogeschäften, NZWiSt 2016, 302; *Kasiske*, Das Kapitalmarktstrafrecht im Treibsand prinzipienorientierter Regulierung – Die neuen Strafvorschriften in § 54a KWG und § 142 VAG, ZIS 2013, 257; *Kayser*, Zur Erweiterung des Anwendungsbereichs des Gesellschafterdarlehens in der Rechtsprechung des IX. Zivilsenats, in: Festschrift für Stefan Smid, 2022, S. 169; *Kiefner/Bochum*, Aufsteigende Sicherheiten bei GmbH und AG im Lichte der neuen Rechtsprechung des BGH zur Kapitalerhaltung, NZG 2017, 1292; *Klein*, Pflichten und Haftungsrisiken der Geschäftsleitung beim Cash-Pooling – Aktuelle Entwicklungen hinsichtlich des Kapitalschutzes und der Insolvenzverursachungshaftung, ZIP 2017, 258; *Klöhn/Zell*, Zahlungen an Sozialversicherungsträger bei Insolvenzverschleppung: Keine Rechtfertigung, NZI 2022, 673; *Klose*, Aktuelle Entwicklungen des Wirtschaftsstrafrechts für die gerichtliche und staatsanwaltschaftliche Praxis, NZWiSt 2018, 11; *Knauer*, Interne Ermittlungen, ZWH 2012, 41 und ZWH 2012, 81; *Köhler-Ma/de Bruyn*, Führungslos ins Insolvenzverfahren?, ZIP 2018, 261; *Köllner*, SanInsFoG, StaRUG und Strafrecht, NZI Beilage Heft 5/2021, 71; *Köllner/Cyrus*, Aktuelle strafrechtliche Fragen in Krise und Insolvenz, NZI 2017, 521; *Kraatz*, Zur Fortgeltung einer Vermögensbetreuungspflicht über das Erlöschen des begründenden rechtlichen Verhältnisses hinaus – am Beispiel eines in den Innendienst versetzten Gerichtsvollziehers, JR 2014, 241; *Kraus*, Economy on demand: Sozialversicherungspflichtige Beschäftigungsverhältnisse in Dreieckskonstellationen?, DB 2017, 1387; *Krauß*, Zahlungsunfähigkeitsprüfung und Bugwelleneffekt aus Sicht der wirtschaftlichen Praxis, ZInsO 2016, 2361; *Krauß/Ackermann*, Simultane Risikoanalyse zur Konkretisierung der „überwiegenden Wahrscheinlichkeit" bei der insolvenzrechtlichen Fortbestehensprognose, ZInsO 2019, 1878; *Krause/Matzen*, Die strafrechtliche Haftung für die unterlassene Abführung des Arbeitnehmeranteils (§ 266a Abs. 1 StGB) im vorläufigen Eigenverwaltungsverfahren, ZVI 2018, 45; *Kring*, Insolvenzverschleppung: Jahre in der Überschuldung und Fortsetzung nach Verurteilung – beides straflos?, wistra 2013, 257; *Kruth*, Die aktuelle BGH-Rechtsprechung zur Ermittlung der Zahlungsunfähigkeit – Gesteigerte Risiken für Geschäftsleiter in der Krise?, DB 2022, 2906; *Kruth/Jakobs*, Geschäftsführung von Krisenunternehmen – Haftungsrisiken vor und nach Insolvenzantragstellung auf Basis aktueller Rechtsprechung, DStR 2019, 999; *Kubiciel*, Zur Frage der Anforderungen an die Bestimmung des Vermögensschadens beim Eingehungsbetrug, JZ 2014, 99; *Kübler*, Sozialversicherungspflicht von Gesellschaftern einer Personengesellschaft, StB 2018, 17; *Laroche*, Auskunftspflichten des Organvertreters in der Insolvenz der Gesellschaft, ZInsO 2015, 1469; *Laroche/Wollenweber*, Strafbarkeit von Geschäftsführer und vorläufigem Insolvenzverwalter nach § 266a StGB im Eröffnungsverfahren und ihre Vermeidung, ZInsO 2016, 2225; *Leichtle/Theusinger*, Der Insolvenzverwalter als „Unternehmenslenker" – Anforderungen und Enthaftungsmöglichkeiten, NZG 2018, 251; *Lenk*, Zum Verjährungsbeginn beim strafbaren Bankrott gemäß § 283 Abs. 1 StGB – Zugleich eine Anmerkung zu BGH, Beschl. v. 15.4.2022 – 5 StR 435/19 (ZInsO 2020, 1243), ZInsO 2021, 2721; *Lenk*, Verjährung ohne Ende …?, ZWH 2023, 221; *Lesch/Hüttemann/Reschke*, Zur Untreue im Unternehmensverbund, NStZ 2015, 609; *Lissner*, Die (un-)berechtigte Entnahme von Vorschüssen – Eine Absolution für Verwalter oder doch eine ungerechtfertigte Bereicherung?, Rpfleger 2018, 4; *Lissner*, Der verwirkte Vergütungsanspruch, ZInsO 2017, 754; *Livonius*, Untreue wegen existenzgefährdenden Eingriffs – Rechtsgeschichte?, wistra 2009, 91; *Lorenz*, Verjährungsbeginn beim Bankrott mit materieller Beendigung der konkreten Bankrotthandlung, wistra 2023, 317; *Mayer/Wagner*, Bilanzierung von Verbindlichkeiten bei Rangrücktritt in der Liquidationsschlussbilanz – Finanzverwaltung schafft doppelt Klarheit, DStR 2017, 2025; *v. d. Meden/Solka*, Betrug durch fehlerhafte Abrechnungen des Insolvenzverwalters? Zur Sperrwirkung des § 352 StGB, ZIP 2017, 941; *Meier/Wick*, Inter- bzw. Intradisziplinarität bei der Unternehmensleiterhaftung – Hat ein rechtswidriges Verhalten nach außen immer die Pflichtverletzung/Vertragswidrigkeit nach innen zur Folge?, WM 2017, 1338; *Meixner*, Haftung des GmbH-Geschäftsführers und des Steuerberaters für Insolvenzverschleppungsschäden (Teil I), DStR 2018, 966;

Meyer/Davids, Beurteilung der Fortführung der Unternehmenstätigkeit i. R. der Abschlussprüfung – Zu welchen Änderungen führt IDW EPS 270 n. F.?, WPg 2018, 263; *Mielke/Heinemann*, Die wirksame Amtsniederlegung des Fremdgeschäftsführers bei Führungslosigkeit, ZIP 2017, 1941; *Mielke/Sedlitz*, Die Aporie des Geschäftsführers in der vorläufigen Eigenverwaltung wegen (nicht) abzuführender Steuerverbindlichkeiten, ZIP 2017, 1646; *Möhring*, Externe Cash Pool-Verfahren und die Möglichkeit von Kongruenzvereinbarungen, NZI 2019, 877; *Müller, H.-F.*, Die Berücksichtigung von Gegenleistungen im Regime der insolvenzrechtlichen Zahlungsverbote, ZInsO 2022, 2553; *Müller-Gugenberger*, Das MoPeG im Wirtschaftsstrafrecht, ZWH 2023, 177; *Müller/Rautmann*, Prozessunfähigkeit und Insolvenzantragspflicht, ZInsO 2017, 2408; *Mylich*, Zur Abgrenzung von Zahlungsstockung und Zahlungsunfähigkeit, ZIP 2018, 514; *Mylich*, Die einheitliche Anwendung von § 135 Abs. 1 Nr. 2 InsO auf Gewinnausschüttung und Darlehensrückzahlung, ZIP 2017, 1255; *Nordholtz/Hupka*, Die Kapitalerhaltung nach §§ 30 f. GmbHG bei dinglichen Upstream-Sicherheiten, DStR 2017, 1999; *Oehlrich*, Die Insolvenzantragspflicht bei Überschuldung – eine ökonomische Analyse, NZI 2022, 593; *Onusseit/Schröder, U.*, Praktische Folgerungen aus dem Urteil des BGH vom 26.1.2017 zur Steuerberaterhaftung, ZInsO 2017, 1868; *Oser*, Auflösung von Verbindlichkeiten mit Rangrücktritt in Handels- und Steuerbilanz, DStR 2017, 1889; *Oser*, Pflicht zur Auflösung von Verbindlichkeiten mit Rangrücktritt, DStR 2017, 2835; *Pacheco*, Insolvenzverschleppung auf Grundlage des § 15b InsO, ZInsO 2023, 1560; *Pagels/Lüder*, Prüfungsrelevante Fragen beim Vorliegen von (ausländischen) Patronatserklärungen – Eignung als konzerninternes Sanierungsinstrument unter Berücksichtigung von IDW S 11 und IDW PS 270, WPg 2017, 230; *Park*, „Erhebliche Umstände“ im Lichte des Schutzzwecks des § 264a Abs. 1 StGB – Zugleich Besprechung von BGH, Urt. v. 3.2.2023 – III ZR 84/21, ZWH 2022, 233; *Pastor Munoz/Vila*, Untreue durch die Auslösung der Gefahr von Sanktionen zu Lasten des betreuten Vermögens?, GA 2015, 284; *Peetz*, Rentenversicherungspflicht des GmbH-Geschäftsführers, GmbHR 2018, 230; *Peetz*, Der faktische Geschäftsführer – faktisch oder eine Fiktion, GmbHR 2017, 57; *Pluta*, Insolvenzgründe im Kontext von StaRUG und InsO, NZI Beilage Heft 5/2021, 22; *Poertzgen*, Die Haftung von Geschäftsführern in Eigenverwaltungsverfahren, ZInsO 2019, 2352; *Poertzgen*, Die Insolvenzantragspflicht (§ 15a InsO) bei (echten) Auslandsgesellschaften, ZIP 2017, 1932; *Porzelt*, Das Verbot der verdeckten Vermögenszuwendungen in der GmbH, GmbHR 2017, 960; *Pöschke*, Bilanzierung und Besteuerung von Forderungserlass und Rangrücktritt zur Sanierung von Kapitalgesellschaften, NZG 2017, 1408; *Radtke*, Selbstbelastungsfreiheit und Beweisbeschränkungen im Strafverfahren, GA 2020, 470; *Radtke*, Organ- und Vertreterhaftung aus strafrechtlicher Sicht, ZIP 2016, 1993; *Radtke*, Untreue zu Lasten von Personengesellschaften, NStZ 2016, 639; *Reichert/Ott*, Non Compliance in der AG – Vorstandspflichten im Zusammenhang mit der Vermeidung, Aufklärung und Sanktionierung von Rechtsverstößen, ZIP 2009, 2173; *Reither*, Kriseneintritt nach Ablauf des Bilanzstichtages und weiterhin Unterlassen der Bilanzierung – Bankrott oder Verletzung der Buchführungspflicht?, wistra 2014, 48; *Reuter*, Entlastet die Zustimmung des Aufsichtsorgans den Geschäftsleiter im Rahmen der Business Judgment Ruel?, NZG 2023, 51; *Richter*, § 266a StGB – Strafbarkeit der Beitragshinterziehung nach dem SanInsFoG, ZInsO 2021, 2010; *Richter*, Überflüssiges (schädliches?) Bestrafen des wirtschaftlichen Scheiterns – Überlegungen eines Strafverfolgers zum Strafrecht als Steuerungsmechanismus in der Marktwirtschaft am Beispiel der aktuellen Reform des Insolvenzantragsrechts, wistra 2017, 329 = ZInsO 2017, 2298; *Richter*, Strafbarkeitsbeschränkung beim Insolvenzantrag, ZInsO 2016, 2372; *Rönnau*, Haftung für unterlassene Aufsicht nach § 130 OWiG und strafrechtlicher (Drittempfänger-)Verfall gemäß § 73 Abs. 3 StGB (a. F.) – zwei bedeutsame Bedrohungsszenarien für Unternehmen, ZGR 2016, 277; *Rönnau/Becker*, Untreue (§ 266 Abs. 1 StGB) durch verbotswidrige Zahlungen des GmbH-Geschäftsführers nach Insolvenzreife, NZWiSt 2014, 441; *Rönnau/Saathoff*, Das MoPeG – Konsequenzen für das Wirtschaftsstrafrecht, wistra 2023, 221; *Rönnau/Wegner, K.*, Zur strafrechtlichen Bewertung fehlerhafter (Pflicht-)Eröffnungsanträge nach dem EuInsVO-Durchführungsgesetz – eine gelungene Gesetzesreform?, ZInsO 2020, 1561; *Rönnau/Wegner, K.*, Wann ist ein Eröffnungsantrag „nicht richtig“ gestellt i. S. v. § 15a Abs. 4, 2. Var. InsO? – eine strafrechtliche Analyse nach dem ESUG, ZInsO 2014, 1025; *Rostalski*, Wertbestimmung durch individualvertragliche Preisvereinbarung. Wider die aufgezwungene Minderwertigkeit des Vermögens anhand eines verfehlten Verständnisses von Wirtschaftlichkeit, JR 2016, 634; *Roth*, Strafbarkeit von Geschäftsführer, vorläufigem Sachwalter und vorläufigem Insolvenzverwalter nach § 266a StGB – und ein vergessenes Kleinod: Masseforderungen sind doch anfechtbar!, ZInsO 2017, 617; *Rotsch*, Wissenschaftliche und praktische Aspekte der nationalen und internationalen Compliance-Diskussion, 2012; *Rudolph*, Nemo tenetur und die Verwertbarkeit von Geschäftsunterlagen, StraFo 2017, 183; *Sämisch/Deichgräber*, Von der (Un-)Lauterkeit des „Weiterwirtschaftens“ trotz erkannter Zahlungsunfähigkeit und Verlustträchtigkeit des eigenen Unternehmens, ZInsO 2018, 773; *Sander*, Die Kollision von Zahlungs- und Massesicherungspflichten, ZInsO 2022, 1544; *Satzger/Endler*, Zur Inhabilität gemäß § 6 II 2 Nr. 3 e GmbHG bei Gesamtstrafenbildung aus Katalog- und Nichtkatalogtaten, NZG 2019, 1201; *Schmidt, A.*, Arbeitnehmerbeiträge zur Sozialversicherung im Insolvenzeröffnungsverfahren, ZIP 2017, 1357; *Schmidt, H.*, Der Vermögensschaden im Sinne des § 263 StGB bei Investitionen in Schneeballsystem, StV 2018, 57; *Schmidt, J.*, Neues zum COMI: Das EuGH-Urteil in der Rs. Novo Banco v. 16.7.2020 – C-253/19, ZInsO 2020, 1784 (Teil I), ZInsO 2020, 1816 (Teil II); *Schmidt, K.*, Dogmatik und Praxis des Rangrücktritts – Das Urteil des BGH v. 5.3.2015 – IX ZR 133/14 – ein großer Wurf des IX. Zivilsenats! … auch ein Treffer??, ZIP 2015, 901; *Schmidt, K.*, Untreuestrafbarkeit bei der GmbH & Co. KG: kompliziert oder einfach?, JZ 2014, 878; *Schmidt, N./Gundlach*, Das Gesetz zur Durchführung der Verordnung (EU) 2015/848 – und die Änderungen der Insolvenzantragsregelungen, DStR 2017, 2057; *Schröer-Conigiello/Schmittmann*, Managers on the hook?, ZIP 2017, 1548; *Schuhr*, Mehraktige Vermögensdispositionen beim Betrug und die Grenzen des sachgedanklichen Mitbewusstseins, ZStW 123 (2011), 517; *Schüter*, § 283 StGB und die Verbraucherinsolvenz, NZI 2020, 928; *Schwarz*, Die GmbH & Co. KG in der Eigenverwaltung – Folgen für die Insolvenzantragspflicht bei der Komplementär-GmbH und daraus resultierende Probleme für den eigenverwaltenden Schuldner, in: Festschrift für Stefan Smid, 2022, S. 305; *Schwerdtfeger*, Gesellschaftrechtliche Ausgestaltung der Rechte und Pflichten des GmbH-Aufsichtsrats als Grundentscheidung für die strafrechtliche Risikoexposition seiner Mitglieder, NZG 2017, 455; *Schwerdtfeger*, Untreuestrafbarkeit und Aufsichtsrat, NZWiSt 2018, 266; *Séché/Theusinger*. Upstream-Sicherheiten und Kapitalerhaltung – Neues vom BGH, BB 2017, 1550; *Sikora*, Krisenfrüherkennung und Krisenmanagement in der Praxis – Geschäftsleiterpflichten bei haftungsbeschränkten Unternehmen nach dem StaRUG, BBK 2023, 502; *Skauradszun*, Strafzumessung bei der Insolvenzverschleppung, wistra 2014, 41; *Smid*, Anmerkungen zur Statthaftigkeit des Antrags auf Eröffnung eines Sekundärinsolvenzverfahrens, ZInsO 2018, 766; *Spiekermann*, Kein Insolvenz(eröffnungs)verfahren für bzw. gegen die führungslose GmbH?, ZInsO 2022, 1592; *Steppan*, Untreuestrafbarkeit des Vorstands bei Zahlung der Gewinnbeteiligung infolge mangelnder Stimmrechtsmitteilung, ZWH 2023, 9; *Stöber*, Die vereinsrechtliche Insolvenzantragspflicht, in: Festschrift für Stefan Smid, 2022, S. 319; *Sutter*, Überlegungen zur Notwendigkeit der Limitation Language angesichts der aktuellen BGH-Rechtsprechung, WM 2018, 360; *Teixeira*, Der individuelle Schadenseinschlag beim Betrug, ZIS 2016, 307; *Theurer*, Zur Aufsichtspflichtverletzung im Konzern, ZWH 2018, 59; *Thole*, Lehren aus dem Fall NIKI, ZIP 2018, 401; *Timpe*, Die strafrechtliche Geschäftsherrenhaftung, StraFo 2016, 237; *Undritz/Degenhardt*, Banksicherheiten im Insolvenzverfahren – die Limitation Language in Zeiten des MoMiG, NZI 2015, 348; *Verse*, Aufsteigende Sicherheiten und Kapitalerhaltung, GmbHR 2018, 113; *Voelker*, Anwendbarkeit des § 283 Abs. 1 StGB auf Verbraucherschuldner, ZInsO 2023, 2682; *Volp/Dohmann*, Die Personengesellschaft als Geschädigte einer Untreue – Beseitigt das MoPeG die Querele?, ZWH 2023, 230; *Waßmer*, Probleme bei Feststellung von Zahlungsunfähigkeit im Strafverfahren, ZInsO 2018, 1485; *Waßmer*, Gibt es eine Änderung der Rechtsprechung zur Untreue bei Personenhandelsgesellschaften?, WiJ 2018, 1; *Waßmer*, Bilanzielle Fragen als Vorfragen von Strafbarkeit, ZWH 2012, 306; *Wehning*, Der Rangrücktritt – ein geeignetes Sanierungsmittel?, DStR 2017, 615; *Weißer*, Betrug zum Nachteil hierarchisch strukturierter arbeitsteilig tätiger Organisationen – Über die Bedeutung von Wissensdiskrepanzen zwischen mehreren Personen auf der Opferseite beim Betrug, GA 2011, 333; *Weitzell/Klenner*, Die strafrechtlichen Implikationen des Unternehmensstabilisierungs- und -restrukturierungsgesetzes (StaRUG), NZI 2023, 897; *Werner*, Die Firmenbestattung, NZWiSt 2013, 418; *Weyand*, Gesamtstrafe und Inhabilität, ZInsO 2023, 1039; *Weyand*, Insolvenzverfahren: Verwirkung des Vergütungsanspruchs des Insolvenzverwalters wegen Pflichtverletzung, ZInsO 2022, 2386; *Weyand*, Straftat als Mittel der Haftungsvermeidung für Steuerberater und Wirtschaftsprüfer?, ZInsO 2017, 2341; *Weyand*, Wichtige Entscheidungen zum Insolvenzstrafrecht aus den Jahren 2016/2017, ZInsO 2017, 307; *Weyand*, Flucht in den § 97 Abs. 1 Satz 3 InsO – Straffreiheit durch Selbstbelastung?, ZInsO 2015, 1948; *Windsberger*, Was lange währt, wird niemals gut, wistra 2023, 89; *Wolf*, Diskussionsstand zur Fortführungsprognose, ZWH 2014, 94; *Wünschmann*, Eigenkapitalausschüttungen zwischen Gesellschafts- und Insolvenzrecht, NZG 2017, 51; *Zabel/Pütz*, Beurteilung der Insolvenzeröffnungsgründe nach IDW S 11 – Erläuterungen und Zweifelsfragen aus Sicht der Beratungspraxis, ZIP 2015, 912; *Zaumseil*, Steuerberaterhaftung wegen Pflichtverletzung im Zusammenhang mit der Insolvenz des Mandanten, DB 2017, 891; *Zebisch/Kubik*, Zur Frage der Bestimmbarkeit des Gefährdungsschadens – dem Grunde und der Höhe nach, NStZ 2017, 322.

A. Zwei Blickwinkel

Während sich der Wissenschaftler am liebsten auf Aussagen zu seinem Fachgebiet beschränkt, muss der Praktiker darauf bedacht sein, sämtliche einschlägigen rechtlichen Aspekte eines Geschehensablaufs oder eines konkreten Sachverhalts zu berücksichtigen. Angesichts dessen müssen der **Kaufmann**[1] selbst bzw. dessen Repräsentanten, seien es Organe oder seien es deren Delegationsempfänger, muss aber ebenso der rechtliche[2] 1

1) Die rechtlichen Anforderungen sind derart hoch, dass schon die Einführung eines „Geschäftsführer-Führerscheins“ gefordert wurde, *Pfordte/Sering* in: Leitner/Rosenau, Wirtschafts- und Steuerstrafrecht, Vor § 283 StGB Rz. 9.

2) Vgl. *v. Coelln*, StraFo 2019, 143; zur Notwendigkeit eines Blicks auf die Restschuldbefreiung *Fromm*, NZI 2018, 631.

bzw. steuerliche Berater[3)] genauso wie der Insolvenzverwalter zumindest in **Grundzügen** auch über die **strafrechtlichen Implikationen** des jeweiligen Tätigkeitsgebiets **Bescheid wissen.** Die eigene Grundkenntnis ersetzt im Bedarfsfall zwar nicht die Notwendigkeit, einen (Strafrechts-)Spezialisten einzuschalten oder dies zumindest zu erwägen. Wohl aber ist **Rahmenwissen** in einem Maße vonnöten, welches es erlaubt, einen derartigen Bedarfsfall (oder wenigstens dessen potenziellen Eintritt) immerhin zu erkennen. Nur so ist gewährleistet, dass der Spezialist rechtzeitig beauftragt wird und es ihm auch möglich ist, sachgerecht einzugreifen.

I. Nachträgliche Aufklärung und Vorsorge (Compliance)

2 Das Strafrecht, wiewohl dasselbe Objekt bleibend, lässt sich von zwei grundverschiedenen Ansätzen her betrachten:

3 **Herkömmlich** und deshalb auch von der Ausbildung her gewohnt ist die **ex-post-Betrachtung.** Darin deckt sich bei aller Unterschiedlichkeit der Aufgaben, Funktionen, Intentionen und zur Verfügung stehender Mittel die Blickrichtung des Verteidigers, Staatsanwalts, Richters und ggf. auch des Sachverständigen: Es ist etwas geschehen – und nun soll entweder der Schuldige zur **Rechenschaft** gezogen oder davor **bewahrt** bzw. über diese (holzschnittartig skizzierte und damit der viel differenzierteren Wirklichkeit nicht vollständig Rechnung tragende) gegensätzliche Betrachtungsweise verbindlich entschieden werden. Maßgeblich ist dabei die Anwendung des – ggf. heftig umkämpften – materiellen Rechts in einem staatlicherseits zur Verfügung gestellten und mit einem (nicht ausnahmslosen) Monopol versehenen, als geordnet gedachten, aber nicht immer so ablaufenden Verfahren namens Strafprozess, unterteilt in Ermittlungs-, Zwischen- bzw. Eröffnungs- und Hauptverfahren, ggf. mit öffentlicher Hauptverhandlung und im Verurteilungsfall nachfolgender Strafvollstreckung.

4 Diese Betrachtung genügt, nimmt man die Spitzbubenperspektive ein: Jemand sucht seinen Vorteil und schert sich dabei nicht um das Recht. Nun besteht die Bevölkerung (sieht man sich die Vielzahl der überhaupt nicht mehr zu beherrschenden Bestimmungen an, so muss man wohl leider sagen: noch) nicht nur aus lauter Rechtsbrechern. Selbst wenn es aber gar nicht mehr möglich sein sollte, alle Vorschriften einzuhalten, so ist doch der weit

3) Auch diese sind strafrechtlichen Risiken ausgesetzt, vgl. BGH, Beschl. v. 12.2.2020 – 2 StR 291/19, Rz. 18, 22, NStZ 2020, 544; *Brete*, ZWH 2014, 216; *Pelz/Grotebrune*, Strafrecht in Krise und Insolvenz, Rz. 864–883; *Rönnau* in: FS Kühl, 2014, S. 713; ausführlich *Trück* in: Bittmann, Hdb. Insolvenzstrafrecht, § 29 m. zahlr. Nachw. BGH, Urt. v. 26.1.2017 – IX ZR 285/14, BGHZ 213, 374 = ZIP 2017, 427 (dazu *Baumert*, ZInsO 2017, 486; *Bittmann*, wistra 2017, 240; *Frystatzki*, DStR 2017, 1494; *Heidrich/Mehmel*, StB 2018, 65; *Hillebrand*, ZInsO 2017, 733; *Hömig/Matz*, DB 2017, 777; *Janssen*, ZInsO 2017, 1299; *Meixner*, DStR 2018, 966; *Onusseit/Schröder*, ZInsO 2017, 1868; *Pape*, NZI 2019, 260; *Römermann*, GmbHR 2017, 348; *Zaumseil*, DB 2017, 891; kritisch aus strafrechtlicher Sicht *Weyand*, ZInsO 2017, 2341; zum Thema auch *Wehning*, DStR 2017, 615), hat die zivilrechtliche Haftung des Steuerberaters deutlich erweitert und verlangt von ihm die Prüfung, ob bis zum übernächsten Bilanzstichtag mit der Stilllegung zu rechnen ist, bejahendenfalls er in der Handelsbilanz keine Fortführungswerte mehr ansetzen darf; zurückhaltend OLG Köln, Urt. v. 14.12.2022 – 16 U 179/21, NZI 2023, 1025, m. Anm. *Pape*; vom OLG Düsseldorf, Urt. v. 20.12.2018 – 10 U 70/18, NZI 2019, 757 = ZIP 2019, 2122, erweitert auf den (Konzern-)Abschlussprüfer; abgelehnt für den Sanierungsberater, OLG Frankfurt/M., Urt. v. 29.3.2019 – 8 U 218/17, NZI 2019, 668 = ZWH 2019, 259, m. Anm. *Poertzgen*; **a. A.**, d. h. auch für den Sanierungsberater bejahend, OLG Köln, Beschl. v. 13.10.2021 – 2 U 23/21, ZInsO 2021, 2495 = NZI 2022, 337; OLG Bamberg, Urt. v. 31.7.2023 – 2 U 38/22, ZRI 2023, 819, m. Anm. *Schmittmann* = ZIP 2023, 2416. Gefestigte Zivilrechtsprechung dazu wird man auf das Strafrecht zu übertragen haben. Das OLG Schleswig, Urt. v. 29.11.2019 – 17 U 80/19, Rz. 32, NZG 2020, 1236 = NZI 2020, 539, betont die Autonomie des Mandanten und folgert daraus, dass der Steuerberater nicht verpflichtet ist, das Mandat niederzulegen, wenn entgegen seinem Hinweis der Insolvenzantrag unterbleibt. BGH, Urt. v. 29.6.2023 – IX ZR 56/22, ZRI 2023, 902 = NJW 2023, 2775, erweiterte die Pflicht, auf Insolvenzreife hinzuweisen, auf Rechtsanwälte mit einem auch die Finanzlage berührenden Mandat des Unternehmens.

überwiegende Teil der Menschen sehr wohl daran interessiert, das Recht einhalten zu wollen. Man möchte nicht nur nicht bestraft werden – also sich durchaus auch rechtswidrig verhalten, solange man nicht erwischt wird – sondern deutlich über 90 % möchten gar nicht erst rechtsbrüchig werden. Ihnen geht es darum, **Gesetzesverletzungen** von vornherein zu **vermeiden.** Strafrechtlich gewendet heißt dies, man möchte sich nicht strafbar machen. Um dieses Ziel zumindest näherungsweise zu erreichen, ist es zunächst erforderlich, sich ausreichende Kenntnis von den strafrechtlichen Bestimmungen und damit von den strafbewehrten Handlungen und Unterlassungen zu verschaffen. Auf dieser Basis lässt sich anschließend (hoffentlich) die eigene Praxis so gestalten, dass die Verwirklichung von Straftatbeständen vermieden wird. Hier ist die Blickrichtung also gerade umgekehrt. Hier geht es nicht um die nachträgliche (straf-)rechtliche Einordnung vergangenen Geschehens. Stattdessen richtet sich der Blick nach vorn. Es stellt sich in dieser **Ex-ante-Perspektive** vielmehr die Frage, was erforderlich ist, um keine Straftaten zu begehen.

II. Compliance

1. Thema

In die Wirtschaft ist dieser **vorsorgende Zweck** unter dem Begriff der **Compliance** eingezogen. Compliance, verstanden als **regeltreues Verhalten**, beschränkt sich nicht auf die Vermeidung von Straftaten, sondern erstreckt sich auf prinzipiell **sämtliche Rechtsgebiete**. Die Ursprünge in Deutschland finden sich allerdings in strafrechtlichen Sachverhalten. Internationale Korruptionsaffären ließen auch deutsche Unternehmen mit insbesondere US-amerikanischen Praktiken in Berührung kommen. Eine Pionier-Funktion nahm das 2006 eingeleitete sog. *Siemens-Verfahren* der Münchener Strafjustiz ein. Da die Notierung an der Börse in New York gefährdet war, sah sich die Fa. Siemens vor die Notwendigkeit gestellt, nicht nur die deutschen Gesetze einzuhalten, sondern auch den Anforderungen der Bestimmungen der USA im Allgemeinen und der Börsenaufsicht SEC im Besonderen Rechnung zu tragen. Ausgehend von einem strafrechtlich relevanten, also aus der ex-post-Perspektive zu bewertenden Geschehen hing die Höhe der repressiven Rechtsfolgen ebenso wie die weitere Börsenzulassung u. a. davon ab, ob sich die Fa. Siemens in **Zukunft** würde compliant verhalten. Als für diese Prognose erforderliche Umstände verlangte die SEC zweierlei: zum einen **schonungslose Aufklärung** (nebst möglichst bedingungsloser Kooperation), zum anderen die **Einrichtung** eines verlässlichen **Compliance-Systems** zur Wahrung des Rechts bzw. Vermeidung von Rechtsverstößen. 5

Da die SEC die vergangenen Geschehnisse nicht selbst untersuchen konnte, schließlich verfügt sie in Deutschland über keine anerkannten Hoheitsrechte und als Behörde auch nicht über ausreichend eigenes Personal, sie aber auch nicht auf die Ergebnisse der deutschen Strafjustiz warten wollte, verlangte sie von der Fa. Siemens die Mandatierung einer der SEC genehmen großen Anwaltskanzlei mit angeschlossener Wirtschaftsprüfungseinheit (law firm). Dem kam das Unternehmen nach und leitete sog. **Internal Investigations** ein. Diese privaten Untersuchungen führte eine ihr aufgedrängte externe (Anwalts-)Gesellschaft durch, der gegenüber sie sich verpflichtet hatte, sämtliche die SEC interessierenden Interna offenzulegen. Umständehalber hatte sich die Fa. *Siemens* zudem mit der Weitergabe der Erkenntnisse an die staatliche SEC zum Zwecke der Strafverfolgung (ggf. auch gegen sich selbst!) einverstanden erklärt. Zum Begriffskern der Internal Investigations (= internen Untersuchungen) gehört jedoch weder die Mandatierung eines nicht vom eigenen Vertrauen getragenen Untersuchungsführers noch die Weitergabe der gewonnenen Erkenntnisse an staatliche (Strafverfolgungs-)Instanzen. Von Internal Investigations lässt sich vielmehr immer dann sprechen, wenn ein (betroffenes) Unternehmen Vorkommnisse innerhalb seines geschäftlichen Betätigungsfeldes von privater, ggf. interner 6

Stelle aufklären lässt.[4] Dass so etwas vorkommt, ist nicht neu. Ganz früher versuchten sich Patriarchen selbst daran. Vor *Siemens* war die Aufklärung selbstverständliche und meist stillschweigend erledigte Aufgabe der Abteilung interne Revision unter Beteiligung der Syndici. Beides ist weiterhin zulässig. Modern ist jedoch die Erledigung i. R. der Compliance. Die Einrichtung eines auf Verlässlichkeit zielenden Compliance-Systems ist vom BGH als mildernder Faktor bei der Festsetzung einer Unternehmensgeldbuße nach § 30 OWiG anerkannt.[5]

2. Begrifflichkeit

7 Über die Begrifflichkeit herrscht noch kein vollständiger Konsens. Lässt sich nach dem Dargestellten noch recht klar erkennen, was unter Internal Investigations zu verstehen ist, so bleibt der gesetzlich nicht definierte **Begriff** der **Compliance schillernd.**[6] Da die SEC als Gewähr für zukünftiges regeltreues Verhalten sowohl die Aufklärung des Vergangenen als auch die Organisation einer das Wirtschaften stetig begleitenden, auf die Einhaltung des Rechts abzielenden, ständigen Einheit verlangte, hat sich insbesondere umgangssprachlich auch für Internal Investigations der Begriff der Compliance eingebürgert. Klarer wäre allerdings eine strikte Trennung zwischen den aus der ex-post-Perspektive vorzunehmenden Internal Investigations einerseits und Compliance andererseits, verstanden als Sicherung regeltreuen Verhaltens in Gegenwart und Zukunft. Die inhaltliche Verbindung zwischen beidem kann in der Funktion der Internal Investigations als Basis für ein, auch die Verantwortung für die Vergangenheit einschließendes, regeltreues Wirtschaften gesehen werden. Zwingend ist das allerdings keinesfalls, bedarf es doch nicht erst eines Regelverstoßes mit nachfolgenden Internal Investigations, bevor eine auf Regeltreue achtende Compliance-Organisation eingerichtet werden kann. Trotzdem könnte den Phänomenen folgende Begrifflichkeit zumindest näherungsweise gerecht werden:

8 **Compliance i. w. S.** besteht aus (vergangenheitsorientierten) **Internal Investigations** einerseits **und** (zukunftsgewandter) **Compliance i. e. S.** andererseits.[7] Letztere lässt sich weitergehend unterteilen in **allgemeine** und **strafrechtsorientierte**, sog. **Criminal Compliance.**

9 Während Internal Investigations sowohl von einer unternehmenseigenen (Sonder-)Einheit als auch von einem externen Dienstleister durchgeführt werden können, ist Compliance i. e. S. als quasi alltägliche Begleitung im Kern eine unternehmensinterne Querschnitts-Aufgabe. Das schließt allerdings das Hinzuziehen externer Fachleute nicht aus, wenn dies als erforderlich erscheint. Bei Geschäften mit Auslandsberührung ist es z. B. naheliegend, wenn nicht sogar zwingend, sich über einen Kenner der (mit-)betroffenen Rechtsordnung(en) ausreichend Wissen über dort einerseits Erlaubtes, andererseits Verbotenes, über Handlungs- und Unterlassungspflichten zu verschaffen.

10 **Compliance** ist demnach nichts dem deutschen (Straf-)Recht Fremdes. Es hat vielmehr wie die sprichwörtliche Medaille zwei Seiten, ist aber einheitlich und deshalb zumindest im Kern identisch: Die herkömmliche Aufklärung und Bewertung von Vergangenem wird

---

4) In der 18. Legislaturperiode ist der Versuch einer gesetzlichen Regelung in einem Verbandssanktionengesetz (VerSanG) an der Uneinigkeit der Koalitionspartner gescheitert. In der laufenden Legislaturperiode kommt es evtl. allein zu Veränderungen im OWiG.

5) BGH, Urt. v. 9.5.2017 – 1 StR 265/16, ZIP 2017, 2205 = wistra 2017, 390, dazu EWiR 2017, 683 *(Frisch)*; dazu *Eufinger*, NZG 2018, 327.

6) Zu möglichen Konkretisierungen und Definitionen *Rotsch*, Criminal Compliance, § 1.

7) Aus dem üppigen Schrifttum vgl. zu den Internal Investigations *Bittmann/Molkenbur*, wistra 2009, 373; *Knauer*, ZWH 2012, 41 und ZWH 2012, 81; *Kudlich/P. Wittig*, ZWH 2013, 253 und ZWH 2013, 303; Überblick zu (Criminal) Compliance bei *Knierim* in: Wabnitz/Janovsky/Schmitt, Hdb. Wirtschafts- und Steuerstrafrecht, Kap. 5; ausführlich *Rotsch*, Criminal Compliance.

mittels Compliance vorsorgend zum Zwecke der Vermeidung zukünftigen strafbaren Verhaltens ergänzt.[8] Die nachfolgende Darstellung orientiert sich deshalb am Straf- bzw. Strafprozessrecht, ergänzt von compliance-relevanten Hinweisen.

B. Insolvenzstrafrecht im engeren und weiteren Sinne als Teil des Krisenstrafrechts

I. Systematik

Das **Insolvenzstrafrecht i. e. S.** umfasst solche Delikte, die nur in einer **Krise**, verstanden umfassend als die **wirtschaftliche Existenz** zumindest **bedrohend**, begangen werden können. Dazu zählen die **Insolvenzverschleppung,** § 15a Abs. 4–6 InsO, und die Tatbestände des 24. Abschnitts, die **§§ 283 ff. StGB.** Als **Insolvenzstraftaten i. w. S.** lassen sich solche Vorschriften bezeichnen, die zwar nicht nur in einer Krise begangen werden können, die aber kriminologisch betrachtet häufig während einer Krise auftreten. Zu derartigen Insolvenzbegleitdelikten zählen typischerweise § 266a StGB, aber auch z. B. § 370 AO, §§ 263, 266, 264 und 265b StGB. Die angespannte wirtschaftliche Lage und das Streben nach dem Fortbestand eines Unternehmens entfalten in dieser Hinsicht eine eigendynamische kriminogene Kraft.[9] Diese wirkt allerdings in unterschiedlicher Weise. 11

Das Insolvenzstrafrecht sowohl i. e. als auch i. w. S. ist eingebunden in das **umfassendere Krisenstrafrecht.** Dazu zählen auch **solche Delikte**, die zwar (ähnlich wie in den Fällen der §§ 283 Abs. 2 und 283b StGB) **vor der Krise** begangen wurden, die aber **Auswirkungen bis in die Krise** hinein zu zeitigen vermögen. Das gilt etwa für die Strafvorschriften der §§ 331 ff. HGB und den § 82 GmbHG,[10] lassen sich doch recht häufig zeitlich weit vor einer Insolvenz Mängel feststellen, die entweder bereits frühzeitig die wirtschaftliche Lage besser erscheinen lassen sollen als sie ist (nicht zur freien Verfügung des Geschäftsführers aufgebrachtes Stammkapital; geschönte Bilanzen), oder die auf Risiken hindeuten, deren Zuspitzung zur Insolvenzreife führen kann (unsorgfältige Prüfungen, Geheimnisverrat). 12

II. Kriminogene Situationen und ihre strafrechtliche Bewertung

Das Abführen von Sozialversicherungsbeiträgen entfaltet unmittelbare Auswirkungen auf die **Liquidität.** Der krisenbehaftete, aber von der Fortführung beseelte Kaufmann steht jedoch beinahe zwangsläufig vor der Frage, welche Verbindlichkeiten er (sofort) begleicht: Den Abbruch notwendiger Geschäftsbeziehungen darf er nicht riskieren – dies führte zum sofortigen *Aus*. Daher besteht ein erheblicher ökonomischer Druck, die Forderungen derartiger Geschäftspartner zu befriedigen. Für das Weiterwirtschaften ist hingegen das Abführen der Versicherungsbeiträge nicht unmittelbar notwendig. § 266a Abs. 1 StGB versucht deswegen, den fehlenden ökonomischen Anreiz durch Ausübung von Druck mittels Strafdrohung zu ersetzen. Mit diesem steuernden Eingriff durchbricht das Recht die wirtschaftliche Logik. Intuition und Rechtslage fallen auseinander. Für den Kaufmann ist das ein Problem – für das Recht hingegen nicht: Es bietet als Ausweg seit 2021 nicht mehr nur das Insolvenz-, sondern vorgelagert das Restrukturierungsverfahren an. 13

---

8) Zur Compliance-Pflicht der Geschäftsleitung LG München, Urt. v. 10.12.2013 – 5HK O 1387/10, ZIP 2014, 570; OLG Nürnberg, Urt. v. 30.3.2022 – 12 U 1520/19, NZG 2022, 1057; *Dachner*, ZWH 2022, 161; *Freund*, NZG 2021, 579; *Kindler* in: Rotsch, Aspekte der nationalen und internationalen Compliance-Diskussion, S. 1; *Knierim* in: Rotsch, Aspekte der nationalen und internationalen Compliance-Diskussion, S. 77, 91.

9) Vgl. z. B. *Ceffinato* in: Hilgendorf/Kudlich/Valerius, Hdb. d. Strafrechts, Rz. 40/1–19.

10) Zu Letzterem BGH, Beschl. v. 12.1.2016 – 1 StR 406/15, Rz. 5, NStZ-RR 2016, 251; KG Berlin, Urt. v. 8.4.2014 – (1) 121 Ss 25/14 (7/14), GmbHR 2015, 868 = ZWH 2015, 276.

14 Die Verbindungen zum Fortbestehen sind bei den §§ 370 AO und 264 StGB lockerer als bei § 266a StGB. Pönalisiert ist in beiden Fällen nicht das Offenlassen fälliger Verbindlichkeiten, sondern es stehen lediglich unterlassene Erklärungen unter Strafe, bei § 370 AO über steuerrechtlich, bei § 264 StGB über subventionserhebliche Tatsachen. Der krisenbehaftete Kaufmann empfindet derartige Erklärungspflichten allerdings als **bürokratischen Aufwand**, dessen Erfüllung ihn gerade in der Krise davon abhält, sich auf die zur (erhofften) „Rettung" erforderlichen Aktivitäten zu konzentrieren. Zu fürchten hat er jedoch v. a. die, zwar nicht sofort, aber doch mit nur relativ geringfügiger zeitlicher Verspätung zu erwartende Geltendmachung der Forderungen: das Eintreiben festgesetzter Steuern ebenso wie die Rückforderung widerrufener Subventionen. Beides birgt die spürbare Gefahr, direkt zum wirtschaftlichen Ende zu führen.

15 Kann der Kaufmann demnach in den Fällen der §§ 266a und 264 StGB sowie des § 370 AO noch mit einem gewissen Verständnis rechnen, so ändert sich dies, wenn er in der Krise unmittelbar **auf Kosten Dritter** zu **wirtschaften** beginnt. Das ist bei der **Untreue** dann der Fall, wenn ein in einer Rechtsform ohne vollhaftende natürliche Person handelnder Kaufmann die Reserven zugunsten Nahestehender[11)] anstatt vorrangig für externe Gläubiger einsetzt. Seine Intuition deckt sich zwar insoweit mit der Wertung des Rechts, als die vorhandenen Reserven in der Not zu mobilisieren sind – wozu wurden sie schließlich sonst gebildet? Damit enden aber die Parallelen auch schon: Das Recht zieht der Verfügungsbefugnis eine Grenze, bei der GmbH bspw. mit dem besonderen Schutz des Stammkapitals. Es darf zugunsten Externer aufgebraucht werden, nicht aber zugunsten der Gesellschafter und sonstiger Nahestehender. Mit Eintritt einer Unterbilanz endet die Befugnis zu eigenverantwortlichem Wirtschaften in Gänze und es ist deshalb Insolvenz anzumelden, sofern sie nicht binnen sechs Wochen, § 15a Abs. 1 Satz 2 InsO, oder in einem Restrukturierungsverfahren überwunden wird.[12)] Der Untreueschutz, der in dem Moment eingreift, zu dem das Stammkapital nicht mehr vollständig vorhanden ist, stemmt sich also dem ökonomisch naheliegenden Sichern der noch vorhandenen Vermögenswerte zu eigenen Gunsten entgegen. Das Recht präferiert hier die berechtigten Interessen, der zwar nur mittelbar, wohl aber doch im Reflex spürbar, betroffenen Gläubiger.[13)]

16 Noch deutlicher wird das Weiterwirtschaften auf Kosten Dritter in den von §§ 263 und 265b StGB erfassten Konstellationen: Der Kaufmann, der klamm ist, strebt nach **Erhalt** einer **Leistung** seines **Vertragspartners, ohne** seine **eigene Leistung** (wie versprochen)

---

11) Legaldefiniert in § 138 InsO (und so üblicherweise auch außerhalb des Insolvenzrechts verstanden); dazu BGH, Urt. v. 7.12.2023 – IX ZR 36/22, Rz. 12–30, ZRI 2024, 58 = ZIP 2024, 196; *Trams*, NJW-Spezial 2018, 597; zu aktienrechtlichem Schutz *Florstedt*, NZG 2023, 395; zu verbundenen Unternehmen s. BGH, Versäumnisurt. v. 11.7.2019 – IX ZR 210/18, Rz. 8–10, ZInsO 2020, 25 = wistra 2020, 80, m. Anm. *Bittmann*. Eine GmbH & Co. KG gilt jedenfalls dann gegenüber der Komplementär-GmbH als nahestehend, wenn beide Geschäftsführer miteinander verheiratet sind, BGH, Versäumnisurt. v. 22.12.2016 – IX ZR 94/14, ZIP 2017, 582 = ZInsO 2017, 546, dazu EWiR 2017, 309 *(Tillmann/Schaffer)*; auch ein früherer Ehepartner ist nahestehend, OLG Zweibrücken, Urt. v. 2.11.2022 – 7 U 78/21, ZRI 2023, 602 = ZVI 2023, 252. Zur mittelbaren Beteiligung als nähebegründendes Element s. BGH, Urt. v. 15.11.2018 – IX ZR 39/18, Rz. 7 ff., ZIP 2019, 182 = ZInsO 2019, 259; OLG Brandenburg, Urt. v. 18.10.2023 – 7 U 8/23, Rz. 42–51, insbesondere Rz. 45, NZI 2023, 999 = ZInsO 2023, 2656. Zu Voraussetzungen, unter denen eine Bank Nahestehende sein kann vgl. BGH, Urt. v. 25.6.2020 – IX ZR 243/18, Rz. 21–38, BGHZ 226, 125 = ZRI 2020, 407. Zur internen Bewertung von Geschäften mit Nahestehenden vgl. *Backhaus*, NZG 2020, 695. Forderungen verbundener Unternehmen stehen Gesellschafterdarlehen gleich, OLG Düsseldorf, Hinweisbeschl. v. 23.5.2022 – I-12 U 42/21, ZRI 2022, 743, m. Anm. *Hageböke* = ZVI 2022, 475 = NZI 2022, 820, m. Anm. *Bork*; zu Gleichstellung eines Dritten mit einem Gesellschafter OLG Düsseldorf, Beschl. v. 20.10.2022 – 24 U 98/21, ZRI 2023, 83 = NZI 2022, 980, m. Anm. *Bagha-Szabo*.

12) *Bittmann/Cramer*, wistra 2022, 149, 150 f.; s. a. *Köllner*, NZI Beilage Heft 5/2021, 71.

13) *Ristelhuber*, NZI 2021, 417; *Paulus*, NZI Beilage Heft 5/2021, 9, konstatiert einen vom StaRUG ausgehenden Wandel zur schuldnerzentrierten Sanierung, die aber eben trotzdem weiterhin auch den Interessen der Gläubiger dient.

erbringen zu wollen (und oft eben auch: ohne es zu können). Da die unmittelbare Verantwortlichkeit, die sich in zivilrechtlichen Ansprüchen verschiedener Gestalt (Rückgewähr, Schadensersatz) niederschlägt, hier mangels Durchsetzbarkeit keine Effizienz entfaltet, bedarf es der Durchsetzung mittelbarer Verantwortung durch Einsatz strafrechtlicher Mittel.

Der **Schutz öffentlichen Vermögens**, dem die §§ 266a und 264 StGB sowie § 370 AO dienen sollen, gerät bei der soeben angestellten Betrachtung nicht aus dem Blick. Selbstverständlich bedürfen die knappen öffentlichen Kassen der Absicherung sowohl ihrer Zufuhr als auch gegen unberechtigte Abflüsse. Die Folgen eines jeden einschlägigen Verstoßes lassen sich von öffentlichen Gläubigern jedoch besser ausgleichen. Betroffen ist zwar potenziell jedermann, dies aber seltenst in existenzbedrohender Weise. Das ist bei persönlich-privaten Verletzten individualschützender Strafnormen doch wesentlich anders. Wird eine solche Straftat begangen, so ist das für den betroffenen Dritten ein zusätzliches schwerwiegendes Belastungsmoment. 17

C. Strafrechtsautonomes contra insolvenzrechtsakzessorisches Begriffsverständnis

Das Strafrecht ist nicht nur ein eigenständiges Rechtsgebiet, sondern verwendet nur allzu häufig auch Begriffe, deren Inhalt vom Verständnis in anderen Rechtsgebieten abweicht. Das liegt nicht so sehr an der Eitelkeit von Strafjuristen, sondern ist in aller Regel dem Ringen um den **strafwürdigen Gehalt** einer Bestimmung geschuldet. Hinzu kommt die **ultima-ratio-Funktion des Strafrechts.** Es normiert eben keine Rechtsfolgen unter Gleichen, sondern drückt ein **ethisches Unwerturteil** aus (sollte es zumindest, auch wenn dies angesichts einer inflationsartigen Vermehrung von Strafbestimmungen aus dem Bewusstsein zu schwinden scheint[14]) und setzt repressiv wirkende Sanktionen fest. Demgemäß ist eine Abstufung erforderlich: nicht jedem (zivil- oder verwaltungsrechtlichen) Verstoß wohnt der Vorwurf sittlich verwerflichen Handelns inne. Lässlichkeiten geschehen. Die Folgen müssen ausgeglichen werden – aber soweit möglich unmittelbar und nicht stattdessen oder ergänzend mit den Mitteln des Strafrechts.[15] Das bedeutet, dass das **Strafrecht Begriffe** recht oft **enger definiert** als gleichlautende Merkmale in außerstrafrechtlichen Bestimmungen verstanden werden. Das erleichtert das Verständnis für Juristen mit anderem Schwerpunkt als dem Strafrecht gewiss nicht, zeigt aber die Notwendigkeit, sich im Bedarfsfall (z. B. eines strafrechtlichen Ermittlungsverfahrens) nicht ohne weiteres auf den Rat des vertrauten Zivilanwalts oder Steuerberaters zu verlassen, sondern stattdessen einen Strafrechtsspezialisten, möglichst mit einschlägigen Erfahrungen auf dem Gebiet, zu welchem der Gegenstand des Ermittlungsverfahrens zählt, hinzuzuziehen. 18

Im Fall des Insolvenzstrafrechts zeigt sich das **Spannungsfeld** zwischen den Zielen des Insolvenzrechts, einen möglichst frühzeitig wirkenden Anreiz zum Stellen des Eröffnungsantrags zu bieten, und der Vorsorge, nicht mit der Kanone des Strafrechts auf Spatzen zu schießen, am sinnfälligsten beim Verständnis des Begriffs der Zahlungsunfähigkeit: Ob die Strafwürdigkeit unter denselben tatsächlichen Umständen einsetzt wie das zivilistische Gebot der Insolvenzanmeldung ist jedenfalls ernsthaft diskussionswürdig. 19

---

14) Zum Rindfleischetikettierungsgesetz vgl. BVerfG, Beschl. v. 21.9.2016 – 2 BvL 1/15, BVerfGE 143, 38 = NJW 2016, 3648; dazu *Bülte*, BB 2016, 3075; im Vorfeld *Frisch*, NStZ 2016, 16; *Bittmann*, NStZ 2016, 249; großzügiger nun zum LMBG BVerfG, Beschl. v. 11.3.2020 – 2 BvL 5/17, BVerfGE 153, 310 = NVwZ-RR 2020, 569; dazu *Herz*, NZWiSt 2020, 253.

15) *Bittmann* in: Barton/Kölbel/Lindemann, S. 389, 404 ff.

20 Inzwischen hat sich im Strafrecht (zumindest weitgehend) die Tendenz zu einem **insolvenzrechtsakzessorischen Begriffsverständnisses** durchgesetzt.[16] Das bedeutet, dass die in § 15a InsO verwendeten, Insolvenzauslösetatbestände bezeichnenden Begriffe sowohl im Insolvenz- wie im Strafrecht **identisch** aufgefasst werden, es aber genauso wenig Differenzen zu den wortgleichen Begriffen in §§ 283 ff. StGB gibt. Dies löst natürlich die Sachprobleme nicht. Soweit sie in Friktionen bestehen sollten, müssten diese auf methodisch andere Weise beseitigt werden. Drücken sie sich hingegen in zu weitgehender Strafbarkeit aus, so bleibt als Notnagel die verfahrensrechtliche Lösung durch Anwendung des Opportunitätsprinzips[17] seitens der Staatsanwaltschaft (oder später des Gerichts) – ein nicht immer allseits überzeugender, jedenfalls nicht von Anwendungsgleichheit gekennzeichneter Ausweg – aber immer noch besser, als stünde gar keiner zur Verfügung.

D. Einzelne Delikte oder Deliktsgruppen

I. Verletzung der Verlustanzeigepflicht

21 Im **Vorfeld der Insolvenzverschleppung,** § 15a InsO, siedeln die § 84 GmbHG, § 401 AktG, § 148 GenG, § 53 Abs. 2 SEAG, § 36 Abs. 1 SSCEAG. Sie pönalisieren rechtsformabhängig die Pflicht der Geschäftsführung bzw. des Vorstands, die Gesellschafter rechtzeitig über den **Verlust** der **Hälfte** des **nominellen Haftkapitals** zu informieren, und zwar formlos bei der GmbH, so dass sich der Gesellschafter-Geschäftsführer einer Ein-Personen-GmbH nicht gemäß § 84 GmbHG strafbar machen kann, und förmlich bei der AG, Hauptversammlung, § 92 Abs. 1 AktG, und der Genossenschaft, Generalversammlung, § 33 Abs. 3 GenG (und jeweils entsprechend bei der SE bzw. SCE). Während bei der AG und der Genossenschaft maßgeblich ist, ob der Verlust bilanziell festgestellt ist, stellt das GmbHG auf die tatsächliche Lage ab, über die sich auch demnach der Geschäftsführer stets zu versichern hat; nunmehr allgemein und nicht nur für den sonstigen Anwendungsbereich des StaRUG[18] positiviert in dessen § 1. § 84 GmbHG geht damit über § 49 Abs. 3 GmbHG hinaus und enthält im Gegensatz zu § 401 AktG und §§ 148 GenG auch keinen Verweis auf die zivilistische Grundnorm. Das jeweilige **Handlungsgebot** ist zur Vermeidung der Erfüllung des Tatbestands **unverzüglich** zu erfüllen. Die Vorschriften differenzieren zwischen vorsätzlichem und fahrlässigem Unterlassen. Während die Strafbarkeit (nicht jedoch die zivilrechtliche Haftung) bei der AG und der Genossenschaft ganz entfällt, unterlässt (in ggf. für sich strafbarer Weise) der Vorstand das Aufstellen einer Bilanz, so hindert vergleichbares Agieren des GmbH-Geschäftsführers seine Bestrafung nicht. Demgemäß reicht auch seine Haftung für fahrlässiges Handeln weiter und erstreckt sich auch auf sorgfaltswidrige Unkenntnis der einschlägigen Höhe des Verlusts.[19]

---

16) *Richter* in: Müller-Gugenberger, Wirtschaftsstrafrecht, Rz. 75.49–53 m. w. N. *Bittmann* in: Bittmann, Hdb. Insolvenzstrafrecht, Rz. 11/70; *Dannecker/Hagemeier* in: Dannecker/Knierim, Insolvenzstrafrecht Rz. 55, 87 f. m. w. N.; (wohl) nur methodenkritisch *Ceffinato* in: Hilgendorf/Kudlich/Valerius, Hdb. d. Strafrechts, Rz. 40/59–69; im Hinblick auf die Notwendigkeit einer restringierenden strafrechtlichen Handhabung für ein *limitiert*-akzessorisches Begriffsverständnis *C. Brand*, NZI 2018, 766 (Urteilsanm.). *Baumert*, NJW 2019, 1486, stellt in seinem Vergleich der Rspr. der Zivil- und der Strafsenate des BGH zur Zahlungsunfähigkeit nur wenige, noch dazu lediglich selten ergebnisrelevante Unterschiede fest.

17) *Bittmann* in: Bittmann, Hdb. Insolvenzstrafrecht, Rz. 11/85.

18) Gesetz über den Stabilisierungs- und Restrukturierungsrahmen für Unternehmen (Unternehmensstabilisierungs- und -restrukturierungsgesetz – StaRUG), v. 22.12.2020, BGBl. I 2020, 3256 (= Art. 1 des Gesetzes zur Fortentwicklung des Sanierungs- und Insolvenzrechts [Sanierungs- und Insolvenzrechtsfortentwicklungsgesetz – SanInsFoG], v. 22.12.2020, BGBl. I 2020, 3256).

19) *Bittmann* in: Bittmann, Hdb. Insolvenzstrafrecht, Rz. 11/10; dass die Anforderungen durchaus einmal erfüllt werden können, zeigt die Begründung der Staatsanwaltschaft Saarbrücken für die Einstellung des Ermittlungsverfahrens gegen Verantwortliche der insolventen *Praktiker AG*, ZInsO 2017, Heft 21, S. III.

II. Insolvenzverschleppung

1. Zweck, Rechtsgut

Die **strafbewehrte Insolvenzantragspflicht** soll den Markt vor Schuldnern bewahren, welche ihre eingegangenen Pflichten nicht zu erfüllen vermögen und so für die Gläubiger zum „Ärgernis Insolvenzverschleppung"[20] werden. **Rechtsgut** ist folglich der **Gläubigerschutz**. Die Pflichtverletzung löst zivilrechtlich die Pflicht zum Schadenersatz aus (§ 823 Abs. 2 BGB i. V. mit § 15a InsO)[21] und zwar in zweifacher Weise: **Neugläubiger** sollen davor bewahrt werden, mit einem insolventen Schuldner zu kontrahieren. **Altgläubigern**, d. h. denjenigen, welche ihre Forderungen vor Eintritt der Insolvenzreife begründet haben, soll die Insolvenzquote erhalten bleiben und nicht durch weiteres defizitäres Wirtschaften vermindert werden. Aufgrund dieses über den einzelnen Gläubiger hinausgehenden Zwecks scheidet eine Einwilligung in die Insolvenzverschleppung seitens eines oder mehrerer Gläubiger, (potenzieller) Vertragspartner, aber auch der Gesellschafter aus. Eine derartige Erklärung eines Gläubigers ist jedoch möglicherweise als Stundung der eigenen Forderung(en) auszulegen und kann dadurch Auswirkungen auf das Vorliegen der Insolvenzreife zeitigen. Den außerhalb des Schutzzwecks der Norm angesiedelten Gesellschaftern fehlt die Dispositionsbefugnis. Eine **erklärte Einwilligung** ist aber nicht nur unwirksam, befreit also den Pflichtigen in keinem Fall von seiner Pflicht, Insolvenz anzumelden, sondern kann ihrerseits als **Beihilfe** zur Insolvenzverschleppung strafbar sein. Im Fall der Anregung läge Anstiftung vor. 22

Die Insolvenzantragspflicht weist neben dem individuellen Gläubigerschutz auch **überindividuelle Bezüge** auf. Zuweilen wird deshalb verschärfend ein überinviduelles, von § 15a InsO geschütztes Rechtsgut (Rechtsverkehr, Kreditwirtschaft u. Ä.) befürwortet, ohne es allerdings in operationaler Weise zu konturieren. Die jüngste Vergangenheit rückte hingegen unerwünschte überindividuelle Nebenfolgen zu weitgehenden Gläubigerschutzes in den Vordergrund. Bei Katastrophen wurden bereits des Öfteren in Ad-hoc-Gesetzen befristete Ausnahmen normiert. Die **Finanzmarktkrise** führte 2008 zu einem schuldnerfreundlicheren Überschuldungsbegriff (siehe unten Rz. 38). Die **Corona-Pandemie** löste unterschiedliche Lockerungen aus (1.3.–30.9.2020: keine Antragspflicht bei abstrakter Sanierungsaussicht, § 1 Abs. 1 Satz 1 COVInsAG[22]; 1.10.–31.12.2020: keine Antragspflicht trotz Überschuldung, § 1 Abs. 2 COVInsAG; 1.1.–30.4.2021: keine Antragspflicht bei Aussicht auf beantragte staatliche Hilfen, § 1 Abs. 3 COVInsAG;[23] von November 2022 bis Dezember 2023 Herabsetzung des Zeitraums für eine positive Fortführungsprognose auf vier Monate, § 4 Abs. 2 Nr. 1 SanInsKG)[24]. Je nach Entwicklung des von Russland ausgehenden Krieges könnten auch weitere Modifikationen geboten sein. Sie generell festzulegen, ist zwar fraglos Sache des Gesetzgebers. Die Notwendigkeit, berechtigten Belangen des Schuldners Rechnung zu tragen und den Schuldnerschutz nicht absolut zu setzen, spricht aber auch gegen einen mechanistischen und für einen flexiblen Gesetzes- 23

20) *Gehrlein*, ZInsO 2022, 1481.

21) BGH, Urt. v. 13.7.2021 – II ZR 84/20 (Air Berlin), Rz. 66 m. w. N., BGHZ 230, 255 = ZRI 2021, 712; der Umfang ist umstritten; für Ausweitung *Schirrmacher/Schneider*, ZIP 2018, 2463 m. w. N. zur Rspr. und zum Streitstand. Im Haftungsprozess besteht keine förmliche Bindung des Zivilgerichts an eine vorausgegangene strafrechtliche Verurteilung, *Weyand*, ZInsO 2022, 281.

22) Gesetz zur vorübergehenden Aussetzung der Insolvenzantragspflicht und zur Begrenzung der Organhaftung bei einer durch die COVID-19-Pandemie bedingten Insolvenz (COVID-19-Insolvenzaussetzungsgesetz – COVInsAG), v. 27.3.2020, BGBl. I 2020, 569.

23) Übersicht bei *Bittmann/Cramer*, wistra 2022, 93, 96 f. m. w. N.; kritisch *Richter*, ZInsO 2020, 997; *Schäfer*, HRRS 2020, 216; zum Zivilrecht: *Rühle* in: FS Smid, 2022, S. 673.

24) Gesetz zur vorübergehenden Anpassung sanierungs- und insolvenzrechtlicher Vorschriften zur Abmilderung von Krisenfolgen (SanInsKG), v. 31.10.2022, BGBl. I 2022, 1966; dazu *Gutmann/Michels*, NZI 2023, 7; *Schmitz/Bünemann*, NZI 2022, 969; *Taras/Piroth*, NJW-Special 2023, 21.

vollzug (z. B. bei der Frage der Zumutbarkeit des Zuwartens der Gläubiger im Fall sicherer Sanierungsaussicht erst später als drei Wochen nach Fälligkeit); siehe unten Rz. 49. Zu auf Dauer angelegten Detailänderungen führte das SanInsFoG[25].[26]

2. Das (allgemeine) Gesetz

24 § 15a Abs. 4 (Vorsatz, Verjährung: fünf Jahre)[27] und Abs. 5 InsO (Fahrlässigkeit, Verjährung: drei Jahre)[28], Insolvenzverschleppung, ist am 1.11.2008 aufgrund des MoMiG[29] in Kraft getreten. Die Vorschrift ist **rechtsformneutral** formuliert. Sie hat die zuvor rechtsformabhängig geltenden Einzelbestimmungen für verschiedene Gesellschaftsformen abgelöst (§ 84 Abs. 1 Nr. 2 GmbHG, § 401 AktG, § 148 GenG, §§ 130b und 177a HGB – jeweils a. F.). Ihr Anwendungsbereich erstreckt sich nunmehr auf **sämtliche juristischen Personen**, die ihren **Sitz** im **Inland** haben, aber nur, sofern sie nach § 15a Abs. 1 InsO insolvenzantragspflichtig sind[30] (auch für eine Komplementär-GmbH[31] und eine UG-haftungsbeschränkt[32]). Das trifft weder auf eingetragene Vereine zu noch auf Stiftungen, auf welche Vereinsrecht Anwendung findet, § 15a Abs. 7 InsO. Für diese richtet sich die Insolvenzantragspflicht nach § 42 BGB, ohne dass sie strafbewehrt wäre.[33] **Sonderregelungen** gelten zwar auch für **Kreditinstitute** und einige andere Akteure des **Finanzmarkts.**[34] In diesem Bereich ist die Insolvenzverschleppung aber zumindest nicht sanktionslos. Es greifen vielmehr straf- und bußgeldrechtliche Sonderregeln ein.[35] § 15a InsO hingegen erfasst auch **rechtsfähige Personengesellschaften,** § 14 Abs. 2 BGB, wenn diese so konstruiert sind, dass es an einer **vollhaftenden natürlichen Person fehlt,** § 15a Abs. 1 Satz 3 InsO. Das trifft z. B. auf die GmbH & Co. KG zu, aber auch auf eine Ltd. und Co. KG.[36] § 15a Abs. 2 InsO stellt dem Gesellschaften ohne natürliche Organmitglieder gleich.

3. Auslandsbezug

25 Die Bestimmungen des § 15a InsO erstrecken sich auch auf **Inlandsgesellschaften ausländischer Rechtsform**, vielfach etwas missverständlich Scheinauslandsgesellschaften ge-

---

25) Gesetz zur Fortentwicklung des Sanierungs- und Insolvenzrechts (Sanierungs- und Insolvenzrechtsfortentwicklungsgesetz – SanInsFoG), v. 22.12.2020, BGBl. I 2020, 3256.

26) Zu den neuen Entwicklungen *Poertzgen*, ZInsO 2020, 2509; kritisch *Sämisch*, ZInsO 2020, 2520; das deutsche System auch im europäischen Kontext verteidigend *Stohrer*, ZInsO 2024, 2656.

27) BGH, Beschl. v. 16.5.2017 – 2 StR 169/15, Rz. 39, ZInsO 2017, 1364, beginnend mit dem Erfüllen oder Entfallen der Pflicht (als Beendigungszeitpunkt); zu Letzterem auch LG Stuttgart, Beschl. v. 28.2.2022 – 6 Qs 1/22, ZInsO 2022, 776 = NZI 2022, 495, dazu *Köllner*, NZI 2022, 497; *Lorenz*, wistra 2022, 317.

28) BGH, Beschl. v. 10.8.2017 – 3 StR 227/17, Rz. 3, wistra 2018, 34 = NStZ 2018, 86.

29) Gesetz zur Modernisierung des GmbH-Rechts und zur Bekämpfung von Missbräuchen (MoMiG), v. 23.10.2008, BGBl. I 2008, 2026.

30) Gute Übersicht bei *Pelz/Grotebrune*, Strafrecht in Krise und Insolvenz, Rz. 249.

31) *Schwarz* in: FS Smid, 2022, S. 305, 307 ff.

32) AG Frankfurt/O., Urt. v. 29.10.2019 – 412 Ds 237 Js 28566/15 (136/17), ZWH 2021, 23.

33) *Stöber* in: FS Smid, 2022, S. 319. Bindet man allerdings die Wirksamkeit einer Restrukturierungsanzeige an die Einhaltung aller Formalia des § 31 Abs. 2 StaRUG, *Richter* in: FS Smid, 2022, S. 629, 635, so gelten im Fall schon kleinerer Mängel die Insolvenzantragsregeln der InsO fort. In Anlehnung an § 15a Abs. 6 InsO wird man Strafbarkeit jedoch verneinen müssen, wenn das Restrukturierungsverfahren unter Beteiligung des Gerichts tatsächlich geführt wird.

34) *C. Brand*, KTS 2012, 195; *C. Brand*, ZVglRWiss 2014, 142; *Goeckenjan*, wistra 2014, 201; *Kasiske*, ZIS 2013, 257. Auch die Staatsanwaltschaft kann in solchen Fällen nicht selbst Insolvenzantrag nach § 111i Abs. 2 StPO stellen, sondern ist auf eine Anzeige bei der Aufsichtsstelle verwiesen, *Gondert*, WM 2018, 845.

35) Zur „nicht richtigen Anzeige“ *C. Brand* in: FS Rengier, 2018, S. 595.

36) Vgl., zur Wechselwirkung zwischen Insolvenz der KG und deren Komplementär-GmbH BGH, Urt. v. 28.1.2020 – II ZR 10/19, Rz. 32, 39, 42, BGHZ 224, 235 = ZIP 2020, 511; *Pelz/Grotebrune*, Strafrecht in Krise und Insolvenz, Rz. 311.

nannt. Die strafbewehrte Insolvenzantragspflicht auf diese Gebilde auszudehnen, war Hauptzweck des deutschen Gesetzgebers bei Schaffung des § 15a InsO. Er wurde vermutlich tatsächlich erreicht. Letzte Zweifel daran bestehen allerdings noch immer, weil die Wirksamkeit dieser Erstreckung auf nach dem Recht eines Landes der EU (oder demjenigen eines z. B. über eine völkerrechtliche Meistbegünstigungsklausel gleichgestellten Staates) gegründete Gesellschaften davon abhängt, zu welchem Rechtsgebiet die Insolvenzantragspflicht zu rechnen ist. Das zu entscheiden liegt aber gerade nicht in der Macht des nationalen Gesetzgebers, sondern richtet sich nach dem **Europa-** oder sonstigem **Fremdrecht,**[37)] z. B. dem (allerdings auf Eis gelegten) CETA-Abkommen der EU mit Kanada.[38)]

EU-rechtlich ist im Falle internationaler Bezüge das **Gesellschaftsrecht** des Staates maßgeblich, auf dessen Basis die Gesellschaft **gegründet** wurde. Selbst die einzige Betriebsstätte stellt, wird sie in einem anderen Land betrieben, eine Zweigstelle dar.[39)] Nach Löschung im Gründungsstaat besteht die im Inland betriebene Gesellschaft als (nur) Restgesellschaft zum Zwecke der Liquidation ihres Inlandsvermögens fort.[40)] Das gilt für das Gesellschaftsrecht sämtlicher EU- und gleichgestellter Staaten, hat aber für das Inland erheblich an praktischer Bedeutung verloren: Nach dem Austritt des United Kingdom aus der EU ist die englische Limited by Shares hier nicht mehr attraktiv.[41)] **26**

Für das **Insolvenzrecht** enthält das Europarecht hingegen eine ganz andere Lösung. Es lässt gemäß Art. 3 EuInsVO die Rechtsform außer Acht und stellt stattdessen darauf ab, an welchem Ort zum Zeitpunkt der Antragstellung[42)] der Schwerpunkt der wirtschaftlichen Interessen liegt, auf Englisch: center of main interests, abgekürzt **COMI.** Das kann am Satzungssitz der Fall sein, muss es aber nicht. Das (Haupt-)Insolvenzverfahren ist (zumindest theoretisch) am Ort des COMI zu führen und unterliegt in toto dem dort geltenden nationalen Recht.[43)] Liegt also (im Wesentlichen) nur der statutarische Sitz einer **27**

---

37) Guter Überblick bei *Pelz/Grotebrune*, Strafrecht in Krise und Insolvenz, Rz. 769–813; zur Frage der inländischen Insolvenzantragspflicht bei echten Auslandsgesellschaften vgl. *Poertzgen*, ZIP 2017, 1932.

38) Dazu *Freitag*, NZG 2017, 615.

39) Das gilt rechtsformunabhängig und damit auch für Einzelkaufleute, *Bork/Harten*, NZI 2018, 673; allgemein zur Anwendung deutscher Strafnormen auf die SE mit COMI in Deutschland *Göggerle*, wistra 2020, 89.

40) Für die englische Limited: BGH, Beschl. v. 22.11.2016 – II ZB 19/15, Rz. 12, BGHZ 212, 381 = ZIP 2017, 421, dazu EWiR 2017, 231 *(Bayer/Unglaube)*; KG Berlin, Beschl. v. 6.6.2018 – 22 W 22/18, Rz. 13, ZIP 2019, 123. Eine Ltd. & Co. KG bestand als oHG fort, LG Bonn, Beschl. v. 28.11.2017 – 33 T 944/15, NZG 2018, 1423.

41) BGH, Beschl. v. 16.2.2021 – II ZB 25/17, NZG 2021, 702 = ZIP 2019, 1277; dazu *Schollmeyer*, NZG 2021, 692; Überblick über die verbliebene Bedeutung bei *Fischer*, NZG 2021, 483; Limiteds mit effektivem Verwaltungssitz in Deutschland gelten nicht mehr als juristische Person, OLG München, Urt. v. 5.8.2021 – 29 U 2411/21 Kart, NZG 2021, 1518 = ZIP 2021, 2178 – die Gründungstheorie insoweit verneinend; dazu *Fischer*, NZG 2021, 1497; ebenso LG Berlin, Urt. v. 28.11.2022 – 101 O 57/22, NZG 2023, 706, m. Anm. *Lukas*; offengelassen von BGH, Beschl. v. 15.6.2021 – II ZB 25/17, Rz. 47, NZG 2021, 1564 = ZIP 2019, 1277; zu insolvenzrechtlichen Folgen *Gelbrich*, NZI 2021, 256; **a. A.** BFH, Beschl. v. 13.10.2021 – I B 31/21, NZG 2022, 375.

42) BGH, Beschl. v. 7.7.2022 – IX ZB 14/21, ZRI 2022, 773 = ZVI 2022, 472 = ZInsO 2022, 2024.

43) Vgl. BGH, Beschl. v. 1.12.2011 – IX ZB 232/10, NJW 2012, 936 m. w. N. = ZIP 2012, 139, dazu EWiR 2012, 175 *(Riedemann)*, dazu *Mohr*, ZWH 2012, 209 f.; zum Begriff EuGH, Urt. v. 16.7.2020 – Rs. C-253/19, ZIP 2020, 1673 = NZI 2020, 805; *J. Schmidt*, ZInsO 2020, 1784; *J. Schmidt*, ZInsO 2020, 1816; zum COMI bei unselbständiger Beschäftigung vgl. BGH, Beschl. v. 2.3.2017 – IX ZB 70/16, ZIP 2017, 688, dazu EWiR 2017, 373 *(Egerlandt)* – maßgeblich: gewöhnlicher Aufenthalt; s. a. BGH, Beschl. v. 18.9.2018 – IX ZB 77/17, ZInsO 2018, 1412 = NZI 2018, 976; Übersicht über die internationale Zuständigkeit für Streitgegenstände mit insolvenzrechtlichem Bezug bei *Guski*, ZIP 2018, 2395; zum Anwendungsbereich der lex fori concursus *Dahl/Kortleben/Michels*, NZI 2018, 683; Verlagerungen des satzungsgemäßen oder postalischen Sitzes im Vorfeld eines Insolvenzantrags ändern nichts am COMI, BayObLG, Beschl. v. 19.12.2019 – 1 AR 139/19, NZI 2020, 242 = ZIP 2020, 624; zum Statutenwechsel bei grenzüberschreitender Verlagerung des COMI *Keller*, NZI 2021, 110.

gemäß dem Recht eines anderen EU-Staates gegündeten Gesellschaft dort, wirtschaftet sie jedoch vorwiegend in Deutschland, so ist im Insolvenzfall deutsches Insolvenzrecht (trotz ausländischen Gesellschaftsrechts) maßgeblich. Umgekehrt erfüllt ein Geschäftsleiter einer deutschrechtlichen antragspflichtigen Gesellschaft mit COMI im EU-Ausland seine im Inland strafbewehrte Pflicht, stellt er den Eröffnungsantrag bei dem örtlich zuständigen ausländischen Insolvenzgericht.[44]

28 Für die **Insolvenzantragspflicht** selbst, aber auch für die Rechtsfolgen im Fall ihrer Verletzung und damit für das Unterfallen von Inlandsgesellschaften ausländischer Rechtsform unter die Strafnormen des § 15a Abs. 4–6 InsO ist bislang noch nicht völlig eindeutig geklärt, ob beides **gesellschafts- oder insolvenzrechtlich** zu **qualifizieren** ist. Die Antwort richtet sich nach dem Europarecht, so dass die Letztentscheidung darüber dem EuGH zusteht. De jure unterliegt die Insolvenzantragspflicht nur dann der Regelungshoheit des nationalen (Insolvenzrechts-)Gesetzgebers, wenn sie nicht gesellschaftsrechtlich zu qualifizieren ist. Gehört sie hingegen zum Gesellschaftsrecht, so kann sie vom Gesetzgeber eines anderen als des Gründungsstaats nicht ergänzend angefügt werden, weil die Mitgliedsstaaten wegen der Niederlassungsfreiheit die Inlandsgesellschaften ausländischer Rechtsform in genau der Weise anzuerkennen haben, wie sie von ihrer Herkunftsrechtsordnung konstituiert sind. Zählt die Insolvenzantragspflicht jedoch zum Insolvenzrecht, so ist das nationale Insolvenzrecht maßgeblich. In Deutschland würde demnach auch für Inlandsgesellschaften ausländischer Rechtsform, für die keine natürliche Person unbeschränkt haftet, die strafbewehrte Insolvenzantragspflicht des § 15a InsO gelten.[45]

29 Der vom Insolvenzverwalter verfolgte Anspruch aus § 15b Abs. 4 InsO ist **insolvenzrechtlicher Natur.**[46] Direkt mit dem Strafrecht hat sich der EuGH hingegen zwar noch nicht befasst, doch ist anzunehmen, dass er seine Grundsätze aus dem Haftungsurteil auch auf § 15a Abs. 4–6 InsO erstrecken wird (alternativ das allgemeine nationale Verkehrsrecht, das am Handlungsort gilt, für maßgeblich erklärt).[47]

4. Betroffene Kaufleute

30 Wie sich der Herausnahme von Vereinen und Stiftungen aus dessen Anwendungsbereich entnehmen lässt, beschränkt das deutsche Recht die Insolvenzantragspflicht von vorn herein auf **Kaufleute.** Soweit keine Sonderregelung für den Finanzsektor eingreift, ist allein maßgeblich, ob der Kaufmann entweder selbst persönlich haftet oder eine **natürliche Person als Vollhafter** aufweist (e. K., typische oHG oder KG) oder nicht. Ersterenfalls fehlt es an einer strafbewehrten Insolvenzantragspflicht, wie sie § 15a Abs. 4–6 InsO im Fall des Fehlens einer unbeschränkt haftenden natürlichen Person anordnet. Zu Letzteren[48] gehören

– die deutschrechtlichen Kapitalgesellschaften (GmbH, AG, Genossenschaft),

44) *Degenhardt*, NZI 2019, 656.

45) *Pelz/Grotebrune*, Strafrecht in Krise und Insolvenz, Rz. 792–797.

46) Noch zu § 64 GmbHG a. F.: EuGH, Urt. v. 4.12.2014 – Rs. C-295/13, ZIP 2015, 196 = NZG 2015, 154, dazu EWiR 2015, 93 *(Mankowski)*; EuGH, Urt. v. 10.12.2015 – Rs. C-594/14 (Kornhaas), ZIP 2015, 2468 = NJW 2016, 223, dazu EWiR 2016, 67 *(Schulz)*, Vorlagebeschl. des BGH dazu v. 2.12.2014 – II ZR 119/14, ZIP 2014, 68 = GmbHR 2015, 79, dazu EWiR 2015, 99 *(Müller)*; Folgeentscheidung BGH, Urt. v. 15.3.2016 – II ZR 119/14, ZIP 2016, 821 = NJW 2016, 2616, dazu EWiR 2016, 329 *(Seidel)*.

47) EuGH, Urt. v. 24.11.1993 – Rs. C-267/91 (Keck und Mthouard), ZIP 1993, 1813 = NJW 1994, 121; dafür *Bittmann/Gruber*, GmbHR 2008, 867; **a. A.** *Stöber*, ZHR 176 (2012), 326, mit einem breitgestreuten Überblick über die Insolvenzverschleppungshaftung in Europa. Zur Behandlung im Fall einer Sitzverlagerung in ein anderes EU-Land vgl. *Weller* in: FS Ganter, 2010, S. 439.

48) Übersicht bei *Pelz/Grotebrune*, Strafrecht in Krise und Insolvenz, Rz. 249.

- die ihnen nach § 15a Abs. 1 Satz 2 oder Abs. 2 InsO für den Fall gleichgestellten rechtsfähigen Personengesellschaften, dass deren uneingeschränkt haftender Gesellschafter (GmbH & Co. OHG; GmbH & Co. KG; Ltd. & Co. KG) oder Organ eine juristische Person ist,
- inländische Kapitalgesellschaften in der Rechtsform eines EU – Landes, z. B. die niederländische BV, sowie aufgrund internationaler Verträge mit Nicht-EU-Staaten diesen gleichgestellte Inlandsgesellschaften in deren Rechtsform (z. B. Meistbegünstigungsklausel gemäß Art. XXV des deutsch-amerikanischen Freundschafts-, Handels- und Schifffahrtsvertrags von 1954, unter die auch äußerst leicht zu gründende und deshalb allzu oft missbräuchlich eingesetzte Kapitalgesellschaften aus dem US-Bundesstaat Delaware fallen, z. B. eine dortige A. G.), und
- Kapitalgesellschaften europäischen Rechts z. B. SE (EU-AG) und SCE (EU-Genossenschaft).

5. Verpflichtete natürliche Person

a) Regelhafte Verpflichtung

Wer, d. h. welche natürliche **Person** der **Pflicht unterliegt**, den Eröffnungsantrag zu stellen, ist **funktional** bestimmt.[49] Deshalb gibt es nicht *die* eine Person, die in jedem Fall selbst anmeldepflichtig ist. Maßgeblich ist vielmehr das Recht der betroffenen insolvenzreifen Gesellschaft. In einem ersten Schritt ist zu prüfen, durch welches Organ diese Gesellschaft (gesetzlich) vertreten wird. Konkret insolvenzantragspflichtig ist aber nicht das vertretungsberechtigte Organ als solches, sondern vielmehr **jedes einzelne Mitglied.** Besteht das vertretungsberechtigte Organ nur aus einer Person, dann muss diese den Eröffnungsantrag stellen (oder jemanden bevollmächtigen und verpflichten, eben dies für sie zu tun). Wird das vertretungsbefugte Organ hingegen von mehreren natürlichen Personen gebildet, so ist jedes einzelne Mitglied anmeldepflichtig, also z. B. jeder GmbH-Geschäftsführer, jedes Vorstandsmitglied einer AG und einer Genossenschaft, auch jeder Verwaltungsrat einer SE und director einer (englischen) Limited (usw.). 31

Dass **jedes** Mitglied des vertretungsberechtigten Organs verpflichtet ist, den erforderlichen Insolvenzantrag zu stellen, bedeutet allerdings **nicht**, dass **alle** Mitglieder dazu verpflichtet wären. Die Erfüllung der Antragspflicht durch einen von mehreren Pflichtigen befreit auch die übrigen von ihrem Handlungsgebot. Allerdings enthält § 15 Abs. 2 InsO Schutzvorkehrungen gegen (voreilige) Alleingänge einzelner Antragsberechtigter. Die Vorschrift stellt dabei nicht auf die gesellschaftsvertragliche Vertretungsbefugnis ab, sondern darauf, ob sämtliche Mitglieder des vertretungsberechtigten Organs (oder der nachrangig Verpflichteten) den Antrag stellen. Dann ist er ohne weiteres wirksam. Fehlt hingegen auch nur ein Mitglied, so ist die Insolvenzreife (vergleichbar einem Fremdantrag) glaubhaft zu machen, und das Insolvenzgericht hat die übrigen Mitglieder anzuhören. 32

Die Rechtsprechung stellt dem aufgrund seiner formellen Bestellung Pflichtigen sowohl einen „kommissarischen" Geschäftsführer[50] als auch denjenigen gleich, welcher die Funk- 33

49) Übersichten bei *Kleindiek* in: FS K. Schmidt, 2009, S. 893, 900; *Kleindiek* in: FS U. H. Schneider, 2011, S. 617; zur Anwendung von § 28 Abs. 1 StGB gilt Vergleichbares wie bei § 283 StGB, dazu s. unten Rz. 233. Zum Recht einen Insolvenzantrag zu stellen, vgl. *Gundlach/Müller*, ZInsO 2018, 2742.

50) OLG München, Urt. v. 5.10.2016 – 7 U 1996/16, GmbHR 2017, 147; *Bunnemann*, ZWH 2017, 102.

tion tatsächlich wahrnimmt.[51] Ob jemand z. B. **faktischer Geschäftsführer** ist, folgt aus einer Gesamtschau der Umstände des jeweiligen Unternehmens. Insbesondere, wenn der eingetragene Geschäftsführer ebenfalls eine aktive Rolle spielt und sich nicht lediglich als passiver Strohmann vom Geschehen fernhält, entstehen komplexe Abgrenzungsnotwendigkeiten. Die Rechtsprechung verneint eine faktische Organstellung zumindest dann, wenn die betreffende Person nicht auch nach außen hin für das Unternehmen auftritt und handelt.[52] Das Vorhandensein eines faktischen Geschäftsführers führt zwar nicht dazu, dass dessen Straftaten quasi automatisch auch dem Eingetragenen zugerechnet würden, es entlässt den Eingetragenen aber nicht aus dessen allgemeiner strafrechtlicher Verantwortung, selbst wenn es sich um einen **Strohmann** handelt.[53] Dessen Pflichtenstellung gleicht der eines Delegierenden.[54]

b) Nachrangige Pflichtenstellung

34 Das MoMiG hat mit dem von ihm implementierten § 15a Abs. 3 InsO eine erweiterte, allerdings nachrangige, jedoch ebenfalls strafbewehrte Insolvenzantragspflicht eingeführt.[55] Im Gegensatz zu den Bestimmungen des § 15a Abs. 1 und 2 InsO gilt diese aber nicht rechtsformunabhängig, sondern beschränkt sich – inländerdiskriminierend – auf **Gesellschafter einer GmbH** und **Aufsichtsräte** einer **AG** bzw. **Genossenschaft**, gilt daher nicht für eine inländische Limited englischen Rechts.[56] Der Nachrang kommt dadurch zum Ausdruck, dass die Genannten nur antragspflichtig[57] sind, wenn die Gesellschaft sowohl **führungslos** (z. B. beim Fehlen eines Geschäftsführers, § 35 Abs. 1 Satz 2 GmbHG) als auch **insolvenzreif** ist. Ob die Pflicht der in § 15a Abs. 3 InsO Genannten zum Stellen eines Insolvenzantrags zugleich die Rechtsgrundlage für eine **Befugnis** zur **Vertretung**

---

51) BGH, Beschl. v. 15.11.2012 – 3 StR 199/12, NJW 2013, 1892 = ZIP 2013, 514, dazu EWiR 2013, 295 *(Brammsen/Ceffinato)*; *Bittmann*, ZWH 2013, 320; BGH, Beschl. v. 13.12.2012 – 5 StR 407/12, Rz. 7, 10 f., wistra 2013, 140 = ZIP 2013, 313; *Trück*, ZWH 2013, 150; BGH, Beschl. v. 23.1.2013 – 1 StR 459/12, Rz. 33 ff., wistra 2013, 272 = NStZ 2014, 695; *Esser*, ZWH 2013, 317; BGH, Urt. v. 11.6.2013 – II ZR 389/12, Rz. 23 f., ZIP 2013, 1519 = NJW 2013, 3303; zweifelnd im Hinblick auf den Wortlaut (Mitglied des Vertretungsorgans) *Bergmann*, NZWiSt 2014, 81; *Kudlich*, NStZ 2014, 109: Auf Basis dieser Auffassung lässt sich jedoch § 14 Abs. 3 StGB nicht erklären; Zweifel daher zutreffend zurückgewiesen von BGH, Beschl. v. 18.12.2014 – 4 StR 323/14, NZWiSt 2015, 142, m. abl. Anm. *Bergmann* = ZIP 2015, 218; BGH, Beschl. v. 11.7.2019 – 1 StR 456/18, Rz. 13 f., ZInsO 2019, 2461 = wistra 2020, 295; BGH, Urt. v. 14.10.2020 – 1 StR 33/19, Rz. 26, wistra 2021, 152; BGH, Beschl. v. 4.8.2021 – 2 StR 352/20, Rz. 6, ZInsO 2021, 2194; zur Beendigung faktischer Geschäftsführung *Leppich*, wistra 2018, 361; grundsätzlich: *Ceffinato*, Legitimation und Grenzen der strafrechtlichen Vertreterhaftung nach § 14 StGB, 2012.

52) Thematisiert von *Peetz*, GmbHR 2017, 57.

53) BGH, Beschl. v. 28.5.2002 – 5 StR 16/02, NJW 2002, 2480, 2482 = ZIP 2002, 2143, dazu EWiR 2002, 1017 *(A. Schmidt)*; BGH, Beschl. v. 13.10.2016 – 3 StR 352/16, ZIP 2017, 224 = wistra 2017, 64, m. abl. Anm. *Ceffinato* – m. w. N. auch zur Gegenauffassung; BGH, Beschl. v. 21.5.2019 – II ZR 337/17, Rz. 19, ZIP 2019, 1529 (zu diesem Aspekt aus Anlass der Vorinstanz *Bunnemann*, ZWH 2020, 154); BGH, Urt. v. 8.1.2020 – 5 StR 122/19, Rz. 7, 9, wistra 2020, 260 = NStZ-RR 2020, 110; BGH, Beschl. v. 3.3.2020 – 5 StR 595/19, Rz. 6, 9–11, NZWiSt 2020, 288 – beide im Zusammenhang mit § 266a StGB: sehr rigide; OLG Köln, Urt. v. 14.3.2013 – 7 U 138/12, ZInsO 2013, 1031; OLG Celle, Urt. v. 10.5.2017 – 9 U 3/17, ZIP 2017, 1325 = ZInsO 2017, 1547, dazu EWiR 2017, 655 *(Baumann/Schlieker)*; *Siegel/Rulands*, ZWH 2017, 283; ablehnend *Sahan/Altenburg*, NZWiSt 2018, 161 – „faktische Nicht-Geschäftsführer".

54) BGH, Beschl. v. 3.3.2020 – 5 StR 595/19, Rz. 9, NZWiSt 2020, 288.

55) *K. Schmidt* in: FS U. H. Schneider, 2011, S. 1157.

56) KG Berlin, Urt. v. 10.8.2022 – (4) 161 Ss 104/22 (115/22), wistra 2023, 172; dazu *Brand*, GmbHR 2022, 1136.

57) Zur Prozessführung s. BGH, Beschl. v. 6.2.2019 – VII ZB 78/17, NZG 2019, 511 = ZIP 2019, 609; zur ggf. erforderlichen Bestellung eines Notgeschäftsführers OLG Karlsruhe, Beschl. v. 27.4.2022 – 1 W 71/21 (Wx), ZInsO 2023, 1261; AG Ludwigshafen, Beschl. v. 11.7.2022 – 3d IN 71/22 Ft, NZI 2023, 82 – beim Ausscheiden auch des letzten Gesellschafters.

der **Gesellschaft** insoweit darstellt, wie sie für den Eigenantrag nötig ist, ist umstritten.[58] Ist das nicht der Fall, so haben die nach Abs. 3 Pflichtigen die Bestellung eines **Notgeschäftsführers** zu betreiben.[59] Während zivilrechtlich der (abstrakt) nachrangig Verpflichtete seine Unkenntnis beweisen muss, greift die strafrechtliche Haftung selbstverständlich nicht bereits im Fall fehlender Entlastung. Praktisch beschränkt sich der Anwendungsbereich des § 15a Abs. 3 InsO auf die Fälle des § 15a Abs. 4 und 6 InsO, der nachgewiesenen vorsätzlichen Insolvenzverschleppung. Zwar gilt die Fahrlässigkeitsstrafbarkeit des § 15a Abs. 5 InsO de jure auch für die nachrangig zum Anmelden der Insolvenz Verpflichteten. Weil deren Handlungspflicht[60] aber nur besteht, wenn sie sowohl die Führungslosigkeit als auch die Insolvenzreife kennen, beschränkt sich der Anwendungsbereich insoweit auf die praktisch bedeutungslose Konstellation, dass der Pflichtige zwar Führungslosigkeit und Insolvenzreife kennt, fahrlässigerweise aber nicht auch seine Handlungspflicht.

6. Vorsorge, Complianc

Im Hinblick auf Criminal-Compliance ist sicherzustellen, dass die Organverantwortlichen ihre Pflichten[61] ebenso kennen wie die tatsächlichen Umstände, weil sie nur dann verantwortungsvoll entscheiden können, ob sie handeln müssen. Sie müssen sich vor allem über die **wirtschaftliche Lage informieren** (lassen), § 1 StaRUG, und zwar umso intensiver, desto mehr Anzeichen auf eine krisenhafte Entwicklung hindeuten. Seriöserweise sollten auch die nachrangig Verpflichteten für den Bedarfsfall ausreichend instruiert werden. Das ist z. B. sinnvoll als Vorsorge für den plötzlichen Ausfall des einzigen Mitglieds des vertretungsberechtigten Organs (Tod oder Amtsniederlegung). Im Fall der Unternehmensbestattung trachtet allerdings sowieso keiner der Beteiligten nach mehr als bestenfalls formaler Erfüllung der im Insolvenzfall zu erfüllenden Pflichten. 35

7. Einsetzen der Insolvenzantragspflicht

Sie setzt ein mit **Überschuldung**, § 19 InsO,[62] oder **vorhandener Zahlungsunfähigkeit**, § 17 InsO,[63] während das vertretungsberechtigte Organ bei drohender Zahlungsunfähigkeit, § 18 InsO, lediglich die Möglichkeit, nicht aber die Pflicht hat, Insolvenz anzumelden. Es darf dann auch passiv bleiben oder ein Restrukturierungsverfahren einleiten, § 31 Abs. 1–3 StaRUG. Insoweit ist die Gesellschafterversammlung weisungsbefugt.[64] Auch bei drohender Zahlungsunfähigkeit ist je nach den Umständen die Eröffnung als Regelinsolvenz-, als Plan- oder als Verfahren unter Eigenverwaltung zulässig. Um die Sanierungschancen zu verbessern, kann seit Inkrafttreten des ESUG[65] am 1.3.2012 ein bis zu dreimonatiges sog. Schutzschirmverfahren, § 270b InsO, vorgelagert werden, wenn noch 36

---

58) Dafür überzeugend *Spiekermann*, ZInsO 2022, 1592; *Sternal*, NZI 2022, 274 m. w. N. gegen AG Hannover, Beschl. v. 30.11.2021 – 903 IN 451/21, NZI 2022, 270.

59) LG Kleve, Beschl. v. 21.3.2017 – 4 T 577/16, ZIP 2017, 1955 = NZI 2017, 996; dazu ablehnend *Köhler-Ma/de Bruyn*, ZIP 2018, 261; *Müller/Rautmann*, ZInsO 2017, 2408; AG Oldenburg, Beschl. v. 24.6.2016 – 65 IN 9/16, ZIP 2016, 1936 = NZI 2016, 925.

60) Zur Frage der zivilrechtlichen Haftung der Gesellschafter nach § 64 Satz 1 GmbHG a. F. vgl. *L. Beck*, GmbHR 2017, 181.

61) Übersicht über die Pflichten eines GmbH-Geschäftsführers in der (sich anbahnenden) Krise bei *Geißler*, DZWIR 2011, 309; *Kruth/Jakobs*, DStR 2019, 999, je m. w. N.

62) Zu ökonomischen Aspekten *Oehlrich*, NZI 2022, 593.

63) Zur Sicht des *IDW* vgl. *Zabel/Pütz*, ZIP 2015, 912.

64) *Kebekus/Zenker* in: FS Maier-Reimer, 2010, S. 319, 334.

65) Gesetz zur weiteren Erleichterung der Sanierung von Unternehmen (ESUG), v. 7.12.2011, BGBl. I, 2011, 2582.

keine Zahlungsunfähigkeit vorliegt. Droht sie lediglich (oder ist nur Überschuldung zu verzeichnen), so darf währenddessen der Schuldner einen Insolvenzplan vorlegen. Das Gericht prüft nicht wie andernfalls eigenständig die wirtschaftliche Lage, sondern es ist Sache des schuldnerischen Unternehmens, beim Stellen des Schutzschirm-Antrags eine Bescheinigung über die (u. a. Sanierungs-)Voraussetzungen selbst vorzulegen, § 270b Abs. 1 Satz 3 InsO. Erst nach Ablauf der Frist von drei Monaten oder bei zuvor entstandenem neuen Handlungsbedarf, z. B. Eintritt der Zahlungsunfähigkeit, hat das Gericht über die Eröffnung des Insolvenzverfahrens zu entscheiden, § 270b Abs. 4 Satz 3 InsO, ggf. als Planverfahren. Insolvenzverschleppung ist ein **Dauerdelikt**, welches erst beendet ist, wenn die Pflicht entfällt, z. B. mittels eines verspäteten Eröffnungsantrags.[66)]

37 Die **Begriffe** Überschuldung, drohende oder eingetretene Zahlungsunfähigkeit sind **strafrechtlich wie im Insolvenzrecht** zu verstehen (siehe allgemein oben Rz. 18 ff.).[67)] Welcher dieser Insolvenzauslösetatbestände zuerst eintritt, ist sachverhaltsabhängig. Regelmäßig tritt jedoch Überschuldung vor Zahlungsunfähigkeit ein. Zahlungsunfähigkeit kann vorliegen, ohne dass sie zuvor gedroht hat (z. B. bei plötzlicher Insolvenz des Hauptabnehmers und damit verbundener sofortiger Kreditkündigung). Drohende kann eingetretener Zahlungsunfähigkeit nachfolgen, wenn Letztere zwischenzeitlich überwunden wurde. Während Zahlungsunfähigkeit zumindest theoretisch sinnlicher Wahrnehmung zugänglich ist, handelt es sich beim Phänomen der Überschuldung um eine bewertungsgestützte Rechenoperation mit dem Ergebnis, dass nicht (mehr) sämtliche Verbindlichkeiten der Gesellschaft von deren Vermögen gedeckt sind. Insolvenzrechtlich maßgeblich sind aber für beide Fälle allein die juristisch determinierten Begriffe.

a) Überschuldung

aa) Definition

38 Die Rechtsprechung des BGH in Zivilsachen zur Konkursordnung folgte seit der *Dornier-Entscheidung*[68)] dem sog. **modifizierten zweistufigen Überschuldungsbegriff.** Weil dieser das Risiko einer Fehlprognose auf die Gläubigergesamtheit überwälzt, entschied sich der Bundesgesetzgeber bei Verabschiedung der Insolvenzordnung im Jahr 1994 bewusst gegen dieses Verständnis und legte fest, dass das Ergebnis der Fortbestehensprognose lediglich darüber entscheide, ob dem aufzustellenden Insolvenzstatus Liquidations- oder going-concern-Werte zugrunde zu legen seien. Weil derselbe Bundesgesetzgeber vierzehn Jahre später angesichts der Bankenkrise (im Anschluss an den Zusammenbruch von *Lehman Brothers*) befürchtete, dass der seit 1999 maßgebliche Überschuldungsbegriff (zu) viele, v. a. kleinere und mittlere Unternehmen zwänge, Insolvenzantrag zu stellen, kehrte er in einem einwöchigen Gesetzgebungsverfahren (mit Entfallen der Befristung im Jahre 2012: als Dauerrecht)[69)] zum modifizierten zweistufigen Überschuldungsbegriff[70)] zurück.

---

66) OLG Hamm, Urt. v. 12.1.2017 – 1 RVs 95/16, Rz. 15, NZWiSt 2018, 69.

67) Zu einigen Grundbegriffen s. BGH, Urt. v. 27.3.2012 – II ZR 171/10, ZInsO 2012, 1177 = ZIP 2012, 1174, dazu EWiR 2012, 457 *(Wackerbarth)*; dazu *Bittmann*, ZWH 2012, 355; *Hoops*, ZWH 2012, 376.

68) BGH, Urt. v. 13.7.1992 – II ZR 269/91, Rz. 15, BGHZ 119, 201 = ZIP 1992, 1382.

69) Art. 18 des Gesetzes zur Einführung einer Rechtsbehelfsbelehrung im Zivilprozess und zur Änderung anderer Vorschriften, BGBl. I, 2012, 2418, 2424; dazu *Beck*, KSI 2013, 75. Zur Sinnhaftigkeit der Überschuldung als Insolvenzauslösetatbestand vgl. *Bitter/Hommerich/Reiß*, ZIP 2012, 1201. (vorbereitende Expertenbefragung für das BMJV im Vorfeld der Umwandlung des 2008 zunächst vorübergehend normierten modifizierten Überschuldungsbegriffs zu gesetzlichem Dauerrecht); für juristische Irrelevanz de lege ferenda *Westphal* in: FS Kayser, 2019, S. 1109 – mit ausführlichem Überblick über die abwechselungsreiche Geschichte des Begriffsverständnisses; dazu auch *Gehrlein*, GmbHR 2021, 183; rechtsvergleichend *Haas/Hoffmann* in: FS Beck, 2016, S. 223.

70) BGH, Urt. v. 13.7.2021 – II ZR 84/20 (Air Berlin), Rz. 68, BGHZ 230, 255 = ZRI 2021, 712.

Der nunmehr geltende § 19 Abs. 2 InsO enthält **zwei Elemente**, die **kumulativ** vorliegen müssen: 39

- **Rechnerische Überschuldung** auf der Basis eines Vermögensstatus nach **Liquidationswerten** und
- **negative Fortbestehensprognose.**[71)]

Letztere ist regelmäßig mit geringerem Aufwand zu erstellen als der Überschuldungsstatus, in den nicht etwa die Bilanzwerte Eingang finden dürfen, sondern die Aktiva mit ihrem aktuell festzustellenden Liquidationswert. Dessen bedarf es im Fall vorliegender positiver Fortbestehensprognose nicht, weil damit im Rechtssinne keine Überschuldung mehr vorliegen kann. 40

bb) Fortbestehensprognose

Das Gesetz selbst definiert nicht, was unter einer Fortbestehensprognose zu verstehen ist und unter welchen Voraussetzungen sie als positiv anzusehen ist. Der BGH hat einen Rahmen festgeschrieben.[72)] 41

- Die erste Voraussetzung, notwendig, aber keineswegs hinreichend, ist subjektiv der **Wille zur Fortführung.** Dabei kommt es insolvenz(straf)rechtlich nicht auf die Fortsetzung der werbenden Tätigkeit an, sondern darauf, ob das Potenzial zu vollständiger Schuldendeckung besteht. Das kann auch der Fall sein, wenn anzunehmen ist, dass die Gläubiger i. R. einer Liquidation außerhalb eines Insolvenzverfahrens komplett befriedigt werden.[73)]

---

71) Von der Rspr. anerkannt in der sog. *Dornier-Entscheidung*, Urt. v. 13.7.1992 – II ZR 269/91, Rz. 15, BGHZ 119, 201 = ZIP 1992, 1382. Der InsO lag zwar bei Inkrafttreten am 1.1.1999 ein anderes Begriffsverständnis zugrunde, bei dem die Fortbestehensprognose lediglich dafür maßgeblich war, ob im Überschuldungsstatus going-concern oder Liquidationswerte anzusetzen waren. Während der Bankenkrise kehrte der Gesetzgeber jedoch zu dem jetzigen, seit 2012 als Dauerrecht normierten Begriffsverständnis zurück, vgl. *d'Avoine* in: FS Runkel, 2009, S. 263; *Groß* in: FS Wellensiek, 2011, S. 23; Das *IDW*, Zusammenwirken von handelsrechtlicher Fortführungsannahme und insolvenzrechtlicher Fortbestehensprognose (Positionspapier), KSI 2013, 70, aufgenommen von BGH, Urt. v. 13.7.2021 – II ZR 84/20 (Air Berlin), Rz. 87, BGHZ 230, 255 = ZRI 2021, 712, differenziert zwischen einer (in § 252 Abs. 1 Nr. 2 HGB erwähnten) handelsrechtlichen Fortführungs- und einer insolvenzrechtlichen Fortbestehensprognose; dazu *Groß*, KSI 2013, 64 m. w. N.; s. a. *Gehrlein*, WM 2018, 1; *Hermanns/Blome*, ZInsO 2018, 362, 363: Fortführungsprognose, § 252 Abs. 1 Nr. 2 HGB, Fortbestehensprognose, § 18 Abs. 2 InsO.

72) BGH, Beschl. v. 9.10.2006 – II ZR 303/05, Rz. 3, ZIP 2006, 2171 = NZI 2007, 44; BGH, Urt. v. 18.10.2010 – II ZR 151/09, Rz. 13, ZIP 2010, 2400 = NZG 2010, 1393, dazu EWiR 2011, 353 *(Freitag)*; auch BGH, Urt. v. 26.1.2017 – IX ZR 285/14, Rz. 24, BGHZ 213, 374 = ZIP 2017, 427, dazu EWiR 2017, 173 *(Wagner)*; BGH, Urt. v. 23.1.2018 – II ZR 246/15, Rz. 23, ZInsO 2018, 815; BGH, Urt. v. 13.7.2021 – II ZR 84/20 (Air Berlin), Rz. 74, 77–85, BGHZ 230, 255 = ZRI 2021, 712; *Ackermann/Haßlinger/Krauß*, DB 2019, 2697; *Fischer*, NZI 2016, 665; *Glöckler/Lemmermann*, ZInsO 2023, 2245; *Pfordte/Sering* in: Leitner/Rosenau, Wirtschafts- und Steuerstrafrecht, § 19 InsO Rz. 9; *Hermanns/Blome*, ZInsO 2018, 362; *Kring*, wistra 2013, 257, 258; *Püschel* in: FS Rissing-van Saan, 2011, S. 471, 480 f.; *Riegger/Spahlinger* in: FS Wellensiek, 2011, S. 119; *Sikora*, BBK 2022, 861; *Wolf*, ZWH 2014, 94; auch *Zabel* in: FS Kübler, 2015, S. 825; zur Frage, unter welchen Umständen die Fortbestehensprognose positiv ausfällt *Krauß/Ackermann*, ZInsO 2019, 1878.

73) BGH, Urt. v. 13.7.2021 – II ZR 84/20 (Air Berlin), Rz. 77, BGHZ 230, 255 = ZRI 2021, 712; *Morgen/Rathje*, ZIP 2018, 1955.

– Zusätzlich bedarf es jedoch objektiv des Aufstellens einer auf ausreichender Beurteilungsgrundlage beruhenden[74] und in (ggf. sehr kurzen) zeitlichen Abständen auf ihren Fortbestand zu überprüfender[75] **Zukunftsprognose** auf Basis einer **betriebswirtschaftlichen Analyse** der Ist-Situation. Zusätzlich sind (nach einem pragmatischen Maßstab) sämtliche **zugänglichen einschlägigen Erkenntnisse** zu berücksichtigen. Ein Schwerpunkt ist dabei auf die **Marktentwicklung** zu legen.[76] Auf Basis eines Ertrags- und Finanzplans ist ein aussagekräftiges Konzept zu erstellen.[77] Während zuvor die h. M. eine Prognose bis zum übernächsten Bilanzstichtag und damit für maximal 24 Monate für geboten erachtete, setzte der Gesetzgeber ab dem 1.1.2021 die Dauer auf lediglich zwölf Monate fest.[78] Mit dieser Entschärfung und zugleich Verringerung des Anwendungsbereichs des § 15a Abs. 4–6 InsO ist die Überschuldung nunmehr in der Mitte zwischen drohender und eingetretener Zahlungsunfähigkeit positioniert – und hat partiell ihre an sich intendierte Eigenständigkeit[79] eingebüßt.[80]

Praxishinweis

Selbst wenn das Unternehmen über eigene Kapazitäten verfügt, eine solche Fortbestehensprognose anzustellen, sollte es davon bei virulenten Anzeichen einer akuten Krise keinen Gebrauch machen, weil die eigene Betroffenheit allzu schnell Auswirkungen auf die Entscheidung von Zweifelsfragen haben kann. Hier ist sachkundige, emotional unbeteiligte externe Hilfe gefragt.

42 Dabei handelt es sich nicht nur um einen (guten oder bösartigen) Ratschlag. Vielmehr besteht der juristische Hintergrund darin, dass **nur** eine vom Gesetz, sprich: von den Gerichten anerkannte **(positive) Fortbestehensprognose** das Vorliegen des **Überschuldungstatbestands sperrt.**[81] Das folgt aus der Wortfassung des § 19 Abs. 2 Satz 1 InsO: Er formuliert als Regel, dass Überschuldung vorliegt, wenn das Vermögen die bestehenden Verbindlichkeiten nicht (mehr) deckt. Diese Regel gilt nur dann nicht, wenn die als Ausnahme normierte Besonderheit einer trotzdem überwiegend wahrscheinlichen Fortführung besteht. Das bedeutet, dass zivilrechtlich trotz rechnerischer, im Status ausgewiesener Überschuldung dann, d. h.: *nur* dann, keine rechtliche Überschuldung zu beja-

---

74) BGH, Urt. v. 13.7.2021 – II ZR 84/20 (Air Berlin), Rz. 68, BGHZ 230, 255 = ZRI 2021, 712. Der Senat verlangt für Zusagen Dritter regelmäßig Rechtsverbindlichkeit, z. B. Rz. 74 f. und 77, mit der Folge, dass der Anspruch gegen den Dritten insolvenzfest ist, Rz. 81, lässt bloß überwiegende Wahrscheinlichkeit nicht ausreichen und verlangt zusätzlich die Prüfung der Wahrscheinlichkeit der Einhaltung, Rz. 79, hält aber in engen Grenzen auch eine weiche Patronatserklärung für ausreichend, Rz. 80 f., nicht aber allein die in der Vergangenheit bewiesene Verlässlichkeit des Patrons, Rz. 82 und 84, erst recht nicht bei bestehender Kündigungsmöglichkeit, Rz. 85.

75) BGH, Urt. v. 13.7.2021 – II ZR 84/20 (Air Berlin), Rz. 71 und 85, BGHZ 230, 255 = ZRI 2021, 712.

76) *Richter* in: Müller-Gugenberger, Wirtschaftsstrafrecht, Rz. 79.19.

77) BGH, Urt. v. 13.7.2021 – II ZR 84/20 (Air Berlin), Rz. 68, BGHZ 230, 255 = ZRI 2021, 712.

78) Dafür plädierte im Vorfeld des SanInsFoG *Brinkmann*, NZI 2019, 921; die Notwendigkeit situationsbedingter längerer Perspektive betonen *Neu/Senger*, GmbHR 2021, 517.

79) Dazu ausführlich *Drukarczyk* in: FS Baums, 2017, S. 339, der jedoch zutreffend auf die masseschmälernden Auswirkungen einer sorgfältigen Überschuldungsprüfung als contraproduktive Nebenwirkung verweist; rechtsvergleichend *Haas/Hoffmann* in: FS Beck, 2016, S. 223; für juristische Irrelevanz de lege ferenda *Westphal* in: FS Kayser, 2019, S. 1109.

80) *Bittmann/Cramer*, wistra 2022, 93, 94 f.; zum Verständnis von Überschuldung und drohender Zahlungsunfähigkeit seit dem 1.1.2021 *Pluta*, NZI Beilage Heft 5/2021, 22. Damit unvereinbar ist die vor dem SanInsFoG getroffene Aussage des II. Zivilsenats (BGH, Urt. v. 19.11.2019 – II ZR 53/18, Rz. 27 m. w. N., NZWiSt 2020, 246 = NZI 2020, 167), drohende Zahlungsunfähigkeit stehe einer positiven Fortführungsprognose i. R. der Prüfung der Überschuldung entgegen (sie ging in ihrer Absolutheit schon zuvor zu weit, Anm. *Michaelis/Kemper*, NZWiSt 2020, 249; zu Auswirkungen des SanInsFoG auf die Fortbestehensprognose *Neu/Senger*, GmbHR 2021, 517.

81) A. A. *Püschel* in: FS Rissing-van Saan, 2011, S. 471, 481.

hen ist, **wenn** trotz Krisenanzeichen[82)] **tatsächlich**, und notwendigerweise als Ex-ante-Betrachtung[83)]

- eine Fortbestehensprognose angestellt wurde, und
- diese positiv ausgefallen ist.

Wurde bereits keine diesen Namen rechtlich verdienende Fortbestehensprognose aufgestellt, so liegt allein schon bei einem auf Basis von Liquidationswerten erstellten, eine rechnerische Überschuldung ausweisenden Status auch rechtlich Überschuldung vor. 43

Das gilt in Anwendung der **insolvenzrechtsakzessorischen Auslegung** auch in **strafrechtlicher Hinsicht**. Dabei handelt es sich um eine Entscheidung darüber, welche Anforderungen für die Annahme einer Überschuldung auch im Strafrecht zu stellen sind. Das ist eine Frage der **Auslegung geltenden Rechts**. Dafür gilt der Grundsatz **in dubio pro reo nicht**.[84)] Er hat seinen Anwendungsbereich als Entscheidungsregel, wenn das Gericht am Ende der Beweisaufnahme **Zweifel** am **Vorliegen tatsächlicher Voraussetzungen** hegt, die für das Bejahen eines Tatbestands, konkret einer für den Schuld- oder Rechtsfolgenausspruch unmittelbar entscheidungserheblichen Tatsache erforderlich sind.[85)] Darum geht es vorliegend aber gerade nicht. Daher ist es auch strafrechtlich irrelevant, ob eine Fortbestehensprognose positiv ausgefallen wäre, wäre sie denn aufgestellt worden: nur wenn eine solche notwendig war, rechtzeitig (und nicht etwa nachträglich!) eingeholt wurde und mit positivem Ergebnis unter Erfüllung der rechtlichen Anforderungen tatsächlich vorlag, vermag sie (tatbestandlich) Rechtswirkungen zu entfalten. 44

Beim Aufstellen der **Prognose** treten unvermeidlich **Unsicherheiten** auf. Dabei ist zu unterscheiden: 45

- Soweit **gegenwärtige Tatsachen** zu berücksichtigen sind, gilt im Fall von deren Nichterweislichkeit der Grundsatz in dubio pro reo.
- Im Hinblick auf **zukünftige Entwicklungen** darf hingegen nicht die für den Schuldner günstigste Annahme zugrunde gelegt werden. **Maßgeblich** ist vielmehr die vom Gutachter herzuleitende und zu begründende (im Bedarfsfall gerichtlich überprüfbare) Prognose über den **Grad der Wahrscheinlichkeit des Eintritts** bestimmter Geschehnisse. Zugrundezulegen ist demnach die wahrscheinlichste Entwicklung.

Bestand Anlass, eine **Fortbestehensprognose** anzustellen und wurde dies **versäumt**, so kann es allerdings gleichwohl sachgerecht sein, sie retrospektiv erstellen zu lassen. Endet sie mit einer überzeugenden positiven Fortbestehensprognose, so wirkt sich dies im Ermittlungs- oder Strafverfahren bei den Rechtsfolgen gewiss mildernd aus (ggf. bis hin zur Anwendung des § 153 StPO, Einstellung ohne Auflagen). 46

cc) Überschuldungsstatus

Fällt die (zuerst) erstellte Fortbestehensprognose **negativ** aus, so ist es geboten, einen sog. **Überschuldungsstatus** zu erstellen. In ihm sind alle **bestehenden Verbindlichkeiten** 47

82) *Pickerell*, NZI 2018, 609.

83) BGH, Urt. v. 13.7.2021 – II ZR 84/20 (Air Berlin), Rz. 69, BGHZ 230, 255 = ZRI 2021, 712.

84) BGH, Beschl. v. 16.12.1959 – 4 StR 484/59, BGHSt 14, 68, 73 = NJW 1960, 540; unzutreffend *Pfordte/Sering* in: Leitner/Rosenau, Wirtschafts- und Steuerstrafrecht, § 19 InsO Rz. 11.

85) BGH, Urt. v. 16.8.2012 – 3 StR 180/12, Rz. 9, NStZ-RR 2013, 20; BGH, Urt. v. 2.9.2009 – 2 StR 229/09, Rz. 16, NStZ 2010, 102.

den **aktuell vorhandenen Vermögenswerten gegenüberzustellen.**[86] Dem Zweck entsprechend festzustellen, ob der Wert aller Aktiva im Fall ihrer Versilberung genügt, um einen die Verbindlichkeiten abdeckenden Erlös zu erzielen, sind im Überschuldungsstatus **Liquidationswerte** anzusetzen.[87] Dies geschieht weitgehend mittels **Korrektur**[88] der in die **Jahresbilanz eingegangenen**, bestenfalls indizielle Bedeutung[89] aufweisenden **Werte**, und zwar sowohl auf der Aktiv- wie auf der Passivseite. Es sind die Werte anzusetzen, die beim Verkauf entweder des Unternehmens als Ganzes oder seiner einzelnen Teile mit überwiegender Wahrscheinlichkeit erzielt werden können. Sie fallen unterschiedlich aus je nachdem, wie hoch der Verkaufsdruck ist. Je mehr Zeit zur Verfügung steht, desto höher ist die Wahrscheinlichkeit, den Marktpreis auch tatsächlich erzielen zu können. **Stille Reserven**[90] werden auf diese Weise zwangsläufig **aufgedeckt**, denn sie bestimmen den aktuellen Preis mit. Verbindlichkeiten, die in der Insolvenz nicht oder nur **nachrangig**, kraft Gesetzes, z. B. § 39 Abs. 1 Nr. 5 InsO,[91] oder vereinbarungsgemäß, §§ 19 Abs. 2 Satz 2 i. V. mit § 39 Abs. 2 InsO (mittels harter, kein Ermessen zulassender Patronatserklä-

86) *Püschel* in: FS Rissing-van Saan, 2011, S. 471, 481; *Pelz/Grotebrune*, Strafrecht in Krise und Insolvenz, Rz. 67–97 und Rz. 159–163 (allerdings nicht immer die zuweilen härteren Anforderungen der Rspr. berücksichtigend); zur Frage der Berücksichtigung von Ansprüchen gegen Geschäftsführer und Gesellschafter im Überschuldungsstatus der GmbH vgl. *Frystatzki*, NZI 2013, 161; zum evtl. Erfordernis einer Unternehmensbewertung unter Geltung des ESUG *Nickert* in: FS Haarmeyer, 2013, S. 175. Einer Versicherungsagentur wohnt grundsätzlich kein Goodwill als über den Substanzwert hinausgehender Firmenwert inne, BGH, Beschl. v. 4.12.2013 – XII ZB 534/12, Rz. 11 ff., NJW 2014, 625; s. a. OLG Frankfurt/M., Urt. v. 2.6.2017 – 25 U 107/13, GmbHR 2017, 974. Forderungen, die eingeklagt werden müssen, dürfen nicht aktiviert werden, OLG Hamburg, Urt. v. 13.10.2017 – 11 U 53/17, ZIP 2017, 2197, dazu EWiR 2018, 141 *(Ruppert)*. Auf die Herkunft der Mittel kommt es nicht an, so dass auch solche aus illegaler Quelle zu berücksichtigen sind, BGH, Beschl. v. 16.5.2017 – 2 StR 169/15, Rz. 34 f., ZInsO 2017, 1364 – zweifelnd aber Rz. 30 a. E.; einschränkend bei betrügerischer Herkunft BGH, Beschl. v. 23.7.2015 – 3 StR 518/14, Rz. 20, NStZ-RR 2015, 341 = NZI 2016, 17, dagegen *Bittmann*, ZWH 2015, 373; s. a. BGH, Beschl. v. 5.7.2012 – 5 StR 380/11, wistra 2012, 387 = ZWH 2012, 25, m. abl. Anm. *Bittmann*.

87) Der BGH spricht (nicht ganz eindeutig) von „Verkehrs- oder Liquidationswerten", BGH, Urt. v. 19.1.2016 – II ZR 303/14, Rz. 26, GWR 2016, 208; der BFH, Urt. v. 18.4.2023 – VII R 20/20, Rz. 30–36, ZRI 2023, 815 = ZVI 2023, 459, stellt (für den Fall der Anfechtung) auf den zu erwartenden Versteigerungserlös ab.

88) OLG Schleswig, Urt. v. 29.9.2021 – 9 U 11/21, Rz. 26, ZRI 2021, 973 = NZG 2022, 173, hält – den wirtschaftlichen Gegebenheiten Rechnung tragend – einen Verlustausgleichsanspruch analog § 302 AktG im Fall faktischer Beherrschung für aktivierbar; ebenso BGH, Urt. v. 18.1.2022 – II ZR 71/20, NZG 2022, 658 = ZIP 2022, 793, für den Fall vertraglich zugesicherter Verlustübernahme.

89) BGH, Urt. v. 19.11.2019 – II ZR 53/18, Rz. 21 m. N., NZWiSt 2020, 246 = NZI 2020, 167; OLG Schleswig, Urt. v. 29.9.2021 – 9 U 11/21, Rz. 19; ZRI 2021, 973 = NZG 2022, 173; *Pfordte/Sering* in: Leitner/Rosenau, Wirtschafts- und Steuerstrafrecht, § 19 InsO Rz. 13 f.; zur gleichwohl bestehenden Pflicht des Geschäftsführers, die Plausibilität zu prüfen KG Berlin, Urt. v. 28.4.2022 – 2 U 39/18, ZRI 2022, 461 = NZI 2022, 573, m. Anm. *Baumert*.

90) Dazu BGH, Beschl. v. 16.5.2017 – 2 StR 169/15, Rz. 28, 18, ZInsO 2017, 1364.

91) Zu Ausnahmen aufgrund des Kleinbeteiligtenprivilegs des § 39 Abs. 5 InsO vgl. BGH, Urt. v. 26.1.2023 – IX ZR 85/21, ZRI 2023, 292 = ZInsO 2023, 856, dazu *Weber*, ZIP 2129; BGH, Urt. v. 20.4.2023 – IX ZR 44/22, ZRI 2023, 483 = NZG 2023, 1019, m. Anm. *Haas*.

rung,[92] Rangrücktrittsvereinbarung[93] auch eines stillen Gesellschafters[94] oder – zweifelhaft – auch faktischer Beherrschung,[95] nicht bei privilegierter Rückführung nach § 2 Abs. 1 Nr. 2 COVInsAG[96]), vom BGH als **Verträge zugunsten Dritter**, der Gläubigergesamtheit, angesehen, von denen der Verpflichtete auch vorinsolvenzlich nicht einseitig Abstand nehmen kann,[97] zu bedienen sind,[98] zählen ebenso wenig zu den im Überschul-

---

92) BGH, Urt. v. 13.7.2021 – II ZR 84/20 (Air Berlin), Rz. 74, 77–85, BGHZ 230, 255 = ZRI 2021, 712; dazu *Bittmann*, wistra 2021, 461 (auf Verbindlichkeit der Finanzierungszusage für Start-ups verzichtend OLG Düsseldorf, Beschl. v. 20.7.2021 – 12 W 7/21, NZG 2021, 1266, m. Anm. *de Raet*; dazu auch *Martini/Karrasch*, NZI 2021, 858; ebenso OLG Schleswig, Urt. v. 29.9.2021 – 9 U 11/21, z. B. Rz. 23, ZRI 2021, 973 = NZG 2022, 173; dazu abgrenzend OLG Düsseldorf, Beschl. v. 9.2.2022 – 12 U 54/21, NZI 2022, 558, m. Anm. *Swierczok/Labusga* = NZG 2022, 974); BGH, Urt. v. 8.1.2001 – II ZR 88/99, Rz. 13, BGHZ 146, 264 = ZIP 2001, 235, dazu EWiR 2001, 329 *(Priester)*; fortentwickelt OLG Düsseldorf, Urt. v. 27.7.2023 – I-12 U 59/22, Rz. 28, ZInsO 2023, 2100, wortgleich OLG Düsseldorf, Urt. v. 16.8.2023 – 12 U 59/22, Rz. 28, ZRI 2023, 909 = GmbHR 2023, 1203. Patronatserklärungen (ausländische stehen deutschen gleich, *Pagels/Lüder*, WPg 2017, 230) können nur mit Wirkung für die Zukunft gekündigt werden, BGH, Urt. v. 20.9.2010 – II ZR 296/08, BGHZ 187, 69 = ZIP 2010, 2092, dazu EWiR 2010, 757 *(Guski)*; *Böcker*, DZWIR 2011, 93; *Maier-Reimer/Etzbach*, NJW 2011, 1110; *Tetzlaff*, DZWIR 2011, 181; s. a. BGH, Beschl. v. 12.1.2017 – IX ZR 95/16, ZIP 2017, 337 = ZInsO 2017, 318, dazu EWiR 2017, 209 *(Müller)*, dazu ablehnend *Harnos*, ZIP 2017, 1149; kritisch *Kessler*, BB 2017, 658; zu den Anforderungen *Bales*, ZInsO 2023, 1457; zur Formulierungspraxis zwecks Passivierungsverzichts im Überschuldungsstatus, nicht aber in der Handels- und Steuerbilanz BFH, Urt. v. 19.8.2020 – XI R 32/18, BStBl. II 2021, 279 = NZI 2021, 53 m. Anm. *Diemer/Riewe*; zum Einsatz bei Anhängigkeit einer Restrukturierungssache *Bölingen/Oetzmann*, ZInsO 2021, 1598.

93) Vgl. BGH, Teil-Urt. v. 12.12.2019 – IX ZR 77/19, Rz. 25, ZRI 2020, 121 = NZI 2020, 269 – mit besonderen Anforderungen bei AGB-Vereinbarungen mit Verbrauchern; OLG Hamburg, Urt. v. 13.4.2018 – 11 U 127/17, ZIP 2019, 466 = NZG 2019, 828; LG Stuttgart, Urt. v. 15.6.2022 – 27 O 335/21, ZRI 2022, 747 = ZInsO 2022, 1635 (nicht jede Leistung eines Gesellschafters ist nachrangig); *Haas* in: FS Prütting, 2018, S. 669; zur Abgrenzung BFH, Urt. v. 19.8.2020 – XI R 32/18, DStR 2020, 2716 = NZI 2021, 53; zu den Anforderungen *Becker*, NZI 2020, 819; bei nachträglich eingeräumtem Rangrücktritt in der Zeit vor dem eigenen Insolvenzantrag unterliegt diese Vereinbarung der Insolvenzanfechtung, LG Hannover, Urt. v. 16.6.2023 – 7 O 68/22, ZRI 2023, 673 = NZI 2023, 668; LG Dresden, Urt. v. 26.7.2023 – 8 O 2980/21, ZRI 2023, 959 = ZIP 2023, 1780; s. a. OLG Frankfurt/M., Urt. v. 23.10.2019 – 13 U 99/18, NZG 2020, 140 = ZIP 2020, 75 – Finanzplankredit typischerweise kündbar.

94) Dazu *Gehrlein*, ZInsO 2022, 1.

95) OLG Schleswig, Urt. v. 29.9.2021 – 9 U 11/21, Rz. 26, ZRI 2021, 973 = NZG 2022, 173.

96) *Mock*, NZI 2020, 405.

97) BGH, Urt. v. 5.3.2015 – IX ZR 133/14, BGHZ 204, 231 = ZIP 2015, 638, dazu EWiR 2015, 219 *(Bork)*; LG Hagen, Urt. v. 27.6.2023 – 21 O 26/20, ZInsO 2023, 2113; ausführlich zu den Folgen *Ekkenga*, ZIP 2017, 1493; *Pöschke*, NZG 2017, 1408; auch *Wehning*, DStR 2017, 615; kritisch v. a. zur dogmatischen Konstruktion *K. Schmidt*, ZIP 2015, 901; s. a. BGH, Urt. v. 6.12.2018 – IX ZR 143/17, Rz. 24, 31–33, BGHZ 220, 280 = ZIP 2019, 679. Zur Passivierungspflicht jenseits der Überschuldungsbilanz *Kahlert*, WPg 2017, 602, und die Kontroverse zwischen *Oser*, DStR 2017, 1889 bzw. 2832, und *Briese*, DStR 2017, 2835 sowie 2836; s. a. OLG Hamburg, Urt. v. 13.4.2018 – 11 U 127/17, ZIP 2019, 466 = NZG 2019, 828 (Rev. war anhängig unter BGH: II ZR 163/18); zu steuerlichen Konsequenzen vgl. *Mayer/Wagner*, DStR 2017, 2025. Zu von mittelbaren Gesellschaftern gewährten Darlehen vgl. *d'Avoine/Michels*, ZIP 2018, 60.

98) Bei gewährten Genussrechten hängt der Rang von der Vereinbarung ab, BGH, Urt. v. 22.3.2018 – IX ZR 99/17, Rz. 31, 45, ZIP 2018, 882, dazu EWiR 2018, 341 *(Seibt)*; auch *Vos*, NZI 2018, 486; s. a. OLG Schleswig, Urt. v. 4.6.2017 – 11 U 96/16, rkr., ZIP 2017, 1075. Mit der Handhabung von Rückstellungen befasst sich *Wiester* in: FS Wellensiek, 2011, S. 155.

dungsstatus zu berücksichtigenden Passiva wie das Eigenkapital,[99] wohl aber die Liquidations-, d. h. die Kosten des Insolvenzverfahrens.[100] Folgt aus dem Vergleich ein Überwiegen der Verbindlichkeiten über die Vermögenswerte, so liegt rechnerische, i. V. mit der negativen Fortbestehensprognose demnach auch **rechtliche Überschuldung** vor und es besteht die Pflicht zur Insolvenzanmeldung.

b) Zahlungsunfähigkeit

aa) Fälligkeit

48 § 17 Abs. 2 InsO definiert die **Zahlungsunfähigkeit** als **Unfähigkeit, die fälligen Zahlungspflichten[101] zu erfüllen.** Der Wortlaut ist in verschiedener Hinsicht nicht eindeutig.[102] Das gilt zunächst für die Frage der Fälligkeit. Die Rechtsprechung lehnt eine Gleichsetzung mit dem Begriffsverständnis bei § 271 BGB ab. Damit will sie, sofern sie nicht erzwungen sind,[103] auch rein **tatsächlichen Stundungen**[104] Rechnung tragen, seien

---

99) BGH, Urt. v. 8.1.2001 – II ZR 88/99, e contrario Rz. 14 BGHZ 146, 264 = ZIP 2001, 235; BGH, Versäumnisurt. v. 11.7.2019 – IX ZR 210/18, Rz. 12–18, ZInsO 2020, 25 = wistra 2020, 80, m. Anm. *Bittmann*; BFH, Urt. v. 10.8.2016 – I R 25/15, ZIP 2017, 818; zivilrechtlich zu den geringen Unterschieden, zu denen das am 1.11.2008 in Kraft getretene MoMiG ggü. dem früheren Kapitalersatzrecht führte *Gehrlein* ZInsO 2019, 2133; diese herausstellend *Kayser* in: FS Smid, 2022, S. 169; nach OLG Schleswig, Urt. v. 8.2.2017 – 9 U 84/16, GmbHR 2017, 527 = ZIP 2017, 622, fallen Gewinnausschüttungen nicht unter § 135 InsO; strafrechtlich *Richter* in: Müller-Gugenberger, Wirtschaftsstrafrecht, Rz. 78.22, 82.37–43 und 87.6. Rückzahlungen trotz Insolvenzreife oder zu ihr führend sind nicht nur als Untreue, sondern auch als Bankrott (und nicht bloß als Gläubigerbegünstigung) strafbar, BGH, Urt. v. 9.3.2017 – 3 StR 424/16, Rz. 16 ff., wistra 2017, 351, m. zust. Anm. *Bittmann*; **a. A.** *C. Brand*, NZI 2017, 518. Zur Verbuchung von Freistellungs- und Rückgriffsanspruch ohne Rangrücktritt s. OLG Hamburg, Urt. v. 13.4.2018 – 11 U 127/17, ZIP 2019, 466 = NZG 2019, 828 (Rev. war anhängig unter BGH: II ZR 163/18). Zur Anwendung von §§ 30 f. GmbHG auf Kommanditisten bei der GmbH & Co. KG *Schmolke*, GmbHR 2023, 1019.

100) **A. A.** *Pelz/Grotebrune*, Strafrecht in Krise und Insolvenz, Rz. 71; zur Berücksichtigung der Kosten im Fall einer Restrukturierungssache vgl. *Harig/Jürgens*, NZI 2021, 911.

101) Wie streitige Verbindlichkeiten zu berücksichtigen sind, ist nach wie vor nicht endgültig geklärt. BGH, Urt. v. 22.4.2014 – IX ZR 95/13, Rz. 33, ZIP 2014, 1289, verlangt eine Prognose über den Ausgang des Streits: Nennwert bei überwiegender Wahrscheinlichkeit – keine Passivierung bei ernsthaften Zweifeln, keine Quotelung; so tendentiell auch *Leithaus/Wachholtz*, ZIP 2019, 649. Dem halten *C. Brand* in: Bittmann, Insolvenzstrafrecht, Rz. 12/16, und *C. Brand*, NZI 2018, 766, 767 (Urteilsanm.), sowie *Ressmann*, Die insolvenzstrafrechtlichen Krisenbegriffe und bestrittene Verbindlichkeiten, 2015, S. 80, 171 ff. und 272 f., zutreffend entgegen, dass nicht die Prognose über über ein (vielleicht nie fallendes) zukünftigen Urteil, sondern nur der Dualismus Bestehen/Nicht-Bestehen der Verbindlichkeit maßgeblich sei und demgemäß unzutreffendes Bestreiten allein für die subjektive Tatseite maßgeblich und nach Irrtumsgesichtspunkten zu beurteilen sei. Folgt man dem, so hat im Fall eines fehlenden rechtskräftigen Zivilurteils die Strafjustiz sowohl über das objektive Bestehen als auch darüber zu befinden, ob der Verantwortliche dies erkannt hat oder hätte erkennen müssen. Demgegenüber will das AG Frankfurt/O., Beschl. v. 23.5.2019 – 412 Cs 237 Js 16150/17 (147/18), Rz. 13–15, NZI 2019, 986 = NZG 2020, 27, nur verbindliche Zahlungspflichten berücksichtigen (dazu ablehnend *C. Brand*, ZWH 2020, 358); tendenziell ebenso *Heinrich*, NZWiSt 2020, 346, 353, wohl auch *Ch. Keller*, ZInsO 2020, 2723; s. a. *Pulte*, ZInsO 2020, 2695.

102) *Püschel* in: FS Rissing-van Saan, 2011, S. 471, 483; Überblick über das Begriffsverständnis der Rspr. des BGH bei *Gehrlein*, ZInsO 2018, 354; s. a. *Neuhof* in: FS Beck, 2016, S. 355; ein Alternativmodell zur Rspr. stellt *Gutmann*, NZI 2021, 473, vor.

103) BGH, Urt. v. 6.12.2012 – IX ZR 3/12, Rz. 34, NJW 2013, 940 = ZIP 2013, 228, dazu EWiR 2013, 175 *(Bremen)*, dazu *Hoops*, ZWH 2013, 161; BGH, Urt. v. 26.1.2016 – II ZR 394/13, Rz. 14, ZIP 2016, 1119 = ZInsO 2016, 1118, dazu EWiR 2016, 587 *(Kleindiek)*; BGH, Urt. v. 24.3.2016 – IX ZR 242/13, Rz. 10, ZIP 2016, 874, dazu EWiR 2016, 375 *(Cranshaw)*; *Fischer* in: FS Ganter, 2010, S. 153, 156; *Heeg*, DStR 2017, 109.

104) Gestundete Verbindlichkeiten zählen nicht zu den fälligen, BGH, Beschl. v. 4.12.2018 – 4 StR 319/18, Rz. 15, ZInsO 2019, 258 = NStZ-RR 2019, 82; s. a. BGH, Versäumnisurt. v. 11.7.2019 – IX ZR 210/18, Rz. 13–18, ZInsO 2020, 25 = wistra 2020, 80, m. Anm. *Bittmann*. Einigkeit über Verzicht auf Zwangsmaßnahmen während Vergleichsverhandlungen gilt als Stundung, BGH, Beschl. v. 8.10.2019 – II ZR 170/18, Rz. 12, BeckRS 2019, 28980.

sie konkludent oder in Form sog. Stillhalteabkommen erklärt. Deshalb verlangt sie zusätzlich zur zivilrechtlichen Fälligkeit ein **ernsthaftes Einfordern.**[105] Aus Gläubigerschutzgründen bejaht sie dies (entgegen spontanem Wortverständnis) allerdings bereits bei jedem Verhalten des Gläubigers, das erkennen lässt, dass er sein Geld haben will, z. B. dem Stellen einer Rechnung,[106] und bejaht das Vorhandensein dieses Erfordernisses bei Vorliegen eines rechtskräftigen, den Schuldner verpflichtenden Urteils.[107] Daran ist die Annahme seiner Tatbestandswirkung zutreffend, so dass es keiner neuerlichen Prüfung im Strafverfahren bedarf. Die Rechtskraft schließt hingegen eine nachträgliche Stundung nebst (qualifiziertem) Rangrücktritt[108] nicht aus. Zudem erlaubt die Wortfassung theoretisch sowohl, Zahlungsunfähigkeit schon dann zu bejahen, wenn auch nur eine Verbindlichkeit nicht vollständig erfüllt werden kann,[109] als auch umgekehrt, sie erst dann anzunehmen, wenn gar nichts mehr beglichen zu werden vermag. Es besteht aber auch im Strafrecht Einigkeit dahingehend, dass die Auslegung unter Gläubigerschutzgesichtspunkten vorzunehmen ist. Danach darf einerseits die noch **tolerable Deckungslücke** nicht zu groß sein. Andererseits gilt es zu verhindern, dass allein ersichtlich vorübergehende Liquiditätsengpässe oder unvermeidliche saisonale Schwankungen ein überlebensfähiges Unternehmen in ein kostenträchtiges Insolvenzverfahren zwingen.

---

105) BGH, Urt. v. 14.5.2009 – IX ZR 63/08, Rz. 22, BGHZ 181, 132 = ZIP 2009, 1235, dazu EWiR 2009, 579 *(Ch. Keller)*; BGH, Urt. v. 6.12.2012 – IX ZR 3/12, Rz. 26, 29, NJW 2013, 940 = ZIP 2013, 228, dazu EWiR 2013, 175 *(Bremen)*, dazu *Hoops*, ZWH 2013, 161; BGH, Beschl. v. 26.2.2013 – II ZR 54/12 (obiter), Rz. 12, GmbHR 2013, 482 m. N.; BGH, Urt. v. 18.7.2019 – IX ZR 259/18, Rz. 20, ZInsO 2019, 1790; ebenso zum Strafrecht BGH, Beschl. v. 16.5.2017 – 2 StR 169/15, Rz. 32, ZInsO 2017, 1364; BGH, Beschl. v. 10.7.2018 – 1 StR 605/16, Rz. 6, ZIP 2018, 2178 = ZInsO 2018, 1953, dazu EWiR 2018, 691 *(Floeth)*; *Bittmann*, NStZ 2019, 84, 85 (Urteilsanm.); BGH, Beschl. v. 11.7.2019 – 1 StR 456/18, Rz. 16, ZInsO 2019, 2461 = wistra 2020, 295, verlangt zum Verneinen der Fälligkeit die Feststellung einer Stundung; BGH, Beschl. v. 29.10.2020 – 5 StR 618/19, NStZ 2021, 308, lässt Ablauf einer Befristung genügen und neigt wegen grundsätzlicher Bedenken zu gänzlichem Verzicht; ebenso im Hinblick auf den unbestimmten Begriffsinhalt und das geringe Restriktionspotential *C. Brand*, NZI 2018, 766. Das ist solange akzeptabel, wie man anerkennt, dass ein actus contrarius die Fälligkeit wieder beseitigen kann.

106) BGH, Beschl. v. 19.7.2007 – IX ZB 36/07, Rz. 19, BGHZ 173, 286 = ZIP 2007, 1666, dazu EWiR 2007, 665 *(J.-S. Schröder)*; BGH, Urt. v. 14.5.2009 – IX ZR 63/08, Rz. 22, BGHZ 181, 132 = ZIP 2009, 1235, dazu EWiR 2009, 579 *(Ch. Keller)*; BGH, Urt. v. 6.12.2012 – IX ZR 3/12, Rz. 26, NJW 2013, 940 = ZIP 2013, 228, dazu EWiR 2013, 175 *(Bremen)*, dazu *Hoops*, ZWH 2013, 161; BGH, Urt. v. 26.1.2016 – II ZR 394/13, Rz. 14, ZIP 2016, 1119 = ZInsO 2016, 1118, dazu umfassend *Heeg*, DStR 2017, 109. Mit Aussetzung der Vollziehung des Bescheids (wegen ernsthafter Zweifel an der Rechtmäßigkeit) werden festgesetzte Steuern nicht mehr ernsthaft eingefordert, BGH, Urt. v. 22.5.2014 – IX ZR 95/13, Rz. 11 ff., ZIP 2014, 1289. Jedenfalls verbal anders als der IX. Zivilsenat stellte der BGH in Strafsachen (BGH, Beschl. v. 21.8.2013 – 1 StR 665/12, Rz. 13, 21 ff., NJW 2014, 164 = ZIP 2013, 2469) zunächst allein auf den Zeitpunkt der Fälligkeit ab, es sei denn er sei aufgrund einer Stundungsvereinbarung herausgeschoben. Nachdem einige Entscheidungen terminologisch auf die Linie des IX. Zivilsenats eingeschwenkt waren, BGH, Beschl. v. 16.5.2017 – 2 StR 169/15, Rz. 32, ZInsO 2017, 1364; BGH, Beschl. v. 10.7.2018 – 1 StR 605/16, Rz. 6, ZIP 2018, 2178 = ZInsO 2018, 1953, dazu *Bittmann*, NStZ 2019, 84, 85 (Urteilsanm.), äußerte der 5. Strafsenat des BGH, er neige zum Verzicht auf dieses Kriterium, BGH, Beschl. v. 29.10.2020 – 5 StR 618/19, NStZ 2021. 308, m. Anm. *C. Brand*. Da er allerdings stillschweigende Stundungen anerkennen will, dürften sich seine Ergebnisse nicht von denen des BGH in Zivilsachen unterscheiden.

107) BGH, Beschl. v. 10.7.2018 – 1 StR 605/16, Rz. 6, auch Rz. 11, ZIP 2018, 2178 = ZInsO 2018, 1953; *Heinrich*, NZWiSt 2020, 346, 353.

108) Der Nachrang allein (gemäß § 39 Abs. 1 oder Abs. 2 InsO) nimmt einem Anspruch weder die Fälligkeit noch den Charakter als Insolvenzforderung, vgl. *G. Fischer* in: FS Kübler, 2015, S. 137 (am Beispiel von Genussrechten). Das folgt nunmehr auch aus § 111i Abs. 2 InsO, dem Insolvenzantragsrecht der Staatsanwaltschaft, deren ungesicherter Einziehungsanspruch nur im Rang des § 39 Abs. 1 Nr. 3 InsO befriedigt werden darf.

109) Vgl. BGH, Urt. v. 19.12.2017 – II ZR 88/16, Rz. 42, ZIP 2018, 283 = NJW 2018, 1089, dazu EWiR 2018, 179 *(K. Schmidt)*.

bb) Zeitraumbetrachtung

49 Der für das Insolvenzrecht zuständige IX. Zivilsenat des BGH hat sich deshalb im Hinblick auf das zeitlich konstituierende Moment auch unter Geltung der InsO gegen eine statische Zeitpunkt-, und für eine **dynamische Zeitraumbetrachtung** entschieden. Eine bloße **Zahlungsstockung** bejaht er jedoch nur noch für eine wesentlich kürzere Zeit als unter der früheren KO und nimmt eine **regelmäßige Höchstfrist** von **drei Wochen** an. Diese verkürzt sich, sobald mit der Überwindung der Zahlungsstockung nicht mehr gerechnet werden kann. Sie verlängert sich hingegen bei absehbarer Wiederherstellung der Zahlungsfähigkeit (bis auf eine höchstens ganz geringfügige Deckungslücke).[110] Die weitergehende Einschränkung, dass längeres **Zuwarten den Gläubigern zumutbar** sein müsse, bedarf zwar der Feststellung,[111] ist aber eher theoretischer Natur. Betrachtet man die in einem eröffneten Insolvenzverfahren noch immer nur ausnahmsweise nennenswert überschrittene Regelquote ungesicherter Gläubiger von Null, so wird jeder wirtschaftlich denkende und nicht über liquide Sicherheiten verfügende Gläubiger bei recht sicherer Besserung der Finanzlage seines Schuldners aus egoistischen Gründen lieber zähneknirschend weiter zuwarten als zähnefletschend die Zerschlagung vorantreiben.

cc) Quote

50 Neben dem zeitlichen Moment ist ein **quantitativer Umstand** zu berücksichtigen. Dieser besteht auf der Basis der Rechtsprechung des BGH in Zivilsachen in einer ebenfalls flexibel zu handhabenden Grenze für die **Unterdeckung von 10 %**:[112] Wird sie unterschritten, so lässt sich regelmäßig noch keine Zahlungsunfähigkeit bejahen. Auch insoweit bejaht der BGH Ausnahmen anhand der konkreten wirtschaftlichen Lage. Muss mit einem alsbaldigen Anstieg über die 10 %-Grenze hinaus gerechnet werden, so liegt Zahlungsunfähigkeit selbst dann vor, wenn diese Grenze aktuell noch nicht erreicht ist. Trotz ihrer Überschreitung ist Zahlungsunfähigkeit hingegen dann zu verneinen, wenn die Umstände für eine tendenzielle Überwindung der Deckungslücke, also ihre alsbaldige Beseitigung oder zumindest ihr deutliches Sinken sprechen und auch insoweit das weitere Zuwarten den Gläubigern (wie üblicherweise) zuzumuten ist.

51 Eine feste Grenze, die die Unterdeckung alsbald nicht mehr überschreiten darf, existiert nicht. Stattdessen ist eine Einzelfallbetrachtung unter dem Blickwinkel des Gläubigerschutzes anzustellen.[113] **Zahlungsunfähigkeit** ist zwar regelmäßig noch **nicht eingetreten**, solange die **Unterdeckung keine 10 %** erreicht hat. Ein **Überschreiten** dieser Grenze kann aber die Pflicht, Insolvenz anzumelden, nur vorübergehend und das auch nur dann suspendieren, wenn die **Deckungslücke beseitigt** zu werden oder höchstens noch **minimal auszufallen verspricht.**

110) BGH, Urt. v. 26.1.2016 – II ZR 394/13, Rz. 31, ZIP 2016, 1119 = ZInsO 2016, 1118; BGH, Beschl. v. 10.7.2018 – 1 StR 605/16, Rz. 3, ZIP 2018, 2178 = ZInsO 2018, 1953; *Bittmann*, NStZ 2019, 84, 85 f. (Urteilsanm.); zur Abgrenzung s. a. KG Berlin, Urt. v. 17.12.2018 – 14 U 132/17, ZInsO 2019, 898.

111) BGH, Urt. v. 28.5.2013 – II ZR 83/12, Rz. 18, ZIP 2013, 1718.

112) BGH, Urt. v. 24.5.2005 – IX ZR 123/04, BGHZ 163, 134 = ZIP 2005, 1426, dazu EWiR 2005, 767 *(Bruns)*; s. a. BGH, Urt. v. 12.10.2006 – IX ZR 228/03, Rz. 27 f., NZI 2007, 36 = ZIP 2006, 2222, dazu EWiR 2007, 113 *(M. Wagner)*; BGH, Beschl. v. 19.7.2007 – IX ZB 36/07, BGHZ 173, 286 = ZIP 2007, 1666; BGH, Urt. v. 28.4.2022 – IX ZR 48/21, Rz. 24, ZIP 2022, 1341; Übersicht bei *Fischer* in: FS Ganter, 2010, S. 153.

113) Nachweise zu früheren Versuchen verbaler Konkretisierung vgl. Voraufl., Fn. 70 f.

dd) Berechnung

52 In Bezug auf die Zahlungsunfähigkeit war lange umstritten, ob den liquiden und liquidierbaren[114] Mitteln **nur** die **Verbindlichkeiten gegenüberzustellen** sind, die am betrachteten **Stichtag bereits fällig** sind **oder** ob auch solche Verbindlichkeiten mit ins Kalkül gezogen werden müssen, die **binnen** der **folgenden drei Wochen fällig werden**. Dass ein realistisches Bild der wirtschaftlichen Verhältnisse erfordert, nicht nur die Entwicklung der Aktiv-, sondern auch diejenige der Passivseite zu berücksichtigen,[115] hat der II. Zivilsenat 2017 ausdrücklich anerkannt.[116] Die seitdem zumindest für die Praxis irrelevante gegenteilige Auffassung[117] würde faktisch wie eine generelle dreiwöchige Stundung von Gesetzes wegen wirken und es dem Schuldner erlauben, eine **revolvierende Bugwelle** offener fälliger Verbindlichkeiten vor sich herzuschieben, sofern es ihm nur gelänge, die Quote unbeglichener Verbindlichkeiten auf **maximal 10 %** zu halten. Bereits zuvor betrachtete der IX. Zivilsenat des BGH eine länger andauernde Unterdeckung zivilrechtlich als ein **Indiz** für **Zahlungseinstellung,**[118] nun (wohl) in Übereinstimmung mit dem II. Zivilsenat.[119]

ee) Zahlungseinstellung

53 Laut § 17 Abs. 2 Satz 2 InsO ist Zahlungsunfähigkeit in der Regel anzunehmen, wenn der Schuldner seine Zahlungen eingestellt hat. Dabei handelt es sich um eine **Rechtsvermutung**. Weil die **Zahlungseinstellung** als dasjenige Verhalten, welches **typischerweise**

114) Objektiv mögliche Liquidierbarkeit hindert die Annahme eingetretener Zahlungsunfähigkeit zivilrechtlich nur dann, wenn der Schuldner auch subjektiv gewillt ist, die erforderlichen Schritte zu unternehmen, BGH, Beschl. v. 3.12.2015 – IX ZR 131/15, Rz. 5, ZIP 2016, 124 = NZI 2016, 225; BGH, Urt. v. 19.12.2017 – II ZR 88/16, Rz. 70, ZIP 2018, 283 = NJW 2018, 1089. Daher ist das Vorhandensein von Vermögen als solches für die Beurteilung der Zahlungsfähigkeit irrelevant und nur bedeutsam, ob es innerhalb der Frist „versilbert" werden kann und soll, BGH, Beschl. v. 10.7.2018 – 1 StR 605/16, Rz. 7, ZIP 2018, 2178 = ZInsO 2018, 1953; *Bittmann*, NStZ 2019, 84 (Urteilsanm.).

115) So zutreffend für das Strafrecht BGH, Beschl. v. 21.8.2013 – 1 StR 655/12, Rz. 14 a. E., NJW 2014, 164 = ZIP 2013, 2469; zu Recht und engagiert auch für das Zivilrecht *Prager/Jungclaus* in: FS Wellensiek, 2011, S. 101, insbesondere S. 106; ebenso *Krauß*, ZInsO 2016, 2361; offenlassend *Göcke/Rittscher*, DZWIR 2012, 355, 358, Fn. 38 m. w. N.

116) BGH, Urt. v. 19.12.2017 – II ZR 88/16, Rz. 33–59, ZIP 2018, 283 = NJW 2018, 1089, dazu *Berjasevic*, DB 2018, 690; *Bittmann*, wistra 2018, 270; *C. Brand*, ZInsO 2018, 689; *Frystatzki*, ZInsO 2018, 601; *Lind*, DB 2018, 1003; *Mylich*, ZIP 2018, 514; *Richter*, ZWH 2018, 124.

117) Nachweise vgl. Vorauflage Fn. 75.

118) BGH, Urt. v. 25.10.2012 – IX ZR 117/11, Rz. 14, 19, 22, ZIP 2012, 2355; BGH, Urt. v. 6.12.2012 – IX ZR 3/12, Rz. 21, 23, NJW 2013, 940 = ZIP 2013, 228, dazu *Hoops*, ZWH 2013, 161.

119) BGH, Urt. v. 19.12.2017 – II ZR 88/16, Rz. 56, 50, 55, ZIP 2018, 283 = NJW 2018, 1089.

Zahlungsunfähigkeit ausdrückt,[120] sinnlich leichter wahrzunehmen ist als die Zahlungsunfähigkeit selbst, vermag sie die zivilrechtliche Praxis unter Führung des BGH in einschlägigen Fällen zum Ausgangspunkt der rechtlichen Bewertung zu nehmen. Obwohl es sich bei der Zahlungseinstellung im Kern um einen tatsächlichen Vorgang handelt, ist juristischer Gestaltung die Festlegung der Umstände zugänglich, die vorliegen müssen, um sie auch rechtlich als solche anzusehen. **Maßgebliches Kriterium** für den BGH ist die **Erkennbarkeit**: Bemerken die Partner des Schuldners, etwa Verkehrskreise, in welchen ein Unternehmen agiert (z. B. andere Marktteilnehmer, Behörden oder das allgemeine Publikum), dass fällige Zahlungen ausbleiben, so spricht dies prima facie für Zahlungseinstellung. De jure ist sie nicht erst dann zu bejahen, wenn gar keine Zahlungen mehr erbracht werden. Zahlungseinstellung kann sogar bereits beim Offenlassen **einer einzigen Verbindlichkeit** angenommen werden. Allerdings ist das nur dann der Fall, wenn sie angesichts der konkreten wirtschaftlichen Umstände für das schuldnerische Unternehmens **wesentlich** ist.[121] Das **Erfüllen einzelner Forderungen** steht der Annahme einer Zahlungseinstellung dann nicht entgegen, wenn das Finanzgebaren **trotzdem** von **ausbleibenden Zahlungen geprägt** ist. Laufende, aber gleichbleibende Verzögerungen (selbst gegenüber den Sozialversicherungsträgern) indizieren dann keine Zahlungseinstellung, wenn der Grund in „gerichtsbekannt"(!) schleppender Zahlungsweise der öffentlichen Hand als Vertragspartner des Schuldners beruht[122] oder ein über stete Bareinnahmen verfügender Kaufmann (konkret: Imbissbetreiber) die Salden nicht täglich zur Bank bringt, sondern seine Verbindlichkeiten weitgehend in bar begleicht.[123] Das **Fälligkeitsdatum** der zur Zeit der Entscheidung über die Eröffnung des Insolvenzverfahrens noch unbeglichenen Verbindlichkeiten indiziert[124] zivilrechtlich mit dem Zeitpunkt der Zahlungseinstellung den Eintritt der Zahlungsunfähigkeit.[125] Während der 1. Strafsenat des BGH die Über-

---

120) St. Rspr., z. B. BGH, Urt. v. 30.6.2011 – IX ZR 134/10, Rz. 12, ZIP 2011, 1416; BGH, Urt. v. 18.7.2019 – IX ZR 259/18, Rz. 21, ZInsO 2019, 1790; BGH, Beschl. v. 5.3.2020 – IX ZR 171/18, Rz. 12, NZI 2020, 520; BGH, Beschl. v. 15.4.2020 – 5 StR 435/19, Rz. 14, wistra 2021, 27; BGH, Urt. v. 28.4.2022 – IX ZR 48/21, Rz. 31, ZIP 2022, 1341. Endet die Stundung einer Steuerverbindlichkeit, so kann sich darin die Zahlungseinstellung manifestieren, BGH, Urt. v. 22.5.2014 – IX ZR 95/13, Rz. 22 m. w. N., ZIP 2014, 1289; bei absehbarem Auslaufen öffentlicher Forderung kann die Zahlungsunfähigkeit zumindest drohen, BGH, Urt. v. 21.1.2016 – IX ZR 84/13, Rz. 14 f., 19, ZIP 2016, 374, dazu EWiR 2016, 275 *(Tillmann/Schaffer)*. Nur in Raten zahlen zu können, deutet nicht zwingend auf Zahlungseinstellung hin, vgl. nunmehr § 133 Abs. 3 Satz 2 InsO und wortgleich § 3 Abs. 3 Satz 2 AnfG, beide i. d. F. des Gesetzes zur Verbesserung der Rechtssicherheit bei Anfechtungen nach der Insolvenzordnung und nach dem Anfechtungsgesetz v. 29.3.2017, BGBl. I, 2017, 654, in Kraft seit 5.4.2017, und zuvor bereits BGH, Beschl. v. 16.4.2015 – IX ZR 6/14, Rz. 3 f., ZIP 2015, 937 = ZInsO 2015, 898, dazu EWiR 2015, 417 *(Brenner)*; BGH, Urt. v. 14.7.2016 – IX ZR 188/15, ZIP 2016, 1686 = ZInsO 2016, 1749; Abgrenzung dazu: Ratenzahlungsangebot unter dem Druck der Zwangsvollstreckung, BGH, Urt. v. 21.1.2016 – IX ZR 32/14, Rz. 20, ZIP 2016, 481 = ZInsO 16, 507, dazu EWiR 2016, 345 *(Egerlandt)*; OLG Frankfurt/M., Urt. v. 23.10.2018 – 4 U 94/18, ZInsO 2019, 505; *Borchardt/Bograkos/Arm*, ZInsO 2019, 486; s. a. BGH, Urt. v. 16.6.2016 – IX ZR 23/15, Rz. 18, ZIP 2016, 1388 = ZInsO 2016, 1427, dazu EWiR 2016, 637 *(Cranshaw)*.

121) St. Rspr., z. B. BGH, Urt. v. 30.6.2011 – IX ZR 134/10, Rz. 12 f., ZIP 2011, 1416; BGH, Beschl. v. 15.11.2018 – IX ZR 81/18, Rz. 4 f., ZInsO 2019, 192; BGH, Urt. v. 28.4.2022 – IX ZR 48/21, Rz. 27–29, ZIP 2022, 1341.

122) BGH, Urt. v. 28.4.2022 – IX ZR 48/21, Rz. 35 a. E. und 40, ZIP 2022, 1341.

123) OLG Köln, Beschl. v. 6.11.2023 – 2 U 40/23, ZInsO 2024, 155.

124) Das Fälligkeitsdatum bietet nur den Ausgangspunkt, weil das erforderliche „ernsthafte Einfordern" maßgeblich ist und später liegen kann, vgl. OLG Köln, Beschl. v. 6.11.2023 – 2 U 40/23, Rz. 36 (unter 1. a. E.), ZInsO 2024, 155.

125) BGH, Urt. v. 26.1.2016 – II ZR 394/13, Rz. 14, ZIP 2016, 1119 = ZInsO 2016, 1118; BGH, Urt. v. 12.10.2006 – IX ZR 228/03, Rz. 28, NZI 2007, 36 = ZIP 2006, 2222; BGH, Urt. v. 19.12.2017 – II ZR 88/16, Rz. 56, ZIP 2018, 283 = NJW 2018, 1089; BGH, Urt. v. 28.4.2022 – IX ZR 48/21, Rz. 41, ZIP 2022, 1341.

tragung dieser Rechtsprechung auf das Strafrecht ablehnt,[126] zieht der 5. Strafsenat solche Verbindlichkeiten zumindest in eine vorzunehmende Gesamtbetrachtung mit ein.[127]

ff) Nuancierungen in der Rechtsprechung des IX. und II. Zivilsenats des BGH zur Zahlungseinstellung?

In Entscheidungen vor dem erwähnten Urteil vom 19.12.2017[128] hatte der II. Zivilsenat judiziert, dass sich aufgrund der Vermutungswirkung für eingetretene Zahlungsunfähigkeit die Wesentlichkeitsgrenze auch bei der Zahlungs*einstellung* auf 10 % belaufe.[129] Diese Quote führt er seitdem nicht mehr an, sodass er nunmehr (wohl) der flexiblen Judikatur des IX. Zivilsenats zuneigt. 54

Der **IX. Zivilsenat lehnt** für die Zahlungseinstellung eine **quotal bestimmte Geringfügigkeitsgrenze strikt ab** und befürwortet stattdessen eine **Gesamtwürdigung** bzw. Gesamtabwägung aller Umstände.[130] Er verneint Zahlungseinstellung nur dann, wenn zu erwarten ist, dass nach Ablauf des für die Zahlungsunfähigkeit maßgebenden Zeitraums von drei Wochen, wenn überhaupt,[131] so nur noch Verbindlichkeiten in insgesamt **ganz geringfügigem Ausmaße** offenstehen und sich der Schuldner mit dem Erfüllen bestehender Verbindlichkeiten nicht der Mittel entäußert, die er zum Begleichen der alsbald fällig werdenden Verbindlichkeiten benötigt.[132] Damit berücksichtigte er *für die Zahlungseinstellung* auch schon vor der Entscheidung des II. Zivilsenats vom 19.12.2017 die binnen der Drei-Wochen-Frist fällig werdenden Verbindlichkeiten.[133] Dieses Begriffsverständnis führt deutlich schneller zur Annahme eingestellter Zahlungen als es auf Basis der früheren Rechtsprechung des II. Zivilsenats der Fall war. Damit hat die Rechtsprechung die **inhaltliche Parallele** zwischen **Zahlungseinstellung** und **-unfähigkeit** hergestellt. Die Ablehnung der Bugwelle und die Beurteilung der Zahlungsunfähigkeit nach Ablauf der Drei-Wochen-Frist führen also nicht zu einer doppelten Verschärfung der Pflichtenstellung des Schuldners – und zu keiner Änderung der bisherigen insolvenzrechtlichen Anforderungen, da die jetzige Übereinstimmung zwischen II. und IX. Zivilsenat in Bezug auf die Zahlungsunfähigkeit und damit die Bedeutung einer Bugwelle bei genauer Betrachtung bereits zuvor bestand und die Gesamtwürdigung nach Ablauf der Drei-Wochen-Frist den herkömmlichen Anforderungen des IX. Zivilsenats entspricht. 55

Zivilrechtlich kommt der **Zahlungseinstellung** lediglich die Wirkung der (auf das Strafrecht nicht übertragbaren) **Vermutung eingetretener Zahlungsunfähigkeit,** § 17 Abs. 2 Satz 2 InsO, zu. Die beweisbelastete Partei muss daher allein die Zahlungseinstellung be- 56

---

126) BGH, Beschl. v. 21.8.2013 – 1 StR 665/12, Rz. 10, 17 f., NJW 2014, 164 = ZIP 2013, 2469.

127) BGH, Beschl. v. 6.1.2021 – 5 StR 363/20, Rz. 3, BeckRS 2021, 3211.

128) BGH, Urt. v. 19.12.2017 – II ZR 88/16, Rz. 56, 50, 55, ZIP 2018, 283 = NJW 2018, 1089.

129) BGH, Beschl. v. 26.2.2013 – II ZR 54/12 (obiter), Rz. 14, GmbHR 2013, 482 m. N.; *Fischer* in: FS Ganter, 2010, S. 153, 165.

130) Jeweils ohne Auseinandersetzung mit dem obiter dictum des II. Zivilsenats, z. B. BGH, Urt. v. 30.6.2011 – IX ZR 134/10, Rz. 13, ZIP 2011, 1416; BGH, Urt. v. 18.7.2013 – IX ZR 143/12, Rz. 10, 12 f., ZIP 2013, 2015; dazu *Baumert*, NZI 2013, 919 (w. N. Vorauflage Fn. 83).

131) Zuweilen verlangt er die Wiederaufnahme aller Zahlungen bzw. die allgemeine Wiederaufnahme der Zahlungen, BGH, Urt. v. 11.2.2010 – IX ZR 104/07, Rz. 44, ZIP 2010, 682; BGH, Urt. v. 15.3.2012 – IX ZR 239/09, Rz. 10, NZI 2012, 416 = ZIP 2012, 735; BGH, Urt. v. 25.10.2012 – IX ZR 117/11, Rz. 18, ZIP 2012, 2355 – hier jedoch mit dem Hinweis auf die Ausnahme unwesentlicher Verbindlichkeiten; BGH, Urt. v. 6.12.2012 – IX ZR 3/12, Rz. 33, NJW 2013, 940 = ZIP 2013, 228, dazu *Hoops*, ZWH 2013, 161 f.; BGH, Urt. v. 14.9.2017 – IX ZR 3/16, Rz. 10, ZIP 2017, 2370 = ZInsO 2017, 2546; BGH, Urt. v. 10.2.2022 – IX ZR 148/19, Rz. 17, ZVI 2022, 151 = ZRI 2022, 286 = NZI 2022, 397 m. Anm. *Göb*.

132) BGH, Urt. v. 25.10.2012 – IX ZR 117/11, Rz. 19, zur Gläubigerbenachteiligung Rz. 30, ZIP 2012, 2355.

133) Dies erkannte auch BGH, Urt. v. 19.12.2017 – II ZR 88/16, Rz. 56, ZIP 2018, 283 = NJW 2018, 1089.

legen. Es ist dann Sache der Gegenpartei, regelmäßig des Schuldners bzw. bei juristischen Personen deren Gesellschafter(n) oder zum Handlungszeitpunkt verantwortlichen organschaftlichen Vertreter(n), die Vermutung zu widerlegen. Dabei gilt es nicht etwa zu beweisen, dass die Zahlungen doch nicht eingestellt wurden, sondern zu belegen, dass zum betrachteten maßgeblichen Zeitpunkt **trotz Zahlungseinstellung keine Zahlungsunfähigkeit** vorlag. Diesen Gegenbeweis sieht der IX. Zivilsenat bereits als geführt an, wenn nachgewiesen ist, dass die Deckungslücke nicht mehr als 10 % beträgt.[134)]

gg) Forensische Funktion der Zahlungseinstellung

57 Für die Zwecke des Zivilrechts (Beurteilung der Insolvenzreife, Insolvenzanfechtung, Haftungsfragen etc.) genügt das Aufwand und Kosten sparende Abstellen auf die Zahlungseinstellung jedenfalls als erster Schritt der rechtlichen Beurteilung.[135)] Im **Strafrecht** ist das anders. Das materielle Recht knüpft an die **eingetretene Zahlungsunfähigkeit** und nicht schon an deren lediglich vermuteten Eintritt an. Eine derartige Übertragung der insolvenzrechtlichen Regelungstechnik auf das Strafrecht wäre zwar zulässig, ist aber dem Gesetzgeber vorbehalten. Dieser wesentliche Unterschied zwischen Zivil- bzw. Insolvenzrecht einerseits und Strafrecht andererseits steht der ungeprüften Übertragung zivilrechtliche Entscheidungen auf das Strafrecht entgegen. So bedarf es strafprozessual auch dann des **vollen Beweises der Zahlungsunfähigkeit**, wenn (zivilistisch ausreichend:) die Zahlungseinstellung bereits feststeht.

> **Praxishinweis**
> Soweit es jedoch wie bei § 283 Abs. 6 StGB im Strafrecht um die Zahlungseinstellung selbst geht, ist wiederum die zivilrechtliche Definition zugrunde zu legen.

hh) Feststellung

58 In der Rechtsprechung der Strafgerichte sind (theoretisch von der zivilrechtlichen Judikatur nicht abweichend, dort aber ergänzt von der Vermutungswirkung des § 17 Abs. 2 Satz 2 InsO[136)] **zwei** sehr unterschiedliche **Wege anerkannt**,[137)] um **Zahlungsunfähigkeit festzustellen:**

- die sog. **betriebswirtschaftliche** und
- die sog. **wirtschaftskriminalistische** Methode.

59 Erstere, die betriebswirtschaftliche Methode, erlaubt (ggf.: taggenau) die **fälligen und binnen drei Wochen fällig werdenden Verbindlichkeiten** den **vorhandenen liquiden**

134) BGH, Urt. v. 30.6.2011 – IX ZR 134/10, Rz. 20, ZIP 2011, 1416; BGH, Urt. v. 15.3.2012 – IX ZR 239/09, Rz. 14, 18, NZI 2012, 416 = ZIP 2012, 735.

135) Der Vermutungswirkung wegen ist im Fall feststehender Zahlungseinstellung das Erstellen einer Liquiditätsbilanz zivilrechtlich entbehrlich, BGH, Beschl. v. 15.11.2018 – IX ZR 81/18, Rz. 3, ZInsO 2019, 192.

136) St. Rspr., z. B. BGH, Urt. v. 30.6.2011 – IX ZR 134/10, Rz. 10, ZIP 2011, 1416.

137) BGH, Beschl. v. 12.4.2018 – 5 StR 538/17, Rz. 16, ZInsO 2018, 1410; BGH, Beschl. v. 15.8.2019 – 5 StR 205/19, Rz. 6, ZWH 2020, 107, dazu Besprechung *Bittmann/Peschen*, ZWH 2020, 98); BGH, Beschl. v. 5.3.2020 – IX ZR 171/18, Rz. 11, NZI 2020, 520; BGH, Urt. v. 28.4.2022 – IX ZR 48/21, Rz. 18, ZIP 2022, 1341; BGH, Urt. v. 28.6.2022 – II ZR 112/21, ZRI 2022, 730 = ZInsO 2022, 1793, dazu *Brünkmans/Clev*, ZInsO 2022, 2272; *Comtesse*, ZInsO 2022, 2329; *Kruth*, DB 2022, 2906; s. a. *Sikora*, BBK 2023, 219. Wirtschaftskriminalistische Beweisanzeichen genügen natürlich nur dann, wenn sie den Schluss auf Zahlungsunfähigkeit tragen; allg. zur Feststellung im Strafverfahren *Richter*, ZInsO 2022, 70; *Waßmer*, ZInsO 2018, 1485; zum Wandel in den letzten Jahrzehnten *Krauß/Conrad*, ZInsO 2021, 1844; zum Zivilrecht BGH, Urt. v. 28.4.2022 – IX ZR 48/21, Rz. 18, ZIP 2022, 1341. Zur Feststellung im Insolvenzverfahren: *Karrenstein*, ZInsO 2021, 1668.

sowie den in dieser Zeit **liquidierbaren Mitteln gegenüberzustellen.**[138)] Um ein realistisches Bild zu gewinnen, sind dabei einerseits jeweils auch die an sich erst noch fällig werdenden, aber bereits erfüllten Verbindlichkeiten zu addieren.[139)] Andererseits sind liquide Mitteln nur diejenigen, auf die Gläubiger im Bedarfsfall zugreifen könnten, denn den anderen fehlt das reale Schuldendeckungspotenzial.[140)] Damit lässt sich die jeweilige Deckungslücke (vorbehaltlich unkalkulierbarer Ereignisse) recht detailgenau feststellen. Das jeweilige Rechenergebnis weist auf einen Blick die Unterdeckung aus, lässt erkennen, ob und wenn ja, ab wann sie die Grenze von 10 % erreichte und ggf. überschritt, und belegt die durchschnittliche Zeit, die die Gläubiger nach Eintritt der Fälligkeit auf die Begleichung ihrer Forderungen warten mussten. Das Erstellen eines derartigen betriebswirtschaftlichen Gutachtens kommt aber nicht für alle Fälle in Betracht. Abgesehen davon, dass Aufwand und **Kosten** häufig in keinem ausgewogenen Verhältnis zur konkreten Straferwartung stehen, können verlässliche Ergebnisse auch nur dann erwartet werden, wenn entweder die **Bücher korrekt** geführt wurden oder zumindest die Buchhaltungsunterlagen für alle Geschäftsvorfälle vollständig vorliegen. Das aber ist nach kriminalistischer Erfahrung vorinsolvenzlich häufig nicht der Fall.

Zweitere, die wirtschaftskriminalistische Methode, stellt auf das **Vorliegen von Krisenindikatoren** ab. **Indizcharakter**[141)] für nicht mehr vorhandene Zahlungsfähigkeit zeitigen: 60

- Eigene Erklärungen des Schuldners[142)] (z. B. in Vorschlägen zu außergerichtlicher Sanierung);
- Mahnbescheide, auch (Versäumnis-)Urteile;
- Pfändungs- und Überweisungsbeschlüsse;
- andere Zwangsvollstreckungsmaßnahmen z. B. des Gerichtsvollziehers, besonders dann, wenn sie mit der Forderung nach Vermögensauskunft, § 802c ZPO (früher: Abgabe der eidesstattlichen Offenbarungsversicherung) verbunden sind;

---

138) BGH, Urt. v. 30.6.2011 – IX ZR 134/10, Rz. 10, ZIP 2011, 1416; BGH, Urt. v. 29.3.2012 – IX ZR 40/10, Rz. 8, ZInsO 2012, 976; BGH, Urt. v. 6.12.2012 – IX ZR 3/12, Rz. 19, NJW 2013, 940 = ZIP 2013, 228, dazu *Hoops*, ZWH 2013, 161 f.; BGH, Urt. v. 7.5.2013 – IX ZR 113/10, Rz. 15, ZIP 2013, 2323 = ZInsO 2013, 1419; für das Strafrecht: BGH, Beschl. v. 21.8.2013 – 1 StR 665/12, Rz. 14, NJW 2014, 164 = ZIP 2013, 2469; BGH, Beschl. v. 16.5.2017 – 2 StR 169/15, Rz. 30 ff., ZInsO 2017, 1364; BGH, Beschl. v. 10.7.2018 – 1 StR 605/16, Rz. 3, ZIP 2018, 2178 = ZInsO 2018, 1953; BGH, Beschl. v. 4.12.2018 – 4 StR 319/18, Rz. 10 f., ZInsO 2019, 258; BGH, Urt. v. 19.11.2019 – II ZR 53/18, Rz. 21 m. N., NZWiSt 2020, 246 = NZI 2020, 167; BGH, Urt. v. 28.4.2022 – IX ZR 48/21, Rz. 24, ZIP 2022, 1341; LG Braunschweig, Beschl. v. 5.4.2023 – 6 T 505/22, ZInsO 2023, 1227, m. Anm. *Heitsch* – speziell zur Liquidierbarkeit von Grundstücken; *Pelz/Grotebrune*, Strafrecht in Krise und Insolvenz, Rz. 21 – 40; zum effektiven Einsatz von EDV *Krauß*, ZInsO 2023, 2429.

139) Wurden von sämtlichen Verbindlichkeiten am Stichtag 90 % erfüllt, so beträgt die Lücke an liquiden Mitteln 10 %. Maßgeblich ist also nicht etwa, dass die Unterdeckung selbst zu 90 % von den Aktiva gedeckt ist. Beachtet man dies, so relativieren sich die Bedenken von *Gutmann*, NZI 2021, 473, gegen die h. M. Zu den Ergebnisdifferenzen der Definition in IDW S 11 (zu Neurungen 2021 vgl. *Weber/Nentwig*, ZInsO 2022, 857) zur schuldnerfreundlicheren Berechnungsmethode gemäß BGH, Urt. v. 19.12.2017 – II ZR 88/16, ZIP 2018, 283 = NJW 2018, 1089; vgl. *Philipp/Säuberlich*, ZInsO 2022, 677.

140) Die Abgrenzung zwischen Zahlungsunwilligkeit und Zahlungsunfähigkeit kann nicht nur nach dem inneren Willen des Schuldners erfolgen. Vielmehr bedarf es auch der Berücksichtigung des Gläubigerschutzes. Deshalb zählen beiseitegeschaffte Gegenstände, selbst wenn sie „flüssig" sind (z. B. ein Bankguthaben in einem Offshore-Land), oder binnen dreier Wochen liquidiert werden könnten, nicht mit (auch nicht als Aktiva i. S. des Überschuldungstatbestands).

141) Checkliste bei *Pelz/Grotebrune*, Strafrecht in Krise und Insolvenz, Rz. 148. Die Notwendigkeit einer wertenden Gesamtschau betont BGH, Beschl. v. 11.7.2019 – 1 StR 456/18, Rz. 18 – 21, ZInsO 2019, 2461 = wistra 2020, 295.

142) BGH, Urt. v. 17.12.2015 – IX ZR 61/14, Rz. 20, ZIP 2016, 173, dazu EWiR 2016, 175 *(Laroche)*.

- Rückstände bei Sozialversicherungsträgern;[143)]
- Haftbefehle nach § 802g ZPO (früher: § 901 ZPO) und
- Insolvenzanträge Dritter.

61 Zwar noch keinen eigenständigen Indizcharakter für eingetretene Zahlungsunfähigkeit, wohl aber **Warncharakter** tragend und damit auf eine möglicherweise drohende Zahlungsunfähigkeit hinweisend sind

- Mahnungen;
- Ankündigung von Vollstreckungsmaßnahmen (z. B. aus notariellen Urkunden oder Anwaltsvergleichen);
- Scheck- oder Wechselproteste;
- die Kürzung von Kreditlinien und
- noch weiter im Vorfeld die Vereinbarung weitergesteckter Zahlungsziele,
- aber auch evtl. allein schon der umständebedingte Wechsel von Lieferanten.

62 Im Rahmen der sog. wirtschaftskriminalistischen Methode werden alle derartigen geschäftlichen Vorfälle zusammengestellt. Die **Bewertung** erfolgt dann wiederum unter **betriebswirtschaftlichen Gesichtspunkten.** Ab welchem **Grad** der Verdichtung von Warn- und Krisenanzeichen Zahlungsunfähigkeit vorliegt, ist allerdings eine Frage **juristischer Bewertung.** Es kann genügen, dass im Insolvenzverfahren Verbindlichkeiten weiterhin unbeglichen sind, die bereits zum Zeitpunkt der angenommenen Zahlungsunfähigkeit fällig waren.[144)] Allgemein konsentierte Kriterien fehlen allerdings. Der Grund dafür dürfte im Wesentlichen darin liegen, dass in den größeren, die höchstrichterliche Rechtsprechung beschäftigenden Fällen regelmäßig weitergehende Informationen über zusätzliche Tatsachen als nur derartige Beweisanzeichen den Schluss auf eingetretene Zahlungsunfähigkeit tragen dürften, während es sich bei den kleineren Verfahren in aller Regel um Evidenzfälle handelt. In beiden Konstellationen ist dann die Feststellung des Tatbestandsmerkmals möglich, ohne dass dem eine randscharfe Definition zugrunde liegt oder liegen müsste.

ii) Alternativität beider Methoden

63 Da die wirtschaftskriminalistische Methode im Sammeln von Auswirkungen vorangegangener, selbst auf das Vorliegen einer Liquiditätskrise hindeutender Geschehnisse besteht (Beispiel: Eine Mahnung folgt auf Überschreitung der Zahlungsfrist), kann sie prak-

143) BGH, Urt. v. 10.7.2003 – IX ZR 89/02, Rz. 19, ZIP 2003, 1666, dazu EWiR 2004, 197 *(Hölzle)* – im entschiedenen Fall: sechs Monate; aber schon früher denkbar, BGH, Beschl. v. 5.2.2015 – IX ZR 79/13, Rz. 2, juris; BGH, Urt. v. 7.5.2015 – IX ZR 95/14, Rz. 20, ZIP 2015, 1234 = ZInsO 2015, 1262, dazu EWiR 2015, 649 *(Pluskat)*; BGH, Urt. v. 17.12.2015 – IX ZR 61/14, Rz. 21, ZIP 2016, 173; BGH, Urt. v. 31.10.2019 – IX ZR 170/18, Rz. 13, ZInsO 2020, 91 = NZI 2020, 223; BGH, Urt. v. 28.4.2022 – IX ZR 48/21, Rz. 31, ZIP 2022, 1341; gänzlich abweichend und Beitragsrückständen keine ernsthafte Indizwirkung beimessend LG Hamburg, Beschl. v. 27.7.2023 – 326 T 19/23, Rz. 12–14, ZRI 2023, 725 = NZI 2023, 827; differenzierend *Greiner*, ZInsO 2021, 1765; demgegenüber BGH, Urt. v. 12.9.2019 – IX ZR 262/18, Rz. 1 und 19, NZG 2020, 70; *Bittmann/Volkmer*, wistra 2005, 167 m. w. N. (ab Rückstand von drei Monaten). Die lediglich verspätete Abführung – selbst über zehn Monate hinweg – erlaubt hingegen keinen zwingenden Schluss auf das Einstellen der Zahlungen, BGH, Urt. v. 7.11.2013 – IX ZR 49/13, ZIP 2013, 2318; BGH, Urt. v. 28.4.2022 – IX ZR 48/21, Rz. 32–35, ZIP 2022, 1341, zumal da es gegen Benachteiligungsvorsatz spricht, wenn die Notwendigkeit verspäteter Zahlungen auf gerichtsbekannt schleppender Zahlungsweise der öffentlichen Hand folgt; aber bloße Zahlungsstockung ablehnend bei um zwei bis drei Monate verspäteter Zahlung der Sozialversicherungsbeiträge über 11 Monate hinweg: BGH, Urt. v. 31.10.2019 – IX ZR 170/18, Rz. 13, ZInsO 2020, 91 = NZI 2020, 223.

144) BGH, Beschl. v. 6.1.2021 – 5 StR 363/20, Rz. 3, BeckRS 2021, 3211.

tisch[145] nicht zu einem früheren Zeitpunkt des Eintritts der Zahlungsunfähigkeit führen als ein betriebswirtschaftliches Gutachten. Die **wirtschaftskriminalistische Methode** ist deshalb trotz ihres gröberen Maßstabs die für den **Beschuldigten günstigere**. Daher steht sie alternativ zur Auswahl, d. h., sie ist nicht allein dann genügend, wenn ein betriebswirtschaftliches Gutachten zu erstellen unmöglich ist.[146]

jj) Strafwürdigkeit

Auch wenn man im Strafrecht dasselbe Verständnis des Begriffs „Zahlungsunfähigkeit" wie im Zivilrecht zugrunde legt, kann keine Rede davon sein, dass die Grenze der Strafwürdigkeit bereits mit dem Erfüllen auch dieses Tatbestandsmerkmals, also bereits bei einer Unterdeckung von lediglich 10 % über drei Wochen hinweg erreicht wäre. Davon kann erst die Rede sein bei einer Unterdeckung von mindestens 25 % über wenigstens einen Monat oder dann, wenn der Deckungsgrad sich nach diesem Monat zwar wieder verbessert, aber nach drei Monaten noch immer nicht unter die Grenze von 10 % gesunken ist. Zum flexiblen Gesetzesvollzug siehe oben Rz. 50 f. 64

Praxishinweis

Unterhalb dieser Schwellen bietet sich (wie in anderen **Bagatellkonstellationen** auch) die Einstellung eines eingeleiteten Ermittlungsverfahrens nach § 153 Abs. 1 StPO an[147] – so schnell wie möglich, tunlichst ohne weitere Ermittlungen, ggf. allein schon auf der Basis der in der Insolvenzakte dokumentierten Erkenntnisse aus dem Insolvenzverfahren. Dafür bedarf es keiner taggenauen Erfassung des Grades der Unterdeckung. Wenn also keine virulenten Anhaltspunkte für das Überschreiten der Bagatellgrenzen vorliegen, gebietet die Pflicht zu amtswegiger Aufklärung nicht die Ermittlung von Details, die sowieso nicht zu einer Verurteilung zu führen versprechen, sondern nur der Abgrenzung zwischen § 170 Abs. 2 und § 153 Abs. 1 StPO dienen könnten.

c) Drohende Zahlungsunfähigkeit

Sie ist als **fakultativer Insolvenzauslösetatbestand** für die Insolvenzverschleppung (im Gegensatz zum Bankrott) nicht unmittelbar von Bedeutung. Ob der Verantwortliche in solcher Lage Insolvenzantrag stellt, liegt in seinem Ermessen. Der Unternehmensträger ist hier **weisungsbefugt**. Neben der Abgrenzung zu eingetretener Zahlungsunfähigkeit[148] hat dieser Insolvenzauslösetatbestand i. R. des StaRUG zusätzliche Bedeutung gewonnen. 65

Nach § 18 Abs. 2 InsO droht die Zahlungsunfähigkeit, wenn der Schuldner **voraussichtlich** nicht in der Lage sein wird, Zahlungspflichten im Zeitpunkt eintretender Fälligkeit zu erfüllen. Das kann bei einer **Zahlungsstockung** der Fall sein, allerdings nicht immer schon dann, wenn diese auf einer (tendenziell: einmaligen) Sonderursache beruht, sondern regelmäßig nur, wenn das Stocken Ausdruck einer **strukturellen Unterfinanzierung** ist.[149] Auch bei der Prüfung der drohenden Zahlungsunfähigkeit kommt es nicht auf die Wahrscheinlichkeit an, dass sämtliche Verbindlichkeiten als nicht (rechtzeitig) erfüllbar 66

145) Ausnahme: OLG Köln, Beschl. v. 6.11.2023 – 2 U 40/23, ZInsO 2024, 155: hohe Barzahlungen ohne Berühren des teils keine Deckung aufweisenden Kontos.

146) BGH, Beschl. v. 21.8.2013 – 1 StR 665/12, Rz. 15, NJW 2014, 164 ff = ZIP 2013, 2469, dazu EWiR 2014, 121 *(Floeth)*; bestätigend BGH, Beschl. v. 11.8.2016 – 1 StR 63/16, wistra 2017, 30; zweifelnd hingegen *Trück*, ZWH 2013, 367 f.; wie hier *Heinrich*, NZWiSt 2020, 346, 354 f.; *Pelz/Grotebrune*, Strafrecht in Krise und Insolvenz, Rz. 148.

147) *Bittmann* in: Bittmann, Hdb. Insolvenzstrafrecht, Rz. 11/85.

148) BGH, Urt. v. 19.12.2017 – II ZR 88/16, Rz. 46 f., ZIP 2018, 283 = NJW 2018, 1089 m. w. N.; zur Feststellung drohender Zahlungsunfähigkeit *Harz/Conrad*, ZInsO 2019, 2241.

149) Beispiel: BGH, Urt. v. 31.10.2019 – IX ZR 170/18, Rz. 13, NZI 2020, 223 = ZInsO 2020, 91: Um zwei bis drei Monate verspätete Zahlung der Sozialversicherungsbeiträge über elf Monate hinweg.

erscheinen, sondern es kann dafür ebenfalls bereits eine einzige genügen. Für die **drohende Zahlungsunfähigkeit** zählen (im Gegensatz zur eingetretenen Zahlungsunfähigkeit, siehe dazu Rz. 52, seit je unbestritten) nicht nur die bereits fälligen Verbindlichkeiten, sondern auch die erst noch (mit überwiegender Wahrscheinlichkeit)[150] **fällig werdenden** mit. Konsequenterweise ist auch nicht allein auf solche Schulden abzustellen, die bereits begründet und nur noch nicht fällig sind. Vielmehr hat sich eine realistische Prognose auch auf die Verbindlichkeiten zu erstrecken, deren **Eingehen** nach dem gewöhnlichen und erwartbaren Geschäftslauf anzunehmen ist.[151] Im Übrigen hat sich das Verständnis an die Definition der eingetretenen Zahlungsunfähigkeit anzulehnen. Allerdings beläuft sich der maßgebliche Zeitraum nicht auf drei Wochen, sondern seit dem 1.1.2021 auf regelmäßig **24 Monate**, § 18 Abs. 2 Satz 2 InsO. Hier war zuvor aus Gründen ausreichend sicherer Feststellung eine Phase von einem Jahr befürwortet worden, während die Rechtsprechung auf die letztfällige Verbindlichkeit abgestellt hatte.[152]

67 Unter dem Gesichtspunkt von **Criminal Compliance** ist die Erkenntnis von Bedeutung, dass die Tatsachen, von deren Vorliegen es abhängt, ob ein Insolvenzgrund vorliegt, dem stetigen Wandel der wirtschaftlichen Lage des Unternehmens unterworfen sind. Eine statische Betrachtung als Momentaufnahme wäre daher nicht sachgerecht. Dem stattdessen gebotenen dynamischen Begriffsverständnis der Insolvenzgründe lässt sich gerade in der Krise nur mit sehr genauer, ggf. **tagesaktueller**, die jeweilige Entwicklung einschließender **Betrachtung der wirtschaftlichen Situation** ausreichend Rechnung tragen und damit zugleich die Basis schaffen zum Treffen erforderlicher Entscheidungen.

8. Strafgrund

68 § 15a InsO pönalisiert das **Unterlassen** des Stellens eines **vorgeschriebenen Insolvenzantrags**. Wiewohl das Beenden werbender Tätigkeit eines insolvenzreifen Unternehmens zum Schutz von dessen potenziellen Kontrahenten ein Motiv der gesetzgeberischen Entscheidung für die strafbewehrte Antragspflicht darstellt, kommt es für die Tatbestandsmäßigkeit **nicht** darauf an, ob das Unternehmen nach Eintritt der Insolvenzreife **fortgeführt** wird oder nicht. Das erschließt sich bereits daraus, dass auch die Liquidation nur solange in Eigenregie durchgeführt werden darf, wie mit pflichtgemäßer Erfüllung sämtlicher Fremdverbindlichkeiten gerechnet werden darf. § 15a Abs. 4 und 5 InsO dient damit nicht nur dem zukünftigen Rechtsverkehr, sondern auch der Sicherung der Gleichbehandlung der bereits vorhandenen (Insolvenz-)Gläubiger. Es führt demnach nicht zur Straffreiheit, wenn das insolvenzreife Unternehmen *kalt* liquidiert wird.

69 Unter systematischen Gesichtspunkten ist zu berücksichtigen, dass das **Weiterwirtschaften trotz Insolvenzreife** auch den Tatbestand des **Verschleierns der wirtschaftlichen Verhältnisse** erfüllt und deshalb **rechtsformunabhängig** mit dem höheren Strafrahmen des **§ 283 Abs. 1 Nr. 8 StGB** bedroht ist.[153] In dieser Konstellation konkurrieren beide

150) BGH, Beschl. v. 5.2.2015 – IX ZR 211/13, Rz. 13, ZInsO 2015, 841.

151) **A. A.** BGH, Urt. v. 5.12.2013 – IX ZR 93/11, Rz. 10, ZIP 2014, 183: Sicher muss das Fälligwerden nicht sein, nur wahrscheinlich; ebenso für streitbefangene Verbindlichkeiten, BGH, Urt. v. 22.5.2014 – IX ZR 95/13, Rz. 33, ZIP 2014, 1289 – zuvor zumindest bei unbefristeter Stundung keine Passivierung unter Abschlag, bei befristeter Stundung kommt es darauf an, ob das Fristende im Prognosezeitraum liegt (Rz. 13); zuvor bereits BGH, Urt. v. 8.10.2009 – IX ZR 173/07, Rz. 11, ZIP 2009, 2253, dazu EWiR 2010, 63 *(Koza)*; BGH, Urt. v. 13.8.2009 – IX ZR 159/06, Rz. 10, ZIP 2009, 1966 – nur bestehende, fällig werdende Verbindlichkeiten. Wie hier BGH, Beschl. v. 19.2.2013 – 5 StR 427/12, Rz. 12, wistra 2013, 232 = NZG 2013, 1117; BGH, Urt. v. 21.1.2016 – IX ZR 84/13, Rz. 18 a. E., aber eher en passant, ZIP 2016, 374.

152) BGH, Beschl. v. 19.2.2013 – 5 StR 427/12, Rz. 12, wistra 2013, 232 = NZG 2013, 1117; BGH, Urt. v. 5.12.2013 – IX ZR 93/11, Rz. 10, ZIP 2014, 183, dazu EWiR 2014, 391 *(Luttmann)*.

153) *Bittmann*, NZWiSt 2013, 270 (Urteilsanm.).

Vorschriften ideell. Die Praxis begnügt sich hingegen flächendeckend mit einer Bestrafung aus § 15a InsO (unter konkludenter Aussonderung des Bankrotts gemäß § 154a StPO). Die Fortsetzung werbender Tätigkeit trotz Verurteilung wegen Insolvenzverschleppung kann aus Gründen des Doppelbestrafungsverbots[154)] nur als Bankrott aus § 283 Abs. 1 Nr. 8 StGB bestraft werden.

9. Frist

Während die insolvenzrechtliche Sanierungshöchstfrist nach Eintritt der Überschuldung seit dem 1.1.2021 sechs Wochen beträgt, beläuft sie sich mit eingetretener Zahlungsunfähigkeit wie herkömmlich auf nur drei Wochen. Weitere Abweichungen gegenüber der Überschuldung bestehen nicht. Als (auch bei gestelltem **Fremdantrag** erst mit der **gerichtlichen Eröffnungsentscheidung** entfallende)[155)] Handlungspflicht verlangt § 15a Abs. 1 InsO das Stellen eines Eigenantrags auf Eröffnung des Insolvenzantrags **unverzüglich, spätestens aber drei Wochen** nach Eintritt der Zahlungsunfähigkeit bzw. seit dem 1.1.2021 **sechs Wochen** nach Entstehen der Überschuldung. Dabei handelt es sich um **keine Warte-**, sondern **Maximalfristen.** 70

Sobald nicht mehr mit Überwindung der Insolvenzreife gerechnet werden kann, ist der **Insolvenzantrag zwingend** zu stellen und zwar ohne schuldhaftes Zögern. Die Abtragsfristen dürfen also nur ausgeschöpft werden, wenn eine realistische Aussicht besteht, die Insolvenzsituation binnen laufender Frist zu überwinden.[156)] Verhandeln allein genügt ebenso wenig wie eine von der Hausbank offengehaltene Kreditlinie. Maßgeblich ist allein 71

154) BVerfG, Kammerbeschl. v. 27.12.2006 – 2 BvR 1895/05, StraFo 2007, 369 f.; BGH, Beschl. v. 28.10.2008 – 5 StR 166/08, Rz. 32, BGHSt 53, 24 = ZIP 2008, 2308, dazu EWiR 2009, 235 (*Schork/Ganninger*); OLG München, Beschl. v. 14.6.2012 – 3 Ws 493/12, wistra 2013, 75 f., m. krit. Besprechungen *Ebner*, NZWiSt 2013, 356 f.; *Fingerle*, ZWH 2013, 295 f.; *Kring*, wistra 2013, 257, und *Weyand*, ZInsO 2013, 737 f., sowie differenzierend *Bittmann*, NZWiSt 2013, 270 (Urteilsanm.); detaillierte Betrachtung bei *Grosse-Wilde*, wistra 2014, 130; OLG Frankfurt/M., Beschl. v. 30.6.2015 – 2 Ss 106/15, Rz. 8, StraFo 2015, 326; und OLG Hamm, Beschl. v. 4.12.2012 – III 5 RVs 88/12, Rz. 3 ff., wistra 2014, 156, stellen darauf ab, ob aufgrund neuer Umstände ein neuer Entschluss gefasst wurde; Übersicht bei *Weyand*, ZInsO 2017, 307, 308 m. N. in Fn. 14. Einen Sonderfall, bei dem es die Urteilsgründe allerdings offenlassen, ob dieselbe Gesellschaft betroffen war, behandelt LG Halle, Urt. v. 10.5.2017 – 2a Ns 2/17, ZInsO 2017, 1439 f.: Da mit Rechtskraft einer Vorverurteilung wegen Insolvenzverschleppung Amtsunfähigkeit eintrat, endete die (neuerliche oder gesonderte) Insolvenzverschleppung zu eben diesem Zeitpunkt. Damit war die neuerliche Tat laut dem LG Halle vor der früheren Verurteilung begangen worden (Rz. 17). Das trifft allerdings nicht zu. Nur wenn die zweite Tat vor dem Urteilsspruch beendet gewesen wäre, hätte sie mit abgeurteilt werden können. Da aber die Rechtskraft zwangsläufig erst nach Ergehen des Urteils eintreten kann, endete die zweite Tat nicht zuvor, sondern erst in dessen Anschluss. Das hatte das AG Halle/Saale zutreffend so gesehen.

155) BGH, Beschl. v. 28.10.2008 – 5 StR 166/08, Rz. 21 ff., BGHSt 53, 24 = ZIP 2008, 2308. Werden nach Abweisung mangels Masse Vermögenswerte in einer Höhe bekannt, welche mindestens die Kosten des Verfahrens decken würden (zu diesem Erfordernis LG München I, Beschl. v. 22.8.2017 – 14 T 11732/17, ZIP 2017, 2272, dazu EWiR 2018, 25 (*Schur*)), so lebt die strafbewehrte Antragspflicht zwar nicht wieder auf, Rz. 29 ff., wohl aber hat eine Nachtragsverteilung stattzufinden, BGH, Beschl. v. 10.10.2013 – IX ZB 40/13, Rz. 8 ff., ZIP 2013, 2320 = MDR 2013, 1492; BGH, Beschl. v. 12.2.2015 – IX ZR 186/13, ZInsO 2015, 634 = NZG 2015, 962; zu Ansprüchen gegen Gesellschafter und Geschäftsführer vgl. *Altmeppen*, ZIP 2017, 497; bei vorausgegangenem Insolvenzplanverfahren *Roth* in: FS Smid, 2022, S. 287; zu Grundpfandrechten *Semder/Lindner*, NZG 2022, 738. Fehlendes Informieren des Insolvenzgerichts dürfte eine Bankrotttat des Verheimlichens gemäß § 283 Abs. 1 Nr. 1 StGB darstellen. Zur Nachtragsliquidation s. KG Berlin, Beschl. v. 14.6.2022 – 22 W 27/22, ZInsO 2022, 2520.

156) BGH, Urt. v. 14.6.2012 – IX ZR 145/11, Rz. 40, BGHZ 193, 297= ZIP 2012, 1353, dazu EWiR 2012, 509 (*H. P. Westermann*); BGH, Versäumnisurt. v. 24.1.2012 – II ZR 119/10, ZIP 2012, 723; BGH, Urt. v. 6.6.2013 – IX ZR 204/12, Rz. 16, NJW 2013, 2345 = ZIP 2013, 1332, dazu EWiR 2013, 573 (*Gräfe*).

die **Wahrscheinlichkeit** des fristgerechten Sanierungserfolgs.[157)] Sie besteht angesichts der üblicherweise vorausgegangenen Bemühungen, bereits den Eintritt der Insolvenzreife zu vermeiden, **nur selten** und ist kaum in anderen als den Fällen denkbar, in welchen die Sanierungsbemühungen bereits weit vorangeschritten sind, jedoch die notwendige Zustimmung einzelner Gläubiger oder Investoren noch aussteht, mit deren zügiger Erteilung aber unter Insolvenzdruck zu rechnen ist. In den meisten Alltagsfällen existiert kein ernsthaftes, diesen Namen verdienendes Insolvenzvermeidungsmanagement, so dass die Höchstfrist de jure nicht gilt. Die strafrechtliche Praxis war allerdings recht großzügig, wenn zwar nicht in der vom Gesetz vorgesehenen Zeit, aber doch alsbald nach Auftreten von Insolvenzsignalen ein Eigenantrag gestellt wird. Ob es dabeibleibt, wird sich erst noch erweisen. Die Verdoppelung der Höchstfrist könnte sogar für größere Flexibilität innerhalb dieser Phase sprechen, während Entgegenkommen aufgrund Schaffung eines Reorganisationsverfahrens als rechtmäßige Vorfeldalternative weniger geboten erscheint als unter dem früheren Recht.

72 Der Pflichtige ist beim **Erkennen** der Insolvenzreife noch **nicht auf eine einzige Handlungsalternative festgelegt**. Besteht die realistische Chance, die Insolvenzlage zu überwinden, so darf er sie solange wahrnehmen, wie dies innerhalb der Fristen des § 15a Abs. 1 InsO als möglich erscheint. Sobald aber diese Aussicht endet oder die Insolvenzlage innerhalb einer der gesetzlichen Maximalfristen nicht beseitigt ist, muss er den Eigenantrag – als nunmehr tatsächlich nur noch verbliebene Alternative – spätestens in diesem Moment stellen. Das Gesetz schützt die Interessen der Gläubiger demnach variabel: Der Pflichtige muss zwar **sofort handeln**, darf aber **prüfen**, ob er den Eröffnungsantrag ohne Zeitverzug stellen muss oder eine – nicht selten den Interessen auch der Gläubiger am besten Rechnung tragende – Sanierung versuchen will. Die kurzen Fristen des Gesetzes erscheinen als sachgerecht, da dem Pflichtigen regelmäßig zuvor bereits, nämlich während der sich verschärfenden Krise, ausreichend Zeit zur Verfügung stand, die Sanierungsmöglichkeiten zu eruieren und seit dem 1.1.2021 sogar in ein förmliches Restrukturierungsverfahren einzutreten. Der Fristendruck verlangt zudem Entscheidungen auch der Gläubiger, ob sie die Sanierung mittragen wollen. Gelingt die Wende außergerichtlich nicht, so kann vielmehr gerade das Insolvenzverfahren unter Einsatz seiner zunehmend ausgebauten Sanierungselemente Unternehmen, die wirtschaftlich überlebensfähig sind, vor der Zerschlagung bewahren.

10. Fristenlauf – Unterschiede bei Vorsatz und Fahrlässigkeit

73 Einerseits die aus wirtschaftlichen Gründen mögliche Sanierung nicht aus Rechtsgründen zu verunmöglichen, andererseits aber die Folgen zu späten Handelns nicht allein die Gläubiger tragen zu lassen, gelingt nur mit unterschiedlichen tatsächlichen Anknüpfungspunkten für die vorsätzliche und die fahrlässige (straf-, vielleicht auch zivilrechtliche) Haftung des Verantwortlichen:

- Für **§ 15a Abs. 4 InsO** kommt es nur auf das **Kennen der Insolvenzreife** an. Das bedeutet, dass die maximale Sanierungsfrist selbst dann zur Verfügung steht, wenn die Insolvenzreife objektiv bereits wesentlich früher eingetreten ist, sie durchaus auch schon länger als lediglich drei bzw. sechs Wochen besteht. Meldet der Pflichtige nach Kenntniserlangung unverzüglich, spätestens nach Fristablauf Insolvenz an, so bewahrt ihn dies jedoch nur vor der Bestrafung wegen einer Vorsatztat und damit zugleich vor der Amtsunfähigkeit gemäß § 6 Abs. 2 Satz 2 Nr. 3a GmbHG.

157) BGH, Urt. v. 5.12.2013 – IX ZR 93/11, Rz. 14, ZIP 2014, 183. Übersicht über die Möglichkeiten übertragender Sanierung bei *Hoffmann/Danylak*, NZI 2020, 705.

– § 1 StaRUG übernahm die von der Rechtsprechung (breit und fein säuberlich zu einem enggeknüpften Netz an Handlungsgeboten) ausziselierten Informationsbeschaffungs-, Beobachtungs- und Kontrollpflichten eher pauschal in das Gesetz. Es enthält keinen Passus zur Intensivierung in der Krise. Da es aber die Anforderungen nicht etwa senken sollte, muss der Pflichtige weiterhin organisatorische Vorkehrungen für seine jederzeit verlässliche Übersicht über die wirtschaftliche und finanzielle Situation der Gesellschaft treffen.[158)] Unterließ er dies, hätte aber bei pflichtgemäßem Handeln die Insolvenzreife erkannt, so hat er sich ggf. **trotz unter Vorsatzgesichtspunkten zulässiger Ausnutzung der Drei-Wochen-Frist** wegen **fahrlässiger Insolvenzverschleppung** strafbar gemacht.[159)]

Das ist systematisch angesichts der regelmäßig eingetretenen Minderung der Befriedigungsquote und ggf. auch der Schädigung von Neugläubigern durchaus konsequent. **Gelingt allerdings die Sanierung außerinsolvenzlich**, so ist dies nicht nur bis hin zur evtl. gebotenen Einstellung des Ermittlungsverfahrens ohne Auflagen mildernd zu berücksichtigen. Vielmehr wird es in den meisten derartigen Fällen gar nicht erst zu einem Ermittlungsverfahren kommen, weil die Staatsanwaltschaft faktisch über keine zureichenden tatsächlichen Anhaltspunkte für das Vorliegen einer fahrlässigen Insolvenzverschleppung und damit zur Aufnahme von Ermittlungen verfügen wird. 74

Praxishinweis

Ein unzufriedener Gläubiger kann jedoch durchaus nicht ohne Erfolgschance versuchen, Schadensersatz geltend zu machen und zur Unterstützung auch Strafanzeige erstatten. Für die rechtliche Beurteilung ist die Pflicht der Verantwortlichen maßgeblich, selbst dafür zu sorgen, **jederzeit** ausreichend **informiert** zu sein. Gleichwohl wird die Staatsanwaltschaft angesichts der Sanierung ohne Anhaltspunkte für weitere Delikte kaum tiefer „einsteigen". Hingegen ist das zivilrechtliche Verurteilungsrisiko (auch angesichts der für den Gläubiger günstigeren Beweislage) für den Verantwortlichen höher.

11. Verantwortlichkeiten

Bemüht sich der Verantwortliche, in der Krise seinen eigenen Pflichten nachzukommen und verlangt dies ggf. auch von den Delegationsempfängern, so ist das auf der Rechtsfolgenseite zumindest deutlich mildernd zu berücksichtigen.[160)] Der Versuch eines originär Pflichtigen, sich unter Hinweis auf Fehler von Delegationsempfängern zu entlasten, kann aber zu einem „Eigentor" werden, dann nämlich, wenn auf diese Weise **Überwachungsmängel** offenbar werden. Diese führen meist zur Vorsatzstrafbarkeit, kennt der Delegierende doch den Wandel seiner Pflichtenstellung. Deren Vernachlässigung belegt demnach geradezu das zumindest bedingt vorsätzliche pflichtwidrige Unterlassen. 75

158) BGH, Versäumnisurt. v. 19.6.2012 – II ZR 243/11, Rz. 11, 13, ZIP 2012, 1557 = ZWH 2012, 412; BGH, Urt. v. 26.1.2016 – II ZR 394/13, Rz. 33, ZIP 2016, 1119 = ZInsO 2016, 1118; BGH, Beschl. v. 21.5.2019 – II ZR 337/17, Rz. 19, ZIP 2019, 1529; BGH, Beschl. v. 24.9.2019 – II ZR 248/17, Rz. 21, ZIP 2020, 1239 = NZI 2020, 180, m. Anm. *Baumert*; BGH, Urt. v. 11.2.2020 – II ZR 427/18, Rz. 38, ZRI 2020, 268 = NZG 2020, 517; BGH, Urt. v. 27.10.2020 – II ZR 355/18, Rz. 53, ZRI 2021, 29 = NZG 2021, 66; *Kebekus/Zenker* in: FS Maier-Reimer, 2010, S. 319, 332; *Kruth/Jakobs*, DStR 2019, 999; speziell zu § 1 StaRUG *Bea/Dressler*, NZI 2021, 67; *Schulz*, NZI 2020, 1073; *Schulz/Rüsing*, NZI 2021, 76; *Schwintowski*, NZG 2021, 901; zur Notwendigkeit von Frühwarnsystemen *d'Avoine/Michels*, NZI 2022, 1; *Haghani*, NZI Beilage Heft 5/2021, 15; *Sämisch*, ZInsO 2021, 169; *Sikora*, BBK 2023, 502; allg. zu den Pflichten eines Geschäftsführers in der Krise *Theiselmann*, ZInsO 2021, 2293.

159) Aus zivilrechtlicher Perspektive BGH, Urt. v. 26.1.2016 – II ZR 394/13, Rz. 34, ZIP 2016, 1119 = ZInsO 2016, 1118.

160) Strafzumessungsrelevante Gesichtspunkte zusammengestellt haben *Gutfleisch*, NZWiSt 2016, 309, und *Skauradszun*, wistra 2014, 41.

12. Begehungsweisen

76 § 15a Abs. 4 InsO unterscheidet drei verschiedene Begehungsweisen.

a) Nichtstellen

77 Ob kein Eigenantrag gestellt wurde, lässt sich meist leicht feststellen. Selbst wenn das Insolvenzverfahren an einem anderen Ort geführt wurde, bedarf es der Erfassung im Handelsregister. Die elektronisch abrufbaren Insolvenzdateien stellen zwar keine durchweg allein verlässliche Quelle dar, bieten aber häufig überprüfbare Hinweise.

b) Verspätetes Stellen

78 Die zweite Variante besteht im verspäteten Stellen des Antrags. Insoweit gilt nichts anderes als bei § 15a Abs. 1 InsO (zur Verspätung als solcher siehe oben Rz. 70–74).

c) Nicht richtig Stellen

79 Als mit dem MoMiG zum 1.11.2008 neu kreierte und 2017 modifizierte dritte Form erfasst § 15a Abs. 4 InsO das nicht richtige Stellen eines Insolvenzpflichtantrags. Zuvor hatte die Rechtsprechung Strafbarkeit verneint, selbst wenn der Antrag in unzulänglicher Weise gestellt worden war.[161] Nimmt man allerdings an, dass der Pflichtige nach Abweisung seines Antrags als unzulässig gehalten ist, **ohne jegliche Überlegungsfrist** einen neuen **zulässigen Antrag** zu stellen,[162] so ist die Variante des nicht-richtig gestellten Insolvenzantrags nur in sehr seltenen Fällen für die Strafbarkeit als solche konstitutiv,[163] denkbar z. B. beim Wechsel des oder der Verantwortlichen, wie es in der Insolvenzsituation gerade bei manipulativen Anträgen immer mal wieder vorkommt; auch bei rechtzeitig nachgeholtem zulässigen Antrag – letzteres wohl aber nur theoretisch, da sich auf diese Weise die Antragsfrist kaum wahren lässt.

80 Anlass, die verbliebenen Strafbarkeitslücken zu schließen, bot die Praxis sog. **Unternehmensbestatter**. Sie ließen Unbedarfte, um sie vor Strafverfolgung zu bewahren, bei ihrer Bestellung zum Geschäftsführer einen Insolvenzantrag unterschreiben und sandten ihn nach Ablauf einer Schamfrist selbst an das Gericht. Ein solcher **Scheinantrag**, der noch nicht einmal die Auskunftspflicht, § 20 InsO, auszulösen vermag, sollte keinesfalls vor Strafbarkeit bewahren.

81 Angesichts dieser Genese lag es von Anfang an nahe, derartige ebenso wie anders motivierte unzulässige Anträge unter § 15a Abs. 4 Var. 3 InsO zu subsumieren.[164] Dem setzte *Richter*[165] die Überlegung entgegen, die gesetzliche Handlungspflicht beziehe sich von

---

161) OLG Frankfurt/M., Beschl. v. 17.5.1977 – 1 Ss 189/77, GmbHR 1977, 279; BayObLG, Beschl. v. 23.3.2000 – 5St RR 36/00, wistra 2000, 315 f. = ZIP 2000, 1220, dazu EWiR 2001, 71 *(Undritz)*; KG Berlin, Beschl. v. 13.3.2002 – (5) 1 Ss 243/01 (6/02), Rz. 20 ff., wistra 2002, 313, 315 f. Zu davon nicht erfassten und damit strafbaren Sachverhalten vgl. Voraufl. Rz. 78–80.

162) *Lenger/Apfel*, WiJ 2012, 34, 36 m. N., 101, 107.

163) Vgl. *C. Brand*, KTS 2014, 1, 14 (auch bereits S. 11 mit Fn. 50); **a. A.** *Pelz/Grotebrune*, Strafrecht in Krise und Insolvenz, Rz. 255, die einer Verurteilung wegen nicht richtig gestellten Insolvenzantrags eine Art Sperrwirkung ggü. einer Verurteilung wegen nicht oder verspätet gestellten Insolvenzantrags beimessen, damit aber das *nach* der Zurückweisung wegen nicht richtig gestellten Antrags angerichtete weitere Unrecht nicht zu erfassen vermögen.

164) *Bittmann*, NStZ 2009, 113, 115 f.; *Hiebl* in: FS Mehle, 2009, S. 273; s. a. bereits den Formulierungsvorschlag von *Schmahl*, NZI 2008, 6, 9. *Rönnau/K. Wegner*, ZInsO 2014, 1025, befürworteten zu Recht eine rechtsgutbezogene Auslegung, schlossen damit allerdings inhaltliche Mängel gerade nicht aus; w. N. bei *C. Brand*, KTS 2014, 1, 11, Fn. 51.

165) *Richter* in: Müller-Gugenberger, Wirtschaftsstrafrecht, 6. Aufl. 2015, Rz. 77/6, 80/45 und 47; *Richter* in: FS Beck, 2016, S. 441, 442 ff.

vornherein auf einen **zulässigen Insolvenzantrag**. Weil deshalb selbst ein unzulässiger Antrag zur Strafbarkeit wegen nicht gestellten Antrags führe, könne sich die 3. Alternative ausschließlich auf inhaltliche Mängel beziehen. Damit inkorporierte er § 283 StGB (insbesondere dessen Abs. 1 Nr. 8[166]) quasi in § 15a Abs. 4 und 5 InsO. Das Gesetz zur Neufassung des EGEuInsVO zum 26.6.2017[167] schuf eine **zweistufige Lösung**.[168] Nunmehr findet sich die **3. Tatalternative** gesondert als **§ 15a Abs. 4 Nr. 2 InsO**. Nur für sie enthält der neu eingefügte § 15a Abs. 6 InsO eine **objektive Bedingung der Strafbarkeit**: Die Bestrafung wegen eines vorsätzlich oder fahrlässig nicht richtig gestellten Eröffnungsantrags ist danach nur für die Fälle vorgesehen, in denen der **Antrag** als **unzulässig zurückgewiesen** wurde. Es kommt demnach nicht allein auf die Zurückweisung als unzulässig an. Vielmehr ist **tatbestandliche Voraussetzung** ein **nicht richtiger Insolvenzantrag**.

Damit stellte der Gesetzgeber zum einen klar, dass ein Fehler nur dann strafwürdig nur ist, wenn er das Insolvenzgericht **hindert, ein Insolvenzverfahren zu führen**. Das schränkt die Strafbarkeit ein: Die Unzulässigkeit eines Insolvenzantrags kann lediglich dann bestraft werden, wenn eine Eröffnungsentscheidung deswegen endgültig nicht auf ihn gestützt werden kann.[169] Zum anderen eliminierte der Gesetzgeber sämtliche **inhaltlichen Unrichtigkeiten** aus dem Tatbestand, denn sie dürfen keine Grundlage für eine Zurückweisung des Antrags als *unzulässig* bilden. Aus Letzterem folgt zumindest zweierlei: Die Entscheidung des Insolvenzgerichts kann für das Strafverfahren keine Tatbestandswirkung entfalten, sondern das Strafgericht muss selbst prüfen und entscheiden, ob es sich bei dem vom Insolvenzgericht angeführten Zurückweisungsgrund tatsächlich um eine Zulässigkeitsvoraussetzung handelt.[170] Zudem begründen inhaltliche Mängel **niemals die Unrichtigkeit** eines Insolvenzantrags.[171] 82

Der Gesetzgeber hat allerdings keine gesonderte Regelung darüber getroffen, welche Zulässigkeitsvoraussetzungen strafrechtlich relevant sind. Das Insolvenzgericht hat jedoch nach der neuen Regelung des, die Rechtsprechung des BGH[172] kodifizierenden, **§ 13 Abs. 3 InsO** den Schuldner auf die Unzulässigkeit hinzuweisen und ihm eine **angemessene Nachbesserungsfrist** zu setzen. Aus Gründen der Rechtssicherheit ist es allerdings weder seine Sache zu bestimmen, die Verletzung welcher Voraussetzungen des § 13 InsO straf- 83

166) Zutreffend *C. Brand*, KTS 2014, 1, 19.

167) Art. 3 des Gesetzes zur Durchführung der Verordnung (EU) 2015/848 über Insolvenzverfahren, BGBl. I 2017, 1476.

168) Vgl. *Bittmann*, wistra 2017, 88; *Frind*, ZInsO 2016, 2376; *Köllner/Cyrus*, NZI 2017, 521, 523; *Richter*, wistra 2017, 329; *Richter*, ZInsO 2016, 2372; *N. Schmidt/Gundlach*, DStR 2017, 2057.

169) Wie hier *Pelz* in: Wabnitz/Janovsky/Schmitt, Hdb. Wirtschafts- und Steuerstrafrecht, Rz. 9/88–90; *Richter*, ZInsO 2017, 2298; diese gewollte und wirksame Restriktion verkennt *Klöhn* in: MünchKomm-InsO, § 15a, Rz. 333, der § 15a Abs. 6 InsO für überflüssig hielte, erfasse § 15a Abs. 4 Nr. 2 Inso allein die Zulässigkeit.

170) Im Ergebnis ebenso *Pelz/Grotebrune*, Strafrecht in Krise und Insolvenz, Rz. 287–291.

171) *Bittmann*, wistra 2020, 387, 389 f.; wohl auch *Pfordte/Sering* in: Leitner/Rosenau, Wirtschafts- und Steuerstrafrecht, § 15a InsO Rz. 43. Der unzutreffenden gegenteiligen Auffassung von *Klöhn* in: MünchKomm-InsO, § 15a Rz. 333, ihm folgend *C. Brand*, ZInsO 2019, 2091, 2092 f.; im Ergebnis ebenso *Rönnau/K. Wegner*, ZInsO 2020, 1561, ist lediglich zuzugestehen, dass es klarer gewesen wäre, hätte der Gesetzgeber in § 15a Abs. 4 Nr. 2 StGB ausdrücklich auf „Unzulässigkeit" abgestellt. Trotzdem ist die Annahme, inhaltliche Mängel, jedenfalls soweit sie die Arbeit des Insolvenzgerichts wesentlich erschwerten, seien in der Lage, die Unrichtigkeit i. S. von § 15a Abs. 4 Nr. 2 InsO zu begründen, nicht vom Wortlaut des Gesetzes gedeckt. Dem steht auch der Hinweis auf die Weiterverwendung der bisherigen Begrifflichkeit (entgegen *Klöhn*) nicht entgegen, war diese doch gerade strittig.

172) BGH, Beschl. v. 12.12.2002 – IX ZB 426/02, Rz. 8, BGHZ 153, 205 = ZIP 2003, 358, dazu EWiR 2003, 589 *(Gundlach/Frenzel)*.

rechtliche Relevanz zu entfalten vermag, noch etwa weitere Zulässigkeitsvoraussetzungen mit dieser Folge zu entwickeln.

84 Als **Konsequenz** der **prozeduralen Lösung** der Neuregelung ist vielmehr anzunehmen, dass nur eine, dafür aber **jede gesetzliche Zulässigkeitsvoraussetzung** (z. B. aber nicht nur jede Anforderung des **§ 13 InsO**, sondern auch im Fall rechtsmissbräuchlichen Erstrebens einer Abweisung mangels Masse)[173] **strafbewehrt** ist, sofern das Insolvenzgericht den Eröffnungsantrag **gerade wegen eines** solchen **Umstands verneint** und dazu Gelegenheit zur **Nachbesserung** eingeräumt hatte. **Ausschließlich** das nach Fristablauf fortbestehende Fehlen **dieses** bezeichneten **Umstands** kann die **Unrichtigkeit** i. S. von § 15a Abs. 4 Nr. 2 und Abs. 6 InsO begründen. Das bedeutet: Beanstandete das Insolvenzgericht das Fehlen einer allein von der Rechtsprechung entwickelten Voraussetzung, so scheidet eine Bestrafung wegen unrichtig gestellten Insolvenzantrags aus. Gleiches gilt, wenn es die Abweisung als unzulässig auf eine andere als dem Schuldner mitgeteilte fehlende Anforderung stützte. Die **Strafbarkeit verlangt** demnach die **Übereinstimmung von Hinweis,** § 13 Abs. 3 InsO, und **Abweisungsgrund.**

85 Einen praxisrelevanten Anwendungsfall bildet die **örtliche Zuständigkeit.** Wurde der Eröffnungsantrag vor manipulativem Hintergrund an ein anderes als das zuständige Gericht adressiert, so ist er unrichtig gestellt. Folgt dann mangels Verweisungsantrags die Abweisung als unzulässig, so ist eine Bestrafung wegen § 15a Abs. 4 Nr. 2, Abs. 6 InsO möglich. Dafür (und für die Strafbarkeit nach § 283 Abs. 1 Nr. 8 StGB[174]) genügt jedoch nicht schon das Verneinen des Gruppengerichtsstandsim Fall der Konzerninsolvenz, §§ 3a, 13a InsO.[175] Allerdings ist das zuständige Gericht nicht immer leicht erkennbar. Es muss angesichts der Maßgeblichkeit des Schwerpunkts der wirtschaftlichen Interessen (**COMI**) für die örtliche und damit auch internationale **Zuständigkeit** des Insolvenzgerichts (siehe oben Rz. 27), **nicht immer** das für den **Satzungssitz zuständige AG**[176] berufen sein, das Insolvenzverfahren zu führen.[177] Die **Abgrenzung** zwischen zulässiger **tatsächlicher Verlagerung** des Schwerpunkts der Aktivitäten einerseits und dem nur den Schein betref-

173) BGH, Beschl. v. 7.5.2020 – IX ZB 84/19, wistra 2020, 385, m. Anm. *Bittmann*; dazu auch *Laroche*, NZI 2020, 681.

174) *C. Brand*, ZInsO 2019, 2091, 2093 f.

175) Bezüglich § 15a Abs. 4 Nr. 2 InsO nur im Grundsatz, nicht aber im Fall manipulativer Absicht ebenso *C. Brand*, ZInsO 2019, 2091, 2092 f.

176) Mit Inkrafttreten des Gesetzes zur Erleichterung der Bewältigung von Konzerninsolvenzen zum 21.4.2018, BGBl. I 2017, 866, kommt für gruppenangehörige Schuldner unter den Voraussetzungen des § 3a InsO auch noch ein Sondergerichtsstand hinzu.

177) Einer breiten Öffentlichkeit ist dies im Zusammenhang mit der insolventen Fluglinie *NIKI Luftfahrt GmbH* bekannt geworden: Zunächst war der Eröffnungsantrag beim AG Berlin-Charlottenburg gestellt und ein vorläufiger Insolvenzverwalter ernannt worden (AG Berlin-Charlottenburg, Beschl. v. 13.12.2017 – 36n IN 6433/17, ZIP 2018, 41 = ZInsO 2018, 62; AG Charlottenburg, Nichtabhilfebeschl. v. 4.1.2018 – 36n IN 6433/17, ZInsO 2018, 111; aufgehoben vom LG Berlin, Beschl. v. 8.1.2018 – 84 T 2/18, ZIP 2018, 140 = ZInsO 2018, 168). Auf einen in Österreich gestellten (zweiten) Antrag hin erklärte sich das dort angegangene Landesgericht Korneuburg (LG Korneuburg, Beschl. v. 12.1.2018 – 36 S 5/18d-3, ZInsO 2018, 164) für zuständig, und bestellte seinerseits eine Insolvenzverwalterin (Chronologie zu allen Entscheidungen *Horstkotte*, ZInsO 2018, 310; verallgemeinernd thematisiert von *Denkhaus/Harbeck*, ZInsO 2018, 949; *Deyda*, ZInsO 2018, 221; *Smid*, ZInsO 2018, 766; *Thole*, ZIP 2018, 401). Das AG Charlottenburg eröffnete mit Beschl. v. 23.1.2018 – 36n IN 6433/17, ZInsO 2018, 342, ein deutsches Sekundärinsolvenzverfahren – beide Verwalter gestalteten die Verfahren im Fortführungsinteresse jedenfalls bis zum Verkauf an einen Investor kooperativ.

fenden **Insolvenztourismus**[178] andererseits ist fließend und wird zudem durch unterschiedliche nationale Insolvenzphilosophien erschwert. So kann es durchaus vorkommen, dass ein angegangenes englisches Gericht ein Hauptinsolvenzverfahren eröffnet, obwohl in Wahrheit der COMI woanders liegt. Der rechtzeitige Antrag beim „falschen" Gericht ist aber dann nicht als unrichtig strafbar, wenn Letzteres ihn als zulässig behandelt. Das gilt bereits aufgrund der fehlenden Strafbarkeitsbedingung des § 15a Abs. 6 InsO und ist auch systematisch stimmig, denn man wird dem Schuldner weder vorwerfen können, das internationale Gefälle im eigenen Interesse zu nutzen, noch von ihm verlangen dürfen, das Recht besser als das Gericht zu kennen. Das gilt selbst bei Abweisung mangels Masse und damit ausbleibender Eröffnung des Insolvenzverfahrens und sogar im Falle des Erschleichens des Gerichtsstands.

Seit Inkrafttreten des ESUG am 1.3.2012 verhält sich die InsO näher zu den **Notwendigkeiten eines Insolvenzantrags**. Gemäß § 13 Abs. 1 Satz 3 InsO ist dem Antrag ein **Verzeichnis der Gläubiger** und ihrer Forderungen beizufügen und es ist zu **versichern**, dass die Angaben richtig und vollständig sind, § 13 Abs. 1 Satz 7 InsO.[179] Im Gegensatz zu den Auskunftspflichten der §§ 97 und 20 InsO handelt es sich bei dem Verzeichnis gemäß § 13 Abs. 1 Satz 3 InsO ebenso wie bei den Angaben nach den Sätzen 4–6 um Voraussetzungen, von deren Erfüllung die **Zulässigkeit** des Insolvenzantrags abhängt. Obwohl jeder dieser Aspekte prinzipiell strafrechtlich relevant sein kann (siehe oben Rz. 81 f.), hat die Strafjustiz die Strafwürdigkeit eines Verstoßes in jedem Einzelfall zu prüfen. 86

§ 15a Abs. 4 Nr. 2 InsO ist zwar wie ein aktives Begehungsdelikt formuliert, stellt aber nur eine **andere Variante der Unterlassung** eines rechtzeitig gestellten zulässigen Insolvenzantrags dar.[180] Demgemäß setzt die Strafbarkeit auch insoweit voraus, dass die gebotene Handlung dem Pflichtigen **möglich (und zumutbar) war**. Speziell im Fall der Unternehmensbestattung kann der unbedarfte neue Geschäftsführer bei Einsetzen seiner persönlichen Pflicht mangels Kenntnis gar keinen zulässigen Eröffnungsantrag stellen. Bliebe es dabei, so entfiele angesichts des Sonderdeliktscharakters auch die Möglichkeit, professionelle Hintermänner und Altgeschäftsführer wegen Beteiligung (Anstiftung, Beihilfe) zur Insolvenzverschleppung des Unbedarften strafrechtlich zu belangen. Die Strafbarkeit wegen eigener Insolvenzverschleppung des Altgeschäftsführers und die Beihilfe seitens der Bestatter dazu bliebe allerdings auch dann unberührt, hinge faktisch aber weitgehend vom Erfolg der übrigen Verschleierungshandlungen ab. Allerdings begab sich der Unbedarfte freiwillig in diese Lage, in welcher er die Erfüllung (auch) der Geschäftsführerpflicht, einen Eröffnungsantrag richtig zu stellen, nicht erfüllen konnte. Unter Heran- 87

178) Vgl. BGH, VB v. 17.12.2020 – IX ZB 72/19, ZRI 2021, 77 = ZVI 2021, 155 = NZG 2021, 172 – Entscheidung nach Votum des EuGH: BGH, Beschl. v. 8.12.2022 – IX ZB 72/19, ZRI 2023, 101 = ZVI 2023, 216 = NZI 2023, 183 – Eröffnung im Land des COMI trotz vorangegangener Eröffnung in einem anderen Land zulässig; BayObLG, Beschl. v. 19.12.2019 – 1 AR 139/19, NZI 2020, 242 = ZIP 2020, 624; OLG Brandenburg, Beschl. v. 8.3.2023 – 6 W 1/23, ZInsO 2023, 1039; *Schultz* in: FS Kayser, 2019, S. 917 (zwecks Erlangung von Restschuldbefreiung); sehr großzügig im Fall innerdeutscher Sitzverlegung LG Bremen, Beschl. v. 5.10.2020 – 6 T 370/20, ZRI 2021, 52 = NZI 2021, 83, m. krit. Anm. *Hellfeld*; zu diesem Thema auch *Blankenburg*, ZInsO 2020, 2523; *Smid*, NZI 2021, 710 und umfänglich *Smid*, ZInsO 2021, 981 (Zustimmung seitens verschiedener Verbände ZInsO 2021, 1778); Perspektiven aufzeigend *Smid*, ZInsO 2021, 1893; Gefahren für die Unabhängigkeit der im Insolvenzverfahren amtlich Handelnden aufzeigend *Smid*, ZInsO 2022, 965; zur perpetuatio fori EuGH, Urt. v. 24.3.2022 – Rs. C-723/20, NZI 2022, 539 = WM 2022, 981; zur internationalen Zuständigkeit bei existenzvernichtendem Eingriff BGH, Beschl. v. 18.4.2023 – II ZR 184/21, ZRI 2023, 486 = ZInsO 2023, 1252.

179) Dazu *Fichtner*, ZWH 2012, 220, 221 f.

180) H. M., vgl. *Bittmann* in: Bittmann, Hdb. Insolvenzstrafrecht, Rz. 11/39 m. w. N. auch zur Gegenauffassung.

ziehen des Rechtsgedankens der *actio libera in causa* lässt sich seine Bestrafung deshalb auf sein **Übernahmeverschulden** stützen. Es setzt lediglich voraus, dass er mit zumindest bedingtem Vorsatz erkannt hatte, etwaige vom Gericht gewünschte Auskünfte nicht erteilen zu können. Das aber konnte er typischerweise mit Unterzeichnung des vorformulierten Antrags absehen.

88 **Nicht** als **Insolvenzverschleppung strafbar** ist das Unterlassen der gemäß § 270b Abs. 4 Satz 2 InsO im **Schutzschirmverfahren** erforderlichen **Mitteilung eingetretener Zahlungsunfähigkeit** (anders als nach § 42 Abs. 3 StaRUG). Das folgt aus der Tatsache, dass einem Schutzschirmverfahren ein zulässiger (oder als zulässig behandelter) Insolvenzantrag zugrunde liegt, der Pflichtige also das Gebot, Insolvenz anzumelden, bereits zuvor erfüllt hat.[181)] Ein derartiges **Unterlassen** ist jedoch wegen des damit verbundenen Verheimlichens oder Verschleierns der wirtschaftlichen Verhältnisse als **Bankrott** nach § 283 Abs. 1 Nr. 8 StGB strafbar.[182)]

13. Amtsniederlegung

89 Sie beendet die Pflichtenstellung nicht rückwirkend. Ist die Insolvenz bereits verschleppt, so kann die Aufgabe des Amts zwar zur **Beendigung der Tat, nicht aber** zur **Straffreiheit** führen.

90 Freiwilliges Ausscheiden **während der drei- bzw. sechswöchigen Sanierungsfrist** wurde in der Rechtsprechung der Zivilgerichte selbst nach Inkrafttreten des MoMiG und der damit verbundenen Schaffung der Ersatzantragspflicht gemäß § 15a Abs. 3 InsO als Ausscheiden zur Unzeit und damit als rechtsmissbräuchlich angesehen.[183)] Entschieden wurde das aber, wenn nicht ausnahmslos, so doch weit überwiegend für Fälle, in welchen der Allein- oder Mehrheitsgesellschafter-Geschäftsführer ohne Bestellung eines Nachfolgers ausschied. Zum einen greift in diesen Fällen nunmehr jedoch zumindest teilweise die nachrangige Antragspflicht des § 15a Abs. 3 InsO. Zum anderen liegen in einschlägigen Konstellationen regelmäßig die Voraussetzungen faktischer Geschäftsführung vor. Demnach bedarf es des Abstellens auf Rechtsmissbrauch nicht.

91 Von einem solchen kann schon gar keine Rede sein, wenn ein Fremd- oder Minderheitsgesellschafter-Geschäftsführer ausscheidet, bevor das Stellen eines Insolvenzantrags zwingend ist. Im Gegenteil: Schlicht nicht mehr mitzumachen ist vielfach, da bloßes inneres Distanzieren nicht genügt,[184)] der **einzige Weg** aus einer zwar nicht rechtlichen, wohl aber **faktischen Zwickmühle**. Eine Weisung der Gesellschafter, keinen Insolvenzantrag zu stellen, ist zwar bei eingetretener Zahlungsunfähigkeit und/oder Überschuldung (nicht aber bereits bei erst drohender Zahlungsunfähigkeit) unwirksam. Deren Feststellung hängt aber von Umständen ab, die bewertet werden müssen. Daher kann es durchaus sehr

---

181) *C. Brand*, KTS 2014, 1, 16; *Rönnau/K. Wegner*, ZInsO 2014, 1025, 1031.

182) *C. Brand*, KTS 2014, 1, 22.

183) Z. B. OLG Nürnberg, Beschl. v. 12.5.2021 – 12 W 502/21, NZG 2021, 1552; OLG Düsseldorf, Beschl. v. 10.6.2015 – I-25 Wx 18/15, ZInsO 2015, 1578; OLG Frankfurt/M., Beschl. v. 11.11.2014 – 20 W 317/11, Rz. 14 f., ZIP 2015, 478 = GmbHR 2015, 363, dazu EWiR 2015, 475 *(Theiselmann)*; *Pfordte/Sering* in: Leitner/Rosenau, Wirtschafts- und Steuerstrafrecht, § 15a InsO Rz. 21; – selbst nach Eröffnung des Insolvenzverfahrens; OLG Hamm, Beschl. v. 17.1.2013 – 27 W 4/13, Rz. 8, juris; referierend BGH, Beschl. v. 8.10.2009 – IX ZR 235/06, Rz. 2, GWR 2009, 430 m. w. N.; eine Ausnahme für den Fremdgeschäftsführer anerkennend OLG Bamberg, Beschl. v. 17.7.2017 – 5 W 51/17, ZIP 2017, 1466, dazu EWiR 2017, 587 *(Wachter)*; zustimmend und Übersicht über den Stand der Rspr. gebend *Mielke/Heinemann*, ZIP 2017, 1941; zutreffend bereits OLG Hamburg, Beschl. v. 27.6.2016 – 11 W 30/16, ZIP 2016, 1832 = NZG 2016, 1070, dazu EWiR 2017, 199 *(Wachter)*; ebenso *Pelz/Grotebrune*, Strafrecht in Krise und Insolvenz, Rz. 307.

184) BGH, Beschl. v. 21.5.2019 – II ZR 337/17, Rz. 19, ZIP 2019, 1529.

fraglich sein, ob Insolvenzreife schon oder eben gerade noch nicht eingetreten ist. Angesichts der Haftung des Geschäftsführers sowohl für verspätete als auch für zu frühe,[185] noch dazu gegen den Willen der Gesellschafter erfolgende Insolvenzanmeldung befindet er sich im Amt zwischen Skylla und Charybdis. Zu befreien vermag er sich aus dieser Lage bestenfalls durch Wahl eines dritten Weges, der Aufgabe seiner bisherigen Funktion.

Die Sanierung binnen dreier Wochen kann zwar mit der Entscheidung des Geschäftsführers auszuscheiden **aussichtslos** werden. Da die Willensbildung dem Vollzug der Amtsniederlegung vorausgeht, könnte man daher theoretisch verlangen, dass der Ausscheidungswillige zuvor noch den von ihm für erforderlich erachteten Insolvenzantrag stellt. Damit würde man ihm aber den Ausweg aus der Zwickmühle verstellen. Er trüge das alleinige Haftungsrisiko, falls seine Einschätzung sich nachträglich als falsch herausstellen sollte und wäre der Gesellschaft zum Ersatz des durch das Stellen des Insolvenzantrags erlittenen Schadens verpflichtet. Angesichts dessen kann ihm in solcher Lage das Stellen des Insolvenzantrags nicht zugemutet, er für das Unterbleiben folglich nicht bestraft werden. 92

14. Subjektive Tatseite

Für die **Vorsatzstrafbarkeit** kommt es nicht allein auf das tatsächliche Vorliegen der Tatbestandsmerkmale an, Das gilt auch für die kriminalistischen Warn- und Krisenanzeichen. Vielmehr ist dafür auch erforderlich, dass der Täter, regelmäßig also die Geschäftsleitung, von diesen (zumindest i. S. bedingten[186] Vorsatzes) **wusste.**[187] Darauf ist bei Beurteilung und schon zuvor bei der Prüfung (mit) zu achten – auch i. R. der Erstellung eines betriebswirtschaftlichen Gutachtens. Für **Fahrlässigkeit** genügt die **Erkennbarkeit.** 93

Verkompliziert wird die rechtliche Beurteilung in **Delegationsfällen.** Hier kommt es darauf an, ob der originär Verantwortliche die Abläufe sachgerecht eingerichtet und kontrolliert hat, ob sie auch tatsächlich so praktiziert wurden[188] (siehe dazu Rz. 111 und 215). Nachdem bereits der 6. Strafsenat des BGH im Fall des früheren Oberbürgermeisters der niedersächsischen Hauptstadt Hannover rigide Anforderungen an den (vertikal) Delegierenden formuliert hatte,[189] buchstabierte der 2. Senat die allgemeinen Rechte und Pflichten bei **horizontaler wie vertikaler Arbeitsteilung** im Fall des Kölner Stadtarchivs ebenso streng und differenziert aus wie die eher engen Voraussetzungen zulässigen Vertrauens auf korrektes Verhalten anderer Beteiligter.[190] Der Verantwortliche kennt entweder (im 94

---

185) *Görg* in: FS Streck, 2011, S. 823, 826.

186) KG Berlin, Beschl. v. 9.1.2017 – (4) 161 Ss 180/16 (248/16), ZInsO 2017, 879. Bei fehlender Schlussfolgerung von den bekannten Tatsachen auf die Insolvenzreife bejaht das AG Frankfurt/O., Urt. v. 29.10.2019 – 412 Ds 237 Js 28566/15 (136/17), Rz. 13–16, ZWH 2021, 23. Tatbestandsirrtum, § 16 StGB, und folglich lediglich Fahrlässigkeitsstrafbarkeit; zust. *C. Brand*, ZWH 2021, 13, 15.

187) Zivilrechtlich kann vorsätzliche Insolvenzverschleppung Haftung wegen vosrsätzlich sittenwidriger Schädigung, § 826 BGB, auslösen, BGH, Urt. v. 27.7.2021 – II ZR 164/20, NZG 2021, 1406.

188) Zu den Anforderungen an eine sachgerechte Geschäftsverteilung s. BGH, Urt. v. 6.11.2018 – II ZR 11/17, ZIP 2019, 261 = NJW 2019, 1067, dazu EWiR 2019, 135 *(Kleindiek)*; dazu *Bittmann*, wistra 2019, 383; *Hoffmann-Becking*, NZG 2021, 93; *v. d. Linden*, NJW 2019, 1039; *Peitsmeyer/Klesse*, NZG 2019, 501; *Schädlich*, NZI 2019, 229 (Urteilsanm.); zu den verbleibenden Aufsichtspflichten unter Compliance-Gesichtspunkten, *Bock*, Criminal Compliance, S. 675 ff.

189) BGH, Urt. v. 14.7.2021 – 6 StR 282/20, Rz. 20, NStZ 2022, 109; für größere Flexibilität dazu *Bittmann*, NZWiSt 2022, 30, 31 f. (Urteilsanm.); das Verhältnis zur Geschäftsherrenhaftung beleuchtet *Anders*, NZWiSt 2023, 361; im 2. Rechtsgang: BGH, Urt. v. 5.10.2023 – 6 StR 299/22, BeckRS 2023, 30275 – Aufhebung im Strafausspruch.

190) BGH, Urt. v. 13.10.2021 – 2 StR 418/19 (Kölner Stadtarchiv), insbesondere Rz. 30–36 und 60–77, NJW 2022, 2206 = BeckRS 2021, 53335, m. Anm. *Vogel*, NZWiSt 2023, 31; erweitert für einen „Abenteuerspielplatz" OLG Celle, Beschl. v. 7.9.2023 – 2 Ws 244/23, BeckRS 2023, 30053.

Groben) die dafür erforderlichen Notwendigkeiten oder weiß zumindest, dass er sich diesbezüglich kundig machen muss. Das ist selbst, ja vielleicht gerade dem geschäftlich Unbedarften bekannt. Im Falle der Missachtung erkannter Pflichten zur Organisations- oder eigener Information liegt strafrechtlich vorsätzliches[191] Handeln vor – und zwar bezogen auf die originäre Pflicht selbst. Fahrlässigkeit beschränkt sich demgemäß hier praktisch auf die Fälle des Wissens, aber nicht immer ausreichend sorgfältigen Instruierens, Prüfens und Überwachens oder erkennbar nicht ausreichender Qualifikation. Keine strafrechtliche Verantwortung trifft denjenigen, der seine eigenen Pflichten erfüllt, aber vom Delegationsempfänger hintergangen, z. B. nicht ausreichend informiert wird.

15. Prozessuales

95 Zumindest dann, wenn die ausschließlich angeklagte Variante einer verspäteten Insolvenzanmeldung nach eingetretener Zahlungsunfähigkeit nicht bewiesen werden kann, darf das Tatgericht nicht freisprechen, ohne zu prüfen, ob der Tatbestand nicht deshalb erfüllt ist, weil der Eröffnungsantrag nicht fristgemäß nach entstandener Überschuldung gestellt wurde. Die Kognitionspflicht des Tatrichters erstreckt sich auf zumindest diese beiden die Insolvenzpflicht auslösenden Tatbestände.[192] Ob das auch für die Variante des nicht richtig gestellten Antrags gilt, kann zumeist dahinstehen, wenn und weil mangels Zurückweisung des Antrags als unzulässig die Strafbarkeitsbedingung des § 15a Abs. 6 InsO nicht vorliegt und eine Bestrafung wegen § 15a Abs. 4 Nr. 2 InsO deshalb ohnehin ausscheidet.

III. Unterlassene Mitteilung eingetretener Zahlungsunfähigkeit an das Restrukturierungsgericht (§ 42 Abs. 3 StaRUG)

1. Funktion des StaRUG

96 Das StaRUG[193] stellt ein relativ unbürokratisches Verfahren zu **frühzeitiger Sanierung** und **Restrukturierung** von **Unternehmen** im **Vorfeld der Insolvenzreife** zur Verfügung.[194] Gleichwohl kommt es mit der InsO zu **Überlappungen**, weil die Anwendungsbereiche nicht klar voneinander abgegrenzt sind. Laut § 29 Abs. 1 StaRUG besteht das **Ziel** darin, **drohende Zahlungsunfähigkeit**, § 18 InsO, mittels einer in einen Restrukturierungsplan mündenden Restrukturierungssache nachhaltig zu **überwinden**. Um sie rechtshängig werden zu lassen, bedarf es lediglich einer Anzeige nach § 31 StaRUG.[195] Im Gegensatz zur InsO führt das Gesetz keine Voraussetzungen dafür an, sondern schreibt nur

---

191) Im Fall fahrlässiger Tötung in Tateinheit mit Baugefährdung nicht in Erwägung gezogen, BGH, Urt. v. 13.10.2021 – 2 StR 418/19 (Kölner Stadtarchiv), NJW 2022, 2206 = BeckRS 2021, 53335, m. Anm. *Vogel*, NZWiSt 2023, 31. Das wirft die (ohne vertiefte Prüfung nicht zu beantwortende) Frage auf, ob sich die angelegten Maßstäbe tatsächlich unterscheiden und ob Abstriche an der weitgehenden Annahme von Vorsatz auf dem Feld der Wirtschaftskriminalität bedarf.

192) BGH, Urt. v. 23.8.2017 – 2 StR 456/16, Rz. 27 ff., NJW 2018, 566, dazu *Bittmann*, NStZ 2018, 351.

193) Gesetz über den Stabilisierungs- und Restrukturierungsrahmen für Unternehmen (Unternehmensstabilisierungs- und -restrukturierungsgesetz – StaRUG), v. 22.12.2020, BGBl. I 2020, 3256 (= Art. 1 des Gesetzes zur Fortentwicklung des Sanierungs- und Insolvenzrechts [Sanierungs- und Insolvenzrechtsfortentwicklungsgesetz – SanInsFoG], v. 22.12.2020, BGBl. I 2020, 3256).

194) Zum Nachfolgenden insgesamt *Bittmann/Cramer*, wistra 2022, 149, 149–153; *Köllner*, NZI Beilage Heft 5/2021, 71.

195) Das LG Berlin, Beschl. v. 31.5.2023 – 100 O 18/23, ZRI 2023, 833 = NZI 2023, 928, m. abl. Anm. *Madaus*, verlangt vom GmbH-Geschäftsführer, vor der Anzeige einen Beschluss der Gesellschafterversammlung herbeizuführen. Einen solchen einzuholen, ist gewiss sachgerecht und hilfreich, eine Pflicht dazu kann jedoch jedenfalls dann nicht bestehen, wenn bereits Überschuldung eingetreten ist und der Geschäftsführer ohne Restrukturierungsanzeige seiner (nur!) ihn treffenden strafbewehrten Pflicht zum Stellen eines Insolvenzantrags nachkommen müsste.

das Beifügen der in § 31 Abs. 2 StaRUG angeführten Unterlagen vor. Zum Vermeiden von Zwangsvollstreckungen und -verwertungen hat der Schuldner zudem die Möglichkeit, ergänzend eine **Stabilisierungsanordnung** gemäß §§ 29 Abs. 2 Nr. 3, 49–59 StaRUG zu erwirken.

2. Verhältnis der Insolvenzauslösegründe zum StaRUG

a) Vor der Restrukturierungsanzeige

Solange keinerlei Verfahren anhängig ist, besteht eine klare Trennung:[196] Das StaRUG berührt eine bestehende Insolvenzantragspflicht nicht. Dabei hat es im Fall eingetretener **Zahlungsunfähigkeit** sein Bewenden. Bei lediglich **drohender Zahlungsunfähigkeit** hat der Schuldner nicht nur die Wahl zwischen einer Restrukturierungsanzeige und einem Insolvenzantrag, sondern darf abwarten oder die Sanierung in Gänze außergerichtlich versuchen. Eine Zwischenstellung nimmt die **Überschuldung** ein.[197] Besteht sie, so hat der Antragspflichtige Insolvenz anzumelden. Weil aber Überschuldung kumulativ einen negativen Status *und* eine fehlende positive Fortführungsprognose voraussetzt, kann sich der Schuldner schon damit von der Insolvenzantragspflicht befreien, dass er Maßnahmen ergreift, die eine positive Fortführungsprognose erlauben. Das ist bereits aufgrund eines realistischen **Sanierungskonzepts** möglich und lässt sich zudem (für maximal ein Jahr, § 31 Abs. 4 Nr. 4 StaRUG) mit einer Restrukturierungssache absichern. 97

b) Auswirkungen der Restrukturierungsanzeige

Selbst wenn aber erst nur die bloße Absicht zur Sanierung besteht, verschafft allein schon der Eingang seiner Restrukturierungsanzeige bei Gericht dem lediglich überschuldeten Insolvenzantragspflichtigen **weiteren zeitlichen Spielraum.**[198] Denn schon damit wird die Restrukturierungssache **rechtshängig,** § 31 Abs. 3 StaRUG, und es **ruht** die **Insolvenzantragspflicht,** § 42 Abs. 1 Satz 1 StaRUG.[199] Das gilt sogar dann, wenn die nach § 31 Abs. 2 StaRUG vorzulegenden Unterlagen nicht beigefügt sind.[200] Der Wortlaut des Gesetzes knüpft die Rechtshängigkeit allein an die Anzeige nach § 31 Abs. 1. Zudem ist die nicht richtige Restrukturierungsanzeige (anders als ein nicht richtiger Pflicht-Insolvenzantrag, § 15a Abs. 4–6 InsO) nicht pönalisiert.[201] Auch das spricht, für das Ausreichen der bloßen Anzeige. Nur wenn das Gericht die **Restrukturierungssache aufhebt, lebt** die **Insolvenzantragspflicht** wieder **auf,** §§ 42 Abs. 4, 31 Abs. 4 StaRUG. Die Wirkung setzt allerdings erst mit **Rechtskraft** ein. Deren Eintritt lässt sich mit einer sofortigen Beschwerde gegen die erstinstanzliche Entscheidung suspendieren, § 33 Abs. 4 StaRUG. Der Schuldner hat es damit in der Hand, die Insolvenzantragspflicht sogar trotz Zahlungsunfähigkeit zu unterlaufen, endet doch das Ruhen der Pflicht des § 15a Abs. 1 Satz 2 InsO erst mit Rechtskraft der Aufhebungsentscheidung des Restrukturierungsgerichts, § 42 Abs. 4 StaRUG. 98

c) Nach der Restrukturierungsanzeige

Allerdings hat der Schuldner nach § 32 Abs. 3 StaRUG und haben sonstige Antragspflichtige nach § 42 Abs. 1 StaRUG den **Eintritt** eines Zustands, der ohne Rechtshängigkeit der 99

---

196) Vgl. *Gruber*, NZI 2021, 249, 254.

197) *Schönfelder*, NZI 2022, 49.

198) Insoweit noch ebenso *Pelz/Grotebrune*, Strafrecht in Krise und Insolvenz, Rz. 758.

199) **A. A.** *Pelz/Grotebrune*, Strafrecht in Krise und Insolvenz, Rz. 757.

200) *Frind*, NZI 2021, 609, 610; **a. A.** *Brünkmanns*, ZInsO 2021, 1, 10 (zum seinerzeitigen § 33 StaRUG-E; s. a. Nachtrag ZInsO 2021, 125).

201) *Weitzell/Klenner*, NZI 2023, 897, 898 f. Zivilrechtlich besteht Wahrheitspflicht, §§ 38 StaRUG, 138 ZPO; dazu *Smid*, ZInsO 2021, 117, 123.

Restrukturierungssache zur Insolvenzanmeldung verpflichtete, also **Zahlungsunfähigkeit** und/oder **Überschuldung**, dem Restrukturierungsgericht **unverzüglich anzuzeigen.** Letztere Pflicht ist nach § 42 Abs. 3 StaRUG für sich gesehen in gleichem Maße wie § 15a InsO strafbewehrt.[202)] Diese Anzeige löst **keinen Automatismus zum Beenden** der Restrukturierungssache aus.[203)] Vielmehr hat das Restrukturierungsgericht über den weiteren Fortgang nach pflichtgemäßem richterlichen **Ermessen** zu entscheiden und kann unter den Voraussetzungen des § 33 Abs. 2 Nr. 1, Halbs. 2 und 3 StaRUG von der **Aufhebung absehen** – insbesondere dann, wenn der erreichte Stand des Verfahrens den Erfolg der Sanierung und damit auch die Überwindung der Insolvenzreife verspricht.[204)] Die Aufhebung unterbleibt zwingend, wenn das Restrukturierungsgericht eine ergangene Stabilisierungsanordnung nach (unter gleichen Gesichtspunkten auszuübendem) Ermessen aufrechterhält, §§ 33 Abs. 3, 59 Abs. 3 StaRUG. Das bedeutet: Während Insolvenzreife dem erst-noch-rechtshängig-Machen der Restrukturierungssache entgegensteht, kann sie innerhalb dieses Verfahrens mit diesem durchaus vereinbar sein.

3. § 42 Abs. 3 StaRUG

a) Strafbarkeit

100 Die Strafnorm des § 42 Abs. 3 StaRUG richtet sich nur an Mitglieder des geschäftsführenden Organs einer antragspflichtigen Gesellschaft[205)] und ist in den Varianten nicht oder nicht rechtzeitig, nicht aber auch unrichtig[206)] erstatteter Anzeige § 15a Abs. 4 Nr. 1 InsO nachgebildet. Allerdings gewährt sie **keine Sanierungsfristen**. Das ist insoweit konsequent als ja bereits ein auf Sanierung zielendes Verfahren rechtshängig ist.[207)] Darüber, ob es aufgrund bestehender Abhängigkeit von Bewertungen und daraus folgender mangelnder sinnlicher Wahrnehmbarkeit des genauen Zeitpunkts des Eintritts der Insolvenzreife sachgerecht ist, auf Unverzüglichkeit der Anzeige zu bestehen, lässt sich gewiss streiten.[208)] Zumindest sollte die Strafjustiz bedenken, dass die Strafnorm nicht auf redliche Schuldner zielt, die dem Restrukturierungsgericht vertrauensvoll gegenübertreten.

101 Die fehlende gesetzliche Frist setzt den Schuldner aber auch im Fall nicht unverzüglicher Anzeige beim Restruktionsgericht keineswegs zwingend verschärfter Strafbarkeit aus. Stellt er nämlich nach Eintritt der Insolvenzreife einen den Anforderungen des § 15a InsO genügenden Eröffnungsantrag, so gilt dieser als rechtzeitige Erfüllung der Anzeigepflicht, § 42 Abs. 2 StaRUG. Diese **Fiktion** bewirkt rückwirkend rechtmäßiges StaRUG-Handeln. Dem Schuldner steht damit keine kürzere Frist für straffreies Verhalten zur Verfügung als vor Inkrafttreten des StaRUG. Das nicht eingehaltene Erfordernis der Unverzüglichkeit der Anzeige kann sich daher nur auswirken, wenn der Schuldner in Kenntnis einge-

202) Überblick bei *Richter* in: FS Smid, 2022, S. 629, S. 635–637.

203) Obwohl bereits Insolvenzreife verneinend ausführlich AG Hannover, Beschl. v. 14.3.2023 – 951 RES 1/23, ZIP 2023, 1201 = NZI 2023, 417, m. Anm. *Blum*.

204) Vgl. *Brünkmanns*, ZInsO 2021, 1, 14 (zum seinerzeitigen § 35 StaRUG; s. a. Nachtrag ZInsO 2021, 125).

205) Zu den (praktisch nur im Kollusionsfall bestehenden) strafrechtlichen Risiken anderer Beteiligter (Restrukturierungsbeauftragte; Sanierungsmoderatoren und Gläubiger mit oder ohne -ausschuss oder -beirat) *Richter* in: FS Smid, 2022, S. 629, S. 638–642.

206) Zutreffend *Weitzell/Klenner*, NZI 2023, 897, 898 f.

207) *Weitzell/Klenner*, NZI 2023, 897, 898.

208) *Weitzell/Klenner*, NZI 2023, 897, 898, wollen innerhalb des Begriffs „unverzüglich" aufgrund der Verweisung auf die zivilrechtliche Pflicht dessen Maßstäbe anlegen, sodass die Interessen des Pflichtigen zu berücksichtigen seien. Das führt zu dem ebenso sachgerechten wie missbrauchsträchtigen Ergebnis des Einsetzens der Anzeigepflicht erst nach Beseitigung vernünftiger Zweifel am Eintritt von Überschuldung und/oder Zahlungsunfähigkeit.

tretener Insolvenzreife weder das Restrukturierungsgericht unterrichtet noch Insolvenz anmeldet.

Während also der Insolvenzantrag zugleich die Wirkung einer Anzeige an das Restrukturierungsgericht nach § 32 Abs. 3 oder § 42 Abs. 1 StaRUG zeitigt, gilt nicht etwa auch umgekehrt eine solche Anzeige als Eröffnungsantrag. Da das Restrukturierungsgericht nach seinem Ermessen über den Fortbestand der Anhängigkeit der Restrukturierungssache zu entscheiden hat, sieht § 42 Abs. 4 StaRUG allein vor, dass erst der Verlust der Wirkung der Restrukturierungsanzeige das Ruhen der Insolvenzantragspflicht beendet. sie dann wiederauflebt und sich **nur** mittels **Eröffnungsantrags**, § 13 InsO, **erfüllen** lässt. 102

b) Faktische Straflücke

Die Crux besteht in etwas anderem, nämlich darin, dass § 15a Abs. 4–6 InsO und § 42 Abs. 3 StaRUG unverbunden nebeneinanderstehen. Das gewährleistet zwar materiellrechtlich eine lückenlose Strafbewehrung, nicht aber in der Praxis. Rechtstechnisch konsequent (wegen des Ruhens der Insolvenzantragspflicht) pönalisiert § 42 Abs. 3 StaRUG nur das Unterbleiben der im Fall des **nachträglichen Eintritts** der Insolvenzreife erforderlichen Anzeige gegenüber dem Restrukturierungsgericht. Damit erfasst die Vorschrift nicht den Fall der bereits zur Zeit des Rechtshängig-Werdens bestehenden Insolvenzreife.[209] Da diese ohnehin mühsam, der genaue Beginn sogar nur ausnahmsweise ausreichend sicher festgestellt werden kann, wird sie sich in einer signifikanten Anzahl von Fällen für den Anfangszeitpunkt des Restrukturierungsverfahrens **nicht feststellen lassen.** Die gleiche Ungewissheit hindert aber häufig auch die Überzeugung von einer zuvor bereits verwirklichten Insolvenzverschleppung. Da sie in solcher Konstellation zwar denkbar ist, nicht aber etwa auch zwingend vorliegt, scheiden auch Prä-, oder Postpendenzfeststellung ebenso aus wie Wahlfeststellung. Diese Inkonsequenz war vom Gesetzgeber sicher nicht beabsichtigt und entspricht auch nicht der gedanklichen Systematik des Zusammenspiels von § 15a InsO und § 42 StaRUG. Sie lässt sich jedoch aufgrund des **klaren Wortlauts** nicht mit einem Erst-Recht-Schluss vermeiden.[210] Zum einen stünde dies mit Art. 103 Abs. 2 GG nicht im Einklang. Zum anderen wäre eine pauschale Schlussfolgerung perplex, schreibt das Gesetz für vor der Rechtshängigkeit eingetretene Insolvenzreife doch den Insolvenzantrag vor. Das Fristenregime soll allerdings lediglich Platz für erfolgversprechende außergerichtliche Sanierungsmaßnahmen verschaffen. Mit der Restrukturierungsanzeige dokumentiert der Pflichtige aber gerade, dass er dafür entweder keine Chance mehr sieht oder aus anderen Gründen davon Abstand nimmt. Demzufolge steht ihm bei schon eingetretener Insolvenzreife (also auch fehlender positiver Fortführungsprognose, siehe oben Rz. 98) das Restrukturierungsverfahren gar nicht offen, sondern er muss Insolvenz anmelden. Damit ist allerdings das **Problem der** (aufgrund von Prognose- und Bewertungsabhängigkeit: unvermeidlichen) **Grauzone nicht gelöst.** Zivilrechtlich bietet die Anzeige der Insolvenzreife auch im Fall nachträglich erkannten Eintritts der Insolvenzreife vor Rechtshängigkeit der Restrukturierungssache durchaus Abhilfe, wenn man **§ 32 Abs. 3 und § 42 Abs. 1 StaRUG analog** anwendet und dem Restrukturierungsgericht damit die Möglichkeit eröffnet, das erfolgversprechende Restrukturierungsverfahren fortzusetzen.[211] Das käme den Pflichtigen zugute. Diese Analogie auf das Strafrecht zu übertragen, wirkte jedoch zu dessen Nachteil und scheidet damit aus. Insoweit hängt es also vom Gesetzgeber ab, ob er § 42 Abs. 3 StaRUG ergänzt und (nur!) die nachträglich 103

---

209) **A. A.** *Pelz/Grotebrune*, Strafrecht in Krise und Insolvenz, Rz. 755 – unter Berufung auf zivilrechtliche Literatur.

210) Das geben *Weitzell/Klenner*, NZI 2023, 897, 900 f., zu bedenken.

211) Von *Weitzell/Klenner*, NZI 2023, 897, 900 f., nicht erwogen.

erkannte, aber schon vor der Restrukturierungsanzeige eingetretene der erst danach entstandenen Insolvenzreife gleichstellt (und zudem die Inhabilitätsregeln um Verurteilungen nach § 42 Abs. 3 StaRUG erweitert)[212]. Da bereits de lege lata die pflichtwidrige Wahl des Restrukturierungsverfahrens anstelle der gebotenen Insolvenzanmeldung zur Strafbarkeit wegen Insolvenzverschleppung führt, wäre mit einer derartigen Erweiterung des § 42 Abs. 3 StaRUG der Weg frei, im Fall der Grauzone, in der sich der Eintritt der Insolvenzreife nicht taggenau feststellen lässt, die Verurteilung auf wahldeutige Tatsachenfeststellungen zu stützen.

IV. Betrug (§ 263 StGB)

1. Krisenrelevanz der Vorschrift

104 Der **Insolvenzverschleppung** für die **Gesamtheit der Gläubiger** entspricht auf **individueller Ebene** der **Betrug**. Trachtet § 15a InsO danach, den Massebestand zu erhalten (oder gar zu vermehren) und dient damit dem Gläubigerschutz mittelbar durch Sicherung der Haftungsmasse in einem Umfang, welcher eine möglichst weitgehende Befriedigung der Gläubiger erlaubt, so hat § 263 StGB den Schutz des bestehenden Vermögens des einzelnen Gläubigers unmittelbar im Visier.[213] Die Vorschrift sucht die Erfüllbarkeit eingegangener Verbindlichkeiten abzusichern. Im Hinblick auf den eigenen Vermögensstand decken sich die aus § 15a InsO einerseits und § 263 StGB andererseits abzuleitenden Anforderungen an Criminal Compliance. Die in Betracht kommenden Täter unterscheiden sich allerdings ebenso wie die Tathandlungen. Individuell geschützt sind nur (Neu-)Gläubiger, welche über die Zahlungsfähig- oder -willigkeit getäuscht wurden, sich deswegen darüber irrten und aus diesem Grunde eine sie selbst unbewusst schädigende Vermögensverfügung trafen.

105 Die Insolvenzlage ist regelmäßig von angespannter Liquidität gekennzeichnet. Der Kaufmann balanciert üblicherweise zuvor bereits eine ganze Weile am oder eben auch über dem „Abgrund“: Er **hofft**, dass er seine eingegangenen Verpflichtungen erfüllen kann, ist sich dessen aber **nicht mehr gewiss** oder weiß gar, dass ihm dies nur unter von ihm nicht selbst zu beeinflussenden glücklichen Umständen gelingen wird. Bei isolierter Betrachtung sub specie § 263 StGB macht sich in solcher Lage jeder Kaufmann bzw. ein ihn repräsentierendes Organ ebenso wie ein umfassend ins Bild gesetzter Vertreter beim Eingehen einer jeden neuen Verbindlichkeit strafbar, es sei denn, er tritt in Vorleistung oder erhält die Gegenleistung lediglich Zug um Zug oder gegen ausreichend Sicherheit. Die „blanke“ Forderung, die sein Gläubiger erhält, ist aufgrund der Krisenbelastung ihren Nominalbetrag nicht wirklich wert. In Höhe des daraus folgenden **Abwertungsbedarfs** besteht der dem Gläubiger mit Vertragsschluss entstandene **Schaden**. Erhält er gleichwohl „sein Geld“, so ändert dies nichts am Tatbestand, weil es sich dogmatisch lediglich um eine rein strafzumessungsrelevante Schadenswiedergutmachung handelt. Allerdings erhält die Strafjustiz Kenntnis regelmäßig nur, wenn keine Zahlung erfolgt.

106 Legte die Strafverfolgungspraxis diese Maßstäbe jedoch in den sie beschäftigenden Fällen an, so stünden täglich Tausende von Geschäftsleuten mit einem Bein im Gefängnis, gibt es doch etliche Unternehmen am Rande des Existenzminimums, die strukturell unterfinanziert und als Kapitalgesellschaften zudem rechnerisch überschuldet sind. Die Tatbestandsmäßigkeit ließe sich zynischerweise vielleicht jedoch gerade deshalb verneinen: wo jedermann mit auch bei seinem Geschäftspartner angespannter Liquidität rechnete, fehlte

212) Zutreffend *Weitzell/Klenner*, NZI 2023, 897, 899 f.

213) Deshalb kann zwischen § 263 StGB und einem Beiseiteschaffen, § 283 Abs. 1 Nr. 1 StGB, Tateinheit bestehen, BGH, Beschl. v. 24.8.2017 – 1 StR 625/16, Rz. 16 f., ZInsO 2018, 324.

es an einer Täuschungshandlung, weil allein das Eingehen einer Verbindlichkeit nicht mehr (wie gemäß ständiger Rechtsprechung[214]) als konkludente Zusicherung der eigenen Leistungsfähigkeit angesehen werden könnte. Massenhafte Strafverfolgung müssten Kaufleute bzw. die für solche Handelnden aber nicht wirklich fürchten. Sie könnten sich durch **Transparenz** sicher vor Bestrafung hüten – riskierten aber, nur noch gegen Vorkasse beliefert zu werden. Das würde allerdings die sowieso bereits krisenhafte wirtschaftliche Lage weiter verschärfen. Diesen Weg müssen sie jedoch nicht bereits bei Auftreten erster Krisenanzeichen beschreiten. § 263 StGB ist nämlich nicht für sich zu betrachten. Vielmehr muss die Bestimmung in ihrem systematischen Zusammenhang mit § 15a InsO interpretiert werden. Das bedeutet, dass

- einerseits bei **eingetretener Zahlungsunfähigkeit** eingegangene Verbindlichkeiten in der Tat **betrugsrelevant** sind.
- Andererseits folgt daraus jedoch, dass bei lediglich **drohender Zahlungsunfähigkeit Verbindlichkeiten begründet werden dürfen**, sofern nicht die Fälligkeit nach dem absehbaren Zeitpunkt eingetretener Zahlungsunfähigkeit liegt: Was einerseits das Gesetz, § 15a InsO, gestattet, kann es nicht andererseits als Betrug bestrafen.
- Bei **rechtlicher Überschuldung** ist zu **differenzieren**: Ist sie deshalb zu bejahen, weil neben der rechnerischen Überschuldung auch noch eine Fortbestehensprognose erstellt wurde und diese negativ ausfiel, so sind nach deren Kenntnis begründete Verbindlichkeiten betrugsrelevant. Folgt hingegen die rechtliche Überschuldung allein aus dem negativen Überschuldungsstatus (= die Liquidationswerte decken die Verbindlichkeiten nicht), weil eine Fortbestehensprognose gar nicht erst angestellt wurde, so hätte die Bejahung der Betrugsrelevanz allein aus diesem Grunde zur Folge, dass quasi vor Abschluss eines jeden Rechtsgeschäfts eine Fortbestehensprognose erstellt werden müsste. Das aber wäre weder zumutbar noch praktikabel. **Betrug** kann daher (anders als Insolvenzverschleppung) nur beim **kumulativen Nachweis** sowohl eines negativen Überschuldungsstatus als auch einer negativen Fortbestehensprognose angenommen werden.

Die Konsequenz daraus besteht nun aber nicht darin, in nahezu jedem **Ermittlungsverfahren** wegen Betrugs Überschuldungsstatus und/oder Fortbestehensprognose nachträglich erstellen zu müssen. Zum einen bietet es sich regelmäßig an, sich auf die sinnlich besser zu erfassende Zahlungsunfähigkeit zu beschränken. Stürzt sich die Strafjustiz dennoch (innerhalb der Betrugsprüfung) auf die Überschuldungsalternative, so ist im erneuten Gegensatz zur Insolvenzverschleppung zu bedenken, dass nur der (zumindest: bedingt) **vorsätzliche** Betrug strafbar ist. Erforderte die Feststellung rechtlicher Überschuldung in objektiver Hinsicht intensive Überprüfungen, so wird es regelmäßig am subjektiven Tatbestand fehlen. Eine Ausnahme mögen Evidenzfälle bilden. Ob ein solcher auch allein beim Erstellen von Überschuldungsstatus und Fortführungsergebnis mit jeweils klar negativem Ergebnis vorliegen kann, sei dahingestellt, weil dies nicht denkbar ist ohne auch für den Verantwortlichen sichtbare Anzeichen, welche wie etwa der Ausfall des Hauptlieferanten oder eines Großgläubigers keinen anderen Schluss als das zumindest in der Laiensphäre parallelgewertete Vorliegen eingetretener Zahlungsunfähigkeit oder eben auch rechtlicher Überschuldung zuließe, so dass sich die forensische Praxis sogleich darauf stützen kann. 107

Es gibt auch vorinsolvenzlich „klassische" (z. B. Stoß-)Betrugsfälle mit bewusst vorgetäuschter Zahlungsfähig- oder -willigkeit. Selbst wenn einmal eine derartige Tat nur der unmittelbaren Deckung des anderweit nicht gesicherten Lebensunterhalts dienen sollte, 108

214) Seit BGH, Urt. v. 15.6.1954 – 1 StR 526/53, NJW 1954, 1414 f.

so bildet solche (Finanzierungs-)Krise jedoch lediglich den Anlass, ohne dass bei der forensischen Bearbeitung (vor-)insolvenzliche Besonderheiten zu berücksichtigen wären. Etwas anders sieht es bei betrügerischen Anlagen aus, denen regelmäßig eine Zahlungsunfähigkeit nachfolgt. Soweit man nicht unter dem Aspekt gänzlich fehlender Rückzahlungswilligkeit oder der sog. Aliud-Rechtsprechung[215)] einen Schaden zum Nennwert bejaht, bedarf es der (meist sachverständigen) Bewertung der rechtlich bestehenden Rückzahlungsansprüche im Zeitpunkt der Anlage.[216)] **Krisentypisch** ist hingegen, dass der – selbst der *an sich* – **ehrbare Kaufmann** in eine Betrugslage eher widerwillig hineinschlittert: Er will die Notwendigkeit, Insolvenz anzumelden, nicht wahrhaben, kann aber die werbende Tätigkeit nur noch unter Verschweigen seiner wirtschaftlichen Lage aufrechterhalten. Aufgrund der Notwendigkeit seiner Gläubiger, ihre Forderungen wertberichtigen zu müssen, begeht er (zumindest bedingt vorsätzlich) Betrug auf Betrug, ohne dass ihm dies bereits in seiner gesamten Tragweite bewusst wäre. Aus einer (selbst wenn sie nur noch als abenteuerlich bezeichnet werden kann, aber dennoch zulässigen) Hoffnung wird jedoch wie aufgezeigt eine Straftat, wenn mit einer regelmäßigen **Unterdeckungsquote** ab 10 % Zahlungsunfähigkeit (oder mit negativem Überschuldungsstatus bei ebensolcher Fortbestehensprognose Überschuldung) eintritt.

2. In Betracht kommende Täter

a) Nach außen in Erscheinung tretende Akteure

109 Das größte Risiko, wegen Betrugs bestraft zu werden, trägt die **Unternehmensleitung.** Hat sie einen Mechanismus in Gang gesetzt, so haftet sie selbst dann, wenn sie an den einzelnen Betrugshandlungen gar nicht speziell beteiligt war, ja, Einzelheiten noch nicht einmal kannte, und zwar wegen tateinheitlichen Betrugs als **uneigentliches Organisationsdelikt.**[217)] Kaum geringer fällt es für die ihr unterstellte **kaufmännische Abteilung** aus. Im Gegensatz zu dieser Führungsriege werden sonstige **unmittelbar Handelnden** faktisch kaum einmal wegen Betrugs bestraft. Wiewohl interessengerecht, lässt sich dies Ergebnis rechtlich nicht ohne weiteres begründen. Zu Beginn einer krisenhaften Entwicklung fehlt es diesem Personenkreis zwar umständebedingt an einem ausreichenden Einblick in die Finanzlage und damit zumindest am subjektiven Tatbestand: Die Handelnden täuschen nicht oder wissen zumindest nichts davon. Das ändert sich aber, wenn **Krisenanzeichen** zutage treten. Erhalten Fremdgläubiger und/oder Unternehmensangehörige ihr Geld nur noch verspätet oder gar nicht mehr, so ist die Krise auch für sie ersichtlich. Die unmittelbar Handelnden können daher bei Abschluss anderer als Bargeschäfte nicht mehr wahrheitsgemäß die Zahlungswillig- und -fähigkeit des Anstellungsunternehmens konkludent erklären und unterliegen daher dem Gebot, ihren Verhandlungspartnern gegenüber den durch ihr Auftreten erweckten Schein zu zerstören. Gleichwohl geraten sie so gut wie nie ins Visier der Strafjustiz. Angesichts ihrer zumindest subjektiv so empfundenen Zwangslage – redliches Auftreten versus Loyalität gegenüber dem eigenen Unternehmen – ist Zurückhaltung zwar verständlich. Das bedeutet aber nur, dass sie nicht bereits bei erkannten ersten Unsicherheiten die Loyalität hintanstellen müssen. Verdichten sich jedoch die Anzeichen zu nicht übersehbarem Wissen, setzt de jure auch die Strafbar-

---

215) Z. B. BGH, Urt. v. 13.11.2007 – 3 StR 462/06, NStZ 2008, 96; BGH, Beschl. v. 14.7.2010 – 1 StR 245/09, NStZ 2010, 700; BGH, Urt. v. 19.12.2019 – 1 StR 182/19, Rz. 3 f. und 10, NZWiSt 2020, 119.

216) BGH, Beschl. v. 19.5.2021 – 1 StR 528/20, Rz. 11, wistra 2022, 24; BGH, Beschl. v. 16.2.2022 – 4 StR 396/21, ZInsO 2022, 1057.

217) St. Rspr., BGH, Beschl. v. 5.9.2018 – 2 StR 31/18, Rz. 29 f., wistra 2019, 116 = NStZ-RR 2019, 6; BGH, Urt. v. 11.11.2020 – 1 StR 328/19, Rz. 50–52, StV 2021, 697 = BeckRS 2020, 36546. S. allgemein *Krehl*, StraFo 2023, 338; *Gehrmann*, StraFo 2023, 345. Zu den Anforderungen an die Feststellungen im Urteil BGH, Beschl. v. 16.5.2017 – 2 StR 169/15, Rz. 21, ZInsO 2017, 1364.

keit der Handelnden wegen Betrugs ein, je nach den Umständen als Täter oder als Helfer. Das gilt allerdings nur solange, wie die Krise nicht allgemein bekannt ist – anschließend fehlt es an einer Täuschungshandlung (zumindest am diesbezüglichen Vorsatz).

b) Geschäftsherrenhaftung

Die täterschaftliche Betrugshaftung der Leitungsebene hat sich mit der Übertragung der Grundsätze der *Politbüro-Entscheidung*[218] auf die Wirtschaftskriminalität signifikant verschärft. Sie ist mittlerweile Teil der sich in vielen Facetten entwickelnden, allerdings noch nicht einmal im Kern, geschweige denn in den Einzelheiten konsentierten, aber systematisch überzeugenden Rechtsfigur der **Geschäftsherrenhaftung.**[219] Seit jeher hatten sich Angehörige der Unternehmensspitze wegen Betrugs wie jedermann zu verantworten, wenn sie in eigener Person die Tatbestandsmerkmale verwirklichten. Nunmehr hat das Leitungspersonal, das über das Wohl und Wehe des Unternehmens an führender und damit gesamtverantwortlicher Stelle zu befinden haben, in bestimmtem Umfang auch **dafür einzustehen,** dass **aus** dem **ihm unterstellten Geschäftsbereich heraus keine Straftaten begangen werden** und auch die **Unternehmensangehörigen** keinen (Betrugs-)**Schaden** erleiden. Tatbestandsausfüllende Handlungen anderer Unternehmensangehöriger werden der **wissenden Leitungsebene zugerechnet.** Jedes ihrer Mitglieder wird dabei so behandelt, als habe es von Gleichgeordneten oder Untergebenen gesetzte Tatbestandselemente in eigener Person verwirklicht. Allerdings haftet die Leitungsebene für Straftaten, die von Untergebenen eigeninitiativ begangen wurden, **nicht unbegrenzt, sondern sachverhaltsabhängig.** Bei der Geschäftsherrenhaftung mischen sich typischerweise Elemente unmittelbarer und mittelbarer Täterschaft. Für die Haftung als (Allein-, Mit- oder Neben-)Täter kommt es zumindest beim Betrug nicht darauf an, ob auch nur ein einziger Untergebener seinerseits strafrechtliche Schuld auf sich geladen hat. 110

Die Bestrafung wegen Betrugs setzt auch i. R. der Geschäftsherrenhaftung in subjektiver Hinsicht das Vorhandensein mindestens bedingten **Vorsatz**es voraus. Er muss sich aber hier ebenso wie in allen Delegationsfällen nicht auf sämtliche Details der einzelnen Taten beziehen. Es genügt vielmehr das **Bewusstsein** der mit der eigenen **Stellung verbundenen Pflichten** und **Risiken.** Dass es solche gibt und man sich das erforderliche Wissen über den Umgang mit ihnen **anzueignen** hat, ist **Allgemeingut** – zumal in einer Stellung an der Spitze eines Unternehmens. Darunter fällt auch das **Wissen** um die **Mutation der eigenen Pflichten im Fall der Delegation** (siehe dazu oben Rz. 63 und unten Rz. 215). Wer es gleichwohl unterlässt, sich die nötigen Kenntnisse zu verschaffen, lädt (bei Vorliegen der übrigen Voraussetzungen) regelmäßig strafrechtliche Verantwortung unter dem Gesichtspunkt 111

---

218) BGH, Urt. v. 26.7.1994 – 5 StR 98/94, BGHSt 40, 218 = NJW 1994, 2703.

219) Zum Thema: BGH, Urt. v. 20.10.2011 – 4 StR 71/11, BGHSt 57, 42 = NJW 2012, 1237; ausgedehnt auf BtM-Handel, BGH, Beschl. v. 6.2.2018 – 5 StR 629/17, Rz. 6 ff., NStZ 2018, 648, dazu ablehnend *Wagner*, NZWiSt 2019, 365; *Bock*, Criminal Compliance, S. 281 ff., 303 f.; *Fischer*, StGB, § 13, Rz. 67–70a; *Heinrich* in: FS Krey, 2010, S. 147; *Knauer* in: FS Imme Roxin, 2012, S. 465; *Rotsch* in: FS Imme Roxin, 2012, S. 485; *Rotsch* in: Achenbach/Ransiek/Rönnau, Hdb. Wirtschaftsstrafrecht, 5. Aufl., 2019, Rz. 1, 4, 68–77; *Roxin* in: FS Krey, 2010, S. 449; *Roxin*, GA 2012, 395; *Sahan* in: FS Imme Roxin, 2012, S. 295; *Schlösser*, NZWiSt 2012, 281; *Selbmann*, HRRS 2014, 235; *Timpe*, StraFo 2016, 237; *Weißer*, GA 2019, 244; zur Vorstandsverantwortung *Dreher* in: FS Hüffer, 2010, S. 161; zum Compliance-Beauftragten BGH, Urt. v. 17.7.2009 – 5 StR 394/08, Rz. 27 (obiter dictum), BGHSt 54, 44 = ZIP 2009, 1867, dazu EWiR 2010, 95 *(Frisch)*; *Krause*, StraFo 2011, 437, 441 f.; zivilrechtlich BGH, Urt. v. 10.7.2012 – VI ZR 341/10, BGHZ 194, 26 = ZIP 2012, 1552, dazu EWiR 2012, 597 *(Paefgen/Causevic)*; die persönliche zivilrechtliche Außenhaftung konturierend BGH, Urt. v. 18.6.2014 – I ZR 242/12, Rz. 10 ff., ZIP 2014, 1475 m. w. N., dazu EWiR 2014, 579 *(Paefgen/Dettke)*; *Bülte*, NZWiSt 2012, 176; *Dannecker*, NZWiSt 2012, 441; allgemein *Greeve*, StraFo 2013, 89, 90; *Kretschmer*, StraFo 2012, 259; *Rieder* in: FS Goette, 2011, S. 413; *Rübenstahl/Skoupil*, WiJ 2012, 177, 178 f.; *Weißer*, GA 2011, 333, 344 mit Fn. 34; vom Grundsatz her ablehnend *Kraatz* in: FS Wolf, 2018, S. 301.

des Übernahmeverschuldens auf sich. Instruktions-, Kontroll- und Überwachungsmängel führen deshalb durchweg zur Vorsatzstrafbarkeit,[220] wenn es sich dabei um **Organisationsmängel** handelt. **Unsorgfältigkeiten** bei der **Durchführung** der Pflichten des Delegierenden führen demgegenüber jedenfalls nicht unter dem Gesichtspunkt des Übernahmeverschuldens zur Vorsatztat, sondern nur dann, wenn das Wissen um das Bestehen der Sorgfaltspflicht ebenso konkret nachgewiesen wird wie das Bewusstsein ihrer Vernachlässigung.

112 Die Leitungsebene trifft sub specie § 263 StGB ebenso wie bei der Insolvenzverschleppung die **Pflicht** zur **Beobachtung, Feststellung** und somit **jederzeit ausreichend verlässlichen Kenntnis** der **wirtschaftlichen Lage** des **Unternehmens,** § 1 StaRUG. Diese **Pflicht zur Selbstinformation** reicht zumindest zivilrechtlich äußerst weit. Angehörige der Führungsebene müssen diese Pflicht entweder selbst erfüllen oder sie von (unternehmenseigenen oder -fremden) Dritten, z. B. (Syndikus-)Anwälten oder (Wirtschafts-)-Sachverständigen, erfüllen und sich darüber verlässlich **berichten** lassen.[221] Eine wesentliche Quelle stellt die **Buchführung** dar (Einzelheiten dazu siehe Rz. 210 ff.). Bestrafung wegen Betrugs droht i. R. der Geschäftsherrenhaftung jedoch ebenfalls erst dann, wenn eine aus **Ex-ante-Sicht,** wenngleich nachträglich aufzustellende Prognose unter Berücksichtigung nicht nur aller Risiken, sondern genauso auch aller Geschäftschancen zu dem Ergebnis führt, dass es von Anfang an unwahrscheinlich war, die eingegangenen Verbindlichkeiten vertragsgemäß zu erfüllen. Dabei sind allerdings auch solche außerbetrieblichen Einflüsse zu berücksichtigen, die in den Büchern nicht abgebildet werden, aber trotzdem maßgebenden Einfluss auf die finanzielle Leistungsfähigkeit ausüben können (Innovationen auf dem eigenen Geschäftsfeld, Entwicklung substituierender Technik, ggf. internationale und politische Veränderungen). Das Führungspersonal muss sich auch insoweit kundig machen und die (jedoch nur eventuell) erforderlichen Konsequenzen ziehen.

> **Praxishinweis**
> Mängel auf diesem Gebiet werden allerdings nur selten zur Verwirklichung des Betrugstatbestands beitragen oder selbst führen, geschweige denn, dass dies nachzuweisen wäre. Unter dem Aspekt der Criminal Compliance ist daher die über die Buchführungspflicht hinausgehende, jedenfalls die anlasslose Informationspflicht bestenfalls ein Nebeneffekt. Aufgrund der weitergehenden zivilrechtlichen Haftung sind aber auch diese Umstände durchaus compliancerelevant.

113 Wenn nur Untergebene unmittelbaren Kundenkontakt pflegen, dürfen sich die Mitglieder der **Leitungsebene**(n) **nicht** allein deswegen **in Sicherheit wiegen.** Sie müssen sich vielmehr nicht nur selbst ausreichend informieren, sondern im Kern **dafür sorgen,** dass etwaige daraus folgende **Rechtsgebote** im **gesamten Unternehmen,** jedenfalls in ihrem Zuständigkeitsbereich, **befolgt werden.** Sie müssen zwar nicht bei ersten, meist noch unsicheren Krisenanzeichen die Reißleine ziehen, wohl aber – zumindest unter zivilrechtlichen Gesichtspunkten – so früh wie möglich Anpassungsbedarf prüfen. Mit Eintritt der **Krise verschärft** sich die **Beobachtungspflicht.** Weil die Existenz des Unternehmens als Ganzes berührt ist, greift insoweit bei mehrköpfigen Organen und sonstigen Gremien spätestens jetzt der **Grundsatz der Allzuständigkeit.**[222] Die Pflichtigen müssen sämtlich und mit aller ihnen möglichen Sorgfalt über eventuell notwendige Konsequenzen befinden. Dass

220) Im Fall fahrlässiger Tötung in Tateinheit mit Baugefährdung nicht in Erwägung gezogen, BGH, Urt. v. 13.10.2021 – 2 StR 418/19 (Kölner Stadtarchiv), NJW 2022, 2206 = BeckRS 2021, 53335, m. Anm. *Vogel*, NZWiSt 2023, 31.

221) BGH, Urt. v. 20.9.2011 – II ZR 234/09, Rz. 16, 18, ZIP 2011, 2097; dazu *Strohn*, ZHR 176 (2012), 137; *Kiefner/Krämer*, AG 2012, 498.

222) BGH, Urt. v. 9.11.2023 – III ZR 105/22, insbesondere Rz. 17, NZG 2024, 135; BFH, Beschl. v. 15.11.2022 – VII R 23/19, ZIP 2023, 1689 = ZInsO 2023, 786; OVG Nordrhein-Westfalen, Beschl. v. 19.4.2021 – 14 B 43/21, ZInsO 2021, 1232.

diese Aufgabe schwierig und damit fehleranfällig ist, weil zu frühes Aufgeben ebenso schadensträchtig wie es, wenngleich aus anderen Gründen, zu langes Weiterwirtschaften in Eigenregie ist, ist auch bei der strafrechtlichen Beurteilung zu berücksichtigen: Jedes **vertretbare**, in seriöser Prüfung gefundene **Ergebnis ist zu akzeptieren**, d. h., es führt nicht zur Strafbarkeit, selbst wenn sich eine solche Entscheidung später als objektiv unrichtig herausstellen sollte.

Das Tatbestandsmerkmal der Täuschung lässt sich theoretisch leicht vermeiden: Keine falschen Angaben, weder ausdrücklich noch konkludent oder durch Unterlassen.[223] Schon dieses Gebot der Wahrhaftigkeit ist in praxi in sensibler Marktlage nur schwierig, weil mit drohenden Nachteilen verbunden, gleichwohl notwendigerweise zu erfüllen. Das weitaus größere Risiko aber liegt im **Verkennen** der objektiv vorhandenen wirtschaftlichen Lage. Die Verletzung der der Leitung regelmäßig ebenso bekannten wie umfänglichen Beobachtungs- und Informationspflichten führt nämlich nach dem Stand heutiger Dogmatik über die Argumentationskette Geschäftsherrenhaftung – Allzuständigkeit – Anleitung der Delegationsempfänger recht schnell zur Strafbarkeit wegen vorsätzlichen Betrugs. 114

3. Tatbestandsmerkmale

a) Täuschung

Betrugsrelevant ist nur die **Täuschung eines Menschen.** Eine juristische Person zu täuschen genügt nicht[224] – abgesehen von der tatsächlichen Unmöglichkeit, die allerdings mittels Zurechnung überbrückbar wäre. § 263 StGB erfasst nur die (ausdrückliche, konkludente[225] oder durch Unterlassen begangene) **Täuschung über** (innere wie äußere) **Tatsachen,**[226] in vorliegendem Zusammenhang also v. a. über die wirtschaftliche Leistungsfähigkeit. Maßgeblich ist beim Eingehungsbetrug nicht die gegenwärtige, sondern die Zahlungsfähigkeit zum versprochenen Zeitpunkt der Leistung. Die eigene wirtschaftliche Entwicklung zwischen Vertragsschluss und Erfüllung kann ebenfalls betrugsrelevant sein. Zwar muss in der Regel niemand seinem Geschäftspartner schlechte Nachrichten über- 115

223) BGH, Urt. v. 4.8.2016 – 4 StR 523/15, Rz. 15, ZIP 2017, 370 = wistra 2016, 488. Eine Garantenstellung aus Ingerenz setzt kein strafbares Handeln voraus. Werden die für die Entscheidung des Geschäftspartners maßgeblichen Umstände verändert, so bedarf es im Hinblick auf dessen mögliche Dispositionen der Aufklärung. In deren Unterlassen liegt eine betrugsrelevante Täuschung, BGH, Beschl. v. 8.3.2017 – 1 StR 466/16, Rz. 11 ff., BGHSt 62, 72 = ZIP 2017, 1164, dazu EWiR 2017, 463 *(Frisch)*, kritisch dazu *Becker*, NStZ 2017, 535; auch *Ceffinato*, JR 2017, 543; s. a. BGH, Beschl. v. 8.3.2017 – 1 StR 540/16, Rz. 31, wistra 2017, 437 (für Garantenstellung aus Treu und Glauben Rz. 18 ff.). Für Einschränkungen aufgrund der auf den mündigen Verbraucher abstellenden Richtlinie 2005/29/EG des Europäischen Parlaments und des Rates v. 11.5.2005 über unlautere Geschäftspraktiken im binnenmarktinternen Geschäftsverkehr zwischen Uunternehmen und Verbrauchern und zur Änderung der Richtlinie 84/450/EWG des Rates, der Richtlinien 97/7/EG und 2002/65/EG des Europäischen Parlaments und des Rates sowie der Verordnung (EG) Nr. 2006/2004 des Europäischen Parlaments und des Rates – Richtlinie über unlautere Geschäftspraktiken, ABl. (EG) L 149/22 v. 11.6.2005, *Ruhs* in: FS Rissing-van Saan, 2011, S. 567, 578 ff.

224) BGH, Beschl. v. 27.3.2012 – 3 StR 472/11, wistra 2012, 305 f., dazu *Schuhr*, ZWH 2012, 363 f.

225) BGH, Beschl. v. 4.5.2022 – 1 StR 138/21, NStZ 23, 37, m. Anm. *Schulze-Rudzio/Brune*; BGH, Urt. v. 5.3.2014 – 2 StR 616/12, Rz. 16, NJW 2014, 2595; Beispiel: „Ping-Anrufe", BGH, Urt. v. 27.3.2014 – 3 StR 342/13, NJW 2014, 2054, m. Anm. *Cornelius*; Geltendmachung unberechtigter Forderung, BGH, Urt. v. 22.2.2017 – 2 StR 573/15, Rz. 18, wistra 2017, 318 (nötig: Tatsachenkern im Gegensatz zu bloßem Werturteil – so wohl auch zivilrechtlich, vgl. BGH, Beschl. v. 5.5.2022 – III ZR 327/20, Rz. 13 m. w. N., WM 2022, 1168).

226) BGH, Urt. v. 14.3.2019 – 4 StR 426/18, Rz. 13, NJW 2019, 1759 – maßgeblich ist ein dem Beweis zugänglicher Tatsachenkern; falsche Prognosen sind daher nur erfasst, soweit bewusst unrichtige Tatsachen in sie eingestellt wurden, BGH, Urt. v. 17.12.2019 – 1 StR 171/19, Rz. 47, wistra 2020, 459 = ZWH 2021, 69; dazu *Kessler*, ZWH 2021, 65; BGH, Urt. v. 29.10.2021 – 5 StR 443/19, Rz. 56 f., NZWiSt 2022, 326, m. Anm. *H.-H. Schmidt*. Verlangen des doppelten Tax-Preises sah BGH, Urt. v. 16.1.2020 – 1 StR 113/19, Rz. 32 f., wistra 2020, 514, als Täuschung über Tatsachen an.

bringen. Anderes gilt allerdings dann, wenn sich die Finanzkraft vor dem Leistungsaustausch so drastisch verschlechtert hat, dass z. B. das Erbringen der eigenen Leistung ungewiss geworden ist. Dann darf die Gegenleistung nicht ohne Hinweis auf das erhöhte Risiko entgegengenommen werden.[227] Soll die Krise mit aggressiver Werbung überwunden werden, so sind Wertungen, solange sie lediglich übertrieben sind, (vielleicht als unlauter verboten, aber) nicht betrugsrelevant. Ob falsche tatsächliche Werbebehauptungen zur Bestrafung wegen Betrugs führen, hängt vom Vorliegen (auch) der übrigen Merkmale ab, ist aber bestenfalls mit großer Vorsicht zu bejahen.

b) Typische krisenhafte Entwicklung dauerhafter Geschäftsbeziehung – Täuschung-Irrtum

116 Im Grenzbereich angesiedelt zwischen den Tatbestandsmerkmalen der Täuschungshandlung und dem Irrtum ist die Frage des Umgangs mit einem in der Krise immer wieder zu beobachtenden Geschehensablauf: In einer bereits seit längerem **bestehenden Geschäftsbeziehung** hat sich die Abwicklung von Leistung und Gegenleistung eingespielt. Bleiben Zahlungen aus, so zeigt sich der Lieferant (bzw. der sonstige Leistungen wie z. B. die Überlassung von Arbeitnehmern erbringende Geschäftspartner) zunächst großzügig: Einem Vertrauten gegenüber macht *man* nicht gleich von seinen Rechten Gebrauch, die einem gesetzlich zustehen – zumal man einen guten Kunden auch aus eigennützigen Erwägungen heraus nicht verlieren will. In solcher Lage leistet der Geschäftspartner während einer Übergangszeit von empirisch zwei bis sechs Monaten nicht selten weiter, obwohl die Zahlungen zunächst zwar noch stockend, verspätet, in Teilbeträgen, aber alsbald gar nicht mehr erbracht werden. Wird dem Zahlungsgläubiger dies bewusst, so fühlt er sich düpiert und erstattet Strafanzeige.

117 Hinsichtlich der bis zum ersten Fälligkeitstermin zusätzlich begründeten, aber in dieser 1. Phase offengebliebenen Verbindlichkeiten gilt nichts krisenbedingt Besonderes: Wer bestellt, erklärt konkludent seine Leistungsfähig- und -willigkeit. In laufender Geschäftsbeziehung muss zwar nicht notwendig eine erneute Bestellung ausgelöst werden. Weil aber Gegenleistungen bei ungewiss gewordener eigener Erfüllungsfähigkeit nicht ohne weiteres entgegengenommen werden dürfen, bedarf es der **Aufklärung über das erhöhte Risiko** (siehe oben Rz. 105).

118 Für Verbindlichkeiten, die in den ersten vier bis sechs Wochen nach dem erstmals aufgetretenen Zahlungsrückstand begründet wurden, ist fraglich, ob die eigene Leistungskraft weiterhin konkludent miterklärt wird, schließlich kennt ja der Besteller seinen Zahlungsrückstand und weiß, dass dieser auch seinem Geschäftspartner nicht verborgen geblieben ist. Gleichwohl vertraut er auf dessen Bereitschaft, ihn weiter zu beliefern. **Schweigen ist demnach Kalkül:** Das Gegenüber soll weiterhin annehmen, sein Geld zu bekommen. Das entspricht häufig auch der Erwartungshaltung des Geschäftspartners, der ein Versäumnis oder eine vorübergehende Schwächung, nicht aber sogleich eine veritable Krise annehmen wird. Auch in dieser 2. Phase besteht folglich die Betrugsrelevanz fort.

119 Anschließend, je nach den Umständen sechs, spätestens aber zehn Wochen nach Beginn des Zahlungsrückstands und dem Erkennen, dass die Erwartung nachträglicher Zahlung trügerisch war, ist allerdings dem Geschäftspartner in dieser 3. Phase die Leistungsunfähigkeit des Bestellers bekannt. Ist das Letzterem – wie regelmäßig – bewusst, so fehlt es nunmehr an einer Tatsachenbasis für die Annahme, er erkläre seine Leistungsfähigkeit konkludent mit. Ausgelöste Bestellungen **beruhen** demnach **nicht mehr auf einer Täuschungshandlung:** trotz von Anfang an fehlender Zahlungsfähigkeit betrügt der Besteller

227) *Schulze* in: Bittmann, Hdb. Insolvenzstrafrecht, Rz. 15/19.

nicht. Nimmt er hingegen an, seinem Partner wäre die Leistungsunfähigkeit verborgen geblieben (z. B. aufgrund eines erstaunlicherweise tatsächlich immer wieder vorkommenden Informationsgefälles zwischen Mahn- und Vertriebsabteilung), so spekuliert er wie in der 2. Phase, begeht also eine Täuschungshandlung. Der in Wirklichkeit jedoch längst aufmerksam gewordene Geschäftspartner irrt dann allerdings nicht mehr. Das hindert zwar die Vollendung des Betrugstatbestands, führt aber zur Strafbarkeit wegen **Betrugsversuchs.**[228)]

> **Praxishinweis**
>
> In der Praxis nicht selten verteidigt sich ein Beschuldigter mit dem Hinweis, angesichts der Rückstände habe er doch keine Täuschungshandlung begangen. Dieser Einwand ist **erheblich**, jedenfalls kaum zu widerlegen, wenn der Geschäftspartner den Rückstand tatsächlich kannte, die Geschäftsbeziehung jedoch trotzdem fortsetzte. Der Düpierte vermisst hier gewiss nicht ohne Grund die rechtliche Anerkennung seiner Großzügigkeit. Der Verteidigungseinwand geht allerdings fehl, wenn der Besteller keine Kenntnis über die innere Organisation des Unternehmens seines Geschäftspartners hatte. Insbesondere bei größeren Unternehmen kann niemand als selbstverständlich annehmen, der Zahlungsrückstand werde sofort dem Vertrieb bekannt.

c) Irrtum

Der Betrugstatbestand setzt weiter voraus, dass die **Täuschungshandlung** zu einem **Irrtum des Getäuschten** geführt hat. Ein Irrtum liegt zweifelsfrei vor, wenn sich der Adressat der Täuschungshandlung eine bewusste, wenngleich falsche Vorstellung von einem tatsächlichen Umstand oder Geschehen gemacht hat. Dies ist aber nicht die einzige Form des Irrtums, ebenso wenig wie die ausdrückliche Erklärung die einzige Form ist, in welcher getäuscht werden kann. Zwar hat jemand, der nicht einmal weiß, dass etwas abläuft, gar keine, demnach auch keine falsche Vorstellung von der Wirklichkeit: ignorantia facti. In Parallele zur konkludenten Täuschung irrt aber auch,[229)] wer mit einem Ablauf immerhin (irgendwie) befasst ist, sich aber nicht hinsichtlich sämtlicher Einzelheiten kundig macht, weil er keinen Grund hat, seine intuitive Annahme, es sei **alles in Ordnung**, in Frage zu stellen. Zeigt sich eine derartige, ebenfalls als konkludent bezeichnungsfähige Differenz zwischen Annahme und Wirklichkeit, die üblicherweise unter dem Stichwort *sachgedankliches Mitbewusstsein* abgehandelt wird, so liegt ein von § 263 StGB ebenfalls anerkannter Irrtum vor.[230)] Das bedeutet z. B. für die erste Rückstandsphase, die in einer laufenden Geschäftsbeziehung auftritt (siehe oben Rz. 117), dass sich der Geschäftspartner selbst dann irrt, wenn er während dieser Zeit überhaupt nicht an diese Geschäftsverbindung aktuell und konkret denkt oder vielleicht gar in Urlaub weilt.[231)] 120

---

228) St. Rspr., vgl. BGH, Beschl. v. 28.3.2012 – 5 StR 78/12, wistra 2012, 267.

229) In umgekehrter Richtung will *Ruhs* in: FS Rissing-van Saan, 2011, S. 567, 578 ff., auf Naivität beruhende Irrtümer normativ aus dem Tatbestand fernhalten. Gegen die Übertragung der auf den mündigen Verbraucher abstellenden EU-Richtlinie über unlautere Geschäftspraktiken auf das deutsche Strafrecht ausführlich BGH, Urt. v. 5.3.2014 – 2 StR 616/12, Rz. 21 ff., NJW 2014, 2595 m. w. N. zum Streitstand.

230) BGH, Urt. v. 22.11.2013 – 3 StR 162/13, Rz. 7 ff., wistra 2014, 97; *Hefendehl* in: MünchKomm-StGB, § 263 StGB, Rz. 338–341.

231) Einschränkend *Kraatz* in: FS Geppert, 2011, S. 269, der trotz Anerkennung eines typisierten Empfängerhorizonts die Feststellung tatsächlicher Fehlvorstellung verlangt (S. 280 ff.). Wäre das richtig, so folgte daraus eine faktische Beschränkung auf ausdrückliche Täuschungen. Sogar die nahezu unbestrittenermaßen durchweg erfolgende konkludente Erklärung eigener Leistungsfähig- wie -willigkeit, führte nur dann zur Vollendungsstrafbarkeit, wenn der Vertragspartner bei Vertragsschluss zu diesem Thema aktuelle Vorstellungen entwickelt hatte. Danach dürfte kein Geschäftspartner mehr vertrauen, sondern müsste sich selbst beim Brötchenkauf mit einer vom Bäcker abzuhakenden Checkliste „bewaffnen".

d) Vermögensverfügung

121 Ebenso wie § 263 StGB nur eine solche **Täuschungshandlung** erfasst, die in einen **Irrtum** mündet, ist Letzterer nur tatbestandsrelevant, wenn er zu einer **Vermögensverfügung** führt. Regelmäßig müssen Irrender und Verfügender **personengleich** sein. Das ist aber im Fall der Arbeitsteilung zumindest nicht durchgehend notwendig (z. B., wenn der pflichtgemäß ausliefernde Fahrer verfügt, sich aber mangels Kenntnis der Zusammenhänge nicht irrt; oder der eine Überweisung Ausführende nur zu prüfen hat, ob ihm die Anweisung von der zuständigen Person erteilt wurde).[232] **Kausalität ist jedoch unabdingbar** (im Beispiel: Personengleichheit von Irrendem und Anweisendem, ggf. vermittelt über verschiedene zwischengeschaltete Personen oder Medien).

122 Eine weitere Restriktion besteht darin, dass **betrugsrelevant nur** die **letzte Vermögensverfügung** ist, welche den **Schaden auslöst** (bzw. beim Versuch: auslösen soll). Auch wer dafür das schillernde Erfordernis der Unmittelbarkeit bemüht, hat gleichwohl **zwei verschiedene Konstellationen** auseinanderhalten:

– (1) Nachteilig können sich bereits interne Geschehnisse auswirken;

Beispiel

Ein Lieferant muss den Kaufgegenstand erst bei seinem Grossisten bestellen (a), dafür eine Anzahlung leisten (b), den outgesourcten Fahrdienst beauftragen (c) und bezahlen (d), um das gute Stück schließlich anliefern (e) und aushändigen (f) zu lassen. Obwohl er auch in den Stationen (a) bis (e) über sein Vermögen verfügte, ist betrugsrelevant erst und nur die Aushändigung (f): nur sie führt unmittelbar zu dem Schaden, dessen Gegenwert der Täter erstrebt.

– (2) **Kein derartiges Unmittelbarkeitserfordernis** besteht hingegen zwischen der **letzten Verfügung** und dem **Schadenseintritt**. Das Vermögen des Opfers muss keineswegs in einem einzigen Akt, sondern es kann über einen längeren Zeitraum und verschiedene Zwischenschritte hinweg **gestreckt** sinken:

Beispiel

Wem beim Kauf eines Grundstücks sogleich das Nutzungsrecht überlassen wird, schädigt bei geplanter Nichtzahlung des Kaufpreises das Vermögen des Verkäufers zwar mangels Eigentumsübergangs nicht i. H. des Grundstückswerts, wohl aber im Umfang des Nutzungsentgelts, regelmäßig i. H. der monatlich von Mietern zu entrichtenden Mietzinsen.

123 Wer im Hinblick auf die Schadensverwirklichung Unmittelbarkeit verlangt, leugnet in der Regel nicht die Möglichkeit **gestreckten Schadenseintritts**, sondern will damit nur und das völlig zu Recht von der Tathandlung **unabhängige Drittursachen**[233] aus dem Betrugsschaden **fernhalten**. Muss im Beispiel das auf dem Grundstück befindliche Haus nach einem Blitzeinschlag abgerissen werden, so erhöht das den spezifischen *Betrugs*schaden des Verkäufers nicht, selbst wenn der Verkäufer des Vertragsschlusses wegen seine Versicherung gekündigt hatte. Nicht auszunehmen sind hingegen solche Drittursachen, die in der Konsequenz des Täterhandelns liegen (Ausüben eines Gestaltungsrechts, z. B. Kündigung,

232) Von *Schuhr*, ZStW 123 (2011), 517, anschaulich *finale Teilentscheidung* genannt; s. a. *Weißer*, GA 2011, 333, die zwar daran festhält, dass Getäuschter und Verfügender identisch sein müssen (S. 343), aber nicht die von *Schuhr* betrachtete Konstellation, sondern allein Fälle im Blick hat, in denen entweder der Unter- oder der Übergeordnete über überlegenes Wissen verfügt.

233) Ein Transfer des erstrebten Gutes (Kraftfahrzeug) in das Vermögen eines gutgläubigen Dritten, bei dem es derjenige, der den Gewahrsamsinhaber täuschte, später an sich bringen will, stellt noch keine Vermögensverfügung i. S. von § 263 StGB dar, BGH, Urt. v. 10.8.2016 – 2 StR 579/15, Rz. 30, NStZ 2017, 351.

und das Erheben einer Klage).[234] In Parallele dazu sind bei der Untreue Kürzungen bei der Parteienfinanzierung und Zahlungen zu rechtswidrigen Zwecken zu nennen.[235]

e) Schaden

Das 4. Tatbestandsmerkmal macht den Betrug zu einem **Verletzungsdelikt**: Wegen Vollendung ist nur strafbar, wer einen **Schaden angerichtet** hat. Was unter einem „Schaden" i. S. des § 263 StGB und – weitgehend parallel – einem „Nachteil" i. S. des § 266 StGB anzusehen ist, ist trotz abgeflauter Veröffentlichungsflut im Anschluss an die Grundsatzentscheidungen des BVerfG zur Untreue[236] und zum Betrug[237] bestenfalls im Kern konsentiert. **124**

aa) Begriff

Die Extreme bilden der rein normative Schadensbegriff auf der einen und der rein wirtschaftliche auf der anderen Seite. Lange Jahre bekannte sich die Rechtsprechung zu einem **juristisch-ökonomischen Verständnis,** das allerdings in etlichen Varianten auftrat.[238] Danach ist einerseits auch illegal erworbenes Vermögen gegen den Zugriff Dritter geschützt, ohne dass aber andererseits wirtschaftlich durchaus hochgehandelte, aber de jure verkehrsunfähige Gegenstände (z. B. Rauschgift) erfasst wären. Zudem soll der objektive Verkehrswert maßgeblich sein. Beides ist unsicher geworden. Das führte zum einen z. B. zu der überraschenden und nicht näher erläuterten Ansicht des 5. Strafsenats des BGH, **ertrogene Forderungen** stellten keinen Vermögenswert dar.[239] Das ist unter wirtschaftlicher Betrachtung kaum haltbar, steht im Widerspruch zur sonstigen Judikatur, obwohl sie zuweilen auch die Kompensationseignung zivilrechtlicher Ansprüche aus normativen Erwägungen verneint, (siehe unten Rz. 129 und Praxishinweis unten Rz. 161) und führt zu Rechtsunsicherheit. Zum anderen wird der Wert vielfach, wie etwa beim Quotenschaden im Fall des Wettbetrugs, allein **intersubjektiv** bestimmt.[240] Das gilt auch für an- **125**

---

234) **A. A.** BGH, Urt. v. 17.7.2009 – 5 StR 394/08, Rz. 33, BGHSt 54, 44 = ZIP 2009, 1867; wie hier BGH, Beschl. v. 13.9.2010 – 1 StR 220/09 (Siemens/AUB), Rz. 45, BGHSt 55, 288 = ZIP 2010, 2239; BGH, Beschl. v. 13.4.2011 – 1 StR 94/10, Rz. 59 f., BGHSt 56, 203 = NJW 2011, 1747.

235) BGH, Beschl. v. 13.9.2010 – 1 StR 220/09 (Siemens/AUB), BGHSt 55, 288 = ZIP 2010, 2239; BGH, Beschl. v. 13.4.2011 – 1 StR 94/10, BGHSt 56, 203 = NJW 2011, 1747, sowie BGH, Beschl. v. 5.9.2012 – 1 StR 297/12, wistra 2013, 20 f. – beides Kölner Spendenaffäre = NJW 2012, 3797; BGH, Urt. v. 10.10.2012 – 2 StR 591/11 (Telekom), wistra 2013, 99 = NZWiSt 2013, 189.

236) BverfG, Beschl. v. 23.6.2010 – 2 BvR 2559/08, 2 BvR 105/09 und 2 BvR 491/09, BverfGE 126, 170 = ZIP 2010, 1596.

237) BVerfG, Beschl. v. 7.12.2011 – 2 BvR 2500/09, 2 BvR 1857/10, BVerfGE 130, 1 = NJW 2012, 907.

238) Übersicht bei *Kindhäuser* in: NK-StGB, § 263 Rz. 248 ff.; *Schünemann* in: LK-StGB, § 266 Rz. 163 ff.; weitere Themen bei *Schilling*, NStZ 2018, 316.

239) BGH, Beschl. v. 5.7.2012 – 5 StR 380/11, wistra 2012, 387 f. = ZWH 2012, 25, ablehnend *Bittmann*, ZWH 2012, 25.

240) BGH, Urt. v. 20.12.2012 – 4 StR 55/12, BGHSt 58, 102 = NJW 2013, 883, dazu *Bittmann*, ZWH 2013, 137; bereits im Ansatz ablehnend *Schlösser*, NStZ 2013, 629; BGH, Urt. v. 20.3.2013 – 5 StR 344/12, wistra 2013, 311; dazu *Krell*, NZWiSt 2013, 370; *Kubiciel*, JZ 2014, 99; scharf ablehnend (petitio principii) *Albrecht*, NStZ 2014, 17; im Ergebnis ebenso *Dannecker*, NStZ 2016, 318, und NZWiSt 2015, 173; zustimmend hingegen *Raum* in: Wabnitz/Janovsky/Schmitt, Hdb. Wirtschafts- und Steuerstrafrecht, Rz. 4/88b; zweifelnd an der eigenen Rspr. BGH, Beschl. v. 2.9.2015 – 5 StR 186/15, Rz. 7, NStZ-RR 2015, 374. Die Rspr. scheint sich darauf einzupendeln, die intersubjektive Wertbestimmung zwar im Grundsatz anzuerkennen, die Fälle aber nicht darunter zu subsumieren, in denen es dem Täter gar nicht auf die vereinbarte Höhe ankam, weil er ohnehin nicht zu leisten beabsichtigte, z. B. BGH, Beschl. v. 29.1.2020 – 1 StR 421/19, Rz. 21, NZWiSt 2020, 402; BGH, Beschl. v. 16.6.2021 – 6 StR 334/20, Rz. 9 f., NStZ 2022, 171. Zu individuellen Schadenselementen allgemein *Becker*, NZWiSt 2022, 305.

dere Fälle, schließlich gibt es bei marktwirtschaftlicher Preisbestimmung im Gegensatz zu festgelegten Tarifen keinen wirklich objektiven Wert.[241)]

bb) Quantifizierung

126 Schaden bzw. Nachteil müssen **quantifiziert** werden. Das ist angesichts des Charakters der §§ 263 und 266 StGB als Vermögensdelikte selbstverständlich und vom BVerfG festgeschrieben worden.[242)] Die Schadenshöhe lässt sich bei einaktiger Verwirklichung nicht immer ganz leicht, aber ggf. unter sachverständiger Hilfe meist ausreichend rechtssicher feststellen. Schwieriger, aber gleichwohl nötig ist dies bei gestreckter Verwirklichung.

127 **Maßgeblich** sind für die Quantifizierung des Schadens die **Umstände zum Zeitpunkt der (letzten) Vermögensverfügung.**[243)] Alle **späteren Geschehnisse** sind nicht sicher, selbst wenn sie sich als hoch wahrscheinlich abzeichnen. Da aber Zukünftiges nun mal noch nicht feststeht, kann die Schadenshöhe bei gestreckter Verwirklichung **allein mittels** einer **(nachträglich,** aber **ex ante) anzustellenden,** auf den **Zeitpunkt** der (letzten) **Vermögensverfügung** bezogenen **Prognose festgestellt** werden.[244)] Ist im Beispielsfall des Grundstücksverkaufs[245)] mit sofortigem Übergang des Nutzungsrechts damit zu rechnen, dass es dem Verkäufer nicht vor Ablauf eines Jahres gelingen wird, das Nutzungsrecht wieder selbst auszuüben, so beläuft sich der Betrugsschaden auf zwölf Monatsmieten. Schafft er es früher, so liegt insoweit Schadenswiedergutmachung vor, während eine weitere Verzögerung als verschuldete Auswirkung der Tat gemäß § 46 Abs. 2 Satz 2 StGB strafschärfend wirkt. Bezogen auf die Prognose und die Maßgeblichkeit der Umstände zum Zeitpunkt der (letzten) Vermögensverfügung mag man durchaus ebenfalls von Unmittelbarkeit spre-

---

241) *Bittmann*, wistra 2013, 449, 453 ff.; *Bittmann*, HRRS 2016, 38; *Bittmann* in: GS Joecks, 2018, S. 203; zumindest tendenziell ebenso *Ceffinato*, NZWiSt 2015, 90; *Rostalski*, JR 2016, 634; im Grundsatz ebenso BGH, Urt. v. 20.5.2015 – 5 StR 547/14, Rz. 16 (Wert = zeitbedingt), NJW 2015, 2826 = NStZ 2015, 461; wohl auch BGH, Urt. v. 27.7.2017 – 3 StR 490/16, Rz. 33, NStZ 2018, 105, m. Anm. *Schlösser*, zutreffend ebenfalls für die Untreue bejaht, aber für pflichtwidrige Bestellungen verneint, weil sie unmittelbar in das Vermögen des Dienstherrn gelangten (Rz. 35 ff.); zur Risikodifferenz bei Anlagegeschäften s. a. unten Rz. 128 und 158.

242) BVerfG, Beschl. v. 23.6.2010 – 2 BvR 2559/08, 2 BvR 105/09 und 2 BvR 491/09 (Schwarze Kasse – Siemens/ENEL), BVerfGE 126, 170 = ZIP 2010, 1596, dazu EWiR 2010, 657 *(Frisch)*; BVerfG, Beschl. v. 7.12.2011 – 2 BvR 2500/09, 2 BvR 1857/10, BVerfGE 130, 1 = NJW 2012, 907; *Bittmann*, wistra 2013, 1, 3 ff.; zur Darstellung in den Urteilsgründen *Schlösser*, StV 2010, 157.

243) St. Rspr., z. B. BGH, Beschl. v. 29.1.2013 – 2 StR 422/12, Rz. 15, wistra 2013, 268; BGH, Beschl. v. 5.12.2017 – 4 StR 323/17, Rz. 5, NStZ 2018, 538; BGH, Beschl. v. 26.6.2019 – 1 StR 551/18, Rz. 17, wistra 2020, 257; BGH, Urt. v. 17.12.2019 – 1 StR 171/19, Rz. 31–35, wistra 2020, 459 = ZWH 2021, 69; BGH, Beschl. v. 19.5.2021 – 1 StR 528/20, Rz. 11, wistra 2022, 34; BGH, Beschl. v. 19.7.2023 – 2 StR 77/23, Rz. 8, NStZ 2023, 680; *Bittmann*, NStZ 2012, 57; *Otto* in: FS Puppe, 2011, S. 1247, 1265, je m. w. N. Für die Beendigung und damit den Beginn des Laufs der Verjährungsfrist kommt es hingegen auf den tatsächlichen Eintritt des vollständigen Schadens an, bei zeitlich gestreckten Geschehen also auf den Zeitpunkt, zu dem auch der letzte Teil des Schadens verwirklicht wurde, vgl. BGH, Beschl. v. 16.4.2014 – 2 StR 435/13, Rz. 5 m. N., wistra 2014, 391 = NStZ 2014, 516; BGH, Beschl. v. 18.11.2015 – 4 StR 76/15, Rz. 6, wistra 2016, 109; BGH, Beschl. v. 16.5.2017 – 2 StR 169/15, Rz. 38, ZInsO 2017, 1364 – zum uneigentlichen Organisationsdelikt; BGH, Beschl. v. 26.4.2023 – 4 StR 96/23, Rz. 5, NStZ 2023, 681; *Hefendehl* in: MünchKomm-StGB, § 263 StGB, insbesondere Rz. 435–437; *Krehl*, StraFo 2023, 338; *Gehrmann*, StraFo 2023, 345.

244) BGH, Urt. v. 24.3.2016 – 2 StR 36/15, Rz. 24, wistra 2016, 404; BGH, Beschl. v. 26.11.2015 – 3 StR 17/15, Rz. 74 a. E., 72, 76, BGHSt 61, 48 = ZIP 2016, 966, dazu EWiR 2016, 551 *(Brammsen)*; BGH, Urt. v. 15.4.2015 – 1 StR 337/14, Rz. 17, NStZ 2015, 514 f.; *Bittmann*, NStZ 2012, 57; *Bittmann*, NStZ 2013, 72; *Blassl*, wistra 2016, 425, 431; Fischer/Hoven et al.-*Radtke*, Dogmatik und Praxis des strafrechtlichen Vermögensschadens, 2015, S. 238. Um Feststellungsmethoden bemühen sich (neben *Blassl*, wistra 2016, 425) *Ginou*, NZWiSt 2017, 138, und *Zebisch/Kubik*, NStZ 2017, 322; speziell zu BGH, Urt. v. 15.4.2015 – 1 StR 337/14, NStZ 2014, 514 f.; *Begemeier/Wölfel*, NStZ 2016, 129.

245) Zu gutachterlicher Wertbestimmung BGH, Beschl. v. 12.5.2023 – 5 StR 421/21.

chen,[246] solange dabei nicht in Frage steht, dass die Verwirklichung der Prognose für den Tatbestand irrelevant ist, ihre schrittweise Bewahrheitung also nicht etwa dazu führt, dass der Schadensberechnung nur der erste Realisierungsschritt zugrunde gelegt werden dürfte, sondern es auf die bloße Kausalität ankommt, sofern diese nicht von einer unabhängigen Drittursache unter- oder abgebrochen wird.

cc) Saldierung

Der Schaden bzw. Nachteil ist mittels **Saldierung** der auf die (letzte) Vermögensverfügung zurückgehenden Einflüsse auf das betroffene Vermögen[247] festzustellen. Das bedeutet, dass etwaige **Zuwächse**[248] geeignet sind, den **Nachteil** zu **kompensieren.** Während bislang meist auf die tatsächlichen Folgen abgestellt wurde, wird man, nimmt man die Maßgeblichkeit des Zeitpunkts der letzten Vermögensverfügung ernst, das absehbare zukünftige Geschehen sowohl im Hinblick auf Minderungen als auch auf Zuwächse für die anzustellende Prognose zu berücksichtigen haben. Zu diesem Zweck ist das **Erwartbare**[249] möglichst genau zu **beschreiben**, unter Rückgriff auf geeignete Methoden der Betriebswirtschaft[250] **in Geld zu quantifizieren** und anschließend zu **saldieren.** Rechtliche Ansprüche sind dabei i. H. der zu erwartenden Erfüllung einzustellen – das kann ihrem Nominalwert entsprechen, muss es aber nicht. Der Erhalt eines aliud ist nach h. M. i. H. des erzielbaren Wiederveräußerungserlöses[251] ebenso kompensierend zu berücksichtigen wie die Ansprüche, welche das Opfer aufgrund der Straftat gewonnen hat – wenn sie ihm nicht verheimlicht werden[252] und werthaltig sind (also de facto äußerst selten).[253] Umgekehrt mindern absehbar für die Verteidigung des Behaltensdürfens aufzuwendende Kosten auch eines wirksam erworbenen Gutes dessen Wert. Das anerkannte die bisherige 128

246) So *Hinrichs*, wistra 2013, 161, 166; für § 266 StGB ebenso: *Perron* in: FS Frisch, 2013, S. 857.

247) Aus Gründen der Praktikabilität werden zumeist nur Zu- und Abfluss saldiert, ohne etwaige weitere Einflüsse auf das Vermögen zu berücksichtigen, dazu *Velten* in: FS Schünemann, 2014, S. 715, 716; Beispiel: BGH, Urt. v. 24.3.2016 – 2 StR 36/15, Rz. 23, wistra 2016, 404 – Vergleich der gegenseitigen Ansprüche.

248) Gegenansprüche im wirtschaftlichen, d. h. nicht automatisch im Nominalwert wie aber im Fall „Leipziger Rechtsamt": Marktpreis als Kompensation unrechtmäßigen Grundstücksverkaufs, BGH, Urt. v. 9.11.2016 – 5 StR 313/15, Rz. 46, BGHSt 61, 305 = NStZ-RR 2017, 132; zu liquidierbaren Sicherheiten: BGH, Beschl. v. 23.1.2014 – 3 StR 365/13, Rz. 4 f., juris; BGH, Beschl. v. 20.5.2014 – 4 StR 143/14, Rz. 3 f., wistra 2014, 349 m. w. N.; BGH, Urt. v. 2.2.2016 – 1 StR 437/15, Rz. 33 f., wistra 2016, 271 = NStZ 2016, 286; zu weit geht es, auch die bloße Rückzahlbarkeit eines Vorschusses als Kompensation anzuerkennen, **a. A.** BGH, Beschl. v. 5.12.2017 – 4 StR 323/17, Rz. 6, NStZ 2018, 538.

249) *H. Schmidt*, StV 2018, 57, differenziert deshalb zwischen *reinen* und *partiellen* Schneeballsystemen mit der Folge der Anerkennung der Kompensationswirkung letzterenfalls vorgesehener Rückflüsse. Demgegenüber anerkennt der BGH nur quasi-vertragsgemäße Rückflüsse, BGH, Beschl. v. 18.2.2009 – 1 StR 731/08, Rz. 18; BGHSt 53, 199 = ZIP 2009, 723, dazu EWiR 2009, 555 *(Frisch)*; BGH, Urt. v. 19.11.2015 – 4 StR 115/15, Rz. 29, NStZ 2016, 280.

250) BGH, Beschl. v. 9.10.2019 – 1 StR 395/19, Rz. 11 f., NStZ-RR 2020, 109; BGH, Urt. v. 4.10.2018 – 3 StR 283/18, Rz. 22, wistra 2019, 114 – das Vorsichtsprinzip ist strafrechtlich nicht anzuwenden; BGH, Beschl. v. 29.1.2013 – 2 StR 422/12, Rz. 16, wistra 2013, 268: *bankübliche Bewertung* = NStZ 2013, 711; zur Feststellung vgl. *Kulhanek*, NZWiSt 2013, 246; gleiches gilt für Erwerbsaussichten, die (nur dann) einen gegenwärtigen Vermögenswert bilden, wenn sie mit solcher Wahrscheinlichkeit zu einem Vermögenszuwachs führen, dass ihnen der Rechtsverkehr bereits einen wirtschaftlichen Wert beimisst, BGH, Urt. v. 2.11.2011 – 2 StR 375/11, Rz. 16, NStZ 2012, 272.

251) BGH, Beschl. v. 19.2.2014 – 5 StR 510/13, Rz. 16, NStZ 2014, 318; s. a. BGH, Beschl. v. 16.5.2017 – 1 StR 306/16, Rz. 58 ff., NZWiSt 2018, 106, m. Anm. *Gehm*.

252) Bei fehlendem Rückführ-, allgemein: Willen zur Gegenleistung, scheidet eine Kompensation insgesamt aus, BGH, Urt. v. 15.4.2015 – 1 StR 337/14, insbesondere Rz. 23, NStZ 2015, 514.

253) BGH, Beschl. v. 23.1.2014 – 3 StR 365/13, Rz. 4, juris; *Bittmann*, NStZ 2012, 289; *Schlösser*, NStZ 2013, 713 f.; *Schlösser*, wistra 2010, 164; Beispiel: BGH, Beschl. v. 28.4.2016 – 4 StR 317/15, Rz. 14 ff., NStZ 2016, 539 – Übereignung überteuerter Kunstwerke (Fall *Albrecht*).

Rechtsprechung unter dem Stichwort **Makeltheorie.** Diese unter Hinweis auf die angebliche Unmöglichkeit der Quantifizierung des im Prozessrisiko liegenden Nachteils schlicht aufzugeben,[254] ist inkonsequent. Zutreffend ist jedoch, dass das Risiko quantifiziert werden muss.[255] Es ist nicht ersichtlich, warum dies i. R. der Vermögensdelikte anders als im Alltag der Bilanzierung nicht zu leisten sein sollte, zumal da der Schaden bei Täuschung über ein Risiko, welches deutlich höher ist als das dem Vertrag immanenten, von der Rechtsprechung (zu Recht!) in der Risikodifferenz gesehen wird.[256]

dd) Normative Korrekturen

129 Manchen Ansprüchen des Opfers spricht die Rechtsprechung des BGH unter Billigung des BVerfG die Kompensationseignung aus normativen Erwägungen ab.[257] Das ist bei wirtschaftlicher Betrachtung dort **konsequent,** wo der Täter bei Tatbegehung diese Ansprüche **nicht erfüllen will.** Soll hingegen eine Rückführung erfolgen, so sind die Bedingungen, von denen sie abhängen soll, ebenso wie die Hürden, die zur Realisierung überwunden werden müssen, zu bewerten. Der **Anspruch des Opfers** wird häufig **nicht auf null** abzuschreiben sein. In Höhe seines wirtschaftlichen Werts ist er durchaus kompensationsgeeignet. Einzelheiten und Abgrenzungen bedürfen weiterer Klärung.

f) Verbindung Getäuschter und Geschädigter

130 Getäuschter und Geschädigter können auseinanderfallen: **Dreiecksbetrug.** Andernfalls wären Schäden einer juristischen Person niemals betrugsrelevant. Deckungsgleich müssen auch Verfügender und Geschädigter nicht sein. Allerdings muss der Verfügende in einem gewissen Näheverhältnis zum Geschädigten stehen, Stichwort: **Lagertheorie.**[258] Dies Erfordernis ist beim Handeln eines Organs oder sonstigen Repräsentanten einer juristischen Person ohne weiteres sowohl einsichtig als auch gewahrt. Im Übrigen dient es vorwiegend zur Abgrenzung zum sog. Trickbetrug (Veranlassung eines ebenso gutgläubigen wie beliebigen Dritten, einen Gegenstand dem Geschädigten wegzunehmen und dem Täter zu übergeben).

---

254) So in einem obiter dictum BGH, Beschl. v. 4.6.2013 – 2 StR 59/13, Rz. 16, wistra 2013, 387.

255) Zutreffend BGH, Beschl. v. 8.6.2011 – 3 StR 115/11, Rz. 7, wistra 2011, 387 f., dazu *Trück*, ZWH 2012, 59.

256) BGH, Beschl. v. 16.2.2022 – 4 StR 396/21, Rz. 11, ZInsO 2022, 1057 – wohl nur abstrakt zutreffend; BGH, Beschl. v. 22.8.2018 – 3 StR 252/18, Rz. 6–11, wistra 2019, 148 = NStZ-RR 2019, 82; BGH, Beschl. v. 5.9.2018 – 2 StR 31/18, Rz. 11, wistra 2019, 116 = NStZ-RR 2019, 6, und BGH, Urt. v. 4.10.2018 – 3 StR 283/18, Rz. 23, wistra 2019, 114 – Wert des nicht durch Täuschung beeinflussten Rückzahlungsanspruchs: typischerweise 100 %, da das Ausfallrisiko vom Zinsanspruch ausgeglichen wird; BGH, Beschl. v. 15.3.2017 – 4 StR 472/16, Rz. 5 f., wistra 2017, 317 = NStZ 2017, 469; BGH, Beschl. v. 4.2.2014 – 3 StR 347/13, Rz. 9 f., wistra 2014, 226 f. = NStZ 2014, 457; wohl auch BGH, Beschl. v. 19.2.2014 – 5 StR 510/13, Rz. 17, NStZ 2014, 318 – trotz zumindest scheinbar entgegenstehender Erwägungen (Rz. 13 sowie Rz. 20–22); BGH, Beschl. v. 13.4.2012 – 5 StR 442/11, Rz. 8, NJW 2012, 2370 f. = NStZ 2012, 698; BGH, Beschl. v. 23.10.2012 – 5 StR 307/12, Rz. 2, wistra 2013, 20; wohl auch *Schlösser*, NStZ 2013, 713, 714. Übersicht bei *Kasiske*, NZWiSt 2016, 302, s. a. oben Rz. 125 und unten Rz. 158.

257) Beispiel: BGH, Urt. v. 29.8.2008 – 2 StR 587/07 (Siemens/ENEL), BGHSt 52, 323 = ZIP 2008, 2315, dazu EWiR 2009, 253 *(Marxen/Taschner)*, bestätigt von BVerfG, Beschl. v. 23.6.2010 – 2 BvR 2559/08, 2 BvR 105/09 und 2 BvR 491/09 (Schwarze Kasse – Siemens/ENEL), Rz. 116 ff., BVerfGE 126, 170 = ZIP 2010, 1596.

258) Z. B. Satzger/Schluckebier/Widmaier-*Satzger*, StGB, § 263 Rz. 198 m. w. N.; (wohl) wie hier aber jetzt BGH, Beschl. v. 23.1.2014 – 3 StR 365/13, Rz. 4, juris.

g) Subjektive Tatseite

Strafbar ist derart objektiv betrügerisches Handeln nur, wenn es sowohl (zumindest: bedingt) vorsätzlich als auch in der Absicht geschieht, sich oder einen Dritten rechtswidrig zu bereichern. Das vom Täter Erstrebte muss spiegelbildlich dem Schaden des Opfers entsprechen: Erfordernis der **Stoffgleichheit.**[259] Absicht als direkter Vorsatz muss nur im Hinblick auf die Bereicherung bestehen, während bezüglich deren Rechtswidrigkeit wiederum bedingter Vorsatz ausreicht. 131

h) Besonders schwere Fälle

§ 263 Abs. 3 StGB enthält Regelbeispiele für strafschärfend zu berücksichtigende besonders schwere Fälle. Für insolvenznah begangene Betrugshandlungen ist in erster Linie gewerbsmäßiges Handeln, § 263 Abs. 3 Nr. 1 StGB, von Bedeutung, ggf. aber auch das Anrichten eines Vermögensverlusts großen Ausmaßes[260] (mindestens 50.000 €), die Schädigung Vieler (wie bei § 283a Nr. 2 StGB: mindestens zehn Personen), § 263 Abs. 3 Nr. 2 StGB, und/oder die Verursachung wirtschaftlicher Not (Folgeinsolvenz; Sinken unterhalb des Durchschnitts des allgemeinen Lebensstandards), § 263 Abs. 3 Nr. 3 StGB. 132

V. Kreditbetrug (§ 265b StGB)

Bei § 265b StGB handelt sich um ein betrugsnahes abstraktes Gefährdungsdelikt, das sowohl das Vermögen potentieller Kreditgeber als auch die Funktionsfähigkeit des (in- wie ausländischen[261]) Kreditwesens schützt.[262] Auf den Eintritt eines Schadens kommt es für das Vorliegen des Tatbestands ebenso wenig an wie auf Irrtum und Vermögensverfügung. Pönalisiert ist allein das **Machen falscher Angaben**, soweit diese für eine **anstehende Kreditentscheidung erheblich** sind. Erfasst sind allerdings nur Angaben **tatsächlicher** Natur, also keine Bewertungen oder Prognosen, soweit sie nicht auf unzutreffenden Tatsachen aufbauen. Weil konkurrenzrechtlich selbst ein Betrugsversuch vorgeht,[263] trägt die Norm **Auffangcharakter.** Wiewohl Kreditbetrug kein Insolvenz- oder Begleitdelikt darstellt, stellt die Krise und damit das Vorfeld der Insolvenz eines seiner Hauptanwendungsgebiete dar. Das ist angesichts des sich in solcher finanziellen Lage ausdrückenden Finanzbedarfs nicht verwunderlich. Die Bestimmung verlagert das Kreditrisiko nicht. „Platzt" das Engagement, so hat sich der Kreditnehmer nicht allein deswegen, sondern nur dann strafbar gemacht, wenn er eine Ursache dafür mit falschen Angaben gesetzt hat. Umgekehrt hindert der Vortrag unzutreffender Tatsachen nicht die Strafbarkeit der Kreditgewährenden wegen Untreue, wenn sie den Kredit nicht hätten bewilligen dürfen. 133

1. Anwendungsbereich

Der Anwendungsbereich von § 265b StGB ist in mehrfacher Hinsicht **begrenzt.** Die Vorschrift bezieht sich allein auf **geschäftliche Kredite**, spezifiziert in § 265b Abs. 3 Nr. 2 StGB. Darunter fallen allerdings auch Transaktionen mit der Kreditkarte des Unterneh- 134

259) Z. B. Satzger/Schluckebier/Widmaier-*Satzger*, StGB, § 263 Rz. 314 ff. m. w. N.

260) Für tatbestandsspezifische Auslegung *Lutfullin*, wistra 2019, 91.

261) BGH, Urt. v. 8.10.2014 – 1 StR 114/14, Rz. 41 ff., BGHSt 60, 15 = ZIP 2015, 481, dazu EWiR 2015, 145 *(Kuhn)*.

262) BGH, Beschl. v. 10.4.2014 – 1 StR 649/13, Rz. 19, wistra 2014, 484; BGH, Urt. v. 8.10.2014 – 1 StR 114/14, Rz. 42, BGHSt 60, 15 = ZIP 2015, 481.

263) So *Fischer*, StGB, § 265b Rz. 41, anders Rz. 3 m. w. N. – Tateinheit (unter Hinweis auf das nur von § 265b StGB geschützte überindividuelle Rechtsgut der Funktionsfähigkeit der Kredit- und Volkswirtschaft).

mens,[264] Genussrechte[265] und selbst bloße Stundungen,[266] nicht aber Kapitalanlagen, auch nicht kapitalersetzende Darlehen.[267] Geschützt sind nicht nur Geldinstitute, sondern alle Geschäftspartner, deren Handeln einen in kaufmännischer Weise eingerichteten Geschäftsbetrieb erfordert, § 265b Abs. 3 Nr. 1 StGB.[268] Ob ein solcher Geschäftsbetrieb tatsächlich besteht, ist demgemäß auf beiden Seiten irrelevant, zumal da auf Seiten des **Kreditwilligen** bereits kraft Gesetzes das **Vortäuschen** genügt.[269] Beantragte Gründungsdarlehen fallen mangels bereits bestehenden Betriebs bzw. der Vortäuschung eines solchen nicht unter § 265b StGB. Opfer können selbst Kredithaie sein, sofern ihre Betätigung eine unternehmerische Organisation erfordert. Die Kaufmannseigenschaft selbst ist keine tatbestandliche Voraussetzung. Damit erstreckt sich der Anwendungsbereich des § 265b StGB z. B. auch auf solche **Freiberufler**, die den maßgeblichen Organisationsanforderungen unterliegen.[270] Erfasst sind **mediatisierte**, also nicht lediglich mündliche[271] Falschangaben seitens des (potenziellen) Kreditnehmers[272] über **wirtschaftliche Verhältnisse**, namentlich inhaltlich unrichtige Bilanzen[273] oder Auszüge aus der Buchhaltung, § 265b Abs. 1 Nr. 1a StGB, und sonstige unzutreffende oder unvollständige schriftliche Angaben, § 265b Abs. 1 Nr. 1b StGB. Der letztgenannten Alternative ist zu entnehmen, dass es für das Verständnis der Angaben auch auf die schriftlich nicht niedergelegten Umstände ankommt.[274] Dem stellt § 265b Abs. 1 Nr. 2 StGB Unterlagen gleich, die zwar beim Erstellen richtig waren, aber beim Einreichen nicht mehr aktuell sind.

2. Tathandlungen

135 § 265b StGB erstreckt sich nicht auf unzutreffende Angaben schlechthin, enthält vielmehr **drei wesentliche Restriktionen**. Nur für den Kreditsuchenden **vorteilhafte** Angaben fallen unter diesen Tatbestand. Dazu gehören selbst negative Falschangaben, wenn dadurch günstigere Kreditkonditionen erwirkt werden sollen.[275] Wer hingegen unrichtige Angaben tätigt, die für das von ihm repräsentierte Unternehmen nachteilig sind, begeht keinen Kreditbetrug – und zwar auch dann nicht, wenn der Kredit deswegen versagt wird und dem potenziellen Kreditgeber Zinsgewinne entgehen. Gegebenenfalls liegt in solcher Praxis aber eine Untreue i. S. von § 266 StGB zum Nachteil des Auftraggebers.

136 Wichtiger ist die zweite Einschränkung: **Unerhebliche** Angaben sind selbst dann nicht tatbestandsmäßig, wenn sie falsch sind. Obwohl es sich bei § 265b StGB nicht um ein Erfolgsdelikt handelt, ist die Erheblichkeit in Anlehnung an die Betrugsnähe der Bestimmung zu interpretieren. Weil es aber auf die tatsächliche Ursächlichkeit der Falschangaben für die Kreditentscheidung nicht ankommt,[276] bleibt nur die Möglichkeit einer hypothe-

---

264) *Fischer*, StGB, § 265b Rz. 11.

265) BGH, Urt. v. 8.10.2014 – 1 StR 114/14, Rz. 55 ff., BGHSt 60, 15 = ZIP 2015, 481; *Momsen/Laudien* in: Leitner/Rosenau, Wirtschafts- und Steuerstrafrecht, § 265b StGB Rz. 24.

266) *Momsen/Laudien* in: Leitner/Rosenau, Wirtschafts- und Steuerstrafrecht, § 265b StGB Rz. 27.

267) *Momsen/Laudien* in: Leitner/Rosenau, Wirtschafts- und Steuerstrafrecht, § 265b StGB Rz. 23.

268) BGH, Beschl. v. 7.4.2016 – 1 StR 579/15, Ziff. 1 a. E., StV 2016, 621 = NStZ-RR 2016, 245.

269) LG Hamburg, Beschl. v. 1.6.2017 – 630 KLs 2/17, Rz. 3 f., juris.

270) *Momsen/Laudien* in: Leitner/Rosenau, Wirtschafts- und Steuerstrafrecht, § 265b StGB Rz. 18.

271) *Momsen/Laudien* in: Leitner/Rosenau, Wirtschafts- und Steuerstrafrecht, § 265b StGB Rz. 40.

272) Um einen solchen handelt es sich bei unverbindlichen Erkundigungen im Vorfeld eines Kredit*antrags* noch nicht, *Momsen/Laudien* in: Leitner/Rosenau, Wirtschafts- und Steuerstrafrecht, § 265b StGB Rz. 35.

273) Wertberichtigungsbedarf besteht im Umlaufvermögen nur, wenn der Teilwert am (Abschluss-)Stichtag unter dem Buchwert liegt, BGH, Beschl. v. 15.8.2019 – 5 StR 204/19, Rz. 9, ZWH 2020, 105.

274) BGH, Beschl. v. 10.4.2014 – 1 StR 649/13, Rz. 19, wistra 2014, 484.

275) *Momsen/Laudien* in: Leitner/Rosenau, Wirtschafts- und Steuerstrafrecht, § 265b StGB Rz. 41.

276) BGH, Urt. v. 8.12.1981 – 1 StR 706/81, Rz. 18, BGHSt 30, 285 = NJW 1982, 775.

tischen Kausalitätsprüfung. In einem ersten Schritt[277)] ist dafür ein generell-abstrakter Maßstab anzulegen. Dieser allein kann aber angesichts des individuellen Schutzcharakters der Vorschrift nicht ausschlaggebend sein. Die Ergebnisse des ersten Schritts sind deshalb in einem zweiten Schritt und dabei ggf. in gegenläufiger Hinsicht zu korrigieren: Unerheblich sind auch solche Tatsachen, auf die es dem individuellen Kreditgeber nicht ankommt; demgegenüber sind erheblich jedoch auch Angaben, die dies zwar nicht nach dem generell-abstrakten Maßstab sind, die der Adressat aber erkennbar für sich als (mit)entscheidend betrachtet. Angesichts des Vermögens als geschütztem Rechtsgut kommen dafür aber nur solche Aspekte in Betracht, die Auswirkungen auf die Fähigkeit zur Rückzahlung des Kredits haben könnten. Die dritte Einschränkung besteht darin, dass tatbestandsmäßig nur Angaben zu **wirtschaftlichen Verhältnissen** sind. Diese Formulierung eröffnet die Möglichkeit einer Interpretation, die unbestimmt weit über die eigenen wirtschaftlichen Verhältnisse des (potenziellen) Kreditnehmers hinausgeht. Es erscheint daher eine Eingrenzung dahingehend als sachgerecht, nur Aussagen über wirtschaftliche Verhältnisse genügen zu lassen, auf die der Antragende selbst Einfluss hat.[278)] Das trifft z. B. auf die Bonität von Real-, insbesondere aber Personalsicherheiten zu, nicht aber auf generelle Aussagen (z. B. über die Konjunktur).

3. Tätige Reue und weitere Aspekte

Aufgrund der Vollendung allein aufgrund unrichtiger Angaben und damit zu einem Zeitpunkt, zu dem ein realer Schaden noch gar nicht eingetreten sein kann, ist es dogmatisch konsequent, dass § 265b Abs. 2 StGB es dem Täter ermöglicht, mittels tätiger Reue Straffreiheit zu erlangen. Dazu muss er freiwillig entweder den Eintritt des Schadens verhindern oder, bleibt dieser aus anderen Gründen aus, sich darum von sich aus ernsthaft bemühen. Die Begriffsbestimmungen des § 265b Abs. 3 StGB erleichtern die Handhabbarkeit der Bestimmung und grenzen ihren Anwendungsbereich ein. 137

Praxishinweis

Unter dem Gesichtspunkt der Criminal Compliance ist es vorrangig geboten herauszufinden, welche Angaben erheblich sind und deren Richtigkeit zu gewährleisten. Um die etwaige Notwendigkeit einer Korrektur i. S. einer tätigen Reue nutzen zu können, bietet sich eine erneute Kontrolle in der Zeit zwischen Bewilligung und Auskehr an.

VI. Subventionsbetrug (§ 264 StGB)

1. Krisenrelevanz

§ 264 StGB ist kein typisches Insolvenzdelikt. Allerdings werden Insolvenzen öfters von Subventionsbetrügereien begleitet. Beruht ein Investitionsstau auf der fehlenden eigenen Finanzkraft, so können zuweilen die üblicherweise bei geförderten Projekten verlangten Eigenmittel nicht aufgebracht werden. Scheinbare Erleichterung verspricht z. B. die bloße Behauptung einer Maßnahme,[279)] die vorgetäuschte Erhöhung der Investitionssumme, auch das Verschweigen von Ermäßigungen.[280)] Die bei in Aussicht stehenden Fremdmitteln so- 138

277) A. A. *Momsen/Laudien* in: Leitner/Rosenau, Wirtschafts- und Steuerstrafrecht, § 265b StGB Rz. 42 – ausschließlich objektiver Maßstab.

278) *Momsen/Laudien* in: Leitner/Rosenau, Wirtschafts- und Steuerstrafrecht, § 265b StGB Rz. 39. Dazu können Verhältnisse Dritter zählen, die sich auf die eigene wirtschaftliche Bonität auswirken, *Fischer*, StGB, § 265b Rz. 23.

279) Vgl. für „Corona-Hilfen" BGH, Beschl. v. 4.5.2021 – 6 StR 137/21, BGHSt 66, 115; BGH, Beschl. v. 12.10.2023 – 2 StR 243/22, Rz. 19–32, NJW 2024, 94.

280) BGH, Urt. v. 8.10.2014 – 1 StR 114/14, Rz. 88, BGHSt 60, 15 = ZIP 2015, 481.

wieso bereits angeregte Phantasie blüht bei eigener knapper Kasse nicht selten noch weiter auf. Ein zweiter Anwendungsbereich des Subventionsbetrugs liegt in der **Missachtung** von **Mitteilungspflichten** und **Verstößen** gegen **Verwendungsbedingungen.**[281] Vom Behaltendürfen einer gewährten Subvention kann durchaus die wirtschaftliche Existenz des Empfängers abhängen. Es besteht daher ein zum Teil massiver Anreiz, dem Subventionsgeber solche Informationen vorzuenthalten, die ihn veranlassen könnten, die Auskehr weiterer Subventionsleistungen einzustellen oder gewährte Mittel zurückzufordern. Die insoweit typischerweise im Vorfeld einer Insolvenz vorkommenden Taten sind regelmäßig von unrichtigem Umgang mit den Subventionsbedingungen gekennzeichnet. Diese enthalten zumeist vom Stand der Realisierung des Geförderten unabhängige, aber gerade bei Eintritt einer Krise zu beachtende Handlungs- oder Unterlassungsgebote (z. B. Meldepflichten, Belassungsgebote, Abruf- oder Verwendungsverbote). In der Krise besteht aber nicht nur eine Neigung, Informationspflichten zu missachten, sondern durchaus auch schon mal ein wirtschaftlicher Anreiz, das Geförderte **zweckwidrig** als **Überbrückungs-** oder gar **Sanierungshilfe** zu nutzen, z. B. subventionierte Maschinen oder Anlagen als anderweite Finanzierungsgrundlage zu missbrauchen oder sie in einem anderen Betrieb des Unternehmens (vielleicht gar im Ausland) in einem kostengünstigeren Umfeld einzusetzen oder sie gar zu versilbern.

2. Anwendungsbereich

139 Soweit § 264 StGB einschlägig ist, geht die Bestimmung dem § 263 StGB vor, hindert aber eine Bestrafung wegen Betrugs nicht, wenn keiner der Tatbestände des § 264 StGB erfüllt ist.[282] Es handelt sich um ein abstraktes Gefährdungsdelikt. Wie bei § 265b StGB genügt zur **Vollendung** eine **Täuschungshandlung** gegenüber dem Subventionsgeber (= bewilligende Behörde, aber auch jede andere eingeschaltete Stelle, z. B. Bank, oder Person),[283] ohne dass es auf den Erfolg der Täuschung ankommt.[284] Einschlägig ist eine solche allerdings nur im Zusammenhang mit vier in § 264 Abs. 1 StGB aufgeführten Entscheidungsalternativen über Subventionen, letztere definiert in § 264 Abs. 8 StGB: **Öffentliche Mitteln ohne marktmäßige Gegenleistung,** wenn diese ganz oder teilweise entweder als Bundes- oder Landesmittel der **Förderung der Wirtschaft** dienen, § 264 Abs. 8 Satz 1 Nr. 1 StGB, oder nach dem Recht der **Europäischen Gemeinschaften** gewährt werden, § 264 Abs. 8 Nr. 2 StGB. EU-Mittel, auch wenn die Vergabe innerstaatlichen Behörden obliegt,[285] fallen demnach auch dann unter § 264 StGB, wenn sie zu anderen als zu Wirtschaftsförderungszwecken gewährt werden. Erfasst sind jedoch nicht sämtliche unrichtig angegebenen Tatsachen, sondern nur solche, die bei § 264 Abs. 1 Nr. 1 StGB **vorteilhaft**[286] und **subventionserheblich** sind.[287] Dabei handelt es sich nicht etwa um

281) Solche sind im Fall des „Verbrauchs"(!?) der mit der Subvention verbundenen Vorteile (in concreto: Preisnachlass) nur zeitlich begrenzt zulässig, BGH, Urt. v. 21.9.2018 – V ZR 68/17, MDR 2019, 344.

282) BGH, Urt. v. 8.10.2014 – 1 StR 114/14, Rz. 94, BGHSt 60, 15 = ZIP 2015, 481.

283) BGH, Urt. v. 25.10.2017 – 1 StR 339/16, Rz. 64 f., wistra 2018, 302.

284) BGH, Urt. v. 25.10.2017 – 1 StR 339/16, Rz. 105, wistra 2018, 302.

285) BGH, Urt. v. 15.11.2022 – 6 StR 237/21, Rz. 29–37, wistra 2023, 123; *Wattenberg* in: in: Wabnitz/Janovsky/Schmitt, Hdb. Wirtschafts- und Steuerstrafrecht, 5. Aufl. 2019, Rz. 2/4/25.

286) Vorteilhaftigkeit bejaht die Rspr. Selbst dann, wenn die übrigen Angaben für sich ausreichen, um die Subvention zu erhalten, BGH, Urt. v. 20.1.1987 – 1 StR 456/86, Rz. 12 ff., BGHSt 34, 265 = NJW 1987, 2093; BGH, Urt. v. 8.3.1990 – 2 StR 367/89, Rz. 26 ff., BGHSt 36, 373 = NJW 1990, 1921 – im Vergleich zu § 370 Abs. 4 Satz 3 AO umgekehrtes Kompensationsverbot. Es ist aber fraglich, ob solche überflüssig-falsche Angabe auch subventionserheblich ist.

287) BGH, Beschl. v. 30.9.2010 – 5 StR 61/10, Rz. 7 ff., wistra 2011, 67, dazu *Adick*, HRRS, 2011, 408; BGH, Beschl. v. 22.8.2018 – 3 StR 357/17 und 3 StR 449/17, Rz. 13–21 bzw. Rz. 31–39, NStZ-RR 2019, 147.

einen unbestimmten Rechtsbegriff, welcher von der Justiz zu konkretisieren wäre. Vielmehr bezieht sich § 264 StGB allein auf entweder vom **Gesetz**[288] selbst oder auf gesetzlicher Grundlage vom Gewährenden als solche **bezeichnete** subventionserhebliche Tatsachen, § 264 Abs. 9 Nr. 1 StGB.[289] Gleichgestellt sind dem solche Umstände, von denen die Bewilligung, Gewährung, Rückforderung, Weitergewährung oder Belassung **gesetzlich**[290] **abhängig** ist, § 264 Abs. 9 Nr. 2 StGB. Deshalb fallen Ermessensentscheidungen nicht unter diese Alternative.[291]

3. Tathandlungen und weitere Aspekte

Von den in § 264 Abs. 1 StGB enthaltenen vier Alternativen bezieht sich 140

- Nr. 1 auf die **Bewilligung**,
- Nr. 2 auf die **Verwendung** (nur insoweit ist auch der Versuch strafbar, § 264 Abs. 4 StGB),
- Nr. 3 auf der Bewilligung **nachfolgende Falschangaben** und
- Nr. 4 auf die Verwendung **falscher Bescheinigungen**. Ob diese ihrerseits subventionserheblich sein müssen, ist streitig.[292] Sachgerecht wird man darauf abzustellen haben, ob die Unrichtigkeit Einfluss auf eine (zumindest potenziell) anstehende Entscheidung der subventionsausreichenden Stelle hatte: Wäre diese selbst ohne die falsche Bescheinigung in eben der ergangenen Weise getroffen worden oder zu treffen (gewesen), so ist § 264 Abs. 1 Nr. 4 nicht verwirklicht.

§ 263 Abs. 1 Nr. 1 verdrängt Nr. 4. § 264 Abs. 2 und 3 StGB normieren besonders schwere Fälle. In Absatz 2 geschieht dies selbst und zwar im Wege der Normierung von Regelbeispielen. Demgegenüber verweist Absatz 3 auf § 263 Abs. 5 StGB. Bei einer Verurteilung von mindestens einem Jahr Freiheitsstrafe kann das Gericht gemäß § 264 Abs. 7 Satz 1 StGB die Fähigkeit aberkennen, **öffentliche** und **Wahlämter** zu bekleiden, § 45 Abs. 2 StGB. Beziehungsgegenstände, nach dem neuen Recht der Vermögensabschöpfung nunmehr *Tatobjekte* genannt, unterliegen der (auch erweitert auf Dritte, § 74a StGB) **Einziehung**, § 264 Abs. 7 Satz 2 StGB. Gemäß § 264 Abs. 5 StGB ist in den Fällen des § 264 Abs. 1 Nr. 1–3 StGB nicht nur vorsätzliches, sondern auch leichtfertiges Handeln[293] strafbar. Tätige Reue ist unter den Voraussetzungen des § 264 Abs. 6 StGB (ähnlich wie bei § 265b Abs. 2 StGB) möglich, aber nur in Bezug auf die beantragte Gewährung einer Subvention. Sie ist damit für § 264 Abs. 1 Nr. 2 und 3 ausgeschlossen sowie von vorn herein im Fall des § 264 Abs. 3 i. V. mit § 263 Abs. 5 StGB. Die Verjährungsfrist beginnt in 141

---

288) Dazu genügt auch § 4 Abs. 1 SubvG bzw. eine EU-Verordnung vergleichbaren Inhalts, BGH, Beschl. v. 22.8.2018 – 3 StR 357/17 und 3 StR 449/17, Rz. 22–26 bzw. Rz. 40–44, NStZ-RR 2019, 147.

289) Allgemein BGH, Urt. v. 8.10.2014 – 1 StR 114/14, Rz. 91, BGHSt 60, 15 = ZIP 2015, 481; zu dieser Variante BGH, Urt. v. 25.10.2017 – 1 StR 339/16, Rz. 106 ff., wistra 2018, 302; OLG Celle, Beschl. v. 7.4.2016 – 2 Ws 14/16, Rz. 8 ff., wistra 2017, 78, dazu *Groß/Lange*, ZWH 2017, 47.

290) Nötig ist ein förmliches nationales oder ein Gesetz der EU (oder wenigstens ein materielles Gesetz wie eine Rechtsverordnung), so dass Verwaltungsvorschriften und Richtlinien nicht genügen, BGH, Urt. v. 25.10.2017 – 1 StR 339/16, Rz. 68 f., 107 ff., wistra 2018, 302, es sei denn, sie liegen im Anwendungsbereich des § 4 Abs. 2 SubvG, Rz. 82, oder des Art. 4 Abs. 3 der Verordnung (EG) Nr. 2988/95 i. V. mit Art. 288 AEUV, Rz. 84 ff., dem Verbot von Umgehungsgeschäften, dazu allgemein Rz. 74 ff.; s. a. OLG Celle, Beschl. v. 7.4.2016 – 2 Ws 14/16, Rz. 11 ff., wistra 2017, 78.

291) *Fischer*, StGB, § 264 Rz. 17.

292) *Fischer*, StGB, § 264 Rz. 30 m. w. N. Beispiel: BGH, Beschl. v. 25.4.2014 – 1 StR 13/13, Rz. 47 ff., WM 2014, 1085: Fehlender Abzug versteckter Provisionen unter Gleichsetzung mit Schmiergeldern als Bescheinigung unrichtiger, weil wirtschaftlich nicht in diesem Umfang angefallener Rechnungen.

293) Z. B. BGH, Beschl. v. 13.12.2012 – 5 StR 542/12, wistra 2013, 149 f. = NStZ 2013, 406, dazu *Bittmann*, ZWH 2013, 229 f.

einschlägiger Konstellation nicht bereits mit der letzten Aktivität des Subventionsnehmers, sondern erst mit Erhalt des letzten Teils der Subvention.[294)]

VII. Kapitalanlagebetrug (§ 264a StGB)

142 Die Erlöse aus einem Kapitalanlagebetrug werden zumeist (ganz oder teilweise) verbraucht und beiseitegeschafft. Nach Aufdeckung verfügt ein solcher Täter deshalb regelmäßig nicht über genügend Mittel, um seine Gläubiger, noch nicht einmal die Opfer, vollständig zu befriedigen. Weil die Folge im Eintritt der Insolvenz besteht, handelt es sich bei § 264a StGB um ein **faktisches Krisendelikt**. Wie §§ 265b und 264 StGB ist § 264a StGB ein im Vorfeld des Betrugs angesiedeltes abstraktes Gefährdungsdelikt, bei dem es nur auf eine **Täuschungshandlung**, nicht aber auf Irrtum, Vermögensverfügung und Schadenseintritt ankommt. Sobald die Täuschung eines Anlegers mittels individueller Beratung in das Stadium des Betrugsversuchs eintritt, verdrängt dieser § 264a StGB.[295)]

143 Unter Strafe gestellt sind Personen, die **unrichtige Angaben** über den Vermögensstand, d. h. nicht nur über allgemeine Wirtschaftsdaten,[296)] im Zusammenhang mit dem Vertrieb einer **Finanzanlage**, § 264a Abs. 1 Nr. 1 StGB,[297)] oder im Hinblick auf deren Erhöhung, § 264a Abs. 1 Nr. 2 StGB, machen oder auf einem Sekundärmarkt (wie z. B. im Börsenhandel) machen lassen.[298)] Allein schon damit tritt Vollendung ein, wohl auch Beendigung.[299)] Bei ursprünglich richtigen, bei Verbreitung aber nicht mehr zutreffenden Angaben, hindert es die Tatbestandsmäßigkeit nicht, wenn die Informationen, als sie noch richtig waren, bereits von einem größeren Kreis von Empfängern zur Kenntnis genommen worden waren.[300)] § 264 Abs. 2 StGB erstreckt den Anwendungsbereich auf die Verwaltung fremden Vermögens im eigenen Namen, Beispiel Treuhandverhältnis.[301)] Das alles konkretisiert den Kreis möglicher Täter, ohne jedoch irgendjemanden von vornherein auszuschließen. Es handelt sich daher um ein Jedermanns- und nicht um ein Sonderdelikt.[302)]

144 Erfasst sind Angaben nur dann, wenn sie **falsch, erheblich,**[303)] **vorteilhaft** und **an einen größeren Kreis von Personen**[304)] **adressiert** sind.[305)] Dies muss nicht notwendig gleich-

---

294) OLG Rostock, Beschl. v. 17.1.2012 – 1 Ws 404/11, ZWH 2012, 239 f., dazu *Kudlich*, ZWH 2012, 240 f.

295) Vgl. BGH, Urt. v. 29.10.2021 – 5 StR 443/19, Rz. 52, NZWiSt 2022, 326, m. Anm. *H.-H. Schmidt*.

296) *Momsen/Laudien* in: Leitner/Rosenau, Wirtschafts- und Steuerstrafrecht, § 264a StGB Rz. 25.

297) Zum hier weiten Begriff der Wertpapiere vgl. *Momsen/Laudien* in: Leitner/Rosenau, Wirtschafts- und Steuerstrafrecht, § 264a StGB Rz. 16.

298) BGH, Urt. v. 5.5.2022 – III ZR 131/20, Rz. 23 f., WM 2022, 1267; BGH, Urt. v. 5.5.2022 – III ZR 135/20, Rz. 28 f., WM 2022, 1273.

299) *Momsen/Laudien* in: Leitner/Rosenau, Wirtschafts- und Steuerstrafrecht, § 264a StGB Rz. 5.

300) BGH, Urt. v. 24.6.2014 – VI ZR 560/13, Rz. 39, ZIP 2014, 1635 = wistra 2014, 450 m. w. N., dazu EWiR 2014, 713 *(Krüger)*; BGH, Urt. v. 12.5.2015 – VI ZR 102/14, Rz. 34 f., ZIP 2015, 1835; BGH, Urt. v. 27.10.2015 – VI ZR 98/14, Rz. 35 f., BeckRS 2015, 19185. Vgl. zur Möglichkeit, die Basis für Vertrauen auf die ursprüngliche Richtigkeit für die Zukunft zu beseitigen BGH, Urt. v. 5.5.2022 – III ZR 131/20, Rz. 44, WM 2022, 1267.

301) BGH, Urt. v. 24.6.2014 – VI ZR 560/13, Rz. 28, ZIP 2014, 1635 = wistra 2014, 450.

302) BGH, Urt. v. 24.6.2014 – VI ZR 560/13, Rz. 27, ZIP 2014, 1635 = wistra 2014, 450; *Fischer*, StGB, § 264 Rz. 22; BGH, Urt. v. 12.5.2015 – VI ZR 102/14, Rz. 27, auch 43, ZIP 2015, 1835; BGH, Urt. v. 27.10.2015 – VI ZR 98/14, Rz. 28, auch 44, BeckRS 2015, 19185.

303) BGH, Urt. v. 3.2.2022 – III ZR 84/21, Rz. 21–24, NJW 2022, 1322 = ZIP 2022, 581, dazu *Hasselbach/Stapper*, NZG 2022, 1148; *Park*, ZWH 2022, 233; *Theile*, NZWiSt 2023, 146; z. B. unterlassene Wertberichtigung um ca. ein Viertel, BGH, Urt. v. 5.5.2022 – III ZR 131/20, Rz. 25, auch Rz. 27, ZWH 2022, 284, m. Anm. *Bosch*; BGH, Urt. v. 5.5.2022 – III ZR 135/20, Rz. 30, auch Rz. 32, WM 2022, 1273; *Momsen/Laudien* in: Leitner/Rosenau, Wirtschafts- und Steuerstrafrecht, § 264a StGB Rz. 25.

304) BGH, Urt. v. 12.5.2015 – VI ZR 102/14, Rz. 31, ZIP 2015, 1835; BGH, Urt. v. 27.10.2015 – VI ZR 98/14, Rz. 32, BeckRS 2015, 19185.

305) BGH, Urt. v. 27.10.2015 – VI ZR 98/14, Rz. 27, BeckRS 2015, 19185.

zeitig, sondern kann durchaus auch nach- oder nebeneinander geschehen, z. B. per Hausbesuch, E-Mail, Internet[306)] oder Telefon. Damit fällt individuelle Beratung nicht in den Tatbestand.[307)] Er kann sowohl mittels passiven Verschweigens[308)] nachteiliger Tatsachen als auch im Wege aktiven Tätigens unrichtiger Angaben erfüllt werden. Ob mit dem Merkmal „Angaben" nur Umstände gemeint sind, die **„Tatsachen"** sind, ist dem Wortlaut nicht eindeutig zu entnehmen. Die Nähe zum Betrug und die Verwandtschaft mit den §§ 264 und 265b StGB sprechen allerdings dafür.[309)] Unzutreffende Liquiditätsberechnungen und Prognosen unterfallen dem § 264a StGB daher nur dann, wenn die Unrichtigkeit auf darin enthaltenen bzw. in sie eingegangenen falschen, erheblichen und vorteilhaften Tatsachen, nicht aber auf unzutreffenden Bewertungen beruht. Das ist aber bereits dann der Fall, wenn ein Verantwortlicher einem Steuerberater oder Wirtschaftsprüfer nicht sämtliche erforderlichen Informationen zutreffend erteilt.[310)] Zivilrechtlich ist die Bezeichnung einer Anlage als *sicher*, erst recht: *bombensicher*, schon dann haftungsbegründend, wenn die Rückgewähr investierten Kapitals keineswegs gewiss ist.[311)]

Tätige Reue ist möglich, aber nur bis zum Eintritt einer Vermögensminderung des bzw. 145
der Getäuschten, § 264a Abs. 3 StGB.

Finden sich die unrichtigen Angaben in einem **Druckwerk**, § 11 Abs. 3 StGB, so handelt es 146
sich um ein Presseinhaltsdelikt. Ob die kurze presserechtliche Verjährung greift, hängt davon ab, ob das einschlägige Landespressegesetz gewerbliche Druckwerke davon ausnimmt.[312)]

VIII. Untreue (§ 266 StGB)

1. Übersicht

Die *großen* Streitfragen[313)] um § 266 StGB berühren zwar das Insolvenzstrafrecht, z. B. 147
bei der von Bewertungen abhängigen, aber gleichwohl zu quantifizierenden Höhe des Nachteils, spielen hier aber keine Hauptrolle.

2. Die Struktur der Vorschrift

Betrug schützt das Vermögen im Wesentlichen gegen **Angriffe** von außen, Untreue gegen 148
solche **von innen**. Der **Treubruchtatbestand** bildet den **Grundtatbestand** und umfasst die **Missbrauchsalternative**, die im Fall zivilrechtlich wirksamer Verpflichtung des betroffenen Vermögens als **Spezialvorschrift** den Vorrang genießt und den allgemeineren Tatbestand

306) *Momsen/Laudien* in: Leitner/Rosenau, Wirtschafts- und Steuerstrafrecht, § 264a StGB Rz. 26.

307) Vgl. *Fischer*, StGB, § 264a Rz. 2a und 17.

308) Zur umstrittenen Frage, ob es sich dann um ein echtes oder unechtes Unterlassungsdelikt handelt, letzteres mit der Folge der Anwendbarkeit von § 13 StGB (Entsprechensklausel; Strafmilderung) vgl. *Fischer*, StGB, § 264a Rz. 15; *Nestler*, WiJ 2013, 142, je m. w. N. Da § 13 StGB nur Erfolgsdelikte in Bezug nimmt, könnten dessen Bestimmungen nur entsprechend angewendet werden. Das Analogieverbot stünde nicht entgegen, weil es lediglich Wirkungen zulasten eines Beschuldigten entgegensteht.

309) BGH, Urt. v. 24.6.2014 – VI ZR 560/13, Rz. 29, ZIP 2014, 1635 = wistra 2014, 450, dazu EWiR 2014, 713 *(Krüger)*; im Ergebnis wohl ebenso *Momsen/Laudien* in: Leitner/Rosenau, Wirtschafts- und Steuerstrafrecht, § 264a StGB Rz. 23, die zwar „Angaben" umfassend verstehen, „Unrichtigkeit" aber lediglich auf Tatsachen beziehen.

310) BGH, Urt. v. 5.5.2022 – III ZR 131/20, Rz. 29–32, WM 2022, 1267.

311) BGH, Beschl. v. 5.5.2022 – III ZR 327/20, Rz. 13 m. N., WM 2022, 1168.

312) *Momsen/Laudien* in: Leitner/Rosenau, Wirtschafts- und Steuerstrafrecht, § 264a StGB Rz. 30.

313) Z. B. BVerfG, Kammerbeschl. v. 10.3.2009 – 2 BvR 1980/07, wistra 2009, 385; BVerfG, Beschl. v. 23.6.2010 – 2 BvR 2559/08, 2 BvR 105/09 und 2 BvR 491/09 (Schwarze Kasse – Siemens/ENEL), BVerfGE 126, 170 = ZIP 2010, 1596; BVerfG, Kammerbeschl. v. 1.11.2012 – 2 BvR 1235/11, wistra 2013, 56, dazu *Bittmann*, ZWH 2013, 55 f.; *Schünemann* in: FS Frisch, 2013, S. 837; zur Systematik *Jahn/Ziemann*, ZIS 2016, 552; zur Fassung des konkreten Anklagesatzes BGH, Urt. v. 23.8.2017 – 2 StR 456/16, NJW 2018, 566, Rz. 17 ff., dazu *Bittmann*, NStZ 2018, 351.

verdrängt. Die Differenzierung ist allerdings auf der Basis der seit dem *Scheckkarten-Urteil*[314] von der Rechtsprechung vertretenen sog. *monistischen Theorie* (zumindest: nahezu) bedeutungslos, weil beide Varianten eine **qualifizierte Vermögensbetreuungspflicht** (1) voraussetzen. Das ist bei der sog. *dualistischen Lehre* anders. Diese lässt es für die Missbrauchsalternative genügen, dass der Täter über fremdes Vermögen zu verfügen in der Lage ist, erfasst damit auch die Schädigungen von innen, die von Personen angerichtet wurden, die keiner qualifizierten Vermögensbetreuungspflicht unterliegen. Das ist rechtssystematisch die überzeugendere Auffassung. Nur sie weist der Missbrauchsalternative einen eigenständigen Anwendungsbereich zu und führt auch im Übrigen zu angemessenen Ergebnissen. Allerdings hat mittlerweile mit dem Münchener Ordinarius *Schünemann* auch ihr letzter großer Vertreter resigniert aufgegeben.[315] Für die Praxis ist deshalb allein die sog. *monistische Theorie* maßgeblich. Danach unterscheidet sich die Vermögensbetreuungspflicht in beiden Tatbestandsalternativen nicht. Allerdings kann sie wohl nur beim Treubruchtatbestand ihren Grund auch in tatsächlichen Umständen[316] finden. Die Tathandlung umschreibt das Gesetz nicht detailliert, sondern lediglich als **pflichtwidriges Handeln (2)**. Zur Strafbarkeit führt dieses allerdings nur dann, wenn es einen **wirtschaftlichen Nachteil** (3) herbeiführt.

a) Vermögensbetreuungspflicht

149 Eine ausreichend qualifizierte Vermögensbetreuungspflicht (1) verlangt in wertender Gesamtbetrachtung als (jedenfalls: eine prägende) **Hauptpflicht** des die Geschäfte des betreuten Vermögens Besorgenden sowohl einen diesem eingeräumten eigenständigen **Entscheidungsspielraum** als auch eine **besondere Bedeutung** seiner Aktivitäten **für** Bestand und/oder Entwicklung des **fremden** (also nicht tätereigenen) **Vermögens.**[317] Maßgebend für den Tatbestand ist nicht, dass der Täter überhaupt einer Vermögensbetreuungspflicht unterliegt. Vielmehr muss die konkret in Rede stehende Handlung Teil der Vermögensbetreuungspflicht sein.[318] Die Verletzung darüber hinausgehender Pflichten führt ebenso wenig zur Strafbarkeit wegen Untreue wie Taten, die lediglich „bei Gelegenheit" der Wahrnehmung der Vermögensbetreuungspflicht begangen werden.

---

314) BGH, Urt. v. 26.7.1972 – 2 StR 62/72, BGHSt 24, 386 = NJW 1972, 1904; s. a. BGH, Urt. v. 13.6.1985 – 4 StR 213/85, Rz. 19 ff., BGHSt 33, 244 = NJW 1985, 2280.

315) *Schünemann* in: LK-StGB, § 266 Rz. 10 ff.; dazu *Schünemann* in: FS Frisch, 2013, S. 837.

316) *Fischer*, StGB, § 266 Rz. 40 ff. m. N.; Beispiel: BGH, Beschl. v. 13.12.2012 – 5 StR 407/12, Rz. 6, wistra 2013, 140 f. = ZIP 2013, 313 – allerdings ohne Unterscheidung nach den Tatbestandsalternativen.

317) BGH, Urt. v. 11.12.2014 – 3 StR 265/14, Rz. 26, 29 und 40 f., BGHSt 60, 94 = NJW 2015, 1618; BGH, Beschl. v. 26.11.2015 – 3 StR 17/15, Rz. 50–52, 78–81, 97, 109–112 und 132 f., BGHSt 61, 48 = ZIP 2016, 966, dazu EWiR 2016, 551 *(Brammsen)*; BGH, Urt. v. 9.11.2016 – 5 StR 313/15, Rz. 33, BGHSt 61, 305: Zuständigkeit für die Genehmigung der Veräußerung herrenloser Grundstücke (dazu *Bittmann*, wistra 2017, 121, 125 ff.); BGH, Urt. v. 27.7.2017 – 3 StR 490/16, Rz. 6, 29, NStZ 2018, 105: Ausbilder bei einer Handwerkskammer mit der Befugnis zur Beschaffung gemäß selbstbestimmten Bedarfs; BGH, Urt. v. 7.9.2017 – 2 StR 24/16, Rz. 49, BGHSt 62, 288 = NJW 2018, 1330 m. w. N. – verneint für den allgemeinen Grundsatz sparsamer Verwaltung (Rz. 79); BGH, Beschl. v. 26.3.2018 – 4 StR 408/17, Rz. 28, ZIP 2018, 962 = NJW 2018, 1486 – sehr restriktiv: Anlage aus esoterischer Motivation diene keinen Vermögensinteressen der Zuwender (Rz. 29); BGH, Urt. v. 24.11.2020 – 5 StR 553/19, Rz. 21 f., BGHSt 65, 202 = NJW 2021, 1473; BGH, Beschl. v. 11.5.2021 – 4 StR 350/20, Rz. 6, NStZ 2021, 742; BGH, Urt. v. 14.7.2021 – 6 StR 282/20, Rz. 17, NStZ 2022, 109 (jeweils Anführen einschlägiger Kriterien; das Verhältnis zur Geschäftsherrenhaftung beleuchtet *Anders*, NZWiSt 2023, 361); zur Teilnahme an fremder Untreue bei Verfolgung eigener Interessen *Thomas* in: FS Rissing-van Saan, 2011, S. 669. S. a. BGH, Urt. v. 24.4.2018 – VI ZR 250/17, ZIP 2018, 1736 = ZInsO 2018, 1675, dazu EWiR 2019, 173 *(Kuhn)* – IATA-Vertriebsagent; auf Gestaltungsmacht abstellend *Ransiek* in: GS Joecks, 2018, S. 287.

318) BGH, Beschl. v. 12.12.2012 – 5 StR 380/12, Rz. 3, wistra 2013, 104 f.; BGH, Beschl. v. 11.4.2013 – 2 StR 504/12, Rz. 22 f., NStZ 2013, 536 f.; BGH, Urt. v. 7.9.2017 – 2 StR 24/16, Rz. 51, BGHSt 62, 288 = NJW 2018, 1330, m. zust. Anm. *C. Brand* – trotz zu Unrecht bewilligter knapp 1,2 Mio. € an Investitionszulage verneint für zuständige Beamte im Finanzministerium in Bezug auf die unterlassene Remonstration gegen offensichtlich rechtswidrige, aber für die Dauer ihres Bestehens bindende gemeindliche Grundlagenbescheide (Rz. 74–81).

Beispiele 150

Liefert der Kaufmann den Erlös der unter Eigentumsvorbehalt erhaltenen und von ihm befugt veräußerten Ware nicht ab, so begeht er keine Untreue.[319] *Gleiches gilt für die unterlassene Abführung des vom Hauptunternehmer einkassierten Werklohns an seine Subunternehmer*[320] *und bei zweckwidriger Verwendung eines erhaltenen Darlehens.*[321] *Das Recht zur Kreditvergabe löst eine Vermögensbetreuungspflicht des Entscheiders gegenüber der vergebenden Stelle aus, nicht jedoch, wenn er dabei an ein EDV-gestütztes Ergebnis gebunden ist (Minutenkredite),*[322] *wohl aber doch wieder, wenn er von vorn herein die fehlende Rückführungswilligkeit des Kreditnehmers kennt.*[323] *Vermögensbetreuungspflichtig ist auch der Leiter der Abteilung Rechtswesen eines Verbands.*[324]

Nur soweit sie von der **Fürsorge** für fremdes Vermögen gekennzeichnet sind, d. h. nicht bereits aufgrund allgemeiner Gebote der Rücksichtnahme nach Treu und Glauben, erfüllen **vertraglich** übernommene Aufgaben die Voraussetzungen einer Vermögensbetreuungspflicht.[325] Trifft Letztere eine juristische Person als solche, so steht zumindest ihr Organ gemäß § 14 StGB für deren Verletzung ein, ggf. neben der zusätzlichen Untreue zum Nachteil des Gesellschaftsvermögens.[326] 151

Alle **Mitglieder** des vertretungsberechtigten **Organs** einer juristischen Person oder einer solchen (mangels einer vollhaftenden natürlichen Person) gleichgestellten Personenhandelsgesellschaft unterliegen einer der Gesellschaft, nicht aber auch den (Mit-)Gesellschaftern gegenüber bestehenden Vermögensbetreuungspflicht.[327] Betroffen sind z. B. bei der GmbH die **Geschäftsführer**, bei der AG, der Genossenschaft und dem Verein[328] die **Vorstandsmitglieder**,[329] ebenso die **Liquidatoren**. Eine inhaltlich allerdings von derjenigen des Leitungsorgans abweichende Vermögensbetreuungspflicht haben auch die Mitglieder des **Aufsichtsrats** zu erfüllen.[330] Die innerhalb einer Personengesellschaft bestehende zivil- 152

319) BGH, Urt. v. 5.7.1968 – 5 StR 262/68, BGHSt 22, 190 = NJW 1968, 1938.

320) BGH, Urt. v. 3.5.1978 – 3 StR 30/78, BGHSt 28, 20 = NJW 1978, 2105; straffrei muss dieses Verhalten allerdings deswegen noch lange nicht sein, kann es doch unter § 2 BauFordSiG oder (im Fall des BGH) unter § 283 Abs. 1 Nr. 8 StGB fallen.

321) BGH, Urt. v. 4.11.1988 – 1 StR 480/88, NStZ 1989, 72 f.

322) BGH, Beschl. v. 3.5.2012 – 2 StR 446/11, ZWH 2012, 461, dazu *Bittmann*, ZWH 2012, 446.

323) BGH, Beschl. v. 23.7.2013 – 3 StR 96/13, Rz. 8 f., 16 f., StV 2014, 684 = BGHR StGB § 263a Anwendungsbereich 4 (Gründe).

324) BGH, Beschl. v. 12.12.2023 – 6 StR 111/23, BeckRS 2023, 38549.

325) BGH, Beschl. v. 29.1.2020 – 1 StR 421/19, Rz. 13 f. und 19, NZWiSt 2020, 402; OLG Naumburg, Beschl. v. 19.10.2021 – 1 RV 152/21, ZInsO 2022, 1078 (Subventionsdarlehensnehmer hinsichtlich Rückzahlungspflicht nicht vermögensbetreuungspflichtig ggü. dem Darlehensgeber); das Verwahren eines aus mehreren Geschäften und erst später abzuführenden Saldos begründet ohne besonders in Anspruch genommenes Vertrauen keine Vermögensbetreuungspflicht, BGH, Urt. v. 7.5.2019 – VI ZR 512/17, Rz. 10–15, NJW 2019, 2164 = ZIP 2019, 1325; genausowenig das Verwalten einer Darlehenssumme, BGH, Urt. v. 30.9.2020 – 5 StR 99/20, Rz. 13 und 18, wistra 2021, 35.

326) Enger BGH, Urt. v. 7.5.2019 – VI ZR 512/17, Rz. 11–14, NJW 2019, 2164 = ZIP 2019, 1325.

327) BGH, Urt. v. 25.4.2006 – 1 StR 519/05, Rz. 10, BGHSt 51, 29 = ZIP 2006, 993, dazu EWiR 2006, 509 *(Marxen/Taschner)*. Übersicht bei *Lesch/Hüttemann/Reschke*, NStZ 2015, 609.

328) OLG Köln, Beschl. v. 6.5.2013 – III 2 Ws 254/13, NZWiSt 2013, 396, m. Anm. *Lindemann/Andreschewski*.

329) Vgl. z. B. *Bachmann* in: FS Beulke, 2015, S. 1259; *Dreher* in: FS Hüffer, 2010, S. 161.

330) BGH, Beschl. v. 26.11.2015 – 3 StR 17/15, Rz. 53 f. und 113–122, BGHSt 61, 48 = ZIP 2016, 96; dazu *Rönnau/Becker*, JR 2017, 204; OLG Braunschweig, Beschl. v. 14.6.2011 – Ws 44/12, Ws 45/12, ZWH 2012, 494, dazu *Adick*, ZWH 2012, 496 f.; *C. Brand/Petermann*, WM 2012, 62; *Krause*, NStZ 2011, 57; *Schwerdtfeger*, NZG 2017, 455; *Schwerdtfeger*, NZWiSt 2018, 266; zivilrechtlich zum Spagat zwischen zu unterlassender Geschäftsführung trotz deren Kontrolle *Habersack*, NZG 2020, 881; zu den Aufgaben in der Krise KG Berlin, Urt. v. 29.4.2021 – 2 U 108/18, insbesondere Rz. 56 (nicht rechtskräftig; Az. des BGH: II ZR 103/21), NZG 2021, 1358; dazu *Graewe*, NZI 2021, 619; zuvor bereits *Graewe/Anweiler*, NZI 2020, 662; auch *Karrenbrock/Becker-Inglau*, NZG 2020, 921.

rechtliche Treupflicht der Gesellschafter untereinander[331)] weist nur zu einem beschränkten Teil auch die Anforderungen an die strafrechtlich relevante Vermögensbetreuungspflicht auf und gilt nur i. R. der Geschäftsführungstätigkeit. Im Gesellschaftsvertrag wurzelt die Vermögensbetreuungspflicht der juristischen Person gegenüber ihren (insbesondere: Minderheiten-)Anteilseignern, nur satzungsgemäße Risiken einzugehen.[332)]

153 Die Vermögensbetreuungspflicht der Mitglieder des vertretungsberechtigten Organs endet nicht mit der **Eröffnung des Insolvenzverfahrens.** Allerdings ändert sich mit der Bestellung eines seinerseits vermögensbetreuungspflichtigen[333)] Insolvenzverwalters[334)] deren

---

331) Vgl. BGH, Urt. v. 22.1.2019 – II ZR 143/17, Rz. 19, ZIP 2019, 1008 = ZWH 2019, 188; Graf/Jäger/Wittig-*Waßmer*, Wirtschafts- und Steuerstrafrecht, § 266 StGB Rz. 49, Stichwort: geschäftsführender Gesellschafter einer Personengesellschaft, und Rz. 63; Satzger/Schluckebier/Widmaier-*Saliger*, StGB, § 266 Rz. 15 und 110, je m. w. N. – Gesellschafter einer juristischen Person sind hingegen untereinander nicht vermögensbetreuungspflichtig (dort Rz. 108). Zur im Wandel begriffenen Rspr. In Bezug auf Personengesellschaften s. unten Rz. 168 a. E. m. N.

332) *Bittmann/Bues*, NJW 2020, 3558; zur Vertragswidrigkeit der von der Emittentin veranlassten Beeinträchtigung von Genussrechten OLG Bremen, Urt. v. 1.7.2021 – 3 U 39/20, NZG 2021, 1366.

333) Vgl. BGH, Urt. v. 12.3.2020 – IX ZR 125/17, ZRI 2020, 303 = ZVI 2020, 390 = ZWH 2020, 326, dazu *Gehrlein*, NZG 2020, 801; *Jungmann*, NZI 2020, 651 (beide speziell zu den Entscheidungsspielräumen); BGH, Beschl. v. 16.12.2020 – 6 StR 251/20, NStZ 2022, 166; BGH, Beschl. v. 21.3.2019 – IX ZB 47/17, Rz. 19, NZI 2019, 541 = ZIP 2019, 1077; allg. zu den strafrechtlichen Risiken eines Insolvenzverwalters *Pelz/Grotebrune*, Strafrecht in Krise und Insolvenz, Rz. 884–894; einen zivilrechtlichen Haftungsfall entschied OLG Hamburg, Urt. v. 29.10.2021 – 11 U 159/19, GWR 2022, 164, dazu *Marquardt*, NZI 2022, 106; zu vermögensbezogenen Pflichten des Gläubigerausschusses vgl. BGH, Urt. v. 9.10.2014 – IX ZR 140/11, BGHZ 202, 324 = ZIP 2014, 2242, dazu EWiR 2014, 781 *(Krüger)*.

334) Ein Fall der Untreue seitens eines Insolvenzverwalters (dazu *Samson* in: FS Braun, 2007, S. 487) lag der Entscheidung des BGH, Beschl. v. 20.10.2016 – 2 StR 2/16, InsBüro 2017, 167 = NZI 2017, 17, zugrunde. Das OLG Köln, Urt. v. 9.8.2017 – 2 U 77/15, ZInsO 2018, 460, beanstandete verständlichermaßen (zivilrechtlich) den günstigen persönlichen Erwerb einer Wohnung aus dem Vermögen der Schuldnerin und unterwarf den Insolvenzverwalter den Grundsätzen der Geschäftschancenlehre (s. dazu unten Rz. 141 und 145); bestätigend und zu dessen Haftung für eine eigene unternehmerische Fehlentscheidung BGH, Urt. v. 16.3.2017 – IX ZR 253/15, ZIP 2017, 779 = ZInsO 2017, 827, dazu EWiR 2017, 339 *(Lüke/Wenske)*; dazu auch *Baumert*, DB 2017, 1704; *Berger*, ZInsO 2017, 2100; *Bittmann*, ZWH 2017, 215; *Böhme*, ZInsO 2017, 1468; *Leichtle/Theusinger*, NZG 2018, 251; *Römermann*, BB 2017, 1039. Dies Verhalten dürfte ebenso strafrechtlich relevant sein wie die Vereinbarung von Kick-Back-Zahlungen überhöhter Bankgebühren für massezugehörige Gelder in das Privatvermögen des Insolvenzverwalters im Fall BGH, Beschl. v. 22.11.2018 – IX ZB 14/18, ZIP 2019, 82 = NJW 2019, 935, dazu EWiR 2019, 181 *(Mock)*; dazu *Ahrens*, NJW 2018, 890. Der Verkauf nicht vorhandenen Goodwills seitens des Insolvenzverwalters an das Nachfolgeunternehmen des Gesellschafters der Schuldnerin ist für sich nicht ungetreu, wohl aber die damit verbundene Sicherungsabtretung sämtlicher Aktiva, vgl. OLG Saarbrücken, Urt. v. 13.10.2021 – 5 U 20/21, ZInsO 2022, 155 – unter dem Gesichtspunkt der Sittenwidrigkeit. Dubiosen Forderungsanmeldungen hat er zu widersprechen, LG Stendal, Beschl. v. 12.10.2017 – 25 T 13/17, ZIP 2018, 191 = ZInsO 2017, 2446. Zu Vergütungsfällen vgl. BGH, Beschl. v. 15.8.2022 – IX ZB 17/21, ZRI 2022, 865 = ZVI 2022, 447 = ZWH 2023, 68, m. Anm. *Hoos/Bulanov*; BGH, Beschl. v. 15.8.2022 – IX ZB 19/21, ZRI 2022, 904 = ZVI 2022, 446 = ZWH 2023, 70, dazu *Weyand*, ZInsO 2022, 2386; LG Aurich, Urt. v. 25.4.2017 – 15 KLs 3/14, 15 KLs 1000 Js 17239/10 (3/14), wistra 2018, 140, dazu *Bittmann*, ZInsO 2017, 1874; auch BGH, Beschl. v. 21.9.2017 – IX ZB 28/14, ZIP 2017, 2063 = ZInsO 2017, 2309, dazu EWiR 2018. 51 *(Blersch)*; AG Aurich, Beschl. v. 17.3.2017 – 9 IN 143/07, ZInsO 2017, 976, dazu *Cranshaw*, ZInsO 2017, 989; *Lissner*, Rpfleger 2018, 4; *Lissner*, ZInsO 2017, 754; umfassend *Bittmann* in: Bittmann, Hdb. Insolvenzstrafrecht, Rz. 16/17 m. N. in Fn. 99; für Vorrang von § 352 StGB *v. d. Meden/Solka*, ZIP 2017, 941; s. a. BGH, Beschl. v. 20.3.2018 – 3 StR 84/18, Rz. 4, juris. Pflichwidrig unterlassene Anfechtung kann Untreue des Insolvenzverwalters ggü. der Masse darstellen, *Keramati/Klein*, NZI 2017, 421. Während der Eigenverwaltung haftet der Geschäftsleiter zivilrechtlich wie ein Insolvenzverwalter nach §§ 60, 61 InsO, BGH, Urt. v. 26.4.2018 – IX ZR 238/17, Rz. 13 ff., ZIP 2018, 977, dazu EWiR 2018, 339 *(Thole)*; *Brünkmans* in: FS Pape, 2019, S. 15; *Madaus* in: FS Kayser, 2019, S. 533; *Poertzgen*, ZInsO 2019, 2352 – auch in: FS Pape, 2019, S. 329. Da das Gesellschaftsvermögen im Verhältnis zum Geschäftsleiter weiterhin fremd ist (anders beim eigenverwaltenden Einzelkaufmann), kommt auch eine Strafbarkeit wegen Untreue (generell natürlich auch wegen Betrugs) in Betracht, vgl. *Bittmann* in: Bittmann, Hdb. Insolvenzstrafrecht, Rz. 16/57, und allgemein Rz. 16/17 m. N. in Fn. 99; mit der Frage etwaiger Deckungsgleichheit einer Pflichtverletzung nach außen und nach innen befassen sich *Meier/Wick*, WM 2017, 1338.

Pflichtenstellung in erheblichem Maße,[335] so dass sich z. B. ein GmbH-Geschäftsführer ab diesem Zeitpunkt nur bei Verstoß gegen verbliebene (ggf. nachwirkende Treu-)Pflichten wegen Untreue strafbar machen kann. Seine grundsätzliche Tauglichkeit als Täter stellt das nicht in Frage.[336] Wird ein Insolvenzantrag mangels Masse abgewiesen oder schließt sich ausnahmsweise ein Liquidationsverfahren an das Insolvenzverfahren an, so unterliegt der (geborene oder gekorene) Liquidator einer Vermögensbetreuungspflicht im selben Umfang, wie wenn die Liquidation von Anfang an ohne gerichtliches Verfahren eingeleitet worden wäre.

b) Pflichtwidrigkeit

aa) Formale und materielle Verstöße

Aufgrund einer pflichtgemäßen Entscheidung oder Handlung droht selbst dann keine Verurteilung wegen Untreue, wenn sie zu einem Schaden in **Millionenhöhe** führte.[337] So unerwünscht ein solcher ist und deshalb selbstverständlich tunlichst vermieden werden muss, so bietet sein Eintreten doch nur Anlass, die Ursache zu prüfen, stellt aber noch nicht einmal ein Indiz für verbotenes Agieren dar (Verschleifungsverbot). Dieses bedarf vielmehr gesonderter Feststellung. **Pflichtwidrig**[338] i. S. des § 266 StGB (2) ist nach inzwischen herrschender, in manchen Details aber noch nicht konkretisierter Auffassung nur die Missachtung **vermögensbezogener Pflichten.**[339] Dabei kann die Pflichtwidrigkeit allerdings im Verursachen nachteiliger Folgen für das zu betreuende Vermögen bestehen, die der (z. B. aufgrund Rechtsgeschäfts) Zuständige mittels Erfüllung nicht-vermögensrecht- **154**

335) Z. B. KG Berlin, Beschl. v. 26.4.2012 – 25 W 103/11, ZIP 2012, 1352 = ZWH 2012, 418 f., m. Anm. *M. Brand*; OLG Frankfurt/M., Beschl. v. 11.11.2014 – 20 W 317/11, Rz. 22, ZIP 2015, 478 = GmbHR 2015, 363; gegen Fortgeltung *Kraatz*, JR 2014, 241.

336) BGH, Beschl. v. 14.8.2013 – 4 StR 255/13, Rz. 11 ff., ZWH 2014, 69 f. – dienstenthobener Gerichtsvollzieher, dazu *Bittmann*, ZWH 2014, 70; Geschäftsführer *Bittmann/Rudolph*, wistra 2000, 401; allg. *Ceffinato*, NStZ 2021, 65; *Fischer*, StGB, § 266 StGB, Rz. 43. Die Gesellschafter können nach Insolvenzeröffnung weiterhin wirksam einen (neuen) Geschäftsführer bestellen, KG Berlin, Beschl. v. 29.11.2021 – 22 W 55/21, ZRI 2022, 82 = NZG 2022, 315.

337) BGH, Urt. v. 28.5.2013 – 5 StR 551/11, ZInsO 2013, 1302 = ZIP 2013, 1382, dazu EWiR 2013, 527 *(Wessing)*: 116 Mio. €; zum Zivilrecht vgl. BGH, Urt. v. 3.3.2008 – II ZR 124/06, Rz. 11, BGHZ 175, 365 = ZIP 2008, 785 – gewissenhaft getroffene Entscheidung verhindert Haftung für Schaden, hier: Erwerb von UMTS-Lizenzen über ca. 15 Mrd. €; BGH, Urt. v. 18.6.2013 – II ZR 86/11, insbesondere Rz. 29, BGHZ 197, 304 = ZIP 2013, 1712 – sachliche Gründe rechtfertigen Honorarvereinbarung, die deutlich über die gesetzlichen Gebühren hinausgeht.

338) Überzeugend *Krell*, NStZ 2014, 62 m. w. N.; zur Legalitätspflicht des Vorstands einer AG ggü. dieser vgl. *Habersack* in: FS U. H. Schneider, 2011, S. 429.

339) BGH, Beschl. v. 13.9.2010 – 1 StR 220/09 (Siemens/AUB), BGHSt 55, 288 = ZIP 2010, 2239; aufgenommen von BGH, Urt. v. 4.3.2020 – 5 StR 395/19, Rz. 15, wistra 2020, 293 – zweckwidrige Verwendung von Anlagegeldern; BGH, Urt. v. 23.10.2018 – 1 StR 234/17, Rz. 29, GmbHR 2019, 401 = NStZ-RR 2019, 115 – fehlende Transparenz als vermögensbezogene Pflichtwidrigkeit; BGH, Beschl. v. 13.4.2011 – 1 StR 94/10, BGHSt 56, 203, sowie BGH, Urt. v. 5.9.2012 – 1 StR 297/12, wistra 2013, 20 f. – beides Kölner Spendenaffäre; BGH, Urt. v. 10.10.2012 – 2 StR 591/11 (Telekom), wistra 2013, 99 = NZWiSt 2013, 189; BGH, Urt. v. 11.12.2014 – 3 StR 265/14, Rz. 39, BGHSt 60, 94 = NJW 2015, 1618 – Fraktionsgelder; LG Braunschweig, Urt. v. 28.9.2021 – 16 KLs 85/19, Rz. 671 – Freispruch trotz überhöhter Vergütung des VW-Betriebsrats; *Bittmann*, NStZ 2012, 57, 58 f.; *Saliger* in: FS Claus Roxin, 2011, S. 1053, 1061 und S. 1069; zur Parallele im Zivilrecht vgl. BGH, Urt. v. 13.3.2012 – II ZR 50/09, Rz. 27, ZIP 2012, 1197 m. w. N.; BGH, Urt. v. 18.6.2013 – II ZR 86/11, Rz. 44, BGHZ 197, 304 = ZIP 2013, 1712, dazu EWiR 2013, 775 *(Weipert)*.

licher Pflichten gerade zu vermeiden hatte.[340] Untreuerechtlich maßgeblich ist in dieser Konstellation die **Verletzung seiner Stellung** gegenüber dem betroffenen Vermögen, **nicht** der **Primärverstoß** als Missachtung des nicht-vermögensrechtlichen Gebots selbst. Relevant sein können sowohl Ermessens- als auch Verletzungen zwingender Regeln.

155 Ist dem Pflichtigen, z. B. dem GmbH-Geschäftsführer, ein **Ermessensspielraum** eingeräumt, so darf er diesen in **jeder vertretbaren Weise ausfüllen.**[341] Absehbare vermögensmindernde Risiken führen allerdings zur Einengung des Ermessensspielraums.[342] So besteht zwar außerhalb konkreter Sonderpflichten wie gemäß § 54b Abs. 1 BeurKG für Notare kein Gebot, Fremdgelder nur auf einem Anderkonto zu verwalten. Wohl aber dürfen weiterzuleitende Gelder nicht so vereinnahmt werden, dass sich der Vermögensbetreuungspflichtige dadurch ihre Abführung unmöglich macht: Untreue unter dem Gesichtspunkt der omissio libera in causa (Beispiel: Benennung eines hoch im Defizit stehenden eigenen Kontos).[343] Im Grundsatz hat der Aufsichtsrat Haftungsansprüche gegen (ehemalige) Vorstandsmitglieder geltend zu machen.[344] Über etwaige Einschränkungen wurde während der Bankenkrise diskutiert,[345] allerdings ohne einschränkendes Ergebnis. Ein Handeln jenseits des Vertretbaren ist **evident** pflichtwidrig i. S. der Rechtsprechung des BVerfG.[346] Eines das Tatbestandsmerkmal der Pflichtwidrigkeit zusätzlich einschränkenden Kriteriums bedarf es insoweit nicht.[347] Mit solcher Strenge beurteilt der BGH auch Ermessensentscheidungen kraft **angemaßter Zuständigkeit**: Mindern in deren Folge Abflüsse (z. B. erhöhtes Gehalt; Übernahme der Kosten einer privaten Feier eines Vorstands-

340) BGH, Beschl. v. 13.4.2011 – 1 StR 94/10, BGHSt 56, 203 = NJW 2011, 1747, dazu *Bittmann*, wistra 2011, 343 f.; *Knauer*, ZWH 2011, 28 f.; Fortsetzung: BGH, Beschl. v. 5.9.2012 – 1 StR 297/12, wistra 2013, 153 f.; BGH, Urt. v. 10.10.2012 – 2 StR 591/11 (Telekom), Rz. 31 f., wistra 2013, 99 = NZWiSt 2013, 189, m. abl. Anm. *Cornelius* NZWiSt 2013, 166; BGH, Urt. v. 11.12.2014 – 3 StR 265/14, Rz. 39, 48, BGHSt 60, 94 = NJW 2015, 1618; *v. Galen*, ZWH 2013, 198 f.; ausführlich *Pastor Munoz/Vila*, GA 2015, 284.

341) BGH, Urt. v. 6.6.2013 – IX ZR 204/12, Rz. 24, NJW 2013, 2345 = ZIP 2013, 1332, unter Hinweis auf BGH, Urt. v. 21.4.1997 – II ZR 175/95 (ARAG/Garmenbeck), Rz. 22, BGHZ 135, 244 = ZIP 1997, 883 (s. dazu OLG Hamm, Urt. v. 6.4.2022 – 8 U 73/12, NZG 2022, 662, m. Anm. *de Raet*); *Bieder*, NZG 2015, 1178; zur in § 93 Abs. 1 Satz 2 AktG normierten, aber allgemein geltenden Business Judgement Rule BGH, Beschl. v. 26.11.2015 – 3 StR 17/15, Rz. 57, 127 f. und 143, BGHSt 61, 48 = ZIP 2016, 966; OLG Düsseldorf, Beschl. v. 29.4.2015 – III-1 Ws 429/14, wistra 2015, 482; als rechtsformübergreifende allgemeine Regel hervorhebend BGH, Urt. v. 10.2.2022 – 3 StR 329/21, Rz. 9, ZInsO 2022, 765 = NStZ 2022, 683, m. Anm. *Becker*. *Fuhrmann/Heinen/Schilz*, NZG 2020, 1368, verstehen gesetzliche Beurteilungs- und Ermessensspielräume als „spezial-gesetzliche Business Judgement Rule"; zum Risikomanagement *Freund*, NZG 2021, 579 – zu großzügig in Bezug auf Korruptionsgefahren; *Kebekus/Zenker* in: FS Meyer-Reimer, 2010, S. 319; *Piel/Albert* in: FS Wessing, 2015, S. 209.

342) So auch *Adolff* in: FS Baums, 2017, S. 31; recht eng OLG Brandenburg, Urt. v. 15.7.2020 – 7 U 141/09, Rz. 35–37, NZG 2020, 1274 – Unvertretbarkeit bereits bei auf absehbare Zeit fehlender Kostendeckung eines Projekts.

343) BGH, Beschl. v. 3.12.2013 – 1 StR 526/13, Rz. 5, 10 f., NStZ 2014, 158 f. Der Senat tendiert trotz unterlassener Abführung zu einer Strafbarkeit wegen aktiven Tuns, dem Umgang mit dem anvertrauten Fremdvermögen, Rz. 15. Dann ist aber bereits das Veranlassen der Überweisung auf ein im Debet geführtes Konto (und fehlender Ausgleichsmöglichkeit) pflichtwidrig und führt zum Untreuenachteil, so *Krehl*, NStZ 2014, 159 f.

344) BGH, Urt. v. 21.4.1997 – II ZR 175/95 (ARAG/Garmenbeck), BGHZ 135, 244 = ZIP 1997, 883; s. a. BGH, Urt. v. 18.9.2018 – II ZR 152/17, BGHZ 219, 356 = NJW 2019, 596, dazu *Binder*, ZWH 2019, 17; *Krause* in: FS Wessing, 2015, S. 241; OLG Hamm, Urt. v. 6.4.2022 – 8 U 73/17, NZG 2022, 662 – zum Fall „Arcandor".

345) *Casper*, ZHR 176 (2012), 617; *Goette*, ZHR 176 (2012), 588; *Koch*, AG 2012, 429; *Reichert* in: FS Hommelhoff, 2012, S. 907.

346) BVerfG, Beschl. v. 23.6.2010 – 2 BvR 2559/08, 2 BvR 105/09 und 2 BvR 491/09 (Schwarze Kasse – Siemens/ENEL), Rz. 110 f., BVerfGE 126, 170 = ZIP 2010, 1596.

347) BGH, Beschl. v. 26.11.2015 – 3 StR 17/15, Rz. 60, BGHSt 61, 48 = ZIP 2016, 966; BGH, Urt. v. 12.10.2016 – 5 StR 134/15, Rz. 25 ff., wistra 2017, 148 = NJW 2017, 578.

mitglieds) das zu betreuende Vermögen, so bejaht er Untreue selbst dann, wenn sie rechtmäßig wären, hätte sie der Zuständige oder das dazu berufene Gremium veranlasst.[348)]

Demgenüber kann **nicht** schon **jeder Verstoss** gegen eine **zwingende** vermögensbezogene **Pflicht** zur Tatbestandserfüllung **ausreichen.** Erforderlich ist **hier** das Überschreiten einer **zusätzlichen Höhenmarke.** Die Rechtsprechung verlangt insoweit eine gravierende Pflichtverletzung,[349)] wobei es sich sowohl um einen Verstoß gegen eine bedeutsame Pflicht als auch um eine schwerwiegende Missachtung einer einschlägigen Anforderung handeln kann.[350)] Maßstab dafür kann nur § 266 StGB selbst sein.[351)] Das hat zur Folge, dass nicht jeder noch so geringfügige Compliance-Verstoß automatisch pflichtwidrig i. S. von § 266 StGB ist.[352)] **156**

Der BGH hält die Untreuerelevanz der Missachtung verpflichtender, der Vermögenssicherung dienender **formaler Regeln** für möglich.[353)] Unter welchen Umständen sie zu bejahen ist, zeichnet sich aber noch nicht genau ab. Zumindest nicht jeder Verstoß gegen derartige äußere Hürden (z. B. Zeichnungsgrenze 10.000 €) oder bestimmte Prüfprogramme (z. B. § 18 KWG) kann für sich allein zur Bejahung strafrechtlicher Pflichtwidrigkeit ausreichen. Diese kann sich vielmehr **erst** aus dem **Inhalt** des getätigten Geschäfts bzw. des sonstigen Verhaltens ergeben,[354)] mag sich doch z. B. der unter Formalverstoß gegen eine derartige Pflicht geschlossene Vertrag als völlig sachgerecht erweisen und keine Gefahr für die Gegenleistung bestehen, z. B. die Rückführung des ungeprüft vergebenen Kredits. Diese Sicht fügt sich in die ständige Rechtsprechung,[355)] dass formal unzulässige (z. B. verdeckte) Gewinnausschüttungen, selbst wenn sie als Steuerhinterziehung strafbar sind, als Vorschüsse auf sicher zu erwartende und auszuschüttende Gewinne keine Untreuerelevanz entfalten. Umgekehrt **bewahrt** die **Einhaltung aller Formalia nicht** in allen Fällen **vor Bestrafung.** Zwar entfaltet das Beschreiten des korrekten Weges eine gewisse Indizwirkung für die Annahme rechtmäßigen Verhaltens. Diese ist jedoch in dem Moment widerlegt, in dem sich das getätigte Vorhaben **inhaltlich** gleichwohl als **unvertretbar** herausstellt. **157**

Maßgeblich für jegliche Beurteilung ist die ggf. **nachträglich** zu rekonstruierende **Ex-ante-Perspektive.**[356)] Pflichtwidrig ist etwa der Abschluss von **Risikogeschäften,** bei denen der kleinen Chance auf den großen Gewinn die kleine Wahrscheinlichkeit wirtschaft- **158**

348) BGH, Urt. v. 12.12.2013 – 3 StR 146/13, insbesondere Rz. 30, NZWiSt 2014, 135; dazu *Bittmann*, NZWiSt 2014, 129; BGH, Urt. v. 14.7.2021 – 6 StR 282/20, NStZ 2022, 109, m. Anm. *Bittmann*, NZWiSt 2022, 30; das Verhältnis zur Geschäftsherrenhaftung beleuchtet *Anders*, NZWiSt 2023, 361.

349) Grundlegend BGH, Urt. v. 15.11.2001 – 1 StR 185/01, Rz. 55, BGHSt 47, 148 = ZIP 2002, 346, dazu EWiR 2002, 307 *(Marxen/Müller)*; BGH, Urt. v. 6.12.2001 – 1 StR 215/01, Rz. 33 f., BGHSt 47, 187 = NJW 2002, 1585; zustimmend *Esser*, NZWiSt 2018, 201; *Knieler*, HRRS 2020, 402; *Wagner, M.*, ZStW 131 (2019), 319.

350) Ausführlich dazu *Bittmann*, wistra 2017, 121, 122.

351) Vgl. *Bittmann*, wistra 2021, 59.

352) Versuch systematisch-konkretisierender Eingrenzung bei *Pavlakos*, NZWiSt 2021, 376.

353) BGH, Urt. v. 24.11.2020 – 5 StR 553/19, insbesondere Rz. 45, BGHSt 65, 202 = NJW 2021, 1473.

354) *Saliger* in: FS Claus Roxin, 2011, S. 1053; anders im Zivilrecht, BGH, Urt. v. 10.7.2018 – II ZR 24/17, ZIP 2018, 1923, dazu EWiR 2018, 645 *(Priester)*; dazu *Grobecker/Wagner*, ZIP 2019, 694; *Holle/Mörsdorf*, NJW 2018, 3555; *Wilsing/von der Linden*, NZG 2018, 1416) zivilrechtlich sind (Zinsderivat-)Geschäfte außerhalb des Geschäftszwecks pflichtwidrig, BGH, Urt. v. 15.1.2013 – II ZR 90/11, NJW 2013, 1958 = ZIP 2013, 455, dazu EWiR 2013, 261 *(Vetter)* – strafrechtlich wird man (wohl) kaum allein auf die Überschreitung des Geschäftszwecks abstellen können; s. dazu BGH, Urt. v. 21.2.2017 – 1 StR 296/16, BGHSt 62, 144 = NJW 2018, 177 – Freispruch; dazu *C. Brand*, NZG 2018, 293; BGH, Beschl. v. 19.9.2018 – 1 StR 194/18, NJW 2019, 378, m. Anm. *C. Brand*, NJW 2019, 381.

355) Seit BGH, Urt. v. 24.8.1988 – 3 StR 232/88, BGHSt 35, 333 = ZIP 1989, 370.

356) Vgl. *Kudlich* in: FS Streng, 2017, S. 63.

lichen Überlebens angesichts großer Gefahr des Totalverlusts gegenübersteht.[357] Das gilt unabhängig vom Einhalten aller Förmlichkeiten. Ebenso pflichtwidrig ist z. B. das Unterlassen des Abschlusses gewinnträchtiger Geschäfte,[358] die Übertragung des Kundenstamms (sogar bei vollwertiger Gegenleistung, wenn die Geschäfte deswegen nicht mehr weitergeführt werden können) und das Ausbuchen von Forderungen an den Geschäftsführer. Pflichtgemäß ist hingegen eine mit vorheriger **wirksamer Einwilligung** des Trägers des betreuten Vermögens durchgeführte Handlung.[359] Dabei kommt es vermögensstrafrechtlich nur darauf an, ob die Einwilligung ohne Rechtsverstoß erklärt wurde, und zwar auch dann, wenn zivilrechtlich ein weiterer Akt nötig ist wie die konstitutive Eintragung einer

357) Soweit einem Geschäft ein Risiko unvermeidlich innewohnt und deshalb eingegangen werden darf, berechnet sich der Untreuenachteil mittels Quantifizierung des Risikovergleichs (unzulässiges Risiko minus zulässiges Risiko = strafbare Risikodifferenz), BGH, Beschl. v. 4.2.2014 – 3 StR 347/13, wistra 2014, 226 f. = NStZ 2014, 457; BGH, Beschl. v. 19.2.2014 – 5 StR 510/13, Rz. 13, NStZ 2014, 318; BGH, Beschl. v. 28.6.2017 – 4 StR 186/16, Rz. 9 f., zur subjektiven Seite Rz. 11, NStZ 2017, 494 m. w. N.; s. a. *Teixeira*, ZIS 2016, 307 – jeweils zum Betrug; s. a. oben Rz. 125 und 130.

358) Zur zivilrechtlichen *Geschäftschancenlehre* vgl. BGH, Urt. v. 4.12.2012 – II ZR 159/10, Rz. 19 ff., ZIP 2013, 361 m. w. N.; dazu *Schuhr*, ZWH 2013, 286 f.; ferner OLG Frankfurt/M., Urt. v. 2.6.2017 – 25 U 107/13, GmbHR 2017, 974; in das Strafrecht inkorporiert BGH, Beschl. v. 25.4.2014 – 1 StR 13/13, Rz. 47, WM 2014, 1085; s. a. OLG Stuttgart, Urt. v. 7.3.2019 – 14 U 26/16, NZG 2019, 800 = ZIP 2019, 1425; OLG München, Urt. v. 19.1.2022 – 7 U 2659/20, NZG 2022, 553; ferner oben Rz. 138 (übertragen auf Insolvenzverwalter) und unten Rz. 145. Vor sich abzeichnender Insolvenz besteht zuweilen die Neigung des Geschäftsführers, aussichtsreiche Aufträge auf ein Nachfolgeunternehmen zu übertragen oder selbst auszuführen. Lässt sich der entgangene Gewinn quantifizieren, so liegt darin eine Untreue; zur verschleierten Übertragung auf ein Nachfolgeunternehmen vgl. OLG Saarbrücken, Urt. v. 13.10.2021 – 5 U 20/21, ZInsO 2022, 155.

359) BGH, Beschl. v. 30.8.2011 – 3 StR 228/11, wistra 2011, 463 – auch zu den Wirksamkeitsgrenzen; dazu *Venn*, ZWH 2012, 23 f.; BGH, Urt. v. 11.12.2014 – 3 StR 265/14, Rz. 31, 30, 38, BGHZ 60, 94 = NJW 2015, 1618; BGH, Beschl. v. 20.10.2016 – 2 StR 2/16, Rz. 9, InsBüro 2017, 167 = NZI 2017, 17 – keine wirksame Einwilligung des Hauptgläubigers in Unterwertverwertung seitens des Insolvenzverwalters; BGH, Beschl. v. 15.8.2019 – 5 StR 205/19, Rz. 12, ZWH 2020, 107, dazu Anm. *Bittmann/Peschen*, ZWH 2020, 98; BGH, Beschl. v. 8.2.2022 – II ZR 118/21, Rz. 16, NZG 2022, 710, m. Anm. *Bachmann/Habighorst* (Einwilligung aller Kommanditisten auch mit Wirkung für Komplementär GmbH bzw. UG-haftungsbeschränkt); s. a. BGH, Beschl. v. 14.6.2023 – 1 StR 327/22, ZWH 2023, 282 – vom Alleingesellschaftergeschäftsführer manipulativ motivierte Grundschuldbestellung keine Untreue zum Nachteil der Gesellschaft; OLG Hamm, Urt. v. 21.8.2012 – III-4 RVs 42/12; ZWH 2012, 457, dazu *Tsambikakis*, ZWH 2012, 458; OLG Jena, Beschl. v. 12.1.2011 – 1 Ws 352/10, ZWH 2011, 103 – kommunale GmbH; *Anders*, NZWiSt 2017, 13; *C. Brand/Kanzler*, ZWH 2012, 1; *Hohn* in: FS Samson, 2010, S. 315; *Lesch* in: FS Wessing, 2015, S. 223; zur (begrenzten) Übertragbarkeit der für die GmbH entwickelten h. M. auf die AG vgl. *Trüg/Zeyher*, NZWiSt 2021, 169. Mit eigenen Akzenten versehene Übersicht über die Einwilligungsdogmatik bei *Saliger* in: FS Claus Roxin, 2011, S. 1053, 1054, 1062 m. w. N., der allein auf die materielle Einwilligung abstellt und auch dafür die Einhaltung der Formalien für unwichtig erachtet. Das ist insoweit akzeptabel, als die Einwilligung aller Betroffenen tatsächlich vorhanden ist, vgl. BGH, Urt. v. 18.6.2013 – II ZR 86/11, Rz. 33, BGHZ 197, 304 = ZIP 2013, 1712. Demgegenüber stellte BGH, Beschl. v. 30.8.2016 – 4 StR 194/16, Rz. 26, BGHR StGB § 263 Abs. 1, Anwendungsbereich 2 und Vermögensschaden 1, allein auf „die Gesamtheit der Gesellschafter" ab. Das birgt ebenso wie die Auffassung von *Saliger* die Gefahr inhaltlich nicht begrenzten Übergehens von Minderheitengesellschaftern, die in einer Gesellschafterversammlung überstimmt werden könnten, rechtfertigte jede Rücksichtslosigkeit des Mehrheitsgesellschafters, zumal dann, wenn nicht einmal differenziert wird zwischen Mehrheitsentscheidungen, die der Minderheitsgesellschafter akzeptieren müsste und solchen, die er nicht hinzunehmen brauchte, vgl. dazu *Drygala* in: FS Hopt, 2010, S. 541, 547. *Saliger*s Einwand, der Schutz der Minderheitengesellschafter diene nicht dem Vermögensschutz der Gesellschaft, verfängt nicht, da der Nachteil zunächst im Vermögen der Gesellschaft eintritt und einer Rechtfertigung bedarf. Dabei mögen Formalismen übergangen werden können, nicht aber die wirtschaftlich im Reflex mitbetroffenen Minderheitengesellschafter als Person. Wer das ablehnt, muss darüber nachdenken, die Vermögensbetreuungspflicht des Geschäftsführers zu erweitern. In Personen(handels)gesellschaften wird sie auch im Verhältnis der Gesellschafter untereinander bejaht. Daran ließe sich sowohl für Gesellschafter juristischer Personen als auch für vertretungsberechtigte Organe anknüpfen, näher *Bittmann/Bues*, NJW 2020, 3558.

Satzungsänderung.[360] Ohne wirksame Einwilligung sind auch solche das vertragsgemäße Risiko überschreitenden Geschäfte pflichtwidrig, welche die Existenz des betreuten Vermögens nicht gefährden.[361] Nachträgliche Genehmigung genügt nicht, wohl aber mutmaßliche Einwilligung. Eine erschlichene Einwilligung hindert zwar eine Bestrafung wegen Untreue,[362] führt aber zu einer solchen wegen Betrugs.[363]

bb) Informationsgebot

Der Vermögensbetreuungspflichtige hat seine (insbesondere: Ermessens-)Entscheidung auf der Basis **bestmöglicher Informationen** zu treffen. Der BGH in Zivilsachen ist diesbezüglich rigoros.[364] Selbst *Ferdinand Piëch* musste sich vom II. Zivilsenat[365] sagen lassen, dass der Aufsichtsrat die komplexen Derivategeschäfte seines Vorstands hätte prüfen müssen. Der Geschäftsführer muss **alle**(!) verfügbaren **Informationsquellen** tatsächlicher und rechtlicher Art ausschöpfen, auf dieser Grundlage die Vor- und Nachteile der bestehenden Handlungsoptionen sorgfältig **abschätzen** und den erkennbaren Risiken **Rechnung tragen.** Nur wenn diese Anforderungen erfüllt sind, ist Raum für die **Zubilligung unternehmerischen Ermessens.**[366] **Ratschläge** einholen ist ihm zwar gestattet. Er trägt dabei aber die Verantwortung für die **Auswahl** eines **Kompetenten**, muss den Auftrag sachgerecht formulieren bzw. solche Fragen aufwerfen, die das einschlägige Problem umreißen.[367] Er darf sich auch **nicht** ohne weiteres auf die **Richtigkeit** erhaltener Auskünfte **verlassen** und zwar selbst dann nicht, wenn der Rat von einer unabhängigen, fachlich qualifizierten Person stammt, die umfassend informiert wurde und anschließend selbst die maßgeblichen Umstände, regelmäßig in einem detaillierten schriftlichen Gutachten dar- 159

360) Auf diese Weise hätte sich der Sachverhalt des OLG Köln, Beschl. v. 6.5.2013 – III-2 Ws 254/13, NZWiSt 2013, 396, m. Anm. *Lindemann/Andreschewski*, unschwer lösen lassen, ohne dass es einer unangebrachten Meinungsäußerung über den Untreuetatbestand sowie des Rekurrierens der Schadensberechnung auf eine konturenlose wertende Gesamtbetrachtung bedurft hätte. Allgemein zum formwidrigen Einverständnis *Freund*, NZG 2022, 1611; zur teilweise möglichen Entlastung bei Einverständnis des Aufsichtsorgans *Reuter*, NZG 2023, 51.

361) Missverständlich BGH, Urt. v. 30.5.2013 – 5 StR 551/11, Rz. 28 ff., ZInsO 2013, 1302 = ZIP 2013, 1382.

362) **A. A.** BGH, Urt. v. 18.6.2003 – 5 StR 489/02, Rz. 30, wistra 2003, 385; BGH, Urt. v. 12.12.2013 – 3 StR 146/13, Rz. 14, NZWiSt 2014, 135.

363) BGH, Urt. v. 12.12.2013 – 3 StR 146/13, Rz. 15, NZWiSt 2014, 135. Die grundsätzlich für möglich gehaltene Untreue ließ der Senat an der fehlenden Quantifizierung des Nachteils scheitern, ohne dass er sich jedoch gehindert gesehen hätte, § 263 StGB trotz desselben Problems im Hinblick auf den Schaden zu bejahen.

364) Vgl. BGH, Beschl. v. 3.11.2008 – II ZR 236/07, Rz. 3, ZIP 2009, 223 f.; BGH, Beschl. v. 14.7.2008 – II ZR 202/07, Rz. 11, ZIP 2008, 1675; BGH, Urt. v. 28.5.2013 – II ZR 83/12, Rz. 21 ff., ZIP 2013, 1718; BGH, Urt. v. 18.6.2013 – II ZR 86/11, Rz. 27, 29 f., BGHZ 197, 304 = ZIP 2013, 1712; strafrechtlich: BGH, Urt. v. 13.8.2009 – 3 StR 576/08, Rz. 27, wistra 2010, 21 m. w. N.; realistischer BGH, Urt. v. 12.10.2016 – 5 StR 134/15, Rz. 34, wistra 2017, 148 = NJW 2017, 578.

365) BGH, Beschl. v. 6.11.2012 – II ZR 111/12, ZIP 2012, 2438 f.

366) BGH, Urt. v. 18.6.2013 – II ZR 86/11, Rz. 30, BGHZ 197, 304 = ZIP 2013, 1712 m. w. N.; BGH, Urt. v. 11.10.2012 – 1 StR 213/10, Rz. 74, BGHSt 58, 15.

367) BGH, Urt. v. 28.4.2015 – II ZR 63/14, Rz. 28 ff., ZIP 2015, 1220, dazu EWiR 2015, 469 *(Theusinger/Schilha)*; der Geschäftsführers einer abhängigen Gesellschaft ist nicht automatisch aufgrund eines für den Gesamtkonzern eingeholten Insolvenzgutachtens exculpiert, KG Berlin, Urt. v. 28.4.2022 – 2 U 39/18, ZRI 2022, 461 = NZI 2022, 573, m. Anm. *Baumert*.

stellte. Vielmehr muss der Verantwortliche die Stellungnahme des Experten einer **eigenen Plausibilitätskontrolle** unterziehen.[368)]

160 Diese Anforderungen lassen sich kaum erfüllen, und gehen zudem deutlich über § 93 Abs. 1 Satz 2 AktG mit dessen Abstellen auf ***angemessene*** **Informationen** hinaus. Nur letztgenannter Maßstab kann für das **Strafrecht** maßgeblich sein.[369)] Er ist eingehalten, wenn die Entscheidung über den Umfang in **vertretbarer Weise** getroffen wurde.[370)] Vorsatzstrafbarkeit scheidet schon dann aus, wenn der Pflichtige angenommen hat, auf angemessener Basis zu entscheiden. Ebenso wie im Zivilrecht mit der erheblichen Berufung auf **rechtmäßiges Alternativverhalten**[371)] fehlt es strafrechtlich an der **Kausalität** einer Informationspflichtverletzung für den Nachteil bzw. Schaden, wenn die nicht berücksichtigten Nachrichten (allein oder im Kontext mit den übrigen Mitteilungen) zu keiner anderen Entscheidung hätten führen müssen, sich die tatsächlich getroffene Entscheidung bzw. das sonstige Verhalten also auch unter Berücksichtigung der Zusatzinformationen als vertretbar erwiesen hätte.

cc) Nachteil

161 Die Strafbarkeit der Verletzung einer Vermögensbetreuungspflicht hängt vom Eintritt eines **Nachteils** (3) ab. Der Nachteil ist ein eigenständiges Merkmal und deshalb von der Pflichtwidrigkeit zu unterscheiden. So kann z. B. die Pflichtwidrigkeit in unterlassener oder fehlerhafter Buchung liegen (für sich ggf. nach § 283 oder § 283b StGB strafbar), während der Untreuenachteil erst in der nicht dokumentierten Entnahme[372)] oder in tatbedingter Unmöglichkeit vorteilhafter Rechtsverfolgung oder -verteidigung liegen kann. Die im betreuten Vermögen von der jeweiligen Pflichtwidrigkeit herbeigeführten **Folgen (Kausalitätserfordernis)** sind insgesamt zu **beschreiben** und zu **quantifizieren**. Wurden z. B. einem Unternehmen betriebsnotwendige Vermögenswerte entzogen, so muss einerseits dargelegt werden, in welcher konkreten Weise dies geschah, andererseits muss eine Bezifferung (nach den Worten des BGH:) „in wirtschaftlich nachvollziehbarer Weise", ggf. unterstützt

368) Eindrucksvoll BGH, Urt. v. 13.10.2021 – 2 StR 418/19, insbesondere Rz. 30–36 und 60–77 (Kölner Stadtarchiv), NJW 2022, 2206 = BeckRS 2021, 53335, m. Anm. *Vogel*, NZWiSt 2023, 31; BGH, Urt. v. 24.1.2018 – 1 StR 331/17, Rz. 9, NStZ-RR 2018, 180; BGH, Urt. v. 22.2.2017 – 2 StR 573/15, Rz. 24, wistra 2017, 318 m. w. N.; BGH, Urt. v. 26.1.2016 – II ZR 394/13, Rz. 34, 36, ZIP 2016, 1119 = ZInsO 2016, 1118; BGH, Urt. v. 28.5.2013 – II ZR 83/12, Rz. 21 f., ZIP 2013, 1718. Wohl noch deutlich höhere Anforderungen an die Vermeidbarkeit stellt BGH, Urt. v. 16.5.2017 – VI ZR 266/16, Rz. 29 f., ZIP 2017, 1423, dazu EWiR 2017, 559 *(Giedinghagen/Schwartz)*; BGH, Urt. v. 27.6.2017 – VI ZR 424/16, Rz. 13, ZIP 2017, 1568, dazu EWiR 2017, 659 *(Dahmen)*. Hätte allerdings eine Behördenauskunft die unzutreffende Rechtsauffassung des Angeklagten bestätigt, so unterlag er auch dann einem unvermeidbaren Verbotsirrtum, wenn er sie gar nicht einzuholen versucht hat, BGH, Urt. v. 7.4.2016 – 5 StR 332/15, Rz. 22, NStZ 2016, 460; übernommen von BGH, Urt. v. 27.6.2017 – VI ZR 424/16, Rz. 16 f., ZIP 2017, 1568 m. w. N.

369) BGH, Urt. v. 12.10.2016 – 5 StR 134/15, Rz. 34, wistra 2017, 148 = NJW 2017, 578; insoweit zustimmend *Baur/Holle*, ZIP 2017, 555; s. a. *Holle/Baur*, JR 2019, 181; BGH, Urt. v. 10.2.2022 – 3 StR 329/21, Rz. 14, ZInsO 2022, 765 = NStZ 2022, 683, m. Anm. *Becker*.

370) *Golombek*, WiJ 2012, 162, 168; zur Prüfung der Gewinnbeteiligung von Aktionären *Steppan*, ZWH 2023, 9.

371) BGH, Urt. v. 18.6.2013 – II ZR 86/11, Rz. 27, 31, BGHZ 197, 304 = ZIP 2013, 1712 – sei es Einhaltung des unternehmerischen Ermessens, sei es Handeln mit Zustimmung des Vermögensträgers.

372) BGH, Beschl. v. 31.3.2022 – 4 StR 494/21, Rz. 4, BeckRS 2022, 8061; strukturell vergleichbar BGH, Beschl. v. 1.9.2022 – 1 StR 171/22, ZRI 2022, 989 = NZI 2022, 995 (eigennützige Verwendung ohne Empfangsvollmacht erlangter Gelder schädigt den Endempfänger, vorliegend die Insolvenzmasse, nicht, weil keine Erfüllung eingetreten ist; ein Schaden tritt aber im Fall der Genehmigung der Leistung ein, wenn trotz fehlender Weiterleitung an die Masse der Prozessfinanzierer Anspruch auf seine Honorierung bereits mit Eingang beim pflichtvergessenen Empfänger hatte).

von **vorsichtiger Schätzung** vorgenommen werden.[373)] Soweit die Tathandlung im betroffenen Vermögen auch einen **Zuwachs** bewirkt hat, ist dieser **gegenzurechnen**, aber nur, wenn zuvor kein Anspruch auf eben diesen Zuwachs ohne oder nur zu einem geringeren Entgelt bestand.[374)] Die **Kompensation** kann dazu führen, dass kein Negativsaldo festzustellen ist. In einem solchen Fall ist die schuldhafte pflichtwidrige Verletzung der Vermögensbetreuungspflicht mangels eingetretenen Nachteils nicht als Untreue strafbar. Kompensationsgeeignet sind nicht nur zugeflossene Geldmittel oder Ansprüche, sondern ggf. auch (bekannte oder unbekannte) vermögensrechtliche Folgen wie die Pflicht des Nachfolgeunternehmens, unter den Voraussetzungen des § 613a BGB die Arbeitnehmer weiterzubeschäftigen und zu entlohnen, so dass das durch den Übergang in seiner Existenz vernichtete Unternehmen im Hinblick auf zukünftige Lohnforderungen entlastet ist.[375)]

Praxishinweis

Die **Rechtsprechung verneint** die **Kompensationseignung** mancher eingetretenen Vermögenszuwächse aufgrund **normativer Erwägungen.**[376)] Dabei handelt es sich aber um noch wenig systematisierte Einzelfallentscheidungen, so dass nicht generell feststellbar ist, dass sich sog. **„nützliche Gesetzesverstöße“**[377)] sub specie § 266 StGB nicht lohnen würden. Insbesondere bei vorhandener Einwilligung des Vermögensträgers ist noch nicht abschließend geklärt, ob und unter welchen Voraussetzungen im Fall der Verletzung weiterer Strafgesetze (z. B. Korruption) die Einwilligung des (eigenen oder gebilligten fremden) Rechtsverstoßes wegen unwirksam ist und damit auch wegen Untreue bzw. Beteiligung daran zu bestrafen ist.[378)]

Der **Vermögensvergleich** hat bezogen auf den **Zeitpunkt der Pflichtwidrigkeit** zu geschehen. Gegenüberzustellen ist der Wert des Vermögens vor und nach der Pflichtwidrigkeit.[379)] Das ist relativ einfach, wenn das Geschehen bereits mit der Verletzungshandlung abgeschlossen ist (z. B. unberechtigtes Ausbuchen einer Forderung). Vielfach ist allerdings nur ein **Kausalablauf angestoßen**, der erst nach einer, ggf. auch längeren, Weile sein Ende finden kann und soll. Müsste dieses abgewartet werden, so fielen z. B. alle zuvor entdeckten und nur deshalb korrigierten bzw. abgebrochenen Taten aus der Strafbarkeit bzw. entfaltete z. B. eine späte Fälligkeit des Rückzahlungsanspruchs eines Kredits eine faktische Amnestie. Das würde dem intendierten Vermögensschutz in einer arbeitsteiligen Wirtschaft nicht gerecht. Dem trägt die nahezu allgemeine Auffassung zutreffend, aber mit dem im Gegensatz dazu undefinierten, in unzähligen Varianten verwendeten, missbräuchlichen und entbehrlichen Begriff der „schadensgleichen Vermögensgefährdung“ Rechnung, inzwischen meist abgelöst vom angemesseneren, aber inhaltlich ebenfalls noch 162

373) BGH, Beschl. v. 30.5.2013 – 5 StR 309/12, Rz. 9, ZInsO 2013, 1350; s. a. BGH, Urt. v. 16.7.2019 – II ZR 426/17, NJW 2019, 3635 = ZIP 2019, 1907; allgemein zur Schätzung *Sander* in: FS Eisenberg, 2019, S. 497.

374) BGH, Urt. v. 12.12.2013 – 3 StR 146/13, Rz. 22, NZWiSt 2014, 135, verkannt von *Lindemann/Andreschewski*, NZWiSt 2013, 398, 400; s. a. BGH, Urt. v. 11.12.2014 – 3 StR 265/14, Rz. 33, BGHSt 60, 94 = NJW 2015, 1618. Zur Kompensation bei § 266 StGB gilt im Grundsatz das Gleiche wie bei § 263 StGB, s. dazu oben Rz. 128.

375) BGH, Beschl. v. 30.5.2013 – 5 StR 309/12, Rz. 12 f., ZInsO 2013, 1350.

376) Vgl. BGH, Urt. v. 29.8.2008 – 2 StR 587/07 (Siemens/ENEL), Rz. 39 ff., BGHSt 52, 323 = ZIP 2008, 2315; ablehnend z. B. *Schlösser*, HRRS 2009, 19; *Bittmann*, NJW 2011, 96, 97; *Bittmann*, NStZ 2012, 289; zustimmend hingegen *R. Keller* in: FS Puppe, 2011, S. 1189; differenzierend *Rönnau* in: FS Rissing-van Saan, 2011, S. 517, der eine teilweise verfassungswidrige Anerkennung fiktiver Schäden konstatiert.

377) BGH, Beschl. v. 13.9.2010 – 1 StR 220/09 (Siemens/AUB), Rz. 37, BGHSt 55, 288 = ZIP 2010, 2239; *Bayer* in: FS K. Schmidt, 2009, S. 85; *Kort* in: FS Hopt, 2010, S. 983, 992 f.; *Reichert/Ott*, ZIP 2009, 2173. Für zivilrechtlichen Schadensersatz, falls sich nützliche Pflichtverletzungen doch als nachteilig erweisen OLG Karlsruhe, Urt. v. 31.7.2013 – 7 U 184/12, ZIP 2013, 1767.

378) Vgl. *Saliger* in: FS Claus Roxin, 2011, S. 1053, 1054, 1062.

379) BGH, Beschl. v. 8.3.2017 – 1 StR 540/16, Rz. 9, 14, wistra 2017, 437. Es gilt Vergleichbares wie beim Betrugsschaden, dazu oben Rz. 115, nur ist dort Bezugspunkt die Vermögensverfügung.

nicht konsentierten Begriff des „Gefährdungsschadens".[380] Notwendig ist, für den maßgeblichen Zeitpunkt **nachträglich** eine **Ex-ante-Prognose** zu erstellen und für diese die weitere Entwicklung mit dem Grad des Eintritts ihrer Wahrscheinlichkeit zugrunde zu legen.[381] Damit bleiben einerseits die Verhältnisse zur Zeit der Pflichtwidrigkeit maßgebend und lassen sich andererseits sämtliche plangemäßen und unter Berücksichtigung der Ungewissheit künftigen Geschehens erwartbaren Umstände erfassen – und zwar sowohl die vermögensmindernden als auch diejenigen, die (wenn auch nur vielleicht) zu einem Vermögenszuwachs[382] führen und deswegen zu saldieren sind. Gleichzeitig bleiben mangels Erkennbarkeit alle Zufälligkeiten und Überraschungen außer Betracht. Auf dieser **Tatsachengrundlage** kann dann unter **Einsatz betriebswirtschaftlicher Methoden** (z. B. Wertberichtigung) bewertet werden, ob das betreute Vermögen bereits bei Abschluss der Tathandlung gemindert war. Ist das der Fall, so ist diese Minderung (regelmäßig) in Geld zu quantifizieren.

163 Die **Struktur** des Untreuetatbestands und die zu berücksichtigenden maßgeblichen Aspekte zeigen sich **idealtypisch** am Beispiel der **Gewährung** einer **Sicherheit** (etwa für eine verbundene Gesellschaft oder einen Gesellschafter): Die Mitglieder von Vorstand bzw. Geschäftsführung haben die Vermögensinteressen der von ihnen geleiteten Gesellschaft zu wahren. Die Übernahme einer Bürgschaft oder Bestellung einer Grundschuld belasten deren Vermögen. Das bedeutet allerdings nicht, dass eine Sicherheit unter keinen Umständen gewährt werden darf, wohl aber, dass dies nur mit **Einwilligung** der Gesellschafterebene (Satzung oder Einzelentscheidung der Befugten) zulässig ist. Zudem bedarf es der **Wirksamkeit** der Einwilligung. Sie fehlt bei Insolvenzreife oder deren Herbeiführung. **Maßgeblicher Zeitpunkt** ist nicht etwa die Inanspruchnahme der Sicherheit, sondern derjenige ihrer **Bestellung.**[383] Das verlangt von der Geschäftsleitung eine **Prognose**, ob

380) Z. B. BGH, Beschl. v. 26.11.2015 – 3 StR 17/15, Rz. 62, BGHSt 61, 48 = ZIP 2016, 966, dazu EWiR 2016, 551 *(Brammsen)*; BGH, Beschl. v. 5.9.2018 – 2 StR 31/18, Rz. 26 f., wistra 2019, 116.

381) Aus Vereinfachungsgründen genügt allerdings vielfach, den tatsächlich angerichteten Nachteil um die Auswirkungen unvorhersehbarer Geschehnisse zu korrigieren, *Bittmann*, NStZ 2013, 72 Zu zumindest vergleichbaren Erebnissen gelangt *Albrecht*, GA 2017, 130, mittels der kaum griffigeren, aber ggü. dem Abstellen auf das von ihr zu Recht abgelehnte schillernde Unmittelbarkeitserfordernis flexibleren (keineswegs einheitlichen) Lehre von der objektiven Zurechnung (als rechtlicher Begrenzung naturwissenschaftlicher Kausalität nach der Äqivalenztheorie).

382) Wann Exspektanzen Vermögenswert genießen und ob dabei zwischen Betrug und Untreue zu unterscheiden ist, ist umstritten, vgl. ausführlich Matt/Renzikowski-*Saliger*, StGB, § 263 Rz. 163 ff. m. N.; für Erwerbsaussichten aufgrund eines „Standplatzes" einer Prostituierten, BGH, Urt. v. 2.11.2011 – 2 StR 375/11, Rz. 16, NStZ 2012, 272, ebenso wie mittels Betriebs einer Gaststätte verneinend BGB, Urt. v. 4.10.2017 – 2 StR 260/17, Rz. 14, juris. Zur zivilrechtlichen *Geschäftschancenlehre* vgl. BGH, Urt. v. 4.12.2012 – II ZR 159/10, Rz. 19 ff., ZIP 2013, 361 m. w. N.; dazu *Schuhr*, ZWH 2013, 286 f.; ferner OLG Frankfurt/M., Urt. v. 2.6.2017 – 25 U 107/13, GmbHR 2017, 974; s. a. oben Rz. 138 (übertragen auf Insolvenzverwalter) und 141.

383) BGH, Urt. v. 10.1.2017 – II ZR 94/15, Rz. 15, BGHZ 213, 224 = ZIP 2017, 472 – zur AG; dazu *Becker*, ZIP 2017, 1599; *Merkt*, BB 2017, 1102; BGH, Urt. v. 21.3.2017 – II ZR 93/16, Rz. 12 ff., ZIP 2017, 971, dazu EWiR 2017, 585 *(K. Schmidt)* – zur GmbH; dazu *Bormann*, GmbHR 2017, 643, 646; *Etzbach/Janning*, DB 2017, 1438; *Freitag*, WM 2017, 1633; *Heerma/R. Bergmann*, ZIP 2017, 1261; *Nordholtz/Hupka*, DStR 2017, 1999; *Séché/Theusinger*, BB 2017, 1550; zu beiden *Altmeppen*, ZIP 2017, 1977; *Kiefner/Bochum*, NZG 2017, 1292; *Sutter*, WM 2018, 360; *Verse*, GmbHR 2018, 113. S. a. OLG Köln, Urt. v. 18.10.2016 – 18 U 93/15, ZInsO 17, 1491.

mit der Inanspruchnahme der Sicherheit gerechnet werden muss[384] und wenn ja, ob dies auf der Basis des **aktuellen Informationsstands** (auf die ja noch unbekannten Umstände im Zeitpunkt der tatsächlichen Inanspruchnahme kann es ja nicht ankommen) **insolvenzrelevant** wäre, d. h. sogleich oder im Zeitpunkt der Inanspruchnahme zur Insolvenzreife führte oder eine bereits bestehende Insolvenzlage vertiefte. Ist das der Fall, so darf die Sicherheit nicht bestellt werden. Geschieht dies doch, so liegt darin eine (**zivilrechtlich verbotene Auszahlung**, z. B. gemäß § 30 Abs. 1 Satz 1 GmbHG, bzw. die Gewährung einer inkongruenten Sicherheit[385] und **strafrechtliche**) **Pflichtwidrigkeit**, die zu einem **Vermögensnachteil**[386] führt und damit den Untreuetatbestand erfüllt. Im Ergebnis bedeutet das: In wirtschaftlich entspannten Zeiten ist die Bestellung einer Sicherheit mit wirksamer Einwilligung selbst dann rechtmäßig, wenn mit ihrer Inanspruchnahme gerechnet werden muss.

dd) Subjektiver Tatbestand

In subjektiver Hinsicht ist bezogen auf sämtliche Tatumstände Vorsatz erforderlich; bedingter genügt. Eine überschießende Innentendenz wie beim Betrug mit der Absicht (rechtswidriger) Bereicherung ist bei der Untreue nicht vorgesehen.[387] § 266 Abs. 2 StGB enthält im Wege von Verweisungen Privilegierungen für Taten zum Nachteil von Angehörigen und (bei Ausschluss geringwertigen Nachteils) Schärfungen für besonders schwere Fälle wie beim Betrug. 164

c) Krisenrelevanz

aa) Einfluss auf die Pflichtenstellung

Eine wirtschaftliche Krise führt nicht etwa dazu, dass Handlungen, die sonst als ungetreu angesehen werden, nunmehr straflos wären – im Gegenteil, auch die **Treupflichten ver-** 165

---

384) BGH, Beschl. v. 26.11.2015 – 3 StR 17/15, Rz. 72 ff., BGHSt 61, 48 = ZIP 2016, 966, dazu EWiR 2016, 551 (*Brammsen*) – wenngleich sprachlich irreführend auf künftige Verlustgefahr abstellend. Inhaltlich deckt sich jedoch diese Judikatur mit der Rspr. des BGH in Zivilsachen: Das Bestellen einer Sicherheit bedarf zwar nicht der Passivierung, § 251 Satz 1 HGB; gleichwohl liegt in ihrer Übernahme i. H. des Risikos ihrer (dauerhaften) Inanspruchnahme aufgrund nicht vollständig möglicher Durchsetzung des Freistellungs- (bzw. nach Inanspruchnahme Regress-)anspruchs (BGH, Urt. v. 10.1.2017 – II ZR 94/15, Rz. 14, BGHZ 213, 224 = ZIP 2017, 472; BGH, Urt. v. 21.3.2017 – II ZR 93/16, Rz. 18, ZIP 2017, 971) bereits eine gegenwärtige Minderung des Vermögens. Darin kommt bereits zivilrechtlich zum Ausdruck, dass die Bilanz nicht das Vermögen ist oder es auch nur vollständig dokumentieren würde, wohl aber sie möglichst realitätsnah abzubilden hat, weswegen i. H. des Risikos der Inanspruchnahme eine Passivierung vonnöten ist, BGH, Urt. v. 21.3.2017 – II ZR 93/16, Rz. 16 einerseits, Rz. 25, ZIP 2017, 971; BGH, Urt. v. 10.1.2017 – II ZR 94/15, Rz. 22, BGHZ 213, 224 = ZIP 2017, 472, andererseits; s. a. OLG Hamburg, Urt. v. 13.4.2018 – 11 U 127/17, ZIP 2019, 466 = NZG 2019, 828 (Rev. war anhängig unter BGH II ZR 163/18).

385) Vgl. OLG München, Beschl. v. 9.2.2021 – 5 U 6404/20, NZI 2021, 540, m. Anm. *Schubert* – die Bestellung vor Beginn des vierjährigen Anfechtungszeitraums hatte zur Folge, dass der Gläubiger (Finanzamt) den Verwertungserlös behalten durfte, obwohl die ursprüngliche Sicherheit inkongruent war); anders jedoch (Anfechtungsfrist: zehn Jahre), wenn Benachteiligungsvorsatz bereits bei Bestellung vorlag, BGH, Urt. v. 25.3.2021 – IX ZR 70/20, NZI 2021, 577, m. Anm. *Riewe* – zum AnfG, aber auch im Blick auf die InsO.

386) Der Nachteil liegt nur ausnahmsweise allein im Nennwert des Risikos der Inanspruchnahme, sondern erstreckt sich typischerweise auf die übrigen Folgen, die die Insolvenz für das Vermögen der Gesellschaft mit sich bringt. Deren Quantifizierung ist allerdings regelmäßig aufwendig, so dass in der forensischen Praxis häufig eine Beschränkung des Verfahrensstoffs gemäß § 154a StPO auf den Nennwert naheliegt.

387) Der Vorstoß des 2. Strafsenats im Fall *Kanther*, bei schadensgleicher Vermögensgefährdung eine Billigung auch der Gefahr zu verlangen, hat keine (dauerhafte) Gefolgschaft gefunden, BGH, Urt. v. 18.10.2006 – 2 StR 499/05, BGHSt 51, 100, insbesondere Rz. 63; dazu (und zu anderen Aspekten des subjektiven Tatbestands bei der Untreue) *Hillenkamp* in: FS Maiwald, 2010, S. 323; *Otto* in: FS Puppe, 2011, S. 1247.

schärfen sich im Vorfeld, erst recht bei Eintritt einer **Krise.**[388] Das kann zur Folge haben, dass in wirtschaftlich entspannten Zeiten ohne weiteres rechtmäßige Aktivitäten **in der Krise strafbar** sind.[389] Darlehen an Gesellschafter (sog. Upstream Loans) dürfen auch in der Krise vergeben werden, wenn der Rückzahlungsanspruch vollwertig ist.[390] Die Krise selbst darf jedoch nicht (bewusst, auch nicht bedingt vorsätzlich) herbeigeführt oder vertieft werden.[391] Die faktische Risikobereitschaft mag zwar im Hinblick auf die (meist allerdings: als unrealistisch hoch angenommenen) Chancen faktisch steigen. Rechtlich ist es hingegen gerade umgekehrt. Geschäfte, deren Scheitern in wirtschaftlich gesunder Lage zu verkraften wäre, können in der Krise aufgrund ihres **Existenzgefährdungspotentials verboten** sein. Auch wenn man die rigide Rechtsprechung des BGH in Zivilsachen, der zufolge existenzgefährdende Risiken[392] gar nicht eingegangen werden dürfen,[393] auf das Strafrecht angesichts dessen Funktion als ultima ratio nur eingeschränkt übertragen kann, wird der **Spielraum** im Maße krisenbehafteter Zuspitzung **enger**, tritt doch rechtlich die Sicherung des Bestands des Vermögens als Haftungsmasse für die bereits vorhandenen Gläubiger immer stärker in den Vordergrund.[394]

---

388) *Kebekus/Zenker* in: FS Maier-Reimer, 2010, S. 319, 332.

389) Dies zeigt sich bereits in den Bankrottdelikten der §§ 283, 283a und 283c StGB. *Anders*, NZWiSt 2017, 13, 18 ff., weist zutreffend auf die Parallelen zwischen Beiseiteschaffen, § 283 Abs. 1 Nr. 1 StGB, und der Untreue wegen Existenzgefährdung oder gar -vernichtung hin. Die von ihm sog. „strafrechtsautonome Verschränkungslösung" knüpft die untreuerelevante Pflichtwidrigkeit jedoch strikt an die Erfüllung der Bankrottvariante. Abgesehen von der Frage, wozu es dann auch noch der Strafbarkeit wegen Untreue bedürfen soll, trägt der Gedanke dann nicht, wenn man wie hier für § 283 Abs. 1 Nr. 1 StGB verlangt, dass der Gegenstand weiterhin im Zugriffsbereich des Schuldners zu verbleiben hat. Auch im Übrigen dürfte die Idee bestenfalls unter Lockerung der Bindung Entwicklungspotential bergen, d. h. sie sich mit der Vornahme der Tathandlung des Beiseiteschaffens begnügt, sich also v. a. von der Frage nach der Täterschaft und damit vom Streit zwischen Funktions- und Zurechnungsmodell, der Frage der Beschränkung des § 283 StGB auf Eigennützigkeit, löst, und zudem § 283 Abs. 2 StGB einbezieht. Andernfalls bestünde die Gefahr zu starker Minderung des Schutzes gegen Aushöhlung (s. dazu unten Rz. 167 f.).

390) Gegen BGH, Urt. v. 24.11.2003 – II ZR 171/01, BGHZ 157, 72 = ZIP 2004, 263; BGH, Urt. v. 1.12.2008 – II ZR 102/07, BGHZ 179, 71 = ZIP 2009, 70, dazu EWiR 2009, 129 *(Blasche)*, dazu *Bayer/Lieder*, AG 2010, 885 m. N.; bestätigt von BGH, Urt. v. 23.4.2012 – II ZR 252/10, Rz. 25, BGHZ 193, 96 = ZIP 2012, 1071, dazu EWiR 2012, 415 *(Paefgen/Dettke)*; BGH, Urt. v. 10.1.2017 – II ZR 94/15, Rz. 17, BGHZ 213, 224 = ZIP 2017, 472; *Mülbert/Sajnovits*, WM 2015, 2345.

391) Für die Zahlungsunfähigkeit vgl. § 15b Abs. 5 Satz 1 InsO = § 64 Satz 3 GmbHG a. F., dazu BGH, Urt. v. 9.10.2012 – II ZR 298/11, BGHZ 195, 42 = ZIP 2012, 2391, m. Anm. *Hoops*, ZWH 2013, 115 f., *Hirte/Knof/Mock*, JZ 2013, 1051; OLG Celle, Urt. v. 9.5.2012 – 9 U 1/12, ZWH 2013, 41, dazu *Bittmann*, ZWH 2013, 43; für die GmbH & Co. KG BGH, Urt. v. 9.12.2014 – II ZR 360/13, Rz. 8, ZIP 2015, 322, dazu EWiR 2015, 207 *(Paefgen/Schneider)*; allgemein *M. Brand*, ZIP 2012, 1010; *Bunnemann*, ZWH 2012, 389; *Spliedt*, ZIP 2009, 149, 159. Verstöße gegen § 15b Abs. 1 Satz 1 InsO = § 64 Satz 1 GmbHG verletzen zwar den Grundsatz der Gläubigergleichheit, sind hingegen mangels Schädigung des Gesellschaftsvermögens, BGH, Urt. v. 20.9.2010 – II ZR 78/09, BGHZ 187, 60 = ZIP 2010, 1988, dazu EWiR 2010, 713 *(Vetter)*; s. a. OLG München, Urt. v. 22.6.2017 – 23 U 3769/16, rkr., ZIP 2017, 1368 – „kein Nachteil"; BGH, Beschl. v. 24.9.2019 – II ZR 248/17, ZIP 2020, 1239 = NZI 2020, 180, m. Anm. *Baumert*), dazu EWiR 2017, 753 *(Kleindiek)* – untreuerechtlich bedeutungslos; **a. A.** *Rönnau/Becker*, NZWiSt 2014, 441 – im Gegensatz zu § 64 Satz 3 GmbHG a. F.; *Rönnau* in: FS Schünemann, 2014, S. 675 – Untreue insoweit verneinend.

392) Handele es sich um ein einziges Risiko oder wie im Fall *Lederspray* (BGH, Urt. v. 6.7.1990 – 2 StR 549/89, BGHSt 37, 106 = ZIP 1990, 1413) um die Gefahr der massenhaften Verwirklichung je für sich kleiner Risiken.

393) Ablehnend schon für das Zivilrecht überzeugend *Drygala* in: FS Hopt, 2010, S. 541, insbesondere S. 550 f.; zu Insolvenzvermeidungsstrategien und zum Schutz gegen existenzbedrohende Fehler *Kormann* in: FS Wellensiek, 2011, S. 39.

394) Die im StaRUG-E vorgesehene Festlegung drohender Zahlungsunfähigkeit als maßgeblicher Zeitpunkt für den Perspektivwechsel wurde nicht Gesetz, wohl aber blieb die darauf fußende Haftungsnorm, § 43 StaRUG, erhalten. Zu etwaigen zivilrechtlichen Folgen *Binder* in: FS Smid, 2022, S. 469; *Kuntz*, ZIP 2021, 597; *Riedemann* in: FS Smid, 2022, S. 643.

bb) Verhältnis von § 266 StGB (Untreue) zu § 283 StGB (Bankrott)

Die damit spürbare Nähe zu den bestandsbezogenen Alternativen des § 283 Abs. 1 StGB führt zu der grundlegenden Frage, ob § 266 StGB nur im rechtlich irrelevanten Reflex, d. h. mehr oder weniger zufällig, auch dem Gläubigerschutz zugutekommen kann, oder ob der **mittelbare Gläubigerschutz** in umgekehrter Richtung das **Maß der gebotenen Rücksichtnahme** der über den Einsatz des Vermögens Entscheidungsbefugten auf die Interessen der Gläubiger auch im **eigenen** Interesse der juristischen Person beeinflusst.[395] Vom Rechtsgut her betrachtet hat die erstgenannte Auffassung den unbestreitbaren Vorteil systematischer Klarheit: § 266 StGB schützt das Vermögen nur im Interesse seiner Inhaber, nicht aber gegen diese. Der Gläubigerschutz ist hingegen den Insolvenzdelikten (i. e. S.) zugewiesen. Demgegenüber birgt die zweite, die Ansicht insbesondere der Rechtsprechung, eine die Strafbarkeit ausdehnende Tendenz. Solange die Rechtsprechung die Anwendbarkeit der Insolvenzdelikte im Fall insolventer Gesellschaften ohne persönlich vollhaftende natürliche Person davon abhängig machte, dass die Tat zumindest auch in deren Interesse begangen wurde (siehe dazu unten Rz. 191), lag der Versuch nahe, als unerträglich empfundene, allein aufgrund dieser juristischen Konstruktion nicht als z. B. Bankrott strafbare, bei anderen Kaufleuten aber unter § 283 StGB fallende Handlungen als Untreue zu erfassen – trotz des dogmatischen Bruchs. Nach **Aufgabe der Interessentheorie**[396] ist der Fortbestand dieses Bedürfnisses fraglich, der Rechtsprechung zufolge aber nicht entfallen.[397] 166

Demnach beeinflusst die Notwendigkeit der Rücksichtnahme der Gesellschaft auf die Interessen der Gläubiger auch untreuerechtlich den Handlungsspielraum aller für die Gesellschaft Verantwortlicher. Das Verwirklichen zweier Tatbestände, Bankrott und Untreue, erhöht aber das Unrecht in den Fällen nicht, in denen dies lediglich auf der gewandelten juristischen Dogmatik beruht. Daher darf allein darauf keine Strafschärfung gestützt werden. Das ist auch unter Betrachtung des Rechtsguts stimmig, weil in den hier einschlägigen Fällen der Untreue wirtschaftlich – und das nur allzu oft: ausschließlich – die Gläubiger geschädigt sind, d. h. derselbe Personenkreis wie beim Bankrott. 167

Beispiele 168

*Das bedeutet z. B., dass es ggf. als Bankrott in Tateinheit mit Untreue strafbar ist, in einer **Krise existenzgefährdende Spekulationsgeschäfte** zu tätigen, **Vermögenswerte beiseitezuschaffen** oder der Gesellschaft auf sonstige Weise das zur Deckung der Verbindlichkeiten erforderliche **Vermögen zu entziehen,**[398] kurz: das Gesellschaftsvermögen **auszuhöhlen.** Gleiches gilt im Ergebnis auch dann, wenn aufgrund von **Buchführungsmängeln** Rechtspositionen zivilrechtlich nicht durchsetzbar sind (z. B. eine Forderung mangels Rechnungslegung und Verbuchung nicht geltend gemacht oder der Beweis der Erfüllung einer Verbindlichkeit nicht geführt werden kann).[399] Auf Basis der systematisch klareren Gegenauffassung dürfte hier jedoch die Strafbarkeit wegen Untreue entfallen. Zwar kann in derartige Mängel nicht eingewilligt werden und widersprechen sie nicht nur aufgrund abgeleiteten Gläubigerschutzes dem*

395) Zum Thema Satzger/Schluckebier/Widmaier-*Saliger*, StGB, § 266 Rz. 107 ff. m. N.

396) BGH, Beschl. v. 15.5.2012 – 3 StR 118/11, BGHSt 57, 229 = ZIP 2012, 1451, dazu *C. Brand*, NJW 2012, 2370; *Kudlich*, ZWH 2012, 360; *Rogall* in: FS Paeffgen, 2015, S. 361, hält sie hingegen nicht für Rechtsgeschichte.

397) Dafür aber *Trüg*, NStZ 2013, 717 f. m. w. N.; für den Fortbestand *Raum* in: Wabnitz/Janovsky/Schmitt, Hdb. Wirtschafts- und Steuerstrafrecht, Rz. 4/100 f.; *Pelz* in: Wabnitz/Janovsky/Schmitt, Hdb. Wirtschafts- und Steuerstrafrecht, Rz. 9/202, 276 und 280–282; s. a. *Müller* in: FS Beck, 2016, S. 347.

398) BGH, Beschl. v. 30.5.2013 – 5 StR 309/12, Rz. 8, ZInsO 2013, 1350.

399) Vgl. dazu *Saliger* in: FS Claus Roxin, 2011, S. 1053, 1054.

Vermögensinteresse der Gesellschaft. Aber dies hinderte nicht die Wirksamkeit der Einwilligung in die wirtschaftlichen Nachteile.

169 Nach der von der Rechtsprechung vertretenen Ansicht sind während einer (im Urteil festzustellenden[400]) Krise selbst von sämtlichen Gesellschaftern **konsentierte Entnahmen** (regelmäßig) **nicht straffrei,** auch nicht in der ein-Personen-GmbH, weil GmbH-Gesellschafter zu respektieren haben, dass die Geschäftsführung unter der Strafdrohung des § 266 StGB z. B. den **Bestand des Stammkapitals** vor ihren Begehrlichkeiten zu schützen hat.[401] Dem entgegenstehende Weisungen sind deshalb nicht nur zivilrechtlich unwirksam und rechtfertigen entsprechende Verfügungen des Geschäftsführers nicht, sondern sind zudem als **Anstiftung** zur Untreue strafbar, allerdings nur, wurden sie ihrer Unwirksamkeit zum Trotz befolgt.

170 § 266 StGB schützt nicht nur noch vorhandene Vermögenswerte, sondern die GmbH auch vor pflichtwidriger **Vertiefung** bereits eingetretenen **Minuskapitals**. Diese 1988 vom BGH in Strafsachen entwickelten Grundsätze[402] zum Schutz vor Existenzgefährdung,[403] umfassender: vor **Aushöhlung**, gelten im Kern unverändert fort.[404] Das MoMiG hat zwar ab 1.11.2008 insbesondere mit der Umgestaltung des Eigenkapitalrechts kleinere Anpassungen in der dogmatischen Konstruktion erzwungen, aber die Ergebnisse unberührt gelassen.[405] Auch den mit den zivil- und strafrechtlichen Entscheidungen zum *Bremer Vulkan* erreichten Gleichlauf beider Rechtsgebiete im Hinblick auf die Einord-

---

400) BGH, Beschl. v. 15.8.2019 – 5 StR 205/19, Rz. 12, ZWH 2020, 107.

401) Ein Eingriff in das Stammkapital führt zu zivilrechtlicher Haftung, vgl. OLG Hamm, Urt. v. 13.3.2017 – 8 U 79/16, ZIP 2017, 1761 = NZG 2017, 741, dazu EWiR 2018, 43 *(Fuchs/Grimm)*. *Porzelt*, GmbHR 2017, 960, versucht, weitere Konstellationen verdeckter Gewinnausschüttungen den Regeln des Erhalts des Stammkapitals anzunähern.

402) BGH, Urt. v. 24.8.1988 – 3 StR 232/88, BGHSt 35, 333 = ZIP 1989, 370 – dabei BGH, Urt. v. 29.5.1987 – 3 StR 242/86, BGHSt 34, 379 = ZIP 1988, 306 korrigierend; BGH, Beschl. v. 19.2.2013 – 5 StR 427/12, Rz. 5, wistra 2013, 232 m. N.; dazu *Trück*, ZWH 2013, 367 f.; nicht detailgetreu repetiert vom II. Zivilsenat des BGH im Versäumnisurt. v. 18.6.2013 – II ZR 217/12, Rz. 9 (und danach), GmbHR 2013, 1321; dazu *Bittmann*, ZWH 2013, 445 f.

403) Der 5. Senat verwendet als Oberbegriff: „existenzgefährdender Eingriff" mit Unterfällen: „Beeinträchtigung des Stammkapitals, Entziehung der Produktionsgrundlagen und Gefährdung der Liquidität", BGH, Urt. v. 28.5.2013 – 5 StR 551/11, ZInsO 2013, 1302 = ZIP 2013, 1382. Will man nicht qua Einwilligung konsentierte Vermögensminderungen, oben Rz. 141, ebenso ausschließen wie Handlungen in einer bereits eingetretenen existenzgefährdenden Krise, so sollte der Klarheit wegen von *Aushöhlung* gesprochen werden, oben Rz. 151.

404) BGH, Beschl. v. 19.2.2013 – 5 StR 427/12, Rz. 5, wistra 2013, 232; BGH, Urt. v. 28.5.2013 – 5 StR 551/11, Rz. 30, ZInsO 2013, 1302 = ZIP 2013, 1382; BGH, Beschl. v. 30.5.2013 – 5 StR 309/12, Rz. 7 ff., ZInsO 2013, 1350; BGH, Beschl. v. 15.8.2019 – 5 StR 205/19, Rz. 12, ZWH 2020, 107, alle m. w. N. Die Einstellung eines sich als ungeeignet erweisenden Geschäftsführers ohne vorherige Prüfung seiner Qualifikation stellt keinen existenzgefährdenden Eingriff dar, OLG Düsseldorf, Beschl. v. 14.11.2022 – 12 W 17/22, ZRI 2023, 116 = NZG 2023, 845.

405) BGH, Beschl. v. 31.7.2009 – 2 StR 95/09 (Refugium), Rz. 29, ZIP 2009, 1860 = GmbHR 2009, 1206, m. Anm. *Bittmann*, dazu EWiR 2009, 789 *(Römermann)*; BGH, Beschl. v. 30.5.2013 – 5 StR 309/12, Rz. 7 ff., ZInsO 2013, 1350; OLG Stuttgart, Beschl. v. 14.4.2009 – 1 Ws 32/09, Rz. 27 ff., wistra 2010, 34; *Bittmann*, wistra 2009, 102; *Bittmann*, NStZ 2009, 113, 118.

nung **existenzgefährdender Eingriffe**[406] hat weder das MoMiG noch die Umstellung der Rechtsprechung des II. Zivilsenats des BGH vom qualifizierten faktischen Konzern[407] zur Innenhaftung[408] wieder beseitigt.[409]

d) Konzern

171 Besondere Gefahren bergen Konzernstrukturen. Ein Konzern verfügt als solches über **keine eigene Rechtspersönlichkeit**. Bei einfacher Konstruktion hält allerdings eine Obergesellschaft, die sog. Holding, Anteile einer oder mehrerer Tochtergesellschaften, die wiederum über eigene Tochtergesellschaften, im Verhältnis zur Holding also: Enkel, verfügen können. Daneben existieren zudem vielfältige und phantasiereiche Verschachtelungskonstruktionen. In jedem Falle aber ist **jede Gesellschaft** vorrangig **für sich selbst verantwortlich** und muss deshalb i. R. der eigenen Aktivitäten die Grenzen des Strafrechts wahren, hier: die von § 266 StGB gesetzten. Das steht einer **„Selbstbedienungsmentalität"** der jeweiligen Obergesellschaft entgegen. Sie darf mit ihrer faktischen und wirtschaftlichen Macht und damit ihrem Eigentum an der abhängigen Gesellschaft gerade nicht nach Belieben (vgl. § 903 Satz 1 BGB) verfahren. Vielmehr setzen zumindest die **existenziellen Belange der Untergesellschaften** dem Handeln der übergeordneten Gesellschaften und damit über § 14 StGB deren Organverantwortlichen **rechtliche Grenzen**.[410] Sie haben Rücksicht zu nehmen und müssen deswegen z. B. die **Schuldendeckungsfähigkeit** jeder abhängigen Gesellschaft nicht nur respektieren, sondern haben deren Minderung durch eigene Eingriffe strikt zu unterlassen. Widrigenfalls machen sie sich wegen eigener täterschaftlicher Untreue strafbar. Zudem liegt auch noch Anstiftung, zumindest Beihilfe zur Untreue des Vertretungsorgans der abhängigen Gesellschaft vor.[411]

406) BGH, Urt. v. 13.5.2004 – 5 StR 73/03 (Bremer Vulkan), BGHSt 49, 147 = ZIP 2004, 1200, dazu EWiR 2004, 723 *(Eisner)*; BGH, Beschl. v. 31.7.2009 – 2 StR 95/09 (Refugium), ZIP 2009, 1860 = GmbHR 2009, 1206, m. Anm. *Bittmann*; BGH, Beschl. v. 30.5.2013 – 5 StR 309/12, ZInsO 2013, 1350; Übersicht über die Entwicklung der Zivil-Rspr. Bei *Kurzwelly* in: FS Goette, 2011, S. 277; zu Beweisfragen *Oechsler* in: FS U. H. Schneider, 2011, S. 913; zur zivilrechtlichen Haftung des Aufsichtsrats *Noack* in: FS Goette, 2011, S. 345; zur Mithaftung des Geschäftsführers für existenzvernichtende Eingriffe des Gesellschafters *Sven H. Schneider* in: FS U. H. Schneider, 2011, S. 1177; zum existenzvernichtenden Eingriff mittels Übernahme von Verbindlichkeiten einer verschmolzenen Gesellschaft s, BGH, Urt. v. 6.11.2018 – II ZR 199/17, ZIP 2019, 114 = NJW 2019, 589, dazu EWiR 2019, 101 *(Heckschen)*; dazu *Heckschen*, NZG 2019, 561; *Primozic/Handrup*, NZI 2019, 266; zu dogmatisch eigenständig daneben stehenden, zuweilen noch weitergehenden anfechtungsrechtlichen Ausschüttungssperren vgl. *Eidenmüller/Engert* in: FS K. Schmidt, 2009, S. 305; einschränkend zur Anfechtbarkeit legaler Ausschüttungen, *Wünschmann*, NZG 2017, 51; s. a. *Mylich*, ZIP 2017, 1255; *Schröer-Conigiello/Schmittmann*, ZIP 2017, 1548. Übersicht über Haftung und Verantwortlichkeit von Organen bei *Lutter*, DZWIR 2011, 265; auch *Hoffmann*, NJW 2012, 1393; Vorschläge zur Weiterentwicklung bei *Gehrlein*, ZInsO 2023, 1669.

407) Vgl. dazu *Bittmann/Terstegen*, wistra 1995, 249.

408) BGH, Urt. v. 16.7.2007 – II ZR 3/04 (Trihotel), Rz. 23 ff., BGHZ 173, 246 = ZIP 2007, 1552, dazu EWiR 2007, 557 *(Wilhelm)*, seitdem st. Rspr., z. B. BGH, Urt. v. 9.2.2009 – II ZR 292/07, Rz. 39 f., BGHZ 179, 344 = ZIP 2007, 802; BGH, Urt. v. 23.4.2012 – II ZR 252/10, Rz. 13 und 17, BGHZ 193, 96 = ZIP 2012, 1071, dazu EWiR 2012, 415 *(Paefgen/Dettke)*, dazu auch *M. Brand*, ZWH 2012, 373 f.; zu sog. „Aschenputtel-Konstellationen" BGH, Urt. v. 28.4.2008 – II ZR 264/06 (GAMMA), BGHZ 176, 204 = ZIP 2008, 1232, dazu EWiR 2008, 493 *(Bruns)*; gegen OLG Düsseldorf, Urt. v. 26.10.2006 – I-6 U 248/05, NZG 2007, 388 = ZIP 2007, 227; dazu kritisch *Hennrichs* in: FS U. H. Schneider, 2011, S. 489. Überblick über die Rspr. seit Trihotel bei *Kruse* in: FS Smid, 2022, S. 191.

409) *Bittmann*, GmbHR 2009, 1206; *Bittmann*, wistra 2009, 102; *Bittmann*, NStZ 2009, 113, 118; a. A. *Livonius*, wistra 2009, 91.

410) Wohl noch weitergehend *Reichert/Ott*, ZIP 2009, 2173.

411) Beispiel: BGH, Beschl. v. 31.7.2009 – 2 StR 95/09 (Refugium), ZIP 2009, 1860 = GmbHR 2009, 1206, m. Anm. *Bittmann*; s. allg. zu Problemen der Untreue im Unternehmensverbund *Gaede*, NZWiSt 2018, 220.

172 Es liegt damit nicht nur im eigenen Interesse (der Verantwortlichen) der abhängigen Gesellschaft, sondern dient genauso auch den Belangen der Organe aller Obergesellschaften, dass den Anforderungen zumindest der Criminal-Compliance in der Krise in **allen Verästelungen** des Konzerns peinlichst genau Rechnung getragen wird. Jedes Organ hat sich einen jederzeit verläßlichen **Überblick** über die wirtschaftliche Lage seines kompletten Einwirkungsbereichs zu verschaffen und zu bewahren, also über die der eigenen Gesellschaft ebenso wie über die ihrer „Abkömmlinge". Auch deren Verantwortliche stehen vor besonderen Herausforderungen. Sie sind verpflichtet, die Interessen selbst einer noch so abhängigen Gesellschaft in mindestens dem Maße zu vertreten und zu schützen, wie es ihnen das Gesetz vorschreibt. Das ist angesichts des **Machtgefälles** gegen den Widerstand der Obergesellschaft kaum möglich. Das mindert die rechtliche Pflichtenstellung und damit ggf. die Strafbarkeit jedoch nicht. Das gilt uneingeschränkt allerdings nur im Hinblick auf die Tatbestandsmäßigkeit und ist insoweit auch konsequent. Schließlich besteht keine unauflösliche Pflichtenkollision, steht doch zumindest de jure der Weg jederzeitiger Amtsniederlegung frei – verbunden mit dem Ausscheiden aus dem Organ. Die faktischen Verhältnisse sind allerdings bei den **Rechtsfolgen** (ggf. deutlich) mildernd zu berücksichtigen.

e) Cashpool

173 Eine spezielle, ebenfalls in Konzernstrukturen anzutreffende zivil- wie **strafrechtliche Gefahrenquelle** ist die Bildung eines Cashpools.[412)] Er besteht in **gemeinsamer Kontoführung** verbundener Unternehmen. Damit lassen sich Bankzinsen dann verringern, wenn der Liquiditätsüberschuss einer der Poolgesellschaften dem Kreditbedarf einer anderen gegenübersteht. Trifft beides auf einem Konto zusammen oder finden kontokorrentartige Verrechnungen der unterschiedlich bleibenden Konten statt, so fallen die Kreditzinsen, die die für Guthaben gewährten immer übersteigen, nur für den nach Abzug des Überschusses verbleibenden Kreditbedarf, also den Saldo an. Zivilrechtlich liegt in jedem Eingang einer Gutschrift für eine andere als die den Pool führende Gesellschaft eine **Darlehensgewährung** an letztere. Der Rückzahlungsanspruch entspricht solange dem Nominalwert, wie die **Poolführerin leistungsfähig** ist. Die Organe der anderen Gesellschaften dürfen deshalb den Pool zur Vermeidung der Schädigung des Vermögens der Einzelgesellschaft nur solange aus eigener Kompetenz bedienen, wie die Poolführerin die Rückführung der Darlehen zu gewährleisten in der Lage ist.[413)] Die in einer Anweisung liegende **Einwilligung** seitens der poolführenden Obergesellschaft, das Pooling trotz ihrer Krise fortzusetzen, ist nur dann und solange rechtmäßig und als rechtswirksam anzusehen, wie dies die kreditgewährende Einzelgesellschaft **nicht** selbst in die **Krise**, in Insolvenznähe oder gar tatsächlich in die Insolvenz treiben könnte.

174 Aus Gründen der Wahrung des Rechts und zur Vermeidung eigener Strafbarkeit wegen Untreue müssen deshalb ggf. die Organverantwortlichen der kleinen Tochter der poolführenden erwachsenen Mutter ins Portemonnaie schauen. Den damit verbundenen mentalen Problemen zum Trotz haben allerdings bei Krisengefährdung der Töchter auch die Verantwortlichen der Muttergesellschaft in der Krise ein rechtliches (sich leider vom empfundenen faktischen und tatsächlichen kurzfristigen fiskalischen durchaus recht häufig unterscheidendes) Interesse an der Beendigung des Pools, riskieren sie doch andern-

---

412) Strafrechtlicher Grundfall: BGH, Urt. v. 13.5.2004 – 5 StR 73/03 (Bremer Vulkan), BGHSt 49, 147 = ZIP 2004, 1200; Übersicht aus zivilrechtlicher Perspektive *Klein*, ZIP 2017, 258.

413) Das gilt nicht nur sub specie § 266 StGB, sondern auch unter dem Gesichtspunkt des Bankrotts, § 283 StGB, oder zumindest der Gläubigerbegünstigung, § 283c StGB, vgl. *C. Brand*, ZInsO 2019, 2091, 2094–2100; vgl. *Ch. Zimmermann*, NZG 2021, 1582; zu zivilrechtlichen Spielräumen im Fall anderweiter negativer Konsequenzen im Fall der Kündigung der Pool-Vereinbarung.

falls, für den eingetretenen Schaden der einzelnen Poolgesellschaften **persönlich** in die **Haftung** genommen zu werden. Führt die Obergesellschaft faktisch die Geschäfte einer Poolgesellschaft,[414)] greift sie existenzgefährdend in deren Vermögen ein oder verhält sich deren Vertretungsorgan ungetreulich, so droht neben der zivilrechtlichen Haftung auch Strafbarkeit wegen täterschaftlicher Untreue oder der Anstiftung bzw. Beihilfe dazu. Straf- wie zivilrechtlichen Belangen genügen zwar keine bloßen Absichtserklärungen, wohl aber ernst gemeinte und ebenso genommene Klauseln, welche den **Pool auf wirtschaftlich gesunde Zeiten** der **Poolführerin** oder zumindest der beteiligten, den **Pool** jedoch **nicht führenden Gesellschaften beschränken** (limitation language),[415)] und es den Organen Letzterer auch **faktisch ermöglichen,** im Bedarfsfall den **Pool** tatsächlich unverzüglich zu **verlassen.**[416)]

Auch die **Rückführung der Darlehen** kann für die Verantwortlichen aller beteiligten Poolgesellschaften ein **strafrechtliches Risiko** bergen.[417)] Befand sich die später insolvente Poolführerin bei Rückführung ihr gewährter Kredite bereits in der Krise, dann unterliegen die Leistungen der **Insolvenzanfechtung.**[418)] Sie betrifft jede einzelne Rückführung und eine Saldierung mit den gewährten Darlehensmitteln ist weder gesetzlich vorgesehen, noch wurde sie von der Rechtsprechung vor Inkrafttreten des SanInsFoG[419)] am 1.1.2021 anerkannt.[420)] Auf dieser Basis können sich die den **Pool nicht führenden Gesellschaften** schnell exorbitant hohen und deswegen **existenzgefährdenden Rückforderungen** ausgesetzt sehen. Darin kann sowohl das ungetreuliche Eingehen eines existenzgefährdenden Risikos seitens der Leitung der jeweiligen, den Pool nicht führenden Gesellschaften als auch ein existenzvernichtender Eingriff liegen, der Gesellschaftern, insbesondere Konzernmüttern und -großmüttern, verboten ist und als Untreue bestraft werden kann, hinsichtlich der Verantwortlichen der Poolführerin unter Zurechnung gemäß § 14 StGB. 175

Obwohl das Vorhandensein eines entsprechenden Vorsatzes fraglich und dessen Beweis schwierig ist, bedarf eine überzeugende Lösung eines anderen Verständnisses der Rechtslage. Diese kann sich nicht auf das Strafrecht beschränken, weil nicht etwa nur (wie z. B. beim ärztlichen Abrechnungs„betrug") die Frage der rechtlichen Anerkennung einer realen Kompensation in Rede steht, sondern der insolvenzrechtliche Rückforderungsan- 176

414) Vgl. zu einer möglichen derartigen, in concreto aber gerade fraglich gewesenen Konstellation außerhalb eines Pools BGH, Beschl. v. 13.12.2012 – 5 StR 407/12, wistra 2013, 140 f.= ZIP 2013, 313.

415) OLG Frankfurt/M., Urt. v. 8.11.2013 – 24 U 80/13, NZI 2014, 363 (Vorinstanz: LG Darmstadt, Urt. 25.4.2013 – 16 O 195/12, NZI 2014, 367); *Heerma/R. Bergmann*, ZIP 2017, 803; *Sutter*, WM 2018, 360; *Undritz/Degenhardt*, NZI 2015, 348.

416) Vgl. dazu *Göcke/Rittscher*, DZWIR 2012, 355, 358.

417) Vgl. aus strafrechtlicher Sicht *Rönnau/Krezer*, ZIP 2010, 2269; speziell zu § 283 StGB oder § 283c StGB, vgl. *C. Brand*, ZInsO 2019, 2091, 2094–2100.

418) Die Leistung der seit längerer Zeit zahlenden, wenngleich nicht schuldenden Poolführerin kann dem Gläubiger im Fall einer Krise der originär schuldenden, später insolventen, den Pool nicht führenden Gesellschaft eine kongruente Deckung gewähren, BGH, Urt. v. 12.9.2019 – IX ZR 16/18, NJW 2019, 3578 = ZIP 2019, 1972, m. Anm. *Schluck-Amendt*; zuvor bereits OLG Stuttgart, Urt. v. 28.3.2018 – 3 U 168/17, ZIP 2018, 1700, dazu EWiR 2018, 629 *(Dimassi)*, rkr., nach Rücknahme des Rechtsmittels beim BGH, Az. IX ZR 94/18. **A. A.**, inkongruent; OLG Düsseldorf, Urt. v. 2.8.2018 – 12 U 68/17, Rz. 18–24, ZIP 2018, 2282 = NZI 2018, 979 (wohl auch rkr., Az. d. BGH: IX ZR 249/18). Mit der Möglichkeit von Kongruenzvereinbarungen befasst sich *Möhring*, NZI 2019, 877.

419) Gesetz zur Fortentwicklung des Sanierungs- und Insolvenzrechts (Sanierungs- und Insolvenzrechtsfortentwicklungsgesetz – SanInsFoG), v. 22.12.2020, BGBl. I 2020, 3256.

420) BGH, Urt. v. 7.5.2013 – IX ZR 191/12, Rz. 7, ZIP 2013, 1080 f. m. w. N.; BGH, Urt. v. 18.7.2013 – IX ZR 219/11, Rz. 14, BGHZ 198, 64 = ZIP 2013, 1579, dazu EWiR 2013, 1579 *(Bork)*; BGH, Urt. v. 13.6.2013 – IX ZR 259/12, ZInsO 2013, 1898 = ZIP 2013, 1826, dazu EWiR 2013, 749 *(Guski)*, lehnte eine Anfechtung ggü. der lediglich als Zahlstelle fungierenden Bank ab; zustimmend *Kamm/Kropf*, ZInsO 2014, 689.

spruch nach bisherigem Verständnis ohne Gegenrechnung der erbrachten Darlehensleistungen besteht. Dagegen hat die **Literatur** bereits **Abhilfekonstruktionen** entwickelt.[421] Diese sind nach Ablösung des § 64 GmbHG a. F. umso überzeugender. Zwar verbietet der an dessen Stelle getretene § 15b Abs. 1 Satz 1 InsO (nunmehr rechtsformübergreifend)[422] weiterhin Zahlungen (erweiternd zu verstehen i. S. von „Leistungen"). § 15b Abs. 4 Satz 4 InsO beschränkt die Haftung aber nunmehr auf den Schaden der Gläubiger.[423] Die damit verbundene Abkehr vom Bezugspunkt „Gesellschaft" führt für Außenstehende zu keiner Änderung, weil ihre Interessen nach Eintritt der Insolvenzreife sowieso handlungsleitend zu sein hatten und weiterhin zu sein haben. Der Wandel von der strikten Rückführung (als Haftung eigener Art) zu einer Schadenshaftung verlangt aber die Saldierung. Zwar ist sie für die Insolvenzanfechtung nicht ausdrücklich übernommen; der Grundsatz der Widerspruchsfreiheit der Rechtsordnung sollte aber ausreichen, um jedenfalls für die Rückforderung von zurückgezahlten Pool-Krediten zumindest den Zufluss neuer Kredite seitens der den Pool nicht führenden Gesellschaften auch anfechtungsrechtlich gegenzurechnen.

177 Insoweit kann ein **Untreuenachteil** daher nur dann bejaht werden, wenn und soweit die Darlehensrückzahlungen die Gewährung neuer Darlehen seitens der den Pool nicht führenden Gesellschaft überstieg und diese dadurch in existenzielle Nöte geriet. Lässt sich dies feststellen, so kann der Untreuenachteil den Saldo allerdings deutlich überschreiten. Minderung oder gar Vernichtung der Werte der der insolvenzrechtlichen Rückforderung ausgesetzten Gesellschaft gehören ebenso dazu wie etwaige Aufwendungen (z. B. für Fremddarlehen) zur Abwendung der Insolvenz.

IX. Vereitelung der Zwangsvollstreckung (§ 288 StGB)

1. Vereitelung

178 Den Vollstreckungszugriff der **Einzel-Gläubiger** soll § 288 StGB sichern: Vereitelung der Zwangsvollstreckung. Da diese bei eröffnetem Insolvenzverfahren unzulässig ist, § 89 InsO, handelt es sich um ein Delikt im **Vorfeld** der Insolvenz. Die Tatalternative des Beiseiteschaffens von Vermögensbestandteilen gleicht im Wesentlichen der entsprechenden Tathandlung bei § 283 Abs. 1 Nr. 1 StGB. In beiden Fällen ist pfändungsfreies Vermögen kein taugliches Tatobjekt. Gleiches gilt, wenn aus anderen Rechtsgründen eine Vollstreckung in den beiseitegeschafften oder veräußerten Vermögensgegenstand nicht in Betracht kommt. Daher unterscheidet sich der Schutzumfang beider Bestimmungen nicht oder bestenfalls kaum, wenngleich Bezugsobjekt bei § 288 StGB das **aktuelle Vermögen** ist, beim Bankrott hingegen die (ggf. erst zukünftige) Insolvenzmasse. **Beiseiteschaffen** besteht im tatsächlichen Entziehen eines Vollstreckungsobjekts. Der Begriff ist hier vom Erfolg geprägt.[424] Beispiele bestehen in Verstecken, realer oder vorgetäuschter Eigentumswechsel (z. B. Scheinveräußerung), rückdatierter Sicherungsübereignung, Zerstören, nicht

---

421) Vgl. dazu *Reuter* in: FS Wellensiek, 2011, S. 531, der lediglich in der Höhe des Saldos zwischen der jemals erreichten Höchstsumme des Kredits und dessen noch in der Insolvenz bestehender Größenordnung eine (deswegen anfechtbare) Gläubigerbenachteiligung sieht (S. 539 ff.); ebenso *Göcke/Ritscher*, DZWIR 2012, 355, 357.

422) *Bitter*, GmbHR 2020, 1157, *Gehrlein*, DB 2020, 2393; *Pacheco*, ZInsO 2023, 1560; zur Abgrenzung der Anwendungsbereiche *Hackenberg/Beck*, ZInsO 2021, 413; *Hentschel/Ruster*, ZInsO 2021, 637.

423) *H.-F. Müller*, ZInsO 2022, 2553.

424) Damit geht er über den in § 283 Abs. 1 Nr. 1 StGB verwendeten Begriff des Beiseiteschaffens hinaus, der verlangt, dass der Schuldner den Zugriff behält, vgl. *Bittmann* in: Bittmann, Hdb. Insolvenzstrafrecht, Rz. 12/102, sowie unten Rz. 166. Im Ergebnis unterscheidet sich der Gläubigerschutz aber gleichwohl nicht, weil die Lücke in § 283 StGB von den Tatbestandsalternativen der Zerstörung und Unbrauchbarmachung bzw. der Verlustgeschäfte, § 283 Abs. 1 Nr. 2 StGB, gefüllt wird.

aber Beschädigen. § 288 StGB pönalisiert bei drohender Zwangsvollstreckung auch die Veräußerung von Vermögen. Weil aber nur die **Verminderung** der **Haftungsmasse** verhindert werden soll, sind wertgleiche Verkäufe sub specie § 288 StGB ohne weiteres ebenso zulässig wie die Erfüllung eines den konkreten Gegenstand betreffenden Herausgabeanspruchs. Nicht vom Tatbestand erfasst ist das Eingehen lediglich schuldrechtlich wirkender Rechtsgeschäfte. Strafbar ist hingegen z. B. das Bestellen einer Vormerkung oder Hypothek, Aufgabe des Eigentums oder Erlass, wohl selbst die Abtretung einer Forderung, allerdings nicht ohne weiteres auch die Sicherungsabtretung an einen Treuhänder zu außergerichtlicher vergleichsweiser Schuldenbereinigung unter Einhaltung des Gleichbehandlungsgrundsatzes.[425)]

2. Drohen der Zwangsvollstreckung

179 Die Tathandlungen sind nur dann verboten, wenn dem Schuldner die Zwangs**vollstreckung**, ggf. im Wege der Zwangs**verwaltung**, **droht**. Diese Voraussetzung legt die Rechtsprechung sehr weit aus. Sie verlangt nicht einmal das Vorhandensein eines Vollstreckungstitels, geschweige denn einen begonnenen Vollstreckungsakt. Allerdings genügt die bloße Fälligkeit allein noch nicht. Vielmehr muss damit zu **rechnen** sein, dass der Gläubiger versucht, seinen Anspruch erforderlichenfalls unter Einsatz der vom Zwangsvollstreckungsrecht zur Verfügung gestellten Möglichkeiten durchzusetzen. Für diese Annahme kann bereits die Drohung mit der Erhebung einer Klage ausreichen, auch das Vorhandensein eines Wechsels oder das Betreiben des Arrestverfahrens.[426)] Ist die Zwangsvollstreckung bereits **eingeleitet**, so ist § 288 StGB nur dann noch anwendbar, wenn mit **weiteren** Vollstreckungshandlungen zu rechnen ist[427)] – andernfalls würden sie nicht „drohen". Notwendig ist zudem, dass der vom Gläubiger verfolgte **Anspruch** tatsächlich **besteht**. Das hat die Strafjustiz selbständig zu prüfen. Anders ist das nur beim Vorliegen eines rechtskräftigen Vollstreckungstitels,[428)] weil damit die Rechtslage zwischen den Parteien verbindlich geklärt ist. Vorläufig vollstreckbare Titel und solche, die ein Prozessieren um den Anspruch nicht ausschließen, genügen hingegen nicht.

3. Weitere Aspekte

180 Täter ist entweder derjenige, in dessen Vermögen die Zwangsvollstreckung droht, oder der Mitglied des vertretungsberechtigten Organs einer davon bedrohten juristischen Person ist, § 14 StGB. Die Tat ist zwar Sonder-, aber kein eigenhändiges Delikt. Wem die Zwangsvollstreckung nicht droht, kann nur Helfer oder Anstifter sein. Führt er die Vereitelungshandlung aus, macht er sich als Beteiligter strafbar. Agiert er allein, aber im Einvernehmen mit dem Schuldner, so ist letzterer mittelbarer Täter[429)] und der Ausführende Helfer, § 27 StGB. Geht er ausschließlich allein vor, so fehlt es am Zusammenwirken und damit an der Mitwirkung eines tauglichen Täters – der Handelnde ist ebenso wie der begünstigte Schuldner straffrei.

181 In subjektiver Hinsicht ist neben zumindest bedingtem Vorsatz auch die Absicht i. S. direkten Vorsatzes erforderlich, die Befriedigung des Gläubigers (zumindest zeitweise)[430)]

---

425) LG München II, Beschl. v. 8.8.2000 – W 5 KLs 65 Js 15531/99, ZInsO 2000, 677 = NZI 2001, 99, anschließend OLG München, Beschl. v. 29.8.2000 – 2 Ws 991/00, ZIP 2000, 1841 f.

426) *Fischer*, StGB, § 288 Rz. 3.

427) *Fischer*, StGB, § 288 Rz. 4.

428) **A. A.** *Pelz/Grotebrune*, Strafrecht in Krise und Insolvenz, Rz. 683; Satzger/Schluckebier/Widmaier-*Kudlich*, StGB, § 288 Rz. 2 m. N. zum Streitstand.

429) Satzger/Schluckebier/Widmaier-*Kudlich*, StGB, § 288 Rz. 4 m. w. N.

430) *Fischer*, StGB, § 288 Rz. 12.

zu **vereiteln**. Sie kann fehlen, wenn der Schuldner annimmt, trotz Entziehungshandlung würden dem Gläubiger genügend weitere Vollstreckungsobjekte (z. B. „Rettung" allein eines Erbstücks aus Affektionsinteresse) oder sowieso keine zur Verfügung stehen.

182 Bei § 288 StGB handelt es sich gemäß dessen Absatz 2 anders als bei § 283 StGB um ein **Antragsdelikt**. Im Verfahren *Mobilcom*[431)] wirkte sich dies massiv zugunsten des Angeklagten aus: Der BGH sah zwar einen Bankrott nicht als nachgewiesen an, wohl aber ein Vereiteln der Zwangsvollstreckung. Da die geschädigte Bank ihren Strafantrag jedoch zurückgenommen hatte, schied auch eine Verurteilung gemäß § 288 StGB aus. **Führt** das Vereiteln der Zwangsvollstreckung allerdings zur **Insolvenzreife**, so liegt **zugleich** eine nicht von einem Strafantrag abhängige, ggf. mit § 288 StGB in Tateinheit stehende **Bankrotthandlung** gemäß § 283 Abs. 2 i. V. mit Abs. 1 Nr. 1 StGB vor. Der Anwendungsbereich von § 288 StGB ist demnach sehr eingeschränkt: Als Erfolgsdelikt liegt der Tatbestand nur vor, wenn die Zwangsvollstreckung erfolglos war. Damit liegt aber in den meisten Fällen zugleich Insolvenzreife vor und die Tat fällt in den Anwendungsbereich des Bankrotts.[432)] Bestand Überschuldung, drohende oder eingetretene Zahlungsunfähigkeit bereits vor der Tat, so ist § 283 Abs. 1 Nr. 1 StGB einschlägig. Da beiseitegeschaffte Gegenstände bei § 283 StGB für die Beurteilung des Vorliegens eines der Insolvenzauslösetatbestände unberücksichtigt bleiben, dokumentiert eine aufgrund Beiseiteschaffens erfolglose Zwangsvollstreckung wegen einer Geldforderung typischerweise herbeigeführte Zahlungsunfähigkeit, § 283 Abs. 2 StGB. Für § 288 StGB verbleibt insoweit kein Raum. Anwendbar ist die Vorschrift allerdings bei Herausgabevollstreckung vor der Krise.

X. Bankrott (§ 283 Abs. 1 StGB)

1. Struktur, Übersicht

183 Die Vorschriften des § 283 StGB enthalten verschiedene Straftatbestände. In systematischer Hinsicht lässt sich zunächst eine Aufteilung vornehmen in Handlungen aus der Zeit **vor** einer Krise, die aber zu Überschuldung oder Zahlungsunfähigkeit führten, und Taten, die **nach** Ausbruch der Krise, hier verstanden unter Einschluss der drohenden Zahlungsunfähigkeit, begangen wurden. All diese Taten sind bei **vorsätzlicher** Begehungsweise nach § 283 Abs. 1 und 2 StGB strafbar. In Bezug auf die jeweils einschlägigen Insolvenzauslösegründe genügt auch **Fahrlässigkeit**, § 283 Abs. 4 StGB. Gleiches gilt gemäß § 283 Abs. 5 StGB selbst für die Tathandlungen, aber nur in den Fällen des § 283 Abs. 1, Nr. 2, 5 und 7, ggf. i. V. mit Abs. 2 StGB. Gemäß § 283 Abs. 3 StGB ist der **Versuch** des Bankrotts strafbar. Bestraft werden kann ein Bankrotttäter aber in jedem Fall nur dann, wenn eine der drei **Strafbarkeitsbedingungen** des § 283 Abs. 6 StGB (Zahlungseinstellung, Eröffnung des Insolvenzverfahrens oder Abweisung eines Antrags auf Eröffnung eines Insolvenzverfahrens mangels Masse) eingetreten ist. Täter kann nur der **Schuldner**[433)] oder ein **Delegationsempfänger**, § 14 Abs. 2 StGB, im Fall juristischer Personen ein Organ, § 14 Abs. 1 ggf. i. V. mit Abs. 3 StGB, sein. Weil jedermann als Täter in Betracht kommt und gegenüber keinem seiner Schuldner eine besondere Schutzposition einnimmt,[434)] hängt die Bezeichnung als **Sonderdelikt** von dessen Definition ab.

431) BGH, Urt. v. 29.4.2010 – 3 StR 314/09, BGHSt 55, 107 = ZIP 2012, 1351, dazu EWiR 2010, 583 *(Wessing)*; anders wohl nunmehr BGH, Beschl. v. 14.6.2023 – 1 StR 327/22, insbesondere Rz. 43, ZWH 2023, 282.

432) Vgl. *Bittmann*, ZWH 2023, 245, 246 f.

433) Insoweit trifft die allerdings allgemein gefasste Aussage des BGH, Beschl. v. 22.1.2013 – 1 StR 234/12, Rz. 9 und LS, BGHSt 58, 115 = ZIP 2013, 984, dazu EWiR 2013, 427 *(Floeth)*, zu, Täter könne nur sein, wer hafte; dazu *Fauser*, ZWH 2013, 273 f.

434) *Ceffinato* in: Hilgendorf/Kudlich/Valerius, Hdb. d. Strafrechts, Rz. 40/20–29.

Die Strafbarkeit knüpft an unterschiedliche Geschehnisse an, die sich in **zwei Gruppen** aufteilen lassen: Die sog. **bestandsbezogenen** Delikte befassen sich unmittelbar mit Varianten unzulässiger Minderung der Vermögenswerte einerseits und verbotener Mehrung der Verbindlichkeiten andererseits. Daneben stehen die **informationsbezogenen** Varianten, welche dem Schutz der Insolvenzgläubiger mittelbar dadurch dienen sollen, dass sie entweder ein falsches Bild von den Vermögensverhältnissen des Schuldners zu vermeiden suchen, oder den Zugang zu den Informationen zu sichern trachten, die für das ordnungsgemäße Führen eines Insolvenzverfahrens und damit die gleichmäßige Verteilung des Schuldnervermögens an die Gläubiger erforderlich sind. Diese zweite Gruppe weist enge Bezüge zu den Dokumentationspflichten der handelsrechtlichen Buchführung auf und wird deshalb erst im Zusammenhang damit vorgestellt, siehe unten Rz. 210 ff., Buchführung, und Rz. 226 ff. (§ 283 Abs. 1 Nr. 8 StGB). 184

2. Bestandsbezogene Tatbestände

§ 283 Abs. 1 Nr. 1 bis 4 und Teile von Nr. 8 StGB, belegen (auch i. V. mit Abs. 2), dass sich das Wirtschaften mit Beginn der **Krise an den Interessen** der **Gläubiger** zu **orientieren** hat,[435] und pönalisieren den Gläubigerzugriff unmittelbar gefährdende oder gar vereitelnde Handlungen, welche im direkten Gegensatz zum zentralen Anliegen des Insolvenzverfahrens stehen, nämlich der **Gläubigergleichbehandlung:** ***par condicio creditorum.*** Die Höhe der Quote, mit deren Befriedigung die Insolvenzgläubiger in Bezug auf ihre Forderungen rechnen können, kann sowohl dadurch unzulässigerweise vermindert werden, dass die zur Verteilung stehende **Masse,** also das, was vom Vermögen des Schuldners als Deckungspotential für die Forderungen der Gläubiger noch vorhanden ist, **vermindert** wird (§ 283 Abs. 1 oder 2, jeweils Nr. 1 bis 3, 8 StGB),[436] als auch dergestalt, dass der unveränderte Massebestand unter einer künstlich **vermehrten Anzahl** von Gläubigern **aufgeteilt** wird, so dass entweder alle Berechtigten weniger bekommen oder sogar einige Gläubigerforderungen völlig ausfallen, die ohne die Tat ganz oder teilweise befriedigt worden wären (§ 283 Abs. 1 oder 2, jeweils Nr. 4 StGB). Beides ist deshalb gleichermaßen verboten und strafbar. 185

a) Nochmals: Verhältnis § 283 Abs. 1 StGB (Bankrott) zu § 266 StGB (Untreue)

In der Tatvariante des Beiseiteschaffens von Vermögensbestandteilen weist § 283 Abs. 1 Nr. 1 StGB deutliche Parallelen zur Untreue auf, wenngleich Schutzgut des § 266 StGB fremdes, des § 283 StGB aber eigenes, in den hier einschlägigen Konstellationen jeweils **kaufmännisches Vermögen** ist.[437] 186

aa) Vermögensträger

Das Vermögen steht beim **eingetragenen Kaufmann** und der **BGB-Innengesellschaft**[438] im (Allein- bzw- gemeinschaftlichen) Eigentum des Bankrotttäters. Nach früherer Dog- 187

435) Allgemein *Ceffinato*, ZIP 2018, 453; das Vorhaben, im StaRUG zu normieren, dass die Gläubigerinteressen bereits mit Eintritt drohender Zahlungsunfähigkeit Vorrang genießen, wurde nicht Gesetz.

436) Für die Krisenmerkmale zählt das Verheimlichte ebenso wie das Beiseitegeschaffte, nicht mit, BGH, Urt. v. 22.2.2001 – 4 StR 421/00, NJW 2001, 1874, dazu EWiR 2002, 125 *(Wessing)*; BGH, Beschl. v. 22.1.2013 – 1 StR 234/12, Rz. 5, BGHZ 58, 115 = ZIP 2013, 984 – für einen Fall des § 283 Abs. 2 StGB.

437) Allerdings fällt auch die Verbraucherinsolvenz unter § 283 StGB, *Radtke* in: FS Achenbach, 2011, S. 341 m. N.; zu damit verbundenen Schwierigkeiten *Schlüter*, NZI 2020, 928; einschr. *Pelz/Grotebrune*, Strafrecht in Krise und Insolvenz, Rz. 718 – 727; *Voelker*, ZInsO 2023, 2682.

438) Beispiele: Grundstückskäufer, BGH, Urt. 11.9.2018 – II ZR 161/17, ZIP 2018, 2267, dazu EWiR 2019, 201 *(Giedinghagen/Brock)*; Lotto-Tipp-Gemeinschaft, dazu *Fleischer/Hahn*, NZG 2017, 1; Ehegatten-Innengesellschaft, OLG Brandenburg, Urt. v. 23.2.2022 – 7 U 133/20, NZG 2022, 452 (n. rkr., Az. d. BGH: II ZR 26/22); zu einer solchen unter Beteiligung der Kinder BFH, Urt. v, 23.11.2021 – VIII R 17/19, NZG 2022, 526. *Beuthien*, NZG 2019, 41, stellt die Frage, ob es eine herkömmliche GbR überhaupt noch gebe.

matik galt dies auch für die **Personenhandelsgesellschaften.** Diese sieht allerdings das Zivilrecht nunmehr ebenso wie **BGB-Außengesellschaften**[439)] als sog. **rechtsfähige Personenvereinigungen** an, § 14 Abs. 2 BGB, die **selbst Vermögensträger** und gemäß § 11 Abs. 2 Nr. 1 InsO[440)] auch **insolvenzfähig** sind.[441)] Trotz der missverständnisträchtigen Terminologie bedeutet dies jedoch keine Gleichstellung mit juristischen Personen. Es handelt sich deshalb der Sache nach **nur** um eine **teilweise Rechtsfähigkeit.** Die betroffenen Personengesellschaften werden damit **nicht** zu **eigenen Rechtspersönlichkeiten.** Die bis vor kurzem unerschütterlich erscheinende Rechtsprechung des BGH in Strafsachen lehnt es deshalb nach wie vor ab, der Rechtsträgerschaft seitens (teil-)rechtsfähiger Personengesellschaften den eigenständigen strafrechtlichen Schutz wie juristischen Personen zuzubilligen.[442)] Sie betrachtet weiterhin **allein** die persönlich haftenden **Gesellschafter,** wenngleich in ihrer Verbundenheit, als Schuldner. Danach ist nicht die (teil-)rechtsfähige Personengesellschaft, sondern sind die Gesellschafter selbst (gesamthänderisch) Eigentümer des, demgemäß also eigenen insolventen Vermögens. In einem obiter dictum zur KG-Untreue hat allerdings der 1. Strafsenat[443)] im Anschluss an die Ausführungen seines seinerzeitigen Mitglieds *Radtke*[444)] angedeutet, dass er diese Rechtsprechung überprüfe.

188 Obwohl dieser Impuls stecken blieb, lag darin ein Indiz für die Erwartung, die **Strafjustiz** werde sich im Laufe der Zeit der **zivilrechtlichen Sicht anschließen.** Spätestens mit dem Inkrafttreten des MoPeG zum **1.1.2024**[445)] wird es **soweit sein.** Das BGB unterscheidet dann zwischen **rechts- und nichtrechtsfähigen Personengesellschaften.** Zu Ersteren gehören, wenngleich nur im Zweifel, auch die Personenhandelsgesellschaften, § 705 Abs. 3 BGB n. F., § 105 Abs. 3 HGB n. F. Nach § 705 Abs. 2 Var. 1 BGB n. F. kann sie selbst Rechte erwerben und Verbindlichkeiten eingehen (gesetzliche Beispiele in §§ 716 f. BGB n. F.). § 713 BGB n. F. erkennt ausdrücklich **Vermögen „der Gesellschaft"** an, während § 740 BGB n. F. bestimmt, die nichtrechtsfähige BGB-Gesellschaft habe kein Vermögen.

---

439) Z. B. BGH, Urt. v. 3.11.2015 – II ZR 446/13, Rz. 28, ZIP 2016, 211 m. N., dazu EWiR 2016, 133 *(Armbrüster)*; zur Abgrenzung BGB-Gesellschaft – oHG s. OLG München, Urt. v. 19.1.2022 – 7 U 2659/20, Rz. 15–36, NZG 2022, 553; OLG München, Urt. v. 19.1.2022 – 7 U 3250/20, NZG 2022, 604, zu beiden *Wallimann*, NZG 2022, 742.

440) Die BGB-Gesellschaft ist zwar in § 11 InsO ohne Einschränkung angeführt, aber nur als Beispiel einer rechtsfähigen Personengesellschaft, die sie nur als Außengesellschaft ist.

441) Vgl. zur Thematik *Beuthien*, JZ 2011, 124; umfassend Dissertation, *C. Brand*, Untreue und Bankrott in der KG und GmbH & Co. KG.

442) BGH, Beschl. v. 23.2.2012 – 1 StR 586/11, wistra 2012, 233, dazu *Soyka/Voß*, ZWH 2012, 348; BGH, Urt. v. 10.7.2013 – 1 StR 532/12, NJW 2013, 3590; BGH, Beschl. v. 8.8.2019 – 1 StR 214/19, Rz. 9, wistra 2020, 108 = NStZ-RR 2020, 20; BGH, Urt. v. 4.3.2020 – 5 StR 395/19, Rz. 14 f., NJW 2020, 1597 = wistra 2020, 293 = NStZ-RR 2020, 145; BGH, Beschl. v. 4.8.2021 – 2 StR 352/20, Rz. 8, ZInsO 2021, 2194, grundsätzlich ablehnend *K. Schmidt*, JZ 2014, 878 – aus gesellschaftsrechtlicher Perspektive; im Ergebnis ebenso *Lindemann/Hehr*, NZWiSt 2014, 346, 350; Gegenposition bei *Waßmer*, WiJ 2018, 1.

443) BGH, Urt. v. 9.8.2016 – 1 StR 121/16, Rz. 25, wistra 2016, 486; offengelassen mit der im Hinblick auf die Höhe des Nachteils nicht über jeden Zweifel erhabenen pauschalen Feststellung, das Vermögen der Gesellschafter sei berührt, BGH, Beschl. v. 8.3.2017 – 1 StR 466/16, Rz. 9 f., BGHSt 62, 72 = ZIP 2017, 1164, und BGH, Beschl. v. 8.3.2017 – 1 StR 540/16, Rz. 15 f., wistra 2017, 437. Zuvor bereits hatte der 3. Strafsenat eine (nicht vollständig rechtsfähige) Landtagsfraktion als Geschädigte angesehen, BGH, Urt. v. 11.12.2014 – 3 StR 265/14, insbesondere Rz. 32, BGHSt 60, 94 = NJW 2015, 1618; dazu und zu diesem Aspekt *C. Brand/Seeland*, ZWH 2015, 258, 261; s. a. BGH, Beschl. v. 8.3.2017 – 1 StR 466/16, Rz. 9, BGHSt 62, 72 = ZIP 2017, 1164; ferner OLG Koblenz, Beschl. v. 14.6.1999 – 1 Ss 75/99, NJW 1999, 3277 = NStZ 1999, 564 – Untreue bejaht bei zweckwidrigem Einsatz des Guthabens auf einem einem Landtagsabgeordneten zugewiesenen „Besucherkonto".

444) *Radtke*, NStZ 2016, 639; zum Thema auch *Gerson*, HRRS 2020, 59.

445) Gesetz zur Modernisierung des Personengesellschaftsrecht (MoPeG), v. 10.8.2021, BGBl. I, 2021, 3436; gleiche Schlussfolgerung bei *Müller-Gugenberger*, ZWH 2023, 177, 187 f.; *Rönnau/Saathoff*, wistra 2023, 221, 224–226; *Volp/Döhmann*, ZWH 2023, 230.

Die Zwangsvollstreckung gegen eine rechtsfähige BGB-Gesellschaft findet nach § 722 Abs. 1 BGB n. F. gegen diese, nach § 129 Abs. 1 HGB n. F. gegen die oHG statt.

Damit kodifiziert der Gesetzgeber zwar lediglich die dahingehende zwanzigjährige Rechtsprechung, erkennt aber ausdrücklich die **Rechtsträgerschaft** der (teil-)rechtfähigen Personengesellschaften an. Er stellt sie damit insoweit – trotz im Übrigen verbleibender Differenzen – den juristischen Personen gleich. Daran ist auch die Strafjustiz gebunden. **(Teil-)rechtsfähige Personengesellschaften genießen** somit als solche und damit **im selben Umfang Strafschutz** wie **juristische Personen.** Das Vermögen (teil-)rechtsfähiger Personengesellschaften ist für ihre vertretungsberechtigten Gesellschafter genauso als **fremd** zu behandeln wie das Vermögen juristischer Personen für ihre **vertretungsberechtigten Organe.** § 283 StGB gilt demnach nicht direkt, sondern es bedarf für dessen Anwendbarkeit auf vertretungsberechtigte Gesellschafter (teil-)rechtsfähiger Personengesellschaften des Rückgriffs auf § 14 Abs. 1 Nr. 2 StGB. **189**

Mit der Umstellung ist **keine Verschärfung strafrechtlicher Haftung** verbunden. Für § 283 StGB gilt dies schon deshalb, weil die Schutzwirkung sich nicht zwischen derzeit unmittelbarer und zukünftiger Anwendung kraft Verweisung unterscheidet. Im Rahmen des § 266 StGB werden lediglich dogmatische Verschiebungen notwendig: Der tatbestandliche Schaden erstreckt sich wie bei juristischen Personen auf die gesamte Minderung des Gesellschaftsvermögens. Strafzumessungsrechtlich wird allerdings der auf den eigenen Anteil entfallende Verlust herausgerechnet. Für Anteile Familienangehöriger, §§ 266 Abs. 2, 247 StGB, sieht die Rechtsprechung Strafanträge als erforderlich an.[446)] **190**

Wirkt sich das Handeln des Täters in **schuldnerfremdem Vermögen** aus, so ist der Anwendungsbereich des **§ 266 StGB** eröffnet, während nur **§ 283 StGB** einschlägig ist, wenn der Täter auf **eigenes Vermögen** einwirkt. Das physische und sinnlich fassbare Geschehen kann dabei **identisch** sein. Da juristische Personen nicht selbst, sondern nur mittels ihrer Organe handeln können, standen sich diese solange besser (mit nie geklärte Problemen im Hinblick auf den allgemeinen Gleichheitssatz des Art. 3 GG), wie die Rechtsprechung die Anwendung des § 283 StGB auf sie davon abhängig machte, dass ihr Handeln zumindest auch im Interesse des Schuldners, also der juristischen Person, lag (sog. Interessenformel oder Interessentheorie), während sie allein eigennütziges Handeln ausschließlich unter dem Gesichtspunkt der Untreue prüfte. Nachdem der BGH diese Auffassung aufgegeben hat,[447)] ist noch unklar, ob er dem zu **rechtsformübergreifend** weitgehender **Anwendungsgleichheit** führenden sog. **Funktions-** oder dem mit diesem konkurrierenden **Zurechnungsmodell** folgen wird. Letzteres verlangt zwar für die Zurechnung nicht rechtsgeschäftlichen Handelns eines Organs zum Verband dessen (unter Gläubigerschutzgesichtspunkten irrelevante[448)] rechtmäßige Einwilligung,[449)] vermag sie aber nicht zu konstruieren, solange es jegliche Berücksichtigung äußerer, einen Rechtsschein auslösender Umstände ablehnt. Es gelangt daher für diesen Bereich zu Ergebnissen, die denen der als sachwidrig erkannten Interessentheorie gleichen. **191**

---

446) Überblick bei *M. Schneider*, NZG 2021, 1100.

447) BGH, Beschl. v. 15.5.2012 – 3 StR 118/11, BGHSt 57, 229 = ZIP 2012, 1451, dazu EWiR 2012, 609 *(Wessing)*; *Pohl*, wistra 2013, 329; zur Diskussion im Vorfeld *Habenicht*, JR 2011, 17; *Habetha*, NZG 2012, 1134.

448) Zutreffend *Anders*, NZWiSt 2017, 13, 20 a. E.

449) *Radtke* in: MünchKomm-StGB, § 283 Rz. 66 ff. m. N.; s. a. *Radtke*, ZIP 2016, 1993; noch enger die Variation zu einem „organisationsbezogenen Ansatz" seitens *C. Brand*, Untreue und Bankrott in der KG und GmbH & Co. KG, S. 234 ff., Diss., 2009 und *C. Brand* in: Bittmann, Hdb. Insolvenzstrafrecht, Rz. 12/19. Demgegenüber plädiert *Anders*, NZWiSt 2017, 13, 19 ff., nachdrücklich für das auch hier präferierte Funktionsmodell; im Ergebnis ebenso *Habetha/Klatt*, NStZ 2015, 671; offenlassend BGH, Beschl. v. 4.8.2021 – 2 StR 352/20, Rz. 7, ZInsO 2021, 2194.

bb) Umfang des Vermögensschutzes

192 § 283 StGB schützt das Vermögen des Schuldners, soweit es in die **Insolvenzmasse** fällt. Maßgeblich dafür sind §§ 35 ff. InsO. Zur Masse gehört danach das bei Verfahrenseröffnung vorhandene **aktuelle Vermögen**[450] einschließlich wertausfüllend oder gar darüber hinaus belasteter Gegenstände,[451] Rückgewähransprüchen aus nicht (mehr) valutierten Grundpfandrechten,[452] global zur Sicherheit abgetretener Forderungen,[453] sowie Ansprüchen auf die Leistungen einer Lebensversicherung bereits vor dem Versicherungsfall,[454] nicht aber vom Schuldner einem Leasingnehmer ohne ordentliches Kündigungsrecht überlassenes Leasinggut.[455] Hinzu kommt der sog. **Neuerwerb**,[456] etwa aus abhängiger (auch ausländischer[457]) Beschäftigung und selbständiger[458] Tätigkeit, sofern sie der Insolvenzverwalter nicht gemäß § 35 Abs. 2 und 3 InsO freigegeben hatte[459] und der Zufluss im Privatinsolvenzverfahren bis zum Ablauf der Abtretungsfrist zu verzeichnen oder zumindest angelegt war.[460] Was hingegen nach den §§ 811 und 850 ff. ZPO **pfändungsfrei** ist, fällt mit kleineren Ausnahmen gemäß § 36 InsO bei einer natürlichen Person als Schuld-

450) *Pelz/Grotebrune*, Strafrecht in Krise und Insolvenz, Rz. 360–367.

451) BGH, Beschl. v. 23.9.2010 – IX ZB 16/10, ZInsO 2010, 2101 = NZI 2010, 999. Zivilrechtlich setzt eine erfolgreiche Anfechtung allerdings zusätzlich noch das Vorliegen einer Gläubigerbenachteiligung voraus und damit eine Erlöserwartung über die dinglichen Belastungen und die Verfahrenskosten hinaus, BGH, Beschl. v. 21.2.2013 – IX ZR 219/12, Rz. 5, ZInsO 2013, 608; BGH, Beschl. v. 26.9.2013 – IX ZR 47/13, Rz. 3, ZIP 2014, 137; BGH, Urt. v. 13.9.2018 – IX ZR 190/17, ZIP 2018, 2083.

452) BGH, Beschl. v. 27.4.2017 – IX ZB 93/16, Rz. 21, ZIP 2017, 1169 = ZInsO 2017, 1850, dazu EWiR 2017, 469 *(Cranshaw)*, dabei handelt es sich nicht um Neuerwerb (Rz. 20 ff.).

453) BGH, Urt. v. 23.6.2015 – II ZR 366/13, Rz. 15, BGHZ 206, 52 = ZIP 2015, 1480, dazu EWiR 2015, 565 *(Kleindiek)*; zum Strafrecht: LG Hildesheim, Urt. v. 13.2.2014, 21a Ns 25 Js 34542/12, Rz. 45, ZInsO 2015, 352.

454) BGH, Beschl. v. 20.12.2018 – IX ZB 8/17, Rz. 10–16, ZIP 2019, 229, dazu EWiR 2019, 213 *(Cranshaw)*.

455) BGH, Urt. v. 11.1.2018 – IX ZR 295/16, ZIP 2018, 695 = WM 2018, 676, dazu EWiR 2018, 373 *(Brinkmann)*.

456) Er fällt nur solange in die Masse, wie das Insolvenzverfahren nicht aufgehoben ist, BGH, Beschl. v. 27.4.2017 – IX ZB 93/16, Rz. 19, 18 und 26, ZIP 2017, 1169 = ZInsO 2017, 1850; s. a. *Pfordte/Sering* in: Leitner/Rosenau, Wirtschafts- und Steuerstrafrecht, § 283 StGB Rz. 9.

457) BGH, Beschl. v. 5.6.2012 – IX ZB 31/10, Rz. 4, ZInsO 2012, 1260 f. = ZIP 2012, 1371 f. – nebst künftiger Rentenansprüche, BGH, Urt. v. 20.12.2012 – IX ZR 130/10, ZIP 2013, 374 = ZWH 2013, 510, m. Anm. *Bittmann*.

458) BGH, Urt. v. 13.3.2014 – IX ZR 43/12, ZInsO 2014, 824.

459) Nach Freigabe gehört der Vergütungsanspruch nicht zur Masse, BGH, Urt. v. 18.4.2013 – IX ZR 165/12, Rz. 11 ff., ZIP 2013, 1181; BGH, Urt. v. 13.3.2014 – IX ZR 43/12, Rz. 13, 22, ZInsO 2014, 824. Soweit die Einkünfte aber die Pfändungsfreigrenzen überschreiten, hat der Schuldner den Betrag an den Insolvenzverwalter abzuführen (Rz. 17, 21 f.), widrigenfalls er sich wegen Bankrotts gemäß § 283 Abs. 1 Nr. 1 StGB (je nach Sachverhalt: Verheimlichen oder Beiseiteschaffen) strafbar macht. Hinsichtlich freigegebener Gegenstände findet auch keine Nachtragsverteilung statt, BGH, Beschl. v. 3.4.2014 – IX ZA 5/14, Rz. 5 f., ZIP 2014, 1183. Die Freigabe eines Grundstücks umfasst nicht auch die Freigabe etwa bestehender Ansprüche auf Rückgewähr nicht (mehr) valutierter Grundschulden, BGH, Beschl. v. 27.4.2017 – IX ZB 93/16, Rz. 19, ZIP 2017, 1169 = ZInsO 2017, 1850.

460) BGH, Beschl. v. 13.2.2014 – IX ZB 23/13, Rz. 5–8, ZInsO 2014, 603, dazu EWiR 2014, 425 *(Harder)* – zivilrechtlich; BGH, Beschl. v. 21.3.2018 – 1 StR 414/16, Rz. 11 f., NZWiSt 2019, 155.

ner nicht in die Insolvenzmasse.[461)] Gleiches gilt für der **Aussonderung**[462)] gemäß § 47 InsO unterliegende Vermögensgegenstände im Besitz (oder zumindest im Zugriffsbereich) des Schuldners. Steht dem Gläubiger hingegen lediglich ein Recht zu **abgesonderter Befriedigung** zu, §§ 49 ff. InsO, so gehört der betroffene Gegenstand zur Masse. Allerdings gebührt der Erlös aus dessen Verwertung vorrangig dem Inhaber des abgesonderte Befriedigung erlaubenden Rechts. Sicherungseigentum tritt in unterschiedlichen Formen auf und gestattet meist, aber eben nicht immer lediglich abgesonderte Befriedigung.[463)] Der einfache Eigentumsvorbehalt gestattet die Aussonderung. Unter den Voraussetzungen der §§ 165 ff. InsO darf der Insolvenzverwalter Gegenstände selbst verwerten, die mit Absonderungsrechten[464)] belastet sind. Nach Abzug von 9 % des Erlöses als pauschalierter Feststellungs- und Verwertungsbeitrag (ggf. zuzüglich Mehrwertsteuer), § 171 InsO, hat er grundsätzlich den Rest an den gesicherten Gläubiger auszukehren. Ein etwaiger **Übererlös** fällt jedoch in die **Masse**.

cc) Krise

Eine Tat nach § 283 Abs. 1 StGB kann der Täter nur begehen, wenn sich das betroffene 193
Vermögen in der Krise befindet, d. h. Überschuldung und/oder Zahlungsunfähigkeit eingetreten sind oder letztere zumindest droht. Die Krise ist mit Abschluss des Insolvenzverfahrens nicht automatisch beendet, so dass auch noch nach diesem Zeitpunkt Bankrotttaten wie das Beiseiteschaffen neu aufgetauchter Vermögenswerte begangen werden können.[465)] Bei zivilrechtsakzessorischer Interpretation sind die verwandten Begriffe hier genauso wie bei der Insolvenzverschleppung, § 15a InsO (siehe dazu oben Rz. 18 ff.), zu verstehen.

b) § 283 Abs. 1 Nr. 1 StGB

Der Tatbestand kann in **fünf Varianten** begangen werden, mittels Beiseiteschaffens oder 194
Verheimlichens von Vermögensbestandteilen und deren wirtschaftswidrigem Zerstören, Beschädigen und Unbrauchbarmachen. Das Kriterium der **Wirtschaftswidrigkeit**[466)] muss

---

461) Sehr restriktiv BGH, Beschl. v. 26.9.2013 – IX ZB 247/11, Rz. 7 f., ZIP 2013, 2112 f. – keine Insolvenzfreiheit gehorteten Lohns und des aus insolvenzfreien Mitteln Erworbenen; OLG Zweibrücken, Urt. v. 17.5.2013 – 2 U 86/12, Rz. 6, wistra 2013, 403 – vor Eröffnung kein insolvenzfreies Vermögen(!); **a. A.** AG Kassel, Urt. v. 14.11.2017 – 435 C 1558/17, ZInsO 2018, 397 = NZI 2018, 161. Ein privater Krankheitskostenvertrag wird jedoch wegen § 850b ZPO nicht vom Insolvenzbeschlag erfasst, BGH Urt. v. 19.2.2014 – IV ZR 163/13, Rz. 14 ff., ZIP 2014, 688. Eine unverfallbare Anwartschaft auf betriebliche Altersversorgung bzw. deren Rückkaufswert fallen wegen § 2 Abs. 2 Satz 5 BetrAVG von vornherein nicht in die Masse, BGH, Beschl. v. 5.12.2013 – IX ZR 165/13, Rz. 1 f., ZIP 2014, 86; ebenso wenig Zahlungen an kirchliche Missbrauchsopfer, BGH, Beschl. v. 22.5.2014 – IX ZB 72/12, ZInsO 2014, 1213 = ZIP 2014, 1265; zur Pfändungsfreiheit von Corona-Hilfen s. BGH, Beschl. v. 10.3.2021 – VII ZB 24/20, NZI 2021, 437; BFH, Beschl. v. 9.7.2020 – VII S 23/20 (AdV), NJW 2020, 2749 = NZI 2020, 801, m. Anm. *Schmittmann*; LG Köln, Beschl. v. 23.4.2020 – 39 T 57/20, ZIP 2020, 987 = NZI 2020, 494, m. Anm. *Ahrens*; AG Cottbus, Beschl. v. 23.3.2021 – 63 IN 127/18, ZInsO 2021, 796; AG Gera, Beschl. v. 27.3.2021 – 8 IK 31/18, ZInsO 2021, 2281; *Ahrens*, ZInsO 2021, 1189; *Risse*, NJW-Spezial 2021, 754; abweichend für vom Arbeitgeber erbrachte Corona-Sonderzahlungen LG Dresden, Beschl. v. 9.2.2021 – 5 T 11/21, NZI 2021, 547; **a. A.** insoweit LAG Niedersachsen, Urt. v. 25.11.2021 – 6 Sa 216/21, NZI 2022, 130 (n. rkr., Az. d. BAG: 8 AZR 14/22).

462) BGH, Urt. v. 8.5.2014 – IX ZR 128/12, Rz. 15, ZIP 2014, 1345 f. m. w. N. – auch auf (echten) Factor übergangenes Vorbehaltseigentum unterliegt (im Gegensatz zum Sicherungseigentum) der Aussonderung.

463) Uhlenbruck-*Brinkmann*, InsO, § 47 Rz. 15.

464) Zu diesen *Ganter*, NZI 2023, 441.

465) *Bittmann*, ZWH 2012, 335 f., zu BGH, Beschl. v. 26.1.2012 – IX ZB 111/10, ZWH 2012, 333 = ZIP 2012, 437, dazu EWiR 2012, 183 *(Zipperer)*; **a. A.** *C. Brand* in: Bittmann, Hdb. Insolvenzstrafrecht, Rz. 12/9.

466) Generalisierend *Ceffinato*, ZIP 2018, 453; s. a. *Ceffinato* in: Hilgendorf/Kudlich/Valerius, Hdb. d. Strafrechts, Rz. 40/35–39.

allerdings zumindest auch für die Alternative des Beiseiteschaffens herangezogen werden, um nicht nur übliche, sondern auch nach allgemeiner Rechtsüberzeugung zulässige, jedenfalls nicht strafwürdige Verhaltensweisen aus dem Tatbestand fernzuhalten.

aa) Verheimlichen

195 Damit gemeint ist das **Verbergen** eines (bereits ursprünglich oder kraft Neuerwerbs[467)]) zur Masse gehörenden Gegenstands vor den Gläubigern, dem Gutachter im Insolvenzeröffnungsverfahren und/oder dem (vorläufigen) Insolvenzverwalter entgegen einer eigeninitiativ[468)] zu erfüllenden Offenbarungspflicht,[469)] z. B. §§ 20 Abs. 1 und 97 Abs. 1 Satz 1 InsO; für das Verbraucherinsolvenzverfahren: § 305 Abs. 1 Nr. 3 InsO;[470)] auch im Fall unterbleibender Information des Insolvenzgerichts über nach Abweisung mangels Masse aufgetauchte Vermögensgegenstände,[471)] die nachträglich zu verteilen sind[472)] – und zwar schon deswegen, weil sie wirtschaftlich von Anfang an zur Masse gehörten,[473)] sich die Auskunftspflicht demnach auch auf sie bezog und folglich nachträglich zu erfüllen ist. Die **Tat** ist erst **beendet**, wenn **keine Auskunftspflicht mehr besteht.** Das ist bei einer natürlichen Person als Schuldner frühestens mit **erteilter Restschuldbefreiung** der Fall.[474)] Dauert zu diesem Zeitpunkt das Insolvenzverfahren fort, so endet die Auskunftspflicht erst mit dessen **Aufhebung**, vgl. § 303 Abs. 1 Nr. 3 InsO.[475)] Es handelt sich um ein **Dauerdelikt** mit **Gefährdungs-** und **Erfolgscharakter.**[476)] Nicht zwingend erforderlich ist dafür ein physisches Verbringen vom üblichen Standort. Der Schuldner bzw. dessen vertretungsberechtigtes Organ hat das gesamte Vermögen zu bezeichnen, welches zur Soll-Masse gehört. Der Verpflichtete muss auch bemakelt erworbenes Vermögen (wie z. B. unrechtmäßigen Besitz) offenbaren, ebenso Ansprüche aufgrund unrechtmäßig entzogener Vermögensgegenstände und Anfechtungsrechte, die dem Insolvenzverwalter zustehen. Seine Pflicht kann er verletzen durch aktives Tun (z. B. Verstecken oder Vortäu-

---

467) Das BayObLG, Beschl. v. 4.5.2022 – 203 StRR 50/22, ZInsO 2022, 2134, dazu *Brand*, NZI 2023, 65, bestätigte das LG Nürnberg-Fürth, Urt. v. 28.10.2021 – 12 Ns 511 Js 2080/19, ZWH 2022, 115, m. krit. Anm. *Bittmann*, das – in dieser Pauschalität zu unflexibel, aber fallangemessen – Offenbarung binnen zweier Wochen verlangt. *Pfordte/Sering* in: Leitner/Rosenau, Wirtschafts- und Steuerstrafrecht, § 283 StGB Rz. 23, sind der Auffassung, in der Verbraucherinsolvenz sei das Verschweigen einer Erbschaft straflos, da § 295 InsO lediglich eine Obliegenheit normiere. Das führte dazu, dass die Verfahrensart über den Umfang materieller Strafbarkeit entscheiden würde. § 295 InsO normiert zwar nur Obliegenheiten, ändert aber nichts daran, dass auch der Verbraucher Neuerwerb für die Tilgung seiner Verbindlichkeiten einsetzen und ihn dem Treuhänder unter Strafdrohung offenbaren muss.

468) *Pelz/Grotebrune*, Strafrecht in Krise und Insolvenz, Rz. 384.

469) BGH, Beschl. v. 14.3.2016 – 1 StR 337/15, Rz. 14, BGHSt 61, 180 = ZIP 2016, 778, dazu EWiR 2016, 407 *(Hellfeld)*; auch *Richter*, ZInsO 2016, 1346; BGH, Beschl. v. 12.5.2016 – 1 StR 114/16, Rz. 11, ZIP 2016, 2280 = wistra 2016, 403, dazu EWiR 2016, 769 *(Floeth)*.

470) Zu Letzterem BGH, Beschl. v. 9.5.2017 – 1 StR 626/16, Rz. 4, ZInsO 2017, 1429 = NStZ-RR 2017, 250.

471) Vgl. BGH, Beschl. v. 10.10.2013 – IX ZB 40/13, Rz. 8 ff., ZIP 2013, 2320; s. a. BGH, Beschl. v. 27.4.2017 – IX ZB 93/16, Rz. 18, ZIP 2017, 1169 = ZInsO 2017, 1850.

472) BGH, Beschl. v. 25.2.2016 – IX ZB 74/15, Rz. 11 ff., ZIP 2016, 686, dazu EWiR 2016, 409 *(Freudenberg/Girbig)*.

473) Vgl. BGH, Beschl. v. 27.4.2017 – IX ZB 93/16, insbesondere Rz. 21, 26, ZIP 2017, 1169 = ZInsO 2017, 1850.

474) BGH, Beschl. v. 14.3.2016 – 1 StR 337/15, Rz. 15, BGHSt 61, 180 = ZIP 2016, 778, unter zweifelhafter Bezugnahme auf BGH, Beschl. v. 8.3.2012 – IX ZB 70/10, ZInsO 2012, 751; **a. A.** *Ceffinato* in: Hilgendorf/Kudlich/Valerius, Hdb. d. Strafrechts, Rz. 40/80 f. Folgt die Restschuldbefreiung der Einstellung des Insolvenzverfahrens nach, so besteht in der zwischenzeit keine Auskunftspflicht, sodass schon deshalb ein Verheimlichen ausscheidet, *Heinrich*, NZWiSt 2020, 346, 357.

475) BGH, Beschl. v. 8.9.2016 – IX ZB 72/15, Rz. 22, NJW 2016, 3726 = ZIP 2016, 79.

476) BGH, Beschl. v. 14.3.2016 – 1 StR 337/15, Rz. 22 f., BGHSt 61, 180 = ZIP 2016, 778.

schen eines den Gläubigerzugriff hindernden Rechtsverhältnisses, z. B. bloß mietweise Überlassung) oder durch Unterlassen (Verschweigen entgegen einer der angeführten Auskunftspflichten.[477]

Versichert er gemäß § 98 Abs. 1 Satz 1 InsO Falsches an Eides Statt, so begeht er eine Straftat nach § 283 Abs. 1 Satz 1 StGB in Tateinheit mit § 156 StGB.[478] Hatte er denselben Vermögensgegenstand bereits i. R. einer Zwangsvollstreckung verschwiegen und die Richtigkeit seines Vermögensverzeichnisses an Eides statt versichert, so liegt Tatmehrheit auch dann vor, wenn zur Zeit der Zwangsvollstreckung bereits Insolvenzreife bestand, aber noch keine der Strafbarkeitsbedingungen des § 283 Abs. 6 StGB eingetreten war. Die gegenteilige Auffassung des 1. Strafsenats[479] überzeugt angesichts der Beendigung der ersten Tat nicht und widerspricht auch der Auffassung des 3. Senats aus dem *MobilCom*-Urteil, demzufolge das (mit der eidesstattlichen Versicherung) tateinheitlich verwirklichte Vereiteln der Zwangsvollstreckung eine andere Tat betrifft.[480] Bezieht sich mehrfaches Verheimlichen auf denselben Gegenstand oder jedenfalls dessen Wert, so liegt eine einheitliche Tat vor.[481] 196

bb) Beiseiteschaffen

Für die Annahme von Beiseiteschaffen genügt es nach h. M. wie bei § 288 StGB (siehe dazu oben Rz. 178), dass z. B. dem Insolvenzverwalter schlicht der **Zugriff** auf einen Vermögensbestandteil **„verunmöglicht“** wird.[482] Das soll in weiter Interpretation auch auf Veräußerungsgeschäfte zutreffen (zumindest dann, wenn nicht der volle Gegenwert in die [potenzielle] Masse fließt oder in dieser verbleiben soll). Verminderungen der Masse werden aber bereits von § 283 Abs. 1 Nr. 1 StGB in den Alternativen des Zerstörens, Beschädigens und Unbrauchbarmachens, sowie von Nr. 2, 3 und 8 StGB erfasst. Es ist nicht ersichtlich, warum dafür zusätzlich auch noch die Variante des Beiseiteschaffens einschlägig sein soll.[483] Die Tathandlung ist wie in allen Fällen des § 283 Abs. 1 StGB nur bei bestehender **Krise** strafbar. Der Zugriff der Gläubiger kann tatbestandsmäßig entweder aufgrund tatsächlicher Umstände oder mittels Änderung rechtlicher Zuordnung beiseitegeschafft werden.[484] Der 3. Senat des BGH sah vorinsolvenzliches Beiseiteschaffen zwecks Vereitelung der Zwangsvollstreckung zunächst als allein von § 288 StGB erfasst an, das auch nach Insolvenzeröffnung zumindest nicht ohne weiteres unter § 283 StGB fiel.[485] Das sah der 1. Senat nun nicht mehr so eng[486] und trug damit dem eingeschränkten Anwendungsbereich des § 288 StGB Rechnung. Auch zuvor schon konnte aber nicht nur als Verheimlichen im Insolvenz(eröffnungs)verfahren eine neuerliche, nunmehr Bankrott-Straftat nach § 283 Abs. 1 Nr. 1 StGB darstellen, sondern das unter § 288 StGB fallende Beiseiteschaffen zudem § 283 Abs. 2 StGB erfüllen, wenn das Tatgeschehen zu Überschuldung und/oder Zah- 197

477) BGH, Beschl. v. 9.5.2017 – 1 StR 626/16, Rz. 4, ZInsO 2017, 1429 f = NStZ-RR 2017, 250.
478) BGH, Beschl. v. 9.5.2017 – 1 StR 626/16, Rz. 4, ZInsO 2017, 1429 f = NStZ-RR 2017, 250.
479) BGH, Beschl. v. 21.3.2017 – 1 StR 602/16, Rz. 19 ff., wistra 2017, 355.
480) BGH, Urt. v. 29.4.2010 – 3 StR 314/09, Rz. 25 ff., BGHSt 55, 107 = ZIP 2012, 1351.
481) BGH, Beschl. v. 14.3.2016 – 1 StR 337/15, Rz. 17 ff., BGHSt 61, 180 = ZIP 2016, 778.
482) BGH, Beschl. v. 12.5.2016 – 1 StR 114/16, Rz. 14, ZIP 2016, 2280 = wistra 2016, 403; zumindest ähnlich wie hier *Ceffinato* in: Hilgendorf/Kudlich/Valerius, Hdb. d. Strafrechts, Rz. 40/41; *Heinrich*, NZWiSt 2020, 346, 357.
483) I. Erg. wie hier *Pelz/Grotebrune*, Strafrecht in Krise und Insolvenz, Rz. 368, 370 und Rz. 378–383.
484) BGH, Beschl. v. 14.6.2023 – 1 StR 327/22, Rz. 39–41, ZWH 2023, 282.
485) BGH, Urt. v. 29.4.2010 – 3 StR 314/09, Rz. 30, BGHSt 55, 107 = ZIP 2012, 1351.
486) BGH, Beschl. v. 14.6.2023 – 1 StR 327/22, Rz. 42–45, ZWH 2023, 282, dazu krit *Bittmann*, ZWH 2023, 245.

lungsunfähigkeit geführt hat (siehe dazu oben Rz. 182). Mit § 263 StGB ist Tateinheit möglich.[487)]

198 Beiseiteschaffen liegt vor, wenn (entweder wie hier: nur, oder nach h. M.: auch) betroffene Vermögensbestandteile zwar nicht im Zugriffsbereich der Gläubiger, wohl aber des Schuldners und damit **weiterhin Bestandteil seines Vermögens** bleiben. Da dessen **Umschichtung** auch in der Krise zulässig ist, bedarf es der **Abgrenzung zu erlaubten Transaktionen.** Angesichts der Gläubigerinteressen als Rechtsgut kann es nur darauf ankommen, ob das Handeln des Täters **geeignet** ist, den **Gläubigerzugriff** zu **verunmöglichen** oder zumindest **wesentlich** zu **erschweren.** Das maßgebliche Kriterium dafür ist die **Wirtschaftswidrigkeit** des Verhaltens, obwohl das Gesetz es für die Fälle des Beiseiteschaffens und Verheimlichens nicht erwähnt.[488)] Zulässig bleibt etwa die Überweisung von einem Giro- auf ein Sparkonto des Schuldners, das Verbringen eines Inventargegenstands von der aufgelösten Zweig- in die Hauptstelle, nicht aber an einen unbekannten Ort oder in nur dem Täter zugänglicher Weise (z. B. Stichwortkonto). Erlaubt sind auch Privatentnahmen zur Deckung der für den notwendigen Lebensunterhalt erforderlichen Ausgaben z. B. beim Einzelhandelskaufmann und beim Gesellschafter einer Personenhandelsgesellschaft. Dieses Ergebnis steht im Einklang mit § 283 Abs. 1 Nr. 2 StGB, weil darin lediglich übermäßige Ausgaben unter Strafe gestellt sind. Tatbestandsmäßig ist z. B. das „Umlenken" eingehender Gelder auf Konten von Verwandten,[489)] aber auch das Belasten von Grundstücken einer dem Schuldner gehörenden Gesellschaft mit der einzigen Motivation, Gläubiger mittels vorgetäuschten wirtschaftlich wertlosen Vermögens von Zwangsmaßnahmen abzuschrecken,[490)] auch die Belastung des eigenen Grundstücks mit einem Nießbrauch;[491)] ein eigenes Wohnrecht am eigenen Grundstück ist pfändbar.[492)] Nicht als Beiseiteschaffen sah es jedoch das LG Nürnberg an, dass der Angeklagte Forderungen über ein auf fremdem Namen geführtes, aber allein von ihm benutztes Konto einzog und die Geldbeträge unverzüglich zu eigenen Zwecken abholte. Soweit er jedoch die davon noch vorhandenen Mittel entgegen § 97 InsO im Insolvenzverfahren nicht offenbarte, verurteilte es ihn jedoch wegen Verheimlichens.[493)]

199 Ist der **Handelnde nicht der Schuldner**, so macht er sich nur strafbar, wenn er „als" **Organ** (oder sonstiger von § 14 StGB erfasster Vertreter) agierte. Das steht in dieser Abstraktheit nicht in Frage. Die genauen Anforderungen sind aber auch nach Aufgabe der sog. Interessentheorie noch umstritten. Der 2. Strafsenat des BGH differenzierte zwischen dem Abheben eines Betrags vom Konto der Schuldnerin und späterer, wenngleich plangemäßer privater Verwendung. Diese künstlich anmutende Aufspaltung führte ihn dazu, zwar im Auszahlungsvorgang das Handeln als (faktischer) Geschäftsführer zu bejahen, das aber eben deshalb noch kein Beiseiteschaffen darstellte. Dies bejahte er erst aufgrund

487) BGH, Beschl. v. 24.8.2017 – 1 StR 625/16, Rz. 16 f., ZInsO 2018, 324.

488) BGH, Beschl. v. 9.2.2022 – 1 StR 384/21, Rz. 8, ZInsO 2022, 824 = NStZ-RR 2022, 184, verlangt sogar (die vom Gesetz nur für § 283 Abs. 1 Nr. 8 StGB vorgesehene) *grobe* Wirtschaftswidrigkeit.

489) BGH, Beschl. v. 21.3.2018 – 1 StR 414/16, Rz. 7, 12, NZWiSt 2019, 155; BGH, Beschl. v. 10.7.2018 – 1 StR 605/16, Rz. 2, 8, ZIP 2018, 2178 = ZInsO 2018, 1953; LG Hildesheim, Urt. v. 13.2.2014 – 21a Ns 25 Js 34542/12, Rz. 17, 33 ff., ZInsO 2015, 352.

490) BGH, Beschl. v. 14.6.2023 – 1 StR 327/22, ZWH 2023, 282; die Belastung der Grundstücke stellte mangels Insolvenzreife der Gesellschaft und damit wirksamem Einverständnis des Angeklagten als ihrem Alleingesellschafter keine Untreue zu ihrem Nachteil dar.

491) Vgl. den Sachverhalt OLG Oldenburg, Beschl. v. 3.3.2022 – 1 W 37/21, ZInsO 2023, 406.

492) BGH, Beschl. v. 2.3.2023 – V ZB 64/21, ZRI 2023, 449 = ZVI 2023, 224 = NZI 2023, 413, m. Anm. *Neumann*.

493) LG Nürnberg, Urt. v. 15.12.2021 – 12 Ns 502 Js 1046/19, Rz. 35 – 40, ZInsO 2022, 84; zur Konstellation treuhänderischer Nutzung des Privatkontos des Geschäftsführers *Gehrlein*, ZInsO 2022, 173 – aus Sicht des Insolvenzanfechtungsrechts.

der anschließenden persönlichen Verwendung, für die jedoch kein Handeln „als“ Organ festgestellt war.[494] Der BGH übersah dabei, dass bei der Beurteilung eines äußerlich mehrdeutigen Handelns die **subjekive Motivation maßgeblich** ist. Da kein Zweifel daran bestand, dass der Angeklagte bereits bei Entgegennahme des Auszahlungsbetrags private Absichten verfolgte, schaffte er das Geld nicht erst bei Verwendung, sondern mit Entgegennahme beiseite. Dabei trat er als (faktisches) Organ auf, denn nur als solches und nicht (auch) als Privatperson war er verfügungsbefugt.

cc) Weitere Begehungsweisen

Die Alternativen des Zerstörens,[495] Beschädigens und Unbrauchbarmachens überschneiden sich. Sie spielen in der Praxis keine nennenswerte Rolle. Ihre Existenz belegt aber, dass das Gesetz sämtliche unredlichen vermögensmindernden Aktivitäten unter Strafe zu stellen trachtet, nicht nur wie beim Auffangtatbestand des § 283 Abs. 1 Nr. 8 StGB die grob wirtschaftswidrigen. 200

c) § 283 Abs. 1 Nr. 2 StGB

Auch die **sechs Tatalternativen** des § 283 Abs. 1 Nr. 2 StGB lassen sich in zwei Gruppen aufteilen. Die erste bezieht sich allein auf **Waren und Wertpapiere.** Mit diesen sind in der Krise wirtschaftswidrige **Verlust-**, (Unterwertverkäufe, z. B. zu Dumpingpreisen), **Spekulations-** und **Differenzgeschäfte** verboten. Weil es sich um eine schlichte Tätigkeit handelt, ändert daran auch ein etwaig tatsächlich eingetretener Gewinn nichts.[496] Die zweite Gruppe untersagt allgemein **Spiele und Wetten** mit **übermäßigen Beträgen**, sowie im gleichen Umfang und ohne weitere Einschränkungen oder Konkretisierung auch **unwirtschaftliche Ausgaben.** Dieser Begriff ist ebenso wie die Übermäßigkeit sachverhaltsbezogen auszulegen. Trotz naheliegender Überschneidungen müssen beide Merkmale aufgrund des verfassungsrechtlichen Verschleifungsverbots[497] selbständig definiert werden. Es bietet sich an, als unwirtschaftlich zwar jede überflüssige Ausgabe anzusehen, eine solche aber einschränkend nur dann als tatbestandsmäßig zu betrachten, wenn sie sich im Verhältnis zur gesamten wirtschaftlichen Lage des Schuldners als übermäßig erweist. 201

d) § 283 Abs. 1 Nr. 3 StGB

In systematischer Hinsicht erscheint § 283 Abs. 1 Nr. 3 StGB als überflüssig. Die Bestimmung bezieht sich wie die erste Gruppe des § 283 Abs. 1 Nr. 2 StGB auf Waren und Wertpapiere. Wurden diese auf Kredit beschafft oder aus derart erworbenen Waren Sachen (nicht notwendig ausschließlich) hergestellt, so verbietet diese Vorschrift die Veräußerung oder Abgabe in sonstiger Weise erheblich unter ihrem Wert. Sie verbietet damit als **lex specialis** (nochmals) einen Ausschnitt bereits weitergehend von § 283 Abs. 1 Nr. 2 StGB verbotener Verlustgeschäfte, ohne eine Sperrwirkung zu entfalten. 202

---

494) BGH, Beschl. v. 4.8.2021 – 2 StR 352/20, Rz. 5–7, ZInsO 2021, 2194; ablehnend *Bittmann*, ZInsO 2022, 53.

495) Bsp: BGH, Urt. v. 8.12.2021 – 5 StR 236/21, Rz. 17, NStZ 2022, 409, m. Anm. *Hoven*, *Schladitz*, wistra 2022, 111: Zerstören des eigenen Boots zwecks Vortäuschung des Todes des Schuldners.

496) A. A. *Pelz/Grotebrune*, Strafrecht in Krise und Insolvenz, Rz. 393, 395.

497) BVerfG, Beschl. v. 23.6.2010 – 2 BvR 2559/08, 2 BvR 105/09 und 2 BvR 491/09 (Schwarze Kasse – Siemens/ENEL), BVerfGE 126, 170 = ZIP 2010, 1596; konkretisierend und auf die Ebene der Rechtsanwendung begrenzend BVerfG, Beschl. v. 9.2.2022 – 2 BvL 1/20, Rz. 99–101, NJW 2022, 1160; nicht vertiefend BVerfG, Beschl. v. 5.5.2021 – 2 BvR 2023/20, 2 BvR 2041/20, Rz. 14 und 17 f., wistra 2021, 436; zum Thema *Bittmann*, wistra 2013, 1; *Krell*, ZStW, 126 (2014), 902; *Kuhlen* in: FS Neumann, 2017, S. 943.

203 **„Beschaffen"** bezieht sich nicht allein auf den Erwerb des Eigentums, sondern schließt unter Eigentumsvorbehalt erhaltene Ware ein. Der Anwendungsbereich der Bestimmung ist nur und nur solange eröffnet, wie die Beschaffung auf Kredit erfolgt und dieser noch nicht zurückgeführt ist. **Veräußern** betrifft das dingliche Übereignungsgeschäft. **Abgeben** ist wirtschaftlich zu verstehen. Damit ist auch das Bestellen von Sicherungsrechten erfasst. Erzielt der Schuldner (oder dessen vertretungsberechtigtes Organ) zumindest den **Einkaufspreis**, so schließt dies den Tatbestand aus. Kann dieser jedoch aufgrund gesunkenen Marktniveaus gar nicht mehr erreicht werden, so ist maßgeblich der Markt- oder der sonst übliche Preis. Die **Erheblichkeitsgrenze** ist erst bei einer Unterschreitung um **mindestens 25 %** erreicht. Beläuft sich die Differenz zum Referenzpreis auf weniger, so fällt dies unter § 283 Abs. 1 Nr. 2 StGB. Wie dort so ist auch im von Nr. 3 erfassten Ausschnitt nur **wirtschaftswidriges Agieren** strafbar. Sachgerecht i. S. von vertretbar getroffene, unternehmerische Entscheidungen bleiben deshalb möglich und rechtmäßig.

e) § 283 Abs. 1 Nr. 4 StGB

204 Diese Alternative unterscheidet sich von den Nrn. 1 bis 3 StGB bereits dadurch, dass sich die Tathandlung auf die **Verbindlichkeiten** bezieht. Der Vermögensabfluss spielt hier keine Rolle. Kommt es dazu, so wird er von einer der anderen, die Aktiv-Seite betreffenden bestandsbezogenen Tatbestandsalternativen erfasst, welche auf Konkurrenzebene vorgehen. Das von § 283 Abs. 1 Nr. 4 StGB umschriebene Geschehen ist vielmehr im **Vorfeld** angesiedelt und pönalisiert bereits das bloß **schuldrechtlich** wirkende Vortäuschen oder Anerkennen erdichteter Rechte. Die Variante normiert kein Erfolgs-, sondern ein **Gefährdungsdelikt.** Deshalb kommt es nicht darauf an, ob die Tat die Quote für die Gläubiger tatsächlich vermindert hat. Es genügt, wenn dies abstrakt möglich ist. Erfasst sind dabei sowohl scheinbare Inhaber schuldrechtlicher wie dinglicher Rechte als auch tatsächlich vorhandene Gläubiger, denen der Schuldner ein besseres Recht zuerkennt, als sie es zuvor innehatten (z. B. ein Insolvenzvorrecht). Maßgeblich ist die (bessere) **Befriedigungschance spiegelbildlich** zur (etwaigen) **Schmälerung der Quote** der übrigen Gläubiger. Vortäuschen verlangt noch keinen Adressaten, wohl aber eine gewisse **Außenwirkung** (z. B. Passivierung fingierter Verbindlichkeit). Anerkannt werden kann nur ein behauptetes Recht eines *Dritten*. Ob dazu auch der GmbH-Geschäftsführer gehört, der seine eigene erdichtete Forderung gegenüber der Gesellschaft anerkennt, ist streitig.[498)] Die Tat kann auch durch Unterlassen begangen werden, z. B., wenn die aussichtsreiche Verteidigung gegen eine gerichtliche Klage unterbleibt. Der bloße Verzicht auf die Einrede der Verjährung ist allerdings nicht tatbestandsmäßig.[499)]

f) § 283 Abs. 1 Nr. 8 StGB

205 Janusköpfig ist die Funktion des § 283 Abs. 1 Nr. 8 StGB. Einerseits handelt es sich dabei um die **Grundnorm** für § 283 Abs. 1 Nr. 1 bis 7 StGB, andererseits fungiert die Bestimmung **zugleich** als **Auffangtatbestand.** Erneut finden sich **zwei unterschiedliche Gruppen** von Tathandlungen, nämlich **bestandsmindernde** und **Verdunkelungsaktivitäten.** Letztere gehören zu den informationsbezogenen Tatbestandsalternativen. Beide Gruppen erfassen allein **grob wirtschaftswidriges Agieren.** Da Maßstab bereits der bloßen, d. h. einfachen Wirtschaftswidrigkeit die **Vertretbarkeit** ist, muss dazu noch ein **verschärfendes Moment** hinzutreten, z. B. ein elementarer oder besonders wichtiger, weil folgenreicher Verstoß. Vergleichsmaßstab ist nicht das Wirtschaften in ruhigen Zeiten. Maßgeblich sind stattdes-

498) Vgl. *C. Brand* in: Bittmann, Hdb. Insolvenzstrafrecht, Rz. 12/95 m. w. N.

499) Dazu *C. Brand* in: Bittmann, Hdb. Insolvenzstrafrecht, Rz. 12/96 m. w. N.

sen die in der **Krise verschärften Anforderungen**. Das schmälert den Abstand zwischen einfacher und grober Wirtschaftswidrigkeit.

Ein wirtschaftlich sinnvoll erscheinender **Gesamtplan** darf auch in der Krise verfolgt werden. Daran ändert es nichts, wenn er auch bestandsmindernde Aktivitäten enthält. Diese sind eben nicht (grob) wirtschaftswidrig. Das ist anders bei unkoordiniertem vermögensminderndem Gesamtagieren ebenso wie bei unverständlichen Einzelhandlungen. Die **Wirtschaftswidrigkeit** folgt aber nicht allein aus dem schlechten Ergebnis, sondern muss aus **Ex-ante-Sicht** geprüft werden. Bei komplexem Geschehen kann es zu diesem Zweck erforderlich sein, die verschiedenen Handlungsstränge als solche und in ihrer Ursächlichkeit für die Vermögensminderung festzustellen und zu bewerten. 206

Die **Wirtschaftswidrigkeit** kann sowohl in einer **Minderung der Aktiva** als auch in einer **Mehrung der Passiva** bestehen. Dabei kommt es auf die **Auswirkungen im** ***Gesamt*****vermögen** an und nicht wie bei § 283 Abs. 1 Nr. 1 StGB auf einzelne Vermögens*bestandteile*. Allerdings sind für beide Tatbestandsvarianten auch Chancen und Risiken zu berücksichtigen, soweit ihnen der Rechtsverkehr bereits als solche Vermögenswert beimisst (gläubigerbenachteiligende Betriebsaufspaltung; unterwertige Übertragungen auf Auffanggesellschaften; Abschluss erfolgversprechenden Geschäfts seitens des Nachfolgeunternehmens; Zurückziehen des [günstigsten, aber gleichwohl gewinnträchtigen] Angebots in einer Ausschreibung; Lieferung ohne Sicherheitsleistung des Empfängers; Rufschädigung etc.). Typische Kreditrisiken dürfen eingegangen werden. Grob wirtschaftswidrig sind sie jedoch nicht nur regelmäßig beim Akzeptieren von Wucherzinsen, sondern auch, wenn nicht ersichtlich ist, dass die Wirtschaftskraft ausreicht, den Kredit zurückzuführen oder die einzelnen aus Zins und Tilgung bestehenden Raten aufzubringen. Darin liegt ein Fall **materieller Unterkapitalisierung**, der sich als strafbar erweist. Grob wirtschaftswidrig ist auch das bloße Geschehenlassen (z. B. kein Stellen von Ausgangsrechnungen, kein Ausnutzen von Skonti, Auflaufenlassen von Verzugszinsen etc.), meist einhergehend mit von der zweiten Fallgruppe des § 283 Abs. 1 Nr. 8 StGB erfasstem vermögensmindernden Wirtschaften ohne ausreichenden Überblick. 207

g) Bestandsbezogene Taten nach § 283 Abs. 2 StGB

Handeln vor der Krise steht, falls es zu deren Eintritt führt, gemäß § 283 Abs. 2 StGB unter Strafdrohung. Die Bestimmung verweist ohne Einschränkungen auf § 283 Abs. 1 StGB und versieht die Tathandlungen mit einem **Kausalitätserfordernis.**[500] Die Wirtschaftswidrigkeit beurteilt sich in den Fällen des § 283 Abs. 2 StGB jedoch nicht nach denselben Maßstäben, die für § 283 Abs. 1 StGB anzulegen sind, weil die **Verschärfung** der Sorgfalts- und Beurteilungsmaßstäbe **erst** mit Beginn der **Krise** einsetzt, das Tatverhalten in den Fällen des § 283 Abs. 2 StGB aber außerhalb der Krise liegt. Gleichwohl darf das Geschäftsgebaren nicht wie in wirtschaftlich gesunden Zeiten fortgesetzt werden. Es ist vielmehr derart **anzupassen**, dass der unter Strafe stehende **Erfolg** (Überschuldung und/oder Zahlungsunfähigkeit) gerade **nicht eintritt**. Um dieser Pflicht zu genügen, kann es etwa erforderlich sein, Repräsentationsaufwendungen, die nur in wirtschaftlich gesunden Zeiten angemessen sind, herabzusetzen (obwohl dies geeignet ist, Zweifel an der wirtschaftlichen Leistungsfähigkeit aufzuwerfen). Der dem Kaufmann zur Verfügung stehende Spielraum kann von der Pflicht zur Vermeidung des tatbestandlichen Erfolgs durchaus 208

500) Beispiel: BGH, Beschl. v. 22.1.2013 – 1 StR 234/12, insbesondere Rz. 4, BGHSt 58, 115 = ZIP 2013, 984, dazu EWiR 2013, 427 *(Floeth)*; dazu *Fauser*, ZWH 2013, 273 f.; Mitursächlichkeit genügt, BGH, Beschl. v. 28.9.2016 – 4 StR 293/16, Rz. 12, wistra 2017, 103 = NStZ-RR 2017, 177, wenn dadurch die Insolvenzreife früher eintritt, BGH, Beschl. v. 6.2.2019 – 3 StR 239/18, ZInsO 2019, 677; zu den Anforderungen an die Darstellung im Urteil BGH, Beschl. v. 25.8.2016 – 1 StR 290/16, ZInsO 2016, 2032.

so stark eingeschränkt sein, dass er sich kaum von dem in der Krise verbleibenden unterscheidet. Die **Wirtschaftsmäßigkeit** des Verhaltens hängt demnach immer, d. h. auch außerhalb einer Krise, von den **konkret obwaltenden Umständen** ab.

209 § 283 Abs. 2 i. V. mit Abs. 1 Nr. 2 StGB verbietet Spekulationsgeschäfte, zumal Wetten, die in die Krise führen. Derartige Verhaltensweisen lösten die Bankenkrise 2008 mit aus. Die Verantwortlichen müssen gleichwohl keine Bestrafung wegen Bankrotts fürchten, weil die Geldinstitute als systemrelevant mit öffentlichen Mitteln vor der Insolvenz und damit dem Eintritt einer der Strafbarkeitsbedingungen des § 283 Abs. 6 StGB bewahrt wurden.[501)]

XI. Dokumentationsdelikte – Buchführung und Bilanzen

1. Allgemeine Bedeutung

210 Ohne ausreichendes Wissen ist wirtschaftlicher Erfolg auf längere Dauer nur zufällig möglich. Die Geschäftsleitung hat deshalb sicherzustellen, über **für jede wirtschaftliche Lage ausreichende Informationen** zu verfügen, § 1 StaRUG.[502)] Das Umfeld ist nicht statisch, sondern entwickelt sich dynamisch. Dies erfordert stete **Anpassungen.** Die Aufgabe besteht quasi im „Übersetzen" der Veränderungen in wirtschaftliche Kennzahlen, die Handlungsnotwendigkeiten sichtbar werden lassen. Die tatsächlichen, technischen, wirtschaftlichen, politischen, konjunkturellen, kurz alle **Rahmenbedingungen,** die ökonomische Auswirkungen zeitigen können, müssen (in einem praktikablen und deshalb branchen- wie situationsabhängigen Maße) **beobachtet** und **festgestellt** werden. Dabei werden sich unterschiedliche, ggf. gegenläufige Auswirkungen sowohl auf der Einnahmen- als auch auf der Ausgabenseite (etwa in Bezug auf die Bewertung) zeigen. Diese gilt es für das jeweilige Unternehmen zu **operationalisieren,** um den weiteren wirtschaftlichen Erfolg, insbesondere den Fortbestand, zu organisieren,[503)] v. a. zu finanzieren.

2. Kaufmännische Buchführung

211 Ausgangspunkt für sämtliches zukünftige Handeln ist die Kenntnis der wirklichen, gegenwärtigen wirtschaftlichen und finanziellen Lage. Geschönte Bilder taugen dafür nicht. Weil die ökonomische Gegenwart nicht sinnlich spürbar ist, bedarf sie der Prüfung und Feststellung. Das dafür zur Verfügung stehende Mittel ist zwar nicht jedem Juristen, wohl aber allen Kaufleuten, erst recht den Betriebswirten, bestens vertraut: die **kaufmännische,** die (im guten, nicht im sprichwörtlichen Sinne) doppelte **Buchführung,**[504)] zusammengefasst im **Jahresabschluss** mit der **Bilanz als Kern.** Daraus wird ersichtlich, dass die Aufzeichnungen zuvörderst der **Selbstinformation des Kaufmannes** dienen. Sie können Hinweise liefern auf tatsächliche Schwierigkeiten (z. B. wachsenden Lagerbestand, Zunahme offener Forderungen oder Verbindlichkeiten) ebenso wie auf geschönte Abbildungen (erhöhter Ausweis von Halbfertigerzeugnissen, hoher Firmenwert eines erworbenen Unternehmens). Zum **Schutz** der **Gläubiger** vor Fehlinformation verbietet das Strafrecht zudem originär weitergehende informationsbezogene Verhaltensweisen (z. B. Verheimlichen und Verschleiern, § 283 Abs. 1 Nr. 8).[505)]

---

501) Zur früheren Rechtslage *C. Brand*, KTS 2012, 195; zum geltenden Recht nach Inkrafttreten des sog. Trennbankengesetzes *C. Brand*, ZvglRWiss 2014, 142, *Goeckenjan*, wistra 2014, 201; *Kasiske*, ZIS 2013, 257.

502) *Schulz*, NZI 2020, 1073; *Schwintowski*, NZG 2021, 901; bereits zuvor st. Rspr., z. B. BGH, Versäumnisurt. v. 19.6.2012 – II ZR 243/11, ZIP 2012, 1557 = ZWH 2012, 412; dazu *Bittmann*, ZWH 2012, 414; BGH, Urt. v. 18.12.2012 – II ZR 220/10, Rz. 17, wistra 2013, 234 = ZIP 2013, 412; zu § 266a StGB s. unten Rz. 251.

503) Zum IDW S 6 (2018) vgl. ZInsO 2020, 2467.

504) Zur Bedeutung für die Bewertung eines Unternehmens *Heckendorf/Krafft/Weisser*, wistra 2021, 9.

505) *Ceffinato* in: Hilgendorf/Kudlich/Valerius, Hdb. d. Strafrechts, Rz. 40/50.

a) Maßgeblichkeit des Zivilrechts

Das Strafrecht normiert keine eigenständigen Buchführungs- und Bilanzierungsvorschriften. Es **verweist** vielmehr auf die einschlägigen Bestimmungen des **Handels-** und **Gesellschaftsrechts** und knüpft lediglich an deren Verletzung strafrechtliche Folgen. Es besteht deshalb eine (zumindest: weitgehende) **Akzessorietät** der Strafnormen zu den die Buchführung bestimmenden Vorschriften. Unmittelbare Bezugspunkte sind die dafür einschlägigen deutschen Regeln, gelten sie rechtsformübergreifend, §§ 238 ff. HGB, oder rechtsformabhängig, z. B. §§ 150 AktG. Soweit das deutsche (Handels-)Recht allerdings die Wahl ausländischer Aufzeichnungsregeln gestattet (um sich damit von der Einhaltung der originär deutschen Buchführungs- und Bilanzierungsvorschriften zu befreien), z. B. §§ 291 f. HGB, transformiert es in das deutsche Recht die ausländischen Bestimmungen, auf die sich damit mittelbar auch die deutschen Strafnormen erstrecken. Ein bestimmtes **Buchhaltungssystem** ist zwar nicht vorgeschrieben, wohl aber sind die genannten **gesetzlichen Rahmenbedingungen** einzuhalten. Kennzeichnend für die Buchhaltungsvorschriften des HGB ist das konservative Vorsichtsprinzip. Bei zulässiger Wahl der Buchhaltung nach IFRS oder US-GAAP dürfen auch bloße Chancen als gegenwärtige Vermögenswerte aktiviert werden. 212

b) Verschärfung mit sich abzeichnender Krise

Unter dem Gesichtspunkt der Selbstinformation ist es konsequent, dass sich die **Aufzeichnungspflichten** mit sich abzeichnender **Krise verschärfen**: Der Kaufmann, die Geschäftsleitung allgemein, benötigt das Wissen über das aktuelle Geschehen viel schneller als in ruhigen wirtschaftlichen Zeiten, weil sich jede zu schnelle, zu langsame oder inhaltlich falsche Reaktion direkt auf den Fortbestand auswirken kann. Das erfordert ein **beschleunigtes Erfassen** der Geschäftsvorfälle in der **Buchhaltung**. Die zeitlichen Spielräume, Buchungen vorzunehmen (vier, in manchen Branchen bis zu sechs[506] oder gar acht Wochen), insbesondere aber Bilanzen zu erstellen, dürfen nicht mehr ausgeschöpft werden, vielmehr gilt es umgekehrt, diese Aufgaben zeitlich **so früh wie** irgendwie **möglich** zu erfüllen. Die **Bilanz** einer krisenhaften kleinen GmbH muss nicht erst wie außerhalb einer Krise, sechs Monate nach dem Bilanzstichtag erstellt wird, sondern bereits spätestens nach **drei Monaten**.[507] Da das Strafrecht auf das Handelsrecht verweist, steht auch das Gebot der Einhaltung der verkürzten Frist unter Strafdrohung. Die Verschärfung gilt jedoch nur für die Zukunft, wirkt also nicht rückwirkend, schon gar nicht unter Strafdrohung. Sie setzt erst, aber auch schon mit dem Auftreten von Krisenanzeichen ein, also nicht Überschuldung oder (drohende) Zahlungsunfähigkeit voraus. 213

c) Buchführungspflichtige Personen

Buchführungspflichtig war bis zum Inkrafttreten des BilMoG 2009 jeder **Kaufmann**. Nunmehr gilt das für den Einzelhandelskaufmann nur noch bei einem auf das Jahr bezogenen Gewinn von (seit 2016) über 60.000 € oder Umsatz von mindestens 600.000 €, § 241a HGB. Zumindest aufgrund der gestiegenen Inflationsrate dürfte eine Erhöhung der Freibeträge anstehen. Das Microbilanzgesetz führte zu Erleichterungen bei i. S. von § 267 Abs. 1 HGB kleinen Kapitalgesellschaften. Es nimmt sie zwar nicht von der Bilanzierungspflicht aus, enthebt sie aber für nach dem 30.12.2012 endende Geschäftsjahre von der Pflicht zur Fertigung eines Bilanzanhangs. 214

Bei **Personenhandelsgesellschaften** ist jeder **vertretungsberechtigte Gesellschafter** originär verpflichtet, die Buchführungsaufgaben zu erfüllen oder erfüllen zu lassen. Bei **Ka-** 215

506) *Pelz/Grotebrune*, Strafrecht in Krise und Insolvenz, Rz. 481.

507) *Fischer*, StGB, § 283 Rz. 29, *Heinrich*, NZWiSt 2020, 346, 358; und *Kindhäuser* in: NK-StGB, § 283 Rz. 85, unter Verweis in Fn. 339 auf RGSt 28, 428, 430, verlangen gar *unverzügliche* Erstellung.

pitalgesellschaften trifft diese Pflicht die **Mitglieder des vertretungsberechtigten Organs.** Dieses bestimmt sich nach dem einschlägigen deutschen, supranationalen oder ausländischen Gesellschaftsrecht (z. B. dem englischen bei der Limited). Eine abgeleitete Pflicht trifft **Delegationsempfänger** wie z. B. den Leiter der Buchhaltungsabteilung (intern) bzw. den Auftragnehmer, z. B. Steuerberater (extern), § 14 Abs. 2 StGB.[508] Delegierende unterliegen dabei (wie allgemein jeder vertretungsberechtigte Gesellschafter bzw. jedes mit einem anderen Ressort betraute Mitglied eines vertretungsberechtigten Organs) anstatt der Ausführungspflicht dem **Gebot** der **Überwachung** und **Kontrolle** (siehe dazu oben Rz. 63 und 110). Beides hat mit zunehmenden Krisenanzeichen engmaschiger zu erfolgen, weil es sich beim Thema Fortbestehen um eine Angelegenheit der gesamten Gesellschaft und damit von all ihren Vertretungsberechtigten handelt.

3. Strafbarkeit von Buchführungs- und Bilanzierungsverstößen

216 Das Strafrecht reagiert abgestuft auf Verstöße gegen die Aufzeichnungspflichten.

a) § 331 HGB

217 **Unabhängig** von der **Krise** ist die **unrichtige**[509] **Bilanzierung** strafbar, § 331 HGB, erweitert um die Pönalisierung anderweiter unrichtiger Darstellungen. Die Vorschrift ist in sechs verschiedene Ziffern unterteilt.

218 § 331 Nr. 1 HGB pönalisiert für Mitglieder vertretungsberechtigter Organe bzw. des Aufsichtsrats die unrichtige Wiedergabe oder Verschleierung der Verhältnisse der Kapitalgesellschaft, in welcher sie tätig sind, in der Eröffnungsbilanz, im Jahresabschluss,[510] im Lagebericht oder einem nach § 340a Abs. 3 HGB in Bezug auf ein Kreditinstitut erstellten Zwischenbericht. Erfasst sind **„Verhältnisse"** allgemein, also nicht nur wirtschaftliche und auch freiwillige Angaben. Die Vorschrift ist damit weiter gefasst als die insolvenzstrafrechtlichen §§ 283 und 283b StGB. Sie ist daher mit ihrem überschießenden Teil auch in Krise und Insolvenz anwendbar. Außerhalb einer Krise ist jedoch die lediglich unterlassene bzw. verspätete Bilanzerstellung straflos. Abschreibungsbedarf besteht bei Gegenständen des Umlaufvermö-

---

508) Ob nur § 14 StGB zu einer Pflichtenüberwälzung führt oder ob dies auch aufgrund (sonstiger) Garantenstellung möglich ist, ließ BGH, Urt. v. 14.7.2021 – 6 StR 282/20, Rz. 33–35, NStZ 2022, 109, dazu Anm. *Schilling*, offen. Zumindest für § 266 StGB, Treubruchtatbestand, kann § 14 StGB nicht als abschließend angesehen werden, weil eine Vermögensbetreuungspflicht originär allein schon auf tatsächlichen Umständen beruhen kann. Das Verhältnis zur Geschäftsherrenhaftung beleuchtet *Anders*, NZWiSt 2023, 361.

509) Beispiel: Unterlassene Bilanzierung vom Angeklagten als Vorstandsmitglied selbst veruntreuter Gelder der Genossenschaft, BGH, Urt. v. 25.1.2023 – 6 StR 383/22, Rz. 5, ZWH 2023, 195 = NStZ 2023, 351. Zur Schutzrichtung der Vorschrift auch unter Berücksichtigung internationaler Rechnungslegungsstandards vgl. *Krämer*, NZWiSt 2013, 286 m. N. Gestaltungsspielräume des Handelsrechts sind auch strafrechtlich anzuerkennen, vgl. *Waßmer*, ZWH 2012, 306. Der Wechsel des Abschlussprüfers führt empirisch zu einer wirtschaftlich günstigeren Darstellung, *Frieden*, WPg 2018, 340. Obwohl die Gründe nicht zwingend manipulativer Natur sein müssen, ist im Bedarfsfall auf etwaige Veränderungen aus derartigem Anlass zu achten. Eine statistisch abweichende Verwendung der Anzahl von Buchstaben kann auf Manipulationen hinweisen, *Harz/Bauer/Brandmeier/Hauser*, ZInsO 2017, 314 (zum System „BilMan"); zur Auswertung elektronischer Buchungsdaten vgl. *Hermanns/Wachter*, ZInsO 2018, 1589; zur elektronischen Unterstützung der Auswertung der Buchhaltung *Heckendorf/Weisser*, wistra 2021, 309.

510) Distanzierend *Pelz/Grotebrune*, Strafrecht in Krise und Insolvenz, Rz. 524. Fortführungswerte dürfen nur angesetzt werden, wenn bis zum übernächsten Bilanzstichtag nicht mit der Stilllegung zu rechnen ist, BGH, Urt. v. 26.1.2017 – IX ZR 285/14, Rz. 17, 22 ff., BGHZ 213, 374 = ZIP 2017, 427; dazu *Pape*, NZI 2019, 260; s. a. OLG Schleswig, Urt. v. 29.11.2019 – 17 U 80/19, Rz. 26 f., NZG 2020, 1236, m. Anm. *Pape* = NZI 2020, 539. Zur Kontrolle i. R. der Wirtschaftsprüfung vgl. *Meyer/Davids*, WPg 2018, 263.

gens, wenn der Teilwert am (Abschluss-)Stichtag unter dem Buchwert lag, aber auch, wenn sich herausstellt, dass der Wert die Anschaffungskosten unterschreitet.[511)]

§ 331 Nr. 2 HGB überträgt § 331 Nr. 1 HGB auf Konzerne und erfasst Konzernabschluss, -lagebericht und -zwischenabschluss nach § 340i Abs. 4 HGB. 219

§ 331 Nr. 1a und 3 HGB wenden sich nicht an Angehörige des Aufsichtsrats, sondern nur an Mitglieder vertretungsberechtigter Organe, dies aber sowohl für einzelne Gesellschaften wie für den Konzern. Unter Strafe steht die (vorsätzliche oder leichtfertige) Offenlegung von mängelbehafteten Jahresabschlüssen, die nach internationalen Rechnungslegungsvorschriften erstellt sind und damit HGB-Bilanzen ersetzen. 220

§ 331 Nr. 3a HGB befasst sich mit dem vorsätzlich falschen **Bilanzeid**, d. h. einer Versicherung, wie sie vorgeschrieben ist für bestimmte auf dem Kapitalmarkt tätige Akteure (§§ 264 Abs. 2 Satz 3, 297 Abs. 2 Satz 4, 315 Abs. 1 Satz 5 HGB) und (im Wesentlichen deckungsgleich) gemäß § 289 Abs. 1 Satz 5 HGB in Bezug auf den Lagebericht, den gesetzliche Vertreter von i. S. des § 267 Abs. 2 und 3 HGB mittleren und großen Kapitalgesellschaften zu erstellen haben. Dabei haben sie nicht nur die zutreffende Darstellung der gegenwärtigen Verhältnisse, sondern auch die korrekte **Einschätzung** von **Chancen** und **Risiken** einschließlich der zugrunde liegenden Annahmen gemäß § 289 Abs. 1 Satz 4 HGB (nicht notwendig: schriftlich) zu versichern. Geschönte Prognosen werden meist recht schnell von der Wirklichkeit widerlegt. Zutage tritt dann zwar nicht zwingend, aber doch recht häufig die Krise oder gar Insolvenz. 221

§ 331 Nr. 4 HGB bezieht sich auf Mitglieder eines vertretungsberechtigten Organs einer Kapital- oder deren Tochtergesellschaft, die einem Abschlussprüfer der Kapital- oder Tochtergesellschaft bzw. des Konzerns gegenüber in Aufklärungen oder Nachweisen falsche oder verschleiernde Angaben machen. Dies soll dem, gerade in Krisenzeiten spürbaren Anreiz manipulativer Steuerung der Abschlussprüfer entgegengewirken. 222

b) Verletzung der Buchführungspflicht (§ 283b StGB)

§ 283b StGB stellt ein **abstraktes Gefährdungsdelikt** dar,[512)] dessen Bestimmungen als **Bindeglied** zwischen § 331 HGB und § 283 StGB fungieren. Handelsrechtlich unzulässiges, aber außerhalb einer Krise nicht strafrechtlich verfolgbares, vom BGH jedoch als per se strafwürdig angesehenes[513)] Verhalten, aktives Tun wie Unterlassen, wird mit Eintritt der Krise **rückwirkend** verfolgbar, falls sich eine solche[514)] in Zahlungseinstellung, Eröffnung des Insolvenzverfahrens oder Abweisung eines Insolvenzantrags mangels Masse manifestiert, § 283b Abs. 3 i. V. mit § 283 Abs. 6 StGB. Strafbar, wenngleich innerhalb eines geringeren Strafrah- 223

511) BGH, Beschl. v. 15.8.2019 – 5 StR 204/19, Rz. 9, ZWH 2020, 105; BGH, Beschl. v. 11.5.2021 – II ZR 56/20, NZG 2021, 1603; zur Bewertung von Forderungen in der Handelsbilanz BGH, Urt. v. 20.1.2022 – III ZR 194/19, Rz. 20–25, NZG 2022, 372 = ZIP 2022, 425; BGH, Urt. v. 9.2.2023 – III ZR 117/20, Rz. 29–32, ZIP 2023, 695 = ZInsO 2023, 1097.

512) BGH, Beschl. v. 13.2.2014 – 1 StR 336/13, Rz. 61, wistra 2014, 354. Es handelt sich bei § 283b StGB nicht um ein Schutzgesetz i. S. von § 823 Abs. 2 BGB, BGH, Urt. v. 11.12.2018 – II ZR 455/17, ZIP 2019, 462; dazu *C. Brand*, ZWH 2019, 146.

513) BGH, Beschl. v. 13.2.2014 – 1 StR 336/13, Rz. 61, wistra 2014, 354.

514) Es muss nicht dieselbe Krise sein. Das folgt aus der Strafbarkeit auch der außerhalb einer Krise verspäteten Bilanzierung: Der Mangel ist in diesem Fall bei Kriseneintritt behoben, wirkt sich also nicht mehr aus. Trotzdem liegt eine Straftat vor. Das Gesetz selbst belegt damit, dass es kein Zusammenhang zwischen Bankrotthandlung und Krise verlangt, *Bittmann* in: Bittmann, Insolvenzstrafrecht, 1. Aufl. 2004, Rz. 13/7 f.; **a. A.** BGH, Beschl. v. 11.7.2019 – 1 StR 456/18, Rz. 27, ZInsO 2019, 2461 = wistra 2020, 295; *C. Brand* in: Bittmann, Hdb. Insolvenstrafrecht, Rz. 12/224; *Windsberger*, Über den „tatsächlichen Zusammenhang" im Bankrottstrafrecht, 2017, insbesondere S. 203 ff.; *Pelz* in: Wabnitz/Janovsky/Schmitt, Hdb. Wirtschafts- und Steuerstrafrecht, Rz. 9/131. Ob dies auch für § 283 StGB gilt, dazu neigend BGH, Urt. v. 30.8.2007 – 3 StR 170/07, Rz. 6, wistra 2007, 463 f., ist dem Gesetz nicht selbst zu entnehmen, da dort das Fehlen eines Zusammenhangs zwischen Bankrotthandlung und Krise nicht zur Straflosigkeit führen muss, sondern § 283b StGB als Auffangtatbestand zur Verfügung stünde.

mens, ist dann wie bei § 283 StGB sowohl die (gänzlich)[515] unterlassene wie falsche Erstellung und unzulängliche Aufbewahrung der Handelsbücher als auch die fehlende bzw. verspätete Aufstellung der Bilanz und deren inhaltliche Manipulation (siehe näheres unten Rz. 225).

c) Informationsbezogene Straftaten (§ 283 Abs. 2 StGB)

224 **Führt** ein außerhalb der Krise begangener **Dokumentationsverstoß** zur **Insolvenzreife** (Überschuldung oder Zahlungsunfähigkeit), so ist er bereits vorinsolvenzlich gemäß § 283 Abs. 2 StGB verfolgbar, sobald der Schuldner seine Zahlungen einstellt. Unordentliche Buchführung oder unterlassene Bilanzierung werden zwar kaum einmal die alleinige Ursache für den Eintritt der Insolvenzreife bilden, verspätete Buchführung oder Bilanzierung erst recht nicht. Aushöhlungshandlungen gehen allerdings meist mit Aufzeichnungsmängeln einher, welche ihrerseits eine gewisse **Mitursächlichkeit** für die spätere Insolvenz entfalten können. Setzen sich die Dokumentationsverstöße nach Kriseneintritt fort, so tritt ab dann tateinheitlich § 283 Abs. 1 StGB hinzu, werden hingegen neue begangen, so stehen sie zu den vorangegangenen in Tatmehrheit. Die in der Krise verschärften Dokumentationspflichten gelten erst ab deren Eintritt und dürfen den die Krise erst herbeiführenden, also in ihrem Vorfeld begangenen informationsbezogenen Varianten des § 283 Abs. 2 StGB nicht zugrunde gelegt werden.

d) Informationsbezogene Bankrotttatbestände (§ 283 Abs. 1 StGB)

aa) Buchführungsbezogene Taten

225 Zu den **informationsbezogenen Bankrottdelikten** gehören neben den **Verheimlichungs- und Verschleierungsvarianten** des **§ 283 Abs. 1 Nr. 8 StGB** die insolvenzstrafrechtlichen **Buchführungsdelikte, § 283 Abs. 1 Nr. 5 bis 7 StGB.**[516] Pönalisiert ist der unrechtmäßige Umgang mit erfüllten (Nr. 6) sowie mit in der Krise zu erfüllenden Aufzeichnungspflichten (Nr. 5 und 7). Soweit es sich um Unterlassungsdelikte handelt, entfällt die Strafbarkeit bei **Unmöglichkeit** der **Pflichterfüllung**. Daran fehlt es bei eigener Fähigkeit zur Buchführung und Bilanzierung.[517] Sie ist auch nicht schon dann zu bejahen, wenn es dem Kaufmann nicht mehr gelingt, sämtlichen Zahlungspflichten nachzukommen. Er hat vielmehr alle tatsächlich vorhandenen Mittel zur Erfüllung der Buchführungs- und Bilanzierungspflichten einzusetzen, soweit er keine gleichermaßen vorrangigen Pflichten (wie das Abführen von Arbeitnehmeranteilen) mit den zur Verfügung stehenden Geldern erfüllt.[518] § 283 Abs. 1 Nr. 7 StGB bezieht sich nur auf die Bilanz[519] selbst, nicht auch auf

515) H. M., vgl. BGH, Beschl. v. 18.1.1995 – 2 StR 693/94, NStZ 1995, 347 m. N.; zustimmend *C. Brand* in: Bittmann, Hdb. Insolvenzstrafrecht, Rz. 12/136 m. w. N. in Fn. 973; *Heinrich*, NZWiSt 2020, 346, 358; s. a. *Pfordte/Sering* in: Leitner/Rosenau, Wirtschafts- und Steuerstrafrecht, § 283 StGB Rz. 45, die von einem Jahr sprechen; **a. A.** *Ceffinato* in: Hilgendorf/Kudlich/Valerius, Hdb. d. Strafrechts, Rz. 40/51 – dafür sprechen bei zeitweise, z. B. vor Insolvenzantrag, unterlassener Buchführung gute Gründe, so auch *Pelz/Grotebrune*, Strafrecht in Krise und Insolvenz, Rz. 480.

516) Zur umstrittenen Frage, ob Täter auch der Insolvenzverwalter sein kann, vgl. *Grub* in: FS Runkel, 2009, S. 85 m. w. N.

517) BGH, Urt. v. 17.3.2021 – 5 StR 273/20, Rz. 15, wistra 2021, 369 = NStZ 2022, 420, m. Anm. *Ebner/Mangalia*, NStZ 2022, 420.

518) BGH, Beschl. v. 30.8.2011 – 2 StR 652/10, Rz. 14, NJW 2011, 3733, dazu EWiR 2012, 221 *(Floeth)*; BGH, Beschl. v. 20.10.2011 – 1 StR 354/11, Rz. 17, dazu EWiR 2012, 349 *(Floeth)*; dazu distanziert *Hagemeier*, NZWiSt 2012, 105; zustimmend hingegen *Fischer*, StGB, § 283 Rz. 29c; OLG Braunschweig, Beschl. v. 8.4.2019 – 1 Ss 5/19, Rz. 14, ZInsO 2019, 1423.

519) *Pelz/Grotebrune*, Strafrecht in Krise und Insolvenz, Rz. 495; Übersicht über die betroffenen Bilanzen bei *Pfordte/Sering* in: Leitner/Rosenau, Wirtschafts- und Steuerstrafrecht, § 283 StGB Rz. 53; zur inhaltlichen Richtigkeit gilt nichts von § 331 HGB Abweichendes, s. dazu oben Rz. 195; im Hinblick auf die Frage, ob § 283 Abs. 1 Nr. 7b StGB voraussetzt, dass die Krise bereits zum Bilanzstichtag bestand, oder ob es ausreicht, dass die allfällige Bilanz auch bei Ausbruch der Krise noch ausstand vgl. OLG Stuttgart, Urt. v. 30.5.2011 – 1 Ss 851/10, ZWH 2011, 102 f., m. Anm. *Adick* = ZIP 2011, 1530, dazu EWiR 2011, 719 *(Floeth)*; engagiert und mit umfassender Begr. ablehnend *Reither*, wistra 2014, 48.

deren Anhang und sonstige Teile des Jahresabschlusses. Diese können jedoch für § 283 Abs. 1 Nr. 6 und 8 StGB bedeutsam sein, weil beide Alternativen nicht an die Pflicht, sondern nur an die **tatsächliche Erstellung** anknüpfen.[520] Daher fällt ein verheimlichter Anhang auch dann unter § 283 Abs. 1 Nr. 6 StGB, wenn er gar nicht hätte erstellt werden müssen. Ein falscher, von § 331 HGB, §§ 283b und 283 Abs. 1 Nr. 7 StGB nicht erfasster (freiwillig oder pflichtgemäß) erstellter Anhang kann zudem als Verschleierung der wirklichen geschäftlichen Verhältnisse eine Bankrotttat nach § 283 Abs. 1 Nr. 8 StGB darstellen. Weil § 283 Abs. 1 Nr. 5 bis 7 HGB pauschal auf das Handelsrecht verweisen, bedarf es einer Ausziselierung wie in § 331 HGB nicht. Allerdings stehen dessen Bestimmungen, auch soweit sie an sich zurücktreten, als Auffangtatbestände bereit. Strafrechtlich genügt die **Aufstellung** der Bilanz. Dafür ist das geschäftsführende Organ zuständig. Eine ggf. notwendige Feststellung seitens der Gesellschafterversammlung, eines Aufsichts- oder Beirats ist insoweit ebenso wenig relevant wie das Testat einer Wirtschaftsprüfungsgesellschaft.[521]

bb) § 283 Abs. 1 Nr. 8 StGB

Die zweite Gruppe des § 283 Abs. 1 Nr. 8 StGB pönalisiert das Verheimlichen und/oder Verschleiern der wirklichen geschäftlichen Verhältnisse in der Krise. Für den Einzelhandelskaufmann und den persönlich haftenden Gesellschafter hat das zur Folge, dass sich die Vorschrift **nicht** unmittelbar auf ihr **Privatvermögen** bezieht. Weil aber nicht nur der Teil des Vermögens gemeint ist, der gegenwärtig zum Wirtschaften eingesetzt wird, sondern auch derjenige, der zumindest vorgeblich zu diesem Zweck eingesetzt werden kann oder sogar soll, dürfen die Gläubiger nicht unter Hinweis auf angeblich ausreichendes Privatvermögen als Haftungsmasse in die Irre geführt werden. Wird daher zu gewerblichen Zwecken auf rein **privat** genutztes **Vermögen Bezug genommen**, so **entsteht** dadurch der für § 283 Abs. 1 Nr. 8 StGB maßgebliche **Bezug zu den geschäftlichen Verhältnissen. Geschäftlich** sind nicht nur **finanzielle** und **wirtschaftliche** Verhältnisse, sondern z. B. auch **rechtliche** und **personelle** Umstände (vom angeblichen Spezialisten als Mitarbeiter über versteckte Provisionen und Strohleute bis hin zu treuhänderischen Gesellschaftsverhältnissen, Verschachtelungen oder der Übernahme durch einen Finanzinvestor [„Heuschrecke“]) sowie falsche Werturteile oder irreführende Prognosen. Dementsprechend gehört dazu auch die wirtschaftliche Leistungsfähigkeit, speziell die Überlebensfähigkeit und umgekehrt die **Insolvenzreife.** 226

Verheimlichen besteht im **Unterdrücken** für ggf. auch nur potenzielle Adressaten (wie z. B. Geschäftspartner) **wesentlicher Informationen. Verschleiern** bedeutet **undeutliches Darstellen** des **Richtigen**, damit es der Empfänger verkenne. Die Tathandlung kann auf verschiedene Weise begangen werden, durch aktives Tun, pflichtwidriges Unterlassen und konkludentes Handeln. Letzteres liegt bei werbender Tätigkeit trotz Insolvenzreife vor,[522] erklärt doch der Handelnde allein schon damit, er bzw. das von ihm vertretene Unternehmen könne seine Verbindlichkeiten begleichen. 227

Der jedenfalls faktische Hauptanwendungsbereich (neben den weiteren, siehe oben Rz. 69, 85, 88, 205–207, 211 und 225 f.) der Bestimmung liegt mittlerweile bei der sog. **Unter-** 228

520) A. A. *Pelz/Grotebrune*, Strafrecht in Krise und Insolvenz, Rz. 490.

521) *Pelz/Grotebrune*, Strafrecht in Krise und Insolvenz, Rz. 498 f.

522) Zur Übertragung auf Bargeschäfte vgl. *Sämisch/Deichgräber*, ZInsO 2018, 773.

nehmensbestattung,[523] der formwidrigen Liquidation mit dem Versuch, seinen guten Ruf und sich selbst vor der zivil- wie strafrechtlichen Verantwortung zu bewahren. Damit stellt sich aber die Frage nach dem **Konkurrenzverhältnis** zur **Insolvenzverschleppung.** § 15a Abs. 4 und 5 InsO erfasst anders als § 283 Abs. 1 Nr. 8 StGB auch die Konstellation, dass der Betrieb eingestellt ist, aber der gebotene Insolvenzantrag nicht gestellt wird.[524] Demgegenüber beschränkt sich § 283 Abs. 1 Nr. 8 StGB auf das grob wirtschaftswidrige Weiterwirtschaften, dies aber rechtsformunabhängig.[525] Er **erweitert** damit die **Strafbarkeit der Insolvenzverschleppung,** allerdings **unter einengenden Voraussetzungen.** Ähnlich gestaltet sich das Verhältnis zum BauFordSiG. Letzteres verlangt nur für den im Einzelnen gesetzlich definierten Sektor des *Baugelds* dessen vorhabenspezifischen Einsatz. § 283 Abs. 1 Nr. 8 StGB fordert, ohne sich darauf zu beschränken, Gleiches auch von anderen krisenbehafteten Generalunternehmern im Verhältnis zu ihren Subunternehmern, und führt zudem zu einer Ausweitung des gemäß §§ 3 f. UWG strafbaren Verhaltens: In der Krise ist unlautere Werbung auch über die Grenzen des § 16 UWG hinaus pönalisiert. Perspektivisch ist mit zunehmenden Fallzahlen zu rechnen, weil auch falsche Darstellungen im Schutzschirmverfahren und nun auch im Zusammenhang mit einer Restruktierungssache erfasst sind.[526]

e) § 283 Abs. 3 StGB

229 Die forensische Praxis pflegt das Potential der **Versuchsstrafbarkeit** nach § 283 Abs. 3 StGB nicht auszuschöpfen. Strafbar sind bereits begonnene Verhaltensweisen. Soll ein Vermögensgegenstand nicht selbst, sondern erst dessen Erlös beiseitegeschafft werden, so liegt das unmittelbare, aber nicht immer beweisbare Ansetzen im Abschluss des Veräußerungsgeschäfts. Versuch ist auch dann zu bejahen, wenn das Beiseiteschaffen oder Verheimlichen misslang, die Tathandlung also den Taterfolg nicht herbeiführte. Fehlt noch die Bilanz bei einem kurz vor Fristablauf gestellten Insolvenzantrag, so liegt darin tatbestandlich eine versuchte unterlassene Bilanzierung.[527] Der Eigenantrag kann nicht als strafbefreiender Rücktritt angesehen werden.

---

523) BGH, Beschl. v. 24.3.2009 – 5 StR 353/08, Rz. 6, wistra 2009, 273 f. = ZIP 2010, 471, dazu EWiR 2010, 265 *(Floeth)*; BGH, Beschl. v. 15.11.2012 – 3 StR 199/12, Rz. 16, NJW 2013, 1892 = ZIP 2013, 514, dazu *Bittmann*, ZWH 2013, 320 f.; BGH, Beschl. v. 9.6.2022 – 5 StR 407/21, ZInsO 2022, 1796 = NZG 2022, 1407, m. Anm. *Brand*, NZG 2022, 1408); *Mahler*, ZFN 2012, 182; BGH, Beschl. v. 8.2.2022 – 5 StR 243/21, NStZ-RR 2022, 143 (Täter kann auch faktischer Geschäftsführer oder Liquidator sein); kritisch zur Rspr. des BGH C. *Brand* in: Bittmann, Hdb. Insolvenzstrafrecht, Rz. 12/214; *Ceffinato* in: Hilgendorf/Kudlich/Valerius, Hdb. d. Strafrechts, Rz. 40/49; zur Abgrenzung ggü. einem aktiven Neugeschäftsführer LG Saarbrücken, Urt. v. 26.6.2015 – 2 KLs 23/14, ZInsO 2016, 1115; bürgerlich-rechtlich können Vereinbarungen im Zuge der Bestattung nach § 138 BGB nichtig sein, BGH, Urt. v. 8.2.2018 – IX ZR 92/17, Rz. 38, ZInsO 2018, 1799, und es liegt eine vorsätzliche sittenwidrige Schädigung nahe, BGH, Urt. v. 8.2.2018 – IX ZR 103/17, Rz. 57–62, BGHZ 217, 300 = NJW 2018, 2404; zu zivilrechtlichen (Haftungs-)Problemen vgl. OLG Karlsruhe, Beschl. v. 19.4.2013 – 2 (7) Ss 89/12 – AK 63/13, NZWiSt 2013, 427, mit nicht durchweg überzeugender Bspr. auch unter strafrechtlichen Aspekten *Werner*, NZWiSt 2013, 418; zur Amtspflichtverletzung eines Notars bei Mitwirkung BGH, Beschl. v. 8.4.2019 – NotSt (Brfg) 5/18, NZG 2019, 877 = ZIP 2019, 1534; zu dessen Strafbarkeit LG Lübeck, Beschl. v. 27.3.2023 – 6 Qs 33/22, wistra 2023, 259, m. Anm. *Bittmann*; dazu auch *Köllner*, NZI 2023, 394; s. a. *Ehricke* in: FS Hopt, 2010, S. 589; *Heinrich*, NZWiSt 2020, 346, 359 f.; *Pfordte/Sering* in: Leitner/Rosenau, Wirtschafts- und Steuerstrafrecht, § 283 StGB Rz. 81–89; *Pelz/Grotebrune*, Strafrecht in Krise und Insolvenz, Rz. 849–862; *Pluta/Ch. Keller* in: FS Beck, 2016, S. 405; *Stalinski*, Rpfleger 2012, 657.

524) Vgl. LG Stuttgart, Beschl. v. 28.2.2022 – 6 Qs 1/22, ZInsO 2022, 776 = NZI 2022, 495. OLG Frankfurt/M., Urt. v. 8.12.2021 – 4 U 12/21, NZI 2022, 165.

525) Zum Verhältnis beider Bestimmungen s. oben Rz. 69.

526) *Pelz/Grotebrune*, Strafrecht in Krise und Insolvenz, Rz. 759.

527) *Kindhäuser* in: NK-StGB, § 283 Rz. 87.

f) § 283 Abs. 4 und 5 StGB

Neben Vorsatztaten nach § 283 Abs. 1–3 StGB stehen gemäß § 283 Abs. 4 und 5 StGB auch bestimmte **Vorsatz-Fahrlässigkeits-Kombinationen** bzw. **fahrlässiges Handeln** unter (gemilderter) Strafdrohung. Die Praxis schöpft auch das Potential dieser Varianten selten aus, obwohl sie **Auffangfunktion** im Fall fehlenden oder nicht nachweisbaren Vorsatzes entfalten und Anwendung auch bei **Übernahmeverschulden** und bei **nicht ausreichender Kontrolle** von **Delegationsempfängern** finden können. 230

g) Besonderheiten bei der Strafzumessung (z. B. § 283a StGB)

§ 283a StGB enthält unter Anwendung der Regelbeispiels-Technik eine Strafschärfung für **besonders schwere Bankrotttaten**. Tatbestandsähnlich aufgeführt ist das Handeln aus **Gewinnsucht**[528)] ebenso wie das wissentliche **Verbringen Vieler**, das sind **mindestens zehn Personen**, in die **Gefahr** des **Verlusts** dem Schuldner **anvertrauter Vermögenswerte**. Ein Schaden muss demzufolge nicht eingetreten sein. Gleichgestellt ist das Anrichten tatsächlich eingetretener **wirtschaftlicher Not** als Senken des Lebensstandards des Opfers unter den Durchschnitt des Bevölkerungskreises, dem es entstammt, nicht erst das Erfordernis der Inanspruchnahme von Hartz IV. Die öffentlichen Hilfen haben die Verantwortlichen der Bankenkrise 2008 auch vor der Verurteilung wegen schweren Bankrotts in der Alternative der Gefährdung der Vermögenswerte Vieler bewahrt. 231

Wer **kein tauglicher Täter** ist, kann nur wegen Beteiligung am Bankrott eines Dritten bestraft werden, § 28 Abs. 1 StGB.[529)] Wäre an sich Täterschaft anzunehmen, so ist nur eine **einmalige** Milderung des Strafrahmens vorzunehmen. Liegt hingegen in der Art der Beteiligung unbeschadet von § 28 Abs. 1 StGB nur Beihilfe vor, so hat eine **doppelte Milderung** nach den §§ 27 und 18 StGB zu erfolgen.[530)] 232

h) § 283 Abs. 6 StGB

Jede tatbestandlich erfüllte Alternative des § 283 StGB ist nur dann strafbar, wenn eine der **Strafbarkeitsbedingungen** des § 283 Abs. 6 StGB vorliegt. Das bedeutet, dass der Schuldner entweder seine **Zahlungen eingestellt** haben, über sein Vermögen das **Insolvenzverfahren eröffnet** oder ein derartiger **Antrag mangels Masse abgewiesen** worden sein muss. Die Rechtshängigkeit einer Restrukturierungssache eröffnet hingegen die Strafbarkeit wegen Bankrotts nicht,[531)] hindert sie allerdings dann nicht, wenn die Restrukturierungsanzeige pflichtwidrig trotz vorausgegangener Zahlungseinstellung erfolgt war, denn das Restrukturierungsverfahren führt (selbst ohne Stabilisierungsanordnung, § 49 StaRUG) nicht zur allgemeinen Wiederaufnahme der Zahlungen. Wird der Schuldenbereinigungsplan im Verbraucherinsolvenzverfahren angenommen, so gilt dies als Rücknahme des Insolvenzantrags, § 308 Abs. 2 InsO. Damit kann von den Strafbarkeitsbedingungen nur die Zahlungseinstellung verwirklicht werden.[532)] Gleiches gilt nach gelungener Restrukturierung.[533)] Allgemein folgt für die Fälle des § 283 Abs. 1 StGB aus dem Erfordernis einer eingetretenen Strafbarkeitsbedingung, dass nur bestraft werden darf, wenn die Tathandlungen sowohl bei Über- 233

528) BGH, Urt. v. 31.5.2017 – 2 StR 489/16, Rz. 22, wistra 2017, 407 = NStZ 2018, 702.

529) BGH, Beschl. v. 14.3.2019 – 1 StR 259/18 (Schlecker), Rz. 2, NStZ-RR 2019, 180.

530) BGH, Beschl. v. 22.1.2013 – 1 StR 234/12, Rz. 9 f. und LS, BGHSt 58, 115 = ZIP 2013, 984; BGH, Beschl. v. 21.3.2018 – 1 StR 423/17, Rz. 5 f., 8, juris = NStZ-RR 2018, 379; zum vergleichbaren Thema bei der Untreue s. BGH, Beschl. v. 26.11.2015 – 3 StR 17/15, Rz. 141, BGHSt 61, 48 = ZIP 2016, 966; und bei § 266a BGH, Beschl. v. 16.1.2019 – 5 StR 249/18, Rz. 19, 28, NStZ-RR 2019, 184.

531) *Weitzell/Klenner*, NZI 2023, 897, 901 f.

532) *Pelz/Grotebrune*, Strafrecht in Krise und Insolvenz, Rz. 720.

533) *Pelz/Grotebrune*, Strafrecht in Krise und Insolvenz, Rz. 763.

schuldung, drohender oder eingetretener Zahlungsunfähigkeit begangen wurden als auch zwar nicht die Tathandlung, wohl aber die Krise, während der die Bankrotthandlung begangen wurde, den Eintritt einer der Strafbarkeitsbedingungen auslöste:[534)] **Krisenidentität**.[535)] Die (endgültige) Überwindung der Krise, denkbar wohl nur nach einer Zahlungseinstellung, ist zwar tatbestandlich irrelevant, auf der Rechtsfolgenseite aber deutlich mildernd zu berücksichtigen, falls denn die Strafjustiz von einem solchen Sachverhalt überhaupt erfährt. Das **Kausalitätserfordernis** verbindet in den Fällen des § 283 Abs. 2 StGB Tathandeln und Krise. Bestrafung ist aber auch hier nur dann möglich, wenn eine der Strafbarkeitsbedingungen des § 283 Abs. 6 StGB eingetreten ist.

234 Die **Verjährungsfrist** für vor Eintritt einer der **Strafbarkeitsbedingungen** begangene Bankrotthandlungen beginnt erst **mit deren Eintritt** zu laufen.[536)] Maßgeblich dafür ist der Zeitpunkt, zu dem sich die **erste** der Strafbarkeitsbedingungen verwirklichte. Dieser lässt sich für Insolvenzeröffnung oder Abweisung mangels Masse leicht feststellen, nicht aber für die **Zahlungseinstellung**. Sie tritt nicht mit einem Formalakt ein, sondern aufgrund **tatsächlichen Geschehens**. Nach dem Grundsatz zivilrechtsakzessorischer Auslegung ist für das Verständnis der Zahlungseinstellung bei § 283 Abs. 6 StGB die zivilrechtliche Definition zugrunde zu legen. Danach genügt bereits das **Schuldigbleiben einer** wesentlichen oder besonders hohen **einzelnen Verbindlichkeit** (ausführlich siehe oben Rz. 53).[537)] Das reicht zwar als Antwort auf die Frage aus, ob Zahlungseinstellung vorliegt und damit eine der Strafbarkeitsbedingung des § 283 Abs. 6 StGB eingetreten ist. Eine Aussage darüber, ob es sich dabei jedoch um die in der aktuellen Krise **erstmalige** und damit um die für den **Verjährungsbeginn maßgebliche Zahlungseinstellung** handelt, ist damit aber nicht verbunden. Eben jener Zeitpunkt muss allerdings im Bedarfsfall **festgestellt** werden, erforderlichenfalls unter aufwendiger Aufarbeitung aller Geschäftsvorfälle, die ab, ggf. der Insolvenzeröffnung bzw. dem Abweisungsbeschluss zeitlich weit vorgelagertem Krisenbeginn angefallen sind.

235 Werden in solcher Konstellation die Ermittlungen nicht zeitnah aufgenommen, so kann **Verjährung** bereits **eingetreten** sein, **bevor das Verfahren richtig in Gang kommt**. Das wird allerdings eine **seltene Ausnahme** sein. Üblicherweise schließt sich die erste verjährungsunterbrechende Handlung nämlich zeitnah an die Insolvenz an mit der Folge, dass der Lauf der Verjährungsfrist erneut beginnt, § 78c Abs. 3 Satz 1 StGB.[538)] Dann stellt

534) Ob die Bankrotthandlung vor oder nach Eintritt einer der Strafbarkeitsbedingungen begangen wurde, ist (mit Ausnahme verspäterer Bilanzierung, § 283 Abs. 1 Nr. 7b StGB, kritisch dazu *Bittmann*, NStZ 2019, 213, 214 f.) irrelevant, BGH, Beschl. v. 15.8.2018 – 5 StR 381/18, Rz. 5 f., NStZ 2019, 212 = wistra 2019, 32.

535) Im Ergebnis ebenso *Ceffinato* in: Hilgendorf/Kudlich/Valerius, Hdb. d. Strafrechts, Rz. 40/71–78. Stellt man darauf ab, so gilt das Erfordernis der Krisenidentität auch für das versuchte Delikt, lässt sich aber auch erfüllen, **a. A.** *Pelz/Grotebrune*, Strafrecht in Krise und Insolvenz, Rz. 422, die aber mangels Erfüllbarkeit Abs. 6 auf versuchten Bankrott für nicht anwendbar halten.

536) BGH, Urt. v. 10.11.2016 – 4 StR 86/16, Rz. 11, NStZ 2018, 45 = wistra 2017, 228; BGH, Beschl. v. 15.4.2020 – 5 StR 435/19, Rz. 14, wistra 2021, 27; **a. A.** *Lenk*, ZInsO 2021, 2721, der sich mit plausibler Argumentation dafür ausspricht, den Lauf der Verjährungsfrist bereits mit dem Ende der Bankrotthandlung einsetzen zu lassen; ebenso *Lenk*, ZWH 2023, 221, 228 f.; *Lorenz*, wistra 2022, 317; *Windsberger*, wistra 2023, 89.

537) Z. B. BGH, Urt. v. 7.5.2013 – IX ZR 113/10, Rz. 17 f., ZIP 2013, 2323 = ZInsO 2013, 1419 m. w. N.

538) Wurde der Beschuldigte vernommen oder ihm das Verfahren zumindest förmlich mitgeteilt, so unterbricht auch das Beauftragen eines Sachverständigen den Lauf der Verjährungsfrist, § 78c Abs. 1 Nr. 3 StGB. Dabei hat allerdings Vorsicht zu walten: Nicht jede zu einer begrenzten Ausweitung führende Erörterung des Staatsanwalts oder Richters stellt ein „Beauftragen“ dar. Verjährungsunterbrechung tritt nur dann ein, wenn entweder ein neuer Sachverständiger in Anspruch genommen wird oder der Auftrag an den bisherigen um zumindest eine zusätzliche Frage erweitert wird, BGH, Beschl. v. 10.8.2017 – 3 StR 227/17, Rz. 4, wistra 2018, 34 f. = NStZ 2018, 86. Die Auswertung einer elektronischen Datei ist keine Tätigkeit eines Sachverständigen, BGH, Beschl. v. 2.3.2011 – 2 StR 275/10, Rz. 4, wistra 2011, 228; OLG Schleswig, Beschl. v. 10.1.2017 – 2 Ws 441/16 (165/16), ZInsO 2017, 324.

sich die Frage, ob die einfache Verjährungsfrist schon zuvor wegen vorhergehender Zahlungseinstellung zu laufen begonnen hatte, jedenfalls dann nicht, wenn die Tathandlung nicht länger als fünf Jahren vor der ersten Verjährungsunterbrechung liegt: die Frist kann dann noch gar nicht abgelaufen sein. Im Fall einer Tathandlung, die außerhalb des Zeitraums von fünf Jahren vor der ersten Maßnahme, die die Verjährung hat unterbrechen können, begangen wurde, kommt es allerdings darauf an, wann die Verjährungsfrist **zu laufen begonnen** hat. War dies aufgrund vorgelagerter Zahlungseinstellung vor mehr als fünf Jahren, so ist die Tat verjährt, selbst wenn die Eröffnungs- bzw. Abweisungsentscheidung erst wenige Wochen zurückliegt. Zudem kann bei längerdauernden Ermittlungen der erste Zeitpunkt, zu dem die Zahlungen eingestellt wurden, im Hinblick auf den Eintritt der **absoluten Verjährung** (dem doppelten der einfachen Frist, § 78c Abs. 3 Satz 2 StGB) durchaus einmal virulent werden. In solchen Fällen werden jedoch regelmäßig die zur Insolvenz führenden Umstände so genau untersucht, dass auch der Zeitpunkt der Zahlungseinstellung entweder bekannt ist oder sich mit relativ geringem zusätzlichen Aufwand feststellen lässt.

XII. Gesetz zur Sicherung von Bauforderungen – BauFordSiG

Das ursprünglich als GSB abgekürzte, zum 1.6.1909 in Kraft getretene Gesetz wurde in den letzten Jahren zwar mehrfach novelliert, verfolgt aber sein **Grundanliegen** unverändert weiter: Bei **drittfinanzierten Bauten** sollen die Mittel bei demjenigen **ankommen**, der die **Leistung tatsächlich erbringt.**[539] Dies ist bei einem die Arbeiten nicht selbst vornehmenden Geldempfänger jedenfalls dann nicht mehr selbstverständlich, wenn er sich in einer Krise befindet. Selbst wenn das deswegen berechtigte Streben nach Schutz einer Sonderbestimmung bedürfen sollte, würde er vom BauFordSiG nicht gewährt: Dessen Schutzniveau geht nämlich nicht über das der allgemeinen Vorschriften hinaus. Zwar ist mangels eines Treuverhältnisses § 266 StGB nicht einschlägig, wohl aber branchenübergreifend § 283 Abs. 1 Nr. 8 StGB. 236

Die genauen Verhaltenspflichten normiert § 1 BauFordSiG, während § 2 BauFordSiG die Strafvorschrift enthält. Die Strafdrohung richtet sich nur gegen **Baugeldempfänger.**[540] Die Definition von „Baugeld" findet sich in § 1 Abs. 3 BauFordSiG. Die Bestimmung ist unterteilt in zwei Ziffern, weist aber drei Alternativen auf. Um **Baugeld** handelt es sich, wenn **Kreditmittel** empfangen werden, 237

- die **grundpfandrechtlich** gesichert sind, oder
- das Eigentum erst **nach Fertigstellung** des Bauvorhabens **übergehen** soll, oder
- sie ein **Generalunternehmer** einzieht, welcher andere, d. h. mindestens zwei (Sub-)Unternehmer beteiligt.

Die ersten beiden Alternativen dienen dem **Rückzahlungsanspruch** desjenigen, der Baugeld **gewährt.** Nr. 2 schützt hingegen die **Forderungen der Subunternehmer** gegen den Generalunternehmer. Die Tathandlung beschreibt die Strafnorm nicht selbst. Sie erfasst stattdessen pauschal jede **Zuwiderhandlung** gegen die **Pflichten des § 1 BauFordSiG**, v. a. dessen Absätze 1 und 2, welche die Verwendungspflicht, sowie Umfang und Grenzen festlegen. § 2 BauFordSiG[541] ist aufgrund des Erfordernisses der Benachteiligung der ge- 238

539) Zur zivilrechtlichen Haftung eines Geschäftsführers für die zweckwidrige Verwendung von Baugeld vgl. OLG Celle, Urt. v. 27.6.2018 – 9 U 61/17, ZIP 2019, 420 = NZI 2018, 822.

540) Zum Begriff: BGH, Urt. v. 17.5.2018 – VII ZR 92/16, BGHZ 218, 377 = NJW 2018, 2115.

541) Zur aktuellen praktischen Relevanz vgl. BGH, Urt. v. 17.3.2021 – 5 StR 273/20, Rz. 25–33, wistra 2021, 369 = NStZ 2022, 420, m. Anm. *Ebner/Mangalia*, NStZ 2022, 420.

schützten Gläubiger ein **Erfolgsdelikt.**[542] Maßgeblich dafür ist der **Zeitpunkt des Eintritts der Strafbarkeitsbedingung.** Sie liegt in Anlehnung an, inhaltlich aber etwas abweichend von § 283 Abs. 6 StGB vor, wenn der Baugeldempfänger seine Zahlungen eingestellt hat oder über sein Vermögen das Insolvenzverfahren eröffnet wurde. Die Bestrafung setzt zumindest bedingten Vorsatz voraus. Die Strafdrohung entspricht dem Normalstrafrahmen bei § 283 Abs. 1 und 2 StGB.

XIII. Gläubigerbegünstigung (§ 283c StGB)

1. Systematische Stellung

239 Während der Bankrott, § 283 StGB, den Massebestand für alle Insolvenzgläubiger sichern will, hat die Gläubigerbegünstigung, § 283c StGB, das **Binnenverhältnis** der Gläubiger untereinander und deren Gleichbehandlung, par condicio creditorum, im Blick. Kein Gläubiger darf **bevorzugt** werden. Das gilt allerdings nur, sofern dies zur **Benachteiligung** anderer Gläubiger führen würde und wenn der Schuldner zum Zeitpunkt der inkongruenten Gewährung einer Sicherheit oder Befriedigung bereits **zahlungsunfähig** ist. Teilweise lassen sich Geschehnisse sowohl unter § 283 StGB als auch unter § 283c StGB subsumieren. Letztere Bestimmung entfaltet dann eine privilegierende Wirkung, so dass der Bankrott zurücktritt. Der BGH spricht von Sperrwirkung.[543] Gleiches gilt für die Fälle der Schuldnerbegünstigung, in denen der Externe mit der Hilfe für den Schuldner zugleich seine eigene Besserstellung als Gläubiger erstrebt. In einem solchen Fall ist er nur nach dem milderen § 283c StGB zu bestrafen – als Teilnehmer seiner eigenen Begünstigung seitens des Schuldners.[544]

2. Gläubiger

240 Für die Gläubigerstellung ist nur das **Innehaben** eines **vermögenswerten Anspruchs gegen** den **Schuldner** maßgeblich. Es kommt nicht darauf an, ob der Anspruch fällig, betagt oder bedingt (wie beim Bürgen) ist oder ob es sich um Insolvenz- oder um Masseforderungen handelt. Der Aussonderungsberechtigte ist in dieser Funktion kein von § 283c StGB erfaßter Gläubiger, wohl aber, dient die Berechtigung Sicherungszwecken, im Hinblick auf das zugrundeliegende Geschäft. So erhält z. B. der Gläubiger, dem eine aussonderungsfähige Sache zurückgegeben wird, im Fall des Verzichts des Schuldners auf sein Anwartschaftsrecht eine ihm nicht gebührende Leistung, die die Gläubigergesamtheit benachteiligt, es sei denn, es liegt lediglich ein wertgleicher Austausch von Sicherheiten vor.[545] Die **Gläubigerstellung** muss (regelmäßig) **bei Vornahme der Tathandlung** bereits **begründet** sein, aber noch nicht bei Eintritt der Zahlungsunfähigkeit.[546] Gläubiger und Schuldner müssen **verschiedene** Personen sein. Das trifft auch auf Organmitglieder

542) **A. A.** *v. Alten*, NZWiSt 2023, 409 – Gefährdungsdelikt, weshalb § 2 BauFordSiG nicht lex specialis gegenüber § 266 StGB sei.

543) BGH, Beschl. v. 22.6.2022 – 2 StR 353/21, Rz. 10, NZI 2023, 289 = NStZ 2023, 164, m. in concreto auf Rz. 11–21 bezogen skeptischen Anm. *Weiß*; und *Bittmann*, NZWiSt 2023, 108.

544) BGH, Urt. v. 29.9.1988 – 1 StR 332/88, Rz. 6 und LS, BGHSt 35, 357 = ZIP 1989, 455.

545) BGH, Urt. v. 11.6.2015 – IX ZR 110/13, Rz. 11 ff., insbesondere Rz. 12, ZIP 2015, 1398, dazu EWiR 2015, 675 *(Mitlehner)*; BGH, Urt. v. 26.1.2016 – II ZR 394/13, Rz. 38 einerseits und Rz. 48 andererseits, ZIP 2016, 1119 = ZInsO 2016, 1118.

546) BGH, Beschl. v. 22.6.2022 – 2 StR 353/21, NZI 2023, 289 = NStZ 2023, 164, m. Anm. *Weiß*, der zutreffend darauf hinweist, dass die nach Eröffnung des Insolvenzverfahrens erlangte Neugläubigerstellung nicht ausreicht, weil Neuerwerb in die Masse fällt und der Neugläubiger daher weder aus dieser noch vom Schuldner der Masse vorenthaltenem Vermögen befriedigt werden darf, sodass mit solcher Zahlung die Masse geschmälert wird und der Grund für die privilegierende Anwendung des § 283c StGB entfällt; anders dürfte es sich nur nach Freigabe selbständiger Tätigkeit seitens des Insolvenzverwalters verhalten.

im Hinblick auf die juristische Person zu,[547)] nicht aber im Fall gesondert verwalteter, aber derselben Person zugeordneter Vermögenskreise. Bedient sich ein Miterbe über die ihm (z. B. aufgrund Vorausvermächtnisses) zustehende Quote hinaus an der Masse im Fall der Nachlassinsolvenz, so beurteilt sich dessen Strafbarkeit nach § 283 StGB. Gleiches gilt im Ergebnis für Verschiebungen zwischen Privat- und Geschäftsvermögen eines Einzelhandelskaufmanns, aber schon deshalb, weil die aufgrund Personenidentität eintretende Konfusion keinen Raum für eine Gläubigerstellung lässt. Im Fall besonderer Bindungen unterliegender Forderungen des Schuldners (wie bei Einlagen in eine Personengesellschaft) darf schon deshalb keine Befriedigung erfolgen. Überdies fehlt es insoweit an der Gläubigerstellung, als derartige Forderungen, sind sie denn trotz Insolvenz noch zumindest teilweise werthaltig, nicht am Insolvenzverfahren teilnehmen, sondern bestenfalls im Wege der Überschussverteilung, § 199 Satz 2 InsO, bedient werden.

3. Inkongruenz

§ 283c StGB pönalisiert die Gewährung von entweder **Sicherheit** (nur solcher dinglicher Natur) oder **Befriedigung** (Erfüllung, Leistung erfüllungshalber,[548)] auch an Erfüllungs statt), aber beides nur bei **Herkunft** der Leistung **aus dem Vermögen des Schuldners** und unter der weiteren Voraussetzung der **Inkongruenz**. Fasste man dieses Merkmal insolvenzrechtsakzessorisch auf, so würde sich der Anwendungsbereich des § 283c StGB nicht nur auf verbreitete, wenngleich zivilrechtswidrige, sondern auch auf nicht strafwürdig erscheinende Verhaltensweisen erstrecken. Die Zivilgerichte beurteilen Inkongruenz allein nach dem Verhältnis der wirtschaftlichen Werte von Forderung und Leistung. Das ist für die Güterzuordnung und den nachträglichen Ausgleich verständlich. 241

Eine **Übertragung** auf das **Strafrecht** ist jedoch **nicht möglich**. Wann welche Forderung in welchem Maße wertzuberichtigen ist, lässt sich nicht sinnlich erfassen. Die Strafbarkeit äußerlich alltäglich erscheinender Austauschgeschäfte darf aber nicht von der gutachterlichen Stellungnahme z. B. eines Betriebswirts abhängen. Die forensische Praxis müsste ggf. von Amts wegen zahlreiche Geschäftsvorfälle untersuchen lassen – mit bereits in objektiver Hinsicht Zweifeln ausgesetzten und zudem zeitlich variablen Ergebnissen. Überdies stieße die Feststellung des subjektiven Tatbestands auf oft kaum überwindbare Hürden. Es bedarf deshalb einer **strafrechtsautonomen Auslegung. Maßgeblich** ist danach **allein** das **bürgerliche Rechtsverhältnis.** Die darauf fußenden Ansprüche gelten strafrechtlich zu ihrem **Nennwert**. Das bedeutet: Was dem Gläubiger gebührt, ist kongruent. So ist z. B. die **vertragsmäßige Leistung straffrei**[549)] und auch das Einfordern einer Geldstrafe unter Haftandrohung.[550)] 242

547) Die Unzulässigkeit von Leistungen causa societas (*Heinrich*, NZWiSt 2020, 346, 357; **a. A.** *Ceffinato* in: Hilgendorf/Kudlich/Valerius, Hdb. d. Strafrechts, Rz. 40/43 f.: immer nur § 283c StGB einschlägig) bilden nur scheinbar eine Ausnahme, denn sie gebühren dem Organ gar nicht in dieser Funktion, sondern unabhängig davon aufgrund Gesellschafterstellung.

548) BGH, Urt. v. 19.12.2013 – IX ZR 127/11, Rz. 18 f., NJW 2014 2014, 1239 = ZIP 2014, 231, dazu EWiR 2014, 219 *(Habereder)*: Das zur Erfüllung Geleistete kann zurückgefordert werden, wenn dem Gläubiger die Forderung in anfechtbarer Weise abgetreten wurde.

549) *Bittmann*, ZWH 2012, 100, zu BGH, Urt. v. 12.1.2012 – IX ZR 95/11, ZWH 2012, 122 f. = ZIP 2012, 285, dazu EWiR 2012, 249 *(Kirstein)*; im Ergebnis aufgrund rechtsgutsbezogener Betrachtung ebenso *Ceffinato* in: Hilgendorf/Kudlich/Valerius, Hdb. d. Strafrechts, Rz. 40/41.

550) **A. A.** *Pfordte/Sering* in: Leitner/Rosenau, Wirtschafts- und Steuerstrafrecht, § 283c StGB Rz. 28 – 30.

243 Nicht tatbestandsmäßig sind danach nicht nur – die (meist) auch zivilrechtlich kongruenten – **Bargeschäfte**, § 142 InsO[551] (gleichgestellt bargeldähnliche)[552], bei denen regelmäßig die Leistung binnen Monatsfrist zu erbringen ist, sondern auch solche Leistungen, denen ein Anspruch zugrunde lag, der in der Bilanz des Gläubigers der Krise des Schuldners wegen **wertzuberichtigen** war, die aber im Wege oder unter Drohung mit der **Zwangsvollstreckung** oder nach Ankündigung oder zwecks Rücknahme eines **Insolvenzantrags** dennoch erbracht wurden. Auch die Weggabe unpfändbarer Gegenstände wird man angesichts der Definition der Insolvenzmasse in den §§ 35 Abs. 1 und 36 Abs. 1 Satz 1 InsO nicht als strafbar ansehen können, selbst wenn ein sich darauf erstreckendes Anfechtungsrecht anerkannt werden sollte[553] und obwohl gesammelte pfändungsfreie Beträge diese Eigenschaft verlieren.[554]

4. Varianten der Inkongruenz

244 § 283c StGB drückt die Inkongruenz in der Weise aus, dass der Gläubiger die Sicherheit oder Befriedigung **nicht, nicht in der Art** oder **nicht zu der Zeit** zu beanspruchen hatte. Kein Recht bestand im Eingangsbeispiel auf den Verzicht der Anwartschaft (siehe oben Rz. 240). Gleiches gilt im Fall eingegangener unvollkommener Verbindlichkeiten wie bei Spiel und Wette. Praxisrelevant sind das Herstellen einer Aufrechnungslage[555] sowie das **Verlangen** von z. B. institutionellen Gläubigern wie Banken, aber auch zur Absicherung eines Familiendarlehens,[556] auf **Gestellung** von, ggf. **weiterer Sicherheiten**. Ob der Schuldner sie nach Eintritt der Zahlungsunfähigkeit tatsächlich noch zu stellen in der Lage wäre, ist die eine Frage. Bei einer Unterdeckung von knapp über 10 % müssen die Gläubiger ja noch nicht auf das ganze Vermögen zugegriffen haben. In vorliegendem Zusammenhang ist aber von Bedeutung, ob nicht nur ein Dritter, sondern ob auch der Schuldner sie überhaupt noch **stellen darf**. Maßgeblich dafür sind die **vertraglichen Abreden**: Ent-

551) BGH, Versäumnisurt. v. 11.7.2019 – IX ZR 210/18, Rz. 13–16, ZInsO 2020, 25 = wistra 2020, 80; BGH, Urt. v. 18.7.2019 – IX ZR 258/18, NZI 2019, 812, dazu *Schubert*, NZI 2019, 790; BGH, Urt. v. 13.6.2013 – IX ZR 259/12, Rz. 20, ZInsO 2013, 1898 = ZIP 2013, 1826 – Cashpool als Bargeschäft; OLG Düsseldorf, Urt. v. 9.7.2020 – 12 U 55/19, NZI 2020, 1054 = ZIP 2020, 2294; OLG Düsseldorf, Urt. v. 27.2.2020 – 12 U 31/19, ZIP 2020, 1091 = NZI 2020, 631, m. Anm. *Taras/Suchan*; s. a. OLG Düsseldorf, Urt. v. 2.8.2018 – 12 U 68/17, Rz. 18–24, ZIP 2018, 2282 = NZI 2018, 979; OLG Karlsruhe, Urt. v. 8.3.2018 – 9 U 67/16, ZIP 2018, 1987 – Rückzahlung kurzfristig begebenen Gesellschafterdarlehens gegen Freigabe wertgleicher Sicherheit. Lohnzahlungen stellten (nur) binnen dreißig Tagen nach Fälligkeit ein nicht gläubigerbenachteiligendes Bargeschäft dar; BGH, Urt. v. 10.7.2014 – IX ZR 192/13, Rz. 8 ff., ZIP 2014, 149, dazu EWiR 2014, 561 *(Ries)*, ausdrücklich gegen die Rspr. des BAG, die weitergehend einen Zeitraum von drei Monaten annahm (Rz. 16 ff. m. N.), das nun vom Gesetzgeber nachträglich bestätigt wurde, § 142 Abs. 2 Satz 2 und 3 InsO; dazu und allgemein zu den Auswirkungen der Neuregelung auf die Begleichung der Forderungen von Dienstleistern *Tolani*, ZIP 2018, 1997. Der BFH, Urt. v. 23.4.2023 – VII R 35/19, Rz. 53, ZRI 2023, 1008 = ZVI 2024, 31 = NZI 2023, 962, verneinte in Bezug auf die Lohnsteuer die Bargeschäftseigenschaft für Lohnzahlungen im letzten Monat vor Stellen des Insolvenzantrags. In BFH, Urt. v. 20.6.2023 – VII R 22/19, ZRI 2023, 1003 = ZIP 2023, 2374, beschränkte er das Bargeschäfts-Privileg auf Zwei-Personen-Verhältnisse.

552) BGH, Urt. v. 19.9.2019 – IX ZR 148/18, Rz. 19 und 21, NZI 2020, 25 = ZIP 2019, 2225.

553) Dafür *G. Bitter* in: FS K. Schmidt, 2009, S. 123.

554) BGH, Beschl. v. 11.4.2013 – IX ZB 170/11, Rz. 19, 21, ZInsO 2013, 1095; BGH, Beschl. v. 26.9.2013 – IX ZB 247/11, Rz. 7 f., ZIP 2013, 2112 f. – wie man das juristische Privilegieren der Verschwendung vermeiden kann, ist nicht erkennbar.

555) BGH, Urt. v. 8.12.2022 – IX ZR 175/21, ZRI 2023, 106 = ZInsO 2023, 372 – differenzierend zur Schaffung im Zeitraum von drei Monaten vor dem Insolvenzantrag; BGH, Urt. v. 19.10.2023 – IX ZR 249/22, ZRI 2023, 1059 = ZIP 2023, 2580: anfechtbare rechtmäßige Kündigungen zweier voneinander unabhängiger Verträge aufgrund Insolvenz des Bauunternehmers, nach denen sich Werklohn- und Schadensersatzforderungen gegenüberstanden; BFH, Urt. v. 18.4.2023 – VII R 35/19, Rz. 53, ZRI 2023, 1008 = ZVI 2024, 31 = NZI 2023, 962 – Lohnzahlung in Bezug auf Lohnsteueranteil.

556) BGH, Beschl. v. 21.7.2020 – 2 StR 99/19, NJW 2021, 247 = NStZ-RR 2020, 373.

hält der (Kredit-)Vertrag eine **Nachbesicherungsklausel**, so ist das Gestellen weiterer Sicherheiten in dem damit skizzierten Rahmen zulässig,[557)] sonst nicht. Das gilt auch im Fall der **Umschuldung** und bei Gewährung neuer Kredite: Während es diese Begrenzung für **Neuverbindlichkeiten** nicht gibt, dürfen **Altverbindlichkeiten** nur i. R. **der ursprünglichen Abreden** bedient oder (zusätzlich) besichert werden. Allein schon die zivilrechtliche **Umgestaltung** des Vertrags (Novation) kann **anfechtbar** sein.[558)] Steht der Gläubiger nach Sicherheitsleistung, Erhalt der Gegenleistung oder zumindest von deren erstem Teil[559)] besser dar als auf der Basis der ursprünglichen Abreden, so liegt darin bei (zumindest bedingtem) Benachteiligungsvorsatz eine Straftat gemäß § 283c StGB. Anders verhält es sich jedoch bei Zahlungen oder gewährten Sicherheiten aufgrund eines ernsthaften Sanierungsversuchs auf Basis eines schlüssigen Konzepts, selbst wenn der letztlich fehlschlug.[560)] Leisten trotz Bestehens eines rechtshemmenden oder -vernichtenden Gestaltungsrechts zeitigt einen vergleichbaren Effekt wie das Erfüllen einer nicht bestehenden Verbindlichkeit. Deshalb unterwirft die h. M. auch den **Verzicht** auf die Ausübung eines **Gestaltungsrechts** dem Tatbestand des § 283c StGB.[561)] Das verstößt jedoch gegen den Primat des Zivilrechts: dessen Gestaltungsfreiheit darf nicht zur strafbewehrten Pflicht mutieren. Die Einrede der Verjährung nicht zu erheben ist daher straffrei.

Eine Leistung erfüllungshalber oder an Erfüllungs statt,[562)] z. B. die ohne vertragliche Ersetzungsbefugnis erfolgende Übernahme von Verbindlichkeiten durch den Schuldner des Schuldners, erfolgt nicht in der geschuldeten Art.[563)] Das ist anders zu beurteilen, wenn eine nicht-schuldende Poolführerin seit längerem und unabhängig von der Krise die Zahlungspflichten der (später insolventen) nicht poolführenden Gesellschaft übernommen **245**

557) Vom BGH nur anerkannt bei einem Anspruch auf gerade die gewährte Sicherheit, BGH, Urt. v. 10.1.2013 – IX ZR 13/12, Rz. 21, ZIP 2013, 174 = NJW 2013, 611. Maßgeblich kann dafür aber auch eine Poolvereinbarung sein, BGH, Urt. v. 13.6.2013 – IX ZR 259/12, Rz. 20, ZInsO 2013, 1898 = ZIP 2013, 1826; zum Thema *Bales*, ZInsO 2023, 701. Die vorfristige Erfüllung eines Gewinnabführungsanspruchs ist inkongruent, BGH, Urt. v. 17.9.2020 – IX ZR 174/19, ZInsO 2020 2274, und kann nicht nur § 283c StGB erfüllen, sondern auch §§ 266 und 283 Abs. 2 StGB.

558) So für das Zivilrecht BGH, Urt. v. 10.1.2013 – IX ZR 13/12, Rz. 12, 15, ZIP 2013, 174 = NJW 2013, 611; BGH, Urt. v. 7.5.2013 – IX ZR 113/10, Rz. 12 f., ZIP 2013, 2323 = ZInsO 2013, 1419; *Berger*, ZIP 2010, 2078, auch zu BGH, Urt. v. 18.3.2010 – IX ZR 57/09, ZIP 2010, 841 = NJW 2010, 8.

559) Beispiel aus dem Zivilrecht: BGH, Urt. v. 17.7.2014 – IX ZR 240/13, Rz. 18 ff., ZIP 2014, 1595, dazu EWiR 2014, 653 *(Sorg)*.

560) OLG Frankfurt/M., Urt. v. 8.12.2021 – 4 U 12/21, NZI 2022, 165; LG Würzburg, Urt. v. 6.2.2018 – 71 O 1592/16 Ins, ZIP 2018, 1891. Zu den Anforderungen an ein schlüssiges Sanierungskonzept vgl. BGH, Urt. v. 12.5.2016 – IX ZR 65/14, Rz. 16 ff., BGHZ 210, 249 = ZIP 2016, 1235, dazu EWiR 2016, 403 *(Jacoby)*; BGH, Urt. v. 14.6.2018 – IX ZR 22/15, Rz. 10, ZIP 2018, 1794, dazu EWiR 2018, 755 *(Egerlandt)*; BGH, Urt. v. 28.3.2019 – IX ZR 7/18, Rz. 8; BGH, Urt. v. 23.6.2022 – IX ZR 75/21, ZRI 2022, 677 = ZVI 2022, 350 = ZInsO 2022, 1734, dazu *Bernsau*, BB 2022, 2315; *Bruder*, DB 2022, 2270; fehlend (unter dem Gesichtspunkt der Untreue) im Fall BGH, Urt. v. 27.1.2021 – 3 StR 628/19, Rz. 26 f., wistra 2021, 328 = NStZ 2021, 738; s. a. *H. Huber*, NZI 2023, 903, 907–910; *Mückl*, ZInsO 2019, 652; *Müller/Dresen*, ZInsO 2022, 417; *Steffan/Oberg/Poppe*, ZIP 2021, 617. Zum IDW Standard S 6 (Stand: 16.5.2018) s. *Steffan*, ZIP 2018, 1767; zur Berücksichtigung ökologischer und sozialer Anforderungen *Müller*, ZInsO 2022, 686; zu Sale-and-Lease-Back BGH, Urt. v. 16.11.2022 – VIII ZR 436/21, ZIP 2023, 2102 = WM 2023, 742; BGH, Urt. v. 16.11.2022 – VIII ZR 221/21, BGHZ 235, 117 = ZIP 2023, 2097 (beide zur wucherähnlichkeit der Leasingverträge); allgemein *Ch. Keller*, ZInsO 2019, 875; zur Anfechtbarkeit des Honorars bei gescheiterter Sanierung *Sternal* in: FS Kayser, 2019, S. 931.

561) *Pfordte/Sering* in: Leitner/Rosenau, Wirtschafts- und Steuerstrafrecht, § 283c StGB Rz. 11; *Pelz/Grotebrune*, Strafrecht in Krise und Insolvenz, Rz. 549.

562) BGH, Beschl. v. 13.2.2014 – 1 StR 336/13, Rz. 67, wistra 2014, 354.

563) BGH, Urt. v. 19.12.2013 – IX ZR 127/11, Rz. 18 f., ZIP 2014, 231; BGH, Beschl. v. 13.2.2014 – 1 StR 336/13, Rz. 67, wistra 2014, 354; BGH, Urt. v. 12.4.2018 – IX ZR 88/17, Rz. 16, ZIP 2018, 1033.

hatte.[564] Inkongruent und damit nach § 283c StGB strafbar ist die Weitergabe eines **Kundenschecks**[565] sowie das „künstliche“, also keinen anderen Zweck verfolgende **Schaffen einer Aufrechnungs-**[566] oder **Verrechnungslage,**[567] bejaht bereits beim Umbuchen auf ein im Soll geführtes Konto.[568] Die Variante einer nicht zu der Zeit zu beanspruchenden Leistung erfasst **keine Verspätungen.** Die Gegenwart ist betroffen, wenn man den Fall der Gestellung einer unter anderen Umständen zu beanspruchenden Sicherheit als zu der Zeit fehlende Pflicht interpretiert. **Vorfristige** Leistung kann der Gläubiger nicht beanspruchen. Bei wörtlicher Interpretation fielen darunter auch (feststellbar gläubigerbenachteiligende) Leistungen einen Tag bevor sie zivilrechtlich beansprucht werden könnten. Das kann aber nicht gemeint sein. Während einer **Karenzzeit** von wenigen Tagen (bis zu einer Woche) muss selbst der bereits zahlungsunfähige Schuldner ohne weitere Strafdrohung vorfristig leisten dürfen.

5. Begünstigung und Benachteiligung

246 Zum Tatbestand des § 283c StGB gehören **zwei Erfolgselemente**: Neben der **Begünstigung** des inkongruent empfangenden Gläubigers auch noch die **Benachteiligung** der übrigen Gläubiger,[569] allerdings nur der nicht nachrangigen.[570] Auch wenn das spiegelbildlich zu verstehen ist, fällt beides nicht notwendig zusammen, muss also gesondert festgestellt werden. Die neue Rechtsprechung des BGH in Zivilsachen bezieht den Nachteil nur auf den endgültigen Ausfall einer Forderung oder eines Teils davon, nicht aber auf bloße Verzögerungen;[571] erweitert vom OLG Frankfurt a. M. auf einen ernsthaften Sanierungs-

564) OLG Düsseldorf, Urt. v. 2.8.2018 – 12 U 68/17, Rz. 18–24, ZIP 2018, 2282 =NZI 2018, 979 (Rev. war anhängig unter BGH IX ZR 249/18).

565) BGH, Urt. v. 14.5.2009 – IX ZR 63/08, Rz. 11, BGHZ 181, 132 = ZIP 2009, 1235.

566) BGH, Urt. v. 19.10.2023 – IX ZR 249/22, ZRI 2023, 1059 = ZIP 2023, 2580; BGH, Urt. v. 8.12.2022 – IX ZR 175/21, ZRI 2023, 106 = ZInsO 2023, 372; BGH, Urt. v. 13.6.2013 – IX ZR 259/12, Rz. 27, ZInsO 2013, 1898 = ZIP 2013, 1826; OLG Düsseldorf, Beschl. v. 11.5.2020 – 12 U 49/19, ZVI 2020, 471 = NZI 2020, 1000; BFH, Urt. v. 18.4.2023 – VII R 35/19, Rz. 53, ZRI 2023, 1008 = ZVI 2024, 31 = NZI 2023, 962.

567) BGH, Urt. v. 11.6.2015 – IX ZR 110/13, Rz. 8, ZIP 2015, 1398.

568) OLG Saarbrücken, Urt. v. 15.7.2021 – 4 U 67/18, Rz. 68, ZInsO 2021, 2438 = NJW 2019, 1003.

569) *Kindhäuser* in: NK-StGB, § 283c, Rz. 16; *Pelz/Grotebrune*, Strafrecht in Krise und Insolvenz, Rz. 553, vertreten die Auffassung, Benachteiligung anderer Gläubiger scheide schon dann aus, wenn der Begünstigte seine Leistung vollständig erbracht habe. Damit schiede die Bestrafung eines begünstigten Vorleistungspflichtigen aus und es könnte jede darleihende Bank ohne strafrechtliches Risiko zusätzliche Sicherheiten fordern: dem ist aber nicht so. Zum insolvenzrechtlichen Begriff der Gläubigerbenachteiligung *Gehrlein*, ZInsO 2021, 2701.

570) BGH, Beschl. v. 7.2.2013 – IX ZR 146/12, ZIP 2013, 637 = NZI 2013, 399.

571) Grundsätzlich BGH, Urt. v. 6.5.2021 – IX ZR 72/20, ZRI 2021, 645 = ZVI 2021, 310; aufgenommen von OLG Köln, Beschl. v. 6.11.2023 – 2 U 40/23, ZInsO 2024, 155; fortgeführt von BGH, Urt. v. 10.2.2022 – IX ZR 148/19, ZVI 2022, 151 = ZRI 2022, 286 = NZI 2022, 397; BGH, Urt. v. 24.2.2022 – IX ZR 250/20, ZVI 2022, 238 = ZRI 2022, 280 = NZI 2022, 425; BGH, Urt. v. 3.3.2022 – IX ZR 53/19, ZRI 2022, 334 = NJW 2022, 1457; BGH, Urt. v. 3.3.2022 – IX ZR 78/20, ZRI 2022, 267 = ZVI 2022, 225 = NZI 2022, 385; BGH, Urt. v. 7.12.2023 – IX ZR 36/22, Rz. 43, ZRI 2024, 58 = ZIP 2024, 196; zur Abgrenzung zwischen Erwartung späterer Befriedigung und bloßen Hoffnungen, BGH, Vers.-Urt. v. 26.10.2023 – IX ZR 112/22, Rz. 15–19, ZRI 2024, 64 = ZIP 2024, 140. Drastisch BGH, Urt. v. 28.4.2022 – IX ZR 48/21, ZIP 2022, 1341 (mit für den Staat skandalösen Bemerkungen, das gerichtskundig schleppende Zahlungsverhalten der öffentlichen Hand spreche gegen Benachteiligungsvorsatz des deswegen Sozialversicherungsbeiträge laufend erst verspätet zahlenden Schuldners, Rz. 35 und 40 – der IX. Senat befasst sich zwar lediglich mit der subjektiven Seite; da diese jedoch Spiegelbild des objektiven Tatbestands ist, kann dieser keine höheren Anforderungen stellen – daher gelten die Erwägungen erst recht in objektiver Hinsicht); kritisch aus anfechtungsrechtlicher Sicht *Ganter*, NZI 2021, 945; s. a. *Foerste*, ZInsO 2022, 2053; *Gehrlein/Pape*, ZInsO 2021, 2061; *Hageböke/Springer/Schade*, DZWIR 2023, 62; *Schultz*, ZInsO 2022, 1434.

versuch.[572] Nachteilig ist, z. B. im Fall der Vorausübertragung, der Untergang verarbeiteten Eigentums des Schuldners, § 950 BGB, das wegen § 407 Abs. 1 BGB wirksame Ermöglichen der Aufrechnung mit einer zur Sicherheit abgetretenen Forderung, das Werthaltigmachen zukünftiger Forderungen aus einer Globalzession[573] und das Auffüllen eines gepfändeten Kontos mit Kreditmitteln.[574] Sein Bankkonto darf der zahlungsunfähige Schuldner seinen Gläubigern hingegen auch dann weiterhin zum Empfang von Überweisungen zur Verfügung stellen, aber nur dann, wenn er die jeweilige Forderung zuvor an die Bank sicherungsabgetreten hatte. Keine Gläubigerbenachteiligung liegt in der Übertragung eines wertausfüllend belasteten Gegenstands,[575] in der Zahlung bei insolvenzfestem Pfandrecht[576] und aus freiwillig zur Verfügung gestellten eigenen (= gesellschaftsfremden) Mitteln des Geschäftsführers.[577]

6. Weitere Aspekte

§ 283c Abs. 2 StGB stellt den **Versuch** unter Strafe. § 283c Abs. 3 verweist auf § 283 Abs. 6 StGB, die **Strafbarkeitsbedingungen.** Der subjektive Tatbestand verlangt im Hinblick auf Zahlungsunfähigkeit, Begünstigung wie Benachteiligung direkten, im Übrigen bedingten Vorsatz. 247

XIV. Schuldnerbegünstigung (§ 283d StGB)

Die Schuldnerbegünstigung, § 283d StGB, zählt zwar zu den Insolvenzdelikten, nimmt unter diesen allerdings eine Sonderstellung ein. Die Vorschrift stuft bestimmte materielle **Beihilfehandlungen** zum Bankrott zu einem **eigenen Tatbestand** hoch, ohne sie allerdings vom tatbestandlichen Vorliegen der Voraussetzungen einer Beihilfe zum Bankrott abhängig zu machen oder eine Sperrwirkung dergestalt zu entfalten, dass von ihr nicht erfasste Verhaltensweisen auch nicht nach anderen Strafvorschriften geahndet werden dürften. **Täter** kann nur ein **Außenstehender,** im Gegensatz zu den sonstigen Insolvenzdelikten also **nicht der Schuldner** oder ein von § 14 StGB erfasstes **Organmitglied** sein, aber auch nicht der Insolvenzverwalter als gesetzlicher Vertreter des Schuldners i. S. von § 14 Abs. 1 Nr. 3 StGB[578] (im Gegensatz zum rechtsgeschäftlichen Vertreter)[579]. Beide können aber als Teilnehmer strafrechtlich haften, sofern sie ausnahmsweise nicht Bankrotttäter sein sollten. Als abstraktes Gefährdungsdelikt schützt die Strafbarkeit der Schuldnerbegünstigung wie der Bankrott, aber im Gegensatz zur Gläubigerbegünstigung, den **Massebestand** und damit das Befriedigungsinteresse der Gläubiger. 248

572) OLG Frankfurt/M., Urt. v. 8.12.2021 – 4 U 12/21, NZI 2022, 165, m. nur. im Ergebnis zust. Anm. *Ganter*.

573) BGH, Urt. v. 11.6.2015 – IX ZR 110/13, Rz. 16 ff., ZIP 2015, 1398.

574) Grundsätzlich BGH, Urt. v. 23.6.2015 – II ZR 366/13, Rz. 19 ff., 32 f., BGHZ 206, 52 = ZIP 2015, 1480; aufrechterhalten BGH, Urt. v. 8.12.2015 – II ZR 68/14, Rz. 10 ff., 17 ff., ZInsO 2016, 338; BGH, Urt. v. 3.5.2016 – II ZR 318/15, Rz. 7 ff., InsBüro 2016, 428; s. a. BGH, Beschl. v. 3.12.2015 – IX ZR 131/15, Rz. 3, ZIP 2016, 124 = NZI 2016, 225; zuvor bereits BGH, Urt. v. 14.6.2012 – IX ZR 145/09, Rz. 21 f., ZInsO 2012, 1318.

575) BGH, Beschl. v. 21.2.2013 – IX ZR 219/12, Rz. 4, ZInsO 2013, 608 – entschieden für ein Grundstück.

576) BGH, Urt. v. 22.11.2012 – IX ZR 142/11, ZIP 2012, 2513 = NZI 2013, 247; BGH, Urt. v. 11.6.2015 – IX ZR 110/13, Rz. 11, ZIP 2015, 1398.

577) BGH, Urt. v. 21.6.2012 – IX ZR 59/11, ZIP 2012, 1468 = NZI 2012, 805, dazu *M. Brand*, ZWH 2012, 509 f.

578) Zutreffend *Riewe/Leithaus*, NZI 2021, 971 – im von ihnen besprochenen Fall LG Paderborn, Beschl. v. 9.6.2021 – 08 KLs 7/21, NZI 2021, 967, wäre daher nicht § 283d, sondern § 283 StGB sedes materiae, aber ebenfalls nicht erfüllt gewesen.

579) LG Bielefeld, Urt. v. 22.4.2021 – 5 O 134/18 (Rkr. unbekannt), ZInsO 2021, 1445.

249 Die in Anlehnung an § 283 StGB zu verstehenden Tathandlungen[580] können nur durch aktives Tun verwirklicht werden und sind nur strafbar bei Eintritt des **Erfolgs** der **Beeinträchtigung** der **Interessen der Gläubigergesamtheit**. Neben dem physischen Verstecken von Vermögensbestandteilen kommt auch das zielgerichtete Entwerten einer Patronatserklärung in Betracht.[581] Die Vorschrift erfasst Handeln des Täters **zugunsten** (materieller wie immaterieller Interessen) **des Schuldners** (Beiseiteschaffen,[582] Verheimlichen) oder zumindest mit dessen freiwillig erklärter und dem Täter bekannter **Einwilligung**[583] (wirtschaftswidriges Zerstören, Beschädigen oder Unbrauchbarmachen). Weder bloß eigennütziges Handeln des Externen noch Tätigwerden zugunsten eines Dritten ist als Schuldnerbegünstigung anzusehen. Pönalisiert sind nur solche Taten, die begangen werden, entweder wenn einem anderen die **Zahlungsunfähigkeit droht** bzw. sie – erst recht – bereits **eingetreten** ist, § 283d Abs. 1 Nr. 1 StGB, **nach** dessen **Zahlungseinstellung** oder im (zu verstehen als: während des) **Insolvenzeröffnungs-** bzw. **eröffneten Insolvenzverfahren** über das Vermögen des (täterfremden) Schuldners, § 283d Abs. 1 Nr. 2 StGB. Die **Überschuldung** allein genügt demnach **nicht**. Diese Einschränkung spielt allerdings seit Inkrafttreten des SanInsFoG am 1.1.2021 praktisch keine Rolle mehr,[584] weil mit der **Einführung gesetzlicher Prognosezeiträume**, Zahlungsunfähigkeit zwei, Überschuldung ein Jahr, letztere ihre eigenständige Bedeutung (partiell) verloren hat (siehe oben Rz. 41).

250 Der **Versuch** ist strafbar, § 283d Abs. 2 StGB. In Anlehnung an § 283a StGB enthält § 283d Abs. 3 StGB Regelbeispiele für **besonders schwere Fälle**. Die Modalitäten (z. B. Gewinnsucht) müssen jedoch regelmäßig beim Täter vorliegen, nicht wie bei den anderen Insolvenzdelikten beim Schuldner, dem allerdings im Fall des § 283d Abs. 3 Nr. 2 StGB die Vermögenswerte anvertraut worden sein mussten. In subjektiver Hinsicht setzt die Bestrafung im Hinblick auf die (drohende oder eingetretene) Zahlungsunfähigkeit sowie bezüglich der Qualifikationen gemäß § 283d Abs. 3 Nr. 2 StGB direkten Vorsatz voraus, im Übrigen genügt bedingter. Die **Strafbarkeitsbedingung** nach § 283d Abs. 4 StGB stellt auf die wirtschaftlichen Verhältnisse des Schuldners ab.

---

580) Zweifelhaft, ob im Fall BGH, Beschl. v. 11.7.2019 – 1 StR 456/18, Rz. 31, ZInsO 2019, 2461 = wistra 2020, 295, in dem der Senat aus anderen Gründen den Tatbestand verneinte, ein Beiseiteschaffen vorlag.

581) BGH, Urt. v. 8.5.2003 – IX ZR 334/01, insbesondere Rz. 13, ZIP 2003, 1097.

582) Deshalb scheidet die Strafbarkeit nicht schon dann aus, wenn der Täter den Gegenstand dem Schuldner wieder zur Verfügung stellt, wie *Pelz/Grotebrune*, Strafrecht in Krise und Insolvenz, Rz. 559, unter Berufung auf eine missverständliche Formulierung des BGH, Beschl. v. 12.5.2016 – 1 StR 114/16, Rz. 15, ZIP 2016, 2280 = wistra 2016, 403, äußern. Das ist vielmehr gerade der typische Fall, vor dem § 283d StGB die Gläubigergemeinschaft schützen will. Der BGH verneinte lediglich *vollendetes* Verheimlichen oder Beiseiteschaffen für eine gut zweieinhalb Jahre vor Insolvenzantrag begangene Verschleierungsaktion, weil nicht aufgeklärt worden war, ob und welche Informationen darüber Eingang in das Insolvenzverfahren gefunden hatten. Die Notwendigkeit, dies zu prüfen, begründete der Senat u. a. damit, dass der fragliche Geldbetrag dem Schuldner wieder ausgehändigt worden war. Da nur die Unklarheit über den Umgang mit diesem Geschehen im tatbestandsrelevanten Insolvenzverfahren die Aufhebung begründete, lassen sich aus dieser Entscheidung keine weitergehenden Schlüsse ziehen.

583) Der Begriff ist hier anders als z. B. bei § 266 StGB zu verstehen: Es genügt tatsächliche Willensübereinstimmung, selbst wenn sie für sich rechtswidrig und ggf. sogar strafbar ist, vgl. *Ceffinato* in: Hilgendorf/Kudlich/Valerius, Hdb. d. Strafrechts, Rz. 40/48.

584) Tendenziell bereits vor Inkrafttreten des SanInsFoG ebenso *Ceffinato* in: Hilgendorf/Kudlich/Valerius, Hdb. d. Strafrechts, Rz. 40/69.

XV. Beitragsvorenthaltung (§ 266a StGB)

1. Krisenrelevanz

Die verschiedenen Absätze des § 266a StGB enthalten ganz unterschiedliche Tatbestände. Deren jeweilige Krisenrelevanz differiert deutlich. 251

a) § 266a Abs. 1 StGB

Die „klassische" Beitragsvorenthaltung des § 266a Abs. 1 StGB stellt ein typisches Delikt aus dem **Vorfeld der Insolvenz** dar. Hier ist der Bezug zwischen beiden die Regel, sind die wirtschaftlichen Probleme die **Ursache** der Tat, während es nur höchst ausnahmsweise einmal vorkommt, dass der Arbeitgeber angemeldete Arbeitnehmeranteile krisenunabhängig vorenthält. 252

b) § 266a Abs. 2 StGB

Beinahe umgekehrt verhält es sich bei dem der Steuerhinterziehung, § 370 AO, nachgebildeten § 266a Abs. 2 StGB. Dessen Bestimmungen erfassen hinterzogene Arbeitgeberanteile, aber anders als § 266a Abs. 1 StGB nur solche aufgrund falscher oder unterlassener Informationen gegenüber der Einzugsstelle. Das ist eine für die **Schwarzarbeit** typische Konstellation,[585)] in der nicht Zahlungsunfähigkeit, sondern -unwilligkeit im Vordergrund steht. Werden derartige Praktiken aufgedeckt, so besteht die regelmäßige faktische Folge zumindest für ein Nur-Schwarzarbeitsunternehmen allerdings in der Insolvenz(reife), weil es angesichts der üblicherweise längst vorgenommenen (aber nicht dokumentierten) Verteilung der Gewinne nicht in der Lage ist, die nachgeforderten Sozialversicherungsbeiträge (und regelmäßig auch die Lohn- und anderen Steuern) nachzuentrichten. In den Fällen des **§ 266a Abs. 2 StGB** ist demnach die ursprüngliche Zahlungsfähigkeit die Regel. Die heraufziehende **Krise** ist **nicht Ursache**, sondern **Folge** der Tat (ggf. für sich strafbar nach § 283 Abs. 2 StGB). Wer sich auch in der Krise rechtmäßig verhalten möchte, kann dies in Bezug auf § 266a Abs. 2 StGB allein schon mit der korrekten Erfüllung der Anmeldepflichten erreichen. Systematisch korrekt hat der BGH deshalb die Unmöglichkeit der Pflichterfüllung hier nicht auf das Abführen der Arbeitgeberanteile bezogen, sondern auf die Anmelde- und Mitteilungspflichten.[586)] Typisch ist für die Konstellation der Schwarzarbeit jedoch die ausgebliebene Mitteilung an die Einzugsstelle. Das erfordert forensisch die Schätzung der Löhne.[587)] Soweit allerdings Aufzeichnungen und Rahmendaten feststellbar sind, begrenzen sie den Spielraum zulässiger Schätzungen, die auch allgemein einer tragfähigen Grundlage bedürfen.[588)] 253

585) *Krumm*, NZWiSt 2013, 97.

586) BGH, Beschl. v. 11.8.2011 – 1 StR 295/11, NJW 2011, 3047 f., m. Anm. *Bittmann*; ablehnend *Kudlich*, ZWH 2012, 80; *Lübbersmann*, PStR 2011, 291; *Wittig*, HRRS 2012, 63.

587) Fehler bei einer Schätzung führen regelmäßig nicht zur Unwirksamkeit der Anklage, BGH, Beschl. v. 8.8.2012 – 1 StR 296/12, wistra 2012, 489 f.; erweist sich eine Schätzung erst in der Hauptverhandlung als nötig, so bedarf es eines Hinweises gemäß § 265 StPO, BGH, Beschl. v. 26.4.2017 – 2 StR 242/16, Rz. 11 f., wistra 2018, 49 f.; im Urteil sind die Schätzungsgrundlagen nebst Berechnung anzuführen (Rz. 15).

588) Vgl. dazu *Klemme/Schubert*, NStZ 2010, 606 m. w. N. zu BGH, Urt. v. 2.12.2008 – 1 StR 416/08, BGHSt 53, 71 = ZIP 2009, 473, dazu EWiR 2009, 219 *(Floeth)*, und zu BGH, Beschl. v. 29.10.2009 – 1 StR 501/09, NStZ 2010, 216.

c) § 266a Abs. 3 StGB

254 § 266a Abs. 3 StGB bezieht sich nicht auf Sozialversicherungsbeiträge, sondern auf **Lohnabzüge aus anderen Gründen**, z. B. Pfändung. Die Verbindung zu einer Krise des Arbeitgebers ist lockerer als bei § 266a Abs. 1 StGB. Zwar ist der Anreiz zum Einbehalten von Arbeitnehmeranteilen und sonstiger Lohnbestandteile für den Arbeitgeber in der Krise gleich. Die Strafvorschriften weichen aber wesentlich voneinander ab. In den Fällen des § 266a Abs. 3 StGB kommt es nicht auf das Unterbleiben des Abführens als solches an, sondern zum einen auf das Einbehalten, zum anderen aber nur, an § 266a Abs. 2 StGB erinnernd, bei **ausbleibender Information**, hier des Arbeitnehmers. Bloßes Reden kann demnach hier Freiheitsstrafe bis zu fünf Jahren ersparen.

d) § 266a Abs. 4 StGB

255 § 266a Abs. 4 StGB enthält Regelbeispiele für **besonders schwere Fälle** des § 266a Abs. 1 und 2. Aus grobem Eigennutz können zwar auch Arbeitnehmeranteile in großem Ausmaß vorenthalten werden, § 266a Abs. 4 Satz 2 Nr. 1 StGB. Gleichwohl zielt auch diese Variante vorrangig auf die Fälle des § 266a Abs. 2 StGB, dann allerdings meist in Tateinheit mit § 266a Abs. 1 StGB. Das trifft für die (seit dem 17.8.2017: vier) anderen Alternativen erst recht zu. Der erhöhte Strafrahmen für besonders schwere Fälle dient demzufolge der angemessenen Ahndung der Fälle originärer Schwarzarbeit.

e) § 266a Abs. 5 und 6 StGB

256 Wer Dritte beschäftigt, aber nicht als Arbeitnehmer, ist für im Einzelnen in § 266a Abs. 5 StGB aufgeführte Sonderfälle Arbeitgebern gleichgestellt. Die in § 266a Abs. 6 StGB vorgesehene Regelung tätiger Reue ist wenig praktikabel[589] und schon deshalb selten einschlägig.

2. § 266a Abs. 1 StGB

257 Zum **Krisenstrafrecht** gehört daher in erster Linie § 266a **Abs. 1** StGB. Weil das Abführen der Sozialversicherungsbeiträge die Liquidität des Unternehmens belastet, die Gewinnsituation aber nur höchst mittelbar verbessern kann, ist die Beitragsleistung für den Fortbestand nicht unmittelbar nötig, so dass es dem Arbeitgeber als attraktiver erscheint, zunächst solche Verbindlichkeiten zu erfüllen, deren Offenbleiben die Aufrechterhaltung des Geschäftsbetriebs gefährden würde. Dem soll die Strafnorm entgegenwirken. § 266a Abs. 1 StGB schützt allein das **Beitragsaufkommen der Gesamtsozialversicherung**, weil das Abführen der Beiträge **keinen Einfluss** auf die **Leistungsansprüche** des einzelnen versicherten **Arbeitnehmers** hat. Der Tatbestand ist beim Vorliegen folgender fünf Komponenten erfüllt:

- Ein Arbeitgeber (1),
- beschäftigt sozialversicherungspflichtig einen Dritten (2),
- unterlässt das Abführen (3),
- der fälligen Arbeitnehmeranteile (4),
- obwohl er zur Leistung in der Lage ist (5).

589) *Pelz/Grotebrune*, Strafrecht in Krise und Insolvenz, Rz. 630 – „verfehlt".

In subjektiver Hinsicht ist bedingter Vorsatz erforderlich. **258**

a) Arbeitgeber

§ 266a StGB ist sowohl Unterlassungs-, als auch Erfolgs- und Sonderdelikt. Nur ein **Arbeitgeber**, jedes (auch bloß faktische)[590] Mitglied des **vertretungsberechtigten Organs** einer juristischen Person, gegründet nach deutschem oder nach im Inland anzuerkennendem fremdem Recht,[591] die Arbeitgeberin ist, oder eine diesen nach **§ 266a Abs. 5** StGB oder nach **§ 14 Abs. 2** StGB **gleichgestellte** Person[592] kann Täter sein,[593] nicht aber die Sozialverwaltung, die für Hartz-IV-Empfänger Beiträge abzuführen hat. Wer die **Arbeitnehmeranteile** gemäß § 28e Abs. 1 SGB IV **allein schuldender „Arbeitgeber"** i. S. des § 266a StGB ist, richtet sich nach dem **Sozialversicherungsrecht.** Das wiederum nimmt auf das **Arbeitsrecht Bezug.**[594] Ob danach **259**

590) OLG Celle, Urt. v. 10.5.2017 – 9 U 3/17, ZIP 2017, 1325 = ZInsO 2017, 1547.

591) BGH, Urt. v. 11.6.2013 – II ZR 389/12, Rz. 16 ff., ZIP 2013, 1519; LSG Baden-Württemberg, Urt. v. 21.11.2018 – L 2 BA 1487/18, ZIP 2019, 223, dazu EWiR 2019, 233 *(Forst)* – Verwaltungsrat einer SE, trotz Teilaufhebung inhaltlich bestätigt von BSG, Urt. v. 7.7.2020 – B 12 R 27/18 R, BeckRS 2020, 37863; zum Fremdgeschäftsführer einer GmbH vgl. BAG, Beschl. v. 21.1.2019 – 9 AZB 23/18, ZIP 2019, 808 = ZInsO 2019, 922.

592) Bei einer BGB-Außengesellschaft ist das der geschäftsführende Gesellschafter, BGH, Beschl. v. 16.1.2019 – 5 StR 249/18, Rz. 23–26, NStZ-RR 2019, 184.

593) BGH, Urt. v. 11.6.2013 – II ZR 389/12, Rz. 13, ZIP 2013, 1519; BGH, Urt. v. 6.6.2013 – IX ZR 204/12, NJW 2013, 2345 = ZIP 2013, 1332 = ZWH 2013, 500 f., m. Anm. *Püschel*; *Fuchs* in: Leitner/Rosenau, Wirtschafts- und Steuerstrafrecht, § 266a StGB Rz. 17–23 und 30–35. Daher ist der ausbleibende, aber gar nicht erst erbetene Rat kein Milderungsgrund, BGH, Beschl. v. 6.2.2014 – IX ZR 53/13, ZIP 2014, 583 = ZWH 2014, 248; dazu *Brete*, ZWH 2014, 216 (Steuerberater); BGH, Urt. v. 16.4.2014 – 1 StR 516/13, Rz. 45 f., NJW 2014, 1975 (Firmenanwalt).

594) BGH, Beschl. v. 5.6.2013 – 1 StR 626/12, Rz. 6, PStR 2013, 223 = NJW 2013, 3595; BGH, Urt. v. 18.7.2019 – 5 StR 649/18, Rz. 18–33, wistra 2020, 207 = NStZ 2020, 163; BGH, Urt. v. 17.9.2020 – 1 StR 576/18, Rz. 17, NStZ 2021, 304; BGH, Beschl. v. 24.9.2019 – 1 StR 346/18, Rz. 24, BGHSt 64, 195 = NJW 2019, 3532; BGH, Urt. v. 14.6.2023 – 1 StR 74/22, Rz. 9, NStZ-RR, 2023, 277. *Greeve*, NStZ 2013, 588, weist zutreffend auf den rechtlichen Vorrang des Sozialrechts ggü. dem Arbeitsrecht hin.

jemand Arbeitgeber[595] ist, unterliegt **nicht** der **Parteiautonomie**, sondern bestimmt sich nach der **Leitungsfunktion** und diese nach den **tatsächlichen Verhältnis-**

595) BSG, Urt. v. 14.3.2018 – B 12 KR 13/17 R, ZIP 2019, 2366 – Sozialversicherungsfreiheit nur bei Anteil über 50 % oder eingeräumter Sperrminorität; ein Minderheitengesellschafter ist nur bei Vorhandensein einer unbeschränkten Sperrminorität sozialversicherungsfrei, BSG, Urt. v. 1.2.2022 – B 12 R 19/19, NZG 2023, 336; daher nicht bei einem Anteil von 50 %, BSG, Urt. v. 13.12.2022 – B 12 KR 16/20 R, BeckRS 2022, 37896 = NZG 2023, 1189; s. zuvor einerseits LSG Baden-Württemberg, Urt. v. 18.10.2016 – L 11 R 1032/16, NZG 2017, 61 = ZIP 2016, 2475, und andererseits LSG Baden-Württemberg, Urt. v. 23.11.2016 – L 5 R 50/16, NZG 2017, 61 = ZIP 2017, 922; dazu *Haase*, GmbHR 2017, 467; in Rente befindliche Minderheitengesellschafterin ist zwar selbst nicht sozialversicherungspflichtig, die Gesellschaft muss aber trotzdem die Arbeitgeberanteile entrichten, BSG, Urt. v. 13.12.2022 – B 12 R 33/21 R, BeckRS 2022, 37895; zur Feststellung des Status eines Geschäftsführers einer GmbH & Co. KG LSG Baden-Württemberg, Urt. v. 19.4.2018 – L 10 R 828/17, NZG 2018, 1424 (Nichtzulassungsbeschwerde war anhängig unter Az – 12 R 32/18 B); sehr eng LSG Berlin-Brandenburg, Urt. v. 16.11.2017 – L 9 KR 369/16, NZG 2018, 387 = ZIP 2018, 1354 – Fremdgeschäftsführer auch dann sozialversicherungspflichtig, wenn er in einer Nebenabrede (rechtlich unwirksam) von Weisungen freigestellt wird und ihm ein (kündbares) Vetorecht gegen Beschlüsse der Gesellschafterversammlung eingeräumt wurde; vergleichbar LSG Niedersachsen-Bremen, Beschl. v. 20.12.2018 – L 12 BA 23/18 B ER, NZG 2019, 674; kündigungsrechtlich differenzierend BAG, Urt. v. 27.4.2021 – 2 AZR 540/20, NJW 2021, 2059 = ZInsO 2021, 1685, einerseits, BAG, Beschl. v. 21.1.2019 – 9 AZB 23/18, ZIP 2019, 808 = ZInsO 2019, 922 = NZA 2019, 490, andererseits; urlaubsrechtlich kein Arbeitnehmer, BAG, Beschl. v. 8.2.2022 – 9 AZB 40/21, ZInsO 2022, 1066; anders für einen Fremdgeschäftsführer BAG, Urt. v. 25.7.2023 – 9 AZT 43/22, NZG 2024, 36; zum Mehrheitsgesellschafter LSG Baden-Württemberg, Beschl. v. 5.11.2018 – L 10 R 4670/17, NZG 2019, 836 = ZIP 2019, 764; ein verliehener alleiniger Gesellschaftergeschäftsführer wird kein Arbeitnehmer des Entleihers, BAG, Urt. v. 17.1.2017 – 9 AZR 76/16, ZIP 2017, 836, dazu *Kothe-Heggemann*, GmbHR 2017, 753, und EWiR 2017, 381 *(Mauer)*; s. allgemein *Nehls*, NZG 2022, 946. Ein vorinsolvenzlich selbständiger Mehrheits-Gesellschafter-Geschäftsführer bleibt es auch in der Insolvenz, SG Leipzig, Urt. v. 25.4.2017 – S 8 KR 45/17, ZInsO 2017, 2275. Demgegenüber verliert ein trotz nur hälftiger Beteiligung am Kapital freigestellter Fremdgeschäftsführer mit seiner Gesellschafterstellung seine Sozialversicherungsfreiheit, LSG Nordrhein-Westfalen, Urt. v. 17.10.2018 – L 8 R 1031/17, NJW-Spezial 2019, 209; und ein Minderheitsgesellschafter mit umfassender Sperrminorität seine Sozialversicherungsfreiheit dann, wenn eine Kapitalerhöhung die Sperrwirkung seiner Minderheitenbeteiligung beseitigt, BSG, Urt. v. 29.3.2022 – B 12 KR 1/20 R, NZG 2023, 1429. Bei geringer Kapitalbeteiligung kommt es auf den trotzdem rechtlich möglichen Einfluss an, SG Stuttgart, Urt. v. 18.8.2016 – S 17 R 747/14, GmbHR 2017, 1335. Ein Kommanditist ist grundsätzlich kein Unternehmer, LSG Baden-Württemberg, Urt. v. 30.3.2021 – L 11 BA 2509/20, ZInsO 2021, 1652; selbst dann nicht, wenn er Geschäftsführer der Komplementärgesellschaft ist, BGH, Beschl. v. 19.9.2017 – VI ZR 497/16, ZIP 2017, 2196 = ZInsO 2017, 2574; der Liquidator einer AG ist nicht selbständig, LSG Schleswig-Holstein, Beschl. v. 27.12.2021 – L 10 BA 10034/21 B ER, ZInsO 2022, 377; s. allgemein zur Sozialversicherungspflicht von Gesellschaftern einer Personengesellschaft (insbesondere einer GmbH & Co. KG) *Kübler*, StB 2018, 17; ein stiller Gesellschafter soll trotz Sperrminorität abhängig Beschäftigter sein können, LSG Brandenburg, Urt. v. 7.7.2017 – L 1 KR 387/16, DStR 2017, 2182, m. Anm. *Reiserer*; zur Rentenversicherungspflicht eines GmbH-Geschäftsführers vgl. *Peetz*, GmbHR 2018, 230; zu deren Fehlen BGH, Urt. v. 1.10.2019 – II ZR 386/17, ZIP 2019, 2212 = NZG 2019, 1348; zu Dreieckskonstellationen vgl. *Kraus*, DB 2017, 1387; s. a. BSG, Urt. v. 7.7.2020 – B 12 R 27/18 R, BeckRS 2020, 37863 (Versicherungspflicht von Verwaltungsräten einer monistisch organisierten SE); BSG, Urt. 3.11.2021 – B 11 AL 4/20 R, NZG 2022, 522 = ZInsO 2022, 255 (insolvenzgeldliche Arbeitnehmereigenschaft eines alleinvertretungsberechtigten Vorstandsmitglied einer AG); LSG Schleswig-Holstein, Beschl. v. 13.8.2018 – L 5 BA 104/18 B ER, NZG 2019, 791 (Statusrechtliche Einordnung eines Geschäftsführers – Treuhandvertrag); BSG, Urt. v. 7.7.2020 – B 12 R 17/18 R, NZS 2021, 643 (Status eines Gesellschafter-Geschäftsführers einer Steuerberater-GmbH); BAG, Urt. v. 11.6.2020 – 2 AZR 374/19, ZIP 2020, 1609 = NJW 2020, 2824 (kündigungsschutzrechtlich arbeitgeberähnlicher Gesellschaftergeschäftsführer); LSG Baden-Württemberg, Beschl. v. 19.7.2019 – L 10 BA 282/19, ZIP 2020, 28 = NZG 2019, 1359 und LSG Baden-Württemberg, Urt. v. 20.7.2021 – L 11 KR 714/20, ZInsO 2022, 39 (jeweils Fremdgeschäftsführer als Beschäftigter); LSG Baden-Württemberg, Urt. v. 25.6.2019 – L 11 BA 2804/18, ZIP 2019, 2409 = NZG 2019, 1359 (Minderheitengesellschafter als Beschäftigter); LSG Baden-Württemberg, Urt. v. 8.8.2019 – L 7 R 715/17, NZG 2019, 1433 (keine Selbständigkeit eines lediglich mitarbeitenden Gesellschafters); LSG Hessen, Urt. v. 31.10.2019 – L 1 KR 502/18, ZIP 2019, 2257 = NZG 2020, 73 (Selbständigkeit bei 50 %igem Gesellschaftsanteil); LSG Niedersachsen-Bremen, Beschl. v. 27.9.2023 – L 2 BA 59/22, NZG 2024, 83 – Arbeitnehmereigenschaft des an der Mutter Minderheitsanteile haltenden Fremdgeschäftsführers einer Tochtergesellschaft.

sen.[596] Verkannte der Angeklagte deren rechtliche Bedeutung, so nahm die Rechtsprechung bislang einen (regelmäßig aufgrund der Möglichkeit, ein Statusverfahren nach § 7a SGB IV vornehmen zu lassen)[597] vermeidbaren Verbotsirrtum an. Obwohl sie nunmehr in Anlehnung an die Judikatur zum Steuerstrafrecht hier (wie dort bei Unkenntnis des Steueranspruchs) einen **Tatbestandsirrtum** annimmt,[598] bejaht sie einen solchen weiterhin nur in exzeptionellen Ausnahmefällen. Bei **mehrköpfigen** vertretungsberechtigten **Organen** gilt der **Grundsatz der Allzuständigkeit** (unter Einschluss des faktischen Geschäftsführers)[599]. Die Ressortaufteilung befreit die geschäftsplanmäßig Unzuständigen also nicht von ihren Pflichten. Sie müssen vielmehr kontrollieren, ob die Beiträge auch tatsächlich pflichtgemäß an die Einzugsstellen abgeführt werden, sobald Anhaltspunkte dafür bestehen, dass der Zuständige die Pflichten nicht erfüllt (siehe allgemein oben Rz. 31, 110 und 112 f.).[600]

Kraft Zuweisung vorrangig zuständig kann sowohl horizontal ein anderes Mitglied des Organs sein als auch vertikal ein anderer Delegationsempfänger. Dieser wird nur dann zum (potenziellen) Täter nach § 266a StGB, wenn er gemäß § 14 Abs. 2 Nr. 2 StGB unter Übernahme von Leitungsfunktionen in die Täterstellung mit einrückt.[601] Andernfalls haftet er strafrechtlich nur als Beteiligter einer Tat des originären wie des Arbeitgebers kraft Zurechnung gemäß § 14 Abs. 1 StGB. Das kann zu der von der sinnlichen Wahrnehmung abweichenden Konsequenz führen, dass Täter weder derjenige ist, der die Höhe der Beiträge zu errechnen, noch derjenige, der die Überweisung anzuweisen hat, sondern allein der für die Kontrolle Zuständige. Die Überwachungs- und Kontrollpflichten defi- **260**

596) St. Rspr. BGH, Urt. v. 2.12.2008 – 1 StR 416/08, Rz. 7 ff., BGHSt 53, 71 = ZIP 2009, 473; BGH, Beschl. v. 7.10.2009 – 1 StR 320/09, NStZ 2010, 337 = wistra 2010, 29; BGH, Beschl. v. 6.2.2013 – 1 StR 577/12, Rz. 13 f., 32 ff., wistra 2013, 277; BGH, Beschl. v. 4.9.2013 – 1 StR 94/13, Rz. 10 f., NStZ 2014, 321 = wistra 2014, 23; BGH, Urt. v. 16.4.2014 – 1 StR 516/13, Rz. 24, NJW 2014, 1975 = NStZ 2014, 699; BGH, Urt. v. 16.4.2014 – 1 StR 638/13, Rz. 15, NStZ-RR 2014, 246; BGH, Urt. v. 25.10.2017 – 1 StR 339/16, Rz. 43, wistra 2018, 302; BGH, Beschl. v. 13.12.2018 – 5 StR 275/18, Rz. 25, NStZ-RR 2019, 151 = GmbHR 2019, 278, dazu *Lange*, ZWH 2019, 160 – sämtlich zur Anwendbarkeit von § 14 Abs. 2 Satz 2 SGB IV auf Schwarzlöhne; BGH, Beschl. v. 5.6.2013 – 1 StR 626/12, Rz. 6, PStR 2013, 223 = NJW 2013, 3595 – im Hinblick auf die Frage, wer Arbeitgeber ist; s. a. BGH, Beschl. v. 25.10.2017 – 2 StR 50/17, Rz. 16, NStZ 2018, 546 = wistra 2018, 354; BGH, Urt. v. 24.1.2018 – 1 StR 331/17, Rz. 10, StV 2019, 38 = NStZ-RR 2018, 180; BGH, Urt. v. 18.7.2019 – 5 StR 649/18, Rz. 20, wistra 2020, 207 = NStZ 2020, 163; BGH, Urt. v. 17.9.2020 – 1 StR 576/18, Rz. 18, NStZ 2021, 304; LSG Sachsen-Anhalt, Urt. v. 17.1.2019 – L 3 BA 15/18, NZG 2019, 1359; LSG Sachsen-Anhalt, Urt. v. 24.1.2019 – L 1 BA 34/18, NZG 2020, 395 – kein Beschäftigungsverhältnis eines Fremdgeschäftsführers bei vertraglich gesicherter Durchsetzungsfähigkeit; SG Karlsruhe, Urt. v. 4.12.2019 – S 2 BA 424/19, NZG 2020, 395 – vertraglich gesicherte Verhinderungsmacht führt nicht zur Selbständigkeit; SG Karlsruhe, Urt. v. 4.12.2019 – S 2 BA 436/19, NZG 2020, 468 – zum Sonderfall eines jüngeren 50 %-Gesellschafters bei Stichentscheid des älteren 50 %-Gesellschafters; zum insolvenzgeltlich maßgeblichen Begriff des Arbeitnehmers i. S. des Arbeitsrechts BSG, Urt. v. 3.11.2021 – B 11 AL 4/20 R, NZG 2022, 522 = ZInsO 2022, 255.

597) BGH, Beschl. v. 13.12.2018 – 5 StR 275/18, Rz. 41–44, NStZ-RR 2019, 151 = GmbHR 2019, 278; zum Vorsatz in Bezug auf das Merkmal „Arbeitgeber" *Theile*, NZWiSt 2022, 311.

598) Erwägend BGH, Urt. v. 24.1.2018 – 1 StR 331/17, Rz. 12 ff., NStZ-RR 2018, 180; ablehnend *Bollacher*, NZWiSt 2019, 59; zustimmend *Rode/Hinderer*, wistra 2018, 341; judizierend BGH, Beschl. v. 24.9.2019 – 1 StR 346/18, Rz. 18–23; BGHSt 64, 195 = NJW 2019, 3532; BGH, Urt. v. 8.1.2020 – 5 StR 122/19, Rz. 6, wistra 2020, 260 = NStZ-RR 2020; BGH, Urt. v. 17.9.2020 – 1 StR 576/18, Rz. 23, NStZ 2021, 304; abgrenzend BGH, Beschl. v. 3.3.2020 – 5 StR 595/19, Rz. 6, NZWiSt 2020, 288.

599) BGH, Urt. v. 11.6.2013 – II ZR 389/12, Rz. 22 ff., ZIP 2013, 1519; ausführliche Übersicht bei *Kleindiek* in: FS Kayser, 2019, S. 435.

600) BGH, Urt. v. 9.11.2023 – III ZR 105/22, insbesondere Rz. 17, NZG 2024, 135; BGH, Urt. v. 18.12.2012 – II ZR 220/10, Rz. 17, wistra 2013, 234 f. = ZIP 2013, 412; BFH, Beschl. v. 15.11.2022 – VII R 23/19, ZIP 2023, 1689 = ZInsO 2023, 786.

601) BGH, Beschl. v. 12.9.2012 – 5 StR 363/12, Rz. 12 ff., BGHSt 58, 10 = NJW 2012, 3385, dazu *Bittmann*, ZWH 2013, 127 f.; BGH, Urt. v. 7.4.2016 – 5 StR 332/15, Rz. 16, NStZ 2016, 460; BGH, Urt. v. 11.6.2013 – II ZR 389/12, Rz. 15, ZIP 2013, 1519.

niert die Rechtsprechung sehr weit, den Grundsatz des Vertrauens auf die Korrektheit der Aufgabenerfüllung anderer Beteiligter eher eng.[602] Als Vorsatztat wird man es dagegen kaum bestrafen können, wenn der originär Zuständige vom Delegationsempfänger belogen wurde, den Wahrheitsgehalt von dessen Angabe aber nicht bei der Einzugsstelle selbst überprüft hatte.[603] Allerdings gilt auch strafrechtlich, dass die **vorsätzliche Missachtung** der nach Delegation **verbliebenen Pflichten** im Fall nicht abgeführter Arbeitnehmeranteile als **vorsätzliches Beitragsvorenthalten** selbst und damit als Unterlassungstat i. S. des § 266a Abs. 1 StGB angesehen wird.

b) Beitragspflicht

261 Auch die Pflicht, Arbeitnehmeranteile abzuführen, richtet sich nach dem Sozialversicherungsrecht. Es unterscheidet zwischen **drei Gruppen von Arbeitnehmern**: Unproblematisch ist das **Normalarbeitsverhältnis** mit einem monatlichen Bruttoverdienst von mehr als 1.300 €. Bei **geringfügiger Beschäftigung** (Hauptfall: Verdienst bis 450 €) fallen die Sozialversicherungsbeiträge ohne Unterscheidung von Arbeitgeber- und Arbeitnehmeranteilen allein[604] dem Arbeitgeber zur Last. Bundesweit zuständige Einzugsstelle ist die Bundesknappschaft in Essen. In der **Gleitzone**, § 20 Abs. 2 SGB IV, von 450 bis 1.300 € steigt die vom Arbeitnehmer zu tragenden Quote stetig an und erreicht bei darüberhinausgehendem Verdienst die Hälfte. Die „Ampel-“Koalition prüft eine grundlegende Neuregelung. Welche Konsequenzen das für **geringfügige Beschäftigungsverhältnisse** haben wird und ob die Gleitzone entfällt, lässt sich noch nicht absehen. Die bisherigen Rückstandsaufstellungen der Einzugsstellen erstrecken sich einerseits nicht auf Beiträge geringfügig Beschäftigter, andererseits lassen sich die Beitragsrückstände aber **nicht** schlicht **hälftig** auf Arbeitnehmer und Arbeitgeber aufteilen. Dies führt angesichts korrekter Anmeldungen zu keiner Unsicherheit, weil die Einzugsstellen die Unterschiede bei ihren Rückstandsaufstellungen ebenso berücksichtigen[605] wie im Fall unterschiedlicher Beitragsbemessungsgrenzen in den verschiedenen Sparten der Sozialversicherung. Diese können nämlich zur Folge haben, dass für ein und denselben Arbeitnehmer teilweise Pflicht- und teilweise freiwillige, daher insoweit nicht unter § 266a Abs. 1 und 2 StGB fallende Beiträge abzuführen sind.

602) Eindrucksvoll BGH, Urt. v. 13.10.2021 – 2 StR 418/19 (Kölner Stadtarchiv), insbesondere Rz. 30–36 und Rz. 60–77, NJW 2022, 2206 = BeckRS 2021, 53335, dazu Anm. *Vogel*, NZWiSt 2023, 31.

603) BGH, Urt. v. 9.1.2001 – VI ZR 407/99, NJW 2001, 969 = ZIP 2001, 422.

604) Gleiches gilt für Beschäftigte im Haushalt und in einem freiwilligen sozialen Jahr, *Heinrich*, NZWiSt 2020, 346, 361.

605) Zu den Schlussfolgerungen für die Urteilsfeststellungen (und damit im Reflex auch für die notwendigen Angaben in der Anklageschrift) BGH, Beschl. v. 7.10.2010 – 1 StR 424/10, wistra 2011, 69 f. = ZIP 2011, 88; OLG Jena, Urt. v. 26.8.2011 – 1 Ss 40/11, ZWH 2012, 116 f., dazu *Esser*, ZWH 2012, 117 f.; wohl etwas weitergehend OLG Celle, Beschl. v. 3.7.2013 – 1 Ws 123/13, NStZ 2016, 719 = wistra 2014, 109. Zu den Anforderungen an eine Anklageschrift in einem Fall der Schwarzarbeit: BGH, Beschl. v. 26.4.2017 – 2 StR 242/16, Rz. 2 ff., 15, wistra 2018, 49 f.; Mängel der Informationsfunktion der Anklageschrift können sowohl vom wesentlichen Ergebnis der Ermittlungen als auch mittels rechtlicher Hinweise, § 265 StPO, ausgeglichen werden (Rz. 9). Für die Darstellung im Urteil ist zu unterscheiden zwischen (im Vorfeld einer Insolvenz typischen) Nichtzahlung ordnungsgemäß angemeldeter Beiträge, in denen nur die hinterzogenen Arbeitnehmeranteile aufgeführt werden müssen, BGH, Beschl. v. 7.10.2010 – 1 StR 424/10, wistra 2011, 69 f. = ZIP 2011, 88; BGH, Beschl. v. 20.4.2016 – 1 StR 1/16, Rz. 8, NStZ 2017, 352, und den manipulativen Fällen der Schwarzarbeit, BGH, Beschl. v. 20.4.2016 – 1 StR 1/16, Rz. 6, NStZ 2017, 352; BGH, Beschl. v. 8.2.2017 – 2 StR 375/16, Rz. 7 ff., wistra 2017, 349 f.; BGH, Beschl. v. 25.10.2017 – 1 StR 310/16, Rz. 16, NStZ 2018, 221 = wistra 2018, 295; BGH, Beschl. v. 25.10.2017 – 2 StR 50/17, Rz. 15 ff., NStZ 2018, 546 = wistra 2018, 354. Für den Spezialfall des § 266a Abs. 3 StGB s. BGH, Beschl. v. 11.4.2017 – 4 StR 252/16, Rz. 4, wistra 2017, 350, dazu *Sahan*, NStZ 2017, 530.

Selbstständige sind nicht, arbeitnehmerähnliche Selbstständige nur in der Rentenversicherung pflichtversichert. Uneinheitlich sind die Regeln für Mitglieder vertretungsberechtigter Organe.[606)] Fremdgeschäftsführer und über keinen maßgeblichen Einfluss verfügende beschäftigte Minderheitengesellschafter sind sozialversicherungspflichtig, nicht aber Mehrheits- und solche beschäftigte Minderheitsgesellschafter, die gleichwohl über die Geschicke des Unternehmens zu bestimmen rechtlich befähigt sind. Unter Compliance-Gesichtspunkten empfiehlt es sich, eine verbindliche Klärung bei den zuständigen Sozialversicherungsträgern herbeizuführen. 262

c) Verrechnung

Die sozialversicherungsrechtliche Verrechnung erbrachter Zahlungen regelt § 4 BVV[607)] dergestalt, dass bei fehlender Leistungsbestimmung eine hälftige Verbuchung auf die Arbeitgeber- und die Arbeitnehmeranteile vorzunehmen ist. Die nach h. M. angebrachte Übertragung auf das Strafrecht bedeutet faktisch die Strafbewehrung des schlichten Unterlassens der Leistungsbestimmung. Das lässt sich dadurch vermeiden, dass strafrechtlich sämtliche ohne Leistungsbestimmung erfolgenden Zahlungen zuerst auf die aktuellen und nachfolgend auf die rückständigen Arbeitnehmeranteile verrechnet werden. Unter dem Gesichtspunkt der Criminal Compliance sollte der Arbeitgeber immer eine **Leistungsbestimmung** mit Vorrang für die Arbeitnehmeranteile vornehmen. 263

d) Beitragspflichtiges Entgelt

§ 266a Abs. 1 StGB pönalisiert mit dem bloßen Schuldigbleiben der Arbeitnehmeranteile ein Unterlassen. Die Bestimmung ist in den letzten Jahren mehrfach direkt oder mittelbar im Wege von Änderungen des Sozialversicherungsrechts ausgeweitet worden. Das hat Einschränkungen, die nach früherem Recht galten, beseitigt. Bestimmt die Satzung nicht anderes, so werden Sozialversicherungsbeiträge gemäß § 23 Abs. 1 Satz 2 SGB IV spätestens am **drittletzten Banktag** eines Monats **fällig**, also zu einer Zeit zu der sie noch gar **nicht entstanden** sind. Auch diese, wohl ebenfalls der Prüfung seitens der „Ampel-“ Koalition unterliegende Fälligkeitsregelung überträgt die h. M. in das Strafrecht, mit zumindest zwei drastischen Konsequenzen: Zum einen wird dem Arbeitgeber über die Regelung tätiger Reue gemäß § 266a Abs. 6 StGB hinaus jede irgendwie geartete **Karenzzeit verweigert**. Damit erklärt die Bestimmung die Missachtung der vor vollständiger Entstehung der Forderung eintretende Fälligkeit um auch nur eine Minute für strafbar. Vermutlich musste sich das BVerfG nur deshalb noch nicht mit dieser Übertreibung befassen, weil zur Verurteilung wohl nur Fälle dauerhaft unterlassener Beitragsabführung gelangen. Zum anderen transformiert diese Auslegung im Zusammenwirken mit der ausdrücklichen gesetzlichen Bestimmung des Eintritts der Strafbarkeit unabhängig von der Lohnzahlung[608)] das **sozialrechtliche Entstehungsprinzip** in den Tatbestand des § 266a StGB.[609)] Im Gegensatz dazu ist im Steuer- und damit auch im Steuerstrafrecht der tatsächliche **Zufluss** maßgeblich. 264

---

606) *Fischer*, NJW 2011, 2329.

607) Verordnung über die Berechnung, Zahlung, Weiterleitung, Abrechnung und Prüfung des Gesamtsozialversicherungsbeitrages – Beitragsverfahrensordnung (BVV), v. 3.5.2006 (mit späteren Änderungen), BGBl. I, 2006, 1138.

608) Diese Klausel verdeutlicht zudem, dass die Bestimmung nicht dem Schutz des einzelnen Arbeitnehmers dient.

609) BGH Urt. v. 16.4.2014 – 1 StR 516/13, Rz. 39, NJW 2014, 1975 = NStZ 2014, 699; BGH, Urt. v. 16.4.2014 – 1 StR 638/13, Rz. 45, NStZ-RR 2014, 246.

265 Die **sozialrechtsakzessorische Auslegung** führt nicht nur zum **Vorrang**[610] der Pflicht zur vollständigen Auskehrung der Arbeitnehmeranteile sogar zulasten der Erfüllung der Ansprüche der Arbeitnehmer auf Auszahlung des Nettolohns, sondern **löst** darüber hinausgehend die **Strafbarkeit** auch vom **Arbeitsverhältnis**, so wie es **tatsächlich gelebt** wird: Die Lohnhöhe unterliegt zwar im Geltungsbereich einschlägiger Tarifverträge oder unter staatlicher Beteiligung festgelegter Mindestlöhne nicht der Parteiautonomie von Arbeitgeber und Arbeitnehmer. Wird sie jedoch trotzdem unterschritten, so sind sozialrechtlich **Beiträge** auf **„Phantomlöhne"**[611] zu entrichten, widrigenfalls dies angesichts auch dieser Übertragung auf § 266a StGB als Beitragsvorenthaltung selbst dann kriminelles Unrecht darstellt, wenn der Arbeitnehmer (z. B. zwecks Erhalts seines Arbeitsplatzes) auf einige Lohnanteile verzichtet. Ob die rechtmäßigem Verhalten des Arbeitgebers folgende, von der Allgemeinheit zu finanzierende Arbeitslosigkeit den Arbeitnehmer freut, ist aus der Sicht des Strafrechts irrelevant: § 266a StGB dient ja nicht seinem Schutz! Er wird also im Interesse des Beitragsaufkommens der Sozialversicherung instrumentalisiert. Immerhin besteht die Möglichkeit, die Fälligkeit der Sozialversicherungsbeiträge mittels **Stundung** herauszuschieben, jedoch nur in den äußerst engen Grenzen des § 76 Abs. 4 SGB IV und aufgrund der rigiden Auslegung des § 266a StGB mit tatbestandlicher Wirkung lediglich vor Eintritt der Fälligkeit. Eine nachträgliche Stundung kann allein noch auf der Rechtsfolgenseite Berücksichtigung finden.

266 Sozial- und damit auch strafrechtlich maßgebend sind die gemäß § 223 SGB V beitragspflichtigen Einnahmen[612] natürlich auch bei Missachtung der Anmeldepflichten. Das gilt auch für phantasievolle Entgeltregelungen (wie das von Nutzern öffentlicher Toiletten entrichtete Tellergeld)[613]. Gemäß § 14 Abs. 2 SGB IV sind im Falle einer offenen oder verdeckten **Nettolohnabrede** die Sozialversicherungsbeiträge zum Nettolohn zu addieren. Das hat zur Folge, dass die Sozialabgaben (Arbeitgeber- wie Arbeitnehmeranteile) auch insoweit auf der Basis des (fiktiven und über dem Durchschnitt liegenden) Bruttolohns anfallen.[614]

e) Unterlassungsdelikt

267 Eine tatbestandliche Unterlassung führt nur zur Strafbarkeit, wenn das Handeln zumutbar und möglich war.

aa) Unmöglichkeit

268 Sie kann aufgrund tatsächlicher wie rechtlicher Umstände vorliegen. Im Falle **fehlender finanzieller Mittel** ist der Arbeitgeber zur Beitragsentrichtung **faktisch** nicht in der

610) Ablehnend *Pelz/Grotebrune*, Strafrecht in Krise und Insolvenz, Rz. 599 f.

611) BGH, Beschl. v. 12.9.2012 – 5 StR 363/12, BGHSt 58, 10 = NJW 2012, 3385; *Ast/Klocke*, wistra 2014, 206, 208. Allerdings entfaltet die gesetzlich festgelegte rückwirkende Gültigkeit eines (für allgemeinverbindlich erklärten, aber vom BAG für unwirksam erklärten Tarifvertrags keine Strafbarkeit für zur Zeit der Ungültigkeit auf den Differenzbetrag zwischen gezahltem und Tariflohn nicht abgeführte Sozialversicherungsbeiträge, BGH, Beschl. v. 8.6.2017 – 1 StR 614/16, Rz. 8, NStZ-RR 2017, 282.

612) Zu den dazugehörigen Bestandteilen vgl. *Fuchs* in: Leitner/Rosenau, Wirtschafts- und Steuerstrafrecht, § 266a StGB Rz. 38.

613) BGH, Beschl. v. 12.9.2012 – 5 StR 363/12, Rz. 12 ff., BGHSt 58, 10 = NJW 2012, 3385; dazu *Bittmann*, ZWH 2013, 127 f.; *Klein*, NZWiSt 2013, 119 f.

614) BGH, Urt. v. 16.4.2014 – 1 StR 516/13, Rz. 37, NJW 2014, 1975 = NStZ 2014, 699; BGH, Urt. v. 16.4.2014 – 1 StR 638/13, Rz. 41, NStZ-RR 2014, 246, da nur das Entgelt mit Abgaben belegt ist, sind bei Sachzuwendungen an einen Scheinselbständigen die von diesem zu tragenden Aufwendungen abzuziehen (Rz. 42 bzw. 46); BGH, Urt. v. 25.10.2017 – 1 StR 339/16, Rz. 47, wistra 2018, 302.

Lage.[615] Leistungsunfähigkeit ist nicht mit Zahlungsunfähigkeit i. S. von § 17 InsO gleichzusetzen und scheidet im Fall einer Unterdeckung von weniger als 10 % erst recht aus. Entscheidend ist **nicht der erste**, sondern der sprichwörtlich **letzte fehlende Cent.**[616] Offen ist, ob sich die Einzugsstellen die verbliebenen Mittel mit denen teilen müssen, die für die gleichrangige Erfüllung der Buchführungs- und Bilanzierungspflicht sorgen oder ob die vollständige Verwendung für einen der beiden Zwecke die komplette Vernachlässigung des anderen erlaubt. Diskutiert wird zudem ein (Abgrenzungsnotwendigkeiten nach sich ziehender) etwaiger Vorrang solcher Verbindlichkeiten, von deren Erfüllung die wirtschaftliche Fortexistenz des Unternehmens abhängt.[617]

Die angeführten (möglichen) Ausnahmen ändern aber nichts am Grundsatz, dass die offenen Arbeitnehmeranteile **vor** den übrigen Verbindlichkeiten zu erfüllen sind, diese also nicht zulasten der Arbeitnehmeranteile (und der gleichstehenden Verpflichtungen) befriedigt werden dürfen. Die Leistungsfähigkeit bestimmt sich nicht allein nach den Verhältnissen am Fälligkeitstag. Für seine **Leistungsfähigkeit** an diesem Tag hat der Arbeitgeber vielmehr **Vorsorge** zu treffen. Davon will die Rechtsprechung nicht lassen,[618] obwohl die die Vorsorgepflicht begründenden sozialrechtlichen Umstände entfallen sind: Dem Privileg der um einen halben Monat herausgeschobenen Beitragsfälligkeit entsprach die auf diese Zeit beschränkte, seinerzeit legitime Vorsorgepflicht. Zwar gilt es nach wie vor zu verhindern, vorsätzlich herbeigeführte Leistungsunfähigkeit mit Straflosigkeit zu belohnen. Die Vorsorgepflicht ist aber mit dem sozialrechtlichen Entfallen der herausgeschobenen Beitragsfälligkeit, erst recht aufgrund gesetzlicher Fälligkeit vor Entstehen, ihrer Konturen entkleidet, und erhält sie auch nicht dadurch zurück, dass sie der BGH[619] erst ab Erkennbarkeit eines sich abzeichnenden Liquiditätsengpasses befürwortet: Da insbesondere kleinere Unternehmen „auf Kante genäht" sind, weiß niemand rechtssicher, ab wann Vorsorge in welcher Weise betrieben werden muss. Einzig denkbarer Ansatzpunkt kann weiterhin nur die Auszahlung der Nettolöhne sein. Eine Vorsorgepflicht ist daher, wenn überhaupt noch, dann bei Lohnauszahlung vor Beitragsfälligkeit gerechtfertigt,[620] also bei Erhalt des Entgelts am Anfang eines Monats, in dessen Mitte oder wöchentlich, nicht aber bei fehlender oder Auszahlung am Monatsende. 269

Rechtliche Unmöglichkeit kann für den Arbeitgeber ab dem Moment eintreten, zu welchem das Insolvenzgericht ihm ein allgemeines Verfügungsverbot auferlegt oder einen vorläufigen Insolvenzverwalter zumindest mit Zustimmungsvorbehalt bestellt und dieser seine Einwilligung verweigert.[621] Die Arbeitnehmeranteile müssen bei Fortführung wer- 270

615) BGH, Beschl. v. 11.10.2018 – 1 StR 257/18, Rz. 9 f., wistra 2019, 102; OLG Hamm, Urt. v. 12.1.2017 – 1 RVs 95/16, Rz. 11, NZWiSt 2018, 69. Im zumutbaren Maße hat er sich erforderlichenfalls die fehlenden Mittel rechtzeitig zu beschaffen – ggf. mittels Erfüllung gegen ihn selbst bestehender Ansprüche der Gesellschaft, *Floeth*, NZWiSt 2018, 69, 72 f.

616) OLG Hamm, Urt. v. 12.1.2017 – 1 RVs 95/16, Rz. 11, NZWiSt 2018, 69, dazu *Floeth*, NZWiSt 2018, 69, 72 f.

617) *Heinrich*, NZWiSt 2020, 346, 364.

618) BGH, Versäumnisurt. v. 16.2.2012 – IX ZR 218/10, ZInsO 2012, 646; BGH, Beschl. v. 12.6.2012 – II ZR 105/10, Rz. 5, DStR 2012, 2451; LG Freiburg, Urt. v. 7.5.2019 – 4/17 8 Ns 81 Js 1825/13, Rz. 16 f., NZI 2019, 729, m. abl. Anm. *Pauka*; kritisch auch *Wilke/Knauth*, NZWiSt 2019, 483.

619) BGH, Beschl. v. 11.10.2018 – 1 StR 257/18, Rz. 11, wistra 2019, 102.

620) *Pelz/Grotebrune*, Strafrecht in Krise und Insolvenz, Rz. 597 m. w. N.

621) *Heinrich*, NZWiSt 2020, 346, 363. Für den Konflikt zwischen Sanierungsauftrag bei anhängiger Restrukturierungssache und der pflicht zum Begleichen von Steuerforderungen bejaht *Schumann*, ZInsO 2021, 1309, den Vorrang Letzterer.

bender Tätigkeit gleichwohl weiterhin entrichtet werden.[622] Erforderlichenfalls müssen dazu Arbeitgeber und vorläufiger Insolvenzverwalter zusammenwirken[623] oder es hat letzterer für das Abführen ebenso wie später der Verwalter im eröffneten Verfahren zu sorgen. Die Einzelheiten sind und insbesondere die Frage nach Bestehen und Umfang strafrechtlicher Verantwortlichkeit der Beteiligten ist weitgehend ungeklärt.[624] Rechtsprechung von Strafgerichten dazu fehlt, soweit ersichtlich. Die staatsanwaltschaftliche Praxis beschränkt sich (unter zumindest konkludenter Annahme nachfolgender Leistungsunfähigkeit) weitgehend auf den **Zeitraum bis zum Stellen des Insolvenzantrags.**

271 Die Zahlung fälliger wie rückständiger Arbeitnehmeranteile ist selbst **nach Eintritt der Insolvenzreife** mit der **Sorgfalt eines ordentlichen Geschäftsmanns vereinbar** und löst (im Gegensatz zum Abführen von Arbeitgeberanteilen und des Arbeitslohns selbst)[625] keine Haftung auf Rückgewähr an den Insolvenzverwalter aus. Das entsprach unter Geltung des § 64 Satz 1 GmbHG a. F. (und der für andere Gesellschaftsformen geltenden Parallelnormen) seit 2007 ständiger Rechtsprechung.[626]

272 Am 1.1.2021 hat der **rechtsformübergreifende § 15b InsO** diese Vorschriften abgelöst. Insolvenznahes Schrifttum folgert daraus, nunmehr entspreche in der Krise auch die Abführung von Arbeitnehmeranteilen zur Sozialversicherung nicht mehr ordnungsgemäßem kaufmännischem Gebaren.[627] Darin liegt jedoch eine Überinterpretation der Neuregelung – wiewohl das Prä des Insolvenzrechts der Normenhierarchie entspricht.[628]

273 Neu ist § 15b **Abs. 8 InsO**. Er mildert gewisse steuerrechtliche Zahlungspflichten im Fall insolvenzrechtlich korrekten Verhaltens, **adressiert** demnach **die juristische Person selbst** in ihrer Pflichtenstellung als Steuerschuldnerin (und nicht etwa wie § 15b Abs. 1–7 InsO direkt die Mitglieder ihres vertretungsberechtigten Organs), wenngleich § 15b Abs. 8 InsO

---

622) Sie stellen im Schutzschirmverfahren Masseverbindlichkeiten dar, BGH, Urt. v. 16.6.2016 – IX ZR 114/15, Rz. 25 ff., ZIP 2016, 1295, dazu EWiR 2016, 501 *(Hofmann)*; wie hier *Laroche/Wollenweber*, ZInsO 2016, 2225 m. N.; *J. Roth*, ZInsO 2017, 617; **a. A.** AG Hamburg, Beschl. v. 19.6.2017 – 67g IN 173/17, ZIP 2017, 1383, dazu EWiR 2017, 537 *(Hofmann)* – zustimmend *Buchalik/Kraus*, ZInsO 2017, 1743; *Bitter/Baschnagel*, ZInsO 2018, 557, 591 – zutreffend auf den Zielkonflikt zwischen Massemehrungspflicht einerseits und Wettbewerbswidrigkeit andererseits hinweisend (S. 593); *Krause/Matzen*, ZVI 2018, 45; *A. Schmidt*, ZIP 2017, 1357; zum Parallelproblem der Steuerpflicht FG Münster, Beschl. v. 3.4.2017 – 7 V 492/17 U, ZIP 2017, 1174, dazu EWiR 2017, 569 *(Hölzle)*; dazu *Buchalik/Schröder/Rekers*, ZInsO 2017, 862 und ZInsO 2017, 905, 909; *Mielke/Sedlitz*, ZIP 2017, 1646; *Talaska*, ZWH 2017, 221.

623) Ablehnend *Adam*, ZInsO 2017, 2289, unter Hinweis darauf, dass der (vorläufige) Verwalter nicht zu den von §§ 34 f. AO bezeichneten Personen gehöre.

624) Kurzüberblick bei *Kruth/Jakobs*, DStR 2019, 999, 1003–1005.

625) OLG Düsseldorf, Urt. v. 9.12.2021 – 12 U 23/21, ZInsO 2021, 2495 = NZI 2022, 337.

626) St. Rspr. des II. Zivilsenats des BGH seit Urt. v. 14.7.2007 – II ZR 48/06, wistra 2007, 347 = ZIP 2007, 1265, dazu EWiR 2007, 495 *(Henkel/Mock)*; für rückständige Beiträge BGH, Urt. v. 25.1.2011 – II ZR 196/09, ZIP 2011, 422; anders für Arbeitgeberanteile, BGH, Urt. v. 8.6.2009 – II ZR 147/08, ZIP 2009, 1468 f.; zusammengefasst von *Kleindiek* in: FS U. H. Schneider, 2011, S. 617, 623.

627) *Berberich*, ZInsO 2021, 1313; *Bitter*, ZIP 2021, 321; *Heinrich*, NZI 2021, 258; *Hodgson*, NZI Beilage Heft 5/2021, 85; *Klöhn/Zell*, NZI 2022, 673, 674; *Rönnau/K. Wegner*, ZInsO 2021, 1137; *Sander*, ZInsO 2022, 1544. Die Konsequenz bestünde in der Rückkehr zur überholten Rspr. des 5. Strafsenats des BGH, derzufolge die unterbliebene Zahlung der Arbeitnehmeranteile nur während des Laufs der Sanierungsfrist des § 15a Abs. 1 InsO gerechtfertigt wäre (befürwortend *Heinrich*, NZWiSt 2020, 346, 364) – obwohl sich der Fristenbeginn typischerweise erst restrospektiv sicher feststellen lässt, es sich inzwischen um für Zahlungsunfähigkeit und Überschuldung unterschiedliche Fristen handelt, die gar keine echten, sondern Maximalfristen sind. Rechtssicherheit wäre mit dieser „Lösung“ nicht erreicht. Angesichts des quasi nie sicher just in time feststellbaren Eintritts eines der Insolvenzauslösetatbestände ist das Darauf-Abstellen jeglicher gesetzlicher Pflicht fragwürdig, weil nicht nur praxisfern, sondern weitgehend unerfüllbar. Das ist im Hinblick auf die weitgehenden zivil- wie strafrechtlichen Konsequenzen an sich nicht hinnehmbar.

628) *Bittmann/Cramer*, wistra 2022, 149, 155–157; *Richter*, ZInsO 2021, 2010.

durchaus Folgen, aber erst für die Haftung von Organmitgliedern nach sich zieht.[629] Das zeigt, dass sich die Vorschrift überhaupt nicht mit dem Strafrecht befasst,[630] zumal da die Steuerhinterziehung, § 370 AO, ein reines Erklärungsdelikt ist, deren tatbestandlicher Erfolg in fehlender (rechtzeitiger) Festsetzung der Steuer und nicht im Unterbleiben der Erfüllung der daraus folgenden Zahlungspflichten liegt.

§ 15b Abs. 1 InsO bezieht sich wie seine Vorläuferbestimmungen auf die Sorgfalt eines ordentlichen und gewissenhaften Geschäftsleiters. Es handelt sich um eine **Verweisungsnorm**, welche die einschlägigen Maßstäbe nicht selbst festlegt, auch nicht mit den Vermutungsregeln in § 15b Abs. 2 und 3 InsO. Sie entsprechen im Kern dem früheren § 64 Satz 1 und Satz 2 GmbHG, kehren allerdings allgemein, aber differenzierend, für den Fall insolvenzrechtlich korrekten Verhaltens das Regel-Ausnahme-Verhältnis gegenüber dem früheren Recht zugunsten des Geschäftsleiters um, § 15b Abs. 2 InsO. § 15b InsO nimmt demnach dieselben Regeln in Bezug wie die Vorläuferbestimmungen. Was zuvor mit der Sorgfalt eines ordentlichen und gewissenhaften Geschäftsleiters vereinbar war, ist es folglich auch weiterhin.[631] 274

bb) Unzumutbarkeit

Die Zumutbarkeit entfällt **nicht** aufgrund späterer **Insolvenzanfechtung.**[632] Zum Zeitpunkt der vorgeschriebenen Handlung ist unklar, ob ein Insolvenzantrag gestellt, das Insolvenzverfahren eröffnet oder der (eventuelle) Antrag mangels Masse abgewiesen werden wird. Hinzu kommt, dass die Insolvenzanfechtung dem Interesse der Gläubigergesamtheit und nicht dem schuldenden Arbeitgeber dient. Unzumutbarkeit wird selten bejaht werden können, möglicherweise beim Vorziehen einer zwingend zu begleichenden Verbindlichkeit. 275

f) Weitere Aspekte

Da es sich um ein Sonderdelikt handelt, das nur von einem Arbeitgeber oder einem ihm gemäß § 14 StGB Gleichgestellten begangen werden kann, kommen andere Personen nur als Beteiligte, Anstifter oder Helfer, in Betracht. Dann ist § 28 Abs. 1 StGB zu beachten.[633] Die konkurrenzrechtliche Beurteilung ist nicht einheitlich, sondern hängt von der konkreten Gestaltung ab. Handelt der Kaufmann oder Geschäftsführer selbst, so begeht er jeweils pro Monat und Einzugsstelle materiell-rechtlich und prozessual[634] **selbständige Taten.**[635] Weder die Gleichzeitigkeit noch die (Teil-)Identität der Beschäftigungszeiträume der versicherten Arbeitnehmer genügen zur Annahme tateinheitlicher Verklammerung, weil die Beiträge gegenüber den verschiedenen Einzugsstellen zu den unterschiedli- 276

---

629) Vgl. *Witfeld/Dannemann*, NZI 2021, 905.

630) *Bittmann/Cramer*, wistra 2022, 149, 156 f.; *Richter*, ZInsO 2021, 2010, 2011; auch *Richter* in: FS Smid, 2022, S. 629, 631 f.; insolvenzrechtlich scharfe Kritik übt *Schneider*, NZI 2021, 996.

631) *Bittmann/Cramer*, wistra 2022, 149, 156; im Ergebnis ebenso *Richter*, ZInsO 2021, 2010; auch *Baumert*, NZG 2021, 443, 449; und *Pelz/Grotebrune*, Strafrecht in Krise und Insolvenz, Rz. 594, die auf das Fehlen einer unbewussten Lücke abstellen; mit nicht durchweg stringenter Argumentation, aber im Ergebnis ebenso aufgrund Gegenschlusses aus § 15b Abs. 8 InsO *Romey/Weber*, ZInsO 2021, 2594.

632) **A. A.** *Pelz/Grotebrune*, Strafrecht in Krise und Insolvenz, Rz. 603.

633) BGH, Beschl. v. 11.5.2017 – 1 StR 35/17, Rz. 14, NStZ 2018, 290; BGH, Beschl. v. 25.10.2017 – 1 StR 310/16, Rz. 23–25, NStZ 2018, 221 = wistra 2018, 295. Es gilt Vergleichbares wie für den Schuldner beim Bankrott, s. dazu oben Rz. 232.

634) **A. A.** *Pelz/Grotebrune*, Strafrecht in Krise und Insolvenz, Rz. 634.

635) BGH, Beschl. v. 12.4.2018 – 5 StR 538/17, Rz. 3; ZInsO 2018, 1410 = NStZ-RR 2018, 216; OLG Jena, Urt. v. 26.8.2011 – 1 Ss 40/11, ZWH 2012, 116 f., dazu *Esser*, ZWH 2012, 117 f.; *Bittmann/Ganz*, wistra 2002, 130.

chen Fälligkeitszeitpunkten nicht durch dieselbe Handlung abgeführt werden können. Demgemäß bilden auch (lohn-)steuerliche Unterlassungen gesonderte Taten, § 53 StGB und § 264 StPO.[636] Weil aber für alle betroffenen Versicherten die Beiträge gegenüber derselben Einzugsstelle einheitlich beglichen werden können, liegt insoweit **monatlich jeweils nur eine Tat** vor.

277 Komplexer gestaltet sich die Rechtslage im Fall horizontaler, vertikaler oder externer Delegation. Hier kommt es jeweils allein auf den konkreten Beitrag des einzelnen Beteiligten an. Stellt der originär Pflichtige die maßgeblichen Daten zusammen und gibt sie an einen Dritten weiter (z. B. im eigenen Büro oder den Steuerberater), der die einzelnen Meldungen abgibt und sonstigen Erfordernisse erfüllt, so liegt monatlich eine einheitliche Tat nach § 266a StGB (betreffend sämtliche beteiligten Einzugsstellen) und § 370 AO, Lohnsteuerhinterziehung, vor.[637] Hat der originär Pflichtige auch die Zusammenstellung der Daten delegiert, so beeinflusst sowohl die vorgenommene wie unterbliebene Weiterleitung von Veränderungen im Personalkörper als auch die vorgenommene wie pflichtwidrig unterlassene Kontrolle das Konkurrenzverhältnis und kann ggf. zu zeitlich gestreckten Einheiten führen.

278 Die Rechtsprechung hat endlich ihre Auffassung aufgegeben, **Verjährung** einer Tat nach § 266a Abs. 1 StGB könne ggf. erst nach 41 Jahren zu bejahen sein, weil Beendigung erst mit dem Entfallen der Handlungspflicht (nachträgliche Erfüllung, Entfallen des Beitragsschuldners, z. B. Auflösung der GmbH als Arbeitgeber, ggf. bereits vorangehende Eröffnung des Insolvenzverfahrens,[638] oder dem Ausscheiden aus der verantwortlichen Stellung, z. B. Beendigung der Geschäftsführerstellung)[639] eintrete.[640] Nach erfolgreichem Anfrageverfahren entschied der 1. Senat des BGH, dass bei § 266a StGB **Vollendung und Beendigung zusammenfallen**, so dass die Verjährungsfrist von fünf Jahren mit Fälligkeit zu laufen beginnt.[641] *Pelz/Grotebrune*[642] schlussfolgern aus dem Umstand der Beendigung mit erfolglosem Ablauf des ersten Tags der Fälligkeit, dass die fehlende Nachzahlung im Fall nachträglich wieder eingetretener Leistungsfähigkeit nicht mehr als tatbestand-

636) St. Rspr., BGH, Beschl. v. 24.7.1987 – 3 StR 36/87, BGHSt 35, 14 = NJW 1988, 1800; BGH, Urt. v. 13.5.1992 – 5 StR 38/92, BGHSt 38, 285 = NJW 1992, 2240; modifizierend *Bülte*, NZWiSt 2017, 49, der für den Strafklageverbrauch auf die verfassungsrechtliche Identität des Sachverhalts abstellt und sie zumindest für Schwarzarbeit bejaht. Für die Beihilfe bejaht BGH, Beschl. v. 25.10.2017 – 1 StR 310/16, Rz. 9, NStZ 2018, 221 = wistra 2018, 295, die Möglichkeit tateinheitlicher Beihilfe zu Beitragsvorenthaltung und Lohnsteuerhinterziehung, die aber nicht über mehrere Monate hinweg von der zugleich verwirklichten Beihilfe zu § 11 Abs. 1 Nr. 1 SchwarzArbG verklammert wird, Rz. 10–13.

637) BGH, Beschl. v. 5.3.2020 – 1 StR 530/19, Rz. 5 f., NZWiSt 2020, 407 = NStZ-RR 2020, 206; BGH, Beschl. v. 16.9.2020 – 1 StR 275/20, Rz. 12–14, NZWiSt 2021, 110; s. a. BGH, Urt. v. 14.10.2020 – 1 StR 33/19, Rz. 18, wistra 2021, 152.

638) OLG Dresden, Urt. v. 18.1.2010 – 3 Ss 603/09, Rz. 11 f., NStZ 2011, 163 = wistra 2010, 196 f.; zustimmend Riedinger/*Schilling* in: Wabnitz/Janovsky/Schmitt, Hdb. Wirtschafts- und Steuerstrafrecht, Rz. 19/78.

639) BGH, Beschl. v. 17.12.2013 – 4 StR 374/13, Rz. 17, NStZ 2014, 168 f. Da der Senat allerdings von der Pflicht *des* Angeklagten (= früherem Geschäftsführer) spricht, verbal also nicht zwischen der juristischen Person und ihrem Organ differenziert, bleibt ungewiss, ob er tatsächlich auf das Ende der persönlichen Pflichtenstellung abstellt und damit die bisherige Rspr. modifiziert, die auf den Fortbestand des Beitragsschuldners abstellte.

640) Z. B. BGH, Urt. v. 19.12.2018 – 1 StR 444/18, Rz. 11–18, NStZ-RR 2019, 111; BGH, Beschl. v. 7.3.2012 – 1 StR 662/11, wistra 2012, 235 f. = NStZ 2012, 510; dagegen *Hüls*, ZWH 2012, 233 f.; BGH, Beschl. v. 26.7.2017 – 1 StR 180/17, Rz. 6, StraFo 2017, 465; ablehnend *Bachmann* in: FS Samson, 2010, S. 233; *Weiß* in: Bittmann, Hdb. Insolvenzstrafrecht, Rz. 21/141; s. a. *Bader*, PStR 2011, 239 f.

641) Nunmehr st. Rspr. seit BGH, Beschl. v. 1.9.2020 – 1 StR 58/19, Rz. 11–31, BGHSt 65, 136 = NStZ 2020, 159; dazu *Lange/Borgel*, ZWH 2020, 216; *Loose*, NStZ 2021, 709; *Schäuble*, ZWH 2020, 224; zu Auswirkungen auf die Gesamtstrafenbildung BGH, Beschl. v. 17.3.2021 – 5 StR 41/20, StV 2021, 706.

642) *Pelz/Grotebrune*, Strafrecht in Krise und Insolvenz, Rz. 587.

lich betrachtet werden könne. Das trifft jedenfalls für die Konstellation am Tag der Fälligkeit objektiv und ohne Verletzung der Vorsorgepflicht fehlender Zahlungsfähigkeit nicht zu, denn dann ist die unterbliebene Abführung ja gerade nicht strafbar.

E. Verfahrensrechtliches

I. Verdachtsschöpfung

Die Verfahrensherrschaft liegt im Stadium des Ermittlungsverfahrens bei der Staatsan- 279
waltschaft. Sie kann sich bei ihrer Aufklärungstätigkeit[643)] bestimmter Polizisten als ihrer Ermittlungspersonen, § 152 GVG, bedienen. Anders als auf manch anderen Kriminalitätsfeldern liegt der Schwerpunkt der Ermittlungen auf dem Gebiet der Insolvenzdelikte nicht durchweg bei den Polizeibehörden, sondern mit regionalen Unterschieden durchaus auch tatsächlich in den Händen des zuständigen Staatsanwalts.[644)] Ein wesentlicher Grund dafür heißt „MiZi". Das ist eine Abkürzung, die aufgelöst bedeutet: **„Mitteilung in Zivilsachen"**. Sie verpflichtet die Insolvenzgerichte, die Staatsanwaltschaften zu benachrichtigen, wenn ein Insolvenzverfahren eröffnet oder ein Eröffnungsantrag mangels Masse abgewiesen wurde.[645)] Der Grund für diese Mitteilungspflichten besteht darin, dass kaum eine Insolvenz ohne Begehen einer Straftat vonstattengeht. Die Staatsanwaltschaften werden dergestalt in die Lage versetzt, die Insolvenzakten anzufordern, auszuwerten und Ermittlungen aufzunehmen. Strafanzeigen, die bei der Polizei eingehen, bilden im Verhältnis zu den „MiZi" seltener den Ausgangspunkt eines Insolvenzstrafverfahrens und werden auch dann recht häufig unmittelbar bei der Staatsanwaltschaft erstattet. Diese holt bestimmte Informationen meist selbst ein und schließt das Ermittlungsverfahren nicht selten ab, ohne die Polizei auch nur einmal einzuschalten. Das ist v. a. dann der Fall, wenn sich der Verdacht auf sog. Formaldelikte (fehlende Buchführung und Bilanzierung) beschränkt oder die Insolvenzverschleppung evident ist und die Einzugsstellen verlässliche Auskünfte erteilen.

II. Insolvenzgeheimnis

So leicht, wie es den Staatsanwaltschaften gemacht wird, überhaupt aktiv zu werden, geht 280
es anschließend allerdings nicht weiter. Die Auswertung der Insolvenzakten einschließlich des Insolvenzgutachtens[646)] ist zwar zulässig, aber nicht gleichbedeutend mit der Befugnis, die darin enthaltenen Informationen auch tatsächlich **verwerten** zu dürfen. Dazwischen ist nämlich noch die Hürde des sog. Insolvenzgeheimnisses zu überwinden.[647)]

643) Überblick bei *Pelz/Grotebrune*, Strafrecht in Krise und Insolvenz, Rz. 898–923.

644) Überblicke bei *Heckendorf/Weisser*, NZWiSt 2022, 317; *Heinrich*, NZWiSt 2020, 346, 349 f.; *Weyand*, ZInsO 2022, 76.

645) *Lenger/Apfel*, WiJ 2012, 190, 190 f.

646) Mit der Frage nach der Rechtsgrundlage der Stoffsammlung seitens des isolierten Gutachters befasst sich *Uhlenbruck* in: FS Ganter, 2010, S. 381, und sieht diese entgegen verbreiteter Auffassung nicht in den §§ 21 Abs. 1 und 22 Abs. 3 InsO, sondern in § 5 Abs. 1 InsO.

647) Vgl. OLG Karlsruhe, Beschl. v. 28.10.2013 – 2(6) Ss 417/13 – AK 109/13, StraFo 2013, 516 f. = NStZ-RR 2014, 17; *Bader*, NZI 2009, 416; *Haarmeyer*, ZInsO 2015, 1469; *Laroche*, ZInsO 2016, 545; *Weyand*, ZInsO 2015, 1948; zu den verfassungsrechtlichen und supranationalen Grundlagen *Radtke*, GA 2020, 470; ausführlich, aber sehr restriktiv *Schreiner*, Aktenbeiziehung und Anfangsverdacht im Insolvenzverfahren, 2020; s. a. *Pelz/Grotebrune*, Strafrecht in Krise und Insolvenz, Rz. 924–935. Zur Auskunftspflicht im eröffneten Verfahren, § 97 Abs. 2 InsO, *Geißler*, ZInsO 2020, 1622; im Restschuldbefreiungsverfahren, §§ 297 f. InsO, vgl. BVerfG, Beschl. v. 7.12.2016 – 2 BvR 1602/16, ZIP 2017, 433, dazu EWiR 2017, 145 *(Mitlehner)*. Der ab 1.11.2022 geltende § 98 Abs. 1a InsO führt insoweit zu keiner Änderung, weil er die Auskunftspflichten des Schuldners nicht erweitert. Zum insolvenzrechtlichen Haftbefehl LG Hamburg, Beschl. v. 25.5.2023 – 326 T 16/23, ZVI 2023, 295 = ZInsO 2023, 1497. *Hackenberg*, NZI 2022, 545, beklagt das Fehlen wirksamer Sanktionsmöglichkeiten bei fehlender oder unzureichender Auskunft.

§ 97 Abs. 1 InsO, für juristische Personen i. V. mit § 101 InsO, verlangt zwar vom Schuldner die Offenbarung sämtlicher verfahrensrechtlicher Informationen auch dann, wenn er zu diesem Zwecke eigene Straftaten offenbaren muss. Das ist verfassungsgemäß,[648)] aber nur deshalb, weil pflichtgemäß im und für das Insolvenzverfahren gemachte Angaben in einem Ermittlungs- und Strafverfahren nur mit Zustimmung der Auskunftsperson verwertet werden dürfen.

281 Mit Inkrafttreten der InsO am 1.1.1999 ist der Schutz über das verfassungsrechtliche Minimum hinaus zu einem **Verwendungsverbot** ausgeweitet worden. Seitdem verstößt es nicht nur gegen die Strafprozessordnung, die dem Fällen des Urteils zugrundeliegende Überzeugungsbildung ohne Konsens unmittelbar auf die Auskunft zu stützen, sondern es ist zudem auch der Strafjustiz **untersagt**, derartige Angaben mittelbar als verdachtsschöpfende **Ermittlungsansätze** zu nutzen, die zum Gewinnen eigenständiger Beweise führen (sollen).[649)] Gäbe es das Justizmitteilungsgesetz mit § 17 EGGVG als rechtlicher Grundlage für die MiZi nicht, so wären die Insolvenzakten für die Strafjustiz zumindest weit(er)gehend tabu. So aber begrenzt diese Bestimmung den Anwendungsbereich des § 97 InsO. Das hat zur Folge, dass die Staatsanwaltschaft zwar die Insolvenzakten auswerten darf. Angaben des Auskunftserteilenden und Informationen, die auf solche zurückgehen, dürfen aber weder als Beweise noch als Ausgangspunkt für weitere Ermittlungen dienen, sofern er nicht damit einverstanden ist. Das **Verwendungsverbot** bezieht sich ausschließlich auf die vom Pflichtigen erteilte Auskunft, entzieht den Inhalt als solchen aber nicht der Verwendung seitens der Strafjustiz. Wird er unabhängig von einer Auskunft aktenkundig (im Insolvenz- oder Strafverfahren), so ist er verwertbar – und zwar selbst dann, wenn er auf eine Auskunft des Schuldners zurückzuführen ist, die dieser aus anderen Gründen zu erteilen hatte. Meldet z. B. ein Sozialversicherungsträger eine offene Beitragsforderung an und nimmt die Strafjustiz dies zum Anlass zu Nachfragen, so dürfen die Antworten verwertet werden, selbst wenn der Schuldner sie bereits im Insolvenzverfahren offenbart hatte.[650)]

Praxishinweis

Weil der Insolvenzakte nur ausnahmsweise zu entnehmen ist, woher eine Information stammt, verfährt die Praxis so, dass sie abwartet, ob die Zustimmung nachträglich verweigert wird. Ist das der Fall, so darf der betroffene Beweis dem späteren Urteil nur dann zugrunde gelegt werden, wenn er auch ohne die Aussage des Pflichtigen zugänglich geworden wäre oder nachträglich auf einem „clean path“ erhoben wurde.

282 Unter das Insolvenzgeheimnis fallen nur **pflichtgemäße**,[651)] also weder überobligationsmäßige (z. B. das Privatvermögen eines Geschäftsführers betreffende,[652)] noch falsche[653)]) Angaben im Insolvenzverfahren, d. h. nicht auch vorangegangene wie im Insolvenzan-

648) BVerfG, Beschl. v. 13.1.1981 – 1 BvR 116/77, BVerfGE 56, 37 = ZIP 1981, 361; übertragen auf verwaltungsrechtliche Auskunftspflichten, BVerfG, Beschl. v. 25.1.2022 – 2 BvR 2462/18, NJW 2022, 1086 = BeckRS 2022, 1707. Auch das Steuergeheimnis gilt ggü. dem Insolvenzverwalter nicht, BVerwG, Urt. v. 26.4.2018 – 7 C 3.16, DStR 2018, 2441 = DÖV 2018, 953.

649) Zustimmend und auf alle Verstöße gegen das Selbstbelastungsverbot erweiternd *Werkmeister* in: FS Eisenberg, 2019, S. 575.

650) A. A. *Heinrich*, NZWiSt 2020, 346, 349.

651) Vgl. BGH, Beschl. v. 12.4.2018 – IX ZB 60/16, ZInsO 2018, 1508 = NZI 2018, 702. Deshalb fällt die Sanierungsbescheinigung, § 270b Abs. 1 Satz 3 InsO, nicht unter § 97 Abs. 1 Satz 3 InsO und die Bestimmung gilt auch nicht analog, a. A. *C. Brand/Kanzler*, wistra 2014, 334.

652) BGH, Beschl. v. 5.3.2015 – IX ZB 62/14, ZIP 2015, 791, dazu EWiR 2015, 321 *(Neußner)*.

653) VerfGH des Freistaates Sachsen, Beschl. v. 15.11.2013 – Vf. 89-IV-12, Rz. 15 m. N.; OLG Düsseldorf, Beschl. v. 1.6.2016 – III-2 Ws 299/16, Rz. 19, ZInsO 2017, 2271.

trag.[654] Soweit er zwingend ist und selbstbelastende Angaben enthält (etwa Verbindlichkeiten gegenüber Sozialversicherungsträgern), gilt nicht das Ver*wend*ungsverbot des § 97 Abs. 1 Satz 3 InsO, wohl aber das verfassungsunmittelbare Ver*wert*ungsverbot.[655] Schweigen ist keine Auskunft, also ebenfalls verwertbar, auch im Wege des Rückschlusses: Die Angabe, die Bilanz 2021 fehlt, ist nicht verwertbar. Wohl aber erlaubt die Aussage, die Bilanzen bis 2020 liegen vor, strafprozessuale Schlussfolgerungen in Bezug auf das Fehlen der Bilanz 2021. Daran ändert es nichts, wenn der Auskunftspflichtige sich dazu auch noch zusätzlich ausdrücklich erklärt.

Das Insolvenzgeheimnis richtet sich nur an die **Staatsanwaltschaft** und an die **Strafgerichte.** Es wäre ja auch geradezu widersinnig, wären Adressat auch Insolvenzverwalter[656] und Insolvenzgericht. Das hat zur Folge, dass eine Erkenntnis, die **im Insolvenzverfahren selbständig** gewonnen wurde, auch dann **nicht** unter § 97 Abs. 1 Satz 3 InsO fällt, wenn eine Auskunft des Schuldners erst den Zugang zu ihr ermöglicht hat. Praktische Bedeutung gewinnt dies in Bezug auf **Buchführungsunterlagen**: sie dürfen der Strafjustiz vom Insolvenzverwalter uneingeschränkt zur Verfügung gestellt werden.[657] Gleiches gilt für Privatkorrespondenz des Schuldners bzw. seines Organs, auch mit Angehörigen.[658] Die Hürde des Insolvenzgeheimnisses scheint demnach theoretisch höher zu sein als sie sich in der Praxis auswirkt. Gleichwohl ist das Insolvenzgeheimnis, soweit es eben reicht, auch i. R. der Zusammenarbeit zwischen Insolvenzverwalter und Staatsanwaltschaft (siehe dazu unten Rz. 286 ff.) zu beachten. Seine Verletzung kann zwar die Revision begründen, stellt aber **kein Verfahrenshindernis** dar.[659] 283

1. Erstreckung auf Angaben gegenüber dem Gutachter im Insolvenzeröffnungsverfahren?

Im Insolvenzeröffnungsverfahren bestellt das Insolvenzgericht einen vorläufigen Insolvenzverwalter regelmäßig nur dann, wenn es gilt, Vermögenswerte zu sichern.[660] Das ist 284

654) Entgegen *A. K. Wilke/Knauth*, NZWiSt 2020, 207 f., zielt zwar der Antrag auf Einleitung eines Insolvenz(eröffnungs)verfahrens, lässt es aber nicht schon deshalb beginnen. Dies geschieht erst aufgrund eines justitiellen Willensakts.

655) **A. A.** AG Frankfurt/O., Beschl. v. 14.8.2019 – 412 Cs 237 Js 4412/18, ZInsO 2019, 2483, aufgehoben LG Frankfurt/O., Beschl. v. 22.10.2019 – 22 Wi Qs 6/19, NZI 2020, 1070; auf seiner Auffassung beharrend jedoch AG Frankfurt/O., Urt. v. 12.3.2020 – 412 Cs 147/18 – 237 Js 16150/17, NZG 2020, 27 = NZI 2019, 986.

656) Deshalb ist auch ein schweigepflichtiger Anwalt insolvenzrechtlich auskunftsverpflichtet, BGH, Beschl. v. 18.6.2018 – AnwZ (Brfg) 61/17, Rz. 7, ZInsO 2018, 1794 = AnwBl. 2019, 42; zur Auskunftspflicht des Wirtschaftsprüfers gegenüber dem Insolvenzverwalter LG Stuttgart, Teil-/Endurt. v. 15.11.2022 – 31 O 125/21, NJW 2023, 930.

657) Die Pflicht zur Buchführung ist öffentlich-rechtlicher Natur und gilt unabhängig von der Insolvenzlage. Die darunterfallenden Belege und Aufzeichnungen sind deshalb auch verwertbar, wenn der Schuldner (bzw. sein Organ) sie von sich aus an den Insolvenzverwalter übergeben hat, so BGH, Beschl. v. 14.2.2019 – NotSt (Brfg) 4/18, Rz. 8–11, WM 2020, 615, zur Verwertung von Akten im Disziplinar- und Strafverfahren, die ein Notar pflichtgemäß i. R. einer Geschäftsprüfung vorgelegt hatte; unzutreffend daher *Rudolph*, StraFo 2017, 183; wie hier zum Ermittlungsverfahren LG Frankfurt/O., Beschl. v. 28.10.2019 – 22 Wi Qs 6/19, Rz. 6, NZI 2020, 1070, m. abl. Anm. *Pauka*. Buchhaltungsunterlagen sind zudem auch bei Steuerberatern, LG Halle, Beschl. v. 7.6.2017 – 2 Qs 1/2017, 2 Qs 2/2017, ZInsO 2017, 2178, und sogar beim Verteidiger beschlagnahmefähig, BGH, Beschl. v. 8.8.2018 – 2 ARs 121/18, 2 ARs 69/18, Rz. 14 f., NJW 2018, 3261 = AnwBl. 2018, 615; anders als z. B. dessen Aufzeichnungen über Mandantengespräche; zu behauptetem Zurückbehaltungsrecht des Steuerberaters *Weyand*, ZInsO 2023, 2210; zum Ganzen *Bittmann* in: Bittmann, Hdb. Insolvenzstrafrecht, Rz. 1/16 ff. m. zahlr. Nachw. zum Diskussionsstand; *Heinrich*, NZWiSt 2020, 346, 348.

658) LG Saarbrücken, Beschl. v. 14.7.2016 – 2 Qs 16/16, NStZ 2016, 751.

659) BGH, Beschl. v. 26.7.2017 – 3 StR 52/17, wistra 2018, 49 = NStZ 2018, 544.

660) Zur Inbesitznahmepflicht *Kor*, ZInsO 2020, 2256.

in einer erheblichen Anzahl, vermutlich der Mehrzahl der die strafrechtliche Praxis beschäftigenden Klein- und mittleren Insolvenzen, nicht der Fall. Dann begnügt sich das Insolvenzgericht meist mit der Bestellung eines **Sachverständigen** zur Feststellung der (potenziellen) Ist-Masse. Obwohl es dem Schuldner bzw. dessen Organ in der Anordnung zugleich aufgibt, dem Gutachter Auskünfte zu erteilen, ist dieser in der Aufzählung der Personen, denen gegenüber gemäß § 97 Abs. 1 Satz 1 InsO i. V. mit § 20 Abs. 1 Satz 2 InsO Auskunft zu erteilen ist, nicht enthalten.

285 Auf der Ebene der **OLG** wird daraus geschlossen, dass Angaben gegenüber dem bloßen Insolvenzgutachter freiwillig erfolgen und deswegen nicht unter das Verwendungsverbot des § 97 Abs. 1 Satz 3 InsO fallen würden.[661] Träfe diese Auffassung zu, so spielte das Insolvenzgeheimnis in der überwiegenden Anzahl der praktischen Fälle keine Rolle: Die Angaben im Insolvenzgutachten fielen von vornherein nicht unter das Verwendungsverbot! Die Begründung für die freie Verwertbarkeit der Angaben des Schuldners bzw. seines Organs gegenüber dem bloßen Insolvenzgutachter greift jedoch zu kurz: Der **Gutachter** ist **Gehilfe** des **Gerichts.** Angaben gegenüber dem Insolvenzgutachter sind demnach mittelbare Angaben gegenüber dem Insolvenzgericht, an das er schließlich pflichtgemäß sein Gutachten unter Berücksichtigung der Auskünfte des Schuldners oder von dessen Organ weiterzuleiten hat. Das Insolvenzgericht bedient sich hinsichtlich der Auskünfte, die ihm gegenüber zu erteilen sind, des Gutachters und nimmt gerade deshalb in den Beschluss zu dessen Bestellung auch die Pflicht auf, dem Gutachter gegenüber Auskünfte zu erteilen. Angesichts dessen wäre es geradezu eine Irreführung, dem Adressaten im Insolvenzverfahren das Erteilen von Auskünften an den Gutachter aufzugeben, um ihm anschließend im Ermittlungs- und Strafverfahren vorzuhalten, eben diese Auskünfte hätte er gar nicht erteilen müssen, so dass er sie also freiwillig und damit in frei verwertbarer Weise erteilt habe. Der Auffassung der beiden OLG kann daher nicht gefolgt werden.[662]

2. Verhältnis Insolvenzverwalter – Strafjustiz

286 Ein **kooperatives Verhältnis zwischen** dem **Insolvenzverwalter und** der **Strafjustiz** ist ebenso wünschenswert wie trotz des Insolvenzgeheimnisses möglich.[663]

a) Sicht der Staatsanwaltschaft

287 Aus ihrer Sicht verspricht die Zusammenarbeit mit dem Insolvenzverwalter das zumindest **beschleunigte Gewinnen** von **Informationen,** die häufig sogar auf anderem Wege nicht erzielt werden könnten. Die Ermittlungsbehörden dürfen zwar dem Insolvenzgeheimnis unterliegende Informationen auch dann nicht verwenden, wenn sie der Insolvenzverwalter offenbart hat. Eigene Erkenntnisse, auch soweit er sie im Anschluss an Angaben des Schuldners bzw. eines Mitglieds von dessen vertretungsberechtigten Organ gewonnen hat, Beobachtungen und ihm aus anderer Quelle zugeflossene Informationen, die nicht selten von Kennern der Verhältnisse stammen, darf der Insolvenzverwalter hin-

661) OLG Jena, Beschl. v. 12.8.2010 – 1 Ss 45/10, wistra 2010, 495 f. = NJW 2010, 3673; ablehnend *Lenger,* NZI 2011, 383 f.; dem OLG Jena folgend OLG Celle, Beschl. v. 19.12.2012 – 32 Ss 164/12, wistra 2013, 247 f. = ZIP 2013, 1040, ablehnend *v. Galen,* ZWH 2013, 339 f.; **a. A.** *Lenger/Apfel,* WiJ 2012, 190, 193 ff.

662) Ebenso LG Münster, Beschl. v. 31.8.2017 – 12 Qs-45 Js 916/16-25/17, StraFo 2018, 76 f. – für einen Fall, in dem das Insolvenzgericht dem Schuldner(vertreter) aufgegeben hatte, dem Sachverständigen Auskünfte zu erteilen; wie hier auch *Heinrich,* NZWiSt 2020, 346, 348.

663) Das LG Dresden, Beschl. v. 27.11.2013 – 5 Qs 113/13, Rz. 11, ZIP 2013, 2473 = NZI 2014, 236 f., m. Anm. *Köllner,* bejaht gar eine Pflicht des Insolvenzverwalters zur Zusammenarbeit mit den Ermittlungsbehörden; ausführlich *Bittmann* in: Bittmann, Hdb. Insolvenzstrafrecht, Rz. 1/268 ff. Zur Zusammenarbeit zwischen Insolvenzgericht und Insolvenzverwalter s. Kölner Leitlinien zur Zusammenarbeit mit dem Insolvenzgericht (Stand: 17.6.2022), ZRI 2022, 713 = ZInsO 2022, 1557.

gegen nicht nur ohne weiteres weitergeben, sondern sie dürfen auch von der Strafjustiz uneingeschränkt verwertet werden.

b) Sicht des Verwalters

Der Verwalter wird die Staatsanwaltschaft umso lieber informieren, je besser die Aussicht für ihn ist, auch selbst von deren Aktivitäten (unmittelbar oder mittelbar) zu profitieren. Das wiederum hängt wesentlich davon ab, wie zügig die Staatsanwaltschaft zu handeln bereit und in der Lage ist. Für den Verwalter ist die Kooperation mit der Staatsanwaltschaft aber **nicht durchweg** von **Interesse** oder **Vorteil.** Strafprozessuale Ermittlungen erweisen sich aus seiner Sicht nicht selten als **störend,** insbesondere wenn sie sich auf Umstände beziehen, die für ihn längst nicht mehr aktuell sind. Im Fall der **Betriebsfortführung** hat der Verwalter kein Interesse an strafprozessualen Zwangsmaßnahmen. Auch Durchsuchungen und Beschlagnahmen in seinen Räumlichkeiten sind nicht nur lästig, sondern können auch seine Reputation beeinträchtigen. Da er den ihm entstehenden Aufwand für die Zusammenarbeit mit der Strafjustiz weitgehend allein tragen muss, ist er dazu häufig nicht leichten Herzens, sondern lediglich pflichtschuldig bereit. Überdies hat er oft ein veritables **Interesse** an der (weiteren) **aktiven Mitwirkung** seitens **des Schuldners** (oder von dessen Organmitglied). Da mag sich die Drohung mit dem Staatsanwalt als wirksamer denn ihre Realisierung erweisen. Dieser zur Rücksichtnahme mahnende Interessenkonflikt stellt sich allerdings im Fall der bloßen Liquidation durch Versilberung nicht oder nur gemindert. 288

Umgekehrt kann es für den Verwalter eine **wesentliche Hilfe** sein, **Vermögensgegenstände** unter **Nutzung** der nur der Staatsanwaltschaft zur Verfügung stehenden **Zwangsmittel** zur Masse zu ziehen. Ihm selbst ist das nämlich teils rechtlich, teils faktisch, ganz oder teilweise, vorübergehend oder dauerhaft verwehrt, z. B. immer dann, wenn sich Massegut im Besitz eines Dritten befindet oder es Anhaltspunkte dafür gibt. Die für ein auf Herausgabe gerichtetes Zivilverfahren erforderlichen Informationen liegen ihm manchmal nicht vor, z. B., wenn ihm eine Konkretisierung einzelner Gegenstände unmöglich ist. Zudem stehen zivilprozessuale Zwangsmittel erst auf der Basis eines zumindest vorläufig vollstreckbaren Titels zur Verfügung. Bis ein solcher vorliegt, kann wertvolle Zeit ins Land gehen, die der Besitzer, dem regelmäßig zuvor rechtliches Gehör zu gewähren ist, zu Verdunkelungshandlungen wie dem Beiseiteschaffen ausnutzen kann. Seine eigenen, selbst einsetzbaren Befugnisse erstrecken sich auch nicht auf ein faktisches Nachfolgeunternehmen, und zwar selbst dann nicht, wenn es in denselben Räumlichkeiten betrieben wird, in denen der insolvente Vorgänger tätig war. 289

Vielfach verspricht deshalb nur die Einschaltung der Staatsanwaltschaft schnelles und erfolgreiches Handeln.[664] Diese ist in der Lage, zunächst einmal sich selbst Zugang zu den zur Soll-Masse gehörenden Gegenständen zu verschaffen. Bis zum 30.6.2017 durfte sie für den (ggf. vorläufigen) Insolvenzverwalter **Rückgewinnungshilfe,** § 111b Abs. 5 StPO, leisten. Im Ergebnis nichts anderes gilt ab dem 1.7.2017 trotz der **Umstellung** auf das **Entschädigungsmodell.** Danach wird zwar die Staatsanwaltschaft allein in eigenem Interesse tätig, hat aber zur Masse gehörende Gegenstände bei Offenkundigkeit nach § 111n StPO, andernfalls nach rechtskräftiger Einziehung im Vollstreckungsverfahren nach §§ 111h ff. StPO an den Verwalter herauszugeben. Sie ist zwar nur bei Gefahr im Verzug aus eigener Zuständigkeit heraus zum Handeln berechtigt. Die erforderlichen richterlichen Entscheidungen können allerdings in der Regel ohne übermäßigen Zeitdruck eingeholt werden, weil vor Ergehen und Vollstre- 290

---

664) Zum Akteneinsichtsrecht des Insolvenzverwalters bejahend AG Kiel, Beschl. v. 6.10.2017 – 43 Gs 4159/17, ZIP 2018, 295 = ZInsO 2017, 2450; umfassend *Bittmann* in: Bittmann, Hdb. Insolvenzstrafrecht, Rz. 1/346 f. m. w. N.; bejahend auch für den Sachverständigen OLG Braunschweig, Beschl. v. 10.3.2016 – 1 Ws 56/16, ZIP 2016, 1304 = ZInsO 2016, 1011; dazu *Köllner/Mück*, NZI 2016, 598; *Schork*, NJW 2016, 1835; s. a. *Pelz/Grotebrune*, Strafrecht in Krise und Insolvenz, Rz. 943 f.

ckung der Gerichtsbeschlüsse kein rechtliches Gehör gewährt werden muss, § 33 Abs. 4 Satz 1 StPO. Im Bedarfsfall kann eine Eilentscheidung erwirkt werden. Trotz erfolgreicher Durchsuchung kann sich allerdings die tatsächliche Herausgabe an den Verwalter verzögern, wenn der Betroffene sein Recht auf gerichtliche Überprüfung von Durchsuchung, Beschlagnahme und Herausgabe geltend macht.

c) Strafprozessuale Stellung des Verwalters

291 Strafprozessual ist der Insolvenzverwalter, sofern nicht gegen ihn selbst ermittelt wird, **Zeuge.**[665] Er ist zur Aussage uneingeschränkt verpflichtet. Da er nicht Adressat des § 97 Abs. 1 Satz 3 InsO ist, hat er zunächst einmal auch all die Informationen zu offenbaren, die einem strafprozessualen Verwendungsverbot unterliegen. Zu entscheiden, ob das der Fall ist, steht nicht ihm zu. Auch wenn er den Beruf eines Rechtsanwalts ausübt, steht ihm im Hinblick auf seine Tätigkeit als Insolvenzverwalter **kein Zeugnisverweigerungsrecht** gemäß § 53 Abs. 1 Nr. 2 oder 3 StPO zur Seite. Üblicherweise fragt die Staatsanwaltschaft schriftlich bei ihm an. Mündliche Zeugenvernehmungen beschränken sich meist auf die Hauptverhandlung – wenn es denn zu einer solchen kommt.

292 Regelmäßig gestattet der Insolvenzverwalter einem von der Staatsanwaltschaft beauftragten (betriebswirtschaftlichen) Gutachter den **Zugang** zu den Unterlagen des schuldnerischen Unternehmens. Die Sichtung und Auswertung kann dort, aber auch in Geschäftsräumen des Verwalters geschehen. Im Bedarfsfall gibt der Verwalter dem Gutachter die von diesem benötigten Unterlagen zur Bearbeitung in seinem Büro (vorübergehend) mit. All dies ist rechtmäßig. Solange es auf freiwilliger Basis so praktiziert wird, treten auch keine Probleme auf. Das wird jedoch in dem Moment anders, in dem keine Einigung zwischen Verwalter und Staatsanwaltschaft erzielt zu werden vermag. Eine strafprozessuale Durchsuchung im verwalteten Unternehmen und beim Verwalter ist im Grundsatz möglich. Aus Gründen des Übermaßverbots ist aber zunächst zu versuchen, den Verwalter zu veranlassen, den Ermittlern den erforderlichen Zugang ohne Einsatz von Zwangsmitteln zu verschaffen. Scheitern derartige Bemühungen, so ist an ein **Herausgabeverlangen gemäß § 95 StPO** zu denken.[666] Voraussetzung dafür ist allerdings das Erfüllen der recht hohen Anforderungen an die Bestimmtheit. Aber selbst ein sich als erforderlich erweisender **Durchsuchungsbeschluss** muss mit einer **Abwendungsklausel** versehen werden, darf also nicht sogleich zwangsweise vollstreckt werden. Das ist erst zulässig, wenn mildere Mittel fruchtlos blieben und keine weiteren mit Aussicht auf Erfolg zur Verfügung stehen.

293 Eine aus strafprozessualer Sicht zu Beweiszwecken notwendige Beschlagnahme scheitert jedenfalls nicht daran, dass der **Insolvenzbeschlag** vorausgegangen ist. Ihm kommt **keine Ausschließlichkeitswirkung** zu. Vielmehr können verschiedene Beschlagnahmeanordnungen nebeneinander wirksam vollzogen werden. Es stellt sich dabei allerdings die Frage nach dem **Verhältnis** der Beschlagnahmungen untereinander. Eine für sämtliche Fälle geltende Regelung dazu gibt es nicht. Vielmehr ist maßgeblich, wie die Wirkung aller auf unterschiedlicher Rechtsgrundlage beruhenden Beschlagnahmungen am besten erzielt werden kann. Zivilrechtlich am weitesten geht der Insolvenzbeschlag. Er ist von der Strafjustiz

665) Sachverständiger wäre er nur, sofern ihm aufgetragen worden wäre, die Insolvenzreife zu überprüfen, OLG Köln, Beschl. v. 7.8.2023 – 7 U 137/21, ZRI 2023, 868 = ZIP 2023, 2051.

666) LG Halle, Beschl. v. 14.4.2022 – 2 Qs 2/22, NZI 2022, 588; LG Bonn, Beschl. v. 22.12.2016 – 27 Qs 23/16, Rz. 28, ZIP 2017, 886 = NZI 2017, 410. Das LG Dresden, Beschl. v. 27.11.2013 – 5 Qs 113/13, ZIP 2013, 2473 = NZI 2014, 236 f., m. Anm. *Köllner*, bejaht ausdrücklich den Vorrang von § 95 StPO (Herausgabeverlangen) vor § 94 StPO (Beschlagnahme). Das BVerfG (BVerfG, Beschl. v. 10.1.2018 – 2 BvR 2993/14, Rz. 29–33, ZInsO 2018, 705 = NStZ 2019, 351) verlangt von den Ermittlungsbehörden allgemein, vor einer Durchsuchung Versuche zu unternehmen, auf grundrechtschonendere Weise in den Besitz der beweiserheblichen Informationen zu gelangen.

auch dann zu respektieren, wenn sie selbst zur Soll-Masse gehörende Gegenstände in ihrem Gewahrsam hat. **Buchhaltungsunterlagen** dürfen zu **Beweiszwecken** auch **beim Insolvenzverwalter beschlagnahmt** werden.[667] Ihr Inhalt muss ihm allerdings weiterhin zugänglich bleiben. Sie sind ihm ferner zurückzugeben, sobald sie ihre Beweisbedeutung verloren haben. Insoweit gelten keine Besonderheiten.

> **Praxishinweis**
> In der Praxis begnügt sich die Strafjustiz mit der Fertigung von **Ablichtungen**, sofern eine Urkunde nicht als Original zur Verfügung stehen muss. In letzterem Fall stellt sie dem Verwalter eine Kopie zur Verfügung. Wird das Original in beiden Verfahren benötigt, so bedarf es der zeitlichen Koordination. Soweit die Strafjustiz mit Ablichtungen arbeitet, hat sie allerdings darauf zu dringen, dass der **Verwalter** die **Originale nicht herausgibt oder vernichtet**, denn sie könnten bis zum Eintritt der Rechtskraft Bedeutung gewinnen. Es bietet sich daher eine zwar **nachrangig wirkende strafprozessuale Beschlagnahme** an, die aber den Insolvenzverwalter immerhin unter Strafdrohung (Verstrickungsbruch, § 136 StGB, ggf. auch Verwahrungsbruch, § 133 StGB) dazu anhält, sie zu beachten, also die Unterlagen weder an Dritte herauszugeben noch zu vernichten.

Das zum 1.7.2017 in Kraft getretene **Gesetz** zur **Reform** der **strafrechtlichen Vermögensabschöpfung**[668] hat das Verhältnis zwischen **Erträgen aus Straftaten**, die der **strafrechtlichen Einziehung**, ersatzweise ihres Werts, unterliegen, und dem **Insolvenzrecht** erstmals einer **gesetzlichen Regelung** zugeführt. Danach ist zu unterscheiden zwischen Taten mit und ohne individuellen Geschädigten. Gemäß § 111h StPO **gebühren insolvenzfest** (i. e. keine Rückschlagsperre, keine Insolvenzanfechtung) **gesicherte Gegenstände** dem **Justizfiskus**. Das aus einer Straftat zulasten eines individuellen **Geschädigten** Erlangte ist diesem **im Original zurückzugewähren**, wenn es strafprozessual aufgespürt werden konnte, §§ 111d Abs. 1 Satz 2 StPO, 75 Abs. 4 StGB. Vermochte stattdessen lediglich der **Wert des Erlangten** gesichert zu werden, so haben im Insolvenzfall nur aufgrund von Taten ohne individuellen Verletzten strafprozessual erwirkte, insolvenzfeste **Sicherungsrechte** Bestand. Nach Taten **mit individuellem Verletzten** treten sie hingegen aufgrund **Insolvenzeröffnung außer Kraft**, sofern bzw. sobald der Insolvenzverwalter tatsächlich in der Lage ist, sein Verwaltungsrecht auszuüben, § 111i Abs. 1 StPO. Ist er das (noch) nicht, so darf die Staatsanwaltschaft weiter tätig werden, hat im Erfolgsfall aber dem Prä des Insolvenzverwalters Rechnung zu tragen.[669] 294

3. Verfahrensabschluss und Rechtsfolgen

Die Staatsanwaltschaft schließt das Ermittlungsverfahren entweder mit einer **Einstellungsverfügung** (mit oder ohne Auflagen) ab oder sie leitet es mit Erhebung einer **Anklage** bzw. dem **Antrag** auf **Erlass** eines **Strafbefehls** in das gerichtliche Verfahren über. Das Gericht erlässt entweder den Strafbefehl, lehnt dessen Erlass ab oder setzt die **Hauptverhandlung** an. Letzteres ist die übliche Folge einer erhobenen Anklage, aber nur dann, wenn sie vom Gericht zugelassen wird. Es entscheidet dann regelmäßig durch **Urteil**. Sofern es nicht auf Freispruch lautet, wird darin zumeist (wie im Strafbefehl) eine **Geld- oder** 295

667) § 97 Abs. 1 Satz 3 InsO stellt kein Hindernis dar, LG Bonn, Beschl. v. 22.12.2016 – 27 Qs 23/16, Rz. 24 ff., ZIP 2017, 886 = NZI 2017, 410. Zur Durchsuchung beim Steuerberater vgl. LG Halle, Beschl. v. 7.6.2017 – 2 Qs 1/2017, 2 Qs 2/2017, ZInsO 2017, 2178.

668) Zu weiteren strafprozessualen Handlungsoptionen Verletzter vgl. *Janca/Schroeder/Baron*, wistra 2015, 409, 410 ff.

669) Einzelheiten bei *Bittmann*, ZInsO 2022, 53, 55–62; *Bittmann* in: FS Smid, 2022, S. 49, 50 ff.; *Bittmann* in: MünchKomm-StPO, vor § 111b, Rz. 94–13 und § 111i, Rz. 22–22q; *Bittmann/Tschakert*, ZInsO 2017, 2657; *Blankenburg*, ZInsO 2017, 1453; *Köhler*, NStZ 2017, 497; *Köhler/Burkhard*, NStZ 2017, 665; *Laroche*, ZInsO 2017, 1245; auch *Laroche*, ZInsO 2022, 62.

Freiheitsstrafe festgesetzt und bei letzterer entschieden, ob deren Vollstreckung (wie beim Strafbefehl zwingend) zur **Bewährung** ausgesetzt wird oder nicht.

296 Als **Maßregel** der Besserung und Sicherung kann das Gericht ein **Berufsverbot** nach den §§ 70 und 70a StGB anordnen. Zudem hat es aus der oder für die Tat **Erlangtes** (ersatzweise dessen Wert) **einzuziehen,** §§ 73 ff. StGB. Gleiches ist bei Tatbezug möglich für Tatprodukte, Tatmittel und Tatobjekte, §§ 74 ff. StGB.

297 Zur **Amtsunfähigkeit** z. B. nach § 6 Abs. 2 Satz 2 Nr. 3 GmbHG[670)] können Verurteilungen[671)] wegen Insolvenz- ebenso wie wegen anderer Vermögensdelikte führen, nicht aber nach § 42 Abs. 3 StaRUG.[672)] Das gilt auch für **Verurteilungen im Ausland,** z. B. § 6 Abs. 2 Satz 3 GmbHG. Zudem können sich **Vergabesperren** nach Maßgabe des jeweils einschlägigen Landesrechts anschließen[673)] und auch aufgrund Eintragung im Wettbewerbsregister beim Bundeskartellamt.

298 Unter den Voraussetzungen des § 83 OWiG können auch **Ordnungswidrigkeiten** zum Gegenstand eines Strafverfahrens gehören. Dabei wird es sich im Zusammenhang mit Insolvenzdelikten selten um bereichsspezifische Ordnungswidrigkeiten handeln. Praxisrelevant ist aber sowohl das Bebußen des Organisations- und Aufsichtspflichtigen als natürliche Person gemäß § 130 OWiG als auch das Festsetzen einer Geldbuße gegen das z. B. nicht insolvente Mutterunternehmen nach § 30 OWiG.[674)] Diese Vorschrift ähnelt in ihrer Struktur dem § 14 StGB, rechnet aber gerade **umgekehrt** persönliche Verfehlungen dem Unternehmen zu. Dabei geht § 30 OWiG zum Teil weiter als § 14 StGB, bleibt in anderer Hinsicht jedoch dahinter zurück, und sieht es als eine der juristischen Person, einem nichtrechtsfähigen Verein oder einer rechtsfähigen Personengesellschaft (streitig, ob auch einem Konzern als solchem)[675)] selbst jeweils als solche zur Last zu legende und mit Bußgeld zu ahndende Pflichtverletzung an, wenn ein Vertretungsberechtigter oder einer der sonstigen im Einzelnen aufgeführten Repräsentanten eine den Verband treffende Pflicht verletzt hat oder dieser aufgrund einer sonstigen Straftat bereichert worden ist. Die **Abschöpfung** kann dann nur über die Höhe der Buße, § 30 Abs. 3 i. V. mit § 17 Abs. 4 OWiG, vorgenommen werden, nicht mittels Verfalls oder Verfalls des Wertersatzes, weder nach § 29a OWiG, noch nach den §§ 73 ff. StGB. Das ordnet § 30 Abs. 5 OWiG ausdrücklich so an.

---

670) Vgl. BGH, Beschl. v. 28.6.2022 – 6 StR 511/21, Rz. 12–14, NStZ-RR 2022, 342 – auch zur strafmildernden Wirkung; BGH, Beschl. v. 3.12.2019 – II ZB 18/19, ZIP 2020, 73 = NZG 2020, 145 – Amtsunfähigkeit bereits bei Verurteilung als Helfer; dazu *Wolfer/Weitzell*, NZG 2020, 379; OLG Düsseldorf, Beschl. v. 27.4.2021 – I-3 Wx 65/21, NZG 2021, 1375; OLG Celle, Beschl. v. 29.8.2013 – 9 W 109/13, ZIP 2013, 1914 = ZWH 2013, 495, m. Anm. *Bunnemann*; allgemein *C. Brand*, ZInsO 2019, 865; *Ebner*, wistra 2013, 86; *Pelz/Grotebrune*, Strafrecht in Krise und Insolvenz, Rz. 952–957; *Satzger/Endler*, NZG 2019, 1201 – speziell für Fälle der Gesamtstrafenbildung; *Schulte*, NZG 2019, 646; *Weyand*, ZInsO 2023, 1039. Die Neufassung durch das MoMiG zum 1.11.2008 ist für alle Verurteilungen maßgeblich, deren Rechtskraft erst nach dem 31.10.2008 eingetreten ist, OLG Naumburg, Beschl. v. 3.2.2017 – 5 Wx 2/17, NZI 2017, 456 = ZIP 2017, 1519, dazu *Melchior*, GmbHR 2017, 404. In eine Gesamtstrafe einbezogene Einzelstrafen sind nach LG Leipzig, Beschl. v. 12.10.2016 – 15 Qs 148/16, ZInsO 2017, 41, in Bezug auf die Jahresgrenze zu addieren. Zu löschen ist die Eintragung auch dann, wenn der Geschäftsführer erst nach seiner Bestellung verurteilt wurde, KG Berlin, Beschl. v. 17.7.2018 – 22 W 34/18, ZIP 2019, 71.

671) Nach h. M. genügt dafür bereits eine Verwarnung mit Strafvorbehalt, OLG Naumburg, Beschl. v. 3.2.2017 – 5 Wx 2/17, NZI 2017, 456 = ZIP 2017, 1519, dazu *Melchior*, GmbHR 2017, 404; *Wengenroth*, NZWiSt 2018, 115. Ein Strafbefehl steht einem Urteil gleich, KG Berlin, Beschl. v. 17.7.2018 – 22 W 34/18, ZIP 2019, 71.

672) *Weitzell/Klenner*, NZI 2023, 897, 899 f.

673) Übersichten über Nebenfolgen bei *Bellinghausen*, ZWH 2013, 395, *Gercke*, wistra 2012, 291, *Heim*, NJW-Spezial 2019, 120, und *Kretschmer*, ZWH 2013, 481, je m. w. N.

674) Dazu *Rönnau*, ZGR 2016, 277 – zwar noch zum inzwischen aufgehobenen Recht der strafrechtlichen Vermögensabschöpfung, aber auch für das neue Recht noch relevant.

675) Dazu *Theurer*, ZWH 2018, 59.

Kapitel 27
Vergütung im Insolvenzverfahren

Übersicht

Literatur: *Ahrens*, Der Gläubigerbeirat gem. § 93 StaRUG, NZI Beilage Heft 5/2021, 57; *Ampferl/Kilper*, Die Pflicht des Gläubigerausschusses zur Prüfung von Geldverkehr und -bestand, ZIP 2015, 553; *Andres*, Die Vergütung des vorläufigen Insolvenzverwalters – eine Zwischenbemerkung, NZI 2006, 567; *Antoniadis*, Kosten und Auslagen des gemeinsamen Vertreters von Anleihegläubigern im Insolvenzverfahren über das Vermögen des Emittenten, NZI 2014, 785; *Bork*, Die „kalte Zwangsverwaltung“ – ein heißes Eisen, ZIP 2013, 2129; *Bork*, Beauftragung von Dienstleistern durch den Insolvenzverwalter: Regelaufgabe oder besondere Aufgabe?, ZIP 2009, 1747; *Ehle*, Der Gruppenkoordinator in der reformierten EuInsVO – Bestellung, Abberufung und Haftung, ZIP 2016, 1619; *Eickmann*, VergVO, Kommentar, 2. Aufl., 1997; *Eickmann*, Höchstpersönliches Verwalterhandeln oder Delegationsbefugnis?, KTS 1986, 197; *Ganter*, Die Regelung der Vergütung des Restrukturierungsberaters im Vergleich mit Vergütungsregelungen für den Insolvenzverwalter und den Sachwalter, NZI 2022, 97; *Ganter*, Die Delegation der Ermittlung von Anfechtungsansprüchen, ZInsO 2016, 677; *Ganter*, Aktuelle Entwicklungen im Recht der Insolvenzverwaltervergütung, NZI 2016, 377; *Gloeckner/Bankel*, Etablierung und Aufgaben des Gemeinsamen Vertreters nach dem Schuldverschreibungsgesetz, ZIP 2015, 2393; *Gortan*, Kürzung der Mindestvergütung in Verbraucherinsolvenzverfahren nach § 3 II e InsVV, NZI 2016, 339; *Graeber*, Die Vergütungsbemessung beim vorläufigen Sachwalter nach den Grundsätzen des BGH, DZWIR 2016, 514; *Graeber*, Vergütungsbestimmung durch Vereinbarungen zwischen einem Insolvenzverwalter und den weiteren Beteiligten eines Insolvenzverfahrens, ZIP 2013, 916; *Graeber*, Die Aufgaben des Insolvenzverwalters im Spannungsfeld zwischen Delegationsbedürfnis und Höchstpersönlichkeit, NZI 2003, 569; *Hingerl*, Notwendigkeit einer Vergütungsbestimmung im Insolvenzplan, ZIP 2015, 159; *Horn*, Der gemeinsame Vertreter der Anleihegläubiger in der Insolvenz, BKR 2014, 449; *Keller, U.*, Die Vergütung der Mitglieder des Gläubigerausschusses – Fragen zur praktischen Anwendung des § 17 InsVV, DZWIR 2022, 123; *Keller, U.*, Die erhebliche Befassung mit Aus- und Absonderungsrechten nach § 11 Abs. 1 Satz 2 und § 12a Abs. 1 Satz 4 InsVV, NZI 2021, 816; *Keller, U.*, Keine nachträgliche Zulassung der Rechtsbeschwerde auf Gegenvorstellung, DZWIR 2019, 10; *Keller, U.*, Die Vergütung des vorläufigen Sachwalters nach den Vorstellungen des BGH, NZI 2016, 753; *Keller, U.*, Die Vergütung des vorläufigen Insolvenzverwalters in den vor dem 19.7.2013 beantragten Insolvenzeröffnungsverfahren, NZI 2014, 833; *Keller, U.*, Die Voraussetzungen und der rechtliche Rahmen zur Durchführung einer so genannten kalten Zwangsverwaltung, NZI 2013, 265; *Keller, U.*, Die Berechnungsgrundlage zur Vergütung des vorläufigen Insolvenzverwalters, NZI 2013, 240; *Keller, U.*, Der Degressionsausgleich bei der Vergütung des Insolvenzverwalters, NZI 2013, 19; *Keller, U.*, Die Bestimmung des vergütungsrechtlichen Normalfalls nach § 2 InsVV, in: Festschrift für Hubert Görg, 2010, S. 247; *Keller. U.*, Der Auslagenersatz des Insolvenzverwalters bei der Beauftragung zu Zustellungen nach § 8 Abs. 3 InsO, DZWIR 2007, 353; *Keller, U.*, Verjährung des Vergütungsanspruchs des Insolvenzverwalters, NZI 2007, 378; *Keller, U.*, Berücksichtigung von Aus- und Absonderungsrechten bei der Vergütungsberechnung des vorläufigen Insolvenzverwalters, NZI 2006, 271; *Keller, U.*, Berechnungsformeln zur Vergütung des Insolvenzverwalters, NZI 2005, 23; *Keller, U.*, Die Zulässigkeit der Beauftragung mit dem Insolvenzverwalter gesellschaftsrechtlich verbundener Unternehmen und der Anrechnungstatbestand nach § 1 Abs. 1 Nr. 4 lit. a InsVV, DZWIR 2000, 265; *Knapp*, Das Vergütungsrecht des Insolvenzverwalters – von den Sperrwirkungen des § 1 II Nr. 1 S. 1, 2 InsVV, NZI 2022, 206; *Laubereau*, Die Delegation der Ermittlung von Anfechtungsansprüchen, ZInsO 2016, 496; *Lechleitner*, Zum Vorsteuerabzug der Insolvenzmasse aus der Vergütung des (vorläufigen) Insolvenzverwalters, ZInsO 2015, 1382; *Lissner*, Die Vergütung des Sachwalters, Rpfleger 2017, 125; *Madaus*, Möglichkeiten und Grenzen von Insolvenzplanregelungen, ZIP 2016, 1141; *Madaus/Heßel*, Die Verwaltervergütung in Reorganisationsfällen – Unzulänglichkeiten und Reformansätze, ZIP 2013, 2088; *Marquardt*, Gebühren für die dem Insolvenzverwalter übertragenen Zustellungen, NZI 2022, 54; *Pape*, Einziehungsrecht des Insolvenzverwalters bei sicherungshalber abgetretenen Forderungen, NZI 2000, 301; *Prasser*, Zuständigkeit zur Vergütungsfestsetzung des vorläufigen Insolvenzverwalters, NZI 2011, 54; *Reinhardt*, Zur Zulässigkeit von Vergütungsvereinbarungen im Insolvenzplan, ZInsO 2015, 943; *Schöttler*, Gerichtliche Bindung an Vergütungsvereinbarungen im Insolvenzplan?, NZI 2014, 852; *Schur*, Die Vergütung des vorläufigen Sachwalters – Regelvergütung, Berechnungsgrundlage, Zuschläge, ZIP 2014, 757; *Smid*, Der Restrukturierungsbeauftragte in den Regelungen des StaRUG, ZInsO 2020, 2184; *Smid*, Der Restrukturierungsbeauftragte, ZInsO 2020, 2092; *Tetzlaff*, Rechtsprobleme der kalten Zwangsverwaltung, ZfIR 2005, 179; *Tetzlaff*, Probleme bei der Verwertung von Grundpfandrechten und Grundstücken im Insolvenzverfahren, ZInsO 2004, 521; *Vallender*, Der Aufgaben und Befugnisse des Restrukturierungsgerichts nach dem Gesetz über den Stabilisierung- und Restrukturierungsrahmen für Unternehmen, ZInsO 2020, 2579 (Teil 1) und ZInsO 2020, 2677 (Teil 2); *Vill*, Die Vergütung von (vorläufigem) Verwalter oder Sachwalter in Insolvenzverfahren mit hoher Gläubigerzahl, ZInsO 2020, 974; *Zimmer*, Die Vergütung des Restrukturierungsbeauftragten i. S. d. Art. 5 Abs. 2 der Richtlinie (EU) 2019/1023 – Problemfelder einer Kodifizierung, ZInsO 2020, 2117; *Zimmer*, Vergütung des Insolvenzverwalters für Hausverwaltung und „kalte" Zwangsverwaltung, InsbürO 2015, 510; *Zimmer*, Die Vergütung der Mitglieder des Gläubigerausschusses, ZIP 2013, 1309; *Zimmer*, Probleme des Vergütungsrechts (bei Nicht-Eröffnung des Insolvenzverfahrens) vor und nach ESUG – Plädoyer für das Eröffnungsverfahren als notwendige Vorstufe eines Insolvenzverfahrens im Sinne einer Vorgesellschaft, ZInsO 2012, 1658.

A. Grundlagen des Vergütungsrechts

I. Grundlagen des Vergütungsanspruchs des Insolvenzverwalters

1. Der Anspruch auf angemessene Vergütung (§§ 63 ff. InsO)

1 Der Insolvenzverwalter hat Anspruch auf angemessene Vergütung und Erstattung der ihm entstandenen Auslagen (§ 63 Abs. 1 Satz 1 InsO).[1] Gleiches gilt für den vorläufigen Insolvenzverwalter, den Sachwalter und den vorläufigen Sachwalter in der Eigenverwaltung sowie den Treuhänder im Restschuldbefreiungsverfahren. **Angemessenheit der Vergütung** bedeutet, dass diese nicht nur die eigenen Kosten des Insolvenzverwalters decken, sondern **nach Abzug dieser Kosten** ihm selbst ein **Überschuss verbleiben** muss.[2] Die Tätigkeiten als Insolvenzverwalter ist als Berufsausübung i. S. des Art. 12 Abs. 1 GG anerkannt.[3] Es muss ihm deshalb auch eine angemessene Vergütung gewährt werden.[4]

2 Umstritten ist, ob die **Angemessenheit der Vergütung auf das jeweils konkrete Verfahren** zu beziehen ist oder sich **aus der Vielzahl der** von einem Insolvenzverwalter **übernommenen Verfahren** ergibt, also i. R. einer **Art Mischkalkulation** oder Querfinanzierung zu bewerten ist.[5] Der BGH nimmt letzteres an, betonte aber zuletzt, dass der Grundsatz der Mischkalkulation sich nur auf die Degression der Regelvergütung des § 2 Abs. 1 InsVV beziehe, nicht auf die Zu- und Abschläge des § 3 InsVV, die immer tätigkeitsbezogen und damit auf das konkrete Verfahren bezogen festzustellen sind.[6] Allgemein ist ferner zu berücksichtigen, dass der Insolvenzverwalter darauf angewiesen ist, vom Insolvenzgericht auch konkret bestellt zu werden. Er kann seine Mandate nicht in der Weise frei übernehmen wie ein selbständig tätiger Anwalt oder Steuerberater. Die Möglichkeit, sein angemessenes Einkommen durch „Mischung verschiedener Mandate mit unterschiedlichem Gebührenaufkommen" zu erzielen, hat der Insolvenzverwalter nicht. Auch kann das Insolvenzgericht dem Insolvenzverwalter nur dann für eine Mischkalkulation erforderliche

---

1) Begr. RegE InsO, BT-Drucks. 12/2443, S. 130; so bereits *v. Wilmowski*, KO, § 85 Anm. 2; *Jaeger*, KO, § 85 Anm. 1.

2) Mit Hinweis auf Art. 12 GG BGH, Urt. v. 5.12.1991 – IX ZR 275/90, BGHZ 116, 233 = ZIP 1992, 120, dazu EWiR 1992, 173 *(Uhlenbruck)*; im Zusammenhang mit der Vorschussgewährung nach § 9 InsVV ausdrücklich BGH, Beschl. v. 1.10.2002 – IX ZB 53/02, ZIP 2002, 2223 = DZWIR 2003, 101, m. Anm. *U. Keller*.

3) Eingehend *U. Keller*, Vergütung, § 2 Rz. 86 ff. m. w. N.

4) BVerfG, Beschl. v. 9.2.1989 – 1 BvR 1165/87, ZIP 1989, 382, m. Anm. *Eickmann*, dazu EWiR 1989, 391 *(Onusseit)*; BGH, Urt. v. 5.12.1991 – IX ZR 275/90, BGHZ 116, 233 = ZIP 1992, 120, dazu EWiR 1992, 173 *(Uhlenbruck)*; BGH, Beschl. v. 1.10.2002 – IX ZB 53/02, ZIP 2002, 2223 = DZWIR 2003, 101, m. Anm. *U. Keller*; BGH, Beschl. v. 15.1.2004 – IX ZB 96/03, BGHZ 157, 282, 287 = ZVI 2004, 133, dazu EWiR 2004, 985 *(Blersch)*; vgl. auch zur Vergütung des Zwangsverwalters nach §§ 146, 152a ZVG BGH, Beschl. v. 12.9.2002 – IX ZB 39/02, BGHZ 152, 18 = ZIP 2002, 1959, dazu EWiR 2004, 259 *(U. Keller)*.

5) So BGH, Beschl. v. 15.1.2004 – IX ZB 96/03, unter II. 3. b), BGHZ 157, 282, 288 = ZVI 2004, 133, dazu EWiR 2004, 985 *(Blersch)*.

6) BGH, Beschl. v. 7.10.2021 – IX ZB 42/20, Rz. 17, ZRI 2022, 40 = NZI 2022, 233, dazu EWiR 2022, 147 *(Stoffler)*.

„lukrative" Verfahren zuteilen, wenn solche zur Beantragung gelangen.[7] Zur Vergütung des Berufsvormunds oder -betreuers durch die Staatskasse sprach sich das BVerfG i. Ü. klar gegen eine Mischkalkulation aus.[8] Ebenso wie bei der Vergütung des Betreuers ist nicht einzusehen, weshalb die Gläubiger eines massehaltigen Verfahrens durch Mischkalkulation ein massearmes Verfahren mitfinanzieren sollen. Es ist auch noch nie vorgekommen, dass mit diesem Argument eine im Einzelfall „zu hohe" Vergütung gewährt wurde. Im Gegenteil wird das Argument der Mischkalkulation oft nur genannt, um Vergütungskürzungen begründen zu können.

Im Zusammenhang mit einer allgemeinen Diskussion über die Angemessenheit der Verwaltervergütung wird auch argumentiert, **durch die Vergütung** des Insolvenzverwalters dürfe die **Befriedigung der Insolvenzgläubiger nicht über Gebühr beeinträchtigt** werden. Wenn bei einem Insolvenzverfahren die Insolvenzmasse allein für die Kosten des Verfahrens aufgezehrt werden, würde es als Verfahren der Gläubigerbefriedigung seinen Zweck verlieren. Dieser Argumentation ist zuzugestehen, dass nicht selten gerade bei kleineren Unternehmensinsolvenzen die Gläubigerbefriedigung marginal ist und die Kosten und sonstigen Masseverbindlichkeiten die vorhandene Insolvenzmasse aufzehren. Bezogen auf die Vergütung des Insolvenzverwalters liegt dies aber weniger an der Vergütung selbst, sondern eher an sonstigen Kosten und Vergütungen, die bei einer Insolvenz entstehen und nicht selten auf Nachlässigkeiten und Fehlern früherer Unternehmensführung beruhen. Letztlich ist das Argument, durch die Vergütung würde die Befriedigung der Gläubiger beeinträchtigt, nicht tragend. In jedem Fall der Vergütungsgewährung an den Insolvenzverwalter wird die Gläubigerbefriedigung quotal vermindert. Dieses Argument zu Ende gedacht hieße, der Insolvenzverwalter müsste sein Amt unentgeltlich ausüben oder gänzlich aus der Staatskasse vergütet werden. Gesetzlich ist durch den **Vorrang der Vergütung aus §§ 53, 54 Nr. 2 InsO** ausdrücklich festgestellt, dass die **Höhe der Vergütung nicht mit dem Aspekt der Gläubigerbefriedigung verknüpft** werden darf. Der Gesetzgeber nimmt mit den §§ 207 und 208 ff. InsO vielmehr ausdrücklich hin, dass ein Insolvenzverfahren ohne Befriedigung der Gläubiger beendet werden kann und muss.[9] 3

2. Die Vergütungsbestimmung nach § 63 Abs. 1 InsO

Die Grundregeln des Vergütungsanspruchs und seiner Festsetzung werden in den §§ 63–65 InsO allgemein geregelt: Danach soll sich die Vergütung nach der **Höhe der Insolvenzmasse** zur Zeit der Beendigung des Insolvenzverfahrens richten (§ 63 Abs. 1 Satz 2 InsO),[10] wobei **Schwierigkeiten des Einzelfalles** zu berücksichtigen sind (§ 63 Abs. 1 Satz 3 InsO). Die Festsetzung der Vergütung erfolgt durch Beschluss des Insolvenzgerichts (§ 64 InsO). 4

Die Vergütungsregelungen der §§ 63–65 InsO gelten unmittelbar für den Insolvenzverwalter; kraft Verweisungen sind sie auch auf den vorläufigen Insolvenzverwalter (§ 21 Abs. 2 Nr. 1 InsO), den Sachwalter (§ 274 Abs. 1 InsO) und den vorläufigen Sachwalter anzuwenden. Für die Tätigkeit des Treuhänders im Restschuldbefreiungsverfahren enthält § 293 Abs. 1 InsO eine dem § 63 InsO entsprechende Grundsatzregelung zum Vergütungsanspruch; § 293 Abs. 2 InsO verweist wiederum auf §§ 64, 65 InsO. 5

---

7) So auch BGH, Beschl. v. 13.3.2008 – IX ZB 63/05, ZIP 2008, 976 = NZI 2008, 361.

8) BVerfG, Urt. v. 1.7.1980 – 1 BvR 349/75, 1 BvR 378/76, BVerfGE 54, 251 = NJW 1980, 2179.

9) So auch ausdrücklich BGH, Urt. v. 5.12.1991 – IX ZR 275/90, BGHZ 116, 233 = ZIP 1992, 120, dazu EWiR 1992, 173 *(Uhlenbruck)*; BGH, Beschl. v. 1.10.2002 – IX ZB 53/02, ZIP 2002, 2223 = DZWIR 2003, 101, m. Anm. *U. Keller*.

10) Keine auch nur vergleichsweise Bemessung nach Stundensätzen nach BGH, Beschl. v. 7.10.2021 – IX ZB 4/20, ZRI 2021, 969 = NZI 2021, 1076, m. Anm. *Stephan*, dazu EWiR 2022, 15 *(Budnik)*.

3. Die Rechtsnatur des Vergütungsanspruchs

6 Der Anspruch des Insolvenzverwalters auf angemessene Vergütung ist **öffentlich-rechtlicher Natur.**[11] Die Tätigkeit des Insolvenzverwalters ist als ein hoheitlich öffentliches Amt zu qualifizieren,[12] daher beruht sein Vergütungsanspruch auch nicht auf einem Vertragsverhältnis mit dem Schuldner oder den Gläubigern des Insolvenzverfahrens.

4. Keine Kürzung der Vergütung bei angeblich mangelhafter Leistung

7 Die Vergütung ist als Tätigkeitshonorar mit Erfolgscharakter ausgestaltet.[13] Die Regelvergütung des § 2 Abs. 1 InsVV liegt die Annahme zugrunde, dass bei hoher Insolvenzmasse der Insolvenzverwalter höheren Arbeitsaufwand hat als bei geringerer Insolvenzmasse, gleichzeitig stellt die Kopplung an die Höhe der Insolvenzmasse als Berechnungsgrundlage ein Erfolgselement dar. Tätigkeitsbezogen sind die Erhöhungs- oder Kürzungstatbestände des § 3 InsVV. Aus der Bezogenheit auf die Tätigkeit des Verwalters folgt auch, dass das Insolvenzgericht bei angeblich mangelhafter Leistung seine Vergütung nicht kürzen kann.[14] Das Gericht kann mit einem möglicherweise entstandenen Schadensersatzanspruch nicht gegen den Vergütungsanspruch des Verwalters die Aufrechnung erklären.[15] Einen möglichen Gesamtschaden der Gläubiger kann nur ein nachfolgend bestellter Insolvenzverwalter oder ein Sonderinsolvenzverwalter geltend machen (§ 92 InsO).[16] Ihm kann auch eine Aufrechnungsbefugnis gegenüber dem Vergütungsanspruch des Insolvenzverwalters zustehen.

5. Die Verwirkung des Vergütungsanspruchs

8 In besonders **schwerwiegenden Fällen einer Pflichtverletzung** verwirkt der Insolvenzverwalter seinen Anspruch auf Vergütung und pauschaliertem Auslagenersatz.[17] So führt allein eine Entlassung des Insolvenzverwalters nach § 59 InsO nicht zur Verwirkung des Vergütungsanspruchs.[18] Sie kommt in Betracht, wenn sich der Insolvenzverwalter treuwidrig gegenüber der Insolvenzmasse verhalten[19] oder sogar Straftaten i. R. seiner Tätig-

11) Allgemein BGH, Urt. v. 5.12.1991 – IX ZR 275/90, BGHZ 116, 233 = ZIP 1992, 120, dazu EWiR 1992, 173 *(Uhlenbruck)*; *Eickmann*, VergVO, Vor § 1 Rz. 1.

12) Umfassend Jaeger-*Henckel*, KO, § 6 Rz. 4–146; *U. Keller*, Insolvenzrecht, Rz. 271 ff.; ausführlich bereits Jaeger, KO, § 6 Anm. 1 f.

13) Eingehend *U. Keller*, Vergütung, § 2 Rz. 104 ff.

14) Ausdrücklich BGH, Beschl. v. 6.5.2004 – IX ZB 349/02, BGHZ 159, 122, 130 = ZIP 2004, 1214; Uhlenbruck-*Mock*, InsO, § 63 Rz. 46, 47.

15) BGH, Beschl. v. 6.11.2014 – IX ZB 90/12, ZIP 2014, 2450 = NZI 2015, 46, m. Anm. *U. Keller*, dazu EWiR 2015, 51 *(Mock)*; BGH, Urt. v. 15.11.1951 – IV ZR 72/51, BGHZ 3, 381, 383 = NJW 1952, 144 – Aufrechnung gegen Kostenerstattungsanspruch; BGH, Urt. v. 5.1.1995 – IX ZR 241/93, ZIP 1995, 290, dazu EWiR 1995, 361 *(Braun)*.

16) BGH, Urt. v. 5.10.1989 – IX ZR 233/87, ZIP 1989, 1407 = NJW-RR 1990, 45, dazu EWiR 1990, 595 *(Balz)*; *U. Keller*, Vergütung, § 15 Rz. 45 ff.

17) BGH, Beschl. v. 17.3.2011 – IX ZB 192/10, ZIP 2011, 671 = NZI 2011, 282, dazu EWiR 2011, 389 *(Voß)*; OLG Karlsruhe, Beschl. v. 6.4.2000 – 9 W 87/99, ZIP 2000, 2035, dazu EWiR 2001, 241 *(Graeber)*; LG Konstanz, Beschl. v. 15.9.1999 – 6 T 38/99, ZInsO 1999, 589; AG Wolfratshausen, Beschl. v. 3.8.2000 – N 19/92, ZInsO 2000, 517; *Prasser/Stoffler* in: KPB, InsO, Vor § 1 InsVV Rz. 16.

18) BGH, Beschl. v. 21.9.2017 – IX ZB 28/14, ZIP 2017, 2063 = DZWIR 2018, 129, m. Anm. *U. Keller*, dazu EWiR 2018, 51 *(Blersch)*.

19) BGH, Beschl. v. 22.11.2018 – IX ZB 14/18, ZIP 2019, 82 = NZI 2019, 139, m. Anm. *U. Keller*; BGH, Beschl. v. 12.9.2019 – IX ZB 76/18, ZIP 2019, 2069, dazu EWiR 2020, 49 *(Zimmer)*; BGH, Beschl. v. 12.9.2019 – IX ZB 75/18, ZRI 2020, 46 = ZVI 2020, 75; BGH, Beschl. v. 15.8.2022 – IX ZB 17/21, ZRI 2022, 865 = ZVI 2022, 447 = ZIP 2022, 2397; eingehend *U. Keller*, Vergütung, § 2 Rz. 72 ff.

keit begangen hat.[20] Die Strafbarkeit muss feststehen; eine **strafrechtliche Verurteilung** kann aber nicht gefordert werden. Der Insolvenzverwalter verwirkt den Vergütungsanspruch auch dann, wenn er sich durch strafbare Verwendung eines nicht erworbenen akademischen Grads als geeignet i. S. des § 56 InsO ausweist.[21] Ein Insolvenzverwalter kann seinen Vergütungsanspruch auch verwirken, wenn er bei seiner Bestellung verschweigt, dass er in einer Vielzahl früherer Insolvenzverfahren als Verwalter an sich selbst und an von ihm beherrschte Gesellschaften grob pflichtwidrig Darlehen aus den dortigen Massen ausgereicht hat.[22]

6. Entstehen, Fälligkeit und Verjährung des Vergütungsanspruchs

a) Entstehen und Fälligkeit

Der Vergütungsanspruch des Verwalters entsteht mit der **Ernennung und der Übernahme des Amts**, er wird „aufgefüllt“ durch die tatsächliche Arbeitsleistung.[23] Er wird fällig mit Erledigung der Gesamttätigkeit als Insolvenzverwalter.[24] Die Vergütung kann nicht anteilig auf einzelne Tätigkeiten innerhalb des Verfahrens aufgesplittet werden.[25] Bei vorzeitiger Beendigung der Tätigkeit als Insolvenzverwalter wird die Vergütung mit dem Ende des Verwalteramts fällig. 9

b) Verjährung

Der **nicht festgesetzte Vergütungsanspruch** verjährt nach den allgemeinen Vorschriften des bürgerlichen Rechts innerhalb von drei Jahren (§ 195 BGB); soweit die Vergütung festgesetzt ist, gilt die dreißigjährige Verjährungsfrist des § 197 Abs. 1 Nr. 3 BGB. Gebühren, die der Verwalter i. R. seiner Tätigkeit als Rechtsanwalt oder Steuerberater gesondert erhält (§ 5 InsVV), verjähren in gleicher Weise nach § 195 BGB.[26] Die Verjährung beginnt i. S. des § 199 Abs. 1 BGB mit dem Schluss des Jahrs, in welchem der Vergütungsanspruch fällig geworden ist, mithin mit dem Schluss des Jahrs der Verfahrensbeendigung.[27] Eine **Verjährungshemmung durch Stellung des Vergütungsantrags** bei Gericht ist in § 204 BGB für die Vergütung des Insolvenzverwalters nicht geregelt, in Entsprechung vergleichbarer Regelungen (insbesondere § 11 Abs. 7 RVG, § 2 Abs. 3 JVEG) aber geboten.[28] 10

Der Vergütungsanspruch des **vorläufigen Insolvenzverwalters** verjährt ab dem Jahr der Beendigung des Eröffnungsverfahrens. Nach Ansicht des BGH ist die **Verjährung bis zur Beendigung des Insolvenzverfahrens gehemmt.**[29] Die Verjährung des Vergütungsanspruchs soll nach einer Ansicht durch einen besonders einzusetzenden Sonderverwalter 11

20) LG München II, Beschl. v. 29.7.2003 – 7 T 5001/00, ZInsO 2003, 910; LG Potsdam, Beschl. v. 9.1.2004 – 5 T 698/03, NZI 2004, 321.

21) BGH, Beschl. v. 6.5.2004 – IX ZB 349/02, BGHZ 159, 122, 130 = ZIP 2004, 1214.

22) BGH, Beschl. v. 9.6.2011 – IX ZB 248/09, ZIP 2011, 1526; BGH, Beschl. v. 14.7.2016 – IX ZB 52/15, ZIP 2016, 1648 = NZI 2016, 892.

23) BGH, Urt. v. 5.12.1991 – IX ZR 275/90, BGHZ 116, 233 = ZIP 1992, 120, dazu EWiR 1992, 173 *(Uhlenbruck)*.

24) *U. Keller*, Vergütung, § 2 Rz. 6 ff.

25) BGH, Beschl. v. 11.11.2021 – IX ZB 19/20, ZRI 2022, 34 = ZIP 2022, 135, dazu EWiR 2022, 85 *(Madaus)*.

26) *Prasser/Stoffler* in: KPB, InsO, Vor § 1 InsVV Rz. 8.

27) Uhlenbruck-*Mock*, InsO, § 64 Rz. 56; überholt *H. Schmidt*, KTS 1981, 357, wonach die Verjährungsfrist einheitlich mit Abhaltung des Schlusstermins zu laufen beginnen sollte.

28) BGH, Beschl. v. 29.3.2007 – IX ZB 153/06, ZIP 2007, 1070 = NZI 2007, 397; dazu auch *U. Keller*, NZI 2007, 378.

29) BGH, Beschl. v. 22.9.2010 – IX ZB 195/09, ZIP 2010, 2160 = DZWIR 2011, 36, m. Anm. *U. Keller*, dazu EWiR 2011, 25 *(Blersch)*.

geltend zu machen sein.[30)] Nach a. A. ist die Entnahme einer verjährten Vergütung durch den Insolvenzverwalter als pflichtwidrig anzusehen,[31)] wogegen das Gericht i. R. seiner Aufsichtspflicht einzuschreiten habe.[32)] Richtigerweise ist es Sache der Gläubiger, i. R. der Anhörung zum Vergütungsantrag oder durch Anfechtung der Festsetzung einer verjährten Vergütung die Verjährung einzuwenden.

7. Der Schuldner des Vergütungsanspruchs

a) Die Vergütung als Teil der Kosten des Insolvenzverfahrens

12 Die Vergütungen des Insolvenzverwalters, des vorläufigen Insolvenzverwalters, des Sachwalters und des vorläufigen Sachwalters wie auch im Restschuldbefreiungsverfahren sowie die Vergütung der Mitglieder des Gläubigerausschusses gehören zu den **Kosten des Insolvenzverfahrens nach § 54 InsO** (§ 54 Nr. 2 InsO). Hierzu gehören daneben die Gerichtskosten für das Insolvenzverfahren (§ 54 Nr. 1 InsO). Zwischen diesen beiden Kosten besteht keine Rangfolge. Sie sind bei Masselosigkeit gleichrangig zu befriedigen; Vorrang haben nur die jeweiligen Auslagen (§ 207 Abs. 3 InsO).[33)] Im Übrigen sind sie vorrangig aus der Insolvenzmasse zu entnehmen (§ 53 InsO); im Falle der Masseunzulänglichkeit haben sie die erste Rangstelle (§ 209 Abs. 1 Nr. 1 InsO).[34)] Vergütungen der Vertreter von Verfahrensbeteiligten gehören nicht zu den Kosten des Verfahrens und sind regelmäßig auch keine Masseverbindlichkeiten. Dies gilt für den gemeinsamen Vertreter von Anleihegläubigern nach § 19 Abs. 2 Satz 1 SchVG,[35)] für den gemeinsamen Vertreter im Spruchverfahren nach § 6 Abs. 2 SpruchG[36)] oder auch den Abwickler einer Anwaltskanzlei.[37)] Der gemeinsame Vertreter ist berechtigt, die ihm zustehende Vergütung aus der Quote der Anleihegläubiger zu entnehmen.[38)]

13 **Schuldner der Vergütungen der Organe des Insolvenzverfahrens ist die Insolvenzmasse** und mit ihr der Schuldner des Verfahrens als Rechtsträger der Insolvenzmasse.[39)] Eine Aufrechnungsbefugnis gegen Forderungen des Schuldners gegen ihn steht dem Verwalter nicht zu.[40)]

---

30) *H. Schmidt*, KTS 1981, 357.

31) *Prasser/Stoffler* in: KPB, InsO, Vor § 1 InsVV Rz. 14 a. E.

32) Bejahend *Hess*, KO, § 85 KO Rz. 18, unter Berufung auf RG, Urt. v. 22.1.1892 – III 317/91, RGZ 29, 76, das die Pflichten des Konkursverwalters allgemein beschreibt.

33) Allgemein zu den Kosten des Verfahrens Uhlenbruck-*Ries*, InsO, § 207 Rz. 5 ff.

34) BGH, Urt. v. 13.4.2006 – IX ZR 22/05, ZIP 2006, 1004 = ZVI 2006, 303; eingehend *U. Keller*, Insolvenzrecht, Rz. 798 ff.

35) BGH, Beschl. v. 14.7.2016 – IX ZA 9/16, ZIP 2016, 1684 = WM 2016, 1589, dazu EWiR 2016, 705 *(Knof)*; BGH, Beschl. v. 14.7.2016 – IX ZB 46/15, ZIP 2016, 1688 = WM 2016, 1547, dazu EWiR 2016, 599 *(Hofmann)*; BGH, Beschl. v. 12.1.2017 – IX ZR 87/16, ZIP 2017, 383 = NZI 2017, 228, m. Anm. *Antoniadis*, dazu EWiR 2017, 181 *(Schaumann/Zenker)*; a. A. noch OLG Düsseldorf, Beschl. v. 14.12.2015 – I-26 W 17/14 (AktE), ZIP 2016, 940, dazu EWiR 2016, 505 *(Paulus)*; *Kübler* in: Liber Amicorum Henckel, 2015, S. 183, 191; *Horn*, BKR 2014, 449, 452; *Gloeckner/Bankel*, ZIP 2015, 2393, 2400; LG Saarbrücken, Urt. v. 3.9.2015 – 4 O 221/14, ZIP 2016, 1038 = NZI 2016, 233, m. Anm. *Brenner/Moser*; für eine Festsetzung durch das Insolvenzgericht weiter LG Düsseldorf, Urt. v. 11.5.2016 – 23 O 97/15, ZIP 2016, 1036; dazu auch *Antoniadis*, NZI 2014, 785, 788.

36) BGH, Beschl. v. 15.1.2019 – II ZB 2/16, ZIP 2019, 772 = NZI 2019, 499, m. Anm. *Deiß*.

37) BGH, Urt. v. 28.11.2019 – IX ZR 239/18, ZRI 2020, 128 = ZIP 2020, 371, dazu EWiR 2020, 149 *(Jacoby)*; Revision zu AG Bückeburg, Urt. v. 13.7.2018 – 31 C 55/18, ZVI 2018, 480 = ZIP 2019, 385; BGH, Urt. v. 21.1.2021 – IX ZR 89/20, ZRI 2021, 374 = ZIP 2021, 1020.

38) BGH, Urt. v. 10.3.2022 – IX ZR 178/20, ZRI 2022, 331 = ZIP 2022, 702 = NZI 2022, 452.

39) *U. Keller*, Vergütung, § 2 Rz. 19 ff.

40) BGH, Urt. v. 25.11.1954 – IV ZR 81/54, NJW 1955, 339.

Wird das **Insolvenzverfahren nicht eröffnet**, setzt die Festsetzung der Vergütung des vorläufigen Insolvenzverwalters nach § 26a InsO das Insolvenzgericht fest. Schuldner des Vergütungsanspruchs ist hier grundsätzlich der Insolvenzschuldner.[41] Dem antragstellenden Gläubiger ist die Vergütung aufzuerlegen, wenn ihn bei der Antragstellung ein grobes Verschulden trifft (§ 26a Abs. 2 Satz 2 InsO).[42] Dies ist nach Satz 3 der Vorschrift beispielhaft anzunehmen, wenn für den Gläubiger schon bei Antragstellung dessen Aussichtslosigkeit erkennbar war.[43] § 26a InsO gilt auch für die Vergütung des vorläufigen Sachwalters, wenn das Insolvenzverfahren nicht eröffnet wird.[44] 14

Nach **Beendigung** der **vorläufigen Insolvenzverwaltung** und des Eröffnungsverfahrens haftet der Schuldner – wenn das Insolvenzverfahren nicht eröffnet wird – mit seinem Vermögen, das der vorläufigen Insolvenzverwaltung unterlag.[45] Im Verhältnis zwischen Gläubiger und Schuldner kann das Gericht nicht durch Kostengrundentscheidung, insbesondere im Abweisungsbeschluss, über die Haftung der Vergütung entscheiden; auch und gerade dann nicht, wenn der Insolvenzantrag aus Gründen abgelehnt wird, die in der Person des Antragstellers liegen.[46] 15

b) Die Haftung der Staatskasse nach § 63 Abs. 2 InsO

Wurde dem Schuldner im Insolvenzverfahren **Kostenstundung nach §§ 4a ff. InsO** gewährt, **haftet für die Vergütung** des Insolvenzverwalters und die weiteren Vergütungen nach § 54 Nr. 2 InsO **die Staatskasse.**[47] Die Vergütung gehört dann zu den aus der Insolvenzmasse zu erstattenden Auslagen des Gerichts nach Nr. 9017 GKG KV. Nach Ansicht des BGH soll der Insolvenzverwalter bei Kostenstundung nur **Anspruch auf die Mindestvergütung** haben.[48] Die Haftung der Staatskasse soll auch nur für die Vergütung bestehen, die der Insolvenzverwalter noch in Unkenntnis der Aufhebung der Kostenstundung verdient.[49] 16

c) Keine subsidiäre Haftung des Fiskus für einen Vergütungsausfall

Ein praktisches Problem auch in der Unternehmensinsolvenz ist die Frage der **Haftung für den Ausfall der Vergütung des vorläufigen Insolvenzverwalters**, wenn es nicht zur Eröffnung des Insolvenzverfahrens kommt und das Vermögen des Schuldners zur Deckung der Vergütung nicht ausreicht. Es wurde vertreten, der Fiskus hafte in diesem Fall gegenüber dem vorläufigen Insolvenzverwalter subsidiär nach dem Schuldner.[50] Verein- 17

---

41) Zu Recht kritisch *Frind*, ZInsO 2011, 2249; eingehend zur Kostentragungslast *U. Keller*, Vergütung, § 2 Rz. 29 ff.

42) Zur Kostentragungspflicht betreffend die Sachverständigenkosten des Eröffnungsverfahrens AG Köln, Beschl. v. 15.2.2017 – 72 IN 295/13, NZI 2017, 277.

43) Uhlenbruck-*Vallender*, InsO, § 26a Rz. 6, 7.

44) AG Köln, Beschl. v. 25.1.2017 – 73 IN 411/16, ZIP 2017, 980 = ZInsO 2017, 514.

45) BGH, Urt. v. 13.12.2007 – IX ZR 196/06, BGHZ 175, 48 = ZIP 2008, 228.

46) Eingehend BGH, Urt. v. 13.12.2007 – IX ZR 196/06, BGHZ 175, 48 = ZIP 2008, 228.

47) Allgemein zur Stundung in diesem Zusammenhang Jaeger-*Eckardt*, InsO, § 4a Rz. 58 ff.; *Dawe* in: HambKomm-InsO, § 4a Rz. 41; *Frege/U. Keller/Riedel*, Hdb. InsR, Rz. 1.232.

48) BGH, Beschl. v. 7.2.2013 – IX ZB 245/11, ZIP 2013, 631 = NZI 2013, 351, m. abl. Anm. *Keller*.

49) BGH, Beschl. v. 8.5.2014 – IX ZB 31/13, ZIP 2014, 1251 = NZI 2014, 707, m. Anm. *Blankenburg*.

50) LG Wuppertal, Beschl. v. 24.1.1984 – 6 T 960/83, ZIP 1984, 734; LG Kassel, Beschl. v. 26.11.1984 – 6 T 355/84, ZIP 1985, 176; LG Frankfurt/M., Beschl. v. 3.12.1985 – 2/9 T 1225/85, Rpfleger 1986, 496; LG Frankfurt/O., Beschl. v. 30.1.1995 – 16 T 444/94, ZIP 1995, 485, dazu EWiR 1995, 363 *(Haarmeyer)*; LG Offenburg, Beschl. v. 19.1.1999 – 4 T 148/98, ZIP 1999, 244 = NZI 1999, 120, dazu EWiR 2000, 39 *(Eckardt)*.

zelt wurde auch eine Haftung des antragstellenden Gläubigers bejaht.[51] Der BGH[52] spricht sich klar **gegen eine Haftung der Staatskasse** für den Ausfall der Vergütung des vorläufigen Insolvenzverwalters aus.[53] Er lehnt es insbesondere ab, § 63 Abs. 2 InsO auf die Unternehmensinsolvenz entsprechend anzuwenden. Der Gefahr des Vergütungsausfalls könne der vorläufige Insolvenzverwalter nur durch rechtzeitige Entnahme eines Vorschusses nach § 9 InsVV begegnen.[54] In der Praxis ist dies wegen der Kürze des Eröffnungsverfahrens und des Umfangs der Insolvenzmasse aber häufig nicht möglich.

8. Vergütungsvereinbarungen

18 Aus der hoheitlichen Tätigkeit des Insolvenzverwalters, dem öffentlich-rechtlichen Charakter des Vergütungsanspruchs und der nach § 56 Abs. 1 InsO notwendigen persönlichen Unabhängigkeit folgt die **Unzulässigkeit jeder Vereinbarung über eine Vergütung** zwischen dem Verwalter und dem Schuldner, den Gläubigern oder Dritten.[55]

19 Auch i. R. des **Insolvenzplanverfahrens** (§§ 217 ff. InsO) kann die Vergütung **nicht konstitutiv geregelt** werden.[56] Zwar müssen im Vorfeld der Planerstellung und der Planliquiditätsrechnung auch die Kosten des Insolvenzverfahrens und damit die Vergütung des Insolvenzverwalters berechnet und kalkuliert werden. Das darf aber nicht dazu führen, dass letztlich die Gläubiger über die Vergütung bestimmen und dem Gericht nur noch die Aufgabe eines Erfüllungsgehilfen zukommt.[57]

II. Die InsVV als ausführende Rechtsverordnung

1. Die Vielgestaltigkeit der Verfahrensarten der InsO

20 In Ausführung der Verordnungsermächtigung in § 65 InsO sind die Einzelheiten der Vergütungsbestimmung nach der inhaltlichen Vorgabe des § 63 Abs. 1 Satz 2 InsO in der **In-**

51) LG Mainz, Beschl. v. 26.2.1998 – 8 T 302/97, NZI 1998, 131; LG Münster, Beschl. v. 23.7.1999 – 5 T 251/99, DZWIR 1999, 423; zur Auferlegung der Kosten bei Abweisung mangels Masse LG Gera, Beschl. v. 30.5.2002 – 5 T 185/02, ZIP 2002, 1735.

52) BGH, Beschl. v. 22.1.2004 – IX ZB 123/03, BGHZ 157, 370 = ZIP 2004, 571, dazu EWiR 2004, 609 *(Vallender)*; in diesem Sinne schon Begr. RegE InsO, BT-Drucks. 12/2443, S. 262, und Beschlussempfehlung und Bericht d. RA z. RegE InsO, BT-Drucks. 12/3803, S. 72, beides abgedr. in: *Kübler/Prütting*, RWS-Dok. 18, S. 190, 839.

53) Ebenso LG Darmstadt, Beschl. v. 22.10.1981 – 5 T 459/81, ZIP 1981, 1360; LG Kiel, Beschl. v. 4.2.1982 – 13 T 123/81, KTS 1982, 497; LG Köln, Beschl. v. 7.2.1983 – 19 T 255/82, ZIP 1983, 714; LG Gießen, Beschl. v. 28.1.1987 – 7 T 467/86, Rpfleger 1987, 329; LG Fulda, Beschl. v. 18.5.2001 – 3 T 105/01, NZI 2002, 61; Uhlenbruck-*Vallender*, InsO, § 22 Rz. 350, 351.

54) BGH, Beschl. v. 22.1.2004 – IX ZB 123/03, unter II. 3. d) ee), BGHZ 157, 370, 379 = ZIP 2004, 571, dazu EWiR 2004, 609 *(Vallender)*.

55) RG, Urt. v. 15.4.1935 – VI 561/34, RGZ 147, 366; BGH, Urt. v. 20.12.1976 – II ZR 215/75, WM 1977, 256; BGH, Urt. v. 14.10.1981 – IVa ZR 317/80, ZIP 1981, 1350 = NJW 1982, 185; LG Kaiserslautern, Urt. v. 26.10.1971 – 1 S 179/71, MDR 1972, 154; *Prasser/Stoffler* in: KPB, InsO, § 63 Rz. 15.

56) BGH, Beschl. v. 16.2.2017 – IX ZB 103/15, ZIP 2017, 482 = NZI 2017, 260, m. Anm. *Storz*, dazu EWiR 2017, 179 *(Madaus)*; LG Mainz, Beschl. v. 2.11.2015 – 8 T 182/15, ZIP 2016, 587 = NZI 2016, 255, dazu EWiR 2016, 183 *(Storz)*; Uhlenbruck-*Mock*, InsO, § 63 Rz. 76; K. Schmidt-*Vuia*, InsO, § 63 Rz. 10; *Lorenz* in: FK-InsO, Vor InsVV Rz. 33; *Büttner/Förster* in: HambKomm-InsO, § 64 Rz. 22; *Schöttler*, NZI 2014, 852; *Madaus*, ZIP 2016, 1141, 1149; eingehend auch *Ganter*, NZI 2016, 377; a. A. noch LG München I, Beschl. v. 2.8.2013 – 14 T 16050/13, ZIP 2013, 2273 = NZI 2013, 972; LG Heilbronn, Beschl. v. 25.3.2015 – 1 T 130/15, ZInsO 2015, 910; AG Wolfratshausen, Beschl. v. 26.11.2007 – 2 IN 116/05, n. v.; AG Hannover, Beschl. v. 6.11.2015 – 908 IK 1886/13, ZIP 2015, 2385; zu kurz LG Münster, Beschl. v. 1.10.2015 – 5 T 526/15, ZIP 2016, 1179 = NZI 2016, 466, das nur auf die Zustimmung der Gruppen abstellt; eingehend auch *Stephan* in: MünchKomm-InsO, § 63 Rz. 53 ff.; Leonhardt/Smid/Zeuner-*Amberger*, InsVV, 3. Aufl., Einl. Rz. 55; *Graeber/Graeber*, InsVV, Vor § 1 Rz. 24, § 8 Rz. 40; *Graeber*, ZIP 2013, 916; *Hingerl*, ZIP 2015, 159; *Reinhardt*, ZInsO 2015, 943.

57) Eingehend *U. Keller*, Vergütung, § 2 Rz. 218 ff.; *U. Keller* in: HK-InsO, § 64 Rz. 39 ff.

solvenzrechtlichen Vergütungsverordnung (InsVV) geregelt.[58] Im Einzelnen enthält die InsVV ausdrückliche Regelungen zur Vergütung des Insolvenzverwalters (§§ 1–9 InsVV), zur Vergütung des vorläufigen Insolvenzverwalters, des Sachwalters und des Treuhänders im Verbraucherinsolvenzverfahren (§§ 10–13 InsVV), zur Vergütung des Treuhänders im Restschuldbefreiungsverfahren (§§ 14–16 InsVV) und schließlich zur Vergütung der Mitglieder des Gläubigerausschusses (§§ 17, 18 InsVV). Die Vergütung des Sachverständigen im Insolvenzeröffnungsverfahren regelt das Justizvergütungs- und -entschädigungsgesetz.[59] Die Vergütung des Restrukturierungsbeauftragten oder des Sanierungsmoderators in den gerichtlichen Verfahren des StaRUG ist in §§ 73 ff. und § 94 StaRUG grundsätzlich als Vergütung nach Stundensätzen geregelt.

Die InsVV als ausführende Rechtsverordnung zu § 65 InsO **bildet die Vielfältigkeit der Verfahrensarten** der InsO[60] **nur unvollständig ab.** Zum einen ist bspw. die Vergütung des vorläufigen Insolvenzverwalters mit § 11 InsVV und § 63 Abs. 3 InsO nur unzureichend geregelt, die Vergütung des vorläufigen Sachwalters war bis 1.1.2021 überhaupt nicht geregelt, § 12a InsVV wurde erst durch das SanInsFoG[61] eingefügt. Ferner sind die Vorschriften insbesondere zur Bestimmung der Insolvenzmasse als Berechnungsgrundlage nach § 1 Abs. 1 InsVV entsprechend der früheren Regelung zur Konkursverwaltervergütung zu sehr an die Liquidation des schuldnerischen Unternehmens angelehnt.[62] Besondere Verfahrensarten, wie leistungswirtschaftliche Sanierung mit Erhalt der Insolvenzmasse sind nicht ausreichend berücksichtigt. Besonderheiten des konkreten Verfahrens können regelmäßig nur durch Zuschlagsgewährung nach § 3 Abs. 1 InsVV berücksichtigt werden, wohingegen sich die Bestimmung der Insolvenzmasse als Berechnungsgrundlage nach § 1 InsVV weitgehend starr geregelt ist. 21

2. Die Änderungshistorie der InsVV

Die Insolvenzrechtliche Vergütungsverordnung (InsVV) vom 19.8.1998 ist mit der InsO am 1.1.1999 in Kraft getreten (§ 20 InsVV).[63] **Änderungen** erfuhr die InsVV vor allem **im Bereich der Mindestvergütung** nach § 2 Abs. 2 und § 13 InsVV. Mindestens betrug die Vergütung nach § 2 Abs. 2 InsVV in der bis 7.10.2004 geltenden Fassung 500 €. Im Verbraucherinsolvenzverfahren betrug die Mindestvergütung nach § 13 Abs. 1 Satz 3 InsVV in der bis 7.10.2004 geltenden Fassung 250 €. 22

Der BGH hielt in zwei Beschlüssen vom 15.1.2004[64] die Regelungen des § 2 Abs. 2 und § 13 Abs. 1 Satz 3 InsVV teilweise für verfassungswidrig. Das Bundesministerium der Justiz ist der Aufforderung des BGH zu einer **Neuregelung der Mindestvergütung** durch Ver- 23

58) Zur formellen und materiellen Verfassungsmäßigkeit BGH, Beschl. v. 12.9.2019 – IX ZB 2/19, ZVI 2020, 30 = ZIP 2019, 2021; *U. Keller*, Vergütung, § 2 Rz. 230 ff.

59) Gesetz über die Vergütung von Sachverständigen, Dolmetscherinnen, Dolmetschern, Übersetzerinnen und Übersetzern sowie die Entschädigung von ehrenamtlichen Richterinnen, ehrenamtlichen Richtern, Zeuginnen, Zeugen und Dritten (Justizvergütungs- und -entschädigungsgesetz – JVEG), v. 5.5.2004, BGBl. I 2004, 776.

60) Jaeger-*Henckel*, InsO, § 1 Rz. 3 ff.; *Ganter/Bruns* in: MünchKomm-InsO, § 1 Rz. 20 ff.; Uhlenbruck-*I. Pape*, InsO, § 1 Rz. 5 ff.; *Häsemeyer*, InsO, Rz. 2.17 ff.; *U. Keller*, Insolvenzrecht, Rz. 51 ff.

61) Gesetz zur Fortentwicklung des Sanierungs- und Insolvenzrechts (Sanierungs- und Insolvenzrechtsfortentwicklungsgesetz – SanInsFoG), v. 22.12.2020, BGBl. I 2020, 3256; Begr. RegE SanInsFoG, BT-Drucks. 19/24181; Beschlussempfehlung d. Ausschusses R/V z. RegE SanInsFoG, BT-Drucks. 19/25303.

62) Eingehend auch *Knapp*, Die Vergütung des Insolvenzverwalters, S. 33 ff.

63) Begr. zum Entwurf einer InsVV, Abschn. A 2, abgedr. bei *U. Keller*, Vergütung, Anh. III, S. 847; zur Geschichte auch *Wagner*, NZI 1998, 23.

64) BGH, Beschl. v. 15.1.2004 – IX ZB 96/03, BGHZ 157, 282, 287 = ZVI 2004, 133, dazu EWiR 2004, 985 *(Blersch)*; BGH, Beschl. v. 15.1.2004 – IX ZB 46/03, ZVI 2004, 132 = ZIP 2004, 424.

ordnung vom 4.10.2004[65] nachgekommen und regelte die Mindestvergütung in § 2 Abs. 2 und § 13 Abs. 1 Satz 3 InsVV neu. Mit der Aufhebung des vereinfachten Insolvenzverfahrens für Verbraucher zum 1.7.2014 wurde § 13 InsVV nochmals geändert.[66]

24 Weitere **Änderungen** betrafen wesentlich die **Vergütung des vorläufigen Insolvenzverwalters.**[67] Durch die Zweite Verordnung zur Änderung der InsVV vom 21.12.2006,[68] die am 29.12.2006 in Kraft getreten ist, sollte durch Klarstellung des Verordnungstextes Rechtsprechung des BGH betreffend die Bestimmung der Berechnungsgrundlage korrigiert werden. § 11 InsVV wurde ferner durch das Gesetz zur Verkürzung des Restschuldbefreiungsverfahrens und zur Stärkung der Gläubigerrechte vom 15.7.2013[69] geändert. Zugleich werden durch einen neuen Absatz 3 zu § 63 InsO die Grundsätze zur Bestimmung der Berechnungsgrundlage der Vergütung des vorläufigen Insolvenzverwalters auf die Ebene eines förmlichen Gesetzes erhoben. Kleinere Änderungen erfuhr die InsVV in § 3 Abs. 2 mit Einfügung eines lit. f i. R. der Einführung der Vorschriften zum Konzerninsolvenzrecht[70] sowie in § 1 Abs. 2 Nr. 5 InsVV durch das Gesetz zur weiteren Verkürzung des Restschuldbefreiungsverfahrens vom 22.12.2020.[71]

25 Eine **Anhebung der Regelvergütung** nach § 2 InsVV und weiterer Vergütungsbeträge erfolgte mit Wirkung zum 1.1.2021 durch Art. 6 des Gesetzes zur Fortentwicklung des Sanierungs- und Insolvenzrechts – SanInsFoG v. 22.12.2020.[72] Der Gesetzgeber griff damit die seit langem andauernde Diskussion um Reformen des Vergütungsrechts auf, entschied sich aber für eine „kleine Lösung".[73] Neben der Anhebung und Veränderung der Degressionsstufen des § 2 Abs. 1 InsVV wurden auch die Mindestvergütung nach § 2 Abs. 2 InsVV und die Auslagenpauschalen angehoben. Mit Einfügung eines **§ 12a InsVV** wurde auch die **Vergütung des vorläufigen Sachwalters erstmals geregelt** (siehe Rz. 232 ff.). Die Neuregelungen gelten für **Verfahren, die seit 1.1.2021** beantragt werden (§ 19 Abs. 5 InsVV).

III. Aufgabendelegation durch den Insolvenzverwalter und vergütungsrechtliche Auswirkungen

1. Die Zulässigkeit der Beschäftigung von Hilfskräften

a) Die allgemeinen Kriterien der Delegierbarkeit von Tätigkeiten

26 Durch die Vergütung des Insolvenzverwalters sind die **allgemeinen Bürokosten** einschließlich der **Gehälter seiner Angestellten abgegolten** (§ 4 Abs. 1 Satz 2 InsVV). Der Insolvenzverwalter kann zur **Erledigung einzelner Aufgaben** besondere Hilfskräfte anstellen

65) Verordnung zur Änderung der Insolvenzrechtlichen Vergütungsverordnung (InsVV-ÄndVO), v. 4.10.2004, BGBl. I 2004, 2569; dazu auch BVerfG, Beschl. v. 31.8.2005 – 1 BvR 700/05, ZVI 2005, 558 = ZIP 2005, 1694.

66) *U. Keller*, Vergütung, § 11 Rz. 47 ff.

67) Umfassend zur Rechtsgeschichte *U. Keller*, Vergütung, § 7 Rz. 10–75.

68) Zweite Verordnung zur Änderung der Insolvenzrechtlichen Vergütungsverordnung, v. 21.12.2006, BGBl. I 2006, 3389.

69) Gesetz zur Verkürzung des Restschuldbefreiungsverfahrens und zur Stärkung der Gläubigerrechte, v. 15.7.2013, BGBl. I 2013, 2379.

70) Gesetz zur Erleichterung von Konzerninsolvenzen, v. 13.4.2017, BGBl. I 2017, 866.

71) Gesetzes zur weiteren Verkürzung des Restschuldbefreiungsverfahrens und zur Anpassung pandemiebedingter Vorschriften im Gesellschafts-, Genossenschafts-. Vereins- und Stiftungsrecht sowie im Miet- und Pachtrecht, v. 22.12.2020, BGBl. I 2020, 3328.

72) Gesetz zur Fortentwicklung des Sanierungs- und Insolvenzrechts (Sanierungs- und Insolvenzrechtsfortentwicklungsgesetz – SanInsFoG), v. 22.12.2020, BGBl. I 2020, 3256.

73) Begr. RegE SanInsFoG, BT-Drucks. 19/24181, S. 210 ff.

und deren Vergütung aus der Insolvenzmasse entnehmen (§ 4 Abs. 1 Satz 3 InsVV). Die Vergütungen sind Masseverbindlichkeiten nach § 55 Abs. 1 Nr. 1 InsO.[74)]

Im Zusammenhang mit der Vergütungsbestimmung hat die Delegation einzelner Tätigkeiten große Bedeutung. Durch sie kann sich der Insolvenzverwalter Arbeitsaufwand bei sog. **Regeltätigkeiten** ersparen, was zu einer Kürzung der Regelvergütung führen kann. Die Delegation kann aber auch **Sonderaufgaben** betreffen, was zu einer geringeren Zuerkennung eines Zuschlags nach § 3 Abs. 1 InsVV führen kann. Allgemein sind all diejenigen Tätigkeiten delegationsfähig, die der Schuldner, könnte er selbst handeln, einem Dritten übertragen kann, bei denen mithin Vollmachtserteilung zulässig ist.[75)] Nicht an einen Dritten delegationsfähig sind verfahrensrechtliche Tätigkeiten, die der Insolvenzverwalter gegenüber dem Gericht vorzunehmen hat.[76)] 27

b) Die Zulässigkeit einer Delegation unter Gesichtspunkten wirtschaftlich sinnvollen Handelns

Angemessen ist die Übertragung auf einen Dritten, wenn ein sonst **vernünftig Handelnder,** der über keine berufsspezifischen Spezialkenntnisse verfügt, die Tätigkeit **einem Dritten übertragen würde.**[77)] Im Zusammenhang mit der Gewährung von Prozesskostenhilfe für die Insolvenzmasse ist deshalb eine Anwaltsbeiordnung auszusprechen, auch wenn der Insolvenzverwalter selbst Rechtsanwalt ist.[78)] Die Beauftragung eines Steuerberaters mit der Aufarbeitung der Buchführung ist sachgerecht, wenn die Buchhaltung schon vor Insolvenzeröffnung außerhalb des Schuldnerunternehmens erledigt wurde.[79)] Die Beauftragung eines gewerblichen Verwerters zur Verwertung von Mobiliarvermögen ist dann sachgerecht, wenn sie vom Insolvenzverwalter nur unzureichend oder mit wahrscheinlich ungünstigerem Ergebnis vorgenommen werden kann.[80)] Ob die Delegation der Ermittlung von Sachverhalten, insbesondere zur Insolvenzanfechtung sachgemäß ist, ist für den Einzelfall zu beurteilen; grundsätzlich gehört die Ermittlung und Feststellung von Anfechtungstatbeständen zu den originären Aufgaben der Insolvenzverwaltung.[81)] 28

2. Die eigene Wahrnehmung einzelner Tätigkeiten bei besonderer Sachkunde

Besitzt der Insolvenzverwalter besondere berufliche Qualifikation als Rechtsanwalt, Steuerberater, Wirtschaftsprüfer o. Ä., ist ihm eine **besondere Vergütung** zuzubilligen, wenn er im Interesse der Insolvenzmasse als Rechtsanwalt, Steuerberater oder in sonstiger Weise **beruflich besonders qualifiziert** tätig wird (§ 5 InsVV).[82)] Bei anwaltlicher Vertretung wird dem Rechtsanwalt zugebilligt sowohl als Partei als auch als „sein eigener Vertreter“ im 29

74) Stephan/Riedel-*Riedel*, InsVV, § 4 Rz. 9 ff.

75) *Eickmann*, KTS 1986, 197; ihm weitgehend folgend *Graeber*, NZI 2003, 569; ferner *Bork*, ZIP 2009, 1747.

76) *Stoffler* in: KPB, InsO, § 4 InsVV Rz. 29.

77) BGH, Urt. v. 17.9.1998 – IX ZR 237/97, BGHZ 139, 309 = ZIP 1998, 1793, dazu EWiR 1998, 1125 *(Henssler)*; BGH, Beschl. v. 11.11.2004 – IX ZB 48/04, ZVI 2005, 152 = ZIP 2005, 36, dazu EWiR 2005, 833 *(Henssler/Deckenbrock)*.

78) BGH, Beschl. v. 23.3.2006 – IX ZB 130/05, ZIP 2006, 825 = NJW 2006, 1597.

79) BGH, Beschl. v. 3.3.2005 – IX ZB 261/03, ZVI 2005, 143 = Rpfleger 2005, 468.

80) BGH, Beschl. v. 11.10.2007 – IX ZB 234/06, ZIP 2007, 2323 = NZI 2008, 38.

81) LG Konstanz, Beschl. v. 17.8.2016 – 62 T 96/16, ZInsO 2016, 1828; *Ganter*, NZI 2016, 377, 379; *Ganter*, ZInsO 2016, 677; zu allgemein *Laubereau*, ZInsO 2016, 496.

82) So bereits Jaeger, KO, § 85 Anm. 3; ferner *Kuhn/Uhlenbruck*, KO, § 85 Rz. 11; *Eickmann*, VergVO, Vor § 1 Rz. 21.

Anwaltsprozess aufzutreten (§ 78 Abs. 4 ZPO).[83] Für den Insolvenzverwalter als Partei eines Verfahrens gilt nichts anderes.[84]

3. Die Beauftragung von Unternehmen mit wirtschaftlicher Beteiligung des Insolvenzverwalters

30 Die Delegation einzelner Aufgaben ist auch an Personen zulässig, mit denen der Insolvenzverwalter **gesellschaftsrechtlich verbunden** ist, insbesondere an einen Sozius der eigenen Sozietät. Er darf auch Gesellschaften oder Unternehmen beauftragen, an denen er selbst wirtschaftlich beteiligt ist.[85]

31 Der Insolvenzverwalter hat in diesen Fällen dem Gericht rechtzeitig **vor der Beauftragung** den Sachverhalt unmissverständlich **aufzuzeigen und um Genehmigung nachzusuchen.**[86] Die Verletzung dieser Pflicht kann die Entlassung aus dem Amt wegen schwerer Pflichtverletzung nach § 59 InsO[87] sowie eine persönliche Haftung nach § 60 InsO zur Folge haben. Der Verwalter hat alles zu vermeiden, was den Anschein einer parteilichen oder eigennützigen Geschäftsführung erwecken könnte.[88] Der Verwalter hat auch **Auskunft** zu geben **über die Art der Beauftragung** eigener Gesellschaften, ihren **Umfang**, die **Höhe des Honorars** aber auch die **wirtschaftliche Position des Verwalters** innerhalb der beauftragten Gesellschaften oder des Unternehmens.[89] Daher ist er verpflichtet, von sich aus dem Gericht rechtzeitig einen Sachverhalt anzuzeigen, der bei unvoreingenommener lebensnaher Betrachtungsweise die ernstliche Besorgnis rechtfertigen könnte, dass der Verwalter an seiner Amtsführung verhindert sei.[90]

4. Die verfahrensrechtlichen Anforderungen an eine Beauftragung Dritter

a) Die Dokumentationspflicht nach § 8 Abs. 2 InsVV

32 **Im Vergütungsantrag** hat der Insolvenzverwalter nach § 8 Abs. 2 InsVV darzulegen, welche **Dienst- oder Werkverträge** er für die Insolvenzmasse abgeschlossen hat und welche Vergütungen er hierfür aus der Insolvenzmasse gezahlt hat.[91] Die Dokumentationspflicht gilt sowohl bei der Beauftragung dritter Personen als auch bei der Beauftragung von Personen, mit denen der Insolvenzverwalter gesellschaftlich verbunden ist, oder von Unternehmen, an denen er wirtschaftlich beteiligt ist.

b) Das Prüfungsrecht des Insolvenzgerichts

33 Das Insolvenzgericht ist **verpflichtet und berechtigt** zu prüfen, ob die Beauftragung Externer gerechtfertigt war.[92] Das Prüfungsrecht erstreckt sich auf die **Rechtmäßigkeit der**

---

83) Zöller-*Vollkommer*, ZPO, § 78 Rz. 55.

84) Grundlegend BGH, Urt. v. 17.12.1970 – VII ZR 39/69, BGHZ 55, 101 = NJW 1971, 381; BFH, Urt. v. 22.6.1965 – VII 116/62 S, BFHE 82, 600 = NJW 1965, 2271.

85) BGH, Urt. v. 24.1.1991 – IX ZR 250/89, BGHZ 113, 262 = ZIP 1991, 324, dazu EWiR 1991, 275 *(Gottwald)*; eingehend auch *Stoffler* in: KPB, InsO, § 4 InsVV Rz. 135 ff.; sehr kritisch *Kuhn/Uhlenbruck*, KO, § 85 Rz. 23 a. E., wonach im Ergebnis „[…] die Einschaltung von Gesellschaften, an denen der Konkursverwalter unmittelbar oder mittelbar über Familienangehörige beteiligt ist, unzulässig ist."

86) BGH, Urt. v. 24.1.1991 – IX ZR 250/89, BGHZ 113, 262 = ZIP 1991, 324, dazu EWiR 1991, 275 *(Gottwald)*.

87) BGH, Beschl. v. 26.4.2012 – IX ZB 31/11, ZIP 2012, 1187 = DZWIR 2012, 508, dazu EWiR 2012, 489 *(Römermann)*; grundlegend BGH, Urt. v. 24.1.1991 – IX ZR 250/89, BGHZ 113, 262 = ZIP 1991, 324.

88) BGH, Urt. v. 24.1.1991 – IX ZR 250/89, BGHZ 113, 262 = ZIP 1991, 324.

89) So ausdrücklich BGH, Urt. v. 24.1.1991 – IX ZR 250/89, BGHZ 113, 262 = ZIP 1991, 324.

90) BGH, Urt. v. 24.1.1991 – IX ZR 250/89, BGHZ 113, 262 = ZIP 1991, 324.

91) BGH, Beschl. v. 11.11.2004 – IX ZB 48/04, ZVI 2005, 152 = ZIP 2005, 36.

92) BGH, Beschl. v. 11.11.2004 – IX ZB 48/04, ZVI 2005, 152 = ZIP 2005, 36.

Beauftragung im Hinblick auf die Frage, ob der Insolvenzverwalter die konkrete Tätigkeit auch hätte selbst ausführen können und müssen.[93)]

5. Die vergütungsrechtlichen Folgen der Delegation

a) Die Kürzung der Regelvergütung des § 2 InsVV

Delegiert der Insolvenzverwalter eine **Regeltätigkeit**, führt dies zu einer Kürzung der Regelvergütung.[94)] Es wird die Arbeitsersparnis des Insolvenzverwalters durch die Delegation von seiner Vergütung abgezogen. Die Vergütung ist in dem Verhältnis zu kürzen, wie er sich hierdurch im Verhältnis zu seinen sonstigen Tätigkeiten Arbeit erspart hat. 34

b) Keine Gewährung eines Erhöhungstatbestandes nach § 3 Abs. 1 InsVV

Soweit der Insolvenzverwalter zulässigerweise einzelne Tätigkeiten an Dritte delegiert, kann er für diese **keinen besonderen Erhöhungstatbestand** nach § 3 Abs. 1 InsVV geltend machen. Eine Delegation kann auch zu einem geringeren Zuschlag führen, wenn trotz der Delegation die Arbeitsbelastung für den Insolvenzverwalter noch erheblich war und deshalb eine Erhöhung dem Grunde nach gerechtfertigt ist. 35

6. Die zulässige Entnahme eigener Gebühren nach § 5 InsVV

a) Der Regelungsumfang des § 5 InsVV

Der Insolvenzverwalter darf in seiner besonderen beruflichen Qualifikation nach § 5 InsVV die Gebühren nur dann entnehmen, wenn ein vernünftig Handelnder für die konkrete Tätigkeit einen Rechtsanwalt oder Steuerberater beauftragt hätte.[95)] Das Insolvenzgericht darf bei der **Beurteilung der Angemessenheit** einer Beauftragung oder der Erledigung kraft eigener Qualifikation **nicht kleinlich** sein, um die Unabhängigkeit des Insolvenzverwalters nicht unangemessen einzuschränken. 36

Der Insolvenzverwalter kann statt der Entnahme der besonderen Gebühren eine Erhöhung seiner Vergütung nach § 3 Abs. 1 InsVV verlangen.[96)] 37

b) Die Anrechnung auf die Berechnungsgrundlage nach § 1 Abs. 2 Nr. 4 lit. a InsVV

Erhält der Insolvenzverwalter nach § 5 InsVV die besondere Gebühr nach der entsprechenden Gebührenordnung, ist diese i. H. des Nettobetrages[97)] von der Berechnungsgrundlage nach § 1 Abs. 2 Nr. 4 lit. a InsVV abzusetzen. Die Vergütung selbst mindert sich lediglich um den jeweiligen Prozentsatz der Progressionsstufe des § 2 InsVV, innerhalb dessen sich die Insolvenzmasse bewegt.[98)] 38

---

93) Ebenso AG Bochum, Beschl. v. 17.8.2001 – 80 IN 249/99, ZInsO 2001, 900; einschränkend LG Stendal, Beschl. v. 10.2.1999 – 25 T 294/97, ZInsO 1999, 232; LG Stendal, Beschl. v. 26.2.1999 – 25 T 250/98, ZIP 2000, 982 = ZInsO 1999, 183.

94) BGH, Beschl. v. 12.9.2019 – IX ZB 1/17, ZVI 2020, 33 = NZI 2019, 989, m. Anm. *Graeber*; *Stoffler* in: KPB, InsO, § 4 InsVV Rz. 134; *U. Keller*, Vergütung, § 2 Rz. 190.

95) BGH, Beschl. v. 11.11.2004 – IX ZB 48/04, ZVI 2005, 152 = ZIP 2005, 36.

96) BGH, Beschl. v. 27.10.2022 – IX ZB 10/22, ZRI 2022, 1001 = ZVI 2023, 82 = ZIP 2022, 2558; *Prasser/Stoffler* in: KPB, InsO, Vor § 1 InsVV Rz. 25 ff.; *U. Keller*, Vergütung, § 2 Rz. 153.

97) Umsatzsteuer, die an den Verwalter gezahlt wurde, ist nicht abzuziehen, wenn die Insolvenzmasse selbst vorsteuerabzugsberechtigt ist; LG Dresden, Beschl. v. 10.4.1995 – 2 T 0850/94, ZIP 1995, 1035; zum Vorsteuerabzug des Sequesters BFH, Urt. v. 14.5.1998 – V R 74/97, BFHE 185, 552 = ZIP 1998, 2012; *Prasser/Stoffler* in: KPB, InsO, § 1 InsVV Rz. 83.

98) Eingehend *U. Keller*, Vergütung, § 2 Rz. 154; *U. Keller*, DZWIR 2000, 265.

39 Ob der Anrechnungstatbestand des § 1 Abs. 2 Nr. 4 lit. a InsVV auch bei der Beauftragung eines Sozius oder eines Unternehmens, an dem der Insolvenzverwalter als Gesellschafter selbst beteiligt ist, greift, ist streitig, nach richtiger Ansicht aber zu bejahen (siehe Rz. 81).[99)]

7. Der Vergütungsabzug bei unrechtmäßiger Delegation oder unrechtmäßiger Entnahme

40 Ergibt sich i. R. der gerichtlichen Prüfung, dass die Beauftragung eines Dritten nicht hätte erfolgen dürfen, ist das Insolvenzgericht berechtigt, das an den Dritten gezahlte Honorar oder die vom Insolvenzverwalter entnommenen Gebühren unmittelbar von der Vergütung abzuziehen.[100)]

IV. Die Vergütung bei mehreren Insolvenzverwaltern innerhalb eines Verfahrens

1. Sonderinsolvenzverwalter

41 Die Bestellung eines Sonderverwalters kommt in Betracht, wenn der Insolvenzverwalter aufgrund tatsächlicher oder rechtlicher Verhinderung nicht in der Lage ist, einzelne Aufgaben zu erfüllen.[101)] Dies ist insbesondere bei Vorliegen des Verbots des Selbstkontrahierens nach § 181 BGB der Fall.[102)] Ein Sonderinsolvenzverwalter ist auch dann zu bestellen, wenn gegen den Insolvenzverwalter Schadensersatzansprüche geltend zu machen sind, die als Gesamtschaden der Insolvenzgläubiger nach § 92 InsO zu verfolgen sind.[103)]

42 Der Sonderinsolvenzverwalter hat Anspruch auf angemessene Vergütung in Anwendung des § 63 Abs. 1 Satz 1 InsO. Die Vergütung des Sonderinsolvenzverwalters wird durch das Insolvenzgericht festgesetzt (§ 64 InsO). Die **Vergütung** ist **entsprechend §§ 1 ff. InsVV** zu bestimmen.[104)] Berechnungsgrundlage i. S. des § 1 InsVV ist je nach Aufgabenzuweisung und Umfang der Verfügungsbefugnis des Sonderinsolvenzverwalters der von ihm verwaltete Vermögenswert oder die verwaltete Sonderinsolvenzmasse. Auch ein geltend zumachender Haftungsanspruch als Gesamtschaden (§§ 60, 92 Satz 2 InsO) ist Berechnungsgrundlage i. S. des § 1 InsVV. Besteht die Aufgabe des Sonderinsolvenzverwalters in der Prüfung einzelner Ansprüche und ihrer **Anmeldung zur Insolvenztabelle, sind** diese als Berechnungsgrundlage der Vergütung heranzuziehen.[105)] Der BGH verlangt hier über § 5 InsVV eine vergleichsweise Berechnung der Vergütung nach dem Rechtsan-

99) *U. Keller*, Vergütung, § 2 Rz. 154 ff.; Stephan/Riedel-*Riedel*, InsVV, § 1 Rz. 75; verneinend BGH, Beschl. v. 5.7.2007 – IX ZB 305/04, ZIP 2007, 1958 = DZWIR 2008, 30, 31, m. Anm. *Keller*; LG Frankfurt/O., Beschl. v. 27.7.1998 – 16 T 162/98, ZInsO 1998, 236; LG Leipzig, Beschl. v. 7.2.2000 – 14 T 7832/99, DZWIR 2001, 170; LG Leipzig, Beschl. v. 17.7.2002 – 16 T 6240/01, ZIP 2003, 176 = NZI 2002, 665; *Prasser/Stoffler* in: KPB, InsO, § 1 Rz. 84.

100) BGH, Beschl. v. 11.11.2004 – IX ZB 48/04, unter II. 2. B) dd) a. E., ZVI 2005, 152 = ZIP 2005, 36; BGH, Beschl. v. 14.11.2012 – IX ZB 95/10, ZVI 2013, 167.

101) BGH, Urt. v. 17.11.2005 – IX ZR 179/04, BGHZ 165, 96, 99 = ZIP 2006, 36; BGH, Beschl. v. 25.1.2007 – IX ZB 240/05, ZIP 2007, 548 = NZI 2007, 284, dazu EWiR 2007, 341 *(Römermann)*; BGH, Urt. v. 8.5.2008 – IX ZR 54/07, ZIP 2008, 1243 = NZI 2008, 491; *Graeber* in: MünchKomm-InsO, § 56 Rz. 153 ff.; Jaeger-*Gerhardt*, InsO, § 56 Rz. 76 ff.; umfassend *Frege*, Der Sonderinsolvenzverwalter.

102) Uhlenbruck-*Zipperer*, InsO, § 56 Rz. 57 ff.; *Frege/U. Keller/Riedel*, Hdb. InsR, Rz. 3.473 ff.

103) OLG München, Beschl. v. 20.1.1987 – 25 W 3137/86, ZIP 1987, 656, dazu EWiR 1987, 703 *(Gerhardt)*; *Schoppmeyer* in: MünchKomm-InsO, § 60 Rz. 116; Uhlenbruck-*Hirte*, InsO, § 92 Rz. 29 ff.

104) BGH, Beschl. v. 29.5.2008 – IX ZB 303/05, ZIP 2008, 1294 = DZWIR 2008, 459, m. Anm. *U. Keller*; LG Münster, Beschl. v. 14.3.2018 – 5 T 448/17, ZIP 2018, 938 = ZInsO 2018, 1069; zur Vergütung des Sonderinsolvenzverwalters nach GesO BGH, Beschl. v. 10.6.2021 – IX ZB 27/20, ZRI 2021, 681 = ZIP 2021, 1612.

105) BGH, Beschl. v. 14.1.2021 – IX ZB 27/18, ZIP 2021, 531 = NZI 2021, 505, m. Anm. *U. Keller*; LG Münster, Beschl. v. 4.5.2021 – 5 T 448/17, ZRI 2021, 595 = NZI 2021, 792, m. Anm. *U. Keller*.

waltsvergütungsgesetz (RVG).[106] Der Sonderinsolvenzverwalter soll die Vergütung entsprechend dem RVG nur verlangen können, wenn ein Sonderinsolvenzverwalter, der nicht Anwalt ist, für die Forderungsanmeldung oder -prüfung vernünftigerweise einen Anwalt beauftragt hätte. Die Vergütung darf damit im Ergebnis nicht höher festgesetzt werden als nach dem RVG. Der Gegenstandswert für die Geschäftsgebühr nach RVG ist nach billigem Ermessen zu bestimmen (§ 28 Abs. 3 RVG). Er besteht in der Regel in Höhe der Befriedigungsquote, die für die geprüfte Forderung im Zeitpunkt der ersten Prüftätigkeit zu erwarten gewesen ist.[107]

Für den Sonderinsolvenzverwalter soll die **Regelvergütung in einem angemessenen Bruchteil** der Vergütung nach § 2 Abs. 1 InsVV bestehen, ähnlich § 11 Abs. 1 InsVV. Besteht die Aufgabe des Sonderinsolvenzverwalters in der Prüfung und Anmeldung einer Insolvenzforderung, ist der Bruchteil entsprechend niedrig anzusetzen, soll der Sonderinsolvenzverwalter einen Haftungsanspruch gegen den Insolvenzverwalter geltend machen, kann der Bruchteil höher sein. Die Vergütung des Sonderinsolvenzverwalters kann entsprechend den Erschwernissen des Einzelfalles erhöht oder bei besonderen Erleichterungen nach § 3 InsVV gekürzt werden.[108] 43

2. Die Vergütung des Insolvenzverwalters im Falle vorzeitiger Beendigung

Auch der vorzeitig aus dem Amt geschiedene Insolvenzverwalter (§ 59 InsO) hat Anspruch auf angemessene Vergütung nach § 63 Abs. 1 InsO. § 3 Abs. 2 lit. c InsVV sieht für vorzeitige Beendigung des Amts eine **Minderung der Vergütung** vor. Daneben hat der neu bestellte Insolvenzverwalter Anspruch auf volle Vergütung. Dies führt zwangsläufig zu erhöhten Kosten des Insolvenzverfahrens.[109] 44

a) Die Berechnungsgrundlage für die Vergütung

Die Vergütung des Insolvenzverwalters bestimmt sich nach dem Wert der Insolvenzmasse im Zeitpunkt der vorzeitigen Beendigung seines Amts.[110] § 1 Abs. 1 Satz 2 InsVV ist entsprechend anzuwenden.[111] Der Insolvenzverwalter hat nach § 66 InsO Schlussrechnung zu legen.[112] Ein späterer Massezufluss ist zuzurechnen, wenn er Folge der Tätigkeit des aus dem Amt geschiedenen Insolvenzverwalters ist.[113] 45

---

106) BGH, Beschl. v. 29.5.2008 – IX ZB 303/05, Rz. 24, ZIP 2008, 1294 = DZWIR 2008, 459, m. Anm. *U. Keller*; BGH, Beschl. v. 26.3.2015 – IX ZB 62/13, ZIP 2015, 1034 = NZI 2015, 730, dazu EWiR 2015, 517 *(Stoffler)*; zur Prüfung einer Vielzahl von Forderungen BGH, Beschl. v. 11.11.2021 – IX ZB 13/21, ZRI 2022, 32 = ZIP 2022, 86 = NZI 2022, 134, m. Anm. *Stoffler*, dazu EWiR 2022, 115 *(Zimmer)*.

107) BGH, Beschl. v. 7.5.2020 – IX ZB 29/18, ZIP 2020, 1194 = NZI 2020, 589.

108) BGH, Beschl. v. 29.5.2008 – IX ZB 303/05, Rz. 22, ZIP 2008, 1294 = DZWIR 2008, 459, m. Anm. *U. Keller*.

109) KG Berlin, Beschl. v. 16.10.2001 – 7 W 130/01, ZIP 2001, 2240; *Graeber* in: MünchKomm-InsO, § 59 Rz. 34; anders *Muscheler/Bloch*, ZIP 2000, 1474.

110) BGH, Beschl. v. 10.11.2005 – IX ZB 168/04, ZVI 2005, 646 = ZIP 2006, 93; BGH, Beschl. v. 11.6.2015 – IX ZB 18/13, ZIP 2015, 1595 = NZI 2015, 821, dazu EWiR 2015, 647 *(U. Keller)*; LG Magdeburg, Beschl. v. 16.12.1998 – 3 T 518/98, ZInsO 1999, 113; LG Bamberg, Beschl. v. 9.2.2005 – 3 T 128/04, ZIP 2005, 671; *Prasser/Stoffler* in: KPB, InsO, Vor § 1 InsVV Rz. 15.

111) BGH, Beschl. v. 16.12.2004 – IX ZB 301/03, ZIP 2005, 180 = DZWIR 2005, 291, m. Anm. *U. Keller*, dazu EWiR 2005, 401 *(Rendels)*; OLG Brandenburg, Beschl. v. 11.10.2001 – 8 W 231/01, ZIP 2002, 43 = NZI 2002, 41, dazu EWiR 2002, 439 *(Tappmeier)*.

112) OLG Brandenburg, Beschl. v. 11.10.2001 – 8 W 231/01, ZIP 2002, 43 = NZI 2002, 41, dazu EWiR 2002, 439 *(Tappmeier)*.

113) BGH, Beschl. v. 10.11.2005 – IX ZB 168/04, ZVI 2005, 646 = ZIP 2006, 93; BGH, Beschl. v. 11.6.2015 – IX ZB 18/13, ZIP 2015, 1595 = NZI 2015, 821, dazu EWiR 2015, 647 *(U. Keller)*; *Prasser/Stoffler* in: KPB, InsO, Vor § 1 InsVV Rz. 15.

b) Die Kürzung der Vergütung wegen vorzeitiger Beendigung nach § 3 Abs. 2 lit. c InsVV

46 Die Regelvergütung des § 2 Abs. 1 InsVV ist für den ausgeschiedenen Insolvenzverwalter zu kürzen (§ 3 Abs. 2 lit. c InsVV).[114)]

47 Die Minderung der Vergütung ist rechnerisch vor einer möglichen Erhöhung der Vergütung zu berechnen.[115)] Um die Vergütungsgewährung transparent zu machen und mögliche Erhöhungstatbestände für den späteren Insolvenzverwalter hiervon abzugrenzen, ist es notwendig, den Minderungstatbestand des § 3 Abs. 2 lit. c InsVV übergreifend vorwegzunehmen.

48 Der **Umfang der Kürzung** der Vergütung des ausgeschiedenen Insolvenzverwalters ist nach der geleisteten Tätigkeit des Insolvenzverwalters zu bestimmen. Der Abschlag ist umso höher, je geringer die Tätigkeit des ausgeschiedenen Insolvenzverwalters war. Im Übrigen sind alle Umstände des Einzelfalles zu berücksichtigen.[116)] Es ist vor allem der zeitliche Umfang ausschlaggebend.

c) Die Berücksichtigung von Erhöhungs- oder Minderungskriterien

49 Nach Kürzung der Vergütung nach § 3 Abs. 2 lit. c InsVV sind weitere Erhöhungs- oder Minderungskriterien bei der Bestimmung der Vergütung zu berücksichtigen.[117)]

50 Die Erhöhung der Vergütung ergibt sich unmittelbar aus dem maßgeblichen Bruchteil der nach § 3 Abs. 2 lit. c InsVV vorab geminderten Regelvergütung.[118)] Die Erhöhung ist in der Weise zu bestimmen, dass die vom ausgeschiedenen Insolvenzverwalter erbrachte Tätigkeit ihrem Umfang und ihrer Schwierigkeit nach mit der entsprechenden Tätigkeit des Insolvenzverwalters für das gesamte Insolvenzverfahren zu vergleichen ist.

B. Die Bestimmung der Insolvenzmasse als Berechnungsgrundlage der Vergütung

I. Die Insolvenzmasse als Berechnungsgrundlage der Vergütung (§ 1 Abs. 1 InsVV)

1. Bestimmung im Regelinsolvenzverfahren (§ 1 Abs. 1 Satz 1 InsVV)

51 Nach § 63 Abs. 1 Satz 2 InsO ist Grundlage der Vergütungsberechnung der **Wert der Insolvenzmasse** im Zeitpunkt der **Beendigung des Insolvenzverfahrens** (§ 1 Abs. 1 Satz 1 InsVV).[119)] Diesem Grundtatbestand liegt die Überlegung zugrunde, dass sich die Vergütung auf das Vermögen zu beziehen habe, mit welchem sich der Insolvenzverwalter befassen musste, unabhängig von der Frage, ob diese Befassung erfolgreich war oder nicht. Dem entspricht es auch, dass die Masseverbindlichkeiten des Verfahrens grundsätzlich

---

114) BGH, Beschl. v. 16.12.2004 – IX ZB 301/03, ZIP 2005, 180 = DZWIR 2005, 291, m. Anm. *U. Keller*, dazu EWiR 2005, 401 *(Rendels)*; fortgeführt in BGH, Beschl. v. 10.11.2005 – IX ZB 168/04, ZVI 2005, 646 = ZIP 2006, 93.

115) BGH, Beschl. v. 16.12.2004 – IX ZB 301/03, ZIP 2005, 180 = DZWIR 2005, 291, m. Anm. *U. Keller*, dazu EWiR 2005, 401 *(Rendels)*.

116) BGH, Beschl. v. 16.12.2004 – IX ZB 301/03, ZIP 2005, 180 = DZWIR 2005, 291, m. Anm. *U. Keller*, dazu EWiR 2005, 401 *(Rendels)*.

117) BGH, Beschl. v. 16.12.2004 – IX ZB 301/03, ZIP 2005, 180 = DZWIR 2005, 291, m. Anm. *U. Keller*, dazu EWiR 2005, 401 *(Rendels)* – mit Bezugnahme auf die Vergütung des vorläufigen Insolvenzverwalters nach BGH, Beschl. v. 18.12.2003 – IX ZB 50/03, ZVI 2004, 203 = ZIP 2004, 518; BGH, Beschl. v. 8.7.2004 – IX ZB 589/02, ZIP 2004, 1555 = NZI 2004, 626.

118) BGH, Beschl. v. 18.12.2003 – IX ZB 50/03, ZVI 2004, 203 = ZIP 2004, 518; BGH, Beschl. v. 8.7.2004 – IX ZB 589/02, ZIP 2004, 1555 = NZI 2004, 626; BGH, Beschl. v. 4.11.2004 – IX ZB 52/04, ZVI 2005, 227 = ZIP 2004, 2448.

119) *Eickmann*, VergVO, § 1 Rz. 1; *Skrotzki*, KTS 1957, 152.

nicht abzuziehen sind (§ 1 Abs. 2 Nr. 4 Satz 1 InsVV). Auch ist nicht maßgebend, ob die Summe der Insolvenzforderungen geringer als die Insolvenzmasse ist, die Berechnungsgrundlage ist nicht auf die Summe der Insolvenzforderungen begrenzt.[120)]

a) Insolvenzmasse bei Verfahrensbeendigung

Die **Schlussrechnung** hat als Grundlage der Bestimmung der Insolvenzmasse im Hinblick auf die besonderen Regelungstatbestände des § 1 Abs. 2 InsVV neben der verwalteten Insolvenzmasse auch die **Absonderungsrechte einzelner Gläubiger** auszuweisen, deren Werte und Behandlung durch den Verwalter, die Höhe der einzelnen Masseverbindlichkeiten nach § 55 InsO – hierbei insbesondere **dem Verwalter selbst zugeflossene Beträge** für anwaltliche oder steuerberatende Tätigkeit (§ 5 InsVV) sowie **an Dritte gezahlte Honorare** (§ 8 Abs. 2 InsVV) – sowie im Falle einer **Unternehmensfortführung** eine gesonderte Einnahmen- und Ausgabenrechnung für diesen Zeitraum. 52

Bei **Aufhebung** des Insolvenzverfahrens nach **rechtskräftiger Bestätigung eines Insolvenzplans** gemäß § 258 InsO hat der Insolvenzverwalter für seine Tätigkeit Schlussrechnung nach § 66 InsO zu legen. Zur Feststellung der Insolvenzmasse als Grundlage der Vergütungsbemessung findet § 1 Abs. 1 Satz 2 InsO Anwendung. Grundlage einer Feststellung der Insolvenzmasse bieten die **Planrechnungen** und Anlagen zum Insolvenzplan, insbesondere die nach § 229 InsO notwendige **Vermögensübersicht**. Aus der Vermögensübersicht müssen im Hinblick auf die Bestimmung der vergütungsrechtlichen Berechnungsgrundlage sämtliche Vermögenswerte des Schuldners ersichtlich sein.[121)] 53

Die **Schlussrechnung** ist aber **nicht ausschließlich Grundlage** der Bestimmung der Berechnungsgrundlage, was bereits dem Wortlaut des § 63 Abs. 1 Satz 2 InsO zu entnehmen ist, da dieser nicht zwingend auf die Schlussrechnung des Insolvenzverwalters Bezug nimmt. Bei der **Fortführung eines Unternehmens** durch den Insolvenzverwalter ist auch das Anlagevermögen zur Berechnungsgrundlage hinzuzurechnen, gerade wenn es nach Beendigung des Insolvenzverfahrens nicht verwertet wird und ein Erlös hierfür in der Schlussrechnung nicht berücksichtigt ist.[122)] **Offene Forderungen**, die vor Insolvenzantragstellung entstanden waren und während des Eröffnungsverfahrens nicht eingezogen worden sind, sind Bestandteil der Berechnungsgrundlage für die Vergütung des vorläufigen Insolvenzverwalters. Die offenen Forderungen sind mit ihrem voraussichtlichen Realisierungswert, nicht mit ihren Nominalwert zu berücksichtigen.[123)] Bei nur **kurzer Verfahrensdauer** sind i. R. der Bestimmung eines fiktiven Verwertungsergebnisses, das ohne die vorzeitige Beendigung des Insolvenzverfahrens erzielt worden wäre, nicht nur die Forderung des Gläubigers, welche dem Insolvenzantrag zugrunde lag, sondern die Forderungen sämtlicher Gläubiger zu berücksichtigen.[124)] Bei Beendigung des Insolvenzverfahrens nach rechtskräftiger Bestätigung eines Insolvenzplans und Fortführung des Geschäftsbetriebs ist die Berechnungsgrundlage nach dem Schätzwert der Insolvenzmasse bei Beendigung des Insolvenzverfahrens zu bestimmen.[125)] Bei Veräußerung von Beteiligungen (Share Deal) ist 54

120) Zum speziellen Fall der Nachlassinsolvenz BGH, Beschl. v. 10.1.2019 – IX ZB 40/18, ZVI 2019, 285 = ZIP 2019, 278; so aber für den Fall der Einstellung nach § 214 InsO BGH, Beschl. v. 13.7.2023 – IX ZB 42/22, ZRI 2023, 769 = ZIP 2023, 1908 = NZI 2023, 779.

121) *U. Keller*, Vergütung, § 3 Rz. 22 ff.

122) BGH, Beschl. v. 24.5.2005 – IX ZB 6/03, ZVI 2005, 388 = DZWIR 2005, 463, m. Anm. *U. Keller*.

123) BGH, Beschl. v. 16.11.2006 – IX ZB 302/05, ZIP 2007, 284 = NZI 2007, 168; BGH, Beschl. v. 11.6.2015 – IX ZB 18/13, ZIP 2015, 1595 = NZI 2015, 821, dazu EWiR 2015, 647 (*U. Keller*).

124) BGH, Beschl. v. 2.4.2009 – IX ZB 250/07, ZInsO 2009, 888.

125) BGH, Beschl. v. 17.3.2011 – IX ZB 145/10, NZI 2011, 445; BGH, Beschl. v. 26.4.2007 – IX ZB 160/06, ZIP 2007, 1330 = NZI 2007, 461.

der Wert maßgebend, den der Erwerber aufwendet, also auch etwa Schuldübernahmen oder Verpflichtungen zur Kapitalausstattung.[126)]

b) Massezuflüsse nach Schlussrechnungslegung

55 Massezuflüsse, die nach der Schlussrechnungslegung und vor der Schlussverteilung erfolgen, fließen in die Insolvenzmasse als Berechnungsgrundlage für die Vergütung ein.[127)] Regelmäßig handelt es sich um Zinsgutschriften und Steuererstattungen aus der an den Insolvenzverwalter gezahlten **Umsatzsteuer.**[128)] In der Insolvenz der natürlichen Person erfolgt eine Umsatzsteuererstattung anteilig im Verhältnis betrieblicher und damit vorsteuerabzugsberechtigter und privater Aufwendungen.[129)]

56 Der BGH[130)] hatte über die Einbeziehung einer nach Einreichung des Schlussberichts bekannt gewordenen Erbschaft des Schuldners zu entscheiden. Auch sie gehört als Neuerwerb zur Insolvenzmasse und damit zur Berechnungsgrundlage der Vergütung.

57 Die Einbeziehung weitere Massezuflüsse in die Berechnungsgrundlage der Vergütung kann auf zweifache Weise erfolgen:[131)]

- Das Gericht kann bereits mit Genehmigung der Schlussverteilung die Vergütung bezogen auf die Insolvenzmasse der Schlussrechnung festsetzen. Nach Vornahme der Schlussverteilung und endgültiger Feststellung der Insolvenzmasse ist diese Vergütungsfestsetzung hinsichtlich der weiteren tatsächlich erfolgten Massezuflüsse zu ergänzen,[132)] eine Präklusion bei späterer Antragstellung besteht nicht.[133)] Die weitere Vergütung besteht in der Differenz zwischen den Vergütungen (§§ 2, 3 InsVV) der ursprünglich festgestellten Insolvenzmasse und der um die Zuflüsse erhöhten Insolvenzmasse.
- Das Gericht kann mit Sicherheit feststehende Massezuflüsse (Umsatzsteuer des Insolvenzverwalters) bereits in seine erste Vergütungsfestsetzung einbeziehen.[134)]

58 Die Berechnung des Massezuflusses erfolgt nur einmal bezogen auf die erstattete Umsatzsteuer der Vergütung; es erfolgt keine mehrmalige Berechnung.[135)]

---

126) LG München II, Beschl. v. 19.6.2013 – 14 T 12868/13, NZI 2013, 696, m. Anm. *Keller.*

127) BGH, Beschl. v. 26.1.2006 – IX ZB 183/04, ZVI 2006, 129 = ZIP 2006, 486, m. Anm. *Prasser*; BGH, Beschl. v. 6.4.2017 – IX ZB 3/16, ZIP 2017, 932 = NZI 2017, 505, dazu EWiR 2017, 471 *(Prasser)*; LG Frankfurt/O., Beschl. v. 22.8.2002 – 6a T 104/02, ZInsO 2002, 1028, dazu EWiR 2003, 885 *(U. Keller)*; LG Magdeburg, Beschl. v. 27.5.2004 – 11 T 352/04, = ZVI 2004, 701 = ZIP 2004, 1915; LG Heilbronn, Beschl. v. 6.5.2005 – 1 T 141/05, ZVI 2005, 390 = ZIP 2005, 1187; AG Mosbach, Beschl. v. 12.1.2006 – IN 132/03, ZIP 2006, 489.

128) Ausdrücklich für die Umsatzsteuer BGH, Beschl. v. 25.10.2007 – IX ZB 147/06, ZIP 2008, 81, m. Anm. *Jaeger/Michels* = NZI 2008, 97; allgemein zu Massezuflüssen *Frege/U. Keller/Riedel*, Hdb. InsR, Rz. 3.1252 ff.

129) BFH, Urt. v. 15.4.2015 – V R 44/14, BFHE 250, 263 = ZIP 2015, 1237, m. Anm. *Kahlert*; zur Nachlassinsolvenz BFH, Urt. v. 21.10.2015 – XI R 28/15, ZIP 2016, 731 = NZI 2016, 370; FG Schleswig-Holstein, Urt. v. 15.9.2016 – 4 K 14/14, EFG 2017, 76; zur umsatzsteuerfreien Veräußerung eines Grundstücks FG Nürnberg, Urt. v. 11.5.2010 – 2 K 1513/08, EFG 2010, 1843, m. Anm. *Loose*; *U. Keller*, Vergütung, § 3 Rz. 64; *Lechleitner*, ZInsO 2015, 1382.

130) BGH, Beschl. v. 1.3.2007 – IX ZB 280/05, ZIP 2007, 639 = NZI 2007, 412.

131) *U. Keller*, Vergütung, § 3 Rz. 61.

132) So insbesondere BGH, Beschl. v. 26.1.2006 – IX ZB 183/04, ZVI 2006, 129 = ZIP 2006, 486, m. Anm. *Prasser.*

133) BGH, Beschl. v. 20.7.2017 – IX ZB 75/16, ZIP 2017, 1629 = NZI 2017, 822, dazu EWiR 2017, 633 *(U. Keller)*; a. A. noch AG Friedberg, Beschl. v. 7.7.2015 – 60 IN 202/10, ZIP 2015, 2433 = NZI 2015, 908, m. Anm. *U. Keller.*

134) BGH, Beschl. v. 26.1.2006 – IX ZB 183/04, Rz. 19, ZVI 2006, 129 = ZIP 2006, 486, m. Anm. *Prasser*; zurückhaltend betreffend den abberufenen Insolvenzverwalter BGH, Beschl. v. 10.11.2005 – IX ZB 168/04, ZVI 2005, 646 = ZIP 2006, 93.

135) BGH, Urt. v. 26.2.2015 – IX ZB 9/13, ZIP 2015, 696 = NZI 2015, 388, m. Anm. *Graeber*, dazu EWiR 2015, 353 *(Zimmer)*; mit Berechnungsbeispiel *U. Keller*, Vergütung, § 3 Rz. 63.

2. Insolvenzmasse bei vorzeitiger Verfahrensbeendigung (§ 1 Abs. 1 Satz 2 InsVV)

59 Nach § 1 Abs. 1 Satz 2 InsVV ist bei vorzeitiger Verfahrensbeendigung – also insbesondere in den Fällen von **Masselosigkeit** und **Masseunzulänglichkeit** – der Schätzwert der Masse zur Zeit der Verfahrensbeendigung maßgebend.[136] Grundlage ist auch hier die **Schlussrechnung** des Insolvenzverwalters.[137] Ein Kostenvorschuss nach § 26 Abs. 1 Satz 2 InsO bleibt bei der Bewertung außer Betracht (§ 1 Abs. 2 Satz 2 InsVV). Der Kostenvorschuss ist nicht Teil der Insolvenzmasse; er dient lediglich der Deckung der Verfahrenskosten nach § 54 InsO und muss bei eintretender Masselosigkeit als verloren angesehen werden.[138]

60 Bei Masselosigkeit oder Masseunzulänglichkeit kann nach § 1 Abs. 1 Satz 2 InsVV der **Schätzwert der Masse zur Zeit der Verfahrensbeendigung** angenommen werden. Im Falle des § 207 InsO wird dieser Schätzwert zwangsläufig niedrig sein. Als Grundlage des Schätzwerts i. S. des § 1 Abs. 1 Satz 2 InsO kann auch das Vermögensverzeichnis nach § 153 InsO herangezogen werden. Dieses bezieht sich auf den Zeitpunkt der Insolvenzeröffnung und ist daher um weitere erwirtschaftete Massebeträge zu erhöhen oder auch zu kürzen, soweit sich herausstellt, dass die Masse bei Verfahrenseröffnung zu hoch bewertet worden ist.[139]

II. Berücksichtigung besonderer Vermögenswerte (§ 1 Abs. 2 InsVV)

1. Zweck der Regelung

61 Die sich aus der Schlussrechnung des Verwalters oder aus einer Schätzung ergebende Insolvenzmasse ist in den Fällen des § 1 Abs. 2 InsVV zu kürzen. Die Tatbestände des § 1 Abs. 2 InsVV, um welche die Insolvenzmasse zu vermindern ist, sind abschließend geregelt; eine analoge Anwendung auf weitere Sachverhalte kommt nicht in Betracht.

2. Behandlung von Absonderungsrechten (§ 1 Abs. 2 Nr. 1, 2 InsVV)

a) Berücksichtigung von Absonderungsrechten nach § 1 Abs. 2 Nr. 1 InsVV allgemein

62 § 1 Abs. 2 Nr. 1 InsVV regelt die Fallgestaltungen der **Verwertung der mit Absonderungsrechten belasteten Gegenstände durch den Insolvenzverwalter** oder durch den Gläubiger selbst. Die Ablösung eines Sicherungsrechts durch den Verwalter mittels Zahlung der gesicherten Forderung an den Gläubiger wird gesondert durch § 1 Abs. 2 Nr. 2 InsVV geregelt.

63 Die Regelungen gelten sowohl für **bewegliche Gegenstände als auch für Forderungen** (§ 166 Abs. 2 InsO).[140] Sie gelten auch für **unbewegliches Vermögen** (Grundstücke, grundstücksgleiche Rechte, selbständiges Gebäudeeigentum), das regelmäßig mit Grundpfandrechten belastet der abgesonderten Befriedigung nach § 49 InsO unterliegt.[141]

---

136) BGH, Beschl. v. 20.7.2017 – IX ZB 69/16, ZIP 2017, 1627 = WM 2017, 1618, dazu EWiR 2017, 697 *(Stoffler)*.

137) *U. Keller*, Vergütung, § 3 Rz. 18 ff.

138) OLG Frankfurt/M., Urt. v. 6.2.1986 – 3 U 263/84, ZIP 1986, 931, dazu EWiR 1986, 503 *(Brehm)*.

139) Zur Berücksichtigung von Anfechtungsansprüchen bei Einstellung nach § 212 InsO, BGH, Beschl. v. 14.2.2019 – IX ZB 25/17, ZIP 2019, 715 = ZInsO 2019, 691.

140) Dazu LG Stendal, Urt. v. 7.3.2002 – 22 S 208/01, ZIP 2002, 765, dazu EWiR 2002, 587 *(Runkel)*; Uhlenbruck-*Brinkmann*, InsO, § 166 Rz. 14 ff., 26 ff.; *Pape*, NZI 2000, 301; *Mitlehner*, ZIP 2001, 677; zur Verwertung von gewerblichen Schutzrechten *Häcker*, ZIP 2001, 995.

141) BGH, Beschl. v. 22.7.2021 – IX ZB 85/19, ZRI 2021, 805 = ZIP 2021, 1872, dazu EWiR 2021, 592 *(U. Keller)*; dazu *Knapp*, NZI 2022, 206; allgemein zur Verwertung *Ganter* in: MünchKomm-InsO, § 49 Rz. 46 ff.; *Lohmann* in: HK-InsO, § 49 Rz. 5; *U. Keller*, Insolvenzrecht, Rz. 400 ff.; eingehend mit allen Verwertungsalternativen *U. Keller*, Vergütung, § 3 Rz. 81 ff.

b) Konkrete Berechnung der Mehrvergütung nach § 1 Abs. 2 Nr. 1 Satz 1 und 2 InsVV

64 Die **Berücksichtigung der Verwertung** nach § 1 Abs. 2 Nr. 1 Satz 1 InsVV erfolgt durch **Erhöhung der Vergütung selbst.** Der Erhöhungsbetrag der Vergütung bemisst sich aus der **Differenz einer Vergütungsberechnung** unter Zugrundelegung der um die **Absonderungsrechte** erhöhten und der nicht erhöhten Berechnungsgrundlage, betragsmäßig **begrenzt auf** die **Hälfte des Feststellungskostenbeitrags.** Es muss eine Vergleichsrechnung angestellt werden, welche die Vergütung nach erhöhter und nicht erhöhter Insolvenzmasse gegenüberstellt. Maßgebend ist die erhöhte Insolvenzmasse.

65 Die erhöhte Insolvenzmasse bestimmt sich nach dem Wert des Gegenstands, der der abgesonderten Befriedigung unterliegt:

- Verwertet der Insolvenzverwalter **bewegliche Gegenstände** oder Forderungen (§§ 166 ff. InsO), kann er den **Kostenbeitrag des § 171 InsO zur** Masse ziehen.[142] Dieser Betrag ist Teil der Insolvenzmasse und stellt keine besondere Vermögensmasse dar.[143] Nach § 171 Abs. 2 Satz 3 InsO kann der Insolvenzverwalter auch die bei Verwertung anfallende Umsatzsteuer auf den Gläubiger umlegen. Sie ist nicht von der Berechnungsgrundlage abzuziehen (§ 1 Abs. 2 Nr. 4 InsVV).[144]
- Verwertet der Insolvenzverwalter ein **Grundstück** gemäß §§ 172 ff. ZVG, ist dieses mit dem bei der Versteigerung erzielten baren Meistgebot zuzüglich der nach den Versteigerungsbedingungen bestehenbleibenden Rechte[145] in die vergütungsrechtliche Insolvenzmasse einzubeziehen.[146] **Veräußert der Insolvenzverwalter die Immobilie freihändig,** ist der Veräußerungserlös anzusetzen. Die Vergleichsrechnung nach § 1 Abs. 2 Nr. 1 InsVV ist in diesen Fällen schwierig, weil § 171 InsO hier keine Anwendung findet. Sinnvoll ist es, den Anteil am Verwertungserlös, der der Insolvenzmasse zufließt, im Verhältnis 5:4 entsprechend der Wertung des § 171 InsO zu quoteln, also **5/9 des Kostenbeitrags** der Insolvenzmasse für die Vergleichsrechnung anzusetzen, wenn explizit kein Feststellungskostenbeitrag vereinbart ist. Ist ein solcher vereinbart, dürfen nicht mehr als 2 % des Veräußerungserlöses bei der Vergleichsrechnung angesetzt werden.[147]

66 Wie im Einzelnen zu rechnen ist, ist umstritten. Nach einer Ansicht sollen die Kostenbeiträge und die eingenommene Umsatzsteuer sowohl bei der nicht erhöhten als auch bei der erhöhten Insolvenzmasse berücksichtigt werden, weil sie Teil der freien Masse sind.[148] Nach a. A. soll die nicht erhöhte Insolvenzmasse so berechnet werden, als seien die Ge-

---

142) Uhlenbruck-*Brinkmann*, InsO, § 171 Rz. 4 ff.; *Hölzle* in: HK-InsO, § 171 Rz. 3 ff.; *Obermüller*, NZI 2003, 416.

143) *Hess/Klaas*, InVo 1999, 193; zweifelhaft BGH, Beschl. v. 10.10.2013 – IX ZB 169/11, NZI 2013, 1067, m. Anm. *U. Keller*, wonach ein Kostenbeitrag explizit ausgewiesen sein muss.

144) *Prasser/Stoffler* in: KPB, InsO, § 1 InsVV Rz. 138; *Hess/Klaas*, InVo 1999, 193.

145) Das bare Meistgebot stellt zusammen mit dem bestehen bleibenden Recht den vom Ersteher zu übernehmenden Wert des Grundstücks dar (§ 44 Abs. 1 ZVG), dazu allgemein Stöber-*Gojowcyk*, ZVG, § 44 Rz. 4 ff.; wird das geringste Gebot über § 174a ZVG nach dem Kostenanspruch des § 10 Abs. 1 Nr. 1a ZVG berechnet, bleiben keine Rechte bestehen, der bar zu zahlende Teil des geringsten Gebots besteht lediglich aus den gerichtlichen Kosten des Zwangsversteigerungsverfahrens und möglichen Ansprüchen nach § 10 Abs. 1 Nr. 1 ZVG, dazu Böttcher-*U. Keller*, ZVG, § 174a Rz. 4 ff.; *U. Keller*, Insolvenzrecht, Rz. 1118 ff.

146) Hiervon geht bereits die Begr. zum Entwurf einer InsVV (§ 1) aus, abgedr. Bei *U. Keller*, Vergütung, Anh. III, S. 854.

147) BGH, Beschl. v. 22.7.2021 – IX ZB 85/19, ZRI 2021, 805 = ZIP 2021, 1872, dazu EWiR 2021, 592 (*U. Keller*).

148) *Prasser/Stoffler* in: KPB, InsO, § 1 InsVV Rz. 40; so auch noch *U. Keller*, Vergütung, § 3 Rz. 93 ff.

genstände gar nicht Teil der Insolvenzmasse gewesen, also ohne Kostenbeiträge und Umsatzsteuer.[149] Dieser Ansicht ist zuzustimmen. Es gilt damit:

- Zur nicht erhöhten Insolvenzmasse sind die Kostenbeiträge der § 171 InsO oder § 10 Abs. 1 Nr. 1a ZVG und die eingenommene Umsatzsteuer nicht hinzuzurechnen.
- Zur erhöhten Insolvenzmasse ist der Bruttoerlös der Verwertung zu nehmen, einschließlich Kostenbeiträgen und Umsatzsteuer.

Der **Differenzbetrag** der aus diesen Insolvenzmassen **errechneten Vergütungen** ist auf die **Hälfte des Feststellungskostenbeitrags** von pauschal 4 % (§ 171 Abs. 1 InsO) begrenzt, mithin auf 2 % des Bruttoerlöses der Verwertung. Der so ermittelte Betrag stellt die Mehrvergütung i. S. des § 1 Abs. 2 Nr. 1 InsVV dar. Die Mehrvergütung des § 1 Abs. 2 Nr. 1 InsVV ist zwar Teil der Regelvergütung, die Vergütung insgesamt soll sich aber maximal um die Hälfte des Feststellungskostenbeitrags erhöhen.[150] Daher muss nach Hinzurechnung der Zuschläge und Abschläge nach § 3 Abs. 1 und 2 InsVV auf die Regelvergütung nochmals die Vergleichsberechnung durchgeführt werden.[151] Praktisch ist diese zweite Vergleichsberechnung unter Einbeziehung der Zu- und Abschläge entscheidend. 67

c) Verwertung durch den absonderungsberechtigten Gläubiger

Bleibt das Verwertungsrecht an den mit Absonderungsrechten behafteten Massegegenständen beim jeweiligen Gläubiger, kann nur ein für die Masse **tatsächlich verbliebener Überschuss** und nicht der volle Wert des Gegenstands in die Berechnungsgrundlage der Vergütung einbezogen werden (§ 1 Abs. 2 Nr. 1 Satz 3 InsVV). 68

Bei der Zwangsversteigerung eines Grundstücks stellt der Überschuss die Differenz zwischen der Summe der dinglichen Belastungen, die in den Rangklassen des § 10 ZVG bei der Verteilung zu berücksichtigen sind, und dem Meistgebot des Erstehers, dem der Zuschlag erteilt wird, dar. 69

d) Fiktive Berechnung bei fehlender Verwertung

Endet das Insolvenzverfahren, ohne dass die betroffenen Massegegenstände verwertet werden, z. B. bei Beendigung des Verfahrens nach Annahme eines Insolvenzplans nach § 258 InsO oder bei Ausscheiden des Insolvenzverwalters aus seinem Amt, ist i. R. der Vergütungsbemessung die Verwertung der Massegegenstände fiktiv zu berechnen. § 1 Abs. 2 Nr. 1 InsVV findet insoweit Anwendung, als die mit Absonderungsrechten belasteten Massegegenstände so berücksichtigt werden, wie wenn eine tatsächliche Verwertung stattgefunden hätte. 70

e) Fiktive Berechnung bei Ablösung (§ 1 Abs. 2 Nr. 2 InsVV)

Ablösung ist eine Vereinbarung zwischen dem Berechtigten und dem Verwalter, nach welcher der Absonderungsberechtigte gegen Zahlung einer Geldsumme auf sein Recht verzichtet. 71

Nach § 1 Abs. 2 Nr. 2 InsVV soll der Differenzbetrag zwischen dem Sachwert des Gegenstands und dem Ablösebetrag zur Masse errechnet werden. Als Sachwert des Gegenstands ist der objektive Verkehrswert des Gegenstands anzusehen, nicht der Erlös, den 72

149) So *Knapp*, NZI 2022, 206; wohl auch *Zimmer*, InsVV, § 1 Rz. 89.

150) BGH, Beschl. v. 22.7.2021 – IX ZB 85/19, ZRI 2021, 805 = ZIP 2021, 1872, dazu EWiR 2021, 592 *(U. Keller)*.

151) BGH, Beschl. v. 22.7.2021 – IX ZB 85/19, ZRI 2021, 805 = ZIP 2021, 1872, dazu EWiR 2021, 592 *(U. Keller)*; BGH, Beschl. v. 11.5.2006 – IX ZB 249/04, Rz. 47, 48, ZIP 2006, 1204 = NZI 2006, 464, m. Anm. *Nowak*.

der Verwalter bei der tatsächlichen Verwertung erzielen konnte; dieser soll i. R. der fiktiven Verwertung unberücksichtigt bleiben.[152)]

3. Aufrechenbare Forderungen (§ 1 Abs. 2 Nr. 3 InsVV)

73 Steht der Insolvenzforderung eines Gläubigers eine aufrechenbare Forderung der Insolvenzmasse gegenüber, wird der Gläubiger im Insolvenzverfahren regelmäßig die Aufrechnung erklären; dies ist unter den Voraussetzungen der §§ 94 ff. InsO zulässig. Mit § 1 Abs. 2 Nr. 3 InsVV wird nur der nicht aufrechenbare Teil der Forderung der Insolvenzmasse gegen den Gläubiger in die Insolvenzmasse einbezogen.

4. Berücksichtigung von Masseverbindlichkeiten (§ 1 Abs. 2 Nr. 4 InsVV)

a) Grundsatz der Regelung

74 Masseverbindlichkeiten werden von der Berechnungsgrundlage grundsätzlich nicht abgezogen (§ 1 Abs. 2 Nr. 4 Satz 1 InsVV). Ein Abzug ist nur in den beiden Fällen der Nr. 4 des § 1 Abs. 2 InsVV vorgesehen. Daher sind auch **Steuern und öffentliche Abgaben**, die als Masseverbindlichkeiten nach § 55 Abs. 1 Nr. 1 InsO zu entrichten sind, von der Berechnungsgrundlage nicht abzuziehen. Das gilt auch im Verhältnis von Steuerzahlung und -erstattung. Die Erstattung ist Teil der Insolvenzmasse und damit der Berechnungsgrundlage, während die – vorherige – Zahlung sie nicht mindert.[153)] Insbesondere ist die als **Masseverbindlichkeit abzuführende Umsatzsteuer** (§§ 13, 16 UStG) von der Berechnungsgrundlage nicht abzuziehen, die vom Insolvenzverwalter seitens eines Leistungsempfängers eingezogene Umsatzsteuern erhöht aber die Insolvenzmasse als Berechnungsgrundlage. Die eingenommene Umsatzsteuer aus Leistungserbringung ist eine Einnahme, die abgeführte Umsatzsteuer eine Ausgabe. Es liegt nicht etwa ein durchlaufender Posten vor.[154)]

75 Gleiches gilt für **Bereicherungsansprüche** gegenüber der Insolvenzmasse, bspw. aus Fehlbuchungen auf ein Konto. Der Bereicherungsanspruch ist als Masseverbindlichkeit nach § 55 Abs. 1 Nr. 3 InsO von der Berechnungsgrundlage auch dann nicht abzuziehen, wenn der Insolvenzverwalter ihn erfüllt und die Fehlbuchung zurücküberweist.[155)] Allerdings ist die rechnerische Erhöhung der Vergütung, die sich durch die Berücksichtigung des Bereicherungsanspruchs ergibt, von diesem abzuziehen; sie ist unmittelbar vom Anspruchsberechtigten zu übernehmen.[156)]

76 Werden an die Insolvenzmasse in Bezug auf ein einheitliches Rechtsverhältnis **Erstattungen** unter Berücksichtigung **geleisteter Vorauszahlungen** erbracht, wird hierdurch die **Berechnungsgrundlage nicht erhöht**. Das ist bspw. bei Stromlieferung, Wasserversorgung, Abwasserentsorgung oder auch Hausgeldzahlungen bei Wohnungs- oder Teileigentum der Fall. Gleiches gilt für die **Erstattung von Prozesskosten**.[157)] Ebenso soll bei der Abtretung einer Forderung an einen Prozessfinanzierer dessen Provision abzuziehen sein.[158)]

---

152) *Prasser/Stoffler* in: KPB, InsO, § 1 InsVV Rz. 75.

153) BGH, Beschl. v. 25.10.2007 – IX ZB 147/06, ZIP 2008, 81, m. Anm. *Jaeger/Michels* = NZI 2008, 97; BGH, Beschl. v. 22.6.2017 – IX ZB 65/15, NZI 2017, 732; eine insgesamt eher betriebswirtschaftliche Betrachtung bezüglich sog. Negativer Einnahmen erfolgt bei *Zimmer*, InsVV, § 1 Rz. 53 ff.

154) So aber LG Schwerin, Beschl. v. 27.2.2009 – 5 T 280/07, DZWIR 2009, 349, m. abl. Anm. *Keller*.

155) BGH, Urt. v. 5.3.2015 – IX ZR 164/14, ZIP 2015, 738 = NZI 2015, 362, m. Anm. *Budnik*, dazu EWiR 2015, 549 *(Weiß/Linsenbarth)*.

156) Dazu auch *Hentrich*, ZInsO 2015, 1093.

157) BGH, Beschl. v. 22.6.2017 – IX ZB 65/15, Rz. 4, NZI 2017, 732; BGH, Beschl. v. 19.11.2020 – IX ZB 21/20, ZIP 2021, 137, dazu EWiR 2021, 119 *(U. Keller)*; anders noch AG Gera, Beschl. v. 12.6.2017 – 8 IN 21/01, NZI 2017, 948 m. Anm. *Zimmer*.

158) BGH, Beschl. v. 16.12.2021 – IX ZB 24/21, ZRI 2022, 120 = ZVI 2022, 119 = ZIP 2022, 284, dazu EWiR 2022, 310 *(Mock)*.

b) Abzug eigener Gebühren und Vergütungen (§ 1 Abs. 2 Nr. 4 lit. a, § 5 InsVV)

Nach § 5 InsVV kann der Insolvenzverwalter neben der Vergütung im Insolvenzverfahren eine besondere Vergütung für Tätigkeiten erhalten, die er aufgrund besonderer Qualifikation für die Masse erbringt (siehe Rz. 36 ff.). 77

Erhält der Insolvenzverwalter i. R. des § 5 InsVV **eine besondere Vergütung,** ist diese i. H. des Nettobetrags von der Berechnungsgrundlage abzusetzen (§ 1 Abs. 2 Nr. 4 lit. a InsVV).[159] Nicht abzuziehen sind die Umsatzsteuer sowie der Auslagenersatz nebst Umsatzsteuer.[160] 78

Umstritten ist, ob der **Abzug** nach § 1 Abs. 2 Nr. 4 lit. a InsVV i. V. m. § 5 InsVV **auch dann vorzunehmen** ist, wenn die besonders vergütete Tätigkeit nicht durch den Insolvenzverwalter selbst, sondern durch einen Sozius, einen Anwalt der eigenen Kanzlei oder durch eine Steuerberatungsgesellschaft ausgeführt wird, an welcher der Insolvenzverwalter gesellschaftsrechtlich beteiligt ist. Überwiegend wird dies abgelehnt.[161] Dem kann nicht gefolgt werden.[162] Nach dem Sinn der Regelung soll vermieden werden, dass der Verwalter für bestimmte Tätigkeiten doppelt vergütet wird. Wenn aber die Vergütung stets als Umsatzgröße anzusehen ist, muss diese dem Verwalter auch dann zugerechnet werden, wenn sie innerhalb der ihm zugehörigen organisatorischen Einheit entstanden ist. 79

5. Insolvenzmasse bei Unternehmensfortführung (§ 1 Abs. 2 Nr. 4 lit. b InsVV)

a) Bestimmung der Berechnungsgrundlage

Bei der Unternehmensfortführung sind **Vermögenswerte, die der Insolvenzverwalter nicht verwertet** hat, in die Insolvenzmasse als Berechnungsgrundlage i. S. des § 1 Abs. 1 InsVV einzubeziehen.[163] Forderungen gegen Dritte aus der Unternehmensfortführung sind insgesamt auch dann zu berücksichtigen, wenn sie noch offen oder noch gar nicht in Rechnung gestellt sind.[164] 80

b) Abzug von Masseverbindlichkeiten aus der Unternehmensfortführung

Es sind nach § 1 Abs. 2 Nr. 4 lit. b InsVV die hierbei begründeten Masseverbindlichkeiten von der vergütungsrechtlichen Teilungsmasse abzuziehen. Hierzu ist für diesen Zeitraum eine **gesonderte Einzahlungs- und Auszahlungsrechnung** zu legen, aus der sich der Überschuss aus der Unternehmensfortführung ergibt.[165] Die Regelung des § 1 Abs. 2 Nr. 4 Satz 2 lit. b InsVV ist restriktiv auszulegen.[166] Es sind nur diejenigen Masseverbindlichkeiten abzuziehen, die **unmittelbar durch die Unternehmensfortführung** veranlasst sind. 81

---

159) Begr. zum Entwurf einer InsVV (§ 5), abgedr. Bei *U. Keller*, Vergütung, Anh. III, S. 861.

160) Dies soweit die Masse vorsteuerabzugsberechtigt ist; BFH, Urt. v. 14.5.1998 – V R 74/97, BFHE 185, 552 = ZIP 1998, 2012.

161) BGH, Beschl. v. 5.7.2007 – IX ZB 305/04, ZIP 2007, 1958 =DZWIR 2008, 30, m. Anm. *Keller*; LG Frankfurt/O., Beschl. v. 27.7.1998 – 16 T 162/98, ZInsO 1998, 236.

162) Stephan/Riedel-*Riedel*, InsVV, § 1 Rz. 75; eingehend *U. Keller*, Vergütung, § 2 Rz. 154 ff. m. umfangreichen N.; *U. Keller*, DZWIR 2000, 265.

163) BGH, Beschl. v. 24.5.2005 – IX ZB 6/03, ZVI 2005, 388 = DZWIR 2005, 463, m. Anm. *U. Keller*.

164) BGH, Beschl. v. 22.2.2007 – IX ZB 106/06, ZIP 2007, 784 = NZI 2007, 341.

165) Dazu auch Stephan/Riedel-*Riedel*, InsVV, § 1 Rz. 87 ff.; *Metoja* in: HK-InsO, § 66 Rz. 42 ff.; *Frege/Riedel*, Schlussbericht und Schlussrechnung, Rz. 58; umfassend zur Zwischenrechnungslegung bei Sanierung *Möhlmann*, S. 281, 295, zur Schlussrechnung und Ergebnisschlussrechnung, S. 327, 336 ff.; *Kilger/Nitze*, ZIP 1988, 957; *König*, ZIP 1988, 1003; *Hess/Weis*, InVo 1997, 281.

166) *Prasser/Stoffler* in: KPB, InsO, § 1 InsVV Rz. 88 ff.

Masseverbindlichkeiten, die auch im Falle der Stilllegung und Liquidation des Unternehmens entstanden wären, sind nicht abzuziehen.[167)]

82 Der BGH[168)] sieht in § 1 Abs. 2 Nr. 4 InsVV keine hinreichende Differenzierung zwischen den durch eine Unternehmensfortführung veranlassten und den sonstigen Masseverbindlichkeiten.[169)] Legt der Insolvenzverwalter keine Einzahlungs- und Auszahlungsrechnung vor, kann das Insolvenzgericht sämtliche Masseverbindlichkeiten von der Berechnungsgrundlage abziehen, um § 1 Abs. 2 Nr. 4 lit. b InsVV zur Geltung zu bringen.[170)]

83 Beschäftigt der Insolvenzverwalter den Schuldner als Arbeitnehmer im eigenen Unternehmen, ist zu vermuten, dass damit dessen Arbeitsleistung durch Zahlung eines Einkommens abgegolten wird und keine Unterhaltsleistung i. S. des § 100 InsO vorliegt.[171)] Das an den Schuldner gezahlte Arbeitseinkommen ist von der Berechnungsgrundlage abzuziehen, ein nach § 100 InsO gewährter Unterhalt dagegen nicht. Bei der Fortführung eines einzelkaufmännischen Unternehmens oder der Praxis eines Freiberuflers sollen aber auch Einkommensteuerzahlungen als Masseverbindlichkeit abzuziehen sein.[172)]

84 Die Regelung des § 1 Abs. 2 Nr. 4 Satz 2 lit. b InsVV gilt ab dem Zeitpunkt der tatsächlichen Unternehmensfortführung.[173)] Auf den Zeitpunkt der Beschlussfassung der Gläubigerversammlung nach § 157 Satz 1 InsO kommt es nicht an.[174)]

85 Ein aus der **Einzahlungs- und Auszahlungsrechnung** sich **ergebender Überschuss** ist **Bestandteil der Berechnungsgrundlage.** Neben der Berücksichtigung der Unternehmensfortführung bei Feststellung der Berechnungsgrundlage kommt für den Verwalter eine Erhöhung der Vergütung nach § 3 Abs. 1 lit. b InsVV in Betracht.

6. Kostenvorschuss

86 Ein Kostenvorschuss, der seitens eines Gläubigers oder eines Dritten nach § 26 Abs. 1 Satz 2 InsO gezahlt wird,[175)] gehört nicht zur Insolvenzmasse und damit nicht zur Berechnungsgrundlage der Vergütung. Gleiches gilt für einen Vorschuss, den der Schuldner aus seinem insolvenzfreien Vermögen zahlt.[176)] Wird seitens eines Gläubigers oder eines Dritten ein Darlehen zur Unternehmensfortführung während des Eröffnungsverfahrens oder des eröffneten Insolvenzverfahrens, zur Finanzierung eines Insolvenzplans oder auch zur Ablösung eines Absonderungsrechtes gewährt, erhöht das Darlehen die Insolvenzmasse und damit die Berechnungsgrundlage; Zins- und Tilgungsleistungen sind als Masseverbindlichkeiten von der Berechnungsgrundlage nur im Falle der Unternehmensfortführung abzuziehen (§ 1 Abs. 2 Nr. 4 Satz 2 lit. b InsVV).

---

167) *Prasser* in: KPB, InsO, § 1 InsVV Rz. 90.

168) BGH, Beschl. v. 24.5.2005 – IX ZB 6/03, unter III. 2. c), ZVI 2005, 388 = DZWIR 2005, 463, m. Anm. *U. Keller*.

169) BGH Beschl. v. 16.10.2008 – IX ZB 179/07, ZIP 2008, 2222, dazu EWiR 2008, 761 *(Schröder)*.

170) BGH, Beschl. v. 19.12.2019 – IX ZB 72/18, ZRI 2020, 64 = ZVI 2020, 154, dazu EWiR 2020, 207 *(U. Keller)*.

171) BGH, Beschl. v. 4.5.2006 – IX ZB 202/05, ZIP 2006, 1307 = NZI 2006, 595.

172) BGH, Beschl. v. 18.12.2014 – IX ZB 5/13, ZIP 2015, 230 = NZI 2015, 187, m. Anm. *U. Keller*.

173) *Janssen* in: MünchKomm-InsO, § 158 Rz. 1; *Wellensiek* in: FS Uhlenbruck, 2000, S. 199, 209 ff.

174) BGH, Beschl. v. 24.5.2005 – IX ZB 6/03, unter III. 2. b), ZVI 2005, 388 = DZWIR 2005, 463, m. Anm. *U. Keller*.

175) Dazu K. Schmidt-*U. Keller*, InsO, § 26 Rz. 53 ff.

176) BGH, Beschl. v. 11.11.2021 – IX ZB 38/20, ZRI 2022, 71 = ZIP 2022, 40 = NZI 2022, 92.

C. Die Bestimmung der Vergütung des Insolvenzverwalters

I. Die Höhe der Regelvergütung (§ 2 InsVV)

1. System der Bestimmung der Vergütungshöhe

Auf der Grundlage der nach § 1 InsVV ermittelten Berechnungsgrundlage ist nach § 2 Abs. 1 InsVV die Regelvergütung des Insolvenzverwalters zu bestimmen. Diese ist die **angemessene Vergütung** des Insolvenzverwalters **im sog. Normalverfahren.**[177] 87

Die Höhe der Regelvergütung ist in jedem konkreten Fall besonders zu errechnen. § 2 Abs. 1 InsVV stellt keine Berechnungsgrundlage für eine Vergütungstabelle ähnlich der Gebührentabellen im Kostenrecht (§ 13 RVG, § 34 GKG) dar. 88

Die Degressionsstufen der Regelvergütung wurden mit Wirkung zum 1.1.2021 geändert und angehoben.[178] Die danach erhöhte Regelvergütung gilt für Verfahren, die seit dem 1.1.2021 beantragt worden sind (§ 19 Abs. 5 InsVV). Die Regelvergütung kann nachfolgenden Berechnungsformeln ermittelt werden:[179] 89

Insolvenzmasse	Berechnungsformel zur Regelvergütung
bis 35.000 €	x [Vergütung] = M [Insolvenzmasse] × 0,4
bis 70.000 €	x = (M – 35.000 €) × 0,26 + 14.000 €
bis 350.000 €	x = (M – 70.000 €) × 0,075 + 23.100 €
bis 700.000 €	x = (M – 350.000 €) × 0,033 + 44.100 €
bis 35.000.000 €	x = (M – 700.000 €) × 0,022 + 55.650 €
bis 70.000.000 €	x = (M – 35.000.000 €) × 0,011 + 810.250 €
bis 350.000.000 €	x = (M – 70.000.000 €) × 0,005 + 1.195.250 €
bis 700.000.000 €	x = (M – 350.000.000 €) × 0,004 + 2.595.250 €
über 700.000.000 €	x = (M – 700.000.000 €) × 0,002 + 3.995.250 €

Zur Berechnung der Regelvergütung in den bis 31.12.2020 beantragten Verfahren wird auf die 2. Auflage § 4 Rz. 85 [*U. Keller*] verwiesen.[180] 90

2. Der Begriff des Normalverfahrens

Die Regelvergütung gilt die gesamte Tätigkeit des Insolvenzverwalters in einem Insolvenzverfahren der betreffenden Art ab.[181] Die **InsVV definiert das Normalverfahren nicht** durch positive Tatbestandsmerkmale. Es kann nur negativ aus den in § 3 Abs. 1 InsVV genannten Erhöhungsfaktoren gefolgert werden, dass es sich bei Nichtvorliegen dieser Tatbestände um ein mit der Regelvergütung des § 2 InsVV zu vergütendes Normalverfahren handeln soll. Allgemein werden die Aufgabenbereiche des Insolvenzverwalters zwischen der Qualität der verschiedenen Aufgaben und den Anforderungen sowie dem Umfang (Quantität) der jeweiligen Aufgabe unterschieden. 91

177) Begr. zum Entwurf einer InsVV (§ 2), abgedr. Bei *U. Keller*, Vergütung, Anh. III, S. 856 ff.

178) Art. 6 des SanInsFoG, v. 22.12.2020, BGBl. I 2020, 3256.

179) Allgemein *U. Keller*, NZI 2005, 23.

180) Umfassend dazu mit Vergleichsberechnungen *U. Keller*, Vergütung, § 4 Rz. 65 ff. Eingehend zur Kritik an der Nicht-Anhebung der Vergütung und der Preissteigerung *Zimmer*, InsVV, § 2 Rz. 29 ff.

181) Zur bisherigen Regelung des § 3 VergVO *Eickmann*, VergVO, § 4 Rz. 4 ff.; zur InsVV *Wagner*, NZI 1998, 23.

92 Zumeist werden statische Kriterien für ein Normalverfahren i. S. des § 2 InsVV genannt; zu nennen sind bspw.:[182]

- Umsatz des schuldnerischen Unternehmens vor Insolvenzeröffnung oder bei Unternehmensfortführung von nicht mehr als 1,5 Mio. €; bei mehr als 50 Mitarbeitern Obergrenze von 4 Mio. €.
- Buchhaltung von nicht mehr als 300 Buchungsvorgängen.
- Nicht mehr als 20 Arbeitnehmer (§§ 17, 18 KSchG) im Unternehmen.
- Nur eine Betriebsstätte und keine Zweigniederlassungen.
- Prüfung von Aus- und Absonderungsrechten mit einem Umfang von etwa 30 % der Schuldenmasse.
- Bis zu 50 Forderungen des Schuldners.
- Keine Zustellungen für das Insolvenzgericht (§ 8 Abs. 3 InsO).
- Kein im Ausland befindliches Vermögen.
- Anfechtungsansprüche von mittlerer rechtlicher Schwierigkeit oder von geringer Zahl.
- Nicht mehr als 100 Insolvenzgläubiger.

93 Ein solcher **statische Ansatz von der Definition des Normalverfahrens ist abzulehnen.** Es ist vielmehr unter Berücksichtigung des Umfangs der Insolvenzmasse und des **Gegenstandes des schuldnerischen Unternehmens** sowie unter Berücksichtigung der **historischen Entwicklung der InsVV** ein **dynamischer Begriff des Normalfalls** maßgebend.[183] Der dynamische Begriff des Normalfalles ist vor allem hinsichtlich der quantitativen Tatbestände des konkreten Insolvenzverfahrens von Bedeutung: Im Insolvenzverfahren eines großen Bauunternehmens mit mehreren hundert Arbeitnehmern sind typischerweise mehr Gläubiger beteiligt als bei einem kleinen Handwerker mit weit geringerem Jahresumsatz. Unter Berücksichtigung der Höhe der Insolvenzmasse muss in diesem Fall die Schwelle der Zahl der Gläubiger, die auch das Normalverfahren kennzeichnen, anders angesetzt werden.[184] Die allgemeine statische Schwelle von 100 Gläubigern, die auch vom BGH früher anerkannt wird, ist insoweit untauglich.[185]

94 Allerdings sind die **Kriterien und Schwellenwerte quantitativer und qualitativer Tatbestände** für die bis 31.12.2020 beantragten Verfahren auf das **Normalverfahren des Jahrs 1999** zu beziehen. Der Verordnungsgeber hat bei Normierung des § 2 InsVV zum Jahre 1999 den bis dato anerkannten vierfachen Satz der Regelvergütung des früheren § 3 VergVO übernommen und in den Beträgen aktualisiert.[186] Die Frage, ob seit der Statuierung dieses vierfachen Satzes seit dem Beschluss des BVerfG vom 9.2.1989[187] Veränderungen in den Tatbeständen eines Normalverfahrens eingetreten sind, wurde nicht diskutiert. In gleicher Weise erfolgte zum 1.1.2002 nur eine rechnerische Umstellung und Glättung der Beträge auf Euro. Insofern bestimmt sich der dynamische Begriff des Normalverfahrens auf Tatbestände des

182) *Prasser/Stoffler* in: KPB, InsO, § 3 InsVV Rz. 60 ff.

183) Umfassend *U. Keller*, Vergütung, § 4 Rz. 4 ff., 31 ff.; *U. Keller* in: FS Görg, 2010, S. 247.

184) LG Münster, Beschl. v. 25.8.2019 – 5 T 300/18, ZInsO 2019, 1810.

185) Umfassend *U. Keller*, Vergütung, § 4 Rz. 50; *U.* Keller in: FS Görg, 2010, S. 247; ferner *Zimmer*, InsVV, § 2 Rz. 12 ff.

186) *U. Keller*, Vergütung, § 4 Rz. 31 ff., 54.

187) BVerfG, Beschl. v. 9.2.1989 – 1 BvR 1165/87, ZIP 1989, 382, m. Anm. *Eickmann*, dazu EWiR 1989, 391 *(Onusseit)*.

Jahrs 1989. Die Tatbestände eines Insolvenzverfahrens heutiger Ausprägung können dann nur über Erhöhungen nach § 3 Abs. 1 InsVV eingefangen werden.[188)]

II. Die Mindestvergütung im Regelinsolvenzverfahren

Die **Mindestvergütung** im Regelinsolvenzverfahren **beträgt in den seit dem 1.1.2004 eröffneten** und bis 31.12.2020 beantragten **Insolvenzverfahren** grundsätzlich **1.000 €; für die seit 1.1.2021 beantragten Verfahren beträgt sie 1.400 €** (§ 2 Abs. 2 Satz 1 InsVV).[189)] Ergibt sich aus § 1 InsVV eine höhere Vergütung in Anwendung der Staffelsätze des § 2 Abs. 1 InsVV, ist diese maßgebend. Die Mindestvergütung ist unabhängig von der Höhe der Berechnungsgrundlage, sie gilt insbesondere im masselosen Insolvenzverfahren bei Gewährung von Kostenstundung. Die Mindestvergütung des § 2 Abs. 2 InsVV gilt auch in der Unternehmensinsolvenz. 95

Die Zahl der Gläubiger, die sich am Insolvenzverfahren beteiligen, ist **pauschales Erhöhungskriterium.**[190)] Der Verordnungstext spricht von „Gläubigern", die Forderungen zum Verfahren anmelden.[191)] Das Erhöhungskriterium des § 2 Abs. 2 InsVV ist wortlautgetreu als Zahl der Gläubiger „nach Köpfen" und nicht „nach Forderungen" anzusehen.[192)] Sind am Insolvenzverfahren nicht mehr als 10 Gläubiger beteiligt, bleibt es bei der Mindestvergütung von 1.000 € bzw. 1.400 €. Bei 11 bis 30 Gläubigern erhöht sich die Vergütung für je 5 Gläubiger nach § 2 Abs. 2 Satz 2 InsVV. Die Berechnung der Mindestvergütung unter Berücksichtigung der Gläubigerzahl (G) bei mehr als 30 Gläubigern kann nach Formeln erfolgen.[193)] 96

Umstritten ist, ob die Erhöhung der Mindestvergütung nach der Zahl der Gläubiger auch dann gilt, wenn in der Unternehmensinsolvenz eine **besonders hohe Zahl an Gläubigern** beteiligt ist.[194)] Der BGH verneint eine Anwendung des § 2 Abs. 2 Satz 2 InsVV für die Insolvenz juristischer Personen oder Personengesellschaften.[195)] Die Vorschrift sein ihrem Zweck nach nur für die Insolvenz natürlicher Personen gedacht. Danach sei für die Un- 97

---

188) Ablehnend zur pauschalen Anhebung mangels ausreichenden Nachweises einer Preissteigerung für Insolvenzverwaltertätigkeit BGH, Beschl. v. 4.12.2014 – IX ZB 60/13, ZIP 2015, 138 = NZI 2015, 141, m. Anm. *Graeber*, dazu EWiR 2015, 153 *(U. Keller)*; bestätigt durch BGH, Beschl. v. 5.3.2015 – IX ZB 48/14, InsbürO 2015, 368; BGH, Beschl. v. 12.9.2019 – IX ZB 2/19, ZVI 2020, 30 = ZIP 2019, 2021, dazu EWiR 2019, 725 *(Mock)*; BGH, Beschl. v. 17.9.2020 – IX ZB 29/19, ZRI 2020, 597 = ZIP 2020, 2083, dazu EWiR 2020, 659 *(Körner/Rendels)*; *Lissner*, ZInsO 2020, 2677, 2688; ebenso LG Heilbronn, Beschl. v. 19.7.2013 – 1 T 255/13 Bm, 1 T 255/13, ZInsO 2013, 1810, m. Anm. *Haarmeyer*; LG Mainz, Beschl. v. 18.7.2014 – 8 T 46/14, juris; LG Köln, Beschl. v. 13.5.2019 – 13 T 167/18, ZVI 2019, 361 = ZIP 2019, 1132, dazu EWiR 2019, 473 *(Zimmer)*; zur Rechtsentwicklung bei § 3 VergVO *Eickmann*, VergVO, § 3 Rz. 12 ff.; umfassend *Zimmer*, InsVV, § 2 Rz. 31 ff.

189) Verordnung zur Änderung der Insolvenzrechtlichen Vergütungsverordnung (InsVV-ÄndVO), v. 4.10.2004, BGBl. I 2004, 2569; zur Rechtsgeschichte BGH, Beschl. v. 15.1.2004 – IX ZB 96/03, BGHZ 157, 282 = ZVI 2004, 133, dazu EWiR 2004, 985 *(Blersch)*; BGH, Beschl. v. 15.1.2004 – IX ZB 46/03, IX ZB 46/03 = ZIP 2004, 424; eingehend *U. Keller*, Vergütung, § 4 Rz. 86 ff.; zur Verfassungsmäßigkeit der Neuregelungen BVerfG, Beschl. v. 31.8.2005 – 1 BvR 700/05, ZVI 2005, 558 = ZIP 2005, 1694, und BVerfG, Beschl. v. 31.8.2005 – 1 BvR 628/05, ZIP 2005, 1697 (LS); BGH, Beschl. v. 13.3.2008 – IX ZB 63/05, ZIP 2008, 976 = NZI 2008, 361.

190) Begr. zum Entwurf einer InsVV-ÄndVO (zu § 2 Abs. 2) mit Zusammenfassung der Untersuchungsergebnisse hinsichtlich der Kosten je Arbeitsstunde, abgedr. Bei *U. Keller*, Vergütung, Anh. IV, S. 873 ff.

191) Zur Rücknahme der Anmeldung LG Dessau-Roßlau, Beschl. v. 19.2.2015 – 1 T 16/14, ZIP 2014, 1239 = NZI 2014, 475, m. Anm. *Stephan*.

192) AG Potsdam, Beschl. v. 5.12.2006 – 35 IN 1058/05, NZI 2007, 179; *U. Keller*, Vergütung, § 4 Rz. 120 ff.

193) Eingehend *U. Keller*, Vergütung, § 4 Rz. 123 ff., 133 ff.

194) Eingehend *U. Keller*, Vergütung, § 4 Rz. 143 ff.; *Vill*, ZInsO 2020, 974; *U. Keller*, in: FS Kayser, 2019, S. 1043, 1049.

195) BGH, Beschl. v. 22.7.2021 – IX ZB 4/21, ZRI 2021, 886 = NZI 2021, 984, m. Anm. *Gutmann*, dazu EWiR 2021, 723 *(Blersch)*.

ternehmensinsolvenz eine hohe Gläubigerzahl allein durch einen Zuschlag für quantitativen Aufwand nach § 3 Abs. 1 InsVV zu berücksichtigen.

98 § 2 Abs. 2 InsVV schließt die **Möglichkeit weiterer Erhöhungen** der Vergütung in Anwendung des § 3 Abs. 1 InsVV nicht aus. In besonderen Fällen ist auch eine Kürzung möglich.[196] Da die Mindestvergütung des § 2 Abs. 2 InsVV in jeder Verfahrensart – auch der Unternehmensinsolvenz – gilt, ist in jedem Fall eine Vergleichsberechnung zwischen der Mindestvergütung und der Regelvergütung nach § 2 Abs. 1 InsVV erforderlich.[197]

D. Die Erhöhung und Kürzung der Vergütung nach § 3 InsVV

I. Das System von Erhöhung und Kürzung der Regelvergütung (§ 3 InsVV)

1. Zweck der Vorschrift

99 Die Vergütung hat dem Umfang und der Schwierigkeit der Geschäftsführung des Insolvenzverwalters Rechnung zu tragen (§ 63 Abs. 1 Satz 3 InsO). Dieser gesetzlichen Vorgabe entspricht § 3 InsVV, nach dem entsprechend den Besonderheiten des konkreten Insolvenzverfahrens und dem Arbeitsaufwand des Insolvenzverwalters die Vergütung nach § 3 Abs. 1 InsVV zu erhöhen oder nach § 3 Abs. 2 InsVV zu kürzen ist. Gerade in der Unternehmensinsolvenz kommt damit § 3 InsVV eine zentrale Bedeutung zu.

2. Die Typisierung von Erhöhungs- und Kürzungstatbeständen

100 Sinnvoll ist es, für § 3 InsVV Fallgruppen zu bilden, nach denen Erhöhungen oder Kürzungen der Regelvergütung erfolgen. Dies darf aber nicht mit einer Schematisierung verwechselt werden, die den Einzelfall nicht mehr berücksichtigt.[198] Nach Ansicht des BGH muss nicht jeder Einzelfall eines Tatbestands mit einem Zu- oder Abschlagsfaktor versehen werden, es genüge eine abwägende Gesamtbetrachtung aller Erhöhungs- und Kürzungstatbestände.[199] Dies ist kritisch zu sehen, da damit Einzelfälle nicht ausreichend gewürdigt werden können und vor allem die Abwägung zwischen qualitativen Tatbeständen und eher quantitativen Tatbeständen, die nur den Arbeitsaufwand abgelten, nicht ausreichend erfolgen kann.[200] Auch bei Tatbeständen, die eine Vergleichsberechnung erfordern, insbesondere die Unternehmensfortführung, muss eine differenzierte Berücksichtigung erfolgen.

3. Die Berechnung der Erhöhung oder der Kürzung der Vergütung

101 Die Erhöhung oder Kürzung erfolgt regelmäßig durch Zuerkennung von Prozentsätzen oder Zuschlagsfaktoren zur Regelvergütung; sie könnte aber auch in konkreten Geldbe-

196) BGH, Beschl. v. 14.12.2017 – IX ZB 101/15, ZIP 2018, 333 = NZI 2018, 130, dazu EWiR 2018, 277 *(Zimmer)*; BGH, Beschl. v. 12.3.2020 – IX ZB 33/18, ZVI 2020, 228 = NZI 2020, 521, dazu EWiR 2020, 467 *(Blersch)*; LG Münster, Beschl. v. 23.8.2017 – 5 T 484/17, ZVI 2018, 127; LG Münster, Beschl. v. 22.5.2019 – 5 T 630/18, ZIP 2020, 596 = NZI 2020, 126; AG Köln, Beschl. v. 4.1.2017 – 72 IN 310/16, ZVI 2017, 167 = ZIP 2017, 834.

197) Eingehend *U. Keller*, NZI 2005, 23.

198) BGH, Beschl. v. 4.7.2002 – IX ZB 31/02, ZIP 2002, 1459 = NJW 2002, 2945; BGH, Beschl. v. 18.12.2003 – IX ZB 50/03, ZVI 2004, 203 = ZIP 2004, 518; BGH, Beschl. v. 24.6.2003 – IX ZB 453/02, ZVI 2003, 484 = ZIP 2003, 1759; BGH, Beschl. v. 17.7.2003 – IX ZB 10/03, ZVI 2003, 430 = ZIP 2003, 1612; BGH, Beschl. v. 24.7.2003 – IX ZB 607/02, ZIP 2003, 1757 = NZI 2003, 603, dazu EWiR 2003, 1043 *(Rendels)*; BGH, Beschl. v. 11.5.2006 – IX ZB 249/04, ZIP 2006, 1204 = NZI 2006, 464, m. Anm. *Nowak*; dazu *U. Keller*, NZI 2004, 465, 470, 474.

199) So insbesondere BGH, Beschl. v. 11.5.2006 – IX ZB 249/04, ZIP 2006, 1204 = NZI 2006, 464, m. Anm. *Nowak*; zuletzt insbesondere BGH, Beschl. v. 12.5.2011 – IX ZB 143/08, ZIP 2011, 1373 = NZI 2011, 630; BGH, Beschl. v. 17.4.2013 – IX ZB 141/11, ZInsO 2013, 1104; BGH, Beschl. v. 23.3.2006 – IX ZB 28/05, NZI 2006, 341; AG Freiburg, Beschl. v. 18.8.2016 – 8 IN 144/06, ZInsO 2016, 2270; *U. Keller* in: HK-InsO, § 3 InsVV Rz. 10 ff.; *Fischer*, NZI 2004, 281, 296.

200) Eingehend *U. Keller*, Vergütung, § 5 Rz. 49, 53 ff.; ebenso *Zimmer*, InsVV, § 3 Rz. 43 ff.

trägen bestehen. Die seitens der Literatur in verschiedenen Tabellen vorgeschlagenen Prozentsätze oder Zuschlagsfaktoren sind nicht als statisch zu betrachten, sie sind Hilfestellung für den konkreten Fall, der dann zu vergleichen ist mit den Sachverhalten, aus welchen sich die Tabelle jeweils zusammensetzt.[201)]

Bei Tatbeständen, die sich unmittelbar auf die Höhe der Insolvenzmasse als Berechnungsgrundlage auswirken, ist bei der Bestimmung eines Zuschlags auch die bereits eingetretene Erhöhung der Regelvergütung zu berücksichtigen.[202)] Auch soll die Höhe der Insolvenzmasse als solche ein Gradmesser der Zuschlagsbemessung sein; bei hoher Insolvenzmasse sollen die Zuschläge eher geringer bemessen werden.[203)] Dem kann pauschal nicht gefolgt werden. Insbesondere bei qualitativen Tatbeständen besteht zwischen der Höhe der Insolvenzmasse und dem Arbeitsaufwand des Insolvenzverwalters kein zwingender Zusammenhang. Daher darf bspw. eine Unternehmensfortführung bei hoher Insolvenzmasse nicht grundsätzlich geringer bewertet werden als bei geringer Insolvenzmasse. Bei rein quantitativen Tatbeständen ist aber zu prüfen, ob der durch den Faktor ermittelte Zuschlagsbetrag in einem angemessenen Verhältnis zur Arbeitsleistung steht. Erhält der Insolvenzverwalter bspw. eine Erhöhung für besonders viele Zustellungen, sollte der Zuschlag nicht so bemessen sein, dass sich am Ende pro Zustellung mehrere hundert Euro Vergütung ergeben. 102

II. Vergütungserhöhende Tatbestände (§ 3 Abs. 1 InsVV)

Die Vorschrift des § 3 Abs. 1 InsVV enthält **keine abschließende Aufzählung** der Tatbestände, sondern nur Regelbeispiele.[204)] Auch gibt § 3 InsVV dem **Gericht kein Ermessen bei der Feststellung, ob ein Erhöhungs- oder Kürzungstatbestand gegeben ist.** Ist ein entsprechender Erhöhungstatbestand erfüllt, muss die Vergütung auch erhöht werden. Ein Ermessen, das in der Rechtsbeschwerde grundsätzlich auch nicht beanstandet werden kann, besteht bei der Zuerkennung des konkreten Erhöhungs- oder auch Kürzungsfaktors.[205)] 103

1. Bearbeitung von Aus- und Absonderungsrechten (§ 3 Abs. 1 lit. a InsVV)

Zu beachten ist zunächst § 1 Abs. 2 Nr. 1 InsVV. Danach ist zunächst die besondere Vergütung für die Verwertung der mit Absonderungsrechten behafteten Gegenstände maßgebend. Wird sie gewährt, scheidet ein Zuschlag grundsätzlich aus. Die Bearbeitung von Aus- und Absonderungsrechten i. S. des § 3 Abs. 1 lit. a InsVV bezieht sich aber nicht aug die Verwertung, sondern auf die **Prüfung des Bestehens und der Berechtigung** eines Aus- oder Absonderungsrechts. 104

Eine Erhöhung der Regelvergütung ist angezeigt, wenn die Bearbeitung von Aus- und Absonderungsrechten einen erheblichen Teil der Tätigkeit des Verwalters ausmacht. Dies ist nach verbreiteter Ansicht gegeben, wenn die Sicherungsrechte bezogen auf die Gesamt- 105

---

201) *U. Keller*, Vergütung, § 5 Rz. 63.

202) BGH, Beschl. v. 8.3.2012 – IX ZB 162/11, ZIP 2012, 682 = DZWIR 2012, 260, m. Anm. *U. Keller*.

203) BGH, Beschl. v. 29.4.2021 – IX ZB 58/19, ZRI 2021, 534 = NZI 2021, 744, m. Anm. *Stephan*, dazu EWiR 2021, 561 *(Mock)*; BGH, Beschl. v. 22.6.2017 – IX ZB 65/15, NZI 2017, 732.

204) So bereits die Begr. zum Entwurf einer InsVV (§ 3), abgedr. Bei *U. Keller*, Vergütung, Anh. III, S. 858; zur Vorgängerregelung *Eickmann*, VergVO, § 4 Rz. 14.

205) BGH, Beschl. v. 23.9.2004 – IX ZB 215/03, NZI 2004, 665 = DZWIR 2005, 32, m. Anm. *Heinze*; BGH, Beschl. v. 16.6.2005 – IX ZB 186/03, NZI 2005, 629; BGH, Beschl. v. 11.5.2006 – IX ZB 249/04, ZIP 2006, 1204 = NZI 2006, 464, m. Anm. *Nowak*; BGH, Beschl. v. 22.3.2007 – IX ZB 201/05, ZInsO 2007, 370; BGH, Beschl. v. 14.2.2008 – IX ZB 181/04, ZVI 2008, 226 = ZIP 2008, 618; BGH, Beschl. v. 9.10.2008 – IX ZB 292/04, ZInsO 2008, 1264; BGH, Beschl. v. 13.11.2008 – IX ZB 141/07, ZInsO 2009, 55; BGH, Beschl. v. 26.9.2013 – IX ZB 246/11, juris; BGH, Beschl. v. 11.6.2015 – IX ZB 18/13, ZIP 2015, 1595 = NZI 2015, 821, dazu EWiR 2015, 647 *(U. Keller)*.

gläubigerzahl mehr als 30 % ausmachen.[206] Nach Ansicht des BGH ist eine Erhöhung der Vergütung aber nicht schon deshalb gerechtfertigt, weil die Insolvenzmasse zu einem gewissen Prozentsatz mit Fremdrechten belastet ist.[207] Es muss die tatsächliche Erschwernis bei der Bearbeitung dieser Rechte für den Insolvenzverwalter erheblich gewesen sein.

2. Unternehmensfortführung und Immobilienverwaltung (§ 3 Abs. 1 lit. b InsVV)

106 Nach § 3 Abs. 1 lit. b InsVV ist die Vergütung bei Unternehmensfortführung zu erhöhen. Die Unternehmensfortführung ist niemals Bestandteil eines Normalverfahrens, auch nicht in Verfahren der Eigenverwaltung, sie ist stets als Erhöhungstatbestand zu würdigen. Ein Zuschlag kann dabei nur gewährt werden, wenn durch die Fortführung die Masse nicht entsprechend höher geworden sein. Dies gilt sowohl bei der Unternehmensfortführung des vorläufigen Insolvenzverwalters[208] als auch für die des endgültigen Insolvenzverwalters.[209]

107 Ist bei einer Unternehmensfortführung die **Insolvenzmasse größer geworden** und kann deshalb § 3 Abs. 1 lit. b InsVV nicht unmittelbar angewendet werden, ist dem Insolvenzverwalter für seine Tätigkeit ein ausgleichender Zuschlag zu gewähren.[210] Dabei sind die Vergütungen gegenüberzustellen, die sich aus der Insolvenzmasse ohne Umsatzerlöse und ohne Abzug der Masseverbindlichkeiten aus der Fortführung aber mit entsprechendem Erhöhungsfaktor vergleichsweise mit der durch die Fortführung erhöhten Insolvenzmasse mit Abzug der Masseverbindlichkeiten und ohne Erhöhung ergeben. Der Differenzbetrag soll in etwa als Zuschlag gewährt werden. Damit soll die Degression der Regelvergütung gemildert werden, die sich für den Insolvenzverwalter negativ auswirkt, wenn er Insolvenzmasse erwirtschaften konnte, deswegen keine Erhöhung erhält, vergleichsweise aber die erhöhte Vergütung aus der geringeren Insolvenzmasse höher wäre.

108 Bei Zuerkennung des konkreten Zuschlags ist es sachgerecht, nach der **Größe** des fortgeführten Unternehmens unter Heranziehung des § 267 HGB zu unterscheiden.[211] Der BGH billigt eine Erhöhung der Vergütung dann, wenn der Umsatz des schuldnerischen Unternehmens vor der Insolvenz erheblich war.[212]

109 Hat der Insolvenzverwalter **Grundstücke und Häuser verwaltet**, soll der ihm hier entstandene Aufwand durch Erhöhung der Regelvergütung besonders vergütet werden; zum Sonderfall der sog. kalten Zwangsverwaltung siehe unter Rz. 115. Dabei kommt es nicht zwingend auf die Zahl der Immobilien an.[213] Erschwernisse bei der Verwertung können auch dann vorliegen, wenn die Immobilie unbelastet ist.[214]

3. Erhebliche Massemehrung (§ 3 Abs. 1 lit. c InsVV)

110 Als Ausgleich für die Degression des § 2 Abs. 1 InsVV sieht § 3 Abs. 1 lit. c InsVV eine Erhöhung der Regelvergütung vor. Als Ausnahmetatbestand kann sie nur zur Anwen-

---

206) *Prasser/Stoffler* in: KPB, InsO, § 3 InsVV Rz. 70 ff.

207) BGH, Beschl. v. 24.7.2003 – IX ZB 607/02, ZIP 2003, 1757 = NZI 2003, 603, dazu EWiR 2003, 1043 *(Rendels)*.

208) BGH, Beschl. v. 18.12.2005 – IX ZB 50/03, ZVI 2004, 203 = ZIP 2004, 518.

209) BGH, Beschl. v. 22.2.2007 – IX ZB 106/06, ZIP 2007, 784 = NZI 2007, 341; allgemein zu Einzelaspekten auch LG Duisburg, Beschl. v. 17.4.2018 – 7 T 147/17, ZInsO 2019, 344.

210) BGH, Beschl. v. 22.2.2007 – IX ZB 106/06, ZIP 2007, 784 = NZI 2007, 341; deutlicher hervorgehoben in BGH, Beschl. v. 22.2.2007 – IX ZB 120/06, ZIP 2007, 826 = NZI 2007, 343; BGH, Beschl. v. 24.1.2008 – IX ZB 120/07, ZIP 2008, 514 = NZI 2008, 239.

211) *U. Keller*, Vergütung, § 5 Rz. 164.

212) BGH, Beschl. v. 18.12.2005 – IX ZB 50/03, ZVI 2004, 203 = ZIP 2004, 518; LG Freiburg, Beschl. v. 23.8.2017 – 3 T 246/16, ZInsO 2017, 2083.

213) BGH, Beschl. v. 24.1.2008 – IX ZB 120/07, ZIP 2008, 514 = NZI 2008, 239.

214) BGH, Beschl. v. 21.9.2017 – IX ZB 84/16, ZIP 2017, 2018 = NZI 2017, 991, dazu EWiR 2017, 725 *(Zimmer)*.

dung kommen, wenn der **Insolvenzverwalter mit erheblichem Aufwand die Masse mehren konnte** oder zusätzliche Masse festgestellt hat. Eine große Masse wird bei einer Größenordnung von mehr als 250.000 € angenommen.[215)]

Unklar ist, auf welche Weise und in welchem Umfang die Vergütungserhöhung als Ausgleich der geringen Degression erfolgen soll. Systematisch vertretbar ist es, entweder den Mehrbetrag nach der jeweils vorangehenden Stufe des § 2 Abs. 1 InsVV zu vergüten, oder den Betrag der Insolvenzmasse, der 25 Mio. € übersteigt, mit 2 % als Regelvergütung zu vergüten (entsprechend der bis 31.12.2020 geltenden Degressionsstufen).[216)] Überzeugend ist der Vorschlag, den Betrag der Massemehrung aufgrund besonderer Arbeitsleistung mit dem Durchschnittsprozentsatz der Vergütung aus der nicht erhöhten Berechnungsgrundlage zu vergüten.[217)] Dies setzt aber voraus, dass die Massemehrung aufgrund erheblichen Arbeitsaufwands feststellbar ist. War die Insolvenzmasse bei Beginn des Verfahrens so hoch, dass die Degression des § 2 Abs. 1 InsVV praktisch nicht greift, ist das kaum möglich. Es ist dann besser, den Degressionsausgleich nach der „2 %-Methode" zu ermitteln. Der BGH setzt den Degressionsausgleich ebenso wie die sonstigen Erhöhungstatbestände undifferenziert in das Ermessen des Insolvenzgerichts.[218)] Er vermischt damit Tatbestände, die systematisch getrennt voneinander zu betrachten sind.[219)] Denn wenn der Degressionsausgleich zusammen mit weiteren Tatbeständen undifferenziert bewertet wird, besteht die Gefahr, dass er als eigenständiger Erhöhungstatbestand praktisch vernachlässigt wird. 111

4. Bearbeitung arbeitsrechtlicher Sachverhalte (§ 3 Abs. 1 lit. d InsVV)

Für die Klärung und Bearbeitung arbeitsrechtlicher Fragen ist nach § 3 Abs. 1 lit. d InsVV eine Erhöhung der Regelvergütung zuzubilligen.[220)] Als quantitatives Merkmal einer Erhöhung wurde früher in Anlehnung an §§ 17, 18 KSchG die Zahl von 20 Arbeitnehmern genannt.[221)] Nach den Grundsätzen zum sog. dynamischen Normalfall ist aber je nach Größe und Branche des Unternehmens individuell festzustellen, wie hoch die typische Zahl an Arbeitnehmern ein Unternehmen hat.[222)] Die Anlehnung an §§ 17, 18 KSchG beruht i. Ü. nicht auf Vergleichbarkeit der Regelungsinhalte der Normen. Eine Vergütungserhöhung ist auch bei geringerer Zahl von Arbeitnehmern möglich, wenn also der maßgebliche Schwellenwert nicht erreicht ist, der Arbeitsaufwand des Insolvenzverwalters wegen besonderer Schwierigkeiten im Einzelfall aber dennoch erheblich war. Als Erhöhungstatbestand kommen auch die Gründung von Beschäftigungs- und Qualifizierungsgesellschaften (BQG)[223)] und aufwendige Differenzlohnberechnungen[224)] in Betracht. 112

215) BGH, Beschl. v. 8.11.2012 – IX ZB 139/10, ZIP 2012, 2407 = NZI 2012, 981, dazu EWiR 2012, 803 *(Blersch)*; eingehend auch Stephan/Riedel-*Riedel*, InsVV, § 3 Rz. 14 ff.

216) Eingehend *U. Keller*, Vergütung, § 4 Rz. 83.

217) Mit Vergleichsberechnungen *U. Keller*, Vergütung, § 4 Rz. 84 ff.

218) BGH, Beschl. v. 8.11.2012 – IX ZB 139/10, ZIP 2012, 2407 = NZI 2012, 981, dazu EWiR 2012, 803 *(Blersch)*.

219) *U. Keller*, NZI 2013, 19.

220) Sehr umfangreich dazu *Hess*, InsO, § 3 InsVV Rz. 73 ff.

221) BGH, Beschl. v. 14.12.2000 – IX ZB 105/00, BGHZ 146, 165 = ZIP 2001, 296, dazu EWiR 2001, 281 *(U. Keller)*; BGH, Beschl. v. 12.1.2006 – IX ZB 127/04, ZVI 2006, 165 = ZIP 2006, 672, m. Anm. *Prasser*; BGH, Beschl. v. 22.2.2007 – IX ZB 120/06, ZIP 2007, 826 = NZI 2007, 343; BGH, Beschl. v. 9.10.2008 – IX ZB 182/04, ZInsO 2008, 1265.

222) So auch BGH, Beschl. v. 12.9.2019 – IX ZB 65/18, ZIP 2019, 2018 = NZI 2019, 913, dazu EWiR 2019, 757 *(Prasser)*.

223) *Prasser/Stoffler* in: KPB, InsO, § 3 InsVV Rz. 69.

224) *Hess*, InsO, § 3 InsVV Rz. 79.

113 Die Vereinbarung eines **Sozialplanes** nach § 123 InsO stellt keine Regelaufgabe des Verwalters dar; sie ist mit einer Erhöhung der Regelvergütung zu berücksichtigen.[225] Auch eine umfangreiche Tätigkeit des Verwalters im Zusammenhang mit der Gewährung von Insolvenzgeld nach §§ 183 SGB III kann eine Erhöhung der Regelvergütung begründen.[226]

5. Insolvenzplan (§ 3 Abs. 1 lit. e InsVV)

114 Die Erstellung eines Insolvenzplans rechtfertigt eine Erhöhung der Regelvergütung nach § 3 Abs. 1 lit. e InsVV.[227] Die Erhöhung der Regelvergütung ist nicht davon abhängig, dass der vom Verwalter erstellte Insolvenzplan von den Gläubigern angenommen und das Insolvenzverfahren hierauf beendet wird. Eine Erhöhung kann auch möglich sein, wenn der Plan bereits im Vorfeld des gerichtlichen Planverfahrens zwar erstellt wird, aber mangels Erfolgsaussichten nicht nach § 218 InsO vorgelegt wird, oder wenn ein vom Schuldner erarbeiteter Insolvenzplan überarbeitet wird.[228]

6. Weitere Tatbestände

115 Die Vorschrift des § 3 Abs. 1 InsVV ist offen für die Besonderheiten des konkreten Insolvenzverfahrens. Weitere Erhöhungstatbestände sind alphabetisch und stichwortartig:[229]

- **Abschlagsverteilung:** Vergütungserhöhend, wenn sie mehrfach erfolgt und zusätzlich mit besonderem Arbeitsaufwand verbunden ist.
- **Altlastensanierung:** Beseitigung ökologischer Altlasten rechtfertigt in jedem Fall eine Vergütungserhöhung. Gibt der Insolvenzverwalter das Grundstück aus der Insolvenzmasse frei, um den Kosten der Altlastensanierung als Masseverbindlichkeiten zu entgehen, ist eine Vergütungserhöhung nur in geringem Umfange möglich.
- **Anfechtung von Rechtshandlungen nach §§ 129 ff. InsO:** Vergütungserhöhend, wenn sie mit besonderen rechtlichen Schwierigkeiten behaftet war (qualitatives Element).[230] Auch eine besonders hohe Zahl von Anfechtungsfällen (quantitatives Element) kann eine Vergütungserhöhung rechtfertigen; zweifelhaft sind Richtzahlen.[231]
- **Auslandsvermögen und Auslandsberührung:** Wenn im Ausland befindliches Vermögen zur Insolvenzmasse zu ziehen war; auch die zwingende Anwendung von Kollisionsrecht oder ausländischen Rechts, bspw. bei der Insolvenz einer Ltd.-Gesellschaft oder bei Anwendung der Europäischen Insolvenzverordnung (EuInsVO), führt zu einer Vergütungserhöhung.[232] Gleiches gilt für EU-Beihilferecht.[233]
- **Bauinsolvenz:** Beispielsweise Fragen der Erfüllungswahl nicht erfüllter Werkverträge (§ 103 i. V. m. § 105 InsO) und der Fertigstellung begonnener Bauvorhaben, Geltendmachung von Gewährleistungsansprüchen oder Fragen der Bauabzugssteuer nach § 48 EStG.[234]

---

225) BGH, Beschl. v. 18.12.2005 – IX ZB 50/03, ZVI 2004, 203 = ZIP 2004, 518; LG Hildesheim, Beschl. v. 30.11.1982 – 5 T 929, 534/82, ZIP 1983, 346; AG Ahrensburg, Beschl. v. 27.6.1983 – 6 N 46/76, ZIP 1983, 1103.

226) BGH, Beschl. v. 18.12.2005 – IX ZB 50/03, ZVI 2004, 203 = ZIP 2004, 518; *Prasser/Stoffler* in: KPB, InsO, § 3 InsVV Rz. 69.

227) *U. Keller*, Vergütung, § 5 Rz. 104, 105; kritisch *Madaus/Heßel*, ZIP 2013, 2088.

228) BGH, Beschl. v. 22.2.2007 – IX ZB 106/06, ZIP 2007, 784 = NZI 2007, 341.

229) Eingehend auch *Zimmer*, InsVV, § 3 Rz. 54 ff., 135 ff.; *Prasser/Stoffler* in: KPB, InsO, § 3 InsVV Rz. 116; *U. Keller*, Vergütung, § 5 Rz. 66 ff.; s. a. *Hess*, InsO, § 3 InsVV Rz. 118.

230) AG Hamburg, Beschl. v. 23.5.2016 – 67g IN 184/17, ZIP 2016, 1553.

231) *U. Keller*, Vergütung, § 5 Rz. 69, 70; *Ganter*, NZI 2016, 377.

232) *U. Keller*, Vergütung, § 5 Rz. 74 ff.

233) AG Dresden, Beschl. v. 12.12.2000 – 541 IN 73/00 (n. v.).

234) *U. Keller*, Vergütung, § 5 Rz. 84 ff.

- **Berichtswesen:** Besonders viele oder umfangreiche Berichte an das Gericht; diese sollte aber nicht sehr hoch ausfallen, die Berichterstattung ist Regelaufgabe, die nur in wenigen Fällen quantitativ den Normalfall übersteigt.
- **Buchhaltung und Rechnungswesen:** Aufarbeitung der schuldnerischen Buchhaltung mit erheblichem Arbeitsaufwand, wenn sie der Insolvenzverwalter mit eigenen Mitarbeitern bewältigt. Ist der Insolvenzverwalter als Nachfolger eines entlassenen Insolvenzverwalters (§ 59 InsO) berufen worden und legt sein Amtsvorgänger keine Schlussrechnung nach § 66 InsO, können die damit verbundenen Schwierigkeiten eine Erhöhung der Vergütung rechtfertigen.[235)]
- **Forderungsanmeldungen:** Besonders hohe Zahl an Gläubigern rechtfertigt schon wegen der Pflicht zur Tabellenerstellung nach § 174 InsO und zur Forderungsprüfung eine Erhöhung.[236)]
- **Forderungsbeitreibung:** Besonders viele Außenstände.[237)]
- **Gesellschaftsrechtliche Beteiligungen:** Zu nennen sind konzernrechtliche Verflechtungen mehrerer Gesellschaften.[238)]
- **Mehrere Betriebsstätten:** Insbesondere, wenn hierdurch dem Insolvenzverwalter quantitativer Aufwand entstanden ist.[239)]
- **Kalte Zwangsverwaltung:**[240)] Bei der Bestimmung der Berechnungsgrundlage ist § 1 Abs. 2 Nr. 4 lit. b InsVV zu beachten, die Erhöhung nach § 3 Abs. 1 lit. b InsVV kann in Anlehnung an § 18 ZwVwV bestimmt werden, wobei Delegationen an Hausverwaltungen zu berücksichtigen sind.[241)] Die Vergütungserhöhung darf aber nicht der Insolvenzmasse allgemein zur Last fallen, sie muss i. R. der Vereinbarung zur kalten Zwangsverwaltung von dem oder den Grundpfandrechtsgläubigern übernommen werden.
- **Neue Bundesländer:** Besonderheiten bei Rückübertragung enteigneten Vermögens nach §§ 3, 31 ff. VermG,[242)] Unternehmensrückgabe nach § 6 VermG, Feststellung und Veräußerung von selbständigem Gebäudeeigentum, Sachenrechtsbereinigung (§§ 32 ff. SachenRBerG), Verkehrsflächenbereinigung (VerkFlberG), Bodenneuordnung nach Bodensonderungsgesetz (BoSoG) oder Landwirtschaftsanpassungsgesetz (LwAnpG), Haftung der Bundesanstalt für vereinigungsbedingte Sonderaufgaben (ehemals Treuhandanstalt) nach § 56e DMBilG.[243)]

---

235) *U. Keller*, Vergütung, § 5 Rz. 88.

236) BGH, Beschl. v. 11.5.2006 – IX ZB 249/04, Rz. 43, ZIP 2006, 1204 = NZI 2006, 464, m. Anm. *Nowak*; LG Augsburg, Beschl. v. 10.10.1973 – 4 T 176/73, KTS 1974, 241, m. Anm. *H. Schmidt*; LG Bonn, Beschl. v. 4.12.1990 – 4 T 499, 500/90, ZIP 1991, 45, dazu EWiR 1991, 185 *(Eickmann)*; AG Ahrensburg, Beschl. v. 27.6.1983 – 6 N 46/76, ZIP 1983, 1103.

237) LG Koblenz, Beschl. v. 21.8.1981 – 4 T 440/81, KTS 1982, 141; LG Siegen, Beschl. v. 4.1.1988 – 4 T 221, 225/87, ZIP 1988, 326, dazu EWiR 1988, 289 *(Eickmann)*; *Prasser/Stoffler* in: KPB, InsO, § 3 InsVV Rz. 116.

238) LG Leipzig, Beschl. v. 27.9.1999 – 12 T 1192/99, DZWIR 2000, 36; LG Mönchengladbach, Beschl. v. 23.10.1986 – 5 T 382/86, ZIP 1986, 1588, dazu EWiR 1987, 73 *(Eickmann)*; *Prasser/Stoffler* in: KPB, InsO, § 3 InsVV Rz. 100, 101.

239) *U. Keller*, Vergütung, § 5 Rz. 124, 125.

240) Eingehend *U. Keller*, Vergütung, § 5 Rz. 107 ff.; *Tetzlaff*, ZInsO 2004, 521; *Tetzlaff*, ZfIR 2005, 179; *U. Keller*, NZI 2013, 265; *Bork*, ZIP 2013, 2129; *Zimmer*, InsbürO 2015, 510.

241) BGH, Beschl. v. 14.7.2016 – IX ZB 31/14, ZIP 2016, 1543 = NZI 2016, 824, m. Anm. *Stapper/Schädlich*, dazu EWiR 2016, 635 *(Mock)*; LG Frankfurt/O., Beschl. v. 24.5.2017 – 13 T 20/16, ZVI 2018, 494 = ZIP 2018, 1898.

242) LG Magdeburg, Beschl. v. 27.7.1995 – 3 T 356/95, ZIP 1995, 1372 = KTS 1996, 118, dazu EWiR 1995, 1095 *(Tappmeier)*.

243) Dazu BGH, Urt. v. 24.6.2003 – IX ZR 75/01, BGHZ 155, 227 = ZIP 2003, 1613, dazu EWiR 2003, 1191 *(Gundlach/Frenzel)*.

- **Prozessführung:** Besonders hohe Zahl an Rechtsstreitigkeiten.[244)]
- **Sanierungsmaßnahmen:** Die Bemühungen um eine Sanierung sind in jedem Fall zuschlagsfähig;[245)] dabei sind zahlreiche Einzeltatbestände zu berücksichtigen.[246)] Zu nennen sind die Einleitung und Durchführung eines M&A-Prozesses, Vorbereitung einer Due Dilligence, Investorengespräche und -verhandlungen, Verhandlungen mit Arbeitnehmervertretern, Klärung steuerrechtlicher und gesellschaftsrechtlicher Problemstellungen; ob am Ende eine sog. übertragende Sanierung[247)] erfolgt oder eine Sanierung durch Übertragung von Gesellschaftsanteilen (Share Deal), ist nicht maßgebend; insbesondere darf die übertragende Sanierung (Asset Deal) nicht lediglich als Verwertungshandlung betrachtet werden; für die Zuschlagsfähigkeit der Sanierungsbemühungen ist auch nicht maßgebend, ob diese i. V. mit einem Insolvenzplan oder über §§ 160 ff. InsO durchgeführt werden; bei Durchführung der Sanierung mit Insolvenzplan sind Überschneidungen der Arbeitstätigkeit bei den jeweiligen Erhöhungstatbeständen zu berücksichtigen; im Übrigen kann aber auch eine gescheiterte Sanierung zuschlagsfähig sein, da der Tatbestand tätigkeits- und nicht erfolgsbezogen ist; der Erfolg einer Sanierung soll jedoch die Höhe des Zuschlags positiv beeinflussen;[248)] je nach Umfang der Tätigkeiten des Insolvenzverwalters kann die Vergütungserhöhung erheblich sein und im Einzelfall 100 % der Regelvergütung betragen oder übersteigen.[249)]
- **Schuldnerverhalten:** Besonders obstruktives Verhalten des Schuldners oder von Angehörigen.[250)]
- **Verfahrensdauer:** Ist als Erhöhungskriterium ungeeignet, da sie allein nichts über die quantitativen oder qualitativen Besonderheiten eines Insolvenzverfahrens aussagt.[251)]
- **Zustellungswesen:** Als Auslagenersatz erhält der Verwalter für die Übertragung der Zustellungen (§ 8 Abs. 3 InsO) zunächst die Sachkosten der Zustellungen sowie den Personalaufwand des Verwalterbüros unabhängig vom sonstigen Auslagenersatz.[252)]

---

244) AG Frankfurt/M., Beschl. v. 6.5.1981 – 81 N 401/75, ZIP 1981, 891; AG Ahrensburg, Beschl. v. 27.6.1983 – 6 N 46/76, ZIP 1983, 1103; *Prasser/Stoffler* in: KPB, InsO, § 3 InsVV Rz. 116.

245) LG Mönchengladbach, Beschl. v. 23.10.1986 – 5 T 382/86, ZIP 1986, 1588, dazu EWiR 1987, 73 *(Eickmann)*; LG Siegen, Beschl. v. 4.1.1988 – 4 T 221/87, ZIP 1988, 326; LG Bonn, Beschl. v. 4.12.1990 – 4 T 499/90, ZIP 1991, 45, dazu EWiR 1991, 185 *(Eickmann)*; AG Bad Neuenahr, Beschl. v. 19.6.1981 – 6 N 5/78, KTS 1982, 152.

246) Eingehend *Zimmer*, InsVV, § 3 Rz. 175 ff.; *Prasser/Stoffler* in: KPB, InsO, § 3 InsVV Rz. 81 ff.; *U. Keller*, Vergütung, § 5 Rz. 128 ff.

247) Zum Begriff BFH, Urt. v. 24.4.1986 – IV R 282/84, ZIP 1986, 1205 = WM 1986, 1536, dazu EWiR 1986, 987 *(Crezelius)*.

248) BGH, Beschl. v. 12.1.2006 – IX ZB 17/04, NZI 2006, 236 = ZIP 2006, 672, m. Anm. *Prasser*; BGH, Beschl. v. 12.5.2011 – IX ZB 143/08, ZIP 2011, 1373 = NZI 2011, 630.

249) LG Chemnitz, Beschl. v. 18.7.2008 – 3 T 21/07, ZIP 2008, 1693.

250) BGH, Beschl. v. 24.1.2008 – IX ZB 120/07, ZIP 2008, 514 = NZI 2008, 239; für den vorläufigen Insolvenzverwalter LG Mönchengladbach, Beschl. v. 5.7.2001 – 5 T 109/01, ZInsO 2001, 750.

251) BGH, Beschl. v. 13.4.2006 – IX ZB 158/05, ZIP 2006, 1008 = NZI 2006, 401; BGH, Beschl. v. 6.5.2010 – IX ZB 123/09, ZInsO 2010, 1504; BGH, Beschl. v. 16.9.2010 – IX ZB 154/09, ZIP 2010, 2056 = NZI 2010, 982, dazu EWiR 2010, 791 *(Prasser/Rendels)*; BGH, Beschl. v. 26.2.2015 – IX ZB 34/13, InsbürO 2015, 255; LG Göttingen, Beschl. v. 20.6.2006 – 10 T 32/06, NZI 2006, 477; AG Potsdam, Beschl. v. 4.1.2005 – 35 IN 969/01, NZI 2005, 460; Stephan/Riedel-*Riedel*, InsVV, § 3 Rz. 34; anders LG Augsburg, Beschl. v. 10.10.1973 – 4 T 176/73, KTS 1974, 241, m. Anm. *H. Schmidt*; LG Bremen, Beschl. v. 18.12.1974 – 17 T 536/74, KTS 1975, 247; LG Darmstadt, Beschl. v. 27.6.1978 – 5 T 430/78, KTS 1979, 125; LG Hildesheim, Beschl. v. 30.11.1982 – 5 T 929/82, ZIP 1983, 346; LG Köln, Beschl. v. 23.9.1987 – 19 T 277/87, ZIP 1987, 1470; LG Bonn, Beschl. v. 4.12.1990 – 4 T499/90, ZIP 1991, 45; LG Potsdam, Beschl. v. 23.5.2006 – 5 T 14/06, dazu EWiR 2006, 505 *(Prasser)*; LG Stendal, Beschl. v. 17.10.2007 – 25 T 166/05, juris; AG Münster, Beschl. v. 13.6.2011 – 73 IN 42/08, juris.

252) BGH, Beschl. v. 21.3.2013 – IX ZB 209/10, ZIP 2013, 833, dazu EWiR 2013, 383 *(U. Keller)*.

Wenn durch die Bearbeitung der Zustellungen weiter eine erhebliche Arbeitsbelastung gegeben war, ist eine Erhöhung der Vergütung nach § 3 Abs. 1 InsVV nicht ausgeschlossen.[253)]

III. Zurückbleiben hinter der Regelvergütung (§ 3 Abs. 2 InsVV)

Ein Zurückbleiben hinter der Regelvergütung ist in den Fällen des § 3 Abs. 2 InsVV nach dem Wortlaut der Regelung gerechtfertigt, jedoch nicht wie in den Fällen des Absatzes 1 zwingend gefordert. Es kann die Regelvergütung gekürzt werden, wenn das Insolvenzverfahren unterdurchschnittlicher Natur ist und die Anforderungen an eine gewöhnliche Tätigkeit des Verwalters deutlich unterschritten werden.[254)] § 3 Abs. 2 InsVV nennt Regelbeispiele. 116

1. Kürzung der Vergütung bei Vorarbeiten des vorläufigen Insolvenzverwalters (§ 3 Abs. 2 lit. a InsVV)

Durch § 3 Abs. 2 lit. a InsVV soll berücksichtigt werden, dass der vorläufige Verwalter erhebliche Vorarbeiten für die Verfahrenseröffnung leisten kann und die Tätigkeit des endgültigen Insolvenzverwalters dadurch erleichtert wird. Es ist nicht maßgebend, ob der vorläufige Verwalter als sog. schwacher oder starker vorläufiger Verwalter mit oder ohne Übertragung der Verfügungsbefugnis (§ 21 Abs. 2 Nr. 1, § 22, § 24 Abs. 1 InsO) des Schuldners bestellt worden ist. 117

Der BGH wendet den Kürzungstatbestand des § 3 Abs. 2 lit. a InsVV weit an und lässt es genügen, wenn der vorläufige Verwalter durch seine Tätigkeit dem Verwalter im eröffneten Verfahren Vorarbeiten zur Verwertung der Insolvenzmasse erspart.[255)] Allein eine vermeintlich zu hohe Vergütung als vorläufiger Verwalter rechtfertigt keine Kürzung.[256)] Die Sachverständigentätigkeit ist nicht Teil der vorläufigen Verwaltung; § 22 Abs. 1 Nr. 3 InsO gilt nicht entsprechend. Sie ist in jedem Fall besonders zu vergüten. 118

2. Kürzung der Vergütung bei bereits erfolgter Masseverwertung (§ 3 Abs. 2 lit. b InsVV)

War die Masse bereits zu einem wesentlichen Teil verwertet, als der Verwalter sein Amt übernommen hat, kann das eine Minderung der Regelvergütung rechtfertigen (§ 3 Abs. 2 lit. b InsVV). Auch bei Verwalterwechsel im laufenden Verfahren kann gegenüber dem neuen Verwalter § 3 Abs. 2 lit. b InsVV Anwendung finden. 119

3. Kürzung der Vergütung bei vorzeitiger Beendigung des Amts (§ 3 Abs. 2 lit. c InsVV)

Im Fall des § 3 Abs. 2 lit. c InsVV soll eine Kürzung der Vergütung erfolgen, wenn das Amt des Verwalters vorzeitig endet, auch im Fall einer Einstellung mangels Masse nach § 207 InsO schon kurz nach Insolvenzeröffnung.[257)] 120

---

253) BGH, Beschl. v. 22.7.2004 – IX ZB 222/03, ZVI 2004, 631 = ZIP 2004, 1822; OLG Zweibrücken, Beschl. v. 7.3.2001 – 3 W 269/00, ZInsO 2001, 504; LG Chemnitz, Beschl. v. 6.1.2000 – 11 T 3285/99, ZInsO 2000, 296; LG Chemnitz, Beschl. v. 16.3.2000 – 11 T 5381/99, ZIP 2000, 710, dazu EWiR 2000, 921 *(Tappmeier)*; LG München, Beschl. v. 4.2.2002 – 14 T 608/02, ZInsO 2002, 275; *Ganter/Bruns* in: MünchKomm-InsO, § 8 Rz. 36; eingehend auch unter Berücksichtigung des Auslagenersatzes *U. Keller*, Vergütung, § 14 Rz. 42 ff.

254) Allgemein LG Münster, Beschl. v. 23.8.2017 – 5 T 484/17, ZVI 2018, 127.

255) BGH, Beschl. v. 11.5.2006 – IX ZB 249/04, ZIP 2006, 1204 = NZI 2006, 464, m. Anm. *Nowak*; zurückhaltend dagegen noch BGH, Beschl. v. 2.2.2006 – IX ZB 167/04, ZIP 2006, 483 = NZI 2006, 232.

256) BGH, Beschl. v. 10.10.2013 – IX ZB 38/11, NZI 2013, 1014, m. Anm. *Keller*.

257) Für die vorläufige Verwaltung BGH, Beschl. v. 16.11.2006 – IX ZB 302/05, ZIP 2007, 284 = NZI 2007, 168.

4. Kürzung der Vergütung bei hoher Insolvenzmasse und geringer Arbeitsbelastung (§ 3 Abs. 2 lit. d InsVV)

121 Als Gegenstück zum Erhöhungstatbestand des § 3 Abs. 1 lit. c InsVV kann der Kürzungstatbestand des § 3 Abs. 2 lit. d InsVV gesehen werden.

122 Der Kürzungstatbestand greift ein, wenn die Insolvenzmasse besonders hoch ist und die daraus sich ergebende Vergütung unangemessen zur geringen Tätigkeit des Insolvenzverwalters ist. Eine hohe Insolvenzmasse wird ab einem Betrag von 250.000 € (so bei § 3 Abs. 1 lit. c InsVV),[258] teilweise erst bei 400.000 € angenommen. Dem muss eine außergewöhnlich geringe Tätigkeit des Insolvenzverwalters gegenüberstehen. Der BGH legt den Kürzungstatbestand weit aus und lässt es genügen, wenn die Arbeitsleistung des Insolvenzverwalters gering war. Die Kürzung der Vergütung sei auch dann erlaubt, wenn die Insolvenzmasse nicht außergewöhnlich hoch war.[259]

5. Kürzung der Vergütung bei überschaubaren Vermögensverhältnissen (§ 3 Abs. 2 lit. e InsVV)

123 Der Tatbestand wurde i. R. der Reform des Gesetzes vom 15.7.2013[260] eingefügt. Er ermöglicht die Kürzung der Vergütung im Verbraucherinsolvenzverfahren, das bis 30.6.2014 als vereinfachtes Insolvenzverfahren nach §§ 312 ff. InsO eröffnet wurde.[261] Parallel dazu wurde § 13 InsVV angepasst und hinsichtlich der Mindestvergütung geändert. Danach soll die Mindestvergütung in den Fällen, bei welchen der Insolvenzverwalter durch Vorlage der Unterlagen nach § 305 Abs. 1 Nr. 3 InsO Arbeitsersparnis hatte, 800 € betragen.[262] Der BGH will dabei den Kürzungstatbestand weit auslegen und bei Vorliegen überschaubarer Vermögensverhältnisse (§ 304 Abs. 2 InsO) die Vergütung auf den Betrag von 600 € kürzen, der vor der Reform Mindestvergütung nach § 13 Abs. 1 Satz 3 InsVV war.[263]

6. Kürzung bei Bestellung eines Verfahrenskoordinators nach § 269e InsO (§ 3 Abs. 2 lit. f InsVV)

124 Durch diesen durch Gesetz vom 13.4.2017[264] eingefügten Tatbestand ihn soll bezogen auf die Vergütung eines Verfahrenskoordinators nach § 269g InsO eine Entlastung der Gesamtkosten einer Konzerninsolvenz ermöglicht werden. Das ist kritisch zu sehen. Denn fraglich ist, ob die Einsetzung eines Verfahrenskoordinators den Insolvenzverwaltern der Konzerngesellschaften tatsächlich Arbeitsersparnis bringt. Keinesfalls darf eine Kürzung in der Weise erfolgen, dass eine Vergütung des Verfahrenskoordinators, die ihrerseits zwar in § 269g InsO ähnlich zu § 63 InsO, nicht aber in der InsVV geregelt ist, anteilig auf die Insolvenzverfahren der Konzerngesellschaften verteilt wird, so dass am Ende keine Mehrkosten entstehen. Dies widerspräche dem Charakter der Verwaltervergütung als Tätigkeitsvergütung völlig.

---

258) *Prasser/Stoffler* in: KPB, InsO, § 3 InsVV Rz. 136.

259) BGH, Beschl. v. 23.3.2006 – IX ZB 20/05, ZVI 2006, 262 = ZIP 2006, 858; bestätigt durch BGH, Beschl. v. 11.5.2006 – IX ZB 249/04, ZIP 2006, 1204 = NZI 2006, 464, m. Anm. *Nowak*.

260) Gesetz zur Verkürzung des Restschuldbefreiungsverfahrens und zur Stärkung der Gläubigerrechte v. 15.7.2013, BGBl. I 2013, 2379.

261) Stellungnahme d. BRat z. RegE Gesetz zur Verkürzung des Restschuldbefreiungsverfahrens und zur Stärkung der Gläubigerrechte, BT-Drucks. 17/11268, S. 43, 46.

262) LG Stuttgart, Beschl. v. 10.12.2015 – 10 T 517/15, ZVI 2016, 170 = NZI 2016, 145; dazu auch *Gortan*, NZI 2016, 339.

263) BGH, Beschl. v. 6.4.2017 – IX Z 48/16, ZVI 2017, 396 = NZI 2017, 459.

264) Gesetz zur Erleichterung der Bewältigung von Konzerninsolvenzen, v. 13.4.2017, BGBl. I 2017, 866.

7. Weitere Kürzungstatbestände

Eine Kürzung der Regelvergütung kann auch gerechtfertigt sein, wenn der Insolvenzverwalter **Tätigkeiten auf Dritte** oder Hilfskräfte **verlagert** und deren Vergütung als Masseverbindlichkeit aus der Insolvenzmasse zu begleichen ist.[265) 125

Die Gefahr, dass das Insolvenzverfahren bei Festsetzung der Vergütung masseunzulänglich werden könnte (§ 208 InsO), berechtigt nicht zu einer Kürzung der Regelvergütung.[266)] 126

IV. Besonders zu vergütende Tätigkeiten (§ 6 InsVV)

1. Durchführung einer Nachtragsverteilung (§ 6 Abs. 1 InsVV)

Für die Durchführung einer Nachtragsverteilung nach § 203 InsO erhält der Insolvenzverwalter eine gesonderte Vergütung. Die Vergütung soll nach § 6 Abs. 1 Satz 1 InsVV durch das Gericht nach **billigem Ermessen** unter Berücksichtigung des Werts des der Nachtragsverteilung unterliegenden Vermögens festgesetzt werden. Der BGH stellt die Vergütung für eine Nachtragsverteilung bezogen auf die **Umstände des Einzelfalles in das** Ermessen des Gerichts.[267)] 127

Dabei kann die Vergütung analog §§ 2, 3 InsVV mit der **Regelvergütung** aus dem **Nachtragsverteilungsbetrag** als maßgebende Insolvenzmasse i. S. des § 1 InsVV abgegolten werden.[268)] Die Regelvergütung soll in einem angemessenen Bruchteil von 25 % der Vergütung nach § 2 Abs. 1 InsVV bestehen.[269)] Soweit die Nachtragsverteilung keine Besonderheiten aufweist, sondern eher unterdurchschnittliche Anforderungen an den Verwalter stellt, bspw. wenn keinerlei Verwertung erfolgen muss, kann auch ein stärkeres Zurückbleiben hinter dem Regelsatz gerechtfertigt sein. 128

War die Nachtragsverteilung bereits bei Beendigung des Regelinsolvenzverfahrens vorhersehbar, z. B., weil die Gläubigerversammlung bestimmte Massegegenstände nach § 197 Abs. 1 Nr. 3 InsO ausdrücklich einer Nachtragsverteilung vorbehält, ist sie mit Festsetzung der allgemeinen Verwaltervergütung abgegolten; eine gesonderte Vergütung entfällt dann (§ 6 Abs. 1 Satz 2 InsVV).[270)] 129

2. Überwachung eines Insolvenzplans (§ 6 Abs. 2 InsVV)

Wird der Insolvenzverwalter beauftragt, die Erfüllung eines von den Gläubigern angenommenen Insolvenzplans nach §§ 260 ff. InsO zu überwachen, kann ihm nach § 6 Abs. 2 InsVV eine gesonderte Vergütung gewährt werden. Sie ist unter Berücksichtigung des Umfangs der Tätigkeit nach billigem Ermessen festzusetzen (§ 6 Abs. 2 Satz 2 InsVV). § 269 InsO regelt nur die Kostentragungspflicht der Planüberwachung und nicht die Höhe der Vergütung und deren Festsetzung. 130

Die Vergütung selbst kann ermittelt werden als **Bruchteil der Verwaltervergütung** aus der Insolvenzmasse, wie sie sich aus dem Insolvenzplan und seinen Anlagen nach § 229 InsO ergibt. Je nach Umfang der überwachenden Tätigkeit kann eine Erhöhung oder Kürzung der Vergütung erfolgen. 131

---

265) LG Augsburg, Beschl. v. 26.11.1996 – 7 T 4191/96, Rpfleger 1997, 317.

266) BGH, Beschl. v. 18.12.2003 – IX ZB 50/03, unter II. 2. b), ZVI 2004, 203 = ZIP 2004, 518; ebenso LG Köln, Beschl. v. 26.3.2004 – 19 T 6/04, ZIP 2004, 961; dazu auch *U. Keller*, ZIP 2000, 688.

267) BGH, Beschl. v. 12.10.2006 – IX ZB 294/05, ZIP 2006, 2131 = NZI 2007, 43; LG Köln, Beschl. v. 20.9.2016 – 1 T 61/16, NZI 2017, 227.

268) *Prasser* in: KPB, InsO, § 6 InsVV Rz. 12; für die Nachtragsverteilung im Verbraucherinsolvenzverfahren LG Offenburg, Beschl. v. 5.1.2005 – 4 T 100/04, NZI 2005, 172.

269) *Prasser* in: KPB, InsO, § 6 InsVV Rz. 12.

270) So bereits *Eickmann*, VergVO, § 4 Rz. 27.

E. Auslagenersatz und Umsatzsteuererstattung

I. Der Ersatz angemessener Auslagen (§ 4 InsVV)

1. Die Unterscheidung zwischen allgemeinen Geschäftskosten und erstattungsfähigen Auslagen

132 Der Insolvenzverwalter hat Anspruch auf Ersatz seiner Auslagen (§ 63 Abs. 1 InsO). Nach § 4 Abs. 1 werden durch die Vergütung des Insolvenzverwalters auch seine allgemeinen Geschäftskosten abgegolten.

133 Zu den **allgemeinen Geschäftskosten** gehören die Kosten der Unterhaltung des eigenen Büros, Miete, Betriebskosten, Büroausstattung, Computerhard- und -software und die allgemeinen Personalkosten. Die Kosten für eigenes Personal sind auch dann mit der Vergütung abgegolten, wenn dieses eigens für das konkrete Insolvenzverfahren eingestellt wird.

134 Als **besondere Auslagen erstattungsfähig** sind diejenigen Kosten des Verwalters, die ihm **aus Anlass des konkreten Insolvenzverfahrens tatsächlich entstehen.** Die Angemessenheit wird allgemein nach den Grundsätzen der §§ 670, 675 BGB beurteilt.[271)] Angemessen und damit erstattungsfähig sind diejenigen Auslagen, von welchen der Verwalter bei ihrem Entstehen (ex ante) annehmen durfte, dass sie im Interesse des Insolvenzverfahrens notwendig gewesen seien.[272)]

2. Einzelne erstattungsfähige Auslagen

a) Beschäftigung von Hilfskräften (§ 4 Abs. 1 Satz 3 InsVV)

135 Die Delegation einzelner Aufgaben durch den Insolvenzverwalter an Dritte und die Beschäftigung von Hilfskräften ist vergütungsrechtlich differenziert zu betrachten (siehe dazu Rz. 26 ff.).[273)] Das Gericht hat zu prüfen, ob die Anstellung von Hilfskräften im Einzelfall angemessen war. Der eigentliche Regelungsgehalt des § 4 Abs. 1 Satz 3 InsVV besteht darin, dass der Insolvenzverwalter auf die Auslagenerstattung mit Festsetzung der Vergütung nach § 8 InsVV oder Gewährung eines Vorschusses nach § 9 InsVV nicht angewiesen ist, sondern diese Kosten unmittelbar der Masse entnehmen kann.

b) Kosten für Post und Telekommunikation

136 Portokosten sind als Auslagen nach § 4 Abs. 2 InsVV erstattungsfähig, wenn sie sich dem konkreten Insolvenzverfahren zuordnen lassen.

137 Wird der Insolvenzverwalter vom Insolvenzgericht mit der **Vornahme der gerichtlichen Zustellungen nach § 8 Abs. 3 InsO** beauftragt, übernimmt er damit eine Tätigkeit, die an sich nicht zu seinen Aufgaben als Insolvenzverwalter und nicht zur Insolvenzverwaltung gehört. Die **Kosten dieser Zustellungen** sind damit dem Insolvenzverwalter **in vollem Umfang zu erstatten.**[274)] Zusätzlich zu den Portokosten der Zustellungen ist dem Insolvenzverwalter ein pauschaler Bearbeitungsaufwand zu erstatten.[275)] Abzustellen ist auf eine generalisierende Beurteilung des Arbeitsaufwands, wobei unwirtschaftliche Arbeitsweise

---

271) *U. Keller*, Vergütung, § 14 Rz. 4 ff.

272) *U. Keller*, Vergütung, § 14 Rz. 3.

273) Eingehend *U. Keller*, Vergütung, § 2 Rz. 189 ff.

274) BGH, Beschl. v. 21.3.2013 – IX ZB 209/10, ZIP 2013, 833, dazu EWiR 2013, 383 *(U. Keller)*; LG Chemnitz, Beschl. v. 21.10.2003 – 3 T 2177/03, ZVI 2004, 61 = ZIP 2004, 84, dazu EWiR 2004, 1045 *(Voss)*; LG Leipzig, Beschl. v. 19.3.2003 – 12 T 1388/03, ZInsO 2003, 514; *Büttner* in: HambKomm-InsO, § 4 InsVV Rz. 38.

275) LG Chemnitz, Beschl. v. 21.10.2003 – 3 T 2177/03, ZVI 2004, 61 = ZIP 2004, 84; LG Bamberg, Beschl. v. 23.9.2004 – 3 T 95/04, ZInsO 2004, 1196; AG Göttingen, Beschl. v. 7.12.2004 – 74 IK 22/04, ZVI 2004, 766 = ZInsO 2004, 1351.

nicht zu berücksichtigen sind. Der BGH hält dabei einen pauschalierten Personalaufwand von 1,80 € je Zustellung für angemessen.[276)]

Soweit die Zustellungen das Verwalterbüro erheblich in Anspruch nehmen, ist neben der Auslagenerstattung auch die Vergütung nach § 3 Abs. 1 InsVV zu erhöhen.[277)] Im Zusammenspiel zwischen Auslagenerstattung und Erhöhung der Vergütung unterscheidet der BGH mit Rücksicht auf die Änderung des § 8 Abs. 3 InsVV durch die Erste InsVV-ÄndVO[278)] danach, wann das Insolvenzverfahren eröffnet worden ist:[279)] Bei Insolvenzeröffnung vor dem 1.1.2004 kann neben der Pauschale des § 8 Abs. 3 InsVV aus der Vergütung unter Berücksichtigung der Erhöhung nur ein Ersatz der **Sachkosten der Zustellungen** nicht aber des **Personalaufwands** erfolgen. In den nach dem 1.1.2004 eröffneten Verfahren berechnet sich die Auslagenpauschale des § 8 Abs. 3 InsVV ohne Berücksichtigung der Erhöhung; daher können Personalkosten im Wege des Einzelersatzes geltend gemacht werden.[280)] 138

Für die **seit 1.1.2021 beantragten Verfahren** verweist § 4 Abs. 2 Satz 2 InsVV auf KV GKG Nr. 9002. Danach erhält der Insolvenzverwalter **je Zustellung 3,50 €**. Mit Verweis auf KV GKG Nr. 9002 soll der Auslagenersatz auch erst ab der elften Zustellung erfolgen.[281)] Dies wird kritisiert,[282)] auch weil der BGH ausdrücklich den Auslagenersatz ab der ersten Zustellung forderte.[283)] Andererseits ist der Wille des Gesetzgebers zu respektieren, auch wenn dieser der Rechtsprechung des BGH nicht entspricht. Ferner ist der Verweis auf KV GKG Nr. 9002 in der Stellung des § 4 Abs. 2 Satz 2 InsVV unglücklich, weil man meinen könnte, er sei nur im Zusammenhang mit Auslagenersatz bei Einzelnachweis möglich, nicht aber bei pauschaliertem Auslagenersatz nach § 8 Abs. 3 InsVV (siehe dazu Rz. 149 ff.). Das ist vom Gesetzgeber sicher nicht gewollt. Er wollte insgesamt den Auslagenersatz für die übertragenen Zustellungen vereinfachen und ihn nicht begrenzen. Wie auch vom BGH gefordert ist deshalb der Ausalgenersatz nach KV GKG Nr. 9002 auch neben der sonstigen Auslagenpauschale nach § 8 Abs. 3 InsVV zulässig. 139

Kosten für Telekommunikation sind erstattungsfähig, soweit sie einem konkreten Insolvenzverfahren zugeordnet werden können. 140

c) Reisekosten

Reisekosten des Insolvenzverwalters sind als erstattungsfähige Auslagen in § 4 Abs. 2 InsVV ausdrücklich genannt.[284)] Nicht erstattungsfähig sind die Kosten des Insolvenzver- 141

---

276) BGH, Beschl. v. 11.6.2015 – IX ZB 50/14, ZIP 2015, 1401 = NZI 2015, 782; eingehend *U. Keller*, Vergütung, § 14 Rz. 40, 41.

277) BGH, Beschl. v. 21.3.2013 – IX ZB 209/10, ZIP 2013, 833, dazu EWiR 2013, 383 *(U. Keller)*; BGH, Beschl. v. 22.7.2004 – IX ZB 222/03, ZVI 2004, 631 = ZIP 2004, 1822; eingehend *U. Keller*, Vergütung, § 14 Rz. 42 ff.

278) Verordnung zur Änderung der Insolvenzrechtlichen Vergütungsverordnung (InsVV-ÄndVO), v. 4.10.2004, BGBl. I 2004, 2569.

279) BGH, Beschl. v. 21.12.2006 – IX ZB 81/06, ZIP 2007, 188 = NZI 2007, 166; BGH, Beschl. v. 21.12.2006 – IX ZB 129/05, ZIP 2007, 440 = NZI 2007, 244.

280) BGH, Beschl. v. 21.3.2013 – IX ZB 209/10, ZIP 2013, 833, dazu EWiR 2013, 383 *(U. Keller)*; eingehend *U. Keller*, DZWIR 2007, 353.

281) Begr. RegE SanInsFoG, BT-Drucks. 19/24181, S. 212.

282) *Marquardt*, NZI 2022, 54.

283) BGH, Beschl. v. 21.3.2013 – IX ZB 209/10, ZIP 2013, 833, dazu EWiR 2013, 383 *(U. Keller)*.

284) BGH, Beschl. v. 13.7.2004 – X ZB 40/03, ZIP 2004, 2115 = NZI 2004, 597; BGH, Beschl. v. 4.7.2005 – II ZB 14/04, ZVI 2005, 506; eine Erstattung fiktiver Kosten bei Beauftragung eines Anwalts befürwortend OLG Jena, Beschl. v. 13.5.2003 – 6 W 131/03, ZInsO 2003, 523; ablehnend OLG München, Beschl. v. 5.2.2004 – 11 W 2657/03, ZIP 2004, 1287 = NZI 2004, 279, dazu EWiR 2004, 1199 *(Henssler/Muthers)*.

walters für Fahrten zum Schuldner[285)] oder zum Insolvenzgericht, insbesondere zur Teilnahme an Gläubigerversammlungen; das gilt auch für den besonderen Prüfungstermin nach § 177 InsO.[286)]

142 Für die Berechnung der Höhe der Reise-, Unterkunfts- und Verpflegungskosten bestehen keine Regelungen. Insbesondere sind die Regelungen des RVG (Nr. 7003 ff. RVG VV) oder gar des Reisekostenrechts des öffentlichen Dienstes nicht anzuwenden. Es ist für den Einzelfall zu entscheiden, was als angemessen erstattungsfähig ist. Dabei darf aber keinesfalls kleinlich agiert werden, das Insolvenzgericht darf dem Insolvenzverwalter nicht etwa vorschreiben, welche Flug- oder Zugverbindung mit welcher Klasse er zu wählen habe.

d) Kosten einer Haftpflichtversicherung

143 Mit der Vergütung sind die Kosten einer allgemeinen Haftpflichtversicherung des Verwalters abgedeckt; sie werden nicht gesondert erstattet. Können sich aus einem Insolvenzverfahren, insbesondere mit Fortführung des Geschäftsbetriebs, für den Verwalter **besondere Haftungsrisiken** ergeben, sind die Prämien für eine besondere Haftpflichtversicherung, die nur für das betreffende Insolvenzverfahren abgeschlossen wird, erstattungsfähig (§ 4 Abs. 3 InsVV).[287)] § 4 Abs. 3 InsVV wurde mit Wirkung seit 1.1.2021 geändert. Danach sind die Kosten einer Haftpflichtversicherung mit einer Versicherungssumme bis zu 2 Mio. € pro Versicherungsfall und mit einer Jahreshöchstleistung bis zu 4 Mio. € abgegolten.

e) Kosten der elektronischen Auskunftserteilung

144 Lässt sich der Insolvenzverwalter für die elektronische Auskunft ein eigenes individuelles Programm erstellen und führt er die elektronische Auskunft selbst durch, sind die Kosten der Hardware sowie die Kosten der Erstellung der individuellen Software nach § 4 Abs. 1 Satz 1 InsVV von der Vergütung abgedeckt. Diese Kosten sind nicht erstattungsfähig.

145 Software-Dienstleister bieten auch elektronische Informationssysteme zur Auskunftserteilung an, die für jedes Insolvenzverfahren gesondert gebucht werden können.[288)] Wenn der Insolvenzverwalter nur für das jeweilige Insolvenzverfahren mit einem Dienstleister einen **Vertrag** über die Durchführung der **elektronischen Auskunft** abschließt, sollen diese Kosten nach Ansicht des BGH ebenfalls nicht als besondere Kosten i. S. des § 4 Abs. 2 InsVV anzusehen sein.[289)]

f) Kosten der Steuererklärung im masselosen Insolvenzverfahren

146 Der Insolvenzverwalter ist nach § 155 InsO zur steuerlichen Buchführung und Rechnungslegung verpflichtet, die Steuererklärungspflicht erstreckt sich auch auf zurückliegende Zeiträume aus der Zeit vor Insolvenzeröffnung,[290)] sie besteht auch im masselosen Ver-

---

285) Anders für das Verbraucherinsolvenzverfahren AG Potsdam, Beschl. v. 23.1.2001 – 35 IK 18/99, NZI 2001, 159.

286) *U. Keller*, Vergütung, § 14 Rz. 10.

287) Zum früheren Recht bereits AG Bad Homburg, Beschl. v. 14.11.1979 – 6 N 32/78, ZIP 1980, 105; *Eickmann*, VergVO, § 5 Rz. 11; ausführlich bereits *Uhlenbruck*, VersR 1973, 499.

288) Dazu bereits *Thies*, DZWIR 1999, 369.

289) BGH, Beschl. v. 14.7.2016 – IX ZB 62/15, ZIP 2016, 1645 = NZI 2016, 802, dazu EWiR 2016, 669 (*Prasser*); a. A. LG Dresden, Beschl. v. 25.4.2001 – 7 T 0301/01, ZIP 2001, 935; anders *Büttner* in: HambKomm-InsO, § 4 InsVV Rz. 38.

290) BFH, Urt. v. 10.10.1951 – IV 144/51 U, BFHE 55, 522 = BStBl. III 1951, 212; allgemein *Frege/U. Keller/Riedel*, Hdb. InsR, Rz. 3.413 ff.

fahren.[291] Die Kosten der Steuerberatung sind Masseverbindlichkeiten nach § 55 Abs. 1 Nr. 1 InsO, wenn der Insolvenzverwalter Dritte beauftragt.

Im masselosen Verfahren wäre der Insolvenzverwalter genötigt, selbst die **erforderlichen Steuererklärungen zu erarbeiten.**[292] Der BGH[293] billigt dem Insolvenzverwalter im masselosen **Insolvenzverfahren,** das nur **mit Hilfe der Kostenstundung** eröffnet worden ist, den Anspruch auf die nach § 4 Abs. 2 InsVV besonders zu erstattenden Auslagen für Steuerberatungskosten mit der Einschränkung zu, dass der Insolvenzverwalter vorher ernsthaft mit der Finanzverwaltung über eine anderweitige Klärung der Steuererklärungspflicht und -festsetzung in Verhandlung treten muss.[294] Einfach zu erstellende Steuererklärungen sollen aber mit der Regelvergütung abgegolten sein und keine Vergütungserhöhung rechtfertigen.[295] 147

Der Insolvenzverwalter kann insbesondere auf die Auslagen wegen Steuerberatung einen Vorschuss nach § 9 InsVV erhalten, auch wenn die Staatskasse als Fiskus Schuldner der Vergütung nach § 63 Abs. 2 InsO ist.[296] 148

II. Die Verfahrensweise der Auslagenerstattung

1. Auslagenerstattung mit Einzelnachweis

Der Insolvenzverwalter kann die ihm entstandenen Auslagen **einzeln nachweisen** oder den **Pauschbetrag** nach § 8 Abs. 3 InsVV verlangen. Der Nachweis von Post- und Telekommunikationskosten erfolgt meist durch Vorlage der Telefonprotokolle und des Postausgangsbuches sowie durch Kopierlisten. Die nachgewiesenen Auslagen sind dem Insolvenzverwalter nebst Umsatzsteuer in voller Höhe zu erstatten. Eine Begrenzung des Auslagenersatzes bei Einzelnachweis gibt es nicht. 149

2. Die Erstattung der Auslagen für Hilfskräfte

Die Vergütungen für Hilfskräfte, an die einzelne Tätigkeiten der Insolvenzabwicklung delegiert worden sind, kann der Insolvenzverwalter unmittelbar aus der Insolvenzmasse entnehmen, er ist hier nicht auf die Auslagenerstattung mit der Vergütungsfestsetzung angewiesen. 150

3. Der pauschalierte Auslagenersatz nach § 8 Abs. 3 InsVV

Der Insolvenzverwalter kann statt des Auslagenersatzes mit Nachweis der entstandenen Auslagen die Auslagenpauschale nach § 8 Abs. 3 InsVV geltend machen. Das **Gericht** ist **nicht befugt,** dem Insolvenzverwalter bei der Wahl der Auslagenpauschale statt der Ein- 151

---

291) BFH, Urt. v. 23.8.1994 – VII R 143/92, BFHE 175, 309 = ZIP 1994, 1969, dazu EWiR 1995, 165 *(Braun)*.

292) Dazu *Ast*, ZVI 2002, 183; für eine Anwendung des § 208 InsO *Stephan*, ZVI 2002, 187, eingehend *U. Keller*, ZVI 2002, 437.

293) BGH, Beschl. v. 22.7.2004 – IX ZB 161/03, BGHZ 160, 176 = ZIP 2004, 1717, dazu EWiR 2004, 1037 *(Schäferhoff)*; eingehend *U. Keller*, ZVI 2002, 437.

294) Vordem LG Dresden, Beschl. v. 27.5.2003 – 5 T 0303/02, ZVI 2004, 143 = ZIP 2003, 1168; LG Dresden, Beschl. v. 27.5.2003 – 5 T 0710/02, ZVI 2004, 141 = ZInsO 2003, 665; LG Essen, Beschl. v. 6.6.2003 – 5 T 115/03, ZVI 2003, 431 = ZInsO 2003, 625; LG Kassel, Beschl. v. 25.9.2002 – 3 T 360/02, ZVI 2002, 387, dazu EWiR 2002, 957 *(U. Keller)*; AG Dresden, Beschl. v. 17.7.2002 – 531 IN 981/02, ZVI 2002, 340.

295) BGH, Beschl. v. 14.11.2013 – IX ZB 161/11, ZIP 2013, 2413, dazu EWiR 2014, 87 *(Ries)*.

296) BGH, Beschl. v. 22.7.2004 – IX ZB 161/03, BGHZ 160, 176 = ZIP 2004, 1717; LG Kassel, Beschl. v. 25.9.2002 – 3 T 360/02, ZVI 2002, 387, dazu EWiR 2002, 957 *(U. Keller)*.

zelnachweise Weisungen zu erteilen oder **die Wahl zu beanstanden.**[297] Die Auslagenpauschale beträgt im ersten Jahr nach Insolvenzeröffnung 15 % der gesetzlichen Regelvergütung, später 10 %.[298] Höchstens beträgt die **Auslagenpauschale** in den bis 31.12.2020 beantragten Verfahren 250 € je angefangenen Monat[299] der Dauer der Tätigkeit des Verwalters.[300] In den **seit 1.1.2021 beantragten Verfahren** beträgt die Ausalgenpauschale **350 €.** Die Pauschale von 10 % fällt ab dem zweiten Jahr der Verwaltung jährlich an.[301] Sie wird im Jahr der Beendigung des Insolvenzverfahrens nicht auf Monate gequotelt.[302]

152 Die Pauschale des § 8 Abs. 3 InsVV kann nur bis zu dem Zeitpunkt verlangt werden, zu dem bei ordnungsgemäßer Durchführung das Verfahren beendet worden wäre; bei verzögerter Vorlage des Schlussberichts kann die Pauschale nicht weiter geltend gemacht werden.[303] Eine anteilige Kürzung der Pauschale bei verminderter Tätigkeit des Insolvenzverwalters wird vom BGH zu Unrecht gefordert.[304]

153 § 8 Abs. 3 InsVV wurde mit Verordnung vom 4.10.2004 mit Wirkung zum 7.10.2004 dahin geändert,[305] dass die **Auslagenpauschale** nur auf die Regelvergütung anzuwenden ist und **insgesamt nicht mehr als 30 % der Vergütung** betragen darf. Dies gilt nur für Insolvenzverfahren, die nach dem 1.1.2004 eröffnet worden sind.[306]

III. Die Erstattung der Umsatzsteuer nach § 7 InsVV

154 Der Insolvenzverwalter erhält zu seiner Vergütung sowie zu den erstatteten Auslagen den vollen Betrag der von ihm zu entrichtenden Umsatzsteuer (§ 7 InsVV). Die Umsatzsteuer ist bezüglich der Vergütung und der Auslagen je gesondert auszuweisen.[307]

155 Die Insolvenzmasse selbst ist zum Vorsteuerabzug berechtigt, wenn dies auch der Schuldner vor Insolvenzeröffnung bereits war.[308] Die gezahlte Umsatzsteuer fließt zur Masse zurück und steht damit den Gläubigern zur gemeinschaftlichen Befriedigung zur Verfügung.

---

297) LG Chemnitz, Beschl. v. 16.3.2000 – 11 T 5381/99, ZIP 2000, 710; LG Hannover, Beschl. v. 18.4.2005 – 20 T 19/05, ZInsO 2005, 481.

298) Der Pauschsatz lehnt sich an den früheren § 26 BRAGO an, dessen entsprechende Anwendung im Bereich des § 5 VergVO allgemein abgelehnt wurde, LG Nürnberg-Fürth, Beschl. v. 14.2.1983 – 11 T 1099/83, KTS 1985, 491; *Eickmann*, VergVO, § 5 Rz. 5.

299) Gezählt wird ab Eröffnung des Verfahrens und nicht nach Kalendermonaten, OLG Zweibrücken, Beschl. v. 7.3.2001 – 3 W 269/00, ZInsO 2001, 504.

300) BGH, Beschl. v. 24.6.2003 – IX ZB 600/02, ZVI 2003, 486 = ZIP 2003, 1458.

301) BGH, Beschl. v. 23.7.2004 – IX ZB 257/03, ZVI 2004, 502 = ZIP 2004, 1715; BGH, Beschl. v. 6.10.2005 – IX ZB 162/04, ZInsO 2005, 1159.

302) LG Berlin, Beschl. v. 12.3.2003 – 86 T 371/03, ZInsO 2003, 367; LG Berlin, Beschl. v. 25.6.2003 – 86 T 781/03, NZI 2003, 502.

303) BGH, Beschl. v. 23.7.2004 – IX ZB 255/03, ZVI 2004, 555 = ZIP 2004, 1716; BGH, Beschl. v. 2.2.2006 – IX ZB 167/04, ZIP 2006, 483 = NZI 2006, 232; LG Chemnitz, Beschl. v. 21.4.2004 – 3 T 868/04, ZInsO 2004, 799, m. Anm. *Haarmeyer*.

304) BGH, Beschl. v. 10.7.2008 – IX ZB 152/07, ZIP 2008, 1640 = NZI 2008, 544, m. Anm. *Prasser*, dazu EWiR 2008, 421 *(Blersch)*; zutreffend LG Chemnitz, Beschl. v. 18.7.2008 – 3 T 21/07, ZIP 2008, 1693.

305) Verordnung zur Änderung der Insolvenzrechtlichen Vergütungsverordnung (InsVV-ÄndVO), v. 4.10.2004, BGBl. I, 2004, 2569.

306) Sehr kritisch wegen der echten Rückwirkung der Regelung Blersch/Goetsch/Haas-*Blersch*, InsO, § 8 InsVV Rz. 38 und § 19 Rz. 2.

307) BFH, Beschl. v. 7.4.2005 – V B 187/04, ZVI 2005, 280; BFH, Urt. v. 20.2.1986 – V R 16/81, ZIP 1986, 517, dazu EWiR 1986, 501 *(Onusseit)*; *Büttner* in: HambKomm-InsO, § 7 InsVV Rz. 2.

308) BFH, Urt. v. 20.2.1986 – V R 16/81, ZIP 1986, 517, dazu EWiR 1986, 501 *(Onusseit)*; *Kuhn/Uhlenbruck*, KO, § 85 Rz. 21b; ausführlich *Bayer*, DB 1984, 321; *Frotscher*, ZIP 1983, 1307 – beide a. A.; *Heilmann*, BB 1984, 1228; *Urban*, DB 1985, 81; *Weinkauf*, ZIP 1985, 662.

Eine Erstattung oder ein Ausgleich sonstiger vom Insolvenzverwalter zu entrichtender Steuern erfolgt nicht. 156

F. Das Verfahren zur Festsetzung der Vergütung

I. Antrag auf Vergütungsfestsetzung (§ 8 InsVV)

1. Zeitpunkt der Antragstellung

Die Vergütung sowie die zu erstattenden Auslagen des Insolvenzverwalters werden vom 157 Gericht durch Beschluss festgesetzt (§ 64 Abs. 1 InsO, § 8 InsVV).[309] Der **Antrag** des Insolvenzverwalters nach § 8 Abs. 1 Satz 1 InsVV ist bei **Beendigung des Insolvenzverfahrens** mit Vorlage der Schlussrechnung nach § 66 InsO zu stellen (§ 8 Abs. 1 Satz 3 InsVV). Wird das Verfahren nach Annahme und gerichtlicher Bestätigung eines Insolvenzplanes nach § 258 InsO aufgehoben, ist der Antrag vor Beschlussfassung des Gerichts über die Aufhebung des Insolvenzverfahrens zu stellen (§ 258 Abs. 3, § 64 Abs. 2 InsO). Die Festsetzung der Vergütung ist erst nach Rechtskraft des Bestätigungsbeschlusses nach § 248 InsO zulässig.[310]

2. Inhalt des Antrags

Der Antrag hat nach § 8 Abs. 2 InsVV die **Zusammensetzung der Berechnungsgrundlage** 158 i. S. des § 1 Abs. 1 und insbesondere Abs. 2 Nr. 1 InsVV zu enthalten. Er hat für die Zeit der Unternehmensfortführung eine gesonderte Einzahlungs- und Auszahlungsrechnung auszuweisen (§ 1 Abs. 2 Nr. 4 lit. b InsVV) und muss eigene Gebühren, die er als Rechtsanwalt oder Steuerberater erhalten hat, angeben (§ 1 Abs. 2 Nr. 4 lit. a InsVV). Beantragt der Verwalter die Erhöhung der Regelvergütung nach § 3 InsVV, hat er die entsprechenden Tatbestände darzulegen und zu erläutern; Gleiches gilt für mögliche Kürzungen der Regelvergütung.

Die Vergütung und die Auslagen des Verwalters sind nach § 8 Abs. 1 Satz 2 InsVV ge- 159 sondert festzusetzen. Auslagen, die nach § 4 InsVV erstattet werden sollen, sind im Einzelnen nachzuweisen.

II. Festsetzung der Vergütung

1. Zuständigkeit des Insolvenzgerichts

Für die Festsetzung der Vergütung ist das sachlich und örtlich nach §§ 2, 3 InsO be- 160 stimmte Insolvenzgericht zuständig. Die funktionelle Zuständigkeit liegt beim Rechtspfleger (§ 3 Nr. 2 lit. e, § 18 Abs. 1 RPflG), bei Verfahrensbeendigung nach Bestätigung eines Insolvenzplans ist der Richter zuständig (§ 18 Abs. 1 Nr. 2 RPflG).[311]

2. Zeitpunkt der Festsetzung

Die gerichtliche Praxis erlässt den Beschluss über die Vergütung und den Auslagenersatz 161 des Verwalters zusammen mit der **Genehmigung der Schlussverteilung** nach § 196 Abs. 2 InsO.[312] Zu erwartende Massezuflüsse zwischen dem Zeitpunkt der Antragstellung und der Festsetzung der Vergütung bis zur eigentlichen Verfahrensaufhebung können durch realistische Prognose berücksichtigt werden. **Zutreffender** ist es, die Vergütung erst **nach**

309) Zum deklaratorischen Charakter der Festsetzung BGH, Beschl. v. 6.11.2014 – IX ZB 90/12, Rz. 8, ZIP 2014, 2450 = NZI 2015, 46, m. Anm. *U. Keller*, dazu EWiR 2015, 51 *(Mock)*; BGH, Urt. v. 5.3.2015 – IX ZR 164/14, Rz. 31, ZIP 2015, 738 = NZI 2015, 362, m. Anm. *Budnik*; so bereits *Kuhn/Uhlenbruck*, KO, § 85 Rz. 1.

310) LG Berlin, Beschl. v. 8.10.2004 – 86 T 588/04, NZI 2005, 338.

311) Eingehend *U. Keller*, Vergütung, § 15 Rz. 19; *Frege/U. Keller/Riedel*, Hdb. InsR, Rz. 1.354.

312) *Frege/U. Keller/Riedel*, Hdb. InsR, Rz. 9.66 ff.

dem Schlusstermin festzusetzen, da dann einerseits noch Änderungen der Berechnungsgrundlage berücksichtigt werden können und andererseits den Gläubigern **rechtliches Gehör** gewährt werden kann. Endet das Verfahren ohne abschließende Gläubigerversammlung kann rechtliches Gehör durch öffentliche Bekanntmachung gewährt werden.[313)]

3. Inhalt des Vergütungsbeschlusses

162 Der Vergütungsbeschluss des Insolvenzgerichts hat die **Vergütung**, die erstattete Umsatzsteuer sowie die erstatteten **Auslagen** nebst **Umsatzsteuer gesondert** darzustellen.[314)] Deklaratorisch kann der Insolvenzverwalter ermächtigt werden, den festgesetzten Gesamtbetrag aus der Insolvenzmasse zu entnehmen.

163 Im Falle der Festsetzung einer Vergütung für die Überwachung der Erfüllung des Insolvenzplans nach § 6 Abs. 2 InsVV (§§ 260, 269 InsO) ist der Vergütungsbeschluss als Vollstreckungstitel zu formulieren, da der Insolvenzverwalter nach Aufhebung des Insolvenzverfahrens für die Zeit der Planüberwachung keine Verfügungsbefugnis über die Insolvenzmasse besitzt und die Vergütung daher nicht mehr selbst entnehmen kann.

164 Der Beschluss ist zu begründen. Die Begründungspflicht umfasst insbesondere die Gewährung von Zuschlägen zur Regelvergütung oder deren Kürzung.[315)] Dabei ist differenziert auf die vom Insolvenzverwalter beantragten Zuschläge und mögliche Abschläge einzugehen. Die Begründung darf nicht aus Satzbausteinen und allgemeinen Floskeln zur sog. Gesamtbetrachtung (siehe dazu Rz. 100) bestehen.

4. Bekanntgabe an die Beteiligten

165 Die Festsetzung der Vergütung des Insolvenzverwalters ist nach § 64 Abs. 2 Satz 1 InsO **öffentlich bekannt** zu machen. Nach § 64 Abs. 2 Satz 2 InsO sind die festgesetzten Beträge nicht zu veröffentlichen. Der BGH fordert dabei die Bekanntmachung des Beschlusstenors ohne Geldbeträge, er verlangt jedoch die Bekanntmachung der Begründung mit Angabe der Berechnungsgrundlage und der gewährten Zuschläge.[316)] Damit kann faktisch die Vergütung berechnet werden, was § 64 Abs. 2 Satz 2 InsO aber gerade vermeiden will. Auch unter Berücksichtigung der Interessen der Verfahrensbeteiligten sind die strengen Anforderungen des BGH an die öffentliche Bekanntmachung kritisch zu beurteilen. Vermittelnd kann die öffentliche Bekanntmachung dergestalt erfolgen, dass die Berechnungsgrundlage und die Höhe der Zuschläge nicht erwähnt werden.[317)] Besonders zuzustellen ist der Vergütungsbeschluss dem Schuldner, dem Insolvenzverwalter und den Mitgliedern des Gläubigerausschusses (§ 64 Abs. 2 Satz 1 InsO).

5. Die Haftung für Schäden bei verzögerter Vergütungsfestsetzung

166 § 8 InsVV legt für die Zeit zwischen Antrag und Festsetzung der Vergütung keine Zeit fest.[318)] Ergeben sich bei Prüfung der Schlussrechnung und des Schlussberichts Unklar-

---

313) Eingehend *U. Keller*, Vergütung, § 15 Rz. 33 ff.

314) Muster zu Vergütungsanträgen und -beschluss bei *U. Keller*, Vergütung, § 15 Rz. 125 ff.; *Frege/U. Keller/Riedel*, Hdb. InsR, Rz. 9.65, 9.70.

315) Eingehend *U. Keller*, Vergütung, § 15 Rz. 47.

316) BGH, Beschl. v. 14.12.2017 – IX ZB 65/16, ZVI 2018, 121 = NZI 2018, 235, m. Anm. *U. Keller*, dazu EWiR 2018, 113 *(Prütting)*.

317) Eingehend *U. Keller*, Vergütung, § 15 Rz. 49 ff.

318) Die Rspr. sieht als übliche Zeit für eine Vergütungsfestsetzung nahezu unrealistisch sechs Wochen an, OLG Stuttgart, Beschl. v. 16.6.1971 – 8 W 362/70, Rpfleger 1971, 308; OLG München, Beschl. v. 23.10.1980 – 11 W 2187/80, Rpfleger 1981, 157; OLG Düsseldorf, Beschl. v. 3.3.1981 – 2 Ws 115/81, Rpfleger 1981, 408.

heiten, die einer Klärung zwischen dem Verwalter und dem Insolvenzgericht bedürfen, kann dies zu einem langen Zeitraum bis zur Festsetzung der Vergütung führen. Es ist unangebracht, dem Gericht für die Festsetzung der Vergütung unter Androhung von Amtshaftungsansprüchen Fristen vorgeben zu wollen. Eine **Verzinsungspflicht** hinsichtlich der Vergütung ab dem Zeitpunkt der Antragstellung **besteht nicht.**[319] Der BGH weist aber auf die mögliche Amtshaftung des Dienstherrn nach § 839 BGB mit Art. 34 Satz 1 GG hin, wenn über Vorschussanträge schuldhaft verzögert entschieden wird.[320] Der Insolvenzverwalter kann durch ausreichende Vorschüsse auf seine Vergütung nach § 9 InsVV einen wie auch immer gearteten Schaden vermeiden.[321]

III. Rechtsmittel gegen die Vergütungsfestsetzung

1. Sofortige Beschwerde (§ 6 InsO)

Gegen den Beschluss über die Festsetzung der Vergütung ist die sofortige Beschwerde statthaft (§ 6 InsO). Sie steht dem Insolvenzverwalter, dem Schuldner und jedem Insolvenzgläubiger zu (§ 64 Abs. 3 Satz 1 InsO). Der BGH billigt das Beschwerderecht aber auch einem Dritten zu, insbesondere wenn er sich zur Zahlung der Vergütung freiwillig verpflichtet hat.[322] Der Insolvenzverwalter ist nur beschwert, wenn das Gericht nicht seinem Antrag entsprechend die Vergütung festgesetzt hat. Wurde das Verfahren als masseunzulänglich nach § 208 InsO eingestellt, sind auch die Massegläubiger beschwerdeberechtigt. Insolvenzgläubiger haben in diesem Fall ebenso wie bei § 207 InsO nur dann ein Beschwerderecht, wenn die Masseunzulänglichkeit allein durch die Verwaltervergütung herbeigeführt würde. 167

Die **Beschwerdefrist** des § 569 Abs. 1 Satz 1 ZPO beginnt regelmäßig mit dem **Wirksamwerden der öffentlichen Bekanntmachung** der Vergütungsfestsetzung nach § 9 Abs. 1 Satz 3 InsO. Die Bekanntmachung muss den Beschlussinhalt ausreichend klar und deutlich erkennen lassen.[323] 168

Die Beschwerde ist nach § 64 Abs. 3 Satz 2 InsO mit § 567 Abs. 2 ZPO nur zulässig, wenn der **Beschwerdewert 200 €** übersteigt. Das ist für den Insolvenzverwalter der Fall, wenn er eine höhere Vergütung beantragt hatte, für den Schuldner, wenn sie um diesen Betrag geringer festgesetzt werden könnte. Für einen Insolvenzgläubiger ist entscheidend, ob durch die Änderung der Vergütung sich seine Quote so erhöht, dass sich seine Zuteilung um mehr als 200 € erhöht.[324] 169

2. Entscheidung über die sofortige Beschwerde

Das Insolvenzgericht hat nach § 572 Abs. 1 Satz 1 ZPO zu prüfen, ob es der Beschwerde abhelfen kann. Die **Abhilfeentscheidung** ergeht in jedem Fall durch Beschluss. Über die 170

319) BGH, Beschl. v. 4.12.2003 – IX ZB 48/03, ZVI 2004, 207 = ZIP 2004, 574, dazu EWiR 2004, 611 *(Schumacher)*; ebenso BGH, Beschl. v. 4.12.2003 – IX ZB 69/03, ZInsO 2004, 268, m. Anm. *Haarmeyer*.

320) BGH, Beschl. v. 4.12.2003 – IX ZB 48/03, ZVI 2004, 207 = ZIP 2004, 574; BGH, Urt. v. 16.10.2014 – IX ZR 190/13, NZI 2015, 24 = Rpfleger 2015, 97, m. Anm. *U. Keller*.

321) BGH, Beschl. v. 4.12.2003 – IX ZB 48/03, ZVI 2004, 207 = ZIP 2004, 574.

322) BGH, Beschl. v. 20.12.2012 – IX ZB 19/10, ZIP 2013, 226, dazu EWiR 2013, 245 *(Blersch)*.

323) BGH, Beschl. v. 10.11.2011 – IX ZB 165/10, ZIP 2011, 2479 = NZI 2011, 974; BGH, Beschl. v. 17.11.2011 – IX ZB 83/11, ZInsO 2012, 51; BGH, Beschl. v. 17.11.2011 – IX ZB 85/11, NZI 2011, 978; zur fehlerhaften Rechtsbehelfsbelehrung BGH, Beschl. v. 24.3.2016 – IX ZB 67/14, ZIP 2016, 988 = NZI 2016, 397; zur Veröffentlichung der Beschlussgründe BGH, Beschl. v. 14.12.2017 – IX ZB 65/16, ZVI 2018, 121 = NZI 2018, 235, m. Anm. *U. Keller*, dazu EWiR 2018, 113 *(Prütting)*.

324) BGH, Beschl. v. 24.11.2022 – IX ZB 15/22, ZRI 2023, 108 = ZVI 2023, 231 = ZIP 2023, 197; Uhlenbruck-*Mock*, InsO, § 64 Rz. 18; *U. Keller*, Vergütung, § 15 Rz. 70, 71; anders *Zimmer*, InsVV, § 8 Rz. 171.

sofortige Beschwerde entscheidet nach § 72 GVG das LG. Die Entscheidung ergeht durch Beschluss, der Tatbestand und Entscheidungsgründe zu enthalten hat.

171 Das allgemeine Verbot der Verschlechterung der Rechtsposition des Beschwerdeführers (**reformatio in peius**) i. R. der Entscheidung über die Beschwerde gilt auch im Insolvenzverfahren. Es gilt auch für vergütungsrechtliche Entscheidungen im Hinblick auf die Höhe der vom Insolvenzgericht festgesetzten Vergütung. Dies selbst dann, wenn im Übrigen der Insolvenzverwalter wegen einer besonders schweren Pflichtverletzung den Vergütungsanspruch a priori eigentlich verwirkt hätte.[325)] Das Beschwerdegericht kann aber einzelne Erhöhungskriterien des § 3 Abs. 1 InsVV oder Minderungskriterien des § 3 Abs. 2 InsVV anders bewerten.[326)] Ob es, wie der BGH meint,[327)] auch berechtigt ist, die Berechnungsgrundlage neu zu bewerten und zu ändern, ist zu bezweifeln. Haben gegen die Vergütungsfestsetzung des Insolvenzgerichts sowohl der Insolvenzverwalter als auch der Schuldner oder Insolvenzgläubiger Beschwerde eingelegt, gilt das Verbot der reformatio in peius nicht.

3. Zulässigkeit der Rechtsbeschwerde

172 Die Rechtsbeschwerde an den BGH (§ 133 GVG) ist nur bei Zulassung durch das Beschwerdegericht nach § 574 ZPO statthaft.[328)]

4. Rechtskraft der Vergütungsfestsetzung

173 Der Festsetzungsbeschluss erwächst nach Ablauf der Beschwerdefrist in formelle Rechtskraft. **Materielle Rechtskraft** entfaltet er hinsichtlich des festgesetzten Betrags, nicht hinsichtlich Bildung der Berechnungsgrundlage und Zuerkennung einzelner Tatbestände einer Erhöhung oder Kürzung.[329)] Allerdings kann ein weiteres Festsetzungsverfahren nicht auf Gründe gestützt werden, die bereits Gegenstand der vorherigen Festsetzung waren.[330)]

IV. Gewährung eines Vorschusses auf die Vergütung (§ 9 InsVV)

1. Zweck der Regelung

174 Nach § 9 Satz 1 InsVV hat der Insolvenzverwalter das Recht, aus der Insolvenzmasse einen Vorschuss auf die Vergütung und auf seine Auslagen zu entnehmen.

175 Der **Zweck der Vorschussgewährung** besteht darin, den Insolvenzverwalter hinsichtlich der ihm entstehenden eigenen Kosten sowie hinsichtlich der besonderen Auslagen, die nach § 4 Abs. 2 InsVV zu erstatten sind, nicht vorleistungspflichtig werden zu lassen. Die Vorschussgewährung dient auch dazu, ein mögliches Ausfallrisiko des Insolvenzverwalters im Falle der Masselosigkeit zu verringern.[331)] Die Vorschussentnahme schützt den Insolvenzverwalter in diesem Fall insoweit, als bereits gezahlte Vorschüsse als Vorwegbefriedi-

325) BGH, Beschl. v. 6.5.2004 – IX ZB 349/02, BGHZ 159, 122, 130 = ZIP 2004, 1214.

326) BGH, Beschl. v. 16.6.2005 – IX ZB 285/03, ZVI 2005, 385 = ZIP 2005, 1371; BGH, Beschl. v. 16.6.2005 – IX ZB 264/03, ZVI 2005, 441 = ZIP 2005, 1372.

327) BGH, Beschl. v. 28.9.2006 – IX ZB 108/05, ZIP 2006, 2186.

328) Zu den Anforderungen an die Zulassung und die Unzulässigkeit nachträglicher Zulassung BGH, Beschl. v. 19.7.2018 – V ZB 6/18, NJW 2018, 3388; BGH, Beschl. v. 18.10.2018 – IX ZB 31/18, BGHZ 220, 90 = ZIP 2018, 2229; eingehend dazu *U. Keller*, DZWIR 2019, 10.

329) Kein vollständiger Austausch des zugrundeliegenden Sachverhalts, LG Hamburg, Beschl. v. 19.10.2017 – 330 T 30/17, ZIP 2018, 1092 = ZInsO 2017, 2583; zur nachträglichen Zuerkennung von Erhöhungstatbeständen AG Düsseldorf, Beschl. v. 20.4.2016 – 503 UN 6/10, juris.

330) BGH, Beschl. v. 20.5.2010 – IX ZB 11/07, BGHZ 185, 353 = ZIP 2010, 1403, dazu EWiR 2010, 651 *(Kexel)*.

331) BGH, Urt. v. 5.12.1991 – IX ZR 275/90, BGHZ 116, 233, 241 = ZIP 1992, 120, dazu EWiR 1992, 173 *(Uhlenbruck)*; BGH, Beschl. v. 1.10.2002 – IX ZB 53/02, unter III. 1. a), ZIP 2002, 2223 = DZWIR 2003, 101, m. Anm. *U. Keller*.

gung bei Berechnung der anteiligen Befriedigung nach § 207 Abs. 3 Satz 1 InsO nicht vom Insolvenzverwalter zurückerstattet werden müssen.[332)]

2. Voraussetzungen der Vorschussentnahme

Die Entnahme eines Vorschusses bedarf nach § 9 Satz 1 InsVV der **Zustimmung des Insolvenzgerichts.** Diese ist zeitlich vor der Entnahme eines entsprechenden Vorschussbetrags zu beantragen; der Insolvenzverwalter darf keinesfalls eigenmächtig den Vorschuss entnehmen. Das Insolvenzgericht darf die Vorschussentnahme nur unter besonderen Voraussetzungen ablehnen.[333)] Aus § 9 Satz 2 InsVV entnimmt der BGH ein gebundenes Ermessen des Insolvenzgerichts: Die Zustimmung zur Vorschussentnahme ist zu erteilen, wenn das Verfahren länger als sechs Monate dauert. Der Wortlaut des § 9 Satz 2 InsVV spricht nicht zwingend dafür, einer Vorschussentnahme dann jeweils halbjährlich zuzustimmen.[334)] 176

Besonders hohe Auslagen i. S. des § 9 Satz 2 InsVV rechtfertigen eine Vorschussentnahme; die Auslagen müssen i. S. des § 4 Abs. 2 InsVV erstattungsfähig sein. 177

Unter Berücksichtigung der Vergütungssicherung bei Masselosigkeit muss über den Wortlaut des § 9 Satz 2 InsVV auch die drohende Masselosigkeit als ausreichender Grund für eine Vorschussentnahme angesehen werden. 178

3. Berechnungsgrundlage und Höhe des Vorschusses

Da sich der Vorschuss auf die endgültige Vergütung des Insolvenzverwalters bezieht, ist er nach der **voraussichtlichen Insolvenzmasse** i. S. des § 1 InsVV zu bestimmen.[335)] Die gerichtliche Praxis behilft sich damit, als Berechnungswert des Vorschusses nicht die Insolvenzmasse i. S. des § 1 InsVV heranzuziehen, sondern die bis dato vom Insolvenzverwalter erwirtschaftete Insolvenzmasse, mithin den Bestand der vom Insolvenzverwalter geführten Konten. 179

Aus dem Berechnungswert ist die Regelvergütung nach § 2 InsVV zu ermitteln. Der Vorschussbetrag selbst besteht in einem nach bisheriger Dauer und Umfang des Verfahrens angemessenen Bruchteil der Regelvergütung. Eine **Vergütungserhöhung** nach § 3 Abs. 1 InsVV kann erfolgen, sofern sich ein entsprechender **Erhöhungstatbestand bereits verwirklicht** hat oder mit Sicherheit verwirklichen wird.[336)] Die im Laufe eines Insolvenzverfahrens bewilligten Vorschüsse sollen in ihrer Summe den Gesamtbetrag der endgültig festzusetzenden Vergütung nicht übersteigen, dürfen ihr aber nahekommen oder gar entsprechen.[337)] 180

---

332) BGH, Urt. v. 5.12.1991 – IX ZR 275/90, BGHZ 116, 233, 242 = ZIP 1992, 120: „Mit der Entnahme des Vorschusses erfolgt eine Vorwegbefriedigung nach § 57 KO, so dass der Konkursverwalter den erhaltenen Betrag später nicht im Verfahren nach § 60 KO zurückzuzahlen hat."; ferner BGH, Beschl. v. 22.1.2004 – IX ZB 123/03, BGHZ 157, 370, 279 = ZIP 2004, 571, dazu EWiR 2004, 609 *(Vallender)*; BGH, Beschl. v. 1.10.2002 – IX ZB 53/02, ZIP 2002, 2223 = DZWIR 2003, 101.

333) BGH, Beschl. v. 1.10.2002 – IX ZB 53/02, ZIP 2002, 2223 = DZWIR 2003, 101.

334) BGH, Beschl. v. 1.10.2002 – IX ZB 53/02, ZIP 2002, 2223 = DZWIR 2003, 101.

335) BGH, Beschl. v. 1.10.2002 – IX ZB 53/02, ZIP 2002, 2223 = DZWIR 2003, 101, m. Anm. *U. Keller*.

336) LG Magdeburg, Beschl. v. 27.7.1995 – 3 T 356/95, ZIP 1995, 1372 = KTS 1996, 118, dazu EWiR 1995, 1095 *(Tappmeier)*; LG Göttingen, Beschl. v. 2.8.2001 – 10 T 40/01, DZWIR 2002, 259 = NZI 2001, 665; AG Chemnitz, Beschl. v. 28.3.2006 – 1113 IN 2190/99, ZIP 2006, 820.

337) BGH, Urt. v. 5.12.1991 – IX ZR 275/90, BGHZ 116, 233, 241 = ZIP 1992, 120, dazu EWiR 1992, 173 *(Uhlenbruck)*; LG Wiesbaden, Beschl. v. 14.9.1972 – 1 T 166/72, KTS 1973, 76; LG Oldenburg, Beschl. v. 12.8.1981 – 5 T 229/81, ZIP 1981, 1010; LG Aachen, Beschl. v. 19.3.1982 – 3 T 26/82, ZIP 1983, 100; LG Ulm, Beschl. v. 25.7.1983 – 1 T 26/83, 1 T 30/83, KTS 1983, 642; LG Hildesheim, Beschl. v. 30.11.1982 – 5 T 929, 534/82, ZIP 1983, 346; LG Magdeburg, Beschl. v. 27.7.1995 – 3 T 356/95, ZIP 1995, 1372 = KTS 1996, 118, dazu EWiR 1995, 1095 *(Tappmeier)*; LG Göttingen, Beschl. v. 2.8.2001 – 10 T 40/01, DZWIR 2002, 259 = NZI 2001, 665; anders LG Augsburg, Beschl. v. 10.10.1973 – 4 T 176/73, KTS 1974, 241, m. Anm. *H. Schmidt*.

4. Die Zustimmung des Gerichts

181 Die Zustimmung des Gerichts wird in Beschlussform erteilt. Dieser hat, wie der endgültige Vergütungsbeschluss, den Vorschuss nebst Umsatzsteuer sowie erstattete Auslagen nebst Umsatzsteuer einzeln aufzuführen.

5. Die Anfechtbarkeit der gerichtlichen Zustimmung

182 Die Zustimmung zur Vorschussentnahme ist eine lediglich vorläufig wirkende Maßnahme.[338] Sie stellt daher auch keinen Vollstreckungstitel i. S. des § 794 Abs. 1 Nr. 3 ZPO dar.[339] Die Zustimmung des Insolvenzgerichts soll als Maßnahme der Aufsicht des Gerichts gegenüber dem Insolvenzverwalter i. S. des § 58 InsO anzusehen sein.[340] Die **Zustimmung des Insolvenzgerichts** zur Entnahme eines Vorschusses ist für den Schuldner oder die Insolvenzgläubiger **nicht anfechtbar.**[341] Versagt das Gericht dem Insolvenzverwalter die Entnahme eines Vorschusses, steht diesem die sofortige Beschwerde entsprechend § 64 Abs. 3 InsO nicht zu. Da für das eröffnete Insolvenzverfahren der Rechtspfleger zuständig ist (§ 3 Nr. 2 lit. e i. V. mit § 18 RPflG), entscheidet über die Vorschussgewährung der Rechtspfleger. Es ist dann die befristete Rechtspflegererinnerung nach § 11 Abs. 2 RPflG statthaft.[342]

G. Die Vergütung des vorläufigen Insolvenzverwalters

I. Allgemeine Grundlagen

183 Der vorläufige Insolvenzverwalter hat nach § 21 Abs. 2 Nr. 1 i. V. mit § 63 Abs. 1 InsO Anspruch auf angemessene Vergütung. Dieser wird mit Beendigung der vorläufigen Verwaltung fällig. Der vorläufige Insolvenzverwalter erhält für seine Tätigkeit eine eigene Vergütung neben der Vergütung für die spätere Tätigkeit als Insolvenzverwalter (§ 63 Abs. 3 InsO i. V. mit § 11 Abs. 1 Satz 1 InsVV).[343] Dies gilt auch bei Personenidentität von vorläufigem und endgültigem Verwalter. Es kann eine Kürzung der Vergütung des Insolvenzverwalters nach § 3 Abs. 2 lit. a InsVV in Betracht kommen.[344]

184 Wird der vorläufige Insolvenzverwalter mit der **Erstellung eines Gutachtens** zur Feststellung des Insolvenzgrunds und der Prüfung der Massezulänglichkeit betraut,[345] wird diese gutachterliche Tätigkeit gesondert nach dem Justizvergütungs- und -entschädigungsgesetz vergütet (§ 11 Abs. 4 InsVV und § 9 Abs. 2 JVEG). Der Anspruch auf gesonderte Vergütung besteht auch dann, wenn sowohl eine Bestellung als sog. starker vorläufiger

---

338) BGH, Beschl. v. 1.10.2002 – IX ZB 53/02, ZIP 2002, 2223 = DZWIR 2003, 101; ebenso AG Göttingen, Beschl. v. 28.9.2001 – 74 IN 147/99, ZIP 2001, 1824; s. a. OLG Köln, Beschl. v. 7.1.2002 – 2 W 173/01, ZIP 2002, 231 = NZI 2002, 153, dazu EWiR 2002, 295 *(U. Keller)*; OLG Zweibrücken, Beschl. v. 16.10.2001 – 3 W 177/01, NZI 2002, 43 = Rpfleger 2002, 168.

339) Zur Vergütung der Mitglieder des Gläubigerausschusses BGH, Beschl. v. 22.7.2021 – IX ZB 47/19, ZRI 2021, 802 = ZIP 2021, 1826, dazu EWiR 2021, 756 *(Knof)*.

340) BGH, Beschl. v. 1.10.2002 – IX ZB 53/02, ZIP 2002, 2223 = DZWIR 2003, 101.

341) LG Münster, Beschl. v. 26.7.2001 – 5 T 614/01, NZI 2001, 604 = Rpfleger 2001, 614; LG Göttingen, Beschl. v. 2.8.2001 – 10 T 40/01, DZWIR 2002, 259 = NZI 2001, 665.

342) BGH, Beschl. v. 1.10.2002 – IX ZB 53/02, ZIP 2002, 2223 = DZWIR 2003, 101; eingehend *U. Keller*, Vergütung, § 15 Rz. 117 ff.

343) So für die Vergütung des Sequesters bereits LG Wiesbaden, Beschl. v. 23.11.1988 – 4 T 534/88, ZIP 1989, 56, dazu EWiR 1989, 191 *(Eickmann)*; *Kuhn/Uhlenbruck*, KO, § 106 Rz. 22a; *Eickmann*, VergVO, Anh. A Rz. 8; anders noch LG Köln, Beschl. v. 3.11.1980 – 19 T 254/80, ZIP 1981, 142, m. Anm. *Eickmann*.

344) LG Siegen, Beschl. v. 4.1.1988 – 4 T 221, 225/87, ZIP 1988, 326, dazu EWiR 1988, 289 *(Eickmann)*.

345) Uhlenbruck-*Vallender*, InsO, § 22 Rz. 253 ff.; Jaeger-*Gerhardt*, InsO, § 22 Rz. 147 ff.; *Frege/U. Keller/Riedel*, Hdb. InsR, Rz. 2.336 ff.

Insolvenzverwalter als auch als Sachverständiger erfolgt ist, § 22 Abs. 1 Nr. 3 InsO steht nicht entgegen.[346)]

II. Das nach § 11 Abs. 1 InsVV der vorläufigen Verwaltung unterliegende Vermögen als Berechnungsgrundlage

1. Grundsatz zum sog. freien Vermögen

Berechnungsgrundlage der Vergütung des vorläufigen Insolvenzverwalters ist nach §§ 63 Abs. 1 und 3, § 65 InsO, § 11 Abs. 1 Satz 2 mit § 1 InsVV das Vermögen, auf das sich seine Tätigkeit während des Eröffnungsverfahrens erstreckte.[347)] In die Berechnungsgrundlage sind alle Vermögenswerte einzubeziehen, die im später eröffneten Insolvenzverfahren die sog. „Soll-Masse" des § 35 InsO bilden.[348)] Vermögenswerte, die ohne mit Rechten Dritter belastet zu sein, die sog. freie Masse bilden, sind Gegenstand der Berechnungsgrundlage des vorläufigen Insolvenzverwalters, ohne dass eine erhebliche Befassung mit diesen erforderlich ist.[349)] 185

2. Vermögenswerte mit Fremdrechten

Einzubeziehen sind nach dem Wortlaut des § 11 Abs. 1 InsVV mit § 63 Abs. 3 InsO[350)] auch Vermögenswerte, die im später eröffneten Insolvenzverfahren der **Aussonderung** nach § 47 InsO unterliegen oder mit einem **Absonderungsrecht** nach §§ 49 ff. InsO behaftet sind. Berechnungsgrundlage der Vergütung des vorläufigen Insolvenzverwalters soll mithin die sog. **„Ist-Masse"** des Insolvenzverfahrens sein.[351)] 186

§ 63 Abs. 3 InsO und § 11 Abs. 1 InsVV sind die Antwort des Gesetzgebers auf Rechtsprechung des BGH zur Berücksichtigung der mit Fremdrechten behafteten Gegenstände.[352)] Der BGH erkennt das Regelungsgefüge trotz „handwerklicher Mängel" an.[353)] Klarstellend wird durch diese Vorschriften auf Gesetzesebene – und nicht mehr lediglich durch Rechtsverordnung – geregelt, dass das **gesamte Vermögen des Schuldners, auf welches sich die vorläufige Verwaltung erstreckt**, Gegenstand der Vergütungsberechnung 187

---

346) Anders wohl Jaeger-*Gerhardt*, InsO, § 22 Rz. 149.

347) Allgemein *U. Keller*, Vergütung, § 7 Rz. 76 ff. m. w. N.

348) § 63 Abs. 3 InsO diesbezüglich klarstellend eingefügt durch das Gesetz zur Verkürzung des Restschuldbefreiungsverfahrens und zur Stärkung der Gläubigerrechte, v. 16.5.2013, BGBl. I 2013, 2379; dazu eindeutig Beschlussempfehlung und Bericht d. RA v. 15.5.2013, BT-Drucks. 17/13535, S. 43, 44.

349) BGH, Beschl. v. 9.6.2005 – IX ZB 230/03, ZIP 2005, 1324 = DZWIR 2005, 469, m. Anm. *Pluta/Heidrich*.

350) Geändert durch Gesetz zur Verkürzung des Restschuldbefreiungsverfahrens und zur Stärkung der Gläubigerrechte, v. 15.7.2013, BGBl. I 2013, 2379.

351) Begr. RegE Gesetz zur Verkürzung des Restschuldbefreiungsverfahrens und zur Stärkung der Gläubigerrechte, v. 31.10.2013, BT-Drucks. 12/11268, S. 27; Beschlussempfehlung und Bericht d. RA, BT-Drucks. 17/13535, S. 43, 44; eingehend zur Rechtsgeschichte *U. Keller*, Vergütung, § 7 Rz. 10 ff.; eingehend auch *Zimmer*, InsVV, § 11 Rz. 47 ff., 73 ff.

352) BGH, Beschl. v. 15.11.2012 – IX ZB 88/09, ZVI 2013, 320 = NZI 2013, 29, dazu EWiR 2013, 61 *(U. Keller)*; BGH, Beschl. v. 15.11.2012 – IX ZB 130/10, BGHZ 195, 336 = ZVI 2013, 324, dazu EWiR 2013, 125 *(Kalkmann)*; dazu *U. Keller*, NZI 2013, 240; BGH, Beschl. v. 14.2.2013 – IX ZB 260/11, ZInsO 2013, 630; vorgehend BGH, Beschl. v. 14.12.2000 – IX ZB 105/00, BGHZ 146, 165 = ZIP 2001, 296, dazu EWiR 2001, 281 *(U. Keller)*; BGH, Beschl. v. 14.12.2005 – IX ZB 256/04, BGHZ 165, 266 = ZIP 2006, 621; dazu *U. Keller*, NZI 2006, 271; BGH, Beschl. v. 13.7.2006 – IX ZB 104/05, BGHZ 168, 321 = ZIP 2006, 1403; dazu *Andres*, Rpfleger 2006, 517; *Andres*, NZI 2006, 567; *Blersch*, ZIP 2006, 1605; *Förster*, ZInsO 2006, 785; *Graeber*, ZInsO 2006, 794; *U. Keller*, NZI 2006, Heft 9, S. V; *T. Schmidt*, ZInsO 2006, 791; eingehend zur Rechtsentwicklung *U. Keller*, Vergütung, § 7 Rz. 10 ff.; Stephan/Riedel-*Stephan*, InsVV, § 11 Rz. 8 ff.

353) BGH, Beschl. v. 12.9.2019 – IX ZB 28/18, ZIP 2019, 1969 = NZI 2019, 867, dazu EWiR 2019, 661 *(U. Keller)*.

ist. Unglücklich formuliert sind die Übergangsregelungen in Art. 103h Satz 3 EGInsO und § 19 Abs. 4 InsVV, weswegen der BGH eine Anwendung auf Altfälle ablehnt.[354)]

188 Eine **Berücksichtigung von Vermögenswerten mit Fremdrechten** setzt voraus, dass sich der vorläufige Verwalter in **erheblichem Umfang** mit ihnen befasst hat. Eine Befassung in erheblichem Umfang ist danach zu bestimmen, in welchem zeitlichen oder sachlichen Maße sich der vorläufige Insolvenzverwalter in Ausübung der ihm zugewiesenen Befugnisse mit Vermögenswerten befasst hat. Die zeitliche Befassung in erheblichem Umfang muss freilich keine ausschließliche sein; es darf nicht gefordert werden, dass der Insolvenzverwalter sich „Tag und Nacht" mit einem Vermögenswert befasst hat. Jedoch muss der vorläufige Insolvenzverwalter sich in erheblichem Umfang zeitlich oder auch sachlich mit einzelnen Vermögenswerten befasst haben. Es kann dabei eine ähnliche Differenzierung vorgenommen werden wie bei der Systematisierung quantitativer und qualitativer Erhöhungstatbestände nach § 3 Abs. 1 InsVV.

189 Zur erheblichen Befassung hatte der BGH folgende grundsätzliche Feststellungen getroffen:[355)]

- Die Befassung kann den Vermögensgegenstand selbst betreffen, sie kann auch in einer Auseinandersetzung mit dem Aus- oder Absonderungsberechtigten bestehen.
- Wesentlich ist, welche Tätigkeiten der vorläufige Insolvenzverwalter entfaltet, um einen Gegenstand für die Masse zu beanspruchen, ihn für das Vermögen des Schuldners zu sichern und zu erhalten.
- Der vorläufige Insolvenzverwalter muss einen erheblichen Teil seiner Arbeitskraft, zeitlich oder sachlich, auf die Bearbeitung des von Aus- oder Absonderungsrechten betroffenen Vermögensgegenstandes verwendet haben.
- Die erhebliche Befassung darf nicht an formale Kriterien (Zahl der Sicherungsgläubiger, Anteil der Fremdrechte an der Insolvenzmasse) geknüpft werden. Es darf nicht schematisch aus abstrakten Tatbeständen auf eine erhebliche Befassung geschlossen werden; maßgebend ist die konkrete Arbeitsleistung.[356)]
- Liegt eine erhebliche Befassung bei einem wertmäßig nur teilweise belasteten Gegenstand vor, zählt dieser mit seinem ganzen Wert zur Berechnungsgrundlage. Liegt keine erhebliche Befassung vor, kann nur der Wert des unbelasteten Teils einbezogen werden.[357)]

190 Der Vollständigkeit halber sei angemerkt, dass bei unbelasteten Vermögenswerten eine erhebliche Befassung für die Berücksichtigung in der Berechnungsgrundlage nicht erforderlich ist.[358)]

191 Hinsichtlich einzelner Vermögenswerte kann eine Befassung in erheblichem Umfang nachfolgenden Regelbeispielen ermittelt werden:[359)]

- **Unbewegliches Vermögen:** Keine erhebliche Befassung liegt vor, wenn der vorläufige Insolvenzverwalter den bereits bekannten Grundstücksbestand durch Einholung be-

354) BGH, Beschl. v. 14.7.2016 – IX ZB 46/14, ZVI 2016, 453 = NZI 2016, 886, m. Anm. *Stoffler*, dazu EWiR 2016, 667 *(Blersch)*; eingehend auch *U. Keller*, NZI 2014, 833.

355) BGH, Beschl. v. 10.6.2021 – IX ZB 51/19, ZRI 2021, 674 = ZIP 2021, 1555, dazu EWiR 2021, 626 *(Freudenberg)*; dazu *U. Keller*, NZI 2021, 816; BGH, Beschl. v. 14.12.2005 – IX ZB 256/04, BGHZ 165, 266 = ZIP 206, 621; BGH, Beschl. v. 18.12.2008 – IX ZB 46/08, ZInsO 2009, 495.

356) BGH, Beschl. v. 28.9.2006 – IX ZB 230/05, ZIP 2006, 2134 = NZI 2007, 40.

357) BGH, Beschl. v. 12.9.2019 – IX ZB 28/18, ZIP 2019, 1969 = NZI 2019, 867, dazu EWiR 2019, 661 *(U. Keller)*.

358) BGH, Beschl. v. 9.6.2005 – IX ZB 230/03, ZIP 2005, 1324 = DZWIR 2005, 469, m. Anm. *Pluta/Heidrich*.

359) Eingehend auch *Zimmer*, InsVV, § 11 Rz. 121 ff.; Stephan/Riedel-*Stephan*, InsVV, § 11 Rz. 44 ff., 51; *Zimmer*, InsVV, § 11 Rz. 85 ff.

glaubigter Grundbuchblattabschriften dokumentiert oder prüft, ob auf den Grundstücken errichtete Gebäude ausreichend versichert sind.[360)] Gleiches gilt für die Ermittlung und Anzeige von Grundbesitz zwecks Ersuchen um Eintragung des Vermerks über die Anordnung eines allgemeinen Verfügungsverbots oder Zustimmungsvorbehalts (§ 21 Abs. 2 Nr. 2, § 23 Abs. 3 mit § 32 Abs. 1 InsO).

Dagegen ist eine erhebliche Befassung gegeben, wenn zur Sicherung des Gebäudebestandes bauliche Sicherungsmaßnahmen ergriffen werden müssen oder wenn ein Wachschutz beauftragt werden muss. Eine erhebliche Befassung liegt auch dann vor, wenn ein Grundpfandrechtsgläubiger die Zwangsversteigerung betreibt und der vorläufige Insolvenzverwalter mit ihm verhandelt, um eine einstweilige Einstellung der Zwangsvollstreckung zu erreichen oder den Gläubiger von einer Anordnung abzuhalten.[361)] Eine erhebliche Befassung ist auch dann anzunehmen, wenn der vorläufige Insolvenzverwalter den Immobilienbesitz zum Zwecke der Veräußerung dokumentiert, die hierauf ruhenden und ggf. abzulösenden Belastungen prüft und mit einem Käufer den – regelmäßig nach Insolvenzeröffnung – abzuschließenden Vertrag und seine Bedingungen bespricht und klärt.

Die Beitreibung rückständiger Mieten und die Auseinandersetzung mit Mietern wegen geltend gemachter Mietminderungen oder die Auseinandersetzung mit der Ordnungsbehörde wegen abfallrechtlicher Verfügungen sind Tatbestände erheblicher Befassung.[362)] Die Vereinbarung einer sog. kalten Zwangsverwaltung kann ebenso eine erhebliche Befassung darstellen.[363)]

– **Bewegliches Vermögen**: Erhebliche Sicherungstätigkeit erfolgt wesentlich im Hinblick auf das künftige Verwertungsrecht des Insolvenzverwalters nach §§ 166 ff. InsO oder eine künftige Erfüllungswahl bei Eigentumsvorbehalt nach § 107 Abs. 2 InsO.[364)]
  Forderungen, an welchen abgesonderte Befriedigung beansprucht werden kann, sind einzubeziehen, wenn der vorläufige Insolvenzverwalter auch im Interesse des Forderungsinhabers ihre Sicherung bewerkstelligt hat. Dazu zählt der Forderungseinzug durch den vorläufigen Insolvenzverwalter mit Zustimmung des Gläubigers,[365)] nicht aber bloße Debitorenpflege.[366)]

3. Der Zeitpunkt der Bewertung

Maßgebend für die Wertermittlung ist bei allen Vermögenswerten der Zeitpunkt der **Beendigung des Eröffnungsverfahrens** oder wenn der Vermögenswert vorher aus der vorläufigen Verwaltung ausgeschieden ist, dieser Zeitpunkt (§ 11 Abs. 1 Satz 3 InsVV).[367)] 192

360) BGH, Beschl. v. 13.7.2006 – IX ZB 104/05, BGHZ 168, 321 = ZIP 2006, 1403; zur Pflicht des Sequesters, den Grundpfandrechtsgläubiger auf fehlenden Versicherungsschutz hinzuweisen BGH, Urt. v. 29.9.1988 – IX ZR 39/88, BGHZ 105, 230, 237 = ZIP 1988, 1411.

361) BGH, Beschl. v. 13.7.2006 – IX ZB 104/05, BGHZ 168, 321 = ZIP 2006, 1403.

362) BGH, Beschl. v. 28.9.2006 – IX ZB 230/05, ZIP 2006, 2134 = NZI 2007, 40.

363) Kritisch aber BGH, Beschl. v. 10.6.2021 – IX ZB 51/19, ZRI 2021, 674 = ZIP 2021, 1555, dazu EWiR 2021, 626 *(Freudenberg)*; dazu *U. Keller*, NZI 2021, 816.

364) So wörtlich BGH, Beschl. v. 14.12.2000 – IX ZB 105/00, BGHZ 146, 165 = ZIP 2001, 296, dazu EWiR 2001, 281 *(U. Keller)*.

365) LG Kleve, Beschl. v. 17.7.2000 – 4 T 570/99, DZWIR 2000, 473, m. Anm. *U. Keller*.

366) Etwas unklar BGH, Beschl. v. 14.12.2005 – IX ZB 256/04, unter II. 2., BGHZ 165, 266 = ZIP 2006, 621.

367) BGH, Beschl. v. 18.12.2003 – IX ZB 50/03, ZVI 2004, 203 = ZIP 2004, 518; BGH, Beschl. v. 15.11.2012 – IX ZB 88/09, Rz. 32, ZVI 2013, 320 = NZI 2013, 29, m. Anm. *Graeber*, dazu EWiR 2013, 61 *(U. Keller)*; allgemein *U. Keller*, Vergütung, § 7 Rz. 80.

193 Hiervon macht § 63 Abs. 3 Satz 3 InsO insoweit eine Ausnahme, als spätere Änderungen der Bewertung bezogen auf die Gesamtheit des Vermögens auch eine Korrektur der Vergütung sowohl negativ als auch positiv bewirken. § 63 Abs. 3 Satz 3 InsO hat aber nicht den Sinn, später eintretende Wertänderungen einzubeziehen. Es soll vielmehr eine **ursprünglich unrichtige Bewertung** bezogen auf den Zeitpunkt der Beendigung der vorläufigen Verwaltung noch korrigiert werden können. Soweit bei der Festsetzung der Vergütung des vorläufigen Insolvenzverwalters eine Verwertung des betreffenden Vermögenswerts erfolgt ist, kann der hier erzielte Erlös ein Anhaltspunkt dafür sein, dass der Vermögenswert bereits bei Beendigung des Eröffnungsverfahrens den entsprechenden Wert hatte. Dies ist insbesondere dann anzunehmen, wenn die Verwertung zeitnah nach Insolvenzeröffnung erfolgt ist. Änderungen bezogen auf das Sachverständigengutachten hat der vorläufige Insolvenzverwalter zwar grundsätzlich plausibel darzulegen. Bei einer bereits erfolgten Verwertung zu einem bestimmten Erlös ist der Nachweis aber ohne weiteres erbracht.[368]

4. Der Maßstab der Bewertung

194 Sämtliche Vermögenswerte sind grundsätzlich mit ihrem **Liquidationswert** anzusetzen.[369] Der sog. **Fortführungswert**, der in der Regel höher ist, ist anzusetzen, wenn die **Fortführung** des Unternehmens **überwiegend wahrscheinlich** ist oder selbstverständlich im eröffneten Verfahren auch erfolgt. Auch eine Veräußerung des Geschäftsbetriebs in Form eines Asset Deals oder eines Share Deals bei Unternehmensbeteiligungen stellt einen Erhalt und eine Fortführung des Unternehmens mit seinem Fortführungswert dar.[370] Dabei ist aber zu berücksichtigen, dass spätere Wertänderungen aufgrund nachfolgend eintretender Umstände den Wertansatz zum Zeitpunkt der Beendigung des Eröffnungsverfahrens nicht verändern. Dies bedeutet aber nicht, dass Vermögenswerte bei der Vergütung des vorläufigen Insolvenzverwalters generell nur mit Ihrem jeweiligen Liquidationswert anzusetzen sind, weil während der vorläufigen Verwaltung eine Fortführung des Unternehmens bspw. durch übertragende Sanierung nicht erfolgt. Vielmehr ist darauf abzustellen, ob der vorläufige Insolvenzverwalter das Unternehmen während des Eröffnungsverfahrens fortführt und realistischerweise von einer Sanierung des Unternehmens im später eröffneten Insolvenzverfahren ausgehen darf.

5. Die Grundlagen der Bewertung

195 Die Wertermittlung erfolgt grundsätzlich aufgrund der **Schlussrechnung des vorläufigen Insolvenzverwalters** (§ 21 Abs. 2 Nr. 1 mit § 66 InsO) oder aufgrund der Vermögensübersicht des Insolvenzverwalters auf den Stichtag der Insolvenzeröffnung nach §§ 151, 153 InsO.[371]

196 Das **Gutachten** des Sachverständigen zur Insolvenzeröffnung kann Anhaltspunkte für die Bewertung einzelner Vermögenswerte geben. Es ist aber nicht Sinn und Zweck des Gutachtens, das Vermögen des Schuldners als Grundlage der Berechnung der Vergütung des vorläufigen Insolvenzverwalters vollständig und in den Bewertungskriterien zutreffend wiederzugeben. Der Sachverständige im Insolvenzeröffnungsverfahren hat wesentlich zu prüfen, ob das schuldnerische Unternehmen zahlungsunfähig oder überschuldet ist und ob genügend Vermögen zur Eröffnung des Insolvenzverfahrens vorhanden ist (für den sog.

---

368) Zur Darlegungspflicht einer Neubewertung bei noch nicht erfolgter Verwertung BGH, Beschl. v. 16.11.2006 – IX ZB 302/05, ZIP 2007, 284 = NZI 2007, 168.

369) BGH, Beschl. v. 8.7.2004 – IX ZB 589/02, ZIP 2004, 1555 = NZI 2004, 626.

370) Allgemein *U. Keller*, Vergütung, § 7 Rz. 105 ff.

371) Zur Rechnungslegung Uhlenbruck-*Vallender*, InsO, § 22 Rz. 294 ff.; *U. Keller*, Insolvenzrecht, Rz. 650; *Uhlenbruck*, NZI 1999, 289.

starken vorläufigen Insolvenzverwalter § 22 Abs. 1 Nr. 3 InsO). Das Vermögen des Schuldners ist danach zwar zutreffend zu bewerten, hinsichtlich der möglichen Zahlungsunfähigkeit im Hinblick auf kurzfristige Liquidierbarkeit, hinsichtlich der möglichen Überschuldung nach § 19 InsO unter Berücksichtigung möglicher Fortführungswerte. Hinsichtlich der Deckung der Verfahrenskosten ist es aber ausreichend, wenn der Sachverständige plausibel darlegt, dass diese gedeckt werden können. Eine detaillierte Kostenberechnung, insbesondere auch hinsichtlich der Vergütung des vorläufigen Insolvenzverwalters und des Insolvenzverwalters kann dabei nicht gefordert werden.

6. Anfechtungsansprüche

Ob Anfechtungsansprüche gegen Dritte oder Ansprüche aus Gesellschafterleistungen (§ 135 InsO) in die Berechnungsgrundlage der Vergütung einzubeziehen sind, ist streitig.[372] Der BGH verneint dies.[373] Soweit die Beschäftigung mit diesen Ansprüchen die Tätigkeit des vorläufigen Insolvenzverwalters erheblich in Anspruch nimmt, könne nur eine Erhöhung der Vergütung entsprechend § 3 Abs. 1 InsVV erfolgen.[374] Die Anwendung des § 3 Abs. 1 InsVV stellt der BGH zudem unter den Vorbehalt, dass der vorläufige Insolvenzverwalter nicht auch als Sachverständiger tätig war und als solcher eine Vergütung nach § 9 JVEG erhalten hat.[375] 197

7. Die Nichtberücksichtigung bei bloßer Besitzüberlassung nach § 11 Abs. 1 Satz 3 InsVV

Die Berücksichtigung lediglich gemieteter oder gepachteter Gegenstände in der Berechnungsgrundlage ist nach § 11 Abs. 1 Satz 3 InsVV unzulässig.[376] Es kann nur ein Zuschlag zur Vergütung entsprechend § 3 Abs. 1 lit. a InsVV gewährt werden. 198

8. Die nachträgliche Änderung der Vergütung nach § 11 Abs. 2 InsVV

Eine Änderung der Werte einzelner Gegenstände oder Forderungen im eröffneten Verfahren führt grundsätzlich nicht zu einer nachträglichen Änderung der Vergütung des vorläufigen Insolvenzverwalters.[377] Auch nachträglich erst bekannt gewordene Forderungen können nicht mehr in die Vergütung einfließen.[378] 199

Durch § 11 Abs. 2 InsVV i. V. mit § 63 Abs. 3 Satz 3 InsO soll ein **ursprünglich unrichtiger Wertansatz** bezogen auf den Zeitpunkt der Beendigung der vorläufigen Verwaltung korrigiert werden.[379] Eine nachträgliche Änderung der Vergütung kann bezüglich aller bei der Bestimmung der Berechnungsgrundlage berücksichtigten Vermögenswerte erfolgen. 200

---

372) Zum Kapitalersatz LG Baden-Baden, Beschl. v. 21.12.1998 – 3 T 43/97, ZIP 1999, 1138 = NZI 1999, 159, dazu EWiR 2000, 185 (*Johlke*); LG Limburg, Beschl. v. 22.3.2005 – 7 T 49/05, DZWIR 2005, 259; zur Anfechtung LG Berlin, Beschl. v. 14.5.2002 – 86 T 245/02, ZInsO 2002, 623; LG Osnabrück, Beschl. v. 8.8.2003 – 5 T 637/03, ZInsO 2003, 896; LG Köln, Beschl. v. 17.3.2004 – 19 T 22/04, ZInsO 2004, 499; LG Köln, Beschl. v. 26.3.2004 – 19 T 6/04, ZIP 2004, 961.

373) BGH, Beschl. v. 29.4.2004 – IX ZB 225/03, NZI 2004, 444 = ZIP 2004, 1653, m. Anm. *Keller*; LG Kiel, Beschl. v. 4.5.2017 – 4 T 55/17, ZInsO 2017, 1756.

374) BGH, Beschl. v. 27.7.2006 – IX ZB 243/05, ZIP 2006, 1739 = NZI 2006, 581; BGH, Beschl. v. 14.12.2005 – IX ZB 268/04, ZVI 2006, 70 = ZIP 2006, 625.

375) Eingehend kritisch *U. Keller*, Vergütung, § 7 Rz. 117 ff.

376) BGH, Beschl. v. 13.7.2006 – IX ZB 104/05, Rz. 20, 23, BGHZ 168, 321 = ZIP 2006, 1403.

377) BGH, Beschl. v. 14.12.2005 – IX ZB 256/04, Rz. 31 ff., BGHZ 165, 266 = ZIP 2006, 621; so auch BGH, Beschl. v. 18.12.2003 – IX ZB 50/03, ZVI 2004, 203 = ZIP 2004, 518.

378) LG Mönchengladbach, Beschl. v. 12.7.2006 – 5 T 22/06, NZI 2006, 598.

379) Begr. zum Entwurf einer 2. InsVV-ÄndVO, zu Art. 1 letzter Absatz, abgedr. bei *U. Keller*, Vergütung, Anh. V, S. 893.

201 Voraussetzung einer nachträglichen Änderung der Vergütungsfestsetzung ist eine **Abweichung des tatsächlichen Werts eines Vermögenswerts** von seiner Berücksichtigung in der Berechnungsgrundlage der Vergütung von 20 %, bezogen auf die Gesamtheit der Gegenstände. Die Abweichung ist sowohl negativ als auch positiv zu sehen. Die Erhöhung erfolgt unter Zuerkennung eines nachträglichen Vergütungsbetrags, der sich aus der Differenz der Vergütungen bei geringerer und bei höherer Berechnungsgrundlage ergibt.

202 Das Insolvenzgericht ist spätestens bei Vorlage der Schlussrechnung auf eine entsprechende Wertdifferenz hinzuweisen. Sind der Insolvenzverwalter im eröffneten Verfahren und der vorläufige Insolvenzverwalter personenidentisch, ist es unproblematisch, das Insolvenzgericht entsprechend zu unterrichten.[380)] Liegt keine Personenidentität vor, darf der Hinweis durch den späteren Insolvenzverwalter keinesfalls aus sachfremden Erwägungen gegen die Person des vorläufigen Insolvenzverwalters erfolgen.

203 Zeitlich ist die Änderung der Vergütung bis zur **Rechtskraft der Vergütungsfestsetzung** des Insolvenzverwalters im eröffneten Insolvenzverfahren möglich (§ 63 Abs. 3 Satz 3 InsO).[381)] Hat die nachträgliche Änderung eine Kürzung der Vergütung zum Inhalt, führt dies zu einer Rückzahlungspflicht des vorläufigen Insolvenzverwalters. Ist er mit dem Insolvenzverwalter im eröffneten Verfahren identisch, könnte eine Anrechnung auf dessen Vergütung erfolgen.

9. Analoge Anwendung der Tatbestände des § 1 Abs. 2 InsVV

204 Die Tatbestände des § 1 Abs. 2 InsVV sind für den vorläufigen Insolvenzverwalter eingeschränkt anwendbar. Nicht anwendbar ist § 1 Abs. 2 Nr. 1 InsVV. Ebenso scheiden die Tatbestände der Nr. 2 und 3 des § 1 Abs. 2 InsVV aus. Es kommt aber eine Anwendung des § 1 Abs. 2 Nr. 4 lit. a InsVV in Betracht, wenn der vorläufige Insolvenzverwalter in besonderer Qualifikation tätig geworden ist und besondere Vergütungen erhalten hat (§ 5 InsVV). Eine Anwendung des § 1 Abs. 2 Nr. 4 lit. b InsVV kann sowohl für den sog. starken als auch für den schwachen vorläufigen Insolvenzverwalter in Betracht kommen.[382)]

III. Der angemessene Bruchteil nach § 63 Abs. 3 Satz 2 InsO als Regelvergütung

205 Die Regelvergütung des vorläufigen Insolvenzverwalters besteht nach § 63 Abs. 3 Satz 2 InsO in **25 % der Vergütung des Insolvenzverwalters**. Die Änderung der Vorschrift durch die Verordnung zur Änderung der InsVV vom 4.10.2004[383)] geht auf Rechtsprechung des BGH zurück, der die unterschiedliche Zuerkennung eines Bruchteils allein nach der Rechtsstellung des vorläufigen Insolvenzverwalters nicht für zulässig erachtete.[384)]

---

380) Hiervon geht die Begr. zum Entwurf einer 2. InsVV-ÄndVO aus, zu Art. 1 letzter Absatz, abgedr. bei *U. Keller*, Vergütung, Anh. V, S. 893.

381) Zur Verjährungsproblematik *U. Keller*, NZI 2007, 378.

382) BGH, Beschl. v. 26.4.2007 – IX ZB 160/06, ZIP 2007, 1330 = NZI 2007, 461; dazu auch *Graeber*, NZI 2007, 492; BGH, Beschl. v. 9.6.2011 – IX ZB 47/10, ZInsO 2011, 1519; BGH, Beschl. v. 17.3.2011 – IX ZB 145/10, NZI 2011, 445; BGH, Beschl. v. 19.12.2019 – IX ZB 72/18, ZRI 2020, 64 = ZVI 2020, 154, dazu EWiR 2020, 207 *(U. Keller)*.

383) Verordnung zur Änderung der Insolvenzrechtlichen Vergütungsverordnung (InsVV-ÄndVO), v. 4.10.2004, BGBl. I 2004, 2569.

384) BGH, Beschl. v. 24.6.2003 – IX ZB 453/02, ZVI 2003, 484 = ZIP 2003, 1759; BGH, Beschl. v. 17.7.2003 – IX ZB 10/03, ZVI 2003, 430 = ZIP 2003, 1612; BGH, Beschl. v. 18.9.2003 – IX ZB 56/03, ZVI 2003, 613 = ZIP 2003, 2081; BGH, Beschl. v. 18.12.2003 – IX ZB 50/03, ZVI 2004, 203 = ZIP 2004, 518; eingehend zur Rechtsentwicklung *U. Keller*, Vergütung, § 7 Rz. 144 ff.

Auch für den vorläufigen Insolvenzverwalter beträgt die **Mindestvergütung** jedenfalls den nach § 2 Abs. 2 InsVV maßgebenden Betrag.[385] Für den vorläufigen Insolvenzverwalter beträgt die Mindestvergütung bei nicht ausreichender Insolvenzmasse in den seit 1.1.2021 beantragten Verfahren **1.400 €**.[386] Selbstverständlich kann auch beim vorläufigen Insolvenzverwalter die Mindestvergütung entsprechend § 3 Abs. 1 InsVV erhöht werden. 206

IV. Die Erhöhung der Vergütung entsprechend § 3 Abs. 1 InsVV

1. Die systematische Anwendung des § 3 InsVV

Kriterien des Normalverfahrens bis zur Insolvenzeröffnung können der durchschnittliche Jahresumsatz des schuldnerischen Unternehmens vor Insolvenz, die Zahl der Arbeitnehmer und die Zahl offener Forderungen gegen Dritte sein. Anders als im eröffneten Insolvenzverfahren kann auch die Verfahrensdauer von durchschnittlich vier bis sechs Wochen als Normalfallkriterium angesehen werden, weil das Eröffnungsverfahren gerade darauf ausgerichtet ist, durch rasche Entscheidung über die Insolvenzeröffnung beendet zu werden. 207

Entsprechend § 3 Abs. 1 InsVV ist die Vergütung des vorläufigen Insolvenzverwalters zu erhöhen oder kann entsprechend § 3 Abs. 2 InsVV gekürzt werden, wenn das **Eröffnungsverfahren besondere Schwierigkeiten** aufweist und die Tätigkeit des vorläufigen Insolvenzverwalters erheblich in Anspruch genommen hat oder umgekehrt besonders einfach gelagert ist.[387] 208

2. Erhöhungs- und Kürzungstatbestände nach der Rechtsprechung

Eine Erhöhung der Vergütung kommt insbesondere in folgenden Fällen in Betracht:[388] 209

- Im Eröffnungsverfahren werden umfangreiche Verwertungsmaßnahmen notwendig.[389]
- Eine besonders hohe Zahl von Vollstreckungsmaßnahmen einzelner Gläubiger muss abgewehrt werden.[390]
- Eine besonders hohe Zahl von Gläubigern ist am Verfahren beteiligt.[391]
- Eine überdurchschnittlich hohe Zahl von Arbeitsverhältnissen ist betroffen.[392]

---

385) BGH, Beschl. v. 13.7.2006 – IX ZB 104/05, BGHZ 168, 321 = ZIP 2006, 1403; LG Krefeld, Beschl. v. 20.8.2002 – 6 T 232/02, ZVI 2002, 335 = NZI 2002, 611; LG Gera, Beschl. v. 22.9.2004 – 5 T 440/04, ZVI 2004, 700 = ZIP 2004, 2199; LG Gera, Beschl. v. 4.1.2006 – 5 T 166/05, ZVI 2006, 72; LG Bielefeld, Beschl. v. 6.4.2006 – 23 T 101/06, ZInsO 2006, 541.

386) LG Gera, Beschl. v. 4.1.2006 – 5 T 166/05, ZVI 2006, 72; offengelassen von BGH, Beschl. v. 13.7.2006 – IX ZB 104/05, Rz. 41, BGHZ 168, 321 = ZIP 2006, 1403.

387) BGH, Beschl. v. 5.7.2018 – IX ZB 63/17, ZIP 2018, 1553; BGH, Beschl. v. 17.10.2019 – IX ZB 5/18, ZRI 2020, 42 = NZI 2020, 86, m. Anm. *U. Keller*.

388) Eingehend auch Stephan/Riedel-*Stephan*, InsVV, § 11 Rz. 68 ff.; *Prasser/Stoffler* in: KPB, InsO, § 11 InsVV Rz. 59 ff., 107; *U. Keller*, Vergütung, § 7 Rz. 155 ff.

389) Zur maßgeblichen Notwendigkeit eines Forderungseinzugs BGH, Beschl. v. 18.12.2003 – IX ZB 28/03, NZI 2004, 381.

390) Zur Zwangsverwaltung AG Nürnberg, Beschl. v. 23.1.2001 – 8012 IN 584/00, ZInsO 2001, 463.

391) LG Leipzig, Beschl. v. 27.9.1999 – 12 T 1192/99, DZWIR 2000, 36; LG Braunschweig, Beschl. v. 29.1.2001 – 8 T 947/00, ZInsO 2001, 552, dazu EWiR 2002, 115 *(U. Keller)*; LG Göttingen, Beschl. v. 25.6.2001 – 10 T 41/01, NZI 2002, 115.

392) LG Leipzig, Beschl. v. 27.9.1999 – 12 T 1192/99, DZWIR 2000, 36; AG Chemnitz, Beschl. v. 16.3.2001 – 128 IN 1617/99, ZIP 2001, 1473, dazu EWiR 2002, 115 *(U. Keller)*.

- Ein Unternehmen wird für mehrere Monate fortgeführt, ohne dass eine entsprechende Massemehrung erfolgt.[393] Dies entspricht § 3 Abs. 1 lit. b InsVV. Bei erfolgter Massemehrung ist daher auch dem vorläufigen Insolvenzverwalter ein sog. ausgleichender Zuschlag zu gewähren (siehe dazu Rz. 106 ff.). Maßstab des Arbeitsaufwandes bei der Unternehmensfortführung kann insbesondere der Umsatz sein.[394]
- Sanierungsmaßnahmen werden vorbereitet oder durchgeführt, insbesondere auch für eine spätere übertragende Sanierung des Unternehmens (siehe auch Rz. 115).[395] Eine Erhöhung kommt ausdrücklich auch für den sog. schwachen vorläufigen Verwalter in Betracht.[396]
- Gesellschaftsrechtliche und organschaftliche Verflechtungen sind zu klären.[397]
- Immobilien in großer Zahl sind zu verwalten und teilweise bereits zu veräußern.[398]
- Insolvenzgeld der Arbeitnehmer wird vorfinanziert.[399]
- Mit den Arbeitnehmern wird über einen im eröffneten Insolvenzverfahren abzuschließenden Sozialplan verhandelt;[400] Beschäftigungs- und Qualifizierungsgesellschaften werden gegründet.
- Vom vorläufigen Insolvenzverwalter vorgenommene Massenentlassungen und der damit verbundene Arbeitsaufwand.[401]
- Die Geschäftsführung ist wegen einer Vielzahl betroffener Arbeitnehmer und Gläubiger, eines gegen den Schuldner angeordneten Verfügungsverbots und einer Postsperre besonders schwierig; dabei mag die vorläufige Verwaltung auch nur kurze Zeit dauern.[402]
- Die Zusammenarbeit mit dem obstruktiv handelnden Schuldner ist besonders schwierig.[403]
- Aufarbeitung unvollständiger und unzureichender Buchhaltung.[404] Eine Erhöhung scheidet aus, wenn sich der vorläufige Insolvenzverwalter bereits als Sachverständiger

---

393) BGH, Beschl. v. 18.12.2003 – IX ZB 50/03, unter II. 2. c) dd) 2. Abs., ZIP 2004, 518 = ZVI 2004, 203, m. Hinweis auf *Graeber*, Die Vergütung des vorläufigen Insolvenzverwalters gemäß § 11 InsVV, S. 73; BGH, Beschl. v. 13.4.2006 – IX ZB 158/05, ZIP 2006, 1008 = NZI 2006, 401; BGH, Beschl. v. 12.9.2019 – IX ZB 65/18, ZIP 2019, 2018 = NZI 2019, 913, dazu EWiR 2019, 757 *(Prasser)*; LG Traunstein, Beschl. v. 13.4.2004 – 4 T 3690/03, ZIP 2004, 1657, dazu EWiR 2005, 185 *(Höpfner)*; LG Potsdam, Beschl. v. 14.3.2005 – 5 T 21/05, ZInsO 2005, 588; LG Dresden, Beschl. v. 1.9.2005 – 5 T 1186/02, ZVI 2005, 564 = ZIP 2005, 1745 – Fortführung von 19 Tagen mit 50 Arbeitnehmern, Erhöhung um 50 %; AG Göttingen, Beschl. v. 2.7.1999 – 71/74 IN 49/99, NZI 1999, 382; AG Bielefeld, Beschl. v. 18.5.2000 – 43 IN 466/99, ZInsO 2000, 350; AG Chemnitz, Beschl. v. 16.3.2001 – 128 IN 1617/99, ZIP 2001, 1473 – Zuschlag 100 %; AG Dresden, Beschl. v. 12.11.2004 – 558 IN 163/99, ZIP 2005, 88; noch zur Sequestervergütung LG Wuppertal, Beschl. v. 25.5.1999 – 6 T 376/99, ZInsO 1999, 421.

394) BGH, Beschl. v. 18.12.2003 – IX ZB 50/03, ZVI 2004, 203 = ZIP 2004, 518.

395) BGH, Beschl. v. 12.1.2006 – IX ZB 127/04, ZVI 2006, 165 = ZIP 2006, 672, m. Anm. *Prasse*; AG Bergisch-Gladbach, Beschl. v. 11.1.2000 – 33 N 68/98, ZIP 2000, 283; AG Bielefeld, Beschl. v. 18.5.2000 – 43 IN 466/99, ZInsO 2000, 350.

396) BGH, Beschl. v. 12.1.2006 – IX ZB 127/04, ZVI 2006, 165 = ZIP 2006, 672, m. Anm. *Prasser*; BGH, Beschl. v. 13.4.2006 – IX ZB 158/05, ZIP 2006, 1008 = NZI 2006, 401.

397) LG Leipzig, Beschl. v. 27.9.1999 – 12 T 1192/99, DZWIR 2000, 36.

398) LG Leipzig, Beschl. v. 27.9.1999 – 12 T 1192/99, DZWIR 2000, 36.

399) BGH, Beschl. v. 18.12.2003 – IX ZB 50/03, ZVI 2004, 203 = ZIP 2004, 518; BGH, Beschl. v. 22.2.2007 – IX ZB 120/06, ZIP 2007, 826 = NZI 2007, 343; LG Traunstein, Beschl. v. 13.4.2004 – 4 T 3690/03, ZIP 2004, 1657.

400) BGH, Beschl. v. 18.12.2003 – IX ZB 50/03, ZVI 2004, 203 = ZIP 2004, 518.

401) BGH, Beschl. v. 18.12.2003 – IX ZB 50/03, ZVI 2004, 203 = ZIP 2004, 518.

402) Erhöhung um 50 % nach AG Bonn, Beschl. v. 9.7.1999 – 98 IN 23/99, ZIP 1999, 2167.

403) LG Mönchengladbach, Beschl. v. 5.7.2001 – 5 T 109/01, ZInsO 2001, 750.

404) BGH, Beschl. v. 23.9.2004 – IX ZB 215/03, NZI 2004, 665 = DZWIR 2005, 32, m. Anm. *Heinze*.

ausreichend Kenntnis über die ungeordneten und unübersichtlichen Verhältnisse des Schuldners verschafft hat.[405)]

– Übertragung des Zustellungswesens nach § 8 Abs. 3 InsO, wenn dies trotz des besonderen Aufwendungsersatzes erheblichen Aufwand hatte.[406)]

Eine Erhöhung der Vergütung muss erfolgen, wenn die **Anordnung des Verfügungsverbots** und damit die Ausübung der Verfügungsbefugnis des Schuldners (§ 22 Abs. 1 InsO) für den vorläufigen Insolvenzverwalter **besondere Arbeitsbelastung** nach sich gezogen hat.[407)] Der vorläufige Insolvenzverwalter muss dies konkret darlegen. An die substantiierte Darlegung dürfen nicht allzu strenge Anforderungen gestellt werden.[408)] Als Erhöhung bis zu 25 % angemessen.[409)] 210

Als für die Praxis wichtigstes Kriterium einer Kürzung der Vergütung ist eine besonders kurze Verfahrensdauer zu nennen.[410)] Eine Erhöhung der Vergütung darf nicht mit der Begründung abgelehnt werden, im Hinblick auf eine inzwischen angezeigte Masseunzulänglichkeit sei dies den Gläubigern nicht zumutbar.[411)] 211

3. Die Berechnung der Erhöhung der Vergütung

Die Erhöhung der Vergütung erfolgt rechnerisch durch Erhöhung unmittelbar des angemessenen Bruchteils nach § 63 Abs. 3 Satz 2 InsO.[412)] Bei der Erhöhung des Bruchteils ist derselbe Faktor zu gewähren, wie er dem endgültigen Insolvenzverwalter i. R. seiner Vergütung zukommt.[413)] Wird dem endgültigen Insolvenzverwalter ein Erhöhungstatbestand mit einem Faktor von 50 % zugebilligt, muss dieser Prozentsatz auch dem vorläufigen Insolvenzverwalter gewährt werden; seine Vergütung beträgt dann 25 + 50 % = 75 % der Vergütung des Insolvenzverwalters. 212

V. Auslagenersatz und Umsatzsteuererstattung

Der vorläufige Insolvenzverwalter erhält Ersatz seiner Auslagen entsprechend § 4 InsVV in vollem Umfang. Er kann statt der tatsächlich entstandenen Auslagen die Pauschsätze des § 8 Abs. 3 InsVV in voller Höhe geltend machen.[414)] Bemessungsgrundlage hierfür ist die Vergütung nach § 11 Abs. 1 Satz 2 InsVV als Regelvergütung i. S. des § 8 Abs. 3 InsVV.[415)] 213

Der vorläufige Insolvenzverwalter erhält volle Erstattung seiner Umsatzsteuer nach § 7 InsVV. 214

---

405) BGH, Beschl. v. 22.4.2004 – IX ZB 136/03, NZI 2004, 448.

406) BGH, Beschl. v. 22.7.2004 – IX ZB 222/03, ZVI 2004, 631 = ZIP 2004, 1822.

407) BGH, Beschl. v. 8.5.2003 – IX ZB 445/02, ZIP 2003, 1260; BGH, Beschl. v. 17.7.2003 – IX ZB 10/03, ZVI 2003, 430 = ZIP 2003, 1612; AG Dresden, Beschl. v. 12.11.2004 – 558 IN 163/99, ZIP 2005, 88.

408) BGH, Beschl. v. 14.12.2005 – IX ZB 268/04, ZVI 2006, 70 = ZIP 2006, 625.

409) *Prasser/Stoffler* in: KPB, InsO, § 11 InsVV Rz. 98 ff.

410) BGH, Beschl. v. 16.11.2006 – IX ZB 302/05, ZIP 2007, 284 = NZI 2007, 168; OLG Köln, Urt. v. 27.2.1997 – 18 W 36/96, InVo 1997, 156.

411) BGH, Beschl. v. 18.12.2003 – IX ZB 50/03, = ZVI 2004, 203 = ZIP 2004, 518.

412) BGH, Beschl. v. 18.12.2003 – IX ZB 50/03, = ZVI 2004, 203 = ZIP 2004, 518; eingehend *U. Keller*, Vergütung, § 7 Rz. 155 ff.

413) BGH, Beschl. v. 4.11.2004 – IX ZB 52/04, ZVI 2005, 227 = ZIP 2004, 2448; LG Traunstein, Beschl. v. 13.4.2004 – 4 T 3690/03, ZIP 2004, 1657.

414) BGH, Beschl. v. 13.7.2006 – IX ZB 104/05, Rz. 43, BGHZ 168, 321 = ZIP 2006, 1403; LG Chemnitz, Beschl. v. 16.3.2000 – 11 T 5381/99, ZIP 2000, 710.

415) BGH, Beschl. v. 6.4.2006 – IX ZB 109/05, ZIP 2006, 2228.

VI. Das Verfahren der Vergütungsfestsetzung

1. Antrag des vorläufigen Insolvenzverwalters

215 Die Vergütung des vorläufigen Insolvenzverwalters wird auf dessen Antrag entsprechend § 8 InsVV festgesetzt. Entsprechend § 8 Abs. 1 Satz 3 InsVV sollte der Antrag nach Beendigung des Insolvenzeröffnungsverfahrens und mit **Rechnungslegung des vorläufigen Verwalters** gestellt werden. Im Antrag sind entsprechend § 8 Abs. 2 InsVV die verwaltete Masse als Berechnungsgrundlage sowie der geltend gemachte Anteil der Regelvergütung und mögliche Erhöhungsfaktoren darzulegen und zu begründen. Die Verjährung des Vergütungsanspruchs ist bis zur Beendigung des eröffneten Insolvenzverfahrens gehemmt.[416)]

2. Die Zuständigkeit beim Insolvenzgericht

216 Die Vergütung wird nach § 64 InsO durch das nach §§ 2, 3 InsO sachlich und örtlich zuständige Insolvenzgericht durch einen mit Gründen zu versehenden Beschluss festgesetzt. In dem Beschluss kann das Gericht dem vorläufigen Verwalter nicht untersagen, den Vergütungsbetrag vor Eintritt der Rechtskraft zu entnehmen.[417)] Der Beschluss über die Festsetzung der Vergütung ist nach § 64 Abs. 2 Satz 1 InsO dem vorläufigen Insolvenzverwalter und dem Schuldner besonders zuzustellen. Die Festsetzung der Vergütung ist nach § 64 Abs. 2 InsO öffentlich bekannt zu machen.

217 Die **funktionelle Zuständigkeit** soll nach überwiegender Ansicht aufgrund der zeitlichen Abgrenzung in § 18 Abs. 1 Nr. 1 RPflG beim Rechtspfleger liegen, wenn das Insolvenzverfahren eröffnet wird,[418)] ansonsten beim Richter. Nach richtiger Ansicht ist aber auch bei späterer Eröffnung des Insolvenzverfahrens der **Richter** für die Festsetzung der Vergütung zuständig.[419)] Er kann die Entscheidung nicht nach § 7 RPflG auf den Rechtspfleger übertragen. Auch die Entscheidung über die Vergütung des vorläufigen Verwalters als Sachverständigen nach § 4 Abs. 1 Satz 1 JVEG obliegt in jedem Fall dem Richter als dem funktionell zuständigen Organ des Gerichts.[420)]

VII. Die Vergütung als Sachverständiger nach § 9 JVEG

1. Der Stundensatz für den Sachverständigen im Insolvenzeröffnungsverfahren

218 Der im Insolvenzeröffnungsverfahren bestellte Gutachter hat Anspruch auf Vergütung für seine Tätigkeit. Die Vergütung erfolgt nach § 9 JVEG. Die Vorschrift wurde zum 1.1.2021 grundlegend reformiert und vereinfacht.[421)] Die Vergütung des Sachverständigen

---

416) BGH, Beschl. v. 22.9.2010 – IX ZB 195/09, ZIP 2010, 2160 = DZWIR 2011, 36, m. Anm. *U. Keller*, dazu EWiR 2011, 25 *(Blersch)*; *Prasser*, NZI 2011, 54.

417) BGH, Beschl. v. 14.4.2011 – IX ZB 18/10, ZInsO 2011, 1566.

418) BGH, Beschl. v. 22.9.2010 – IX ZB 195/09, ZIP 2010, 2160 = DZWIR 2011, 36, m. Anm. *U. Keller*, dazu EWiR 2011, 25 *(Blersch)*; ausführlich *U. Keller*, Vergütung, § 15 Rz. 22 ff.

419) LG Köln, Beschl. v. 9.1.1997 – 19 T 2/97, Rpfleger 1997, 273; LG Koblenz, Beschl. v. 29.4.1997 – 2 T 114/97, KTS 1998, 76 = Rpfleger 1997, 427; AG Göttingen, Beschl. v. 2.9.1999 – 74 IN 31/99, NZI 1999, 469; AG Köln; Beschl. v. 21.1.2000 – 72 IK 69/99, NZI 2000, 143 = DZWIR 2000, 125, m. Anm. *Keller*, dazu EWiR 2000, 403 *(Grub)*; LG Rostock, Beschl. v. 15.11.2000 – 2 T 383/99, ZInsO 2001, 96; AG Kaiserslautern, Beschl. v. 2.10.2000 – 3 IK 21/99, ZInsO 2000, 624; eingehend *U. Keller*, Vergütung, § 15 Rz. 22 ff.

420) Die Festsetzung der Sachverständigenentschädigung ist nicht etwa Tätigkeit des Kostenbeamten; zum Verfahren *Hartmann*, KostG, § 4 JVEG Rz. 5 ff.; unzutreffend AG Fulda, Beschl. v. 27.2.2017 – 91 IN 9/16, NZI 2018, 421 = ZInsO 2018, 895.

421) Gesetz zur Änderung des Justizkosten-und des Rechtsanwaltsvergütungsrechts und zur Änderung des Gesetzes zur Abmilderung der Folgen der COVID-19-Pandemie im Zivil-, Insolvenz- und Strafverfahrensrecht (Kostenrechtsänderungsgesetz 2021 – KostRÄG 2021), v. 21.12.2020, BGBl I 2020, 3229; Begr. RegE KostRÄG 2021, BT-Drucks. 19/23484.

im Insolvenzeröffnungsverfahren beträgt nach § 9 Abs. 4 JVEG[422)] für den sog. **isolierten Sachverständigen 120 € je Stunde**, für den **vorläufigen Insolvenzverwalter** oder Sachwalter beträgt sie **95 € je Stunde.** Die Neuregelung gilt nach § 24 JVEG für die Sachverständigenbeauftragung ab 1.1.2021. Für eine Auftragserteilung bis 31.12.2020 sind die bis dato geltenden Regelungen anzuwenden. Danach beträgt die Vergütung **einheitlich 80 € je Stunde** für den sog. starken vorläufigen wie für den sog. schwachen vorläufigen Insolvenzverwalter als Sachverständigen. Für den nur zum Gutachter bestellten (isolierten) Sachverständigen wurden Stundensätze von 80 € bis 115 € gewährt.[423)]

2. Das Verfahren der Festsetzung der Vergütung

Die Vergütung des Gutachters wird aus der Staatskasse gewährt, sie gehört zu den gerichtlichen Auslagen nach Nr. 9005 GKG KV. 219

Das Gericht ist nicht verpflichtet, vor Bestellung eines Gutachters den Vertreter der Staatskasse (Bezirksrevisor) zu hören, auch dann nicht, wenn Kostenstundung nach § 4a InsO gewährt ist und die Kosten wahrscheinlich oder mit Sicherheit vom Schuldner nicht mehr beigetrieben werden können. Der Vertreter der Staatskasse hat bei der Bestimmung der Vergütung des Gutachters keine Weisungsbefugnis. Er kann die Festsetzung der Vergütung durch gerichtlichen Beschluss beantragen (§ 4 Abs. 1 Satz 1 JVEG). Die gerichtliche Entscheidung ist nach § 4 Abs. 3 JVEG mit der Beschwerde anfechtbar.[424)] 220

H. Die Vergütung des Sachwalters und des vorläufigen Sachwalters (§ 12 InsVV)

I. Grundlagen der Vergütungsregelung

Der Sachwalter im Verfahren der Eigenverwaltung (§§ 270 ff. InsO) hat Anspruch auf angemessene Vergütung durch Verweisung in § 274 Abs. 1 InsO auf die Regelungen der §§ 63 ff. InsO. Die InsVV regelt die Vergütung des Sachwalters in § 12 InsVV als Bruchteil i. H. von 60 % der Vergütung des Insolvenzverwalters. Für die konkrete Tätigkeit des Sachwalters, insbesondere bei Anordnung eines Zustimmungsvorbehalts nach § 277 InsO, kann diese Vergütung nach § 12 Abs. 2 InsVV erhöht werden. 221

Der vorläufige Sachwalter in den Verfahren nach § 270b und § 270d InsO hat Anspruch auf angemessene Vergütung kraft Verweisung in § 270b Abs. 1 Satz 2 InsO auf § 274 InsO 222

422) Begr. RegE KostRÄG 2021, BT-Drucks. 19/23484, S. 65.

423) OLG München, Beschl. v. 20.5.2005 – 11 W 1422/05, NZI 2005, 501 = Rpfleger 2005, 571; OLG München, Beschl. v. 15.6.2005 – 11 W 1423/05, ZIP 2005, 1329 = NZI 2005, 502; OLG Koblenz, Beschl. v. 27.12.2005 – 14 W 815/05, NZI 2006, 180 = Rpfleger 2006, 336; OLG Frankfurt/M., Beschl. v. 3.3.2006 – 26 W 80/05, ZIP 2006, 676; OLG Karlsruhe, Beschl. v. 16.9.2015 – 15 W 57/15, ZIP 2016, 430 = ZInsO 2016, 318, m. zust. Anm. *Straßburg*, dazu EWiR 2016, 279 *(Zimmer)*; LG Aschaffenburg, Beschl. v. 24.11.2004 – 4 T 205/04, ZVI 2004, 762 = ZIP 2005, 226; LG Bochum, Beschl. v. 28.1.2005 – 10 T 97/04, ZInsO 2005, 308; AG Göttingen, Beschl. v. 17.9.2004 – 74 IN 260/04, ZVI 2004, 632 = NZI 2004, 676; AG Hamburg, Beschl. v. 1.7.2005 – 67c IN 403/04, DZWIR 2005, 481; AG Hamburg, Beschl. v. 29.3.2010 – 67c IN 446/09, ZVI 2010, 285 = NZI 2010, 404; AG Saarbrücken, Beschl. v. 7.5.2014 – 110 IN 61/13, juris; LG Wuppertal, Beschl. v. 4.3.2014 – 16 T 37/14, ZVI 2014, 358 = ZIP 2014, 1990; AG Stuttgart, Beschl. v. 10.1.2014 – 3 IN 806/13, ZIP 2014, 1348 = NZI 2014, 227, m. Anm. *U. Keller*; Stundensatz 115 nach AG Göttingen, Beschl. v. 12.12.2017 – 74 IN 141/17, ZVI 2018, 169 = ZIP 2018, 1042 = ZInsO 2018, 277; OLG Karlsruhe, Beschl. v. 16.9.2015 – 15 W 57/15, ZIP 2016, 430= ZInsO 2016, 318, m. zust. Anm. *Straßburg*, dazu EWiR 2016, 279 *(Zimmer)*; AG Göttingen, Beschl. v. 25.7.2016 – 71 IN 21/16 NOM, 71 IN 21/16, ZVI 2016, 459 = ZInsO 2016, 1758; AG Göttingen, Beschl. v. 26.7.2016 – 71 IN 23/16 EIN, ZInsO 2017, 403; LG Göttingen, Beschl. v. 11.8.2016 – 10 T 50/16, juris; ebenso OLG Bamberg, Beschl. v. 29.9.2017 – 8 W 75/17, juris.

424) Begr. Fraktionsentwurf KostRMoG, BT-Drucks. 15/1971, S. 179.

und damit auf § 63 InsO.[425)] Seine Vergütung ist mit Wirkung zum 1.1.2021 durch § 12a InsVV geregelt.[426)]

II. Die Berechnung der Vergütung

1. Bestimmung der Berechnungsgrundlage

223 Berechnungsgrundlage der Vergütung des Sachwalters ist nach § 1 Abs. 1 InsVV die **Insolvenzmasse bei Beendigung** des Verfahrens. Die dafür erforderliche Schlussrechnung erstellt der Schuldner (§ 281 Abs. 3 Satz 1 InsO). Dem Sachwalter obliegt die Prüfung der Schlussrechnung (§ 281 Abs. 3 Satz 2, Abs. 1 Satz 2 InsO).[427)]

224 Die Anwendung des § 1 Abs. 2 InsVV ist nur eingeschränkt möglich. Da dem Sachwalter die Befugnis zur Verwertung des schuldnerischen Vermögens oder zur Unternehmensfortführung nicht zusteht, hat er regelmäßig keinen Einfluss auf die vergütungsrechtliche Berücksichtigung von Absonderungsrechten nach § 1 Abs. 2 Nr. 1 InsVV[428)] oder des Überschusses bei Unternehmensfortführung nach § 1 Abs. 2 Nr. 4 lit. b InsVV.[429)] Hat der Sachwalter für die Führung von Prozessen oder für sonstige Tätigkeiten im Interesse der Masse bereits eine besondere Vergütung erhalten (§ 5 InsVV), muss auch er sich diese Vergütung auf die Insolvenzmasse als Berechnungsgrundlage seiner Sachwaltervergütung anrechnen lassen (§ 1 Abs. 2 Nr. 4 lit. a InsVV).

2. Die fiktive Verwaltervergütung

225 Die fiktive Verwaltervergütung besteht in der Regelvergütung nach § 2 InsVV. Fiktive Erhöhungstatbestände des § 3 Abs. 1 InsVV für Erschwernisse des Insolvenzverfahrens allgemein sind nicht zu berücksichtigen.[430)]

3. Die Regelvergütung des Sachwalters

226 Die Vergütung des Sachwalters als Regelvergütung beträgt nach § 12 Abs. 1 InsVV **60 % der fiktiven Insolvenzverwaltervergütung.** Mit ihr wird die Tätigkeit des Sachwalters im Normalverfahren der Eigenverwaltung abgegolten. Das Normalverfahren der Eigenverwaltung sieht der Verordnungsgeber als Verfahren ohne Anordnung eines Zustimmungsvorbehalts nach § 277 InsO. Die regelmäßigen Aufgaben des Sachwalters ergeben sich aus §§ 274 Abs. 2, 275, 279 Satz 3, 280, 281 Abs. 1 Satz 2, 282 Abs. 2, 283, 285 InsO.[431)]

4. Erhöhung und Minderung der Regelvergütung

a) Erhöhung der Vergütung entsprechend § 3 Abs. 1 InsVV

227 Eine Erhöhung der nach § 12 Abs. 1 InsVV ermittelten Vergütung des Sachwalters sieht § 12 Abs. 2 InsVV insbesondere dann vor, wenn ein Zustimmungsvorbehalt nach § 277 InsO angeordnet worden ist. Nach § 12 Abs. 2 InsVV kommen auch andere Erhöhungstatbestände in Betracht. Die Tatbestände des § 3 Abs. 1 InsVV sind sinngemäß anzuwenden.

---

425) Anders noch zur Rechtslage bis 31.12.2020 BGH, Beschl. v. 21.7.2016 – IX ZB 70/14, ZVI 2016, 497 = ZIP 2016, 1592, dazu EWiR 2016, 499 *(Beck)*; dazu *Graeber*, DZWIR 2016, 514; *U. Keller*, NZI 2016, 753; *Lissner*, Rpfleger 2017, 125.

426) Eingefügt durch Art. 6 des SanInsFoG, v. 22.12.2020, BGBl. I 2020, 3256.

427) Uhlenbruck-*Zipperer*, InsO, § 281 Rz. 5.

428) Dazu AG Dortmund, Beschl. v. 5.12.2016 – 259 IN 13/14, ZInsO 2016, 2499.

429) *Foltis* in: FK-InsO, § 274 Rz. 45.

430) Eingehend *U. Keller*, Vergütung, § 8 Rz. 13 ff.

431) Ausführlich *Kern* in: MünchKomm-InsO, § 270s Rz. 36 ff.; *Minuth* in: Kübler/Bork/Prütting, HRI II, § 9 Rz. 28 ff.

Für die Erhöhung der Regelvergütung bei Anordnung eines Zustimmungsvorbehalts kommt es darauf an, wie sich der **Zustimmungsvorbehalt unmittelbar auf die Arbeitsbelastung** des Sachwalters ausgewirkt hat.[432] Eine Erhöhung der Vergütung ist angezeigt, wenn der Sachwalter mit der Kassenführung nach § 275 InsO betraut war.[433] War der Sachwalter an der Erarbeitung eines Insolvenzplans beteiligt (§ 284 Abs. 1 InsO), ist ihm entsprechend § 3 Abs. 1 lit. e InsVV die Vergütung zu erhöhen. Übersteigen die sonstigen Regelaufgaben des Sachwalters in Umfang oder Schwierigkeit (quantitativ oder qualitativ) das Maß des Normalfalles, ist eine Erhöhung der Vergütung gerechtfertigt.[434] Zu nennen sind 228

- Mitwirkung bei Unternehmensfortführung,[435]
- die Mitwirkung bei Betriebsänderungen und Massenentlassungen (§§ 120, 122, 126, 279 Satz 3 InsO),
- die Geltendmachung von Ansprüchen nach §§ 92, 93 InsO (§ 280 InsO),
- die Führung von Anfechtungsprozessen (§§ 129 ff. InsO),
- eine besonders aufwendige Prüfung der Forderungsanmeldungen, insbesondere eine besonders hohe Zahl an Gläubigern, oder eine besonders aufwendige Prüfung der Schlussrechnung des Schuldners (§ 281 Abs. 3 Satz 2 mit Abs. 1 Satz 2 InsO).

Die Erhöhung der Vergütung erfolgt in der Weise, dass ebenso wie im Falle der Vergütung des vorläufigen Insolvenzverwalters unmittelbar der Bruchteil der Vergütung von 60 % um entsprechende Anteile erhöht wird.[436] Die Anordnung des Zustimmungsvorbehalts mit entsprechender Arbeitsbelastung rechtfertigt eine Erhöhung um mindestens 10 %.[437] 229

b) Kürzung der Vergütung entsprechend § 3 Abs. 2 InsVV

Eine Kürzung der Vergütung kommt für den Sachwalter in Betracht, wenn insgesamt die Arbeitsbelastung gering war.[438] Speziell für das Verfahren der Eigenverwaltung ist auch der Fall des § 3 Abs. 2 lit. c InsVV anwendbar.[439] 230

5. Vergütung bei Planüberwachung

Kommt ein Insolvenzplan zustande und ist der Sachwalter gemäß §§ 260, 284 Abs. 2 InsO mit der Überwachung des Plans beauftragt worden, erhält er, wie der Insolvenzverwalter, hierfür eine Vergütung nach § 6 Abs. 2 InsVV. 231

III. Die Vergütung des vorläufigen Sachwalters

1. Rechtsgrundlagen

Das Amt des vorläufigen Sachwalters im Insolvenzeröffnungsverfahren zur Eigenverwaltung nach §§ 270 ff. InsO hat erst durch die Änderungen des Gesetzes zur weiteren Er- 232

432) Zur Vergütung des vorläufigen Insolvenzverwalters BGH, Beschl. v. 4.7.2002 – IX ZB 31/02, ZIP 2002, 1459 = NJW 2002, 2945; BGH, Beschl. v. 24.6.2003 – IX ZB 453/02, ZVI 2003, 484 = ZIP 2003, 1759; BGH, Beschl. v. 17.7.2003 – IX ZB 10/03, ZVI 2003, 430 = ZIP 2003, 1612.

433) *Zimmer*, InsVV, § 12 Rz. 74; *U. Keller*, Vergütung, § 8 Rz. 19.

434) Insgesamt sehr zurückhaltend aber LG Duisburg, Beschl. v. 14.9.2016 – 7 T 24/16, ZInsO 2016, 2101.

435) AG Dortmund, Beschl. v. 5.12.2016 – 259 IN 13/14, ZInsO 2016, 2499.

436) BGH, Beschl. v. 18.12.2003 – IX ZB 50/03, ZVI 2004, 203 = ZIP 2004, 518.

437) *U. Keller*, Vergütung, § 8 Rz. 22.

438) BGH, Beschl. v. 11.5.2006 – IX ZB 249/04, ZIP 2006, 1204 = NZI 2006, 464, m. Anm. *Nowak*.

439) *U. Keller*, Insolvenzrecht, Rz. 1809 ff.

leichterung der Sanierung von Unternehmen vom 7.12.2011[440] mit der Vorschrift des § 270a Abs. 1 Satz 2 InsO Eingang in das Gesetz gefunden. Mit den Änderungen des SanInsFoG vom 22.12.2020[441] wurden die vorläufige Eigenverwaltung und damit auch die Aufgaben und Rechtsstellung des vorläufigen Sachwalters weiter präzisiert.[442] Die Rechtsstellung des vorläufigen Sachwalters wird durch § 270b Abs. 1 Satz 1 und § 270c InsO definiert, ferner durch Verweisung auf die §§ 274, 275 InsO bezogen auf den Sachwalter im Verfahren der Eigenverwaltung. Da im vorläufigen Eigenverwaltungsverfahren gegen den Schuldner kein allgemeines Verfügungsverbot und kein Zustimmungsvorbehalt nach § 21 Abs. 1 Nr. 2 InsO angeordnet werden soll, ist die Rechtsstellung des vorläufigen Sachwalters vergleichbar mit derjenigen eines vorläufigen Insolvenzverwalters, der lediglich beratende Aufgaben gegenüber dem Schuldner während des Insolvenzeröffnungsverfahrens wahrnimmt, sowie mit der Rechtsstellung eines Sachverständigen zur Prüfung der Eigenverwaltungsplanung des Schuldners.[443]

233 Der **vorläufige Sachwalter** hat **Anspruch auf angemessene Vergütung** für seine Tätigkeit nach § 270b Abs. 1 Satz 1, § 274 Abs. 1, § 63 Abs. 1, § 65 InsO. Mit Wirkung zum 1.1.2021 und für Verfahren, die seit diesem Datum beantragt werden, regelt § 12a InsVV die konkrete Vergütungsbestimmung.[444] Nach **§ 12a Abs. 1 Satz 1 InsVV** wird die **Tätigkeit des vorläufigen Sachwalters gesondert vergütet.** Für die bis 31.12.2020 beantragten Verfahren bestand keine Regelung zur Vergütungsbestimmung, weswegen auch der **BGH** den Vergütungsanspruch des vorläufigen Sachwalters in denjenigen des Sachwalters des eröffneten Verfahrens aufgehend betrachtete.[445] Daher sollte die Vergütung auch erst nach Beendigung des eröffneten Verfahrens festgesetzt werden, die Berechnungsgrundlage sollte mit der des eröffneten Verfahrens identisch sein. Entgegen der Rechtsprechung des BGH wurde auch vertreten, die Berechnungsgrundlage entsprechend § 11 InsVV mit § 63 Abs. 3 InsO zu bestimmen[446] und die Regelvergütung in **25 % der Vergütung nach § 2 Abs. 1 InsVV** festzusetzen.[447]

234 Fraglich ist, ob **§ 12a InsVV auch auf Verfahren angewendet werden kann**, die **bis zum 31.12.2020 beantragt** worden sind. Dies widerspräche der Übergangsregelung des § 19 Abs. 5 InsVV. Andererseits fehlt es für die bis 31.12.2020 beantragten Verfahren an einer konkreten Regelung. Dennoch sollte § 12a InsVV nicht rückwirkend analog angewendet

---

440) Gesetz zur weiteren Erleichterung der Sanierung von Unternehmen (ESUG), v. 7.12.2011, BGBl. I 2011, 2582.

441) Gesetz zur Fortentwicklung des Sanierungs- und Insolvenzrechts (Sanierungs- und Insolvenzrechtsfortentwicklungsgesetz – SanInsFoG), v. 22.12.2020, BGBl. I 2020, 3256.

442) Begr. RegE SanInsFoG, BT-Drucks. 19/24181, S. 18 ff., 205 ff.

443) Begr. RegE SanInsFoG, BT-Drucks. 19/24181, S. 206.

444) Begr. RegE SanInsFoG, BT-Drucks. 19/24181, S. 213.

445) BGH, Beschl. v. 21.7.2016 – IX ZB 70/14, ZVI 2016, 497 = ZIP 2016, 1592, dazu EWiR 2016, 499 *(Beck)*.

446) Allgemein LG Dessau-Roßlau, Beschl. v. 29.1.2015 – 8 T 94/14, NZI 2015, 570, m. Anm. *Budnik*.

447) LG Freiburg, Beschl. v. 30.10.2015 – 3 T 194/15, ZInsO 2016, 185; AG Wuppertal, Beschl. v. 26.5.2014 – 145 IN 751/13, ZIP 2015, 541; AG Essen, Beschl. v. 3.11.2014 – 166 IN 155/13, ZIP 2015, 538, dazu EWiR 2015, 191 *(Prasser)*; AG Wuppertal, Beschl. v. 23.3.2015 – 145 IN 458/14, juris; AG Essen, Beschl. v. 27.3.2015 – 163 IN 170/14, NZI 2015, 574; AG Ludwigshafen, Beschl. v. 22.7.2015 – 3b IN 414/14 Lu, ZInsO 2015, 1639; AG Münster, Beschl. v. 18.1.2016 – 74 IN 65/14, NZI 2016, 211, m. Bespr. *U. Keller*; *U. Keller* in: HK-InsO, § 12 InsVV Rz. 13; überzeugend *Schur*, ZIP 2014, 757; K. Schmidt-*Undritz*, InsO, § 270a Rz. 4; *Zimmer*, ZInsO 2012, 1658, 1662; 25 % der Vergütung nach § 12 InsVV nach AG Köln, Beschl. v. 13.11.2012 – 71 IN 109/12, ZIP 2013, 426 = NZI 2013, 97; LG Bonn, Beschl. v. 11.10.2013 – 6 T 184/13, ZIP 2014, 694 = NZI 2014, 123, m. Anm. *Plathner*; AG Essen, Beschl. v. 17.1.2014 – 164 IN 135/13, ZIP 2014, 839 = NZI 2014, 271; eingehend auch *Mock*, ZInsO 2014, 67; volle Vergütung nach § 12 InsVV nach AG Göttingen, Beschl. v. 28.11.2012 – 74 IN 160/12, ZIP 2013, 36; AG Hamburg, Beschl. v. 20.12.2013 – 67g IN 419/12, ZIP 2014, 237, dazu EWiR 2014, 155 *(Hofmann)*; AG Potsdam, Beschl. v. 18.2.2015 – 35 IN 748/12, ZIP 2013, 181 = NZI 2015, 247.

werden. Mit dieser Norm müssten dann nämlich auch die Neuregelungen der der InsO zur vorläufigen Eigenverwaltung rückwirkend angewendet werden. Ferner bezieht sich § 12a InsVV auf die Regelvergütung des § 2 Abs, 1 InsVV, die auch mit Wirkung zum 1.1.2021 angepasst worden ist. Sie kann sicher nicht rückwirkend angewendet werden. Es ist daher die Vergütung des vorläufigen Sachwalters in Verfahren, die bis 31.12.2020 beantragt worden sind, selbstständig unter Berücksichtigung dazu ergangener Rechtsprechung und Literatur zu bestimmen.

2. Vergütung des vorläufigen Sachwalters bei atypischem Verfahrensverlauf

Der BGH ging noch vom Idealfall der Eröffnung des Verfahrens mit Eigenverwaltung und alsbaldiger Beendigung nach Bestätigung eines Insolvenzplans aus und sah es damit als sachdienlich an, die Vergütung des vorläufigen Sachwalters zusammen mit der des Sachwalters festzusetzen. 235

Da aber auch bei der vorläufigen Eigenverwaltung unterschiedliche Verfahrensabläufe denkbar sind, ist stets **zwischen verschiedenen Verfahrensabschnitten** und Ämtern **zu unterscheiden:** 236

- Wird die vorläufige Eigenverwaltung bereits im Eröffnungsverfahren aufgehoben und ein vorläufiger Insolvenzverwalter bestellt, erhält der vorläufige Sachwalter seine Vergütung mit einer Kürzung wegen vorzeitiger Beendigung des Amtes nach § 3 Abs. 2 lit. c InsVV. Bei der Vergütung des vorläufigen Insolvenzverwalters kann der Kürzungstatbestand des § 3 Abs. 2 lit. a InsVV in Betracht kommen.
- Wird das Insolvenzverfahren ohne Eigenverwaltung eröffnet, sind wie bei vorläufiger Insolvenzverwaltung die Vergütung des vorläufigen Sachwalters und die des Insolvenzverwalters zu bestimmen.
- Wird die Eigenverwaltung im eröffneten Verfahren aufgehoben, erhalten jeweils getrennt der vorläufige Sachwalter, der Sachwalter und der Insolvenzverwalter die ihnen zustehende Vergütung, jeweils unter Berücksichtigung der Kürzungstatbestände der vorzeitigen Beendigung und der Arbeitsersparnis.

Damit **werden die Verfahrensabschnitte nicht vermischt**, und der vorläufige Sachwalter erhält die ihm zustehende Vergütung neben der eines vorläufigen Insolvenzverwalters oder eines Sachwalters oder Insolvenzverwalters im eröffneten Verfahren. Die Vergütungen gehen nicht ineinander auf, Zuschläge sind nicht übergreifend zu bestimmen. Eine vorzeitige Beendigung des Amtes ist als Kürzungstatbestand ebenso zu beachten wie mögliche Arbeitsersparnis. Diese Verfahrensabschnitte und Verfahrensverläufe sind auch dann getrennt voneinander zu betrachten, wenn jeweils dieselbe Person Amtsträger ist. 237

Der vorläufige Sachwalter kann auch als **Sachverständiger** beauftragt werden, zu prüfen, ob ein Eröffnungsgrund vorliegt und welche Aussichten für eine Fortführung des Unternehmens bestehen. Diese Sachverständigentätigkeit ist in jedem Falle gesondert nach § 9 JVEG zu vergüten (siehe dazu Rz. 218). 238

3. Die Berechnungsgrundlage der Vergütung

Für Verfahren, die seit 1.1.2021 beantragt werden, gilt § 12a Abs. 1 Satz 3 InsVV, der sich in Wortlaut und Inhalt an § 63 Abs. 3 InsO orientiert und als Berechnungsgrundlage das **Vermögen, auf welches sich die Tätigkeit des vorläufigen Sachwalters erstreckt.** Vermögenswerte, die mit Fremdrechten behaftet sind, werden berücksichtigt, wenn sich der vorläufige Sachwalter mit ihnen erheblich befasst hat (§ 12 Abs. 1 Satz 4 InsVV).[448] 239

448) Begr. RegE SanInsFoG, BT-Drucks. 19/24181, S. 211.

240 Ebenso wie bei der Vergütung des vorläufigen Insolvenzverwalters ordnet § 12a Abs. 2 InsVV auch die Korrektur der Berechnungsgrundlage an, wenn sich nachträglich eine Wertdifferenz von mehr als 20 % ergibt (siehe zur Berechnungsgrundlage und zur Frage der erheblichen Befassung Rz. 185 ff.).

241 Auch **für die bis 31.12.2020** beantragten Verfahren erfolgt die Bestimmung der Berechnungsgrundlage entsprechend § 63 Abs. 3 InsO mit § 11 InsVV. Zweck des Eröffnungsverfahrens ist hier wie dort nicht die Verwertung – auch unter Berücksichtigung der Optionen einer Sanierung –, sondern die Sicherung im Hinblick auf die künftige Insolvenzeröffnung.[449)] Der BGH verlangte dagegen eine gemeinsame Vergütungsberechnung für den vorläufigen Sachwalter und den des eröffneten Verfahrens auf Grundlage der Insolvenzmasse bei Beendigung des eröffneten Verfahrens.[450)]

4. Die Regelvergütung des vorläufigen Sachwalters

242 Nach § 12a Abs. 1 Satz 2 InsVV beträgt **in den seit 1.1.2021 beantragten Verfahren** die Regelvergütung 25 % der Regelvergütung des Sachwalters nach § 12 InsVV, also **15 % der Regelvergütung nach § 2 InsVV.**[451)] Für die seit 1.1.2021 beantragten Verfahren ist zu berücksichtigen, dass die Regelvergütung des § 2 InsVV angehoben worden ist.

243 In Verfahren, die bis 31.12.2020 beantragt worden sind, wurden zur Regelvergütung verschiedene Ansichten vertreten.[452)] Nach richtiger Ansicht ist der vorläufige Sachwalter in gleicher Weise wie der vorläufige Insolvenzverwalter nach § 63 Abs. 3 Satz 2 InsVV mit einer **Regelvergütung i. H. von 25 % der Vergütung nach § 2 InsVV** zu vergüten.[453)]

5. Die Erhöhung und Kürzung der Vergütung nach § 3 InsVV

244 Für die vorläufige Eigenverwaltung hat der Gesetzgeber der InsO Tatbestände des Normalfalls normiert, ohne diese vergütungsrechtlich umzusetzen. So ist die Unternehmensfortführung zwar Normalfall insbesondere des Schutzschirmverfahrens nach § 270d InsO, sie ist aber vergütungsrechtlich nicht Normalfall, sondern Zuschlagstatbestand nach § 3 Abs. 1 lit. b InsVV. Auch die weiteren Tatbestände der Aufgaben und Befugnisse des vor-

449) AG Münster, Beschl. v. 18.1.2016 – 74 IN 65/14, NZI 2016, 261 m. Bespr. *Keller*; Kübler/Prütting/Bork-*Prasser*, InsO, § 12 InsVV Rz. 28, 29; *Graeber/Graeber*, InsVV, § 12a Rz. 80 ff.; überzeugend auch *Schur*, ZIP 2014, 757.

450) BGH, Beschl. v. 21.7.2016 – IX ZB 70/14, ZVI 2016, 497 = ZIP 2016, 1592, dazu EWiR 2016, 499 *(Beck)*.

451) Begr. RegE SanInsFoG, BT-Drucks. 19/24181, S. 211.

452) 60 % der Regelvergütung: AG Göttingen, Beschl. v. 28.11.2012 – 74 IN 160/12, ZIP 2013, 36; AG Hamburg, Beschl. v. 20.12.2013 – 67g IN 419/12, ZIP 2014, 237, dazu EWiR 2014, 155 *(Hofmann)*; AG Potsdam, Beschl. v. 18.2.2015 – 35 IN 748/12, ZIP 2013, 181 = NZI 2015, 247; 15 % der Regelvergütung: LG Freiburg, Beschl. v. 30.10.2015 – 3 T 194/15, ZInsO 2016, 185; AG Köln, Beschl. v. 13.11.2012 – 71 IN 109/12, ZIP 2013, 426 = NZI 2013, 97; AG Essen, Beschl. v. 17.1.2014 – 164 IN 135/13, ZIP 2014, 839 = NZI 2014, 271; AG Wuppertal, Beschl. v. 26.5.2014 – 145 IN 751/13, ZIP 2015, 541; AG Essen, Beschl. v. 3.11.2014 – 166 IN 155/13, ZIP 2015, 538, dazu EWiR 2015, 191 *(Prasser)*; AG Wuppertal, Beschl. v. 23.3.2015 – 145 IN 458/14, juris; AG Essen, Beschl. v. 27.3.2015 – 163 IN 170/14, NZI 2015, 574; AG Ludwigshafen/a. Rh., Beschl. v. 22.7.2015 – 3b IN 414/14 Lu, ZInsO 2015, 1639; AG Münster, Beschl. v. 18.1.2016 – 74 IN 65/14, NZI 2016, 211 m. Bespr. *Keller*; Uhlenbruck-*Mock*, InsO, § 63 Rz. 16; K. Schmidt-*Vuia*, InsO, § 63 Rz. 46; *Schmitt* in: FK-InsO, § 63 Rz. 44; *Foltis* in: FK-InsO, § 270a Rz. 32; *Graeber/Graeber*, InsVV, § 12a Rz. 81; *Mock*, ZInsO 2014, 67; *Mock/Haarmeyer*, ZInsO 2016, 1, 13; *Ganter*, NZI 2016, 377, 382.

453) BGH, Beschl. v. 21.7.2016 – IX ZB 70/14, Rz. 49, ZVI 2016, 497 = ZIP 2016, 1592; *Stephan* in: MünchKomm-InsO, § 12 InsVV Rz. 23 ff.; K. Schmidt-*Undritz*, InsO, § 270a Rz. 4; *Lorenz* in: FK-InsO, § 12 InsVV Rz. 32; Kübler/Prütting/Bork-*Pape*, InsO, § 270a Rz. 26; *Keller* in: HK-InsO, § 12 InsVV Rz. 12 ff.; *U. Keller* in: Mönning, Betriebsfortführung in der Insolvenz, § 39 Rz. 65; *Zimmer*, ZInsO 2012, 1658, 1662; eingehend und überzeugend *Schur*, ZIP 2014, 757.

läufigen Sachwalters können vergütungsrechtlich nur aus Analogie zum vorläufigen Insolvenzverwalter oder zum Sachwalter des eröffneten Verfahrens deduziert werden.[454] Nicht zutreffend ist es daher, einem vorläufigen Sachwalter Erhöhungstatbestände mit dem Argument abzusprechen, seine Tätigkeit sei der vom Gesetzgeber der InsO gewollte Normalfall.[455]

Zuschlagstatbestände bei der Vergütung des vorläufigen Sachwalters sind insbesondere:[456] 245

- Klärung gesellschaftsrechtlicher Verflechtungen und Konzernstrukturen;
- Mitwirkung bei Verwertungsmaßnahmen;
- Immobilienverwaltung in großer Zahl;
- Prüfung und Abwehr einer besonders hohen Zahl von Vollstreckungsmaßnahmen;
- überdurchschnittlich hohe Zahl von Arbeitsverhältnissen;
- Mitwirkung bei Fortführung des Unternehmens;[457]
- Übernahme der Kassenführung entsprechend § 275 Abs. 2 InsO aufgrund besonderer gerichtlicher Anordnung;[458]
- Mitwirkung bei Sanierungsmaßnahmen;[459]
- Mitwirkung bei Vorfinanzierung von Insolvenzgeld (dazu auch § 274 Abs. 2 Satz 2 InsO in der seit 1.1.2021 geltenden Fassung);
- Mitwirkung bei Erarbeitung eines Insolvenzplans;
- Prüfung der Eigenverwaltungsplanung des Schuldners, der Rechnungslegung und möglicher Haftungsansprüche gegen Organe und Berichterstattung (§ 270c Abs. 1 InsO);
- Ausübung eines Zustimmungsvorbehalt gegenüber dem Schuldner (§ 270c Abs. 3 InsO);
- Unterstützung bei Insolvenzgeldvorfinanzierung (§ 274 Abs. 2 Satz 2 InsO).

Der **BGH** erkannte folgende **Erhöhungstatbestände** an:[460] 246

- **Konzernstrukturen** des Unternehmens; die Befassung rechtfertigt je nach Unternehmensgröße einen Zuschlag;
- **Auslandsbezug** rechtfertigt ebenfalls bei entsprechender Unternehmensgröße einen Zuschlag;
- die Begleitung einer **Unternehmensfortführung** ist zuschlagswürdig, wenn sie die Arbeitskraft des vorläufigen Sachwalters überdurchschnittlich in Anspruch nimmt;
- ebenso ist die begleitende Kontrolle und Überwachung der **Vorfinanzierung von Insolvenzgeld** zuschlagsfähig.
- Die **Kassenprüfung** nach § 275 Abs. 2 InsO rechtfertigt einen Zuschlag insbesondere i. R. der Unternehmensfortführung.

454) Sehr gut differenziert bei AG Münster, Beschl. v. 18.1.2016 – 74 IN 65/14, NZI 2016, 211 m. Bespr. *Keller*.

455) So aber LG Bonn, Beschl. v. 11.10.2013 – 6 T 184/13, ZIP 2014, 694 = NZI 2014, 123 m. Anm. *Plathner*; AG Essen, Beschl. v. 27.3.2015 – 163 IN 170/14, NZI 2015, 574; AG Essen, Beschl. v. 9.7.2015 – 163 IN 170/14, ZIP 2015, 1796 = ZInsO 2015, 1582.

456) Eingehend auch Stephan/Riedel-*Stephan*, InsVV, § 12a Rz. 23 ff.

457) AG Charlottenburg, Beschl. v. 25.2.2019 – 36s IN 3370/15, NZI 2019, 916.

458) Eingehend *Undritz/Schur*, ZIP 2016, 549.

459) AG Charlottenburg, Beschl. v. 25.2.2019 – 36s IN 3370/15, NZI 2019, 916.

460) BGH, Beschl. v. 22.9.2016 – IX ZB 71/14, ZIP 2016, 1981 = NZI 2016, 963, dazu EWiR 2016, 763 *(Körner/Rendels)*; *Kampshoff/Schäfer*, NZI 2016, 941.

- Die Prüfung von Szenarien zur **Fortführung und Sanierung** des Unternehmens kann zuschlagswürdig sein, auch wenn Bemühungen um eine Sanierung nach Ansicht des BGH nicht zu den grundsätzlichen Aufgaben des vorläufigen Sachwalters gehören. Insbesondere hat er nicht in eigener Zuständigkeit ein Sanierungskonzept zu erarbeiten und einen M&A-Prozesse durchzuführen.
- Wird der vorläufige Sachwalter entsprechend § 284 InsO beauftragt, einen **Insolvenzplan** zu erarbeiten, ist dies zuschlagswürdig. Gleiches muss für die Prüfung eines vom Schuldner und seinen Beratern vorgelegten Insolvenzplans gelten.
- Der Arbeitsaufwand in Zusammenarbeit mit dem **vorläufigen Gläubigerausschuss** ist zuschlagswürdig.

247 Folgende Tatbestände lehnte der BGH als nicht zum Aufgabenkreis des vorläufigen Sachwalters und damit nicht zuschlagsfähig ab:

- Aktives **Führen von Verhandlungen mit Kreditgebern**; dies ist nicht Aufgabe des vorläufigen Sachwalters.
- Die Entwicklung von Maßnahmen und Strategien zur Bedienung von Umsatzsteuer und Sozialversicherungsbeiträgen.
- Die **Übernahme arbeitsrechtlicher Sonderaufgaben**, insbesondere das Führen von Verhandlungen mit Gewerkschaften und Betriebsrat sowie die Überarbeitung und Anpassung eines Sanierungskonzeptes unter arbeitsrechtlichen Gesichtspunkten.

248 **Kürzungstatbestände entsprechend § 3 Abs. 2 InsVV** sind eine besonders **kurze Verfahrensdauer** oder **Delegation einzelner Tätigkeiten** an externe Dienstleister. Die Einsetzung einer im Insolvenzrecht ausgewiesenen Person als **Generalbevollmächtigten** oder Geschäftsführer des Unternehmens stellt für den vorläufigen Sachwalter keine Entlastung dar und ist **kein Kürzungstatbestand.**[461)]

6. Auslagenersatz und Umsatzsteuer

249 Der vorläufige Sachwalter erhält Ersatz seiner Auslagen entsprechend § 4 InsVV. Für die pauschalierte Auslagenerstattung verweist § 12a Abs. 5 InsVV für die seit 1.1.2021 beantragten Verfahren auf § 12 Abs. 3 InsVV. Für die bis 31.12.2020 beantragten Verfahren ist der BGH gleicher Ansicht.[462)]

250 Der vorläufige Sachwalter erhält in Anwendung des § 7 InsVV die volle Erstattung der von ihm zu zahlenden Umsatzsteuer auf Vergütung und Auslagen.

I. Die Vergütung eines Verfahrenskoordinators nach §§ 269e ff. InsO

I. Die Rechtsstellung des Verfahrenskoordinators

251 Der nach § 269e InsO in einer Konzern- oder Gruppeninsolvenz zu bestellende Verfahrenskoordinator hat nach § 269f InsO die Aufgabe, für eine abgestimmte Abwicklung der einbezogenen Insolvenzverfahren zu sorgen. Die Insolvenzverwalter oder Sachwalter der jeweiligen Verfahren sind zur Zusammenarbeit verpflichtet. Der Verfahrenskoordinator kann auch an der Erstellung eines Koordinationsplans nach § 269h InsO mitwirken.

252 Dem Verfahrenskoordinator ähnlich ist der Gruppenkoordinator nach Art. 77 EuInsVO.[463)] Sein Vergütungsanspruch und die Vergütungsberechnung sind nicht geregelt.[464)] Eine An-

---

461) BGH, Beschl. v. 22.9.2016 – IX ZB 71/14, Rz. 81, ZIP 2016, 1981 = NZI 2016, 963; lesenswert *Hammes*, NZI 2017, 233.

462) BGH, Beschl. v. 22.9.2016 – IX ZB 71/14, Rz. 84, ZIP 2016, 1981 = NZI 2016, 963.

463) Dazu *Ehle*, ZIP 2016, 1619.

464) Eingehend *Zimmer*, InsVV, § 1 Rz. 230 ff.; *U. Keller*, Vergütung, § 1 Rz. 56, 57.

lehnung an § 269g InsO erscheint sinnvoll, wobei im Einvernehmen aller beteiligten Insolvenzverwalter auch ausländische Rechtsordnungen zur Vergütung berücksichtigt werden können.

II. Die Vergütung nach § 269g InsO

Zur Vergütung des Verfahrenskoordinators enthält § 269g InsO eine dem § 63 Abs. 1 Satz 3 InsO entsprechende Regelung, ausführende Vorschriften sind in die InsVV nicht eingefügt worden. Sinnvoll ist es, die §§ 1 bis 3 InsVV entsprechend anzuwenden. 253

Berechnungsgrundlage der Vergütung ist die Summe der Insolvenzmassen der einbezogenen Verfahren (§ 269g Abs. 1 Satz 2 InsO).[465] Diese kann im Einzelfall sehr hoch sein. Da die Tätigkeit des Verfahrenskoordinators mit der eines Insolvenzverwalters nicht vergleichbar ist, kann die **Regelvergütung des § 2 Abs. 1 InsVV** für ihn nur in einem **angemessenen Bruchteil** bestehen. Ob hier ähnlich wie beim vorläufigen Insolvenzverwalter oder vorläufigen Sachwalter von 25 % auszugehen ist, ist fraglich. Jedenfalls werden bezogen auf den konkreten Aufwand Kürzungen oder auch Erhöhungen in Betracht kommen. 254

Die Vergütung wird anteilig auf die einbezogenen Insolvenzverfahren verteilt (§ 269 Abs. 2 InsO). Problematisch ist für diese die Kürzungsregelung des § 3 Abs. 2 lit. f InsVV, die je nach Arbeitserleichterung für einen Insolvenzverwalter anzuwenden ist (siehe dazu Rz. 124). Ob die Tätigkeit eines Verfahrenskoordinators einem Insolvenzverwalter tatsächlich Arbeitsersparnis bringt, ist mehr als fraglich. Sie bringt mindestens höheren Kommunikationsaufwand. Systematisch völlig falsch wäre es jedenfalls, die Vergütung des Verfahrenskoordinators über § 269 Abs. 2 InsO und § 3 Abs. 2 lit. f InsVV anteilig auf die Vergütung der betroffenen Insolvenzverwalter zu verteilen, damit es scheinbar „am Ende nicht mehr kostet". 255

J. Die Vergütung im Restrukturierungsverfahren nach dem StaRUG

I. Der Restrukturierungsbeauftragte

1. Das Amt des Restrukturierungsbeauftragten

In den gerichtlichen Verfahren nach §§ 29 ff. StaRUG soll ein Restrukturierungsbeauftragter bestellt werden (§ 74 Abs. 1 StaRUG). Die persönlichen Voraussetzungen sind an § 56 InsO angelehnt.[466] Auch die **Rechtsstellung des Restrukturierungsbeauftragten** ist mit § 75 StaRUG an die des Insolvenzverwalters angelehnt. 256

2. Die Aufgaben des Restrukturierungsbeauftragten

Der **Restrukturierungsbeauftragte** hat das Verfahren **sachkundig und unparteiisch zu begleiten.**[467] Er kann auch als Sachverständiger beauftragt werden, die Bestätigungsvoraussetzungen nach §§ 63 und 64 StaRUG zu prüfen oder zur Angemessenheit der Entschädigung bei einem Eingriff in gruppeninterne Drittsicherheiten oder einer Beschränkung der Haftung von unbeschränkt haftenden Gesellschaftern Stellung zu nehmen (§ 73 Abs. 3 StaRUG). Der Restrukturierungsbeauftragte hat **Umstände**, die eine **Aufhebung der Restrukturierungssache** nach § 33 StaRUG rechtfertigen, zu prüfen und dem Gericht **anzuzeigen** (§ 76 Abs. 1 StaRUG). 257

Im **gerichtlichen Abstimmungsverfahren** zu einem Restrukturierungsplan leitet er die Versammlung, dokumentiert die Abstimmung und **prüft die Forderungen, Absonderungs-** 258

465) *Zimmer*, InsVV, § 1 Rz. 224, 225.

466) Begr. RegE SanInsFoG, BT-Drucks. 19/24181, S. 171 ff.

467) Allgemein *Smid*, ZInsO 2020, 2092; *Smid*, ZInsO 2020, 2184.

anwartschaften oder Anteils- und Mitgliedschaftsrechte der Planbetroffenen (eingehend § 76 Abs. 2 Nr. 1 StaRUG). Nach § 76 Abs. 2 Nr. 2 StaRUG kann das Gericht dem Restrukturierungsbeauftragten die **Befugnis** übertragen, die **wirtschaftliche Lage des Schuldners zu prüfen und dessen Geschäftsführung zu überwachen** oder von dem Schuldner zu verlangen, dass eingehende Gelder nur von ihm Beauftragten entgegengenommen werden können. Nach § 76 Abs. 2 Nr. 3 StaRUG kann das Gericht dem Schuldner aufgeben, dem Restrukturierungsbeauftragten Zahlungen anzuzeigen und **Zahlungen außerhalb des gewöhnlichen Geschäftsbetriebs** nur zu tätigen, wenn der Restrukturierungsbeauftragte zustimmt. Sind **Stabilisierungsanordnungen** nach § 49 StaRUG erlassen, prüft der Restrukturierungsbeauftragte fortlaufend, ob die **Anordnungsvoraussetzungen fortbestehen** müssen und ob ein Aufhebungsgrund vorliegt (§ 76 Abs. 3 Nr. 1 und 2 StaRUG).

259 Der Restrukturierungsbeauftragte darf **Einsicht in die Bücher und Geschäftspapiere** des Schuldners nehmen, ihn um Auskunft bitten, er hat ihn bei der Erfüllung seiner Aufgaben zu unterstützen (§ 76 Abs. 5 StaRUG). Das Restrukturierungsgericht kann den Restrukturierungsbeauftragten beauftragen, die dem Gericht obliegenden **Zustellungen durchzuführen** (§§ 41, 76 Abs. 5 StaRUG).

3. Die Vergütung des Restrukturierungsbeauftragten nach Stundensätzen

a) Der Anspruch auf Vergütung

260 Der Restrukturierungsbeauftragte hat Anspruch auf Vergütung seiner Tätigkeit und Ersatz der ihm entstandenen Auslagen (§ 80 Satz 1 StaRUG). Die gesetzlichen Regelungen zur Vergütung sind zwingend, **Vereinbarungen zwischen dem Restrukturierungsbeauftragten und dem Schuldner** zur Vergütung sind nur unter Beachtung der §§ 81 ff. StaRUG zulässig (§ 80 Satz 2 StaRUG). Allerdings enthält § 83 Abs. 1 Satz 2 StaRUG eine weitgehende **Öffnungsklausel** für die Vergütungsbestimmung. Insbesondere ist eine Abweichung vom Stundenhonorar des § 81 StaRUG durch eine Vergütungsvereinbarung dann möglich, wenn die besonderen Voraussetzungen des § 81 Abs. 1 Satz 1 Nr. 3 StaRUG vorliegen.

261 Der **Anspruch auf Vergütung** ist **gegen die Staatskasse** gerichtet.[468] Die Vergütung zählt dann zu den **gerichtlichen Auslagen** nach Nr. 9017 GKG KV und ist vom **Kostenschuldner der gerichtlichen Gebühren und Auslagen** nach § 25a GKG zu zahlen. Dabei ist auch zu unterscheiden, ob die Bestellung des Restrukturierungsbeauftragten von Amts wegen (§ 73 StaRUG) oder auf Antrag fakultativ (§ 77 StaRUG) erfolgt. Die **fakultative Bestellung** soll erst erfolgen, **wenn** die **Gerichtsgebühr** der Nr. 2513 GKG KV **und** die **Vergütung vorgeschossen** werden (§ 81 Abs. 5 Satz 1 StaRUG). Bei einer **Bestellung von Amts wegen** soll das Gericht **über jeden Antrag** des Schuldners auf Inanspruchnahme eines Instruments des Stabilisierungs- und Restrukturierungsrahmens erst **nach Zahlung** der Gebühr nach Nr. 2513 GKG KV und eines Vorschusses auf die Vergütung **entscheiden** (§ 81 Abs. 5 Satz 2 StaRUG).

b) Die Regelvergütung nach Stundensätzen

262 Im Grundsatz soll der Restrukturierungsbeauftragte auf Grundlage **angemessener Stundensätze** vergütet werden (§ 81 Abs. 1 StaRUG).[469] Für den Einsatz **qualifizierter Mitarbeiter** ist der Restrukturierungsbeauftragte ebenfalls durch ein Honorar nach Stundensätzen zu vergüten (§ 81 Abs. 2 StaRUG). Der Gesetzgeber weicht mit der Stundenvergü-

---

468) Begr. RegE SanInsFoG, BT-Drucks. 19/24181, S. 176.

469) Befürwortend Stephan/Riedel-*Stephan/Riedel*, InsVV, Anh. I, Rz. 17; allgemein *Zimmer*, ZInsO 2020, 2117.

tung vom Leitbild der Vergütung in Insolvenzverfahren auf Grundlage der Insolvenzmasse ab.[470)] § 83 Abs. 1 Satz 2 StaRUG erlaubt es aber, von der Vergütung nach Stundensätzen abzuweichen, wenn die besonderen Voraussetzungen des § 83 Abs. 1 Satz 1 Nr. 3 StaRUG vorliegen.

c) Die Bemessung eines angemessenen Stundensatzes

Der **Regelsatz** für die Tätigkeit des Restrukturierungsbeauftragten **soll höchstens 350 €** je Stunde betragen, für die Tätigkeit **qualifizierter Mitarbeiter** soll er **200 €** betragen (§ 81 Abs. 3 Satz 2 StaRUG). Der Stundensatz von 350 € bzw. 200 € ist nicht als Regelstundensatz anzusehen, sondern als grundsätzlich geltender **Höchstsatz**. **263**

d) Die Festlegung des Stundenaufwands

Das Gericht soll bereits zu Beginn des Verfahrens den Stundenaufwand und einen Höchstbetrag des Gesamthonorars wie folgt festlegen (§ 81 Abs. 4 Satz 3 StaRUG). **264**

- **Höhe der Stundensätze** des Restrukturierungsbeauftragten und der Mitarbeiter unter Festlegung deren Zahl.
- **Umfang der voraussichtlich anfallenden Stunden** für das gesamte Verfahren (Stundenbudget).
- **Höchstbetrag des voraussichtlichen Honorars**; Auslagen und Umsatzsteuer müssen nicht einbezogen werden (§ 81 Abs. 4 Satz 2 StaRUG).

Stellt sich während des Verfahrens heraus, dass das **festgelegte Stundenbudget überschritten** wird, hat dies der Restrukturierungsbeauftragte dem Gericht **unverzüglich anzuzeigen**. Nach Anhörung des Schuldners ist dann über eine Anpassung des Stundenbudgets zu entscheiden (§ 81 Abs. 6 StaRUG). Zeigt der Restrukturierungsbeauftragte eine Überschreitung nicht rechtzeitig an oder wird er ohne entsprechende gerichtliche Festlegung tätig, kann er hierfür nicht vergütet werden.[471)] **265**

4. Die Vergütung in besonderen Fällen

a) Gewährung eines erhöhten Stundensatzes

Die Stundensätze von 350 € bzw. 200 € sollen zwar Höchstsätze darstellen, der Gesetzgeber lässt es aber zu, im Einzelfall höhere Stundensätze festzulegen oder von der Stundensatzvergütung abzuweichen.[472)] Ein höherer als in § 81 Abs. 3 Satz 2 StaRUG kann **nur unter den Voraussetzungen des § 83 Abs. 1 Satz 1 Nr. 1 bis 3 StaRUG** festgelegt werden. Eine Abweichung ist nach § 83 Abs. 1 Satz 1 Nr. 1 StaRUG zulässig, wenn der Auslagenschuldner einem höheren Stundensatz zustimmt. Auslagenschuldner ist nach § 25a Abs. 1 GKG grundsätzlich der Schuldner, im Falle des § 25a Abs. 2 GKG können aber auch Gläubiger Auslagenschuldner sein. Eine Abweichung ist nach § 83 Abs. 1 Satz 1 Nr. 2 StaRUG möglich, wenn das **Unternehmen in einer Spezialbranche** tätig ist und nur die eine spezialisierte Person für das Amt in Frage kommt.[473)] **266**

Ein erhöhter Stundensatz ist ferner nach § 83 Abs. 1 Satz 1 Nr. 3 StaRUG zulässig, wenn **Aufgaben** denen **eines Sachwalters** im Eigenverwaltungsverfahren nahekommen. Das ist bspw. der Fall, wenn Stabilisierungsanordnungen überwacht werden müssen (§§ 49 ff. **267**

470) Begr. RegE SanInsFoG, BT-Drucks. 19/24181, S. 176; eingehend *Ganter*, NZI 2022, 97.

471) Begr. RegE SanInsFoG, BT-Drucks. 19/24181, S. 177.

472) Eingehend auch *Ganter*, NZI 2022, 97.

473) Begr. RegE SanInsFoG, BT-Drucks. 19/24181, S. 178.

StaRUG) oder wenn der Restrukturierungsbeauftragte die Geschäftsführung des Schuldners zu überwachen hat oder Zahlungen zu prüfen hat (§ 76 Abs. 2 Nr. 2 und 3 StaRUG).

b) Vergütung auf Grundlage der Forderungen oder des Unternehmensvermögens

268 Unter den Voraussetzungen des § 83 Abs. 1 Satz 1 Nr. 3 StaRUG kann nach Satz 2 der Norm auch eine **abweichende Vergütungsbestimmung** getroffen werden. Es kann die Vergütung auf Grundlage des Wertes der einbezogenen Forderungen oder des Unternehmensvermögens bestimmt werden.

269 Die Bezugnahme auf das Vermögen des Unternehmens entspricht der Vergütungsbestimmung in Insolvenzverfahren. Die Gesetzesbegründung führt dazu aus, dass es in solchen Fällen sachgerecht erscheint, den Restrukturierungsbeauftragten ähnlich wie einen Sachwalter zu vergüten.[474] Das **Unternehmensvermögen als Berechnungsgrundlage** ist in Anlehnung an § 1 InsVV zu bestimmen. Die Regelvergütung besteht entsprechend § 12 InsVV in 60 % der Vergütung nach § 2 Abs. 1 InsVV. Für die Gewährung von **Zuschlägen entsprechend § 3 Abs. 1 InsVV** ist zu prüfen, inwieweit der konkrete Fall vom Normalfall der Aufgaben eines Restrukturierungsbeauftragten abweicht. Eine Erhöhung der Vergütung ist in folgenden Fällen angezeigt:

- Durchführung des **gerichtlichen Abstimmungsverfahrens** mit Prüfung der Forderungen, Absonderungsanwartschaften oder Anteils- und Mitgliedschaftsrechte der Planbetroffenen;
- Überwachung der **Geschäftsführung** des Schuldners;
- Überwachung und ggf. Zustimmung zu **Zahlungen außerhalb des gewöhnlichen Geschäftsbetriebs;**
- Prüfung von **Stabilisierungsanordnungen** nach § 49 StaRUG.

270 Die Berücksichtigung von **Kürzungstatbeständen** entsprechend § 3 Abs. 2 InsVV ist theoretisch möglich. In einem solchen Fall sollte aber schon grundsätzlich die Abweichung von der Stundensatzvergütung ausgeschlossen sein.

5. Auslagenersatz und Umsatzsteuererstattung

271 Für den **Auslagenersatz** des Restrukturierungsbeauftragten verweist § 81 Abs. 7 StaRUG auf die **Vorschriften des JVEG,** namentlich auf § 5 Abs. 2 Satz 1 Nr. 2, §§ 6 und 7 JVEG. Das erscheint mit der Kleinteiligkeit der Auslagenerstattung nach dieser Vorschrift wenig glücklich. So müssten dann Kilometerpauschale, Verpflegungspauschale und Übernachtungskosten einzeln berechnet werden.[475] Der Restrukturierungsbeauftragte erhält neben dem Auslagenersatz die **Sach- und Personalkosten** für die ihm **übertragenen Zustellungen** nach § 76 Abs. 6 StaRUG. Der Restrukturierungsbeauftragte erhält in vollem Umfang **Erstattung der Umsatzsteuer** für Vergütung und Auslagen (§ 12 Abs. 1 Satz 2 Nr. 4 JVEG).

6. Das Verfahren der Vergütungsfestsetzung

272 Die Vergütung des Restrukturierungsbeauftragten wird nach Beendigung seines Amts durch gerichtlichen Beschluss festgesetzt (§ 82 Abs. 1 StaRUG). Zuständig ist das **Restrukturierungsgericht**, welches das Verfahren führt. Funktionell entscheidet der das Verfahren leitende **Richter.** Der Restrukturierungsbeauftragte hat in seinem Antrag auf Festsetzung seiner Vergütung den **Umfang** der von ihm und seinen Mitarbeitern aufgewendeten Stun-

474) Begr. RegE SanInsFoG, BT-Drucks. 19/24181, S. 178.

475) Eingehend *U. Keller*, Vergütung, § 10 Rz. 56.

den **nachzuweisen.** Die Festlegung eines Höchstsatzes bei der Bestellung nach § 81 Abs. 4 StaRUG ersetzt dies nicht. Soll die Vergütung nach § 83 Abs. 1 Satz 2 mit Satz 1 Nr. 3 StaRUG nach dem Vermögen des Unternehmens festgesetzt werden, hat er im Vergütungsantrag sowohl die **Berechnungsgrundlage** als auch mögliche Erhöhungstatbestände darzulegen und zu begründen. Insoweit gilt auch § 8 InsVV.

Der Restrukturierungsbeauftragte kann auf seine Vergütung eines Vorschusses in angemessener Höhe erhalten. § 82 Abs. 4 StaRUG lässt eine Vorschussgewährung zu, wenn ihm **erhebliche Auslagen** entstanden sind oder voraussichtlich entstehen werden oder wenn die **zu erwartende Vergütung** für bereits erbrachte Arbeiten einen Betrag von 10.000 € übersteigt. 273

Allgemeines Rechtsmittel im Restrukturierungssachen ist die **sofortige Beschwerde** (§ 40 StaRUG, die §§ 569 ff. ZPO sind nach § 38 Satz 1 StaRUG anzuwenden). Die beschwerdefähigen Entscheidungen im Zusammenhang mit der Vergütung benennt § 82 Abs. 3 StaRUG. Beschwerdeberechtigt sind der Restrukturierungsbeauftragte und jeder Auslagenschuldner. 274

II. Die Vergütung des Sanierungsmoderators

1. Das Verfahren der Sanierungsmoderation

Die Sanierungsmoderation ist ein **eigenständiges Verfahren** innerhalb der Instrumente zur Stabilisierung und Restrukturierung.[476] Die Sanierungsmoderation kann in ein gerichtliches Verfahren nach §§ 29 ff. StaRUG übergeleitet werden, der Sanierungsmoderator kann zum Restrukturierungsbeauftragten bestellt werden (§ 100 Abs. 2 StaRUG). Mit der Sanierungsmoderation soll **zwischen dem Schuldner und seinen Gläubigern die Herbeiführung einer Lösung** zur Überwindung der wirtschaftlichen oder finanziellen Schwierigkeiten vermittelt und erreicht werden (§ 96 Abs. 1 StaRUG).[477] Bei erfolgreicher Moderation kann zwischen dem Schuldner und den Gläubigern ein **Sanierungsvergleich** geschlossen werden (§ 97 StaRUG), der auf Antrag des Schuldners durch das Restrukturierungsgericht bestätigt wird. 275

Die Aufgaben des Sanierungsmoderators regelt § 96 StaRUG. Seine Aufgaben sind insbesondere: 276

- **Vermittlung zwischen dem Schuldner und seinen Gläubigern** zur Herbeiführung einer Lösung zur Überwindung der wirtschaftlichen oder finanziellen Schwierigkeiten.
- **Einsichtnahme in die Bücher und Geschäftsunterlagen** des Schuldners.
- **Berichterstattung an das Gericht** mit Angaben über die Art und Ursachen der wirtschaftlichen oder finanziellen Schwierigkeiten, den Kreis der einbezogenen Gläubiger und sonstigen Beteiligten, den Gegenstand der Verhandlungen und das Ziel und den voraussichtlichen Fortgang der Verhandlungen.
- **Anzeige einer bekannt gewordenen Zahlungsunfähigkeit** des Schuldners oder einer Überschuldung, wenn diese Insolvenzgrund nach § 19 InsO ist.

2. Die Vergütung des Sanierungsmoderators

Der Sanierungsmoderator hat nach § 98 Abs. 1 StaRUG Anspruch auf eine angemessene Vergütung. Diese soll sich nach dem Zeit- und Sachaufwand der mit der Sanierungsmode- 277

476) Begr. RegE SanInsFoG, BT-Drucks. 19/24181, S. 183.

477) Begr. RegE SanInsFoG, BT-Drucks. 19/24181, S. 183 ff.

ration verbundenen Aufgaben bemessen. Zur Vergütung des Sanierungsberaters verweist § 98 Abs. 2 StaRUG auf die Vorschriften zur Vergütung des Restrukturierungsberaters.

III. Die Vergütung der Mitglieder des Gläubigerbeirates

1. Die Aufgaben des Gläubigerbeirates

278 Werden in einer Restrukturierungssache alle Gläubiger des Schuldners in den Restrukturierungsplan eingebunden und weist die Sache **gesamtverfahrensartige Züge** auf, kann das Gericht nach § 93 StaRUG einen Gläubigerbeirat bestellen. Die Mitglieder des Beirats **unterstützen und überwachen** nach § 93 Abs. 3 StaRUG **den Schuldner bei seiner Geschäftsführung.** Insoweit ähneln ihre Aufgaben und Befugnisse denen des vorläufigen Gläubigerausschusses im Insolvenzeröffnungsverfahren bei vorläufiger Eigenverwaltung.

2. Die Vergütung entsprechend § 17 InsVV

279 Die Mitglieder des Gläubigerbeirates haben nach § 93 Abs. 4 StaRUG Anspruch auf Vergütung für ihre Tätigkeit und auf Erstattung angemessener **Auslagen.** Zur Bestimmung der Vergütung verweist die Vorschrift lediglich auf § 17 InsVV. Damit erhalten die Mitglieder des Gläubigerbeirates eine **Vergütung nach Stundensätzen von 50 € bis 300 €.** Die Höhe des Stundensatzes richtet sich nach dem Umfang des Unternehmens und der Qualität der Aufgaben des Restrukturierungsverfahren oder des jeweiligen gerichtlichen Verfahrens.

K. Die Vergütung im Verbraucherinsolvenzverfahren

I. Die Vergütung des Treuhänders im vereinfachten Insolvenzverfahren bis 30.6.2014 (§ 13 InsVV)

1. Bestimmung der Berechnungsgrundlage

280 Der Anspruch des Treuhänders in einem bis 30.6.2014 (Art. 103h Satz 2 EGInsO) beantragten und nach den inzwischen aufgehobenen §§ 312 ff. InsO eröffneten vereinfachten Insolvenzverfahren auf angemessene Vergütung ergibt sich aus § 313 Abs. 1 Satz 3 i. V. m. §§ 63 ff. InsO. Die allgemeinen Vorschriften der InsVV gelten mit den Maßgaben des § 13 InsVV. Wird das Verbraucherinsolvenzverfahren nach dem Tod des Schuldners in ein Regelinsolvenzverfahren übergeleitet, ist der Treuhänder zum Insolvenzverwalter zu bestellen; ansonsten kann er Vergütung nur nach § 13 InsVV erhalten.[478)]

281 Berechnungsgrundlage der Vergütung ist die **Insolvenzmasse** im Zeitpunkt der Beendigung des Verfahrens entsprechend der **Schlussrechnung des Treuhänders** (§ 1 Abs. 1 InsVV i. V. mit §§ 313 Abs. 1 Satz 3, 66 InsO). Im Falle einer vereinfachten Verwertung nach § 314 InsO besteht die Insolvenzmasse in dem vom Schuldner gezahlten Geldbetrag.[479)] Die Tatbestände des § 1 Abs. 2 InsVV sind anwendbar. Für den Treuhänder ist auch § 5 InsVV anwendbar.

2. Regelvergütung nach § 13 Abs. 1 Satz 1 InsVV

282 Die Höhe der Vergütung beträgt nach § 13 Abs. 1 Satz 1 InsVV pauschal 15 % der festgestellten Insolvenzmasse. Eine Regelvergütung nach § 2 InsVV wird nicht festgesetzt (§ 13 Abs. 2 InsVV).

---

478) BGH, Beschl. v. 21.2.2008 – IX ZB 62/05, ZVI 2008, 183 = ZIP 2008, 798, dazu EWiR 2008, 573 *(Floeth)*.

479) Allgemein *Vallender*, NZI 1999, 385.

Verglichen mit der Regelvergütung nach § 2 InsVV erhält der Treuhänder eine geringere Vergütung als der Insolvenzverwalter, soweit der Wert der Masse selbst nicht sehr hoch ist; bei großem Umfang der Masse kann sich wegen der degressiven Steigerung der Regelvergütung des § 2 InsVV und der linearen Steigerung nach § 13 Abs. 1 InsVV durchaus ein Vorteil für den Treuhänder ergeben. 283

3. Erhöhung der Vergütung entsprechend § 3 InsVV

Die Vergütung nach § 13 Abs. 1 Satz 1 InsVV soll die gesamte Tätigkeit des Treuhänders abdecken. Eine Erhöhung der Vergütung entsprechend den Tatbeständen des § 3 Abs. 1 InsVV ist nach dem Wortlaut der Regelung des § 13 Abs. 2 InsVV nicht vorgesehen. Literatur und Rechtsprechung befürworten mit unterschiedlichen Begründungen eine entsprechende Anwendung des § 3 Abs. 1 InsVV.[480] Der BGH befürwortete mit Beschluss vom 24.5.2005 ausdrücklich eine Erhöhung der Vergütung des Treuhänders.[481] Eine **Erhöhung der Treuhändervergütung** soll nur erfolgen, wenn ganz erhebliche Abweichungen vom Regelfall eines Verbraucherinsolvenzverfahrens vorliegen. Zu nennen sind: 284

- Umfangreiches Vermögen des Schuldners.
- Arbeitsintensive Erfassung und Bewertung der Insolvenzmasse oder der Gläubigerforderungen; insbesondere, wenn kein Vermögensverzeichnis nach § 305 Abs. 1 Nr. 3 InsO oder Unterlagen eines gerichtlichen Schuldenbereinigungsverfahrens vorlagen.
- Verwertung von Vermögenswerten, die mit Absonderungsrechten behaftet waren (§ 313 Abs. 3 Satz 3 i. V. m. § 173 InsO).
- Verwertung der Insolvenzmasse nach § 314 InsO.
- Obstruktives Verhalten des Schuldners innerhalb des Verfahrens.
- Abgabe von Steuererklärungen für den Schuldner.
- Geltendmachung von Ansprüchen aus der Rückschlagsperre des § 88 i. V. m. § 312 Abs. 1 Satz 3 InsO.
- Geltendmachung von Anfechtungsansprüchen nach Beauftragung durch die Gläubigerversammlung (§ 313 Abs. 2 Satz 3 InsO).
- Prüfung der Forderungsanmeldungen bei hoher Zahl der Gläubiger und/oder wegen rechtlicher Schwierigkeiten. Eine das Normalverfahren übersteigende Gläubigerzahl kann entsprechend bei 20 angenommen werden.

Der Umfang der Vergütungserhöhung richtet sich nach der konkreten Arbeitsbelastung des Treuhänders betreffend den Erhöhungstatbestand. Er kann jeweils mit 5–20 % angenommen werden. 285

4. Kürzung der Vergütung nach § 13 Abs. 1 Satz 2 InsVV

Eine Kürzung der Vergütung ist nach § 13 Abs. 1 Satz 2 InsVV ausdrücklich möglich. Sie ist nur in **ganz besonders gelagerten Fällen** zulässig.[482] In Betracht kommt eine vorzei- 286

480) OLG Schleswig, 31.1.2001 – 1 W 50/00, ZVI 2002, 428 = DZWIR 2001, 215, m. Anm. *Keller*; OLG Köln, Beschl. v. 28.1.2002 – 2 W 192/01, ZVI 2002, 431 = NZI 2002, 211; LG Bonn, Beschl. v. 6.6.2001 – 2 T 8/01, ZInsO 2001, 612; LG Koblenz, Beschl. v. 5.11.2003 – 2 T 749/03, NZI 2004, 42; LG Hanau, Beschl. v. 17.6.2003 – 8 T 86/03, ZVI 2004, 63; LG Mönchengladbach, Beschl. v. 22.9.2004 – 5 T 287/04, ZVI 2005, 156; AG Chemnitz, Beschl. v. 3.11.2004 – 1010 IK 1511/03, ZVI 2005, 56; eingehend *U. Keller*, Vergütung, § 11 Rz. 23 ff.

481) BGH, Beschl. v. 24.5.2005 – IX ZB 6/03, ZVI 2005, 388 = DZWIR 2005, 463, m. Anm. *U. Keller*.

482) Zutreffend LG Koblenz, Beschl. v. 6.11.2000 – 2 T 624/00, NZI 2001, 99 = Rpfleger 2001, 196; LG Frankenthal, Beschl. v. 26.8.2015 – 1 T 215/15, VIA 2016, 13; AG Potsdam, Beschl. v. 23.1.2001 – 35 IK 18/99, NZI 2001, 159; zu allgemein BGH, Beschl. v. 12.10.2006 – IX ZB 191/05, ZVI 2006, 598 = NZI 2007, 17.

tige Verfahrensbeendigung kurz nach Eröffnung. Auch wenn der Treuhänder kaum tätig werden musste, etwa weil kein Gläubiger eine Forderung zur Insolvenztabelle angemeldet hat,[483] könnte eine Minderung der Vergütung in Betracht kommen.

5. Mindestvergütung des § 13 Abs. 1 Satz 3 InsVV

a) Mindestvergütung nach Zahl der Gläubiger

287 Die Mindestvergütung betrug nach § 13 Abs. 1 Satz 3 InsVV in der bis 7.10.2004 geltenden Fassung 250 €.[484] Den Vorgaben des BGH in seinen Entscheidungen zur Mindestvergütung vom 15.1.2004[485] folgend wurde mit Verordnung vom 4.10.2004[486] die Mindestvergütung des § 13 Abs. 1 Satz 3 InsVV neu geregelt. Sie gilt für die seit 1.1.2004 und bis 30.6.2014 (Art. 103h Satz 2 EGInsO) eröffneten Verfahren.

288 Die **Mindestvergütung** im Verbraucherinsolvenzverfahren **beträgt 600 €** (§ 13 Abs. 1 Satz 3 InsVV).[487] Bei einer Insolvenzmasse ab 4.000 € ist die Regelvergütung höher als diese Mindestvergütung, sie beträgt bei 4.001 € „satte" 600,15 €.

b) Vergleichsberechnung zur Regelvergütung

289 Wie auch im Falle des § 2 Abs. 2 InsVV kann je nach Zahl der am Insolvenzverfahren beteiligten Gläubiger die Mindestvergütung höher ausfallen als die regelmäßige Vergütung des § 13 Abs. 1 Satz 1 InsVV. Es ist dann die Mindestvergütung maßgebend.

290 Die Vergleichsberechnung zwischen regelmäßiger Vergütung und Mindestvergütung kann durch Ermittlung der maßgeblichen Gläubigerzahl (G) unter Anwendung nachfolgender Formel erfolgen:[488]

$$G = \frac{\text{Regelvergütung} - 900{,}00}{20} + 15$$

II. Vergütung des Insolvenzverwalters im Verbraucherinsolvenzverfahren nach dem 1.7.2014

291 Die §§ 312–314 InsO sind zum 1.7.2014 durch das Gesetz zur Verkürzung des Restschuldbefreiungsverfahrens v. 15.7.2013[489] aufgehoben. Die Vergütung des Insolvenzverwalters im Verbraucherinsolvenzverfahren bestimmt sich nach den allgemeinen Vorschriften nach §§ 1 ff. InsVV. In Abweichung von § 2 Abs. 2 beträgt die **Mindestvergütung** nach § 13 InsVV in den seit 1.1.2021 beantragten Verfahren **1.120 €,** in den bis 31.12.2020 beantragten Verfahren beträgt sie noch 800 €.

---

483) AG Hamburg, Beschl. v. 20.6.2000 – 68a IK 25/00, NZI 2000, 446.

484) Zur pauschalen Erhöhung AG Hamburg, Beschl. v. 24.4.2003 – 68c IK 55/02, ZVI 2003, 182 = NZI 2003, 331; AG Lüneburg, Beschl. v. 11.9.2003 – 46 IK 74/02, ZInsO 2003, 989; AG Mönchengladbach, Beschl. v. 17.6.2003 – 20 IK 47/02, ZInsO 2003, 652.

485) BGH, Beschl. v. 15.1.2004 – IX ZB 96/03, BGHZ 157, 282 = ZVI 2004, 133, dazu EWiR 2004, 985 (*Blersch*).

486) Verordnung zur Änderung der Insolvenzrechtlichen Vergütungsverordnung (InsVV-ÄndVO), v. 4.10.2004, BGBl. I 2004, 2569.

487) Sie ist verfassungsgemäß, BGH, Beschl. v. 13.3.2008 – IX ZB 60/05, NZI 2008, 444; die Neuregelungen werden für verfassungswidrig gehalten von AG Hamburg, Beschl. v. 21.2.2005 – 68c IK 91/04, ZVI 2005, 649 = NZI 2005, 234; AG Potsdam, Beschl. v. 6.1.2005 – 35 IK 9/04, ZVI 2005, 655 = NZI 2005, 237.

488) *Keller*, NZI 2005, 23, 27.

489) Gesetz zur Verkürzung des Restschuldbefreiungsverfahrens und zur Stärkung der Gläubigerrechte, v. 15.7.2013, BGBl. I 2013, 2379.

§ 3 InsVV ist uneingeschränkt anwendbar. Zusätzlich ist der Kürzungstatbestand des § 3 Abs. 2 lit. e InsVV zu beachten. Durch ihn wird eine Arbeitserleichterung bei Mitwirkung einer geeigneten Stelle oder Person i. R. der außergerichtlichen Schuldenbereinigung berücksichtigt. Problematisch ist eine gleichzeitige Anwendung von § 3 Abs. 2 lit. e InsVV und § 13 InsVV. Dies würde dazu führen, dass die ermäßigte Mindestvergütung zusätzlich gekürzt wird. 292

III. Auslagenersatz und Umsatzsteuer

Auslagenersatz nach § 4 oder § 8 Abs. 3 InsVV und Ausgleich der Umsatzsteuer nach § 7 InsVV sind in vollem Umfang zu gewähren. 293

L. Die Vergütung des Treuhänders im Restschuldbefreiungsverfahren (§ 14 InsVV)

I. Regelungsgehalt der §§ 14–16 InsVV

Der Treuhänder im Restschuldbefreiungsverfahren hat Anspruch auf angemessene Vergütung und Erstattung der Auslagen unmittelbar aus § 293 Abs. 1 InsO.[490] Die Vergütung war ursprünglich in Anlehnung an die Vergütung des Zwangsverwalters im Verfahren nach §§ 146 ff. InsO nach der bis 31.12.2003 geltenden Zwangsverwalterverordnung ausgestaltet.[491] 294

Die InsVV unterscheidet zwischen der Tätigkeit des Treuhänders nach § 292 Abs. 1 InsO als der gesetzlich vorgeschriebenen Tätigkeit und der Überwachung der Obliegenheiten des Schuldners im Auftrag der Gläubigerversammlung nach § 292 Abs. 2 InsO. Erstere wird durch eine Staffelvergütung nach § 14 InsVV abgegolten, Letztere durch feste Stundensätze nach § 15 InsVV. 295

II. Vergütung während des Abtretungszeitraums (§ 14 InsVV)

1. Der Abgeltungsbereich der Vergütung

Während des Abtretungszeitraums des § 287 InsO hat der Treuhänder nach § 292 Abs. 1 InsO den jeweils pfändbaren Teil des Arbeitseinkommens des Schuldners sowie sonstige Leistungen zu vereinnahmen und aufgrund des Schlussverzeichnisses an die Insolvenzgläubiger zu verteilen.[492] Diese Tätigkeit wird für den gesamten Abtretungszeitraum mit der Staffelvergütung des § 14 InsVV vergütet; die Vergütung ist keine jährliche Vergütung. 296

Berechnungsgrundlage ist die **Summe der vereinnahmten Beträge** für den gesamten Abtretungszeitraum (§ 14 Abs. 1 InsVV). Zu berücksichtigen sind auch Beträge aus einem Erwerb von Todes wegen (§ 295 Satz 1 Nr. 2 InsO) oder freiwillige Leistungen[493] sowie Leistungen nach § 295a Abs. 1 InsO bei selbständiger Tätigkeit des Schuldners.[494] Die an den Schuldner nach § 292 Abs. 1 Satz 3 InsO zurückzuzahlenden Prozentsätze sind abzuziehen. 297

490) Uhlenbruck-*Sternal*, InsO, § 293 Rz. 1; *Waltenberger* in: HK-InsO, § 293 Rz. 1.

491) Begr. zum Entwurf einer InsVV (§ 14), abgedr. bei *U. Keller*, Vergütung, Anh. III, S. 868.

492) Uhlenbruck-*Sternal*, InsO, § 292 Rz. 21 ff.

493) Dazu umfassend *Stephan* in: MünchKomm-InsO, § 287 Rz. 120 ff.; Uhlenbruck-*Sternal*, InsO, § 287 Rz. 38 ff.; *Ahrens* in: FK-InsO, § 287 Rz. 118 ff.

494) Dazu Uhlenbruck-*Sternal*, InsO, § 295 Rz. 60 ff.; *Stephan* in: MünchKomm-InsO, § 295 Rz. 131 ff. m. umfangr. N.; *Grote*, ZInsO 2004, 1105.

2. Die Berechnung der Vergütung

298 Der Treuhänder erhält nach § 14 Abs. 2 InsVV in den seit 1.1.2021 beantragten Verfahren:

Betrag	Prozentsatz	Vergütungsbetrag
bis 35.000 €	5 %	1.750 €
bis 70.000 €	3 % aus 35.000 €	1.050 €
über 70.000 €	1 % aus dem Mehrbetrag	

299 Mathematisch errechnet sich die Vergütung wie folgt:

Betrag	Formel
bis 35.000 €	M × 0,05
35.000 bis 70.000 €	M × 0,03 + 1.750 €
über 70.000 €	M × 0,01 + 2.800 €

Anm.: M = Summe der eingenommenen Beträge

300 Der Treuhänder hat nach § 292 Abs. 1 Satz 2 InsO die eingenommenen Beträge jährlich an die Gläubiger zu verteilen. Seine Vergütung wird hingegen erst bei Beendigung seines Amts, mithin bei Ablauf des Abtretungszeitraums, festgesetzt (§ 16 Abs. 1 Satz 2 InsVV). Der Treuhänder hat bei Verteilung der Beträge an die Insolvenzgläubiger Rücklagen für seine voraussichtliche Vergütung zu bilden. Er hat auch § 292 Abs. 1 Satz 2 Halbs. 2 InsO zu beachten (Rückzahlung an die Staatskasse bei Kostenstundung),[495] sein Vergütungsanspruch geht der Rückzahlungspflicht schon wegen der Fiskalhaftung nach § 63 Abs. 2 InsO (§ 293 Abs. 2 InsO) vor. Er ist nach § 16 Abs. 2 InsVV ausdrücklich zur Vorschussentnahme berechtigt.

3. Vergütungserhöhung

301 **Erhöhungen** der Vergütung aufgrund besonderer Umstände oder Schwierigkeiten bei seiner Tätigkeit, z. B., wenn der Treuhänder die abzuführenden Beträge beim Arbeitgeber einklagen und vollstrecken muss,[496] sind **im Verordnungstext nicht vorgesehen,** müssen aber zulässig sein.[497] Soweit die konkrete Tätigkeit des Treuhänders i. R. des § 292 InsO besondere Schwierigkeiten aufweist, ist die Vergütung zu erhöhen. Für die Klageerhebung den pfändbaren Teil des Arbeitseinkommens betreffend, ist eine Erhöhung der Vergütung um 5 bis 10 % angemessen.

4. Die Mindestvergütung

302 Kann der Treuhänder keine Beträge vereinnahmen, insbesondere weil der Schuldner arbeitslos ist oder das Arbeitseinkommen keine pfändbare Höhe erreicht, beträgt seine Mindestvergütung nach § 14 Abs. 3 InsVV 140 € für jedes Jahr seiner Tätigkeit. Ähnlich der Mindestvergütung nach § 2 Abs. 2 und § 13 Abs. 1 Satz 3 InsVV erhöht sich die Mindestvergütung nach der Zahl der Gläubiger. Dauert die Wohlverhaltensphase mehr als sechs Jahre, bspw., weil das Insolvenzgericht nicht taggenau die Erteilung der Restschuldbefreiung beschließt, ist die Mindestvergütung für jedes begonnene Jahr voll zu berechnen, es erfolgt keine zeitanteilige Kürzung.

495) Uhlenbruck-*Sternal*, InsO, § 292 Rz. 44 ff.
496) Dazu Uhlenbruck-*Sternal*, InsO, § 292 Rz. 30 m. w. N.
497) *U. Keller*, Vergütung, § 12 Rz. 15, 16.

III. Überwachung der Obliegenheiten des Schuldners (§ 15 InsVV)

Die Gläubigerversammlung kann den Treuhänder nach § 292 Abs. 2 InsO zusätzlich mit der Überwachung der Obliegenheiten des Schuldners gemäß § 295 InsO beauftragen.[498] Der Treuhänder hat in diesem Fall eine festgestellte Obliegenheitsverletzung des Schuldners den Gläubigern unverzüglich anzuzeigen (§ 292 Abs. 2 Satz 2 InsO). Der Treuhänder ist zur Überwachungsaufgabe nur verpflichtet, wenn seine diesbezügliche Vergütung gesichert ist oder vorgeschossen wird (§ 292 Abs. 2 Satz 3 InsO). 303

Der Treuhänder erhält für die Überwachung eine Vergütung nach § 15 Abs. 1 InsVV. Diese beträgt regelmäßig **50 € je Stunde** (§ 15 Abs. 1 Satz 2 InsVV). Sie kann im Einzelfall höher festgesetzt werden. Die Höhe des Stundensatzes wird bei Ankündigung der Restschuldbefreiung nach §§ 289, 291 InsO festgesetzt (§ 16 Abs. 1 InsVV). 304

§ 15 Abs. 2 InsVV sieht eine Höchstgrenze vor. Sie darf den Gesamtbetrag der Vergütung des Treuhänders nach § 14 InsVV nicht übersteigen, so dass der Treuhänder im Ergebnis maximal die doppelte Regelvergütung des § 14 Abs. 2 InsVV erhalten kann.[499] 305

Die Gläubigerversammlung kann im Schlusstermin (§ 197 InsO) eine abweichende Regelung treffen und dem Treuhänder eine höhere Vergütung zubilligen (§ 15 Abs. 2 Satz 2 InsVV). 306

IV. Festsetzung der Vergütung (§ 16 InsVV)

Die Vergütung des Treuhänders wird durch das Insolvenzgericht nach § 293 Abs. 2, 64 InsO durch Beschluss festgesetzt. Nach § 16 Abs. 1 Satz 2 InsVV erfolgt dies bei Beendigung des Amts des Treuhänders, mithin am Ende des Restschuldbefreiungsverfahrens. Entsprechend § 8 InsVV hat der Treuhänder einen entsprechenden Vergütungsantrag zu stellen. Aus ihm müssen sich die eingenommenen Beträge als Berechnungsgrundlage für die Vergütung nach § 14 Abs. 2 InsVV ergeben. Der Treuhänder ist nach § 292 Abs. 3 Satz 1 InsO für seine Tätigkeit rechnungslegungspflichtig. 307

Auslagen sind dem Treuhänder gesondert zu erstatten. Er hat sie nach § 16 Abs. 1 Satz 3 InsVV einzeln anzuführen und zu belegen. § 8 Abs. 3 InsVV findet keine Anwendung. Umsatzsteuererstattung erhält der Treuhänder nach § 7 InsVV. 308

Der Treuhänder ist nach § 16 Abs. 2 Satz 1 InsVV berechtigt, ohne vorherige Zustimmung des Gerichts während des Abtretungszeitraums Vorschüsse auf seine Vergütung aus den verwalteten Beträgen zu entnehmen.[500] Ein Anspruch auf Vergütung und damit auch auf Vorschuss steht ihm erst nach seiner Bestellung nach § 291 Abs. 2 InsO zu.[501] Die Höhe der Vorschüsse darf sich nicht auf künftige Beträge erstrecken (§ 16 Abs. 2 Satz 2 InsVV). 309

Der Treuhänder steht unter Aufsicht des Insolvenzgerichts (§ 292 Abs. 3 Satz 2, §§ 58, 59 InsO). Im Rahmen dieser Aufsicht hat der Treuhänder die Entnahme eines Vorschusses anzuzeigen. 310

---

498) Uhlenbruck-*Sternal*, InsO, § 292 Rz. 58 ff.; *Frege/U. Keller/Riedel*, Hdb. InsR, Rz. 5.134, 5.135.

499) Sehr kritisch *Stoffler* in: KPB, InsO, § 15 InsVV Rz. 4.

500) Für eine jährliche Vorschussentnahme LG Essen, Beschl. v. 8.9.2003 – 5 T 246/03, ZVI 2004, 141 = ZInsO 2003, 989; LG Köln, Beschl. v. 14.7.2004 – 19 T 112/04, ZVI 2005, 103 = NZI 2004, 597.

501) BGH, Beschl. v. 18.12.2003 – IX ZB 60/03, ZVI 2004, 57 = NZI 2004, 156; AG Mönchengladbach, Beschl. v. 7.1.2005 – 32 IK 104/02, ZVI 2005, 653.

M. Die Vergütung der Mitglieder des Gläubigerausschusses

I. Die Rechtsgrundlagen der Vergütung

1. Der Vergütungsanspruch nach § 73 InsO

311 Die Mitglieder des Gläubigerausschusses haben Anspruch auf Vergütung für ihre Tätigkeit nach § 73 Abs. 1 InsO.[502] Die Vergütung soll den Zeitaufwand der Mitglieder des Gläubigerausschusses für ihre Tätigkeit abgelten. Obwohl § 73 Abs. 1 InsO nicht auf § 63 Abs. 1 InsO Bezug nimmt, hat auch die Vergütung der Mitglieder des Gläubigerausschusses angemessen zu sein, wobei der Vergütung nur sehr eingeschränkt der Charakter eines Einkommens zukommt.[503]

312 Für die Mitglieder eines **vorläufigen Gläubigerausschusses** im Insolvenzeröffnungsverfahren (§ 21 Abs. 2 Nr. 1a, § 22a InsO) gelten die Regelungen zur Vergütung unmittelbar. Ihre Vergütung richtet sich nach dem Stundenaufwand mit vollem Stundensatz nach § 17 InsO. Eine besondere Vergütung sieht § 17 Abs. 2 Satz 1 InsO für die Mitwirkung bei Bestellung eines vorläufigen Insolvenzverwalters/Sachwalters oder Insolvenzverwalters/Sachwalters vor; sie beträgt in den seit 1.1.2021 beantragten Verfahren pauschal 500 €.

313 Die Gläubigerversammlung kann durch Beschlussfassung den Vergütungsanspruch beschränken und den Mitgliedern des Gläubigerausschusses nur einen Auslagenersatz zusprechen.[504] Fraglich ist dann aber, ob sich unter einer solchen Prämisse Personen für die Übernahme des Amts finden.

314 In einem gerichtlichen Restrukturierungsverfahren kann nach § 93 StaRUG ein Gläubigerbeirat bestellt werden.[505] Die Mitglieder des Gläubigerbeirats sollen nach § 93 Abs. 3 StaRUG den Schuldner bei seiner Geschäftsführung überwachen und unterstützen. Zur Vergütung der Mitglieder des Gläubigerbeirates verweist § 93 Abs. 4 StaRUG pauschal auf § 17 InsVV, regelt aber nicht, wer Schuldner der Vergütung ist und wie sie festgesetzt werden soll.[506]

2. Die Anspruchsberechtigung einzelner Mitglieder

315 Hinsichtlich der Anspruchsberechtigung einzelner Gläubiger wird unterschieden:[507]

- Ist Mitglied des Gläubigerausschusses eine **Körperschaft des öffentlichen** Rechts, steht ihrem Vertreter kein Anspruch auf Vergütung zu.[508]
- Ist der **Beamte als Vertreter** eines Dritten oder in eigener Person Mitglied, steht ihm ein Vergütungsanspruch zu.[509] Es ist nicht maßgebend, ob und in welchem Umfang der Beamte von seiner hauptamtlichen Tätigkeit freigestellt ist oder dienstrechtlich einer Genehmigung für diese Tätigkeit bedarf.[510]

---

502) Allgemein *U. Keller*, DZWIR 2022, 123.

503) BGH, Beschl. v. 14.1.2021 – IX ZB 71/18, Rz. 10; ZRI 2021, 251 = NZI 2021, 461, m. Anm. *Leithaus*, dazu EWiR 2021, 145 *(Mock)*; eingehend *U. Keller*, Vergütung, § 13 Rz. 4 ff.; grundlegend instruktiv *Zimmer*, ZIP 2013, 1309.

504) RG, Urt. v. 11.6.1936 – VI 18/36, JW 1936, 2927.

505) Bericht des Ausschusses für Recht und Verbraucherschutz, BT-Drucks. 19/25353, S. 10; dazu *Ahrens*, NZI Beilage Heft 5/2021, 57.

506) Eingehend *U. Keller*, Vergütung, § 10 Rz. 83 ff.

507) Ausführlich Uhlenbruck-*Knof*, InsO, § 73 Rz. 7, 8; *Prasser* in: KPB, InsO, Vor § 17 InsVV Rz. 6 ff.; *Franke*, KTS 1955, 117; *Ohr*, KTS 1992, 343.

508) Ebenso für Mitarbeiter institutioneller Gläubiger oder Banken Uhlenbruck-*Knof*, InsO, § 73 Rz. 8.

509) Uhlenbruck-*Knof*, InsO, § 73 Rz. 9; *Prasser* in: KPB, InsO, Vor § 17 InsVV Rz. 6.

510) Zur Abführungspflicht der Vergütung an den Dienstherrn AG Elmshorn, Beschl. v. 25.6.1982 – 6 N 7/81, ZIP 1982, 981.

- Ist Mitglied des Gläubigerausschusses eine sonstige **juristische Person** oder eine Gesellschaft, steht dieser ein Anspruch auf Vergütung für die Tätigkeit ihres Vertreters zu.[511] Die Vergütung für die juristische Person gilt den Einsatz und den Zeitaufwand des jeweiligen Vertreters ab. Dabei darf aber nicht auf die Person abgestellt werden, welche die juristische Person als ihren Vertreter in den Gläubigerausschuss entsandt hat. Insbesondere ist nicht maßgeblich, welche Kosten der juristischen Person für den von ihr entsandten Vertreter entstanden sind.[512] Die juristische Person kann keinesfalls die ihr entstandenen Anwaltskosten als Vergütung auf die Insolvenzmasse abwälzen; keinesfalls darf auch eine Vergütung zu einer verdeckten Befriedigung der eigenen Insolvenzforderung führen.
- Ist Mitglied des Gläubigerausschusses ein sog. institutioneller Gläubiger, insbesondere der Pensions-Sicherungs-Verein oder der Gewerkschaften, ist ein Vergütungsanspruch zu bejahen.[513]

3. Anspruchsentstehung und -verjährung

Der Vergütungsanspruch des Mitglieds des Gläubigerausschusses entsteht mit Erbringung der jeweiligen Tätigkeit. Er wird fällig mit Beendigung des Amts, in der Regel also mit Verfahrensbeendigung oder vorzeitigem Ausscheiden aus dem Amt. 316

II. Höhe der Vergütung (§ 17 InsVV)

1. Vergütung nach Zeitaufwand

Bemessungsgrundlage der Vergütung ist nach § 17 Satz 1 InsVV der gesamte Zeitaufwand des jeweiligen Mitglieds des Gläubigerausschusses. Hierzu gehören nicht nur die Zeiten für Sitzungen des Gläubigerausschusses, sondern auch der **zeitliche Umfang möglichen Aktenstudiums**, Prüfung der Rechnungen und Bilanzführung des Verwalters oder für notwendige Reisen.[514] Eine Abrechnung der jeweils aufgewendeten Zeit ist Voraussetzung einer Vergütungsermittlung. Soweit sie nicht vorliegt, ist der Zeitaufwand zu schätzen.[515] 317

Der **Stundensatz der Vergütung** soll nach § 17 Satz 1 InsVV in der seit 1.1.2021 geltenden und für die seitdem beantragten Verfahren **zwischen 50 € und 300 €** liegen. Der bis 31.12.2020 geltende Rahmen von 35 € bis 95 € wurde zu Recht in Anbetracht der vielfältigen Aufgaben der Mitglieder des Gläubigerausschusses, deren oft notwendiger beruflicher Qualifikation sowie deren persönlicher Haftung wurde der Stundensatzrahmen stets als zu niedrig kritisiert. 318

Auch für § 17 InsVV gilt aber, dass je nach Schwierigkeit des Verfahrens und vor allem je nach Qualifikation des einzelnen Mitglieds der Stundensatz auch überschritten werden kann.[516] Nach § 17 Satz 2 InsVV ist bei Festsetzung der Vergütung Art und Umfang der Tätigkeit zu berücksichtigen, so dass im Einzelfall ein höherer oder niedrigerer Stunden- 319

511) *Prasser* in: KPB, InsO, Vor § 17 InsVV Rz. 9.

512) BGH, Beschl. v. 14.1.2021 – IX ZB 94/18, Rz. 10, ZRI 2021, 290 = ZIP 2021, 581, dazu EWiR 2021, 337 *(Blersch)*.

513) Eingehend Uhlenbruck-*Knof*, InsO, § 73 Rz. 8.

514) So ausdrücklich noch § 13 Abs. 1 Satz 4 VergVO.

515) AG Köln, Beschl. v. 9.9.1992 – 71 VN 3/92, ZIP 1992, 1492 = KTS 1993, 126 – Gläubigerbeirat im Vergleichsverfahren; LG Aachen, Beschl. v. 20.7.1992 – 3 T 265/91, ZIP 1993, 137, dazu EWiR 1993, 69 *(Uhlenbruck)*.

516) Eingehend *U. Keller*, Vergütung, § 13 Rz. 33 ff.; praxisfern dagegen LG Köln, Beschl. v. 13.2.2015 – 13 T 196/14, NZI 2015, 573 = ZIP 2015, 1450, m. Anm. *Blersch*.

satz gewährt werden kann und muss. Ein Stundensatz von 300 € wird etwa dann als angemessen betrachtet, wenn das Mitglied allein aufgrund seiner Sachkunde und beruflichen Qualifikation berufen wurde und nicht als Insolvenzgläubiger des Verfahrens.[517] Ein solches nach § 67 Abs. 3 InsO berufene Mitglied muss in gleicher Weise vergütet werden, wie es seiner sonstigen beruflichen Tätigkeit entspricht.[518]

320 § 3 Abs. 1 InsVV ist hinsichtlich der Tatbestände entsprechend anzuwenden.[519] Kriterien für eine Erhöhung können eine besondere **berufliche Stellung oder Qualifikation** des Mitglieds,[520] ein besonderer persönlicher Einsatz, rechtliche **Probleme im Insolvenzverfahren**, besonders viele zu prüfende und zu genehmigende Rechtsgeschäfte des Verwalters oder eine besonders umfangreiche Prüfung der Schlussrechnung sein.[521]

321 Bei Zuerkennung eines erhöhten Stundensatzes ist zu bedenken, dass nicht jedes Erhöhungskriterium des Insolvenzverwalters gleichermaßen für das einzelne Ausschussmitglied gilt; hier wie dort muss es sich konkret auf den Arbeitsaufwand ausgewirkt haben. Ferner ist der erhöhte Arbeitsaufwand des Gläubigerausschusses bereits durch die Zahl der zu vergütenden Stunden berücksichtigt. Ein entsprechend § 3 Abs. 1 InsVV erhöhter Stundensatz muss sich also auf ein Erhöhungskriterium beziehen, das als solches keinen Niederschlag im Stundenaufwand gefunden hat.

322 **Tatbestände** einer erhöhten Stundensatzvergütung können bspw. sein:

- Besonderer Aufwand in Korrespondenz mit anderen Gläubigern, mit Absonderungsberechtigten oder mit Arbeitnehmervertretern;
- insbesondere für das Mitglied der Arbeitnehmervertretung im Gläubigerausschuss Mitwirkung bei der Erarbeitung eines Sozialplans (§ 123 InsO) und weiterer arbeitnehmerbezogener Maßnahmen, insbesondere der Sozialauswahl bei Massenentlassungen;
- Aufarbeitung steuerrechtlicher Fragestellungen;
- Prüfung von vielen oder von qualitativ besonders anspruchsvollen Rechtsgeschäften (§ 160 InsO);
- Mitwirkung bei der Erarbeitung eines Insolvenzplans (§ 232 Abs. 1 Nr. 1 InsO);
- Prüfung von Sanierungskonzepten;
- besondere Schwierigkeiten bei der Prüfung der Kassenführung im laufenden Insolvenzverfahren oder der Prüfung der Schlussrechnung.

323 Für die Mitwirkung der Mitglieder des Gläubigerausschusses bei der Auswahl eines vorläufigen Sachwalters oder Insolvenzverwalters nach § 56a InsO oder nach § 270 Abs. 3 InsO ist eine besondere Vergütung von 500 € nach § 17 Abs. 2 InsVV zu gewähren.[522] Für die Überwachung der Erfüllung eines Insolvenzplans nach Aufhebung des Verfahrens können mit dem Schuldner Vereinbarungen zur Vergütung geschlossen werden.[523]

---

517) LG Hamburg, Beschl. v. 3.8.2018 – 326 T 43/17, ZInsO 2018, 2050; *Büttner* in: HambKomm-InsO, § 17 InsVV Rz. 17; *Schmitz* in: FK-InsO, § 73 Rz. 6.

518) BGH, Beschl. v. 14.1.2021 – IX ZB 71/18, Rz. 28, ZRI 2021, 251 = NZI 2021, 461, m. Anm. *Leithaus*, dazu EWiR 2021, 145 *(Mock)*; Uhlenbruck-*Knof*, InsO, § 73 Rz. 14; *U. Keller*, Vergütung, § 13 Rz. 19.

519) Ablehnend aber BGH, Beschl. v. 14.1.2021 – IX ZB 71/18, Rz. 25, ZRI 2021, 251 = NZI 2021, 461, m. Anm. *Leithaus*, dazu EWiR 2021, 145 *(Mock)*; wie hier AG Braunschweig, Beschl. v. 21.6.2005 – 273 IN 211/99, ZInsO 2005, 870.

520) AG Bremen, Beschl. v. 15.12.2015 – 40 IN 588/05 L, ZInsO 2016, 1276 (LS).

521) Dazu *Ampferl/Kilper*, ZIP 2015, 553.

522) Begr. RegE ESUG, BT-Drucks. 17/5712, S. 43; AG Konstanz, Beschl. v. 11.8.2015 – 40 IN 408/14, ZIP 2015, 1841 = NZI 2015, 959, dazu EWiR 2015, 711 *(Mock)*.

523) BGH, Urt. v. 6.5.2021 – IX ZR 57/20, ZRI 2021, 532 = ZVI 2021, 341 = ZIP 2021, 1282, dazu EWiR 2021, 469 *(Möhlenkamp)*.

2. Auslagen und Umsatzsteuer (§ 18 InsVV)

Die Mitglieder des Gläubigerausschusses haben Anspruch auf Erstattung ihrer Auslagen. Diese sind nach § 18 Abs. 1 InsVV einzeln aufzuführen und zu belegen, § 8 Abs. 3 InsVV gilt nicht. **324**

Das einzelne Gläubigerausschussmitglied kann unter denselben Voraussetzungen, wie sie für den Insolvenzverwalter gelten, Externe mit der Ausführung einzelner Tätigkeiten beauftragen. Es findet § 4 Abs. 2 InsVV Anwendung. Die Kosten einer Vermögensschadenhaftpflichtversicherung, durch welche Haftungsrisiken des konkreten Insolvenzverfahrens abgesichert werden, sind als Auslagen erstattungsfähig.[524)] **325**

Soweit ein Mitglied des Gläubigerausschusses zur Zahlung von Umsatzsteuer verpflichtet ist, ist ihm diese nach § 18 Abs. 2 InsVV in voller Höhe zu erstatten. **326**

III. Das Festsetzungsverfahren

1. Die Festsetzung der Vergütung

In dem Antrag auf Festsetzung der Vergütung ist insbesondere der genaue zeitliche Umfang der Tätigkeit anzugeben. Soweit ein erhöhter Stundensatz beantragt wird, ist dies unter Darlegung der besonderen Umstände zu begründen. **327**

Vor Festsetzung der Vergütung kann der Gläubigerversammlung Gelegenheit zur Stellungnahme gegeben werden. Der Festsetzungsbeschluss hat wie bei der Vergütung des Insolvenzverwalters die Vergütung, die Auslagen und die jeweilige Umsatzsteuer getrennt auszuweisen. Er ist nach § 64 Abs. 2 InsO öffentlich bekannt zu machen und neben dem Schuldner und dem Verwalter auch den betroffenen Mitgliedern des Gläubigerausschusses besonders zuzustellen. Gegen den Festsetzungsbeschluss steht neben den in § 64 Abs. 3 InsO genannten Beteiligten auch den betroffenen Mitgliedern des Gläubigerausschusses die sofortige Beschwerde als Rechtsmittel zu.[525)] **328**

2. Die Vorschussgewährung

Nach allgemeiner Ansicht ist den Mitgliedern des Gläubigerausschusses ein Vorschuss auf ihre Vergütung und auf den Auslagenersatz zuzubilligen.[526)] Der Vorschuss sollte entsprechend § 9 InsVV nach einem Jahr seit Eröffnung des Insolvenzverfahrens gewährt werden oder dann, wenn dem einzelnen Mitglied erhebliche Auslagen entstanden sind. Der Vorschuss bedarf entsprechend § 9 InsVV der Zustimmung des Insolvenzgerichts.[527)] Das Gericht ist bei der späteren Festsetzung der Vergütung nicht an die Höhe einzelner Stundensätze gebunden, die als Vorschuss bewilligt worden sind.[528)] **329**

524) Uhlenbruck-*Knof*, InsO, § 73 Rz. 21, 22; ausführlich *Uhlenbruck*, VersR 1973, 499.

525) Uhlenbruck-*Knof*, InsO, § 73 Rz. 30.

526) Uhlenbruck-*Knof*, InsO, § 73 Rz. 23 ff.

527) Die Vorschussbewilligung stellt keinen Vollstreckungstitel dar, BGH, Beschl. v. 22.7.2021 – IX ZB 47/19, ZRI 2021, 802 = ZIP 2021, 1826, dazu EWiR 2021, 756 *(Knof)*.

528) Uhlenbruck-*Knof*, InsO, § 73 Rz. 23.

Teil VI
Betriebswirtschaftliche Grundlagen

Kapitel 28
Die Betriebswirtschaftliche Krise

Übersicht

Literatur: *Evertz/Krystek*, Das Management von Restrukturierung und Sanierung, in: Evertz/Krystek, Restrukturierung und Sanierung von Unternehmen, 2010, S. 19; *Groß*, Zur Beurteilung der „handelsrechtlichen Fortbestehensprognose" durch den Abschlussprüfer, WPg 2010, 119; *Groß*, Sanierung durch Fortführungsgesellschaften, 2. Aufl., 1988; *Groß*, Grundsatzfragen der Unternehmenssanierung, DStR 1991, 1572; *Müller*, Krisenmanagement in der Unternehmung, 1986.

A. Der Begriff der Unternehmenskrise

1 Regelmäßig liest man in der Tagespresse Nachrichten zu Unternehmenskrisen. Dabei können die Gründe für eine Unternehmenskrise sehr vielschichtig sein. So steckt bspw. die deutsche **Solarindustrie** derzeit in einer tiefen Krise. Auch die Automobilzulieferindustrie befindet sich in schwierigem Fahrwasser. Auch die Modebranche befindet sich in schwierigen Zeiten; namhafte Unternehmen wie *Strenesse*, *Zero*, *Basler* oder kürzlich auch *Gerry Weber* mussten Insolvenzantrag stellen. Im Zuge der Digitalisierung und Industrie 4.0 wandelt sich das Unternehmensfeld sehr stark; die Geschäftsmodelle müssen angepasst werden.[1)] Die **PC-Branche** hat in den letzten Jahren durch Konkurrenzprodukte wie Smartphones und Tablet-Computer massive Umsatzeinbrüche erlitten. Eine weitere Branche, die immer wieder negative Schlagzeilen macht ist die **Druckindustrie** und in deren Zusammenhang auch die Verlage und Logistikdienstleister, die sich auf die Branche spezialisiert haben, die sich nach wie vor in schwierigen Zeiten befindet. Auch hier häufen sich die Insolvenzen, da die elektronischen Medien den Druckartikeln in vielen Bereichen den Rang abgelaufen haben. Einen weiteren krisengeschüttelten Bereich der letzten Jahre stellen die traditionellen Kaufhäuser dar. Die klassischen **Vollsortimenter** haben durch Online-Kaufhäuser und Webshops eine übermächtige Konkurrenz erhalten. Es folgten die bekannten Insolvenzen bei *Hertie*, *Woolworth*, *Galeria Kaufhof* etc. Neben Veränderungen auf der Angebots- und der Nachfrageseite sind auch andere Gründe für Unternehmenskrisen zu beobachten.

---

1) Vgl. Handelsblatt v. 14.1.2013; so z. B. „Größter Computerhersteller in der Krise: Hewlett Packard entlässt 27.000 Mitarbeiter", in: Focus v. 24.3.2012, abrufbar unter http://www.focus.de/finanzen/news/unternehmen/groesster-computer-hersteller-in-der-krise-hewlett-packard-entlaesst-27-000-mitarbeiter_aid_757478.html (Abrufdatum: 5.12.2023); „Dell tritt Gerüchten über Börsenabschied entgegen", in: Handelsblatt v. 15.1.2013, abrufbar unter http://www.handelsblatt.com/unternehmen/it-medien/unternehmenskrise-dell-trittgeruechten-ueber-boersenabschied-entgegen/7629628.html (Abrufdatum: 5.12.2023).

2 Die genannten Beispiele zeigen, dass die Gründe für Unternehmenskrisen **sehr vielschichtig** sein können. **Das Wort Krise** leitet sich aus dem altgriechischen Wort „krisis" ab und bezeichnet eine problematische, mit einem Wendepunkt verknüpfte Entscheidungssituation. In den verschiedenen Wissenschaftsdisziplinen wird der Krisenbegriff unterschiedlich thematisiert. **In der Betriebswirtschaft** wird unter einer Unternehmenskrise die Notsituation eines Unternehmens verstanden, gleichsam als Ereignis eines ungewollten Prozesses, in dessen Verlauf die Erfolgspotenziale, das Reinvermögen und/oder die Liquidität des Unternehmens sich so ungünstig entwickelt haben, dass die Existenz des Unternehmens bedroht ist.[2)]

3 **In der Rechtsprechung des BGH** wird von der Krise eines Unternehmens gesprochen, wenn ein außenstehender, vom betroffenen Unternehmen unabhängiger Dritter diesem keinen Kredit mehr zu marktüblichen Konditionen gewähren würde und ohne Kapitalzufuhr das Unternehmen hätte liquidiert werden müssen.[3)] Diese Definition unterscheidet sich inhaltlich nicht wesentlich von der betriebswirtschaftlichen Definition.

B. Merkmale zur Charakterisierung von Krisen

4 Bei den genannten Beispielen stellt sich die Frage, wie sich Unternehmenskrisen charakterisieren lassen. Denn nur, wenn die **krisenauslösenden Faktoren** ausreichend bekannt und verstanden sind, können wirksame Maßnahmen zur Vermeidung bzw. zur Sanierung ergriffen werden. Jede Unternehmenskrise erfordert ihre fachgerechte Lösung. Bei Unternehmenskrisen handelt es sich in der Regel um das Resultat **mehrstufiger Ursache-Wirkungs-Ketten**: Sie haben häufig gemeinhin zusammenwirkende, sich verstärkende oder abschwächende Ursachen. Eine Unternehmenskrise läuft in der Regel als ein schleichender Prozess unterschiedlichster Ursachen- und Wirkungszusammenhänge ab. Sie lässt sich dabei durch die folgenden Merkmale bestimmen:

- Krisenursachen,
- Krisenart bzw. Krisenstadium.

5 Für die Überwindung der Krise durch eine Sanierung ist es von fundamentaler Bedeutung, dass diese Krisenmerkmale bekannt sind. Nur so können **entsprechende Gegenmaßnahmen** ergriffen werden. Dabei sind die Aussichten für die Überwindung einer Krise höher, je früher die Krise erkannt wird. Dies gestaltet sich in der Praxis – wie nachfolgend aufgezeigt wird – häufig sehr schwierig.

I. Krisenursachen

6 Die **Krisenursache** sagt aus, **wie die Krise zustande gekommen** ist. Dabei wird unterschieden in **endogene** Krisenursachen, d. h. Ursachen, die im Unternehmen selbst entstanden sind, und **exogene** Krisenursachen, die von außerhalb auf das Unternehmen einwirken. Nachfolgend werden in der Praxis häufig zu beobachtende Krisenursachen genannt:[4)]

---

2) Vgl. *Groß*, DStR 1991, 1572.

3) BGH, Urt. v. 29.11.1971 – II ZR 121/69, WM 1972, 74, 75 = DB 1972, 331; BGH, Urt. v. 13.7.1981 – II ZR 256/79, BGHZ 81, 252, 262 = ZIP 1981, 974.

4) *IDW*, Sanierung und Insolvenz, Kap. A Rz. 4 ff.; *Krystek/Moldenhauer*, Hdb. Krisen- und Restrukturierungsmanagement, S. 42 ff.

Übersicht: Krisenursachen 7

Exogene Faktoren	Endogene Faktoren
– Konjunktureinflüsse	– Lückenhafte Rechenwerke
– Schlechte Branchenaussichten	– Fehlkalkulationen
– Steigende Wettbewerbsintensität	– Zu viele oder zu wenige Investitionen
– Marktveränderungen	– Organisationsmängel
– Wandel im Konsumentenverhalten	– Qualitätsmängel
– Extrem hohe Zinsen	– Unzulänglichkeiten im Management
– Unterbrechung der Rohstoffversorgung	– Führungsfehler (Missmanagement, Fehler in der Betriebsleitung)
– Anstieg der Rohstoffpreise	– Geringe Ertragskraft
– Ausfall von Lieferanten	– Unzureichende Eigenkapitalausstattung
– Strukturelle Veränderungen im nationalen und internationalen Umfeld	– Unternehmensphase bzw. Unternehmensalter
– Globalisierung/Internationale Vernetzung	– Unternehmensstandort

Auch wenn die Unterscheidung in endogene und exogene Krisenursachen in der Literatur 8
und in Untersuchungen getroffen wird, lässt sich diese in der Praxis häufig nicht stringent beibehalten. In letzter Konsequenz könnte die **mangelnde Anpassungsfähigkeit** an sich ändernde Rahmenbedingungen i. S. der genannten exogenen Krisenursachen als endogene Krisenursache gesehen werden.[5)]

Die Kreditversicherung *Euler Hermes* hat festgestellt, dass in 82 % der Fälle die Zahlungs- 9
moral der Kunden für die krisenhafte Entwicklung des Unternehmens verantwortlich war, 81 % nannten das geltende Arbeits- und Sozialrecht als wesentliches Hindernis und die verschärften Anforderungen an die Banken (Solvabilitätsverordnung) wurden von 60 % genannt.[6)] Bei den endogenen Ursachen wurde i. R. der Studie festgestellt, dass 79 % aller Insolvenzen auf ein fehlendes Controlling, 76 % auf Finanzierungslücken und 64 % aller Insolvenzursachen auf ein unzureichendes Debitorenmanagement zurückzuführen waren.[7)]

Die genannten Krisenursachen decken sich zum Teil mit **nach außen erkennbaren Sym-** 10
ptomen, die von Kreditgebern als Anzeichen für eine negative Entwicklung gesehen werden.[8)] Aufgrund solcher Indikatoren werden Kreditgeber – meist in einem späten Krisenstadium – aktiv und verlangen vom Schuldner weitere Sicherheiten oder eine eingehende Sanierungsprüfung einschließlich einer Fortbestehungsprognose, um insbesondere eine fundierte Entscheidung über Kreditbelassung, Krediterhöhung oder Kreditkündigung zu ermöglichen.

II. Krisenstadien

1. Die Krisenstadien

Unternehmen in der Krise durchlaufen verschiedene Stadien, die durch einen idealtypi- 11
schen Verlauf gekennzeichnet sind und unterschieden werden können.[9)] Auch wenn sie in der Praxis nicht zwangsläufig diesen idealtypischen Verlauf nehmen müssen, lassen sich daraus wichtige Erkenntnisse für mögliche Maßnahmen zur Krisenvermeidung bzw. Kri-

5) So auch *Krystek/Moldenhauer*, Hdb. Krisen- und Restrukturierungsmanagement, S. 52.

6) Vgl. *Euler Hermes*, Wirtschaft Konkret Nr. 414 – Ursachen für Insolvenzen, Stand: 10/2016, S. 23; bei der Studie wurden 125 erfahrene Insolvenzverwalter befragt, die rund 19.000 Insolvenzen bearbeitet haben.

7) Vgl. *Euler Hermes*, Wirtschaft Konkret Nr. 414 – Ursachen für Insolvenzen, Stand: 10/2016, S. 20.

8) *Groß*, Sanierung durch Fortführungsgesellschaften, S. 4.

9) *IDW*, Sanierung und Insolvenz, Kap. A Rz. 9 ff.

senbewältigung gewinnen.[10)] In der Praxis können diese Krisenstadien auch parallel, singulär oder überlappend auftreten.

12 Nach dem IDW Standard: Anforderungen an Sanierungskonzepte (IDW S 6) lassen sich folgende charakteristische Krisenstadien unterscheiden:[11)]

13 **Abb. 1: Charakteristische Krisenstadien**

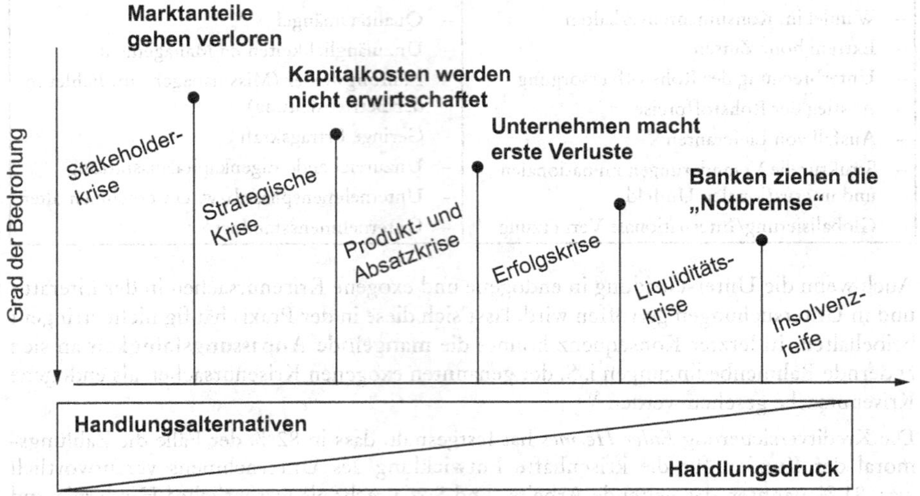

14 Aus der Folge aufeinander aufbauender Krisenphasen zeigt sich, dass auch die Überwindung einer Krisenphase allein in der Regel nicht ausreicht, um ein Unternehmen zu sanieren. Nicht identifizierte Krisenursachen wirken weiter und verhindern eine nachhaltige Sanierung. Weiterhin zeigt die Grafik, dass sich Unternehmenskrisen **im Zeitablauf zuspitzen.** Die Handlungsalternativen nehmen ab; umgekehrt nimmt der Handlungsdruck zu. Die Verringerung der Handlungsalternativen wird durch die fortlaufende und auch durch die wechselseitige Beeinflussung von negativer Unternehmensentwicklung und daraufhin erfolgter Reaktion der Kapitalgeber andererseits verursacht.[12)]

2. Die Stakeholderkrise

15 Die erste Krisenart in einem sehr frühen Stadium wird als **„Stakeholderkrise"** bezeichnet. Unter „Stakeholder" werden die unterschiedlichen Interessengruppen an einem Unternehmen verstanden. Dazu zählen bspw. die Mitglieder der Unternehmensleitung und der Überwachungsorgane, Anteilseigner, Arbeitnehmer und ihre Vertretungen, Kreditinstitute und andere Gläubiger.

16 Die Stakeholderkrise entsteht durch **Konflikte zwischen diesen Interessengruppen.** Existenzbedrohende Barrieren sind häufig das Ergebnis mangelnder Erkenntnis, Akzeptanz und auch Kommunikation von erforderlichen Maßnahmen zur Neuausrichtung des

10) So auch *Evertz/Krystek* in: Evertz/Krystek, Restrukturierung und Sanierung von Unternehmen, S. 22.

11) Vgl. *IDW* Standard, Anforderungen an Sanierungskonzepte (IDW S 6), Stand: 16.5.2018, Rz. 31 f., IDW Life 8/2018, 813; neue Fassung IDW S 6, Stand: 22.6.2023, IDW Life 12/2023, 1159 ff.

12) *Groß*, WPg 2010, 119, 129.

Unternehmens.[13] Die Stakeholderkrise geht in der Regel einher mit schwindendem Vertrauen zwischen den am Unternehmen interessierten Parteien. Das Unternehmensleitbild ist aufgrund der bestehenden Konflikte mit der aktuellen Unternehmensentwicklung unvereinbar.

Häufig werden die Unstimmigkeiten zwischen den einzelnen Interessengruppen in frühen Phasen allerdings noch nicht als bedrohliche Krise wahrgenommen. Die Konsequenzen sind in der Regel zeitlich erst viel später zu spüren. Dies liegt insbesondere daran, dass in dieser Phase häufig keine negativen Auswirkungen auf von außen unmittelbar erkennbare Symptome existieren. 17

Beispiel 18

An einem metall- und kunststoffverarbeitenden Unternehmen sind zwei Familienstämme je zur Hälfte beteiligt. Die Familien sind sich nicht einig über die strategische Ausrichtung des Unternehmens. Entscheidungen auf Ebene der Geschäftsführung werden blockiert. Dies hat Auswirkungen auf die Produktentwicklung. Die beiden Familien blockieren sich auch in den Gesellschafterversammlungen. Dadurch werden wichtige Entscheidungen über die zukünftige Ausrichtung des Unternehmens und insbesondere über die Entwicklung neuer Produkte zurückgestellt. Auch wenn in dieser Phase das Unternehmen noch Gewinne erwirtschaftet und daher die Krise nicht unmittelbar erkennbar ist, besteht bei Fortbestehen der Blockadehaltung das Risiko, dass sich die Krise verschärft.

Praxishinweis

Von außen, z. B. aus der Sicht von Kreditgebern, ist diese frühe Krisenphase auf der Grundlage der Analyse von Bilanzdaten **nur schwer erkennbar**, da diese Blockade sich in dieser Phase nicht in extern wahrnehmbaren Symptomen, z. B. Gewinn oder Rendite, auswirkt. Die Konsequenzen treten schleichend ein.

Häufig ist die Folge, dass diese Blockaden sich auch **auf die Belegschaft übertragen**. Damit wird die Unternehmenskultur mitsamt der Leistungsbereitschaft der Mitarbeiter in Mitleidenschaft gezogen und Nachlässigkeit breitet sich aus.[14] In der Folge kann dies ein Umfeld begünstigen, das Täuschungen und Vermögensschädigungen begünstigt, da z. B. interne Kontrollmaßnahmen bewusst behindert und Ergebnisse intern bewusst geschönt werden. 19

3. Die Strategiekrise

Die nächste Stufe bildet die **Strategiekrise**. In dieser Phase sind Aufbau und/oder Verfügbarkeit von Erfolgspotenzialen gefährdet.[15] So führen häufig in Folge unzureichender Kunden- und Marktorientierung und mangelnder bzw. unsystematischer Beobachtung von Wettbewerbsentwicklungen unangemessene oder ineffektive Innovationen und Investitionen zu strategischen Lücken und strukturellen Defiziten. Als Beispiele sind ein unzureichendes Produktprogramm oder eine zu große Fertigungstiefe zu nennen. 20

Erkennbar wird die Strategiekrise insbesondere an **rückläufigen Marktanteilen** und damit an einem **Rückgang der Wettbewerbsfähigkeit**.[16] Eine strategische Neuorientierung wäre erforderlich, um weiter im Markt bestehen zu können. Mögliche Ursachen einer Strategiekrise können bspw. eine fehlende strategische Ausrichtung im Hinblick auf die 21

13) Vgl. *IDW* Standard, Anforderungen an Sanierungskonzepte (IDW S 6), Stand: 16.5.2018, Rz. 32, IDW Life 8/2018, 813; neue Fassung IDW S 6, Stand: 22.6.2023, IDW Life 12/2023, 1159 ff.

14) Vgl. *IDW*, Sanierung und Insolvenz, Kap. A Rz. 13 – 17.

15) Vgl. *Müller*, Krisenmanagement in der Unternehmung, S. 25 ff.

16) Vgl. *Crone* in: Crone/Werner, Modernes Sanierungsmanagement, S. 4.

angestrebte Wettbewerbsposition oder eine nachhaltige Fehleinschätzung der Marktentwicklung sein.[17] Aus solchen strategischen Fehlentscheidungen resultieren häufig eine falsche Innovationspolitik oder Fehlinvestitionen.

22 Die **Wettbewerbsfähigkeit** eines Unternehmens ist insbesondere von der Wettbewerbssituation der Branche abhängig, in der das Unternehmen tätig ist. Diese ist insbesondere geprägt durch die Branchenstruktur, das Wettbewerbsgeschehen und die Marktphase.[18] Die **Branchenstruktur** ist wiederum insbesondere abhängig von den Akteuren im Markt, ihrer jeweiligen Stärke, den Geschäftspraktiken und ihrem Verhalten. Weiter von Bedeutung sind auch vorhandene und potenzielle Wettbewerber, Anbieter von Ersatzprodukten, aktuelle und potenzielle Lieferanten sowie aktuelle und potenzielle Kunden. Das **Wettbewerbsgeschehen** wird gemeinhin geprägt von der horizontalen und der vertikalen Kooperation der einzelnen Marktteilnehmer und der Interaktion zwischen diesen. Bei der Betrachtung der **Marktphasen** ist entscheidend, ob sich der Markt in einer Expansions- oder einer Stagnationsphase befindet. So ist in einem wachsenden Markt eine Steigerung der Umsätze für das einzelne Unternehmen bei vergleichbaren Produkten einfacher darstellbar als in einem stagnierenden oder gar schrumpfenden Markt, in dem ein Verdrängungswettbewerb herrscht.

Praxishinweis

Auch die Strategiekrise ist für externe Akteure schwer zu erkennen, da auch in dieser Phase das Unternehmen in der Regel noch Gewinne erwirtschaftet. Die strategischen Fehlentscheidungen wirken sich erst in späteren Krisenphasen aus. Intern kann es bereits zu zunehmenden Störungen im Produktionsprozess kommen. Auch zeigt sich ein ansteigender Marktwiderstand.

4. Die Produkt- und Absatzkrise

23 Der Strategiekrise folgt die **Produkt- und Absatzkrise**. Diese liegt vor, wenn die Nachfrage nach den Hauptumsatz- und -erfolgsträgern stark zurückgeht. Ursächlich hierfür ist häufig ein unzureichendes Marketing- und Vertriebskonzept sowie eine fehlerhafte Preispolitik und Vertriebssteuerung. Sortimentsschwächen treten zutage; auch nehmen Qualitätsprobleme zu. Da in der Regel die Produktion nicht kurzfristig an die sinkende Nachfrage angepasst werden kann, bauen sich Vorratsbestände auf. Dies führt zu einer Erhöhung der Kapitalbindung und Verschlechterung der Liquidität. In der Folge führen Unterauslastungen der Produktionskapazitäten ebenfalls zu Ergebnisrückgängen. Ursachen für diese Entwicklung können bspw. sein:[19]

- Ein qualitativ nicht ausreichendes Marketing- und Vertriebskonzept,
- Sortimentsschwächen,
- Qualitätsprobleme bei Produkten, Dienstleistungen und Service,
- falsch eingeschätzte Preisentwicklung und Fehler in der Preispolitik,
- Schwächen in der Liefertreue,
- Fehler in der Vertriebssteuerung bzw. falsche Anreizsysteme im Vertrieb,
- ein unwirksames Gegensteuern in vorangegangenen Krisenphasen.

---

17) *IDW*, Sanierung und Insolvenz, Kap. A Rz. 18–19.

18) *IDW*, Sanierung und Insolvenz, Kap. A Rz. 18–19.

19) *IDW*, Sanierung und Insolvenz, Kap. A Rz. 20.

Praxishinweis

Die Symptome der Produkt- und Absatzkrise sind von außen zu erkennen. So sind durch eine **fundierte Bilanzanalyse** anhand von Kennzahlen und insbesondere Zeitreihenanalysen diese Entwicklungen bspw. für Kreditgeber zu erkennen. Häufig kann ein Unternehmen trotz dieser Erkennbarkeit der ersten Symptome des bereits fortgeschrittenen Krisenverlaufs bis zu den Anfängen der Produkt- und Absatzkrise in der Regel noch ohne große Mühen finanzielle Mittel im Wege der Innen- und Außenfinanzierung mobilisieren.[20]

5. Die Erfolgskrise

Sofern keine wirksamen Gegenmaßnahmen ergriffen werden, folgt als nächste Stufe zwangsläufig die **Erfolgskrise.**[21] Merkmal der Erfolgskrise ist insbesondere, dass infolge Nachfragerückgangs, Preisverfalls oder der ungünstigen Kostenstruktur das Ergebnis zurückgeht und die Eigenkapitalkosten nicht mehr verdient werden. Die Deckungsbeiträge gehen auch bei umsatzstarken Produkten zurück. Das Eigenkapital wird durch diese Entwicklung sukzessive aufgezehrt. Kurzfristig kann eine Erfolgskrise auch durch singuläre Ereignisse, wie z. B. einen Markteinbruch aufgrund unerwarteter Gesetzesänderungen ausgelöst werden. 24

Durch Verluste wird das Eigenkapital sukzessive verringert bzw. aufgebraucht. Die Folge ist eine **Verschlechterung der Kreditwürdigkeit.** Ein weiterer Effekt in diesem Stadium ist, dass die Kreditgeber restriktiver werden, wenn bspw. Covenant-Vereinbarungen nicht eingehalten werden oder gegen Eigenkapitalvorschriften verstoßen wird. 25

In der Praxis ist häufig zu beobachten, dass sich die Zahlungsfähigkeit zunächst durch geschickte **Liquiditätspolitik** weiterhin aufrechterhalten lässt; dies geht allerdings **zulasten** der zur nachhaltigen Sanierung erforderlichen Mittel für Restrukturierungsmaßnahmen (z. B. Personalmaßnahmen) oder aber auch Investitionen. Eine Sanierung lässt sich ohne Kapitalzuführung von außen nicht mehr erreichen. Dazu kann es auch erforderlich sein, neue Gesellschafter als Investoren aufzunehmen. 26

Praxishinweis

Die Erfolgskrise ist durch Analyse der vom Unternehmen veröffentlichten Zahlen zu erkennen. Spätestens in der Erfolgskrise sollten die gesetzlichen Vertreter des Unternehmens ein Sanierungskonzept erstellt haben, das auch dem Abschlussprüfer als Grundlage für die Going-Concern-Beurteilung dienen kann.[22]

6. Die Liquiditätskrise

Mit der Verschlechterung der Ertragslage geht in der Regel ein negativer Cashflow einher, wodurch sich die Liquidität sukzessive verschlechtert. Besteht die **akute Gefahr der Zahlungsunfähigkeit**, dann befindet sich das Unternehmen in der Liquiditätskrise; das Unternehmen ist in seiner Existenz massiv gefährdet. Häufig ist auch hier eine Entwicklung in mehreren Stufen zu beobachten. Auf der ersten Stufe wird auf die Ausnutzung von Skonto verzichtet; es erfolgen verspätete Zahlungen. Auf der zweiten Stufe erfolgen die Zahlungen erst nach der letzten Mahnung oder nach Androhung gerichtlicher Schritte. Auf der dritten Stufe schließlich erfolgt die Zahlung erst nach gerichtlichen Maßnahmen. Mit den Liquiditätsschwierigkeiten geht ein Insolvenzrisiko einher, falls keine oder unzu- 27

20) Vgl. *Groß*, WPg 2010, 119, 129.

21) Vgl. *IDW*, Sanierung und Insolvenz, Kap. A Rz. 21.

22) Vgl. *Groß*, WPg 2010, 119, 131.

reichende Maßnahmen ergriffen werden. Häufig wird spätestens mit einer Liquiditätskrise auch eine krisenverschärfende Finanzierungsstruktur erkennbar.[23)]

28 **Als Gründe werden hierfür genannt:**[24)]

- Fehlende Übereinstimmung zwischen Geschäftsmodell und Eigenkapitalsituation,
- komplexe Finanzierungsstruktur aufgrund einer Vielzahl bilateraler Beziehungen zu Finanzgebern mit heterogener Interessenlage,
- unausgewogene Zusammensetzung der Finanzierung mit Eigenkapital, Fremdkapital und hybriden Finanzierungsformen,
- mangelnde Fristenkonkurrenz zwischen Kapitalbindung und Kapitalbereitstellung,
- Klumpenrisiken in der Fälligkeitsstruktur von Finanzierung,
- unzureichendes Working-Capital-Management.

29 Eine Liquiditätskrise kann auch auf externe Effekte zurückzuführen sein, z. B. auf den Ausfall von Forderungen gegen einen Großkunden.[25)]

7. Die Insolvenzreife

30 Eine sich zuspitzende Liquiditätskrise kann zu dem Insolvenzgrund der Zahlungsunfähigkeit führen. Wird eine Insolvenzreife festgestellt, kann diese nur dadurch überwunden werden, dass mit geeigneten und schnell realisierbaren Maßnahmen wieder die Voraussetzungen für eine positive Fortbestehensprognose geschaffen wird. Hierzu sind die Gläubiger mit einzubinden. Für eine nachhaltige Sanierung ist die Erarbeitung eines ganzheitlichen Konzepts aus den Maßnahmen zur Überwindung der einzelnen Krisenstadien erforderlich. Je weiter die festgestellte Unternehmenskrise fortgeschritten ist, umso wichtiger wird es, auch Sanierungsstrategien i. R. eines möglichen Insolvenzverfahrens zu untersuchen und einer außergerichtlichen Sanierung gegenüberzustellen.[26)]

31 Sofern eine akute Illiquidität oder Überschuldungssituation festgestellt wird, müssen **unverzüglich**, d. h. innerhalb von längstens drei Wochen Maßnahmen zur Beseitigung der Insolvenzantragsgründe konkretisiert und umgesetzt werden.[27)]

III. Stadiengerechte Bewältigung der Unternehmenskrise

32 Das einzelne Krisenstadium ist ein Kennzeichen für den Grad der Bedrohung des Unternehmens.[28)] Es ist entscheidend für die Inhalte und Maßnahmen eines Sanierungskonzeptes, um eine stadiengerechte Bewältigung der Unternehmenskrise zu erreichen.[29)] Dabei ist nach der Dringlichkeit vorzugehen. Zunächst müssen die Sanierungsmaßnahmen auf die Beseitigung von Insolvenzgründen (Zahlungsunfähigkeit und/oder Überschuldung) abzielen. Die Zahlungsfähigkeit des Unternehmens und auch die vermögensmäßige Schuldendeckung müssen sichergestellt werden. Danach sind Maßnahmen zur Kostensenkung und Effizienzsteigerung erforderlich, um wieder in die Gewinnzone zu gelangen. Schließ-

23) Vgl *Crone* in: Crone/Werner, Modernes Sanierungsmanagement, S. 4 f.

24) Vgl. *IDW*, Sanierung und Insolvenz, Kap. A Rz. 22.

25) Vgl. *Crone* in: Crone/Werner, Modernes Sanierungsmanagement, S. 5.

26) Vgl. *IDW* Standard, Anforderungen an Sanierungskonzepte (IDW S 6), Stand: 16.5.2018, Rz. 70, IDW Life 8/2018, 813; neue Fassung IDW S 6, Stand: 22.6.2023, IDW Life 12/2023, 1159 ff.

27) Vgl. §§ 17 – 19 InsO.

28) Vgl. *IDW*, Sanierung und Insolvenz, Kap. A Rz. 23.

29) Vgl. *IDW* Standard, Anforderungen an Sanierungskonzepte (IDW S 6), Stand: 16.5.2018, Rz. 68 ff., IDW Life 8/2018, 813; neue Fassung IDW S 6, Stand: 22.6.2023, IDW Life 12/2023, 1159 ff.

lich ist eine strategische Neuausrichtung des Unternehmens erforderlich (bis hin zu den jeweils maßgeblichen Stakeholdern), um die Wettbewerbsfähigkeit wiederherzustellen.

In der Entwicklung der Krisenstadien verstärken die Krisenursachen der vorgelagerten Krisenstadien die Probleme in der Erfolgs- und der Liquiditätskrise. Zur stringenten Erarbeitung und Implementierung von Sanierungsmaßnahmen ist es erforderlich, dass im **Sanierungskonzept** ein **Leitbild** aufgestellt wird, das eine Vorstellung davon gibt, wie das sanierte Unternehmen zukünftig mit seinem Geschäftsmodell strukturell aussehen sollte und wie es sich am Markt gegenüber seinen Wettbewerbern nach Durchschreiten der Sanierungsphase behaupten möchte.[30] Das Leitbild beschreibt neben dem Tätigkeitsgebiet, den Ressourcen und dem Wertesystem auch die Grundstrategien des Krisenunternehmens. In einem Sanierungskonzept muss auf Basis der Beurteilung der Lage des Unternehmens, dem Krisenstadium, den Krisenursachen sowie den Stärken und Schwächen des Unternehmens und unter Beachtung des angesprochenen Leitbildes i. R. des bestehenden Sanierungsspielraums eine Kombination von Maßnahmen entwickelt werden, um den Turn-around zu schaffen. 33

Praxishinweis

Dabei wird eine zur Entwicklung der Krisenstadien umgekehrte Vorgehensweise empfohlen. Das jeweilige Krisenstadium bestimmt die Maßnahmen bzw. das Maßnahmenprogramm.

1. Überwindung der Liquiditätskrise

Zur Überwindung der Liquiditätskrise sind bei dem Unternehmen noch **vorhandene Liquiditätsreserven** zu mobilisieren. Verbleibende Lücken sind durch die **Zuführung liquider Mittel** von außen oder durch Zahlungsvereinbarungen mit Gläubigern, z. B. Stundungen oder Zahlungsmoratorien zu schließen. 34

Als **Maßnahmen zur Verbesserung der Liquidität** kommen bspw. in Betracht:[31] 35

- Optimierung der Lagerhaltung,
- Working Capital Management,
- Reduzierung der Forderungslaufzeiten,
- Factoring von Forderungen,
- Einkaufsmanagement, Optimierung des Bestellwesens,
- Optimierung des Mahnwesens,
- Outsourcing des Forderungseinzugs,
- Outsourcing von Nicht-Kernbereichen sowie
- Sale and Lease Back von Anlagegütern.

2. Überwindung der Erfolgskrise

Um nach einer Erfolgskrise mindestens eine nachhaltige, branchenübliche Rendite zu erreichen, bedarf es eines **umfassenden betriebswirtschaftlichen Konzeptes**. Dabei muss bspw. festgelegt werden, welche Geschäftsbereiche des Unternehmens fortgeführt werden können. Weiterhin kann es erforderlich sein, bestimmte Geschäfte oder Produkte aufzugeben; wieder andere müssen ggf. gebündelt oder neu in das Portfolio aufgenommen werden. Häufig ist es 36

30) Das Leitbild muss ein realisierbares, zukunftsfähiges Geschäftsmodell enthalten. *IDW* Standard, Anforderungen an Sanierungskonzepte (IDW S 6), Stand: 16.5.2018, Rz. 65, IDW Life 8/2018, 813; neue Fassung IDW S 6, Stand: 22.6.2023, IDW Life 12/2023, 1159 ff.

31) Vgl. *IDW*, Sanierung und Insolvenz, Kap. B Rz. 178.

zudem vorteilhaft, das **Leistungssortiment** zu straffen und die Fertigungstiefe zu reduzieren. Weiterhin können geschäftsübergreifend Möglichkeiten der Bündelung und Optimierung von Funktionen und Prozessen eingeführt werden. Durch die **Verbesserung der Wertschöpfungsprozesse und des Liefer- und Leistungsprogramms**, eine stärkere Fokussierung auf die Kundenbedürfnisse sowie eine Verbesserung von Marketing und Vertrieb lassen sich häufig Mengen- und/oder Preiserhöhungen erzielen.[32)]

37 Weitere Ansatzpunkte bestehen in der **Verbesserung der Kostenstruktur.** Diese lässt sich bspw. durch die Senkung der Bezugspreise (sofern durchsetzbar), Verbesserung der Ressourceneffizienz bzw. der Optimierung von Verbrauchsmengen erreichen. Häufig können Potenziale auch durch eine Verbesserung der Ausschussquote, eine Optimierung der Lagerkosten und damit einhergehend der Kapitalbindungskosten erreicht werden. Maßnahmen können bspw. auch in der Bereinigung der Artikelvielfalt, in der Veränderung der Vergütungsstruktur im Personalbereich, Personalabbau sowie dem Abbau von Leerkosten gesehen werden.

3. Überwindung der Produkt- und Absatzkrise

38 Bei den Maßnahmen zur Überwindung der Produkt- und Absatzkrise muss unterschieden werden, ob es sich um eine temporäre Phase handelt oder ob sie eher dauerhaften Charakter hat. Im ersten Fall gilt es, Maßnahmen zu identifizieren, um diese Schwächephase zu durchstehen. Als **bestandswahrende Maßnahmen** kommen unter Berücksichtigung der Erhaltung des Belegschaftspotenzials mit seinen Qualifikationen bspw. folgende Maßnahmen in Betracht:

- Einführung von Kurzarbeit,
- Rücknahme von Leiharbeit,
- Abbau von Zeitguthaben,
- Verkürzung der Wochenarbeitszeit.

39 Solche Maßnahmen sind um **flankierende Maßnahmen,** z. B. ein striktes Kostenmanagement, zu ergänzen. Sofern die Produkt- und Absatzkrise nicht durch kurzfristige Maßnahmen beseitigt werden kann, müssen tiefergreifende **strukturelle Maßnahmen im operativen Bereich** ergriffen werden. Dabei sind die Produkte bzw. Leistungen des Unternehmens dahingehend zu überprüfen, ob sie noch marktfähig sind. Sofern die Probleme eher auf die Ebene der Leistungserbringung, z. B. Schwächen im Sortiment, mangelnde Liefertreue, defekte Produkte, zurückzuführen sind, müssen Maßnahmen definiert werden, mit denen sich in den relevanten Funktionen und Prozessen Verbesserungen durchsetzen lassen. Hier müssen Maßnahmen zur Verbesserung der Produkte und Leistungen definiert werden.[33)]

40 Gegebenenfalls können mit diesen erforderlichen Maßnahmen auch weitere **Investitionen** und damit vorübergehende Gewinneinbußen verbunden sein. Soweit etwa in Folge von Produktinnovation oder Nachfrageverschiebung der **Absatz nachhaltig gestört ist,** sind die Möglichkeiten für eine grundsätzliche Neuausrichtung auszuloten. Dies gilt bspw. für die eingangs erwähnten Bespiele, dass bestimmte Produkte, z. B. Druckartikel in Zeiten des Internets weniger nachgefragt werden oder Personal Computer durch Tablets substituiert werden.

32) Vgl. *IDW*, Sanierung und Insolvenz, Kap. B Rz. 179.

33) Vgl. *IDW*, Sanierung und Insolvenz, Kap. B Rz. 329 ff.

4. Überwindung der Strategiekrise

Die Basis der strategischen Neuausrichtung stellt das Leitbild des sog. rendite- und wettbewerbsfähigen Unternehmens dar.[34] Dabei setzt die Überwindung der Strategiekrise nicht nur das Erreichen positiver Liquiditäts- und Erfolgsaussichten voraus, sondern darüber hinaus auch eine **nachhaltige Wettbewerbsfähigkeit.** Nur so kann das Unternehmen seine angestrebte Position im Markt erreichen und behaupten. Um den stetigen Herausforderungen des Wettbewerbs zu genügen, ist es erforderlich die Leistungen im Spannungsfeld von Qualität, Kosten und Zeit zu optimieren. Dabei sind die Portfoliozusammensetzung, Kerngeschäfte, Kernfähigkeiten sowie angestrebte Marktposition und die Wettbewerbsvorteile strategiekonform zu definieren. Maßgebend für den Erfolg ist dabei die **Sicht des Kunden.** 41

In einer Wettbewerbssituation, die durch eine hohe Anzahl relativ gleich starker Wettbewerber, standardisierte Produkte und hohe Fixkosten geprägt ist, ist davon auszugehen, dass die Wettbewerber einem hohen Preisdruck ausgesetzt sind. Sofern der Markt auch noch stagniert oder schrumpft, wird das Unternehmen einem Preiskampf ausgesetzt sein. Marktanteile und steigende Gewinne können nur über einen **Verdrängungswettbewerb** erreicht werden. In einer solchen Situation ist es wichtig, dass das Unternehmen sich insbesondere über Vorteile in der Kostenstruktur gegenüber seinen Wettbewerbern abheben kann. 42

Der Fokus der strategischen Neuausrichtung eines Unternehmens liegt im Bereich der Geschäftsfeldplanung und der Ressourcenneuordnung sowie in der Formulierung der Unternehmensstrategie. Als Stoßrichtung des Maßnahmenpakets kommen folgende **mittel- und längerfristig wirkende Optionen** der Strategieplanung in Betracht:[35] 43

- **Stärkung des Kerngeschäftes,** z. B. durch
  - gezielte Profilierung der Marke oder des Produktes,
  - Definition des Marktsegments oder einer Nischenbelegung,
  - Profilierung durch Identifikation und Ausbau der Stärken und Eliminierung von Schwachstellen.
- **Ausweitung des Kerngeschäftes** durch das Angebot
  - komplementärer Produkte und Dienstleistungen,
  - integrierter Lösungen über die bisherigen Leistungen hinaus.
- **Transfer** angestammter Produkte, Marken, Ressourcen, Fähigkeiten und Kompetenzen **auf neue Anwendungsfelder auf:**
  - neue Kunden,
  - neue Regionen,
  - neue Geschäftsfelder.
- **Entwicklungen neuer Erfolgspotenziale:**
  - Produkt- und Prozessinnovationen,
  - Aufbau von Kernkompetenzen,
  - Öffnung für Partnerschaften,
  - Einführung von Netzwerkstrukturen und strategischen Allianzen.

---

34) Vgl. *IDW* Standard, Anforderungen an Sanierungskonzepte (IDW S 6), Stand: 16.5.2018, Rz. 120, IDW Life 8/2018, 813; neue Fassung IDW S 6, Stand: 22.6.2023, IDW Life 12/2023, 1159 ff.

35) Vgl. *IDW* Standard, Anforderungen an Sanierungskonzepte (IDW S 6), Stand: 16.5.2018, Rz. 126, IDW Life 8/2018, 813; neue Fassung IDW S 6, Stand: 22.6.2023, IDW Life 12/2023, 1159 ff.

- **Reduzierung des Risikos**, z. B. durch
  - Ausstieg aus besonders risikoreichen Geschäftsfeldern,
  - Begrenzung oder Reduzierung operativer Risiken,
  - Transfer von Risiken auf Dritte (Versicherungsunternehmen, Kapitalmarkt),
  - Stärkung des Risikopuffers (z. B. durch höhere Eigenkapitalausstattung oder Ausweitung des verfügbaren Liquiditätsrahmens).

5. Überwindung der Stakeholderkrise

44 Eine Stakeholderkrise kann letztlich nur überwunden werden, wenn es gelingt, Konsens zwischen den verschiedenen Interessengruppen herzustellen.[36] Nur so kann die Basis für eine vertrauensvolle Zusammenarbeit aller Stakeholder geschaffen werden.

IV. Fazit

45 Aufgrund der Vielschichtigkeit von Krisenursachen und der Tatsache, dass sich Krisen in der Regel als schleichender Prozess entwickeln, ist eine detaillierte und systematische Analyse der Unternehmenskrise eine Grundvoraussetzung für eine erfolgreiche Sanierung. Nur so können die erforderlichen Sanierungsmaßnahmen eingeleitet werden. In der Praxis ist zu beobachten, dass in vielen Fällen zu spät Maßnahmen gegen eine Unternehmenskrise ergriffen werden. Dies ist u. a. auf den fehlenden Druck Unternehmensexterner, z. B. Kreditgeber, zurückzuführen, da die frühen Krisenphasen nur schwer von außen zu erkennen sind. Schwache Krisenanzeichen werden häufig nicht als solche wahrgenommen. Kurzfristige negative Veränderungen werden vielmehr auf allgemeine Faktoren, z. B. eine allgemeine schwache Konjunktur, zurückgeführt.

46 Einschränkend ist anzumerken, dass auch ein objektiv tragfähiges Sanierungskonzept **keine absolute Garantie** dafür ist, dass sich jede Unternehmenskrise überwinden lässt. Es gibt Fälle, in denen die wirtschaftlichen, psychologischen und rechtlichen Probleme in ihrer Gesamtheit derart komplex sind, dass eine Blockadesituation bei den Beteiligten besteht. In diesen Fällen besteht die Gefahr, dass dadurch die Sanierungsaussichten schwinden.

Praxishinweis

In der Praxis zeigt sich häufig auch, dass gerade bei kleineren Unternehmen immer wieder an bestimmten gewohnten Strukturen festgehalten wird. Eine erfolgreiche Sanierung erfordert, dass – wie oben dargestellt – möglichst alle relevanten Bereiche im Unternehmen auf den Prüfstand gestellt werden.

---

36) Vgl. *IDW*, Anforderungen an Sanierungskonzepte (IDW S 6), Stand: 16.5.2018, Rz. 129–130, IDW Life 8/2018, 813; neue Fassung IDW S 6, Stand: 22.6.2023, IDW Life 12/2023, 1159 ff.

Kapitel 29
Bilanzanalyse

Übersicht

Literatur: *Bange*, Die Rückforderung von Gewinnausschüttungen durch den Insolvenzverwalter bei nichtigen Jahresabschlüssen, ZInsO 2006, 519; *Becker/Müller/Wobbe*, Kreditrating und Unternehmenseinschätzungen: Was bewirken neue Bilanzdaten auf der Basis des BilMoG?, KSI 2011, 252;

Dobler/Lambert, Instrumente des Cash-Managements, KSI 2011, 101; *Ehlers*, Das Haftungspotenzial gegenüber Beratern in der Unternehmenskrise, NZI 2008, 211; *Erichsen*, Ursachen-Maßnahmen-Checkliste zur Krisenvorbeugung nach überstandener Wirtschafts- und Finanzmarktkrise, KSI 2011, 120; *Ganter*, Betriebsfortführung im Insolvenzeröffnungs- und Schutzschirmverfahren, NZI 2012, 433; *Haas*, BilMoG – Die Bilanzrechtsreform im Überblick, 2. Aufl., 2011; *Huber*, Erforderlichkeit einer Abschlussbestätigung für das Ende der Sanierung?, NZI 2017, 913; *Kessler*, Bedeutung des Scoring im Kreditvergabeprozess für das Risikomanagement am Beispiel der BayWa AG, ZVI 2008, 186; *Krüger*, Mit Kennzahlen Unternehmen steuern, 2. Aufl., 2014; *Mausbach*, Weiterentwicklung des Bankenaufsichtsrechts durch Basel III, KSI 2011, 170; *Onusseit/Schröder*, Praktische Forderungen aus dem Urteil des BGH vom 26.1.2017 zur Steuerberaterhaftung, ZInsO 2017, 1868; *Piltz/Holländer*, Scoring als modernes Orakel von Delphi, ZRP 2008, 143; *Rohlfing/Wegener/Oettler*, Der Fall der „Göttinger Gruppe" – Insolvenzbedingte Risiken bei stillen Beteiligungen, ZIP 2008, 865; *Roth*, Ein neues goldenes Kalb für die Insolvenzmasse? – Neue Wege zur Masseanreicherung durch die Inanspruchnahme des Steuerberaters bei fehlender Insolvenzprüfung, ZInsO 2017, 2199; *Schmitt*, Steuerberaterhaftung für Insolvenzverschleppungsschäden im Rahmen der Jahresabschlusserstellung, ZIP 2017, 2235; *Schmittmann*, Vorsicht Falle: Haftung des Steuerberaters der Schuldnerin für den Erstattungsanspruch gegen den Geschäftsführer aus § 64 Abs. 2 GmbHG, ZInsO 2008, 1170; *Uthoff*, Aktive Finanzkommunikation zu Wirtschaftsauskunfteien in der Restrukturierung, KSI 2013, 11; *Wagner*, Update Steuerberaterhaftung für Insolvenzschäden, ZInsO 2018, 1005; *Wagner/Zabel*, Insolvenzverschleppungshaftung nach § 64 II GmbHG wegen Überschuldung – Anreicherung der Masse durch Haftungsverlagerung auf den Steuerberater?, NZI 2008, 660; *Weyand*, Straftat als Mittel der Haftungsvermeidung für Steuerberater und Wirtschaftsprüfer?, ZInsO 2017, 2141; *Zugehör*, Haftung des Steuerberaters für Insolvenzverschleppungsschäden, NZI 2008, 652.

A. Allgemeines

I. Einführung

1 Bilanzanalyse ist eine Methode der Informationsverarbeitung, um Jahresabschlüsse entsprechend vorher definierter **Informationsziele** einer Interpretation zugänglich zu machen. Während die Jahresabschlüsse die Vergangenheit lediglich abbilden, will die Bilanzanalyse zum einen die Vergangenheit auf entsprechende Ursachen und Einflussmomente hin untersuchen, zum anderen sollen Aussagen über ökonomische Zukunftsaussichten getroffen werden. Dies lässt sich für den Alltag in einem Unternehmen herunterbrechen auf monatliche oder Quartalsauswertungen. Denn die **Geschäftsleitung** benötigt für ihre Entscheidungen permanent aktuelle Informationen über den Geschäftsverlauf. Basis für die Informationsbeschaffung ist das betriebliche Rechnungswesen des Unternehmens, das für den Analyseprozess heranzuziehen ist. Vor dem Hintergrund vermehrt angestrebter Eigenverwaltungen sollte demnach auch der **Schuldner** bzw. sein **Sanierungsberater** bislang vernachlässigte Analysen durchführen, um Sanierungspotentiale erkennen zu können.

2 Der **Gutachter im Insolvenzeröffnungsverfahren** muss zwar keine Entscheidungen treffen, aber eine Basis für den Verlauf des zu eröffnenden Insolvenzverfahrens herausarbeiten. Er muss daher das betriebliche Rechnungswesen heranziehen, um eine für spätere Entscheidungen notwendige und fundierte Entscheidungsgrundlage zu schaffen. Auch die Feststellung der Insolvenzgründe durch den Sachverständigen geschieht im Wesentlichen anhand des betrieblichen Rechnungswesens des Schuldners, wenngleich dies erst noch aktualisiert und interpretiert werden muss. Der **vorläufige Insolvenzverwalter** nimmt teilweise bereits die Stellung der Geschäftsleitung ein, sodass auch er Entscheidungsgrundlagen zu schaffen hat. Dies gilt für den „schwachen" vorläufigen Insolvenzverwalter, obwohl er zwar noch keine eigenen Entscheidungen im engeren Sinne treffen kann; jedoch hängt seine Zustimmung zu Entscheidungen der Geschäftsführung davon ab, ob die Entscheidungen rechtlich und wirtschaftlich vertretbar sind und welche Auswirkungen sie für die Zeit nach Insolvenzeröffnung haben. Erst recht gilt dies für den „starken" vorläufigen Insolvenzverwalter, der bereits unmittelbar Entscheidungen zu treffen hat, da ihm die Verwaltungs- und Verfügungsbefugnis über das Vermögen des Schuldners zufällt. Für einen **vorläufigen Sachwalter** ist aufgrund der Verweisung in § 270b Abs. 1 Satz 1 InsO festzustellen, dass er die wirtschaftliche Lage des Schuldners prüfen und dessen Geschäftsfüh-

rung überwachen können muss (§ 274 Abs. 2 InsO). Auf Seiten des Insolvenzgerichts wurden vergleichbare Kenntnisse bislang nicht eingefordert. Es versteht sich jedoch von selbst, dass der im Eröffnungsverfahren zuständige **Richter am Insolvenzgericht** zumindest die wichtigsten Fachbegriffe und Kennzahlen kennen sollte, um z. B. einen durch den Schuldner mit Insolvenzantrag eingereichten Insolvenzplan verstehen oder eine offensichtliche Aussichtslosigkeit i. S. des § 270d Abs. 1 Satz 1 InsO erkennen zu können.

Der **Insolvenzverwalter** im eröffneten Verfahren hat eigenständig die erforderlichen Unternehmensentscheidungen zu treffen. Der **Sachwalter** bei angeordneter Eigenverwaltung muss die Entscheidungen der Geschäftsleitung nachvollziehen können. Ihm obliegt die permanente (arg. § 274 Abs. 3 InsO) Prüfung der wirtschaftlichen Lage des Schuldners und dessen Geschäftsführung (§ 274 Abs. 2 InsO). Ein **Insolvenzplan** wird nur erfolgreich sein können, wenn die in ihm enthaltenen Prognosen in Gestalt einer integrierten Planung auf dem Fundament eines soliden betrieblichen Rechnungswesens (auch des vorinsolvenzlichen Zeitraums) stehen. In sämtlichen Spielarten eines eröffneten Insolvenzverfahrens sind somit grundlegende Kenntnisse der Analysemethoden erforderlich. Die wichtigsten Fachbegriffe sollten auch dem **Rechtspfleger** und dem **Insolvenzrichter** (Insolvenzplanzuständigkeit seit dem 1.1.2013) bekannt sein. Eine überdurchschnittliche Kenntnis muss den Mitgliedern des **Gläubigerausschusses** abverlangt werden, da die Unterstützungs- und Überwachungsfunktion (§ 69 Satz 1 InsO) ansonsten keinen Sinn ergäbe. 3

II. Begriffe Bilanz- und Betriebsanalyse, Unternehmensbewertung

Der Begriff **Bilanzanalyse** umfasst die Auswertung externer (publizierter) Informationsquellen, insbesondere des handelsrechtlichen Jahresabschlusses des Unternehmens. Der **Betriebsanalyse** (gelegentlich auch als „interne Bilanzanalyse" bezeichnet) stehen ergänzend interne Informationsquellen zur Verfügung, wie z. B. Kostenrechnung, kurzfristige Erfolgsrechnung, Finanzplanung oder auch vertrauliche Auskünfte der Geschäftsleitung. Dem Gutachter oder (vorläufigen) Insolvenzverwalter – nicht in vollem Umfang auch einem externen Sanierungsberater – stehen oft weitere Informationsquellen zur Verfügung, z. B. Fremdkapitalgeber, Kunden und Lieferanten, Mitarbeiter, Konkurrenten, Finanzamt etc. Bei einer Analyse i. R. einer Sanierungsberatung oder eines Insolvenz(eröffnungs)verfahrens handelt es sich folglich eher um eine **erweiterte Betriebsanalyse** als um eine standardisierte Bilanzanalyse. Da es sich in den allermeisten Fällen der Insolvenzverfahren um einen Schuldner mit nur einem Unternehmen handelt, liegt somit in der Regel auch gleichzeitig eine **Unternehmensbewertung** vor. Zwar steht am Ende einer klassischen Unternehmensbewertung der Wert des Unternehmens fest, was in Insolvenzverfahren vordergründig nicht allzu oft benötigt wird; allerdings ist die Erstellung einer Fortführungsprognose sowie die Prognose einer übertragenden Sanierung Teil dieser Unternehmensbewertung, und dass der Wert des Unternehmens wegen Überschuldung negativ ist, ändert nichts daran, dass der Gutachter das Unternehmen bewertet hat. Da die Unterscheidung der Begriffe nur deklaratorischer Natur ist, wird im Folgenden der Begriff Bilanzanalyse als Synonym für alles verwendet, was der Insolvenzverwalter an Informationen aus dem Rechnungswesen des Schuldners erlangen kann. 4

III. Zielsetzung der Bilanzanalyse

Die Ermittlung bilanzanalytischer Kennzahlen soll dazu dienen, aussagefähige Informationen über den bisherigen Geschäftsverlauf, die wirtschaftliche Lage und die Zukunftsaussichten eines Unternehmens zu erhalten. Dies kann allein der Jahresabschluss ohne solche Analysen nicht leisten, da er vorwiegend an Interessen der Gesellschafter (Gewinn- 5 ausschüttungen), der Geschäftsführung (Unternehmenssteuerung, gewinnabhängige Vergütung, Haftungsvermeidung) und der Gläubiger (Bonitätsprüfung) orientiert ist. Ziel jeder Analyse ist es, mit bestimmten Methoden relevante Informationsquellen zu filtern, um zweckgerichtet Informationen zu erhalten. Jeder Analyst muss folglich sein **Ziel bestimmen**, die **geeignete Methode bestimmen** sowie die hierfür **geeigneten Informationsquellen beschaffen** und aufarbeiten. Dies gilt auch für die Bilanzanalyse. Da die Ergebnisse des Analyseprozesses regelmäßig auch interpretiert und gewürdigt werden, ist auch von **Bilanzkritik** die Rede.

6 Durch die Analyse soll ein **umfassender Einblick in die Vermögens-, Finanz- und Ertragslage** des Unternehmens gewonnen werden. Die allgemeine Definition orientiert sich an den handelsrechtlichen Vorschriften für die Rechnungslegung von Kapitalgesellschaften (§ 264 Abs. 2 Satz 1 und 2 HGB):

> „Der Jahresabschluss der Kapitalgesellschaft hat unter Beachtung der Grundsätze ordnungsmäßiger Buchführung ein den tatsächlichen Verhältnissen entsprechendes Bild der Vermögens-, Finanz- und Ertragslage der Kapitalgesellschaft zu vermitteln. Führen besondere Umstände dazu, dass der Jahresabschluss ein den tatsächlichen Verhältnissen entsprechendes Bild im Sinne des Satzes 1 nicht vermittelt, so sind im Anhang zusätzliche Angaben zu machen."

7 Dies gilt im Wesentlichen auch bei Anwendung **internationaler Rechnungslegungsnormen**, z. B. des International Financial Reporting Standard (IFRS). Zielsetzung internationaler Abschlüsse ist es, Informationen über die Vermögens-, Finanz- und Ertragslage sowie Veränderungen in der Vermögens- und Finanzlage eines Unternehmens zu geben.

8 Das **Totalziel der Aufrechterhaltung** der Unternehmensexistenz lässt sich wie folgt in einzelne Ziele aufspalten:

Liquiditätsziel (Zahlungsmittel + Einzahlungen ./. Auszahlungen)
\+ **Rentabilitätsziel** (Kapitalumschlagshäufigkeit × Umsatzrentabilität)
\+ **Produktziel** (Absatz ± Bestandsveränderung)
= **Totalziel Unternehmenserhalt**

9 Das Totalziel Unternehmenserhalt kann nur erreicht werden, wenn der Rechtsträger saniert werden soll. Bei übertragender Sanierung werden die Kapitalpositionen allerdings nicht mehr vom Schuldner bestimmt, sondern vom Erwerber. Bei einem Insolvenzplan wiederum spielt das Verzichtspotential der Gläubiger und Gesellschafter eine Rolle, aber auch zusätzliche Liquiditätsbeiträge der Alt- und/oder Neugesellschafter. Ansonsten ist i. R. der Zielbestimmung zunächst zu untersuchen, welche insolvenzspezifischen Teilziele mit der Bilanzanalyse verfolgt werden.

10 Anerkannte **Teilziele** sind:

- Liquiditätslage,
- Erfolgslage,
- Vermögenslage,
- Wachstum,
- Kreditwürdigkeit,
- Personalpolitik,
- Umweltpolitik,
- Abhängigkeit,
- Image,
- Marktanteil etc.

IV. Aufgaben innerhalb der Bilanzanalyse

Die allgemeinen Aufgaben einer Bilanzanalyse können wie folgt beschrieben werden: 11

- **Informationsverdichtung:** Hier wird versucht, Tatsachen und Zusammenhänge, die aus dem Jahresabschluss bzw. dem Rechnungswesen im Allgemeinen nicht unmittelbar ersichtlich sind, aufzuzeigen und transparent zu machen.
- **Wahrheitsfindung:** Hier geht es darum, aus den als unrichtig eingeschätzten Bilanz- und Erfolgsrechnungszahlen die der Wirklichkeit eher entsprechenden Daten abzuleiten.
- **Urteilsbildung:** Bilanzanalysen sollen der Kontrolle und der Beurteilung getroffener Entscheidungen (in der Vergangenheit) dienen.
- **Entscheidungsfindung:** Die aus der Bilanzanalyse gewonnenen Einsichten sollen als Grundlage für die betrieblichen Entscheidungsprozesse für die Zukunft dienen.

Die besondere Zielsetzung der Bilanzanalyse im Insolvenz(eröffnungs)verfahren ergibt sich aus der Aufgabe, entweder eine **Fortführung des schuldnerischen Unternehmens** (einschließlich übertragender Sanierung) oder eine **Zerschlagung** (einschließlich Ausproduktion) durchzuführen. 12

Auch für die **Erstellung eines Insolvenzplans** ist die Bilanzanalyse ein hilfreiches Mittel, da im darstellenden Teil des Insolvenzplans das schuldnerische Unternehmen zu beschreiben und zu analysieren ist. Auf Basis der gewonnenen Analyseergebnisse soll das sanierte Unternehmen als Ziel und die erforderlichen Maßnahmen als Weg beschrieben werden. 13

Das Anwendungsgebiet der **Eigenverwaltung** (§§ 269 ff. InsO) ist in der Praxis restriktiv. Erforderlich ist, dass der Schuldner bzw. dessen Führungsorgan einerseits die erforderliche Kompetenz aufweisen und andererseits ein konkretes Ziel mit der Eigenverwaltung verfolgen. Sofern Betriebsfortführung und Sanierung angestrebt werden und die Eigenverwaltung geeignet scheint dieses Ziel zu erreichen, müssen sich sowohl Schuldner als auch Sachwalter der Bilanzanalyse bedienen, um die Aussichten der Zielerreichung prüfen zu können. Dies gilt umso mehr, als sich die Eigenverwaltung stärker etablieren soll, was als Hoffnung und Forderung zugleich allerdings auf größere und noch „halb gesunde" Unternehmen beschränkt sein dürfte; aber auch nur hier ergibt Bilanzanalyse eigentlich Sinn. 14

V. Exkurs: Der deutsche Mittelstand

Der Begriff Bilanzanalyse suggeriert dem unbedarften Leser, nur bei sehr „großen" Unternehmen könne eine Analyse erfolgen bzw. sinnvoll sein. Auch warten Insolvenzverwalter immer gerne auf das nächste „große" Insolvenzverfahren. Vor diesem Hintergrund ist es sinnvoll, sich mit dem Größenbegriff deutscher Unternehmen zu befassen, wozu hier einige Aussagen aus dem KfW-Mittelstandspanel 2021 zitiert werden sollen. 15

Zum Mittelstand zählen sämtliche Unternehmen in Deutschland, deren Jahresumsatz 500 Mio. € nicht überschreitet. Gemäß dieser Definition gab es im Jahr 2020 3,8 Mio. mittelständische Unternehmen in Deutschland. Der Mittelstand stellte im Jahr 2020 **99,95 % aller Unternehmen** in Deutschland. 16

Von diesen mittelständischen Unternehmen hatten im Jahr 2020 **85 % einen Umsatz von bis zu 1 Mio. €**, weitere 6 % einen Umsatz zwischen 1 Mio. € und 2 Mio. €. Es hatten **81 % weniger als fünf Beschäftigte (Kleinstunternehmen)**. Weitere 10 % hatten fünf bis neun Beschäftigte, weitere 7 % zehn bis 49 Beschäftigte. Nur 2 % hatten mindestens 50 Beschäftigte. Ein Unternehmen mit einem Umsatz von unter 1 Mio. € und mit maximal neun Mitarbeitern repräsentiert mithin rund 85 % der deutschen Unternehmenslandschaft. Auch in diesem Umfeld spielt Bilanzanalyse schon quantitativ eine sehr große 17

Rolle, wenngleich Insolvenzverfahren in höheren Größenordnungen freilich qualitativ die höheren Anforderungen stellen.

VI. Grenzen der Bilanzanalyse

18 Die Grenzen der Bilanzanalyse bzw. der Aussagekraft der gewonnenen Ergebnisse sind vielfältiger Art. Sie sollen vorweg dargestellt werden, da die Grenzen aufzeigen, welche Sorgfalt bei der Auswahl von Informationen und Methoden zu Beginn der Analyse aufgebracht werden muss.

1. Wissenschaftliche und empirische Fundierung

19 Zunächst darf nicht übersehen werden, dass die wissenschaftliche Fundierung der Bilanzanalyse ein **dynamischer Prozess** ist und deswegen auch die Methoden der Analyse in der Praxis keine allgemein anerkannten Grundrechenarten sind, sondern variieren und sich fortentwickeln. Die **statische Bilanzanalyse** anhand von Kennzahlen stellt insofern die Minimalversion einer Bilanzanalyse dar, die eine quantitative und historische ist. Es wird somit lediglich ein Zusammenhang festgestellt, dieser aber nicht ökonomisch begründet. Somit beschreibt die Bilanzanalyse keine objektive Ursache-Wirkung-Beziehung, anhand derer eine objektive Prognose möglich wäre. Auch ist bei Kennzahlen bspw. fraglich, welcher Wert eigentlich gut und welcher schlecht ist (sog. Cut-off-Point). Hier helfen nur Erfahrungswerte und Augenmaß, also empirische, und nicht theoretische Begründungen. Jedenfalls noch nicht. Die wissenschaftliche Fraktion der Betriebswirtschaftslehre arbeitet daran, EDV-gestützte **künstliche Neuronale Netze** zu konzipieren, die nach dem Vorbild menschlicher Intelligenz auch qualitative Analyseergebnisse und Prognosen liefern können sollen; in die gleiche Richtung geht die **multivariate Diskriminanzanalyse.**[1)]

2. Vergangenheitsbezug

20 Der **Jahresabschluss** bietet lediglich ein Bild des abgelaufenen Geschäftsjahres. Da der Jahresabschluss oft genug erst reichlich spät aufgestellt wird (soweit nicht eine gesetzliche Frist existiert, die auch eingehalten wurde), liegt auf der Hand, dass die Analyse dieses Abschlusses nur vergangenheitsbezogene Ergebnisse aufzeigen kann. Dieser Vergangenheitsbezug ist in der wissenschaftlichen Diskussion und praktischen Handhabung immer ein „K.O.-Kriterium" gegen die Durchführung der Bilanzanalyse.[2)]

21 Es wird jedoch die These vertreten, dass beim **Vergleich mehrerer** aufeinander folgender **Jahresabschlüsse**, d. h. beim Vergleich der entsprechenden Kennzahlen, ein **Risikofrüherkennungssystem** entsteht,[3)] insbesondere durch den Einsatz moderner EDV, die die oben genannten neuronalen Netze simulieren kann. Hier ist jedoch zu bedenken, dass der Mensch die Rechenoperationen nicht nachvollziehen kann (wenn er nicht gerade selbst die Software geschrieben hat), sodass er eine Warnung des Systems nicht interpretieren kann. Mit anderen Worten: Man steht nachts allein auf breiter Flur vor einer roten Ampel und weiß, dass man halten soll, aber nicht wirklich, warum; das Kognitive wird durch das Rezipieren ersetzt.

---

1) Erläuterungen zu den neueren Methoden bei *Küting/Weber*, Bilanzanalyse, S. 363 ff.; *Gräfer/Wengel*, Bilanzanalyse, S. 153 ff.

2) Vgl. *Kanitz*, Bilanzkunde, Rz. 812.

3) Vgl. *Kanitz*, Bilanzkunde, Rz. 813.

3. Fehlende Vollständigkeit der Informationen

Fehlende Vollständigkeit der Informationen ist das Hauptproblem jeder Analyse, was bei der Bilanzanalyse in der Krise bzw. im Insolvenz(eröffnungs)verfahren besonders stark zum Tragen kommt. 22

- So werden z. B. **schwebende Geschäfte** oder **angefangene Aufträge** ohne Anzahlungen nicht buchhalterisch erfasst;
- **Leasing** wird lediglich als Aufwand in der Gewinn- und Verlustrechnung (GuV) erfasst, die Leasinggüter also nicht als Aktiva bilanziert;
- Unvollständigkeit ergibt sich auch aufgrund neuer Technologien, da der Anteil **immaterieller Werte** am Gesamtvermögen steigt, jedoch selbst geschaffene immaterielle Werte vor BilMoG[4] nicht bilanziert werden durften. Nach § 248 Abs. 2 Satz 1 HGB besteht nun jedoch ein Aktivierungswahlrecht, wobei nur die Herstellungskosten, nicht aber die Aufwendungen für Forschung aktiviert werden dürfen (Abgrenzung problematisch). Weiterhin nicht aktiviert werden dürfen selbst geschaffene Marken, Drucktitel, Verlagsrechte, Kundenlisten oder vergleichbare immaterielle Vermögensgegenstände des Anlagevermögens (§ 248 Abs. 2 Satz 2 HGB). Gerade der Kundenstamm und selbst geschaffene Marken bilden aber insolvenzrechtlich als Goodwill einen Vermögenswert, der sich folglich nicht aus der Bilanz ablesen lässt.

4. Fehlende Aktualität der Informationen

Während der Vergangenheitsbezug jeder Bilanzanalyse immanent ist, ist zudem in der Insolvenzpraxis festzustellen, dass gerade „kleinere" Bilanzierungspflichtige mit der Erstellung von Jahresabschlüssen im Rückstand sind. Neben der mangelnden kaufmännischen Qualifikation der Geschäftsleitung können Zahlungsrückstände gegenüber dem Steuerberater Ursache für Verzögerungen sein. In solchen Fällen lässt sich von Bilanzanalyse nicht ernsthaft sprechen. Eine solche kann nur sinnvoll, d. h. mit Aussagekraft erfolgen, wenn die Bilanz für das abgelaufene Wirtschaftsjahr mindestens in einer **Rohfassung einschließlich Anlagenspiegel** vorliegt. Die endgültigen Jahresabschlüsse werden dann in der Regel erst nach Eröffnung des Insolvenzverfahrens erstellt und auch nur dann, wenn ausreichend Masse für die Beauftragung eines Steuerberaters vorhanden ist, also mit Sicherheit nicht unmittelbar nach Verfahrenseröffnung, sodass sie keinen Analysezielen mehr dienen können. Sofern das Unternehmen auch in der Krise noch eine ordnungsgemäße Buchführung unterhält, kann auf aktuelle **Betriebswirtschaftliche Auswertungen (BWA)** zurückgegriffen werden, die – mit einigen Anpassungen – durchaus einer Analyse zugänglich sind. 23

5. Quantitative vs. qualitative Analyse – Rating, Scoring und Basel III

Aus der Diskrepanz zwischen theoretischer und empirischer Begründung und den soeben aufgezeigten Grenzen folgt sogleich eine Abgrenzung zwischen quantitativen und qualitativen Analyseergebnissen. Fließen nur rein quantitative Faktoren in die Analyse ein, kann das Analyseergebnis nicht qualitativer Natur sein („2 + 2 = gut" oder „Gesamtkapital ÷ Eigenkapital = sanierungsfähig" sind keine ernst zu nehmenden Analyseergebnisse). 24

Zwangsläufig komplexer als rein quantitative Analysemethoden sind **Rating- und Scoring-Verfahren**, in die auch Faktoren einfließen, die sich den Kennzahlenmethoden verschließen, aber für eine qualitative Unternehmensanalyse erforderlich sind, z. B.: 25

- allgemeines Branchenrisiko,

4) Gesetz zur Modernisierung des Bilanzrechts (Bilanzrechtsmodernisierungsgesetz – BilMoG), v. 25.5.2009, BGBl. I 2009, 1102.

- Diversifikationsgrad des Unternehmens,
- Existenz eines Controlling-Systems oder eines Risikomanagements,
- Stand von Forschung und Entwicklung,
- Funktionsfähigkeit von Beschaffungs- und Absatzmarketing,
- Funktionsfähigkeit und Aktualität der Logistik,
- Qualität des Managements oder Image des Unternehmens etc.

26 Seit Umsetzung des **Basel II-Abkommens**[5)] ergänzen Kreditinstitute die Kennzahlenanalyse um Ratings (auch hier ist selbstverständlich wieder zwischen theoretischer und empirischer Definition zu unterscheiden). Nach Basel II muss die **Eigenkapitalausstattung** einer Bank mindestens 8 % betragen. Die Eigenkapitalausstattung berechnet sich wie folgt:

$$\frac{\text{Eigenkapital insgesamt}}{\text{Kreditrisiko} + \text{Marktrisiko} + \text{operationelles Risiko}}$$

27 Das **Kreditrisiko** bezeichnet die Verluste der Bank bei Ausfall eines Schuldners, das **Marktrisiko** bezeichnet den Verlust der Bank von Handelspositionen bei ungünstiger Preisentwicklung, und das **operationelle Risiko** bezeichnet das Risiko von Managementfehlern, Rechtsfehlern, Computerpannen, Betrug etc. Je mehr Risiken eine Bank einzugehen bereit ist, desto höher muss ihre Eigenkapitalausstattung sein. Um diese Risiken messen zu können, muss die Bank ihre Kunden bewerten, wofür nun das **Rating** herangezogen wird. Rating bedeutet die Schaffung einer Rangordnung anhand ausgewählter Kriterien. Die Bank vergibt Kredite an solche Kreditnachfrager, die ein gutes Rating haben. Auch entscheidet das Rating über die Zinskonditionen. Damit wird die Kreditvergabe insgesamt anonymer, da allein die Zahlen entscheiden, nicht mehr die Integrität der Geschäftsleitung oder des Unternehmers, die zwar auch qualitativer Faktor, aber nicht objektiv messbar ist. Andererseits wird im Rating auch eine Chance zur Schwachstellenanalyse des Unternehmens gesehen.

28 Durch die Finanzmarktkrise des Jahres 2008 und die hieraus resultierende Schuldenkrise einiger Euro-Länder, die wiederum als Krise des Euro insgesamt eingestuft wird, ist das Rating etwas in Verruf geraten, eben wegen der bereits angedeuteten Anonymität und Intransparenz, aber auch wegen Fehlens durchgreifender Kontrollmechanismen. Im Rahmen der Ausgestaltung des **Basel III-Abkommens** ist den Banken seit dem 1.1.2014 nunmehr die Möglichkeit eröffnet, Entscheidungen wieder auf eigene Bonitätsanalysen zu stützen und nicht nur auf Ergebnisse externer Ratingagenturen.[6)]

---

5) Basel II bezeichnet die Gesamtheit von Eigenkapitalvorschriften, die vom Baseler Ausschuss für Bankenaufsicht in den Vorjahren vorgeschlagen wurden. Die Regeln müssen gemäß EU-Richtlinien 2006/48/EG (Bankenrichtlinie) und 2006/49/EG (Kapitaladäquanzrichtlinie) seit dem 1.1.2007 in der EU für alle Kredit- und Finanzdienstleistungsinstitute angewendet werden. Die Umsetzung in deutsches Recht ist durch das „Gesetz zur Umsetzung der neu gefassten Bankenrichtlinie und der neu gefassten Kapitaladäquanzrichtlinie" v. 17.11.2006 erfolgt und führte zu Änderungen im KWG (Kreditwesengesetz) sowie zur Schaffung des GroMiKV (Großkredit- und Millionenkreditverordnung) und der Verordnung über die angemessene Eigenmittelausstattung von Instituten, Institutsgruppen und Finanzholding-Gruppen (Solvabilitätsverordnung – SolvV), v. 14.12.2006, BGBl. I 2006, 2926.

6) Gesetz zur Umsetzung der Richtlinie 2013/36/EU über den Zugang zur Tätigkeit von Kreditinstituten und die Beaufsichtigung von Kreditinstituten und Wertpapierfirmen und zur Anpassung des Aufsichtsrechts an die Verordnung (EU) Nr. 575/2013 v. 26.6.2013 über die Aufsichtsanforderungen an Kreditinstitute und Wertpapierfirmen (CRD IV-Umsetzungsgesetz), v. 28.8.2013, BGBl. I 2013, 3395.

Allerdings wurden auch die **Eigenkapitalvorschriften** für die Banken **verschärft**. Aufgrund der sich hieraus für die Banken ergebenden höheren Eigenkapitalkosten wurde zunächst befürchtet, dass sich die Konditionen für Kreditkunden verschlechtern, mehr Sicherheiten verlangt und weniger langfristige Kredite vergeben werden und risikobehaftete Kreditengagements früher gekündigt werden, was insgesamt eine große Belastung des Mittelstandes bedeuten könnte.[7] 29

Scoring bedeutet wörtlich das Zählen oder Auswerten von Punkten (z. B. im Bereich Sport und Medizin). Im betriebswirtschaftlichen Sinn sind analytisch-statistische Verfahren gemeint, bei denen aus wenigen erhobenen Daten anhand von Erfahrungswerten, die in Score-Cards erfasst werden, eine Risikoeinschätzung abgeleitet werden soll.[8] Gelegentlich wird Scoring aber auch als modernes „Orakel von Delphi" bezeichnet.[9] 30

Auch für die Messung der **Qualität der Insolvenzverwaltertätigkeit** werden gelegentlich Rating und Scoring diskutiert, sodass diese Themen auch außerhalb der Bilanzanalyse – zweifelhafte – Bedeutung für die Insolvenzbranche erlangen können. 31

Da einerseits die qualitativen Faktoren zunehmend an Bedeutung gewinnen und andererseits gerade westliche Länder Wissen und Bildung als Rohstoff entdeckt haben, gibt es Bestrebungen, aus dem traditionellen Knowledge-Management eine **Wissensbilanz** abzuleiten; neben der klassischen Zweiteilung von Anlage- und Finanzbuchhaltung ist mithin nicht auszuschließen, dass eine Wissens- oder Bildungs-Buchhaltung zu einer Wissensbilanz[10] führen wird, um in Analysemethoden einzufließen. Allerdings darf dies nicht als Schema einer traditionellen Bilanz verstanden werden, sondern allenfalls als erläuternder Textteil, der nach bisheriger Entwicklung der Wissensbilanz eher den Charme eines Business-Plans hat. Neben dem Wissen im klassischen Sinn soll hier alles berücksichtigt werden, was nicht in Zahlen bzw. Euro gemessen werden kann, also auch Prozessabläufe, das Geschäftsumfeld usw. Im Ergebnis werden somit lediglich Vorgänge, die bislang unter anderen Begriffen diskutiert wurden (z. B. Mitarbeiteranalyse, Kundenanalyse, Lieferantenanalyse, Qualitätsmanagement, Zertifizierungsvoraussetzungen etc.), unter den Begriff Wissensbilanz subsumiert. 32

6. Bilanzierungs- und Bewertungswahlrechte (Bilanzpolitik)

Durch die Ausübung von Bilanzierungs- und Bewertungswahlrechten können einzelne Positionen von Bilanz und GuV signifikant beeinflusst werden. Bilanzpolitik ist die bewusste, **legale und im Hinblick auf die Ziele des Unternehmens zweckorientierte Beeinflussung** der (zu publizierenden) Unternehmensdaten, die sich aus Jahresabschluss und Lagebericht zusammensetzen, um bei den Empfängern der Informationen Wirkungen auszulösen, die für die Unternehmenspolitik nützlich sind. Dem Analysten müssen daher die Möglichkeiten der Bilanzpolitik nach HGB (bzw. IFRS) und den Steuergesetzen bekannt sein. Ferner muss er sich Kenntnis über die Ausübung der Wahlrechte verschaffen, was in der Regel durch die Lektüre des Anhangs zum Jahresabschluss (§§ 284 f. HGB) möglich ist. 33

7) *Krüger*, Kennzahlen, Kap. 1.7.2.2; *Mausbach*, KSI 2011, 170, 174.

8) S. a. *Kessler*, ZVI 2008, 186. Der Verfasser führt hier aus, die *BayWa AG* habe durch Nutzung des Scoring ihre Forderungsausfälle von 0,25 % im Jahre 2000 auf 0,07 % im Jahre 2006 reduzieren können.

9) *Piltz/Holländer*, ZRP 2008, 143.

10) Es existiert ein Projekt Wissensbilanz der *Fraunhofer-Gesellschaft* (www.akwissensbilanz.org), das vom Bundesverband mittelständische Wirtschaft unterstützt wird und schon Eingang in kommerzielle Nutzung gefunden hat. In den letzten Jahren sind allerdings keine Aktivitäten bzw. Ergebnisse mehr erkennbar.

34 Vor einer Analyse von Planbilanzen ist zu eruieren, ob bereits bei deren Erstellung Optimierungspotential besteht.

7. Vorsichtsprinzip vs. Manipulationen

35 Das grundsätzliche Vorsichtsprinzip wird in der Krise nicht immer beachtet, sodass neben legaler Bilanzpolitik ggf. auch **Manipulationen** vorgenommen wurden, die aufzudecken sind. So ist zu prüfen, ob die Zuordnung der Geschäftsvorfälle zu den einzelnen Positionen von GuV und Jahresabschluss korrekt erfolgt ist. Besonderes Augenmerk wird i. R. der Insolvenz auf die korrekte und vollständige Einzahlung des gezeichneten Kapitals zu richten sein, da z. B. eine verdeckte Sacheinlage oder das sog. Hin- und Herzahlen einen erheblichen Aufwand bei der Sachverhaltsermittlung bedeuten und in der Insolvenzpraxis keine seltenen Ausnahmetatbestände sind. Auch verdeckte Entnahmen und dubiose Verrechnungskonten mit Gesellschafterbezug müssen eruiert werden.

8. Datenreduktion bei Kennzahlen

36 Die Auswahl der Auswertungsmethoden i. R. der Bilanzanalyse beeinflusst die Aussagekraft des gewonnenen Ergebnisses. Die wichtigste Methode der klassischen Bilanzanalyse ist der Kennzahlenvergleich. Jede Kennzahl reduziert jedoch eine Mehrzahl von Informationen der Vergleichbarkeit wegen auf eine einzige Größe. Für den Analysten selbst ist die Reduktion nachvollziehbar. Dagegen kann der Adressat der Analyseergebnisse aus dem Ergebnis nicht auf die Vielzahl von Einflussmomenten schließen. Dies ist insbesondere dann problematisch, wenn die Kennzahl Grundlage einer Prognoseentscheidung sein soll, da die **Wiederholbarkeit der Einflussmomente** für den Adressaten der Analyse als Entscheidungsträger nicht aus der Kennzahl heraus als Erfordernis erkennbar ist (**Sondereffekte**).

37 In der Insolvenz wird dieses Problem gemildert, da der Analyst und der Entscheidungsträger regelmäßig personenidentisch sind; zumindest kann sich der Insolvenzverwalter von seinen eigenen Analysten die Prozesse erläutern lassen. Konfliktpotential könnte jedoch bei Eigenverwaltung zwischen Geschäftsführung und Sachwalter entstehen, wenn die Geschäftsführung mit Kennzahlen operiert, die der Sachwalter nicht vollends nachvollziehen kann. Dies gilt auch bei einem vom Schuldner vorgelegten Insolvenzplan in der Regelinsolvenz. Nicht selten objektiv überfordert sind Mitglieder von Gläubigerausschüssen; aufgrund der Datenreduktion kann und darf sich der Gläubigerausschuss nicht auf Kennzahlen alleine verlassen.

9. Vergleichsmaßstäbe

38 Eine Bilanzanalyse setzt voraus, dass ein Wert zu einer Vergleichsgröße ins Verhältnis gesetzt wird. Die Auswahl des Vergleichsmaßstabs bedeutet eine weitere natürliche Grenze der Bilanzanalyse. Beim **Zeitvergleich** mit der Vorjahresbilanz besteht bspw. die Gefahr, „Murks mit Murks" zu vergleichen. Dem kann nur dadurch begegnet werden, dass auch die Vorjahresbilanzen einer ausführlichen Analyse unterzogen werden.

39 Möglich ist ferner ein **Branchenvergleich**. Dieser ist jedoch in der Insolvenz nur bedingt aussagekräftig, da die Konkurrenz nicht dieselben Einflussgrößen in die Analyse einfließen lässt. Die *Kennzahl Eigenkapitalrendite* z. B. ist in diesem Zusammenhang unbrauchbar, da das Eigenkapital in der Insolvenz keine relevante Größe ist. Dem **Insolvenzverwalter** ist gleichgültig, ob die Gesellschafter des insolventen Rechtsträgers eine Rendite erzielen, während dies für die nicht insolvente Konkurrenz durchaus von Bedeutung ist. Interessant wäre diese Kennzahl allenfalls für den Erwerber i. R. einer übertragenden Sanierung und lediglich für einen bevorstehenden Zeitraum als Prognosewert, da der Erwerber natürlich eine Rendite auf das einzubringende Eigenkapital erwartet; eine solche Analyseleistung ist dem Insolvenzverwalter jedoch nicht möglich und stellt auch keine Analyse einer bereits vorhandenen

Bilanz durch den Verwalter dar, sondern eine Prognoseentscheidung des Erwerbsinteressenten. Auch wenn es zur Sanierung des Rechtsträgers durch Insolvenzplan bzw. Debt Equity Swap kommen soll, sind die Werte der Vergangenheit kaum von Interesse. Im Ergebnis also lohnt ein Branchenvergleich kaum bei Bilanzkennzahlen, vielmehr ist der Vergleich mit Konkurrenzunternehmen auf **GuV-Positionen** beschränkt.[11)]

40 Neben Zeit- und Branchenvergleichen sind **Normvergleiche** möglich, die sich an „goldenen Regeln" oder fiktiven Durchschnittskennziffern orientieren. Solche Vergleiche werden z. B. von der Finanzverwaltung angewendet, was den Unternehmen bekannt ist und dazu führen kann, dass die Einflussgrößen so lange angepasst werden, bis eine gewünschte Kennzahl erreicht ist (z. B. Wareneinsatzquote in der Gastronomie). Insofern besteht die Gefahr, dass die Bilanzwerte nicht den wahren Sachverhalt widerspiegeln und die Analyse der Bilanz auf falschem Fundament steht.

41 Von größerer Bedeutung im Sanierungsprozess ist ein **Soll-/Ist-Vergleich**, der eine entsprechende Planungsrechnung voraussetzt.

10. Grenzen durch Rechtsänderungen

42 Ganz allgemein ausgedrückt können Rechtsänderungen dazu führen, dass die Vergleichbarkeit von Jahresabschlüssen für Perioden vor und nach dem Änderungsstichtag beeinträchtigt wird. Durch das Gesetz zur Modernisierung des Bilanzrechts (**BilMoG** [2009])[12)] ist z. B. ein neuer § 241a HGB folgenden Inhalts eingeführt worden, wobei zum 31.12.2015 (hierzu Art. 76 EGHGB) die Schwellenwerte angehoben wurden:

> „*Einzelkaufleute*, die an den Abschlussstichtagen von zwei aufeinander folgenden Geschäftsjahren nicht mehr als 600.000 Euro Umsatzerlöse und 60.000 Euro Jahresüberschuss aufweisen, brauchen die §§ 238 bis 241 nicht anzuwenden. Im Fall der Neugründung treten die Rechtsfolgen schon ein, wenn die Werte des Satzes 1 am ersten Abschlussstichtag nach der Neugründung nicht überschritten werden." (Hervorhebung durch d. Verf.)

43 Dies hat zur Folge, dass der Kreis der Bilanzierungspflichtigen kleiner wird, solche Kaufleute können den Gewinn vereinfacht nach § 4 Abs. 3 EStG ermitteln.[13)] Zwar ist auch dann noch eine Analyse der vereinfachten Gewinnermittlung möglich, aber in Ermangelung eines Jahresabschlusses eben keine Bilanzanalyse. Nach der Begründung des Gesetzgebers sollen zunächst Erfahrungen mit Einzelkaufleuten gewonnen werden, bevor die Regelung in einigen Jahren vielleicht auch auf **Personenhandelsgesellschaften** und **Genossenschaften** ausgeweitet werden soll. Der Bundesrat hatte sich in seiner Stellungnahme zum Gesetzesentwurf dahingehend geäußert, die Personenhandelsgesellschaften mögen bereits in die jetzige Änderung (2009) einbezogen werden.[14)]

44 Von weitaus größerer Bedeutung sind jedoch die inhaltlichen Änderungen einer Jahresabschlusserstellung. Der Gesetzgeber wollte die Jahresabschlüsse etwas den IFRS-Regelungen anpassen, um den Fair-Value-Gedanken aufzunehmen, ohne den Gläubigerschutzgedanken des HGB aus den Augen zu verlieren und ohne die kleinen und mittelständischen Betriebe mit der doch recht komplexen Ausgestaltung der IFRS zu belasten. Im Wesentlichen wurden zahlreiche Wahlrechte abgeschafft und verschiedene Ansatz- und Bewertungsvorschriften geändert, d. h. die **Möglichkeit zur Bilanzpolitik wurde eingegrenzt.**

---

11) Eine Fülle von Branchenvergleichswerten findet sich bei *Krüger*, Kennzahlen, Kap. 4.

12) Bilanzrechtsmodernisierungsgesetz (BilMoG), v. 25.5.2009, BGBl. I 2009, 1102.

13) Mit dem Gesetz zur Stärkung von Wachstumschancen, Investitionen und Innovation sowie Steuervereinfachung und Steuerfairness – Wachstumschancengesetz (bei Drucklegung noch im Vermittlungsausschuss, im Gesetzesbeschluss des BTages v. 17.11.2023, BR-Drucks. 588/23, Art. 44 Nr. 2) sollen die Werte ab dem 1.1.2024 auf 80.000 € bzw. 800.000 € angehoben werden.

14) Stellungnahme d. BRat z. RegE BilMoG, BR-Drucks. 344/08(B).

Eine vollständige Darstellung des BilMoG kann hier nicht erfolgen, da es die umfangreichste Änderung des HGB seit seiner Einführung im Jahr 1897 war;[15] relevante Beispiele (unter Berücksichtigung späterer Änderungen):

45 **Ansatzvorschriften:**

- Vor BilMoG enthielt § 248 Abs. 2 HGB a. F. das Verbot, selbst geschaffene immaterielle Vermögensgegenstände des Anlagevermögens zu aktivieren. Nach der Neufassung muss ein Ausweis sogar erfolgen, jedoch i. V. mit § 255 Abs. 2 Satz 4 HGB mit zahlreichen Einschränkungen, sodass im Ergebnis nur die Aktivierung der Kosten von Forschung und Entwicklung bleibt, allerdings auch das nur, wenn zwischen beiden Bereichen eindeutig getrennt werden kann und dadurch ein Vermögenswert entstanden ist, der einzeln verwertbar ist. Die Bilanzposition lautet „selbst geschaffene gewerbliche Schutzrechte und ähnliche Rechte und Werte". Hier bleibt im Falle einer Aktivierung zu prüfen, ob es sich auch unter insolvenz- oder sanierungsrechtlichen Betrachtungen um tatsächlich veräußerbare Werte handelt.
- Hinsichtlich eines **entgeltlich erworbenen Geschäfts- bzw. Firmenwerts** bestand vor BilMoG die Möglichkeit einer Verbuchung als Aufwand oder als Aktivierung mit Abschreibungen (§ 255 Abs. 4 HGB a. F.). Nunmehr besteht eine **Aktivierungspflicht** (§ 246 Abs. 1 Satz 4 HGB). Anzusetzen sind die Anschaffungskosten (Gesamtkaufpreis abzgl. des Werts der einzelnen Gegenstände und abzgl. der übernommenen Schulden). Gemäß § 285 Nr. 13 HGB muss im Anhang nachvollziehbar dargelegt werden, warum welche Abschreibungsdauer gewählt wurde. Findet sich in der (potentiellen) Insolvenzmasse somit ein vor einiger Zeit erworbener Geschäftswert, hilft der Blick in die Bilanz zur Wertbestimmung i. S. des § 151 InsO nicht aus, ggf. muss eine Teilunternehmensbewertung erfolgen.
- Die in § 250 Abs. 1 HGB normierten Tatbestände für Rechnungsabgrenzungsposten wurden reduziert, obgleich eine Aktivierung für die Steuerbilanz weiterhin erfolgen muss.
- Gemäß § 249 Abs. 1 Satz 2 Nr. 1 HGB können **Rückstellungen für unterlassene Aufwendungen** für die Instandhaltung passiviert werden, wenn eine Nachholung innerhalb der ersten drei Monate des Folgejahrs erfolgt. Der weitergehende Satz 3 dieser Norm, der auch eine Nachholung binnen zwölf Monaten nach Abschluss des Geschäftsjahres zuließ, wurde auf die Kosten der Abraumbeseitigung reduziert.
- Aus insolvenzrechtlicher Sicht interessant ist § 246 Abs. 2 Satz 2 HGB. Der Grundsatz des Saldierungsverbots von Aktiva und Passiva wird hier durchbrochen. **Vermögensgegenstände, die dem Zugriff aller übrigen Gläubiger entzogen sind** und ausschließlich der Erfüllung von Schulden aus Altersversorgungsverpflichtungen oder vergleichbaren langfristig fälligen Verpflichtungen dienen, sind mit diesen Schulden zu verrechnen. Es kann demnach vorkommen, dass sich Vermögenswerte des Schuldners (Aktiva) auf der Passivseite wiederfinden, weil (handelsrechtlich) davon ausgegangen wurde, dass der Vermögenswert nicht der Gläubigergesamtheit zur Verfügung steht. Dies muss jedoch aus insolvenzrechtlichen Gesichtspunkten im Einzelfall hinterfragt werden.
- Vor BilMoG war selbstverständlich, aber nicht im HGB geregelt, dass die Bilanzierung eines Vermögensgegenstandes beim **wirtschaftlichen Eigentümer** zu erfolgen hat, wenn rechtliches und wirtschaftliches Eigentum auseinanderfallen (z. B. beim Kauf unter Eigentumsvorbehalt oder bei Sicherungsübereignungen). Dies ist nun in § 246

15) Einen sehr guten Überblick über die Änderungen gibt *Haas*, BilMoG.

Abs. 1 Satz 2 HGB kodifiziert und betrifft aus insolvenzrechtlicher Perspektive die Aus- und Absonderungsrechte.

Bewertungsvorschriften: 46

- Im Bereich der Bewertungsvorschriften finden sich zahlreiche Änderungen der **Abschreibungsmöglichkeiten und -methoden**, eine geänderte Definition der **Herstellungskosten**, eine Reduzierung der Möglichkeiten zur **Bewertung des Vorratsvermögens**, eine lebensnähere Bewertung von **Rückstellungen** und dergleichen. Diese Änderungen scheinen für das vorliegende Werk nicht von Bedeutung, da für die Wertbestimmung gemäß § 151 Abs. 2 Satz 1 InsO der potentielle Absatzmarkt von Bedeutung ist, nicht aber der buchhalterische Wert eines Vermögensgegenstandes. Kurz: hier entscheidet der Insolvenzverwalter, nicht aber das Handels- oder Steuerrecht. Bei den Passiva wiederum entscheiden die Insolvenzgläubiger, was sie beanspruchen wollen, und der Insolvenzverwalter, was anzuerkennen ist. Auch scheinen Sanierungskonzepte (einschl. Insolvenzplan) – zumindest nicht maßgeblich – von den vorgenannten Änderungen abhängig zu sein, d. h. mit den vorgenannten Punkten „steht oder fällt" kaum ein Insolvenzplan. Die Bewertung von **Finanzinstrumenten** und **Hedgegeschäften** dürfte ebenfalls nur die wenigsten Insolvenzverfahren betreffen.
- Durch eine Änderung des § 5 Abs. 1 EStG hat das BilMoG die sog. Maßgeblichkeit der Handelsbilanz für die Steuerbilanz beeinflusst und die sog. *umgekehrte Maßgeblichkeit* aufgehoben. Somit fallen Handelsbilanz und Steuerbilanz künftig häufiger und umfangreicher auseinander.[16] Dies hat Auswirkungen auf Sanierungsversuche, denn neben einer handelsrechtlichen Planrechnung – wie sie z. B. für Insolvenzpläne erforderlich ist – wird auch eine steuerliche Planrechnung erforderlich, die eben nicht mehr so ohne Weiteres aus der handelsrechtlichen Planrechnung abzuleiten ist. Dies kann die Diskussion um den steuerlichen Sanierungsgewinn beeinflussen, macht die Planrechnungen auf jeden Fall aber aufwendiger (und teurer).

Unter anderem durch die Finanzmarktkrise in 2008 hatte sich das Gesetzgebungsverfahren erheblich verzögert. Eine Verabschiedung des BilMoG ist erst am 3.4.2009 erfolgt, sodass die Änderungen erst zum 1.1.2010 eingeführt wurden; in Art. 66 EGHGB findet sich eine komplexe Überleitungsvorschrift. Abschlüsse vor und nach solchen Stichtagen sind folglich nur mit Zusatzaufwand miteinander zu vergleichen, d. h. der **Zeitvergleich wird erschwert**. Insoweit wurde den Banken und Ratingagenturen empfohlen, die Ausübung von Ansatz- und Bewertungswahlrechten mittels Checklisten beim Unternehmen abzufragen.[17] Ordentliche Aktenführung vorausgesetzt, müsste sich entsprechende Korrespondenz in den Unterlagen des Schuldners bzw. Steuerberaters befinden. 47

Im Hinblick auf Erleichterungen der Buchführungspflichten von **Kapitalgesellschaften** hatte sich der BilMoG-Gesetzgeber noch an europäischen Vorgaben gehindert gesehen. Aufgrund der entsprechenden Micro-Richtlinie vom 14.3.2012[18] und des **Kleinstkapitalgesellschaften-Bilanzrechtsänderungsgesetz – MicroBilG**[19] werden seit Inkrafttreten des Gesetzes am 28.12.2012 (Art. 8 MicroBilG) Gesellschaften als **Kleinstkapitalgesell-** 48

16) S. hierzu auch das BMF-Schreiben v. 12.3.2010 – IV C 6 – S 2133/09/10001, DOK 2010/0188935.

17) *Becker/Müller/Wobbe*, KSI 2011, 252, 257.

18) Richtlinie 2012/6/EU des Europäischen Parlaments und des Rates v. 14.3.2012 zur Änderung der Richtlinie 78/660/EWG des Rates über den Jahresabschluss von Gesellschaften bestimmter Rechtsformen hinsichtlich Kleinstbetrieben (Micro-Richtlinie), ABl. (EU) L 81/3 v. 21.3.2012.

19) Gesetz zur Umsetzung der Richtlinie 2012/6/EU des Europäischen Parlaments und des Rates v. 14.3.2012 zur Änderung der Richtlinie 78/660/EWG des Rates über den Jahresabschluss von Gesellschaften bestimmter Rechtsformen hinsichtlich Kleinstbetrieben (Kleinstkapitalgesellschaften-Bilanzrechtsänderungsgesetz – MicroBilG), v. 20.12.2012, BGBl. I 2012, 2751.

schaften (KKG) definiert, wenn sie an zwei aufeinander folgenden Stichtagen mindestens zwei der drei Größenkriterien des § 267a HGB n. F. nicht erfüllen: Bilanzsumme über 350.000 €, Umsatzerlöse über 700.000 €, max. zehn Arbeitnehmer im Jahresdurchschnitt. Die Bilanzgliederung sowie die GuV-Gliederung wurden verkürzt, der Anhang entfällt zugunsten kurzer Ausführungen, die Offenlegungspflicht gilt bereits durch elektronische Hinterlegung beim Bundesanzeiger als erfüllt, d. h. es erfolgt keine Veröffentlichung, sondern Interessenten können gegen eine Gebühr von 4,50 € einen Ausdruck anfordern. Ein tieferer Sinn lässt sich den Änderungen nicht entnehmen. Allein schon wegen steuerlicher Vorschriften dürfte buchhalterisch alles beim Althergebrachten geblieben sein, sodass eine Verkürzung der Auswertungen zusätzlichen Aufwand erfordert, nur um weniger Informationen preiszugeben. Der Verzicht auf die Veröffentlichung gegen kostenpflichtige Erteilung von Ausdrucken verlagert die Kosten der Erfüllung der Publizitätspflichten auf die Gläubiger bzw. Geschäftspartner. Im Ergebnis sind so noch weitere Analysesubjekte wegfallen, der Regierungsentwurf[20] selbst ging von rd. 500.000 betroffenen Unternehmen aus.

49 Weitere Änderungen des HGB haben sich durch das **Bilanzrichtlinie-Umsetzungsgesetz (BilRUG)**[21] ergeben. Die Neuregelungen sind aufgrund Art. 75 Abs. 1 EGHGB erstmals für das nach dem 31.12.2015 beginnende Geschäftsjahr anzuwenden. Geändert wurden z. B. in § 267 HGB die **Größenklassen** zur Abgrenzung kleiner, mittelgroßer und großer Kapitalgesellschaften. In § 267 Abs. 4a HGB wurde erstmals eine Legaldefinition des Begriffs **Bilanzsumme** eingeführt, allerdings ohne praktische Auswirkungen. Neu definiert wurden allerdings die **Umsatzerlöse** in § 277 Abs. 1 HGB. Während zuvor zu unterscheiden war zwischen Umsatzerlösen, sonstigen betrieblichen Erträgen und außerordentlichen Erträgen, fallen Letztere nun weg und sind lediglich im Anhang zu erläutern (§ 285 Nr. 31, § 314 Abs. 1 Nr. 23 HGB). Gibt es mithin einen Anhang, können Sondereffekte leichter ermittelt werden; fehlt es aus rechtlichen oder tatsächlichen Gründen an einem Anhang, wird die Bilanzanalyse im Hinblick auf die Bewertung von Sondereffekten schwieriger. Auch weitere Änderungen beziehen sich maßgeblich auf den Anhang, darüber hinaus auf den Konzernabschluss und die Offenlegungspflichten.

50 Zu einem **CSR-Richtlinie-Umsetzungsgesetz** lagen zunächst ein RegE aus dem Jahr 2016[22] sowie die Beschlussempfehlung nebst Bericht des Rechtsausschusses vom 8.3.2017[23] vor. Das Gesetz wurde schließlich beschlossen und am 18.4.2017 verkündet.[24] Es ist überwiegend am 19.4.2017 in Kraft getreten. Einige Änderungen traten jedoch wegen der Bezugnahme auf Abschlüsse für Wirtschaftsjahre, die nach dem 31.12.2018 beginnen, erst zum 1.1.2019 in Kraft. Maßgeblich geht es um Änderungen im Anhang und in Berichten.

51 Im Bereich der **IFRS-Abschlüsse** hatte es aufgrund der Finanzmarktkrise eine „Notgesetzgebung" gegeben. Durch Verordnung (EG) Nr. 1004/2008 der Kommission vom

20) RegE MicroBilG, v. 21.9.2012, BR-Drucks. 558/12.

21) Gesetz zur Umsetzung der Richtlinie 2013/34/EU des Europäischen Parlaments und des Rates vom 26.6.2013 über den Jahresabschluss, den konsolidierten Abschluss und damit verbundene Berichte von Unternehmen bestimmter Rechtsformen und zur Änderung der Richtlinie 2006/43/EG des Europäischen Parlaments und des Rates und zur Aufhebung der Richtlinien 78/660/EWG und 83/349/EWG des Rates (Bilanzrichtlinie-Umsetzungsgesetz – BilRUG), v. 17.7.2015, BGBl. I 2015, 1245.

22) RegE Gesetz zur Stärkung der nichtfinanziellen Berichterstattung der Unternehmen in ihren Lage- und Konzernlageberichten (CSR-Richtlinie-Umsetzungsgesetz), v. 17.10.2016, BT-Drucks. 18/9982.

23) Beschlussempfehlung und Bericht d. RA z. RegE CSR-Richtlinie-Umsetzungsgesetz, BT-Drucks. 18/11450.

24) Gesetz zur Stärkung der nichtfinanziellen Berichterstattung der Unternehmen in ihren Lage- und Konzernlageberichten (CSR-Richtlinie-Umsetzungsgesetz), v. 11.4.2017, BGBl. I 2017, 802.

15.10.2008[25] sind infolge der Beschlüsse des International Accounting Standards Board (IASB) Umgliederungen von Finanzinstrumenten vorgeschrieben worden. Finanzinstrumente, für die der Markt zusammengebrochen ist, hätten sonst zwingend und in dramatischem Ausmaß abgewertet werden müssen, sodass die betroffenen Gesellschaften erhebliche Jahresfehlbeträge hätten ausweisen müssen. Die Auswirkungen zeigen sich bspw. anhand des Lageberichts der *Deutschen Bank AG* für das III. Quartal 2008:[26]

> „Wir haben im Einklang mit diesen Änderungen bestimmte finanzielle Vermögenswerte, für die im dritten Quartal kein aktiver Markt existierte und die wir bis auf weiteres zu halten beabsichtigen, aus den oben genannten Kategorien [Anm.: Handelsaktiva und zur Veräußerung verfügbare finanzielle Vermögenswerte] in die Kategorie Forderungen aus dem Kreditgeschäft umklassifiziert. Hätten wir diese Umgliederungen nicht vorgenommen, hätte die Gewinn-und-Verlust-Rechnung für diese umgewidmeten Positionen negative Fair-Value-Änderungen von 845 Mio. € enthalten."

Im Klartext bedeutet dies, dass die *Deutsche Bank AG* durch diese Gesetzesänderung offenbar aus einem erheblichen Quartalsverlust einen erheblichen Quartalsgewinn machen konnte bzw. musste. Obgleich das Beispiel etwas älter ist, zeigt es jedoch eindringlich, dass ohne eine Befassung mit Bilanzpolitik und Rechtsänderungen jedwede Bilanzanalyse sinnfrei ist. 52

11. Insolvenzspezifische Grenzen

Neben den bisher aufgezeigten Grenzen sind insolvenzspezifische Grenzen der Bilanzanalyse zu beachten. Zum einen steht – was bei der Darstellung der Bilanzanalyse für Insolvenzverwalter oft übersehen wird – die **Liquiditätsfokussierung des Verwalterhandelns** im Vordergrund. Denn dessen Aufgabe besteht nicht in einer dauerhaften Unternehmensfortführung. Er hat im Regelfall entweder die vorhandenen Vermögenswerte in Geld zu liquidieren (Liquidation) oder die Grundlagen für eine Veräußerung der operativen Einheit zu schaffen (übertragende Sanierung). Nur selten ist der Insolvenzplan dritte Möglichkeit, die dann zu einer Sanierung des Rechtsträgers führen soll (ggf. i. V. mit Eigenverwaltung); auch hier geht es aber im Wesentlichen um die liquiditätsorientierte Frage, ob der Cashflow für einen Fresh Start des schuldnerischen Unternehmens ausreichend ist. 53

Einzelne Positionen, wie z. B. (verlängerte) **Eigentumsvorbehalte** und andere **Aus- und Absonderungsrechte** sowie **insolvenzspezifische Kündigungsklauseln** (insbesondere §§ 109, 112, 113 InsO) sind für dieses Liquiditätsziel von herausragender Bedeutung, ohne dass diese Faktoren immer Eingang in die handelsrechtliche Buchführung fänden, aus der der Jahresabschluss als Analyseobjekt generiert wird. 54

Andererseits sind Positionen der handelsrechtlichen Buchführung, wie z. B. Abschreibungen, Rückstellungen, Rechnungsabgrenzungsposten und dergleichen für die Insolvenzabwicklung denkbar irrelevant. Ausnahme ist die Sanierung des Rechtsträgers über den Insolvenzplan, bei dem dann auch noch der steuerliche Sanierungsgewinn Berück- 55

25) Verordnung (EG) Nr. 1004/2008 der Kommission v. 15.10.2008 zur Änderung der Verordnung (EG) Nr. 1725/2003 betreffend die Übernahme bestimmter internationaler Rechnungslegungsstandards in Übereinstimmung mit der Verordnung (EG) Nr. 1606/2002 des Europäischen Parlaments und des Rates im Hinblick auf International Accounting Standard (IAS) 39 und International Financial Reporting Standard (IFRS) 7, ABl. (EU) L 275/37 v. 16.10.2008.

26) Lagebericht der *Deutschen Bank AG* für das III. Quartal 2008, S. 5.

sichtigung finden muss, soweit nicht u. a. § 3a EStG, § 7b GewStG Anwendung finden.[27] Gleiches gilt für die Eigenverwaltung.

56 Bei angestrebter **Sanierung des Rechtsträgers** (Schuldner) dient die Bilanzanalyse zudem als Bestandsaufnahme, um Defizite aufdecken (Problemerkennung → Problemanalyse → Problemlösung) und die getroffenen Maßnahmen mit vorinsolvenzlichen Ergebnissen vergleichen zu können (**Evaluierung**). Soll eine Analyse für einen Zeitraum nach Eröffnung des Insolvenzverfahrens erstellt werden, ist es in der Regel unumgänglich, sehr zügig die Bilanz für den Schluss der werbenden Gesellschaft zu erstellen oder Angaben aus aktuellen BWAs auszuwerten. Erforderlich – und insolvenzrechtlich ohnehin vorgesehen (vgl. § 151 InsO) – ist eine Inventur der sächlichen Vermögenswerte, da allein der Ausweis in der Buchhaltung noch kein Beweis dafür ist, dass die Vermögenswerte auch tatsächlich existieren.

VII. Informationsquellen

57 Regelmäßig werden **interne und externe** Informationsquellen unterschieden, jedoch nicht einheitlich definiert. So gilt der Jahresabschluss teilweise als externe Informationsquelle, soweit er publiziert wurde und damit Externen eine Analyse ermöglicht. Teilweise wird der Jahresabschluss hingegen als interne Informationsquelle bezeichnet, weil er von Internen erstellt wurde. Aus diesem Grunde wird im Folgenden auf eine Trennung der Begriffe verzichtet.

58 Hauptinformationsquelle ist der (publizierte) **Jahresabschluss.** Die Pflicht zur Veröffentlichung des Jahresabschlusses besteht für sämtliche Kapitalgesellschaften (§§ 325 ff. HGB) sowie Personengesellschaften, an denen keine natürliche Person als persönlich haftender Gesellschafter beteiligt ist (§§ 264a, 325 ff. HGB). Ferner sind Genossenschaften (§§ 336, 339 HGB) und Versicherungen (§§ 341, 341l HGB) zur Publizierung des Jahresabschlusses verpflichtet. Überdies können Unternehmen ohne Berücksichtigung der Rechtsform zur Publizierung ihres Jahresabschlusses verpflichtet sein, wenn sie in bestimmten Geschäftszweigen tätig sind, z. B. Banken und Finanzdienstleistungsinstitute (§§ 340, 340l HGB). Offene Handelsgesellschaften, Kommanditgesellschaften (wenn sie nicht schon nach § 264a oder § 264b HGB zur Aufstellung des Jahresabschlusses verpflichtet sind), Einzelkaufleute, Vereine (deren Zweck auf einen wirtschaftlichen Geschäftsbetrieb gerichtet ist), Körperschaften, Stiftungen und Anstalten öffentlichen Rechts sind nach dem Publizitätsgesetz veröffentlichungspflichtig, wenn gewisse Größenmerkmale erfüllt sind (§ 267 HGB). Die relevanten Abschlussunterlagen mit Geschäftsjahren beginnend nach dem 31.12.2021 sind gemäß § 325 Abs. 1 Satz 2 HGB in der Fassung vom 1.8.2022 nicht mehr an den (elektronischen) Bundesanzeiger, sondern an das Unternehmensregister zu übermitteln.[28]

27) § 3a EStG und § 7b GewStG eingeführt durch das Gesetz gegen schädliche Steuerpraktiken im Zusammenhang mit Rechteüberlassungen, v. 27.6.2017, BGBl. I 2017, 2074, mit Inkrafttreten zum 5.7.2017 gemäß Art. 19 des Gesetzes zur Vermeidung von Umsatzsteuerausfällen beim Handel mit Waren im Internet und zur Änderung weiterer steuerlicher Vorschriften, v. 11.12.2018, BGBl. I 2018, 2338, als Nachfolgeregelung zu diversen vorherigen Sanierungserlassen der Finanzverwaltung, die als unwirksam erachtet wurden durch BFH, Beschl. v. 28.11.2016 – GrS 1/15, BFHE 255, 482 = ZIP 2017, 338; BFH, Urt. v. 23.8.2017 – I R 52/14, BStBl. II 2018, 232 = ZIP 2017, 2158; BFH, Urt. v. 23.8.2017 – X R 38/15, BStBl. II 2018, 236 = ZIP 2017, 2161; BFH, Beschl. v. 16.4.2018 – X B 13/18, ZIP 2018, 1360 = NZI 2018, 570; BFH, Beschl. v. 8.5.2018 – VIII B 124/17, ZInsO 2018, 1511; BFH, Beschl. v. 11.7.2018 – XI R 33/16, BFHE 262, 114 = DB 2018, 2473; BFH, Beschl. v. 15.11.2018 – XI B 49/18, ZIP 2019, 427 = NJW 2019, 951.

28) § 325 Abs. 1 Satz 2 HGB geändert durch Art. 1 Nr. 19 des Gesetzes zur Umsetzung der Digitalisierungsrichtlinie (DiRUG), v. 5.7.2021, BGBl. I 2021, 3338.

Bestandteile des Jahresabschlusses sind 59

- die **Handelsbilanz** (Gegenüberstellung von Vermögen und Schulden als Feststellung des Reinvermögens am Ende des Geschäftsjahres),
- die **GuV** (Gegenüberstellung von Erträgen und Aufwendungen als Feststellung des Periodenergebnisses) und
- der **Anhang** (Erläuterungen und zusätzliche Angaben zu Bilanz und GuV), soweit vorgesehen.

Kapitalgesellschaften und Personengesellschaften, an denen keine natürliche Person als persönlich haftender Gesellschafter beteiligt ist, haben ergänzend einen **Lagebericht** (insbesondere einschließlich der Darstellung der Vorgänge von besonderer Bedeutung, die sich nach Schluss des Geschäftsjahres ergeben haben, sowie der voraussichtlichen Entwicklung und des Stands von Forschung und Entwicklung) zum Handelsregister einzureichen. Ergänzt wird der Lagebericht gelegentlich durch einen **Sozialbericht** (personalpolitische Verhältnisse). 60

Die **größte Aussagekraft** haben Handelsbilanz, GuV und Anhang, da Lage- und Sozialbericht aus Geheimhaltungs- oder Imagegründen und aus Gründen mangelnder gesetzlicher Normierung eher zur frei definierten Außendarstellung des Unternehmens erstellt werden, teilweise allerdings auch verräterisch im Hinblick z. B. auf insolvenzrechtliche Anfechtungsansprüche sein können. 61

Neben diesen gesetzlich vorgegebenen Quellen gibt es solche, 62

- die auf freiwilliger Basis beruhen, z. B. **Informationen auf der Homepage**, Reden auf Hauptversammlungen, Pressekonferenzen, Analystentreffen, Aussagen in Aktionärsbriefen, Werbeschriften, Werkszeitungen etc.
- Definitiv externe Quellen, zumeist mit subjektivem Einschlag, sind **Artikel der Tages- und Fachpresse**, Berichte im Fernsehen und im Internet sowie in anderen **Medien**, Informationen der Banken und Börsen, Veröffentlichungen seitens Konjunkturforschungsinstituten und des Statistischen Bundesamts etc.
- Weitere Informationsquellen sind die **Kostenrechnung**, die kurzfristige Erfolgsrechnung, die Finanzplanung oder auch **Auskünfte** der Geschäftsleitung, der Fremdkapitalgeber, der Kunden und Lieferanten, der Mitarbeiter, der Marktkonkurrenten, des Finanzamts etc.

Im **Insolvenz(eröffnungs)verfahren** liegt die Schwierigkeit darin, innerhalb kurzer Zeit alle wesentlichen Quellen zu eruieren, um an **aussagefähige Unterlagen** zu gelangen. Da sich eine Bilanzanalyse aber ohnehin nur bei eher größeren Unternehmen mit Fortführungs- und Sanierungspotential lohnt, und solche Unternehmen noch nicht alle Mitarbeiter gekündigt und Unterlagen entsorgt haben, müssten auch die Schuldner(vertreter) großes Interesse haben, den Insolvenzverwalter mit entsprechenden Informationen zu versorgen. Diese positive Seite der Medaille wird natürlich von einer negativen begleitet, denn bei eklatanten Managementfehlern oder bei einem angedachten Management-Buyout (MBO) werden die Informationen zwangsläufig entsprechend gefiltert, sodass der (vorläufige) Insolvenzverwalter sich aktiv um eine Sachverhaltsaufklärung bemühen muss. 63

Hierzu ist hilfreich, dass dem Steuerberater **kein Zurückbehaltungsrecht** zusteht, der Insolvenzverwalter folglich den Steuerberater wegen Herausgabe aller Unterlagen in Anspruch nehmen kann, sofern es sich nicht bloß um interne Arbeitspapiere des Steuerberaters handelt (§ 66 Abs. 2 und 3 StBerG). Verletzt der Steuerberater diese Pflicht, kann – um eine kostenintensive Herausgabeklage zu vermeiden – zunächst die Steuerberater- 64 kammer um Einschreiten gebeten werden, denn die Verletzung der Herausgabepflicht kann sogar eine Zwangsgeldfestsetzung gegen den Steuerberater rechtfertigen.[29)]

B. Vorgehensweise

I. Grundsätze ordnungsgemäßer Bilanzanalyse

65 Grundsätze ordnungsgemäßer Bilanzanalyse analog den Grundsätzen ordnungsgemäßer Buchführung existieren bislang noch nicht. Vorgeschlagen werden folgende Grundsätze:

- Grundsatz der Zielorientierung,
- Grundsatz der Aktualität,
- Grundsatz der Kompatibilität (von Informationsbedürfnis und Informationsmöglichkeit),
- Grundsatz der Empfängerorientierung,
- Grundsatz der Transparenz,
- Grundsatz der Richtigkeit,
- Grundsatz der betriebswirtschaftlichen Orientierung,
- Grundsatz der Zukunftsorientierung,
- Grundsatz der weitestgehenden Manipulationsfreiheit,
- Grundsatz der vorsichtigen Interpretation,
- Grundsatz der Ganzheitlichkeit,
- Grundsatz der Praktikabilität,
- Grundsatz der Wirtschaftlichkeit (Kosten-Nutzen-Verhältnis).

II. Analysebereiche/Methodik

66 Wie bereits ausgeführt muss der Analyst zunächst sein Ziel bestimmen, d. h. er muss festlegen, welche Information am Ende der Analyse stehen soll. Dann muss er entscheiden, welche Art der Analyse er durchführt. Eine allgemeingültige Methodik für die Bilanzanalyse existiert weder in der betriebswirtschaftlichen Forschung noch in der Praxis, sodass immer die Besonderheiten des Einzelfalls berücksichtigt werden müssen, wobei Größe und Komplexität des Unternehmens ebenso zu berücksichtigen sind wie der Anspruch des Informationsadressaten.

67 Folgende **Grobgliederung** lässt sich jedoch empfehlen:

1. Bestimmung des Ziels der Bilanzanalyse (z. B. Ermittlung des Unternehmenswerts, Erreichung vorgegebener Unternehmensziele, Überlebensfähigkeit etc.):
   → **Zielbestimmung.**
2. Bestimmung der relevanten Teilziele bzw. Analysebereiche (z. B. Liquidität, Erfolg, Vermögenslage, Wachstum, Kreditwürdigkeit etc.):
   → **Teilzielbestimmung.**
3. Zusammenstellung aller relevanten Informationen bzw. Unterlagen:
   → **Informationssammlung.**
4. Aufbereitung von Bilanz und GuV. Die Zusammenfassung der wichtigsten Bilanz- und GuV-Positionen und Wertangaben mit wenigen Ziffern sollen den Vermögensaufbau, die Kapitalstruktur und die Ergebnisquellen deutlicher herausstellen:
   → **Informationsaufbereitung.**

29) LG Frankfurt/M., Urt. v. 19.8.2011 – 5/35 StL 9/11, DStR 2012, 628; LG Köln, Beschl. v. 5.7.2004 – 19 T 81/04, ZVI 2005, 79 = NZI 2004, 671.

5. Auswahl der relevanten Analysemethoden (z. B. Kennzahlen, Rating, Scoring etc.):
   → **Methodenauswahl.**
6. Durchführung einer oder mehrerer Analysemethoden:
   → **Methodendurchführung.**
7. Interpretation und Vergleich der einzelnen Analyseergebnisse (z. B. Zeitvergleich, Normvergleich, Widersprüche zwischen den Ergebnissen mehrerer Analyseteilergebnisse). Interpretationshilfen sind der Anhang und der Lagebericht:
   → **Ergebnisauswertung.**
8. Darstellung der Ziele, Teilziele, Methoden, Informationen, Teilergebnisse, Interpretationen und Gesamtbeurteilung:
   → **Ergebnisdarstellung.**

III. Aufbereitung der Informationen/Strukturbilanz

Bei der Strukturbilanz handelt es sich um eine nach den Zielsetzungen und Aufgaben der Bilanzanalyse aufbereitete und umgestaltete Originalbilanz.[30] 68

1. Aufbereitungsmaßnahmen Aktivseite

Zunächst sind Umgruppierungen von der Aktivseite aus vorzunehmen. Als bilanzanalytisches Vermögen gilt nur jenes, das einer Verwertung zugänglich ist. Es muss somit eliminiert werden, was lediglich aufgrund **Bilanzpolitik** aktiviert wurde. 69

Ausstehende Einlagen auf das gezeichnete Kapital sollten nur insoweit auf der Aktivseite belassen werden, wie sie wirtschaftlich werthaltig sind. Ansonsten sollten sie auf der Passivseite mit dem gezeichneten Kapital saldiert werden (vgl. § 272 Abs. 1 HGB). Oftmals zeigt sich in der Praxis, dass Werthaltigkeit nicht gegeben ist, insbesondere weil noch vor der Krise Bürgschaften (oder andere Gesellschaftersicherheiten) von den Gesellschaftern an (Bank-)Gläubiger herausgegeben wurden, die die wirtschaftliche Leistungsfähigkeit des Gesellschafters erschöpfen. Bei ausstehenden Kommanditeinlagen sollte berücksichtigt werden, dass Kommanditisten evtl. direkt an Gläubiger gezahlt haben (§ 171 Abs. 1 HGB). Bei rückständigen Einlagen stiller Gesellschafter ist § 236 Abs. 2 HGB zu berücksichtigen.[31] 70

Auch **eigene Anteile**, die nicht werthaltig sind (was bei Krise und Insolvenz zu unterstellen ist), sollten von der Aktivseite entfernt und auf der Passivseite mit dem gezeichneten Kapital saldiert werden. 71

Ganz allgemein gehören zu den Aufbereitungsmaßnahmen der Aktivseite **Werthaltigkeitsüberprüfungen** der einzelnen Aktivpositionen (immaterielle Vermögensgüter, Finanzanlagen, materielles Anlage- und Umlaufvermögen, insbesondere bei Vorräten). 72

Ein besonderes Augenmerk ist den **geleisteten Anzahlungen** zu widmen, da sie im unmittelbaren Zusammenhang mit § 103 InsO stehen können. Wählt der Insolvenzverwalter Erfüllung, bekommt er eine Leistung in die Masse, ohne die volle Gegenleistung als Masseverbindlichkeit einplanen zu müssen; lehnt er die Erfüllung ab, hat er einen unmittelbaren Rückzahlungsanspruch. Insoweit stellen geleistete Anzahlungen einen „echten" Vermögenswert für den Insolvenzverwalter dar. 73

Die Erfassung der latenten Steuern hat sich durch das BilMoG konzeptionell grundlegend verändert. Aus Sicht der Strukturbilanz haben sich jedoch zwei zentrale Elemente nicht 74

---

30) *Küting/Weber*, Bilanzanalyse, S. 85.

31) Hierzu ausführlich *Rohlfing/Wegener/Oettler*, ZIP 2008, 865.

verändert. Zum einen bleibt das Wahlrecht für den Ausweis eines Überhangs **aktivischer latenter Steuern** bestehen, zum anderen wird der Vermögens- bzw. Schuldcharakter der latenten Steuern insoweit offengelassen, als diese in gesonderten Positionen ausgewiesen werden müssen.[32]

2. Aufbereitungsmaßnahmen Passivseite

75 **Sonderposten mit Rücklageanteil** mussten vor BilMoG in Folgeperioden ertragswirksam aufgelöst werden. Eine Zuordnung zu Fremd- oder Eigenkapital war meist erst in der Periode der Auflösung möglich. Die Sonderposten mit Rücklageanteil wurden für die Strukturbilanz vor BilMoG gelegentlich hälftig auf Fremd- und Eigenkapital verteilt, es wurden jedoch auch Aufteilungen 60:40 bzw. 70:30 vertreten. Durch das BilMoG wurden diese Sonderposten abgeschafft, d. h. sie sind sukzessive aufzulösen. Für die Übergangsphase wurde vertreten, sie grundsätzlich vollständig dem Eigenkapital zuzurechnen. Sofern in relevanten Fällen jedoch der Zeitvergleich im Vordergrund steht, sollte an der bisherigen Konzeption festgehalten werden.

76 Hinsichtlich der **passivischen latenten Steuern** kann auf die Ausführungen zu den aktivischen latenten Steuern verwiesen werden (siehe Rz. 74).

77 **Rückstellungen** müssen auf ihre Vollständigkeit hin überprüft werden. Hierzu gehört auch die Korrektur einer Unterbewertung der Rückstellungen. Pensionsrückstellungen sollten bereits bei Erstellung der Strukturbilanz auf ihre Insolvenzfestigkeit hin geprüft werden. Allerdings dient beides nicht der Analyse der untersuchten Periode, wohl aber der darauf aufbauenden Prognose.

78 Bei Baukostenzuschüssen sowie sonstigen **Zuschüssen** und **Zulagen** muss anhand des Vertragswerks die Rückzahlungsverpflichtung geprüft werden.

79 Soll die Bilanzanalyse – und somit die Strukturbilanz – für **Zeiträume nach Insolvenzeröffnung** erstellt werden, und sei es nur im prognostischen Teil, ist immer zu prüfen, ob es sich bei den handelsrechtlichen Passiva unter insolvenzrechtlichen Gesichtspunkten um sonstige Masseverbindlichkeiten i. S. des § 55 InsO oder gar um Aus- bzw. Absonderungsrechte handelt, oder ob die Verbindlichkeiten als Insolvenzforderungen i. S. des § 38 InsO aus der Planung herausgenommen werden können.

3. Verbundbeziehungen

80 Sofern aufgrund einer Konzernstruktur und/oder einer Organschaft Verpflichtungen bestehen, sollten diese Verbundbeziehungen für die Strukturbilanz entsprechend dargestellt werden.[33] Auch hier gilt: für Analyse- bzw. Prognosezeiträume nach Insolvenzeröffnung ist sorgfältig nach insolvenzrechtlichen Gesichtspunkten zu differenzieren, nicht nur nach handelsrechtlichen Ansatzvorschriften.

4. Strukturbilanz

81 Sodann ergibt sich die Strukturbilanz. Für eine Strukturbilanz existiert keine allgemein anerkannte Darstellung. Folgender Aufbau stellt lediglich eine in der Praxis und entsprechend dem Einzelfall anzupassende **Grundstruktur** dar. Empfehlenswert ist die Gegenüberstellung der Werte aus mehreren Perioden (t) und die Angabe des prozentualen Verhältnisses zur Bilanzsumme (BS), getrennt dargestellt für Aktiva (Abb. 1) und Passiva (Abb. 2).

---

32) *Küting/Weber*, Bilanzanalyse, S. 92 f.

33) Im Einzelnen *Küting/Weber*, Bilanzanalyse, S. 97 f.

Abb. 1: Strukturbilanz Aktiva 82

Aktiva	t_{-1}		t_0	
	T €	% BS	T €	% BS
A. Ausstehende Einlagen auf das gezeichnete Kapital, soweit eingefordert und werthaltig				
B. Aufwendungen für die Ingangsetzung und Erweiterung des Geschäftsbetriebs (entfällt)				
C. Bilanzanalytisches Anlagevermögen:				
I. Immaterielle Vermögensgegenstände (einschl. Geschäfts- oder Firmenwert, soweit es sich um einen separat veräußerbaren Vermögensgegenstand handelt)				
II. Sachanlagen				
III. Finanzanlagen				
Summe Anlagevermögen				
D. Bilanzanalytisches Umlaufvermögen:				
I. Vorräte				
II. Forderungen und sonstige Vermögensgegenstände				
III. Wertpapiere (ohne eigene Anteile)				
IV. Kassenbestand, Guthaben bei Bundesbank/Kreditinstituten, Schecks				
Summe Umlaufvermögen				
E. Rechnungsabgrenzungsposten (entfällt)				
Bilanzsumme				

Abb. 2: Strukturbilanz Passiva 83

Passiva	t_{-1}		t_0	
	T €	% BS	T €	% BS
A. Bilanzanalytisches Eigenkapital:				
I. Gezeichnetes Kapital (ohne eigene Anteile und wertlose offene Einlagen)				
II. Rücklagen				
III. Gewinn- bzw. Verlustvortrag				
IV. Bilanzgewinn (abzgl. Aufwendungen für die Ingangsetzung und Erweiterung des Geschäftsbetriebes, aktiviertem Geschäfts- oder Firmenwert, aktiviertem Disagio, aktivische latente Steuern und nicht ausgewiesene Rückstellungen für Pensionen und ähnliche Verpflichtungen; zzgl. passivische latente Steuern)				
V. Rückstellungen: 1. Aufwandsrückstellungen				
2. 60 % der Sonderposten mit Rücklageanteil[34)]				
3. Baukostenzuschüsse zu 2/3				
4. 60 % der Sonderposten für Investitionszuschüsse im Anlagevermögen				
Summe Eigenkapital				

34) Bis zur endgültigen Auflösung aufgrund BilMoG.

Passiva	t_{-1}		t_0	
	T €	% BS	T €	% BS
B. Bilanzanalytisches Fremdkapital:				
I. Langfristiges Fremdkapital:				
1. Verbindlichkeiten mit einer Restlaufzeit > 5 Jahren				
2. Pensionsrückstellungen und ähnliche Verpflichtungen				
Zwischensumme langfristiges Fremdkapital				
II. Mittelfristiges Fremdkapital:				
1. Verbindlichkeiten mit einer Restlaufzeit 1 bis 5 Jahre				
2. 40 % der Sonderposten mit Rücklageanteil[35)]				
3. Baukostenzuschüsse zu 1/3				
4. 40 % der Sonderposten für Investitionszuschüsse im Anlagevermögen				
Zwischensumme mittelfristiges Fremdkapital				
III. Kurzfristiges Fremdkapital:				
1. Verbindlichkeiten mit einer Restlaufzeit < 1 Jahr				
2. Steuerrückstellungen				
3. Sonstige Rückstellungen				
Zwischensumme kurzfristiges Fremdkapital				
Summe Fremdkapital				
C. Rechnungsabgrenzungsposten (entfällt)				
Bilanzsumme				

84 Die Erstellung einer Strukturbilanz für einen **IFRS-Jahresabschluss** kann hiervon abweichen. Der nach HGB aufgestellte Jahresabschluss ist eher gläubigerorientiert, während der IFRS-Abschluss eher investorenorientiert ist. Bevor Überlegungen angestellt werden, wie die Strukturbilanz auszusehen hat, müssen folglich die Interessen des Analyseadressaten ausgelotet werden. Da es innerhalb eines Insolvenzverfahrens nahezu ausschließlich auf Liquidität ankommt, wird der IFRS-Abschluss wohl der oben beschriebenen Strukturbilanz angepasst werden müssen. Außerhalb eines Insolvenzverfahrens sieht die Strukturbilanz nach IFRS jedoch erheblich anders aus.[36)] In der gegenwärtigen Insolvenzpraxis ist der IFRS-Abschluss jedoch noch selten.

IV. Analyseziele und Kennzahlen

85 Welches Analyseziel nun gewählt wird, hängt vom **Adressaten** des Analyseergebnisses ab. Der Gutachter im Insolvenzantragsverfahren sucht nach Insolvenzgründen und Insolvenzursachen, der (vorläufige) Insolvenzverwalter nach durchsetzbaren Ansprüchen als Gegenstand der Insolvenzmasse und nach Parametern für eine möglichst positive Betriebsfortführung, ein Erwerbsinteressent interessiert sich für die Rentabilität des operativen Geschäfts. Bei Sanierung des Rechtsträgers wird auch der Schuldner (d. h. die Gesellschafter) bestimmte Interessen haben, z. B. die Eigenkapitalrendite nach Insolvenzplan. Außerhalb einer Insolvenz ist natürlich die Geschäftsführung wichtigster Adressat, da sie

35) Bis zur endgültigen Auflösung aufgrund BilMoG.

36) Hierzu ausführlich *Küting/Weber*, Bilanzanalyse, S. 100 ff.

unternehmerische Entscheidungen zu treffen hat. Dementsprechend kann das Analyseziel als Textaussage, Betrag oder Kennzahl definiert werden.

Kennzahlen, die ein Verhältnis ausdrücken, werden in Literatur und Praxis entweder als **Quotient** oder als **Prozentwert** dargestellt. Der Quotient bietet sich an, wenn zwei Aussagen unterschiedlicher Einheiten verwendet werden (z. B. Euro je Zeitraum). Werden hingegen zwei Aussagen derselben Einheit in Bezug zueinander gesetzt, bieten sich Prozentwerte an (z. B. Anteil des Eigenkapitals am Gesamtkapital = x %). 86

C. Liquiditätsanalyse

I. Einführung

Analyseziel ist im Grundsatz die Beurteilung, ob ein Unternehmen auch künftig in der Lage sein wird, seinen Zahlungsverpflichtungen nachzukommen. Unter Liquidität ist somit die Fähigkeit eines Unternehmens zu verstehen, jederzeit die zu einem bestimmten Termin fälligen Zahlungsverpflichtungen erfüllen zu können. Daraus folgt, dass zu dem betrachteten Zeitpunkt der Zahlungsmittelbestand mindestens den **fälligen Zahlungsverpflichtungen** entsprechen muss. Liegt der Betrachtungszeitpunkt in der Zukunft, wird die Liquiditätsanalyse mithin für eine Planung herangezogen, müssen ergänzend die Fälligkeiten von **künftigen Forderungen und Verbindlichkeiten** berücksichtigt werden. Es ist im Ergebnis also eine **zeitliche und zahlenmäßige Kongruenz** erforderlich. 87

Abb. 3: Liquiditätsplan 88

	t_{-1}	t_0	t_1	t_2	t_3	t_4
Anfangsbestand Zahlungsmittel	80	60	40	50	50	0
Fällige Forderungen	20	20	30	40	20	30
Fällige Verbindlichkeiten	40	40	20	40	70	40
Liquidität	60	40	50	50	0	–10

Dies lässt erkennen, dass zwischen bestandsorientierten und stromgrößenorientierten Methoden zu unterscheiden ist. Die **bestandsorientierten Größen** stellen auf einen bestimmten Zeitpunkt ab, der in der Regel in der Vergangenheit (t_{-1}) oder Gegenwart (t_0) liegt. Entsprechend den Definitionen zu den Insolvenzgründen wird demnach eine **zeitpunktbezogene Liquidität** gemessen, die für den Insolvenzgrund der Zahlungsunfähigkeit von Bedeutung ist. So kann der Schuldner bzw. sein Berater ermitteln, ob in t_0 (also aktuell) eine Insolvenzantragspflicht besteht. Ferner kann der Insolvenzverwalter prüfen, wann bei rückwirkender Betrachtung (erstmals) Zahlungsunfähigkeit vorlag; gesucht wird somit t_{-x}. Dieses Ergebnis wird z. B. benötigt für Fragen des Anfechtungsrechts und der Haftung von Gesellschaftern und Geschäftsführern. 89

Die **stromgrößenorientierten Methoden** hingegen sollen Rückschlüsse auf die Liquidität künftiger Zeiträume zulassen, d. h. es werden Zeitpunkte in der Zukunft betrachtet (z. B. t_1, t_2 usw.). Es handelt sich demnach um die Ermittlung einer **zeitraumbezogenen Liquidität**, die (aus Sicht des Schuldners bzw. Beraters) für die Ermittlung des Insolvenzgrundes der drohenden Zahlungsunfähigkeit von Bedeutung ist, aber auch und gerade für die Ermittlung des Cashflow nach Insolvenzeröffnung, mithin für Planungsrechnungen im Kontext einer Betriebsfortführung, eines Insolvenzplans bzw. einer Eigenverwaltung. 90

Die für den Insolvenzzeitraum zu erstellende Prognose muss ergänzend an **insolvenzspezifische Besonderheiten** angepasst werden. So können selbstverständlich sämtliche Forderungen, die bis zur Insolvenzeröffnung begründet wurden, bei der Ermittlung der fälli- 91 gen Verbindlichkeiten außer Acht gelassen werden, wenn und weil es sich um **Insolvenzforderungen** i. S. des § 38 InsO handelt.

- Eine Ausnahme besteht dann, wenn die Forderung wirksam durch einen Vermögensgegenstand des Schuldners besichert wurde, ein Verwertungserlös mithin an den **Absonderungsgläubiger** auszukehren ist; liquiditätswirksam sind im Ergebnis nur die Kostenbeiträge gemäß §§ 170, 171 InsO bzw. frei ausgehandelte Massebeteiligungen.
- Auch **§ 55 Abs. 1 Nr. 2 InsO** enthält eine Ausnahme für vorinsolvenzlich begründete, aber erst nach Verfahrenseröffnung zu begleichende Verbindlichkeiten. Dies steht im Wesentlichen im Kontext mit dem Erfüllungswahlrecht des Insolvenzverwalters gemäß § 103 InsO, sodass eine entsprechende Entscheidung des Verwalters bei der Liquiditätsanalyse berücksichtigt werden muss.
- Viel diskutiert werden ferner die **Verbindlichkeiten, die von einem „schwachen" vorläufigen Insolvenzverwalter begründet wurden.** Es handelt sich rechtlich zunächst um Insolvenzforderungen, wenn sie bis zur Verfahrenseröffnung noch nicht haben beglichen werden können. Um dennoch eine Begleichung nach Verfahrenseröffnung erreichen zu können, werden **vier Lösungsansätze** verfolgt:
  (1) Die Problematik wird einfach ignoriert und die Verbindlichkeit wird nach Verfahrenseröffnung beglichen. Dies ist freilich haftungsträchtig i. S. des §§ 60, 92 Satz 2 InsO.
  (2) Es wird mit einem sog. Treuhandkontenmodell gearbeitet, das speziell für Geschäftsvorfälle der Betriebsfortführung in der vorläufigen Verwaltung konzipiert wurde.[37)]
  (3) Es werden in der vorläufigen Verwaltung sog. Einzelermächtigungen des Insolvenzgerichts beantragt,[38)] sodass die Verbindlichkeiten nach Verfahrenseröffnung analog § 55 Abs. 2 Satz 1 InsO als Masseverbindlichkeiten gelten (Rangfolgeregelung).
  (4) Es wird nicht auf die Rechnung des Lieferanten, sondern auf sein Aus- bzw. Absonderungsrecht gezahlt.

  Alle vier Lösungen haben praktische **Vor- und Nachteile**, rechtlich einwandfrei dürfte – neben der Befriedigung von Aus- und Absonderungsgläubigern – nur das Modell der Einzelermächtigung sein. Nichts anderes gilt für Verbindlichkeiten, die in der vorläufigen Eigenverwaltung begründet werden.[39)] Welcher Ansatz nun im konkreten Fall verfolgt wird, ist an dieser Stelle jedoch gleichgültig. Relevant ist ausschließlich, dass diejenigen Verbindlichkeiten aus der vorläufigen Verwaltung, die der Verwalter nach Verfahrenseröffnung begleichen möchte, auch bei den fälligen Verbindlichkeiten i. R. der Liquiditätsplanung berücksichtigt werden.
- Selbstverständlich müssen demgemäß die Verbindlichkeiten, die von einem „starken" vorläufigen Insolvenzverwalter begründet wurden (**§ 55 Abs. 2 Satz 1 InsO**), bei den fälligen Verbindlichkeiten berücksichtigt werden.
- Gleiches gilt für Verbindlichkeiten aus einem Dauerschuldverhältnis, soweit der vorläufige Insolvenzverwalter für das von ihm verwaltete Vermögen die Leistung in Anspruch genommen hat (**§ 55 Abs. 2 Satz 2 InsO**). Für einen „schwachen" vorläufigen

37) Zu den Einzelheiten *Ganter*, NZI 2012, 433.

38) BGH, Urt. v. 18.7.2002 – IX ZR 195/01, BGHZ 151, 353 = ZIP 2002, 1625, dazu EWiR 2002, 919 (*Spliedt*).

39) BGH, Urt. v. 22.11.2018 – IX ZR 167/16, ZVI 2019, 23 = ZIP 2018, 2488.

Insolvenzverwalter bedarf es wiederum einer Einzelermächtigung des Insolvenzgerichts.[40)]

- Wird schon für die vorläufige Verwaltung eine zukunftsorientierte Liquiditätsanalyse erstellt, also eine Liquiditätsplanung für eine Betriebsfortführung für die Dauer der vorläufigen Verwaltung, ist sicherlich die **Insolvenzgeldvorfinanzierung** von großer Bedeutung. Sie entlastet die Liquidität umso mehr, je personalintensiver das Unternehmen betrieben wird. Zur Klarstellung hebt § 55 Abs. 3 InsO hervor, dass die auf die Bundesagentur für Arbeit übergegangenen Lohnansprüche der Arbeitnehmer gegen den Schuldner Insolvenzforderungen sind, im Ergebnis also bei der Liquiditätsplanung nicht berücksichtigt werden müssen; liquiditätswirksam sind insoweit lediglich die Kosten einer Insolvenzgeldvorfinanzierung.
- Eine gravierende Auswirkung für die zukunftsgerichtete Liquiditätsanalyse hat insoweit auch **§ 55 Abs. 4 InsO**, nach dem – zusammengefasst – bestimmte Steuerverbindlichkeiten, die in der „schwachen" vorläufigen Verwaltung entstanden sind, nach Verfahrenseröffnung als Masseverbindlichkeiten behandelt werden müssen (Rangfolgeregelung). Die Norm gilt bei Eigenverwaltung erst in den ab dem 1.1.2021 beantragten Insolvenzverfahren.
- Ebenfalls erhebliche Auswirkungen auf die Liquiditätsplanung über den Stichtag der Anordnung der vorläufigen Verwaltung hinaus hat die Änderung des **Abschn. 17.1 Abs. 11 ff. UStAE** in den seit dem 1.1.2012 eröffneten Verfahren. Hiernach müssen – vereinfacht ausgedrückt – Forderungen gegen Kunden, die bis zur Anordnung der vorläufigen Verwaltung noch nicht ausgeglichen wurden, umsatzsteuerlich berichtigt werden. Zieht der vorläufige Insolvenzverwalter oder der Insolvenzverwalter nach Verfahrenseröffnung die Forderungen ein, was in der Liquiditätsplanung zunächst natürlich bei den fälligen Forderungen zu berücksichtigen ist, entsteht die Umsatzsteuer aus der Forderung erneut, nunmehr jedoch als Masseverbindlichkeit i. S. des § 55 Abs. 1 Nr. 1 InsO bzw. § 55 Abs. 4 InsO. Dasselbe Prinzip gilt umgekehrt auch bei den Verbindlichkeiten, d. h. beim Vorsteuerabzug. Dieses Konzept gilt zumindest nach Verfahrenseröffnung auch in der Eigenverwaltung.[41)]
- Letztlich enthält § 324 InsO für den Fall der **Nachlassinsolvenz** Ausnahmen vom Grundsatz, vorinsolvenzlich begründete Forderungen seien stets nur Insolvenzforderungen.

II. Bestandsgrößen

1. Langfristige Deckungsgrade

Für eine langfristige Betrachtung der Deckung von Verbindlichkeiten sind folgende Kennzahlen gebräuchlich, aber auch umstritten: 92

$$\textbf{Deckungsgrad A} = \frac{\text{Eigenkapital}}{\text{Anlagevermögen}}$$

$$\textbf{Deckungsgrad B} = \frac{\text{Eigenkapital} + \text{langfristiges Fremdkapital}}{\text{Anlagevermögen}}$$

$$\textbf{Deckungsgrad C} = \frac{\text{Eigenkapital} + \text{langfristiges Fremdkapital}}{\text{Anlagevermögen} + \text{langfristig gebundenes Umlaufvermögen}}$$

---

40) BGH, Beschl. v. 4.12.2014 – IX ZR 166/14, ZIP 2015, 261.

41) BFH, Urt. v. 27.9.2018 – V R 45/16, BStBl. II 2019, 356 = ZIP 2018, 2232.

93 **Objektive Normvorstellungen** für die Kennzahlen existieren nicht. Es gilt jedoch als „goldene Bilanzregel" die Forderung, dass alle Werte ≥ 1 sein sollen.[42] Die Aussagekraft der Werte hängt entscheidend davon ab, wie im Einzelnen das Attribut „langfristig" definiert wird, d. h. welche Positionen der Bilanz dem jeweiligen Zähler oder Nenner der Formel zugewiesen werden. Insoweit ist die Definition der Deckungsgrade zunächst nur Mahnung, bei derartigen Analysen im Wesentlichen auf eine präzise Fristenkongruenz auf beiden Seiten der Bilanz zu achten. In der Praxis spielen die Deckungsgrade hauptsächlich bei der Kreditvergabe eine Rolle. Es ist leicht erkennbar, dass diese Kennzahlen zwar noch i. R. einer Krisenprüfung oder Sanierungsberatung benötigt werden, nicht aber mehr in einem Insolvenzverfahren.

2. Liquiditätsgrade/kurzfristige Deckungsgrade

94 Für eine kurzfristige Betrachtung der Deckung von Verbindlichkeiten sind folgende Kennzahlen bzw. Definitionen gebräuchlich, und ebenfalls umstritten:

$$\textbf{Liquidität 1. Grades} = \frac{\text{liquide Mittel}}{\text{kurzfristiges Fremdkapital}}$$

$$\textbf{Liquidität 2. Grades} = \frac{\text{kurzfristig gebundenes Umlaufvermögen}}{\text{kurzfristiges Fremdkapital}}$$

$$\textbf{Liquidität 3. Grades} = \frac{\text{Umlaufvermögen}}{\text{Fremdkapital}}$$

95 Die **liquiden Mittel** setzen sich zusammen aus

- Barmitteln,
- Bankguthaben und
- Schecks sowie
- jederzeit veräußerbaren Wertpapieren des Umlaufvermögens.[43]

96 Werden die kurzfristigen Forderungen hinzugerechnet, entsteht das **kurzfristig gebundene Umlaufvermögen.**

97 Letztlich kann noch das langfristige Umlaufvermögen hinzugerechnet werden, sodass das **Umlaufvermögen** insgesamt berücksichtigt wird.

98 Zum **kurzfristigen Fremdkapital** gehören sämtliche Positionen, die möglicherweise schnell zum Abfluss von Zahlungsmitteln führen, neben

- den Verbindlichkeiten
- auch Rückstellungen.[44]

99 Unter Hinzurechnung des langfristigen Fremdkapitals entsteht das **Fremdkapital** insgesamt.

100 **Objektive Normvorstellungen** für die Kennzahlen existieren nicht. **Je höher die jeweilige Kennzahl** ist, desto besser soll nach gängiger Interpretation die zukünftige Liquiditätslage sein. Dies ist jedoch zweifelhaft, da Verpflichtungen aus Dauerschuldverhältnissen (z. B. Löhne, Mieten etc.) ebenso wenig berücksichtigt werden wie Unsicherheiten bei

42) Vgl. *Küting/Weber*, Bilanzanalyse, S. 156.

43) *Gräfer/Wengel*, Bilanzanalyse, S. 75.

44) *Gräfer/Wengel*, Bilanzanalyse, S. 75.

der Erlösverwirklichung (z. B. Kundeninsolvenzen). Aufgrund der Bankenpraxis hat sich – in der Theorie umstritten – die Forderung etabliert, alle Werte müssen ≥ 1 sein. In diesem Zusammenhang werden gelegentlich die Begriffe Acid Test, Currant Ratio und Bankers Rule verwendet, die Liquidität 3. Grades wird auch als Working Capital bezeichnet. Ein Wert von 1 bedeutet schlichtweg, dass das gesamte Umlaufvermögen das tut, was es tun soll, nämlich mindestens die Verbindlichkeiten zu decken; Anlagevermögen auf der Aktivseite und Eigenkapital auf der Passivseite sind insoweit nur Katalysatoren, da Anlagevermögen und Eigenkapital isoliert betrachtet nicht geeignet sind, Umsatz und Gewinn zu erwirtschaften.

Bei Betrachtung des **Insolvenzzeitraums**, d. h. im Wesentlichen bei der Analyse und Prognose einer Unternehmensfortführung (bis zur übertragenden) Sanierung oder bei Aufstellung einer Planungsrechnung für einen Insolvenzplan, müssen die einzelnen Positionen dem Insolvenzrecht angepasst werden. So spielen bei den liquiden Mitteln nur diejenigen eine Rolle, die nicht mit Drittrechten belastet sind, also freie Masse darstellen. Bei den Verbindlichkeiten sind diejenigen zu eliminieren, die als Insolvenzforderungen nach §§ 38, 39 InsO zur Tab. angemeldet werden müssen, sodass nur die Masseverbindlichkeiten i. S. der §§ 53 bis 55 InsO zu berücksichtigen sind. 101

3. Umschlagskoeffizienten

Hier werden Vermögenspositionen (Bestandsgrößen) ins Verhältnis gesetzt zu den Abgängen jener Vermögenspositionen (Abschreibungen, Umsatz- oder andere Stromgrößen). Die Kennzahlen sollen ausdrücken, wie schnell eine Vermögensposition liquidierbar ist. Allerdings sinkt die Aussagekraft der nachfolgenden Kennzahlen, je höher die Umschlagshäufigkeit und je älter der zu analysierende Abschluss ist. 102

Umschlagshäufigkeit (allgemein): 103

$$\frac{\text{Abgänge von der Vermögensposition}}{\text{durchschnittlicher Bestand der Vermögensposition}} \times 100\,\%$$

Diese Kennzahl drückt aus, wie oft eine bestimmte Vermögensposition in einer Periode umgeschlagen wird. Für den durchschnittlichen Bestand der Vermögensposition kann das einfache arithmetische Mittel aus Anfangs- und Endbestand der untersuchten Periode gebildet werden. 104

Umschlagsdauer (allgemein): 105

$$\frac{\text{durchschnittlicher Bestand der Vermögensposition} \times 365}{\text{Abgänge von der Vermögensposition}} \text{ Tage}$$

Diese Kennzahl drückt dasselbe aus wie die Umschlagshäufigkeit (da sie mathematisch ihr Kehrwert ist), nur dass jetzt angegeben wird, wie viele Tage die einzelnen Vermögenspositionen durchschnittlich im Unternehmen verbleiben. Daraus wird ersichtlich, wie lange das im Vorratsvermögen gebundene Kapital durchschnittlich im Unternehmen gebunden ist. 106

Eine hohe Umschlagshäufigkeit bzw. eine geringe Umschlagsdauer lassen den Schluss zu, dass das Unternehmen in der Lage ist, Anspannungen der Liquiditätslage durch den lau- 107 fenden Umsatzprozess zu mildern,[45] was die Notwendigkeit der Aufnahme von Fremdkapital reduziert. Daher kann diese Kennzahl für die Betriebsfortführung in der Insolvenz von nennenswerter Bedeutung sein. Die einzelnen Kennzahlen können nun auf bestimmte Vermögenspositionen angewandt werden, z. B.:

108 **Umschlagsdauer des Vorratsvermögens:**

$$\frac{\text{durchschnittlicher Bestand an Vorräten} \times 365}{\text{Materialaufwand}} \text{ Tage}$$

109 Der Wert gibt an, wie lange die Vorräte (Zähler) und das zu ihrer Finanzierung erforderliche Kapital (Nenner) durchschnittlich im Unternehmen gebunden sind. Je geringer der Wert ist, desto höher ist die Wahrscheinlichkeit, dass eine angespannte Finanzsituation aus dem Umsatzgeschäft heraus aufgefangen werden kann. Ist der Wert zu hoch, sollte für künftige Zeiträume eine Berechnung der optimalen Bestellmenge erfolgen.[46]

110 **Umschlagsdauer der Forderungen aus Lieferungen und Leistungen (durchschnittliches Debitorenziel):**

$$\frac{\text{durchschnittlicher Bestand an Forderungen aus LuL} \times 365}{\text{Umsatzerlöse}} \text{ Tage}$$

111 Wie bei allen Umschlagskoeffizienten muss gerade hier das Branchenumfeld betrachtet werden. In der Lebensmittelbranche mit täglichem Ein- und Verkauf ergeben sich bspw. völlig andere Werte als im Maschinenbau. Grundsätzlich bedeutet ein hoher Wert (im Branchenvergleich oder im Vergleich zu einer anderen Periode), dass das Debitorenziel zu lang bemessen ist, sodass das Unternehmen letztlich auf eigene Kosten die Liquidität der Kunden finanziert. Oftmals besteht allein hierin ein beachtliches Sanierungspotential. Auf ähnliche Weise kann analysiert werden, wie das analysierte Unternehmen selbst Zahlungsziele ausnutzt:

112 **Umschlagsdauer der Verbindlichkeiten aus Lieferungen und Leistungen (durchschnittliches Kreditorenziel)**

$$\frac{\text{durchschnittlicher Bestand an Verbindlichkeiten aus LuL} \times 365}{\text{Materialaufwand}} \text{ Tage}$$

113 Hier muss geprüft werden, ob das Unternehmen möglicherweise zulasten der eigenen Liquidität regelmäßig zu früh zahlt, wenn damit nicht zugleich ein Skonto verbunden ist. In einem Sanierungsprozess kann z. B. vereinbart werden, dass der Schuldner bei seinen Lieferanten längere Zahlungsziele erhält. Insgesamt ergeben Debitorenziel und Kreditorenziel den **Cash-to-Cash-Zyklus.**

45) *Gräfer/Wengel*, Bilanzanalyse, S. 78 f.

46) Hierzu *Krüger*, Kennzahlen, Kap. 2.1.1.

Abb. 4: Cash-to-Cash-Zyklus 114

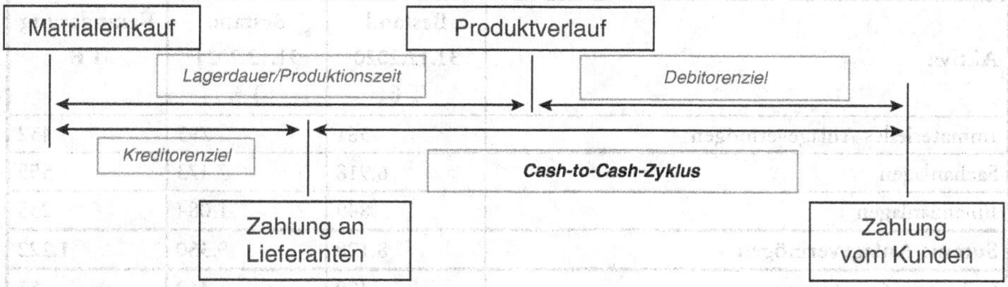

Quelle: *Dobler/Lambert*, KSI 2011, 101, 102.

Je später die Lieferanten bezahlt werden und je früher die eigenen Kunden zahlen, desto geringer ist der Cash-to-Cash-Zyklus. Je geringer dieser Zyklus (in Tagen) ist, desto häufiger können die liquiden Mittel für derartige Prozesse (Einkauf – Verarbeitung – Verkauf) eingesetzt werden, d. h. der Ertrag steigt trotz konstanter liquider Mittel. Im Sanierungsprozess gilt umgekehrt: bei konstantem Ertrag sind weniger liquide Mittel erforderlich. 115

III. Stromgrößen

Bei den Bestandsgrößen lassen sich Kennzahlen nur auf den Bilanzstichtag ermitteln. Die Stichtagsliquidität ist aber nur von beschränktem Interesse, da erstens der Stichtag bei der Analyse schon weit zurückliegt und zweitens die Prognose das eigentlich Interessante an einer Analyse ist. Für **dynamische Liquiditätswerte** müssen zusätzlich zur Bilanz auch GuV und Anlagenspiegel ausgewertet werden. Dann lassen sich Zahlungsströme analysieren, weil Herkunft und Verwendung der Mittel nachvollzogen werden können. 116

1. Kapitalflussrechnung = Cashflow nach direkter Berechnung

Kapitalflussrechnungen sind zeitraumbezogene Rechnungen, die die **Veränderungen** aller oder einiger Bilanzpositionen abbilden. Mit Kapitalflussrechnungen wird versucht, Umfang und Fristigkeit einzelner Mittelherkünfte (Zuflüsse) bzw. Mittelverwendungen (Abflüsse) zu verdeutlichen. Die Kapitalflussrechnung soll zeigen, wie das Unternehmen *aus* laufender Geschäftstätigkeit, *für* Investitionsmaßnahmen und *durch* Finanzierungsmaßnahmen Finanzmittel erwirtschaftet und verwendet. 117

In der internationalen Rechnungslegung ist die Kapitalflussrechnung seit Längerem ein selbstständiger Bestandteil von Jahresabschlüssen und Konzernabschlüssen. Nach § 264 Abs. 1 Satz 2 HGB ist die Kapitalflussrechnung seit BilMoG nun auch für kapitalmarktorientierte Kapitalgesellschaften vorgeschrieben. Für Geschäftsjahre, die seit dem 1.1.2015 begonnen haben, ist insoweit der Deutsche Rechnungslegungsstandard Nr. 21 des Deutschen Standardisierungsrats (DRS 21) zu beachten. Ungeachtet dessen hat sich die Kapitalflussrechnung zu einem bedeutsamen Rechnungslegungsinstrument entwickelt, schon weil aus der Kapitalflussrechnung ein ganz wesentlicher Begriff stammt, nämlich der **Cashflow** (auch: Cash Earning). 118

In einem **ersten Schritt** ist eine Bilanz der Bestandsveränderungen erforderlich. Eine solche sog. **Beständedifferenzenbilanz** kann – aufgeteilt in Aktiva (Abb. 5) und Passiva (Abb. 6) – wie folgt aussehen: 119

120 **Abb. 5: Beständedifferenzenbilanz Aktiva**

Aktiva	**Bestand 31.12.2020 T €**	**Bestand 31.12.2021 T €**	**Veränderung T €**
Immaterielles Anlagevermögen	361	793	432
Sachanlagen	6.918	7.473	555
Finanzanlagen	849	1.084	235
Summe Anlagevermögen	**8.128**	**9.350**	**1.222**
Geleistete Anzahlungen	409	462	53
Vorräte	7.139	7.477	338
Forderungen aus Lieferungen und Leistungen	6.197	6.828	631
Wertpapiere	238	120	–118
Zahlungsmittel	918	993	75
Aktivisch latente Steuern	35	0	–35
Summe Umlaufvermögen	**14.936**	**15.880**	**944**
Bilanzsumme	**23.064**	**25.230**	**2.166**

Quelle: *Küting/Weber*, Bilanzanalyse, S. 207.

121 **Abb. 6: Beständedifferenzenbilanz Passiva**

Passiva	**Bestand 31.12.2020 T €**	**Bestand 31.12.2021 T €**	**Veränderung T €**
Gezeichnetes Kapital	1.565	1.565	0
Kapitalrücklage	1.138	1.138	0
Gewinnrücklage	1.827	2.083	256
Bilanzgewinn	313	344	31
Summe Eigenkapital	**4.843**	**5.130**	**287**
Pensionsrückstellungen	4.475	4.815	340
Steuerrückstellungen	1.188	1.073	–115
sonstige Rückstellungen	3.809	4.638	829
Anleihen	576	503	–73
Verbindlichkeiten gegenüber Kreditinstituten	4.007	4.463	456
Verbindlichkeiten aus Lieferungen und Leistungen	1.984	2.250	266
erhaltene Anzahlungen	2.182	2.358	176
Summe Fremdkapital	**18.221**	**20.100**	**1.879**
Bilanzsumme	**23.064**	**25.230**	**2.166**

Quelle: *Küting/Weber*, Bilanzanalyse, S. 207.

122 Im **zweiten Schritt** wird nun aus der Beständedifferenzenbilanz eine **Bewegungsbilanz** abgeleitet. Die Werte aus der Spalte „Veränderung“ werden neu sortiert und einander gegenübergestellt. Für die Bewegungsbilanz werden zwei Spalten erstellt mit den Überschriften „Mittelverwendung“ und „Mittelherkunft“. Der Mittelverwendung werden die positiven Veränderungen der Aktiva und die negativen Veränderungen der Passiva zu-

gewiesen. Umgekehrt werden der Mittelherkunft die negativen Veränderungen der Aktiva und die positiven Veränderungen der Passiva zugewiesen.

Abb. 7: Bewegungsbilanz (für das Jahr 2021) 123

Mittelverwendung	T €	Mittelherkunft	T €
Erhöhung Aktiva:		**Erhöhung Passiva:**	
Immaterielles Anlagevermögen	432	Gewinnrücklagen	256
Sachanlagen	555	Bilanzgewinn	31
Finanzanlagen	235	Pensionsrückstellungen	340
Geleistete Anzahlungen	53	Sonstige Rückstellungen	829
Vorräte	338	Verbindlichkeiten gegenüber Kreditinstituten	456
Forderungen L+L	631	Verbindlichkeiten L+L	266
Zahlungsmittel	75	Erhaltene Anzahlungen	176
Verminderung Passiva:		**Verminderung Aktiva:**	
Steuerrückstellungen	115	Wertpapiere	118
Anleihen	73	Aktivische latente Steuern	35
Summe Bestandsveränderungen	**2.507**	**Summe Bestandsveränderungen**	**2.507**

Quelle: *Küting/Weber*, Bilanzanalyse, S. 208.

124 Im **dritten Schritt** werden die **Kontenbewegungen des Anlagevermögens** berücksichtigt, denn allein die Bestandsveränderung zeigt noch nicht das, was die Kapitalflussrechnung leisten soll, nämlich Herkunft und Verwendung der Mittel darzustellen. Folglich ist die Bestandsveränderung im Anlagevermögen in ihre einzelnen Bestandteile zu zerlegen. Es wird auch von einem **Übergang zur Brutto-Betrachtung** gesprochen, weil der Netto-Wert der Bestandsveränderung (Saldo von Zugängen und Abgängen) nun in seine einzelnen Bestandteile (Brutto-Werte) zerlegt wird; mit dem steuerlichen Brutto-Netto-Begriff hat dies nichts zu tun. Folglich entsteht eine Brutto-Bewegungsbilanz. In der Spalte „Mittelverwendung" werden die Erhöhung der Aktiva nun durch Zugänge und Zuschreibungen ersetzt. In der Spalte „Mittelherkunft" werden die Verminderungen der Aktiva durch Abgänge und Abschreibungen ersetzt.

125 Zuvor ist jedoch ein **Zwischenschritt** erforderlich, um die **Veränderungen im Anlagevermögen** anhand der Anlagenbuchhaltung zu ermitteln.

Abb. 8: Veränderungen im Anlagevermögen (für das Jahr 2021) 126

	Buchwert 31.12.2020	Zugänge 2021	Zuschreibungen 2021	Abgänge zum Restbuchwert	Abschreibungen 2021	Buchwert 31.12.2021
Immaterielles AV	361	*519*	*0*	*9*	*78*	793
Sachanlagen	6.918	*2.268*	*0*	*323*	*1.390*	7.473
Finanzanlagen	849	*397*	*11*	*125*	*48*	1.084
Summe AV	8.128	3.184	11	457	1.516	9.350

Quelle: *Küting/Weber*, Bilanzanalyse, S. 209.

127 In dieser Übersicht zur Entwicklung des Anlagevermögens (Abb. 8) sind nun bewusst nicht die Summen, sondern die Einzelwerte kursiv hervorgehoben, da diese Einzelwerte

benötigt werden, um die in der Bewegungsbilanz (Abb. 7) eingestellten Werte zu ersetzen (kursiv hervorgehoben), um zur **Brutto-Bewegungsbilanz** zu gelangen:

128 **Abb. 9: Brutto-Bewegungsbilanz (für das Jahr 2021)**

Mittelverwendung	T €	Mittelherkunft	T €
Erhöhung Aktiva:		**Erhöhung Passiva:**	
Immaterielles Anlagevermögen:		Gewinnrücklagen	256
– *Zugänge*	*519*	Bilanzgewinn	31
– *Zuschreibungen*	*0*	Pensionsrückstellungen	340
Sachanlagen:		Sonstige Rückstellungen	829
– *Zugänge*	*2.268*	Verbindlichkeiten gegenüber Kreditinstituten	456
– *Zuschreibungen*	*0*	Verbindlichkeiten L+L	266
Finanzanlagen:		Erhaltene Anzahlungen	176
– *Zugänge*	*397*	**Verminderung Aktiva:**	
– *Zuschreibungen*	*11*	Wertpapiere	118
Geleistete Anzahlungen	*53*	Aktivische latente Steuern	35
Vorräte	338	*Immaterielles Anlagevermögen:*	
Forderungen L+L	631	– *Abgänge*	*9*
Zahlungsmittel	75	– *Abschreibungen*	*78*
Verminderung Passiva:		*Sachanlagen:*	
Steuerrückstellungen	115	– *Abgänge*	*323*
Anleihen	73	– *Abschreibungen*	*1.390*
		Finanzanlagen:	
		– *Abgänge*	*125*
		– *Abschreibungen*	*48*
Summe Brutto-Veränderungen	**4.480**	**Summe Brutto-Veränderungen**	**4.480**

Quelle: *Küting/Weber*, Bilanzanalyse, S. 209.

Hinweis: Die Summe der Brutto-Veränderungen hat keine Bedeutung, sie dient lediglich als Kontrollsumme, da sie auf beiden Seiten identisch sein muss.

129 Im **vierten Schritt** wird die Brutto-Bewegungsbilanz um die Veränderungen des Eigenkapitals erweitert. Hierbei geht es darum, den **Bilanzgewinn** hinsichtlich seiner Herkunft und Verwendung in die Bewegungsbilanz mit aufzunehmen. Die Größen werden der GuV (und ggf. dem Gewinnverwendungsbeschluss) entnommen. Im vorliegenden Beispiel sei gegeben:

130 **Abb. 10: Aufspaltung des Bilanzgewinns (2021)**

Jahresüberschuss T €		Gewinnrücklagen-veränderung T €		Dividende Vorjahr T €		Minderung des Anteils anderer Gesellschafter am Konzernergebnis T €		Veränderung des Bilanzgewinns T €
$JÜ_t$	./.	ΔRL_t	./.	Div_{t-1}	./.	$\Delta MindA_t$	=	ΔBG_t
490		**256**		**203**		**0**		**31**

Quelle: *Küting/Weber*, Bilanzanalyse, S. 210 f.

Hinweis: Die Summe der Veränderungen des Bilanzgewinns interessiert auch hier nicht, relevant sind die Einzelwerte.

Die Einzelwerte werden nun in die **fortgeführte Brutto-Bewegungsbilanz** eingefügt (kursiv hervorgehoben): 131

Abb. 11: Brutto-Bewegungsbilanz nach Aufspaltung Bilanzgewinn (2021) 132

Mittelverwendung	T €	Mittelherkunft	T €
Erhöhung Aktiva:		**Erhöhung Passiva:**	
Immaterielles Anlagevermögen:		Gewinnrücklagen	256
– Zugänge	519	*Jahresüberschuss*	*490,0*
– Zuschreibungen	0	Pensionsrückstellungen	340
Sachanlagen:		Sonstige Rückstellungen	829
– Zugänge	2.268	Verbindlichkeiten gegenüber Kreditinstituten	456
– Zuschreibungen	0	Verbindlichkeiten L+L	266
Finanzanlagen:		Erhaltene Anzahlungen	176
– Zugänge	397	**Verminderung Aktiva:**	
– Zuschreibungen	11	Wertpapiere	118
Geleistete Anzahlungen	53	Aktivische latente Steuern	35
Vorräte	338	Immaterielles Anlagevermögen:	
Forderungen L+L	631	– Abgänge	9
Zahlungsmittel	75	– Abschreibungen	78
Verminderung Passiva:		Sachanlagen:	
Steuerrückstellungen	115	– Abgänge	323
Anleihen	73	– Abschreibungen	1.390
Dividende 2020	*203*	Finanzanlagen:	
Veränderung Gewinnrücklagen (GuV)	*256*	– Abgänge	125
		– Abschreibungen	48
Summe	**4.939**	**Summe**	**4.939**

Quelle: *Küting/Weber*, Bilanzanalyse, S. 211.
Hinweis: Die Summen haben keine Bedeutung. Sie dienen lediglich als Kontrollsummen, da sie auf beiden Seiten identisch sein müssen.

In einem **fünften Schritt** werden nun die Werte der GuV in die Bewegungsbilanz einbezogen. Hierzu wird der im vorherigen Schritt eingefügte Jahresüberschuss (im Beispiel 490 T €) weiter aufgesplittet in **Aufwendungen** (einzufügen in die Spalte Mittelverwendung) und **Erträge** (einzufügen in die Spalte Mittelherkunft). Die Zahlen aus der GuV seien im Folgenden angenommen, sie können nicht aus dem bisherigen Beispiel abgeleitet werden, bis natürlich auf die Summe selbst, d. h. einen Überschuss von 490 T € (Änderungen kursiv hervorgehoben): 133

Abb. 12: Brutto-Bewegungsbilanz nach Aufspaltung Jahresüberschuss (2021) 134

Mittelverwendung	T €	Mittelherkunft	T €
Erhöhung Aktiva:		**Erhöhung Passiva:**	
Immaterielles Anlagevermögen:		Gewinnrücklagen	256
– Zugänge	519	*Jahresüberschuss (entfernt)*	
– Zuschreibungen	0	Pensionsrückstellungen	340

Mittelverwendung	T €	Mittelherkunft	T €
Sachanlagen:		Sonstige Rückstellungen	829
– Zugänge	2.268	Verbindlichkeiten gegenüber Kreditinstituten	456
– Zuschreibungen	0	Verbindlichkeiten L+L	266
Finanzanlagen:		Erhaltene Anzahlungen	176
– Zugänge	397	**Verminderung Aktiva:**	
– Zuschreibungen	11	Wertpapiere	118
Geleistete Anzahlungen	53	Aktivische latente Steuern	35
Vorräte	338	Immaterielles Anlagevermögen:	
Forderungen L+L	631	– Abgänge	9
Zahlungsmittel	75	– Abschreibungen	78
Verminderung Passiva:		Sachanlagen:	
Steuerrückstellungen	115	– Abgänge	323
Anleihen	73	– Abschreibungen	1.390
Dividende 2020	203	Finanzanlagen:	
Veränderung Gewinnrücklagen (GuV)	256	– Abgänge	125
Aufwendungen:		– Abschreibungen	48
Bestandsveränderung fertige und unfertige Erzeugnisse	17	*Erträge:*	
Materialaufwand	21.484	*Umsatzerlöse*	35.986
Personalaufwand	9.832	*Aktivierte Eigenleistungen*	209
Abschreibungen auf das immaterielle Anlagevermögen und Sachanlagen	1.468	*Sonstige betriebliche Erträge*	1.272
Sonstige betriebliche Aufwendungen	3.447		
Abschreibungen auf Finanzanlagen	48		
Abschreibungen auf Wertpapiere des Umlaufvermögens	5		
Zinsaufwendungen	103		
Steueraufwendungen	573		
Summe	**41.916**	**Summe**	**41.916**

Quelle: *Küting/Weber*, Bilanzanalyse, S. 212.

Hinweis: Die Summen haben keine Bedeutung. Sie dienen lediglich als Kontrollsummen, da sie auf beiden Seiten identisch sein müssen.

135 Die permanente Erhöhung der Kontrollsummen zeigt auf, dass einige Vorgänge doppelt erfasst wurden. Die Erweiterung der Bewegungsbilanz um die Kontenbewegungen des Anlagevermögens führte dazu, dass die zahlungsunwirksamen Vorgänge im Anlagevermögen doppelt erfasst wurden. Die Abschreibungen wurden sowohl als Aufwand (Mittelverwendung) als auch als Verminderung der Aktiva (Mittelherkunft) ausgewiesen. Dies wird nun im **sechsten Schritt** durch Verrechnung bereinigt, um eine **saldierte und erweiterte Brutto-Bewegungsbilanz** zu erhalten. Ebenso wird bei den Zuschreibungen im Anlagevermögen verfahren, die in der erweiterten Bewegungsbilanz sowohl als Erhöhung der Aktiva als auch als Ertrag erfasst wurden. Im gleichen Arbeitsschritt werden die zu saldierenden Positionen einander zugeordnet, d. h. umsortiert, damit die Verrechnung sichtbar und nachvollziehbar bleibt.

Auch die Erweiterung der Bewegungsbilanz um die Werte aus der GuV (Aufsplittung des Betriebsergebnisses und des Jahresüberschusses) führte zu einer gewissen Verzerrung, da Umsatzerlöse als Mittelherkunft ausgewiesen wurden, obwohl sie nicht in voller Höhe zahlungswirksam waren (Bilanzierung). Um die zahlungswirksamen Umsatzeinzahlungen zu ermitteln, werden die Umsatzerlöse um die Zunahme der Forderungen aus Lieferungen und Leistungen gekürzt, da diese zwar einen Ertrag, aber noch keine Einzahlung bedeuten. Anschließend wird die Zunahme der erhaltenen Anzahlungen addiert, da diese zwar eine Einzahlung darstellen, aber noch keinen Ertrag. **136**

Entsprechend wird bei der Ermittlung der Materialauszahlungen vorgegangen, um den Materialaufwand um die zahlungsunwirksamen Vorgänge zu bereinigen. Vom Materialaufwand wird die Zunahme der Verbindlichkeiten aus Lieferungen und Leistungen abgezogen, da ein Aufwand vorliegt, aber noch keine Auszahlung (Bilanzierung). Zu addieren sind anschließend die Veränderungen der geleisteten Anzahlungen sowie der Vorräte, da schon eine Auszahlung vorliegt, aber noch kein Aufwand. Zu addieren ist auch der Abbau an fertigen und unfertigen Erzeugnissen, da der Aufwand im analysierten Geschäftsjahr entstand, die Auszahlung jedoch in früheren Perioden erfolgte. Die saldierte Bewegungsbilanz kann dann wie folgt aussehen (Veränderungen kursiv hervorgehoben): **137**

Abb. 13: Saldierte und erweiterte Brutto-Bewegungsbilanz (2021) **138**

Mittelverwendung	T €	Mittelherkunft	T €
Erhöhung Aktiva:		**Erhöhung Passiva:**	
Zugänge immaterielles Anlagevermögen	519	Verbindlichkeiten gegenüber Kreditinstituten	456
Zugänge Sachanlagen	2.268	**Verminderung Aktiva:**	
./. aktivierte Eigenleistung[47]	*–209*	Wertpapiere	118,0
Zugänge Finanzanlagen	397	*./. Abschreibungen auf Wertpapiere*[48]	–5
Zahlungsmittel	75	Abgänge immaterielles Anlagevermögen	9
Verminderung Passiva:		Abgänge Sachanlagen	323
Anleihen	73	Abgänge Finanzanlagen	125
Dividende 2020	203	**Erträge:**	
Δ Gewinnrücklagen (GuV)	256	Umsatzerlöse	35.986
./. Zunahme Gewinnrücklagen (Bilanz)[49]	–256	*+ Zunahme erhaltener Anzahlungen*[50]	176
Aufwendungen:		*./. Zunahme Forderungen L+L*[51]	–631
Materialaufwand	21.484	Sonstige betriebliche Erträge	1.272
+ Zunahme geleisteter Anzahlungen	53	*./. Zuschreibungen Finanzanlagen*[52]	–11
./. Zunahme Verbindlichkeiten L+L[53]	–266		
+ Zunahme Vorräte	338		
+ Bestandsabbau fertige/unfertige Erzeugnisse	17		

47) Vormals Mittelherkunft/Erträge.
48) Vormals Mittelverwendung/Aufwendungen.
49) Vormals Mittelherkunft/Erhöhung Passiva.
50) Vormals Mittelherkunft/Erhöhung Passiva.
51) Vormals Mittelverwendung/Erhöhung Aktiva.
52) Vormals Mittelverwendung/Erhöhung Aktiva.
53) Vormals Mittelherkunft/Erhöhung Passiva.

Mittelverwendung	T €	Mittelherkunft	T €
Personalaufwand	9.832		
./. Zunahme Pensionsrückstellungen[54]	–340		
Sonstige betriebliche Aufwendungen	3.447		
./. Zunahme sonstiger Rückstellungen[55]	*–829*		
Zinsaufwendungen	103		
Steueraufwendungen	573		
+ Abnahme Steuerrückstellungen[56]	*115*		
./. Abnahme aktivischer latenter Steuern[57]	–35		
Summe	37.818	**Summe**	37.818

Quelle: *Küting/Weber*, Bilanzanalyse, S. 213 f.

Hinweis: Die Summen haben keine Bedeutung. Sie dienen lediglich als Kontrollsummen, da sie auf beiden Seiten identisch sein müssen.

139 In der saldierten Bewegungsbilanz nicht mehr enthalten sind die bisherigen Positionen, die sich gegenseitig aufheben:

140 **Abb. 14: Nicht mehr enthaltene Positionen**

Mittelverwendung	T €	Mittelherkunft	T €
Abschreibungen auf das immaterielle Anlagevermögen und Sachanlagen	1.468	Abschreibungen auf immaterielles Anlagevermögen	78
Abschreibungen auf Finanzanlagen	48	Abschreibungen auf Sachanlagen	1.390
		Abschreibungen auf Finanzanlagen	48
Summe	**1.516**	**Summe**	**1.516**

141 **Gewisse Geschäftsvorfälle können nicht eliminiert werden**: Ein kreditfinanzierter Kauf eines Gegenstands des Anlagevermögens wird auch weiterhin sowohl bei der Mittelverwendung (Zugänge Sachanlagen) als auch bei der Mittelherkunft (Verbindlichkeiten gegenüber Kreditinstituten) berücksichtigt, obgleich kein Zahlungsstrom mit der Transaktion verbunden war. Auch die Positionen sonstige betriebliche Aufwendungen sowie sonstige betriebliche Erträge bergen ein Ungenauigkeitspotential. Solche Mängel sind der Kapitalflussrechnung immanent, stehen ihrem grundsätzlichen Nutzen jedoch nicht im Wege.

142 Die **insolvenzspezifische Bilanzanalyse** erfordert jedoch eine **Präzisierung.** Zum Beispiel gehen die erwähnten kreditfinanzierten Anschaffungen regelmäßig mit Absonderungsrechten einher, die erst nach Insolvenzeröffnung ihre besondere Bedeutung erlangen. Auch verbergen sich hinter den sonstigen betrieblichen Erträgen bzw. Aufwendungen oft Positionen, die zu durchleuchten sind. Sonstige Aufwendungen können bspw. unrechtmäßige Entnahmen der Geschäftsführung aufdecken, sonstige Erlöse auf der Verschleuderung des „Tafelsilbers“ beruhen.

54) Vormals Mittelherkunft/Erhöhung Passiva.

55) Vormals Mittelherkunft/Erhöhung Passiva.

56) Vormals Mittelverwendung/Verminderung Passiva.

57) Vormals Mittelherkunft/Verminderung Aktiva.

Als **siebter Schritt** sind die Posten der saldierten Bewegungsbilanz dem Gliederungsschema einer **Kapitalflussrechnung** nach DRS 21 zuzuordnen, d. h. es wird nochmals umsortiert: 143

Abb. 15: Kapitalflussrechnung/Cashflow (für das Jahr 2021) 144

	Kapitalflussrechnung/Cashflow	T €
	(1) Bereich der laufenden Geschäftstätigkeit	
	Einzahlungen von Kunden für den Verkauf von Erzeugnissen, Waren und Dienstleistungen[58)]	35.531
./.	Auszahlungen an Lieferanten und Beschäftigte	–31.118
+	Sonstige Einzahlungen, die nicht der Investitions- oder der Finanzierungstätigkeit zuzuordnen sind	1.261
./.	Sonstige Auszahlungen, die nicht der Investitions- oder der Finanzierungstätigkeit zuzuordnen sind	–2.618
./.	Ertragsteuerzahlungen	–653
=	**Zahlungsmittelüberschuss aus der laufenden Geschäftstätigkeit (1) (= operativer Cashflow)**	**2.403**
	(2) Investitionsbereich	
	Einzahlungen aus Abgängen von Gegenständen des immateriellen Anlagevermögens	9
./.	Auszahlungen für Investitionen in das immaterielle Anlagevermögen	–519
+	Einzahlungen aus Abgängen von Gegenständen des Sachanlagevermögens	323
./.	Auszahlungen für Investitionen in das Sachanlagevermögen	–2.059
+	Einzahlungen aus Abgängen von Gegenständen des Finanzanlagevermögens	125
./.	Auszahlungen für Investitionen in das Finanzanlagevermögen	–397
+	Einzahlungen aufgrund von Finanzmittelanlagen im Rahmen der kurzfristigen Finanzdisposition	113
=	**Zahlungsmittelfehlbetrag (Cashflow) aus Investitionstätigkeit (2)**	**–2.405**
	(3) Finanzierungsbereich	
	Einzahlungen aus der Begebung von Anleihen und der Aufnahme von (Finanz-)Krediten	456
./.	Auszahlungen aus der Tilgung von Anleihen und (Finanz-)Krediten	–73
./.	Gezahlte Zinsen	–103
./.	Gezahlte Dividenden an die Gesellschafter	–203
=	**Zahlungsmittelüberschuss (Cashflow) aus Finanzierungstätigkeit (3)**	**77**
	(4) Finanzmittelbereich	
	Zahlungswirksame Veränderung des Finanzmittelfonds (Summe aus (1), (2) und (3))	75
+	Finanzmittelfonds am Anfang der Periode	918
=	**Finanzmittelfonds am Ende der Periode**	**993**

Quelle: *Küting/Weber*, Bilanzanalyse, S. 215.

58) Als Beispiel für die Zusammensetzung der Zahlen aus der vorherigen Abb.: Umsatzerlöse (35.986 T €) + Zunahme erhaltene Anzahlungen (176 T €) ./. Zunahme Forderungen L+L (631 T €).

145 Der Bereich der laufenden (früher: gewöhnlichen) Geschäftstätigkeit setzt sich also aus Aufwendungen und Erträgen zusammen, während Investitionsbereich und Finanzierungsbereich aus den Veränderungen bei Aktiva und Passiva ermittelt werden. Der konsolidierungstechnische Verrechnungsbereich betrifft das Verhältnis gegenüber den Gesellschaftern einschließlich Gewinnrücklagen und setzt sich wie folgt zusammen:

146 **Abb. 16: Konsolidierungstechnischer Verrechnungsbereich**

Mittelverwendung	T €	Mittelherkunft	T €
Verminderung Passiva		**Erhöhung Passiva**	
Δ Gewinnrücklagen (GuV)		Anteile anderer Gesellschafter (Bilanz)	
Abzgl. Zunahme Gewinnrücklagen (Bilanz)		Abzgl. Veränderung Anteile anderer Gesellschafter (GuV)	
Zwischensumme			
Differenz			
Summe		Summe	

Quelle: *Küting/Weber*, Bilanzanalyse, 10. Aufl., 2012, S. 207.

Hinweis: Diese Zusatzberechnung ist nur bei Gesellschafterwechseln erforderlich. Da im obigen Beispiel aus Vereinfachungsgründen kein Gesellschafterwechsel enthalten ist, sei nur das Gliederungsschema dargestellt.

147 Von Interesse ist hier die **Differenz zwischen Mittelherkunft und Mittelverwendung.** Die sich als Summe ergebende Veränderung des Zahlungsmittelbestandes der Kapitalflussrechnung muss identisch sein mit der Position „Veränderung Zahlungsmittel" in der Bewegungsbilanz (Abb. 7), Spalte Mittelverwendung/Erhöhung Aktiva. Bei einer negativen Veränderung, d. h. bei einer Abnahme des Zahlungsmittelbestandes im Analysejahr, gilt die Äußerung analog.

148 Die Arbeitsschritte lassen sich wie folgt zusammenfassen, wobei immer berücksichtigt werden muss, dass nicht Bestände zu einem bestimmten Zeitpunkt, sondern die Veränderungen im Analysezeitraum zu betrachten sind:

149 **Abb. 17: Arbeitsschritte Kapitalflussrechnung**

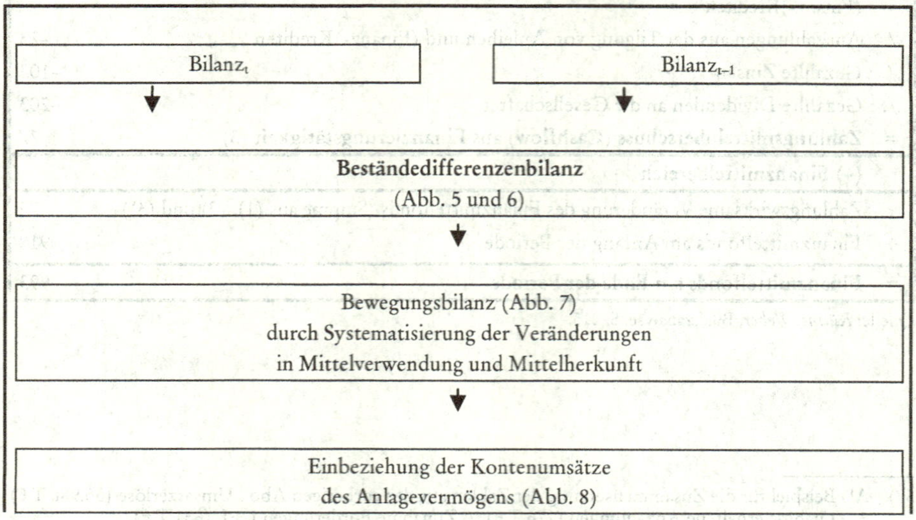

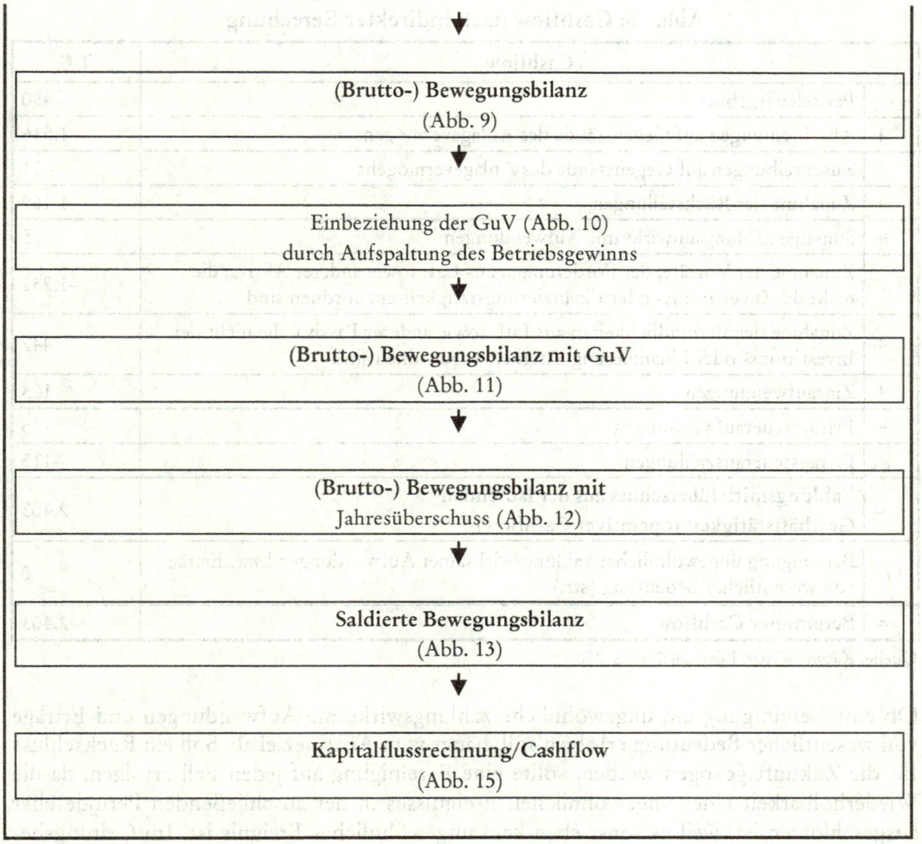

2. Cashflow nach indirekter Berechnung

Der Cashflow ist in seiner praktischen Anwendung ebenso häufig wie in der theoreti- **150**
schen Begründung und Zusammensetzung umstritten. Er soll ausdrücken, wie hoch der in einer Periode aus eigener Kraft erwirtschaftete Überschuss der Einnahmen über die Ausgaben ist. Daraus lässt sich ableiten, welche Mittel zur Schuldentilgung, für Investitionen und zur Dividendenzahlung zur Verfügung stehen. Im vorangegangenen Kapitel wurde der Cashflow nach direkter Methode ermittelt. Daneben gibt es eine indirekte Methode zur Bestimmung des Cashflow, die wesentlich einfacher ist, damit zwangsläufig aber auch ungenauer. Der Jahresabschluss wird bei dieser Methode **um die zahlungsunwirksamen Bestandteile korrigiert.** Es sind nun aber die zahlungswirksamen Vorgänge der laufenden Geschäftstätigkeit nicht mehr ersichtlich. Gerade in der Krise geht es aber darum, den operativen Bereich zu analysieren, sodass die indirekte Ermittlung des Cashflow nicht empfohlen werden kann. Als Grundlage für eine Planungsrechnung ist die indirekte Ermittlung völlig ungeeignet. Eine Darstellung nach dem Schema DRS 21 (dort Anlage 1) ist nachstehend dargestellt, wobei zum Vergleich die Zahlen aus dem vorangegangenen Beispiel übernommen werden:

151 **Abb. 18: Cashflow nach indirekter Berechung**

Cashflow		T €
	Periodenergebnis	490
+	Abschreibungen auf Gegenstände des Anlagevermögens	1.516
./.	Zuschreibungen auf Gegenstände des Anlagevermögens	–11
+	Zunahme der Rückstellungen	1.169
+	Sonstige zahlungsunwirksame Aufwendungen	5
./.	Zunahme der Vorräte, der Forderungen aus LuL sowie anderer Aktiva, die nicht der Investitions- oder Finanzierungstätigkeit zuzuordnen sind	–1.231
+	Zunahme der Verbindlichkeiten aus LuL sowie anderer Passiva, die nicht der Investitions- oder Finanzierungstätigkeit zuzuordnen sind	442
+	Zinsaufwendungen	103
+	Ertragsteueraufwendungen	35
./.	Ertragsteuerauszahlungen	–115
=	**Zahlungsmittelüberschuss aus der laufenden Geschäftstätigkeit (operativer Cashflow)**	2.403
+/–	Bereinigung ungewöhnlicher zahlungswirksamer Aufwendungen bzw. Erträge von wesentlicher Bedeutung (str.)	0
=	**Bereinigter Cashflow**	**2.403**

Quelle: *Küting/Weber*, Bilanzanalyse, S. 216.

152 Ob eine Bereinigung um ungewöhnliche zahlungswirksame Aufwendungen und Erträge von wesentlicher Bedeutung erfolgen soll, hängt vom Analyseziel ab. Soll ein Rückschluss für die Zukunft gezogen werden, sollte eine Bereinigung auf jeden Fall erfolgen, da die Wiederholbarkeit eines ungewöhnlichen Ereignisses in der anschließenden Periode eher ausgeschlossen ist, weil es sonst eben kein ungewöhnliches Ereignis ist. Im Geltungsbereich des BilRUG[59] (Jahresabschlüsse für nach dem 31.12.2015 beginnende Geschäftsjahre) ist der gesonderte Ausweis von außerordentlichen Erträgen allerdings aus der Aufgliederung von Umsatzerlösen herausgenommen worden (Änderung des § 277 Abs. 1 HGB), sodass sie nur aus einem ordnungsmäßigen Anhang ersichtlich sind (§ 285 Nr. 31, § 314 Abs. 1 Nr. 23 HGB).

3. Aussagekraft des Cashflow

153 Nachdem der Cashflow ermittelt wurde, stellt sich die Frage, welche Aussagekraft dem Ergebnis beigemessen werden kann.

154 Ein positiver **operativer Cashflow** bedeutet auf den ersten Blick, dass das Unternehmen eine eigene starke Finanzkraft hat, sodass Zahlungsüberschüsse nicht nur zur Schuldentilgung, sondern auch für Neuinvestitionen und Dividendenzahlungen eingesetzt werden können. Auf den zweiten Blick ist jedoch ersichtlich, dass anhand des Cashflow nicht zu erkennen ist, ob der Zahlungsmittelüberschuss wirklich selbst verdient oder durch Kapitalaufnahme erwirtschaftet wurde. Es muss ergänzend geprüft werden, wie sich das Ergebnis zu einer möglichen Kreditlinie oder zu Zahlungsterminen verhält. Daher ist der Cashflow, der für die Liquiditätsanalyse entwickelt wurde, auch für die – später darzustel-

59) Bilanzrichtlinie-Umsetzungsgesetz (BilRUG), v. 17.7.2015, BGBl. I 2015, 1245.

lende – Erfolgsanalyse von Bedeutung, da er Bestandteil einiger Formeln zur Berechnung erfolgsorientierter Kennzahlen ist, so z. B. für den dynamischen Verschuldungsgrad.

Ein negativer **Cashflow aus Investitionstätigkeit** ist normal, da in der Regel mehr investiert als desinvestiert wird. Ist der Wert positiv, wurde dem Unternehmen womöglich schon wesentliches Anlagevermögen entzogen, was auf einen Sanierungsversuch oder auf Unregelmäßigkeiten schließen lassen kann. Ist der Cashflow aus Investitionstätigkeit höher als der Cashflow aus dem operativen Geschäft, wurde mehr investiert als verdient. Dies kann auf die Beseitigung eines Investitionsrückstands i. R. eines Sanierungsversuchs beruhen oder auf einer mangelhaften bzw. fehlgeschlagenen Finanzplanung. 155

Soll der Cashflow für eine **Prognose** herangezogen werden, ist der Cashflow eines Betrachtungszeitraums nicht ausreichend aussagekräftig, sodass wenigstens drei Perioden auszuwerten sind. Denn ohne die Tendenzen in der Vergangenheit zu betrachten, sind auch keine Tendenzen in der Zukunft vorhersehbar. Der Vergleich des Cashflow verschiedener Unternehmen ist nicht ohne weiteres möglich, da unterschiedliche Möglichkeiten der Anlagenfinanzierung (z. B. Kauf oder Leasing) und unterschiedliche Intensitäten der Produktionsfaktoren (kapital- oder arbeitsintensiv) bestehen oder die Fertigungstiefe eine völlig andere ist. Dennoch gibt es immer wieder Hinweise auf Branchenwerte, an denen sich auch die Wertigkeit des Cashflow im betrachteten Unternehmen messen lassen sollte. So kann beurteilt werden, ob sich der Cashflow des analysierten Unternehmens im Einklang mit den strukturellen und konjunkturellen Branchenentwicklungen befindet oder auffällig davon abweicht (im positiven wie im negativen Sinne). 156

Da die Banken und andere Kreditgeber sich mittels Cashflow über den Erfolg des Unternehmens informieren lassen, unabhängig davon, ob eine Kapitalflussrechnung verpflichtend ist, wird sich für viele Schuldner eine mehr oder weniger fundierte Kapitalflussrechnung in den Unterlagen finden lassen. Es könnte dann geprüft werden, ob die dortigen Ergebnisse zutreffend sind. Sind sie es nicht, sind Managementfehler, Kreditbetrug oder Insolvenzverschleppung indiziert und weiter zu analysieren. 157

4. Cashflow im Insolvenzzeitraum

Eine vergangenheitsbezogene Kapitalflussrechnung für den Insolvenzzeitraum ist meist wenig von Interesse. Eine Kapitalflussrechnung für die reine Liquidationstätigkeit ist sinnwidrig, ein Fortführungsüberschuss i. S. des § 1 Abs. 2 Nr. 4 lit. b InsVV lässt sich schneller anhand der internen Rechnungslegung des Insolvenzverwalters nach § 66 InsO ermitteln. Die aufwendige Ermittlung eines Cashflow **lohnt also nur dann**, wenn die Kapitalflussrechnung Bestandteil einer **Planungsrechnung** ist, die einen Soll-Ist-Vergleich ermöglicht und in erheblich kleinere Zeitintervalle als die Jahresrechnung aufzuteilen ist. Dies mag bereits für mittlere und größere Betriebsfortführungen gelten, auf jeden Fall aber für die Vorbereitung eines Insolvenzplans (vgl. § 229 InsO) bzw. einer übertragenden Sanierung. Die unterschiedlichen Zielrichtungen verlangen jedoch auch eine unterschiedliche Ausgestaltung im Detail. 158

Bei einer Kapitalflussrechnung zur **Vorbereitung einer übertragenden Sanierung** steht das **operative Geschäft** im Vordergrund, d. h. der Fonds 1 (Bereich der laufenden Geschäftstätigkeit = operativer Cashflow). Der Erwerbsinteressent wird sich ergänzend und aufgrund eigener Planung auch dem Fonds 2 (Cashflow aus Investitionstätigkeit) widmen müssen, denn er muss ggf. Ersatz- oder Erweiterungsinvestitionen vornehmen, was den Insolvenzverwalter in seiner Planung eher weniger interessieren wird. Um diese Investitionen vornehmen zu können, wird sich der Erwerbsinteressent auch mit dem Fonds 3 (Cashflow aus Finanzierungstätigkeit) befassen müssen, da die Investitionen womöglich nicht allein aus dem Fonds 1 finanziert werden können, sondern einer Aufnahme von 159

Fremdkapital bedürfen. Kurzum: Hier wird der Insolvenzverwalter bemüht sein, den operativen Cashflow so optimal wie zulässig darzustellen, alle weiteren Bestandteile einer Kapitalflussrechnung brauchen ihn nicht zu interessieren. Er muss nur darauf gefasst sein, dass der Erwerbsinteressent die Notwendigkeit von Investitionen behauptet, die aus dem operativen Cashflow nicht finanziert werden können.

160 Bei der **Vorbereitung eines Insolvenzplans** wird sich der Insolvenzverwalter oder Schuldner (ganz allgemein der Planvorleger) ebenso wie seine Berater (gerade in Eigenverwaltung) jedoch ebenfalls intensiv mit den Fonds 2 und 3 befassen müssen, da es schließlich zur dauerhaften Sanierung des Rechtsträgers kommen soll. Notwendige Auszahlungen für Investitionen und etwaig notwendige Einzahlungen aus Fremdkapitalaufnahme gehören somit in eine Plan-GuV und eine Plan-Kapitalflussrechnung, in die dann auch noch steuerliche Implikationen eines Insolvenzplans einbezogen werden sollten.

D. Bilanzstruktur- bzw. Vermögensanalyse

I. Einleitung

161 Eine unmittelbare Beurteilung der zukünftigen Zahlungsfähigkeit eines Unternehmens ist externen Analysten auch aufgrund der soeben dargestellten historischen Kapitalflussrechnung nicht möglich. Innerhalb eines Insolvenzverfahrens wird daher auf eine Planungsrechnung abgestellt. Außerhalb eines Insolvenzverfahrens wird versucht, die zukünftige Zahlungsfähigkeit des Unternehmens anhand weiterer Indikatoren aus dem Jahresabschluss abzuleiten, maßgeblich mit der Vermögensanalyse. Da hier Krise und Insolvenz thematisiert werden, spielt die Vermögensanalyse folglich nur eine Rolle bei der Prüfung von Krise und Sanierungsfähigkeit einschließlich der Prüfung der Erfolgsaussichten eines Insolvenzplans. Anders ausgedrückt: eine Vermögensanalyse ist nur bei (versuchter) **Sanierung des Rechtsträgers** angezeigt, regelmäßig also im Vorfeld eines Insolvenzantrags.

162 Mit einer Bilanzstruktur- oder Vermögensanalyse wird versucht, Aussagen über Kapitalaufbringung (Passiva) und Kapitalverwendung (Aktiva) sowie über den betrieblichen Zusammenhang zwischen beiden Größen abzuleiten. Werden Aktiva mit Passiva verglichen, liegt eine horizontale Analyse vor, werden Aktiva mit Aktiva (oder Passiva mit Passiva) verglichen, handelt es sich um eine vertikale Analyse. Der Zusammenhang mit der künftigen Zahlungsfähigkeit ergibt sich aus zwei Gründen. Erstens kann anhand der Vermögensanalyse erkannt werden, welche Aktiva sich in welchen Zeiträumen in liquides Vermögen (Geld) umwandeln lassen und welche Passiva damit befriedigt werden können. Zweitens kann anhand der Vermögensanalyse beurteilt werden, in welchem Maß sich das Unternehmen Kapital von außen beschaffen kann; denn neben dem Cashflow ist der Fremdkapitalgeber i. R. der Bonitätsprüfung natürlich auch daran interessiert zu erfahren, auf welche Vermögenswerte er im Zweifel Zugriff nehmen kann und welche Sicherheiten ihm und anderen Gläubigern zur Verfügung stehen können.

163 Insofern ist der vom Gutachter im Insolvenzeröffnungsverfahren erstellte Vermögensstatus schon eine sehr vereinfachte Vermögensanalyse, allerdings auch nur für das Insolvenzverfahren brauchbar. Aktiva werden mit Zerschlagungs- und Fortführungswerten angegeben, d. h. für die Alternativen Zerschlagung und Fortführung wird geprüft, welcher Geldzufluss zu erwarten ist. Die Passiva werden rechtlich bewertet im Hinblick auf ihre Geltendmachung im Insolvenzverfahren (§§ 38, 39 InsO) und ihre Besicherung (Stichworte Aus- und Absonderung, Anfechtungsrecht).

II. Intensitätskennzahlen

Bei der Vermögensstrukturanalyse erfolgt eine grobe Strukturierung des Vermögens nach der Dauer der Vermögensbindung. Da Umlaufvermögen in der Regel schneller liquidiert werden kann als Anlagevermögen, bietet sich an, anhand dieser Größen Intensitätskennzahlen zu ermitteln. Diese Kennzahlen sind Indikatoren für die **kosten- bzw. leistungswirtschaftliche Flexibilität** des Unternehmens und liefern Anhaltspunkte für Möglichkeiten und Auswirkungen einer Anpassung an Strukturveränderungen. Zunächst seien einige **statische Intensitätskennzahlen** genannt: 164

Anlageintensität: 165

$$\frac{\text{Anlagevermögen}}{\text{Gesamtvermögen}} \times 100\,\%$$

Umlaufintensität: 166

$$\frac{\text{Umlaufvermögen}}{\text{Gesamtvermögen}} \times 100\,\%$$

Eine niedrige Anlageintensität bzw. eine hohe Umlaufintensität werden als positives Signal gewertet, da mit wachsender Anlageintensität das Investitionsrisiko steigt. Jede Investition ist in der Regel mit weiteren Fixkosten verbunden, sodass eine hohe Anlageintensität regelmäßig hohe Fixkosten bedeutet. Die Nachteile dieser Kennzahlen ergeben sich aus ihrer Vereinfachung. So können Fixkosten nicht alleine aus dem Anlagevermögen heraus interpretiert werden. Hierfür ist eine Betrachtung der GuV, der entsprechenden Konten und Verträge erforderlich. Zu beachten sind u. a. Kosten einer nicht bilanzwirksamen Finanzierung, z. B. Leasing. Neben der Zusammensetzung der Einflussfaktoren stellt auch die Interpretation der Kennzahlen eine Fehlerquelle dar. Eine niedrige Anlageintensität ist z. B. entgegen der Regel ein negatives Signal, wenn notwendige Investitionen unterlassen wurden. Analog hierzu ist eine hohe Umlaufintensität entgegen der Regel dann nicht positiv, wenn das Umlaufvermögen lediglich aufgrund von Absatzschwierigkeiten noch im Bestand ist. 167

Vorratsquote: 168

$$\frac{\text{Vorräte}}{\text{Gesamtvermögen}} \times 100\,\%$$

Eine hohe Vorratsquote kann Indiz für Absatzschwierigkeiten sein, aber auch für ein falsches Einkaufsmanagement. 169

Geldvermögensintensität: 170

$$\frac{\text{Geldvermögen}}{\text{Gesamtvermögen}} \times 100\,\%$$

Auch bei dieser Kennzahl ist noch nicht erkennbar, warum ein bestimmter Wert an Geldvermögen gehalten wird, sodass die Kennzahl alleine keinen Aussagegehalt hat. Maßgeblich dürften die Anforderungen der Branche sein. 171

172 Insgesamt sind die bisher genannten statischen Intensitätskennzahlen daher nur Vorarbeit, um ggf. gemeinsam mit anderen Kennzahlen brauchbare Informationen zu liefern.

173 Von Interesse ist insoweit die Forderungsstruktur des Unternehmens, ausgedrückt im Kundenziel, eine erste **dynamische Intensitätskennzahl**. Wird das Kundenziel immer größer, wurden den Kunden (oft unfreiwillig) längere Zahlungsfristen eingeräumt, es wurde aus Angst vor Kundenverlust nicht mit Nachdruck gemahnt oder die Kunden sind zahlungsunfähig.

174 **Kundenziel:**

$$\frac{\text{durchschnittlicher Bestand an Forderungen} \times 365}{\text{Umsatzerlöse}} \text{ Tage}$$

175 Im engen Zusammenhang damit steht die Umschlagsdauer des Vorratsvermögens. Diese dynamische Intensitätskennzahl zeigt auf, wie viele Tage das Vorratsvermögen durchschnittlich im Unternehmen verbleibt, bis es verbraucht wird. Der durchschnittliche Bestand an Vorräten (arithmetisches Mittel aus Anfangs- und Endbestand der betrachteten Periode) wird ins Verhältnis gesetzt zu den Umsatzerlösen der Periode:

176 **Umschlagsdauer des Vorratsvermögens:**

$$\frac{\text{durchschnittlicher Bestand der Vorräte} \times 365}{\text{Umsatzerlöse}} \text{ Tage}$$

177 Wie hoch der Wert sein darf oder sollte, ist zunächst branchenabhängig. Ein im Zeitvergleich steigender oder branchenunüblich hoher Wert lässt darauf schließen, dass trotz rückläufiger Geschäfte die Vorratsbeschaffung nicht angepasst worden ist, die Vorräte zu teuer eingekauft wurden oder die Deckungsbeitragsrechnung nicht angepasst wurde oder möglicherweise zu viel Wert auf Lagerhaltung gelegt wird. Die Automobilindustrie arbeitet z. B. mit dem Just-in-Time-Prinzip, d. h. im Grunde wird auf Lager verzichtet, bzw. die LKW zwischen Zulieferer und Werkstätte werden als rollende Lager benutzt. Hier müsste die Umschlagsdauer des Vorratsvermögens sehr niedrig sein. Ein kleiner Händler, der sich auf Ersatzteile für Oldtimer spezialisiert hat, wird hingegen um ein großes Lager nicht herumkommen, sodass der Wert denklogisch höher ist. Im Übrigen sind beide Kennzahlen bereits bei der Liquiditätsanalyse dargestellt worden.

178 Weitere dynamische Intensitätskennzahlen beschäftigen sich mit der vom Unternehmen (absichtlich oder unbeabsichtigt) in der Vergangenheit getroffenen Zukunftsvorsorge.

179 **Investitionsquote:**

$$\frac{\text{Nettoinvestitionen in Sachanlagen}}{\text{Sachanlagen zu historischen AHK}} \times 100\,\%$$

180 **Wachstumsquote:**

$$\frac{\text{Nettoinvestitionen in Sachanlagen}}{\text{Abschreibung auf Sachanlagen}} \times 100\,\%$$

Abschreibungsquote: 181

$$\frac{\text{Abschreibungen auf Sachanlagen}}{\text{Sachanlagen zu historischen AHK}} \times 100\ \%$$

Diese Intensitätskennzahlen geben jedoch nur Aufschluss, wenn sie für mehrere Perioden ermittelt werden, denn Investitionen erfolgen in der Regel nicht kontinuierlich, sondern in Schüben. Im Jahr der Investition ist die Investitionsquote besonders hoch, in den Jahren danach besonders niedrig. Echtes Wachstum kann demnach erst vorliegen, wenn die Wachstumsquote über 100 % liegt, da ansonsten nur Erhaltungsinvestitionen getätigt werden, jedoch keine Wachstumsinvestitionen. 182

III. Kapitalstrukturkennzahlen

Kapitalstrukturkennziffern sollen die **Zusammensetzung des Kapitals** des Unternehmens nach Art und Überlassungsdauer darstellen. 183

Eigenkapitalquote: 184

$$\frac{\text{Eigenkapital}}{\text{Gesamtkapital}} \times 100\ \%$$

Fremdkapitalquote: 185

$$\frac{\text{Fremdkapital}}{\text{Gesamtkapital}} \times 100\ \%$$

Die **Referenzgröße der Eigenkapitalquote** ist abhängig von der Branche des Unternehmens, ebenso von seiner Größe. Dem KfW-Mittelstandspanel 2021 lassen sich hierzu folgende Werte entnehmen: 186

Abb. 19: Referenzgrößen Eigenkapitalquote 187

Branche	2002	[…]	2020
F&E-intensives verarbeitendes Gewerbe	23,3 %		32,8 %
Sonstiges verarbeitendes Gewerbe	26,4 %		39,2 %
Bau	19,3 %		18,7 %
Wissensintensive Dienstleistungen	26,4 %		24,9 %
Sonstige Dienstleistungen	20,6 %		34,4 %
Handel	20,0 %		32,8 %
Beschäftigte			
< 10	14,9 %		17,4 %
10 – 49	15,0 %		31,3 %
≥ 50	21,8 %		36,4 %
Ø Mittelstand	18,4 %		30,1 %

188 Eine **hohe Eigenkapitalquote** (und zugleich niedrige Fremdkapitalquote) kann sowohl **Vor- als auch Nachteile** haben. Zunächst bedeutet eine hohe Eigenkapitalquote, dass die Zins- und Tilgungszahlungen für Fremdkapital als Teil der Fixkosten entsprechend niedrig ausfallen, sodass das Unternehmen über einen Liquiditätsvorteil verfügt. Zwar erwartet der Eigenkapitalgeber auch eine Verzinsung des eingesetzten Kapitals, sodass auch das Eigenkapital eine Zins- bzw. Dividendenlast bedeutet, jedoch kann in der Krise die Ausschüttung einer Dividende leichter ausgesetzt werden als die Bedienung von Fixkosten im Fremdkapitalbereich. Die reduzierte Aufnahme von Fremdkapital bedeutet ferner eine gewisse Unabhängigkeit von Fremdkapitalgebern (in der Regel Kreditinstitute). Nicht jedes unvorhergesehene Ereignis, wie z. B. Ersatzinvestitionen im Anlagevermögen oder Absatzschwierigkeiten, müssen fremdfinanziert werden. Vollständige Verluste, z. B. Wertberichtigungen bei Kundeninsolvenzen, können besser absorbiert werden als bei einer hohen Fremdkapitalquote. Dies alles hat positive Auswirkungen auf die Bonität des Unternehmens, was dem Unternehmen einen zusätzlichen Spielraum bei der Auswahl der Fremdkapitalgeber gibt. Insgesamt sinkt das theoretische Insolvenzrisiko mit steigender Eigenkapitalquote.

189 Andererseits hat eine hohe Eigenkapitalquote den Nachteil, dass die steuerliche Behandlung des Unternehmens ungünstiger ist. Fremdkapitalkosten können als Betriebsausgaben bilanzwirksam verbucht werden, was nicht für die Dividenden der Eigenkapitalgeber gilt; aus steuerlicher Sicht muss von einer Diskriminierung der Eigenfinanzierung gesprochen werden. Ferner lässt sich anhand der Eigenkapitalquote nicht erkennen, ob notwendige Investitionen vorgenommen wurden. Eine hohe Eigenkapitalquote kann bedeuten, dass das Unternehmen erforderliche Anpassungsmaßnahmen unterlassen hat. Langfristig kann dies zum Ausfall des Absatzmarktes führen, da die Produkte nicht mehr dem technischen Standard entsprechen oder nicht mehr zu konkurrenzfähigen Preisen angeboten werden können; in einem solchen Fall steigt folglich das Insolvenzrisiko mit steigender Eigenkapitalquote. Freilich kann eine hohe oder zumindest ausreichende Eigenkapitalquote auch auf einem vorherigen Debt Equity Swap beruhen. Weiterer Nachteil ist die nicht vollständige Ausnutzung des Leverage-Effekts (Verhältnis zwischen Investitionsrendite und Eigenkapitalrendite).

190 **Statischer Verschuldungsgrad:**

$$\frac{\text{Fremdkapital}}{\text{Eigenkapital}} \times 100\,\%$$

191 Der statische Verschuldungsgrad stellt **Fremd- und Eigenkapital in ein Verhältnis** zueinander. Die betriebswirtschaftliche Forschung versucht, durch den Ansatz von Zielfunktionen eine Optimierung des Verhältnisses zwischen Eigen- und Fremdkapital zu erreichen. Dies kann hier vernachlässigt werden, da es hierfür die Renditeerwartungen der Eigen- und Fremdkapitalgeber mathematisch zu berücksichtigen gilt, was bei einer Sanierung innerhalb eines Insolvenzverfahrens von untergeordneter Bedeutung ist: das Eigenkapital ist oftmals verbraucht, die Gesellschafter erwarten keine Rendite mehr, sondern sind zufrieden, wenn sie nicht persönlich in Anspruch genommen werden. Die Zinsen für Fremdkapital sind ohnehin meist rückständig und lediglich Forderungen nach § 38 InsO. Insgesamt geht es in einem Insolvenzverfahren folglich nicht um Renditeoptimierung, sondern um Schadensbegrenzung.

192 Von Bedeutung auch in der Insolvenzpraxis sind der dynamische Verschuldungsgrad und die Selbstfinanzierungsquote.

Dynamischer Verschuldungsgrad: 193

$$\frac{\text{Fremdkapital}}{\text{Cashflow}}\ \text{Jahre}$$

Unter der Voraussetzung, dass ein positiver Cashflow jedes Jahr erwirtschaftet und ausschließlich zur Schuldentilgung eingesetzt wird, gibt der dynamische Verschuldungsgrad die **Dauer der Entschuldung des Unternehmens** an. Je niedriger der Wert ist, desto schneller kann eine Sanierung erreicht werden. 194

Selbstfinanzierungsquote: 195

$$\frac{\text{Cashflow}}{\text{Zugänge im Anlagevermögen}} \times 100\,\%$$

Die Selbstfinanzierungsquote soll angeben, zu welchem Teil das Unternehmen notfalls **Investitionen aus eigener Kraft**, d. h. ohne Rückgriff auf externe Finanzierungsquellen realisieren könnte. Teilweise wird hiervon abweichend ein Selbstfinanzierungsgrad wie folgt definiert: 196

Selbstfinanzierungsgrad: 197

$$\frac{\text{Gewinnrücklagen}}{\text{Eigenkapital}} \times 100\,\%$$

Hiermit wird die **Thesaurierungsfähigkeit des Unternehmens** in der betrachteten Periode dargestellt. 198

Entsprechend dem Kundenziel auf der Aktivseite kann auf der Passivseite ein Lieferantenziel ermittelt werden. Hier wird nicht ermittelt, wie schnell die Kunden auf Forderungen aus Lieferungen und Leistungen zahlen, sondern wie schnell das Unternehmen seine Gläubiger von Forderungen aus Lieferungen und Leistungen bedient. 199

Lieferantenziel: 200

$$\frac{\text{Bestand an Warenschulden}}{\text{Wareneingang}} \times 365\ \text{Tage}$$

E. Erfolgsanalyse

Ziel der Erfolgsanalyse ist die **Beurteilung der Ertragskraft des Unternehmens.** Unter Ertragskraft wird die Fähigkeit des Unternehmens verstanden, in der Zukunft nachhaltig Gewinne erzielen und damit Entnahmen oder Ausschüttungen sicherstellen zu können. 201

I. Jahresüberschuss/-fehlbetrag

Ein wesentliches handelsrechtliches Instrument zur Ermittlung der Ertragskraft ist die GuV, in der die Gegenüberstellung von **Erträgen** und **Aufwendungen** einer Periode zur Ermittlung des Jahresüberschusses bzw. des Jahresfehlbetrages führt. 202

Die Gliederung der GuV richtet sich nach den Vorgaben des HGB. § 275 Abs. 1 HGB sieht eine Wahlmöglichkeit zwischen einer Darstellung nach dem **Gesamtkostenverfah-** 203

ren und nach dem **Umsatzkostenverfahren** vor. Die Gliederung für das Gesamtkostenverfahren sieht (seit Eliminierung außerordentlicher Erträge durch das BilRUG[60]), d. h. für nach dem 31.12.2015 beginnende Geschäftsjahre) wie folgt aus:

204 **Abb. 20: GuV Gesamtkostenverfahren (§ 275 Abs. 2 HGB)**

Gewinn- und Verlustrechnung
1. Umsatzerlöse
2. Erhöhung oder Verminderung des Bestands an fertigen und unfertigen Erzeugnissen
3. Andere aktivierte Eigenleistungen
4. Sonstige betriebliche Erträge
5. Materialaufwand
a) Aufwendungen für Roh-, Hilfs- und Betriebsstoffe und für bezogene Waren
b) Aufwendungen für bezogene Leistungen
6. Personalaufwand
a) Löhne und Gehälter
b) Soziale Abgaben und Aufwendungen für Altersversorgung und für Unterstützung, davon für Altersversorgung
7. Abschreibungen
a) auf immaterielle Vermögensgegenstände des Anlagevermögens und Sachanlagen
b) auf Vermögensgegenstände des Umlaufvermögens, soweit diese die in der Kapitalgesellschaft üblichen Abschreibungen überschreiten
8. Sonstige betriebliche Aufwendungen
9. Erträge aus Beteiligungen, davon aus verbundenen Unternehmen
10. Erträge aus anderen Wertpapieren und Ausleihungen des Finanzanlagevermögens, davon aus verbundenen Unternehmen
11. Sonstige Zinsen und ähnliche Erträge, davon aus verbundenen Unternehmen
12. Abschreibungen auf Finanzanlagen und auf Wertpapiere des Umlaufvermögens
13. Zinsen und ähnliche Aufwendungen, davon an verbundene Unternehmen
14. Steuern vom Einkommen und vom Ertrag
15. Ergebnis nach Steuern
16. Sonstige Steuern
17. Jahresüberschuss/Jahresfehlbetrag

II. Bilanzgewinn/-verlust

205 Wird der Jahresüberschuss bzw. -fehlbetrag um Gewinn- bzw. Verlustvorträge aus der vorherigen Periode sowie um die Einstellung oder Auflösung von offenen Rücklagen ergänzt, entsteht der Bilanzgewinn bzw. Bilanzverlust.

60) Bilanzrichtlinie-Umsetzungsgesetz (BilRUG), v. 17.7.2015, BGBl. I 2015, 1245.

Abb. 21: Bilanzgewinn 206

Bilanzgewinn	
	Jahresüberschuss bzw. Jahresfehlbetrag
+/–	Gewinn-/Verlustvortrag
–	Einstellung in Rücklagen
+	Auflösung von Rücklagen
=	**Bilanzgewinn**

Maßgebliche Größe für die Erfolgsermittlung bleibt jedoch der Jahresüberschuss. Der Bilanzgewinn ist eher von Bedeutung für steuerliche Zwecke und für die Gewinnausschüttung an die Gesellschafter. 207

III. Umsatzanalyse

Soweit nicht ohnehin nach § 285 Nr. 4 HGB für den Anhang vorgeschrieben, sollte für Sanierungszwecke eine Analyse der Zusammensetzung des Umsatzes nach Sparten und Absatzmärkten erfolgen, z. B.: 208

Abb. 22: Umsätze nach Sparten und Absatzmärkten 209

Umsatzspiegel	**Gesamtmarkt T €**		**Deutschland T €**		**EU-Länder T €**		**übrige Gebiete T €**	
	t_{-1}	t_0	t_{-1}	t_0	t_{-1}	t_0	t_{-1}	t_0
Schuhe								
Chemischer Bereich								
Tech. Dienstleitung								

Auch hier können nach der Zusammenstellung der entsprechenden Werte beliebige Kennzahlen ermittelt werden, z. B.: 210

Exportabhängigkeit: 211

$$\frac{\text{Auslandsumsatz}}{\text{Gesamtumsatz}} \times 100\ \%$$

IV. Cashflow

Der Cashflow hat neben seiner finanzwirtschaftlichen Bedeutung zur Messung der Liquidität auch eine Bedeutung bei der Analyse der Ertragskraft eines Unternehmens. Allerdings gehen die Meinungen in Theorie und Praxis hierüber noch weiter auseinander als bei Definition und Berechnung des Cashflow als finanzwirtschaftlicher Kennzahl. 212

Der Nutzen der Einbeziehung des Cashflow in die Erfolgsanalyse wird im Wesentlichen damit begründet, dass bei der Ermittlung des Cashflow – anders als nur bei Ablesen des Jahresüberschusses – Manipulationen oder angewandte Bilanzpolitik weitgehend erkannt und neutralisiert werden können. 213

V. Börsenwert

214 Der Börsenwert spiegelt den subjektiven Wert des Unternehmens anhand des Marktverhaltens der (institutionellen) Anleger wider. Börsenfähig sind nur die Aktiengesellschaft (AG) und die Kommanditgesellschaft auf Aktien (KGaA). Für diese Gesellschaftsformen besteht jedoch kein Börsenzwang, sodass nur die wenigsten Betrachtungsobjekte (Schuldner) überhaupt einen Börsenwert haben. Insgesamt wird der Börsenwert wegen seines subjektiven Einschlags und nicht beherrschbarer Einflussfaktoren (Börsenpsychologie) nicht als aussagekräftige Größe wahrgenommen.

VI. Wertschöpfung

1. Einführung

215 Der Begriff Wertschöpfung stammt ursprünglich aus der Volkswirtschaftslehre und wurde dort i. R. der Definition bzw. Berechnung des Bruttoinlandsprodukts entwickelt. Ganz einfach ausgedrückt gilt:

216 **Abb. 23: Übersicht Wertschöpfung**

Entstehungsrechnung	Verteilungsrechnung
Gesamtleistung ./. Vorleistung	Arbeitseinkommen + Kapitaleinkommen + Gemeineinkommen (Steuern)
= Wertschöpfung	= Wertschöpfung

217 Während die bisherigen Ziele und Methoden auf den Produktionsfaktor Kapital ausgerichtet waren, kommt durch Einbeziehung der volkswirtschaftlichen Größe „Wertschöpfung“ nun der **Produktionsfaktor Arbeit** ins Spiel. Dies scheint volkswirtschaftlich gerecht, da das Kapital an sich nichts schöpfen kann; es bedarf immer des Einsatzes von körperlicher oder geistiger Arbeit. Folglich kann auch nicht das Kapital, sondern nur der Mensch produktiv sein, was darauf schließen lässt, dass die Produktivität eines Unternehmens nur gemessen werden kann, wenn der Produktionsfaktor Arbeit entsprechend gewürdigt wird. Dies mag sich durch die Entwicklungen in den Bereichen Digitalisierung und Künstliche Intelligenz (KI) künftig ändern. Kurzum: die betriebswirtschaftliche Bedeutung der Wertschöpfungsanalyse soll darin liegen, die **Produktivität eines Unternehmens** bestimmen zu können.

218 Aus der GuV werden die einzelnen Positionen aufgespalten in ihre Bedeutung für die Entstehung und Verteilung der Wertschöpfung. Sofern die Wertschöpfung des betrachteten Zeitraums (t_0) mit der Periode vor dem analysierten Zeitraum (t_{-1}) verglichen werden soll, erfolgen die Gegenüberstellung der Werte sowie die Ermittlung der Abweichung (Δ) als Betrag und als Prozentwert. Die nachfolgenden Tab. bilden lediglich das Schema ab; innerhalb der einzelnen Positionen sind weitere Differenzierungen vorzunehmen, wie sie entweder das Gesetz oder das Analyseziel vorsehen. Es versteht sich von selbst, dass die Wertschöpfung nach der Entstehungsrechnung gleich der Wertschöpfung nach der Verteilungsrechnung sein muss.

Abb. 24: Entstehungsrechnung 219

Entstehungsrechnung			t_{-1}	t_0	Δ	Δ
			T€	T€	T€	%
1.		Umsatzerlöse				
2.	+/–	Bestandsveränderungen				
3.	+	Andere aktivierte Eigenleistungen				
4.	=	**Betriebsleistung**				
5.	+	Sonstige betriebliche Erträge				
6.	–	Liquidations- und Bewertungserträge				
7.	=	**Gesamtleistung (Produktionswert)**				
8.		Materialaufwand				
9.	+	Abschreibungen				
10.	+	Sonstige betriebliche Aufwendungen				
11.	+	Sonstige Steuern				
12.	=	**Vorleistungen**				
13.		**Wertschöpfung (Pos. 7 ./. Pos. 12)**				

Kapitalgesellschaften müssen im Anhang die Umsatzerlöse nach Tätigkeitsbereichen sowie nach geografisch bestimmten Märkten aufteilen, um die entsprechenden Abhängigkeiten aufzudecken (§ 285 Nr. 4 HGB). Je nach Analyseziel kann die Pos. 1 daher in entsprechende Unterpunkte untergliedert werden. 220

Die Position „sonstige betriebliche Erträge“ muss auf ihre Stetigkeit hin untersucht werden. Einerseits kann es sich um regelmäßige Einnahmen handeln (z. B. Kantinenbetrieb), andererseits können hier unregelmäßige Vorgänge enthalten sein (wie z. B. Verkauf von Gegenständen des Anlagevermögens, Erträge aus der Auflösung von Rückstellungen sowie Entnahmen oder Auflösung von Sonderposten mit Rücklageanteil). In einem solchen Fall sollte diese Position entsprechend geteilt werden. 221

Abb. 25: Verteilungsrechnung 222

Verteilungsrechnung			t_{-1}	t_0	Δ	Δ
			T€	T€	T€	%
1.		Personalaufwand				
2.	+	Steuern vom Einkommen und Ertrag				
3.	+	Zinsen und ähnliche Aufwendungen				
4.	+	Bilanzgewinn				
5.	+	Sonstige betriebliche Erträge				
6.	+/–	Restbetrag (Rückstellungen, Zinserträge etc.)				
7.	=	**Wertschöpfung**				

Nach dem gängigen Schema können Verhältniszahlen gebildet werden, die z. B. ausdrücken sollen, wie viel Prozent der Wertschöpfung auf den Personalaufwand entfallen, wie hoch der prozentuale Anteil der Umsatzerlöse an der Entstehung der Wertschöpfung ist etc. Durch Branchen- oder Zeitvergleiche kann ermittelt werden, ob und in welchem Bereich Sanierungsmaßnahmen erforderlich scheinen. 223

2. Break-Even-Analyse

224 Der Gewinn aus einer unternehmerischen Tätigkeit stellt sich vereinfacht wie folgt dar:

$$\text{Gewinn} = \text{Umsatz} ./. \text{Aufwand}$$

225 Bei der Break-Even-Analyse wird der Gewinn gleich null gesetzt. Dann ist die Gewinnschwelle bzw. der kritische Gewinn erreicht, wenn gilt:

$$\text{Umsatz} = \text{Kosten}$$

226 Der Umsatz ist das Produkt von Preis und Menge, die Kosten setzen sich aus Fixkosten und variablen Kosten zusammen, sodass weiter gilt:

$$\text{Preis} \times \text{Menge} = \text{variable Stückkosten} \times \text{Menge} + \text{fixe Kosten}$$

227 Durch weitere Umformung ergibt sich nun:

$$X_{krit} = \frac{\text{Fixkosten}}{\text{Stückdeckungskosten}}$$

228 Ergebnis soll diejenige Menge sein, die abgesetzt werden muss, damit der Gewinn null ist:

229 **Abb. 26: Break-Even**

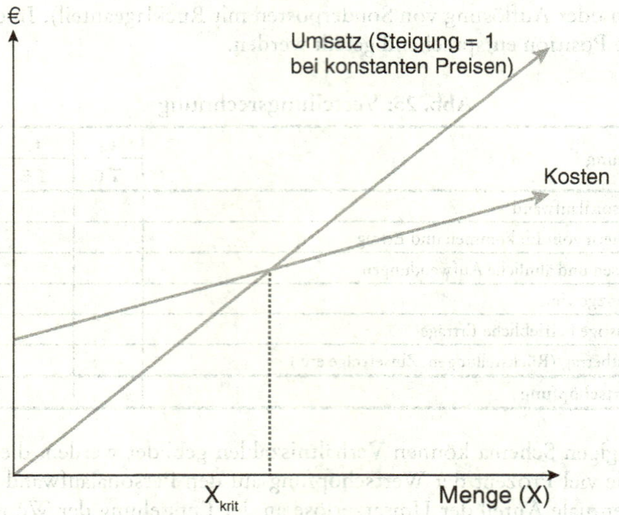

230 Entspricht der Umsatz nicht dem kritischen Wert null, kann dies an einer zu niedrigen Absatzmenge und/oder am falschen Preis der Produkte liegen. Ist hingegen der Umsatz trotz Krise bei marktgerechten Preisen relativ stabil, aber der Break-Even nicht erreicht, kann die verfehlte Gewinnschwelle grundsätzlich nur in zu hohen Kosten begründet sein. In diesem Fall ist eine Sanierung nur möglich, wenn und soweit Potential für **Rationali-**

sierungsmaßnahmen vorhanden ist oder ein Erwerber bei übertragender Sanierung mit niedrigeren Kosten operieren kann.

Während sich früher dargestellte Analysemethoden und -ziele kompliziert anhörten, dann aber letztlich lediglich Fleißarbeit bedeuteten, sieht die Break-Even-Analyse nun recht einfach aus, ist aber in der Anwendung eher aufwendig. Das erste Problem ist schon jenes, dass fast kein Unternehmen nur ein einziges Produkt herstellt und die Break-Even-Analyse selbst bei Ein-Produkt-Unternehmen nur möglich ist, wenn die Kosten aufgeteilt werden können in beschäftigungsfixe und beschäftigungsabhängige Bestandteile.[61] Ganz wesentlich ist jedoch, dass **Stückdeckungskosten** nur unter erheblichem Aufwand aus einem Jahresabschluss oder einer GuV zurückgerechnet werden können. Außerdem ist die Unterschreitung des Break-Even nur selten unmittelbarer Insolvenzauslöser. Insoweit ist der Break-Even im Bereich von Krise und Insolvenz weniger Analyseinstrument als eher Bestandteil einer **Planungsrechnung**. Wird i. R. einer Planungsrechnung eine Deckungsbeitragsrechnung erstellt, kann anhand der Break-Even-Formel ermittelt werden, wie hoch das Produkt aus „Absatzmenge × Preis" sein muss, damit der kritische Gewinn null beträgt. Wenn nun durch Analyse des Absatzmarktes der maximal erzielbare Preis je Einheit ermittelt wird, steht als Ergebnis die kritische Menge fest, die mindestens abgesetzt werden muss. 231

VII. Rentabilitätswerte

Rentabilitätswerte setzen eine den Erfolg darstellende Größe (Gewinn, Jahresüberschuss) in Beziehung zu einer anderen Größe, die auf den Erfolg (vermutlich) Einfluss hat. Es wird demnach eine **Ursache-Wirkungs-Aussage** angenommen. Rentabilitätswerte sind in Theorie und Praxis umstritten. Zwar sind sie rechnerisch sehr einfach, die Einschätzung ihres Aussagegehalts reicht jedoch von zentral bis irrelevant. 232

1. Eigen- und Fremdkapitalrentabilität

Die Eigenkapitalrentabilität in ihrer praxisrelevanten Definition setzt den Jahresüberschuss ins Verhältnis zum Eigenkapital: 233

Eigenkapitalrentabilität: 234

$$\frac{\text{Jahresüberschuss}}{\text{Eigenkapital}} \times 100\,\%$$

Beim Eigenkapital wird zunächst der Durchschnittswert aus den Beständen am Ende und am Anfang des Geschäftsjahres ermittelt (was den Aussagegehalt bereits erheblich einschränkt, da anhand des arithmetischen Mittels keine Tendenz erkennbar ist). Der Endbestand an stillen Reserven wird hinzugerechnet. Aufgrund seiner unbestimmten Größe wird der Sonderposten mit Rücklageanteil mit 60 % hinzugerechnet. Abzuziehen sind ausstehende Einlagen auf das gezeichnete Kapital. 235

Entsprechend der Eigenkapitalrentabilität kann eine Fremdkapitalrentabilität berechnet werden, wobei die Sonderposten mit Rücklageanteil mit 40 % zu berücksichtigen sind: 236

Fremdkapitalrentabilität: 237

$$\frac{\text{Jahresüberschuss}}{\text{Fremdkapital}} \times 100\,\%$$

61) Vgl. *Küting/Weber*, Bilanzanalyse, S. 348.

238 Beide Werte sind nur dann von Bedeutung, wenn eine **Sanierung des Rechtsträgers** erfolgen soll, denn bei Fortführung des Unternehmens zwecks übertragender Sanierung oder gar bei Zerschlagung des Unternehmens kommt es erkennbar nicht mehr darauf an, ob Eigen- oder Fremdkapitalgeber des Schuldners eine Rendite erwarten. Völlig verfehlt wird die Befriedigungsquote für Insolvenzgläubiger gelegentlich als Insolvenzrendite bezeichnet. In einem Gutachten zu Verfahrensbeginn oder in einem Insolvenzplan macht es sich allerdings gut, auf diese Werte hinzuweisen, da sie einerseits Standardwerte sind und andererseits Aussagen zur ungünstigen Kapitalausstattung als Insolvenzursache ermöglichen. Wer an dieser Stelle bereits den Cashflow zur Hand hat, kann die Rentabilität auch anders darstellen, nämlich:

239 **Eigenkapitalrentabilität:**

$$\frac{\text{Cashflow}}{\text{Eigenkapital}} \times 100\,\%$$

240 **Fremdkapitalrentabilität:**

$$\frac{\text{Cashflow}}{\text{Fremdkapital}} \times 100\,\%$$

2. Umsatzrentabilität (Umsatzrendite, Return on Sales)

241 Entsprechend den vorangegangenen Definitionen gilt:

242 **Umsatzrentabilität:**

$$\frac{\text{ordentliches Betriebsergebnis}}{\text{Gesamtleistung}} \times 100\,\%$$

oder auch:

$$\frac{\text{Gewinn}}{\text{Umsatz}} \times 100\,\%$$

243 Der Wert drückt aus, in welchem Verhältnis die Umsatzerlöse (Gesamtleistung) zum ordentlichen Betriebsergebnis stehen. Der Kehrwert ist die Kostenquote im Verhältnis zur Gesamtleistung.

244 Änderungen der Umsatzrendite im Zeitvergleich können auf veränderte Betriebsleistungen, ein neues Fertigungsprogramm oder eine Umstrukturierung des Kundenkreises zurückzuführen sein.[62] Der Durchschnittswert der Umsatzrendite in Deutschland soll 3 % betragen, wobei verschiedene Branchen selbstverständlich unterschiedliche Durchschnittswerte aufweisen. Der Dienstleistungsbereich mit einer geringen Wareneinsatzquote erzielt z. B. weit höhere Renditen als ein materialintensiver Betrieb. Dem KfW-Mittelstandspanel 2021 lassen sich hierzu folgende Werte entnehmen:

62) *Gräfer/Wengel*, Bilanzanalyse, S. 66.

Abb. 27: Referenzgrößen Umsatzrendite 245

Branche	2005	[…]	2020
F&E-intensives verarbeitendes Gewerbe	4,6 %		4,9 %
Sonstiges verarbeitendes Gewerbe	4,1 %		4,9 %
Bau	4,3 %		9,4 %
Wissensintensive Dienstleistungen	9,2 %		12,2 %
Sonstige Dienstleistungen	4,2 %		4,9 %
Handel	3,2 %		4,2 %

Die Durchschnittswerte sind ferner abhängig von der Größe des Unternehmens. Dem KfW-Mittelstandspanel 2021 lassen sich hierzu folgende Werte entnehmen:

Beschäftigte	2005	[…]	2020
< 10	9,9 %		14,6 %
10 – 49	3,6 %		6,4 %
≥ 50	3,3 %		4,2 %
Ø Mittelstand	5,4 %		7,3 %

Bei der vergleichsweise hohen Rendite der Kleinbetriebe darf nicht übersehen werden, dass der Inhaber meist selbst mitarbeitet, ohne dass hierfür Lohnkosten anfallen; der Unternehmerlohn schmälert nicht den Gewinn. Die positiven Tendenzen auf ohnehin schon hohem Niveau bei den wissensintensiven Dienstleistungen zeigen die Entwicklung zur Wissensgesellschaft. Besonders zu erwähnen ist ein Anstieg im Baugewerbe von 7,1 % in den Jahren 2016 und 2017 auf 9,4 % im Jahr 2020. 246

3. Return on Investment

Der Return on Investment ist – ebenso wie der Cashflow – eine viel diskutierte Größe mit unterschiedlichen Definitionen und Aussagemöglichkeiten. So findet er sich i. R. der statischen Investitionsrechnung ebenso wie i. R. der Bilanzanalyse. Eine gängige Definition lautet: 247

– in der Investitionsrechnung zur Beurteilung einer Investition:

$$\frac{\text{durchschnittlicher jährlicher Kapitalertrag}}{\text{durchschnittlicher jährlicher Kapitaleinsatz}} \times 100\,\%$$

– bzw. als Analyse der Betriebsrentabilität:

$$\frac{\text{ordentliches Betriebsergebnis}}{\text{betriebsnotwendiges Vermögen}} \times 100\,\%$$

Dieser Wert ist allenfalls für die Sanierung des Rechtsträgers bzw. aus der Perspektive des Erwerbsinteressenten von Bedeutung. 248

VIII. Erfolgsspaltung

Aufgabe der Erfolgsspaltung ist es, das im Jahresabschluss ausgewiesene Periodenergebnis nach unterschiedlichen Kriterien zu zerlegen, um auf diese Weise tiefere Einblicke in die 249

Ertragssituation des Unternehmens zu gewinnen. Im Mittelpunkt steht das Ziel, zur Abschätzung zukünftiger Erfolgspotentiale ein Ergebnis zu ermitteln, das bei konstanten Umweltbedingungen auch künftig erzielbar ist. Das macht es erforderlich, den Jahreserfolg möglichst genau in **nachhaltige und nicht nachhaltige Bestandteile** aufzuschlüsseln. Dies verbessert die Prognosemöglichkeit, da das ordentliche Betriebsergebnis aus dem operativen Geschäft, das Finanzergebnis (ordentliches betriebsfremdes Ergebnis) und das außerordentliche Ergebnis getrennt betrachtet werden können.

250 Die Erfolgsspaltung ist in der klassischen Bilanzanalyse neben den bisher dargestellten Analysemethoden und -zielen eine weitere tragende Säule. Auch im Zusammenhang mit Krise und Insolvenz kann die Erfolgsspaltung wichtige Analyseergebnisse liefern. Da jedoch die bisher dargestellten Ziele und Methoden schon hinreichende Ergebnisse geliefert haben, muss die Erfolgsspaltung nicht zwingend zusätzlich durchgeführt werden, sie stellt vielmehr eine Alternative dar; dies bestätigt eine frühere Anforderung des Inhalts, dass zunächst das Analyseziel definiert werden muss, bevor die eigentliche Analyse beginnt.

251 Während die bisher dargestellten Ziele und Methoden ganz wesentlich für die Krisenprüfung einschlägig waren, aus denen sich Hinweise für ein Sanierungspotential ergaben und die sich mit dem Cashflow beschäftigten, ist die Erfolgsspaltung für die Anwendung im Zusammenhang mit Krise, Sanierung und Insolvenz von besonderer Bedeutung, da sie das operative Geschäft fokussiert. Das ordentliche Betriebsergebnis ist für die Sanierungs- und Fortführungsprüfung in der Insolvenz der zentrale Wert. Das Finanzergebnis ist für eine Prognoseentscheidung weniger relevant, da die Erträge aus Finanzanlagen durch das AGB-Pfandrecht der Banken oft lediglich die nach § 38 InsO angemeldete Forderung mindern, zu zahlende Zinsen eben solche Insolvenzforderungen sind und die Abschreibungen lediglich eine steuerliche Größe darstellen, die aufgrund von vorinsolvenzlichen Verlustvorträgen irrelevant sind.

1. Gliederung

252 Es empfiehlt sich folgende Gliederung zur Aufspaltung des Jahresüberschusses nach dem Gesamtkostenverfahren (§ 275 Abs. 2 HGB):[63]

253 **Abb. 28: Erfolgsspaltung**

Pos.		Erfolgsspaltung	T €
1.		Umsatzerlöse	
2.	+/–	Bestandsveränderung fertige und unfertige Erzeugnisse	
3.	+	Andere aktivierte Eigenleistungen	
4.	+	Sonstige betriebliche Erträge	
5.	=	**Gesamtleistung (Zwischensumme Pos. 1 bis 4)**	
6.	–	Materialaufwand	
7.	=	**Rohertrag (Zwischensumme Pos. 5 + 6)**	
8.	–	Personalaufwand	
9.	–	Abschreibungen	
10.	–	Sonstige betriebliche Aufwendungen	
11.	=	**Ordentliches oder operatives Betriebsergebnis (Summe Pos. 7 bis 10) = EBIT[64]**	

63) Zur Aufspaltung eines IFRS-Abschlusses s. *Küting/Weber*, Bilanzanalyse, S. 252 ff.

64) Earnings before interest and taxes.

Pos.		Erfolgsspaltung	T €
12.		Erträge aus Beteiligungen	
13.	+	Erträge aus anderen Wertpapieren und Ausleihungen des Finanzanlagevermögens	
14.	+	Sonstige Zinsen und ähnliche Erträge	
15.	–	Abschreibungen auf Finanzanlagen und Wertpapiere des Umlaufvermögens	
16.	+/–	Ertrag/Aufwand aus Gewinnabführungs- und Verlustübernahmeverträgen	
17.	–	Zinsen und ähnliche Aufwendungen	
18.	=	**Finanzergebnis (Summe Pos. 12 bis 17)**	
19.	=	**Ordentliches Ergebnis oder Ergebnis der gewöhnlichen Geschäftstätigkeit (Pos. 11 + 18)**	
20.		Außerordentliche Erträge	
21.	–	Außerordentliche Aufwendungen	
22.	+/–	Ertrag/Aufwand aus der Auflösung von oder Einstellung in Sonderposten mit Rücklageanteil	
23.	=	**Außerordentliches Ergebnis (Summe Pos. 20 bis 22)**	
24.	=	**Gesamtergebnis vor Steuern (Pos. 19 + 23)**	
25.	+/–	Steuern vom Einkommen und vom Ertrag	
26.	=	**Gesamtergebnis nach Steuern (Pos. 24 + 25)**	

2. Erläuterung

Das **ordentliche Betriebsergebnis** ist für eine Sanierung und/oder eine Fortführung in der Insolvenz der wohl wichtigste Wert, da er sich auf das operative Geschäft beschränkt. Für eine Prognoseentscheidung aus insolvenzrechtlicher Sicht (z. B. für die Fortführung) kann die Zusammensetzung um gewisse Positionen bereinigt werden; so werden Abschreibungen von untergeordneter Bedeutung sein. 254

Das **Finanzergebnis** ist für eine Prognoseentscheidung weniger relevant, da die Erträge aus Finanzanlagen durch das AGB-Pfandrecht der Banken oft lediglich die nach § 38 InsO angemeldete Forderung mindern, zu zahlende Zinsen eben solche Insolvenzforderungen sind und die Abschreibungen lediglich eine steuerliche Größe darstellen. Eine Ausnahme gilt dann, wenn Verlustübernahmen vorliegen. Gegebenenfalls hängt eine Sanierung davon ab, ob ein Verlustübernahmevertrag gekündigt werden kann oder durch Insolvenzeröffnung beendet wird.[65] 255

Das **außerordentliche Ergebnis** des analysierten Zeitraums kann u. a. aufzeigen, ob versucht wurde, die Bilanz zu bereinigen oder zu schönen. Für eine Prognoseentscheidung von Bedeutung ist, ob außerordentliche Erträge bspw. durch den Verkauf von Betriebsteilen erzielt werden können. Seit Eliminierung außerordentlicher Erträge in § 275 Abs. 2 HGB durch das BilRUG[66], d. h. für nach dem 31.12.2015 beginnende Geschäftsjahre, sind diese Sondereffekte zwar im Anhang zu erläutern (§ 285 Nr. 31, § 314 Abs. 1 Nr. 23 HGB); allerdings handelt es sich dann schon nicht mehr um Originalinformationen, sondern um eine Interpretation. 256

65) Nach h. M. enden Beherrschungs- und Gewinnabführungsverträge mit Insolvenzeröffnung automatisch, sodass der Insolvenzverwalter kein Wahlrecht nach § 103 InsO ausüben muss; BGH, Urt. v. 14.12.1987 – II ZR 170/87, BGHZ 103, 1 = ZIP 1987, 229.

66) Bilanzrichtlinie-Umsetzungsgesetz (BilRUG), v. 17.7.2015, BGBl. I 2015, 1245.

257 Bei den **Steuern auf Einkommen bzw. Ertrag** muss selbstverständlich darauf geachtet werden, ob diese auch bezahlt wurden; die Position „Gesamtergebnis nach Steuern" ist nur dann aussagekräftig. Eventuell beruhen Änderungen der Steuerlast auf einer vorhergehenden Umwandlung der Rechtsform des Unternehmens. Umgekehrt kann die Steuergestaltung ein Sanierungspotential enthalten.

3. Die „Before"-Familie (EBIT)

258 Ist der Jahresabschluss von geringer Komplexität, zuverlässig, oder soll es einfach nur schnell gehen, kann eine andere Methode angewendet werden, um die beliebten und umstrittenen Kennzahlen der „Before-Familie" zu ermitteln:[67]

259 **Abb. 29: Pro-Forma-Kennzahlen**

	Pro-Forma-Kennzahlen	t_{-2} T€	t_{-1} T€	t_0 T€
	Jahresergebnis (Überschuss/Fehlbetrag)			
+	Steuern vom Einkommen und Ertrag			
=	**Earnings before Taxes (EBT)**			
+	Außerordentliche Aufwendungen und Erträge			
+	Finanz- und Beteiligungsergebnis			
=	**Earnings before Interests and Taxes (EBIT)**			
+	Abschreibungen auf immaterielle Vermögensgegenstände			
=	**Earnings before Interests, Taxes and Amortization (EBITA)**			
+	Abschreibungen auf Sachanlagen			
=	**Earnings before Interests, Taxes, Depreciation and Amortization (EBITDA)**			

4. Kennzahlen

260 Aus der oben dargestellten Aufspaltung lassen sich weitere Kennzahlen entwickeln, z. B.:

a) Struktur des Gesamtergebnisses

261 Die Teilergebnisse können nun in ein Verhältnis zum Gesamtergebnis gesetzt werden:

262 **Betriebsergebnisquote:**

$$\frac{\text{ordentliches Betriebsergebnis}}{\text{Gesamtergebnis vor Steuern}} \times 100\,\%$$

263 **Finanzergebnisquote:**

$$\frac{\text{Finanzergebnis}}{\text{Gesamtergebnis vor Steuern}} \times 100\,\%$$

67) *Gräfer/Wengel*, Bilanzanalyse, S. 57 ff.

AO-Ergebnisquote: 264

$$\frac{\text{außerordentliches Ergebnis}}{\text{Gesamtergebnis vor Steuern}} \times 100\,\%$$

Steuerquote: 265

$$\frac{\text{Ertragsteuern}}{\text{Gesamtergebnis vor Steuern}} \times 100\,\%$$

Die Summe aller Quoten muss denklogisch 100 % betragen. Anhand subjektiver Prämissen kann nun beurteilt werden, ob die objektiven Werte vorteilhaft oder von Nachteil sind. Insbesondere bei Existenz von Gewinnabführungs- und Verlustübernahmeverträgen kann so sehr schnell festgestellt werden, ob ein an sich lohnenswertes operatives Geschäft (Vergleich mit Cashflow) durch eine sehr hohe Finanzergebnisquote wertmäßig in den Hintergrund getreten ist. 266

b) Kostenstruktur

Von besonderer Bedeutung im Zusammenhang mit Krise, Sanierung und Insolvenz ist die Kostenstruktur des Unternehmens. Hierfür werden relevante Kostenpositionen ins Verhältnis zum Gesamtergebnis gesetzt: 267

Materialintensität: 268

$$\frac{\text{Materialaufwand}}{\text{Gesamtleistung}} \times 100\,\%$$

Personalintensität: 269

$$\frac{\text{Personalaufwand}}{\text{Gesamtleistung}} \times 100\,\%$$

Zinsbelastung: 270

$$\frac{\text{Zinsaufwand}}{\text{Geldverbindlichkeiten}} \times 100\,\%$$

Hierbei handelt es sich nur um die wichtigsten Beispiele. Im Grunde kann durch einfachen Dreisatz alles zu jedem ins Verhältnis gesetzt werden. 271

F. Begleitende Analysen

272 Nicht Gegenstand der typischen Bilanzanalyse, aber für eine Fortführung bzw. eine Sanierung durch Insolvenzplan von Bedeutung sind die nachgenannten Analysen, die deshalb wenigstens kurz angesprochen werden sollen.[68]

I. Auftragsanalyse

273 Um abschätzen zu können, ob bestehende Aufträge erfüllt und neue Aufträge angenommen werden können, sollte eine Auftragsanalyse u. a. mit folgenden Komponenten durchgeführt werden:

- Ermittlung des Auftragsbestandes. Die Einsicht in das Auftragsbuch sollte bei Bestellung als Gutachter bzw. vorläufigem Verwalter mit zu den ersten Aufgaben gehören.
- Feststellung des zeitlichen Bedarfs, um bestehende Aufträge abzuarbeiten. Kann die vertragliche Lieferzeit eingehalten oder verlängert werden?
- Überprüfung, ob die Aufträge noch in der vertragsgemäßen Qualität abgearbeitet werden können.
- Bestehen Risiken aufgrund eingeschalteter Subunternehmer?
- Können neue Aufträge nach vorstehenden Kriterien angenommen werden?
- Erstellung einer Deckungsbeitragsrechnung, um eventuell erforderliche Preisanpassungen oder Kostenreduzierungen durchzuführen.

II. Kundenanalyse

274 Um abschätzen zu können, ob bestehende Aufträge erfüllt und neue Aufträge angenommen werden können, sollte ferner eine Kundenanalyse u. a. mit folgenden Komponenten durchgeführt werden:

- Prüfung der rechtlichen und wirtschaftlichen Durchsetzbarkeit von Altforderungen.
- Prüfung der Kundenbonität im Hinblick auf neue Aufträge.[69]
- Kann eine Intensivierung des Mahnwesens oder die erstmalige Einführung eines Forderungsmanagements eine Verkürzung der Zahlungsfristen bewirken? Oftmals wird zu spät oder gar nicht gemahnt, um vermeintlich gute Kunden nicht zu verlieren.
- Prüfung der Bonität von Neukunden.
- Vereinbarung kürzerer Zahlungsziele bei neuen Aufträgen. Würden die Kunden auch Anzahlungen akzeptieren?
- Würden die Kunden eventuell höhere Preise und schlechtere Vertragskonditionen akzeptieren?
- Besteht Handlungsbedarf im Bereich Gewährleistung, d. h. ist die Reklamationsquote[70] zu hoch?

---

68) Eine Checkliste findet sich bei *Erichsen*, KSI 2011, 120. Eine Fülle von Kennzahlen, auch den Produktionsbereich betreffend, bietet *Krüger*, Kennzahlen, 2014.

69) Ausführlich *Uthoff*, KSI 2013, 11.

70) Zur Formel s. *Krüger*, Kennzahlen, Kap. 2.1.3.

III. Mitarbeiteranalyse

Die Möglichkeit von Fortführung und Sanierung hängt nicht unwesentlich von den Mitarbeitern ab. Hier sollten u. a. folgende Problemkreise erörtert werden: 275

- Sind noch ausreichend viele Mitarbeiter für eine Fortführung vorhanden oder wird eine Auftragsabwicklung durch vorinsolvenzliche Kündigungen wichtiger Mitarbeiter unmöglich?
- Ist das vorhandene Personal ausreichend qualifiziert, oder haben die Leistungsträger bereits das Unternehmen verlassen?
- Können die Mitarbeiter motiviert werden? Die Vorfinanzierung des Insolvenzgeldes und die Überzeugungskraft des (vorläufigen) Verwalters stehen hier im Vordergrund.
- Kann durch einen Interessenausgleich und Sozialplan eine für das Unternehmen günstige Personalstruktur geschaffen werden oder führt diese Maßnahme dazu, dass nur die weniger leistungsfähigen Mitarbeiter im Unternehmen bleiben würden?
- Lassen sich Gehaltsreduzierungen oder Einschränkungen der Sozialleistungen durchsetzen?
- Sind Betriebsrat und Gewerkschaft an der Fortführung interessiert oder wird das „Alles-oder-Nichts-Prinzip" verfolgt?

G. Bilanzanalyse zwecks Ermittlung eines Insolvenzgrundes

Da Bilanzen in der Regel nur einmal je Wirtschaftsjahr erstellt werden und überdies nicht selten überfällig sind, dient die Bilanzanalyse kaum der Feststellung eines Insolvenzgrundes. Selbst aktuelle BWAs können allenfalls Anhaltspunkte liefern, da jede Zahl noch der rechtlichen Bewertung bedarf. Bilanzen für vorinsolvenzliche Perioden können jedoch bei der Beantwortung der Frage behilflich sein, wann erstmals ein Insolvenzgrund vorlag. Dies ist von gravierendem Interesse bei Ansprüchen gegen Gesellschafter, Geschäftsführer und Anfechtungsgegner. Insgesamt geben Bilanzen eher Aufschluss über Insolvenzursachen, als über Insolvenzgründe. 276

H. Bilanzanalyse zwecks Ermittlung von Insolvenzmasse

Hier gilt grundsätzlich das zum vorangegangenen Kapitel Gesagte, da Bilanzen nur Aussagen über abgeschlossene Perioden zulassen. Wer sich jedoch i. R. der Bilanzanalyse mit den Aktiva und Passiva vorangegangener Zeiträume befasst hat, hat Anhaltspunkte dafür gewonnen, wonach er suchen muss, um den Soll-Bestand für einen insolvenzrechtlich relevanten Zeitraum ermitteln zu können. Zumindest im Sachvermögen ist eine Inventur unerlässlich; nur so kann ein Ist-Bestand an Vermögensmasse festgestellt werden. Vorinsolvenzliche Veränderungen der Werte sind daraufhin zu untersuchen, ob sie im ordentlichen Geschäftsgang erfolgten oder Ersatzansprüche auslösen. Auch Abweichungen des Soll- vom Ist-Bestand bedürfen der rechtlichen Aufklärung, da es im Vorfeld eines Insolvenzverfahrens gelegentlich zu „Transaktionen" kommt. Ganz besonders kritisch zu betrachten sind Positionen in GuV und Bilanz, die sich mit den Gesellschaftern befassen und tatsächlich sowie rechtlich aufzuarbeiten sind. Die relevanten Gegenstände der Insolvenzmasse lassen sich auch ohne förmliche Bilanzanalyse aus dem Rechnungswesen des Schuldners ableiten, wobei insbesondere auf den Anlagespiegel zu verweisen ist. Gleichwohl handelt es sich nur um Indizien, zwingend erforderlich ist eine Bestandsaufnahme. 277

I. Ansprüche aus fehlerhaften Jahresabschlüssen

278 Wurde i. R. der Bilanzanalyse festgestellt, dass der untersuchte Jahresabschluss Ungereimtheiten oder gar Manipulationen aufweist, stellt sich die Frage für den Insolvenzverwalter, ob er aus dieser Erkenntnis Masse generieren kann. Das Thema **Haftung** von Geschäftsführern, Gesellschaftern, Steuerberatern, Abschlussprüfern und Sanierungsberatern kann hier nicht erschöpfend behandelt werden, stattdessen erfolgt an dieser Stelle nur ein Versuch der Sensibilisierung für das Thema.

279 Die Aufstellung des Jahresabschlusses obliegt nach § 264 Abs. 1 HGB den **gesetzlichen Vertretern** der Kapitalgesellschaft. Hierbei ist die Sorgfalt eines ordentlichen Geschäftsleiters anzuwenden. Eine Verletzung dieser Sorgfaltsanforderung kann zu einer Schadensersatzpflicht gegenüber der Gesellschaft oder Dritten führen (§ 93 Abs. 2 Satz 1 AktG, § 43 Abs. 2 GmbHG). Wer ein Handelsgewerbe betreibt bzw. sich zum Organ einer juristischen Person bestellen lässt, bietet regelmäßig Gewähr dafür, zur Führung der Bücher und zur Erstellung von Bilanzen selbst (!) in der Lage zu sein; wenigstens trifft ihn die Verpflichtung zur Vorsorge, dass auch in einer Krise ordnungsgemäß Bücher geführt und Bilanzen erstellt werden.[71] Ist die Gesellschaft geschädigt worden, hat der Insolvenzverwalter den Anspruch als Gegenstand der Insolvenzmasse zu verfolgen (Innenhaftung). Sind Gläubiger geschädigt worden (Außenhaftung), ist die Anwendbarkeit des § 92 Satz 1 InsO zu prüfen, bei Personengesellschaften die Reichweite des § 93 InsO.

280 Haben **Gesellschafter** in kritischer Zeit noch von Gewinnausschüttungen profitiert, können sie zur Rückzahlung verpflichtet sein (§ 62 Abs. 1 Satz 2 AktG, im Übrigen gilt allgemein § 812 Abs. 1 Satz 1 BGB). Hierzu bedarf es jedoch zunächst der Feststellung der Nichtigkeit des Jahresabschlusses. Die Nichtigkeitsgründe für den Jahresabschluss sind in § 256 AktG aufgeführt, der auch für andere Gesellschaftsformen analog heranzuziehen ist. Wird die Nichtigkeit des Jahresabschlusses festgestellt, steht damit automatisch auch die Nichtigkeit des Gewinnverwendungsbeschlusses fest (§ 253 Abs. 1 Satz 1 AktG). Sind nach wirksamen Gewinnverwendungsbeschlüssen die Jahresabschlüsse korrigiert worden, kann jedoch eine Rückforderung gegenüber einem gutgläubigen Dividendenempfänger ausscheiden.[72] Die in der Praxis häufigsten Nichtigkeitsfälle resultieren aus der Überbewertung von Bilanzposten (§ 256 Abs. 5 Satz 1 Nr. 1, Satz 2 AktG).[73] Beabsichtigt der Insolvenzverwalter diesen Weg zu beschreiten, steht er oftmals vor dem Problem, dass die Organe des Schuldners (Vorstand, Geschäftsführer) bereits ihre Ämter niedergelegt haben. Hier ist entweder ein Notgeschäftsführer (analog § 29 BGB)[74] oder ein Prozesspfleger (§ 57 ZPO)[75] zu bestellen. Bislang entscheiden die Gerichte noch unterschiedlich, welcher Weg der richtige ist, aber einer von beiden ist es auf jeden Fall,[76] sodass die Frage eventuell auch mit dem Rechtspfleger des zuständigen Handelsregistergerichts erörtert werden kann. Alternativ – und ohne vorherige Feststellung der Nichtigkeit der Jahresabschlüsse – können vorinsolvenzliche Ausschüttungen der Insolvenzanfechtung (§§ 129 ff. InsO) unterfallen.[77]

---

71) BGH, Beschl. v. 20.10.2011 – 1 StR 354/11, ZInsO 2011, 2226, dazu EWiR 2012, 349 *(Floeth)*; vgl. auch BGH, Urt. v. 19.6.2012 – II ZR 243/11, ZIP 2012, 1557, dazu EWiR 2012, 559 *(Schodder)*.

72) BGH, Urt. v. 30.3.2023 – IX ZR 121/22, ZRI 2023, 400 = ZIP 2023, 1031.

73) *Bange*, ZInsO 2006, 519, 520.

74) BayObLG, Beschl. v. 12.8.1998 – 3Z BR 456/97, 3Z BR 457/97, BayOblGZ 1998, 179, 184 = DB 1998, 2359; KG Berlin, Beschl. v. 4.4.2000 – 1 W 3052/99, BB 2000, 998, 999, dazu EWiR 2000, 757 *(Bokelmann)*.

75) OLG Dresden, Beschl. v. 11.12.2001 – 2 W 1848/01, GmbHR 2002, 163.

76) BGH, Urt. v. 25.10.2010 – II ZR 115/09, ZIP 2010, 2444, dazu EWiR 2011, 117 *(Zarth)*.

77) BGH, Urt. v. 1.10.2020 – IX ZR 247/19, ZRI 2020, 586 = NJW 2021, 234; BGH, Urt. v. 22.7.2021 – IX ZR 26/20, ZRI 2021, 769 = NZI 2021, 973; BGH, Urt. v. 30.3.2023 – IX ZR 121/22, ZRI 2023, 400 = ZIP 2023, 1031.

Die Qualität der Datenbasis, die für die Analyse des Jahresabschlusses herangezogen wird, ist bestimmt durch die Vorgehensweise des Abschlussprüfers, der nach §§ 316 ff. HGB den Jahresabschluss zu prüfen hat, soweit nicht gemäß § 316a HGB die Verordnung (EU) Nr. 537/2014[78] Anwendung findet.[79] Die Haftung eines **Abschlussprüfers** richtet sich nach § 323 Abs. 1 Satz 3 HGB: wer als Abschlussprüfer vorsätzlich oder fahrlässig seine Pflichten verletzt, ist der Kapitalgesellschaft zum Ersatz des daraus entstandenen Schadens verpflichtet. Die Haftung des Wirtschaftsprüfers ist nicht ganz einfach, da es einerseits freiwillige und Pflichtprüfungen gibt, andererseits manch Wirtschaftsprüfer selbst von den Organen der Gesellschaft getäuscht wird. Als Beispiel für die Haftung kann eine Entscheidung des LG München I vom 14.3.2008 zitiert werden:[80] Drängen sich aus dem Zahlenwerk des Jahresabschlusses und einem Kaufvertrag über Patente Zweifel an der Ordnungsmäßigkeit des Wertansatzes der Patente auf, ist ein Abschlussprüfer nach § 316 HGB im Hinblick auf den Prüfungsumfang nach § 317 Abs. 1 Satz 2 HGB verpflichtet, wenigstens stichprobenweise die angekauften Patente zu überprüfen. Zu dieser Überprüfung gehört angesichts der mittlerweile einfach vorzunehmenden Onlineabfrage auch die wenigstens stichprobenweise Vergewisserung, dass die Patente auch tatsächlich erteilt worden sind. Stellt sich bei der Überprüfung heraus, dass Patente gar nicht erteilt wurden, sondern nur Patentanmeldungen vorliegen, ist bei gewichtiger Aktivierung dieser gewerblichen Schutzrechte auch eine wirtschaftliche Überprüfung des Wertes dieser Schutzrechte geboten. Unterlässt der Abschlussprüfer diese Maßnahme, haftet er nach § 323 Abs. 1 Satz 2 HGB. Kurzum: Abschlussprüfung und Testierung bedeuten, dass auch tatsächlich eine Prüfung erfolgt sein muss. Der Abschlussprüfer muss wenigstens stichprobenartig prüfen, ob die bilanzierten Vermögenswerte existieren. Außerdem hat er den Wertansatz zu überprüfen. Ferner darf er bei Kenntnis von Umständen, die eine Unternehmensfortführung zweifelhaft erscheinen lassen, einen nach Fortführungswerten aufgestellten Jahresabschluss nur dann testieren, wenn eine positive Fortführungsprognose besteht.[81] 281

Intensiv erörtert[82] wird auch die Haftung von **Steuerberatern**. Im Vordergrund steht hier die Frage, ob der Gesellschaft ein Schaden entstanden ist (dann ist der Anspruch aus Innenhaftung ein Gegenstand der Insolvenzmasse), ob den Gläubigern ein Schaden entstanden ist (dann ist i. R. des § 92 InsO zwischen Einzel- und Gesamtschaden zu differenzieren) oder ob der Steuerberater lediglich dem Geschäftsführer i. R. des § 62 Abs. 2 GmbHG haftet. 282

Die Haftung von **Sanierungsberatern** (Wirtschaftsprüfer, Steuerberater, Rechtsanwälte, Unternehmensberater) wird zunehmend problematisiert, da solche Sanierungsberater nicht selten vorinsolvenzlich aufgrund Initiative des Schuldners oder seiner Hausbank tätig wa- 283

78) Verordnung (EU) Nr. 537/2014 des Europäischen Parlaments und des Rates v. 16.4.2014 über spezifische Anforderungen an die Abschlussprüfung bei Unternehmen von öffentlichem Interesse und zur Aufhebung des Beschlusses 2005/909/EG der Kommission (Abschlussprüfungsverordnung), ABl. (EU) L 158/77 v. 27.5.2014; L 170/66 v. 11.6.2014.

79) § 316a HGB eingeführt durch Art. 11 Nr. 3 des Finanzmarktintegritätsstärkungsgesetzes (FISG), v. 3.6.2021, BGBl. I 2021, 1534.

80) LG München I, Urt. v. 14.3.2008 – 14 HK O 8038/06, ZIP 2008, 1123, dazu EWiR 2008, 279 *(Luttermann)*.

81) LG Düsseldorf, Urt. v. 20.12.2017 – 13 O 481/14, NZI 2018, 332 = ZInsO 2018, 607.

82) *Onusseit/Schröder*, ZInsO 2017, 1868; *Roth*, ZInsO 2017, 2199; *Schmitt*, ZIP 2017, 2235; *Schmittmann*, ZInsO 2008, 1170; *Wagner*, ZInsO 2018, 1005; *Wagner/Zabel*, NZI 2008, 660; *Weyand*, ZInsO 2017, 2141; *Zugehör*, NZI 2008, 652. Massefreundlich BGH, Urt. v. 14.6.2012 – IX ZR 145/11, ZIP 2012, 1353, dazu EWiR 2012, 509 *(H. P. Westermann)*. Einschränkend BGH, Urt. v. 7.3.2013 – IX ZR 64/12, ZIP 2013, 829, dazu EWiR 2013, 477 *(Baumert)*; BGH, Urt. v. 6.6.2013 – IX ZR 204/12, ZIP 2013, 1332 = NJW 2013, 2345. Erweiternd BGH, Urt. v. 26.1.2017 – IX ZR 285/14, ZIP 2017, 427, dazu EWiR 2017, 173 *(Wagner)*.

ren.[83] Teils werden sogar Abschlussbestätigungen für das Ende einer Sanierung gefordert.[84] Abgesehen von der Möglichkeit zur Anfechtung der Honorarzahlungen[85] ist zu prüfen, ob gezahlte Beträge wegen Schlechtleistung der Berater zurückgefordert werden können. Dies wird bejaht, wenn die vermeintliche Beratung nahezu wertlos ist.[86] Für einen in die Geschäftsführung eines eigenverwaltenden Schuldners gewechselten Sanierungsberater gilt nicht nur die allgemeine Organhaftung,[87] sondern auch die Haftung aus §§ 60, 61 InsO.[88]

284 Im Einzelfall ist zu prüfen, ob der Schadenverursacher oder seine **Berufshaftpflichtversicherung** in Anspruch zu nehmen ist. Seit dem 1.1.2008 gibt es im Bereich der Pflicht-Haftpflichtversicherungen einen Direktanspruch gegen den Versicherer (§ 115 VVG).

285 Unterlässt der **Insolvenzverwalter** die Prüfung der oben aufgezeigten Haftungsressourcen, kann er seinerseits in Regress genommen werden (§ 60 InsO). Dies ist nicht nur allgemein unangenehm, sondern auch wegen der Beweislastverteilung; denn bei objektiv unrichtiger Bilanz und tatsächlich bestehenden Ansprüchen gegen die oben Aufgeführten kann sich der Insolvenzverwalter nur dadurch verteidigen, dass er dennoch die Richtigkeit der Bilanz behauptet, was dann insgesamt kein kompetentes Bild des Insolvenzverwalters zeichnet.

J. Schlussbetrachtung

286 Die Bilanzanalyse hat ihre zentrale Daseinsberechtigung im Bereich eines **Risiko-Managements, der Krisenprüfung, der außergerichtlichen Sanierung** und für die Ausarbeitung eines **Insolvenzplans.** Krisen auslösende Entwicklungen können so vermieden oder erkannt und Tendenzen abgesehen werden. Durch den Abgleich von Ist-Kennzahlen mit Soll-Kennzahlen können Lösungsansätze definiert, d. h. Sanierungspotential ermittelt werden. Zwingend erforderlich ist ergänzend eine Planungsrechnung, um fortlaufend (mindestens monatlich) die Ist-Werte mit den Soll-Werten abzugleichen (Evaluierung).

287 Bei einer Fortführung innerhalb eines eröffneten Insolvenzverfahrens bis zu einer **übertragenden Sanierung** hat die klassische Bilanzanalyse nur eingeschränkt Bedeutung. Im Vordergrund steht hier der operative Cashflow. Vereinfacht ausgedrückt will der Erwerbsinteressent wissen, ob die zu erwerbenden Assets und der Kundenstamm in einem solchen Verhältnis zueinander stehen, das den bisherigen Cashflow des Interessenten zu steigern vermag.

288 Bei einer **Ausproduktion** geht es um einen sehr einfachen Cashflow. Es sind zwar Aufträge vorhanden, aber es kommen keine neuen herein. Wenn der zu erwartende Umsatz aus der Ausproduktion größer ist als die Auslaufkosten, ist die Ausproduktion indiziert.

289 Für eine **Zerschlagung** des Unternehmens spielt die Bilanzanalyse nur insoweit eine praktische Rolle, als mit einigen Ergebnissen der Bilanzanalyse die Betriebsstilllegung begründet werden kann.

83) Vgl. BGH, Urt. v. 29.6.2023 – IX ZR 56/22, NZI 2023, 781 = ZIP 2023, 1740.

84) *Huber*, NZI 2017, 913.

85) OLG Celle, Urt. v. 8.10.2015 – 16 U 17/15, ZInsO 2015, 2444 = NWB 2016, 17; LG Würzburg, Urt. v. 6.2.2018 – 71 O 1592/16, ZInsO 2018, 1059 = ZIP 2018, 1891.

86) OLG Celle, Urt. v. 23.10.2003 – 16 U 199/02, ZIP 2003, 2118, dazu EWiR 2003, 163 *(Nolting)*; OLG Köln, Urt. v. 29.3.2017 – 2 U 45/16, ZInsO 2018, 792.

87) So noch OLG Düsseldorf, Urt. v. 7.9.2017 – I-16 U 33/17, ZIP 2017, 2211, dazu EWiR 2018, 53 *(Krüger)*.

88) BGH, Urt. v. 26.4.2018 – IX ZR 238/17, ZIP 2018, 977, dazu EWiR 2018, 339 *(Thole)*.

Kapitel 30
Kapitalbeschaffung

Übersicht

Literatur: *Heesen*, Bilanzplanung und Bilanzgestaltung: Fallorientierte Bilanzerstellung, 4. Aufl., 2017; *Hohberger/Damlachi*, Praxishandbuch Sanierung im Mittelstand, 4. Aufl., 2019; *Kucher*, Die Akquisition von Krisenunternehmen aus der Sicht von Finanzinvestoren, 2006 (Diss.); *Mielke/Schmidt*, Steuerliche Fallstricke bei der Sanierung von Krisenunternehmen, in: Evertz/Krystek, Restrukturierung und Sanierung von Unternehmen, 2010, S. 147; *Oelke/Wöhlert/Degen*, Debt Mezzanine Swap – Königsweg für die Restrukturierungsfinanzierung?, BB 2010, 299; *Rummer*, Die finanzielle Sanierung von Unternehmen, 2011; *Rümmler*, Die finanzielle Sanierung von Unternehmen, 2011; *Scheunemann*, Debt-Equity-Swap. Steuerliche Strukturierung und zivilrechtliche Rahmenbedingungen, DB 2009, 983; *Staroßom*, Corporate Finance, Teil 2: Finanzierung in den Lebensphasen einer Unternehmung, 2013.

A. Besonderheiten der Kapitalbeschaffung bei Unternehmen in der Krise

1 Krisensituationen sind für Unternehmen allgegenwärtig und können jedes Unternehmen treffen. Der Ausbruch der Corona-Pandemie im Frühjahr 2020 und der Krieg in der Ukraine zeigen, dass insbesondere extern bzw. geopolitisch verursachte Krisen Unternehmen in sehr kurzer Zeit in hoher Intensität treffen können und ein unmittelbares Krisenmanagement der Unternehmen verlangen. Daneben und in Kombination dazu können vielfältige Beispiele für Krisenursachen angeführt werden: Der größte und wichtigste Kunde ist abgesprungen, einzelne Produkte verkaufen sich nicht mehr so gut wie in der Vergangenheit, einzelne Unternehmensbereiche sind nicht mehr profitabel, die Liquidität ist angespannt, inflationäre Entwicklungen und Beschaffungsprobleme. Die Beispiele zeigen, dass Unternehmenskrisen und ihre Auswirkungen sehr vielschichtig und in ihren Auswirkungen sehr unterschiedlich sein können. Sie zeigen weiter, dass Krisensituationen einen **integralen Bestandteil der Unternehmensführung** darstellen. In der Literatur zur betriebswirtschaftlichen Krise werden üblicherweise verschiedene Phasen der Unternehmenskrise unterschieden, die von der Stakeholderkrise bis zur Insolvenzreife reichen.

2 Eine zentrale Rolle zur Überwindung einer Unternehmenskrise stellt neben der Umsetzung leistungswirtschaftlicher Maßnahmen die nachhaltige Finanzierung der beschlossenen und umzusetzenden Maßnahmen bzw. der Geschäftstätigkeit als Ganzes dar. Diese wird nachfolgend i. S. einer engen Auslegung des Finanzierungsbegriffes verstanden. Da-

bei **umfasst die Kapitalbeschaffung** sämtliche kurz-, mittel- und langfristigen Maßnahmen der Beschaffung von finanziellen Mitteln jeder Art zur Durchführung der betrieblichen Leistungserstellung und Leistungsverwertung des Unternehmens.[1)]

3 Vom Grundsatz her unterscheiden sich die Maßnahmen der Kapitalbeschaffung nicht von denen eines Unternehmens, das sich nicht in der Krise befindet. Aufgrund der Lage des Unternehmens ist der Katalog der zur Verfügung stehenden Finanzierungsmaßnahmen in der Regel eingeschränkt. Auch stehen gerade in späteren Krisenphasen insbesondere nicht ausreichend liquide Mittel zur Verfügung, so dass in diesen Fällen zunächst ein Schwerpunkt bei der Beschaffung liquider Mittel liegt. Auch bei der Kapitalbeschaffung ist insoweit – i. S. der Vorgehensweise des Sanierungsstandards des Instituts der Wirtschaftsprüfer in Deutschland e. V. (IDW) ein **stufenweises Vorgehen** erforderlich. Entsprechend der Dringlichkeit sind zunächst Maßnahmen zur **Sicherstellung der Zahlungsfähigkeit** des Unternehmens vorzunehmen.[2)] Im Anschluss daran sind Maßnahmen zu ergreifen, um eine mittel- und langfristig ausgeglichene **Finanzierungsstruktur** herzustellen.

4 Nachfolgend werden die verschiedenen Arten der Kapitalbeschaffung im Einzelnen dargestellt. Dazu gehört zunächst die Kapitalbeschaffung aus dem betrieblichen Leistungsprozess (**Innenfinanzierung**). Diese Möglichkeit ist in der Regel bei Krisenunternehmen im Vergleich zu gesunden Unternehmen besonders stark eingeschränkt. Daneben besteht die Möglichkeit der Kapitalbeschaffung von außen in Form von Eigen-, Mezzanine- oder Fremdkapital (**Außenfinanzierung**). Weiter umfasst der Finanzierungsbegriff Vorgänge der Kapitalumschichtung, die aber nicht zu einer Zunahme des Gesamtbetrags der dem Unternehmen zur Verfügung stehenden Mittel führen, z. B. die Umwandlung von Fremd- in Eigenkapital bei einem Debt Equity Swap oder bei einem Debt Mezzanine Swap.[3)]

5 Der Beginn der **Corona-Pandemie** im Frühjahr 2020 und der Ausbruch des **Ukraine-Krieges** im Februar 2022 haben zu erheblichen wirtschaftlichen Auswirkungen bei einer Vielzahl von Unternehmen geführt. Die Unterbrechung von Lieferketten, die Schließung von Betrieben am Anfang der Corona-Pandemie, allgemeine Beschaffungsprobleme, enorme Preissteigerungen insbesondere im Energiesektor, steigende Inflationsraten und auch steigende Zinsen haben die Unternehmen vor sehr große Herausforderungen gestellt. Im Herbst 2022 war bei vielen Unternehmen eine Planung nur unter großer Unsicherheit möglich. Der Aufbau einer sicheren und ausgewogenen Finanzierungsstruktur zur Überwindung der Krise war in vielen Fällen kaum erreichbar. Der Staat hat aufgrund der wirtschaftlichen Auswirkungen der Corona-Pandemie und des Ukraine-Krieges auf die Finanzierung der Unternehmen unterschiedliche Instrumente bereitgestellt, die die Kapitalbeschaffung der Unternehmen erleichtern und die fehlenden Liquiditätszuflüsse beziehungsweise höheren Liquiditätsabflüsse zumindest zum Teil ausgleichen sollten. Die staatlichen Maßnahmen reichen dabei von dem unmittelbaren Ausgleich entgangener Einnahmen für bestimmte besonders betroffene Unternehmen über Unterstützungen bei der Kreditaufnahme (Bürgschaften. Haftungsfreistellungen, Zinsbegünstigungen etc.) bis zu Maßnahmen zur Preisdeckelung bestimmter Bereiche (Energiepreisbremse etc.). In der weiteren Bearbeitung werden diese Krisenszenarien nicht gesondert behandelt. Die bestehenden Finanzierungsmöglichkeiten bleiben auch bei diesen besonderen Krisen gleich. Alle Unternehmen müssen in ihre Überlegungen jedoch zusätzlich die Möglichkeit der Inanspruchnahme **staatlicher Unterstützungsmaßnahmen einbeziehen.** Dies ist in der bisherigen Geschichte der Bun-

---

1) Vgl. *Wöhe/Bilstein/Ernst/Häcker*, Grundzüge der Unternehmensfinanzierung, S. 3.

2) Vgl. hierzu *IDW*, Anforderungen an Sanierungskonzepte (IDW S 6), Stand: 16.5.2018, Rz. 68, IDW Life 8/2018, 813 ff.

3) Vgl. *Wöhe/Bilstein/Ernst/Häcker*, Grundzüge der Unternehmensfinanzierung, S. 13 f.

desrepublik Deutschland in diesem Umfang ein Novum und zeigt die Dimension der wirtschaftlichen Auswirkungen dieser Krisen.

B. Innenfinanzierung

I. Die Bedeutung der Innenfinanzierung bei Krisenunternehmen

Bei der Innenfinanzierung fließen dem Unternehmen liquide Mittel zu beziehungsweise werden liquide Mittel freigesetzt, die auf Prozesse im Unternehmen selbst zurückzuführen sind. Diese sind entweder die betriebsgewöhnlichen Umsatzprozesse oder Vermögensumschichtungsprozesse, die zu Kapitalfreisetzungen außerhalb der üblichen Umsatzprozesse führen.[4] Die Zurückbehaltung von Gewinnen im Unternehmen zur Finanzierung von Investitionen kann offen durch Einbehaltung von Gewinnen oder auch still durch die Bildung stiller Reserven erfolgen. Letztere entstehen durch Bewertungsmaßnahmen, bspw. die Unterbewertung von Vermögensgegenständen, die Ausnutzung von Aktivierungswahlrechten bei aktivierungsfähigen Vermögensgegenständen oder das Unterlassen von Zuschreibungen bei Wertsteigerungen von Vermögensgegenständen. 6

Mit zunehmendem Krisenverlauf wird es für das Unternehmen immer schwieriger, zusätzliche Liquidität aus dem Umsatzprozess zu generieren. Während ein Unternehmen in der Strategiekrise häufig noch über ausreichende liquide Mittel und auch stille Reserven verfügt, erhöht sich der Handlungsbedarf für das Management spätestens mit Eintritt der Erfolgskrise und der damit verbundenen Notwendigkeit, operative Verluste zu finanzieren.[5] Die Möglichkeiten der Innenfinanzierung nehmen mit zunehmendem Krisenstadium ab. Die Nutzung der Innenfinanzierung bei Krisenunternehmen erfordert eine frühzeitige und systematische Analyse der finanziellen Lage des Unternehmens. 7

II. Freisetzung bestehender Liquiditätsreserven

Als erster Schritt bietet sich in einer Liquiditätskrise, soweit noch vorhanden, die **Aufdeckung** möglicher Liquiditätsreserven an. Es kann sich z. B. um die Anlagen freier Mittel in Wertpapieren, Aktien oder auch Anleihen handeln. Falls ein Unternehmen sich bereits in einer fortgeschrittenen Krisensituation befindet, verfügt das Unternehmen jedoch kaum mehr über freie Mittel und Reserven. Darüber hinaus dienen langfristige Anlageformen, sofern vorhanden, häufig den finanzierenden Banken als Sicherheit und stehen somit nicht zur Sanierung des Unternehmens zur Verfügung.[6] Insoweit stellt sich diese Form der Generierung zusätzlicher liquider Mittel in der Praxis in der Regel schwierig dar. 8

III. Veräußerung von nicht betriebsnotwendigem Vermögen

Die Differenzierung zwischen betriebsnotwendigem und nicht betriebsnotwendigem Vermögen gewinnt insbesondere in Krisenunternehmen an zusätzlicher Bedeutung. Der zunehmend schwierigere Zugang zum Kapitalmarkt oder zu anderen Formen der Außenfinanzierung erhöht die Praxisrelevanz dieser Maßnahme.[7] 9

Unter **nicht betriebsnotwendigem Vermögen** werden alle Vermögensgegenstände verstanden, die nicht zur Realisation des Unternehmensgegenstands beitragen. Als Beispiele sind Werkswohnungen, Wertpapiere und Beteiligungen, die der finanzpolitischen Anlage dienen, sowie stillgelegte Anlagen und betriebsfremd genutzte Grundstücke zu nennen. Trennt sich das Unternehmen i. R. der Sanierung von bestimmten Bereichen, so können 10

4) Vgl. *Becker/Peppmeier*, Investition und Finanzierung, S. 263.
5) Vgl. *Crone/Kreide* in: Crone/Werner, Modernes Sanierungsmanagement, S. 159.
6) Vgl. *Rümmler*, Die finanzielle Sanierung von Unternehmen, S. 27.
7) Vgl. *Crone/Kreide* in: Crone/Werner, Modernes Sanierungsmanagement, S. 166.

z. B. auch die diesem Bereich zugehörigen Grundstücke und Immobilien veräußert werden, wenn diese nicht mehr im direkten Zusammenhang mit der Unternehmenstätigkeit stehen. Damit kann zusätzliche Liquidität von außen generiert werden.

Praxishinweis

Einschränkend ist anzumerken, dass sich die Veräußerung unter Zeitdruck während der Sanierung als problematisch erweisen kann. Regelmäßig werden daher weniger potenzielle Käufer gefunden als bei Transaktionen unter regulären Bedingungen, sodass sich nur selten adäquate Marktpreise realisieren lassen.[8)]

11 Dabei muss auch beachtet werden, dass die Gegenstände **frei von Rechten Dritter** sind. Ansonsten führt eine Veräußerung zu keinem oder nur zu einem geringen Liquiditätszufluss, da die Verkaufserlöse lediglich zur Tilgung von Verbindlichkeiten verwendet werden. Dies verringert zwar die Investitionskosten (Zinsen) und damit entsprechende Liquiditätsabflüsse, führt aber nicht zum primären Ziel der Generierung zusätzlicher Liquidität.[9)]

12 Neben der Liquiditätssituation ist daher auch die Vermögenslage im Hinblick auf potentielle Überschuldungsrisiken aufgrund des Verkaufs von nicht betriebsnotwendigem Vermögen zu überprüfen.[10)]

IV. Optimierung des Cash Managements

13 Unter dem Begriff des Cash Managements werden prinzipiell alle Maßnahmen der Liquiditätssteuerung und des Liquiditätsausgleiches eines Unternehmens bzw. insbesondere von Unternehmensgruppen verstanden. In der Vergangenheit wurde die Steuerungsfunktion in Unternehmensgruppen in der Regel durch eine Konzernobergesellschaft erfüllt. Es zeigt sich zunehmend der Trend zur Gründung und Einschaltung von **Finanzierungsgesellschaften**, die die **Aufgabe der Organisation und Durchführung** des zentralen Cash Managements übernehmen.

14 Die Hauptidee des Cash Managements ist es, freie Geldmittel über Gesellschafts- und sogar Ländergrenzen hinweg im Konzernverbund dort einzusetzen, wo diese benötigt werden. Gleichfalls sollen benötigte Geldmittel zunächst im Konzern selbst und nicht am Kapitalmarkt eingesetzt werden. Damit soll verhindert werden, dass vermeintlich freie Mittel einer Gesellschaft zu relativ niedrigen Guthabenzinsen angelegt werden und andere Unternehmen des Konzernverbunds mit zusätzlichem Liquiditätsbedarf sich zu höheren Zinssätzen am Kapitalmarkt refinanzieren müssen.[11)]

15 Durch ein aktives zentrales Cash Management sollen somit die Finanzierungskosten reduziert werden. Dabei muss darauf geachtet werden, dass nicht bei einzelnen Gesellschaften eine dauerhafte Verlustfinanzierung erfolgt.

V. Maßnahmen des Working Capital Managements

16 Weitere Formen der Innenfinanzierung bestehen in Maßnahmen der **Verbesserung bzw. Optimierung des Nettoumlaufvermögens.** Auch hierbei handelt es sich um Quellen der Innenfinanzierung außerhalb des regulären Umsatzprozesses. Ansatzpunkte zur Optimierung der Kapitalbindung finden sich insbesondere im Bereich der Forderungen als auch im Vorratsvermögen sowie bei den kurzfristigen Verbindlichkeiten.

8) Vgl. *Rümmler*, Die finanzielle Sanierung von Unternehmen, S. 27.
9) Vgl. *Rümmler*, Die finanzielle Sanierung von Unternehmen, S. 27.
10) Vgl. *Crone/Kreide* in: Crone/Werner, Modernes Sanierungsmanagement, S. 167.
11) Vgl. *Crone/Kreide* in: Crone/Werner, Modernes Sanierungsmanagement, S. 175.

Die Höhe der Mittel, die zur Finanzierung des Forderungsbestandes benötigt werden, hängt von unterschiedlichen Faktoren ab. Wesentliche Bestimmungsgröße für die **Kapitalbindung** der Forderungen aus Lieferungen und Leistungen sind die Zahlungsziele, die mit den Kunden vereinbart werden. Durch ein konsequentes **Forderungsmanagement** kann hier die Kapitalbindung beeinflusst werden. Darüber hinaus trägt das Unternehmen das Ausfallrisiko. Die Kapitalbindung kann zusätzlich durch **Factoring** reduziert werden. Diese Form der Kapitalbeschaffung ist in der Regel nur in einem frühen Krisenstadium möglich, da Factoringinstitute in einer späteren Krisenphase häufig aufgrund der Risikostruktur des Unternehmens nicht für eine derartige Konstellation zur Verfügung stehen. Darüber hinaus sind bei dem Einsatz von Factoring immer auch die entstehenden Kosten bei Umsetzung dieser Maßnahme in die Überlegungen einzubeziehen. 17

Das **Mahnwesen** hat eine wichtige Funktion im Unternehmen, um eine unnötige Kapitalbindung zu vermeiden. Leider zeigen Krisenunternehmen in diesem Bereich erhebliche Schwächen, teilweise durch personelle Unterkapazitäten, teilweise durch psychologische Hemmschwellen. Durch konsequentes Mahnen haben die Unternehmen die Befürchtung, auf ihre vermeintlichen Liquiditätsprobleme hinzuweisen. Generell kann sich auch die Verkürzung der Zeitspanne zwischen Lieferung und Fakturierung, zwischen Rechnungsstellung und erster Mahnung sowie die allgemeine Reduzierung der Zahlungsziele positiv auf den Forderungsbestand wirken. 18

Der **Vorratsbereich** eines Krisenunternehmens ist der Bereich, in dem sich die höchsten **Einsparpotentielle** identifizieren lassen. Überbestände werden in der Regel durch eine überhöhte Produktvariantenanzahl sowie Fehldispositionen (Mindestbestellmengen, vermeintlich benötigter „eiserner Bestand“) und mangelhaftes Controlling verursacht.[12)] 19

Kurzfristig freisetzbare Kapitalbindung ergibt sich durch den Verkauf von fertigen Erzeugnissen sowie aus nicht mehr benötigten Roh-, Hilfs- und Betriebsstoffen sowie Waren. Dabei sollte der Verkauf durch befristete **Rabattaktionen** oder Sonderkonditionen gefördert werden. Die Effekte dieser Verkäufe auf die Ertragslage hängen von der **bilanziellen Behandlung** dieser Vermögensgegenstände in der Vergangenheit ab. Falls in der Vergangenheit keine Wertberichtigungen auf den Vorratsbestand vorgenommen wurden, können Buchverluste entstehen, die die Ertragssituation des Unternehmens zusätzlich belasten. Umgekehrt können bei entsprechender Risikovorsorge in den Vorperioden stille Reserven mit positiven Ertragseffekten realisiert werden.[13)] 20

Bei Unternehmen in der Krise ist die Ausnutzung von Skonti in der Regel aufgrund der angespannten Liquiditätslage nicht möglich. Vielmehr fordern Lieferanten häufig Vorauskasse, was zu einer zusätzlichen Liquiditätsbelastung führt. Hier muss das Unternehmen ein aktives **Lieferantenmanagement** durchführen, um sicherzustellen, dass der Geschäftsbetrieb aufrechterhalten werden kann. Hierzu sollten – sofern erforderlich – mit den Lieferanten **Stundungsvereinbarungen** getroffen und **Zahlungspläne** vereinbart werden. Somit kann sichergestellt werden, dass die Zahlungsziele entsprechend ausgenutzt werden und nicht durch automatisierte Zahlläufe vorfällige Zahlungen geleistet werden.[14)] 21

VI. Sale and Lease Back

Sale-and-Lease-Back-Transaktionen sind in der Sanierungspraxis häufig eingesetzte Maßnahmen, um zusätzliche Liquidität zu gewinnen. Sofern betriebsnotwendige Vermögenswerte für Kapitalfreisetzungsmaßnahmen nicht zur Verfügung stehen, ist auf **betriebs-** 22

12) Vgl. *Crone/Kreide* in: Crone/Werner, Modernes Sanierungsmanagement, S. 170.

13) Vgl. *Crone/Kreide* in: Crone/Werner, Modernes Sanierungsmanagement, S. 172.

14) Vgl. *Crone/Kreide* in: Crone/Werner, Modernes Sanierungsmanagement, S. 172.

notwendiges Vermögen zurückzugreifen. Unter Sale and Lease Back versteht man den Verkauf von Vermögensgegenständen, die anschließend zurückgemietet werden.[15)]

23 Bei der **Beurteilung von Sale-and-Lease-Back-Transaktionen** müssen neben den unmittelbaren finanziellen und bilanziellen Auswirkungen auch die Effekte auf die Kostenstruktur und die Liquiditätsbelastung berücksichtigt werden. Durch den Verkauf entfallen für das Unternehmen zukünftig Abschreibungen, Zinsen und Kredittilgungen; stattdessen fallen Leasingraten an. Kurzfristig steigt die Eigenkapitalquote durch den Verkauf des Anlagegegenstands. Stille Reserven werden im Zuge der Transaktion neu bewertet – insbesondere bei Immobilien ist der Verkehrswert häufig höher als die historischen Anschaffungskosten. Durch eine geschickte Gestaltung werden steuerliche Vorteile realisiert. Dabei behält der ehemalige Eigentümer durch den im Kontext des Verkaufs abgeschlossenen Mietvertrages die gesamten Nutzungsrechte.

24 Auf der anderen Seite ist zu berücksichtigen, dass dem Unternehmen weitere „Reserven" entzogen werden. In der Regel übersteigen die **Leasinggebühren** die bisherigen Abschreibungen und die Finanzierungskosten. Insofern kann bei einer kurzfristigen Entlastung der Ertrags- und Liquiditätslage mittel- und langfristig eine höhere Belastung eintreten (**Bumerang-Effekt**). Dieser Effekt wird dadurch verstärkt, dass der Leasingnehmer unter Zeitdruck einen Transaktionspartner für das Sale-and-Lease-Back-Geschäft finden muss und daher häufig seine Vermögensgegenstände unter dem Zeitwert veräußern muss.[16)] Diese Effekte sollten bei der Entscheidung, eine Sale-and-Lease-Back-Transaktion durchzuführen, berücksichtigt werden.

C. Außenfinanzierung

I. Die Eigenfinanzierung

1. Die Finanzierung durch Eigenkapital

25 Wird einem Unternehmen durch den Eigentümer oder Gesellschafter Eigenkapital von außen zugeführt, so spricht man von der **Eigenfinanzierung** in Form der **Einlagen- oder Beteiligungsfinanzierung**. Sie umfasst alle Formen der Beschaffung von Eigenkapital durch Kapitaleinlagen von bisher bereits vorhandenen oder neu hinzutretenden Gesellschaftern des Unternehmens und findet bei Gründung, aber auch bei späteren Kapitalerhöhungen statt.[17)]

26 Gerade in Verlustjahren besteht bei Eigenkapital gegenüber Fremdkapital der Vorteil, dass keine laufende Vergütung gezahlt werden muss. Auch besteht für Eigenkapital keine Tilgungsverpflichtung. Vielmehr steht das Eigenkapital des Unternehmens für die Tilgung der Verbindlichkeiten des Unternehmens zur Verfügung. Die Aufbringung von Eigenkapital in Form der Beteiligungsfinanzierung hängt entscheidend von der **Rechtsform des Unternehmens** ab. Die sich aus der Beteiligung ergebenden Rechtsfolgen für die Gesellschafter sind je nach Rechtsform unterschiedlich geregelt. Nachfolgend werden die gängigsten Rechtsformen im wirtschaftlichen Verkehr kurz dargestellt.

27 Ein **Einzelunternehmen** ist grundsätzlich dadurch charakterisiert, dass der Inhaber sein Unternehmen ohne weitere Gesellschafter betreibt. Der Einzelunternehmer haftet für die Verbindlichkeiten des Unternehmens grundsätzlich alleine und unbeschränkt; dabei haftet er mit dem in den Betrieb eingelegten Vermögen, wie auch mit seinem gesamten Privatvermögen. Er trägt somit das gesamte Risiko des Eigenkapitalverlusts. Auf der anderen Seite obliegt ihm auch die alleinige Entscheidungsbefugnis. In Krisensituationen kann es

---

15) Vgl. *Crone/Kreide* in: Crone/Werner, Modernes Sanierungsmanagement, S. 177.

16) Vgl. *Heesen*, Bilanzplanung und Bilanzgestaltung, S. 14.

17) Vgl. *Perridon/Steiner/Rathgeber*, Finanzwirtschaft der Unternehmung, S. 424.

allerdings in der Praxis bei großer Abhängigkeit von einzelnen Gläubigern dazu kommen, dass diese Entscheidungsbefugnis dadurch eingeschränkt wird, dass sich die Gläubiger gewisse Mitsprache- und Kontrollrechte einräumen lassen.

Die **Eigenkapitalbasis** ist durch das Vermögen des Einzelunternehmers **begrenzt.** Als Ausgleich zur unbegrenzten Haftung wird gesetzlich kein Mindestkapital für Einzelunternehmer vorgesehen. Die Möglichkeiten der Selbstfinanzierung sind insbesondere bei kleinen Einzelunternehmen dadurch begrenzt, dass die Unternehmer aus dem Gewinn auch noch ihre private Lebensführung bestreiten müssen. Eine Möglichkeit zur Erweiterung der Eigenkapitalbasis besteht z. B. in der Aufnahme von **stillen Gesellschaftern.**[18] Da es sich um eine reine Innengesellschaft handelt, geht die Einlage des stillen Gesellschafters in das Vermögen des Einzelunternehmers über und wird in der Bilanz als Fremdkapital des Inhabers ausgewiesen (§ 230 Abs. 1 HGB). **Steuerlich** wird wie folgt unterschieden: Bei der typisch stillen Beteiligung ist eine Beteiligung am Vermögen nicht gegeben. Eine Abfindung erfolgt also zu der nominellen Einlage. Bei einer atypischen stillen Beteiligung, die steuerlich zu einer Mitunternehmergesellschaft führt, ist zusätzlich eine Beteiligung am Vermögen vereinbart, einschließlich also am Anlagevermögen, an den stillen Reserven und ggf. am Geschäfts- und Firmenwert. 28

Befindet sich das Unternehmen in der Krise, ist die Zuführung von Eigenkapital in der Regel schwierig. Ohne weitere Sicherheiten sind Kapitalgeber in dieser Lage nicht bereit, Kapital in Form einer stillen Beteiligung bereitzustellen. In der Insolvenz des Einzelunternehmers kann der stille Gesellschafter wegen der Einlage, soweit sie den Teil des auf ihn entfallenden Anteils des Verlusts übersteigt, seine Forderung als Insolvenzgläubiger geltend machen (§ 236 Abs. 1 HGB). Insoweit ist die Situation vergleichbar mit der Aufnahme von Fremdkapital. 29

Bei der **oHG** und der **KG** erfolgt die Beschaffung von Eigenkapital grundsätzlich durch Kapitaleinlagen der Gesellschafter. Anders als bei der Einzelunternehmung ist die Eigenkapitalbasis nicht durch das Privatvermögen der Gesellschafter beschränkt, da **weitere Gesellschafter** aufgenommen werden können. Bei der KG sind die Möglichkeiten der Eigenfinanzierung größer als bei der oHG, da durch die Beschränkung der Haftung der Kommanditisten auf ihre Einlage und den im Regelfall bestehenden Ausschluss von der Geschäftsführung auch unternehmensfremde Investoren als Kapitalgeber gefunden werden können, die zur unbeschränkten Haftung und Mitarbeit im Unternehmen nicht bereit sind.[19] Insoweit bestehen Parallelen zur Kapitalgesellschaft, bei der die Gesellschafter nur ihr Kapital in einem Unternehmen arbeiten lassen. Dies wird besonders deutlich bei einer KG, bei der eine juristische Person (z. B. eine GmbH) die Funktion der Komplementärin übernimmt, sog. **GmbH & Co. KG.** 30

OHG und KG können ihre Eigenkapitalbasis auch durch die Aufnahme **stiller Gesellschafter** erweitern. Die Finanzierung von Gesellschaftsanteilen an Personenhandelsgesellschaften kann auch im Wege der **Unterbeteiligung** erfolgen. Diese Form ist bspw. auch geeignet, wenn der Investor nicht in Erscheinung treten möchte. 31

Bei der **GmbH** ist zur Sicherung eines haftenden Vermögens als Ausgleich ein Mindestkapital von 25.000 € gesetzlich vorgeschrieben (§ 5 Abs. 1 GmbHG). Die Höhe des Stammkapitals wird im Gesellschaftsvertrag festgelegt und ist ins Handelsregister einzutragen. Die Haftung des Gesellschafters ist auf die Kapitaleinlage bzw. den Anteil am **Stammkapital** beschränkt, sofern nicht – was in der Praxis eher in Ausnahmefällen geschieht – im Gesellschaftsvertrag eine Nachschusspflicht festgeschrieben ist. Für Ver- 32

18) Vgl. *Wöhe/Bilstein/Ernst/Häcker*, Grundzüge der Unternehmensfinanzierung, S. 76.
19) Vgl. *Wöhe/Bilstein/Ernst/Häcker*, Grundzüge der Unternehmensfinanzierung, S. 78.

bindlichkeiten der Gesellschaft haftet nur das Gesellschaftsvermögen. Die **Haftungsbeschränkung** erleichtert die Aufnahme von Eigenkapital, allerdings sind GmbH-Anteile gegenüber börsenfähigen Aktien weniger fungibel.[20] Ist das Eigenkapital insgesamt durch Verluste aufgebraucht und ergibt sich ein Überschuss der Passiva gegenüber den Aktiva, so ist dieser Betrag auf der Aktivseite gemäß § 268 Abs. 3 HGB gesondert unter der Bezeichnung „nicht durch Eigenkapital gedeckter Fehlbetrag“ auszuweisen.

33 Im Rahmen des MoMiG[21] wurde im Jahre 2008 die Gründung einer einfacher und unkomplizierter gestalteten Gesellschaft eingeführt, die sog. **Unternehmergesellschaft** (UG), die mit dem Zusatz „haftungsbeschränkt“ firmiert. Die Mindesteinlage beträgt nur 1 €; aufgrund dieser „dünnen“ Kapitalisierung darf nur 75 % des Gesamtgewinns ausgeschüttet werden, bis das Mindeststammkapital von 25.000 € erreicht ist.

34 Die **AG** hat – wie auch die GmbH – ein in seiner Höhe festgelegtes Nominalkapital, das als **Grundkapital** bezeichnet wird. Die Höhe des Grundkapitals muss mindestens 50.000 € betragen (§ 7 AktG). Es bildet als gezeichnetes Kapital insbesondere zusammen mit den Kapital- und Gewinnrücklagen das Eigenkapital der Gesellschaft. Das Grundkapital ist in Aktien, d. h. auf einen bestimmten Nennwert lautende oder mit einem rechnerischen Anteil am Grundkapital versehene Wertpapiere, zerlegt, die das Mitgliedschaftsrecht der Aktionäre an der Gesellschaft verbriefen.

35 Die Aufteilung des Grundkapitals in Aktien bietet **gute Möglichkeiten zur Eigenkapitalbeschaffung.** Durch Beteiligung einer nicht begrenzten Zahl von Anteilseignern, auch mit relativ kleinen Anteilen, können bei AG damit große Kapitalbeträge aufgebracht werden.

36 Folgende **Aktienarten** werden unterschieden:

– Aktien, die auf einen in Geld ausgedrückten Nennbetrag (z. B. 1 €) lauten, werden als **Nennbetrags- oder Nennwertaktien** bezeichnet.
– **Stückaktien** sind nennwertlose Aktien, die wie Nennbetragsaktien einen Anteil am Grundkapital verkörpern, sich jedoch darin unterscheiden, dass sie nicht auf einen Nennbetrag lauten. Der anteilige Nennbetrag wird errechnet, indem das Grundkapital durch die Zahl der Aktien dividiert wird.
– Nach der **Art der Übertragung** lassen sich Inhaberaktien und Namensaktien unterscheiden. In der Satzung ist festzulegen, ob die Aktien auf den Inhaber oder den Namen ausgestellt werden (§ 23 Abs. 3 Nr. 5 AktG). Die **Übertragung von Inhaberaktien** vollzieht sich wie bei allen Inhaberpapieren nach sachenrechtlichen Vorschriften, nämlich durch Einigung und Übergabe (§ 929 BGB). **Namensaktien** lauten auf den Namen des Aktionärs, der gemäß § 67 AktG in das Aktienregister der Gesellschaft eingetragen werden muss. Die Übertragung von Namensaktien erfordert eine Umschreibung im Aktienregister, da der Gesellschaft gegenüber nur die Personen als Aktionäre gelten, die ins Aktienbuch eingetragen sind. Insoweit ist die Übertragung der Namensaktie im Vergleich zur Inhaberaktie umständlicher. Zudem kann die Übertragung der Namensaktien an die Zustimmung der Gesellschaft gebunden werden. In diesem Fall liegen sog. vinkulierte Namensaktien vor (§ 68 Abs. 2 AktG).
– Nach dem **Umfang der Rechte**, die die Aktien den Aktionären einräumen, sind Stammaktien und Vorzugsaktien zu unterscheiden. **Stammaktien** stellen den Normaltyp der Aktien da. Sie gewähren gleiches Stimmrecht in der Hauptversammlung, gleichen Anspruch auf den Gewinnanteil (Dividende), gleichen Anteil am Liquidationserlös und ein gesetzliches Bezugsrecht auf junge Aktien bei Kapitalerhöhungen

20) Vgl. *Perridon/Steiner/Rathgeber*, Finanzwirtschaft der Unternehmung, S. 427 – 428.

21) Gesetz zur Modernisierung des GmbH-Rechts und zur Bekämpfung von Missbräuchen (MoMiG), v. 23.10.2008, BGBl. I 2008, 2026.

oder auf Wandel- und Optionsschuldverschreibungen für alle Aktionäre.[22] **Vorzugsaktien** sind Aktien besonderer Gattung, die dem Aktionär im Verhältnis zur Stammaktie insbesondere bei der Gewinnverteilung, der Stimmrechtsausübung oder der Verteilung des Liquiditätserlöses Vorrechte gewähren.

2. Die Kapitalerhöhung

In der Literatur wird jede Erweiterung des Eigenkapitals im Wege der Außenfinanzierung als Eigenkapitalerhöhung im engeren Sinne bezeichnet. Noch enger wird dieser Begriff auf die Kapitalerhöhungen bei den Kapitalgesellschaften bezogen. Unter allen potentiellen gesellschaftsrechtlichen Ausgestaltungsmöglichkeiten einer Unternehmung bietet die Rechtsform der AG die besten Voraussetzungen, um die Eigenkapitalbasis zu stärken. Die nachfolgenden Ausführungen beschränken sich daher auf die Kapitalerhöhung bei der AG. 37

Das Aktienrecht kennt insgesamt **vier Wege für die Erhöhung** des Grundkapitals: 38

- Kapitalerhöhung gegen Einlagen,
- bedingte Kapitalerhöhung,
- genehmigtes Kapital,
- Kapitalerhöhung aus Gesellschaftermitteln.

Die **Kapitalerhöhung gegen Einlagen** vollzieht sich technisch durch die Ausgabe neuer („junger") Aktien zum Emissionskurs; dem Unternehmen fließen also neue Finanzmittel zu, zugleich erhöht sich das Eigenkapital und zwar das Grundkapital i. H. der Nennbeträge der emittierten Aktien, und die Kapitalrücklage i. H. des Agios (§ 272 Abs. 2 Nr. 1 HGB). Entsprechend ihrem Anteil am bisherigen Grundkapital steht den Aktionären ein grundsätzliches Bezugsrecht zu. Ein vollständiger oder teilweiser Ausschluss des Bezugsrechts ist mit Dreiviertelmehrheit des bei der Beschlussfassung vertretenen Kapitals möglich. 39

Die **bedingte Kapitalerhöhung** stellt eine Sonderform der Kapitalerhöhung dar, die zu drei Zwecken mit qualifizierter Mehrheit beschlossen werden kann: 40

- Sicherung von Umtauschrechten bzw. Bezugsrechten für Gläubiger von Wandel- bzw. Optionsanleihen,
- Vorbereitung von Fusionen,
- Gewährung von Bezugsrechten an Arbeitnehmer und Mitglieder der Geschäftsführung.

Das **genehmigte Kapital** eröffnet die Ausgabe neuer Aktien ohne die aufwendige Durchführung einer Hauptversammlung. Die Satzung kann dem Vorstand für höchstens fünf Jahre nach Eintragung ermächtigen, das Grundkapital bis zu einem bestimmten Nennbetrag durch Ausgabe neuer Aktien gegen Einlage zu erhöhen (§ 202 Abs. 1 AktG). Dem Vorstand kann auf diese Weise, etwa für eine Verbindung mit einem anderen Unternehmen oder für die Ausnutzung einer günstigen Kapitalmarktsituation, die erforderliche Flexibilität zum schnellen Handeln gegeben werden. Gegenüber dem bedingten Kapital hat das genehmigte Kapital u. a. den Vorteil, dass die Maßnahmen, zu deren Durchführung der Vorstand ermächtigt werden soll, noch nicht konkret feststehen, sondern nur allgemein bekannt gegeben werden müssen.[23] 41

Bei der **Kapitalerhöhung aus Gesellschaftsmitteln** fließen dem Unternehmen keine finanziellen Mittel zu. Es handelt sich vielmehr um eine bilanzielle Umwandlung von Gewinn- oder Kapitalrücklagen in haftendes Grundkapital (§ 207 Abs. 1 AktG). Damit bewirkt die nominelle Kapitalerhöhung einen Passivtausch, durch den sich die Zusammensetzung, aber 42

22) Vgl. *Wöhe/Bilstein/Ernst/Häcker*, Grundzüge der Unternehmensfinanzierung, S. 86.

23) Vgl. Vgl. *Zantow/Dinauer/Schäffler*, Finanzwirtschaft des Unternehmens, S. 111.

nicht die Höhe des Eigenkapitals ändert. Daher spielt die nominelle Kapitalerhöhung in der Sanierungspraxis isoliert betrachtet regelmäßig keine wesentliche Rolle.[24)]

3. Die Kapitalherabsetzung

43 Durch eine Kapitalherabsetzung kann sowohl ein **Bilanzverlust** beseitigt als auch i. R. einer effektiven Kapitalherabsetzung **überschüssiges Kapital** an Gesellschafter verteilt werden. Da die Ausschüttung im Sanierungsfall kontraproduktiv wäre, wird die effektive Kapitalherabsetzung hier nicht weiter vertieft und vielmehr die nominelle Kapitalherabsetzung im Falle der vereinfachten Kapitalherabsetzung dargestellt.

44 Die vereinfachte Kapitalherabsetzung ist auf den **Sanierungszweck** zugeschnitten. Ähnlich wie bei der Auflösung der Rücklagen stellt sie einen rein formellen Vorgang dar. Es erfolgt lediglich eine Anpassung des ausgewiesenen Nennkapitals an die effektive Kapitalausstattung des Unternehmens, ohne dass sich die wirtschaftliche Situation der Gesellschaft ändert. Sie darf nur im Zuge der Einstellung von Beträgen in die Kapitalrücklage und zur Verlustdeckung durchgeführt werden, aber auch nur dann, wenn **andere Möglichkeiten zur Verlustabdeckung nicht (mehr) offenstehen.** So sind im Vorfeld alle freien Rücklagen sowie die Teile der gesetzlichen Rücklage, welche 10 % des nach der Kapitalherabsetzung verbleibenden Grundkapitals bzw. Stammkapitals übersteigen, aufzulösen (§§ 229 bis 236 AktG bzw. §§ 58a bis 58f GmbHG). Zudem ist die Korrektur des gezeichneten Kapitals rückwirkend auf die letzte Jahresbilanz möglich.

45 Da durch die vereinfachte Kapitalherabsetzung dem notleidenden Unternehmen keine neuen Mittel zugeführt werden, sondern lediglich eine Anpassung erfolgt, schließt sich im Fall der Sanierung durch den Kapitalschnitt der Herabsetzung regelmäßig eine Kapitalerhöhung an.[25)]

4. Eigenkapital durch externe Investoren – Private Equity

46 Eine weitere Form der Eigenfinanzierung mit hoher Bedeutung in Deutschland besteht in der Beteiligung durch Private Equity-Gesellschaften. Unter dem Begriff Private Equity im engeren Sinne werden **Eigenkapital- oder eigenkapitalähnliche Beteiligungen** an bereits am Markt etablierten hier nicht börsennotierten Unternehmen verstanden. Private-Equity-Gesellschaften verfolgen im Gegensatz zu strategischen Investoren rein finanzielle Ziele, wobei in der Regel bei den Investments ein mittelfristiger Zeithorizont von drei bis fünf Jahren angestrebt wird. Nach Ablauf dieses Zeitraums wird ein möglichst guter Verkauf der Beteiligung, als sog. Exit bezeichnet, angestrebt.

47 **Private-Equity-Investoren refinanzieren sich** über Banken, Versicherungen, Pensionsfonds, Großunternehmen und Privatpersonen durch Bildung von sog. Private-Equity-Fonds, die neben der reinen Finanzierungsfunktion in der Regel auch **Managementunterstützung** zur Verfügung stellen. Aus Sicht des Investors soll durch aktives Monitoring und Beratung des Krisenunternehmens eine Risikoreduzierung erreicht werden und das Unternehmen zusammen mit dem Management restrukturiert werden, um so den Unternehmenswert und die Rendite zu steigern.[26)]

48 Einige Private-Equity-Gesellschaften beteiligen sich gezielt an **Unternehmen in der Krise,** sofern das Unternehmen eine positive Zukunftsperspektive aufweist und in einer Zukunftsbranche tätig ist. Für das in der Krise befindliche Unternehmen ergibt sich neben der Möglichkeit der Eigenkapitalzuführung aus einer derartigen Beteiligung die Chance, durch die Managementunterstützung spezielle Sanierungserfahrung hinzuzugewinnen, die in den meisten Fällen sonst in den Unternehmen nicht oder nur in geringem Umfang vorhanden ist.

24) Vgl. *Crone/Kreide* in: Crone/Werner, Modernes Sanierungsmanagement, S. 188.
25) Vgl. *Rummer*, Die finanzielle Sanierung von Unternehmen, S. 26.
26) Vgl. *Kucher*, Die Akquisition von Krisenunternehmen aus der Sicht von Finanzinvestoren, S. 22–23.

Nachteilig bei einer derartigen Beteiligung kann der Kontrollverlust des Unternehmens sein, da die Private-Equity-Gesellschaften sich häufig auch bei geringerer Beteiligung Zustimmungsrechte zu wesentlichen Entscheidungen einräumen lassen. 49

Der Finanzierungsprozess durch Private-Equity-Finanzierungen lässt sich in die nachfolgend dargestellten drei Phasen mit sechs Schritten einteilen:[27)] 50

Abb. 1: Phasen des Finanzierungsprozesses 51

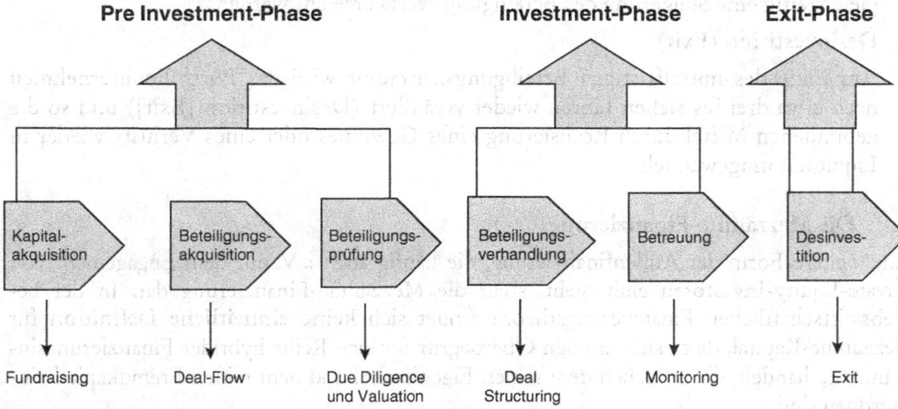

Quelle: In Anlehnung an *Staroßom*, Corporate Finance, Teil 2, S. 172–175.

Zu den einzelnen Phasen: 52

1. **Kapitalakquisition (Fundraising)**

   Die Pre-Investment-Phase umfasst alle Tätigkeiten, die vor dem Eingehen der Transaktion anfallen. Sie beginnt mit der Kapitalakquisition (Fundraising), bei der die Kapitalbeteiligungsgesellschaften nach potentiellen Investoren Ausschau halten und versuchen, diese von ihrer Leistungsfähigkeit zu überzeugen.

2. **Beteiligungsakquisition (Deal Flow)**

   Im nächsten Schritt steht für die Beteiligungsgesellschaften die Suche nach potentiellen, erfolgversprechenden Investitionsobjekten im Vordergrund, die ihrem Anforderungsprofil gerecht werden.

3. **Beteiligungsprüfung (Due Diligence)**

   Der letzte Schritt der ersten Phase besteht in der Beteiligungsprüfung (Due Diligence) im Hinblick auf eine Eignung für eine Beteiligungsprüfung sowie der anschließenden Valuation. Ziel dieses mehrstufigen Prozesses, der Parallelen zur Kreditwürdigkeitsprüfung bei Banken aufweist, ist es, sich vor Vertragsabschluss ein realistisches Gesamtbild des potentiellen Unternehmens zu verschaffen, Wertsteigerungspotentiale zu identifizieren und zu einer Vorstellung über einen angemessenen Kaufpreis zu gelangen. Am Ende steht die Entscheidung, ob Beteiligungsverhandlungen überhaupt geführt werden sollen, was nach Praxiserfahrung nur bei 5 % bis 10 % der Fälle geschieht.

4. **Beteiligungsverhandlung (Deal Structuring)**

   Die Investment-Phase beginnt mit Beteiligungsverhandlungen (Deal Structuring), deren Ziel die Ausarbeitung eines Beteiligungsvertrags ist. An dieser Stelle muss entschieden

27) Vgl. *Staroßom*, Corporate Finance, Teil 2, S. 175.

werden, ob der Beteiligungserwerb mit dem Kauf nur der Aktiva des Unternehmens oder mit dem Erwerb der Eigenkapitalposition des Portfoliounternehmens umgesetzt wird.

5. **Betreuung (Monitoring)**

Der Aufgabenbereich der Beteiligungsgesellschaft geht in der Regel über eine reine Finanzierungsform hinaus. So bietet die Beteiligungsgesellschaft oftmals eine aktive Betreuung in Form von Managementunterstützung sowie eine Kontrolle (Monitoring) des Portfoliounternehmens an. Somit soll das Risiko des Engagements verringert und gleichzeitig eine Steigerung des Beteiligungswerts erreicht werden.

6. **Desinvestition (Exit)**

Am Ende des mittelfristigen Beteiligungszeitraums wird das Portfoliounternehmen nach etwa drei bis sieben Jahren wieder veräußert (Desinvestition [Exit]) und so die gebundenen Mittel durch Realisierung eines Gewinnes oder eines Verlusts wieder in Liquidität umgewandelt.

II. Die Mezzanine-Finanzierung

53 Eine weitere Form der Außenfinanzierung, die häufig auch i. V. mit dem Engagement von Private-Equity-Investoren einhergeht, stellt die Mezzanine-Finanzierung dar. In der betriebswirtschaftlichen Finanzierungstheorie findet sich **keine einheitliche Definition** für Mezzanine-Kapital, da es sich um den Oberbegriff für eine Reihe hybrider Finanzierungsinstrumente handelt, die zwischen dem reinen Eigenkapital und dem reinen Fremdkapital einzuordnen sind.

54 Mezzanine-Kapital ist seiner Natur nach Fremdkapital mit erhöhter Risikobereitschaft. Es nennt zahlreiche Kreditelemente sein Eigen, ist aber zum Ausgleich des erhöhten Risikos zusätzlich mit eigenkapitaltypischen Elementen ausgestattet. So ist in der Regel ein signifikanter Teil der **Vergütung** vom Erfolg des finanzierten Unternehmens abhängig. Zudem haben Mezzanine-Kapitalgeber in der Regel deutlich größere **Kontroll- und Mitspracherechte** als klassische Darlehensgeber. Dafür stärkt diese Finanzierungsart die Bonität eines Unternehmens und erlaubt größere Freiräume zum Wohle der geschäftspolitischen Strategie.[28]

55 Die Zielsetzung besteht darin, von den Vorteilen der Eigen- und Fremdkapitalfinanzierung zu profitieren. Dabei weisen mezzanine Finanzierungsformen in der Regel folgende wesentlichen **Charakteristika** auf:[29]

- Nachrangig gegenüber „klassischem“ Fremdkapital und Vorrang gegenüber „echtem“ Eigenkapital,
- kein ausdrückliches Stimmrecht der Kapitalgeber,
- befristete Laufzeit (in der Regel fünf bis zehn Jahre),
- steuerliche Abzugsfähigkeit der Zinszahlungen als Betriebsausgabe,
- liquiditätsschonend durch Tilgung bei Laufzeitende und
- höhere Vergütung als Fremdkapital bzw. niedrigere Vergütung als Eigenkapital.

56 Aufgrund der Nachrangigkeit wird Raum zur Finanzierung weiterer geschäftsnotwendiger Investitionen für das Unternehmen geschaffen. Banken bewerten Mezzanine-Kapital i. R. einer Risikobeurteilung von Unternehmen nicht selten als Eigenkapital, da diese Kapitalkategorie in der Haftungsrangordnung unterhalb der klassischen Bankkredite liegt. Die Vergütung der Mezzanine-Finanzierung unterteilt sich regelmäßig in eine feste laufende Verzinsung plus eine, häufig variable erfolgsabhängige Zinskomponente.

28) Vgl. *Grunow/Figgener*, Hdb. moderne Unternehmensfinanzierung, S. 191.

29) Vgl. *Wöhe/Bilstein/Ernst/Häcker*, Grundzüge der Unternehmensfinanzierung, S. 197 ff.

In der Krise ist der Einsatz von Mezzanine-Kapital bspw. bei Unternehmen mit folgenden Merkmalen **geeignet**: 57

- es besteht eine nachhaltige positive Geschäftsentwicklung, die durch singuläre Effekte gestört wurde,
- es bestehen hohe Darlehenslasten, deren Zins- und Tilgungskosten auf absehbare Zeit nicht durch den Cashflow bedient werden und die zur Überschuldung bzw. Zahlungsunfähigkeit führen können,
- die Gesellschafter wollen sich an der Sanierung beteiligen, können die Lasten aber nicht vollständig aus eigenen Mitteln aufbringen.

Mezzanine Finanzierungsinstrumente treten in **unterschiedlichen Ausprägungen** auf. 58 Als **Beispiele** sind Vorzugsaktien, Gesellschafterdarlehen, atypisch oder typisch stille Beteiligungen, Optionsanleihen, Wandelanleihen oder partiarische Darlehen zu nennen.

Praxishinweis

In der Praxis treten häufig Genussrechte als mezzanine Finanzierungsinstrumente auf. Das Genussrecht verbrieft zunächst eine Kapitalüberlassung gegen laufende Vergütung. Diese Vergütungen und auch die Tilgungssumme sind in der Regel abhängig von der Gewinnentwicklung des emittierenden Unternehmens. Dabei sind die Genussscheine derart gestaltbar, dass sie aus handelsbilanzieller Sicht und im Rating-Prozess Eigenkapital darstellen, die vom Emittenten zu zahlenden Vergütungen aber gleichwohl wie beim Fremdkapital als Betriebsausgaben steuerlich abzugsfähig sind.[30] In der Praxis sind sowohl individuelle als auch standardisierte Genussrechtprodukte erhältlich.

Das **Crowdfunding** und **Crowdinvesting** kann auch der Mezzanine-Finanzierung als Form 59 der Außenfinanzierung zugeordnet werden. Beim Crowdfunding, auch Schwarmfinanzierung genannt, dienen eine Vielzahl von Kapitalgebern als Finanzierungsquelle für eine Idee oder ein Unternehmen.[31] Bei der Unternehmensfinanzierung ist das Crowdinvesting jedoch der häufigste Anwendungsfall. In der Regel werden über eine Crowdfunding-Plattform eine Vielzahl von Kaptalgebern angesprochen, die dann Eigenkapital oder aber Mezzanine-Kapital zur Verfügung stellen. Diese Form der Unternehmensfinanzierung kommt häufig bei Start-Up-Finanzierungen zum Einsatz, selten ist diese Form der Finanzierung bei Finanzierungen im Rahmen einer Krise oder Sanierung vorzufinden.

III. Fremdkapitalfinanzierung

1. Die klassische Kreditfinanzierung

Bei der Fremdfinanzierung i. R. der **Außenfinanzierung** wird dem Unternehmen Kapital 60 durch Gläubiger zugeführt, die durch diese Transaktion kein Eigentum am Unternehmen erwerben, sondern mit ihm auf Zeit schuldrechtlich verbunden sind.[32] Merkmal für Fremdkapital ist somit, dass die Kapitalgeber **keine Mitsprache-, Kontroll- und Entscheidungsbefugnisse erhalten**, und dass es grundsätzlich zurückzuzahlen ist. Bei einer starken Abhängigkeit von einem Großkreditgeber kann es in der Praxis vorkommen, dass dieser sich vertraglich gesellschafterähnliche Mitsprache- und Kontrollrechte ausbedingt.

In der kontinentaleuropäischen Unternehmenslandschaft ist Fremdkapital der mit Ab- 61 stand größte Bilanzposten und dürfte dies in absehbarerer Zukunft auch bleiben. Der **Finanzierungsmarkt** hält ein ganzes Füllhorn an Instrumenten bereit, die trotz vergleichbarer Basis in ihrer Konzeption recht unterschiedlich sind und darüber hinaus auch noch

30) Vgl. *Grunow/Figgener*, Hdb. moderne Unternehmensfinanzierung, S. 212.

31) Vgl. *Becker/Peppmeier*, Investition und Finanzierung, S. 260.

32) Vgl. *Wöhe/Bilstein/Ernst/Häcker*, Grundzüge der Unternehmensfinanzierung, S. 281.

in vielen Fällen erheblich individualisiert werden können. Entscheidende Faktoren auf der Suche nach dem „richtigen" Instrument sind die Bonität des Kapitalnehmers (einschließlich Sicherheiten) sowie die beabsichtigte Mittelverwendung.[33)]

62 Die Außenfinanzierung mit Fremdkapital kann in verschiedenen Formen erfolgen, wobei sich nach der Herkunft des Kapitals folgende Kreditgeber unterscheiden lassen:[34)]

63 **Abb. 2: Übersicht Fremdkapitalgeber**

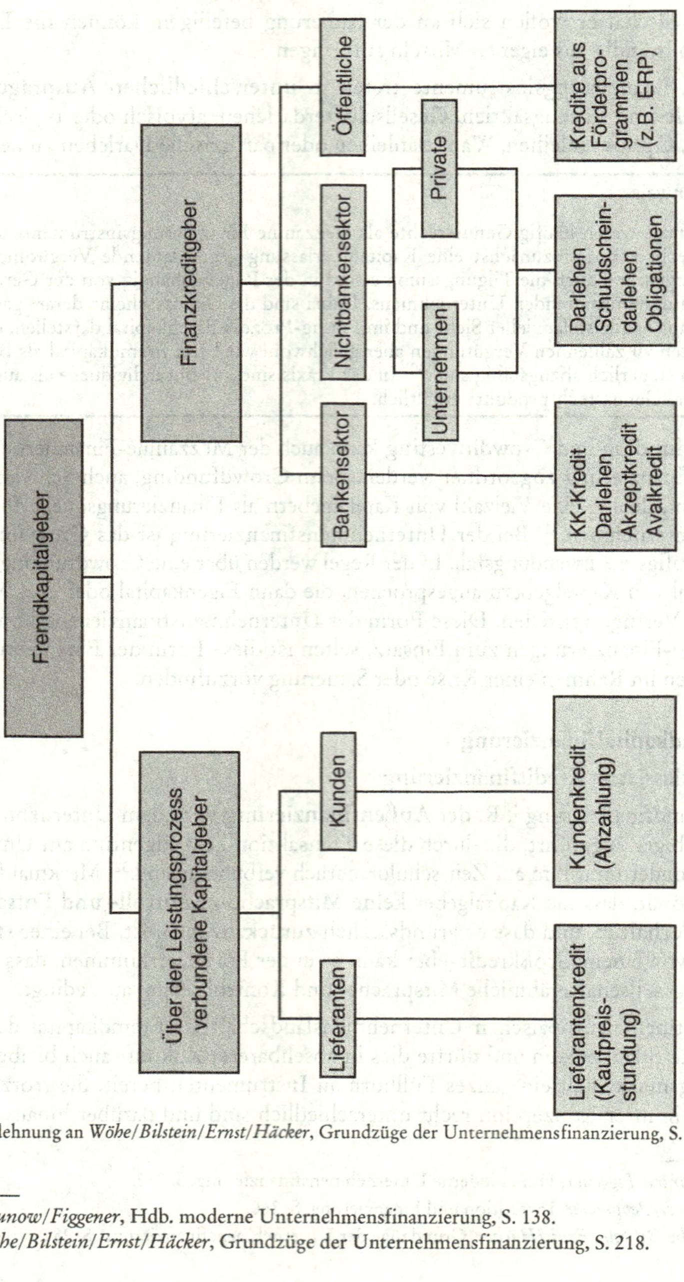

Quelle: In Anlehnung an *Wöhe/Bilstein/Ernst/Häcker*, Grundzüge der Unternehmensfinanzierung, S. 218.

33) Vgl. *Grunow/Figgener*, Hdb. moderne Unternehmensfinanzierung, S. 138.
34) Vgl. *Wöhe/Bilstein/Ernst/Häcker*, Grundzüge der Unternehmensfinanzierung, S. 218.

In der Unternehmenskrise sind die **Gläubiger** in der Regel nicht bereit, ohne weitere Sicherheiten ihre Kredite auszuweiten. Eine sog. Kreditversorgungspflicht wird von der Rechtsprechung nicht anerkannt, auch eine Haftung desjenigen, der sich an Sanierungsbemühungen anderer Kreditgeber nicht beteiligt, wurde bisher durch den BGH verneint.[35)] Nach der ständigen Rechtsprechung des BGH muss die **Bank** gemäß § 242 BGB sowohl bei Kündigung aus wichtigem Grund als auch bei ordentlicher Kündigung Rücksicht auf die Interessen des Kreditnehmers nehmen und wenn ihre eigenen Interessen dies zulassen, eine fristlose Kündigung ohne Vorankündigung vermeiden, wenn dem Kreditnehmer daraus schwerste Schäden drohen. Eine Pflicht der Banken zur Kreditkündigung besteht weder gegenüber dem Kreditnehmer noch gegenüber den anderen Gläubigern.[36)] 64

Die Gewährung weiterer Kredite in der Krise setzt ein **externes, zeitnahes Sanierungsgutachten** voraus, da die Gewährung von besicherten Sanierungskrediten eine nachvollziehbare, fundierte Überprüfung der Sanierungsaussichten voraussetzt. Nach der ständigen Rechtsprechung des BGH ist ein Kreditinstitut, das einem insolvenzreifen Unternehmen zum Zwecke der Sanierung Kredit gegen Sicherheitsleistungen gewährt und dadurch bewirkt, dass möglicherweise Dritte zu ihrem Schaden über die Kreditwürdigkeit des Unternehmens getäuscht werden, in der Regel verpflichtet, vor der Krediteinräumung durch einen branchenkundigen Wirtschaftsfachmann eingehend und objektiv prüfen zu lassen, ob das Sanierungsvorhaben Erfolg versprechen wird.[37)] Unterlässt das Kreditinstitut diese Prüfung oder konnte es aufgrund der Prüfung nicht von den Erfolgsaussichten des Vorhabens überzeugt sein, sind in Zusammenhang mit der Kreditgewährung bestellte Sicherheiten nichtig (sog. eigennützige Sanierungskredite). 65

Anders ist ein **Überbrückungskredit** zu beurteilen, der der kurzfristigen Zurverfügungstellung von neuen Krediten zur Vermeidung der Zahlungsunfähigkeit bis zum Vorliegen eines bereits beauftragten Sanierungskonzepts dient, auch wenn dieses negativ ausfallen sollte.[38)] 66

Kurzfristig sollte das Unternehmen mit den **Gläubigern** liquiditätsschonende Maßnahmen **verhandeln.** Dies gilt insbesondere vor dem Hintergrund, dass eine Zahlungsunfähigkeit, verbunden mit einer Insolvenzantragspflicht, vermieden werden soll. Dabei wirkt die **Stundung** von Forderungen und ggf. darauf zu entrichtender Zinsen als erster Schritt kurzfristig liquiditätsentlastend.[39)] Weiterhin kann eine – ggf. gestundete – Forderung in ein mittel- oder langfristiges Darlehen oder gar in eine Wechselforderung umgewandelt werden. Damit verlängert sich das Zahlungsziel erheblich, was ebenfalls zu einer Liquiditätsentlastung führt. 67

Ein Schritt weiter geht der **Verzicht** auf vom Unternehmen geschuldete **Zinsen.** Dadurch wird die Liquidität dauerhaft entlastet und auch die Ergebnissituation gestärkt. Der Zinsverzicht bewirkt beim Gläubiger eine ergebniswirksame Belastung. Richtet sich der Verzicht nicht nur auf die Zinsen, sondern auf die Hauptforderung, führt er zum Wegfall der Verbindlichkeiten insgesamt.[40)] In dieser Höhe entstehen für Unternehmen ein ggf. auch 68

35) BGH, Urt. v. 12.12.1991 – IX ZR 178/91, ZIP 1992, 191 = NJW 1992, 967; OLG München, Urt. v. 22.2.1994 – BLw 87/93, WM 1994, 1082; OLG Düsseldorf, Urt. v. 9.2.1989 – 6 U 90/88, NJW-RR 1989, 1519.

36) Vgl. *Obermüller*, Insolvenzrecht in der Bankpraxis, S. 760 ff.

37) BGH, Urt. v. 9.7.1953 – IV ZR 242/52, BGHZ 10, 228 = NJW 1953, 1665; BGH, Urt. v. 28.1.1988 – IX ZR 102/87, ZIP 1988, 324 = WM 1988, 472; BGH, Urt. v. 4.12.1997 – IX ZR 47/97, ZIP 1998, 248 = WM 1998, 248.

38) Vgl. *Obermüller*, Insolvenzrecht in der Bankpraxis, S. 727 ff.

39) Vgl. *Crone/Kreide* in: Crone/Werner, Modernes Sanierungsmanagement, S. 161.

40) Vgl. *Crone/Kreide* in: Crone/Werner, Modernes Sanierungsmanagement, S. 191.

steuerlich relevanter außerordentlicher Gewinn und eine ergebniswirksame Belastung für den Gläubiger durch die Ausbuchung der Forderung. Falls durch Forderungsverzichte **Sanierungsgewinne** entstehen, können diese steuerlich privilegiert werden. Die bisherige Regelung der steuerlichen Privilegierung von Sanierungsgewinnen wurde vollständig auf den Kopf gestellt, da der BFH mit einem Beschluss aus 2016[41)] den bis dahin geltenden Sanierungserlass aus 2003[42)] für ungültig erklärt hat. Der Gesetzgeber hat darauf reagiert und die Privilegierung von Sanierungsgewinnen gesetzlich in § 3a EStG neu geregelt. Die gesetzliche Neuregelung konnte ohne erforderliche Billigung durch die EU-Kommission für alle Schuldenerlasse in Sanierungsfällen, die nach dem 8.2.2017 bewirkt wurden, angewendet werden. Eine Überprüfung der steuerlichen Auswirkungen von Sanierungsmaßnahmen ist vor dem Hintergrund der komplexen steuerlichen Regelungen der Privilegierung von Sanierungsgewinnen i. R. der Festlegung einer Sanierungsstrategie wichtig.

69 Falls der verzichtende Gläubiger **zugleich Gesellschafter** ist, so ist der Verzicht als Zuführung in die Kapitalrücklage und als nicht steuerbare **verdeckte Einlage** zu werten. Somit stellt der Verzicht keinen zu versteuernden Sanierungsgewinn dar. Für den Gesellschafter führt der Forderungsverzicht als Zuwendung in das Eigenkapital der Gesellschaft zu nachträglichen Anschaffungskosten. Dies gilt allerdings nur, soweit die Forderung, auf die verzichtet wurde, werthaltig ist. Der Differenzbetrag zwischen dem Buchwert der Forderung und der Obergrenze ihrer Werthaltigkeit ist bei der Krisengesellschaft als außerordentlicher Ertrag auszuweisen. Auch steuerrechtlich wird hier der werthaltige Teil der Forderung als erfolgsneutrale Einlage behandelt. Besonderheiten für Vorgänge im steuerlichen Betriebs- bzw. Privatvermögen des Gesellschafters sind dabei zu beachten.

2. Kreditsicherheiten

70 Fremdkapital wird in aller Regel nur gegen Sicherheiten gegeben. Denn während Eigenkapitalgeber grundsätzlich am Unternehmenserfolg teilhaben, im Misserfolgsfall aber auch einen Totalverlust erleiden können, wird bei Fremdkapital die durch die Zinshöhe gedeckte Partizipation am Erfolg dadurch ausgeglichen, dass spiegelbildlich das Risiko eines Verlusts begrenzt wird. Abhängig davon, welche Vermögenswerte das Unternehmen zur Besicherung anbieten kann, sind zahlreiche Gestaltungen denkbar, etwa die Besicherung durch Grundschulden. In Betracht kommen aber auch Sicherheiten außerhalb des Unternehmens, z. B. in Form von Bürgschaften der Anteilseigner.[43)]

71 Ferner lassen sich Kreditsicherheiten nach ihrem Rechtscharakter in **akzessorische** und **abstrakte Sicherheiten** unterscheiden. Akzessorische Sicherheiten (lat. accessorius = hinzutretend, untergeordnet) hängen von der Existenz einer Forderung der Bank gegenüber dem Kreditnehmer ab. Erlischt die Forderung, so erlischt auch die Sicherheit. Als Beispiele akzessorischer Sicherheiten sind die Bürgschaft, das Pfandrecht oder die Hypothek zu nennen. Abstrakte Sicherheiten bestehen unabhängig von der Existenz einer Forderung. Banken haben im Umgang mit diesen Sicherheiten die Interessen des Sicherungsgebers angemessen zu berücksichtigen. Als Beispiele sind hier die Garantie oder die Grundschuld zu nennen.

72 Weiterhin lassen sich **Personalsicherheiten** und **Sachsicherheiten** unterscheiden. Bei Personalsicherheiten besteht das Sicherungsrecht in einem persönlichen (schuldrechtlichen) Anspruch gegen den Sicherungsgeber. Zu nennen sind hier die Bürgschaft und die Garantie.

---

41) BFH, Beschl. v. 28.11.2016 – GrS 1/15, BFHE 171, 246 = ZIP 2017, 338, dazu EWiR 2017, 149 *(Möhlenkamp)*.

42) BMF-Schreiben v. 27.3.2003 – IV A 6 – S 2140 – 8/03, BStBl. I 2003, 240 (Sanierungserlass).

43) Vgl. *Crone/Werner* in: Crone/Werner, Modernes Sanierungsmanagement, S. 199.

73 Die **Bürgschaft** stellt die wichtigste persönliche Kreditsicherheit dar. Sie besteht in einem schuldrechtlichen Vertrag, mit dem sich der Bürge verpflichtet, die Verpflichtungen des Schuldners gegenüber einem Gläubiger zu erfüllen, sofern der Schuldner sie nicht selbst erfüllt. Der Bürgschaftsvertrag wird zwischen dem Bürgen und dem Gläubiger geschlossen. Für die Höhe der Bürgschaftsverpflichtung ist die Hauptschuld (z. B. Kredit) maßgeblich. Verringert sich die Hauptschuld, so verringert sich auch die Bürgschaftsverpflichtung.

74 Die **Garantie** stellt einen selbstständigen schuldrechtlichen Vertrag dar, in dem der Garant die Haftung für einen bestimmten Erfolg (z. B. Rückzahlung Kreditvertrag) oder Schaden übernimmt, der aus einem Rechtsverhältnis mit einem Dritten entstehen kann. Die Haftung ist von der zugrunde liegenden Schuld losgelöst.

75 Einen Sonderfall der Bürgschaft stellt die **Ausfallbürgschaft** dar, bei der sich die Verpflichtung des Bürgen auf den Teil der Forderungen beschränkt, der nach Verwertung aller anderen Sicherheiten verbleibt. Der Bürge hat das Recht auf die Einrede der Vorausklage. In diesem Falle kann er verlangen, dass der Gläubiger zuerst die Zwangsvollstreckung gegen den Hauptschuldner betreibt. Bei der modifizierten Ausfallbürgschaft wird im Bürgschaftsvertrag separat vereinbart, wann der Ausfall bereits ohne erfolglose Zwangsvollstreckung als eingetreten gelten soll, bspw. „bei Zahlungseinstellung des Hauptschuldners" oder „bei Nichtzahlung bis spätestens einen Monat nach Fälligkeit".[44)]

76 Bei der **selbstschuldnerischen Bürgschaft** verzichtet der Bürge auf die Einrede der Vorausklage. Der Gläubiger braucht nur die erfolglose Mahnung i. R. der kaufmännischen Gepflogenheiten nachzuweisen. Die Bürgschaft des Kaufmanns ist gemäß Gesetz selbstschuldnerisch (§ 349 HGB). Die selbstschuldnerische Bürgschaft wird von Banken standardmäßig für natürliche Personen vorgegeben. Bei der Ausfallbürgschaft müssten sie erst erfolglos den teuren und langwierigen Weg einer Zwangsvollstreckung durchlaufen haben, ehe sie sich an den Bürgen wenden können. Öffentliche Stellen und Kreditgarantiegemeinschaften sind in der Regel nur zur Abgabe von Ausfallbürgschaften bereit. Zwischen den beiden Bürgschaftsarten steht die **modifizierte Ausfallbürgschaft**, deren Inanspruchnahme an weniger strenge Voraussetzungen geknüpft ist als bei der Ausfallbürgschaft, jedoch werden schärfere Bedingungen für die Inanspruchnahmemöglichkeit aus der Bürgschaft gestellt, als bei der selbstschuldnerischen Bürgschaft.[45)]

77 Die Gewährung weiterer Sicherheiten für neue Kredite stellt bei Unternehmen in der Krise ein großes Problem dar, da die Vermögensgegenstände des Unternehmens in der Regel erschöpfend **mit Sicherungsrechten der Gläubiger belastet** sind. Auch Personalsicherheiten der Gesellschafter sind in der Regel bereits vorhanden und stehen häufig nur noch eingeschränkt zur Verfügung. Eine Möglichkeit der Besicherung besteht in der Inanspruchnahme **staatlicher Bürgschaften.** Gerade im Zusammenhang mit den wirtschaftlichen Auswirkungen der Corona-Pandemie und des Ukraine-Krieges hat das Instrument der staatlichen Bürgschaften für Unternehmensfinanzierungen eine deutlich größere Bedeutung erlangt. Das System der Inanspruchnahme staatlicher Bürgschaften wurde in diesem Zusammenhang teilweise überarbeitet und die Kriterien zur Erlangung der Bürgschaften teilweise beziehungsweise temporär erleichtert.

3. Ausgewählte Finanzierungsinstrumente

a) Leasing

78 Leasing stellt eine häufig genutzte Finanzierungsform zur Liquiditätsverbesserung bei sanierungsbedürftigen Unternehmen dar. Unter Leasing wird die entgeltliche Nutzungs-

44) Vgl. *Zantow/Dinauer/Schäffler*, Finanzwirtschaft des Unternehmens, S. 161.

45) Vgl. *Zantow/Dinauer/Schäffler*, Finanzwirtschaft des Unternehmens, S. 162.

überlassung eines Vermögensgegenstands auf Zeit durch Finanzierungsinstitute und andere Unternehmen, die das Vermietungsgeschäft gewerbsmäßig betreiben, verstanden. Die **Vertragsgestaltungen** bei Leasing reichen dabei vom normalen Mietvertrag bis zum verdeckten Ratenkaufvertrag.[46)]

79 Nach dem Verpflichtungscharakter lassen sich grundsätzlich das Operating Leasing und das Finance Leasing unterscheiden.

80 **Abb. 3: Überblick über die wesentlichen Unterschiede:[47)]**

Operating Leasing	Finance Leasing
Keine feste Grundmietzeit	Feste Grundmietzeit, die in der Regel kürzer als betriebsgewöhnliche Nutzungsdauer ist
Bilanzierung beim Leasinggeber	Bilanzierung beim Leasingnehmer
Normale Mietverträge i. S. des BGB	Leasingnehmer trägt die Wertkosten
Leasinggeber übernimmt Investitionsrisiko	Leasingnehmer trägt das Investitionsrisiko
Leasinggeber übernimmt Risiko des Untergangs und Entwertung	Leasingnehmer trägt das Risiko der Verschlechterung oder des Unterganges

81 Daneben werden nach der **Art der Leasinggegenstände** weitere Leasingarten unterschieden: Beim **Spezialleasing** wird das Leasinggut speziell für die Bedürfnisse des Leasingnehmers zugeschnitten und kann während und nach Ablauf der Mietzeit nur in dessen Betrieb wirtschaftlich genutzt werden. Weiter werden das **Mobilien-Leasing** (bei beweglichen Gütern, wie bspw. Maschinen und Fahrzeugen), und das **Immobilien-Leasing** bei unbeweglichen Vermögensgegenständen, wie bspw. Fabrik- und Verwaltungsgebäuden, unterschieden.

82 Die steuerliche Behandlung von Leasingverträgen, insbesondere die Zurechnung des Leasing-Objekts beim Leasingnehmer oder Leasinggeber ist in den sog. Leasingerlassen geregelt.[48)]

83 Der Vorteil von Leasing als Finanzierungsart besteht darin, dass die Investitionen ohne den Einsatz von Eigenkapital erfolgen. Kreditlinien und Sicherheiten bleiben in der Regel unberührt und die Liquidität wird – anders als beim Kauf – geschont. Da die Erträge aus dem Leasinggegenstand in der Regel höher sind als die Leasingkosten, finanziert sich das Investitionsgut aus erwirtschafteten Erträgen. Weiter bieten die monatlichen Leasinggebühren eine feste Kalkulationsgrundlage für den Leasingnehmer. Auch ist Leasing bei Bilanzierung durch den Leasinggeber bilanzneutral; die Bilanzrelationen bleiben unverändert, was unter **Rating**-Gesichtspunkten für das Unternehmen wichtig ist. Allerdings ist zu berücksichtigen, dass die zukünftigen Leasingverpflichtungen im Anhang des Jahresabschlusses anzugeben sind, so dass Leasinggeschäfte für Bilanzanalysten erkennbar und somit Bestandteil von Kreditwürdigkeitsprüfungen sind.

b) Factoring

84 Beim Factoring werden die Forderungen des Unternehmens an einen Factor verkauft und bis zur Fälligkeit **bevorschusst**. Dadurch kommt es sofort zum Geldfluss. Dem stehen allerdings die nicht geringen Factoringgebühren gegenüber, die sich folglich negativ auf den Geldzufluss und die Ertragslage auswirken.

46) Vgl. *Perridon/Steiner/Rathgeber*, Finanzwirtschaft der Unternehmung, S. 522 ff.
47) Vgl. *Wöhe/Bilstein/Ernst/Häcker*, Grundzüge der Unternehmensfinanzierung, S. 340 ff.
48) Vgl. *Wöhe/Bilstein/Ernst/Häcker*, Grundzüge der Unternehmensfinanzierung, S. 342.

Man unterscheidet **echtes Factoring** (non recourse factoring), bei dem der Factor auch das Delkredererisiko übernimmt, und **unechtes Factoring**, bei dem das Unternehmen weiterhin das Zahlungsausfallrisiko trägt. Der Factor analysiert im Vorfeld die Forderungen hinsichtlich Volumen, Herkunft, Kundenstruktur, etc., um auf Basis dieser Analyse ein Angebot unter Berücksichtigung der Bonität und des Ausfallrisikos unterbreiten zu können.49) 85

Das Factoring bietet dem Unternehmen den Vorteil, dass Kapital freigesetzt wird durch den **Abbau von Außenständen**. Die Kontokorrentlinie wird entlastet. Es kann sofort über die Liquidität verfügen. Auch verbessert sich in der Regel die Bilanzoptik, was auch positive Auswirkungen auf das Rating hat. Die hohen Kosten werden häufig durch die Möglichkeit, gegenüber den Lieferanten Skonto zu ziehen, teilweise kompensiert. 86

Eine weitere, neuere Art der Finanzierung ist auch der einzelne oder im Paket gebündelte **Forderungsverkauf**, bei welchem interessierte Käufer sowie Verkäufer in einer Börse beziehungsweise Auktion zusammengebracht werden.50) Ein Vorteil dabei ist, dass nur die Bonität des Schuldners und nicht diejenige des verkaufenden Unternehmens für die Bewertung der Forderung relevant ist und unmittelbar Liquiditätszuflüsse generiert werden können. 87

IV. Der Debt Equity Swap

Der Debt Equity Swap als **Umwandlung von Fremdkapital** hat seit der Finanz- und Wirtschaftskrise im Jahre 2008 als Instrument der Kreditrestrukturierung in Deutschland an Bedeutung gewonnen.51) Der Gesetzgeber hat durch das ESUG52) im März 2012 den Debt Equity Swap in § 225a InsO konkretisiert. Danach ist der Debt Equity Swap in der Insolvenz auch **ohne Mitwirkung der Gesellschafter möglich.** Man spricht von einem Debt Equity Swap, wenn Fremdkapital in Eigenkapital umgewandelt wird, indem ein Gläubiger seine Forderungen i. R. einer Kapitalerhöhung ganz oder teilweise in das Eigenkapital des Unternehmens einbringt.53) 88

Technisch gibt es für die Durchführung des Debt Equity Swaps zwei Methoden.54) 89

- Als **erster Schritt** erfolgt bei **beiden Methoden** die Beseitigung eines negativen Kapitals durch vereinfachte Herabsetzung des Stammkapitals auf das tatsächlich noch vorhandene Vermögen. Dadurch wird das negative Kapital beseitigt und die erforderliche Verwässerung der Beteiligung der Altgesellschafter erreicht, die die Beteiligung für neue Investoren interessant macht.
- Bei der **ersten Methode** erfolgt dann im **zweiten Schritt** die Kapitalerhöhung durch eine Sachkapitalerhöhung durch Einlage der Darlehensforderung. Durch Zusammenfallen von Verbindlichkeit und Forderung erlöschen beide durch Konfusion.
- Bei der **zweiten Methode** wird im **zweiten Schritt** keine Kapitalerhöhung vorgenommen. Die Gläubiger erlangen ihre Gesellschafterstellung dadurch, dass die Altgesellschafter ihre Anteile auf die Gläubiger übertragen, die im Gegenzug ganz oder teilweise auf ihre

49) Vgl. *Hohberger/Damlachi*, Praxishandbuch Sanierung im Mittelstand, S. 145.

50) Vgl. *Hohberger/Damlachi*, Praxishandbuch Sanierung im Mittelstand, S. 147.

51) Vgl. auch *Scheunemann*, DB 2009, 983.

52) Gesetz zur weiteren Erleichterung der Sanierung von Unternehmen (ESUG), v. 7.12.2011, BGBl. I 2011, 2583 (ber. S. 2800).

53) Vgl. *Crone/Kreide* in: Crone/Werner, Modernes Sanierungsmanagement, S. 193.

54) Vgl. *Mielke/Schmidt* in: Evertz/Krystek, Restrukturierung und Sanierung von Unternehmen, S. 147.

Forderungen gegenüber der Gesellschaft verzichten. Somit erfolgt ein derivativer Erwerb bestehender Anteile.

90 Bei der **ersten Methode** müssen die Forderungen bewertet und die Kapitalerhöhung beim Handelsregister angemeldet werden. Sie ist somit **aufwändiger**. Da eine Bewertung der vom Gläubiger eingebrachten Forderung in der Krise der Gesellschaft oft problematisch ist, droht dem in die Gesellschafterposition einrückenden Gläubiger zudem die sog. **Differenzhaftung**, die sich ergibt, wenn der angegebene Wert der eingebrachten Forderungen nicht mit dem tatsächlichen Verkehrswert übereinstimmt. Dies wird bei der zweiten Methode vermieden.[55] Eine weitere Schwierigkeit besteht darin, **dass außerhalb der Insolvenz** in der Regel eine **qualifizierte Mehrheit** (75 % des Nennkapitals) für eine formelle Kapitalerhöhung erforderlich ist.

91 Der klassische Debt Equity Swap birgt neben gesellschaftsrechtlichen und haftungsrechtlichen Risiken auch **steuerliche Risiken**, da der nicht werthaltige Teil der eingebrachten Forderung, der in Sanierungsfällen häufig einen hohen Anteil der Gesamtforderung darstellt, zu einem **Ertrag führt**, der grundsätzlich steuerpflichtig ist. Ob in diesem Fall die bereits dargestellte Neuregelung zur steuerlichen Begünstigung von Sanierungsgewinnen greift, ist im Einzelfall zu prüfen.

V. Der Debt Mezzanine Swap

92 Der Debt Mezzanine Swap funktioniert wie der Debt Equity Swap mit dem Unterschied, dass der Gläubiger des zu swappenden Fremdkapitals nicht am Nennkapital der Gesellschaft beteiligt wird, sondern Mezzanine-Kapital als Gegenleistung erhält.[56] Dabei soll bei dem Krisenunternehmen mit Hilfe von mezzaninen Finanzierungsinstrumenten handelsrechtlich Eigenkapital geschaffen werden, das steuerlich weiterhin Fremdkapital darstellt. Grundsätzlich kommen hierfür Genussrechte, partiarische Darlehen und stille Beteiligungen in Frage.[57]

93 Der **Vorteil des Debt Mezzanine Swap** besteht darin, dass durch die Erhöhung des handelsrechtlichen Eigenkapitals insolvenzrechtlich das Eigenkapital gestärkt wird. Da sich aus steuerlicher Sicht die Beteiligungsverhältnisse nicht ändern, gehen die Verlustvorträge ebenso wie Zinsvorträge nicht verloren. Da Fremdkapital in Fremdkapital getauscht wird, kommt es nicht zu einem Ertrag aus dem Forderungsverzicht. Da es nicht zu einer formellen Sachkapitalerhöhung kommt, entfällt auch die Problematik der Differenzhaftung.

94 Ein verbleibender Nachteil für den Investor könnte darin bestehen, dass er **nicht über die vollen Gesellschafterrechte**, z. B. Mitbestimmungsrechte **verfügt**. Trotzdem ist sein Mezzanine-Kapital im Falle der Insolvenz gegenüber den anderen Gläubigern **nachrangig**.

D. Zusammenfassung/Schlussbemerkung

95 Ein entscheidender Punkt bei der geplanten Sanierung von Unternehmen ist sehr häufig die Frage der Finanzierung. Die in diesem Kapitel dargestellten Optionen zeigen, dass hier in der Praxis vielfältige Möglichkeiten bestehen. Die konkreten Maßnahmen sind im Einzelfall nach den jeweiligen Gegebenheiten sorgsam aufeinander abzustimmen, sodass das zu sanierende Unternehmen eine maßgeschneiderte und zukunftssichernde Finanzierung erhält. Die wirtschaftlichen Auswirkungen der Corona-Pandemie und des Ukraine-Krieges haben viele auch wirtschaftlich gesunde Unternehmen vor große Herausforderun-

55) Vgl. *Oelke/Wöhlert/Degen*, BB 2010, 299.

56) Vgl. *Mielke/Schmidt* in: Evertz/Krystek, Restrukturierung und Sanierung von Unternehmen, S. 148 – 149.

57) Vgl. *Mielke/Schmidt* in: Evertz/Krystek, Restrukturierung und Sanierung von Unternehmen, S. 149.

gen gestellt. Zum Teil werden normale Finanzierungsszenarien hier nicht ausreichen, um die Unternehmen mit den benötigten finanziellen Mitteln zur Sicherung ihrer Liquiditätssituation in der Krise zu versorgen. Es ist fraglich, inwieweit der Staat hier noch weiter unterstützend eingreifen kann und soll, um diese besonderen extern verursachten Krisen zu meistern.

Praxishinweis

Die Kapitalbeschaffung für Krisenunternehmen ist eine schwierige und zugleich herausfordernde Aufgabe des Sanierers. Daher ist es wichtig, zunächst einmal einen ersten umfassenden Überblick über die vorhandenen Alternativen zu erlangen. Eine Standardlösung wird es in der Praxis nicht gegeben. Hier haben die Entscheider eine auf die jeweilige konkrete Krisensituation ausgerichtete Lösung nach Maß zu finden.

Kapitel 31
Buchführung

Übersicht

Literatur: *Döring/Buchholz*, Buchhaltung und Jahresabschluss, 16. Aufl., 2021 (zit.: Buchhaltung); *Endert/Sepetauz*, Bilanzierung und Verbuchung geringwertiger Wirtschaftsgüter, BBK 18/2012, 828; *Eggert*, Bearbeitung und Plausibilisierung des Eigenkapitals, BBK 22/2019, 1088; *Engelhardt/Raffeé/Wischermann*, Grundzüge der doppelten Buchhaltung, 9. Aufl., 2020; *Mailer*, Handelsrechtliche Rechnungslegung insolventer Kapitalgesellschaften, BBK 4/2013, 156; *Mindermann/Brösel*, Buchführung und Jahresabschlusserstellung nach HGB – Klausurentraining, 6. Aufl., 2020; *Riepolt*, Buchung der Ergebnisverwendung bei der Jahresabschlusserstellung von Kapitalgesellschaften, BBK 10/2021, 466; *Rätke/Theile*, Faktische Sofortabschreibung für Hard- und Software reloaded. Kritische Anmerkungen zum BMF-Schreiben vom 22.2.2022, BBK 7/2022, 319.

A. Grundlagen der Buchführung

I. Einleitung

1 Die Buchführung zeichnet alle Geschäftsvorgänge eines laufenden Geschäftsjahrs auf und erstellt am Geschäftsjahresende als komprimierte Übersicht über die Vermögens- und Erfolgslage eines Unternehmens einen sog. Jahresabschluss.

2 Am Anfang des Geschäftsjahres wird die **Eröffnungsbilanz** in einzelne „Abrechnungseinheiten" zerlegt, die Konten. Es gibt zwei grundlegende Typen von Konten: Bestandskonten und Erfolgskonten. Auf Bestandskonten werden die Bestände an Vermögen und Kapital ausgewiesen. Erfolgskonten erfassen demgegenüber die Vorgänge, die zu Gewinn oder Verlust beitragen. Sämtliche im Unternehmen anfallende Geschäftsvorgänge werden aufgezeichnet und den entsprechenden Konten zugeordnet.

3 Am Geschäftsjahresende wird ein **Jahresabschluss** erstellt, der im einfachsten Fall eine Bilanz und eine Gewinn- und Verlustrechnung enthält. Die aus den Daten der laufenden Buchführung entwickelten Rechnungen (wie Bilanz und Gewinn- und Verlustrechnung) werden am Geschäftsjahresende noch auf ihre „Richtigkeit" durch eine Inventur (und das daraus hervorgehende Inventar) abgeglichen. Die so ermittelte Schlussbilanz bildet dann die Ausgangsbasis für das neue Geschäftsjahr, welches wiederum mit der Eröffnungsbilanz beginnt.

4 **Abb. 1: Überblick Buchführung**

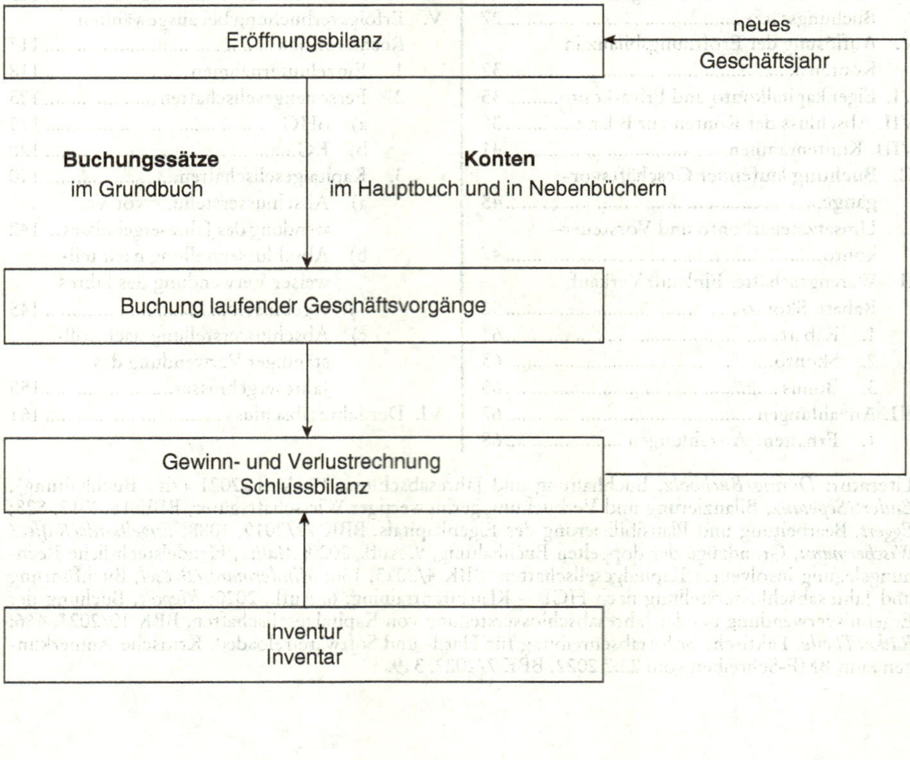

II. Aufgaben und Ziele der Buchführung

1. Dokumentationsfunktion

Die Buchführung erfasst alle wirtschaftlich relevanten Vorgänge (Geschäftsvorgänge, häufig auch Geschäftsvorfälle genannt) die sich im Unternehmen ereignet haben. Die Vorgänge eines Geschäftsjahres sind chronologisch, systematisch und lückenlos aufzuzeichnen. Die Aufzeichnung hat in zwei getrennten Büchern zu erfolgen, und zwar in zeitlich geordneter Abfolge in Form von Buchungssätzen (im Grundbuch) und in systematisch/sachlicher Ordnung auf Konten (im Hauptbuch). 5

2. Informationsfunktion

Die Buchführung soll den Kaufmann selbst und Außenstehende (z. B. Gläubiger, Staat) über die Vermögens-, Finanz- und Ertragslage seines Unternehmens informieren. 6

3. Gläubigerschutz

Eng verbunden mit der Informationsfunktion ist der Gläubigerschutz zu sehen. Für Gläubiger ist es wichtig, sich ein zutreffendes Bild von der Vermögens-, Finanz- und Ertragslage des Schuldners machen zu können. 7

4. Basis für weitere Rechnungen

Die Buchführung bildet den Ausgangspunkt für weitere Rechnungen und gesetzliche Erfordernisse. So müssen alle Kaufleute zum Geschäftsjahresende einen Jahresabschluss aufstellen, der aus der Buchführung entwickelt wird. Ebenso ist die Buchführung ein wichtiger Datenlieferant für die Kostenrechnung, einen weiteren Teil des betrieblichen Rechnungswesens. 8

III. Buchführungspflicht

Die grundlegenden Vorschriften zur Buchführungspflicht sind im Dritten Buch des HGB geregelt. Gemäß § 238 HGB ist jeder Kaufmann (zum Begriff vgl. §§ 1–6 HGB) zur Buchführung verpflichtet. In § 239 HGB werden dann Einzelheiten sowie Erleichterungen zu Aufzeichnung und Buchführungspflicht gemacht.[1] Gemäß § 155 Abs. 1 Satz 1 InsO werden die handelsrechtlichen Buchführungspflichten durch die Eröffnung eines Insolvenzverfahrens nicht berührt. Die Vorschriften der §§ 238 ff. HGB gelten in der Insolvenz unverändert weiter und werden nicht durch spezielle Regelungen in der InsO ersetzt. Nach § 155 Abs. 1 Satz 2 InsO geht mit der Eröffnung des Insolvenzverfahrens die Buchführungspflicht des Unternehmers (Schuldners) auf den Insolvenzverwalter über. Etwaige Kosten bei der Beauftragung Dritter zur Aufarbeitung bzw. Fertigung der Buchhaltung stellen sonstige Masseverbindlichkeiten nach § 55 Abs. 1 InsO dar. 9

Den Abschluss dieser laufenden Arbeiten bildet die Erstellung der Bilanz und der Gewinn- und Verlustrechnung (§ 242 HGB). Der Abrechnungszeitraum, also das **Geschäftsjahr**, darf zwölf Monate nicht überschreiten (§ 240 Abs. 2 Satz 2 HGB), kann aber in Ausnahmefällen kürzer sein. Solche Ausnahmefälle wären etwa Beginn oder Ende der unternehmerischen Tätigkeit. Mit Eröffnung des Insolvenzverfahrens beginnt gemäß § 155 Abs. 2 Satz 1 10

---

1) Einzelkaufleute, die an Abschlussstichtagen von zwei aufeinander folgenden Geschäftsjahren nicht mehr als 600.000 € Umsatzerlöse und 60.000 € Jahresüberschuss aufweisen, brauchen die §§ 238 bis 241 HGB nicht anzuwenden (§ 242 Abs. 4 HGB); vgl. den durch das Gesetz zur Modernisierung des Bilanzrechts (Bilanzrechtsmodernisierungsgesetz – BilMoG), v. 25.5.2009, BGBl. I 2009, 1102, neu geschaffenen § 241a HGB (i. d. F. des Bürokratieentlastungsgesetzes, v. 28.7.2015, BGBl. I 2015, 1400), der die Befreiung von der Pflicht zur Buchführung und Erstellung eines Inventars regelt.

InsO ein neues Geschäftsjahr. Mit dem Beginn dieses neuen Geschäftsjahres schließt zugleich das laufende reguläre Geschäftsjahr der Gesellschaft in der Regel vorzeitig; es wird hier von einem sog. *Rumpf-Geschäftsjahr* gesprochen. Auch in der Insolvenz darf ein Geschäftsjahr zwölf Monate nicht überschreiten (§ 240 Abs. 2 Satz 2 HGB). Aufbewahrungspflicht und Aufbewahrungsfristen für Buchführungsunterlagen sind in § 257 HGB geregelt.

11 Ergänzend zu den handelsrechtlichen Buchführungsvorschriften werden in den **Steuergesetzen** noch zusätzliche Regelungen für unternehmerisch tätige Personen vorgenommen, die nicht schon unter den Kaufmannsbegriff des HGB (§§ 1 ff. HGB) fallen. Einzelheiten sind in den §§ 140–148 AO enthalten.

IV. Grundsätze ordnungsmäßiger Buchführung

12 Die Grundsätze ordnungsmäßiger Buchführung (GoB) sind eine Hilfe zur Umsetzung und Ausgestaltung der Buchführung in der unternehmerischen Praxis. In § 238 Abs. 1 Satz 1 HGB wird ausdrücklich auf sie hingewiesen. Diese Grundsätze sind allerdings nur zum Teil explizit im HGB ausgeführt (vgl. §§ 238, 239, 243, 252 HGB). Bei den Grundsätzen der ordnungsmäßigen Buchführung handelt es sich um einen unbestimmten Rechtsbegriff, dessen Inhalt letztlich die Gerichte festlegen.[2)]

13 Die Rahmengrundsätze der GoB regeln den grundsätzlichen Aufbau der Buchführung (formale Grundsätze). Die ergänzenden Grundsätze beschäftigen sich eher mit Detailregelungen zu einzelnen Geschäftsvorgängen (materielle Grundsätze).[3)]

B. Technik der Buchführung

I. Inventur und Inventar

1. Zweck

14 Nach § 240 HGB hat ein Kaufmann zu Beginn seiner unternehmerischen Tätigkeit sowie an jedem Geschäftsjahresende sämtliche Vermögensgegenstände und Schulden nach Art, Menge und Wert durch körperliche Bestandsaufnahme – **Inventur** genannt – aufzuzeichnen. Ziel der Inventur ist es, die Werte aus der laufenden Buchführung auf ihre Richtigkeit und Vollständigkeit zu überprüfen (Kontrollfunktion, Gläubigerschutz). Die Bestandsaufnahme erfolgt durch Zählen, Messen und Wiegen von Vermögensgegenständen und durch Überprüfung von Vertragsunterlagen bei Schuldenposten (Beleg- oder Buchinventur). Für die Durchführung der Inventur sind verschiedene Verfahren zugelassen. Näheres dazu findet sich in § 241 HGB.[4)]

2. Die wichtigsten Inventurverfahren

15 Die **Stichtagsinventur** erfolgt am Geschäftsjahresende, in einem Zeitraum von fünf bis sieben Tagen vor oder nach dem Bilanzstichtag. Es handelt sich um ein zeitaufwendiges Verfahren, da sich die Inventurtätigkeit auf wenige Tage konzentriert und bspw. ein Geschäft deswegen geschlossen werden muss. Positiv an diesem Verfahren ist, dass es keine Vor- oder Rückrechnung und damit weitere Aufzeichnungen voraussetzt.

16 **Vor- bzw. nachverlegte Inventur:** Die Inventurtätigkeiten können entweder bis zu drei Monate vor oder bis zu zwei Monate nach dem Geschäftsjahresende durchgeführt werden (§ 241 Abs. 3 HGB). Die Warenein- und -ausgänge während dieser Zeit sind gesondert in

2) S. Hopt-*Merkt*, HGB, § 238 Rz. 11.

3) Zu Einzelheiten vgl. *Döring/Buchholz*, Buchhaltung, S. 6.

4) Zu Befreiungen von der Pflicht zur Erstellung eines Inventars vgl. § 241a HGB.

einem Verzeichnis aufzunehmen. Um auf den Wert am Bilanzstichtag zu kommen, muss dann vor- bzw. rückgerechnet werden. Dieses Verfahren erlaubt, die Inventurtätigkeiten in eine Zeit zu legen, in der das Unternehmen wenig zu tun hat. Nachteilig daran sind die zusätzlichen Aufzeichnungen zur Vor- oder Rückrechnung auf den Bilanzstichtag.

Bei der **permanenten Inventur** wird die Inventurtätigkeit über das gesamte Geschäftsjahr 17
verteilt. Es muss gewährleistet sein, dass jeder Vermögensgegenstand einmal körperlich aufgenommen wurde (§ 241 Abs. 2 HGB). Um dieses Verfahren betreiben zu können, muss über das gesamte Geschäftsjahr eine permanente Aufzeichnung aller Warenein- und -ausgänge erfolgen. Hierzu ist eine sog. Lagerbuchhaltung einzurichten, in der sämtliche Mengen- und Wertbewegungen aufgezeichnet werden. Der Bestand zu einem beliebigen Stichtag ist dann durch Ablesen aus dieser Lagerbuchhaltung erhältlich. Eine körperliche Bestandsaufnahme wird über das gesamte Geschäftsjahr verteilt durchgeführt; eine erhebliche Arbeitserleichterung. Da die Aufzeichnung der Lagerbewegungen heute größtenteils EDV-gestützt erfolgt, ist dieses Verfahren sehr vorteilhaft.

Nach h. M. sind **im Insolvenzfall** die vor- bzw. nachverlegte Inventur und die permanente 18
Inventur nur in Ausnahmefällen anwendbar.[5] Aufgrund der häufig wertmäßig bedeutsamen Position des Vorratsvermögens – insbesondere bei Produktionsunternehmen – sowie der Datensensibilität i. R. des Gläubigerschutzes ist für den Zeitpunkt der Insolvenzeröffnung eine Stichtagsinventur vorzunehmen.[6]

3. Inventar

Aus den Ergebnissen der Inventur wird als Differenz der Vermögens- und Schuldenpositio- 19
nen das Inventar entwickelt (§ 240 HGB). Hierbei werden die Mengenangaben weggelassen und gleichartige Vermögens- und Schuldenbestände zu Bilanzpositionen zusammengefasst. Der Aufbau dieses Inventars erfolgt gemäß § 240 Abs. 1 HGB nach dem Gliederungsschema einer Bilanz.

Abb. 2: Grundstruktur des Inventars 20

A. Vermögen
B. Schulden
C. Reinvermögen (Eigenkapital)

Das Reinvermögen ergibt sich als

	Summe Vermögen
–	Summe Schulden
=	Reinvermögen

Anm.: Das Reinvermögen heißt in der Bilanz Eigenkapital.

II. Bilanz

Der **Inhalt** einer Bilanz und ihre **Gliederung** sind für alle Kaufleute in § 247 Abs. 1 HGB ge- 21
regelt. Für Kapitalgesellschaften wird ein detailliertes Gliederungsschema in § 266 HGB vorgeschrieben. Je nach Unternehmensgröße gibt es für Kapitalgesellschaften Erleichte-

5) Vgl. *IDW*, Bestandsaufnahme im Insolvenzverfahren (IDW RH HFA 1.010), Stand: 13.6.2008, Rz. 26 und 27, FN-IDW 2008, 309.

6) Vgl. *IDW*, Bestandsaufnahme im Insolvenzverfahren (IDW RH HFA 1.010), Stand: 13.6.2008, Rz. 24, FN-IDW 2008, 309.

rungen bei der Aufstellung der Bilanz (§ 266 Abs. 1 i. V. mit § 267 HGB).[7] Weitere Einzelheiten siehe unter Rz. 163. Die Bilanz soll auf der Vermögensseite (**Aktiva**, linke Seite) nach dem Grad der Liquidierbarkeit der Vermögensgegenstände geordnet werden. Auf der Kapitalseite (Eigenkapital und Schulden, **Passiva**, rechte Seite) soll sie nach der Fristigkeit der Kapitalüberlassung geordnet werden. Da die Bilanz nur einmal jährlich erstellt wird, handelt es sich um eine sog. **Bestandsgrößenrechnung**; die Bestände werden jeweils nur zu einem bestimmten Tag, dem Bilanzstichtag (am Geschäftsjahresende), ermittelt.

22 **Abb. 3: Grundstruktur der Bilanz**

Aktiva Bilanz	Passiva
Anlagevermögen	**Eigenkapital**
Immaterielle Anlagen	
Sachanlagen	
Finanzanlagen	
Umlaufvermögen	**Fremdkapital**
Vorräte	langfristige Verbindlichkeiten
Forderungen	kurzfristige Verbindlichkeiten
Wertpapiere	
Zahlungsmittel	
Wo sind die Mittel angelegt?	**Woher stammen die Mittel?**
Die Aktivseite zeigt die **Mittelverwendung** oder **Investierung**	Die Passivseite zeigt die **Mittelherkunft** oder **Finanzierung**

23 In § 247 Abs. 1 HGB schreibt der Gesetzgeber die sog. *Fünfpostenbilanz* vor. Dies bedeutet, dass mindestens das Anlagevermögen und das Umlaufvermögen, das Eigenkapital, die Schulden sowie die Rechnungsabgrenzungsposten gesondert auszuweisen sind. Einzelunternehmer und Personengesellschaften können das detaillierte Gliederungsschema des § 266 HGB freiwillig anwenden.

III. Gewinn- und Verlustrechnung

24 In § 242 Abs. 2 HGB wird von allen Kaufleuten eine Gegenüberstellung der Aufwendungen und Erträge des abgelaufenen Geschäftsjahres gefordert. Da die Aufwendungen und Erträge des laufenden Geschäftsjahrs sichtbar gemacht werden sollen, handelt es sich hier um **Bewegungsgrößen** in einer **Stromgrößenrechnung**. Ziel der Gewinn- und Verlustrechnung (GuV) ist es, die Zusammensetzung des Erfolgs sichtbar zu machen. § 242 HGB enthält keine weiteren Regelungen für den Aufbau der Gewinn- und Verlustrechnung. Für Kapitalgesellschaften wird in § 275 HGB ein detailliertes Gliederungsschema vorgegeben. Wie bei der Bilanz gibt es auch hier größenabhängige Erleichterungen bei der Aufstellung der Gewinn- und Verlustrechnung (§ 276 HGB). Einzelunternehmer und Personengesellschaften können ebenfalls dieses Gliederungsschema übernehmen.

7) Im Zuge der Einführung des MicroBilG (Kleinstkapitalgesellschaften-Bilanzrechtsänderungsgesetz – MicroBilG, v. 20.12.2012, BGBl. I 2012, 2751) wurden für Kleinstkapitalgesellschaften (§ 267a HGB) weitere Erleichterungen für die Erstellung und Offenlegung des Jahresabschlusses vorgesehen.

Abb. 4: Gewinn- und Verlustrechnung 25

(1) Gesamtkostenverfahren

§ 275 Abs. 2 HGB			§ 275 Abs. 2 HGB
Nr. 1–4	Betriebsertrag		
	–		
Nr. 5–8	Betriebsaufwand	Betriebsergebnis	
Nr. 9–11	Betriebsfremde Erträge		
	–	+	
Nr. 12, 13	Betriebsfremde Aufwendungen	Betriebsfremdes Ergebnis	
Nr. 14	Steuern vom Einkommen und Ertrag		
		Ergebnis nach Steuern	Nr. 15
		–	
Nr. 16		Sonstige Steuern	
Nr. 17		**Jahresüberschuss/ Jahresfehlbetrag**	

(2) Umsatzkostenverfahren

§ 275 Abs. 3 HGB			§ 275 Abs. 3 HGB
Nr. 1	Umsatzerlöse		
	–		
Nr. 2	Herstellungskosten der erbrachten Leistungen	Bruttoergebnis vom Umsatz	Nr. 3
Nr. 6	Betriebsertrag		
	–		
Nr. 4, 5, 7	Betriebsaufwand	Betriebsergebnis	
Nr. 8–10	Betriebsfremde Erträge		
	–	+	
Nr. 11, 12	Betriebsfremde Aufwendungen	Betriebsfremdes Ergebnis	
Nr. 13	Steuern vom Einkommen und Ertrag		
		Ergebnis nach Steuern	Nr. 14
		–	
Nr. 15		Sonstige Steuern	
Nr. 16		**Jahresüberschuss/ Jahresfehlbetrag**	

26 Bei der Erstellung der Gewinn- und Verlustrechnung wird dem Kaufmann ein **Wahlrecht** eingeräumt. Nach § 275 Abs. 2 HGB kann die Gewinn- und Verlustrechnung nach dem **Gesamtkostenverfahren** aufgestellt werden. Darin werden den Verkäufen die Gesamtkosten gegenübergestellt, und die Lagervorgänge bilden einen sog. Korrekturposten. Beim **Umsatzkostenverfahren** nach § 275 Abs. 3 HGB werden den verkauften Erzeugnissen auch nur die diesen entsprechenden Kosten gegenübergestellt. Für den Unternehmer be-

steht auch hier ein Wahlrecht, welches Verfahren Anwendung finden soll. Das Umsatzkostenverfahren ist aussagefähiger gegliedert und erlaubt Außenstehenden eine wesentlich bessere Einsicht in die Erfolgsquellen. Im internationalen Umfeld ist das Umsatzkostenverfahren wesentlich weiterverbreitet.

IV. Bestandskonten und Erfolgskonten; Buchungssätze

27 Um die einzelnen Geschäftsvorgänge, die Vermögen, Schulden und das Eigenkapital verändern, sichtbar zu machen, werden in der Buchführung **Konten** eingerichtet. Hierbei ist zwischen **Bestandskonten** und **Erfolgskonten** zu unterscheiden, genauer: zwischen **aktiven** und **passiven** Bestandskonten einerseits und **Aufwandskonten** und **Ertragskonten** andererseits. Die Geschäftsvorgänge, die nur Bestandskonten ansprechen, werden als **erfolgsneutral** bezeichnet, da sich das Eigenkapital nicht verändert. Auf den Erfolgskonten werden **erfolgswirksame** Geschäftsvorgänge erfasst, also solche Vorgänge, die das Eigenkapital vermindern (Aufwandskonten) oder erhöhen (Ertragskonten).

28 **Grundbuch und Hauptbuch:** Konten fungieren als Abrechnungseinheiten („kleine Bilanzen“), um die Geschäftsvorgänge detailliert abzubilden. Zur besseren Übersicht und zur Kontrolle der Vollständigkeit werden alle Geschäftsvorgänge in zeitlicher Abfolge im **Grundbuch** eingetragen. Damit dieses Vorgehen auch von Unternehmensfremden verstanden wird, sind die Geschäftsvorgänge in **Buchungssätze** zu kleiden, wobei diese in einer festgeschriebenen Notation aufzuschreiben sind. Zuerst ist das Konto zu nennen, welches auf der **Sollseite** angesprochen wird. Nach dem Wort **„an“** wird dann das Konto genannt, welches auf der **Habenseite** angesprochen wird. Ein Buchungssatz besteht aus mindestens zwei Positionen, nämlich einer Soll- und einer Habenposition (**einfacher** Buchungssatz). Werden mehrere Positionen im Soll und/oder Haben angesprochen, handelt es sich um einen **zusammengesetzten** Buchungssatz. Grundsätzlich müssen beide Seiten in der Summe immer den gleichen Wert ausweisen. Diese Buchungssätze sind auf die einzelnen Konten im **Hauptbuch** zu verteilen. Zur besseren Strukturierung werden häufig zusätzlich **Nebenbücher** eingerichtet.

29 **Abb. 5: Soll- und Habenbuchung**

Buchung im **Soll** oder im **Haben**?

Bei **Bestandskonten**:

Soll **Aktivkonto**	Haben
Anfangsbestand	Minderung
Mehrung	Endbestand

Soll **Passivkonto**	Haben
Minderung	Anfangsbestand
Endbestand	Mehrung

> **Praxishinweis**
>
> Das betriebliche Bankkonto (Kontokorrentkonto) nimmt bei den Bestandskonten eine Sonderstellung ein. Es kann innerhalb des Jahres seinen Kontencharakter ändern. Wenn der Saldo auf dem Bankkonto negativ ist, wird aus dem aktiven Bestandkonto ein passives Bestandskonto und der Saldo dieses Konto erscheint dann im Schlussbilanzkonto bzw. der Schlussbilanz auf der Passivseite der Bilanz.

Bei **Erfolgskonten**:

Soll **Aufwandskonto**	Haben
Mehrung	Minderung

Soll **Ertragskonto**	Haben
Minderung	Mehrung

> **Praxishinweis**
>
> Bei den Erfolgskonten gibt es keinen Anfangsbestand (da Bewegungsgrößen), dagegen jedoch einen Saldo, der jeweils auf das Gewinn- und Verlustkonto übertragen wird.

***Beispiel** (Einfacher Buchungssatz)* 30

Geschäftsvorgang: Kreditaufnahme bei einer Bank i. H. von 100.000 €.

Buchungssatz: Kreditaufnahme

	Soll	Haben
Bank	100.000	
an Verbindlichkeiten		
gegenüber Kreditinstituten		100.000

*Erläuterung: „Bank" ist ein Aktivkonto mit Zugang, „Verbindlichkeiten …" ein Passivkonto mit Zugang in derselben Höhe: **erfolgsneutraler** Geschäftsvorgang (Aktiv-Passiv-Mehrung oder Bilanzverlängerung).*

***Beispiel** (Zusammengesetzter Buchungssatz)* 31

Geschäftsvorgang: Warenverkauf auf Ziel i. H. von 10.000 € (netto). Umsatzsteuersatz 10 % (zur Vereinfachung).

Buchungssatz: Warenverkauf

	Soll	Haben
Forderungen		
aus Lieferungen und Leistungen	11.000	
an Umsatzerlöse		10.000
Umsatzsteuer		1.000

*Erläuterung: „Forderungen …" ist ein Aktivkonto mit Zugang, „Umsatzsteuer" ein Passivkonto mit Zugang und „Umsatzerlöse" ein Ertragskonto mit Zugang: **erfolgswirksamer** Geschäftsvorgang.*

V. Auflösung der Eröffnungsbilanz in Konten

Zu Beginn des Geschäftsjahres wird aus der Eröffnungsbilanz durch seitenverkehrtes Abschreiben der Bilanzpositionen das **Eröffnungsbilanzkonto** erstellt. Dieses Konto bildet den Start der laufenden Buchführung und gewährleistet den Grundsatz „keine Bewegung auf Konten ohne zugehörigen Buchungssatz". 32

Die Bilanz mit ihren Beständen wird **in einzelne Bestandskonten aufgelöst:** Jede Bilanzposition erhält mindestens ein eigenes Konto. Der Anfangsbestand aus der Bilanz wird auf das jeweilige Konto übertragen. Um die Veränderungen des Eigenkapitals im Detail sichtbar zu machen, werden für solche Geschäftsvorgänge separate Konten, die Erfolgskonten, eingerichtet. Erfolgskonten haben keine Anfangsbestände. 33

Buchungssatz: Aktivkonto eröffnen 34

Anfangsbestand Aktivkonto	an	Eröffnungsbilanzkonto

Buchungssatz: Passivkonto eröffnen

Eröffnungsbilanzkonto	an	Anfangsbestand Passivkonto

VI. Eigenkapitalkonto und Privatkonto

35 Das **Eigenkapitalkonto** nimmt in der Buchführung eine Sonderstellung ein. Es nimmt am Geschäftsjahresende den Saldo des Gewinn- und Verlustkontos auf, was zu einer Erhöhung oder Verminderung des Eigenkapitals führt. Das Eigenkapital kann aber auch durch Vorgänge verändert werden, die durch den Unternehmer selbst veranlasst sind. Angesprochen werden hier die Geschäftsvorgänge zwischen dem Unternehmer selbst und dem Unternehmen. Obwohl diese Geschäftsvorgänge nicht in der Gewinn- und Verlustrechnung erscheinen dürfen, führen sie zu einer Veränderung des Eigenkapitals.

36 Der besseren Übersichtlichkeit halber wird ein so genanntes **Privatkonto** als Unterkonto des Eigenkapitalkontos eingerichtet, auf dem alle Transaktionen zwischen Unternehmer und Unternehmen gesammelt werden. Das Einbringen von Geld oder Sachwerten durch den Unternehmer wird als **Privateinlage** und das Entnehmen von Geld oder Sachwerten als **Privatentnahme** bezeichnet. Diese Privatentnahme von Gegenständen erfolgt dann zum Einkaufspreis mit Umsatzsteuer. Zum Geschäftsjahresende wird der Saldo des Privatkontos ermittelt und auf das Eigenkapitalkonto übernommen.

> **Praxishinweis**
>
> Ein sog. Unterkonto folgt jeweils der Logik (dem Aufbau) des Oberkontos. Da das Privatkonto ein Unterkonto des Eigenkapitalkontos ist, handelt es sich also ebenfalls um ein Passivkonto.

37 ***Beispiel** (Aktivkonto Bank bei Geldeinlage)*

Buchungssatz: Privateinlage

Aktivkonto	an	Privatkonto

***Beispiel** (Aktivkonto Warenbestand bei Warenentnahme)*

Buchungssatz: Privatentnahme

Privatkonto	an	Aktivkonto

VII. Abschluss der Konten zur Bilanz

38 Die Salden der Aufwands- und Ertragskonten werden zunächst in einem Sammelkonto, dem **Gewinn-und-Verlustkonto** zusammengefasst, das wiederum über das Eigenkapitalkonto abgeschlossen wird. Das Eigenkapitalkonto nimmt zum Abschluss noch den Saldo des Privatkontos auf.

39 Zum Geschäftsjahresende werden die Salden der aktiven und passiven Bestandskonten ermittelt und in das **Schlussbilanzkonto** übernommen. Dieses Schlussbilanzkonto bildet den formalen Abschluss der laufenden Buchführung eines Jahres. Die dort ausgewiesenen Bestandsgrößen müssen mit den durch Inventur ermittelten Werten abgeglichen werden. Bei abweichenden Werten müssen die Bestände im Schlussbilanzkonto berichtigt werden; die Werte aus der Inventur sind maßgebend.

Abb. 6: Kontenabschluss am Beispiel von Privatkonto und Eigenkapitalkonto 40

Soll **Privatkonto**	Haben
Entnahmen	Einlagen
	Sollsaldo

Soll **Privatkonto**	Haben
Entnahmen	Einlagen
Habensaldo	

Soll **Eigenkapitalkonto**	Haben
Sollsaldo Privatkonto	

Soll **Eigenkapitalkonto**	Haben
	Habensaldo Privatkonto

Buchungssatz: Privatkonto abschließen

Eigenkapitalkonto	an	Sollsaldo Privatkonto	Habensaldo Privatkonto	an	Eigenkapitalkonto

Buchungssatz: Aktivkonto abschließen

Schlussbilanzkonto an Sollsaldo Aktivkonto

Buchungssatz: Passivkonto abschließen

Habensaldo Passivkonto an Schlussbilanzkonto

Buchungssatz: Aufwandskonto abschließen

GuV-Konto an Sollsaldo Aufwandskonto

Buchungssatz: Ertragskonto abschließen

Habensaldo Ertragskonto an GuV-Konto

Praxishinweis

Der Begriff „Sollsaldo" bedeutet, dass die linke Seite des Kontos, die „Sollseite", betragsmäßig die größere Seite ist und durch Einsetzen des Sollsaldos auf der rechten Kontenseite (Habenseite) zum Ausgleich gebracht wird. Analog bedeutet ein „Habensaldo", dass die Habenseite des Kontos betragsmäßig die größere ist und durch Einsetzten des Habensaldos auf der Sollseite das Konto betragsmäßig zum Ausgleich gebracht wird.

VIII. Kontenrahmen

Um die Buchführung für unternehmensinterne sowie externe Personen (Staat) übersichtlich zu gestalten, gibt es als **Orientierungshilfe** Kontenrahmen, in denen für Standardgeschäftsvorgänge einzurichtende Konten vorgegeben werden. In der Regel erstellt jedes Unternehmen aus solchen Vorgaben seinen betriebsindividuellen Kontenplan. Dies gewährleistet, dass im Unternehmen gleichartige Geschäftsvorgänge einheitlich erfasst und zugeordnet werden. Je nach Branchenzugehörigkeit werden verschiedene Kontenrahmen vorgeschlagen. 41

Ein sehr verbreiteter Kontenrahmen ist der **Industriekontenrahmen** (IKR), der allerdings nicht nur von der Industrie verwendet wird. Dieser Kontenrahmen ist nicht an speziellen Branchenerfordernissen ausgerichtet, sondern orientiert sich an dem Aufbau, der bei der Bilanz und der Gewinn- und Verlustrechnung einzuhalten ist. Aufgrund dieser Systematik 42 erleichtert der Industriekontenrahmen die Arbeit bei der Erstellung des Jahresabschlusses, da schon durch die Kontennummer (Klasse) die Zugehörigkeit zu Bilanz bzw. Gewinn- und Verlustrechnung gegeben ist.

43 Die Kontenklassen 0 bis 4 geben die Bilanzposten wieder. Die Kontenklassen 5, 6 und 7 bilden die Gewinn- und Verlustrechnungsposten ab. Die Klasse 8 dient der Erstellung des Abschlusses selbst. Klasse 9 ist der Kostenrechnung vorbehalten.

44 **Abb. 7: Industriekontenrahmen (IKR)**

RECHNUNGSKREIS I Geschäftsbuchführung Klassen 0–8				
Bilanzbereich Bestandskonten 0–4		Erfolgsbereich Erfolgskonten 5–7		Abschlussbereich 8
Aktiva 0–2	Passiva 3–4	Erträge 5	Aufwendungen 6–7	

RECHNUNGSKREIS II Kosten- und Leistungsrechnung Klasse 9 bzw. tabellarisch

C. Buchung laufender Geschäftsvorgänge

45 In der Buchführung sind die während des laufenden Geschäftsjahres anfallenden Buchungen von den besonderen zu unterscheiden, die am Ende des Geschäftsjahres vorzunehmen sind.

46 **Abb. 8: Laufende Buchungen und Abschlussbuchungen**

	Laufende Buchungen	**Abschlussbuchungen**	
		Materielle	Formelle
Gegenstand der Buchung	Laufende Geschäftsvorgänge	Abschreibungen Rechnungsabgrenzungsposten Rückstellungen	Saldenübertragungen auf – GuV-Konto – Eigenkapitalkonto – Schlussbilanzkonto

Quelle: *Döring/Buchholz*, Buchhaltung, S. 108

I. Umsatzsteuerkonto und Vorsteuerkonto

47 Die Umsatzsteuer ist im UStG geregelt. Sie gehört zu den Verkehrssteuern, erfasst also alle Verkehrsakte von Leistungen, die ein Unternehmer durchführt. Das System der Umsatzsteuer ist so aufgebaut, dass auf den jeweiligen Wertschöpfungsstufen der Produkte bzw. Leistungen angeknüpft wird. Der Wert eines Produktes/Leistung nimmt auf jeder Stufe zu. Der Staat möchte an diesem Wertzuwachs partizipieren und fordert daher von jedem Unternehmer, den auf seiner Stufe geschaffenen Mehrwert zu versteuern (daher auch der umgangssprachliche Ausdruck Mehrwertsteuer). Dieser Mehrwert ergibt sich

auf der jeweiligen Stufe durch Differenzbildung von Verkaufspreis minus Einkaufspreis. Er wird mit dem jeweils gültigen Steuersatz multipliziert und ergibt dann die Mehrwertsteuerschuld. Die Umsatzsteuer soll nach dem Willen des Gesetzgebers vollständig der Endverbraucher tragen.

Für den Unternehmer stellt die Umsatzsteuer keinen Aufwand dar. Der Unternehmer ist verpflichtet, die Umsatzsteuer vom Kunden einzubehalten und diese nach Abzug der ihm von anderen Unternehmern in Rechnung gestellten Umsatzsteuer (= Vorsteuer) an das Finanzamt zu überweisen. Wenn die den Kunden in Rechnung gestellte Umsatzsteuer größer ist als die an andere Unternehmen gezahlte Vorsteuer, ergibt sich eine Umsatzsteuerzahllast. Im umgekehrten Fall ergibt sich ein Vorsteuererstattungsanspruch an das Finanzamt. Der Voranmeldungszeitraum für die Umsatzsteuer ist von der Umsatzhöhe abhängig. In der Regel ist die Umsatzsteuer jeweils zum 10. des Folgemonats zu entrichten. 48

Besteuerungsgrundlagen: Das UStG bezieht sich auf die Lieferungen und sonstigen Leistungen, die ein Unternehmer im Inland i. R. seines Unternehmens gegen Entgelt erbringt (§ 1 Abs. 1 UStG). Der Umsatzsteuer unterliegt aber auch der Eigenverbrauch des Unternehmers für private Zwecke (§ 3 Abs. 1b und Abs. 9a UStG) sowie die Einfuhr aus dem Drittlandsgebiet oder aus dem Gebiet der Europäischen Gemeinschaft. Die Umsatzsteuerpflicht entsteht nur, wenn der Gesamtumsatz zuzüglich der darauf entfallenden Steuer im vergangenen Jahr mehr als 22.000 € betragen hat und im laufenden Kalenderjahr voraussichtlich mehr als 50.000 € betragen wird (§ 19 UStG).[8] Fällt ein Unternehmer unter diese Grenzen, ist er nicht zum gesonderten Steuerausweis verpflichtet und kann dann auch keine von anderen Unternehmern in Rechnung gestellte Steuer als Vorsteuer abziehen. Der Unternehmer kann jedoch auf diese Befreiung verzichten und wird dann nach den üblichen Regeln besteuert. 49

Um für den Rechnungsempfänger die Abziehbarkeit der Vorsteuer nicht zu gefährden, muss eine **Rechnung** gemäß § 14 Abs. 4 UStG[9] von dem leistenden Unternehmer folgende **Pflichtangaben** enthalten: 50

- Name und Anschrift des leistenden Unternehmers und des Leistungsempfängers,
- Ausstellungsdatum,
- Rechnungsnummer,
- Steuersatz,
- in Fällen der Zahlung vor Rechnungsausstellung den Zeitpunkt der Vereinnahmung,
- den getrennten Ausweis der jeweiligen Entgelte bei Leistungen, die verschiedenen Steuersätzen unterliegen,
- eine im Voraus vereinbarte Entgeltsminderung,
- in den Fällen der Steuerbefreiung eine konkrete Bezeichnung des Grundes.

Die Rechnung kann wahlweise die Steuernummer oder die USt-Identifikationsnummer enthalten. 51

8) § 19 UStG i. d. F. des Art. 7 des Bürokratieentlastungsgesetzes, v. 2.11.2019, BGBl. I 2019, 1746.

9) § 14 Abs. 1 und 3 UStG i. d. F. des eIDAS-Durchführungsgesetz, v. 18.7.2017, BGBl. I 2017, 2745; § 14 Abs. 2 i. d. F. des Art. 12 Gesetz zur weiteren steuerlichen Förderung der Elektromobilität und zur Änderung weiterer steuerlicher Vorschriften, v. 12.12.2019, BGBl. I 2019, 2451; § 14 Abs. 4 i. d. F. des Art. 11 JStG 2020, v. 21.12.2020, BGBl. I 2020, 3096.

52 Eine Rechnung, deren Gesamtbetrag 250 € nicht übersteigt (**Kleinbetragsrechnung**), muss gemäß § 33 UStDV[10)] folgende Angaben enthalten:

- Name und Anschrift des leistenden Unternehmers,
- Ausstellungsdatum,
- Menge und Art der gelieferten Gegenstände oder Umfang und Art der sonstigen Leistung,
- das Entgelt und den darauf entfallenden Steuerbetrag für die Lieferung oder sonstige Leistung in einer Summe sowie den anzuwendenden Steuersatz.

> **Praxishinweis**
> Um z. B. aus einer Kleinbetragsrechnung (Bruttobetrag) den Nettobetrag zu errechnen, wird der Bruttobetrag mit dem Divisor durch 1,19 dividiert. Beim ermäßigten Steuersatz von 7 % lautet der Divisor 1,07.

53 Für die **Erfassung und Buchung** der Umsatzsteuer hat ein Kaufmann zwei separate Konten einzurichten. Für die von anderen Unternehmern in Rechnung gestellten Steuerbeträge das aktive Bestandskonto „Vorsteuer" (mit Forderungscharakter) und für die anderen Unternehmern und Verbrauchern in Rechnung gestellte Umsatzsteuer das passive Bestandskonto „Umsatzsteuer" (mit Verbindlichkeitscharakter). Zum jeweiligen Voranmeldungszeitraum ist die Differenz von Umsatzsteuer- und Vorsteuerkonto zu ermitteln und an das Finanzamt zu überweisen bzw. ergibt eine Erstattung.

54 **Abb. 9: Inhalt der Umsatzsteuerkonten**

S **Vorsteuerkonto**	H	S **Umsatzsteuerkonto**	H
Umsatzsteuerbeträge von Eingangsrechnungen	Rücksendungen an Lieferanten Lieferantenskonti Lieferantenboni **Saldo:** Forderung an Finanzamt	Rücksendungen von Kunden Kundenskonti Kundenboni **Saldo:** Verbindlichkeit an Finanzamt	Umsatzsteuerbeträge von Ausgangsrechnungen

55 **Abb. 10: Abschluss der Umsatzsteuerkonten:**

1. Abschluss bei **Zahllast**

Der ***Umsatzsteuer*****saldo** ist hier *größer* als der *Vorsteuer*saldo, d. h. durch Verrechnung verbleibt eine Umsatzsteuer*schuld*.

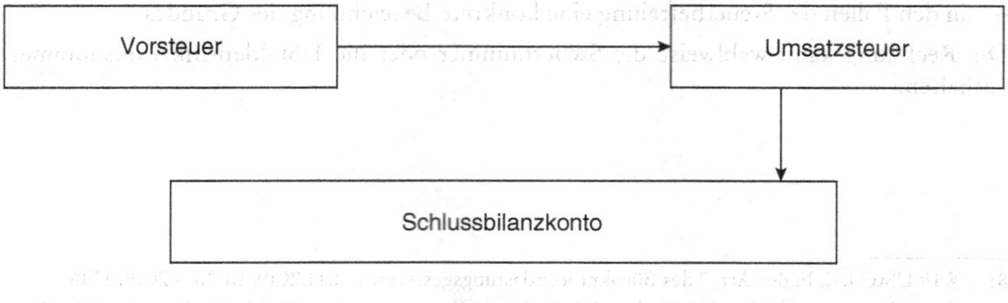

10) § 33 UStDV i. d. F. des Zweiten Bürokratieentlastungsgesetzes, v. 30.6.2017, BGBl. I 2017, 2143.

Buchungssätze: Abschluss bei Zahllast

(1) **Vorsteuer abschließen und den Sollsaldo auf Umsatzsteuer** buchen:

Umsatzsteuer an Vorsteuer

(2) Umsatzsteuer abschließen und den neuen Habensaldo (= **Zahllast**) auf dem Schlussbilanzkonto buchen (**Passivierung**):

Umsatzsteuer an Schlussbilanzkonto

2. Abschluss bei **Vorsteuerüberhang**

Der *Vorsteuer*saldo ist hier *größer* als der *Umsatzsteuer*saldo, d. h. durch Verrechnung verbleibt ein Umsatzsteuer*guthaben*.

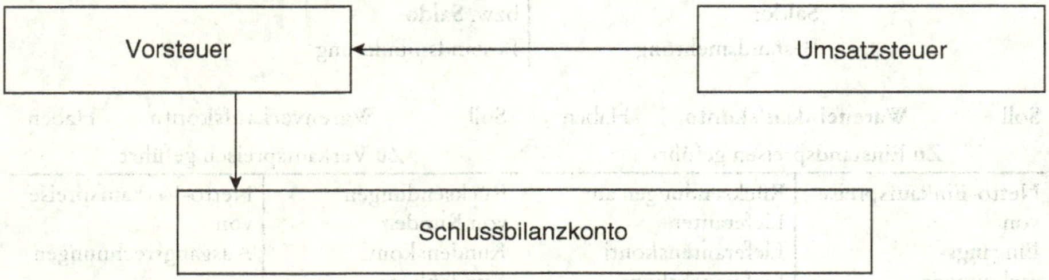

Buchungssätze: Abschluss bei Vorsteuerüberhang

(1) Umsatzsteuer abschließen und den Habensaldo auf Vorsteuer buchen:

Umsatzsteuer an Vorsteuer

(2) Vorsteuer abschließen und den neuen Sollsaldo (= Vorsteuerüberhang) auf dem Schlussbilanzkonto buchen (**Aktivierung**):

Schlussbilanzkonto an Vorsteuer

II. Warengeschäfte: Einkauf, Verkauf, Rabatt, Skonto

Bei Warengeschäften im Handelsbetrieb geht es um den Einkauf und die anschließende Weiterveräußerung. Für die **Verbuchung des Warenverkehrs** bietet es sich an, die Konten Warenbestand, Wareneinkauf und Warenverkauf einzurichten. Auf dem Konto Warenbestand werden nur die auf dem Lager befindlichen Waren erfasst, sein Schlussbestand wird am Geschäftsjahresende in die Schlussbilanz übernommen. Auf dem Konto Wareneinkauf werden sämtliche Warenverkäufe, bewertet zum Einstandspreis, erfasst. Das Konto Warenverkauf nimmt ebenfalls die verkauften Mengen auf, aber bewertet zum Verkaufspreis. Die Konten Wareneinkauf und Warenverkauf werden über das Gewinn- und Verlustkonto abgeschlossen. 56

Der **Einstandspreis** wird errechnet als 57

	Einkaufspreis (oder Anschaffungspreis)
+	Anschaffungsnebenkosten (Bezugsaufwand, Frachtkosten, z. B. Transportversicherung etc.)
=	Einstandspreis (oder Anschaffungskosten)

58 Um den Bruttoerfolg, auch **Warenrohgewinn** genannt, aus dem Warenverkauf zu ermitteln, ist folgende Rechnung durchzuführen:

	Verkaufspreis
–	Einstandspreis
=	Warenrohgewinn

59 **Inhalt der Warenkonten**

Soll **Warenbestandskonto** Haben
Zu Einstandspreisen geführt

Soll	Haben
Anfangsbestand **Saldo:** Bestandsmehrung	Endbestand bzw. **Saldo:** Bestandsminderung

Soll **Wareneinkaufskonto** Haben
Zu Einstandspreisen geführt

Soll	Haben
Netto-Einkaufspreise von Eingangs-rechnungen	Rücksendungen an Lieferanten Lieferantenskonti Lieferantenboni Eigenverbrauch **Saldo:** Wareneinsatz

Soll **Warenverkaufskonto** Haben
Zu Verkaufspreisen geführt

Soll	Haben
Rücksendungen von Kunden Kundenskonti Kundenboni **Saldo:** Warenumsatz	Netto-Verkaufspreise von Ausgangsrechnungen

60 **Abb. 11: Abschluss der Warenkonten**

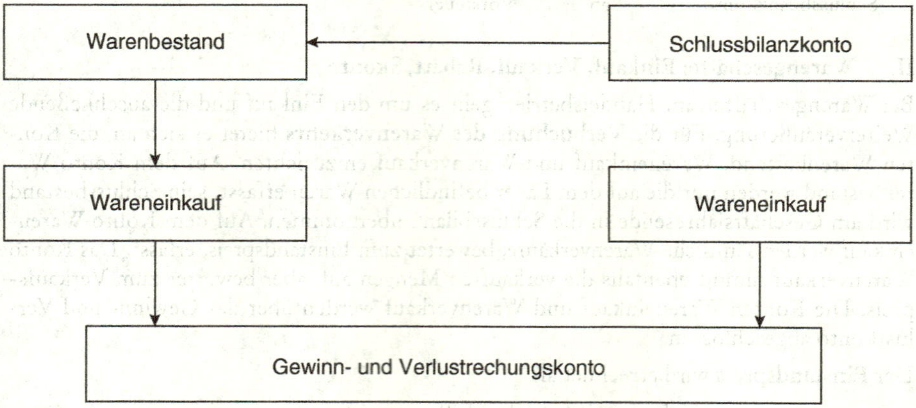

Buchungssätze: Bruttoabschluss der Warenkonten

1. Endbestand (laut Inventur) auf Warenbestand im Haben buchen:

   Schlussbilanzkonto an Warenbestand

2. Warenbestand abschließen und den Saldo (= **Bestandsänderung**) auf Wareneinkauf buchen.

Fallunterscheidung:

a) Habensaldo (= **Bestandsmehrung**):

Warenbestand an Wareneinkauf

b) Sollsaldo (= **Bestandsminderung**):

Wareneinkauf an Warenbestand

3. Wareneinkauf abschließen und den Sollsaldo (= **Wareneinsatz**) auf GuV buchen:

GuV an Wareneinkauf

4. Warenverkauf abschließen und den Habensaldo (= **Warenumsatz**) auf GuV buchen:

Warenverkauf an GuV

Buchungssatz: Wareneinkauf („Grundgeschäft")

Wareneinkauf	an	Verbindlichkeiten (oder Bank)
Vorsteuer		

Buchungssatz: Warenverkauf („Grundgeschäft")

Forderungen (oder Bank)	an	Warenverkauf (Umsatzerlöse)
		Umsatzsteuer

Praxishinweis

Alle Ziel- (Forderungen, Verbindlichkeiten) und Zahlungskonten (Bank, Kasse) werden stets mit dem Bruttobetrag, d. h. inklusive der Umsatzsteuer, gebucht und die übrigen Sachkonten mit dem Nettobetrag. Dazu gilt als Merksatz: Ziel- und Zahlungskonten werden immer brutto gebucht.

1. Rabatt

Der Rabatt ist ein **Preisnachlass**, der bei Erwerb bzw. Veräußerung der Ware gewährt wird. Dieser Preisnachlass ist bei dem entsprechenden Geschäftsvorgang sofort zu berücksichtigen. Die Verbuchung wird oft als **Nettomethode** bezeichnet, da der Ausgangsbetrag (Bruttobetrag) keine Berücksichtigung findet. Es sind keine weiteren Konten einzurichten und Buchungen vorzunehmen. 61

Beispiel 62

Geschäftsvorgang: Ein Lieferant gewährt bei Wareneinkauf von 1.000 € (netto) 5 % Rabatt. Umsatzsteuer 10 % (zur Vereinfachung).

Buchungssatz: Abzug von Rabatt/Buchung durch den Lieferanten

Forderungen (oder Bank)	1.045
an Warenverkauf	950
Umsatzsteuer	95

Erläuterung: Beim Rabatt liegt ein Grundgeschäft mit dem um den Rabattsatz verminderten Warenwert vor.

2. Skonto

Auf Ein- und Ausgangsrechnungen wird eine Zahlungsfrist (ein Zahlungsziel) angegeben. 63
Häufig wird dabei die Möglichkeit von Skonto eingeräumt. Dies bedeutet, wenn inner-

halb einer bestimmten Zeit gezahlt wird, die Zahlungsfrist also nicht voll ausgeschöpft wird, ein bestimmter Prozentsatz (der Skontosatz) vom Rechnungsbetrag abgezogen werden kann. Skonto kann also als eine Art Preisnachlass bei vorzeitiger Zahlung aufgefasst werden. Es handelt sich hier um einen **nachträglichen Preisnachlass**, da bei Erhalt der Rechnung noch nicht feststeht, wie der Unternehmer zahlen möchte. Der Übersichtlichkeit halber sollten für erhaltene und gewährte Skonti ebenfalls separate Erfolgskonten eingerichtet werden, die am Geschäftsjahresende über das Gewinn- und Verlustkonto abgeschlossen werden. Eine Saldierung dieser beiden Konten ist gemäß § 246 Abs. 2 HGB nicht zulässig! Vom Lieferanten gewährte Skonti verringern die Zahlungsverpflichtung für den Kunden und haben damit für ihn Ertragscharakter. Zugleich löst dies eine **Korrektur** der **gezahlten Umsatzsteuer** aus. Umgekehrt stellt dies für den Lieferanten Aufwand dar, wenn der Kunde mit Skonto zahlt. Hier ist ebenfalls eine Korrektur der in Rechnung gestellten Umsatzsteuer erforderlich.

64 *Beispiel*

Geschäftsvorgang: Ein Lieferant gewährt auf ein Grundgeschäft von 20.000 € (netto) bei Zahlung innerhalb der Skontofrist einen Skontosatz von 3 %. Umsatzsteuer 10 % (zur Vereinfachung).

Buchungssatz: Abzug von Skonto/Buchung durch den Lieferanten

Bank	21.340
Kundenskonti	600
Umsatzsteuer	60
an Forderungen	22.000

Entsprechend gilt:

Buchungssatz: Abzug von Skonto/Buchung durch den Kunden

Verbindlichkeiten	an	Bank
		Lieferantenskonti
		Vorsteuer

3. Bonus

65 Beim Bonus handelt es sich um einen **nachträglich** gewährten **Preisnachlass.** Bei seiner Verbuchung wird auch von **Bruttomethode** gesprochen, da zunächst der ursprüngliche Geschäftsvorgang (das Grundgeschäft mit dem Bruttobetrag) gebucht wird. Die Bonusgewährung erfolgt oft erst am Geschäftsjahresende, so dass zum Teil mehrere Monate zwischen Grundgeschäft und Bonusgewährung liegen können. Der Übersichtlichkeit halber ist es sinnvoll, für erhaltene und gewährte Boni separate Konten einzurichten. Für selbst erhaltene Boni wird das Konto Lieferantenboni und für an Kunden gewährte Boni das Konto Kundenboni eingerichtet. Diese beiden Konten werden am Geschäftsjahresende über das Gewinn- und Verlustkonto abgeschlossen. Eine Saldierung von Kunden- und Lieferantenboni ist unzulässig! In der Buchführung gilt das Bruttoprinzip (§ 246 Abs. 2 HGB), das eine erhöhte Aussagekraft besitzt. Zu beachten ist, dass ein Bonus zu einer **Korrektur der Bemessungsgrundlage** für die Umsatzsteuer führt. Deshalb zieht jede Bonusgewährung eine Vorsteuer- bzw. Umsatzsteuerkorrektur nach sich.

Beispiel 66

Geschäftsvorgang: Ein Lieferant gewährt auf ein Grundgeschäft von 1.000.000 € (netto) einen Bonus von 6 %. Umsatzsteuer 10 % (zur Vereinfachung).

Buchungssatz: Bei Abzug von Bonus/Buchung durch den Lieferanten

Kundenboni	60.000
Umsatzsteuer	6.000
an Forderungen (oder Bank)	66.000

Entsprechend gilt:

Buchungssatz: Bei Abzug von Bonus/Buchung durch den Kunden

Verbindlichkeiten (oder Bank)	an	Lieferantenboni
		Vorsteuer

III. Anzahlungen

Ausweis in der Bilanz: Anzahlungen können in Kunden- und Lieferantenanzahlungen unterschieden werden. Erhaltene Anzahlungen von Kunden sind gemäß § 266 Abs. 3 C Nr. 3 HGB als „erhaltene Anzahlungen auf Bestellungen" in der Bilanz auszuweisen. Geleistete Anzahlungen an den Lieferanten sind auf der Aktivseite der Bilanz gemäß § 266 Abs. 2 B II Nr. 4 HGB unter der Position „sonstige Vermögensgegenstände" auszuweisen; für sie gibt es also keine eigene Position. 67

1. Erhaltene Anzahlungen

Erhaltene Anzahlungen von Kunden stellen eine **Verbindlichkeit besonderer Art** gegenüber dem Kunden dar. Der Kunde leistet gemäß Vertrag eine Vorauszahlung an das Unternehmen und hat damit einen Anspruch auf Lieferung und Übereignung der Gegenstände. Das Unternehmen muss für die erhaltenen Anzahlungen ein entsprechendes passives Bestandskonto mit der Bezeichnung „Verbindlichkeiten aus erhaltenen Anzahlungen" einrichten. Der Unternehmer weist damit eine Verbindlichkeit gegenüber dem Kunden aus, die erst mit Lieferung der Ware getilgt wird und damit auszubuchen ist. Wenn der Unternehmer der **Regelbesteuerung** unterliegt, ist er verpflichtet, die Anzahlungsrechnungen mit Umsatzsteuer auszuweisen. Die Umsatzsteuerschuld für den Unternehmer entsteht mit Eingang des Zahlungsbetrages (§ 13 Abs. 1 Nr. 1a UStG).[11] 68

Buchungssätze: Erhaltene Anzahlungen 69

1. Bei Erhalt der Anzahlung:

Bank	an	Erhaltene Anzahlungen
		Umsatzsteuer

2. Bei Lieferung der Ware:

Forderungen	an	Warenverkauf
Erhaltene Anzahlungen		Umsatzsteuer

3. Bei restlicher Zahlung:

Bank	an	Forderungen

11) § 13 Abs. 1 UStG i. d F. des Art. 14 JStG 2020, v. 21.12.2020, BGBl. I 2020, 3096.

2. Geleistete Anzahlungen

70 Geleistete Anzahlungen stellen eine **Forderung besonderer Art** gegenüber dem Lieferanten dar. Der Kunde leistet gemäß Vertrag eine Vorauszahlung und hat damit einen Anspruch auf Lieferung und Übereignung der Gegenstände. Hierfür wird ein separates aktives Bestandskonto „geleistete Anzahlungen" eingerichtet. Dieses Konto hat Forderungscharakter. Die in der Anzahlungsrechnung ausgewiesene Steuer kann bei Erhalt der Rechnung und bereits geleisteter Zahlung vom Kunden als **Vorsteuer** in Ansatz gebracht werden, sofern er zum Vorsteuerabzug berechtigt ist (§ 15 Abs. 1 Nr. 1 UStG).[12] Das Konto „geleistete Anzahlungen" ist bei Erhalt der Lieferung aufzulösen.

71 **Buchungssätze:** Geleistete Anzahlungen

1. Bei Leistung der Anzahlung:

Geleistete Anzahlungen	an	Bank
Vorsteuer		

2. Bei Lieferung der Ware:

Wareneinkauf	an	Verbindlichkeiten
Vorsteuer		Geleistete Anzahlungen

3. Bei restlicher Zahlung:

Verbindlichkeiten	an	Bank

IV. Personalaufwand

72 Arbeitnehmer erhalten für ihre Tätigkeit im Unternehmen ein Entgelt. Unter Personalaufwand werden **sämtliche Aufwendungen** verstanden, die mit Arbeitnehmern im Zusammenhang stehen. Im Folgenden wird von einem sozialversicherungspflichtigen Arbeitnehmer ausgegangen. Das mit dem Arbeitnehmer vereinbarte Bruttogehalt bzw. der Bruttolohn ist zum einen in das **Nettogehalt** und zum anderen in die **noch abzuführenden Abgaben** zu zerlegen. Das Nettogehalt wird an den Arbeitnehmer ausgezahlt. Die vom Bruttogehalt bzw. Bruttolohn einbehaltenen Abgaben umfassen die Steuern (wie z. B. Lohnsteuer, Kirchensteuer, Solidaritätszuschlag) und die gesetzlichen Sozialabgaben (für die Kranken-, Pflege-, Renten- und Arbeitslosenversicherung). Bei sozialversicherungspflichtigen Beschäftigungsverhältnissen wird davon ausgegangen, dass der Arbeitgeber die Hälfte der Sozialversicherungsbeiträge trägt.

73 Für den Arbeitgeber sind das Bruttogehalt sowie der Arbeitgeberanteil zur Sozialversicherung Aufwand und mindern das Jahresergebnis. Für die vom Bruttogehalt des Arbeitnehmers einbehaltenen Steuern und Sozialversicherungsbeträge ergeben sich unterschiedliche **Zahlungstermine**. Bei Erstellung der monatlichen Lohn- bzw. Gehaltsabrechnung werden die entsprechenden Beträge des Arbeitnehmers sowie der Arbeitgeberanteil zur Sozialversicherung auf einem entsprechenden Verbindlichkeitenkonto „noch abzuführende Abgaben" erfasst. Die Steuern sind zum 10. des Folgemonats an das zuständige Finanzamt zu überweisen. Die Sozialversicherungsbeiträge von Arbeitgeber und Arbeitnehmer müssen spätestens am drittletzten Bankarbeitstag des laufenden Monats an die Einzugsstellen abgeführt sein.

---

12) § 15 Abs. 1 UStG i. d. F. des Art. 12 Gesetz zur weiteren steuerlichen Förderung der Elektromobilität und zur Änderung weiterer steuerlicher Vorschriften, v. 12.12.2019, BGBl. I 2019, 2451 und § 15 Abs. 4b UStG i. d. F. des Gesetzes zur Umsetzung steuerlicher EU-Vorgaben sowie zur Änderung steuerlicher Vorschriften (EuStVUG), v. 8.4.2010, BGBl. I 2010, 386.

Abb. 12: Personalaufwand 74

Bruttogehalt	
– Sozialversicherung Arbeitnehmeranteil	+ Sozialversicherung Arbeitgeberanteil
– Lohnsteuer	
– Kirchensteuer	
= Nettogehalt	**= Personalaufwand**

Quelle: Nach *Döring/Buchholz*, Buchhaltung, S. 81

Buchungssatz: Nettogehalt und Arbeitnehmeranteil

Gehaltsaufwand	an	Bank
		Noch abzuführende Abgaben

Buchungssatz: Arbeitgeberanteil

Sozialaufwand	an	Noch abzuführende Abgaben

Buchungssatz: Überweisung noch abzuführende Abgaben im Folgemonat

Noch abzuführende Abgaben	an	Bank

V. Unfertige/fertige Erzeugnisse und Bestandsveränderungen

Herstellungskosten: Im Industriebetrieb werden Produktionsfaktoren (Werkstoffe, Betriebsmittel etc.) eingekauft und im betrieblichen Produktionsprozess zu marktgängigen (verkaufsfähigen) Produkten bearbeitet. Da häufig nicht alle produzierten Erzeugnisse bis zum Geschäftsjahresende verkauft werden können, müssen die restlichen auf Lager befindlichen Erzeugnisse in der Bilanz auf der Aktivseite unter den Vermögensgegenständen erfasst werden. Hier stellt sich das Problem der Bewertung zum Bilanzstichtag, da diese Gegenstände selbst erstellt wurden und häufig keine entsprechenden Anschaffungskosten auf dem Markt zu ermitteln sind. Daher hat der Gesetzgeber im HGB eine Hilfsgröße, die **Herstellungskosten**, eingeführt. In § 255 HGB werden die Herstellungskosten definiert. 75

Abb. 13: Ermittlung der Herstellungskosten 76

Bestandteile der Herstellungskosten	§ 255 Abs. 2 und 3 HGB
Materialeinzelkosten (Fertigungsmaterial) Fertigungseinzelkosten (Fertigungslöhne einschl. gesetzlicher und tariflicher Sozialaufwendungen) Sondereinzelkosten der Fertigung Material- und Fertigungsgemeinkosten Wertverzehr des fertigungsbedingten Anlagevermögens	Aktivierungspflichtig
Aufwendungen für freiwillige soziale Leistungen, betriebliche Altersversorgung und Zinsen für fertigungsbedingtes Fremdkapital Allgemeine Verwaltungskosten	Aktivierungsfähig
Forschungs- und Vertriebskosten	Aktivierungsverbot

77 Für die **Erfassung der Lagerbestände** in der Bilanz sind folgende aktive **Bestandskonten** einzurichten: unfertige Erzeugnisse und fertige Erzeugnisse. Die Lagerzugänge werden auf diesen Konten im Soll erfasst. Die entsprechende Gegenbuchung erfolgt auf einem Erfolgskonto mit der Bezeichnung Bestandsveränderungen. Der Übersichtlichkeit halber ist es sinnvoll, für die Bestandsveränderungen von unfertigen/fertigen Erzeugnissen jeweils separate Konten einzurichten.

78 **Korrekturgröße Bestandsveränderungen:** Verträge mit Kunden, die zum Geschäftsjahresende noch nicht komplett fertig gestellt sind, müssen ebenfalls – bewertet zu Herstellungskosten – unter dem Vorratsvermögen in der Bilanz als *„unfertige Leistungen"* ausgewiesen werden. Die Gegenbuchung auf einem Erfolgskonto ergibt sich aus dem Umstand, dass die mit der Herstellung der Erzeugnisse verbundenen Aufwendungen in der Gewinn- und Verlustrechnung bereits erfasst sind, aber der Verkauf dieser Erzeugnisse noch nicht stattgefunden hat und somit den Aufwendungen keine Erträge aus dem Verkauf gegenüberstehen. Um einen periodengerechten Gewinnausweis zu erreichen, wirken diese Bestandsveränderungen als quasi Gewinnkorrektiv, um ein zutreffendes Periodenergebnis auszuweisen. Analoges gilt in der anderen Richtung: Werden keine Erzeugnisse erstellt, sondern nur vom Lager abverkauft, würden den Erträgen aus dem Umsatz überhaupt keine Aufwendungen für die Herstellung gegenüberstehen, da diese ja bereits in der vorangegangenen Periode angefallen sind. Um dies zu vermeiden werden die Lagerbestände wieder aufgelöst und die ursprüngliche Buchung umgedreht, so dass die Bestände aus der Bilanz ausgebucht werden und die Bestandsveränderung als Aufwand in der Gewinn- und Verlustrechnung erscheint.

79 **Buchungssatz:** bei Lagerzugang

Erzeugnisse	an	Bestandsveränderungen

Buchungssatz: bei Lagerabgang

Bestandsveränderungen	an	Erzeugnisse

80 Die Konten Bestandsveränderungen werden jeweils über das Gewinn- und Verlustkonto abgeschlossen.

D. Buchungen zum Jahresabschluss

I. Abschreibungen im Anlagevermögen

81 In § 247 Abs. 2 HGB wird ausgeführt, dass im **Anlagevermögen** nur Vermögensgegenstände (Positionen) auszuweisen sind, die dauernd dem Geschäftsbetrieb zu dienen bestimmt sind. § 266 Abs. 2 HGB gibt für Kapitalgesellschaften ein entsprechendes Gliederungsschema mit den einzurichtenden Bilanzposten vor. Größenabhängige Erleichterungen sind auch hier wieder angegeben.

82 **Abschreibungszweck:** Gemäß § 253 Abs. 3 HGB sind bei den Gegenständen des Anlagevermögens Abschreibungen vorzunehmen. Dies soll gewährleisten, dass die Vermögensgegenstände des Anlagevermögens, die der wirtschaftlichen und technischen Abnutzung unterliegen, mit ihrem zutreffenden Wert in der Bilanz ausgewiesen werden. Betriebswirtschaftlich dienen die Abschreibungen gleichzeitig zur Finanzierung von Ersatz- und Erweiterungsinvestitionen, da die errechneten Abschreibungen als Aufwand gewinnmindernd im Jahresabschluss (genauer: in der Gewinn- und Verlustrechnung) Berücksichtigung finden. Für die Buchung der Abschreibungen wird ein separates Aufwandskonto eingerichtet.

83 **Methoden:** Handelsrechtlich sind verschiedene Abschreibungsverfahren zulässig. Die gebräuchlichste Methode ist die **lineare Abschreibung**. Dabei werden die Anschaffungs-

oder Herstellungskosten durch die planmäßige Nutzungsdauer in Jahren dividiert. In jedem Jahr der Nutzung werden also die Abschreibungen in gleichen Jahresbeträgen als Aufwand in der Gewinn- und Verlustrechnung berücksichtigt. Die **degressive Abschreibung**, auch Abschreibungsmethode mit fallenden Jahresbeträgen, berechnet die Jahresabschreibungen mit einem unveränderten Abschreibungsprozentsatz von den Anschaffungs- bzw. Herstellungskosten und den dann sich ergebenen Restbuchwerten eines Jahres. Steuerrechtlich wurde die Möglichkeit zur Inanspruchnahme der degressiven Abschreibung für bewegliche Wirtschaftsgüter des Anlagevermögens um ein Jahr verlängert, für Wirtschaftsgüter, die Jahr 2022 angeschafft oder hergestellt werden. Im Rahmen des „Wachstumschancengesetzes" ist die befristete Wiedereinführung der degressiven Abschreibungsmethode für bewegliche Wirtschaftsgüter des Anlagevermögens geplant. Dies bedeutet, dass bewegliche Wirtschaftsgüter, die zwischen dem 30.9.2023 und dem 1.1.2025 angeschafft werden, degressiv abgeschrieben werden können. Die angeschafften Wirtschaftsgüter müssen nicht neu sein (§ 7 Abs. 2 EStG). Die degressive Abschreibung darf bis zum Zweieinhalbfachen der linearen Abschreibung betragen, maximal aber 25 %. Im Jahr der Anschaffung bzw. Herstellung darf sie – wie die lineare Abschreibung – nur zeitanteilig in Anspruch genommen werden (§ 7 Abs. 2 Satz 3 i. V. mit Abs. 1 Satz 4 EStG).[13] Da diese Abschreibungsmethode nicht auf den Wert Null kommt, wird oft zum Ende der Nutzungsdauer von der degressiven Abschreibungsmethode auf die lineare gewechselt. Ein Wechsel von der linearen Abschreibung auf die degressive ist nicht zulässig. Bei der **Leistungsabschreibung** wird die technische Leistung der Anlage als Berechnungsbasis für die jährlichen Abschreibungen gewählt. Hierzu wird die tatsächliche jährliche Leistung zur Maximalleistung der Maschine ins Verhältnis gesetzt und der sich daraus ergebene Prozentsatz von den Anschaffungskosten bzw. Restwert als Abschreibung verrechnet (§ 7 Abs. 1 Satz 6 EStG).

> **Praxishinweis**
>
> Ein Restwert am Ende der Nutzungsdauer bei Vermögensgegenständen des Anlagevermögens wird nur bei der Abschreibungsberechnung berücksichtigt, wenn er einen hohen Wert aufweist. Ansonsten wird grundsätzlich der volle Ausgangswert auf die Nutzungsjahre verteilt.

Die **Anschaffungskosten** errechnen sich als 84

	Kaufpreis
+	Nebenkosten
–	Anschaffungspreisminderungen
=	Anschaffungskosten

Für die Positionen des beweglichen Anlagevermögens gilt die **monatsgenaue Abschreibung** 85
im Jahr der Anschaffung oder Herstellung. Bei der monatsgenauen Abschreibung im Jahr der Anschaffung oder Herstellung werden angefangene Monate vollständig mit eingerechnet (§ 7 Abs. 1 Satz 4 EStG).[14]

Buchungssatz: Abschreibungen im Anlagevermögen 86

Abschreibungen	an	Anlagevermögen

13) Zum steuerlichen Anwendungsbereich dieser Vorschrift vgl. § 7 EStG neugefasst durch Art. 1 des Gesetzes zur bestätigenden Regelung verschiedener steuerlicher und verkehrsrechtlicher Vorschriften des Haushaltsbegleitgesetzes 2004, v. 5.4.2011, BGBl. I 2011, 554; § 7 Abs. 2 EStG i. d. F. des Art. 3 Viertes Corona-Steuerhilfegesetz, v. 19.6.2022, BGBl. I 2022, 911.

14) § 7 EStG i. d. F. des Art. 1 Gesetz zur bestätigenden Regelung verschiedener steuerlicher und verkehrsrechtlicher Vorschriften des Haushaltsbegleitgesetzes 2004, v. 5.4.2011, BGBl. I 2011, 554.

87 Für geringwertige Vermögensgegenstände des Anlagevermögens (auch als **geringwertige Wirtschaftsgüter** – kurz GWG bezeichnet) gewährt das Steuerrecht verschiedene Alternativen zur Behandlung in der Buchführung bzw. dem Jahresabschluss. Um diese steuerlichen Regelungen in Anspruch zu nehmen, müssen grundsätzlich die folgenden **Voraussetzungen** erfüllt sein:

- Abnutzbar und beweglich,
- dem Anlagevermögen zugehörig,
- die Fähigkeit der selbständigen Nutzung (zu Einzelheiten vgl. § 6 Abs. 2 Satz 2 und 3 EStG, R 6.13 Abs. 1 EStR),[15]
- Erfüllung der steuerlichen Aufzeichnungspflichten in der Buchführung.

88 Im Folgenden werden die **gesetzlich zulässigen Alternativen** zur steuerlichen Behandlung von geringwertigen Wirtschaftsgütern in der Buchführung vorgestellt.

- **Sofortabzug:** Betragen die Anschaffungs- oder Herstellungskosten eines beweglichen, abnutzbaren Wirtschaftsgutes ohne Umsatzsteuer **nicht mehr als 800 €,** so können diese im Jahr der Anschaffung sofort voll abgeschrieben werden (§ 6 Abs. 2 EStG). Für Wirtschaftsgüter mit Anschaffungs- oder Herstellungskosten – ohne Umsatzsteuer – **von nicht mehr als 250 €** sind keine weiteren Aufzeichnungspflichten in der Buchführung zu beachten. Lediglich für Wirtschaftsgüter mit Anschaffungs- oder Herstellungskosten über 250 € sind der Tag der Anschaffung oder Herstellung und die Anschaffungs- oder Herstellungskosten in einem gesonderten Verzeichnis zu erfassen (§ 6 Abs. 2 Satz 4 EStG). Bei Buchführungspflichtigen kann ein gesondertes Verzeichnis entfallen, wenn diese Angaben bereits aus der Buchhaltung ersichtlich sind (z. B. durch die Einrichtung eines separaten Abschreibungskontos für die GWGs: „Sofortabschreibung GWG"). Gegenwärtig ermöglicht das EStG, dass Anschaffungs- oder Herstellungskosten von geringwertigen Wirtschaftsgütern i. H. von bis zu 800 € sofort vollständig abgezogen werden können. Diese Schwelle wird gemäß dem „Wachstumschancengesetz" auf 1.000 € angehoben. Somit können Steuerpflichtige künftig Wirtschaftsgüter bis zu diesem Betrag im Jahr der Anschaffung oder Herstellung steuerlich geltend machen.
- **Bildung Sammelposten im Anlagevermögen:** Liegen die Anschaffungs- oder Herstellungskosten eines beweglichen, abnutzbaren Wirtschaftsgutes, das zur selbständigen Nutzung fähig ist, **über 250 € und unter 1.001 €** (ohne Umsatzsteuer), so können diese in einem Sammelposten im Anlagevermögen eingestellt werden, der über fünf Jahre gleichmäßig abgeschrieben wird (§ 6 Abs. 2a Satz 1 EStG). Das Ausscheiden dieses Wirtschaftsgutes ist bei der Folgebewertung nicht zu berücksichtigen (§ 6 Abs. 2a Satz 3 EStG). Wirtschaftsgüter mit Anschaffungs- oder Herstellungskosten von 1.001 € und mehr (ohne Umsatzsteuer) müssen hingegen einzeln in ein Anlageverzeichnis aufgenommen werden und über ihre betriebsgewöhnliche Nutzungsdauer abgeschrieben werden. Die Buchung für die Bildung eines Sammelpostens lautet:

GWG-Sammelposten	an	Bank
Vorsteuer		

In jedem Jahr ist der Sammelposten gleichmäßig um ein Fünftel aufzulösen:

Abschreibung GWG-Sammelposten	an	GWG-Sammelposten

15) Einkommensteuer-Änderungsrichtlinien 2012 (EStR 2012), v. 25.3.2013, BStBl. I 2013, 276.

- Das „Wachstumschancengesetz" erhöht die Betragsgrenze für die Bildung eines Sammelpostens auf 5.000 € und verkürzt die Auflösungsdauer auf drei Jahre. Zudem entfällt die Notwendigkeit eines gesonderten Verzeichnisses für die erfassten Wirtschaftsgüter; eine buchmäßige Erfassung genügt.
- **Aktivierung im Jahr der Anschaffung:** Als dritte Möglichkeit können die beweglichen Wirtschaftsgüter des Anlagevermögens auch separat in der Buchführung als Gegenstand des Anlagevermögens ausgewiesen und über die betriebsgewöhnliche Nutzungsdauer im Unternehmen abgeschrieben werden.

Methodenstetigkeit: Bei der Auswahl der steuerlichen Abschreibungsmethode für geringwertige Wirtschaftsgüter ist das Stetigkeitsgebot zu beachten. Die Möglichkeit der Sofortabschreibung ist dabei stets wirtschaftsgutbezogen individuell und die Sammelpostenregelung stets wirtschaftsjahrbezogen auszuüben. Dies bedeutet, dass das Wahlrecht nur einheitlich für alle geringwertigen Wirtschaftsgüter von mehr als 250 € und nicht mehr als 1.001 € (ohne Umsatzsteuer) in Anspruch genommen werden kann.[16] 89

In der Regel ergibt sich bei der Sofortabschreibung ein höherer Aufwand als bei der Inanspruchnahme der Sammelpostenmethode. Es ist empfehlenswert zuvor eine **Vergleichsrechnung** vorzunehmen um das Abschreibungspotenzial der beiden Methoden vergleichen zu können. 90

Um die Entscheidungsfindung bei der Auswahl der geeigneten Abschreibungsmöglichkeit für die geringwertigen Wirtschaftsgüter zu erleichtern, bietet die folgende Abbildung etwas Unterstützung. 91

Abb. 14: Steuerliche Wahlrechte für GWG 92

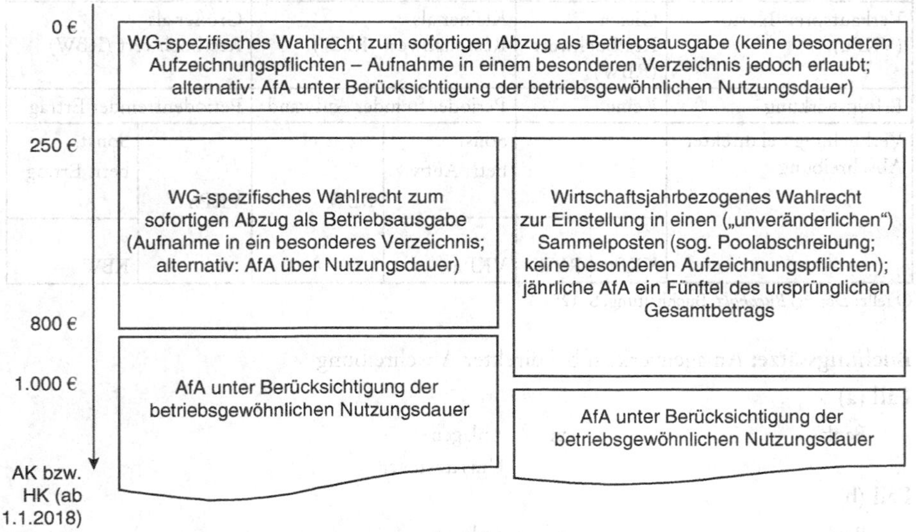

Quelle: *Mindermann/Brösel*, Buchführung und Jahresabschlusserstellung nach HGB, S. 182

Des Weiteren hat der Gesetzgeber eine **neue steuerliche Sofortabschreibung für EDV-Güter** eingeführt, da die seit Jahrzehnten gültige dreijährige Nutzungsdauer für entsprechende Hardware (Laptops, Workstations, Ein- und Ausgabegeräte) sowie Betriebs- und Anwendersoftware (ERP-Software) und die fünfjährige Nutzungsdauer für Individual- 93

16) Vgl. hierzu auch *Endert/Sepetauz*, BBK 18/2012, 828, 830.

software nicht mehr den tatsächlichen Nutzungsverhältnissen entsprechen.[17] Nach Auffassung des BMF können Unternehmen ihre Kosten für Hard- und Software, die **ab dem 1.1.2021** angeschafft worden ist, sofort abschreiben, weil eine betriebsgewöhnliche Nutzungsdauer von einem Jahr zugrunde gelegt werden kann. Der Ansatz einer einjährigen Nutzungsdauer ist nach dem BMF jedoch nicht zwingend, so dass das Unternehmen hiervon auch abweichen kann. Ebenso kann sich das Unternehmen auch für eine andere Abschreibungsmethode entscheiden. Wird die Sofortabschreibung allerdings in Anspruch genommen, dann ist die Hard- bzw. Software in einem Bestandsverzeichnis für das Anlagevermögen nach R 5.4 EStR 2012 aufzunehmen.

II. Anlagenverkäufe

94 Anlagevermögensgegenstände, die aus dem Unternehmen durch Verkauf ausscheiden, müssen gesondert erfasst werden. Der Vermögensgegenstand ist aus dem Anlagevermögen auszubuchen, und die Zahlung aus dem Anlagenverkauf ist zu erfassen. Grundsätzlich muss zunächst geprüft werden, mit welchem Wert die Anlage in der Bilanz noch zu Buche steht. Ist die Anlage dort noch mit einem Restbuchwert größer 1 € (Erinnerungswert) ausgewiesen, müssen bei **Ausscheiden innerhalb des Geschäftsjahres** bis zum Zeitpunkt des Ausscheidens noch anteilig Abschreibungen gerechnet und gebucht werden. Dieser so ermittelte Restwert ist dann mit dem erzielten Anlageverkaufspreis – ohne Umsatzsteuer – zu vergleichen und als Gewinn oder Verlust aus Anlagenverkauf in der Buchführung zu erfassen.

95 **Abb. 15: Erfolgswirkungen beim Anlagenverkauf**

Fall	(a)		(b)		(c)	
Verkaufspreis Netto (VKPn)	Gleich Restbuchwert (RBW)		Kleiner als Restbuchwert (RBW)		Größer als Restbuchwert (RBW)	
Erfolgswirkung	Keine		Periodenfremder Aufwand		Periodenfremder Ertrag	
Verbuchung bei direkter Abschreibung	VKPn	RBW	Sonst. betr. Aufw. VKPn	RBW	VKPn	Sonst. betr. Ertrag RBW

Quelle: *Döring/Buchholz*, Buchhaltung, S. 125

Buchungssätze: Anlagenverkauf bei direkter Abschreibung

Fall (a)

Bank an Anlagen
Umsatzsteuer

Fall (b)

Bank an Anlagen
Sonstiger betriebl. Aufwand Umsatzsteuer

Fall (c)

Bank an Anlagen
Umsatzsteuer
Sonstiger betriebl. Ertrag

17) *Rätke/Theile*, BBK 7/2022, 319.

III. Abschreibungen im Umlaufvermögen

1. Bewertungsgrundsätze

In § 253 Abs. 4 HGB wird festgelegt, dass bei Vermögensgegenständen des Umlaufvermögens das strenge Niederstwertprinzip gilt. Dieses **Niederstwertprinzip** besagt, dass für die Bewertung von Vermögensgegenständen des Umlaufvermögens stets der niedrige Wert in der Bilanz anzusetzen ist. Dazu ist der entsprechende Wert in der Bilanz mit dem tatsächlichen Börsen- oder Marktpreis am Bilanzstichtag zu vergleichen. Auch dieser Grundsatz ist wieder Ausdruck des Gläubigerschutzes und der Informationsfunktion des Jahresabschlusses für externe Personen. 96

In der Praxis haben die Bewertung des Vorratsvermögens sowie der Forderungen aus Lieferungen und Leistungen eine große Bedeutung. Bei dem Vorratsvermögen, zu dem Roh-, Hilfs- und Betriebsstoffe sowie unfertige/fertige Erzeugnisse und Leistungen zählen, ist am Geschäftsjahresende deren Marktgängigkeit (Verkaufsfähigkeit, Qualität etc.) zu beurteilen. Gegebenenfalls sind Abwertungen – außerplanmäßige Abschreibungen – auf den niedrigeren Tageswert vorzunehmen. Etwaige Wertberichtigungen werden auf einem Aufwandskonto erfasst und mindern das Jahresergebnis. 97

2. Einzelwertberichtigung

Eine herausragende Stellung nehmen die Wertberichtigungen **auf Forderungen** gegenüber Kunden ein. Spätestens zum Geschäftsjahresende sind alle Unternehmen verpflichtet, sämtliche Forderungen gegenüber ihren Kunden auf ihre **Werthaltigkeit** (Einbringlichkeit) zu untersuchen. Sobald Zweifel an der uneingeschränkten Bonität des Kunden eingeschätzt werden, sind Wertberichtigungen (Einzelwertberichtigungen) der einzelnen Forderungen vorzunehmen. Bei diesen Einzelwertberichtigungen ist folgende Klassifizierung der Forderungen üblich: 98

Abb. 16: Forderungen i. R. der Einzelbewertung 99

Forderungsausfall (teilweise oder vollständig)	Ganz unwahrscheinlich	Wahrscheinlich	Sicher
Klassifikation	Vollwertige Forderungen	Zweifelhafte Forderungen	Uneinbringliche Forderungen
Zugehörigkeit zum Bilanzposten	Forderungen	Zweifelhafte Forderungen	Zweifelhafte Forderungen
Wertansatz	Nennwert	Nennwert abzgl. erwarteter Ausfall	Nennwert abzgl. sicherer Ausfall
Höhe der Abschreibung	Keine	Erwarteter Ausfall	Sicherer Ausfall
Umsatzsteuerkorrektur	Keine	Keine	Kürzung

Quelle: *Döring/Buchholz*, Buchhaltung, S. 132

a) Wahrscheinlicher Ausfall

Bei einem Kunden treten **Zahlungsverzögerungen** auf, und das Unternehmen rechnet nicht mehr mit dem vollständigen Zahlungseingang. In diesem Fall liegt ein wahrscheinlicher Ausfall vor. Vom Unternehmen ist dieser zu schätzen. In der Praxis wird hier häufig eine Ausfallquote als Prozentsatz für die vorzunehmende Wertberichtigung festgelegt. Bei der Ermittlung des Einzelwertberichtigungsbetrages bildet der **Nettoforderungsbetrag** die Ausgangsbasis. Die Einzelwertberichtigung hat vom Nettobetrag zu erfolgen, da der Ausfall noch nicht endgültig sicher ist und die Umsatzsteuer erst berichtigt werden darf, wenn der Ausfall endgültig feststeht (§ 17 Abs. 2 Nr. 1 UStG).[18] 100

18) § 17 Abs. 2 UStG i. d. F. des JStG 2009, v. 19.12.2008, BGBl. I 2008, 2794.

b) Sicherer Ausfall

101 Steht der ausfallende Betrag sicher fest, ist eine entsprechende **Korrektur der Umsatzsteuer** vorzunehmen. Ein Ausfall wird als sicher klassifiziert, wenn das Unternehmen ein rechtlich verbindliches Dokument (z. B. zum Abschluss eines Insolvenzverfahrens) erhält, in dem der zu zahlende Forderungsbetrag genannt ist. Daraufhin kann der Ausfallprozentsatz ermittelt werden, der nun auf den Nettobetrag und die anteilige Steuerkorrektur aufzuteilen ist.

3. Pauschalwertberichtigung auf Forderungen

102 Da nicht bei allen Forderungen ein möglicher oder sicherer Ausfall abgeschätzt werden kann, soll durch die Bildung einer Pauschalwertberichtigung diesem **allgemeinen Ausfallrisiko** Rechnung getragen werden. Hierzu hat das Unternehmen vom Gesamtbestand der Forderungen aus Lieferungen und Leistungen am Geschäftsjahresende den Bruttobetrag der einzelwertberichtigten Forderungen abzusetzen. Von dem sich ergebenden Restforderungsbestand ist der Nettobetrag die Berechnungsgrundlage für die Pauschalwertberichtigung. Da der Ausfallbetrag nicht endgültig feststeht, darf hier keine Umsatzsteuer korrigiert werden. Die früheren steuerlichen Pauschalsätze von 3 % bis 1 % gelten heute nicht mehr. Die Unternehmen können anhand der Forderungsausfälle der vergangenen Jahre – nach Berücksichtigung der Einzelwertberichtigung – einen Prozentsatz ermitteln und diesen ihrer Berechnung für die Pauschalwertabschreibung zugrunde legen. Diese Ermittlung des Prozentsatzes aus den nachträglichen Forderungsausfällen der Vergangenheit sollte als **Dokumentation** in der Buchführung abgelegt werden.

103 **Buchungssätze:** Einzelbewertung

1. **Zweifelhafte Forderungen umbuchen**

Zweifelhafte Forderungen	an	Forderungen

2. **Abschreibungen buchen**
   a) bei wahrscheinlichem Ausfall:

Abschreibungen auf Forderungen	an	Zweifelhafte Forderungen

   b) bei sicherem Ausfall:

Abschreibungen auf Forderungen	an	Zweifelhafte Forderungen
Umsatzsteuer		

Buchungssatz: Pauschalwertberichtigung

Abschreibungen auf Forderungen	an	Pauschalwertberichtigung zu Forderungen

104 Diese Buchung wird über ein passives Bestandskonto Pauschalwertberichtigung gebucht; die möglichen Ausfälle einer konkreten Forderung können noch nicht zugeordnet werden (sonst hätten sie ja eine Einzelwertberichtigung ausgelöst). Die Pauschalwertberichtigung wird also nur von dem gesamten Forderungsbestand abgesetzt. Bei **Einzelunternehmen und Personengesellschaften** kann die Pauschalwertberichtigung auf der Passivseite offen ausgewiesen werden. Bei **Kapitalgesellschaften** kann die Pauschalwertberichtigung zwar über ein passives Bestandskonto gebucht werden, muss aber auf der Aktivseite der Bilanz von dem Forderungsbestand abgesetzt werden.

IV. Zeitliche Abgrenzung: Rechnungsabgrenzungsposten und Rückstellungen

In § 252 Abs. 1 Nr. 4 HGB wird gefordert, dass der Jahresabschluss alle vorhersehbaren Risiken und Verluste zu berücksichtigen hat, damit ein zutreffendes Bild von der Vermögens-, Finanz- und Ertragslage des Unternehmens für Außenstehende gegeben wird. Dies geschieht durch die Bildung von Rückstellungen für drohende Verluste aus schwebenden Geschäften und **ungewisse Verbindlichkeiten** (§ 249 Abs. 1 Satz 1 HGB). Außerdem soll der Jahresabschluss sämtliche Aufwendungen und Erträge enthalten, die im abgelaufenen Geschäftsjahr angefallen sind, unabhängig von ihrer tatsächlichen Zahlung (§ 253 Abs. 1 Nr. 5 HGB). Angesprochen wird damit die Bildung von Rechnungsabgrenzungsposten (§ 250 HGB). 105

Abb. 17: Zeitliche Abgrenzung: Rechnungsabgrenzungsposten und Rückstellungen 106

Zeitliche Abgrenzung		
Aktive und passive Rechnungsabgrenzungsposten	Sonstige Forderungen und sonstige Verbindlichkeiten	Rückstellungen
§ 250 Abs. 1, Abs. 2 HGB	§ 252 Abs. 1 Nr. 5 HGB	§ 249 HGB
Einnahme oder Ausgabe *vor* dem Bilanzstichtag und Aufwand oder Ertrag *nach* dem Bilanzstichtag	Aufwand oder Ertrag *vor* dem Bilanzstichtag und Einnahme oder Ausgabe *nach* dem Bilanzstichtag	Verbindlichkeit am Bilanzstichtag, deren Höhe und/oder Geltendmachung durch Gläubiger *ungewiss* ist

1. Rechnungsabgrenzungsposten

Periodengerechter Erfolgsausweis: Der Jahresabschluss hat gemäß § 252 Abs. 1 Nr. 5 HGB sämtliche Aufwendungen und Erträge zu enthalten, die das Geschäftsjahr betreffen, unabhängig von ihrer tatsächlichen Zahlung. Dabei wird noch in antizipative und transitorische Rechnungsabgrenzung unterschieden. 107

Bei den **antizipativen** Rechnungsabgrenzungsposten ist im Geschäftsjahr noch keine Zahlung erfolgt, wobei der Aufwand bzw. Ertrag in diesem Geschäftsjahr verursacht wurde (entstanden ist). Es ist also erforderlich, ohne einen konkreten Geschäftsvorgang vorliegen zu haben, eine entsprechende Buchung vorzunehmen. Um solche Vorgänge zu erfassen, sind die Bestandskonten „sonstige Forderungen" und „sonstige Verbindlichkeiten" einzurichten. Da diese beiden Bestandskonten in die Schlussbilanz übernommen werden, kann daraus ersehen werden, welche Beträge das Unternehmen noch zu bekommen hat (Aktivseite) bzw. was noch an Auszahlungen zu leisten ist (Passivseite). Nach erfolgter Zahlung im neuen Geschäftsjahr sind die Bilanzposten (erfolgsneutral) aufzulösen. 108

> **Praxishinweis**
>
> Kurzformel bzw. Merksatz für antizipative Rechnungsabgrenzungsposten: Aufwand/Ertrag im alten Jahr und Zahlung erst im neuen Jahr.

Bei den **transitorischen** Rechnungsabgrenzungsposten liegt bereits eine Zahlung vor, aber nur ein Teilbetrag oder überhaupt nichts gehört wirtschaftlich in das alte Geschäftsjahr (Merksatz: „Zahlung jetzt – Aufwand später"). Dieser transitorische Rechnungsabgrenzungsposten ist explizit in § 250 HGB geregelt. Für den transitorischen Rechnungsabgrenzungsposten sind ebenfalls zwei neue Bestandskonten einzurichten. Auf der Aktivseite wird ein Konto mit der Bezeichnung „aktiver Rechnungsabgrenzungsposten" eingerichtet. Auf diesem werden bereits geleistete, eigene Zahlungen erfasst, die wirtschaftlich in das neue Geschäftsjahr gehören. Da das Unternehmen die Zahlung bereits geleistet hat und damit eine Sachleistung von dem anderen Unternehmen fordern kann, steht dies auf 109 der Aktivseite. Im neuen Geschäftsjahr werden diese transitorischen Rechnungsabgrenzungsposten wieder aufgelöst und der entsprechende Betrag als Aufwand oder Ertrag ausgewiesen.

> **Praxishinweis**
>
> Kurzformel bzw. Merksatz für transitorische Rechnungsabgrenzungsposten: Zahlung jetzt (also im alten Jahr) und Aufwand/Ertrag ersten im neuen Jahr.

110 ***Beispiele Rechnungsabgrenzungsposten***

Geschäftsvorgang: Mietzahlung am 10. 12. i. H. von 8.000 € für vier Monate im Voraus. Geschäftsjahr = Kalenderjahr.

Buchungssätze: Aktiver Rechnungsabgrenzungsposten

1. Buchung am 10.12.:

   Mietaufwand (8.000) an Bank (8.000)

2. Buchung am 31.12.:

   Aktiver RAP (6.000) an Mietaufwand (6.000)

3. Buchung am 1.1. des Folgejahres:

   Mietaufwand (6.000) an Aktiver RAP (6.000)

Geschäftsvorgang: Mietzahlung am 1.2. für die Monate November bis Februar, Monatsmiete 1.000 €. Geschäftsjahr = Kalenderjahr.

Buchungssätze: Sonstige Forderungen

1. Buchung am 31.12.:

   Sonstige Forderungen (2.000) an Mieterträge (2.000)

2. Buchung am 1.2. des Folgejahres:

   Bank (4.000) an Sonstige Forderungen (2.000)
   Mieterträge (2.000)

Geschäftsvorgang: Mieteinnahmen am 20.11. i. H. von 20.000 € für die Monate November bis Februar. Geschäftsjahr = Kalenderjahr.

Buchungssätze: Passiver Rechnungsabgrenzungsposten

1. Buchung am 20.11.:

   Bank (20.000) an Mieterträge (20.000)

2. Buchung am 31.12.:

   Mieterträge (10.000) an Passiver RAP (10.000)

3. Buchung am 1.1. des Folgejahres:

   Passiver RAP (10.000) an Mieterträge (10.000)

Geschäftsvorgang: Mietzahlung am 3.3. i. H. von 9.000 € für die Monate Dezember bis März. Geschäftsjahr = Kalenderjahr.

Buchungssätze: Sonstige Verbindlichkeiten

1. Buchung am 31.12.:

   Mietaufwendungen (2.250) an Sonstige Verbindlichkeiten (2.250)

2. Buchung am 3.3. des Folgejahres:

   Sonstige Verbindlichkeiten (2.250) an Bank (9.000)
   Mietaufwand (6.750)

Die folgende Abbildung bietet ein kleines Prüfschema zur Feststellung welcher Rechnungsabgrenzungsposten in der vorliegenden Situation der richtige ist. 111

Abb. 18: Zeitliche Abgrenzung: Prüfschema 112

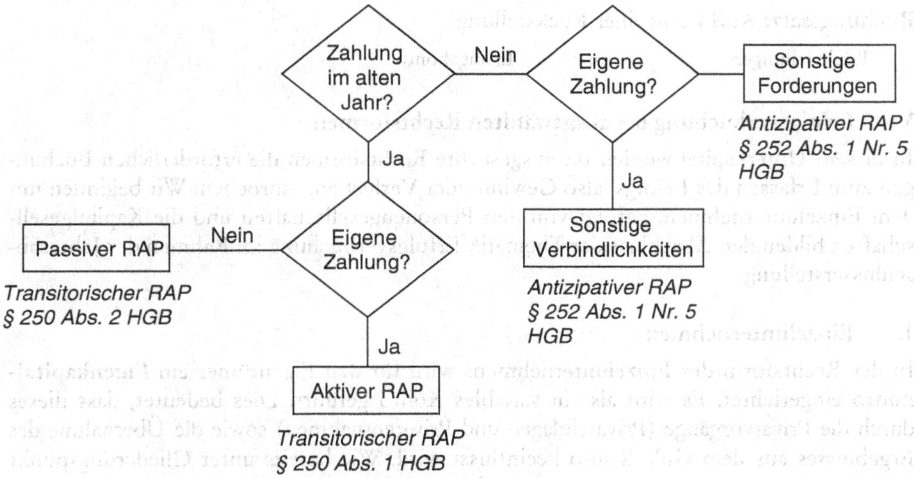

2. Rückstellungen

Vorsichtsprinzip: Nach § 249 Abs. 1 Satz 1 HGB sind Rückstellungen für ungewisse Verbindlichkeiten und für drohende Verluste aus schwebenden Geschäften zu bilden. In § 249 HGB werden noch weitere Rückstellungsarten genauer beschrieben; die in Satz 1 genannten decken jedoch den größten Teil der Rückstellungen ab. Der Ausdruck „ungewisse Verbindlichkeiten" bedeutet, dass die Verbindlichkeiten entweder dem Grunde und/oder der Höhe nach unsicher sind. Um ein periodengerechten Erfolgsausweis zu gewährleisten, müssen Risiken und damit ungewisse Verbindlichkeiten in dem Jahr berücksichtigt werden, in dem sie wirtschaftlich verursacht bzw. entstanden sind. Da es sich hier in der Regel um ungewisse Verbindlichkeiten handelt, muss die Schadenshöhe oft geschätzt werden. Die Unterlagen zur Berechnung dieser Schadensschätzung sind ebenfalls zur Dokumentation in der Buchführung aufzubewahren. Bei der Ermittlung der Höhe des Schadensbetrages ist bei Unternehmern, die zum Vorsteuerabzug berechtigt sind, von einem **Nettobetrag** auszugehen. 113

Eine weitere wichtige Rückstellungsart ist die sog. **Drohverlustrückstellung,** die steuerrechtlich nicht mehr zulässig ist. Bei dieser Drohverlustrückstellung hat der Unternehmer z. B. einen festen Liefervertrag mit einem festen Preis für die Lieferung von Material abgeschlossen. Sollte die Ware zum Bilanzstichtag noch nicht geliefert, aber der Preis dafür an der Börse gesunken sein, hat der Unternehmer für diese Differenz eine Rückstellung aus schwebenden Verträgen (Lieferverträgen) zu bilden. Somit wird der zwar mögliche, 114 aber noch nicht realisierte Verlust der Ware bereits im Geschäftsjahr des Vertragsabschlusses berücksichtigt, d. h. aus dem Jahresabschluss des Unternehmens ist dieser mögliche Verlust ersichtlich (Informationsfunktion).

115 Rückstellungen dürfen nur **aufgelöst werden**, wenn der Grund dafür entfallen ist (§ 249 Abs. 2 Satz 2 HGB). Ansonsten ist der tatsächlich realisierte (konkretisierte) Schaden mit der gebildeten Rückstellung zu vergleichen und ggf. noch zu erhöhen bzw. zu vermindern. Für die Bildung der Rückstellung ist ein passives Bestandskonto „sonstige Rückstellungen“ einzurichten.

116 **Buchungssatz:** Bildung von Rückstellungen

Aufwandskonto	an	Rückstellungen

Buchungssatz: Auflösung einer Rückstellung

Rückstellungen	an	Ertragskonto

V. Erfolgsverbuchung bei ausgewählten Rechtsformen

117 In diesem Unterkapitel werden für ausgesuchte Rechtsformen die erforderlichen Buchungen zum Erfassen des Erfolgs, also Gewinn oder Verlust angesprochen. Wir beginnen mit dem Einzelunternehmen, gefolgt von den Personengesellschaften und die Kapitalgesellschaften bilden den Abschluss der Thematik Erfolgsverbuchung im Rahmen der Jahresabschlusserstellung.

1. Einzelunternehmen

118 In der Rechtsform des Einzelunternehmens wird für den Eigentümer ein **Eigenkapitalkonto** eingerichtet. Es wird als ein variables Konto geführt. Dies bedeutet, dass dieses durch die Privatvorgänge (Privateinlagen und Privatentnahmen) sowie die Übernahme des Ergebnisses aus dem GuV-Konto beeinflusst wird. Wie bereits unter Gliederungspunkt „VI. Eigenkapital und Privatkonto“ ausgeführt, ist es sinnvoll ein separates Privatkonto zur Verbuchung der Privateinlagen und -entnahmen einzurichten. Am Ende des Geschäftsjahres nimmt das Eigenkapitalkonto den **Saldo aus Gewinn- und Verlustrechnung, sowie den Saldo des Privatkontos** auf. Erst danach kann das Eigenkapitalkonto formal abgeschlossen werden. Sollte sich am Geschäftsjahresende ein negatives Eigenkapitalkonto (Eigenkapitalsaldo) ergeben, so ist dieser auf der Aktivseite der Bilanz auszuweisen.

119 Der Saldo vom GuV-Konto wird auf das Eigenkapitalkonto wie folgt übertragen:

- Gewinnfall: GuV-Konto an Eigenkapital
- Verlustfall: Eigenkapital an GuV-Konto

120 Bei einem Einzelunternehmen kann es nicht zu einer formalen Gewinnausschüttung wie bei den Kapitalgesellschaften kommen. Die Gewinnverwendung durch den Gesellschafter wird daher als **Privatentnahme** gebucht.

121 **Buchungssatz:** *Entnahme des Jahresgewinn von 40.000 € durch den Gesellschafter*

	Soll	Haben
Privatkonto	40.000	
an Kasse		40.000

Eine Buchung der **Einkommensteuer** erfolgt nicht auf der Ebene des Einzelunternehmens, da die Besteuerung des Gewinns in der persönlichen Steuererklärung des Einzelunternehmers erfolgt. Die **Gewerbesteuer** hingegen ist als Betriebsausgabe zu buchen und mindert den bilanziellen Gewinn. 122

Praxishinweis

Das Eigenkapitalkonto ist in seiner Höhe variabel. Ist kein Eigenkapital mehr vorhanden und ergibt sich weiterhin ein das Eigenkapital mindernder Verlust, so erscheint ein „negatives" Eigenkapitalkonto auf der Aktivseite der Bilanz.

2. Personengesellschaften

Nach dem wir uns bisher nur mit der Erfolgsverbuchung bei Einzelunternehmen beschäftigt haben, wenden wir uns jetzt den Personengesellschaften zu. Als Eigenkapital werden bei Personengesellschaften die gesellschaftsvertraglich vereinbarten Pflichteinlagen, also das eingebrachte Kapitel der **Vollhafter** (Komplementäre, oHG-Gesellschafter) und der **Teilhafter** (Kommanditisten) gezählt.[19] Geldeinlagen und Geldentnahmen werden mit dem Nennwert bilanziert. Sacheinlagen sind mit dem Zeitwert anzusetzen.[20] 123

Praxishinweis

Es wird empfohlen die Gruppen der Vollhafter und Teilhafter mit ihren Konten getrennt auszuweisen. Bei den KapCoGes – ohne persönlich haftenden Gesellschafter – müssen beide Gruppen von Vollhaftern und Teilhaftern zwingend getrennt werden (§ 264c Abs. 2 Satz 2 und 6 HGB).

Im Hinblick auf die Technik der Erfolgsverbuchung sind bei der oHG und der KG unterschiedliche Buchungsschritte nötig. Nach der Ergebnisermittlung in der Gewinn- und Verlustrechnung empfiehlt es sich eine **tabellarische Gewinnverteilung** zu erstellen, die dann die Grundlage für die Gewinnverteilungsbuchungen bildet. Je nach Rechtsform sind unterschiedliche Buchungssätze erforderlich. 124

a) oHG

Für jeden Gesellschafter einer oHG wird ein auf seinen Namen lautendes **Eigenkapitalkonto** geführt. Außerdem wird für jeden Gesellschafter ein separates **Privatkonto** eingerichtet. 125

Die gesetzliche Regelung für die Gewinnverteilung laut HGB sieht vor, dass die Kapitaleinlagen der Gesellschafter **mit 4 % verzinst** werden und der Gewinnrest sowie der Verlust **nach Köpfen** verteilt wird (§ 121 HGB). Vertraglich können andere Regelungen für die Gewinnverteilung vereinbart werden, z. B. gibt es oft ein Vorweg für geschäftsführende Gesellschafter, oder der Gewinn wird entsprechend der Kapitaleinlagen verteilt. Dabei sind Privateinlagen und Privatentnahmen für den jeweiligen Gesellschafter zeitlich zu berücksichtigen. 126

Praxishinweis

Zur Berechnung der Kapitalverzinsung bei unterjährigen Privatentnahmen und Privateinlagen ist eine Zinsstaffel notwendig, um eine korrekte Verzinsung der Kapitalanteile zu gewährleisten.

---

19) *Eggert*, BBK 22/2019, 1088, 1094.

20) *Eggert*, BBK 22/2019, 1088, 1096.

127 **Buchungssatz:** *Umbuchung des Erfolges (entspricht dem Verfahren der Einzelunternehmung im Gewinnfall)*

	Soll	Haben
Gewinn- und Verlustrechnung	200.000	
an Eigenkapital Gesellschafter A		100.000
an Eigenkapital Gesellschafter B		100.000

b) KG

128 Die gesetzliche Regelung für die Gewinnverteilung sieht vor, dass die Einlagen der Gesellschafter (sowohl Voll- als auch Teilhafter) zunächst mit 4 % verzinst werden, und der Gewinnrest sowie Verlust in einem angemessenen Verhältnis verteilt werden (§ 168 HGB). Die Gewinnverteilung ist, da der Gesetzgeber gar nicht sagen konnte was im Einzelfall angemessen ist, ein wichtiger Punkt im Gesellschaftsvertrag der KG.

129 Bezüglich der Buchungstechnik für den **Komplementär** kann auf die Buchungssätze bei der oHG verwiesen werden. Wenn die Gewinnverteilung einem Gesellschafterbeschluss vorbehalten ist, verbleibt es bei dem Ausweis des unverteilten Jahresergebnisses, wie das Gesetz es vorsieht.[21)]

130 Für den **Kommanditisten** wird ein festes Kapitalkonto, auf dem seine Pflichteinlage erfasst wird, eingerichtet. Daneben wird für ihn ein Verbindlichkeitskonto geführt, auf dem seine entnahmefähigen Gewinnanteile gebucht werden (Passivkonto: Gewinnanteils- und -entnahmekonto Kommanditist). Er bekommt kein Privatkonto, da sich seine Berechtigung zu Entnahmen nur auf entnahmefähige Gewinnanteile bezieht. Diese werden auf dem vorgenannten Verbindlichkeitskonto erfasst.

131 **Buchungssatz:** *Aufnahme des Kommanditisten durch Bareinlage*

	Soll	Haben
Kasse	50.000	
an Eigenkapitalkonto Kommanditist		50.000

132 Zu beachten ist, dass die Einlage des Kommanditisten Eigenkapital darstellt.

133 **Buchungssatz:** *Buchung des Gewinnanteils bei voll erbrachter Einlage*

	Soll	Haben
Gewinn- und Verlustrechnung	15.000	
an Gewinnanteils- und -entnahmekonto Kommanditist		15.000

134 Bei dem Gewinnanteils- und -entnahmekonto Kommanditist handelt es sich um ein **passives Konto** mit Verbindlichkeitscharakter.

21) *Eggert*, BBK 22/2019, 1088, 1095.

> **Praxishinweis**
>
> Wenn die Kapitaleinlage des Kommanditisten noch nicht voll eingebracht ist, darf der anteilige Gewinn des Kommanditisten nicht ausgeschüttet werden, sondern muss zur Auffüllung seiner vereinbarten Kapitaleinlagesumme genutzt werden. Ähnlich verhält es sich, wenn die Kapitaleinlage des Kommanditisten durch Verluste gemindert wurde. Dann sind die zukünftigen dem Kommanditisten zustehenden Gewinnanteile zunächst für die Aufstockung der abgeschmolzenen Kommanditeinlage zu verwenden. Erst danach kann wieder eine Gewinnausschüttung vorgenommen werden.

Wird der Gewinnanteil nicht abgehoben, darf er nicht dem Kommanditkapital zugerechnet werden, sondern hat Verbindlichkeitscharakter und verbleibt auf dem passiven Bestandskonto „Gewinnanteilskonto Kommanditist". Im Fall eines Insolvenzverfahrens zählt der Kommanditist mit dem Gewinnanteil auf seinem Gewinnanteilskonto ebenso zu den Gläubigern der Gesellschaft wie andere Fremdkapitalgeber.[22] 135

Buchungssatz: *Auszahlung des Gewinnanteils an den Kommanditisten* 136

	Soll	Haben
Gewinnanteils- und -entnahmekonto Kommanditist	15.000	
an Kasse		15.000

Im **Verlustfall** führt dies zu einer Minderung der Einlage des Kommanditisten. 137

Buchungssatz: *Verlustanteil des Kommanditisten von 10.000 €* 138

	Soll	Haben
Eigenkapitalkonto Kommanditist	10.000	
an Gewinn- und Verlustrechnung		10.000

Für den Fall, dass der **Verlust den Kapitalanteil übersteigt**, ist ein „nicht durch Vermögenseinlagen gedeckter Verlustanteil persönlich haftender Gesellschafter" bzw. ein „nicht durch Vermögenseinlagen gedeckter Verlustanteil beschränkt haftender Gesellschafter" zu bilanzieren.[23] Da das Gesetz dies für den Fall des Kommanditisten nicht eindeutig festlegt, wäre auch eine Bezeichnung des Postens auf der Aktivseite der Bilanz mit „Nicht durch Vermögenseinlagen gedeckter Verlustanteil Kommanditist" zulässig.[24] 139

3. Kapitalgesellschaften

Bei der Buchung der Ergebnisverwendung im Jahresabschluss von Kapitalgesellschaften sind drei unterschiedliche Fallkonstellationen denkbar. Dies betrifft 140

- die Abschlusserstellung vor Verwendung des Jahresergebnisses, sowie
- die Abschlusserstellung bei teilweiser Ergebnisverwendung, bzw.
- die Abschlusserstellung nach vollständiger Verwendung des Jahresergebnisses.

In diesem Abschnitt liegt der Schwerpunkt auf der buchhalterischen Umsetzung. Auf Ausweisangaben und anzugebende Anhangsangaben wird hier nicht näher eingegangen. Im Folgenden wird die Vorstellung der Sachverhalte zur Ergebnisverbuchung bei einer **AG** als Beispiel genutzt. Die dort vorgestellten Buchungen können in analoger Weise auf 141

22) *Engelhardt/Raffeé/Wischermann*, Grundzüge der doppelten Buchhaltung, S. 195.
23) *Eggert*, BBK 22/2019, 1088, 1095.
24) *Eggert*, BBK 22/2019, 1088, 1096.

die Rechtsform der **GmbH** übertragen werden. Eine gesetzliche Pflicht zur Bildung von Rücklagen wie bei der AG gibt es bei der GmbH nicht. Die vorgestellte Buchungssystematik ist ebenfalls für haftungsbeschränkte Personengesellschaften gemäß § 264a HGB anzuwenden.

a) Abschlusserstellung vor Verwendung des Jahresergebnisses

142 Die Abschlusserstellung vor Verwendung des Jahresergebnisses bildet den Grundfall und ist daher im Gesetz nicht weiterausgeführt. Der Jahresüberschuss bzw. Jahresfehlbetrag ist in der Bilanz unter der Position Eigenkapital gesondert auszuweisen (§ 266 Abs. 3 A. HGB) und bildet ebenfalls den Abschluss der Gewinn- und Verlustrechnung nach § 275 HGB.

143 Weitere Buchungen sind im Geschäftsjahr nicht vorzunehmen. Eine Buchung bezüglich der Zuführung zu den Rücklagen – aufgrund gesetzlicher Vorschriften oder Regelungen im Gesellschaftsvertrag – erfolgt ebenfalls erst in der Buchführung des Folgejahres.[25)]

144 Exemplarisch stellt sich die **Gliederung des Eigenkapitals** für eine AG wie folgt dar:

A. Eigenkapital

I. Gezeichnetes Kapital

II. Kapitalrücklage

III. Gewinnrücklagen

IV. Gewinnvortrag/Verlustvortrag

V. Jahresüberschuss/Jahresfehlbetrag

Praxishinweis

Neben dem Gezeichneten Kapital (Grundkapital) stehen somit die Positionen „Kapitalrücklage" und „Gewinnrücklagen". Sie stellen die in ihrer Höhe veränderlichen Kapitalkonten dar. Ein **Gewinnvortrag** entsteht, wenn nach der Einstellung in die Rücklagen und der Gewinnausschüttung an die Aktionäre noch ein Restbetrag verbleibt. Ein Verlustvortrag ergibt sich, wenn ein Geschäftsjahr mit einem Bilanzverlust abschließt und dieser in das neue Geschäftsjahr übernommen wird.

b) Abschlusserstellung nach teilweiser Verwendung des Jahresergebnisses

145 Erfolgt die Abschlusserstellung auf der Grundlage teilweiser Ergebnisverwendung, ist in der Bilanz gemäß § 268 Abs. 1 Satz 2 HGB ein Posten **„Bilanzgewinn bzw. Bilanzverlust"** im Eigenkapital auszuweisen. Dieser Bilanzposten tritt an die Stelle der Posten Jahresüberschuss/Jahresfehlbetrag und Gewinnvortrag/Verlustvortrag. Der neue Posten Bilanzgewinn/Bilanzverlust beinhaltet den restlichen – noch nicht ausgeschütteten Jahresüberschuss – sowie den bestehenden Gewinn- oder Verlustvortrag. Dieser Gewinnvortrag/Verlustvortrag ist entweder in der Bilanz oder im Anhang separat auszuweisen.[26)]

146 Schematisch stellt sich die Eigenkapitalposition für eine AG nach teilweiser Ergebnisverwendung wie folgt dar:

A. Eigenkapital

I. Gezeichnetes Kapital

II. Kapitalrücklage

III. Gewinnrücklagen

IV. Bilanzgewinn/Bilanzverlust

---

25) *Riepolt*, BBK 10/2021, 466, 470.

26) *Riepolt*, BBK 10/2021, 466, 468.

Die Ausschüttung an die Aktionäre wird als **Ausschüttungsverbindlichkeit** auf einem Konto „Verbindlichkeiten gegenüber Gesellschaftern für offene Ausschüttungen" passiviert. Des Weiteren ist noch der **Kapitalertragsteuereinbehalt** auf die Ausschüttung zu buchen. Hierzu wird das passive Bestandskonto „Verbindlichkeiten aus Einbehaltungen (KapESt und SolZ, KiSt auf KapESt) für offene Ausschüttungen" genutzt.[27] **147**

Die zuvor geschilderten Sachverhalte sollen jetzt mit ihren entsprechenden Buchungssätzen dargestellt werden. Dazu wird zunächst auf die Zuführung zu den gesetzlichen sowie freiwilligen Rücklagen eingegangen. Wenn die **Erstellung des Jahresabschlusses unter teilweiser Ergebnisverwendung** erfolgt, sind im alten Geschäftsjahr folgende Buchungen vorzunehmen: **148**

Buchungssatz 1: **149**

	Soll	Haben
Einstellung in die gesetzliche Rücklage	70.000	
an gesetzliche Rücklage		70.000

Buchungssatz 2:

	Soll	Haben
Einstellung in satzungsmäßige Rücklagen	25.000	
an satzungsmäßige Rücklagen		25.000

Die Gewinn- und Verlustrechnung ist nach dem Posten „Jahresüberschuss/Jahresfehlbetrag" in Fortführung der Nummerierung um die Posten **„Einstellungen in gesetzliche und satzungsmäßige Rücklagen"** zu ergänzen und endet dann mit dem Bilanzgewinn. Nach der Durchführung dieser Buchungen hat die Gewinn- und Verlustrechnung dann – schematisch – folgendes Aussehen: **150**

[…]

16. Jahresüberschuss

17. Einstellungen in die gesetzliche Rücklage

18. Einstellungen in die satzungsmäßige Rücklage

19. Bilanzgewinn

Im Rahmen der Feststellung des Jahresabschlusses kann die Gesellschafterversammlung dann über die **Verwendung** des Bilanzgewinn entscheiden. Wenn dieser dann **vollständig an die Gesellschafter** im nächsten Jahr **ausgeschüttet** werden soll, ist folgendermaßen zu buchen: **151**

Buchungssatz 1: *Vortrag des Bilanzgewinns* **152**

	Soll	Haben
Bilanzgewinn (Saldenvorträge Sachkonten)	65.000	
an Gewinnvortrag vor Verwendung		65.000

27) *Riepolt*, BBK 10/2021, 466, 469.

Buchungssatz 2: *Buchung der Ausschüttung*

	Soll	Haben
Gewinnvortrag vor Verwendung	65.000	
an Verbindlichkeiten gegenüber Gesellschaftern für offene Ausschüttungen		47.856,25
an Verbindlichkeiten aus Einbehaltungen (KapESt, und SolZ, KiSt auf KapESt) für offene Ausschüttungen		17.143,75

153 In diesem Beispiel wurde unterstellt, dass der Gesellschafter, an den die Ausschüttung geht, **nicht kirchensteuerpflichtig** ist, so dass sich nur ein Kapitalertragsteuereinbehalt einschließlich Solidaritätszuschlag i. H. von 17.143,75 € (65.000 € * 25 % * (1 + 5,5 %)) ergibt. Die Nettobardividende beträgt damit 47.856,25 €.

154 Die beiden passiven Bestandskonten „Verbindlichkeiten gegenüber/aus […]" werden im handelsrechtlichen Schema der Schlussbilanz jeweils unter den Sonstigen Verbindlichkeiten ausgewiesen (§ 266 Abs. 3 C.8 HGB).

> **Praxishinweis**
>
> Um die Größe Bilanzgewinn/Bilanzverlust zu entwickeln bedient man sich in der Praxis oft eines **Verrechnungskontos**, welches Bilanzergebniskonto genannt wird. Dieses nimmt zunächst das Jahresergebnis aus dem GuV-Konto auf. Anschließend wird der auf einem separaten Konto erfasste Gewinn- oder Verlustvortrag auch noch auf dieses Konto umgebucht. Mögliche Entnahmen und Zuführungen zu den Rücklagen werden ebenfalls über dieses Konto abgewickelt. Der Saldo des Bilanzergebniskontos ist dann schließlich der verbleibende ausschüttbare Bilanzgewinn oder Bilanzverlust. Er wird über das Schlussbilanzkonto abgeschlossen.

c) Abschlusserstellung nach vollständiger Verwendung des Jahresergebnisses

155 Bei der Abschlusserstellung nach vollständiger Verwendung des Jahresergebnisses erfolgt kein Ausweis von Jahresüberschuss/Jahresfehlbetrag oder eines Bilanzgewinns/Bilanzverlustes in der Bilanz. Die Darstellung der Position Eigenkapital endet mit dem Bilanzposten **Gewinnrücklagen**. Ein Ausweis des Ergebnisses des laufenden Geschäftsjahres aus der Bilanz ist nicht ersichtlich.

156 Für eine Abschlusserstellung bei vollständiger Verwendung des Jahresergebnisses sind entsprechende vorab gefasste **Gesellschafterbeschlüsse** erforderlich.[28]

157 Schematisch ergibt sich in diesem Fall folgende **Eigenkapitaldarstellung:**

A. Eigenkapital

I. Gezeichnetes Kapital

II. Kapitalrücklage

III. Gewinnrücklagen

158 Sollte sich in einem Geschäftsjahr ein **Jahresfehlbetrag** ergeben und im Gesellschaftsvertrag ist festgelegt, dass ein etwaiger Jahresfehlbetrag durch eine Entnahme aus den Gewinnrücklagen auszugleichen ist, muss buchhalterisch eine Minderung der „Anderen Gewinnrücklagen" erfolgen (§ 266 Abs. 3 A. III. 4 HGB).

28) *Riepolt*, BBK 10/2021, 466, 468.

Buchungssatz: *Erstellung des Jahresabschlusses unter vollständiger Ergebnisverwendung* 159

	Soll	Haben
andere Gewinnrücklagen	25.000	
an Entnahmen aus anderen Gewinnrücklagen		25.000

In dem Schema der Gewinn- und Verlustrechnung führt dies wieder zu einer Verlängerung der GuV mit der Postenbezeichnung „Entnahmen aus den anderen Gewinnrücklagen“. 160

VI. Der Jahresabschluss

Gemäß § 242 HGB ist ein Kaufmann verpflichtet, zu jedem Geschäftsjahresende einen Abschluss zu erstellen. Dieser sog. Jahresabschluss ist nach den Grundsätzen ordnungsmäßiger Buchführung (§ 243 HGB) zu erstellen und hat sämtliche Vermögens- und Schuldenposten zu enthalten (§ 246 Abs. 1 HGB). Für Einzelunternehmer und Personengesellschaften bilden die Bilanz und die Gewinn- und Verlustrechnung den Jahresabschluss (§ 242 Abs. 3 HGB). Aufgabe des Jahresabschlusses ist es, unternehmensinternen und -externen Personen ein kompaktes und zutreffendes Bild von der Lage des Unternehmens zu vermitteln (Informationsfunktion). Darüber hinaus wird der Jahresabschluss für Zwecke der Besteuerung herangezogen. 161

Abb. 19: Der Jahresabschluss für Kapitalgesellschaften und sonstige Kaufleute: 162

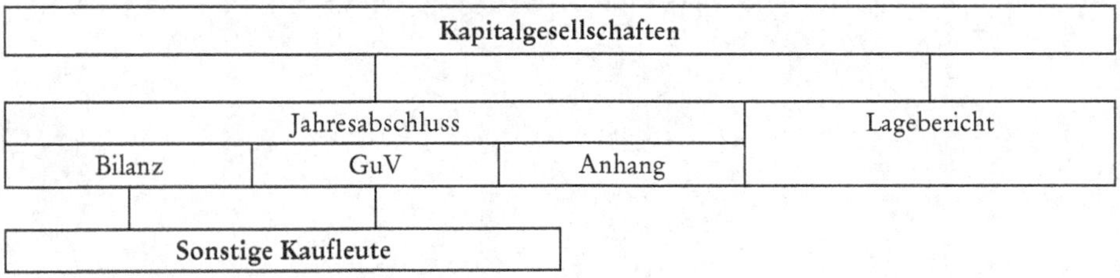

Pflichtbestandteile: Für Kapitalgesellschaften ist der Jahresabschluss um einen **Anhang** zu erweitern (§ 264 Abs. 1 i. V. mit § 284 HGB), in dem Erläuterungen zu den einzelnen Positionen der Bilanz und der Gewinn- und Verlustrechnung gegeben werden. Zusätzlich wird in § 264 Abs. 1 HGB gefordert, dass Kapitalgesellschaften einen **Lagebericht** (§ 289 HGB) aufzustellen haben, in dem der Geschäftsverlauf und die Lage der Kapitalgesellschaft darzustellen sind. Für die Erstellung des Lageberichtes gelten wieder größenabhängige Erleichterungen, so dass kleine Kapitalgesellschaften (§ 264 Abs. 1 Satz 4 i. V. mit § 267 Abs. 1 HGB) keinen Lagebericht zu erstellen brauchen. Kleinstkapitalgesellschaften (§ 267a HGB) brauchen den Jahresabschluss nicht um einen Anhang zu erweitern, wenn sie die in § 264 Abs. 1 Satz 5 Nr. 1 bis 3 HGB geforderten Angaben unter der Bilanz angeben.[29] Gemäß § 264a Abs. 1 HGB sind die Vorschriften für Kapitalgesellschaften auch auf solche Personengesellschaften anzuwenden, bei denen nicht wenigstens ein persönlich haftender Gesellschafter eine natürliche Person ist. Auch nach Eröffnung des Insolvenzverfahrens bleibt es bei den üblichen Offenlegungspflichten von Kapitalgesellschaften.[30] 163

29) § 264 Abs. 1 Satz 5 HGB i. d. F. des BilRUG, v. 17.7.2015, BGBl. I 2015, 1245.

30) Vgl. *Mailer*, BBK 4/2013, 156, 164.

Kapitel 32
Bilanzierung und Bewertung

Übersicht

Literatur: *Ahrend/Förster/Rößler*, Die Auswirkungen des Bilanzrichtlinien-Gesetz auf die betriebliche Altersversorgung, DB Beilage Heft 10/1986, 1; *Baetge*, Rechnungslegungszwecke des aktienrechtlichen Jahresabschlusses, in: Baetge/Moxter/Schneider, Bilanzfragen, 1976, 11; *Baetge/Kirsch/Solmecke*, Auswirkungen des BilMoG auf die Zwecke des handelsrechtlichen Jahresabschlusses, WPg 2009, 1211; *Baetge/Kirsch/Thiele*, Bilanzen, 15. Aufl., 2019; *Baetge/Uhlig*, Zur Ermittlung der handelsrechtlichen „Herstellungskosten" unter Verwendung der Daten der Kostenrechnung, WiSt 1985, 274; *Ballwieser*, Informations-GoB – auch im Lichte von IAS und US-GAAP, KoR 2002, 115; *Baetge et al.*, Chancen und Herausforderungen der Digitalisierung für die Effektivität und Effizienz des Rechnungswesen, in: Krause/Pellens, Betriebswirtschaftliche Implikationen der digitalen Transformation, ZfbF 2018, 301; *Ballwieser/Coenenberg/v. Wysocki*, Handwörterbuch der Rechnungslegung und Prüfung, 3. Aufl., 2002; *Barker/Teixeira*, Are integrated reporting and IFRS competing frameworks?, in: de Villiers/Hsiao/Maroun, The Routledge Handbook of Integrated Reporting, 2020, S. 154; *Barrantes/Busch/Sckaer/Zülch*, Zukunft Geschäftsbericht – 10 Thesen zum Wandel der Unternehmensberichterstattung, KoR 2022, 86; *Biener/Berneke*, Bilanzrichtlinien-Gesetz, 1986; *Budde/Steuber*, Rechnungslegung im Spannungsfeld zwischen Gläubigerschutz und Information der Gesellschafter, AG 1996, 542; *Busse v. Colbe et al.*, Freiwillige externe Berichterstattung über immaterielle Werte, DB 2003, 1233; *Coenenberg/Haller/Schultze*, Jahresabschluss und Jahresabschlussanalyse, 26. Aufl., 2021 (zit.: Jahresabschluss); *Coenenberg/Hille*, Latente Steuern in Einzel- und Konzernabschluss, DBW 1979, 601; *Coenenberg/v. Wysocki*, Handwörterbuch der Revision, 2. Aufl., 1992; *Dehmel*, Aktuelle Herausforderungen für die Rechnungslegung immaterieller Vermögensgegenstände in Anbetracht ihrer steigenden Bedeutung durch die Digitalisierung, KoR 2021, 245; *Döllerer*, Handelsbilanz ist gleich Steuerbilanz, in: Baetge, Jahresabschluss im Widerstreit der Interessen, 1983, S. 157; *Egner*, Bilanzen, 1974; *Elkington*, Cannibals with forks: the triple bottom line of 21st century business, 1998; *Engel-Ciric*, Bilanzrechtsmodernisierungsgesetz: Praxisfragen zur Abgrenzung von Entwicklungs- und Forschungskosten, Bilanzbuchhalter und Controller (BC) 2008, 81; *Ernst/Seidler*, Kernpunkte des Referentenentwurfs eines Bilanzrechtsmodernisierungsgesetzes, BB 2007, 2557; *Federmann*, Bilanzierung nach Handelsrecht, Steuerrecht und IAS/IFRS, 13. Aufl., 2018 (zit.: Bilanzierung); *Fey*, Imparitätsprinzip und GoB-System im Bilanzrecht, 1986 (zit.: Bilanzrecht); *Fink/Schmotz*, Die Vorschläge der EU-Kommission zur Überarbeitung der CSR-Richtlinie, KoR 2021, 304; *Fischer*, Nachhaltigkeit, Berichterstattung, Unternehmenswert: Verknüpfung des ohnehin Verbundenen, PiR 2021, 163; *Fleischer*, Klimaschutz im Gesellschafts-, Bilanz- und Kapitalmarktrecht, DB 2022, 37; *Freericks*, Bilanzierungsfähigkeit und Bilanzierungspflicht in Handels- und Steuerbilanz, 1976; *Froschhammer/Haller*, IFRS-Konvergenz im Rahmen der BilMoG-Erstanwendung – Eine empirische Analyse, KoR 2012, 17; *Fülbier/Gassen*, Das Bilanzrechtsmodernisierungsgesetz (BilMoG): Handelsrechtliche GoB vor der Neuinterpretation, DB 2007, 2605; *Groh*, Künftige Verluste in der Handels- und Steuerbilanz, zugleich ein Beitrag zur Teilwertdiskussion, StuW 1976, 32; *Großfeld/Leffson/Rückle*, Handwörterbuch unbestimmter Rechtsbegriffe im Bilanzrecht des HGB, 1986; *Großkopf/Sellhorn/Wagner/Weiß*, Globale Standards für Nachhaltigkeitsberichterstattung, DB 2021, S. 1621; *Haller*, Integrated Reporting – Die Zukunft der Unternehmensberichterstattung, KoR 2017, 442; *Haller/Oefner*, Konvergenzpotentialinder Unternehmensberichterstattung, in: Wagner/Schaffhauser, Langfristige Perspektiven und Nachhaltigkeit in der Rechnungslegung, 2017, S. 221; *Hufnagel/Holdt*, Einführung in die Buchführung und Bilanzierung, 8. Aufl., 2016; *Husemann*, Grundsätze ordnungsmäßiger Bilanzierung für Anlagengegenstände, 2. Aufl., 1976 (zit.: Ordnungsmäßige Bilanzierung); *Kajüter*, Nichtfinanzielle Berichterstattung nach dem CSR-Richtlinien-Umsetzungsgesetz, DB 2017, 617; *Keitz/Wenk/Jagosch*, HGB-Bilanzierungspraxis nach BilMoG – Eine empirische Analyse von ausgewählten Familienunternehmen, DB 2011, 2445 (Teil 1), DB 2011, 2503 (Teil 2); *Kosiol/Chmielewicz*, Handwörterbuch des Rechnungswesens, 2. Aufl., 1981; *Leffson*, Die Grundsätze ordnungsmäßiger Buchführung, 1. Aufl., 1964, 7. Aufl., 1987 (zit.: Ordnungsgemäße Buchführung); *Moxter*, Grundsätze ordnungsgemäßer Rechnungslegung, 2003; *Moxter*, Bilanzrechtsprechung, 5. Aufl., 1999; *Moxter*, Zum Sinn und Zweck des handelsrechtlichen Jahresabschlusses nach neuem Recht, in: Havermann, Bilanz- und Konzernrecht, 1987, S. 361; *Moxter*, Ulrich Leffson und die Bilanzrechtsprechung, WPg 1986, 174; *Moxter*, Bilanzlehre, Bd. I, 1984, Bd. II, 1986; *Moxter*, Ist bei drohendem Unternehmenszusammenbruch das bilanzrechtliche Prinzip der Unternehmensfortführung aufzugeben?, WPg 1980, 345; *Mülhaupt*, Der Bindungsgedanke in der Finanzierungslehre unter besonderer Berücksichtigung der holländischen Finanzierungsliteratur, 1966 (zit.: Bindungsgedanke in der Finanzierungslehre); *Oser/Orth/Wirtz*, Das Bilanzrichtlinie-Umsetzungsgesetz (BilRUG) – Wesentliche Änderungen und Hinweise zur praktischen Umsetzung, DB 2015, 1729; *Quick/Wolz*, Bilanzierung in Fällen, 6. Aufl., 2016; *Schäfer*, Grundsätze ordnungsmäßiger Bilanzierung für Forderungen, 2. Aufl., 1977 (zit.: Bilanzierung für Forderungen); *Schildbach*, Die neue Generalklausel für den Jahresabschluss von Kapitalgesellschaften – zur Interpretation des Paragraphen 264 Abs. 2 HGB, BFuP 1987, 1; *Schildbach/Stobbe/Brösel*, Der handelsrechtliche Jahresabschluss, 10. Aufl., 2013; *Schmidt, M.*, Bewertungseinheiten nach dem BilMoG, BB 2009, S. 882; *Schmidt, M.*, Fortentwicklung des <IR> Rahmenkonzepts, DB 2020, 796; *Schneider*, Aktienrechtlicher Gewinn und ausschüttungsfähiger Betrag, WPg 1971, 607; *Schulte*, Imparitätsprinzip und Niederstwertvorschrift, WPg 1979, 505; *Schulze-Osterloh*, Ausgewählte Änderungen des Jahresabschlusses nach dem Referentenentwurf eines Bilanzrechtsmodernisierungsgesetzes, DStR 2008, 63; *Sellhorn*, Machine Learning und empirische Rechnungslegungsforschung: Einige Erkenntnisse und offene Fragen, ZfBf 2020, 49; *Sellhorn*, Transparenz für Nachhaltigkeit, DB 2021, M4; *Sellhorn/Wagner*, Das International Sustainability Standards Board und globale Standards für Nachhaltigkeitsberichterstattung, DB 2022, 1; *Solmecke*, Auswirkungen des Bilanzrechtsmodernisierungsgesetzes auf die handelsrechtlichen Grundsätze ordnungsgemäßer Buchführung, 2009 (zit.: Auswirkungen des BilMoG); *Sopp/Baumüller/Scheid*, Die nichtfinanzielle Berichterstattung – Berichtspflichten und -inhalte, 2021; *Stich/Stich*, Berichterstattung über die digitale Transformation, KoR 2020, 68; *Streim*, Grundzüge der handels- und steuerrechtlichen Bilanzierung, 1988 (zit.: Bilanzierung); *Stützel*, Bemerkungen zur Bilanztheorie, ZfB 1967, 314; *Velte*, Auswirkungen des BilMoG-RefE auf die Informations- und Zahlungsbemessungsfunktion des handelsrechtlichen Jahresabschlusses, KoR 2008, 61; *Velte/Stawinoga*, Integrated reporting: The current state of empirical research, limitations and future research implications, JoMaC 2017, 275; *Wagner/Schaffhauser*, Langfristige Perspektiven und Nachhaltigkeit in der Rechnungslegung, 2017; *Wehrheim/Fross*, Erosion handelsrechtlicher GoB durch das Bilanzrechtsmodernisierungsgesetz, ZfB 2010, 71; *Weißenberger*, Unternehmensführung und nachhaltiger Wettbewerbserfolg: Der transformative Beitrag der Betriebswirtschaftslehre zu den großen gesellschaftlichen Herausforderungen, DB 2022, 427; *Wüstemann*, Aus den Fugen: Referentenentwurf eines Bilanzrechtsmodernisierungsgesetzes, BB 2007, I; *Wüstemann/Wüstemann*, Why Consistency of Accounting Standards Matters: A Contribution to the Rules-Versus-Principles Debate in Financial Reporting, Abacus 2010, 1; *Zwirner*, MicroBilG in Kraft getreten: Kein umfassender Mehrwert erkennbar – im Gegenteil, DB 2013, 1; *Zwirner/Busch/Zimny*, Marktkapitalisierung versus Buchwert des Eigenkapitals – Anmerkungen zur Buchwert-Marktwert-Lücke 2020 in der Praxis und Implikationen für den Goodwill, KoR 2021, 529.

A. Überblick

Unternehmen sind in allen entwickelten Staaten dazu verpflichtet, externes Rechnungswesen zu betreiben. In Deutschland zählen zu den obligatorischen Rechenwerken des externen Rechnungswesens insbesondere der Jahresabschluss nach deutschem Handelsrecht – sei es für die rechtlich selbstständige Gesellschaft (Einzelabschluss) oder für den Konzern (Konzernabschluss) – und darüber hinaus die sog. Steuerbilanz, die aus dem Einzelabschluss unter zusätzlicher Beachtung steuerlicher Vorschriften ermittelt wird. 1

Im Rahmen der genannten Rechenwerke kommt dem handelsrechtlichen Einzelabschluss eine bedeutende Rolle zu, weil er die Basis sowohl für die gesellschaftsrechtliche Gewinnermittlung als auch für die steuerliche Gewinnermittlung darstellt. Der handelsrechtliche Einzelabschluss besteht dabei mindestens aus einer **Bilanz** und einer **Erfolgsrechnung** (Gewinn- und Verlustrechnung), die am Ende eines jeden Geschäftsjahres zu ermitteln sind.[1] 2

Die Bilanz entspricht einer Bestandsgrößenrechnung, in der das **Vermögen** und die **Schulden** eines Unternehmens stichtagsbezogen gegenübergestellt werden, um das **Eigenkapital** zu ermitteln. Die Gewinn- und Verlustrechnung ist dagegen eine Stromgrößenrechnung, welche die **Aufwendungen** und die **Erträge** für einen abgelaufenen Abrechnungszeitraum erfasst und hieraus den Erfolg bestimmt. 3

Im Folgenden wird die Erstellung der Bilanz i. R. des handelsrechtlichen Einzelabschlusses (nachfolgend als Jahresabschluss bezeichnet) behandelt. Zwei Grundfragen sind zu klären: 4

- Was zählt im handelsrechtlichen Jahresabschluss als Vermögen und Schulden? (Frage nach der **Bilanzierung** bzw. dem **Bilanzansatz**)
- Mit welchen Werten sind die zu bilanzierenden Vermögensgegenstände und Schulden in der Bilanz anzusetzen? (Frage nach der **Bewertung**)

In Teil B werden zunächst Grundlagen zum handelsrechtlichen Jahresabschluss, zu den Quellen der Regulierung und seinen Zwecken vermittelt. In Teil C wird auf die Frage nach der Bilanzierung bzw. dem Bilanzansatz eingegangen, Teil D behandelt die Frage nach der Bewertung im handelsrechtlichen Jahresabschluss. Teil E beurteilt die Fortentwicklung des handelsrechtlichen Jahresabschlusses – sowohl im Lichte der Internationalisierungs- und Harmonisierungstendenzen als auch im Hinblick auf die gesellschaftlichen Herausforderungen der Digitalisierung sowie des nachhaltigen Wirtschaftens von Unternehmen. 5

B. Grundlagen des handelsrechtlichen Jahresabschlusses

I. Regelungsquellen

Als Regelungsquellen der handelsrechtlichen Rechnungslegung sind zu berücksichtigen: das kodifizierte Bilanzrecht mit seinen in Gesetzen niedergelegten Vorschriften (z. B. in HGB, AktG), die Rechtsprechung (z. B. durch den BFH) sowie die Grundsätze ordnungsmäßiger Buchführung (GoB). 6

---

1) Für Kapitalgesellschaften sowie bestimmte Personenhandelsgesellschaften i. S. des § 264a HGB ist der Jahresabschluss um einen Anhang zu erweitern (§ 264 Abs. 1 Satz 1 HGB); kapitalmarktorientierte Kapitalgesellschaften haben i. R. ihres Jahresabschlusses zusätzlich eine Kapitalflussrechnung und einen Eigenkapitalspiegel zu erstellen (§ 264 Abs. 1 Satz 2 HGB).

7 Nach den §§ 238–239 HGB müssen alle Kaufleute Handelsbücher führen und zu Beginn ihres Handelsgewerbes sowie am Ende eines jeden Geschäftsjahres neben einem Inventar einen Jahresabschluss (§§ 242 ff. HGB) unter Beachtung der GoB aufstellen. Hierzu enthält das HGB allgemeine Regeln für alle Kaufleute (§§ 238–263 HGB), wobei der Bilanzansatz von Vermögensgegenständen und Schulden in §§ 246–251 HGB und deren Bewertung in §§ 252–256a HGB geregelt ist. Für Kapitalgesellschaften (einschließlich Personengesellschaften, deren persönlich haftende Gesellschafter selbst Kapitalgesellschaften sind) existieren im HGB weitere Rechnungslegungsvorschriften (§§ 264–289 HGB); ergänzende Vorschriften finden sich ferner für eingetragene Genossenschaften (§§ 336–339 HGB), für Kredit- und Finanzdienstleistungsinstitute (§ 340 HGB) und für Versicherungsunternehmen und Pensionsfonds (§ 341 HGB).

8 Die **Grundsätze ordnungsgemäßer Buchführung** (GoB) sind aufzufassen als Gebote mit breitem Geltungsbereich, weil sie als solche „zwischen" den Rechnungslegungszwecken und den gesetzlichen Einzelvorschriften stehen.[2)] Sie legen formal und inhaltlich zu einem Mindestmaß fest, wie Jahresabschlüsse beschaffen sein müssen, um ihren Zwecken gerecht zu werden. Neben gesetzlich kodifizierten GoB (z. B. §§ 239, 243, 246, 252, 253 HGB) existieren auch gesetzlich nicht kodifizierte GoB.

9 Abb. 1 liefert einen Überblick über das Zusammenwirken der einzelnen GoB i. S. eines handelsrechtlichen GoB-Systemgefüges. Neben den für die Buchführung relevanten **Dokumentationsgrundsätzen**[3)] finden sich hier **Rahmengrundsätze**[4)] wie bspw. der Grundsatz der Richtigkeit,[5)] der Vergleichbarkeit[6)] (i. S. von Bilanzidentität sowie Ansatz- und Bewertungsstetigkeit) oder auch der Klarheit und Übersichtlichkeit:[7)] Anforderungen, welche i. R. einer sinnvollen Informationsvermittlung stets zu erfüllen sind. **Konzeptionsgrundsätze**[8)] wie der Grundsatz der Unternehmensfortführung (Going Concern),[9)] der Pagatorik[10)] sowie der Grundsatz der Einzelbewertung[11)] von Vermögensgegenständen und Schulden gewährleisten, dass ein einheitliches und zweckgerichtetes GoB-System entwickelt werden kann.

---

2) Vgl. dazu vertiefend *Leffson*, Ordnungsgemäße Buchführung, 1. Aufl., S. 35.

3) Zusammenfassend vgl. *Baetge/Kirsch/Thiele*, Bilanzen, S. 115 f.

4) Über die Rahmengrundsätze hinaus vgl. auch *Ballwieser*, KoR 2002, 115.

5) Vertiefend s. *Solmecke*, Auswirkungen des BilMoG, S. 124.

6) Zum Grundsatz der Vergleichbarkeit vgl. im Einzelnen *Baetge/Commandeur* in: Großfeld/Leffson/Rückle, Handwörterbuch unbestimmter Rechtsbegriffe, S. 326.

7) Vgl. dazu ausführlich *Justenhoven/Usinger* in: Beck'scher BilKomm, § 243 HGB Rz. 45 ff.

8) Grundlegend dazu *Fey*, Bilanzrecht, S. 104.

9) Vgl. dazu *Moxter*, WPg 1980, S. 345, 347.

10) Erläuternd *Leffson* in: Kosiol/Chmielewicz, Handwörterbuch des Rechnungswesens, Sp. 191.

11) Vgl. zum Grundsatz der Einzelbewertung *Störk/Büssow* in: Beck'scher BilKomm, § 252 HGB Rz. 34 ff.

Abb. 1: Überblick über das handelsrechtliche GoB-Systemgefüge als Resultat und Basis handelsrechtlicher Rechnungslegungszwecke 10

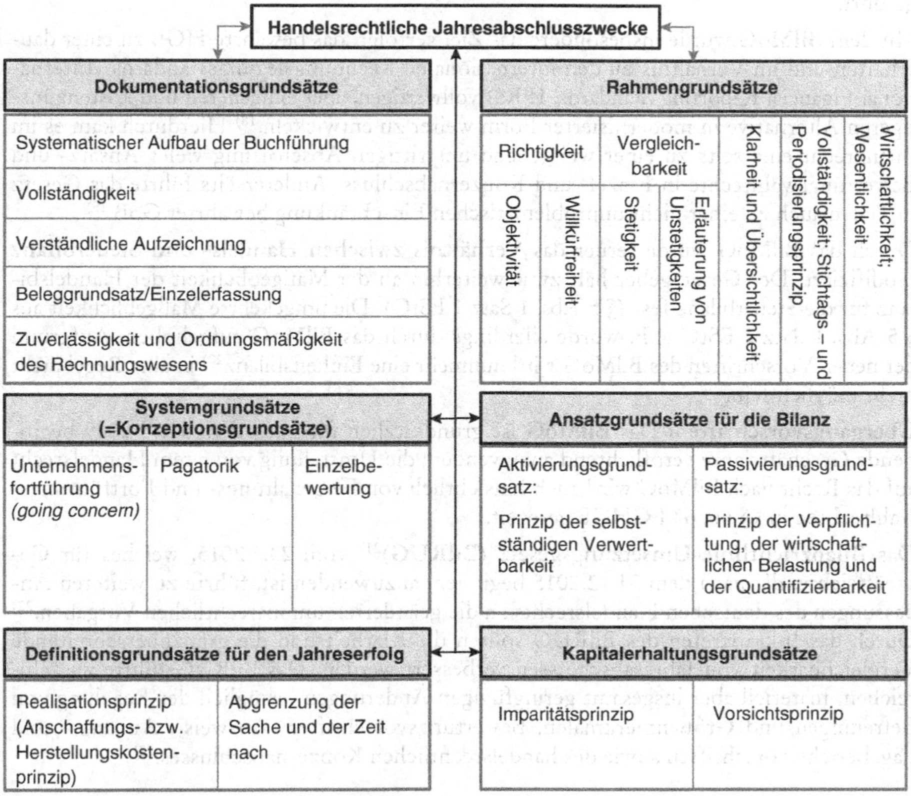

Quelle: In Anlehnung an *Baetge/Kirsch/Thiele*, Bilanzen, S. 144.

Von besonderer Bedeutung für den vorliegenden Beitrag sind die **Ansatzgrundsätze**[12] wie der Aktivierungs- und der Passivierungsgrundsatz, weil sie festlegen, was grundsätzlich in der Handelsbilanz zu aktivieren und was zu passivieren ist. Ebenso bedeutsam sind die **Definitionsgrundsätze für den Jahreserfolg** (Realisationsprinzip,[13] Anschaffungswertprinzip,[14] Prinzip sachlicher und zeitlicher Abgrenzung[15] sowie die **Kapitalerhaltungsgrundsätze**[16] (Vorsichtsprinzip, Imparitätsprinzip), da sie mitbestimmen, wie die zu bilanzierenden Vermögensgegenstände und Schulden in der Bilanz zu bewerten sind. 11

Das deutsche Bilanzrecht hat sich im Zeitablauf fortentwickelt. Fraglos stellt das am 25.5.2009 in Kraft getretene Gesetz zur Modernisierung des Bilanzrechts (Bilanzrechtsmodernisierungsgesetz – BilMoG)[17] die umfassendste Bilanzrechtsreform seit dem Bilanz- 12

12) Vgl. dazu *Freericks*, Bilanzierungsfähigkeit und Bilanzierungspflicht, S. 141 ff. und S. 230 ff.
13) Vgl. *Leffson*, Ordnungsgemäße Buchführung, 1. Aufl., S. 247 f.
14) Zusammenfassend vgl. *Baetge/Kirsch/Thiele*, Bilanzen, S. 131–133.
15) Grundlegend dazu *Leffson*, Ordnungsgemäße Buchführung, 1. Aufl., S. 299.
16) Vgl. dazu *Leffson*, Ordnungsgemäße Buchführung, 1. Aufl., S. 339, 466.
17) Gesetz zur Modernisierung des Bilanzrechts (Bilanzrechtsmodernisierungsgesetz – BilMoG), v. 25.5.2009, BGBl. I 2009, 1102.

richtliniengesetz von 1985 dar. Das BilMoG hat zu zahlreichen Änderungen wirtschaftsrechtlicher Gesetze (u. a. des HGB, PublG, AktG, GmbHG, GenG) sowie auch des EStG geführt.

13 Mit dem **BilMoG** wurde insbesondere das Ziel verfolgt, das bewährte HGB zu einer dauerhaften und im Verhältnis zu den internationalen Rechnungslegungsstandards (International Financial Reporting Standards, IFRS) vollwertigen, aber einfacheren und kostengünstigeren Alternative in modernisierter Form weiter zu entwickeln.[18] Hierdurch kam es im Bilanzrecht einerseits zu einer weitgehend unstrittigen Abschaffung vieler Ansatz- und Bewertungswahlrechte in Einzel- und Konzernabschluss. Andererseits führte das Gesetz in Teilen auch zu einer nicht unproblematischen Einschränkung bewährter GoB.[19]

14 Durch das BilMoG wurde ferner das **Verhältnis zwischen Handels- und Steuerbilanz** modifiziert. Der Gesetzgeber hält zwar weiterhin an der Maßgeblichkeit der Handelsbilanz für die Steuerbilanz fest (§ 5 Abs. 1 Satz 1 EStG). Die umgekehrte Maßgeblichkeit aus § 5 Abs. 1 Satz 2 EStG a. F. wurde allerdings durch das BilMoG aufgehoben. Aufgrund der neuen Vorschriften des BilMoG wird nunmehr eine Einheitsbilanz[20] in aller Regel nicht mehr möglich sein.

15 **Übergangsvorschriften:** Das **BilMoG** ist grundsätzlich für nach dem 31.12.2009 beginnende Geschäftsjahre verpflichtend anzuwenden; die Umstellung von altem Handelsrecht auf das Recht nach BilMoG wird auch hinsichtlich von Beibehaltungs- und Fortführungswahlrechten in §§ 66, 67 EGHGB geregelt.

16 Das **Bilanzrichtlinie-Umsetzungsgesetz (BilRUG)**[21] vom 23.7.2015, welches für Geschäftsjahre, die nach dem 31.12.2015 beginnen, anzuwenden ist, führte zu weiteren Anpassungen des deutschen Handelsrechts an die geänderten unionsrechtlichen Vorgaben.[22] Durch das Inkrafttreten des BilRUG sollten die Klarheit und die grenzüberschreitende Vergleichbarkeit von Jahresabschlüssen verbessert werden. Das BilRUG führte zu zahlreichen, materiell aber insgesamt geringfügigen Änderungen bezüglich der Regelung von Befreiungen und Größenmerkmalen, Bewertungsvorschriften, Ausweis-, Anhangs- und Lageberichtsvorschriften sowie des handelsrechtlichen Konzernabschlusses.[23]

II. Zwecke des handelsrechtlichen Jahresabschlusses

17 Konkrete Zwecke des handelsrechtlichen Jahresabschlusses zu kennen ist wichtig: einerseits für die Auslegung und Beurteilung handelsrechtlicher Einzelvorschriften (de lege lata), andererseits auch bei der Reform von Rechtsvorschriften (de lege ferenda).

18 Allerdings finden sich im dritten Buch des HGB lediglich zwei Normen, die sich bei weiter Auslegung als zweckbezogene Vorschriften anführen ließen. Nach § 243 HGB haben alle Kaufleute den Jahresabschluss in Einklang mit den GoB klar und übersichtlich aufzustellen. Bei Kapitalgesellschaften und bestimmten Personenhandelsgesellschaften (siehe

18) Vgl. Begr. RegE BilMoG, BT-Drucks. 16/10067, S. 1, 32, oder auch *Ernst/Seidler*, BB 2007, 2557.

19) Vgl. hierzu insbesondere *Fülbier/Gassen*, DB 2007, 2605, 2608, oder auch *Wehrheim/Fross*, ZfB 2010, 71 f.

20) Vgl. dazu ausführlich *Döllerer* in: Baetge, Jahresabschluss im Widerstreit der Interessen, S. 157.

21) Gesetz zur Umsetzung der Richtlinie 2013/34/EU des Europäischen Parlaments und des Rates v. 26.6.2013 über den Jahresabschluss, den konsolidierten Abschluss und damit verbundene Berichte von Unternehmen bestimmter Rechtsformen und zur Änderung der Richtlinie 2006/43/EG des Europäischen Parlaments und des Rates und zur Aufhebung der Richtlinien 78/660/EWG und 83/349/EWG des Rates (Bilanzrichtlinie-Umsetzungsgesetz – BilRUG), v. 17.7.2015, BGBl. I 2015, S. 1245.

22) Vgl. *Baetge/Kirsch/Thiele*, Bilanzen, S. 28.

23) Vgl. *Hoffmann/Lüdenbach*, Bilanzierung, Handels- und Steuerrecht, § 264 HGB Rz. 38; hierzu ausführlich *Oser/Orth/Wirtz*, DB 2015, 1729.

oben Rz. 7) muss der Jahresabschluss darüber hinaus unter Beachtung der GoB ein den tatsächlichen Verhältnissen entsprechendes Bild der Vermögens-, Finanz- und Ertragslage vermitteln („Generalnorm" des § 264 Abs. 2 HGB).[24] Fraglos sind diese Normen selbst präzisierungsbedürftig, vieldeutig und lückenhaft.

Insofern geht aus den HGB-Vorschriften nicht explizit hervor, welche konkreten Zwecke mit dem Jahresabschluss verfolgt werden. In der betriebswirtschaftlichen Fachdiskussion wurden daher mittels Auswertung der einzelnen Bilanzrechtsvorschriften und weiterer regulierungsrelevanter Materialien konkrete **Jahresabschlusszwecke** rekonstruiert. 19

Als relevant wurden dabei die folgenden Zwecke herausgearbeitet:[25] 20

- Informations- und Dokumentationszweck,
- Zahlungsbemessungszweck und
- Kompetenzabgrenzungszweck.

Alle diese Zwecke dienen wiederum der allgemeinen gesellschaftsrechtlichen Schutzfunktion – der Regelung von Informations-, Finanz- und Kompetenzinteressen und damit dem Interessenausgleich zwischen den unterschiedlichen Anspruchsgruppen des Unternehmens. 21

Der **Informations- und Dokumentationszweck**[26] des handelsrechtlichen Jahresabschlusses umfasst sowohl den Zwang zur Selbstinformation – zur Sicherung einer Mindestinformiertheit der Geschäftsführung – als auch den Zwang zur Fremdinformation: zur Einblicksgewährung für Gesellschafter und andere Anspruchs- bzw. Interessengruppen des Unternehmens. Bei der Fremdinformationsvermittlung geht es sowohl um die Rechenschaftslegung[27] an Gesellschafter als auch um die Entscheidungsunterstützung bisheriger und potenziell künftiger Gesellschafter, Gläubiger oder sonstiger Interessengruppen. Der Dokumentationszweck besteht wiederum darin, beweiskräftige Unterlagen für potenzielle Konfliktfälle mit Anspruchsgruppen des Unternehmens zu schaffen. 22

Der **Zahlungsbemessungszweck** des Jahresabschlusses liegt zum einen in der Ermittlung eines unbedenklich ausschüttungsfähigen Gewinns.[28] Mittels einer Ausschüttungsbegrenzung an Gewinnberechtigte wird eine gläubigerschützende Ausschüttungsbemessung angestrebt (Höchstausschüttung).[29] Zugleich geht es aber im Dienste des Interessenausgleichs auch um nicht zu gering bemessene, erfolgsabhängige Zahlungen an Gewinnberechtigte und die Sicherung einer Mindestausschüttung und damit um den Schutz vor Gewinnverkürzungen.[30] Darüber hinaus lässt sich die Bemessung einkommensabhängiger Steuerzahlungen – über die Maßgeblichkeit der Handelsbilanz für die Steuerbilanz – dem Zahlungsbemessungszweck des Jahresabschlusses zuordnen. 23

Der **Kompetenzabgrenzungszweck** des Jahresabschlusses erklärt sich mit der hierfür notwendigen Verteilung von Bilanzierungskompetenzen.[31] So ist festzulegen, wer im In- 24

---

24) Vertiefend *Schildbach*, BFuP 1987, 1. Zur begrifflichen Klärung s. *Baetge/Feidicker* in: Coenenberg/v. Wysocki, Handwörterbuch der Revision, Sp. 2086–2107.

25) Vgl. hierzu unter vielen *Stützel*, ZfB 1967, 314; *Schneider*, WPg 1971, 607; *Egner*, Bilanzen, S. 62; *Baetge* in: Baetge/Moxter/Schneider, S. 13 ff.; *Leffson*, Ordnungsgemäße Buchführung, 7. Aufl., S. 26; *Moxter*, Bilanzlehre, Bd. 1, S. 149; Bd. 2, S. 16–20, S. 63–68, sowie auch *Streim*, Bilanzierung, S. 8.

26) Vgl. *Leffson*, Ordnungsgemäße Buchführung, 1. Aufl., S. 157.

27) Zum Begriff Rechenschaft s. *Leffson*, Ordnungsgemäße Buchführung, 1. Aufl., S. 64.

28) Vgl. *Moxter* in: Havermann, Bilanz- und Konzernrecht, S. 361, 368.

29) Vgl. u. a. *Moxter*, Grundsätze ordnungsgemäßer Rechnungslegung, S. 3.

30) Zur Diskussion dieser gegenläufigen Zwecke und ihrer Versöhnung im handelsrechtlichen Jahresabschluss vgl. *Schildbach/Stobbe/Brösel*, Der handelsrechtliche Jahresabschluss, S. 8.

31) Ausführlich zu Regelungen von Bilanzierungskompetenzen vgl. *Federmann*, Bilanzierung, S. 58.

nenverhältnis in welchem Ausmaß verpflichtet bzw. berechtigt ist, an der Auf- und Feststellung des Jahresabschlusses sowie am Gewinnverwendungsvorschlag und -beschluss mitzuwirken.

C. Handelsrechtliche Bilanzierung

I. Grundlagen

25 Eine Konkretisierung des handelsrechtlichen Bilanzinhaltes wird durch § 247 Abs. 1 HGB vorgenommen; danach gehören folgende Posten in eine Bilanz:

- Anlagevermögen,
- Umlaufvermögen,
- Eigenkapital,
- Schulden sowie
- Rechnungsabgrenzungsposten.[32)]

26 Nach § 246 Abs. 1 HGB hat die Bilanz des Jahresabschlusses sämtliche Vermögensgegenstände, Schulden und Rechnungsabgrenzungsposten zu enthalten, soweit dem nicht konkrete gesetzliche Vorschriften entgegenstehen. Nachfolgend ist zu klären, was handelsrechtlich unter Vermögen (wie Anlage- und Umlaufvermögen) und Schulden sowie unter Rechnungsabgrenzungsposten und Eigenkapital zu verstehen ist.

Praxishinweis

Der Ansatz von Vermögensgegenständen und Schulden ist handelsrechtlich an die Erfüllung bestimmter Kriterien geknüpft. Wenn die wirtschaftliche **Zugehörigkeit zum Betriebsvermögen**[33)] geklärt ist, ist zunächst die **abstrakte Bilanzierungsfähigkeit** nach GoB (dem Ansatzgrundsatz folgend, siehe Rz. 11) zu prüfen. Dann geht es um die **konkrete Bilanzierungsfähigkeit**, d. h. um die Beachtung der konkreten gesetzlichen – ggf. vom Ansatzgrundsatz abweichenden – Ansatzvorschriften; relevant ist diese Überprüfung, wenn konkrete Ansatzverbote, -wahlrechte oder auch -gebote für Nicht-Vermögensgegenstände bzw. Nicht-Schulden existieren.

II. Kriterien für den Ansatz von Aktiva

1. Abstrakte Aktivierungsfähigkeit

27 Im HGB fehlt sowohl eine Legaldefinition des Begriffs „Vermögensgegenstand" als auch eine Präzisierung des Ansatzgrundsatzes. In Rechtsprechung und Schrifttum sind daher Ansätze zu einer entsprechenden Konkretisierung entwickelt worden. Unter einem Vermögensgegenstand wird üblicherweise eine positive Wertkategorie verstanden (im Gegensatz zu Schulden als negative Wertkategorie); zu Vermögensgegenständen werden körperliche Gegenstände (Sachen nach § 90 BGB) und nicht-körperliche Gegenstände sowie bestimmte wirtschaftliche Vorteile gezählt.[34)]

28 Nach h. A. fordert die abstrakte Aktivierungsfähigkeit, dass ein Vermögensgegenstand selbstständig verkehrsfähig i. S. von **einzelveräußerbar** sein muss – in Einklang mit gläu-

32) In Abhängigkeit von Rechtsform und Größe der jeweiligen Gesellschaft fordert das HGB eine detailliertere Gliederung der Bilanz; vgl. insbesondere § 266 HGB zum Formalaufbau der Bilanz für große, mittelgroße und kleine Kapitalgesellschaften.

33) Zum Prinzip der wirtschaftlichen Zurechnung vgl. *Justenhoven/Meyer* in: Beck'scher BilKomm, § 246 HGB Rz. 5 ff.

34) Vgl. *Schubert/Waubke* in: Beck'scher BilKomm, § 247 HGB Rz. 10.

bigerschützenden Überlegungen zur Sicherung der Schuldendeckungsfähigkeit von Unternehmen. Darüber hinaus muss ein Vermögensgegenstand **einzeln bewertbar** sein.[35)]

Diesem Aktivierungsverständnis entsprechend können Vermögensgegenstände in Abhängigkeit von ihrer Zweckbestimmung in Anlage- und Umlaufvermögen unterteilt werden: 29

- Nach § 247 HGB sind Vermögensgegenstände des **Anlagevermögens** im Gegensatz zu solchen des Umlaufvermögens dazu bestimmt, dauernd dem Geschäftsbetrieb zu dienen. Zum Anlagevermögen gehören Gegenstände des immateriellen Anlagevermögens (z. B. gewerbliche Schutzrechte), Sachanlagen (z. B. Grundstücke und technische Anlagen) oder Finanzanlagen (z. B. Beteiligungen).
- Das **Umlaufvermögen** umfasst bspw. Gegenstände wie Vorräte, Forderungen, Wertpapiere oder die liquiden Mittel.

Nicht abstrakt aktivierungsfähig ist hingegen ein sog. **originärer Geschäfts- oder Firmenwert.**[36)] Dieser entsteht im Laufe der Unternehmenstätigkeit durch den unternehmensinternen Aufbau unterschiedlicher immaterieller Vermögensgüter, wie bspw. der Güte der Organisation, der Managementqualität, des Kundenstamms, der Mitarbeiterkompetenzen oder sonstiger Wettbewerbsvorteile. Zweifelsohne ist allein schon der Nachweis der Existenz dieser Vermögensgüter schwierig. Die abstrakte Aktivierungsfähigkeit scheitert zum einen an der fehlenden Einzelveräußerbarkeit des originären Geschäfts- oder Firmenwerts. Zum anderen erweist sich seine Einzelbewertbarkeit als problematisch, da er nicht durch eine Transaktion am Markt objektiviert worden ist. 30

2. Konkrete Aktivierungsfähigkeit

a) Konkretes Aktivierungsverbot

§ 248 Abs. 1 HGB sieht ein ausdrückliches Aktivierungsverbot 31

- für Aufwendungen für die Gründung eines Unternehmens,
- für Aufwendungen für die Beschaffung von Eigenkapital sowie
- für Aufwendungen für den Abschluss von Versicherungsverträgen vor.

Mit dem BilMoG wurde das traditionelle konkrete Aktivierungsverbot für **nicht-entgeltlich erworbene, immaterielle Vermögensgegenstände** des Anlagevermögens aufgehoben. Stattdessen wurde ein Aktivierungswahlrecht für selbst geschaffene immaterielle Anlagevermögensgegenstände eingeführt (§ 248 Abs. 2 Satz 1 HGB).[37)] 32

Allerdings besteht gemäß § 248 Abs. 2 Satz 2 HGB ein explizites Aktivierungsverbot für 33

- selbst geschaffene Marken,
- Drucktitel,
- Verlagsrechte,
- Kundenlisten oder
- vergleichbare immaterielle Vermögensgegenstände des Anlagevermögens.[38)]

Durch das BilMoG ist so die auf Objektivierung zielende Rechtsfigur des „entgeltlichen Erwerbs" bei dieser Vermögensgruppe als zusätzliche Aktivierungsrestriktion weggefallen. Um eine durch Vorsicht geprägte Kapitalerhaltung im Dienste der Finanzinteressen 34

35) Vgl. zur h. A. über die abstrakte Aktivierungsfähigkeit bspw. *Schubert/Waubke* in: Beck'scher BilKomm, § 247 HGB Rz. 13 f., oder auch *Baetge/Kirsch/Thiele*, Bilanzen, S. 157 – 166.

36) BFH, Urt. v. 10.8.1978 – IV R 54/74, BFHE 126, 185 = BStBl. II 1979, 74.

37) Begr. RegE BilMoG, BR-Drucks. 344/08, S. 7 f.

38) Begr. RegE BilMoG, BT-Drucks. 16/10067, S. 50.

von Gläubigern weiterhin zu gewährleisten, sieht der Gesetzgeber bei Aktivierung von Gegenständen dieser Vermögensgruppe eine Ausschüttungssperre vor (§ 268 Abs. 8 Satz 1 HGB).

b) Konkrete Aktivierungswahlrechte für Vermögensgegenstände und Nicht-Vermögensgegenstände

35 Zusätzlich zum eben angeführten Aktivierungswahlrecht nach § 248 Abs. 2 Satz 1 HGB enthält das HGB zwei weitere Aktivierungswahlrechte. Diese betreffen aber – im Gegensatz zu den **selbst geschaffenen immateriellen Vermögensgegenständen des Anlagevermögens** (siehe Rz. 32–34) – Nicht-Vermögensgegenstände: zum einen als Sonderfall eines Rechnungsabgrenzungspostens das bei einer Verbindlichkeitsaufnahme entstehende **Disagio** als Differenz zwischen Auszahlungsbetrag und Nennwert der Verbindlichkeit (§ 250 Abs. 3 HGB), zum anderen die **aktiven latenten Steuern**[39] (§ 274 Abs. 1 Satz 2 HGB).

c) Konkretes Aktivierungsgebot für Nicht-Vermögensgegenstände

36 Durch das BilMoG wurde die Behandlung eines **entgeltlich erworbenen (derivativen) Geschäfts- oder Firmenwerts** verändert. Dieser entsteht bei einer entgeltlichen Unternehmensübernahme durch Gesamtrechtsnachfolge in Form eines Erwerbs der Vermögensgegenstände und Schulden des Unternehmens (Asset Deal) sowie bei der Verschmelzung von Unternehmen. Beim derivativen Geschäfts- oder Firmenwert handelt es sich um den positiven Unterschiedsbetrag zwischen dem Kaufpreis und dem Zeitwert des entsprechenden Reinvermögens des erworbenen Unternehmens.

37 Der derivative Geschäfts- oder Firmenwert stellt aufgrund seiner fehlenden Einzelveräußerbarkeit keinen Vermögensgegenstand i. S. der abstrakten Aktivierungsfähigkeit dar. Noch vor Inkrafttreten des BilMoG unterlag er einem Aktivierungswahlrecht. Seither gilt er nach § 246 Abs. 1 Satz 4 HGB qua Fiktion als zeitlich begrenzt nutzbarer Vermögensgegenstand, ist deshalb aktivierungspflichtig und planmäßig abzuschreiben.

38 Auch **aktive Rechnungsabgrenzungsposten** sind i. S. der abstrakten Aktivierungsfähigkeit Nicht-Vermögensgegenstände. Stattdessen handelt es sich um Korrekturposten, welche – dem Prinzip zeitlicher Abgrenzung folgend – für Ausgaben vor dem Bilanzstichtag gebildet werden, weil sie für einen bestimmten Zeitraum nach dem Bilanzstichtag zu Aufwand führen. Nach § 250 Abs. 1 Satz 1 HGB müssen solche aktiven (transitorischen) Rechnungsabgrenzungsposten aktiviert werden.

3. Bilanzrechtliche Zuordnung von Vermögensgegenständen

39 Unabhängig von der Frage nach der Aktivierungsfähigkeit ist zu klären, welchem Subjekt ein Vermögensgegenstand zuzurechnen ist. Handelsrechtlich muss die Bilanzierung beim wirtschaftlichen Eigentümer erfolgen.[40]

Praxishinweis

Zwar richtet sich die bilanzielle Zuordnung gemäß neugeschaffenem § 246 Abs. 1 Satz 2 HGB zunächst nach dem juristischen Eigentum; fallen aber wirtschaftliches und zivilrechtliches Eigentum auseinander, ist das wirtschaftliche Eigentum für die Zurechnung maßgeblich. Relevant ist die Trennung von juristischem und wirtschaftlichem Eigentum insbesondere bei **Leasing-**,[41] **Factoring-** und **Treuhandverhältnissen** oder auch bei **Kommissionsgeschäften.**

---

39) Zur Konzeption der Verrechnung latenter Steuern vgl. *Coenenberg/Hille*, DBW 1979, 601.

40) Grundlegend dazu *Justenhoven/Meyer* in: Beck'scher BilKomm, § 246 HGB Rz. 5 ff.

41) Zur Bilanzierung von Leasingverhältnissen vgl. zusammenfassend *Baetge/Kirsch/Thiele*, Bilanzen, S. 657.

III. Kriterien für den Ansatz von Passiva

1. Abstrakte Passivierungsfähigkeit

40 Das HGB kennt auch **keine Legaldefinition** des Begriffs „Schulden". Nach h. A. verlangt der Passivierungsgrundsatz für den Ansatz von wirtschaftlich dem Unternehmen zuzurechnenden Schulden die Erfüllung folgender Kriterien:[42)]

- es muss eine **quantifizierbare Verpflichtung** des bilanzierenden Unternehmens **gegenüber Dritten** bestehen,
- mit der Verpflichtung muss eine **wirtschaftliche Belastung** verbunden sein.

41 Nachfolgende Abb. 2 systematisiert die Elemente der abstrakten Passivierungsfähigkeit nach dem Passivierungsgrundsatz. Der Begriff „Schulden" umfasst nicht nur **Verbindlichkeiten,** die durch Sicherheit hinsichtlich Bestehen und Höhe der Verpflichtung charakterisiert sind, sondern auch **Rückstellungen,** bei denen Ungewissheit (aber hinreichende Vorhersehbarkeit) hinsichtlich Bestehen und/oder Höhe der Verpflichtung vorliegt.[43)] Rückstellungen umfassen nach deutschem Handelsrecht

- die in § 249 Abs. 1 Satz 1 HGB explizit aufgeführten **Rückstellungen für ungewisse Verbindlichkeiten** (z. B. für Garantieverpflichtungen, erwartete Prozesskosten oder direkte Pensionszusagen an Mitarbeiter) und **für drohende Verluste aus schwebenden Geschäften** sowie
- Rückstellungen **für Gewährleistungen** (§ 249 Abs. 2 Satz 2 HGB), die aufgrund wirtschaftlich begründeter Außenverpflichtungen gebildet werden.

42 **Schwebende Geschäfte**[44)] stellen hingegen keine wirtschaftliche Belastung dar; so sind Eventualverbindlichkeiten nur nachrichtlich unter der Bilanz auf der Passivseite anzugeben (§ 251 HGB).

43 **Abb. 2: Elemente der abstrakten Passivierungsfähigkeit nach den GoB (Passivierungsgrundsatz)**

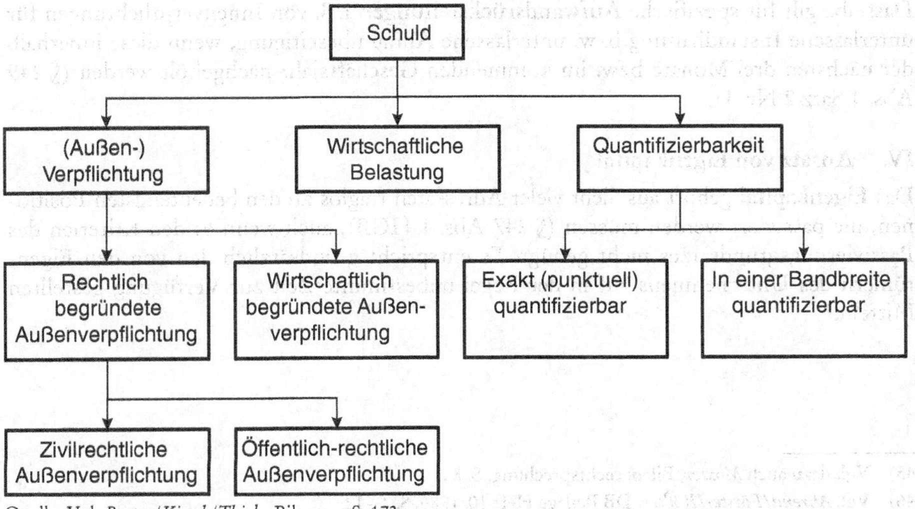

Quelle: Vgl. *Baetge/Kirsch/Thiele*, Bilanzen, S. 173.

42) Vgl. unter Vielen *Schubert* in: Beck'scher BilKomm, § 247 Rz. 170 ff.
43) Vgl. *Schubert* in: Beck'scher BilKomm, § 249 HGB Rz. 2, 45.
44) Zum Begriff s. *Baetge/Kirsch/Thiele*, Bilanzen, S. 448.

2. Konkrete Passivierungsfähigkeit

44 Die konkrete Passivierungsfähigkeit legt fest, ob eine abstrakt passivierungsfähige Schuld aufgrund abweichender konkreter handelsrechtlicher Vorschriften

- nicht angesetzt werden darf,
- ob ein Wahlrecht besteht, oder
- ob eine Nichtschuld aufgrund abweichender rechtlicher Passivierungsvorschriften doch passiviert werden muss oder darf.

a) Konkretes Passivierungsverbot

45 Das HGB sieht kein ausdrückliches Passivierungsverbot für Schulden i. S. der abstrakten Passivierungsfähigkeit vor. Das explizite Verbot einer Rückstellungsbildung in § 249 Abs. 2 Satz 1 HGB für andere als in Absatz 1 bezeichnete Zwecke bezieht sich auf Innenverpflichtungen, die nicht unter den Schuldbegriff i. S. des Passivierungsgrundsatzes (siehe Rz. 40) fallen.[45)]

b) Konkrete Passivierungswahlrechte für Schulden bzw. Nicht-Schulden

46 Nach Art. 28 Abs. 1 Satz 1 EGHGB dürfen Altzusagen,[46)] d. h. direkte Pensionszusagen, die bis zum 31.12.1986 gegeben wurden, passiviert werden.

c) Konkretes Passivierungsgebot für Nicht-Schulden

47 Ebenso wie auf der Aktivseite wird auch auf der Passivseite durch explizite Vorschriften eine Passivierung von Posten gefordert, die nicht abstrakt passivierungsfähig sind. Hierzu gehören zum einen gemäß § 250 Abs. 2 HGB **passive (transitorische)**[47)] **Rechnungsabgrenzungsposten** für Einnahmen vor dem Bilanzstichtag, die zu Ertrag im (in) nachfolgenden Geschäftsjahr(en) führen und gemäß § 274 Abs. 1 Satz 1 HGB **passive latente Steuern.**[48)]

48 Dasselbe gilt für spezifische **Aufwandsrückstellungen** i. S. von Innenverpflichtungen für unterlassene Instandhaltung bzw. unterlassene Abraumbeseitigung, wenn diese innerhalb der nächsten drei Monate bzw. im kommenden Geschäftsjahr nachgeholt werden (§ 249 Abs. 1 Satz 2 Nr. 1).

IV. Ansatz von Eigenkapital

49 Das **Eigenkapital** gehört aus Sicht vieler Adressaten fraglos zu den bedeutendsten Positionen, die passiviert werden müssen (§ 247 Abs. 1 HGB), auch wenn es den Kriterien des Passivierungsgrundsatzes nicht genügt. Es entspricht grundsätzlich den von den Eigentümern des Unternehmens auf in der Regel unbestimmte Zeit zur Verfügung gestellten Mitteln.[49)]

---

45) Vgl. dazu auch *Moxter*, Bilanzrechtsprechung, S. 84.

46) Vgl. *Ahrend/Förster/Rößler*, DB Beilage Heft 10/1986, S. 1 – 12.

47) Unter den Rechnungsabgrenzungsposten der Handelsbilanz sind nur transitorische Posten auszuweisen. Antizipative Posten fallen unter die Bilanzpositionen „Sonstige Forderungen" oder „Sonstige Verbindlichkeiten".

48) Grundlegend zur Konzeption der Verrechnung latenter Steuern vgl. *Coenenberg/Hille*, DBW 1979, 601.

49) Vertiefend dazu s. *Coenenberg/Haller/Schultze*, Jahresabschluss, S. 355.

Praxishinweis

Das Eigenkapital ergibt sich als Differenz zwischen der Summe der Werte aller Aktiva und der Summe der Werte aller Schulden abzüglich der Werte passiver Rechnungsabgrenzungsposten und passiver latenter Steuern. Die Höhe des Eigenkapitals kann so erst nach Ansatz und Bewertung der übrigen Bilanzposten festgestellt werden.

Einzelunternehmen und Personengesellschaften haben das Eigenkapital gesondert auszuweisen und hinreichend aufzugliedern (§ 247 Abs. 1 HGB). Für **Kapitalgesellschaften** wird die konkrete Darstellung in § 266 Abs. 3 Pos. A HGB eindeutig vorgegeben; danach besteht die Position Eigenkapital aus folgenden Komponenten, auf die nachfolgend skizzenhaft eingegangen wird: 50

- gezeichnetes Kapital (Nennkapital),
- Kapitalrücklagen,
- Gewinnrücklagen,
- Gewinnvortrag/Verlustvortrag sowie
- Jahresüberschuss/Jahresfehlbetrag.

Das **gezeichnete Kapital**[50] ist der Teil des Eigenkapitals, auf den die Haftung der Gesellschafter für die Verbindlichkeiten gegenüber den Gläubigern beschränkt ist (§ 272 Abs. 1 HGB). Dies ist bei einer Aktiengesellschaft das von den Gesellschaftern i. H. des Nennbetrags bereitgestellte Grundkapital (§ 152 Abs. 1 AktG) und bei einer GmbH das entsprechende Stammkapital (§ 42 Abs. 1 GmbHG). 51

Die Differenz zwischen Nennbetrag und tatsächlich geleisteter Zahlung wird als **ausstehende Einlage** auf das gezeichnete Kapital bezeichnet. Gemäß § 272 Abs. 1 Satz 3 HGB sind die nicht eingeforderten ausstehenden Einlagen offen vor dem gezeichneten Kapital abzusetzen und als „Eingefordertes Kapital"[51] auszuweisen. Der eingeforderte Teil der ausstehenden Einlagen ist gleichzeitig gesondert unter den Forderungen zu aktivieren. 52

In der **Kapitalrücklage** sind die über den Nennbetrag hinausgehenden Einlagen der Gesellschafter auszuweisen. Hierzu zählen: 53

- Agio bei der Ausgabe von Anteilen (§ 272 Abs. 2 Nr. 1 HGB),[52]
- Agio bei der Ausgabe von Schuldverschreibungen für Wandlungsrechte und Optionsrechte zum Erwerb von Anteilen (§ 272 Abs. 2 Nr. 2 HGB),[53]
- Zuzahlungen der Gesellschafter für Anteile gegen Gewährung eines Vorzugs (§ 272 Abs. 2 Nr. 3 HGB),[54]
- andere Zuzahlungen der Gesellschafter ins Eigenkapital (§ 272 Abs. 2 Nr. 4 HGB).[55]

50) Zum Begriff vgl. Begr. RegE Bilanzrichtlinie-Gesetz, BT-Drucks. 10/317, S. 82.

51) Ausführlich zum wirtschaftlichen Charakter von eingefordertem Kapital vgl. *Störk/Kliem/Meyer* in: Beck'scher BilKomm, § 272 HGB Rz. 35 ff.

52) Dies soll der Kapitalverwässerung vorbeugen; vgl. dazu *Biener/Berneke*, Bilanzrichtlinien-Gesetz, S. 194.

53) Zu Sonderfällen s. *Störk/Kliem/Meyer* in: Beck'scher BilKomm, § 272 HGB Rz. 182.

54) Vgl. dazu auch *Störk/Kliem/Meyer* in: Beck'scher BilKomm, § 272 HGB Rz. 190.

55) Vgl. auch *Störk/Kliem/Meyer* in: Beck'scher BilKomm § 272 HGB Rz. 195 ff.

54 **Gewinnrücklagen** (§ 272 Abs. 3 HGB) entstehen durch Einbehaltung (Thesaurierung) von erzielten Gewinnen. Bei den Gewinnrücklagen einer Aktiengesellschaft sind bspw. folgende Komponenten zu unterscheiden:

- gesetzliche Rücklage (§ 150 Abs. 1 und 2 AktG),
- Rücklage für Anteile an einem herrschenden oder mit Mehrheit beteiligten Unternehmen (§ 272 Abs. 4 Satz 1 HGB),
- satzungsmäßige Rücklagen (§ 58 Abs. 4 AktG und § 29 Abs. 1 GmbHG),
- andere Gewinnrücklagen (§ 58 Abs. 1–3 AktG).[56)]

55 Der **Gewinnvortrag/Verlustvortrag** resultiert aus den noch nicht verwendeten Ergebnissen der vorangegangenen Geschäftsjahre.[57)]

56 Beim **Jahresüberschuss/Jahresfehlbetrag** handelt es sich um das Ergebnis des aktuellen Geschäftsjahres.[58)] Ist das bilanzielle Eigenkapital durch Verluste aufgezehrt und ergibt sich ein Überschuss der Passivposten über die Aktivposten, so ist dieser Differenzbetrag am Schluss der Bilanz auf der Aktivseite als „Nicht durch Eigenkapital gedeckter Fehlbetrag" auszuweisen (§ 268 Abs. 3 HGB).

57 Unter Berücksichtigung einer teilweisen oder vollständigen Verwendung des Jahresergebnisses wird – statt des Gewinn-/Verlustvortrags und des Jahresüberschusses/-fehlbetrags – nach § 268 Abs. 1 HGB das Ergebnis nach Gewinnverwendung mit dem Posten „Bilanzgewinn/Bilanzverlust" ausgewiesen.

V. Aktiv- und Passivposten der Handelsbilanz

58 Als Resultat der Analyse abstrakter und konkreter Bilanzierungsfähigkeit sowie einer geeigneten Zuordnung relevanter Posten zu Bilanzpositionen ergibt sich ein Bilanzschema bzw. eine handelsrechtliche Bilanzgliederung (siehe nachfolgende Abb. 3). Hierin sind alle diejenigen Positionen enthalten, die für die Bilanz des handelsrechtlichen Jahresabschlusses maßgebend sind.

---

56) Weiterführende Literatur, auch hinsichtlich der Bedingungen zur Auflösung der Gewinnrücklagen, findet sich bei *Baetge/Kirsch/Thiele*, Bilanzen, S. 503–509.

57) Zur Aufstellung der Bilanz von Kapitalgesellschaften s. a. *Biener/Berneke*, Bilanzrichtlinien-Gesetz, S. 171.

58) Vgl. zu Begriffen und zur Abgrenzung der Ergebnisverwendung *Grottel/Waubke* in: Beck'scher BilKomm, § 268 HGB Rz. 4 ff.

Abb. 3: Überblick über die ausführliche Bilanzgliederung des Jahresabschlusses großer Kapitalgesellschaften nach § 266 Abs. 2, 3 HGB 59

AKTIVA	PASSIVA
A. Anlagevermögen	A. Eigenkapital
I. Immaterielle Vermögensgegenstände	I. Gezeichnetes Kapital
1. Selbst geschaffene gewerbliche Schutzrechte und ähnliche Rechte und Werte;	II. Kapitalrücklage
2. Entgeltlich erworbene Konzessionen, gewerbliche Schutzrechte und ähnliche Rechte und Werte sowie Lizenzen an solchen Rechten und Werten;	III. Gewinnrücklagen
3. Geschäftsoder Firmenwert;	1. Gesetzliche Rücklage;
4. Geleistete Anzahlungen;	2. Rücklage für an einem herrschenden oder mehrheitlich beteiligten Unternehmen;
II. Sachanlagen	3. Satzungsmäßige Rücklagen;
1. Grundstücke, grundstücksgleiche Rechte und Bauten einschließlich der Bauten auf fremden Grundstücken;	4. Andere Gewinnrücklagen
2. Technische Anlagen und Maschinen;	IV. Gewinnvortrag/Verlustvortrag
3. Andere Anlagen, Betriebs- und Geschäftsausstattung;	V. Jahresüberschuss/Jahresfehlbetrag
4. Geleistete Anzahlungen und Anlagen im Bau	B. Rückstellungen
III. Finanzanlagen	1. Rückstellungen für Pensionen und ähnliche Verpflichtungen;
1. Anteile an verbundenen Unternehmen;	2. Steuerrückstellungen;
2. Ausleihungen an verbundene Unternehmen;	3. Sonstige Rückstellungen;
3. Beteiligungen;	C. Verbindlichkeiten
4. Ausleihungen an Unternehmen, mit denen ein Beteiligungsverhältnis besteht;	1. Anleihen; *Davon konvertibel*
5. Wertpapiere des Anlagevermögens	2. Verbindlichkeiten gegenüber Kreditinstituten;
6. Sonstige Ausleihungen	3. Erhaltene Anzahlungen auf Bestellungen;
B. Umlaufvermögen	4. Verbindlichkeiten aus Lieferungen und Leistungen;
I. Vorräte	5. Verbindlichkeiten aus der Annahme gezogener Wechsel und der Ausstellung eigener Wechsel;
1. Roh-, Hilfs-und Betriebsstoffe;	6. Verbindlichkeiten gegenüber verbundenen Unternehmen;
2. Unfertige Erzeugnisse, unfertige Leistungen;	7. Verbindlichkeiten gegenüber Unternehmen, mit denen ein Beteiligungsverhältnis besteht;
3. Fertige Erzeugnisse und Waren;	8. Sonstige Verbindlichkeiten;
4. Geleistete Anzahlungen;	*Davon aus Steuern*
II. Forderungen und sonstige Vermögensgegenstände	*Davon im Rahmen der sozialen Sicherheit*
1. Forderungen aus Lieferungen und Leistungen;	D. Rechnungsabgrenzungsposten
2. Forderungen gegen verbundene Unternehmen;	E. Passive latente Steuern
3. Forderungen gegen Unternehmen, mit denen ein Beteiligungsverhältnis besteht;	
4. Sonstige Vermögensgegenstände	
III. Wertpapiere	
1. Anteile an verbundenen Unternehmen;	
2. Sonstige Wertpapiere;	
IV. Kassenbestand, Bundesbankguthaben, Guthaben bei Kreditinstituten und Schecks	
C. Rechnungsabgrenzungsposten	
Disagio(**)	
D. Aktive latente Steuern	
E. Aktiver Unterschiedsbetrag aus der Vermögensverrechnung	
F. Nicht durch Eigenkapital gedeckter Fehlbetrag (*)	

Legende: Kursivgedruckt: Zusätzlicher, im Mindestgliederungsschema nicht enthaltener Posten
* Ausweis nur in der Bilanz zulässig
** Ausweiswahlrecht zwischen Bilanz und Anhang

Quelle: In Anlehnung an *Coenenberg/Haller/Schultze*, Jahresabschluss, S. 146.

Mittelgroße und große Kapitalgesellschaften müssen für die Bilanzaufstellung das vollständige Schema aus § 266 Abs. 2, 3 HGB beachten; **kleine** Kapitalgesellschaften können nach § 266 Abs. 1 Satz 3 HGB eine verkürzte Bilanz aufstellen.[59] Die Bilanz ist nach § 266 Abs. 1 Satz 1 HGB in Kontoform aufzustellen. 60

---

59) Zur Differenzierung der Größenklassen kleiner, mittelgroßer und großer Kapitalgesellschaften nach absoluten Größenkriterien vgl. § 267 HGB. Kapitalgesellschaften, die einen organisierten Markt in Anspruch nehmen oder dort die Zulassung zum Handel beantragt haben, gelten stets als große (§ 267 Abs. 3 HGB). Zu weiteren größenabhängigen Erleichterungen bei der Offenlegung des Jahresabschlusses führte das Kleinstkapitalgesellschaften-Bilanzrechtsänderungsgesetz (kurz: MicroBilG), das am 28.12.2012 in Kraft getreten ist und für den Jahresabschluss seit 2012 Anwendung findet; kritisch zum praktischen Mehrwert des MicroBilG, *Zwirner*, DB 2013, 1.

D. Handelsrechtliche Bewertung

I. Allgemeine Bewertungsgrundsätze

61 Ist über den Bilanzansatz entschieden, muss geklärt werden, in welcher Höhe ein Bilanzposten zu bewerten ist. Allgemeine Grundsätze zur Bewertung finden sich kodifiziert in § 252 HGB, konkrete Bewertungsvorschriften in den §§ 253–256a HGB.

> **Praxishinweis**
>
> Die in § 252 HGB niedergelegten Grundsätze sind handelsrechtlich **von großer Bedeutung.** Von ihnen darf nur in begründeten Ausnahmefällen abgewichen werden (§ 252 Abs. 2 HGB). Sie bilden nicht nur die Basis für die Bewertung von Vermögensgegenständen und Schulden; gleichzeitig legen sie als Definitionsgrundsätze für den Jahreserfolg die Grundlage für die Ermittlung des handelsrechtlichen Jahreserfolgs und dienen der handelsrechtlichen Kapitalerhaltung (Kapitalerhaltungsgrundsätze).

62 Die allgemeinen Bewertungsgrundsätze des § 252 Abs. 1 HGB werden daher nachfolgend dargestellt und kurz in ihren Wirkungen auf den Jahresabschluss diskutiert:

63 – **Grundsatz der Bilanzidentität (§ 252 Abs. 1 Nr. 1 HGB):** Die Bilanzidentität verlangt die Übereinstimmung der Wertansätze in der Eröffnungsbilanz mit denen der Schlussbilanz des vorangegangenen Geschäftsjahres; andernfalls würden bei der Fortschreibung der Bilanz nicht alle relevanten Ereignisse der Vergangenheit berücksichtigt werden.[60)]

64 – **Grundsatz der Unternehmensfortführung (§ 252 Abs. 1 Nr. 2 HGB):** Dieser Grundsatz – auch als Going-Concern-Grundsatz[61)] bezeichnet – besagt, dass bei der Bewertung von der Fortführung des Unternehmens auszugehen ist, sofern dem nicht tatsächliche oder rechtliche Gegebenheiten entgegenstehen. Erscheint die Fortführung unmöglich, weil bspw. mit sehr hoher Wahrscheinlichkeit von einer Unternehmensauflösung auszugehen ist, dann sind andere als die hier nachfolgend dargestellten Bewertungsmaßstäbe relevant (z. B. Liquidations- oder Veräußerungspreise); zu anderen Bewertungsmaßstäben, bspw. bei der Erstellung der Überschuldungsbilanz, siehe oben Kap. 3 Rz. 169 ff. [*Hölzle*].

65 – **Grundsatz der Einzelbewertung (§ 252 Abs. 1 Nr. 3 HGB):** Der Grundsatz der Einzelbewertung dient der Objektivierung und verlangt, dass jeder Vermögensgegenstand und jede Schuld einzeln zu erfassen und zu bewerten sind.[62)] Abweichungen von diesem Grundsatz sind nur unter bestimmten Voraussetzungen möglich und erklären sich vorwiegend aus Vereinfachungs- und Wirtschaftlichkeitsgesichtspunkten.

Gemäß handelsrechtlicher Einzelvorschriften können z. B. bei bestimmten Vermögensgegenständen Gruppenbewertungs- oder Sammelbewertungsverfahren angewendet werden,[63)] z. B. die Durchschnittsbewertung (§ 240 Abs. 4 HGB), die Bewertung nach Verbrauchs-/Veräußerungsfolgen (§ 256 HGB) oder auch die Bewertung zu einem Festwertansatz[64)] (§ 240 Abs. 3 HGB).

---

60) Bei Änderung eines Jahresabschlusses der Vergangenheit sind alle Folgeabschlüsse ebenfalls zu ändern. S. dazu HFA des IDW, Änderung von Jahres- und Konzernabschlüssen (IDW RS HFA 6), Stand: 12.4.2007, WPg Supplement 2/2007, 77 ff.

61) Vgl. dazu *Moxter*, WPg 1980, S. 345, 347.

62) Zum Grundsatz der Einzelbewertung vgl. ausführlich *Störk/Büssow* in: Beck'scher BilKomm, § 252 HGB Rz. 34 ff.

63) Zur Gruppenbewertung im Vorratsvermögen sowie zur Unzulässigkeit von Sammelbewertungsverfahren vgl. ausführlich BFH, Urt. v. 20.6.2000 – II R 32/98, BStBl. II 2001, 636.

64) Zu den Voraussetzungen vgl. grundlegend *Störk/Lewe* in: Beck'scher BilKomm, § 240 HGB Rz. 85 ff.

Ebenso können auf Erfahrungswissen basierende Pauschalbewertungen nach den GoB vorgenommen werden, z. B. bei der Bewertung von Garantierückstellungen oder auch bei Wertberichtigungen auf Forderungen.[65)]

Der Einzelbewertungsgrundsatz wird auch bei der Bilanzierung von Sicherungsgeschäften und der damit zusammenhängenden Bildung von Bewertungseinheiten nach § 254 Abs. 1 HGB außer Kraft gesetzt, um den ökonomischen Gehalt dieser Geschäfte mit Hilfe der Bilanzierung besser abzubilden.[66)]

- **Vorsichtsprinzip (§ 252 Abs. 1 Nr. 4 HGB):** Der Grundsatz der Vorsicht ist für den Inhalt des handelsrechtlichen Jahresabschlusses zentral.[67)] In § 252 Abs. 1 Nr. 4 HGB wird dieser Grundsatz in einem weiten Sinne definiert. Er umfasst danach das Realisations- und das Imparitätsprinzip; beide Prinzipien beruhen auf Festlegungen über den Zeitpunkt, zu dem Aufwendungen und Erträge in den Jahresabschluss aufzunehmen sind. **66**

  Nach h. A. existiert auch ein Vorsichtsgrundsatz im engeren Sinn. Diesem liegt die Vorstellung des „vorsichtigen Kaufmanns" zugrunde, der sich im Zweifel eher ärmer rechnet, als er tatsächlich ist.[68)] Bedeutung erlangt dies vor allem für Bewertungen, die stark durch unsichere Zukunftserwartungen geprägt sind. So ist z. B. i. R. der Rückstellungsbewertung bei unsicheren Erwartungen hinsichtlich selten auftretender Ereignisse ein Wertansatz zu wählen, der diese mit hoher Wahrscheinlichkeit abdeckt.

  Im Lichte der dominanten Prägung des Jahresabschlusses durch den Vorsichtsgrundsatz wird die Interessenwertung des handelsrechtlichen Gesetzgebers deutlich: Die Interessen von Gewinnberechtigten werden denjenigen solcher Anspruchsgruppen (insbesondere der Gläubiger) tendenziell nachgeordnet, die durch Ausschüttungen der Unternehmensgewinne Nachteile erleiden könnten.[69)] Der Vorsichtsgrundsatz führt so zu einer die Haftungssubstanz (Schuldendeckungsvermögen) und das Kapital des Unternehmens schützenden Gewinnermittlung und -ausschüttung.

- **Realisationsprinzip (§ 252 Abs. 1 Nr. 4 HGB):** Das Realisationsprinzip regelt – als Konkretisierung des Vorsichtsprinzips – den Zeitpunkt der **Gewinnverwirklichung.**[70)] Ein Gewinn ist demnach erst realisiert, wenn die Lieferung oder Leistung am Markt abgegeben und die Gefahr des zufälligen Untergangs des Gutes vom Verkäufer auf den Abnehmer übergegangen ist (Umsatzentstehungszeitpunkt).[71)] **67**

  Andererseits erfolgt durch das Realisationsprinzip die Gewinnverwirklichung im Regelfall nicht erst bei Zahlung der Leistung. Ein verbleibendes Nichtzahlungsrisiko des Abnehmers führt nicht zur Verzögerung des Realisationszeitpunktes; stattdessen ist das Risiko durch eine Wertberichtigung der entsprechenden Forderung zu berücksichtigen.[72)]

---

65) Zur Bemessung von Abschreibungen auf den Forderungsbestand s. im Einzelnen *Schäfer*, Bilanzierung für Forderungen, S. 2365.

66) Zu Bewertungseinheiten nach dem BilMoG s. im Einzelnen *Schmidt*, BB 2009, 882, 886.

67) Vgl. u. a. *Budde/Steuber*, AG 1996, 542, oder *Moxter*, Grundsätze ordnungsgemäßer Rechnungslegung, S. 33.

68) Vgl. unter vielen *Coenenberg/Haller/Schultze*, Jahresabschluss, S. 43 f.

69) Vgl. *Moxter* in: Ballwieser/Coenenberg/v. Wysocki, Handwörterbuch der Rechnungslegung und Prüfung, Sp. 1047.

70) Vgl. auch grundlegend *Moxter*, Grundsätze ordnungsgemäßer Rechnungslegung, S. 41. Konkret zum Zeitpunkt: BFH, Urt. v. 20.5.1992 – X R 49/89, BStBl. II, 1992, 904.

71) Vgl. unter vielen *Leffson*, Ordnungsgemäße Buchführung, 7. Aufl., S. 251; *Moxter*, Bilanzrechtsprechung, S. 48, oder auch *Federmann*, Bilanzierung, S. 172.

72) Vgl. unter vielen *Federmann*, Bilanzierung, S. 526.

Nach dem Realisationsprinzip haben bloße Werterhöhungen an „ruhendem Vermögen" keine Gewinnwirkungen.[73] Im Falle langfristiger Auftragsfertigung kommt es durch strenge Anwendung des Realisationsprinzips zu einer relativ späten Gewinnverwirklichung erst im Geschäftsjahr der Fertigstellung und Abgabe der gesamten Leistung an den Markt.[74]

68 – **Imparitätsprinzip (§ 252 Abs. 1 Nr. 4 HGB):** Eine weitere Konkretisierung des Vorsichtsprinzips stellt das Imparitätsprinzip dar.[75] Während das Realisationsprinzip den Zeitpunkt der Gewinnverwirklichung festlegt, regelt das Imparitätsprinzip die Verlustverwirklichung, und zwar i. S. einer **Verlustvorwegnahme**.[76] Gemäß Imparitätsprinzip müssen vorhersehbare Risiken und Verluste, die bis zum Abschlussstichtag entstanden sind, bereits bei ihrem Bekanntwerden bilanziert werden, nicht erst bei ihrem Eintritt.

Durch das Imparitätsprinzip kommt es zu einer asymmetrischen Erfassung positiver und negativer Erfolgsbeiträge. Verluste werden tendenziell früher berücksichtigt als Gewinne. Auch diese Vorgehensweise dient dem Gläubigerschutz (siehe oben Rz. 66): würden nämlich erwartete Verluste nicht vorweggenommen, könnten ggf. Gewinne (noch) ausgewiesen und ausgeschüttet werden, die für die Abdeckung künftiger Verluste notwendig wären.[77]

Das Imparitätsprinzip wird durch das Niederstwertprinzip auf der Aktivseite (§ 253 Abs. 1 Satz 1 HGB) und durch das Höchstwertprinzip auf der Passivseite konkretisiert, ferner durch die Bildung von Rückstellungen für drohende Verluste (§ 249 Abs. 1 Satz 1 HGB).[78]

69 – **Stichtagsprinzip (§ 252 Abs. 1 Nr. 2 HGB) und Wertaufhellungsprinzip (§ 252 Abs. 1 Nr. 4 HGB):** In der Bilanz des Jahresabschlusses werden die Vermögensgegenstände und Schulden zum Bilanzstichtag (Stichtagsprinzip) erfasst. Erstellt wird der Jahresabschluss allerdings erst nach dem Bilanzstichtag, so dass bis dahin noch zusätzlich relevante Informationen zugehen können. Das Wertaufhellungsprinzip verlangt, alle diejenigen Ereignisse nach dem Bilanzstichtag zu berücksichtigen, die Informationen über bis zum Bilanzstichtag bestehende Gegebenheiten liefern (werterhellende Informationen).[79] Informationen, die auf Gegebenheiten nach dem Bilanzstichtag basieren (wertbegründende Informationen), dürfen indes im Jahresabschluss des letzten Geschäftsjahres nicht berücksichtigt werden.

70 – **Grundsatz der Periodenabgrenzung (§ 252 Abs. 1 Nr. 5 HGB):** Aufwendungen und Erträge sind nach diesem Grundsatz unabhängig von den Zahlungszeitpunkten im Jahresabschluss zu erfassen.[80] Hierin begründet sich bspw. der Ansatz planmäßiger

73) Vgl. *Moxter* in: Ballwieser/Coenenberg/v. Wysocki, Handwörterbuch der Rechnungslegung und Prüfung, Sp. 1047 f.

74) Vgl. BFH, Urt. v. 5.5.1976 – I R 121/74, BFHE 119, 59 = BStBl. II, 1976, 541, sowie auch *Moxter*, Bilanzlehre, Bd. 2, S. 39.

75) Vgl. *Groh*, StuW 1976, 32, 42, oder auch *Moxter*, WPg 1986, 174.

76) Hierzu grundlegend *Moxter*, Grundsätze ordnungsgemäßer Rechnungslegung, S. 55.

77) Vgl. u. a. *Federmann*, Bilanzierung, S. 201.

78) Vgl. etwa *Moxter* in: Ballwieser/Coenenberg/v. Wysocki, Handwörterbuch der Rechnungslegung und Prüfung, Sp. 1048.

79) Hinsichtlich bis zum Abschlussstichtag eingetretener Vorgänge, die sich erst allmählich im neuen Geschäftsjahr auswirken, vgl. *Hoffmann/Lüdenbach*, Bilanzierung, Handels- und Steuerrecht, § 252 HGB Rz. 66 ff.

80) Vgl. *Hoffmann/Lüdenbach*, Bilanzierung, Handels- und Steuerrecht, § 252 HGB Rz. 205 ff. – auch zu Ausnahmen.

Abschreibungen bei abnutzbaren Gegenständen des Anlagevermögens oder auch die Aktivierung selbst geschaffener Vermögensgegenstände.

- **Grundsatz der Bewertungsstetigkeit (§ 252 Abs. 1 Nr. 6 HGB):** Der Grundsatz der Bewertungsstetigkeit soll die Vergleichbarkeit aufeinander folgender Jahresabschlüsse gewährleisten und fordert die Beibehaltung der auf den vorhergehenden Jahresabschluss angewandten Bewertungsmethoden.[81] Abweichungen hiervon sind nur zulässig, wenn besondere Umstände vorliegen, wenn sich bspw. die für die Bewertung relevanten Gegebenheiten so verändert haben, dass der Jahresabschluss andernfalls kein zuverlässiges Bild der Vermögens- oder Ertragslage zeichnen würde. 71

II. Zugangsbewertung von Vermögensgegenständen und Schulden

1. Grundlagen

Die handelsrechtliche Bewertung lässt sich in Abhängigkeit vom Bewertungszeitpunkt in die sog. Zugangsbewertung und die Folgebewertung differenzieren. Zum Zeitpunkt der Ersterfassung eines Vermögens- oder Schuldenpostens, seines Zugangs, stellt sich die Frage nach der **Zugangsbewertung.** 72

In den Folgezeiträumen wird der Wertansatz des Postens fortgeführt und an den jeweiligen Bilanzstichtagen – dem Niederst- bzw. Höchstwertprinzip folgend – mit spezifisch relevanten Korrekturwerten zur Überprüfung seiner Werthaltigkeit verglichen; hieraus ergibt sich die **Folgebewertung.** 73

In den nächsten Abschnitten II. 2. bzw. 3. (siehe Rz. 75 ff., 96 ff.) werden zunächst die grundlegenden Wertansätze der Zugangsbewertung von Vermögensgegenständen bzw. Schulden nach § 253 Abs. 1 HGB dargestellt. Anschließend wird in III. (siehe Rz. 100 ff.) auf deren Folgebewertung eingegangen. 74

2. Zugangsbewertung von Vermögensgegenständen

Gemäß § 253 Abs. 1 Satz 1 HGB sind als Wertansätze der Zugangsbewertung für Vermögensgegenstände die Anschaffungskosten oder die Herstellungskosten heranzuziehen. Durch das BilMoG wurde zudem der beizulegende Zeitwert als Ausgangswert für bestimmte Vermögensgegenstände eingeführt. 75

a) Anschaffungskosten

Die Anschaffungskosten stellen den originären Wertansatz (Ausgangswert) für fremdbezogene Vermögensgegenstände dar. Sie gewährleisten die erfolgsneutrale Erfassung von Anschaffungsvorgängen (Erfolgsneutralitätsprinzip). 76

Anschaffungskosten entsprechen nach § 255 Abs. 1 HGB allen Aufwendungen (begrifflich präziser: Ausgaben), die geleistet werden, um einen Gegenstand zu erwerben und betriebsbereit zu machen. Sie setzen sich daher aus folgenden Bestandteilen zusammen: 77

	Anschaffungspreis
./.	Anschaffungspreisminderungen
+	Anschaffungsnebenkosten
+	nachträgliche Anschaffungskosten
=	Anschaffungskosten

81) Vgl. *Hoffmann/Lüdenbach*, Bilanzierung, Handels- und Steuerrecht, § 252 HGB Rz. 209 ff.

78 Die Ausgangsgröße zur Ermittlung der Anschaffungskosten bildet der **Anschaffungspreis**, der einfach und objektiviert aus den Eingangsrechnungen abzulesen ist.[82] Wird der Anschaffungspreis eines Gegenstands in Fremdwährung geleistet, ist der Umrechnungskurs am Tag des Verfügungsmachterhalts über den Gegenstand relevant.[83] Nach dem Konzeptionsgrundsatz der Pagatorik sind beim entgeltlichen Erwerb von Gegenständen nur die tatsächlich für die Beschaffung ausgegebenen Beträge zu berücksichtigen. **Anschaffungspreisminderungen**, wie Rabatte oder in Anspruch genommene Skonti, werden daher vom Anschaffungspreis abgezogen.[84]

79 Zu den **Anschaffungsnebenkosten**[85] zählen alle direkt zurechenbaren Ausgaben, die erforderlich sind, um den Gegenstand zu beschaffen und ihn in einen betriebsbereiten Zustand zu versetzen. Hierzu zählen bspw.:

(1) Ausgaben bei der **Beschaffung**:
- Begutachtungs-, Verpackungs- und Transportausgaben,
- Provisionen und Courtagen,
- Notariats-, Gerichts- und Registerausgaben,
- Grunderwerbsteuer und
- Transportversicherungsprämien.

(2) Ausgaben zur Versetzung in die **Betriebsbereitschaft**:
- Montage- und Fundamentierungsausgaben,
- Ausgaben für Probeläufe und
- Ausgaben für die Abnahme von Gebäuden und Anlagen.

80 **Nachträgliche Anschaffungskosten** sind Ausgaben, die erst nach Abschluss des Anschaffungsvorgangs anfallen.[86] Es handelt sich dabei entweder um nachträgliche Ausgaben für bereits beschaffte Vermögensgegenstände – i. S. von Anschaffungsnebenkosten, die sich erst später ergeben haben – oder um nachträgliche Erhöhungen des ursprünglichen Kaufpreises.[87]

b) Herstellungskosten

81 Die Herstellungskosten stellen nach § 253 Abs. 1 Satz 1 HGB den Ausgangwert für alle vom Unternehmen selbst hergestellten Vermögensgegenstände dar (z. B. unfertige und fertige Erzeugnisse, selbst erstelltes Anlagevermögen).

82 Der Umfang zu berücksichtigender Herstellungskosten folgt in erster Linie dem **Grundsatz der sachlichen Abgrenzung**, nach dem alle im Abrechnungszeitraum hergestellten, aber (noch) nicht verkauften Vermögensgegenstände mit den ihnen zuzurechnenden Ausgaben anzusetzen sind; Erfolgsneutralität des Herstellungsvorgangs wird so sichergestellt.

83 Herstellungskosten müssen dem Grundsatz der Pagatorik genügen. Insofern können Kosten, die nicht zu Zahlungen des Unternehmens führen, nicht berücksichtigt werden. Hierzu gehören die i. R. der Kostenrechnung häufig verwandten **kalkulatorischen Kostenarten**,

82) Für verschiedene Probleme bei unentgeltlichem Erwerb vgl. *Wohlgemuth* in: v. Wysocki/Schulze-Osterloh/Henrichs/Kuhner, HdJ, Abt. I/9, Rz. 71.

83) *Schubert/Hutzler* in: Beck'scher BilKomm, § 255 HGB Rz. 46.

84) Für die Behandlung von Boni als Anschaffungspreisminderung vgl. *Schubert/Gadek* in: Beck'scher BilKomm, § 255 HGB Rz. 62.

85) Vgl. dazu *Husemann*, Ordnungsmäßige Bilanzierung, S. 90.

86) Zur entsprechenden Bilanzrechtsprechung vgl. *Moxter*, Bilanzrechtsprechung, S. 183.

87) S. a. *Schubert/Hutzler* in: Beck'scher BilKomm, § 255 HGB Rz. 66 ff.

wie kalkulatorischer Unternehmerlohn, kalkulatorische Mieten oder auch die kalkulatorischen Abschreibungen, mit denjenigen Bestandteilen, die von den bilanziellen Abschreibungen abweichen.[88)]

Da die Zurechnung bestimmter Ausgaben im Zweifelsfall strittig sein kann, bedarf der 84
Grundsatz sachlicher Abgrenzung einer **gesetzlichen Konkretisierung.** Nach § 255 Abs. 2 Satz 1 HGB versteht man unter Herstellungskosten Aufwendungen (begrifflich präziser: Ausgaben), die durch den Verbrauch von Gütern und die Inanspruchnahme von Diensten für die Herstellung eines Vermögensgegenstandes, seine Erweiterung oder für eine über seinen ursprünglichen Zustand hinausgehende wesentliche Verbesserung entstehen.

Praxishinweis

Der Umfang der anzusetzenden Herstellungskosten wird durch § 255 Abs. 2, 3 HGB geregelt und in der nachfolgenden Abb. 4 veranschaulicht. Anders als bei den Anschaffungskosten kann der Kaufmann aufgrund gesetzlich eingeräumter Wahlrechte zwischen der Wertuntergrenze der Herstellungskosten, der Wertobergrenze oder einem Betrag zwischen diesen Grenzwerten wählen. Die Wertuntergrenze setzt sich allein aus den Pflichtbestandteilen zusammen, die Wertobergrenze aus den Pflichtbestandteilen und sämtlichen Wahlrechtsbestandteilen.

Abb. 4: Umfang der Herstellungskosten 85

Herstellungskosten (§ 255 Abs. 2–3 dHGB)	**Aktivierung in der Handelsbilanz?**	
Materialeinzelkosten	Pflicht	
Fertigungseinzelkosten	Pflicht	
Sondereinzelkosten der Fertigung	Pflicht	
Material - und Fertigungsgemeinkosten	Pflicht	
Allgemeine Verwaltungskosten	Wahlrecht	
Aufwendungen für soziale Einrichtungen	Wahlrecht	
Aufwendungen für freiwillige soziale Leistungen	Wahlrecht	
Aufwendungen für betriebliche Altersversorgung	Wahlrecht	
Fremdkapitalzinsen	Wahlrecht	**Höchstansatz (Wertobergrenze)**
Sondereinzelkosten des Vertriebs	Verbot	
Vertriebsgemeinkosten	Verbot	
Forschungskosten	Verbot	

Quelle: In Anlehnung an *Coenenberg/Haller/Schultze*, Jahresabschluss, S. 105.

Die handelsrechtliche **Wertuntergrenze** der Herstellungskosten wird durch die Summe 86
der Einzelkosten und der variablen Gemeinkosten der Herstellung gebildet (§ 255 Abs. 2 Satz 2).

- Zu den Einzelkosten gehören Materialeinzelkosten (z. B. für Rohstoffe), Fertigungseinzelkosten (z. B. für Fertigungslöhne) sowie die Sondereinzelkosten der Fertigung (z. B. Lizenzausgaben); letztgenannte stellten Einzelkosten des Auftrags, nicht des einzelnen Vermögensgegenstands dar.

---

88) Zur Ermittlung der Herstellungskosten aus der Kostenrechnung vgl. *Baetge/Uhlig*, WiSt 1985, 274.

– Pflichtbestandteile der Herstellungskosten sind auch angemessene Teile der Materialgemeinkosten (z. B. für Lagerhaltung), der Fertigungsgemeinkosten[89] (z. B. für Fertigungsvorbereitung und -kontrolle) sowie des Werteverzehrs des Anlagevermögens (planmäßige Abschreibungen), soweit dieser durch die Fertigung veranlasst wird. „Angemessen" bedeutet in diesem Zusammenhang, dass Ausgaben, die das normale Maß wesentlich überschreiten, nicht in die Herstellungskosten einbezogen werden dürfen.

87 Die **Wertobergrenze** der Herstellungskosten wird erreicht, wenn neben der Wertuntergrenze noch alle Ausgabenarten einbezogen werden, für die ein Wahlrecht besteht. Dies betrifft nach § 255 Abs. 2 Satz 3 HGB die folgenden Kostenbestandteile, sofern diese auf den Zeitraum der Herstellung entfallen:

– Kosten der allgemeinen Verwaltung (z. B. Ausgaben für die Geschäftsleitung),
– Aufwendungen für soziale Einrichtungen des Betriebs (z. B. für Kantinen),
– Aufwendungen für freiwillige soziale Leistungen (z. B. für Jubiläumsgeschenke) und
– Aufwendungen für betriebliche Altersversorgung (z. B. Beiträge zu Direktversicherungen).[90]

88 § 255 Abs. 3 Satz 2 HGB ermöglicht auch – unter bestimmten Bedingungen – eine Berücksichtigung von Fremdkapitalzinsen und gewährt damit eine Ausnahme vom allgemeinen Aktivierungsverbot für **Geldbeschaffungskosten**. Hiernach dürfen Fremdkapitalzinsen in die Herstellungskosten miteinbezogen werden, wenn das Fremdkapital zur Finanzierung der Herstellung eines Vermögensgegenstands dient und die Fremdkapitalzinsen auf den Zeitraum der Herstellung entfallen.[91]

89 Zu den aktivierungspflichtigen Herstellungskosten gehören auch die Ausgaben für die Erweiterung oder für eine über den ursprünglichen Zustand hinausgehende, wesentliche Verbesserung des Vermögensgegenstands; diese werden als **nachträgliche Herstellungskosten** bezeichnet.[92]

90 Nachträgliche Herstellungskosten sind zu unterscheiden von Ausgaben für **reine Instandhaltungsmaßnahmen**, die (nur) dazu beitragen, den ursprünglichen Zustand eines Gegenstands zu bewahren; jene Instandhaltungsausgaben stellen Aufwand der Periode dar. Steuerlich wird diese Abgrenzungsfrage unter dem Stichwort „Herstellungsaufwand versus Erhaltungsaufwand" diskutiert und geregelt (vgl. R 21.1 EStR).

91 **Vertriebskosten und Forschungskosten** dürfen nicht in den Herstellungskosten berücksichtigt werden (§ 255 Abs. 2 Satz 4 HGB). Weil die Abgrenzung von Forschungs- und Entwicklungskosten nicht eindeutig ist, hat der handelsrechtliche Gesetzgeber die Begriffe Forschung und Entwicklung präzisiert.

– Forschung ist nach § 255 Abs. 2a Satz 3 HGB die eigenständige und planmäßige Suche nach neuen wissenschaftlichen oder technischen Erkenntnissen oder Erfahrungen allgemeiner Art; über die technische Verwertbarkeit und wirtschaftliche Erfolgsaussichten können dabei grundsätzlich keine Aussagen getroffen werden.

---

89) Vgl. auch *Hoffmann/Lüdenbach*, Bilanzierung, Handels- und Steuerrecht, § 255 HGB Rz. 129, 130.

90) Zu den sozialen Aufwendungen im Einzelnen *Schubert/Hutzler* in: Beck'scher BilKomm, § 255 HGB Rz. 376 f.

91) Die erste Bedingung ist allerdings nicht unmittelbar zu interpretieren, da keine Verbindung zwischen Kapitalherkunft und -verwendung besteht, vgl. dazu *Mülhaupt*, Bindungsgedanke in der Finanzierungslehre, S. 74.

92) Vgl. *Schubert/Hutzler* in: Beck'scher BilKomm, § 255 HGB Rz. 318.

– Unter Entwicklung wird die Anwendung von Forschungsergebnissen oder von anderem Wissen verstanden, mit dem Ziel der Neu- oder Weiterentwicklung von Gütern oder Verfahren mittels wesentlicher Veränderungen (§ 255 Abs. 2a Satz 2 HGB). Entwicklung zielt also stets auf die Entstehung von Gütern oder Verfahren ab, die am Markt verwertet oder im Unternehmen konkret verwendet werden können.[93)]

Praxishinweis

Bedeutsam ist diese definitorische Abgrenzung, weil für die Entwicklungskosten von selbst geschaffenen, immateriellen Vermögensgegenständen des Anlagevermögens ein Aktivierungswahlrecht gilt (§ 255 Abs. 2a Satz 1 HGB i. V. mit § 248 Abs. 2 Satz 1 HGB).[94)] Wenn allerdings Forschung und Entwicklung nicht zuverlässig voneinander abgrenzbar sind, dürfen die entsprechenden Ausgaben nicht in den Herstellungskosten jener Vermögensgegenstände mitberücksichtigt werden (§ 255 Abs. 2a Satz 4 HGB).

c) Beizulegender Zeitwert

Mit dem BilMoG wurde der beizulegende Zeitwert als weiterer Ausgangswert für Vermögensgegenstände und Schulden gesetzlich kodifiziert. Dieser entspricht gemäß § 255 Abs. 4 Satz 1 HGB dem Marktpreis, der auf einem aktiven Markt ermittelt wird. Ist ein solcher Marktpreis nicht ermittelbar, ist der beizulegende Zeitwert mittels allgemein anerkannter Bewertungsmethoden zu bestimmen;[95)] weil hierbei Rechnungslegenden erhebliche Ermessensspielräume eröffnet werden, fordert der Gesetzgeber in § 285 Nr. 20, 25 HGB die Offenlegung der grundlegenden Ermittlungsannahmen im Anhang.[96)] 92

Nach § 253 Abs. 1 Satz 4 HGB dient der beizulegende Zeitwert als **Zugangswert** (sowie auch als Folgewert) für spezifische Vermögensgegenstände, die ausschließlich der Erfüllung von Schulden aus Altersvorsorgeverpflichtungen oder ähnlichen langfristigen Verpflichtungen dienen; es handelt sich hierbei um das sog. Planvermögen, das gemäß § 246 Abs. 2 Satz 2 HGB mit diesen Schulden zu verrechnen ist. 93

Bei der Zugangsbewertung eines **Vermögensbündels**, d. h. wenn mehrere Vermögensgegenstände zusammen erworben werden (z. B. beim Kauf eines Gebäudes einschließlich seiner Einrichtung), dient der beizulegende Zeitwert ebenso als Wertmaßstab. Die selbstständig verkehrsfähigen Einzelteile des Vermögensbündels sind dabei mit ihren jeweiligen beizulegenden Zeitwerten zu bewerten. Wenn die Summe der Zeitwerte die Anschaffungskosten des Bündels über- oder unterschreitet, so ist der Unterschiedsbetrag im Verhältnis der Zeitwerte der bilanzierten Einzelteile auf diese zu übertragen.[97)] 94

Im Regierungsentwurf des BilMoG war der beizulegende Zeitwert auch noch als verpflichtender Ausgangswert (sowie als Folgewert) für zu Handelszwecken erworbene **Finanzinstrumente** für alle Unternehmen vorgesehen. Der endgültige BilMoG-Gesetzestext enthält diese breit anzuwendende Vorschrift nicht mehr; nun müssen allein Kreditinstitute 95

---

93) Vgl. dazu *Engel-Ciric*, BC 2008, 81, 82, und im Einzelnen auch Begr. RegE BilMoG, BT-Drucks. 16/10067, S. 60.

94) Gemäß Begr. RegE BilMoG, BT-Drucks. 16/10067, S. 61, ist dabei grundsätzlich auf den Zeitpunkt des Übergangs vom systematischen Suchen zum Erproben und Testen der gewonnenen Erkenntnisse oder Fertigkeiten abzustellen.

95) Insbesondere der zweite Teil der Definition ist unbestimmt und deshalb interpretationsbedürftig. Mit dem BilMoG und dem darin enthaltenen erweiterten Einsatzbereich dieses Bewertungsmaßstabs wurde eine Annäherung an die IFRS verfolgt (vgl. dazu Begr. RegE BilMoG, BT-Drucks. 16/10067, S. 34), weshalb es naheliegend ist, die Begriffsinterpretation an die Definition des „fair value" anzulehnen.

96) Für die Einschränkung der Anwendung des beizulegenden Zeitwertes vgl. Begr. RegE BilMoG, BT-Drucks. 16/10067, S. 61.

97) S. a. *Schubert/Hutzler* in: Beck'scher BilKomm, § 255 HGB Rz. 75.

und Finanzdienstleistungsinstitute die Finanzinstrumente des Handelsbestands mit diesem Wertansatz bewerten (§ 340e Abs. 3 HGB).

3. Zugangsbewertung von Schulden

96 Die relevanten Wertansätze zur Zugangsbewertung von Schulden sind in § 253 Abs. 1 HGB niedergelegt. Verbindlichkeiten sind grundsätzlich mit ihrem Erfüllungsbetrag, Rückstellungen mit dem nach vernünftiger kaufmännischer Beurteilung notwendigen Erfüllungsbetrag anzusetzen (§ 253 Abs. 1 Satz 2 HGB).

- Unter **Erfüllungsbetrag** versteht man den sicheren oder wahrscheinlichen Betrag, den ein Schuldner zur Erfüllung seiner Verpflichtung aufbringen muss.[98] Der Erfüllungsbetrag von Geldleistungsverpflichtungen entspricht grundsätzlich dem Nennbetrag,[99] jener von Sachleistungsverpflichtungen umfasst den voraussichtlich aufzuwendenden Geldbetrag.[100]
- Rückstellungen sind i. H. des **nach vernünftiger kaufmännischer Beurteilung notwendigen Erfüllungsbetrags** anzusetzen; demnach sind bei ihrer Bewertung auch künftige Preis- und Kostensteigerungen – unter Verletzung des Stichtagsgrundsatzes – zu berücksichtigen.

97 Rückstellungen mit einer **Restlaufzeit von mehr als einem Jahr** sind gemäß § 253 Abs. 2 Satz 1 HGB mit einem spezifischen Marktzinssatz zu diskontieren, d. h. für diese ist ein Barwert zu ermitteln; als Diskontierungszinssatz ist hierbei ein der individuellen Restlaufzeit entsprechender durchschnittlicher Marktzinssatz der vergangenen sieben Geschäftsjahre heranzuziehen.

98 Für **Altersvorsorgeverpflichtungen** oder vergleichbare langfristig fällige Verpflichtungen besteht gemäß § 253 Abs. 2 Satz 2 HGB ein Wahlrecht, das die Diskontierung vereinfacht, allerdings damit gegen den Einzelbewertungsgrundsatz verstößt. Demzufolge dürfen entsprechende Verpflichtungen mit einem durchschnittlichen Marktzinssatz diskontiert werden, der sich bei einer pauschal angenommenen Restlaufzeit von 15 Jahren ergibt. Die hierbei anzuwendenden Marktzinssätze sind jene, welche die deutsche Bundesbank monatlich ermittelt und veröffentlicht.

99 Abschließend ist noch auf eine Gruppe spezifischer Schulden einzugehen, die mit dem **beizulegenden Zeitwert** bewertet werden. Es handelt sich um die sog. *wertpapiergebundenen Pensionszusagen*. Hierunter versteht man Altersversorgungsverpflichtungen, deren Höhe ausschließlich vom beizulegenden Zeitwert spezifischer Wertpapiere bestimmt wird. Soweit der beizulegende Zeitwert dieser Wertpapiere einen garantierten Mindestbetrag überschreitet, sind hierfür Rückstellungen i. H. des entsprechenden Zeitwerts anzusetzen (§ 253 Abs. 1 Satz 3 HGB).

III. Folgebewertung von Vermögensgegenständen und Schulden

1. Grundlagen

100 Vermögensgegenstände, die im Zugangszeitpunkt zu Anschaffungs- oder Herstellungskosten bewertet werden, unterliegen in der Regel im Zeitablauf einer **Wertminderung**. Zum Zweck einer „richtigen“ Vermögens- und Erfolgsermittlung ist dieser Werteverzehr an den jeweiligen Bilanzstichtagen der Folgezeiträume zu erfassen.

---

98) Vgl. *Schubert* in: Beck'scher BilKomm, § 253 HGB Rz. 50 ff.

99) Vgl. BFH, Urt. v. 4.3.1976 – IV R 78/72, BStBl II 1977, 380 = DB 1977, 800.

100) Vgl. BFH, Urt. v. 13.12.1972 – I R 7/70, I R 8/70, BStBl. II 1973, 217.

Bei Vermögensgegenständen des Anlagevermögens mit zeitlich begrenzter Nutzungsdauer (abnutzbares Anlagevermögen) ist es vorhersehbar, dass jene an Wert verlieren. Der vorhersehbare Werteverzehr wird durch **planmäßige Abschreibungen** über die Nutzungsdauer berücksichtigt (§ 253 Abs. 3 Satz 1 HGB). Im Rahmen der Folgebewertung des abnutzbaren Anlagevermögens sind die um planmäßige Abschreibungen fortgeführten Ausgangswerte anzusetzen, die sog. **fortgeführten Anschaffungs- und Herstellungskosten.** 101

Schulden werden grundsätzlich mit ihren **Erfüllungsbeträgen** unverändert in den folgenden Jahresabschlüssen fortgeführt. Existieren bei Schulden vorhersehbare Wertänderungen, sind diese planmäßig zu erfassen. Beispielsweise sind Schuldenposten, die originär zum Barwert angesetzt wurden, im Regelfall planmäßig um den Diskontierungsanteil des letzten Abrechnungszeitraums zu erhöhen (**fortgeführter Barwert**).[101] 102

Neben diesen vorhersehbaren Wertänderungen ist es nicht auszuschließen, dass bei den Bilanzposten auch **nicht-vorhersehbare Wertänderungen** auftreten. Diese werden bei Vermögensgegenständen durch **außerplanmäßige Abschreibungen**, bei Schulden analog durch **Zuschreibungen** bilanziell erfasst. Um das Vorliegen solcher nicht-vorhersehbaren Wertänderungen feststellen zu können, müssen gemäß dem *Niederstwertprinzip* bzw. *Höchstwertprinzip* die fortgeführten Ausgangswerte am Bilanzstichtag mit bestimmten Korrekturwerten entsprechender Vermögensgegenstände bzw. Schulden verglichen werden. 103

Gegenstände des nicht abnutzbaren Anlagevermögens, z. B. Grund und Boden oder Beteiligungen, haben eine unbegrenzte Nutzungsdauer und werden aus diesem Grunde nicht planmäßig abgeschrieben. Genauso wie **Gegenstände des Umlaufvermögens**, die bspw. zum Verkauf oder zur Weiterverarbeitung bestimmt sind, werden diese – vorbehaltlich möglicher außerplanmäßiger Abschreibungen – mit ihren unveränderten Anschaffungs- und Herstellungskosten in den folgenden Jahresabschlüssen fortgeführt. 104

Wurde bei Vermögengegenständen des Anlage- oder Umlaufvermögens eine außerplanmäßige Wertkorrektur vorgenommen, fällt aber der Grund dafür im nachfolgenden Abrechnungszeitraum weg, gilt nach § 253 Abs. 5 Satz 1 HGB ein grundsätzliches **Wertaufholungsgebot**, d. h. die außerplanmäßige Abschreibung ist wieder erfolgswirksam rückgängig zu machen; bei dieser Zuschreibung dürfen jedoch die fortgeführten Anschaffungs- oder Herstellungskosten nicht überschritten werden. 105

Nachfolgende Abb. 5 veranschaulicht die grundlegende Vorgehensweise bei der Folgebewertung von Vermögensgegenständen und Schulden. 106

101) Vgl. *Schubert* in: Beck'scher BilKomm, § 253 HGB Rz. 50 ff.

107 **Abb. 5: Grundlegende Vorgehensweise bei der Folgebewertung**

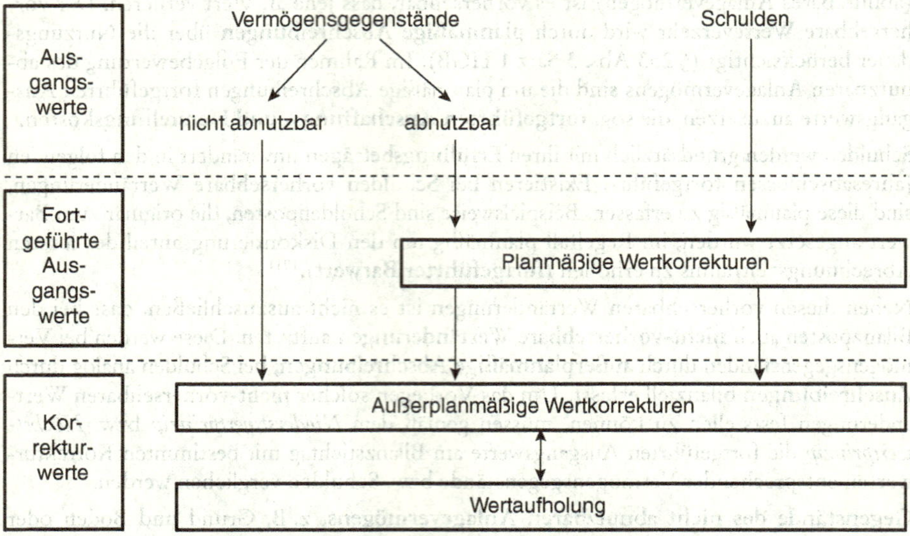

Quelle: In Anlehnung an *Coenenberg/Haller/Schultze*, Jahresabschluss, S. 124.

108 Abschließend sei noch kurz auf die **Folgebewertung** zweier Vermögenspositionen eingegangen, für die durch das **BilMoG** eine Zeitbewertung kodifiziert wurde. Es kann bei der Folgebewertung von **Planvermögen** zum beizulegenden Zeitwert im Falle einer Zeitwerterhöhung zum Bilanzstichtag zu einer Gewinnerzielung kommen. Es handelt sich dabei allerdings nicht um einen durch einen Umsatzakt realisierten Gewinn i. S. des Realisationsprinzips, sondern nur um einen realisierbaren Gewinn. Um weiterhin eine durch Vorsicht geprägte Kapitalerhaltung zu gewährleisten, sieht der Gesetzgeber in diesem Falle eine Ausschüttungssperre vor (§ 268 Abs. 8 Satz 3 HGB).[102)]

109 Die durch das BilMoG eingeführte Folgebewertung von **zu Handelszwecken erworbenen Finanzinstrumenten bei Kreditinstituten** zum beizulegenden Zeitwert (§ 340e Abs. 3 HGB) steht im Widerspruch zum Realisationsprinzip.[103)] Wertänderungen sind hier auch erfolgswirksam, allerdings abzüglich eines angemessenen Risikoabschlags, zu berücksichtigen.[104)] Bei steigenden Marktpreisen kann dies – unter Verletzung des Realisationsprinzips – laufend zu gewinnwirksamen Erfassungen führen.

2. Planmäßige Abschreibungen

110 Abnutzbares Anlagevermögen unterliegt vorhersehbaren Wertminderungen aufgrund technischer, verbrauchsbedingter, rechtlicher oder auch wirtschaftlicher Ursachen.[105)] Nach § 253 Abs. 3 Satz 1 HGB sind die ursprünglichen Anschaffungs- und Herstellungskosten durch die Vornahme planmäßiger Abschreibungen über die Nutzungsdauer zu verringern. Planmäßigkeit der Abschreibungen verlangt, dass ihre Bestimmungsfaktoren – Bemes-

---

102) Vgl. hierzu *Grottel/Huber* in: Beck'scher BilKomm, § 268 HGB Rz. 69.

103) Vgl. *Schulze-Osterloh*, DStR 2008, S. 63, 69, und *Wehrheim/Fross*, ZfB 2010, 71, 79.

104) Darüber hinaus sind nach § 340e Abs. 4 HGB in jedem Geschäftsjahr mindestens 10 % der Nettoerträge aus dem Handelsbestand – soweit diese erzielt werden – dem Sonderposten „Fonds für allgemeine Bankrisiken" (§ 340g HGB) zuzuführen und gesondert auszuweisen.

105) Vgl. u. a. *Federmann*, Bilanzierung, S. 461–463, 467.

sungsgrundlage, Abschreibungszeitraum und Abschreibungsmethode – in einem **Abschreibungsplan** festgelegt werden.

Bemessungsgrundlage der bilanziellen Abschreibungen sind die Anschaffungs- bzw. Herstellungskosten; wird am Ende der Nutzungsdauer noch ein wesentlicher Restwert erwartet, der hinreichend zuverlässig beziffert werden kann, so sind die Anschaffungs- und Herstellungskosten um jenen Restwert zu vermindern.[106) **111**

Der **Abschreibungszeitraum** richtet sich nach der voraussichtlichen Nutzungsdauer des Anlagegegenstands (§ 253 Abs. 3 Satz 2 HGB). Der Abschreibungszeitraum beginnt grundsätzlich mit dem Zeitpunkt der Anschaffung (Übertragung der Verfügungsmacht) bzw. Herstellung (Fertigstellung) und endet mit dem Zeitpunkt, zu dem eine Nutzung aufgrund körperlichen Verschleißes, wirtschaftlicher Unzweckmäßigkeit oder rechtlicher Unzulässigkeit nicht mehr sinnvoll bzw. möglich ist.[107) **112**

Bei der Schätzung der **Nutzungsdauer** ist die Dauer der wirtschaftlichen Nutzung des Gegenstands maßgebend. Seitens des HGB existieren keine Vorgaben zu bestimmten Nutzungsdauern; vonseiten der Finanzverwaltung liegen allerdings Nutzungsdauertabellen für die steuerliche Abschreibung (AfA-Tabellen) vor, in denen die „betriebsgewöhnliche Nutzungsdauer von Anlagegütern" festgelegt sind; nur in begründeten Fällen darf steuerrechtlich von diesen abgewichen werden.[108) Mit dem **BilRUG** hat eine Ausnahme Eingang in das deutsche Handelsrecht gefunden. Die Nutzungsdauer von aktivierten selbsterstellten immateriellen Vermögensgegenständen und entgeltlich erworbenen Geschäfts- oder Firmenwerten wird auf zehn Jahre festgelegt, sofern keine verlässliche Schätzung der Nutzungsdauer möglich ist (§ 253 Abs. 3 Sätze 3, 4 HGB). **113**

> **Praxishinweis**
>
> In der Praxis werden die steuerlichen Nutzungsdauern auch für die handelsrechtliche Abschreibung zugrunde gelegt. Im Regelfall sind die Nutzungsdauern gemäß AfA-Tabelle kürzer als die wirtschaftlichen Nutzungsdauern.

Im Zugangsjahr müssen die Abschreibungen – je nach zeitlichem Zugang des entsprechenden Vermögensgegenstands – zeitanteilig (pro rata temporis) ermittelt werden. Gemäß dem Wirtschaftlichkeitsgrundsatz ist dabei eine monatsgenaue Ermittlung ausreichend.[109) **114**

Hinsichtlich der Wahl der **Abschreibungsmethode** ist zu beachten, dass nach den GoB solche Verfahren unzulässig sind, bei denen der Abschreibungsverlauf offensichtlich dem Nutzungsverlauf widerspricht oder die gezielt zur Erreichung eines bestimmten Gewinnausweisniveaus bemessen werden.[110) Grundsätzlich zulässig sind nach Handelsrecht sowohl die Abschreibungen nach Maßgabe der Inanspruchnahme (Leistungsabschreibungen) als auch die verschiedenen zeitbedingten Abschreibungsverfahren (lineare, degressive und progressive Zeitabschreibungen). **115**

Die nachfolgende Abb. 6 gibt einen Überblick über die nach deutschem Handelsrecht zulässigen Verfahren der planmäßigen Abschreibung.[111) **116**

---

106) Vgl. *Moxter*, Bilanzrechtsprechung, S. 234, oder auch *Böcking/Orth* in: Ballwiser/Coenenberg/v. Wysocki, Handwörterbuch der Rechnungslegung und Prüfung, Sp. 23.

107) Vgl. *Schubert/Andrejewski* in: Beck'scher BilKomm, § 253 HGB Rz. 224, 230.

108) Vgl. *Schubert/Andrejewski* in: Beck'scher BilKomm, § 253 HGB Rz. 231.

109) Vgl. u. a. *Federmann*, Bilanzierung, S. 477.

110) Vgl. *Schubert/Andrejewski* in: Beck'scher BilKomm, § 253 HGB Rz. 238 ff. m. w. N.; zur Bilanzrechtsprechung vgl. *Moxter*, Bilanzrechtsprechung, S. 239.

111) Vgl. *Quick/Wolz*, Bilanzierung in Fällen, S. 75.

117 **Abb. 6: Grundsätzlich zulässige Verfahren planmäßiger Abschreibungen nach deutschem Handelsrecht**

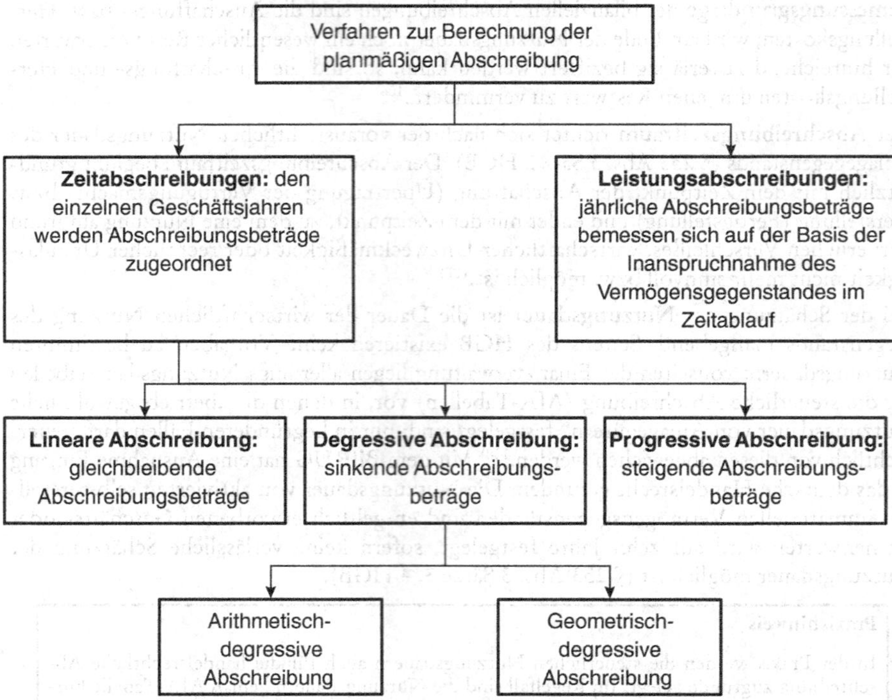

Quelle: Eigene Abbildung.

118 Bei der **linearen Abschreibung** wird der gesamte Werteverzehr in gleichen Beträgen auf die einzelnen Zeiträume der Nutzungsdauer verteilt.[112)] Im Falle der degressiven Abschreibung ist der Abschreibungsbetrag zum Nutzungsdauerbeginn relativ hoch, er vermindert sich im Zeitablauf. Bei der **arithmetisch-degressiven** Abschreibung werden die Abschreibungsbeträge von Abrechnungszeitraum zu Abrechnungszeitraum um jeweils einen konstanten Betrag verringert. Die **geometrisch-degressive** Abschreibung bestimmt sich durch Anwendung eines konstanten Prozentsatzes auf den jeweiligen Restbuchwert. Die **progressive** Abschreibung, bei welcher der Abschreibungsbetrag zunächst niedrig ist und im Zeitablauf ansteigt, wird in der Praxis eher selten verwendet.

119 Bei der Leistungsabschreibung werden die jährlichen Abschreibungsbeträge entsprechend der Inanspruchnahme (Leistung) des Vermögensgegenstands ermittelt. Hierzu muss zunächst ein Gesamtleistungspotenzial des Vermögensgegenstands geschätzt werden. Proportional zur Inanspruchnahme des Leistungspotenzials in den einzelnen Abrechnungszeiträumen wird dann der jeweilige Abschreibungsbetrag ermittelt.

120 Ein **Wechsel** der Abschreibungsmethoden ist handelsrechtlich durch den Grundsatz der Bewertungsstetigkeit eingeschränkt.[113)] Bei einem Methodenwechsel ist ein sachlicher Grund im Anhang anzugeben (§ 284 Abs. 2 Nr. 3 HGB).

---

112) Vgl. auch nachfolgend zur Veranschaulichung der verschiedenen Abschreibungsmethoden *Federmann*, Bilanzierung, S. 470.

113) Vgl. *Schubert/Andrejewski* in: Beck'scher BilKomm, § 253 HGB Rz. 240.

3. Außerplanmäßige Abschreibungen

Außerplanmäßige Abschreibungen dienen der Berücksichtigung nicht-vorhersehbarer Wertminderungen; sie resultieren aus dem **Vorsichtsprinzip** bzw. dem damit verbundenen **Imparitätsprinzip**, wonach bis zum Abschlussstichtag drohende oder entstandene Verluste bzw. Vermögensminderungen im Jahresabschluss zu berücksichtigen sind, auch wenn sie noch nicht realisiert, sondern nur wahrscheinlich sind. 121

Um das Vorliegen nicht-vorhersehbarer Wertminderungen bei Vermögensgegenständen identifizieren zu können, sind deren fortgeführte Ausgangswerte am Bilanzstichtag **mit bestimmten Korrekturwerten** zu vergleichen. 122

Als zentraler Korrekturwert fungiert im handelsrechtlichen Jahresabschluss der **beizulegende Wert**, da er sowohl den Korrekturwert für das Anlagevermögen (§ 253 Abs. 3 Satz 3 HGB) als auch einen Korrekturwert für das Umlaufvermögen darstellt (§ 253 Abs. 4 Satz 2 HGB). Als primärer Korrekturwert für Gegenstände des Umlaufvermögens gilt der **Börsen- oder Marktpreis,**[114)] soweit er sich feststellen lässt (§ 253 Abs. 4 Satz 1 HGB). 123

Die Ermittlung des Börsen- oder Marktpreises kann grundsätzlich durch den Beschaffungs- oder Absatzmarkt erfolgen. Die reproduktionsorientierte Perspektive des Beschaffungsmarktes ist z. B. relevant bei nötigen Vorräten an Roh-, Hilfs- und Betriebsstoffen oder auch bei unfertigen/fertigen Erzeugnissen, sofern ein Fremdbezug möglich ist. Die verwertungsorientierte Perspektive des Absatzmarktes gilt bspw. bei Überbeständen an Roh-, Hilfs- und Betriebsstoffen oder auch bei unfertigen/fertigen Erzeugnissen.[115)] 124

Bei einer Bewertung durch den Beschaffungsmarkt ist vom jeweils relevanten Börsen- oder Marktpreis auszugehen; dieser ist um zu berücksichtigende Anschaffungsnebenkosten zu erhöhen und um Abschläge für Wertminderungen zu reduzieren. Im Falle einer absatzmarktseitigen Bewertung werden ausgehend vom voraussichtlichen Veräußerungspreis Erlösminderungen und bis zur Veräußerung noch anfallende Ausgaben (z. B. Vertriebs-, Verwaltungs-, Verpackungs- und Transportausgaben) abgezogen. 125

Ob die oben angegebenen Korrekturwerte – beizulegender Wert sowie Börsen- oder Marktpreis (siehe Rz. 123) – in der Handelsbilanz angesetzt werden, richtet sich danach, ob das **Niederstwertprinzip** streng oder gemildert ausgelegt wird: 126

- Für das Umlaufvermögen gilt das **strenge Niederstwertprinzip**, wonach niedrigere Korrekturwerte zum Bilanzstichtag stets durch entsprechende Verminderung bisheriger Buchwerte in Form außerplanmäßiger Abschreibungen zu berücksichtigen sind.
- Für Gegenstände des Anlagevermögens sind außerplanmäßige Abschreibungen auf den niedrigeren beizulegenden Wert nur zwingend vorgeschrieben, wenn die festgestellte Wertminderung jener Gegenstände voraussichtlich dauerhaft vorliegt (§ 253 Abs. 3 Satz 3 HGB).[116)] Bei einer nur vorübergehenden Wertminderung besteht grundsätzlich ein Abschreibungsverbot. Man spricht in diesem Zusammenhang vom **gemilderten Niederstwertprinzip** für Gegenstände des Anlagevermögens.[117)] Hierin kommt zum Ausdruck, dass bei der Bewertung des Anlagevermögens vom Fortbestehen des Unternehmens und nicht von seiner Zerschlagung am Bilanzstichtag ausgegangen wird (Going-Concern-Grundsatz).

114) Zu Einzelheiten vgl. *Schubert/Berberich* in: Beck'scher BilKomm, § 253 HGB Rz. 510 ff.

115) Zur Bewertung von Rohstoffüberbeständen vgl. auch *Hoffmann/Lüdenbach*, Bilanzierung, Handels- und Steuerrecht, § 253 HGB Rz. 230.

116) Zum Begriff der Dauerhaftigkeit vgl. *Schubert/Andrejewski* in: Beck'scher BilKomm, § 253 HGB Rz. 316.

117) Vgl. dazu u. a. *Schulte*, WPg 1979, 505, 506.

127 Der nach Durchführung der außerplanmäßigen Abschreibung verbleibende Restbuchwert ist bei abnutzbaren Vermögensgegenständen auf die Restnutzungsdauer planmäßig zu verteilen.

128 **Eine Ausnahme** zum Abschreibungsverbot (siehe oben Rz. 126) im Anlagevermögen – in Gestalt eines Abschreibungswahlrechts – gilt für Finanzanlagen. Vorsichtsbedingt dürfen diese gemäß dem Wahlrecht des § 253 Abs. 3 Satz 4 HGB auch bei voraussichtlich vorübergehender Wertminderung auf den niedrigeren beizulegenden Wert abgeschrieben werden.

129 Die auf dem Imparitätsprinzip beruhenden Niederstwertvorschriften und deren Anwendung auf das Anlage- und Umlaufvermögen werden in der folgenden Abbildung zusammenfassend dargestellt:

130 **Abb. 7: Niederstwertprinzip und außerplanmäßige Abschreibung**

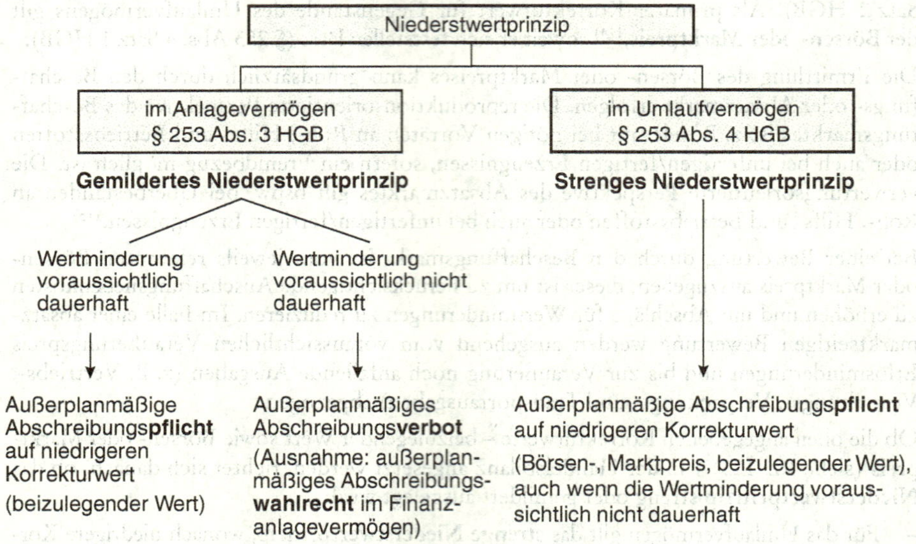

Quelle: In Anlehnung an *Coenenberg/Haller/Schultze*, Jahresabschluss, S. 127.

131 Mit dem BilMoG wurde ein für alle Unternehmen geltendes, umfassendes **Wertaufholungs- bzw. Zuschreibungsgebot** bezogen auf außerplanmäßige Abschreibungen nach § 253 Abs. 3 Satz 3, 4 HGB sowie § 253 Abs. 4 HGB eingeführt. Stellt sich demzufolge nach einer außerplanmäßigen Abschreibung in späteren Jahren heraus, dass die Gründe dafür weggefallen sind, ist nach § 255 Abs. 5 Satz 1 HGB die Beibehaltung dieses niedrigeren Wertansatzes grundsätzlich nicht (mehr) möglich.[118]

132 Die **Obergrenze** für Zuschreibungen bei vorausgegangenen außerplanmäßigen Abschreibungen bilden die fortgeführten Anschaffungs- und Herstellungskosten, d. h. der Betrag, der sich ergeben hätte, wenn seinerzeit keine außerplanmäßige Abschreibung vorgenommen worden wäre.[119]

133 Lediglich der derivative **Geschäfts- oder Firmenwert** unterliegt nach § 255 Abs. 5 Satz 2 HGB einem Wertaufholungsverbot. Begründet wird dies damit, dass Wertaufholungen

118) Ausführlich zur Zuschreibungsthematik vgl. *Grottel* in: Beck'scher BilKomm, § 284 HGB Rz. 270 ff.

119) Vgl. *Störk/Buchholz* in: Beck'scher BilKomm, § 253 Rz. 632 ff.

nach einer außerplanmäßigen Abschreibung auch selbst geschaffen sein könnten und damit dem Aktivierungsverbot eines originären Geschäfts- oder Firmenwertes unterliegen.

4. Höchstwertprinzip bei Schulden

Aus dem Imparitätsprinzip (§ 252 Abs. 1 Nr. 4 HGB) lässt sich i. V. mit dem Stichtagsprinzip (§ 252 Abs. 1 Nr. 3 HGB) für Schulden-Posten – analog den Niederstwertvorschriften für Vermögensgegenstände – ein Höchstwertprinzip entwickeln. Danach sind Verbindlichkeiten bzw. Rückstellungen grundsätzlich mit dem höheren Bilanzstichtagswert anzusetzen, falls die aus der Verbindlichkeit bzw. Rückstellung resultierende Belastung am Bilanzstichtag über dem bisher angesetzten Erfüllungsbetrag liegt. 134

Eine **Ausnahme** bilden dabei die auf fremde Währung lautenden Verbindlichkeiten mit einer Restlaufzeit von höchstens einem Jahr. Wie andere **Fremdwährungsverbindlichkeiten** mit längerer Restlaufzeit sind diese am Abschlussstichtag nach § 256a Satz 1 HGB grundsätzlich zum Devisenkassamittelkurs zu bewerten. Allerdings wird das sonst stets zu beachtende Imparitäts- und Realisationsprinzip (§ 252 Abs. 1 Nr. 4) für diese Restlaufzeit-Gruppe gemäß § 256a Satz 2 außer Kraft gesetzt. 135

IV. Bewertung von Eigenkapital

Gemäß dem Grundsatz der Pagatorik wird das von den Gesellschaftern bereitgestellte gezeichnete Kapital auch nach dem Einlagenzeitpunkt zum Nominalbetrag (Nennwert) bewertet. Die Bewertung der Kapitalrücklagen bemisst sich anhand der entsprechenden Agiobeträge bzw. der Zuzahlungsbeträge der Gesellschafter nach § 272 Abs. 2 HGB. Der Wert der Gewinnrücklagen basiert auf dem jeweiligen Ausgangswert zu Beginn des Abrechnungszeitraums – modifiziert um die im Abrechnungszeitraum erfolgten Einstellungen in entsprechende Rücklagen bzw. deren Auflösung; bei Aktiengesellschaften sind hierbei insbesondere § 58 AktG und § 150 Abs. 3, 4 AktG zu beachten.[120] 136

E. Zur Fortentwicklung des handelsrechtlichen Jahresabschlusses

Im Lichte der dargestellten Normen zu Ansatz und Bewertung im handelsrechtlichen Jahresabschluss stellt sich die Frage nach der Fortentwicklung des deutschen Bilanzrechts. 137

Unstrittig sind einige der durch das BilMoG eingeführten Ansatz- und Bewertungsnormen als Ausdruck einer zunehmenden *Internationalisierung* der handelsrechtlichen Vorschriften anzusehen. Im Rahmen des Bilanzansatzes trifft dies vor allem für die Aufhebung des generellen Bilanzierungsverbots für selbst geschaffenes, immaterielles Anlagevermögen zu. Im Rahmen der Bewertung gilt dies bspw. für die explizite Einführung des beizulegenden Zeitwerts als Ausgangswert (und Folgewert) – wenn auch nur für bestimmte Vermögensgegenstände und Schulden – oder auch für die Annäherung des handelsrechtlichen Wertansatzes der Herstellungskosten an den entsprechenden Wertansatz nach IFRS. Das BilMoG führte allerdings auch in Teilen zu einer nicht unproblematischen Einschränkung bewährter handelsrechtlicher GoB. So wurde die Bedeutung des Kriteriums der Einzelveräußerbarkeit für die abstrakte Identifikation von aktivierungsfähigen Vermögensgegenständen geschwächt, insbesondere durch die Erhebung des derivativen Geschäfts- oder Firmenwerts zu einem „gewillkürten" Vermögensgegenstand.[121] Hiermit verbundene Tendenzen zur Entobjektivierung des Bilanzinhalts treten auch bei der Behandlung des selbst ge- 138

120) Zu den Darstellungsmöglichkeiten der Veränderung der Gewinnrücklagen in der Bilanz vgl. *Schmidt/Kliem* in: Beck'scher BilKomm, § 275 HGB Rz. 310 ff.

121) Vgl. unter vielen *Velte*, KoR 2008, 61, 67; *Ernst/Seidler*, BB 2007, 2557 f., oder auch *Baetge/Kirsch/Solmecke*, WPg 2009, 1211.

schaffenen immateriellen Anlagevermögens auf (siehe oben Rz. 32–34).[122] Aus Objektivierungssicht ist berechtigterweise zu fragen, zu welchem Zeitpunkt ein solcher immaterieller Anlagevermögensgegenstand nachprüfbar „auflebt“ und inwieweit damit verbundene Forschungs- und Entwicklungsphasen tatsächlich ohne Willkür zu differenzieren sind.[123]

139 Offensichtlich ist aber die Internationalisierung und die damit verbundene Harmonisierung der Rechnungslegung nicht mehr als einziger Einfluss auf die künftige Fortentwicklung der handelsrechtlichen Bilanzierung anzusehen. Gerade vor dem Hintergrund der beiden großen gesellschaftlichen Herausforderungen unserer Tage – zum einen der vielfältigen Chancen und Risiken durch die sog. Digitalisierung,[124] zum anderen den zunehmenden gesellschaftlichen Forderungen nach nachhaltigem Wirtschaften, besonders im Lichte der Klimakrise[125] – stellen sich vielfältige Fragen, welche die Bilanzierung von Unternehmen und damit auch solche nach Ansatz und Bewertung betreffen. Nachfolgend seien kurz zwei grundlegende Bilanzierungsfragen angesprochen, welche in diesem Zusammenhang relevant erscheinen, und zwar zunächst die Frage nach dem künftigen Zweck und schließlich die daraus resultierende Frage, was sich im Lichte der o. a. Herausforderungen künftig stärker in Bilanzen als Aktiva und Passiva niederschlagen dürfte und inwieweit die Berichterstattung inhaltlich zu erweitern wäre.

140 Was die Zwecksetzung angeht, ist bspw. im Hinblick auf eine der o. a. Herausforderungen zu fragen, ob künftige Bilanzierung und Unternehmensberichterstattung – neben einer Orientierung an finanziellen Zielsetzungen – ggf. auch eine Berichterstattung zur gesellschaftlichen Verantwortung von Unternehmen umfassen sollte.[126] Ziel einer solchen nachhaltigkeitsorientierten Berichterstattung könnte es z. B. sein, zusätzlich die durch Unternehmen verursachten Externalitäten im Hinblick auf ökologische, soziale und governancebezogene Aspekte[127] darzulegen – was fraglos den bisherigen Rahmen der Vermittlung vorwiegend finanzieller Zielsetzungen bzw. -erfüllungen sprengen würde. Zu denken wäre in diesem Zusammenhang an eine Berichterstattung, die neben der Bilanzierung weitere Rechenwerke und Offenlegungen umfasst: solche, die zunehmend – neben den Financiers – auch andere Stakeholder-Gruppen adressieren und in ihren Zielgrößen (Gesellschaft, Umwelt) stärker auf jene ausgerichtet sind.[128]

141 Hieran anknüpfend ist zu fragen, was sich vor dem Hintergrund o. a. digitaler und nachhaltiger Entwicklungen künftig stärker in Bilanzen als Aktiva und Passiva niederschlagen dürfte. Waren es traditionell materielle Produktionsfaktoren, die das Vermögen der Unternehmen im Wesentlichen ausmachten, so stehen in der modernen Dienstleistungs- und Hochtechnologiegesellschaft unbestritten immaterielle Vermögensgüter deutlich im Vordergrund[129] – mit allen bereits diskutierten Herausforderungen ihrer hinreichend objektivierten bilanziellen Abbildung. Digitale innovative Geschäftsmodelle von Unternehmen

122) Kritisch hierzu insbesondere *Velte*, KoR 2008, 61, 65; *Baetge/Kirsch/Solmecke*, WPg 2009, 1211, 1215, oder auch *Wehrheim/Fross*, ZfB 2010, 71, 74.

123) Vgl. bspw. *Fülbier/Gassen*, DB 2007, 2605, 2609.

124) Vgl. *Baetge et al.*, ZfBf 2018, 301 ff.; *Sellhorn*, ZfBf 2020, 49 ff.; *Stich/Stich*, KoR 2020, 54 f.; *Weißenberger/Bauch* in: Wagner/Schaffhauser, 2017, S. 205 ff.

125) Vgl. unter Vielen *Barrantes* et al., KoR 2022, 86, 90; *Fleischer*, DB 2022, 37 f.; *Velte/Stawinoga*, JoMaC 2017, 275; *Wagner* in: Wagner/Schaffhauser, 2017, S. 34, 42 oder *Weißenberger*, DB 2022, 477 f.

126) Vgl. hierzu *Haller*, KoR 2017, 442 f.; *Kajüter*, DB 2017, 617 f., oder auch *Sellhorn*, DB 2021, M4–M5.

127) Diese drei Dimensionen der Nachhaltigkeit werden häufig auch als Triple-Bottom-Line bezeichnet. Grundlegend mit dieser Begriffsverwendung und detailliert zu den einzelnen Dimensionen vgl. *Elkington*, 1998, S. 37 ff., 69 f.

128) Vgl. ausführlich *Sellhorn/Wagner*, DB 2022, 1–9. Mit einem Überblick siehe *Fischer*, PiR 2021, 163 ff., oder *Großkopf/Sellhorn/Wagner/Weiß*, DB 2021, 1621 ff.

129) Vgl. *Busse v. Colbe, et al.*, DB 2003, 1233 f.; *Dehmel*, KoR 2021, 245 f.

kommen so bspw. auf der Aktivseite von Bilanzen in aktivierten Entwicklungsprojekten, in Patenten oder auch in (derivativen) Geschäfts- oder Firmenwert-Positionen aus Unternehmensakquisitionen zum Ausdruck.[130] Gleichzeitig wirken sich Klimakrise und nachhaltiges Wirtschaften auch gegenwärtig schon auf Bilanzen aus. **Umweltrisiken** und spezifische andere negative Externalitäten können nicht mehr – wie einst – einfach von der Bilanzierung ausgeklammert werden.[131] Sie schlagen sich **zum Teil bereits heute auf der Passivseite in den Rückstellungen** nieder und ihre Bedeutung wird mit aller Wahrscheinlichkeit künftig deutlich zunehmen: dies umso mehr, wie nachhaltigkeitsbezogene Themen – auch wenn sie bisher finanziell als unwesentlich einzustufen waren – künftig mit höherer Wahrscheinlichkeit negative Stakeholder-Reaktionen hervorrufen werden, wie z. B. Kundenboykotte, die damit dann auch in finanziell negativer Hinsicht wesentlich sein können.[132]

Eine zielführend erscheinende Erweiterung der Berichterstattung um nichtfinanzielle – **142**
häufig prospektive Informationen[133] – stellt die Unternehmen vor komplexe Problemstellungen. So dürfte es bspw. für viele Unternehmen herausfordernd sein, die konkreten Auswirkungen klimabezogener Aktivitäten auf ihre Finanzströme hin zu schätzen. Der Grund: Die finanziellen Folgen könnten jenseits des normalen Prognosehorizonts des Unternehmens liegen; selbst wenn ein Unternehmen in der Lage wäre, diese Vorteilsströme zu schätzen, könnten diese in Perioden anfallen, die so weit in der Zukunft liegen, dass der Barwert für den Abschluss des betrachteten Geschäftsjahrs betragsmäßig nicht wesentlich ist. Diese Betrachtungen resultieren schlicht aus der zeitlich beträchtlichen Reichweite und dem allgegenwärtigen Unsicherheitsproblem.[134]

Stand bei der traditionellen handelsrechtlichen Bilanzierung in der Vergangenheit die Aus- **143**
richtung auf finanzielle und retrospektive Informationen sowie die Normierung durch nationale Regelungen im Vordergrund, so wird die aktuelle und zukünftige handelsrechtliche Unternehmensberichterstattung im Kontext der zunehmenden Bedeutung von Nachhaltigkeitsgesichtspunkten stark von internationalen Entwicklungen (Regulierungen) beeinflusst. Hierfür spielen sowohl etablierte internationale Rahmenwerke und Standards zur Nachhaltigkeitsberichterstattung eine Rolle als auch europäische Regulierungen. Ausfluss dieser europäischen Regulierung ist bspw. das CSR-Richtlinie-Umsetzungsgesetz (CSR-RUG),[135] das bestimmte Unternehmen und Konzerne zur Berichterstattung über Nachhaltigkeitsaspekte mit der Erstellung einer nichtfinanziellen Erklärung verpflichtet. Dabei gewährt der Gesetzgeber in § 289b HGB alternative Berichtsformate für die nichtfinanzielle Erklärung – so auch die Verwendung anerkannter europäischer oder internationaler

---

130) Vgl. *Zwirner/Busch/Zimny*, KoR 2021, 529–535; *Dehmel*, KoR 2021, 245 f.

131) Treffend hierzu *Sellhorn*, DB 2021, M5: „Ein wahrhaft großer Wurf wäre es, wenn der ‚Impact' der Unternehmen auf Umwelt und Gesellschaft aufgrund verpflichtender Angaben quantifiziert werden könnte."

132) Vgl. *Sellhorn*, DB 2021, M4–M5; *Weißenberger*, DB 2022, 480 f.

133) Vgl. *Haller/Oefner* in: Wagner/Schaffhauser, Langfristige Perspektiven und Nachhaltigkeit in der Rechnungslegung, 2017, S. 222; *Schmidt*, DB 2020, 797.

134) Vgl. zum Unsicherheitsproblem im Kontext finanzieller und nichtfinanzieller Berichterstattung *Barker/Texeira* in: de Villiers/Hsiao/Maroun, The Routledge Handbook of Integrated Reporting, 2020, S. 162.

135) Vgl. Gesetz zur Stärkung der nichtfinanziellen Berichterstattung der Unternehmen in ihren Lage- und Konzernlageberichten (CSR-Richtlinie-Umsetzungsgesetz – CSR-RUG), v. 11.4.2017, BGBl. I 2017, 802–814.

Rahmenwerke zur Nachhaltigkeitsberichterstattung.[136] Es erscheint offensichtlich, dass hierdurch „moderne" Elemente nichtfinanzieller (internationaler) Berichtsysteme ins handelsrechtliche Normengefüge importiert werden. Die Tragweite traditioneller handelsrechtliche Prinzipien – bspw. des Vorsichts- oder Anschaffungswertprinzips sowie der immanent mit dem HGB verbundenen Forderung nach Objektivierung – wird im Kontext der genannten zukünftigen Herausforderungen inklusive sich wandelnder gesellschaftlicher Anforderungen neu eruiert werden müssen. Dabei spricht viel dafür, das tradierte (GoB-)Gefüge der HGB-Rechnungslegung und dessen zugrunde liegende Systemlogik nicht aus den Augen zu verlieren: Ist doch jenes – mit seinem widerspruchsfreien, in sich geschlossenem Prinzipiensystem und tieferen Begründungs- und Konstruktionszusammenhängen – eine bewährte Deduktionsbasis einer zweckadäquaten finanziellen Berichterstattung;[137] sie verspricht daher auch für die Ausgestaltung einer nichtfinanziellen Berichterstattung erkenntnisbringende Einsichten zu liefern.

144 Deutlich wird somit: Bilanzierung und Bewertung werden sich gegenwärtig und auch künftig fortentwickeln, nicht zuletzt um den großen Herausforderungen der Digitalisierung und des nachhaltigen Wirtschaftens sowie der damit einhergehenden Disruptionen angemessen begegnen zu können. Diese Fortentwicklung geht stets einher mit dem kritischen Hinterfragen von bewährtem bilanziellem Vorgehen und der immer wieder neuen Beantwortung der „klassischen", keinesfalls aber unbedeutenden, weil kritischen Fragen der Bilanzierung:

- Was ist das Vermögen und wie ist es zu bewerten?
- Welche Schulden lasten auf dem Unternehmen und welche Wertansätze sind hierfür heranzuziehen?
- Was resultiert hieraus dann als (residuales) Eigenkapital?
- Und in welcher Form sind alle diese Positionen auszuweisen?

145 Dies sind und bleiben die stets neu zu stellenden Grundfragen für die Fortentwicklung der handelsrechtlichen Bilanzierung – heute und auch in Zukunft.

---

136) Gemäß § 289d HGB ist in der nichtfinanziellen Erklärung entweder anzugeben, welches Rahmenwerk genutzt wurde, oder eine Begründung, sofern kein Rahmenwerk verwendet wurde. Als anerkannte Rahmenwerke kommen z. B. der Deutsche Nachhaltigkeitskodex, die Standards der Global Reporting Initiative, der UN Global Compact oder das Rahmenkonzept des IIRC zum Integrated Reporting in Betracht. Vgl. mit einem ausführlichen Überblick zu den verschiedenen Rahmenwerken *Sopp/Baumüller/Scheid*, Die nichtfinanzielle Berichterstattung, 2021, S. 176 – 198, insbesondere S. 192 mit einer vergleichenden Gegenüberstellung. S. mit einem Überblick zu den jüngsten Vorschlägen der EU-Kommission zur Überarbeitung der CSR-Richtlinie *Fink/Schmotz*, KoR 2021, 305 ff.

137) Dem deutschem Handelsrecht liegt ein konsistenter Kanon systemtragender Rechnungslegungsgrundsätze zugrunde, vgl. unter vielen *Moxter* in: Havermann, Bilanz- und Konzernrecht, S. 368. Zur Bedeutung eines prinzipienbasierten Rechnungslegungssystems s. grundlegend *Wüstemann/Wüstemann*, Abacus 2010, 1, 5.

Kapitel 33
Kostenrechnung/Kostenrechnungssysteme

Übersicht

Literatur: *Buggert/Wielpütz*, Target Costing: Grundlagen und Umsetzung des Zielkostenmanagements, 1995; *Friedl/Hofmann/Pedell*, Kostenrechnung. Eine entscheidungsorientierte Einführung, 4. Aufl., 2022; *Haberstock/Haberstock*, Kostenrechnung I, 14. Aufl., 2020; *Hagenloch*, Zielkostenmanagement und unterstützende Instrumente, Kostenrechnungspraxis 6/1997, 319; *Hardt*, Kostenmanagement: Methoden und Instrumente, 2002; *Horváth/Seidenschwarz*, Zielkostenmanagement, in: Controlling 3/1992, 142; *Hungenberg/Kaufmann*, Kostenmanagement: Einführung in Schaubildform, 2. Aufl., 2014 (Reprint); *Schmidt, A.*, Kostenrechnung, 9. Aufl., 2022; *Ziegenbein*, Controlling, 10. Aufl., 2012.

A. Einleitung

1 Ziel dieses Kapitels ist es, einen Überblick über die Aufgaben und Funktionsweise der Kostenrechnung als Instrument zur Unternehmenssteuerung zu geben. Zum besseren Verständnis werden die wichtigsten Aussagen in Schaubildform dargestellt. Ausführliche Zahlenbeispiele demonstrieren grundlegende Rechentechniken. Das Vorgehen folgt dem klassischen Aufbau der Kostenrechnung und ist im folgenden Bild zusammengefasst:

2 **Abb. 1: Überblick Kostenrechnung**

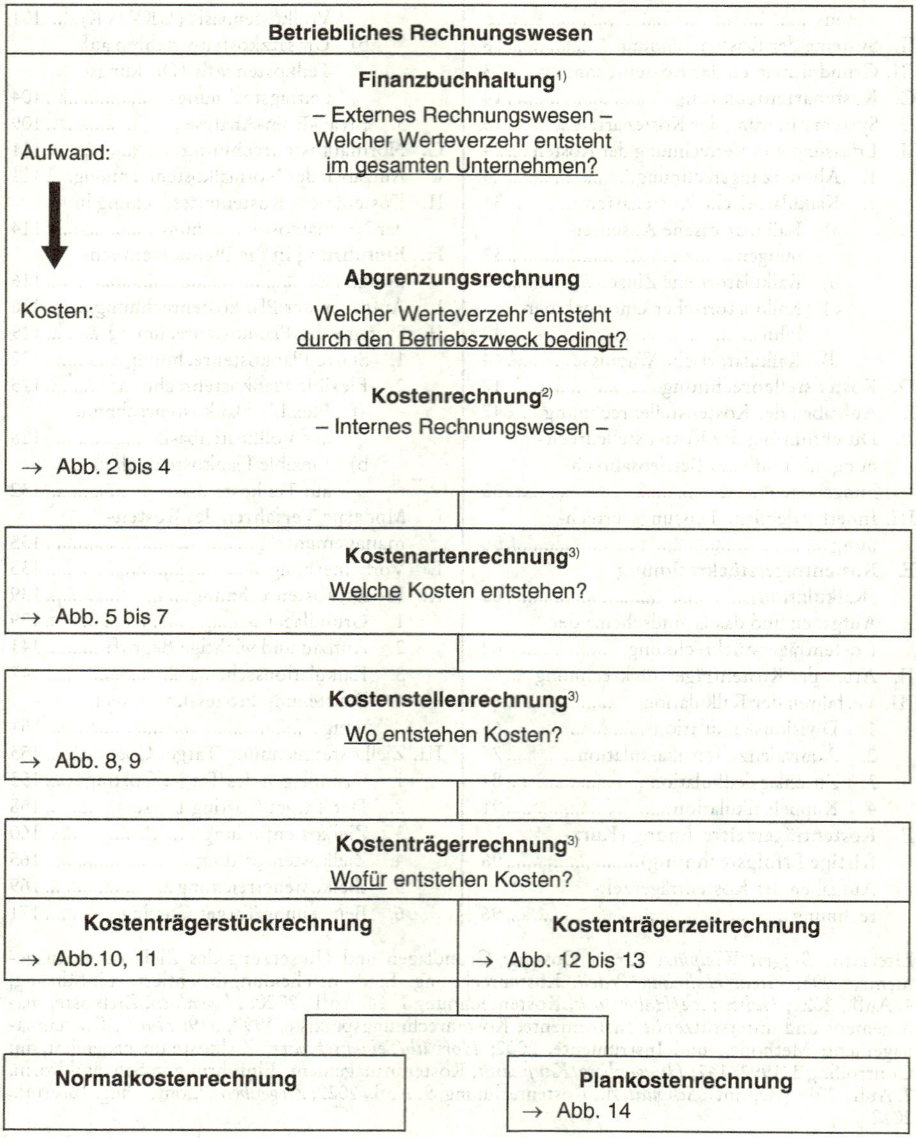

1) oder Geschäftsbuchhaltung
2) oder Betriebsbuchhaltung
3) jeweils als Istkosten-, Normalkosten- oder Plankostenrechnung

Abb. 2 liefert eine Zusammenstellung von Grundbegriffen der Kostenrechnung, die im Folgenden ausführlicher diskutiert werden. 3

Abb. 2: Grundbegriffe der Kostenrechnung 4

Gliederungsmerkmal für Kosten	**zugehöriger Kostenbegriff**
Zeitbezug	Istkosten Normalkosten Plankosten – Sollkosten
Sachumfang	Vollkosten Teilkosten (oder Grenzkosten)
Abhängigkeit von der Beschäftigung (Ausbringung)	Fixe Kosten Variable Kosten – Proportionale Kosten – Progressive Kosten – Degressive Kosten
Zurechenbarkeit zu Kostenstellen/Kostenträgern	Einzelkosten Sondereinzelkosten Gemeinkosten
Art der Erfassung (Abgrenzung von Aufwand und Kosten)	Grundkosten (aufwandsgleiche Kosten) kalkulatorische Kosten – Anderskosten – Zusatzkosten
Liquiditätswirkung	Ausgabewirksame Kosten Nicht ausgabewirksame Kosten
Art der Kostengüterherkunft	Primäre Kosten Sekundäre Kosten
Betriebliche Funktion	Beschaffungskosten – Materialkosten Lagerhaltungskosten Fertigungskosten – Arbeitskosten – Fremdleistungskosten Verwaltungskosten – Kapitalkosten – Kosten der Gesellschaft Vertriebskosten
Auf Kostenträger verrechnet	Selbstkosten – Herstellkosten

B. Grundsätzliches zur Kostenrechnung

I. Stellung der Kostenrechnung innerhalb des betrieblichen Rechnungswesens

5 Das betriebliche Rechnungswesen gliedert sich in die Bereiche **Finanzbuchhaltung und Jahresabschluss** sowie **Kosten- und Leistungsrechnung.** Man spricht hierbei auch von der Geschäftsbuchhaltung oder dem externen Rechnungswesen bzw. von der Betriebsbuchhaltung oder dem internen Rechnungswesen.

6 **Abb. 3: Stellung der Kostenrechnung innerhalb des betrieblichen Rechnungswesens**

Kriterien	Finanzbuchhaltung/ Jahresabschluss	Kostenrechnung	
		Kostenrechnung i. e. S.	Kurzfristige Erfolgsrechnung
Zeitbezug	Jahresrechnung	Unterjährige Rechnung (häufig Monatsrechnung)	
Sachumfang	Ermittlung der Vermögens- und Schuldenbestände Ermittlung des Jahreserfolgs	Erfassung des betrieblichen Wertverzehrs („Kosten") Kalkulation der betrieblichen Leistungen	Zeitnahe Ermittlung des Ergebnisses aus der betrieblichen Tätigkeit
Gesetzliche Regelungen	Gesetzlich vorgeschrieben	Keine gesetzlichen Regelungen	
Informationsempfänger	Eigentümer Außenstehende – Gläubiger – Staat	Eigentümer Unternehmensinterne – Geschäftsleitung – Mitarbeiter	
Informationsziele	Rechenschaftslegung	Daten für preispolitische Dispositionen	Quellen des Erfolgs aufzeigen
Kontrollziele	Rentabilität	Wirtschaftlichkeit	Rentabilität

7 Im Gegensatz zur Finanzbuchhaltung unterliegt die Kostenrechnung keinen gesetzlichen Vorschriften. Jedem Unternehmen ist es also selbst überlassen, in welcher Form es Kostenrechnung betreibt. **Aufgaben der Kostenrechnung** sind:

- Kontrolle der Wirtschaftlichkeit,
- Kalkulation der betrieblichen Produkte und Leistungen,
- Ermittlung und Ausweis von Erfolgsquellen,
- Bereitstellung von Daten für dispositive Zwecke.

II. Systeme der Kostenrechnung

8 Kostenrechnungssysteme können nach zwei wesentlichen Kriterien unterschieden werden: **Zeitbezug** und **Sachumfang.** Unter Zeitbezug versteht man, ob man eher mit vergangenheits- oder eher mit zukunftsorientierten Kostenwerten arbeitet. Sachumfang dagegen bedeutet, ob in Kostenverrechnungen nur die so genannten variablen oder aber die gesamten Kosten eingehen.

9 **Abb. 4: Systeme der Kostenrechnung**

Kriterien	Istkostenrechnung	Normalkostenrechnung	Plankostenrechnung
Zeitbezug	Vergangenheitsorientiert	Vergangenheitsorientiert	Zukunftsorientiert
Sachumfang	Vollkostenrechnung: – Verrechnung aller Kosten auf Kostenträger Teilkostenrechnung: – Verrechnung der variablen Kosten auf Kostenträger		
Bestimmung der Kostenwerte	Erfassung der Ist-Kostenwerte	Vorgabe von bereinigten („normalisierten") Ist-Kostenwerten	Vorgabe von Plan-Kostenwerten
Vorteile	Einfache Handhabung	Kostenkontrolle in geringem Umfang möglich	Effektive Kostenkontrolle möglich
Nachteile	Keine Kostenkontrolle möglich	Kostenkontrolle erschwert	Aufwändige Handhabung

Alle Systeme der Kostenrechnung haben denselben Aufbau: Am Anfang, in der **Kostenartenrechnung**, erfolgt die Systematisierung und Erfassung der Kosten. Danach untersucht die **Kostenstellenrechnung** die Wirtschaftlichkeit von einzelnen Unternehmensbereichen, was eine verursachungsgerechte Zuordnung von Kostenarten zu deren Entstehungsort voraussetzt. Die **Kostenträgerstückrechnung** schließlich beschäftigt sich mit der Kalkulation von Kosten für die betrieblichen Produkte und Leistungen. Daneben informiert die Kostenträgerzeitrechnung über die erfolgswirtschaftliche Entwicklung des Unternehmens und seine Erfolgsquellen. 10

Kostenrechnungssysteme können jeweils mit tatsächlichen, also Istkosten, mit durchschnittlichen („normalisierten") Istkosten oder aber mit Plankosten betrieben werden. 11

Abb. 5: Verrechnungsweg der Kosten: Kostenarten-, Kostenstellen-, Kostenträgerrechnung 12

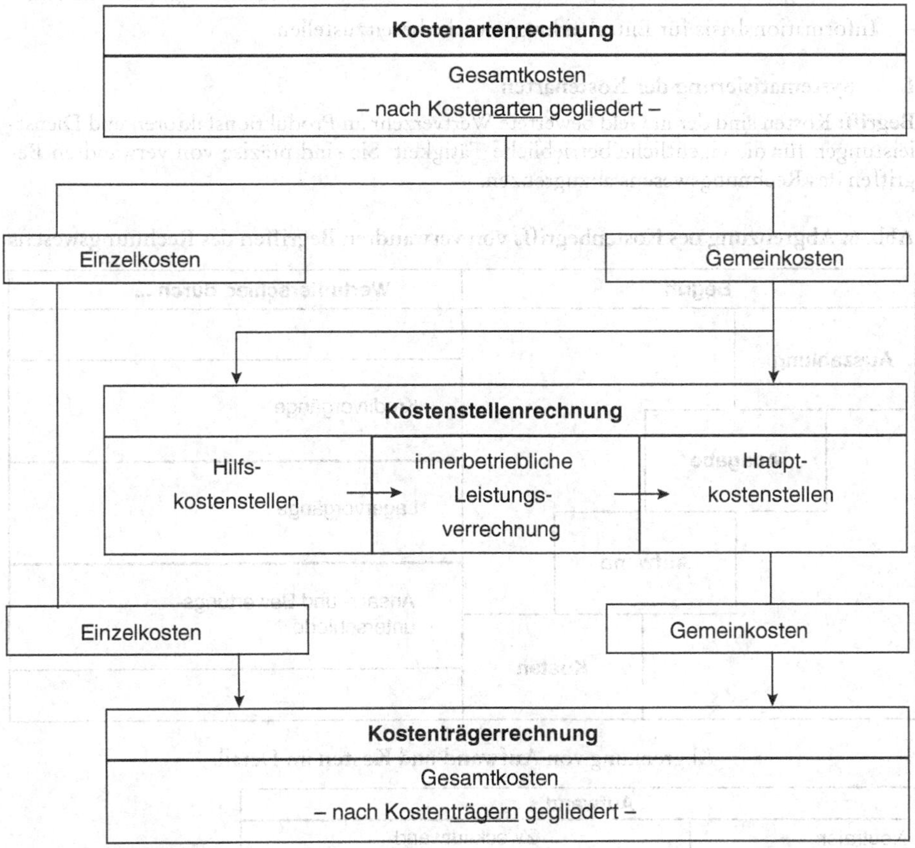

III. Grundprinzipien der Kostenrechnung

Für die Verteilung, Zurechnung und Zuordnung von Kosten haben sich folgende Grundprinzipien der Kostenrechnung herausgebildet: 13

- **Verursachungsprinzip (Kausalitätsprinzip)**

  Dem Bezugsobjekt (Kostenstelle/Kostenträger) werden nur jene Kosten zugerechnet, die es verursacht hat.

- **Durchschnittsprinzip**
  Verrechnung aller Kosten auf das Bezugsobjekt, also die Bildung eines Durchschnitts.
- **Tragfähigkeitsprinzip**
  Spezialfall des Durchschnittsprinzips: Eine Verteilung von Kosten orientiert sich am Absatzpreis für die einzelnen Produkte.

Kostenverrechnungen nach dem Verursachungsprinzip sind die genauesten, zugleich aber auch die aufwändigsten.

C. Kostenartenrechnung

14 Zu den **Aufgaben** der Kostenartenrechnung gehört es
- zu klären, welche Kosten anfallen,
- Grundlage für die Zuordnung von Kosten auf Kostenstellen/Kostenträger zu schaffen,
- Informationsbasis für Entscheidungszwecke bereitzustellen.

I. Systematisierung der Kostenarten

15 **Begriff:** Kosten sind der in Geld bewertete Wertverzehr an Produktionsfaktoren und Dienstleistungen für die eigentliche betriebliche Tätigkeit. Sie sind präzise von verwandten Begriffen des Rechnungswesens abzugrenzen.

16 **Abb. 6: Abgrenzung des Kostenbegriffs von verwandten Begriffen des Rechnungswesens**

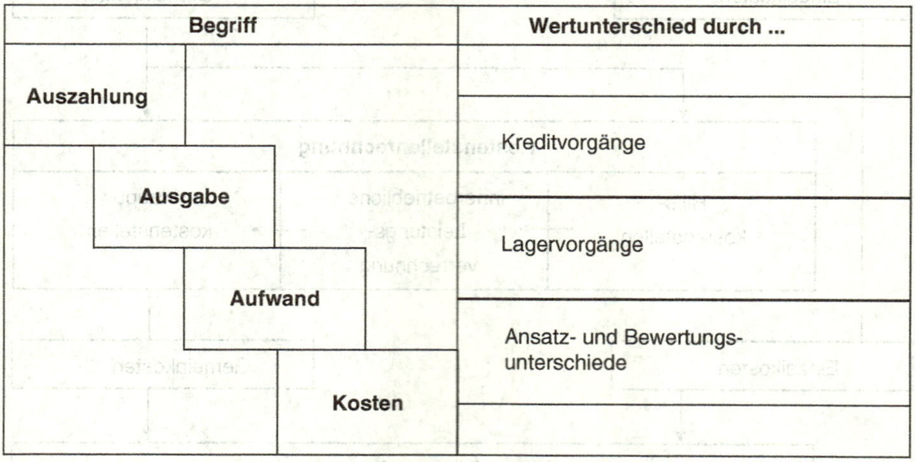

17 Abgrenzung von **Aufwand** und **Kosten** im Detail:

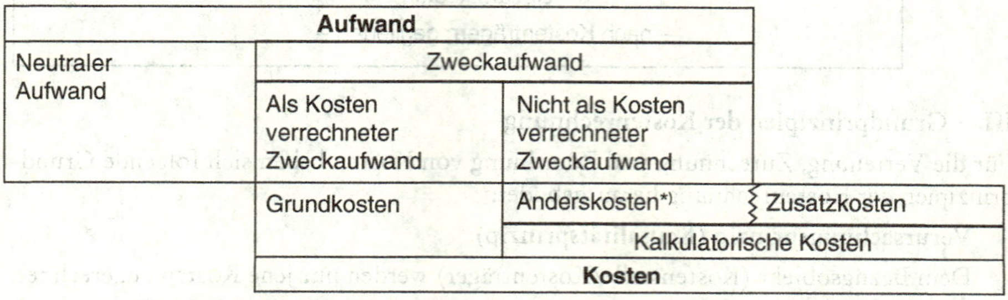

*) Die Anderskosten können größer oder kleiner als der nicht als Kosten verrechnete Zweckaufwand sein.

Die wichtigste Aufgabe der Kostenartenrechnung besteht darin, die in der Finanzbuchhaltung erfassten Aufwandspositionen auf ihren betrieblichen Zweck hin zu untersuchen. Die Finanzbuchhaltung erfasst aufgrund gesetzlicher Vorschriften den gesamten Aufwand. Von dem Gesamtaufwand ist der **neutrale Aufwand** abzuspalten, damit nur der **Zweckaufwand** in die Kostenrechnung gelangt. Unter neutralem Aufwand versteht man hierbei den nicht betriebsnotwendigen Aufwand (z. B. Spendenzahlungen) und den zwar betriebsnotwendigen, aber nicht periodisch vorkommenden betrieblichen Aufwand (z. B. Schadensfälle). **18**

Der in gleicher Höhe in die Kostenrechnung übernommene Zweckaufwand wird als **Grundkosten** übernommen. Weiterhin gibt es in der Finanzbuchhaltung Zweckaufwand, der mit einem anderen Wert in die Kostenrechnung übernommen wird (**Anderskosten**). Der Grund dafür ist, dass die Kostenrechnung den betrieblichen Wertverzehr und die Kalkulation so realistisch wie möglich erfassen möchte. Deshalb wird man sich zur Erfassung des betrieblichen Wertverzehrs häufig an den Wiederbeschaffungs- bzw. Tageswerten orientieren. Da diese Anderskosten mit diesem Wert nicht in der Finanzbuchhaltung zu finden sind, werden sie in der Kostenrechnung auch unter dem Begriff *„kalkulatorische Kosten"* zusammengefasst. 19

Zu den kalkulatorischen Kosten zählt man auch noch die **Zusatzkosten**. Ihnen steht in der Finanzbuchhaltung überhaupt kein Aufwand gegenüber. Sie werden in die Kostenrechnung eingeführt, um den betrieblichen Wertverzehr möglichst realistisch abzubilden. Ein Beispiel sind kalkulatorische Wagnisse. Aufgrund der Erfahrungen der Vergangenheit ist immer mit Gewährleistungen zu rechnen, so dass man in die Kalkulation betrieblicher Produkte und Leistungen bereits entsprechende Beträge eingehen lässt. 20

Für die Erlöse eines Unternehmens kann eine analoge Klassifizierung vorgenommen werden. Bei den Erlösen aus der eigentlichen betrieblichen Tätigkeit, nämlich den erstellten oder angebotenen Dienstleistungen wird dann von **Leistungen** gesprochen. 21

Bei der **Erfassung** der einzelnen Kostenarten sollten **folgende Grundsätze** beachtet werden: 22

- **Grundsatz der Reinheit**

  Jede Kostenart sollte nur eine Kostengüterart zum Inhalt haben.

- **Grundsatz der Einheitlichkeit**

  Die Zuordnung zu einer Kostenart sollte einheitlich und schnell erfolgen können.

- **Grundsatz der Vollständigkeit**

  Es sollten alle Kostenarten erfasst werden.

- **Grundsatz der Wirtschaftlichkeit**

  Die Anwendung der vorherigen drei Grundsätze sollte in ökonomischer Weise erfolgen.

Kostenarten sind nach ihrem Weg der **Verrechnung auf die Kostenträger** zu unterscheiden: 23

- **Einzelkosten**

  Die Kostenart wird **direkt** auf die einzelnen betrieblichen Leistungen (Kostenträger) verteilt. Einzelkosten sind variable Kosten. Beispiel: Fertigungsmaterial für ein Produkt.

- **Sondereinzelkosten**

  Bei dieser Kostenart kann keine unmittelbare Zurechnung auf die betrieblichen Leistungen (Kostenträger) vorgenommen werden. Hier ist nur eine Verrechnung auf den gesamten Auftrag möglich. Auf den ganzen Auftrag bezogen sind Sondereinzelkosten variable Kosten. Beispiel: Spezialwerkzeuge, die nur für einen bestimmten Kostenträger und auch nur für eine bestimmte Zeitdauer genutzt werden können.

– **Gemeinkosten**

Die Kostenart kann nur **indirekt**, d. h. mit einer Schlüsselgröße, auf die betrieblichen Leistungen (Kostenträger) verrechnet werden. Gemeinkosten sind in der Regel fixe Kosten. Beispiel: das Gehalt eines Meisters in der Produktion, welches nicht direkt einem einzelnen Produkt zugerechnet werden kann.

II. Erfassung und Verrechnung der Kosten

1. Abgrenzungsrechnung

24 Die Abgrenzungsrechnung ist das Instrument, mit dem man aus den **Aufwendungen** der Finanzbuchhaltung die Kosten der Kostenrechnung bestimmt.

25 **Abb. 7: Abgrenzungsrechnung**

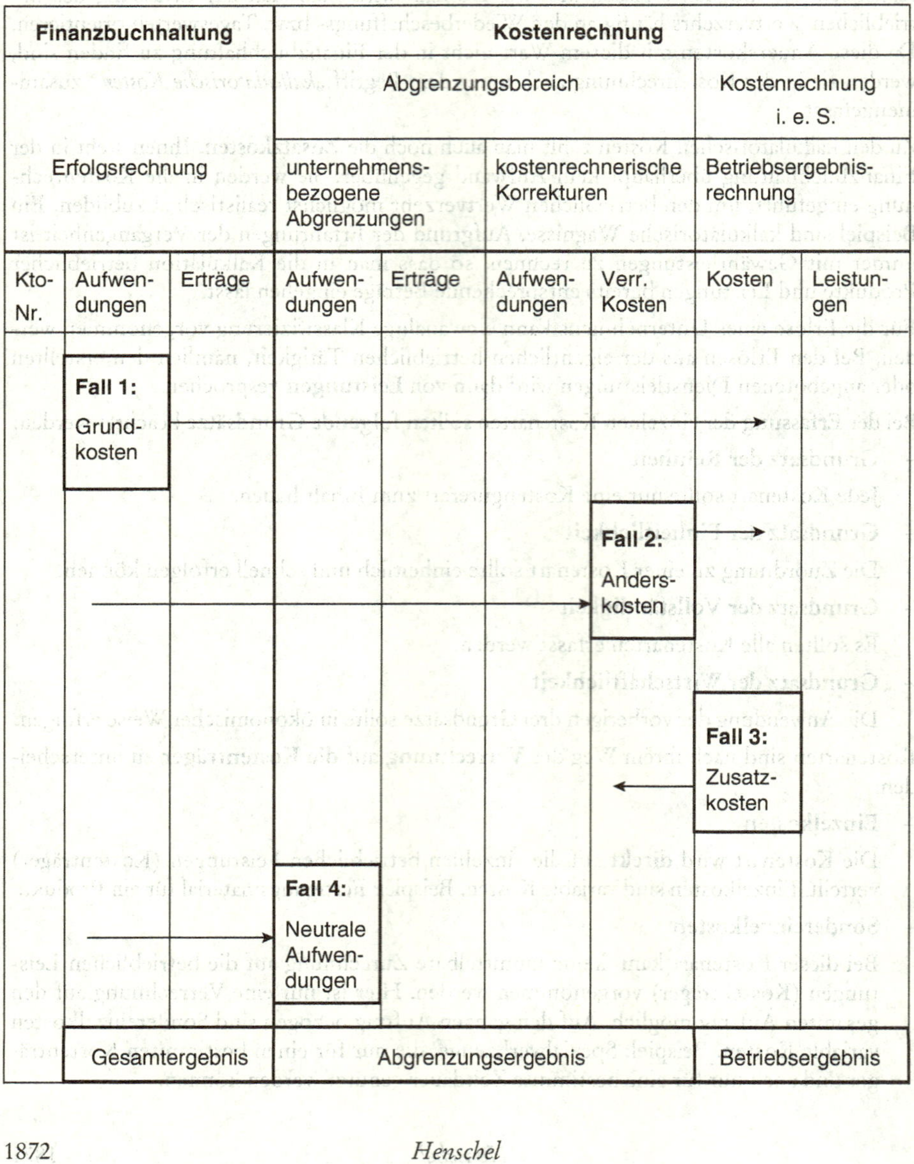

Fall 1: Grundkosten 26

In der schematischen Abgrenzungsrechnung in Abb. 7 werden alle Zweckaufwendungen, die mit der eigentlichen betrieblichen Tätigkeit in Verbindung stehen, in gleicher Höhe in die Kostenrechnung übernommen.

Fall 2: Anderskosten 27

Betrieblicher Aufwand, der mit einem anderen Wert in die Kostenrechnung übernommen wird, ist zunächst bei den kostenrechnerischen Korrekturen zwischenzuspeichern, bevor er mit diesem anderen Wert in die Kostenrechnung eingeht.

Fall 3: Zusatzkosten 28

Kosten, denen in der Finanzbuchhaltung kein betrieblicher Aufwand gegenübersteht, werden in die Kostenrechnung eingefügt und als Gegenposition unter den Kostenrechnerischen Korrekturen erfasst.

Fall 4: Neutrale Vorgänge 29

Die neutralen Aufwendungen/Erträge werden in der Abgrenzungsrechnung isoliert, da sie sich nicht auf die typische betriebliche Tätigkeit beziehen oder nicht in periodischen Abständen vorkommen.

Diese Abgrenzungsrechnung liefert folgende Ergebnisse: Der Finanzbuchhaltung kann das 30 **Gesamtergebnis** für die Periode entnommen werden. Im Abgrenzungsbereich wird als Ergebnis aus neutralen und kostenrechnerischen Abgrenzungen das **Abgrenzungsergebnis** sichtbar. Im Kostenrechnungsbereich steht das **Betriebsergebnis**.

> **Praxishinweis**
> Bei der Abgrenzungsrechnung sollte zum Schluss immer eine Ergebnisverprobung vorgenommen werden: Betriebsergebnis + neutrales Ergebnis = Gesamtergebnis.

2. Kalkulatorische Kostenarten

Im Folgenden werden die kalkulatorischen Kostenarten erläutert, d. h. 31

- kalkulatorische Abschreibungen,
- kalkulatorische Zinsen,
- kalkulatorischer Unternehmerlohn,
- kalkulatorische Wagnisse.

a) Kalkulatorische Abschreibungen

Für abnutzbares Anlagevermögen sind die Anschaffungs- oder Herstellungskosten durch 32 planmäßige Abschreibungen auf die Jahre der betrieblichen Nutzung zu verteilen. In der Kostenrechnung dagegen ist – aufgrund steigender Preise – bei Abschreibungen von den Wiederbeschaffungswerten auszugehen.

Beispiel 33

Ausgangslage: Ein Unternehmen nutzt eine mit einem Anschaffungspreis von 100.000 € angeschaffte Fertigungsmaschine für den betrieblichen Produktionsprozess. Die betriebsgewöhnliche Nutzungsdauer dieser Maschine beträgt vier Jahre. Aufgrund stark steigender Preise für derartige Maschinen rechnet das Unternehmen mit einem Wiederbeschaffungspreis von 140.000 €. In der Kostenartenrechnung sind für die Fertigungsmaschine kalkulatorische Abschreibungen zu verrechnen.

Gegeben:

Anschaffungspreis	100.000 €
Wiederbeschaffungspreis	140.000 €
Betriebsgewöhnliche Nutzungsdauer	4 Jahre

Gesucht wird die kalkulatorische Abschreibung

***Lösung:** Als Abschreibungsmethode wird die lineare Abschreibung mit dem Wiederbeschaffungspreis gewählt:*

$$\text{Jährliche Abschreibung} = \frac{\text{Wiederbeschaffungspreis}}{\text{betriebsgewöhnliche Nutzungsdauer}}$$

= 140.000 €/4 Jahre

= 35.000 €/Jahr

> **Praxishinweis**
>
> Wählen Sie in der Kostenrechnung eine Abschreibungsform, die der tatsächlichen Ressourcenabnutzung bestmöglich entspricht. Diese hängt von einer Vielzahl von Parametern ab, wie z. B. Produktions- oder Vermarktungsbedingungen und dem technologischen Fortschritt. Die handels- und steuerrechtliche Zulässigkeit von Abschreibungsmethoden bleibt bei der Kostenrechnung außer Betracht.

b) Kalkulatorische Zinsen

34 Ein Unternehmen zahlt Zinsen nur für Vermögensgegenstände, die mit Fremdkapital finanziert wurden. Für mit Eigenkapital finanzierte Vermögensgegenstände hingegen sind keine Zinsen zu zahlen. Ziel der Kostenrechnung ist, das gesamte für die eigentliche Tätigkeit eingesetzte betriebsnotwendige Vermögen einer **Verzinsung** zu unterwerfen.

35 Für die **Ermittlung des betriebsnotwendigen Vermögens** stellt die Bilanz mit ihrer Aktivseite die Ausgangsbasis dar. Bei der Bewertung der einzelnen Positionen des Anlage- und Umlaufvermögens ist von den Tages- und Wiederbeschaffungswerten auszugehen.

36 Vom betriebsnotwendigen Vermögen wird jenes Fremdkapital abgezogen, das dem Unternehmen unentgeltlich zur Verfügung steht. Zu diesem **Abzugskapital** zählen: Rückstellungen, erhaltene Kundenanzahlungen, Verbindlichkeiten aus Lieferungen und Leistungen und sonstige Verbindlichkeiten.

37 Subtrahiert man das Abzugskapital vom betriebsnotwendigen Vermögen, ergibt sich das **betriebsnotwendige Kapital.**

38 Das betriebsnotwendige Kapital wird mit einem **kalkulatorischen Zinssatz** multipliziert und liefert die kalkulatorischen Zinsen. Der kalkulatorische Zinssatz ist betriebsindividuell festzulegen. Es bietet sich an, einen Mischzinssatz, der sich aus der Eigenkapitalverzinsung und den gezahlten Fremdkapitalzinsen ergibt, zu ermitteln.

39 Die **Ermittlung der kalkulatorischen Zinsen** erfolgt in folgenden Schritten:[1)]

- Ausgangspunkt ist die Aktivseite der Bilanz;
- Eliminierung nicht betriebsnotwendiger Vermögensgegenstände;
- Hinzurechnung betriebsnotwendiger, nicht bilanzierter Vermögensgegenstände, die z. B. bereits abgeschrieben sind, aber noch betrieblich genutzt werden;

---

1) Vgl. *Hungenberg/Kaufmann*, Kostenmanagement, S. 120.

- kalkulatorische (Um-)Bewertung der Vermögenspositionen, d. h. Ansatz des Tages- oder Wiederbeschaffungswerts für die jeweilige Vermögensposition;
- Ermittlung des durchschnittlich gebundenen betriebsnotwendigen Vermögens: Das abnutzbare Anlagevermögen wird mit dem halben kalkulatorischen Ausgangswert angesetzt;
- Verringerung um das Abzugskapital; Errechnung des betriebsnotwendigen Kapitals;
- Ermittlung des kalkulatorischen Zinssatzes;
- Ermittlung der kalkulatorischen Zinsen.

Rechenschema für die kalkulatorischen Zinsen: 40

	voller Wiederbeschaffungswert des nicht abnutzbaren betriebsnotwendigen Anlagevermögens
+	halber Wiederbeschaffungswert des abnutzbaren betriebsnotwendigen Anlagevermögens
+	Wiederbeschaffungs- bzw. Tageswert des betriebsnotwendigen Umlaufvermögens
=	Summe betriebsnotwendiges Vermögen
–	Abzugskapital
=	Summe betriebsnotwendiges Kapital

Beispiel 41

Ausgangslage: *Ein Unternehmen will das betriebsnotwendige Kapital – unabhängig von der Finanzierung mit Eigen- oder Fremdkapital – einer Verzinsung unterwerfen. Hierzu orientiert es sich an der Aktivseite seiner Bilanz, wobei zu unterscheiden ist, welche Vermögensgegenstände dort nicht oder nicht vollständig für die typische betriebliche Tätigkeit genutzt werden. Als innerbetrieblicher Zinssatz werden 10 % festgelegt.*

Gegeben:

Anlagevermögen	Anschaffungswert in €	Buchwert in €	Tageswert[1] in €
Grundstück mit Gebäude[2]	1.800.000	1.200.000	2.700.000
Gebäudeanteil[2]	1.500.000	1.050.000	2.400.000
Unbebaute Grundstücke[3]	30.000	30.000	6.000
Maschinen	1.400.000	500.000	1.800.000
Betriebs- u. Geschäftsausstattung	250.000	130.000	300.000
Geringwertige Wirtschaftsgüter[4]	40.000	6.000	50.000
Finanzanlagen	120.000	120.000	120.000

1) Tageswert = hier der Wiederbeschaffungswert (Neuwert).
2) Von den bebauten Grundstücken sind 25 % fremd vermietet.
3) Die unbebauten Grundstücke werden spekulativ gehalten.
4) Wert der im ganzen Jahr angeschafften geringwertigen Wirtschaftsgüter.

Umlaufvermögen	in €
Vorräte	1.300.000
Forderungen	2.000.000
Geldmittel (inkl. Schecks und Wechsel)	300.000
Sonstige Wertpapiere	100.000

Passivposten	in €
Rücklagen	600.000
Rückstellungen	350.000
Langfristige Hypothekenverbindlichkeiten	600.000
Anzahlungen von Kunden	500.000
Verbindlichkeiten aus Lieferungen und Leistungen	400.000
Sonstige Verbindlichkeiten	200.000

Gesucht werden die kalkulatorischen Zinsen.
Lösung:

Anlagevermögen	**in €**
Bebaute Grundstücke: Tageswert 300.000 €, davon 75 % betrieblich genutzt, Ansatz: 1/1	225.000
Unbebaute Grundstücke: nicht betriebsnotwendig	–
Gebäude: Tageswert 2.400.000 €, davon 75 % betrieblich genutzt, Ansatz: 1/2	900.000
Maschinen: Ansatz 1/2 Tageswert	900.000
Betriebs- und Geschäftsausstattung: Ansatz 1/2 Tageswert	150.000
Geringwertige Wirtschaftsgüter: Ansatz 1/2 Tageswert	25.000
Finanzanlagen: nicht betriebsnotwendig	–
Summe Anlagevermögen	**2.200.000**
Umlaufvermögen	
Vorräte: Ansatz 1/1 Tageswert	1.300.000
Forderungen: Ansatz 1/1 Tageswert	2.000.000
Geldmittel: Ansatz 1/1 Tageswert	300.000
Sonstige Wertpapiere: nicht betriebsnotwendig	–
Summe Umlaufvermögen	**3.600.000**
Summe betriebsnotwendiges Vermögen	**5.800.000**
Abzugskapital	
Rückstellungen	350.000
Anzahlungen von Kunden	500.000
Verbindlichkeiten aus Lieferungen und Leistungen	400.000
Sonstige Verbindlichkeiten	200.000
Summe Abzugskapital	**1.450.000**
Zu verzinsendes betriebsnotwendiges Kapital	**4.350.000**
davon 10 % Zinsen	**435.000**

c) Kalkulatorischer Unternehmerlohn

42 **Gesellschafter von Personengesellschaften**, die die Geschäftsführung und Vertretung der Gesellschaft übernehmen, erhalten kein Gehalt, das aufwandswirksam in der Finanzbuchhaltung verbucht wird. Zur Bestreitung ihres Lebensunterhalts entnehmen die Gesellschafter Geld aus dem Unternehmen (Privatentnahme).

Der **Geschäftsführer einer Kapitalgesellschaft** erhält gemäß seinem Dienstvertrag ein Gehalt, das in der Finanzbuchhaltung aufwandswirksam erfasst wird. Um in der Kostenrechnung den Wertverzehr möglichst realistisch abzubilden, wird für den Gesellschafter einer Personengesellschaft monatlich ein fiktives Gehalt als kalkulatorischer Unternehmerlohn verrechnet. Hierzu kann man sich an den veröffentlichen Gehaltsspiegeln von Geschäftsführern eines vergleichbaren Unternehmens hinsichtlich Größe und Branche orientieren. Dies sorgt dafür, dass unabhängig von der Rechtsform jedes Unternehmen die Kosten für die Geschäftsführung durch die Geschäftsleitung berücksichtigt. 43

Praxishinweis

Bei der Ermittlung des kalkulatorischen Unternehmerlohns sind neben dem Bruttogehalt des Geschäftsführers auch noch die Kosten der Sozialversicherung und eventuelle Sonderzahlungen zu berücksichtigen.

d) Kalkulatorische Wagnisse

Bei Wagnissen unterscheidet man Einzelwagnisse und das allgemeine Unternehmerwagnis. 44
Unter dem **allgemeinen Unternehmerwagnis** werden die Risiken aus dem unternehmerischen Handeln verstanden; es ist nicht Gegenstand der Kostenrechnung. Die Kostenrechnung beschäftigt sich nur mit Einzelwagnissen. Insbesondere für solche Wagnisse, für die keine Versicherungsverträge abgeschlossen wurden, sollten kalkulatorische Wagnisse verrechnet werden.

Wichtige **Einzelwagnisse** sind:[2] 45

- Beständewagnis,
- Anlagewagnis,
- Produktionswagnis,
- Gewährleistungswagnis,
- Entwicklungswagnis,
- Vertriebswagnis.

Beispiel 46

Ausgangslage: *Ein Unternehmen will in der Kostenrechnung für zukünftige Gewährleistungen kalkulatorische Wagniskosten berücksichtigen.*

Gegeben:

Alter Jahresumsatz	10 Mio. €
Alter Gewährleistungsaufwand	100.000 €
Zukünftig geplanter Jahresumsatz	4 Mio. €

Gesucht wird das Gewährleistungswagnis.

Lösung: *Die in der Vergangenheit bei einem Jahresumsatz von 10 Mio. € angefallenen Gewährleistungsaufwendungen von 100.000 € entsprechen 1 % vom Jahresumsatz. Bei einem geplanten Umsatz von 4 Mio. € werden 1 %, also 40.000 € als kalkulatorische Wagniskosten verrechnet.*

2) Vgl. *Hungenberg/Kaufmann*, Kostenmanagement, S. 125.

D. Kostenstellenrechnung

I. Aufgaben der Kostenstellenrechnung

47 Die Kostenstellenrechnung ist das **Bindeglied** zwischen Kostenartenrechnung und Kostenträgerrechnung. Einzelkosten werden direkt an die Kostenträgerrechnung übergeben, also um die Kostenstellenrechnung „herumgeführt". Gemeinkosten dagegen müssen in der Kostenstellenrechnung verrechnet werden, damit sie dann in Form von Kalkulationssätzen in der Kostenträgerrechnung für die Bewertung der betrieblichen Leistungen (Kostenträger) Eingang finden können.

48 Eine weitere Aufgabe der Kostenstellenrechnung besteht in **der Kontrolle der Wirtschaftlichkeit** der einzelnen Unternehmensbereiche. Hierzu sind die Gemeinkosten möglichst verursachungsgerecht den anfordernden oder verursachenden Bereichen zuzurechnen. Grundlage hierfür ist die Erfassung innerbetrieblicher Dienstleistungen, des so genannten innerbetrieblichen Leistungsaustauschs.

49 Um eine effektive Kostenplanung und -kontrolle einzurichten, ist das Unternehmen in einzelne **Kostenstellen** zu zerlegen. Dazu orientiert man sich häufig an der betrieblichen Aufbauorganisation. Für jede Kostenstelle sind die von ihr zu verantwortenden Gemeinkostenarten festzulegen.[3] Kostenstellen werden weiter in Hilfskostenstellen und Hauptkostenstellen unterschieden, die man auch **Vorkostenstellen** und **Endkostenstellen** nennt.

- **Hilfskostenstellen** erbringen allgemeine Dienstleistungen für das Unternehmen und sind nicht unmittelbar am Leistungsprozess für die Erstellung der Produkte beteiligt. Zu den klassischen Hilfskostenstellen zählen z. B. innerbetriebliche Transportabteilung, Energieerzeugung, Reparaturwerkstatt und soziale Einrichtungen des Unternehmens.
- Bei den **Hauptkostenstellen** findet sich häufig eine Einteilung nach den betrieblichen Funktionsbereichen, die unmittelbar an der Erstellung der Kostenträger beteiligt sind. Entlang der betrieblichen Wertschöpfungskette sind dies die Funktionsbereiche Einkauf, Produktion, Verwaltung und Vertrieb.

II. Durchführung der Kostenstellenrechnung mit Hilfe des Betriebsabrechnungsbogens

50 Der **Betriebsabrechnungsbogen** (BAB) ist das abrechnungstechnische Instrument für die Durchführung der Kostenstellenrechnung, ein „Kostenverteilblatt" zur Verteilung von Gemeinkosten auf Kostenstellen.

3) Zu Einzelheiten und Grundsätzen für die Bildung von Kostenstellen vgl. *Breithecker* in: Haberstock, Kostenrechnung I, S. 105 – 114.

Abb. 8: Betriebsabrechnungsbogen 51

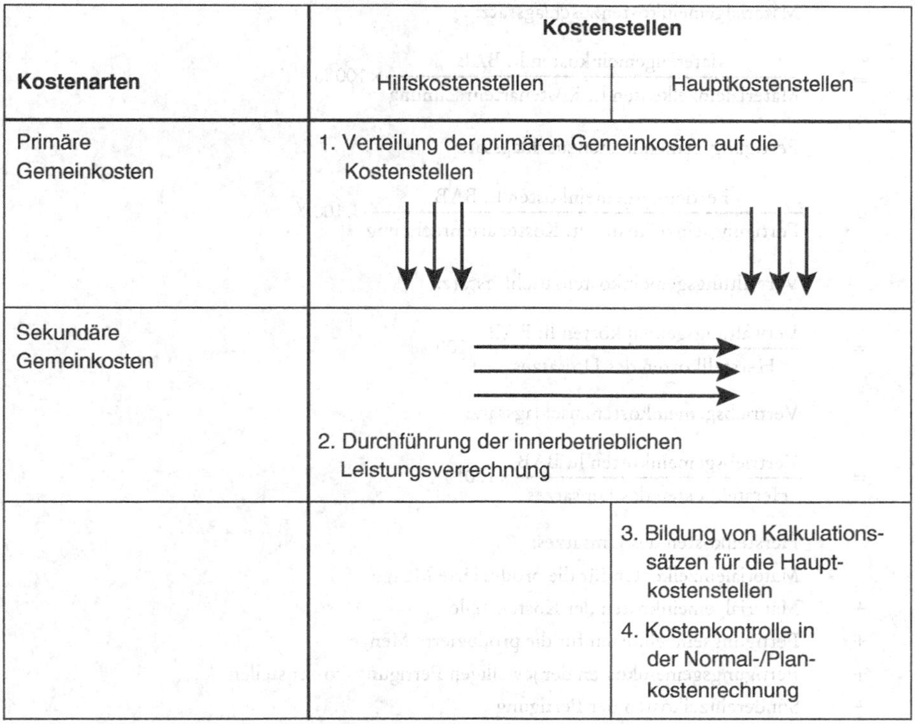

Gemeinkostenarten: Der **formale Aufbau** eines Betriebsabrechnungsbogen gliedert sich 52 wie folgt: Horizontal werden die Kostenstellen – beginnend mit den Hilfskostenstellen – abgetragen und vertikal die Gemeinkostenarten. Die von der Kostenartenrechnung in die Kostenstellenrechnung weitergeleiteten Kosten heißen **primäre** Gemeinkosten. Unter **sekundären** Gemeinkosten versteht man die Verteilung der primären Gemeinkosten von den Hilfskostenstellen auf die Hauptkostenstellen. Nach Durchführung dieser Sekundärkostenverteilung weisen die Hauptkostenstellen sämtliche verursachten Gemeinkosten aus.

Die Werte der Hauptkostenstellen nach der Verteilung werden zur **Kostenkontrolle** der 53 jeweiligen betrieblichen Abteilung herangezogen. Für Kostenstellen werden häufig Vorgabewerte (Normal-/Plankosten) bestimmt, die zur Kontrolle der erzielten Istwerte herangezogen werden, um so eine **Kostenüber- oder Kostenunterschreitung** zu ermitteln.

Für die Errechnung von **Kalkulationssätzen** (zur Anwendung in der Kostenträgerrech- 54 nung) sind Bezugsgrößen zu bestimmen. Als Bezugsgrößen kommen die Einzelkosten der jeweiligen Hauptkostenstellen in Betracht. Für die Hauptkostenstellen Verwaltung und Vertrieb findet sich keine solche Einzelkostenbasis, so dass hier die Herstellkosten des Umsatzes als Bezugsgröße herangezogen werden.

Praxishinweis

Wenn die Fertigungshauptkosten im BAB Kalkulationsprozentsätze > 100 % aufweisen, sollten für diese Kostenstellen als Bezugsbasis die Maschinenstunden anstatt der Fertigungseinzelkosten gewählt werden, da sonst keine kausale Beziehung zwischen den Gemeinkosten und der Bezugsgröße in dieser Kostenstelle gegeben ist. Diese Problematik tritt häufig im hochautomatisierten Fertigungsbereich auf, bei dem die (fixen) Gemeinkosten deutlich überwiegen.

55 **Standardberechnungsschema für Kalkulationssätze:**

Materialgemeinkostenzuschlagssatz:

$$= \frac{\text{Materialgemeinkosten lt. BAB}}{\text{Materialeinzelkosten lt. Kostenartenrechnung}} \times 100\,\%$$

Fertigungsgemeinkostenzuschlagssatz:

$$= \frac{\text{Fertigungsgemeinkosten lt. BAB}}{\text{Fertigungseinzelkosten lt. Kostenartenrechnung}} \times 100\,\%$$

Verwaltungsgemeinkostenzuschlagssatz:

$$= \frac{\text{Verwaltungsgemeinkosten lt. BAB}}{\text{Herstellkosten des Umsatzes}} \times 100\,\%$$

Vertriebsgemeinkostenzuschlagssatz:

$$= \frac{\text{Vertriebsgemeinkosten lt. BAB}}{\text{Herstellkosten des Umsatzes}} \times 100\,\%$$

Herstellkosten des Umsatzes:

	Materialeinzelkosten für die produzierte Menge
+	Materialgemeinkosten der Kostenstelle
+	Fertigungseinzelkosten für die produzierte Menge
+	Fertigungsgemeinkosten der jeweiligen Fertigungskostenstellen
+	Sondereinzelkosten der Fertigung
=	Herstellkosten der Produktion
–	Bestandserhöhung an Erzeugnissen bewertet zu Herstellkosten
+	Bestandsminderung an Erzeugnissen bewertet zu Herstellkosten
=	Herstellkosten des Umsatzes

Praxishinweis

Zur Ermittlung der Bezugsgröße Herstellkosten des Umsatzes ist zu beachten, dass Bestandsminderungen auf Erzeugnisse zu addieren sind (hier wurde etwas aus dem Lager genommen und verkauft), während die Bestandserhöhungen zu subtrahieren sind (hier wird etwas auf Lager gelegt, es entsteht kein Umsatz).

III. Innerbetriebliche Leistungsverrechnung

56 Ziel der **innerbetrieblichen Leistungsverrechnung** ist die Verteilung der primären Gemeinkosten von den Hilfskostenstellen auf die Hauptkostenstellen, auch Gemeinkostenumlage genannt.

57 Die folgende Abbildung stellt die **Verfahren** der innerbetrieblichen Leistungsverrechnung zusammen, die in der Praxis am gebräuchlichsten sind. Das Stufenleiterverfahren wird wegen seiner großen Verbreitung exemplarisch dargestellt.

Abb. 9: Verfahren der innerbetrieblichen Leistungsverrechnung 58

Systematik	Verfahren: Gleichungsverfahren	Stufenleiterverfahren	Anbauverfahren
Wesen	Vollständige Erfassung des innerbetrieblichen Leistungsaustauschs zwischen den Kostenstellen	Teilweise Erfassung des innerbetrieblichen Leistungsaustauschs zwischen den Kostenstellen	Nur Erfassung der innerbetrieblichen Leistungsabgabe von Hilfskostenstellen an Hauptkostenstellen
Rechengang	Lösung eines linearen Gleichungssystems, das den Leistungsaustausch zwischen allen Kostenstellen beschreibt	(Primäre Gemeinkosten + Sekundäre Gemeinkosten) / Leistungsabgabe an noch nicht abgerechnete Kostenstellen	Primäre Gemeinkosten / Leistungsabgabe an die Hauptkostenstellen
Vorteile	Ermittelt immer die exakten Kostensätze	Ermittelt bei spezieller Leistungsverflechtung der Hilfskostenstellen zum Teil richtige Kostensätze	Einfach handhabbares Verfahren
Nachteile	Sehr rechenaufwändiges Verfahren	Liefert bei starkem Leistungsaustausch zwischen den Hilfskostenstellen ungenaue Kostensätze	Liefert im Allgemeinen unbrauchbare Kostensätze

Beim **Stufenleiter- oder Treppenverfahren** werden die Hilfskostenstellen so angeordnet, dass jede Hilfskostenstelle möglichst nur Leistungen an noch nicht abgerechnete Kostenstellen abgibt und selbst möglichst wenig von – in der genannten Ordnung – nachgelagerten Hilfskostenstellen erhält. 59

Rechenvorschrift für Kostenverrechnungssätze: 60

Kostenverrechnungssatz einer Hilfskostenstelle

$$= \frac{\text{Summe der primären Gemeinkosten der Hilfskostenstelle} \atop \text{+ anteilige Gemeinkosten von bereits abgerechneten Hilfskostenstellen}}{\text{Leistungsabgabe an noch nicht abgerechnete} \atop \text{Hilfs- und Hauptkostenstellen}}$$

Beispiel *(Betriebsabrechnungsbogen mit Stufenleiterverfahren)* 61

Ausgangslage: *Für ein Unternehmen ist ein Betriebsabrechnungsbogen gegeben. Ein Teil der Gemeinkostenarten wurde darin bereits zugeordnet. Die Werte der übrigen Kostenarten sind zu ergänzen. Danach ist die innerbetriebliche Leistungsverrechnung nach dem Stufenleiterverfahren durchzuführen. Anschließend sind die Gemeinkostenzuschlagssätze zu ermitteln.*

Gegeben:

Betriebsabrechnungsbogen

Kostenstellen / Kostenarten	Gesamt	Hilfskostenstellen			Hauptkostenstellen				
		I	II	Ferti-gung	Ferti-gung I	Ferti-gung II	Mate-rial	Verwal-tung	Ver-trieb
1. Betriebsstoffe	22.400	2.000	1.000	5.500	4.000	9.900	–	–	–
2. Hilfslöhne	13.000	2.000	5.000	2.000	–	–	4.000	–	–
3. Gehälter	19.000	–	3.000	–	–	–	–	6.000	10.000
4. Personalneben-kosten									
5. Fremdleistungs-kosten	7.070	500	1.750	500	800	–	375	1.180	1.965
6. Kalk. Abschrei-bungen									
7. Kalk. Zinsen									
8. Summe Gem.-Kosten									
9. Umlage HiKSt I									
10. Umlage HiKSt II									
11. Umlage HiKSt Fert.									
12. Summe Gem.-Kosten									
13. Fert.-Löhne	28.000	–	–	–	8.000	20.000		–	–
14. Fert.-Material	100.000	–	–	–	–	–	100.000	–	–
15. Herstellkosten d. U.	248.000							248.000	
16. Ist-Zuschlagssätze									

Berechnungs- und Umlagegrundlagen

Kostenstellen / Kostenarten	Gesamt	Hilfskostenstellen			Hauptkostenstellen				
		I	II	Ferti-gung	Ferti-gung I	Ferti-gung II	Mate-rial	Verwal-tung	Ver-trieb
17. abnutzbares AV	2.880 T€	600 T€	60 T€	120 T€	1.200 T€	600 T€	150 T€	120 T€	30 T€
18. nicht abnutzbares AV	240 T€	240 T€	–	–	–	–	–	–	–
19. Umlaufvermögen	150 T€	–	–	–	24 T€	12 T€	60 T€	24 T€	30 T€
20. Umlage-HiKSt I	400 qm	–	40 qm	40 qm	80 qm	80 qm	80 qm	40 qm	40 qm
21. Umlage-HiKSt II	200 Std	–	–	50 Std	100 Std	50 Std	–	–	–
22. Umlage HiKSt Fert.					50 %	50 %			

Primäre Gemeinkosten

Personalnebenkosten	50 % der Löhne und Gehälter
kalkulatorische Abschreibung	20 % des abnutzbaren Anlagevermögens
kalkulatorischer Zinssatz	10 % des betriebsnotwendigen Kapitals
Abzugskapital	–

Gesucht werden

- *die primären Gemeinkosten (BAB Zeilen 1–7),*
- *die innerbetriebliche Leistungsverrechnung nach dem Stufenleiterverfahren (BAB Zeilen 9–11),*
- *die Gemeinkostenzuschlagssätze für die Hauptkostenstellen (BAB Zeile 16).*

Lösung:

BAB Zeile 4: Personalnebenkosten

Hilfslöhne	Z 2	13.000
+ Gehälter	Z 3	19.000
+ Fert.- Löhne	Z 13	28.000
= Summe Personalkosten		60.000
Personalnebenkosten: 50 % von 60.000	Z 4	30.000

BAB Zeile 6: Abschreibungen

Kostenstelle	(1) BAB Z 17	(2)
HiKSt I	600.000	10.000
HiKSt II	60.000	1.000
HiKSt Fert.	120.000	2.000
Fertigung I	1.200.000	20.000
Fertigung II	600.000	10.000
Material	150.000	2.500
Verwaltung	120.000	2.000
Vertrieb	30.000	500
Summe	2.880.000	48.000

$$(2) = (1) \times \frac{0,20}{12} \rightarrow \text{Zeile 6}$$

BAB Zeile 7: Kalkulatorische Zinsen

(a) Gesamt

Nicht abnutzbares AV	Z 18	240.000
1/2 abnutzbares AV	1/2 × Z 17	1.440.000
Umlaufvermögen	Z 19	150.000
Abzugskapital		–
Summe betriebsnotw. Kapital		1.830.000
Davon 10 % kalkulatorische Zinsen jährlich		183.000
Davon 1/12 kalkulatorische Zinsen monatlich	Z 7	15.250

(b) Verteilung auf Kostenstellen

Kostenstelle	(1) betriebsnotwendiges Kapital	(2)
HiKSt I	240.000 + 1/2 × 600.000	4.500
HiKSt II	1/2 × 60.000	250
HiKSt Fert.	1/2 × 120.000	500
Fertigung I	1/2 × 1.200.000 + 24.000	5.200
Fertigung II	1/2 × 600.000 + 12.000	2.600
Material	1/2 × 150.000 + 60.000	1.125
Verwaltung	1/2 × 120.000 + 24.000	700
Vertrieb	1/2 × 30.000 + 30.000	375
Summe	1.830.000	15.250

$$(2) = (1) \times \frac{0{,}10}{12} \rightarrow \text{Zeile 7}$$

BAB Zeilen 9 bis 11: Innerbetriebliche Leistungsverrechnung

Umlage HiKSt I:	$Z9 = \frac{Z8}{Z20}$
Umlage HiKSt II:	$Z10 = \frac{Z8 + Z9}{Z21}$
Umlage HiKSt Fert.:	$Z11 = \frac{Z8 + Z9 + Z10}{Z22}$

BAB Zeile 16: Gemeinkostenzuschlagssätze

Herstellkosten des Umsatzes		Z 15
=	Materialeinzelkosten	Z 14
+	Materialgemeinkosten	Z 12
+	Fertigungseinzelkosten	Z 13
+	Fertigungsgemeinkosten	Z 12

Ist-Zuschlagssätze

Material

$$Z16 = \frac{Z12}{Z14} \times 100\%$$

Fertigung I

$$Z16 = \frac{Z12}{Z13} \times 100\%$$

Fertigung II

$$Z16 = \frac{Z12}{Z13} \times 100\%$$

Verwaltung

$$Z16 = \frac{Z12}{Z15} \times 100\%$$

Vertrieb

$$Z16 = \frac{Z12}{Z15} \times 100\%$$

BAB Auswertung

Kostenstellen / Kostenarten	Gesamt	Hilfskostenstellen I	Hilfskostenstellen II	Hilfskostenstellen Fertigung	Hauptkostenstellen Fertigung I	Hauptkostenstellen Fertigung II	Hauptkostenstellen Material	Hauptkostenstellen Verwaltung	Hauptkostenstellen Vertrieb
1. Betriebsstoffe	22.400	2.000	1.000	5.500	4.000	9.900	–	–	–
2. Hilfslöhne	13.000	2.000	5.000	2.000	–	–	4.000	–	–
3. Gehälter	19.000	–	3.000	–	–	–	–	6.000	10.000
4. Personalnebenkosten	30.000	1.000	4.000	1.000	4.000	10.000	2.000	3.000	5.000
5. Fremdleistungskosten	7.070	500	1.750	500	800	–	375	1.180	1.965
6. Kalk. Abschreibungen	48.000	10.000	1.000	2.000	20.000	10.000	2.500	2.000	500
7. Kalk. Zinsen	15.250	4.500	250	500	5.200	2.600	1.125	700	375
8. Summe Gem.-Kosten	154.720	20.000	16.000	11.500	34.000	32.500	10.000	12.880	17.840
9. Umlage HiKSt I	–		2.000	2.000	4.000	4.000	4.000	2.000	2.000
10. Umlage HiKSt II	–			4.500	9.000	4.500	–	–	–
11. Umlage HiKSt Fert.	–				9.000	9.000	–	–	–
12. Summe Gem.-Kosten	154.720				56.000	50.000	14.000	14.880	19.840
13. Fert.-Löhne	28.000	–	–	–	8.000	20.000	–	–	–
14. Fert.-Material	100.000	–	–	–	–	–	100.000	–	–
15. Herstellkosten d. U.	248.000*)							248.000	
16. Ist-Zuschlagssätze					700 %	250 %	14 %	6 %	8 %

*) Herstellkosten der Produktion 282.700
Bestandserhöhung –34.700
248.000

> **Praxishinweis**
> Welches Verfahren ein Unternehmen wählt, bleibt eine situative Entscheidung, bei der Unternehmensgröße, Informationsbedarf und der Wunsch nach Genauigkeit berücksichtigt und gegen die notwendigen finanziellen Aufwendungen (z. B. für EDV-Unterstützung) abgewogen werden sollten.

E. Kostenträgerstückrechnung (Kalkulation)

I. Aufgaben und das Grundschema der Kostenträgerstückrechnung

Die **Aufgaben** der Kostenträgerstückrechnung sind: 62

- Ermittlung der Selbstkosten je Kostenträger;
- Grundlage für die Preisfestlegung;
- Grundlage für die Bestandsbewertung von Halb- und Fertigfabrikaten;

- Basis für Beschaffungsentscheidungen;
- Schaffung der Grundlagen für die kurzfristige Ergebnisrechnung (Kostenträgerzeitrechnung).

63 In der Kostenrechnung versteht man unter **Kostenträger** die einzelne betriebliche Leistung, die von diesem Unternehmen angeboten wird, was ein Produkt oder eine Dienstleistung sein kann. Je nach verwendetem Kalkulationsverfahren werden die Kosten mit den einzelnen Kostenbestandteilen differenziert oder nur pauschal ausgewiesen. Unabhängig von der Differenziertheit gilt folgendes allgemeine **Kalkulationsschema** zur Bestimmung der Herstell- und Selbstkosten:

	Materialkosten
+	Fertigungskosten
=	**Herstellkosten**
+	Verwaltungskosten
+	Vertriebskosten
=	**Selbstkosten**

64 Der Begriff **Herstellkosten** gibt wieder, wie viel Kosten für die Herstellung eines Kostenträgers entstanden sind. Der Begriff Herstellkosten wird in der Regel nicht mit dem Begriff der Herstell*ungs*kosten aus der Finanzbuchhaltung übereinstimmen. Der Grund ist darin zu sehen, dass in die Kostenrechnung kalkulatorische Kosten einbezogen werden dürfen, was in der Finanzbuchhaltung nicht zulässig ist. **Selbstkosten** geben an, was Herstellung und Absatz eines Kostenträgers kosten.

Praxishinweis

Für kurzfristige Entscheidungen sollten im Kalkulationsschema zur Ermittlung der Herstell- bzw. Selbstkosten nur die Einzelkosten bzw. variablen Gemeinkosten berücksichtigt werden, da es sich hierbei um die entscheidungsrelevanten Kosten handelt. Die fixen Gemeinkosten stellen Kosten der Betriebsbereitschaft dar und können kurzfristig nicht verändert bzw. beeinflusst werden. Eine Berücksichtigung der fixen Gemeinkosten in einer Kalkulation ist hingegen bei den Leitsätzen für die Preisermittlung aufgrund von Selbstkosten für öffentliche Aufträge gefordert.

II. Arten der Kostenträgerstückrechnung

65 Im Hinblick auf den **Kalkulationszeitpunkt** unterscheidet man:

- **Vorkalkulation:** Insbesondere bei Unternehmen mit Projektleistungstätigkeit, wie z. B. in der Bauindustrie, ist es erforderlich, vor Abgabe eines Angebots die mit diesem Projekt verbundenen Kosten abzuschätzen. Auch bei der Entwicklung eines neuen Produkts ist es erforderlich, die Kosten für einen Kostenträger zu kennen, um Orientierungspunkte für die Preisgestaltung zu haben.
- **Zwischenkalkulation:** Bei größeren Projekten ist es erforderlich, eine mitlaufende Zwischenkalkulation anzufertigen, um bereits entstandene Kosten im Blick zu behalten. Zwischenkalkulationen werden auch zur Abrechnung von Teilleistungen gegenüber Auftraggebern benötigt.
- **Nachkalkulation:** Die Nachkalkulation wird gebraucht, um die tatsächlichen Kosten für ein abgelaufenes Projekt zu ermitteln, damit zukünftig für ähnliche Projekte eine verbesserte Kalkulationsbasis vorliegt. Aber auch für Unternehmen ohne Projektleistungstätigkeit ist eine fallweise Nachkalkulation der Kosten für den einzelnen Kostenträger sinnvoll, um Unwirtschaftlichkeiten und Kosteneinsparungspotenziale zu ermitteln.

III. Verfahren der Kalkulation

Produktart und verwendetes Fertigungsverfahren bestimmen das anzuwendende **Kalkulationsverfahren:**[4] 66

Abb. 10: Verfahren der Kostenträgerstückrechnung 67

Kalkulationsverfahren	**Divisionskalkulation**	**Äquivalenzziffernkalkulation**	**Zuschlagskalkulation**		**Kuppelkalkulation** – Restwertmethode – Äquivalenzziffernkalkulation
Siehe …	Rz. 68 ff.	Rz. 78 ff.	Rz. 84 ff.		Rz. 91 ff.
Anzahl der Produktarten	eine Produktart	mehrere Produktarten			
Homogenität der Produkte	Einheitsprodukt	Produktvarianten	Produktsorten	Individualprodukte	Zwangsläufig mehrere Produkte anfallend
Fertigungsverfahren	Massenfertigung	Sortenfertigung	Serienfertigung	Einzelfertigung	Kuppelfertigung
Beispiele	Strom, Wasser, Zement	Biere, Bleche, Drähte	Autos, Tabletten, Telefone	Häfen, Brücken, Kraftwerke	Gas, Dieselkraftstoff, Benzol
Kostenstellenrechnung …	Nicht zwingend erforderlich	Nicht zwingend erforderlich	Zwingend erforderlich	Zwingend erforderlich	Nicht zwingend erforderlich

1. Divisionskalkulation

Bei der **Divisionskalkulation** werden die Gesamtkosten der Periode durch die produzierte bzw. abgesetzte Stückzahl dividiert. Die gesamten Stückkosten werden auf den einzelnen Kostenträger verteilt. Es gibt **keine Unterscheidung von Einzel- und Gemeinkosten.** Da nicht nach einzelnen Kostenarten differenziert wird, benötigt die Divisionskalkulation für die Kalkulation an sich **keine Kostenstellenrechnung.** Eine Kostenstellenrechnung sollte aber grundsätzlich in jedem Unternehmen eingerichtet werden, da sie für eine stellenbezogene Kostensteuerung (Kontrolle der Wirtschaftlichkeit) benötigt wird. 68

Der einfachste Fall der Divisionskalkulation ist die **einstufige**, bei der keine Lagerbestände berücksichtigt werden: 69

Anwendungsvoraussetzungen: 70

- Einproduktbetrieb;
- keine Lagerbestandsveränderungen an Halbfabrikaten;
- keine Lagerbestandsveränderungen an Fertigfabrikaten;
- Kostenverursachung homogen, d. h., alle Kosten verhalten sich proportional zur produzierten Stückzahl.

Formel: 71

$$k = \frac{K}{x}$$

Symbole

k = Gesamtkosten der Periode

x = Produzierte Stückzahl der Periode

k = (Selbst-)Kosten pro Erzeugniseinheit

---

4) Für detaillierte Informationen zu den Kalkulationsverfahren s. *Breithecker* in: Haberstock, Kostenrechnung I, S. 146 – 170.

72 **Beurteilung:**

- Die einstufige Divisionskalkulation ist ein **einfach handhabbares Verfahren**, das aber nur für Unternehmen mit einem Produkttyp sinnvoll anwendbar ist und zu aussagefähigen Ergebnissen führt.
- In der Praxis werden die Voraussetzungen mit wenigen Ausnahmen, wie z. B. bei einem E-Werk oder Wasserwerk, selten gegeben sein.

73 Eine Verfeinerung ist die **mehrstufige Divisionskalkulation**, bei der zum einen Lagerbestandsveränderungen auf den einzelnen Produktionsstufen (Zwischenläger) zugelassen werden und zum anderen Unterschiede zwischen Produktions- und Absatzmenge gemacht werden. Hierdurch erfolgt eine Trennung in Herstell- und Selbstkosten.

74 **Anwendungsvoraussetzungen:**

- Einproduktbetrieb;
- Trennung der Gesamtkosten in Herstellkosten und Verwaltungs-/Vertriebskosten;
- Herstellkosten werden auf die Anzahl der hergestellten Produkte bezogen;
- Verwaltungs-/Vertriebskosten werden auf die Anzahl der verkauften Produkte bezogen.

75 **Formel:**

$$k = \frac{K_H}{x_H} + \frac{K_{VV}}{x_A}$$

Symbole

K_H = Herstellkosten der jeweiligen Stufe

K_{VV} = Verwaltungs- und Vertriebskosten der abgesetzten Produkte

x_H = Hergestellte Menge auf der jeweiligen Stufe

x_A = Abgesetzte Menge

k = (Selbst-)Kosten je Erzeugniseinheit

76 **Beurteilung:**

- Mit differenzierter Bildung von Abrechnungsbereichen kann die **Genauigkeit der Kalkulationsergebnisse** verbessert werden. Die auf einer Produktionsstufe verbleibenden Bestände werden mit den Herstellkosten der Stufe bewertet.
- Die Anwendbarkeit ist wie bei der einstufigen Divisionskalkulation eingeschränkt.

77 ***Beispiel** (Mehrstufige Divisionskalkulation)*

***Ausgangslage:** Ein Unternehmen stellt ein Produkt in mehreren Fertigungsstufen her, wobei ein Zwischenprodukt anfällt. Mit der mehrstufigen Divisionskalkulation sind die Herstellkosten für das Zwischenprodukt und die Selbstkosten für das Endprodukt zu ermitteln.*

***Gegeben:** Der Einkauf von 2.500 hl Rohmaterial kostet 30.000 €. Von dem Rohmaterial werden 1.500 hl zu 1.100 hl des Zwischenprodukts verarbeitet, wobei Kosten von 17.200 € anfallen. In der letzten Stufe werden aus 1.000 hl des Zwischenprodukts 2.000 hl des Endprodukts. Die Kosten eines beigefügten Zusatzstoffs sowie die des Prozesses betragen zusammen 9.000 €.*

Gesucht werden die Herstellkosten pro hl für das Zwischenprodukt und die Selbstkosten pro hl des Endprodukts.

Lösung:

Rohmaterial		
2.500 hl Rohmaterial		30.000 €
Rohmaterialkosten	30.000 €/2.500 hl	12 €/hl
Zwischenprodukt		
Rohmaterialverbrauch	1.500 hl × 12 €/hl	18.000 €
+ Kosten der Zwischenproduktion		17.200 €
= 1.100 hl Zwischenprodukt		35.200 €
Zwischenproduktkosten	35.200 €/1.100 hl	32 €/hl
Endprodukt		
Zwischenproduktverbrauch	1.000 hl × 32 €/hl	32.000 €
+ Kosten Zusatzstoff und Prozess		9.000 €
= 2.000 hl Endprodukt		41.000 €
Endproduktkosten	41.000 €/2.000 hl	20,50 €/hl

2. Äquivalenzziffernkalkulation

Die Äquivalenzziffernkalkulation setzt voraus, dass **mehrere Varianten eines Produkts**, auch als *Sorten* bezeichnet, gefertigt werden. Sie baut auf den Voraussetzungen der **Divisionskalkulation** auf, nachdem die jeweiligen Sorten mit einer Gewichtungsziffer (Äquivalenzziffer) bewertet wurden, werden auch hier die Gesamtkosten durch die Stückzahl dividiert. Aus diesem Grund wird sie häufig auch als Divisionskalkulation mit Äquivalenzziffern bezeichnet. Für die Kalkulation ist ebenfalls keine Kostenstellenrechnung erforderlich: 78

Anwendungsvoraussetzungen: 79

- artverwandte (artähnliche) Produkte (Sorten), die fertigungstechnische Ähnlichkeiten aufweisen,
- keine Lagerbestandsveränderungen an Halbfabrikaten,
- keine Lagerbestandsveränderungen an Fertigfabrikaten,
- Kostenverursachung homogen, d. h., alle Kosten verhalten sich proportional zur produzierten Stückzahl,
- Wahl der Äquivalenzziffer (Gewichtungsziffer, Wertigkeitsziffer, Umrechnungsfaktor) als Verhältniszahl zur Aufteilung der Kosten auf die einzelnen Sorten.

Formel: 80

$$k_i = \frac{K}{\left(\sum a_i \times x_i\right)} \times a_i$$

Symbole

K = Gesamtkosten der Periode

k_i = (Selbst-)Kosten einer Einheit der Sorte i

x_i = Gesamtmenge der Sorte i

a_i = Äquivalenzziffer der Sorte i

i = Index der Produktarten (Sorten)

n = Anzahl der Produkte

81 **Schritte zur Ermittlung der Äquivalenzziffer:** Die Äquivalenzziffer gibt an, in welchem Verhältnis die Kosten eines Produkts zu den Kosten eines Einheitsprodukts (einer Einheitssorte) mit der Äquivalenzziffer 1 stehen. Für die **rechentechnische Ermittlung** der Äquivalenzziffer bieten sich die folgenden vier Schritte an:

- Umrechnung der tatsächlichen Produktionsmengen auf die Einheitssorte mit Hilfe der Äquivalenzziffer. Ergebnis: den ursprünglichen Produktionsmengen äquivalente Produktionsmenge der Einheitssorte (Gesamtrechnungsmenge).
- Ermittlung der Kosten pro Einheit der Einheitssorte: Gesamtkosten dividiert durch die Gesamtrechnungsmenge.
- Rückrechnung auf die einzelnen Sorten, durch Multiplikation der Einheitssorte mit der jeweiligen Äquivalenzziffer, führt zu den (Selbst-)Kosten je Sorte.
- In einem letzten Schritt kann eine Probe durchgeführt werden: Die Multiplikation der tatsächlichen Produktionsmengen der jeweiligen Sorten mit den errechneten (Selbst-) Kosten je Sorte, muss wieder die Gesamtkosten der Periode ergeben.

82 **Beurteilung:**

- Die Äquivalenzziffernkalkulation stellt ebenfalls ein recht **einfaches Kalkulationsverfahren** dar. Die Qualität der Kalkulationsergebnisse hängt entscheidend von der *Qualität der ermittelten Äquivalenzziffern* ab.
- Bei einer **mehrstufigen Äquivalenzziffernkalkulation** wird genauso wie bei der mehrstufigen Divisionskalkulation verfahren, da auch hier die Herstellkosten auf die produzierte Menge und die Verwaltungs-/Vertriebskosten auf die Absatzmenge bezogen werden. Auch dies setzt wieder eine gewisse Kostenstellenbildung im Unternehmen voraus.

83 ***Beispiel** (Äquivalenzziffernkalkulation)*

***Ausgangslage:** Ein Unternehmen produziert vier Sorten von Dichtungsscheiben. Das Dickeverhältnis der ansonsten gleichen Scheiben wird in einer Äquivalenzziffernkalkulation als Äquivalenzziffer verwendet.*

Gegeben:

- *Dickeverhältnis A : B : C : D = 1 : 0,8 : 1,4 : 1,2;*
- *produzierte Stückzahlen*

Produkt	Stückzahl
A	280.000
B	240.000
C	180.000
D	120.000

- Gesamtkosten 260.400 €.

Gesucht: werden die Selbstkosten für eine Dichtungsscheibe jeder Sorte.

Lösung:

Produkt	Stückzahl	Äquivalenzziffer	Umrechnungszahl	Einheitssorte €/Stk	**Selbstkosten €/Stk**	Sortenkosten €
A	280.000	1,0	280.000	0,30	0,30	84.000
B	240.000	0,8	192.000	0,30	0,24	57.600
C	180.000	1,4	252.000	0,30	0,42	75.600
D	120.000	1,2	144.000	0,30	0,36	43.200
Summe			868.000			260.400

$$\frac{\text{Gesamtkosten}}{\text{Umrechnungszahl}} = \frac{260\,400\ €}{868\,000\ \text{Stk}} = 0{,}30\ €/\text{Stk}$$

> **Praxishinweis**
>
> Bei der Divisionskalkulation mit und ohne Äquivalenzziffern werden die Herstellkosten immer auf die produzierte Menge bezogen bzw. dividiert und die Verwaltungs- und Vertriebskosten auf die abgesetzte Menge bezogen bzw. dividiert.

3. Zuschlagskalkulation

Die Zuschlagskalkulation wird erforderlich für Unternehmen, die **Serien- oder Einzelfertigung** betreiben. Für Unternehmen mit **Projektleistungstätigkeit** ist dieses Kalkulationsverfahren die einzige Möglichkeit, für ein individuelles Projekt die Kosten zu kalkulieren. 84

Abb. 11: Differenzierte Zuschlagskalkulation 85

<table>
<tr><td>Fertigungsmaterial (Einzelkosten)</td><td rowspan="2">Materialkosten</td><td rowspan="5">Herstellkosten</td><td rowspan="8">Selbstkosten</td></tr>
<tr><td>Materialgemeinkosten
(zugeschlagen auf Basis des Fertigungsmaterials)</td></tr>
<tr><td>Fertigungslohn (Einzelkosten)</td><td rowspan="3">Fertigungs-
kosten</td></tr>
<tr><td>Fertigungsgemeinkosten
(zugeschlagen auf Basis des Fertigungslohns, für jede Fertigungshauptstelle gesondert)</td></tr>
<tr><td>Sondereinzelkosten der Fertigung
(Einzelkosten)</td></tr>
<tr><td colspan="2">Verwaltungsgemeinkosten
(zugeschlagen auf Basis der Herstellkosten)</td><td rowspan="3">Verwaltungs- und Vertriebs-
kosten</td></tr>
<tr><td colspan="2">Vertriebsgemeinkosten
(zugeschlagen auf Basis der Herstellkosten)</td></tr>
<tr><td colspan="2">Sondereinzelkosten des Vertriebs (Einzelkosten)</td></tr>
</table>

Die Zuschlagskalkulation ist das genaueste Kalkulationsverfahren, welches **zwingend** eine **Kostenstellenrechnung** voraussetzt. Mit diesem Kalkulationsverfahren wird das *Verursachungsprinzip* erfüllt. 86

Anwendungsvoraussetzungen: 87

- Erfordernis einer Kostenstellenrechnung,
- Kenntnis der Einzel- und Gemeinkosten,
- Aufteilung in Herstell- und Verwaltungs-/Vertriebskosten.

88 **Formel:**

Für jeden Kostenträger:

	Materialeinzelkosten
+	Materialgemeinkosten in % der Materialeinzelkosten
=	Materialkosten (1)
	Fertigungseinzelkosten
+	Fertigungsgemeinkosten in % der Fertigungseinzelkosten
+	Sondereinzelkosten der Fertigung
=	Fertigungskosten (2)
	Materialkosten (1)
+	Fertigungskosten (2)
=	Herstellkosten (3)
+	Verwaltungsgemeinkosten in % der Herstellkosten
+	Vertriebsgemeinkosten in % der Herstellkosten
+	Sondereinzelkosten des Vertriebs
=	Selbstkosten (4)

89 **Beurteilung:**

- Die Zuschlagskalkulation erlaubt als einziges Kalkulationsverfahren eine **verursachungsgerechte Zuordnung** der Kosten auf die Kostenträger. Damit liefert sie wichtige Daten für Angebotspreisentscheidungen.
- Die einzelnen **Kostenarten** werden für den jeweiligen Kostenträger **differenziert ausgewiesen,** was zu einer wesentlich besseren Steuerung und damit Beeinflussung der Kosten führt.

90 *Beispiel (Zuschlagskalkulation)*

Ausgangslage: *Ein Unternehmen stellt zwei unterschiedliche Produkte her. Für Zwecke der Angebotskalkulation sollen für jedes Produkt die Selbstkosten ermittelt werden. Aufgrund hoher Automatisierung wird im Fertigungsbereich als Bezugsgröße nicht der Einzellohn, sondern die Fertigungszeit herangezogen.*

Gegeben:

Stückbezogene Informationen

	Produkt A	**Produkt B**
Materialeinzelkosten (€/Stk)	10,00	15,00
Materialgemeinkostenzuschlagssatz	10 %	
Fertigungslohnkosten (€/Stk)	5,00	10,30
Sondereinzelkosten der Fertigung (€/Stk)	–	1,00
Verwaltungs- und Vertriebsgemeinkostenzuschlagssatz	25 %	

Maschinen-Minutensätze und Kostensätze

Fertigungs-hauptstelle	**Produkt A: Fertigungs-Min/Stk**	**Produkt A: Kostensatz/Min**	**Produkt B: Fertigungs-Min/Stk**	**Produkt B: Kostensatz/Min**
1	–	–	6	1
2	4	1,30	4	1,30
3	8	1,50	2	1,50

Gesucht: werden die Herstell- und Selbstkosten für jede Produkteinheit.

Lösung:

Kostenart	Vorspalte	Produkt A in €/Stk	Vorspalte	Produkt B in €/Stk
Material-EK		10,00		15,00
Material-GK	10 %	1,00	10 %	1,50
Fertigungs-EK		5,00		10,30
Fertigungs-GK 1			6 × 1,00	6,00
Fertigungs-GK 2	4 × 1,30	5,20	4 × 1,30	5,20
Fertigungs-GK 3	8 × 1,50	12,00	2 × 1,50	3,00
Sonder-EK Fert.				1,00
Herstellkosten		33,20		42,00
Verw.-&-Vertr.-GK		8,30		10,50
Selbstkosten		41,50		52,50

4. Kuppelkalkulation

Bei einer Kuppelproduktion fallen zwangsläufig **mehrere Produkte** gleichzeitig an. Die Kuppelkalkulation entspricht **nicht dem Verursachungsprinzip**. Es stellt aber in einigen Industriebereichen das einzig anwendbare Kalkulationsverfahren dar. 91

Anwendungsvoraussetzungen: 92

- verbundene Produktion (mehrere Produkte fallen zwangsläufig an),
- starre oder variierende Mengenrelationen zwischen den Produkten,
- Gesamtkosten des Prozesses auf einzelne Kuppelprodukte verteilen,
- Verteilung erfolgt nach dem Tragfähigkeits- oder Durchschnittsprinzip.

Die Kalkulation für Kuppelprodukte kennt **zwei Rechenverfahren:** die Restwertmethode und die Verteilmethode. Die **Restwertmethode** lässt sich auf die Divisionskalkulation zurückführen (siehe oben Rz. 68 ff.), während die **Verteilmethode** der klassischen Äquivalenzziffernkalkulation entspricht (siehe oben Rz. 78 ff.). Für die Kalkulation ist ebenfalls keine Kostenstellenrechnung erforderlich. 93

- **Restwertmethode:** Voraussetzung sind ein Hauptprodukt und mehrere Nebenprodukte:

  Formel:

$$k_{HP} = \frac{K_K - (\Sigma(P_{Ni} - k_{Ni}) \times x_{Ni})}{x_{HP}}$$

  Symbole

  k_{HP} = (Selbst-)Kosten pro Einheit des Hauptprodukts
  K_K = Gesamtkosten des Kuppelprozesses
  x_{HP} = Menge Hauptprodukt
  x_{NI} = Menge Nebenproduktart i
  P_{Ni} = Stückpreis Nebenproduktart i
  k_{NI} = Weiterverarbeitungskosten pro Einheit des Nebenprodukts i
  i = Index Nebenprodukte

- **Verteilmethode:** vgl. Äquivalenzziffernkalkulation siehe oben Rz. 78 ff.

94 **Beurteilung:**

Die Verfahren der Kuppelkalkulation führen zu **willkürlichen Kalkulationsergebnissen,** da durch den komplexen Produktionsprozess keine verursachungsgerechte Aufteilung der Kosten auf die einzelnen Kuppelprodukte möglich ist.

95 ***Beispiel*** *(Kuppelkalkulation mit Restwertmethode)*

Ausgangslage: Ein Unternehmen stellt i. R. eines Kuppelprozesses ein Hauptprodukt und zwei Nebenprodukte her.

Gegeben:

- *Gesamtkosten des Kuppelprozesses 14.000 €*
- *Mengen und Preise*

Produkt	erzeugte Menge in kg	Verkaufspreis in €/kg
Nebenprodukt A	50	12
Nebenprodukt B	100	4
Hauptprodukt C	1.000	19

Gesucht werden für das Hauptprodukt nach der Restwertmethode die Selbstkosten pro kg.

Lösung:

	Vorspalte	in €
Gesamtkosten		14.000
– Erlöse Nebenprodukte A, B	50 × 12	– 600
	100 × 4	– 400
= Restkosten Hauptprodukt C		13.000
Selbstkosten Hauptprodukt C	$\frac{13.000}{1.000}$	13 €/kg

F. Kostenträgerzeitrechnung (Kurzfristige Erfolgsrechnung)

I. Aufgaben der Kostenträgerzeitrechnung

96 Die **Aufgaben** der Kostenträgerzeitrechnung sind:

- Ermittlung und Analyse des Periodenerfolgs für kürzere Abrechnungsperioden;
- Ausbau zur Vorschau- und Planungsrechnung;
- Soll-Ist-Vergleich des Periodenerfolgs auf der Grundlage einer Erfolgsplanung und der nachträglichen Erfolgskontrolle;
- Deckungsbeitragsrechnung mit Übergang zur Plankostenrechnung auf Teilkostenbasis;
- Bereitstellung von Zahlenmaterial für dispositive Zwecke.

II. Verfahren der Kostenträgerzeitrechnung

Abb. 12: Verfahren der Kostenträgerzeitrechnung 97

Verfahren	Gesamtkostenverfahren	Umsatzkostenverfahren	
Sachumfang	Vollkostenbasis	Vollkostenbasis	Teilkostenbasis (Deckungsbeitragsrechnung)
Siehe	Rz. 98 ff.	Rz. 101 ff.	Rz. 104 ff.
Zeitbezug	Ist-, Normal- oder Plankostenbasis		
Gliederung der Kosten	Nach Kostenarten	Nach Produkten	
Gliederung der Erlöse	Nach Produkten	Nach Produkten	
Vorteile	Einfach handhabbar	Erfolgsausweis nach Produkten differenziert	Liefert den Deckungsbeitrag als das geeignete Kriterium für absatzpolitische Entscheidungen/ keine Verrechnung von Fixkosten auf einzelne Produkte
Nachteile	Kein produktbezogener Erfolgsausweis	Verrechnung von Fixkosten auf einzelne Produkte	–
	Eine Vollkostenrechnung ist für unternehmerische Entscheidungen nicht geeignet.		

1. Gesamtkostenverfahren (GKV)

Das **Gesamtkostenverfahren** ist folgendermaßen bestimmt: 98

- von den gesamten Erlösen werden die gesamten Kosten abgezogen,
- Erlöse nach Produkten/Produktgruppen gegliedert,
- Kosten nach Kostenarten gegliedert.

Statistisch-tabellarische Ermittlung des Betriebsergebnisses nach dem Gesamtkostenverfahren: 99

	Umsatzerlöse
+	Bestandserhöhungen an Halb- und Fertigfabrikaten bewertet zu Herstellkosten
–	Bestandsminderungen an Halb- und Fertigfabrikaten bewertet zu Herstellkosten
+	Andere aktivierte Eigenleistungen
=	Betriebsleistung
–	Gesamtkosten der Periode
=	Betriebsergebnis

Beurteilung: 100

- Vorteile
  - **Einfachheit** des rechnerischen Aufbaus;
  - **leichte Einfügbarkeit** in das Kontensystem der Finanzbuchhaltung.
- Nachteile
  - **monatliche Bestandsveränderungen** von Produkten müssen durch Inventur erfasst werden;
  - **unzureichende Aussagefähigkeit** in Bezug auf die Gewinnbeiträge der Produkte, da kein produktbezogener Erfolgsausweis erfolgt.

Praxishinweis

Das Gesamtkostenverfahren ist nur sinnvoll für Einproduktunternehmen.

2. Umsatzkostenverfahren (UKV)

a) Umsatzkostenverfahren auf Vollkostenbasis (UKV/VK)

101 Nach dem Umsatzkostenverfahren auf Vollkostenbasis wird das Betriebsergebnis ermittelt, indem man von den nach **Produktarten differenzierten Umsätzen** die vollen Selbstkosten der verkauften Produkte abzieht.

102 **Ermittlung** des Betriebsergebnisses (für jedes Produkt):

	Umsatzerlöse des Produkts
–	Volle Selbstkosten des verkauften Produkts
=	Betriebserfolg des Produkts

103 **Beurteilung:**

- Vorteile
  - der Periodenerfolg kann nach Produktarten **differenziert** ausgewiesen werden;
  - der Periodenerfolg kann **ohne körperliche Inventuren** der Produkte ermittelt werden.
- Nachteile
  - keine Aufspaltung in **fixe und variable** Kostenbestandteile;
  - die Stückgewinne je Produkt **sind kein geeignetes Instrument** zur Erfolgssteuerung;
  - eine **Vollkostenrechnung** ist für die Vorbereitung und Kontrolle **unternehmerischer Entscheidungen ungeeignet.**

Praxishinweis

Die Betriebsergebnisermittlung nach dem Gesamtkostenverfahren (GKV) und das Umsatzkostenverfahren auf Vollkostenbasis (UKV/VK-Basis) müssen immer zum gleichen Ergebnis kommen. Ursache dafür ist die Berücksichtigung von Bestandsveränderungen an fertigen/unfertigen Erzeugnissen beim Gesamtkostenverfahren.

b) Umsatzkostenverfahren auf Teilkostenbasis (Deckungsbeitragsrechnung)

104 Das Umsatzkostenverfahren auf Teilkostenbasis zieht in einem ersten Schritt von den Umsatzerlösen je Produktart die variablen Selbstkosten der Produktart ab und bestimmt so den **Deckungsbeitrag je Produktart.** Von der Summe aller Deckungsbeiträge werden dann die Fixkosten abgezogen, was zum Betriebsergebnis führt. Grund für die Verbreitung der Deckungsbeitragsrechnung war die Erkenntnis, dass die Verrechnung von fixen Kosten auf Kostenträger nicht verursachungsgerecht bzw. gar nicht möglich ist. Der Deckungsbeitrag wird im Allgemeinen pro Kostenträger (Produkt) ermittelt. Man kann ihn jedoch auch nach Verkaufsgebieten oder nach Kundengruppen ermitteln.

105 **Ermittlung** des Betriebsergebnisses:

Für alle Produkte:

	Umsatzerlöse
–	Variable Kosten
=	Deckungsbeitrag des Produkts
	Summe der Deckungsbeiträge aller Produkte
–	Fixkosten
=	Betriebserfolg

Beurteilung: Die **Rangfolge der Deckungsbeiträge** ist ein **geeignetes Kriterium** für die absatzpolitische Förderung der Produkte. 106

Praxishinweis

Bei Lagerbestandsveränderungen weist das Umsatzkostenverfahren auf Teilkostenbasis (Deckungsbeitragsrechnung) methodisch immer ein anderes Betriebsergebnis als die anderen beiden Verfahren aus. Die Differenz im Betriebsergebnis lässt sich immer auf die anteiligen fixen Herstellkosten je Erzeugniseinheit zurückführen.

Beispiel *(Kostenträgerzeitrechnung)* 107

Ausgangslage: *Ein Unternehmen stellt zwei Produkte her. Ausgehend von den Herstell- und den Selbstkosten ist – nach den verschiedenen Verfahren der Kostenträgerzeitrechnung – das Betriebsergebnis zu ermitteln.*

Gegeben:

Produktions- und Absatzdaten: *Das Unternehmen produziert 700 Stück von Produkt A und 2.000 Stück von Produkt B. Verkauft werden alle Produkte vom Typ A (Verkaufspreis: 48 €) sowie 1.960 Stück vom Typ B (Verkaufspreis: 51 €); 40 Stück von Typ B werden auf Lager gelegt (bewertet zu 42 €).*

Gemeinkosten: *Die Gemeinkosten betragen 70.530 €, davon sind 17.000 € variabel und 53.530 € fix. In Verwaltung und Vertrieb fallen nur Fixkosten an.*

Kosten je Stück *(vgl. Beispiel Rz. 90: Zuschlagskalkulation)*

	Produkt A	**Produkt B**
Herstellkosten	33,20	42,00
Selbstkosten	41,50	52,50

Variable Selbstkosten je Stück *(= variable Herstellkosten, da keine variablen Kosten in Verwaltung und Vertrieb)*

Produkt A 23,00 €

Produkt B 32,00 €

Einzelkosten

Materialeinzelkosten	37.000 €
Fertigungslohnkosten	24.100 €
Sondereinzelkosten der Fertigung	2.000 €

Gesucht wird das Betriebsergebnis

(1) nach dem Gesamtkostenverfahren,

(2) nach dem Umsatzkostenverfahren auf Vollkostenbasis,

(3) nach dem Umsatzkostenverfahren auf Teilkostenbasis (Deckungsbeitragsrechnung).

Lösung:

(1) Gesamtkostenverfahren

		Gesamt in €
Umsatzerlöse		133.560
+	Bestandserhöhung Produkt B (40 Stk × 42 €/Stk HK)	1.680
=	Betriebsleistung	135.240
–	Gesamtkosten	133.630
=	**Betriebsergebnis**	1.610

(2) Umsatzkostenverfahren auf Vollkostenbasis

		Produkt A in €	Produkt B in €	Gesamt in €
Umsatzerlöse		33.600	99.960	133.560
–	Selbstkosten der abgesetzten Produkte	29.050	102.900	131.950
=	**Betriebsergebnis**	**4.550**	**– 2.940**	**1.610**

(3) Umsatzkostenverfahren auf Teilkostenbasis

		Produkt A in €	Produkt B in €	Gesamt in €
Umsatzerlöse		33.600	99.960	133.560
–	Variable Selbstkosten der abgesetzten Produkte	16 100	62.720	78.820
=	**Deckungsbeitrag**	17.500	37.240	54.740
–	Fixkosten			53.530
=	**Betriebsergebnis**			1.210

Zur Betriebsergebnis-Differenz:

	Vollkostenrechnung (1., 2.)	1.610 €
–	Teilkostenrechnung (3.)	1.210 €
=	**Differenz**	**400 €**
	Fixe Herstellkosten je Stück	
=	Herstellkosten je Stück	
–	Variable Herstellkosten je Stück	
=	42,00 – 32,00 €/Stk	
	Bestandserhöhung Produkt B	
=	Stückzahl B × fixe Herstellkosten je Stück	
=	40 Stk × 10 €/Stk	400

108 **Abb. 13: Deckungsbeitragsrechnung als Fixkostendeckungsrechnung**

Schema

1	DB I	Produkt	
2	DB II	Produktart	mehrere Produkte
3	DB III	Produktgruppe	mehrere Produktarten
4	Betriebsergebnis	Unternehmen	mehrere Produktgruppen

Rechengang

1		Umsatzerlöse eines Produkts
	–	Variable Kosten des Produkts
	=	Deckungsbeitrag I des Produkts
2		Deckungsbeiträge I aller Produkte einer Produktart
	–	Produktart-Fixkosten
	=	Deckungsbeitrag II der Produktart
3		Deckungsbeiträge II aller Produktarten einer Produktgruppe
	–	Produktgruppen-Fixkosten
	=	Deckungsbeitrag III der Produktgruppe

4	Deckungsbeiträge III aller Produktgruppen des Unternehmens
–	Unternehmens-Fixkosten
=	Betriebsergebnis

3. Break-Even-Analyse

Die Ausgangsfrage bei der Break-Even-Analyse lautet: Wann sind die Gesamtkosten durch die Umsatzerlöse gedeckt? Den Umsatz (bzw. die Absatzmenge), bei dem die Gesamtkosten gleich den Umsatzerlösen sind, bezeichnet man als **Break-Even-Point** oder **Kostendeckungspunkt.** Voraussetzung für die Bestimmung der Break-Even-Absatzmenge ist, dass die Gesamtkosten in fixe und variable Kosten aufgeteilt werden können. 109

Bestimmung der Gewinnschwelle (bei Einproduktfertigung) 110

$K = K_F + k_v \times x$

$E = p \times x$

$E = K$ Bedingung für die Gewinnschwelle

$x = \frac{K_F}{(p - k_v)}$ Absatzmenge an der Gewinnschwelle

Symbole

K	=	Gesamtkosten
K_F	=	Fixkosten
E	=	Gesamterlöse der Periode
k_v	=	Variable Kosten pro Stück
p	=	Verkaufspeis pro Stück
x	=	Absatzmenge
$(p - k_v)$	=	dB = Deckungsbeitrag pro Stück

G. Normalkostenrechnung

I. Aufgaben der Normalkostenrechnung

Die laufende Istkostenrechnung wird dadurch erschwert, dass für alle Kostenstellen monatlich neue **Istkostenverrechnungssätze** (Gemeinkostenzuschlagssätze) gebildet werden müssen. 111

Nachdem in vielen Unternehmen festgestellt wurde, dass die Istkostenverrechnungssätze für innerbetriebliche Leistungen im Zeitablauf häufig um Durchschnittssätze schwanken, setzte eine Tendenz ein, **feste Verrechnungssätze** einzuführen. Später wurden dann auch für die Verrechnung der Hauptkostenstellen Normalkostensätze gebildet. Diese Kalkulationssätze wurden für längere Zeit, mindestens für ein Jahr, konstant gehalten und statt der Istkostensätze in der Kalkulation verwendet. Die **Normalkostensätze** der Hauptkostenstellen wurden als Mittelwerte aus den Istkosten der Beschäftigungen vergangener Perioden abgeleitet. 112

Der **Begriff** der Normalkostenrechnung bezieht sich überwiegend auf die Verrechnung von Kostenstellenkosten; denn für Einzelkosten wurden in vielen Unternehmen schon Plankosten verwendet, bevor sich der Übergang zur Normalkostenrechnung vollzog. 113

II. Kostenüber-/Kostenunterdeckung in der Normalkostenrechnung

114 **Normalkosten** dienen als Vorgabewert für den Vergleich mit den tatsächlich angefallenen Kosten. Liegen die Istkosten unter den Normalkosten, spricht man von **Kostenüberdeckung,** andernfalls von **Kostenunterdeckung.**

115 *Beispiel*

Ausgangslage: Auf dem mit Istkosten abgerechneten Betriebsabrechnungsbogen eines Unternehmens soll eine Normalkostenrechnung aufgebaut werden.

Gegeben:

Betriebsabrechnungsbogen

Kostenarten	Gesamt	Kostenstellen			
		Material	Fertigung	Verwaltung	Vertrieb
Hilfsstoffe	25.000	3.000	20.000	–	2.000
Gehälter	115.000	5.000	15.000	85.000	10.000
Soziale Abgaben	52.000	2.000	25.000	22.000	3.000
Kalk. Abschreibungen	75.000	5.000	55.000	10.000	5.000
Kalk. Zinsen	20.000	2.000	15.000	2.000	1.000
Kommunikationsaufwand	22.000	1.000	5.000	12.000	4.000
Betriebssteuern	25.000	2.000	12.000	8.000	3.000
Mieten/Pachten	20.000	2.000	12.000	4.000	2.000
Versicherungen	3.000	500	1.500	1.000	–
Kalk. Unternehmerlohn	12.000	2.000	4.000	4.000	2.000
Kalk. Wagnisse	15.000	3.000	6.000	1.500	4.500
Ist-Gemeinkosten	**384.000**	**27.500**	**170.500**	**149.500**	**36.500**
Ist-Zuschlagsgrundlage		Rohstoffe 130.000	Löhne 225.000	HkdU 513.000	HkdU 513.000
Ist-Kalkulationssätze		? %	? %	? %	? %
Normal-Kalkulationssätze		15 %	80 %	25 %	6 %
Normal-Zuschlagsgrundlage		130.000	225.000	514.500	514.500
Normal-Gemeinkosten		?	?	?	?
Kostenüber-/-unterdeckung		?	?	?	?

Gesucht für jede Kostenstelle

- *der Ist-Kalkulationssatz,*
- *durch Vergleich der Ist-Gemeinkosten mit den Normal-Gemeinkosten die Kostenüber- oder Kostenunterdeckung.*

Lösung:

Für Material und Fertigung gilt:

Ist-Kalkulationssatz

$$= \frac{\text{Ist-Gemeinkosten}}{\text{Ist-Einzelkosten}} \times 100\,\%$$

Für Verwaltung und Vertrieb gilt:

Ist-Kalkulationssatz

$$= \frac{\text{Ist-Gemeinkosten}}{\text{Ist-Herstellkosten des Umsatzes}} \times 100\,\%$$

Für alle Kostenstellen gilt:

Normal-Gemeinkosten

= Normal-Zuschlagsgrundlage × Normal-Kalkulationssatz

Kostenüber-/-unterdeckung

= Ist-Gemeinkosten ./. Normal-Gemeinkosten

Auswertung

	Gesamt	**Kostenstellen**			
Kostenarten		**Material**	**Fertigung**	**Verwaltung**	**Vertrieb**
Ist-Gemeinkosten	384.000	27.500	170.500	149.500	36.500
Ist-Zuschlagsgrundlage		Rohstoffe 130.000	Löhne 225.000	HkdU 513.000	HkdU 513.000
Ist-Kalkulationssätze		21,15 %	75,78 %	29,14 %	7,12 %
Normal-Kalkulationssätze		15 %	80 %	25 %	6 %
Normal-Zuschlagsgrundlage		130.000	225.000	514.500	514.500
Normal-Gemeinkosten		19.500	180.000	128.625	30.870
Kostenüber/unterdeckung	25.005	8.000	– 9.500	20 875	5.630

H. Einführung in die Plankostenrechnung

I. Aufgaben der Plankostenrechnung

Die **Aufgaben** der Plankostenrechnung sind: 116

- Kontrolle der Wirtschaftlichkeit;
- Bereitstellung von Zahlenmaterial für dispositive Zwecke;
- Kalkulation der betrieblichen Leistungen.

In der **historischen Entwicklung** der Kostenrechnung ist eine Akzentverschiebung bei 117
ihren beiden Hauptaufgaben eingetreten. Lag der Schwerpunkt zunächst auf der Ermittlung der tatsächlichen Stückkosten (Nachkalkulation), so dominiert heute der Ausbau der Kostenrechnung zu einem **Instrument der Kontrolle der Wirtschaftlichkeit.** Begriffe und Verfahren aus dem Gebiet der Arbeitswissenschaften wurden auf die Plankostenrechnung übertragen.

Plankosten sind Kosten, bei denen sowohl das **Mengen- oder Zeitgerüst** als auch die Wert- 118
ansätze (Preise) **geplante Größen** sind. Charakteristisch bei der Plankostenrechnung ist, dass – unabhängig von den Istkosten vergangener Perioden – für bestimmte Planungszeiträume die Einzelkosten und Gemeinkosten geplante Werte sind.

II. Systeme der Plankostenrechnung

Die Plankostenrechnung kennt zwei Arten: die **starre und die flexible.** Sie unterscheiden 119
sich dadurch, ob die Planwerte an Beschäftigungsschwankungen angepasst werden oder nicht.

120 **Abb. 14: Systeme der Plankostenrechnung**

Systeme	Plankostenrechnung Starre Plankostenrechnung	Flexible Plankostenrechnung	
Sachumfang	Vollkostenbasis	Vollkostenbasis	Teilkostenbasis
Siehe	Rz. 122 ff.	Rz. 125 ff.	Rz. 132 ff.
Wesen	Festlegung der Plankosten für eine Planmenge	Anpassung der Plankosten an die jeweilige Istmenge („Sollkosten")	
Kostenstellenrechnung	Keine Trennung von fixen und variablen Plankosten	Fixe und variable Plankosten getrennt	
Kostenträgerrechnung		Kalkulation mit fixen und variablen Plankosten	Kalkulation nur mit variablen Plankosten
Vorteile	Einfach handhabbar	Kostenkontrolle möglich	Effektive Kalkulation und effektive Kostenkontrolle
Nachteile	I. A. keine Kostenkontrolle	Verrechnung von Fixkosten auf einzelne Produkte	–
	Eine Vollkostenrechnung ist für unternehmerische Entscheidungen nicht geeignet.		

121 Grundlegende Begriffe der Plankostenrechnung:

Plankosten i. e. S.

Geplante Kosten für eine geplante Ausbringung (Plan-Beschäftigung).

Sollkosten

Kosten, die bei vorgegebener Ist-Ausbringung unter Voraussetzung wirtschaftlichen Verhaltens entstehen dürfen.

Standardkosten

Die auf eine Kostenträgereinheit bezogenen Plankosten.

Budgetkosten

Für einen bestimmten Zeitraum geplante Kosten einer Kostenstelle.

Verrechnete Plankosten

Mit dem Verhältnis zwischen Ist- und Planbeschäftigung multiplizierte Plankosten; werden zur Ermittlung der Beschäftigungsabweichung benötigt.

Vollplankalkulationssatz

Auch als Plankostenverrechnungssatz bezeichnet; ergibt sich aus der Division der gesamten Plankosten durch die gesamte geplante Ausbringung

Grenzplankalkulationssatz

Ergibt sich aus der Division der variablen Plankosten durch die gesamte geplante Ausbringung.

Beschäftigungsgrad

Errechnet sich als Verhältnis der tatsächlichen Istbeschäftigung zur Planbeschäftigung. Die Planbeschäftigung wird vom Unternehmen selbstständig festgelegt und nur von der Maximalkapazität, dem maximal möglichen Leistungsvermögen des Unternehmens begrenzt.

Verbrauchsabweichung
Differenz zwischen Istkosten und Sollkosten. Wird für die Kontrolle der Wirtschaftlichkeit genutzt. Die Verbrauchsabweichung gibt den Mehr- oder Minderverbrauch an Produktionsfaktoren an.

Beschäftigungsabweichung
Differenz zwischen Sollkosten und verrechneten Plankosten. Gibt den Rechenfehler an, den man begeht, wenn die gesamten Plankosten auf einen Kostenträger verrechnet werden. Ist die Istbeschäftigung kleiner als die geplante Beschäftigung, werden zu wenig fixe Kosten verrechnet. Liegt die Istbeschäftigung dagegen über der Planbeschäftigung, werden zu viel fixe Kosten verrechnet. Die Beschäftigungsabweichung entsteht nur bei der flexiblen Plankostenrechnung auf Vollkostenbasis.

1. Starre Plankostenrechnung

Vorgehen: 122

- Für jede Kostenstelle werden die nach Kostenarten differenzierten Plankosten lediglich für **einen einzigen Beschäftigungsgrad** (Planbeschäftigung) ermittelt.
- Sollkosten, die der Istbeschäftigung entsprechen, sind in der starren Plankostenrechnung nicht zu ermitteln.

Rechentechnische Ermittlung: 123

Verrechnungssatz

$$= \frac{\text{Plankosten}}{\text{Planbeschäftigung}}$$

Verrechnete Plankosten bei Istbeschäftigung

$$= \text{Istbeschäftigung} \times \left(\frac{\text{Plankosten}}{\text{Planbeschäftigung}} \right)$$

Beurteilung: 124

- Vorteile
  - einfache und schnelle Handhabbarkeit der Abrechnung;
  - Tatsache einer Kostenplanung an sich; bietet vielfältige Einblicke in den Betriebsprozess und die Verbesserung der Wirtschaftlichkeit.
- Nachteile
  - beeinträchtigt die Aussagefähigkeit einer Kostenkontrolle;
  - verstößt gegen das Verursachungsprinzip, da keine Aufteilung der Plankosten in fixe und variable Bestandteile erfolgt („Starrheit" des Systems);
  - nur unzulängliche Bereitstellung relevanter Kosten möglich.

2. Flexible Plankostenrechnung

Gegenüber der starren Plankostenrechnung versucht die flexible Plankostenrechnung eine 125
Anpassung an Plandatenänderungen (z. B. Änderung der technischen oder personellen Kapazität) vorzunehmen, indem sie die Plankosten der Kostenstellen zwar ebenfalls auf Basis eines als Jahresdurchschnitt erwarteten Planbeschäftigungsgrads vorgibt, diese Plankosten aber auf den in den einzelnen Abrechnungsperioden der Planungsperiode tatsächlich erreichten Istbeschäftigungsgrad umrechnet.

126 Die Plankosten der jeweiligen Istbeschäftigung werden als **Sollkosten** bezeichnet. Damit die Sollkosten aus den Plankosten abgeleitet werden können, muss eine Auflösung der Plankosten in fixe und variable (proportionale) Bestandteile erfolgen. Erstere müssen in voller Höhe in die Sollkosten eingehen, letztere nur im Verhältnis der Istbeschäftigung zur Planbeschäftigung.

127 Hierbei unterscheidet man **zwei Verfahren**: die flexible Plankostenrechnung auf **Vollkostenbasis** und die flexible Plankostenrechnung auf **Teilkostenbasis**. Beide Verfahren trennen in der Kostenstellenrechnung bereits die Kosten in fixe und variable Bestandteile. Lediglich in der Kostenträgerstückrechnung unterscheiden sich die Verfahren, da die flexible Plankostenrechnung auf Vollkostenbasis in der Kostenträgerrechnung mit vollen Stückkosten (Vollplankalkulationssatz) arbeitet. Die flexible Plankostenrechnung auf Grenzkostenbasis hingegen verrechnet in der Kostenträgerrechnung nur die variablen (proportionalen) Kosten auf die Kostenträger.

a) Flexible Plankostenrechnung auf Vollkostenbasis

128 **Vorgehen:**

- Die Plankosten werden aufgeteilt in **fixe und variable Bestandteile**. Hierdurch lassen sich die Plankosten an die jeweilige Istbeschäftigung anpassen.
- Die an die jeweilige Istbeschäftigung über Kostenfunktionen angepassten geplanten Kosten nennt man Sollkosten. Bei der flexiblen Plankostenrechnung ist erstmals der Verlauf der Sollkostenfunktion bekannt. Für jede Kostenstelle werden die nach Kostenarten differenzierten Plankosten in fixe und variable Bestandteile zerlegt.
- Das charakteristische Merkmal einer auf Vollkosten basierenden flexiblen Plankostenrechnung besteht darin, dass in die Verrechnungssätze der Kalkulation (Kostenträgerrechnung) auch die fixen Kosten einbezogen werden. Hier können erstmals die zwei Abweichungen, **Verbrauchs- und Beschäftigungsabweichung**, errechnet werden.

129 **Rechentechnische Ermittlung:**

Verrechnungssatz

$$= \frac{\text{Plankosten } K^{(P)}}{\text{Planbeschäftigung } B^{(P)}}$$

Plankosten $K^{(P)}$

$= \text{Fixe Plankosten } K_F^{(P)}$

$+ \text{ variable Plankosten bei geplanter Nutzung } k_v^{(P)} \times B^{(P)}$

Sollkosten $K^{(S)}$

$= \text{Fixe Plankosten } K^{(P)}$

$+ \text{ variable Plankosten pro Stück } k_v^{(P)} \times B^{(i)}$

Verrechnete Plankosten $K^{(Verr)}$

$$= \text{Istbeschäftigung } B^{(i)} \times \frac{\text{Plankosten } K^{(P)}}{\text{Planbeschäftigung } B^{(P)}}$$

Verbrauchsabweichung Δ VA

$= K^{(i)} - K^{(S)}$

Beschäftigungsabweichung Δ BA

$= K^{(S)} - K^{(Verr)}$

Symbole

$K^{(P)}$	=	Plankosten
$K_F^{(P)}$	=	Fixe Plankosten
$k_v^{(P)}$	=	Variable Plankosten pro Stück
$K^{(S)}$	=	Sollkosten
$K^{(Verr)}$	=	Verrechnete Plankosten
$B^{(P)}$	=	Planbeschäftigung
$B^{(i)}$	=	Istbeschäftigung
VA	=	Verbrauchsabweichung
BA	=	Beschäftigungsabweichung

Beurteilung: 130

- Vorteile
  - Trennung in fixe und variable Kosten in der Kostenstellenrechnung und damit **Kenntnis der Sollkostenfunktion;**
  - erlaubt die Errechnung (Ermittlung) einer Verbrauchsabweichung und damit die **Kontrolle der Wirtschaftlichkeit.**
- Nachteile
  - In der Kostenträgerrechnung wird weiterhin mit **vollen Plankosten kalkuliert,** was zu unbrauchbaren Ergebnissen führt;
  - die **Beschäftigungsabweichung** ist betriebswirtschaftlich **wenig aussagefähig;** sie gibt lediglich den Rechenfehler an, der entsteht, wenn fixe Kosten auf den einzelnen Kostenträger verrechnet werden.

Praxishinweis

Für die Ermittlung der Verbrauchsabweichung bietet es sich an, diese immer in der folgenden Notation aufzuschreiben: $K^{(i)} - K^{(S)} = \Delta$ VA, da eine positive Differenz immer Unwirtschaftlichkeit bedeutet, also den Mehrverbrauch an Produktionsfaktoren. Dies vereinfacht die Interpretation: + bedeutet Mehrverbrauch und – Minderverbrauch, in diesem Fall konnte unter der Kostenvorgabe produziert werden.

Beispiel 131

Ausgangslage: *Ein Unternehmen hat eine flexible Plankostenrechnung auf Vollkostenbasis eingerichtet.*

Gegeben: *Das Unternehmen stellt in einer Halle mit 10 Maschinen ein Produkt her.*

Plandaten

Fixkosten der Halle	*10.000 € pro Monat*
Fixkosten je Maschine in der Halle	*2.000 € pro Monat*
Variable Kosten je Stück	*5 € pro Monat*
Geplante Menge je Maschine	*800 Stück pro Monat*

Istdaten

Monat	produzierte Menge in Stk	Istkosten in €
1	5.000	58.000
2	6.400	64.000
3	5.500	60.000

Gesucht für jeden Monat werden
- *die Sollkosten,*
- *die verrechneten Plankosten,*
- *die Verbrauchs- und Beschäftigungsabweichung.*

Lösung:
Plankosten
= *Fixe Plankosten + geplante Menge × variable Plankosten*
= *10.000 + 10 × 2.000 + 10 × 800 × 5*
= *70.000 (in €)*
Verrechnungssatz

$$= \frac{\text{Plankosten}}{\text{Geplante Menge}}$$

$$= \frac{70.000}{8.000}$$

= *8,75 (in €/Stk)*
Sollkosten eines Monats
= *Fixe Plankosten + produzierte Menge × variable Plankosten*
verrechnete Plankosten eines Monats
= *Produzierte Menge × Verrechnungssatz*
Verbrauchsabweichung eines Monats
= *Istkosten – Sollkosten*
Beschäftigungsabweichung eines Monats
= *Sollkosten – verrechnete Plankosten*
Auswertung

Monat	Istkosten in € (1)	Sollkosten in € (2)	Verrechnete Plankosten in € (3)	Verbrauchsabw. in € (4) = (1) – (2)	Beschäftigungsabw. in € (5) = (2) – (3)
1	58.000	55.000	43.750	3.000	11.250
2	64.000	62.000	56.000	2.000	6.000
3	60.000	57.500	48.125	2.500	9.375

b) Flexible Plankostenrechnung auf Teilkostenbasis

132 **Vorgehen:**
- Bei der **flexiblen Plankostenrechnung auf Grenzkostenbasis** wird der letzte Nachteil der flexiblen Plankostenrechnung auf Vollkostenbasis beseitigt, indem ebenfalls in der **Kostenträgerrechnung nur die variablen Kosten** auf das einzelne Produkt verrechnet werden. Hier entspricht die Funktion der **Sollkosten der Funktion der verrechneten Plankosten.**
- Aus diesem Grund gibt es auch **keine Beschäftigungsabweichung** mehr, da die Fixkosten in einem Block in die Kostenrechnung Eingang finden.

Rechentechnische Ermittlung: 133

Verrechnungssatz

$$= \frac{\text{Variable Plankosten } K_v^{(P)}}{\text{Planbeschäftigung } B^{(P)}}$$

Plankosten $K^{(P)}$

$= \text{Fixe Plankosten } K_F^{(P)}$

$+ \text{Variable Plankosten bei geplanter Nutzung } k_v^{(P)} \times B^{(P)}$

Sollkosten $K^{(S)}$

$= \text{Fixe Plankosten } K^{(P)}$

$+ \text{Variable Plankosten pro Stück } k_v^{(P)} \times B^{(i)}$

Verbrauchsabweichung $VA = K^{(i)} - K^{(S)}$

Symbole

$K^{(P)}$ = Plankosten

$K_F^{(P)}$ = Fixe Plankosten

$k_v^{(P)}$ = Variable Plankosten pro Stück

$K^{(S)}$ = Sollkosten

$K_v^{(P)}$ = Gesamte variable Plankosten

$B^{(P)}$ = Planbeschäftigung

$B^{(i)}$ = Istbeschäftigung

VA = Verbrauchsabweichung

Beurteilung: 134

- Vorteile
  - Trennung in **fixe und variable Kosten** in der Kostenstellen- und Kostenträgerrechnung;
  - **verursachungsgerechte Verrechnung** der variablen Kosten auf die Kostenträger und damit Zurverfügungstellung der **entscheidungsrelevanten Kosten** für Absatzpreisentscheidungen.
- Nachteile
  - Einrichtung und Pflege des Systems erfordert sehr **detaillierte** Untersuchungen und
  - Kenntnisse über die **Kostenverläufe.**

I. Moderne Verfahren des Kostenmanagements

I. Vorbemerkungen

Die **klassische Kostenrechnung** dient vornehmlich der Generierung von Informationen zur Überprüfung der Wirtschaftlichkeit sowie der Bereitstellung von Zahlenmaterial für die Kalkulation der betrieblichen Produkte und Leistungen. Aufgrund der immer kürzeren Produktlebenszyklen und der starken Zunahme der fixen Gemeinkosten sind die traditionellen Kostenrechnungssysteme immer weniger in der Lage, entscheidungsrelevante Daten für die Unternehmensleitung bereitzustellen. Darüber hinaus lastet aufgrund der Globalisierung der Märkte, der Intensivierung des Wettbewerbs ein hoher Kostendruck auf den Unternehmen. Hervorragende Produkte sollen zu niedrigen Kosten produziert werden. 135

136 Wie durch zahlreiche Untersuchungen festgestellt wurde, werden 80 % der Kosten in einer frühen Design- und Entwicklungsphase determiniert.[5] Gerade für diese Phasen bietet die klassische Kostenrechnung wenig Unterstützung bzw. Methoden an. Ziel eines **modernen Kostenmanagements** ist es daher, die kostenrechnerisch relevanten Informationen bereitzustellen und so aufzubereiten, dass eine frühzeitige Kostenbeeinflussung möglich ist. Das so verstandene Kostenmanagement stellt daher zum einen eine Servicefunktion in Form der Informationsaufbereitung und -übermittlung dar, zum anderen ermöglicht es die Verwendung dieser Informationen zur zielgerichteten Kostenbeeinflussung. Aber auch nach der Produkteinführung trägt das Kostenmanagement zu einer systematischen Identifikation von Kostensenkungspotenzialen in den Geschäftsprozessen und dem Produkt bei.

137 Die Nutzung der modernen Verfahren des Kostenmanagements basiert weiterhin auf dem **dreiteiligen Aufbau der Kostenrechnung** in Kostenarten-, Kostenstellen-, und Kostenträgerrechnung. Es werden jeweils nur Modifikationen am bisherigen System vorgenommen, um diese neueren Techniken einzusetzen. Dies bedeutet, dass die neuen Methoden fallweise bzw. ergänzend zum bisherigen Instrumentarium eingesetzt werden. Dies erklärt auch den Umstand, warum die neueren Methoden des Kostenmanagements bisher nicht flächendeckend im Einsatz sind. Insbesondere bei Kleinen und Mittelständischen Unternehmen (KMU) besteht hier Nachholbedarf.

138 Im Folgenden werden die zwei prominentesten Verfahren des Kostenmanagements, die **Prozesskostenrechnung** sowie die **Zielkostenrechnung** überblicksartig dargestellt. Das Hauptaugenmerk der Prozesskostenrechnung liegt auf einer verursachungsgerechteren Zuordnung der Gemeinkosten auf die sie verursachenden Geschäftsprozesse und damit der Kontrolle der Wirtschaftlichkeit. Die Zielkostenrechnung hingegen zielt auf eine Verbesserung bei der Kalkulation der betrieblichen Produkte und Leistungen (Kostenträger) ab und versucht dabei stärker die Dimension des Absatzmarkts und seiner Determinanten bei der Preisfindung zu berücksichtigen.

II. Prozesskostenrechnung

1. Grundlagen

139 In der klassischen Kostenrechnung wurden unter Zuhilfenahme der Kostenarten- und Kostenstellenrechnung sämtliche Kosten (Einzel- und Gemeinkosten) auf die Kostenträger direkt verrechnet. Die Prozesskostenrechnung geht hier einen anderen Weg. Es wird zunächst festgelegt, welche Prozesse für die Erstellung eines Kostenträgers (Produkt oder Dienstleistung) erforderlich sind. Unter einem **Prozess** sind repetitive Tätigkeiten zu verstehen, die in den verschiedenen Kostenstellen oder Abteilungen eines Unternehmens bei der Ausführung der übertragenen Aufgaben anfallen.

140 Die Prozesse werden strukturiert und die Maßgrößen bzw. **Kostentreiber** ermittelt, welche die Art und Menge des Ressourcenverbrauchs abbilden. Anschließend werden die Prozesskosten durch diesen Ressourcenverbrauch dividiert und man erhält die Prozesskostensätze, die dann Eingang in die Kalkulation des Kostenträgers finden.

2. Aufbau und wichtige Begriffe

141 Die Hauptaufgabe der Prozesskostenrechnung ist eine **verursachungsgerechte Zuordnung der Gemeinkosten** in der Kalkulation. Der Haupteinsatzbereich der Prozesskostenrechnung liegt daher in den indirekten Unternehmensbereichen (Arbeitsvorbereitung, Forschung & Entwicklung, Verwaltung etc.). Die folgende Abbildung zeigt den Aufbau eines klassischen Kostenrechnungssystems unter Einbeziehung der Prozesskostenrechnung:

5) Vgl. *Friedl/Hofmann/Pedell*, Kostenrechnung, S. 446.

Abb. 15: Aufbau Kostenrechnung unter Einbeziehung der Prozesskostenrechnung 142

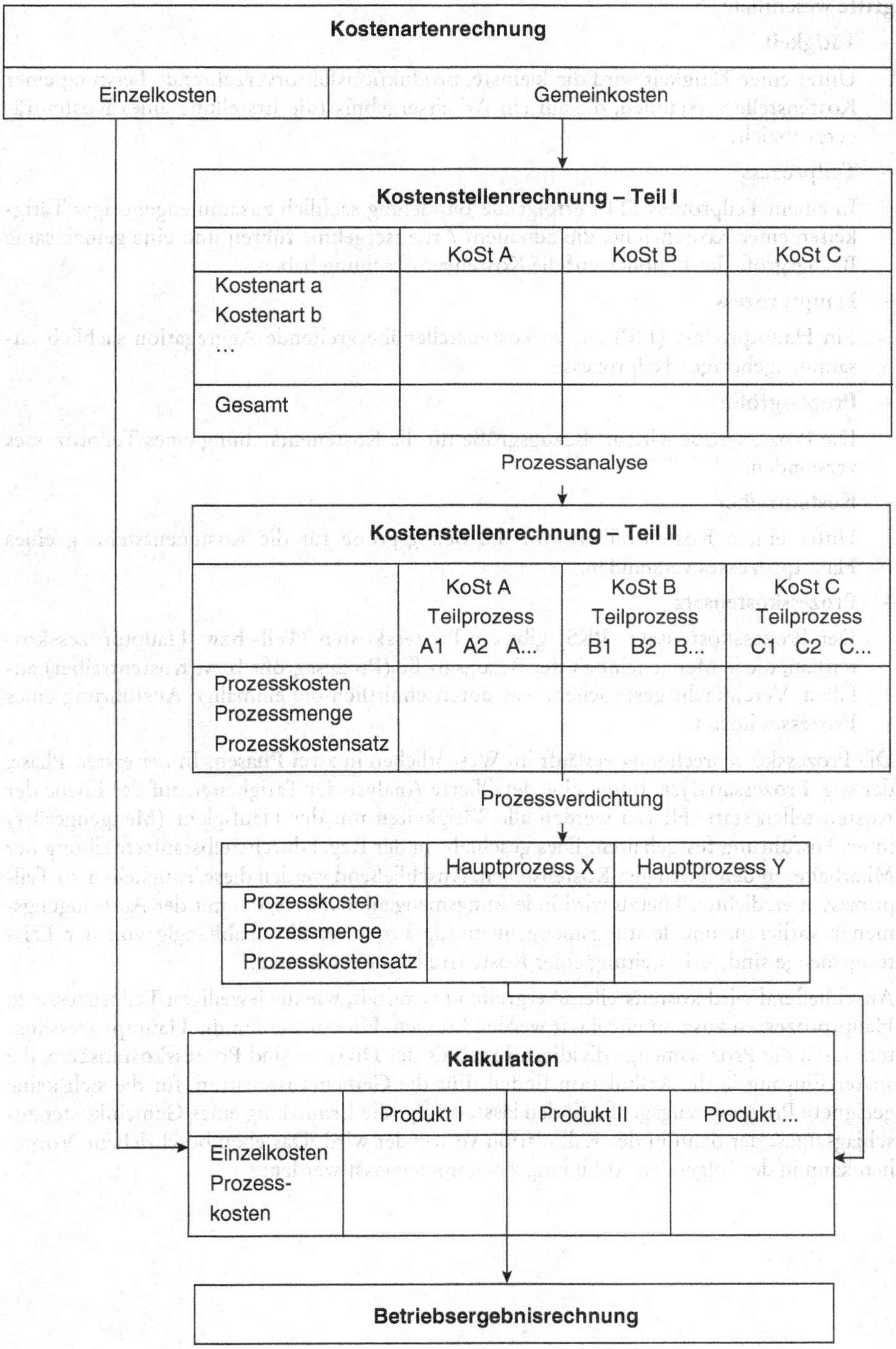

Quelle: *A. Schmidt*, Kostenrechnung, S. 225.

143 Für das Verständnis der Prozesskostenrechnung sind die folgenden **grundlegenden Begriffe** wesentlich:

- **Tätigkeit**

  Unter einer Tätigkeit wird die kleinste, produktionsfaktorverzehrende Leistung einer Kostenstelle verstanden, die auf ein Arbeitsergebnis (die Erstellung eines Kostenträgers) abzielt.

- **Teilprozess**

  In einem Teilprozess (TP) erfolgt die Bündelung sachlich zusammengehöriger Tätigkeiten einer Kostenstelle, die zu einem Arbeitsergebnis führen und eine gemeinsame Bezugsgröße im Hinblick auf die Kostenverursachung haben.

- **Hauptprozess**

  Ein Hauptprozess (HP) ist die kostenstellenübergreifende Aggregation sachlich zusammengehöriger Teilprozesse.

- **Prozessgröße**

  Die Prozessgröße wird als Bezugsgröße für die Kostenentstehung eines Teilprozesses verstanden.

- **Kostentreiber**

  Unter einem Kostentreiber wird die Bezugsgröße für die Kostenentstehung eines Hauptprozesses verstanden.

- **Prozesskostensatz**

  Der Prozesskostensatz (PKS) gibt die Prozesskosten (Teil- bzw. Hauptprozesskosten) an, die je Mengeneinheit der Bezugsgröße (Prozessgröße bzw. Kostentreiber) anfallen. Vereinfacht gesprochen, was durchschnittlich die einmalige Ausführung eines Prozesses kostet.

144 Die Prozesskostenrechnung verläuft im Wesentlichen in **zwei Phasen**. In der ersten Phase, der sog. **Prozessanalyse,** findet eine detaillierte Analyse der Tätigkeiten auf der Ebene der Kostenstellen statt. Hierzu werden alle Tätigkeiten mit der Häufigkeit (Mengengerüst) ihrer Ausführung festgehalten. Dies geschieht in der Regel durch Selbstaufschreibung der Mitarbeiter in den jeweiligen Kostenstellen. Anschließend werden diese Tätigkeiten zu Teilprozessen verdichtet. Hierzu wird in leistungsmengeninduzierte, die mit der Ausbringungsmenge variieren, und leistungsmengenneutrale Prozesse, die unabhängig von der Leistungsmenge sind, z. B. Leitung einer Kostenstelle, unterschieden.

145 Anschließend wird kostenstellenübergreifend ermittelt, wie die jeweiligen Teilprozesse zu Hauptprozessen zusammengefasst werden können. Hierzu werden die Hauptprozesskosten durch die Prozessmenge dividiert. Ergebnis der Division sind **Prozesskostensätze,** die später Eingang in die Kalkulation finden. Für die Gemeinkostenarten, für die sich keine geeignete Prozessbezugsgröße finden lässt, erfolgt die Ermittlung eines Gemeinkostenzuschlagsatzes, der dann in der Kalkulation verwendet wird. Das eben beschriebene Vorgehen kann in der folgenden Abbildung zusammengefasst werden:

Abb. 16: Ermittlung der Teilprozesse und -kosten sowie deren Verdichtung auf die Hauptprozesse 146

Kostenstellen	Teilprozess-kostensatz	Hauptprozess I		Hauptprozess II		Hauptprozess III		Summe Kosten
		Menge	Kosten	Menge	Kosten	Menge	Kosten	
A Einkauf								
TP Bestellen Standardteile								
B Wareneingang/Lager								
TP Annehmen Lieferung								
TP Einlagern Standardteile								
TP Ausgabe Standardteile								
...								
C Arbeitsvorbereitung								
TP Disponieren Standardteile								
TP Steuern Montageaufträge								
Hauptprozesskosten insgesamt								
Hauptprozessmenge								
Prozesskostensatz								

Hauptprozess 1 = Vorfertigungsauftrag abwickeln

Hauptprozess 2 = Montageauftrag abwickeln

Hauptprozess 3 = Variante betreuen

Quelle: In Anlehnung an *A. Schmidt*, Kostenrechnung, S. 233.

3. Kalkulationsschema

Die prozessorientierte Kalkulation basiert auf dem **Grundschema der Zuschlagskalkulation.** Gemeinkosten, die nicht über Teil- oder Hauptprozesse auf die Kostenträger zugeordnet werden können (z. B. Verwaltung, Forschung), werden nach wie vor über Zuschlagssätze verrechnet. Die Gemeinkosten der prozessmäßig erfassten Kostenstellen werden entsprechend der Inanspruchnahme der Hauptprozesse auf den Kostenträger verrechnet. 147

148 **Abb. 17: Kalkulationsschema der Prozesskostenkalkulation**

Einzelkosten	Betrag €
Material	
Fremdleistungen	
Sonstige Kosten	
Eigenleistungen	
Summe	

Prozessorientierte Kosten							
	Hauptprozess	**Organisationseinheit**	**Dauer**		**Kostensatz**		**Betrag**
	Planung			h		€/h	€
	⋮	⋮	⋮	⋮	⋮	⋮	⋮
	Abrechnung			h		€/h	€
	Summe						€
	Gesamtkosten						€

149 *Beispiel (Anwendung der Prozesskostenkalkulation)*

Ausgangslage: *Ihr Unternehmen hat zwei Anfragen mit der Aufforderung zur Angebotsabgabe erhalten. In 2012 haben Sie Ihr Vorkalkulationssystem von einer Zuschlagskalkulation auf eine Prozesskostenkalkulation umgestellt. Der Vertrieb wünscht die Vorkalkulation gleichzeitig als Zuschlagskalkulation und als Prozesskostenkalkulation. Der Vertrieb sieht beim Kleinauftrag einen Erlös von 1.000 € und beim Großauftrag einen Erlös von 50.000 € als erzielbar an.*

Ihnen liegen folgende Kalkulationsparameter vor:

Istdaten

	Kleinauftrag	**Großauftrag**
Einzelkosten:	500 €	30.000 €
Materialkosten und Fertigungslöhne		
Gemeinkostenzuschlagssatz:	80 %	80 %
Material, Fertigung, Vertrieb, Entw., Verwaltung		
Prozesskosten:		
Entwicklung und Planung	600 €	4.000 €
Logistik	200 €	1.500 €
Akquisition und Vertrieb	400 €	2.000 €
Verwaltung	100 €	500 €

Gesucht:

(a) Kalkulieren Sie beide Anfragen jeweils als Zuschlagskalkulation und als Prozesskostenkalkulation.

(b) Ermitteln Sie in der Zuschlagskalkulation und in der Prozesskostenkalkulation das Ergebnis je Auftrag.

(c) Veranschaulichen Sie den Degressionseffekt der Prozesskostenkalkulation im Vergleich zur Zuschlagskalkulation.

Lösung: (a) + (b)

Zuschlagskalkulation:

	Kleinauftrag	**Großauftrag**
Erlös	1.000 €	50.000 €
Materialkosten und Fertigungslöhne	500 €	30.000 €
Gemeinkosten (80 %)	400 €	24.000 €
Summe Kosten	900 €	54.000 €
Ergebnis	100 €	–4.000 €

Prozesskostenkalkulation:

Erlös	1.000 €	50.000 €
Materialkosten und Fertigungslöhne	500 €	30.000 €
Prozesskosten:		
Entwicklung und Planung	600 €	4.000 €
Logistik	200 €	1.500 €
Akquisition und Vertrieb	400 €	2.000 €
Verwaltung	100 €	500 €
Summe Kosten	1.800 €	38.000 €
Ergebnis	–800 €	12.000 €

*Wie aus den **Kalkulationsergebnissen** ersichtlich wird, ist nach der klassischen Zuschlagskalkulation nur der Kleinauftrag rentabel. Der Großauftrag ergibt ein negatives Ergebnis und wäre daher nach den traditionellen bzw. klassischen Verfahren der Kostenrechnung abzulehnen. Der Grund hierfür ist, dass die Zuschlagskalkulation mit festen Prozentsätzen die Gemeinkosten auf die Einzelkosten verrechnet. Diese festen Zuschläge (Prozentsätze) sind unabhängig von der eingesetzten Menge bzw. den Produktionserfordernissen.*[6]

*Dies führt zu **fehlerhaften Kalkulationsergebnissen**, da bei einem Kleinauftrag die Fertigungsabläufe bzw. Maschinenbelegung sowie die einzelnen Arbeitsschritte kurzfristig nur für diesen Auftrag eingerichtet werden müssen, was mit höheren Rüst- und Stillstandzeiten bzw. -kosten verbunden ist. Bei einem Großauftrag hingegen kann eine wesentlich größere Stückzahl identischer Werkstücke mit den einmal vorgenommenen Einstellungen produziert werden.*

*Da in der klassischen Zuschlagskalkulation mit einem **festen Prozentsatz** – bezogen auf die Einzelkosten – die Gemeinkosten verteilt werden, kommt es zu einer Benachteiligung bzw. falschen Ergebnis beim Großauftrag. Der Großauftrag weist aufgrund des hohen Produktionsvolumens wesentlich höhere Einzelkosten für Material und Fertigung auf. Auf diese Einzelkosten wird jetzt der pauschale Gemeinkostenzuschlag von 80 % angewandt, was zu Ge-*

6) Vgl. *Ziegenbein*, Controlling, S. 448.

meinkosten von 24.000 € führt. Die Häufigkeit der ausgeführten Prozesse für die Erstellung des Großauftrags spielt dabei keine Rolle.

Diesen Rechenfehler versucht die Prozesskostenrechnung zu vermeiden, in dem sie in der ***Prozesskostenkalkulation mit absoluten Zuschlägen (in €) arbeitet*** *und somit die Berücksichtigung des Mengengerüsts stattfindet. Für die zur Erstellung des Kostenträgers benötigten Hauptprozesse wurden feste Prozesskostensätze bestimmt. Für die Kalkulation werden dann diese festen (absoluten) Prozesskostensätze mit der Menge des zur Ausführung dieses Auftrags benötigten Werts multipliziert. Dies führt dann zu den im Beispiel der Prozesskostenkalkulation aufgelisteten Gemeinkosten für die Prozesse Entwicklung und Planung, Logistik, Akquisition und Vertrieb und Verwaltung. Aus Platzgründen wurde hier auf eine detaillierte Berechnung der Gemeinkosten i. R. der Prozesskostenrechnung verzichtet und die Zahlen direkt vorgeben.*

Betrachten wir nun die Ergebnisse der beiden Aufträge aufgrund der ***Prozesskostenkalkulation,*** *dann zeigt sich ein anderes Bild. Der Kleinauftrag ist unrentabel, da er ein negatives Ergebnis aufweist. Dies erklärt sich daraus, dass die Prozesskosten bzw. Gemeinkosten (1.300 €) im Vergleich zur klassischen Zuschlagskalkulation (400 €) für den kleinen Auftrag wesentlich höher ausfallen. Ursächlich ist dafür der weiter oben beschriebene Effekt verantwortlich. Mit einem festen Zuschlagssatz von 80 % wurden die Gemeinkosten auf beide Aufträge verrechnet und die Häufigkeit bzw.* ***Komplexität der Produkt- und Fertigungsstruktur*** *findet bei der klassischen Zuschlagskalkulation keine Berücksichtigung.*[7] *Dies bedeutet nicht, dass der Kleinauftrag in jedem Fall abzulehnen ist, sondern zeigt der Geschäftsleitung auf, dass dieser Auftrag eben nicht mit einem Erlös von 1.000 € angeboten werden sollte. Ein weiterer Ansatzpunkt kann in der Vereinfachung der Prozessschritte bzw. der Vereinheitlichung von Arbeitsgängen bei Klein- und Großauftrag liegen.*

Lösung: (c)

Während die klassische Zuschlagskalkulation unabhängig von der produzierten Stückzahl stets dieselben Selbstkosten je Stück ergibt, zeigt sich in der Prozesskostenkalkulation mit zunehmender Auftragsmenge ein deutlicher ***Degressionseffekt****. Dieser Degressionseffekt beruht auf der Verteilung der einmal anfallenden Prozesskosten auf eine steigende Produktionsmenge. Bei kleinen Stückzahlen liegen die ermittelten Selbstkosten je Stück deutlich höher als bei der klassischen Zuschlagskalkulation, während sie bei höheren Mengen darunter liegen.*[8] *Dieser Sachverhalt wird noch einmal in der folgenden Abbildung verdeutlicht:*

7) Vgl. *A. Schmidt*, Kostenrechnung, S. 236.

8) Vgl. *A. Schmidt*, Kostenrechnung, S. 235.

Abb. 18: Degressionseffekt der Prozesskostenrechnung 150

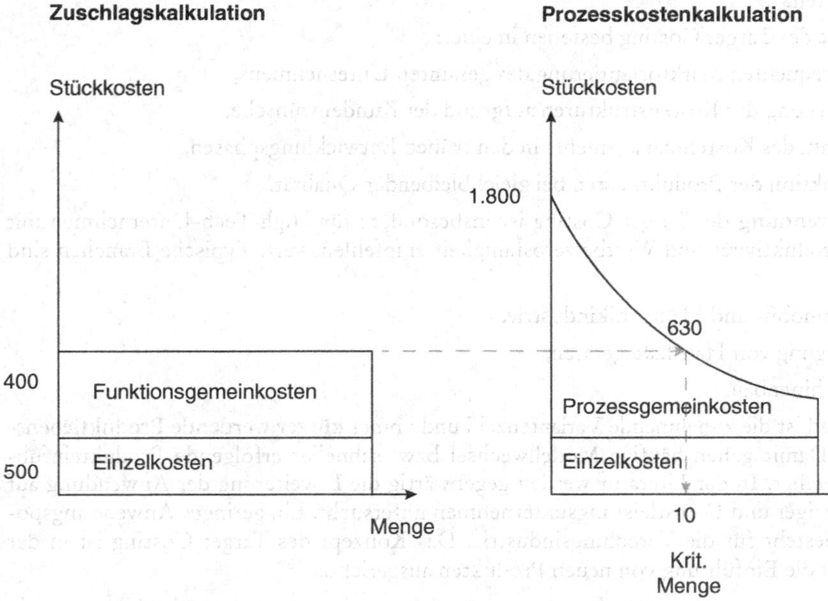

Quelle: Eigene Darstellung in Anlehnung an *Ziegenbein*, Controlling, S. 448.

4. Beurteilung Prozesskostenrechnung

Vorteile 151

- Die Prozesskostenrechnung führt zu einer Steigerung der **Kostentransparenz** und damit der Möglichkeiten einer Kostenbeeinflussung.
- Durch die Prozessoptimierung wird eine nachhaltige **Kostenbeeinflussung** erreicht.

Nachteile 152

- Bei der Prozesskostenrechnung handelt es sich um ein recht **umfangreiches System**, welches parallel zur klassischen Kostenrechnung betrieben wird. Damit ist allerdings ein hoher Pflegeaufwand des Systems verbunden.
- Die Prozesskostenrechnung ist eine **Vollkostenrechnung**, die nicht für alle Entscheidungen genutzt werden kann.

III. Zielkostenrechnung/Target Costing

1. Grundlagen des Target Costing

Target Costing wurde als ein Ansatz des **strategischen Kostenmanagements** im Jahr 1965 von Toyota entwickelt und wird seit den 70er Jahren in japanischen Unternehmen angewendet. In der deutschsprachigen Literatur haben insbesondere *Horváth* und *Seidenschwarz* das Konzept des Target Costing Anfang der 90er Jahre aufgegriffen, sie prägten die Übersetzung des Begriffs mit „marktorientiertes **Zielkostenmanagement**“[9]. 153

Target Costing lässt sich als ein „markt- bzw. **kundenorientiertes Konzept der Kostenplanung, -steuerung und -kontrolle** definieren. Im Mittelpunkt der Betrachtungsweise 154

9) Vgl. *Horváth/Seidenschwarz*, Controlling 3/1992, 142.

steht nicht mehr die Frage „Was wird ein Produkt kosten?" sondern „Was darf ein Produkt kosten?".

155 Die **Ziele** des Target Costing bestehen in einer:

- Konsequenten Marktorientierung des gesamten Unternehmens,
- Festlegung der Kostenstrukturen aufgrund der Kundenwünsche,
- Einsatz des Kostenmanagements in den frühen Entwicklungsphasen,
- Reduktion der Produktkosten bei gleichbleibender Qualität.

156 Die **Anwendung** des Target Costing ist insbesondere für High-Tech-Unternehmen mit hoher Produktivität und Wettbewerbsfähigkeit empfehlenswert. Typische Branchen sind z. B. die:

- Automobil- und Elektronikindustrie,
- Fertigung von Haushaltsgeräten,
- Maschinenbau.

157 Ein Grund ist die zunehmende Variantenzahl und immer **kürzer werdende Produktlebenszyklen**. Damit gehen häufige Modellwechsel bzw. schneller erfolgende Produkteinführungen einher. In der Literatur werden gegenwärtig die Erweiterung der Anwendung auf Einzelfertiger und Dienstleistungsunternehmen untersucht. Ein geringes Anwendungspotenzial besteht für die Veredlungsindustrie. Das Konzept des Target Costing ist in der Regel auf die Einführung von neuen Produkten ausgerichtet.[10]

2. Der Target Costing Prozess

158 Target Costing ist ein streng **marktorientiertes Kostenmanagement**, das die kostenorientierte Koordination aller Unternehmensbereiche, speziell des Marketing, der Forschung und Entwicklung und der Produktion in Hinblick auf den Produktlebenszyklus sicherstellt. Ausgangsbasis bildet die Ausarbeitung eines ersten Produktentwurfs und die Positionierung des Produkts im Markt bzw. in einem Marktsegment. Anschließend erfolgt die Festlegung der wesentlichen Produkteigenschaften ausgehend von den durch Marktforschung ermittelten Kundenwünschen.

159 Der **Prozess** des Target Costing lässt sich in folgende drei Phasen gliedern:

- Zielkostenfindung,
- Zielkostenspaltung,
- Zielkostenerreichung.

3. Zielkostenfindung

160 Die Ermittlung der Zielkosten ist über fünf verschiedene **Methoden** möglich:[11]

- Market into Company,
- Out of Company,
- Into and out of Company,
- Out of Competitor,
- Out of Standard Costs.

10) Vgl. *Hagenloch*, Kostenrechnungspraxis 6/1997, 319.

11) Vgl. *Friedl/Hofmann/Pedell*, Kostenrechnung, S. 495 f.

Die **erste Methode** stellt die **Reinform** des Target Costing-Gedanken dar, d. h. die konsequente Umsetzung der marktorientierten Sichtweise. Die Zielkostenermittlung erfolgt auf Basis einer retrograden Kalkulation direkt aus den Daten der Markterhebung. Die weiteren **vier Methoden stellen jeweils Hilfsformen** dar und gelten unter sehr strengen Annahmen bzw. sind nur für Spezialfälle anwendbar. Die zweite Methode ermittelt die Zielkosten auf Basis der vorhandenen fertigungstechnischen Gegebenheiten des Unternehmens. Die dritte Variante stellt eine Kombination der ersten beiden Methoden dar, um deren Nachteile zu vermeiden. Bei der vierten Methode werden die Zielkosten aus den Kostendaten der Wettbewerber abgeleitet, sofern diese Daten verfügbar sind. Die letzte Methode verwendet zur Ableitung der Zielkosten die bisherigen Standard- bzw. Plankosten für ähnliche Produkte und bestimmt so die relevanten Zielkosten. Die **Ermittlung der Zielkosten** kann grafisch wie folgt dargestellt werden: 161

Abb. 19: Ermittlung der Zielkosten 162

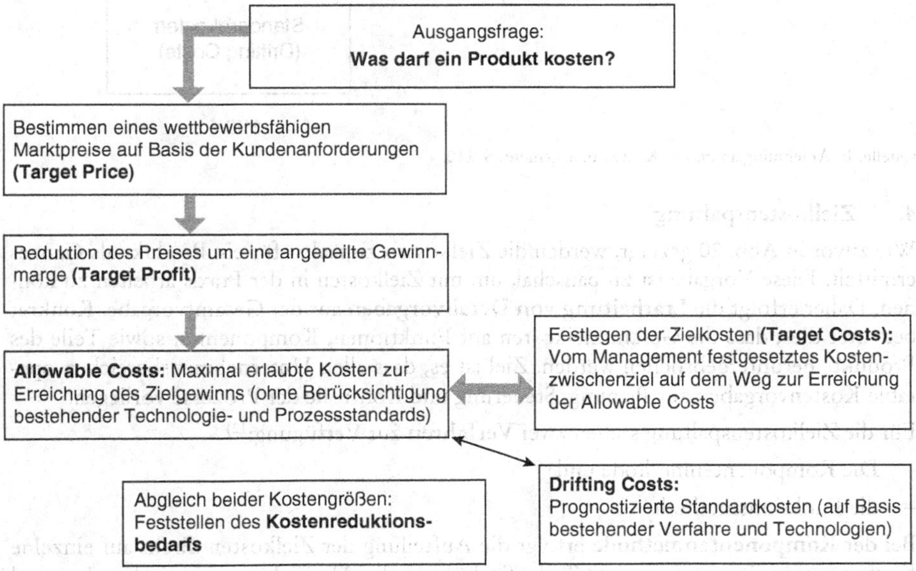

Quelle: *Buggert & Wielpütz*, Target Costing, S. 44.

In Abb. 20 wird der Prozess der **Zielkostenfindung** auf Basis der Abb. 19 mit einem konkreten Zahlenbeispiel erläutert. Der aufgrund der Marktforschung ermittelte Zielpreis beträgt 500 €. Das Unternehmen kalkuliert mit einer Gewinnmarge von 50 € pro Erzeugnis. Daraus ergibt sich, dass das Erzeugnis in der Produktion nur 450 € kosten dürfte (sog. **Allowable Costs**). Eine Kostenkalkulation auf Basis der gegebenen Kostenstrukturen hat Kosten i. H. von 550 € (sog. **Standardkosten**) ergeben. Hier setzt jetzt der Target Costing Prozess weiter an und versucht, die Kostenstrukturen des Produkts zu verändern. An diesen Sitzungen nehmen entlang der Wertschöpfungskette des Produkts alle verantwortlichen Mitarbeiter bzw. Abteilungen teil. In der Regel wird dann zunächst ein Zwischenziel (**Kostensenkungsziel**) vereinbart, hier 480 € und die entsprechenden Maßnahmen, die zur Erreichung dieses Kostenziels erforderlich sind, verabschiedet. Im weiteren Verlauf des Produktlebenszyklus wird versucht, mit diesen Maßnahmen die vom Markt her erlaubten Kosten von 450 € zu erreichen. 163

164 **Abb. 20: Rechnerische Ermittlung der Zielkosten**

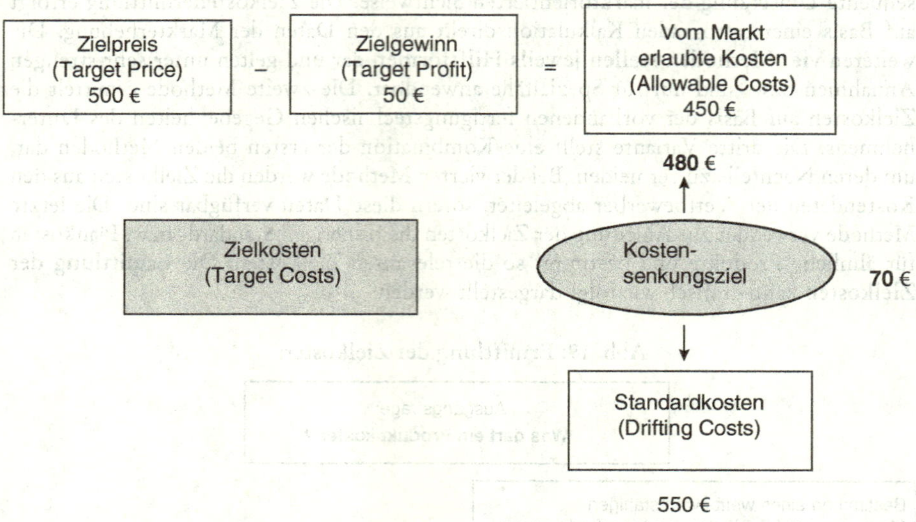

Quelle: In Anlehnung an *Hardt*, Kostenmanagement, S. 110.

4. Zielkostenspaltung

165 Wie zuvor in Abb. 20 gezeigt, werden die Zielkosten zunächst für ein Produkt als Ganzes ermittelt. Diese Vorgabe ist zu pauschal, um mit Zielkosten in der Praxis arbeiten zu können. Daher erfolgt die **Erarbeitung von Detailvorgaben** aus der Gesamtvorgabe. Konkret bedeutet dies, dass die Gesamtzielkosten auf Funktionen, Komponenten sowie Teile des Produkts heruntergebrochen werden. Ziel ist es, dass allen Unternehmensbereichen operable Kostenvorgaben zur Planung, Steuerung und Kontrolle der Prozesse vorliegen.

166 Für die Zielkostenspaltung stehen **zwei Verfahren** zur Verfügung:[12)]

– Die Komponentenmethode und
– die Funktionsmethode.

167 Bei der **Komponentenmethode** erfolgt die Aufteilung der Zielkosten direkt auf einzelne Komponenten, Baugruppen und Teile. So können die Abweichungen zwischen Ist- und Zielkostenwerten exakt ermittelt und der Kostenreduktionsbedarf nach Komponenten direkt ausgewiesen werden. Dabei wird auf die Kostenstrukturen von Vorgängermodellen, Vergleichs- und Konkurrenzprodukten zurückgegriffen. Dies bietet eine gute Orientierung für die Zielkostenspaltung des neuen Produkts. Der Vorteil dieses Verfahrens liegt in der Einfachheit seiner Anwendung. Nachteilig ist die Gefahr der zu starken Konzentration auf das Produktmaterial anstatt der Produktfunktionen.

168 Mit der **Funktionsmethode** erfolgt eine konsequente Anknüpfung an die ermittelten Kundenwünsche. Das Produkt wird zunächst als eine Kombination von Funktionen gesehen, zu deren Erfüllung die technischen Komponenten beitragen. Nach der Bestimmung der Produktzielkosten werden diese Kosten auf die Teile und Komponenten des Produkts heruntergebrochen. Zur Unterstützung wird dabei eine sog. **Zielkostenmatrix** genutzt, diese stellt eine Verbindung zwischen den vom Markt geforderten Funktionen und den Produktkomponenten her. Die Ergebnisse der Zielkostenspaltung auf Basis der Zielkosten-

12) Vgl. *A. Schmidt*, Kostenrechnung, S. 251 f.

matrix können dann in einem **Zielkostenkontrolldiagramm** visualisiert werden, welches die Komponenten des Produkts aufzeigt, die korrigierende Maßnahmen erfordern. Dadurch werden die Zielkosten einer Komponente anhand des Beitrags festgelegt, den diese zur Erfüllung der vom Kunden gewünschten Funktion leistet. Dies gewährleistet eine durchgehende Marktorientierung auf der Ebene von Bauteilen und Komponenten für den jeweiligen Kostenträger.

5. Zielkostenerreichung

Nachdem das Kostensenkungsziel, also die Kostenlücke zwischen den Standardkosten **169**
und den Zielkosten, des Produkts identifiziert ist, schließen sich die Maßnahmen zur Erreichung der Zielkosten an. Beispielhaft wären folgende **Maßnahmen** denkbar:[13)]

- Einflussnahme auf physische Eigenschaften des Produkts,
- Optimierung oder Entfall von Arbeitsgängen,
- Fremdbezug von Komponenten statt deren Eigenfertigung,
- Substitution von Fremdmaterialien,
- Outsourcing von Funktionen im Unternehmen,
- frühzeitige Einbeziehung von Lieferanten in den Prozess der Produktentwicklung.

Unterstützende Konzepte und Instrumente der Zielkostenerreichung sind: **170**

- Benchmarking,
- Prozesskostenrechnung,
- Wertanalyse,
- Kostentableaus.

6. Beurteilung Target Costing

Vorteile **171**

- Entwicklung von **marktgerechten Produkten** durch Einbeziehung von Kundenwünschen, Produktfunktionen und Preisvorstellungen;
- Zielkosten stellen eine **Planungs- und Kontrollgröße** dar;
- Erzeugung von **Kostensenkungsbewusstsein** bzw. -druck bei Mitarbeitern und Lieferanten.

Nachteile **172**

- Problem der **Datenbeschaffung** (Ermittlung Marktpreis, Festlegung Gewinnanteil);
- **organisatorische Einbindung** im Unternehmen, strukturelle Anpassungen erforderlich;
- Problematik in der **Methodik der Zielkostenaufspaltung**;
- Konzept des Target Costing ist **statisch.**

Zusammenfassend kann festgestellt werden, dass Target Costing ein für deutsche Groß- **173**
unternehmen praktikables, notwendiges und auch sehr **effektives Konzept** zum marktorientierten Kostenmanagement in der Produktentwicklung darstellt.

---

13) Vgl. *Hagenloch*, Kostenrechnungspraxis 6/1997, 319.

Kapitel 34
Rechnungslegung durch den Insolvenzverwalter

Übersicht

Literatur: *Bähner/Berges/Braun*, Die Schlußrechnung des Konkursverwalters, ZIP 1993, 1283; *Bayer*, Insolvenzrechnungslegung – eine Untersuchung zur handelsrechtlichen Rechnungslegung bei Insolvenz des Unternehmens, (Diss.) Berlin 2000; *Förster*, Klartext: Das Geheimnis des going concern, ZInsO 1999, 555; *Frieß*, Die Sanierungsentscheidung im Insolvenzfall – eine Frage der Unternehmensbewertung?, DStR 2004, 654; *Heni*, Rechnungslegung im Insolvenzverfahren – Derzeitiger Stand und Entwicklungstendenzen, WPg 1990, 93; *Hess/Weis*, Die interne Rechnungslegung des Insolvenzverwalters aus Anlass der Eröffnung des Insolvenzverfahrens, NZI 1999, 482; *Höffner*, Fortführungswerte in der Vermögensübersicht nach § 153 InsO. Zur Problematik der durch die Insolvenzordnung eingeführten „zweigeteilten" Rechnungslegung bei Verfahreneröffnung, ZIP 1999, 2088; *Kaiser*, Bestellung des Abschlussprüfers während des Insolvenzverfahrens, WPg 2018, 1331; *Kunz/Mundt*, Rechnungslegung in der Insolvenz, DStR 1997, 620; *Lièvre/Stahl/Ems*, Die Anforderungen an die Aufstellung und Prüfung der Schlussrechnung im Insolvenzverfahren, KTS 1999, 1;

Mitlehner, Fortführungswert der Massegegenstände, ZIP 2000, 1825; *Möhlmann*, Die Ausgestaltung der Masse- und Gläubigerverzeichnisse sowie der Vermögensübersicht nach neuem Insolvenzrecht, DStR 1999, 163; *Pelka/Niemann*, Praxis der Rechnungslegung in Insolvenzverfahren, 1997; *Pink*, Rechnungslegungspflichten in der Insolvenz der Kapitalgesellschaft, ZIP 1997, 177; *Schmerbach*, Grundsätze der Rechnungslegung für die beim Insolvenzgericht Göttingen tätigen vorläufigen Verwalter (§§ 21 Abs. 2 Nr. 1, 66 InsO), ZInsO 2000, 637; *Uhlenbruck*, Die Rechnungslegungspflicht des vorläufigen Insolven0zverwalters, NZI 1999, 289; *Uhlenbruck*, Die Prüfung der Rechnungslegung des Konkursverwalters, ZIP 1982, 125.

A. Anforderungen an die Rechnungslegung im Insolvenzverfahren

I. Der Dualismus der Rechnungslegung im Insolvenzverfahren

1 Als Ausfluss von unterschiedlichen Informationsbedürfnissen der am Insolvenzverfahren Beteiligten legt die InsO dem Insolvenzverwalter die Verpflichtung auf, unterschiedliche Rechenwerke i. R. seiner Tätigkeit aufzustellen. Dabei sind im Insolvenzverfahren bei Fragen der Rechnungslegung zwei grundverschiedene Problemkreise zu unterscheiden.[1] Ausgehend von den unterschiedlichen Zielsetzungen und Zwecken der einzelnen Rechenwerke unterscheidet man zwischen

- der internen (insolvenzspezifischen) Rechnungslegung und
- der externen (handels- und steuerrechtlichen) Rechnungslegung.

2 Die daraus folgenden Pflichten für den Insolvenzverwalter sind unabhängig voneinander zu erfüllen und streng zu unterscheiden. Die insolvenzspezifische Rechnungslegung ergibt sich unmittelbar aus der InsO. Die externe Rechnungslegungspflicht dagegen ergibt sich aus den Vorschriften des Handelsrechts (§§ 238 ff. HGB) und des Steuerrechts (§§ 34 Abs. 1 und 3 AO i. V. mit § 140 AO). Auf die Erfüllung der handels- und steuerrechtlichen Pflichten wird in § 155 Abs. 1 Satz 1 InsO ausdrücklich hingewiesen. Man spricht vom sog. **Dualismus** der Rechnungslegung im Insolvenzverfahren.

3 Bei beiden Problemkreisen handelt es sich um gesetzlich auferlegte Verpflichtungen, die vom Verwalter persönlich zu erfüllen sind. Zwar kann er sich (internen oder externen) Hilfskräften bedienen, er bleibt aber für die Pflichterfüllung persönlich verantwortlich.[2]

II. Aufgaben und Ziele der internen Rechnungslegung

4 Die interne (insolvenzspezifische) Rechnungslegung des Insolvenzverwalters hat grundsätzlich die Information der am Insolvenzverfahren Beteiligten sowie die Kontrolle des Insolvenzverwalters zum Gegenstand. Sie dient als Grundlage zur Information

- der Gläubiger des Schuldners,
- des Insolvenzgerichts sowie
- des Insolvenzverwalters.

5 Die insolvenzspezifische Rechnungslegung dient dem Nachweis der Wahrnehmung der insolvenzrechtlichen Pflichten sowie der insolvenzrechtlichen Verantwortlichkeit und soll den Stand des Abwicklungsgeschehens eines Insolvenzverfahrens wiedergeben.[3] Sie beginnt mit der Eröffnung des Insolvenzverfahrens und endet mit dessen Abschluss. Darüber hinaus ordnet das Insolvenzgericht in der Regel i. R. der ersten Gläubigerversammlung eine periodische Information mit Rechnungslegung (meist halbjährlicher Turnus) an.[4]

1) *Heni*, WPg 1990, 93.
2) Vgl. *Winnefeld*, Bilanz-Hdb., S. 2653 Rz. 938.
3) Vgl. *Winnefeld*, Bilanz-Hdb., S. 2652 Rz. 935.
4) *Pink*, ZIP 1997, 177, 178.

Zu den Aufgaben und Zielen der insolvenzspezifischen Rechnungslegung gehören insbesondere:[5) 6

- Die Dokumentation der Masseverwaltung und Verwertung,
- die Dokumentation der Vermögensverhältnisse des Schuldners,
- die Kontrolle der Tätigkeit des Insolvenzverwalters durch den Gläubigerausschuss und das Insolvenzgericht,
- die Information über den Massestand zur Vorbereitung der Entscheidung über die Einstellung des Verfahrens mangels Masse,
- die Information über die zu erwartende Insolvenzquote und
- die Gewährleistung einer ordnungsmäßigen Verteilung der Insolvenzmasse.

III. Aufgaben und Ziele der externen Rechnungslegung

Die externe Rechnungslegung knüpft in den §§ 238 ff. HGB an die Kaufmannseigenschaft an, die auch nach Eröffnung des Insolvenzverfahrens fortbesteht.[6)] Sie dient im Gegensatz zur internen Rechnungslegung der Information der Öffentlichkeit.[7)] Als Adressaten kommen insbesondere in Betracht 7

- (potenzielle) Erwerber,
- (potenzielle) Kreditgeber,
- (potenzielle) Lieferanten und Abnehmer sowie
- der Fiskus.

Darüber hinaus dient die **externe** Rechnungslegung auch der Information der Adressaten der **internen** Rechnungslegung (Gläubiger, Schuldner, Insolvenzgericht). 8

Sofern der **Insolvenzverwalter** schuldhaft die ihm nach der InsO obliegenden Rechnungslegungspflichten verletzt, unterliegt er gemäß § 60 Abs. 1 InsO der Haftung. Daneben untersteht er der Aufsicht des Insolvenzgerichts, das ihn insbesondere zur zeitnahen Rechnungslegung anhält und ggf. bei schuldhaft fortgesetzter Nichterfüllung seiner Aufgaben ein Zwangsgeld gemäß § 58 Abs. 2 Satz 1 InsO festsetzen oder ihn gar aus wichtigem Grund aus dem Amt entlassen kann (§ 59 Abs. 1 Satz 1 InsO). 9

B. Rechnungslegung nach dem Handelsrecht

I. Einleitung

Wie im vorherigen Abschnitt dargestellt, bestehen auch während des Insolvenzverfahrens die handels- und steuerrechtlichen Rechnungslegungspflichten (externe Rechnungslegung) weiterhin fort.[8)] 10

Die handelsrechtlichen Rechnungslegungsvorschriften unterlagen in den letzten Jahren regelmäßig gemeinschaftsrechtlich veranlasster Reformen. Zu nennen sind hier das Bilanzrechtsmodernisierungsgesetz 2009 (BilMoG), das Kleinstkapitalgesellschaften- Bilanzrechtsänderungsgesetz 2012 (MicroBilG) sowie das Bilanzrechtsmodernisierungsgesetz (BilRUG), das erstmals für nach dem 31.12.2015 beginnende Geschäftsjahr anzuwenden 11

---

5) *IDW*, Insolvenzspezifische Rechnungslegung im Insolvenzverfahren (IDW RH HFA 1.011), Stand: 13.6.2008, Rz. 3 f., WPg Supplement 3/2008, 321.

6) *Winnefeld*, Bilanz-Hdb., S. 2652 Rz. 935.

7) *IDW*, Externe (handelsrechtliche) Rechnungslegung im Insolvenzverfahren (IDW RH HFA 1.012), Stand: 6.12.2018, Rz. 3 f., IDW Life 2015, 610 und IDW Life 1/2019, 74.

8) *Förschle/Weisang* in: Deubert/Förschle/Störk, Sonderbilanzen, Kap. R Rz. 5.

war. Das BilRUG hat dabei zuletzt zu substantiellen Änderungen in den Rechnungslegungsvorschriften für Kaufleute geführt.

12 Die handelsrechtlichen Pflichten des Schuldners zur Buchführung und zur Rechnungslegung bleiben gemäß § 155 Abs. 1, 2 InsO von der Eröffnung des Insolvenzfahrens unberührt. Der Insolvenzverwalter hat nunmehr diese Pflichten zu erfüllen. Die vom Insolvenzverwalter zu beachtenden Regelungen finden sich insbesondere im Dritten Buch des HGB in den

- §§ 238 bis 263 HGB (Buchführung und Jahresabschluss für alle Kaufleute),
- §§ 264 bis 289a HGB (ergänzende Vorschriften für Kapitalgesellschaften und bestimmte Personenhandelsgesellschaften),
- §§ 290 bis 315 HGB (Konzernrechnungslegung),
- §§ 316 bis 324 HGB (Prüfungspflichten),
- §§ 325 bis 335e HGB (Offenlegungspflichten).

13 Neben den oben genannten Pflichten sind, je nach Rechtsform und Branchenzugehörigkeit des Schuldners, weitere **spezialgesetzliche Rechnungslegungsvorschriften** zu beachten. Zu nennen sind insbesondere Vorschriften für Genossenschaften (§§ 336 bis 339 HGB), bestimmte Geschäftszweige wie Kreditinstitute, Finanzdienstleistungsunternehmen, Versicherungen und Pensionsfonds (§§ 340 bis 341p HGB). In den §§ 150 ff. AktG und §§ 41 ff. GmbHG sind ergänzende Vorschriften für AGs und GmbHs enthalten.

II. Buchführung und Inventar

1. Vormerkung

14 Zur Buchführung ist gemäß § 238 Abs. 1 Satz 1 HGB jeder Kaufmann verpflichtet. Bei § 238 HGB handelt es sich um die Grundlagennorm, die von allen zur Buchführung Verpflichteten zu beachten ist. Sie schreibt vor, dass sich ein sachverständiger Dritter in angemessener Zeit in der Buchführung zurechtfinden muss und sich die Entstehung des Geschäftsvorfalls und seine buchmäßige Erfassung verfolgen lassen muss. Der Gesetzgeber nimmt Bezug auf die sog. Grundsätze ordnungsgemäßer Buchführung. Für die Grundsätze ordnungsgemäßer Buchführung gibt es keine Legaldefinition.

15 Es handelt sich um ein System sich wechselseitig ergänzender und beschränkender Prinzipien und Einzelnormen, die nicht nur bei der Buchführung zu beachten sind, sondern auch **Ausstrahlungswirkung** auf jegliche Vorschriften der handelsrechtlichen Rechnungslegung haben.[9] Die Grundsätze ordnungsgemäßer Buchführung werden aus den Zwecken der Rechnungslegungszwecken (z. B. Information, Gläubigerschutz) abgeleitet, wobei nachfolgende Materialien zugrunde gelegt werden können:[10]

- Gesetze und die zugrunde liegenden EG- und EU-Richtlinien,
- höchstrichterliche Rechtsprechung der Zivilgerichte und Finanzgerichte,
- Stellungnahmen des IDW zur Rechnungslegung,
- gutachterliche Stellungnahme des DIHT und der IHK,
- gesicherte Erkenntnisse der betriebswirtschaftlichen Lehre, der Fachliteratur sowie der Bilanzierungspraxis ordentlicher Kaufleute.

16 Wer zum Kreis der zur Buchführung Verpflichteten gehört, hängt von der **Kaufmannseigenschaft** ab. Kaufmann ist dabei nach § 1 HGB jeder, der ein Handelsgewerbe betreibt

9) *IDW*, Wirtschaftsprüfung und Rechnungslegung, Kap. F Rz. 4.
10) *IDW*, Wirtschaftsprüfung und Rechnungslegung, Kap. F Rz. 5.

und dessen Gewerbebetrieb einen in kaufmännischer Weise eingerichteten Geschäftsbetrieb erfordert. Auf die Eintragung in das Handelsregister kommt es dabei nicht an. Neben diesem sog. Ist-Kaufmann gilt gemäß §§ 2, 3 und 5 HGB als Handelsgewerbe ein gewerbliches Unternehmen, wenn es im Handelsregister eingetragen ist (Kann-Kaufmann). Kaufmann i. S. des HGB sind Handelsgesellschaften kraft Gewerbes und Formkaufleute (§ 6 HGB). Zu den Handelsgesellschaften gehören sowohl Personengesellschaften wie oHG und KG, als auch Kapitalgesellschaften wie AG und GmbH. Kapitalgesellschaften sind als Formkaufmann kraft Gesetzes Handelsgesellschaften, selbst wenn sie kein Handelsgewerbe betreiben (§ 3 Abs. 1 AktG, § 278 Abs. 2 AktG, § 13 Abs. 3 GmbHG).

Verpflichtete Person ist beim **Einzelunternehmen** der Einzelkaufmann. Die Buchführungspflicht liegt bei den Handelsgesellschaften bei den zuständigen Organmitgliedern, d. h. beim Vorstand bzw. Geschäftsführer. In Insolvenzverfahren geht diese Pflicht auf den Insolvenzverwalter über (§ 155 Abs. 1 InsO).[11] 17

Die Buchführungspflicht beginnt für Kaufleute gemäß § 1 HGB grundsätzlich mit der **Aufnahme des Handelsgewerbes**, d. h. den ersten Vorbereitungshandlungen. Auf den Zeitpunkt der Handelsregistereintragung kommt es dabei nicht an.[12] Für die Kann-Kaufleute gilt diese Verpflichtung erst mit Eintragung in das Handelsregister.[13] Die Buchführungspflicht für Personengesellschaften kraft Gewerbes beginnt mit der Aufnahme des Handelsgewerbes unter gemeinschaftlicher Firma.[14] Sofern diese Personengesellschaften kein Handelsgewerbe betreiben, ist die Eintragung in das Handelsregister der maßgebliche Zeitpunkt.[15] Für Formkaufleute (Kapitalgesellschaften) gilt, dass die Buchführung frühestens mit dem Tag der notariellen Beurkundung des Gesellschaftsvertrags, spätestens aber mit dem ersten Geschäftsvorfall, z. B. Gutschrift der Einlagen auf dem Bankkonto, beginnt.[16] 18

Bei **Personenhandelsgesellschaften** und **Formkaufleuten** gemäß § 6 HGB endet die handelsrechtliche Buchführungspflicht erst mit dem Ende der Abwicklung,[17] d. h., wenn alle mit der Veräußerung oder Aufgabe des Gewerbebetriebs zusammenhängenden Geschäftsvorfälle abgewickelt sind. 19

Gemäß § 241a HGB sind Einzelkaufleute von der Pflicht zur Buchführung und zur Aufstellung eines Inventars **befreit**, wenn sie an den Abschlussstichtagen von zwei aufeinanderfolgenden Geschäftsjahren nicht mehr als jeweils 600.000 € Umsatzerlöse und jeweils 60.000 € Jahresüberschuss aufweisen. 20

In dem **Inventar** des Kaufmanns werden gemäß § 240 Abs. 1 HGB zu Beginn seines Handelsgewerbes sowie für den Schluss eines jeden Geschäftsjahrs die Vermögensgegenstände und Schulden verzeichnet und wertmäßig einzeln angegeben. Das Inventar ist die Grundlage für die Bilanz. Die §§ 240 und 241 HGB sehen für die Inventur, d. h. die Bestandsaufnahme und Bewertung der Vermögensgegenstände und Schulden, unter bestimmten Voraussetzungen verschiedene Erleichterungen und Vereinfachungen vor, z. B.: 21

– die Anwendung des Festwertverfahrens für Vermögensgegenstände des Sachanlagevermögens sowie Roh-, Hilfs- und Betriebsstoffe mit einem gleichbleibenden Wert und einer gleichbleibenden Menge (§ 240 Abs. 3 Satz 1 HGB),

11) Vgl. auch *IDW*, Externe (handelsrechtliche) Rechnungslegung im Insolvenzverfahren (IDW RH HFA 1.012), Stand: 6.12.2018, Rz. 4 f., IDW Life 2015, 610 und IDW Life 1/2019, 74.

12) *Störk/Lewe* in: Beck'scher BilKomm, § 238 HGB Rz. 70.

13) *Störk/Lewe* in: Beck'scher BilKomm, § 238 HGB Rz. 71.

14) *Störk/Lewe* in: Beck'scher BilKomm, § 238 HGB Rz. 72 m. w. N.

15) *Störk/Lewe* in: Beck'scher BilKomm, § 238 HGB m. w. N.

16) *Störk/Lewe* in: Beck'scher BilKomm, § 238 HGB Rz. 73 m. w. N.

17) Hopt-*Hopt*, HGB, § 1 Rz. 52.

- die Gruppenbewertung für gleichartige Vermögensgegenstände des Vorratsvermögens und anderen gleichartige oder annähernd gleichwertige bewegliche Vermögensgegenstände und Schulden (§ 240 Abs. 4 HGB),
- die Stichprobeninventur (§ 241 Abs. 1 HGB),
- der Verzicht auf die körperliche Bestandsaufnahme (§ 241 Abs. 2 HGB),
- die vor oder nach verlegte Stichtagsinventur (§ 241 Abs. 3 Nr. 2 HGB).

2. Handelsrechtliche Buchführungspflichten in der Insolvenz

22 Gemäß § 155 Abs. 1 InsO gehen die Rechnungslegungspflichten mit Eröffnung des Insolvenzverfahrens auf den Insolvenzverwalter über. Die handelsrechtlichen Rechnungslegungspflichten bestehen dabei neben den insolvenzrechtlichen Rechnungslegungspflichten, die auch interne Rechnungslegungspflichten genannt werden, weiterhin fort.

23 Der Insolvenzverwalter muss bei der Erstellung der Buchführung die **Grundsätze ordnungsgemäßer Buchführung** gemäß § 243 Abs. 1 HGB und vor allem die handelsrechtlichen Ansatz- und Bewertungsvorschriften (§§ 246 ff., §§ 252 ff. HGB) beachten.

24 Mit der fortbestehenden handelsrechtlichen Buchführungspflicht wird folgender Zweck verfolgt:[18)]

- Nachweiserbringung, dass bei einer Unternehmensfortführung die Masse gemehrt oder zumindest nicht gemindert wurde (handelsrechtliche Erfolgsermittlung),
- Überprüfung der Zweckmäßigkeit der Unternehmensfortführung und
- Dokumentation der Unternehmensabläufe.

25 Nach h. M. sind selbst im Falle einer **Massearmut des Insolvenzverfahrens** die Buchführung-Rechnungslegungspflichten zu erfüllen.[19)] Bei einer Massearmut reicht die Insolvenzmasse nicht mehr aus, um die Kosten des Verfahrens zu decken (§ 54 InsO). Dem Insolvenzverwalter steht nach der Rechtsprechung des BGH ein Auslagenersatzanspruch zu.[20)]

26 Gemäß §§ 270 ff. InsO sind die gesetzlichen Vertreter im **Eigenverwaltungsverfahren** weiterhin zur Rechnungslegung verpflichtet. Der Sachwalter ist lediglich mit einer Aufsichtsfunktion betraut. Die jeweiligen Pflichten, insbesondere zur Rechnungslegung und zur Feststellung des Jahresabschlusses sowie zur Offenlegung verbleiben daher bei dem bisherigen Organ der Gesellschaft.[21)] In den in § 155 InsO geregelten Rechnungslegungspflichten wird nicht zwischen Eigen- und Fremdverwaltung unterschieden, d. h. dass auch mit Eröffnung eines Insolvenzplanverfahrens ein neues 12 Monate umfassendes Geschäftsjahr beginnt.[22)]

27 Gemäß § 155 Abs. 2 InsO beginnt mit der Insolvenzeröffnung ein **neues Geschäftsjahr**. Das Verzeichnis der Massegegenstände ist Grundlage zur Erstellung der Vermögensübersicht (§ 153 InsO), die auf den Zeitpunkt der Eröffnung des Insolvenzverfahrens zu fertigen ist. Die **Inventur** ist aus diesem Grund auf den Zeitpunkt der Verfahrenseröffnung

---

18) *Winnefeld*, Bilanz-Hdb., S. 2679 Rz. 1107.

19) *IDW*, Sanierung und Insolvenz, Kap. E Rz. 88.

20) BGH, Beschl. v. 22.7.2004 – IX ZB 161/03, BGHZ 160, 176 = ZIP 2004, 1717, dazu EWiR 2004, 1037 *(Schäferhoff)*.

21) *IDW*, Externe (handelsrechtliche) Rechnungslegung im Insolvenzverfahren (IDW RH HFA 1.012), Stand: 6.12.2018, Rz. 48, IDW Life 2015, 610 und IDW Life 1/2019, 74.

22) *IDW*, Externe (handelsrechtliche) Rechnungslegung im Insolvenzverfahren (IDW RH HFA 1.012), Stand: 6.12.2018, Rz. 49, IDW Life 2015, 610 und IDW Life 1/2019, 74.

durchzuführen.[23] Mit der Inventur werden sämtliche Vermögensgegenstände durch eine körperliche Bestandsaufnahme und die Schulden durch eine Buchinventur nach den Grundsätzen ordnungsgemäßer Inventur erfasst. Erforderlich ist eine umfassende Stichtagsinventur, ggf. unter Berücksichtigung von Inventurvereinfachungsverfahren.[24]

Die von dem Insolvenzverwalter durchzuführende **Inventur** dient sowohl der insolvenz- 28
spezifischen als auch der handelsrechtlichen Rechnungslegung.[25]

Mit der Bestandsaufnahme sind folgende Aufgaben und Ziele verbunden:[26] 29

- Information über den Massebestand zur Vorbereitung der Entscheidung über die Fortsetzung oder Einstellung des Insolvenzverfahrens,
- Information über die zu erwartende Insolvenzquote,
- Dokumentation der Vermögensverhältnisse des Schuldners,
- Gewährleistung einer ordnungsgemäßen Verteilung der Insolvenzmasse,
- Grundlage für die Kontrolle der Tätigkeit des Insolvenzverwalters durch den Gläubigerausschuss und das Insolvenzgericht,
- Grundlage für die für das Planverfahren zu erstellenden Rechnungslegungswerken.

Die **Durchführung der Inventur** richtet sich nach den gleichen Grundsätzen wie die In- 30
ventur bei einem nicht insolventen Unternehmen. Zu erfassen sind sämtliche Vermögenswerte, die vorgefunden werden, d. h. es kommt nicht darauf an, ob und mit welchem Wert diese später tatsächlich verwertet werden können.[27] Die Durchführung der Inventur ist eine Verpflichtung des Insolvenzverwalters, der sie allerdings nicht persönlich erfüllen muss, sondern die Aufgabe auf eigenes Personal oder Personal des Schuldners oder eines externen Dienstleisters delegieren kann.[28]

III. Aufstellung von handelsrechtlichen Abschlüssen

1. Vorbemerkungen

Jeder Kaufmann ist gemäß § 242 Abs. 1 HGB verpflichtet, zu Beginn seines Handelsge- 31
werbes sowie für den Schluss eines jeden Geschäftsjahrs eine Bilanz aufzustellen. Für den Schluss eines jeden Geschäftsjahrs hat der Kaufmann eine Gewinn- und Verlustrechnung aufzustellen (§ 242 Abs. 2 HGB). Bilanz und Gewinn- und Verlustrechnung bilden den Jahresabschluss des Kaufmanns. Die Dauer des Geschäftsjahrs darf dabei gemäß § 240 Abs. 2 Satz 1 HGB die Dauer von zwölf Monaten nicht überschreiten. Bei der Aufstellung des Jahresabschlusses hat der Kaufmann gemäß § 243 HGB die Grundsätze ordnungsgemäßer Buchführung zu beachten. Der Jahresabschluss muss dabei klar und übersichtlich sowie innerhalb der einem ordnungsmäßigen Geschäftsgang entsprechenden Zeit aufgestellt worden sein.

---

23) *IDW*, Bestandsaufnahme im Insolvenzverfahren (IDW RH HFA 1.010), Stand: 13.6.2008, Rz. 23, WPg Supplement 3/2008, 309. Zu den Grundsätzen zur Durchführung der Inventur mehr auch: *Quick*, Inventur, 2000.

24) *IDW*, Externe (handelsrechtliche) Rechnungslegung im Insolvenzverfahren (IDW RH HFA 1.012), Stand: 6.12.2018, Rz. 17, IDW Life 2015, 610 und IDW Life 1/2019, 74.

25) *IDW*, Bestandsaufnahme im Insolvenzverfahren (IDW RH HFA 1.010), Stand: 13.6.2008, Rz. 3, WPg Supplement 3/2008, 309.

26) *IDW*, Bestandsaufnahme im Insolvenzverfahren (IDW RH HFA 1.010), Stand: 13.6.2008, Rz. 5, WPg Supplement 3/2008, 309.

27) *IDW*, Bestandsaufnahme im Insolvenzverfahren (IDW RH HFA 1.010), Stand: 13.6.2008, Rz. 9, WPg Supplement 3/2008, 309.

28) *IDW*, Bestandsaufnahme im Insolvenzverfahren (IDW RH HFA 1.010), Stand: 13.6.2008, Rz. 31, WPg Supplement 3/2008, 309.

32 Bestimmte Pflichten bzgl. der Aufstellung, der Prüfung und der Offenlegung von Abschlüssen sind teilweise nur für Unternehmen ab einer bestimmten Unternehmensgröße zu beachten. Die bisherigen Kriterien für die Einordnung eines Unternehmens in klein, mittelgroß und groß sind durch das BilRUG angepasst worden. Die maßgeblichen Schwellenwerte für die Einordnung des Unternehmens sind in den §§ 267, 267a HGB wie folgt geregelt.

33 **Kleine Kapitalgesellschaft:** mindestens zwei der drei folgenden Merkmale werden an zwei aufeinander folgenden Abschlussstichtagen nicht überschritten:

- 6.000.000 € Bilanzsumme,
- 12.000.000 € Jahresumsatzerlöse,
- 50 Mitarbeiter im Jahresdurchschnitt.

34 **Mittelgroße Kapitalgesellschaft:** mindestens zwei der drei folgenden Merkmale werden an zwei aufeinander folgenden Abschlussstichtagen nicht überschritten:

- 20.0004.000 € Bilanzsumme,
- 40.000.000 € Jahresumsatzerlöse,
- 250 Mitarbeiter im Jahresdurchschnitt.

35 **Große Kapitalgesellschaft:** mindestens zwei der drei zur mittelgroßen Kapitalgesellschaft genannten Merkmale werden an zwei aufeinander folgenden Abschlussstichtagen überschritten.

36 § 241a HGB sieht nach dem BilRUG vor, dass Einzelkaufleute, die an den Abschlussstichtagen von zwei aufeinander folgenden Geschäftsjahren nicht mehr als 600.000 € Umsatzerlöse und 60.000 € Jahresüberschuss aufweisen, die §§ 238–241 HGB nicht zu beachten brauchen. Damit besteht für diese „Kleinkaufleute" keine Buchführungs- und Inventarisierungspflicht. Über den mit dem BilMoG angefügten Absatz 4 in § 242 HGB wird zudem erreicht, dass diese Kaufleute auch keinen Jahresabschluss erstellen müssen.[29)]

37 Materiell hat sich durch den § 241a HGB nur wenig geändert. Auch davor waren Kleingewerbetreibende, deren Geschäft keinen in kaufmännischer Weise eingerichteten Geschäftsbetrieb erforderlich machte und Kann-Kaufleute (§§ 2, 3 HGB), die nicht im Handelsregister eingetragen waren, zur Buchführung und Bilanzierung nicht verpflichtet. Wenn es über das Bestehen handelsrechtlicher Buchführungs- und Bilanzierungspflichten in der Vergangenheit Unklarheiten gegeben haben sollte, dürften diese allerdings durch die Größenangaben weitgehend beseitigt werden, da nunmehr selbst dem Grunde nach buchführungs- und bilanzierungspflichtige Kaufleute von dieser Pflicht bis zum Erreichen der Umsatz- und Gewinngrößen befreit sind.

38 Gleichwohl wurden mit dem BilMoG nur die „kleinen" Einzelkaufleute begünstigt, während **Kleinstkapitalgesellschaften** umfangreiche Vorgaben für die Rechnungslegung zu beachten hatten. Diese Ungleichbehandlung wurde mit dem sog. Kleinstkapitalgesellschaften-Bilanzrechtsänderungsgesetz (MicroBilG), gültig ab 28.12.2012, gemildert. Eine völlige Gleichstellung scheitert an europarechtlichen Vorgaben.[30)] Die neu geschaffene Kategorie von Gesellschaften, die sog. Kleinstkapitalgesellschaften erfasst kleine Kapitalgesellschaften, die mindestens zwei der drei nachstehenden Merkmale (§ 267a HGB) nicht überschreiten:

- 350.000 € Bilanzsumme nach Abzug eines auf der Aktivseite ausgewiesenen Fehlbetrags (§ 268 Abs. 3 HGB),

---

29) In der Stellungnahme des BRats v. 4.7.2008 wird empfohlen, die Personenhandelsgesellschaften wieder in den Regulierungskreis mit aufzunehmen (BR-Drucks. 344/1/08, S. 3); dies wurde von der BReg aber abgelehnt (BT-Drucks. 16/10067, S. 47).

30) Beschlussempfehlung und Bericht d. RA z. MicroBilG, BT-Drucks. 17/11292, S. 1–2 (Kap. A und B).

- 700.000 € Umsatzerlöse in den zwölf Monaten vor dem Abschlussstichtag,
- im Jahresdurchschnitt zehn Arbeitnehmer

Die im HGB für kleine Kapitalgesellschaften vorgesehenen Regelungen gelten für Kleinstkapitalgesellschaften entsprechend, soweit nichts anderes geregelt ist (§ 267a Abs. 2 HGB). Den Kleinstkapitalgesellschaften wird insbesondere erlaubt, bei der Aufstellung des Jahresabschlusses auf einen **Anhang** zu verzichten, wenn sie bestimmte Informationen unter die Bilanz setzen (§ 264 Abs. 1 Satz 5 HGB); bestimmte Angaben müssen im Anhang nicht gemacht werden (§ 160 Abs. 3 AktG). Sie brauchen nur eine **verkürzte Bilanz** aufzustellen (§ 266 Abs. 1 Satz 4 HGB, § 152 Abs. 4 AktG), und auch für die **Gewinn- und Verlustrechnung** (GuV) gelten Erleichterungen (§ 275 Abs. 5 HGB, § 158 Abs. 3 AktG). Gestattet wird auch, die Veröffentlichung des Jahresabschlusses zu unterlassen, wenn das Unternehmen die Bilanz bei der zuständigen Stelle (Betreiber des Bundesanzeigers) einreicht und auf diese Weise Dritten über das zentrale Register auf Antrag eine Kopie der Bilanz zur Verfügung gestellt wird (§ 326 Abs. 2 HGB).[31] Auf weitere Einzelheiten des MicroBilG wird nicht eingegangen. 39

Die mit dem **MicroBilG** im Jahr 2012 eingeführte Erleichterung bei der Aufstellung und Offenlegung für Kleinstkapitalgesellschaften gemäß § 267a HGB wurde durch das BilRUG für sog. (Finanz-)Holdingkapitalgesellschaften eingeschränkt. Durch die Änderung werden diese aus dem Kreis der Kleinstkapitalgesellschaften geschlossen. 40

Aufgrund steuerlicher Vorschriften sind die betroffenen „Kleinkaufleute“ verpflichtet, eine **Einnahmen-Überschussrechnung** zu erstellen (§ 4 Abs. 3 EStG). 41

Mit dem **BilRUG** wurden zuletzt die Befreiungsvorschriften von der Aufstellungspflicht (§ 264 Abs. 3 HGB) geändert. Unter bestimmten Voraussetzungen entfallen dabei insbesondere die Verpflichtungen zur Aufstellung des Anhangs, Lageberichts sowie zur Prüfung und Offenlegung des Abschlusses. Für die Praxis von großer Bedeutung ist dabei, dass die bisher geforderte Verlustausgleichspflicht des Mutterunternehmens für die Verpflichtungen des Tochterunternehmens durch eine Einstandspflicht ersetzt wird. Einstands- und Verlustausgleichspflicht sind inhaltlich nicht identisch. Verlustausgleichspflichten resultieren aus Ergebnisabführungsverträgen (§ 302 Abs. 1 AktG). Die Einstandspflicht wird in der Praxis häufig durch eine harte Patronatserklärung erfüllt. Der Gesetzgeber hat dabei klargestellt, dass die bisherige Verlustausgleichspflicht auch künftig ausreicht, um der neuen Einstandspflicht zu genügen.[32] 42

Folgende **Übersicht** sind je nach Kaufmannseigenschaft folgende Rechenwerke zu erstellen:[33] 43

	Einzelkaufmann	**Personenhandelsgesellschaft**	**Kapitalgesellschaft**
Schlussbilanz des werbenden Unternehmens	Bilanz, Gewinn- und Verlustrechnung, § 242 HGB	Bilanz, Gewinn- und Verlustrechnung, Anhang, Lagebericht, §§ 242, 264 HGB	
Handelsrechtliche (Insolvenz-)Eröffnungsbilanz	keine Verpflichtung	Bilanz §§ 154, 161, 242 HGB (bzw. § 155 Abs. 1 Satz 1 InsO i. V. mit § 242 HGB)	Bilanz, Erläuterungsbericht, § 270 Abs. 1 AktG, § 71 Abs. 1 GmbHG i. V. mit §§ 242, 264 HGB § 145 Abs. 2 InsO

31) Beschlussempfehlung und Bericht d. RA z. MicroBilG, BT-Drucks. 17/11292, S. 1–2 (Kap. B).

32) Beschlussempfehlung und Bericht d. RA z. BilRUG, BT-Drucks. 18/5256, S. 82.

33) In Anlehnung an *Hess* in: KölnKomm-InsO, § 155 Rz. 32.

	Einzelkaufmann	Personenhandelsgesellschaft	Kapitalgesellschaft
Zwischenrechnungslegung	Bilanz, Gewinn- und Verlustrechnung, § 242 HGB	Bilanz, Gewinn- und Verlustrechnung, § 242 HGB	Bilanz, Gewinn- und Verlustrechnung, Anhang, Lagebericht § 270 Abs. 1 AktG, § 71 Abs. 1 GmbHG i. V. mit §§ 242, 264 HGB (bzw. § 154 Abs. 1 Satz 1 InsO i. V. mit §§ 242, 264 HGB
Handelsrechtliche (Insolvenz-)Schlussbilanz	Bilanz, Gewinn- und Verlustrechnung, § 242 HGB	Bilanz, Gewinn- und Verlustrechnung § 242 HGB	Bilanz, Gewinn- und Verlustrechnung, Anhang, Lagebericht, § 72 Abs. 1 AktG, § 71 Abs. 1 GmbHG i. V. mit §§ 242, 264 HGB (bzw. § 155 Abs. 1 Satz 1 InsO i. V. mit §§ 242, 264 HGB)

2. Aufstellung von handelsrechtlichen Abschlüssen in der Insolvenz

44 Der Insolvenzverwalter ist in Anwendung des § 155 Abs. 1 InsO i. V. mit §§ 238 ff. HGB verpflichtet, im Verlauf des Insolvenzverfahrens zu jedem Geschäftsjahresende einen Jahresabschluss und ggf. zusätzlich einen Anhang und einen Lagebericht aufzustellen. Diese Verpflichtung besteht auch mit Beendigung des Insolvenzverfahrens durch Aufhebung (§ 200 oder § 258 InsO) oder Einstellung (§§ 207 ff. InsO) des Insolvenzverfahrens fort.[34)]

45 Mit der Insolvenzeröffnung beginnt gemäß § 155 Abs. 2 InsO ein neues Geschäftsjahr. Der Insolvenzverwalter ist damit verpflichtet, zum Zeitpunkt der Eröffnung des Verfahrens eine **Eröffnungsbilanz** aufzustellen.[35)] Für den Zeitraum vor Insolvenzeröffnung ist ein Rumpfwirtschaftsjahr zu bilden, das praktisch mit einer Schlussbilanz auf das Ende des Tages vor Insolvenzeröffnung endet.

46 Die **Schlussbilanz der werbenden Gesellschaft** für das Rumpfwirtschaftsjahr vor der Insolvenzeröffnung ist vom Insolvenzverwalter anstelle der gesetzlichen Vertreter (Einzelkaufmann, Vorstand, Geschäftsführer) aufgrund des Übergangs der Verwaltungs- und Vermögensverfügungsbefugnis über die Insolvenzmasse (§ 80 Abs. 1 InsO) aufzustellen. Aufgrund des Grundsatzes der Bilanzidentität (§ 252 Abs. 1 Nr. 1 HGB) ist die Schlussbilanz identisch mit der Eröffnungsbilanz auf den Zeitpunkt der Verfahrenseröffnung.

47 Die Schlussbilanz der werbenden Gesellschaft ist Grundlage für Ansprüche, die ihre Grundlage im Jahresabschluss haben (z. B. umsatz- und gewinnabhängige Tantiemen oder Provisionen) und dient der Information der Gläubiger und Öffentlichkeit.[36)] Als konkrete Informationsadressaten kommen insbesondere folgende Personen bzw. Institutionen in Betracht:[37)]

– Potentielle Erwerber,

34) *IDW*, Externe (handelsrechtliche) Rechnungslegung im Insolvenzverfahren (IDW RH HFA 1.012), Stand: 6.12.2018, Rz. 24, IDW Life 2015, 610 und IDW Life 1/2019, 74.

35) Vgl. BGH, Beschl. v. 14.10.2014 – II ZB 20/13, Rz. 13, ZIP 2015, 88, dazu EWiR 2015, 223 *(Wachter)*.

36) *Winnefeld*, Bilanz-Hdb., S. 2661 Rz. 990.

37) *IDW*, Externe (handelsrechtliche) Rechnungslegung im Insolvenzverfahren (IDW RH HFA 1.012), Stand: 6.12.2018, Rz. 3, IDW Life 2015, 610 und IDW Life 1/2019, 74.

- (potentielle) Kreditgeber,
- (potentielle) Lieferanten und Abnehmer sowie
- der Fiskus,
- das Insolvenzgericht.

Grundsätzlich besteht für den Insolvenzverwalter auch die Verpflichtung, **fehlende Abschlüsse** und die zugrunde liegenden Buchführungen nachzuholen, soweit diese Verpflichtungen noch nicht erfüllt wurden.[38] 48

Die **Eröffnungsbilanz** entspricht wegen Unterschieden in Ansatz und in der Bewertung der Vermögensgegenstände und Schuldposten nicht der Vermögensübersicht gemäß § 153 InsO.[39] Eine Abstimmung der Eröffnungsbilanz mit dem Verzeichnis der Massegegenstände nach § 151 InsO und dem Gläubigerverzeichnis nach § 152 InsO durch den Insolvenzverwalter sollte durchgeführt werden.[40] Sofern der Schuldner eine Kapitalgesellschaft ist, wird vom Insolvenzverwalter in analoger Anwendung bei Liquidationseröffnungsbilanzen ein Erläuterungsbericht zur handelsrechtlichen Eröffnungsbilanz gefordert.[41] Für den Erläuterungsbericht gelten nach h. M. die Vorschriften für den Anhang gemäß §§ 284 ff. HGB und den Lagebericht gemäß §§ 289 f. HGB.[42] Diese Verpflichtung ist nicht gesetzlich jedoch nicht normiert. 49

Mit der Eröffnungsbilanz wird insbesondere der Zweck verfolgt, dem Insolvenzverwalter einen vorläufigen Überblick über den Stand der Aktiva und Passiva zu geben, um die Aussichten für die Durchführung des Abwicklungsverfahrens beurteilen zu können.[43] Des Weiteren wird der Zweck der handelsrechtlichen Rechnungslegung auf den Zeitpunkt der Insolvenzeröffnung in der Abgrenzung der Verantwortungszeiträume zwischen dem Vorstand bzw. der Geschäftsführung einerseits und dem Insolvenzverwalter andererseits gesehen.[44] 50

Stichtag für die Aufstellung der **Schlussbilanz bei Beendigung des Insolvenzverfahrens** ist der Tag des Beschlusses über die Aufhebung oder die Einstellung des Verfahrens.[45] Mit der handelsrechtlichen Schlussbilanz wird die periodische Rechnungslegung des insolventen Unternehmens abgeschlossen. Die Verpflichtung ergibt sich aus den allgemeinen Rechnungslegungsregeln des § 155 InsO i. V. mit §§ 238 ff. HGB, nach denen keine Periode innerhalb des Bestehens der Gesellschaft ohne handelsrechtliche Rechnungslegung bleiben darf.[46] 51

Der Insolvenzverwalter ist auch verpflichtet bzw. berechtigt, die Jahresabschlüsse gemäß § 245 HGB zu **unterzeichnen** und ggf. **festzustellen.**[47] 52

Sofern der Insolvenzverwalter nicht zu dem satzungsmäßigen **Stichtag** zurückkehrt, dauert das neue Geschäftsjahr ab Verfahrenseröffnung in Anwendung von § 240 Abs. 2 Satz 2 53

---

38) *IDW*, Externe (handelsrechtliche) Rechnungslegung im Insolvenzverfahren (IDW RH HFA 1.012), Stand: 6.12.2018, Rz. 5, IDW Life 2015, 610 und IDW Life 1/2019, 74.

39) *IDW*, Externe (handelsrechtliche) Rechnungslegung im Insolvenzverfahren (IDW RH HFA 1.012), Stand: 6.12.2018, Rz. 20, IDW Life 2015, 610 und IDW Life 1/2019, 74.

40) *IDW*, Bestandsaufnahme im Insolvenzverfahren (IDW RH HFA 1.010), Stand: 13.6.2008, WPg Supplement 3/2008, 309.

41) *IDW*, Externe (handelsrechtliche) Rechnungslegung im Insolvenzverfahren (IDW RH HFA 1.012), Stand: 6.12.2018, Rz. 21, IDW Life 2015, 610 und IDW Life 1/2019, 74.

42) *Bayer*, Insolvenzrechnungslegung, Diss., 2000, S. 29–32, m. w. N.

43) Hopt-*Roth*, HGB, § 154 Rz. 2.

44) *Winnefeld*, Bilanz-Hdb., S. 2677 Rz. 1096 m. w. N.

45) Vgl. BGH, Beschl. v. 15.7.2010 – IX ZB 229/07, Rz. 5, ZIP 2010, 1610 = NZI 2010, 741.

46) *IDW*, Externe (handelsrechtliche) Rechnungslegung im Insolvenzverfahren (IDW RH HFA 1.012), Stand: 6.12.2018, Rz. 27, IDW Life 2015, 610 und IDW Life 1/2019, 74.

47) *IDW*, Externe (handelsrechtliche) Rechnungslegung im Insolvenzverfahren (IDW RH HFA 1.012), Stand: 6.12.2018, Rz. 7 f., IDW Life 2015, 610 und IDW Life 1/2019, 74.

HGB höchstens zwölf Monate. Eine Verkürzung zu einem weiteren Rumpfgeschäftsjahr liegt in der Entscheidungskompetenz des Insolvenzverwalters.[48] Sofern es sich bei dem Schuldner um eine Kapitalgesellschaft handelt, erfordert dies eine Anmeldung zur Eintragung in das Handelsregister oder eine sonstige Mitteilung an das Registergericht.[49]

54 Die gesetzlichen **Fristen** für die Aufstellung des Jahresabschlusses für Kapitalgesellschaften sowie für bestimmte Personenhandelsgesellschaften betragen gemäß § 264 Abs. 1 Satz 3 HGB drei Monate nach Beendigung des Geschäftsjahres. Für kleine Kapitalgesellschaften und Kleinstkapitalgesellschaften erweitert sich die Frist auf bis zu sechs Monate (§§ 264 Abs. 1 Satz 4, 267a Abs. 2 HGB). Nach § 155 Abs. 2 Satz 2 steht dem Insolvenzverwalter eine Verlängerung der Vorlagefristen für die Aufstellung und Offenlegung von Jahresabschlüssen bis zum Berichtstermin zu, insbesondere weil bewertungserhebliche Entscheidungen der Gläubigerversammlung über Fortführung oder Einstellung des Geschäftsbetriebs bis zu diesem Zeitpunkt noch ausstehen.[50] Die gesetzlich normierte Pflicht verlängert sich damit um bis zu drei Monate.

55 Neben den allgemeinen Vorschriften für die Aufstellung von Jahresabschlüssen der Insolvenz gelten auch die **Konzernrechnungslegungsvorschriften** (§§ 290 ff. HGB, §§ 11 ff. PublG) in der Insolvenz weiterhin fort und der Insolvenzverwalter hat ggf. zu den oben dargestellten Stichtagen Konzernabschlüsse und Konzernlageberichte aufzustellen.[51] Es ist jedoch in jedem Einzelfall zu prüfen, ob die Voraussetzungen, insbesondere die Möglichkeit zur Ausübung eines beherrschenden Einflusses i. S. des §§ 290 Abs. 2 HGB trotz der Insolvenz besteht.[52] Mit der Eröffnung des Insolvenzverfahrens über das Vermögen eines Tochterunternehmens kann aufgrund von erheblichen und andauernden Beschränkungen bei der Ausübung der Rechte des Mutterunternehmens das Einbeziehungswahlrecht nach § 296 Abs. 1 Nr. 1 HGB zum Tragen kommen.[53] Ob jedoch bereits im vorläufigen Insolvenzverfahren der beherrschende Einfluss beschränkt wird, war strittig. Es ist jedoch nach Auffassung des IDW zu bejahen, da die Interessen des Mutterunternehmens bereits mit der Eröffnung des Antragsverfahrens zurücktreten, damit eine bestmögliche Gläubigerbefriedigung gewährleistet werden kann.[54]

56 Das Einbeziehungswahlrecht gemäß § 296 Abs. 1 Nr. 1 HGB gilt im Falle eines insolventen Tochterunternehmens auch bei einer Eigenverwaltung nach §§ 270 ff. InsO, weil auch hier der Schuldner sein Handeln ausschließlich am Interesse der Gläubiger auszurichten hat und dies dem Individualinteresse des Mutterunternehmens vorgeht.[55]

57 *Folgendes Beispiel verdeutlicht die notwendigen externen Rechenwerke im Insolvenzverfahren:*[56]

---

48) *IDW*, Externe (handelsrechtliche) Rechnungslegung im Insolvenzverfahren (IDW RH HFA 1.012), Stand: 6.12.2018, Rz. 9, IDW Life 2015, 610 und IDW Life 1/2019, 74.

49) Vgl. BGH, Beschl. v. 14.10.2014 – II ZB 20/13, Rz. 13, ZIP 2015, 88.

50) Braun-*Haffa/Leichtle*, InsO, § 155 Rz. 9.

51) *IDW*, Externe (handelsrechtliche) Rechnungslegung im Insolvenzverfahren (IDW RH HFA 1.012), Stand: 6.12.2018, Rz. 29, IDW Life 2015, 610 und IDW Life 1/2019, 74.

52) *IDW*, Externe (handelsrechtliche) Rechnungslegung im Insolvenzverfahren (IDW RH HFA 1.012), Stand: 6.12.2018, Rz. 30, IDW Life 2015, 610 und IDW Life 1/2019, 74.

53) *IDW*, Externe (handelsrechtliche) Rechnungslegung im Insolvenzverfahren (IDW RH HFA 1.012), Stand: 6.12.2018, Rz. 31, IDW Life 2015, 610 und IDW Life 1/2019, 74.

54) *IDW*, Sanierung und Insolvenz, Kap. D Rz. 73.

55) *IDW*, Externe (handelsrechtliche) Rechnungslegung im Insolvenzverfahren (IDW RH HFA 1.012), Stand: 6.12.2018, Rz. 51, IDW Life 2015, 610 und IDW Life 1/2019, 74.

56) *IDW*, Sanierung und Insolvenz, Kap. E Rz. 69.

Beispiel	31.12.x1 Stichtag gemäß Satzung	1.6.x2 Eröffnung IV	31.12.x2 Stichtag gemäß Satzung	31.5.x3 12 Monate nach Eröffnung IV	1.7.x3 Beendigung IV	31.12.x3 Stichtag gemäß Satzung
Rechenwerke	**Schlussbilanz der werbenden Gesellschaft** (Jahresabschluss und Lagebericht zum 31.5.x2	**Eröffnungsbilanz und Erläuterungsbericht** zum 1.6.x2	(a) Jahresabschluss und Lagebericht, wenn zum satzungsmäßigen Stichtag zurückgekehrt wurde	(b) Jahresabschluss und Lagebericht, wenn nicht zum satzungsmäßigen Stichtag zurückgekehrt wurden	**Schlussbilanz der insolventen Gesellschaft** (Jahresabschluss und Lagebericht	Jahresabschluss und Lagebericht
Besonderheiten	Mit Verfahrenseröffnung beginnt ein neues, grundsätzlich zwölf Monate umfassendes Gj Auf das Ende des Tages vor der Eröffnung ist ein Jahresabschluss aufzustellen (in der Regel Rumpf-Gj)	Bilanzidentität zur Schlussbilanz der werbenden Gesellschaft Erläuterungsbericht: Darstellung der wesentlichen Posten und Ausführungen zum Verfahrensstand, zur erwarteten Dauer sowie zu geplanten und bereits ergriffenen Maßnahmen	Insolvenzverwalter kann zum satzungsmäßigen Stichtag zurückkehren (weiteres Rumpfgeschäftsjahr zwischen Insolvenzeröffnung und satzungsmäßigen Stichtag) Bei Kapitalgesellschaften ist dies im Handelsregister einzutragen. Die Eintragung kann zu einem späteren Zeitpunkt erfolgen, wenn innerhalb von zwölf Monaten nach Eröffnung des Verfahrens eine Mitteilung an das Gericht erfolgt		Auf den Tag des Beschlusses über die Aufhebung oder Einstellung des Verfahrens ist ein Jahresabschluss und Lagebericht aufzustellen Bei Beendigung des Unternehmens ist der Insolvenzverwalter für die Aufstellung zuständig, der bei der Fortführung des Unternehmens die (neuen) gesetzlichen Vertreter	Wird das Unternehmen fortgeführt, greift die satzungsmäßige Stichtagsregelung (neues Rumpfgeschäftsjahr

IV. Bilanzierungsvorschriften bei handelsrechtlichen Abschlüssen in der Insolvenz

1. Ansatzvorschriften

58 Die Ansatzvorschriften finden sich in den §§ 246 bis 251 HGB. Mit den Ansatzvorschriften liegen dem Kaufmann grundlegende Regelungen zur Vollständigkeit und dem wirtschaftlichen Eigentum, zu Ansatzwahlrechten und Ansatzverboten, zu Verrechnungsverboten, zur Stetigkeit und zur Angabe von Haftungsverhältnissen vor.

Praxishinweis

Grundsätzlich muss bei dem Ansatz von Vermögensgegenständen und Schulden unterschieden werden, ob das insolvente Unternehmen fortgeführt wird oder nicht. Wenn von der Unternehmensfortführung trotz der Insolvenz ausgegangen werden kann, gelten die allgemeinen Ansatz- und Bewertungsvorschriften weiterhin fort. Besonderheiten hinsichtlich Ansatz und Bewertung ergeben sich aber dann, wenn von der Fortführung des Unternehmens aufgrund der Insolvenz nicht mehr ausgegangen werden kann.

59 Nach § 252 Abs. 1 Nr. 2 HGB ist von der Fortführung der Unternehmenstätigkeit auszugehen, sofern nicht tatsächliche oder rechtliche Gegebenheiten dem entgegenstehen. Unter welchen Voraussetzungen von der Annahme der Unternehmensfortführung nicht mehr ausgegangen werden kann, wird IDW PS 270[57] ausführlich dargelegt.

60 Der Fortführung der Unternehmenstätigkeit entgegenstehende tatsächliche Gegebenheiten sind insbesondere wirtschaftliche Schwierigkeiten, z. B. Zahlungsunfähigkeit.[58] Der Fortführung der Unternehmenstätigkeit entgegenstehende rechtliche Gegebenheiten sind u. a. die Eröffnung des Insolvenzverfahrens, wenn der Geschäftsbetrieb eingestellt werden soll oder bereits eingestellt wurde.[59] Die Eröffnung des Insolvenzverfahrens führt jedoch nicht zwingend in die Liquidation des Unternehmens, weil erst die Gläubigerversammlung im Gerichtstermin entscheidet, ob das Unternehmen stillgelegt oder vorläufig fortgeführt wird. Des Weiteren kann die Sanierung des Unternehmens mittels Insolvenzplan gemäß § 157 Satz 1 und 2 InsO erfolgen.

61 Gemäß § 29 Abs. 1 Nr. 1 InsO findet der Berichtstermin in der Regel erst drei Monate nach dem Tag des Eröffnungsbeschlusses statt. Die Entscheidung der Gläubigerversammlung im Berichtstermin stellt ein sog. wertaufhellendes Ereignis dar, dass für die Schlussbilanz des werbenden Unternehmens bei Ansatz und Bewertung der Vermögensgegenstände und Schulden zu berücksichtigen ist.[60]

62 Sofern bei einem Unternehmen nicht mehr von der Unternehmensfortführung ausgegangen werden kann, ist es vorrangiges Ziel der Rechnungslegung das vorhandene Reinvermögen zum Abschlussstichtag festzustellen, d. h. der Grundsatz der periodengerechten Gewinnermittlung gemäß § 252 Abs. 1 Nr. 5 HGB tritt in den Hintergrund.[61]

63 Aufgrund des **Grundsatzes der Bilanzidentität** (Grundsatz des Bilanzzusammenhangs gemäß § 252 Abs. 1 Nr. 1 HGB) müssen die Ansätze für die Eröffnungsbilanz bei Insolvenzeröffnung den Ansätzen in der Schlussbilanz der werbenden Gesellschaft entsprechen.[62]

---

57) *IDW,* Die Beurteilung der Unternehmensfortführung im Rahmen der Abschlussprüfung (IDW PS 270 n. F.), Stand: 29.10.2021, IDW Life 12/2021, 1264 ff.

58) *Störk/Büssow* in: Beck'scher BilKomm, § 252 HGB Rz. 21 ff.

59) *Störk/Büssow* in: Beck'scher BilKomm, § 252 HGB Rz. 21 ff.

60) *Winnefeld*, Bilanz-Hdb., S. 2662 Rz. 992.

61) *IDW*, Auswirkungen einer Abkehr von der Going Concern-Prämisse auf den handelsrechtlichen Jahresabschluss (IDW RS HFA 17), Stand: 11.7.2018, Rz. 4, IDW Life 8/2018, 777.

62) Hopt-*Merkt*, HGB, § 252 Rz. 6.

Das **Vollständigkeitsgebot** nach § 246 Abs. 1 HGB wird durch die Insolvenz des Unternehmens nicht eingeschränkt.[63] 64

Der Grundsatz der **Ansatzstetigkeit** nach § 246 Abs. 3 HGB ist grundsätzlich weiterhin zu beachten, auch wenn die Einstellung des Geschäftsbetriebs und Abwicklung des insolventen Unternehmens ein wichtiger Grund für eine Durchbrechung gemäß § 252 Abs. 2 i. V. mit § 246 Abs. 3 Satz 2 HGB ist.[64] 65

Das **Saldierungsverbot** des § 246 Abs. 2 Satz 1 HGB ist auch für Jahresabschlüsse von Unternehmen in der Insolvenz weiterhin zu beachten. Die Kosten des Insolvenzverfahrens sowie Folgekosten aufgrund der geplanten Einstellung des Geschäftsbetriebs (Sozialplanverpflichtungen oder drohende Verluste aus schwebenden Geschäften) sind zu den Grundsätzen des § 249 Abs. 1 Satz 1 HGB zu passivieren und dürfen weder mit vorhandenen stillen Reserven noch mit zum Abschlussstichtag nicht realisierten künftigen Erträgen (z. B. aus dem Verkauf von Vermögen i. R. der Abwicklung) verrechnet werden.[65] 66

Bei Abkehr von der **Annahme der Unternehmensfortführung** gelten allerdings hinsichtlich des Ansatzes von Vermögensgegenständen und Schulden sowie Rechnungsabgrenzungsposten in der Bilanz nachfolgende Besonderheiten. Nach dem Stichtagsprinzip könnten und müssten in der Bilanz auf den Insolvenzeröffnungsstichtag aktive und passive Positionen erfasst werden, die in der Schlussbilanz nicht zu aktivieren oder passivieren wären.[66] Danach dürften in der Schlussbilanz keine **Anfechtungsansprüche** (§§ 129 ff. InsO) aktiviert werden, da diese – aufschiebend bedingt – erst mit der Verfahrenseröffnung entstehen. Nicht erst die vom Insolvenzverwalter ausgesprochene Anfechtung löst die Ansprüche aus, sondern der Eintritt der Bedingung, d. h. die Insolvenzeröffnung.[67] Verfahrenskosten für das eröffnete Insolvenzverfahren dürften in der Schlussbilanz nicht passiviert werden, während sie in der Eröffnungsbilanz zu passivieren wären. Der Anspruch des Insolvenzgerichts auf Gerichtskosten wird ebenso wie der Anspruch auf die Insolvenzverwaltervergütung entsteht erst durch die Insolvenzeröffnung. 67

Damit würden die Werte in der Schlussbilanz zwingend von denen der Eröffnungsbilanz abweichen, was ein **Verstoß gegen den Grundsatz der Bilanzidentität** (§ 252 Abs. 1 Nr. 1 HGB) zur Folge hätte. Ein solches Ergebnis ist, wäre es grundsätzlich für alle Anfechtungsansprüche anzuwenden, nicht akzeptabel. 68

Eine der Insolvenzeröffnungsbilanz vorangehende **Schlussbilanz** wird nur aufgrund des § 155 Abs. 2 InsO erforderlich. Nur wenn es eine Insolvenzeröffnung gibt, ist eine Schlussbilanz zu erstellen. Insolvenzeröffnung und Schlussbilanz bedingen einander. Stichtag für die Erstellung der Schlussbilanz ist deshalb, entgegen einer in der Literatur vertretenen Meinung, nicht der Ablauf des Tages vor Insolvenzeröffnung,[68] sondern der exakte Insolvenzeröffnungszeitpunkt, der im Eröffnungsbeschluss mit Tag und Stunde bezeichnet ist (§ 27 Abs. 2 und 3 InsO).[69] Eröffnungs- und Schlussbilanz trennt nur eine 69

---

63) *Deubert* in: Deubert/Förschle/Störk, Sonderbilanzen, Kap. T Rz. 110.

64) *Deubert* in: Deubert/Förschle/Störk, Sonderbilanzen, Kap. T Rz. 114.

65) *Deubert* in: Deubert/Förschle/Störk, Sonderbilanzen, Kap. T Rz. 112.

66) *IDW*, Bestandsaufnahme im Insolvenzverfahren (IDW RH HFA 1.010), Stand: 13.6.2008, Rz. 12, WPg Supplement 3/2008, 309.

67) BGH, Urt. v. 3.12.1954 – V ZR 96/53, BGHZ 15, 333 = NJW 1955, 259, 260; BGH, Urt. v. 9.7.1987 – IX ZR 167/86, ZIP 1987, 1132 = NJW 1987, 2821, 2822, dazu EWiR 1987, 1009 *(Balz)*; *Kirchhof* in: MünchKomm-InsO, § 129 Rz. 186.

68) So *Pink*, ZIP 1997, 177; Nerlich/Römermann-*Andres*, InsO, § 155 Rz. 21 f.; *Gelhausen* in: WP Handbuch 2008, Kap. L Rz. 410; anders dagegen *Kübler* in: KPB, InsO, § 155 Rz. 27; Scholz-*K. Schmidt*, GmbHG, § 71 Rz. 18, die auf die Stunde der Verfahrenseröffnung abstellen, sowie Graf-Schlicker-*Breitenbücher*, InsO, § 155 Rz. 17, die die hier vertretene Auffassung übernimmt.

69) *Schmahl* in: MünchKomm-InsO, §§ 27–29 Rz. 39 ff.

logische Sekunde. Tatsächlich fallen beide Zeitpunkte zusammen. Die Schlussbilanz wird damit auf den **Insolvenzeröffnungszeitpunkt** aufgestellt. Aufgrund dieser inneren und zeitlichen Verknüpfung der Schluss- mit der Eröffnungsbilanz ist das Stichtagsprinzip bei der Erstellung der Schlussbilanz des Rumpfgeschäftsjahrs vor Insolvenzeröffnung so anzuwenden, als wäre die Verfahrenseröffnung bereits erfolgt.

70 Häufig bestehen an Vermögensgegenständen lediglich das **wirtschaftliche Eigentum** und nicht das rechtliche Eigentum. Wirtschaftliche Eigentümer eines Vermögensgegenstands ist, den auf Dauer, Besitz, Gefahr, Nutzen und Lasten zustehen, d. h. wir das Verwertungsrecht durch Nutzung oder durch Veräußerung innehat, die Chancen und Risiken aus der laufenden Nutzung und die Chancen und Risiken aus Wertänderungen trägt.[70]

Praxishinweis
Wenn also nach den Vertragsbedingungen von einer Weiternutzung ausgegangen werden kann, ist der Vermögensgegenstand weiterhin in der Bilanz des insolventen Unternehmens aufzunehmen.

71 Nach § 248 Abs. 2 Satz 2 HGB besteht für selbst geschaffene Marken, Drucktitel, Verlagsrechte, Kundenlisten oder vergleichbare **immaterielle Vermögensgegenstände des Anlagevermögens** ein Aktivierungsverbot. Häufig sind solche immateriellen Vermögensgegenstände Gegenstand einer Veräußerung i. R. der Beendigung des Geschäftsbetriebs. Das Aktivierungsverbot besteht jedoch weiterhin fort, auch wenn diesen immateriellen Vermögensgegenständen aufgrund der beabsichtigten Veräußerung ein konkreter Wert beigemessen werden kann. Nach § 248 Abs. 2 Satz 1 HGB besteht ein Ansatzwahlrecht für immaterielle Vermögensgegenstände. Das Ansatzwahlrecht wurde mit dem BilMoG eigeführt.[71] Eine Nachaktivierung für die bisher vom Ansatzwahlrecht nach § 248 Abs. 2 Satz 1 HGB kein Gebrauch gemacht wurde, kommt nicht in Betracht.[72] Der Ansatz eines originären **Geschäfts- oder Firmenwerts** ist dagegen weiterhin nicht aktivierbar.

72 **Rechnungsabgrenzungsposten** sind Bilanzposten, die den Zweck haben, Aufwendungen und Erträge zeitlich so abzugrenzen, dass sie der Periode zugerechnet werden, die sie tatsächlich betreffen, d. h. sie dienen der Ermittlung des richtigen Periodengewinns.[73]

73 In der Bilanz des insolventen Unternehmens sind Rechnungsabgrenzungsposten erfolgswirksam aufzulösen, da der zugrunde liegende Vertrag aufgrund der beabsichtigten Einstellung des Geschäftsbetriebs nicht erfüllt wird.[74] Etwaige Rückforderungsansprüche bzw. Rückzahlungsverpflichtungen sind ggf. unter den sonstigen Vermögensgegenständen bzw. sonstigen Verbindlichkeiten oder Rückstellungen zu bilanzieren.[75]

74 Bei dem Ansatz von **Sonderposten für erhaltene nicht rückzahlbare Zuwendungen** aus der öffentlichen Hand kommt es darauf an, ob aufgrund der konkreten Bedingungen im Zuwendungsbescheid eine Rückzahlung zu erwarten ist. Der Sonderposten ist in solchen

70) *IDW*, Wirtschaftsprüfung und Rechnungslegung, Kap. F Rz. 36–37.
71) *Justenhoven/Usinger* in: Beck'scher BilKomm, § 248 HGB Rz. 19 ff.
72) *Deubert* in: Deubert/Förschle/Störk, Sonderbilanzen, Kap. T Rz. 115.
73) *Hang* in: Beck'sches Steuer- und BilRlexikon, Rechnungsabgrenzung Rz. 1–10.
74) *IDW*, Auswirkungen einer Abkehr von der Going Concern-Prämisse auf den handelsrechtlichen Jahresabschluss (IDW RS HFA 17), Stand: 11.7.2018, Rz. 9, IDW Life 8/2018, 777.
75) *IDW*, Auswirkungen einer Abkehr von der Going Concern-Prämisse auf den handelsrechtlichen Jahresabschluss (IDW RS HFA 17), Stand: 11.7.2018, Rz. 9, IDW Life 8/2018, 777.

Fällen aufzulösen und der Sonderposten übersteigende Anteil der Rückzahlung erfolgswirksam im Jahresabschluss zu erfassen.[76)]

Rückstellungen sind Passivposten mit dem Zweck, Aufwendungen, deren Existenz oder Höhe am Abschlussstichtag noch nicht sicher sind und die erst später zu einer Auszahlung führen, der Periode der Verursachung zuzurechnen.[77)] Die entfernte Möglichkeit einer Inanspruchnahme genügt nicht zur Passivierung, d. h. es muss vielmehr eine konkrete Möglichkeit der Inanspruchnahme bestehen und die Tatsachen, die die künftige Belastung begründen, müssen am Bilanzstichtag bereits vorhanden sein.[78)] Wenn wegen einer vorzeitigen Beendigung schwebender Dauerschuldverhältnisse mit einer besonderen Inanspruchnahme (Schadensersatz) zu rechnen ist, muss eine **Rückstellung für drohende Verluste** aus schwebenden Geschäften gebildet werden.[79)] 75

Nach Inkrafttreten des BilMoG dürfen mit Ausnahme der Rückstellungen für unterlassene Instandhaltungen und für Abraumbeseitigung (§ 249 Abs. 1 Satz 2 Nr. 1 HGB) keine weiteren **Aufwandsrückstellungen** gebildet werden. Die Aufwandsrückstellungen dienen der Vorsorge für konkrete zukünftige Aufwendungen, die in einem späteren Geschäftsjahr anfallen und denen sich der nicht entziehen kann, wenn er den Betrieb unverändert fortführen will. 76

Vor der Insolvenz des Unternehmens gebildete Rückstellungen, deren Grund entfallen ist, sind § 249 Abs. 2 Satz 2 HGB im Jahresabschluss des insolventen Unternehmens nicht mehr anzusetzen und erfolgswirksam aufzulösen.[80)] In Betracht kommen Rückstellungen für nicht mehr durchzuführende Instandhaltungen (§ 249 Abs. 1 Satz 2 Nr. 1 HGB) und Jubiläumsrückstellungen für die Arbeitnehmer, die die Jubiläumsarbeitszeit aufgrund der Einstellung des Geschäftsbetriebs nicht mehr erreichen werden.[81)] 77

Kann bei einem insolventen Unternehmen nicht mehr von der Unternehmensfortführung ausgegangen werden, sind im Jahresabschluss zusätzlich Verpflichtungen zu berücksichtigen, die der zu erwartenden **Einstellung der Geschäftstätigkeit** folgen, auch wenn diese Verpflichtungen rechtlich noch nicht entstanden sind.[82)] Zu berücksichtigen sind dabei insbesondere Vertragsstrafen, Verpflichtungen aufgrund eines Sozialplans für die Mitarbeiter, aber auch verfahrensbezogene Aufwendungen wie z. B. die Vergütung für den (vorläufigen) Insolvenzverwalter. 78

Für **Pensionsrückstellungen** und ähnliche Verpflichtungen gilt das Passivierungswahlrecht des Art. 28 Abs. 1 EGHGB im Jahresabschluss des insolventen Unternehmens bei einer geplanten Einstellung des Geschäftsbetriebs nicht, d. h. die Pensionsrückstellungen müssen einschließlich der vor 1987 erteilten unmittelbaren Pensionszusagen (sog. „Altzusagen“) und der mittelbaren Pensionsverpflichtungen (z. B. gegenüber betrieblichen Unterstützungseinrichtungen) sowie ähnlichen Verpflichtungen (z. B. Altersteilzeit) voll passiviert werden.[83)] 79

---

76) *IDW*, Auswirkungen einer Abkehr von der Going Concern-Prämisse auf den handelsrechtlichen Jahresabschluss (IDW RS HFA 17), Stand: 11.7.2018, Rz. 12, IDW Life 8/2018, 777.

77) Hopt-*Merkt*, HGB, § 249 Rz. 1.

78) *Lahme* in: Beck'sches Steuer- und BilRlexikon, Rückstellungen Rz. 1.

79) *Deubert* in: Deubert/Förschle/Störk, Sonderbilanzen, Kap. T Rz. 126.

80) *Deubert* in: Deubert/Förschle/Störk, Sonderbilanzen, Kap. T Rz. 128.

81) *Deubert* in: Deubert/Förschle/Störk, Sonderbilanzen, Kap. T Rz. 128.

82) *IDW*, Auswirkungen einer Abkehr von der Going Concern-Prämisse auf den handelsrechtlichen Jahresabschluss (IDW RS HFA 17), Stand: 11.7.2018, Rz. 13, IDW Life 8/2018, 777.

83) *IDW*, Auswirkungen einer Abkehr von der Going Concern-Prämisse auf den handelsrechtlichen Jahresabschluss (IDW RS HFA 17), Stand: 11.7.2018, Rz. 14, IDW Life 8/2018, 777.

80 **Latente Steuern** dienen der periodengerechten Erfolgsermittlung und dem zutreffenden Ausweis der Vermögenslage.[84] Bei der Ermittlung der latenten Steuern werden künftige Steuerbelastungen und -entlastungen, die aus konkreten Differenzen der Wertansätze von Vermögensgegenständen, Schulden und Rechnungsabgrenzungsposten in der Handels- und Steuerbilanz sowie aus steuerlichen Verlustvorträgen resultieren und die sich in den folgenden Geschäftsjahren voraussichtlich ausgleichen bzw. die mit zukünftigen Gewinnen verrechnet werden können, erfasst.[85]

81 Latente Steuern sind bei einer beabsichtigten Einstellung des Geschäftsbetriebs einer besonders kritischen Überprüfung zu unterziehen. Dies gilt insbesondere für aktive latente Steuern auf Verlustvorträge, weil im Zuge der Abwicklung des insolventen Unternehmens nicht mehr zwingend von einer vollständigen Nutzung der Verlustvorträge ausgegangen werden kann.[86] Sofern aufgrund der Rechtsform des insolventen Unternehmens bzw. aufgrund der Größenordnung gemäß § 267 HGB eine Passivierung latenter Steuern in Form einer Rückstellung nach § 249 HGB erfolgte, ist diese Rückstellung ggf. um die sog. quasi permanenten Differenzen zu erhöhen, wenn aufgrund der Einstellung des Geschäftsbetriebs die aus dem Abbau der Differenz resultierende künftige Steuerbelastung eintreten wird.[87]

82 Häufig haben Gesellschafter des insolventen Unternehmens **Gesellschafterdarlehen** gewährt, die nach § 39 Abs. 1 Nr. 5 InsO nachrangig aus der Insolvenzmasse zu befriedigen sind. Solche Darlehen müssen trotz der Nachrangigkeit aufgrund der allgemein handelsrechtlichen Regelungen weiterhin als Verbindlichkeit im Jahresabschluss des insolventen Unternehmens angesetzt werden und dürfen nicht aufgelöst werden.[88]

83 **Anfechtungsansprüche** nach den §§ 129 ff. InsO können nur vom Insolvenzverwalter geltend gemacht werden. Die Ansprüche setzen folglich ein eröffnetes Insolvenzverfahren voraus. In einer vom Insolvenzschuldner erstellten Überschuldungsbilanz, mit der vor Insolvenzeröffnung festgestellt werden soll, ob das Unternehmen überschuldet ist, können aufgrund des Stichtagsprinzips derartige Ansprüche nicht aktiviert werden. In der handelsrechtlichen Schlussbilanz auf den Zeitpunkt der Insolvenzeröffnung sind Anfechtungsansprüche wie zuvor aufgeführt dagegen aktivierbar. Eine Aktivierung kann nur dann erfolgen, wenn mit hinreichender Sicherheit ein Anspruch rechtlich durchsetzbar erscheint. Ist dies der Fall, muss unter Berücksichtigung der Bonität des Anfechtungsgegners der Anspruch bewertet werden. Erfolgt danach eine Aktivierung, ist zu berücksichtigen, dass gemäß § 144 InsO der Anspruch des Anfechtungsgegners wieder auflebt. Folglich ist i. H. des aktivierten Anspruchs der Anspruch des Anfechtungsgegners als Rückstellung zu passivieren.

84 Eine Besonderheit stellen die **Kapitalnutzungszinsen** auf den Anfechtungsanspruch dar, die über §§ 818, 100 BGB vom Anfechtungsgegner gefordert werden können. Soweit die Ansprüche bis zum Bilanzstichtag bereits entstanden sind, sind sie ebenfalls zu aktivieren. Eine Passivierung der Kapitalnutzungszinsen kann nur dann unterbleiben, wenn der Anfechtungsgegner zum Zeitpunkt des Erhalts der angefochtenen Leistungen keinen Zinsanspruch hatte.

---

84) *Grottel/Larenz* in: Beck'scher BilKomm, § 274 HGB Rz. 4.

85) *Reiner* in: MünchKomm-HGB, § 274 Rz. 14–17.

86) *IDW*, Auswirkungen einer Abkehr von der Going Concern-Prämisse auf den handelsrechtlichen Jahresabschluss (IDW RS HFA 17), Stand: 11.7.2018, Rz. 15, IDW Life 8/2018, 777.

87) *IDW*, Auswirkungen einer Abkehr von der Going Concern-Prämisse auf den handelsrechtlichen Jahresabschluss (IDW RS HFA 17), Stand: 11.7.2018, Rz. 16, IDW Life 8/2018, 777.

88) *IDW*, Auswirkungen einer Abkehr von der Going Concern-Prämisse auf den handelsrechtlichen Jahresabschluss (IDW RS HFA 17), Stand: 11.7.2018, Rz. 17, IDW Life 8/2018, 777.

Rechtlich unproblematisch ist die Aktivierung von **Haftungsansprüchen** gegen die persönlich haftenden Gesellschafter einer Personengesellschaft oder einer KGaA. Eine Verlustausgleichsverpflichtung kann sich auch für den Kommanditisten ergeben. Außerhalb eines Insolvenzverfahrens sind derartige Ansprüche gemäß § 264c Abs. 2 HGB zu aktivieren. Diese Grundsätze gelten daher erst recht für die Schlussbilanz, da die Haftungsansprüche während der Dauer eines Insolvenzverfahrens nur vom Insolvenzverwalter geltend gemacht werden können (§ 93 InsO) und deshalb in der Bilanz des Unternehmens zu aktivieren sind. Im Rahmen der Bewertung ist zu überprüfen, ob derartige Ansprüche werthaltig sind, was in vielen praktischen Fällen nicht oder nur teilweise gegeben ist. 85

Neben Ansprüchen sind auch insolvenzbedingte Verpflichtungen zu berücksichtigen. In Frage kommen insbesondere die Kosten eines Insolvenzverfahrens: 86

- **Vor Verfahrenseröffnung:**
  - die Kosten für den gerichtlich bestellten Gutachter (Honorar und Auslagen), die, da sie aus der Staatskasse gezahlt werden, Teil der Gerichtskosten sind,
  - die sonstigen Gerichtskosten und -auslagen für das Eröffnungsverfahren gemäß Gerichtskostengesetz,
  - die Kosten und Auslagen für den vom Gericht bestellten vorläufigen Insolvenzverwalter.
- **Nach Verfahrenseröffnung:**
  - die Gerichtskosten und -auslagen für das eröffnete Insolvenzverfahren gemäß Gerichtskostengesetz,
  - Honorar und Auslagen des Insolvenzverwalters,
  - Honorar und Auslagen der Mitglieder des Gläubigerausschusses.

Unstrittig sind die **vor Verfahrenseröffnung** entstandenen Verfahrenskosten zu passivieren. Aufgrund der Anwendung des Stichtagsprinzips unter Berücksichtigung der erörterten „umgekehrten Maßgeblichkeit" der Eröffnungsbilanz für die Schlussbilanz wären aber auch die durch die Insolvenzeröffnung bereits entstandenen Verfahrenskosten zu passivieren, wenn auch durch den Ansatz eines insolvenzrechtlichen Ausgleichspostens erfolgsmäßig zu neutralisieren. Dies sind die **Gerichtskosten** und das **Verwalterhonorar**. Entstanden, wenn auch noch nicht fällig, ist das Verwalterhonorar jedenfalls i. H. des Mindesthonorars (§ 2 Abs. 2 InsVV). Soweit es sich erkennbar um ein „Normalverfahren"[89] i. S. der insolvenzrechtlichen Vergütungsverordnung handelt, müsste die Regelvergütung passiviert werden. Auslagen können, da sie zum Zeitpunkt der Insolvenzeröffnung noch nicht entstanden sind, nicht passiviert werden. Da die Verfahrenskosten im bilanzrechtlichen Sinne der Höhe nach ungewiss sind, erfolgt die Passivierung regelmäßig durch Rückstellungsbildung. 87

Praxishinweis

Nach der hier vertretenen Auffassung wäre es aber auch sachgerecht, auf die Passivierung der Verfahrenskosten bei gleichzeitiger Bildung eines insolvenzrechtlichen Ausgleichspostens im Interesse der Praktikabilität (Unsicherheit bei der Bemessung der voraussichtlichen Höhe) zu verzichten, insbesondere, weil damit kein nennenswerter Beitrag zur Zweckerfüllung der Schlussbilanz und Eröffnungsbilanz geleistet wird.

Vorsteuerrückforderungsansprüche wegen **Uneinbringlichkeit** der gegen den Schuldner gerichteten Forderungen (§ 17 Abs. 2 Nr. 1 UStG) werden im eröffneten Insolvenzver- 88

89) *Haarmeyer/Mock*, InsVV, § 2 Rz. 5 ff.

fahren vom Finanzamt geltend gemacht. Liegen keine genaueren Erkenntnisse vor, so nimmt die Finanzverwaltung zur Vereinfachung des Verfahrens an, dass der Schuldner die Summe der Vorsteuerbeträge aus den letzten zwölf[90] bzw. neun Monaten[91] vor Eröffnung des Insolvenzverfahrens zurückzuzahlen hat. Der Vorsteuerrückforderungsanspruch entsteht erst mit Ablauf des Voranmeldungszeitraums, ist aber zur Zeit der Eröffnung des Insolvenzverfahrens bereits begründet, weil die Uneinbringlichkeit spätestens zu diesem Zeitpunkt vorliegt (Abschn. 17.1 zu § 17, Abs. 11, 16 UStAE).[92] Die Rückforderungsansprüche werden deshalb – soweit keine besseren Erkenntnisse vorliegen – für den Voranmeldungszeitraum der Verfahrenseröffnung vom Finanzamt **zur Tabelle angemeldet**.[93]

89 Daraus folgt, dass neben den in voller Höhe zu passivierenden Lieferantenverbindlichkeiten (d. h. einschließlich der in den Rechnungen ausgewiesenen Umsatzsteuer), zusätzlich die Berichtigungsansprüche des Finanzamts aus § 17 Abs. 2 Nr. 1 UStG als Verbindlichkeit anzusetzen sind. Auch soweit die Steuerverbindlichkeiten im vorläufigen Insolvenzverfahren mit **Zustimmung des vorläufigen Insolvenzverwalters** begründet worden sind, sind diese zu passivieren, allerdings – sofern in der Schlussbilanz bereits eine Differenzierung zwischen Insolvenzforderungen und Masseverbindlichkeiten erfolgt – als eine Masseverbindlichkeit gemäß § 55 Abs. 4 InsO.

2. Bewertungsvorschriften

90 Die **Annahme der Unternehmensfortführung** (going concern) gemäß § 252 Abs. 1 Nr. 2 HGB ist für die Bewertung von Vermögensgegenstände und Schulden eines der wesentlichen handelsrechtlichen Bewertungsgrundsätze.

91 Der **Wegfall der Annahme** der Unternehmensfortführung wegen rechtlichen oder tatsächlichen Gründen führt zu einer Änderung der Zielsetzung der Rechnungslegung in Bezug auf die Darstellung der Vermögens-, Finanz- und Ertragslage des Unternehmens. Ziel ist nun nicht mehr primär die periodengerechte Gewinnermittlung, sondern die zutreffende Ermittlung des Reinvermögens zu ermitteln.[94] Trotz der Änderung der Zielrichtung gelten auch bei einer Bilanzierung unter Abkehr der Annahme der Unternehmensfortführung weiterhin die allgemein handelsrechtlichen Bewertungsvorschriften, insbesondere das Vorsichtsprinzip (einschließlich des Anschaffungskosten-, Realisations- und Imparitätsprinzip.[95] Dabei ist die geänderte Bewertung der Bilanzposten bereits zu berücksichtigen, wenn die Abkehr von der Annahme der Unternehmensfortführung bis zum Zeitpunkt der Aufstellung des Jahresabschlusses bekannt wird, auch wenn der gefasste Liquidationsbeschluss oder gestellte Insolvenzantrag erst nach dem Abschlussstichtag erfolgt.[96] Damit soll ausgeschlossen werden, dass bei einer Bewertung unter Annahme der Unternehmensfortführung auf der Grundlage des Jahresabschlusses Gewinnausschüt-

---

90) Verfügung OFD Frankfurt/M. v. 4.11.2009 – S 7340 A – 85 – St 11, Rz. 42, StEK UStG § 18/322, SIS 10 40 63.

91) OFD Hannover v. 28.5.2004 – S 7340 – 152 – StH 442/S 7340 – 68 – StO 352, Rz. 5.3.1, UR 2005, 628.

92) BFH, Urt. v. 13.11.1986 – V R 59/79, BStBl. II 1987, 226 = ZIP 1987, 119, dazu EWiR 1987, 177 *(Weiß)*; BMF-Schreiben v. 4.5.1988, BStBl. I 1988, 165.

93) OFD Hannover v. 28.5.2004 – S 7340 – 152 – StH 442/S 7340 – 68 – StO 352, Rz. 5.3.1, UR 2005, 628.

94) *IDW*, Sanierung und Insolvenz, Kap. E Rz. 25.

95) *IDW*, Auswirkungen einer Abkehr von der Going Concern-Prämisse auf den handelsrechtlichen Jahresabschluss (IDW RS HFA 17), Stand: 11.7.2018, Rz. 19, IDW Life 8/2018, 777.

96) *IDW*, Auswirkungen einer Abkehr von der Going Concern-Prämisse auf den handelsrechtlichen Jahresabschluss (IDW RS HFA 17), Stand: 11.7.2018, Rz. 25, IDW Life 8/2018, 777.

tung oder Entnahmerechte geltend gemacht werden können, obwohl bereits feststeht, dass das Unternehmen den maßgeblichen Prognosezeitraum nicht überstehen wird.[97)]

Wenn die Annahme der Unternehmensfortführung aus rechtlichen oder tatsächlichen Gründen nicht mehr gegeben ist, stehen die Vermögensgegenstände nicht mehr für eine Verwendung i. R. der bisherigen Tätigkeit des Unternehmens zur Verfügung. Die Bewertung der Vermögensgegenstände erfolgt daher nicht mehr nach den fortgeführten Anschaffungskosten, sondern nach den Verhältnissen des Absatzmarkts, d. h. zu **Liquidationswerten.** Die Obergrenze bilden dabei aufgrund des Anschaffungskostenprinzips die fortgeführten Anschaffungskosten.[98)] 92

Für die **Schulden des Unternehmens** gelten weiterhin die normalen Bewertungsregeln. Sie sind nach wie vor zu ihrem Erfüllungsbetrag und die Rückstellungen i. H. des nach vernünftiger kaufmännischer Beurteilung notwendigen Erfüllungsbetrags anzusetzen (§ 253 Abs. 1 Satz 2 HGB). Bei der Bewertung der Schulden ist jedoch auch den besonderen Umständen des Unternehmens in der Krise zu beachten, d. h. das Verbindlichkeiten vorzeitig fällig gestellt werden oder dass sich bei den Rückstellungen die voraussichtlichen Restlaufzeiten und damit der gebotene Abzinsungszinssatz für die Diskontierung ändern kann.[99)] Des Weiteren sind ggf. für Demontagekosten von Anlagevermögen Rückstellungen zu bilden und für die Sozialplankosten in Form von Rückstellungen ausreichend Vorsorge zu treffen.[100)] 93

Der **Grundsatz der Bilanzidentität** gemäß § 252 Abs. 1 Nr. 1 HGB wird durch die geänderte Bewertung aufgrund der Abkehr von der Annahme der Unternehmensfortführung nicht eingeschränkt. Sofern Vermögensänderungen durch den Wegfall der Fortführungsprämisse erforderlich sind, sind diese in der Regel als laufende Geschäftsvorfälle im Jahresabschluss zu erfassen.[101)] 94

Ebenso gelten der Einzelbewertungsgrundsatz und das Stichtagsprinzip gemäß § 252 Abs. 1 Nr. 3 HGB weiter fort. Sofern kein begründeter Ausnahmefall i. S. von § 252 Abs. 2 HGB vorliegt oder die Voraussetzungen für die Bildung einer Bewertungseinheit gemäß § 254 Abs. 1 HGB bestehen, dürfen Mehrerlöse bei einer geschlossenen Veräußerung des gesamten Unternehmens oder von Unternehmensteilen aufgrund von Verbundeffekten bei der Ermittlung niedriger beizulegender Werte gemäß § 253 Abs. 3 und 4 HGB für einzelne Vermögensgegenstände nicht berücksichtigt werden und Gewinne aufgrund von den Anschaffungskosten übersteigenden Erlösen erst bei Abgang der jeweiligen Vermögensgegenstände realisiert werden.[102)] 95

Gemäß § 246 Abs. 2 HGB dürfen Aufwendungen nicht mit Erträgen verrechnet, d. h. saldiert werden. Damit dürfen bspw. Rückstellungen im Zusammenhang mit der Einstellung der Unternehmenstätigkeit nicht mit den zu erwartenden Erlösen saldiert werden.[103)] 96

---

97) *IDW*, Auswirkungen einer Abkehr von der Going Concern-Prämisse auf den handelsrechtlichen Jahresabschluss (IDW RS HFA 17), Stand: 11.7.2018, Rz. 25, IDW Life 8/2018, 777.

98) *IDW*, Auswirkungen einer Abkehr von der Going Concern-Prämisse auf den handelsrechtlichen Jahresabschluss (IDW RS HFA 17), Stand: 11.7.2018, Rz. 20, IDW Life 8/2018, 777.

99) *IDW*, Auswirkungen einer Abkehr von der Going Concern-Prämisse auf den handelsrechtlichen Jahresabschluss (IDW RS HFA 17), Stand: 11.7.2018, Rz. 18, IDW Life 8/2018, 777.

100) *Winnefeld*, Bilanz-Hdb., S. 2677 Rz. 1098.

101) *IDW*, Auswirkungen einer Abkehr von der Going Concern-Prämisse auf den handelsrechtlichen Jahresabschluss (IDW RS HFA 17), Stand: 11.7.2018, Rz. 20 f., IDW Life 8/2018, 777.

102) *IDW*, Auswirkungen einer Abkehr von der Going Concern-Prämisse auf den handelsrechtlichen Jahresabschluss (IDW RS HFA 17), Stand: 11.7.2018, Rz. 22, IDW Life 8/2018, 777.

103) *IDW*, Auswirkungen einer Abkehr von der Going Concern-Prämisse auf den handelsrechtlichen Jahresabschluss (IDW RS HFA 17), Stand: 11.7.2018, Rz. 23, IDW Life 8/2018, 777.

97 Im Einzelnen ist bei der Bewertung der Vermögensgegenstände und Schulden Folgendes zu beachten:[104)]

- Sofern ein bereits in früheren Jahren aktivierter **Geschäfts- oder Firmenwert** bilanziert wurde, ist die Fortführung nur zulässig, wenn entsprechende Verwertungserlöse erwartet werden. Gegebenenfalls ist eine außerplanmäßige Abschreibung gemäß § 253 Abs. 3 Satz 3 HGB durchzuführen.
- Werden **immaterielle Vermögensgegenstände des Anlagevermögens und Sachanlagen** noch über einen voraussichtlich längeren Abwicklungszeitraum betrieblich genutzt, sind sie weiterhin planmäßig abzuschreiben. Gegebenenfalls ist die Berichtigung des Abschreibungsplans notwendig oder es sind zusätzliche außerplanmäßige Abschreibungen auf den niedrigeren beizulegenden Wert vorzunehmen.
- Ansprüche gegen eine **Rückdeckungsversicherung** sind zum aktuellen Rückkaufswert der Versicherung zu bewerten. Bestehende Ansprüche aufgrund der Verpfändung dieser Ansprüche sind ggf. zu berücksichtigen.
- Die bestehenden Rückstellungen sind insbesondere daraufhin zu überprüfen, ob weitere Verpflichtungen aufgrund von Vertragsstrafen, Abfindungen für Mitarbeiter, Rückbauverpflichtungen und Beseitigung von Altlasten bestehen.[105)] Es ist eine Rückstellung für die Vergütung des vorläufigen Insolvenzverwalters in der Schlussbilanz der werbenden Gesellschaft zum Zeitpunkt der Eröffnung des Verfahrens einzustellen.
- Pensionsrückstellungen sind mit dem Barwert der Anwartschaft zu bewerten, wenn eine künftige Gegenleistung der Anwärter von unverfallbaren Ansprüchen nicht mehr zu erwarten ist. Wenn feststeht, dass Mitarbeiter mit nicht unverfallbaren Pensionsansprüchen entlassen werden, braucht dafür eine Rückstellung nicht mehr angesetzt werden.

3. Ausweisvorschriften

98 Aufgrund der Abkehr von der Annahme der Unternehmensfortführung ergibt sich grundsätzlich keine Änderungen für den Ausweis der Posten in der Bilanz und in der Gewinn- und Verlustrechnung. Es gelten weiterhin die allgemeinen Vorschriften des HGB. Konkret bedeutet dies, dass trotz Veräußerungsabsicht die Vermögensgegenstände des Anlagevermögens weiterhin dem Anlagevermögen zuzuordnen sind, weil eine Umgliederung in das Umlaufvermögen zu Informationsverlusten und damit gegen den Grundsatz der Bilanz Klarheit führen würde.[106)] In der Literatur werden hinsichtlich des Ausweises zum Teil a. A. vertreten. Danach sind Anlagen, die zur Veräußerung bestimmt sind, dem Umlaufvermögen zuzuordnen und ggf. nach den Bewertungsgrundsätzen des Umlaufvermögens auf den beizulegen den Wert, d. h. u. U. auch auf den Schrottwert, abzuwerten.[107)]

99 Entsprechend anzuwenden sind demnach:[108)]

- die allgemeinen Gliederungsgrundsätze (§ 265 HGB),
- das nach Größenklassen abgestufte Bilanzschema (§§ 266 bis 267a HGB),
- die Definitionen und der gesonderte Ausweis von Einzelposten (§§ 268 bis 274a HGB),

---

104) *IDW*, Auswirkungen einer Abkehr von der Going Concern-Prämisse auf den handelsrechtlichen Jahresabschluss (IDW RS HFA 17), Stand: 11.7.2018, Rz. 27 ff., IDW Life 8/2018, 777.

105) *IDW*, Sanierung und Insolvenz, Kap. E Rz. 25.

106) *IDW*, Auswirkungen einer Abkehr von der Going Concern-Prämisse auf den handelsrechtlichen Jahresabschluss (IDW RS HFA 17), Stand: 11.7.2018, Rz. 33, IDW Life 8/2018, 777.

107) *Winnefeld*, Bilanz-Hdb., S. 2677 Rz. 1098.

108) *Deubert* in: Deubert/Förschle/Störk, Sonderbilanzen, Kap. T Rz. 225.

- die Sondervorschriften zum Ausweis eingeforderter Nachschüsse (§ 42 Abs. 2 Satz 2 GmbHG) sowie zum Ausweis von Forderungen und Verbindlichkeiten gegenüber Gesellschaftern (§ 42 Abs. 3 GmbHG).

Werden außerplanmäßige Abschreibungen auf Vermögensgegenstände des Anlagevermö- **100**
gens aufgrund der Abkehr von der Annahme der Unternehmensfortführung vorgenommen, kommt ggf. im Anlagenspiegel gemäß § 284 Abs. 3 HGB ein gesonderter Ausweis zur besseren Vergleichbarkeit mit den Zahlen des Vorjahrs in Betracht.[109)]

Die Zusammenfassung sämtlicher in § 266 Abs. 3 A. HGB enthaltenen Eigenkapitalpos- **101**
ten zu einem Posten „Eigenkapital" wird als nicht zulässig erachtet.[110)]

Der Ausweis der Verbindlichkeiten muss hinsichtlich ihrer Restlaufzeiten im Falle der **102**
Abkehr von der Annahme der Unternehmensfortführung bzw. wegen der Beantragung eines Insolvenzverfahrens gesondert geprüft werden.

> **Praxishinweis**
>
> Häufig haben Gläubiger Darlehen gekündigt und fälliggestellt, sodass sich eine Umgliederung von Verbindlichkeiten mit einer Restlaufzeit von mehr als einem Jahr in die Verbindlichkeiten mit einer Restlaufzeit bis zu einem Jahr erforderlich erweisen würde.[111)]

Die sich aus der Änderung der Bilanzierung und Bewertung bei einer Abkehr von der **103**
Annahme der Unternehmensfortführung ergebenden Erträge und Aufwendungen sind in den Posten **sonstige betriebliche Erträge** oder **sonstige betriebliche Aufwendungen** auszuweisen und im Anhang gemäß § 285 Nr. 31 HGB zu erläutern. Dies gilt jedoch nicht bei Jahresabschlüssen für Geschäftsjahre, die vor dem 31.12.2015 begonnen haben. In diesen Jahresabschlüssen sind Erfolgswirkungen noch in den durch das BilRUG gestrichenen Posten der Gewinn- und Verlustrechnung **außerordentliche Erträge** bzw. **außerordentliche Aufwendungen** auszuweisen.[112)]

V. Anhang und Lagebericht

Die Pflicht eines Unternehmens, einen Anhang und ggf. einen Lagebericht aufzustellen, **104**
besteht trotz der Abkehr der Annahme der Unternehmensfortführung fort, wenn die Voraussetzungen des §§ 264 ff. HGB vorliegen. Danach sind Kapitalgesellschaften und bestimmte Personengesellschaften zur Aufstellung eines Anhangs verpflichtet, der mit Bilanz und Gewinn- und Verlustrechnung den Jahresabschluss bildet. Mittelgroße Kapitalgesellschaften bzw. bestimmte Personengesellschaften sind des Weiteren verpflichtet, einen Lagebericht gemäß § 289 HGB aufzustellen.

Gemäß § 264 Abs. 2 Satz 2 sind im **Anhang** zusätzliche Angaben zu machen, wenn be- **105**
sondere Umstände dazu geführt haben, dass der Jahresabschluss ein den tatsächlichen Verhältnissen entsprechendes Bild der Vermögenslage nach § 264 Abs. 2 Satz 1 HGB nicht vermittelt. Dies könnte der Fall sein, wenn bspw. die Bilanz Vermögensgegenstände

109) *IDW*, Auswirkungen einer Abkehr von der Going Concern-Prämisse auf den handelsrechtlichen Jahresabschluss (IDW RS HFA 17), Stand: 11.7.2018, Rz. 34, IDW Life 8/2018, 777.

110) *IDW*, Auswirkungen einer Abkehr von der Going Concern-Prämisse auf den handelsrechtlichen Jahresabschluss (IDW RS HFA 17), Stand: 11.7.2018, Rz. 35, IDW Life 8/2018, 777.

111) *IDW*, Auswirkungen einer Abkehr von der Going Concern-Prämisse auf den handelsrechtlichen Jahresabschluss (IDW RS HFA 17), Stand: 11.7.2018, Rz. 36, IDW Life 8/2018, 777.

112) *IDW*, Auswirkungen einer Abkehr von der Going Concern-Prämisse auf den handelsrechtlichen Jahresabschluss (IDW RS HFA 17), Stand: 11.7.2018, Rz. 37, IDW Life 8/2018, 777.

enthält, deren Veräußerungswerte höher sind als die fortgeführten Anschaffungs- oder Herstellungskosten (stille Reserven).[113)]

106 Auch die Durchbrechung des Grundsatzes der Ansatzstetigkeit und/oder Bewertungsstetigkeit ist im Anhang gemäß § 284 Abs. 2 Nr. 2 anzugeben und zu begründen. Der Einfluss dieser Änderungen auf die Vermögens-, Finanz- und Ertragslage ist dabei gesondert darzustellen. Aufgrund der allgemeinen Grundsätze für die Aufstellung des Anhangs sind die geänderten Bilanzierungs- und Bewertungsgrundsätze, die nunmehr auf die einzelnen Posten angewendet werden, anzugeben und zu erläutern. Sachgerecht sind zudem Angaben im Anhang zu einer vorliegenden Bestandsgefährdung.[114)]

107 Sofern aufgrund des Überschreitens der Schwellenwerte gemäß § 267 HGB bei mittelgroßen und großen Kapitalgesellschaften und bestimmten Personengesellschaften die Pflicht zur Aufstellung eines **Lageberichts** besteht, ist unter Angabe der Gründe und Anhaltspunkte darzustellen, warum von der Annahme der Unternehmensfortführung nicht mehr auszugehen ist. Der Lagebericht hat gemäß § 289 HGB Ausführungen zu folgenden Sachverhalten zu enthalten:

- Vorgänge von besonderer Bedeutung, die nach dem Schluss des Geschäftsjahrs eingetreten sind. Sehr häufig ist in der Praxis der Insolvenzverwalter verantwortlich für die Aufstellung des Jahresabschlusses für das Geschäftsjahr vor dem Geschäftsjahr, in dem die Insolvenz eingetreten ist. Insofern sind bereits in diesem Lagebericht entsprechende Angaben und Darstellungen aufzunehmen.
- Die Risikomanagementziele und -methoden der Gesellschaft einschließlich ihrer Methoden zur Absicherung aller wichtigen Arten von Transaktionen, d. h. in der Regel Bilanzierung von Sicherungsgeschäften.
- Die Preisänderungs-, Ausfall- und Liquiditätsrisiken sowie die Risiken aus Zahlungsstromschwankungen, den die Gesellschaft ausgesetzt ist, jeweils in Bezug auf die Verwendung von Finanzinstrumenten durch die Gesellschaft und sofern dies für die Beurteilung der Lage und der voraussichtlichen Entwicklung von Belang ist.

108 Der zeitliche Horizont für die Verwertung des Vermögens und die Begleichung der Schulden sollte einschließlich der geplanten Maßnahmen und deren finanziellen Auswirkungen dargestellt werden.[115)]

VI. Prüfungspflichten

109 Durch die Eröffnung des Insolvenzverfahrens wird die handelsrechtliche Prüfungspflicht gemäß § 316 ff. HGB nicht berührt. Dies ergibt sich aus § 155 Abs. 3 InsO i. V. mit § 270 Abs. 3 AktG analog und § 71 Abs. 3 i. V. mit Abs. 2 Satz 2 GmbHG.

110 Prüfungspflichtig sind mittelgroße und große Kapitalgesellschaften und Personenhandelsgesellschaften i. S. des § 264a Abs. 1 HGB. Gegenstand der Prüfung ist die Schlussbilanz und Gewinn- und Verlustrechnung der werbenden Gesellschaft einschließlich Anhang und Lagebericht, die Eröffnungsbilanz, der erläuternde Bericht zur Eröffnungsbilanz, die Jahresabschlüsse einschließlich Anhänge und Lageberichte und die Schlussbilanz des insolventen Unternehmens.[116)]

113) *IDW*, Auswirkungen einer Abkehr von der Going Concern-Prämisse auf den handelsrechtlichen Jahresabschluss (IDW RS HFA 17), Stand: 11.7.2018, Rz. 39, IDW Life 8/2018, 777.

114) *IDW*, Sanierung und Insolvenz, Kap. E Rz. 41.

115) *IDW*, Auswirkungen einer Abkehr von der Going Concern-Prämisse auf den handelsrechtlichen Jahresabschluss (IDW RS HFA 17), Stand: 11.7.2018, Rz. 41, IDW Life 8/2018, 777.

116) *IDW*, Externe (handelsrechtliche) Rechnungslegung im Insolvenzverfahren (IDW RH HFA 1.012), Stand: 6.12.2018, Rz. 40, IDW Life 2015, 610 und IDW Life 1/2019, 74.

Die **Bestellung des Abschlussprüfers**, die ansonsten der Gesellschafterversammlung bzw. dem Aufsichtsrat obliegt, erfolgt auf Antrag des Insolvenzverwalters durch das Registergericht.[117] Der Insolvenzverwalter muss als Verantwortlicher für die Erstellung der Jahresabschlüsse dem Abschlussprüfer alle relevanten Informationen zur Verfügung stellen und alle Geschäftsvorfälle im Jahresabschluss bzw. Lagebericht sachgerecht und vollständig darstellen und dem Abschlussprüfer schriftlich mittels einer sog. **Vollständigkeitserklärung** bestätigen.[118] Sofern der Abschlussprüfer erhebliche Zweifel an der Vollständigkeitserklärung des Insolvenzverwalters hat oder gibt der Insolvenzverwalter die Erklärung nicht ab, wird der Bestätigungsvermerk regelmäßig versagt.[119] 111

Sind die **Verhältnisse der Gesellschaft überschaubar**, kann in analoger Anwendung von § 270 Abs. 3 AktG sowie § 71 Abs. 3 GmbHG eine Befreiung von der Prüfungspflicht erfolgen.[120] Die Befreiungsmöglichkeit gilt in analoger Anwendung auch für die Eröffnungsbilanz, den Erläuterungsbericht und den Konzernabschluss neben Konzernlagebericht und sollte in Abstimmung mit den Gläubigern auf Antrag des Insolvenzverwalters durch das Registergericht erfolgen.[121] 112

Praxishinweis

Eine Befreiung von der Prüfungspflicht ist für Jahresabschlüsse ausgeschlossen, die die Geschäftsjahre vor Insolvenzeröffnung betreffen.[122] Sinnvoll ist die Befreiung von der Prüfungspflicht insbesondere zum Ende der Abwicklung oder auch für den letzten Jahresabschluss und die Schlussbilanz.[123]

Der BGH hat in seinem Urteil vom 8.5.2018 entschieden, dass die Eröffnung des Insolvenzverfahrens auf die bereits erfolgte wirksame Bestellung eines Abschlussprüfers bei einer gesetzlichen Abschlussprüfung keine Auswirkung hat.[124] Damit kann ein wirksam bestellter Abschlussprüfer nicht über § 155 Abs. 3 Satz 1 InsO durch das Registergericht ersetzt werden. Die Entlassung eines wirksam bestellten Abschlussprüfers ist in Insolvenzverfahren nur unter den engen Voraussetzungen der §§ 318 Abs. 3, 319, 319a, 319b HGB möglich.[125] 113

In den Fällen, in denen eine gesetzliche Prüfung nicht vorgesehen ist (freiwillige Abschlussprüfung bei kleinen Gesellschaften i. S. des § 267 HGB), endet der Prüfungsauftrag nach §§ 115, 116 InsO mit Eröffnung des Insolvenzverfahrens.[126] 114

---

117) *IDW*, Externe (handelsrechtliche) Rechnungslegung im Insolvenzverfahren (IDW RH HFA 1.012), Stand: 6.12.2018, Rz. 41, IDW Life 2015, 610 und IDW Life 1/2019, 74.

118) *IDW*, Erklärungen der gesetzlichen Vertreter gegenüber dem Abschlussprüfer (IDW PS 303 n. F.), Stand: 9.9.2009, Rz. 25, WPg Supplement 4/2009, 19.

119) *IDW*, Erklärungen der gesetzlichen Vertreter gegenüber dem Abschlussprüfer (IDW PS 303 n. F.), Stand: 9.9.2009, Rz. 27, WPg Supplement 4/2009, 19.

120) *IDW*, Externe (handelsrechtliche) Rechnungslegung im Insolvenzverfahren (IDW RH HFA 1.012), Stand: 6.12.2018, Rz. 42, IDW Life 2015, 610 und IDW Life 1/2019, 74.

121) *IDW*, Externe (handelsrechtliche) Rechnungslegung im Insolvenzverfahren (IDW RH HFA 1.012), Stand: 6.12.2018, Rz. 42, IDW Life 2015, 610 und IDW Life 1/2019, 74.

122) *IDW*, Sanierung und Insolvenz, Kap. D Rz. 83.

123) *IDW*, Externe (handelsrechtliche) Rechnungslegung im Insolvenzverfahren (IDW RH HFA 1.012), Stand: 6.12.2018, Rz. 43, 44, IDW Life 2015, 610 und IDW Life 1/2019, 74.

124) BGH, Beschl. v. 8.5.2018 – II ZB 17/17, NZI 2018, 647 = ZIP 2018, 1358, dazu EWiR 2018, 533 *(Breitenbücher)*.

125) *Kaiser*, WPg 2018, 1331.

126) *Kaiser*, WPg 2018, 1331, 1336.

VII. Offenlegungspflichten

115 Die Offenlegungspflichten der §§ 325 ff. HGB dienen primär dem **Gläubigerschutz.** Diese haben sich allerdings geändert. Mit Wirkung ab dem 1.1.2007 haben die gesetzlichen Vertreter von Kapitalgesellschaften den Jahresabschluss beim Betreiber des elektronischen Bundesanzeigers einzureichen (§ 325 Abs. 1 HGB). Dort können sie von jedermann jederzeit eingesehen werden.[127] Für kleine und mittelgroße Kapitalgesellschaften gibt es zwar einige größenabhängige Erleichterungen (§§ 326, 327 HGB); die grundsätzliche Verpflichtung zur Offenlegung besteht aber auch für diese. Kleinstgesellschaften i. S. des §§ 267a HGB müssen den Jahresabschluss nicht offenlegen, sondern lediglich hinterlegen.

116 Über § 155 InsO gelten die Offenlegungsvorschriften grundsätzlich auch in der **Insolvenz** weiterhin fort. Ob der Insolvenzverwalter **ein zulässiger Adressat** der handelsrechtlichen Offenlegungspflicht und deren Ordnungsgeldbewehrung ist, ist zumindest strittig:

117 Laut einem Urteil des LG Bonn[128] geht zwar die Verwaltungs- und Verfügungsbefugnis über das Vermögen der Gesellschaft auf den Insolvenzverwalter über, hiervon bleibt jedoch die organschaftliche Stellung des Geschäftsführers oder des Vorstands unberührt; dieser verliert nicht etwa durch die Insolvenzeröffnung sein Amt, sondern bleibt **weiterhin Geschäftsführer**, Vorstand bzw. Liquidator.[129] § 325 Abs. 1 und 2 HGB verpflichtet die gesetzlichen Vertreter von Kapitalgesellschaften zur Offenlegung, nicht dagegen den Insolvenzverwalter, der nicht allgemeiner Vertreter der Schuldnerin ist. Das Ordnungsgeldverfahren richtet sich ausschließlich gegen die Mitglieder des vertretungsberechtigten Organs einer Kapitalgesellschaft oder gegen diese selbst, nicht aber gegen den Insolvenzverwalter, weshalb auch keine Masseverbindlichkeiten durch eine Ordnungsgeldfestsetzung begründet werden können.[130]

> **Praxishinweis**
>
> Allerdings setzt das Bundesamt für Justiz mittlerweile auch gegenüber Insolvenzverwaltern Zwangsgelder fest, warum auf eine Einhaltung der Offenlegungspflichten strikt zu achten ist.[131]

118 Gemäß § 9 PublG ergibt sich die Verpflichtung zur Offenlegung unter sinngemäßer Anwendung der Vorschriften der §§ 325 ff. HGB auch für Unternehmen, die keine Kapitalgesellschaften sind, ab einer bestimmten Größenordnung.

119 § 155 Abs. 2 Satz 2 InsO sieht vor, dass die Zeit zwischen Insolvenzeröffnung und Berichtstermin nicht in die gesetzlichen Fristen für die Aufstellung und Offenlegung eines Jahresabschlusses eingerechnet wird. Für Gesellschaften, die keine Kapitalgesellschaften sind, ist der Jahresabschluss gemäß § 243 Abs. 3 HGB innerhalb einer dem ordnungsmäßigen Geschäftsgang entsprechenden Zeit aufzustellen. Dabei werden Zeiten **zwischen sechs und zwölf Monaten** diskutiert.[132] Das OLG Düsseldorf hat eine Frist von sechs Monaten als ordnungsgemäß angesehen, die allenfalls geringfügig überschritten werden

127) Abrufbar unter https://www.bundesanzeiger.de.

128) LG Bonn, Beschl. v. 13.11.2008 – 30 T 275/08, ZIP 2009, 332, 333 = NZI 2009, 194, dazu EWiR 2009, 319 *(Holzer)*.

129) OLG Köln, Beschl. v. 11.7.2001 – 2 Wx 13/01, ZIP 2001, 1553–1555 = NZI 2001, 470.

130) LG Frankfurt/M., Beschl. v. 1.10.2007 – 3-16 T 30/07, ZIP 2007, 2325–2326; LG Bonn, Beschl. v. 13.11.2008 – 30 T 275/08, ZIP 2009, 332–333 = NZI 2009, 194, dazu EWiR 2009, 319 *(Holzer)*.

131) *IDW*, Sanierung und Insolvenz, Kap. E Rz. 79.

132) Der BFH, Urt. v. 6.12.1983 – VIII R 110/79, BStBl. II 1984, 227 = ZIP 1984, 882, hat entschieden, dass eine Bilanz, die nach Ablauf eines Geschäftsjahrs aufgestellt wird, nicht mehr den Grundsätzen ordnungsmäßiger Buchführung entspricht.

darf.[133] Spätestens innerhalb von sechs Monaten haben auch kleine Kapitalgesellschaften ihren Jahresabschluss zu erstellen (§ 264 Abs. 1 Satz 3 HGB).

Unternehmen, die unter das PublG fallen, haben den Jahresabschluss **innerhalb von drei Monaten** nach Beendigung des Geschäftsjahrs aufzustellen (§ 5 Abs. 1 PublG). Die übrigen Kapitalgesellschaften und Personenhandelsgesellschaften i. S. der §§ 264, 264a Abs. 1 HGB müssen den Jahresabschluss und Lagebericht innerhalb von drei Monaten aufstellen. Zu beachten ist, dass in Krisensituationen Jahresabschlüsse zeitnah und ohne schuldhaftes Zögern aufzustellen sind.[134] 120

Die **Frist zur elektronischen Einreichung** des Jahresabschlusses von Kapitalgesellschaften beim Betreiber des Bundesanzeigers bzw. für nach dem 31.12.2021 beginnende Geschäftsjahre bei der das Unternehmensregister führenden Stelle beträgt maximal zwölf Monate nach dem Abschlussstichtag; grundsätzlich ist er jedoch unverzüglich nach Vorlage an die Gesellschafter einzureichen und offenzulegen (§ 325 Abs. 1 Satz 2, Abs. 2 HGB). Diese Fristen gelten gleichermaßen für alle Kapitalgesellschaften, also auch für kleine und mittelgroße Kapitalgesellschaften. Werden die Vorschriften über die Offenlegung nicht oder nicht vollständig eingehalten, werden als Sanktion Ordnungsgelder zwischen 2.500 € und 25.000 € gemäß § 335 HGB verhängt. Über § 335b HGB gelten die genannten Bestimmungen auch für oHG und KG, bei denen kein vollhaftender Gesellschafter eine natürliche Person ist. 121

C. Steuerliche Buchführungs- und Rechnungslegungspflichten

Gemäß § 155 Abs. 1 Satz 1 InsO bleiben die **handels- und steuerrechtlichen Pflichten** des Schuldners zur Buchführung und zur Rechnungslegung im Insolvenzverfahren unberührt. In Bezug auf die Insolvenzmasse (§ 35 InsO) hat der Insolvenzverwalter diese Pflichten zu erfüllen. § 34 Abs. 3 AO bestimmt, das dem Insolvenzverwalter (als Vermögensverwalter i. S. der Vorschrift) die steuerlichen Pflichten gemäß § 34 Abs. 1 AO obliegen. Dabei handelt es sich im Einzelnen um:[135] 122

- Buchführungs- und Aufzeichnungspflichten,
- Erklärungs-, Auskunfts- und Vorlagepflichten,
- Steuer-, Einbehaltungs- und Einrichtungspflichten und
- Duldungspflichten.

Die Pflicht zur steuerlichen **Buchführung und Rechnungslegung** ergibt sich aus den §§ 140 und 141 AO (i. V. mit § 155 Abs. 1 Satz 1 InsO und § 34 Abs. 3, Abs. 1 AO). Gemäß § 141 AO hat derjenige, er nach anderen Gesetzen als den Steuergesetzen Bücher und Aufzeichnungen zu führen hat, welche für die Besteuerung von Bedeutung sind, diese Verpflichtungen, ihm nach anderen Gesetzen obliegen, auch für die Besteuerung zu erfüllen (sog. **derivative bzw. abgeleitete Buchführungspflicht**). Dies bedeutet, dass die bereits beschriebenen handelsrechtlichen Rechenwerke ebenfalls für das Steuerrecht aufzustellen sind (§ 155 Abs. 1 InsO i. V. mit § 288 ff. bzw. § 270 AktG, § 71 GmbHG). 123

Für Zwecke der steuerlichen Rechnungslegung sind somit folgende Rechenwerke aufzustellen:[136] 124

- Schlussbilanz des werbenden Unternehmens,
- steuerrechtliche (Insolvenz-) Eröffnungsbilanz,

133) OLG Düsseldorf, Urt. v. 27.9.1979 – 5 Ss 391/79 – 410/79 I, NJW 1980, 1292–1293.

134) Hopt-Merkt, HGB, § 243 Rz. 10 f.

135) Klein-*Orlopp*, AO, § 34 Rz. 13.

136) *Kunz/Mundt*, DStR 1997, 620, 624.

- periodische Jahresabschlüsse (Zwischenrechnungslegung),
- steuerrechtliche (Insolvenz-) Schlussbilanz.

125 Im Einzelfall, wenn § 140 AO i. V. mit §§ 238 ff. HGB nicht einschlägig ist, können sich steuerliche Buchführungspflichten auch anderweitig ergeben.

126 Die originären bzw. ursprünglichen steuerlichen Buchführungspflichten haben ihre Rechtsgrundlage in § 131 AO. Diese Vorschrift betrifft Steuerpflichtige, die nicht bereits nach den sog. „anderen" Gesetzen i. V. mit § 140 AO für die Versteuerung Bücher und Aufzeichnungen zu führen haben und die bestimmte Wertgrenzen überschreiten.[137)]

D. Insolvenzspezifische Rechnungslegung

I. Einführung

127 Die insolvenzspezifische Rechnungslegung des (vorläufigen) Insolvenzverwalters gemäß § 66 InsO dient – wie oben dargestellt – insbesondere als Grundlage zur Information der Gläubiger, des Schuldners, des Insolvenzgerichts und des Insolvenzverwalters, wobei sie zwingend zu Beginn und zu Beendigung des Verfahrens sowie bei Feststellung von Masseunzulänglichkeit oder des Wechsels des Verwalters zu erfolgen hat.[138)] Die Gerichte können ebenso wie der Gläubigerausschuss oder die Gläubigerversammlung eine Zwischenrechnungslegung verlangen (§ 58 InsO). Auch bei Masselosigkeit ist die Rechnungslegungspflicht zu erfüllen, da es sich um eine originäre Verwalterpflicht handelt.[139)] Die Erfüllung der Pflicht ist mit der Verwaltervergütung abgegolten; Kosten für etwaige Hilfskräfte muss der Verwalter selbst tragen.[140)]

128 Durch die mit dem ESUG zum 1.3.2012 eingefügte Vorschrift des § 66 Abs. 1 Satz 2 InsO ist insoweit eine Erleichterung eingeführt worden, wonach der Insolvenzplan vorsehen kann, dass der Umfang der Rechnungslegungspflichten reduziert oder auf diese gar verzichtet werden kann. Da die Rechnungslegungspflicht in erster Linie den Interessen der Gläubiger und nicht denen des Gerichts dient, das die Aufsicht über den Insolvenzverwalter ebenfalls nur im Gläubigerinteresse führt und auch die Rechnungslegung deshalb nur in deren Interesse prüft, muss die Rechnungslegungspflicht den Gläubigern auch vollständig zur Disposition stehen. Der Vorteil eines Verzichts besteht darin, dass die Zeitspanne zwischen Bestätigung des Insolvenzplans und Aufhebung des Insolvenzverfahrens hierdurch erheblich verkürzt werden kann.[141)]

129 Inhalt und Gegenstand dieser insolvenzspezifischen Rechnungslegungspflichten sind (auch) davon abhängig, in welchem **Verfahrensstadium** sich das Insolvenzverfahren befindet. Aus diesem Grunde wird im Folgenden nach den jeweiligen Verfahrensstadien differenziert.

II. Die Rechnungslegungspflichten in den verschiedenen Verfahrensstadien

1. Rechnungslegungspflichten im Insolvenzeröffnungsverfahren – vorläufige Insolvenzverwaltung und Gutachterphase

130 Wie im späteren Verfahren auch, ist in der Phase der vorläufigen Insolvenzverwaltung zwischen den insolvenzspezifischen Rechnungslegungspflichten und den allgemeinen Berichtspflichten des (vorläufigen) Insolvenzverwalters zu unterscheiden.

137) *Mösbauer*, DStZ 1996, 723.

138) *IDW*, Insolvenzspezifische Rechnungslegung im Insolvenzverfahren (IDW RH HFA 1.011), Stand: 13.6.2008, Rz. 3, WPg Supplement 3/2008, 321.

139) Vgl. K. Schmidt-*Rigol*, InsO, § 66 Rz. 6.

140) Vgl. Nerlich/Römermann-*Weiß*, InsO, § 66 Rz. 6.

141) Vgl. K. Schmidt-*Rigol*, InsO, § 66 Rz. 32.

Bestellt das Insolvenzgericht nach § 21 Abs. 2 Nr. 1 InsO einen vorläufigen Insolvenzverwalter, so gilt § 66 InsO über den dort enthaltenen Verweis entsprechend, unabhängig davon, ob es sich um einen sog. „schwachen" vorläufigen Insolvenzverwalter (mit Zustimmungsvorbehalt) handelt oder ob die Verwaltungs- und Verfügungsbefugnis auf den vorläufigen Insolvenzverwalter (sog. „starker" Insolvenzverwalter) übergegangen ist; die Verpflichtung besteht jedoch nicht für den Sachverständigen.[142] 131

Der vorläufige Insolvenzverwalter hat zum Abschluss des Insolvenzeröffnungsverfahrens Rechnung zu legen und dazu mindestens eine Einnahmen-/Ausgabenrechnung vorzulegen;[143] bei umfangreichen Betriebsfortführungen während der vorläufigen Insolvenzverwaltung kann der vorläufige Insolvenzverwalter jedoch gehalten sein, eine den Grundsätzen kaufmännischer Buchführung genügende Rechnungslegung einzureichen.[144] Trotzdem ist er nicht von der Vorlage einer Einnahmen-/Ausgabenrechnung befreit, es sei denn, dass er vom Insolvenzgericht ausdrücklich von der Erstellung einer Einnahmen-/Ausgabenrechnung befreit worden ist.[145] Das Insolvenzgericht kann die Verpflichtung zur Rechnungslegung nach Androhung von Zwangsgeld gemäß § 58 Abs. 2 InsO durchsetzen. 132

Die Verbindung der Rechnungslegung des vorläufigen Insolvenzverwalters mit der des nach Eröffnung des Insolvenzverfahrens bestellten Insolvenzverwalters ist grundsätzlich unzulässig, da es sich um getrennte Verfahrensabschnitte mit getrennten Aufgabenbereichen handelt. Dies gilt auch dann, wenn beide Verwalter, wie regelmäßig, personenidentisch sind.[146] Soweit beide Rechnungslegungen zeitlich miteinander verbunden werden, müssen sie, auch und gerade wenn sie in einem Dokument dargestellt sind, sachlich deutlich voneinander getrennt werden, so dass eine Prüfung für jedes Verfahrensstadium gesondert ohne Schwierigkeiten möglich ist. 133

Da § 66 InsO über § 21 Abs. 2 Nr. 1 InsO auch im vorläufigen Insolvenzverfahren gilt, kann das Insolvenzgericht gemäß § 66 Abs. 3 InsO von dem vorläufigen Verwalter auch eine **Zwischenrechnungslegung** fordern. Regelmäßig beschränkt sich das Gericht jedoch darauf, den vorläufigen Insolvenzverwalter zur Abgabe eines Zwischenberichts spätestens nach vier Wochen aufzufordern, sollte das Gutachten zu diesem Zeitpunkt noch nicht eingereicht werden können. 134

Diese dem Verwalter auferlegten **Berichtspflichten** sind nicht Bestandteil der insolvenzspezifischen Rechnungslegung, ebenso wenig wie das vom vorläufigen Insolvenzverwalter, der regelmäßig gleichzeitig mit der Erstattung eines Sachverständigengutachtens gemäß § 5 Abs. 1 Satz 2 InsO beauftragt wird, erstattete Schlussgutachten. 135

Bericht und Gutachten dienen gleichermaßen der Information des Insolvenzgerichts und der Gläubiger sowie der Feststellung der Zulässigkeit und Begründetheit des Insolvenzantrags. Der dem vorläufigen Insolvenzverwalter erteilte Gutachtenauftrag orientiert sich im Umfang in aller Regel an § 22 Abs. 1 Nr. 3 InsO. Der vorläufige Insolvenzverwalter hat dementsprechend als Gutachter auch zu prüfen, inwieweit Sanierungs- und Fortführungschancen für das schuldnerische Unternehmen bestehen. Die hierzu im Schlussgutachten des vorläufi- 136

---

142) *IDW*, Insolvenzspezifische Rechnungslegung im Insolvenzverfahren (IDW RH HFA 1.011), Stand: 13.6.2008, Rz. 5, WPg Supplement 3/2008, 321.

143) *IDW*, Insolvenzspezifische Rechnungslegung im Insolvenzverfahren (IDW RH HFA 1.011), Stand: 13.6.2008, Rz. 7, WPg Supplement 3/2008, 321.

144) *Schmerbach*, ZInsO 2000, 637.

145) *IDW*, Insolvenzspezifische Rechnungslegung im Insolvenzverfahren (IDW RH HFA 1.011), Stand: 13.6.2008, Rz. 7, WPg Supplement 3/2008, 321.

146) K. Schmidt-*Rigol*, InsO, § 66 Rz. 3.

gen Insolvenzverwalters gemachten Ausführungen dienen als Ergänzung der Entscheidungsgrundlage der Gläubigerversammlung (§§ 156, 157 InsO).[147)]

137 Wird der Insolvenzeröffnungsantrag allerdings **mangels Masse abgewiesen**, besteht die Rechnungslegungspflicht des vorläufigen Insolvenzverwalters von der Bestellung bis zum Beschluss über die Aufhebung der Sicherungsmaßnahmen.[148)]

138 Wird der vorläufige Insolvenzverwalter mit **keinerlei Verfügungsbefugnissen** ausgestattet, kann er z. B. nicht über die Kasse und die Bankkonten des Schuldners verfügen, so reduziert sich die Rechnungslegungspflicht auf eine reine Berichtspflicht.[149)]

2. Eröffnetes Insolvenzverfahren – Rechnungslegung auf den Eröffnungsstichtag

a) Pflichtenumfang insolvenzspezifischer Rechnungslegung und maßgeblicher Vorschriften

139 Der Insolvenzverwalter ist zur **Vorbereitung auf den Berichtstermin** (§ 156 InsO), in dem er über die wirtschaftliche Lage des Schuldners und ihre Ursachen zu berichten und darzulegen hat, ob Aussichten bestehen, das Unternehmen des Schuldners im Ganzen oder in Teilen zu erhalten und welche Möglichkeiten für einen Insolvenzplan bestehen, verpflichtet, die folgenden drei Verzeichnisse zu erstellen:

- Verzeichnis der Massegegenstände (§ 151 InsO),
- Gläubigerverzeichnis (§ 152 InsO) und
- Vermögensübersicht (§ 153 InsO).

140 Die als Insolvenzbilanz aufgestellte **Vermögensübersicht** baut auf dem Verzeichnis der Massegegenstände nach § 151 InsO auf der Aktivseite und dem Gläubigerverzeichnis nach § 152 InsO auf der Passivseite auf.[150)] Die Vermögensübersicht ist damit Teil der insolvenzspezifischen Rechnungslegung, die den vom Insolvenzverwalter zur Dokumentation der Verfahrensdurchführung aufgestellten Buchwert ebenso erfasst wie eine Dokumentation der vom Insolvenzverwalter veranlassten Geschäftsvorfälle. Als Referenznorm kann insoweit auf § 238 Abs. 1 HGB abgestellt werden.[151)]

b) Zweck der Vermögensübersicht

141 Die Vermögensübersicht hat insbesondere die Aufgabe, über das vorhandene Vermögen und die zu erwartenden Verwertungserlöse zu informieren und stellt damit einerseits ein Planungsinstrument bzw. eine Prognoserechnung für die Verfahrensbeteiligten – auch für die zu erwartende Quote – dar. Andererseits ist sie als Kontrollinstrument für den Insolvenzverwalter, das Gericht und die Gläubiger zu sehen. Im Rahmen der Schlussrechnung werden den einzelnen Vermögenspositionen die erzielten Erlöse gegenübergestellt; sie dient auch dazu, dem Gericht die Vergleichsrechnung nach § 11 Abs. 2 InsVV zu ermöglichen.[152)]

147) *Häsemeyer*, Insolvenzrecht, Rz. 7.58a.

148) *IDW*, Insolvenzspezifische Rechnungslegung im Insolvenzverfahren (IDW RH HFA 1.011), Stand: 13.6.2008, Rz. 6, WPg Supplement 3/2008, 321.

149) *Schmerbach*, ZInsO 2000, 637; *Uhlenbruck*, NZI 1999, 289; *Pelka/Niemann*, Praxis der Rechnungslegung, Rz. 571 f.

150) *IDW*, Insolvenzspezifische Rechnungslegung im Insolvenzverfahren (IDW RH HFA 1.011), Stand: 13.6.2008, Rz. 12, WPg Supplement 3/2008, 321.

151) *Mitlehner*, ZIP 2000, 1825, 1827.

152) *IDW*, Insolvenzspezifische Rechnungslegung im Insolvenzverfahren (IDW RH HFA 1.011), Stand: 13.6.2008, Rz. 13, WPg Supplement 3/2008, 321.

Schon aus diesen Aufgaben wird deutlich, dass die Vermögensübersicht nicht mit der handelsrechtlich zu erstellenden Schlussbilanz der werbenden Gesellschaft oder der Insolvenzeröffnungsbilanz gleichgesetzt werden kann. Mit diesen Bilanzen hat die Vermögensübersicht wenig gemein, da deren Zwecke diametral auseinanderlaufen. Die handelsrechtlichen Ansatz- und Bewertungsvorschriften für Vermögensgegenstände und Schulden sind nicht zu beachten.[153)] Sie ist vielmehr insolvenzspezifisch zu erstellen und erstreckt sich auf die vom Insolvenzverwalter in Besitz genommene und noch in Besitz zu nehmende Soll-Masse.[154)] Aus dem Bezug auf die Soll-Masse folgt, dass sowohl noch zu realisierende Vermögenswerte (insbesondere insolvenzspezifische Ansprüche aus Anfechtung, Geschäftsführerhaftung etc.) ebenso aufzunehmen sind, wie Drittrechte an vorhandenen Vermögensgegenständen (insbesondere Absonderungsrechte) ausgewiesen werden müssen. Die im Vermögensverzeichnis auszuweisende Soll-Masse unterscheidet sich daher von der zum Berichtszeitpunkt gegenwärtigen Ist-Masse als dem Vermögen, das der Verwalter in Besitz hat, dadurch, dass die insolvenzspezifische Zielgröße abzubilden, also die insolvenzrechtliche Verteilungsordnung umzusetzen und deren Ergebnis im konkreten Fall zu prospektieren ist. 142

Als Teil der internen Rechnungslegung gibt die Vermögensübersicht damit Auskunft über die vom Insolvenzverwalter treuhänderisch in Besitz und Verwaltung genommenen und zu nehmenden Massegegenstände und die daran bestehenden Rechte (z. B. Absonderungsrechte). Sie ist damit Ausgangspunkt für die gesamte weitere insolvenzspezifische Rechnungslegung bis hin zum Schlussverzeichnis. Außerdem erstattet der Insolvenzverwalter auf Basis der Vermögensübersicht seinen Bericht zur Gläubigerversammlung, in dem er zur wirtschaftlichen Lage des Schuldners und ihren Ursachen berichtet und darlegt, ob Aussichten für den vollständigen oder teilweisen Erhalt des schuldnerischen Unternehmens bestehen, welche Möglichkeiten für einen Insolvenzplan gegeben sind und welche Auswirkungen jeweils für die Befriedigung der Insolvenzgläubiger eintreten würden (§ 156 Abs. 1 InsO). Dieser Bericht ist Teil der allgemeinen Unterrichtungspflichten des Verwalters (§ 79 InsO).[155)] Die Gläubiger werden erst durch die vom Insolvenzverwalter zusammengetragenen und aufbereiteten Informationen in die Lage versetzt, ihre Mitwirkungsrechte sachgerecht wahrnehmen zu können und so über den Fortgang des Verfahrens zu entscheiden, wie es § 157 InsO bestimmt. 143

Die Vermögensübersicht berücksichtigt im Gegensatz zum Masseverzeichnis auch den während des Insolvenzverfahrens erzielen Neuerwerb.[156)] 144

c) Bilanzierungsgrundsätze bei der Aufstellung der Vermögensübersicht

Die allgemeinen Grundsätze ordnungsmäßiger Bilanzierung, insbesondere die Grundsätze der Richtigkeit, Vollständigkeit und Klarheit, sind auch bei der Aufstellung der Vermögensübersicht zu beachten.[157)] Weiterhin gelten das Stichtagsprinzip und der Grundsatz der Einzelbewertung. 145

---

153) *IDW*, Insolvenzspezifische Rechnungslegung im Insolvenzverfahren (IDW RH HFA 1.011), Stand: 13.6.2008, Rz. 16, WPg Supplement 3/2008, 321.

154) Zum Begriff der Soll-Masse in Abgrenzung zur Ist-Masse vgl. *Hölzle* in: Vallender/Undritz, Praxis des Insolvenzrechts, Rz. 5.5 ff.

155) *Mitlehner*, ZIP 2000, 1825, 1827.

156) *IDW*, Insolvenzspezifische Rechnungslegung im Insolvenzverfahren (IDW RH HFA 1.011), Stand: 13.6.2008, Rz. 14, WPg Supplement 3/2008, 321.

157) *IDW*, Insolvenzspezifische Rechnungslegung im Insolvenzverfahren (IDW RH HFA 1.011), Stand: 13.6.2008, Rz. 19, WPg Supplement 3/2008, 321.

aa) Stichtagsprinzip

146 Die Vermögensübersicht nach § 153 InsO wird auf den **Stichtag der Insolvenzeröffnung** aufgestellt. Im Zeitpunkt der Gläubigerversammlung und auch schon im Zeitpunkt der Niederlegung der Vermögensübersicht und des Berichts zur Gläubigerversammlung (eine Woche vor dem Termin, § 154 InsO) ist die Übersicht zum Teil schon retrospektiv. Bereits eingetretene und absehbare Entwicklungen, die zwar zum Eröffnungsstichtag noch nicht vorlagen, inzwischen aber Berücksichtigung hätten finden müssen, können im Bericht ergänzend dargestellt werden.

bb) Grundsatz der Vollständigkeit

147 Gerade bei Aufstellung der Vermögensübersicht und hier auf der Aktivseite, beim Verzeichnis der Massegegenstände, gilt der Grundsatz der Vollständigkeit. Die Vermögensübersicht soll gerade einen vollständigen Überblick über die wirtschaftliche Lage des schuldnerischen Unternehmens geben. Dies ist nur dann möglich, wenn das gesamte Vermögen des Insolvenzschuldners i. S. der insolvenzspezifisch herzustellenden Vermögenszusammensetzung zusammengefasst wird. Bei einzelkaufmännisch geführten Unternehmen, also bei Insolvenzen über das Vermögen natürlicher Personen, ist darauf zu achten, dass auch das **Privatvermögen** aufgeführt wird.

148 Zur Bestimmung des Mengengerüstes sind die einzelnen Vermögensgegenstände der Insolvenzmasse i. R. einer Bestandsaufnahme nach Art und Menge zu erfassen und in tabellarischer oder in sonstiger übersichtlicher Form darzustellen.[158)]

149 Eingeschränkt wird der Grundsatz der Vollständigkeit nach *Pelka/Niemann*[159)] durch den **Grundsatz der Wesentlichkeit**. Mit Rücksichtnahme auf den Zweck der Vermögensübersicht und das Interesse der Gläubiger an einer möglichst zeitnahen Information soll dem Grundsatz der Vollständigkeit schon dann Genüge getan sein, wenn die wirtschaftlich und ökonomisch wesentlichen Sachverhalte vollständig dargestellt werden. Der Insolvenzverwalter muss deshalb nach der Bedeutung der jeweiligen Sachverhalte differenzieren, um so den zur Rechnungslegung erforderlichen Aufwand auf ein wirtschaftlich sinnvolles Maß zu reduzieren.

150 Dies erscheint angesichts **des oft erheblichen Bewertungsaufwandes** und der nur kurzen Fristen zwischen Eröffnung des Verfahrens und Niederlegung des Berichts sinnvoll und angemessen. Die Gläubigerversammlung soll durch die Vermögensübersicht und den angeschlossenen Bericht zur Gläubigerversammlung in die Lage versetzt werden, eine sinnvolle Entscheidung über die Fortführung oder Einstellung des Unternehmens, also über den weiteren Verlauf des Insolvenzverfahrens, zu treffen. Hierfür ist erforderlich, dass alle wesentlichen Entscheidungsgrundlagen vollständig dargestellt werden. Die Differenzierung zwischen wesentlichen und nicht wesentlichen Sachverhalten bleibt dem Insolvenzverwalter überlassen, wobei aber selbstverständlich der **Grundsatz der Willkürfreiheit** zu beachten ist. Außerdem ist der Insolvenzverwalter auf Nachfrage verpflichtet mitzuteilen, welche Sachverhalte er als unwesentlich im Einzelnen nicht aufgenommen hat.

cc) Grundsatz der Einzelbewertung

151 Wie bei der Überschuldungsbilanz ist auch bei der Vermögensübersicht der Grundsatz der Einzelbewertung (§ 252 Abs. 1 Nr. 3 HGB) zu beachten. Dies schließt allerdings nicht aus, dass zur Erleichterung des Arbeitsaufwands und zur Erreichung eines bestmög-

---

158) *IDW*, Bestandsaufnahme im Insolvenzverfahren (IDW RH HFA 1.010), Stand: 13.6.2008, Rz. 6, WPg Supplement 3/2008, 309.

159) *Pelka/Niemann*, Praxis der Rechnungslegung, Rz. 476.

lichen Abwicklungsergebnisses[160)] auch eine Gruppenbewertung sinnvoll oder gar erforderlich sein kann.

Da gemäß § 153 Abs. 2 InsO die Vorschrift des § 151 Abs. 2 InsO für die Vermögensaufstellung anzuwenden ist, sind sowohl Fortführungs- als auch Liquidationswerte anzusetzen.[161)] 152

dd) Nachvollziehbarkeit der Bewertungsansätze

Da die Vermögensübersicht als Grundlage der Entscheidungsfindung für die Gläubiger Basis für die Abwicklung des gesamten Insolvenzverfahrens ist und damit Grundlage für die wesentliche Weichenstellung bietet und bieten soll, müssen die gewählten Wertansätze nachvollziehbar sein und im beigefügten Bericht des Insolvenzverwalters zur Gläubigerversammlung **nötigenfalls erläutert** werden. 153

Der Insolvenzverwalter kann gehalten sein, **sachverständigen Rat** einzuholen, also bspw. einen professionellen Verwerter oder Auktionator mit der Inventarisierung und Bewertung des Vermögens des Insolvenzschuldners zu beauftragen. 154

Handelt es sich um Vermögensgegenstände, für die allgemeine Bewertungslisten geführt werden (z. B. Schwacke-Liste für Kraftfahrzeuge), so sind Abweichungen von den aus solchen Listen zu entnehmenden Werten zu erläutern. 155

d) Inhalt der Vermögensübersicht: Das Masse- und das Gläubigerverzeichnis

aa) Das Masseverzeichnis (§ 151 InsO)

Das Masseverzeichnis, das der Verwalter nach § 151 InsO aufzustellen hat, ist **Teil der Vermögensübersicht.** Unter Beachtung der oben beschriebenen Bilanzierungsgrundsätze zur Aufstellung der Vermögensübersicht hat das Masseverzeichnis vollständig zu sein. 156

Im Masseverzeichnis sind sämtliche Vermögen Gegenstände des schuldnerischen Unternehmens, also die einzelnen Gegenstände der Insolvenzmasse, aufzulisten. Ob ein Vermögensgegenstand zur Insolvenzmasse gehört, richtet sich nach § 35 InsO. Danach erfasst das Insolvenzverfahren das gesamte Vermögen, das dem Schuldner zum Zeitpunkt der Eröffnung des Verfahrens gehört, während des Verfahrens erlangt, unabhängig davon, in wessen Besitz es sich befindet. 157

Im Masseverzeichnis werden auch solche Gegenstände erfasst, die handelsrechtlich nicht aktivierungspflichtig bzw. nicht aktivierungsfähig sind, sofern ihnen im Insolvenzverfahren ein Wert zugewiesen werden kann. Dazu gehören bspw. immaterielle Vermögensgegenstände und Ansprüche bzw. Rechte des Schuldners, die ggf. auch nur aufgrund des Insolvenzverfahrens geltend gemacht werden können (z. B. Anfechtungsansprüche nach §§ 129 ff. InsO, Ansprüche aus Eigenkapitalersatz etc.).[162)] Etwaige Unsicherheiten bei der Durchsetzbarkeit dieser Ansprüche sind i. R. der Bewertung zu berücksichtigen. 158

Gegenstände, an denen ein Aussonderungsrecht gemäß § 47 InsO besteht, sind nicht in das Masseverzeichnis aufzunehmen, da sie nicht zur Insolvenzmasse gehören.[163)] In der Literatur wird jedoch diskutiert, dass diese Gegenstände in einem besonderen Verzeichnis darzustellen sind.[164)] 159

---

160) *Pelka/Niemann*, Praxis der Rechnungslegung, Rz. 481.

161) Vgl. *Winnefeld*, Bilanz-Hdb., S. 2669 Rz. 1040.

162) *IDW*, Bestandsaufnahme im Insolvenzverfahren (IDW RH HFA 1.010), Stand: 13.6.2008, Rz. 12, WPg Supplement 3/2008, 309.

163) *Wegener* in: FK-InsO, § 151 Rz. 9.

164) *Möhlmann*, DStR 1999, 163, 164.

160 Absonderungsfähige Gegenstände (§§ 49 ff. InsO) gehören vollumfänglich zur Insolvenzmasse, d. h. sie sind als solche auch im Verzeichnis der Massegegenstände darzustellen.[165] Absonderungsfähige Gegenstände sind im Masseverzeichnis besonders kenntlich zu machen.

161 Damit sind folgende Vermögensgegenstände in das Masseverzeichnis aufzunehmen:[166]

- Unbewegliches Vermögen (z. B. Grundstücke und grundstücksgleiche Rechte),
- bewegliche Sachen, soweit sie der Zwangsvollstreckung unterlegen (§ 36 Abs. 1 InsO),
- Forderungen, soweit sie pfändbar sind,
- Rechte (z. B. Patent-, Urheber- und Gesellschaftsrechte), immaterielle Vermögenswerte, Kundenstamm, Fertigungstechnik,
- sonstiges verwertbares Vermögen (z. B. Anfechtungsansprüche, Rückforderungen gegenüber Gesellschafter),
- bei einem Einzelkaufmann: Privatvermögen (z. B. Anfechtungsansprüche, Forderungen gegenüber Gesellschafter),
- bei einem Einzelkaufmann: Privatvermögen (z. B. Eigentumswohnungen, Aktien, Wertpapiere etc.).

162 Zur Bestimmung des Mengengerüsts sind die einzelnen Vermögensgegenstände der Insolvenzmasse i. R. einer Bestandsaufnahme nach Art und Menge zu erfassen und in tabellarischer oder sonstiger übersichtlicher Form darzustellen.[167]

163 Die Bestandsaufnahme im Insolvenzverfahren hat dabei den handelsrechtlichen Grundsätzen ordnungsgemäßer Inventur unter Berücksichtigung der insolvenzspezifischen Besonderheiten – zu entsprechen, wobei Planung, Vorbereitung, Durchführung und Überwachung sowie Auswertung der Inventur insbesondere nach den folgenden Inventurgrundsätzen zu erfolgen hat:[168]

- Klarheit, Nachprüfbarkeit und Dokumentation der Bestandsaufnahme,
- Vollständigkeit der Bestandsaufnahme,
- Wahrheit, Richtigkeit und Willkürfreiheit der Bestandsaufnahme,
- Einzelerfassung der Bestände.

164 Zulässige Inventurverfahren werden wie stichtags- und die zeitlich ausgeweitete Stichtagsinventur angesehen, da insbesondere im Fall der Betriebsfortführung täglich Menge- und Wert-änderungen stattfinden können, sodass eine nur zeitnah nach Verfahrenseröffnung durchgeführte Inventur ihren Zweck nicht erfüllen kann.[169] Dies gilt auch im Eröffnungsverfahren.

165 Die körperlichen Gegenstände sind wie bei jeder Inventur durch Zählen, Messen und Wiegen zu erfassen.

166 Durch Aufstellung des Masseverzeichnisses legt der Insolvenzverwalter **Rechenschaft** über das von ihm in Verwaltung und in Besitz genommene Vermögen ab. Es ist Grundlage für die spätere Verteilung. Wegen dieser Bedeutung des Masseverzeichnisses sind In-

---

165) K. Schmidt-*Jungmann*, InsO, § 151 Rz. 5 ff.

166) Entnommen bei *Winnefeld*, Bilanz-Hdb., S. 2260 Rz. 1007, 1008 und 1011.

167) *IDW*, Bestandsaufnahme im Insolvenzverfahren (IDW RH HFA 1.010), Stand: 13.6.2008, Rz. 6, WPg Supplement 3/2008, 309.

168) *IDW*, Bestandsaufnahme im Insolvenzverfahren (IDW RH HFA 1.010), Stand: 13.6.2008, Rz. 7, WPg Supplement 3/2008, 309.

169) *IDW*, Bestandsaufnahme im Insolvenzverfahren (IDW RH HFA 1.010), Stand: 13.6.2008, Rz. 26, WPg Supplement 3/2008, 309.

venturerleichterungen, wie sie § 240 HGB ermöglicht, bei Aufstellung des Masseverzeichnisses grundsätzlich nicht zuzulassen.[170)] Von der Aufstellung des Masseverzeichnisses kann der Verwalter auf seinen Antrag hin durch das Insolvenzgericht gemäß § 151 Abs. 3 InsO zwar grundsätzlich, jedoch nur in eng begrenzten Ausnahmefällen, **befreit** werden, bspw. wenn Massegegenstände nicht oder nur in ganz geringer Zahl oder in ganz geringem Wert vorhanden sind.[171)]

Im Verzeichnis der Massegegenstände ist bei jedem Vermögensgegenstand dessen tatsächlicher Wert nach § 151 Abs. 2 Satz 1 InsO anzugeben. Sofern der Wert des jeweiligen Gegenstands, je nachdem ob das Unternehmen fortgeführt oder stillgelegt wird, unterschiedlich zu beurteilen sein, sind im Masseverzeichnis sowohl der Fortführungs- als auch der Liquidationswert anzugeben. Die gleichzeitige Angabe der beiden Werte macht die Ergebnisoffenheit „des Insolvenzrechts" deutlich, da die Insolvenzgläubiger erst zu einem späteren Zeitpunkt über den Fortgang des Verfahrens entscheiden.[172)] Gemäß § 151 Abs. 2 Satz 3 kann bei besonders schwierigen Bewertungen ein Sachverständiger hinzugezogen werden. **167**

Das vollständige Masseverzeichnis führt daher jeweils **einen Liquidations- und einen Fortführungswert.** Auf den Ansatz von Fortführungswerten kann nur dann verzichtet werden, wenn das Unternehmen bereits eingestellt ist (und bleibt) oder wenn die Fortführung im Zeitpunkt der Aufstellung des Masseverzeichnisses überwiegend unwahrscheinlich ist. In allen anderen Fällen ist formal an der Zweigliedrigkeit des Masseverzeichnisses festzuhalten. **168**

Die Ermittlung des Fortführungswerts begegnet in der Praxis nicht selten erheblichen Schwierigkeiten.[173)] Die Vorschläge zur Ermittlung des Fortführungswerts reichen von der Ermittlung nach der **Ertragswert- oder der Discounted-Cashflow-Methode** bis hin zum Ansatz von Wiederbeschaffungswerten. Im Ergebnis wird dem Insolvenzverwalter ein situationsgebundenes Ermessen richtigerweise einzuräumen sein, auf welcher Grundlage er im konkreten Einzelfall die going concern-Bewertung vornimmt.[174)] **169**

Trotz aller Kritik kann die Vermögensübersicht und kann insbesondere das Masseverzeichnis ihren Informationszweck dann erfüllen, wenn und soweit der Insolvenzverwalter sein Ermessen hinsichtlich der im Einzelfall passenden Bewertungsmethode zutreffend ausübt: Die Vermögensübersicht, in der das Masseverzeichnis enthalten ist, ist Grundlage für die Entscheidung der Gläubiger, das Unternehmen zu liquidieren oder dessen Fortführung zu beschließen (§ 156 Abs. 1 InsO). Es kann wohl unterstellt werden, dass die Gläubiger ihre Entscheidung über Fortführung oder Liquidation ökonomisch rational treffen und sich, wie bei einer Investition, für diejenige Alternative entscheiden, bei der sie den größten Rückfluss erzielen.[175)] **170**

---

170) *Hess/Weis*, NZI 1999, 482.

171) K. Schmidt-*Jungmann*, InsO, § 151 Rz. 12.

172) *Möhlmann*, DStR 1999, 163, 164.

173) *Hess/Mitlehner*, Steuerrecht, Rechnungslegung, Insolvenz, Rz. 167 ff.; *Mitlehner*, ZIP 2000, 1825; *Frieß*, DStR 2004, 654; *Pelka/Niemann*, Praxis der Rechnungslegung, Rz. 515 ff.; *Förster*, ZInsO 1999, 555; *Möhlmann*, DStR 1999, 163; *Höffner*, ZIP 1999, 2088.

174) K. Schmidt-*Jungmann*, InsO, § 151 Rz. 18.

175) *Frieß*, DStR 2004, 654.

Praxishinweis

Ein substanzorientierter Ansatz des Fortführungswerts macht nur dann Sinn, wenn dieser auch im Falle der Fortführung von dem Liquidationswert abweicht und zu realen Verwertungserlösen und Überschüssen und damit letztlich zu einer Befriedigungsmöglichkeit für die Gläubiger führt. Dies ist insbesondere bei Roh-, Hilfs- und Betriebsstoffen der Fall, die weiter in die Produktion einfließen, dort veredelt und schließlich aus dem fortgeführten Betrieb heraus veräußert werden. In einem solchen Fall liegt der Fortführungswert regelmäßig deutlich oberhalb des Liquidationswerts und kann insoweit substanzorientiert – allerdings unter Berücksichtigung der Betriebskosten – angesetzt werden.[176)]

171 Darüber, wie das Masseverzeichnis zu **gliedern** ist, fehlt eine gesetzliche Regelung. Überwiegend wird, um jedenfalls eine formale „Bilanzkontinuität" zu erreichen, das für die Handelsbilanz geltende Gliederungsschema zugrunde gelegt.[177)] Das Masseverzeichnis als Aktivseite der Vermögensübersicht i. S. einer „Insolvenzeröffnungsbilanz" sieht daher idealtypisch wie folgt aus:

172 **Muster eines Verzeichnisses der Massegegenstände gemäß § 151 InsO**

1	**Angaben in T€ zum ....**	Liquidationswert	Fortführungswert	Erläuterungen/ Hinweise/ Nachweise
	Ausstehende Einlagen	....	....	**Anlage 1**
2	**Immaterielle Vermögensgegenstände**	....	....	**Anlage 2**
3	**Grundstücke und Bauten**	....	....	**Anlage 3**
4	**Technische Anlagen und Maschinen** .... **Andere Anlagen** .... **Betriebs- und Geschäftsausstattung**	....	....	**Anlage 4**
5	**Anteile an verbundenen Unternehmen** .... **Beteiligungen**	....	....	**Anlage 5**
6	**Vorratsvermögen** **Roh-, Hilfs- und Betriebsstoffe** .... **Teilfertige Erzeugnisse** .... **Fertige Erzeugnisse**	....	....	**Anlage 6**

176) *Mitlehner*, ZIP 2000, 1825, 1827.

177) *Hess/Mitlehner*, Steuerrecht, Rechnungslegung, Insolvenz, Rz. 162; *Pelka/Niemann*, Praxis der Rechnungslegung, Rz. 483 ff.; *Jarchow* in: HambKomm-InsO, § 151 Rz. 14.

7	**Forderungen aus Lieferungen und Leistungen bis Insolvenzantrag** ……………… **nach Insolvenzantrag** ………………	……………… ………………	……………… ………………	**Anlage 7**
8	**Forderungen gegen verbundene Unternehmen** ……………… **Forderungen gegen Beteiligungsunternehmen** ………………	……………… ………………	……………… ………………	**Anlage 8**
9	**Sonstige Vermögensgegenstände** ………………	………………	………………	**Anlage 9**
10	**Kassenbestand und Guthaben bei Kreditinstituten** ………………	………………	………………	**Anlage 10**

Quelle: *IDW*, Bestandsaufnahme im Insolvenzverfahren (IDW RH HFA 1.010), Stand: 13.6.2008, Anlage A, WPg Supplement 3/2008, 309.

bb) Das Gläubigerverzeichnis nach § 152 InsO

173 Die **Passivseite** der Vermögensübersicht wird durch das gemäß § 152 InsO aufzustellende Gläubigerverzeichnis dargestellt. In das Gläubigerverzeichnis sind alle Gläubigerforderungen zum Nennwert aufzunehmen. Der Insolvenzverwalter hat hierbei alle Gläubiger zu berücksichtigen, die ihm aus den Büchern und Geschäftspapieren des Schuldners, durch dessen sonstige Angaben, durch die Forderungsanmeldungen oder in sonstiger Weise bekannt geworden sind. Außerdem sind alle absonderungsberechtigten Gläubiger gesondert aufzuführen.

174 Bei jedem Gläubiger sind die Anschrift sowie der Grund und der Betrag seiner Forderung anzugeben, bei den absonderungsberechtigten Gläubigern außerdem der zur Absonderung berechtigende Gegenstand und der mutmaßliche Ausfallbetrag. Außerdem ist es sinnvoll, die vom absonderungsberechtigten Gläubiger nach § 171 InsO zu zahlenden Feststellungs- und Verwertungskostenpauschalen im Masseverzeichnis berücksichtigt und der freien Masse zuzuschlagen.

175 Das Gläubigerverzeichnis ist das passive Pendant zum Masseverzeichnis (§ 151 InsO) und bildet die Passivseite des Vermögensverzeichnisses (§ 153 InsO). **Zweck des Gläubigerverzeichnisses** ist, alle Belastungen und Verbindlichkeiten des Insolvenzschuldners, wegen derer aus der Insolvenzmasse Befriedigung gesucht werden kann, einzeln und in übersichtlicher Form darzustellen.[178] So wie das Verzeichnis der Massegegenstände einen möglichst vollständigen Überblick über das Vermögen verschaffen soll, das zur Befriedigung der Gläubiger zur Verfügung steht, so soll das Gläubigerverzeichnis die diesem Vermögen gegenüberstehenden Belastungen so vollständig wie möglich wiedergeben.[179] Das Gläubigerverzeichnis dient zusammen mit dem Verzeichnis der Massegegenstände der Erstellung der Vermögensübersicht und ist Grundlage für weitere Rechenwerke, z. B. vermittelt es Informationen zur Durchführung eines Insolvenzplanverfahrens.[180]

---

178) *Wegener* in: FK-InsO, § 152 Rz. 1.

179) Rattunde/Smid/Zeuner-*Smid*, InsO, § 152 Rz. § 2.

180) *IDW*, Bestandsaufnahme im Insolvenzverfahren (IDW RH HFA 1.010), Stand: 13.6.2008, Rz. 58, WPg Supplement 3/2008, 309.

176 Das Gläubigerverzeichnis gemäß § 152 InsO ist von der vom Insolvenzverwalter nach § 175 InsO zu führenden Forderungstabelle zu unterscheiden, denn das Gläubigerverzeichnis erfasst auch die Gläubiger, die ihre Forderungen nicht oder bis zur Erstellung des Verzeichnisses noch nicht angemeldet haben.[181)] Ebenso enthält es auch bspw. Forderungen, die später voll oder teilweise bestritten werden. Dies liegt darin begründet, dass das Gläubigerverzeichnis einen möglichst vollständigen Überblick über die Belastungen des Vermögens verschaffen soll, und daher die Verbindlichkeiten so vollständig wie möglich wiedergeben soll.[182)]

177 Bei der Eigenverwaltung hat der Schuldner das Gläubigerverzeichnis aufzustellen. Der Sachwalter hat das Verzeichnis zu prüfen und schriftlich zu erklären, ob seiner Meinung nach Einwendungen zu erheben sind (§ 281 Abs. 1 InsO).

178 Wegen der unterschiedlichen Stellung der verschiedenen Gläubigergruppen in Insolvenzverfahren verlangt § 152 Abs. 2 Satz 1 eine Differenzierung nach Insolvenzgläubigern:

- Insolvenzgläubiger § 138 InsO,
- Absonderungsberechtigte Gläubiger (§§ 49 ff. InsO),
- Nachrangige Insolvenzgläubiger (in Rangklassen gemäß § 39 InsO eingeteilt).[183)]

179 Bei den absonderungsberechtigten Gläubigern sind zusätzlich der Gegenstand, an dem das Absonderungsrecht besteht, und die Höhe des mutmaßlichen Ausfalls zu bezeichnen. Aussonderungsberechtigte Gläubiger können bei der Aufstellung des Gläubigerverzeichnisses außer Betracht bleiben, da sie ja am Insolvenzverfahren nicht teilnehmen.

180 Wie bei der Aufstellung des Masseverzeichnisses gilt auch bei der Bewertung der Passiva der Grundsatz der Einzelbewertung (bzw. des Einzelansatzes).[184)]

181 Die Gläubigerforderungen sind in der Höhe in das Gläubigerverzeichnis aufzunehmen, in der sie von den Gläubigern geltend gemacht werden (Nennwert). Der Nennwert wird in der Regel dem Nennwert der Verbindlichkeiten entsprechend zu dem sie ursprünglich entstanden sind.[185)] Auch die strittigen und zweifelhaften Gläubigerforderungen sind aus Praktikabilitätsgründen i. H. ihres geltend gemachten Anspruchs anzusetzen, obwohl nicht sicher ist, in welcher Höhe sich der Schuldner am Ende wirklich der Verbindlichkeit ausgesetzt sieht.[186)]

182 Die Vermögensübersicht und damit auch das Gläubigerverzeichnis dienen der **Information der Gläubiger**. Es ist Grundlage für die Entscheidungsfindung über die Liquidation oder die Fortführung des Unternehmens. Hierfür ist der Betrag der freien Masse selbstverständlich von besonderer Bedeutung, da er die Quotenerwartung der Gläubiger maßgeblich mitbestimmt.

183 Korrespondierend zu den im Masseverzeichnis ausgewiesenen Anfechtungsansprüchen sind im Gegenzug, abermals unter Beachtung dieses **„Korrespondenzprinzips“** wegen § 144 Abs. 1 InsO die **wiederauflebenden Ansprüche der Anfechtungsgegner** als Gläubigeransprüche im Gläubigerverzeichnis zu passivieren. Dies gebietet die Vollständigkeit.

184 Das Gläubigerverzeichnis sollte nach absonderungsberechtigten Gläubigern, Massegläubigern, einfachen Insolvenzgläubigern im Range des § 38 InsO und Insolvenzgläubigern

---

181) *IDW*, Bestandsaufnahme im Insolvenzverfahren (IDW RH HFA 1.010), Stand: 13.6.2008, Rz. 60, WPg Supplement 3/2008, 309.

182) *Förster* in: Haarmeyer/Wutzke/Förster, Hdb. InsO, § 152 Rz. 5.

183) Vgl. *Winnefeld*, Bilanz-Hdb., S. 2667 Rz. 1028.

184) Vgl. *Winnefeld*, Bilanz-Hdb., S. 2667 Rz. 1032.

185) Vgl. *Winnefeld*, Bilanz-Hdb., S. 2667 Rz. 1032.

186) *Möhlmann*, DStR 1999, 163, 167.

im Range des § 39 InsO gegliedert sein. Idealtypisch stellt sich die Passivseite der Vermögensübersicht deshalb wie folgt dar:

Muster eines Gläubigerverzeichnisses gemäß § 152 InsO 185

Insolvenzverfahren […]

Amtsgericht […], Az. […]]

Gläubiger ohne Absonderungsrechte und ohne Nachrang

	Name	Anschrift	Forderungs-grund	Wert der Forderung	Aufrechnungs-möglichkeit/ Aufrechnungs-grund	Wert der Hauptforde-rung	Erläuterungen/ Hinweise/ Nachweise
1							**Anlage […]**
2							**Anlage […]**
3							**Anlage […]**
4							**Anlage […]**

Gläubiger mit Absonderungsrechten

	Name	Anschrift	Forderungs-grund	Wert der Forderung ohne Nachrang	Wert der Forde-rung mit Nach-rang	Aufrech-nungs-möglichkeit/ Aufrech-nungsgrund	Wert der Hauptforde-rung
1							
2							
3							
4							

	Absonderungs-gegenstand	Liquida-tionswert	Fortfüh-rungswert	Mutmaßlicher Ausfall Liquida-tionswert ohne/ mit Nachrang	Mutmaßlicher Ausfall Fortfüh-rungswert ohne/ mit Nachrang	Erläuterungen/ Hinweise/ Nachweise
1						**Anlage […]**
2						**Anlage […]**
3						**Anlage […]**
4						**Anlage […]**

Gläubiger mit Nachrang nach § 39 Abs. 1 Ziff. 1 InsO ohne Absonderungsrechte

	Name	Anschrift	Forderungs-grund	Wert der Forderung	Aufrechnungs-möglichkeit/ Aufrechnungsgrund	Wert der Haupt-forderung	Erläuterungen/ Hinweise/ Nachweise
1							**Anlage […]**
2							**Anlage […]**

Gläubiger mit Nachrang nach § 39 Abs. 1 Ziff. 2 InsO ohne Absonderungsrechte

	Name	Anschrift	Forde-rungsgrund	Wert der Forderung	Aufrechnungs-möglichkeit/ Aufrechnungsgrund	Wert der Haupt-forderung	Erläuterungen/ Hinweise/ Nachweise
1							**Anlage […]**
2							**Anlage […]**

Gläubiger mit Nachrang nach § 39 Abs. 1 Ziff. 3 InsO ohne Absonderungsrechte

	Name	Anschrift	Forderungsgrund	Wert der Forderung	Aufrechnungsmöglichkeit/ Aufrechnungsgrund	Wert der Hauptforderung	Erläuterungen/ Hinweise/ Nachweise
1							**Anlage [...]**
2							**Anlage [...]**

Gläubiger mit Nachrang nach § 39 Abs. 1 Ziff. 4 InsO ohne Absonderungsrechte

	Name	Anschrift	Forderungsgrund	Wert der Forderung	Aufrechnungsmöglichkeit/ Aufrechnungsgrund	Wert der Hauptforderung	Erläuterungen/ Hinweise/ Nachweise
1							**Anlage [...]**
2							**Anlage [...]**

Gläubiger mit Nachrang nach § 39 Abs. 1 Ziff. 5 InsO ohne Absonderungsrechte

	Name	Anschrift	Forderungsgrund	Wert der Forderung	Aufrechnungsmöglichkeit/ Aufrechnungsgrund	Wert der Hauptforderung	Erläuterungen/ Hinweise/ Nachweise
1							**Anlage [...]**
2							**Anlage [...]**

Gläubiger mit Nachrang nach § 39 Abs. 2 InsO ohne Absonderungsrechte

	Name	Anschrift	Forderungsgrund	Wert der Forderung	Aufrechnungsmöglichkeit/ Aufrechnungsgrund	Wert der Hauptforderung	Erläuterungen/ Hinweise/ Nachweise
1							**Anlage [...]**
2							**Anlage [...]**

	Name	Anschrift	Forderungsgrund	Wert der Forderung	Aufrechnungsmöglichkeit/ Aufrechnungsgrund	Wert der Hauptforderung	Erläuterungen/ Hinweise/ Nachweise
1							**Anlage [...]**
2							**Anlage [...]**
3							**Schätzung Anlage [...]**
4							**Schätzung Anlage [...]**

Quelle: *IDW*, Bestandsaufnahme im Insolvenzverfahren (IDW RH HFA 1.010), Stand: 13.6.2008, Anlage B, WPg Supplement 3/2008, 309.

e) Eröffnetes Insolvenzverfahren – Zwischenrechnungslegung

186 Gemäß § 66 Abs. 3 InsO kann die Gläubigerversammlung vom Insolvenzverwalter eine Zwischenrechnungslegung verlangen. Für die Zwischenrechnungslegung finden § 66 Abs. 1 und Abs. 2 InsO Anwendung. Das Insolvenzgericht, der Gläubigerausschuss oder die Gläubigerversammlung können zusätzlich jederzeit einzelne Auskünfte oder einen Bericht über den Sachstand und die Geschäftsführung des Insolvenzverwalters. Die Zwischenrechnungslegung des Insolvenzverwalters ist insoweit Ausfluss der allgemeinen Aufsichtspflicht des Insolvenzgerichts (§ 58 InsO) und der Prüfungspflicht des Gläubigerausschusses (§ 69 Satz 2 InsO). Die Zwischenrechnung soll in erster Linie den Verlauf des Verfahrens dokumentieren und einen Überblick über den Stand der Verwertung der Masse und die vom Insolvenzverwalter getroffenen Maßnahmen geben. Für die Zwischenrechnung sind die Vorschriften des § 66 Abs. 1 und 2 InsO für die Schlussrechnung analog anzuwenden (ohne Verteilungsverzeichnis).[187] Auf diese Weise ist das Gericht stets über den Verfahrensstand informiert; bereits abgeschlossene und noch ausstehende Verwertungsmaßnahmen werden mit zunehmendem Verfahrensablauf durch die aneinandergereihten Sachstandsberichte vollständig erfasst und nach und nach abgearbeitet.

3. Eröffnetes Insolvenzverfahren – Schlussrechnungslegung

a) Grundsätze

Der Insolvenzverwalter hat bei Beendigung seines Amts gegenüber dem Insolvenzgericht und der Gläubigerversammlung in Form einer Schlussrechnung Rechenschaft über seine Tätigkeit abzugeben; dies gilt auch bei Beendigung durch Verwalterwechsel (z. B. bei Abwahl gemäß § 57 InsO). Dabei ist ein vollständiger Überblick über die gesamte Geschäftsführung und Verbleib bzw. Verwertung aller zur Masse gehörenden Gegenstände zu geben.[188] Die InsO regelt nicht Form und Bestandteile der Schlussrechnung. Nach den in der Praxis entwickelten Grundsätzen besteht die Schlussrechnung aus einer Einnahmen-/Ausgabenrechnung, dem Schlussbericht, dem Verteilungsverzeichnis und fakultativ aus einer Schlussbilanz.[189] 187

Praxishinweis

Zum besseren Verständnis und zur besseren Nachvollziehbarkeit der Schlussrechnung und vor allem um dem Insolvenzgericht die Prüfung der Schlussrechnung zu erleichtern, bietet es sich an, die Darstellung an der **Gliederung** der Vermögensübersicht und des diese erläuternden Teils des Insolvenzberichts (Bericht zur Gläubigerversammlung) zu orientieren. Diese Art der Darstellung ist die in der Praxis gebräuchlichste und auch vorzugswürdigste.[190] Auch der VID hält in den GOI (Beschlussfassung 22.4.2016) als Qualitätsstandard ein solches Vorgehen für angemessen (Grundsatz 66).

Nimmt der Tätigkeitsbericht die Gliederung der Vermögensübersicht und des diesem beigeschlossenen Insolvenzberichts auf, so sollte jeder einzelnen Position der im Insolvenzbericht prognostizierte Wert dem tatsächlich realisierten Wert direkt und unmittelbar gegenübergestellt werden. Abweichungen sind dann im Folgenden nachvollziehbar zu erläutern. Auf diese Weise hat das Gericht eine schnelle und einfache Möglichkeit, die Schlussrechnung zu prüfen. 188

Auch bei Einstellung des Insolvenzverfahrens 189

- mangels Masse (§ 207 InsO),
- nach Anzeige der Masseunzulänglichkeit (§ 211 InsO),
- wegen Wegfall des Eröffnungsgrunds (§ 212 InsO) oder
- mit Zustimmung der Gläubiger (§ 213 InsO),

187) *IDW*, Insolvenzspezifische Rechnungslegung im Insolvenzverfahren (IDW RH HFA 1.011), Stand: 13.6.2008, Rz. 33 f., WPg Supplement 3/2008, 321.

188) Vgl. *Winnefeld*, Bilanz-Hdb., S. 2684 Rz. 1150.

189) *IDW*, Insolvenzspezifische Rechnungslegung im Insolvenzverfahren (IDW RH HFA 1.011), Stand: 13.6.2008, Rz. 35, WPg Supplement 3/2008, 321.

190) *Hess/Mitlehner*, Steuerrecht, Rechnungslegung, Insolvenz, Rz. 195; *Uhlenbruck*, ZIP 1982, 125; *Pink*, ZIP 1997, 177.

entfällt die Verpflichtung zur Schlussrechnung nicht, da auch in diesen Fällen der Insolvenzverwalter für die Ordnungsmäßigkeit der bis dahin abgewickelten Maßnahmen gegenüber den Gläubigern, dem Schuldner und dem Insolvenzgericht verantwortlich ist.[191]

190 Kommt der Insolvenzverwalter seiner Rechnungslegungspflicht nach § 66 Abs. 1 InsO nicht oder nicht rechtzeitig nach, kann das Insolvenzgericht nach vorheriger Androhung ein Zwangsgeld gegen ihn festsetzen (§ 58 Abs. 2 Satz 1 InsO).

b) Einnahmen-/Ausgabenrechnung

191 Die InsO regelt – wie dargestellt – Form und Inhalt der Schlussrechnung nicht. Der Insolvenzverwalter hat als Verwalter fremden Vermögens nach § 259 BGB eine geordnete Einnahmen-/Ausgabenrechnung zu erstellen.[192] Dabei handelt es sich um eine reine Geldrechnung (Pagatorik). Als Grundlage ist ein Kassenbuch bzw. aufeinander folgende Kontoauszüge, durch die alle Zahlungen nachvollzogen werden können, vom Grundsatz ausreichend. In Mehrspaltenheften oder in Computermasken sind sämtliche Zahlungsvorgänge in zeitlicher (und möglichst) sachlicher Form zu belegen. Die dazugehörigen Ein- und Ausgangsrechnungen sowie ggf. weiteren Belegen (z. B. Verträge etc.) zu belegen. Die Insolvenzbuchführung ist als wesentlicher Bestandteil der Einnahmen-/Ausgabenrechnung mit dieser und den Belegen beim Insolvenzgericht einzureichen, um eine sachgerechte Prüfung der Schlussrechnung zu ermöglichen.[193]

192 Zur Übersichtlichkeit der Einnahmen und Ausgaben bietet sich zumindest folgende Gliederung an:[194]

- **Einnahmen aus**
  - Lieferungen und Leistungen,
  - Anlagenverkäufen,
  - Zuschüssen,
  - Beteiligungserträgen und Zinsen,
  - erhaltene Umsatzsteuer,
  - Sonstiges.
- **Ausgaben für**
  - Beschaffung von Waren und Leistungen,
  - Beschaffung von Roh-, Hilfs- und Betriebsstoffen,
  - Löhne und Gehälter,
  - gezahlte Umsatzsteuer,
  - sonstige Steuern,
  - Sonstiges.

c) Schlussbericht

193 Der mangels gesetzlicher Vorgaben von der Praxis entwickelte Schlussbericht bildet den erläuternden Teil der Schlussrechnung. Dabei sollte der Insolvenzverwalter den gesamten Abwicklungsvorgang in Form eines Tätigkeitsberichts darlegen und dabei an der Vermö-

191) *Winnefeld*, Bilanz-Hdb., S. 2684 Rz. 1155.
192) *Winnefeld*, Bilanz-Hdb., S. 2684 Rz. 1155.
193) Hess/Weis/Wienberg-*Hess*, InsO, § 66 Rz. 18.
194) Entnommen aus: *Winnefeld*, Bilanz-Hdb., S. 2684 Rz. 1155.

gensübersicht anschließen. Er dient als erläuterndes Bindeglied zwischen den verschiedenen zahlenmäßigen Darstellungen der Schlussrechnung mit der Einnahmen-/Ausgabenrechnung, einer etwaigen Insolvenzschlussbilanz und dem Schlussverzeichnis.[195]

d) Schlussverzeichnis

Außerdem hat der Insolvenzverwalter eine **Liste aller Massegläubiger** beizufügen (§ 53 194
InsO). Das Schlussverzeichnis ist nicht direkter Bestandteil, sondern notwendige Ergänzung der Schlussrechnung für den Fall eines Verteilungsverfahrens.[196] Übersteigen die Masseverbindlichkeiten das verteilungsfähige Vermögen, so ist ein Verteilungsverzeichnis nach § 188 InsO selbstverständlich entbehrlich. Eine Quote kann in diesem Fall nicht ausgezahlt werden. In einem gesonderten Abschnitt des Schlussberichts ist in einem solchen Fall die Einstellung des Insolvenzverfahrens mangels Masse gemäß § 211 InsO zu beantragen.

e) Insolvenzschlussbilanz

Die fakultativ aufzustellende Insolvenzschlussbilanz stellt die abschließende Vermögens- 195
übersicht dar und sollte daher entsprechend der Vermögensübersicht nach § 153 InsO gegliedert sein.[197] Sie stellt einen statusmäßigen Überblick das Ergebnis der Abwicklung bzw. der Verwertung des Unternehmens und damit die zur Ausschüttung gelangende Quote dar; auf der Aktivseite werden die durch Verwertung erzielten Vermögenswerte und auf der Passivseite die verbliebenen Verbindlichkeiten dargestellt.

Eine Schlussbilanz erscheint insbesondere dann erforderlich, wenn zum Verfahrensabschluss 196
noch umfangreiches Vermögen vorhanden ist, weil das Vermögen nicht verwertet werden konnte oder das Unternehmen aufgrund eines Insolvenzplans fortgeführt wird.[198]

f) Prüfungspflicht des Insolvenzgerichts (§ 66 Abs. 2 InsO)

Gemäß § 66 Abs. 2 InsO hat das Insolvenzgericht die Pflicht, die Schlussrechnung des 197
Verwalters zu prüfen. Zuständig hierfür ist der Rechtspfleger (§ 3 Nr. 2 lit. e RPflG). Hierbei erstreckt sich die Prüfungspflicht des Gerichts nicht nur auf die rechnerische Richtigkeit der Schlussrechnung, sondern auch auf die materielle Richtigkeit und Nachvollziehbarkeit. Aus diesem Grunde müssen Wertabweichungen von der ursprünglichen Prognose nachvollziehbar erläutert und dargestellt werden. Insbesondere wird das Insolvenzgericht bei Widersprüchen zwischen der Schlussrechnung und den Zwischenberichten oder dem Bericht zur Gläubigerversammlung nachfassen.[199]

Handelt es sich um ein umfangreiches, komplexes und schwer zu durchdringendes Ver- 198
fahren, kann sich das Insolvenzgericht eines Sachverständigen bedienen.[200] Die Entscheidung, einen Sachverständigen hinzuzuziehen, ist vom Insolvenzverwalter nicht angreif-

195) *IDW*, Insolvenzspezifische Rechnungslegung im Insolvenzverfahren (IDW RH HFA 1.011), Stand: 13.6.2008, Rz. 61 f., WPg Supplement 3/2008, 321.

196) Hess/Weis/Wienberg-*Hess*, InsO, § 66 Rz. 27.

197) *IDW*, Insolvenzspezifische Rechnungslegung im Insolvenzverfahren (IDW RH HFA 1.011), Stand: 13.6.2008, Rz. 56 ff., WPg Supplement 3/2008, 321.

198) *IDW*, Insolvenzspezifische Rechnungslegung im Insolvenzverfahren (IDW RH HFA 1.011), Stand: 13.6.2008, Rz. 58, WPg Supplement 3/2008, 321.

199) *Lièvre/Stahl/Ems*, KTS 1999, 1.

200) OLG Hamm, Beschl. v. 9.12.1985 – 15 W 441/85, ZIP 1986, 724 f.

bar; es steht ihm jedoch das Recht zu, diesen wegen der Besorgnis der Befangenheit abzulehnen.[201]

199 Das Gericht wird die Schlussrechnung jedoch nicht umfassend i. S. einer Vollprüfung nachvollziehen.[202] Soweit sich nicht konkrete Anhaltspunkte oder Widersprüche auftun, liegt der Prüfungsumfang im Ermessen des Gerichts und wird sich regelmäßig in einer Stichprobenprüfung erschöpfen. In der Praxis werden dem Sachverständigen i. R. der Prüfung der Schlussrechnung typischerweise insbesondere folgende Aspekte zur formellen und materiellen Prüfung der Schlussrechnungsunterlagen auferlegt (Beispiele aus der Praxis):

- ob die Schlussrechnung des Insolvenzverwalters nach den Regeln kaufmännischer Buchführung vollständig und ordnungsgemäß erstellt ist,
- ob die von dem Insolvenzverwalter befriedigten Ansprüche als Masseverbindlichkeiten i. S. der §§ 54, 55 Abs. 1 und 2, § 100 oder § 123 Abs. 2 Satz 1 InsO anzusehen sind,
- ob und welche Aufgaben des Insolvenzverwalters zulasten der Masse delegiert wurden und ob unter Berücksichtigung der hierzu ergangenen Rechtsprechung die in Anspruch genommenen Leistungen Dritter nicht allgemeine Geschäfte des Insolvenzverwalters betrafen,
- ob die von dem Insolvenzverwalter an absonderungsberechtigte Gläubiger ausgekehrten Beträge nebst Feststellung der Kostenbeiträge der Insolvenzmasse gemäß § 171 InsO sachlich und rechnerisch richtig festgestellt und ermittelt worden sind,
- ob und in welchem Umfang Beträge der Insolvenzmasse dem Insolvenzverwalter selbst oder mit ihm gesellschaftlich verbundenen Personen oder Unternehmen zugeflossen sind,
- ob die Eingangsbuchungen korrekt erfasst wurden,
- ob die Insolvenzmasse vollständig und ordnungsgemäß verwertet worden ist, insbesondere auch, ob mögliche Anfechtungsansprüche gemäß §§ 129 ff. InsO verfolgt worden sind,
- ob die Ermittlung der vergütungsrechtlichen Teilungsmasse unter Berücksichtigung von § 1 InsVV korrekt ist.

200 Nicht übertragbar ist die Prüfung des Vergütungsantrags des (vorläufigen) Insolvenzverwalters. Hierbei handelt es sich um eine ureigene Aufgabe des Gerichts.

201 Nach der Prüfung durch das Insolvenzgericht hat dieses einen Prüfungsvermerk anzufertigen und ihn nebst der Schlussrechnung dem Gläubigerausschuss zuzuleiten (§ 66 Abs. 2 Satz 2 InsO). In der Praxis hat sich durchgesetzt, dass bei Beauftragung eines Sachverständigen zur Prüfung der Schlussrechnung dieser einen Bericht in Anlehnung an die für betriebswirtschaftliche Prüfungen geltenden allgemeinen Grundsätze ordnungsmäßiger Berichterstattung des Instituts der Wirtschaftsprüfer in Deutschland e. V. (IDW) zu erstellen hat.

202 Sofern ein Gläubigerausschuss besteht, so werden in der Praxis häufig die Ergebnisse der Prüfung des Gläubigerausschusses nach § 69 Satz 2 InsO i. R. der Schlussrechnungsprüfung verwertet, so dass Kosten für die Masse gespart werden können.

203 Der Gläubigerausschuss hat die Schlussrechnung in angemessener Zeit zu prüfen und eine Stellungnahme abzugeben. Dazu kann ihn das Gericht durch Fristsetzung anhalten, § 66 Abs. 2 Satz 2 InsO. Ist nach Ablauf der Frist keine Stellungnahme erfolgt, so können die Unterlagen ohne eine solche ausgelegt werden.

---

201) OLG Köln, Beschl. v. 6.12.1989 – 2 W 173/89, ZIP 1990, 58 ff. = Rpfleger 1990, 88.

202) *Uhlenbruck*, ZIP 1982, 125, 127, 132 f.; *Bähner/Berges/Braun*, ZIP 1993, 1283, 1289.

Der Schlussbericht, der Prüfungsvermerk und evtl. das Sachverständigengutachten und die Stellungnahme des Gläubigerausschusses sind vom Insolvenzgericht auszulegen. Die Auslegung kann an einem Ort nach Wahl des Gerichts unter Berücksichtigung der besonderen Umstände des jeweiligen Falls (z. B. auch in den Geschäftsräumen des Insolvenzverwalters) erfolgen.[203] Der Auslegungszeitraum soll nach § 66 Abs. 2 Satz 3 InsO eine Woche bis zum Termin der (abschließenden) Gläubigerversammlung (§ 197 Abs. 1 Satz 1 InsO – Schlusstermin) betragen. 204

203) Braun-*Blümle*, InsO, § 66 Rz. 32.

Kapitel 35
Die Prüfung der insolvenzrechtlichen Rechnungslegung des Insolvenzverwalters

Übersicht

Literatur: *Buchner*, Wirtschaftliches Prüfungswesen, 2. Aufl., 1997; *Gewehr/Böhm/Herkendell*, Prüfung von Abschlüssen für einen speziellen Zweck und von Finanzaufstellungen oder deren Bestandteilen – Eine Einführung in IDW EPS 480 und IDW EPS 490, WPg 2013, 343; *Gundlach/Frenzel/Jahn*, Die Kassenprüfung durch die Gläubigerausschussmitglieder, ZInsO 2009, 902; *Haarmeyer/Basinski/Hillebrandt/Weber*, Durchbruch in der insolvenzrechtlichen Rechnungslegung, ZInsO 2011, 1874; *Heyrath/Ebeling/Reck*, Schlussrechnungsprüfung im Insolvenzverfahren, 2008; *Jahn/Gundlach/Frenzel*, Die Kassenprüfung durch die Gläubigerausschussmitglieder, ZInsO 2009, 903; *Keller, U.*, Voraussetzungen und Umfang der Sachverständigenbeauftragung zur Schlussrechnungsprüfung im Insolvenzverfahren, Rpfleger 2011, 66; *Madaus*, Grundlage und Grenzen der Bestellung von Sachverständigen in der gerichtlichen Schlussrechnungsprüfung, NZI 2012, 119; *Schirmer*, Kosten für einen externen Kassenprüfer im Insolvenzverfahren – Auslagen oder Masseverbindlichkeiten nach § 55 InsO?, DStR 2012, 733; *Vallender*, Rechtsstellung und Aufgaben des Gläubigerausschusses, WM 2002, 2040.

A. Einleitung

Die InsO sieht unterschiedliche Anlässe vor, zu denen der Insolvenzverwalter Rechnung zu legen hat. So hat er nach § 66 Abs. 1 InsO bei Beendigung seines Amts der Gläubigerversammlung Rechnung zu legen. Während des Verfahrens kann die Gläubigerversammlung nach § 66 Abs. 3 InsO vom Insolvenzverwalter Zwischenrechnungen verlangen. Weiter können das Insolvenzgericht (§ 58 Abs. 1 InsO), der Gläubigerausschuss (§ 69 InsO) sowie die Gläubigerversammlung (§ 79 Satz 1 InsO) jederzeit einzelne Auskünfte über den Sachstand und die Geschäftsführung vom Insolvenzverwalter einfordern. 1

2 Die insolvenzrechtliche Rechnungslegung des Insolvenzverwalters dient der Information der Gläubiger, des Schuldners, des Insolvenzgerichts und natürlich auch des Insolvenzverwalters. Dabei bezweckt sie insbesondere folgende **Aufgaben und Ziele**:[1]

- die Dokumentation von Masseverwaltung und -verwertung,
- die Dokumentation der Vermögensverhältnisse des Schuldners,
- die Kontrolle der Tätigkeit des Insolvenzverwalters durch den Gläubigerausschuss und das Insolvenzgericht,
- die Information über den Massestand zur Vorbereitung der Entscheidung über die Einstellung des Verfahrens mangels Masse,
- die Information über die zu erwartende Insolvenzquote und
- die Gewährleistung einer ordnungsmäßigen Verteilung der Insolvenzmasse.

3 Die einzelnen **Adressaten** der insolvenzrechtlichen Rechnungslegung haben in der Regel keinen unmittelbaren Einblick in die einzelnen Geschäftsvorfälle eines Insolvenzverfahrens und somit in die Ordnungsmäßigkeit der insolvenzrechtlichen Rechnungslegung. Um die Verlässlichkeit des Verwalterhandels zu erhöhen, sieht die InsO ein **stufenartiges Prüfsystem** der Rechnungslegung des Insolvenzverwalters vor:[2]

- Während des laufenden Verfahrens[3] erfolgt – sofern ein Gläubigerausschuss besteht – die Prüfung von Geldverkehr und -bestand durch den (vorläufigen) Gläubigerausschuss. Gegebenenfalls werden Zwischenrechnungsprüfungen angesetzt.
- Zum Abschluss des Verfahrens erfolgt – wiederum nach Prüfung durch den Gläubigerausschuss – die Prüfung der Schlussrechnung durch das Insolvenzgericht.
- Die Schlussrechnung wird dann der Gläubigerversammlung vorgelegt, die kontrollieren soll, ob der Insolvenzverwalter rechtmäßig und wirtschaftlich zweckmäßig gehandelt hat.

4 Auch wenn es bisher vereinzelt Bestrebungen gibt, eine Standardisierung der insolvenzrechtlichen Rechnungslegung herbeizuführen,[4] haben sich noch **keine einheitlichen Standards** zur Vorgehensweise bei der Prüfung der Rechnungslegung des Insolvenzverwalters herausgebildet.

> **Praxishinweis**
> Wird vom Insolvenzgericht die Eigenverwaltung angeordnet, hat der Schuldner die insolvenzspezifische Rechnungslegung zu führen. Die nachfolgend für das Regelinsolvenzverfahren dargestellten Anforderungen gelten analog.[5]

B. Die Anlässe zur Prüfung der Rechnungslegung in der InsO

I. Die Prüfung durch den Gläubigerausschuss nach § 69 Satz 2 InsO

5 Die Mitglieder des Gläubigerausschusses haben nach § 69 Satz 2 InsO neben der Verpflichtung, den Insolvenzverwalter bei seiner Geschäftsführung zu unterstützen und zu

1) *IDW*, Insolvenzspezifische Rechnungslegung im Insolvenzverfahren (IDW RH HFA 1.011), Stand: 13.6.2008, Rz. 3 f., WPg Supplement 3/2008, 49 ff.

2) *Frege/Riedel*, Schlussbericht und Schlussrechnung, Rz. 67 ff.

3) Dies gilt grundsätzlich auch für das Insolvenzantragsverfahren.

4) Vgl. z. B. Rechnungslegungshinweise des *IDW*, ZInsO 2009, 74 f.; *Haarmeyer/Basinski/Hillebrandt/Weber*, ZInsO 2011, 1874 ff.

5) *IDW*, Insolvenzspezifische Rechnungslegung im Insolvenzverfahren (IDW RH HFA 1.011), Stand: 13.6.2008, Rz. 71 f., WPg Supplement 3/2008, 49 ff.

überwachen, auch die Bücher und Geschäftspapiere einzusehen sowie den Geldverkehr und -bestand prüfen zu lassen (§ 69 InsO). Umgangssprachlich wird die Prüfung des Geldverkehrs und -bestands durch den Gläubigerausschuss als „Kassenprüfung" bezeichnet. Die Überwachung des Insolvenzverwalters durch den Gläubigerausschuss ist Ausdruck der Gläubigerautonomie im Insolvenzverfahren. Sie gehört zu den **wichtigsten Aufgaben des Gläubigerausschusses** und umfasst sowohl die nachträgliche als auch die begleitende und vorausschauende Kontrolle.[6] Der Gläubigerausschuss wird mit dem Aufsichtsrat bei einer Aktiengesellschaft verglichen.[7]

Die Prüfungspflicht des Gläubigerausschusses **beginnt** mit der Bestellung.[8] Die InsO schreibt keinen zeitlichen **Prüfungsturnus** vor; im RegE zur InsO war vorgesehen, dass eine Kassenprüfung wenigstens einmal vierteljährlich stattfinden sollte. Diese Frist wurde jedoch nicht eingeführt, um eine im Einzelfall angepasste Handhabung zu ermöglichen.[9] Der Gläubigerausschuss hat im Einzelfall die Prüfungsabstände nach pflichtgemäßem Ermessen festzulegen.[10] In der Praxis herrschen je nach Komplexität und Größe des Schuldnerunternehmens Zeiträume in der Regel zwischen einem und sechs Monaten vor.[11] 6

Die InsO enthält **keine weiteren Regelungen** in Bezug auf Organisation und Verfahren der Ausschusstätigkeit und damit auch nicht zur Prüfung von Geldbestand und -verkehr. Der Gläubigerausschuss kann die Prüfung auf ein oder mehrere Mitglieder **delegieren.** Sofern eine Delegation auf einzelne Mitglieder erfolgt, müssen sich die übrigen Mitglieder von der Ordnungsmäßigkeit der Prüfung vergewissern.[12] Aus der Formulierung in § 69 Satz 2 InsO „prüfen zu lassen" wird abgeleitet, dass der Gläubigerausschuss berechtigt ist, **sachverständige Dritte** mit der Prüfung zu beauftragen.[13] Aber auch nach Delegation der Prüfung auf einen externen Prüfer muss der Gläubigerausschuss die Prüfungstätigkeit überwachen. Aufgrund der gesetzlichen Verpflichtung zur Prüfung kann auf eine Prüfung von Geldbestand und -verkehr **nicht verzichtet werden.**[14] 7

Die Kosten der Kassenprüfung stellen **Auslagen** i. S. von § 54 InsO dar, die gegenüber der Masse geltend gemacht werden.[15] 8

Sofern die Mitglieder des Gläubigerausschusses ihren Pflichten nicht ordnungsgemäß nachkommen, können sich daraus **Schadensersatzansprüche** anderer Gläubiger ergeben. Einige jüngere Gerichtsentscheidungen haben gezeigt, dass sich daraus beträchtliche Ansprüche ergeben können.[16] 9

Ist in einem Insolvenzverfahren kein Gläubigerausschuss bestellt, so erlaubt § 79 Satz 2 InsO der **Gläubigerversammlung** den Geldbestand und -verkehr prüfen zu lassen. Auch diese Prüfung kann einem Sachverständigen übertragen werden. 10

---

6) Vgl. OLG Celle, Urt. v. 3.6.2010 – 16 U 135/09, ZInsO 2010, 1233 = ZIP 2010, 1862, dazu EWiR 2010, 723 *(Höpfner)*.
7) Vgl. *Vallender*, WM 2002, 2040 ff.
8) Vgl. *Kübler* in: KPB, InsO, § 69 Rz. 28.
9) Beschlussempfehlung und Bericht d. RA z. InsO, BT-Drucks. 12/7302, S. 163.
10) OLG Celle, Urt. v. 3.6.2010 – 16 U 135/09, ZInsO 2010, 1233, 1233 = ZIP 2010, 1862.
11) Vgl. *Gundlach/Frenzel/Jahn*, ZInsO 2009, 902 ff.
12) Vgl. *Schirmer*, DStR 2012, 733, 734 f.
13) S. Braun-*Hirte*, InsO, § 69 Rz. 11.
14) Vgl. *Schirmer*, DStR 2012, 733 f.
15) Vgl. *Schirmer*, DStR 2012, 733, 734.
16) OLG Celle, Urt. v. 3.6.2010 – 16 U 135/09, ZInsO 2010, 1233, 1233 = ZIP 2010, 1862.

II. Die Prüfung der Zwischen- und Schlussrechnung des Insolvenzverwalters durch das Insolvenzgericht

11 Bei **Beendigung seines Amts** hat der Insolvenzverwalter der Gläubigerversammlung Rechnung zu legen (§ 66 Abs. 1 InsO). Dabei hat das Insolvenzgericht nach § 66 Abs. 2 InsO die Schlussrechnung zu prüfen. Die Prüfung ist Ausdruck der allgemeinen Aufsicht des Insolvenzgerichts gemäß § 58 InsO. Die Prüfung durch das Insolvenzgericht liegt **zeitlich vor der Prüfung durch die Gläubigerversammlung.**

> **Praxishinweis**
>
> Darüber hinaus kann die Gläubigerversammlung dem Insolvenzverwalter aufgeben, zu bestimmten Zeiten während des Insolvenzverfahrens **Zwischenrechnung** zu legen. In der Praxis verzichtet die Gläubigerversammlung in der Regel auf Zwischenrechnungslegungen; stattdessen erfolgen auf Anordnung des Gerichts regelmäßige Sachstandsberichte, bei denen auch ein Nachweis über den Stand der Sonderkonten des Insolvenzverwalters erbracht wird.

12 Die Zwischenrechnung ist ebenfalls durch das Insolvenzgericht zu prüfen (§ 66 Abs. 1 InsO). Die Prüfung der Schlussrechnung bzw. der Zwischenrechnungen erfolgt im Regelfall durch den Rechtspfleger (§§ 3 Nr. 2e, 18 RPflG).

13 Das Insolvenzgericht kann aber auch nach § 5 Abs. 1 InsO einen **Sachverständigen** mit der Prüfung von Schluss- und Zwischenrechnungen **beauftragen**. Dies wird insbesondere bei komplexen und umfangreichen Verfahren der Fall sein, wenn die notwendige Prüfungskompetenz dem Gericht nicht zur Verfügung steht.[17)] Das Gericht entscheidet über die Hinzuziehung eines Sachverständigen zur Schlussrechnungsprüfung i. R. seiner Kompetenzen zur Sachverhaltsaufklärung und damit auf der Grundlage des Amtsermittlungsgrundsatzes nach pflichtgemäßem Ermessen.[18)]

14 Der Sachverständige wird gemäß § 4 InsO i. V. mit § 413 ZPO nach dem JVEG vergütet.[19)] Dabei erhält er eine Vergütung nach Stundenaufwand gemäß § 9 JVEG nebst Auslagen und gesetzlicher Umsatzsteuer. Die Vergütung des Schlussrechnungsprüfers gehört zu den Kosten des Insolvenzverfahrens gemäß § 54 Nr. 1 InsO.[20)]

III. Die Prüfung von Zwischen- und Schlussrechnung durch den Gläubigerausschuss

15 Unabhängig von der Prüfung durch das Insolvenzgericht hat der Gläubigerausschuss die Schlussrechnung und den Schlussbericht des Insolvenzverwalters zu prüfen (§ 66 Abs. 2 InsO). Auch diese Prüfung durch den Gläubigerausschuss resultiert aus der Überwachungspflicht des Gläubigerausschusses über den Insolvenzverwalter nach § 69 InsO. Daher hierzu siehe die Ausführungen in Rz. 5 ff.

C. Anforderungen an die Person des (externen) Prüfers

I. Fachliche Qualifikation

16 Die Anforderungen an die Person des Prüfers der insolvenzrechtlichen Rechnungslegung sind in der InsO **nicht normiert**. Als Prüfer kommen sachkundige, ausreichend erfahrene und unabhängige Personen, z. B. Wirtschaftsprüfer oder vereidigte Buchprüfer, in Be-

17) *IDW*, Insolvenzspezifische Rechnungslegung im Insolvenzverfahren (IDW RH HFA 1.011), Stand: 13.6.2008, Rz. 38, WPg Supplement 3/2008, 49.

18) *Madaus*, NZI 2012, 119, 121.

19) *U. Keller*, Rpfleger 2011, 66, 72.

20) OLG Stuttgart, Beschl. v. 15.10.2009 – 8 W 265/09, ZIP 2010, 491 = Rpfleger 2010, 104.

tracht.[21] Anders als bei der Prüfung des handelsrechtlichen Jahresabschlusses, die ab mittelgroßen Kapitalgesellschaften und Kapitalgesellschaften & Co. gesetzlich vorgeschrieben ist, handelt es sich bei der Prüfung der insolvenzrechtlichen Rechnungslegung um keine Vorbehaltsaufgabe, die erst nach Nachweis der erforderlichen Qualifikation, insbesondere in Prüfungswesen und zu den Anforderungen an die Rechnungslegung, bestimmten Berufsgruppen, z. B. Wirtschaftsprüfern oder bei mittelgroßen Kapitalgesellschaften auch vereidigten Buchprüfern vorbehalten sind. Daher kann **jedermann** die Einnahmen-/Ausgabenrechnung einer Gesellschaft, deren handelsrechtlicher Jahresabschluss aufgrund besonderer Qualifikation und Überwachung Wirtschaftsprüfern bzw. Wirtschaftsprüfungsgesellschaften vorbehalten ist, unabhängig von der Größe des Unternehmens prüfen. In der Literatur wird verständlicherweise die Auffassung vertreten, dass die erforderlichen theoretischen und praktischen Fertigkeiten der Person des Prüfers sich an dem jeweiligen Verfahrensgegenstand bemessen (sollten). Danach wird die Auffassung vertreten, dass der Prüfer einer großen Kapitalgesellschaft oder gar eines Konzerns die Qualifikation mitbringen sollte, die nach den handelsrechtlichen Vorschriften bei der Prüfung von Kapitalgesellschaften und diesen gleichgestellten Gesellschaften erwartet wird.[22]

Eine **schuldhaft fehlerhafte Prüfung** führt zur persönlichen Haftung des Prüfers. Dies gilt auch für die Mitglieder des Gläubigerausschusses und den Rechtspfleger des AG. Letzteren droht ggf. eine Amtshaftung, wenn sie die Prüfung nicht ordnungsgemäß durchführen.[23] 17

II. Unabhängigkeit des Prüfers

Die Unabhängigkeit stellt den fundamentalen **Berufsgrundsatz** bei betriebswirtschaftlichen Prüfungen dar.[24] Das bedeutet, dass der Prüfer unabhängig vom Insolvenzschuldner und auch unabhängig vom Insolvenzverwalter sein muss. Dabei wird die Unabhängigkeit des Prüfers durch jene beurteilt, zugunsten derer er seine Schutz- und Ordnungsfunktion ausübt. Dies sind alle von der Tätigkeit des Insolvenzverwalters Betroffenen, d. h. auch die an der Rechnungslegung Interessierten. Der Prüfer muss **nicht nur unabhängig sein**, sondern auch **unabhängig erscheinen**. Dabei spricht man gemeinhin davon, dass der Prüfer als vertrauenswürdig angesehen wird, wenn keine Besorgnis der Befangenheit besteht. Dies ist der Fall, wenn der Prüfer sich sein Urteil frei von unsachgemäßen Erwägungen bildet. Er soll bei seinen Feststellungen, Beurteilungen und Entscheidungen frei von Einflüssen, Bindungen und Rücksichten sein, gleichgültig, ob sie persönlicher, wirtschaftlicher oder rechtlicher Natur sind.[25] Die Beurteilung der Unabhängigkeit erfolgt danach, ob ein sachverständiger Gläubiger **Zweifel** an der Objektivität und Unparteilichkeit des Prüfers hat.[26] 18

Praxishinweis

Die Unabhängigkeit einer Prüfung kann beeinträchtigt sein, wenn zwischen dem Prüfer und dem Geprüften eine finanzielle, geschäftliche, wirtschaftliche, rechtliche, arbeitsvertragliche oder sonstige Beziehung besteht und sich daraus Zweifel an der Objektivität und Unparteilichkeit des Prüfers ableiten lassen.[27]

21) *IDW*, Insolvenzspezifische Rechnungslegung im Insolvenzverfahren (IDW RH HFA 1.011), Stand: 13.6.2008, Rz. 39, WPg Supplement 3/2008, 49.
22) *Frege/Riedel*, Schlussbericht und Schlussrechnung, Rz. 370.
23) *Frege/Riedel*, Schlussbericht und Schlussrechnung, Rz. 363.
24) *Buchner*, Wirtschaftliches Prüfungswesen, S. 38 f.
25) Vgl. *IDW*, Wirtschaftsprüfung und Rechnungslegung, Kap. A Rz. 104 f.
26) *Frege/Riedel*, Schlussbericht und Schlussrechnung, Rz. 375.
27) *Frege/Riedel*, Schlussbericht und Schlussrechnung, Rz. 380.

19 Für bestimmte Berufe ist die Unabhängigkeit durch Berufsgrundsätze gesetzlich geregelt. In den **Berufsordnungen der Wirtschaftsprüfer, Steuerberater und Rechtsanwälte** sind entsprechende Grundsätze geregelt. So haben bspw. Wirtschaftsprüfer ihren Beruf nach § 43 Wirtschaftsprüferordnung (WPO) unabhängig auszuüben und sich bei der Erstattung von Prüfungsberichten und Gutachten unparteiisch zu verhalten. Nach § 2 der Berufssatzung der Wirtschaftsprüfer/vereidigte Buchprüfer (BS WP/vBP) dürfen sie keine Bindungen eingehen, die ihre berufliche Entscheidungsfreiheit beeinträchtigen oder beeinträchtigen könnten. Weiter haben sie ihre persönliche und wirtschaftliche Unabhängigkeit gegenüber jedermann zu bewahren.[28)] Auch in den Berufsordnungen der Steuerberater und Rechtsanwälte sind hierzu Regelungen enthalten (vgl. z. B. § 57 Abs. 1 StBerG; § 43a Abs. 1 BRAO).

1. Prüfung durch das Insolvenzgericht

20 Die Unabhängigkeitsanforderungen gelten auch für den **Rechtspfleger**. Dabei müssen Rechtsbeziehungen des prüfenden Rechtspflegers zum Insolvenzverwalter, zum Insolvenzschuldner oder den beteiligten Gläubigern vollständig ausgeschlossen sein; ansonsten gelten die Anforderungen des § 4 InsO i. V. mit §§ 42, 48 ZPO. Danach hat der zuständige Rechtspfleger von sich aus bei Besorgnis der Befangenheit eine Ablösung zu veranlassen.

21 Der Insolvenzverwalter kann einen sachverständigen Dritten nach § 406 ZPO als befangen i. S. der §§ 41 ff. ZPO ablehnen; das Ablehnungsgesuch ist binnen zwei Wochen seit Zustellung des Beschlusses zu stellen (§ 4 InsO i. V. mit § 406 Abs. 2 ZPO).[29)] Besorgnis der Befangenheit kann bspw. bestehen, wenn ein am selben Gericht tätiger Insolvenzverwalter als Schlussrechnungsprüfer bestellt wird.[30)]

2. Prüfung durch den Gläubigerausschuss

22 Bei Prüfungen des Geldbestands und -verkehrs nach § 69 Satz 2 InsO ist die Unabhängigkeit von jeglichen wirtschaftlichen, finanziellen und sonstigen Beziehungen vom Insolvenzverfahren gesetzlich nicht gefordert, da die Mitglieder des Gläubigerausschusses, denen die Prüfung gesetzlich zugewiesen wurde, in der Regel als **Gläubiger am Verfahren Beteiligte** sind. Insoweit ergibt sich zumindest hinsichtlich der Person des Schuldners eine Einschränkung der Unabhängigkeit. Hierbei kann auf den oben genannten Vergleich des Gläubigerausschusses mit dem Aufsichtsrat einer Aktiengesellschaft Bezug genommen werden, der ebenfalls die Bücher der Gesellschaft prüfen kann und den Jahresabschluss zu prüfen hat (siehe § 111, § 171 Abs. 1 AktG).

D. Gegenstand und Umfang der Prüfung

I. Gesetzliche Vorgaben

23 Über die gesetzlichen Vorgaben zur Prüfung von „Geldbestand und -verkehr" bzw. zur Prüfung der „Schlussrechnung" hinaus enthält die InsO keine Anforderungen zu Gegenstand und Umfang der Prüfung. Stattdessen haben sich zu Prüfungsgegenstand und -umfang in der Rechtsprechung und Praxis **Grundsätze herausgebildet**, die entsprechend angewendet werden.

---

28) Satzung der Wirtschaftsprüferkammer über die Rechte und Pflichten bei der Ausübung der Berufe des Wirtschaftsprüfers und des vereidigten Buchprüfers (Berufssatzung für Wirtschaftsprüfer/vereidigte Buchprüfer – BS WP/vBP), v. 21.6.2016, abrufbar unter https://www.wpk.de/uploads/tx_templavoila/BS-WPvBP_04.pdf (Abrufdatum: 5.12.2023).

29) *U. Keller*, Rpfleger 2011, 66, 68.

30) *U. Keller*, Rpfleger 2011, 66, 70.

1. Prüfungsgegenstand und -umfang bei Zwischen- und Schlussrechnungsprüfungen

Bei der Schlussrechnung handelt es sich um einen Tätigkeitsbericht des Insolvenzverwalters zum Ende des Insolvenzverfahrens.[31] Mangels Definition der **Bestandteile der Schlussrechnung** werden in der Praxis die Regelungen fortgeführt, die sich bereits unter Geltung der KO herausgebildet hatten. Danach umfasst die Schlussrechnung eine 24

- Einnahmen-/Ausgabenrechnung und
- einen Schlussbericht sowie
- ein Schlussverzeichnis und
- optional eine Schlussbilanz.[32]

Bei der Schlussrechnungsprüfung ist die insolvenzrechtliche Rechnungslegung des Insolvenzverwalters **in formeller und materieller Hinsicht** zu prüfen: 25

- Unter der formellen Ordnungsmäßigkeit wird die **äußere Ordnungsmäßigkeit**, d. h. die vollständige und ordnungsgemäße Erfassung aller Geschäftsvorfälle sowie deren rechnerische Richtigkeit, verstanden.
- Die materielle Prüfung umfasst die Prüfung, ob die Schlussrechnung **inhaltlich** ein vollständiges Bild von der Geschäftsführung des Insolvenzverwalters gibt und ob die **Verwertung** des Vermögens der Schuldnerin nachvollzogen werden kann.[33] Dabei sind auch die zutreffende Begründung von **Masseverbindlichkeiten** und die ordnungsgemäße Einbeziehung der **Gläubigergremien** zu prüfen.[34]

Bei Zwischen- und Schlussrechnungsprüfungen werden Prüfungsgegenstand und -umfang **durch das Insolvenzgericht** in dem Beschluss, mit dem der Sachverständige mit der Prüfung der Schlussrechnung beauftragt wird, **vorgegeben**. Die Beschlüsse variieren je nach Komplexität des Verfahrens und den Prüfungsschwerpunkten des Gerichts. Nachfolgend werden beispielhaft einige Aspekte, die **üblicherweise** dem Sachverständigen **zur Untersuchung aufgegeben werden**, dargestellt. 26

Beispiel 27

Der Sachverständige hat insbesondere zu prüfen,

- *ob die Schlussrechnung nebst Schlussbericht ein vollständiges Bild der gesamten Tätigkeit des Insolvenzverwalters vermittelt, der Bericht des Verwalters einer gewissenhaften und getreuen Rechenschaftslegung entspricht und nach den Regeln kaufmännischer Buchführung vollständig und ordnungsgemäß erstellt wurde,*
- *ob die Schlussrechnung des Insolvenzverwalters nach den Regeln kaufmännischer Buchführung vollständig und ordnungsgemäß erstellt ist,*
- *ob die vom Insolvenzverwalter befriedigten Ansprüche als Masseverbindlichkeiten i. S. der §§ 54, 55 Abs. 1 und 2, § 100 oder § 123 Abs. 2 Satz 1 InsO anzusehen sind,*
- *ob die vom Insolvenzverwalter an absonderungsberechtigte Gläubiger ausgekehrten Beträge nebst Feststellungen der Kostenbeiträge der Insolvenzmasse nach § 171 InsO sachlich und rechnerisch richtig festgestellt und ermittelt worden sind,*
- *in welchem Umfang Beiträge der Insolvenzmasse dem Insolvenzverwalter selbst oder mit ihm gesellschaftlich verbundene Personen oder Unternehmen zugeflossen sind,*
- *die Insolvenzmasse vollständig und ordnungsgemäß verwertet worden ist.*

31) Vgl. *Weitzmann* in: HambKomm-InsO, § 66 Rz. 5 ff.

32) Vgl. *IDW*, Insolvenzspezifische Rechnungslegung im Insolvenzverfahren (IDW RH HFA 1.011), Stand: 13.6.2008, Rz. 43, WPg Supplement 3/2008, 49.

33) Vgl. *Weitzmann* in: HambKomm-InsO, § 66 Rz. 12.

34) Vgl. *Frege/Riedel*, Schlussbericht und Schlussrechnung, Rz. 452.

28 Es gibt keinen einheitlichen Prüfungsumfang. Dadurch sind die Prüfungsaufträge je nach Verfahren und Gericht sehr unterschiedlich.

2. Prüfungsgegenstand und -umfang bei Kassenprüfungen

29 Bei der Kassenprüfung hat der Prüfer Einsicht in die Bücher und Geschäftspapiere des Insolvenzverwalters zu nehmen und den Bar- und Buchgeldbestand zu prüfen sowie die damit zusammenhängenden Geschäftsvorfälle und Kontenbewegungen belegmäßig nachzuvollziehen.[35] Wie auch bei der Schlussrechnungsprüfung ist die insolvenzrechtliche Rechnungslegung **in formeller und materieller Hinsicht** zu prüfen.

30 Der **Umfang** der Kassenprüfungspflicht des Gläubigerausschusses hat sich auch **durch die Rechtsprechung entwickelt** und unterliegt bspw. auch einem Wandel durch die Zunahme des bargeldlosen bzw. mittlerweile beleglosen Zahlungsverkehrs. Im Jahre 1967 hat der BGH entschieden, dass sich die Kassenprüfungspflicht des Gläubigerausschusses nicht nur auf die Barbestände, sondern auch auf die **Konten und Belege** erstreckt.[36]

31 In der Praxis wird der Auftragsumfang mit dem Gläubigerausschuss abgestimmt. Dabei werden bspw. folgende Prüffelder vereinbart:

- Einhaltung der Grundsätze zur Durchführung einer Inventur bei der Erfassung der Vermögenswerte und Schulden zu Beginn, um sicherzustellen, dass alle Vermögensgegenstände aufgenommen werden,
- Überleitung der Vermögenswerte und Schulden in die insolvenzspezifische Rechnungslegung,
- Überprüfung, ob die insolvenzrechtliche Rechnungslegung vollständig und ordnungsgemäß erstellt wurde und die Verwaltung des Vermögens der Schuldnerin zutreffend wiedergibt (Vollständigkeit und Ordnungsmäßigkeit der Belege, Abgrenzung der Zahlungen vor und nach dem Insolvenzantrag, Abgrenzung bei Dauerschuldverhältnissen etc.),
- Abstimmung der Belege mit den Nachweisen der Bankkonten und Überprüfung des Geldverkehrs (Abwicklung des Zahlungsverkehrs, ordnungsgemäße Anweisung von Zahlungen etc.),
- Behandlung von Aussonderungs- und Absonderungsrechten und
- ordnungsgemäße Umsetzung von Beschlüssen des Gläubigerausschusses.

> **Praxishinweis**
>
> Darüber hinaus kommt es vor, dass der Gläubigerausschuss im Einzelfall bestimmte weitere Prüffelder einer Prüfung unterziehen möchte. Denkbar ist bspw., dass der Gläubigerausschuss bestimmte Transaktionen mit dem insolventen Unternehmen **nahestehenden Personen** einer tiefergehenden Überprüfung unterziehen möchte.

II. Die Geschäftsführung des Insolvenzverwalters

32 Aufgrund der unterschiedlichen insolvenzrechtlichen Funktionen des Insolvenzgerichts und des Gläubigerausschusses leitet sich ein unterschiedlicher Umfang im Hinblick auf die Prüfung der Geschäftsführung des Insolvenzverwalters her. Dem Insolvenzgericht obliegt es, die Rechtmäßigkeit der Insolvenzverwaltung zu überwachen, wobei Verstöße gegen Verfahrensvorschriften und materiell-rechtliche Fehler zu berücksichtigen sind. **Wirtschaftliche Zweckmäßigkeitsentscheidungen** hingegen obliegen der Gläubigerau-

---

35) Vgl. *Frind* in: HambKomm-InsO, § 69 Rz 4.

36) BGH, Urt. v. 11.12.1967 – VII ZR 139/65, BGHZ 49, 121 = NJW 1968, 701.

tonomie und fallen daher nicht in den Kreis der durch das Insolvenzgericht zu prüfenden Kriterien.[37] Da jedoch den Gläubigerausschussmitgliedern nach der Rechtsprechung eine begleitende, vorausschauende und nachträgliche Kontrolle der Rechtmäßigkeit, Zweckmäßigkeit und Wirtschaftlichkeit der Geschäftsführung und der Verwaltung von Massegeldern obliegt, ist auch eine Zweckmäßigkeitsbeurteilung hinsichtlich des Verwalterhandelns erforderlich.[38] Dabei geht es um eine möglichst hohe Gläubigerbefriedigung und den Erhalt der Unternehmung.

Die Prüfungspflicht des Gläubigerausschusses **reicht somit weiter** als die der Schluss- 33
rechnungsprüfung durch das Insolvenzgericht. Der Kassenprüfer hat auch die Zweckmäßigkeit und Wirtschaftlichkeit des Verwalterhandelns zu hinterfragen.[39]

E. Die Prüfungsdurchführung

I. Prüfungsgrundsätze

Die Anforderungen an die Durchführung der Prüfung richten sich zunächst nach der 34
Funktion des prüfenden Organs. Die InsO enthält keine spezifischen Vorschriften, wie die Prüfung im Einzelnen durchzuführen ist.

Für die Prüfung der insolvenzspezifischen Rechnungslegung empfehlen u. a. *Frege/Riedel*, 35
die Prüfung an den Standards des Instituts der Wirtschaftsprüfer in Deutschland e. V. (IDW) auszurichten.[40] Das IDW hat bisher keine spezielle Verlautbarung zur Prüfung der insolvenzspezifischen Rechnungslegung herausgegeben. Allerdings wurde vom IDW für die Prüfung vergangenheitsorientierter Finanzinformationen ein **Prüfungsstandard: Prüfung von Finanzaufstellungen oder deren Bestandteilen** (IDW PS 490) veröffentlicht.

Nachfolgend wird zunächst die Durchführung der Prüfung der insolvenzrechtlichen 36
Rechnungslegung beschrieben. Im Anschluss daran werden in einem Exkurs die Anforderungen des IDW PS 490 mit Besonderheiten und Auswirkungen auf die Prüfung der insolvenzrechtlichen Rechnungslegung dargestellt.

II. Der Prüfungsablauf

Die Prüfung der insolvenzrechtlichen Rechnungslegung wird mit dem Ziel durchgeführt, 37
die Aussagen über das Prüfungsergebnis (Prüfungsaussagen) unter Beachtung des Grundsatzes der Wirtschaftlichkeit mit hinreichender Sicherheit treffen zu können.[41] Um das Urteil mit hinreichender Sicherheit fällen zu können, muss das Risiko der Abgabe eines positiven Prüfungsurteils trotz vorhandener Fehler in der insolvenzrechtlichen Rechnungslegung (Prüfungsrisiko) auf ein akzeptables Maß reduziert werden.[42]

Der Prüfungsprozess unterteilt sich in **drei Abschnitte**: 38

- Prüfungsplanung,
- Prüfungsdurchführung sowie
- Berichterstattung und Dokumentation.

---

37) Vgl. *Frege/Riedel*, Schlussbericht und Schlussrechnung, Rz. 355 ff.

38) Vgl. *Gundlach/Frenzel/Jahn*, ZInsO 2009, 903.

39) *Frind* in: HambKomm-InsO, § 69 Rz. 4.

40) Vgl. *Frege/Riedel*, Schlussbericht und Schlussrechnung, Rz. 383.

41) Vgl. *IDW*, Ziele und allgemeine Grundsätze der Durchführung von Abschlussprüfungen (IDW PS 200), Stand: 3.6.2015, Rz. 9, WPg Supplement 3/2015, 1.

42) *IDW*, Feststellung und Beurteilung von Fehlerrisiken und Reaktionen des Abschlussprüfers auf die beurteilten Fehlerrisiken (IDW PS 261 n. F.), Stand:15.9.2017, Rz. 5, IDW Life 1/2018, 172.

39 Die **Prüfungsplanung** umfasst die Beschaffung von Informationen über das zu prüfende Unternehmen und das Insolvenzverfahren sowie die prüfungsrelevanten Bereiche, die Entwicklung einer Prüfungsstrategie, die Einteilung des Prüfungsstoffs in einzelne Prüfgebiete, die Bestimmung von Art und Umfang der vorzunehmenden Prüfungshandlungen und den zeitlichen und qualitativen Mitarbeitereinsatz.[43] Dabei verschafft sich der Prüfer zunächst einen Überblick über die Art der Geschäftstätigkeit, das wirtschaftliche und rechtliche Umfeld des Unternehmens und über das Insolvenzverfahren, die Struktur der insolvenzrechtlichen Rechnungslegung und die wesentlichen Abläufe und Schnittstellen zur Finanzbuchführung des schuldnerischen Unternehmens. Dies schließt bei einer **Betriebsfortführung** insbesondere die Abläufe beim Insolvenzverwalter zur Überwachung der Geschäftstätigkeit des schuldnerischen Unternehmens ein, z. B. wie Bestellungen freigegeben werden, Rechnungen geprüft oder Zahlungen ausgelöst werden. Auf Basis dieser Erkenntnisse erfolgt dann risikoorientiert die **Festlegung der einzelnen Prüfungshandlungen**, insbesondere die Bestimmung der Stichprobenumfänge und -auswahl für die Beleg- bzw. Einzelfallprüfungen.

40 Die **Planung und Durchführung der Prüfung** erfolgt systematisch unter Beachtung des **Konzepts der Wesentlichkeit.** Das Konzept der Wesentlichkeit ist adressatenorientiert. Rechnungslegungsinformationen sind als wesentlich anzusehen, wenn vernünftigerweise zu erwarten ist, dass ihre falsche Darstellung (einschließlich ihres Weglassens) im Einzelnen oder insgesamt die auf Basis der Rechnungslegung getroffenen wirtschaftlichen Entscheidungen der Rechnungslegungsadressaten beeinflusst. Bei der Wesentlichkeit handelt es sich um einen allgemeinen Grundsatz, der sowohl in der Rechnungslegung als auch in der Prüfung zu beachten ist. Unabhängig von der Anwendung des Wesentlichkeitskonzepts ist der Insolvenzverwalter dafür verantwortlich, dass alle buchungs- und angabepflichtigen Sachverhalte **vollständig und richtig** erfasst werden und dass er seinen weiteren Pflichten nachkommt.[44]

41 Die Zielsetzung der Prüfung erfordert keine lückenlose Prüfung; die Prüfungshandlungen erfolgen grundsätzlich auf Basis von **Stichproben.**[45] Dabei können die Stichproben entweder durch bewusste Auswahl oder mittels mathematisch-statistischer Verfahren ausgewählt werden. Eine willkürliche Auswahl der Stichproben (Auswahl auf das Geratewohl) entspricht nicht den Grundsätzen einer ordnungsgemäßen Prüfung. Sofern Verstöße oder Fehler festgestellt werden, ist der Stichprobenumfang auszuweiten.[46]

42 In der Literatur wird von einigen Autoren gefordert, dass bei massehaltigen Regelinsolvenzverfahren statt einer stichprobenartigen Prüfung eine **„Totalprüfung"** vorgenommen werden sollte.[47] Dabei ist zu berücksichtigen, dass dies gerade bei größeren Unternehmen in der Praxis nicht mit wirtschaftlich vertretbarem Aufwand durchführbar ist. Auch ist fraglich, ob der zusätzliche Nutzen einer Totalprüfung nicht geringer ist als die anfallenden Kosten. Bei einer systematischen, risikoorientierten Prüfung auf Basis von Stichproben kann das Prüfungsergebnis effizienter und effektiver und damit kostengünstiger als bei der Totalprüfung erreicht werden. Häufig wird dabei auch verkannt, dass die Belegprüfung in Form der Abstimmung von Zahlungsein- und -ausgängen auf dem Sonder-

---

43) Vgl. *IDW*, Wirtschaftsprüfung und Rechnungslegung, Kap. L Rz. 244 ff.

44) *IDW*, Wesentlichkeit i. R. der Abschlussprüfung (IDW PS 250 n. F.), Stand: 12.12.2012, Rz. 5, WPg Supplement 1/2013, 1.

45) *IDW*, Ziele und allgemeine Grundsätze der Durchführung von Abschlussprüfungen (IDW PS 200), Stand: 3.6.2015, Rz. 19, WPg Supplement 3/2015, 1.

46) Vgl. *IDW*, Ziele und allgemeine Grundsätze der Durchführung von Abschlussprüfungen (IDW PS 200), Stand: 3.6.2015, Rz. 22, WPg Supplement 3/2015, 1.

47) Vgl. *Heyrath/Ebeling/Reck*, Schlussrechnungsprüfung im Insolvenzverfahren, Rz. 166.

konto des Insolvenzverwalters mit den zugehörigen Belegen am Ende des jeweiligen Geschäftsvorfalles steht. Im Rahmen einer systematischen, risikoorientierten Prüfung wird durch die Betrachtung der Abläufe beim Insolvenzverwalter früher im Ablauf eines Geschäftsprozesses angesetzt. Dabei wird sich der Prüfer bspw. einen Überblick verschaffen, ob eine ordnungsgemäße Bestandsaufnahme[48)] der Vermögensgegenstände des Schuldnerunternehmens erfolgt ist und wie die Preisfindung bei der Verwertung erfolgt ist. Die reine Abstimmung des Zahlungseingangs ist weniger aussagekräftig. Ein anderes Beispiel wäre, zu überprüfen wie sichergestellt wird, dass nur Masseverbindlichkeiten beglichen werden und keine Insolvenzforderungen. Dies würde dann im nächsten Schritt anhand von Einzelfallprüfungen überprüft.

Die zur Stützung der Prüfungsaussagen dienenden Prüfungsnachweise sind in Arbeitspapieren zu **dokumentieren**, soweit sie nicht im Prüfungsbericht enthalten sind. Durch die Arbeitspapiere wird gleichzeitig nachgewiesen, dass die Prüfung in Übereinstimmung mit den Grundsätzen einer ordnungsmäßigen Prüfung geplant und durchgeführt wurde.[49)] 43

III. Exkurs: Die Anforderungen von IDW PS 490

Das IDW hat mit IDW PS 490 einen Prüfungsstandard veröffentlicht, der für die **Prüfung von Finanzaufstellungen** oder deren Bestandteilen gilt. Unter einer Finanzaufstellung wird dabei eine strukturierte Darstellung vergangenheitsorientierter Finanzinformationen einschließlich der dazugehörigen erläuternden Angaben verstanden, die unter Beachtung der maßgebenden Rechnungslegungsgrundsätze über die wirtschaftlichen Ressourcen oder Verpflichtungen eines Unternehmens zu einem bestimmten Zeitpunkt oder über deren Veränderungen in einem bestimmten Zeitraum informieren.[50)] Nach den vorgenannten Ausführungen passt diese Definition zu der insolvenzrechtlichen Rechnungslegung des Insolvenzverwalters bzw. der Zwischen- und Schlussrechnung. Da die insolvenzrechtlichen Rechnungslegungsgrundsätze der Information eines begrenzten Adressatenkreises (anders als bspw. die handelsrechtlichen Bilanzierungsgrundsätze) dienen und daher der Terminologie des Prüfungsstandards als „Rechnungslegungsgrundsätze für einen speziellen Zweck“ zu klassifizieren sind, hat der Wirtschaftsprüfer der insolvenzrechtlichen Rechnungslegung auch die Vertretbarkeit der zugrunde liegenden Rechnungslegungsgrundsätze zu beurteilen. Diese werden abgeleitet aus den oben genannten Aufgaben und Zielen der insolvenzrechtlichen Rechnungslegung (siehe Rz. 2–4). 44

Durch IDW PS 490 werden die Anforderungen des auf internationaler Ebene für Berufsangehörige der wirtschaftsprüfenden Berufe geltenden International Standard on Auditing (ISA) 805 „Special Considerations – Audits of Single Financial Statements and Specific Elements, Accounts or Items of a Financial Statement“ umgesetzt. Die Umsetzung trägt international zu einer Standardisierung bei derartigen Prüfungen bei. 45

IDW PS 490 ist als **Rahmenstandard** konzipiert, d. h., er gibt die Struktur für die Prüfungsdurchführung vor und verweist in den einzelnen Phasen der Prüfung auf die relevanten 46

48) *IDW*, Bestandsaufnahme im Insolvenzverfahren (IDW RH HFA 1.010), Stand:13.6.2008, WPg Supplement 3/2008, 309.

49) Vgl. *IDW*, Arbeitspapiere des Abschlussprüfers (IDW PS 460 n. F.), Stand: 9.9.2009, Rz. 7, WPg Supplement 4/2009, 1.

50) Vgl. *IDW*, Prüfung von Finanzaufstellungen oder deren Bestandteilen (IDW PS 490), Stand: 28.11.2014, Rz. 10, WPg Supplement 1/2015, 14.

Prüfungsstandards zur Abschlussprüfung. Ziel ist es, eine weitgehende Standardisierung der Prüfung zum Nutzen der Adressaten und der Prüfer sicherzustellen.[51)]

47 Durch die Prüfung nach IDW PS 490 kann eine **hinreichende Prüfungssicherheit** über die insolvenzspezifische Rechnungslegung erlangt werden. Das Prüfungskonzept des IDW PS 490 entspricht damit nach dem Grad der Prüfungssicherheit dem hohen Niveau einer Abschlussprüfung nach §§ 316 ff. HGB.

48 Bei Planung und Durchführung sind die einschlägigen Grundsätze ordnungsmäßiger Abschlussprüfungen erforderlichenfalls an die jeweiligen Umstände des Auftrags anzupassen. Nach IDW PS 490 ist eine **Wesentlichkeitsgrenze** festzulegen. Die Wesentlichkeitsgrenze wird vor dem Hintergrund der Informationsbedürfnisse der Adressaten der Rechnungslegung festgelegt.[52)] Im Rahmen der Prüfungsdurchführung muss der Prüfer u. a. beurteilen, ob die Finanzaufstellung oder der Bestandteil einen zutreffenden Hinweis auf die maßgebenden Rechnungslegungsgrundsätze enthält bzw. diese angemessen beschrieben werden.[53)] Dadurch soll sichergestellt werden, dass die Adressaten die in der Finanzaufstellung enthaltenen Informationen richtig einordnen können.[54)]

49 Da durch den Prüfungsstandard die Möglichkeit einer Prüfung mit der Prüfungssicherheit **einer Jahresabschlussprüfung** geschaffen wurde, jedoch kein Bestätigungsvermerk als Prüfungsurteil erteilt werden darf und auch eine Abgrenzung zu einer Bescheinigung zu einem Prüfungsergebnis mit geringerer Prüfungssicherheit vorgenommen werden soll, wurde mit dem Standard eine neue Bestätigungsart eingeführt. Über das **Prüfungsergebnis** wird in Form eines **Prüfungsvermerks** berichtet. Dieser wird als **„Prüfungsvermerk des Wirtschaftsprüfers“** bezeichnet.[55)] Eine Pflicht zur Erteilung eines Prüfungsberichts besteht nach IDW PS 490 nicht.[56)] Für eine adressatengerechte Information über die Prüfung erscheint es jedoch angemessen, wie bisher in Anlehnung an die Grundsätze zur Berichterstattung i. R. der Jahresabschlussprüfung einen Prüfungsbericht zu erstellen.

50 Die Anwendung des IDW PS 490 auf die Prüfung der insolvenzrechtlichen Rechnungslegung führt dazu, dass ein einheitliches Vorgehen bei der Prüfungsdurchführung sichergestellt wird und zudem ein hohes Maß an Prüfungssicherheit sichergestellt werden kann. Dies spiegelt sich auch in dem einheitlichen Prüfungsvermerk wider, durch den das Prüfungsergebnis dokumentiert wird.

F. Berichterstattung über das Prüfungsergebnis

I. Schriftliche Berichterstattung über das Prüfungsergebnis

51 Schon aus Gründen der Nachweispflicht über die Durchführung der Prüfung sollte über das Ergebnis der Prüfung ein **schriftlicher Bericht** erstellt werden.[57)] In einigen Fällen in

---

51) IDW, Prüfung von Finanzaufstellungen oder deren Bestandteilen (IDW PS 490), Stand: 28.11.2014, Rz. 5, WPg Supplement 1/2015, 14; *IDW*, Prüfung von Abschlüssen, die nach Rechnungslegungsgrundsätzen für einen speziellen Zweck aufgestellt wurden (IDW PS 480), Stand: 28.11.2014, Rz. 13, WPg Supplement 1/2015, 1.

52) Vgl. *Gewehr/Böhm/Herkendell*, WPg 2013, 343, 350.

53) *IDW*, Prüfung von Finanzaufstellungen oder deren Bestandteilen (IDW PS 490), Stand: 28.11.2014, Rz. 21, WPg Supplement 1/2015, 14.

54) Vgl. *Gewehr/Böhm/Herkendell*, WPg 2013, 343, 350.

55) *IDW*, Prüfung von Finanzaufstellungen oder deren Bestandteilen (IDW PS 490), Stand: 28.11.2014, Rz. 20, WPg Supplement 1/2015, 14.

56) *IDW*, Prüfung von Finanzaufstellungen oder deren Bestandteilen (IDW PS 490), Stand: 28.11.2014, Rz. 22, WPg Supplement 1/2015, 14.

57) Vgl. *Frege/Riedel*, Schlussbericht und Schlussrechnung, Rz. 402.

der Praxis werden die Berichte zu Kassen- und Schlussrechnungsprüfungen auch als „Prüfungsprotokoll" oder „Vermerk" bezeichnet.

Der Bericht hat zu dokumentieren, auf welche Art und Weise die Prüfung stattgefunden hat und ob Beanstandungen erhoben und/oder beseitigt wurden.[58] Näheres zu Art und Inhalt der Berichterstattung sind in der InsO nicht geregelt. Ein Bericht über die Prüfung der insolvenzrechtlichen Rechnungslegung hat den **Grundsätzen ordnungsgemäßer Berichterstattung**[59] sinngemäß zu genügen und sollte folgende Grundbestandteile enthalten: 52

- Empfänger,
- Auftrag, Auftragsbedingungen,
- Gegenstand, Art und Umfang der Tätigkeit,
- Durchführungsgrundsätze,
- Zugrunde liegende Rechtsvorschriften und Unterlagen,
- Feststellungen.[60]

Wie bei anderen betriebswirtschaftlichen Prüfungen üblich, sollten sich Art und Inhalt des Berichts an dem **Informationsbedürfnis der Adressaten** des Prüfungsergebnisses und dem Sinn und Zweck der Prüfung der insolvenzrechtlichen Rechnungslegung orientieren. 53

II. Exkurs: Beispiel für einen Prüfungsvermerk des Wirtschaftsprüfers für eine Kassenprüfung nach IDW PS 490[61]

Nachfolgend wird ein Beispiel für einen Prüfungsvermerk als zusammengefasstes Urteil einer Kassenprüfung nach dem Prüfungsstandard IDW PS 490 dargestellt. Dabei handelt es sich um einen **uneingeschränkten Prüfungsvermerk** sowie ein Beispiel für eine Ergänzung, die jedoch nicht zu einer Einschränkung geführt hat.[62] 54

Muster: Prüfungsvermerk des Wirtschaftsprüfers 55

An […] *[Auftraggeber]*

Wir haben die beigefügte Einnahmen-/Ausgabenrechnung der *[Schuldnerin]* für den Zeitraum vom *[Datum]* bis *[Datum]* […] des Insolvenzverwalters […] geprüft.

Verantwortung des Insolvenzverwalters

Der Insolvenzverwalter über das Vermögen der *[Schuldnerin]* ist verantwortlich für die Erstellung der Einnahmen-/Ausgabenrechnung der *[Gesellschaft]* für den Zeitraum vom *[Datum]* bis *[Datum]* […]. Der Insolvenzverwalter ist auch verantwortlich für die internen Kontrollen, die er als notwendig erachtet, um die für die Einnahmen-/Ausgabenrechnung einschließlich der dazugehörigen Angaben zu ermöglichen, die frei von wesentlichen – beabsichtigten oder unbeabsichtigten – falschen Angaben ist.

---

58) *Weitzmann* in: HambKomm-InsO, § 66 Rz. 14.

59) Vgl. *IDW*, Grundsätze ordnungsmäßiger Erstellung von Prüfungsberichten (IDW PS 450), Stand: 15.9.2017, IDW Life 2018, S. 145.

60) Vgl. *IDW*, Wirtschaftsprüfung und Rechnungslegung, Kap. M Rz. 128 ff.

61) Nachfolgend wird aus Gründen der Lesbarkeit von Wirtschaftsprüfer und Insolvenzverwalter in der männlichen Form gesprochen.

62) In Anlehnung an *IDW*, Prüfung von Finanzaufstellungen oder deren Bestandteilen (IDW PS 490), Stand: 28.11.2014, Anlage 1, WPg Supplement 1/2015, 14.

Verantwortung des Wirtschaftsprüfers

Unsere Aufgabe ist es, auf der Grundlage unserer Prüfung ein Urteil zu dieser Aufstellung der Einnahmen-/Ausgabenrechnung einschließlich der dazugehörigen Angaben im Schlussbericht abzugeben. Wir haben unsere Prüfung unter Beachtung der vom Institut der Wirtschaftsprüfer (IDW) festgestellten deutschen Grundsätze ordnungsmäßiger Abschlussprüfung durchgeführt. Danach haben wir die Berufspflichten einzuhalten und die Prüfung so zu planen und durchzuführen, dass hinreichende Sicherheit darüber erlangt wird, ob die für die Einnahmen-/Ausgabenrechnung einschließlich der dazugehörigen Angaben frei von wesentlichen falschen Angaben ist.

Eine Prüfung umfasst die Durchführung von Prüfungshandlungen, um Prüfungsnachweise für die in der Einnahmen-/Ausgabenrechnung enthaltenen Wertansätze zu erlangen. Die Auswahl der Prüfungshandlungen liegt im pflichtgemäßen Ermessen des Wirtschaftsprüfers. Dies schließt die Beurteilung der Risiken wesentlicher – beabsichtigter oder unbeabsichtigter – falscher Angaben in der Einnahmen-/Ausgabenrechnung einschließlich der dazugehörigen Angaben ein. Bei der Beurteilung dieser Risiken berücksichtigt der Wirtschaftsprüfer das interne Kontrollsystem, das relevant ist für die Aufstellung der Einnahmen-/Ausgabenrechnung. Ziel hierbei ist es, Prüfungshandlungen zu planen und durchzuführen, die unter den gegebenen Umständen angemessen sind, jedoch nicht, ein Prüfungsurteil zur Wirksamkeit des internen Kontrollsystems des Unternehmens abzugeben. Eine Prüfung umfasst auch die Beurteilung der angewandten Rechnungslegungsmethoden, der Vertretbarkeit der von den gesetzlichen Vertretern ermittelten geschätzten Werte in der Rechnungslegung sowie die Beurteilung der Gesamtdarstellung der Einnahmen/Ausgabenrechnung.

Wir sind der Auffassung, dass die von uns erlangten Prüfungsnachweise ausreichend und angemessen sind, um als Grundlage für unser Prüfungsurteil zu dienen.

Prüfungsurteil

Nach unserer Beurteilung aufgrund der bei der Prüfung gewonnenen Erkenntnisse entspricht die Einnahmen-/Ausgabenrechnung für den Zeitraum vom *[Datum]* bis *[Datum]* in allen wesentlichen Belangen den Grundsätzen einer ordnungsgemäßen und getreuen Rechenschaftslegung nach der InsO und stellt die Insolvenzmasse sachgerecht dar.

Rechnungslegungsgrundsätze sowie Weitergabe- und Verwendungsbeschränkung

Ohne unser Prüfungsurteil einzuschränken, weisen wir auf Ziffer […] der Angaben zur Einnahmen-/Ausgaben-Rechnung hin, in der die maßgebenden Rechnungslegungsgrundsätze beschrieben werden.

Die Einnahmen-/Ausgabenrechnung einschließlich der Angaben wurde vom Insolvenzverwalter zur Erfüllung der Einhaltung der Anforderungen an eine ordnungsgemäße insolvenzrechtliche Rechnungslegung erstellt. Folglich ist diese Aufstellung möglicherweise für einen anderen Zweck nicht geeignet. Unser Prüfungsvermerk ist ausschließlich für […] bestimmt und darf nicht ohne unsere Zustimmung an Dritte weitergegeben und auch nicht von Dritten verwendet werden.

[Ort, Datum]
[Unterschrift]

G. Zusammenfassung

56 Die Prüfung der insolvenzrechtlichen Rechnungslegung des Insolvenzverwalters soll die **Glaubhaftigkeit der Angaben erhöhen.** Der Umfang der Prüfungspflicht wird vom Haftungsmaßstab des Insolvenzverwalters geprägt. Bisher haben sich keine einheitlichen Prüfungsgrundsätze und auch kein einheitlicher Standard für die Berichterstattung herausgebildet.

57 Hinsichtlich des **Umfangs der Kassen- und Schlussrechnungsprüfungen** haben sich ebenfalls noch keine einheitlichen Standards herausgebildet. Auch wenn es vielfältige Recht-

sprechung hierzu gibt, erfolgt die Festlegung des Auftragsumfangs im Einzelfall durch das jeweilige Insolvenzgericht bzw. den Gläubigerausschuss.

Hinsichtlich der Prüfungsdurchführung wird auf die Standards des Instituts der Wirtschaftsprüfer in Deutschland e. V. (IDW) verwiesen, die die **Grundsätze ordnungsmäßiger Abschlussprüfung** repräsentieren und somit die Berufsauffassung des Berufsstands der Wirtschaftsprüfer in Übereinstimmung mit den international geltenden Prüfungsnormen zu fachlichen Fragen der Prüfungsdurchführung wiedergeben. Diese Verlautbarungen sind zunächst nur für Mitglieder des IDW verpflichtend. Allerdings werden diese Standards bei Regressfällen **von den Gerichten als Maßstab herangezogen** und Abweichungen können zum Nachteil des Prüfers ausgelegt werden. **58**

In diesem Bereich könnte sich **zukünftig eine Standardisierung** der Vorgehensweise bei der Prüfung durch den Prüfungsstandard des IDW zur Prüfung von Finanzaufstellungen zu historischen Finanzinformationen mit erläuternden Angaben ergeben. Hierdurch könnte auch sichergestellt werden, dass eine **einheitlich hohe Qualität** der Prüfungen sichergestellt wird und ein Prüfungsurteil mit hinreichender Sicherheit gefällt wird; diese würde dem einer Jahresabschlussprüfung entsprechen. **59**

Stichwortverzeichnis

Hier spielt die Musik